Münchener Kommentar
zum Wettbewerbsrecht
Kartellrecht · Beihilfenrecht · Vergaberecht

Band 4: VergabeR II

Die einzelnen Bände des
Münchener Kommentars zum Wettbewerbsrecht

Band 1: Europäisches Wettbewerbsrecht

Band 2: Deutsches Wettbewerbsrecht

Band 3: Vergaberecht I

Band 4: Vergaberecht II

Band 5: Beihilfenrecht

Münchener Kommentar zum Wettbewerbsrecht

Band 4
VergabeR II

Herausgegeben von

Prof. Dr. Dr. Dres. h.c. Franz Jürgen Säcker
em. Professor an der Freien Universität Berlin

Dr. Matthias Ganske
Rechtsanwalt in Bonn
Fachanwalt für Vergaberecht und Fachanwalt für Verwaltungsrecht

Prof. Dr. Matthias Knauff
Professor an der Universität Jena
Richter am Thüringer Oberlandesgericht (Vergabesenat)

4. Auflage 2022

Zitiervorschlag:
MüKoWettbR/Bearbeiter Gesetz § … Rn. …
MüKoWettbR/Gabriel SGB V Rn. …
MüKoWettbR/Siegel HaushaltsvergabeR Rn. …
MüKoWettbR/Knauff LVG Rn. …

www.beck.de

ISBN 978 3 406 75874 4

© 2022 Verlag C. H. Beck oHG
Wilhelmstraße 9, 80801 München

Druck: Eberl & Kösel GmbH & Co. KG
Am Buchweg 1, 87452 Altusried-Krugzell
Satz: Meta Systems Publishing & Printservices GmbH, Wustermark
Umschlag: Elmar Lixenfeld, duodez.de

Gedruckt auf säurefreiem, alterungsbeständigem Papier
(hergestellt aus chlorfrei gebleichtem Zellstoff)

Vorwort

Anknüpfend an Band 3 des Münchener Kommentars zum Wettbewerbsrecht erläutert Band 4 die Vergabe- und Vertragsordnung für Bauleistungen (VOB/A), die Vergabeordnung für Verteidigung und Sicherheit (VSVgV), die Verordnung über öffentliche Personenverkehrsdienste auf Schiene und Straße (VO (EG) Nr. 1370/2007, PersonenverkehrsVO) sowie das Vergaberecht der Sozialversicherungsträger und das neue Wettbewerbsregistergesetz (WRegG). Besonders hervorzuheben sind die Kommentierung des Haushaltsvergaberechts einschließlich der Verfahrensordnung für die Vergabe öffentlicher Liefer- und Dienstleistungsaufträge unterhalb der EU-Schwellenwerte (UVgO), die im Bund und in den meisten Ländern an die Stelle der Vergabe- und Vertragsordnung für Leistungen (VOL/A) getreten ist, sowie die VO PR Nr. 30/53 über die Preise bei öffentlichen Aufträgen mit den für die Praxis wichtigen „Leitsätzen für die Preisermittlung aufgrund von Selbstkosten". Der Band endet mit einer Einführung in die Landesvergaberechte. Deren zentrale Regelungen sind ebenso wie die Verordnung zur Statistik über die Vergabe öffentlicher Aufträge und Konzessionen (VergStatVO) im Band enthalten.

Der Kommentar verfolgt das Ziel, auf hohem wissenschaftlichem Niveau alle aktuell in der Praxis auftretenden Fragen klar darzustellen, um dem Nutzer die notwendigen rechtlichen Kenntnisse für eine fundierte Entscheidung zu geben. Im Übrigen gilt, was im Vorwort zu Band 3 dargelegt ist. Allen Autorinnen und Autoren, die an diesem Band mitgewirkt haben, sei an dieser Stelle herzlich gedankt. Den ausgeschiedenen Autoren der Vorauflagen, deren Beiträge dem „Verzeichnis der ausgeschiedenen Bearbeiter" entnommen werden können, danken die Herausgeber herzlich für ihre bisherige Mitwirkung. Die Erläuterungen befinden sich auf dem Stand von Sommer 2021, teils jünger.

Die 3. Auflage des Münchener Kommentars zum Wettbewerbsrecht wurde nach dem Erscheinen der Bände 1 und 2 beendet. Daher überspringt dieser Band die eigentlich anstehende 3. Auflage und erscheint wie die übrigen Bände des Kommentars direkt in der 4. Auflage. Damit wird gewährleistet, dass alle Bände des Werks in kurzem Abstand in 4. Auflage erscheinen können.

Berlin/Bonn/Jena, im Juli 2021

Franz Jürgen Säcker
Matthias Ganske
Matthias Knauff

Die Bearbeiter des vierten Bandes

Prof. Dr. Sebastian Baldringer
FOM Hochschule für Oekonomie & Management, Köln
Rechtsanwalt in Köln

Dr. Felix Berschin
Nahverkehrsberatung Südwest PartG in Heidelberg

Prof. Dr. Christoph Brüning
Christian-Albrechts-Universität zu Kiel
Präsident des Schleswig-Holsteinischen Landesverfassungsgerichts

Prof. Dr. Jan Busche
Heinrich-Heine-Universität Düsseldorf

Dr. Dominik Eisenhut, LL.M. (UCL)
Airbus Defence and Space GmbH, Ottobrunn

Bernhard Fett
Leitender Regierungsdirektor, Staatsbetrieb Sächsische Informatik Dienste, Dresden

Dr. Marc Gabriel, LL.M. (NTU UK)
Rechtsanwalt in Berlin
Fachanwalt für Medizinrecht, Fachanwalt für Vergaberecht und Fachanwalt für Verwaltungsrecht

Dr. Matthias Ganske
Rechtsanwalt in Bonn
Fachanwalt für Vergaberecht und Fachanwalt für Verwaltungsrecht

Prof. Dr. Steffen Hindelang, LL.M. (Sheffield/UK)
Universität Uppsala und Süddänische Universität Odense

Dr. Andreas Hövelberndt
Wirtschaftsbetriebe Duisburg – AöR,
Rechtsanwalt in Gelsenkirchen

Dr. Florian Huerkamp, MJur (Oxford)
Rechtsanwalt in Düsseldorf

Prof. Inge Jagenburg
Honorarprofessorin an der Technischen Hochschule Köln
Rechtsanwältin in Bonn

Prof. Dr. Marcel Kau, LL.M. (Georgetown)
Universität Konstanz

Dr. Till Kemper, M.A.
Rechtsanwalt in Frankfurt a. M.

Dr. Bernhardine Kleinhenz-Jeannot
Rechtsanwältin in Hamburg

Die Bearbeiter

Prof. Dr. Matthias Knauff, LL.M. Eur. (Würzburg)
Friedrich-Schiller-Universität Jena
Richter am Thüringer Oberlandesgericht (Vergabesenat)

Sandra Krüger
Dataport AöR, Hamburg

Katharina Lehmann
Notarassessorin in Leipzig

Filip Lewandowski, LL.M. (Frankfurt (Oder))
Richter am Verwaltungsgericht Frankfurt (Oder)

Dr. Jonas Mengis
Gelsenwasser AG, Gelsenkirchen

Dr. David Meurers, M.Sc. (LSE)
Bundesministerium des Innern, für Bau und Heimat, Berlin

Hans-Peter Müller
Diplom-Verwaltungswirt, ehem. Bundesministerium für Wirtschaft und Energie, Bonn

Dr. Marc Pauka
Rechtsanwalt in Frankfurt a. M.

Dr. Georg Queisner
Rechtsanwalt in Berlin

Prof. Dr. Dr. Dres. h. c. Franz Jürgen Säcker
Freie Universität Berlin

Dr. Stefan Schmidt
Rechtsanwalt in Düsseldorf

Dr. Christoph Seebo, LL.M. (Newcastle upon Tyne/UK)
Rechtsanwalt in Leipzig

Prof. Dr. Thorsten Siegel
Freie Universität Berlin

Timm Sperber, LL.M. (Brügge)
Staatsanwalt in Mannheim

Dr. Frank Stollhoff
Rechtsanwalt in Berlin

Dr. Christian Wirth
Rechtsanwalt in Köln

Im Einzelnen haben bearbeitet

1. Teil Vergaben durch Träger der Sozialversicherung (SGB V) .... Marc Gabriel

2. Teil Haushaltsvergaberecht
I. Haushaltsvergaberecht .... Thorsten Siegel
II. UVgO – Unterschwellenvergabeordnung .... Franz Jürgen Säcker

3. Teil Öffentliches Preisrecht
§§ 1–12 VO PR Nr. 30/53 über die Preise bei öffentlichen Aufträgen .... Christoph Brüning
Anlage zur VO PR Nr. 30/53: Leitsätze für die Preisermittlung auf Grund von Selbstkosten (LSP) .... Christoph Brüning/Jonas Mengis

4. Teil WRegG – Wettbewerbsregistergesetz .... Florian Huerkamp

5. Teil VOB/A – Vergabe- und Vertragsordnung für Bauleistungen Teil A
Abschnitt 1 Basisparagraphen
Vorbemerkung, § 1 .... Franz Jürgen Säcker
§ 2 .... Matthias Knauff/David Meurers
§§ 3, 3a .... Marc Pauka/Matthias Knauff
§§ 3b, 4 .... Andreas Hövelberndt
§ 4a .... Inge Jagenburg/Christian Wirth
§ 5 .... Matthias Ganske
§§ 6–6b .... Andreas Hövelberndt
§§ 7–7c .... Till Kemper
§§ 8–9d .... Sebastian Baldringer
§ 10 .... Timm Sperber
§§ 11, 11a .... Marc Pauka/Matthias Knauff
§§ 12–15 .... Frank Stollhoff
§§ 16–16c .... Katharina Lehmann
§ 16d .... Christoph Seebo/Katharina Lehmann
§§ 17–24 .... Christoph Seebo

Abschnitt 2 Vergabebestimmungen im Anwendungsbereich der Richtlinie 2014/24/EU (VOB/A – EU)
§ 1 EU .... Matthias Knauff
§ 2 EU .... Matthias Knauff/David Meurers
§§ 3 EU, 3a EU .... Marc Pauka/Matthias Knauff
§§ 3b EU, 4 EU .... Andreas Hövelberndt
§§ 4a EU, 4b EU .... Inge Jagenburg/Christian Wirth
§ 5 EU .... Matthias Ganske
§§ 6 EU–6d EU .... Andreas Hövelberndt
§ 6e EU .... Marc Pauka/Matthias Knauff
§§ 6f EU–7c EU .... Till Kemper
§§ 8 EU–9d EU .... Sebastian Baldringer
§§ 10 EU–10d EU .... Timm Sperber
§§ 11 EU–11b EU .... Marc Pauka/Matthias Knauff

Im Einzelnen haben bearbeitet

§§ 12 EU–15 EU	Frank Stollhoff
§§ 16 EU–16c EU	Katharina Lehmann
§ 16d EU	Christoph Seebo/Katharina Lehmann
§§ 17 EU–22 EU	Christoph Seebo

Abschnitt 3 Vergabebestimmungen im Anwendungsbereich der Richtlinie 2009/81/EG (VOB/A – VS)

§§ 1 VS–3 VS	Marcel Kau
§ 3a VS	Marc Pauka/Matthias Knauff
§§ 3b VS, 4 VS	Marcel Kau
§§ 5 VS–6d VS	Steffen Hindelang/Dominik Eisenhut
§ 6e VS	Marc Pauka/Matthias Knauff
§§ 6f VS–7c VS	Till Kemper
§§ 8 VS–9d VS	Sebastian Baldringer
§§ 10 VS–10d VS	Timm Sperber
§§ 11 VS, 11a VS	Marc Pauka/Matthias Knauff
§§ 12 VS–15 VS	Frank Stollhoff
§§ 16 VS–16c VS	Katharina Lehmann
§ 16d VS	Christoph Seebo/Katharina Lehmann
§§ 17 VS–22 VS	Christoph Seebo

6. Teil Grundzüge der VOB/B

Einleitung und Einordnung	Jan Busche

7. Teil PersonenverkehrsVO – VO (EG) 1370/2007 ... Felix Berschin

8. Teil VSVgV – Vergabeverordnung Verteidigung und Sicherheit

§§ 1, 2	Hans-Peter Müller
§§ 3, 4	Stefan Schmidt
§ 5	Hans-Peter Müller
§§ 6, 7	Steffen Hindelang/Dominik Eisenhut
§§ 8, 9	Hans-Peter Müller
§§ 10–14	Sandra Krüger
§ 15	Filip Lewandowski
§ 16	Hans-Peter Müller
§§ 17, 18	Bernhardine Kleinhenz-Jeannot
§§ 19, 20	Filip Lewandowski
§§ 21–27	Georg Queisner
§§ 28–45	Bernhard Fett

9. Teil Landesvergabegesetze ... Matthias Knauff

Sachverzeichnis ... Sophia Steffensen

Verzeichnis der ausgeschiedenen und teilweise ausgeschiedenen Bearbeiter

Dr. Thomas Ax: §§ 5–6b VOB/A, §§ 5 EU–6d EU VOB/A, §§ 5 VS–6d VS VOB/A: 2. Aufl. 2019
Gerda Reider: §§ 3b, 4 VOB/A, §§ 3b EU, 4 EU VOB/A: 2. Aufl. 2019
Prof. Dr. Dr. Dres. h.c. Franz Jürgen Säcker: §§ 28–37 VSVgV: 2. Aufl. 2019
Guido Thiele: §§ 6, 7 VSVgV: 2. Aufl. 2019
Dr. Xenia Zwanziger, LL.M.: § 1 EU VOB/A: 2. Aufl. 2019

Inhaltsübersicht

Band 3

Inhaltsverzeichnis	XVII
Verzeichnis der Abkürzungen und der abgekürzt zitierten Literatur	XXV
1. Teil Einleitung zum Vergaberecht	1
A. Europarechtliche Grundlagen	2
B. Ablauf des Vergabeverfahrens	73
2. Teil GWB – Gesetz gegen Wettbewerbsbeschränkungen	101
3. Teil Verordnungen zum GWB	1351
I. VgV – Vergabeverordnung	1351
II. VergStatVO – Vergabestatistikverordnung	1889
III. KonzVgV – Konzessionsvergabeverordnung	1929
IV. SektVO – Sektorenverordnung	2011
Sachverzeichnis	2179

Band 4

Inhaltsverzeichnis	XV
Verzeichnis der Abkürzungen und der abgekürzt zitierten Literatur	XXV
1. Teil Vergaben durch Träger der Sozialversicherung (SGB V)	1
2. Teil Haushaltsvergaberecht	45
I. Haushaltsvergaberecht	45
II. UVgO – Unterschwellenvergabeordnung	85
3. Teil Öffentliches Preisrecht	115
VO PR Nr. 30/53 über die Preise bei öffentlichen Aufträgen	115
Anlage zur VO PR Nr. 30/53: Leitsätze für die Preisermittlung auf Grund von Selbstkosten (LSP)	174
4. Teil WRegG – Wettbewerbsregistergesetz	233
WRegG – Wettbewerbsregistergesetz	233
WRegV – Wettbewerbsregisterverordnung	269
5. Teil VOB/A – Vergabe- und Vertragsordnung für Bauleistungen Teil A	277
6. Teil Grundzüge der VOB/B	929
7. Teil PersonenverkehrsVO – VO (EG) 1370/2007	947
8. Teil VSVgV – Vergabeverordnung Verteidigung und Sicherheit	1071
9. Teil Landesvergabegesetze	1237
Sachverzeichnis	1403

Inhaltsverzeichnis

Verzeichnis der Abkürzungen und der abgekürzt zitierten Literatur XXV

1. Teil Vergaben durch Träger der Sozialversicherung (SGB V) 1

2. Teil Haushaltsvergaberecht

I. Haushaltsvergaberecht 45

II. UVgO – Unterschwellenvergabeordnung

Vorbemerkung 85

Abschnitt 1. Allgemeine Bestimmungen und Kommunikation
Unterabschnitt 1. Allgemeine Bestimmungen

§ 1	Gegenstand und Anwendungsbereich	86
§ 2	Grundsätze der Vergabe	87
§ 3	Wahrung der Vertraulichkeit	87
§ 4	Vermeidung von Interessenkonflikten	87
§ 5	Mitwirkung an der Vorbereitung des Vergabeverfahrens	88
§ 6	Dokumentation	88

Unterabschnitt 2. Kommunikation

§ 7	Grundsätze der Kommunikation	89

Abschnitt 2. Vergabeverfahren
Unterabschnitt 1. Verfahrensarten

§ 8	Wahl der Verfahrensart	89
§ 9	Öffentliche Ausschreibung	92
§ 10	Beschränkte Ausschreibung mit Teilnahmewettbewerb	92
§ 11	Beschränkte Ausschreibung ohne Teilnahmewettbewerb	93
§ 12	Verhandlungsvergabe mit oder ohne Teilnahmewettbewerb	93
§ 13	Angemessene Fristsetzung; Pflicht zur Fristverlängerung	94
§ 14	Direktauftrag	95

Unterabschnitt 2. Besondere Methoden und Instrumente in Vergabeverfahren

§ 15	Rahmenvereinbarungen	95
§ 16	Gelegentliche gemeinsame Auftragsvergabe; zentrale Beschaffung	95
§ 17	Dynamische Beschaffungssysteme	95
§ 18	Elektronische Auktionen	96
§ 19	Elektronische Kataloge	96

Unterabschnitt 3. Vorbereitung des Vergabeverfahrens

§ 20	Markterkundung	96
§ 21	Vergabeunterlagen	97
§ 22	Aufteilung nach Losen	97
§ 23	Leistungsbeschreibung	98
§ 24	Nachweisführung durch Gütezeichen	98
§ 25	Nebenangebote	99
§ 26	Unteraufträge	99

Unterabschnitt 4. Veröffentlichungen; Transparenz

§ 27	Auftragsbekanntmachung; Beschafferprofil	100
§ 28	Veröffentlichung von Auftragsbekanntmachungen	100

Inhaltsverzeichnis

§ 29 Bereitstellung der Vergabeunterlagen 101
§ 30 Vergabebekanntmachung 102

Unterabschnitt 5. Anforderungen an Unternehmen; Eignung

§ 31 Auswahl geeigneter Unternehmen; Ausschluss von Bewerbern und Bietern 102
§ 32 Rechtsform von Unternehmen und Bietergemeinschaften 103
§ 33 Eignungskriterien 103
§ 34 Eignungsleihe 104
§ 35 Beleg der Eignung und des Nichtvorliegens von Ausschlussgründen 104
§ 36 Begrenzung der Anzahl der Bewerber 105

Unterabschnitt 6. Einreichung, Form und Umgang mit Teilnahmeanträgen und Angeboten

§ 37 Aufforderung zur Angebotsabgabe oder zur Verhandlung nach Teilnahmewettbewerb . 105
§ 38 Form und Übermittlung der Teilnahmeanträge und Angebote 106
§ 39 Aufbewahrung ungeöffneter Teilnahmeanträge und Angebote 107
§ 40 Öffnung der Teilnahmeanträge und Angebote 107

Unterabschnitt 7. Prüfung und Wertung der Teilnahmeanträge und Angebote; Zuschlag

§ 41 Prüfung der Teilnahmeanträge und Angebote; Nachforderung von Unterlagen 107
§ 42 Ausschluss von Teilnahmeanträgen und Angeboten 108
§ 43 Zuschlag und Zuschlagskriterien 108
§ 44 Ungewöhnlich niedrige Angebote 109
§ 45 Auftragsausführung 110
§ 46 Unterrichtung der Bewerber und Bieter 110
§ 47 Auftragsänderung 111
§ 48 Aufhebung von Vergabeverfahren 111

Abschnitt 3. Vergabe von Aufträgen für besondere Leistungen; Planungswettbewerbe

§ 49 Vergabe von öffentlichen Aufträgen über soziale und andere besondere Dienstleistungen 111
§ 50 Sonderregelung zur Vergabe von freiberuflichen Leistungen 112
§ 51 Vergabe von verteidigungs- oder sicherheitsspezifischen öffentlichen Aufträgen 113
§ 52 Durchführung von Planungswettbewerben 113

Abschnitt 4. Schlussbestimmungen

§ 53 Vergabe im Ausland 113
§ 54 Fristenbestimmung und -berechnung 114

3. Teil Öffentliches Preisrecht
VO PR Nr. 30/53 über die Preise bei öffentlichen Aufträgen

Eingangsformel 116
§ 1 Grundsatz 122
§ 2 Geltungsbereich 130
§ 3 Geltung der Preisvorschriften 137
§ 4 Preise für marktgängige Leistungen 137
§ 5 Selbstkostenpreise 148
§ 6 Selbstkostenfestpreise und Selbstkostenrichtpreise 154
§ 7 Selbstkostenerstattungspreise 157
§ 8 Ermittlung der Selbstkostenpreise 159
§ 9 Prüfung der Preise 159
§ 10 Feststellung der Angemessenheit von Selbstkostenpreisen durch öffentliche Auftraggeber 167
§ 11 Zuwiderhandlungen 171
§ 12 Inkrafttreten 172

Inhaltsverzeichnis

Anlage zur Verordnung PR Nr. 30/53 vom 21. November 1953:
Leitsätze für die Preisermittlung auf Grund von Selbstkosten (LSP)

Vorbemerkung 174

I. Allgemeines
Nr. 1 Geltungsbereich 176
Nr. 2 Einrichtung und Ausgestaltung des Rechnungswesens 177
Nr. 3 Erklärung des Auftragnehmers 179

II. Preisermittlung auf Grund von Selbstkosten
Nr. 4 Kosten und Selbstkostenpreise 179
Nr. 5 Arten der Preisermittlung auf Grund von Selbstkosten 182
Nr. 6 Arten der Selbstkostenpreise 184
Nr. 7 Mengenansatz 184
Nr. 8 Bewertung 184
Nr. 9 Allgemeine Angaben zu Preiskalkulationen 186
Nr. 10 Gliederung der Preiskalkulationen 186

III. Bestandteile des Selbstkostenpreises
A. Stoffe
Nr. 11 Fertigungsstoffe 188
Nr. 12 Auswärtige Bearbeitung 188
Nr. 13 Hilfs- und Betriebsstoffe 189
Nr. 14 Sonderbetriebsmittel 189
Nr. 15 Brennstoffe und Energie 190
Nr. 16 Mengenermittlung 191
Nr. 17 Bewertung 192
Nr. 18 Einstandspreis 192
Nr. 19 Zulieferungen aus eigenen Vorbetrieben 193
Nr. 20 Beistellung von Stoffen 194
Nr. 21 Reststoffe 195

B. Löhne, Gehälter und andere Personalkosten
Nr. 22 Verrechnung 195
Nr. 23 Ansatz 196
Nr. 24 Bewertung 196
Nr. 25 Sozialkosten 197

C. Instandhaltung und Instandsetzung
Nr. 26 Ansatz 201

D. Entwicklungs-, Entwurfs- und Versuchsaufträge
Nr. 27 „Freie" und „gebundene" Entwicklung 202
Nr. 28 Nachweis 203

E. Fertigungsanlauf, Bauartänderungen
Nr. 29 Ansatz 204

F. Steuern, Gebühren, Beiträge
Nr. 30 Steuern 205
Nr. 31 Lastenausgleich 208
Nr. 32 Gebühren und Beiträge 208

G. Lizenzen, Patente und gewerblicher Rechtsschutz
Nr. 33 Ansatz und Verrechnung 209

H. Mieten, Büro-, Werbe- und Transportkosten und dgl.
Nr. 34 Mengenansatz und Bewertung 210

Inhaltsverzeichnis

I. Vertriebssonderkosten

Nr. 35 Vertreterprovisionen	212
Nr. 36 Versandbedingungen und Versandkosten	213

K. Kalkulatorische Kosten
a) Anlageabschreibungen

Nr. 37 Begriff	214
Nr. 38 Abschreibungsbetrag und Bewertungsgrundsatz	215
Nr. 39 Nutzung der Anlagen	217
Nr. 40 Berücksichtigung abweichender Kosten	217
Nr. 41 Sonderabschreibungen	217
Nr. 42 Anlagenachweis	218

b) Zinsen

Nr. 43 Bemessung	218
Nr. 44 Ermittlung des betriebsnotwendigen Kapitals	219
Nr. 45 Wertansatz des betriebsnotwendigen Vermögens	222
Nr. 46 Mengenansatz des betriebsnotwendigen Vermögens	222

c) Einzelwagnisse

Nr. 47 Abgrenzung	223
Nr. 48 Verrechnung	224
Nr. 49 Ermittlung der kalkulatorischen Wagniskosten	225
Nr. 50 Nachweis	226

L. Kalkulatorischer Gewinn

Nr. 51 Begriff	226
Nr. 52 Höhe der Zurechnung	227

4. Teil WRegG – Wettbewerbsregistergesetz

Vorbemerkung	233
§ 1 Einrichtung des Wettbewerbsregisters	234
§ 2 Eintragungsvoraussetzungen	235
§ 3 Inhalt der Eintragung in das Wettbewerbsregister	243
§ 4 Mitteilungen	244
§ 5 Gelegenheit zur Stellungnahme vor Eintragung in das Wettbewerbsregister; Auskunftsanspruch	245
§ 6 Abfragepflicht für Auftraggeber; Entscheidung über einen Ausschluss vom Vergabeverfahren	248
§ 7 Löschung der Eintragung aus dem Wettbewerbsregister nach Fristablauf; Rechtswirkung der Löschung	254
§ 8 Vorzeitige Löschung der Eintragung aus dem Wettbewerbsregister wegen Selbstreinigung; Gebühren und Auslagen	256
§ 9 Elektronische Datenübermittlung	263
§ 10 Verordnungsermächtigung	263
§ 11 Rechtsweg	264
§ 12 Anwendungsbestimmungen; Verkündung von Rechtsverordnungen	268

WRegV – Wettbewerbsregisterverordnung ... 269

5. Teil VOB/A – Vergabe- und Vertragsordnung für Bauleistungen Teil A
Abschnitt 1 Basisparagrafen

Vorbemerkung	277
§ 1 Bauleistungen	278
§ 2 Grundsätze	280
§ 3 Arten der Vergabe	300
§ 3a Zulässigkeitsvoraussetzungen	303
§ 3b Ablauf der Verfahren	309
§ 4 Vertragsarten	318

Inhaltsverzeichnis

§ 4a	Rahmenvereinbarungen	331
§ 5	Vergabe nach Losen, Einheitliche Vergabe	337
§ 6	Teilnehmer am Wettbewerb	344
§ 6a	Eignungsnachweise	360
§ 6b	Mittel der Nachweisführung, Verfahren	392
§ 7	Leistungsbeschreibung	402
§ 7a	Technische Spezifikationen	402
§ 7b	Leistungsbeschreibung mit Leistungsverzeichnis	405
§ 7c	Leistungsbeschreibung mit Leistungsprogramm	405
§ 8	Vergabeunterlagen	406
§ 8a	Allgemeine, Besondere und Zusätzliche Vertragsbedingungen	421
§ 8b	Kosten- und Vertrauensregelung, Schiedsverfahren	425
§ 9	Ausführungsfristen, Einzelfristen, Verzug	428
§ 9a	Vertragsstrafen, Beschleunigungsvergütung	433
§ 9b	Verjährung der Mängelansprüche	437
§ 9c	Sicherheitsleistung	439
§ 9d	Änderung der Vergütung	442
§ 10	Angebots-, Bewerbungs-, Bindefristen	443
§ 11	Grundsätze der Informationsübermittlung	448
§ 11a	Anforderungen an elektronische Mittel	450
§ 12	Auftragsbekanntmachung	451
§ 12a	Versand der Vergabeunterlagen	459
§ 13	Form und Inhalt der Angebote	462
§ 14	Öffnung der Angebote, Öffnungstermin bei ausschließlicher Zulassung elektronischer Angebote	487
§ 14a	Öffnung der Angebote, Eröffnungstermin bei Zulassung schriftlicher Angebote	492
§ 15	Aufklärung des Angebotsinhalts	501
§ 16	Ausschluss von Angeboten	514
§ 16a	Nachforderung von Unterlagen	519
§ 16b	Eignung	520
§ 16c	Prüfung	521
§ 16d	Wertung	521
§ 17	Aufhebung der Ausschreibung	524
§ 18	Zuschlag	525
§ 19	Nicht berücksichtigte Bewerbungen und Angebote	525
§ 20	Dokumentation, Informationspflicht	529
§ 21	Nachprüfungsstellen	535
§ 22	Änderungen während der Vertragslaufzeit	537
§ 23	Baukonzessionen	538
§ 24	Vergabe im Ausland	545
Anhang TS		546

Abschnitt 2 Vergabebestimmungen im Anwendungsbereich der Richtlinie 2014/24/EU (VOB/A – EU)

§ 1 EU	Anwendungsbereich	549
§ 2 EU	Grundsätze	550
§ 3 EU	Arten der Vergabe	552
§ 3a EU	Zulässigkeitsvoraussetzungen	555
§ 3b EU	Ablauf der Verfahren	562
§ 4 EU	Vertragsarten	582
§ 4a EU	Rahmenvereinbarungen	585
§ 4b EU	Besondere Instrumente und Methoden	598
§ 5 EU	Einheitliche Vergabe, Vergabe nach Losen	604
§ 6 EU	Teilnehmer am Wettbewerb	621
§ 6a EU	Eignungsnachweise	636
§ 6b EU	Mittel der Nachweisführung, Verfahren	650
§ 6c EU	Qualitätssicherung und Umweltmanagement	661
§ 6d EU	Kapazitäten anderer Unternehmen	673
§ 6e EU	Ausschlussgründe	681
§ 6f EU	Selbstreinigung	683

Inhaltsverzeichnis

§ 7 EU	Leistungsbeschreibung	687
§ 7a EU	Technische Spezifikationen, Testberichte, Zertifizierungen, Gütezeichen	695
§ 7b EU	Leistungsbeschreibung mit Leistungsverzeichnis	702
§ 7c EU	Leistungsbeschreibung mit Leistungsprogramm	705
§ 8 EU	Vergabeunterlagen	708
§ 8a EU	Allgemeine, Besondere und Zusätzliche Vertragsbedingungen	709
§ 8b EU	Kosten- und Vertrauensregelung, Schiedsverfahren	710
§ 8c EU	Anforderungen an energieverbrauchsrelevante Waren, technische Geräte oder Ausrüstungen	711
§ 9 EU	Ausführungsfristen, Einzelfristen, Verzug	711
§ 9a EU	Vertragsstrafen, Beschleunigungsvergütung	712
§ 9b EU	Verjährung der Mängelansprüche	713
§ 9c EU	Sicherheitsleistung	713
§ 9d EU	Änderung der Vergütung	713
§ 10 EU	Fristen	714
§ 10a EU	Fristen im offenen Verfahren	715
§ 10b EU	Fristen im nicht offenen Verfahren	720
§ 10c EU	Fristen im Verhandlungsverfahren	722
§ 10d EU	Fristen im wettbewerblichen Dialog bei der Innovationspartnerschaft	723
§ 11 EU	Grundsätze der Informationsübermittlung	724
§ 11a EU	Anforderungen an elektronische Mittel	729
§ 11b EU	Ausnahmen von der Verwendung elektronischer Mittel	733
§ 12 EU	Vorinformation, Auftragsbekanntmachung	736
§ 12a EU	Versand der Vergabeunterlagen	742
§ 13 EU	Form und Inhalt der Angebote	746
§ 14 EU	Öffnung der Angebote, Öffnungstermin	772
§ 15 EU	Aufklärung des Angebotsinhalts	779
§ 16 EU	Ausschluss von Angeboten	793
§ 16a EU	Nachforderung von Unterlagen	803
§ 16b EU	Eignung	812
§ 16c EU	Prüfung	815
§ 16d EU	Wertung	820
§ 17 EU	Aufhebung der Ausschreibung	838
§ 18 EU	Zuschlag	848
§ 19 EU	Nicht berücksichtigte Bewerbungen und Angebote	855
§ 20 EU	Dokumentation	861
§ 21 EU	Nachprüfungsbehörden	861
§ 22 EU	Auftragsänderungen während der Vertragslaufzeit	865
Anhang TS		867

Abschnitt 3 Vergabebestimmungen im Anwendungsbereich der Richtlinie 2009/81/EG (VOB/A – VS)

§ 1 VS	Anwendungsbereich	869
§ 2 VS	Grundsätze	874
§ 3 VS	Arten der Vergabe	879
§ 3a VS	Zulässigkeitsvoraussetzungen	880
§ 3b VS	Ablauf der Verfahren	883
§ 4 VS	Verfahrensarten	887
§ 5 VS	Einheitliche Vergabe, Vergabe nach Losen	889
§ 6 VS	Teilnehmer am Wettbewerb	890
§ 6a VS	Eignungsnachweise	891
§ 6b VS	Mittel der Nachweisführung, Verfahren	892
§ 6c VS	Qualitätssicherung und Umweltmanagement	893
§ 6d VS	Kapazitäten anderer Unternehmen	893
§ 6e VS	Ausschlussgründe	893
§ 6f VS	Selbstreinigung	896
§ 7 VS	Leistungsbeschreibung	897
§ 7a VS	Technische Spezifikationen	898
§ 7b VS	Leistungsbeschreibung mit Leistungsverzeichnis	899

Inhaltsverzeichnis

§ 7c VS	Leistungsbeschreibung mit Leistungsprogramm	900
§ 8 VS	Vergabeunterlagen	900
§ 8a VS	Allgemeine, Besondere und Zusätzliche Vertragsbedingungen	901
§ 8b VS	Kosten- und Vertrauensregelung, Schiedsverfahren	902
§ 9 VS	Ausführungsfristen, Einzelfristen, Verzug	903
§ 9a VS	Vertragsstrafen, Beschleunigungsvergütung	903
§ 9b VS	Verjährung der Mängelansprüche	903
§ 9c VS	Sicherheitsleistung	903
§ 9d VS	Änderung der Vergütung	904
§ 10 VS	Fristen	904
§ 10a VS	frei	905
§ 10b VS	Fristen im nicht offenen Verfahren	905
§ 10c VS	Fristen im Verhandlungsverfahren	907
§ 10d VS	Fristen im wettbewerblichen Dialog	907
§ 11 VS	Grundsätze der Informationsübermittlung	907
§ 11a VS	Anforderungen an elektronische Mittel	909
§ 12 VS	Vorinformation, Auftragsbekanntmachung	910
§ 12a VS	Versand der Vergabeunterlagen	912
§ 13 VS	Form und Inhalt der Angebote	914
§ 14 VS	Öffnung der Angebote, Öffnungstermin	915
§ 15 VS	Aufklärung des Angebotsinhalts	917
§ 16 VS	Ausschluss von Angeboten	918
§ 16a VS	Nachforderung von Unterlagen	919
§ 16b VS	Eignung	919
§ 16c VS	Prüfung	920
§ 16d VS	Wertung	920
§ 17 VS	Aufhebung der Ausschreibung	922
§ 18 VS	Zuschlag	922
§ 19 VS	Nicht berücksichtigte Bewerbungen und Angebote	923
§ 20 VS	Dokumentation	924
§ 21 VS	Nachprüfungsbehörden	925
§ 22 VS	Auftragsänderungen während der Vertragslaufzeit	925
Anhang TS	....	926

6. Teil Grundzüge der VOB/B

A.	Einleitung	929
B.	Einbeziehung der VOB/B	930
C.	Einzelheiten zur VOB/B	931

7. Teil PersonenverkehrsVO – VO (EG) 1370/2007

Vorbemerkung	....	957
Art. 1	Zweck und Anwendungsbereich	980
Art. 2	Begriffsbestimmungen	987
Art. 2a	Spezifikation der gemeinwirtschaftlichen Verpflichtungen	1001
Art. 3	Öffentliche Dienstleistungsaufträge und allgemeine Vorschriften	1005
Art. 4	Obligatorischer Inhalt öffentlicher Dienstleistungsaufträge und allgemeiner Vorschriften	1011
Art. 5	Vergabe öffentlicher Dienstleistungsaufträge	1022
Art. 5a	Eisenbahn-Rollmaterial	1046
Art. 6	Ausgleichsleistung für gemeinwirtschaftliche Verpflichtungen	1047
Art. 7	Veröffentlichung	1048
Art. 8	Übergangsregelung	1054
Art. 9	Vereinbarkeit mit dem Vertrag	1057
Art. 10	Aufhebung	1059
Art. 11	Berichte	1061
Art. 12	Inkrafttreten	1061
Anhang: Regeln für die Gewährung einer Ausgleichsleistung in den Artikel 6 Absatz 1 genannten Fällen		1061

Inhaltsverzeichnis

8. Teil VSVgV – Vergabeverordnung Verteidigung und Sicherheit
Teil 1 Allgemeine Bestimmungen

§ 1	Anwendungsbereich	1071
§ 2	Anzuwendende Vorschriften für Liefer-, Dienstleistungs- und Bauaufträge	1076
§ 3	Schätzung des Auftragswertes	1077
§ 4	Begriffsbestimmungen	1081
§ 5	Dienstleistungsaufträge	1082
§ 6	Wahrung der Vertraulichkeit	1084
§ 7	Anforderungen an den Schutz von Verschlusssachen durch Unternehmen	1086
§ 8	Versorgungssicherheit	1091
§ 9	Unteraufträge	1093

Teil 2 Vergabeverfahren

§ 10	Grundsätze des Vergabeverfahrens	1099
§ 11	Arten der Vergabe von Liefer- und Dienstleistungsaufträgen	1101
§ 12	Verhandlungsverfahren ohne Teilnahmewettbewerb	1102
§ 13	Wettbewerblicher Dialog	1109
§ 14	Rahmenvereinbarungen	1112
§ 15	Leistungsbeschreibung und technische Anforderungen	1114
§ 16	Vergabeunterlagen	1119
§ 17	Vorinformation	1123
§ 18	Bekanntmachung von Vergabeverfahren	1126
§ 19	Informationsübermittlung	1129
§ 20	Fristen für den Eingang von Anträgen auf Teilnahme und Eingang der Angebote	1134
§ 21	Eignung und Auswahl der Bewerber	1138
§ 22	Allgemeine Vorgaben zum Nachweis der Eignung und des Nichtvorliegens von Ausschlussgründen	1144
§ 23	Zwingender Ausschluss	1150
§ 24	Fakultativer Ausschluss	1154
§ 25	Nachweis der Erlaubnis zur Berufsausübung	1159
§ 26	Nachweis der wirtschaftlichen und finanziellen Leistungsfähigkeit	1160
§ 27	Nachweis der technischen und beruflichen Leistungsfähigkeit	1164
§ 28	Nachweis für die Einhaltung von Normen des Qualitäts- und Umweltmanagements	1171
§ 29	Aufforderung zur Abgabe eines Angebots	1174
§ 30	Öffnung der Angebote	1178
§ 31	Prüfung der Angebote	1184
§ 32	Nebenangebote	1186
§ 33	Ungewöhnlich niedrige Angebote	1187
§ 34	Zuschlag	1191
§ 35	Bekanntmachung über die Auftragserteilung	1195
§ 36	Unterrichtung der Bewerber oder Bieter	1199
§ 37	Aufhebung und Einstellung des Vergabeverfahrens	1201

Teil 3 Unterauftragsvergabe

§ 38	Allgemeine Vorgaben zur Unterauftragsvergabe	1207
§ 39	Bekanntmachung	1210
§ 40	Kriterien zur Auswahl der Unterauftragsnehmer	1212
§ 41	Unteraufträge aufgrund einer Rahmenvereinbarung	1214

Teil 4 Besondere Bestimmungen

§ 42	Ausgeschlossene Personen	1217
§ 43	Dokumentations- und Aufbewahrungspflichten	1223

Teil 5 Übergangs- und Schlussbestimmungen

§ 44	Übergangsbestimmung	1235
§ 45	Inkrafttreten	1235

9. Teil Landesvergabegesetze

Vorbemerkung	1237

Inhaltsverzeichnis

1. Baden-Württemberg
LTMG – Landestariftreue- und Mindestlohngesetz 1245
Untergesetzliches Recht 1248

2. Bayern
Untergesetzliches Recht 1249

3. Berlin
BerlAVG – Berliner Ausschreibungs- und Vergabegesetz 1251
LGG – Landesgleichstellungsgesetz 1258
FFV – Frauenförderverordnung 1259
Untergesetzliches Recht 1261

4. Brandenburg
BbgVergG – Brandenburgisches Vergabegesetz 1263
BbgVergGDV – Brandenburgische Vergabegesetz-Durchführungsverordnung ... 1271
GemHV – Gemeindehaushaltsverordnung 1276
KomHKV – Kommunale Haushalts- und Kassenverordnung 1277
FrauFöV – Frauenförderverordnung 1279

5. Bremen
Tariftreue- und Vergabegesetz 1285
BremVergV – Bremische Vergabeverordnung 1293
BremVergabeOrgV – Bremische Vergabeorganisationsverordnung 1296
BremKernV – Bremische Kernarbeitsnormenverordnung 1298
Untergesetzliches Recht 1300

6. Hamburg
HmbVgG – Hamburgisches Vergabegesetz 1301
Untergesetzliches Recht 1306

7. Hessen
HVTG – Hessisches Vergabe- und Tariftreuegesetz 1307
Untergesetzliches Recht 1317

8. Mecklenburg-Vorpommern
VgG M-V – Vergabegesetz Mecklenburg-Vorpommern 1319
VgGDLVO M-V – Vergabegesetzdurchführungslandesverordnung 1325
MStEVO M-V – Mindest-Stundenentgelt-Verordnung 1327
Untergesetzliches Recht 1327

9. Niedersachsen
NTVergG – Niedersächsisches Tariftreue- und Vergabegesetz 1329
NWertVO – Niedersächsische Wertgrenzenverordnung 1336
NKernVO – Niedersächsische Kernarbeitsnormenverordnung 1341

10. Nordrhein-Westfalen
TVgG NRW – Tariftreue- und Vergabegesetz Nordrhein-Westfalen 1343

11. Rheinland-Pfalz
LTTG – Landestariftreuegesetz 1347
Landesverordnung zur Durchführung des § 4 Abs. 4 des Landestariftreuegesetzes 1351
Landesverordnung über die Nachprüfung von Vergabeverfahren durch Vergabeprüfstellen .. 1353
GemHVO – Gemeindehaushaltsverordnung 1357
Untergesetzliches Recht 1357

12. Saarland
STTG – Saarländisches Tariftreuegesetz 1359

Inhaltsverzeichnis

Verordnung zur Anpassung des Mindestlohns gemäß § 3 Absatz 5 Satz 3 des Saarländischen Tariftreuegesetzes 1365
Untergesetzliches Recht 1365

13. Sachsen

SächsVergabeG – Sächsisches Vergabegesetz 1367

14. Sachsen-Anhalt

LVG LSA – Landesvergabegesetz 1373
AwVO – Auftragswerteverordnung 1380

15. Schleswig-Holstein

VGSH – Vergabegesetz Schleswig-Holstein 1383
SHVgVO – Schleswig-Holsteinische Vergabeverordnung 1386
TTG-MinAVO – TTG-Mindestentgelt-Anpassungsverordnung 1388
VGSHBerAVO – Landesverordnung über den beratenden Ausschuss nach dem Vergabegesetz Schleswig-Holstein 1389

16. Thüringen

ThürVgG – Thüringer Vergabegesetz 1391
Untergesetzliches Recht 1401

Sachverzeichnis 1403

Verzeichnis der Abkürzungen und der abgekürzt zitierten Literatur

aA	am Anfang; anderer Ansicht
aaO	am angegebenen Ort
Abb.	Abbildung
abgedr.	abgedruckt
Abh.	Abhandlung
Abk.	Abkommen
ABl.	Amtsblatt der Europäischen Union (bis 31.12.2002 Amtsblatt der Europäischen Gemeinschaften)
abl.	ablehnend
ABl. BNetzA	Amtsblatt der Bundesnetzagentur
ABl. EGKS	Amtsblatt der Europäischen Gemeinschaft für Kohle und Stahl
Abs.	Absatz
Abschn.	Abschnitt
Abt.	Abteilung
abw.	abweichend
abzgl.	abzüglich
AcP	Archiv für die civilistische Praxis (Zeitschrift)
AdR	Ausschuss der Regionen
aE	am Ende
AEG	Allgemeines Eisenbahngesetz
AEntG	Gesetz über zwingende Arbeitsbedingungen für grenzüberschreitend entsandte und für regelmäßig im Inland beschäftigte Arbeitnehmer und Arbeitnehmerinnen (Arbeitnehmer-Entsendegesetz)
AEUV	Vertrag über die Arbeitsweise der Europäischen Union in der Fassung der Bekanntmachung vom 9.5.2008
aF	alte Fassung
AFDI	Annuaire Français de Droit International (Zeitschrift)
AfP	Archiv für Presserecht (Zeitschrift)
AG	Aktiengesellschaft; Die Aktiengesellschaft (Zeitschrift)
AGB	Allgemeine Geschäftsbedingungen
AGK	Allgemeine Geschäftskosten
AgrarR	Agrarrecht (Zeitschrift)
AGVO	Verordnung (EU) Nr. 651/2014 der Kommission vom 17.6.2014 zur Feststellung der Vereinbarkeit bestimmter Gruppen von Beihilfen mit dem Binnenmarkt in Anwendung der Artikel 107 und 108 des Vertrags über die Arbeitsweise der Europäischen Union
AGVO 800/2008	Verordnung (EG) Nr. 800/2008 der Kommission vom 6.8.2008 zur Erklärung der Vereinbarkeit bestimmter Gruppen von Beihilfen mit dem Gemeinsamen Markt in Anwendung der Artikel 87 und 88 EG-Vertrag (Allgemeine Gruppenfreistellungsverordnung)
AHK	Alliierte Hohe Kommission
AJCL	American Journal of Comparative Law (Zeitschrift)
AktG	Aktiengesetz
allg.	allgemein
allgA	allgemeine Ansicht
allgM	allgemeine Meinung
Alt.	Alternative
aM	anderer Meinung
Amsterdamer Vertrag	Vertrag von Amsterdam zur Änderung des Vertrags über die Europäische Union, der Verträge zur Gründung der Europäischen Gemeinschaften sowie einiger damit zusammenhängender Rechtsakte
Amtl. Begr.	Amtliche Begründung
ÄndG	Änderungsgesetz
Anh.	Anhang
Anl.	Anlage
Anm.	Anmerkung
Ann. eur.	Annuaire européen (= EuYB, Zeitschrift)
AO	Abgabenordnung

Abkürzungs- und Literaturverzeichnis

AöR	Archiv des öffentlichen Rechts (Zeitschrift)
Arbeitnehmerentsende-RL	Richtlinie 96/71/EG des Europäischen Parlaments und des Rates vom 16.12.1996 über die Entsendung von Arbeitnehmern im Rahmen der Erbringung von Dienstleistungen
ARE	Arbeitsgemeinschaft Regionaler Energieversorgungsunternehmen
arg.	argumentum
ARGE	Arbeitsgemeinschaft
Art.	Artikel
AStV	Ausschuss der Ständigen Vertreter
AT	Allgemeiner Teil
Aufl.	Auflage
ausf.	ausführlich
AusfVO	Ausführungsverordnung
Auslegungsmitteilung PersonenverkehrsVO	Mit. d. Kom. über die Auslegungsleitlinien zu der Verordnung (EG) Nr. 1370/2007 über öffentliche Personenverkehrsdienste auf Schiene und Straße
AVMD-RL	Richtlinie 2010/13/EU des Europäischen Parlaments und des Rates zur Koordinierung bestimmter Rechts- und Verwaltungsvorschriften der Mitgliedstaaten über die Bereitstellung audiovisueller Mediendienste (Richtlinie über audiovisuelle Mediendienste)
AVV-EnEff	Allgemeine Verwaltungsvorschriften zur Beschaffung energieeffizienter Produkte und Dienstleistungen
AWD	Außenwirtschaftsdienst des Betriebs-Beraters (Zeitschrift), ab 1975: Recht der Internationalen Wirtschaft (s. auch RIW)
AWG	Außenwirtschaftsgesetz
AWR	Archiv für Wettbewerbsrecht (Zeitschrift)
AWV	Außenwirtschaftsverordnung
Ax/Schneider/Nette VergabeR-HdB	Ax/Schneider/Nette, Handbuch Vergaberecht, Monografie, 1. Aufl. 2002
Az.	Aktenzeichen
AZO	Allgemeine Zollordnung
B-	Bundes-
Bader/Funke-Kaiser/Stuhlfauth/v. Albedyll	Bader/Funke-Kaiser/Stuhlfauth/von Albedyll, Verwaltungsgerichtsordnung, Kommentar, 7. Aufl. 2018
BAFA	Bundesamt für Wirtschaft und Ausfuhrkontrolle
BAG	Bundesarbeitsgericht
Bankenmitt.	Mitteilung über die Anwendung der Vorschriften für staatliche Beihilfen auf Maßnahmen zur Stützung von Finanzinstituten im Kontext der derzeitigen globalen Finanzkrise
BAnz.	Bundesanzeiger
Bartels Präqualifikation	Bartels, Präqualifikation im Vergaberecht, Monografie, 1. Aufl. 2015
Bartosch	Bartosch, EU-Beihilfenrecht, Kommentar, 3. Aufl. 2020
Baumbach/Hopt	Baumbach/Hopt, Handelsgesetzbuch: HGB, Kommentar, 40. Aufl. 2021
Baumeister Recht des ÖPNV-HdB	Baumeister/Barth, Recht des ÖPNV, Band 2: Kommentar, Handbuch, Band 2, 1. Aufl. 2013
Baumgärtel/Laumen/Prütting Beweislast-HdB	Baumgärtel/Laumen/Prütting, Handbuch der Beweislast, Handbuch, Band 1, 2, 3, 4. Aufl. 2018
BauR	Zeitschrift für das gesamte öffentliche und private Baurecht (Zeitschrift)
BayObLG	Bayerisches Oberstes Landesgericht
BayVBl.	Bayerische Verwaltungsblätter
BB	Der Betriebs-Berater (Zeitschrift)
BBauG	(Bundes-)Baugesetzbuch
BBB	Bundesbaublatt (Zeitschrift)
BbgVergG	Brandenburgisches Gesetz über Mindestanforderungen für die Vergabe von öffentlichen Aufträgen (Brandenburgisches Vergabegesetz)
Bd., Bde.	Band, Bände
BDI	Bundesverband der Deutschen Industrie
Bearb., bearb.	Bearbeiter; bearbeitet
Bechtold/Bosch	Bechtold/Bosch, GWB, Kommentar, 9. Aufl. 2018
Bechtold/Bosch/Brinker	Bechtold/Bosch/Brinker, EU-Kartellrecht, Kommentar, 3. Aufl. 2014

Abkürzungs- und Literaturverzeichnis

Beck AEG	Hermes/Sellner, Beck'scher AEG-Kommentar, Kommentar, 2. Aufl. 2014
Beck PostG	Badura/von Danwitz/Herdegen/Sedemund/Stern, Beck'scher PostG-Kommentar, Kommentar, 2. Aufl. 2004
Beck TKG	Geppert/Schütz, Beck'scher TKG-Kommentar, Kommentar, 4. Aufl. 2013
Beck VergabeR	Beck'scher Vergaberechtskommentar, Kommentar, Band 1, herausgegeben von Burgi/Dreher/Opitz, 4. Aufl. 2021; Band 2, herausgegeben von Burgi/Dreher, 3. Aufl. 2019
Beck VOB/A	Dreher/Motzke, Beck'scher Vergaberechtskommentar, VOB Teil A (nur online erschienen), Kommentar, 2. Aufl. 2013
Beck VOB/A, 1. Aufl. 2001	Motzke/Pietzcker/Prieß, Beck'scher VOB-Kommentar, VOB Teil A, Kommentar, 1. Aufl. 2001
Beck VOB/B	Ganten/Jansen/Voit, Beck'scher VOB- und Vergaberechts-Kommentar, VOB Teil B – Allgemeine Vertragsbedingungen für die Ausführung von Bauleistungen, Kommentar, 3. Aufl. 2013
Beck VOB/C	Englert/Katzenbach/Motzke, Beck'scher VOB-Kommentar, VOB Teil C, Kommentar, 3. Aufl. 2014
BeckEuRS	Beck online Rechtsprechung des EuGH, EuG und EuGöD
BeckOGK	Beck'scher Online-Großkommentar, Zivilrecht hrsg. v. Gsell/Krüger/Lorenz/Reymann, Handels- und Gesellschaftsrecht hrsg. v. Henssler, 2021
BeckOK BGB	Hau/Poseck, BeckOK BGB, Kommentar, 58. Aufl. 2021
BeckOK OWiG	Graf, BeckOK OWiG, Kommentar, 30. Aufl. 2021
BeckOK StPO	Graf, BeckOK StPO mit RiStBV und MiStra, Kommentar, 39. Aufl. 2021
BeckOK VergabeR	Gabriel/Mertens/Prieß/Stein, BeckOK Vergaberecht, Kommentar, 2021
BeckOK VwGO	Posser/Wolff, BeckOK VwGO, Kommentar, 57. Aufl. 2021
BeckOK VwVfG	Bader/Ronellenfitsch, BeckOK VwVfG, Kommentar, 51. Aufl. 2021
BeckRS	Beck online Rechtsprechung (Elektronische Entscheidungsdatenbank in beck-online)
Begr.	Begründung
begr.	begründet
Begr., RegE VgRÄG	Begründung des Regierungsentwurfs zum Vergaberechtsänderungsgesetz
Bek.	Bekanntmachung
Bekl.	Beklagter
Bellamy/Child EU Competition Law	Bellamy/Child, European Community Law of Competition, Handbuch, 8. Aufl. 2018
Benelux-Staaten	Belgien, Niederlande, Luxemburg
ber.	berichtigt
Bericht 1957	Schriftlicher Bericht des Ausschusses für Wirtschaftspolitik über den Entwurf eines GWB (BT-Drs. II/3644)
Bericht 1965	Schriftlicher Bericht des Ausschusses für die Entwürfe zu einem Gesetz zur Änderung des GWB (BT-Drs. IV/3533)
Bericht 1973	Unterrichtung des Ausschusses für Wirtschaft zu dem Entwurf eines Zweiten Gesetzes zur Änderung des GWB (BT-Drs. 7/765)
Bericht 1976	Bericht und Antrag des Ausschusses für Wirtschaft zu dem Entwurf eines Dritten Gesetzes zur Änderung des GWB (BT-Drs. 7/4768)
Bericht 1980	Beschlussempfehlung und Bericht des Ausschusses für Wirtschaft zu dem Entwurf eines Vierten Gesetzes zur Änderung des GWB (BT-Drs. 8/3690)
Bericht 1989	Beschlussempfehlung und Bericht des Ausschusses für Wirtschaft zu dem Entwurf eines Fünften Gesetzes zur Änderung des GWB (BT-Drs. 11/5949)
Bericht 1998	Beschlussempfehlung und Bericht des Ausschusses für Wirtschaft zu dem Entwurf eines Sechsten Gesetzes zur Änderung des GWB (BT-Drs. 13/10633)
Bericht 2005	Beschlussempfehlung und Bericht des Ausschusses für Wirtschaft und Arbeit zu dem Entwurf eines Siebten Gesetzes zur Änderung des GWB (BT-Drs. 15/5049)
BerlAVG	Berliner Ausschreibungs- und Vergabegesetz
Berlit WettbR	Berlit, Wettbewerbsrecht, Handbuch, 10. Aufl. 2017
BerlKommEnergieR	Säcker, Berliner Kommentar zum Energierecht, Kommentar, Band 1, 2, 3, 4, 5, 6, 4. Aufl. 2017 ff.
bes.	besonders
Beschl.	Beschluss
bestr.	bestritten
Beteiligungsmitteilung	Mitteilung der Kommission über Kapitalzuführungen durch den Staat, Bulletin EG 9–1984, abgedruckt in: Wettbewerbsrecht der Europäischen Gemeinschaften, Band II A, 133
betr.	betreffend

Abkürzungs- und Literaturverzeichnis

Betriebsübergangs-RL	Richtlinie 2001/23/EG des Rates vom 12.3.2001 zur Angleichung der Rechtsvorschriften der Mitgliedstaaten über die Wahrung von Ansprüchen beim Übergang von Unternehmen, Betrieben oder Unternehmens- und Betriebsteilen
Bez.	Bezeichnung
BFH	Bundesfinanzhof
BGB	Bürgerliches Gesetzbuch
BGBl.	Bundesgesetzblatt
BGebG	Gesetz über Gebühren und Auslagen des Bundes (Bundesgebührengesetz)
BGH	Bundesgerichtshof
BGHSt	Entscheidungen des Bundesgerichtshofs in Strafsachen
BGHZ	Entscheidungen des Bundesgerichtshofs in Zivilsachen
BGK	Baustellengemeinkosten
BGW	Bundesverband der deutschen Gas- und Wasserwirtschaft
BHO	Bundeshaushaltsordnung
Bieber/Ress Dynamik	Bieber/Ress, Die Dynamik des Europäischen Gemeinschaftsrechts, Monografie, 1. Aufl. 1987
Biermann Bioenergie	Biermann, Bioenergie und Planungsrecht, Monografie, 1. Aufl. 2014
BIP	Bruttoinlandsprodukt
BKartA	Bundeskartellamt
BKR	s. RL 93/37/EWG
Bl.	Blatt
BMAS	Bundesminister(ium) für Arbeit und Soziales
BMF	Bundesminister(ium) der Finanzen
BMI	Bundesminister(ium) des Inneren
BMJV	Bundesminister(ium) der Justiz und für Verbraucherschutz
BMPT	Bundesminister(ium) für Post und Telekommunikation (bis zur Auflösung 1997)
BMWi	Bundesministerium für Wirtschaft und Energie
BNetzA	Bundesnetzagentur für Elektrizität, Gas, Telekommunikation, Post und Eisenbahnen
Boesen	Boesen, Praxiskommentar Kartellvergaberecht, Kommentar, 2. Aufl. 2014
Bos/Stuyck/Wytinck Concentration Control	Bos/Stuyck/Wytinck, Concentration Control in the European Economic Community, Monografie, 1. Aufl. 1992
BPatG	Bundespatentgericht
BPatGE	Entscheidungen des Bundespatentgerichts
BR	Bundesrat
br.	britisch
BRAGO	Bundesgebührenordnung für Rechtsanwälte
BRD	Bundesrepublik Deutschland
BR-Drs.	Drucksachen des Deutschen Bundesrates
BReg.	Bundesregierung
BremTtVG	Bremisches Gesetz zur Sicherung von Tariftreue, Sozialstandards und Wettbewerb bei öffentlicher Auftragsvergabe (Tariftreue- und Vergabegesetz)
BR-Prot.	Protokolle des Deutschen Bundesrates
BS	Der Bausachverständige (Zeitschrift)
BSchVG	Gesetz über den gewerblichen Binnenschifffahrtsverkehr
BSG	Bundessozialgericht
Bsp.	Beispiel
Bspr.	Besprechung
bspw.	beispielsweise
BStBl.	Bundessteuerblatt
BT	Bundestag
BT-Drs.	Drucksache des Deutschen Bundestages
BT-Prot.	Protokolle des Deutschen Bundestages
Buchholz	Buchholz, Sammel- und Nachschlagewerk der Rechtsprechung des Bundesverwaltungsgerichts, Entscheidungssammlung, 9. Aufl. 2012
Buchst.	Buchstabe
Bull.	Bulletin der Europäischen Gemeinschaften
Bunte/Stancke KartellR	Bunte/Stancke, Kartellrecht, Lehrbuch, 3. Aufl. 2016
Burgi VergabeR	Burgi, Vergaberecht, Lehrbuch, 3. Aufl. 2021
BVerfG	Bundesverfassungsgericht
BVerfGE	Entscheidungen des Bundesverfassungsgerichts
BVerwG	Bundesverwaltungsgericht
BVerwGE	Entscheidungen des Bundesverwaltungsgerichts
BW	Baden-Württemberg

Abkürzungs- und Literaturverzeichnis

BWLTMG	....	Tariftreue- und Mindestlohngesetz für öffentliche Aufträge in Baden-Württemberg (Landestariftreue- und Mindestlohngesetz)
BYIL	....	British Yearbook of International Law (Zeitschrift)
Byok/Jaeger	....	Byok/Jaeger, Vergaberecht, Kommentar, 4. Aufl. 2018
bzgl.	....	bezüglich
bzw.	....	beziehungsweise
ca.	....	circa
Calliess/Ruffert	....	Calliess/Ruffert, EUV/AEUV, Kommentar, 5. Aufl. 2016
CC	....	französischer Code Civil
CEEP	....	Europäischer Zentralverband der öffentlichen Wirtschaft
chap.	....	chapter
cic	....	culpa in contrahendo
CMLR	....	Common Market Law Reports (Zeitschrift)
CMLRev.	....	Common Market Law Review (Zeitschrift)
Contag/Zanner VergabeR	....	Contag/Zanner, Vergaberecht nach Ansprüchen, Lehrbuch, 2. Aufl. 2019
CPA	....	Classification of Products According to Activities (Statistische Güterklassifikation in Verbindung mit den Wirtschaftszweigen in der Europäischen Wirtschaftsgemeinschaft)
CPC	....	Central Product Classification (Zentrale Güterklassifikation der Vereinten Nationen)
CPN	....	Competition Policy Newsletter (Zeitschrift)
CPV	....	Common Procurement Vocabulary (Gemeinsames Vokabular für öffentliche Aufträge)
CR	....	Computer und Recht
Creifelds Recht-WB	.....	Creifelds/Weber/Cassardt/Dankelmann/Hakenberg/Kainz/König/Kortstock/Weidenkaff, Rechtswörterbuch, Lexikon, 23. Aufl. 2019
Dageförde VergabeR	.....	Dageförde, Einführung in das Vergaberecht, Lehrbuch, 2. Aufl. 2013
dass.	....	dasselbe
Daub/Eberstein VOL/A		Daub/Eberstein, Kommentar zur VOL – Teil A, Kommentar, 5. Aufl. 2000
Daub/Eberstein VOL/B		Daub/Eberstein, Kommentar zur VOL – Teil B, Kommentar, 5. Aufl. 2003
Dauses/Ludwigs EU-WirtschaftsR-HdB	....	Dauses/Ludwigs, Handbuch des EU-Wirtschaftsrechts, Handbuch, 52. Aufl. 2021
DAWI	....	Dienstleistung(en) im allgemeinen wirtschaftlichen Interesse
DAWI-De-minimis-VO		Verordnung (EU) Nr. 360/2012 der Kommission vom 25.4.2012 über die Anwendung der Artikel 107 und 108 des Vertrags über die Arbeitsweise der Europäischen Union auf De-minimis-Beihilfen an Unternehmen, die Dienstleistungen von allgemeinem wirtschaftlichem Interesse erbringen
DAWI-GFE	....	s. GFE-DAWI
DB	....	Der Betrieb (Zeitschrift)
DDR	....	Deutsche Demokratische Republik
ders.	....	derselbe
dh	....	das heißt
Dieckmann/Scharf/Wagner-Cardenal	....	Dieckmann/Scharf/Wagner-Cardenal, VgV, UVgO, Kommentar, 2. Aufl. 2019
Dienstleistungs-RL	....	Richtlinie 2006/123/EG des Europäischen Parlaments und des Rates vom 12.12.2006 über Dienstleistungen im Binnenmarkt
Dienstleistungs-RL 1992	....	Richtlinie 92/50/EWG des Rates vom 18.6.1992 über die Koordinierung der Verfahren zur Vergabe öffentlicher Dienstleistungsaufträge
dies.	....	dieselbe(n)
diff.	....	differenzierend
DIHT	....	Deutscher Industrie- und Handelstag
DIN	....	Deutsche Industrienorm
Dippel/Sterner/Zeiss VSVgV	....	Dippel/Sterner/Zeiss, VSVgV, Kommentar, 2. Aufl. 2018
DiskE	....	Diskussionsentwurf
Diss.	....	Dissertation (Universitätsort)
dJ	....	des Jahres
DKR	....	s. Dienstleistungs-RL 1992
Dobmann Neues VergabeR	....	Dobmann, Das neue Vergaberecht, Handbuch, 2. Aufl. 2017
Dok.	....	Dokument
DÖV	....	Die öffentliche Verwaltung (Zeitschrift)
Dreher/Kulka WettbR	..	Dreher/Kulka, Wettbewerbs- und Kartellrecht, Lehrbuch, 11. Aufl. 2021

Abkürzungs- und Literaturverzeichnis

DRiG	Deutsches Richtergesetz
DRiZ	Deutsche Richterzeitung (Zeitschrift)
Drs.	Drucksache
DRZ	Deutsche Rechtszeitschrift (Zeitschrift)
DS-GVO	Verordnung (EU) 2016/679 des Europäischen Parlaments und des Rates vom 27.4.2016 zum Schutz natürlicher Personen bei der Verarbeitung personenbezogener Daten, zum freien Datenverkehr und zur Aufhebung der Richtlinie 95/46/EG (Datenschutz-Grundverordnung)
DStZ	Deutsche Steuerzeitung (Zeitschrift)
DVA	Deutsche Vergabe- und Vertragsausschuss für Bauleistungen
DVAL	Deutscher Vergabe- und Vertragsausschuss für Lieferungen und Dienstleistungen
DVBl	Deutsches Verwaltungsblatt (Zeitschrift)
DVG	Deutsche Verbundgesellschaft
DVO	Verordnung (EG) Nr. 802/2004 der Kommission vom 21.4.2004 zur Durchführung der Verordnung (EG) Nr. 139/2004 des Rates über die Kontrolle von Unternehmenszusammenschlüssen
DW	Der Wettbewerb (Zeitschrift)
DZWir	Deutsche Zeitschrift für Wirtschaftsrecht (Zeitschrift)
E	Entwurf
EAG	Europäische Atomgemeinschaft
EAGFE	Europäische Agentur für Forschung und Entwicklung
EAGV	Vertrag zur Gründung der Europäischen Atomgemeinschaft (Euratom)
ebd.	ebenda
Ebisch/Gottschalk/ Hoffjan/Müller	Ebisch/Gottschalk/Hoffjan/Müller, Preise und Preisprüfungen bei öffentlichen Aufträgen, Kommentar, 9. Aufl. 2020
EBJS	Ebenroth/Boujong/Joost/Strohn, Handelsgesetzbuch (HGB), Kommentar, Band 1, 2, 4. Aufl. 2020
EC	European Community; European Community Treaty
ECA	European Competition Authorities
ECJ	Court of Justice of the European Union
Eckebrecht Auftragsvergaben	Eckebrecht, Auftragsvergaben extraterritorialer Einrichtungen, Monografie, 1. Aufl. 2015
ECLR	European Competition Law Review (Zeitschrift)
ECR	European Court Report
ed./éd.	edited; edition; editor, edizione, éditeur, edition
EEA	Einheitliche Europäische Akte
EEC	European Economic Community
EEE	Einheitliche Europäische Eigenerklärung
EEG	Gesetz für den Ausbau erneuerbarer Energien (Erneuerbare-Energien-Gesetz) vom 21.7.2014
EEG 2009	Gesetz für den Vorrang Erneuerbarer Energien (Erneuerbare Energien Gesetz vom 25.10.2008
EFSF	European Financial Stability Facility (deutsch: Europäischen Finanzstabilisierungsfazilität)
EFTA	European Free Trade Association
EG	Europäische Gemeinschaft; Vertrag zur Gründung der Europäischen Gemeinschaften idF vom 2.10.1997, durch Art. 2 des Vertrages von Lissabon zum 1.12.2009 in den Vertrag zur Arbeitsweise des Europäischen Union (AEUV) umbenannt
EG-Bauaufträge-KoordinierungsRL	s. RL 93/37/EWG
EGKS	Europäische Gemeinschaft für Kohle und Stahl
EGKSV	Vertrag über die Gründung der Europäischen Gemeinschaft für Kohle und Stahl
EG-Lieferkoordinierungs-Richtlinie	s. RL 93/36/EWG
EGMR	Europäischer Gerichtshof für Menschenrechte
EGovG	Gesetz zur Förderung der elektronischen Verwaltung (E-Government-Gesetz)
EG-Sektorenüberwachungs-Richtlinie	s. RL 92/13/EWG
EG-Überwachungsrichtlinie	s. RL 89/665/EWG
EGV-Nizza	Vertrag zur Gründung der Europäischen Gemeinschaft vom 25.3.1957 idF des Vertrages über die Europäische Union vom 7.2.1992

Abkürzungs- und Literaturverzeichnis

Ehlers/Pünder AllgVerwR	Ehlers/Pünder, Allgemeines Verwaltungsrecht, Lehrbuch, 15. Aufl. 2015
Ehlers/Wolffgang/Schröder Subventionen	Ehlers/Wolffgang/Schröder, Subventionen im WTO- und EG-Recht, Monografie, 1. Aufl. 2007
eIDAS-VO	Verordnung (EU) Nr. 910/2014 des Europäischen Parlaments und des Rates vom 23.7.2014 über elektronische Identifizierung und Vertrauensdienste für elektronische Transaktionen im Binnenmarkt und zur Aufhebung der Richtlinie 1999/93/EG
Einf.	Einführung
Einl.	Einleitung
einstw.	einstweilig
Eisenbahnraum-RL	Richtlinie 2012/34/EU des Europäischen Parlaments und des Rates vom 21.11.2012 zur Schaffung eines einheitlichen europäischen Eisenbahnraums
EisenbahnRL	s. Eisenbahnraum-RL
EJIL	European Journal of International Law (Zeitschrift)
EKMR	Europäische Kommission für Menschenrechte
EL	Ergänzungslieferung
ELJ	European Law Journal (Zeitschrift)
ELR	European Law Reporter (Zeitschrift)
ELRev	European Law Review (Zeitschrift)
Emmerich/Lange KartellR	Emmerich/Lange, Kartellrecht, Lehrbuch, 14. Aufl. 2018
EMRK	Konvention zum Schutz der Menschenrechte und Grundfreiheiten
endg.	endgültig
Energieeffizienz-RL	Richtlinie 2012/27/EU des Europäischen Parlaments und des Rates vom 25.10.2012 zur Energieeffizienz, zur Änderung der Richtlinien 2009/125/EG und 2010/30/EU und zur Aufhebung der Richtlinien 2004/8/EG und 2006/32/EG
Ent.	Entscheidung
entspr.	entsprechend
Entw.	Entwurf
Entwurf 1952	Entwurf eines Gesetzes gegen Wettbewerbsbeschränkungen (BT-Drs. II/1158, Anl. I)
Entwurf 1964	Entwurf eines Gesetzes zur Änderung des GWB (BT-Drs. IV/2564)
Entwurf 1971	Entwurf eines Zweiten Gesetzes zur Änderung des GWB (BT-Drs. IV/2520), übernommen vom SPD/FDP-Entwurf 1973 (BT-Drs. 7/76)
Entwurf 1974	Entwurf des Dritten Gesetzes zur Änderung des GWB (BT-Drs. 7/2954)
Entwurf 1978	Entwurf eines Dritten Gesetzes zur Änderung des GWB (BT-Drs. 8/2136)
Entwurf 1989/1	Entwurf eines Fünften Gesetzes zur Änderung des GWB (BT-Drs. 11/4610)
Entwurf 1989/2	Entwurf eines Sechsten Gesetzes zur Änderung des GWB (BT-Drs. 13/9720)
Entwurf 2004	Entwurf eines Siebten Gesetzes zur Änderung des GWB (BT-Drs. 15/3640)
EnWG	Gesetz über die Elektrizitäts- und Gasversorgung (Energiewirtschaftsgesetz)
EnWR	Energiewirtschaftsrecht
EP	Europäisches Parlament
EPL	European Public Law (Zeitschrift)
ERechV	Verordnung über die elektronische Rechnungsstellung im öffentlichen Auftragswesen des Bundes (E-Rechnungsverordnung)
Erl.	Erläuterung
Erman	Erman, BGB, Kommentar, 16. Aufl. 2020
Eschenbruch/Opitz/Röwekamp	Eschenbruch/Opitz/Röwekamp, Sektorenverordnung, Kommentar, 2. Aufl. 2019
ESM	European Stability Mechanism (deutsch: Europäischer Stabilitätsmechanismus)
ESM-Vertrag	Vertrag zur Einrichtung des Europäischen Stabilitätsmechanismus zwischen dem Königreich Belgien, der Bundesrepublik Deutschland, der Republik Estland, Irland, der Hellenischen Republik, dem Königreich Spanien, der Französischen Republik, der Italienischen Republik, der Republik Zypern, dem Großherzogtum Luxemburg, Malta, dem Königreich der Niederlande, der Republik Österreich, der Portugiesischen Republik, der Republik Slowenien, der Slowakischen Republik und der Republik Finnland
EStAL	European State Aid Law Quarterly (Zeitschrift)
EStG	Einkommensteuergesetz
etc	et cetera
EU	Europäische Union, entstanden durch den Vertrag von Lissabon zur Änderung des Vertrages über die Europäische Union und des Vertrages zur Gründung der Europäischen Gemeinschaft (ABl. 2007 C 306, 1), zuletzt bekanntgemacht durch

Abkürzungs- und Literaturverzeichnis

	Abdruck der konsolidierten Textfassung im ABl. 2010 C 83, 1 und ABl. 2010 C 84, 1
EU-Berufsanerkennungs-richtlinie	Richtlinie 2005/36/EG des europäischen Parlaments und des Rates vom 7.9.2005 über die Anerkennung von Berufsqualifikationen
EuG	Europäisches Gericht Erster Instanz
EuGH	Gerichtshof der Europäischen Union
EuGHE	Entscheidungen des Gerichtshofes der Europäischen Gemeinschaften
EUK	Europa kompakt (Zeitschrift)
EU-Kom.	Europäische Kommission
EU-Kom. Wettbewerbsbericht	Bericht über die Wettbewerbspolitik durch die Europäische Kommission
EU-KonzessionsvergabeRL	s. RL 2014/23/EU
EuMeSat	Europäische Organisation für die Nutzung meteorologischer Satelliten
EU-Öffentliche-AuftragsvergabeRL	s. RL 2014/24/EU
EUR	Euro
EuR	Europarecht (Zeitschrift)
Euratom	Europäische Atomgemeinschaft
EUV	Vertrag über die Europäische Union vom 9.5.2008
EuVR	Europäisches Vergaberecht (Zeitschrift), ab 2001: Zeitschrift für das gesamte Vergaberecht (s. VR)
EUVRL	s. Sektoren-RL 2004
EuYB	European Yearbook (Zeitschrift)
EuZW	Europäische Zeitschrift für Wirtschaftsrecht (Zeitschrift)
eV	eingetragener Verein
evtl.	eventuell
EVU	Elektrizitätsversorgungsunternehmen
EW	Elektrizitätswirtschaft (Zeitschrift)
EWG	Europäische Wirtschaftsgemeinschaft
EWGV	Vertrag zur Gründung der Europäischen Wirtschaftsgemeinschaft vom 25.3.1957
EWiR	Entscheidungen zum Wirtschaftsrecht (Zeitschrift)
EWR	Europäischer Wirtschaftsraum
EWS	Europäisches Wirtschafts- und Steuerrecht (Zeitschrift)
Eyermann	Eyermann, Verwaltungsgerichtsordnung: VwGO, Kommentar, 15. Aufl. 2019
EZB	Europäische Zentralbank
EZBK	Ernst/Zinkahn/Bielenberg/Krautzberger, Baugesetzbuch: BauGB, Kommentar, 140. Aufl. 2020
EzEG-VergabeR	Fischer/Noch/Münkemüller, VergabE, Entscheidungssammlung, 1. Aufl. 2002
f.	folgend
Fabry/Meininger/Kayser VergabeR	Fabry/Meininger/Kayser, Vergaberecht in der Unternehmenspraxis, Handbuch, 2. Aufl. 2013
FAO	Ernährungs- und Landwirtschaftsorganisation der Vereinten Nationen
FAZ	Frankfurter Allgemeine Zeitung
Ferber Bieterstrategien VergabeR	Ferber, Bieterstrategien im Vergaberecht, Handbuch, 1. Aufl. 2014
Ferber Praxisratgeber VergabeR	Ferber, Fristen im Vergabeverfahren, Ratgeber, 4. Aufl. 2017
FernmAG	Fernmeldeanlagengesetz
ff.	fortfolgende
FFV	Verordnung über die Förderung von Frauen und die Vereinbarkeit von Beruf und Familie bei der Vergabe öffentlicher Aufträge (Frauenförderverordnung)
FGO	Finanzgerichtsordnung
Finanzmarkt-RL 2004/39/EG	Richtlinie 2004/39/EG des Europäischen Parlaments und des Rates vom 21.4.2004 über Märkte für Finanzinstrumente, zur Änderung der Richtlinien 85/611/EWG und 93/6/EWG des Rates und der Richtlinie 2000/12/EG des Europäischen Parlaments und des Rates und zur Aufhebung der Richtlinie 93/22/EWG des Rates
FIW	Forschungsinstitut für Wirtschaftsverfassung und Wettbewerb eV, Köln
FIW-Schriftenreihe	Schriftenreihe des Forschungsinstituts für Wirtschaftsverfassung und Wettbewerb eV, Köln
FK-KartellR	Jaeger/Kokott/Pohlmann/Schroeder, Frankfurter Kommentar zum Kartellrecht, Kommentar, 99. Aufl. 2021

Abkürzungs- und Literaturverzeichnis

FKVO	Verordnung (EG) Nr. 139/2004 des Rates vom 20.1.2004 über die Kontrolle von Unternehmenszusammenschlüssen („EG-Fusionskontrollverordnung")
FKVO aF	Fusionskontrollverordnung alte Fassung: Verordnung (EWG) Nr. 4064/89 des Rates vom 21.12.1989 über die Kontrolle von Unternehmenszusammenschlüssen
Fn.	Fußnote
Forum Vergabe	Forum Vergabe eV, Berlin
forum vergabe monatsinfo	forum vergabe monatsinfo (Zeitschrift)
Franke/Kemper/Zanner/Grünhagen/Mertens	Franke/Kemper/Zanner/Grünhagen/Mertens, VOB Kommentar: Bauvergaberecht, Bauvertragsrecht, Bauprozessrecht, Kommentar, 7. Aufl. 2020
franz.	französisch
Frenz EuropaR-HdB III	Frenz, Handbuch Europarecht, Band 3: Beihilfe- und Vergaberecht, Lehrbuch, 1. Aufl. 2007
FS	Festschrift
FS Marx, 2013	Prieß/Lau/Kratzenberg, Wettbewerb – Transparenz – Gleichbehandlung 15 Jahre GWB-Vergaberecht – Festschrift für Fridhelm Marx 2013, Festschrift, 1. Aufl. 2013
FuE/F&E	Forschung und Entwicklung
FuE-GVO	Verordnung (EU) Nr. 1217/2010 der Kommission vom 14.12.2010 über die Anwendung von Artikel 101 Absatz 3 des Vertrags über die Arbeitsweise der Europäischen Union auf bestimmte Gruppen von Vereinbarungen über Forschung und Entwicklung
FuE-GVO aF	Verordnung (EG) Nr. 2659/2000 der Kommission vom 29.11.2000 über die Anwendung von Artikel 81 Absatz 3 des Vertrages auf Gruppen von Vereinbarungen über Forschung und Entwicklung
FVG	Gesetz über die Finanzverwaltung (Finanzverwaltungsgesetz)
G	Gesetz
GA	Generalanwalt
Gabriel/Krohn/Neun VergabeR-HdB	Gabriel/Krohn/Neun, Handbuch Vergaberecht, Handbuch, 3. Aufl. 2021
GAP	Gemeinsame Agrarpolitik
GASP	Gemeinsame Außen- und Sicherheitspolitik
GATS	General Agreement on Trade in Services (Allgemeines Übereinkommen über den Handel mit Dienstleistungen)
GATT	Allgemeines Zoll- und Handelsabkommen
GBl.	Gesetzblatt
GbR	Gesellschaft bürgerlichen Rechts
GD	Generaldirektion
Geheimnisschutz-RL	Richtlinie (EU) 2016/943 des Europäischen Parlaments und des Rates vom 8.6.2016 über den Schutz vertraulichen Know-hows und vertraulicher Geschäftsinformationen (Geschäftsgeheimnisse) vor rechtswidrigem Erwerb sowie rechtswidriger Nutzung und Offenlegung
Geiger/Khan/Kotzur	Geiger/Khan/Kotzur, EUV/AEUV, Kommentar, 6. Aufl. 2017
gem.	gemäß
Gemeinschaftsrahmen „F&E&I-Beihilfen"	Mitteilung der Kommission – Gemeinschaftsrahmen für staatliche Beihilfen für Forschung, Entwicklung und Innovation
GemHVO	Gemeindehaushaltsverordnung
GemS	Gemeinsamer Senat
GeschGehG	Gesetz zum Schutz von Geschäftsgeheimnissen
GesR	Gesundheitsrecht, Zeitschrift für Arztrecht, Krankenhausrecht, Apotheken- und Arzneimittelrecht (Zeitschrift)
GewArch	Gewerbearchiv (Zeitschrift)
GewO	Gewerbeordnung
GFE-DAWI	Entscheidung der Kommission vom 28.11.2005 über die Anwendung von Artikel 86 Absatz 2 EG-Vertrag auf staatliche Beihilfen, die bestimmten mit der Erbringung von Dienstleistungen von allgemeinem wirtschaftlichem Interesse betrauten Unternehmen als Ausgleich gewährt werden
GG	Grundgesetz für die Bundesrepublik Deutschland
ggf.	gegebenenfalls
ggü.	gegenüber
GKG	Gerichtskostengesetz
GK-KartellR	Müller-Henneberg/Schwartz/Hootz, Gesetz gegen Wettbewerbsbeschränkungen und Europäisches Kartellrecht, Kommentar, 5. Aufl. 1999
GlüStV	Staatsvertrag zum Glücksspielwesen in Deutschland (Glücksspielstaatsvertrag)

Abkürzungs- und Literaturverzeichnis

GmbHG	Gesetz betreffend die Gesellschaften mit beschränkter Haftung
GMBl.	Gemeinsames Ministerialblatt
GMP	Garantierte-Maximal-Preis
GmS-OGB	Gemeinsamer Senat der obersten Gerichtshöfe des Bundes
GO	Geschäftsordnung
Goede/Stoye/Stolz VergabeR-HdB	Goede/Stoye/Stolz, Handbuch des Vergaberechts, 2. Aufl. 2021
Göhler	Göhler, Gesetz über Ordnungswidrigkeiten: OWiG, Kommentar, 18. Aufl. 2021
GP	Gesetzgebungsperiode
GPA	Agreement on Government Procurement
GPC	Government Procurement Code
Grabitz/Hilf/Nettesheim	Grabitz/Hilf/Nettesheim, Das Recht der Europäischen Union, Kommentar, 71. Aufl. 2020
Graf-Schlicker	Graf-Schlicker, InsO, Kommentar, 5. Aufl. 2020
GRCh	Charta der Grundrechte der Europäischen Union
grdl.	grundlegend
grds.	grundsätzlich
Greb/Müller	Greb/Müller, Kommentar zum Sektorenvergaberecht, Kommentar, 2. Aufl. 2017
GrS	Großer Senat
Gruber/Gruber/Sachs EurVergabeR	Gruber/Gruber/Sachs, Europäisches Vergaberecht, Monografie, 1. Aufl. 2005
Grünbuch Partnerschaften	Grünbuch zu öffentlich-privaten Partnerschaften und den gemeinschaftlichen Rechtsvorschriften für öffentliche Aufträge und Konzessionen vom 30.4.2004
Grünbuch Verteidigungsgüter	Grünbuch Beschaffung von Verteidigungsgütern vom 23.9.2004
GRUR	Gewerblicher Rechtsschutz und Urheberrecht (Zeitschrift)
GRUR-Int	Gewerblicher Rechtsschutz und Urheberrecht – International
GU	Gemeinschaftsunternehmen
GüKG	Güterkraftverkehrsgesetz
GVBl.	Gesetz- und Verordnungsblatt
GVG	Gerichtsverfassungsgesetz
GVO	s. AGVO
GVO 651/2014	s. AGVO
GWB	Gesetz gegen Wettbewerbsbeschränkungen
GYIL	German Yearbook of International Law (Zeitschrift)
Hailbronner/Klein/Magiera/Müller-Graff	Hailbronner/Klein/Magiera/Müller-Graff, Handkommentar zum EU-Vertrag, Kommentar, 1. Aufl. 1998
Halbbd.	Halbband
Hancher/Ottervanger/Slot EU State Aids	Hancher/Ottervanger/Slot, EU State Aids, Handbuch, 4. Aufl. 2012
Hänsel/Grosse Vergabe	Hänsel/Grosse, Vergabe von Architekten- und Ingenieurleistungen, Handbuch, 2. Aufl. 2012
Haratsch/Koenig/Pechstein EuropaR	Haratsch/Koenig/Pechstein, Europarecht, Lehrbuch, 12. Aufl. 2020
Hattig/Maibaum	Hattig/Maibaum, Praxiskommentar Kartellvergaberecht, Kommentar, 2. Aufl. 2014
HdB	Handbuch
HdBStR III	s. Isensee/Kirchhof StaatsR-HdB
Heidenhain EU-BeihilfenR-HdB	Heidenhain, Handbuch des Europäischen Beihilfenrechts, Handbuch, 1. Aufl. 2003
Heidenhain European State Aid Law	Heidenhain, European State Aid Law, Kommentar, 1. Aufl. 2010
Heiermann/Riedl/Rusam	Heiermann/Riedl/Rusam, Handkommentar zur VOB, Kommentar, 14. Aufl. 2017
Heinze/Fehling/Fiedler	Heinze/Fehling/Fiedler, Personenbeförderungsgesetz, Kommentar, 2. Aufl. 2014
Hertwig Öff. Auftragsvergabe	Hertwig, Praxis der öffentlichen Auftragsvergabe, Monografie, 6. Aufl. 2016; 7. Aufl. s. Hertwig VergabeR
Hertwig VergabeR	Hertwig, Praxis des Vergaberechts, Monografie, 7. Aufl. 2021; 6. Aufl. s. Hertwig Öff. Auftragsvergabe
Hettich/Soudry VergabeR	Hettich/Soudry, Das neue Vergaberecht, Monografie, 1. Aufl. 2014
HGB	Handelsgesetzbuch

Abkürzungs- und Literaturverzeichnis

HGrG	Gesetz über die Grundsätze des Haushaltsrechts des Bundes und der Länder (Haushaltsgrundsätzegesetz)
HHKW	Heuvels/Höß/Kuß/Wagner, Vergaberecht: Gesamtkommentar zum Recht der öffentlichen Auftragsvergabe (GWB 4. Teil: VgV, KonzVgV, SektVO, VSVgV, VO(EG)1370/2007, VOB/A, VOL/A), Kommentar, 1. Aufl. 2012
HK-InsO	s. Kayser/Thole
HK-VergabeR	Pünder/Schellenberg, Vergaberecht, Kommentar, 3. Aufl. 2019
hL	herrschende Lehre
hM	herrschende Meinung
HmbVgG	Hamburgisches Vergabegesetz
HOAI	Verordnung über die Honorare für Architekten- und Ingenieurleistungen (Honorarordnung für Architekten und Ingenieure)
Höfler/Bayer BauVergabeR-HdB	Höfler/Bayer, Praxishandbuch Bauvergaberecht, Handbuch, 3. Aufl. 2012
Holoubek/Fuchs/Holzinger VergabeR	Holoubek/Fuchs/Holzinger, Vergaberecht, Lehrbuch, 5. Aufl. 2018
Hölzer VergabeR	Hölzer, Vergaberecht im Verteidigungs- und Sicherheitsbereich der Europäischen Union, Monografie, 1. Aufl. 2017
HRR	Höchstrichterliche Rechtsprechung
Hrsg., hrsg.	Herausgeber, herausgegeben
Hs.	Halbsatz
Hüffer/Koch	Hüffer/Koch, Aktiengesetz, Kommentar, 15. Aufl. 2021
HVTG	Hessisches Vergabe- und Tariftreuegesetz
HwO	Gesetz zur Ordnung des Handwerks (Handwerksordnung)
ICLQ	International Comparative Law Quarterly (Zeitschrift)
idB	in der Bekanntmachung
idF	in der Fassung
idR	in der Regel
idS	in diesem Sinne
iE	im Einzelnen
iErg	im Ergebnis
ieS	im engeren Sinne
IHK	Industrie- und Handelskammer
ILA	International Law Association
Immenga/Mestmäcker	Immenga/Mestmäcker, Wettbewerbsrecht, Kommentar, Band 4: VergabeR, 6. Aufl. 2021, Bd. 1–3, 5, 6. Aufl. 2019 ff.
Ingenstau/Korbion	Ingenstau/Korbion, VOB Teile A und B, Kommentar, 21. Aufl. 2019
inkl.	inklusive
insbes.	insbesondere
InsO	Insolvenzordnung
IntHK	Internationale Handelskammer
IP	Pressemitteilung der EU
iRd	im Rahmen der/des
iS	im Sinne
iSd	im Sinne der/des
Isensee/Kirchhof StaatsR-HdB	Isensee/Kirchhof, Handbuch des Staatsrechts der Bundesrepublik Deutschland, Handbuch, Band 1, 2, 3, 4, 5, 6, 7, 8, 9, 10, 11, 12, 3. Aufl. 2003 ff.
ITBR	IT-Rechtsberater (Zeitschrift)
iÜ	im Übrigen
iVm	in Verbindung mit
IWF	Internationaler Währungsfond
iwS	im weiteren Sinne
iZw	im Zweifel
JA	Juristische Arbeitsblätter (Zeitschrift)
Jarass/Pieroth	Jarass/Pieroth, Grundgesetz für die Bundesrepublik Deutschland: GG, Kommentar, 16. Aufl. 2020
Jb.	Jahrbuch
JBl	Juristische Blätter (Zeitschrift)
Jg.	Jahrgang
JMBl.	Justizministerialblatt
JR	Juristische Rundschau (Zeitschrift)
jur.	juristisch
Jura	Juristische Ausbildung (Zeitschrift)

Abkürzungs- und Literaturverzeichnis

jurisPK-BGB	Herberger/Martinek/Rüßmann/Weth/Würdinger, juris PraxisKommentar BGB, Kommentar, Band 1, 2, 3, 4, 5, 6, 9. Aufl. 2020
jurisPK-VergabeR	Heiermann/Summa/Zeiss, juris PraxisKommentar Vergaberecht, Kommentar, 5. Aufl. 2016
JuS	Juristische Schulung (Zeitschrift)
JW	Juristische Wochenschrift (Zeitschrift)
JZ	Juristenzeitung (Zeitschrift)
K. Schmidt GesR	Schmidt, Gesellschaftsrecht, Unternehmensrecht II, Kommentar, 4. Aufl. 2002
KAG	Kommanditaktiengesellschaft
Kap.	Kapitel
Kapellmann/Messerschmidt	Kapellmann/Messerschmidt, VOB Teile A und B, Kommentar, 7. Aufl. 2020
KartB	Kartellbehörde
Kartellbericht	Bericht der Bundesregierung über die Änderung des GWB (BT-Drs. IV/617)
KartellR	Kartellrecht
KAV	Verordnung über Konzessionsabgaben für Strom und Gas (Konzessionsabgabenverordnung)
Kayser/Thole	Kayser/Thole, Insolvenzordnung, Kommentar, 10. Aufl. 2020
KG	Kammergericht (Berlin), Kommanditgesellschaft
KGaA	Kommanditgesellschaft auf Aktien
KKMPP	Kulartz/Kus/Marx/Portz/Prieß, Kommentar zur VgV, Kommentar, 1. Aufl. 2016
KK-OWiG	Mitsch, Karlsruher Kommentar zum Gesetz über Ordnungswidrigkeiten: OWiG, Kommentar, 5. Aufl. 2018
KKP GWB	Kulartz/Kus/Portz, Kommentar zum GWB-Vergaberecht, Kommentar, 3. Aufl. 2014 (5. Aufl. s. RKPP)
KKPP GWB	Kulartz/Kus/Portz/Prieß, Kommentar zum GWB-Vergaberecht, Kommentar, 4. Aufl. 2016 (5. Aufl. s. RKPP)
KKRD	Koller/Kindler/Roth/Drüen, HGB, Kommentar, 9. Aufl. 2019
Kl.	Kläger
Kling/Thomas KartellR	Kling/Thomas, Kartellrecht, Lehrbuch, 2. Aufl. 2016
KLPP	Kaufmann/Lübbig/Prieß/Pünder, VO (EG) 1370/2007 – Verordnung über öffentliche Personenverkehrsdienste, Kommentar, 1. Aufl. 2010 (2. Aufl. s. Linke)
KMPP	Kulartz/Marx/Portz/Prieß, Kommentar zur VOB/A, Kommentar, 2. Aufl. 2014
KMPP VOL/A	Kulartz/Marx/Portz/Prieß, Kommentar zur VOL/A, Kommentar, 3. Aufl. 2013
KMU	Kleine und mittlere Unternehmen
Knack/Henneke	Knack/Henneke, Verwaltungsverfahrensgesetz: VwVfG, Kommentar, 11. Aufl. 2019
Knauff ÖPNV	Knauff, Bestellung von Verkehrsleistungen im ÖPNV, Monografie, 1. Aufl. 2018
Koenig/Kühling/Ritter EG-BeihilfenR-HdB	Koenig/Kühling/Ritter, EG-Beihilfenrecht, Handbuch, 2. Aufl. 2005
Koenig/Roth/Schön EG-BeihilfenR	Koenig/Roth/Schön, Aktuelle Fragen des EG-Beihilfenrechts, Monografie, 1. Aufl. 2001
Köhler/Bornkamm/Feddersen	Köhler/Bornkamm/Feddersen, UWG, Kommentar, 39. Aufl. 2021
Kölner Komm KartellR	Busche/Röhling, Kölner Kommentar zum Kartellrecht (Kölner Komm KartellR), Kommentar, Band 1, 2, 3, 4, 1. Aufl. 2012 ff.
Kom.	Kommission
Kom. Dok.	Kommissionsdokument
Kom., Bekanntmachung Durchsetzung	Bekanntmachung der Kommission über die Durchsetzung des Beihilfenrechts durch die einzelstaatlichen Gerichte
Kom., Bekanntmachung Konzentration/Kooperation	Bekanntmachung der Kommission über Konzentrations- und Kooperationstatbestände nach der Verordnung (EWG) Nr. 4064/89 des Rates vom 21.12.1989 über die Kontrolle von Unternehmenszusammenschlüssen
Kom., Bekanntmachung Post	Bekanntmachung der Kommission über die Anwendung der Wettbewerbsregeln auf den Postsektor und über die Beurteilung bestimmter staatlicher Maßnahmen betreffend Postdienste
Kom., Bekanntmachung Rückforderung	Bekanntmachung der Kommission über Rechtswidrige und mit dem Gemeinsamen Markt unvereinbare staatliche Beihilfen: Gewährleistung der Umsetzung von Rückforderungsentscheidungen der Kommission in den Mitgliedstaaten

Abkürzungs- und Literaturverzeichnis

Kom., Leitfaden Verfahren	Europäischer Leitfaden für bewährte Verfahren (Code of Best Practice) zur Erleichterung des Zugangs kleiner und mittlerer Unternehmen (KMU) zu öffentlichen Aufträgen
Kom., Leitlinien Breitbandausbau 2009	Leitlinien der Gemeinschaft für die Anwendung der Vorschriften über staatliche Beihilfen im Zusammenhang mit dem schnellen Breitbandausbau
Kom., Leitlinien Breitbandausbau 2013	Leitlinien der EU für die Anwendung der Vorschriften über staatliche Beihilfen im Zusammenhang mit dem schnellen Breitbandausbau
Kom., Leitlinien Risikokapitalbeihilfen	Leitlinien der Gemeinschaft für staatliche Beihilfen zur Förderung von Risikokapitalinvestitionen in kleine und mittlere Unternehmen
Kom., Leitlinien Umstrukturierung	Mitteilung der Kommission – Leitlinien der Gemeinschaft für staatliche Beihilfen zur Rettung und Umstrukturierung von Unternehmen in Schwierigkeiten
Kom., Mitteilung Analysemethode	Mitteilung der Kommission über die Methode für die Analyse staatlicher Beihilfen in Verbindung mit verlorenen Kosten, abrufbar unter http://ec.europa.eu/competition/state_aid/legislation/stranded_costs_de.pdf
Kom., Mitteilung Auslegung Konzessionen	Mitteilung der Kommission zu Auslegungsfragen im Bereich Konzessionen im Gemeinschaftsrecht
Kom., Mitteilung Auslegung Vergaberecht	Mitteilung der Kommission über die Auslegung des gemeinschaftlichen Vergaberechts und die Möglichkeiten zur Berücksichtigung sozialer Belange bei der Vergabe öffentlicher Aufträge
Kom., Mitteilung Auslegungsfragen Artikel 296	Mitteilung zu Auslegungsfragen bezüglich der Anwendung des Artikels 296 des Vertrags zur Gründung der Europäischen Gemeinschaft (EGV) auf die Beschaffung von Verteidigungsgütern
Kom., Mitteilung Auslegungsfragen IÖPP	Mitteilung der Kommission zu Auslegungsfragen in Bezug auf die Anwendung der gemeinschaftlichen Rechtsvorschriften für öffentliche Aufträge und Konzessionen auf institutionalisierte Öffentlich Private Partnerschaften (IÖPP)
Kom., Mitteilung Filmwirtschaft	Mitteilung der Kommission vom 26.9.2001 zu bestimmten Rechtsfragen im Zusammenhang mit Kinofilmen und anderen audiovisuellen Werken, zuletzt bis 31.12.2012 verlängert durch Mitteilung der Kommission über die Kriterien zur Beurteilung der Vereinbarkeit staatlicher Beihilfen in der Mitteilung zur Filmwirtschaft
Kom., Mitteilung Flughäfen	Mitteilung der Kommission Gemeinschaftliche Leitlinien für die Finanzierung von Flughäfen und die Gewährung staatlicher Anlaufbeihilfen für Luftfahrtunternehmen auf Regionalflughäfen
Kom., Mitteilung Geltungsdauer Schiffbau	Mitteilung der Kommission betreffend die Verlängerung der Geltungsdauer der Rahmenbestimmungen über staatliche Beihilfen an den Schiffbau
Kom., Mitteilung Gemeinschaftsrahmen Beihilfen	Mitteilung der Kommission – Vorübergehender Gemeinschaftsrahmen für staatliche Beihilfen zur Erleichterung des Zugangs zu Finanzierungsmitteln in der gegenwärtigen Finanz- und Wirtschaftskrise
Kom., Mitteilung Impaired Asset	Mitteilung der Kommission über die Behandlung wertgeminderter Aktiva im Bankensektor der Gemeinschaft
Kom., Mitteilung Konzessionen	Mitteilung der Kommission zu Auslegungsfragen im Bereich Konzessionen im Gemeinschaftsrecht
Kom., Mitteilung Rekapitalisierung	Mitteilung der Kommission – Die Rekapitalisierung von Finanzinstituten in der derzeitigen Finanzkrise: Beschränkung der Hilfe auf das erforderliche Minimum und Vorkehrungen gegen unverhältnismäßige Wettbewerbsverzerrungen
Kom., Mitteilung Schiffbau	Rahmenbestimmungen über staatliche Beihilfen für den Schiffbau

Abkürzungs- und Literaturverzeichnis

Kom., Mitteilung Seilbahn	Mitteilung der Kommission an die übrigen Mitgliedstaaten und anderen Beteiligten zur staatlichen Beihilfe N 376/01 – „Beihilfenregelung zugunsten von Seilbahnen" – Genehmigung staatlicher Beihilfen gemäß den Artikeln 87 und 88 EG-Vertrag
Kom., Mitteilung Umstrukturierung	Mitteilung der Kommission über die Wiederherstellung der Rentabilität und die Bewertung von Umstrukturierungsmaßnahmen im Finanzsektor der derzeitigen Krise gemäß den Beihilfevorschriften
Kom., Mitteilung Unterschwellenvergabe	Mitteilung der Kommission zu Auslegungsfragen in Bezug auf das Gemeinschaftsrecht, das für die Vergabe öffentlicher Aufträge gilt, die nicht oder nur teilweise unter die Vergaberichtlinien fallen
Kom., Mitteilung Verlängerung Schiffbau	Mitteilung der Kommission betreffend die Verlängerung der Geltungsdauer der Rahmenbestimmungen für Beihilfen an den Schiffbau
Komm.	Kommentar
KonzVgV	Verordnung über die Vergabe von Konzessionen (Konzessionsvergabeverordnung)
Kopp/Ramsauer	Kopp/Ramsauer, Verwaltungsverfahrensgesetz, Kommentar, 21. Aufl. 2020
Kopp/Schenke	Kopp/Schenke, Verwaltungsgerichtsordnung: VwGO, Kommentar, 26. Aufl. 2020
KostRMoG	Zweites Gesetz zur Modernisierung des Kostenrechts
Krenberger/Krumm	Krenberger/Krumm, OWiG, Kommentar, 6. Aufl. 2020
krit.	kritisch
KritJ	Kritische Justiz (Zeitschrift)
KrWG	Gesetz zur Förderung der Kreislaufwirtschaft und Sicherung der umweltverträglichen Bewirtschaftung von Abfällen
	(Kreislaufwirtschaftsgesetz)
KS	EGKS-Vertrag in der nach dem 1.5.1999 geltenden Fassung
KSZE	Konferenz über Sicherheit und Zusammenarbeit in Europa
KVR	s. RL 2014/23/EU
L	Landes-
LAG	Landesarbeitsgericht
Lampe-Helbig/Jagenburg/Baldringer Bauvergabe-HdB	Lampe-Helbig/Jagenburg/Baldringer, Handbuch der Bauvergabe, Handbuch, 3. Aufl. 2014
Langen/Bunte	Langen/Bunte, Kartellrecht, Kommentar, Band 1, 2, 13. Aufl. 2018
Leinemann Vergabe öff. Aufträge	Leinemann, Die Vergabe öffentlicher Aufträge, Handbuch, 7. Aufl. 2020
Leinemann VergabeR	Leinemann, Das neue Vergaberecht, Kommentar, 2. Aufl. 2010
Leinemann/Kirch VSVgV	Leinemann/Kirch, VSVgV Vergabeverordnung Verteidigung und Sicherheit, Kommentar, 1. Aufl. 2013
Leinemann/Kues	Leinemann/Kues, BGB-Bauvertragsrecht, Kommentar, 1. Aufl. 2018
Leippe/Habich EU-BeihilfeR	Leippe/Habich, EU-Beihilferecht in der kommunalen Praxis, Handbuch, 4. Aufl. 2020
Lenz EG-HdB	Lenz, EG-Handbuch – Recht im Binnenmarkt, Handbuch, 2. Aufl. 1994
Lenz/Borchardt	Lenz/Borchardt, EU-Verträge Kommentar – EUV, AEUV, GRCh, Kommentar, 6. Aufl. 2012
Lfg.	Lieferung
LG	Landgericht (mit Ortsnamen)
LHO	Landeshaushaltsordnung
li. Sp.	linke Spalte
LIEI	Legal Issues of Economic Integration (Zeitschrift)
Linke	Linke, VO (EG) 1370/2007, Kommentar, 2. Aufl. 2019 (1. Aufl. s. KKLP)
lit.	litera, Buchstabe
Lit.	Literatur
LKartB	Landeskartellbehörde/n
LKR	s. RL 93/36/EWG
LKV	Landes- und Kommunalrecht (Zeitschrift)
LMRKM	Loewenheim/Meessen/Riesenkampff/Kersting/Meyer-Lindemann, Kartellrecht, Kommentar, 4. Aufl. 2020
Losebl.	Loseblattausgabe
LPG	Landespressegesetz

Abkürzungs- und Literaturverzeichnis

Ls.	Leitsatz
LSP	Leitsätze für die Preisermittlung auf Grund von Selbstkosten (Anl. zu VO PR Nr. 30/53)
lt.	laut
Lübbig/Martin-Ehlers EU-BeihilfenR	Lübbig/Martin-Ehlers, Beihilfenrecht der EU, Monografie, 2. Aufl. 2009
LuftSiG	Luftsicherheitsgesetz
Luftverkehrsdienste-VO	Verordnung (EG) Nr. 1008/2008 des Europäischen Parlaments und des Rates vom 24.9.2008 über gemeinsame Vorschriften für die Durchführung von Luftverkehrsdiensten in der Gemeinschaft
LVG LSA	Gesetz über die Vergabe öffentlicher Aufträge in Sachsen-Anhalt (Landesvergabegesetz)
Maunz/Dürig	Maunz/Dürig, Grundgesetz-Kommentar, Kommentar, 93. Aufl. 2020
Maurer/Waldhoff AllgVerwR	Maurer/Waldhoff, Allgemeines Verwaltungsrecht, Lehrbuch, 20. Aufl. 2020
maW	mit anderen Worten
Mayer/Stöger	Mayer/Stöger, Kommentar zu EUV und AEUV, Kommentar, 1. Aufl. 2016
MBl.	Ministerialblatt
MDR	Monatsschrift für Deutsches Recht (Zeitschrift)
mE	meines Erachtens
Messerschmidt/Voit	Messerschmidt/Voit, Privates Baurecht, Kommentar, 3. Aufl. 2018
Mestmäcker/Schweitzer EuWettbR	Mestmäcker/Schweitzer, Europäisches Wettbewerbsrecht, Lehrbuch, 3. Aufl. 2014
Meyer-Goßner/Schmitt	Meyer-Goßner/Schmitt, Strafprozessordnung: StPO, Kommentar, 64. Aufl. 2021
MHdB GesR I	Gummert/Weipert, Münchener Handbuch des Gesellschaftsrechts, Band 1: BGB-Gesellschaft, Offene Handelsgesellschaft, Partnerschaftsgesellschaft, Partenreederei, EWIV, Handbuch, 5. Aufl. 2019
MHdB GesR II	Gummert/Weipert, Münchener Handbuch des Gesellschaftsrechts, Band 2: Kommanditgesellschaft, GmbH & Co. KG, Publikums-KG, Stille Gesellschaft, Handbuch, 5. Aufl. 2019
MHdB GesR III	Priester/Mayer/Wicke, Münchener Handbuch des Gesellschaftsrechts, Band 3: Gesellschaft mit beschränkter Haftung, Handbuch, 5. Aufl. 2018
MHdB GesR IV	Hoffmann-Becking, Münchener Handbuch des Gesellschaftsrechts, Band 4: Aktiengesellschaft, Handbuch, 5. Aufl. 2020
MHdB GesR V	Beuthien/Gummert/Schöpflin, Münchener Handbuch des Gesellschaftsrechts, Band 5: Verein, Stiftung bürgerlichen Rechts, Handbuch, 5. Aufl. 2021
MHdB GesR VI	Leible/Reichert, Münchener Handbuch des Gesellschaftsrechts, Internationales Gesellschaftsrecht, Grenzüberschreitende Umwandlungen, Band 6: Internationales Gesellschaftsrecht, Grenzüberschreitende Umwandlungen, Handbuch, 4. Aufl. 2013
Michaelis EU-BeihilfeR	Michaelis, Das EU-Beihilferecht, Monografie, 1. Aufl. 2011
Michaelis/Rhösa	Michaelis/Rhösa, Preisbildung bei öffentlichen Aufträgen, Kommentar, 109. Aufl. 2020
MiFID	s. Finanzmarkt-RL 2004/39/EG
MinBl.	Ministerialblatt
Mio.	Million(en)
Mitt.	Mitteilung(en)
MJ	Maastricht Journal of European and Comparative Law (Zeitschrift)
MK	Monopolkommission
Möschel Wettbewerbsbeschränkungen	Möschel, Recht der Wettbewerbsbeschränkungen, Monografie, 1. Aufl. 1983
Mrd.	Milliarde
MSR-2002	Multisektoraler Regionalbeihilferahmen 2002
MüKoAktG	Goette/Habersack/Kalss, Münchener Kommentar zum Aktiengesetz: AktG, Kommentar, Band 1, 2, 4, 5, 7, 5. Aufl. 2017 ff.
MüKoBGB	Säcker/Rixecker/Oetker/Limperg, Münchener Kommentar zum Bürgerlichen Gesetzbuch: BGB, Kommentar, Band 1, 2, 3, 4, 5, 6, 7, 8, 8a, 9, 10, 11, 12, 13, 8. Aufl. 2018 ff.
MüKoHGB	Drescher/Fleischer/K. Schmidt, Münchener Kommentar zum Handelsgesetzbuch: HGB, Kommentar, Band 1, 5, 5. Aufl. 2021; K. Schmidt, Münchener Kommentar zum Handelsgesetzbuch: HGB, Kommentar, Band 2, 3, 4, 6, 7, 4. Aufl. 2016 ff.
MüKoStPO	Knauer/Kudlich/Schneider, Münchener Kommentar zur Strafprozessordnung: StPO, Kommentar, Band 1, 2, 3/1, 3/2, 1. Aufl. 2014 ff.
MüKoZPO	Krüger/Rauscher, Münchener Kommentar zur ZPO, Kommentar, Band 1, 2, 6. Aufl. 2020, Band 3, 5. 2016
Müller-Wrede GWB	Müller-Wrede, GWB – Vergaberecht, Kommentar, 1. Aufl. 2016

Abkürzungs- und Literaturverzeichnis

Müller-Wrede GWB VgV VOB/A 2016	Müller-Wrede, GWB, VgV und VOB/A 2016, Kommentar, 3. Aufl. 2016
Müller-Wrede Kompendium VergabeR	Müller-Wrede, Kompendium des Vergaberechts, Handbuch, 2. Aufl. 2013
Müller-Wrede SektVO ..	Müller-Wrede, SektVO, Kommentar, 2. Aufl. 2018
Müller-Wrede VgV/UVgO	Müller-Wrede, VgV/UVgO, Kommentar, 1. Aufl. 2017
Müller-Wrede VOF	Müller-Wrede, Kommetar zur VOF, Kommentar, 5. Aufl. 2014
Müller-Wrede VOL/A ..	Müller-Wrede, Vergabe- und Vertragsordnung für Leistungen – VOL/A, Kommentar, 4. Aufl. 2014
Müller-Wrede/Braun	Müller-Wrede/Braun, KonzVgV, Kommentar, 1. Aufl. 2018
MuR	Medien und Recht (Zeitschrift)
Musielak/Voit	Musielak/Voit, Zivilprozessordnung: ZPO, Kommentar, 18. Aufl. 2021
mwN	mit weiteren Nachweisen
MwSt.	Mehrwertsteuer
mWv	mit Wirkung vom
N&R	Netzwirtschaften und Recht (Zeitschrift)
Nachw.	Nachweis
Nds. Rpfl.	Niedersächsische Rechtspflege (Zeitschrift)
nF	neue Fassung
NGO	Non-governmental Organization(s)
Nicklisch/Weick/Jansen/Seibel	Nicklisch/Weick/Jansen/Seibel, VOB/B – Vergabe- und Vertragsordnung für Bauleistungen Teil B, Kommentar, 5. Aufl. 2019
Niebuhr/Kulartz/Kus/Portz	Niebuhr/Kulartz/Kus/Portz, Kommentar zum Vergaberecht, Kommentar, 1. Aufl. 2000
NIMEXE	Warenverzeichnis für die Statistik des Außenhandels der Gemeinschaft und des Handels zwischen ihren Mitgliedstaaten
NJW	Neue Juristische Wochenschrift (Zeitschrift)
NJW-RR	NJW-Rechtsprechungs-Report, Zivilrecht (Zeitschrift)
NJW-WettbR	NJW-Entscheidungsdienst Wettbewerbsrecht (Zeitschrift)
NK-BGB	Dauner-Lieb/Langen, Bürgerliches Gesetzbuch: BGB, Band 2: Schuldrecht, Kommentar, 4. Aufl. 2021
NK-EnWG	Kment, Energiewirtschaftsgesetz, Kommentar, 2. Aufl. 2019
NK-EuWettbR	Schröter/Jakob/Klotz/Mederer, Europäisches Wettbewerbsrecht, Kommentar, 2. Aufl. 2014
NK-VwGO	Sodan/Ziekow, Verwaltungsgerichtsordnung, Kommentar, 5. Aufl. 2018
NK-VwVfG	Mann/Sennekamp/Uechtritz, Verwaltungsverfahrensgesetz, Kommentar, 2. Aufl. 2019
No.	Number
Noch e-Vergabe	Noch, e-Vergabe in der Praxis, Monografie, 1. Aufl. 2014
Noch VergabeR-HdB ...	Noch, Vergaberecht kompakt, Handbuch, 8. Aufl. 2019
NpV	Verordnung über das Nachprüfungsverfahren für öffentliche Aufträge
Nr.	Nummer(n)
NRW	Nordrhein-Westfalen
NTVergG	Niedersächsisches Gesetz zur Sicherung von Tariftreue und Wettbewerb bei der Vergabe öffentlicher Aufträge (Niedersächsisches Tariftreue- und Vergabegesetz)
nv	nicht veröffentlicht
NVersZ	Neue Zeitschrift für Versicherungsrecht
NVwZ	Neue Zeitschrift für Verwaltungsrecht
NVwZ-RR	NVwZ-Rechtsprechungs-Report (Zeitschrift)
NZA	Neue Zeitung für Arbeits- und Sozialrecht
NZBau	Neue Zeitschrift für Bau- und Vergaberecht
NZG	Neue Zeitschrift für Gesellschaftsrecht
NZS	Neue Zeitschrift für Sozialrecht
o.	oben
oa	oben angegeben
oÄ	oder Ähnliche(s)
ObG	Obergericht
OECD	Journal of Competition Law and Policy (Zeitschrift)
og	oben genannt
OGH	Oberster Gerichtshof (Österreich)
OHG	Offene Handelsgesellschaft
Öhler/Schramm	Öhler/Schramm, Vergaberecht, Kommentar, 5. Aufl. 2010

Abkürzungs- und Literaturverzeichnis

OLG	Oberlandesgericht
OLGR	OLG-Report (Zeitschrift)
OLGZ	Rechtsprechung der Oberlandesgerichte in Zivilsachen (Amtliche Entscheidungssammlung)
ÖPNV	öffentlicher Personennahverkehrs
ÖPNV/SPNV-VO	s. VO (EG) 1370/2007
Oppermann/Classen/Nettesheim EuropaR	Oppermann/Classen/Nettesheim, Europarecht, Lehrbuch, 9. Aufl. 2021
ORDO	Jahrbuch für die Ordnung von Wirtschaft und Gesellschaft (Zeitschrift)
OVG	Oberverwaltungsgericht
OWiG	Gesetz über Ordnungswidrigkeiten
p.	page
PA	Patentamt
Palandt	Palandt, Bürgerliches Gesetzbuch, Kommentar, 80. Aufl. 2021
PatentR	Patentrecht
PatG	Patentgesetz
PBefG	Personenbeförderungsgesetz
PersonenverkehrsVO	s. VO (EG) 1370/2007
Pöhlker/Lausen/Müller	Pöhlker/Lausen/Müller, Vergaberecht, Kommentar, 1. Aufl. 2011
PPLR	Public Procurement Law Review (Zeitschrift)
Prieß VergabeR-HdB	Prieß, Handbuch des europäischen Vergaberechts, Handbuch, 3. Aufl. 2005
Prieß/Niestedt Rechtsschutz-HdB	Prieß/Niestedt, Rechtsschutz im Vergaberecht, Handbuch, 1. Aufl. 2006
PrOVG	Preußisches Oberverwaltungsgericht
Quigley	Quigley, European State Aid Law and Policy, Kommentar, 3. Aufl. 2015
RA	Rechtsausschuss
RabelsZ	Rabels Zeitschrift für ausländisches und internationales Privatrecht
RAE	Revue des affaires européennes (Zeitschrift)
Rahmenbest. Schiffbau	Rahmenbestimmungen für Beihilfen an den Schiffbau (2003/ C 317, 6)
RdE	Recht der Energiewirtschaft, Recht der Elektrizitätswirtschaft (Zeitschrift)
RdL	Recht der Landwirtschaft (Zeitschrift)
re. Sp.	rechte Spalte
Recht	Das Recht (Zeitschrift)
Rechten/Röbke Basiswissen VergabeR	Rechten/Röbke, Basiswissen Vergaberecht, Lehrbuch, 3. Aufl. 2021
RefE	Referentenentwurf
RegBegr.	Regierungsbegründung
RegE	Regierungsentwurf
RegLL 1998	Regionalleitlinien 1998
Reidt/Stickler/Glahs	Reidt/Stickler/Glahs, Vergaberecht, Kommentar, 4. Aufl. 2017
resp.	respektive
Rev. crit. dr. internat.Privé	Revue critique de droit international privé (Zeitschrift)
Rev. MC	Revue de Marché Commun (Zeitschrift)
RG	Reichsgericht
RGBl.	Reichsgesetzblatt
RGRK-BGB	Mitglieder des Bundesgerichtshofes/RGRK, Das Bürgerliche Gesetzbuch mit besonderer Berücksichtigung der Rechtsprechung des Reichsgerichts und des Bundesgerichtshofes, Kommentar, Band 1, 1/1, 1/2, 2/1, 2/1, 2/2, 2/2, 2/3.1, 2/4, 2/5, 2/6, 3/1, 3/2, 3/3, 4/1, 4/1, 4/2, 4/2, 4/3, 4/3, 4/4, 5/1, 5/1, 5/2, 6, 6/1, 6/2, 7, 12. Aufl. 1959 ff.
RGZ	Amtliche Sammlung von Entscheidungen des Reichsgerichts in Zivilsachen
RhPflTTG	Landesgesetz zur Gewährleistung von Tariftreue und Mindestentgelt bei öffentlichen Auftragsvergaben (Landestariftreuegesetz)
RIE	Revista de instituciones europeos (Zeitschrift)
Risikoaktivamitt	s. Impaired-Asset-Mitt.
Rittner/Dreher Eur/DEU WirtschaftsR	Rittner/Dreher, Europäisches und deutsches Wirtschaftsrecht, Lehrbuch, 3. Aufl. 2008
Riv. dir. int.	Rivista di diritto internazionale (Zeitschrift)
RIW	Recht der internationalen Wirtschaft (Zeitschrift)
RKPP GWB	Röwekamp/Kus/Portz/Prieß, Kommentar zum GWB-Vergaberecht, Kommentar, 5. Aufl. 2020 (4. Aufl. s. KKPP, 3. Aufl. s. KKP)
rkr.	rechtskräftig
RL	Richtlinie(n)

Abkürzungs- und Literaturverzeichnis

RL 2001/23/EG	s. Betriebsübergangs-RL
RL 2004/17/EG	s. Sektoren-RL 2004
RL 2004/18/EG	s. Vergabe-RL 2004
RL 2004/39/EG	s. Finanzmarkt-RL 2004/39/EG
RL 2006/123/EG	s. Dienstleistungs-RL
RL 2009/43/EG	s. Verteidigungsgüter-RL
RL 2009/81/EG	s. Vergabe-RL Verteidigung und Sicherheit
RL 2010/13/EU	s. AVMD-RL
RL 2012/27/EU	s. Energieeffizienz-RL
RL 2012/34/EU	s. Eisenbahnraum-RL
RL 2014/23/EU	Richtlinie 2014/23/EU des Europäischen Parlaments und des Rates vom 26.2.2014 über die Konzessionsvergabe
RL 2014/24/EU	Richtlinie 2014/24/EU des Europäischen Parlaments und des Rates vom 26.2.2014 über die öffentliche Auftragsvergabe und zur Aufhebung der Richtlinie 2004/18/EG
RL 2014/25/EU	s. Sektoren-RL
RL 2016/943/EU	s. Geheimnisschutz-RL
RL 89/665/EWG	Richtlinie 89/665/EWG des Rates vom 21.12.1989 zur Koordinierung der Rechts- und Verwaltungsvorschriften für die Anwendung der Nachprüfungsverfahren im Rahmen der Vergabe öffentlicher Liefer- und Bauaufträge
RL 92/13/EWG	Richtlinie 92/13/EWG des Rates vom 25.2.1992 zur Koordinierung der Rechts- und Verwaltungsvorschriften für die Anwendung der Gemeinschaftsvorschriften über die Auftragsvergabe durch Auftraggeber im Bereich der Wasser-, Energie- und Verkehrsversorgung sowie im Telekommunikationssektor
RL 92/50/EWG	s. Dienstleistungs-RL 1992
RL 93/36/EWG	Richtlinie 93/36/EWG des Rates vom 14.6.1993 über die Koordinierung der Verfahren zur Vergabe öffentlicher Lieferaufträge
RL 93/37/EWG	Richtlinie 93/37/EWG des Rates vom 14.6.1993 zur Koordinierung der Verfahren zur Vergabe öffentlicher Bauaufträge
RL 96/71/EG	s. Arbeitnehmerentsende-RL
RMC	Revue du Marché commun (Zeitschrift)
Rn.	Randnummer(n)
RPA	Recht und Praxis der öffentlichen Auftragsvergabe (Zeitschrift)
RPW 2013	Richtlinie für Planungswettbewerbe (RPW 2013) Fassung vom 31.1.2013
Rs.	Rechtssache
Rspr.	Rechtsprechung
RTD eur	Revue trimestrielle de droit européen (Zeitschrift)
RTW	Recht-Technik-Wirtschaft, Jahrbuch (Zeitschrift)
Rundfunkmitteilung 2001	Mitteilung der Kommission über die Anwendung der Vorschriften über staatliche Beihilfen auf den öffentlich-rechtlichen Rundfunk vom 15.11.2001
Rundfunkmitteilung 2009	Mitteilung der Kommission über die Anwendung der Vorschriften über staatliche Beihilfen auf den öffentlichen Rundfunk vom 27.10.2009
RuW	Recht und Wirtschaft (Zeitschrift)
RWP	Rechts- und Wirtschaftspraxis (Zeitschrift)
S.	Seite; Satz
s.	siehe
SA	société anonyme
SaBl.	Sammelblatt für Rechtsvorschriften des Bundes und der Länder
SächsVergabeG	Gesetz über die Vergabe öffentlicher Aufträge im Freistaat Sachsen (Sächsisches Vergabegesetz)
Säcker TKG	Säcker, Telekommunikationsgesetz, Kommentar, 3. Aufl. 2013
Säcker/Montag Eur. State Aid Law	Säcker/Montag, European State Aid Law, Kommentar, 1. Aufl. 2016
Sandrock Grundbegriffe	Sandrock, Grundbegriffe des Gesetzes gegen Wettbewerbsbeschränkungen, Monografie, 1. Aufl. 1968
SaubFahrzeugBeschG	Gesetz über die Beschaffung sauberer Straßenfahrzeuge (Saubere-Fahrzeuge-Beschaffungs-Gesetz)
Saxinger/Winnes	Saxinger/Winnes, Recht des öffentlichen Personenverkehrs, Kommentar, Loseblatt, Stand 2/2020
Scheurle/Mayen	Scheurle/Mayen, Telekommunikationsgesetz: TKG, Kommentar, 3. Aufl. 2018
Schimansky/Bunte/Lwowski BankR-HdB	Schimansky/Bunte/Lwowski, Bankrechts-Handbuch, Handbuch, Band I, II, 5. Aufl. 2017

Abkürzungs- und Literaturverzeichnis

Schmidt/Haucap Wettbewerbspolitik	Schmidt/Haucap, Wettbewerbspolitik und Kartellrecht – Eine interdisziplinäre Einführung, Monografie, 10. Aufl. 2013
Schneider/Theobald Energiewirtschaft	Schneider/Theobald, Recht der Energiewirtschaft, Handbuch, 4. Aufl. 2013
Schoch/Schneider VwGO	Schoch/Schneider, Verwaltungsgerichtsordnung: VwGO, Kommentar, 39. Aufl. 2020
Schulte/Kloos ÖffWirtschaftsR-HdB	Schulte/Kloos, Handbuch Öffentliches Wirtschaftsrecht, Handbuch, 1. Aufl. 2016
Schwarze	Schwarze, EU-Kommentar, Kommentar, 4. Aufl. 2019
schweiz.	schweizerisch
SE	Societas Europaea
Sektoren-RL	Richtlinie 2014/25/EU des Europäischen Parlaments und des Rates vom 26.2.2014 über die Vergabe von Aufträgen durch Auftraggeber im Bereich der Wasser-, Energie- und Verkehrsversorgung sowie der Postdienste und zur Aufhebung der Richtlinie 2004/17/EG
Sektoren-RL 2004	Richtlinie 2004/17/EG des Europäischen Parlaments und des Rates vom 31.3.2004 zur Koordinierung der Zuschlagserteilung durch Auftraggeber im Bereich der Wasser-, Energie- und Verkehrsversorgung sowie der Postdienste
SektVO	Verordnung über die Vergabe von öffentlichen Aufträgen im Bereich des Verkehrs, der Trinkwasserversorgung und der Energieversorgung (Sektorenverordnung) vom 12.4.2016
SektVO 2009	Verordnung über die Vergabe von Aufträgen im Bereich des Verkehrs, der Trinkwasserversorgung und der Energieversorgung (Sektorenverordnung) vom 23.9.2009
SeuffA	Seufferts Archiv für Entscheidungen der obersten Gerichte in den deutschen Staaten (Zeitschrift, zitiert nach Band u. Nr.; 1. 1847– 98. 1944)
SGB V	Sozialgesetzbuch (SGB) Fünftes Buch (V) – Gesetzliche Krankenversicherung
SHHW Wasser Energie Verkehr	Schütte/Horstkotte/Hünemörder/Wiedemann, Wasser Energie Verkehr, Lehrbuch, 1. Aufl. 2016
SKR	s. Sektoren-RL 2004
Slg.	Amtliche Sammlung der Entscheidungen des Europäischen Gerichtshofes
so	siehe oben
sog.	sogenannt
Sp.	Spalte
Spez-VO	Verordnung (EG) Nr. 2658/2000 der Kommission vom 29.11.2000 über die Anwendung von Artikel 81 Absatz 3 des Vertrages auf Gruppen von Spezialisierungsvereinbarungen
SpStr.	Spiegelstrich
SRL	s. Sektoren-RL
StAnz.	Staatsanzeiger
Staudinger	Staudinger, BGB – J. von Staudingers Kommentar zum Bürgerlichen Gesetzbuch mit Einführungsgesetz, Kommentar, 1998 ff.
Steinicke/Vesterdorf EU Procurement Law	Steinicke/Vesterdorf, EU Public Procurement Law, Kommentar, 1. Aufl. 2017
Stelkens/Bonk/Sachs	Stelkens/Bonk/Sachs, VwVfG: Verwaltungsverfahrensgesetz, Kommentar, 9. Aufl. 2018
StGB	Strafgesetzbuch
StPO	Strafprozeßordnung
stPrax	ständige Praxis
str.	streitig, strittig
Streinz	Streinz, EUV/AEUV, Kommentar, 3. Aufl. 2018
Streinz EuropaR	Streinz, Europarecht, Lehrbuch, 11. Aufl. 2019
stRspr	ständige Rechtsprechung
STTG	Gesetz über die Sicherung von Sozialstandards, Tariftreue und Mindestlöhnen bei der Vergabe öffentlicher Aufträge im Saarland (Saarländisches Tariftreuegesetz)
su	siehe unten
SÜG	Gesetz über die Voraussetzungen und das Verfahren von Sicherheitsüberprüfungen des Bundes und den Schutz von Verschlusssachen (Sicherheitsüberprüfungsgesetz)
SÜWR	s. RL 92/13/EWG
Szirbik Interkommunale Zusammenarbeit	Szirbik, Interkommunale Zusammenarbeit und Vergaberecht, Monografie, 1. Aufl. 2012
teilw.	teilweise
Theobald/Kühling	Theobald/Kühling, Energierecht, Kommentar, 108. Aufl. 2020

XLIII

Abkürzungs- und Literaturverzeichnis

ThürVgG	Thüringer Gesetz über die Vergabe öffentlicher Aufträge (Thüringer Vergabegesetz)
TKG	Telekommunikationsgesetz
Trepte Public Procurement	Trepte, Public Procurement in the EU, Handbuch, 2. Aufl. 2006
TT-GVO 2004	Verordnung (EG) Nr. 772/2004 der Kommission vom 7.4.2004 über die Anwendung von Artikel 81 Absatz 3 EG-Vertrag auf Gruppen von Technologietransfer-Vereinbarungen
Turiaux	Turiaux, Umweltinformationsgesetz (UIG), Kommentar, 1. Aufl. 1995
TVgG NRW	Gesetz über die Sicherung von Tariftreue und Mindestlohn bei der Vergabe öffentlicher Aufträge (Tariftreue- und Vergabegesetz Nordrhein-Westfalen)
Tz.	Textziffer
u.	und
U.S.	United States Supreme Court Reports (Amtliche Sammlung)
ua	unter anderem; und andere
uÄ	und Ähnliche(s)
UAbs.	Unterabsatz
Übk.	Übereinkommen
UGP-RL	Richtlinie 2005/29/EG des Europäischen Parlaments und des Rates vom 11.5.2005 über unlautere Geschäftspraktiken von Unternehmen gegenüber Verbrauchern im Binnenmarkt und zur Änderung der Richtlinie 84/450/EWG des Rates, der Richtlinie 97/7/EG, 98/27/EG und 2002/65/EG des Europäischen Parlaments und des Rates, sowie der Verordnung (EG) Nr. 2006/2004 des Europäischen Parlaments und des Rates (Richtlinie über unlautere Geschäftspraktiken)
UIG	Umweltinformationsgesetz
umstr.	umstritten
UNCITRAL	United Nations Commission on International Trade Law
UNCTAD	United Nations Conference on Trade and Development
unstr.	unstreitig
unveröff.	unveröffentlicht
UPR	Umwelt- und Planungsrecht (Zeitschrift)
Urt.	Urteil
UStG	Umsatzsteuergesetz
Util. Law. Rev.	Utilities Law Review (Zeitschrift)
uU	unter Umständen
UVgO	Verfahrensordnung für die Vergabe öffentlicher Liefer- und Dienstleistungsaufträge unterhalb der EU-Schwellenwerte (Unterschwellenvergabeordnung)
UWG	Gesetz gegen den unlauteren Wettbewerb
ÜWR	s. RL 89/665/EWG
v.	vom; von
v. Wietersheim VergabeR	von Wietersheim, Vergaberecht, Monografie, 2. Aufl. 2017
VA	Verwaltungsakt
Var.	Variante
VBlBW	Verwaltungsblätter für Baden-Württemberg
VDG	Vertrauensdienstegesetz
Veit GRCh	Veit, Die Bedeutung der Charta der Grundrechte der Europäischen Union für den Stellenwert des Umweltschutzes im Europäischen Vergaberecht, Monografie, 1. Aufl. 2015
verb.	verbunden
Verf.	Verfassung
Verfg.	Verfügung
VerfO	Verfahrensordnung
Verfürth SektVO	Verfürth, Sektorenverordnung – SektVO, Monografie, 1. Aufl. 2010
Verg	Vergabesache(n)
VergabeG Berlin	Vergabegesetz Berlin
VergabeR	Vergaberecht (Zeitschrift)
Vergabe-RL 2004	Richtlinie 2004/18/EG des Europäischen Parlaments und des Rates vom 31.3.2004 über die Koordinierung der Verfahren zur Vergabe öffentlicher Bauaufträge, Lieferaufträge und Dienstleistungsaufträge
Vergabe-RL Verteidigung und Sicherheit	Richtlinie 2009/81/EG des Europäischen Parlaments und des Rates vom 13.7.2009 über die Koordinierung der Verfahren zur Vergabe bestimmter Bau-, Liefer- und Dienstleistungsaufträge in den Bereichen Verteidigung und Sicherheit und zur Änderung der Richtlinien 2004/17/EG und 2004/18/EG

Abkürzungs- und Literaturverzeichnis

VergRModG	Gesetz zur Modernisierung des Vergaberechts (Vergaberechtsmodernisierungsgesetz)
VergRModVO	Verordnung zur Modernisierung des Vergaberechts (Vergaberechtsmodernisierungsverordnung)
Veröff.	Veröffentlichung
VersR	Versicherungsrecht (Zeitschrift)
Verteidigungsgüter-RL	Richtlinie 2009/43/EG des Europäischen Parlaments und des Rates vom 6.5.2009 zur Vereinfachung der Bedingungen für die innergemeinschaftliche Verbringung von Verteidigungsgüter
Verw.	Verwaltung
VerwA	Verwaltungsarchiv (Zeitschrift)
VerwGH	Verwaltungsgerichtshof
VerwRspr.	Verwaltungsrechtsprechung in Deutschland
Vesterdorf/Nielsen EU State Aid Law	Vesterdorf/Nielsen, State Aid Law of the European Union, Handbuch, 1. Aufl. 2008
VF	Vergabe Fokus (Zeitschrift)
VG	Verwaltungsgericht
VgE	Vergaberechtliche Entscheidungssammlung (Herausgeber: Boesen)
VgG M-V	Gesetz über die Vergabe öffentlicher Aufträge in Mecklenburg-Vorpommern (Vergabegesetz Mecklenburg-Vorpommern)
VGH	Verwaltungsgerichtshof
vgl.	vergleiche
VgRÄG	Gesetz zur Änderung der Rechtsgrundlagen für die Vergabe öffentlicher Aufträge (Vergaberechtsänderungsgesetz)
VGSH	Vergabegesetz Schleswig-Holstein
VgV	Verordnung über die Vergabe öffentlicher Aufträge (Vergabeverordnung) vom 12.4.2016
VgV 1994	Verordnung über die Vergabebestimmungen für öffentliche Aufträge (Vergabeverordnung) vom 22.2.1994
VgV 2003	Verordnung über die Vergabe öffentlicher Aufträge (Vergabeverordnung) idF vom 11.2.2003
VIZ	Zeitschrift für Vermögens- und Investitionsrecht (Zeitschrift)
VK	Vergabekammer
VKR	s. Vergabe-RL 2004
VKU	Verband kommunaler Unternehmen eV
VN	Vergabe News (Zeitschrift)
VNavi	Vergabe Navigator (Zeitschrift)
VO	Verordnung
VO (EG) 1008/2008	s. Luftverkehrsdienste-VO
VO (EG) 1370/2007	Verordnung (EG) Nr. 1370/2007 des Europäischen Parlaments und des Rates vom 23.10.2007 über öffentliche Personenverkehrsdienste auf Schiene und Straße und zur Aufhebung der Verordnungen (EWG) Nr. 1191/69 und (EWG) Nr. 1107/70 des Rates
VO (EU) 910/2014	s. eIDAS-VO
VO (EWG) Nr. 1107/70	Verordnung (EWG) Nr. 1107/70 des Rates vom 4.6.1970 über Beihilfen im Eisenbahn-, Straßen- und Binnenschiffsverkehr
VO (EWG) Nr. 1191/69	Verordnung (EWG) Nr. 1191/69 des Rates vom 26.6.1969 über das Vorgehen der Mitgliedstaaten bei mit dem Begriff des öffentlichen Dienstes verbundenen Verpflichtungen auf dem Gebiet des Eisenbahn-, Straßen- und Binnenschiffsverkehrs
VO PR Nr. 30/53	Verordnung PR Nr. 30/53 über Preise bei öffentlichen Aufträgen
VOB aktuell	VOB aktuell (Zeitschrift)
VOB/A	Vergabe- und Vertragsordnung für Bauleistungen Teil A (VOB/A), Allgemeine Bestimmungen für die Vergabe von Bauleistungen – Ausgabe 2019 – vom 31.1.2019
VOB/A 2006	Vergabe und Vertragsordnung für Bauleistungen (VOB) Teil A vom 20.3.2006
VOB/A 2009	Vergabe- und Vertragsordnung für Bauleistungen Teil A (VOB/A), Allgemeine Bestimmungen für die Vergabe von Bauleistungen – Ausgabe 2012 – vom 31.7.2009
VOB/A 2016	Vergabe- und Vertragsordnung für Bauleistungen Teil A (VOB/A), Allgemeine Bestimmungen für die Vergabe von Bauleistungen – Ausgabe 2016 – vom 7.1.2016
VOB/B	Vergabe- und Vertragsordnung für Bauleistungen (VOB) Teil B: Allgemeine Vertragsbedingungen für die Ausführung von Bauleistungen – Ausgabe 2016 – vom 31.7.2009

Abkürzungs- und Literaturverzeichnis

VOBl.	Verordnungsblatt
VOF	Vergabeordnung für freiberufliche Dienstleistungen
VOL	Vergabe- und Vertragsordnung für Leistungen vom 20.11.2009
VOL/A	Vergabe- und Vertragsordnung für Leistungen (VOL) – Teil A – Allgemeine Bestimmungen für die Vergabe von Leistungen (VOL/A) vom 20.11.2009
VOL/A 2002	VOL Teil A Allgemeine Bestimmungen für die Vergabe von Leistungen (VOL/A) vom 17.9.2002
VOL/A 2006	Vergabe- und Vertragsordnung für Leistungen (VOL) – Teil A – Allgemeine Bestimmungen für die Vergabe von Leistungen (VOL/A) vom 6.4.2009
von der Groeben/ Schwarze/Hatje	von der Groeben/Schwarze/Hatje, Europäisches Unionsrecht, Kommentar, 7. Aufl. 2015
Voppel/Osenbrück/ Bubert VgV	Voppel/Osenbrück/Bubert, VgV, Kommentar, 4. Aufl. 2018
Voppel/Osenbrück/ Bubert VOF	Voppel/Osenbrück/Bubert, VOF, Kommentar, 3. Aufl. 2012
Vor	Vorbemerkung
VR	Vergaberecht (Zeitschrift)
VRL	s. RL 2014/24/EU
VSA	Verschlusssachenanweisung
VSVgV	Vergabeverordnung für die Bereiche Verteidigung und Sicherheit zur Umsetzung der Richtlinie 2009/81/EG des Europäischen Parlaments und des Rates vom 13.7.2009 über die Koordinierung der Verfahren zur Vergabe bestimmter Bau-, Liefer- und Dienstleistungsaufträge in den Bereichen Verteidigung und Sicherheit und zur Änderung der Richtlinien 2004/17/EG und 2004/18/EG (Vergabeverordnung Verteidigung und Sicherheit)
VSVgV 2009	Vergabeverordnung für die Bereiche Verteidigung und Sicherheit zur Umsetzung der Richtlinie 2009/81/EG des Europäischen Parlaments und des Rates vom 13.7.2009 über die Koordinierung der Verfahren zur Vergabe bestimmter Bau-, Liefer- und Dienstleistungsaufträge in den Bereichen Verteidigung und Sicherheit und zur Änderung der Richtlinien 2004/17/EG und 2004/18/EG (Vergabeverordnung Verteidigung und Sicherheit)
VSVKR	s. Vergabe-RL Verteidigung und Sicherheit
VU	Versorgungsunternehmen
VÜA	Vergabeüberwachungsausschuss
VuR	Verbraucher und Recht (Zeitschrift)
VVDStRL	Veröffentlichungen der Vereinigung der deutschen Staatsrechtslehrer
VVG	Gesetz über den Versicherungsvertrag (Versicherungsvertragsgesetz)
VwGO	Verwaltungsgerichtsordnung
VwKostG	Verwaltungskostengesetz
VwVfG	Verwaltungsverfahrensgesetz
VwVG	Verwaltungs-Vollstreckungsgesetz
VwZG	Verwaltungszustellungsgesetz
WB	Wettbewerbsbericht
Webeler/Summa/ Klaeser Planungsleistungen	Webeler/Summa/Klaeser, Vergabe von Planungsleistungen, Handbuch, 1. Aufl. 2015
Weyand ibrOK VergabeR	Weyand, ibr-online-Kommentar Vergaberecht, Kommentar, 17. Aufl. 2015
WiB	Wirtschaftsrechtliche Beratung (Zeitschrift)
Wiedemann KartellR-HdB	Wiedemann, Handbuch des Kartellrechts, Kommentar, 4. Aufl. 2020
Willenbruch/ Wieddekind	Willenbruch/Wieddekind, Vergaberecht, Kommentar, 4. Aufl. 2017
WIR	Wirtschaftsrecht (Zeitschrift)
WiStG	Gesetz zur weiteren Vereinfachung des Wirtschaftsstrafrechts (Wirtschaftsstrafgesetz 1954)
wistra	Zeitschrift für Wirtschaft, Steuer, Strafrecht (Zeitschrift)
WM	Wertpapiermitteilungen; Zeitschrift für Wirtschaft und Bankrecht (Zeitschrift)
World Competition	World Competition (Zeitschrift)
WPg	Die Wirtschaftsprüfung (Zeitschrift)
WRegG	Gesetz zur Einrichtung und zum Betrieb eines Registers zum Schutz des Wettbewerbs um öffentliche Aufträge und Konzessionen (Wettbewerbsregistergesetz)
WRegV	Verordnung über den Betrieb des Registers zum Schutz des Wettbewerbs um öffentliche Aufträge und Konzessionen (Wettbewerbsregisterverordnung)

Abkürzungs- und Literaturverzeichnis

WRP	Wettbewerb in Recht und Praxis (Zeitschrift)
WRV	Verfassung des Deutschen Reichs (Weimarer Reichsverfassung)
WSA	Wirtschafts- und Sozialausschuss
WTO	World Trade Organisation (Welthandelsorganisation)
WuB	Wirtschafts- und Bankrecht (Zeitschrift)
WuW	Wirtschaft und Wettbewerb (Zeitschrift)
WuW/E	Wirtschaft und Wettbewerb – Entscheidungssammlung (Zeitschrift)
WuW/E BGH	Wirtschaft und Wettbewerb – Entscheidungen des Bundesgerichtshofs (Zeitschrift)
WuW/E BKartA	Wirtschaft und Wettbewerb – Entscheidungen des Bundeskartellamtes (Zeitschrift)
WuW/E DE-R	Wirtschaft und Wettbewerb – Entscheidungssammlung – Deutschland Rechtsprechung (Zeitschrift)
WuW/E DE-V	Wirtschaft und Wettbewerb – Entscheidungssammlung – Deutschland Verwaltung (Zeitschrift)
WuW/E EU-R	Wirtschaft und Wettbewerb – Entscheidungssammlung – Europäische Union Rechtsprechung (Zeitschrift)
WuW/E EU-V	Wirtschaft und Wettbewerb – Entscheidungssammlung – Europäische Union Verwaltung (Zeitschrift)
WuW/E OLG	Wirtschaft und Wettbewerb – Entscheidungen der Oberlandesgerichte (Zeitschrift)
WuW/E Verg	Wirtschaft und Wettbewerb – Entscheidungssammlung – Vergabe und Verwaltung (Zeitschrift)
YEL	Yearbook of European Law (Zeitschrift)
zB	zum Beispiel
ZBB	Zeitschrift für Bankrecht und Bankwirtschaft (Zeitschrift)
Zeiss NdsLandesVergabeR	Zeiss, Landesvergaberecht Niedersachsen, Handbuch, 1. Aufl. 2015
Zeiss Sichere Vergabe	Zeiss, Sichere Vergabe unterhalb der Schwellenwerte, Monografie, 3. Aufl. 2015
ZEuP	Zeitschrift für Europäisches Privatrecht (Zeitschrift)
ZfBR	Zeitschrift für deutsches und internationales Bau- und Vergaberecht (Zeitschrift)
ZfE	Zeitschrift für Energiewirtschaft (Zeitschrift)
ZfK	Zeitung für Kommunale Wirtschaft (Zeitschrift)
ZGR	Zeitschrift für Unternehmens- und Gesellschaftsrecht (Zeitschrift)
ZgS	Zeitschrift für die gesamte Staatswissenschaft (Zeitschrift)
ZHR	Zeitschrift für das gesamte Handelsrecht und Wirtschaftsrecht (Zeitschrift)
Ziekow/Völlink	Ziekow/Völlink, Vergaberecht, Kommentar, 4. Aufl. 2020
Ziff.	Ziffer(n)
ZIP	Zeitschrift für Wirtschaftsrecht (Zeitschrift)
ZNER	Zeitschrift für neues Energierecht (Zeitschrift)
ZögU	Zeitschrift für öffentliche und gemeinwirtschaftliche Unternehmen (Zeitschrift)
Zöller	Zöller, Zivilprozessordnung: ZPO, Kommentar, 33. Aufl. 2020
Zollkodex	Verordnung (EWG) Nr. 2913/92 des Rates vom 12.10.1992 zur Festlegung des Zollkodex der Gemeinschaften
Zollkodex-DVO	Verordnung (EWG) Nr. 2454/93 der Kommission vom 2.7.1993 mit Durchführungsvorschriften zu der Verordnung (EWG) Nr. 2913/92 des Rates zur Festlegung des Zollkodex der Gemeinschaften
ZPO	Zivilprozessordnung
ZRP	Zeitschrift für Rechtspolitik (Zeitschrift)
zT	zum Teil
zust.	zustimmend
zutr.	zutreffend
ZVB	Zeitschrift für Vergaberecht und Bauvertragsrecht (Zeitschrift)
ZVgR	Zeitschrift für deutsches und internationales Vergaberecht (Zeitschrift)
ZWeR	Zeitschrift für Wettbewerbsrecht (Zeitschrift)
zzgl.	zuzüglich

1. Teil Vergaben durch Träger der Sozialversicherung (SGB V)

Schrifttum: *Amelung/Dörn,* Anmerkung zu OLG Düsseldorf Beschl. v. 19.12.2007 – VII-Verg 51/07 – „AOK-Rabattverträge I", VergabeR 2008, 84; *Anders/Knöbl,* Arzneimittelrabattverträge mit mehreren pharmazeutischen Unternehmen – Verläuft die Schnittstelle von Sozial- und Vergaberecht durch die Apotheke?, PharmR 2009, 607; *Baier,* Kartellrechtliche Auswirkungen des Arzneimittelmarktneuordnungsgesetzes auf die Beziehungen der Leistungserbringer zu gesetzlichen Krankenkassen sowie der Krankenkassen untereinander, MedR 2011, 345; *Basteck,* Sozialrecht und Vergaberecht – Die Schöne und das Biest?, NZBau 2006, 497; *Bauer,* Die konkreten vergaberechtlichen Anforderungen an Selektivverträge zwischen Krankenkassen und Leistungserbringern, NZS 2010, 365; *Baumeister/Struß,* Hippokrates als Dienstleister gemäß den Vorgaben des Europäischen Gerichtshofes – Die Vergabe von integrierten Versorgungsverträgen im Lichte des EuGH-Urteils vom 11.6.2009, Rs. C-300/07, NZS 2010, 247; *Becker/Kingreen,* Der Krankenkassenwettbewerb zwischen Sozial- und Wettbewerbsrecht – Zur geplanten Ausdehnung der Anwendung des GWB auf das Handeln der Krankenkassen, NZS 2010, 417; *Bickenbach,* Rabattverträge gemäß § 130a Abs. 8 SGB V und aut idem-Verordnungen: zulässige Kostenbremse oder Verletzung der Berufsfreiheit?, MedR 2010, 302; *Bley/Kreikebohm/Marschner,* Sozialrecht, 9. Aufl. 2007; *Blum,* Leistungserbringervereinbarungen in der Sozialhilfe, Vergabe Navigator 2006, 10; *Böhnke/Jürschik,* Austauschbarkeit von Biopharmazeutika, PharmR 2015, 215; *Boldt,* Rabattverträge – Sind Rahmenvereinbarungen zwischen Krankenkassen und mehreren pharmazeutischen Unternehmen zulässig?, PharmR 2009, 377; *Braun,* Anmerkung zu BSG Beschl. v. 22.4.2008 – B1 SF 1/08 R – „Rabattverträge V", VergabeR 2008, 707; *Braun,* Besprechung der Mitteilung der Kommission zum Vergaberecht, EuZW 2006, 683; *Buchner,* Die vertragliche Zusammenarbeit zwischen Krankenkassen und Leistungserbringern im Lichte der Antikorruptionsgesetzgebung und der Neuregelung durch das Heil- und Hilfsmittelversorgungsgesetz (HHVG), MedR 2017, 789; *Bungenberg/Weyd,* Der Kampf gegen die Schweinegrippe im Visier des Europäischen Wirtschaftsrechts – Anmerkungen, DVBL 2010, 363; *Burgi,* Hilfsmittelverträge und Arzneimittel-Rabattverträge als öffentliche Lieferaufträge, NZBau 2008, 480; *Byok,* Auftragsvergabe im Gesundheitssektor, GesR 2007, 553; *Conrad,* Drohende Patentverletzung als Eignungsmangel: Zur Anwendbarkeit von Verträgen nach § 130a Abs. 8 SGB V bei indikationsbezogenem Patentschutz, NZS 2016, 687; *Csaki,* Vergaberecht im Gesundheitswesen, 2015; *Csaki,* Vergaberechtsfreiheit von Zulassungsverfahren?, NZBau 2012, 350; *Csaki,* Vorliegen einer Auswahlentscheidung bei öffentlichem Auftrag – Open-House-Modell, NZBau 2018, 598; *Csaki/Freundt,* Keine Ausschreibungspflicht für Verträge über hausarztzentrierte Leistungen? – Besprechung der Entscheidung des Landessozialgerichts Nordrhein-Westfalen vom 3.11.2010, NZS 2011, 766; *Csaki/Junge-Gierse,* Pregabalin als Präzedenzfall – Beachtung von Patenten in Vergabeverfahren, ZfBR 2017, 234; *Csaki/Münnich,* Auswirkungen der Neuregelung des § 130a Abs. 8 Satz 8 SGB V auf bestehende Arzneimittelrabattverträge, PharmR 2013, 159; *Dettling,* Rabattverträge gem. § 130a Abs. 8 SGB V – Kartell- oder grundrechtlicher Ansatz?, MedR 2008, 349; *Dettling/Kieser/Ulshöfer,* Zytostatikaversorgung nach der AMG-Novelle (Teil 1), PharmR 2009, 421; *Dettling/Kieser/Ulshöfer,* Zytostatikaversorgung nach der AMG-Novelle (Teil 2), PharmR 2009, 546; *Dieners/Heil,* Das GKV-Wettbewerbsstärkungsgesetz – Stärkung oder Einschränkung des Wettbewerbs im Arzneimittelmarkt, PharmR 2007, 142; *Dierks,* Ähnlich aber nicht gleich – Rechtliche Aspekte biotechnologischer Nachfolgepräparate, NJOZ 2013, 1; *Dreher,* Die Open-House-Verfahren, Entwicklung und Stand der vergaberechtsfreien Zulassungsverfahren, NZBau 2019, 275; *Dreher,* Öffentlich-rechtliche Anstalten und Körperschaften im Kartellvergaberecht – Der Auftraggeberbegriff vor dem Hintergrund von Selbstverwaltung, Rechtsaufsicht und Finanzierung durch Zwangsbeiträge, NZBau 2005, 297; *Dreher/Hoffmann,* Der Auftragsbegriff nach § 99 GWB und die Tätigkeit der gesetzlichen Krankenkassen, NZBau 2009, 273; *Ebsen,* Vergaberecht und Vertragswettbewerb in der Gesetzlichen Krankenversicherung, 2009; *Ecker/Hußmann,* Verträge nach § 130c SGB V – eine frühe Nutzenbewertung, PharmR 2011, 389; *Engelmann,* Keine Geltung des Kartellvergaberechts für Selektivverträge der Krankenkassen mit Leistungserbringern, SGb 2008, 133; *Esch,* EU-Vergaberecht und SGB V, MPJ 2009, 10; *Esch,* Zur Ausschreibungspflicht von Hilfsmittelversorgungsverträgen nach § 127 SGB V, MPR 2010, 156; *Esch,* Zur Reichweite der Ausschreibungspflicht gesetzlicher Krankenkassen, MPR 2009, 149; *Esch/Feldmann,* Die geplanten Neuregelungen zur ambulanten Zytostatikaversorgung im GKV-Arzneimittelversorgungsstärkungsgesetz, PharmR 2017, 1; *Flasbarth,* Präqualifizierung nach § 126 Abs. 1a SGB V – Rechtsnatur, Verfahren, Probleme, MedR 2011, 77; *Frenz,* Krankenkassen im Wettbewerbs- und Vergaberecht, NZS 2007, 233; *Gabriel,* Anmerkung zu LSG Baden-Württemberg Beschl. v. 23.1.2009 – L 11 WB 5971/08 – „Rabattvertragsausschreibung", VergabeR 2009, 465; *Gabriel,* Anmerkung zu LSG Nordrhein-Westfalen Beschl. v. 10.9.2009 – L 21 KR 53/09 SFB – „Fertigarzneimittel", VergabeR 2010, 142; *Gabriel,* Anmerkung zu OLG Düsseldorf Urt. v. 23.5.2007 – VII-Verg 50/06 – „Orthopädische Schuhtechnik", VergabeR 2007, 630; *Gabriel,* Anmerkung zu OLG Rostock Beschl. v. 2.7.2008 – 17 Verg 4/07 – „Medizinische Hilfsmittel", VergabeR 2008, 801; *Gabriel,* Damoklesschwert De-facto-Vergabe: Konsequenzen vergaberechtswidriger Verträge im Gesundheitswesen auch heutiger und künftiger Rechtslage, PharmR 2008, 577; *Gabriel,* Die Kommissionsmitteilung zur öffentlichen Auftragsvergabe außerhalb der EG-Vergaberichtlinien, NVwZa 2006, 12; *Gabriel,* Die vergaberechtliche Preisprüfung auf dritter Angebotswertungsstufe und die (Un-)Zulässigkeit von sog. Unterkostenangeboten, VergabeR 2013, Heft 2a; *Gabriel,* Hilfsmittelverträge mit Beitritt – Vergaberecht ohne Zutritt: Rückschritt, Fortschritt oder Fehltritt?, NZBau 2020, 286; *Gabriel* in Stief/Bromm, Vertragshandbuch Pharma und Life Sciences, 2015, Kapitel VII – Ausschreibungen in der Gesetzlichen Krankenversicherung (Formulare); *Gabriel,* Krankenkassenausschreibungen nach dem Arzneimittelmarktneuordnungsgesetz (AMNOG), VergabeR 2011, 372; *Gabriel,* Offenes Haus, geschlossene Tür: Der Vergaberechtsschutz bei Open-House-Verfahren vor dem Aus, NZBau 2019, 568; *Gabriel,* Vom Festbetrag zum Rabatt: Gilt die Ausschreibungspflicht von Rabattverträgen auch im innovativen Bereich patentgeschützter Arzneimittel?, NZS 2008, 455; *Gabriel/Burholt*, First come first served? – Open-House Rabattverträge für „substitutionsschwache" Generika-Arzneimittel aus vergabe- und kartellrechtlicher Sicht, PharmR 2017, 323; *Gabriel/Götze*, Vertragsstrafen oder Schadensersatz wegen Lieferausfällen im Rahmen von Arzneimittelrabattverträgen, PharmR 2019, 45; *Gabriel/Kaufmann*, Zum Spezialitätsverhältnis zwischen Erstattungsvereinbarungen nach § 130c SGB V und Arzneimittelrabattverträgen nach § 130a Abs. 8 SGB V, PharmR 2014, 553; *Gabriel/Schulz*, Auskömmlichkeit von Unterkostenangeboten mittels Einpreisung des Großhandelszuschlags?, PharmR 2011, 448; *Gabriel/Schulz*, Nochmals: Die (Un-)Wirksamkeit nicht ausgeschriebener Rabattvereinbarungen nach der 16. AMG-Novelle – Generische, innovativ-patentgeschützte bzw. biologische Arzneimittel, NZBau 2013, 273; *Gabriel/Weiner*, Arzneimittelrabattvertragsausschreibungen im generischen und patentgeschützten Bereich: Überblick über den aktuellen Streitstand, NZS 2009, 422; *Gabriel/Weiner*, Kollateralproblem Prozesskosten: Kostenphänomene, Klarstellungen und Korrekturbedarf bei Krankenkassenausschreibungen, NZS 2010, 423; *Gassner*, Ausschreibungsverbot vs. Kartellvergaberecht, MPR 2018, 13; *Gaßner*, Das Open-house-Urteil des EuGH – Ein Geschenk für kreative Beschaffer, NZS 2016, 767; *Gaßner*, Sind gemeinsame Informationen von gesetzlichen Krankenkassen und pharmazeutischen Unternehmern über Rabattverträge gem. § 130a Abs. 8 SGB V zulässig?, NZS 2016, 921; *Gaßner/Eggert*, Wettbewerb in der GKV – Kartellrecht versus Sozialrecht, NZS 2011, 249; *Gaßner/Sauer*, Open-House-Verträge und Biosimilars im Spannungsfeld unterschiedlicher Regulierungsmechanismen, PharmR 2018, 288; *Gaßner/Strömer*, Arzneimittelrabattverträge als Allgemeine Geschäftsbedingungen, PharmR 2015, 41; *Gaßner/Strömer*, Rabattierung nach Indikation? – Zur nach Anwendungsgebieten differenzierten Preisgestaltung bei Arzneimitteln in Rabattverträgen und Verträgen zur integrierten Versorgung, PharmR 2014, 330; *Goodarzi/Jansen*, Die Rechtsprechung der Landessozialgerichte auf dem Gebiet des öffentlichen Auftragswesens, NZS 2010, 427; *Goodarzi/Schmid*, Die Ausschreibung vertragsärztlicher Leistungen nach dem SGB V, NZS 2008, 518; *Grinblat*, Rückblick, Gegenwart und Zukunft des Präqualifizierungsverfahrens nach § 126 SGB V, MPJ 2017, 30; *Grundmann/Thiermann*, Generikaabschlag für Nicht-Generika? – Risiken und Nebenwirkungen beim Co-Marketing, PharmR 2014, 500; *Hamann*, Die gesetzlichen Krankenkassen als öffentliche Auftraggeber – Anmerkung zu EuGH, Urt. v. 11.6.2009 in der Rs. C-300/07 – AOK, PharmR 2009, 509; *Hansen*, Vergaberecht in der gesetzlichen Krankenversicherung ab 18.4.2016, NZS 2016, 814; *Hansen/Heilig*, Beschaffung von Arzneimitteln durch die Krankenkassen im vergaberechtsfreien Zulassungsverfahren – Zugleich Besprechung des EuGH-Urteils vom 2.6.2016 – C-410/14, NZS 2017, 290; *Hattenhauer/Wilke*, Vergaberecht im Gesundheitswesen – Zur Bedeutung der Auswahlentscheidung für das Vorliegen eines öffentlichen Auftrags, ZfBR 2015, 662; *Heil*, Die Zulässigkeit von Teilbeitritten zu Hilfsmittelverträgen, MPR 2011, 181; *Heil/Schork*, Das AMNOG und seine Bedeutung für die Medizinprodukteindustrie, MPR 2011, 10; *Hertkorn-Ketterer*, Gesetz zur Stärkung der Heil- und Hilfsmittelversorgung (HHVG) – neue Regelungen im Bereich der Hilfsmittelversorgung ab 11.4.2017, MPR 2017, 73; *Hertkorn-Ketterer/Drygala*, Geplante Änderung des § 127 SGB V durch das TSVG (Terminservice- und Versorgungsgesetz) – ein Weg für mehr Qualität in der Hilfsmittelversorgung?, MPR 2019, 35; *Heßhaus*, Ausschreibung und Vergabe von Rabattverträgen – Spezialfragen im Zusammenhang mit dem Abschluss von Rabattverträgen nach § 130a Abs. 8 SGB V, PharmR 2007, 334; *Hoffmann*, Die gesetzlichen Krankenkassen im Anwendungsbereich des deutschen Kartellrechts, WuW 2011, 472; *Hölzl/Eichler*, Rechtsweg für die Überprüfung der Vergabe von Rabattverträgen, NVwZ 2009, 27; *Holzmüller*, Kartellrecht in der GKV nach dem AMNOG – Praktische Auswirkungen und erste Erfahrungen, NZS 2011, 485; *Hußmann*, Kein Anspruch nach dem Informationsfreiheitsgesetz auf Mitteilung eines in einem Rabattvertrag nach § 130a Abs. 8 SGB V vereinbarten Rabattsatzes, OVG Nordrhein-Westfalen, Urt. v. 21.11.2018 – 15 A 861/17, MedR 2019, 574; *Huster/Kaltenborn*, Krankenhausrecht, 2. Aufl. 2017; *Ivers*, Ausschreibung kommunaler Eingliederungsleistungen des SGB II und institutionelle Förderung der Leistungserbringer, LKV 2008, 1; *Kaeding*, Ausschreibungspflicht der gesetzlichen Krankenkassen oberhalb der Schwellenwerte, PharmR 2007, 239; *Kaltenborn*, Der kartellvergaberechtliche Auftragsbegriff im Vertragswettbewerb des SGB V, GesR 2011, 1; *Kaltenborn/Weiner*, Beschaffungsfragen und Public Private Partnerships (PPP) im Krankenhaus in Huster/Kaltenborn, Krankenhausrecht, 2009, 478; *Kamann/Gey*, Die Rabattvertragsstreitigkeiten der „zweiten Generation" – Aktuelle Fragen nach dem GKV-OrgWG, PharmR 2009, 114; *Karenfort/Stopp*, Krankenkassen-Rabattverträge und Kartellvergaberecht: Kompetenzkonflikt ohne Ende, NZBau 2008, 232; *Kaufmann*, Zentrale sozialrechtliche Weichenstellungen durch das AMNOG, PharmR 2011, 223; *Kern*, Arzneimittelbeschaffung durch die gesetzliche Krankenkasse, 2012; *Ketterer/Drygala*, Geplante Änderung des § 127 SGB V durch das TSVG – ein Weg für mehr Qualität in der Hilfsmittelversorgung?, MPR 2019, 35; *Kimmig*, Der Open-House-Vertrag von dem EuGH, Zur Anwendbarkeit des Kartellvergaberechts auf Arzneimittelrabattverträge nach § 130a SGB V, BLJ 2017, 30; *Kingreen*, Die Entscheidung des EuGH zur Bindung der Krankenkassen an das Vergaberecht, NJW 2009, 2417; *Kingreen*, Die Entwicklung des Gesundheitsrechts 2008/2009, NJW 2009, 3552; *Kingreen*, Das Sozialvergaberecht, SGb 2008, 437; *Kingreen*, Sozialhilferechtliche Leistungserbringung durch öffentliche Ausschreibungen, VergabeR Sonderheft 2a/2007, 354; *Kingreen*, Zur Neuordnung des Arzneimittelmarktes in der gesetzlichen Krankenversicherung, NZS 2011, 441; *Kling*, Vergaberecht und Kartellrecht, Eine Analyse der Entscheidungspraxis im Zeitraum 2015 bis 2018, NZBau 2018, 715; *Klöck*, Die Anwendbarkeit des Vergaberechts auf Beschaffungen durch die gesetzlichen Krankenkassen, NZS 2008, 178; *Knispel*, Neuregelung im Leistungserbringerrecht der GKV durch das GKV-OrgWG, GesR 2009, 236; *Knispel*, Zur „Zweckmäßigkeit" von Verträgen nach § 127 Abs. 1 SGB V, NZS 2019, 6; *Köber*, Rabatte und Dumpingpreise als Marketinginstrument, PharmR 2007, 276; *Kontusch*, Wettbewerbsrelevantes Verhalten der gesetzlichen Krankenkassen im Rahmen des deutschen und europäischen Wettbewerbs-, Kartell- und Verfassungsrechts, 2004; *Kortland*, Allgemeines und Besonderes zum GKV-WSG, PharmR 2007, 190; *Köster*, Gesetzgebung ohne Gesetzgeber, ZfBR 2007, 127; *Krasney*, Das Insolvenzrecht der gesetzlichen Krankenkassen, NZS 2010, 443; *Krieg/Hübner*, Rabattzahlungen für die der privaten Krankenversicherung reduzieren die von Pharmaherstellern abzuführende Umsatzsteuer, EuZW 2018, 152; *Krohn*, Vergaberecht und Sozialrecht – Unvereinbarkeit oder Konkordanz, Archiv für Wissenschaft und Praxis der sozialen Arbeit 2005, 90; *Lietz/Natz*, Vergabe- und kartellrechtliche Vorgaben für Rabattverträge über patentgeschützte Arzneimittel, A&R 2009, 3; *Lietz/Zundick*, Das Gesetz für mehr Sicherheit in der Arzneimittelversorgung, PharmR 2019, 493; *Luthe*, Erstattungsvereinbarungen mit pharmazeutischen Unternehmen, PharmR 2011, 193; *Luthe*, Open House als dominantes Vertragsmodell – am Beispiel der Hilfsmittelversorgung, SGb 2018, 206; *Lutz*, Vergaberegime außerhalb des Vergaberechts, WuW 2006, 890; *Marx/Hölzl*, Viel Lärm um wenig!, NZBau 2010, 31; *Meier/v. Czettritz/Gabriel/Kaufmann*, Pharmarecht, 2. Aufl. 2018; *Mestwerdt/v. Münchhausen*, Die Sozialversicherungsträger als öffentliche Auftraggeber iSv § 98 Nr. 2 GWB, ZfBR 2005, 659; *Meyer-Hofmann/Bördner/Kruse*, Die Ausschreibung von Leistungen zur medizinischen Rehabilitation – Unter dem Blickwinkel der Vergaberechtsreform und Open-House-Rechtsprechung, NZS 2018, 473; *Meyer-Hofmann/Hahn*, Ausschreibung von Generika-Arzneimittelrabattverträgen – Welche Gestaltungsmöglichkeiten bestehen?, A&R 2010, 59; *Meyer-Hofmann/Weng*, Rabattverträge mit mehreren pharmazeutischen Unternehmen – Wettbewerbsprinzip und sozialrechtliche Notwendigkeiten, PharmR 2010, 324; *Meyer-Hofmann/Weng*, Rabattverträge über patentgeschützte Arzneimittel: Regieanweisung zum vergaberechtlichen Umgang nach der Neuregelung des § 130a Abs. 8 S. 8 SGB V, PharmR 2014, 85; *Moosecker*, Öffentliche Auftragsvergaben der gesetzlichen Krankenkassen – Die Anwendbarkeit des Vergaberechts auf die Nachfrage von Leistungen der Stationären und der Integrierten Versorgung, 2009; *Neises/Clobes/Palsherm*, Das Gesetz zur Änderung arzneimittelrechtlicher Vorschriften und seine Folgen für die Vergütung von Fertigarzneimitteln in parenteralen Zubereitungen, PharmR 2009, 506; *Neun*, Vergaberecht und gesetzliche Krankenversicherungen in Deutschland – Auswertung und Auswirkungen des Oymanns-Urteils des EuGH v. 11.6.2009 (Rs. C-300/07), Jahrbuch forum vergabe 2009, 105; *Neun*, Vergaberechtsfreiheit des „Open-House-Modells" – Zulassungssysteme ohne Bieterauswahl, NZBau 2016, 681; *Otting*, Das Vergaberecht als Ordnungsrahmen in der Gesundheitswirtschaft zwischen GWB und SGB V, NZBau 2010, 734; *Philipp*, Keine Vergaberechtspflicht von Verträgen ohne Ausschließlichkeitsrecht („Open-House-Modell"), SR aktuell 2016, 190; *Plagemann/Ziegler*, Neues Sozialvergaberecht, GesR 2008, 617; *Plassmeier/Höld*, Die Rabattgewährung der Pharmaunternehmen im Arzneimittelhandel, PharmR 2007, 309; *Portner/Rechten*, Das Open-House-Modell – Möglichkeiten für eine praxisgerechte Verfahrensausgestaltung, NZBau 2017, 587; *Prieß/Gabriel*, M&A-Verfahrensrecht – EG-rechtliche Verfahrensvorgaben bei staatlichen Beteiligungsveräußerungen, NZBau 2007, 617; *Prieß/Krohn*, Die Durchführung förmlicher Vergabeverfahren im Sozialhilfebereich, Archiv für Wissenschaft und Praxis der sozialen Arbeit 2005, 34; *Reh/Willhöft*, Die Bedeutung von Qualitätskriterien bei Ausschreibungen von Hilfsmittelverträgen nach der Einführung des § 127 Abs. 1b SGB V, MPR 2018, 48; *Rixen*, Vergaberecht oder Sozialrecht in der gesetzlichen Krankenversicherung – Ausschreibungspflichten von Krankenkassen und Kassenärztlichen Vereinigungen, GesR 2006, 49; *Roberts*, Rabattvereinbarungen zwischen Krankenkassen und einzelnen Apotheken, PharmR 2007, 152; *Röbke*, Besteht eine vergaberechtliche Ausschreibungspflicht für Rabattverträge nach § 130a VIII SGB V, NVwZ 2008, 726; *Röbke*, Hilfsmittel- und Arzneimittelrabattverträge im Spannungsfeld zwischen GWB und dem Recht der GKV, NZBau 2010, 346; *Rommelfanger*, Öffentliche Auftragsvergaben im Gesundheitsbereich, ZMGR 2019, 128; *Roth*, Bundestag verlängert Übergangsfrist bei einer Ausschreibung von Verträgen mit Leistungserbringern von Hilfsmitteln, MedR 2009, 77; *Säcker/Kaeding*, Die wettbewerbsrechtliche Kontrolle von Vereinbarungen zwischen Krankenkassen und Leistungserbringern nach Maßgabe des § 69 Abs. 2 SGB V nF, MedR 2012, 15; *Sandrock/Stallberg*, Der Generikarabatt nach § 130a Abs. 3b SGB V, PharmR 2007, 498; *Schickert*, Rabattverträge für patentgeschützte Arzneimittel im Sozial- und Vergaberecht, PharmR 2009, 164; *Schickert*, Schnelle Nutzenbewertung und Preisverhandlungen nach dem AMNOG – Gefahren für Originalhersteller durch den Parallelimport, PharmR 2013, 152; *Schickert/Schulz*, Hilfsmittelversorgung 2009 – Ausschreibungen und Verhandlungsverträge der Krankenkassen, MPR 2009, 1; *Schröder*, Ausschreibungen bei der Grundsicherung für Arbeitsuchende (SGB II), VergabeR Sonderheft 2a/2007, 418; *Schüttpelz/Dicks* in Prieß/Lau/Kratzenberg, Wettbewerb – Transparenz – Gleichbehandlung, Auftragsvergaben durch gesetzliche Krankenkassen und die ordentliche Gerichtsbarkeit – einige Schlaglichter auf die Rechtsprechung, Festschrift für Fridhelm Marx, 2013, 691; *v. Schwanenflügel*, Moderne Versorgungsformen im Gesundheitswesen, NZS 2006, 285; *Schwintowski/Klaue*, Wettbewerbsbeschränkungen durch Vergaberecht auf Arzneimittelmärkten, PharmR 2011, 469; *Sen*, Wettbewerb im sozialrechtlichen Dreiecksverhältnis und Ausschreibungen nach EU-Vergaberecht, SozR aktuell 2017, 90; *Sodan*, Das GKV-Wettbewerbsstärkungsgesetz, NJW 2007, 1313; *Sodan/Adam*, Zur Geltung des Kartellrechts im Rahmen der Leistungserbringung für die gesetzliche Krankenversicherung – § 69 S. 1 SGB V als Bereichsausnahme für das Gesundheitswesen, NZS 2006, 113; *Stallberg*, Das Beitritts- und Informationsrecht der Leistungserbringer bei Versorgungsverträgen im Hilfsmittelbereich, MPR 2010, 50; *Stallberg*, Das GKV-Versorgungsstrukturgesetz aus Sicht der Medizinprodukteindustrie – Erleichterung des Marktzugangs innovativer Produkte?, MPR 2011, 185; *Stallberg*, Herstellerzwangsabschläge als Rechtsproblem – Verwerfung von GKV-Änderungsgesetz und AMNOG, PharmR 2011, 38; *Stallberg*, Rabattvereinbarungen für parenterale Zubereitungen nach AMVSG und GSAV – Zulässigkeit und Grenzen, PharmR 2019, 440; *Steiff/Schunzig*, Der Eintritt der Unwirksamkeit direkt geschlossener Arzneimittelrabattverträge, NZBau 2013, 203; *Stelzer*, Müssen gesetzliche Kranken- und Pflegekassen Lieferaufträge über Hilfs- und Pflegemittel oberhalb der Schwellenwerte europaweit öffentlich ausschreiben? – Bestandsaufnahme der Rechtspositionen in den Vertragsverletzungsbeschwerdeverfahren im Kontext des EuGH-Urteils vom 11.6.2009 ua und der Reformgesetze in der GKV, Wege zur Sozialversicherung (WzS) 2009, 267; *Stelzer*, WzS 2009, 303; *Stelzer*, WzS 2009, 336; *Stelzer*, WzS 2009, 368; *Stock*, Open-House-Verträge: (k)ein Modell für die Hilfsmittelversorgung, KrV 2018, 11; *Stephan*, Vergabe öffentlicher Aufträge: Kommission fordert Deutschland auf, das Verbot öffentlicher Vergabeverfahren für medizinische Hilfsmittel aufzuheben, MPR 2019, 181; *Stolz/Kraus*, Sind Rabattverträge zwischen gesetzlichen Krankenkassen und pharmazeutischen Unternehmen öffentliche Aufträge nach § 99 GWB, VergabeR 2008, 1; *Sträter/Natz*, Rabattverträge zwischen Krankenkassen und pharmazeutischen Unternehmen, PharmR 2007, 7; *Szonn*, Anmerkung zu LSG Berlin-Brandenburg Beschl. v. 6.3.2009 – L 9 KR 72/09 ER – „ambulante augenärztliche Versorgung", VergabeR 2010, 124;

Szonn, Sind Verträge gemäß § 127 II, IIa SGB V öffentliche Aufträge im Sinne des Kartellvergaberechts?, NZS 2011, 245; *Theuerkauf,* Direktverträge und Wettbewerb in der gesetzlichen Krankenversicherung, NZS 2011, 921; *Thüsing/Granetzny,* Der Rechtsweg in Vergabefragen des Leistungserbringungsrechts nach dem SGB V, NJW 2008, 3188; *Ulshöfer,* Anmerkung zu LSG Nordrhein-Westfalen Beschl. v. 26.3.2009 – L 21 KR 26/09 SFB – „AOK-Generika", VergabeR 2009, 931; *Ulshöfer,* Anmerkung zu LSG Nordrhein-Westfalen Beschl. v. 3.9.2009 – L 21 KR 51/09 SFB – „DAK-Generika", VergabeR 2010, 132; *Uwer/Koch,* Rabattverträge nach § 130a Abs. 8 SGB V und die Umsetzung der Abgabepflicht nach § 129 Abs. 1 S. 3 SGB V unter besonderer Berücksichtigung von Original- und Importpräparaten, PharmR 2008, 461; *Voll,* Das Schicksal nicht ausgeschriebener Arzneimittelrabattverträge nach der 16. AMG-Novelle – Roma locuta, causa finita?, pharmind 2014, 94; *Weber,* Ganz oder gar nicht? – Der (Teil-)Beitritt zu Hilfsmittelverträgen gemäß § 127 IIa 1 SGB V, NZS 2011, 53; *Weiner,* Anmerkung zu OLG Düsseldorf Beschl. v. 20.10.2008 – VII Verg 46/08 sowie Beschl. v. 22.10.2008 – I-27 U2/08 und zu LSG Baden-Württemberg Beschl. v. 28.10.2008 – L 11 KR 481/08 ER-B – „Antianämika-Rabattvertrag", VergabeR 2009, 189; *Weiner,* Das Ausschreibungsregime für Verträge über die hausarztzentrierte Versorgung (§ 73b SGB V) und die besondere ambulante ärztliche Versorgung (§ 73c SGB V), GesR 2010, 237; *Wesser,* Exklusivversorgungssysteme bei der ambulanten Zytostatikaversorgung?, A&R 2016, 51; *Wille,* Arzneimittel mit Patentschutz – Vergaberechtliche Rechtfertigung eines Direktvertrages?, A&R 2008, 164; *Willenbruch,* Anmerkung zu VK Baden-Württemberg Beschl. v. 26.1.2007 – 1 VK 82/06, PharmR 2007, 197; *Willenbruch,* Der Open-House-Vertrag – vergaberechtliche Fragen und Antworten, VergabeR 2017, 419; *Willenbruch,* Der Tanz um die Rabattverträge: Vorwärts – Rückwärts – Seitwärts – Schluss, PharmR 2008, 488; *Willenbruch,* Die vergaberechtliche Bedeutung von Pharmazentralnummern (PZN) in Ausschreibungsverfahren, PharmR 2009, 543; *Willenbruch,* Juristische Aspekte der Regulierung von Arzneimittelpreisen, PharmR 2010, 321; *Willenbruch,* Kompetenzgerangel um Rabattverträge ohne Ende, PharmR 2008, 265; *Willenbruch,* Rabattverträge – Schlusspunkt und Auftakt, PharmR 2009, 111; *Willenbruch/Bischoff,* Vergaberechtliche Anforderungen nach dem Gesetz gegen Wettbewerbsbeschränkungen GWB an den Abschluss von Rabattverträgen/Direktverträgen zwischen gesetzlichen Krankenkassen und Pharmaunternehmen gem. § 130a Abs. 8 SGB V, PharmR 2005, 477; *Wolf/Jäkel,* Änderungen bei Rabattverträgen durch das AMNOG, PharmR 2011, 1; *Zimmermann,* Keine Ausschreibungspflicht für Hilfsmittelverträge, NZBau 2010, 739.

Übersicht

	Rn.		Rn.
I. Allgemeines	1	c) Rahmenverträge mit Beitrittsrecht gem. § 127 Abs. 1, 2 SGB V	29
1. Sozialleistungs- und Sozialversicherungsträger	1	d) Einzelfallverträge gem. § 127 Abs. 3 SGB V	31
2. Entwicklung des ausschreibungsrelevanten GKV-Bereichs	4	2. Arzneimittelrabattverträge gem. § 130a Abs. 8 SGB V	36
II. Anwendbarkeit des Vergaberechts auf Sozialleistungsträger	9	a) Überblick	36
1. Grundsätzliche Anwendbarkeit des Vergaberechts	9	b) Arzneimittelrabattverträge als vergaberechtliche Rahmenvereinbarungen gem. § 103 Abs. 5 GWB, § 21 VgV	39
2. Auftraggebereigenschaft gesetzlicher Sozialversicherungsträger	13	c) Ausschreibung von Arzneimittelrabattverträgen betreffend Generika	53
III. Open-House-Verfahren	15	d) Ausschreibung von Arzneimittelrabattverträgen betreffend patentgeschützte Originalpräparate	72
IV. Rechtsschutz und Rechtsweg	20	e) Ausschreibung von Rabattverträgen betreffend Verträge über Generika oder patentgeschützte Originalpräparate	83
1. Primärrechtsschutz bei vergaberechtlichen Streitigkeiten im Bereich des SGB V	20	f) Ausschreibung von Rabattverträgen über biologisch/biotechnologisch hergestellte Arzneimittel	89
2. Zulässiger Rechtsweg bei Open-House-Verfahren	23	3. Rabattverträge über Fertigarzneimittel zur Herstellung parenteraler Zubereitungen in der Onkologie gem. § 130a Abs. 8a SGB V	94
V. Die in der Vergabepraxis wichtigsten GKV-Selektivverträge	26	a) Überblick	94
1. Hilfsmittelversorgungsverträge gem. § 127 SGB V	26	b) Ausschreibung von Rabattverträgen gem. § 130a Abs. 8 SGB V	97
a) Überblick	26		
b) Präqualifizierungsverfahren gem. § 126 SGB V	27		

I. Allgemeines

1. Sozialleistungs- und Sozialversicherungsträger. Sozialleistungsträger sind Institutionen und Einrichtungen, die Leistungen der sozialen Sicherheit erbringen. Die §§ 18–29 SGB I benennen sie abschließend. Im Rahmen des deutschen Sozialversicherungsrechts werden traditionell

1. Sozialleistungs- und Sozialversicherungsträger   2, 3 **SGB V**

Sozialversicherung, (Sozial-)Versorgung und Sozialhilfe (Fürsorge) als mögliche **Formen der Sozialleistung** unterschieden.[1] Wesensmäßig für die **Sozialversicherung** ist dabei die versicherungsmäßige, dh beitragsfinanzierte, Selbsthilfe durch Zusammenschluss und Beitragsleistung einer gleichartigen, sich selbst verwaltenden Versichertengemeinschaft. Bei der **Versorgung,** die als Allgemein- oder Sonderversorgung auftreten kann, fehlt dagegen ein versicherungsmäßiges Gegenseitigkeitsverhältnis. Im Unterschied zur Sozialversicherung finanzieren nicht Beiträge der Versichertengemeinschaft sie, sondern die Kosten der Versorgung werden durch staatliche Steuermittel gedeckt. Die Versorgung wird dabei von staatlichen Verwaltungsbehörden durchgeführt. Kennzeichnend für die **Sozialhilfe** ist schließlich demgegenüber die Subsidiarität der Hilfegewährung (Nachrang gegenüber Selbsthilfe und Hilfe von anderer Seite) sowie die Anknüpfung an die Bedürftigkeit des Leistungsempfängers. Parallel zu der Versorgung wird auch sie aus Steuermitteln finanziert und organisatorisch von Verwaltungsbehörden, insbesondere durch kommunale Leistungsträger, durchgeführt.[2]

Träger der Sozialversicherung sind solche Institutionen, die Leistungen der sozialen Sicher-   2
heit auf der Grundlage eines Versicherungsverhältnisses erbringen. Das sind in Deutschland die **gesetzlichen Krankenkassen,** die unter dem Namen Deutsche Rentenversicherung firmierenden **Rentenversicherungsträger** sowie die Berufsgenossenschaften als Träger der **gesetzlichen Unfallversicherung.** Diese Sozialversicherungsträger sind nicht als unmittelbar staatliche Einrichtungen verfasst, sondern als rechtlich selbstständige Organisationseinheiten in der Rechtsform der Körperschaft des öffentlichen Rechts; in der Folge sind sie mit Selbstverwaltungsrechten ausgestattet. Sie unterliegen gleichwohl einer staatlichen Rechtsaufsicht, die für die bundesunmittelbaren Versicherungsträger durch das Bundesversicherungsamt ausgeübt wird, während die landesunmittelbaren Sozialversicherungsträger durch Landesbehörden beaufsichtigt werden. Die Mitglieder der Sozialversicherungsträger sind zur Zahlung eines Beitrags verpflichtet, der deren Aufgabenerfüllung sicherstellt. Im Fall der gesetzlichen Krankenkassen besteht er in Form des Krankenversicherungsbeitrags. Die Organisation und Verfassung der Sozialversicherungsträger sind im Einzelnen in den §§ 29–90a SGB IV geregelt. Ihre Aufgaben sind in weiteren Büchern des Sozialgesetzbuchs vorgegeben (für die Krankenkassen im SGB V, für die Rentenversicherungsträger im SGB VI und für die Unfallversicherungsträger im SGB VII).

Im Folgenden wird dargelegt, unter welchen Maßgaben der Abschluss von vertraglichen Verein-   3
barungen zwischen Leistungserbringern und Trägern der Sozialversicherung in Gestalt der für die Vergabepraxis hinsichtlich wirtschaftlicher Bedeutung und Ausmaß ergangener Rechtsprechung besonders wichtigen gesetzlichen Krankenkassen (SGB V) aufgrund vergaberechtlicher Vorgaben ausschreibungspflichtig ist. Der Vollständigkeit halber sei hinzugefügt, dass sich in den vergangenen Jahren auch hinsichtlich der Leistungsbeziehungen zwischen **anderen Sozialleistungsträgern,** insbesondere im Bereich der Sozialhilfe (SGB XII), der Kinder- und Jugendhilfeleistungen (SGB VIII) sowie der Arbeitsförderung (SGB III), vergleichbare Fragen zur Zulässigkeit von **Auswahlentscheidungen nach vergaberechtlichen Vorgaben** gestellt haben.[3] So sind auch die Leistungsbeziehungen im „sozialhilferechtlichen Dreieck", das sich zusammensetzt aus Hilfebedürftigem, öffentlichem Träger und privatem Leistungserbringer, nicht von der für das Vergaberecht typischen „bipolaren" Beziehung zwischen Beschaffungsstelle und Anbieter gekennzeichnet.[4] Vor diesem Hintergrund ergeben sich parallele Probleme, insbesondere hinsichtlich der Frage, in welcher Form und in welchem Umfang in diesem Bereich Auswahlentscheidungen öffentlicher Träger zulässig sind und im Rahmen eines Vergabeverfahrens vorgenommen werden dürfen bzw. müssen.[5]

---

[1] *Bley/Kreikebohm/Marschner,* Sozialrecht, 9. Aufl. 2007, Rn. 11–13.
[2] Instruktiv zur begrifflichen Abgrenzung BAG Urt. v. 18.3.1999 – 6 AZR 513/97, NZA 1999, 1286.
[3] Hierzu *Rixen* GesR 2006, 49 und speziell zur Auftragsvergabe iRd SGB II *Iwers* LKV 2008, 1 sowie *Schröder* VergabeR 2007, 418; iRd SGB III *Storost* NZS 2005, 82; iRd SGB VIII und XII *Prieß/Krohn* Archiv für Wissenschaft und Praxis der sozialen Arbeit 2005, 34 sowie *Krohn* Archiv für Wissenschaft und Praxis der sozialen Arbeit 2005, 90; iRd SGB XI *Udsching* NZS 1999, 473.
[4] Zum „sozialhilferechtlichen Dreieck": VG Münster Urt. v. 18.8.2004 – 9 L 970/04, BeckRS 2004, 31054346; *Blum* Vergabe Navigator 2006, 10 (11); *Kingreen* VergabeR 2007, 354 (355); *Kingreen* SGb 2004, 659 (668); *Krohn* Archiv für Wissenschaft und Praxis der sozialen Arbeit 2005, 90 (91); *Storost* NZS 2005, 82 (85); *Mrozynski* ZFSH/SGB 2004, 451 (453).
[5] Das Vorliegen eines öffentlichen Auftrags bejahen zB OLG Düsseldorf Beschl. v. 22.9.2004 – VII-Verg 44/04, NZBau 2005, 652; Beschl. v. 8.9.2004 – VII-Verg 35/04, NZBau 2005, 650; VK Münster Beschl. v. 2.7.2004 – VK 13/04, IBRRS 2004, 1580; Beschl. v. 28.5.2004 – VK 10/04, IBRRS 2004, 1274. Auswahlentscheidungen mit Ausschlusswirkung im Bereich der Sozial- und Jugendhilfeleistungen für unzulässig erachten zB OVG Hamburg Urt. v. 10.11.2004 – 4 Bs 388/04, NJOZ 2006, 22; VG Berlin Urt. v. 19.10.2004 – 18 A 404.04, BeckRS 2004, 30988259; VG Münster Urt. v. 22.6.2004 – 5 L 756/04, RsDE 2005, 75; Urt. v. 22.6.2004 – 5 L 728/04, ZFSH/SGB 2004, 601.

4 **2. Entwicklung des ausschreibungsrelevanten GKV-Bereichs.** Die Kostenentwicklung im Bereich des deutschen Gesundheitssystems und insbesondere in der gesetzlichen Krankenversicherung (GKV) ist seit Jahrzehnten durch einen überproportionalen Anstieg geprägt. Den Gesetzgeber veranlasste diese Entwicklung in den vergangenen Jahren dazu, vermehrt wettbewerbliche Regulierungsansätze im Sinne **selektiv-exklusiver Kontrahierungsmöglichkeiten** zwischen Krankenkassen und Leistungserbringern im SGB V zu verankern. Diese gesetzgeberischen Maßnahmen sind primär durch das **Ziel der Kosteneinsparung** motiviert.

5 Bereits im Zuge des GKV-Gesundheitsreformgesetzes v. 22.12.1999 (GKV-RefG 2000)[6] hat der Gesetzgeber die **integrierte Versorgung gem. §§ 140a–140d SGB V aF** als alternative Regelversorgungsform eingeführt. Sie enthielt deutliche Wettbewerbselemente.[7] Diese wettbewerblichen Elemente sind mit dem GKV-Modernisierungsgesetz v. 14.11.2003 (GKV-GMG)[8] nochmals modifiziert und verstärkt worden: Das GKV-GMG erweiterte die Handlungsspielräume der gesetzlichen Krankenkassen, um den Wettbewerb in Gestalt neuer Versorgungsformen zu intensivieren. Den Krankenkassen sollte vor allem die Möglichkeit eingeräumt werden, sich im Wettbewerb um die Versicherten unter anderem durch Einzelverträge, die sie mit Leistungserbringern abschließen, von den anderen Krankenkassen abheben zu können.[9] Der Gesetzgeber führte mit dem GKV-Versorgungsstärkungsgesetz v. 16.7.2015[10] die integrierte Versorgung unter dem Sammelbegriff der „**besonderen Versorgung**" gemeinsam mit weiteren speziellen Versorgungsverträgen in § 140a SGB V zusammen.

6 Das GKV-Wettbewerbsstärkungsgesetz v. 26.3.2007 (GKV-WSG)[11] hat sodann den Bereich der **Hilfsmittelversorgungsverträge gem. §§ 126, 127 SGB V** einer grundlegenden Reform unterzogen. Im Zuge der Änderung löste die Möglichkeit der Zulassung der Leistungserbringer das frühere, nicht-exklusive System der Versorgungsberechtigung ab. Das neue System knüpfte die Versorgungsberechtigung zwingend an eine vertragliche Berechtigung, „sodass sich die an der Versorgung interessierten Leistungserbringer um vertragliche Beziehungen mit den Krankenkassen bemühen müssen".[12] Durch das grundsätzliche – wenngleich nicht ausnahmslose – Erfordernis der vorherigen Durchführung von Ausschreibungen sollte der „Preiswettbewerb im Hilfsmittelbereich gefördert" werden.[13] Das Gesetz zur Weiterentwicklung der Organisationsstrukturen in der GKV v. 15.12.2008 (GKV-OrgWG)[14] hat diesen zuvor vorgegebenen Vorrang des Vertragsschlusses im Wege der Ausschreibung allerdings wieder relativiert: Es führte durch das Beitrittsrecht ein Instrument ein, das es den GKV ermöglichte, auf das Ausschreibungserfordernis verzichten zu können. Durch das Heil- und Hilfsmittelversorgungsstärkungsgesetz v. 4.4.2017 (HHVG)[15] wurde den Krankenkassen dann vorgeschrieben, qualitative Aspekte bei der Ausschreibung zu berücksichtigen. Der Gesetzgeber erhoffte sich hierdurch eine Qualitätssteigerung der Hilfsmittelversorgung, die sich in dem erwarteten Ausmaß allerdings nicht einstellte. Als Reaktion darauf wurde § 127 SGB V jüngst durch das Gesetz für schnellere Termine und bessere Versorgung v. 6.5.2019 (TSVG)[16] grundlegend umgestaltet. Nach der aktuellen Rechtslage sind Verträge zur Hilfsmittelversorgung nach § 127 Abs. 1 SGB V im Wege von Vertragsverhandlungen auszuhandeln und als Rahmenverträge mit Beitrittsrecht zu den gleichen Bedingungen für andere Leistungserbringer abzuschließen. Die in § 127 Abs. 1 S. 1 SGB V aF enthaltene Ausschreibungsoption besteht somit de lege lata nicht mehr.[17]

7 Verschiedene weitere gesetzgeberische Maßnahmen zielten auf die in finanzieller Hinsicht bedeutsamsten Instrumente zur Liquiditätsplanung der gesetzlichen Krankenkassen ab.[18] Neben den Regelungen der Arzneimittelpreisverordnung, den Festbeträgen gem. § 35 SGB V sowie den sog. Zwangsrabatten gem. § 130a Abs. 1 SGB V sind vor allem **Rabattvereinbarungen gem. § 130a Abs. 8 SGB V** zwischen Pharmaunternehmen und gesetzlichen Krankenkassen als Regelungsme-

---

[6] BGBl. 1999 I 2626.
[7] Vgl. *Quaas* VSSR 2004, 175 (176); *Wigge* NZS 2001, 17 (18); *Becker* NZS 2001, 505; *Kamann/Gey* PharmR 2006, 255.
[8] BGBl. 2003 I 2190.
[9] Hierzu *Kamann/Gey* PharmR 2006, 255 (256); *v. Schwanenflügel* NZS 2006, 285 (287); *Beule* GesR 2004, 209; *Kingreen* MedR 2004, 188; *Quaas* VSSR 2004, 175 (182).
[10] BGBl. 2015 I 1211.
[11] BGBl. 2007 I 378. Hierzu *Sodan* NJW 2007, 1313; *Gassner* NZS 2007, 281.
[12] BT-Drs. 16/3100, 399.
[13] BT-Drs. 16/3100, 400.
[14] BGBl. 2008 I 2426.
[15] BGBl. 2017 I 778.
[16] BGBl. 2019 I 646.
[17] Hierzu *Gabriel* NZBau 2020, 286 (287).
[18] Instruktiv zur wirtschaftlichen Bedeutung von Rabattverträgen gem. § 130a Abs. 8 SGB V *Uwer/Kocher* PharmR 2008, 461 (462).

chanismen hervorzuheben.[19] Bereits das Beitragssatzsicherungsgesetz v. 23.12.2002 (BSSichG)[20] führte die Vorschrift des § 130a Abs. 8 SGB V ein, die es den gesetzlichen Krankenkassen bzw. deren Verbänden ermöglicht, neben den Zwangsrabatten mit pharmazeutischen Unternehmen einen weiteren Rabatt („Vertragsrabatt") für die zu ihren Lasten abgegebenen Arzneimittel zu vereinbaren. Diese Rabattvereinbarungen schließen gesetzliche Krankenkassen unmittelbar mit pharmazeutischen Unternehmen; die vereinbarten Vertragsrabatte werden ersteren dabei von den Pharmaunternehmen vergütet.[21] Solche Verträge können für die pharmazeutischen Unternehmen vor allem dann von Interesse sein, wenn sich durch sie tatsächlich eine Umsatzsteigerung erzielen lässt. Das ist insbesondere der Fall, soweit Rabattvereinbarungen gesetzliche Mechanismen zur Steuerung der Arzneimittelabgabe bzw. -verordnung darstellen.[22] Arzneimittelrabattverträge gem. § 130a Abs. 8 SGB V konnten in der Folge tatsächlich besonders im Bereich der generischen Arzneimittel erhebliche Einsparungen für die gesetzlichen Krankenkassen bewirken.[23]

Eine Steuerung der Arzneimittelabgabe durch **Rabattverträge bei Originalpräparaten** ist **8** hingegen nicht im selben Umfang möglich. Der Grund hierfür ist der Patentschutz der Originalpräparate, da dieser einer Substitution grundsätzlich entgegensteht. Im Rahmen des Gesetzes zur Neuordnung des Arzneimittelmarktes in der GKV v. 22.12.2010 (AMNOG)[24] wurden deshalb in **§ 130b SGB V und § 130c SGB V** zusätzlich **spezielle Erstattungsvereinbarungen** über nicht-festbetragsfähige (patentgeschützte) Originalpräparate eingeführt. Durch das GKV-Arzneimittelversorgungsstärkungsgesetz v. 4.5.2017 (AMVSG)[25] wurde darüber hinaus ein neuer **§ 130a Abs. 8a SGB V** eingeführt. Dieser enthält eine **Ermächtigung zum Abschluss von Rabattverträgen für Fertigarzneimittel,** die der Herstellung von parenteralen Zubereitungen in Apotheken dienen. Im Gegenzug wurden die bis dahin vorgesehenen exklusiven Zytostatika-Versorgungsverträge zwischen gesetzlichen Krankenkassen und Apotheken abgeschafft. Schließlich werden im Zuge des Gesetzes für mehr Sicherheit in der Arzneimittelversorgung v. 9.8.2019 (GSAV)[26] **Rabattverträge über biologische Arzneimittel** in Zukunft erheblich an Bedeutung gewinnen. Biosimilars sind Nachahmerpräparate von biopharmazeutischen Arzneimitteln. Sie enthalten eine Wirksubstanz, die mit derjenigen des Originalprodukts vergleichbar ist, können aber durch die komplexen Herstellungsprozesse unter Zuhilfenahme lebender Organismen mit dem Originalprodukt nie vollständig identisch sein. Eine Steuerung der Arzneimittelabgabe war deshalb bei Biosimilars bislang kaum möglich. Durch das GSAV gelten mit einer dreijährigen Übergangsfrist ab dem 16.8.2022 die Vorgaben zur Ersetzung wirkstoffgleicher Arzneimittel künftig auch für biopharmazeutische Arzneimittel entsprechend. Auf dieser Grundlage können auch biologische Arzneimittel durch im Wesentlichen gleiche und rabattierte Biosimilars ausgetauscht werden, sofern der Gemeinsame Bundesausschuss die Austauschbarkeit entsprechend festgelegt hat.

II. Anwendbarkeit des Vergaberechts auf Sozialleistungsträger

1. Grundsätzliche Anwendbarkeit des Vergaberechts. Die Anwendbarkeit europäischen **9** und nationalen Vergaberechts hängt davon ab, dass ein öffentlicher Auftraggeber (§ 99 GWB) einen öffentlichen Auftrag (§ 103 GWB) vergeben möchte, dessen Volumen die maßgeblichen Schwellenwerte (§ 106 Abs. 1 GWB) erreicht bzw. überschreitet.[27] Liegen diese konstitutiven **Voraussetzungen** kumulativ vor, muss sich der Auftraggeber hinsichtlich des Verfahrens des Vertragsabschlusses – sofern nicht ein Ausnahmetatbestand vorliegt (vgl. §§ 107 ff. GWB) – dem Teil 4 des GWB, den Regelungen der Vergabeverordnungen (VgV, SektVO, KonzVgV, VSVgV) sowie den Vorschriften der Vergabe- und Vertragsordnung für Bauleistungen (VOB/A) unterwerfen.

---

[19] *Koenig/Klahn* GesR 2005, 481.
[20] BGBl. 2002 I 4637.
[21] *Willenbruch/Bischoff* PharmR 2005, 477.
[22] Hierzu *Koenig/Klahn* GesR 2005, 481 (485).
[23] Im Jahr 2020 haben Arzneimittelrabattverträge nach § 130a Abs. 8 SGB V allein bei den Krankenkassen der AOK-Gemeinschaft zu Einsparungen iHv. 1,9 Mrd. EUR geführt, vgl. den Artikel „Arzneimittelrabattverträge" auf der Homepage der AOK-Krankenkassen, abrufbar unter https://www.aok-bv.de/hintergrund/dossier/arzneimittelrabattvertraege/.
[24] BGBl. 2010 I 2262.
[25] BGBl. 2017 I 1050.
[26] BGBl. 2019 I 1202.
[27] Die Schwellenwerte wurden zuletzt zum 1.1.2020 neu festgesetzt durch die VO (EU) 2019/1828 v. 30.10.2019 für die Vergabe öffentlicher Liefer-, Dienstleistungs- und Bauaufträge, durch die VO (EU) 2019/1829 v. 30.10.2019 für Vergaben im Sektorenbereich und durch die VO (EU) 2019/1827 v. 30.10.2019 für Konzessionsvergaben.

10 Das Vergaberecht ist beim Abschluss von Selektivverträgen durch gesetzliche Krankenkassen im Rahmen des SGB V grundsätzlich anwendbar. Diese Frage war anfangs aufgrund der früheren Fassung des § 69 SGB V (idF des GKVRefG2000) nicht unumstritten. § 69 Abs. 2 SGB V aF sah seinerzeit vor, dass die Rechtsbeziehungen der Krankenkassen zu den Leistungserbringern „abschließend" durch das 4. Kapitel des SGB V sowie die §§ 63, 64 SGB V geregelt werden.[28] In (bloßer) Ansehung des Wortlautes der Norm ließe sich der Umkehrschluss herstellen, dass § 69 SGB V aF eine Bereichsausnahme vom Vergaberecht statuieren könne. Genau besehen ergab sich allerdings auch bereits nach früherer Rechtslage **keine generelle Bereichsausnahme,** der zufolge für die Beschaffungstätigkeit der Krankenkassen die Anwendung des Vergaberechts ausgeschlossen gewesen wäre.[29] Dafür sprach vor allem immer schon die normative Betrachtung: Die Schlussfolgerung, nach der § 69 SGB V aF eine Bereichsausnahme darstellen könne, war vor europarechtlichem Hintergrund nicht gangbar, da das GWB-Vergaberecht die Umsetzung europäischer Richtlinien bildet und daher einem Ausschluss aufgrund einer nationalen Bereichsausnahme von vornherein nicht zugänglich ist.[30] Dem nationalen Gesetzgeber fehlt hierfür die Gesetzgebungsbefugnis bzw. der Umsetzungsspielraum. Das Gleiche gilt für die in diesem Zusammenhang ebenfalls oftmals als **spezielle Bereichsausnahme** angeführte Regelung in § 22 Abs. 1 der Verordnung über das Haushaltswesen in der Sozialversicherung v. 21.12.1977 (SVHV).[31] Nach dieser ist dem Abschluss von Verträgen über Lieferungen und Leistungen grundsätzlich eine öffentliche Ausschreibung vorgelagert. Eine Ausnahme besteht nur für den Fall, in dem es sich um Verträge handelt, die der Erbringung gesetzlicher oder satzungsmäßiger Versicherungsleistungen iSd §§ 11–68 SGB V dienen.[32] In Ansehung des Vorrangs der europarechtlichen vergaberechtlichen Vorgaben muss § 22 SVHV ab Erreichen der europäischen Schwellenwerte allerdings unangewendet bleiben. Die Vorschrift besitzt insoweit im Ergebnis nur haushaltsrechtliche Bedeutung.[33] Aus dem Vorrang des europarechtlich begründeten Vergaberechts folgt zugleich, dass auch den **speziellen Ausschreibungspflichten bzw. Ausschreibungsermächtigungen,** die im SGB V vereinzelt normiert sind (zB § 73b Abs. 4 S. 5 SGB V und § 129 Abs. 5b S. 1 SGB V), kein abschließender Charakter gegenüber den vergaberechtlichen Vorgaben zukommen kann.[34] Ob (EU/GWB-)vergaberechtliche Ausschreibungspflichten bestehen, richtet sich daher ausschließlich nach den gem. (EU/GWB-)Vergaberecht geltenden Voraussetzungen – nicht aber danach, ob das SGB V in einem bestimmten Zusammenhang „Ausschreibungen" ausdrücklich vorsieht.[35] Eine andere Ansicht liefe der Kompetenzordnung in diesem Bereich zuwider.

11 Im Rahmen des **GKV-OrgWG** hat der Gesetzgeber im Hinblick auf das Verhältnis zwischen Vergaberecht und SGB V durch **Änderung von § 69 Abs. 2 SGB V** schließlich klargestellt, dass die vergaberechtlichen Vorgaben der §§ 97–115 und 128 GWB, dh die materiellen **Vergaberechtsvorschriften** sowie die Regelungen über das Vergabenachprüfungsverfahren, auch bei Abschluss von Selektivverträgen in der GKV Anwendung finden.[36] Nach nochmaliger Änderung durch das

---

[28] Eingehend hierzu *Moosecker,* Öffentliche Auftragsvergaben der gesetzlichen Krankenkassen – Die Anwendbarkeit des Vergaberechts auf die Nachfrage von Leistungen der Stationären und der Integrierten Versorgung, 2009, 13; *Sodan/Adam* NZS 2006, 113.

[29] OLG Düsseldorf Urt. v. 19.12.2007 – VII-Verg 51/07, VergabeR 2008, 73 (78) mAnm *Amelung/Dörn* VergabeR 2008, 84; *Gabriel* NZS 2007, 344 (345).

[30] Ebenso *Moosecker,* Öffentliche Auftragsvergaben der gesetzlichen Krankenkassen – Die Anwendbarkeit des Vergaberechts auf die Nachfrage von Leistungen der Stationären und der Integrierten Versorgung, 2009, 24; *Kamann/Gey* PharmR 2009, 114 (116); *Burgi* NZBau 2008, 480 (482); *Goodarzi/Schmid* NZS 2008, 518 (520); *Klöck* NZS 2008, 178 (179); *Röbke* NVwZ 2008, 726 (727); *Gabriel* NZS 2007, 344 (345); *Rixen* GesR 2006, 49 (54); *Boldt* NJW 2005, 3757 (3758); *Hesselmann/Motz* MedR 2005, 498 (499); *Wollenschläger* NZBau 2004, 655; *Kingreen* MedR 2004, 188 (192); *Vollmöller* NZS 2004, 63 (65); *Quaas* VSSR 2004, 175 (190); *Koenig/Engelmann/Hentschel* MedR 2003, 562 (564); *Koenig/Busch* NZS 2003, 461 (462); *Zuck* f& w 2002, 534 (535).

[31] Hierzu *Moosecker,* Öffentliche Auftragsvergaben der gesetzlichen Krankenkassen – Die Anwendbarkeit des Vergaberechts auf die Nachfrage von Leistungen der Stationären und der Integrierten Versorgung, 2009, 29; *Goodarzi/Schmid* NZS 2008, 518 (520); *Gabriel* NZS 2007, 344 (345).

[32] *Neun* Jahrbuch forum vergabe 2009, 105 (111); *Boldt* NJW 2005, 3757; *Kingreen* SGb 2004, 659 (661); *Kunze/Kreikebohm* NZS 2003, 5 (10); *Koenig/Busch* NZS 2003, 461 (467).

[33] Zutr. *Esch* MPR 2009, 149 (154); *Rixen* GesR 2006, 49 (54); *Hesselmann/Motz* MedR 2005, 498 (500); *Wollenschläger* NZBau 2004, 655; *Kingreen* MedR 2004, 188 (193); *Koenig/Engelmann/Hentschel* MedR 2003, 562 (563); *Koenig/Busch* NZS 2003, 461 (467).

[34] Ebenso *Burgi* NZBau 2008, 480 (482); *Goodarzi/Schmid* NZS 2008, 518 (520); *Gabriel* NZS 2007, 344 (345); *Gabriel* VergabeR 2007, 630 (634).

[35] *Gabriel* VergabeR 2007, 630 (634).

[36] Hierzu *Plagemann/Ziegler* GesR 2008, 617 (618); *Dreher/Hoffmann* NZBau 2009, 273 (274); *Knispel* GesR 2009, 236 (237); *Schickert* PharmR 2009, 164; *Willenbruch* PharmR 2009, 111 (112).

AMNOG und das Zweite Gesetz zur Änderung des Buchpreisbindungsgesetzes[37] – mit denen weitere inhaltliche Änderungen nicht verbunden waren – sieht § 69 Abs. 3 SGB V nunmehr zutreffend vor, dass die Vorschriften des Teils 4 des GWB anzuwenden sind.[38]

Durch das GKV-OrgWG wurde ebenfalls bestätigt, dass Auftragsvergaben durch gesetzliche **12** Krankenkassen grundsätzlich die **Tatbestandsmerkmale eines öffentlichen Auftrags** gem. § 103 GWB **erfüllen können,** weshalb diese in Ansehung der konkreten Vertragsgestaltung in jedem Einzelfall sorgfältig geprüft werden müssen. Eine allgemeine Pflicht zur Ausschreibung besteht nicht; vielmehr ergeben sich Unterschiede im Hinblick auf die jeweiligen Vertragstypen. Hierbei ist gem. § 69 Abs. 2 S. 3 SGB V stets die besondere Aufgabenstellung der gesetzlichen Krankenversicherung zu beachten.[39] In der **Gesetzesbegründung** wird hierzu instruktiv ausgeführt: „Beim Abschluss von Einzelverträgen in der GKV ist in jedem Einzelfall zu prüfen, ob die tatbestandlichen Voraussetzungen der §§ 97 ff. GWB vorliegen, insbesondere ob es sich bei den jeweiligen Vergaben um öffentliche Aufträge iSd § 99 GWB (jetzt: § 103 GWB) handelt. Diese Frage wird je nach Vertragstyp unterschiedlich zu beantworten sein. Im Wesentlichen hängt die Beantwortung davon ab, ob und inwieweit die Krankenkassen auf die Auswahlentscheidung, welcher Vertragsgegenstand im einzelnen Versorgungsfall abgegeben wird, Einfluss nehmen. Abhängig von der individuellen Vertragsgestaltung können Arzneimittelrabattverträge über Generika wegen der Verpflichtung der Apotheken in § 129 Abs. 1 S. 3 (SGB V), die Ersetzung durch ein wirkstoffgleiches Arzneimittel vorzunehmen, für das ein Rabattvertrag abgeschlossen worden ist, und des damit verbundenen mittelbaren Einflusses der Krankenkassen auf die Auswahlentscheidung des Vertragsgegenstands als öffentliche Aufträge zu qualifizieren sein. […] Die Entscheidung im Einzelfall hängt jedoch von der konkreten Vertragsgestaltung ab und obliegt den mit der Nachprüfung betrauten Vergabekammern und Landessozialgerichten" (mittlerweile sind die Oberlandesgerichte in der Beschwerdeinstanz zuständig, → Rn. 20).[40]

2. Auftraggebereigenschaft gesetzlicher Sozialversicherungsträger. Die Anwendbarkeit **13** des (EU/GWB-)Vergaberechts auf **gesetzliche Krankenkassen** war viele Jahre in Ermangelung einer abschließenden Klärung (insbesondere durch den EuGH) **umstritten.** Rechtsdogmatischer Kern der Diskussion waren unterschiedliche Auffassungen darüber, ob gesetzliche Krankenkassen öffentliche Auftraggeber iSd § 99 Nr. 2 GWB sind und die relevanten Verträge in den verschiedenen GKV-Bereichen die Merkmale eines öffentlichen Auftrags gem. § 103 Abs. 1 GWB aufweisen. In ihrer Summe führten diese Aspekte zu einer langen und sehr kontroversen Diskussion.[41] Erst die **Entscheidung des EuGH vom 11.6.2009,** mit der die vergaberechtliche Auftraggebereigenschaft deutscher gesetzlicher Krankenkassen bestätigt wurde, markierte den Schlusspunkt dieser Auseinandersetzung.[42] Der EuGH hob dabei entscheidend darauf ab, dass der deutsche Staat die gesetzlichen Krankenkassen finanziert. Bei der Anwendung des 4. Teils des GWB ist deshalb davon auszugehen, dass gesetzliche Krankenkassen öffentliche Auftraggeber iSd § 99 Nr. 2 GWB sind, weil sie als juristische Personen des öffentlichen Rechts (vgl. § 4 Abs. 1 SGB V, § 29 Abs. 1 SGB IV) **zu dem besonderen Zweck gegründet** wurden, im Allgemeininteresse liegende Aufgaben nicht gewerblicher Art nach §§ 1, 2 SGB V zu erfüllen.[43] Dabei werden sie **überwiegend** durch einen öffentlichen Auftraggeber iSd § 99 Nr. 2 lit. a GWB **(mittelbar) finanziert.** Diese Finanzierung erfolgt über die gesetzlich verbindlich geregelte Pflichtversicherung der Krankenkassenmitglieder gem. §§ 3, 5, 220 ff. SGB V.[44] Auch schon vor dieser Klärung durch den EuGH hat sich die herrschende Ansicht

---

[37] BT-Drs. 18/8260, 3 ff.
[38] Zur Anwendung des Vergaberechts bei Krankenkassenausschreibungen vgl. auch *Rommelfanger* ZGMR 2019, 128; *Hansen* NZS 2016, 814.
[39] BT-Drs. 16/10609, 66.
[40] Gesetzesbegründung, BT-Drs. 16/10609, 52.
[41] Verneinend BayObLG Beschl. v. 24.5.2004 – Verg 6/04, NZBau 2004, 623; LSG Baden-Württemberg Beschl. v. 27.2.2008 – L 5 KR 508/08 W-A, MedR 2008, 309 mAnm *v. Czettritz* PharmR 2008, 253; Beschl. v. 6.2.2008 – L 5 KR 316/08 B, NZS 2008, 384; SG Stuttgart Urt. v. 20.12.2007 – S 10 KR 8404/07 ER, NJOZ 2009, 914; Beschl. v. 20.12.2007 – S 10 KR 8405/07.
[42] EuGH Urt. v. 11.6.2009 – C-300/07, NJW 2009, 2427 Rn. 59 – Oymanns mAnm *Kingreen* NJW 2009, 2417, betreffend das Vorabentscheidungsersuchen des OLG Düsseldorf Beschl. v. 23.5.2007 – VII-Verg 50/06, NZBau 2007, 525 = VergabeR 2007, 622 mAnm *Gabriel* VergabeR 2007, 630. Ausf. zu dieser Entscheidung des EuGH: *Neun* Jahrbuch forum vergabe 2009, 105; *Esch* MPR 2009, 149; *Hamann* PharmR 2009, 509; *Kingreen* NJW 2009, 2417.
[43] VK Bund Beschl. v. 12.11.2009 – VK 3-193/09, VPRRS 2009, 0462; Beschl. v. 19.11.2008 – VK 1-126/08, VPRRS 2008, 0385; *Gabriel* NZS 2007, 344 (345).
[44] EuGH Urt. v. 11.6.2009 – C-300/07, Slg. 2009, I-4803 = NJW 2009, 2427 Rn. 52 ff. – Oymanns mAnm *Kingreen* NJW 2009, 2417.

in der Rechtsprechung[45] und im juristischen Schrifttum[46] in Übereinstimmung mit dem Bundesversicherungsamt[47] und der Europäischen Kommission[48] dafür ausgesprochen, die vergaberechtliche **Auftraggebereigenschaft gesetzlicher Krankenkassen zu bejahen.** Vor diesem Hintergrund hat der deutsche Gesetzgeber mit dem GKV-OrgWG schließlich zeitlich noch vor der Entscheidung des EuGH durch Änderung des § 69 Abs. 2 SGB V aF den Weg für die Anwendung des Vergaberechts auf gesetzliche Krankenkassen bereitet.

14 Der gleiche Befund betreffend die Ausschreibungspflicht gilt neben den gesetzlichen Krankenkassen auch für die weiteren Träger der Sozialversicherung. So wurde die öffentliche **Auftraggebereigenschaft** zuvor bereits für **Träger der gesetzlichen Rentenversicherung**[49] **und der Unfallversicherung**[50] bejaht.

III. Open-House-Verfahren

15 Mit der Vergabe eines öffentlichen Auftrags ist als ungeschriebenes Tatbestandsmerkmal eine **Auswahlentscheidung des Auftraggebers** verbunden, in Form derer der Auftraggeber einen der Wirtschaftsteilnehmer selektiert bzw. einem oder einem Teil der Wirtschaftsteilnehmer durch die Auswahl Exklusivität im Hinblick auf andere Anbieter gewährt wird (→ Rn. 17 ff.). Im Gegensatz dazu **erfolgt bei einem Open-House-Verfahren eine solche Auswahl nicht;** stattdessen können alle geeigneten Leistungserbringer dem abzuschließenden Vertrag zu einheitlich vorgegebenen Vertragsbedingungen beitreten. Es handelt sich insofern um eine bloße „Zulassung" im Gegensatz zu einer Auswahl.[51] Der Auftraggeber macht dafür öffentlich bekannt, dass er im Wege eines Open-House-Verfahrens den Abschluss einer Versorgungs- bzw. Rabattvereinbarung beabsichtigt und gibt hierbei sämtliche Vertragsbedingungen – insbesondere auch den Rabattsatz – einheitlich vor. Die **Vertragsbedingungen sind nicht verhandelbar.** Der Antrag auf Vertragsabschluss seitens des Auftraggebers richtet sich an eine unbestimmte Zahl pharmazeutischer Unternehmer und stellt deshalb im zivilrechtlichen Sinne eine „offerta ad incertas personas" dar. Jedem pharmazeutischen Unternehmen wird das subjektive Recht eingeräumt, einen Vertrag mit dem Auftraggeber zu den feststehenden Vertragsbedingungen abzuschließen. Als Kehrseite dieses Rechts ist der Auftraggeber zugleich auch verpflichtet, mit jedem interessierten Unternehmen zu den veröffentlichten Bedingungen zu kontrahieren.[52] In den letzten Jahren sank die Anzahl der nach vergaberechtlichen Regelungen abgeschlossenen exklusiven Arzneimittelrabattverträge etwas weniger als zwei Drittel, wohinge-

---

[45] BGH Beschl. v. 15.7.2008 – X ZB 17/08, NJW 2008, 3222; OLG Düsseldorf Urt. v. 19.12.2007 – VII-Verg 51/07, VergabeR 2008, 73 mAnm *Amelung/Dörn* VergabeR 2008, 84; VK Hessen Beschl. v. 21.4.2008 – 69 d VK-15/2008, VK Bund Beschl. v. 15.11.2007 – VK 2-102 ua/07, IBRRS 2013, 4743; VK Düsseldorf Beschl. v. 31.10.2007 – VK 31/2007-L, BeckRS 2008, 03346; VK Bund Beschl. v. 9.5.2007 – VK 1-26/07, BeckRS 2007, 09482; VK Düsseldorf Beschl. v. 31.8.2006 – VK-38/2006-L, IBRRS 2006, 4509; VK Lüneburg Beschl. v. 21.9.2004 – 203-VgK-42/2004, IBRRS 2004, 3152; VK Hamburg Beschl. v. 21.4.2004 – VgK FB 1/04, IBRRS 2004, 0874; VK Bund Beschl. v. 5.9.2001 – VK 1-23/01, BeckRS 2001, 31010156; VK Düsseldorf Beschl. v. 30.6.2000 – VK 10/2000-L, VPRRS 2013, 1058.

[46] *Gabriel/Weiner* NZS 2009, 422; *Dreher/Hoffmann* NZBau 2009, 273; *Knispel* GesR 2009, 236 (238); *Schickert/Schulz* MPR 2009, 1 (3); *Moosecker,* Öffentliche Auftragsvergaben der gesetzlichen Krankenkassen – Die Anwendbarkeit des Vergaberechts auf die Nachfrage von Leistungen der Stationären und der Integrierten Versorgung, 2009, 78; *Goodarzi/Schmid* NZS 2008, 518 (521); *Byok/Csaki* NZS 2008, 402 (403); *Burgi* NZBau 2008, 480 (483); *Röbke* NVwZ 2008, 726 (729); *Klöck* NZS 2008, 178 (182); *Frenz* NZS 2007, 233 (236); *Gabriel* NZS 2007, 344 (346); *Gabriel* VergabeR 2007, 630 (631); *Goodarzi/Junker* NZS 2007, 632 (634); *Kaeding* PharmR 2007, 239 (244); *Hartmann/Suoglu* SGb 2007, 404 (414); *Sträter/Natz* PharmR 2007, 7 (12); *Sträter/Natz* Generika 2006, 62 (68); *Natz* pharmind 2007, 567 (569); *Rixen* GesR 2006, 49 (54); *Kamann/Gey* PharmR 2006, 255 (263); *Byok/Jansen* NVwZ 2005, 53 (56); *Boldt* NJW 2005, 3757 (3759); *Mestwerdt/v. Münchhausen* ZfBR 2005, 659 (665); *Willenbruch/Bischoff* PharmR 2005, 477 (479); *Hesselmann/Motz* MedR 2005, 498 (501); *Quaas* VSSR 2004, 175 (190); *Koenig/Engelmann/Hentschel* MedR 2003, 562 (564); *Becker/Bertram* Das Krankenhaus 2002, 541 (542); *Zuck* f&w 2002, 534 (535). AA *Kingreen* MedR 2004, 188 (195); *Kingreen* SGb 2004, 659 (664).

[47] Rundschreiben v. 22.8.2007 – I 6-1140-973/2007; Rundschreiben v. 19.3.2009 – I 6-1140-973/2007.

[48] Vertragsverletzungsverfahren Nr. 2007/4410.

[49] BayObLG Urt. v. 21.10.2004 – Verg 17/04, NZBau 2005, 173; VK Baden-Württemberg Beschl. v. 27.12.2004 – 1 VK 79/04, NZBau 2005, 176.

[50] OLG Düsseldorf Beschl. v. 22.6.2005 – Verg 22/05, BeckRS 2005, 12126; VK Rheinland-Pfalz Beschl. v. 1.2.2005 – VK 1/05, IBRRS 2005, 2026.

[51] Ausführlich zur dogmatischen Abgrenzung zwischen Auswahl und Zulassung in diesem Zusammenhang *Dreher* NZBau 2019, 275.

[52] Zu den Merkmalen von Open-House-Verträgen und generell dazu auch *Gabriel/Burholt* PharmR 2017, 323; *Gaßner* NZS 2016, 767; *Gaßner/Sauer* PharmR 2018, 288; *Portner/Rechten* NZBau 2017, 587; *Neun* NZBau 2016, 681; *Willenbruch* VergabeR 2017, 419; *Luthe* SGb 2018, 206.

gen die Krankenkassen ein Drittel dieser Verträge mittlerweile im Rahmen von Open-House-Verfahren abschließen.[53]

Open-House-Verträge **ähneln einer vergaberechtlichen Rahmenvereinbarung** nach § 103 Abs. 5 GWB. In beiden Fällen ist die konkrete Leistung in zeitlicher sowie in quantitativer Hinsicht im Moment des Vertragsschlusses noch unbestimmt. Vielmehr determinieren erst die konkreten Einzelabrufe Leistungszeit und -umfang. Die Modalitäten der Einzelabrufe bei Open-House-Verträgen sind ihrerseits ungewiss, da sie maßgeblich durch die Variablen in Gestalt des Verordnungsverhaltens der Ärzte und der allgemeinen Morbidität bestimmt werden (ebenso wie bei Rahmenvereinbarungen im Gesundheitsbereich → Rn. 42). Dieses Kalkulationsrisiko wird bei Open-House-Verträgen dadurch verstärkt, dass im Falle mehrerer rabattierter Arzneimittel kein gesetzlicher Mechanismus besteht, der den Apotheken bei einer Substitutionsverpflichtung (wie sie nach § 129 Abs. 1 S. 3 SGB V insbesondere bei generischen Arzneimitteln besteht, → Rn. 44) vorschreibt, welches unter mehreren rabattierten Arzneimitteln vorrangig abzugeben ist. Die Apotheken können vielmehr das Arzneimittel, das abgegeben werden soll, grundsätzlich frei wählen. Nach alledem ist das tatsächlich abgerufene Leistungsvolumen der beteiligten pharmazeutischen Unternehmer aufgrund dieser Unsicherheiten im Vorfeld kaum bestimmbar. Aus diesem Grund sind die erzielten Rabattsätze bei Open-House-Verträgen regelmäßig deutlich niedriger, als bei der Ausschreibung exklusiver Selektivverträge.[54] Im Gegensatz zu Rahmenvereinbarungen ist die **Teilnahme an Open-House-Verträgen** indes in der Regel in zeitlicher Hinsicht **nicht auf eine Eingangsphase begrenzt**. 16

Nach zwei Entscheidungen des EuGH ist der Abschluss eines Arzneimittelrabattvertrags im Wege eines Open-House-Verfahrens dann ohne Durchführung eines förmlichen Vergabeverfahrens zulässig, wenn mit ihm keine (faktische) Auswahlentscheidung des öffentlichen Auftraggebers und keine Diskriminierung einzelner Bieter verbunden sind (→ Rn. 18).[55] Vor diesem Hintergrund kommt es darauf an, ob die konkrete vertragliche Gestaltung im Einzelfall tatsächlich geeignet ist, jedem interessierten Wirtschaftsteilnehmer gleichermaßen eine Vertragsbeteiligung zu ermöglichen. Dazu bedarf es – die Binnenmarktrelevanz des Vertrags vorausgesetzt (→ Rn. 34 f.) – einer europaweiten **Bekanntmachung** und einer **tatsächlichen sowie rechtlich durchsetzbaren, in zeitlicher Hinsicht begrenzbaren Beitrittsmöglichkeit für geeignete Unternehmen,** die diese innerhalb eines **transparenten und nachvollziehbaren Zulassungs- bzw. Beitrittsverfahrens** ausüben können, und die **nichtdiskriminierende Beitrittsbedingungen** voraussetzt.[56] Diese Voraussetzungen liegen insbesondere dann nicht vor, wenn einzelne Unternehmen in tatsächlicher Hinsicht bevorzugt werden. Das kann beispielsweise der Fall sein, wenn bestimmten Unternehmen Einfluss auf die Vertragsgestaltung eingeräumt wird. Ein solches Vorgehen stellte einen Wettbewerbsvorteil dar, da die übrigen Marktteilnehmer diese Vertragsbedingungen gegen sich gelten lassen müssten, falls sie dem Vertrag beitreten würden. 17

Bevor der EuGH über die Rechtmäßigkeit von „vergaberechtsfreien" Zulassungsmodellen entschied, war schon in der nationalen Rechtsprechung umstritten, ob ein solches Open-House-Verfahren vergaberechtlich zulässig ist. Nach mehreren kontroversen Entscheidungen[57] befand das OLG Düsseldorf, dass es **nicht von vornherein ausgeschlossen** sei, dass bloße **„Zulassungen" nicht dem Vergaberecht unterfallen.**[58] Soweit ein Vertragsschluss mit jedem geeigneten Unternehmen ohne Probleme jederzeit rechtlich und tatsächlich möglich ist, entfalle ein Wettbewerbsvorteil für vertragsbeteiligte Unternehmen und es finde kein Wettbewerb statt. Während das OLG Düsseldorf in dem Verfahren nicht abschließend über diese Rechtsfrage zu befinden hatte, legte der Vergabesenat sie in einem späteren Verfahren dem EuGH zur Vorabentscheidung nach Art. 267 AEUV vor.[59] Der **EuGH bestätigte daraufhin in der Rechtssache Dr. Falk Pharma die Rechtsauffassung des OLG Düsseldorf.** Ein Vertrag zur Beschaffung von Leistungen, der es 18

---

[53] *Gabriel* NZBau 2019, 568. Zahlen laut Insight Health Tender-alert, zitiert nach der Stellungnahme von Pro Generika e.V. v. 25.3.2019 zum Kabinettsentwurf des GSAV, 11.

[54] Hierzu auch *Gabriel/Burholt* PharmR 2017, 323 (324 f.).

[55] EuGH Urt. v. 2.6.2016 – C-410/14, ECLI:EU:C:2016:399 = NZBau 2016, 441 – Dr. Falk Pharma; dazu *Neun* NZBau 2016, 681 (683); EuGH Urt. v. 1.3.2018 – C-9/17, ECLI:EU:C:2018:142 = NZBau 2018, 366 – Maria Tirkkonen mAnm *Summa* IBR 2018, 400; hierzu auch *Csaki* NZBau 2018, 598.

[56] Dazu auch *Csaki* NZBau 2018, 598; *Hansen/Heilig* NZS 2017, 290; *Portner/Rechten* NZBau 2017, 587; *Willenbruch* VergabeR 2017, 419.

[57] LSG Nordrhein-Westfalen Beschl. v. 14.4.2010 – L 21 KR 69/09 u. 67/09 SFB, NZS 2011, 259 mAnm *Gabriel/Weiner* VergabeR 2010, 1026 (1033 ff.); VK Bund Beschl. v. 6.7.2011 – VK 3-80/11, VPRRS 2013, 0239; Beschl. v. 10.6.2011 – VK 3-59/11, BeckRS 2011, 140373 Rn. 40 ff.; Beschl. v. 12.11.2009 – VK 3-193/09, VPRRS 2009, 0462.

[58] OLG Düsseldorf Beschl. v. 11.1.2012 – VII-Verg 58/11, BeckRS 2012, 1849; dazu *Csaki* NZBau 2012, 350; *Schüttpelz/Dicks* FS Marx, 2013, 691 (698 f.); *Gaßner/Strömer* NZS 2014, 811.

[59] OLG Düsseldorf Beschl. v. 13.8.2014 – VII-Verg 13/14, NZBau 2014, 654.

Wirtschaftsteilnehmern während der gesamten Laufzeit gestattet, ihm beizutreten und die Waren zu im Vorhinein festgelegten Konditionen zu liefern, stellt keinen öffentlichen Auftrag iSd EU-Vergaberichtlinien dar.[60] Begründet wird diese Entscheidung damit, dass die Auswahl eines Angebots – und damit die **Auswahl eines Auftragnehmers** – ein Element darstellt, das **mit dem Begriff des öffentlichen Auftrags untrennbar verbunden** ist.[61] Das Vorliegen einer Auswahlentscheidung wurde damit in den Rang eines ungeschriebenen Tatbestandsmerkmals des öffentlichen Auftrags erhoben. Fehlt sie, ist der Vertragsschluss folgerichtig auch nicht als Vergabe eines öffentlichen Auftrags zu qualifizieren. Der EuGH stellte ferner klar, dass auch die Durchführung eines Open-House-Verfahrens hinsichtlich der Verfahrensmodalitäten nicht dem freien Ermessen des Auftraggebers anheimgestellt ist. Vielmehr sei zu beachten, dass, obwohl der Abschluss eines Vertrags im Open-House-Modell nicht unter das EU/GWB-Vergaberecht fällt, gleichwohl die **Grundsätze der Nichtdiskriminierung, der Gleichbehandlung und der Transparenz** nach Maßgabe des AEUV durch den Auftraggeber im Rahmen der Ausschreibung zu beachten sind. In diesem Zusammenhang verfügen die Mitgliedstaaten zwar über einen gewissen Gestaltungsspielraum; das Transparenzerfordernis setzt jedoch in jedem Fall eine Bekanntmachung voraus, die es den potenziell interessierten Wirtschaftsteilnehmern ermöglicht, vom Ablauf und von den wesentlichen Merkmalen eines Zulassungsverfahrens gebührend Kenntnis zu nehmen.[62]

19 In der „Maria Tirkkonen"-Entscheidung[63] konkretisierte der **EuGH diese Rechtsprechung** dann: Es sei unerheblich, ob das **Beitrittsrecht** während der gesamten Vertragslaufzeit besteht oder **in zeitlicher Hinsicht auf eine Eingangsphase beschränkt** ist.[64] Maßgeblich sei allein, ob der Entscheidung des Auftraggebers Kriterien zugrunde liegen, die es ermöglichen, die **Angebote „vergleichen und ordnen zu können".** Nur in diesem Fall könne von einer Auswahl gesprochen werden. Kriterien, die lediglich Anforderungen an die fachliche Eignung der Bieter und Bewerber für die Teilnahme aufstellen, ermöglichen kein „Vergleichen und Ordnen" der Angebote und stellen deshalb auch keine vergaberechtliche Auswahlentscheidung dar. Sie bezeichnen gerade keine Zuschlagskriterien im herkömmlichen Sinne.[65] In der Folgezeit **bestätigten die nationalen Spruchkörper diese Rechtsprechung.** Bezugnehmend auf die Entscheidungen des EuGH gingen auch sie davon aus, dass das Vorliegen eines öffentlichen Auftrags untrennbar mit einer Auswahlentscheidung des Auftraggebers verbunden ist.[66] Eine solche müsste zumindest einem Wirtschaftsteilnehmer im Verhältnis zu den anderen Selektivität bzw. Exklusivität einräumen. Trotz der EuGH-Rechtsprechung erachtete es das **OLG Düsseldorf** zuletzt für die Frage, ob ein öffentlicher Auftrag vorliegt, nicht (mehr) als entscheidungserheblich, ob ein Zulassungsverfahren mit den im AEUV verankerten Grundprinzipien (insbesondere den Grundsätzen der Nichtdiskriminierung, Gleichbehandlung und Transparenz) in Einklang steht.[67]

IV. Rechtsschutz und Rechtsweg

20 **1. Primärrechtsschutz bei vergaberechtlichen Streitigkeiten im Bereich des SGB V.** Erstinstanzlich sind im Rahmen **vergaberechtlicher Streitigkeiten im Bereich des SGB V** die **Vergabekammern und** in der zweiten Instanz **die Vergabesenate der Oberlandesgerichte zuständig.** Das ergibt sich aus § 51 Abs. 3 SGG iVm dem § 69 Abs. 3 SGB V, der auf die Vorschrif-

---

[60] EuGH Urt. v. 2.6.2016 – C-410/14, ECLI:EU:C:2016:399 = NZBau 2016, 441 – Dr. Falk Pharma; dazu *Neun* NZBau 2016, 681 (683).

[61] EuGH Urt. v. 2.6.2016 – C-410/14, ECLI:EU:C:2016:399 = NZBau 2016, 441 Rn. 38 – Dr. Falk Pharma. In diese Richtung tendiert auch die Gesetzesbegründung zu § 103 Abs. 1 GWB, vgl. BT-Drs. 18/6281, 73.

[62] EuGH Urt. v. 2.6.2016 – C-410/14, ECLI:EU:C:2016:399 = NZBau 2016, 441 Rn. 44 f. – Dr. Falk Pharma.

[63] EuGH Urt. v. 1.3.2018 – C-9/17, ECLI:EU:C:2018:142 = NZBau 2018, 366 – Maria Tirkkonen mAnm *Summa* IBR 2018, 400; hierzu auch *Csaki* NZBau 2018, 598.

[64] EuGH Urt. v. 1.3.2018 – C-9/17, ECLI:EU:C:2018:142 = NZBau 2018, 366 Rn. 34 – Maria Tirkkonen.

[65] EuGH Urt. v. 1.3.2018 – C-9/17, ECLI:EU:C:2018:142 = NZBau 2018, 366 Rn. 35–37 – Maria Tirkkonen.

[66] OLG Düsseldorf Beschl. v. 20.3.2019 – Verg 65/18, BeckRS 2019, 8280 Rn. 40 ff.; Beschl. v. 31.10.2018 – VII-Verg 37/18, NZBau 2019, 327 (331) mAnm *Gabriel* NZBau 2019, 568; Beschl. v. 15.6.2016 – VII-Verg 56/15, BeckRS 2016, 12257 Rn. 18; VK Bund Beschl. v. 25.10.2018 – VK 2-92/18, VPRRS 2018, 0348; Beschl. v. 7.5.2018 – VK 1-31/18, VPRRS 2018, 0190; Beschl. v. 6.2.2017 – VK 2-6/17, VPRRS2017, 0088; Beschl. v. 12.8.2016 – VK 1-42/15, IBRRS 2016, 2303.

[67] Vgl. nur OLG Düsseldorf Beschl. v. 20.3.2019 – Verg 65/18, BeckRS 2019, 8280 Rn. 40 ff.; Beschl. v. 31.10.2018 – VII-Verg 37/18, NZBau 2019, 327 (331) mAnm *Gabriel* NZBau 2019, 568. Kritisch dazu *Dreher* NZBau 2019, 275 (279). Anders noch OLG Düsseldorf Beschl. v. 15.6.2016 – VII-Verg 56/15, BeckRS 2016, 12257 Rn. 18.

ten des 4. Teils des GWB verweist.[68] Dieses Zuständigkeitsregime ist durch das AMNOG im Jahr 2010 eingeführt worden. Diesem war eine zeitweise Zuständigkeit der Landessozialgerichte in der zweiten Instanz (sofortige Beschwerde) gem. § 142a Abs. 1 SGG aF vorausgegangen.

Nach § 69 Abs. 3 SGB V, § 156 Abs. 1 GWB ist das **Nachprüfungsverfahren** bei der **Vergabe** **21** **öffentlicher Aufträge** iSd § 103 GWB **das statthafte Primärrechtsschutzverfahren**. Die Statthaftigkeit knüpft folglich ausschließlich an dieses Tatbestandsmerkmal an. Deshalb ist es auch nicht maßgeblich, ob es sich bei dem streitgegenständlichen Vertrag um einen Hilfsmittelversorgungs-, Arzneimittelrabatt- oder anderen vergaberechtlich relevanten Vertrag im Gesundheitsbereich handelt. Entscheidend ist einzig, ob es sich um eine vergaberechtliche Streitigkeit handelt. Das vergaberechtliche Rechtsschutzverfahren setzt zudem bereits bei der Frage an, **ob überhaupt ein vergaberechtlicher Auftrag vorliegt**.[69] Das bedeutet, dass die Vergabenachprüfungsinstanzen insbesondere auch zu überprüfen haben, ob in einem konkreten Fall von den vergaberechtlichen Vorgaben abgesehen werden durfte. Praktisch wirkt das insbesondere bei der **Durchführung sog. Open-House-Verfahren** aus, die unter Einhaltung bestimmter verfahrensmäßiger Sicherungen ausnahmsweise nicht dem Vergaberecht unterfallen (→ Rn. 15 ff.).

Im Hinblick auf die Kosten des Vergabenachprüfungsverfahrens im Bereich des SGB V ergibt **22** sich eine praxisrelevante Besonderheit. Sie folgt aus dem Umstand, dass aus der großen Anzahl an (Fach-)Losen – so im Fall wirkstoffbezogener Generikarabattvertragsausschreibungen – eine **sehr hohe Anzahl Beizuladender** resultieren kann.[70] Nach § 182 Abs. 4 GWB hat **jeder Beigeladene grundsätzlich einen Aufwendungserstattungsanspruch** gegen den unterliegenden Antragsteller. Daraus kann sich für diesen im Rahmen eines Vergabenachprüfungsantrags unter Umständen ein **sehr hohes Kostenrisiko** ergeben.[71] Wegen der 15-Tagesfrist in § 160 Abs. 3 S. 1 Nr. 4 GWB ist der Bieter zudem gezwungen, einen Nachprüfungsantrag zügig einzulegen, um seine Rechte zu wahren. Dadurch ist der Auftraggeber aber nicht daran gehindert, das Verfahren jedenfalls bis zur Mitteilung der beabsichtigten Zuschlagserteilung fortzuführen. Sobald die Bieter die Vorabinformation über den geplanten Ausgang des Vergabeverfahrens erhalten haben, kann sich die **Anzahl der Beizuladenden** signifikant erhöhen. Ein solch unkalkulierbar hohes Kostenrisiko kann sich abschreckend auf potenzielle Antragsteller auswirken. Dadurch wird der **effektive Rechtsschutz im Vergabenachprüfungsverfahren erheblich beeinträchtigt**. Die **Vergabekammern des Bundes** haben in dieser Hinsicht einen **Lösungsweg**, der für den Antragsteller vorteilhaft ist, gefunden. Im Fall einer Zurückweisung des Nachprüfungsantrags erfolgt **keine Kostenerstattung zugunsten etwaiger Beigeladener**. Die VK Bund hat das mit der Erwägung begründet, dass Beigeladene keine Kostenerstattung erhalten, sofern sich der Antragsteller eines Nachprüfungsverfahrens **nicht vorrangig in Interessenkonflikt** zu den Beigeladenen setzt.[72] Das sei dann der Fall, wenn er sich nicht gegen die Zuschlagserteilung an die Beigeladenen wendet, sondern gegen die Ausschreibung als solche.

2. Zulässiger Rechtsweg bei Open-House-Verfahren. Nach mehrjähriger Ungewissheit **23** ist mittlerweile durch den BGH entschieden worden, dass die **Vergabenachprüfungsinstanzen für die Feststellung, ob die Merkmale eines vergaberechtsfreien Open-House-Verfahrens** vorliegen, **in der Sache zuständig** sind. Das gelte jedenfalls dann, wenn der Antragsteller seinen Nachprüfungsantrag auf vergaberechtliche Verstöße stützt. Denn die Entscheidung über deren Vorliegen habe im vergaberechtlichen Nachprüfungsverfahren zu erfolgen, sodass eine Verweisung des Rechtsstreits an die Sozialgerichtsbarkeit nicht im Einklang mit dem konkret geäußerten Rechtsschutzinteresse des Antragstellers stünde.

Aufbauend auf der Rechtsprechung des EuGH in der Rechtssache Dr. Falk Pharma (→ Rn. 18) **24** hat zunächst das **LSG Nordrhein-Westfalen** im Rahmen eines **einstweiligen Rechtsschutzverfahrens** über den Abschluss nicht-exklusiver Rabattverträge nach § 130a Abs. 8 SGB V den **Rechtsweg zu den Sozialgerichten ausdrücklich für zulässig befunden**.[73] Das Gericht stützte seine Erwägungen dabei maßgeblich auf eine Auslegung der EuGH-Entscheidungen. In ihnen habe der

---

[68] Vgl. dazu BeckOK SozR/*Wendtland* SGB V § 69 Rn. 27 f.
[69] Vgl. auch OLG Düsseldorf Beschl. v. 1.8.2012 – VII-Verg 10/12, NZBau 2012, 785 (786). So auch *Dreher* NZBau 2019, 275 (281).
[70] Hierzu ausführlich *Gabriel/Weiner* NZS 2010, 423 (426).
[71] *Gabriel/Weiner* NZS 2010, 423 (426 f.).
[72] VK Bund Beschl. v. 4.8.2011 – VK 3-44/11; Beschl. v. 4.8.2011 – VK 3-38/11.
[73] LSG Nordrhein-Westfalen Beschl. v. 16.1.2017 – L 16 KR 954/16 B ER, BeckRS 2017, 101755. Auch die Vorinstanz hatte sich bereits der Rechtsauffassung angenommen, vgl. SG Düsseldorf Beschl. v. 21.12.2016 – S 11 KR 1524/16 ER. Ähnlich in der Folgezeit auch LSG Hessen Beschl. v. 13.6.2018 – L 8 KR 229/18 B ER, VPRRS 2019, 0060. Anders zuvor indes SG Frankfurt a. M. Beschl. v. 19.4.2018 – S 34 KR 136/18 ER, PharmR 2018, 453 und VK Bund Beschl. v. 15.5.2018 – VK 2-30/18, VPRRS 2018, 0192.

EuGH klargestellt, dass Open-House-Verträge keinen öffentlichen Auftrag darstellen und demzufolge nicht den vergaberechtlichen Vorschriften unterfallen. Dadurch ist die Sonderzuweisung des § 69 Abs. 3 SGB V iVm § 51 Abs. 3 SGG nicht einschlägig, sodass nach § 51 Abs. 1 Nr. 2 SGG die Sozialgerichte über die öffentlich-rechtliche Streitigkeit in Angelegenheiten der gesetzlichen Krankenversicherung zu befinden haben. Ähnlich entschied auch das **OLG Düsseldorf** als Beschwerdeinstanz im Vergabenachprüfungsverfahren in einem Rechtsstreit, in dem es um nichtexklusive Vereinbarungen zur Beschaffung von wirkstoffübergreifenden Kontrastmitteln ging. Es **verwies** die Rechtssache unter Berufung auf § 17a Abs. 2 GVG **an die aus seiner Sicht zuständige Sozialgerichtsbarkeit.**[74] Da ein öffentlicher Auftrag bei den nicht-exklusiven Vereinbarungen mangels Auswahlentscheidung des Auftraggebers nicht vorliege, ist die Sonderzuständigkeit der Vergabenachprüfungsinstanzen nach § 69 Abs. 3 SGB V iVm § 51 Abs. 3 SGG nicht einschlägig. Nach Ansicht des OLG Düsseldorf gelte das unabhängig von der Einhaltung der AEUV-Grundprinzipien (→ Rn. 18 f.). Eine solche Verweisung schloss der Vergabesenat in Bezug auf die Überprüfung von Zweckmäßigkeitserwägungen bei einer Ausschreibung zur Hilfsmittelversorgung zuvor noch aus.[75] Konsequent zu der Entscheidung betreffend nicht-exklusive Kontrastmittel **verwies der Vergabesenat des OLG Düsseldorf auch** bei ihm als Beschwerdeinstanz anhängige **Vergabenachprüfungsverfahren wegen der Überprüfung eines Open-House-Vertrags** zur Beschaffung von Grippeimpfstoffen **sowie eines Rahmenvertrags zur Hilfsmittelversorgung** mit Beitrittsrecht nach § 127 Abs. 2, 2a SGB V aF an das aus seiner Sicht sachlich wie örtlich zuständige Sozialgericht.[76]

25 In der Folge beschäftigte sich der **BGH** im Rahmen des Rechtsbeschwerdeverfahrens zu der Grippeimpfstoff-Entscheidung des OLG Düsseldorf mit der **Verweisungsmöglichkeit des § 17a Abs. 2 GVG.** Im Ergebnis **schränkte der BGH diese ein.**[77] Die Verweisung durch die Vergabesenate dürfe **ausschließlich aus Gründen der Verfahrensökonomie und des effektiven Rechtsschutzes im Einklang mit dem Rechtsschutzinteresse** des Rechtsschutzsuchenden erfolgen. Will und kann der Antragsteller sein Rechtsschutzziel in einem anderen Rechtsweg nicht weiterverfolgen, so darf die Vergabenachprüfungsinstanz die Rechtssache nicht verweisen. In dem konkreten Rechtsbeschwerdeverfahren hat der BGH zudem festgestellt, dass eine Verweisung durch das OLG Düsseldorf deshalb nicht erfolgen durfte, weil die Antragstellerin ihren Nachprüfungsantrag (auch) auf Vergaberechtsverstöße (dort mit dem Ziel einer Unwirksamkeitsfeststellung nach § 135 Abs. 1 GWB) gestützt hat; dieses Rechtsschutzziel kann vor den Sozialgerichten indes nicht erreicht werden. Die dortige Überprüfung anhand sozialrechtlicher Normen erfordere stattdessen einen „völlig neuen Vortrag der Parteien zu einem neuen rechtlichen Prüfungsmaßstab".[78]

V. Die in der Vergabepraxis wichtigsten GKV-Selektivverträge

26 **1. Hilfsmittelversorgungsverträge gem. § 127 SGB V. a) Überblick.** Durch das HHVG und durch das TSVG ist die **Hilfsmittelversorgung in den Jahren 2017 und 2019 reformiert worden.** Im Zuge des HHVG wurde eine Präqualifizierung für alle (potentiellen) Leistungserbringer verpflichtend und den Krankenkassen wurde vorgegeben, qualitative Aspekte in Leistungsbeschreibung und Vergabekriterien zu berücksichtigen. „Um negativen Auswirkungen von Ausschreibungsverträgen auf die Qualität der Hilfsmittelversorgung entgegen zu wirken",[79] wurde durch das TSVG die in § 127 SGB V aF enthaltene **Ausschreibungsoption abgeschafft.** Der Gesetzgeber sah im bisherigen Erfordernis, das wirtschaftlichste Angebot auszuwählen, ein latentes Risiko der qualitativen Minderversorgung der Versicherten. Nach § 127 Abs. 1 SGB V nF sind Hilfsmittelversorgungsverträge nunmehr explizit im Wege von Vertragsverhandlungen abzuschließen. Weitere Leistungserbringer können diesen Verträgen nach § 127 Abs. 2 SGB V nF zu den gleichen Bedingungen beitreten. Inhaltlich unverändert geblieben ist § 127 Abs. 3 SGB V, wonach weiterhin in Ausnahmefällen Einzelfallverträge abgeschlossen werden dürfen.

27 **b) Präqualifizierungsverfahren gem. § 126 SGB V.** § 126 Abs. 1 S. 2 SGB V stellt qualitative Anforderungen an die Hilfsmittelhersteller. Es dürfen nur solche Leistungserbringer Vertragspart-

---
[74] OLG Düsseldorf Beschl. v. 31.10.2018 – VII-Verg 37/18, NZBau 2019, 327 Rn. 53 ff. Dazu *Gabriel* NZBau 2019, 568.
[75] OLG Düsseldorf Beschl. v. 27.6.2018 – Verg 59/17, MPR 2018, 216 (220 ff.). Dazu *Knispel* NZS 2019, 6; *Amelung* MPR 2018, 227. Bestätigt mit Beschl. v. 3.8.2018 – Verg 30/18, BeckRS 2018, 35115 und mit Beschl. v. 7.1.2019 – VII-Verg 30/18, NZBau 2019, 261.
[76] OLG Düsseldorf Beschl. v. 19.12.2018 – VII-Verg 40/18, NZBau 2019, 332 Rn. 47 ff.; Beschl. v. 20.3.2019 – Verg 65/18, BeckRS 2019, 8280 Rn. 45 ff.
[77] BGH Beschl. v. 10.12.2019 – XIII ZB 119/19, BeckRS 2019, 37436 Rn. 16 ff; Fortführung von BGH Beschl. v. 23.1.2012 – X ZB 5/11, NZBau 2012, 248 Rn. 23 f. – Rettungsdienstleistungen III.
[78] BGH Beschl. v. 10.12.2019 – XIII ZB 119/19, BeckRS 2019, 37436 Rn. 16 ff.
[79] BT-Drs. 19/8351, 202.

ner der Krankenkassen zur Hilfsmittelversorgung sein, die die **Voraussetzungen für eine ausreichende, zweckmäßige und funktionsgerechte Herstellung, Abgabe und Anpassung der Hilfsmittel** erfüllen. Das Vorliegen dieser Voraussetzungen wird in einem **sog. Präqualifizierungsverfahren** geprüft (→ Rn. 28). In dem Verfahren gem. § 126 Abs. 1a SGB V wird dergestalt vorab die grundsätzliche Eignung der (potentiellen) Leistungserbringer festgestellt.[80] Der § 126 Abs. 1a SGB V wurde im Zuge des HHVG eingefügt. Er berechtigt nicht nur die Krankenkassen zur Anerkennung des Ergebnisses dieses Präqualifizierungsverfahrens, sondern **verpflichtet die Leistungserbringer** andererseits, für die Bejahung ihres Eignungsnachweises das **Zertifikat einer Zertifizierungsstelle vorzulegen**.[81] Nach alter Rechtslage war die Nachweisführung durch eine Präqualifizierung fakultativ, dh die Leistungserbringer konnten den Eignungsnachweis unmittelbar gegenüber der Krankenkasse erbringen. Diese Rechtslage gilt nur noch bei Einzelfallvereinbarungen nach § 127 Abs. 3 SGB V (→ Rn. 31 ff.): Hier kann die Eignung auch weiterhin unmittelbar gegenüber der Krankenkasse nachgewiesen werden, ohne dass es dafür eines Zertifikats bedarf.

Unter einer **Präqualifizierung** wird dabei eine **von einer konkreten Auftragsvergabe unabhängige Prüfung und Bewertung eines Unternehmens dahingehend verstanden**, inwieweit dieses zu – vorab hinreichend bestimmten – Leistungserbringungen geeignet ist.[82] Durch die Präqualifizierung weist der Leistungserbringer nach, dass er die Voraussetzungen des § 126 Abs. 1 S. 2 SGB V erfüllt und **gesetzlich Versicherte grundsätzlich versorgen darf**. Zur tatsächlichen Versorgung berechtigt sind nur diejenigen Leistungserbringer, die nach § 127 Abs. 1, 3 SGB V Verträge mit den Krankenkassen geschlossen haben oder bestehenden Verträgen nach § 127 Abs. 2 SGB V zu den gleichen Bedingungen beigetreten sind. Bereits vor den Änderungen durch das TSVG sahen einige Vergabekammern die **Präqualifizierung als eine Mindestanforderung** an. Die Krankenkassen konnten zusätzliche Anforderungen an die Eignung der Leistungserbringer aufstellen.[83] 28

c) Rahmenverträge mit Beitrittsrecht gem. § 127 Abs. 1, 2 SGB V. § 127 Abs. 1 SGB V schreibt vor, dass **Vertragsabschlüsse** zwischen Krankenkassen und Leistungserbringern grundsätzlich **im Wege von Vertragsverhandlungen** erfolgen müssen. § 127 Abs. 1 S. 2 SGB V stellt klar, dass Krankenkassen dabei jedem Leistungserbringer Vertragsverhandlungen zu ermöglichen haben. Der § 127 Abs. 1 S. 3 SGB V verpflichtet die Krankenkassen ferner, bestimmte Mindestanforderungen zu gewährleisten. Diese betreffen vor allem die Qualität der Hilfsmittelversorgung sowie eine möglichst wohnortnahe Versorgung der Versicherten. Diese Kriterien sind im Rahmen der Vertragsverhandlungen wertend zu berücksichtigen. Zudem sind beabsichtigte Vertragsabschlüsse öffentlich bekanntzumachen und andere Leistungserbringer auf deren Nachfrage über die Inhalte abgeschlossener Verträge unverzüglich zu informieren. Den in diesem Verfahren **ausgehandelten Verträgen** können weitere Leistungserbringer nach § 127 Abs. 2 S. 1 SGB V zu denselben Bedingungen während der gesamten Vertragslaufzeit als Vertragspartner **beitreten**. 29

Einseitige Vertragsvorgaben sind dabei nicht (mehr) zulässig; die Vertragsinhalte sind zwingend zwischen den Parteien auszuhandeln. Die Ausschreibungsoption ist nach dem gesetzgeberischen Willen damit zwangsläufig entfallen.[84] Dadurch sind zugleich auch **Open-House-Verträge nicht mehr statthaft**.[85] Denn kennzeichnend für Open-House-Verträge ist, dass die Vertragsbedingungen durch den Auftraggeber einheitlich für alle Interessenten gleichermaßen – also ohne Verhandlung oder Abweichung in einzelnen Fällen – vorgegeben werden und alle interessierten Wirtschaftsteilnehmer während der Vertragslaufzeit den bestehenden Verträgen beitreten können (→ Rn. 15 ff.). Aufgrund dieses Beitrittsrechts zu den von dem Auftraggeber vorgegebenen Bedingungen ist mit Open-House-Verträgen keine exklusive oder selektive Wirkung verbunden, weshalb hierbei kein öffentlicher Auftrag vorliegt. Ob der Wegfall der Ausschreibungsoption für Hilfsmittelversorgungsverträge gegen sekundärrechtliche Vorgaben des Europarechts, speziell aus der RL 2014/24/EU, verstößt und eine vergaberechtswidrige Beschränkung der Handlungsfreiheit des Auftragge- 30

---

[80] Ausführlich zum Präqualifizierungsverfahren nach § 126 SGB V sowie zu dessen Veränderungen seit der Einführung durch das GKV-OrgWG im Jahr 2008 s. auch *Grinblat* MPJ 2017, 30. Hierzu und zum Fortbestehen der Qualifikation der Hilfsmittelerbringer bis zum 30.6.2010 auch ohne Präqualifizierung s. LSG Sachsen Urt. v. 18.12.2018 – L 9 KR 25/15, BeckRS 28055 Rn. 29 ff.
[81] Für Zusammenfassungen der Änderungen des Präqualifizierungsverfahrens durch das HHVG s. auch *Hertkorn-Ketterer* MPR 2017, 73 (74) und *Brandhorst* KrV 2017, 193 (194).
[82] *Werner* NZBau 2006, 12; sowie insbes. zur Rechtsnatur der damals noch als „Bestätigung" bezeichneten Zertifikate *Flasbarth* MedR 2011, 81. Zum Präqualifizierungsverfahren allgemein s. *Grinblat* MPJ 2017, 30.
[83] VK Bund Beschl. v. 14.3.2018 – VK 1-11/18, VPRRS 2018, 0274.
[84] Vgl. zu den damit verbundenen gesetzgeberischen Intentionen BT-Drs. 19/8351, 228 f.
[85] BT-Drs. 19/8351, 228 f.

bers in der Verfahrenswahl bei der Hilfsmittelbeschaffung oberhalb der Schwellenwerte bedeutet, ist noch nicht geklärt.[86]

31   **d) Einzelfallverträge gem. § 127 Abs. 3 SGB V.** Im Zuge der Änderungen durch das TSVG hat der Gesetzgeber den Krankenkassen die Möglichkeit grundsätzlich belassen, **Hilfsmittelversorgungsverträge durch Einzelfallvereinbarungen** nach § 127 Abs. 3 SGB V abschließen zu können. Diese Einzelfallvereinbarungen gem. § 127 Abs. 3 SGB V stehen in einem **Ausnahmeverhältnis** zu dem Verfahren der Vertragsverhandlungen gem. § 127 Abs. 1 SGB V. Die Wahl der Verfahrensart steht ist deshalb nicht dem Ermessen der Krankenkasse anheimgestellt. Vielmehr sollen solche Vertragsschlüsse nach dem gesetzgeberischen Willen an feststehende Bedingungen geknüpft sein. Einzelfallvereinbarungen dürfen demnach nur geschlossen werden, wenn ein Vertragsabschluss nach § 127 Abs. 1 SGB V zu aufwendig wäre, wie es zB bei dem **besonderen Versorgungsbedarf** einzelner Versicherter der Fall sein kann.[87] Zur Sicherstellung dieses Versorgungsbedarfs sollen Einzelfallverträge mit einzelnen Leistungserbringern möglich sein. Dem Abschluss solcher Einzelfallvereinbarungen kam schon im Verhältnis zu Ausschreibungsverträgen (§ 127 Abs. 1 SGB V aF) und Beitrittsverträgen (§ 127 Abs. 2, 2a SGB V aF) eine lediglich **nachrangige Bedeutung** zu.

32   Nach dem **Willen des Gesetzgebers** des TSVG soll das **Vergaberecht bei Hilfsmittelversorgungsverträgen keine Anwendung** mehr finden.[88] Das gesetzgeberische Vorgehen in diesem Bereich ist indes **nicht unproblematisch**. Auch Einzelfallverträge gem. § 127 Abs. 3 SGB V können die tatbestandlichen Voraussetzungen eines öffentlichen Auftrags iSv § 103 Abs. 1 GWB erfüllen. Denn dadurch, dass ein solcher Vertrag mit einem Leistungserbringer geschlossen wird und keine Beitrittsmöglichkeit für andere Leistungserbringer besteht, wird dem Vertragspartner **Exklusivität** gewährt. Dadurch erfolgt eine Auswahlentscheidung der Krankenkasse. Das Vergaberecht, das an das Tatbestandsmerkmal des öffentlichen Auftrags geknüpft ist, müsste auch in diesen Fällen Anwendung finden. Folglich steht die gesetzgeberische Konstruktion eines ausschreibungslosen und vergaberechtsfreien Vertragsschlusses nach § 127 Abs. 3 SGB V mit den EU-vergaberechtlichen Vorgaben grundsätzlich in einem Spannungsverhältnis. Neben dem (EU/GWB-)Vergaberecht kann es deshalb nur dann eigenständig bestehen, soweit in diesem Zusammenhang eine anerkannte **Ausnahme von der Ausschreibungspflicht** fruchtbar gemacht werden kann.

33   Eine solche Ausnahme kann vor allem im Zusammenhang mit den Schwellenwerten bestehen. Der Auftragswert für Einzelfallverträge gem. § 127 Abs. 3 SGB V wird den einschlägigen EU-**Schwellenwert** zumeist **nicht erreichen**. Ausgangspunkt dieser Überlegung ist, dass sich der Einzelfallvertrag nicht auf eine unbestimmte Anzahl von Versorgungen gegenüber einer unbestimmten Vielzahl von Versicherten bezieht, sondern auf eine konkrete Versorgung in einem einzelnen Fall (so die gesetzgeberische Intention[89]). Soweit sich sein Regelungsgehalt auf den Bereich der Einzelfallverträge beschränkt, deren finanzielles Volumen unter den europäischen Schwellenwerten verbleibt, bestehen an der Europarechtskonformität des § 127 Abs. 3 SGB V daher keine Bedenken.

34   Auch bei Auftragsvergaben unterhalb des EU-Schwellenwerts sind allerdings **primärrechtliche Verfahrensanforderungen** zu beachten, **sofern** es sich um **binnenmarktrelevante Aufträge** handelt. Liegt Binnenmarktrelevanz vor, fallen nach der Rechtsprechung des EuGH öffentliche Auftragsvergaben in den Anwendungsbereich des Primärrechts, obschon sie nicht dem (vollen) Regime des (EU/GWB-)Vergaberechts unterliegen. Insbesondere die Grundfreiheiten nach Art. 63 AEUV (freier Kapitalverkehr), Art. 49 AEUV (Niederlassungsfreiheit) und Art. 56 AEUV (Dienstleistungsfreiheit) sind vom Auftraggeber zu beachten. Diese verpflichten ihn, „die daraus folgenden Grundsätze der Gleichbehandlung, der Nichtdiskriminierung und der Transparenz zu berücksichtigen".[90] Es müssen das gemeinschaftsrechtliche **Verbot der Diskriminierung** als Ausprägung des allgemeinen **Gleichbehandlungsgrundsatzes** sowie der **Transparenzgrundsatz** beachtet wer-

---

[86] Vgl. hierzu BT-Drs. 19/8351, 229; *Hertkorn-Ketterer/Drygala* MPR 2019, 35 (36); *Stephan* MPR 2019, 181 (182 f.); *Filges* NZS 2020, 201 (203) und ausführlich *Gabriel* in Gabriel/Krohn/Neun VergabeR-HdB § 77 Rn. 14 f.
[87] BT-Drs. 19/8351, 228.
[88] BT-Drs. 19/8351, 228.
[89] BT-Drs. 19/8351, 228.
[90] EuGH Urt. v. 4.4.2019 – C-699/17, NZBau 2019, 457 Rn. 49 – Allianz Vorsorgekasse. Bereits zuvor ständige Rechtsprechung seit EuGH Urt. v. 9.9.1999 – C-108/98, Slg. 1999, I-5238 = BeckRS 2004, 74105 Rn. 20 – RI.SAN Srl/Commune di Ischia; ebenso *Prieß/Gabriel* NZBau 2007, 617; s. auch EuGH Urt. v. 5.4.2017 – C-298/15, ECLI:EU:C:2017:266 = NZBau2017, 748 Rn. 36 mwN – Borta. Zuletzt bestätigt und fortgeführt für Vertragssysteme mit Beitrittsmodell, die nicht der RL 2014/24/EU unterliegen durch EuGH Urt. v. 1.3.2018 – C-9/17, ECLI:EU:C:2018:142 = NZBau 2018, 366 – Maria Tirkkonen; EuGH Urt. v. 2.6.2016 – C-410/14, ECLI:EU:C:2016:399 = NZBau 2016, 441 Rn. 44–47 – Dr. Falk Pharma.

den.[91] Diese primärrechtlichen **Mindestanforderungen** im Hinblick auf die Gleichbehandlung interessierter Unternehmen sowie die Transparenz des Verfahrens werden am ehesten durch eine **Bekanntmachung des beabsichtigten Vertragsschlusses** und die **Durchführung eines strukturierten Bieterverfahrens** gewährleistet.

Für die Frage, **ob Binnenmarktrelevanz vorliegt,** ist dabei nicht allein das finanzielle Volumen des Auftrags maßgeblich. Vielmehr spielen auch unter anderem der Leistungsort, die technischen Merkmale des Auftrags, die Umstände der Auftragsausführung sowie etwaige Beschwerden von in anderen Mitgliedstaaten ansässigen Unternehmen eine Rolle.[92] Eine Binnenmarktrelevanz liegt deshalb nicht bei jedem öffentlichen Auftrag vor. Denn bei einer nur geringfügigen wirtschaftlichen Bedeutung und zB einer Auftragsausführung an einem nicht mitgliedstaatlich grenznahen Leistungsort ist eine grenzüberschreitende Beteiligung an einem etwaigen Vergabeverfahren nicht zu erwarten.[93] **Nähere praktische Hinweise zur Bestimmung dieses Bereichs** nicht binnenmarktrelevanter Hilfsmittelversorgungsverträge gem. § 127 Abs. 3 SGB V können – allerdings nur im Rahmen der europarechtlich zulässigen Auslegung – in Einzelfällen den „Gemeinsamen Empfehlungen gemäß § 127 Abs. 1a SGB V zur Zweckmäßigkeit von Ausschreibungen" des GKV-Spitzenverbandes und der Spitzenorganisationen der Leistungserbringer entnommen werden.[94] Bei diesen handelt es sich um **Zweckmäßigkeitsempfehlungen.** Sie erwähnen Auftragsvergaben unterhalb des EU-Schwellenwertes zwar ihrem Wortlaut nach nicht ausdrücklich; jedoch beziehen sich einige der dort als Anwendungs- und Auslegungshinweise verstandenen Fallgruppen ihrem Sinn und Zweck nach auf diese – vergaberechtskonforme – Ausnahme von der Ausschreibungspflicht im Fall unterschwelliger Aufträge.

2. Arzneimittelrabattverträge gem. § 130a Abs. 8 SGB V. a) Überblick. Die Regelung gem. § 130a Abs. 8 SGB V betreffend Arzneimittelrabattverträge stellt die wohl am intensivsten diskutierte gesetzgeberische Maßnahme dar, die dazu dient, den jährlich **wachsenden Arzneimittelausgaben gesetzlicher Krankenkassen entgegenzuwirken** und die Gewinnmargen der pharmazeutischen Unternehmer und Großhändler zu beschränken.[95] Allein 2020 wurden durch Arzneimittelrabattverträge bundesweit Einsparungen von fast 5 Mrd. EUR erzielt.[96] Doch auch die pharmazeutischen Unternehmen, die Vertragspartner werden, können vom Abschluss von Rabattverträgen profitieren, wenn hierdurch eine Lenkungs-/Steuerungswirkung zugunsten des Arzneimittelabsatzes des Unternehmens erzeugt wird.

Die ersten wirksamen Abschlüsse von Arzneimittelrabattverträgen erfolgten zunächst überwiegend im Generikabereich. Zuvor war die Frage nach der **vergaberechtlichen Ausschreibungspflicht**[97] beim Abschluss von Rabattvereinbarungen gem. § 130a Abs. 8 SGB V insbesondere in den Jahren 2007 bis 2009 Gegenstand einer **kaum überschaubaren Anzahl von Gerichtsverfahren.** Diese betrafen speziell die Ausschreibungen zu generischen Wirkstoffen und beschäftigten sich

---

[91] Ständige Rechtsprechung des EuGH, vgl. nur EuGH Urt. v. 5.4.2017 – C-298/15, ECLI:EU:C:2017:266 = NZBau 2017, 748 Rn. 36 mwN – Borta in der jüngeren Zeit und zuvor EuGH Urt. v. 6.4.2006 – C-410/04, Slg. 2006, I-3311 = NZBau 2006, 326 Rn. 20 – ANAV; EuGH Urt. v. 20.10.2005 – C-264/03, Slg. 2005, I-8852 = ZfBR 2006, 69 Rn. 33 – Kommission gegen Frankreich; EuGH Urt. v. 13.10.2005 – C-458/03, Slg. 2005, I-8612 = NZBau 2005, 644 Rn. 50 – Parking Brixen; EuGH Urt. v. 21.7.2005 – C-231/03, Slg. 2005, I-7310 = NZBau 2005, 292 Rn. 28 – Coname; EuGH Urt. v. 3.12.2001 – C-59/00, Slg. 2001, I-9507 = ZfBR 2002, 610 Rn. 19 f. – Vestergaard; EuGH Urt. v. 7.12.2000 – C-324/98, Slg. 2000, I-10745 = EuZW 2001, 90 Rn. 60–62 – Telaustria; EuGH Urt. v. 18.11.1999 – C-275/98, Slg. 1999, I-8291 = EuZW 2000, 248 Rn. 31 f. – Unitron Scandinavia.
[92] Ständige Rechtsprechung des EuGH, vgl. in der jüngeren Zeit nur EuGH Urt. v. 4.4.2019 – C-699/17, ECLI:EU:C:2019:290 = NZBau 2019, 457 Rn. 50 – Allianz Vorsorgekasse; EuGH Urt. v. 19.4.2018 – C-65/17, ECLI:EU:C:2018:263 = NZBau 2018, 623 Rn. 40 – Oftalma Hospital; EuGH Urt. v. 16.4.2015 – C-278/14, ECLI:EU:C:2015:228 = NZBau 2015, 383 Rn. 20 – SC Enterprise.
[93] EuGH Urt. v. 21.7.2005 – C-231/03, Slg. 2005, I-7310 = NZBau 2005, 292 Rn. 20 – Coname.
[94] Gemeinsame Empfehlungen gemäß § 127 Abs. 1a SGB V zur Zweckmäßigkeit von Ausschreibungen des GKV-Spitzenverbandes und der Spitzenorganisationen und sonstigen Organisationen der Leistungserbringer auf Bundesebene. Ebenso OLG Düsseldorf Beschl. v. 21.12.2016 – VII-Verg 26/16, NZBau 2017, 303 Rn. 30.
[95] Zu der gesetzgeberischen Intention von Arzneimittelrabattverträgen vgl. VK Bund Beschl. v. 5.9.2019 – VK 2-56/19, VPRRS 2019, 0323. Zuvor bereits *Schwintowski/Klaue* PharmR 2011, 469 (470); *Uwer/Koch* PharmR 2008, 461 (462).
[96] Online-Artikel des Gesundheitsportals der deutschen ApothekerInnen v. 29.3.2021 mit dem Titel „Rabattarzneimittel: Rekord-Einsparungen der Krankenkassen in 2020", abrufbar unter https://www.aponet.de/artikel/rabattarzneimittel-rekord-einsparungen-der-krankenkassen-in-2020-23658.
[97] Eine Anwendung der vergaberechtlichen Regelungen im Sozialrecht früher generell ablehnend *Kingreen* SGb 2008, 437 sowie *Engelmann* SGb 2008, 133.

mit Grundsatzfragen des Vergaberechts, wie beispielsweise der generellen Ausschreibungspflicht bei Rabattverträgen und der Rechtswegzuständigkeit für die Überprüfung der Vergaben (Vergabenachprüfungsinstanzen oder Sozialgerichte). Die Gerichte klärten diese Fragen hierbei weitestgehend.[98] Im Anschluss hat sich die **Rechtsprechung in der jüngeren Zeit** zunehmend mit **spezielleren Fragen** befasst, wie beispielsweise solchen im Hinblick auf Rabattverträge über Generika mit **Kalkulationsrisiken** auf Seiten der Bieter, der Zulässigkeit von Vertragsgestaltungen mit mehreren Vertragspartnern pro wirkstoffbezogenem Fachlos (**sog. Mehr-Partner-Modelle**), krankenkassenseitigen Vorgaben an die anzubietenden Rabatte der Bieter oder der **Zulässigkeit zivilrechtlicher Vertragsklauseln**. Auch mit Ausschreibungen von Rabattverträgen über einen Wirkstoff, der für mehrere Indikationen zugelassen ist, bei dem jedoch ein Patentschutz nicht mehr für sämtliche Indikationsbereiche besteht, hat sich die Rechtsprechung in Bezug auf Rabattverträge über patentgeschützte Originalpräparate verstärkt auseinandergesetzt. Zudem wurden ausschreibungsrelevante Fragen geklärt, die sowohl Rabattverträge über Generika als auch über Originalpräparate betreffen, wie beispielsweise etwaige **Mitteilungspflichten** über die vereinbarten Rabatthöhen nach dem **IFG**.

38 Vergaberechtliche Vorgaben für **Arzneimittelrabattvertragsausschreibungen über Generika** können sich maßgeblich **von denjenigen über patentgeschützte Originalmedikamente unterscheiden**. Dafür sind zwei Gründe maßgeblich: Einerseits kann die Substitutionspflicht des Apothekers gem. § 129 Abs. 1 S. 3 SGB V nicht zur Begründung einer Lenkungs-/Steuerungswirkung herangezogen werden. Auf der anderen Seite kommt der Verordnungsentscheidung des Arztes hier eine wesentlich größere Bedeutung zu. Die Ursache hierfür liegt in den medizinisch- bzw. therapeutisch-pharmakologischen besonderen Eigenschaften der (oftmals konkurrenzlosen) Originalpräparate. Zu differenzieren ist ferner zwischen chemisch-synthetisch hergestellten Präparaten und biologisch/biotechnologisch hergestellten Arzneimitteln. Letztere werden als **Biopharmazeutika** bezeichnet und sind komplexe, hochmolekulare Proteine, die im Gegensatz zu chemisch-synthetischen Arzneimitteln mithilfe von gentechnisch veränderten lebenden Zellen oder Mikroorganismen mittels Biotechnologie hergestellt werden (→ Rn. 45 und 89 ff.).[99]

39 **b) Arzneimittelrabattverträge als vergaberechtliche Rahmenvereinbarungen gem. § 103 Abs. 5 GWB, § 21 VgV.** Gesetzliche Krankenkassen sind beim Abschluss von Rabattverträgen gem. § 130a Abs. 8 SGB V immer dann verpflichtet, ein Vergabeverfahren durchzuführen, wenn sämtliche Tatbestandsmerkmale eines öffentlichen Auftrags gem. § 103 Abs. 1 GWB erfüllt sind.[100] Das ist der Fall, wenn die Rabattvereinbarung die entgeltliche Warenbeschaffung (in diesem Fall die Lieferung von Arzneimitteln) zum Gegenstand hat. Rabattverträge gem. § 130a Abs. 8 SGB V, welche die Tatbestandsmerkmale eines öffentlichen Auftrags erfüllen, werden in der vergaberechtlichen Rechtsprechung und Literatur übereinstimmend als **Rahmenvereinbarungen iSv § 103 Abs. 5 GWB, § 21 VgV zum Zweck der Beschaffung von Arzneimitteln qualifiziert**.[101]

---

[98] Nicht abschließend: BGH Beschl. v. 15.7.2008 – X ZB 17/08, NJW 2008, 3222; BSG Beschl. v. 22.4.2008 – B 1 SF 1/08 R, NJW 2008, 3238 mAnm *Braun* VergabeR 2008, 707; LSG Nordrhein-Westfalen Beschl. v. 29.4.2009 – L 21 KR 41/09 SFB, BeckRS 2009, 64438; Beschl. v. 15.4.2009 – L 21 KR 37 ua/09 SFB; Beschl. v. 9.4.2009 – L 21 KR 29 ua/09 SFB; Beschl. v. 8.4.2009 – L 21 KR 27/09 SFB, VPRRS 2013, 0400; LSG Baden-Württemberg Beschl. v. 4.2.2009 – L WB 381/09, ZfBR 2009, 509 (nur Ls.); Beschl. v. 23.1.2009 – L 11 WB 5971/08, VergabeR 2009, 452 mAnm *Gabriel* VergabeR 2009, 465; Beschl. v. 27.2.2008 – L 5 KR 507/08 ER-B, L 5 KR 508/08 W-A, MedR 2008, 309 mAnm v. *Czettritz* PharmR 2008, 253; OLG Rostock Beschl. v. 2.7.2008 – 17 Verg 4/07, VergabeR 2008, 793 mAnm *Gabriel* VergabeR 2008, 801; OLG Düsseldorf Beschl. v. 30.4.2008 – VII-Verg 3/08, VPRRS 2013, 0462; Beschl. v. 17.1.2008 – VII-Verg 57/07, BeckRS 2008, 13111; Urt. v. 19.12.2007 – VII-Verg 51/07, VergabeR 2008, 73 mAnm *Amelung/Dörn* VergabeR 2008, 84; VK Bund Beschl. v. 15.11.2007 – VK 2-102 ua/07, VPRRS 2013, 1618; VK Düsseldorf Beschl. v. 31.10.2007 – VK 31/2007-L, BeckRS 2009, 88395. Zusammenfassend *Gabriel/Weiner* NZS 2009, 422; *Kamann/Gey* PharmR 2009, 114; *Byok/Csaki* NZS 2008, 402; *Stolz/Kraus* VergabeR 2008, 1; *Goodarzi/Jansen* NZS 2010, 427.

[99] Vgl. zum Herstellungs- und Zulassungsprozess ausführlich *Dierks* NJOZ 2013, 1.

[100] Einen Überblick über den vergaberechtlichen Auftragsbegriff im Vertragswettbewerb des SGB V gibt *Kaltenborn* GesR 2011, 1.

[101] LSG Nordrhein-Westfalen Beschl. v. 15.4.2009 – L 21 KR 37/09 SFB; Beschl. v. 9.4.2009 – L 21 KR 29/09 SFB; LSG Baden-Württemberg Beschl. v. 23.1.2009 – L 11 WB 5971/08, BeckRS 2009, 50726 mAnm *Gabriel* VergabeR 2009, 452 (465); Beschl. v. 28.10.2008 – L 11 KR 4810/08 ER-B, IBRRS 2009, 0943 mAnm *Weiner* VergabeR 2009, 182 (189 ff.); VK Bund Beschl. v. 27.3.2009 – VK 3-46/09, veris; Beschl. v. 20.3.2009 – VK 3-22/09, veris; Beschl. v. 18.3.2009 – VK 3-55/09, veris; Beschl. v. 24.2.2009 – VK 3-203/08; *Dreher/Hoffmann* NZBau 2009, 273 (276 f.); *Kamann/Gey* PharmR 2009, 114 (117); *Byok/Csaki* NZS 2008, 402 (404); *Röbke* NVwZ 2008, 726 (731); *Stolz/Kraus* VergabeR 2008, 1 (10); *Willenbruch* PharmR 2008, 488 (489); *Marx/Hölzl* NZBau 2010, 31 (34); *Schüttpelz/Dicks* FS Marx, 2013, 691 (697). Die VK Bund Beschl. v. 12.8.2016 – VK 1-42/15, IBRRS 2016, 2303 sieht in Rahmenvereinbarungen hingegen keinen öffentlichen Auftrag.

Diese Einordnung beruht auf den besonderen Gegebenheiten der **Arzneimittelversorgung im System der deutschen GKV,** die sich in einem sog. **sozialrechtlichen Dreiecksverhältnis**[102] – bzw. infolge der wegen des Apothekenmonopols gem. § 43 Abs. 1 AMG vorgegebenen Einbeziehung der Apotheken in einem „Viereck"[103] – der Leistungsbeziehung vollzieht. Aufgrund des **Sachleistungsprinzips** wird die Leistung (Arzneimittelversorgung), die dem öffentlichen Auftrag zugrunde liegt, zwar gegenüber den Versicherten als Dritten und nicht unmittelbar gegenüber den Krankenkassen als Auftraggebern erbracht. Es liegt aber gleichwohl ein **mittelbarer Beschaffungsvorgang der Krankenkassen zugunsten der Versicherten** vor.[104] Die Tatsache, dass die Arzneimittel nicht unmittelbar an die Krankenkassen ausgegeben werden, sondern die Versicherten sie in Apotheken kaufen, steht der Annahme eines vergaberechtlich relevanten Beschaffungsvorgangs seitens der Krankenkassen bei einer **wirtschaftlichen Gesamtbetrachtung** anerkanntermaßen nicht entgegen.[105]

Rabattverträge stellen jedoch nicht eo ipso einen öffentlichen Auftrag dar. Vielmehr bedarf es **40** des Umstandes, dass der Gegenstand der Rabattvereinbarung nicht nur eine einseitige Rückvergütungspflicht (Rabatt) des pharmazeutischen Unternehmers ist. Nur dann sind Rabattverträge gem. § 130a Abs. 8 SGB V als Rahmenvereinbarungen einzuordnen. Denn **reine Rückerstattungs- bzw. Rabattabreden** stellen **keinen ausschreibungspflichtigen entgeltlichen Vertrag bzw. öffentlichen Auftrag** dar, da hiermit nur eine (einseitige) entgeltliche Zahlungspflicht eines pharmazeutischen Unternehmers gegenüber einer Krankenkasse begründet würde, jedoch keine Vereinbarung über die Lieferung von Arzneimitteln gegen ein bestimmtes Entgelt.[106] Für die Qualifikation eines Rabattvertrags gem. § 130a Abs. 8 SGB V als Arzneimittellieferauftrag ist es daher erforderlich, dass der Rabattvertrag selbst auch die Lieferung von Arzneimitteln zum Gegenstand hat. Vertragsgegenstand müssen daher synallagmatische Pflichten in Gestalt von Leistungs- und Vergütungspflichten sein, die Grundlage des künftigen Einzelabrufs von Arzneimitteln durch die Versicherten und damit deren Lieferung im Interesse der Krankenkassen sind. Dieser Zweck kann sich dabei unmittelbar aus dem Wortlaut oder durch Auslegung der jeweiligen vertraglichen Bestimmung ergeben.

aa) Entgeltlichkeit iSv § 103 Abs. 1 GWB bei Rabattverträgen betreffend Generika. 41
Rabattvereinbarungen gem. § 130a Abs. 8 SGB V müssen eine entgeltliche Liefer-/Leistungsbeziehung im Verhältnis zwischen einer Krankenkasse und einem pharmazeutischen Unternehmen begründen, damit sie einen öffentlichen Auftrag darstellen.[107] **Entgeltlichkeit** iSv § 103 Abs. 1 GWB bedeutet dabei, dass ein öffentlicher **Auftraggeber eine Gegenleistung** im Sinne einer eigenen Zuwendung erbringt.[108] Ausreichend dafür ist **jeder wirtschaftliche Vorteil,** den der öffentliche Auftraggeber dem Auftragnehmer für dessen Leistung einräumt, wobei sich dieser im Verhältnis einer Gegenleistung gerade zur Leistungserbringung des Auftragnehmers darstellen muss.[109] Da Rabattverträge über Generika in der Regel **Vereinbarungen zur Sicherstellung der Lieferfähigkeit** an Apotheken bzw. Großhandel enthalten (zumeist Vertragsstrafen- und/oder Kündigungsregelungen bei Lieferausfällen, → Rn. 59),[110] lässt sich die Leistung des pharmazeutischen Unternehmers präzise beschreiben.

---

[102] *Kingreen* VergabeR 2007, 354 (355).
[103] *Stolz/Kraus* VergabeR 2008, 1 (2).
[104] *Schickert* PharmR 2009, 164 (166); *Dreher/Hoffmann* NZBau 2009, 273 (276); *Stolz/Kraus* VergabeR 2008, 1 (8).
[105] *Moosecker,* Öffentliche Auftragsvergaben der gesetzlichen Krankenkassen – Die Anwendbarkeit des Vergaberechts auf die Nachfrage von Leistungen der Stationären und der Integrierten Versorgung, 2009, 102; *Kaeding* PharmR 2007, 239 (245).
[106] LSG Baden-Württemberg Beschl. v. 28.10.2008 – L 11 KR 4810/08 ER-B, IBRRS 2009, 0943 mAnm *Weiner* VergabeR 2009, 182 (189 ff.); VK Bund Beschl. v. 15.11.2007 – VK 2-102/07, IBRRS 2013, 4743; *Dreher/Hoffmann* NZBau 2009, 273 (276); *Schickert* PharmR 2009, 164 (166).
[107] LSG Nordrhein-Westfalen Beschl. v. 15.4.2009 – L 21 KR 37/09 SFB; Beschl. v. 9.4.2009 – L 21 KR 29/09 SFB; LSG Baden-Württemberg Beschl. v. 23.1.2009 – L 11 WB 5971/08, BeckRS 2009, 50726 mAnm *Gabriel* VergabeR 2009, 452 (465); Beschl. v. 28.10.2008 – L 11 KR 4810/08 ER-B, IBRRS 2009, 0943 mAnm *Weiner* VergabeR 2009, 182 (189 ff.); OLG Düsseldorf Beschl. v. 17.1.2008 – VII-Verg 57/07, IBRRS 2008, 4847; Beschl. v. 19.12.2007 – VII-Verg 51/07, NZBau 2008, 194 mAnm *Amelung/Dörn* VergabeR 2008, 73 (84 ff.).
[108] EuGH Urt. v. 25.3.2010 – C-451/08, Slg. 2010, I-2707 = NZBau 2010, 321 Rn. 48 – Helmut Müller GmbH.
[109] BGH Beschl. v. 1.2.2005 – X ZB 27/04, NJW-RR 2005, 1439; *Dreher/Hoffmann* NZBau 2009, 273 (276); *Kaltenborn* GesR 2011, 1 (3).
[110] Vgl. OLG Düsseldorf Beschl. v. 6.9.2017 – Verg 9/17, VPRRS 2018, 0338, das sich in dieser Entscheidung mit der Zulässigkeit von Vertragsstrafen- und Sonderkündigungsregelungen bei einem Rabattvertrag gem. § 130a Abs. 8 SGB V über Generika befasst und diese als vergaberechtskonform erachtet.

42   Demgegenüber weisen Rabattvereinbarungen nach § 130a Abs. 8 SGB V typischerweise keine explizite entgeltliche Gegenleistung, die die Krankenkasse erbringen muss, auf, sodass der Abschluss eines Rabattvertrags für ein pharmazeutisches Unternehmen grundsätzlich noch nicht zwangsweise einen wirtschaftlichen Vorteil (im Sinne einer Entgeltlichkeit) darstellt.[111] Hinzu kommt, dass den Generikarabattverträgen die **Unsicherheit über den Umfang des Leistungsabrufs im Einzelfall** innewohnt. Im Gegensatz zu herkömmlichen Rahmenvereinbarungen nach § 103 Abs. 5 GWB, § 21 VgV stellen Krankenkassen als Auftraggeber in diesem Fall keinen bestimmenden Faktor dafür dar, ob, wann bzw. in welchem Umfang die Einzelabrufe (Arzneimittelabgaben) getätigt werden.[112] Die Einzelabrufe erweisen sich vielmehr als durch die **allgemeine Morbidität** und die **Verordnungsentscheidung des Arztes** sowie ggf. die **Substitutionsentscheidung des Apothekers** geprägt.

43   Aufgrund dieser Unsicherheit im Hinblick auf den wirtschaftlichen Umfang der Rabattvereinbarung gem. § 130a Abs. 8 SGB V, hängt die **Bejahung der Entgeltlichkeit** maßgeblich von der Bestimmung ab, ob (bzw. wie sehr) der Abschluss des Vertrags die **Wahrscheinlichkeit erhöht**, dass vergütungspflichtige Lieferleistungen des pharmazeutischen Unternehmers tatsächlich realisiert werden. Nur dann, wenn **bereits der Vertragsabschluss als solcher einen wirtschaftlichen Mehrwert** (oder jedenfalls einen tatsächlichen Wettbewerbsvorteil) für den Auftragnehmer begründet, handelt es sich um einen entgeltlichen Vertrag.[113] Das ist insbesondere der Fall, wenn dem Rabattvertrag eine sog. **Lenkungs-/Steuerungswirkung zugunsten des Absatzes der vertragsgegenständlichen Arzneimittel** zukommt.[114] Hier verschafft der Abschluss des Rabattvertrags dem pharmazeutischen Unternehmen einen wirtschaftlichen Vorteil in Form der **Steigerung des Absatzes der rabattierten Arzneimittel.**[115]

44   Die vergaberechtliche Rechtsprechung hat die wirtschaftliche Begünstigung des Rabattvertragspartners bejaht. Generikarabattverträge schaffen eine **absatzfördernde Wirkung** im Hinblick auf das vertragsgegenständliche Präparat **aufgrund der Substitutionspflicht** des Apothekers **gem. § 129 Abs. 1 S. 3 SGB V.**[116] Bei Bestehen eines Rabattvertrags gem. § 130a Abs. 8 SGB V verpflichtet § 129 Abs. 1 S. 3 SGB V Apotheker dazu, solche Arzneimittel, die nur unter ihrer Wirkstoffbezeichnung verordnet wurden, gegen wirkstoffgleiche rabattierte auszutauschen. Das gilt allerdings nur dann, wenn der Arzt eine Ersetzung nicht ausgeschlossen hat. Letzteres wäre möglich, indem er das „aut-idem-Feld", das auf dem zur Abrechnung mit den Krankenkassen vorgeschriebenen Rezeptformular aufgedruckt ist, durchstreicht.[117] Eine Substitution wäre in diesem Fall ausgeschlossen. Die praktische Bedeutung eines solchen Vorgehens des Arztes ist allerdings eher gering: Aufgrund der sozialrechtlichen Rahmenbedingungen (unter anderem § 106 Abs. 2 S. 8, Abs. 5c S. 1 SGB V) müssten Ärzte befürchten, dass die Krankenkassen sie in Höhe der daraus resultierenden Zusatzkosten in Anspruch nehmen.[118] De facto lenkt diese Rechtslage die Abgabe von Arzneimitteln sehr effektiv zugunsten rabattierter Arzneimittel. Der Absatz eben solcher nimmt daher in dem Maße zu, in dem die Abgabe von nicht rabattierten Arzneimitteln gleichen Wirkstoffs abnimmt. Der Abschluss eines Rabattvertrags hat daher unmittelbaren und erheblichen Einfluss auf die Absatzmöglichkeiten eines pharmazeutischen Unternehmens auf dem deutschen Arzneimittelmarkt.

---

[111] Vgl. auch *Gabriel* in Meier/v. Czettritz/Gabriel/Kaufmann, Pharmarecht, 2. Aufl. 2018, § 14 Rn. 36 ff.
[112] *Weiner* GesR 2010, 237 (239).
[113] Vgl. auch *Gabriel* in Meier/v. Czettritz/Gabriel/Kaufmann, Pharmarecht, 2. Aufl. 2018, § 14 Rn. 38 ff.
[114] OLG Düsseldorf Beschl. v. 19.12.2007 – VII-Verg 51/07, NZBau 2008, 194 mAnm *Amelung/Dörn* VergabeR 2008, 73 (84 ff.); Beschl. v. 23.5.2007 – VII-Verg 50/06, NZBau 2007, 525 mAnm *Gabriel* VergabeR 2007, 622 (630); VK Bund Beschl. v. 22.8.2008 – VK 2-73/08, IBRRS 2009, 3602; Beschl. v. 15.11.2007 – VK 2-102/07, IBRRS 2013, 4743; VK Düsseldorf Beschl. v. 31.10.2007 – VK-31/2007-L, VPRRS 2007, 0446; *Gabriel* NZS 2007, 344 (348).
[115] *Dreher/Hoffmann* NZBau 2009, 273 (276); *Kamann/Gey* PharmR 2009, 114 (117); *Schickert* PharmR 2009, 164 (166); *Stolz/Kraus* VergabeR 2008, 1 (3); *Luthe* SGb 2011, 372 (375).
[116] So zuerst OLG Düsseldorf Beschl. v. 19.12.2007 – VII-Verg 51/07, NZBau 2008, 194: „Hinzu kommt, dass der Apotheker nach § 129 Abs. 1 Satz 3 SGB V im Falle eines Vertrages nach § 130a Abs. 8 SGB V für den betreffenden Wirkstoff grundsätzlich ein Medikament auswählen muss, das Gegenstand eines derartigen Vertrages ist, und den Antragsgegnerinnen mithin das Nachfrageverhalten der Apotheker auf die vertragsgemäßen Medikamente 'lenken' (vgl. zu diesem Gesichtspunkt *Gabriel* NZS 2007, 344 (348))". Ebenso im Anschluss LSG Nordrhein-Westfalen Beschl. v. 15.4.2009 – L 21 KR 37/09 SFB; Beschl. v. 9.4.2009 – L 21 KR 29/09 SFB; LSG Baden-Württemberg Beschl. v. 23.1.2009 – L 11 WB 5971/08, BeckRS 2009, 50726 mAnm *Gabriel* VergabeR 2009, 452 (465); Beschl. v. 28.10.2008 – L 11 KR 4810/08 ER-B, IBRRS 2009, 0943 mAnm *Weiner* VergabeR 2009, 182 (189 ff.). Vgl. zusammenfassend *Goodarzi/Jansen* NZS 2010, 427 (431). In diesem Sinne bereits *Byok* PharmR 2007, 553 (556).
[117] S. zur Ersetzungsbefugnis des Arztes auch SG Detmold Urt. v. 26.1.2018 – S 3 KR 450/15, BeckRS 2018, 43882 Rn. 17 f.; SG Bremen Urt. v. 17.3.2017 – S 7 KR 269/14.
[118] Vgl. dazu *Bickenbach* MedR 2010, 302 (303).

Ähnliches wird künftig für biologisch/biotechnologisch hergestellte Nachahmerpräparate 45 (sog. **Biosimilars**) gelten. Hierbei handelt es sich um Arzneimittel, die zwar ebenso wie chemisch-synthetische Generika unter Verweis auf (biologische) Referenzarzneimittel hergestellt und zugelassen werden (vgl. § 24b Abs. 5 S. 1 AMG), bei denen aber – anders als bei Generika – **keine Wirkstoffgleichheit** existieren kann, weil die Herstellung mittels biotechnologisch erzeugter lebender Zellen oder Mikroorganismen erfolgt, die aufgrund der zwangsläufig unterschiedlichen Produktions-/Herstellungsprozesse niemals dem Originalwirkstoff vollständig entsprechen können.[119] „Biosimilars" (deshalb gerade nicht „Biogenerika") können mit dem Originalprodukt nie identisch sein, weswegen es jedenfalls bislang in diesem Bereich keine gesetzliche Substitutionspflicht gab.[120] Durch das **GSAV** wird zum 16.8.2022 auch für Biosimilars eine den chemisch-synthetischen Generika vergleichbare **Substitutionspflicht eingeführt**. In rechtlicher Betrachtung werden sie im Hinblick auf den Abschluss von Rabattverträgen den Generika damit ähneln. Anders als bei diesen muss der Gemeinsame Bundesausschuss jedoch für jedes Biosimilar die Austauschbarkeit ausdrücklich festlegen. Eine automatische Substitutionsverpflichtung wird deshalb nicht statuiert. Hierzu und zu der Rechtslage nach dem GSAV → Rn. 91.

Einerseits erzeugt der § 129 Abs. 1 S. 3 SGB V eine Lenkungs-/Steuerungswirkung zugunsten 46 rabattierter Produkte. Diese Wirkung kann andererseits auch durch **ergänzende Abreden der Rabattvertragspartner** verstärkt werden. Denn auch solche können rabattierten Arzneimitteln eine absatzsteigernde Wirkung zukommen lassen. Eine typische derartige weitergehende vertragliche Vereinbarung kann in der **Zusicherung von Exklusivität** liegen. Das bedeutet, dass die Krankenkassen sich gegenüber den Anbietern der rabattierten Arzneimittel vertraglich dahingehend binden, für die Dauer der Vertragslaufzeit keine anderen Rabattverträge über die gleichen Wirkstoffe zu schließen. Exklusivität ist hierbei nicht zwangsweise im Sinne einer Singularität zu verstehen. Gemeint ist vielmehr ein **Auftragnehmerkreis, der einem numerus clausus unterliegt,** dh während der gesamten Vertragslaufzeit nicht erweiterbar ist. Dabei ist die genaue Anzahl unerheblich. Dadurch wird letztlich der Vorgabe des Art. 33 Abs. 2 UAbs. 2 RL 2014/24/EU Rechnung getragen, der zufolge Rahmenvereinbarungen einen von Anfang an geschlossenen Teilnehmerkreis aufweisen müssen.

bb) Entgeltlichkeit iSv § 103 Abs. 1 GWB bei Rabattverträgen betreffend (patentge- 47 **schützte) Originalpräparate.** Auch im Bereich der (patentgeschützten) Originalpräparate bestehen verschiedene Einsparpotentiale.[121] Diese erschöpfen sich im Rahmen der Ausgabenbegrenzungen bei Originalpräparaten nicht nur in Form von Rabattverträgen, sondern darüber hinaus durch zwei weitere Erstattungsvertragsarten für innovative nicht festbetragsfähige Arzneimittel.[122] Bei diesen **Erstattungsvertragsarten** handelt es sich nach der gesetzgeberischen Konzeption zum einen um obligatorische **„Vereinbarungen zwischen dem Spitzenverband Bund der Krankenkassen und pharmazeutischen Unternehmern"** über Erstattungsbeträge für Arzneimittel" (§ 130b SGB V)[123] und zum anderen um fakultative **„Verträge von Krankenkassen mit pharmazeutischen Unternehmern"** (§ 130c SGB V), die die Vorschrift des § 130a Abs. 8 SGB V über Rabattverträge spezifisch ergänzen.[124] Den Ausgangspunkt und die zwingende Grundlage für den Abschluss solcher Erstattungsverträge bildet die Kategorisierung neuer Arzneimittel (ebenso wie der Bestandsmarkt, vgl. § 35a Abs. 6 SGB V) anhand des Ergebnisses der früheren Nutzenbewertung[125] nach § 35a SGB V. Das Arzneimittel muss dabei entweder in den Bereich des geltenden Festbetragssystems fallen oder als neues und innovatives, nicht festbetragsfähiges Arzneimittel kategorisiert werden können. Neue (und zumeist patentgeschützte) Originalpräparate fallen vollumfänglich in den letztgenannten Bereich. Lediglich für nicht festbetragsfähige Arzneimittel besteht gem. § 130b SGB V die Pflicht zum Abschluss einer kollektiven Erstattungsvereinbarung mit dem Spitzenverband Bund der Krankenkassen. Darüber hinaus können die Vertragsparteien nach § 130c SGB V auch individuelle

---

[119] *Gabriel/Weiner* NZS 2009, 422 (425).
[120] *Gabriel/Weiner* NZS 2009, 422 (425).
[121] Eckpunktepapier des Bundesgesundheitsministeriums v. 26.3.2010 zur Umsetzung des Koalitionsvertrags für die Arzneimittelversorgung.
[122] Vgl. BT-Drs. 17/2413, 31.
[123] Vgl. dazu *Anders* PharmR 2012, 81; sowie zu der Möglichkeit für Parallelimporteure eine Erstattungspreisvereinbarung nach § 130b SGB V mit dem GKV-Spitzenverband zu treffen und den daraus resultierenden Konsequenzen für den Originalhersteller *Schickert* PharmR 2013, 152.
[124] Vgl. zu den Änderungen durch das AMNOG in Bezug auf Erstattungsverträge *Wolf/Jäkel* PharmR 2011, 1; *Kingreen* NZS 2011, 441; *Luthe* PharmR 2011, 193; *Kaufmann* PharmR 2011, 223 sowie *Gabriel* VergabeR 2011, 372.
[125] Dazu *Luthe* PharmR 2011, 193 (194); *Brixius/Maur/Schmidt* PharmR 2010, 373 sowie *Kingreen* NZS 2011, 441.

(selektive) Erstattungsverträge zur Ablösung von Vereinbarungen bzw. Schiedssprüchen nach § 130b SGB V abschließen.

48 Für die Einordnung von Rabattverträgen über Originalpräparate als öffentliche (Arzneimittelliefer-)Aufträge gem. § 103 Abs. 1, 2 GWB ergeben sich keine grundsätzlichen Unterschiede zu Generika. Auch hier ist entscheidend, dass der Rabattvertrag die Lieferung von Arzneimitteln gegen ein Entgelt zum Gegenstand hat. Gleichwohl muss bei Rabattverträgen über patentgeschützte Arzneimittel stets eine Einzelfallprüfung erfolgen. Das gilt insbesondere für das Tatbestandsmerkmal der Entgeltlichkeit, das sorgfältiger Prüfung bedarf, da hier einerseits die **Substitutionspflicht des Apothekers gem. § 129 Abs. 1 S. 3 SGB V nicht zur Begründung einer Steuerungs-/Lenkungswirkung herangezogen werden kann** (weil sich dessen Anwendungsbereich nicht auch auf diese Fälle erstreckt) und andererseits aufgrund der medizinisch- bzw. therapeutisch-pharmakologischen besonderen Eigenschaften der (oftmals konkurrenzlosen) Originalpräparate der **Verordnungsentscheidung des Arztes eine wesentlich größere Bedeutung** zukommt.[126]

49 **(1) Fakultative Erstattungsvereinbarungen gem. § 130c SGB V.** Auch für **fakultative Erstattungsvereinbarungen** zwischen pharmazeutischen Unternehmen und einzelnen Krankenkassen gem. **§ 130c SGB V** stellt sich die **Frage nach dem Bestehen einer Lenkungs- bzw. Steuerungswirkung.** Im Gegensatz zu den obligatorischen § 130b SGB V-Verträgen ermöglichen sie abweichende, ergänzende bzw. ablösende krankenkassenindividuelle Vereinbarungen. Zugleich ist damit das Merkmal der öffentlichen Auftragseigenschaft solcher Erstattungsvereinbarungen angesprochen. Beides **bejaht die Gesetzesbegründung** zutreffend:[127] „Darüber hinaus gelten die Vorschriften über die Vereinbarung von Rabattverträgen nach § 130a Abs. 8 (SGB V) entsprechend. Zulässig ist somit ein Wettbewerb um bessere Patientenversorgung, höhere Qualität und geringere Kosten. [...] Soweit die Voraussetzungen des Vergaberechts vorliegen, ist auszuschreiben".[128]

50 **(2) Obligatorische Erstattungsvereinbarungen nach § 130b SGB V.** Für **Erstattungsvereinbarungen zwischen pharmazeutischen Unternehmen und dem GKV-Spitzenverband** (stellvertretend für alle Krankenkassen) für nicht festbetragsfähige Arzneimittel mit neuen Wirkstoffen gem. **§ 130b SGB V** wird die Frage nach einer Lenkungs- bzw. Steuerungswirkung ebenfalls in der Gesetzesbegründung aufgegriffen – und verneint: „Mit der Vereinbarung eines Erstattungsbetrags für ein Arzneimittel ist keine Auswahlentscheidung für das einzelne Arzneimittel verbunden. Sie hat ebenso wenig eine verordnungslenkende Wirkung wie die Festsetzung von Festbeträgen".[129] Dieser Ansicht des Gesetzgebers ist allerdings entgegenzuhalten, dass Erstattungsvereinbarungen gem. § 130b SGB V nicht von vornherein ausschreibungsirrelevant sind.[130] Denn es findet sich (ebenso wie bei denen nach § 130c SGB V) auch bei Vereinbarungen nach § 130b SGB V die **Privilegierung beim Wirtschaftlichkeitsvergleich** infolge der Anerkennung vertragsgegenständlicher Arzneimittelverordnungen als Praxisbesonderheit iSv § 106 Abs. 5a SGB V (§ 130b Abs. 2 SGB V). Speziell für den Fall einer Privilegierung beim Wirtschaftlichkeitsvergleich gem. § 106 Abs. 5a SGB V hat die VK Bund bereits entschieden, dass „es aber verschiedene andere Anreizmechanismen [gibt], die – wenn auch in schwächerer Ausprägung – eine hinreichende Lenkungswirkung entfalten". Als Beispiel hat die Vergabekammer sodann ausdrücklich den Wirtschaftlichkeitsvergleich angeführt, da sich Ärzte „angesichts der **drohenden Regressgefahr** im Rahmen der Wirtschaftlichkeitsprüfung (vgl. § 106 SGB V) für die Verschreibung eines rabattierten Arzneimittels entscheiden werden".[131]

51 **(3) Rabattverträge gem. § 130a Abs. 8 SGB V.** Im Rahmen von **Rabattverträgen gem. § 130a Abs. 8 SGB V** greift § 129 Abs. 1 S. 3 SGB V nicht ein, sodass dessen Lenkungs- bzw. Steuerungswirkung sich hier nicht auswirken kann. Es ist daher in jedem Einzelfall zu prüfen, ob der Rabattvertrag dem pharmazeutischen Unternehmer einen wirtschaftlichen Vorteil im Sinne eines Entgelts gem. § 103 Abs. 1 GWB einräumt.[132] Dabei ist auch zu untersuchen, ob sonstige gesetzliche Bestimmungen einschlägig sind, denen eine Lenkungs-/Steuerungswirkung zukommt. Eine solche kann sich schließlich auch aus etwaig vereinbarten Maßnahmen im Vertrag ergeben, die

---

[126] *Schickert* PharmR 2009, 164 (171); *Lietz/Natz* A&R 2009, 3 (6).
[127] So auch *Kern,* Arzneimittelbeschaffung durch die gesetzliche Krankenkasse, 2012, 337.
[128] BT-Drs. 17/2413, 32.
[129] BT-Drs. 17/2413, 31.
[130] *Gabriel* VergabeR 2011, 372 (380).
[131] VK Bund Beschl. v. 22.8.2008 – VK 2-73/08, IBRRS 2009, 3602.
[132] OLG Düsseldorf Beschl. v. 19.12.2007 – VII-Verg 51/07, NZBau 2008, 194 mAnm *Amelung/Dörn* VergabeR 2008, 73 (84 ff.); VK Bund Beschl. v. 22.8.2008 – VK 2-73/08, IBRRS 2009, 3602; *Kamann/Gey* PharmR 2009, 114 (118); *Kern,* Arzneimittelbeschaffung durch die gesetzliche Krankenkasse, 2012, 266 f.

absatzfördernde Wirkung aufweisen. Derartige, mit dem Abschluss einer Rabattvereinbarung gem. § 130a Abs. 8 SGB V zusammenhängende, **krankenversicherungsrechtliche Lenkungs-/Steuerungsmechanismen,** die für den pharmazeutischen Unternehmer als Rabattvertragspartner einen wirtschaftlichen Mehrwert bedeuten können, sind zB:
- vollständige oder teilweise **Zuzahlungsermäßigungen oder -befreiungen** gem. § 31 Abs. 3 S. 5 SGB V;
- Einbeziehung rabattierter Arzneimittel in **spezielle Praxissoftware** gem. § 73 Abs. 8 SGB V;
- Ausnahme von der **Auffälligkeitsprüfung** bei Verordnung rabattierter Arzneimittel gem. § 106 Abs. 2 S. 8 SGB V;
- Abzug von Rabattbeträgen vom Regressbetrag nach einer **Richtgrößenprüfung** gem. § 106 Abs. 5c SGB V oder
- Befreiung von der **Parallelimportquote** gem. § 129 Abs. 1 S. 1 Nr. 2 SGB V.

Einige dieser gesetzlichen Lenkungs-/Steuerungsmechanismen gelten – im Unterschied zur Substitutionspflicht gem. § 129 Abs. 1 S. 3 SGB V – nicht automatisch, sondern **müssen im Einzelfall vereinbart werden,** damit sie eine absatzförderliche Wirkung entfalten **(fakultative Anreize).**[133] **In der Praxis** ist ein Befund darüber, ob ein Rabattvertrag über Originalpräparate einen öffentlichen Auftrag darstellt, regelmäßig **schwieriger als im Generikabereich.** In den meisten Fällen erfordert die korrekte Einordnung daher die Betrachtung einer ganzen Bandbreite unterschiedlicher Faktoren, die sowohl vertraglicher als auch gesetzlicher Art sein können. **Entscheidend** ist dabei insbesondere das **Zusammenwirken dieser Faktoren** im konkreten Fall. Im Ergebnis ist aufgrund des breiten Spektrums der einzubeziehenden Faktoren sowie deren Intensität im Sinne einer Privilegierung, Lenkung bzw. Steuerung eine graduelle Abstufung hinsichtlich der Beantwortung der Frage nach dem Vorliegen der Entgeltlichkeit möglich.[134] In der bisherigen Rechtsprechung betreffend die Qualifizierung von Rabattverträgen über Originalpräparate als öffentliche Aufträge haben die **vertraglichen Regelungen** des Einzelfalls eine herausgehobene Rolle gespielt. Maßgeblich war hierbei der Aspekt, ob sie dem pharmazeutischen Unternehmer als Rabattvertragspartner eine **absatzfördernde privilegierte Stellung einräumen.** Im Vergleich dazu waren **gesetzliche Lenkungs-/ Steuerungsmechanismen** deshalb von **geringer Relevanz,** weil sie im Gegensatz zu Rabattverträgen im Generikabereich einen verminderten Wirkungsgrad aufweisen. Das **LSG Nordrhein-Westfalen** hat in einem Fall, in dem die Rabattvereinbarung ihrem Wortlaut nach keine Exklusivität zugunsten des Rabattvertragspartners begründete, entschieden, dass es **nicht darauf ankommen dürfe, ob Exklusivitätsrechte vertraglich (dh dem Wortlaut nach) vereinbart worden sind.**[135] **Entscheidend** sei vielmehr, ob ein Rabattvertrag **tatsächlich geeignet ist, einen Wettbewerbsvorteil zu bewirken.**[136] Denn unter Umgehungsaspekten dürfe die Auftragseigenschaft – und damit die Ausschreibungspflicht – nicht allein deswegen verneint werden, weil eine Rabattvereinbarung keine ausdrückliche Exklusivitätsvereinbarung enthält, sofern der Vertrag seitens der Krankenkasse tatsächlich exklusiv gehandhabt wird.[137]

c) Ausschreibung von Arzneimittelrabattverträgen betreffend Generika. aa) Anforderungen an eine eindeutige und erschöpfende Leistungsbeschreibung. Im Vergleich zur Angebotsabgabe in den meisten anderen Bereichen ist diejenige zum Abschluss einer Rahmenvereinbarung für den Bieter ungleich risikobehafteter. Diese Risiken wirken bereits im Stadium vor der Angebotsabgabe: Aufgrund der potentiellen Volatilität der Absatzmenge, die auf die Unbestimmtheit des Leistungsumfangs zurückzuführen ist, trägt der **Bieter** ein **erhöhtes Kalkulationsrisiko.** Der **Umfang des Leistungsabrufs** ist für ihn **nicht absehbar.**[138] Zu den **Anforderungen,** die in diesem Zusammenhang **an eine eindeutige und erschöpfende Leistungsbeschreibung** zu stellen sind, äußerte sich die VK Westfalen in einer Entscheidung. Die **Interessen** der Krankenkassen sowie diejenigen der Bieter (letztere vor allem in Gestalt einer Minimierung der Kalkulationsrisiken)

---

[133] *Schickert* PharmR 2009, 164 (169 f.).
[134] So VK Bund Beschl. v. 22.8.2008 – VK 2-73/08, IBRRS 2009, 3602: „nicht unerhebliche Lenkungswirkung"; Beschl. v. 15.8.2008 – VK 3-107/08, IBRRS 2014, 0032: „gewisse Lenkungseffekte"; ähnlich *Schickert* PharmR 2009, 164 (170): „Anreize können sich so verdichten, dass sie den Rabattvertrag zu einem entgeltlichen Beschaffungsvorgang der Krankenkasse machen".
[135] LSG Nordrhein-Westfalen Beschl. v. 10.9.2009 – L 21 KR 53/09 STB, IBRRS 2010, 2825 mAnm *Gabriel* VergabeR 2010, 135 (142 ff.).
[136] LSG Nordrhein-Westfalen Beschl. v. 10.9.2009 – L 21 KR 53/09 STB, IBRRS 2010, 2825 mAnm *Gabriel* VergabeR 2010, 135 (142 ff.).
[137] Ähnlich *Weiner* VergabeR 2009, 189 (192).
[138] Vgl. ausführlich OLG Düsseldorf Beschl. v. 20.2.2013 – Verg 44/12, IBRRS 2013, 1552; in den darauffolgenden Jahren regelmäßig bestätigt, vgl. nur OLG Düsseldorf Beschl. v. 6.9.2017 – Verg 9/17, VPRRS 2018, 0338; VK Bund Beschl. v. 21.1.2016 – VK 1-132/15, VPRRS 2016, 0211.

müssten im Rahmen der Ausschreibung in einen **schonenden Ausgleich** gebracht werden. Ein für die Bieter nicht mehr zumutbares Kalkulationsrisiko ergibt sich insbesondere demgegenüber dann, wenn ihnen durch die Leistungsbeschreibung Vertragsrisiken auferlegt werden, die nicht mehr branchen- und marktüblich sind.[139] Die VK Bund stellte hier allerdings hohe Hürden auf: Eine kaufmännisch vernünftige Kalkulation muss in diesen Fällen „**schlechterdings unzumutbar**" sein.[140]

54 Um einer solchen Unzumutbarkeit zu begegnen, muss die Krankenkasse den Bietern **umfassende Verordnungsdaten aus der Vergangenheit zugänglich machen,** bestenfalls untergliedert in Wirkstoffstärke, Darreichungsform und Packungsgröße. Durch dieses Vorgehen sollen die mit Arzneimittelrahmenvereinbarungen ohnehin verbundenen Mengenprognoserisiken ausgeglichen werden.[141] Dafür genügt es grundsätzlich, dass die Krankenkasse den Bedarf für das letzte Jahr offenlegt. Eine Zurverfügungstellung der Zahlen mehrerer zurückliegender Jahre ist nur dann geboten, wenn der Bedarf im letzten Jahr erheblich von den Vorjahren abgewichen ist.[142] Der Bieter müsse dann auf diese Abweichung aufmerksam gemacht werden, damit er sie in seine Kalkulation einbeziehen kann. Eine Prognoseentscheidung hinsichtlich der Frage eines künftigen Versorgungsbedarfs, die über die bloße Offenlegung der historischen Mengen hinausginge, ist durch den Auftraggeber indes nicht zu treffen.[143] Die Krankenkassen können nur dadurch das Kalkulationsrisiko signifikant reduzieren, indem sie bei der **Bildung von Preisvergleichsgruppen** eines Wirkstoffs darauf achten, die jeweilige Darreichungsform der betreffenden Arzneimittel zu berücksichtigen, damit eine Substitution nach § 129 Abs. 1 SGB V zulässig ist. Eine Substitution setzt stets die austauschbare Darreichungsform des verordneten Wirkstoffs voraus.[144] Die Krankenkassen haben deshalb dafür Sorge zu tragen, dass sich aus den Vergabeunterlagen hinreichend deutlich ergibt, auf welcher Grundlage die gebildeten Preisvergleichsgruppen zustande gekommen sind.[145]

55 Lediglich in besonderen Ausnahmesituationen kann ein **streng an den Substitutionskriterien** des § 129 Abs. 1 S. 3 SGB V definierter/**gebildeter Beschaffungsbedarf** vergaberechtlich zu beanstanden sein. Ein Beanstandungsgrund kann sich beispielsweise aus einem zugespitzten Wettbewerbsverhältnis ergeben, wenn zu diesem Umstand noch weitere, erschwerende Faktoren hinzutreten. In einem Fall war die Wettbewerbssituation derart gelagert, dass lediglich zwei Unternehmen den vom Auftraggeber geforderten Wirkstoff anbieten konnten. Hinzu kam, dass nur eines der bietenden Unternehmen sowohl die angefragten Normpackungsgrößen N2 als auch N3 liefern konnte. Das andere Unternehmen vertrieb lediglich eine dieser Packungsgrößen, was der ausschreibenden Krankenkasse hätte bekannt sein müssen. Die andere Packungsgröße hätte das Unternehmen eigens in sein Portfolio aufnehmen müssen, um ein Angebot abgeben zu können, was einen unverhältnismäßigen Aufwand bedeutet hätte.[146] Zusammen mit der zugespitzten Wettbewerbssituation im konkreten Fall führte diese Vorgabe zu einem Verstoß gegen den Grundsatz der Produktneutralität. Darüber hinaus haben ausschreibende Krankenkassen auch **aktuelle Gesetzesinitiativen durch dynamische Vorgaben im Rahmen der Leistungsbeschreibung zu berücksichtigen,** um unkalkulierbare Risiken für die Unternehmen bei deren Angebotserstellung zu vermeiden.[147] Das gilt jedenfalls für künftige Gesetzesänderungen, die sich bereits im Zeitpunkt der Bekanntmachung abzeichnen. Ferner darf die **Leistungsbeschreibung keine wettbewerbsbeschränkende Wirkung entfalten.**

---

[139] VK Westfalen Beschl. v. 8.5.2018 – VK 1-12/18, IBRRS 2018, 2738.
[140] VK Bund Beschl. v. 28.9.2017 – VK 1-93/17, IBRRS 2017, 3620. Nicht zu Ausschreibungen im Gesundheitssektor aber inhaltlich ebenso OLG Düsseldorf Beschl. v. 21.10.2015 – VII-Verg 28/14, NZBau 2016, 235; Beschl. v. 20.2.2013 – VII-Verg 44/12, NZBau 2013, 392; VK Bund Beschl. v. 4.10.2017 – VK 1-99/17, IBRRS 2017, 3860.
[141] Hierzu auch VK Bund Beschl. v. 15.8.2018 – VK 1-69/18, IBRRS 2018, 3006; VK Westfalen Beschl. v. 8.5.2018 – VK 1-12/18, IBRRS 2018, 2738.
[142] VK Westfalen Beschl. v. 8.5.2018 – VK 1-12/18, IBRRS 2018, 2738.
[143] VK Bund Beschl. v. 31.1.2018 – VK 1-151/17. Die Entscheidung erging zwar in Bezug auf einen Hilfsmittelversorgungsvertrag, der Gedanke lässt sich aber entsprechend übertragen.
[144] LSG Nordrhein-Westfalen Beschl. v. 28.1.2010 – L 21 KR 68/09 SFB, BeckRS 2010, 69288. Die Vorinstanz hatte hierin keinen Vergabeverstoß gesehen, vgl. VK Bund Beschl. v. 10.11.2009 – VK 1-191/09, VPRRS 2013, 0579; ebenso VK Bund Beschl. v. 30.10.2009 – VK 1-188/09, veris. In der darauffolgenden Ausschreibung wurde diesen Umständen Rechnung getragen, vgl. VK Bund Beschl. v. 16.7.2010 – VK 1-58/10, VPRRS 2010, 0459.
[145] VK Bund Beschl. v. 11.1.2016 – VK 1-114/15, veris.
[146] VK Bund Beschl. v. 21.9.2012 – VK 3-102/12, VPRRS 2012, 0447.
[147] Vgl. zu den Auswirkungen des (damals) laufenden Gesetzgebungsverfahrens zum GKV-OrgWG auf eine Hilfsmittelausschreibung VK Bund Beschl. v. 12.12.2008 – VK 2-136/08, VPRRS 2014, 0087 und zur Änderung der Packungsgrößenverordnung VK Bund Beschl. v. 1.2.2011 – VK 3-126/10, VPRRS 2013, 0625; Beschl. v. 1.2.2011 – VK 3-135/10, VPRRS 2013, 0626; sowie *Nitz* PharmR 2011, 208.

Insbesondere muss die gewählte Art der Leistungsbeschreibung mit dem Wettbewerbsgebot in Einklang stehen. Unter anderem hat das LSG Nordrhein-Westfalen in diesem Kontext entschieden, dass die Beschreibung des Beschaffungsbedarfs anhand der **Bezugnahme auf Pharmazentralnummern (PZN)** einschließlich der Vorgabe eines zum Zeitpunkt der EU-Bekanntmachung bereits in der Vergangenheit liegenden Stichtags, zu dem die angebotsgegenständlichen Arzneimittel in der Lauer-Taxe[148] gelistet sein müssen, zulässig ist und die Krankenkasse durch ein solches Vorgehen insbesondere nicht gegen den Grundsatz der Produktneutralität gem. § 31 Abs. 6 VgV verstößt.[149]

bb) Mehr-Partner-Modelle und Kaskadenprinzip. Die Rechtsprechung befindet Mehr-Partner-Modelle als für dem Grunde nach zulässig. So hat beispielsweise das LSG Nordrhein-Westfalen den **Abschluss von Rabattverträgen gem. § 130a Abs. 8 SGB V mit mehr als einem Vertragspartner pro wirkstoffbezogenem Fachlos** nicht beanstandet. Ein solches Vorgehen sei Ausfluss der in dem Rahmenvertrag über die Arzneimittelversorgung nach § 129 Abs. 2 SGB V eingeräumten Möglichkeit der Apotheken, zwischen mehreren rabattbegünstigten Arzneimitteln „frei wählen" zu dürfen. Diese Regelung enthalte zumindest eine grundsätzliche Aussage betreffend den Auswahlmechanismus unter mehreren Rabattvertragspartnern, sodass in dieser Hinsicht den Anforderungen des § 21 Abs. 4 Nr. 1 VgV[150] an die Transparenz genügt werde.[151] Der zwischenzeitige Wechsel der gerichtlichen Zuständigkeit in der Beschwerdeinstanz bei vergaberechtlichen Streitigkeiten iSv § 69 SGB V hat an dieser Rechtsauffassung nichts geändert: Das OLG Düsseldorf bestätigte sie in der Folge regelmäßig.[152] Darüber hinaus hat die VK Bund in jüngerer Zeit klargestellt, dass die Entscheidung des Auftraggebers für ein **Mehr-Partner-Modell an keine gesonderten Voraussetzungen geknüpft** ist.[153] Umgekehrt haben Unternehmer **keinen Anspruch auf eine Vergabe im Mehr-Partner-Modell.** Vielmehr obliegt es dem Auftraggeber, im Rahmen seines Beurteilungsspielraums zu entscheiden, ob er eine Vergabe an nur einen Vertragspartner oder eine Vergabe im Mehr-Partner-Modell für angemessen erachtet.[154]

Eine **Gestaltungsvariante für Mehr-Partner-Rabattverträge** stellt das sog. **Kaskadenmodell** dar.[155] Im Rahmen dieser Ausschreibungsvariante wird ein Rabattvertrag zwar mit mehreren (in der Regel drei) Rabattvertragspartnern abgeschlossen. Diese sind gleichwohl nicht nebeneinander zur Leistung berechtigt. Vielmehr ist zunächst ausschließlich der erstplatzierte Bieter (sog. **Hauptversorger**) zur Lieferung aufgerufen und zugleich auch verpflichtet, während die Berechtigung der anderen aufgeschoben wird. Wird der Hauptversorger lieferunfähig, erklärt er seinen Vertrag für ruhend oder er kündigt den Vertrag (teilweise), kann der Auftraggeber den Zweitplatzierten (sog. **Ersatzversorger**) mit der Lieferung beauftragen. Entsprechendes gilt im Verhältnis zum Drittplatzierten. Aus einer vergaberechtlichen Betrachtungsweise ist diese Konstruktion jedenfalls für die nachrangigen Platzierten nicht unproblematisch. Als Ersatzversorger werden sie im Zeitpunkt des Vertragsverschlusses mitverpflichtet, ohne abschätzen zu können, ob und wie sie zum Einsatz kommen. Im Rahmen der Angebotserstellung stellt diese Ungewissheit einen Nachteil dar. Den Unternehmen bieten sich unter Umständen nicht einmal Anhaltspunkte, anhand derer sich eine etwaige Lieferung in der Zukunft ergibt. Daraus können im Einzelfall **(Kosten-)Risiken** resultieren, **die den Bietern die Grundlage für die Kalkulation ihrer Angebote entziehen.** Aus diesem Grund dürften Mehr-Partner-Rabattverträge im Kaskadenprinzip nur dann vergaberechtlich zulässig sein, soweit den Ersatzversorgern ein **vertragliches**

---

[148] Große Deutsche Spezialitätentaxe (sog. Lauer-Taxe). Die Lauer-Taxe enthält die Daten aller bei der Informationsstelle für Arzneispezialitäten GmbH (IfA) gemeldeten Fertigarzneimittel und apothekenüblichen Waren, die in Deutschland für den Handel zugelassen sind.
[149] LSG Nordrhein-Westfalen Beschl. v. 8.10.2009 – L 21 KR 39/09 SFB, BeckRS 2009, 74458; Beschl. v. 8.4.2009 – L 21 KR 27/09 SFB, BeckRS 2009, 61380; VK Bund Beschl. v. 18.3.2009 – VK 3-55/09, veris. Zur vergaberechtlichen Bedeutung von PZN in Rabattvertragsausschreibungen eingehend *Kamann/Gey* PharmR 2009, 114 (119); *Willenbruch* PharmR 2009, 543 (544); *Goodrzi/Jansen* NZS 2010, 427 (434f.).
[150] Zum Zeitpunkt der Entscheidung § 3a Nr. 4 Abs. 6 lit. a VOL/A aF.
[151] LSG Nordrhein-Westfalen Beschl. v. 3.9.2009 – L 21 KR 51/09 SFB, BeckRS 2009, 72806. Zusammenfassend *Goodarzi/Jansen* NZS 2010, 427 (432). Auch die VK Bund vertritt mittlerweile diese Auffassung, vgl. nur VK Bund Beschl. v. 23.11.2017 – VK 1-123/17, VPRRS 2017, 0382; Beschl. v. 19.1.2016 – VK 1-124/15, VPRRS 2016, 0213. Anders zuvor VK Bund Beschl. v. 28.7.2009 – VK 3-142/09, veris; Beschl. v. 3.7.2009 – VK 1-107/09, VPRRS 2014, 0028; Beschl. v. 19.5.2009 – VK 2-15/09, veris. Hierzu *Ulshöfer* VergabeR 2010, 132; *Anders/Knöbl* PharmR 2009, 607; *Boldt* PharmR 2009, 377 (381).
[152] OLG Düsseldorf Beschl. v. 18.4.2018 – VII Verg 56/17, PharmR 2018, 438 (439f.); Beschl. v. 10.6.2015 – VII-Verg 4/15, BeckRS 2016, 02950; Beschl. v. 24.11.2011 – VII-Verg 62/11, BeckRS 2012, 4600 mAnm *Gabriel* VergabeR 2012, 482 (490); VK Bund Beschl. v. 23.11.2017 – VK 1-123/17, VPRRS 2017, 0382; Beschl. v. 19.1.2016 – VK 1-124/15, VPRRS 2016, 0213.
[153] VK Bund Beschl. v. 23.11.2017 – VK 1-123/17, VPRRS 2017, 0382.
[154] Vgl. hierzu VK Bund Beschl. v. 5.9.2019 – VK 2-56/19, VPRRS 2019, 0323.
[155] Dazu auch VK Bund Beschl. v. 19.1.2016 – VK 1-124/15, VPRRS 2016, 0213.

Leistungsverweigerungsrecht zusteht, das im Falle seiner Ausübung durch das Unternehmen für dieses keinerlei Nachteile mit sich bringt, insbesondere keine Vertragsstrafe auslöst. Die vertragliche Einräumung eines derartigen Leistungsverweigerungsrechts hat die VK Bund als **hinreichende Bedingung für eine vergaberechtliche Zulässigkeit** des Kaskadenprinzips beurteilt.[156] In dieser Konstellation kann der Ersatzversorger im Falle der Nichtleistung durch den Hauptversorger selbst darüber befinden, ob er seiner grundsätzlichen Verpflichtung zur Lieferung nachkommen will. Dadurch werden die zu Beginn bestehenden und den Ersatzversorger im Vergleich zum Hauptversorger benachteiligenden Kalkulationsrisiken abgemildert. Ob eine solche Gestaltung auch eine notwendige Bedingung der Zulässigkeit des Kaskadenmodells darstellt, konnte die Vergabekammer offenlassen. Im Zusammenhang mit der Vergabe eines Arzneimittelrahmenrabattvertrags im Kaskadenmodell hat die VK Bund darüber hinaus entschieden, dass für den Auftraggeber keine vergaberechtliche Pflicht besteht, für den Hauptversorger vertraglich ein Recht vorzusehen, den Vertrag ruhen zu lassen, wenn für ein vertragsgegenständliches Arzneimittel **nachträglich erstmals** ein **Festbetrag eingeführt** wird und der Hauptversorger seinen ApU auf diesen Festbetrag senkt.[157]

58 Die **Vorgabe einer „Bedienungsreihenfolge"** zwischen mehreren Rabattvertragspartnern ist vor dem gegenwärtigen Wortlaut des Rahmenvertrags über die Arzneimittelversorgung[158] **sozialrechtlich unzulässig und vergaberechtswidrig.** Bei einer solchen würde die Krankenkasse den Apotheken vorgeben, in welcher Reihenfolge die Auswahl eines Leistungserbringers aus den mehreren Vertragspartnern zu erfolgen habe. In solchen Fällen, in denen **mehrere Unternehmen Rabattvertragspartner für denselben Wirkstoff** werden, dürfen Krankenkassen den Apotheken keine **Vorgaben hinsichtlich der Reihenfolge der Inanspruchnahme/der Auswahl zwischen den Rabattvertragspartnern** im Einzelfall machen.[159] Während im Rahmen des zuvor erwähnten Kaskadenmodells auf den nächstplatzierten Rahmenvertragspartner zurückgegriffen wird, wenn der Hauptversorger nicht mehr in der Lage ist, seine vertraglichen Verpflichtungen zu erfüllen, würde sich eine vorgegebene Bedienungsreihenfolge auf die individuelle Abgabe eines Arzneimittels in der Apotheke richten. Der Abschluss von Rahmenrabattverträgen mit mehreren Vertragspartnern muss vergaberechtlich indes objektive, transparente, diskriminierungsfreie und tatsächlich wirksame Kriterien für die Auswahl unter diesen mehreren Rahmenvertragspartnern betreffend die Ausführung der Einzelaufträge vorsehen.[160] Gerade das wäre durch die Vorgabe einer Bedienungsreihenfolge nicht mehr gewährleistet. Das **LSG Nordrhein-Westfalen** hat deshalb entschieden, dass **das im Rahmenvertrag über die Arzneimittelversorgung nach § 129 Abs. 2 SGB V den Apotheken eingeräumte „freie Wahlrecht"** zwischen mehreren rabattierten Arzneimitteln einen solchen **Auswahlmechanismus darstellt**, der den Anforderungen des § 21 Abs. 4 Nr. 1 VgV[161] genügt.[162] Hierüber hinausgehende Vorgaben an die Reihenfolge der Rabattvertragspartner sind nicht zulässig. Das OLG Düsseldorf schloss sich dieser Rechtsauffassung durchweg an,[163] nachdem es im Zuge eines Wechsels der Zuständigkeit die neue Beschwerdeinstanz wurde (→ Rn. 20 ff.).

59 cc) **Zivilrechtliche Vertragsklauseln.** Vor den Vergabenachprüfungsinstanzen ist grundsätzlich nur das (EU/GWB-)Vergaberecht tauglicher Prüfungsmaßstab. Insbesondere vertragliche Ausgestaltungen können deshalb nur dann Gegenstand eines vergaberechtlichen Nachprüfungsverfahrens sein, soweit sie aus vergaberechtlichen Gründen Relevanz besitzen. Zivilrechtliche Vertragsklauseln, die die Leistungsbeziehung zwischen Auftraggeber und Auftragnehmer regeln, weisen im Allgemeinen eine derartige Bezugnahme nicht auf. Von einer vergaberechtlichen Überprüfung sind sie deshalb grundsätzlich ausgenommen, jedenfalls dann, wenn eine vergaberechtliche Anknüpfungsnorm fehlt. Allerdings können Vertragsbestimmungen über den Aspekt der **Unzumutbarkeit einer bieterseitigen kauf-**

---

[156] VK Bund Beschl. v. 19.1.2016 – VK 1-124/15, VPRRS 2016, 0213.
[157] VK Bund Beschl. v. 21.1.2016 – VK 1-132/15, VPRRS 2016, 0211.
[158] Rahmenvertrag über die Arzneimittelversorgung nach § 129 Abs. 2 SGB V in der Fassung v. 1.4.2020.
[159] Hierzu ausführlich *Anders/Knöbl* PharmR 2009, 607; *Boldt* PharmR 2009, 377 (381).
[160] Mitteilung der Europäischen Kommission zu Rahmenvereinbarungen v. 14.7.2005, Ziffer 3.2.
[161] Zum Zeitpunkt der Entscheidungen § 3a Nr. 4 Abs. 6 lit. a VOL/A aF.
[162] LSG Nordrhein-Westfalen Beschl. v. 3.9.2009 – L 21 KR 51/09 SFB, BeckRS 2009, 72806 mAnm *Ulshöfer* VergabeR 2010, 126 (132 ff.); dazu auch *Goodarzi/Jansen* NZS 2010, 427 (432 f.); einen Überblick über die Kontroverse zwischen der VK Bund und dem LSG Nordrhein-Westfalen bietet *Meyer-Hofmann/Weng* PharmR 2010, 324. AA VK Bund Beschl. v. 24.6.2011 – VK 2-58/11, IBRRS 2013, 2451; Beschl. v. 28.7.2009 – VK 3-142/09, veris; Beschl. v. 3.7.2009 – VK 1-107/09, VPRRS 2014, 0028; Beschl. v. 19.5.2009 – VK 2-15/09, veris.
[163] OLG Düsseldorf Beschl. v. 24.11.2011 – VII-Verg 62/11, BeckRS 2012, 4600 mAnm *Gabriel* VergabeR 2012, 482 (490). Die Vorinstanz VK Bund Beschl. v. 24.6.2011 – VK 2-58/11, IBRRS 2013, 2451 blieb trotz anderslautender Entscheidung des LSG Nordrhein-Westfalen weiterhin bei ihrer bereits 2009 geäußerten Rechtsansicht der Vergaberechtswidrigkeit.

männisch vernünftigen Kalkulation eine vergaberechtliche Relevanz besitzen und damit ggf. einer Überprüfung zugeführt werden.[164] Behält sich eine Krankenkasse in einer Rabattvereinbarung ein **Sonderkündigungsrecht** für den Fall einer Unwirtschaftlichkeit der erzielten Umsätze vor, ist das vergaberechtlich grundsätzlich nicht zu beanstanden und führt nicht zu einer für den Bieter unzumutbaren Kalkulation.[165] Neben diesen Sonderkündigungsrechten finden sich auch häufig Regelungen über **Vertragsstrafen**. Eine Klausel in den Vergabe- und Vertragsunterlagen, die eine Vertragsstrafe des pharmazeutischen Unternehmens für den Fall schwerwiegender schuldhafter oder wiederholter **schuldhafter Verstöße**, insbesondere in Bezug auf die Lieferfähigkeit, den Lieferzeitpunkt oder gegen Geheimhaltungsvereinbarungen vorsieht, ist vergaberechtskonform. Vertragsstrafen seien ein typisches bieterseitiges Preis- und Kalkulationsrisiko und machen eine Preiskalkulation bei einer Anknüpfung an (rein) schuldhafte Verstöße nicht unzumutbar.[166] Gerade durch das Erfordernis des Vertretenmüssens könne der Auftragnehmer das Risiko regelmäßig genau abschätzen. Die VK Bund erachtet darüber hinaus auch Vertragsstrafen für **schwerwiegende unverschuldete Verstöße** als vergaberechtskonform.[167] Neben Regelungen zu Vertragsstrafen enthalten Rabattverträge vereinzelt auch **Schadensersatzregelungen**. Kommt es zu einem Lieferausfall oder einer Lieferunfähigkeit des pharmazeutischen Unternehmers, machen Krankenkassen neben Vertragsstrafen auch Schadensersatzansprüche gem. **§§ 280 ff. BGB** gegenüber dem Vertragspartner geltend. Das Schadensersatzregime des allgemeinen Schuldrechts gilt allerdings nicht unmittelbar und somit auch nicht umfassend. § 69 Abs. 1 SGB V sieht vor, dass zivilrechtliche Vorschriften im Leistungserbringungssystem der GKV **nur analog** angewendet werden können. Das bedeutet, dass zuvörderst eine Regelungslücke im Hinblick auf den konkreten Einzelfall, insbesondere im Vertrag selbst, bestehen muss. Das SG München hat entschieden, dass eine solche dann nicht gegeben ist, wenn bereits im Rabattvertrag detaillierte Sanktionsmechanismen iSv Vertragsstrafenregelungen enthalten sind.[168] Die allgemeinen Schadensersatzvorschriften der §§ 280 ff. BGB werden dann durch diese vertraglichen Regelungen verdrängt.

dd) Vorgaben zur Losbildung. Von der Rechtsprechung wurde es als vergaberechtsgemäß erachtet, wenn überregional bzw. bundesweit tätige Krankenkassen in Ausschreibungen **Gebietslose in der Größe mehrerer Bundesländer** bilden, sofern zusätzlich wirkstoffbezogene Fachlose (Bildung eines Fachloses pro Wirkstoff) vorgegeben werden.[169] Die VK Bund hatte in einem Verfahren betreffend nicht apothekenpflichtiges Sprechstundenbedarfs eine Losgestaltung, in der **pro Pharmazentralnummer je ein eigenes Fachlos** gebildet wurde, als vergaberechtswidrig angesehen. Ein solches Vorgehen schließe – nach Ansicht der Vergabekammer – für jedes einzelne im Referenzzeitraum im Losgebiet verordnete Kontrastmittel den Wettbewerb unter den Herstellern komplett aus.[170] Diese Entscheidung wurde in zweiter Instanz durch das LSG Nordrhein-Westfalen aufgehoben. Das LSG erachtete eine solche Losbildung für zulässig, da trotz Beschränkung des Wettbewerbs zwischen den Herstellern noch immer Wettbewerb auf der Ebene der Vertreiber von identischen Produkten möglich sei (Stichwort: *intra* brand **Wettbewerb** anstatt *inter* brand Wettbewerb).[171]

ee) Eignungsanforderungen. Die VK Bund hat im Zusammenhang mit **Eignungsanforderungen** in Rabattvertragsausschreibungen betreffend Generika entschieden, dass die **Abfrage von Umsatzerlösen aus Vorjahren zur Überprüfung der Lieferfähigkeit** der Bieter unangemessen und vergaberechtswidrig ist. Das ist dann der Fall, wenn der Auftraggeber die Ausschreibung derart ausgestaltet, dass die Bedarfsdefinition an das Vorhandensein bestimmter PZN erst zum Zeitpunkt des Vertragsbeginns (und nicht bereits zum Zeitpunkt der Angebotsabgabe) anknüpft.[172] Denn

---

[164] Vgl. bspw. OLG Düsseldorf Beschl. v. 6.9.2017 – Verg 9/17, VPRRS 2018, 0338; Beschl. v. 10.4.2013 – Verg 50/12, ZfBR 2013, 500; VK Bund Beschl. v. 10.2.2017 – VK 1-3/17, VPRRS 2017, 0142.
[165] OLG Düsseldorf Beschl. v. 6.9.2017 – Verg 9/17, VPRRS 2018, 0338; VK Bund Beschl. v. 10.2.2017 – VK 1-3/17, VPRRS 2017, 0142.
[166] OLG Düsseldorf Beschl. v. 6.9.2017 – Verg 9/17, VPRRS 2018, 0338; VK Bund Beschl. v. 10.2.2017 – VK 1-3/17, VPRRS 2017, 0142. Allgemein zur Zulässigkeit von Vertragsstrafen- und Schadensersatzregelungen auch OLG Düsseldorf Beschl. v. 11.5.2016 – Verg 2/16, IBRRS 2016, 2511.
[167] VK Bund Beschl. v. 10.2.2017 – VK 1-3/17, VPRRS 2017, 0142.
[168] SG München Urt. v. 10.10.2018 – S 29 KR 1486/15. Dazu auch *Gabriel/Götze* PharmR 2019, 45.
[169] LSG Nordrhein-Westfalen Beschl. v. 8.10.2009 – L 21 KR 39/09 SFB, BeckRS 2009, 74458; Beschl. v. 8.4.2009 – L 21 KR 27/09 SFB, BeckRS 2009, 61380; LSG Baden-Württemberg Urt. v. 27.2.2008 – L 5 KR 507/08 ER-B, BeckRS 2008, 51896.
[170] VK Bund Beschl. v. 20.4.2009 – VK 2-36/09, veris; Beschl. v. 17.4.2009 – VK 1-35/09, IBRRS 2009, 2993.
[171] LSG Nordrhein-Westfalen Beschl. v. 24.8.2009 – L 21 KR 45/09 SFB, BeckRS 2009, 72762 mkritAnm *Willenbruch* PharmR 2009, 543 (545). AA VK Bund Beschl. v. 20.4.2009 – VK 2-36/09, veris; Beschl. v. 17.4.2009 – VK 1-35/09, IBRRS 2009, 2993.
[172] VK Bund Beschl. v. 24.7.2009 – VK 3-136/09, IBRRS 2009, 3404; Beschl. v. 24.7.2009 – VK 3-148/09, veris; Beschl. v. 24.7.2009 – VK 3-151/09, IBRRS 2009, 3216.

Markteinführungen von Generika seien typischerweise oftmals schnell und einfach möglich, sofern ein Bieter über die entsprechenden arzneimittelrechtlichen Zulassungen sowie einen gesicherten Zugang zu Produktionskapazitäten verfügt. Die Erweiterung eines ggf. noch nicht in dieser Form existierenden Produktportfolios durch Beantragung von mehreren PZN für bestimmte (weitere) Wirkstoffe zum Zweck der Angebotsabgabe sei im Fall von Generika mehr von der entsprechenden unternehmerischen Entscheidung abhängig als von (zeit-)aufwendigen logistischen und industriellen Vorbereitungen. Fehlende Umsätze mit bestimmten ausschreibungsgegenständlichen Wirkstoffen in der Vergangenheit seien daher nicht aussagekräftig, um die Leistungsfähigkeit eines Bieters im Sinne einer Lieferfähigkeit zu Beginn des ausgeschriebenen Rabattvertrags zu beurteilen.[173]

62 **ff) Anforderungen an die Angebotswertung und Preisprüfung.** Das LSG Nordrhein-Westfalen hielt es in einer Entscheidung für zulässig, dass die ausschreibende Krankenkasse in Bezug auf **die für die Angebotswertung entscheidenden Rabattsätze**[174] vorgab, für alle angebotenen PZN zu einem Wirkstoff eines Fachloses einen **einheitlichen Rabattsatz** zu bilden.[175] Auch wurde ein Vorgehen, im Rahmen dessen die Krankenkasse eine Untergrenze für den Rabatt, den der Bieter zu entrichten hat und die als **Mindestrabattvorgabe** wirkte, für zulässig befunden.[176] Auf der einen Seite beeinträchtigen Mindestrabattvorgaben zwar bis zu einem gewissen Grad den Preiswettbewerb. Andererseits dienen sie auch dazu, die Spekulationsmöglichkeiten der Bieter zu reduzieren und sind darüber hinaus auch von der Bestimmungsfreiheit des Auftraggebers umfasst.[177] Davon abzugrenzen ist die Vorgabe eines **Grundrabatts.** Die Vorgabe der Krankenkasse, dass Bieter einen Grundrabatt gewähren müssen, der während der gesamten Dauer des Rabattvertrags eine preisliche Gleichsetzung mit dem günstigsten am Markt befindlichen wirkstoffgleichen Alternativprodukt sicherstellt, bewertete die VK Bund als ungewöhnliches Wagnis iSd § 8 Nr. 1 Abs. 3 VOL/A aF. Durch ein solches Vorgehen mache die Krankenkasse eine kaufmännisch vernünftige Kalkulation des Angebots durch den Bieter unmöglich.[178] Die **Berücksichtigung von § 31 Abs. 2 S. 3 SGB V in der Wertungssystematik** wurde bislang nicht beanstandet. Nach dieser Norm müssen die Mehrkosten bei Rabattverträgen, die iFd Überschreitung des Festbetrags entstehen, durch die Vereinbarung ausgeglichen werden. Das gilt auch dann, wenn hierdurch Anbieter von Arzneimitteln mit einem Apothekenverkaufspreis über dem Festbetrag besonders belastet werden.[179]

63 Die Einbeziehung von **Staffelrabatten** in die Wertungssystematik der Angebote erfordert eine **gesteigerte Transparenz** im Rahmen des Bewertungsverfahrens. Ausschlaggebend hierfür ist die Wirkungsweise eines solchen Rabattsystems, bei der pro Preisvergleichsgruppe mehrere Staffelpreiskategorien vorgegeben werden, die sich an der späteren Umsetzungsquote, dh der Absatzmenge, orientieren. Durch eine solche Vorgabe wird den Bietern die Möglichkeit eingeräumt, die Wahrscheinlichkeit der späteren Umsetzungsszenarien zu antizipieren und sodann in ihre Preiskalkulation einfließen zu lassen. Sofern der Auftraggeber jedoch keine Vorgabe dahingehend macht, dass die Preise bei niedrigen Umsetzungsquoten nicht unter denjenigen der höheren Umsetzungsquoten liegen dürfen, eröffnet sich den Bietern ggf. die **Möglichkeit, die Wirtschaftlichkeit ihrer Angebote wettbewerbswidrig zu optimieren.** Ein manipulatives Vorgehen eines Bieters stellte es beispielsweise dar, wenn dieser extrem niedrige Rabatt-ApUs für die Umsetzungsquotenbereiche anbietet, deren Eintritt nur äußerst unwahrscheinlich ist. Dennoch müsste das in der Wertungssyste-

---

[173] VK Bund Beschl. v. 24.7.2009 – VK 3-136/09, IBRRS 2009, 3404; Beschl. v. 24.7.2009 – VK 3-148/09, veris; Beschl. v. 24.7.2009 – VK 3-151/09, IBRRS 2009, 3216.

[174] Ausführlich zur Vergaberechtmäßigkeit verschiedener Preismodelle im Open-House-Vertragsmodell (einheitliche Vertragspreise, Einheitspreise für alle in einer Fachgruppe zusammengefassten Präparate, Absenkungsklausel der Vertragspreise im Falle einer Absenkung des ApU unter dem vorgegebenen Vertragspreis) vgl. VK Bund Beschl. v. 7.5.2018 – VK 1-31/18, VPRRS 2018, 0190.

[175] LSG Nordrhein-Westfalen Beschl. v. 3.9.2009 – L 21 KR 51/09 SFB, BeckRS 2009, 72806.

[176] OLG Düsseldorf Beschl. v. 16.5.2018 – Verg 24/17, VPRRS 2019, 0312 und Beschl. v. 28.6.2017 – Verg 24/17, VPRRS 2017, 0306 zu einer Mindestrabattvorgabe ausgehend vom geringsten Preis der in der Lauer-Taxe gelisteten Produkte im Rahmen einer Ausschreibung über Kontrastmittel. Anders noch die Vorinstanz, vgl. VK Bund Beschl. v. 11.5.2017 – VK 2-48/17, VPRRS 2017, 0175. OLG Düsseldorf Beschl. v. 6.9.2017 – Verg 9/17, VPRRS 2018, 0338 zu einer Mindestrabattvorgabe von 5%; VK Bund Beschl. v. 29.9.2009 – VK 3-166/09, veris.

[177] OLG Düsseldorf Beschl. v. 16.5.2018 – Verg 24/17, VPRRS 2019, 0312; Beschl. v. 6.9.2017 – Verg 9/17, VPRRS 2018, 0338; Beschl. v. 28.6.2017 – Verg 24/17, VPRRS 2017, 0306.

[178] VK Bund Beschl. v. 22.8.2008 – VK 2-73/08, IBRRS 2009, 3602; hierzu *Kamann/Gey* PharmR 2009, 114 (121).

[179] BVerfG Beschl. v. 1.11.2010 – 1 BvR 261/10, NZS 2011, 580; LSG Nordrhein-Westfalen Beschl. v. 8.10.2009 – L 21 KR 44/09 SFB, IBRRS 2013, 0695; VK Bund Beschl. v. 26.11.2009 – VK 1-197/09, veris; Beschl. v. 27.3.2009 – VK 3-46/09, veris.

matik berücksichtigt werden, was die Zuschlagschancen (manipulativ) erhöhen könnte.[180] Um die Wertung gegen ein solches Vorgehen zu schützen, kommt insbesondere auf der dritten Wertungsstufe die **Auskömmlichkeitsprüfung gem. § 60 VgV** in Betracht.[181] Damit diese Preisprüfung greift, muss die ausschreibende Krankenkasse allerdings in den Vergabeunterlagen angeben, anhand welcher Preise sie die Wertung durchführen wird.[182] Sachgerecht ist dabei die Heranziehung der Einzelpreise in jeder Umsetzungskategorie.[183]

Im Rahmen der **Preisprüfung** iSd § 60 VgV kommt es dann maßgeblich darauf an, ob zu **64** erwarten ist, dass der Bieter seine vertraglichen Verpflichtungen auch tatsächlich bis zum Ablauf des Vertrags wird erfüllen können. Dementsprechend kann selbst ein Unterkostenangebot, das ganz erheblich unterhalb des Marktpreises liegt, zumindest nicht ohne Weiteres allein aufgrund dieser Tatsache vom Vergabeverfahren ausgeschlossen werden. In einem konkreten Fall, den die VK Bund einer Entscheidung zuführen musste, betraf das Angebot ein Arzneimittel, das ganz überwiegend an Selbstzahler und viel seltener auf Grundlage eines Rabattvertrags zulasten der Krankenkassen abgegeben wird. Der Bieter erhoffte sich vom Erhalt des Zuschlags sog. **Spin-Off-Effekte** zugunsten der Selbstzahler und legte darüber hinaus eine **Patronatserklärung der Konzernmutter** vor.[184]

gg) **Beteiligung konzernverbundener Unternehmen.** Im Pharmasektor bestehen häufig **65** Konzernverflechtungen. Bei Rabattvertragsausschreibungen kommt es daher nicht selten zu einer **parallelen/konkurrierenden Beteiligung konzernverbundener Unternehmen an demselben Vergabeverfahren.** Einer solchen konkurrierenden Beteiligung verbundener Unternehmen wohnt in Ausschreibungssituationen die latente Gefahr einer wettbewerbswidrigen Absprache inne. Auch wenn sich die betroffenen verbundenen Unternehmen überwiegend wirtschaftlich selbstständig am Markt gegenüberstehen und sich oftmals auch in einem konzerninternen Wettbewerb befinden, weisen sie typischerweise gesellschaftsrechtliche, personelle und organisatorische Verflechtungen auf, die wettbewerbsbeschränkende Absprachen zumindest wahrscheinlicher werden lassen. Denn Konzerne könnten eine Profitmaximierung durch Mehrfachzuschläge an verschiedene konzernverbundene Unternehmen zum selben Los anstreben. Dieser Gefahr begegnet die Rechtsprechung durch eine Umkehrung der Beweislast: Es **wird grundsätzlich widerleglich vermutet,** dass **zwischen konzernangehörigen Unternehmen, die konkurrierend an demselben Vergabeverfahren teilnehmen, der Geheimwettbewerb nicht gewahrt ist.**[185] Abweichend von der üblichen Verteilung der Darlegungs- und Beweislast haben die betroffenen Unternehmen in einem solchen Fall deshalb die Umstände und Vorkehrungen zu benennen und substantiiert darzulegen, die die Unabhängigkeit und Vertraulichkeit der Angebotserstellung gewährleisten.[186]

Die Rechtsprechung des OLG Düsseldorf hat in diesem Zusammenhang bereits **zahlreiche 66 Einzelfragen geklärt,** so zB dass
- eine **gemeinsame Konzernrechtsabteilung** nicht zwangsläufig zu einem Geheimwettbewerbsverstoß führen muss, solange die Rechtsabteilung sich nur mit der rechtlichen Prüfung von Ausschreibungsunterlagen befasst und die Mitglieder der Abteilung im Vorfeld Verschwiegenheitserklärungen unterzeichnet haben;
- eine **gemeinsame Konzernrechtsabteilung** unter Geheimwettbewerbsaspekten dagegen dann problematisch sein kann, wenn diese sich zB anlässlich von Auskömmlichkeits-/Preisprüfungen mit der Kalkulation und Preisfindung befasst hat;
- eine **gemeinsame externe rechtliche Beratung** mehrerer konzernverbundener Unternehmen durch dieselbe Rechtsanwaltskanzlei entsprechend den vorgenannten Punkten zu bewerten ist, nicht aber strenger;

---

[180] Vgl. dazu VK Bund Beschl. v. 10.2.2011 – VK 3-162/10, veris.
[181] Zur Preis- und Auskömmlichkeitsprüfung im Zusammenhang mit Ausschreibungen von Krankenkassen vgl. OLG Düsseldorf Beschl. v. 11.7.2018 – Verg 19/18, IBRRS 2019, 0432; Beschl. v. 17.2.2016 – Verg 28/15, IBRRS 2016, 1573; VK Bund Beschl. v. 21.2.2018 – VK 1-169/17, VPRRS 2018, 0392. Dazu bereits *Gabriel* VergabeR 2013, 300.
[182] Vgl. VK Bund Beschl. v. 10.2.2011 – VK 3-162/10, veris; Beschl. v. 1.2.2011 – VK 3-126/10, VPRRS 2013, 0625, sowie VK Bund Beschlussentwurf – VK 3-159/10, der allerdings wegen Erledigung nicht rechtskräftig ergangen ist.
[183] Ein Abstellen auf die jeweilige Umsetzungsquote für sachgerecht hält VK Bund Beschl. v. 10.2.2011 – VK 3-162/10, veris; Beschl. v. 1.2.2011 – VK 3-126/10, VPRRS 2013, 0625; Zu einer entsprechend den Transparenzanforderungen abgeänderten Ausschreibung vgl. VK Bund Beschl. v. 7.4.2011 – VK 3-28/11, veris.
[184] VK Bund Beschl. v. 9.12.2015 – VK 2-107/15, ZfBR 2016, 402.
[185] OLG Düsseldorf Beschl. v. 11.5.2011 – VII-Verg 8/11, ZfBR 2011, 789; Beschl. v. 11.5.2011 – VII Verg 1/11, BeckRS 2011, 18921; Beschl. v. 13.4.2011 – VII-Verg 4/11, NZBau 2011, 371; *Aschoff*, Vergaberechtliche Kooperation und Konkurrenz im Konzern, 2010, 200 f.; *Jansen* WuW 2005, 502 (505 f.).
[186] OLG Düsseldorf Beschl. v. 13.4.2011 – VII-Verg 4/11, NZBau 2011, 371.

- eine **Zusammenlegung von Abteilungen** und Personalwechsel im Unternehmen nicht automatisch zu einem Geheimwettbewerbsverstoß führt, da hiermit immer nur frühere Kalkulationsgrundlagen und Angebotsstrategien ausgetauscht werden könnten;
- **zentrales Wissen** in konzernweit zusammengefassten Abteilungen bezogen auf „weniger bedeutende Kalkulationsbestandteile" (zB Logistik- oder Herstellungskosten) unschädlich ist.[187]

67 Auf der Seite der ausschreibenden Krankenkasse darf die Entscheidung darüber, ob der Beweis durch das betroffene Unternehmen erfolgreich geführt wurde, nicht im Sinne einer „freien Beweiswürdigung" vorgenommen werden. Vielmehr ist nach gefestigter Rechtsprechung der Vergabenachprüfungsinstanzen die Frage, ob der vergaberechtliche **Geheimwettbewerb** in Rabattvertragsausschreibungen trotz konkurrierender Ausschreibungsbeteiligung verbundener Unternehmen gewahrt wird, **strikt und ausschließlich** anhand einer **losbezogenen Betrachtung** zu beantworten.[188] Denn der Geheimwettbewerb kann nur dort verletzt sein, wo er überhaupt besteht bzw. bestehen muss. Eine Verletzung kommt deshalb dann nicht in Betracht, wenn sich die betroffenen (konzernverbundenen) Bieter auf verschiedene Lose bewerben, dh in einem Fall, in welchem gar keine Konkurrenzsituation zwischen den Unternehmen entstehen kann. Hier kann eine etwaige Kenntnis des jeweils anderen Angebotsinhalts nicht schädlich sein.[189] Etwas anderes kann allenfalls in der Sondersituation einer in Gebietslose aufgeteilten Ausschreibung mit vorgeschriebener Loslimitierung gelten.[190]

68 **hh) Beteiligung von Bietergemeinschaften.** Früher wurden **Bietergemeinschaften zwischen gleichartigen Unternehmen grundsätzlich für vergabe- und kartellrechtlich unzulässig** befunden.[191] Begründet wurde das durch die Wettbewerbsbeschränkung, die einer Bietergemeinschaftsabrede zwangsläufig innewohnt. In der Folgezeit hat der Düsseldorfer Vergabesenat im Zusammenhang mit der Vergabe eines Arzneimittelrabattvertrags **eine Kehrtwende** vollzogen. Bietergemeinschaften sind danach auch zwischen Unternehmen, die auf demselben Markt tätig sind und zueinander in einem potenziellen Wettbewerbsverhältnis stehen, **nicht per se wettbewerbsschädlich,** wenn zumindest eine der drei hierzu entwickelten Fallgruppen einschlägig ist:

- **Fallgruppe 1:** Jedes einzelne derjenigen Unternehmen, aus denen sich die Bietergemeinschaft zusammensetzt, ist **zu einer Teilnahme** an der Ausschreibung mit einem eigenständigen Angebot **aufgrund der verfügbaren Kapazitäten nicht in der Lage.** Die fehlende Leistungsfähigkeit muss sich dabei gerade aufgrund der betrieblichen oder geschäftlichen Verhältnisse (zB mit Blick auf Kapazitäten, technische Einrichtungen und/oder fachliche Kenntnisse) ergeben. Erst der Zusammenschluss zu einer Bietergemeinschaft gewährt diesen Unternehmen eine die Möglichkeit zu einer Angebotsabgabe mit Aussicht auf Erfolg.
- **Fallgruppe 2:** Die Unternehmen sind für sich genommen zwar leistungsfähig (verfügen also insbesondere über die erforderlichen Kapazitäten); allerdings sind die (theoretisch) verfügbaren Kapazitäten aufgrund anderweitiger Bindungen zur maßgeblichen Zeit anderweitig gebunden oder aus sonstigen Gründen nicht einsetzbar.
- **Fallgruppe 3:** Die beteiligten Unternehmen sind für sich genommen vorbehaltlos leistungsfähig, aber ein erfolgversprechendes Angebot im Rahmen einer **wirtschaftlich zweckmäßigen und kaufmännisch vernünftigen Entscheidung wird erst durch den Zusammenschluss** ermöglicht wird.[192] Mit anderen Worten muss gerade die Bildung der Bietergemeinschaft erforderlich sein, um ein sinnvolles und mit Erfolgschancen verbundenes Angebot abgeben zu können.

---

[187] Zu sämtlichen aufgeführten Einzelfragen s. OLG Düsseldorf Beschl. v. 11.5.2011 – VII-Verg 8/11, ZfBR 2011, 789; Beschl. v. 11.5.2011 – VII Verg 1/11, BeckRS 2011, 18921 und im Anschluss hieran auch OLG Düsseldorf Beschl. v. 19.9.2011 – VII-Verg 63/11, IBRRS 2011, 4909.

[188] OLG Düsseldorf Beschl. v. 13.4.2011 – VII-Verg 4/11, NZBau 2011, 371.

[189] VK Sachsen Beschl. v. 13.12.2013 – 1/SVK/039-13, BeckRS 2014, 9542; vgl. auch VK Bund Beschl. v. 30.11.2012 – VK 2-131/12, IBRRS 2013, 0598.

[190] OLG Düsseldorf Beschl. v. 17.2.2016 – VII-Verg 41/15, ZfBR 2016, 515; VK Bund Beschl. v. 8.7.2015 – VK 2-53/15, IBRRS 2015, 2639.

[191] KG Beschl. v. 24.10.2013 – Verg 11/13, NZBau 2013, 792 mAnm *Gabriel/Voll* VergabeR 2014, 179 (184 ff.); Beschl. v. 21.12.2009 – 2 Verg 11/09, BeckRS 2010, 3552 mAnm *Köhler* VergabeR 2010, 501 (508 f.); OLG Düsseldorf Beschl. v. 11.11.2011 – VII-Verg 92/11, NZBau 2012, 255; Beschl. v. 9.11.2011 – VII-Verg 35/11, NZBau 2012, 252. Dazu auch *Gabriel* VergabeR 2012, 555; *Schulte/Voll* ZfBR 2013, 223.

[192] OLG Düsseldorf Beschl. v. 8.6.2016 – VII-Verg 3/16, PharmR 2016, 423; Beschl. v. 1.7.2015 – Verg 17/15, ZfBR 2016, 822 (823 f.). Zustimmend OLG Celle Beschl. v. 8.7.2016 – 13 Verg 2/16, NZBau 2016, 783 Rn. 10. Ähnlich OLG Karlsruhe Beschl. v. 16.11.2016 – 15 Verg 5/16, IBRRS 2017, 1670; OLG Saarbrücken Beschl. v. 27.6.2016 – 1 Verg 2/16, BeckRS 2016, 105181 Rn. 80 ff. Zustimmend zudem VK Thüringen Beschl. v. 9.11.2017 – 250-4003-8222/2017-E-S-015-GTH, BeckRS 2017, 141655 Rn. 74 und bereits zuvor in diese Richtung tendierend VK Lüneburg Beschl. v. 8.4.2016 – VgK-04/2016, BeckRS 2016, 17219.

In jüngerer Zeit hat der Vergabesenat die in → Rn. 68 zusammengefassten Fallgruppen weiter **69** konkretisiert und darüber hinaus die Fallgruppe 1 dahingehend erweitert, dass diese nicht nur dann einschlägig ist, wenn die Leistungsunfähigkeit bei allen Unternehmen der Bietergemeinschaft kumulativ nicht gegeben ist, sondern auch, wenn **nur einem der beteiligten Unternehmen** die entsprechenden **Kapazitäten fehlen**.[193]

Diese Rechtsprechung der Vergabenachprüfungsinstanzen betreffend die vergabe- und kartell- **70** rechtliche Zulässigkeit einer Bietergemeinschaft zwischen gleichartigen Unternehmen konzentriert sich auf die (erst) durch den Zusammenschluss ermöglichte Abgabe eines erfolgversprechenden Angebots.[194] Der Vorteil der sich zusammenschließenden Unternehmen besteht regelmäßig darin, dass aufgrund der typischen Ausschreibungskonzeption bei der Vergabe von Arzneimittelrabattverträgen die Zuschlagschancen des Angebots mit der Anzahl der Fachlose, die von diesem Angebot abgedeckt werden, steigen. Die **Bildung einer Bietergemeinschaft dient** hier deshalb **der Angebotserweiterung** und damit letztlich vor allem der Steigerung der Zuschlagschancen des eigenen Angebots.[195] Die Bildung einer Bietergemeinschaft mit dem Ziel, eine größere Sortimentsbreite abzudecken, wird deshalb bei Ausschreibungen der vorgenannten Art für Unternehmen, deren Sortimentsbreite unter derjenigen potenzieller Wettbewerber liegt, bereits im Sinne der Fallgruppe 1 objektiv erforderlich sein, um mit Aussicht auf Erfolg an der Ausschreibung teilzunehmen.[196] Jedenfalls wird die Bietergemeinschaftsbildung dann aber im Sinne der Fallgruppe 3, die als Auffangtatbestand fungiert, als eine wirtschaftlich zweckmäßige und kaufmännisch vernünftige Entscheidung anzusehen sein.[197] Um das zu beurteilen, ist im jeweiligen Einzelfall auf die **vom Angebot einer Bietergemeinschaft umfasste Sortimentsabdeckung** durch ihre Mitglieder abzustellen und diese in Relation zu der Sortimentsabdeckung der potenziellen Konkurrenten in dem Vergabeverfahren zu setzen. Im Rahmen der Fallgruppe 3 ist es zum einen unbeachtlich, wenn die einzelnen Bietergemeinschaftsmitglieder grundsätzlich eine höhere Sortimentsabdeckung erreichen könnten, als sie tatsächlich angeboten haben. Das heißt, dass das Vorliegen der Fallgruppe 3 nicht durch die Tatsache ausgeschlossen wird, dass die Mitglieder der Bietergemeinschaft auch alleine in der Lage wären, statthafte Angebote abzugeben. Vielmehr ist allein entscheidend, dass die zugrunde liegende **Entscheidung,** eine Bietergemeinschaft einzugehen, **wirtschaftlich zweckmäßig und kaufmännisch vernünftig erscheint.**[198] Zum anderen kommt es für die Beurteilung, ob die Eingehung einer Bietergemeinschaft erforderlich ist, um im Verhältnis zu potentiellen Konkurrenten in einem Vergabeverfahren ein erfolgversprechendes Angebot abzugeben, maßgeblich darauf an, wie sich die Marktverhältnisse für die Bieter vor der Eingehung einer Bietergemeinschaft darstellen.[199]

Darüber hinaus hat das OLG Düsseldorf entschieden, dass Bietergemeinschaften aus konzernan- **71** gehörigen Unternehmen unter bestimmten Voraussetzungen ohne Weiteres als wettbewerbsrechtlich zulässig zu beurteilen sind. Gehören die Mitglieder einer Bietergemeinschaft einem **vertraglichen Unterordnungskonzern** an, in dem es dem beherrschenden Unternehmen – im konkreten Fall aufgrund eines Beherrschungs- und Gewinnabführungsvertrags nach § 291 Abs. 1 AktG – möglich ist, ihm angehörige Unternehmen zur Eingehung einer Bietergemeinschaft anzuweisen, entziehe bereits die jederzeitige rechtliche Möglichkeit einer solchen Anweisung die Bietergemeinschaftsabrede dem Schutzbereich des § 1 GWB. Dessen Schutzgegenstand ist nämlich nicht der nur potentielle konzerninterne Wettbewerb, sondern nur ein tatsächlich vorhandener Wettbewerb.[200] Das gelte

---

[193] OLG Düsseldorf Beschl. v. 17.1.2018 – VII-Verg 39/17, NZBau 2018, 237 Rn. 42. Zuvor bereits OLG Saarbrücken Beschl. v. 27.6.2016 – 1 Verg 2/16, BeckRS 2016, 105181 Rn. 84.

[194] OLG Düsseldorf Beschl. v. 8.6.2016 – VII-Verg 3/16, PharmR 2016, 423; Beschl. v. 17.2.2014 – VII-Verg 2/14, NZBau 2014, 716 mAnm *Gabriel/Voll* VPR 2014, 2644; VK Bund Beschl. v. 5.1.2016 – VK 1-112/15, veris; Beschl. v. 16.1.2014 – VK 1-119/13, IBRRS 2014, 1506; Beschl. v. 16.1.2014 – VK 1-117/13, ZfBR 2014, 706.

[195] OLG Düsseldorf Beschl. v. 17.2.2014 – VII-Verg 2/14, NZBau 2014, 716 mAnm *Gabriel/Voll* VPR 2014, 2644; VK Bund Beschl. v. 16.1.2014 – VK 1-119/13, IBRRS 2014, 1506; Beschl. v. 16.1.2014 – VK 1-117/13, ZfBR 2014, 706.

[196] OLG Düsseldorf Beschl. v. 8.6.2016 – VII-Verg 3/16, PharmR 2016, 423.

[197] OLG Düsseldorf Beschl. v. 8.6.2016 – VII-Verg 3/16, PharmR 2016, 423; VK Bund Beschl. v. 5.1.2016 – VK 1-112/15, veris.

[198] OLG Düsseldorf Beschl. v. 8.6.2016 – VII-Verg 3/16, PharmR 2016, 423; VK Bund Beschl. v. 5.1.2016 – VK 1-112/15, veris.

[199] VK Bund Beschl. v. 5.1.2016 – VK 1-112/15, IBRRS 2016, 2217.

[200] OLG Düsseldorf Beschl. v. 17.2.2016 – VII-Verg 41/15, ZfBR 2016, 515; Beschl. v. 29.7.2015 – VII-Verg 5/15, ZfBR 2016, 199; Beschl. v. 29.7.2015 – VII-Verg 6/15, BeckRS 2015, 18294; VK Bund Beschl. v. 23.1.2015 – VK 1-122/14, ZfBR 2016, 511 mAnm *Gabriel* VPR 2015, 2076; Beschl. v. 22.1.2015 – VK 1-112/14, veris; Beschl. v. 21.1.2015 – VK 1-118/14, veris; Beschl. v. 21.1.2015 – VK 1-116/14, IBRRS 2015, 3140; Beschl. v. 20.1.2015 – VK 1-110/14, IBRRS 2015, 3148.

auch für **faktische Unterordnungskonzerne,** sofern das herrschende Unternehmen aufgrund mehrheitlicher oder ausschließlicher Kapitalbeteiligung und/oder personeller Verflechtungen in der Geschäftsführung oder im Aufsichtsrat über die tatsächliche und rechtliche Möglichkeit verfügt, das Wettbewerbsverhalten der konzernangehörigen Unternehmen zu steuern.[201]

72   **d) Ausschreibung von Arzneimittelrabattverträgen betreffend patentgeschützte Originalpräparate. aa) Anforderungen an die Wahl des Verhandlungsverfahrens ohne Teilnahmewettbewerb bei Rabattverträgen gem. § 130a Abs. 8 SGB V.** Das OLG Düsseldorf entschied bereits in der Vergangenheit, unter welchen Voraussetzungen Krankenkassen Rabattverträge gem. § 130a Abs. 8 SGB V über patentgeschützte Arzneimittel im Wege eines **Verhandlungsverfahrens ohne Teilnahmewettbewerb** direkt an ein Unternehmen vergeben dürfen.[202] Da es sich auch hierbei um einen öffentlichen Auftrag handelt, ist ein solches Vorgehen nur dann statthaft, wenn einer der Ausnahmetatbestände des § 14 Abs. 4 Nr. 1–9 VgV erfüllt ist.[203] Für die Ausschreibung patentgeschützter Arzneimittel kommt insbesondere **§ 14 Abs. 4 Nr. 2 lit. c VgV** in Betracht. § 14 Abs. 4 Nr. 2 lit. c VgV ist nach Maßgabe der Vergaberechtsprechung als **Ausnahmetatbestand** eng auszulegen. Der Beweis dafür, dass der Ausnahmetatbestand im konkreten Fall vorliegt, ist vom öffentlichen Auftraggeber zu erbringen; er trägt die **Darlegungs- und Beweislast** dafür, dass ausschließlich der durch ihn bestimmte Anbieter den Auftrag ausführen und das betreffende Präparat liefern kann.[204]

73   Die **Voraussetzungen des § 14 Abs. 4 Nr. 2 lit. c VgV** liegen vor, wenn wegen des Schutzes von ausschließlichen Rechten, insbesondere von gewerblichen Schutzrechten, die Leistung nur von einem bestimmten Unternehmen erbracht werden kann. Das ist insbesondere der Fall, wenn aufgrund eines bestehenden Patents nur ein einziger Anbieter in der Lage ist, die Auftragsleistung zu erbringen und daher eine Alleinstellung auf dem Markt besitzt. Das **Vorliegen eines Ausschließlichkeitsrechts** iSv § 14 Abs. 4 Nr. 2 lit. c VgV reicht hierfür (noch) nicht aus, sondern es muss nachweisbar sein, dass tatsächlich nur ein einziger Anbieter in der Lage ist, die Auftragsleistung zu erbringen.[205] Erforderlich ist, dass das betreffende Arzneimittel wirklich nur von einem pharmazeutischen Unternehmer hergestellt bzw. geliefert werden kann, sodass dieser eine Alleinstellung besitzt.[206] Davon kann ausgegangen werden, wenn ausschließlich ein Anbieter ein **Patent** an dem betreffenden Arzneimittel (Wirkstoff) besitzt, dieses Arzneimittel **nicht zu anderen Konditionen von Dritten** angeboten werden kann und es **objektiv-sachliche indikationsbezogene Gründe** dafür gibt, dass nur dieses Arzneimittel beschafft werden soll.[207] Dabei spielt auch die Rolle, ob neben dem Anbieter des Originalpräparats – in der Regel der Patentinhaber – auch **Re- und Parallelimporteure**[208] die Versorgungssicherheit durch Lieferung von Originalpräparaten gewährleisten können.[209] In diesem Zusammenhang ist

---

[201] OLG Düsseldorf Beschl. v. 29.7.2015 – VII-Verg 5/15, ZfBR 2016, 199; Beschl. v. 29.7.2015 – VII-Verg 6/15, BeckRS 2015, 18294.

[202] OLG Düsseldorf Beschl. v. 22.10.2008 – I-27 U 2/08, NZS 2009, 159 mAnm *Weiner* VergabeR 2009, 182 (189 ff.); Beschl. v. 20.10.2008 – VII-Verg 46/08, BeckRS 2009, 4981. Vom Vorliegen eines öffentlichen Auftrags gem. § 103 Abs. 1 GWB ging das OLG Düsseldorf jeweils aus.

[203] Auch bei Vorliegen der Voraussetzungen besteht für ein Unternehmen kein Anspruch auf Durchführung eines Verhandlungsverfahrens ohne Teilnahmewettbewerb. Vgl. dazu neben dem heute insoweit eindeutigen Gesetzeswortlaut des § 14 Abs. 4 („kann…vergeben") auch OLG Düsseldorf Beschl. v. 20.10.2008 – VII-Verg 46/08, BeckRS 2009, 4981; Beschl. v. 22.8.2008 – VK 2-73/08, IBRRS 2009, 3602.

[204] EuGH Urt. v. 2.6.2005 – C-394/02, Slg. 2005, I-4732 = BeckRS 2005, 70408 – Kommission/Griechenland; OLG Düsseldorf Beschl. v. 28.5.2003 – VII-Verg 10/03, IBRRS 2003, 2047; VK Bund Beschl. v. 20.5.2003 – VK 1-35/03, IBRRS 2003, 1542.

[205] EuGH Urt. v. 3.5.1994 – C-328/92, Slg. 1994, I-1583 = BeckRS 2004, 76411 Rn. 17 – Kommission/Spanien; *Lietz/Natz* A&R 2009, 3 (7); *Gabriel* NZS 2008, 455 (458).

[206] EuGH Urt. v. 3.5.1994 – C-328/92, Slg. 1994, I-1583 = BeckRS 2004, 76411 Rn. 17 – Kommission/Spanien.

[207] *Gabriel* NZS 2008, 455 (458).

[208] Reimporteure kaufen Arzneimittel, die in Deutschland produziert und ins Ausland exportiert wurden, zu günstigeren Preisen im Ausland auf und vertreiben diese auf dem deutschen Arzneimittelmarkt. Parallelimporteure importieren Arzneimittel, die in einem anderen Mitgliedstaat der Europäischen Union (dezentral) zugelassen worden sind nach Deutschland und vertreiben diese hier nach einer Änderung der Kennzeichnung der Packungsbeilage. Ähnlich verfahren sog. Parallelvertreiber, die zentral zugelassene und damit innerhalb der Europäischen Union frei handelbare Arzneimittel nach Deutschland importieren.

[209] OLG Düsseldorf Beschl. v. 22.10.2008 – I-27 U 2/08, NZS 2009, 159 mAnm *Weiner* VergabeR 2009, 182 (189 ff.); zustimmend *Schickert* PharmR 2009, 164 (172); in diesem Sinne im Anschluss daran auch OLG Karlsruhe Beschl. v. 20.12.2013 – 15 Verg 6/13, VPRRS 2015, 0019; OLG Düsseldorf Beschl. v. 18.12.2013 – VII-Verg 24/13, BeckRS 2014, 2421; Beschl. v. 18.12.2013 – VII-Verg 21/13, VPRRS 2014, 0203; Beschl. v. 11.12.2013 – VII-Verg 25/13; VK Bund Beschl. v. 24.7.2013 – VK 3-59/13, VPRRS 2013, 1180; Beschl. v. 24.7.2013 – VK 3-62/13, VPRRS 2013, 1223; Beschl. v. 22.7.2013 – VK 3-56/13, VPRRS 2013, 1210.

anerkannt, dass eine **prognostizierte mangelnde Lieferfähigkeit** von Re-/Parallelimporteuren **nicht dazu geeignet** ist, den **Rückgriff auf ein Verhandlungsverfahren ohne Teilnahmewettbewerb** gem. § 14 Abs. 4 Nr. 2 lit. c VgV[210] mit dem entsprechenden Originalhersteller **zu rechtfertigen**.[211] Bei der kontinuierlichen und umfassenden Lieferfähigkeit während der Vertragslaufzeit handele es sich gerade nicht um ein Element des Beschaffungsbedarfs, sondern um ein klassisches Eignungskriterium. Die vertragsschließende Krankenkasse dürfe deshalb nicht ohne Aufruf zum Wettbewerb darüber befinden, ob die rabattvertragsgegenständlichen Lieferverpflichtungen ausschließlich durch den Originalhersteller sichergestellt werden können.

bb) Anforderungen an die Wahl des Verhandlungsverfahrens ohne Teilnahmewettbewerb bei Erstattungsvereinbarungen gem. § 130b SGB V. Der § 130b SGB V schreibt pharmazeutischen Unternehmen **Rabattverhandlungen** im Bereich der innovativen Arzneimittel **zwingend vor**.[212] Gemäß § 35a SGB V haben diese Unternehmen darüber hinausgehende Pflichten im Zeitpunkt der Markteinführung: Sie müssen ein Dossier über die Kosten und Nutzen des innovativen Arzneimittels beim Gemeinsamen Bundesausschuss und/oder dem Institut für Qualität und Wirtschaftlichkeit im Gesundheitswesen einreichen. Ausgehend von diesem Dossier entscheiden jene dann, ob sich das innovative Mittel für bestimmte Patienten und Erkrankungen als ein „**Arzneimittel mit Zusatznutzen" (sog. Solist)** darstellt oder ob Wettbewerb mit vergleichbaren Arzneimitteln besteht (kein Solist). Sofern es sich um einen Solisten handelt, wird das pharmazeutische Unternehmen nach § 130b SGB V verpflichtet, mit dem Spitzenverband Bund der Krankenkassen innerhalb eines Jahres nach Zulassung **in Direktverhandlungen einen Rabatt auf den Abgabepreis** des pharmazeutischen Unternehmens mit Wirkung für alle Krankenkassen zu vereinbaren (unter unveränderter Beibehaltung des Listenpreises). Sollte keine Einigung erzielt werden, ist eine Schiedsstelle aufgerufen, innerhalb von drei Monaten den Rabatt festzusetzen. Das gilt nach § 35a Abs. 6 SGB V auch für bereits markteingeführte patentgeschützte (nicht festbetragsfähige) Arzneimittel.

Ob es sich bei einem Rabattvertrag betreffend patentgeschützte Originalpräparate überhaupt um einen **öffentlichen Auftrag** handelt, ist in jedem Einzelfall zu untersuchen. Die Bejahung dieser Frage hängt letztlich maßgeblich davon ab, ob durch die konkrete Ausgestaltung des Rabattvertrags eine Lenkungs-/Steuerungswirkung einhergeht (→ Rn. 51). Für den Bereich des § 130b SGB V kann die Auftragseigenschaft ohne Weiteres bejaht werden. Deshalb ist das vorstehend beschriebene **Konzept „ausschreibungsloser Direktverhandlungen"** vergaberechtlich nur dann nicht zu beanstanden, wenn die Voraussetzungen für ein Verhandlungsverfahren ohne Teilnahmewettbewerb vorliegen, mithin ein Ausnahmetatbestand einschlägig ist.[213] Ob die Voraussetzungen des § 14 Abs. 4 Nr. 2 lit. c VgV beim Abschluss von Erstattungsvereinbarungen gem. § 130b SGB V über „Arzneimittel mit Zusatznutzen" (Solisten) vorliegen, bedarf **im Einzelfall** einer **sorgfältigen Prüfung** anhand der hierfür einschlägigen vergaberechtlichen Kriterien. Eine rechtssichere Verfahrensgestaltung der Direktverhandlungen setzt voraus, dass das bei Markteinführung **vorzulegende Kosten-Nutzen-Dossier** von vornherein im Hinblick auf diese vergaberechtlich gebotene Prüfung verfasst wird und die aus vergaberechtlicher Sicht maßgeblichen Erwägungen einbezogen werden. Begründet werden muss insbesondere, dass das neue Arzneimittel eine vergaberechtliche Alleinstellung besitzt.

cc) Vergleichbarkeit der Angebote – Anforderungen an die Leistungsbeschreibung. Im Hinblick auf die **Anforderungen an eine eindeutige und erschöpfende Leistungsbeschreibung**[214] gem. § 121 Abs. 1 GWB darf die Ausschreibung im offenen Verfahren nur unter der Voraussetzung erfolgen, dass die Angebote vergleichbar iSv § 121 Abs. 1 GWB sind. Der **unbestimmte vergaberechtliche Rechtsbegriff der Vergleichbarkeit** muss in diesem Zusammenhang unter Berücksichtigung der spezifischen Besonderheiten bei Arzneimittelbeschaffungen und der gesetzlichen Rahmenbedingungen des SGB V ausgelegt werden. Als problematisch erweisen sich dabei insbesondere diejenigen Fälle, in denen verschiedene Originalpräparate für unterschiedliche Indikationsbereiche, die sich teilweise überschneiden, zugelassen sind. Die Rechtsprechung hat für diese Fälle eine **Vergleichbarkeit** bislang nur dann angenommen, wenn es sich um Arzneimittel

---

[210] Zum Zeitpunkt der Entscheidungen § 3 EG Abs. 4 lit. c VOL/A aF.
[211] OLG Karlsruhe Beschl. v. 20.12.2013 – 15 Verg 6/13, VPRRS 2015, 0019; OLG Düsseldorf Beschl. v. 18.12.2013 – VII-Verg 21/13, VPRRS 2014, 0203; Beschl. v. 18.12.2013 – VII-Verg 24/13, BeckRS 2014, 2421; Beschl. v. 11.12.2013 – VII-Verg 25/13; VK Bund Beschl. v. 24.7.2013 – VK 3-59/13, VPRRS 2013, 1180; Beschl. v. 24.7.2013 – VK 3-62/13, VPRRS 2013, 1223; Beschl. v. 22.7.2013 – VK 3-56/13, VPRRS 2013, 1210.
[212] Vgl. dazu *Anders* PharmR 2012, 81.
[213] Zusammenfassend hierzu *Gabriel* NZS 2008, 455; *Wille* A&R 2008, 164; *Lietz/Natz* A&R 2009, 3; *Schickert* PharmR 2009, 164.
[214] Dazu allgemein BeckOK VergabeR/*Stein/Wolf* GWB § 121 Rn. 33 ff.

mit sich nicht nur teilweise, sondern **größtenteils überschneidenden (nahezu identischen) Indikationsbereichen** handelt.[215] Das spricht dafür, bei Arzneimitteln mit **divergierenden Indikationsbereichen** eine Vergleichbarkeit iSv § 121 Abs. 1 GWB tendenziell zu verneinen.

77 Vergleichbarkeit wurde vom LSG Baden-Württemberg jedenfalls nicht so verstanden, dass Krankenkassen Rabattvertragsausschreibungen ausschließlich auf substituierbare Arzneimittel beschränken müssten, da der Aspekt des (gleichen) therapeutischen Nutzens im Vordergrund steht.[216] Eine Zusammenfassung mehrerer Originalpräparate im Rahmen einer Ausschreibung erfordert deshalb nur, dass überhaupt irgendein **Wettbewerbsverhältnis zwischen den Arzneimitteln besteht.** Im Rahmen der Leistungsbeschreibung ist bezüglich der Feststellung eines solchen Wettbewerbsverhältnisses bereits der Bezug zur ärztlichen Indikation bzw. zur Auffassung der Nachfrageentscheider (Ärzte und ggf. Apotheker) hinreichend.[217] Dabei wird es seitens der Rechtsprechung sogar als ausreichend erachtet, wenn zwar potentiell ein indikationsbegründetes Wettbewerbsverhältnis besteht, es aber (etwa aufgrund der Kategorisierung des entsprechenden Wirkstoffs als „**Critical-Dose-Wirkstoff**") in tatsächlicher Hinsicht regelmäßig nicht zu einer echten Auswahl seitens des Nachfrageentscheiders und damit häufig auch nicht zu einer Substitution kommt.[218] Soweit verschiedene (vergleichbare) Arzneimittel dagegen zur Behandlung **derselben Indikation** eingesetzt werden können und daher miteinander im Wettbewerb stehen, würde eine wirkstoffbezogene Ausschreibung, die ohne sachliche Rechtfertigung nur einzelne dieser vergleichbaren (patentgeschützten) Wirkstoffe nachfragt, gegen § 31 Abs. 6 VgV[219] verstoßen.[220] Da in diesen Fällen eine Vergleichbarkeit gem. § 121 Abs. 1 GWB gegeben ist, müssen **indikationsbezogene Lose** gebildet und indikationsbezogen (unter Bezugnahme auf die therapeutische Wirkung der Arzneimittel) ausgeschrieben werden.[221] Die Leistungsbeschreibung muss stets sachlich begründbar sein, um nicht gegen den Grundsatz der Herstellerneutralität zu verstoßen.[222] Hinsichtlich der Abgrenzung einer wirkstoffbezogenen von einer indikationsbezogenen Ausschreibung geht die Rechtsprechung selbst dann vom Vorliegen eines Wirkstoffbezugs aus, wenn eine Rahmenvereinbarung für bis zu drei von insgesamt fünf am Markt verfügbaren Wirkstoffe mit teilweise übereinstimmenden Indikationsbereichen abgeschlossen werden soll.[223]

78 **dd) Verhältnis von Erstattungspreisvereinbarungen gem. § 130c SGB V und Rabattverträgen gem. § 130a SGB V.** Die Regelung des **§ 130c SGB V** ist im Vergleich zu **§ 130a Abs. 8 SGB V** spezieller. Das folgt zum einen daraus, dass der Abschluss einer Erstattungsvereinbarung im Unterschied zu einem Rabattvertrag nur statthaft ist, sofern hinsichtlich des vereinbarungsgegenständlichen Arzneimittels bereits eine Erstattungspreisvereinbarung nach § 130b SGB V abgeschlossen wurde.[224] Daraus ergibt sich zudem, dass Vereinbarungen nach § 130c SGB V nur solche Arzneimittel zum Gegenstand haben können, die auf Grundlage einer frühen Nutzenbewertung nicht gem. § 35a Abs. 4 SGB V einer bestehenden Festbetragsgruppe zugeordnet werden konnten.[225] Zum anderen zeichnet sich die Vorschrift des § 130c SGB V gegenüber § 130a SGB V durch die besonderen gesetzlichen Lenkungs- und Steuerungsmechanismen zur Umsetzung einer fakultativen

---

[215] ZB im Fall einer Austauschbarkeit bezüglich der Hauptindikation bzw. einer ca. 99-prozentigen Schnittmenge der betroffenen Indikationen, vgl. VK Bund Beschl. v. 22.8.2008 – VK 2-73/08, IBRRS 2009, 3602; Beschl. v. 15.8.2008 – VK 3-107/08, IBRRS 2014, 0032 oder einer bloßen Abweichung der Anzahl von Dosiereinheiten, die in den ausgeschriebenen Normpackungsgrößen enthalten sind, vgl. OLG Düsseldorf Beschl. v. 17.1.2011 – VII-Verg 2/11, BeckRS 2011, 18629; VK Bund Beschl. v. 29.11.2010 – VK 2-113/10, VPRRS 2013, 0620.

[216] LSG Baden-Württemberg Beschl. v. 17.2.2009 – L 11 WB 381/09, NJOZ 2009, 2341; OLG Düsseldorf Beschl. v. 20.10.2008 – VII-Verg 46/08, BeckRS 2009, 4981; VK Bund Beschl. v. 22.8.2008 – VK 2-73/08, IBRRS 2009, 3602; Beschl. v. 15.8.2008 – VK 3-107/08, IBRRS 2014, 0032.

[217] OLG Düsseldorf Beschl. v. 8.6.2011 – VII-Verg 2/11, IBRRS 2011, 3862; Beschl. v. 17.1.2011 – VII-Verg 2/11, BeckRS 2011, 18629; VK Bund Beschl. v. 29.11.2010 – VK 2-113/10, VPRRS 2013, 0620.

[218] OLG Düsseldorf Beschl. v. 10.4.2013 – VII-Verg 45/12, BeckRS 2013, 21177; Beschl. v. 30.1.2012 – VII-Verg 103/11, BeckRS 2012, 6483; VK Bund Beschl. v. 26.10.2012 – VK 2-107/12, VPRRS 2012, 0446; Beschl. v. 25.11.2011 – VK 1-135/11, IBRRS 2013, 2443.

[219] Zum Zeitpunkt der Entscheidung § 8 EG Abs. 7 VOL/A.

[220] So OLG Düsseldorf Beschl. v. 20.10.2008 – VII-Verg 46/08, BeckRS 2009, 4981.

[221] Hierzu OLG Düsseldorf Beschl. v. 17.1.2011 – VII-Verg 2/11, BeckRS 2011, 18629; VK Bund Beschl. v. 29.11.2010 – VK 2-113/10, VPRRS 2013, 0620; Beschl. v. 19.11.2008 – VK 1-135/08, veris.

[222] *Kamann/Gey* PharmR 2009, 114 (119); *Schickert* PharmR 2009, 164 (172); *Gabriel* NZS 2008, 455 (457).

[223] OLG Düsseldorf Beschl. v. 27.5.2015 – VII-Verg 2/15, BeckRS 2015, 13949; VK Bund Beschl. v. 12.1.2015 – VK 1-104/14, VPRRS 2015, 0084.

[224] BeckOK SozR/*v. Dewitz* SGB V § 130c Rn. 2.

[225] *Ecker/Hußmann* PharmR 2011, 389 (390).

Erstattungsvereinbarung aus.[226] Die einhellige Auffassung im Schrifttum sieht **§ 130c SGB V** deshalb zutreffend **als lex specialis** an.[227] Nach dem allgemeinen Rechtsgrundsatz „lex specialis derogat legi generali" sperrt er die Anwendung des § 130a Abs. 8 SGB V.[228]

ee) Ausschreibungen (in zeitlicher Hinsicht kurz) vor Ablauf des Patentschutzes. Geht 79 die Vertragslaufzeit des Rabattvertrags über die zeitliche Dauer des Patentschutzes hinaus, kann einem Rabattvertrag durch die mit ihm verbundene Exklusivität aufgrund der Substitution nach § 129 Abs. 1 S. 3 SGB V eine **faktisch patentverlängernde Wirkung** zukommen, da der Patentinhaber neben Parallelimporteuren zum Ausschreibungszeitpunkt der einzige Anbieter des entsprechenden Arzneimittels ist und dementsprechend regelmäßig den Zuschlag für den Rabattvertrag erhalten wird.[229] Bei der Ausschreibung von Rabattverträgen (kurz) vor Ablauf des Patentschutzes ist deshalb eine flexible vertragliche Gestaltung notwendig, welche die Rabattvertragslaufzeit auf den Ablauf des Patentschutzes beschränkt oder Anpassungsklauseln vorsieht, um Wettbewerbsbeschränkungen zu verhindern.

ff) Ausschreibungen von Rabattverträgen trotz indikationsbezogenen Patentschutzes. 80 Eine im **Schnittfeld von Vergabe-, Sozial- und Patentrecht** angesiedelte Problematik stellt der Abschluss von wirkstoffbezogenen Arzneimittelrabattverträgen dar, sofern der nachgefragte Wirkstoff für mehrere medizinische Indikationen zugelassen ist, ein **Anwendungs-/Verwendungspatent** des (Original-)Herstellers jedoch nicht (mehr) für sämtliche Indikationsbereiche besteht, sodass (lediglich) für diese bereits Generika angeboten werden dürfen.[230] Bei der Ausschreibung eines Rabattvertrags, der einen solchen Wirkstoff zum Gegenstand hat, obliegt es der Krankenkasse, die Wahrung des Patentschutzes sicherzustellen.[231] Würde der Zuschlag im Rahmen einer wirkstoffbezogenen Ausschreibung, in der keine besonderen Vorkehrungen zur Gewährleistung des Patentschutzes getroffen werden, auf das Angebot eines Generikaherstellers erteilt, wäre das Anwendungs-/Verwendungspatent zumindest davon bedroht, verbotswidrig missachtet zu werden. Denn in einer ärztlichen Verordnung bleibt die Indikation, für welche die Verschreibung erfolgt, grundsätzlich ungenannt, weshalb Apotheker nicht erkennen können, ob die Verordnung im Bereich der patentgeschützten Indikation erfolgt. Es droht dementsprechend eine (sog. graue) Substitution nach § 129 Abs. 1 S. 3 SGB V zugunsten des Rabattvertragspartners auch bei solchen Indikationen, in denen das Anwendungs-/Verwendungspatent einer solchen an sich entgegensteht. Nach Auffassung des OLG Düsseldorf können **Generikaanbieter** deshalb bei Ausschreibungsgestaltungen der vorstehenden Art **wegen Zweifeln an der (technischen) Leistungsfähigkeit** aus rechtlichen Gründen **vom Vergabeverfahren auszuschließen** sein, da sonst eine Verletzung des Anwendungs-/Verwendungspatents droht.[232] Zur Vermeidung dieser Problematik weist der Senat auf die Möglichkeit hin, bei der Ausschreibung einzelne Fachlose in Bezug auf den patentgeschützten Anwendungsbereich des Wirkstoffs sowie für die übrigen Anwendungsbereiche zu bilden. Es scheint allerdings fraglich, ob das Problem durch die Fachlosbildung tatsächlich gelöst werden kann. Schließlich ändert eine solche nichts an dem Umstand, dass Apotheker nicht erkennen können, für welche Indikation der Wirkstoff verordnet wurde, weshalb eine fachlosspezifische Vertragsumsetzung in der Praxis zweifelhaft ist.[233]

Entsprechend den Ausführungen des Düsseldorfer Vergabesenats schrieb eine Krankenkasse in 81 der Folge **zwei Rabattverträge** aus, die jeweils den in Rede stehenden Wirkstoff zum Gegenstand hatten, für den ein Anwendungs-/Verwendungspatent besteht. Die Besonderheit dieses Vorgehens lag darin, dass der eine Vertrag sich lediglich auf Arzneimittel bezog, die **„ausschließlich" für die patentfreien Indikationen zugelassen** sind, während der andere Rabattvertrag sich lediglich auf solche bezog, die **„ausschließlich" für die patentgeschützte Indikation zugelassen** sind. Gegen das Vergabeverfahren, das Arzneimittel (nur) für patentfreie Indikationen betraf, wurden Nachprü-

---

[226] *Wolf/Jäkel* PharmR 2011, 1 (3).
[227] *Wolf/Jäkel* PharmR 2011, 1 (3); BeckOK SozR/*v. Dewitz* SGB V § 130c Rn. 2; *Luthe* PharmR 2011, 193 (196); *Kaufmann* PharmR 2011, 223 (227); *Ecker/Hußmann* PharmR 2011, 389 (390).
[228] Dazu *Gabriel/Kaufmann* PharmR 2014, 553 (556 ff.).
[229] VK Bund Beschl. v. 6.7.2011 – VK 3-80/11, VPRRS 2013, 0239.
[230] Hierzu auch *Csaki/Junge-Gierse* ZfBR 2017, 234; *Conrad* NZS 2016, 687.
[231] OLG Düsseldorf Beschl. v. 1.12.2015 – VII-Verg 20/15, BeckRS 2016, 02948; VK Bund Beschl. v. 16.3.2015 – VK 2-7/15, VPRRS 2015, 0147.
[232] OLG Düsseldorf Beschl. v. 1.12.2015 – VII-Verg 20/15, BeckRS 2016, 02948. Darüber hinaus hat das LG Hamburg Urt. v. 2.4.2015 – 327 O 140/15, BeckRS 2015, 08822 entschieden, dass der Vertreiber eines Generikums, das ausschließlich für patentfreie Indikationen zugelassen ist, mittelbar ein Anwendungs-/Verwendungspatent verletzt, wenn dieser einem Open-House-Rabattvertrag nach § 130a Abs. 8 SGB V beitritt, der sich nicht auf die patentfreie Indikation beschränkt ist.
[233] In diesem Sinne, wenngleich in anderem Kontext: VK Bund Beschl. v. 12.1.2015 – VK 1-104/14, VPRRS 2015, 0084.

fungsverfahren durch einen Generikaanbieter sowie durch den Originator und Patentinhaber angestrengt.[234] Während das Nachprüfungsverfahren des Generikaanbieters sowohl vor der VK Bund als auch vor dem OLG Düsseldorf erfolglos blieb,[235] gab das OLG Düsseldorf demgegenüber dem Originator und Patentinhaber Recht und bewertete diese Ausschreibungsgestaltung als vergaberechtswidrig. Die Krankenkasse habe hierdurch gegen das vergaberechtliche Diskriminierungsverbot verstoßen, weil dem Hersteller des Originalarzneimittels/Patentinhaber eine Teilnahme am Vergabeverfahren faktisch unmöglich gemacht wird.[236]

82   gg) **Durchführung eines Open-House-Verfahrens bei bestehendem Patentschutz.** Im Rahmen eines **Open-House-Verfahrens** kann grundsätzlich jedes leistungsfähige Unternehmen dem Vertrag beitreten. Besteht für die im Vertrag genannte Indikation ein **Patentschutz,** so reduziert sich die Anzahl der Unternehmen, die aufgrund des Patentschutzes lieferfähig sind. Das dürften in den meisten Fällen nur der Originator und etwaige Parallelimporteure sein. Dem Vertrag können dadurch nur einige wenige, ggf. sogar nur ein einziges Unternehmen beitreten. Nach Ansicht der VK Bund ist die Krankenkasse auch in diesen Fällen grundsätzlich nicht daran gehindert, ein **Open-House-Modell** zum Rabattvertragsabschluss zu wählen. Eine Vergaberechtswidrigkeit ließe sich in diesen Fällen nicht bereits dadurch herleiten, dass viele Unternehmen wegen rechtlicher Unmöglichkeit daran gehindert sind, am Vertragsmodell zu partizipieren. Es liege gerade in der Natur der Sache, dass ein Vertragsbeitritt nur solchen Unternehmen offensteht, die **rechtlich und tatsächlich leistungs- und lieferfähig** sind.[237] In dem Verfahren, das dem Fall zugrunde lag, war darüber hinaus entscheidungserheblich, dass der Patentschutz während der Vertragslaufzeit auslief. Das eröffnete jedenfalls ab diesem Zeitpunkt auch anderen potentiellen Anbietern die Möglichkeit, dem Vertrag beitreten zu können. Etwas anderes gelte allerdings in solchen Fällen, in denen **Krankenkassen einen Rabattvertrag über patentfreie und patentgeschützte Indikationen** eines Wirkstoffs im Wege des Open-House-Modells abschließen möchten. In diesem Fall ist es Unternehmen, die nicht über den Patentschutz verfügen, verwehrt, einen Rabattvertrag (nur) über die patentfreie Indikation abzuschließen. Es fehle dann an der für alle Unternehmen gleichen Zugangsmöglichkeit.[238]

83   e) **Ausschreibung von Rabattverträgen betreffend Verträge über Generika oder patentgeschützte Originalpräparate. aa) Mitteilungspflichten über die vereinbarten Rabattsätze nach dem IFG.** Nach § 1 Abs. 1 S. 1 IFG haben alle nach Maßgabe des IFG gegenüber den Behörden des Bundes einen Anspruch auf Zugang zu amtlichen Informationen. Ein solcher Anspruch kommt auch im Hinblick auf die vereinbarten Rabattsätze in Betracht. Das Bestehen eines solchen Anspruches haben in zwei voneinander unabhängigen Verfahren das VG Magdeburg sowie das VG Minden bejaht.[239] Die Verwaltungsgerichte entschieden, dass eine Krankenkasse als bundesunmittelbare Körperschaft des öffentlichen Rechts anspruchsverpflichtet sei und die Rabatthöhe eine amtliche Information darstelle, sodass der Anspruch dem Grunde nach bestünde. Er sei nur dann nicht gegeben, wenn er durch Ausschlussgründe, dh namentlich solche des IFG selbst, gesperrt ist.[240]

84   Der in Bezug auf die Rabatthöhe **streitgegenständliche Ausschlussgrund ist § 6 S. 2 IFG,** wonach Zugang zu Betriebs- oder Geschäftsgeheimnissen nur gewährt werden darf, soweit der Betroffene eingewilligt hat.[241] Während das VG Minden diesen Ausschlussgrund bereits tatbestandlich ablehnte,[242] bejahte das **OVG Nordrhein-Westfalen** als Berufungsgericht **das Vorliegen eines Betriebs- und Geschäftsgeheimnisses** in Bezug auf die vereinbarte Rabatthöhe und sieht

---

234   VK Bund Beschl. v. 21.12.2015 – VK 1-106/15; Beschl. v. 21.12.2015 – VK 1-110/15.
235   OLG Düsseldorf Beschl. v. 11.5.2016 – VII-Verg 2/16, BeckRS 2016, 13255; VK Bund Beschl. v. 21.12.2015 – VK 1-106/15.
236   OLG Düsseldorf Beschl. v. 14.9.2016 – VII-Verg 1/16, BeckRS 2016, 18567; anders noch zuvor die Vorinstanz VK Bund Beschl. v. 21.12.2015 – VK 1-110/15.
237   VK Bund Beschl. v. 2.11.2016 – VK 1-114/16, veris.
238   VK Bund Beschl. v. 6.2.2017 – VK 2-6/17, VPRRS 2017, 0088. Eine diskriminierende Ausgestaltung wurde auch in der Entscheidung VK Bund Beschl. v. 14.2.2017 – VK 2-4/17, VPRRS 2017, 0061 angenommen.
239   VG Minden Urt. v. 15.2.2017 – 7 K 2774/14, PharmR 2017, 222; VG Magdeburg Urt. v. 22.8.2013 – 2 A 27/12 MD, PharmR 2014, 68. In dem Fall, den das VG Magdeburg zu entscheiden hatte, ging es um die insoweit inhaltsgleiche landesrechtliche Regelung des § 1 IZG LSA.
240   VG Minden Urt. v. 15.2.2017 – 7 K 2774/14, PharmR 2017, 222 (224).
241   Vgl. zur Definition des Betriebs- und Geschäftsgeheimnisses nach dem IFG auch BVerfG Beschl. v. 14.3.2006 – 1 BvR 2087/03, BVerfGE 115, 205 = NVwZ 2006, 1041; BVerwG Urt. v. 23.2.2017 – 7 C 31/15, NVwZ 2017, 1775; Urt. v. 17.3.2016 – 7 C 2/15, NVwZ 2016, 1014; Urt. v. 28.5.2009 – 7 C 18/08, NVwZ 2009, 1113.
242   Das VG Magdeburg sowie das OVG Sachsen-Anhalt Urt. v. 31.5.2016 – 3 L 314/13, veris hatten über diesen Ausschlussgrund nicht zu entscheiden.

dadurch den Ausschlussgrund des § 6 S. 2 IFG als gegeben an.²⁴³ Denn entscheidend sei, dass der vereinbarte Rabattsatz selbst nach Ablauf des Rabattvertrags grundsätzlich noch Wettbewerbsrelevanz entfalte, da sich zum einen **andere Unternehmen** in künftigen wettbewerblichen Vergabeverfahren **bei der Angebotskalkulation an dem offengelegten Rabatt** eines Mitbewerbers **orientieren könnten und zum anderen** gesetzliche Krankenkassen das Unternehmen an seinem offengelegten Rabattsatz messen und einen Vertragsabschluss zu niedrigeren Rabattsätzen verweigern könnten. Die **Wettbewerbsrelevanz entfalle nur dann,** wenn der Rabattvertrag im Rahmen eines vergaberechtsfreien Open-House-Verfahrens geschlossen wurde oder die Rabatthöhe bereits älter sei und infolge von Zeitablauf und damit verbundener Marktveränderungen nicht mehr aussagekräftig ist. Insoweit sei eine widerlegliche Vermutung anzunehmen.²⁴⁴

Das **BVerwG bestätigte** im Wesentlichen diese Ansicht des OVG Nordrhein-Westfalen und wies die Revision zurück.²⁴⁵ Auch nach Ansicht des Revisionsgerichts könne sich der Anspruch des Klägers grundsätzlich auf § 1 Abs. 1 S. 1 IFG stützen. Allerdings stelle das OVG Nordrhein-Westfalen zutreffend fest, dass der **Anspruch** in dem vorliegenden Fall **gem. § 6 S. 2 IFG** und nach Ansicht des BVerwG auch nach **§ 3 Nr. 6 Alt. 2 IFG ausgeschlossen** sei. 85

bb) Abgrenzung von Nachunternehmern zu Dritten mit Hilfsfunktion. Nicht einheitlich wird die Frage beantwortet, wie die Abgrenzung zwischen **Drittunternehmen im Rahmen von Rabattvertragsausschreibungen als Nachunternehmer** und Unternehmen iSv **Dritten mit bloßen Unterstützungsfunktionen** erfolgt. Diese Einordnung ist auch von praktischer Bedeutung: Sofern der Dritte lediglich eine Hilfsfunktion wahrnimmt, ist ein Interesse des öffentlichen Auftraggebers an dessen Eignungsprüfung zu verneinen.²⁴⁶ Mangels Begriffsdefinition erfolgt die Abgrenzung, ob ein Dritter, der im Zuge der Auftragserfüllung tätig wird, als Nachunternehmer zu qualifizieren ist, anhand der Frage, **ob er für den Auftragnehmer Leistungen aus dem Vertrag zwischen Auftragnehmer und öffentlichem Auftraggeber erbringt** und letzterer dadurch ein legitimes Interesse am Nachweis der Eignung des Dritten hat.²⁴⁷ Nach gängiger Praxis wird als Nachunternehmer hierbei ein Unternehmen bezeichnet, das sich an der Erbringung der vom Auftraggeber gewünschten Leistung beteiligt und dabei nur in einem Vertragsverhältnis zum Auftragnehmer, nicht aber zum öffentlichen Auftraggeber steht.²⁴⁸ Der so verstandene Nachunternehmer zeichnet sich im Gegensatz zu sonstigen Dritten, die im Rahmen der Auftragserfüllung vom Auftragnehmer eingeschaltet werden, dadurch aus, dass er **der zwingenden Eignungsprüfung des öffentlichen Auftraggebers unterworfen** ist. Demgegenüber werden **Dritte mit bloßer Hilfsfunktion** überwiegend als **Zulieferer** bezeichnet und insoweit vom Nachunternehmer abgegrenzt.²⁴⁹ Gemessen an diesem Maßstab ist grundsätzlich jedenfalls derjenige als Nachunternehmer anzusehen, der im Pflichtenkreis des Auftragnehmers tätig wird. Was zum Pflichtenkreis des Auftragnehmers gehört, wird durch den Gegenstand des Auftrags und damit insbesondere durch die Leistungsbeschreibung definiert.²⁵⁰ Ein Dritter, der eine Leistung erbringt, die in der Leistungsbeschreibung aufgeführt ist, ist daher in der Regel als Nachunternehmer anzusehen.²⁵¹ 86

---
²⁴³ OVG Nordrhein-Westfalen Urt. v. 21.11.2018 – 15 A 861/17, MedR 2019, 574 mAnm *Hußmann* MedR 2019, 583 ff.
²⁴⁴ OVG Nordrhein-Westfalen Urt. v. 21.11.2018 – 15 A 861/17, MedR 2019, 574 (579 ff.).
²⁴⁵ BVerwG Urt. v. 17.6.2020 – 10 C 22.19.
²⁴⁶ OLG Naumburg Beschl. v. 4.9.2008 – 1 Verg 4/08, BeckRS 2008, 23015; OLG Dresden Beschl. v. 25.4.2006 – 20 U 0467/06, NZBau 2006, 529; OLG Naumburg Beschl. v. 26.1.2005 – 1 Verg 21/04, BeckRS 2005, 1683; VK Sachsen-Anhalt Beschl. v. 23.7.2008 – VK 2 LVwA LSA-07/08, IBRRS 2008, 2548; Beschl. v. 6.6.2008 – 1 VK LVwA 7/08, IBRRS 2008, 2639; VK Bund Beschl. v. 4.6.2007 – VK 2-42/07, veris; VK Lüneburg Beschl. v. 8.4.2005 – VgK-10/2005, IBRRS 2005, 1331.
²⁴⁷ OLG Naumburg Beschl. v. 26.1.2005 – 1 Verg 21/04, BeckRS 2005, 1683; Beschl. v. 9.12.2004 – 1 Verg 21/04, NJOZ 2005, 1630; VK Sachsen Beschl. v. 10.10.2008 – 1/SVK/051-08, BeckRS 2009, 04139; VK Bund Beschl. v. 13.10.2004 – VK 3-194/04, IBRRS 2004, 3695.
²⁴⁸ Vgl. nur OLG Düsseldorf Beschl. v. 25.6.2014 – VII-Verg 38/13, BeckRS 2014, 15908 Rn. 22; Beschl. v. 27.10.2010 – VII-Verg 47/10, BeckRS 2010, 27621; OLG München Beschl. v. 10.9.2009 – Verg 10/09, BeckRS 2009, 27004.
²⁴⁹ OLG Naumburg Beschl. v. 26.1.2005 – 1 Verg 21/04, BeckRS 2005, 1683; Beschl. v. 9.12.2004 – 1 Verg 21/04, NJOZ 2005, 1630; VK Sachsen Beschl. v. 10.10.2008 – 1/SVK/051-08, BeckRS 2009, 04139; VK Rheinland-Pfalz Beschl. v. 29.5.2007 – VK 20/07, IBRRS 2015, 0866; VK Bund Beschl. v. 13.10.2004 – VK 3-194/04, IBRRS 2004, 3695.
²⁵⁰ VK Thüringen Beschl. v. 4.1.2019 – 250-4002-8706/2018-E-027-EF; IBRRS 2019, 1907; VK Bund Beschl. v. 26.5.2008 – VK 2-49/08, IBRRS 2008, 2500; Beschl. v. 13.10.2004 – VK 3-194/04, IBRRS 2004, 3695.
²⁵¹ VK Sachsen Beschl. v. 10.10.2008 – 1/SVK/051-08, BeckRS 2009, 04139; VK Bund Beschl. v. 26.5.2008 – VK 2-49/08, IBRRS 2008, 2500; Beschl. v. 14.2.2008 – VK 1-9/08, veris; Beschl. v. 13.10.2004 – VK 3-194/04, IBRRS 2004, 3695.

87 Das Abgrenzungskriterium des legitimen Interesses des öffentlichen Auftraggebers am Nachweis der Eignung des Dritten ist einzelfallgeprägt und führt dadurch in der Praxis zu **schwer prognostizierbaren Ergebnissen** und einer **uneinheitlichen,** von den besonderen Umständen des konkret zu beurteilenden Falles geprägten **Rechtsprechung.** Obwohl diese Rechtsprechung eine einheitliche Linie vermissen lässt, lassen sich dennoch einige **Umstände/Indizien** identifizieren, die als solche nicht umstritten sind und bei deren Vorliegen überwiegend von der Qualifikation des Dritten als Nachunternehmer ausgegangen wird: So spricht für die Einordnung einer Leistung als Nachunternehmerleistung insbesondere, wenn der sie erbringende Dritte über eine **besondere fachliche Qualifikation** verfügen muss.[252] Gleiches gilt, wenn die vom Dritten erbrachte Teilleistung im Verhältnis zur gesamten Auftragsleistung eine gewisse **Eigenständigkeit** aufweist, wobei ein Indiz für das Vorliegen einer Nachunternehmerleistung insbesondere auch der Grad der Eigen-/Selbstständigkeit des Dritten ist.[253] Daneben können auch **qualitative und quantitative Aspekte der Leistung** des Dritten für die Qualifikation derselben als Nachunternehmerleistung eine Rolle spielen,[254] wobei neuere Tendenzen in der Rechtsprechung den wertmäßigen Umfang bzw. Kostenanteil gemessen am Gesamtauftragswert nicht als maßgeblich für die Abgrenzung erachten.[255] Im Hinblick auf die qualitativen Aspekte der Drittleistung kann ihre **Bedeutung für die Funktionsfähigkeit der Gesamtleistung** maßgeblich sein.[256]

88 In Ansehung dieser vergaberechtlichen Judikatur, die keine Präjudizien und Beispielsfälle speziell für die Abgrenzung zwischen Nachunternehmern und Lohnherstellern/Zulieferern im Rahmen von Rabattvertragsausschreibungen enthält, können für die im pharmazeutischen Fertigungsprozess tätigen Dritten folgende Aussagen getroffen werden, deren Kernelement die Frage nach der Subsumtionsfähigkeit einer Handlung unter die Bestimmung des **§ 4 Abs. 14 AMG ist:**[257]

– **Lieferung der Grundstoffe:** Ein Dritter, der dem Auftragnehmer des Rabattvertrags die zur Herstellung der nachgefragten Arzneimittel benötigten Grundstoffe liefert, erbringt eine Hilfstätigkeit, weil Gegenstand eines Rabattvertrags regelmäßig die Lieferung bereits hergestellter bzw. herzustellender Arzneimittel ist, nicht hingegen auch die Eindeckung mit den dafür notwendigen Grundstoffen. Neben der Lieferung ist die Eindeckung deshalb grundsätzlich nicht von seinem Pflichtenkanon umfasst, sodass der Dritte keine Leistung aus dem Vertrag zwischen Auftragnehmer und öffentlichem Auftraggeber erbringt. Die Grundstofflieferung lässt sich auch nicht unter § 4 Abs. 14 AMG subsumieren. Es spricht daher viel dafür, den Dritten, der den Auftragnehmer mit den Grundstoffen beliefert, **nicht als Nachunternehmer** zu qualifizieren, sondern als Dritten mit bloßer Hilfsfunktion. Eine **andere Einschätzung** ist in Bezug auf **Bulkwarehersteller** denkbar.

– **Herstellungsprozess** als solcher: Ein Dritter, der den Auftragnehmer des Rabattvertrags bei der Herstellung der nachgefragten Arzneimittel im Herstellungsprozess (iSv **§ 4 Abs. 14 AMG**) unterstützt, ist zumeist unmittelbar an der Erbringung der Auftragsleistung beteiligt. Das gilt jedenfalls dann, wenn der Vertrag vorsieht, dass die zu liefernden Mittel durch den Auftragnehmer auch hergestellt werden müssen. Das legitime Interesse des Auftraggebers an dem Nachweis der Eignung dieses Dritten ist in diesen Fällen zu bejahen, sodass viel darauf hindeutet, den Dritten **als Nachunternehmer** zu qualifizieren.

– **Verblisterung:** Ein Dritter, welcher die Verblisterung (sog. **Primärverpackung**) der nachgefragten Arzneimittel für den Auftragnehmer des Rabattvertrags vornimmt, erbringt einen Teil der ausgeschriebenen Leistung (vgl. § 4 Abs. 14 AMG, der auch das Abpacken als Teil des Herstellungsprozesses versteht), denn diese Leistung steht mit dem Vertragsgegenstand – den zu liefernden Arzneimitteln – in unmittelbarem Bezug. Es spricht daher viel dafür, den Dritten **als Nachunternehmer** zu qualifizieren.

---

[252] OLG Naumburg Beschl. v. 4.9.2008 – 1 Verg 4/08, BeckRS 2008, 23015; Beschl. v. 26.1.2005 – 1 Verg 21/04, BeckRS 2005, 1683; VK Rheinland-Pfalz Beschl. v. 29.5.2007 – VK 20/07, IBRRS 2015, 0866.

[253] OLG Naumburg Beschl. v. 4.9.2008 – 1 Verg 4/08, BeckRS 2008, 23015; Beschl. v. 26.1.2005 – 1 Verg 21/04, BeckRS 2005, 1683; VK Südbayern Beschl. v. 5.6.2019 – Z3-3-3194-1-06-02/19, BeckRS 2019, 14438 Rn. 110; VK Bund Beschl. v. 6.6.2016 – VK 1-30/16, BeckRS 2016, 127271 Rn. 53; VK Sachsen Beschl. v. 10.10.2008 – 1/SVK/051-08, BeckRS 2009, 04139.

[254] VK Lüneburg Beschl. v. 30.1.2009 – VgK-54/08, BeckRS 2009, 12043.

[255] VK Thüringen Beschl. v. 4.1.2019 – 250-4002-8706/2018-E-027-EF, IBRRS 2019, 1907; VK Bund Beschl. v. 6.6.2016 – VK 1-30/16, BeckRS 2016, 127271 Rn. 53. Anders noch OLG Celle Beschl. v. 5.7.2007 – 13 Verg 8/07, ZfBR 2007, 706; OLG Naumburg Beschl. v. 26.1.2005 – 1 Verg 21/04, BeckRS 2005, 1683; Beschl. v. 9.12.2004 – 1 Verg 21/04, NJOZ 2005, 1630.

[256] OLG Naumburg Beschl. v. 26.1.2005 – 1 Verg 21/04, BeckRS 2005, 1683; VK Lüneburg Beschl. v. 30.1.2009 – VgK-54/08, BeckRS 2009, 12043.

[257] Zu den einzelnen Herstellungshandlungen s. *Krüger* in Kügel/Müller/Hofmann, Arzneimittelgesetz, Kommentar, 2. Aufl. 2016, AMG § 4 Rn. 115–126.

– **Sekundärverpackung:** Ein Dritter, der für den Auftragnehmer des Rabattvertrags die Verpackungsschachteln/Packungsbeilagen (sog. Sekundärverpackung) für die nachgefragten Arzneimittel herstellt, erfüllt **lediglich eine Hilfsfunktion,** für die keine besondere Qualifikation erforderlich ist und die nicht im fachlichem Bezug zur nachgefragten Leistung steht (keine Herstellung iSv § 4 Abs. 14 AMG). Das spricht dafür, den Dritten in diesen Fällen **nicht als Nachunternehmer** zu qualifizieren.
– **Arzneimittelrechtliche Freigabe:** Ein Dritter, der für die vom Auftragnehmer des Rabattvertrags zu liefernden Arzneimittel die arzneimittelrechtliche Freigabe erteilt, erbringt einen Teil der ausgeschriebenen Leistung. Diese Leistung steht mit dem Vertragsgegenstand – den zu liefernden Arzneimitteln – in unmittelbarem Bezug, denn die arzneimittelrechtliche Freigabe gehört **gem. § 4 Abs. 14 AMG** zum Herstellungsprozess. Das legitime Interesse des Auftraggebers an dem Nachweis der Eignung dieses Dritten ist daher zu bejahen, sodass viel dafürspricht, den Dritten **als Nachunternehmer** zu qualifizieren.

f) **Ausschreibung von Rabattverträgen über biologisch/biotechnologisch hergestellte Arzneimittel.** Klärungsbedürftige Fragestellungen im Hinblick auf die künftige Entwicklung des Arzneimittelmarkts sind mit **der Ausschreibungsfähigkeit/-pflicht von Rabattverträgen** gem. § 130a Abs. 8 SGB V **über biologisch bzw. biotechnologisch hergestellte Arzneimittel (sog. Biologicals)** verbunden (→ Rn. 45). Im Jahr 2020 wies der Markt für Biopharmazeutika in Deutschland ein Umsatzvolumen von 14,6 Mrd. EUR[258] auf und stieg damit um mehr als 5 Mrd. EUR gegenüber dem Jahr 2018 an.[259] Diese Tendenz ist weiterhin steigend und entsprechende Rabattvertragsausschreibungen daher höchst praxisrelevant.

Erste Rabattverträge nach § 130a Abs. 8 SGB V über biopharmazeutische Arzneimittel bezogen sich auf sog. **Bioidenticals.** Das sind biologisch/biotechnologisch hergestellte Arzneimittel, bei denen sowohl Wirkstoff als auch Herstellungsprozess identisch sind, die aber gleichwohl von verschiedenen Herstellern auf dem Arzneimittelmarkt angeboten werden. Der **Abschluss von Rabattverträgen** über bioidentische Arzneimittel wurde von den Vergabenachprüfungsinstanzen von vornherein **nahezu einhellig als ausschreibungspflichtiger öffentlicher Auftrag qualifiziert.**[260] Nachprüfungsverfahren im Rahmen von Ausschreibungen bioidentischer Arzneimittel befassten sich schwerpunktmäßig mit der Rechtmäßigkeit der konkreten Beschaffungsbedarfsbestimmung und der Gestaltung der Vergabeunterlagen durch die ausschreibenden Krankenkassen.[261] Durch eine Änderung des Arzneimittelrahmenvertrags nach § 129 Abs. 2 SGB V[262] erstreckt sich die Substitutionspflicht nach § 129 Abs. 1 S. 3 SGB V mittlerweile auch auf bestimmte biologische/biotechnologische Arzneimittel. Als therapeutisch vergleichbar und dadurch als substituierbar gelten diese nunmehr, sofern sie unter Bezugnahme auf das Referenzarzneimittel zugelassen wurden, sich in Ausgangsstoffen und Herstellungsprozess nicht unterscheiden sowie in Anlage 1 zum Rahmenvertrag nach § 129 Abs. 2 SGB V namentlich aufgelistet sind.[263]

Von Bioidenticals zu unterscheiden sind sog. **Biosimilars.** Diese stellen Nachahmerpräparate der biopharmazeutischen Arzneimittel dar, die nach Patentablauf des Originalpräparats auf den Markt gebracht werden können (→ Rn. 45). Biosimilars weisen eine Vergleichbarkeit in Bezug auf Sicherheit, Wirksamkeit und Qualität hinsichtlich der Wirksubstanz mit dem bereits zugelassenen Originalprodukt auf und sind üblicherweise auch für die gleichen Indikationen zugelassen. Bedingt durch den komplexen Herstellungsprozess mittels lebender Organismen, der bei jedem Hersteller eines Biosimilars unterschiedlich ausgestaltet ist, können Biosimilars dem Originalprodukt immer

---

[258] Abrufbar unter: https://de.statista.com/statistik/daten/studie/30795/umfrage/anteil-der-biopharmazeutika-am-pharmamarkt/#~:text=Der%20bundesweite%20umsatz%20mit%20Biopharmazeutika,5%20Milliarden%20Euro%20Pharmaumsatz%20insgesamt.
[259] Angabe des Verbands forschender Pharma-Unternehmen für Biotechnologie (vfa bio), abrufbar unter https://www.pharma-fakten.de/news/details/789-neue-bestmarke-bei-biopharmazeutika-zulassungen/.
[260] LSG Nordrhein-Westfalen Beschl. v. 10.9.2009 – L 21 KR 53/09 STB, IBRRS 2010, 2825 mAnm *Gabriel* VergabeR 2010, 135 (142 ff.); VK Bund Beschl. v. 21.9.2012 – VK 3-102/12, VPRRS 2012, 0447; Beschl. v. 22.5.2009 – VK 1-77/09, veris; Beschl. v. 15.8.2008 – VK 3-107/08, IBRRS 2014, 0032. Anders nur LSG Baden-Württemberg Beschl. v. 28.10.2008 – L 11 KR 4810/08 ER-B, IBRRS 2009, 0943 mAnm *Weiner* VergabeR 2009, 182 (189 ff.).
[261] OLG Düsseldorf Beschl. v. 8.6.2011 – VII-Verg 2/11, IBRRS 2011, 3862; Beschl. v. 17.1.2011 – VII-Verg 2/11, BeckRS 2011, 18629; VK Bund Beschl. v. 29.11.2010 – VK 2-113/10, VPRRS 2013, 0620.
[262] Rahmenvertrag über die Arzneimittelversorgung nach § 129 Abs. 2 SGB V in der Fassung v. 1.4.2020.
[263] OLG Düsseldorf Beschl. v. 30.1.2012 – VII-Verg 103/11, BeckRS 2012, 6483; Beschl. v. 8.6.2011 – VII-Verg 2/11, IBRRS 2011, 3862; Beschl. v. 17.1.2011 – VII-Verg 2/11, BeckRS 2011, 18629; VK Bund Beschl. v. 25.11.2011 – VK 135/11, IBRRS 2013, 2443; Beschl. v. 29.11.2010 – VK 2-113/10, VPRRS 2013, 0620.

nur ähnlich, aber **nie identisch mit diesem** sein.[264] Da Biosimilars somit weder einen mit dem Originalpräparat identischen Wirkstoff besitzen noch einem identischen Herstellungsprozess entstammen, ist **mit dem Abschluss eines Rabattvertrags** nach § 130a Abs. 8 SGB V **bislang keine Substitutionspflicht** nach § 129 Abs. 1 S. 3 SGB V **verbunden.**[265] Ärzte halten einen Austausch der Biosimilars mit anderen Arzneimitteln oftmals für nicht angezeigt und müssen einen solchen im Rahmen ihrer Therapiefreiheit auch nicht vornehmen. Gleiches gilt derzeit noch für Apotheker. Die fehlende Substitutionspflicht nach § 129 Abs. 1 S. 3 SGB V für biosimilare Arzneimittel führt allerdings nicht dazu, dass Rabattverträge über Biosimilars generell unpraktikabel sein müssen und wettbewerbliche Vergabeverfahren aus Sicht der ausschreibenden Krankenkassen keinen Sinn machen würden. Denn bei der Substitutionspflicht nach § 129 Abs. 1 S. 3 SGB V handelt es sich regelmäßig zwar um eine **hinreichende, keinesfalls aber um eine notwendige Bedingung für eine vergaberechtliche Ausschreibungspflicht** eines Rabattvertrags. Vielmehr ist im konkreten Einzelfall festzustellen, ob der beteiligte pharmazeutische Unternehmer durch den Rabattvertrag einen geldwerten Wettbewerbsvorteil erlangt (Rn. 41 ff.).[266]

92 Der **Gesetzgeber** hat im Zuge des **GSAV** (→ Rn. 8) nun beschlossen, dass durch einen neuen § 129 Abs. 1 S. 9 SGB V die **Vorgaben für Apotheker zur Ersetzung eines wirkstoffgleichen Arzneimittels künftig auch für biopharmazeutische Arzneimittel** entsprechend gelten.[267] Die Änderungen treten nach Art. 21 Abs. 4 GSAV drei Jahre nach dem GSAV und dadurch **am 16.8.2022** in Kraft. Der dann gültige § 129 Abs. 1 S. 9 SGB V lautet: „Die Regelungen für preisgünstige Arzneimittel nach Satz 1 Nummer 1 und 2 und den Sätzen 2 bis 8 gelten entsprechend für im Wesentlichen gleiche biotechnologisch hergestellte biologische Arzneimittel, für die der Gemeinsame Bundesausschuss in den Richtlinien nach § 92 Absatz 1 Satz 2 Nummer 6 eine Austauschbarkeit in Bezug auf ein biologisches Referenzarzneimittel festgestellt hat". Gemäß § 129 Abs. 1a S. 3 SGB V iVm Art. 10 Abs. 4 Gemeinschaftskodex Humanarzneimittel (= RL 2001/83/EG) sind im Wesentlichen gleiche biotechnologisch hergestellte biologische Arzneimittel solche, die einem biologischen Referenzarzneimittel (in der Regel das Originalprodukt) zwar ähnlich sind, sich aber insbesondere die Rohstoffe oder der Herstellungsprozess von dem des biologischen Referenzarzneimittels unterscheiden. Künftig sollen also auch **biologische Arzneimittel durch** im Wesentlichen gleiche und rabattierte **Biosimilars durch die Apotheken substituiert** werden. Der Gemeinsame Bundesausschuss hat nach § 129 Abs. 1a S. 5 SGB V bis spätestens zum 16.8.2022 in den Arzneimittelrichtlinien nach § 92 Abs. 1 S. 2 Nr. 6 SGB V Hinweise zur Austauschbarkeit von biologischen Arzneimitteln durch Biosimilars auf Ebene der Apotheken zu erlassen, da die Ersetzung eines biologischen Referenzarzneimittels durch ein entsprechendes Biosimilar der vorherigen Feststellung der Austauschbarkeit bedarf. Eine automatische Austauschbarkeit wird anders als im generischen Arzneimittelbereich nicht konstituiert.[268]

93 Im Hinblick auf den **Abschluss von Rabattvereinbarungen** gem. § 130a Abs. 8 SGB V über Biosimilars bedeutet diese Gesetzesänderung durch das GSAV, dass eine **Entgeltlichkeit** und somit das Vorliegen eines öffentlichen Auftrags gem. § 103 Abs. 1 GWB allein bereits durch die mit der Substitutionspflicht verbundene **Steuerungs- und Lenkungswirkung** zugunsten des Absatzes des rabattierten Biosimilars zu bejahen ist. Denn durch den Abschluss eines Rabattvertrags sind Apotheker nach Maßgabe des § 129 Abs. 1 SGB V dann zur Abgabe des entsprechend rabattierten Biosimilars verpflichtet, sofern der Gemeinsame Bundesausschuss die Austauschbarkeit festgelegt hat. Durch diese Substitutionspflicht wird der Absatz zu dem rabattierten Arzneimittel gelenkt, sodass durch die damit einhergehende Absatzsteigerung ein **wirtschaftlicher Vorteil** für den pharmazeutischen Unternehmer entsteht. Das führt absehbar dazu, dass Rabattverträge über Biosimilars im Ergebnis weitestgehend mit Rabattverträgen über Generika gleichlaufen werden und die hierzu ergangene Rechtsprechung entsprechend herangezogen werden kann (→ Rn. 53 ff.).

94 **3. Rabattverträge über Fertigarzneimittel zur Herstellung parenteraler Zubereitungen in der Onkologie gem. § 130a Abs. 8a SGB V. a) Überblick.** Der mit Zytostatika-Zubereitungen und parenteralen Lösungen erzielte **Umsatz** der öffentlichen Apotheken mit der GKV liegt im Milliarden-Euro-Bereich: Für das Jahr 2020 wurde ein Gesamtumsatz mit Zytostatika-Zubereitungen und parenteralen Lösungen von **ca. 4,7 Mrd. EUR** ermittelt.[269] Dementsprechend

---

[264] *Dierks* NJOZ 2013, 1; *Gabriel/Weiner* NZS 2009, 422 (425).
[265] *Dierks* NJOZ 2013, 1.
[266] Zu Exklusivitätsvereinbarungen in diesem Zusammenhang s. auch OLG Düsseldorf Beschl. v. 27.5.2015 – VII-Verg 2/15, BeckRS 2015, 18293; VK Bund Beschl. v. 12.1.2015 – VK 1-104/14, VPRRS 2015, 0084.
[267] Dazu auch *Lietz/Zumdick* PharmR 2019, 493 (501 f.).
[268] BT-Drs. 19/8753, 63.
[269] „Die Apotheke – Zahlen, Daten, Fakten 2021", 54 (Stand: Juni 2021), herausgegeben von der Bundesvereinigung deutscher Apothekerverbände und abrufbar unter https://www.abda.de/aktuelles-und-presse/publikationen/detail/die-apotheke-zahlen-daten-fakten-2021/.

3. Rabattverträge über Fertigarzneimittel gem. § 130a Abs. 8a SGB V

hoch ist für die Verbände der gesetzlichen Krankenkassen das wirtschaftliche Potential, durch Rabattverträge und andere Instrumente in diesem Bereich Einsparungen bei den Arzneimittelausgaben zu generieren. Mit dem **AMVSG** wurde in einem neuen § 130a Abs. 8a SGB V deshalb erstmals eine ausdrückliche Ermächtigung zum Abschluss von **Rabattvereinbarungen über Fertigarzneimittel** zur Herstellung von parenteralen Zubereitungen zur Anwendung in der Onkologie eingeführt (→ Rn. 8).[270] Ergänzend wurde durch § 129 Abs. 1 S. 4 SGB V die **Apotheken-Substitutionspflicht** auch auf Fertigarzneimittel erstreckt, die für in Apotheken hergestellte parenterale Zubereitungen verwendet werden, sofern für das wirkstoffgleiche Arzneimittel eine Rabattvereinbarung mit Wirkung für die Krankenkasse nach dem neuen § 130a Abs. 8a SGB V besteht. Indem zeitgleich die **Abschaffung exklusiver Zytostatika-Versorgungsverträge**[271] erfolgte, sind im Zuge des AMVSG ausschreibungsbedürftige Versorgungsverträge auf die Ebene der pharmazeutischen Unternehmer als Hersteller der Ausgangsstoffe der parenteralen Zubereitungen verlagert worden.[272]

Durch § 130a Abs. 8a SGB V sind die **Landesverbände der Krankenkassen und die Ersatzkassen einheitlich und gemeinsam** (→ Rn. 98) dazu **ermächtigt,** mit pharmazeutischen Unternehmen **Rabattverträge über** solche **Fertigarzneimittel abzuschließen,** die in Apotheken zur Herstellung parenteraler Zubereitungen verwendet werden, die zur Anwendung in der Onkologie bestimmt sind. Die Ermächtigung **ähnelt der Vorschrift des § 130a Abs. 8 SGB V.** Beide Absätze **unterscheiden** sich jedoch darin, dass zum Abschluss von Arzneimittelrabattverträgen nach § 130a Abs. 8 SGB V die Krankenkassen und ihre Verbände befugt sind, während die Abschlusskompetenz für Rabattverträge über Fertigarzneimittel nach § 130a Abs. 8a S. 2 SGB V den Landesverbänden der Krankenkassen einheitlich und gemeinsam mit den Ersatzkassen obliegt.

Ähnlich den Arzneimittelrabattverträgen nach § 130a Abs. 8 SGB V sind auch Fertigarzneimittelrabattverträge nach § 130a Abs. 8a SGB V als **Rahmenvereinbarungen iSv § 103 Abs. 5 GWB, § 21 VgV zu qualifizieren,** wenn die Voraussetzungen eines öffentlichen Auftrags nach § 103 Abs. 1, 2 GWB erfüllt sind.[273] Denn auch Rabattverträgen über Fertigarzneimittel zur Herstellung parenteraler Zubereitungen ist gerade **das für Rahmenvereinbarungen typische Risiko immanent,** dass sich das endgültige Auftragsvolumen nicht abschließend im Voraus beziffern lässt, sondern nur anhand der Daten über die zurückliegenden Jahre eine ungefähre Prognose aufgestellt werden kann. Die im Rahmen der Rabattverträge nach § 130a Abs. 8 SGB V getätigten Aussagen sind auf Rabattverträge über Fertigarzneimittel zur Herstellung parenteraler Zubereitungen entsprechend zu übertragen, da die Vorschrift des § 130a Abs. 8a SGB V inhaltlich an § 130a Abs. 8 SGB V angelehnt ist. Im Gegensatz zu generischen Arzneimitteln können Fertigarzneimittel zur Herstellung parenteraler Zubereitungen allerdings einen **Wirkstoffpatentschutz** besitzen. Da es bei Fertigarzneimitteln mit Wirkstoffpatentschutz aus patentrechtlichen Gründen keine zugelassenen wirkstoffgleichen Arzneimittel geben kann, **läuft die Apotheken-Substitutionspflicht in diesen Fällen** bei Fertigarzneimitteln nach § 129 Abs. 1 S. 4 SGB V **leer.** Denn eine Substitution kann nur stattfinden, wenn wirkstoffgleiche (Fertig-)Arzneimittel existieren. Das führt dazu, dass mit dem Abschluss eines Rabattvertrags über ein Fertigarzneimittel mit Wirkstoffpatentschutz **nicht automatisch eine Lenkungs-/Steuerungswirkung** zugunsten des Absatzes des rabattierten Fertigarzneimittels **einhergeht.**[274] Hieraus folgt umgekehrt, dass mit dem Abschluss eines **Rabattvertrags über ein Fertigarzneimittel ohne Wirkstoffpatentschutz** in der Regel eine **Lenkungs-/Steuerungswirkung einhergeht,** da hierbei mehrere wirkstoffgleiche (Fertig-)Arzneimittel existieren und der Absatz sich grundsätzlich zugunsten des rabattierten Fertigarzneimittels verschiebt.

b) Ausschreibung von Rabattverträgen gem. § 130a Abs. 8 SGB V. Aufgrund der **ähnlichen gesetzlichen Ausgestaltung** der Rabattverträge über Fertigarzneimittel zur Herstellung parenteraler Zubereitungen sowie der Rabattverträge nach § 130a Abs. 8 SGB V **können** die dazu entwickelten **Rechtsprechungslinien grundsätzlich entsprechend herangezogen werden. Besonderheiten** ergeben sich aber daraus, dass Rabattverträge über Fertigarzneimittel zur Herstellung parenteraler Zubereitungen in gewisser Hinsicht eine Zwischenstellung einnehmen und sich nicht kategorisch den Rabattverträgen betreffend Generika oder den Rabattverträgen betreffend patentgeschützter Originalpräparate zuordnen lassen. **Daraus folgt,** dass grundsätzlich die **zu generischen**

---

[270] Zum normativen Regelungsgehalt des § 130a Abs. 8a SGB V auch *Stallberg* PharmR 2019, 440 (440 f.).
[271] Zur faktisch rückwirkenden Abschaffung der Exklusivverträge *Esch/Feldmann* PharmR 2017, 1 (4 f.).
[272] S. zu den damit verbundenen gesetzgeberischen Motiven Gesetzesentwurf zum AMVSG, 32. Kritisch hierzu *Esch/Feldmann* PharmR 2017, 1 (2 f.).
[273] Zu den Voraussetzungen und dem Begriff des öffentlichen Auftrags BeckOK VergabeR/*Stein* GWB § 103 Rn. 1–5.
[274] Zur Substitutionspflicht nach § 129 Abs. 1 S. 4 SGB V im einstweiligen Rechtsschutzverfahren vgl. LSG Nordrhein-Westfalen Beschl. v. 31.10.2018 – L 11 KR 68/18 B ER, BeckRS 2018, 43104. In diesem Fall klagte ein Apotheker dagegen, zur Abgabe eines substituierten Fertigarzneimittels verpflichtet zu sein.

Rabattverträgen entwickelte Rechtsprechung vorrangig heranzuziehen ist (→ Rn. 53 ff.). Bei ausschreibungsrelevanten **Fragen hinsichtlich eines** etwaig vorhandenen **Wirkstoffpatentschutzes** der Fertigarzneimittel ist hingegen eher die dazu ergangene Rechtsprechung zu berücksichtigen (→ Rn. 72 ff.).

98 Gemäß § 130a Abs. 8a S. 2 SGB V dürfen Rabattverträge über Fertigarzneimittel zur Herstellung parenteraler Zubereitungen nur **gemeinsam und einheitlich von den Landesverbänden der Krankenkassen und den Ersatzkassen geschlossen** werden. Es handelt sich hierbei um eine **zwingende Voraussetzung;** der Abschluss solcher Rabattvereinbarungen darf nicht krankenkassenindividuell vorgenommen werden.[275] Klärungsbedürftig ist, welche **Rechtsfolgen** sich **bei** einem Vertragsabschluss unter **Missachtung** dieser gesetzgeberischen Vorgabe ergeben.[276] Ein solcher Rabattvertrag dürfte wegen Verstoßes gegen die zwingende Vorgabe zu einem gemeinsamen und einheitlichen Vertragsabschluss **nichtig iSd § 134 BGB** sein. Zunächst ist eine solche Rabattvereinbarung wegen Missachtung der insoweit eindeutigen gesetzgeberischen Vorgabe in jedem Fall rechtswidrig. Um bei Verträgen nach dem SGB V darüber hinaus eine Nichtigkeit iSd § 134 BGB annehmen zu können,[277] bedarf es eines sog. **qualifizierten Rechtsverstoßes;** nicht jeder Verstoß führt zugleich zu einer Unwirksamkeit des gesamten Vertrags.[278] Die Rechtsprechung des BSG nimmt einen solchen qualifizierten Rechtsverstoß an, wenn „zwingende Rechtsnormen bestehen, die einer vertraglichen Gestaltung nicht zugänglich sind, oder wenn ein bestimmtes Ziel von vornherein nicht durch einen Vertragsabschluss erreicht werden darf".[279] Gerade unter Berücksichtigung des gesetzgeberischen Ziels, Verwürfe möglichst zu vermeiden und der eindeutigen gesetzgeberischen Vorgabe, Rabattverträge zwingend gemeinsam und einheitlich zu schließen, dürfte ein solch qualifizierter Rechtsverstoß bei Missachtung dieser Vorgaben anzunehmen sein. Die daraus folgende Frage lautet, welche Konsequenzen mit der Unwirksamkeit des Vertrags einhergehen.[280] Grundsätzlich ist der Rabattvertrag von Anfang an als unwirksam zu betrachten und die jeweils empfangenen Leistungen mangels Rechtsgrunds herauszugeben bzw. **rückabzuwickeln.** Inwieweit die gewährten Rabatte und die getroffenen Substitutionsentscheidungen der Apotheken einer Rückabwicklung zugänglich sind, ist durch die Rechtsprechung bislang nicht geklärt.

99 Grundsätzlich lassen sich die bereits zu Arzneimittelrabattverträgen nach § 130a Abs. 8 SGB V getätigten Aussagen entsprechend auf Rabattverträge über Fertigarzneimittel übertragen. **In Bezug auf** Zytostatika-Versorgungsverträge nach § 129 Abs. 1 S. 3 SGB V aF hat die Rechtsprechung konkretisierende Aussagen getroffen, die sich inhaltlich auch auf die jetzigen Fertigarzneimittelrabattverträge nach § 130a Abs. 8a SGB V übertragen lassen. Im Hinblick auf die bieterseitigen **Kalkulationsrisiken** erkennt die Rechtsprechung an, dass den Bietern grundsätzlich die **Verordnungsdaten aus der Vergangenheit** zur Verfügung zu stellen sind. Die Rechtsprechung hat hierzu ferner entschieden, dass hiermit nicht die Verpflichtung des Auftraggebers einhergeht, solche Daten mit erheblichem Aufwand ermitteln zu müssen. Im zugrundeliegenden Fall verfügte die Krankenkasse nicht über entsprechend verlässliche Daten und konnte auch nicht mit adäquaten Mitteln beschaffen, da es die erste Ausschreibung dieser Art der Auftraggeberin war.[281] Es stellt ebenso **kein unzumutbares Kalkulationsrisiko** dar, **wenn die Bieter ihre anzubietenden Preise** während der Grundlaufzeit der Rahmenvereinbarung und auch während eines optional vorgesehenen Verlängerungszeitraums **nicht neu verhandeln dürfen.** Das gilt insbesondere dann, wenn die Grundlaufzeit und der optionale Verlängerungszeitraum zusammen noch innerhalb des Regelrahmens von vier Jahren nach § 21 Abs. 6 VgV liegen.[282] Bei einer **kalkulationserheblichen Veränderung des Beschaffungsbedarfs** im Sinne einer Reduzierung oder Erweiterung des ausgeschriebenen Leistungsumfangs hat der Auftraggeber es den Bietern grundsätzlich zu jedem Zeitpunkt des Vergabeverfahrens zu ermöglichen, hierauf entsprechend reagieren zu können.[283] Stellt sich eine solche kalkulationserhebliche **Veränderung des Leistungsumfangs nach Angebotsabgabe** heraus, müssen die

---

[275] In diese Richtung tendierend auch LSG Nordrhein-Westfalen Beschl. v. 31.10.2018 – L 11 KR 68/18 B ER, BeckRS 2018, 43104 Rn. 43. Zu den (nur) deklaratorischen Änderungen durch das GSAV s. auch BT-Drs. 19/8753, 64; *Stallberg* PharmR 2019, 440 (440 f.).
[276] Hierzu ausführlich auch *Stallberg* PharmR 2019, 440 (442 f.).
[277] Zur Anwendung der Vorschrift des § 134 BGB bei Verträgen nach dem SGB V BSG Urt. v. 5.11.2008 – B 6 KA 55/07 R, BeckRS 2009, 50613 Rn. 14; Urt. v. 5.7.2000 – B 3 KR 20/99 R, NVwZ-RR 2001, 450 (452).
[278] So auch *Stallberg* PharmR 2019, 440 (442).
[279] BSG Urt. v. 5.11.2008 – B 6 KA 55/07 R, BeckRS 2009, 50613 Rn. 14.
[280] Dazu auch *Stallberg* PharmR 2019, 440 (443).
[281] VK Bund Beschl. v. 20.9.2016 – VK 2-85/16, BeckRS 2016, 127383 Rn. 58 ff.
[282] VK Bund Beschl. v. 21.9.2016 – VK 2-87/16, VPRRS 2016, 0427.
[283] OLG Düsseldorf Beschl. v. 17.5.2017 – VII-Verg 43/16, BeckRS 2017, 118300 Rn. 9 ff.; sodann fortgeführt mit Beschl. v. 18.10.2017 – VII-Verg 21/17, NZBau 2018, 312 Rn. 17 ff.

3. Rabattverträge über Fertigarzneimittel gem. § 130a Abs. 8a SGB V

Bieter an ihren Angeboten entsprechende Änderungen vornehmen dürfen.[284] Wenn hingegen eine Gesetzesänderung vor Abgabe der Angebote erfolgt, dann haben die Bieter die mögliche Leistungsreduzierung durch eine verkürzte Vertragslaufzeit entsprechend zu berücksichtigen. Der Auftraggeber muss den Bietern hierbei nicht die Möglichkeit gewähren, Änderungen an ihren Angeboten vornehmen zu können.[285]

100 Im Schrifttum wird vereinzelt diskutiert, in Rabattverträgen über Fertigarzneimittel vorzusehen, dass pharmazeutische Unternehmen nicht nur gegenüber der Krankenkasse einen Rabatt gewähren, sondern zusätzlich den Apotheken ebenfalls einen Rabatt einräumen sollen, um diesen eine wirtschaftliche Abrechnung der Fertigarzneimittel zu den Preisen der sog. Hilfstaxe zu ermöglichen (sog. **Doppelrabatt-Konstruktionen**).[286] Die Zulässigkeit solcher Doppelrabatte ist fragwürdig. Der Gesetzgeber hat mit dem AMVSG in systematischer Hinsicht zwei unterschiedliche Mechanismen zur Generierung von Einsparungen der gesetzlichen Krankenkassen eingeführt: einerseits die Rabattvereinbarungen mit pharmazeutischen Unternehmern nach § 130a Abs. 8a SGB V, andererseits die Anpassung der in der Hilfstaxe vereinbarten Preise für parenterale Zubereitungen aus Fertigarzneimitteln. Diese Preisanpassungen betreffen die Apotheken, die bei der Abrechnung der hergestellten Zubereitungen an die in der Hilfstaxe vereinbarten Preise gebunden sind. Vor diesem Hintergrund erscheint es **sachwidrig,** wenn im Rahmen der Rabattvereinbarungen **Doppelrabattkonstruktionen** zulässig wären, da hierdurch die Unternehmen in doppelter Hinsicht zur Rabattgewährung verpflichtet und demgegenüber die Apotheken umgekehrt doppelt begünstigt würden.[287]

---

[284] OLG Düsseldorf Beschl. v. 17.5.2017 – VII-Verg 43/16, BeckRS 2017, 118300 Rn. 9 ff.
[285] OLG Düsseldorf Beschl. v. 18.10.2017 – VII-Verg 21/17, NZBau 2018, 312 Rn. 17 ff.; VK Bund Beschl. v. 21.4.2017 – VK 1-37/17, BeckRS 2017, 129603 Rn. 26 ff.; Beschl. v. 20.4.2017 – VK 1-33/17, veris.
[286] Dazu auch *Stallberg* PharmR 2019, 440 (444 f.).
[287] Im Ergebnis ebenso aber mit teilweise anderer Argumentation *Stallberg* PharmR 2019, 440 (444 f.).

2. Teil Haushaltsvergaberecht

I. Haushaltsvergaberecht

Schrifttum: Haushalts(vergabe)recht: *Burgi*, Vergaberecht, 3. Aufl. 2021, § 25 f.; *Dittrich*, Bundeshaushaltsordnung – Kommentar, 2020; *Gröpl*, Bundeshaushaltsordnung/Landeshaushaltsordnung (BHO/LHO) – Kommentar, 2. Aufl. 2019; *Hausmann*, Systematik und Rechtsschutz des Vergaberechts, GewArch 2012, 107; *Hollands/Sauer*, Geteiltes oder einheitliches Vergaberecht?, DÖV 2006, 55; *Kube*, Haushaltsrecht, in Ehlers/Fehling/Pünder, Besonderes Verwaltungsrecht, Band 3, 3. Aufl. 2013; *Meißner*, Landesvergabegesetze – Besonderheiten, Innovation, Schwierigkeiten, ZfBR 2013, 20; *Rechten*, Der Auftraggeberbegriff im Wandel, NZBau 2014, 667; *Schaller*, Wichtige Regeln für Beschaffungen der öffentlichen Hand – Thüringer Gesetz für die Vergabe öffentlicher Aufträge, LKV 2020, 241; *Siegel*, Das Haushaltsvergaberecht – Systematisierung eines verkannten Rechtsgebiets, VerwArch 2016, 1; *Siegel*, Die Konzessionsvergabe im Unterschwellenbereich, NZBau 2019, 353; *Wagner/Steinkämper*, Zum Zusammenspiel von Kartellvergaberecht und Haushaltsvergaberecht, NZBau 2006, 550; *Zeiss*, Sichere Vergabe unterhalb der Schwellenwerte, 3. Aufl. 2016.

Vergabeordnungen: *Frenz*, Unterschwellenvergaben, VergabeR 2018, 245; *Janssen*, Die VOB/A 2019 – Änderungen und Hintergründe, NZBau 2019, 147; *Lausen*, Die Unterschwellenvergabeordnung – UVgO, NZBau 2017, 3; *Ollmann*, Von der VOL zur UVgO, VergabeR 2016, 687; *Siegel*, Zur funktionalen Annäherung des Haushaltsvergaberechts an das Kartellvergaberecht durch die UVgO, VergabeR 2018, 183; *Zimmermann*, Die Vergabe von Architekten- und Ingenieurleistungen nach der Unterschwellenvergabeordnung (UVgO), ZfBR 2017, 334.

Kartellvergaberecht (mit Relevanz für das Haushaltsvergaberecht): *Baudis*, Überblick zu den Rahmenbedingungen binnenmarktrelevanter Vergaben, VergabeR 2019, 589; *Bergmann/Vetter*, Das Vergaberechtsmodernisierungsgesetz und die Vergaberechtsmodernisierungsverordnung, VBlBW 2016, 221; *Braun*, Stand der Konzessionsvergabe, NZBau 2019, 622; *Braun*, Neues von der Konzessionsvergabe, VergabeR 2020, 251; *Bulla*, Die Vergabe von Architekten- und Ingenieurleistungen, VergabeR 2019, 8; *Burgi*, Die Vergabe von Dienstleistungskonzessionen: Verfahren, Vergabekriterien, Rechtsschutz, NZBau 2005, 610; *Burgi*, Entwicklungstendenzen und Handlungsnotwendigkeiten im Vergaberecht, NZBau 2018, 579; *Gerlach*, Geltung der AEUV-Grundsätze auch bei Inhouse-Vergaben nach der Richtlinie 2014/24/EU, NZBau 2020, 426; *Gabriel/Voll*, Das Ende der Inländerdiskriminierung im Vergabe(primär)recht, NZBau 2014, 155; *Goldbrunner*, Das neue Recht der Konzessionsvergabe, VergabeR 2016, 365; *Knauff/Schwensfeier*, Kein Rechtsschutz gegen Steuerung mittels „amtlicher Erläuterung"?, EuZW 2010, 611; *Krönke*, Das neue Vergaberecht, NVwZ 2016, 568; *Portz*, Aktuelle Entwicklungen im Vergaberecht, KommJur 2020, 45; *Schaller*, Die Einheitliche Europäische Eigenerklärung, NZBau 2020, 19; *Siegel*, Auslegungsmitteilungen der Kommission als tertiäres Unionsrecht, NVwZ 2008, 620; *Siegel*, Die Grundfreiheiten als Auffangordnung im europäischen und nationalen Vergaberecht, EWS 2008, 66; *Siegel*, Der neue Rechtsrahmen zur Vergabe von Dienstleistungskonzessionen, VergabeR 2015, 265; *Siegel*, Das neue Konzessionsvergaberecht, NVwZ 2016, 1672; *Vavra*, Binnenmarktrelevanz öffentlicher Aufträge, VergabeR 2013, 384; *Wollenschläger*, Konzessionen im Umweltrecht, EurUP 2016, 380; *Wollenschläger*, Diskriminierende Preisgestaltung durch ein kommunales Freizeitbad, NVwZ 2016, 1553.

Anwendungsbereich: *Antweiler*, Ausschreibungspflicht und „Bereichsausnahme" bei der Vergabe von Rettungsdienstleistungen, VergabeR 2015, 275; *Bartelt*, Der Anwendungsbereich des neuen Vergaberechts, 2017; *Burgi*, Rechtsfolgenregime und Begriff des Unternehmens des öffentlichen Rechts in der BHO, DÖV 2015, 493; *Fritz*, „Remondis" – ein weiterer Punktsieg für die Kommunen, NZBau 2017, 537; *Gabriel*, Der persönliche Anwendungsbereich des primären EG-Vergaberechts, VergabeR 2009, 7; *Ruthig*, Vergaberechtsfreier Bevölkerungsschutz – Die Bereichsausnahme des § 107 I Nr. 4 GWB und ihre Konsequenzen für den Rettungsdienst, NZBau 2016, 3; *Siegel*, Wie rechtssicher sind In-House-Geschäfte?, NVwZ 2008, 7; *Siegel*, Instate-Geschäfte, NZBau 2018, 507; *Ziekow*, Der funktionelle Auftraggeberbegriff nach § 98 Nr. 2 GWB, VergabeR 2003, 483; *Ziekow*, Die Wirkung von Bereichsausnahmen im Vergaberecht, VergabeR 2007, 711; *Ziekow*, Inhouse-Geschäfte und öffentlich-öffentliche Kooperationen: Neues vom europäischen Vergaberecht?, NZBau 2015, 258; *Ziekow/Siegel*, Public Private Partnership und Vergaberecht – Vergaberechtliche Sonderbehandlung der „In-State-Geschäfte"?, VerwArch 2005, 119.

Vergabeverfahren (Arten und Ablauf): *Badenhausen-Fähnle*, Die neue Vergabeart der Innovationspartnerschaft, VergabeR 2015, 743; *Braun*, Elektronische Vergaben, VergabeR 2016, 179; *Ewer/Mutschler-Siebert*, Die Unterbringung von Flüchtlingen – Bau-, ordnungs- und vergaberechtliche Aspekte, NJW 2016, 11; *Klimisch/Ebrecht*, Stellung und Rechte der Dialogteilnehmer im wettbewerblichen Dialog, NZBau 2011, 203; *Knauff*, *Knauff*, Elektronische öffentliche Auftragsvergabe, NZBau 2020, 421; *Otter/Siegel/Weber*, Der Vorrang der Öffentlichen Ausschreibung im Vergabewesen, V&M (Verwaltung & Management) 2007, 94; *Probst/Winters*, Die eVergabe nach der Vergaberechtsreform 2016, CR 2016, 349; *Püstow/Meiners*, Die Innovationspartnerschaft, NZBau 2016, 406; *Rosenkötter*, Die Innovationspartnerschaft, VergabeR 2016, 196; *Siegel*, Elektronisierung des Vergabeverfahrens, LKV 2017, 385; *Vogt*, E-Vergabe, 2019.

HaushaltsvergabeR

Materielle Entscheidungskriterien: *Burgi,* Ökologische und soziale Beschaffung im künftigen Vergaberecht: Kompetenzen, Inhalte, Verhältnismäßigkeit, NZBau 2015, 597; *Fuchs/van der Hout/Opitz,* HOAI-Urteil des EuGH, Vertrags- und vergaberechtliche Konsequenzen, NZBau 2019, 483; *Otting,* Eignungs- und Zuschlagskriterien im neuen Vergaberecht, VergabeR 2016, 316; *Siegel,* Wie fair ist das Vergaberecht?, VergabeR 2013, 370; *Siegel,* Mindestlöhne im Vergaberecht und der EuGH, EuZW 2016, 101; *Sulk,* Der Preis im Vergaberecht, 2015, *Thiede,* Bedarfsoptimierte Vergütung nach HOAI mit Preiswettbewerb, NZBau 2020, 231; *Tugendreich,* Mindestlohnvorgaben im Kontext des Vergaberechts, NZBau 2015, 395; *Willenbruch,* Eignungskriterien – Neue Rechtsprechung zu Möglichkeiten und Grenzen in rechtlicher und praktischer Hinsicht, VergabeR 2015, 322; *Ziekow,* Soziale Aspekte in der Vergabe, DÖV 2015, 897.

Fehlerfolgen/Rechtsschutz: *Braun,* Europarechtlicher Vergaberechtsschutz unterhalb der Schwellenwerte, VergabeR 2007, 17; *Bühs,* Die Vergabe von Rettungsdienstleistungen nunmehr vor dem Verwaltungsgericht: Hauptsache einstweiliger Rechtsschutz, NVwZ 2017, 440; *Bühs,* Grundzüge für ein Vergabeverwaltungsprozessrecht, DVBl. 2017, 1525; *Burgi,* Von der Zweistufenlehre zur Dreiteilung des Rechtsschutzes im Vergaberecht, NVwZ 2007, 737; *Burgi,* Streitbeilegung unterhalb der Schwellenwerte durch „Vergabeschlichtungsstellen", VergabeR 2010, 403; *Conrad,* Vergaberechtlicher Rechtsschutz auf landesrechtlicher Grundlage, ZfBR 2016, 124; *Dageförde,* Die Vorabinformationspflicht im Vergaberechtsschutz, NZBau 2020, 72; *Dicks,* Nochmals: Primärrechtsschutz bei Aufträgen unterhalb der Schwellenwerte, VergabeR 2012, 531; *Dreher,* Vergaberechtsschutz unterhalb der Schwellenwerte, NZBau 2002, 419; *Droege,* Die ‚Richter' der Exekutive – Organisationsverfassung der Rechnungshöfe und richterliche Unabhängigkeit ihrer Mitglieder, VerwArch 2015, 459; *Huerkamp/Kühling,* Primärrechtsschutz für Unterschwellenvergaben aus Luxemburg?, NVwZ 2011, 1409; *Jansen/Geitel,* OLG Düsseldorf: Informieren und Warten auch außerhalb des GWB, VergabeR 2018, 376; *Krist,* Änderungen im Vergabeprozessrecht, VergabeR 2016, 396; *Krumenaker,* Schadensersatz vor den Zivilgerichten wegen Vergaberechtsverstoßes ohne vorherige Rüge und Nachprüfungsantrag, NZBau 2020, 429; *Pünder,* Dulde und liquidiere im Vergaberecht, VergabeR 2016, 693; *Rennert,* Konzessionen vor den Verwaltungsgerichten, NZBau 2019, 411; *Scharen,* Rechtsschutz bei Vergaben unterhalb der Schwellenwerte, VergabeR 2011, 653; *Siegel,* Die Zwei-Stufen-Theorie auf dem Rückzug, DVBl 2007, 924; *Siegel,* Effektiver Rechtsschutz und der Vorrang des Primärrechtsschutzes, DÖV 2007, 237; *Sitsen,* Ist die Zweiteilung des Vergaberechts noch verfassungskonform?, ZfBR 2018, 654; *Wollenschläger,* Das EU-Vergaberegime für Aufträge unterhalb der Schwellenwerte, NVwZ 2007, 388; *Wollenschläger,* Vergaberechtsschutz unterhalb der Schwellen nach der Entscheidung des BVerfG vom 13. Juni 2006: verfassungs- und verwaltungsrechtliche Determinanten, DVBl 2007, 589.

Sonstiges: *Braun,* Vergabe in Zeiten der COVID-19 Krise, VergabeR 2020, 433; *Burgi,* Europa- und verfassungsrechtlicher Rahmen der Vergaberechtsreform, VergabeR 2016, 261; *Hildebrandt/Conrad,* Rechtsfragen der Rückforderung von Zuwendungen bei Verstößen gegen das Vergaberecht, ZfBR 2013, 130; *Hufen/Siegel,* Fehler im Verwaltungsverfahren, 7. Aufl. 2021; *Krönke,* Vergaberecht als Digitalisierungsfolgenrecht, Die Verwaltung 2019, 65; *Petschulat,* Auswirkungen von Vergabeerleichterungen in der Corona-Krise auf die Ausschreibung von Planungsleistungen, ZfBR 2020, 472; *Pietzcker,* Die neue Gestalt des Vergaberechts, ZHR 162 (1998), 427; *Pietzcker,* Die Zweiteilung des Vergaberechts, 2001; *Pitschas,* Die schrittweise Entwicklung des „Agreement on Government Procurement (GPA 2012)", VergabeR 2014, 255; *Siegel,* Verwaltungsrecht im Krisenmodus, NVwZ 2020, 577 (582 f.); *Stelkens/Bonk/Sachs,* Verwaltungsverfahrensgesetz, 9. Aufl. 2018; *Troidl,* Die jüngere Rechtsprechung zur Förderschädlichkeit von VOB-Verstößen in zehn Entscheidungen, NVwZ 2015, 549; *Ziekow,* Öffentliches Wirtschaftsrecht, 5. Aufl. 2020.

Übersicht

		Rn.			Rn.
I.	**Entwicklung**	1		b) Grundrechte	14
1.	Ausgangspunkt: Verortung des Vergaberechts im Haushaltsrecht	1	3.	Haushaltsrecht im engeren Sinne	16
				a) Bedeutsame Regelungen	16
				b) Wirkungsweise	23
2.	Überlagerung durch das europäische Vergaberecht	2	4.	Landesvergabegesetze	24
				a) Verbreitung und zentrale Inhalte	24
3.	Folge: Zweiteilung des Vergaberechts	3		b) Besondere Relevanz im Haushaltsvergaberecht	26
4.	Bedeutung des Haushaltsvergaberechts	4			
5.	Annäherung des Haushaltsvergaberechts an das Kartellvergaberecht	5	5.	Vergabeordnungen	27
				a) Wesen und Wirkungsweise	27
II.	**Rechtsgrundlagen**	6		b) Systematik	28
				c) Anwendungsbereich und Struktur der UVgO	29
1.	Recht der Europäischen Union	6			
	a) Vergaberichtlinien	6		d) Anwendungsbereich und Struktur der VOB/A 2019 (1. Abschnitt)	32
	b) Grundfreiheiten	8			
	c) Tertiärrecht	12	**III.**	**Personeller Anwendungsbereich**	33
2.	Verfassungsrecht	13			
	a) Staatsorganisationsrecht	13	1.	Der institutionelle Auftraggeberbegriff	33

		Rn.
2.	Bezugnahmen in den Landesvergabegesetzen	35
3.	(Begrenzte) Ausweitung durch die Grundfreiheiten	36
4.	(Mögliche) Ausweitung auf Zuwendungsempfänger	37
5.	Unternehmen	38
IV.	**Sachlicher Anwendungsbereich**	39
1.	Begriff des öffentlichen Auftrags	39
2.	Konzessionen	40
	a) Entwicklung im Kartellvergaberecht	40
	b) Bewertung im Haushaltsvergaberecht	41
3.	Ausnahmen vom Anwendungsbereich	46
	a) Entwicklung im Kartellvergaberecht	46
	b) Ausdrückliche Bezugnahmen auf das Kartellvergaberecht	48
	c) Fehlen einer ausdrücklichen Bezugnahme	50
	d) Rechtliche Anforderungen für Ausnahmen	54
V.	**Grundsätze der Vergabe**	55
1.	Allgemeine Grundsätze	55
2.	E-Vergabe	56
	a) Entwicklung im Kartellvergaberecht	56
	b) Rechtslage im Haushaltsvergaberecht	57
VI.	**Arten der Vergabe**	59
1.	Arten im Überblick	59
	a) Verfahrensarten im Kartellvergaberecht	59
	b) Verfahrensarten im Haushaltsvergaberecht	60
	c) Vergleich mit den Verfahrensarten im Kartellvergaberecht	61
	d) Der Direktauftrag als Besonderheit des Haushaltsvergaberechts	62
2.	Wahl der richtigen Verfahrensart im Einzelfall	63
	a) Grundsatz: Gleichrangigkeit zwischen der Öffentlichen Ausschreibung und der Beschränkten Ausschreibung mit Teilnahmewettbewerb	63
	b) Ausnahme: Anordnung des Vorrangs der Öffentlichen Ausschreibung	64

		Rn.
	c) Bewertung: völlige Gleichwertigkeit?	65
	d) Einschlägigkeit der Beschränkten Ausschreibung ohne Teilnahmewettbewerb und der Verhandlungsvergabe/Freihändigen Vergabe	66
	e) Insbesondere: Wertgrenzen	68
	f) Freiberufliche Leistungen	69
VII.	**Das Vergabeverfahren**	70
1.	Öffentliche Ausschreibung	70
	a) Die Vorbereitungsphase	71
	b) Die Bekanntmachungsphase	73
	c) Die Angebotsphase	77
	d) Die Prüfungs- und Wertungsphase	79
	e) Die Zuschlagsphase	82
2.	Beschränkte Ausschreibung	84
	a) Mit Teilnahmewettbewerb	84
	b) Ohne Teilnahmewettbewerb	85
3.	Freihändige Vergabe/Verhandlungsvergabe	86
VIII.	**Materielle Wertungskriterien**	89
1.	Bietereignung	89
	a) Entwicklung im Kartellvergaberecht	89
	b) Rechtslage im Haushaltsvergaberecht	91
2.	Zuschlagskriterien	93
	a) Entwicklung im Kartellvergaberecht	93
	b) Rechtslage im Haushaltsvergaberecht	94
IX.	**Unmittelbare Fehlerfolgen**	96
1.	Spezifische Fehlerfolgen	96
	a) Rechtslage im Kartellvergaberecht	96
	b) Analoge Anwendung der §§ 134 f. GWB?	97
	c) Fehlerfolge der Nichtigkeit	100
2.	Allgemeine Fehlerfolgen	101
X.	**Rechtsschutz**	104
1.	Rechtsweg	104
	a) Rechtsweg im Kartellvergaberecht	104
	b) Rechtsweg im Haushaltsvergaberecht	105
2.	Primärrechtsschutz	107
3.	Sekundärrechtsschutz	111
4.	Reformüberlegungen	112
5.	Andere Möglichkeiten der Kontrolle	113

I. Entwicklung

1. Ausgangspunkt: Verortung des Vergaberechts im Haushaltsrecht. In der innerstaatlichen Rechtsordnung war das Vergaberecht lange Zeit ausschließlich im Haushaltsrecht verankert und diente der Schonung öffentlicher Ressourcen.[1] Einklagbare subjektive Rechte unterlegener Mitbieter waren damit (konsequenterweise) nicht verbunden. Diese Ausrichtung ist durch die Vergaberichtlinien der Europäischen Gemeinschaft modifiziert worden. In ihr rückte der Gedanke des Wettbewerbs und des Mitbieterschutzes in den Vordergrund. Gleichwohl hatte sich der deutsche Gesetzgeber bei der Umsetzung der Richtlinien zunächst noch für einen Verbleib des Vergaberechts in den Bestimmungen des Haushaltsrechts entschieden (sog. „haushaltsrechtliche Lösung").[2]

2. Überlagerung durch das europäische Vergaberecht. Diese haushaltsrechtliche Lösung wurde jedoch vom Europäischen Gerichtshof als gemeinschaftsrechtswidrig eingestuft, da damit

---

[1] Übersicht bei Ziekow/Völlink/*Ziekow* GWB Einl. Rn. 1.
[2] Hierzu *Pietzcker* ZHR 162 (1998), 427 (434 ff.).

keine subjektiven Rechte und auch keine effektiven Rechtsschutzmöglichkeiten verbunden waren.[3] Infolge dieses Anpassungsdrucks von europäischer Seite hat sich der deutsche Gesetzgeber sodann für die sog. **„wettbewerbsrechtliche Lösung"** entschieden und die zentralen Bestimmungen im GWB verankert.[4] Die stark rechtsschutzorientierte Ausrichtung des europäischen Vergaberechts ist auch in den Richtlinienpaketen der Jahre 2004 und 2014 beibehalten worden.[5] Einschlägig sind die EU-Richtlinien aber nur ab Erreichen der **Schwellenwerte** (→ GWB § 106 Rn. 4 ff.). Diese liegen im Geltungsbereich der RL 2014/24/EU seit dem 1.1.2020 bei 5.350.000 EUR für öffentliche Bauaufträge (ohne Mehrwertsteuer), für Liefer- und Dienstleistungsaufträge grundsätzlich bei 214.000 EUR.[6] Der Schwellenwert für Konzessionen beträgt einheitlich für Bau- und Dienstleistungskonzessionen 5.350.000 EUR.[7] Zudem sehen die EU-Richtlinien diverse sachliche Ausnahmen vom Anwendungsbereich vor.

3 **3. Folge: Zweiteilung des Vergaberechts.** Dies hat zu einer Zweiteilung des Vergaberechts geführt.[8] Im Anwendungsbereich der EU-Vergaberichtlinien finden sich die zentralen Umsetzungsbestimmungen in §§ 97 ff. GWB. Diese bilden zugleich die oberste Stufe des gesamten Kaskadenprinzips. Dieses war zunächst dreistufig ausgestaltet mit §§ 97 ff. GWB als erste Stufe, den aufgrund einer Ermächtigung im GWB erlassenen Vergabeverordnungen als zweite Stufe sowie den Vergabe- und Vertragsordnungen als dritte Stufe. Durch die Vergaberechtsreform 2016 sind die Anforderungen der VOL/A und der VOF in den neuen Vergabeverordnungen aufgegangen, sodass die Kaskade insoweit nur noch aus zwei Stufen besteht.[9] Aufgrund der primär wettbewerbsrechtlichen Ausrichtung des GWB werden diese Bestimmungen oftmals auch als **Kartellvergaberecht** bezeichnet. Im Bereich des Kartellvergaberechts kommen die nationalen haushaltsrechtlichen Bestimmungen zwar im theoretischen Ausgangspunkt ebenfalls zur Anwendung. Sie werden jedoch von den Regelungen des Kartellvergaberechts überlagert.[10] Da das Kartellvergaberecht einen weitaus höheren Konkretisierungsgrad aufweist als die haushaltsrechtlichen Regelungen zum Vergaberecht, sollte insoweit nicht von einer „parallelen" Anwendbarkeit gesprochen werden.[11] Insbesondere richten sich die Art der Vergabe, der Ablauf des Verfahrens sowie der Rechtsschutz hier (alleine) nach den Bestimmungen des Kartellvergaberechts.

4 **4. Bedeutung des Haushaltsvergaberechts.** Von unverminderter Bedeutung sind die haushaltsrechtlichen Regelungen zum Vergaberecht hingegen außerhalb des Anwendungsbereichs der EU-Richtlinien.[12] Dies gilt insbesondere für Vergaben unterhalb der EU-Schwellenwerte (→ Rn. 2). Ob sie auch bei den Ausnahmen zum Kartellvergaberecht zur (subsidiären) Anwendung kommen, ist hingegen umstritten (→ Rn. 46 ff.). Aufgrund ihrer budgetbezogenen Ausrichtung werden die haushaltsrechtlichen Bestimmungen zum Vergaberecht im Folgenden als **Haushaltsvergaberecht** bezeichnet. Im Mittelpunkt steht hier die Regelung des § 55 BHO sowie vergleichbarer Vorschriften auf Landes- und Kommunalebene (→ Rn. 16 ff.). Ergänzt werden diese insbesondere durch die Landesvergabegesetze (→ Rn. 24 ff.) sowie die Vergabeordnungen (→ Rn. 27 ff.).

5 **5. Annäherung des Haushaltsvergaberechts an das Kartellvergaberecht.** Die zuvor dargestellte Zweiteilung des Vergaberechts ist oftmals als unbefriedigend empfunden worden. Daher häufen sich in jüngerer Zeit die Versuche einer Annäherung des Haushaltsvergaberechts an das Kartellvergaberecht. Besonders stark ausgeprägt ist dies in der neuen **UVgO**, welche die Vergabe von Liefer- und Dienstleistungen im Unterschwellenbereich steuert (→ Rn. 29 ff.).[13] Allerdings unterliegt dieser Annäherungsprozess funktionalen Grenzen. So stünde etwa die allgemeine Anerken-

---

[3] EuGH Urt. v. 11.8.1995 – C-433/93, Slg. 1995, I-2303 Rn. 19 = ECLI:EU:C:1995:263 – Kommission/Deutschland.
[4] Übersicht bei Ziekow/Völlink/*Ziekow* GWB Einl. Rn. 2.
[5] Übersicht bei *Burgi* VergabeR § 3 Rn. 38 ff.
[6] Art. 4 RL 2014/24/EU iVm VO (EU) 2019/1828, ABl. 2019 L 279, 25. Für die Vergabe von Liefer- und Dienstleistungsaufträge durch zentrale Regierungsbehörden besteht ein niedrigerer Schwellenwert von 139.000 EUR.
[7] Art. 8 Abs. 1 RL 2014/23/EU iVm VO (EU) 2019/827, ABl. 2019 L 279, 23. Für den Sektorenbereich vgl. Art. 15 Sektoren-RL iVm VO (EU) 2019/1829, ABl. 2019 L 279, 27. Für den Bereich Verteidigung vgl. Art. 8 der RL 2009/81/EG iVm VO (EU) 2019/1830, ABl. 2019 L 279, 29. Für EU-Mitglieder ohne Eurowährung vgl. die Mitteilung 2019/C/370/01, Abl. 2019 C 370, 1.
[8] Eingehend *Pietzcker*, Die Zweiteilung des Vergaberechts, 2001.
[9] *Krönke* NVwZ 2016, 568 (569).
[10] Ziekow/Völlink/*Dittmann* GWB Vor § 155 Rn. 3; *Groß* in Gröpl, Bundeshaushaltsordnung/Landeshaushaltsordnung (BHO/LHO) – Kommentar, 2. Aufl. 2019, BHO § 55 Rn. 3.
[11] So aber HK-VergabeR/*Pache* BHO § 55 Rn. 96.
[12] Übersicht bei *Siegel* VerwArch 2016, 1 (3 ff.).
[13] Hierzu die Erläuterungen des Bundesministeriums für Wirtschaft und Energie zur UVgO v. 2.2.2017, BAnz AT v. 7.2.2017, B2, dort insbes. S. 2.

nung eines subjektiven Rechts auf Einhaltung der Vergabeanforderungen in einem Spannungsverhältnis zur grundsätzlichen Zuordnung des Haushaltsvergaberechts zum Binnenrecht der öffentlichen Verwaltung. Auch bei der Vergabe von Bauleistungen nach der **VOB/A 2019**, 1. Abschnitt (→ Rn. 32) bestehen viele Gemeinsamkeiten mit dem Kartellvergaberecht. Die Divergenzen sind hier aber größer als im Anwendungsbereich der UVgO. So verbleibt es auch in der VOB/A 2019 bei Grundsatz der fakultativen E-Vergabe, während im übrigen Vergaberecht bereits die obligatorische E-Vergabe Einzug gehalten hat (→ Rn. 56). Der für die UVgO und die VOB/A 2019, 1. Abschnitt jeweils erforderliche Anwendungsbefehl (→ Rn. 27) kann die Annäherung aber begrenzen oder umgekehrt intensivieren.

II. Rechtsgrundlagen

1. Recht der Europäischen Union. a) Vergaberichtlinien. Von zentraler Bedeutung für das Kartellvergaberecht sind die (sekundärrechtlichen) Vergaberichtlinien der Europäischen Union.[14] Das jüngste **EU-Legislativpaket 2014** besteht aus drei Richtlinien, nämlich der neuen allgemeinen Vergaberichtlinie 2014/24/EU (RL 2014/24/EU),[15] der neuen Sektoren-Vergaberichtlinie 2014/25/EU (Sektoren-RL)[16] sowie der – neu geschaffenen – Richtlinie 2014/23/EU zur Vergabe von Konzessionen (RL 2014/23/EU).[17] Zentrale Ziele sind neben der „klassischen" Konkretisierung der Grundfreiheiten[18] die Modernisierung und Fortentwicklung des EU-Vergaberechts.[19] 6

Einschlägig sind die Vergaberichtlinien aber erst ab Erreichen der Schwellenwerte (→ Rn. 2). Sie kommen daher **im Haushaltsvergaberecht grundsätzlich nicht** zur Anwendung. Eine – allerdings nur scheinbare – Ausnahme bilden die Grundsätze zur Berechnung und Dokumentation des geschätzten Auftragswerts.[20] Denn die ordnungsgemäße Schätzung diese Wertes ist von erheblicher Bedeutung für die Frage, ob das Kartellvergaberecht zur Anwendung kommt.[21] Je mehr sich dieser Wert dem Schwellenwert annähert, desto höhere Anforderungen sind an die Genauigkeit der Wertermittlung und der Dokumentation zu stellen.[22] Im Übrigen ist bei der Frage, ob die Wertungen der Vergaberichtlinien nicht auf Unterschwellenvergaben übertragen werden können, wegen der Zweiteilung des Vergaberechts (→ Rn. 3) Zurückhaltung geboten. Soweit es jedoch um die teleologische Auslegung einzelner Bestimmungen geht, kommt im Einzelfall durchaus eine Heranziehung auch im Haushaltsvergaberecht in Betracht. Dies gilt etwa für die Grundsätze zur Inhouse- und Instate-Vergabe (→ Rn. 52 f.). Auch die einschlägige Rechtsprechung des EuGH zu den Vergaberichtlinien ist folglich nicht unmittelbar auf das Haushaltsvergaberecht übertragbar. Bisweilen nimmt der EuGH jedoch parallele Bewertungen am Sekundärrecht einerseits und am Primärrecht andererseits vor.[23] Die dabei angestellten grundfreiheitlichen Überlegungen können bei Vorliegen eines grenzüberschreitenden Bezugs auch im Bereich des Haushaltsvergaberechts Bedeutung entfalten (→ Rn. 8 ff.). 7

b) Grundfreiheiten. Außerhalb des Anwendungsbereichs der Vergaberichtlinien, und damit gerade auch im Haushaltsvergaberecht, können jedoch die primärrechtlichen Grundfreiheiten relevant sein. Aus ihnen hat der EuGH in einer langen Rechtsprechungslinie bestimmte **Vergabegrundsätze** abgeleitet, die ein Mindestmaß an Wettbewerb, Gleichbehandlung, Transparenz und Rechtsschutz gewähren sollen (→ Einl. VergabeR Rn. 62 ff.).[24] Dies führt typischer-, wenn auch nicht 8

---

[14] Zur historischen Entwicklung → Einl. VergabeR Rn. 1 ff. Über das EU-Recht gelangt mittelbar auch das Agreement on Government Procurement (GPA) zur Anwendung; hierzu Beck VergabeR/*Dörr* Einleitung Rn. 226 ff.
[15] ABl. 2014 L 94, 95.
[16] ABl. 2014 L 94, 243.
[17] ABl. 2014 L 94, 1.
[18] Erwägungsgrund 1 RL 2014/24/EU und Erwägungsgrund 2 Sektoren-RL.
[19] Erwägungsgrund 2 RL 2014/24/EU und Erwägungsgrund 4 Sektoren-RL. Bei der RL 2014/23/EU steht vor allem die Schaffung von Rechtssicherheit im Mittelpunkt, vgl. Erwägungsgrund 1 RL 2014/23/EU; hierzu *Siegel* VergabeR 2015, 265 (266).
[20] Vgl. Art. 5 RL 2014/24/EU, Art. 16 Sektoren-RL, Art. 8 Abs. 2–6 RL 2014/23/EU.
[21] Beck VergabeR/*Wollenschläger* KonzVgV § 2 Rn. 43.
[22] OLG Celle Beschl. v. 12.7.2007 – 13 Verg 6/07, ZfBR 2007, 704 (705); VK Südbayern Beschl. v. 14.2.2017 – Z3-3-3194-1-54-12/16 Rn. 204 – BeckRS 2017, 124185.
[23] Beispiel bei EuGH Urt. v. 3.4.2008 – C-346/08 Rn. 36, ECLI:EU:C:2008:189 = NZBau 2008, 332 – Rüffert.
[24] Bedeutsam EuGH Urt. v. 7.12.2000 – C-324/98 Rn. 60 ff.; Slg. 2001, I-10745 = ECLI:EU:C:2000:669 = NZBau 2001, 148 – Telaustria; EuGH Urt. v. 21.7.2005 – C-231/03 Rn. 16 ff., Slg. 2005, I-7287 = ECLI:EU:C:2005:487 = ZfBR 2005, 701 – Coname; EuGH Urt. v. 13.10.2005 – C-458/03, Slg. 2005, I-8585 = ECLI:EU:C:2005:605 = NZBau 2005, 644 – Parking Brixen. Zusammenfassend *Wollenschläger* NVwZ 2007, 388 ff.

notwendigerweise zum Erfordernis einer unionsweiten Ausschreibung.[25] Darüber hinaus muss auch die Auswahlentscheidung nach sachgerechten Kriterien erfolgen und darf insbesondere keine diskriminierende Wirkung entfalten.[26] Diese Rechtsprechungslinie ist zwar bereits vor einigen Jahren begründet worden, jedoch von ungeminderter Aktualität.[27] Im Ergebnis führt dies zu einem „Vergaberecht light".[28] Zugleich kommt darin die Funktion der Grundfreiheiten als „Auffangordnung" zum Ausdruck.[29] Auf diese Ableitungen können sich alle potenziellen Bieter berufen und damit auch die im betreffenden Mitgliedstaat ansässigen.[30]

9   Allgemeine Voraussetzung für die Einschlägigkeit der Grundfreiheiten im Allgemeinen und der Ableitungen aus den Grundfreiheiten im Besonderen ist ein grenzüberschreitendes Interesse; denn nach Art. 26 Abs. 2 AEUV dienen die Grundfreiheiten der Verwirklichung des Binnenmarktes.[31] Dieses **grenzüberschreitende Interesse** hat der Gerichtshof zunächst weit ausgelegt und lediglich bei einer „sehr geringfügigen wirtschaftlichen Bedeutung" verneint.[32] Später ist der Gerichtshof jedoch dazu übergegangen, das grenzüberschreitende Interesse eng auszulegen, und hat ein „eindeutiges" grenzüberschreitendes Interesse gefordert.[33] Diese enge Auslegung hat sich bis in die jüngste Vergangenheit verfestigt.[34]

10   **Kriterien zur Bestimmung** dieses grenzüberschreitenden Interesses sind neben dem Auftragsvolumen insbesondere der Leistungsort (und damit zugleich die „Grenznähe"[35]) sowie die technischen Merkmale des Auftrags.[36] Von besonderer Bedeutung ist hier der zu erwartende Auftragswert, der vom EuGH stets zuerst genannt wird. Er ist andererseits aber nicht alleine maßgebend; deshalb kann auch bei einem eher geringen Auftragswert ein grenzüberschreitendes Interesse bestehen, etwa bei der Lieferung eines Referenzprodukts einer internationalen Marke im IT-Bereich.[37] Auch das Vorliegen von Beschwerden von Wirtschaftsteilnehmern, die in anderen Mitgliedstaaten ansässig sind, kann einbezogen werden; sie dürfen jedoch nicht völlig unsubstantiiert sein.[38] Die **Feststellung**, ob ein grenzüberschreitendes Interesse vorliegt, obliegt zunächst dem betreffenden Auftraggeber, dessen Entscheidung jedoch gerichtlicher Kontrolle unterliegt.[39] In einem Vorabentscheidungsverfahren nach Art. 267 AEUV[40] ist die Feststellung eines grenzüberschreitenden Interesses zwar grundsätzlich Sache des vorlegenden Gerichts;[41] allerdings häufen sich die Fälle, in denen der Gerichtshof anhand der Akten selbst überprüft, ob ein grenzüberschreitendes Interesse besteht.[42]

---

[25] OLG Düsseldorf Urt. v. 13.6.2018 – VI-2 U 7/16 (Kart) ua Rn. 66 – BeckRS 2018, 15885.
[26] OLG Düsseldorf Urt. v. 21.3.2018 – VI-2 U (Kart) 6/16 ua Rn. 35 ff. – BeckRS 2018, 11739.
[27] Aus jüngerer Zeit etwa EuGH Urt. v. 4.4.2019 – C-699/17 Rn. 49, ECLI:EU:C:2019:290 = NZBau 2019, 457 (459) – Allianz Vorsorgekasse. Aktuelle Übersicht bei *Baudis* VergabeR 2019, 589 ff.
[28] *Burgi* NZBau 2005, 610 (613).
[29] *Siegel* EWS 2008, 66 ff.
[30] EuGH Urt. v. 14.11.2013 – C-221/12 Rn. 32, NZBau 2014, 53 – Belgacom. Hierzu *Gabriel/Voll* NZBau 2014, 155 ff.
[31] Eingehend zur Binnenmarktrelevanz im Vergaberecht *Vavra* VergabeR 2013, 384 ff.
[32] EuGH Urt. v. 21.7.2005 – C-231/03 Rn. 20, Slg. 2005, I-7287, = ECLI:EU:C:2005:487 = NZBau 2005, 592 – Coname.
[33] EuGH Urt. v. 13.11.2007 – 507/03 Rn. 29, Slg. 2007, I-9777 = ECLI:EU:C:2007:676 = NZBau 2008, 71 – Irische Post.
[34] EuGH Urt. v. 4.4.2019 – C-699/17 Rn. 49, ECLI:EU:C:2019:290 = NZBau 2019, 457 (459) – Allianz Vorsorgekasse. Dies aufgreifend etwa KG Urt. v. 7.1.2020 – 9 U 79/19, VergabeR 2020, 688 (691).
[35] Zur Bedeutung der Grenznähe OLG Saarbrücken Beschl. v. 29.1.2014 – 1 Verg 3/13, NZBau 2014, 241 (242).
[36] EuGH Urt. v. 11.12.204 – C-113/13 Rn. 49, ECLI:EU:C:2014:2440 = NZBau 2015, 377 – Spezzino und Anpas; EuGH Urt. v. 16.4.2015 – C-278/14 Rn. 20, ECLI:EU:C:2015:228 = NZBau 2015, 383 – SC Enterprise Focused Solution; EuGH Urt. v. 4.4.2019 – C-699/17 Rn. 50, ECLI:EU:C:2019:290 = NZBau 2019, 457 (459) – Allianz Vorsorgekasse.
[37] EuGH Urt. v. 16.4.2015 – C-278/14 Rn. 21, ECLI:EU:C:2015:228 = NZBau 2015, 383 – SC Enterprise Focused Solutions.
[38] EuGH Urt. v. 11.12.2014 – C-113/13 Rn. 49, ECLI:EU:C:2014:2440 = NZBau 2015, 377 – Spezzino und Anpas.
[39] EuGH Urt. v. 15.5.2008 – C-147/06 und 148/06 Rn. 30, Slg. 2008, I-3565 = ECLI:EU:C:2008:277 = NZBau 2008, 453 – SECAP.
[40] Hierzu Calliess/Ruffert/*Wegener* AEUV Art. 267 Rn. 1 ff.
[41] EuGH Urt. v. 14.11.203 – C-221/12 Rn. 30, ECLI:EU:C:2013:736 = NZBau 2014, 53 – Belgacom; EuGH Urt. v. 4.4.2019 – C-699/17 Rn. 51, ECLI:EU:C:2019:290 = NZBau 2019, 457 (459) – Allianz Vorsorgekasse.
[42] EuGH Urt. v. 11.12.2014 – C-113/13 Rn. 47 f., ECLI:EU:C:2014:2440 = NZBau 2015, 377 – Spezzino und Anpas; EuGH Urt. v. 18.12.2014 – C-470/13 Rn. 29; ECLI:EU:C:2014:2469 = NZBau 2015, 569 – Generali-Providencia Biztosító; EuGH Urt. v. 16.4.2015 – C-278/14 Rn. 19, ECLI:EU:C:2015:228 = NZBau 2015, 383 – SC Enterprise Focused Solutions.

Bestimmt man die **Bedeutung** der Grundfreiheiten für das Haushaltsvergaberecht, so sollte das grenzüberschreitende Interesse zwar nicht vorschnell verneint werden.[43] Da das grenzüberschreitende Interesse „eindeutig" sein muss, wird es im praktischen Ergebnis bei Unterschwellenvergaben aber oftmals nicht gegeben sein. Besondere Bedeutung haben die Grundfreiheiten allerdings nach wie vor bei der Vergabe von Dienstleistungskonzessionen. Zwar ist die vormalige Relevanz dadurch abgemildert worden, dass Dienstleistungskonzessionen im Oberschwellenbereich nunmehr vom sekundärrechtlich gesteuerten Kartellvergaberecht erfasst werden.[44] Aufgrund des insoweit hohen Schwellenwertes von 5,35 Mio. EUR (→ Rn. 2) verbleibt jedoch ein beträchtliches Anwendungsfeld für die Grundfreiheiten. Auch bei Einschlägigkeit der Grundfreiheiten ist zu beachten, dass es sich bei den Ableitungen lediglich um **Grundsätze** handelt. Dies hat aus Perspektive des Unionsrechts zur Folge, dass den Mitgliedstaaten bei der Auskonkretisierung ein Gestaltungsspielraum zusteht.[45] Und aus Perspektive des innerstaatlichen Rechts ist zu beachten, dass die Vergabeordnungen im Überschneidungsbereich typischerweise einen höheren Konkretisierungsgrad aufweisen als die Vergabegrundsätze.

c) Tertiärrecht. Schließlich kann auch das sog. Tertiärrecht im Bereich der Unterschwellenvergaben relevant sein. Unter Tertiärrecht versteht man abstrakt-generelle Rechtsakte, die – regelmäßig von der Kommission – aufgrund einer sekundärrechtlichen Ermächtigung erlassen werden.[46] Besondere Erwähnung verdient in diesem Zusammenhang die **Auslegungsmitteilung der Kommission** für Auftragsvergaben, die nicht oder nur teilweise unter die Vergaberichtlinien aus dem Jahre 2006 fallen.[47] Denn diese bezieht sich explizit auch auf Unterschwellenvergaben. Ihr Anliegen ist es, die einschlägige Rechtsprechung des EuGH zu den Vergabegrundsätzen der Grundfreiheiten zusammenfassend zu interpretieren. Mit ihr sollen zwar keine verbindlichen Regelungen eingeführt werden.[48] Da diese Auslegungsmitteilung nach Ansicht der Bundesrepublik Deutschland aber teilweise über die Rechtsprechung des Gerichtshofs hinausging, hat sie hiergegen eine Nichtigkeitsklage nach Art. 263 AEUV erhoben. Diese hat das Gericht erster Instanz im Jahre 2010 als unzulässig abgewiesen, da die Mitteilung keine verbindlichen Rechtswirkungen entfalte und deshalb ein tauglicher Klagegegenstand fehle.[49] Schließt man sich dem an, so darf die Auslegungsmitteilung die Rechtsprechung des Gerichtshofs lediglich „nachzeichnen", nicht jedoch darüber hinausgehen. Damit wird zugleich ihre Bedeutung erheblich eingeschränkt.[50]

2. Verfassungsrecht. a) Staatsorganisationsrecht. Das Haushaltsvergaberecht befindet sich im Schnittstellenbereich zwischen dem Haushaltsrecht einerseits und dem Vergaberecht andererseits. Da es auch Bestandteil des Haushaltsrechts ist, sind auch die finanzverfassungsrechtlichen Rahmenbedingungen von Bedeutung. Dies gilt zunächst für Art. 109 Abs. 4 GG, welcher den Grundsatz getrennter Haushaltskompetenzen für Bund und Länder relativiert und dem Bund eine **Grundsatzgesetzgebungskompetenz** für das Haushaltswesen einräumt.[51] Aufgrund dieser Ermächtigung hat der Bund das Haushaltsgrundsätzegesetz (HGrG) erlassen (→ Rn. 16). Besondere Relevanz besitzt darüber hinaus auch Art. 114 Abs. 2 S. 1 GG. Diese weist nicht nur dem Bundesrechnungshof eine Kontrollkompetenz im Hinblick auf die Einhaltung der **Wirtschaftlichkeit** zu (→ Rn. 113), sondern enthält nach überwiegender Ansicht auch eine verfassungsrechtliche Verankerung des materiellen Wirtschaftlichkeitsprinzips.[52] Aus Perspektive des Vergaberechts ist zu beachten, dass der Bund gem. **Art. 74 Abs. 1 Nr. 11 GG ("Recht der Wirtschaft")** die konkurrierende Gesetzgebungskompetenz auch für den Unterschwellenbereich besitzt.[53] Von dieser hat er aber – zumindest

---

[43] Ziekow/Völlink/*Ziekow* GWB Einl. Rn. 15.
[44] *Siegel* NZBau 2019, 353 (354).
[45] EuGH Urt. v. 23.12.2009 – C-376/08 Rn. 32 f., Slg. 2009, I-12169 = ECLI:EU:C:2009:808 = NZBau 2010, 261 – Serrantoni.
[46] *Streinz* EuropaR Rn. 4.
[47] Mitteilung der Kommission zu Auslegungsfragen, in Bezug auf das Gemeinschaftsrecht, das für Vergabe öffentlicher Aufträge gilt, die nicht oder nur teilweise unter die Vergaberichtlinie fallen (2006/C 179/02), ABl. 2006 C 179, 2 ff.
[48] Bewertung bei *Siegel* NVwZ 2008, 620 ff.
[49] EuG Urt. v. 20.5.2020 – T-258/06 Rn. 150 ff., Slg. 2010, II-2017 = ECLI:EU:T:2010:214 = NZBau 2010, 510 (525 f.) – Deutschland/Kommission. Hierzu *Knauff/Schwensfeier* EuZW 2010, 611 ff.
[50] Zur beschränkten Relevanz dieser Auslegungsmitteilung auch *Gabriel* in Gabriel/Krohn/Neun VergabeR-HdB § 82 Rn. 45.
[51] Hierzu Maunz/Dürig/*Kube* GG Art. 109 Rn. 236 ff.
[52] So etwa *Gröpl* in Gröpl, Bundeshaushaltsordnung/Landeshaushaltsordnung (BHO/LHO) – Kommentar, 2. Aufl. 2019, BHO § 7 Rn. 15; HK-VergabeR/*Pache* BHO § 55 Rn. 3; teilweise krit. Maunz/Dürig/*Kube* GG Art. 114 Rn. 111.
[53] BVerfG Beschl. v. 11.7.2006 – 1 BvL 4/00, NZBau 2007, 53 (54).

bislang – keinen Gebrauch gemacht. Nach wie vor umstritten ist jedoch, ob die dann zu beachtenden Anforderungen der Erforderlichkeitsklausel des Art. 72 Abs. 2 GG erfüllt wären (→ Rn. 112).[54]

14   **b) Grundrechte. aa) Verfahrensanforderungen.** Von besonderer Bedeutung für das Haushaltsvergaberecht ist zudem der allgemeine Gleichheitssatz des **Art. 3 Abs. 1 GG.** Zwar kann aus diesem Grundrecht keine Ausweitung von Vorgaben des Kartellvergaberechts auf das Haushaltsvergaberecht abgeleitet werden. Dies gilt insbesondere für den Rechtsschutz.[55] Denn anderenfalls würde Art. 3 Abs. 1 GG zu einer Art „Harmonisierungshebel" für unionsrechtlich vorgegebene Differenzierungen.[56] Zudem ist das Haushaltsrecht im Allgemeinen und damit auch das Haushaltsvergaberecht im Besonderen grundsätzlich dem staatlichen Binnenbereich zuzuordnen (→ Rn. 23).[57] Allerdings kann nach allgemeinen Grundsätzen auch staatliches Binnenrecht über die dem Haushaltsrecht entsprechende Verwaltungspraxis eine mittelbare Außenwirkung erzielen. Dies gilt auch für die das Haushaltsvergaberecht abbildende Verwaltungspraxis. Dann folgt für die konkurrierenden Bieter aus Art. 3 Abs. 1 GG ein grundsätzlicher Anspruch auf Gleichbehandlung.[58] Darüber hinaus kommen im Unterschwellenbereich bestimmte verfassungsrechtliche **Verfahrensgarantien** zum Tragen.[59] Denn aus den Grundrechten ist das Erfordernis einer transparenten und fairen Ausgestaltung des Verfahrens abzuleiten.[60] Dieses Recht findet seinen Ausgangspunkt in Art. 12 Abs. 1 GG,[61] wird jedoch in Verteilungsverfahren durch Art. 3 Abs. 1 GG angereichert.[62]

15   **bb) Rechtsschutz.** Zudem ist auch im Haushaltsvergaberecht das **Gebot effektiven Rechtsschutzes** zu beachten. Es findet im Vergaberecht grundsätzlich im allgemeinen Justizgewährleistungsanspruch seine Grundlage. Dieser leitet sich aus dem Rechtsstaatsprinzip iVm Art. 2 Abs. 1 GG ab und ergänzt Art. 19 Abs. 4 GG in Bereichen, in denen ein Hoheitsträger keine spezifische hoheitliche Gewalt ausübt.[63] Deshalb ist er grundsätzlich bei der öffentlichen Auftragsvergabe einschlägig, da die öffentliche Hand hier als Nachfrager am Markt auftritt und sich insoweit nicht von anderen Marktteilnehmern unterscheidet.[64] Allerdings entsprechen die inhaltlichen Ableitungen aus dem allgemeinen Justizgewährleistungsanspruch grundsätzlich den Anforderungen des Art. 19 Abs. 4 GG.[65] – Zwar folgt aus dem – in beiden Grundrechten enthaltenen – Gebot effektiven Rechtsschutzes ein **grundsätzlicher Vorrang des** auf die Vermeidung von Rechtsverletzungen abzielenden **Primärrechtsschutzes** gegenüber dem auf Schadensersatzansprüchen beschränkten Sekundärrechtsschutz.[66] Nach Ansicht des BVerfG soll der bei unterschwelligen Vergaben aber regelmäßig verbleibende Sekundärrechtsschutz noch in Einklang mit dem Justizgewährleistungsanspruch stehen; denn der Gesetzgeber kann im Rahmen seines Gestaltungsspielraums den Interessen des Auftraggebers an einer zügigen Ausführung der Maßnahme und des erfolgreichen Bewerbers an der Erlangung alsbaldiger Rechtssicherheit den Vorzug geben gegenüber den Interessen unterlegener Bieter.[67] Allerdings ist die Erlangung von Primärrechtsschutz damit keineswegs ausgeschlossen (→ Rn. 107 ff.).

16   **3. Haushaltsrecht im engeren Sinne. a) Bedeutsame Regelungen. aa) Haushaltsgrundsätzegesetz (HGrG).** Für das Haushaltsvergaberecht bedeutsame Regelungen enthält bereits

---

[54] Dafür etwa Immenga/Mestmäcker/*Dreher* GWB Vor §§ 97 ff. Rn. 81 (dort Fn. 174); *Pünder* VergabeR 2016, 693 (701). Dagegen insbes. *Burgi* VergabeR § 26 Rn. 10 f.
[55] BVerfG Beschl. v. 13.6.2006 – 1 BvR 1160/03, BVerfGE 116, 135 (159 ff.) = NZBau 2006, 791 (794 ff.). Hierzu etwa *Braun* VergabeR 2007, 17 ff.; *Wollenschläger* DVBl 2007, 589 ff.
[56] *Siegel* DÖV 2007, 237 (238).
[57] BVerwG Beschl. v. 2.5.2007 – 6 B 10/07, BVerwGE 129, 9 (17) = NZBau 2007, 389 (391 f.); *Groß* in Gröpl, Bundeshaushaltsordnung/Landeshaushaltsordnung (BHO/LHO) – Kommentar, 2. Aufl. 2019, BHO § 55 Rn. 1 und 5; HK-VergabeR/*Fehling* GWB § 97 Rn. 6.
[58] Ziekow/Völlink/*Dittmann* GWB Vor § 155 Rn. 15.
[59] Hierzu etwa *Bühs* DVBl 2017, 1525 (1527); *Siegel* NZBau 2019, 353 (354).
[60] *Braun* in Müller-Wrede/Braun KonzVgV § 1 Rn. 114 mwN.
[61] VGH München Urt. v. 22.4.2013 – 22 BV 12/1728 Rn. 30 – BeckRS 2013, 51437; OVG Magdeburg Beschl. v. 3.12.2009 – 3 M 307/09, BeckRS 2010, 46260.
[62] OVG Berlin-Brandenburg Beschl. v. 30.11.2011 – OVG 1 S 107/10 Rn. 7; OLG Düsseldorf Urt. v. 13.12.2017 – I-27 U 25/17, NZBau 2018, 168 (Ls. 1).
[63] Hierzu Maunz/Dürig/*Schmidt-Aßmann* GG Art. 19 Abs. 4 Rn. 16 ff.
[64] BVerfG Beschl. v. 13.6.2006 – 1 BvR 1160/03, BVerfGE 116, 135 (149 f.) = NZBau 2006, 791 (793); krit. hierzu HK-VergabeR/*Pache* BHO § 55 Rn. 170 ff. mwN.
[65] *Siegel* DÖV 2007, 237 (238).
[66] *Siegel* DÖV 2007, 237 (240) mwN.
[67] BVerfG Beschl. v. 13.6.2006 – 1 BvR 1160/03, BVerfGE 116, 135 (156 f.) = NZBau 2006, 791 (795); krit. hierzu HK-VergabeR/*Pache* BHO § 55 Rn. 170 ff. Zum Ganzen auch Maunz/Dürig/*Schmidt-Aßmann* GG Art. 19 Abs. 4 Rn. 65 f.

3. Haushaltsrecht im engeren Sinne **17, 18** **HaushaltsvergabeR**

das Haushaltsgrundsätzegesetz (HGrG).[68] Es normiert seinem Wesen nach aber nur Grundsätze, die auf Ausfüllung angelegt sind und damit zugleich Ausgestaltungsspielräume belassen.[69] Hier hatte **§ 30 HGrG** in der bis zum Jahre 2017 für die Vergabe von Lieferungen und Leistungen einen Vorrang der Öffentlichen Ausschreibung gegenüber den anderen Verfahrenarten vorgesehen. Seit der **Neufassung im Jahre 2017** stehen nunmehr die Öffentliche Ausschreibung und die Beschränkte Ausschreibung mit Teilnahmewettbewerb gleichwertig nebeneinander.[70] Der allgemeine materielle Grundsatz der **Wirtschaftlichkeit** ist zudem in **§ 6 Abs. 1 HGrG** verankert.[71]

bb) Bestimmungen der Haushaltsordnungen. Besonders relevant sind die Bestimmungen **17** der Haushaltsordnungen des Bundes und der Länder. Auf Bundesebene ist hier die Bundeshaushaltsordnung (BHO) einschlägig.[72] Von zentraler Bedeutung für das Haushaltsvergaberecht ist die Regelung des **§ 55 BHO.** Diese hatte – ebenso wie § 30 HGrG aF – bis zum Jahre 2017 einen Vorrang der Öffentlichen Ausschreibung gegenüber den anderen Verfahrensarten vorgesehen.[73] Parallel zur Neufassung des § 30 HGrG (→ Rn. 16) ist § 55 Abs. 1 BHO angepasst worden; nunmehr stehen die Öffentliche Ausschreibung und die Beschränkte Ausschreibung mit Teilnahmewettbewerb gleichberechtigt nebeneinander. – Relevant sind neben der in § 89 BHO vorgesehenen Kontrolle durch den Bundesrechnungshof zudem die in **§ 7 Abs. 1 BHO** verankerten Grundsätze der Wirtschaftlichkeit und Sparsamkeit. Dabei zielt das **Wirtschaftlichkeitsprinzip** auf eine Optimierung des Verhältnisses zwischen Mitteleinsatz und Ergebnis ab, das Sparsamkeitsprinzip auf die Vermeidung unnötiger Ausgaben.[74]

Die **Haushaltsordnungen der Länder** enthalten Bestimmungen, die inzwischen weitgehend **18** mit § 55 BHO identisch sind:
– Baden-Württemberg: § 55 BWLHO,[75]
– Bayern: Art. 55 BayHO,[76]
– Berlin: § 55 BlnLHO,[77]
– Brandenburg: § 55 BbgLHO,[78]
– Bremen: § 55 BremLHO,[79]
– Hamburg: § 58 HmbLHO,[80]
– Hessen: § 55 HessLHO,[81]
– Mecklenburg-Vorpommern: § 55 MVLHO iVm § 3 Abs. 2 VgG M-V,[82]
– Niedersachsen: § 55 NdsLHO,[83]
– Nordrhein-Westfalen: § 55 LHO NRW,[84]
– Rheinland-Pfalz: § 55 RhpfLHO,[85]

---

[68] Gesetz über die Grundsätze des Haushaltsrechts Bundes und der Länder (Haushaltsgrundsätzegesetz – HGrG) v. 19.8.1969 (BGBl. 1969 I 1273), zuletzt geändert durch Gesetz v. 14.8.2017 (BGBl. 2017 I 3122).
[69] Maunz/Dürig/*Kube* GG Art. 109 Rn. 245.
[70] Zur Begründung vgl. BT-Drs. 18/11135, 95.
[71] Hierzu HK-VergabeR/*Pache* BHO § 55 Rn. 2.
[72] Bundeshaushaltsordnung (BHO) v. 19.8.1969 (BGBl. 1969 I 1284), zuletzt geändert durch G v. 19.6.2020 (BGBl. 2020 I 1328).
[73] Hierzu *Siegel* VerwArch 2016, 1 (7).
[74] *Kube* in Ehlers/Fehling/Pünder, Besonderes Verwaltungsrecht, Band 3, 4. Aufl. 2021, § 66 Rn. 155 ff.
[75] LHO für BW v. 19.10.1971 (GBl. BW 1971, 428), zuletzt geändert durch G v. 17.12.2019 (GBl. BW 2019, 593).
[76] BayHO 8.12.1971 (BayRS IV 1971, 664), zuletzt geändert durch G v. 9.4.2021 (Bay. GVBl. 2021, 150).
[77] LHO Berlin idF der Bek. v. 30.1.2009 (GVBl. Berlin 2009, 31, 468), zuletzt geändert durch G v. 17.12.2020 (Bln. GVBl. 2020, 1482).
[78] LHO Bbg idF der Bek. v. 21.4.1999 (GVBl. Bbg. 1999 I Nr. 106), zuletzt geändert durch G v. 5.6.2019 (GVBl. Bbg 2019 I Nr. 20).
[79] Brem. LHO v. 25.5.1971 (Brem. GBl. 1971, 143), zuletzt geändert durch G v. 14.7.2020 (Brem. GBl. 2020, 617).
[80] Hmb. LHO v. 17.12.2013 (HmbGVBl. 2013, 503), zuletzt geändert durch G v. 27.4.2021 (HmbGVBl. 2021, 283, 284).
[81] Hess. LHO idF v. 15.3.1999 (Hess. GVBl. 1999 I, 248), zuletzt geändert durch G v. 12.7.2021 (Hess. GVBl. 2021, 338).
[82] LHO M-V idF der Bek. v. 10.4.2000 (GVOBl. M-V 2000, 159), zuletzt geändert durch G v. 12.7.2018 (GVOBl. M-V 2018, 242, 244).
[83] Nds. LHO idF v. 30.4.2001 (Nds. GVBl. 2001, 276), zuletzt geändert durch G v. 10.12.2020 (Nds. GVBl. 2020, 477).
[84] LHO NRW idF v. 26.4.1999 (GV. NRW 1999, 158), zuletzt geändert durch G v. 19.12.2019 (GV. NRW 2019, 1030).
[85] LHO RhPf idF der Bek. v. 20.12.1971 (GVBl. RhPf 1972, 2), zuletzt geändert durch G v. 26.11.2019 (GVBl. RhPf 2019, 333).

HaushaltsvergabeR 19, 20   II. Rechtsgrundlagen

- Saarland: § 55 SaarlLHO,[86]
- Sachsen: § 55 SäHO,[87]
- Sachsen-Anhalt: § 55 LSALHO,[88]
- Schleswig-Holstein: § 55 SchlHLHO,[89]
- Thüringen: § 55 ThürLHO.[90]

19 Zum Zeitpunkt des Manuskriptabschlusses sahen die Bestimmungen in Hessen und Sachsen-Anhalt in § 55 Abs. 1 HessLHO/§ 55 Abs. 1 LSALHO aber immer noch einen Vorrang der Öffentlichen Ausschreibung vor, in Hessen jedoch beschränkt bis zum 31.8.2021. Die wenigen **Abweichungen** im Übrigen beschränken sich typischerweise auf Verfahrensbestimmungen zur Erstellung der Richtlinie nach § 55 Abs. 2 LHO. Besonderheiten bestehen auch in Meckelnburg-Vorpommern. Dort wird in § 55 MVLHO auf das Landesvergabegesetz in seiner jeweils gültigen Fassung verwiesen. Dieses enthält aber in § 3 Abs. 2 VgG M-V eine mit § 55 Abs. 1 BHO übereinstimmende Regelung (zu den Landesvergabegesetzen → Rn. 24 ff.).

20 Auf **kommunaler Ebene** in den Flächenstaaten ist die Rechtslage etwas heterogener. Dabei sind zwei Grundmodelle anzutreffen. In den meisten Flächenstaaten enthalten die Gemeindehaushaltsverordnungen Bestimmungen, die § 55 BHO nachgebildet sind.[91] In anderen Flächenstaaten ergibt sich Entsprechendes aus Verweisungen, die teilweise im kommunalen Haushaltsrecht, teilweise im Landesvergabegesetz ihren Ausgang finden. Folgende spezifische Bestimmungen sind auf kommunaler Ebene einschlägig:
- Baden-Württemberg: § 31 BWGemHVO,[92]
- Bayern: § 30 BayKommHV-Doppik[93] und § 31 BayKommHV-Kameralistik,[94]
- Brandenburg: § 30 KomHKV,[95]
- Hessen: § 29 HessGemHVO,[96]
- Mecklenburg-Vorpommern: § 21 MVGemHVO-Doppik,[97]
- Niedersachsen: § 28 KomHKVO,[98]
- Nordrhein-Westfalen: § 26 KomHVO NRW,[99]
- Rheinland-Pfalz: § 22 RhPfGemHVO,[100]
- Saarland: § 24 KommHVO,[101]
- Sachsen: § 2 iVm § 1 Abs. 2 SächsVergabeG,[102]

---

[86] LHO des Saarlandes v. 5.11.1999 (ABl. des Saarlandes 2000, 194), zuletzt geändert durch G v. 10.4.2019 (ABl. des Saarlandes 2019 I 446).

[87] SäHO idF der Bek. v. 10.4.2001 (SächsGVBl. 2001, 153), zuletzt geändert durch G v. 21.5.2021 (SächsGVBl. 2021, 578).

[88] § 55 LHO LSA v. 30.4.1991 (GVBl. LSA 1991, 35), zuletzt geändert durch G v. 20.5.2021 (GVBl. LSA 2021, 286).

[89] LHO Schl.-H. idF der Bek. v. 29.6.1992 (GVOBl. Schl.-H. 1992, 381), zuletzt geändert durch G v. 25.2.2021 (GVOBl. Schl.-H. 2021, 201).

[90] ThürLHO idF der Bek. v. 19.9.2000 (Thür. GVBl. 2000, 282), zuletzt geändert durch G v. 21.12.2020 (Thür. GVBl. 2020, 684).

[91] Aufführung bei *Mertens* in Gabriel/Krohn/Neun VergabeR-HdB § 88 (im Zusammenhang mit den Landesvergabegesetzen).

[92] GemHVO BW v. 11.12.2009 (GBl. BW 2009, 770), zuletzt geändert durch VO v. 4.2.2021 (GBl. BW 2021, 192, 195).

[93] BayKommHV-Doppik v. 5.10.2007 (BayGVBl. 2007, 678), zuletzt geändert durch VO v. 26.3.2019 (BayGVBl. 2019, 98).

[94] BayKommHV-Kameralistik v. 1.1.1983 (BayRS II, 443), zuletzt geändert durch VO v. 26.3.2019 (BayGVBl. 2019, 98).

[95] KomHKV Bbg v. 14.2.2008 (GVBl. Bbg 2008 II, Nr. 14) zuletzt geändert durch VO v. 22.8.2019 (GVBl. Bbg 2019 II, Nr. 66).

[96] GemHVO Hessen v. 2.4.2006 (GVBl. 2006 I, 235), zuletzt geändert durch G v. 25.4.2018 (GVBl. Hessen 2018, 59). Dort wird – normenhierarchisch zweifelhaft – auf die hessischen Verwaltungsvorschriften verwiesen.

[97] GemHVO-Doppik M-V v. 25.2.2008 (GVOBl. M-V 2008, 34), zuletzt geändert durch VO v. 9.4.2020 (GVOBl. M-V 2020, 166, 181). Dort wird verwiesen auf das VgV M-V und damit auch auf dessen § 3.

[98] Nds. KomHKVO v. 18.4.2017 (Nds. GVBl. 2017, 130), zuletzt geändert durch VO v. 11.5.2021 (Nds. GVBl. 2021, 284).

[99] KomHVO NRW v. 12.12.2018 (GV NRW 2018, 708), zuletzt geändert durch VO v. 30.10.2020 (GV NRW 2020, 1049).

[100] GemHVO RhPf v. 18.5.2006 (GVBl. RhPf 2006, 203), zuletzt geändert durch G v. 26.11.2019 (GVBl. RhPf 2019, 333).

[101] KommHVO Saarland v. 10.10.2006 (ABl. des Saarlandes 2006, 1842), zuletzt geändert durch VO v. 8.1.2020 (ABl. des Saarlandes 2020 I, 16).

[102] SächsVergabeG v. 14.2.2013 (SächsGVBl. 2013, 109), zuletzt geändert durch G. v. 5.4.2019 (SächsGVBl. 2019, 245, 254). Dort wird aber immer noch auf die alten Vergabeverordnungen verwiesen, die den Vorrang

- Sachsen-Anhalt: § 29 LSAKomHVO (für Zuwendungen),[103]
- Schleswig-Holstein: § 1 Abs. 1 VGSH iVm § 3 Abs. 1 VGSH,[104]
- Thüringen: § 31 ThürGemHV.[105]

cc) Verwaltungsvorschriften zum Haushaltsvergaberecht (VwV). Da die Regelungsdichte der haushaltsrechtlichen Gesetzesbestimmungen zum Vergaberecht gering ist, wurden jeweils interpretierende Verwaltungsvorschriften erlassen. Auf **Bundesebene** sind dies die „Allgemeinen Verwaltungsvorschriften zur Bundeshaushaltsordnung (VV-BHO)", die auch einen Abschnitt zu § 55 BHO enthalten.[106] Diese verweist ihrerseits in Ziffer 2 auf die UVgO sowie den Abschnitt 1 der VOB/A. Zudem sind weitere Richtlinien anwendbar.[107] Von besonderer praktischer Bedeutung sind hier die „Ergänzenden Vertragsbedingungen für die Beschaffungen von IT-Leistungen".[108]

Auch die **Länder** haben Verwaltungsvorschriften zum Haushaltsvergaberecht erlassen. Dabei wird immer häufiger die klassische Verwaltungsvorschrift zu § 55 LHO ergänzt oder gar ersetzt durch eine eigenständige Verwaltungsvorschrift zum (Haushalts-)Vergaberecht. Auch darin kommt die zunehmende Verselbständigung des Haushaltsvergaberechts gegenüber dem sonstigen Haushaltsrecht zum angemessenen Ausdruck. Im Einzelnen gelten folgende zentrale Verwaltungsvorschriften, die oftmals durch spezifische ergänzt werden:
- Baden-Württemberg: Allg. VwV des Finanzministeriums zu § 55 BWLHO (VV-LHO BW),[109] gemäß Ziffer 3 ergänzt durch die VwV Beschaffung,[110]
- Bayern: VwV zu Art. 55 BayHO (VV-BayHO),[111] gemäß Ziffer 2.3. ergänzt durch die VwV zum öffentlichen Auftragswesen (VVöA),[112]
- Berlin: Berliner Ausführungsvorschriften zu § 55 BlnLHO,[113]
- Brandenburg: VwV zu § 55 BbgLHO[114]
- Bremen: VwV zu § 55 BremLHO,[115] gemäß Ziffer 2.12. ergänzt durch die VwV Beschaffung,[116]
- Hamburg: Hmb. Beschaffungsordnung,[117]
- Hessen: Vergabeerlass Hessen,[118]

---

der Öffentlichen Ausschreibung statuierten. Die SächsKomHVO v. 10.12.2013 (SächsGVBl. 2013, 910), zuletzt geändert durch VO v. 30.7.2019 (SächsGVBl. 2019, 598), enthält zumindest bislang keine entsprechende Regelung.

[103] KomHVO LSA v. 16.12.2015 (GVBl. LSA 2015, 636), zuletzt geändert durch VO v. 12.12.2016 (GVBl. LSA 2016, 380). Auch hier wird – zudem begrenzt auf Zuwendungen – lediglich auf die LSALHO sowie die hierzu ergangenen Verwaltungsvorschriften verwiesen.

[104] VGSH v. 8.2.2019 (GVOBl. Schl.-H. 2019, 40). Dort wird einerseits auf die UVgO verwiesen, aber noch auf die VOB/A 2016.

[105] ThürGemHV v. 23.5.2019 (Thür. GVBl. 2019, 153), zuletzt geändert durch G v. 23.3.2021 (Thür. GVBl. 2021, 115, 116).

[106] Allgemeine Verwaltungsvorschrift zur Bundeshaushaltsordnung (VV-BHO) v. 14.3.2001 (GMBl. 2001, 307), zuletzt geänd. durch Rundschreiben v. 7.5.2021 (DOK 2021/0524501).

[107] Hierzu *Mertens* in Gabriel/Krohn/Neun VergabeR-HdB § 87 Rn. 24.

[108] Ergänzende Vertragsbedingungen für die Beschaffungen von IT-Leistungen, abrufbar unter http://www.cio.bund.de/Web/DE/IT-Beschaffung/EVB-IT-und-BVB/Aktuelle_EVB-IT/aktuelle_evb_it_node.html (aufgerufen am 10.9.2020).

[109] VV-LHO BW vom 20.12.2018 (GABl. BW 2018, 765).

[110] VwV Beschaffung BW v. 24.7.2018 (GABl. BW 2018, 490), zuletzt geändert durch VwV v. 5.6.2019 (GABl. BW 2019, 217).

[111] VV-BayHO v. 5.7.1973 (FMBl. S. 259), zuletzt geändert durch VwV v. 1.3.2021 (BayMBl. Nr. 179, Nr. 250).

[112] Bay VVöA v. 24.3.2020 (BayMBl. 2020, Nr. 55).

[113] Berliner Ausführungsvorschriften zu § 55 LHO nach dem Stand vom Februar 2020 (abrufbar über https://www.berlin.de/vergabeservice/aktuelles/artikel.893448.php; aufgerufen am 2.8.2021).

[114] VwV zu § 55 LHO Bbg v. 11.8.2016 (ABl. Bbg 2016, Nr. 35), zuletzt geändert durch Erlass des MdFE vom 11.12.2020 (ABl. Bbg 2021, Nr. 2).

[115] VV-LHO Bremen v. 4.10.1976 (Brem.ABl. S. 413), zuletzt geändert durch VwV vom 13.7.2021 (aktuelle Fassung abrufbar unter https://www.transparenz.bremen.de/metainformationen/verwaltungsvorschriften-zur-haushaltsordnung-der-freien-hansestadt-bremen-vv-lho-169780?asl=bremen203_tpgesetz.c.55340.de&template=20_gp_ifg_meta_detail_d; aufgerufen am 2.8.2021).

[116] VVBesch Bremen v. 14.5.2019, (Brem. ABl. 2019, 436).

[117] Hmb. Beschaffungsordnung Hamburg v. 1.3.2009 idF v. 1.10.2017 (abrufbar unter https://www.hamburg.de/contentblob/9611858/792f5ffe39c0d28d653d490adf4d1571/data/4-5-beschaffungsordnung-01-10-2017.pdf).

[118] Vergabeerlass Hessen v. 27.6.2016 (StAnz. Hessen 2016, 710), zuletzt geändert durch den Erlass v. 14.9.2020 (StAnz. Hessen 2020, 1026).

- Mecklenburg-Vorpommern: Vergabeerlass M-V,[119]
- Niedersachsen: VwV zu § 55 NdsLHO,[120]
- Nordrhein-Westfalen: VwV zu § 55 LHO NRW[121] gemäß Ziffer 6 ergänzt durch das Vergabehandbuch NRW für die Vergabe von Liefer- und Dienstleistungen,[122]
- Rheinland-Pfalz: VwV Öffentliches Auftrags- und Beschaffungswesen,[123]
- Saarland: VwV zu § 55 SaarlLHO[124] ergänzt durch die Richtlinien für die Vergabe von Aufträgen über Lieferungen und Leistungen durch die saarländische Landesverwaltung (Beschaffungsrichtlinien),[125]
- Sachsen: VwV zu § 55 SäHO,[126]
- Sachen-Anhalt: VwV zu § 55 LSALHO,[127]
- Schleswig-Holstein: VwV zu § 55 SchlHLHO,[128] gemäß Ziffer 2 ergänzt durch die Landesbeschaffungsordnung Schl.-H.,[129]
- Thüringen: Thür. VwV zur Vergabe öffentlicher Aufträge (ThürVVöA).[130]

23 **b) Wirkungsweise.** Die beschriebenen haushaltsrechtlichen Regelungen zum Vergaberecht gehören wie auch das übrige Haushaltsrecht zum jeweiligen **staatlichen Binnenbereich.** Sie entfalten damit zumindest grundsätzlich keine Außenwirkung gegenüber den Bürgerinnen und Bürgern und verleihen ihnen deshalb grundsätzlich keine subjektiven Rechte.[131] Eine unmittelbare Außenwirkung insbesondere des § 55 BHO und gleichgelagerter Vorschriften ist daher abzulehnen.[132] Allerdings können sie über die jeweilige Vergabepraxis eine **mittelbare Außenwirkung** erlangen. Über Art. 3 Abs. 1 GG erlangen die Mitbieter insoweit einen grundsätzlichen Anspruch auf Gleichbehandlung (→ Rn. 14).[133]

24 **4. Landesvergabegesetze. a) Verbreitung und zentrale Inhalte.** Darüber hinaus haben die Bundesländer Landesvergabegesetze erlassen.[134] Diese konzentrieren sich inhaltlich regelmäßig auf einzelne **Teilaspekte des Vergaberechts** und haben insbesondere die Einhaltung von Tariftreue- und Mindestlohnpflichten, die Einhaltung von ILO-Kernarbeitsnormen sowie die Mittelstandsförderung zum Gegenstand.[135]

---

[119] Vergabeerlass M-V (VgE M-V) v. 12.12.2018 (AmtsBl. M-V 2018, 666), zuletzt geändert durch VwV v. 14.7.2020 (Amtsbl. M-V 2020, 348).
zu § 55 LHO (abrufbar unter https://www.regierung-mv.de/Landesregierung/fm/Haushalt/Haushaltsplan/Haushaltsrecht/).

[120] VwV zur Nds. LHO v. 11.7.1996 (Nds. MBl 1996, 1868), zuletzt geändert durch VwV v. 10.6.2021 (Nds. MBl. 2021, Nr. 24, 1083). Eine Verweisung auf die UVgO enthält nunmehr auch § 3 Abs. 1 des (höherrangigen) NTVergG nF (vgl. aber den Anwendungsbereich nach § 2 NTVergG).

[121] VwV zu § 55 LHO NRW v. 11.2018 (MBl. NRW 2019, 360).

[122] Vergabehandbuch NRW für die Vergabe von Liefer- und Dienstleistungsaufträgen", Runderlass des Ministeriums der Finanzen vom 11.5.2018 (MBl. NRW. 342).

[123] VwV Öffentliches Auftrags- und Beschaffungswesen in RhPf. v. 24.4.2014 (MinBl. 2014, 48). Zu deren Fortgeltung https://mwvlw.rlp.de/de/themen/wirtschafts-und-innovationspolitik/wettbewerbspolitik/vergaberecht/nationale-vergabeverfahren/ (aufgerufen am 2.8.2021).

[124] VwV zur LHO des Saarlandes v. 27.9.2001 (GMBl. des Saarlandes 2001, 533), zuletzt geändert durch VwV v. 14.1.2021 (ABl. des Saarlandes 2021 I, 279).

[125] Neufassung der Richtlinien für die Vergabe von Aufträgen über Lieferungen und Leistungen durch die saarländische Landesverwaltung (Beschaffungsrichtlinie) v. 5.11.2020 (ABl. des Saarlandes 2020 I, 1237).

[126] VwV des Sächsischen Staatsministeriums der Finanzen zur Sächsischen Haushaltsordnung vom 27.6.2005 (SächsABl. SDr. 226), zuletzt geändert VwV v. 16.4.2021 (SächsABl. 2021, 434).

[127] VwV des Ministeriums für LSALHO v. 1.2.2001 – 21-04003/2 (MBl. LSA. 2001, 241), zuletzt geändert durch VwV v. 21.12.2017 (MBl. LSA 2018, 31).

[128] VwV zur LHO Schl.-H. v. 19.12.1974 (ABl. Sch.-H. 1975, 1), zuletzt geändert durch VwV v. 26.4.2021 (ABl. Schl.-H. 2021 Nr. 20, 953).

[129] Landesbeschaffungsordnung Schl.-H. v. 11.1.2017 (ABl. Schl.-H. 2017, 246).

[130] ThürVVöA v. 16.9.2014 (Thür. Staatsanzeiger Nr. 41/2014 vom 13.10.2014, 1299), zuletzt geändert durch VwV v. 27.10.2020 (ThürStAnz Nr. 46/2020, 1431).

[131] BVerwG Beschl. v. 2.5.2007 – 6 B 10/07, BVerwGE 129, 9 (17) = NZBau 2007, 389 (392); *Groß* in Gröpl, Bundeshaushaltsordnung/Landeshaushaltsordnung (BHO/LHO) – Kommentar, 2. Aufl. 2019, BHO § 55 Rn. 1 und 5; HK-VergabeR/*Fehling* GWB § 97 Rn. 6.

[132] Anders HK-VergabeR/*Pache* BHO § 55 Rn. 195 ff., der eine unmittelbare Außenwirkung befürwortet.

[133] Ziekow/Völlink/*Dittmann* GWB Vor § 155 Rn. 15.

[134] Abgedruckt in Teil 5 des 4. Bandes. Dort nicht aufgeführt ist das Bayerische Mittelstandsförderungsgesetz. Da es jedoch in Art. 18 eine spezifische Bestimmung zur Vergabe öffentlicher Aufträge enthält, handelt es sich in einem weiter verstandenen Sinne ebenfalls um ein Landesvergabegesetz.

[135] Erläuterung nach dem Stand von 2017 bei *Mertens* in Gabriel/Krohn/Neun VergabeR-HdB § 88.

Im Einzelnen gelten folgende Landesvergabegesetze: 25
- Baden-Württemberg: Landestariftreue- und Mindestlohngesetz (BWLTMG),[136]
- Bayern: Mittelstandsförderungsgesetz (BayMfG),[137]
- Berlin: Berliner Ausschreibungs- und Vergabegesetz (BerlAVG),[138]
- Brandenburg: Brandenburgisches Vergabegesetz (BbgVergG),[139]
- Bremen: Bremisches Gesetz zur Sicherung von Tariftreue, Sozialstandards und Wettbewerb bei öffentlicher Auftragsvergabe (BremTtVG),[140]
- Hamburg: Hamburgisches Vergabegesetz (HmbVgG),[141]
- Hessen: Hessisches Tariftreue – und Vergabegesetz (HVTG),[142]
- Mecklenburg-Vorpommern: Gesetz über die Vergabe öffentlicher Aufträge in Mecklenburg-Vorpommern (VgG M-V),[143]
- Niedersachsen: Niedersächsisches Gesetz zur Sicherung von Tariftreue und Wettbewerb bei der Vergabe öffentlicher Aufträge (NTVergG),[144]
- Nordrhein-Westfalen: Gesetz über die Sicherung von Tariftreue und Mindestlohn bei der Vergabe öffentlicher Aufträge (TVgG NRW),[145]
- Rheinland-Pfalz: Landesgesetz zur Gewährleistung von Tariftreue und Mindestentgelt bei öffentlichen Auftragsvergaben (RhPfLTTG),[146]
- Saarland: Gesetz über die Sicherung von Sozialstandards, Tariftreue und Mindestlöhnen bei der Vergabe öffentlicher Aufträge (STTG),[147]
- Sachsen: Gesetz über die Vergabe öffentlicher Aufträge im Freistaat Sachsen (SächsVergabeG),[148]
- Sachsen-Anhalt: Gesetz über die Vergabe öffentlicher Aufträge in Sachsen-Anhalt (LVG LSA),[149]
- Schleswig-Holstein: Vergabegesetz Schleswig-Holstein (VGSH),[150]
- Thüringen: Thüringer Gesetz über die Vergabe öffentlicher Aufträge (ThürVgG).[151]

b) Besondere Relevanz im Haushaltsvergaberecht. Im Anwendungsbereich des Kartell- 26 vergaberechts fungieren die Landesvergabegesetze lediglich als Ergänzung der §§ 97 ff. GWB. Durch die erhöhte Regelungsdichte in der Neufassung des GWB wurde jedoch der Gestaltungsspielraum der Länder nicht unerheblich eingeschränkt.[152] Ihre zentrale Bedeutung entfalten die Landesvergabegesetze daher im Haushaltsvergaberecht. Zudem beschränken sich einige Landesvergabegesetze von vornherein auf den Unterschwellenbereich.[153] Allerdings sind die Landesvergabegesetze in sachlicher

---

[136] LTMG BW v. 16.4.2013 (GBl. BW 2013, 50), zuletzt geändert durch G v. 21.11.2017 (GBl. 2017, 597, 606).
[137] BayMfG v. 20.12.2007 (BayGVBl. 2007, 926), zuletzt geändert durch VO v. 26.3.2019 (BayGVBl. 2019, 98). Vergabespezifische Regelungen enthält aber lediglich Art. 18 dieses Gesetzes.
[138] BerlAVG v. 22.4.2020 (GVBl. Berlin 2020, 276). Hierzu die Gesetzesbegründung AH-Drs. 18/2538.
[139] BbgVergG v. 26.9.2016 (GVBl. Bbg 2016 I Nr. 21), zuletzt geändert durch G v. 13.4.2021 (GVBl. Bbg 2021 I Nr. 9).
[140] Tariftreue- und Vergabegesetz Bremen v. 24.11.2009 (Brem. GVBl. 2013, 476), zuletzt geändert durch G v. 22.9.2020 (Brem. GVBl. 2020, 960).
[141] HmbVgG v. 13.2.2006 (HmbGVBl. 2006, 57), zuletzt geändert durch G. v. 18.7.2017 (HmbGVBl. 2017, 222).
[142] HVTG v. 19.12.2014 (GVBl. Hessen 2014, 354), zuletzt geändert durch G v. 5.10.2017 (GVBl. Hessen 2017, 294). Die Neufassung des HTVG v. 12.7.2021 (GVBl. Hessen 2021, 338), die am 1.9.2021 in Kraft tritt, konnte nicht mehr berücksichtigt werden.
[143] VgG M-V v. 7.7.2011 (GVOBl. M-V 2011, 411), zuletzt geändert durch G. v. 12.7.2018 (GVOBl. M-V 2018, 242).
[144] NTVergG v. 31.10.2013 (Nds. GVBl. 2013, 259), zuletzt geändert durch G v. 20.11.2019 (Nds. GVBl. 2019, 354).
[145] TVgG NRW v. 22.3.2018 (GV. NRW 2018, 172).
[146] LTTG Rheinland-Pfalz v. 1.12.2010 (GVBl. Rheinland-Pfalz 2010, 426), zuletzt geändert durch G v. 26.11.2019 (GVBl. Rheinland-Pfalz 2019, 333).
[147] STTG v. 6.2.2013 (Amtsblatt des Saarlandes 2013 I, 84).
[148] SächsVergabeG v. 14.2.2013 (SächsGVBl. 2013, 109), zuletzt geändert durch G v. 5.4.2019 (SächsGVBl. 2019, 245).
[149] LVG LSA v. 19.11.2012 (GVBl. LSA 2012, 536), zuletzt geändert durch G v. 27.10.2015 (GVBl. LSA 2015, 562).
[150] VGSH v. 8.2.2019 (GVOBl. Schl.-H. 2019, 40).
[151] ThürVgG idF der Bek. v. 23.1.2020 (Thür GVBl. 2020, 29). Übersicht bei *Schaller* LKV 2020, 241 ff.
[152] Eingehend *Burgi* NZBau 2015, 597 ff.
[153] Vgl. § 1 Abs. 1 SächsVergabeG; § 1 Abs. 1 S. 1 VGSH. Eingeschränkt in § 1 Abs. 4 BremTtVG; § 2 Abs. 3 NTVergG.

Hinsicht oftmals erst ab Erreichen bestimmter **unterer Wertgrenzen** einschlägig.[154] Zu beachten ist schließlich, dass der personelle Anwendungsbereich der Landesvergabegesetze typischerweise weiter gefasst ist als derjenige des Haushaltsrechts ieS (→ Rn. 35).

27 **5. Vergabeordnungen. a) Wesen und Wirkungsweise.** Bei den Vergabeordnungen (VOB/A, UVgO und VOL/A) handelt es sich im Ausgangspunkt um autonome Regelwerke, die ein idealtypisches Verfahren abbilden und die erst durch einen **Anwendungsbefehl** Verbindlichkeit erlangen. Dieser kann entweder in einem Gesetz, in einer Rechtsverordnung oder in einer Verwaltungsvorschrift erfolgen. Dabei teilen die Vergabeordnungen jeweils die Rechtsnatur des Rechtssatzes, welcher den Anwendungsbefehl ausspricht. So verweist im Oberschwellenbereich § 2 S. 2 VgV statisch auf den 2. Abschnitt der VOB/A 2019.[155] Im **Unterschwellenbereich** werden die Vergabeordnungen oftmals durch Verwaltungsvorschrift für verbindlich erklärt.[156] Sie tragen insoweit selbst den Charakter einer Verwaltungsvorschrift.[157] Zugleich fungieren sie als die in § 55 Abs. 2 BHO vorgesehenen „Richtlinien".[158] Immer häufiger enthalten aber auch die Landesvergabegesetze einen entsprechenden Anwendungsbefehl.[159] Der Anwendungsbefehl entscheidet nicht nur über den Zeitpunkt der Verbindlichkeit; vielmehr kann er auch **inhaltliche Modifizierungen** vorsehen. So hat etwa das Land Berlin die obligatorische E-Vergabe über die Vorgaben der VOB/A bzw. UVgO hinaus angeordnet.[160]

28 **b) Systematik.** Nach bisheriger Rechtslage waren drei Vergabeordnungen zu verzeichnen, nämlich die VOB/A, die VOL/A sowie die VOF.[161] Dabei besaß die VOL/A eine Auffangwirkung für Leistungen, die weder als Bauleistung noch als freiberufliche Leistung einzuordnen sind und deren Vergabe sich deshalb nicht nach der VOB/A oder der VOF richtet. Allerdings war der Anwendungsbereich der VOF gemäß deren § 1 Abs. 2 VOF von vornherein auf Vergaben ab Erreichen der Schwellenwerte beschränkt. Nach neuer Rechtslage soll die **Unterschwellenvergabeordnung (UVgO)**[162] den ersten Abschnitt der VOL/A ersetzen (→ Rn. 29 ff.).[163] Allerdings erfordert auch dies einen Anwendungsbefehl.[164] Zum Zeitpunkt der Drucklegung ist ein solcher **Anwendungsbefehl** auf Bundesebene sowie in 12 der 16 Bundesländern erfolgt.[165] In den bislang neun Bundesstaaten, die bereits auf Landesebene die VOL/A durch die UVgO abgelöst haben, erstrecken die landesrechtlichen Vorgaben den Anwendungsbefehl für die UVgO überwiegend auch auf die kommunale Ebene.[166] Andere Flächenstaaten haben es vor dem Hintergrund der kommunalen Selbstverwaltungsgarantie insoweit bislang bei „Empfehlungen" zur Anwendung der UVgO belassen.[167] Wegen des insgesamt weit vorangeschrittenen Umsetzungsprozesses

---

[154] § 2 Abs. 3 BWLTMG; § 3 Abs. 1 BerlAVG; § 2 Abs. 1 S. 2 BbgVergG; § 1 Abs. 5 HVTG; § 1 Abs. 3 VgG M-V; § 2 Abs. 1 NTVergG; § 1 Abs. 5 TVgG NRW; § 1 Abs. 5 STTG; § 1 Abs. 1 S. 2 LVG LSA; § 1 Abs. 1 S. 1 ThürVgG.
[155] Hierzu Ziekow/Völlink/*Greb* VgV § 2 Rn. 2.
[156] Etwa Ziffer 2 der VV-BHO des Bundes zu § 55 BHO.
[157] BGH Urt. v. 21.11.1991 – VII ZR 203/90, BGHZ 116, 149 (151 f.) = NJW 1992, 827; *Ziekow*, Öffentliches Wirtschaftsrecht, 5. Aufl. 2020, § 9 Rn. 16.
[158] *Groß* in Gröpl, Bundeshaushaltsordnung/Landeshaushaltsordnung (BHO/LHO) – Kommentar, 2. Aufl. 2019, BHO § 55 Rn. 3.
[159] § 6 f. BremTtVG; § 2a Abs. 1 S. 1 HmbVgG; § 2 Abs. 1 VgV M-V; § 3 Abs. 1 und 2 NTVergG; § 1 Abs. 2 SächsVergabeG; § 1 Abs. 2 LVG LSA; § 3 Abs. 1 und 2 VGSH; § 1 Abs. 2 ThürVgG.
[160] Hierzu *Siegel* LKV 2020, 529 (537).
[161] Systematische Übersicht bei *Burgi* VergabeR § 4 Rn. 26.
[162] BAnz. AT v. 7.2.2017, B1.
[163] *Lausen* NZBau 2017, 3.
[164] *Ollmann* VergabeR 2016, 687.
[165] Ziffer 5.5. lit. b VwBeschaffung BW (→ Rn. 22); Ziffer 2.1. der VV-BayHO zu Art. 55 (→ Rn. 22); Ziffer 3.1.2 der Berliner Ausführungsvorschriften zu § 55 LHO (→ Rn. 22); Ziffer 2.2.2. der VwV zu § 55 LHO Bbg (→ Rn. 22); § 7 Abs. 1 BremTtVG (→ Rn. 25); § 2a Abs. 1 Nr. 1 HmbVgG (→ Rn. 25); § 2 Abs. 1 S. 1 Nr. 3 VgG M-V (→ Rn. 25); § 3 Abs. 1 NTVergG (→ Rn. 25); Ziffer 2 der VwV zu § 55 LHO NRW (→ Rn. 22); Ziffer 2 der VwV zu § 55 der LHO des Saarlandes (→ Rn. 22); § 3 Abs. 1 VGSH (→ Rn. 25); § 1 Abs. 2 ThürVgG (→ Rn. 25). Rechtsprechungsbeispiel zur Ablösung bei VG Würzburg Urt. v. 18.3.2019 – W 8 K 18/1161 Rn. 44 ff, BeckRS 2019, 4442.
[166] Vgl. § 30 Abs. 3 Bbg KomHKV; § 1 Abs. 2 VgG M-V; § 2 Abs. 5 NTVergG; § 26 Abs. 2 KomHVO NRW iVm dem Erlass des Ministeriums für Heimat, Kommunales, Bau und Gleichstellung (abrufbar unter https://recht.nrw.de/lmi/owa/br_text_anzeigen?v_id=82420180911091633384, aufgerufen am 10.9.2020); § 1 Abs. 1 iVm § 3 Ab. 1 Nr. 1 VGSH; § 2 Ab. 1 iVm § 1 Abs. 2 S. 1 Nr. 1 ThürVgG. Hinzu gesellt sich Bremen gem. § 2 Abs. 1 iVm § 7 Abs. 1 Brem. Tariftreue- und Vergabegesetz.
[167] So die Rechtslage in Baden-Württemberg gemäß Ziffer 2.3.1. der VergabeVwV des Innenministeriums BW v. 27.2.2019 (GABl. BW 2019, 118), in Bayern gemäß Ziffer 4.1. der Bekanntmachung des Bayerischen Staatsministeriums des Innern und für Integration über die Vergabe von Aufträgen im kommunalen Bereich vom 31. Juli 2018 (BayAllMBl. 2018, 547), sowie im Saarland gemäß Ziffer 2.1. des Vergabeerlasses

wird im Folgenden bei der Vergabe von Liefer- und Dienstleistungen die UVgO in den Mittelpunkt gerückt. Da die Ablösung in vier Bundesländern noch nicht erfolgt ist, wird nachfolgend – lediglich – ergänzend auf die Bestimmungen der VOL/A[168] verwiesen. Hinzu kommen die Anforderungen der **VOB/A, 1. Abschnitt,** die im Jahre 2019 neu gefasst wurde (→ Rn. 32).[169]

c) Anwendungsbereich und Struktur der UVgO. Der Anwendungsbereich der UVgO ist zunächst – abgesehen von der begriffsimmanenten Beschränkung auf den Unterschwellenbereich – gem. § 1 Abs. 1 UVgO begrenzt auf die Vergabe von öffentlichen **Liefer- und Dienstleistungsaufträgen sowie Rahmenvereinbarungen.** In sachlicher Hinsicht **nicht erfasst** wird zudem die Vergabe von **Dienstleistungskonzessionen.**[170] Dies ergibt sich bereits aus der begrifflichen Abgrenzung zwischen öffentlichen Aufträgen und Konzessionen (vgl. § 103 Abs. 1 GWB und § 105 GWB); darüber hinaus werden in § 1 Abs. 2 UVgO nicht die besonderen Ausnahmen für die Konzessionsvergabe nach §§ 149 f. GWB in Bezug genommen. Schließlich werden in § 1 Abs. 2 UVgO die **Ausnahmetatbestände** der §§ 107–109, 116, 117 und 145 GWB auf den Unterschwellenbereich übertragen (→ Rn. 48).[171] 29

Die UVgO **gliedert sich** in Abschnitte mit Allgemeinen Bestimmungen sowie zu Kommunikation (§§ 1–7 UVgO), über das Vergabeverfahren (§§ 8–48 UVgO), zur Vergabe von Aufträgen für besondere Leistungen und Planungswettbewerbe (§§ 49–52 UVgO) sowie zu Schlussbestimmungen (§§ 53–54 UVgO).[172] Die Regelungen der UVgO sind oftmals den entsprechenden Bestimmungen im **Oberschwellenbereich nachgebildet** worden. Besonders bedeutsam sind die Hinwendung zur obligatorischen E-Vergabe (→ Rn. 57), die Aussagen zu den Vergabearten (→ Rn. 60 ff.) sowie die Öffnung für sog. vergabefremde Zwecke (→ Rn. 90). 30

Erfasst werden nach § 50 UVgO auch **freiberufliche Leistungen,** allerdings mit einer gegenüber den sonstigen erfassten Leistungen deutlich abgemilderten Regelungsdichte. Sie sind nach § 50 S. 1 UVgO grundsätzlich im Wettbewerb zu vergeben. Dabei ist nach § 50 S. 2 UVgO so viel Wettbewerb zu schaffen, wie dies nach der Natur der Geschäfte oder nach den besonderen Umständen möglich ist. Deshalb wird oftmals eine Verhandlungsvergabe zulässig sein (→ Rn. 69). Denn freiberufliche Leistungen erfordern typischerweise eine besondere Kreativität, sodass vorher oftmals die Leistung nicht eindeutig und erschöpfend festgelegt werden kann[173] bzw. wissenschaftlich-technische Fachaufgaben zu erfüllen sind.[174] Allerdings sind regelmäßig Vergleichsangebote einzuholen.[175] Aus Gründen der Rechtssicherheit empfiehlt es sich, im **Anwendungsbefehl** zur UVgO anzugeben, welche Bestimmungen der UVgO bei freiberuflichen Leistungen im Einzelnen zur Anwendung kommen sollen.[176] 31

d) Anwendungsbereich und Struktur der VOB/A 2019 (1. Abschnitt). Bei der Vergabe von **Bauleistungen** im Unterschwellenbereich ist die VOB/A 2019 (1. Abschnitt) anwendbar.[177] Im Gegensatz zur UVgO (→ Rn. 29) enthält sie in § 23 eine spezifische Regelung zu **Baukonzessionen** (→ Rn. 41 f.).[178] Sie wurde im Jahre 2019 neu gefasst.[179] Auch wenn in beträchtlichen Bereichen Übereinstimmungen mit dem Kartellvergaberecht bestehen, ist der Annäherungsprozess an dieses nicht so stark ausgeprägt wie bei der UVgO. So hält sie nach wie vor am Grundsatz der lediglich fakultativen E-Vergabe fest (→ Rn. 57).[180] 32

III. Personeller Anwendungsbereich

1. Der institutionelle Auftraggeberbegriff. Im Kartellvergaberecht wird der „klassische" Auftraggeberbegriff, der gem. § 99 Nr. 1 GWB die Gebietskörperschaften und ihre Sondervermögen 33

---

v. 7.4.2020 (abrufbar über http://www.vorschriften.saarland.de/verwaltungsvorschriften/vorschriften/3_1546_vergabeerlass_kommunen_2020.pdf, aufgerufen am 10.9.2020).
[168] Vergabe- und Vertragsordnung für Leistungen (VOL), Teil A – Allgemeinen Bestimmungen für die Vergabe von Leistungen v. 20.11.2009 (BAnz. 2009 Nr. 196a, 1, ber. 2010 Nr. 755).
[169] VOB/A 2019, BAnz AT v. 19.2.2019 B 2, 3.
[170] *Siegel* VergabeR 2018, 183 (184).
[171] Erläuterungen des BMWI zur UVgO, BAnz. AT v. 7.2.2017, B2, 2.
[172] Übersicht über die Regelungen bei *Frenz* VergabeR 2018, 245 ff.
[173] § 8 Abs. 4 Nr. 3 UVgO.
[174] § 8 Abs. 4 Nr. 6 UVgO.
[175] Ziekow/Völlink/*Ziekow* UVgO § 50 Rn. 1.
[176] Vgl. etwa Ziffer 3.5. der Ausführungsvorschriften des Landes Berlin zu § 55 LHO. Zur ansonsten bestehenden Rechtsunsicherheit etwa *Bulla* VergabeR 2019, 8 (20 f.); *Petschulat* ZfBR 2020, 472 (474).
[177] Zum Begriff der Bauleistung Kapellmann/Messerschmidt/*Lederer* VOB/A § 1 Rn. 4.
[178] Hierzu *Siegel* NZBau 2019, 353 (355 f.).
[179] Übersicht über die wesentlichen Änderungen bei *Janssen* NZBau 2019, 147 ff.
[180] Vgl. § 12 Abs. 1 VOB/A 2019, § 13 Abs. 1 VOB/A 2019. Krit. *hierzu* Vogt, E-Vergabe, 2019, 298 f.

erfasst (→ GWB § 99 Rn. 14 ff.), in § 99 Nr. 2 GWB durch den funktionalen Auftraggeberbegriff ergänzt. Danach können unter den dort genannten Voraussetzungen auch private Personen in die Funktion des Auftraggebers einrücken (→ GWB § 99 Rn. 22 ff.).[181] Anders verhält es sich im Haushaltsvergaberecht. Zwar sind hier teleologisch bedingte Interpretationen ebenfalls möglich. Die Bindungswirkung des Haushaltsrechts ist jedoch aus kompetentiellen Gründen beschränkt auf die jeweiligen **Gebietskörperschaften.** Daher verbleibt es im Haushaltsvergaberecht im Ausgangspunkt beim klassischen institutionellen Auftraggeberbegriff.[182] Zu diesen zählen die von den jeweiligen haushaltsrechtlichen Bestimmungen erfassten Gebietskörperschaften sowie – aufgrund der Gleichstellung in § 105 BHO/LHO – die **anderen bundes- bzw. landesunmittelbaren juristischen Personen des Öffentlichen Rechts.**[183]

34 Zugleich folgt daraus im Umkehrschluss, dass **(juristische Personen) des Privatrechts grundsätzlich nicht** dem Haushaltsvergaberecht unterliegen. Das gilt unabhängig davon, ob die öffentliche Hand an dieser beteiligt ist.[184] Auch § 112 Abs. 2 S. 1 BHO verweist für Unternehmen des Öffentlichen Rechts iSd BHO im Unterschied zu § 105 BHO nicht auf § 55 BHO.[185] – Die **Vergabeordnungen** (→ Rn. 27 ff.) nehmen auf den Begriff des „Auftraggebers" Bezug, welcher von demjenigen des „öffentlichen Auftraggebers zu unterscheiden ist.[186] Damit soll der persönliche Anwendungsbereich dem jeweiligen Anwendungsbefehl des Bundes und der Länder vorbehalten bleiben.[187] Werden die Vergabeordungen durch eine Verwaltungsvorschrift für verbindlich erklärt und tragen sie deshalb selbst den Charakter einer Verwaltungsvorschrift, so kann dadurch keine Erstreckung auf bestimmte Privatpersonen bewirkt werden. Denn Verwaltungsvorschriften beschränken sich in ihrem Geltungsbereich auf den jeweiligen Binnenbereich eines Verwaltungsträgers.

35 **2. Bezugnahmen in den Landesvergabegesetzen.** Allerdings können die Landesvergabegesetze eine Ausweitung des personellen Anwendungsbereichs vorsehen. Dabei sind unterschiedliche Regelungsmodelle anzutreffen. Einige wenige Bundesländer haben eine landesspezifische Ausweitung vorgenommen.[188] Die meisten Länder nehmen jedoch Bezug auf das **GWB**, teilweise jedoch immer noch in der alten Fassung.[189] Der **Umfang der Verweisung** weist ein Spektrum auf, wie es größer kaum sein könnte. Sie reicht von der Ausweitung auf den funktionellen Auftraggeberbegriff nach § 99 Nr. 2 GWB über die Bezugnahme auf § 99 GWB insgesamt unter Ausblendung der Sektorenauftraggeber sowie die Bezugnahme auf § 99 GWB unter (zumindest partieller) Einbeziehung der Sektorenauftraggeber bis hin zur uneingeschränkten Bezugnahme auf § 98 GWB nF.[190] Da zudem in den verbleibenden drei Bundesländern keine Erweiterung stattfindet,[191] führt dies zu einer beträchtlichen Zersplitterung der Rechtslage. – Während für die klassischen institutionellen Auftraggeber (→ Rn. 33) die vergaberechtlichen Regelungen des Haushaltsrechts ieS durch die Landesvergabegesetze ergänzt werden (→ Rn. 24 ff.), beschränkt sich die **Bindung der sonstigen Auftraggeber** allerdings auf die inhaltlichen Regelungsgehalte des jeweiligen Landesvergabegesetzes. Denn sie unterliegen nicht dem Haushaltsrecht ieS (→ Rn. 34).

36 **3. (Begrenzte) Ausweitung durch die Grundfreiheiten.** Darüber hinaus ist auch im Anwendungsbereich des EU-Primärvergaberechts eine Ausweitung des Auftraggeberbegriffs möglich. Bedeutung entfaltet eine solche Erweiterung von vornherein aber nur bei Binnenmarktrelevanz, da die Grundfreiheiten lediglich bei einem – zudem eindeutigen – grenzüberschreitenden Interesse einschlägig sind (→ Rn. 9 ff.). Im Bereich des EU-Primärrechts wird die Bindung der Mitgliedstaaten an die Grundfreiheiten in Art. 106 AEUV auf **öffentliche Unternehmen** ausgeweitet (→ Einl.

---

[181] Eingehend *Ziekow* VergabeR 2003, 483 ff.
[182] *Rechten* NZBau 2014, 667 (670); *Zeiss* Sichere Vergabe 45 ff.
[183] Hierzu *Burgi* DÖV 2015, 493; *Rechten* NZBau 2014, 667 (670); *Wagner/Steinkämper* NZBau 2006, 550 (551); *Groß* in Gröpl, Bundeshaushaltsordnung/Landeshaushaltsordnung (BHO/LHO) – Kommentar, 2. Aufl. 2019, BHO § 55 Rn. 38. Teilweise anders Willenbruch/Wieddekind/*Arzt-Mergemeier* BHO § 55 Rn. 1, der ohne nähere Begründung Anstalten des Öffentlichen Rechts ausnehmen möchte.
[184] *Hausmann* GewArch 2012, 107 (109).
[185] Eingehend zur Thematik *Burgi* DÖV 2015, 493 ff.
[186] Zur VOB/A 2019 Kapellmann/Messerschmidt/*Schneider* VOB/A § 1 Rn. 2; zur UVgO *Siegel* VergabeR 2018, 183 (185).
[187] Erläuterungen des BMWi zur UVgO, BAnz. AT v. 7.2.2017, B2, 2.
[188] § 2 Abs. 2 HmbGVgV; § 2 Abs. 4 SächsVergabeG.
[189] Auf § 99 GWB nF verweisen § 2 Abs. 2 bis 4 BerlAVG; § 2 Abs. 1 BremTtVG; § 2 Abs. 5 NTVerfG; § 1 Abs. 4 TVgG NRW; § 2 S. 1 Nr. 3 RhPfLTTG; § 1 Abs. 1 VGSH; § 2 Abs. 3 ThüVgV. Auf § 98 GWB aF verweisen § 4 BWLTMG; § 1 STTG; § 2 Abs. 1 LVG LSA.
[190] In § 1 Abs. 1 S. 1 VGSH wird erkennbar auf § 98 GWB nF verwiesen, vgl. die LT-Drs. SH 19/861, 11.
[191] Vgl. § 1 Abs. 1 HVTG; § 1 Abs. 2 VgV M-V. Das Gleiche gilt für Bayern mit der Beschränkung gesetzlicher Vorgaben auf Art. 18 BayMfG.

VergabeR Rn. 60 f.). Darunter versteht man wirtschaftlich handelnde Einheiten in beliebiger Rechtsform, auf deren Geschäftsplanung oder Tätigkeit öffentliche Hoheitsträger mittelbar oder unmittelbar bestimmenden Einfluss ausüben können.[192] Diese Ausweitung gilt konsequenterweise auch für die aus den Grundfreiheiten abgeleiteten Vergabegrundsätze.[193] Dabei kommt es zwar zu Überschneidungen mit dem funktionellen Auftraggeberbegriff; deckungsgleich sind die Begriffe jedoch nicht.[194] Soweit es sich daher weder um einen klassischen Auftraggeber handelt noch die Merkmale des Art. 106 AEUV erfüllt sind, entfalten die Grundfreiheiten und damit auch die aus ihnen abgeleiteten Vergabegrundsätze keine unmittelbare Bindungswirkung.[195] Denkbar erscheint insoweit allenfalls eine mittelbare Drittwirkung.[196] Ein anderes Ergebnis – also eine normative Ausweitung auf sonstige Auftraggeber – kann auch nicht aus der Auslegungsmitteilung der Kommission aus dem Jahre 2006 zu Vergaben außerhalb der Richtlinie entnommen werden (→ Rn. 12). Denn diese mag zwar inhaltlich zu einer Ausweitung tendieren;[197] sie entfaltet jedoch nach ausdrücklicher Feststellung des EuG keine verbindlichen Rechtswirkungen.[198]

4. (Mögliche) Ausweitung auf Zuwendungsempfänger. Bei sonstigen Personen, die weder der Ausweitung durch die Landesvergabegesetze unterliegen noch öffentliche Unternehmen darstellen, kommt allerdings eine Verpflichtung zur Anwendung des (Haushalts-)Vergaberechts über einen Zuwendungsbescheid auf Grundlage des **§ 44 BHO** in Betracht.[199] Die Einhaltung der vergaberechtlichen Bestimmungen kann hier insbesondere in eine Auflage iSd § 36 Abs. 2 Nr. 4 VwVfG einfließen, deren Nichtbeachtung einen Widerruf iSd § 49 Abs. 3 S. 1 Nr. 2 VwVfG ermöglicht.[200] Im Rahmen des Aufhebungsermessens ist zu berücksichtigen, dass die Wahl der falschen Verfahrensart einen besonders schwerwiegenden Verstoß darstellt.[201] 37

5. Unternehmen. Im Haushaltvergaberecht kann grundsätzlich auf den **Unternehmensbegriff des Kartellvergaberechts** zurückgegriffen werden.[202] Dies ergibt sich im Anwendungsbereich der UVgO aus der Bezugnahme auf die öffentlichen Aufträge in § 2 Abs. 1 UVgO, im Übrigen aus Sinn und Zweck des Haushaltsvergaberechts. Ebenso wie im Oberschwellenbereich werden also im Ausgangspunkt klassische, privatrechtlich verfasste Unternehmen erfasst. Und ebenso wie dort kann eine Einrichtung, die bei einer Auftragsvergabe ein öffentlicher Auftraggeber wäre, bei der Auftragserlangung in die Rolle eines – dann **funktional** zu verstehenden – Unternehmens einrücken, wenn es wie ein Privater am Markt auftritt (zu den damit erfassten Instate-Geschäften → Rn. 47 und 53). Im Anwendungsbereich der UVgO kommt nach § 1 Abs. 3 UVgO zudem die (den Teilnehmerkreis einschränkende) Bestimmung des § 118 GWB zu Vorbehalten von öffentlichen Aufträgen zur Anwendung.[203] 38

IV. Sachlicher Anwendungsbereich

1. Begriff des öffentlichen Auftrags. Der sachliche Anwendungsbereich des Kartellvergaberechts wird bestimmt durch den Begriff des öffentlichen Auftrags gem. § 103 GWB.[204] Im Gegensatz dazu enthalten die haushaltsrechtlichen Bestimmungen keine exakte Definition des öffentlichen Auftrags, sondern beschreiben den sachlichen Anwendungsbereich in § 55 Abs. 1 BHO lediglich 39

---

[192] Calliess/Ruffert/*Jung* AEUV Art. 106 Rn. 12; *Gabriel* in Gabriel/Krohn/Neun VergabeR-HdB § 83 Rn. 56 ff.
[193] Eingehend *Gabriel* VergabeR 2009, 7 (9 ff.).
[194] Zur Abgrenzung Röwekamp/Kus/Portz/Prieß/*Röwekamp* GWB § 98 Rn. 38.
[195] Überzeugend *Gabriel* VergabeR 2009, 7 (13); teilweise anders *Rechten* NZBau 2014, 667 (671).
[196] Hierzu Calliess/Ruffert/*Kingreen* AEUV Art. 36 Rn. 111 ff.
[197] Mitteilung der Kommission zu Auslegungsfragen, in Bezug auf das Gemeinschaftsrecht, das für Vergabe öffentlicher Aufträge gilt, die nicht oder nur teilweise unter die Vergaberichtlinie fallen (2006/C 179/02), ABl. 2006 C 179, 2 ff.
[198] EuG Urt. v. 20.5.2010 – T-258/06 Rn. 150 ff., Slg. 2010, II-2017 = ECLI:EU:T:2010:214 = NZBau 2010, 510 – Deutschland/Kommission. Hierzu *Gabriel* in Gabriel/Krohn/Neun VergabeR-HdB § 82 Rn. 44.
[199] HK-VergabeR/*Pache* BHO § 55 Rn. 90 f. Eingehend *Hildebrandt/Conrad* ZfBR 2013, 130 ff. Teilweise wird in den Landesvergabegesetzen explizit auf diese Möglichkeit hingewiesen, vgl. § 2 Abs. 1 SächsVergabeG.
[200] Beispiel bei OVG Münster Urt. v. 20.4.2012 – 4 A 1055/09, NZBau 2012, 589 (595). Bestätigt von BVerwG Beschl. v. 13.2.2013 – 3 B 58/12, NZBau 2013, 391 f.
[201] BVerwG Beschl. v. 13.2.2013 – 3 B 58/12, NZBau 2013, 391 (391); hierzu *Burgi* NVwZ 2013, 1083 ff. Eingehend *Troidl* NVwZ 2015, 549 ff.; *Gass* GewArch 2018, 55 ff.
[202] Ziekow/Völlink/*Ziekow* GWB § 103 Rn. 65.
[203] Ziekow/Völlink/*Ziekow* UVgO § 1 Rn. 5.
[204] Hierzu *Bergmann/Vetter* VBlBW 2016, 221 (224 f.).

mit „**Verträge(n) über Lieferungen und Leistungen**".²⁰⁵ Der Begriff wird jedoch durch die Bezugnahme auf die Vergabeordnungen und die dort normierten Vertragsgegenstände konturiert (→ Rn. 29 und 32).²⁰⁶ Darüber hinaus können auch freiberufliche Leistungen Gegenstand eines öffentlichen Auftrags im Haushaltsvergaberecht sein, wie sich nunmehr auch aus § 50 UVgO ergibt (→ Rn. 31).²⁰⁷ Das Merkmal der Entgeltlichkeit bildet eine logische Folge der erforderlichen Haushaltswirksamkeit.²⁰⁸ Öffentliche Aufträge im Sinne des Haushaltsvergaberechts sind damit entgeltliche Verträge über Bauleistungen, Liefer- sowie Dienstleistungen unter Einbeziehung freiberuflicher Leistungen.²⁰⁹ Erfasst werden darüber hinaus **Rahmenvereinbarungen,** wie sich nunmehr aus § 15 UVgO²¹⁰ und § 4a VOB/A 2019²¹¹ ergibt. § 51 UVgO enthält zudem eine spezifische Regelung zur Auftragsvergabe im Verteidigungs- und Sicherheitssektor.²¹²

40   **2. Konzessionen. a) Entwicklung im Kartellvergaberecht.** Der Begriff der Konzession ist im Kartellvergaberecht konturiert worden. Hier bestand von Beginn an Einigkeit, dass der Begriff der Konzession eng ausgelegt werden muss.²¹³ Denn er bildet die Abweichung vom Regelfall des „normalen" öffentlichen Auftrags. Nach der **Rechtsprechung des EuGH** muss eine „bestimmte wirtschaftliche Freiheit" des Unternehmers bestehen,²¹⁴ und das wirtschaftliche Risiko muss „zu einem wesentlichen Teil" übertragen werden.²¹⁵ Die Vergabe von Konzessionen hat im Kartellvergaberecht eine sehr wechselvolle Entwicklung durchlaufen. Im EG-Legislativpaket 2004 haben lediglich Baukonzessionen eine ausführliche Regelung erfahren; hingegen waren Dienstleistungskonzessionen grundsätzlich nicht vom Sekundärrecht erfasst, sodass (auch) insoweit die primärrechtlichen Grundfreiheiten relevant waren.²¹⁶ Dies hat sich im EU-Legislativpaket 2014 grundlegend geändert: Die Vergabe von Konzessionen ist nunmehr in einer eigenen **Konzessionsvergabe-Richtlinie (RL 2014/23/EU)** geregelt, die sowohl Baukonzessionen als auch Dienstleistungskonzessionen erfasst.²¹⁷ Einschlägig ist diese Richtlinie aber erst ab Erreichen des Schwellenwerts von 5,35 Mio. EUR (→ Rn. 2). Aufgegriffen worden sind diese Bestimmungen in § 101 GWB (Begriff des Konzessionsgebers), § 105 GWB (Begriff der Konzession) sowie in §§ 148 ff. GWB (Regelungen zur Vergabe von Konzessionen).²¹⁸ Zudem werden diese einfach-gesetzlichen Rahmenbedingungen in der neuen Konzessionsvergabeverordnung konkretisiert.²¹⁹

41   **b) Bewertung im Haushaltsvergaberecht. aa) Baukonzessionen.** Im Unterschwellenbereich enthält § 23 Abs. 2 VOB/A 2019 für die Vergabe von Baukonzessionen eine explizite Regelung: Danach sind die Bestimmungen der §§ 1–22 VOB/A 2019 bei der Vergabe von Baukonzessionen iSd § 23 Abs. 1 VOB/A 2019 entsprechend anwendbar. Bei der **Begriffsbestimmung in § 23 Abs. 1 VOB/A 2019** kann zumindest grundsätzlich auf das Kartellvergaberecht zurückgegriffen werden.²²⁰

42   Aus der **entsprechenden Anwendung der §§ 1 ff. VOB/A 2019** folgt, dass einerseits die Bestimmungen grundsätzlich herangezogen werden können, andererseits die Besonderheiten der Konzession zu beachten sind. Insbesondere „passen" diejenigen Bestimmungen der VOB/A nicht,

---

²⁰⁵ Willenbruch/Wieddekind/*Arzt-Mergemeier* BHO § 55 Rn. 4; *Dittrich,* Bundeshaushaltsordnung – Kommentar, 2020, BHO § 55 Rn. 9.
²⁰⁶ § VOB/A 2019 und § 1 UVgO.
²⁰⁷ Anders offenbar zur vormaligen Rechtslage *Hausmann* GewArch 2012, 107 (109).
²⁰⁸ Zur Frage der Haushaltsrelevanz bei der Vergabe von Konzessionen → Rn. 44.
²⁰⁹ *Groß* in Gröpl, Bundeshaushaltsordnung/Landeshaushaltsordnung (BHO/LHO) – Kommentar, 2. Aufl. 2019, BHO § 55 Rn. 56.
²¹⁰ Hierzu Ziekow/Völlink/*Kraus* UVgO § 15 Rn. 1 ff.
²¹¹ Hierzu Ziekow/Völlink/*Kraus* VOB/A § 4a Rn. 1 ff.
²¹² Hierzu Ziekow/Völlink/*Antweiler* UVgO § 51 Rn. 1 ff. Zu Bauleistungen in diesem Bereich Ziekow/Völlink/*Völlink* VOB/A § 3 Rn. 3.
²¹³ Hierzu statt vieler Ziekow/Völlink/*Ziekow* GWB § 105 Rn. 24 ff.
²¹⁴ EuGH Urt. v. 11.6.2009 – C-300/07 Rn. 71, Slg. 2009, I-4779 = ECLI:EU:C:2009:358 = NZBau 2009, 520 – AOK.
²¹⁵ EuGH Urt. v. 10.9.2009 – C-206/08 Rn. 77, Slg. 2009, I-8377 = ECLI:EU:C:2009:540 = NZBau 2009, 729 – WAZV Gotha; EuGH Urt. v. 10.3.2011 – C-274/09 Rn. 39, Slg. 2011, I-1335 = ECLI:EU:C:2011:130 = NZBau 2011, 239 – Rettungsdienste Stadler.
²¹⁶ Grundlegend EuGH Urt. v. 7.12.2000 – C-324/98 Rn. 58 ff., Slg. 2000, I-10745 = ECLI:EU:C:2000:669 = NZBau 2001, 148 – Telaustria. Eingehend hierzu *Burgi* NZBau 2005, 610 ff.
²¹⁷ Hierzu *Siegel* VergabeR 2015, 265 (267).
²¹⁸ Hierzu *Goldbrunner* VergabeR 2016, 365 ff.; *Siegel* NVwZ 2016, 1672 ff.; *Wollenschläger* EurUP 2016, 380 ff.
²¹⁹ Verordnung über die Vergabe von Konzessionen (Konzessionsvergabeverordnung – KonzVgV) v. 12.4.2016, BGBl. 2016 I 624 (683). Zur Begr. BT-Drs. 18/7318, 249 ff.
²²⁰ Kapellmann/Messerschmidt/*Ganske* VOB/A § 23 Rn. 3.

welche primär die Vergütung zum Gegenstand haben.[221] Aber auch die Bestimmungen zur Leistungsbeschreibung nach § 7 VOB/A kommt nur eingeschränkt zur Anwendung.[222] Die meisten Bestimmungen der VOB/A können jedoch auf die Vergabe von Baukonzessionen übertragen werden.[223] Dies gilt grundsätzlich auch für das im Zuge der Vereinheitlichung des Vergaberechts in § 3a Abs. 1 S.VOB/A 2019 aufgenommene Wahlrecht zwischen einer Öffentlichen Ausschreibung und einer Beschränkten Ausschreibung mit Teilnahmewettbewerb.[224] Allerdings wird gerade bei Baukonzessionen wegen der regelmäßig hohen Leistungsanforderungen eine Ausnahme vom Vorrang dieser beiden publizitätsintensiven Verfahrensarten in Betracht kommen.[225]

Zudem können bei Binnenmarktrelevanz bei der Vergabe einer Baukonzession im Unterschwellenbereich die aus den Grundfreiheiten abzuleitenden **Vergabegrundsätze** einschlägig sein (→ Rn. 8 f.) sowie bei fehlender Binnenmarktrelevanz die grundrechtlichen Verfahrensgarantien (→ Rn. 14). Diese können aus Gründen der Normenhierarchie zwar nicht von §§ 1 ff. VOB/A 2019 verdrängt werden. Allerdings bedarf es in rechtspraktischer Hinsicht regelmäßig keines Rückgriffs auf diese allgemeinen Grundsätze und Garantien, da die VOB/A einen wesentlich höheren Konkretisierungsgrad aufweist. Anders verhält es sich beim Rechtsschutz, weil das Haushaltsrecht als solches grds. keine subjektiven Rechte vermittelt, welche den Zugang zu den Gerichten gewähren.[226] 43

bb) Dienstleistungskonzessionen. Eine vollkommen andere Rechtslage besteht hingegen bei der Vergabe von Dienstleistungskonzessionen. Hier hatte bereits die VOL/A 2009 keine expliziten Vorschriften zur Vergabe einer Dienstleistungskonzession enthalten. Auch die UVgO regelt nicht die Vergabe von (Dienstleistungs-)Konzessionen.[227] Damit ist nach Sinn und Zweck des Haushaltsvergaberechts zu differenzieren: Die Bestimmung des wirtschaftlichen Risikos wird hier geprägt durch das Kriterium der **Haushaltsrelevanz.** Während im Kartellvergaberecht eine Konzession bereits dann vorliegt, wenn der Unternehmer „ganz überwiegend" das wirtschaftliche Risiko trägt (→ Rn. 40), muss dieses im Haushaltsvergaberecht ausschließlich beim Unternehmer verbleiben. Denn nur dann kommt **§ 55 BHO** nicht zur Anwendung, da keine Haushaltsmittel verwendet werden.[228] Eine Ausnahme käme allenfalls in Bagatellfällen in Betracht, die jedoch bei einer Dienstleistungskonzession kaum einschlägig sein werden.[229] Anders verhält es sich indessen, wenn der Unternehmer das wirtschaftliche Risiko nicht vollständig trägt, sondern teilweise vergütet wird. Da in einem solchen Falle Haushaltsmittel in Anspruch genommen werden, kommt § 55 BHO zur Anwendung.[230] Aufgrund der regelmäßig hohen Leistungsanforderungen an die Bieter wird hier allerdings nicht selten eine Ausnahme vom Vorrang der öffentlichen Ausschreibung bzw. der beschränkten Ausschreibung mit Teilnahmewettbewerb nach § 55 Abs. 1 BHO/LHO in Betracht kommen.[231] 44

Ergänzend zu § 55 BHO/LHO gelten – soweit dort geregelt – spezifische Vorgaben der **Landesvergabegesetze** (→ Rn. 28). Auf einfach-gesetzlicher Ebene werden Konzessionen oftmals durch spezifische Vorgaben des jeweiligen **Fachrechts** gesteuert, etwa im Rettungsdienstwesen.[232] Zudem kommen bei Vorliegen eines grenzüberschreitenden Interesses die aus den Grundfreiheiten abgeleiteten **Vergabegrundsätze** zur Anwendung (→ Rn. 11), im Übrigen die grundrechtlichen Verfahrensgarantien (→ Rn. 14).[233] 45

3. Ausnahmen vom Anwendungsbereich. a) Entwicklung im Kartellvergaberecht. aa) Allgemeine und besondere Ausnahmen. Der sachliche Anwendungsbereich des Kartellvergaberechts wird eingegrenzt durch Ausnahmen. Dabei ist zu unterscheiden zwischen allgemeinen Ausnahmen, welche bereichsübergreifend einschlägig sind, und besonderen Ausnahmen, welche sich auf einzelne Vergabezweige beziehen. Die allgemeinen Ausnahmen sind in §§ 107–109 GWB aufgeführt. Besonders intensiv erörtert wird gegenwärtig die Reichweite der Ausnahme für **Rettungsdienstleistungen.** Nachdem dies zuvor umstritten war,[234] hat der EuGH im Jahre 2019 46

---

[221] Ziekow/Völlink/*Hermann* VOB/A § 23 Rn. 32.
[222] *Braun* in Müller-Wrede GWB § 105 Rn. 121.
[223] Ziekow/Völlink/*Hermann* VOB/A § 23 Rn. 33.
[224] Hierzu *Janssen* NZBau 2019, 147 f.
[225] HK-VergabeR/*Pache* BHO § 55 Rn. 105.
[226] *Siegel* NZBau 2019, 353 (356).
[227] *Siegel* VergabeR 2018, 183 (184).
[228] Willenbruch/Wieddekind/*Arzt-Mergemeier* BHO § 55 Rn. 6; HK-VergabeR/*Pache* BHO § 55 Rn. 103.
[229] Ziekow/Völlink/*Siegel* GWB § 148 Rn. 29.
[230] HK-VergabeR/*Pache* BHO § 55 Rn. 106.
[231] HK-VergabeR/*Pache* BHO § 55 Rn. 106.
[232] Übersicht bei *Braun* in Müller-Wrede/Braun KonzVgV § 1 Rn. 182.
[233] *Siegel* NZBau 2019, 353 (356).
[234] Zsf. *Jaeger* NZBau 2018, 14 ff.

judiziert, dass die Ausnahme neben der Notfallrettung auch den qualifizierten Krankentransport erfasst.[235] Eine besonders bedeutsame allgemeine Ausnahme sind auch die nunmehr in Art. 108 Abs. 1–5 GWG geregelten **Inhouse-Geschäfte** (→ GWB § 108 Rn. 15 ff.). Die Bestimmungen beruhen im Kern auf der Rechtsprechung des EuGH, welcher den Begriff des öffentlichen Auftrags teleologisch reduziert hat.[236]

47   **bb) Instate-Geschäfte.** Auch § 108 Abs. 6 GWB normiert einen Ausnahmetatbestand von der Ausschreibungspflicht (→ GWB § 108 Rn. 65 ff.).[237] Die darin erfassten Instate-Geschäfte umschreiben die Zusammenarbeit zwischen zwei oder mehreren Verwaltungsträgern mit Beschaffungsbezug.[238] Durch den **Beschaffungsbezug** grenzen sich die Instate-Geschäfte von der Neuordnung behördlicher Kompetenzen ab, die alleine dem Organisationsrecht unterliegen.[239] Zentrale Erkenntnisse zur Abgrenzung zwischen beiden Kategorien liefert die erste Remondis-Entscheidung des EuGH aus dem Jahre 2016: Danach müssen für die Anerkennung einer Ausnahme über eine reine Zuständigkeitsverlagerung hinaus auch damit einhergehende Befugnisse übertragen werden, und der Kooperationspartner muss über eine finanzielle Unabhängigkeit verfügen, wodurch die Finanzierung der Aufgabe sichergestellt ist.[240] Aus Abs. 3 des Erwägungsgrundes 33 zur VKR 2014/14/EU ist zu entnehmen, dass es sich um eine **echte Zusammenarbeit** handeln muss.[241] Erforderlich, aber auch ausreichend hierfür ist, dass die betreffende Tätigkeit zur wirksamen Aufgabenerfüllung beiträgt.[242] Allerdings muss der Beitrag des Vertragspartners über eine finanzielle Beteiligung hinausgehen.[243] Keine echte Zusammenarbeit liegt hingegen vor, wenn ein Auftraggeber eine ihm nach innerstaatlichem Recht alleine obliegenden Aufgabe nicht vollständig selbst erledigt, sondern einen anderen, von ihm unabhängigen öffentlichen Auftraggeber entgeltlich in die Erledigung einbindet.[244]

48   **b) Ausdrückliche Bezugnahmen auf das Kartellvergaberecht.** Hier stellt sich die Frage, ob und inwieweit diese sachlichen Ausnahmen auf das Haushaltsvergaberecht übertragen werden können.[245] Vergleichsweise einfach verhält es sich, wenn die einschlägigen Bestimmungen ausdrücklich Bezug nehmen auf §§ 107 ff. GWB. Auf diesem Wege werden in vielen **Landesvergabegesetzen** (→ Rn. 24 f.) die Ausnahmebestimmungen auf den Unterschwellenbereich übertragen.[246] Allerdings nehmen einige Landesvergabegesetze immer noch auf § 100 Abs. 2 GWB aF Bezug, der insbesondere noch keine Ausage zu Inhouse- und Instate-Geschäften enthielt.[247] Teilweise sind aber auch landesspezifische Aussagen zu Ausnahmen vom sachlichen Anwendungsbereich anzutreffen.[248] Schließlich ist in noch recht vielen Landesvergabegesetzen keine ausdrückliche Regelung zu sachli-

---

[235] EuGH Urt. v. 21.3.2019 – C-465/17 Rn. 27 ff., ECLI:EU:C:2019:234 = NZBau 2019, 314 (317) – Falck Rettungsdienste. Hierzu *Bühs* EuZW 2019, 415 ff.; *Jaeger* NZBau 2020, 7 ff.; krit. *Braun/Zwetkow* VergabeR 2019, 492 ff.
[236] Hierzu etwa *Siegel* NVwZ 2008, 7 f.
[237] Aktuelles Beispiel bei EuGH Urt. v. 28.5.2020 – C-796/18, ECLI:EU:C:2020:395 = NZBau 2020, 461 ff. – ISE Softwareüberlassung.
[238] Zsf. *Siegel* NZBau 2018, 507 ff.; Entwicklung des Begriffs bei *Ziekow/Siegel* VerwArch 2005, 119 (126).
[239] EuGH Urt. v. 21.12.2016 – C-51/15 Rn. 41 f., ECLI:EU:C:2016:985 = NZBau 2017, 105 (108) – Remondis I; Urt. v. 18.6.2020 – C-328/19 Rn. 46, ECLI:EU:C:2020:483 = NZBau 2020, 528 – Stadt Pori. Hierzu *Siegel* NZBau 2018, 507 (508).
[240] EuGH Urt. v. 21.12.2016 – C-51/15 Rn. 49, ECLI:EU:C:2016:985 = NZBau 2017, 105 (108) – Remondis I. Hierzu *Fritz* NZBau 2017, 537 (538 f.). Ebenso EuGH Urt. v. 18.6.2020 – C-328/19 Rn. 48, ECLI:EU:C:2020:483 = NZBau 2020, 528 – Stadt Pori.
[241] EuGH Urt. v. 4.6.2020 – C-429/19 Rn. 28, ECLI:EU:C:2020:436 = NZBau 2020, 457 (460) – Remondis II.
[242] EuGH Urt. v. 28.5.2020 – C-796/18 Rn. 60, ECLI:EU:C:2020:395 = NZBau 2020, 461 (465) – Softwareüberlassung ISE.
[243] EuGH Urt. v. 4.6.2020 – C-429/19 Rn. 30, ECLI:EU:C:2020:436 = NZBau 2020, 457 (461) – Remondis II.
[244] EuGH Urt. v. 4.6.2020 – C-429/19 Rn. 34 ff, ECLI:EU:C:2020:436 = NZBau 2020, 457 (461) – Remondis II.
[245] Für eine Übertragung etwa Willenbruch/Wieddekind/*Arzt-Mergemeier* BHO § 55 Rn. 9; Hollands/Sauer DÖV 2006, 55 (59); *Ziekow* VergabeR 2007, 711 (719 f.). Dagegen etwa *Groß* in Gröpl, Bundeshaushaltsordnung/Landeshaushaltsordnung (BHO/LHO) – Kommentar, 2. Aufl. 2019, BHO § 55 Rn. 91; HK-VergabeR/*Pache* BHO § 55 Rn. 107; *Wagner/Steinkemper* NZBau 2006, 550 (554 f.).
[246] Vgl. § 3 Abs. 1 S. 1 Nr. 1 BerlAVG; § 2 Abs. 2 BbgVergG; § 2 Abs. 3 BremTtVG; § 3 Abs. 2 NTVergG; § 1 Abs. 6 TVgG NRW; § 1 Abs. 2 VGSH; § 1 Abs. 3 Nr. 1 ThürVgG.
[247] Vgl. § 1 Abs. 1 STTG; § 1 Abs. 3 SächsVergabeG.
[248] Vgl. § 1 Abs. 3 LVG LSA.

chen Ausnahmen anzutreffen.²⁴⁹ Im Zuge der Annäherung des Haushaltsvergaberechts an das Kartellvergaberecht (→ Rn. 5) nimmt auch **§ 1 Abs. 2 UVgO** ausdrücklich Bezug auf §§ 107 ff. GWB.²⁵⁰ Bei einem entsprechenden Anwendungsbefehl (→ Rn. 28) greifen die Ausnahmen damit bei der Vergabe von Liefer- und Dienstleistungen im Unterschwellenbereich ein.

Trotz dieser zu begrüßenden Entwicklung ist eine **Harmonisierung** des Haushaltsvergaberechts mit dem Kartellvergaberecht bei den sachlichen Ausnahmen aber (bei weitem) **noch nicht erreicht**. Zwar wird man sich über die Bedenken, dass die Landesvergabegesetze mit Bezugnahmen auf die Ausnahmen nach dem Kartellvergaberecht oftmals erst ab einer unteren Wertgrenze einschlägig sind (→ Rn. 26), hinwegsetzen können. Denn es wäre schwer verständlich, dass im „Bagatellbereich" strengere Anforderungen gelten sollten. Allerdings nehmen einige Landesvergabegesetze (noch) gar nicht auf §§ 107 ff. GWB Bezug, andere noch auf den – enger gefassten § 100 Abs. 2 GWB aF. Und auch die Verweisungen auf §§ 107 ff. GWB sind teilweise begrenzt.²⁵¹ Schließlich hat § 1 Abs. 2 UVgO noch nicht in allen Bundesländern einen Anwendungsbefehl erhalten (→ Rn. 28) und erfasst zudem keine Dienstleistungskonzessionen (→ Rn. 29). 49

c) Fehlen einer ausdrücklichen Bezugnahme. Fehlt eine ausdrückliche Bezugnahme, so ist nach **Sinn und Zweck** zu entscheiden. Bleibt der Vorgang danach ausschreibungspflichtig, kann der jeweilige Anwendungsbefehl angepasst werden, wenn die Ausnahme auf den Unterschwellenbereich übertragen werden soll. Umgekehrt kann bewusst von der Übertragung einer Ausnahme auf den Unterschwellenbereich abgesehen werden.²⁵² Aus Gründen der **Rechtsklarheit** sollte aber in jedem Falle eine ausdrückliche Regelung erfolgen. 50

aa) Bereichsausnahmen nach § 107 GWB. Ohne eine explizite Anordnung können die Bereichsausnahmen des § 107 GWB nicht auf das Haushaltsvergaberecht übertragen werden. Denn anderenfalls käme ein besonders effektives Mittel zur Sicherstellung der stets einzuhaltenden **Wirtschaftlichkeit** nicht zur Anwendung. Hinzu kommt, dass gerade im neuen Richtlinienpaket die Ausnahmen teilweise sehr umstritten waren und oftmals nicht das Ergebnis logischer Konsequenz, sondern rechtspolitischer Kompromisse waren.²⁵³ Allerdings darf es hierbei nicht zu Wertungswidersprüchen kommen; dies gilt insbesondere für sicherheitsrelevante Aufträge.²⁵⁴ Zudem können gerade bei den Bereichsausnahmen des Kartellvergaberechts die Einzelfallumstände im Haushaltsvergaberecht eine Ausnahme vom Vorrang wettbewerbsintensiver Verfahrensarten rechtfertigen.²⁵⁵ 51

bb) Inhouse-Geschäfte. Bei Inhouse-Geschäften handelt es sich um Geschäfte von öffentlichen Auftraggebern mit eigenen Gesellschaften. Würde die entsprechende Aufgabe durch eine eigene Dienststelle des Auftraggebers wahrgenommen, so fehlte es von vornherein an einem Vertragsschluss iSd § 55 Abs. 1 BHO. Wird die Aufgabe hingegen durch eine eigene Gesellschaft des öffentlichen Auftraggebers wahrgenommen, kommt es bei formeller Betrachtung zu einem Vertragsabschluss. Bei einer weitgehenden Beherrschung der Gesellschaft durch den Auftraggeber kann eine solche Konstellation jedoch mit der Aufgabenwahrnehmung durch eine eigene Dienststelle gleichgestellt werden. Denn dann bleibt der Auftrag im wahrsten Sinne des Wortes „im Hause". Dem Wesen nach handelt es sich um eine **teleologische Reduktion des Begriffs des öffentlichen Auftrags**.²⁵⁶ Daher ist eine Übertragbarkeit auf das Haushaltsvergaberecht grundsätzlich zu bejahen.²⁵⁷ Zwar ist auch hier die unterschiedliche Zweckausrichtung des Haushaltsvergaberechts gegenüber dem Kartellvergaberecht zu beachten: Im Kartellvergaberecht bildet das zentrale Argument für die Vergaberechtsfreiheit, dass bei einem Verbleib im Hause kein Wettbewerbsbezug eintritt. Im Haushaltsvergaberecht ist hingegen auf die Schonung öffentlicher Ressourcen abzustellen. Bei einem Geschäft „im Hause" wird die Aufgabenerfüllung nicht auf dem Markt angeboten, und es werden keine Haushaltsmittel „nach außen" gegeben. Eine Übertragung auf das Haushaltsvergaberecht schei- 52

---

²⁴⁹ Vgl. § 2 BWLTMG; § 1 HmbVgG; § 1 HVTG; § 1 VgG M-V; § 2 LTTG RhPf. Das Gleiche gilt für Bayern, wo sich Art. 18 BayMfG aus dem Aspekt der Mittelstandsförderung beschränkt.
²⁵⁰ Hierzu Ziekow/Völlink/*Ziekow* UVgO § 1 Rn. 4.
²⁵¹ So nimmt etwa § 3 Abs. 1 S. 1 Nr. 1 BerlAVG nicht auf § 108 GWB Bezug. Zur Begründung vgl. AH-Drs. 18/2538, 33.
²⁵² So am Beispiel des § 108 GWB in Berlin AH-Drs. 18/2538, 33.
²⁵³ Am Beispiel des Rettungswesens *Antweiler* VergabeR 2015, 275 ff. Hierzu auch *Ruthig* NZBau 2016, 3 ff.
²⁵⁴ *Sterner* in Müller-Wrede GWB § 107 Rn. 5.
²⁵⁵ HK-VergabeR/*Pache* BHO § 55 Rn. 107. Am Beispiel des Rettungswesens EuGH Urt. v. 11.12.2014 – C-113/13 Rn. 59; ECLI:EU:C:2014:2440 Rn. 59 = NZBau 2015, 377 – Spezzino und Anpas.
²⁵⁶ Hierzu etwa *Siegel* NVwZ 2008, 7 f.
²⁵⁷ Willenbruch/Wieddekind/*Arzt-Mergemeier* BHO § 55 Rn. 12; *Dittrich*, Bundeshaushaltsordnung – Kommentar, 2020, BHO § 55 Rn. 11; HK-VergabeR/*Pache* BHO § 55 Rn. 52; *Wagner/Steinkemper* NZBau 2006, 550 (553 f.).

det jedoch aus, wenn sich der jeweilige Landesgesetzgeber bewusst gegen eine solche ausgesprochen hat.[258]

53 **cc) Instate-Geschäfte.** Auch bei der Bewertung der Instate-Geschäfte handelt es sich letztlich um eine teleologische Erwägung, die zumindest grundsätzlich vom Kartellvergaberecht auf das Haushaltsvergaberecht übertragen werden kann. Denn auch hier kann bei den Instate-Geschäften der Beschaffungsbezug durch die **gemeinsame Wahrnehmung einer öffentlichen Aufgabe** gleichsam überlagert werden. Zurückhaltung ist allerdings geboten bei der Anforderung der Marktschwelle nach § 108 Abs. 6 Nr. 3 GWB. Zwar bildet auch der Grundsatz der Marktrelevanz eine teleologische Überlegung. Es fällt jedoch schwer, die Grenze exakt bei 20% festzulegen. Allerdings kann sie auch im Unterschwellenbereich als Indiz herangezogen werden.[259] Da es sich bei den Instate-Geschäften um einen Ausnahmetatbestand handelt, ist dieser zudem auch im Haushaltsvergaberecht eng auszulegen. In Zweifelsfällen ist daher auszuschreiben. Zudem scheidet auch hier eine Übertragung auf das Haushaltsvergaberecht aus, wenn sich der jeweilige Landesgesetzgeber bewusst gegen solche ausgesprochen hat.[260]

54 **d) Rechtliche Anforderungen für Ausnahmen.** Auch die Anerkennung einer Ausnahme führt jedoch nicht zu einer völligen „Vergaberechtsfreiheit". So sind aus Perspektive des Haushaltsrechts die allgemeinen Grundsätze der **Wirtschaftlichkeit** und Sparsamkeit des § 7 Abs. 1 BHO zu beachten.[261] Zudem fungieren die **Grundfreiheiten** auch hier als „Auffangordnung".[262] Dies gilt auch für nicht ausschreibungspflichtige Inhouse-Geschäfte.[263]

V. Grundsätze der Vergabe

55 **1. Allgemeine Grundsätze.** Die allgemeinen Grundsätze des Kartellvergaberechts sind in § 97 GWB normiert (→ GWB § 97 Rn. 6 ff.). Im Anschluss daran sind teilweise auch in den **Landesvergabegesetzen,** die ihre besondere Relevanz im Haushaltsvergaberecht entfalten (→ Rn. 26), entsprechende Regelungen zu finden. Ausführliche Bestimmungen treffen hier § 3 BbgVergG, § 2 HVTG, § 3 VgG M-V, § 1 RhPfLTTG, § 2 STTG sowie § 2 VGSH.[264] Darüber hinaus regeln auch die **Vergabeordnungen** die allgemeinen Vergabegrundsätze im Haushaltsvergaberecht (vgl. § 2 UVgO, § 2 VOB/A 2019 und § 2 VOL/A 2009). Im Zuge der Annäherung des Haushaltsvergaberechts an das Kartellvergaberecht (→ Rn. 5) wurden die Grundsätze in § 2 UVgO bewusst dem Kartellvergaberecht nach § 97 GWB nachgebildet.[265] Da dieser Annäherungsprozess aber auch funktionale Grenzen aufweist, wurde – ebenso wie in § 2 VOB/A 2019 und § 2 VOL/A 2009 – auf eine Parallelbestimmung zu § 97 Abs. 6 GWB verzichtet (zu Letzterer → GWB § 97 Rn. 382 ff.). Denn während im Kartellvergaberecht die Verleihung subjektiver Rechte geradezu Ausdruck des Wettbewerbsgedankens ist, bilden subjektive Rechte im Haushaltsvergaberecht zumindest im Ausgangspunkt einen Fremdkörper.[266]

56 **2. E-Vergabe. a) Entwicklung im Kartellvergaberecht.** Im Kartellvergaberecht besteht seit Oktober 2018 die grundsätzliche Pflicht zur Nutzung elektronischer Kommunikationsmittel.[267] Bereits **§ 97 Abs. 5 GWB** enthält eine Grundsatzentscheidung für die Verwendung elektronischer Kommunikationsmittel, belässt die konkrete Ausgestaltung der Verpflichtung jedoch den Vergabeverordnungen (→ GWB § 97 Rn. 294 ff.).[268] Diese Ermächtigung wird aufgegriffen in §§ 9 ff. VgV, §§ 9 ff. SektVO und §§ 7 ff. KonzVgV. Eine besondere Regelung enthält nach wie vor § 19 VSVgV, in welcher der besonderen Interessenlage im Bereich Verteidigung und Sicherheit Rechnung getragen wird.[269] Schließlich enthält auch § 4bEU der VOB/A 2019 eine Regelung zur E-Vergabe, die

---

[258] So am Beispiel Berlins AH-Drs. 18/2538, 33.
[259] *Siegel* NZBau 2018, 507 (510).
[260] So am Beispiel Berlins AH-Drs. 18/2538, 33.
[261] Dies zu Recht betonend *Wagner/Steinkemper* NZBau 2006, 550 (554).
[262] Zum Begriff *Siegel* EWS 2008, 66.
[263] EuGH Urt. v. 3.10.2019 – C-285/18 Rn. 48, ECLI:EU:C:2019:829 = NZBau 2020, 173 (178) – Stadt Kaunas. Hierzu *Gerlach* NZBau 2020, 426 ff.
[264] Einige andere Landesvergabegesetze regeln die Grundsätze – oftmals in abgeschwächter Form – im Rahmen der Zweckbestimmung des jeweiligen Gesetzes, vgl. § 1 BWLTMG; § 1 BerlAVG; § 1 BremTtVG; § 1 NTVergG; § 1 Abs. 1 TVgG NRW.
[265] Erläuterungen des BMWi zur UVgO, BAnz. AT v. 7.2.2017, B2, 2.
[266] *Siegel* VergabeR 2018, 183 (186).
[267] Übersicht bei *Knauff* NZBau 2020, 421 ff; ausf. *Vogt*, E-Vergabe, 2019, 76 ff. Zur Beschaffung von IT-Leistungen *Krönke*, Die Verwaltung 2019, 65 ff.
[268] Hierzu die Gesetzesbegründung BT-Drs. 18/6281, 68 f., sowie *Probst/Winters* CR 2016, 349 (350).
[269] Hierzu Ziekow/Völlink/*Rosenkötter* VSVgV § 19 Rn. 1 f.

jedoch gem. § 2 VgV gegenüber den Bestimmungen der VgV zur E-Vergabe nachrangig ist.[270] Der **Grundsatz der obligatorischen E-Vergabe** gilt nicht nur für die öffentlichen Auftraggeber, sondern grundsätzlich auch für die bietenden Unternehmen. Wegen der damit verbundenen Abstandsgebote und Kontaktbeschränkungen hat die E-Vergabe im Zuge der Corona-Krise zusätzlichen Auftrieb erhalten.[271]

b) Rechtslage im Haushaltsvergaberecht. aa) Ausgangsregelungen der Vergabeordnungen. Im Zuge der Annäherung des Haushaltsvergaberechts an das Kartellvergaberecht (→ Rn. 5) ist aber auch im Haushaltsvergaberecht eine zunehmende Hinwendung zur obligatorischen E-Vergabe zu beobachten. Dies gilt insbesondere für die (neue) **UVgO**.[272] So sind nach § 7 Abs. 1 und 2 UVgO grundsätzlich elektronische Kommunikationsmittel zu verwenden. Darüber hinaus müssen Auftragsbekanntmachungen nach § 28 Abs. 1 S. 1 UVgO primär auf den Internetseiten des Auftraggebers oder auf Internetportalen veröffentlicht werden (→ Rn. 73). Zudem müssen nach § 29 Abs. 1 UVgO die Vergabeunterlagen grundsätzlich über das Internet abrufbar sein (→ Rn. 75). Schließlich sind in weiten Bereichen gem. § 38 UVgO künftig Angebote und Teilnahmeanträge in elektronischer Form zuzulassen bzw. sogar vorzuschreiben (→ Rn. 77).[273] Demgegenüber beharrt die VOB/A auch in der Neufassung des Jahres 2019 auf dem Grundsatz der lediglich fakultativen E-Vergabe (vgl. § 12 Abs. 1 Nr. 1 **VOB/A 2019**, § 13 Abs. 1 S. 1 Nr. 1 **VOB/A 2019**).[274] denn auch die Bestimmungen der § 12 Abs. 1 S. 1 VOL/A 2009 und § 13 Abs. 1 S. 1 VOL/A 2009 gehen (immer noch) von einer grundsätzlichen Wahlmöglichkeit aus.[275]

bb) Mögliche Modifizierungen durch den Anwendungsbefehl. Die zuvor dargelegte Ausgangslage kann jedoch im jeweiligen Anwendungsbefehl modifiziert werden (→ Rn. 27). So bewirkt die verzögerte Ablösung der VOL/A 2009 durch die UVgO auch, dass die dortige Hinwendung zur obligatorischen E-Vergabe mit Verzögerung übernommen wird. Umgekehrt bleibt es den Ländern unbenommen, in ihrem Anwendungsbefehl die Vorgaben zur E-Vergabe gegenüber den Vergabeordnungen zu forcieren.[276] Bei der Vergabe freiberuflicher Leistungen sollte der Anwendungsbefehl zudem aus Gründen der Rechtssicherheit eine Aussage dazu treffen, welche Bestimmungen zur E-Vergabe hier anwendbar sind.[277]

VI. Arten der Vergabe

1. Arten im Überblick. a) Verfahrensarten im Kartellvergaberecht. Das Kartellvergaberecht kennt die **drei Grundverfahrensarten** des offenen Verfahrens iSd § 119 Abs. 3 GWB, des nicht offenen Verfahrens iSd § 119 Abs. 4 GWB und des Verhandlungsverfahrens iSd § 119 Abs. 5 GWB.[278] Hinzu kommt der **wettbewerbliche Dialog** iSd § 119 Abs. 6 GWB, der bei der Vergabe besonders komplexer Aufträge gewählt werden kann und bei dem nach einem Teilnahmewettbewerb mit den ausgewählten Teilnehmern ein Dialog über die Auftragsbedingungen geführt wird.[279] Schließlich wurde im EU-Legislativpaket 2014 die **Innovationspartnerschaft** eingeführt und in § 119 Abs. 7 GWB umgesetzt. Sie dient der Beschaffung eines innovativen Produkts/einer innovativen Leistung, die noch nicht am Markt vorhanden ist.[280] Da hier das Produkt/die Leistung durch den oder die Teilnehmer im Beschaffungsverfahren erst noch entwickelt werden soll, setzt die Innovationspartnerschaft im Vergleich zum wettbewerblichen Dialog in einem noch früheren Stadium an.[281] Demgegenüber sind bei der **Konzessionsvergabe** keine bestimmten Verfahrensarten vorgegeben; vielmehr besteht dort der Grundsatz der „freien" Verfahrensgestaltung.[282]

---

[270] *Siegel* LKV 2017, 385 (386).
[271] *Siegel* NVwZ 2020, 577 (582 f.).
[272] Erläuterungen des BMWi zur UVgO, BAnz. AT v. 7.2.2017, B2, 3.
[273] Hierzu ausf. *Vogt*, E-Vergabe, 2019, 290 ff.
[274] Ziekow/Völlink/*Völlink* VOB/A § 12 Rn. 5. Zu recht krit. hierzu *Vogt*, E-Vergabe, 2019, 298 f.
[275] Ziekow/Völlink/*Trutzel* VOL/A § 13 Rn. 2 f.
[276] So etwa Ziffer 8 der Berliner Ausführungsvorschriften zu § 55 LHO (→ Rn. 22).
[277] So etwa Ziffer 3.5 der Berliner Ausführungsvorschriften zu § 55 LHO (→ Rn. 22) mit dem Hinweis, dass neben §§ 2–6 UVgO auch § 7 UVgO zur Anwendung kommen soll, die übrigen Normen der UVgO (auch zur E-Vergabe) hingegen nicht gelten.
[278] Zu den Grundverfahrensarten im Kartellvergaberecht etwa *Bergmann/Vetter* VBlBW 2016, 221 (229 f.).
[279] Hierzu etwa *Fritz* VergabeR 2008, 379 ff.; *Klimisch/Ebrecht* NZBau 2011, 203 ff.
[280] Erwägungsgrund 49 RL 2014/24/EU.
[281] Hierzu etwa *Badenhausen-Fähnle* VergabeR 2015, 743 ff.; *Püstow/Meiners* NZBau 2016, 406 ff.; *Rosenkötter* VergabeR 2016, 196 ff. Allgemein zur Förderung von Innovation im Vergaberecht *Burgi* NZBau 2011, 577 ff.; *Fehling* NZBau 2012, 673 ff.
[282] Hierzu sowie zu den nicht unbeträchtlichen Grenzen dieser „Freiheit" Ziekow/Völlink/*Siegel* GWB § 151 Rn. 6 ff.

60 **b) Verfahrensarten im Haushaltsvergaberecht.** Das Haushaltsvergaberecht kennt seit jeher die drei Grundtypen: die **Öffentliche Ausschreibung**, die **Beschränkte Ausschreibung** sowie die **Freihändige Vergabe** (§ 3 VOB/A, § 3 VOL/A). Dabei richtet sich die Öffentliche Ausschreibung an eine unbestimmte Anzahl von Unternehmen.[283] Hingegen wird bei der Beschränkten Ausschreibung lediglich eine begrenzte Anzahl von Unternehmen zur Angebotsabgabe aufgefordert; dieser Angebotsaufforderung hat jedoch teilweise ein Teilnahmewettbewerb vorauszugehen.[284] Schließlich können sich die Auftraggeber bei der Freihändigen Vergabe direkt an ausgewählte Unternehmen wenden, um mit einem oder mehreren direkt zu verhandeln.[285] Auch die **UVgO** knüpft in §§ 8 ff. UVgO an diese Begrifflichkeiten an. Während die Begriffe der Öffentlichen Ausschreibung und der Beschränktem Ausschreibung in der UVgO beibehalten werden, wir der Begriff der Freihändigen Vergabe in § 8 Abs. 4 UVgO durch denjenigen der **Verhandlungsvergabe** ersetzt. Damit wird das Haushaltsvergaberecht auch terminologisch an das Verhandlungsverfahren im Kartellvergaberecht angenähert (→ Rn. 59). Sachliche Unterschiede zur Freihändigen Vergabe sind damit jedoch nicht verbunden.[286] Demgegenüber beharrt die VOB/A auch in der Neufassung des Jahres 2019 in § 3 Nr. 3 VOB/A auf dem Begriff der Freihändigen Vergabe.

61 **c) Vergleich mit den Verfahrensarten im Kartellvergaberecht.** Dabei **entsprechen** die drei Grundtypen des Haushaltsvergaberechts **grundsätzlich** den drei Grundtypen des Kartellvergaberechts:[287] Die Öffentliche Ausschreibung bildet die Parallele zum offenen Verfahren iSd § 119 Abs. 3 GWB, die Beschränkte Ausschreibung die Parallele zum nicht offenen Verfahren iSd § 119 Abs. 4 GWB und schließlich die Freihändige Vergabe/Verhandlungsvergabe die Parallele zum Verhandlungsverfahren iSd § 119 Abs. 5 GWB. Hingegen existiert im Unterschwellenbereich zumindest bislang noch keine Entsprechung zum **Wettbewerblichen Dialog** iSd § 119 Abs. 6 GWB sowie zur Innovationspartnerschaft nach § 119 Abs. 7 GWB. Dies ist vor dem Hintergrund zu sehen, dass im Unterschwellenbereich typischerweise ein höheres Maß an Standardisierung besteht als im Oberschwellenbereich.[288]

62 **d) Der Direktauftrag als Besonderheit des Haushaltsvergaberechts.** Um ein Spezifikum des Haushaltsvergaberechts handelt es sich beim sog. Direktkauf, der nunmehr in **§ 3a Abs. 4 VOB/A 2019** und **§ 14 UVgO** geregelt ist.[289] Er ist bei Bauleistungen bis zu einem voraussichtlichen Auftragswert von 3.000 EUR zulässig, bei Liefer- und Dienstleistungen bis zu einem voraussichtlichen Auftragswert von 1.000 EUR zulässig (jeweils ohne Umsatzsteuer).[290] Nach dem Verständnis der Vergabeordnungen handelt es sich beim Direktkauf nicht um ein Vergabeverfahren.[291] Allerdings sind auch beim Direktkauf die **Grundsätze der Wirtschaftlichkeit und Sparsamkeit** zu berücksichtigen.[292] Diese Grundsätze können die Einholung eines Vergleichsangebots indizieren, insbesondere bei einem ungewöhnlich hohen Angebotspreis.[293] Umgekehrt ist auch bei der Freihändigen Vergabe/Verhandlungsvergabe – wenn auch nur in Ausnahmefällen – die Begrenzung auf einen Bieter möglich.[294] Die Unterschiede zwischen dem Direktauftrag und der Freihändigen Vergabe/Verhandlungsvergabe sind daher nur quantitativer Natur.

63 **2. Wahl der richtigen Verfahrensart im Einzelfall. a) Grundsatz: Gleichrangigkeit zwischen der Öffentlichen Ausschreibung und der Beschränkten Ausschreibung mit Teilnahmewettbewerb.** § 55 Abs. 1 BHO/LHO (aF) statuierte im Haushaltsvergaberecht seit Langem einen Vorrang der Öffentlichen Ausschreibung. Dieser Vorrang wurde in den bisherigen Vergabeordnungen aufgegriffen.[295] Die Vergabe im Wege der Beschränkten Ausschreibung oder der Freihändigen Vergabe war danach die begründungsbedürftige Ausnahme. In Anlehnung an das Kartellvergaberecht, wo nunmehr gem. § 119 Abs. 2 GWB das offene Verfahren und das nicht offene Verfahren

---

[283] § 3 Nr. 1 VOB/A 2019; § 3 Abs. 1 S. 1 VOL/A 2009; ebenso nunmehr § 9 Abs. 1 S. 1 UVgO.
[284] § 3 Nr. 2 VOB/A 2019; § 3 Abs. 1 S. 2 VOL/A 2009; ebenso nunmehr §§ 10 f. UVgO.
[285] § 3 Nr. 3 VOB/A 2019; § 3 Abs. 1 S. 3 VOL/A 2009.
[286] Erläuterungen des BMWi zur UVgO, BAnz. AT v. 7.2.2017, B2, 4; *Siegel* VergabeR 2018, 183 (187).
[287] *Ziekow*, Öffentliches Wirtschaftsrecht, 5. Aufl. 2020, § 9 Rn. 71.
[288] *Siegel* VergabeR 2018, 183 (187).
[289] Die Entsprechung der VOL/A 2009 ist in § 3 Abs. 6 VOL/A 2009 zu finden.
[290] Nach § 3 Abs. 6 VOL/A 2009 besteht in deren Anwendungsbereich (→ Rn. 28) allerdings noch eine niedrigere Wertgrenze von 500 EUR.
[291] Erläuterungen des BMWi zur UVgO, BAnz. AT v. 7.2.2017, B2, 7.
[292] Vgl. § 3a Abs. 4 S. 1 VOB/A 2019; § 14 S. 2 UVgO; § 3 Abs. 6 VOL/A 2009.
[293] *Siegel* VergabeR 2018, 183 (187).
[294] Vgl. § 12 Abs. 3 UVgO. Zur VOB/A 2019 vgl. Ziekow/Völlink/*Völlink* VOB/A § 3 Rn. 20 („… grds. mit mehreren Bietern").
[295] § 3a Abs. 1 VOB/A 2016; § 3 Abs. 2 VOL/A 2009.

mit Teilnahmewettbewerb gleichberechtigt nebeneinander stehen,[296] haben jedoch inzwischen der Bund und die meisten Bundesländer ihre **Haushaltsordnungen** angepasst. Diese sehen nunmehr eine Wahlmöglichkeit zwischen der Öffentlichen Ausschreibung und der Beschränkten Ausschreibung mit Teilnahmewettbewerb vor. Entsprechende Bestimmungen finden sich auch in den **neuen Vergabeordnungen** (§ 3a Abs. 1 S. 1 VOB/A 2019, § 8 Abs. 2 UVgO). Die grundsätzliche Gleichrangigkeit zwischen der Öffentlichen Ausschreibung und der Beschränkten Ausschreibung mit Teilnahmewettbewerb hat zur **praktischen Folge,** dass die Entscheidung für eine dieser beiden Verfahrensarten nicht im Vergabevermerk begründet werden muss.[297]

b) Ausnahme: Anordnung des Vorrangs der Öffentlichen Ausschreibung. Eine Ausnahme von der zuvor dargestellten Gleichrangigkeit besteht jedenfalls dann, wenn ein ausdrücklicher Vorrang der Öffentlichen Ausschreibung angeordnet wird. So sind zum Zeitpunkt des Manuskriptabschlusses die **Haushaltsordnungen in Hessen (dort bis zum 31.8.2021) und Sachsen-Anhalt** in § 55 Abs. 1 LHO (immer noch) nicht angepasst worden (→ Rn. 19). Zudem sieht auch § 3 Abs. 2 **VOL/A 2009** in § 3 Abs. 2 einen Vorrang der Öffentlichen Ausschreibung vor.[298] In denjenigen Bundesländern, in denen zum Zeitpunkt des Manuskriptabschlusses die VOL/A 2009 noch nicht durch die UVgO abgelöst wurde (→ Rn. 28), sehen jedoch teilweise die in der Normenhierarchie vorrangigen Bestimmungen der LHO bereits eine Gleichrangigkeit vor.[299] Aber auch im Übrigen ist zumindest mittelfristig eine Angleichung zu erwarten. 64

c) Bewertung: völlige Gleichwertigkeit? Allerdings stellt sich die Frage, ob die Gleichwertigkeit eine völlige ist.[300] So sprechen **ökonomische Aspekte** regelmäßig für eine Öffentliche Ausschreibung.[301] Denn eine größere Teilnehmerzahl eröffnet eine größere Angebotspalette und damit typischerweise eine – im Haushaltsvergaberecht besonders bedeutsame – höhere Preisdifferenz. Zudem bildet das Wettbewerbsprinzip auch einen zentralen Grundsatz des Haushaltsvergaberechts, wie dies etwa in § 2 Abs. 1 S. 2 VOB/A 2019 und § 2 Abs. 1 UVgO zum Ausdruck kommt. Vor diesem Hintergrund sollte zumindest in Zweifelsfällen die Öffentliche Ausschreibung gewählt werden. Bestätigt wird dies durch eine **grundfreiheitliche Bewertung:** Denn soweit ein eindeutiges grenzüberschreitendes Interesse vorliegt und damit die Ableitungen aus den Grundfreiheiten zu beachten sind (→ Rn. 9 ff.), ist aus diesen abzuleiten, dass Ausschreibungen einem möglichst umfassenden Wettbewerb offen stehen sollen.[302] Dadurch verfügt der Auftraggeber über eine größere Auswahl an Angeboten bei der Ermittlung des wirtschaftlich günstigsten Angebots.[303] Auch auf grundfreiheitlicher Ebene kommt jedoch bei entsprechender Begründung eine Ausnahme von diesem Grundsatz in Betracht.[304] Auf diesem Hintergrund ist die Wahl zwischen der Öffentlichen Ausschreibung und der Beschränkten Ausschreibung mit Teilnahmewettbewerb keine völlig „freie".[305] Vielmehr ist die Entscheidung nach pflichtgemäßem Verfahrensermessen zu treffen, wobei die zuvor dargelegten Grundsätze zu berücksichtigen sind. 65

d) Einschlägigkeit der Beschränkten Ausschreibung ohne Teilnahmewettbewerb und der Verhandlungsvergabe/Freihändigen Vergabe. Die Beschränkte Ausschreibung ohne Teilnahmewettbewerb und die Freihändige Vergabe/Verhandlungsvergabe sind nach dem Gesagten im Haushaltsvergaberecht die begründungspflichtige **Ausnahme.**[306] Die Vergabeordnungen listen hier Konstellationen auf, in denen sie jeweils in Betracht kommen.[307] Insofern kann grundsätzlich auf die einschlägigen Kommentierungen zu den Vergabeordnungen verwiesen werden.[308] Die Wahl 66

---

[296] Hierzu *Ziekow,* Öffentliches Wirtschaftsrecht, 5. Aufl. 2020, § 9 Rn. 72.
[297] Kapellmann/Messerschmidt/*Stickler* VOB/A § 3a Rn. 6, der dies zu Recht auf einen Umkehrschluss aus § 20 Abs. 1 Nr. 9 VOB/A 2019 stützt.
[298] Ziekow/Völlink/*Völlink* VOL/A § 3 Rn. 9.
[299] Vgl. § 55 Abs. 1 LHO RhPf; § 55 Abs. 1 SäHO.
[300] *Siegel* VergabeR 2018, 183 (187 f.).
[301] Hierzu *Otter/Siegel/Weber* V&M 2007, 94 ff.
[302] EuGH Urt. v. 10.4.2014 – C-358/12 Rn. 29, ECLI:EU:C:2014:2063 = NZBau 2014, 712 – Libor.
[303] EuGH Urt. v. 23.12.2009 – C-305/08 Rn. 37, Slg. 2009, I-12129 = ECLI:EU:C:2009:807 = NZBau 2010, 188 – CoNISMa.
[304] EuGH Urt. v. 11.12.2014 – C-113/13 Rn. 59 f., ECLI:EU:C:2014:2440 = NZBau 2015, 377 – Spezzino und Anpas.
[305] So aber Kapellmann/Messerschmidt/*Stickler* VOB/A § 3a Rn. 6.
[306] Zur weiteren Differenzierung zwischen der Verhandlungsvergabe mit und ohne Teilnahmewettbewerb nach § 8 Abs. 4 UVgO → Rn. 86.
[307] § 8 Abs. 3 und 4 UVgO; § 3a Abs. 2 und 3 VOB/A 2019; § 3 Abs. 3–6 VOL/A 2009.
[308] Etwa Ziekow/Völlink/*Völlink* UVgO § 8 Rn. 9 ff. und Ziekow/Völlink/*Völlink* VOB/A § 3a Rn. 6 ff. sowie Ziekow/Völlink/*Völlink* VOL/A § 3 Rn. 10 ff.; HK-VergabeR/*Pünder* UVgO § 8 Rn. 16 ff. und HK-VergabeR/*Pünder* VOB/A § 3a Rn. 5 ff.

einer Beschränkten Ausschreibung ohne Teilnahmewettbewerb bzw. einer Freihändigen Vergabe/ Verhandlungsvergabe ist im **Vergabevermerk** zu dokumentieren. Dies ergibt sich bei der Vergabe von Bauleistungen ausdrücklich aus § 20 Abs. 1 S. 1 Nr. 9 VOB/A 2019, im Übrigen aus dem Ausnahmecharakter.[309]

67 Die auch insoweit bestehende **Hierarchie der Verfahrensarten** führt in Zweifelsfällen zu einer Nachrangigkeit der Freihändigen Vergabe/Verhandlungsvergabe. Besondere Erwähnung verdienen hier die **Abstufungen nach der Dringlichkeit:** Hier kommt im Falle einfacher Dringlichkeit jedenfalls bei der Vergabe von Bauleistungen eine Beschränkte Ausschreibung ohne Teilnahmewettbewerb in Betracht.[310] Bei besonderer Dringlichkeit kann sogar eine Freihändige Vergabe/ Verhandlungsvergabe gewählt werden.[311] Die Dringlichkeit muss aber unverschuldet entstanden sein. Eine dem Auftraggeber zurechenbare Dringlichkeit, insbesondere wegen einer zuvor zögerlichen Bearbeitung, ist deshalb vergaberechtlich grundsätzlich unbeachtlich.[312] Lediglich bei der unmittelbaren Gefährdung bedeutsamer Rechtsgüter kann trotz Zurechenbarkeit die Dringlichkeit anerkannt werden.[313] Eine (besondere) Dringlichkeit kann insbesondere bei der kurzfristig erforderlichen Unterbringung von Flüchtlingen vorliegen.[314] Darüber hinaus hat die besondere Dringlichkeit auch im Zuge der Corona-Krise zunehmend Anerkennung gefunden.[315] Allerdings wird die Freihändige Vergabe/Verhandlungsvergabe infolge von besonderer Dringlichkeit nach überwundener Krise wieder in ihre Ausnahmerolle zurückgedrängt werden müssen.[316]

68 **e) Insbesondere: Wertgrenzen.** Um die Wahl der Verfahrensart zu erleichtern, bietet es sich an, die Verfahrensarten nach Wertgrenzen zu staffeln. Entsprechende Bestimmungen ergeben sich teilweise explizit aus den **Vergabeordnungen** (§ 3a Abs. 2 Nr. 1 und Abs. 3 S. 2 VOB/A 2019). Teilweise wird auch zugelassen, dass eine Wertgrenze durch die Ausführungsbestimmungen auf Bundes- oder Landesebene bestimmt wird (§ 8 Abs. 4 Nr. 17 UVgO).[317] Zudem impliziert auch der Bewertungsmaßstab des unverhältnismäßigen Aufwandes die Möglichkeit der Festsetzung einer Wertgrenze (vgl. § 8 Abs. 3 Nr. 2 UVgO).[318] Hinzu kommen die Wertgrenzen für den Direktauftrag, der nach dem Verständnis der Vergabeordnungen nicht als Vergabeverfahren einzuordnen ist (→ Rn. 62).[319]

69 **f) Freiberufliche Leistungen.** Eine Sonderrolle nehmen freiberufliche Leistungen ein.[320] Hier war bereits nach bisheriger Rechtslage anerkannt, dass sie im Wege der Freihändigen Vergabe beschafft werden können (→ 2. Aufl. 2018, Rn. 60). Während sie von der VOL/A 2009 nicht erfasst waren bzw. sind,[321] haben sie nunmehr in **§ 50 UVgO** eine besondere Regelung erfahren. Nach dessen S. 1 sind sie grundsätzlich im Wettbewerb zu vergeben. Gemäß § 50 S. 2 UVgO ist jedoch (lediglich) so viel Wettbewerb zu schaffen, wie dies nach der Natur des Geschäfts oder den besonderen Umständen möglich ist. Damit wird zwar keine bestimmte Verfahrensart vorgegeben.[322] Die Rahmenbedingungen des § 50 UVgO deuten jedoch nach wie vor auf eine Verhandlungsvergabe/Freihändige Vergabe als Regelverfahrensart hin.[323] Zur Wahrung des nach § 50 UVgO erforderlichen Mindestmaßes an Wettbewerb sollten aber mindestens drei Angebote eingeholt werden.[324] Allerdings kommt auch § 50 UVgO erst mit einem entsprechenden **Anwendungsbefehl** zur Anwendung (→ Rn. 28). Dieser sollte aus Gründen der Rechtssicherheit zudem Angaben enthalten, welche Bestimmungen der UVgO im Einzelnen anzuwenden sind und welche nicht.[325]

---

[309] *Braun* VergabeR 2020, 433 (445).
[310] § 3a Abs. 2 Nr. 3 VOB/A 2019. Eine entsprechende Regelung enthält auch § 3 Abs. 3 lit. b VOL/A 2009, ist jedoch nun in § 8 Abs. 4 UVgO nicht mehr vorgesehen.
[311] § 3a Abs. 3 S. 1 Nr. 2 VOB/A 2019; § 8 Abs. 4 Nr. 9 UVgO; § 3 Abs. 5 lit. g VOL/A 2009.
[312] HK-VergabeR/*Pünder* UVgO § 8 Rn. 37 und HK-VergabeR/*Pünder* VOB/A § 3a Rn. 18.
[313] Ziekow/Völlink/*Völlink* UVgO § 8 Rn. 33.
[314] Hierzu *Ewer/Mutschler-Siebert* NJW 2016, 11 (15 ff.).
[315] Ausf. *Braun* VergabeR 2020, 433 (437 ff.).
[316] *Siegel* NVwZ 2020, 577 (582 f.).
[317] Entsprechend § 3 Abs. 3 lit. i VOL/A 2009.
[318] Ziekow/Völlink/*Völlink* UVgO § 8 Rn. 14.
[319] Zur Vereinbarkeit unterer Wertgrenzen mit den Grundfreiheiten *Siegel* EWS 2008, 66 (68 f.).
[320] Zum Begriff HK-VergabeR/*Budde* UVgO § 50 Rn. 20 ff. Zur Rechtslage im Kartellvergaberecht *Burgi* VergabeR § 4 Rn. 26.
[321] Ziekow/Völlink/*Herrmann* VOL/A § 1 Rn. 4.
[322] *Zimmermann* ZfBR 2017, 334 (337).
[323] *Bulla* VergabeR 2019, 8 (21).
[324] *Bulla* VergabeR 2019, 8 (21). In diesem Sinne auch Ziffer 4.3 der Berliner Ausführungsvorschriften zu § 55 LHO (→ Rn. 22).
[325] Vgl. Ziffer 3.5. und 4.3. der Berliner Ausführungsvorschriften zu § 55 LHO (→ Rn. 22).

VII. Das Vergabeverfahren

1. Öffentliche Ausschreibung. Das Verfahren bei der Öffentlichen Ausschreibung kann grundsätzlich in **fünf Phasen** eingeteilt werden: Die Vorbereitungsphase (→ Rn. 71 f.), die Bekanntmachungsphase (→ Rn. 73 ff.), die Angebotsphase (→ Rn. 77 f.), die Prüfungs- und Wertungsphase (→ Rn. 79 ff.) sowie die abschließende Zuschlagsphase (→ Rn. 82 f.). Dabei entsprechen die einzelnen Schritte grundsätzlich den Phasen des offenen Verfahrens im Kartellvergaberecht.[326] Zentrale rechtliche Grundlagen sind hier die Vergabeordnungen. Bei einem eindeutigen grenzüberschreitenden Bezug (→ Rn. 9 ff.) sind auch aus den Grundfreiheiten bestimmte Mindestanforderungen an das Verfahren abzuleiten, die jedoch in ihrer Reichweite typischerweise hinter den Anforderungen der Vergabeordnungen zurückbleiben (→ Einl. VergabeR Rn. 62 ff.).

a) Die Vorbereitungsphase. Dem eigentlichen Vergabeverfahren vorgeschaltet ist die Vorbereitungsphase. In ihr ist der Beschaffungsbedarf zu ermitteln und die Leistungsbeschreibung zu erstellen. Dabei kommt der **Leistungsbeschreibung** eine wichtige Funktion zu. Denn sie bietet aus Bieterperspektive die zentrale Grundlage für die Erstellung ihrer Angebote. Und aus Perspektive des Auftraggebers ermöglicht sie eine vergleichende Wertung der Angebote und kann die ordnungsgemäße Ausführung und Abrechnung der Leistungen sicherstellen.[327] Zugleich kann sie den Auftraggeber vor etwaigen Nachforderungen durch den Auftragnehmer schützen.[328] Daher muss die Leistungsbeschreibung so eindeutig und erschöpfend wie möglich sein.[329] Den Regelfall bildet hier die **einfache** Leistungsbeschreibung, in der die zu erbringenden Leistungen abschließend aufgelistet sind. Sie wird nach neuerer Terminologie auch als Leistungsbeschreibung mit Leistungsverzeichnis bezeichnet.[330] Grundsätzlich möglich ist auch eine **funktionale** Leistungsbeschreibung, in welcher die Planung und Konzeption der Leistung dem Bieter übertragen werden. Sie wird nach neuerer Terminologie als Leistungsverzeichnis mit Leistungsprogramm bezeichnet[331] und bildet gegenüber der einfachen Leistungsbeschreibung die Ausnahme.[332]

Das spätere Vergabeverfahren darf zwar nicht zum Zwecke der Markterkundung oder zum Zwecke der Kosten- oder Preisentwicklung durchgeführt werden.[333] Allerdings kann dem eigentlichen Vergabeverfahren ein **Markterkundungsverfahren** vorgeschaltet sein. Hier kann es insbesondere von Bedeutung sein für die Wahl der richtigen Verfahrensart (→ Rn. 63 ff.). So lässt sich typischerweise erst aufgrund eines Markterkundungsverfahrens feststellen, dass eine Leistung nur durch ein bestimmtes Unternehmen erbracht werden kann, was die Wahl einer Freihändigen Vergabe/Verhandlungsvergabe rechtfertigen würde.[334] Die Schwelle vom Marterkundungsverfahren zum eigentlichen Vergabeverfahren wird erst dann überschritten, wenn die sog. Vergabereife vorliegt.[335] Diese tritt dann ein, wenn der Auftraggeber mit seinem Beschaffungsbeschluss objektiv erkennbar nach außen tritt.[336]

b) Die Bekanntmachungsphase. Die Öffentliche Ausschreibung wird eingeleitet durch die Bekanntmachung der zu vergebenden Leistung. Im Kartellvergaberecht muss die Bekanntmachung im Supplement zum Amtsblatt der EU erfolgen. Gemäß § 40 Abs. 1 S. 1 VgV, § 40 Abs. 1 S. 1 SektVO, § 23 Abs. 1 KonzVgV sind die vergaberechtlich relevanten Bekanntmachungen dem EU-Amt für Veröffentlichungen in elektronischer Form zu übermitteln. Dafür müssen die Standardformulare nach dem Anhang der EU-VO 2015/1986[337] verwendet werden.[338] Im Gegensatz dazu kommen im Haushaltsvergaberecht die „klassischen" **Publikationsorgane** in Betracht. Zu diesen zählen insbesondere Tageszeitungen und amtliche Veröffentlichungsblätter sowie Internetportale.[339]

---

[326] Hierzu *Ziekow*, Öffentliches Wirtschaftsrecht, 5. Aufl. 2020, § 9 Rn. 73 ff.
[327] *Burgi* VergabeR § 12 Rn. 2.
[328] *Ziekow*, Öffentliches Wirtschaftsrecht, 5. Aufl. 2020, § 9 Rn. 76.
[329] § 7 Abs. 1 Nr. 1 VOB/A 2019; § 23 Abs. 1 S. 1 UVgO; § 7 Abs. 1 VOL/A 2009. Zu § 7 VOB/A 2019 Kapellmann/Messerschmidt/*Kapellmann* VOB/A § 7 Rn. 14 ff.
[330] Vgl. § 7b VOB/A 2019.
[331] Vgl. § 7c VOB/A 2019. Diese Bestimmung regelt allerdings nur die sog. totalfunktionale Leistungsbeschreibung, vgl. Kapellmann/Messerschmidt/*Kapellmann* VOB/A § 7c Rn. 1. Möglich und sogar vorrangig ist auch eine teilfunktionale Leistungsbeschreibung.
[332] *Krohn/Schneider* in Gabriel/Krohn/Neun VergabeR-HdB § 19 Rn. 14 und 15.
[333] § 2 Abs. 5 VOB/A 2019; § 20 Abs. 2 UVgO; § 2 Abs. 3 VOL/A 2009.
[334] Vgl. § 3a Abs. 3 Nr. 1 VOB/A 2019; § 8 Abs. 4 Nr. 10 UVgO; § 3 Abs. 5 lit. l VOL/A 2009. Zu § 3a VOB/A 2019 Ziekow/Völlink/*Völlink* VOB/A § 3a Rn. 26.
[335] *Burgi* VergabeR § 13 Rn. 2.
[336] OLG München Beschl. v. 19.7.2012 – Verg 8/12, NZBau 2012, 658 (660).
[337] BT-Drs. 18/7318, 179.
[338] Ausf. *Vogt*, E-Vergabe, 2019, 179 ff.
[339] § 12 Abs. 1 Nr. 1 VOB/A 2019; § 28 Abs. 1 S. 1 und 2 UVgO; § 12 Abs. 1 S. 1 und 2 VOL/A 2009.

HaushaltsvergabeR 74–76 VII. Das Vergabeverfahren

74 Unterschiedlich verhalten sich die neuen Vergabeordnungen zur **vorrangigen Publikationsart**. Im Anwendungsbereich der UVgO (→ Rn. 29 ff.) sind Auftragsbekanntmachungen gem. **28 Abs. 1 S. 1 UVgO** zwingend auf den Internetseiten des Auftraggebers oder auf Internetportalen zu veröffentlichen. Die klassischen Bekanntmachungsformen können hier gem. § 28 Abs. 1 S. 2 UVgO lediglich zusätzlich zur Anwendung kommen.[340] § 28 Abs. 1 S. 3 UVgO sieht zudem vor, dass die Auftragsbekanntmachungen zentral über die Plattform www.bund.de ermittelbar sein müssen. Damit soll verhindert werden, dass die Bekanntmachung lediglich auf kleinen, weniger bekannten Internetportalen erfolgt.[341] Anders verhält es mit der VOB/A auch in der Neufassung des Jahres 2019. Hier gewährt **§ 12 Abs. 1 Nr. 1 VOB/A 2019** ein freies, nicht zu begründendes Wahlrecht zwischen den klassischen Publikationsorganen und der Bekanntmachung im Internet.[342] Allerdings bleibt es den Ländern unbenommen, in ihrem **Anwendungsbefehl** die Wertungen der Vergabeordnungen zu **modifizieren** (→ Rn. 27). Sie können also entweder den Übergang zur obligatorischen E-Bekanntmachung verzögern, indem sie die UVgO noch nicht zur Anwendung kommen lassen.[343] Sie können aber auch umgekehrt die E-Bekanntmachung forcieren, insbesondere indem sie diese über den Stand der neuen Vergabeordnungen hinaus anordnen.[344] Der Anwendungsbefehl kann zudem die Nutzung eines bestimmten Internetportals vorsehen.[345]

75 Der Begriff der bekanntzumachenden **Vergabeunterlagen** ist weit auszulegen und erfasst alle Unterlagen, die erforderlich sind, um dem Bieter oder Bewerber eine Entscheidung zur Teilnahme an Vergabeverfahren zu ermöglichen.[346] Die jeweiligen Mindestangaben sind in den Vergabeordnungen aufgeführt.[347] Auf den ersten Blick unterschiedliche Formulierungen sind bei der Frage anzutreffen, ob die dort genannten Angaben zwingend sind oder nicht. Denn während § 28 Abs. 2 S. 2 UVgO auf einen zwingenden Charakter hindeutet („enthält mindestens"),[348] könnte die zurückhaltendere Formulierung in § 12 Abs. 1 Nr. 2 VOB/A 2019 („sollen") auf eine etwaige Ausnahmemöglichkeit hindeuten. Allerdings wird auch hier angenommen, dass es sich um einen Mindestbestand handelt.[349] Dies ergibt sich zum einen aus dem eingangs dargelegten Erfordernis einer weiten Auslegung. Zum anderen kommt die Optionalität einiger Angaben in § 12 Abs. 1 Nr. 2 VOB/A 2019 bereits im Zusatz „gegebenenfalls" zum Ausdruck.

76 Erfolgt die **Bekanntmachung im Internet** (→ Rn. 74), muss in der Bekanntmachung eine elektronische Adresse angegeben werden, unter welcher die Vergabeunterlagen **unentgeltlich, uneingeschränkt, vollständig und direkt abrufbar** sind.[350] Diese Formulierung entspricht derjenigen des § 41 Abs. 1 VgV, sodass auf die dort gewonnenen Erkenntnisse zurückgegriffen werden kann (→ VgV § 41 Rn. 12 ff.). Unentgeltlichkeit liegt vor, wenn kein an den Vergabeunterlagen Interessierter ein Entgelt für das Auffinden, den Empfang oder das Anzeigen der Vergabeunterlagen entrichten muss.[351] Der Zugang ist uneingeschränkt, wenn er ohne wesentliche Zwischenschritte und ohne wesentlichen Zeitverlust möglich ist.[352] Insbesondere darf der Zugang nicht von einer vorherigen Registrierung abhängig gemacht werden.[353] Zudem müssen die Unterlagen vollständig zugänglich sein. Die Vollständigkeit wird nicht gewahrt, wenn ein Teil der Unterlagen lediglich über eine zweite Adresse abrufbar ist.[354] Der Vollständigkeit steht aber nicht entgegen, dass mehrerer Klicks nötig sind, um alle Vergabeunterlagen zu erlangen.[355] Der Zugang ist nicht (mehr) direkt, wenn eine Anforderung per E-Mail erforderlich ist.[356]

---

[340] Erläuterungen des BMWi zur UVgO, BAnz. AT v. 7.2.2017, B2, 10. Hierzu HK-VergabeR/*Franzius* UVgO § 28 Rn. 4.
[341] HK-VergabeR/*Franzius* UVgO § 28 Rn. 5.
[342] *Janssen* NZBau 2019, 147 (150). Zu Recht krit. dazu *Vogt*, E-Vergabe 2019, 298 f.
[343] § 12 Abs. 1 VOL/A 2009 sieht ebenfalls noch eine lediglich fakultative E-Bekanntmachung vor; hierzu Ziekow/Völlink/*Völlink* VOL/A § 12 Rn. 4.
[344] So Ziffer 8.1 und 8.2 der Berliner Ausführungsvorschriften zu § 55 LHO (→ Rn. 22). Hierzu *Siegel* LKV 2020, 529 (537 f.).
[345] Vgl. etwa Ziffer 8.3 der Berliner Ausführungsvorschriften zu § 55 LHO (→ Rn. 22).
[346] Vgl. § 28 S. Abs. 2 S. 1 UVgO. Zur Parallelbestimmung des § 29 VgV im Kartellvergaberecht OLG Düsseldorf Beschl. v. 17.10.2018 – VII-Verg 26/18, NZBau 2019, 129 (132).
[347] § 12 Abs. 1 Nr. 2 VOB/A 2019; § 28 Abs. 2 S. 1 UVgO; § 12 Abs. 2 S. 2 VOL/A 2009.
[348] Ebenso § 12 Abs. 2 S. 2 VOL/A 2009.
[349] Kapellmann/Messserschmidt/*Planker* VOB/A § 12 Rn. 6; Ziekow/Völlink/*Völlink* VOB/A § 12 Rn. 9.
[350] § 12 Abs. 1 Nr. 2 lit. l VOB/A 2019; § 29 Abs. 1 UVgO. Zum Kartellvergaberecht ausf. *Vogt*, E-Vergabe, 2019, 193 ff.
[351] Vgl. zur parallelen Formulierung in § 41 VgV BT-Drs. 18/7318, 180.
[352] OLG Düsseldorf Beschl. v. 13.5.2019 – VII-Verg 47/18, NZBau 2019, 665 (667) (zu § 41 VgV).
[353] Vgl. zur parallelen Formulierung in § 41 VgV BT-Drs. 18/7318, 181.
[354] OLG Düsseldorf Beschl. v. 13.5.2019 – VII-Verg 47/18, NZBau 2019, 665 (667) (zu § 41 VgV).
[355] OLG Dresden Beschl. v. 15.2.2019 – Verg 5/18, NZBau 2019, 745 (747).
[356] OLG Düsseldorf Beschl. v. 13.5.2019 – VII-Verg 47/18, NZBau 2019, 665 (668) (zu § 41 VgV).

c) **Die Angebotsphase.** Den nächsten Schritt bildet die Angebotsphase. In ihr müssen alle 77 interessierten Bieter innerhalb der Angebotsfrist ihre Angebote einreichen. Die **Angebotsfrist** muss dafür ausreichend sein[357] und darf bei der Vergabe von Bauleistungen auch bei Dringlichkeit zehn Kalendertage nicht unterschreiten.[358] Das Adjektiv „ausreichend" eröffnet der Vergabestelle ein Ermessen.[359] Die eingehenden Angebote müssen nach den Vergabeordnungen bestimmten **Form- und Inhaltsanforderungen** entsprechen.[360] Im Zuge einer Ausweitung der **E-Vergabe** (→ Rn. 57) sieht § 38 Abs. 1 UVgO iVm § 38 Abs. 4 UVgO vor, dass ab einem geschätzten Auftragswert von 25.000 EUR Angebote künftig zwingend in elektronischer Form zu übermitteln sind.[361] Demgegenüber belässt § 13 Abs. 1 Nr. 1 S. 1 VOB/A auch in der Neufassung des Jahres 2019 dem Auftraggeber ein Wahlrecht, in welcher Form die Angebote einzureichen sind.[362] Auch hier können die **Anwendungsbefehle** aber Abweichungen vorsehen.

Nach Ablauf der Angebotsfrist werden die eingegangenen Angebote geöffnet.[363] Wegen der 78 zunehmenden Verbreitung elektronischer Angebote (→ Rn. 77) wurde der vormals übliche Begriff des Eröffnungstermins durch denjenigen des **Öffnungstermins** ersetzt.[364] Die Öffnung erfolgt gemeinsam durch mindestens zwei Vertreter des Auftraggebers.[365] Dabei sind Bieter nicht zugelassen.[366] Soweit hingegen immer noch schriftliche Angebote zugelassen sind, verbleibt es jedoch beim Eröffnungstermin, in dem unverändert die Bieter und ihre Bevollmächtigten zugegen sein dürfen.[367] Sofern danach überhaupt noch ein Eröffnungstermin klassischer Art zulässig ist,[368] stand die damit verbundene mögliche Anwesenheit von Bietern und ihren Bevollmächtigten in einem Spannungsverhältnis zu den Abstandsgeboten und Kontaktbeschränkungen der Corona-Verordnungen. Deshalb haben viele Länder in ihren Anwendungsbefehlen – zulässigerweise (→ Rn. 27) – den Verzicht auf einen Eröffnungstermin zugelassen.[369] Nach Öffnung der Angebote darf lediglich der Angebotsinhalt aufgeklärt werden. Echte **Nachverhandlungen** sind hingegen (zumindest grundsätzlich) **unzulässig**.[370]

d) **Die Prüfungs- und Wertungsphase.** Anschließend werden die Angebote geprüft und 79 gewertet.[371] Die Vergabeordnungen sehen hier die Bestimmung einer **Bindefrist** durch den Auftraggeber vor, innerhalb derer die Bieter an ihre Angebote gebunden sind.[372] Damit wird einerseits sichergestellt, dass der Auftraggeber einen Bieter nicht durch Aufkündigung des Angebots vorschnell „verliert", andererseits der Bieter aus Kalkulationsgründen nicht allzu lange an das Angebot gebunden ist. Die Bindefrist muss „angemessen"[373] sein. Bei der Vergabe von Bauleistungen soll sie zudem so knapp wie möglich bemessen werden, und sie darf lediglich in begründeten Ausnahmefällen länger als 30 Kalendertage betragen.[374]

Die Bindefrist ist eng verwoben mit der Zuschlagsfrist. Die **Zuschlagsfrist** bestimmt den 80 Zeitraum, innerhalb dessen der Auftraggeber die eingereichten Angebote prüft, wertet und den Zuschlag erteilt. In der VOB/A ist die zuvor explizite Regelung[375] durch eine indirekte ersetzt worden: Danach ist der Zuschlag möglichst bald, mindestens aber so rechtzeitig zu erteilen, dass die

---

[357] § 10 Abs. 1 S. 1 VOB/A 2019; § 13 Abs. 1 S. 1 UVgO; § 10 Abs. 1 VOL/A 2009.
[358] § 10 Abs. 1 S. 1 VOB/A 2019.
[359] *Ziekow*, Öffentliches Wirtschaftsrecht, 5. Aufl. 2020, § 9 Rn. 77.
[360] § 13 VOB/A 2019; § 38 UVgO; § 13 VOL/A 2009.
[361] *Siegel* VergabeR 2018, 183 (186); ausf. HK-VergabeR/*Terbrack* UVgO § 38 Rn. 3 ff.
[362] *Janssen* NZBau 2019, 147 (150). Krit. hierzu *Vogt*, E-Vergabe, 2019, 298 f. Auch § 13 Abs. 1 S. 1 VOL/A 2009 sieht noch ein Wahlrecht des Auftraggebers vor.
[363] §§ 14, 14a VOB/A 2019; § 40 UVgO; § 14 VOL/A 2009.
[364] Vgl. § 14 Abs. 1 S. 1 VOB/A 2019; § 40 UVgO; § 14 Abs. 1 VOL/A 2009. Zu § 14 VOB/A 2019 Kapellmann/Messerschmidt/*Planker* VOB/A § 14 Rn. 2.
[365] Sog. Vier-Augen-Prinzip; vgl. § 14 Abs. 1 S. 1 VOB/A 2019; § 40 Abs. 2 S. 1 UVgO; 14 Abs. 2 S. 1 VOL/A 2009.
[366] *Ziekow*, Öffentliches Wirtschaftsrecht, 5. Aufl. 2020, § 9 Rn. 78. Ausdrückliche Regelung in § 40 Abs. 2 S. 2 UVgO. Bei § 14 VOB/A ergibt sich dies aus einem Umkehrschluss aus § 14 Abs. 6 VOB/A 2019 und § 14a Abs. 1 S. 1 VOB/A 2019.
[367] Vgl. § 14a Abs. 1 S. 1 VOB/A 2019.
[368] Kapellmann/Messerschmidt/*Planker* VOB/A § 14a Rn. 1, spricht zu Recht von einem „Auslaufmodell".
[369] Übersicht bei *Petschulat* ZfBR 2020, 472 (474 ff.).
[370] § 15 VOB/A 2019; § 41 Abs. 2 und 3 UVgO; § 15 VOL/A 2009.
[371] §§ 16 ff. VOB/A 2019; § 41 Abs. 1 UVgO; § 16 VOL/A 2009.
[372] § 10 Abs. 4–6 VOB/A 2019; § 13 Abs. 1 S. 1 UVgO; § 10 Abs. 1 VOL/A 2009.
[373] § 10 Abs. 1 VOB/A 2019; § 13 Abs. 1 S. 1 UVgO. Entsprechend § 10 Abs. 1 VOL/A 2009 mit einer „ausreichenden" Frist.
[374] § 10 Abs. 4 S. 2 und 3 VOB/A 2019.
[375] § 10 Abs. 5–7 VOB/A 2012.

Erklärung dem Bieter noch vor Ablauf der Bindefrist zugeht.[376] Bei der Vergabe von Liefer- und Dienstleistungen ist die Zuschlagsfrist zwar ebenfalls nicht ausdrücklich geregelt, kann aber festgesetzt werden und läuft dann zeitlich parallel zur Bindefrist.[377]

81   Die **Wertung der Angebote** bildet das Kernstück der Öffentlichen Ausschreibung. Sie erfolgt regelmäßig **in vier Schritten**.[378] Zunächst sind die aus formellen Gründen offensichtlich unzulänglichen Angebote auszuschließen.[379] Allerdings enthalten die Vergabeordnungen Regelungen zur Nachforderung fehlender Erklärungen und Nachweise.[380] Sodann ist die Eignung der Bieter der verbleibenden Angebote zu prüfen.[381] Hieran schließt sich die Ausscheidung von Angeboten mit einem unangemessen hohen oder niedrigen Angebot an.[382] Schließlich erfolgt die Ermittlung des wirtschaftlichsten Angebots. Die bislang übliche Abfolge, wonach die Eignungsprüfung vor der eigentlichen Angebotsprüfung vorzunehmen ist, wird im Geltungsbereich der UVgO relativiert: Nach **§ 31 Abs. 4 UVgO** kann hier bei einer Öffentlichen Ausschreibung der Auftraggeber nach seinem Ermessen die Angebotsprüfung vorziehen.[383] Damit wird eine Angleichung an § 42 Abs. 3 VgV erzielt.[384]

82   **e) Die Zuschlagsphase.** Abgeschlossen wird das Vergabeverfahren mit der Zuschlagserteilung. Der Zuschlag ist auf das **wirtschaftlichste Angebot** zu erteilen (zu den materiellen Wertungskriterien → Rn. 89 ff.).[385] Er bildet zugleich den regulären Fall einer Beendigung des Vergabeverfahrens. Geht hingegen kein Angebot ein, das den Ausschreibungsbedingungen entspricht, oder liegt ein sonstiger Aufhebungsgrund vor, so kann die Ausschreibung aufgehoben werden.[386] Die Zuschlagserteilung bildet zugleich die Annahme des Angebots des betreffenden Bieters.[387] Erfolgt sie fristgerecht, so kommt der Vertrag zustande. Wird der Zuschlag hingegen erst verspätet erteilt,[388] so ist dies als neues Angebot zu werten, über dessen Annahme sich der Bieter unverzüglich zu erklären hat.[389]

83   Im Kartellvergaberecht sieht § 134 GWB eine allgemeine **Vorinformationspflicht** vor. Danach sind vor Zuschlagserteilung die unterlegenen Bieter über den Namen des Unternehmens, dessen Angebot angenommen werden kann, sowie über die Gründe ihrer Nichtberücksichtigung zu informieren (→ GWB § 134 Rn. 15 ff.).[390] Damit soll zugleich den unterlegenen Bietern effektiver Rechtsschutz gewährt werden.[391] Mit Relevanz für das Haushaltsvergaberecht (→ Rn. 26) enthalten auch einige **Landesvergabegesetze** entsprechende Informationspflichten.[392] Diese sind einstufig ausgestaltet, so dass in einem Schritt über den Namen des Unternehmens, welches den Zuschlag erhalten soll, und die Gründe der eigenen Nichtberücksichtigung zu informieren ist. Zudem müssen die Informationen innerhalb einer bestimmten Frist vor Vertragsschluss gewährt werden.[393] Schließlich sehen auch die **Vergabeordnungen** die Information unterlegener Bieter vor.[394] Im Unterschied zum Kartellvergaberecht und zu den Bestimmungen der Landesvergabegesetze sind die Informationspflichten der Vergabeordnungen aber nicht mit einer Wartepflicht verbunden.[395] Da somit auch im Unterschwellenbereich Informationspflichten vorhanden sind, scheidet eine analoge Anwendung

---

[376] § 18 Abs. 1 VOB/A 2019. Hierzu Ziekow/Völlink/*Völlink* VOB/A § 18 Rn. 1 iVm Ziekow/Völlink/*Völlink* VOB/A-EU § 18 Rn. 4 ff.
[377] HK-VergabeR/*Franzius* UVgO § 13 Rn. 10; Ziekow/Völlink/*Völlink* VOL/A § 10 Rn. 2.
[378] §§ 16 ff. VOB/A 2019; § 41 UVgO; § 16 VOL/A 2009. Graphik bei *Ziekow*, Öffentliches Wirtschaftsrecht, 5. Aufl. 2020, § 9 Rn. 80.
[379] § 16 VOB/A 2019; § 41 Abs. 1 UVgO; § 16 Abs. 3 VOL/A 2009.
[380] § 16a VOB/A 2019; § 41 Abs. 2 und 3 UVgO; § 16 Abs. 2 VOL/A 2009.
[381] § 16b VOB/A 2019; § 42 UVgO; § 16 Abs. 4 VOL/A 2009.
[382] § 16d Abs. 1 Nr. 1 und 2 VOB/A 2016; § 44 UVgO; § 16 Abs. 6 VOL/A 2009.
[383] Hierzu HK-VergabeR/*Tomerius* UVgO § 31 Rn. 8.
[384] Erläuterungen des BMWi zur UVgO, BAnz. AT v. 7.2.2017, B2, 10 f.
[385] § 16d Abs. 1 Nr. 3 VOB/A 2019; § 43 UVgO; § 18 Abs. 1 S. 1 VOL/A 2009.
[386] § 17 VOB/A 2019; § 48 UVgO; § 17 VOL/A 2009.
[387] Ziekow/Völlink/*Völlink* VOB/A § 18 Rn. 1 iVm Ziekow/Völlink/*Völlink* VOB/A-EU § 18 Rn. 1.
[388] Vgl. § 18 Abs. 1 VOB/A 2019.
[389] § 18 Abs. 2 VOB/A 2019; hierzu *Ziekow*, Öffentliches Wirtschaftsrecht, 5. Aufl. 2020, § 9 Rn. 81.
[390] Einzelheiten bei Ziekow/Völlink/*Braun* GWB § 134 Rn. 79 ff.
[391] BGH Urt. v. 22.2.2005 – KZR 36/03, NZBau 2005, 503 (531); *Ziekow*, Öffentliches Wirtschaftsrecht, 5. Aufl. 2020, § 9 Rn. 86.
[392] § 12 VgV M-V; § 16 Abs. 1 NTVergG; § 8 Abs. 1 SächsVergabeG; § 19 Abs. 1 LVG LSA; § 19 Abs. 1 ThüVgG. Hierzu die Kommentierung von Ziekow/Völlink/*Braun* GWB § 134 Rn. 178 ff.
[393] § 12 Abs. 1 S. 2 VgV M-V; § 16 Abs. 1 S. 2 NTVergG; § 8 Abs. 1 S. 2 SächsVergabeG; § 19 Abs. 1 S. 2 LVG LSA; § 19 Abs. 1 S. 2 ThürVgG.
[394] § 19 Abs. 1 und 2 VOB/A 2019; § 46 UVgO; § 19 Abs. 1 VOL/A 2009.
[395] Ziekow/Völlink/*Völlink* VOB/A § 19 Rn. 2 und Ziekow/Völlink/*Völlink* UVgO § 46 Rn. 1.

2. Beschränkte Ausschreibung. a) Mit Teilnahmewettbewerb. Die Beschränkte Aus- 84
schreibung mit Teilnahmewettbewerb bildet nach der Öffentlichen Ausschreibung diejenige Verfahrensart mit dem höchsten Grad an Publizität. Sie wird nunmehr auch im Haushaltsvergaberecht **der Öffentlichen Ausschreibung zumindest grundsätzlich gleichgestellt** (→ Rn. 63 ff.). Dies ergibt sich sowohl aus den Haushaltsordnungen, die inzwischen überwiegend angepasst wurden (→ Rn. 18), als auch aus den Vergabeordnungen.[397] Darin kommt die Wertung zum Ausdruck, dass ein durchgeführter Teilnahmewettbewerb ein hinreichendes Maß an Wettbewerb verwirklicht. Der Teilnahmewettbewerb fungiert dabei als vorgezogene auftragsbezogene Eignungsprüfung.[398]

b) Ohne Teilnahmewettbewerb. Demgegenüber ist die Beschränkte Auschreibung ohne 85
Teilnahmewettbewerb gegenüber der Öffentlichen Ausschreibung und der Beschränkten Ausschreibung mit Teilnahmewettbewerb **nachrangig**. Sie kommt lediglich in besonderen Konstellationen in Betracht, die in den Vergabeordnungen aufgelistet sind.[399] Ist eine Beschränkte Ausschreibung ohne vorherigen Teilnahmewettbewerb zulässig, so kann eine beschränkte Anzahl von Unternehmen direkt zur Angebotsabgabe aufgefordert werden.[400] Die Vergabeordnungen sehen hier vor, dass grundsätzlich mindestens drei Unternehmen zur Angebotsabgabe aufzufordern sind.[401] Diese reduzierte Ex-ante-Transparenz der Beschränkten Ausschreibung ohne Teilnahmewettbewerb wird ergänzt durch eine Ex-post-Transparenz: Ab einem Auftragswert von 25.000 EUR (ohne Mehrwertsteuer) ist die Vergabe nachträglich bekanntzumachen.[402]

3. Freihändige Vergabe/Verhandlungsvergabe. Die Freihändige Vergabe/Verhandlungs- 86
vergabe bildet in der Systematik des Haushaltsvergaberechts ebenfalls eine begründungsbedürftige **Ausnahme** und kommt nur in besonderen Konstellationen in Betracht (→ Rn. 66).[403] Ein wichtiges Anwendungsfeld im Haushaltsvergaberecht findet sie bei freiberuflichen Leistungen (→ Rn. 69). Die Freihändige Vergabe/Verhandlungsvergabe eröffnet dem öffentlichen Auftraggeber den **größten Gestaltungsspielraum** und ermöglicht eine direkte Kontaktaufnahme mit bestimmten Unternehmen. Die Freihändige Vergabe/Verhandlungsvergabe ist **abzugrenzen vom Direktkauf** nach § 3a Abs. 4 VOB/A und § 14 UVgO, welcher nach dem Verständnis der Vergabeordnungen kein echtes Vergabeverfahren bildet (→ Rn. 62).

§ 8 Abs. 4 UVgO unterscheidet zudem – anders als § 3a Abs. 3 VOB/A 2019 – zwischen einer 87
Verhandlungsvergabe mit Teilnahmewettbewerb und einer solchen **ohne Teilnahmewettbewerb**. Da der Ordnungsgeber hier keine explizite Abstufung vorgenommen hat („oder"), spricht dies auf den ersten Blick für eine Gleichrangigkeit.[404] Allerdings ist auch hier – ebenso wie beim Verhältnis zwischen Öffentlicher Ausschreibung und Beschränkter Ausschreibung mit Teilnahmewettbewerb (→ Rn. 65) – zu berücksichtigen, dass mit dem Teilnahmewettbewerb ein höherer Grad an Wettbewerb erzielt wird. Da das Wettbewerbsprinzip bei den Grundsätzen der Vergabe in § 2 Abs. 1 S. 1 UVgO besonders betont wird, spricht dies für eine Nachrangigkeit der Verhandlungsvergabe ohne Teilnahmewettbewerb.[405] Dies hat zur Folge, dass die Verhandlungsvergabe ohne Teilnahmewettbewerb die begründungspflichtige Ausnahme bildet.

Unabhängig davon muss auch bei der Freihändigen Vergabe/Verhandlungsvergabe ein gewisses 88
Mindestmaß an Transparenz und Wettbewerb gewahrt werden. Deshalb sehen die Vergabeordnungen teilweise explizit vor, dass mehrere, grundsätzlich mindestens drei Unternehmen zur Abgabe eines Angebots oder einer Teilnahmeerklärung aufzufordern sind.[406] Soweit eine explizite Regelung fehlt, ergibt sich das Gleiche aus dem Wettbewerbsprinzip.[407] Zudem sollte zwischen den Unterneh-

---

[396] *Siegel* NZBau 2019, 353 (356) mwN. AA OLG Düsseldorf Urt. v. 13.12.2017 – I-27 U-25/17, NZBau 2018, 168 f.
[397] § 3a Abs. 1 S. 1 VOB/A 2019; § 8 Abs. 2 S. 1 UVgO. Anders noch § 3 Abs. 2 VOL/A 2009.
[398] Ziekow/Völlink/*Völlink* VOB/A § 3 Rn. 13.
[399] § 3a Abs. 2 VOB/A 2019; § 8 Abs. 3 UVgO; § 3 Abs. 4 VOL/A 2009.
[400] *Ziekow*, Öffentliches Wirtschaftsrecht, 5. Aufl. 2020, § 9 Rn. 83.
[401] § 3b Abs. 3 VOB/A 2019; § 11 Abs. 1 UVgO; § 3 Abs. 1 S. 4 VOL/A 2009.
[402] § 20 Abs. 3 Nr. 1 VOB/A 2019; § 30 Abs. 1 S. 1 UVgO; § 19 Abs. 2 VOL/A 2009.
[403] Auflistung der möglichen Konstellationen in § 3a Abs. 3 VOB/A 2019; § 8 Abs. 4 UVgO; § 3 Abs. 5 VOL/A 2009.
[404] So offenbar Ziekow/Völlink/*Völlink* UVgO § 8 Rn. 8.
[405] So überzeugend HK-VergabeR/*Pünder* UVgO § 8 Rn. 11.
[406] § 12 Abs. 2 S. 1 UVgO; § 3 Abs. 1 UAbs. 2 VOL/A 2009.
[407] So zur VOB/A Ziekow/Völlink/*Völlink* VOB/A § 3 Rn. 20.

men möglichst gewechselt werden.[408] Dieses Mindestmaß an Ex-ante-Transparenz wird – ebenso wie bei der Beschränkten Ausschreibung ohne Teilnahmewettbewerb (→ Rn. 85) – teilweise ergänzt durch eine Ex-post-Transparenz: Ab einem gewissen Auftragswert ist die Vergabe nachträglich bekannt zu machen.[409]

VIII. Materielle Wertungskriterien

89   **1. Biétereignung. a) Entwicklung im Kartellvergaberecht.** Gemäß § 122 Abs. 1 GWB dürfen im Kartellvergaberecht öffentliche Aufträge nur an **fachkundige und leistungsfähige (geeignete) Unternehmen** vergeben werden. Dabei umschreibt die Fachkunde die erforderlichen technischen und kaufmännischen Kenntnisse, die Leistungsfähigkeit die notwendigen Kapazitäten in fachlicher, technischer, personeller und wirtschaftlicher Hinsicht.[410] Die zuvor zusätzlich enthaltenen Eignungskriterien der Gesetzestreue und der Zuverlässigkeit sind durch die **Ausschlussgründe** nach §§ 123 f. GWB abgelöst worden.[411] Dabei wird in Anlehnung an Art. 57 RL 2014/24/EU differenziert zwischen zwingenden und fakultativen Ausschlussgründen (→ GWB § 123 Rn. 1 und → GWB § 124 Rn. 1).[412] Allerdings sind die aufgeführten Ausschlussgründe abschließend aufgezählt und nicht analogiefähig.[413] In Art. 59 RL 2014/24/EU wurde zudem die „Einheitliche europäische Eigenerklärung" eingeführt. Mit ihr soll die Eignungsprüfung vereinfacht werden, indem die Kommission ein Standardformular zur Verfügung stellt.[414] Zur Einführung dieses Formulars hat die Kommission eine Durchführungsverordnung erlassen.[415] Die Umsetzung der EU-Vorgaben erfolgt in § 50 VgV.[416] Bei den Ausschlussgründen ist auch zu berücksichtigen, dass die bisherigen Mindest- und Höchstsätze nach der HOAI nach der Feststellung des EuGH gegen Unionsrecht verstoßen.[417]

90   Bei den Eignungskriterien ist – ebenso wie bei den Zuschlagskriterien (→ Rn. 93) – ein zunehmender **Öffnungsprozess des Vergaberechts** für ökologische und vor allem soziale Aspekte festzustellen.[418] Wegen des damit verbundenen Anschauungswandels wird die vormalige Formulierung der „Öffnung des Vergaberechts für vergabefremde Zwecke" zunehmend ersetzt durch den Begriff der **strategischen Beschaffung**.[419] Die Einbeziehung solcher Aspekte beginnt bereits bei der Biétereignung, findet ihre Fortsetzung bei den Zuschlagskriterien und wird bei den Ausführungsbedingungen abgerundet.[420] Allerdings vertritt auch der EuGH nicht nur einseitig eine Öffnung, sondern geht auch auf die Grenzen des Öffnungsprozesses ein. Bereits im Jahre 2008 hat der Gerichtshof judiziert, dass eine allgemeine Tariftreupflicht gegen das (damals noch) Gemeinschaftsrecht verstößt.[421] Erforderlich ist also entweder ein explizit gesetzlich normierter Mindestlohn oder ein für allgemeinverbindlich erklärter Tarifvertrag. Vorgetragenen Zweifeln an der Unionsrechtswidrigkeit vergabespezifischer gesetzlicher Mindestlöhne[422] ist der Gerichtshof jedoch mit bemerkenswerter Klarheit entgegengetreten.[423] Auch das seit dem 1.1.2015 geltende Mindestlohngesetz (MiLoG)[424] genügt den unionsrechtlichen Anforderungen.[425]

---

[408] Vgl. § 3b Abs. 4 VOB/A 2019; § 12 Abs. 2 S. 3 UVgO.
[409] Vgl. § 20 Abs. 2 VOB/A 2019; § 30 Abs. 1 S. 1 UVgO. Nach Letzterer aber beschränkt auf Verhandlungsvergaben *ohne* Teilnahmewettbewerb.
[410] Hierzu *Otting* VergabeR 2016, 316 ff.
[411] *Burgi* VergabeR § 16 Rn. 2.
[412] Hierzu auch Ziekow/Völlink/*Stolz* GWB § 123 Rn. 3 und Ziekow/Völlink/*Stolz* GWB § 124 Rn. 2.
[413] Ziekow/Völlink/*Stolz* GWB § 123 Rn. 1 und Ziekow/Völlink/*Stolz* GWB § 124 Rn. 1.
[414] Hierzu *Schaller* NZBau 2020, 19 ff.
[415] VO (EU) 2016/7 v. 5.1.2016, ABl. 2016 L 3, 16.
[416] BT-Drs. 18/7318, 40 (Text) und 187 (Begründung).
[417] EuGH Urt. v. 4.7.2019 – C-377/17 Rn. 89 ff., ECLI:EU:C:2019:562 = NZBau 2019, 511 (513 f.) – Kommission/Bundesrepublik Deutschland. Zu den Auswirkungen dieser Entscheidung auf das Vergaberecht *Fuchs/von der Hout/Opitz* NZBau 2019, 483 ff.; *Tiede* NZBau 2020, 231 ff. Zum Zeitpunkt der Fertigstellung des Manuskript lag ein erster Referentenentwurf zur Beseitigung der Defizite vor.
[418] EuGH Urt. v. 10.5.2012 – C-368/10 Rn. 103 ff., ECLI:EU:C:2012:284 = NZBau 2012, 445 – Max Havelaar. Hierzu *Siegel* VergabeR 2013, 370 (371 f.); *Ziekow* DÖV 2015, 897 ff.
[419] Etwa bei *Burgi* VergabeR § 7 Rn. 9.
[420] *Ziekow*, Öffentliches Wirtschaftsrecht, 5. Aufl. 2020, § 9 Rn. 64 ff.
[421] EuGH Urt. v. 3.4.2008 – C-346/06 Rn. 24 ff., Slg. 2008, I-1989 = ECLI:EU:C:2008:189 = NZBau 2008, 332 – Rüffert.
[422] OLG Koblenz Beschl. v. 19.2.2014 – 1 Verg 8/13, NZBau 2014, 317 ff.
[423] EuGH Urt. v. 17.11.2015 – C-115/14 Rn. 62 ff., ECLI:EU:C:2015:760 = NZBau 2016, 46 – RegioPost. Hierzu *Siegel* EuZW 2016, 101 ff.
[424] Mindestlohngesetz (MiLoG) v. 11.8.2014 (BGBl. 2014 I 1348, zuletzt geändert durch G v. 10.7.2020 BGBl. 2020 I, 1657).
[425] *Tugendreich* NZBau 2015, 395 (398).

b) Rechtslage im Haushaltsvergaberecht. Die Eignungskriterien des Kartellvergaberechts 91 kommen grundsätzlich auch im Unterschwellenbereich zur Anwendung.[426] Inbesondere wird in den neuen **Vergabeordnungen** im Zuge der Angleichung an den Oberschwellenbereich (→ Rn. 5) differenziert zwischen den (positiven) Eigenschaften der Fachkunde und Leistungsfähigkeit sowie den negativen Ausschlussgründen.[427] Allerdings wird auch in der Neufassung der VOB/A 2019 in § 2 Abs. 3 VOB/A das zusätzliche Kriterium der Zuverlässigkeit beibehalten.[428] Damit soll eine flexiblere Beurteilung der Eignung ermöglicht werden, da die Ausschlussgründe im Oberschwellenbereich abschließend aufgezählt und nicht analogiefähig sind (→ Rn. 89).[429] Die Zuverlässigkeit ist dann zu bejahen, wenn ein Bieter seinen gesetzlichen Verpflichtungen nachkommt und sorgfältige und einwandfreie Auftragsausführung erwarten lässt.[430] Die materiellen Eignungskriterien gelten **unabhängig von der Verfahrensart,** also bei der Öffentlichen Ausschreibung, der Beschränkten Ausschreibung sowie bei der Freihändigen Vergabe/Verhandlungsvergabe.[431] Zudem entfalten die eignungsbezogenen Aussagen der **Landesvergabegesetze** gerade im Haushaltsvergaberecht ihre zentrale Bedeutung. So sind insbesondere schwerwiegende Verstöße gegen die Kernarbeitsnormen der Internationalen Arbeitsorganisation ILO als Ausschlussgründe anerkannt.[432] Weiterhin kann auch ein Verstoß gegen gesetzlich geregelte Mindestlöhne (→ Rn. 90) zu einer Vergabesperre führen.[433]

Bei Vergaben mit eindeutig grenzüberschreitendem Bezug sind zudem die Ableitungen aus den 92 **Grundfreiheiten** zu beachten (→ Rn. 8 ff.). Hier setzt der Verhältnismäßigkeitsgrundsatz einer allzu großzügigen Ausweitung der Ausschlussgründe Grenzen. So hat es der Gerichtshof im Jahre 2014 als unverhältnismäßig erachtet, dass auch in einem anderen Mitgliedstaat ansässige Nachunternehmer der Tariftreuepflicht unterliegen sollen; denn dabei – so die Begründung – würden nicht hinreichend die Lebenshaltungskosten in dem anderen Mitgliedstaat berücksichtigt.[434] In anderen Fällen hat der Gerichtshof jedoch bestimmte Ausschlussgründe als vereinbar (auch) mit den Grundfreiheiten erachtet: Dies gilt etwa bei der Nichtzahlung von Sozialbeiträgen in nicht unbeträchtlicher Höhe[435] oder bei einer rechtskräftigen Verurteilung wegen eines Wettbewerbsverstoßes.[436]

2. Zuschlagskriterien. a) Entwicklung im Kartellvergaberecht. Gemäß § 127 Abs. 1 S. 1 93 GWB ist im Kartellvergaberecht der Zuschlag auf das **wirtschaftlichste Angebot** zu erteilen.[437] Dieses bestimmt sich gem. S. 2 der Bestimmung nach dem besten Preis-Leistungsverhältnis. Auch im Rahmen der Zuschlagskriterien ist eine zunehmende Hinwendung zur strategischen Beschaffung zu beobachten (→ Rn. 90). Während die Öffnung für ökologische Zwecke bereits seit Längerem anerkannt ist, gelten zunehmend auch soziale Aspekte als berücksichtigungsfähig.[438] Dies gilt etwa für die Herkunft von Zutaten aus fairem Handel.[439] An diesen Öffnungsprozess in der Rechtsprechung des EuGH knüpft in der weiten Aufzählung der berücksichtigungsfähigen Faktoren Art. 67 Abs. 2 RL 2014/24/EU an.[440] In Anlehnung an die Rechtsprechung des EuGH müssen die Kriterien zudem nicht mehr angebotsbezogen sein, sondern gem. § 127 Abs. 3 GWB lediglich **mit dem Auftragsgegenstand** in einem Lebenszyklus-Stadium **in Verbindung** stehen.[441] Gleichwohl darf aber nach wie vor grundsätzlich der Preis als alleiniges Zuschlagskriterium gewählt werden.[442] Etwas

---

[426] Vgl. § 2 Abs. 3 VOB/A 2019; § 31 Abs. 1 UVgO; § 2 Abs. 1 VOL/A 2009.
[427] § 16 VOB/A 2019; § 31 Abs. 1 UVgO. Zur VOB/A vgl. Ziekow/Völlink/*Herrmann* VOB/A § 16 Rn. 4 ff. Vgl. auch § 6 Abs. 5 VOL/A 2009.
[428] Ebenso § 2 Abs. 1 S. 1 VOL/A 2009.
[429] *Janssen* NZBau 2019, 147 (148 f.).
[430] Kapellmann/Messerschmidt/*Glahs* VOB/A § 6b Rn. 25 mwN.
[431] § 16b Abs. 3 VOB/A 2019 iVm § 6b Abs. 4 VOB/A 2019.
[432] *Ziekow* DÖV 2015, 897 (902) mwN. Entsprechende Bezugnahmen finden sich etwa in § 8 BerlAVG, § 18 Abs. 2 BremTtVG, § 3a HmbVgG, § 11 VgG M-V; § 12 NTVergG, § 3a RhPfLTTG, § 11 STTG, § 12 LVG LSA, § 11 ThürVG.
[433] § 19 MiLoG. Hierzu *Tugendreich* NZBau 2015, 395 (397).
[434] EuGH Urt. v. 18.9.2014 – C-549/13 Rn. 33 ff., ECLI:EU:C:2014:2235 = NZBau 2014, 647 – Bundesdruckerei.
[435] EuGH Urt. v. 10.7.2014 – C-358/12 Rn. 41, ECLI:EU:C:2014:2063 = NZBau 2014, 712 – Libor.
[436] EuGH Urt. v. 18.12.2014 – C-470/3 Rn. 36, ECLI:EU:C:2014:2469 Rn. 36 = NZBau 2015, 569 – Generali.
[437] Zum davon abweichenden Begriff des „wirtschaftlichen Gesamtvorteils" gem. § 152 Abs. 3 GWB bei der Vergabe von Konzessionen im Oberschwellenbereich Ziekow/Völlink/*Siegel* GWB § 152 Rn. 8 ff.
[438] Übersicht bei *Ziekow*, Öffentliches Wirtschaftsrecht, 5. Aufl. 2020, § 9 Rn. 64 f.
[439] EuGH Urt. v. 10.5.2012 – C-368/10 Rn. 84 ff., ECLI:EU:C:2012:284 = NZBau 2012, 445 – Max Havelaar. Hierzu *Siegel* VergabeR 2013, 370 ff.
[440] S. auch Erwägungsgrund 97 RL 2014/24/EU.
[441] Hierzu *Otting* VergabeR 2016, 316 (324 ff.).
[442] *Burgi* VergabeR § 17 Rn. 6 f. Ausf. *Sulk*, Der Preis im Vergaberecht, 2015.

anderes gilt jedoch dann, wenn normativ auch andere Kriterien vorgegeben werden. So wird nach § 76 Abs. 1 S 1 VgV der Zuschlag bei Architektur- und Ingenieurleistungen „im Leistungswettbewerb" vergeben.[443]

94   **b) Rechtslage im Haushaltsvergaberecht.** Im Haushaltsvergaberecht ist – ebenso wie im Kartellvergaberecht – der Zuschlag auf das **wirtschaftlichste Angebot** zu erteilen. Die Entscheidung für das Wirtschaftlichkeitsprinzip ergibt sich hier in erster Linie aus den Vergabeordnungen.[444] Fraglich erscheint, ob – ebenso wie im Kartellvergaberecht (→ Rn. 93) – der **Preis** das alleinige Zuschlagskriterium bilden kann. Die (bisherigen) Vergabeordnungen sahen vor, dass der Preis hier nicht alleiniges Zuschlagskriterium sein kann.[445] Bekräftigt wird dies durch haushaltsrechtliche Überlegungen: Da hier bei genauerer Betrachtung der Grundsatz der Sparsamkeit einen Unterfall der Wirtschaftlichkeit bildet,[446] ist zumindest die Qualität einer Leistung haushaltsrechtlich relevant. Gleichwohl gestatten die **neuen Vergabeordnungen** die Berücksichtigung des Preises als alleiniges Zuschlagskriterium: So wurde § 43 Abs. 2 UVgO der Regelung des § 58 VgV nachgebildet,[447] welcher dies ebenfalls zulässt.[448] Das Gleiche gilt für die VOB/A 2019. Denn der in der Fassung des Jahres 2016 enthaltene Ausschluss einer Berücksichtigung allein des Preises wurde in der Neufassung 2019 nicht übernommen.[449] Allerdings kann auch im Unterschwellenbereich ausdrücklich ein „Wettbewerb" angeordnet werden, der einer Konzentration auf den Preis entgegensteht. Dies ist etwa bei § 50 UVgO der Fall.[450]

95   Auch die **Öffnung des Vergaberechts** für zumindest vermeintlich vergabefremde Zwecke erfasst zunehmend das Haushaltsvergaberecht. Umwelteigenschaften sind bei der unterschwelligen Vergabe von Bauleistungen bereits länger als zuschlagsfähig anerkannt.[451] Und bei der Vergabe von Liefer- und Dienstleistungen erkennt § 43 Abs. 2 S. 2 UVgO in Abkehr von der insofern noch neutralen Formulierung des § 18 Abs. 1 VOL/A 2009 ausdrücklich umweltbezogene und soziale Zuschlagskriterien an. Auch im Haushaltsvergaberecht muss zwar eine **Auftragsbezogenheit** vorliegen. Sie ist jedoch – ebenso wie im Kartellvergaberecht (→ Rn. 93) weit auszulegen.[452] Eine allzu weite Öffnung des Vergaberechts für vergabefremde Zwecke steht jedoch in einem Spannungsverhältnis zu dem das Haushaltsrecht allgemein prägenden Wirtschaftlichkeitsprinzip nach § 7 Abs. 1 BHO (→ Rn. 17): Denn allgemeine politische Zielsetzungen verlassen typischerweise die Basis einer Wirtschaftlichkeitsbetrachtung.

IX. Unmittelbare Fehlerfolgen

96   **1. Spezifische Fehlerfolgen. a) Rechtslage im Kartellvergaberecht.** Bei den Fehlerfolgen ist zu differenzieren zwischen den mittelbaren Fehlerfolgen des Rechtsschutzes und der sonstigen Durchsetzbarkeit einerseits (→ Rn. 104 ff.) sowie der vorgelagerten Frage der unmittelbaren Fehlerfolgen andererseits.[453] Hier sieht das Kartellvergaberecht in § 134 GWB eine weit reichende **Vorabinformationspflicht** der unterlegenen Bieter vor; unterbleibt diese, so ist der geschlossene Vertrag nach § 135 GWB unwirksam (→ GWB § 135 Rn. 9 ff.).[454] Damit soll zugleich den unterlegenen Bietern effektiver Rechtsschutz gewährt werden.[455] Im Haushaltsvergaberecht kommt diese Bestimmung mangels Erreichens der Schwellenwerte jedenfalls nicht zur unmittelbaren Anwendung.

---

[443] *Portz* KommJur 2020, 45 (48).
[444] § 16d Abs. 1 Nr. 4 VOB/A 2019; § 43 Abs. 1 UVgO; § 18 Abs. 1 S. 1 VOL/A 2009.
[445] § 16d Abs. 1 Nr. 3 S. 4 VOB/A 2016; § 18 Abs. 1 S. 2 VOL/A 2009.
[446] *Gröpl* in Gröpl, Bundeshaushaltsordnung/Landeshaushaltsordnung (BHO/LHO) – Kommentar, 2. Aufl. 2019, BHO § 7 Rn. 7; *Kube* in Ehlers/Fehling/Pünder, Besonderes Verwaltungsrecht, Band 3, 4. Aufl. 2021, § 66 Rn. 156.
[447] Erläuterungen des BMWi zur UVgO, BAnz. AT v. 7.2.2017, B2, 13.
[448] BT-Drs. 18/7318, 194. Vgl. Ziekow/Völlink/*Steck* UVgO § 43 Rn. 4.
[449] Kapellmann/Messerschmidt/*Frister* VOB/A § 16d Rn. 19; Ziekow/Völlink/*Steck* VOB/A § 16d Rn. 11. Nach Ziekow/Völlink/*Steck* VOL/A § 18 Rn. 3 soll dies trotz des Wortlauts des § 18 Abs. 1 S. 2 auch für die VOL/A 2019 gelten.
[450] *Zimmermann* ZfBR 2017, 334 (337); *Portz* KommJur 2020, 45 (49); Ziekow/Völlink/*Steck* UVgO § 43 Rn. 5.
[451] § 16d Abs. 1 Nr. 3 S. 3 VOB/A 2016. Ebenso nunmehr § 16d Abs. 1 S. 1 Nr. 4 S. 4 VOB/A 2019.
[452] § 16d Abs. 1 S. 1 Nr. 6 und 7 VOB/A 2019; § 43 Abs. 3 UVgO. Hierzu etwa Ziekow/Völlink/*Steck* UVgO § 43 Rn. 10.
[453] Zu dieser Differenzierung *Hufen/Siegel*, Fehler im Verwaltungsverfahren, 7. Aufl. 2021, Rn. 792 ff.
[454] *Ziekow*, Öffentliches Wirtschaftsrecht, 5. Aufl. 2020, § 9 Rn. 86.
[455] BGH Urt. v. 22.2.2005 – KZR 36/03, NZBau 2005, 503 (531); *Ziekow*, Öffentliches Wirtschaftsrecht, 5. Aufl. 2020, § 9 Rn. 86.

b) Analoge Anwendung der §§ 134 f. GWB? Aber auch eine analoge Anwendung der **97** §§ 134 f. GWB auf den Unterschwellenbereich ist lange Zeit überwiegend abgelehnt worden.[456] Durch eine Entscheidung des OLG Düsseldorf ist die Diskussion jedoch neu belebt worden. Darin hat das Gericht – allerdings in einem obiter dictum – eine analoge Anwendung der §§ 134 f. GWB bejaht.[457] Diese Entscheidung ist aber überwiegend auf Kritik gestoßen.[458] Bei der Bewertung sind drei Aspekte zu unterscheiden: die Vorinformationspflicht als solche, die damit verbundene Wartefrist und schließlich die eigentliche Fehlerfolge.

aa) Vorinformationspflicht. Bei isolierter Betrachtung der Vorinformationspflichten spricht **98** gegen eine analoge Anwendung des § 134 GWB, dass auch im Haushaltsvergaberecht entsprechende Pflichten bestehen, auch wenn diese anders ausgestaltet sind (→ Rn. 83). Damit liegt **keine planwidrige Regelungslücke** als grundsätzliche Voraussetzung für eine Analogie vor.

bb) Wartepflicht. Aber auch der spezifische Zusammenhang mit der Rechtsschutzgewährung **99** führt zu keinem anderen Ergebnis. Denn nach der Rechtsprechung des BVerfG besteht kein zwingendes Erfordernis zur Ausweitung dieser **rechtsschutzeffektivierenden Maßnahme** auf das Haushaltsvergaberecht. Denn je effektiver die Rechtsschutzmöglichkeiten erfolgloser Bieter ausgestaltet sind, desto eher werden die öffentlichen Interessen an der Auftragsvergabe beeinträchtigt sowie die Interessen des erfolgreichen Bieters an der Erlangung von Rechtssicherheit.[459] Aus dem gleichen Grunde gebietet auch Art. 47 GrCh keine Ausweitung auf den Unterschwellenbereich.[460] Weiterhin lässt sich auch aus Art. 3 Abs. 1 GG kein anderes Ergebnis ableiten, da der allgemeine Gleichheitssatz ansonsten zu einem „Harmonisierungshebel" für unionsrechtliche Differenzierungen würde.[461] Schließlich kann auch aus den **Grundfreiheiten** keine allgemeine Vorabinformationspflicht abgeleitet werden.[462] Denn abgesehen davon, dass die Grundfreiheiten nur bei einem eindeutigen grenzüberschreitenden Interesse einschlägig sind (→ Rn. 9 ff.), müssen die Vergabegrundsätze eng ausgelegt werden: Die Grundfreiheiten fungieren hier lediglich als Auffangordnung zur Schaffung eines unerlässlichen Mindeststandards.[463] Eine – allerdings nur scheinbare – Ausnahme ist jedoch dann anzuerkennen, wenn trotz objektiven Überschreitens der Schwellenwerte falscherweise ein Vergabeverfahren nach den Bestimmungen des nationalen Vergaberechts durchgeführt wurde.[464]

c) Fehlerfolge der Nichtigkeit. Aber selbst, wenn man § 134 GWB im Haushaltsvergaberecht **100** für einschlägig hielte, wäre damit **nicht automatisch die Fehlerfolge der Nichtigkeit** verbunden.[465] Denn wirksame Verträge können in vielen Bereichen auch dann wirksam zustandekommen, wenn sie nicht mit der Rechtsordnung in Einklang stehen. Dies gilt nicht nur für das Privatrecht, sondern auch für das Öffentliche Recht.[466] Zwar kann auch ein Verstoß gegen grundfreiheitliche oder grundrechtliche Verfahrensgarantien im Allgemeinen grundsätzlich die Nichtigkeit eines Vertrages bewirken.[467] Für die Auftragsvergabe im Besonderen hat das BVerfG jedoch entschieden, dass die Bestandsinteressen des Auftraggebers sowie des erfolgreichen Bewerbers das Rechtsschutzinteresse unterlegener Bieter überwiegen können.[468]

2. Allgemeine Fehlerfolgen. Da die Bestimmung des § 135 GWB im Haushaltsvergaberecht **101** keine Anwendung findet, ist ein unter Verstoß gegen das Vergaberecht abgeschlossener Vertrag grundsätzlich wirksam.[469] Etwas anderes gilt lediglich dann, wenn ein allgemeiner Nichtigkeitsgrund

---

[456] *Siegel* VerwArch 2016, 1 (24).
[457] OLG Düsseldorf Urt. v. 13.12.2017 – I-27 U-25/17, NZBau 2018, 168 f.
[458] Aus der Rspr. KG Urt. v. 7.1.2020 – 9 U 79/91, VergabeR 2020, 688 ff.; OLG Celle Urt. v. 9.1.2020 – 13 W 56/19, VergabeR 2020, 692 ff. Aus dem Schrifttum *Jansen/Geitel* VergabeR 2018, 376 ff.; *Siegel* NZBau 2019, 353 (356 f.).
[459] BVerfG Beschl. v. 13.6.2006 – 1 BvR 1160/03, NZBau 2006, 791 (795).
[460] *Dageförde* NZBau 2020, 72 (76).
[461] *Dreher* NZBau 2002, 419 (424); *Siegel* DÖV 2007, 237 (238); KG Urt. v. 7.1.2020 – 9 U 79/91, VergabeR 2020, 688 (690). AA HK-VergabeR/*Pache* BHO § 55 Rn. 172.
[462] So aber *Dageförde* NZBau 2020, 72 (75 f.); Ziekow/Völlink/*Braun* GWB § 134 Rn. 163 ff.
[463] *Siegel* EWS 2008, 66 (73).
[464] So zu Recht jurisPK-VergabeR/*Sommer* GWB § 135 Rn. 10.
[465] *Burgi* NZBau 2018, 579 (584); *Siegel* NZBau 2019, 353 (357).
[466] *Bonk/Neumann/Siegel* in Stelkens/Bonk/Sachs, Verwaltungsverfahrensgesetz, 9. Aufl. 2018, VwVfG § 59 Rn. 3, auch zu den – im öffentlichen Recht allerdings wesentlich weiterreichenden – Ausnahmen.
[467] BVerfG Beschl. v. 19.7.2016 – 2 BvR 470/08, NVwZ 2016, 1553 (1555) mAnm *Becker* NVwZ 2016, 1557 ff. Hierzu *Wollenschläger* NVwZ 2016, 1535 ff.
[468] BVerfG Beschl. v. 13.6.2006 – 1 BvR 1160/03, NZBau 2006, 791 (794 f.).
[469] HK-VergabeR/*Pache* BHO § 55 Rn. 111; *Ziekow*, Öffentliches Wirtschaftsrecht, 5. Aufl. 2020, § 9 Rn. 89.

nach §§ 134, 138 BGB vorliegt.[470] Diese Bestimmungen gelten unmittelbar für zivilrechtliche Verträge, kämen jedoch auch bei einer Zuordnung der Vergabeverträge zum Öffentlichen Recht gem. § 59 Abs. 1 VwVfG zur Anwendung.[471] Allerdings ist bei der Annahme eines **Verbotsgesetzes iSd § 134 BGB** Zurückhaltung geboten. Denn das Vergaberecht ist geradezu „durchtränkt" von Verfahrensge- und -verboten. Würde hier jeglicher Verstoß ausreichen, wäre die Nichtigkeit der Regelfall. Diese Rechtslage entspricht derjenigen beim öffentlich-rechtlichen Vertrag: Dort wird eine Nichtigkeit iSd § 59 Abs. 1 VwVfG iVm § 134 BGB lediglich bei einem qualifizierten Gesetzesverstoß angenommen.[472] Daher führt auch im Vergaberecht ein einfacher Verstoß gegen Verfahrensanforderungen nicht zur Nichtigkeit.[473]

102   Gerade im Vergaberecht kann jedoch die Nichtigkeit wegen **Sittenwidrigkeit nach § 138 BGB** Bedeutung erlangen.[474] Sie liegt insbesondere bei einem bewussten und gewollten Zusammenwirken (Kollusion) vor.[475] Darüber hinaus wird teilweise auch bei fehlendem Bewusstsein der Vergaberechtswidrigkeit eine Sittenwidrigkeit angenommen, wenn in erheblicher Weise gegen die Grundsätze des Vergaberechts verstoßen wurde.[476] Bei der zuletzt genannten Fallgruppe ist allerdings Zurückhaltung geboten, damit die Regelfolge der fehlerunabhängigen Wirksamkeit des Vertrags nicht zur Regelfolge wird.[477]

103   Zudem statuieren einige **Landesvergabegesetze** auch für (bestimmte) Unterschwellenvergaben eine Vorabinformationspflicht (→ Rn. 83).[478] Bis zur (etwaigen) Entscheidung durch die Nachprüfungsbehörde besteht hier überwiegend ein grundsätzliches Zuschlagserteilungsverbot.[479] Oftmals wird angenommen, dass auch ein Verstoß gegen diese landesrechtlichen Gebote zur Nichtigkeit führt.[480] Da allerdings in den betreffenden Landesvergabegesetzen die Nichtigkeit im Unterschied zu § 135 GWB nicht explizit angeordnet wird, sprechen bereits systematische Gründe gegen die Nichtigkeit: Denn das Absehen von einer ausdrücklichen Anordnung der Nichtigkeit durch den Landesgesetzgeber in anzunehmender Kenntnis des § 135 GWB bzw. dessen Vorgängernorm kann als dessen „beredtes Schweigen" angesehen werden.[481] Gegen eine Nichtigkeit spricht zudem, dass lediglich erhebliche Verstöße gegen das Vergaberecht die Nichtigkeit zu begründen vermögen (→ Rn. 101 f.).[482] Erst recht keine Nichtigkeit tritt ein bei einem Verstoß gegen die Informationspflichten nach den Vergabeordnungen (→ Rn. 83). Denn zusätzlich zu den zuvor genannten Erwägungen sind sie nicht mit einer Wartepflicht verbunden.

X. Rechtsschutz

104   **1. Rechtsweg. a) Rechtsweg im Kartellvergaberecht.** Das **Nachprüfungsverfahren** nach §§ 155 ff. GWB dient der Umsetzung der einschlägigen EU-Rechtsmittel-Richtlinien und kommt daher im Haushaltsvergaberecht nicht zur Anwendung.[483] Ebenso wie bei den unmittelbaren Fehlerfolgen (→ Rn. 97 ff.) ist eine Ausweitung des Nachprüfungsverfahrens auf Unterschwellenvergaben

---

[470] HK-VergabeR/*Pache* BHO § 55 Rn. 112.
[471] *Bonk/Neumann/Siegel* in Stelkens/Bonk/Sachs, Verwaltungsverfahrensgesetz, 9. Aufl. 2018, VwVfG § 59 Rn. 49 f. und 59 f.
[472] *Bonk/Neumann/Siegel* in Stelkens/Bonk/Sachs, Verwaltungsverfahrensgesetz, 9. Aufl. 2018, VwVfG § 59 Rn. 12.
[473] KG Beschl. v. 19.4.2012 – Verg 7/11, BeckRS 2012, 19210; OLG Celle Beschl. v. 24.10.2019 – 13 Verg 9/19, NZBau 2020, 535 (541); Ziekow/Völlink/*Steck* GWB § 168 Rn. 28.
[474] OLG Celle Beschl. v. 24.10.2019 – 13 Verg 9/19, NZBau 2020, 535 (539 f.).
[475] Ziekow/Völlink/*Braun* GWB § 135 Rn. 133. Beispiel bei OLG Saarbrücken Urt. v. 17.8.2016 – 1 U 159/14, NZBau 2016, 792 (Ls.).
[476] OLG Brandenburg Urt. v. 16.12.2015 – 4 U 77/14, NZBau 2016, 184 (188 f.).
[477] Vgl. OLG Celle Beschl. v. 24.10.2019 – 13 Verg 9/19, NZBau 2020, 535 (540) („…in nicht mehr hinnehmbarer Weise").
[478] § 12 Abs. 1 VgG M-V; § 16 Abs. 1 NTVergG; § 8 Abs. 1 SächsVergabeG; § 19 Abs. 1 LVG LSA; § 19 Abs. 1 ThürVG.
[479] § 16 Abs. 2 S. 1 NTVergG; § 8 Abs. 2 S. 2 SächsVergabeG; § 19 Abs. 2 S. 2 LVG LSA; § 19 Abs. 2 S. 2 ThürVG.
[480] So etwa VK LSA Beschl. v. 30.1.2017 – 3 VK LSA 61-64/16 ua Rn. 39 (Ls. ZfBR 2017, 306); *Conrad* ZfBR 2016, 124 (125).
[481] Am Beispiel von § 12 VgV M-V LG Rostock Urt. v. 6.11.2015 – 3 O 703/15, ZfBR 2016, 302 f.
[482] Gegen die Nichtigkeit auch LG Rostock Urt. v. 6.11.2015 – 3 O 703/15, ZfBR 2016, 302 (303); *Siegel* NZBau 2019, 353 (357). Offen gelassen bei *Jansen/Geitel* VergabeR 2018, 376 (384).
[483] *Groß* in Gröpl, Bundeshaushaltsordnung/Landeshaushaltsordnung (BHO/LHO) – Kommentar, 2. Aufl. 2019, BHO § 55 Rn. 142; Ziekow/Völlink/*Dittmann* GWB Vor § 155 Rn. 15. Zum (neuen) Vergabeprozessrecht nach §§ 155 ff. GWB *Krist* VergabeR 2016, 396 ff.

weder unions- noch verfassungsrechtlich geboten.[484] Zu beachten ist allerdings, dass nunmehr das Nachprüfungsverfahren auch für Konzessionen ab Erreichen des Schwellenwerts von 5,35 Mio. EUR zur Anwendung kommt.[485] Zudem sehen auch einige Landesvergabegesetze im Unterschwellenbereich ein – gegenüber dem Nachprüfungsverfahren nach §§ 155 ff. GWB weniger effektiv ausgestaltetes – Nachprüfungsverfahren vor.[486]

b) Rechtsweg im Haushaltsvergaberecht. aa) Grundsatz: Zivilrechtsweg. Lange umstritten war, ob im Haushaltsvergaberecht der Verwaltungsrechtsweg oder der Rechtsweg zu den ordentlichen Gerichten eröffnet ist. Hier hat das **BVerwG** in einer **Grundsatzentscheidung** der ebenfalls teilweise vertretenen Zwei-Stufen-Theorie eine berechtigte Absage erteilt und den Zivilrechtsweg als einschlägig erachtet.[487] Denn aufgrund der engen funktionalen Verknüpfung zwischen Zuschlagserteilung und Vertragsinhalt lassen sich hier nur schwerlich zwei Stufen auseinanderdividieren. Und für die (einstufige) Zuordnung zum Zivilrecht spricht, dass der Staat trotz der beträchtlichen öffentlich-rechtlichen Umrahmung letztlich als Nachfrager am Markt auftritt und sich insoweit nicht von anderen Marktteilnehmern unterscheidet. Teilweise finden sich auch explizite Zuweisungen zu den ordentlichen Gerichten, etwa in § 46 EnWG.[488] Weiterhin ist der Zivilrechtsweg auch dann eröffnet, wenn eine Ausschreibung „freiwillig", also ohne gesetzliche Verpflichtung, erfolgt.[489] Diese Grundsätze lassen sich schließlich auch auf die Vergabe von Konzessionen im Unterschwellenbereich übertragen. Bei ansonsten identischen Rahmenbedingungen vermag die Verlagerung des wirtschaftlichen Risikos allein keine andere Einordnung zu rechtfertigen.[490] 105

bb) Ausnahme bei öffentlich-rechtlicher Prägung. Anders verhält es sich dann, wenn aufgrund gesonderter rechtlicher Rahmenbedingungen spezifisch durch öffentliches Recht geprägt wird.[491] Dies gilt insbesondere für einige Bereiche der **Konzessionsvergabe**.[492] So wird etwa das Auswahlverfahren im Bereich des Rettungsdienstwesens typischerweise durch einen öffentlich-rechtlichen Vertrag abgeschlossen.[493] Bei einer entsprechenden öffentlich-rechtlichen Prägung ist hier auch die ablehnende Auswahlentscheidung gegenüber einem Bieter folgerichtig als Verwaltungsakt einzustufen.[494] Auch die Vergabe von Glücksspielkonzessionen ist grundsätzlich öffentlich-rechtlich geprägt.[495] Die öffentlich-rechtliche Natur kann aber auch für den Bau und die Übernahme der Trägerschaft einer Kindertagesstätte zu bejahen sein, soweit eine als öffentlich-rechtlicher Vertrag einzustufende Finanzierungsvereinbarung Gegenstand des Rechtsstreites ist.[496] Ingesamt ist hier gegenwärtig eine Rechtswegzersplitterung zu beklagen, die de lege ferenda einen Regelungsbedarf durch den Gesetzgeber indiziert (→ Rn. 112).[497] 106

---

[484] BVerfG Beschl. v. 13.6.2006 – 1 BvR 1160/03, NZBau 2006, 791 (796).
[485] Ziekow/Völlink/*Siegel* GWB § 148 Rn. 25.
[486] § 8 Abs. 2 S. 1 SächsVergabeG; § 19 Abs. 2 S. 1 LVG LSA; § 19 Abs. 2 S. 1 ThürVG. Hierzu *Mertens* in Gabriel/Krohn/Neun VergabeR-HdB § 88 Rn. 313 ff., 341 ff., 394 ff.
[487] BVerwG Beschl. v. 2.5.2007 – 6 B 10/07, = NZBau 2007, 389 ff.; zust. etwa *Siegel* NZBau 2019, 353 (357); Ziekow/Völlink/*Dittmann* GWB Vor § 155 Rn. 16; krit. etwa HK-VergabeR/*Pache* BHO § 55 197 ff.; hinterfragend *Rennert* NZBau 2019, 411 (413 f.). Zur Vereinbarkeit mit den Grundfreiheiten einerseits *Huerkamp/Kühling* NVwZ 2011, 1409 ff., andererseits *Siegel* EWS 2008, 66 (70 f.).
[488] Hierzu BVerwG Beschl. v. 21.11.2016 – 10 AV 1/16, NVwZ 2017, 329 f. Zur Neuregelung des § 46 EnWG *Kupfer* NVwZ 2017, 428. Zur umstrittenen Frage, ob das Vergaberecht bei § 46 EnWG überhaupt eingreift, *Bonk/Neumann/Siegel* in Stelkens/Bonk/Sachs, Verwaltungsverfahrensgesetz, 9. Aufl. 2018, VwVfG § 54 Rn. 161 mwN.
[489] VGH Mannheim Beschl. v. 24.4.2018 – 1 S 2403/17, NJW 2018, 2583 (2584).
[490] *Siegel* NZBau 2019, 353 (357); krit. *Rennert* NZBau 2019, 411 (413 f.); *Braun* NZBau 2019, 622 (624); *Braun* VergabeR 2020, 251 (255 f.).
[491] BGH Beschl. v. 23.1.2012 – X ZB 5/11, NZBau 2012, 248 (251) mAnm *Braun* NZBau 2012, 251 f.
[492] Zu den Folgerungen für den Rechtsschutz vor den Verwaltungsgerichten *Braun* in Müller-Wrede/Braun KonzVgV § 1 Rn. 118 f.; *Bühs* DVBl. 2017, 1525 ff.
[493] Hierzu *Bühs* NVwZ 2017, 440 ff. Zur Eröffnung des Verwaltungsrechtswegs bei Streitigkeiten über die Festsetzung von Transportentgelten durch eine Schiedsstelle BVerwG Beschl. v. 7.5.2020 – 3 B 2/20, LKV 2020, 319.
[494] VGH München Beschl. v. 15.11.2018 – 21 CE 18/854, VergabeR 2020, 316 (319 f.).
[495] *Bühs* DVBl. 2017, 1525 (1526), unter Hinweis auf OVG Münster Beschl. v. 8.6.2017 – 4 B 307/17, BeckRS 2017, 112407. Vgl. aber auch OLG Düsseldorf Beschl. v. 23.1.2019 – VII Verg 22/18, NZBau 2019, 605 ff., wo im Zusammenhang mit einer Spielhallenkonzession der Rechtsweg zu den Zivilgerichten nicht in Frage gestellt wurde.
[496] OVG Lüneburg Beschl. v. 29.10.2018 – 10 ME 363/18, NVwZ 2017, 656 (657 f.). Krit. hierzu *Braun* VergabeR 2020, 251 (256 f.).
[497] *Braun* NZBau 2019, 622 f.

107 **2. Primärrechtsschutz.** Auch wenn eine Ausweitung des Nachprüfungsverfahrens auf das Haushaltsvergaberecht nicht angeordnet oder geboten sein mag (→ Rn. 104), kommen auch vor den regelmäßig zuständigen Zivilgerichten Möglichkeiten des Primärrechtsschutzes in Betracht.[498] Unterlegene Bieter sind also nicht von vornherein auf Sekundärrechtsschutz in Form von Schadensersatzansprüchen beschränkt. Denkbar sind hier insbesondere Klagen auf **Unterlassung** einer rechtswidrigen Vergabe, ergänzt durch einen Antrag auf Erlass einer **einstweiligen Verfügung**.[499] Inzwischen leiten zudem Gerichte aus dem Grundsatz von Treu und Glauben nach § 242 BGB flankierende Akteneinsichtsrechte ab.[500] Allerdings sind die Primärrechtsschutzmöglichkeiten vor den Zivilgerichten auf die Dauer des Vergabeverfahrens beschränkt.[501]

108 Umstritten ist jedoch die rechtliche **Grundlage dieser Ansprüche.** Sie werden teilweise auf die Bestimmungen der culpa in contrahendo (cic, § 241 Abs. 2 BGB, § 311 Abs. 2 Nr. 1 BGB, § 280 Abs. 1 BGB) gestützt, teilweise auf die Regelungen zur unerlaubten Handlung/Unterlassung (§ 823 Abs. 2 BGB, § 1004 BGB), teilweise auf Art. 3 Abs. 1 GG iVm der Verwaltungspraxis, teilweise aber auch auf die Grundfreiheiten.[502] Die Grundfreiheiten mögen zwar bei Vergaben mit grenzüberschreitendem Bezug als besonderes Begründungselement taugen.[503] Da sie aber lediglich bei einem eindeutigen grenzüberschreitenden Bezug einschlägig sind (→ Rn. 9 ff.), kommen sie als allgemeines Begründungselement nicht in Betracht. Von den beiden zivilrechtlichen Begründungselementen erweist sich der – auch häufiger vertretene – Rückgriff auf die Figur der culpa in contrahendo als vorzugswürdig. Denn sie stellt bereits begrifflich auf das erforderliche besondere Näheverhältnis zwischen Auftraggeber und Bieter ab, während bei Einschlägigkeit der unerlaubten Handlung Art. 3 Abs. 1 GG iVm der Verwaltungspraxis erst als Schutzgesetz „konstruiert" werden müsste.[504] Auch die damit einschlägige Anspruchsgrundlage der culpa in contrahendo vermag aber alleine die öffentlich-rechtliche „Blockade" des Haushaltsvergaberechts als Innenrecht der Verwaltung nicht zu beseitigen. Ergänzt bedarf es daher eines Rückgriffs auf Art. 3 Abs. 1 GG iVm der Vergabepraxis (→ Rn. 23).[505] Im Ergebnis bildet daher die Figur der **culpa in contrahendo iVm Art. 3 Abs. 1 GG iVm der Vergabepraxis** die Anspruchsgrundlage.

109 Das für Ansprüche aus cic erforderliche Näheverhältnis entsteht durch die Aufnahme von Vertragsverhandlungen.[506] Bei den **Anspruchsvoraussetzungen** ist umstritten, ob über einen Verstoß gegen eine den Bieter begünstigende Vergabebestimmung hinaus Willkür oder ein qualifiziertes Verschulden des Auftraggebers erforderlich ist.[507] Dies wird inzwischen überwiegend abgelehnt.[508] Aus Perspektive des Zivilrechts erscheint es zwar konsequent, ein einfaches Verschulden genügen zu lassen. Aus Perspektive des öffentlichen Rechts bildet aber Art. 3 Abs. 1 GG iVm der Vergabepraxis nicht nur ein zentrales Begründungselement für die Anspruchsgrundlage (→ Rn. 108), sondern darüber hinaus den Maßstab für die Anspruchsreichweite. Vor diesem Hintergrund wäre es konsequent, auch die qualifizierten Rechtmäßigkeitskriterien des Art. 3 Abs. 1 GG heranzuziehen.[509]

110 Schließlich wird auch im Haushaltsvergaberecht zunehmend eine **Präklusion** anerkannt: Ein Bieter muss daher einen erkannten Vergabeverstoß rechtzeitig rügen, um den Eintritt der Ausschlusswirkung zu vermeiden.[510] Da es „lediglich" um die Begrenzung eines im Ausgangspunkt zivilrechtli-

---

[498] HK-VergabeR/*Pache* BHO § 55 Rn. 147 f.
[499] *Groß* in Gröpl, Bundeshaushaltsordnung/Landeshaushaltsordnung (BHO/LHO) – Kommentar, 2. Aufl. 2019, BHO § 55 Rn. 162; Ziekow/Völlink/*Dittmann* GWB Vor § 155 Rn. 16. Übersichten zur einstweiligen Verfügung bei *Burgi* VergabeR § 26 Rn. 14 ff.; *Mertens* in Gabriel/Krohn/Neun VergabeR-HdB § 89.
[500] LG Oldenburg Urt. v. 18.6.2014 – 5 S 610/13, NZBau 2014, 720 f.; OLG Köln Urt. v. 29.1.2020 – 11 U 14/19, VergabeR 2020, 696 (699). Vgl. auch LG Oldenburg Beschl. v. 2.10.2019 – 5 O 1810/19, BeckRS 2019, 30006, wonach das Akteneinsichtsrecht zur Wahrung des rechtlichen Gehörs geboten sei.
[501] KG Urt. v. 7.1.2020 – 7 U 79/19, VergabeR 2020, 688 (689 f.).
[502] Übersichten bei OLG Düsseldorf Urt. v. 13.1.2010 – I-27 U 1/09, NZBau 2010, 328 (329 f.); *Dicks* VergabeR 2012, 531 (534).
[503] So etwa KG Urt. v. 7.1.2020 – 9 U 79/17, VergabeR 2020, 688 (689); *Mertens* in Gabriel/Krohn/Neun VergabeR-HdB § 82 Rn. 12.
[504] Zu Letzterem *Dicks* VergabeR 2012, 531 (533) mit der Umschreibung als „quasi-normativ". Zur Ablehnung der drittschützenden Wirkung des § 55 BHO *Wollenschläger* DVBl 2007, 589 (595) mwN.
[505] Ziekow/Völlink/*Dittmann* GWB Vor § 155 Rn. 16.
[506] *Dicks* VergabeR 2012, 531 (533). Aus der Rspr. etwa LG Saarbrücken Urt. v. 29.6.2015 – 4 O 141/15, IBRRS 2015, 2099.
[507] So etwa *Scharen* VergabeR 2011, 653 (656). Beispiele aus der Rspr. bei Ziekow/Völlink/*Dittmann* GWB Vor § 155 Rn. 16 (dort in Fn. 26).
[508] So etwa *Dicks* VergabeR 2012, 531 (536): Aus der Rspr. etwa OLG Saarbrücken Urt. v. 28.1.2015 – 1 U 138/14, BeckRS 2015, 05288 = VergabeR 2015, 623 (625).
[509] Hierzu *Boysen* in: v. Münch/Kunig, Grundgesetz, 7. Aufl. 2021, GG Art. 3 Rn. 53 ff.
[510] OLG Saarbrücken Urt. v. 28.1.2015 – 1 U 138/14, BeckRS 2015, 05288 = VergabeR 2015, 623 (627); *Gabriel* in Gabriel/Krohn/Neun VergabeR-HdB § 86 Rn. 14 mwN.

chen Anspruchs geht, bedarf es für eine solche Präklusion auch keiner expliziten gesetzlichen Anordnung.[511] Vielmehr wird damit das vorvertragliche Vertrauensverhältnis sachgerecht eingegrenzt. Das Unterlassen einer Rüge im Wege des Primärrechtsschutzes mag einem späteren Schadensersatzanspruch (→ Rn. 111) zwar nicht kategorisch entgegenstehen.[512] Je nach den Einzelfallumständen kann aber ein anspruchsminderndes oder -ausschließendes Mitverschulden vorliegen.[513]

3. Sekundärrechtsschutz. Auch wenn ein Primärrechtsschutz in Form von Unterlassungsansprüchen grundsätzlich in Betracht kommt, ist zu bedenken, dass die Vorabinformationspflichten und die daran anknüpfenden Wartepflichten und Fehlerfolgen im Haushaltsvergaberecht zumindest grundsätzlich nicht einschlägig sind (→ Rn. 83 und 97 ff.). Deshalb wird oftmals ein Verstoß nicht ex ante, sondern lediglich ex post feststellbar sein. Dann kommt aber der Grundsatz „pacta sunt servanda" zur Anwendung: Sofern kein Nichtigkeitsgrund vorliegt (→ Rn. 101 f.), ist der abgeschlossene Vertrag wirksam. Insoweit kommen dann lediglich Schadensersatzansprüche aus **culpa in contrahendo** nach § 241 Abs. 2 BGB, § 311 Abs. 2 BGB, § 280 Abs. 1 BGB in Betracht. Diese sind aber grundsätzlich auf das negative Interesse beschränkt. Etwas anderes – also ein Ersatz des positiven Interesses – kommt nur dann in Betracht, wenn dem Kläger bei ordnungsgemäßem Vergabeverfahren der Zuschlag hätte erteilt werden müssen.[514] Der Anspruch kann zudem durch ein Mitverschulden gemindert oder ausgeschlossen sein.[515] Maßgeblich sind insoweit die Einzelfallumstände. Allein das Unterlassen einer Rüge im Wege des Primärrechtsschutzes steht einem Schadensersatzanspruch nicht kategorisch entgegen.[516]

4. Reformüberlegungen. Die ausgesprochen komplexe Rechtslage hat immer wieder zu Reformüberlegungen geführt.[517] Besondere Erwähnung verdient hier das Diskussionspapier des BMWi „Rechtsschutz unterhalb der Schwellenwerte" aus dem Juni 2010, in dem verschiedene Regelungsoptionen erörtert werden.[518] Nach der Rechtsprechung des BVerfG ist aus dem „Recht der Wirtschaft" gem. Art. 74 Abs. 1 Nr. 11 GG eine umfassende Gesetzgebungskompetenz des Bundes für das Vergaberecht abzuleiten, von welcher der Bundesgesetzgeber aber im Unterschwellenbereich bislang keinen Gebrauch gemacht hat.[519] Nach wie vor umstritten ist jedoch, ob die dann zu beachtenden Anforderungen der Erforderlichkeitsklausel des Art. 72 Abs. 2 GG erfüllt sind.[520] Sowohl die aufgezeigte Rechtswegzersplitterung (→ Rn. 105 f.) als auch die umstrittenen Anspruchsvoraussetzungen (→ Rn. 109 ff.) belegen jedoch anschaulich die Erforderlichkeit.[521]

5. Andere Möglichkeiten der Kontrolle. Schließlich kommen auch andere Möglichkeiten der Kontrolle von Vergabeentscheidungen in Betracht, insbesondere durch **Nachprüfungsstellen**.[522] Diese üben nach Maßgabe der organisationsrechtlichen Bestimmungen die Rechts-, Fach- und Dienstaufsicht über den jeweiligen öffentlichen Auftraggeber aus.[523] Allerdings besteht kein Anspruch eines Bieters auf Einschreiten,[524] und ihre Einschaltung hat keinen Suspensiveffekt.[525] – Darüber hinaus überprüfen die jeweiligen **Rechnungshöfe** gem. § 89 BHO und gleichlautender landesrechtlicher Bestimmungen nicht nur die Einhaltung des Haushaltsrechts im Allgemeinen, sondern auch die Wahrung der Bestimmungen des Haushaltsvergaberechts im Besonderen.[526]

---

[511] Anders verhielte es sich bei (rein) öffentlich-rechtlichen Ansprüchen.
[512] OLG Köln Urt. v. 29.1.2020 – 11 U 14/19, VergabeR 2020, 696 (699).
[513] BGH Urt. v. 17.9.2019 – X ZR 124/18, NZBau 2019, 798 (800). Hierzu *Krumenaker* NZBau 2020, 429 ff.
[514] BGH Urt. v. 26.1.2010 – X ZR 86/08, NZBau 2010, 387 (388 f.).
[515] BGH Urt. v. 17.9.2019 – X ZR 124/18, NZBau 2019, 798 (800). Hierzu *Krumenaker* NZBau 2020, 429 ff.
[516] OLG Köln Urt. v. 29.1.2020 – 11 U 14/19, VergabeR 2020, 696 (699).
[517] *Pünder* VergabeR 2016, 693 (700 f.); *Wollenschläger* NVwZ 2016, 1535 (1538). Skeptisch Byok/Jaeger/Dietlein/Fandry Rn. 157.
[518] Überblick bei *Burgi* VergabeR § 26 Rn. 6 ff.
[519] BVerfG Beschl. v. 11.7.2006 – 1 BvL 4/00, NZBau 2007, 53 f.
[520] Dafür etwa *Pünder* VergabeR 2016, 693 (701); *Sitsen* ZfBR 2018, 654 (659 f.). Dagegen etwa *Burgi* VergabeR § 26 Rn. 10 f.
[521] *Siegel* NZBau 2019, 353 (358).
[522] Insbes. auf Grundlage des § 21 VOB/A 2019. Zu den eingerichteten VOB-Stellen der Länder *Mertens* in Gabriel/Krohn/Neun VergabeR-HdB § 88 Rn. 58, 88, 193, 229, 278, 297. Hierzu auch *Burgi* VergabeR 2010, 403 ff.
[523] Ziekow/Völlink/*Völlink* VOB/A § 21 Rn. 2.
[524] Möglich sind allerdings stets „Anregungen" auf Einschreiten.
[525] Ziekow/Völlink/*Völlink* VOB/A § 21 Rn. 5.
[526] HK-VergabeR/*Pache* BHO § 55 Rn. 116. Eingehend zur Kontrolle durch die Rechnungshöfe *Kube* in Ehlers/Fehling/Pünder, Besonderes Verwaltungsrecht, Band 3, 4. Aufl. 2021, § 66 Rn. 299 ff. Zur Unabhängigkeit der Mitglieder der Rechnungshöfe *Droege* VerwArch 2015, 459 ff.

II. UVgO – Unterschwellenvergabeordnung

Verfahrensordnung für die Vergabe öffentlicher Liefer- und Dienstleistungsaufträge unterhalb der EU-Schwellenwerte

– Ausgabe 2017 –
(BAnz AT 7.2.2017 B1, ber. 8.2.2017 B1)

Vorbemerkung

Die UVgO ersetzt die Bekanntmachung der Vergabe- und Vertragsordnung für Leistungen (Teil [VOL-A]) vom 20.11.2009. Die UVgO wurde aber erst durch die Neufassung der Allgemeinen Verwaltungsvorschriften zu § 55 BHO bzw. für die Länder durch die entsprechenden landesrechtlichen Regelungen in Kraft gesetzt. Die UVgO wird im Bund seit dem 2.9.2017 und in den folgenden Bundesländern angewandt: 1
- Hamburg: 1.10.2017,
- Bremen: 19.12.2017 (ohne § 50),
- Bayern: 1.1.2018,
- Saarland: 1.3.2018,
- Brandenburg: seit 1.5.2018 für kommunale Auftraggeber und seit dem 1.1.2019 für Landesbehörden (ohne § 50),
- NRW: 9.6.2018,
- Schleswig-Holstein: 1.7.2018,
- Baden-Württemberg: 1.10.2018,
- Mecklenburg-Vorpommern: 1.1.2019,
- Thüringen: 1.12.2019,
- Niedersachsen: 1.1.2020,
- Berlin: 1.4.2020,
- Hessen.

Die UVgO wurde noch nicht eingeführt in den Ländern: 2
- Sachsen,
- Sachsen-Anhalt (Einführung erst nach noch ausstehender Änderung des Landesvergabegesetzes),
- Rheinland-Pfalz (erst nach geplanter Änderung der Verwaltungsvorschrift „Öffentliches Auftragswesen").

Mit ihrer Inkraftsetzung gelten die Vorschriften der UVgO für die Vergabe öffentlicher Liefer- und Dienstleistungsaufträge unterhalb der EU-Schwellenwerte gem. § 106 GWB. 3

Würdigt man die UVgO in ihrer Gesamtheit, so orientiert sie sich im Wesentlichen an der für öffentliche Aufträge oberhalb der EU-Schwellenwerte geltenden Vergabeordnung vom April 2016. Inhalt und Zielsetzung der UVgO sind im Zusammenhang mit dem Haushaltsrecht eingehend gewürdigt worden (→ HaushaltsvergabeR Rn. 29 ff.). 4

In ihrer Unterschwellen-Mitteilung vom 23.6.2006[1] hat die EU-Kommission die Vorschriften und Grundsätze des AEUV über die Vergabe öffentlicher Aufträge näher erläutert und zutreffend festgestellt, dass auch bei Aufträgen, die von den Vergabe-Richtlinien wegen Nichterreichung der Schwellen (→ GWB § 106 Rn. 4 ff.) ausgenommen sind, die Vorschriften und Grundsätze des AEUV, insbesondere die Grundfreiheiten und das Diskriminierungsverbot einzuhalten sind. Die Klage der Bundesrepublik Deutschland gegen die Kommission wegen Nichtigerklärung der Mitteilung vom 23.6.2006 zu Auslegungsfragen in Bezug auf das Unionsrecht, das für die Vergabe öffentlicher Aufträge gilt, nur teilweise unter die Vergaberichtlinien fallen, ist deshalb nicht nur formal, weil die Bekanntmachung keinen anfechtbaren verbindlichen Rechtsakt darstellt, sondern auch materiell nicht überzeugend. Zwar darf die Kommission im Rahmen von Auslegungsmitteilungen (interpreting notices) nicht über die Rechtsprechung des EuGH hinausgehen (→ Haushaltsvergaberecht Rn. 12). Die Kommission betont, dass sie in der Unterschwellen-Mitteilung lediglich ihr Verständnis der Rechtsprechung des EuGH erläutere und bewährte Verfahren vorstelle, um die Mitgliedstaaten darin zu unterstützen, die Möglichkeiten des Binnenmarkts voll ausschöpfen zu können, ohne neue rechtliche Regeln einzuführen, und macht deutlich, dass die Hinweise in der Mitteilung nur für Auftragsvergaben mit Binnenmarktrelevanz gelten.[2] Dies begründet entgegen der von der Bundesrepublik Deutschland unter anderem vorgetragenen Begründung keine neuen 5

---

[1] Mitt. „Unterschwellenvergabe", ABl. 2006 C 179, 2, Ziffer 1.1.
[2] Mitt. „Unterschwellenvergabe", ABl. 2006 C 179/2, Einleitung, Ziffer 1.3.

Pflichten der öffentlichen Auftraggeber,[3] sondern macht transparent, anhand welcher Maßstäbe die Kommission Unterschwellenvergaben bewerten und ggf. ein Vertragsverletzungsverfahren einleiten würde. Gerade das von der Kommission in ihrer Mitteilung herausgestellte Transparenzgebot ist ein wesentlicher Bestandteil der Sicherung einer diskriminierungsfreien Vergabe ohne Verstoß gegen die Grundfreiheiten und Beihilferegeln (→ GWB § 97 Rn. 17 ff.).[4] Soweit die Kommission in ihrer Mitteilung aus der Rechtsprechung des EuGH Vorschläge zur Gestaltung konkreter Verfahren ableitet, sind diese nicht rechtsverbindlich. Sie können aber den Ablauf von Unterschwellen-Vergabeverfahren faktisch beeinflussen, da es jedem öffentlichen Auftraggeber freisteht, aufgrund einer individuellen Risikoabschätzung den Hinweisen als antizipiertes Bewertungsschema der Exekutive zu folgen. Die Kompetenz zur verbindlichen Auslegung und Fortentwicklung der EU-primärrechtlichen Vorgaben bleibt allein den europäischen Gerichten vorbehalten.

Abschnitt 1. Allgemeine Bestimmungen und Kommunikation

Unterabschnitt 1. Allgemeine Bestimmungen

§ 1 Gegenstand und Anwendungsbereich

(1) Diese Verfahrensordnung trifft nähere Bestimmungen über das einzuhaltende Verfahren bei der Vergabe von öffentlichen Liefer- und Dienstleistungsaufträgen und Rahmenvereinbarungen, die nicht dem Teil 4 des Gesetzes gegen Wettbewerbsbeschränkungen unterliegen, weil ihr geschätzter Auftragswert ohne Umsatzsteuer die Schwellenwerte gemäß § 106 des Gesetzes gegen Wettbewerbsbeschränkungen unterschreitet.

(2) Diese Verfahrensordnung ist ungeachtet des Erreichens des jeweiligen Schwellenwerts gemäß § 106 des Gesetzes gegen Wettbewerbsbeschränkungen ferner nicht auf Sachverhalte anzuwenden, für die das Gesetz gegen Wettbewerbsbeschränkungen in den §§ 107, 108, 109, 116, 117 oder 145 Ausnahmen von der Anwendbarkeit des Teils 4 des Gesetzes gegen Wettbewerbsbeschränkungen vorsieht.

(3) Die Regelung zu vorbehaltenen Aufträgen nach § 118 des Gesetzes gegen Wettbewerbsbeschränkungen ist auch im Geltungsbereich dieser Verfahrensordnung entsprechend anzuwenden.

1   Wie bei der VOB und der Vergabeordnung handelt es sich auch bei der UVgO nicht um eine Rechtsverordnung, sondern um eine als allgemeine Geschäftsbedingung (AGB) zu klassifizierende Verfahrensordnung. § 1 definiert dabei den Anwendungsbereich der UVgO als Regelwerk für die Vergabe öffentlicher Liefer- und Dienstleistungsaufträge unterhalb der EU-Schwellenwerte, das im Bund und in den Ländern erst durch die entsprechenden haushaltsrechtlichen Vorschriften des Bundes und der Länder in Kraft gesetzt wird. Die Veröffentlichung im Bundesanzeiger allein vermittelt keine Rechtsverbindlichkeit.

2   Durch die haushaltsrechtlichen Vorschriften der Länder kann der personale Anwendungsbereich unabhängig von dem für den Oberschwellenbereich geltenden Vergabesektor geregelt werden, und es können auch halbstaatliche Institutionen dem Geltungsbereich der UVgO unterstellt werden.

3   Abs. 2 erklärt auch die §§ 107–109, 116, 117 und 145 GWB für anwendbar. Diese Ausnahmetatbestände kommen dann zum Zuge, wenn sich indes aus dem primären europäischen Gemeinschaftsrecht eine Verpflichtung zur Beachtung der Transparenz- und Gleichbehandlungsregeln ergibt. Gemäß Abs. 3 ist auch § 118 GWB entsprechend anwendbar. Das bedeutet, dass öffentliche Aufträge auch im Unterschwellenbereich Werkstätten für Menschen mit Behinderungen oder Sozialunternehmen vorbehalten werden können, sofern diese mindestens 30% benachteiligte Personen beschäftigen.

---

[3]   EuG Urt. v. 20.10.2010 – T-258/06 Rn. 90, ECLI:EU:T:214.
[4]   EuGH Urt. v. 7.12.2000 – C-324/98, Slg. 2000, 1.10745 Rn. 62 – Teleaustria; Urt. v. 13.10.2005 – C-458/03, Slg. 2005, I-8585 – Parking Brixen; Urt. v. 14.6.2007 – C-6/05, Slg, 2007, I-4557 Rn. 33 – Medipac-Kazantzidis; EuG Urt. v. 20.10.2010 – T-258/06, ECLI:EU:T:2010:214; Immenga/Mestmäcker/Dreher GWB Vor §§ 97 ff. Rn. 99; Gabriel NVwZ 2006, 1262 (1263).

§ 2 Grundsätze der Vergabe

(1) Öffentliche Aufträge werden im Wettbewerb und im Wege transparenter Verfahren vergeben. Dabei werden die Grundsätze der Wirtschaftlichkeit und der Verhältnismäßigkeit gewahrt.

(2) Die Teilnehmer an einem Vergabeverfahren sind gleich zu behandeln, es sei denn, eine Ungleichbehandlung ist aufgrund dieser Verfahrensordnung oder anderer Vorschriften ausdrücklich geboten oder gestattet.

(3) Bei der Vergabe werden Aspekte der Qualität und der Innovation sowie soziale und umweltbezogene Aspekte nach Maßgabe dieser Verfahrensordnung berücksichtigt.

(4) Mittelständische Interessen sind bei der Vergabe öffentlicher Aufträge vornehmlich zu berücksichtigen.

(5) Die Vorschriften über die Preise bei öffentlichen Aufträgen bleiben unberührt.

Diese Vorschrift entspricht § 97 GWB (→ GWB § 97 Rn. 1 ff.). 1

Abs. 2 erlaubt zusätzlich die Berücksichtigung strategischer (qualitativer, sozialer, umweltbezogener und innovativer) Gesichtspunkte im Vergabeprozess bei der Leistungsbeschreibung, beim Zuschlag und bei den Ausführungsbedingungen. 2

§ 3 Wahrung der Vertraulichkeit

(1) Sofern in dieser Verfahrensordnung oder anderen Rechtsvorschriften nichts anderes bestimmt ist, darf der Auftraggeber keine von den Unternehmen übermittelten und von diesen als vertraulich gekennzeichneten Informationen weitergeben. Dazu gehören insbesondere Betriebs- und Geschäftsgeheimnisse und die vertraulichen Aspekte der Angebote einschließlich ihrer Anlagen.

(2) Bei der gesamten Kommunikation sowie beim Austausch und der Speicherung von Informationen muss der Auftraggeber die Integrität der Daten und die Vertraulichkeit der Teilnahmeanträge und Angebote einschließlich ihrer Anlagen gewährleisten. Die Teilnahmeanträge und Angebote einschließlich ihrer Anlagen sowie die Dokumentation über Öffnung und Wertung der Teilnahmeanträge und Angebote sind auch nach Abschluss des Vergabeverfahrens vertraulich zu behandeln.

(3) Der Auftraggeber kann Unternehmen Anforderungen vorschreiben, die auf den Schutz der Vertraulichkeit der Informationen im Rahmen des Vergabeverfahrens abzielen. Hierzu gehört insbesondere die Abgabe einer Verschwiegenheitserklärung.

§ 3 verpflichtet die Auftraggeber – in Übereinstimmung mit § 5 VgV (→ VgV § 5 Rn. 1 ff.) – zur Wahrung der als vertraulich gekennzeichneten Informationen. 1

§ 4 Vermeidung von Interessenkonflikten

(1) Organmitglieder oder Mitarbeiter des Auftraggebers oder eines im Namen des Auftraggebers handelnden Beschaffungsdienstleisters, bei denen ein Interessenkonflikt besteht, dürfen in einem Vergabeverfahren nicht mitwirken.

(2) Ein Interessenkonflikt besteht für Personen, die an der Durchführung des Vergabeverfahrens beteiligt sind oder Einfluss auf den Ausgang eines Vergabeverfahrens nehmen können und die ein direktes oder indirektes finanzielles, wirtschaftliches oder persönliches Interesse haben, das ihre Unparteilichkeit und Unabhängigkeit im Rahmen des Vergabeverfahrens beeinträchtigen könnte.

(3) Es wird vermutet, dass ein Interessenkonflikt besteht, wenn die in Absatz 1 genannten Personen
1. Bewerber oder Bieter sind,
2. einen Bewerber oder Bieter beraten oder sonst unterstützen oder als gesetzliche Vertreter oder nur in dem Vergabeverfahren vertreten, oder

3. beschäftigt oder tätig sind
   a) bei einem Bewerber oder Bieter gegen Entgelt oder bei ihm als Mitglied des Vorstandes, Aufsichtsrates oder gleichartigen Organs oder
   b) b) für ein in das Vergabeverfahren eingeschaltetes Unternehmen, wenn dieses Unternehmen zugleich geschäftliche Beziehungen zum Auftraggeber und zum Bewerber oder Bieter hat.

(4) Die Vermutung des Absatzes 3 gilt auch für Personen, deren Angehörige die Voraussetzungen nach Absatz 3 Nummer 1 bis 3 erfüllen. Angehörige sind Verlobte, Ehegatten, Lebenspartner, Verwandte und Verschwägerte gerader Linie, Geschwister, Kinder der Geschwister, Ehegatten und Lebenspartner der Geschwister und Geschwister der Ehegatten und Lebenspartner der Eltern sowie Pflegeeltern und Pflegekinder.

1   § 4 regelt in Übereinstimmung mit § 6 VgV (→ VgV § 6 Rn. 1 ff.) wortgleich die Vermeidung von Interessenkonflikten.

§ 5 Mitwirkung an der Vorbereitung des Vergabeverfahrens

(1) Hat ein Unternehmen oder ein mit ihm in Verbindung stehendes Unternehmen den Auftraggeber beraten oder war auf andere Art und Weise an der Vorbereitung des Vergabeverfahrens beteiligt (vorbefasstes Unternehmen), so ergreift der Auftraggeber angemessene Maßnahmen, um sicherzustellen, dass der Wettbewerb durch die Teilnahme dieses Unternehmens nicht verzerrt wird.

(2) Die Maßnahmen nach Absatz 1 umfassen insbesondere die Unterrichtung der anderen am Vergabeverfahren teilnehmenden Unternehmen in Bezug auf die einschlägigen Informationen, die im Zusammenhang mit der Einbeziehung des vorbefassten Unternehmens in der Vorbereitung des Vergabeverfahrens ausgetauscht wurden oder daraus resultieren, und die Festlegung angemessener Fristen für den Eingang der Angebote und Teilnahmeanträge.

(3) Kann der Wettbewerbsvorteil eines vorbefassten Unternehmens nicht durch andere, weniger einschneidende Maßnahmen beseitigt werden, so kann dieses Unternehmen vom Vergabeverfahren ausgeschlossen werden. Zuvor ist ihm die Möglichkeit zu geben nachzuweisen, dass seine Beteiligung an der Vorbereitung des Vergabeverfahrens den Wettbewerb nicht verzerren kann.

1   § 5 regelt – entsprechend § 7 VgV (→ VgV § 7 Rn. 1 ff.) – die Mitwirkung von Unternehmen an der Vorbereitung des Vergabeverfahrens.
2   Eine Ergänzung ist lediglich in Abs. 3 vorgesehen, wonach ein vorbefasstes Unternehmen vom Vergabeverfahren ausgeschlossen werden kann, wenn der daraus resultierende Wettbewerbsvorteil nicht durch andere, weniger einschneidende Maßnahmen beseitigt werden kann, es sei denn, es kann nach Aufforderung nachweisen, dass seine Beteiligung an der Vorbereitung des Verfahrens den Wettbewerb nicht verzerrt.

§ 6 Dokumentation

(1) Das Vergabeverfahren ist von Anbeginn fortlaufend in Textform nach § 126b des Bürgerlichen Gesetzbuchs zu dokumentieren, sodass die einzelnen Stufen des Verfahrens, die einzelnen Maßnahmen sowie die Begründung der einzelnen Entscheidungen festgehalten werden.

(2) Die Dokumentation sowie die Angebote, Teilnahmeanträge und ihre Anlagen sind mindestens für drei Jahre ab dem Tag des Zuschlags aufzubewahren. Anderweitige Vorschriften zur Aufbewahrung bleiben unberührt.

1   § 6 verpflichtet zur Dokumentation des Verfahrens, ohne wie § 8 VgV einen förmlichen Vergabevermerk zu verlangen. Unklar bleibt allerdings, welche einzelnen Daten zu dokumentieren sind. Nach den Erläuterungen des BMWi (Bundesanzeiger AT vom 7.2.2017, B2) wurde bewusst darauf verzichtet, um den unterschiedlichen Gegebenheiten Rechnung zu tragen. Die Dokumentation soll aber mindestens folgende Angaben enthalten:

- Die Gründe für die Anwendung der beschränkten Ausschreibung ohne Teilnahmewettbewerb und der Verhandlungsvergabe.
- Die Gründe für den Verzicht auf die Vergabe von Teil- und Fachlosen.
- Die Gründe, warum der Gegenstand des Auftrags die Vorlage von Eignungsnachweisen erfordert und ggf. warum in diesen Fällen Nachweise verlangt werden müssen, die über die Eigenerklärungen hinausgehen.
- Die Namen der berücksichtigten Bewerber oder Bieter und die Gründe für ihre Auswahl.
- Die Namen der nicht berücksichtigten Bewerber oder Bieter und die Gründe für ihre Ablehnung.
- Den Namen des erfolgreichen Bieters und die Gründe für die Auswahl seines Angebotes.
- Gegebenenfalls die Gründe, aus denen der Auftraggeber auf die Vergabe eines Auftrags oder einer Rahmenvereinbarung verzichtet hat.[1]

Nach Abs. 2 gelten die gleichen Vorschriften für die Aufbewahrung von Angeboten, Teilnahmeanträ- 2 gen und Anlagen wie sie die VgV für den Oberschwellenbereich vorsieht. Lediglich die Aufbewahrung von Angeboten und Teilnahmeanträgen unterlegener Bieter oder Bewerber über mehr als drei Jahre ist nicht geboten.

Unterabschnitt 2. Kommunikation

§ 7 Grundsätze der Kommunikation

(1) Für das Senden, Empfangen, Weiterleiten und Speichern von Daten in einem Vergabeverfahren verwenden der Auftraggeber und die Unternehmen grundsätzlich Geräte und Programme für die elektronische Datenübermittlung (elektronische Mittel) nach Maßgabe dieser Verfahrensordnung.

(2) Die Kommunikation in einem Vergabeverfahren kann mündlich erfolgen, wenn sie nicht die Vergabeunterlagen, die Teilnahmeanträge oder die Angebote betrifft und wenn sie ausreichend und in geeigneter Weise dokumentiert wird.

(3) Der Auftraggeber kann von jedem Unternehmen die Angabe einer eindeutigen Unternehmensbezeichnung sowie einer elektronischen Adresse verlangen Registrierung). Für den Zugang zur Auftragsbekanntmachung und zu den Vergabeunterlagen darf der Auftraggeber keine Registrierung verlangen; eine freiwillige Registrierung ist zulässig.

(4) Die §§ 10 bis 12 der Vergabeverordnung gelten für die Anforderungen an die verwendeten elektronischen Mittel und deren Einsatz entsprechend.

§ 7 Abs. 1–3 entspricht den in § 9 Abs. 1–3 VgV aufgestellten Grundsätzen für die elektronische 1 Kommunikation im Vergabeverfahren (→ VgV § 9 Rn. 1 ff.).

Ergänzend gelten nach Abs. 4 die §§ 10–12 VgV sinngemäß, sodass die gleichen IT-technischen 2 Lösungen wie etwa die Entwicklung von Vergabeplattformen auch für die Unterschwellenvergabe gelten.

Übermittlung und Beantwortung von Bieterfragen sind in den Vergabeunterlagen festzuhalten. 3 Der Spielraum für erlaubte mündliche Kommunikationen ist nach Abs. 2 eng; denn Gespräche über die zwischen den Beteiligten des Vergabeverfahrens auszutauschenden Informationen über Vergabeunterlagen, Teilnehmeranträge oder Angebote sind nicht gestattet.

Abschnitt 2. Vergabeverfahren

Unterabschnitt 1. Verfahrensarten

§ 8 Wahl der Verfahrensart

(1) Die Vergabe von öffentlichen Aufträgen erfolgt durch Öffentliche Ausschreibung, durch Beschränkte Ausschreibung mit oder ohne Teilnahmewettbewerb und durch Verhandlungsvergabe mit oder ohne Teilnahmewettbewerb.

---

[1] Vgl. Erläuterungen des Bundesministeriums zu § 6.

(2) Dem Auftraggeber stehen die Öffentliche Ausschreibung und die Beschränkte Ausschreibung mit Teilnahmewettbewerb nach seiner Wahl zur Verfügung. Die anderen Verfahrensarten stehen nur zur Verfügung, soweit dies nach den Absätzen 3 und 4 gestattet ist. Abschnitt 3 bleibt unberührt.

(3) Der Auftraggeber kann Aufträge im Wege der Beschränkten Ausschreibung ohne Teilnahmewettbewerb vergeben, wenn
1. eine Öffentliche Ausschreibung kein wirtschaftliches Ergebnis gehabt hat oder
2. eine Öffentliche Ausschreibung oder eine Beschränkte Ausschreibung mit Teilnahmewettbewerb für den Auftraggeber oder die Bewerber oder Bieter einen Aufwand verursachen würde, der zu dem erreichten Vorteil oder dem Wert der Leistung im Missverhältnis stehen würde.

(4) Der Auftraggeber kann Aufträge im Wege der Verhandlungsvergabe mit oder ohne Teilnahmewettbewerb vergeben, wenn
1. der Auftrag konzeptionelle oder innovative Lösungen umfasst,
2. der Auftrag aufgrund konkreter Umstände, die mit der Art, der Komplexität oder dem rechtlichen oder finanziellen Rahmen oder den damit einhergehenden Risiken zusammenhängen, nicht ohne vorherige Verhandlungen vergeben werden kann,
3. die Leistung nach Art und Umfang, insbesondere ihre technischen Anforderungen, vor der Vergabe nicht so eindeutig und erschöpfend beschrieben werden kann, dass hinreichend vergleichbare Angebote erwartet werden können,
4. nach Aufhebung einer Öffentlichen oder Beschränkten Ausschreibung eine Wiederholung kein wirtschaftliches Ergebnis verspricht,
5. die Bedürfnisse des Auftraggebers nicht ohne die Anpassung bereits verfügbarer Lösungen erfüllt werden können,
6. es sich um die Lieferung von Waren oder die Erbringung von Dienstleistungen zur Erfüllung wissenschaftlich-technischer Fachaufgaben auf dem Gebiet von Forschung, Entwicklung und Untersuchung handelt, die nicht der Aufrechterhaltung des allgemeinen Dienstbetriebs und der Infrastruktur einer Dienststelle des Auftraggebers dienen,
7. im Anschluss an Entwicklungsleistungen Aufträge im angemessenen Umfang und für angemessene Zeit an Unternehmen, die an der Entwicklung beteiligt waren, vergeben werden müssen,
8. eine Öffentliche Ausschreibung oder eine Beschränkte Ausschreibung mit oder ohne Teilnahmewettbewerb für den Auftraggeber oder die Bewerber oder Bieter einen Aufwand verursachen würde, der zu dem erreichten Vorteil oder dem Wert der Leistung im Missverhältnis stehen würde,
9. die Leistung aufgrund von Umständen, die der Auftraggeber nicht voraussehen konnte, besonders dringlich ist und die Gründe für die besondere Dringlichkeit nicht dem Verhalten des Auftraggebers zuzurechnen sind,
10. die Leistung nur von einem bestimmten Unternehmen erbracht oder bereitgestellt werden kann,
11. es sich um eine auf einer Warenbörse notierte und erwerbbare Lieferleistung handelt,
12. Leistungen des ursprünglichen Auftragnehmers beschafft werden sollen,
    a) die zur teilweisen Erneuerung oder Erweiterung bereits erbrachter Leistungen bestimmt sind,
    b) bei denen ein Wechsel des Unternehmens dazu führen würde, dass der Auftraggeber eine Leistung mit unterschiedlichen technischen Merkmalen kaufen müsste und
    c) bei denen dieser Wechsel eine technische Unvereinbarkeit oder unverhältnismäßige technische Schwierigkeiten bei Gebrauch und Wartung mit sich bringen würde,
13. Ersatzteile und Zubehörstücke zu Maschinen und Geräten vom Lieferanten der ursprünglichen Leistung beschafft werden sollen und diese Stücke in brauchbarer Ausführung von anderen Unternehmen nicht oder nicht unter wirtschaftlichen Bedingungen bezogen werden können,
14. eine vorteilhafte Gelegenheit zu einer wirtschaftlicheren Beschaffung führt, als dies bei Durchführung einer Öffentlichen oder Beschränkten Ausschreibung der Fall wäre,
15. es aus Gründen der Sicherheit oder Geheimhaltung erforderlich ist,

16. der öffentliche Auftrag ausschließlich vergeben werden soll
    a) gemäß § 1 Absatz 3 an Werkstätten für Menschen mit Behinderungen oder an Unternehmen, deren Hauptzweck die soziale und berufliche Integration von Menschen mit Behinderungen oder von benachteiligten Personen ist, oder
    b) an Justizvollzugsanstalten oder
17. dies durch Ausführungsbestimmungen eines Bundes- oder Landesministeriums bis zu einem bestimmten Höchstwert (Wertgrenze) zugelassen ist; eine solche Wertgrenze kann auch festgesetzt werden für die Vergabe von Liefer- oder Dienstleistungsaufträgen einer Auslandsdienststelle im Ausland oder einer inländischen Dienststelle, die im Ausland für einen dort zu deckenden Bedarf beschafft.

§ 8 konkretisiert die Zulassungsvoraussetzungen für die Wahl der jeweiligen Verfahrensart: 1
– öffentliche Ausschreibung,
– beschränkte Ausschreibung mit Teilnahmewettbewerb,
– beschränkte Ausschreibung ohne Teilnahmewettbewerb,
– Verhandlungsvergabe mit oder ohne Teilnahmewettbewerb.

Der Auftraggeber hat dabei die freie Wahl zwischen der öffentlichen Ausschreibung und der 2 beschränkten Ausschreibung mit Teilnahmewettbewerb ohne weitere Zulassungsvoraussetzungen. Bei der beschränkten Ausschreibung ohne Teilnahmewettbewerb entsprechen die Zulassungsvoraussetzungen der früher bereits in § 3 Abs. 4 VOL/A getroffenen Regelung.

Die Verhandlungsvergabe mit oder ohne Teilnahmewettbewerb (früher freihändige Vergabe 3 genannt) ist ein reguläres Verfahren, ausgestaltet in Anpassung an das „Verhandlungsverfahren" im Oberschwellenbereich, bei dem über die Angebotsinhalte im Regelfall verhandelt wird.

Die Kriterien für die Verhandlungsvergabe stellen eine Mischung der gesetzlichen Voraussetzun- 4 gen für das Verhandlungsverfahren des Oberschwellenbereichs und der bisherigen freihändigen Vergabe dar. Die UVgO stellt 17 Kriterien für die Verhandlungsvergabe auf: Soweit diese Kriterien mit Regelungen in der VgV identisch sind, wird zur näheren Konkretisierung auf die dortige Kommentierung verwiesen.

Nr. 1 entspricht § 14 Abs. 3 Nr. 2 VgV (→ VgV § 14 Rn. 30 ff.). 5
Nr. 2 entspricht § 14 Abs. 3 Nr. 3 VgV (→ VgV § 14 Rn. 35a ff.). 6
Nr. 3 entspricht der bisherigen Regelung in § 3 Abs. 5 lit. h. VOL/A. Wenn keine eindeutige 7 und erschöpfende Beschreibung der Leistung möglich ist, und deshalb keine hinreichend vergleichbaren Angebote erwartet werden können, kann die Verhandlungsvergabe gewählt werden.
Nr. 4 entspricht § 3 Abs. 5 lit. a VOL/A. Wenn eine öffentliche oder beschränkte Ausschrei- 8 bung aufgehoben worden ist und eine Wiederholung kein wirtschaftliches Ergebnis erwarten lässt, kann die Verhandlungsvergabe gewählt werden.
Nr. 5 entspricht § 14 Abs. 4 Nr. 1 VgV (→ VgV § 14 Rn. 55 ff.). 9
Nr. 6 entspricht § 3 Abs. 5 lit. c VOL/A. Wenn es sich um Leistungen zur Erfüllung wissen- 10 schaftlich-technischer Fachaufgaben handelt, kann auch die Verhandlungsvergabe gewählt werden.
Nr. 7 entspricht § 3 Abs. 5 lit. b VOL/A und gilt in Fällen, in denen nur ein Unternehmen 11 die Entwicklungsleistung erbracht hat und iSv Nr. 10 die Erbringung der Leistung nur durch Unternehmen, die bereits Entwicklungsleistungen erbracht haben, möglich ist.
Nr. 8 regelt, dass auf die Wahl eines Verfahrens nach Abs. 1 verzichtet werden kann, wenn dies 12 einen Aufwand verursachen würde, der zu dem erreichten Vorteil oder dem Wert der Leistung im Missverhältnis stehen würde.
Nach **Nr. 9** kann bei Dringlichkeit auf eine öffentliche Ausschreibung verzichtet werden, wenn 13 die Umstände, die die besondere Dringlichkeit begründen, nicht vorhersehbar waren und nicht dem Verhalten des Auftraggebers zuzurechnen sind. Für das Vorliegen einer besonderen Dringlichkeit kann auf die Rechtsprechung zu § ZPO verwiesen werden.
Nr. 10 entspricht § 3 Abs. 5 lit. i VOL/A. Wenn die Erbringung oder Bereitstellung der Leis- 14 tung nur durch ein bestimmtes Unternehmen erbracht werden kann, kann auf eine öffentliche Ausschreibung verzichtet werden.
Nr. 11, die Regelung zum Kauf über eine Warenbörse, entspricht § 14 Abs. 4 Nr. 6 VgV 15 (→ VgV § 14 Rn. 127 ff.).
Nr. 12 entspricht bei teilweisen Erneuerungs- und Erweiterungsleistungen des ursprünglichen 16 Auftragnehmers der Regelung in § 14 Abs. 4 Nr. 5 VgV (→ VgV § 14 Rn. 115 ff.).
Nach **Nr. 13** kann auf die öffentliche Ausschreibung verzichtet werden, wenn Ersatzteile und 17 Zubehörstücke in brauchbarer Ausführung von anderen Unternehmen als dem Lieferanten nicht beschafft oder nicht zu wirtschaftlichen Bedingungen bezogen werden können.

18 **Nr. 14** lässt bei Wahrnehmung einer „vorteilhaften Gelegenheit" eine Verhandlungsvergabe zu, wenn dies zu einer wirtschaftlicheren Beschaffung führt, als dies bei Anwendung der öffentlichen oder beschränkten Ausschreibung der Fall wäre. In den Amtlichen Erläuterungen wird dazu der Fall angeführt, dass dies typischerweise zu bejahen ist, wenn Liefer- oder Dienstleistungen zu besonders günstigen Bedingungen bei Lieferanten, die ihre Geschäftätigkeit einstellen, oder bei Insolvenzverwaltern oder Liquidatoren im Rahmen eines Insolvenz-, Vergleichs- oder sonstigen Ausgleichsverfahren führen. Eine vorteilhafte Gelegenheit wird von den Erläuterungen auch für den Fall angenommen, wenn die Dienstleistung zu besonders günstigen Bedingungen bei Unternehmen erworben werden kann, die staatliche Zuwendungen erhalten haben (Kofinanzierung).

19 **Nr. 15** entspricht mit dem Unterschied, dass neben Gründen der Geheimhaltung auch Gründe der Sicherheit ausreichen können, der bisherigen Regelung in § 3 Abs. 5 lit. f VOL/A.

20 **Nr. 16 lit. a** entspricht bei der Vergabe an Werkstätten für Menschen mit Behinderungen der bisherigen Regelung in § 3 Abs. 5 lit. j VOL/A. Sie wird aber entsprechend § 118 GWB um die Möglichkeit der Vergabe an Sozialunternehmen erweitert, sofern die Voraussetzungen des § 118 Abs. 2 GWB vorliegen, wonach mindestens 30% der in diesen Betrieben beschäftigten Menschen mit Behinderungen oder benachteiligte Personen sind.

21 **Nr. 17 Hs. 1** entspricht der bisherigen Regelung in § 3 Abs. 5 lit. i VOL/A. Nr. 17 Hs. 2 erweitert die Regelung für solche Fälle, bei denen eine Wertgrenze für die Vergabe von Liefer- und Dienstleistungsaufträgen im Ausland durch eine Auslandsdienststelle festgelegt werden kann. Nähere Regelungen müssen wie bei Hs. 1 durch Ausführungsbestimmungen des jeweiligen Bundes- oder Landesressorts festgelegt werden. Die Wahl des Vergabeverfahrens kann nach Hs. 2 auch auf inländische Dienststellen angewandt werden, die im Ausland für einen dort zu deckenden Bedarf Anschaffungen vornehmen müssen.

§ 9 Öffentliche Ausschreibung

(1) Bei einer Öffentlichen Ausschreibung fordert der Auftraggeber eine unbeschränkte Anzahl von Unternehmen öffentlich zur Abgabe von Angeboten auf. Jedes interessierte Unternehmen kann ein Angebot abgeben.

(2) Der Auftraggeber darf von den Bietern nur Aufklärung über ihre Eignung, das Vorliegen von Ausschlussgründen oder über das Angebot verlangen. Verhandlungen, insbesondere über Änderungen der Angebote oder Preise, sind unzulässig.

1 § 9 regelt den Ablauf der öffentlichen Ausschreibung analog zum offenen Verfahren in § 15 VgV (→ VgV § 15 Rn. 1 ff.).

§ 10 Beschränkte Ausschreibung mit Teilnahmewettbewerb

(1) Bei einer Beschränkten Ausschreibung mit Teilnahmewettbewerb fordert der Auftraggeber eine unbeschränkte Anzahl von Unternehmen im Rahmen eines Teilnahmewettbewerbs öffentlich zur Abgabe von Teilnahmeanträgen auf. Jedes interessierte Unternehmen kann einen Teilnahmeantrag abgeben. Mit dem Teilnahmeantrag übermitteln die Unternehmen die vom Auftraggeber geforderten Informationen für die Prüfung ihrer Eignung und des Nichtvorliegens von Ausschlussgründen.

(2) Nur diejenigen Unternehmen, die vom Auftraggeber nach Prüfung der übermittelten Informationen gemäß § 37 dazu aufgefordert werden, dürfen ein Angebot abgeben. Der Auftraggeber kann die Zahl der Bewerber, die zur Angebotsabgabe aufgefordert werden, gemäß § 36 begrenzen.

(3) § 9 Absatz 2 gilt entsprechend.

1 Abs. 1 entspricht § 16 Abs. 1 VgV (→ VgV § 16 Rn. 5 ff.) im nicht offenen Verfahren im Oberschwellenbereich.

2 Abs. 2 entspricht § 16 Abs. 4 VgV (→ VgV § 16 Rn. 21 ff.) im nicht offenen Verfahren. Allerdings darf der Auftraggeber nur geeignete Unternehmen zur Abgabe von Angeboten auffordern, bei denen keine Ausschlussgründe vorliegen (s. näher § 37 Abs. 1, → § 37 Rn. 1).

3 Abs. 3 nimmt § 9 Abs. 2 (→ § 9 Rn. 1) in Bezug, wonach von Bewerbern und Bietern nur Aufklärung über ihre Eignung und über bestehende Ausschlussgründe verlangt werden darf. Verhandlungen sind insoweit unzulässig.

§ 11 Beschränkte Ausschreibung ohne Teilnahmewettbewerb

(1) Bei einer Beschränkten Ausschreibung ohne Teilnahmewettbewerb fordert der Auftraggeber ohne vorherige Durchführung eines Teilnahmewettbewerbs mehrere, grundsätzlich mindestens drei Unternehmen zur Abgabe eines Angebots auf.

(2) Für die Auswahl darf der Auftraggeber nur geeignete Unternehmen auffordern, bei denen keine Ausschlussgründe vorliegen. Soweit der Auftraggeber die Erfüllung der Eignungskriterien und das Nichtvorliegen von Ausschlussgründen eines beteiligten Unternehmens im Vorfeld nicht abschließend feststellen kann, darf er die notwendigen Nachweise und Erklärungen auch noch mit oder nach Versendung der Aufforderung zur Angebotsabgabe von dem betreffenden Unternehmen verlangen.

(3) § 9 Absatz 2 gilt entsprechend.

(4) Der Auftraggeber soll zwischen den Unternehmen, die zur Abgabe eines Angebots aufgefordert werden, wechseln.

Die Vorschrift enthält nähere Regelungen zum Verfahren der beschränkten Ausschreibung ohne Teilnahmewettbewerb, die im Verfahren im Oberschwellenbereich ohne Vorbild sind. 1

Gemäß Abs. 1 müssen mehrere, grundsätzlich mindestens drei Unternehmen zur Angebotsabgabe aufgefordert werden. Nur ausnahmsweise ist es bei entsprechender Begründung möglich, auch nur zwei Unternehmen zur Angebotsabgabe aufzufordern. Ein Unternehmen reicht nicht. 2

Abs. 2 regelt, dass grundsätzlich nur geeignete Unternehmen aufgefordert werden dürfen, bei denen keine Ausschlussgründe vorliegen. Der Auftraggeber kann auch die für die Feststellung der Eignung notwendigen Nachweise und Erklärungen mit oder nach Versendung der Aufforderung zur Angebotsabgabe anfordern. 3

Abs. 3 erklärt § 9 Abs. 2 auch im Verfahren der beschränkten Ausschreibung ohne Teilnahmewettbewerb für anwendbar. Von Bietern kann deshalb nur Aufklärung über Eignung, Ausschlussgründe und das Angebot verlangt werden. Verhandlungen darüber sind unzulässig. 4

Abs. 4 verpflichtet den Auftraggeber zur Sicherung des Wettbewerbs zwischen den zur Angebotsabgabe aufgeforderten Unternehmen zu wechseln. 5

§ 12 Verhandlungsvergabe mit oder ohne Teilnahmewettbewerb

(1) Der Auftraggeber kann eine Verhandlungsvergabe mit oder ohne Teilnahmewettbewerb durchführen. Bei einer Verhandlungsvergabe mit Teilnahmewettbewerb gilt § 10 Absatz 1 und 2 entsprechend.

(2) Bei einer Verhandlungsvergabe ohne Teilnahmewettbewerb fordert der Auftraggeber mehrere, grundsätzlich mindestens drei Unternehmen zur Abgabe eines Angebots oder zur Teilnahme an Verhandlungen auf. § 11 Absatz 2 gilt entsprechend. Der Auftraggeber soll zwischen den Unternehmen, die zur Abgabe eines Angebots oder zur Teilnahme an Verhandlungen aufgefordert werden, wechseln.

(3) Im Falle einer Verhandlungsvergabe nach § 8 Absatz 4 Nummer 9 bis 14 darf auch nur ein Unternehmen zur Abgabe eines Angebots oder zur Teilnahme an Verhandlungen aufgefordert werden.

(4) Es darf über den gesamten Angebotsinhalt verhandelt werden mit Ausnahme der vom Auftraggeber in der Leistungsbeschreibung festgelegten Mindestanforderungen und Zuschlagskriterien. Der Auftraggeber kann den Zuschlag, auch ohne zuvor verhandelt zu haben, unter Beachtung der Grundsätze nach § 2 Absatz 1 und 2 auf ein Angebot erteilen, wenn er sich dies in der Auftragsbekanntmachung, den Vergabeunterlagen oder bei der Aufforderung zur Abgabe des Angebots vorbehalten hat und die Bindefrist für den Bieter noch nicht abgelaufen ist.

(5) Der Auftraggeber stellt sicher, dass alle Bieter bei den Verhandlungen gleich behandelt werden. Insbesondere enthält er sich jeder diskriminierenden Weitergabe von Informationen, durch die bestimmte Bieter gegenüber anderen begünstigt werden könnten. Er unterrichtet alle Bieter über etwaige Änderungen der Leistungsbeschreibung, insbesondere der technischen Anforderungen oder anderer Bestandteile der Vergabeunterlagen. Der Auftraggeber darf vertrauliche Informationen eines an den Verhandlungen teilnehmenden Bieters nicht ohne dessen Zustimmung an die anderen Bieter, mit denen verhandelt wird,

weitergeben. Eine solche Zustimmung darf nicht allgemein, sondern nur in Bezug auf die beabsichtigte Mitteilung bestimmter Informationen erteilt werden.

(6) Beabsichtigt der Auftraggeber, nach geführten Verhandlungen diese abzuschließen, so unterrichtet er die Bieter und legt eine einheitliche Frist für die Einreichung der endgültigen Angebote, über die nicht mehr verhandelt werden darf, fest.

1   Die Vorschrift entspricht im Wesentlichen § 17 VgV zum Verhandlungsverfahren (→ VgV § 17 Rn. 1 ff.). Auch hier gilt (wie bei § 11 Abs. 1), dass bei der Verhandlungsvergabe ohne Teilnahmewettbewerb mehrere, aber mindestens drei Unternehmen zur Angebotsabgabe oder zur Teilnahme an den Verhandlungen aufzufordern sind. Nur in begründeten Ausnahmefällen können wie bei § 11 auch nur zwei Unternehmen aufgefordert werden.

2   Gemäß Abs. 3 ist unter den dort genannten engen Tatbeständen auch möglich, nur ein Unternehmen zum Angebot aufzufordern. Diese Tatbestände sind in § 8 Abs. 4 Nr. 9–14 aufgeführt, weil in diesen Fällen für den Auftrag wirtschaftlich nur ein bestimmtes spezifisches Unternehmen infrage kommt. Wegen der erheblichen Einschränkung des Wettbewerbs muss diese Regelung eng ausgelegt werden. Im Vergleich mit dem Verhandlungsverfahren im Oberschwellenbereich ist der Auftraggeber im Unterschwellenbereich flexibler. Er darf hier auch bevor die Unternehmen Erstangebote vorgelegt haben, unmittelbar Verhandlungen aufnehmen. Damit wird an die Verfahrensart des wettbewerblichen Dialogs im Oberschwellenbereich angeknüpft, bei dem auch vorherige Einreichung eines Angebots verhandelt werden darf.

3   Abs. 4 entspricht voll § 17 Abs. 10 S. 2 VgV (→ VgV § 17 Rn. 84). Nach S. 2 ist die Zuschlagerteilung ohne Verhandlung nur erlaubt, wenn der Auftraggeber sich dies ausdrücklich vorbehalten hat.

4   Abs. 5 entspricht § 17 Abs. 13 VgV (→ VgV § 17 Rn. 92 ff.).

5   Abs. 6 entspricht im Wesentlichen § 17 Abs. 4 VgV (→ VgV § 17 Rn. 45 ff.).

§ 13 Angemessene Fristsetzung; Pflicht zur Fristverlängerung

(1) Der Auftraggeber legt angemessene Fristen für den Eingang der Teilnahmeanträge (Teilnahmefrist) und Angebote (Angebotsfrist) nach den §§ 9 bis 12 sowie für die Geltung der Angebote (Bindefrist) fest. Bei der Festlegung der Fristen sind insbesondere die Komplexität der Leistung, die beizubringenden Erklärungen und Nachweise (Unterlagen), die Zeit für die Ausarbeitung der Teilnahmeanträge und Angebote, die Zeit für die Auswertung der Teilnahmeanträge und Angebote, die gewählten Kommunikationsmittel und die zuvor auf Beschafferprofilen veröffentlichten Informationen angemessen zu berücksichtigen.

(2) Allen Bewerbern und Bietern sind gleiche Fristen zu setzen.

(3) Können Angebote nur nach einer Besichtigung am Ort der Leistungserbringung oder nach Einsichtnahme in die Anlagen zu den Vergabeunterlagen vor Ort beim Auftraggeber erstellt werden, so sind die Angebotsfristen so festzulegen, dass alle Unternehmen von allen Informationen, die für die Erstellung des Angebots erforderlich sind, unter gewöhnlichen Umständen Kenntnis nehmen können.

(4) Die nach Absatz 1 gesetzten Fristen sind, soweit erforderlich, angemessen zu verlängern, wenn
1. zusätzliche wesentliche Informationen vom Auftraggeber vor Ablauf der Angebotsfrist zur Verfügung gestellt werden oder
2. der Auftraggeber wesentliche Änderungen an den Vergabeunterlagen vornimmt.

1   § 13 verankert den Grundsatz der angemessenen Fristsetzung, auch wenn im Unterschied zum Oberschwellenbereich keine bestimmten Mindestfristen nach Tagen zu wahren sind. Die in Abs. 1 verwandten Begriffe der Teilnahmefrist, Angebotsfrist und Bindefrist entsprechen den früheren Definitionen in § 10 Abs. 1 VOL/A.

2   Gemäß Abs. 2 müssen allen Bewerbern gleiche Fristen eingeräumt werden.

3   Abs. 3 entspricht § 20 Abs. 2 VgV (→ VgV § 20 Rn. 14 ff.).

4   Abs. 4 entspricht § 20 Abs. 3 VgV (→ VgV § 20 Rn. 19 ff.). Wenn erforderlich, ist eine Frist zu verlängern. Wenn die Übermittlung zusätzlicher, wesentlicher Informationen oder wesentlicher Änderungen an den Vergabeunterlagen geboten ist.

§ 14 Direktauftrag

Leistungen bis zu einem voraussichtlichen Auftragswert von 1 000 Euro ohne Umsatzsteuer können unter Berücksichtigung der Haushaltsgrundsätze der Wirtschaftlichkeit und Sparsamkeit ohne die Durchführung eines Vergabeverfahrens beschafft werden (Direktauftrag). Der Auftraggeber soll zwischen den beauftragten Unternehmen wechseln.

Beim Direktauftrag geht es nicht um ein Vergabeverfahren. Die Vorschrift entspricht der Regelung in § 3 Abs. 6 VOL/A zum Direktkauf, wobei die Wertgrenze auf 1.000 EUR angehoben wird und gem. S. 2 zwischen den Unternehmen gewechselt werden soll. 1

Unterabschnitt 2. Besondere Methoden und Instrumente in Vergabeverfahren

§ 15 Rahmenvereinbarungen

(1) Rahmenvereinbarungen sind Vereinbarungen zwischen einem oder mehreren Auftraggebern und einem oder mehreren Unternehmen, die dazu dienen, die Bedingungen für die öffentlichen Aufträge, die während eines bestimmten Zeitraums vergeben werden sollen, festzulegen, insbesondere in Bezug auf den Preis.

(2) Der Abschluss einer Rahmenvereinbarung erfolgt im Wege einer nach dieser Verfahrensordnung anwendbaren Verfahrensart. Das in Aussicht genommene Auftragsvolumen ist so genau wie möglich zu ermitteln und bekannt zu geben, braucht aber nicht abschließend festgelegt zu werden. Eine Rahmenvereinbarung darf nicht missbräuchlich oder in einer Art angewendet werden, die den Wettbewerb behindert, einschränkt oder verfälscht.

(3) Auf einer Rahmenvereinbarung beruhende Einzelaufträge werden entsprechend den Bedingungen der Rahmenvereinbarung vergeben. Die Erteilung von Einzelaufträgen ist nur zulässig zwischen den in der Auftragsbekanntmachung oder in den Vergabeunterlagen genannten Auftraggebern und den Unternehmen, mit denen Rahmenvereinbarungen abgeschlossen wurden. Es dürfen keine wesentlichen Änderungen an den Bedingungen der Rahmenvereinbarung vorgenommen werden.

(4) Die Laufzeit einer Rahmenvereinbarung darf höchstens sechs Jahre betragen, es sei denn, es liegt ein im Gegenstand der Rahmenvereinbarung begründeter Sonderfall vor.

Abs. 1 übernimmt sinngemäß die Definition des Begriffs der Rahmenvereinbarung im § 103 Abs. 5 GWB (→ GWB § 103 Rn. 185 f.). 1
Abs. 2 entspricht § 21 Abs. 1 VgV (→ VgV § 21 Rn. 4 ff.). 2
Abs. 3 entspricht im Wesentlichen § 21 Abs. 2 VgV (→ VgV § 21 Rn. 24 ff.). 3
Abs. 4 entspricht im Kern § 21 Abs. 6 VgV (→ VgV § 21 Rn. 42 ff.). Allerdings kann die Höchstlaufzeit auch ohne Vorliegen eines Sonderfalls statt der vier Jahre in § 21 Abs. 6 VgV im Unterschwellenbereich auch sechs Jahre betragen. 4

§ 16 Gelegentliche gemeinsame Auftragsvergabe; zentrale Beschaffung

Für die Nutzung zentraler Beschaffungsstellen und die gelegentliche gemeinsame Auftragsvergabe finden § 120 Absatz 4 des Gesetzes gegen Wettbewerbsbeschränkungen und § 4 der Vergabeverordnung entsprechende Anwendung.

Die Vorschrift erklärt § 120 Abs. 4 GWB und § 4 VgV zur zentralen Beschaffung und gemeinsamen Auftragsvergabe für entsprechend anwendbar (→ GWB § 120 Rn. 17 ff., → VgV § 4 Rn. 1 ff.). 1

§ 17 Dynamische Beschaffungssysteme

(1) Der Auftraggeber kann für die Beschaffung marktüblicher Leistungen ein dynamisches Beschaffungssystem nutzen.

(2) Bei der Auftragsvergabe über ein dynamisches Beschaffungssystem befolgt der Auftraggeber die Vorschriften für die Beschränkte Ausschreibung mit Teilnahmewettbewerb.

(3) Ein dynamisches Beschaffungssystem wird ausschließlich mithilfe elektronischer Mittel eingerichtet und betrieben. Die §§ 11 oder 12 der Vergabeverordnung finden entsprechende Anwendung.

(4) Ein dynamisches Beschaffungssystem steht im gesamten Zeitraum seiner Einrichtung allen Bietern offen, die die im jeweiligen Vergabeverfahren festgelegten Eignungskriterien erfüllen. Die Zahl der zum dynamischen Beschaffungssystem zugelassenen Bewerber darf nicht begrenzt werden.

(5) Der Zugang zu einem dynamischen Beschaffungssystem ist für alle Unternehmen kostenlos.

(6) Für den Betrieb eines dynamischen Beschaffungssystems findet § 23 Absatz 1 und 3 bis 6 der Vergabeverordnung entsprechende Anwendung.

1   Die Abs. 1–5 entsprechen § 22 VgV (→ VgV § 22 Rn. 1 ff.); Abs. 6 erklärt § 23 Abs. 1 und Abs. 3–6 VgV für anwendbar (→ VgV § 23 Rn. 4 ff., 8 ff.).

§ 18 Elektronische Auktionen

Der Auftraggeber kann im Rahmen einer Öffentlichen Ausschreibung oder einer Beschränkten Ausschreibung mit Teilnahmewettbewerb eine elektronische Auktion durchführen, sofern der Inhalt der Vergabeunterlagen hinreichend präzise beschrieben und die Leistung mithilfe automatischer Bewertungsmethoden eingestuft werden kann. Geistig-schöpferische Leistungen können nicht Gegenstand elektronischer Auktionen sein. Eine elektronische Auktion kann mehrere, aufeinander folgende Phasen umfassen und findet unter entsprechender Beachtung der Grundsätze für die Durchführung elektronischer Auktionen gemäß § 25 Absatz 2 bis 4 und § 26 der Vergabeverordnung statt.

1   Die S. 1, 2 entsprechen § 25 Abs. 1 S. 1 und 2 VgV (→ VgV § 25 Rn. 16 ff.); S. 3 entspricht § 25 Abs. 1 S. 5 VgV (→ VgV § 25 Rn. 24). S. 4 erklärt § 25 Abs. 2–4 VgV (→ VgV § 25 Rn. 25 ff.) und § 26 VgV (→ VgV § 26 Rn. 1 ff.) für anwendbar.

§ 19 Elektronische Kataloge

(1) Der Auftraggeber kann festlegen, dass Angebote in Form eines elektronischen Kataloges einzureichen sind oder einen elektronischen Katalog beinhalten müssen. Angeboten, die in Form eines elektronischen Kataloges eingereicht werden, können weitere Unterlagen beigefügt werden.

(2) § 27 Absatz 2 bis 4 der Vergabeverordnung findet entsprechende Anwendung.

1   Abs. 1 entspricht § 27 Abs. 1 VgV (→ VgV § 27 Rn. 11); Abs. 2 erklärt § 27 Abs. 2–4 VgV für entsprechend anwendbar (→ VgV § 27 Rn. 12 ff.).

Unterabschnitt 3. Vorbereitung des Vergabeverfahrens

§ 20 Markterkundung

(1) Vor der Einleitung eines Vergabeverfahrens darf der Auftraggeber Markterkundungen zur Vorbereitung der Auftragsvergabe und zur Unterrichtung der Unternehmen über seine Auftragsvergabepläne und -anforderungen durchführen.

(2) Die Durchführung von Vergabeverfahren lediglich zur Markterkundung und zum Zwecke der Kosten- oder Preisermittlung ist unzulässig.

1   Die Vorschrift entspricht § 28 VgV (→ VgV § 28 Rn. 1 ff.).

§ 21 Vergabeunterlagen

(1) Die Vergabeunterlagen umfassen alle Angaben, die erforderlich sind, um dem Bewerber oder Bieter eine Entscheidung zur Teilnahme am Vergabeverfahren zu ermöglichen. Sie bestehen in der Regel aus
1. dem Anschreiben, insbesondere der Aufforderung zur Abgabe von Teilnahmeanträgen oder Angeboten oder Begleitschreiben für die Abgabe der angeforderten Unterlagen,
2. der Beschreibung der Einzelheiten der Durchführung des Verfahrens (Bewerbungsbedingungen), einschließlich der Angabe der Eignungs- und Zuschlagskriterien, sofern nicht bereits in der Auftragsbekanntmachung genannt, und
3. den Vertragsunterlagen, die aus der Leistungsbeschreibung und den Vertragsbedingungen bestehen.

(2) Der Teil B der Vergabe- und Vertragsordnung für Leistungen in der bei Einleitung des Vergabeverfahrens jeweils geltenden Fassung ist in der Regel in den Vertrag einzubeziehen.

(3) Vertragsstrafen sollen nur für die Überschreitung von Ausführungsfristen vereinbart werden, wenn die Überschreitung erhebliche Nachteile verursachen kann. Die Strafe ist in angemessenen Grenzen zu halten.

(4) Andere Verjährungsfristen als die in Teil B der Vergabe- und Vertragsordnung für Leistungen in der bei Einleitung des Vergabeverfahrens jeweils geltenden Fassung enthaltenen Verjährungsfristen sind nur vorzusehen, wenn dies nach der Eigenart der Leistung erforderlich ist.

(5) Auf Sicherheitsleistungen soll ganz oder teilweise verzichtet werden, es sei denn, sie erscheinen ausnahmsweise für die sach- und fristgemäße Durchführung der verlangten Leistung notwendig. Die Sicherheit für die Erfüllung sämtlicher Verpflichtungen aus dem Vertrag soll fünf Prozent der Auftragssumme nicht überschreiten.

Die Vorschrift entspricht § 29 VgV (ohne § 29 Abs. 2 S. 2 Hs. 2 VgV), wobei Abs. 2 eine dynamische Verweisung auf den bei Einleitung des Vergabeverfahrens jeweils geltenden Teil B der Vergabe- und Vertragsordnung für Leistungen enthält.

§ 22 Aufteilung nach Losen

(1) Leistungen sind in der Menge aufgeteilt (Teillose) und getrennt nach Art oder Fachgebiet (Fachlose) zu vergeben. Bei der Vergabe kann auf eine Aufteilung oder Trennung verzichtet werden, wenn wirtschaftliche oder technische Gründe dies erfordern. Der Auftraggeber kann festlegen, ob die Angebote nur für ein Los, für mehrere oder für alle Lose eingereicht werden dürfen. Er kann, auch wenn Angebote für mehrere oder alle Lose eingereicht werden dürfen, die Zahl der Lose auf eine Höchstzahl beschränken, für die ein einzelner Bieter den Zuschlag erhalten kann.

(2) Der Auftraggeber gibt die Vorgaben nach Absatz 1 bei Öffentlichen Ausschreibungen und Verfahrensarten mit Teilnahmewettbewerb bereits in der Auftragsbekanntmachung, ansonsten in den Vergabeunterlagen bekannt. Er gibt die objektiven und nichtdiskriminierenden Kriterien in den Vergabeunterlagen an, die er bei der Vergabe von Losen anzuwenden beabsichtigt, wenn die Anwendung der Zuschlagskriterien dazu führen würde, dass ein einzelner Bieter den Zuschlag für eine größere Zahl von Losen als die Höchstzahl erhält.

(3) In Fällen, in denen ein einziger Bieter den Zuschlag für mehr als ein Los erhalten kann, kann der Auftraggeber Aufträge über mehrere oder alle Lose vergeben, wenn er bei Öffentlichen Ausschreibungen und Verfahrensarten mit Teilnahmewettbewerb bereits in der Auftragsbekanntmachung, ansonsten in den Vergabeunterlagen angegeben hat, dass er sich diese Möglichkeit vorbehält und die Lose oder Losgruppen angibt, die kombiniert werden können.

Bei der Vergabe der Leistungen kann der Auftraggeber nach Abs. 1 und 2 auf eine Aufteilung nach mengenbezogenen **Teillosen** oder auf eine Trennung nach **Fachlosen** (nach Art oder Fachgebiet) nur dann verzichten, wenn wirtschaftliche oder technische Gründe dies erfordern. Der Auftraggeber kann bestimmen, ob Angebote nur für ein Los oder für mehrere bzw. alle Lose eingereicht werden dürfen. Er kann noch nachträglich, wenn Angebote für mehrere oder alle Lose eingegangen sind, die Zahl der Lose, für die ein einzelner Anbieter den Zuschlag erhalten kann, auf eine Höchstzahl beschränken.

2 § 22 Abs. 3 und 4 sind identisch mit § 30 Abs. 1 VgV (→ VgV § 30 Rn. 10 ff.).
3 Abs. 2 und Abs. 3 entsprechen § 30 Abs. 3 VgV (→ VgV § 30 Rn. 15 ff.).

§ 23 Leistungsbeschreibung

(1) In der Leistungsbeschreibung ist der Auftragsgegenstand so eindeutig und erschöpfend wie möglich zu beschreiben, sodass die Beschreibung für alle Unternehmen im gleichen Sinne verständlich ist und die Angebote miteinander verglichen werden können. Die Leistungsbeschreibung enthält die Funktions- oder Leistungsanforderungen oder eine Beschreibung der zu lösenden Aufgabe, deren Kenntnis für die Erstellung des Angebots erforderlich ist, sowie Umstände und Bedingungen der Leistungserbringung.

(2) Die Leistungsbeschreibung kann auch Aspekte der Qualität sowie soziale, innovative und umweltbezogene Merkmale umfassen. Diese können sich auch auf den Prozess oder die Methode zur Herstellung oder Erbringung der Leistung oder auf ein anderes Stadium im Lebenszyklus des Auftragsgegenstands einschließlich der Produktions- und Lieferkette beziehen, auch wenn derartige Faktoren keine materiellen Bestandteile der Leistung sind, sofern diese Merkmale in Verbindung mit dem Auftragsgegenstand stehen und zu dessen Wert und Beschaffungszielen verhältnismäßig sind.

(3) In der Leistungsbeschreibung kann ferner festgelegt werden, ob Rechte des geistigen Eigentums übertragen oder dem Auftraggeber daran Nutzungsrechte eingeräumt werden müssen.

(4) Bei der Beschaffung von Leistungen, die zur Nutzung durch natürliche Personen vorgesehen sind, sind bei der Erstellung der Leistungsbeschreibung außer in ordnungsgemäß begründeten Fällen die Zugänglichkeitskriterien für Menschen mit Behinderungen oder die Konzeption für alle Nutzer zu berücksichtigen.

(5) Bezeichnungen für bestimmte Erzeugnisse oder Verfahren wie beispielsweise Markennamen dürfen ausnahmsweise, jedoch nur mit dem Zusatz „oder gleichwertig", verwendet werden, wenn eine hinreichend genaue Beschreibung durch verkehrsübliche Bezeichnungen nicht möglich ist. Der Zusatz „oder gleichwertig" kann entfallen, wenn ein sachlicher Grund die Produktvorgabe ansonsten rechtfertigt. Ein solcher Grund liegt insbesondere dann vor, wenn die Auftraggeber Erzeugnisse oder Verfahren mit unterschiedlichen Merkmalen zu bereits bei ihnen vorhandenen Erzeugnissen oder Verfahren beschaffen müssten und dies mit unverhältnismäßig hohem finanziellen Aufwand oder unverhältnismäßigen Schwierigkeiten bei Integration, Gebrauch, Betrieb oder Wartung verbunden wäre. Die Gründe sind zu dokumentieren.

1 § 23 Abs. 1 entspricht § 122 Abs. 1 GWB (→ GWB § 122 Rn. 44).
2 Abs. 2 entspricht § 31 Abs. 3 VgV (→ VgV § 31 Rn. 35 ff.).
3 Abs. 3 entspricht § 31 Abs. 4 VgV (→ VgV § 31 Rn. 41 ff.).
4 Abs. 4 entspricht wortgleich § 122 Abs. 2 GWB (→ GWB § 122 Rn. 45 ff.).
5 Abs. 5 führt die Regelung in § 7 Abs. 2 VOL/A wortgleich weiter.

§ 24 Nachweisführung durch Gütezeichen

(1) Als Beleg dafür, dass eine Leistung bestimmten, in der Leistungsbeschreibung geforderten Merkmalen entspricht, kann der Auftraggeber die Vorlage von Gütezeichen nach Maßgabe der Absätze 2 bis 4 verlangen.

(2) Das Gütezeichen muss allen folgenden Bedingungen genügen:
1. Die Anforderungen des Gütezeichens beruhen auf objektiv nachprüfbaren und nichtdiskriminierenden Kriterien, die für die Bestimmung der Merkmale der Leistung geeignet sind.
2. Das Gütezeichen wurde im Rahmen eines offenen und transparenten Verfahrens entwickelt, an dem alle interessierten Kreise teilnehmen können.

3. Alle betroffenen Unternehmen haben Zugang zum Gütezeichen.
4. Die Anforderungen wurden von einem Dritten festgelegt, auf den das Unternehmen, das das Gütezeichen erwirbt, keinen maßgeblichen Einfluss ausüben konnte.

(3) Für den Fall, dass die Leistung nicht allen Anforderungen des Gütezeichens entsprechen muss, hat der Auftraggeber die betreffenden Anforderungen anzugeben.

(4) Der Auftraggeber muss andere Gütezeichen akzeptieren, wenn der Bieter nachweist, dass diese gleichwertige Anforderungen an die Leistung stellen.

(5) Hatte ein Unternehmen aus Gründen, die ihm nicht zugerechnet werden können, nachweislich keine Möglichkeit, das vom Auftraggeber angegebene oder ein gleichwertiges Gütezeichen innerhalb einer einschlägigen Frist zu erlangen, so muss der Auftraggeber andere geeignete Belege akzeptieren, sofern das Unternehmen nachweist, dass die von ihm zu erbringende Leistung die Anforderungen des geforderten Gütezeichens oder die vom Auftraggeber angegebenen spezifischen Anforderungen erfüllt.

§ 24 unterscheidet sich von der Oberschwellenregelung in § 34 VgV insoweit, dass die Kriterien des Gütezeichens für die Bestimmung zwar geeignet sein müssen, aber nicht mit der Leistung unmittelbar in Verbindung stehen müssen. Sinn der Neuregelung in der UVgO ist es, dass Auftraggeber damit Gütezeichen im Unterschwellenbereich leichter vorschreiben können (so die Erläuterungen des BMWi). 1

Legt der Bieter von sich aus ein Gütezeichen vor, das gleichwertige Anforderungen stellt, so trifft ihn nach Abs. 4 dafür die Beweislast. 2

§ 25 Nebenangebote

Der Auftraggeber kann Nebenangebote bei Öffentlichen Ausschreibungen und Verfahrensarten mit Teilnahmewettbewerb bereits in der Auftragsbekanntmachung, ansonsten in den Vergabeunterlagen zulassen. Fehlt eine entsprechende Angabe, sind keine Nebenangebote zugelassen. Nebenangebote müssen mit dem Auftragsgegenstand in Verbindung stehen. Bei der Entscheidung über den Zuschlag sind die Grundsätze der Transparenz und Gleichbehandlung zu beachten.

Die Vorschrift entspricht § 35 Abs. 1 VgV mit dem Unterschied, dass ein Auftraggeber im Unterschwellenbereich nicht vorschreiben darf, Nebenangebote vorzulegen. 1

S. 4 verpflichtet zur Beachtung der Grundsätze der Transparenz und Gleichbehandlung. Eine Übernahme des § 35 Abs. 2 und 3 VgV ist nicht angeordnet. 2

§ 26 Unteraufträge

(1) Der Auftraggeber kann Unternehmen in der Auftragsbekanntmachung oder den Vergabeunterlagen auffordern, bei Angebotsabgabe die Teile des Auftrags, die sie im Wege der Unterauftragsvergabe an Dritte zu vergeben beabsichtigen, sowie, falls zumutbar, die vorgesehenen Unterauftragnehmer zu benennen. Vor Zuschlagserteilung kann der Auftraggeber von den Bietern, deren Angebote in die engere Wahl kommen, verlangen, die Unterauftragnehmer zu benennen und nachzuweisen, dass ihnen die erforderlichen Mittel dieser Unterauftragnehmer zur Verfügung stehen. Wenn ein Bewerber oder Bieter die Vergabe eines Teils des Auftrags an einen Dritten im Wege der Unterauftragsvergabe beabsichtigt und sich zugleich im Hinblick auf seine Leistungsfähigkeit gemäß § 34 Absatz 2 auf die Kapazitäten dieses Dritten beruft, ist auch § 35 anzuwenden.

(2) Die Haftung des Hauptauftragnehmers gegenüber dem Auftraggeber bleibt von Absatz 1 unberührt.

(3) Für Unterauftragnehmer aller Stufen gilt § 128 Absatz 1 des Gesetzes gegen Wettbewerbsbeschränkungen entsprechend.

(4) Der Auftraggeber kann in den Vertragsbedingungen vorschreiben, dass der Auftragnehmer spätestens bei Beginn der Auftragsausführung die Namen, die Kontaktdaten und die gesetzlichen Vertreter seiner Unterauftragnehmer mitteilt und dass jede im Rahmen der Auftragsausführung eintretende Änderung auf der Ebene der Unterauftragnehmer

mitzuteilen ist. Des Weiteren können die Mitteilungspflichten des Auftragnehmers auch auf Lieferanten, die an Dienstleistungsaufträgen beteiligt sind, sowie auf weitere Stufen in der Kette der Unterauftragnehmer ausgeweitet werden.

(5) Erhält der Auftraggeber Kenntnis darüber, dass Gründe für einen zwingenden Ausschluss eines Unterauftragnehmers nach § 31 vorliegen, so verlangt der Auftraggeber die Ersetzung des Unterauftragnehmers. Betrifft die Kenntnis fakultative Ausschlussgründe nach § 31, kann der Auftraggeber verlangen, dass dieser ersetzt wird. Der Auftraggeber setzt dem Bewerber oder Bieter dafür eine Frist. Die Frist ist so zu bemessen, dass dem Auftraggeber durch die Verzögerung keine Nachteile entstehen. Ist dem Bewerber oder Bieter ein Wechsel des Unterauftragnehmers innerhalb dieser Frist nicht möglich, wird das Angebot ausgeschlossen.

(6) Der Auftraggeber kann vorschreiben, dass alle oder bestimmte Aufgaben bei der Leistungserbringung unmittelbar vom Auftragnehmer selbst oder im Fall einer Bietergemeinschaft von einem Teilnehmer der Bietergemeinschaft ausgeführt werden müssen.

1   Die Abs. 1 und Abs. 2 stimmen wortgleich mit § 36 Abs. 1 und Abs. 2 VgV überein (→ VgV § 36 Rn. 15 ff.).
2   Abs. 3 entspricht wortgleich § 36 Abs. 4 VgV (→ VgV § 36 Rn. 26).
3   Abs. 4 ist inhaltlich identisch mit § 36 Abs. 3 S. 1 und S. 3 VgV (→ VgV § 36 Rn. 27 ff.).
4   Abs. 5 S. 1–3 entspricht im Wesentlichen § 36 Abs. 5 VgV (→ VgV § 36 Rn. 22 ff.). Abs. 5 S. 4 und 5 regeln ergänzend, dass bei einer notwendig werdenden Ersetzung eines Unterauftragnehmers nach § 31 VgV die Frist so zu bemessen ist, dass dem Auftraggeber keine Nachteile entstehen. Ist ein Wechsel des Unterauftragnehmers innerhalb der gesetzten Frist nicht möglich, so wird der Bewerber oder Bieter mit seinem Angebot ausgeschlossen.
5   Abs. 6 statuiert ein **Selbstausführungsgebot** für alle oder für bestimmte vom Auftraggeber festgelegte Aufgaben bei der Leistungserbringung. Das Selbstausführungsgebot gilt auch im Fall einer Bietergemeinschaft bei der ein oder mehrere Bieter unmittelbar zur Erbringung der Leistung verpflichtet werden können.

Unterabschnitt 4. Veröffentlichungen; Transparenz

§ 27 Auftragsbekanntmachung; Beschafferprofil

(1) Der Auftraggeber teilt seine Absicht, im Wege einer Öffentlichen Ausschreibung, einer Beschränkten Ausschreibung mit Teilnahmewettbewerb oder einer Verhandlungsvergabe mit Teilnahmewettbewerb einen öffentlichen Auftrag zu vergeben oder eine Rahmenvereinbarung abzuschließen, in einer Auftragsbekanntmachung mit.

(2) Der Auftraggeber kann im Internet zusätzlich ein Beschafferprofil einrichten. Es enthält die Veröffentlichung von Angaben über geplante oder laufende Vergabeverfahren, über vergebene Aufträge oder aufgehobene Vergabeverfahren sowie alle sonstigen für die Auftragsvergabe relevanten Informationen wie zum Beispiel Kontaktstelle, Anschrift, E-Mail-Adresse, Telefon- und Telefaxnummer des Auftraggebers.

1   Abs. 1 entspricht § 37 Abs. 1 VgV (→ VgV § 37 Rn. 1).
2   Abs. 2 ist wortgleich identisch mit § 37 Abs. 4 VgV (→ VgV § 37 Rn. 8), allerdings mit Ausnahme des Hinweises auf die Vorabinformation.

§ 28 Veröffentlichung von Auftragsbekanntmachungen

(1) Auftragsbekanntmachungen sind auf den Internetseiten des Auftraggebers oder auf Internetportalen zu veröffentlichen. Zusätzlich können Auftragsbekanntmachungen in Tageszeitungen, amtlichen Veröffentlichungsblättern oder Fachzeitschriften veröffentlicht werden. Auftragsbekanntmachungen auf Internetseiten des Auftraggebers oder auf Internetportalen müssen zentral über die Suchfunktion des Internetportals www.bund.de ermittelt werden können.

Bereitstellung der Vergabeunterlagen § 29 UVgO

(2) Aus der Auftragsbekanntmachung müssen alle Angaben für eine Entscheidung zur Teilnahme am Vergabeverfahren oder zur Angebotsabgabe ersichtlich sein. Sie enthält mindestens:
1. die Bezeichnung und die Anschrift der zur Angebotsabgabe auffordernden Stelle, der den Zuschlag erteilenden Stelle sowie der Stelle, bei der die Angebote oder Teilnahmeanträge einzureichen sind,
2. die Verfahrensart,
3. die Form, in der Teilnahmeanträge oder Angebote einzureichen sind,
4. gegebenenfalls in den Fällen des § 29 Absatz 3 die Maßnahmen zum Schutz der Vertraulichkeit und die Informationen zum Zugriff auf die Vergabeunterlagen,
5. Art und Umfang der Leistung sowie den Ort der Leistungserbringung,
6. gegebenenfalls die Anzahl, Größe und Art der einzelnen Lose,
7. gegebenenfalls die Zulassung von Nebenangeboten,
8. etwaige Bestimmungen über die Ausführungsfrist,
9. die elektronische Adresse, unter der die Vergabeunterlagen abgerufen werden können oder die Bezeichnung und die Anschrift der Stelle, die die Vergabeunterlagen abgibt oder bei der sie eingesehen werden können,
10. die Teilnahme- oder Angebots- und Bindefrist,
11. die Höhe etwa geforderter Sicherheitsleistungen,
12. die wesentlichen Zahlungsbedingungen oder die Angabe der Unterlagen, in denen sie enthalten sind,
13. die mit dem Angebot oder dem Teilnahmeantrag vorzulegenden Unterlagen, die der Auftraggeber für die Beurteilung der Eignung des Bewerbers oder Bieters und des Nichtvorliegens von Ausschlussgründen verlangt, und
14. die Angabe der Zuschlagskriterien, sofern diese nicht in den Vergabeunterlagen genannt werden.

Auftragsbekanntmachungen sind gem. Abs. 1 S. 1 und 2 auf den Intranetseiten des Auftraggebers 1 oder auf dafür geeigneten Internetportalen zu veröffentlichen. Zusätzlich können diese Auftragsbekanntmachungen auch in Tageszeitungen oder sonstigen Fachmedien publiziert werden. Internet-Bekanntmachungen müssen nach S. 3 zentral über die Suchfunktion von www.bund.de ermittelt werden können.

Alle Angaben, die für eine Entscheidung zur Teilnahme am Vergabeverfahren oder zur Ange- 2 botsabgabe wesentlich sind, müssen nach Abs. 2 S. 1 aus der Auftragsbekanntmachung ersichtlich sein. S. 2 konkretisiert diese Verpflichtung des Auftraggebers in Form eines detaillierten Mindestangabenkatalogs.

§ 29 Bereitstellung der Vergabeunterlagen

(1) Der Auftraggeber gibt in der Auftragsbekanntmachung eine elektronische Adresse an, unter der die Vergabeunterlagen unentgeltlich, uneingeschränkt, vollständig und direkt abgerufen werden können.

(2) Der Auftraggeber kann die Vergabeunterlagen auf einem anderen geeigneten Weg übermitteln, wenn die erforderlichen elektronischen Mittel zum Abruf der Vergabeunterlagen
1. aufgrund der besonderen Art der Auftragsvergabe nicht mit allgemein verfügbaren oder verbreiteten Geräten und Programmen der Informations- und Kommunikationstechnologie kompatibel sind,
2. Dateiformate zur Beschreibung der Angebote verwenden, die nicht mit allgemein verfügbaren oder verbreiteten Programmen verarbeitet werden können oder die durch andere als kostenlose und allgemein verfügbare Lizenzen geschützt sind, oder
3. die Verwendung von Bürogeräten voraussetzen, die dem Auftraggeber nicht allgemein zur Verfügung stehen.

(3) Der Auftraggeber gibt in der Auftragsbekanntmachung an, welche Maßnahmen er zum Schutz der Vertraulichkeit von Informationen anwendet und wie auf die Vergabeunterlagen zugegriffen werden kann.

UVgO § 31

1   Abs. 1 und Abs. 2 entsprechen § 41 Abs. 1 und Abs. 2 VgV (→ VgV § 41 Rn. 5 ff.). Damit ist nunmehr auch für den Unterschwellenbereich klargestellt, dass die Vergabeunterlagen unentgeltlich, vollständig und unmittelbar über das Internet abrufbar sein müssen.

2   Abs. 3 ist inhaltlich identisch mit § 41 Abs. 3 VgV (→ VgV § 41 Rn. 19, 25). Damit wird ebenfalls klargestellt, dass der Auftragnehmer Maßnahmen zum Schutz der Vertraulichkeit von Informationen im Hinblick auf die Bereitstellung der Vergabeunterlagen treffen kann.

§ 30 Vergabebekanntmachung

(1) Der Auftraggeber informiert nach der Durchführung einer Beschränkten Ausschreibung ohne Teilnahmewettbewerb oder einer Verhandlungsvergabe ohne Teilnahmewettbewerb für die Dauer von drei Monaten über jeden so vergebenen Auftrag ab einem Auftragswert von 25 000 Euro ohne Umsatzsteuer auf seinen Internetseiten oder auf Internetportalen. Diese Information enthält mindestens folgende Angaben:
1. Name und Anschrift des Auftraggebers und dessen Beschaffungsstelle,
2. Name des beauftragten Unternehmens; soweit es sich um eine natürliche Person handelt, ist deren Einwilligung einzuholen oder deren Name zu anonymisieren,
3. Verfahrensart,
4. Art und Umfang der Leistung,
5. Zeitraum der Leistungserbringung.

(2) Der Auftraggeber ist nicht verpflichtet, einzelne Angaben zu veröffentlichen, wenn deren Veröffentlichung
1. den Gesetzesvollzug behindern,
2. dem öffentlichen Interesse zuwiderlaufen,
3. den berechtigten geschäftlichen Interessen eines Unternehmens schaden oder
4. den lauteren Wettbewerb zwischen Unternehmen beeinträchtigen würde.

1   Der Auftraggeber hat nach Abs. 1 S. 1 für die Dauer von drei Monaten auf seinen Internetseiten bzw. Internetportalen über jeden Auftrag zu informieren, den er nach der Durchführung einer Beschränkten Ausschreibung oder einer Verhandlungsvergabe ohne Teilnahmewettbewerb vergeben hat, sofern der Auftragswert 25.000 EUR ohne Umsatzsteuer übersteigt. Abs. 1 S. 2 legt die Mindestangaben fest, die diese Information enthalten muss.

2   Abs. 2 entspricht § 39 Abs. 6 VgV (→ VgV § 39 Rn. 11 ff.).

Unterabschnitt 5. Anforderungen an Unternehmen; Eignung

§ 31 Auswahl geeigneter Unternehmen; Ausschluss von Bewerbern und Bietern

(1) Öffentliche Aufträge werden an fachkundige und leistungsfähige (geeignete) Unternehmen vergeben, die nicht in entsprechender Anwendung der §§ 123 oder 124 des Gesetzes gegen Wettbewerbsbeschränkungen ausgeschlossen worden sind.

(2) Der Auftraggeber überprüft die Eignung der Bewerber oder Bieter anhand der nach § 33 festgelegten Eignungskriterien. Die Eignungskriterien können die Befähigung und Erlaubnis zur Berufsausübung sowie die wirtschaftliche, finanzielle, technische und berufliche Leistungsfähigkeit betreffen. Bei Vorliegen von Ausschlussgründen sind § 125 des Gesetzes gegen Wettbewerbsbeschränkungen zur Selbstreinigung und § 126 des Gesetzes gegen Wettbewerbsbeschränkungen zur zulässigen Höchstdauer des Ausschlusses entsprechend anzuwenden. § 123 Absatz 1 Nummer 4 und 5 des Gesetzes gegen Wettbewerbsbeschränkungen findet auch insoweit entsprechende Anwendung, soweit sich die Straftat gegen öffentliche Haushalte richtet. § 124 Absatz 1 Nummer 7 des Gesetzes gegen Wettbewerbsbeschränkungen findet mit der Maßgabe entsprechende Anwendung, dass die mangelhafte Vertragserfüllung weder zu einer vorzeitigen Beendigung des Vertrags, noch zu Schadensersatz oder einer vergleichbaren Rechtsfolge geführt haben muss.

(3) Bei Verfahrensarten mit Teilnahmewettbewerb fordert der Auftraggeber nur solche Bewerber zur Abgabe eines Angebots auf, die ihre Eignung nachgewiesen haben und nicht ausgeschlossen worden sind.

(4) Bei einer Öffentlichen Ausschreibung kann der Auftraggeber entscheiden, ob er die Angebotsprüfung vor der Eignungsprüfung durchführt.

§ 31 Abs. 1 entspricht § 122 Abs. 1 GWB (→ GWB § 122 Rn. 44).   1
Abs. 2 regelt, welche Eignungskriterien im Unterschwellenbereich unter Beachtung der §§ 125,   2
126 GWB festgelegt werden können (→ GWB § 125 Rn. 1 ff., → GWB § 126 Rn. 1 ff.).
Abs. 3 entspricht § 42 Abs. 2 VgV (→ VgV § 42 Rn. 10 ff.).   3
Abs. 4 entspricht § 42 Abs. 3 VgV (→ VgV § 42 Rn. 15 ff.).   4
S. 4 erweitert den Ausschlussgrund des Betruges und des Subventionsbetruges insoweit, als der   5
Ausschlussgrund nicht nur bei Straftaten, die gegen den EU-Haushalt gerichtet sind, gilt, sondern auch bei Straftaten gegen die öffentlichen Haushalte. Der Ausschlussgrund des § 124 Abs. 1 Nr. 7 GWB findet nur mit der Maßgabe entsprechende Anwendung, dass die erhebliche oder fortdauernde Schlechterfüllung des Vertrages zu einer der in § 124 Abs. 1 Nr. 7 GWB beschriebenen Rechtsfolgen geführt hat.

§ 32 Rechtsform von Unternehmen und Bietergemeinschaften

(1) Bewerber oder Bieter, die gemäß den Rechtsvorschriften des Staates, in dem sie niedergelassen sind, zur Erbringung der betreffenden Leistung berechtigt sind, dürfen nicht allein deshalb zurückgewiesen werden, weil sie gemäß den deutschen Rechtsvorschriften eine natürliche oder juristische Person sein müssten. Juristische Personen können jedoch bei Dienstleistungsaufträgen sowie bei Lieferaufträgen, die zusätzlich Dienstleistungen umfassen, verpflichtet werden, in ihrem Antrag auf Teilnahme oder in ihrem Angebot die Namen und die berufliche Befähigung der Personen anzugeben, die für die Erbringung der Leistung als verantwortlich vorgesehen sind.

(2) Bewerber- und Bietergemeinschaften sind wie Einzelbewerber und -bieter zu behandeln. Der Auftraggeber darf nicht verlangen, dass Gruppen von Unternehmen eine bestimmte Rechtsform haben müssen, um einen Antrag auf Teilnahme zu stellen oder ein Angebot abzugeben. Sofern erforderlich, kann der Auftraggeber in den Vergabeunterlagen Bedingungen festlegen, wie Gruppen von Unternehmen die Eignungskriterien zu erfüllen und den Auftrag auszuführen haben; solche Bedingungen müssen durch sachliche Gründe gerechtfertigt und angemessen sein.

(3) Unbeschadet des Absatzes 2 kann der Auftraggeber verlangen, dass eine Bietergemeinschaft nach Zuschlagserteilung eine bestimmte Rechtsform annimmt, soweit dies für die ordnungsgemäße Durchführung des Auftrags erforderlich ist.

§ 32 entspricht § 43 VgV (→ VgV § 43 Rn. 1 ff.).   1

§ 33 Eignungskriterien

(1) Der Auftraggeber kann im Hinblick auf die Befähigung und Erlaubnis zur Berufsausübung und die wirtschaftliche, finanzielle, technische und berufliche Leistungsfähigkeit Anforderungen stellen, die sicherstellen, dass die Bewerber oder Bieter über die erforderliche Eignung für die ordnungsgemäße Ausführung des Auftrags verfügen. Die Anforderungen müssen mit dem Auftragsgegenstand in Verbindung und zu diesem in einem angemessenen Verhältnis stehen. Sie sind bei Öffentlichen Ausschreibungen und Verfahrensarten mit Teilnahmewettbewerb bereits in der Auftragsbekanntmachung, ansonsten in den Vergabeunterlagen aufzuführen.

(2) Soweit eintragungs-, anzeige- oder erlaubnispflichtige Tätigkeiten Gegenstand der Leistung sind, kann der Auftraggeber zu jedem Zeitpunkt des Verfahrens entsprechende Nachweise der Befähigung und Erlaubnis zur Berufsausübung verlangen.

Die in § 33 Abs. 1 enthaltenen Anknüpfungspunkte für die Eignungskriterien stimmen mit den   1
Kriterien in §§ 44–46 VgV überein (→ VgV § 44 Rn. 1 ff.; → VgV § 45 Rn. 1 ff.; → VgV § 46 Rn. 1 ff.).
Abs. 2 gibt dem Auftraggeber das Recht, Nachweise der Befähigung und der Erlaubnis zur   2
Berufsausübung zu verlangen. Die Regelung entspricht inhaltlich § 44 VgV (→ VgV § 44 Rn. 1 ff.).

§ 34 Eignungsleihe

(1) Ein Bewerber oder Bieter kann für einen bestimmten öffentlichen Auftrag im Hinblick auf die erforderliche wirtschaftliche, finanzielle, technische und berufliche Leistungsfähigkeit die Kapazitäten anderer Unternehmen in Anspruch nehmen, wenn er nachweist, dass ihm die für den Auftrag erforderlichen Mittel tatsächlich zur Verfügung stehen werden, indem er beispielsweise eine entsprechende Verpflichtungserklärung dieser Unternehmen vorlegt. Diese Möglichkeit besteht unabhängig von der Rechtsnatur der zwischen dem Bewerber oder Bieter und den anderen Unternehmen bestehenden Verbindungen. Ein Bewerber oder Bieter kann jedoch im Hinblick auf Nachweise für die erforderliche berufliche Leistungsfähigkeit wie Ausbildungs- und Befähigungsnachweise oder die einschlägige berufliche Erfahrung die Kapazitäten anderer Unternehmen nur dann in Anspruch nehmen, wenn diese die Leistung erbringen, für die diese Kapazitäten benötigt werden.

(2) Der Auftraggeber überprüft im Rahmen der Eignungsprüfung, ob die Unternehmen, deren Kapazitäten der Bewerber oder Bieter für die Erfüllung bestimmter Eignungskriterien in Anspruch nehmen will, die entsprechenden Eignungskriterien erfüllen und ob Ausschlussgründe vorliegen. § 26 Absatz 5 gilt entsprechend. Legt der Bewerber oder Bieter eine Einheitliche Europäische Eigenerklärung nach § 50 der Vergabeverordnung vor, so muss diese auch die Angaben enthalten, die für die Überprüfung nach S. 1 erforderlich sind.

(3) Nimmt ein Bewerber oder Bieter die Kapazitäten eines anderen Unternehmens im Hinblick auf die erforderliche wirtschaftliche und finanzielle Leistungsfähigkeit in Anspruch, so kann der Auftraggeber eine gesamtschuldnerische Haftung des Bewerbers oder Bieters und des anderen Unternehmens für die Auftragsausführung entsprechend dem Umfang der Eignungsleihe verlangen.

(4) Die Absätze 1 bis 3 gelten auch für Bewerber- oder Bietergemeinschaften.

1   § 34 entspricht inhaltlich der Vorschrift des § 46 VgV (→ VgV § 46 Rn. 1 ff.). Da in § 26 ein umfassendes Selbstausführungsgebot bei Unteraufträgen verankert ist, ist die Regelung in § 47 Abs. 5 VgV nicht übernommen worden.

§ 35 Beleg der Eignung und des Nichtvorliegens von Ausschlussgründen

(1) In der Auftragsbekanntmachung oder bei Verfahrensarten ohne Teilnahmewettbewerb in der Aufforderung zur Abgabe eines Angebots ist neben den Eignungskriterien ferner anzugeben, mit welchen Unterlagen (Eigenerklärungen, Angaben, Bescheinigungen und sonstige Nachweise) Bewerber oder Bieter ihre Eignung gemäß den §§ 33 und 34 und das Nichtvorliegen von Ausschlussgründen zu belegen haben.

(2) Der Auftraggeber fordert grundsätzlich die Vorlage von Eigenerklärungen an.

(3) Als vorläufigen Beleg der Eignung und des Nichtvorliegens von Ausschlussgründen kann der Auftraggeber die Vorlage einer Einheitlichen Europäischen Eigenerklärung nach § 50 der Vergabeverordnung verlangen. § 50 Absatz 1 S. 1 und Absatz 2 S. 1 der Vergabeverordnung gelten entsprechend.

(4) Der Auftraggeber kann Bewerber oder Bieter auffordern, die erhaltenen Unterlagen zu erläutern.

(5) Kann ein Bewerber oder Bieter aus einem berechtigten Grund die geforderten Unterlagen nicht beibringen, so kann er die Befähigung und Erlaubnis zur Berufsausübung oder seine wirtschaftliche, finanzielle, technische oder berufliche Leistungsfähigkeit durch Vorlage anderer, vom Auftraggeber als geeignet angesehener Unterlagen belegen.

(6) Sofern der Bewerber oder Bieter in einem amtlichen Verzeichnis eingetragen ist oder über eine Zertifizierung verfügt, die jeweils den Anforderungen des Artikels 64 der Richtlinie 2014/24/EU entsprechen, werden die im amtlichen Verzeichnis oder dem Zertifizierungssystem niedergelegten Unterlagen und Angaben vom Auftraggeber nur in begründeten Fällen in Zweifel gezogen (Eignungsvermutung). Ein den Anforderungen des Artikels 64 der Richtlinie 2014/24/EU entsprechendes amtliches Verzeichnis kann auch durch Industrie- und Handelskammern eingerichtet werden. Die Industrie- und Handels-

kammern bedienen sich bei der Führung des amtlichen Verzeichnisses einer gemeinsamen verzeichnisführenden Stelle.

Abs. 1 entspricht § 48 Abs. 1 VgV (→ VgV § 48 Rn. 2 f.). 1
Abs. 2 entspricht § 48 Abs. 2 S. 1 VgV (→ VgV § 48 Rn. 6). 2
Abs. 3 nimmt ebenso wie § 48 Abs. 2 S. 1 VgV im Oberschwellenbereich Bezug auf die **Einheitliche Europäische Eigenerklärung** (EEG). Der Auftraggeber kann die Verwendung des EEG-Formulars vorgeben. Der Auftraggeber ist jedoch – anders als im Oberschwellenbereich – nicht verpflichtet, sich vor Erteilung des Zuschlags die Nachweise und Belege vom Unternehmen, das den Zuschlag erhalten soll, vorlegen zu lassen (§ 50 Abs. 1 S. 1 und Abs. 2 S. 1 VgV). 3
Abs. 4 entspricht § 48 Abs. 7 VgV (→ VgV § 48 Rn. 13 ff.). 4
Abs. 6 entspricht § 48 Abs. 8 S. 1–3 VgV (→ VgV § 48 Rn. 16 ff.). 5

§ 36 Begrenzung der Anzahl der Bewerber

(1) Bei allen Verfahrensarten mit Teilnahmewettbewerb kann der Auftraggeber die Zahl der geeigneten Bewerber, die zur Abgabe eines Angebots oder zur Teilnahme an Verhandlungen aufgefordert werden, begrenzen, sofern genügend geeignete Bewerber zur Verfügung stehen. Dazu gibt der Auftraggeber in der Auftragsbekanntmachung die von ihm vorgesehenen objektiven und nichtdiskriminierenden Eignungskriterien für die Begrenzung der Zahl, die vorgesehene Mindestzahl und gegebenenfalls auch die Höchstzahl der aufzufordernden Bewerber an.

(2) Die vom Auftraggeber vorgesehene Mindestzahl der zur Angebotsabgabe oder zur Teilnahme an Verhandlungen aufzufordernden Bewerber darf nicht niedriger als drei sein. In jedem Fall muss die vorgesehene Mindestzahl ausreichend hoch sein, sodass der Wettbewerb gewährleistet ist. Sofern die Zahl geeigneter Bewerber unter der Mindestzahl liegt, kann der Auftraggeber das Vergabeverfahren fortführen, indem er alle Bewerber zur Angebotsabgabe oder zur Teilnahme an Verhandlungen auffordert, die über die geforderte Eignung verfügen. Unternehmen, die sich nicht um die Teilnahme beworben haben, oder Bewerber, die nicht über die geforderte Eignung verfügen, dürfen nicht zugelassen werden.

Die Vorschrift entspricht § 51 VgV (→ VgV § 51 Rn. 1 ff.). 1

Unterabschnitt 6. Einreichung, Form und Umgang mit Teilnahmeanträgen und Angeboten

§ 37 Aufforderung zur Angebotsabgabe oder zur Verhandlung nach Teilnahmewettbewerb

(1) Ist ein Teilnahmewettbewerb durchgeführt worden, wählt der Auftraggeber alle geeigneten, nicht ausgeschlossenen Bewerber oder gemäß § 36 eine begrenzte Anzahl an geeigneten, nicht ausgeschlossenen Bewerbern aus, die er auffordert, ein Angebot einzureichen oder an Verhandlungen teilzunehmen.

(2) Die Aufforderung nach Absatz 1, ein Angebot einzureichen, enthält mindestens:
1. einen Hinweis auf die veröffentlichte Auftragsbekanntmachung,
2. den Tag, bis zu dem ein Angebot eingehen muss, die Anschrift der Stelle, bei der es einzureichen ist, die Art der Einreichung sowie die Sprache, in der es abzufassen ist,
3. die Bezeichnung der gegebenenfalls beizufügenden Unterlagen, sofern nicht bereits in der Auftragsbekanntmachung enthalten.

§ 37 Abs. 1 entspricht § 52 Abs. 1 VgV (→ VgV § 52 Rn. 5). 1
§ 37 Abs. 2 entspricht § 52 Abs. 2 Nr. 1, 2 und 4 VgV (→ VgV § 52 Rn. 8 ff., 13 f.). 2

§ 38 Form und Übermittlung der Teilnahmeanträge und Angebote

(1) Der Auftraggeber legt fest, ob die Unternehmen ihre Teilnahmeanträge und Angebote in Textform nach § 126b des Bürgerlichen Gesetzbuchs mithilfe elektronischer Mittel gemäß § 7, auf dem Postweg, durch Telefax oder durch einen anderen geeigneten Weg oder durch Kombination dieser Mittel einzureichen haben. Dasselbe gilt für die sonstige Kommunikation nach § 7.

(2) Ab dem 1. Januar 2019 akzeptiert der Auftraggeber die Einreichung von Teilnahmeanträgen und Angeboten in Textform nach § 126b des Bürgerlichen Gesetzbuchs mithilfe elektronischer Mittel gemäß § 7, auch wenn er die Übermittlung auf dem Postweg, durch Telefax oder durch einen anderen geeigneten Weg oder durch Kombination dieser Mittel vorgegeben hat. Dasselbe gilt für die sonstige Kommunikation nach § 7.

(3) Ab dem 1. Januar 2020 gibt der Auftraggeber vor, dass die Unternehmen ihre Teilnahmeanträge und Angebote in Textform nach § 126b des Bürgerlichen Gesetzbuchs ausschließlich mithilfe elektronischer Mittel gemäß § 7 übermitteln. Dasselbe gilt für die sonstige Kommunikation nach § 7.

(4) [1]Der Auftraggeber ist zur Akzeptanz oder Vorgabe elektronisch eingereichter Teilnahmeanträge oder Angebote nach den Absätzen 2 und 3 nicht verpflichtet, wenn
1. der geschätzte Auftragswert ohne Umsatzsteuer 25 000 Euro nicht überschreitet oder
2. eine Beschränkte Ausschreibung ohne Teilnahmewettbewerb oder eine Verhandlungsvergabe ohne Teilnahmewettbewerb durchgeführt wird.
Dasselbe gilt für die sonstige Kommunikation nach § 7.

(5) Eine Verpflichtung zur Einreichung von Angeboten mithilfe elektronischer Mittel gemäß § 7 besteht nicht, wenn auf die zur Einreichung erforderlichen elektronischen Mittel einer der in § 29 Absatz 2 genannten Gründe zutrifft oder wenn zugleich physische oder maßstabsgetreue Modelle einzureichen sind, die nicht elektronisch übermittelt werden können. In diesen Fällen erfolgt die Kommunikation auf dem Postweg oder auf einem anderen geeigneten Weg.

(6) Ist die Verwendung elektronischer Mittel vorgegeben, prüft der Auftraggeber, ob zu übermittelnde Daten erhöhte Anforderungen an die Sicherheit stellen. Soweit es erforderlich ist, kann der Auftraggeber verlangen, dass Teilnahmeanträge und Angebote
1. mit einer fortgeschrittenen elektronischen Signatur gemäß Artikel 3 Nummer 11 der Verordnung (EU) Nr. 910/2014 oder mit einem fortgeschrittenen elektronischen Siegel gemäß Artikel 3 Nummer 26 der Verordnung (EU) Nr. 910/2014 oder
2. mit einer qualifizierten elektronischen Signatur gemäß Artikel 3 Nummer 12 der Verordnung (EU) Nr. 910/2014 oder mit einem qualifizierten elektronischen Siegel gemäß Artikel 3 Nummer 27 der Verordnung (EU) Nr. 910/2014 zu versehen sind.

(7) Der Auftraggeber kann festlegen, dass Angebote mithilfe anderer als elektronischer Mittel einzureichen sind, wenn sie besonders schutzwürdige Daten enthalten, die bei Verwendung allgemein verfügbarer oder alternativer elektronischer Mittel nicht angemessen geschützt werden können, oder wenn die Sicherheit der elektronischen Mittel nicht gewährleistet werden kann.

(8) Auf dem Postweg oder direkt übermittelte Teilnahmeanträge und Angebote sind in einem verschlossenen Umschlag einzureichen und als solche zu kennzeichnen.

(9) Auf dem Postweg oder direkt übermittelte Teilnahmeanträge und Angebote müssen unterschrieben sein. Bei Abgabe mittels Telefax genügt die Unterschrift auf der Telefaxvorlage.

(10) Änderungen an den Vergabeunterlagen sind unzulässig. Die Teilnahmeanträge und Angebote müssen vollständig sein und alle geforderten Angaben, Erklärungen und Preise enthalten. Nebenangebote müssen als solche gekennzeichnet sein.

(11) Die Unternehmen haben anzugeben, ob für den Auftragsgegenstand gewerbliche Schutzrechte bestehen, beantragt sind oder erwogen werden.

---

[1] **[Amtl. Anm.:]** Das Bundesministerium für Wirtschaft und Energie wird die Auswirkungen der Ausnahmen von der umfassenden Verpflichtung zur Übermittlung der Teilnahmeanträge und Angebote in elektronischer Form auf die Vergabepraxis innerhalb von zwei Jahren nach dem in § 38 Absatz 3 UVgO genannten Datum evaluieren.

(12) Bewerber- oder Bietergemeinschaften haben im Teilnahmeantrag oder im Angebot jeweils die Mitglieder sowie eines ihrer Mitglieder als bevollmächtigten Vertreter für den Abschluss und die Durchführung des Vertrags zu benennen. Fehlt eine dieser Angaben, so ist sie vor der Zuschlagserteilung beizubringen.

Nach Einführung der E-Vergabe (§ 97 Abs. 5 GWB) sind die Übergangsfristen für die Form und Übermittlung von Teilnahmeanträgen und Angeboten neu geregelt worden. Ab dem 1.1.2020 kann der Auftraggeber gem. Abs. 3 bestimmen, dass die Unternehmen ihre Teilnahmeanträge und Angebote in Textform (§ 126b BGB) ausschließlich mithilfe elektronischer Mittel übermitteln. Dies entspricht der Regelung in § 53 Abs. 1 VgV (→ VgV § 53 Rn. 4 ff.). 1

Ausnahmen zu der verpflichtenden elektronischen Kommunikation bestehen nach Abs. 4 und 5 nur, wenn der geschätzte Auftragswert ohne Umsatzsteuer 25.000 EUR nicht überschreitet oder eine beschränkte Ausschreibung ohne Teilnahmewettbewerb oder eine Verhandlungsvergabe ohne Teilnahmewettbewerb durchgeführt wird. Diese Ausnahme bezieht sich dann auch auf die sonstige Kommunikation und damit insbesondere auf Bieterfragen und deren Beantwortung. Eine Ausnahme nach Abs. 5 besteht auch dann, wenn mit dem zur Einreichung erforderlichen elektronischen Mittel zugleich Modelle einzureichen sind, deren elektronische Übermittlung nicht möglich ist. 2

§ 38 Abs. 6 entspricht § 53 Abs. 3 VgV (→ VgV § 53 Rn. 9 ff.). 3
§ 38 Abs. 7 entspricht § 53 Abs. 4 VgV (→ VgV § 53 Rn. 15 ff.). 4
§ 38 Abs. 5 entspricht § 53 Abs. 5 VgV (→ VgV § 53 Rn. 19 ff.). 5
§ 38 Abs. 9 entspricht § 53 Abs. 6 VgV (→ VgV § 53 Rn. 19 ff.). 6
§ 38 Abs. 10 entspricht § 53 Abs. 7 VgV (→ VgV § 53 Rn. 25 ff.). 7
§ 38 Abs. 11 entspricht § 53 Abs. 8 VgV (→ VgV § 53 Rn. 29 ff.). 8
§ 38 Abs. 12 entspricht § 53 Abs. 9 VgV (→ VgV § 53 Rn. 32). 9

§ 39 Aufbewahrung ungeöffneter Teilnahmeanträge und Angebote

Elektronisch übermittelte Teilnahmeanträge und Angebote sind auf geeignete Weise zu kennzeichnen und verschlüsselt zu speichern. Auf dem Postweg und direkt übermittelte Teilnahmeanträge und Angebote sind ungeöffnet zu lassen, mit Eingangsvermerk zu versehen und bis zum Zeitpunkt der Öffnung unter Verschluss zu halten. Mittels Telefax übermittelte Teilnahmeanträge und Angebote sind ebenfalls entsprechend zu kennzeichnen und auf geeignete Weise unter Verschluss zu halten.

§ 39 entspricht § 54 VgV (→ VgV § 54 Rn. 1 ff.). 1

§ 40 Öffnung der Teilnahmeanträge und Angebote

(1) Der Auftraggeber darf vom Inhalt der Teilnahmeanträge und Angebote erst nach Ablauf der entsprechenden Fristen Kenntnis nehmen. Dies gilt nicht, wenn nach § 12 Absatz 3 nur ein Unternehmen zur Abgabe eines Angebots aufgefordert wurde.

(2) Die Öffnung der Angebote wird von mindestens zwei Vertretern des Auftraggebers gemeinsam an einem Termin unverzüglich nach Ablauf der Angebotsfrist durchgeführt. Bieter sind nicht zugelassen.

§ 40 Abs. 1 S. 1 entspricht § 55 Abs. 1 VgV (→ VgV § 55 Rn. 4 ff.). S. 2 regelt eine Ausnahme, wenn nur ein Unternehmen zur Abgabe eines Angebots aufgefordert wurde. 1
§ 40 Abs. 2 entspricht § 55 Abs. 2 VgV (→ VgV § 55 Rn. 9 ff.). 2

Unterabschnitt 7. Prüfung und Wertung der Teilnahmeanträge und Angebote; Zuschlag

§ 41 Prüfung der Teilnahmeanträge und Angebote; Nachforderung von Unterlagen

(1) Die Teilnahmeanträge und Angebote sind auf Vollständigkeit und fachliche Richtigkeit, Angebote zudem auf rechnerische Richtigkeit zu prüfen.

(2) Der Auftraggeber kann den Bewerber oder Bieter unter Einhaltung der Grundsätze der Transparenz und der Gleichbehandlung auffordern, fehlende, unvollständige oder fehlerhafte unternehmensbezogene Unterlagen, insbesondere Eigenerklärungen, Angaben, Bescheinigungen oder sonstige Nachweise, nachzureichen, zu vervollständigen oder zu korrigieren, oder fehlende oder unvollständige leistungsbezogene Unterlagen nachzureichen oder zu vervollständigen. Der Auftraggeber ist berechtigt, in der Auftragsbekanntmachung oder den Vergabeunterlagen festzulegen, dass er keine Unterlagen nachfordern wird.

(3) Die Nachforderung von leistungsbezogenen Unterlagen, die die Wirtschaftlichkeitsbewertung der Angebote anhand der Zuschlagskriterien betreffen, ist ausgeschlossen. Dies gilt nicht für Preisangaben, wenn es sich um unwesentliche Einzelpositionen handelt, deren Einzelpreise den Gesamtpreis nicht verändern oder die Wertungsreihenfolge und den Wettbewerb nicht beeinträchtigen.

(4) Die Unterlagen sind vom Bewerber oder Bieter nach Aufforderung durch den Auftraggeber innerhalb einer von diesem festzulegenden angemessenen, nach dem Kalender bestimmten Frist vorzulegen.

(5) Die Entscheidung zur und das Ergebnis der Nachforderung sind zu dokumentieren.

1   § 41 entspricht § 56 VgV (→ VgV § 56 Rn. 1 ff.).

§ 42 Ausschluss von Teilnahmeanträgen und Angeboten

(1) Angebote von Unternehmen, die gemäß § 31 die Eignungskriterien nicht erfüllen oder die wegen des Vorliegens von Ausschlussgründen ausgeschlossen worden sind, werden bei der Wertung nicht berücksichtigt. Darüber hinaus werden Angebote von der Wertung ausgeschlossen, die nicht den Erfordernissen des § 38 genügen, insbesondere
1. Angebote, die nicht form- oder fristgerecht eingegangen sind, es sei denn, der Bieter hat dies nicht zu vertreten,
2. Angebote, die nicht die geforderten oder nachgeforderten Unterlagen enthalten,
3. Angebote, in denen Änderungen des Bieters an seinen Eintragungen nicht zweifelsfrei sind,
4. Angebote, bei denen Änderungen oder Ergänzungen an den Vergabeunterlagen vorgenommen worden sind,
5. Angebote, die nicht die erforderlichen Preisangaben enthalten, es sei denn, es handelt sich um unwesentliche Einzelpositionen, deren Einzelpreise den Gesamtpreis nicht verändern oder die Wertungsreihenfolge und den Wettbewerb nicht beeinträchtigen, oder
6. nicht zugelassene Nebenangebote.

(2) Hat der Auftraggeber Nebenangebote zugelassen und hierfür Mindestanforderungen vorgegeben, so berücksichtigt er nur die Nebenangebote, die die von ihm verlangten Mindestanforderungen erfüllen.

(3) Absatz 1 findet auf die Prüfung von Teilnahmeanträgen entsprechende Anwendung.

1   § 42 entspricht § 57 VgV (→ VgV § 57 Rn. 1 ff.).

§ 43 Zuschlag und Zuschlagskriterien

(1) Der Zuschlag wird auf das wirtschaftlichste Angebot erteilt.

(2) Die Ermittlung des wirtschaftlichsten Angebots erfolgt auf der Grundlage des besten Preis-Leistungs- Verhältnisses. Neben dem Preis oder den Kosten können auch qualitative, umweltbezogene oder soziale Zuschlagskriterien berücksichtigt werden, insbesondere:
1. die Qualität, einschließlich des technischen Werts, Ästhetik, Zweckmäßigkeit, Zugänglichkeit der Leistung insbesondere für Menschen mit Behinderungen, ihrer Übereinstimmung mit Anforderungen des „Designs für Alle", soziale, umweltbezogene und innovative Eigenschaften sowie Vertriebs- und Handelsbedingungen,
2. die Organisation, Qualifikation und Erfahrung des mit der Ausführung des Auftrags betrauten Personals, wenn die Qualität des eingesetzten Personals erheblichen Einfluss auf das Niveau der Auftragsausführung haben kann, oder

3. die Verfügbarkeit von Kundendienst und technischer Hilfe sowie Lieferbedingungen wie Liefertermin, Lieferverfahren sowie Liefer- oder Ausführungsfristen.

Der Auftraggeber kann auch Festpreise oder Festkosten vorgeben, sodass das wirtschaftlichste Angebot ausschließlich nach qualitativen, umweltbezogenen oder sozialen Zuschlagskriterien nach S. 2 bestimmt wird.

(3) Die Zuschlagskriterien müssen mit dem Auftragsgegenstand in Verbindung stehen. Diese Verbindung ist auch dann anzunehmen, wenn sich ein Zuschlagskriterium auf Prozesse im Zusammenhang mit der Herstellung, Bereitstellung oder Entsorgung der Leistung, auf den Handel mit der Leistung oder auf ein anderes Stadium im Lebenszyklus der Leistung bezieht, auch wenn sich diese Faktoren nicht auf die materiellen Eigenschaften des Auftragsgegenstands auswirken.

(4) Der Auftraggeber kann vorgeben, dass das Zuschlagskriterium „Kosten" auf der Grundlage der Lebenszykluskosten der Leistung in entsprechender Anwendung des § 59 der Vergabeverordnung berechnet wird.

(5) Die Zuschlagskriterien müssen so festgelegt und bestimmt sein, dass die Möglichkeit eines wirksamen Wettbewerbs gewährleistet wird, der Zuschlag nicht willkürlich erteilt werden kann und eine wirksame Überprüfung möglich ist, ob und inwieweit die Angebote die Zuschlagskriterien erfüllen.

(6) Der Auftraggeber gibt in der Auftragsbekanntmachung oder den Vergabeunterlagen an, wie er die einzelnen Zuschlagskriterien gewichtet, um das wirtschaftlichste Angebot zu ermitteln. Diese Gewichtung kann auch mittels einer Spanne angegeben werden, deren Bandbreite angemessen sein muss. Ist die Gewichtung aus objektiven Gründen nicht möglich, so gibt der Auftraggeber die Zuschlagskriterien in absteigender Rangfolge an.

(7) Für den Beleg, ob und inwieweit die angebotene Leistung den geforderten Zuschlagskriterien entspricht, gilt § 24 entsprechend.

(8) An der Entscheidung über den Zuschlag sollen in der Regel mindestens zwei Vertreter des Auftraggebers mitwirken.

§ 43 Abs. 1 und 2 entsprechen den in § 58 VgV (→ VgV § 58 Rn. 3 ff.) getroffenen Regelungen, ergänzen diese aber durch den Abs. 3 wie folgt: 1

Die Zuschlagskriterien müssen mit dem Auftragsgegenstand zusammenhängen. Das ist nach Abs. 3 der Fall, wenn sich das Zuschlagskriterium auf die Herstellung, Bereitstellung oder Entsorgung der Leistung bzw. auf den Handel mit der Leistung im Lebenszyklus der Leistung bezieht. Oder nach Abs. 4 auf der Grundlage der Lebenszykluskosten der Leistung berechnet wird. Dies kann in entsprechender Anwendung des § 59 VgV geschehen (→ VgV § 59 Rn. 1 ff.). 2

Die Zuschlagskriterien müssen dabei so festgelegt werden, dass die Möglichkeit eines wirksamen Wettbewerbs gewährleistet ist, der Zuschlag nicht willkürlich erteilt werden kann und eine effektive Überprüfung möglich ist. 3

Nach Abs. 6 hat der Auftraggeber in der Auftragsbekanntmachung oder in den Vergabeunterlagen anzugeben, wie die einzelnen Zuschlagskriterien gewichtet sind, um das wirtschaftlichste Angebot zu ermitteln. Der Auftraggeber hat dann die Zuschlagskriterien in absteigender Rangfolge anzugeben. 4

§ 44 Ungewöhnlich niedrige Angebote

(1) Erscheinen der Preis oder die Kosten eines Angebots, auf das der Zuschlag erteilt werden soll, im Verhältnis zu der zu erbringenden Leistung ungewöhnlich niedrig, verlangt der Auftraggeber vom Bieter Aufklärung.

(2) Der Auftraggeber prüft die Zusammensetzung des Angebots und berücksichtigt die übermittelten Unterlagen. Die Prüfung kann insbesondere betreffen:
1. die Wirtschaftlichkeit des Fertigungsverfahrens einer Lieferleistung oder der Erbringung der Dienstleistung,
2. die gewählten technischen Lösungen oder die außergewöhnlich günstigen Bedingungen, über die das Unternehmen bei der Lieferung der Waren oder bei der Erbringung der Dienstleistung verfügt,
3. die Besonderheiten der angebotenen Leistung,

4. die Einhaltung der Verpflichtungen nach § 128 Absatz 1 des Gesetzes gegen Wettbewerbsbeschränkungen, insbesondere der für das Unternehmen geltenden umwelt-, sozial- und arbeitsrechtlichen Vorschriften, oder

5. die etwaige Gewährung einer staatlichen Beihilfe an das Unternehmen.

(3) Kann der Auftraggeber nach der Prüfung gemäß den Absätzen 1 und 2 die geringe Höhe des angebotenen Preises oder der angebotenen Kosten nicht zufriedenstellend aufklären, darf er den Zuschlag auf dieses Angebot ablehnen. Der Auftraggeber lehnt das Angebot ab, wenn er festgestellt hat, dass der Preis oder die Kosten des Angebots ungewöhnlich niedrig sind, weil Verpflichtungen nach Absatz 2 S. 2 Nummer 4 nicht eingehalten werden. Der Auftraggeber lehnt das Angebot auch dann ab, wenn der Bieter an der Aufklärung nach den Absätzen 1 und 2 nicht mitwirkt.

(4) Stellt der Auftraggeber fest, dass ein Angebot ungewöhnlich niedrig ist, weil der Bieter eine staatliche Beihilfe erhalten hat, so lehnt der Auftraggeber das Angebot nur dann ab, wenn der Bieter nicht innerhalb einer vom Auftraggeber gesetzten angemessenen Frist nachweisen kann, dass die staatliche Beihilfe rechtmäßig gewährt wurde.

1 § 44 entspricht § 60 VgV (→ VgV § 60 Rn. 1 ff.). Ergänzend regelt § 44 Abs. 3 S. 3, dass der Auftraggeber das Angebot auch dann ablehnen kann, wenn er nach Prüfung festgestellt hat, dass der Preis oder die Kosten des Angebots ungewöhnlich niedrig sind. Um diese Feststellung treffen zu können, ist zunächst der marktübliche Preis zu ermitteln. Liegt der Angebotspreis 15–20% unter dem marktüblichen Preis, so ist dieser als ungewöhnlich niedrig anzusehen. Der Auftraggeber kann das Angebot aber auch dann ablehnen, wenn der Bieter an der Aufklärung nach Abs. 1 und 2 nicht gehörig mitwirkt.

2 Eine rechtmäßig gem. Art. 107 AEUV gewährte staatliche Beihilfe (→ AEUV Art. 107 Rn. 1 ff.) ist kein Ablehnungsgrund, auch wenn dadurch der Preis ungewöhnlich niedrig ist.

§ 45 Auftragsausführung

(1) Für die Ausführung von öffentlichen Aufträgen gilt § 128 Absatz 1 des Gesetzes gegen Wettbewerbsbeschränkungen entsprechend.

(2) Auftraggeber können Bedingungen für die Ausführung eines Auftrags festlegen, sofern diese mit dem Auftragsgegenstand in entsprechender Anwendung des § 127 Absatz 3 des Gesetzes gegen Wettbewerbsbeschränkungen in Verbindung stehen. Die Ausführungsbedingungen müssen sich aus der Auftragsbekanntmachung oder den Vergabeunterlagen ergeben. Sie können insbesondere wirtschaftliche, innovationsbezogene, umweltbezogene, soziale oder beschäftigungspolitische Belange oder den Schutz der Vertraulichkeit von Informationen umfassen.

(3) Für den Beleg, dass die angebotene Leistung den geforderten Ausführungsbedingungen entspricht, gilt § 24 entsprechend.

1 § 45 Abs. 1 verweist auf § 128 Abs. 1 GWB und erklärt diese Vorschrift für sinngemäß anwendbar (→ GWB § 128 Rn. 6 ff.).
2 § 45 Abs. 2 entspricht § 128 Abs. 2 GWB (→ GWB § 128 Rn. 20 ff.).
3 Abs. 3 entspricht § 61 VgV (→ VgV § 61 Rn. 1 ff.).

§ 46 Unterrichtung der Bewerber und Bieter

(1) Der Auftraggeber unterrichtet jeden Bewerber und jeden Bieter unverzüglich über den Abschluss einer Rahmenvereinbarung oder die erfolgte Zuschlagserteilung. Gleiches gilt hinsichtlich der Aufhebung oder erneuten Einleitung eines Vergabeverfahrens einschließlich der Gründe dafür. Der Auftraggeber unterrichtet auf Verlangen des Bewerbers oder Bieters unverzüglich, spätestens innerhalb von 15 Tagen nach Eingang des Antrags die nicht berücksichtigten Bieter über die wesentlichen Gründe für die Ablehnung ihres Angebots, die Merkmale und Vorteile des erfolgreichen Angebots sowie den Namen des erfolgreichen Bieters, und die nicht berücksichtigten Bewerber über die wesentlichen Gründe ihrer Nichtberücksichtigung.

(2) § 30 Absatz 2 gilt für Informationen nach Absatz 1 S. 3 entsprechend.

§ 46 Abs. 1 entspricht § 62 Abs. 1 VgV (→ VgV § 62 Rn. 6 ff.).   1
§ 46 Abs. 2 entspricht § 62 Abs. 3 VgV (→ VgV § 62 Rn. 15).   2

§ 47 Auftragsänderung

(1) Für die Änderung eines öffentlichen Liefer- oder Dienstleistungsauftrags ohne Durchführung eines neuen Vergabeverfahrens gilt § 132 Absatz 1, 2 und 4 des Gesetzes gegen Wettbewerbsbeschränkungen entsprechend.

(2) Darüber hinaus ist die Änderung eines öffentlichen Auftrags ohne Durchführung eines neuen Vergabeverfahrens zulässig, wenn sich der Gesamtcharakter des Auftrags nicht ändert und der Wert der Änderung nicht mehr als 20 Prozent des ursprünglichen Auftragswertes beträgt. Bei mehreren aufeinander folgenden Änderungen ist der Gesamtwert der Änderungen maßgeblich.

§ 47 Abs. 1 verweist zur Regelung von Auftragsänderungen oder Durchführung eines neuen 1
Vergabeverfahrens auf § 132 Abs. 1, 2 und 4 GWB (→ GWB § 132 Rn. 4 ff.).

Nach Abs. 2 S. 1 ist ohne Durchführung eines neuen Vergabeverfahrens eine Änderung von 2
bis zu 20% des ursprünglichen Auftragswertes zulässig, wenn sich der Gesamtcharakter des Auftrags nicht ändert. Die Grenze von 20% ist auch dann einzuhalten, wenn mehrere aufeinander folgende Änderungen stattfinden. Diese Regelung entspricht § 132 Abs. 3 S. 2 GWB (→ GWB § 132 Rn. 60). Nach den Erläuterungen des Bundeswirtschaftsministers soll die Regelung in Abs. 2 auch für Aufträge gelten, die bereits voll erfüllt oder abgewickelt sind und damit auch Nachbestellungen im Anschluss an einen bestehenden Vertrag erfassen. Meines Erachtens ist die vom Ministerium vertretene Auffassung durch Wortlaut und Sinn des § 47 Abs. 2 nicht gedeckt. Mit der Erfüllung eines Vertrages ist kein Spielraum mehr für Auftragswertveränderungen. Die Objektivität des Verfahrens wurde dadurch infrage gestellt.

§ 48 Aufhebung von Vergabeverfahren

(1) Der Auftraggeber ist berechtigt, ein Vergabeverfahren ganz oder teilweise aufzuheben, wenn
1. kein Teilnahmeantrag oder Angebot eingegangen ist, das den Bedingungen entspricht,
2. sich die Grundlage des Vergabeverfahrens wesentlich geändert hat,
3. kein wirtschaftliches Ergebnis erzielt wurde oder
4. andere schwerwiegende Gründe bestehen.

(2) Im Übrigen ist der Auftraggeber grundsätzlich nicht verpflichtet, den Zuschlag zu erteilen.

§ 48 entspricht § 63 VgV (→ VgV § 63 Rn. 1 ff.).   1

§ 48 bezieht sich auf Fälle, in denen inhaltlich und formal fehlerhafte Angebote von geeigneten 2
und nicht ausgeschlossenen Bewerbern oder Bietern vorgelegt werden, erfasst bei teleologischer Auslegung aber auch solche Fälle, in denen Angebote vorgelegt werden, die zwar in formaler Hinsicht den Anforderungen des Auftraggebers entsprechen, aber von Unternehmen eingereicht wurden, die ungeeignet sind oder ausgeschlossen wurden.

Abschnitt 3. Vergabe von Aufträgen für besondere Leistungen; Planungswettbewerbe

§ 49 Vergabe von öffentlichen Aufträgen über soziale und andere besondere Dienstleistungen

(1) Abweichend von § 8 Absatz 2 steht dem Auftraggeber für die Vergabe öffentlicher Aufträge über soziale und andere besondere Dienstleistungen im Sinne von § 130 Absatz 1 des Gesetzes gegen Wettbewerbsbeschränkungen neben der Öffentlichen Ausschreibung und der Beschränkten Ausschreibung mit Teilnahmewettbewerb stets auch die Verhand-

lungsvergabe mit Teilnahmewettbewerb nach seiner Wahl zur Verfügung. In den Fällen, in denen die Voraussetzungen des § 8 Absatz 3 beziehungsweise Absatz 4 vorliegen, kann der Auftraggeber auf einen Teilnahmewettbewerb verzichten. Für soziale und andere besondere Dienstleistungen, die im Rahmen einer freiberuflichen Tätigkeit erbracht oder im Wettbewerb mit freiberuflichen Tätigen angeboten werden, gilt § 50.

(2) Bei der Bewertung der in § 43 Absatz 2 S. 1 Nummer 2 genannten Zuschlagskriterien können insbesondere der Erfolg und die Qualität bereits erbrachter Leistungen des Bieters oder des vom Bieter eingesetzten Personals berücksichtigt werden. Bei Dienstleistungen nach dem Zweiten und Dritten Buch Sozialgesetzbuch können für die Bewertung des Erfolgs und der Qualität bereits erbrachter Leistungen des Bieters insbesondere berücksichtigt werden:
1. Eingliederungsquoten,
2. Abbruchquoten,
3. erreichte Bildungsabschlüsse und
4. Beurteilungen der Vertragsausführung durch den Auftraggeber anhand transparenter und nichtdiskriminierender Methoden.

1   § 49 Abs. 1 entspricht § 64, 65 Abs. 1 S. 1 VgV (→ VgV § 64 Rn. 1 ff., → VgV § 65 Rn. 7).
2   § 130 Abs. 1 GWB verweist auf den Katalog im Anhang XIV RL 2014/24/EU über die öffentliche Auftragsvergabe, indem die betroffenen Dienstleistungen unter Nennung ihres CPV-Codes (Common Procurement Vocabulary) definiert sind.
3   Die Regelung des § 49 gilt ausschließlich für die im Anhang XIV RL 2014/24/EU definierten Dienstleistungen. Der Kreis der Dienstleistungen kann nicht ohne Gesetzesänderung erweitert werden.
4   Die Regelung in § 49 gilt allerdings nur dann, wenn der geschätzte Auftragswert ohne Umsatzsteuer für die sozialen und anderen besonderen Dienstleistungen den maßgeblichen EU-Schwellenwert von 750.000 EUR nicht überschreitet.
5   Für freiberufliche Leistungen, die zugleich eine Dienstleistung iSv § 130 GWB darstellen (→ GWB § 130 Rn. 3 ff.), geht § 50 als Spezialvorschrift den Regelungen in §§ 49 ff. vor.
6   § 49 Abs. 2 entspricht § 65 Abs. 5 VgV (→ VgV § 65 Rn. 16 ff.).

§ 50 Sonderregelung zur Vergabe von freiberuflichen Leistungen

Öffentliche Aufträge über Leistungen, die im Rahmen einer freiberuflichen Tätigkeit erbracht oder im Wettbewerb mit freiberuflich Tätigen angeboten werden,[1] sind grundsätzlich im Wettbewerb zu vergeben. Dabei ist so viel Wettbewerb zu schaffen, wie dies nach der Natur des Geschäfts oder nach den besonderen Umständen möglich ist.

1   Die Vorschrift stellt klar, dass auch freiberufliche Leistungen im Wettbewerb zu vergeben sind. Die Vorschrift knüpft an die Regelung Nr. 2.3 der allgemeinen Verwaltungsvorschriften zu § 55 BHO und an gleichartige Regelungen in den Landeshaushaltsordnungen an.
2   Auch juristische Dienstleistungen sind freiberufliche Dienstleistungen iSd § 50, sofern sie nicht gem. § 1 Abs. 2 GWB iVm § 116 Abs. 1 Nr. 1 GWB aus dem Anwendungsbereich der UVgO ausgeklammert sind.

---

[1] [Amtl. Anm.:] vgl. § 18 Absatz 1 Nummer 1 des Einkommensteuergesetzes:
(1) Einkünfte aus selbständiger Arbeit sind: 1. Einkünfte aus freiberuflicher Tätigkeit. Zu der freiberuflichen Tätigkeit gehören die selbständig ausgeübte wissenschaftliche, künstlerische, schriftstellerische, unterrichtende oder erzieherische Tätigkeit, die selbständige Berufstätigkeit der Ärzte, Zahnärzte, Tierärzte, Rechtsanwälte, Notare, Patentanwälte, Vermessungsingenieure, Ingenieure, Architekten, Handelschemiker, Wirtschaftsprüfer, Steuerberater, beratenden Volks- und Betriebswirte, vereidigten Buchprüfer (vereidigten Bücherrevisoren), Steuerbevollmächtigten, Heilpraktiker, Dentisten, Krankengymnasten, Journalisten, Bildberichterstatter, Dolmetscher, Übersetzer, Lotsen und ähnlicher Berufe. Ein Angehöriger eines freien Berufs im Sinne der Sätze 1 und 2 ist auch dann freiberuflich tätig, wenn er sich der Mithilfe fachlich vorgebildeter Arbeitskräfte bedient; Voraussetzung ist, dass er auf Grund eigener Fachkenntnisse leitend und eigenverantwortlich tätig wird. Eine Vertretung im Fall vorübergehender Verhinderung steht der Annahme einer leitenden und eigenverantwortlichen Tätigkeit nicht entgegen; ...

§ 51 Vergabe von verteidigungs- oder sicherheitsspezifischen öffentlichen Aufträgen

(1) Abweichend von § 8 Absatz 2 stehen dem Auftraggeber für die Vergabe von verteidigungs- oder sicherheitsspezifischen öffentlichen Aufträgen im Sinne von § 104 des Gesetzes gegen Wettbewerbsbeschränkungen die Beschränkte Ausschreibung mit oder ohne Teilnahmewettbewerb oder die Verhandlungsvergabe mit oder ohne Teilnahmewettbewerb nach seiner Wahl zur Verfügung.

(2) Im Falle eines verteidigungs- oder sicherheitsspezifischen öffentlichen Auftrags im Sinne von § 104 Absatz 1 bis 3 des Gesetzes gegen Wettbewerbsbeschränkungen gilt § 7 der Vergabeverordnung Verteidigung und Sicherheit entsprechend.

(3) Auftraggeber legen in der Auftragsbekanntmachung oder den Vergabeunterlagen ihre Anforderungen an die Versorgungssicherheit fest. Auftraggeber können insbesondere verlangen, dass der Teilnahmeantrag oder das Angebot die in § 8 Absatz 2 der Vergabeverordnung Verteidigung und Sicherheit aufgeführten Angaben enthält.

(4) § 31 Absatz 1 gilt bei verteidigungs- oder sicherheitsspezifischen öffentlichen Aufträgen mit der Maßgabe, dass ein Unternehmen in entsprechender Anwendung des § 124 Absatz 1 des Gesetzes gegen Wettbewerbsbeschränkungen auch dann von der Teilnahme an einem Vergabeverfahren ausgeschlossen werden kann, wenn das Unternehmen nicht die erforderliche Vertrauenswürdigkeit aufweist, um Risiken für die nationale Sicherheit auszuschließen. Der Nachweis, dass Risiken für die nationale Sicherheit nicht auszuschließen sind, kann auch mit Hilfe geschützter Datenquellen erfolgen.

§ 51 ist eine Sonderregelung für die Vergabe von verteidigungs- oder sicherheitsspezifischen 1
Aufträgen iSd § 104 GWB ($\rightarrow$ GWB § 104 Rn. 1 ff.).
§ 51 Abs. 2 erklärt für den Fall eines Verschlussauftrags iSd § 104 Abs. 3 GWB die Regelung 2
in § 7 VSVgV für anwendbar ($\rightarrow$ VSVgV § 7 Rn. 1 ff.).

§ 52 Durchführung von Planungswettbewerben

Planungswettbewerbe können insbesondere auf den Gebieten der Raumplanung, des Städtebaus und des Bauwesens oder der Datenverarbeitung durchgeführt werden.

In einer Erläuterung zu § 52 (BAnz. AT 7.2.2017 B1) weist das BMWi darauf hin, dass es 1
sich um Planungsleistungen im Bereich der Raumplanung, des Städtebaus, der Landschafts- und Freiraumplanung, des Bauwesens oder der Datenverarbeitung handeln kann, wo es sich anbietet, solche Planungswettbewerbe durchzuführen.
Bei Architekten- und Ingenieurleistungen dienen Planungswettbewerbe dem Ziel, alternative 2
Vorschläge für Planungen auf der Grundlage veröffentlichter einheitlicher Richtlinien zu erhalten.

Abschnitt 4. Schlussbestimmungen

§ 53 Vergabe im Ausland

Auslandsdienststellen oder inländische Dienststellen in den Fällen des § 8 Absatz 4 Nummer 17 Halbsatz 2 sind bei der Vergabe von Liefer- und Dienstleistungsaufträgen im Ausland nicht verpflichtet, § 28 Absatz 1 S. 1 und 3, § 29 Absatz 1, § 30 und § 38 Absatz 2 bis 4 dieser Verfahrensordnung anzuwenden.

Die Vorschrift ist eine Sonderregelung für die vereinfachte Vergabe von Liefer- und Dienstleis- 1
tungsaufträgen im Ausland durch Auslandsdienststellen sowie durch inländische Dienststellen unter den Voraussetzungen des § 8 Abs. 4 Nr. 17 Hs. 2.

§ 54 Fristenbestimmung und -berechnung

(1) Der Auftraggeber soll Fristen festlegen, die nach dem Kalendertag bestimmt sind.

(2) Für die Berechnung der im Rahmen dieser Verfahrensordnung festgelegten Fristen gelten die §§ 186 bis 193 des Bürgerlichen Gesetzbuchs.

1   Der Auftraggeber soll gem. § 54 Abs. 1 Fristen festlegen, die nach einem konkreten Kalendertag bestimmt sind. Angaben wie zB „bis Ende des übernächsten Werktages" oder „nach Ablauf von 14 Tagen" sind damit nicht mehr zulässig. Abweichungen von dieser Regel sind nur aus triftigem Grund rechtlich zulässig.

2   Nach § 54 Abs. 2 gelten für die Berechnung der Fristen die §§ 186–193 BGB.

3. Teil Öffentliches Preisrecht

Verordnung PR Nr. 30/53 über die Preise bei öffentlichen Aufträgen

Vom 21. November 1953 (BAnz. 1953 Nr. 244, 1),
zuletzt geändert durch Art. 70 Bundesrecht-Bereinigungsgesetz vom 8.12.2010 (BGBl. 2010 I 1864)

Schrifttum: *Altmann*, Weitergabe von Rabatten, Skonti und sonstigen Vorteilen an den öffentlichen Auftraggeber, DB 1970, 767; *Altmann*, Der Begriff des Marktpreises im Sinne der Verordnung PR Nr. 30/53, DÖV 1959, 932; *Altmann*, Die Bewertung von Stoffen und Teilleistungen im Selbstkostenpreis zu Marktpreisen – Marktpreisbestandteile im Selbstkostenpreis, DB 1966, 1382; *Altmann*, Einblick des öffentlichen Auftraggebers in die Selbstkosten des Auftragnehmers? Der Selbstkostenrichtpreis und seine Umwandlung nach der Verordnung PR Nr. 30/53 (VPÖA), DB 1975, 824; *Altmann*, Das Preisprüfrecht des öffentlichen Auftraggebers und seine vertragliche Einräumung, DB 1982, 1605; *Backhaus*, Preisgleitklauseln als risikopolitisches Instrument bei langfristigen Fertigungs- und Absatzprozessen, ZfbF 1979, 3; *Baudisch/Birgel*, Substanzerhaltung und Abgeltung des kalkulatorischen Gewinns bei öffentlichen Aufträgen zu Selbstkostenpreisen, BB 1990, 594; *Berstermann*, Öffentliche Auftragspreisverordnung, 2012; *Berstermann/Petersen*, Vergaberecht und Preisrecht – Zivilrechtliche Unwirksamkeit des öffentlichen Auftrages bei Überschreitung des preisrechtlich zulässigen Höchstpreises, ZfBR 2007, 767; *Birgel*, Öffentliches Preisrecht: Aufhebung der Abschreibungsmöglichkeit zu Wiederbeschaffungskosten, BB 1989, 2007; *Birgel*, Öffentliches Auftragswesen und Preisrecht, 1994; *Boettger*, Cash Management internationaler Konzerne, 1995; *Bontrup/Marquardt*, Zur Anwendungsproblematik von Kostenelementeklauseln bei öffentlichen Aufträgen, BFuP 2002, 306; *Book*, Leasing und Preisrecht für öffentliche Aufträge, BB 1968, 110; *Broschwitz*, Kosten für werkseigene freie Entwicklung in der Preiskalkulation, DB 1964, 1305; *Broschwitz*, Das Leasing-Verfahren bei der Abwicklung öffentlicher Aufträge, DB 1964, 813; *Brüning*, Öffentliches Preisrecht und Abfallgebühren, AbfallR 2013, 2; *Brüning*, Das Öffentliche Preisrecht als Basisregel für „gerechte" Preise bei Marktversagen und -ausfall und für Kostenerstattungen, DVBl 2016, 1349; *Brüning*, Zum Verhältnis von öffentlichem Preisrecht und Vergaberecht, ZfBR 2012, 642; *Brüning*, Die Erweiterungsfähigkeit des geltenden öffentlichen Preisrechts, VergabeR 2012, 833; *Buchholz/Gerhards*, Internes Rechnungswesen, 3. Aufl. 2016; *Cantner*, Anwendung des öffentlichen Preisrechts in der Abfallwirtschaft, KStZ 2000, 201; *Chmielewicz*, Betriebliche Finanzwirtschaft, Band I, Finanzierungsrechnung, 1976; *Christoph*, Die Grundsatzprüfung gemäß VO PR Nr. 30/53, 1990; *Dichtl/Issing*, Vahlens Großes Wirtschaftslexikon, Band 1, 2. Aufl. 1993; *Diederich*, Der Kostenpreis bei öffentlichen Aufträgen, 1961; *Däumler/Grabe*, Kalkulationsvorschriften bei öffentlichen Aufträgen, 1984; *Dierkes/Hamann*, Öffentliches Preisrecht in der Wasserwirtschaft, 2009; *Dörinkel*, Der Rabatt als Mittel des Wettbewerbs und als Gegenstand der Wettbewerbsbeschränkung, GRUR 1960, 7; *Dräger*, Der angemessene kalkulatorische Gewinn bei öffentlichen Aufträgen, 1964; *Engel*, Möglichkeiten und Grenzen der Organisation von Preisprüfungen bei öffentlichen Aufträgen gemäß VO PR 30/53, 1983; *Fischer*, Marktwirtschaftliche Preisbildung bei öffentlichen Aufträgen, ZIP 2005, 106; *Flottmann*, Das Deutsche Preisrecht, 1943; *Gabriel/Schulz*, Die Verwendung von Preisgleitklauseln bei öffentlichen Auftragsvergaben, ZfBR 2007, 448; *Georgi*, Die Preisbildung bei öffentlichen Aufträgen im Einklang mit der VO PR 30/53, 2015; *Gerst*, Probleme der Überprüfung der Gemeinkosten bei Preisprüfungen öffentlicher Aufträge, BFuP 1981, 12; *Greiffenhagen*, Die Erweiterungsfähigkeit des geltenden öffentlichen Preisrechts, VergabeR 2013, 415; *Gruneberg*, Das preisrechtliche Unternehmerwagnis in der Abfallwirtschaft – (keine) Risiken für kommunale Unternehmen?, NWVBl. 2008, 341 und 372; *Grünewald*, Öffentliches Preisrecht und Abfallgebühren, AbfallR 2013, 30; *Hans*, Planung und Plankostenrechnung in Betrieben mit Selbstkostenpreis-Erzeugnissen, 1984; *Hertel*, Die Preisbildung und das Preisprüfrecht bei öffentlichen Aufträgen – Ausgewählte Themen, 2. Aufl. 1998; *Hinz/Hoffjan/Mengis*, Auswirkungen einer gesamtwirtschaftlichen Krise auf die Abrechnung öffentlicher Aufträge und Zuwendungen zu Selbstkosten, DB 2020, 1185; *Hoffjan*, Das öffentliche Preisrecht als Instrument des Auftraggebers, DÖV 2017, 977; *Hoffjan*, Wann empfiehlt sich die Einschaltung einer Preisprüfung? Überhöhte Preise bei der Beschaffung vermeiden, ZKF 2017, Heft 4, 73; *Hoffjan/Hennemann*, Anwendung des öffentlichen Preisrechts in der Abfallwirtschaft, AbfallR 2017, 130; *Hoffjan/Hinz/Mengis*, Großtankereffekte in der öffentlichen Beschaffung vermeiden – Einkauf in der Corona-Krise nach öffentlichem Preisrecht, DVBl 2021, 25; *Hoffjan/Hövelborn/Strickmann*, ZögU 36 (2013), 3; *Hoffjan/Hövelborn*, Preisrechtlicher Ansatz von Pensionsrückstellungen unter Berücksichtigung aktueller handels- und steuerrechtlicher Vorschriften, BB 2017, 1323; *Hoffjan/Mengis*, Der Nachweis von Marktpreisen im öffentlichen Preisrecht, ZfBR 2017, 439; *Hoffjan/Mengis/Hinz*, Vereinbarung angemessener und rechtssicherer Honorare bei Beratungsprojekten in öffentlichen Institutionen, VergabeR 2021, 22; *Hoitsch*, Kosten- und Erlösrechnung, 2. Aufl. 1997; *Holzapfel*, Bindung an das Angebot bei Verstößen gegen das Baupreisrecht?, BB 1973, 682; *Hufen*, Verwaltungsprozessrecht, 12. Aufl. 2021; *Kailing*, Öffentliche Aufträge als Problem der Absatzpolitik einer Unternehmung, 1970; *Lachnit*, Globalabstimmung und Verprobung, in Coenenberg/von Wysocki, Handwörterbuch der Revision, 1983, Sp. 519; *Leffson/Lippmann/Baetge*, Zur Sicherheit und Wirtschaftlichkeit der Urteilsbildung bei Prüfungen, 1969; *Leffson/Bönkhoff*, Zu Materiality-Entscheidungen bei Jahresabschlußprüfungen, WPg 1982, 389; *Leffson*, „Wesentlich", in Leffson/Rückle/Großfeld, Handwörterbuch unbestimmter Rechtsbegriffe im Bilanzrecht des HGB, 1986, 434; *Machenheimer*, Die Problematik des Kostenpreises bei öffentlichen Aufträgen, 1972; *Mandl/Jung*, Prognose- und Schätzprüfung, in Ballwieser/Coenenberg/von Wysocki, Handwörterbuch der Rechnungslegung und Prüfung, 3. Aufl. 2002, Sp. 1698; *Mann/Püttner,* Handbuch der kommunalen Wissenschaft und Praxis, Band 2, 3. Aufl. 2011; *Meng,* Die Auszehrung der allgemeinen preisrechtlichen Ermächtigungsgrundlage, DVBl 1980, 613; *Mengis,* Entwicklung eines Marktpreis-Prüfungsstandards für öffentliche Aufträge, 2020; *Möllhoff,* Das öffentliche Auftragswesen des Verteidigungsressorts im Spannungsfeld der Wirtschafts- und Finanzverfassung, 1985; *Moritz,* Nichtigkeit der Verordnung PR Nr. 30/53 über Preise bei öffentlichen Aufträgen?, BB 1994, 1871; *H. Müller,* Staatliche Preislenkung bei öffentlichen Aufträgen, 1970; *H. P. Müller,* Die Preistreppe – das wenig bekannte Wesen, ZfBR 2018, 555; *H. P. Müller,* Das Preisrecht bei öffentlichen Aufträgen – nach wie vor von uneingeschränkter Bedeutung für einen öffentlichen Einkauf zu Marktpreisen, FS Friedhelm Marx, 2013; *H. P. Müller,* Das Preisrecht bei öffentlichen Aufträgen – vorbeugendes Instrumentarium gegen Wettbewerbsverstöße, NZBau 2011, 720; *R. Müller,* Preisgestaltung bei öffentlichen Aufträgen, 3. Aufl. 1993; *Nicklisch,* Bindung an das Angebot bei Verstößen gegen das Baupreisrecht?, BB 1973, 52; *Noelle/Rogmans,* Öffentliches Auftragswesen, 3. Aufl. 2002; *Pauka/Chrobot,* Öffentliches Preisrecht und Vergaberecht, VergabeR 2011, 404; *Peemöller,* Direkte und indirekte Prüfung, in Coenenberg/von Wysocki, Handwörterbuch der Revision, 2. Aufl. 1992, Sp. 343; *Pellens/Crasselt/Schmidt,* Zur Höhe der betriebsnotwendigen Liquidität bei der Netzentgeltkalkulation, Zeitschrift für Controlling, 2007, 663; *Pöckel,* Die Neuregelung der Preisbildung bei öffentlichen Aufträgen, Neue Betriebswirtschaft 1954, 61, 128; *Preiser,* Wettbewerbspreis und Kostenpreis, in Schmölders, Der Wettbewerb als Mittel volkswirtschaftlicher Leistungssteigerung und Leistungsauslese, 1942, 107; *Pribilla,* Kostenrechnung und Preisbildung, Losebl., Stand 12. EL Februar 1967; *Rath,* Der „Kalkulationsbetrug" beim öffentlichen Auftrag, Bundeswehrverwaltung 1964, 274; *Reuter/Polster,* Refinanzierung Öffentlich-Privater Partnerschaften im Lichte von Haushalts-, Gebühren-, Preis- und Beihilferecht, IR 2005, 266; *Reisch,* § 6 – Die Konzern-Finanzpolitik, in Lutter/Scheffler/Schneider, Handbuch der Konzernfinanzierung, 1998, 137; *Scheffler,* Einfluß der betrieblichen Altersversorgung auf die Jahresabschlußanalyse, WPg 1993, 461; *Schmalenbach,* Kostenrechnung und Preispolitik, 8. Aufl. 1963; *Stenneken,* Rechtswidrige Gebührenerhebung bei der Erbringung kommunaler Leistungen durch private Dritte, NVwZ 2004, 1454; *Thoms-Meyer,* Grundsätze ordnungsmäßiger Bilanzierung für Pensionsrückstellungen, 1996; *Tschierswitz,* Der Grundsatz der marktwirtschaftlichen Preisbildung bei öffentlichen Aufträgen, BFuP 1955, 257, 442 und 518; *Wachendorff,* Alternative Vertragsgestaltung bei öffentlichen Aufträgen, 1985; *Wallmeyer,* Die Maschinenbuchhaltung und ihre Rationalisierung, 1957; *Welter,* Der Staat als Kunde, 1960; *Wittmann,* Systemprüfung und ergebnisorientierte Prüfung, 1981; *Wöhe/Döring/Brösel,* Einführung in die Allgemeine Betriebswirtschaftslehre, 26. Aufl. 2016; *Wurzel/Schraml/Becker,* Rechtspraxis der kommunalen Unternehmen, 3. Aufl. 2015; *Zybon,* Wirtschaftskriminalität und Rechnungswesen, ZfB 1968, 889.

Eingangsformel

Um marktwirtschaftliche Grundsätze auf dem Gebiet des öffentlichen Auftragswesens verstärkt durchzusetzen, wird auf Grund des § 2 des Preisgesetzes vom 10. April 1948 (WiGBl. S. 27)/3. Februar 1949 (WiGBl. S. 14)/21. Januar 1950 (Bundesgesetzbl. S. 7)/ 8. Juli 1950 (Bundesgesetzbl. S. 274)/25. September 1950 (Bundesgesetzbl. S. 681)/ 23. Dezember 1950 (Bundesgesetzbl. S. 824) und 29. März 1951 (Bundesgesetzbl. S. 223) in der sich aus § 37 des Gesetzes über die Investitionshilfe der gewerblichen Wirtschaft vom 7. Januar 1952 (Bundesgesetzbl. I S. 7) ergebenden Fassung verordnet:

Übersicht

	Rn.		Rn.
I. Bedeutung der Verordnung	1	III. Rechtstatsächlicher und -systematischer Hintergrund	12
II. Entstehungs- und Wirkungsgeschichte	6	IV. Reformvorhaben	16
		V. Aussagekraft der Eingangsformel	20

I. Bedeutung der Verordnung

1   Sinn und Zweck der Verordnung PR Nr. 30/53 ist, „der marktwirtschaftlichen Preisbildung bei Beschaffungen der öffentlichen Hand nicht nur unbedingte Anerkennung, sondern auch einen weitgehenden Vorrang vor den nur ausnahmsweise zulässigen Selbstkostenpreisen zu verschaffen".[1] Wenn und weil in einer marktwirtschaftlichen Ordnung der Vorrang frei auszuhandelnder Preise nach Angebot und Nachfrage besteht, stellt eine letztlich kostenorientierte Regelung ein systemfremdes Element dar. Es rechtfertigt sich allein aus den Besonderheiten des öffentlichen Auftragswesens.[2] **Öffentliches Preisrecht ist folglich eine Teilregelung des Rechts der öffentlichen Aufträge.**[3]

---

[1] Ebisch/Gottschalk/*Hoffjan*/*Müller* Einl. Rn. 4.
[2] Dierkes/Hamann, Öffentliches Preisrecht in der Wasserwirtschaft, 2009, 191 f.
[3] VG Gelsenkirchen Urt. v. 20.2.2007 – 13 K 1420/06, BeckRS 2007, 23550; HK-VergabeR/*Berstermann* Einf. Rn. 1.

(Kartell-)Vergabe- und Preisrecht ist gleichermaßen daran gelegen, das öffentliche Beschaffungswesen wettbewerbs- bzw. marktgerecht zu ordnen.[4]

Der Anwendungsbereich der Preisverordnung nimmt klar Bezug auf die **besondere Beschaffungssituation** juristischer Personen des öffentlichen Rechts.[5] Das drückt sich nicht zuletzt dadurch aus, dass § 2 Abs. 2 eine Befreiungsmöglichkeit von den Vorschriften dieser Verordnung eröffnet, wenn öffentliche Auftraggeber „mit ihren Lieferungen und Leistungen im Wettbewerb mit privaten Unternehmen stehen". Ungeachtet der grammatikalisch missglückten Formulierung der Bestimmung[6] können erwerbswirtschaftlich tätige öffentliche Auftraggeber insgesamt von der Anwendung der Preisverordnung befreit werden.

Die Verordnung PR Nr. 30/53 stellt **materielles öffentliches Recht** dar, das sowohl für den öffentlichen Auftraggeber als auch für den Auftragnehmer bei öffentlichen Aufträgen ohne weitere Vereinbarung oder Anordnung rechtsverbindlich ist.[7] Erfasst werden alle „Aufträge des Bundes, der Länder, der Gemeinden und Gemeindeverbände und der sonstigen juristischen Personen des öffentlichen Rechts" (§ 2 Abs. 1),[8] mit Ausnahme der Bauaufträge. Nicht erreicht werden nach geltendem Recht privatrechtlich verfasste Unternehmen, und zwar auch dann nicht, wenn die öffentliche Hand zum Teil oder sogar ausschließlich Anteilseignerin der (Kapital-)Gesellschaft ist. Allerdings finden die Preisvorschriften Anwendung „auf Verlangen des öffentlichen Auftraggebers bei mittelbaren Leistungen zu öffentlichen Aufträgen, soweit der mittelbare Auftragnehmer von diesem Verlangen vor oder bei Abschluss seines Vertrages Kenntnis erhalten hat oder nach Abschluss des Vertrages zustimmt" (§ 2 Abs. 4 Nr. 1).

Im Geltungsbereich der Verordnung greifen **drei Grundprinzipien,** nämlich der Vorrang der Marktpreise vor Selbstkostenpreisen (§ 1 Abs. 1), der Grundsatz fester Preise (§ 1 Abs. 2) sowie der Höchstpreischarakter der Preisregelungen (§ 1 Abs. 3). Das Preisrecht statuiert damit ein geschlossenes System von Preistypen, das streng hierarchisch aufgebaut ist. Vor jeder Auftragsvergabe ist daher zu prüfen, ob eine marktwirtschaftliche Preisbildung (§ 4) ausscheidet und welcher Selbstkostenpreistyp (§§ 5–8) beim in Rede stehenden Auftrag eingreift.

Da das öffentliche Preisrecht auf monopolartige Strukturen auf Anbieter- oder Nachfrageseite ausgerichtet ist, die die große Gefahr jeweils einseitiger Machtausübung bergen, ist es **prinzipiell neutral ausgestaltet.** Das zeigt sich sowohl in inhaltlicher Hinsicht als auch funktionell in der Ausführung durch die Preisbehörden. Die Aufrechterhaltung des Preisstands gewährleistet daher in zunehmendem Maße auch einen neutralen Interessenausgleich zwischen Anbieter und Nachfrager.[9] Verfahrensmäßig abgesichert werden die materielle Preisregelung und die Ermittlungsgrundsätze für die Bemessung der Selbstkostenpreise durch die Preisaufsicht und -prüfung. Die Einschaltung der Preisbehörden erfolgt nämlich nicht nur repressiv, sondern auch präventiv. Ohne den Verdacht eines Preisverstoßes kann der zulässige Preis ermittelt werden, damit sich Anbieter und Nachfrager danach richten können.[10]

II. Entstehungs- und Wirkungsgeschichte

Die Verordnung PR Nr. 30/53 beruht auf § 2 des Übergangsgesetzes über Preisbildung und Preisüberwachung **(Preisgesetz)** vom 10.4.1948 (BGBl. 1948 III 720-1). Nach Abs. 1 können „die für die Preisbildung zuständigen Stellen (Abs. 2) … Anordnungen und Verfügungen erlassen, durch die Preise, Mieten, Pachten, Gebühren und sonstige Entgelte für Güter und Leistungen jeder Art, ausgenommen Löhne, festgesetzt oder genehmigt werden, oder durch die der Preisstand aufrechterhalten werden soll". Abs. 2 grenzt die Zuständigkeiten zwischen Bund und Ländern ab.

---

[4] HK-VergabeR/*Berstermann* Einf. Rn. 10; vgl. *Berstermann/Petersen* ZfBR 2007, 767; zum Ziel der Durchsetzung marktwirtschaftlicher Grundsätze auf dem Gebiet des öffentlichen Auftragswesens durch das Preisrecht Immenga/Mestmäcker/*Dreher* GWB Vor § 97 Rn. 177; *Fickelscher* in Gabriel/Krohn/Neun VergabeR-HdB § 21 Rn. 10.
[5] S. die „Empfehlungen" für öffentliche Auftraggeber zur effektiven Nutzung des Öffentlichen Preisrechts von *Hoffjan* DÖV 2017, 977 ff.
[6] Vgl. Ebisch/Gottschalk/*Hoffjan/Müller* § 2 Rn. 34.
[7] Vgl. zur unmittelbar rechtsgestaltenden Wirkung des Preisrechts auch *Berstermann,* Öffentliche Auftragspreisverordnung, 2012, Einl. Rn. 34.
[8] Zu empirischen Befunden über den Anwendungsbereich *Hoffjan/Hövelborn/Strickmann* ZögU 2013, 3 (9 ff.).
[9] Für eine gleichberechtigte Wahrung preisrechtlicher Grundsätze von Auftraggebern und Bietern bzw. Auftragnehmern Immenga/Mestmäcker/*Dreher* GWB Vor § 97 Rn. 180; Ebisch/Gottschalk/*Hoffjan/Müller* Einführung Rn. 10.
[10] Vgl. Ebisch/Gottschalk/*Hoffjan/Müller* Einl. Rn. 13; mit Hervorhebung der besonderen Präventivwirkung vgl. *Müller* NZBau 2011, 720 (724).

7 Ausweislich von § 1 S. 2 PreisG liegt der wesentliche Akzent der gesetzlichen Regelung auf Waren und Leistungen, insbesondere für die Lebenshaltung. Es handelt sich deshalb um Wirtschaftsordnungsrecht.[11] Das Gesetz knüpfte an inhaltlich vergleichbare Regelungen an, auf die gestützt die Preise fast aller Waren und Leistungen in der Vorkriegs-, Kriegs- und Nachkriegswirtschaft staatlich reglementiert waren.[12] Weil sich Preise heute überwiegend im freien Wettbewerb nach Angebot und Nachfrage bestimmen, ist der **Regelungsgegenstand des Preisgesetzes weitgehend obsolet.** Soweit in einzelnen Sonderbereichen, zum Beispiel der Energieversorgung oder Telekommunikationsleistungen, Preise weiterhin staatlich administriert oder reguliert werden, bestehen hierfür spezielle Gesetze.[13]

8 Ein Bezug auf öffentliche Aufträge fehlt im Preisgesetz völlig. Gleichwohl wird die Rechtsgrundlage des § 2 Abs. 1 PreisG für die **staatliche Einflussnahme auf die Preisbildung bei öffentlichen Aufträgen** fruchtbar gemacht. Dies geschieht mit einem Schluss vom Sein auf das Sollen: „Die Besonderheiten auf diesem Markt führen zu der Erkenntnis, dass ein gewisser Einfluss auf die Preisbildung im Interesse des Gemeinwohls und zur Sicherung des allgemeinen Preisstands nach Maßgabe des § 2 des Preisgesetzes geboten erscheint".[14] Die grundlegende Umgestaltung des bestehenden Preisrechts im Sinne eines Rechtsrahmens ausschließlich für öffentliche Aufträge manifestiert sich seither in der am 1.1.1954 in Kraft getretenen Verordnung PR Nr. 30/53.[15]

9 Zu Recht wird zwar auf die bei monopolartigen Strukturen in hohem Maße bestehende Gefahr einseitiger Machtausübung zugunsten des Anbieters oder zugunsten des Nachfragers hingewiesen und nach Regelungen gesucht, „die in jeder Beziehung ‚neutral' ausgestaltet sind".[16] Zum einen ist das **Vorkommen von Monopolen und marktbeherrschenden Stellungen** aber kein Phänomen, das exklusiv öffentlichen Auftraggebern zugeschrieben werden kann. Zum anderen ist zu berücksichtigen, dass das Preisrecht herkömmlich allgemein auf den Austausch von Produktionsgütern und speziell für den öffentlichen Sektor auf Rüstungsaufträge ausgerichtet gewesen ist. Beispielsweise Aufträge der kommunalen Gebietskörperschaften im Ver- und Entsorgungsbereich betreffen heute aber Dienstleistungen für komplette Verwaltungsaufgaben (Abwasserbeseitigung, Straßenreinigung, Wasserversorgung), und zwar auf lange Frist. Darauf allein mit einer Neuausrichtung der als Anlage zur Verordnung PR Nr. 30/53 ergangenen Leitsätze für die Preisermittlung auf Grund von Selbstkosten (LSP) reagieren zu wollen,[17] greift zu kurz.[18]

10 Vor diesem Hintergrund ist es sachgerecht, dass mit Verordnung vom 16.6.1999[19] die Verordnung PR Nr. 1/72 mit Wirkung ab 1.7.1999 aufgehoben und der Teilbereich der öffentlichen Bauaufträge vom Preisrecht für öffentliche Aufträge freigestellt worden ist. Erscheint daher bereits zweifelhaft, ob sich die Verordnung PR Nr. 30/53 noch im Rahmen der Rechtsgrundlage des § 2 Abs. 1 PreisG hält,[20] so ist die Frage im Falle einer weiteren Ausdehnung des Anwendungsbereichs jedenfalls zu verneinen.[21] Das gilt auch mit Blick auf Gefahren durch das Corona-Virus dergestalt, dass eine wettbewerbliche Beschaffung bestimmter (medizinischer) Waren und Leistungen, die zur Aufrechterhaltung des Gesundheitssystems notwendig sind, nach den Regeln des Vergaberechts in der Ausnahmesituation einer Pandemie an ihre Grenzen stößt. Statt darauf aber mit einer (Re-)Aktivierung überkommener preisgesetzlichen Befugnisse zu reagieren, ist die Schaffung zeitgemäßer Rechtsgrundlagen geboten – vorausgesetzt man sieht dafür überhaupt einen Anwendungsbedarf.

---

[11] Zum Charakter des Preisrechts als selbstständigem Bereich des Wirtschaftsverwaltungsrechts vgl. HK-VergabeR/*Berstermann* Einf. Rn. 31.

[12] Zur Historie des Preisgesetzes *Meng* DVBl 1980, 613 f.; insgesamt *Müller* FS Marx, 2013, 449 ff.; HK-VergabeR/*Berstermann* Einf. Rn. 5 ff.; *Berstermann,* Öffentliche Auftragspreisverordnung, 2012, Einf. Rn. 5 ff.

[13] Ebisch/Gottschalk/*Hoffjan/Müller* Einführung Rn. 6.

[14] So Ebisch/Gottschalk/*Hoffjan/Müller* Einführung Rn. 8.

[15] Für eine „umfassende Geltung" des Preisrechts für das Recht der Vergabe öffentlicher Aufträge *Berstermann,* Öffentliche Auftragspreisverordnung, 2012, Einl. Rn. 2.

[16] *Hoffjan/Höveiborn/Strickmann* ZögU 2013, 3 (12); Ebisch/Gottschalk/*Hoffjan/Müller* Einführung Rn. 9 f.; s. auch die Situationsbeschreibung im öffentlichen Auftragswesen bei *Dierkes/Hamann,* Öffentliches Preisrecht in der Wasserwirtschaft, 2009, 191.

[17] So Ebisch/Gottschalk/*Hoffjan/Müller* Einführung Rn. 15.

[18] *Hoffjan/Hennemann* AbfallR 2017, 130 (131), konstatieren, dass die LSP keine „adäquate Abbildung von dienstleistungsorientierten Dauerschuldverhältnissen" erlaubten, weil sie auf „klassische Fertigungsaufträge ausgerichtet" seien.

[19] BGBl. 1999 I 1419; dazu im Überblick *Altmann* BauR 1983, 426 ff.; 1981, 445 ff.; 1980, 506 ff.

[20] Für die Einhaltung der Voraussetzung von § 2 PreisG HK-VergabeR/*Berstermann* Einl. Rn. 21; *Greiffenhagen* VergabeR 2013, 415 f.; abl. *Moritz* BB 1994, 1871 (1872); für den Ausspruch formeller Rechtmäßigkeit der VO PR Nr. 30/53 VGH Kassel Beschl. v. 11.5.1999 – 8 UE 3300/94, BeckRS 1999, 21428.

[21] Zu den Änderungen der VO PR Nr. 30/53 Ebisch/Gottschalk/*Hoffjan/Müller* Einl. Rn. 9 ff.; HK-VergabeR/*Berstermann* Einl. Rn. 12 ff.

Von daher erscheint es angezeigt, den Selbststand und Mehrwert eines Öffentlichen Preisrechts **10a** als **Basisregel für „gerechte" Preise** in Fällen des Marktversagens oder -ausfalls in eine zeitgemäße Rechtsgrundlage zu überführen. Eine Modernisierung muss vor diesem Hintergrund in Richtung der Ausbildung eines Allgemeinen Teils selbstkostenbasierter Entgeltbildung gehen.[22] Abgesehen davon, dass das preisrechtliche Höchstpreisprinzip wegen seines absoluten Maßes gar nicht in das verfahrensbasierte Vergaberechtssystem passt,[23] würde die Anschlussfähigkeit dieses Selbstkostenpreiskonzepts verengt, wenn es zum (untergesetzlichen) Bestandteil eines Spezialgebiets würde. Stattdessen bildet das Beschaffungswesen der öffentlichen Hand ebenso einen Besonderen Teil des Preisrechts wie die Anreizregulierung oder das Zuwendungs- und Beihilfenrecht,[24] wenn und soweit eine selbstkostenbasierte Preisbildung erfolgt. Vor diesem Hintergrund versteht sich der Verweis in § 2 Abs. 5 UVgO[25] sowie § 10 Abs. 5 VSVgV.[26] Im Kollisionsfall geht die VO PR Nr. 30/53 der Verwaltungsvorschrift der UVgO vor.[27]

Nicht zufällig werden staatlich administrierte Preise in einzelnen Sonderbereichen nicht auf das **11** Preisgesetz, sondern auf spezielle Gesetze gestützt. In diesem Sinne ordnet § 3 ausdrücklich an, dass „öffentliche Aufträge (…) den allgemeinen und besonderen Preisvorschriften (unterliegen)". Hierunter fallen sämtliche Preisregelungen, die geeignet sind, auf den Preisstand, auf die Preisbildung und auf die Preisüberwachung einzuwirken. **Allgemeine Preisvorschriften** beziehen sich nicht auf bestimmte Erzeugnisse oder Leistungen, sondern umfassen Regelungen, die grundsätzlich bei der Preisbildung gewerblicher Lieferungen und Leistungen zu beachten sind wie zum Beispiel das Gesetz gegen Wettbewerbsbeschränkungen. Die Verordnung PR Nr. 30/53 ist damit gerade nicht der Normierungsort für solcherart Preisvorschriften; vielmehr enthält sie (bislang) Spezialvorschriften.

III. Rechtstatsächlicher und -systematischer Hintergrund

Wenn eine Preisbildung im Wettbewerb zur Quantifizierung des Wertes der jeweiligen Leistung **12** ausscheidet (Monopol auf der Nachfrage- oder Angebotsseite, Anschluss- und Benutzungszwang), bilden die Kosten den einzigen Ansatzpunkt, um unterschiedliche Leistungen wertmäßig zu erfassen und voneinander abzugrenzen. Deshalb ist eine **Reglementierung der berücksichtigungsfähigen Kosten** unumgänglich. Das Öffentliche Preisrecht bezieht sich ausschließlich auf die Selbstkosten der Leistungserstellung. Es schützt den Auftraggeber vor überhöhten Preisforderungen und den Auftragnehmer vor mangelnder Kostendeckung. Der Gefahr des überschießenden Produktionsmitteleinsatzes wird damit nicht vollständig begegnet,[28] weil insbesondere Produktionsfaktoren fehlgeleitet werden können und Leistungsanreize weitgehend fehlen.[29]

Die „Gefahr des Kostenmachens" stellt sich auch in anderen Entgeltregimen: Für die **kartell-** **13** **rechtliche Preismissbrauchskontrolle** privatrechtlicher Wasserpreise wird in § 31 Abs. 4 Nr. 3 GWB das Merkmal der „rationellen Betriebsführung" als Gegenbegriff zur unangemessenen Kostenüberschreitung normiert. Damit wird nun unmittelbar auf die betriebliche Kostenkalkulation zugegriffen.[30] Mittelbar geschieht dies auch, wenn und soweit dem preisrechtlich relevanten „Vergleichsmarkt" iSv § 31 Abs. 4 Nr. 2 GWB die Untergrenze der Selbstkosten gezogen wird.[31] Zur Rechtfertigung strukturell bedingter Mehrkosten ist hier der konkrete Nachweis des Wasserversorgungsunternehmens möglich, „in welcher Höhe solche Mehrkosten anfallen, wie diese Mehrkosten in die verlangten Preise einfließen und dass insoweit keine Rationalisierungsreserven bestehen".[32] Ebenfalls offen bleibt aber, ob sämtliche Rationalisierungsreserven ausgeschöpft worden sind.[33]

---

[22] Ausf. *Brüning* DVBl 2016, 1349 ff.
[23] *Hoffjan/Hövelborn/Strickmann* ZögU 2013, 3 (6 f.) machen die fehlende gesetzliche Abstimmung auch am Fehlen eines sog. Wettbewerbspreises fest.
[24] S. etwa zur Ermittlung der Höhe einer öffentlichen Forschungs- und Entwicklungsförderung *Hennemann/Hoffjan* DB 2017, 2048 ff.
[25] „Die Vorschriften über die Preise bei öffentlichen Aufträgen bleiben unberührt.".
[26] „Bei der Vergabe sind die Vorschriften über die Preise bei öffentlichen Aufträgen zu beachten.".
[27] Zum Anwendungsbereich der Vorgängervorschrift des § 2 Abs. 4 VOL/A *Pauka/Chrobot* VergabeR 2011, 405 ff.
[28] Monopolkommission, XX. Hauptgutachten, 2014, Rn. 1209.
[29] Auch Ebisch/Gottschalk/*Hoffjan*/Müller § 1 Rn. 46 f.
[30] Das Konzept der Kostenkontrolle als Methode zur Überprüfung der Höhe der Wasserpreise ist durch die 8. GWB-Novelle etabliert worden; vgl. Stellungnahme des Bunderates v. 11.5.2012 zum Gesetzentwurf der Bundesregierung, BT-Drs. 17/9852, Anl. 3, 42 f., sowie die zust. Gegenäußerung der Bundesregierung v. 31.5.2012, BT-Drs. 17/9852, Anl. 4, 51; zu Anwendungsproblemen des Vergleichsmarktkonzepts s. auch Monopolkommission, XX. Hauptgutachten, 2014, Rn. 1208.
[31] BGH Beschl. v. 2.2.2010 – KVR 66/08, NJW 2010, 2573 Rn. 67 – Wetzlar.
[32] BGH Beschl. v. 2.2.2010 – KVR 66/08, NJW 2010, 2573 Rn. 62 – Wetzlar.
[33] Hierauf zielt aber die 8. GWB-Novelle, vgl. die Begründung des Gesetzentwurfs der BReg. BT-Drs. 17/9852, 25.

14 Insbesondere die LSP bilden die derzeit belastbarste normative Vorgabe zur Kostenermittlung, die anschlussfähig ist für andere Gebiete: So ist die gebührenrechtliche Erforderlichkeit eines Fremdleistungsentgelts im Falle einer rechtswidrig unterlassenen Ausschreibung anhand des Öffentlichen Preisrechts zu beurteilen.[34] Dasselbe gilt, wenn die Durchführung eines Vergabeverfahrens mit Recht unterblieben ist. Die Vorschriften der Verordnung PR Nr. 30/53 gelten zwar nicht unmittelbar für die **Gebührenkalkulation,**[35] sondern sind nur auf die Preisgestaltung in Verträgen anzuwenden, die öffentliche Auftraggeber mit Dritten schließen, wenn keine Marktpreise oder aufgrund einer Ausschreibung ermittelte Wettbewerbspreise bestehen. Entgelte für die Inanspruchnahme von Fremdleistungen, die den nach den LSP ermittelten Preisen entsprechen, sind jedoch – ebenso wie die in einem ordnungsgemäßen Vergabeverfahren ermittelten Fremdleistungsentgelte – in der Gebührenkalkulation regelmäßig zu akzeptieren.[36] Umgekehrt ist die Kalkulation auf der Basis der LSP bei Beauftragung Dritter durch die Gemeinde kommunalabgabenrechtlich zwingend geboten, wenn kein Markt- bzw. Wettbewerbspreis zustande gekommen ist; Fremdentgelte sind dann nicht gebührenfähig, soweit sie die nach den LSP zu ermittelnden Höchstpreise überschreiten.[37]

15 Denkbar ist die Bestimmung einer kostenangemessenen, preisrechtlich gewendet: rationellen Betriebsführung über eine **Vergleichsbetrachtung zur Seite,** dh auf kongruente Einrichtungen und Betriebe anderenorts.[38] Ob die Kostengestaltung des Auftragnehmers besonders wirtschaftlich ist, lässt sich eventuell mittels eines Vergleichs mit anderen Betrieben ermitteln.[39] Insoweit kann der Ansatz des Benchmarking fruchtbar gemacht werden.[40] Die Schwierigkeit liegt darin, dass Kennziffern unter Umständen andere Rahmenbedingungen, unterschiedliche Produktionsverhältnisse und abweichende Produktdefinitionen – hingewiesen sei nur auf divergierende Gewässerschutzstandards – zugrunde liegen.[41]

IV. Reformvorhaben

16 Ein kritisch diskutierter Novellierungsentwurf sieht die Vereinheitlichung von Vergabe- und Preisrecht durch **eine Übernahme des kartellvergaberechtlichen Auftraggeberbegriffs** in das öffentliche Preisrecht vor.[42] Methodisch nicht angängig ist indes, mittels Auslegung eine „den wirtschaftlichen Notwendigkeiten gerecht werdende und bei neu auftauchenden Sachverhalten äußers-

---

[34] OVG Lüneburg Urt. v. 22.6.2009 – 9 LC 409/06, NVwZ-RR 2009, 898 (901); zur Bedeutung des Preisrechts für Abfallgebühren *Brüning* AbfallR 2013, 2 (4 ff.); *Cantner* KStZ 2000, 201 (203 ff.), und *Grünewald* AbfallR 2013, 30 (31 ff.); *Hoffjan/Hennemann* AbfallR 2017, 130 (133 ff.).

[35] BVerwG Beschl. v. 1.10.1997 – 8 B 209/97, BeckRS 1997, 31224056, bestätigt OVG Münster Urt. v. 19.6.1997 – 9 A 652/95, openJur 2012, 76689; OVG Münster Teilurt. v. 15.12.1994 – 9 A 2251/93, NVwZ 1995, 1238 (1240 f.); OVG Münster Urt. v. 1.7.1997 – 9 A 3556/96, BeckRS 1997, 11529; OVG Lüneburg Urt. v. 24.6.1998 – 9 L 2504/96, BeckRS 2005, 21547; OVG Lüneburg Urt. v. 22.1.1999 – 9 L 1803/97, NVwZ 1999, 1128 = KStZ 1999, 190; VGH Mannheim Urt. v. 31.5.2010 – 2 S 2423/08, GWR 2010, 380; OVG Lüneburg Urt. v. 17.7.2012 – 9 LB 187/09, NordÖR 2012, 517 = BeckRS 2012, 53746.

[36] OVG Münster Urt. v. 27.4.2015 – 9 A 2813/12, BeckRS 2015, 46365 = NWVBl. 2015, 374 (375 f.); dazu *Brüning* AbfallR 2015, 250 ff.; OVG Münster Beschl. v. 5.8.2010 – 9 A 449/09, BeckRS 2010, 56181; OVG Münster Urt. v. 24.11.1999 – 9 A 6065/96, NVwZ-RR 2000, 708 f.

[37] OVG Münster Urt. v. 24.11.1999 – 9 A 6065/96, NVwZ-RR 2000, 708 f.

[38] IdS OLG Nürnberg Urt. v. 15.6.2012 – 1 U 605/11 (sub 4.c), allerdings im Rahmen einer kostenorientierten Billigkeitskontrolle nach § 315 BGB: „Ein Indiz für die Unbilligkeit der verlangten Preise kann sich allerdings auch aus den Preisen vergleichbarer Unternehmen ergeben; mangels Kenntnis der internen Verhältnisse seines Vertragspartners wird der Kunde eines Versorgungsunternehmens häufig auf solche Vergleichswerte angewiesen sein, um die Unbilligkeit der Preisgestaltung darzulegen. Nach den Grundsätzen der sekundären Darlegungslast hat ggf. das Versorgungsunternehmen vorzutragen, weshalb seine Preise von denen anderer Unternehmen abweichen. Andererseits kann der Indizwert von Vergleichspreisen durch die Offenlegung der konkreten Preiskalkulation widerlegt werden, wenn sich danach keine Anhaltspunkte für eine nicht wettbewerbsgemäße Preisgestaltung ergeben.".

[39] Ebisch/Gottschalk/*Hoffjan*/Müller LSP Nr. 51 Rn. 8, im Hinblick auf die Rechtfertigung eines Leistungsgewinns. Die Monopolkommission, XX. Hauptgutachten, 2014, Rn. 1230 ff., schlägt zur Verbesserung der Gebührenaufsicht einen Vergleich der Erlöse pro Mengeneinheit der Leistung verschiedener Kommunen vor, sieht allerdings, „dass auch ein im Vergleich höherer Erlös als in anderen Kommunen durch verschiedene Umstände sachlich gerechtfertigt sein kann" und findet Abhilfe nur in einer nicht näher spezifizierten „weitergehenden Kostenprüfung" (Rn. 1232).

[40] Grundsätzlich positiv gegenüber dem in der Wasserwirtschaft entwickelten und eingesetzten Benchmarking Monopolkommission, XX. Hauptgutachten, 2014, Rn. 1247 ff.

[41] Ebisch/Gottschalk/*Hoffjan*/Müller LSP Nr. 4 Rn. 16; auch *Gawel* IR 2012, 293 (296).

[42] Zur Erweiterungsfähigkeit des geltenden Öffentlichen Preisrechts *Greiffenhagen* VergabeR 2013, 415 (416 ff.); krit. *Brüning* VergabeR 2012, 833 ff.; ebenso *Grünewald* AbfallR 2013, 30 (35).

tenfalls sogar in Grenzen anpassungsfähige Lösung" erzielen zu wollen.[43] Wenn bezüglich des geltenden Rechts fraglich ist, ob die interpretative Konkretisierung der Ermächtigung im Sinne einer Preisbildung bei öffentlichen Aufträgen überzeugt, kann der Anwendungsbereich erst recht nicht auf Aufträge für dem Preisrecht bisher nicht unterworfene Unternehmen der Ver- und Entsorgungswirtschaft ausgedehnt werden. In diesem Sinne hat das BVerfG entschieden, es verstoße gegen das Freiheitsrecht aus Art. 2 Abs. 1 GG iVm dem aus Art. 20 Abs. 3 GG folgenden Rechtsstaatsprinzip, die gesetzliche Ermächtigungsgrundlage für einen Eingriff der Verwaltung im Wege der analogen Anwendung einer Norm zu gewinnen.[44]

Es mag sein, dass der durch das öffentliche Auftragswesen bestimmte Markt nach wie vor Besonderheiten aufweist, die eine hoheitliche Durchsetzung marktwirtschaftlicher Grundsätze rechtfertigt.[45] Mit Rücksicht auf den inhaltlichen Charakter des Preisgesetzes als eines „Übergangsgesetzes" zweifelte das BVerfG schon 1979 an seiner **Tauglichkeit als Ermächtigung** für Bestimmungen über das öffentliche Auftragswesen.[46] Schon ganz früh hatte das Gericht ferner ausgesprochen, dass die Ermächtigung nicht zu einer aktiven, die Preis- und Wirtschaftsordnung umgestaltenden Wirtschaftspolitik benutzt werden dürfe.[47]

Genau das geschieht aber mit der Ausdehnung des Geltungsbereichs der Verordnung PR Nr. 30/53 auf öffentliche Unternehmen und Sektorenauftraggeber, weil insoweit weder eine ernsthafte Gefährdung oder Störung des gesamten Preisstandes zu erkennen noch eine Übergangszeit zu normalen Preisverhältnissen gegeben ist.[48] Vielmehr sah und sieht der Gesetzgeber die vergaberechtlichen Bestimmungen der §§ 97 ff. GWB als ausreichend an, um Wettbewerb in das öffentliche Beschaffungswesen zu bringen. Die vermeintliche **Harmonisierung der Geltungsbereiche** greift zudem in die Regelungsintention des (vorrangigen) Gesetzgebers ein, weil mit der Auftraggebereigenschaft nur ein Element herausgegriffen wird und der sachliche Anwendungsbereich mangels Übernahme weiterer Anwendungsvoraussetzungen und Ausnahmetatbestände nicht vereinheitlicht wird. Selbst wenn Kartellvergaberecht oberhalb und Haushaltsrecht unterhalb der Schwellenwerte den Preisstand nicht aufrechterhalten sollten, vermöchte der Verordnungsgeber diese gesetzgeberische Entscheidung nicht zu korrigieren.[49]

Insoweit verfängt der Hinweis nicht, dass die Verwaltungsgerichtsbarkeit von der **Verfassungsmäßigkeit** der (Rechtsgrundlage der) Preisverordnung ausgeht.[50] Einerseits ist damit nichts für die Rechtmäßigkeit der Verordnung nach der Änderung gewonnen; andererseits ist die verfassungsrechtliche Beurteilung des geltenden Rechts durch das BVerfG nicht eindeutig.[51] Dabei ist die Betonung des Übergangscharakters des Preisgesetzes und der darauf beruhenden Regelungen durch das Verfassungsgericht keineswegs „überraschend".[52] Vielmehr stellt sich das System hoheitlicher Preisreglementierung in einer grundsätzlich marktwirtschaftlichen Ordnung als Fremdkörper dar, der nur übergangs- und ausnahmsweise in und für Krisenzeiten zu rechtfertigen ist. Wenn das primäre Ziel der Preisverordnung nebst LSP jedenfalls heute[53] also nicht mehr die Aufrechterhaltung des allgemeinen Preisstandes ist, es gleichwohl aber einen Regelungsbedarf für selbstkostenbasierte Preis-

---

[43] So aber Ebisch/Gottschalk/*Hoffjan*/*Müller* Einführung Rn. 23.
[44] Vgl. BVerfG Beschl. v. 14.8.1996 – 2 BvR 2088/93, NJW 1996, 3146.
[45] So VGH Kassel Beschl. v. 11.1.1999 – 8 UE 3270/94 u. 8 UE 3300/94, BeckRS 1999, 21428, und ihm folgend BVerwG Beschl. v. 4.5.1999 – 1 B 34/99, NVwZ 1999, 1112 = DVBl 1999, 1364 = BeckRS 1999, 31353180.
[46] BVerfG Beschl. v. 4.12.1979 – 2 BvR 64/78, 460/79, NJW 1980, 929 (931); zur Rezeption dieser Entscheidung *Moritz* BB 1994, 1871 (1875 f.).
[47] BVerfG Beschl. v. 12.11.1958 – 2 BvL 4, 26, 40/56, 1, 7/57, NJW 1959, 475; zum „Lebenslauf" des Preisgesetzes in Lehre und Rspr. s. *Meng* DVBl 1980, 613 (614 ff.).
[48] Für die Nichtigkeit der Verordnung PR Nr. 30/53 wegen Überschreitung der Grenzen der gesetzlichen Ermächtigung auch schon *Moritz* BB 1994, 1871 ff.
[49] Zum Verhältnis von öffentlichem Preisrecht und Vergaberecht *Brüning* ZfBR 2012, 642 ff.
[50] Vgl. BVerwG Urt. v. 21.2.1995 – 1 C 36/92, NVwZ-RR 1995, 425 = DVBl 1996, 149 (149 f.); OVG Weimar Beschl. v. 13.4.1999 – 2 ZEO 18/99, BeckRS 1999, 17774; VGH Kassel Beschl. v. 11.1.1999 – 8 UE 3300/94, BeckRS 1999, 21428; das BVerwG hat die Beschwerden gegen die Nichtzulassung der Revision unter Hinweis auf die ergangene Rspr. zurückgewiesen, BVerwG Beschl. v. 4.5.1999 – 1 B 34/99, NVwZ 1999, 1112 = DVBl 1999, 1364; s. auch BVerwG Beschl. v. 14.9.2006 – 9 B 2/06, NVwZ 2006, 1404.
[51] Vgl. BVerfG Beschl. v. 12.11.1958 – 2 BvL 4, 26, 40/56, 1, 7/57, NJW 1959, 475; BVerfG Beschl. v. 4.12.1979 – 2 BvR 64/78, 460/79, NJW 1980, 929 (931); BVerfG Beschl. v. 8.1.1983 – 1 BvR 1249/81, NJW 1984, 861; vgl. die Kritik an dieser Rspr. von *Meng* DVBl 1980, 613 (617 ff.).
[52] So aber Ebisch/Gottschalk/*Hoffjan*/*Müller* Einführung Rn. 22.
[53] Dazu ausf. die Studie im Auftrag des Bundesministeriums für Wirtschaft und Energie von *Dörr*/*Hoffjan*, Die Bedeutung der Verordnung PR Nr. 30/53 über die Preise bei öffentlichen Aufträgen, 2015, 13 ff.

bildung gibt, liegt nahe, das diesbezügliche Preisbildungsrecht als selbstständigen Teil des GWB zu fassen.[54]

V. Aussagekraft der Eingangsformel

20   Unüblich für eine Rechtsverordnung ist eine Präambel. Während deren zweiter Teil lediglich die Anforderungen aus Art. 80 Abs. 1 S. 2 GG zu erfüllen sucht, enthält der erste Teil eine materielle Aussage. Damit ist zum einen das Ziel der verstärkten Durchsetzung marktwirtschaftlicher Grundsätze und zum anderen mit dem öffentlichen Auftragswesen ein Wirkungsfeld beschrieben. Insbesondere letzteres weitet den Anwendungsbereich des Preisgesetzes auf ein in der Ermächtigungsgrundlage selbst nicht genanntes Gebiet aus und ist schon deshalb rechtlich nicht belanglos. Vielmehr handelt es sich bei der Präambel um einen **Anwendungs- und Auslegungsgrundsatz.**

21   Dieser Charakter kann nicht unter Hinweis darauf verneint werden, dass die Eingangsformel mangels amtlicher Begründung nur die Regelung rechtfertigen, nicht aber deren Anwendung und Auslegung dirigieren wolle, weil diese Aufgabe der **Erste Runderlass vom 22.12.1953** betr. Durchführung der Verordnung PR Nr. 30/53 über die Preise bei öffentlichen Aufträgen vom 21.11.1953 (MinBlBMWi 1953, 515) übernommen habe.[55] Ungeachtet dessen, dass diese Verwaltungsvorschrift detailliert die Regelungen der Verordnung PR Nr. 30/53 erläutert, verharrt der Runderlass im Status des ausschließlich verwaltungsinternen Rechts; Außenwirkung vermag ihm nur mittelbarfaktisch zuzukommen. Insoweit ist es für das Verständnis der Verordnung insbesondere durch die Gerichte unerheblich, was dieser Erlass – unter Umständen entgegen der Aussage der Präambel – zu einzelnen Bestimmungen ausführt. Ferner hätte der Verordnungsgeber die Eingangsformel längst ändern können, wenn die Aussage „seinem" Regelungsziel, das durch den Runderlass ausgestaltet worden ist, zuwider läuft.

§ 1 Grundsatz

(1) Für Leistungen auf Grund öffentlicher Aufträge ist bei der Vereinbarung von Preisen grundsätzlich Marktpreisen gemäß § 4 vor Selbstkostenpreisen gemäß §§ 5 bis 8 der Vorzug zu geben.

(2) ¹Soweit es die Verhältnisse des Auftrages ermöglichen, sind feste Preise zu vereinbaren. ²Die Preise sollen bei Abschluß des Vertrages festgelegt werden.

(3) Für Leistungen auf Grund öffentlicher Aufträge dürfen höhere Preise nicht gefordert, versprochen, vereinbart, angenommen oder gewährt werden, als nach den Bestimmungen dieser Verordnung zulässig ist.

Übersicht

	Rn.		Rn.
I. Normzweck und -zusammenhang	1	a) Preistypen und Preisvorbehalte	19
II. Einzelerläuterungen	4	b) Maßgebliche Umstände und Zeitpunkte	21
1. Marktpreisvorrang (Abs. 1)	4	c) Fehlerfolge	25
a) Leistung und Preis	4	3. Höchstpreisgrenze (Abs. 3)	26
b) Vereinbarung	7	a) Inhalt und Maßstab	26
c) Öffentlicher Auftrag	12	b) Maßgebliche Umstände und Zeitpunkte	28
d) Rechts- und Fehlerfolgen	15	c) Fehlerfolgen	30
2. Festpreisvorrang (Abs. 2)	19		

I. Normzweck und -zusammenhang

1   § 1 ist in der Sache zutreffend – wenngleich sprachlich schief im Singular – mit „Grundsatz" überschrieben, weil die Norm drei wesentliche **Grundprinzipien des Öffentlichen Preisrechts** aufstellt: Abs. 1 normiert den Vorrang der Marktpreise für Leistungen, die mittels öffentlicher Auf-

---

[54] Brüning DVBl 2016, 1349 (1353).
[55] So aber Ebisch/Gottschalk/*Hoffjan*/Müller Eingangsformel Rn. 4 f., nachgerade abwegig ist deren Hinweis, dass die Nichtkommentierung der Eingangsformel in früheren Auflagen gegen deren Verständnis als „echte Präambel" spreche (Ebisch/Gottschalk/*Hoffjan*/Müller Eingangsformel Rn. 6). Dasselbe gilt für die Aussage, eine andere Bewertung zeuge „in aller Regel eher von gedanklicher Bequemlichkeit des Anwenders als von seinen fundierten Kenntnissen der Materie" (Ebisch/Gottschalk/*Hoffjan*/Müller Eingangsformel Rn. 7).

träge beschafft werden. Für öffentliche Aufträge im Anwendungsbereich der Verordnung bestimmt Abs. 2 den Vorrang von Festpreisen und legt grundsätzlich den Vertragsschluss als maßgeblichen Vereinbarungszeitpunkt fest. In Abs. 3 werden die nach der Verordnung ermittelten Selbstkostenpreise als Höchstpreise für alle Anwendungsfälle einer öffentlichen Auftragsvergabe festgelegt.

Die Grundsätze des § 1 gehören zu einem Gesamtbild der Preisbildung, das nach § 3 zunächst den Vorrang allgemeiner und besondere Preisvorschriften anerkennt, sofern der danach gebildete Höchstpreis nicht oberhalb des Marktpreises gem. § 4 liegt; in diesem Fall setzt sich der Marktpreis durch.[1] Insgesamt ergibt sich danach die Rangfolge der Preistypen als sog. „**Preistreppe**", die von besonders gebildeten Preisen iSv § 3 und Marktpreisen nach § 4 über Selbstkostenfest- und Selbstkostenricht- zu Selbstkostenerstattungspreisen führt.[2] Der Nachrang aller Selbstkostenpreise gegenüber jeder Art von Sonder- und Marktpreisen ist in § 5 Abs. 1 angeordnet; die Zulässigkeitsfolge innerhalb der Selbstkostenpreise folgt aus §§ 6 u. 7.

Die **Auswahl des Preistyps** ist danach nicht disponibel. Für jedes Auftragsverhältnis gibt es im maßgeblichen Zeitpunkt des Vertragsschlusses einen zulässigen Preistyp. Die nächste Stufe darf vielmehr nur betreten werden, wenn die Voraussetzungen der vorhergehenden nicht erfüllt sind. Die Verordnung gibt unmittelbar einen zulässigen Preistyp vor, der unabhängig davon allein statthaft ist, was der Auftragnehmer anbietet oder was er mit dem Auftraggeber vereinbart.[3] Eine Änderung der Verhältnisse während der Laufzeit des Vertrages berührt die Auswahl des Preistyps nicht.[4]

II. Einzelerläuterungen

1. Marktpreisvorrang (Abs. 1). a) Leistung und Preis. Konzise benennt die Vorschrift die notwendigen Elemente eines **Beschaffungsvorgangs:** Es geht um den entgeltlichen Bezug einer Leistung auf vertraglicher Grundlage. Gegenstand der Norm ist der Preis als Gegenleistung des Auftraggebers. Die Notwendigkeit einer besonderen Regelung dieses rechtsgeschäftlichen Vorgangs beschreibt das Merkmal des öffentlichen Auftrags, das allerdings in § 1 nicht weiter definiert oder konkretisiert wird.

Das Öffentliche Preisrecht erkennt an, dass auch die öffentlichen Auftraggeber Leistungen regelmäßig im austauschvertraglichen Wege beschaffen müssen und insoweit nicht unentgeltlich diejenigen Waren und Dienstleistungen erhalten, die sie zur Erfüllung ihrer Aufgaben benötigen. Es baut damit – wie die Eingangsformel ausdrücklich sagt – auf eine marktwirtschaftliche Ordnung auf. Da die von der öffentlichen Hand benötigten Leistungen durch die Zuständigkeiten der Verwaltungsträger definiert werden, kann hieraus ein faktischer Beschaffungszwang resultieren. Anknüpfungspunkt für das Ziel, aus monopolartigen Strukturen der Anbieter- oder Nachfrageseite keine wirtschaftlichen Nachteile entspringen zu lassen, kann dann nur die Gegenleistung sein. Diese besteht typischerweise in einem **Entgelt,** das die Verordnung PR Nr. 30/53 „Preis" nennt. Auf den besonderen Markt des öffentlichen Einkaufs will das Öffentliche Preisrecht „die Grundsätze der wettbewerblichen und dynamischen Preisbildung des allgemeinen Marktgeschehens" übertragen.[5]

Entsprechend dem weiten und vielgestaltigen Verwaltungsauftrag einerseits und den nicht von vornherein und für alle Zeiten bestimmbaren Märkten, auf denen der Wettbewerb noch nicht bzw. nicht mehr funktioniert, andererseits muss der Begriff der **Leistung** sehr weit verstanden werden. Gemeint sind deshalb Liefer-, Werk- und Dienstleistungen, seien sie gegenständlicher oder nichtkörperlicher Art.[6] Vom Anwendungsbereich ausgenommen sind hingegen, wie von § 2 Abs. 5 ausdrücklich normiert, Bauleistungen. Das Gegenstück bildet die zwar ggf. ebenfalls auf vertraglicher Grundlage erfolgende und zweckgebundene, aber nicht auf ein definiertes Ergebnis zielende Zuwendung (vgl. § 23 BHO).

b) Vereinbarung. Auch wenn die Vorschrift von der „Vereinbarung von Preisen" spricht, die wegen des zwingenden Charakters der Verordnung weitgehend der Disposition der Vertragspartner entzogen ist, wird dadurch deutlich, dass eine rechtsgeschäftliche Vereinbarung über einen entgeltlichen Leistungsaustausch **zwischen zwei verschiedenen Rechtspersonen,** einem öffentlichen Auftraggeber und einem Fremdleistungserbringer, gegeben sein muss. Verwaltungsinterne Leistungs-

---

[1] Zum Vorrang der Marktpreise auch *Fickelscher* in Gabriel/Krohn/Neun VergabeR-HdB § 21 Rn. 26.
[2] Immenga/Mestmäcker/*Dreher* GWB Vor § 97 Rn. 180; s. die detaillierte Übersicht bei Ebisch/Gottschalk/*Hoffjan*/*Müller* Rn. 91.
[3] Mit Recht spricht *Berstermann,* Öffentliche Auftragspreisverordnung, 2012, § 1 Rn. 13; HK-VergabeR/*Berstermann* Rn. 13 von „der Geschlossenheit des Preissystems"; ebenso sprechen Ebisch/Gottschalk/*Hoffjan*/*Müller* Rn. 99, „von der Geschlossenheit der Regelung der VO PR Nr. 30/53".
[4] S. die Beispiele bei Ebisch/Gottschalk/*Hoffjan*/*Müller* Rn. 120.
[5] So *Müller* ZfBR 2018, 555 (556).
[6] Ähnlich Ebisch/Gottschalk/*Hoffjan*/*Müller* Rn. 8 f.

beziehungen werden nicht in das Öffentliche Preisrecht einbezogen, selbst wenn sie Gegenstand von sog. Zielvereinbarungen sind und eine Kosten- und Leistungsrechnung etabliert ist. Die Schwelle zur preisrechtlich relevanten Vereinbarung ist erst und nur überschritten, wenn beide Seiten autonom über den Vertragsschluss disponieren können, weil sie je für sich organisatorisch und rechtlich verselbstständigt sind. Diese Rechtskreisüberschreitung ist nicht gegeben, wenn es sich beim Auftragnehmer um einen kommunalen Eigenbetrieb oder einen Regiebetrieb handelt. Beiden Betriebsformen fehlt es an eigener Rechtspersönlichkeit.[7] Während der Eigenbetrieb zwar außerhalb des kommunalen Haushaltsplans als Sondervermögen der Gemeinde geführt wird, aber weiterhin nur – unselbstständiger – Teil oder Untergliederung der Gemeinde ist,[8] fehlt die Rechtspersönlichkeit erst recht bei Regiebetrieben, da diese nicht als Sondervermögen geführt werden, sondern bloße verwaltungsinterne Zusammenfassungen technischer und finanzieller Mittel,[9] also Abteilungen bzw. Ämter der Gemeindeverwaltung, sind.[10]

8   Die einseitige Auferlegung von Leistungspflichten ist damit ebenso wenig erfasst wie die Geschäftsbesorgung ohne Auftrag. Auch der Auftrag des § 662 BGB ist nicht gemeint, da er per definitionem eine unentgeltliche Geschäftsbesorgung betrifft. Dasselbe gilt für gesellschaftsvertragliche Vereinbarungen. Der Preisregelung unterworfen sind Verträge von öffentlichen Auftraggebern mit Unternehmen, die die Beschaffung von Liefer-, Werk- oder Dienstleistungen gegen Entgelt zum *Gegenstand* haben. Aufgerufen sind also Kauf-, Werk-, Werklieferungs-, Miet-, Pacht- und Geschäftsbesorgungsverträge sowie **Austauschverträge** eigener Art. Hierher können auch Tauschverträge zählen, wenn und weil der Kaufpreis durch eine andere Form des Entgelts ersetzt wird.[11] Da die Gegenseitigkeit des Leistungsverhältnisses Anwendungsvoraussetzung ist, ist der preisrechtliche Auftragsbegriff enger gefasst als der kartellvergaberechtliche Auftragsbegriff des § 99 GWB.[12]

9   Da § 2 Abs. 1 PreisG Löhne ausdrücklich von seinem Anwendungsbereich ausnimmt, kann sich hierauf die Verordnung nicht erstrecken. Obzwar Gehalt und Lohn die Gegenleistung für die Arbeitsleistung darstellen, werden **Dienst- und Arbeitsverhältnisse** in abhängiger Beschäftigung nicht dem Preisrecht unterworfen. Etwas anderes gilt grundsätzlich für in selbstständiger Tätigkeit erbrachte gewerbliche, handwerkliche, freiberufliche und künstlerische, wissenschaftliche und ähnliche (Dienst-)Leistungen.

10 Auch bei **Darlehensverträgen**, bei denen die öffentliche Hand als Kreditnehmer in Erscheinung tritt, stößt die Wortlautauslegung des Auftragsbegriffs an ihre Grenzen. Obgleich es sich typischerweise um entgeltliche Austauschverträge handelt, sind diese angesichts der bestehenden spezialgesetzlichen Vorschriften zur Kreditaufnahme und -gewährung vom Anwendungsbereich des Preisrechts auszuschließen.[13]

11 Die **Rechtsnatur des Vertrags** ist grundsätzlich irrelevant, sodass neben privatrechtlichen Verträgen ggf. auch öffentlich-rechtliche Verträge iSd §§ 54 ff. VwVfG erfasst werden.[14] Dies korrespondiert der grundsätzlichen Wahlfreiheit der Verwaltung bezüglich der Wahl von Organisationsformen und der Ausgestaltung von Leistungs- bzw. Benutzungsverhältnissen.[15] Maßgeblich ist der austauschvertragliche Charakter der Vereinbarung, sodass die Erbringung von Leistungen der Abwasserentsorgung, beispielsweise die Klärung kommunalen Abwassers durch einen Zweckverband, der Abfallbeseitigung, etwa der Müllverbrennung durch ein gemeinsames Kommunalunternehmen, oder die Lieferung von Wasser gegenüber öffentlichen Auftraggebern ungeachtet der konkreten vertraglichen Formenwahl erfasst werden.

12 c) **Öffentlicher Auftrag.** Durch die **Beteiligung eines öffentlichen Auftraggebers** iSv § 2 an einem Beschaffungsvorgang im beschriebenen Sinne wird dieser zum öffentlichen Auftrag. Damit

---

[7] *Schneider* in Wurzel/Schraml/Becker, Rechtspraxis der kommunalen Unternehmen, 3. Aufl. 2015, Kap. D Rn. 26, 32, 46.
[8] *Brüning* in Schulte/Kloos ÖffWirtschaftsR-HdB § 5 Rn. 21; ausf. *Brüning* in Mann/Püttner, Handbuch der kommunalen Wissenschaft und Praxis, Bd. 2, 3. Aufl. 2011, § 44 Rn. 25 ff.
[9] *Schneider* in Wurzel/Schraml/Becker, Rechtspraxis der kommunalen Unternehmen, 3. Aufl. 2015, Kap. D Rn. 46; ausf. *Brüning* in Mann/Püttner, Handbuch der kommunalen Wissenschaft und Praxis, Bd. 2, 3. Aufl. 2011, § 44 Rn. 1 ff.
[10] Zur generellen Unmöglichkeit außenrechtlicher Beziehungen zwischen Gemeinden und ihren Eigenbetrieben *Hellermann* in Hoppe/Uechtritz/Reck, Handbuch Kommunale Unternehmen, 3. Aufl. 2012, § 7 Rn. 24, 46; für die Bejahung eines nach außen gerichteten Auftrags im Fall des selbstständig bilanzierten Regiebetriebs Ebisch/Gottschalk/*Hoffjan*/Müller Rn. 18.
[11] Ebenso Ebisch/Gottschalk/*Hoffjan*/Müller Rn. 15.
[12] *Berstermann*, Öffentliche Auftragspreisverordnung, 2012, § 1 Rn. 5.
[13] So auch *Berstermann*, Öffentliche Auftragspreisverordnung, 2012, § 1 Rn. 3.
[14] Auch Ebisch/Gottschalk/*Hoffjan*/Müller Rn. 25.
[15] Statt aller *Maurer/Waldhoff* AllgVerwR § 3 Rn. 25.

ist – vorbehaltlich einer Ausnahmeverfügung gem. § 2 – der Anwendungsbereich des Öffentlichen Preisrechts eröffnet. Ob Leistungen von der öffentlichen Hand zur Bedarfsdeckung, im Rahmen erwerbswirtschaftlicher bzw. fiskalischer Tätigkeit oder zur Wahrnehmung von Verwaltungsaufgaben „eingekauft" werden,[16] ist insoweit unerheblich. Die Tatbestandsvoraussetzung fußt somit ausschließlich auf der Rechtsfähigkeit der Stelle der öffentlichen Verwaltung, die den Auftrag vergibt.[17] Man spricht insoweit vom sog. institutionellen Auftraggeberbegriff.[18] Da es für Außenstehende regelmäßig nicht erkennbar ist, welche Zwecksetzung hinter der Auftragsvergabe steht, dient diese Begriffsverständnis der Schaffung einer gewissen Rechtssicherheit im Geschäftsverkehr mit der öffentlichen Hand.

Da die Preisverordnung tatbestandlich ausschließlich auf die Person des Auftraggebers abstellt, ergibt sich das vergaberechtlich viel diskutierte und umstrittene Problem nach der Einbeziehung bzw. Einbeziehbarkeit sog. **In-State-Geschäfte** (→ GWB § 99 Rn. 87 ff.) hier nicht.[19] Vielmehr greift die Verordnung PR Nr. 30/53 auch dann stets ein, wenn auf der Auftragnehmerseite eine juristische Person des öffentlichen Rechts steht.[20] Ebenso wenig ändert das Vorliegen der Voraussetzungen einer **Inhouse-Konstellation** (→ GWB § 99 Rn. 41 ff.) etwas an der Anwendbarkeit des Preisrechts.[21] Das sind entgeltliche Austauschbeziehungen, bei denen der öffentliche Auftraggeber über eine gesellschaftsrechtliche Beteiligung am Auftragnehmer auf beiden Vertragsseiten präsent ist. Für ein allein formell auf die Auftraggebereigenschaft und das Merkmal des entgeltlichen Leistungsaustausches rekurrierendes Preisrecht ergeben sich hier keine Anwendungseinschränkungen.[22]

Als Konsequenz daraus, dass es auf die Zuordnung des Leistungsverhältnisses zum öffentlichen oder zum privaten Recht nicht ankommt, liegt eine funktionale Betrachtung des Auftragnehmerbegriffs im Preisrecht.[23] Insoweit ist zweckbezogen zu entscheiden, ob das öffentlich-rechtliche Rechtsverhältnis und die es betreffenden Regelungen durch ein privatrechtliches Auftragsverhältnis austauschbar sind.[24] Das wird im Fall **hoheitlicher Aufgabenwahrnehmung** zu verneinen sein. Der Grund dafür ist das Erfordernis einer lückenlosen, an verfassungsrechtlichen Maßstäben überprüfbaren Legitimationskette. Diese setzt das Vorliegen gesetzlicher Ermächtigungen voraus und schließt privatrechtliche Verträge zur Übertragung von Staatsgewalt aus. So erhält im Fall der **Beleihung** der Beliehene das Recht und die Pflicht, hoheitliche Aufgaben im eigenen Namen wahrzunehmen und hierfür unter Umständen Abgaben zu erheben. Die Beleihung ist ein aufgrund gesetzlicher Ermächtigung erlassener Hoheitsakt, an den das Recht Folgen knüpft. Es ist damit gerade kein Auftrag im preisrechtlichen Sinne.[25] Durch die eigenverantwortliche Aufgabenwahrnehmung des Beliehenen fehlt es trotz eventueller Entgeltlichkeit der Leistung an einem preisrechtlich relevanten Austauschverhältnis zwischen dem Beliehenen und dem Beleihenden.[26] Aus denselben Erwägungen unterfallen **Amts- oder Vollzugshilfen** der Ordnungs- und Polizeibehörden nicht dem Regime des Preisrechts.

d) Rechts- und Fehlerfolgen. Der Vorrang marktwirtschaftlicher Preisbildung wird dem Wortlaut der Vorschrift nach „grundsätzlich" angeordnet; die benannte Ausnahme in Gestalt von

---

[16] S. die Typisierung des Handelns der Verwaltung nach Privatrecht bei *Maurer/Waldhoff* AllgVerwR § 3 Rn. 18 ff.; Ebisch/Gottschalk/*Hoffjan/Müller* Rn. 26 ff. werfen die Frage auf, ob die VO PR Nr. 30/53 auch dann Anwendung findet, wenn der Auftraggeber eine rein erwerbswirtschaftlich tätige juristische Person des öffentlichen Rechts ist. Dabei wird verkannt, dass es sich um ein Scheinproblem handelt, da eine rein erwerbswirtschaftliche wirtschaftliche Betätigung jedenfalls der Kommunen mangels Wahrung der Voraussetzungen der sog. Schrankentrias des öffentlichen Wirtschaftsrechts als unzulässig anzusehen ist. Dies hat typischerweise eine Untersagung durch die Kommunalaufsicht zur Folge. Mithin ist das Vorliegen des entsprechenden rechtstatsächlichen Hintergrundes in Zweifel zu ziehen.
[17] Michaelis/Rhösa/*Greiffenhagen* § 2 A I.
[18] Michaelis/Rhösa/*Greiffenhagen* § 2 A I.
[19] Vgl. Michaelis/Rhösa/*Greiffenhagen* § 2 A VI.
[20] *Dierkes/Hamann*, Öffentliches Preisrecht in der Wasserwirtschaft, 2009, 123 f.
[21] *Reuter/Polster* IR 2005, 266 (269), weisen auf die daraus resultierenden Wertungswidersprüche und Folgen hin.
[22] Statt vieler VGH Kassel Beschl. v. 27.4.1999 – 5 N 3909/98, NVwZ-RR 2000, 243 (246); *Hoffjan/Hövelborn/Strickmann* ZögU 2013, 3 (7 f.). AA OVG Lüneburg Urt. v. 16.7.2015 – 9 LB 117/12, DÖV 2015, 930 = NdsVBl. 2015, 333 (336), mit der nicht tragfähigen Begründung, es handele sich um einen „Vertrag über die Zusammenarbeit mit öffentlichen Stellen zur Bewältigung einer gemeinsamen öffentlichen Aufgabe der Daseinsvorsorge. (...) Denn Leistungserbringungen innerhalb eines öffentlich-rechtlichen Organisationszusammenhangs können vom öffentlichen Preisrecht nicht erfasst werden.".
[23] Ebisch/Gottschalk/*Hoffjan/Müller* § 2 Rn. 29.
[24] Ebisch/Gottschalk/*Hoffjan/Müller* Rn. 25.
[25] So auch HK-VergabeR/*Berstermann* § 2 Rn. 10.
[26] HK-VergabeR/*Berstermann* § 2 Rn. 10.

Selbstkostenpreisen nimmt auf rechtstatsächliche Umstände Bezug: Kostenorientierte Preisbildung kann nur dann akzeptiert werden, wenn eine **Leistungserbringung im Wettbewerb** ausscheidet. Dahinter steht die in der Präambel ausgedrückte Erkenntnis, dass zur Vermeidung allokativer Ineffizienzen ein funktionsfähiger Wettbewerb dient. Der regelmäßig wirtschaftlichste Weg zur Beschaffung ist deshalb der über einen Wettbewerb. Die Aufrechterhaltung des Preisstandes, wie sie von § 2 Abs. 1 PreisG verlangt wird, hat soweit wie möglich marktwirtschaftliche Grundsätze und damit die Wettbewerbsordnung zu beachten.[27]

16 Das hat Folgen für die Kalkulation und die Kontrolle von Selbstkostenpreisen, indem einzelne **Elemente eines Gesamtpreises,** für die eine wettbewerbliche Preisbildung möglich ist, nicht als Selbstkosten eingestellt werden dürfen. Dies betrifft etwa den Zukauf von Leistungen durch den Auftragnehmer dann, wenn das hierfür aufgewendete Entgelt marktwirtschaftlichen Preisbildungsregeln unterliegt. In diesem Sinne hat beispielsweise eine gebührenerhebende Gemeinde die Vorkalkulation des Fremddienstleisters anhand der Verordnung PR Nr. 30/53 sowie der Grundsätze der LSP daraufhin zu prüfen, ob die Entgelte den Anforderungen genügen.[28]

17 Als einzige **Ausnahme** vom Vorrang der Marktpreise iSv § 4 Abs. 1 erlaubt § 5 Abs. 1 Nr. 2 alternativ die Vereinbarung von Selbstkostenpreisen, wenn „eine Mangellage vorliegt oder der Wettbewerb auf der Anbieterseite beschränkt ist und hierdurch die Preisbildung nach § 4 nicht nur unerheblich beeinflußt wird". Die näher benannten Funktionsbeeinträchtigungen des Wettbewerbs veranlassen den Verordnungsgeber dazu, den Vertragsparteien die Festlegung einer Grundlage für die Preisbildung zu überantworten.

18 Zur Optimierung dieses Regel-Ausnahme-Verhältnisses hat der Verordnungsgeber die Durchsetzung des Marktpreisvorrangs insbesondere in Fällen abweichender Vereinbarung angeordnet. Nicht durch fehlenden Wettbewerb zum Zeitpunkt des Vertragsschlusses gerechtfertigte Regelungen über Selbstkostenpreise werden durch solche über Marktpreise surrogiert. Die **Vertragsbestimmung** über den unstatthaften Preistyp ist wegen Verstoßes gegen ein gesetzliches Verbot nach § 134 BGB unwirksam und wird durch die nach der Verordnung zulässige Preistypvereinbarung ersetzt – es handelt sich somit grundsätzlich um eine bloße Teilnichtigkeit im Hinblick auf die Preisabrede, im Übrigen bleibt der Vertrag jedoch wirksam. Das stößt dann, wenn eine Auftragsvergabe im wettbewerblichen Verfahren hätte stattfinden müssen, aber unterblieben oder fehlerhaft erfolgt ist, auf tatsächliche Schwierigkeiten, weil ein Marktpreis unter Umständen nachträglich nicht mehr festgestellt, insbesondere eine öffentliche Ausschreibung nicht nachgeholt werden kann. Daraus kann indes nicht ohne Weiteres auf die Zulässigkeit des vereinbarten Selbstkostenpreises geschlossen werden,[29] weil dann der Marktpreisvorrang durchbrochen würde.[30] Vielmehr ist der Preis so weit wie noch möglich am maßgeblichen Marktgeschehen zu messen. Im Übrigen dürfte der Marktpreis regelmäßig die Selbstkosten übersteigen, was zulasten des öffentlichen Auftraggebers und seines Haushalts geht.[31]

19 **2. Festpreisvorrang (Abs. 2). a) Preistypen und Preisvorbehalte.** Der in Abs. 2 normierte Vorrang fester Preise bezieht sich nicht auf alle in der Verordnung PR Nr. 30/53 genannten **Preistypen,** sondern lediglich auf Marktpreise iSd § 4 und Selbstkostenfestpreise gem. § 6 Abs. 1 u. 2. Per definitionem scheiden Selbstkostenrichtpreise als „vorläufiger Selbstkostenpreis"[32] (§ 6 Abs. 3 S. 1) bis zur Umwandlung in Selbstkostenfestpreise sowie Selbstkostenerstattungspreise (§ 7 Abs. 1), nicht aber die Vereinbarung fester Sätze für einzelne Kalkulationsbereiche aus (§ 7 Abs. 2).[33] § 1 Abs. 2 legt keinen eigenständigen Preistyp fest, sondern bestimmt, dass beim öffentlichen Einkauf Preise zu vereinbaren sind, die grundsätzlich nicht mehr verändert werden können.[34]

20 Zu **Preisgleitklauseln** oder anderen Preisvorbehalten verhält sich Abs. 2 nicht; sie sind daher preisrechtlich grundsätzlich nicht verboten.[35] Einschränkungen ergeben sich für die öffentlichen

---

[27] Gemäß diesem Sinn und Zweck argumentiert OVG Berlin-Brandenburg Urt. v. 22.7.2017 – OVG 6 B 18.16 bei der Auslegung der LSP.

[28] Vgl. OVG Münster Beschl. v. 25.11.2010 – 9 A 94/09, BeckRS 2010, 57035 = KStZ 2011, 110; OVG Münster Beschl. v. 29.3.2012 – 9 A 1064/10, BeckRS 2012, 50903.

[29] So aber Ebisch/Gottschalk/*Hoffjan*/*Müller* Rn. 124.

[30] Gegen die Möglichkeit der Ableitung des Marktpreises aus dem bloßen Durchlaufen eines Vergabeverfahrens, weil das öffentliche Preisrecht einen im Vergabeverfahren entstandenen Wettbewerbspreis nicht kenne, HK-VergabeR/*Berstermann* Rn. 13.

[31] Deshalb warnt *Müller* ZfBR 2018, 555 (556), vor einer „voreiligen Vereinbarung von Selbstkostenpreisen".

[32] Die Eigenschaft als sog. vorläufiger Preis leitet sich aus Nr. 9 der Richtlinie für öffentliche Auftraggeber zur Anwendung der Verordnung PR Nr. 30/53 über die Preise bei öffentlichen Aufträgen v. 1.7.1955 idF v. 6.3.1961 (BAnz.-Beil. 1955 Nr. 74) ab.

[33] So auch Michaelis/Rhösa/*Greiffenhagen* § 1 C I.

[34] *Müller* ZfBR 2018, 555 (556).

[35] Ebisch/Gottschalk/*Hoffjan*/*Müller* Rn. 56.

Auftraggeber aber ggf. aus den verwaltungsinternen Vorschriften.[36] Der Festpreisvorrang greift durch, wenn für eine bestimmte Leistung zum Zeitpunkt des Vertragsschlusses ein Marktpreis gegeben ist. Falls die vereinbarte Leistung indes erst in einem zukünftigen Zeitpunkt erbracht werden soll, stößt die Ermittlung eines Marktpreises an Grenzen, die durch eine Preisgleitklausel handhabbar werden.[37] Entsprechendes gilt für Selbstkostenfestpreise, wenn Kostenänderungen zwischen dem Zeitpunkt der Kalkulation der Leistung und dem der Leistungserbringung geregelt werden müssen.[38] Mittels Preisgleitklauseln werden bei Vertragsschluss noch bestehende Marktrisiken und andere Unwägbarkeiten unter Zugrundelegung nachprüfbarer Kriterien objektiv abgebildet und auf beide Vertragspartner verteilt. Der im weiteren Verlauf tatsächlich zu zahlende Preis wird hierbei an externe Bezugsgrößen gekoppelt und bei (wesentlichen) Änderungen diesen Bezugsgrößen in Abweichung zum Basispreis „automatisch" angepasst. Derartige Preisgleit- bzw. Kostenelementklauseln sind „symmetrisch" anzuwenden, dh nicht nur Kostensteigerungen, sondern auch fallende Faktorpreise müssen sich in dem Endpreis widerspiegeln können.[39] Preisgleitklauseln bestehen in der Regel aus einem unveränderlichen Kostenanteil, einem veränderlichen Materialkostenanteil und einem veränderlichen Personalkostenanteil.[40] Als variable Elemente des Preises kommen jedoch grundsätzlich alle im Einzelfall bedeutsamen Positionen bzw. Kostenelemente infrage. Im Hinblick auf die preisrelevanten Materialpositionen stellen die jeweiligen Änderungen im Rahmen der Preisgleitklausel meist auf die Indizes des Statistischen Bundesamtes oder aber Indizes der Statistischen Landesämter sowie des Statistischen Amtes der Europäischen Gemeinschaft ab. Bei den Lohnkosten wird meist eine Kopplung an den Tariflohn einer jeweils repräsentativen Lohngruppe vorgenommen.[41] Die Wirkungsstärke der einzelnen schwankenden Kostenelemente auf den Gesamtpreis wird im Vorfeld mittels entsprechender Gewichtungsfaktoren festgelegt. Da die Kostenentwicklung – dies gilt insbesondere für die Material- bzw. Stoffkosten, aber auch für Personalkosten – stark von der Entwicklung der einzeln enthaltenen (1, 2, 3, ... n) Kostenarten abhängt, empfiehlt es sich, in der Preisgleitklausel nach den wesentlichen einzelnen Kostenunterarten weiter zu differenzieren und sie explizit in der Preisgleitformel mit jeweils passenden, spezifischen Indizes zu berücksichtigen.[42]

b) Maßgebliche Umstände und Zeitpunkte. Dem üblichen Geschäftsverkehr, der feste Preise bevorzugt, entsprechend und zum Zwecke der Förderung von **Preisstabilität**[43] sollen die im Synallagma zur erbrachten Leistung stehenden Gegenleistungen für öffentliche Aufträge nach Möglichkeit als feste Preise vereinbart werden. Einen entsprechenden Vorrang an Festpreisen für öffentliche Aufträge ordnet Abs. 2 an. Neben der Preisstabilität vermittelt die Vereinbarung fester Preise beiden Vertragsparteien in besonderem Maße **Planungssicherheit** hinsichtlich der zur Verfügung stehenden und zur Auftragsdurchführung benötigten finanziellen Ressourcen.[44] Der Auftraggeber kann weitestgehend sicher über die vorhandenen Haushaltsmittel disponieren. Umgekehrt kann der Auftragnehmer seine Kosten kalkulieren und im Fall der Kostensenkung während der Auftragsdurchführung seinen Gewinn vergrößern.

Abs. 2 S. 1 ist zwar als **zwingende Rechtsfolge** gefasst, statuiert indes den Vorbehalt der „Verhältnisse des Auftrags". In ähnlicher Weise wird in Abs. 2 S. 2 der maßgebliche Zeitpunkt der Festlegung mit dem Vertragsschluss definiert. Die Ausgestaltung als Sollens-Vorschrift bedeutet, dass der öffentliche Auftraggeber darauf verpflichtet ist, es sei denn, dass eine atypische Situation vorliegt. Damit geraten auch hier die Verhältnisse des Auftrags, genauer: die Art und Weise der Leistungserstellung und -erbringung, in den Blick.

Die Vereinbarung fester Preise bindet beide Vertragspartner gleichermaßen und ist zivilrechtlich nur einvernehmlich änderbar. Doch auch die einvernehmliche Änderung ist nur dann möglich, wenn die Änderung ihrerseits nicht gegen preisrechtliche Bestimmungen verstößt. Daneben ist der Auftraggeber haushaltsrechtlichen Regelungen unterworfen, die letztlich ein kategorisches Verbot

---

[36] Rundschreiben des Bundesfinanzministers für Wirtschaft und Finanzen betr. Grundsätze zur Anwendung von Preisvorbehalten bei öffentlichen Aufträgen v. 2.5.1972 W/I B 1 – 24 00 6–W/I B 3 – 24 19 22, Bek. v. 4.5.1972, BAnz. 1972 Nr. 88.
[37] Ähnlich Ebisch/Gottschalk/*Hoffjan*/*Müller* Rn. 67.
[38] Ebisch/Gottschalk/*Hoffjan*/*Müller* Rn. 68.
[39] *Bontrup*/*Marquardt* BFuP 2002, 306 (309).
[40] R. *Müller*, Preisgestaltung bei öffentlichen Aufträgen, 3. Aufl. 1993, 78 ff.; *Noelle*/*Rogmans*, Öffentliches Auftragswesen, 3. Aufl. 2002, 127 f.
[41] *Gabriel*/*Schulz* ZfBR 2007, 448 (451).
[42] S. hierzu auch bereits *Backhaus* ZfbF 1979, 3 (4 f.); R. *Müller*, Preisgestaltung bei öffentlichen Aufträgen, 3. Aufl. 1993, 81.
[43] Michaelis/Rhösa/*Greiffenhagen* § 1 C I.
[44] H. *Müller*, Staatliche Preislenkung bei öffentlichen Aufträgen, 1970, 88.

von Vertragsänderungen zulasten der öffentlichen Hand bedeuten.[45] Die Vereinbarung fester Preise bildet eine **förmliche Vertragsregelung,** die von der materiellen Verordnungsvorgabe zu Höchstpreisen zu unterscheiden ist. Preisrechtlich nicht ordnungsgemäß kalkulierte feste Preise unterliegen ebenso wie nicht durch die „Verhältnisse des Auftrags" gerechtfertigte Preisvorbehalte im Falle der Höchstpreisüberschreitung dem Verdikt der Nichtigkeit.

24 Maßgeblicher Beurteilungszeitpunkt für die Zulässigkeit eines festen Preises dem Grund und der Höhe nach sowie eventueller Preisgleitfaktoren ist der „Abschluss des Vertrages". Eine preisrechtlich statthafte Festlegung eines festen Preises samt etwaiger Vorbehalte bleiben wirksam, auch wenn sich die maßgeblichen Umstände **nachträglich ändern.**[46] Die Anwendung und Umsetzung vertraglicher Bestimmungen ist nicht Gegenstand des Öffentlichen Preisrechts. Entscheidend für die Zulässigkeit von festen Preisen mit Preisvorbehalt ist somit die Vereinbarung im Zeitpunkt des Vertragsschlusses. Eine regelungsabschwächende Wirkung erfährt die Norm insoweit durch die tatbestandliche Einschränkung der „Verhältnisse des Auftrags" iSv Abs. 2 S. 1.[47]

25 c) **Fehlerfolge.** Ein Auftragnehmer kann sich nicht darauf berufen, eine unzulässige Preisabrede sei von beiden Vertragspartnern gewollt und deshalb gültig.[48] Ein unstatthafter Preistyp bedingt nach § 134 BGB die diesbezügliche **Teilnichtigkeit** des Rechtsgeschäfts, wobei die preisrechtswidrige Abrede im Interesse der Aufrechterhaltung des Beschaffungsvorgangs durch den zulässigen Preistyp in zulässiger Preishöhe ersetzt wird.[49] Ein Rechtsgeschäft ist nach § 134 BGB nur dann insgesamt nicht, wenn sich nicht aus dem Gesetz etwas anderes ergibt. Das ist bei Vereinbarung des falschen Preistyps nach dem Öffentlichen Preisrecht aber der Fall, weil es nicht das Geschäft insgesamt vernichten, sondern nur den preisrechtlich zulässigen Preis gewährleisten will.[50]

26 **3. Höchstpreisgrenze (Abs. 3). a) Inhalt und Maßstab.** Ausdrücklich statuiert Abs. 3 lediglich eine Obergrenze für Entgelte bei öffentlichen Aufträgen im Sinne der Verordnung. Dagegen, den Regelungen des Öffentlichen Preisrechts zudem den Charakter von **Mindestpreisen** beizumessen, sprechen der eindeutige Wortlaut, das Ziel einer möglichst weitgehenden Etablierung marktwirtschaftlicher Grundsätze bei der Beschaffung durch die öffentliche Hand sowie die Systematik der Verordnung (vgl. etwa § 7 Abs. 1 S. 2).[51] Auftraggeber werden aus budgetrechtlichen Gesichtspunkten und Wirtschaftlichkeitserwägungen an einer Preisunterschreitung interessiert sein,[52] und Auftragnehmer werden ggf. aus unternehmerischen Gründen in der Erwartung von Folgeaufträgen Höchstpreisunterschreitungen eingehen.[53] Eine Unterschreitung darf jedoch nur erfolgen, wenn die Entscheidung auf Seiten des Auftragnehmers freiwillig ergeht und keine Folge einer unterlegenen Stellung ist.[54]

27 **Maßstäbe** für die Ermittlung zulässiger Höchstpreise gibt die Verordnung selbst in den §§ 3–7 sowie mit den nach § 8 anzuwendenden LSP vor. Damit ist allerdings nur die preisrechtliche Höchstgrenze beschrieben. Unberührt bleiben andere, insbesondere haushaltsrechtliche Zielvorgaben, die die öffentlichen Auftraggeber verpflichten, im Rahmen eines fairen Wettbewerbs ein Unterschreiten der preisrechtlichen Höchstpreise zu erreichen.[55]

28 **b) Maßgebliche Umstände und Zeitpunkte.** Die möglichen höchstpreisüberschreitenden Handlungsformen sind sehr weit gefasst. So können das Fordern, das Versprechen, das (gemeinschaftliche) Vereinbaren, die Annahme oder die Gewährung überhöhter Preise den Tatbestand erfüllen. Die Höchstpreisgrenze zwingt sowohl den Auftragnehmer als auch den Auftraggeber unabhängig davon, wie sie sich über und auf überhöhte Preise verständigen zur Einhaltung der preisrechtlichen Vorgaben.[56] Die **Tatbestandsvarianten,** die Abs. 3 insoweit aufzählt, korrespondieren § 4 WiStG. Sie betreffen allesamt die Vertragsverhandlungen und den Vertragsschluss. Hingegen nicht zum Regelungssubstrat des Öffentlichen Preisrechts gehören Handlungen im Rahmen der Vertragserfüllung und -abwicklung.

---

[45] Michaelis/Rhösa/*Greiffenhagen* § 1 C I.
[46] Ebisch/Gottschalk/*Hoffjan/Müller* Rn. 70.
[47] H. *Müller*, Staatliche Preislenkung bei öffentlichen Aufträgen, 1970, 89.
[48] *Pauka/Chrobot* VergabeR 2011, 404 (409).
[49] Ebisch/Gottschalk/*Hoffjan/Müller* Rn. 116.
[50] *Dierkes/Hamann*, Öffentliches Preisrecht in der Wasserwirtschaft, 2009, 196.
[51] IErg so auch *Berstermann/Petersen* ZfBR 2008, 22 f.; zutr. Ebisch/Gottschalk/*Hoffjan/Müller* Rn. 71.
[52] Vgl. *R. Müller*, Preisgestaltung bei öffentlichen Aufträgen, 3. Aufl. 1993, 25.
[53] H. *Müller*, Staatliche Preislenkung bei öffentlichen Aufträgen, 1970, 93.
[54] Michaelis/Rhösa/*Greiffenhagen* § 1 D V.
[55] Ebisch/Gottschalk/*Hoffjan/Müller* Rn. 78; *Hoffjan/Mengis/Hinz* VergabeR 2021, 22 (26).
[56] Michaelis/Rhösa/*Greiffenhagen* § 1 D II.

Der maßgebliche **Beurteilungszeitpunkt** für die Einhaltung der Höchstpreisgrenze ist je nach 29
Preistyp differenziert zu ermitteln. Im Fall von Marktpreisen (§ 4 Abs. 1), Selbstkostenfestpreisen
(§ 6 Abs. 1 u. 2) und Selbstkostenerstattungspreisen (§ 7) ist auf den Vertragsschluss abzustellen, wenn
und soweit darin die Festlegung des Preises erfolgt. Nachträgliche Änderungen an Marktlagen,
Listenpreisen oder Kosten beeinträchtigen die Zulässigkeit eines Preises auch bei längerfristigen
Verträgen nicht.[57] Das gilt für alle Preistypen. Im Fall von Selbstkostenrichtpreisen (§ 6 Abs. 3) ist
dem Charakter als vorläufiger Preis entsprechend zwischen den Leistungsanteilen zu differenzieren.
Für den erbrachten Leistungsanteil gilt der ursprüngliche Angebotszeitpunkt als maßgeblicher Beurteilungszeitpunkt; für den noch zu erbringenden Teil ist auf den Zeitpunkt des Umwandlungsangebots zu rekurrieren.[58] Ungeachtet dessen kann der Vertrag während der Laufzeit von den Parteien
an die geänderten Verhältnisse angepasst werden mit der Folge, dass die materiellen Preisvorgaben
dann erneut in diesem Zeitpunkt erfüllt sein müssen.

c) Fehlerfolgen. Die Überschreitung des Höchstpreises im Sinne der Verordnung gehört zu 30
den „Zuwiderhandlungen gegen die Bestimmungen dieser Verordnung", die gem. § 11 als bußgeldbewährte **Ordnungswidrigkeiten** nach dem Wirtschaftsstrafgesetz geahndet werden. Das Bußgeldverfahren richtet sich nach dem Ordnungswidrigkeitengesetz (OWiG).

Für den Erlass verfügender und damit mit Verwaltungszwang durchsetzbarer **Verwaltungs-** 31
akte fehlt der Preisbehörde die Ermächtigungsgrundlage. § 9 befugt die für Preisbildung und
Preisüberwachung zuständigen Behörden nur zu Maßnahmen im Zusammenhang mit der Prüfung
der Preise, nicht aber zu Einzelfallregelungen, um gesetzliche Ge- und Verbote gegenüber den
Preisrechtsunterworfenen durchzusetzen.[59] Dafür spricht bereits der Wortlaut von § 9 Abs. 3, der
bestimmte Maßnahmen nennt, die allesamt im Zusammenhang mit der Preisprüfung stehen.
Damit bringt der Gesetzgeber klar zum Ausdruck, dass über diese hinaus keinerlei verwaltungsrechtliche Handlungsmöglichkeiten für die Preisbehörden bestehen. Auch aus der Ermächtigung
der Preisbehörden zur Verfolgung von Ordnungswidrigkeiten folgt nicht die Befugnis, Vorfragen
der Ordnungswidrigkeit selbstständig festzustellen oder Vorbeugemaßnahmen zu verfügen.[60] „Die
Verfolgung von Ordnungswidrigkeiten erstreckt sich nur auf die Ahndung begangenen Verwaltungsunrechts".[61] Die Preisbehörde vermag daher allein, dem öffentlichen Auftraggeber den Preisprüfungsbericht bekannt zu geben und ihn damit zu veranlassen, etwaige Preisverstöße zivilvertraglich zu beheben.

Da mit der Höchstpreisgrenze des § 1 Abs. 3 VO PR Nr. 30/53 ein **gesetzliches Verbot** iSv 32
§ 134 BGB statuiert ist, sind entgegenstehende Rechtsgeschäfte nichtig.[62] Der Vertrag ist allerdings
nicht im Ganzen nichtig, sondern gilt als zum zulässigen Preis zustande gekommen.[63] In entsprechender Art wird ein Angebot mit einem preisrechtlich unstatthaften Preis zu einem Angebot mit dem
gesetzlich zulässigen Preis modifiziert. Damit beeinträchtigt der Preisverstoß nicht die einem Angebot
innewohnende Bindungswirkung, auch wenn sich der angebotene Preis gemäß den Vorgaben der
Verordnung ändert.[64] Insoweit unzutreffend wäre eine Ablehnung der Bindungswirkung unter Berufung auf § 150 Abs. 2 BGB. Denn im vorliegenden Fall der Höchstpreisüberschreitung erfolgt die
Abänderung des Angebots im Hinblick auf die Höhe des Preises ipso jure und gerade nicht aufgrund
vertragsparteilicher Willenserklärung.[65] Im Falle der Bezahlung eines preisrechtlich überhöhten Entgelts steht dem öffentlichen Auftraggeber ein bereicherungsrechtlicher Anspruch auf Herausgabe
der Differenz zwischen dem preisrechtlich statthaften und dem tatsächlich gezahlten Entgelt zu
(§§ 812 ff. BGB).

---

[57] Ebisch/Gottschalk/*Hoffjan*/*Müller* Rn. 75.
[58] Michaelis/Rhösa/*Greiffenhagen* § 1 D II.
[59] Anders Ebisch/Gottschalk/*Hoffjan*/*Müller* § 1 Rn. 108, die wesentliche Kernaussagen des VGH München Urt. v. 25.2.1983 – 25 B 81 A 1183, NVwZ 1983, 550, schlichtweg verkennen. Zudem unzutr. erfolgt der Verweis auf OVG Münster Beschl. v. 15.2.1996 – 4 B 1043/95, BeckRS 1996, 21987, da die dem Urteil zugrunde liegende Rechtsgrundlage § 15 BStatG im Vergleich zu § 9 Abs. 3 VO PR Nr. 30/53 über keinen Maßnahmenkatalog verfügt, der genau bestimmt, durch welche Maßnahmen eine Informationsbeschaffung erfolgt. Die Regelungen der VO PR Nr. 30/53, insbes. ihres § 9, sind im Sinne des Beschlusses des OVG Münster nämlich gerade nicht „äußerst knappe gesetzliche Regelungen", welche iErg die Behörde zum Erlass feststellender Verwaltungsakte ermächtigt.
[60] VGH München Urt. v. 25.2.1983 – 25 B 81 A 1183, NVwZ 1983, 550.
[61] VGH München Urt. v. 25.2.1983 – 25 B 81 A 1183, NVwZ 1983, 550.
[62] Ebenso Ebisch/Gottschalk/*Hoffjan*/*Müller* Rn. 110.
[63] BGH Urt. v. 5.12.1968 – VII ZR 92/66, NJW 1969, 425 (427); BGH Urt. v. 22.12.1976 – VIII ZR 221/75, BeckRS 1967, 31122547; BGH Urt. v. 11.10.2007 – VII ZR 25/06, NJW 2008, 55 (56); Hertel BB 1983, 1315 (1319).
[64] So auch Ebisch/Gottschalk/*Hoffjan*/*Müller* Rn. 111.
[65] So jedoch zu Unrecht HK-VergabeR/*Berstermann* Rn. 43 ff.

§ 2 Geltungsbereich

(1) Öffentliche Aufträge im Sinne dieser Verordnung sind die Aufträge des Bundes, der Länder, der Gemeinden und Gemeindeverbände und der sonstigen juristischen Personen des öffentlichen Rechts.

(2) Das Bundesministerium für Wirtschaft und Arbeit kann im Einvernehmen mit dem fachlich zuständigen Bundesministerium verfügen, daß die Vorschriften dieser Verordnung auf Aufträge bestimmter Unternehmen, die juristische Personen des öffentlichen Rechts sind oder von juristischen Personen des öffentlichen Rechts betrieben werden, sofern sie mit ihren Lieferungen und Leistungen im Wettbewerb mit privaten Unternehmen stehen, nicht anzuwenden sind.

(3) Die Bestimmungen dieser Verordnung sind anzuwenden auf die Aufträge ausländischer Truppen und des zivilen Gefolges einer Truppe im Sinne des Artikels I Abs. 1 Buchstabe b des Abkommens zwischen den Parteien des Nordatlantikvertrages über die Rechtsstellung ihrer Truppen vom 19. Juni 1951 (Bundesgesetzbl. 1961 II S. 1183, 1191), die sich auf Grund zwischenstaatlicher Vereinbarungen in der Bundesrepublik Deutschland befinden.

(4) Die Bestimmungen dieser Verordnung finden auch Anwendung
1. auf Verlangen des öffentlichen Auftraggebers bei mittelbaren Leistungen zu öffentlichen Aufträgen, soweit der mittelbare Auftragnehmer von diesem Verlangen vor oder bei Abschluß seines Vertrages Kenntnis erhalten hat oder nach Abschluß des Vertrages zustimmt,
2. bei den von deutschen Behörden angeordneten Leistungsauflagen und Leistungsanweisungen mit der Maßgabe, daß die nach dieser Verordnung zulässigen Preise nicht ohne Zustimmung des Auftragnehmers unterschritten werden dürfen.

(5) ¹Die Bestimmungen dieser Verordnung gelten nicht für Bauleistungen. Bauleistungen im Sinne dieser Verordnung sind alle Bauarbeiten, soweit sie mit oder ohne Lieferung von Stoffen und Bauteilen der Herstellung, Instandsetzung, Instandhaltung, Änderung oder Beseitigung baulicher Anlagen dienen. ²Montagearbeiten einschließlich der Installationsarbeiten der Elektroindustrie und des Maschinenbaus stellen keine Bauleistungen dar.

Übersicht

	Rn.		Rn.
I. Normzweck und -zusammenhang	1	a) Voraussetzungen	11
II. Einzelerläuterungen	2	b) Rechts- und Fehlerfolgen	19
1. Geltung für juristische Personen des öffentlichen Rechts (Abs. 1)	2	5. Ausdehnung auf Leistungsauflagen und Leistungsanweisungen deutscher Behörden (Abs. 4 Nr. 2)	22
2. Befreiungsmöglichkeit (Abs. 2)	5	6. Unanwendbarkeit auf Bauleistungen (Abs. 5)	23
3. Erstreckung auf ausländische Truppen und deren ziviles Gefolge (Abs. 3)	9		
4. Einbeziehung von mittelbaren Aufträgen (Abs. 4 Nr. 1)	11	7. Anwendung aufgrund zivilvertraglicher Vereinbarung	28

I. Normzweck und -zusammenhang

1   Nachdem in § 1 mit dem Merkmal „Auftrag" der sachliche Anwendungsbereich der Preisverordnung umrissen worden ist, liefert § 2 mit der Bestimmung des **persönlichen Anwendungsbereichs** die Antwort darauf, wann ein „öffentlicher" Auftrag vorliegt. Dazu werden in Abs. 1 pauschal alle juristischen Personen des öffentlichen Rechts einbezogen. Abs. 2 eröffnet dem Bundeswirtschaftsminister die Feinsteuerung, indem durch Verfügung Beschaffungsvorgänge von Wettbewerbsunternehmen von der Anwendung der Verordnung freigestellt werden können. Die Abs. 3 u. 4 erweitern wiederum den Anwendungsbereich einerseits auf näher benannte ausländische Truppen und deren ziviles Gefolge und andererseits auf mittelbare Leistungen zu öffentlichen Aufträgen und behördlicherseits angeordneten Leistungsauflagen und Leistungsanweisungen. Systematisch zum sachlichen Anwendungsbereich gehörend erklärt schließlich Abs. 5 die Unanwendbarkeit der Verordnung PR Nr. 30/53 für die Beauftragung von Bauleistungen.

II. Einzelerläuterungen

1. Geltung für juristische Personen des öffentlichen Rechts (Abs. 1). Mit der Beschränkung auf eine **öffentlich-rechtliche Rechtspersönlichkeit** adressiert Abs. 1 diejenigen Verwaltungsträger, die sich verwaltungsorganisatorisch den Körperschaften, Anstalten und Stiftungen zuordnen lassen. Öffentliche Auftraggeber im Sinne des Öffentlichen Preisrechts sind die nach den Regeln des öffentlichen Rechts verselbstständigten Rechtspersonen. Rechtskreisüberschreitendes Handeln nichtrechtsfähiger Untergliederungen (zB von Regie- und Eigenbetrieben oder Sondervermögen) ist der Trägerperson zuzurechnen (→ § 1 Rn. 7 ff.).

Notwendig ist ein **Handeln im eigenen Namen,** also eine Beschaffung durch die juristische Person des öffentlichen Rechts. Wird ein privatrechtlich verfasstes Unternehmen beauftragt und führt es die Vergabe in seinem Namen durch, ist das Öffentliche Preisrecht vorbehaltlich der ausdrücklichen Erstreckung des Anwendungsbereichs auf diese Unteraufträge gem. Abs. 4 Nr. 1 nicht anzuwenden. Es greift auch dann nicht ein, wenn die öffentliche Hand zum Teil oder sogar ausschließlich Anteilseignerin des Auftraggebers der (mittelbaren) Leistung ist. Die Einbeziehung juristischer Personen des Privatrechts, wie sie unter näher bestimmten Voraussetzungen für den Anwendungsbereich des Vergaberechts durch § 98 Nr. 2 GWB erfolgt, um auch die privatrechtlich organisierte Aufgabenerledigung der Verwaltung zu erfassen, kennt das Preisrecht nicht.[1]

Für die Anwendung der Verordnung PR Nr. 30/53 auf einen öffentlichen Auftrag, genauer: die Preisbildung, ist der **Auftragnehmer** irrelevant. Die Vorschriften der Verordnung bestimmen den Kreis der Auftraggeber nicht. Es ist für den sachlichen Geltungsbereich der Verordnung daher irrelevant, welche Rechtsform das auftragsausführende Unternehmen hat, welchem Wirtschaftszweig es angehört[2] oder ob seinen Sitz im In- oder Ausland hat.[3]

2. Befreiungsmöglichkeit (Abs. 2). Die Frage, ob das Preisrecht auch bei Aufträgen juristischer Personen des öffentlichen Rechts, die rein erwerbswirtschaftlich tätig sind, anwendbar ist, beantwortet die Verordnung nicht eindeutig. Die ausdrückliche Befugnis zur Befreiung liefe leer, wenn es bereits **implizite Ausnahmen** vom Geltungsbereich des Öffentlichen Preisrechts gäbe. Mithin unterfällt erwerbswirtschaftliches Handeln der öffentlichen Hand grundsätzlich dem Anwendungsbereich der Verordnung (→ § 1 Rn. 12 ff.).

Tatbestandlich setzt Abs. 2 zunächst „Aufträge bestimmter Unternehmen" voraus; die Vorschrift ist also **ebenso auftrags- wie unternehmensbezogen** formuliert. Das bedeutet, dass die Befreiungsverfügung einerseits einzelne, mehrere oder sämtliche Aufträge des betreffenden Unternehmens bezeichnen kann. Andererseits muss das fragliche Unternehmen ausdrücklich benannt werden. Es kann sich dabei um Unternehmen in Gestalt juristischer Personen des öffentlichen Rechts handeln oder aber Unternehmen, die von juristischen Personen des öffentlichen Rechts betrieben werden. Die zweite Alternative des Abs. 2 scheint redundant, es sei denn, sie wird auf den Ausnahmefall bezogen, dass gem. Abs. 4 Nr. 1 ein privatrechtlich verfasster Auftragnehmer für Unteraufträge den Bestimmungen der Verordnung unterliegt und hiervon nun wieder befreit werden können soll.[4] Ferner erfasst sie die Beauftragung eines (eigens dafür gegründeten) Unternehmens oder einer Gesellschaft zur Durchführung der Vergabe im Namen des öffentlichen Auftraggebers. Wenn und soweit das privatrechtliche Unternehmen, welches die Auftragsvergabe für die öffentliche Hand ausführt, gesetzlicher Stellvertreter derselben ist, verliert der Auftrag keineswegs seinen öffentlichen Charakter.[5] Selbiges gilt umso mehr für einen von der öffentlichen Hand betriebenen Eigenbetrieb, dem jegliche eigene Rechtspersönlichkeit fehlt. Unternehmen ist dann gemeint im Sinne von Unternehmung bzw. Betrieb.

Weiterhin muss das Unternehmen mit seinen „Lieferungen und Leistungen im Wettbewerb mit privaten Unternehmen stehen". Da es keinen Wettbewerb an sich gibt, ist dieses Tatbestandsmerkmal konkret, also im Sinne einer Leistungserbringung am Markt durch ein konkretes Unternehmen zu verstehen. Bezugspunkt der **wettbewerblichen Situation** ist dabei nicht die Beschaffung im Vorfeld der unternehmerischen Liefer- oder Leistungstätigkeit, sondern der Marktauftritt des an sich dem Preisrecht unterliegenden Unternehmens. Es soll von den „Fesseln der Preisverordnung" befreit werden, um keine Wettbewerbsnachteile infolge zu aufwendiger Beschaffung zu erleiden.

---

[1] Zum – untauglichen – Versuch einer Harmonisierung der Auftraggeberbegriffe im Öffentlichen Preisrecht und im Kartellvergaberecht *Brüning* ZfBR 2012, 642.
[2] Michaelis/Rhösa/*Greiffenhagen* § 2 A VII.
[3] Ebenso Ebisch/Gottschalk/*Hoffjan*/*Müller* Rn. 22 ff.; anders hingegen Michaelis/Rhösa/*Greiffenhagen* § 2 A VII; *H. Müller*, Staatliche Preislenkung bei öffentlichen Aufträgen, 1970, 18.
[4] So Ebisch/Gottschalk/*Hoffjan*/*Müller* Rn. 34, die in § 2 Rn. 7 ff. differenziert klare Möglichkeiten der Wahrung des öffentlichen Charakters von Aufträgen aufzeigen.
[5] HK-VergabeR/*Berstermann* Rn. 13.

8 Als **Folge des rechtsgestaltenden Verwaltungsakts** – die Formulierung der Verordnung („verfügen") ist insoweit schief – tritt eine Befreiung von sämtlichen Vorschriften der Verordnung PR Nr. 30/53 ein. Der Wortlaut des Abs. 2 lässt diesen Schluss zu. Gleichwohl erscheint nicht ausgeschlossen, im Wege eines Schlusses a maiore ad minus auch den Dispens von einzelnen Bestimmungen zuzulassen. Denn dadurch wird der umfassende Geltungsanspruch der Verordnung nur so weit aufgehoben, wie es im Interesse eines bestimmten Unternehmens in einem besonderen Wettbewerbszweig geboten ist. Dass der Preisbehörde damit Gestaltungsmacht im Hinblick auf ein einzelnes Unternehmen eingeräumt wird, ist kein Gegenargument, sondern liegt in der Natur der Befreiungsmöglichkeit des Abs. 2.[6]

9 **3. Erstreckung auf ausländische Truppen und deren ziviles Gefolge (Abs. 3).** Die Norm erstreckt und ergänzt die Geltung des Öffentlichen Preisrechts auf Aufträge von in Deutschland auf der **Basis des NATO-Truppenstatuts** stationierten ausländischen Streitkräften. Regelungen über Entgelte und Bedingungen für Beschaffungen einer ausländischen Truppe und ihres zivilen Gefolges enthalten Art. 47 und Art. 61 des Zusatzabkommens zu dem Abkommen zwischen den Parteien des Nordatlantikvertrages über die Rechtsstellung ihrer Truppen hinsichtlich der in der Bundesrepublik Deutschland stationierten ausländischen Truppen vom 3.8.1959 (BGBl. 1961 II 1218). Insbesondere mit der Bestimmung des Art. 61 Abs. 1 S. 1, dass „die Entgelte für Lieferungen und sonstige Leistungen an eine Truppe oder ein ziviles Gefolge (…) nicht höher sein (dürfen) als die Entgelte, die für Lieferungen und sonstige Leistungen an deutsche Behörden zulässig sind", wird der Preisstand vereinheitlicht. Die Möglichkeit der Preisprüfung und der Ahndung von Zuwiderhandlungen wird indes erst mit Abs. 3 eröffnet.[7]

10 Indem der **Anwendungsbereich** der Verordnung PR Nr. 30/53 allein über die Einbeziehung bestimmter ausländischer Streitkräfte in den Auftraggeberbegriff erstreckt wird, ist klargestellt, dass es darüber hinaus weder auf den Liefer- bzw. Leistungsort noch auf den Empfänger der Waren bzw. Sach- und Werkleistungen ankommt.[8]

11 **4. Einbeziehung von mittelbaren Aufträgen (Abs. 4 Nr. 1). a) Voraussetzungen.** Der praktisch bedeutsame Fall der Beschaffung von Leistungen aller Art durch den Auftragnehmer bei einem Drittunternehmen wird vom Öffentlichen Preisrecht grundsätzlich nicht erfasst.[9] Seine Geltung beschränkt sich auf das **Rechtsgeschäft zwischen öffentlichem Auftraggeber und Auftragnehmer,** es sei denn, Unteraufträge bzw. „mittelbare Leistungen" werden ausnahmsweise „auf Verlangen des öffentlichen Auftraggebers" unter den Voraussetzungen des Abs. 4 Nr. 1 den Bestimmungen der Preisverordnung unterworfen. Diese Regelungsweise ist ungewöhnlich, weil die Vertragsparteien auf Initiative des öffentlichen Auftraggebers bestimmen, dass ein Dritter (der Unterauftragnehmer) dem Regime des Öffentlichen Preisrechts unterfällt oder nicht.

12 **aa) Ober- und Unterauftrag.** Voraussetzungen der hoheitlichen Ausdehnung des Anwendungsbereichs der Verordnung sind **zwei voneinander unabhängige Auftragsverhältnisse,** zum einen ein öffentlicher Auftrag im Oberverhältnis und zum anderen ein Beschaffungsgeschäft zwischen dem Oberauftragnehmer bzw. Unterauftraggeber und einem rechtlich selbstständigen Unterauftragnehmer. Mittelbare Auftragnehmer bzw. Unterauftragnehmer sind somit alle, die nur über den Oberauftragnehmer mit dem öffentlichen Auftragnehmer in (vertraglicher) Beziehung stehen. Bei den mittelbaren Auftragnehmern muss es sich um rechtlich verselbstständigte Unternehmen handeln. Nicht entscheidend ist indes die wirtschaftliche, organisatorische oder finanzielle Abhängigkeit vom Hauptauftragnehmer. Daher sind auch konzernabhängige oder im Organschaftsverhältnis zum Hauptauftragnehmer stehende Unternehmen von dem Begriff umfasst.[10] Nicht zu den mittelbaren Auftragnehmern gehören rechtlich unselbstständige Vorbetriebe im Sinne der Nr. 19 LSP.

13 Ferner muss das unmittelbare Auftragsverhältnis **von Gesetzes wegen dem Preisrecht unterliegen.** Denn falls dessen Geltung nur privatvertraglich vereinbart ist, kann auch das mittelbare Auftragsverhältnis allenfalls im Vertragswege für die Anwendung der Verordnung PR Nr. 30/53 eröffnet werden.[11] Entsprechende Verpflichtungen kann der Hauptauftrag für den Unterauftraggeber vorsehen.

---

[6] So aber Ebisch/Gottschalk/*Hoffjan/Müller* Rn. 33.
[7] Michaelis/Rhösa/*Greiffenhagen* § 2 D I.
[8] S. zu den sog. Offshore-Aufträgen Ebisch/Gottschalk/*Hoffjan/Müller* Rn. 42 ff.; Michaelis/Rhösa/*Greiffenhagen* § 2 D I, III.
[9] Vgl. *Hertel,* Preisbildung und das Preisprüfrecht bei öffentlichen Aufträgen – Ausgewählte Themen, 2. Aufl. 1998, 73.
[10] Michaelis/Rhösa/*Greiffenhagen* § 1 E III; *Dierkes/Hamann,* Öffentliches Preisrecht in der Wasserwirtschaft, 2009, 193; OVG Münster Beschl. v. 9.4.2020 – 9 A 1692/17.
[11] Ebisch/Gottschalk/*Hoffjan/Müller* Rn. 51, und zu den Wirkungen einer privatrechtlichen Vereinbarung der Anwendung Ebisch/Gottschalk/*Hoffjan/Müller* Rn. 94 ff.

Die mittelbare Leistung muss „zu" dem öffentlichen Auftrag erbracht werden. Damit kann **14** **prinzipiell jede Zulieferung und Drittleistung** unabhängig von Art, Umfang und Aufwand dem Preisrecht unterworfen werden, es sei denn, die Leistungen fallen allgemein und unabhängig vom jeweiligen öffentlichen Auftrag laufend im Unternehmen an.[12] Einzubeziehen sind somit nur eigens für den Auftrag beschaffte Güter und in Anspruch genommene Dienste. Indiziellen Charakter hat ein durch den Oberauftrag ausgelöster, spezieller Beschaffungsakt.[13] Der parallele Fall im Vergaberecht wird als Sub- bzw. Nachunternehmer bezeichnet.[14] Die mittelbare Leistung ist danach von bloßen Zulieferungen dadurch abzugrenzen, ob der Hauptauftragnehmer einen Teil der in der Leistungsbeschreibung bestimmten Leistung zur selbständigen Erfüllung an den Nachunternehmer überträgt.[15] Eingedenk von Sinn und Zweck der Einbeziehung mittelbarer Aufträge erscheint ferner angezeigt, das Verhältnis zum Hauptauftrag in den Blick zu nehmen und insoweit eine Preisrelevanz des Unterauftrags zu verlangen.[16]

bb) Verlangen des öffentlichen Auftraggebers. Erforderlich ist eine **einseitige Willenser-** **15** **klärung** des Hauptauftraggebers gegenüber dem Hauptauftragnehmer mit dem Inhalt, die Vorschriften der Verordnung auch auf mittelbare Leistungen anzuwenden. Für die Auslegung dieser einseitigen Erklärung, die im Vertrag enthalten sein, aber auch außerhalb dessen erklärt werden kann, gelten die allgemeinen Regeln. Das Verlangen muss weder vor Abschluss des Hauptauftrags erklärt werden, noch muss der Hauptauftragnehmer zustimmen.[17]

Das Verlangen muss vom öffentlichen Auftraggeber kommen und **die betroffenen Unterauf-** **16** **träge** erkennen lassen. Dies kann durch namentliche Benennung des mittelbaren Auftragnehmers oder die inhaltliche Beschreibung der mittelbaren Leistung geschehen; auch eine Wertgrenze für sämtliche Zulieferungen und Drittleistungen kommt in Betracht.[18] Selbst die Bindung von Nachunternehmern der zweiten, dritten und weiterer Stufen an das Öffentliche Preisrecht kann der Hauptauftraggeber verlangen, wenn die Anwendung der Preisvorschriften lückenlos auf allen (vorhergehenden) Stufen mittelbarer Auftragswahrnehmung gewährleistet ist.[19] Umgekehrt können explizite Ausnahmen gemacht werden.

In der Folge ist der Hauptauftragnehmer gehalten, die Voraussetzungen für die Einhaltung **16a** des Öffentlichen Preisrechts im Unterauftrag zu schaffen und zu überwachen. Denn Verstöße des Nachunternehmers beeinflussen die Preisbildung im Hauptauftrag und gehen damit eventuell zulasten des Hauptauftragnehmers.[20] Eingeschränkt werden Privatautonomie und Vertragsfreiheit von Ober- und Unterauftragnehmer. Rechtstatsächlich führt das für den Unterauftragnehmer dazu, ein geordnetes Rechnungswesen einrichten zu müssen. Da hierfür allein die Kenntnis vom Verlangen des öffentlichen Auftraggebers genügt, muss dieses **verhältnismäßig** sein. Erforderlich wird dies regelmäßig nur bei der Vereinbarung von Selbstkostenpreisen im Oberauftrag sein, weil die mittelbare Leistung auf Marktpreise – in der Regel – keinen Einfluss hat, und angemessen ist das Verlangen, wenn die mittelbare Leistung den Preis der mittelbaren Leistung erheblich beeinflusst.[21]

Der ordnungsmäßige **Preistyp in Haupt- und Unterauftrag** muss mithin nicht zwangsläufig **16b** derselbe sein. „Während es sich beim unmittelbaren Auftrag um einen Selbstkostenpreis (§§ 5 bis 7 VPöA) handelt, kann der mittelbare Auftrag ggf. zu Marktpreisen (§ 4 VPöA) abzurechnen sein **und umgekehrt**".[22] Der hier angedeutete **umgekehrte Fall** entfaltete aber nur dann Praxisrelevanz, wenn der Hauptauftrag über einen abgeleiteten Marktpreis nach § 4 Abs. 2 abgerechnet wird und die Leistung des Subunternehmers mangels Marktgängigkeit kostenmäßig bewertet werden muss.[23]

cc) Kenntnis oder Zustimmung des mittelbaren Auftragnehmers. Die Erstreckung des **17** Anwendungsbereichs der Preisverordnung auf Unternehmer, die am öffentlichen Auftrag gar nicht beteiligt sind, setzt voraus, dass diese entweder das Verlangen des öffentlichen Auftraggebers schon

---

[12] So auch *Pöckel* Neue Betriebswirtschaft 1954, 61 (63); dagegen *Pribilla*, Kostenrechnung und Preisbildung, Loseblg., 12. EL Februar 1967, § 2 VPöA Anm. II 2.
[13] Insoweit ähnlich Ebisch/Gottschalk/*Hoffjan*/*Müller* Rn. 52, die allerdings ohne weitere Differenzierung nur „die für einen öffentlichen Auftrag besonders beschafften Stoffe, Zulieferteile usw.", nicht aber etwa Fertigstoffe als Gegenstand einer mittelbaren Leistung ansehen.
[14] *Pauka*/*Chrobot* VergabeR 2011, 404 (410).
[15] Ausf. Michaelis/Rhösa/*Pauka* § 2 E II.1.
[16] Mit Blick auf die Praxis Ebisch/Gottschalk/*Hoffjan*/*Müller* Rn. 52; abl. Michaelis/Rhösa/*Pauka* § 2 E II.1.c.
[17] *Pauka*/*Chrobot* VergabeR 2011, 404 (410).
[18] Michaelis/Rhösa/*Greiffenhagen* § 1 E IV.
[19] Ebisch/Gottschalk/*Hoffjan*/*Müller* Rn. 61; Michaelis/Rhösa/*Pauka* § 2 E II.1.g.
[20] *Pauka*/*Chrobot* VergabeR 2011, 404 (412).
[21] Michaelis/Rhösa/*Pauka* § 2 E II.2.c.
[22] So *Birgel*, Öffentliches Auftragswesen und Preisrecht, 1994, 97 (Hervorhebung durch d. Verf.).
[23] Vgl. *Mengis*, Entwicklung eines Marktpreis-Prüfungsstandards für öffentliche Aufträge, 2020, 388.

bei Vertragsschluss über die mittelbare Leistung kennen oder der Anwendung des Preisrechts auf den Unterauftrag nach Vertragsschluss zustimmen. Für die Übermittlung des Verlangens bzw. die Kenntniserlangung sind keine Formalia vorgegeben. Typischerweise wird der Hauptauftragnehmer das Verlangen des öffentlichen Auftraggebers **im Vertragswege** an seine Vorlieferanten und Drittdienstleister weitergeben. Auch eine direkte Kenntnisverschaffung oder sonstige Kenntniserlangung ist allerdings ausreichend.[24] Es genügt indes nicht, wenn der Unterauftragnehmer lediglich erfährt, dass der Hauptauftragnehmer eine Unterauftragnehmerleistung benötigt.[25] Im Fall der erfolgreichen Kenntniserlangung durch den Unterauftragnehmer herrscht uneingeschränkt das Reglement der Preisrechtsverordnung vor. Einer ausdrücklichen Zustimmung durch den mittelbaren Auftragnehmer bedarf es nicht mehr. Innere Vorbehalte sind unerheblich.[26] Nach Kenntnisnahme des Verlangens hat der Unterauftragnehmer nur noch die Wahl, entweder den Auftrag preisrechtskonform auszuführen oder aber die Annahme des Auftrags abzulehnen.

18   Wenn die Unterauftragsvergabe **ohne Kenntnis vom Verlangen** des Hauptauftraggebers zustande gekommen ist, kann vom mittelbaren Auftragnehmer nicht mehr verlangt werden, den Preis nach Maßgabe der Verordnung PR Nr. 30/53 zu bilden, weil er mutmaßlich anders kalkuliert haben wird. Deshalb ist für die Anwendung des Preisrechts dann seine Zustimmung, dh eine ausdrückliche oder konkludente Willenserklärung, erforderlich. Daran ändert sich auch nichts, wenn der Hauptauftragnehmer gegen eine Absprache mit dem Auftraggeber verstoßen hat, indem er dessen Verlangen nicht weitergegeben hat.[27] Allerdings kann die fehlende Kenntniserlangung bei schuldhafter Pflichtverletzung des Hauptauftragnehmers zur Schadensersatzpflicht des Hauptauftragnehmers führen.[28]

19   **b) Rechts- und Fehlerfolgen.** Mit der Einbeziehung mittelbarer Aufträge in den Geltungsbereich der Preisverordnung findet das preisprüfungsrechtliche Instrumentarium der §§ 9–11 auf den Unterauftrag ebenso Anwendung wie auf den Hauptauftrag. **Vertragliche Vereinbarungen** sind hierzu nicht notwendig, es sei denn, die Verordnung selbst setzt sie voraus.[29] Die Geltung der Preisverordnung tritt von Rechts wegen ein. Geltend machen kann diese Rechte nur der Auftraggeber, nicht der Auftragnehmer gegenüber dem Unterauftragnehmer.[30] Wenn die Einbeziehung mittelbarer Aufträge in den Geltungsbereich der Preisverordnung nicht erfolgt ist, muss das Drittunternehmerentgelt grundsätzlich pauschal akzeptiert werden.[31] Bei einer Preisprüfung der vereinbarten Selbstkostenpreise im Hauptauftrag kann dann lediglich der Anfall der Kosten für Leistungen aus dem Unterauftrag, nicht aber die Preisermittlung im Unterauftrag selbst Gegenstand sein.[32]

20   Ist der mittelbare Auftrag ohne Kenntnis des Subunternehmers vom Verlangen des öffentlichen Auftraggebers nach Anwendung der Preisverordnung vergeben worden, stehen dem öffentlichen Auftraggeber zur **Durchsetzung seines Willens** keine Hoheitsbefugnisse zu. Insbesondere schließt bereits der Wortlaut von § 11 eine diesbezügliche Ahndung aus. Es handelt sich bei der Nichtweitergabe des Verlangens des Auftraggebers nicht um eine Zuwiderhandlung des Auftragnehmers gegen Verordnungsbestimmungen, sondern um eine Verletzung von Pflichten gegenüber dem Auftraggeber. Zweckmäßig ist es daher, die Mitwirkung des Hauptauftragnehmers bei Abschluss des Unterauftrags, insbesondere die Weitergabe des Verlangens an den mittelbaren Leistungserbringer vertraglich zu gewährleisten. Um dem Nachdruck zu verleihen, können beispielsweise Vertragsstrafregelungen für den Fall der Nichtweitergabe des Verlangens in den Hauptvertrag aufgenommen werden.[33]

21   Preisprüfungsrechtlich sind **Haupt- und Unterauftrag getrennt** zu betrachten, mit der Folge, dass etwa preisrechtliche Kürzungen beim mittelbaren Auftrag nicht zwangsläufig auf den öffentlichen Auftrag durchschlagen.[34] So entspricht es dem Wesen des Marktpreises, dass er nicht auf seine preisbildenden Bestandteile überprüft wird, sondern sich am Markt herausbildet.[35] Etwas anderes

---

[24] Ebisch/Gottschalk/*Hoffjan*/*Müller* Rn. 64.
[25] *Hertel/Ludwig*, Der öffentliche Auftrag, 1992, 42.
[26] Michaelis/Rhösa/*Pauka* § 2 E II.2.c.
[27] *Pauka/Chrobot* VergabeR 2011, 404 (411).
[28] HK-VergabeR/*Berstermann* Rn. 24.
[29] Vgl. die Beispiele bei Ebisch/Gottschalk/*Hoffjan*/*Müller* Rn. 67.
[30] *Pauka/Chrobot* VergabeR 2011, 404 (411).
[31] *Dörr/Hoffjan*, Die Bedeutung der Verordnung PR Nr. 30/53 über die Preise bei öffentlichen Aufträgen, 2015, 129 f. denken insoweit an eine zwingende Anordnung der Preisprüfung bei mittelbarer Leistungserbringung – ggf. unter Einziehung von Wertgrenzen –, um eine „Flucht aus dem Preisrecht" zu verhindern; idS auch *Hoffjan/Hennemann* AbfallR 2017, 130 (135 f.).
[32] *Pauka/Chrobot* VergabeR 2011, 404 (411).
[33] HK-VergabeR/*Berstermann* Rn. 24; Ebisch/Gottschalk/*Hoffjan*/*Müller* Rn. 68 f.
[34] Ebisch/Gottschalk/*Hoffjan*/*Müller* Rn. 74, für das Beispiel von Marktpreisen im Hauptauftrag.
[35] HK-VergabeR/*Berstermann* Rn. 25.

gilt, wenn der Preis für den mittelbaren Auftrag als Kostenposition bei Selbstkostenpreisen für den unmittelbaren Auftrag zu Buche schlägt.[36]

5. Ausdehnung auf Leistungsauflagen und Leistungsanweisungen deutscher Behörden (Abs. 4 Nr. 2). Wenn und soweit deutsche Behörden nach Spezialgesetzen ermächtigt sind, Leistungen hoheitlich beanspruchen zu können, garantiert Abs. 4 Nr. 2 dem betroffenen Leistungsverpflichteten einen **Mindestpreis.** Dieser bestimmt sich als der nach der Preisverordnung zulässige Höchstpreis. In diesem Zusammenhang bilden beispielsweise das Bundesleistungsgesetz[37] oder die vier Sicherstellungsgesetze[38] einschlägige Rechtsgrundlagen.

6. Unanwendbarkeit auf Bauleistungen (Abs. 5). Zwar nimmt Abs. 5 inzwischen nicht mehr ausdrücklich Bezug auf die Vorgängerregelungen der inzwischen ebenfalls aufgehobenen Verordnung PR Nr. 1/72. Gleichwohl übernehmen die S. 2 u. 3 für die **Abgrenzung der Bau- von den Liefer-, Werk- und Dienstleistungsaufträgen** die Definitionen der obsoleten Preisvorschriften. Bestimmend für die Begriffsdefinition der Bauleistungen ist danach das Merkmal „Bauarbeiten", das final auf „bauliche Anlagen" bezogen wird. Damit entspricht die Beschreibung insoweit derjenigen in § 1 VOB/A, geht aber darüber hinaus: Für unerheblich erklärt wird die „Lieferung von Stoffen und Bauteilen" in diesem Zusammenhang. Explizit ausgegrenzt werden die sog. „Montagearbeiten" mit der Folge, dass für sie die Verordnung PR Nr. 30/53 gilt.

Für das Vorliegen von Bauarbeiten im preisrechtlichen Sinn kommt es nicht auf gewerbe- oder handwerksrechtliche Qualitäten der Tätigkeit an. Angesichts der unterschiedlichen Zwecke von Wettbewerbs- und Ordnungsrecht ist der Begriff bereichsspezifisch auszulegen. Er erhält seinen Inhalt dadurch, dass die Bauarbeiten **bauliche Anlagen** herstellen, instand setzen oder halten, ändern oder beseitigen, mit anderen Worten: darauf einwirken müssen.[39] Der Begriff der Bauleistung ist damit grundsätzlich nicht eng, sondern weit zu fassen. Da das Merkmal der baulichen Anlage hier ohne weitere Attribute verwendet wird, scheint der Verordnungsgeber an den in den Landesbauordnungen legal definierten Begriff anzuknüpfen. Im Kern geht es also um „mit dem Erdboden verbundene, aus Bauprodukten hergestellte Anlagen" (vgl. § 2 Abs. 1 S. 1 Hs. 1 LBO SH). Damit fallen selbstständige Planungs-, Vorbereitungs- und Sicherungsarbeiten nicht unter den Ausnahmetatbestand des Abs. 5 S. 1 und folglich in den Anwendungsbereich der Preisverordnung.[40]

Eine Gegenausnahme zur Freistellung von Bauleistungen statuiert Abs. 5 S. 3 für **Montage- und Installationsarbeiten.** Gemeint ist damit der Zusammenbau vorgefertigter Teile und/oder Module zu einem Produkt sowie deren Aufstellung, im Allgemeinen an dem Ort, den der Auftraggeber bestimmt hat, hier im Besonderen auch unter Einfügung des Erzeugnisses in eine bauliche Anlage einschließlich etwaig notwendiger Verlegungsarbeiten für Leitungen und Anschlussarbeiten. Das wird deutlich, wenn Installationsarbeiten ausdrücklich einbezogen werden. Selbst wenn die montierte Maschine oder elektrische Anlage über Ver- und Entsorgungsleitungen mit dem Bauwerk verbunden wird, sie also angeschlossen werden muss, um funktionieren zu können, liegt keine Bauleistung vor. Vorausgesetzt ist allerdings, dass die Installationsarbeiten im Zusammenhang mit einer Montage von Unternehmen der Elektroindustrie oder des Maschinenbaus ausgeführt werden. Der Einbau und Anschluss betriebsfertiger Produkte, wie sie üblicherweise von Handwerksbetrieben auf Baustellen ausgeführt werden, sind regelmäßig schon keine Montage, sodass ggf. auch die Installationsleistung als Bauleistung anzusehen ist.[41] Hintergrund der Bereichsausnahme für Montagearbeiten ist, dass der Schwerpunkt der industriellen Elektro- und Maschinenbauarbeiten im Werkstättenbetrieb und nicht im Baustellenbereich liegt.[42]

Für die Einordnung einer Tätigkeit als Bauleistung ist von Verordnungswegen unerheblich, wenn die im Zuge der Bauarbeiten verwendeten Stoffe und Bauteile vom Auftragnehmer geliefert werden. Die inkludierte Lieferung macht aus dem Bau- keinen Lieferauftrag, weil sie nur eine untergeordnete Bedeutung hat. Dieser Gedanke kann auf **gemischte Aufträge** dann übertragen werden, wenn Bauleistungen und sonstige Leistungen in einem Auftrag derart enthalten sind, dass

---

[36] Ebisch/Gottschalk/*Hoffjan*/*Müller* Rn. 75; Michaelis/Rhösa/*Greiffenhagen* § 2 E VII.
[37] BGBl. 1956 I 815; zu der Rolle des Bundesleistungsgesetzes im Öffentlichen Preisrecht vgl. Michaelis/Rhösa/*Greiffenhagen* § 2 F II mwN.
[38] Ernährungssicherstellungsgesetz (BGBl. 1990 I 1802); Verkehrssicherstellungsgesetz (BGBl. 1968 I 1082); Wassersicherstellungsgesetz (BGBl. 1965 I 1225 ber. 1817); Wirtschaftssicherstellungsgesetz (BGBl. 1968 I 1069).
[39] Ebisch/Gottschalk/*Hoffjan*/*Müller* Anh. 16 Rn. 11, führen für diesen Zusammenhang das Kriterium der „Unmittelbarkeit" ein.
[40] So auch *Berstermann*, Öffentliche Auftragspreisverordnung, 2012, § 2 Rn. 32.
[41] Zur Abgrenzung der industriellen von der handwerklichen Installationsarbeiten Ebisch/Gottschalk/*Hoffjan*/*Müller* Anh. 16 Rn. 35 ff.
[42] Michaelis/Rhösa/*Greiffenhagen* § 2 G IV.

getrennte Leistungen mit separaten Preisen nicht identifiziert werden können. Für solche typengemischten Verträge kommt es nach dem Schwerpunkt des Auftrags darauf an, „ob die Bauleistung oder die Nichtbauleistung den Kern des Auftrags bildet".[43] Maßgebend ist insoweit die in Auftrag gegebene Leistung, nicht primär der Wert von Teilleistungen.[44] In ähnlicher Weise gibt § 99 Abs. 10 S. 2 GWB die Einordnung gemischter Aufträge vor, indem er zwischen „Hauptgegenstand" und „Nebenarbeiten" und nicht nach Wertverhältnissen der Leistungselemente unterscheidet.[45]

27   Auf **Unteraufträge über Bauleistungen** zu Oberaufträgen, die keine Bauleistungen zum Gegenstand haben, kann das Öffentliche Preisrecht auch nicht im Wege des Verlangens nach Abs. 4 Nr. 1 für anwendbar erklärt werden.[46] Anderenfalls würde die Wertung des Abs. 5 ausgehebelt. Im umgekehrten Fall fehlt es schon für den Hauptauftrag über Bauleistungen an der Geltung preisrechtlicher Vorschriften, sodass eine hoheitliche Erstreckung auf Unteraufträge gleich welchen Inhalts von vornherein ausscheidet. Möglich bleibt aber die vertragliche Vereinbarung.

28   **7. Anwendung aufgrund zivilvertraglicher Vereinbarung.** Unbenommen ist den Vertragspartnern, einvernehmlich die Geltung des Öffentlichen Preisrechts zu vereinbaren. Im Anwendungsbereich der Preisverordnung kommen vertragliche Regelungen zulässigerweise nur in Betracht, wo die Verordnung PR Nr. 30/53 unterhalb der Höchstpreisgrenze **Gestaltungsspielräume** lässt. Außerhalb ihres Geltungsanspruchs sind die Beteiligten frei, Bestimmungen ganz oder teilweise für ihr Vertragsverhältnis als verbindlich zu übernehmen. Das betrifft insbesondere das materielle Preisrecht; behördliche Zuständigkeiten können im Vertragswege nicht begründet werden. Die zwangsweise Durchsetzung von Rechten geschieht jenseits des gesetzlichen Anwendungsbereichs nicht hoheitlich, sondern mithilfe der Zivilgerichte. Das bedeutet, dass eine nachträgliche Weigerung des Auftragnehmers, an einer Preisprüfung mitzuwirken, als Verletzung einer vertraglichen Nebenpflicht im zivilrechtlichen Wege geltend zu machen ist.[47]

29   Eine spezielle Frage ist, ob dort, wo der Verordnungsgeber im Anwendungsbereich der Preisverordnung besondere Feststellungsrechte des öffentlichen Auftraggebers vorgesehen, aber von einer besonderen Ermächtigung abhängig gemacht hat (vgl. § 10 Abs. 1 S. 1), vertraglich vereinbarte Prüfrechte zulässig sind, wenn es an der hoheitlichen Verleihung fehlt. Dagegen könnte sprechen, dass die Verordnung PR Nr. 30/53 derartige Rechte abschließend regelt.[48] Andererseits ist nicht ersichtlich, dass sie die privatautonome Vertragsgestaltung mehr als ausdrücklich geregelt beschränken will. Zudem geht mit der **Übernahme des Mechanismus der neutralen Preisbildung und -überwachung** kein Abweichen von den materiellen Maßstäben des Preisrechts einher. Vielmehr werden gerade der Wirkungsbereich der Preisaufsicht und damit die Einhaltung der Vorschriften der Preisverordnung erweitert.

30   Die vertragliche Vereinbarung einseitiger Feststellungsrechte des öffentlichen Auftraggebers beeinflusst die hoheitlichen Befugnisse der Preisprüfbehörde nicht.[49] Die jeweiligen **Feststellungen und Ergebnisse** stehen rechtlich nebeneinander. Die Entscheidung der Preisbildungsstelle nach § 10 Abs. 4 S. 2, die auf vertraglicher Grundlage erfolgt, ergeht nicht in Ausübung von Hoheitsgewalt. Sie bestimmt damit nur im Rahmen dieses Vertragsverhältnisses bindend über den zulässigen Höchstpreis, nicht aber für andere Stellen und Beteiligte (zur Wirkung bei gesetzlicher Zuständigkeit → § 10 Rn. 5 ff.).

31   Jede vereinbarungsgemäße Form der Tätigkeit der Preisbehörde, sei es in entsprechender Anwendung des § 9, sei es im Rahmen des § 10, setzt deren Einverständnis voraus. Es gibt jenseits des gesetzlichen Geltungsbereichs der Preisverordnung **keinen Anspruch auf Mitwirkung** der für die Preisbildung und Preisüberwachung zuständigen Behörden. Deshalb geht auch die Bezugnahme auf die Regelungen zur Amtshilfe fehl.[50] Die Preisbehörde wird wie jeder andere (private) Sachverständige tätig.

---

[43] Ebisch/Gottschalk/*Hoffjan*/*Müller* Anh. 16 Rn. 26.
[44] Insoweit prüfen Michaelis/Rhösa/*Greiffenhagen* § 2 G IV, in einem Zweischritt: Zunächst erfolgt die Ermittlung des Wertverhältnisses. Zeigt dies eine Überwiegen des Anteils der Bauleistung, gilt die gesamte Leistung als Bauleistung. Überwiegt hingegen die allg. Leistung anteilsmäßig, bedarf es in einem zweiten Schritt einer fachlichen Beurteilung dahingehend, wo der inhaltliche Schwerpunkt des Auftrags liegt.
[45] Hierzu EuGH Urt. v. 21.2.2008 – C-412/04, NVwZ 2008, 397 Rn. 49; EuGH Urt. v. 29.10.2009 – C-536/07, NZBau 2009, 792 Rn. 61.
[46] So auch Ebisch/Gottschalk/*Hoffjan*/*Müller* Rn. 72.
[47] *Pauka*/*Chrobot* VergabeR 2011, 404 (409), raten daher mit Recht, in der Praxis auf eine Konkretisierung der vertraglichen Rechte und Pflichten zu achten; s. dazu auch *Altmann* DB 1982, 1605 (1606 f.).
[48] *Hertel*, Die Preisbildung und das Preisprüfrecht bei öffentlichen Aufträgen – Ausgewählte Themen, 2. Aufl. 1998, 78 ff.; auch *Altmann* DB 1982, 1605.
[49] Auch Ebisch/Gottschalk/*Hoffjan*/*Müller* § 10 Rn. 45.
[50] So aber Ebisch/Gottschalk/*Hoffjan*/*Müller* Rn. 95.

§ 3 Geltung der Preisvorschriften

Öffentliche Aufträge unterliegen den allgemeinen und besonderen Preisvorschriften.

I. Normzweck

Der sachliche Anwendungsbereich der Preisverordnung wird mit dem Merkmal des Auftrags (→ § 1 Rn. 12 ff.), der persönliche Anwendungsbereich mit dem des öffentlichen Auftraggebers bestimmt (→ § 2 Rn. 2 ff.). Innerhalb dieser Grenzen erfasst die Verordnung PR Nr. 30/53 prinzipiell sämtliche Leistungen außer Bauleistungen (→ § 2 Rn. 23 ff.). Das schließt nicht aus, dass es **weitere Preisregelungen** gibt. Vor diesem Hintergrund ordnet § 3 das Verhältnis der speziell für bestimmte öffentliche Aufträge geltenden Preisverordnung zu anderen „allgemeinen und besonderen Preisvorschriften". 1

II. Einzelerläuterungen

1. Tatbestand. Allgemeine Preisvorschriften sind preisrechtliche Regelungen formeller und materieller Natur, die nicht an bestimmte Erzeugnis- oder Leistungsgruppen gebunden, sondern allgemein und stets bei der Preisbildung zu beachten sind.[1] Entscheidend für die Einordnung in die Gruppe der allgemeinen Preisvorschriften ist der sachliche Anwendungsbereich der Vorschriften. Dieser darf nicht auf einen bestimmten Kreis von Waren oder Leistungen beschränkt sein. Angefangen vom grundlegenden Wuchertatbestand im bürgerlichen Recht (§ 138 BGB) über einschlägige haupt- und nebenstrafrechtliche Tatbestände (§ 302a StGB, §§ 4 ff. WiStG) werden preisbezogene wettbewerbs- und lauterkeitsrechtlichen Bestimmungen des GWB und UWG. All diese Regelungen haben gemein, dass sie geeignet sind, auf den Preisstand, die Preisbildung und die Preisüberwachung einzuwirken.[2] 2

Besondere Preisvorschriften betreffen bereichsspezifisch die Preisbildung für bestimmte Waren oder Leistungen (zB Mieten, Honorare für Freiberufler, Strom-, Gas-, Wasserpreise).[3] Wie weit die vorrangige Regelung reicht, ist durch Auslegung zu ermitteln.[4] 3

2. Rechtsfolge. Das Regelungsregime der Verordnung PR Nr. 30/53 stellt seinerseits zwar besonderes Preisrecht für öffentliche Aufträge dar, tritt aber hinter Preisvorschriften zurück, die allgemein oder besonders die auftragsgegenständliche Leistung betreffen. Damit werden die Beschaffungen der öffentlichen Hand den auch sonst geltenden Preisreglementierungen unterworfen und insoweit eine **Gleichbehandlung** aller Leistungserbringer bzw. -empfänger gewährleistet.[5] 4

Soweit spezielle Preisvorschriften über eine staatliche Preisbindung aufgehoben worden sind, greift grundsätzlich für das entsprechende Gut, die betroffene Branche oder den bestimmten Sektor (wieder) das Öffentliche Preisrecht der Verordnung PR Nr. 30/53 ein, es sei denn, der Normgeber bestimmt ausnahmsweise etwas anderes.[6] Als Element der marktwirtschaftlichen Ordnung des Beschaffungswesens der öffentlichen Hand hindert die Preisverordnung nicht die wettbewerbliche Preisbildung, sondern anerkennt sie ausdrücklich, wie insbesondere § 4 belegt, und verfolgt damit dasselbe Ziel wie spezielle **Preisfreigabeverordnungen**.[7] 5

§ 4 Preise für marktgängige Leistungen

(1) Für marktgängige Leistungen dürfen die im Verkehr üblichen preisrechtlich zulässigen Preise nicht überschritten werden.

(2) Bei Leistungen, die unter gleichartigen Voraussetzungen mit marktgängigen Leistungen im wesentlichen vergleichbar sind (vergleichbare Leistungen), sind Abschläge vorzunehmen oder können Zuschläge vorgenommen werden, soweit es die Abweichungen von den marktgängigen Leistungen rechtfertigen.

---

[1] Ebisch/Gottschalk/*Hoffjan*/*Müller* Rn. 6; *Pöckel* Neue Betriebswirtschaft 1954, 128 (129).
[2] Michaelis/Rhösa/*Greiffenhagen* § 3 C I.
[3] So auch *Pöckel* Neue Betriebswirtschaft 1954, 128 (129).
[4] S. zum Charakter verbandsgesetzlicher Regelungen über die Kostenumlage oder Mitgliedsbeiträge der Verbandsmitglieder als besondere Preisvorschriften *Dierkes*/*Hamann*, Öffentliches Preisrecht in der Wasserwirtschaft, 2009, 204 f.
[5] Gegen die Schaffung eines Sonderpreisrechts für öffentliche Aufträge auch *Pribilla*, Kostenrechnung und Preisbildung, Losebl., 12. EL Februar 1967, § 3 Anm. 6.
[6] Ebisch/Gottschalk/*Hoffjan*/*Müller* § 2 Rn. 88 f.
[7] Ebisch/Gottschalk/*Hoffjan*/*Müller* § 2 Rn. 87.

(3) Dem öffentlichen Auftraggeber sind Vorteile, insbesondere Mengen- und Wertrabatte, Skonti und besondere Lieferungsbedingungen einzuräumen, die beim Vorliegen gleicher Verhältnisse nichtöffentlichen Auftraggebern üblicherweise gewährt werden oder gewährt werden würden.

(4) Die Preise nach den Absätzen 1 bis 3 sind zu unterschreiten oder können überschritten werden, wenn es die bei dem Auftrag vorliegenden besonderen Verhältnisse kostenmäßig rechtfertigen.

Übersicht

	Rn.			Rn.
I. Normzweck und -zusammenhang	1		a) Vergleichbare Leistungen	17
II. Einzelerläuterungen	6		b) Abschläge und Zuschläge	21
			c) Rechtsfolgen	22
1. Marktpreise (Abs. 1)	6			
a) Marktgängige Leistung	6	3.	Sonstige Vorteile (Abs. 3)	23
b) Im Verkehr üblicher Preis	9		a) Tatbestand	23
c) Relevanz von Vergabeverfahren	12		b) Rechtsfolgen	25
d) Rechtsfolgen	15	4.	Kosten des Auftragnehmers (Abs. 4)	26
2. Preise bei vergleichbaren Leistungen			a) Tatbestand	27
(Abs. 2)	17		b) Rechtsfolgen	29

I. Normzweck und -zusammenhang

1   Mit § 4 wird die Abfolge derjenigen Preisbildungsvorschriften eröffnet, die entsprechend dem Grundsatz des § 1 Abs. 1 zugleich eine Reihenfolge bildet. Um **marktwirtschaftliche Grundsätze** im Sinne der Eingangsformel „durchzusetzen", behandelt § 4 „Preise für marktgängige Leistungen". Dahinter stehen die theoretische Erkenntnis und praktischen Erfahrungen, wonach zur Vermeidung allokativer Ineffizienzen ein funktionsfähiger Wettbewerb dient. Der grundsätzlich wirtschaftlichste Weg zur Beschaffung ist deshalb der über eine „Preisbildung im freien Spiel von Angebot und Nachfrage im Wettbewerb".[1] Der Vorrang marktwirtschaftlicher Preisbildung betrifft sowohl den Gesamtpreis als auch Bestandteile von Selbstkostenpreisen.[2]

2   Zentrale Bedeutung kommt dem **Merkmal des Marktes** zu. Die Ein- und Abgrenzung des maßgeblichen Marktes ist auch anderenorts, etwa bei der kartellrechtlichen Preismissbrauchskontrolle nach dem Vergleichsmarktkonzept eine entscheidende Weichenstellung. So benennt § 19 Abs. 2 Nr. 2 GWB (ebenso § 31 Abs. 4 Nr. 2 GWB) den Als-ob-Wettbewerbspreis als Maßstab, dh einen hypothetischen Preis, der sich bei wirksamem Wettbewerb auf dem beherrschten Markt mit hoher Wahrscheinlichkeit ergäbe. Zur Feststellung eines wettbewerbsanalogen Preises verweist die Vorschrift insbesondere auf Verhaltensweisen von Unternehmen auf vergleichbaren Märkten mit wirksamem Wettbewerb.[3] Entscheidendes Merkmal ist insoweit die Austauschbarkeit der Leistung, die indes bei öffentlichen Aufträgen angesichts der vergaberechtlichen Pflicht, die Leistung „so eindeutig und vollständig" beschreiben zu müssen (§ 121 Abs. 1 S. 1 GWB, § 23 Abs. 1 S. 1 UVgO), nur ausnahmsweise gegeben ist.[4]

3   Soweit ein öffentlicher Auftraggeber handelsübliche Leistungen beschaffen will, findet er hierfür regelmäßig einen Markt mit Wettbewerbspreisen vor. Dieser **allgemeine Markt** bestimmt durch seine konkreten Umstände und seinen Zuschnitt[5] die Preise von Leistungen des allgemeinen Bedarfs im Einzelfall.[6] Auf einem allgemeinen Markt werden Leistungen des allgemeinen Bedarfs gehandelt, „die unabhängig von der konkreten Nachfragesituation der Allgemeinheit zur Verfügung stehen und für die ein stetiger Nachfragebedarf besteht".[7]

---

[1] Ebisch/Gottschalk/*Hoffjan*/*Müller* Rn. 3.
[2] Für die Möglichkeit des marktmäßigen Zustandekommens einzelner Bestandteile von Selbstkostenpreisen ebenso Ebisch/Gottschalk/*Hoffjan*/*Müller* Rn. 4; gegen die Anerkennung von Selbstkostenpreisen mit marktwirtschaftlichen Bestandteilen *Berstermann*, Öffentliche Auftragspreisverordnung, 2012, § 5 Rn. 39 ff.; unter Anerkennung eines „absoluten" Vorrangs des Marktpreises *Müller* NZBau 2011, 720 (721).
[3] VGH München Urt. v. 26.2.2019 – 22 B 16.1447 nimmt zur preisrechtlichen Marktbestimmung auf das „Bedarfsmarktkonzept" gem. § 18 GWB Bezug.
[4] Darauf weisen Ebisch/Gottschalk/*Hoffjan*/*Müller* Rn. 11, mit Recht hin.
[5] S. die Beispiele bei Ebisch/Gottschalk/*Hoffjan*/*Müller* Rn. 20, die infolge dessen zwischen objektiven und subjektiven Marktumständen unterscheiden (Ebisch/Gottschalk/*Hoffjan*/*Müller* Rn. 21 u. 23).
[6] Vgl. Michaelis/Rhösa/*Greiffenhagen* § 4 B II.
[7] HK-VergabeR/*Berstermann* Rn. 6.

Ein Markt kann alternativ aber auch erst durch die die konkrete Nachfragesituation des 3a öffentlichen Auftraggebers geschaffen werden, mit anderen Worten: aus Anlass der Vergabe eines öffentlichen Auftrags, insbesondere wenn er einen Bedarf decken will, den der Wettbewerb sonst nicht zulässt oder nicht kennt. Die Leistung wird in diesem Fall „marktgängig gemacht".[8] Ob hier überhaupt ein **besonderer Markt** entsteht, hängt von der Leistungsbeschreibung ab, die so konkret sein muss, dass Anbieter hierauf überhaupt einen Preis kalkulieren können.[9] Selbst wenn das gelingt, ist der Preis nur im Zusammenhang des öffentlichen Auftrags sachlich, gegenständlich, zeitlich und örtlich aussagekräftig.[10] Ob der öffentliche Auftraggeber überhaupt einen eventuell vorhandenen allgemeinen Markt betreten darf oder ungeachtet dessen eine Vergabe bzw. öffentliche Ausschreibung durchführen und damit einen besonderen Markt schaffen muss, entscheidet das Vergaberecht. In den Fällen, in denen öffentliche Auftraggeber verpflichtet sind, ein Vergabeverfahren bzw. eine Ausschreibung durchzuführen, scheidet ein öffentlicher Einkauf auf dem allgemeinen Markt aus.[11]

Eingedenk dieser Unwägbarkeiten unternimmt es § 4, diejenigen Marktpreise, denen Vor- 4 rang vor anderer Preisbildung gebührt, näher zu bestimmen. Dazu betrifft Abs. 1 den **Grundfall marktgängiger Leistungen,** während die Abs. 2–4 **Schwierigkeiten und Besonderheiten** bei der marktwirtschaftlichen Preisbildung ansprechen: Abs. 1 statuiert den verkehrsüblichen Preis als „preisrechtlich zulässigen" Höchstpreis für marktgängige Leistungen. In Abs. 2 wird eine Hilfskonstruktion in Form des Marktes für dem Auftrag vergleichbare Leistungen vorgegeben, um zu verhindern, dass besondere Anforderungen öffentlicher Auftraggeber an im Grunde handelsübliche Leistungen ohne Weiteres zu Selbstkostenpreisen führen. Abs. 3 knüpft an die vorstehenden Absätze an und erstreckt die Vergleichsbetrachtung auf allgemein übliche Vorteile nichtöffentlicher Auftraggeber in vergleichbarer Lage („üblicherweise gewährt werden oder gewährt werden würden"). Abs. 4 eröffnet schließlich eine Ausnahme, indem er marktpreisüber- oder -unterschreitende Preise im Einzelfall zulässt, „wenn es die bei dem Auftrag vorliegenden besonderen Verhältnisse kostenmäßig rechtfertigen".

Ermöglicht wird mit Abs. 4 eine Preiskorrektur anhand der Kosten des Auftragnehmers, die in 5 der Preisbildung der Abs. 1–3 unberücksichtigt bleiben und hier nun im Sinne einer **Zumutbarkeitsgrenze** eingeführt werden. Damit wird das Konzept der möglichst weitgehenden Preisbildung nach marktwirtschaftlichen Grundsätzen nicht aufgegeben und auf Selbstkostenpreise umgestellt, sondern lediglich ein Mindestpreis auf Kostenbasis etabliert. Dieses Regelungsmodell findet sich auch bei der kartellbehördlichen Preismissbrauchskontrolle, wo zunächst das Entgelt nach einer Vergleichsmarktbetrachtung unterworfen wird und sodann zur strukturell bedingte Mehrkosten Unterschiede rechtfertigen können (vgl. § 19 Abs. 2 Nr. 2 GWB, § 31 Abs. 4 Nr. 2 GWB).

II. Einzelerläuterungen

1. Marktpreise (Abs. 1). a) Marktgängige Leistung. Marktpreise jeglicher Art können sich 6 nur in freien **Wettbewerb** bilden; nicht ausschlaggebend ist, ob für die ausgeschriebene Leistung unabhängig von der Beschaffung durch einen öffentlichen Auftraggeber schon ein Markt besteht oder ob dieser erst durch die Vergabe geschaffen wird, mit anderen Worten: für die Marktgängigkeit einer Leistung taugt grundsätzlich ein allgemeiner ebenso wie ein besonderer Markt.[12] Entscheidend ist nur, dass ein echter Wettbewerb mit den entsprechenden Konkurrenzwirkungen die Preishöhe der Angebote am Markt beeinflusst.[13] Eine Leistung ist marktgängig, wenn sie von mehreren unabhängig voneinander im Wettbewerb stehenden Unternehmen angeboten wird,[14] aber nicht schon, wenn mehrere Anbieter die Leistung hypothetisch erbringen können.[15] Ein Markt fehlt jedenfalls dann, wenn einem Nachfrager lediglich ein Anbieter gegenüber tritt.[16]

---

[8] Michaelis/Rhösa/Pauka § 4 B III.
[9] Georgi, Die Preisbildung bei öffentlichen Aufträgen im Einklang mit der VO PR 30/53, 2015, 25.
[10] Ebisch/Gottschalk/Hoffjan/Müller Rn. 16.
[11] Müller ZfBR 2018, 555.
[12] Ebisch/Gottschalk/Hoffjan/Müller Rn. 40; Hoffjan/Mengis ZfBR 2017, 439 f.
[13] R. Müller, Preisgestaltung bei öffentlichen Aufträgen, 3. Aufl. 1993, 41; gegen die Notwendigkeit des Vorhandenseins eines Wettbewerbs, Engel, Möglichkeiten und Grenzen der Organisation von Preisprüfungen bei öffentlichen Aufträgen gemäß VO PR 30/53, 1983, 47, unter Bezugnahme auf Altmann DÖV 1959, 932 (935).
[14] Dierkes/Hamann, Öffentliches Preisrecht in der Wasserwirtschaft, 2009, 196.
[15] BVerwG Urt. v. 13.4.2016 – 8 C 2/15, NZBau 2016, 577 (582 f.).
[16] OVG Münster Urt. v. 5.4.2001 – 9 A 1795/99, NVwZ-RR 2002, 223 (225); VG Düsseldorf Urt. v. 11.11.2003 – 17 K 5472/02, NVwZ 2004, 1523 (1524 f.); VG Köln Urt. v. 25.2.2003 – 14 K 20010/99, FHOeffR 54 Nr. 3635 (Ls.); R. Müller, Preisgestaltung bei öffentlichen Aufträgen, 3. Aufl. 1993, 30; Georgi, Die Preisbildung bei öffentlichen Aufträgen im Einklang mit der VO PR 30/53, 2015, 26.

Vielmehr müssen für die angebotene oder nachgefragte Leistung entweder mehrere Anbieter oder mehrere Nachfrager am Markt agieren.[17] Eine genauere Marktanalyse ist aber auch angezeigt, wenn auf einer der beiden Vertragsseiten ein Monopol besteht, da dann in Ermangelung eines Angebots- oder Nachfragewettbewerbs keine echte Wettbewerbssituation gewährleistet ist.[18] Der zeitliche und räumliche Zuschnitt des Marktes hängt vom Gegenstand der Leistung bzw. von der Leistungsbeschreibung ab.[19]

7 Auf diesem Markt muss die nachgefragte Leistung angeboten und gehandelt werden. Unterschiede und Abweichungen im Einzelfall sind auf ihre preisrechtliche Relevanz zu untersuchen und überführen die Preisprüfung ggf. von Abs. 1 zu Abs. 2. Bezugsgröße der Marktgängigkeit ist die **Leistung als solche,** sind also nicht einzelne, identifizierbare und je für sich handelbare Elemente oder Bestandteile.

8 Falls ein **allgemeiner Markt** besteht, können die dort verfügbaren Leistungen in aller Regel als marktgängig eingestuft werden. Im Falle des Bestehens eines allgemeinen Marktes für die interessierende Leistung „wird diese außer von der öffentlichen Hand noch von privater Seite nachgefragt; in diesem Fall ist noch zu überprüfen, ob der betreffende Markt keine Einschränkung des Wettbewerbs auf der Anbieterseite aufweist."[20] Diese Problematik dürfte sich jedoch nur eher selten einstellen. Hingegen ist die Marktgängigkeit bei Leistungen auf einem **besonderen Markt** schwieriger zu bestimmen. Ein enges Verständnis erfordert, dass die Leistung sich bereits am Markt dergestalt etabliert hat und häufiger umgesetzt worden ist.[21] Demgegenüber kann die Marktgängigkeit auch als die bloß potentielle Fähigkeit einer Leistung verstanden werden, für eine ebensolche Etablierung am Markt geeignet zu sein, etwa durch gute Absatzchancen.[22] Dem Willen des Normgebers entsprechend ist eine marktgängige Leistung zu definieren als eine Leistung, „die allgemein im wirtschaftlichen Verkehr hergestellt und gehandelt wird".[23] Gefordert wird damit **eine tatsächliche Wettbewerbsteilnahme,** die die bloße Fähigkeit einer Leistung, auf den Markt zu gehen, also die Marktfähigkeit, noch nicht als Marktgängigkeit ausreichen lässt.[24] Im Falle der Auftragsvergabe im Wege der öffentlichen Ausschreibung kommt es entscheidend auf die Anzahl der tatsächlichen Bieter an, nicht auf die Anzahl der zur Abgabe eines Angebots aufgeforderten Unternehmen.[25] Ein potenzieller oder fiktiver Wettbewerb genügt nicht.[26]

8a Es ist nicht so, dass Leistungen, die exklusiv von der öffentlichen Hand beschafft werden, per se nicht marktgängig sein können.[27] In Fällen eines **Nachfragemonopols** ist vielmehr zu unterscheiden: Wählt der öffentliche Auftraggeber statt einer öffentlichen oder beschränkten Ausschreibung ein Verhandlungsverfahren, weil eine Leistungsbeschreibung wegen des spezifischen Auftrags oder weil ein Angebotspreis wegen unsicherer Kalkulationsgrundalgen unmöglich ist, so soll nach vereinzelten Stimmen aus dem Schrifttum eine Preisbildung nach den Regeln für marktgängige Leistungen unabhängig von der Veranstaltung eines Wettbewerbs ausscheiden.[28] Diese Sichtweise verkennt den auf das Einholen mehrerer Konkurrenzangebote abzielenden Wettbewerbsgrundsatz des Vergaberechts, der grundsätzlich auch bei den nachrangigen Vergabeverfahrensarten wie etwa dem Verhandlungsverfahren (ehemals freihändige Vergabe) gilt. Ein besonderer Markt kann mithin „unabhängig von dem Modus der Auftragsvergabe (öffentliche oder beschränkte Ausschreibung bzw. freihändige Vergabe)" entstehen, solange letztlich echter Wettbewerb um den Zuschlag entstanden

---

[17] OVG Münster 5.4.2001 – 9 A 1795/99, NVwZ-RR 2002, 223 (225); vgl. HK-VergabeR/*Berstermann* Rn. 5.

[18] S. dazu die Fallgestaltungen bei Ebisch/Gottschalk/*Hoffjan*/*Müller* Rn. 56; *R. Müller*, Preisgestaltung bei öffentlichen Aufträgen, 3. Aufl. 1993, 31 f., der die Existenz einer reinen Monopolstellung des Anbieters aufgrund eines für die Marktdynamik typischen Nachahmerwettbewerbs als lediglich vorübergehend einstuft.

[19] Ebisch/Gottschalk/*Hoffjan*/*Müller* Rn. 16 u. 19 f.

[20] *Hans*, Planung und Plankostenrechnung in Betrieben mit Selbstkostenpreis-Erzeugnissen, 1984, 8.

[21] HK-VergabeR/*Berstermann* Rn. 7; für ein enges Verständnis iErg auch *R. Müller*, Preisgestaltung bei öffentlichen Aufträgen, 3. Aufl. 1993, 30.

[22] HK-VergabeR/*Berstermann* Rn. 7.

[23] Nr. 5a des Ersten Runderlasses betr. Durchführung der Verordnung PR Nr. 30/53 über die Preise bei öffentlichen Aufträgen v. 21.11.1953, v. 22.12.1953, MinBlBMWi 1953, 515; insoweit krit. Michaelis/Rhösa/*Greiffenhagen* § 4 B I.

[24] So iErg auch *Fischer* ZIP 2005, 106 (107); *Dierkes/Hamann*, Öffentliches Preisrecht in der Wasserwirtschaft, 2009, 206.

[25] So *Hoffjan/Mengis* ZfBR 2017, 439 (440).

[26] BVerwG Urt. v. 13.4.2016 – 8 C 2/15, NZBau 2016, 577 (583). Ebisch/Gottschalk/*Hoffjan*/*Müller* Rn. 50, nennen die „Funktionsfähigkeit des besonderen Marktes". Vgl. zudem *Mengis*, Entwicklung eines Marktpreis-Prüfungsstandards für öffentliche Aufträge, 2020, 148 ff. mwN.

[27] Vgl. aber Ebisch/Gottschalk/*Hoffjan*/*Müller* Rn. 57.

[28] HK-VergabeR/*Berstermann* Rn. 8.

ist,²⁹ bzw. in den Worten des BVerwG: „solange der Preis aus einem funktionierenden Wettbewerb zwischen mehreren Anbietern resultiert, die dem Monopolnachfrager mit konkurrierenden Angeboten auf dem Markt gegenübertreten".³⁰ Insoweit ist erforderlich, aber auch ausreichend, dass der Anbieter seinen Preis für die gleiche Leistung auf einem unvollkommenen Markt unter Wettbewerbsbedingungen in mehreren voneinander unabhängigen Umsätzen wiederholt durchgesetzt hat, mag das auch gegenüber demselben Nachfrager geschehen sein.³¹

b) Im Verkehr üblicher Preis. Leistung, Markt und Preis stehen zwar in einem unmittelbaren Sach-, Raum- und Zeitzusammenhang, sind aber gesondert zu prüfen, weil Angebot und Umsatz einer Leistung auf einem Markt „nicht zwangsläufig zur Bildung eines verkehrsüblichen Preises" führen.³² Verkehrsüblich ist derjenige Preis, der für die nachgefragte Leistung auf dem für die betreffende öffentlichen Auftrag relevanten Markt in parallelen Fällen stetig gefordert und erzielt wird.³³ Voraussetzung ist ein tatsächlich vorgefundener, funktionierender Wettbewerb auf dem Markt für diese Leistung.³⁴ Hierbei hat der Anbieter nachzuweisen, dass er den im Rahmen des öffentlichen Auftrags angesetzten Preis für die Leistung auch bei vergleichbaren Aufträgen mit anderen privaten Auftraggebern erzielt hat.³⁵ Für einen **allgemeinen Markt** existiert unter Umständen ein **objektiver Marktpreis;**³⁶ anderenfalls ist ein relativer bzw. betriebssubjektiver Marktpreis aus den bei anderen Marktteilnehmern erzielten Leistungsentgelten zu ermitteln.³⁷ Dass sich außerhalb vollkommener Märkte auch bei unbeeinträchtigtem Preis- und Leistungswettbewerb für gleiche (und erst recht für nur vergleichbare) Leistungen praktisch stets eine Bandbreite an verkehrsüblichen Preisen herausgebildet, führt nicht dazu, dass jedes Entgelt innerhalb dieses Spektrums preisrechtlich zulässig iSv Abs. 1 ist; vielmehr ist für den öffentlichen Auftragnehmer, dessen Preisgestaltung anhand der Verordnung PR Nr. 30/53 zu überprüfen ist, nur ein einziger, betragsmäßig bestimmbarer Preis zulässig.³⁸ Der maßgebliche **betriebssubjektive Marktpreis** ist der Preis, den der Anbieter für die Leistung unter Wettbewerbsbedingungen auf dem Markt durchsetzen konnte, weil Verkehrsüblichkeit voraussetzt, dass der ermittelte Preis tatsächlich wiederholt am Markt gezahlt wird.³⁹ Auf die Preise anderer Unternehmer kommt es nicht an.⁴⁰ Unerheblich ist, ob der Anbieter seinen Preis für die geforderte Leistung gegenüber verschiedenen Nachfragern oder nur gegenüber einem einzigen öffentlichen Auftraggeber durchgesetzt hat, es sei denn, letzterenfalls besteht ein bilaterales Monopol.⁴¹

Wenn die Ausschreibung ausnahmsweise keinen Markt für die Leistung geschaffen hat, etwa in Monopolfällen oder weil aus anderen Gründen nur ein Angebot eingeht, vermag sie auch keine preisrechtliche Wirkung zu entfalten. Denn der Marktpreisvorrang schützt den Marktpreis nicht wegen dessen „Richtigkeit", sondern weil er sich als Produkt des marktwirtschaftlichen freien Wettbewerbs ergibt.⁴² Zur Beurteilung der Verkehrsüblichkeit eines Preises sind in diesem Fall **Hilfskriterien für die Verkehrsüblichkeit** aufzustellen, etwa dass die Preisbildung auf eine Mehrzahl von Aufträgen bzw. Ausschreibungen bezogen sein muss, dass die Preisgestaltung des Anbieters systematisch, ggf. bereichsweise geordnet und plausibel ausfällt, dass die zugrunde gelegten Preise aktuell

---

[29] So mit Recht *Stenneken* NVwZ 2004, 1454 (1455); ähnlich auch schon früher *Tschierswitz* BFuP 1955, 518 (525); *Mengis*, Entwicklung eines Marktpreis-Prüfungsstandards für öffentliche Aufträge, 2020, 393; *Hoffjan/Mengis/Hinz* VergabeR 2021, 22 (26, 28) sowie OLG Koblenz Urt. v. 7.1.1988 – 5 U 1090/87, abgedruckt bei: Michaelis/Rhösa/*Greiffenhagen*, Ordner 4, Entscheidungen II, 1986-1990/02.
[30] BVerwG Urt. v. 13.4.2016 – 8 C 2/15, NZBau 2016, 577 (580); *Mengis*, Entwicklung eines Marktpreis-Prüfungsstandards für öffentliche Aufträge, 2020, 114 mwN.
[31] BVerwG Urt. v. 13.4.2016 – 8 C 2/15, NZBau 2016, 577 (580 f.).
[32] BVerwG Urt. v. 13.4.2016 – 8 C 2/15, NZBau 2016, 577 (579).
[33] R. *Müller*, Preisgestaltung bei öffentlichen Aufträgen, 3. Aufl. 1993, 32. Zur Abgrenzung des relevanten (Teil-)Marktes am Beispiel der Consultingwirtschaft vgl. *Hoffjan/Mengis/Hinz* VergabeR 2021, 22 (29 ff.).
[34] BVerwG Urt. v. 13.4.2016 – 8 C 2/15, NZBau 2016, 577 (579).
[35] *Georgi*, Die Preisbildung bei öffentlichen Aufträgen im Einklang mit der VO PR 30/53, 2015, 27; vertiefend hierzu *Mengis*, Entwicklung eines Marktpreis-Prüfungsstandards für öffentliche Aufträge, 2020, 233 ff.
[36] *Müller* NZBau 2011, 720 (722) sieht die Möglichkeit eines objektiven Marktpreises nur bei börsengängigen Leistungen oder bei staatlich gebundenen Preisen.
[37] IdS auch Ebisch/Gottschalk/*Hoffjan*/*Müller* Rn. 62.
[38] So VGH München Urt. v. 6.11.2014 – 22 B 14.175, DÖV 2015, 448; *Hoffjan/Mengis* ZfBR 2017, 439 (441); aA OVG Lüneburg Urt. v. 20.12.2000 – 7 L 1276/00, BeckRS 2012, 47041.
[39] BVerwG Urt. v. 13.4.2016 – 8 C 2/15, NZBau 2016, 577 (579) mwN.
[40] HK-VergabeR/*Berstermann* Rn. 20; *Mengis*, Entwicklung eines Marktpreis-Prüfungsstandards für öffentliche Aufträge, 2020, 217 f. und 237 ff. mwN.
[41] BVerwG Urt. v. 13.4.2016 – 8 C 2/15, NZBau 2016, 577 (580).
[42] BVerwG Urt. v. 13.4.2016 – 8 C 2/15, NZBau 2016, 577 (579 f.).

und eindeutig der Leistung zuzuordnen sind.[43] Mithin wird der Nachweis mittels Dokumentation der sog. Umsatzakte geführt. Die Konstanz der Preisgestaltung und Preissysteme sowie die Kontinuität der Umsatzakte in zeitlicher Hinsicht sind dann entscheidend für die Anerkennung der Verkehrsüblichkeit.[44]

11 Die Preisbildung auf einem **besonderen Markt** wird erst durch die Ausschreibung bzw. die Aufforderung an ein oder mehrere Unternehmen, ein Angebot abzugeben, ausgelöst.[45] Hierbei ist festzuhalten, dass die bloße Preisanfrage in Ermangelung der Bindungswirkung einer konkreten Antwort noch keine marktschaffende Wirkung hat.[46] Falls die Frage nach der Verkehrsüblichkeit des Preises für eine marktgängige Leistung nicht mit dem Ergebnis einer Ausschreibung bzw. Vergabe begründet werden kann, zB weil kein entsprechendes Verfahren durchgeführt worden ist oder es keine Aussagekraft entfaltet, bleibt nur die Möglichkeit eines konkreten Preisvergleichs. Maßstabgebend sind insoweit ähnliche Aufträge des Anbieters und entsprechende Preise bei wettbewerblichen Beschaffungen.[47] Dazu können Leistungselemente unterschieden und je für sich einer Vergleichsbetrachtung unterzogen werden; nicht erlaubt ist hingegen der Zugriff auf unternehmensbezogene Preisbildungsfaktoren und kalkulatorische Kostenpositionen.[48] Als Umsätze, die eine wettbewerbliche Durchsetzung des Preises bei einem Nachfragemonopol belegen können, sind auch Aufträge in Betracht zu ziehen, die in ausreichender, nach dem einschlägigen Markt zu bestimmender zeitlicher Nähe zu der zu prüfenden Preisvereinbarung liegen und gleiche oder gleichartige Leistungen betreffen, die aber zugleich zum zu prüfenden Auftrag nicht in einem sachlichen Zusammenhang stehen, der gegen eine eigenständige wettbewerblich, vom anderen Auftrag unabhängige Preisvereinbarung streitet.[49]

11a War ein Unternehmen bislang auf dem relevanten Markt noch nicht tätig, fehlt es an mehreren Umsatzakten, sodass kein betriebssubjektiver Preis festgestellt werden kann. Kann die Verkehrsüblichkeit auch nicht anhand von Hilfskriterien und der Bestandteile der Gesamtleistung ermittelt werden, hat das für **Newcomer** zur Konsequenz, dass für seinen Preis eine Selbstkostenprüfung stattzufinden hat, während die Preise der konkurrierenden Anbieter als Marktpreise festgestellt und ungeprüft bleiben.[50] Ein Vergleich mit der Verkehrsüblichkeit von Preisen anderer Anbieter kommt jedenfalls nicht in Betracht.[51] Das BVerwG meint hierzu, „die Preisprüfung, die nach § 9 VO PR Nr. 30/53 stets nachträglich durchzuführen ist, (kann) anhand nachfolgender weiterer Umsätze des Anbieters beurteilen, ob dieser den beim ersten Vertragsabschluss vereinbarten Preis für die marktgängige Leistung auch bei späteren Abschlüssen durchsetzen konnte".[52] Dieser Ansatz überzeugt nicht, weil selbst dann, wenn die Preisprüfung nachträglich erfolgt – was keineswegs immer der Fall ist –, der entscheidungserhebliche Zeitpunkt derjenige des Vertragsschlusses ist, in dem es gerade an Umsatzakten fehlt; umgekehrt müsste dann ein zunächst angenommener Selbstkostenpreis wegen nachfolgender Umsatzakte auch in einen Marktpreis umgewandelt werden, was ebenso systemwidrig wie für die Vertragspartner unzumutbar wäre.[53]

12 **c) Relevanz von Vergabeverfahren.** Der Marktpreis ist eigenständig in der Preisverordnung definiert und damit nicht zwangsläufig identisch mit dem Preis aus einer Ausschreibung oder freihändigen Vergabe. Ob der im Wettbewerb angebotene Preis auch dem Preis im Sinne von § 4 Abs. 1 entspricht oder der betriebssubjektive Marktpreis oder gar ein Selbstkostenpreis die zulässige Preisobergrenze bildet, wird unabhängig vom gewählten Vergabeverfahren bestimmt.[54] Nach überwiegender Ansicht soll ein erfolgreich und ordnungsgemäß durchgeführtes **Vergabeverfahren** nicht

---

[43] So der Katalog von Ebisch/Gottschalk/*Hoffjan*/*Müller* Rn. 64 ff., die sich sodann speziell dem sog. Listenpreis widmen (Ebisch/Gottschalk/*Hoffjan*/*Müller* Rn. 70 ff.).
[44] *Georgi*, Die Preisbildung bei öffentlichen Aufträgen im Einklang mit der VO PR 30/53, 2015, 27; Ebisch/Gottschalk/*Hoffjan*/*Müller* Rn. 69; *Dierkes*/*Hamann*, Öffentliches Preisrecht in der Wasserwirtschaft, 2009, 208 f.; zum Nachweis *Hoffjan*/*Mengis* ZfBR 2017, 439 (443 ff.).
[45] VGH Kassel Urt. v. 29.8.2000 – 11 UE 537/98, BeckRS 2005, 23185.
[46] *Georgi*, Die Preisbildung bei öffentlichen Aufträgen im Einklang mit der VO PR 30/53, 2015, 27.
[47] Ähnlich Ebisch/Gottschalk/*Hoffjan*/*Müller* Rn. 91, deren weitere Möglichkeiten des Nachweises durch „von Dritten ausgeführte Aufträge" und durch „Aussagen sachkundiger Fachleute" nicht überzeugen, da unklar ist, was Sach- und Fachkunde mit Preisbewusstsein zu tun hat, und das sie typischerweise interessengebunden sein dürfte.
[48] Zutr. Ebisch/Gottschalk/*Hoffjan*/*Müller* Rn. 92; s. *Dierkes*/*Hamann*, Öffentliches Preisrecht in der Wasserwirtschaft, 2009, 212 f., zum Beispiel der Wasserwirtschaft.
[49] So BVerwG Urt. v. 13.4.2016 – 8 C 2/15, NZBau 2016, 577 (582).
[50] So HK-VergabeR/*Berstermann* Rn. 22.
[51] Zutr. HK-VergabeR/*Berstermann* Rn. 25.
[52] BVerwG Urt. v. 13.4.2016 – 8 C 2/15, NZBau 2016, 577 (580).
[53] HK-VergabeR/*Berstermann* Rn. 26.
[54] *Hoffjan*/*Hövelborn*/*Strickmann* ZögU 36 (2013), 3 (6 f.).

zwingend zu einem konstitutiven Marktpreis führen.[55] Vielmehr müsse der Anbieter „alle ausreichenden Garantien für ein ordnungsgemäßes Zustandekommen der Preise"[56] bieten. Selbst die Existenz mehrerer Angebote im Rahmen des Vergabeverfahrens definiere nicht automatisch einen Marktpreis; es sei vielmehr in jedem Einzelfall vor dem Hintergrund der preisrechtlichen Kriterien der Marktgängigkeit und Verkehrsüblichkeit eine Prüfung vorzunehmen.[57] Deshalb können sogar im Falle eines tatsächlich funktionierenden Vergabewettbewerbs die Preisvorschriften eingreifen, wenn die Verkehrsüblichkeit nicht feststellbar ist.[58]

13 Da das Vergaberecht unabhängig davon, ob Kartell- oder Haushaltsvergaberecht eingreift, dh eine Ober- oder Unterschwellenvergabe stattfindet, Wettbewerb und Wirtschaftlichkeit in die Beschaffung der öffentlichen Hand tragen will, spricht grundsätzlich viel dafür, die nach den hierfür jeweils geltenden Regeln getroffene Entscheidung auch im Öffentlichen Preisrecht zu akzeptieren. Die anderenfalls sich unter Umständen widersprechenden Entscheidungen forderten die **Einheit der Rechtsordnung** ebenso heraus wie die Akzeptanz des Wettbewerbsrechts durch seine Anwender.[59] Für den Rechtsunterworfenen höchst unbefriedigend ist die Situation, dass ein Vergabeverfahren ordnungsgemäß durchgeführt worden sein kann, aber dennoch die Preisaufsicht das vereinbarte Entgelt als übersetzt rügt. Der Grund für Überschneidungen des einen Rechtsregimes, hier Preisrecht, mit einem anderen Regelungsbereich, dort Vergaberecht, resultiert daraus, dass keines von beiden die öffentliche Auftragsvergabe umfassend und abschließend ordnet.[60] Aufgrund der unterschiedlichen Zwecksetzung und vor allem der unterschiedlichen Instrumente ist eine Vereinheitlichung der Anwendungsbereiche beider Gebiete zweckwidrig. Das bedeutet aber nicht, dass die Normkomplexe nicht so interpretiert werden können, dass sie widerspruchsfrei nebeneinanderbestehen, wenn auch ausdrückliche normative Bezugnahmen und Verweise fehlen.[61]

14 Hierfür kann ein – in Analogie zur aufgehobenen Baupreisverordnung – in § 4 geschaffener Wettbewerbspreis eine Brücke bilden.[62] Dazu muss aus beiden Perspektiven gewährleistet sein, dass das Preisrecht bestimmte Vergabeverfahren als so belastbar ansieht, dass das gefundene Ergebnis ohne weitere Prüfung akzeptiert werden kann, und das umgekehrt das Vergaberecht anerkennt, das Konstellationen existieren, in denen der verfahrensmäßige Ansatz nicht ausreicht. Exemplarisch hierfür steht der Fall, dass zwar eine Ausschreibung und ein Vergabeverfahren ordnungsgemäß durchgeführt worden sind, aber tatsächlich **kein Wettbewerb zwischen verschiedenen Anbietern** stattgefunden hat bzw. stattfinden konnte und deshalb auch kein Marktpreis ermittelt worden ist. So liegen die Dinge, wenn überhaupt nur ein „verwertbares" Angebot abgegeben worden ist. Auch der Verzicht auf eine vergaberechtliche Nachprüfung heißt nicht notwendigerweise, dass im Verfahren alles mit rechten Dingen zugegangen ist. Schließlich eröffnet eine verfahrensmäßige Lösung immer Raum für taktische Überlegungen von Bietern, die auf die aktuelle Marktsituation, die eigene Geschäftslage, die potenziellen Wettbewerber oder auch den Beschaffungsdruck des Auftraggebers reagieren.

14a Soll also der sog. **Wettbewerbspreis** als preisrechtliche Größe im Marktpreissystem etabliert werden, und zwar als verkehrsüblicher Preis in einem besonderen Markt, muss tatbestandlich sichergestellt sein, dass das zugrunde liegende Vergabeverfahren auch den absoluten Ansprüchen des Preisrechts jedenfalls im Prinzip genügt.[63] Insoweit bedarf es einer Konkretisierung[64] durch Merk-

---

[55] *Georgi*, Die Preisbildung bei öffentlichen Aufträgen bei öffentlichen Aufträgen im Einklang mit der VO PR 30/53, 2015, 27; Ebisch/Gottschalk/*Hoffjan*/*Müller* Rn. 84; *Müller* NZBau 2011, 720 (723 f.); VGH Kassel Urt. v. 29.8.2000 – 11 UE 537/98, BeckRS 2005, 23185; VGH München Urt. v. 6.11.2014 – 22 B 14.175, DÖV 2015, 448.

[56] Nr. 5b des Ersten Runderlasses betr. Durchführung der Verordnung PR Nr. 30/53 über die Preise bei öffentlichen Aufträgen v. 21.11.1953, v. 22.12.1953, MinBlBMWi 1953, 515.

[57] *Dierkes*/*Hamann*, Öffentliches Preisrecht in der Wasserwirtschaft, 2009, 211 ff.; *Hertel*, Preisbildung und Preisprüfrecht bei öffentlichen Aufträgen – Ausgewählte Themen, 2. Aufl. 1998, 23.

[58] Pointiert *Hoffjan*/*Hövelborn*/*Strickmann* ZögU 36 (2013), 3 (7); auch *Berstermann*/*Petersen* ZfBR 2007, 767 (770).

[59] S. zu den Folgen eines anderen Verhältnisses *Hoffjan*/*Hövelborn*/*Strickmann* ZögU 2013, 3 (6 f.).

[60] HK-VergabeR/*Berstermann* Einf. Rn. 24, der mit Recht darauf hinweist, dass das Vergaberecht über die Bestimmung des Preises, insbes. dessen zulässige Höhe, keine Aussage trifft.

[61] S. dazu die Bestandsaufnahme von HK-VergabeR/*Berstermann* Einf. Rn. 36 f.

[62] Michaelis/Rhösa/*Pauka* § 4 B V.1.

[63] Dazu *Dörr*/*Hoffjan*, Die Bedeutung der Verordnung PR Nr. 30/53 über die Preise bei öffentlichen Aufträgen, 2015, 119; auch Michaelis/Rhösa/*Pauka* § 4 B V.1.

[64] Vorschläge zu konkretisierenden Anforderungen wurden jüngst bereits im Rahmen eines Prüfungsstandards für preisrechtliche Marktpreise bei *Mengis*, Entwicklung eines Marktpreis-Prüfungsstandards für öffentliche Aufträge, 2020, 387 ff. zusammengetragen. Auf dem vergaberechtlichen Markt eingegangene Angebote taugen demzufolge – um hier nur die wichtigsten Beispiele zu nennen – in den folgenden Fällen nicht für die Herausbildung eines Wettbewerbspreises: fachlich-inhaltlich nicht zur Leistungsbeschreibung passende

male wie „ordnungsgemäß", „zureichend" oder „wettbewerblich", verstanden im Sinne von: mindestens zwei konkurrierende (von unabhängigen Bietern stammende), nicht ausgeschlossene (von fachkundigen, leistungsfähigen, zuverlässigen Bietern stammende) und nicht offenkundig unangemessene (eklatantes Missverhältnis von Preis und Leistung) Angebote.

14b   Wird darüber hinaus für die preisrechtliche **Akzeptanz** eines Wettbewerbspreises verlangt, dass nicht schon eine einzelne öffentliche Ausschreibung bzw. Vergabe im Sinne der vorgenannten besonderen Anforderungen genügt, werden die Voraussetzungen eines neuen vergabebezogenen Preistyps denen des Marktpreises derart angenähert, dass der Wettbewerbspreis gar keinen Mehrwert entfalten kann.[65] Wenn diese Einschränkung für Fälle gedacht sein sollte, in denen der öffentliche Auftraggeber aus tatsächlichen Gründen trotz überteuerter Angebote zum Vertragsschluss gezwungen ist, ist sie nicht notwendig. Denn hier erlaubt § 5 Abs. 1 Nr. 2 dem öffentlichen Auftraggeber ohnehin, ausnahmsweise einen Selbstkostenpreis zu vereinbaren.[66] Für die vergaberechtliche Zulässigkeit eines Selbstkostenpreises streitet zum einen die Unabhängigkeit der Rechtsregime, der zufolge preisrechtliche Pflichten nicht vom Vergaberecht verdrängt oder überlagert werden; zum anderen wird auch beim Selbstkostenpreis nichts ausgehandelt, sodass die Grundsätze des Vergaberechts nicht beeinträchtigt werden.[67] Im Ergebnis steht unter Umständen dann ein Wettbewerbspreis durch, der den (betriebssubjektiven) Marktpreis übersteigt. Dieser „Preis" wäre aber für eine praktikable Erfassung von Vergabeverfahren und Ausschreibungen im Öffentlichen Preisrecht als angemessen hinzunehmen.

15   **d) Rechtsfolgen.** Der verkehrsübliche Preis bildet die preisrechtliche **Höchstgrenze** (→ § 1 Rn. 26 f.), und zwar auch dann, wenn nach Preisvorschriften, die allgemein oder besonders die auftragsgegenständliche Leistung betreffen (§ 3), ein höherer Preis möglich wäre. Den öffentlichen Auftraggebern wird damit der Schutz einer wettbewerblichen Preisbildung zuteil, wenn sie verkehrsübliche Preise für marktgängige Leistungen unterhalb staatlich reglementierter Preise hervorruft.[68]

16   Dass Marktpreise **Vorrang vor Selbstkostenpreisen** haben, besagt bereits § 1 Abs. 1, vorbehaltlich der Wahloption in § 5 Abs. 1 Nr. 2. Lässt sich kein Marktpreis nach Abs. 1 ermitteln, ist noch das Vorliegen eines abgeleiteten Marktpreises nach Abs. 2 zu prüfen, bevor die Stufen der Selbstkostenpreise erreicht werden. Wurde (vergaberechtswidrig) kein besonderer Markt geschaffen, fehlt es an der Marktgängigkeit der gegenständlichen Leistung, wenn diese auch nicht auf dem allgemeinen Markt festgestellt werden kann. Damit ist der Anwendungsbereich des § 4 gar nicht eröffnet.

17   **2. Preise bei vergleichbaren Leistungen (Abs. 2). a) Vergleichbare Leistungen.** Durch Abs. 2 eröffnet der Verordnungsgeber die Möglichkeit, Marktpreise auch in den Fällen zu bilden, in denen die vom öffentlichen Auftraggeber nachgefragte Leistung aufgrund ihrer Ausführung von einer marktgängigen Leistung mit verkehrsüblichem Preis[69] abweicht. Sie ist somit selbst nicht marktgängig, sondern einer marktgängigen Leistung nur noch ähnlich. Die Regelung trägt den individuellen **Modifikationen von Leistungen** für öffentliche Auftraggeber Rechnung, die sich aus den divergierenden Anforderungen und Bedarfen unterschiedlicher öffentlicher Auftraggeber an die Leistungen stellen. So unterscheiden sich je nach Anwendungsbereich zB Formen, Maße oder Ausführungen von marktgängigen Leistungen. Zugunsten des in der Verordnung vorherrschenden Vorrangs marktwirtschaftlicher Preisbildung[70] wird durch Abs. 2 für diese Fallkonstellationen der Anwendungsbereich des Marktpreisvorrangs wesentlich erweitert[71] und so die Ermittlung der Preise über Selbstkostenpreise verhindert.[72]

18   Weil ein Marktpreis für den Auftragsgegenstand nicht nach Abs. 1 ermittelbar ist, erfolgt die Preisbildung nach Abs. 2, indem als erstes die Vergleichbarkeit der nachgefragten Leistung mit einer

---

Angebote; Angebote mit völlig verfehlten „Wucher-„ oder „Schleuderpreisen"; auf kollusiven Preisabsprachen (horizontal oder vertikal) basierende Angebote; von nicht real existenten Scheinfirmen stammende Scheinangebote; Angebote konzernverbundener Unternehmen, deren unabhängiges Zustandekommen in Ermangelung von „Chinese Walls" nicht mit hinreichender Sicherheit nachweisbar ist; wettbewerbswidrige Mehrfachangebote von mehrfachbeteiligten Bieter(gemeinschaftsmigliedern; Angebote in Ausschreibungen, bei denen zwar mehrere Bieter auftreten, von denen jedoch einer Alleinhersteller ist und die anderen Bieter ihre Produkte von diesem Alleinhersteller beziehen uÄ.

[65] Das sieht *Müller* ZfBR 2018, 555 (560 f.).
[66] *Müller* ZfBR 2020, 479 (480).
[67] So *Müller* ZfBR 2020, 479 (481).
[68] Ebenso Ebisch/Gottschalk/*Hoffjan/Müller* Rn. 99.
[69] Zur missverständlichen Formulierung des Wortlauts HK-VergabeR/*Berstermann* Rn. 31.
[70] *Engel,* Möglichkeiten und Grenzen der Organisation von Preisprüfungen bei öffentlichen Aufträgen gemäß VO PR 30/53, 1983, 51.
[71] So auch in Nr. 6 des Ersten Runderlasses betr. Durchführung der Verordnung PR Nr. 30/53 über die Preise bei öffentlichen Aufträgen v. 21.11.1953, v. 22.12.1953, MinBlBMWi 1953, 515.
[72] Michaelis/Rhösa/*Greiffenhagen* § 4 C I.

marktgängigen Leistung, und zwar „unter gleichartigen Voraussetzungen" und „im Wesentlichen", festgestellt wird. Diese beiden Maßgaben sind einigermaßen unbestimmt und lassen allenfalls erkennen, dass eine **hypothetische Marktpreisbildung** vorgenommen werden soll. Die Bedingungen und Funktionsweisen des vorgestellten Marktes für die ausgeschriebene Leistung müssen dabei denen des realen Marktes für die vergleichbare Leistung gegenübergestellt werden.[73] Die Lage der öffentlichen Auftraggeber, die Situation der Anbieter, die Umstände der Aufträge in zeitlicher, räumlicher und gegenständlicher Hinsicht müssen mehr Übereinstimmungen als Unterschiede aufweisen, um einen Analogieschluss von der Beschaffung der einen auf die der anderen Leistung zu erlauben.[74] Als Referenzpreis kann nur der betriebssubjektive Marktpreis der vergleichbaren marktgängigen Leistung des die nicht marktgängige Leistung anbietenden Unternehmens, nicht eines anderen Bieters, herangezogen werden.[75]

Bei **technischen Leistungsunterschieden** wird es sich bei der Ausgangsbasis für die Bildung des abgeleiteten Marktpreises typischerweise um den Preis derjenigen marktgängigen Leistung handeln, die der geforderten Leistung technisch und marktmäßig am nächsten steht.[76] Nicht maßgebend sind subjektive Merkmale des Anbieters als preisbildende Faktoren.[77] „Ob Leistungen vergleichbar sind, ist in der Regel unter technischen Gesichtspunkten zu prüfen. Eine Vergleichbarkeit wird vorliegen, wenn öffentliche Auftraggeber Sonderausführungen sonst marktgängiger Erzeugnisse in Auftrag geben, sei es, dass eine üblicherweise am Markt nicht vorhandene Größe oder Zusammensetzung des betreffenden Erzeugnisses verlangt wird, sei es, dass mit Rücksicht auf die Eigenart des öffentlichen Bedarfs gewisse Abweichungen von den marktgängigen Leistungen in Bezug auf die Gestaltung gefordert werden. Das Erzeugnis muss jedoch mit der üblichen marktgängigen Leistung wenigstens noch in seinen wesentlichen Bestandteilen übereinstimmen".[78] 19

Die Preise **besonderer Märkte** sind einer Vergleichsbetrachtung naturgemäß selten zugänglich, da deren Wesensmerkmal gerade ein besonderer Beschaffungsbedarf eines öffentlichen Auftraggebers ist. Begründet erst die Ausschreibung einen Markt, bedarf die Übertragung der dortigen Verhältnisse auf eine andere Leistung sorgfältiger Prüfung. Demgegenüber sind Leistungen, die auf **allgemeinen Märkten** angeboten werden, belastbarer, um daraus Preise auf hypothetischen Märkten abzuleiten.[79] Denn handelsübliche Waren und Dienstleistungen sind häufig aus Komponenten zusammengesetzt, die im Einzelfall zerlegt, kombiniert oder modifiziert werden können. 20

b) Abschläge und Zuschläge. Als zweites ist der verkehrsübliche Preis für die marktgängige Leistung nach den Vorgaben des Abs. 1 zu bestimmen. Drittens sind Zu- und Abschläge für Abweichungen der nachgefragten von der marktgängigen Leistung zu prüfen. Dazu müssen die **Abweichungen quantifizierbar** sein und quantifiziert werden. Das kann entweder der Markt selbst leisten, weil Mehr-, Minder- oder Andersleistungen ebenfalls verkehrsüblich bepreist sind,[80] oder der Preis der Abweichung kann ebenfalls aus einem Vergleichsmarkt abgeleitet werden.[81] Bei der Ermittlung der Zu- und Abschläge sind die LSP nicht als zwingende Preisvorschriften anwendbar: sie können jedoch als Anhaltspunkte bei der Lösung hilfsweise herangezogen werden.[82] Helfen diese Instrumente nicht weiter, bleibt nur eine kostenorientierte Ableitung der Mehr-, Minder- oder Andersleistung unter Berücksichtigung eines Gewinnzuschlags.[83] Die alternative Methode zur Ermittlung von Preisabweichungen nach dem Nutzungs- oder Gebrauchswert ist insbesondere bei technisch komplizierten Geräten schwierig und zudem mit großem subjektivem Beurteilungsspielraum behaftet.[84] 21

c) Rechtsfolgen. Der für die nachgefragte Leistung zulässige Preis bestimmt sich zunächst nach dem verkehrsüblichen Preis iSv Abs. 1 für die „vergleichbare Leistung", der sodann durch 22

---

[73] Ähnlich Ebisch/Gottschalk/*Hoffjan*/*Müller* Rn. 116.
[74] So sind bspw. im Inland bestehende Marktpreise regelmäßig nicht mit Exportpreisen vergleichbar. Bei zeitlichen oder örtlichen Unterschieden muss hingegen überdies genau geprüft werden, ob der Preis unter gleichartigen Voraussetzungen zustande gekommen ist.
[75] *Müller* ZfBR 2018, 555 (557).
[76] R. *Müller*, Preisgestaltung bei öffentlichen Aufträgen, 3. Aufl. 1993, 54.
[77] BVerwG Urt. v. 13.4.2016 – 8 C 2/15, NZBau 2016, 577 (581).
[78] Nr. 6 des Ersten Runderlasses betr. Durchführung der Verordnung PR Nr. 30/53 über die Preise bei öffentlichen Aufträgen v. 21.11.1953, v. 22.12.1953, MinBlBMWi 1953, 515.
[79] Auch Ebisch/Gottschalk/*Hoffjan*/*Müller* Rn. 117 ff.
[80] So nach Vorgabe von Nr. 6a) 2. des Ersten Runderlasses betr. Durchführung der Verordnung PR Nr. 30/53 über die Preise bei öffentlichen Aufträgen v. 21.11.1953, v. 22.12.1953, MinBlBMWi 1953, 515.
[81] So nach Vorgabe von Nr. 6a) 3. des Ersten Runderlasses betr. Durchführung der Verordnung PR Nr. 30/53 über die Preise bei öffentlichen Aufträgen v. 21.11.1953, v. 22.12.1953, MinBlBMWi 1953, 515.
[82] *Fickelscher* in Gabriel/Krohn/Neun VergabeR-HdB § 21 Rn. 45.
[83] Dazu instruktiv Ebisch/Gottschalk/*Hoffjan*/*Müller* § 4 Rn. 122 ff.
[84] *Dierkes*/*Hamann*, Öffentliches Preisrecht in der Wasserwirtschaft, 2009, 214.

Abschläge oder Zuschläge feinjustiert wird. Die **Höchstpreisgrenze** des § 1 Abs. 3 gebietet, dass Abschläge zwingend vorzunehmen sind, während Zuschläge vorgenommen werden können, jedoch nicht müssen.[85] Der so ermittelte Preis hat Höchstpreischarakter iSv Abs. 1 und genießt den Marktpreisvorrang aus § 1 Abs. 1, es sei denn, die Vertragspartner können die alternative Option des § 5 Abs. 1 Nr. 2 ziehen.

23   **3. Sonstige Vorteile (Abs. 3). a) Tatbestand.** Um Abs. 3 einen gegenüber Abs. 1 u. 2 selbstständigen Regelungsgehalt einzuräumen, müssen die benannten „Vorteile" auf nicht unmittelbar preisrelevante, aber gleichwohl **werthaltige Auftragskonditionen** bezogen werden.[86] Aufgerufen sind nur Gestaltungen, die für den Auftraggeber vorteilhaft sind.[87] Die Formulierung des Abs. 3 („insbesondere") lässt darauf schließen, dass die genannten Vorteile „Menge- und Wertrabatte, Skonti und besondere Lieferbedingungen" den Charakter von Regelbeispielen haben, mithin nicht abschließend formuliert sind.[88]

24   Abs. 3 will verhindern, dass öffentliche Auftraggeber bei den Auftragskonditionen, die nicht den Preis bestimmen, anders bzw. schlechter behandelt werden als „nichtöffentliche Auftraggeber".[89] „Räumt der Auftragnehmer dem öffentlichen Auftraggeber ungünstigere Bedingungen als dem privaten Auftraggeber ein, so muss er dem bei der Bemessung des Preises Rechnung tragen. Abs. 3 schließt zB nicht aus, mit einem öffentlichen Auftraggeber andere, insbesondere kürzere Zahlungsziele zu vereinbaren als mit einem privaten Auftraggeber, wenn die Zinsdifferenz im Preis berücksichtigt wird".[90] Das bedeutet umgekehrt, dass öffentliche Auftraggeber keine besonderen Vorteile beanspruchen können, sondern ihnen nur diejenigen zustehen, die **in vergleichbaren Fällen marktüblich** sind.[91] Einmalige oder außergewöhnliche Begünstigungen sind nicht vom Regelungsgehalt erfasst.[92] Voraussetzung sind damit zum einen die „gleichen Verhältnisse" wie bei nichtöffentlichen Auftraggebern. Für die nachgefragte Leistung muss ein Markt bestehen, auf dem sich öffentliche und nichtöffentliche Auftraggeber gleichermaßen bewegen. Zum anderen muss die wettbewerbliche Leistungserbringung typischerweise mit vorteilhaften, dh geldwerten Vertragsgestaltungen verbunden sein. Dabei genügt es, dass diese Konditionen in der Vergangenheit eingeräumt wurden und daher auch gegenwärtig „gewährt werden" oder dass sie – hypothetisch – bei passendem Auftrag zugestanden worden wären und wieder „gewährt würden".[93] Im letzteren Fall stellt jedoch die Beweisführung ein besonderes Hindernis dar.[94]

25   **b) Rechtsfolgen.** Den Auftragnehmer trifft aus Abs. 3 eine **Gleichbehandlungspflicht** in Bezug auf die Einräumung von Vorteilen im Sinne der Regelbeispiele. Wegen des Regelungsgegenstandes wird damit anders als in Abs. 1 u. 2 kein unmittelbar preisrechtliches Gebot aufgestellt, das die Höchstpreisgrenze des § 1 Abs. 3 ausfüllt und damit als **gesetzliches Verbot** gem. § 134 BGB sanktionsbewehrt ist. Dennoch muss für die von Abs. 3 adressierten Auftragskonditionen dieselbe Rechtsfolge gelten.[95] Dafür streiten der Wortlaut, der den Auftragnehmer unmissverständlich verpflichtet, die Systematik, da sich die Formulierungen der Rechtsfolge in den ersten drei Absätzen des § 4 nicht unterscheiden, und schließlich Sinn und Zweck, weil die Preisverordnung die Preisbildung in ihrem Anwendungsbereich zwingend reglementieren will. Da die Vorteile iSv Abs. 3 werthaltig sind, muss eine dagegen verstoßende Angebots- oder Vertragsgestaltung unwirksam sein und durch eine preisrechtskonforme Regelung ersetzt werden.

---

[85] So auch Ebisch/Gottschalk/*Hoffjan*/*Müller* Rn. 134.
[86] S. auch Ebisch/Gottschalk/*Hoffjan*/*Müller* Rn. 136 ff.
[87] AA Michaelis/Rhösa/*Greiffenhagen* § 4 D V, die sich für eine entsprechende Anwendung der Regelung auf die Fälle des Vorliegens von Nachteilen für den Auftraggeber aussprechen.
[88] R. *Müller*, Preisgestaltung bei öffentlichen Aufträgen, 3. Aufl. 1993, 60, nennt beispielhaft diverse weitere Vorteile, die in den Anwendungsbereich des § 4 Abs. 3 VO PR Nr. 30/53 fallen; weitere dezidierte Beispiele auch bei Michaelis/Rhösa/*Greiffenhagen* § 4 D II.
[89] So auch Michaelis/Rhösa/*Greiffenhagen* § 4 D I.
[90] Nr. 7 des Ersten Runderlasses betr. Durchführung der Verordnung PR Nr. 30/53 über die Preise bei öffentlichen Aufträgen v. 21.11.1953, v. 22.12.1953, MinBlBMWi 1953, 515.
[91] HK-VergabeR/*Berstermann* Rn. 39; Ebisch/Gottschalk/*Hoffjan*/*Müller* Rn. 141; R. *Müller*, Preisgestaltung bei öffentlichen Aufträgen, 3. Aufl. 1993, 60 stuft die Forderung spezieller Rabatte oder Skonti nur mit der Begründung, der Auftraggeber sei eine Behörde, zu recht für unzulässig ein, vgl. dazu auch Nr. 7 des Ersten Runderlasses betr. Durchführung der Verordnung PR Nr. 30/53 über die Preise bei öffentlichen Aufträgen v. 21.11.1953, v. 22.12.1953, MinBlBMWi 1953, 515.
[92] HK-VergabeR/*Berstermann* Rn. 39.
[93] Ebisch/Gottschalk/*Hoffjan*/*Müller* Rn. 149 f.
[94] HK-VergabeR/*Berstermann* Rn. 41 schlägt zur Behebung der Beweisschwierigkeiten die Entwicklung festgelegter Rabattstufen vor, mit denen sich im Prozess darlegen ließe, dass eine bestimmte Begünstigung vorgesehen ist und üblicherweise gewährt wird.
[95] So iErg auch Ebisch/Gottschalk/*Hoffjan*/*Müller* Rn. 153.

4. Kosten des Auftragnehmers (Abs. 4). Sowohl im Fall originärer, dh nach Abs. 1 ermittelter, als auch im Fall abgeleiteter, dh nach Abs. 2 ermittelter Marktpreise können es die „bei dem Auftrag vorliegenden besonderen Verhältnisse" kostenmäßig rechtfertigen, dass über die nach Abs. 3 gewährten Preisnachlässe hinaus **weitere Preismodifikationen geboten** sind. Anders als bei Abs. 2 bilden den Vergleichsmaßstab hierbei nicht Leistungen und Preise anderer vergleichbarer Leistungen, sondern die tatsächlichen Kosten der zu überprüfenden Leistung, für die ein Marktpreis festgestellt wurde.[96] Damit soll Konstellationen Rechnung getragen werden, in denen Auftragnehmern beispielsweise durch eine im Verhältnis zu den betriebsüblichen Produktionsbedingungen außergewöhnliche Auftragsgröße Kostendegressionen entstehen (etwa durch erhöhte Mengenrabatte bei Materialeinkäufen, Optimierung der Arbeitsabläufe und ähnliches)[97] oder in denen Arbeitskräfte, Materialien, Produktionsvorrichtungen und dergleichen durch den Auftraggeber bereitgestellt werden, was ebenso zum Wegfall wesentlicher Kostenfaktoren führt.[98] Nicht hierher rechnen Produktions- oder Anlieferungsrisiken des öffentlichen Auftragnehmers.[99] 26

a) Tatbestand. Zunächst sind die „bei dem Auftrag vorliegenden **besonderen Verhältnisse**" in den Blick zu nehmen. Angesprochen sind damit zuvörderst die nachgefragte Leistung sowie im Übrigen die Auftragskonditionen, wenn und soweit die Besonderheiten nicht bereits in die Preisbildung nach Abs. 1–3[100] eingeflossen sind.[101] Falls der Preis durch eine öffentliche Ausschreibung bzw. eine wettbewerbliche Vergabe zustande gekommen ist, sind kaum Konstellationen denkbar, in denen ein Korrekturbedarf nach Abs. 4 besteht. Die jenseits der von den Abs. 1–3 feststellbaren besonderen Umstände des Auftrags müssen vom Auftraggeber verursacht worden sein,[102] weil der Zweck der Zumutbarkeitsregelung des Abs. 4 ist, den Auftragnehmer nicht mit Vor- oder Nachteilen zu begünstigen bzw. zu belasten, deren Grund er nicht in der Hand hat.[103] 27

Die relevanten Auftragsspezifika müssen sich beim Auftragnehmer **„kostenmäßig"** auswirken, dh sie müssen wertmäßig bezifferbar und als Differenz zum verkehrsüblichen Preis abbildbar sein. „Der Unter- bzw. Überschreitungsbetrag wird regelmäßig im Wege der Kostendifferenzrechnung festzustellen sein".[104] Im Ausgangspunkt bleibt es bei der wettbewerblichen Preisbildung gem. Abs. 1–3 für die Leistung und lediglich für die Besonderheiten findet eine kostenbezogene Differenzrechnung zwischen verkehrsüblichem und spezifischem Auftrag statt.[105] Dabei darf ein Gewinn des Unternehmers aus dem Auftrag nicht wegen der besonderen Verhältnisse herausgerechnet werden. 28

b) Rechtsfolgen. Indem Abs. 4 VO besondere Kostenverhältnisse beim Auftragnehmer als Korrektiv eines nach Abs. 1–3 gebildeten Marktpreises einführt, durchbricht er dessen Vorrang.[106] Zugleich sorgt die Bestimmung aber dafür, dass die **marktwirtschaftliche Preisbildung** im Grundsatz auch dann noch greift, wenn das Ergebnis für sich betrachtet unzumutbar wäre.[107] Im Ergebnis wird ein modifizierter Marktpreis gebildet. 29

Mit Blick auf die Höchstpreisgrenze des § 1 Abs. 3 ist es konsequent, dass die zwingende Verpflichtung des Abs. 4 sich nur auf die Vornahme von Abschlägen bezieht, während hinsichtlich 30

---

[96] HK-VergabeR/*Berstermann* Rn. 43.
[97] Unter Nennung weiterer Fallkonstellationen R. *Müller*, Preisgestaltung bei öffentlichen Aufträgen, 3. Aufl. 1993, 61.
[98] Michaelis/Rhösa/*Greiffenhagen* § 4 E I.
[99] *Fickelscher* in Gabriel/Krohn/Neun VergabeR-HdB § 21 Rn. 47 unter Hinweis auf OLG Celle FHZivR 12 Nr. 177.
[100] Hinzuweisen sei an dieser Stelle auf die entgegen dem klaren Gesetzeswortlaut formulierte Nr. 8 des Ersten Runderlasses betr. Durchführung der Verordnung PR Nr. 30/53 über die Preise bei öffentlichen Aufträgen v. 21.11.1953, v. 22.12.1953, MinBlBMWi 1953, 515, die den Anwendungsbereich irriger Weise auf die Fälle des Abs. 1 u. 2 beschränkt, wohingegen der Wortlaut der Norm („Absätzen 1 bis 3") den Anwendungsbereich nicht beschränkt wissen will. Richtigerweise kann es jedoch sehr wohl Fälle geben, in denen Preise nach Abs. 3 modifiziert werden müssen und gleichsam ein Fall von Abs. 4 vorliegt.
[101] Ebenso Ebisch/Gottschalk/*Hoffjan*/*Müller* Rn. 166.
[102] Nr. 8 des Ersten Runderlasses betr. Durchführung der Verordnung PR Nr. 30/53 über die Preise bei öffentlichen Aufträgen v. 21.11.1953, v. 22.12.1953, MinBlBMWi 1953, 515 beschränkt die in die Kostenrechnung einzustellenden Kostenpositionen nur auf diejenigen, welche durch die Besonderheiten des öffentlichen Auftrags verursacht sind.
[103] Ebenso Ebisch/Gottschalk/*Hoffjan*/*Müller* Rn. 154.
[104] Nr. 8 des Ersten Runderlasses betr. Durchführung der Verordnung PR Nr. 30/53 über die Preise bei öffentlichen Aufträgen v. 21.11.1953, v. 22.12.1953, MinBlBMWi 1953, 515.
[105] Ebisch/Gottschalk/*Hoffjan*/*Müller* Rn. 172.
[106] Ebisch/Gottschalk/*Hoffjan*/*Müller* Rn. 156.
[107] Ebisch/Gottschalk/*Hoffjan*/*Müller* Rn. 155.

der Zuschläge Ermessen eingeräumt wird. Ebenso folgerichtig ist, dass die unterbliebene, aber wegen der besonderen Kostenverhältnisse gebotene Unterschreitung des Preises die Folge des **§ 134 BGB** auslöst. Gegebenenfalls tritt dann der preisrechtlich zulässige Preis an die Stelle des angebotenen bzw. vereinbarten Preises.

§ 5 Selbstkostenpreise

(1) Selbstkostenpreise müssen auf die angemessenen Kosten des Auftragnehmers abgestellt werden, sie dürfen nur ausnahmsweise vereinbart werden, wenn
1. Preise nach den §§ 3 und 4 nicht festgestellt werden können oder
2. eine Mangellage vorliegt oder der Wettbewerb auf der Anbieterseite beschränkt ist und hierdurch die Preisbildung nach § 4 nicht nur unerheblich beeinflußt wird.

(2) Kommt zwischen dem Auftraggeber und dem Auftragnehmer kein Einverständnis über das Vorliegen der Voraussetzungen gemäß Absatz 1 Nummer 2 zustande, so entscheidet hierüber auf Antrag durch Verfügung,
1. das Bundesministerium für Wirtschaft und Arbeit, wenn die Mangellage oder die Wettbewerbsbeschränkung die Preisbildung in mehr als einem Land beeinflußt oder beeinflussen kann,
2. die für den Sitz des Auftragnehmers zuständige Preisbildungsstelle in allen übrigen Fällen.

(3) Soweit es die Verhältnisse des Auftrages ermöglichen, ist mit dem Angebot eine Selbstkostenpreisberechnung vorzulegen.

(4) ¹Werden Aufträge über gleiche Leistungen mehreren Auftragnehmern zu Selbstkostenpreisen erteilt, so sollen bei Vorliegen gleicher Voraussetzungen in der Regel gleiche Preise vereinbart werden. ²Als gleich gelten Leistungen, die sich in Ausführung, Liefermenge, Lieferzeitraum und Lieferungs- und Zahlungsbedingungen im wesentlichen entsprechen. ³Zur Ermittlung der Preise sind die Selbstkostenpreise derjenigen Unternehmen heranzuziehen, die der Auftraggeber an der Leistung zu beteiligen beabsichtigt oder beteiligt hat. ⁴Der Preisbildung soll der Selbstkostenpreis eines guten Betriebes zugrunde gelegt werden.

(5) Ist ein Auftrag zu Selbstkostenpreisen vergeben worden, so ist bei jedem weiteren Auftrag (Anschlußauftrag) zu prüfen, ob für die betreffende Leistung Preise gemäß § 4 vereinbart werden können.

(6) Selbstkostenpreise können vereinbart werden als
1. Selbstkostenfestpreise oder Selbstkostenrichtpreise gemäß § 6,
2. Selbstkostenerstattungspreise gemäß § 7.

Übersicht

	Rn.		Rn.
I. Normzweck und -zusammenhang ..	1	b) Rechtsfolgen	13
II. Einzelerläuterungen	4	3. Entscheidung der Preisbehörde (Abs. 2) ..	15
1. Kosten als Kalkulationsgrundlage (Abs. 1 Hs. 1)	4	4. Vorlage einer Preiskalkulation (Abs. 3) ...	17
2. Zugang zu Selbstkostenpreisen (Abs. 1 Hs. 2)	7	5. Einheitliche Preise bei gleichen Leistungen mehrerer Auftragnehmer (Abs. 4)	18
a) Unmöglichkeit der Preisfeststellung nach §§ 3, 4	7	6. Anschlussaufträge (Abs. 5)	21
		7. Selbstkostenpreistypen (Abs. 6)	22

I. Normzweck und -zusammenhang

1   Weil die marktwirtschaftliche Preisbildung an Grenzen in Gestalt von Wettbewerbsausfall, Marktversagen und Monopolen stößt, sehen die §§ 5 ff. zwingend ein **alternatives Preisbildungsmodell** vor, welches jedoch nur in Ausnahmefällen anzuwenden ist.[1] Es ist insoweit auch

---

[1] Zum Ausnahmecharakter *Georgi*, Die Preisbildung bei öffentlichen Aufträgen im Einklang mit der VO PR 30/53, 2015, 28; *Hertel*, Die Preisbildung und das Preisprüfrecht bei öffentlichen Aufträgen – Ausgewählte Themen, 2. Aufl. 1998,, 45; *Müller* FS Marx, 2013, 449 ff.

praktisch „alternativlos", als eine andere Beurteilungsgrundlage für die Angemessenheit eines Preises als die Selbstkosten nicht vorhanden ist. Dennoch wird der Selbstkostenpreis als „Fremdkörper im marktwirtschaftlichem System" angesehen.[2] Die Klammer um die Vorschrift des § 5 beschreiben am einen Ende Abs. 1 Nr. 1, in dem der – erneut – Marktpreisvorrang aufgeführt, und am anderen Ende Abs. 6, der die Typen von Selbstkostenpreisen auflistet. Dazwischen eröffnet Abs. 1 Nr. 2 für näher bestimmte Fälle marktwirtschaftlicher Unregelmäßigkeiten die Möglichkeit, ausnahmsweise vereinbarungshalber auf Selbstkostenpreise abstellen zu „dürfen". Da das Vorliegen dieser Funktionsbeeinträchtigung der wettbewerblichen Preisbildung zwischen den Vertragsparteien streitig sein kann, sieht Abs. 2 insoweit eine behördliche Entscheidungskompetenz vor.

Die Abs. 3–5 regeln **Allgemeines** zu Selbstkostenpreisen: So verlangt Abs. 3 grundsätzlich die Vorlage einer „Selbstkostenpreisberechnung" mit dem Angebot. Die Abs. 4 u. 5 ordnen die Selbstkostenpreisbildung, wenn mehr als ein Auftrag derselben Art und Güte vergeben wird, sei es zeitgleich („Aufträge(n) über gleiche Leistungen" an mehrere Auftraggeber, Abs. 4), sei es nacheinander („Anschlußauftrag", Abs. 5).

Angesichts des vorbehaltlosen Wortlauts von § 1 Abs. 3 eignet allen Preisen „nach den Bestimmungen der Verordnung" der Charakter als Höchst-, nicht auch als Mindestpreis. Ein Unterschreiten der Selbstkostenpreise ist mithin nicht von vornherein unzulässig. Dass Selbstkostenpreise **keine auftragsbezogenen,** also keine konkret-individuellen, **Festpreise** sind, bestätigt Abs. 1, wenn dort als Kalkulationsgrundlage statt auf die tatsächlichen Kosten auf die „angemessenen Kosten des Auftragnehmers" abgestellt wird. Dasselbe folgt aus Abs. 4, weil ein und derselbe Selbstkostenpreis für die gleiche Leistung von mehreren Auftragnehmern nicht den tatsächlichen Kostenverhältnissen aller beteiligten Betriebe entsprechen wird.[3]

II. Einzelerläuterungen

1. Kosten als Kalkulationsgrundlage (Abs. 1 Hs. 1). Da Selbstkostenpreisen „naturgemäß" die Gefahr des überflüssigen und übermäßigen Ressourceneinsatzes und -verbrauchs immanent ist, stellt die Verordnung für die Preisbildung nicht auf die tatsächlichen Kosten des ausführenden Betriebs, sondern auf die „angemessenen Kosten des Auftragnehmers" ab. Die angemessenen Kosten können von den tatsächlichen Kosten des Auftragnehmers abweichen. Sie sind angemessen, wenn sie bei der nach Nr. 4 Abs. 1 LSP genannten Leistungserstellung als objektiv notwendig bezeichnet werden können.[4] Bei der Angemessenheit der (einzelnen) Kosten wird – ebenso wie bei der Wirtschaftlichkeit der (gesamten) Betriebsführung iSv Nr. 4 Abs. 2 LSP – vom Leistungserbringer abstrahiert und auf Art und Mengen- bzw. Wertansatz unter Berücksichtigung der anwendbaren technischen und wirtschaftlichen Arbeitsverfahren, der Standortbedingungen und des Beschäftigungsgrades eines rationellen Betriebs anstelle des Auftragnehmers umgestellt.[5] In diesem Sinne ist auch eine wirtschaftliche Betriebsführung dann als gegeben anzunehmen, wenn die Kosten als im Hinblick auf die Betriebsverhältnisse normal angesehen werden.[6] Es bleibt also bei einer betriebsbezogenen Kostenbetrachtung, die allerdings **idealtypisch überformt** wird. Den Maßstab dafür liefern die LSP. Dasselbe Vorgehen findet sich im Anwendungsbereich von Abs. 4, wo eine Vergleichs- bzw. Durchschnittsbetrachtung der mehreren Auftragnehmer zu einem „guten Betrieb" verdichtet wird sowie in zahlreichen Einzelbestimmungen der LSP.[7]

Aus dem Merkmal der **Sachzielbezogenheit** des wertmäßigen Kostenbegriffes (Anl. LSP Nr. 5) folgt, dass Kosten in der Preiskalkulation nur angesetzt werden können, wenn sie durch die Leistungserstellung verursacht werden. Kosten, die nur gelegentlich des Betriebs anfallen und die keinen Bezug zur Leistungserstellung haben (neutraler Aufwand), sind auszuscheiden. Die Kosten einer Leistung lassen sich indes nicht allein aufgrund einer Kausalitätsprüfung ermitteln. Es ist eine unternehmerische Entscheidung, welcher Kostenaufwand betrieben wird, um eine Leistung zu erbringen. Deshalb sind nicht alle durch das Sachziel bedingten Kosten ohne Weiteres auch preisrechtlich zulässig. Vielmehr darf der Auftraggeber nur mit Kosten belastet werden, die zur Aufgabenerfüllung erforderlich sind. Das gilt sowohl für die angesetzten Kostenarten als auch für den Umfang

---

[2] H. *Müller*, Staatliche Preislenkung bei öffentlichen Aufträgen, 1970, 59.
[3] Ausf. *Schumm* DB 1959, 1363.
[4] Michaelis/Rhösa/*Greiffenhagen* § 5 B I 1.
[5] Vgl. *Dierkes/Hamann*, Öffentliches Preisrecht in der Wasserwirtschaft, 2009, 237.
[6] Michaelis/Rhösa/*Greiffenhagen* § 5 B I 1.
[7] S. im Einzelnen die Zusammenstellung bei Michaelis/Rhösa/*Greiffenhagen* Leitsätze Nr. 4 Ziff. 2.2.1.

der einzelnen Kostenpositionen. Überflüssige wie auch übermäßige Kosten dürfen danach in der Kalkulation nicht berücksichtigt werden.[8]

6 Je nach Leistungsinhalt kann eine rein wirtschaftliche Kosteneffizienzanalyse zu kurz greifen, weil die **Erforderlichkeit der Kosten** ggf. auch eine sachliche Dimension hat.[9] Insoweit ist dem Auftragnehmer ein Bewertungsspielraum einzuräumen, weil die Wirtschaftlichkeit einer Maßnahme in aller Regel nicht allein von objektiv fassbaren und messbaren Faktoren, sondern auch von planerischen, prognostischen, finanzpolitischen und sonstigen Erwägungen der Zweckmäßigkeit abhängt. Die Grenzen sind aber bei einer kostenauslösenden Maßnahme dann überschritten, wenn das Unternehmen keinerlei Erwägungen über deren Notwendigkeit angestellt hat, sich erkennbar von tatsächlich oder rechtlich unhaltbaren Annahmen oder Prognosen leiten ließ oder sachfremde Überlegungen den Ausschlag gegeben haben.[10]

7 **2. Zugang zu Selbstkostenpreisen (Abs. 1 Hs. 2). a) Unmöglichkeit der Preisfeststellung nach §§ 3, 4.** Abs. 1 Nr. 1 knüpft die Geltung von Selbstkostenpreisen daran, dass die vorrangige Preisbildung nach allgemeinen und besonderen Preisvorschriften ebenso wenig wie eine Marktpreisbildung möglich ist. Es kommt insoweit auf **objektive Unmöglichkeit,** nicht auf ein Unvermögen der Vertragsparteien an. Nicht zuletzt für den Fall von Meinungsverschiedenheiten sieht Abs. 2 eine behördliche Entscheidungszuständigkeit vor.

8 Abs. 1 Nr. 2 rekurriert auf eine „Mangellage" oder eine Wettbewerbsbeschränkung auf Anbieterseite. Dabei wird unterstellt, dass zwar eine marktgängige Leistung iSv § 4 Abs. 1 vorliegt, eine diesbezügliche Preisbildung im Wettbewerb aber „nicht nur unerheblich beeinflusst wird". Eine vom Auftraggeber gewollte Wettbewerbsbeschränkung durch Abschotten des Marktes gegenüber anderen Bietern als dem ausgewählten Anbieter, erfasst die Ausnahmeregelung nicht.[11] Tatbestandlich verlangt wird eine **kausale Verknüpfung** zwischen den besonderen Marktumständen und der Preisbestimmung. Eine weitgehend kongruente Vorschrift des Nebenstrafrechts findet sich in § 4 Abs. 1 WiStG.

9 Den Grundfall dafür, dass „marktwirtschaftliche Grundsätze auf dem Gebiet des öffentlichen Auftragswesens" – so die Eingangsformel – nicht durchgreifen, beschreibt das Merkmal der **Mangellage** sehr konzise. Denn ohne Weiteres ist einsichtig, dass der Preis für eine Ware oder Dienstleistung, bei der die Nachfrage das Angebot auf dem Markt übersteigt, steigen wird. Da dieser Befund nur eintreten wird, wenn die Mangellage objektiv gegeben ist, muss der Begriff dementsprechend verstanden werden.[12] Mithin meint der Begriff der Mangellage eine im objektiven Sinne feststellbare Verknappung und gerade nicht ein subjektives Mangelempfinden.[13] Diese Verknappung kann sowohl die Folge eines außergewöhnlichen Anstiegs der Nachfrage als auch die einer außergewöhnlichen Verringerung des Angebots sein.[14] Jedenfalls muss ein Ausgleich zwischen Angebot und Nachfrage nicht mehr zu ausgeglichenen Preisen erfolgen können.[15] Wenn das Korrektiv des Wettbewerbs ausfällt, wird ein dem Formalziel der Gewinnmaximierung unterworfenes Wirtschaftsunternehmen legitimerweise versuchen, seine privilegierte Marktsituation auszunutzen. Um dem als öffentlicher Auftraggeber nicht tatenlos ausgeliefert sein zu müssen, erlaubt die Preisverordnung hier den Rückgriff auf Selbstkostenpreise im Vereinbarungsweg oder durch hoheitliche Entscheidung gem. Abs. 2.

10 Die zweite Variante des Abs. 1 Nr. 2 nimmt statt der nachgefragten Leistung die **Anbieterseite** in den Blick, weil insbesondere in Monopolfällen der Markt ebenfalls keine leistungsbezogene Preisbildung gewährleistet. Dabei geht es dem Öffentlichen Preisrecht nicht darum, Wettbewerbsbeschränkungen zu verhindern oder zu sanktionieren – das ist die Aufgabe des Kartellrechts –, sondern darum, negative Auswirkungen auf die Bedarfsdeckung der öffentlichen Hand zu vermeiden. Ob

---

[8] Vgl. zum Benutzungsgebührenrecht *Brüning* in Driehaus, Kommunalabgabenrecht, Kommentar Loseblatt Stand März 2017, § 6 Rn. 69 ff. mwN zur Rspr.

[9] S. für die Wasserversorgung und die Preismissbrauchskontrolle von Wasserpreisen etwa *Gawel* IR 2012, 293 (295); BKartA Beschl. v. 4.6.2012 – B 8 – 40/10 Rn. 304 – BWB (https://www.bundeskartellamt.de/SharedDocs/Entscheidung/DE/Entscheidungen/Missbrauchsaufsicht/2012/B8-40-10.html (zuletzt aufgerufen am: 7.8.2021).

[10] So explizit VGH Mannheim Urt. v. 22.10.1998 – 2 S 399/97, BeckRS 1998, 23197 = KStZ 1999, 168; vgl. auch OVG Münster Urt. v. 15.3.1988 – 2 A 1988/85, BeckRS 1988, 07610 = DVBl 1988, 907, zur Benutzungsgebühr einer Tierkörperbeseitigungseinrichtung. Ebenso OLG Dresden Urt. v.8.4.1998 – 7 U 2980/97, NJWE-WettbR 1998, 186 – zur Billigkeitskontrolle monopolistisch festgesetzter Wasserpreise.

[11] BVerwG Urt. v. 13.4.2016 – C 2/15, NZBau 2016, 577 (582).

[12] Auch Ebisch/Gottschalk/*Hoffjan*/*Müller* Rn. 15.

[13] *Dierkes*/*Hamann*, Öffentliches Preisrecht in der Wasserwirtschaft, 2009, 216.

[14] Michaelis/Rhösa/*Greiffenhagen* § 5 B III 1a.

[15] Michaelis/Rhösa/*Greiffenhagen* § 5 B III 1a.

II. Einzelerläuterungen

daraus die Konsequenz zu ziehen ist, dass die preisrelevanten Folgen zulässiger, weil kartellbehördlich nicht verhinderter Wettbewerbsbeschränkungen außer Betracht bleiben und deshalb die hohen Entgelte hinzunehmen sind,[16] ist fraglich.[17] Angesichts des Zwecks der Preisverordnung einerseits und ihres rein einzelauftragsbezogenen Ansatzes andererseits spricht viel dafür, bei jeder Wettbewerbsbeschränkung auf Anbieterseite, sei sie kartellrechtlich zulässig oder nicht, den Weg in die Selbstkostenpreise zu eröffnen. Der Verordnungsgeber hat eben die insoweit anderslautende Parallelvorschrift des § 7 aufgehoben, ohne den Wortlaut des Abs. 1 Nr. 2 zu verändern.[18] Im Übrigen müssten anderenfalls Vertragspartner und Preisaufsicht über die Zulässigkeit der Wettbewerbsbeschränkung befinden, was beim Auftragnehmer eine „Selbstanklage" bedeutete und die Zuständigkeit der Preisbehörden überspannte. Auch eine Präjudizialität kartellbehördlicher Entscheidungen kommt nicht in Betracht, weil formell schon die gesetzliche Anordnung der Verbindlichkeit fehlt und materiell die dortigen Verfahren anderen Regeln folgen.[19]

Die danach vorausgesetzte **Wettbewerbsbeschränkung** wird von der Verordnung PR Nr. 30/53 nicht – ebenso wenig wie von § 4 Abs. 1 WiStG – definiert.[20] Schon normhierarchisch und rechtssystematisch liegt nahe, auf das GWB und die darin enthaltenen Tatbestände zurückzugreifen, soweit sie zum Regelungszweck des Abs. 1 Nr. 2 passen. Deshalb streitet der Umstand, dass hierin entgegen § 4 Abs. 1 WiStG die „Ausnutzung einer wirtschaftlichen Machtstellung" nicht eigens erwähnt ist, nicht dagegen, die diesbezüglichen Tatbestände der §§ 19 ff. GWB ebenfalls als Wettbewerbsbeschränkungen im Sinne der Preisverordnung anzusehen. Denn im Hinblick auf die Preisbildung spielt es für den öffentlichen Auftraggeber keine Rolle, ob die für den Auftragnehmer günstige Marktsituation von ihm „unmittelbar voluntativ" herbeigeführt worden ist oder aus einer „oligopolistischen oder marktbeherrschenden Stellung" resultiert.[21] Es ist daher zu entscheiden, ob nach den Vorgaben des § 4 PR Nr. 30/53 „ein im Verkehr üblicher Preis" ermittelt werden kann. Gelingt dies nicht sicher, weil der Markt auf der Anbieterseite – aus welchen tatsächlichen oder rechtlichen Gründen auch immer – nicht ordnungsgemäß funktioniert und ein Marktpreis allenfalls unter Anlegung von Hilfskriterien ermittelt werden kann (→ § 4 Rn. 9 ff.), kann dafür eine Wettbewerbsbeschränkung im Sinne des GWB die Ursache sein. Das wird sich insbesondere auf besonderen Märkten regelmäßig ergeben. Für diesen Fall eröffnet Abs. 1 Nr. 2 ausnahmsweise ein Überlappen der Anwendungsbereiche von Markt- und Selbstkostenpreise, indem er den Parteien die Vereinbarung von Selbstkostenpreisen erlaubt, um den Schwierigkeiten der Marktpreisbildung aufgrund vorhandener Wettbewerbsbeschränkungen zu entgehen.

Die Mangellage bzw. Wettbewerbsbeschränkung muss die marktwirtschaftliche Preisbildung „nicht nur unerheblich" beeinflussen. Die Verordnung PR Nr. 30/53 stellt klar, dass es nicht auf eine Veränderung des Preises durch diese Umstände ankommt, sondern bereits die Beeinträchtigung des **Verfahrens der Preisbildung** ausreicht.[22] Danach ist kein Preisvergleich vorausgesetzt, der auch deshalb schwierig zu leisten wäre, weil das wettbewerbliche Preisbildung eben beeinträchtigt ist.[23] Vielmehr ist nur festzustellen, dass die besonderen Marktumstände für die Ermittlung des Preises erheblich sind. Es kommt mithin zunächst auf eine Ursächlichkeit zwischen dem beeinflussenden Vorgang und der beeinflussten Preisbildung an.[24] Zum Überschreiten der Grenze der Erheblichkeit sei sodann angemerkt, dass bei einer Mangellage regelmäßig der Fall sein wird, wohingegen in Fällen von Wettbewerbsbeschränkungen ebendiese Feststellung nicht ohne Weiteres möglich ist.[25]

b) Rechtsfolgen. Auch wenn Abs. 1 formuliert, dass Selbstkostenpreise vereinbart werden „dürfen", so ist damit grundsätzlich keine Wahlfreiheit der Vertragsparteien hinsichtlich des Preistyps gemeint, sondern wird nur das Regel-Ausnahme-Verhältnis von Markt- und Selbstkostenpreis aufgegriffen und tatbestandlich erfasst, wann die Ausnahme der Selbstkostenpreise vorliegt. Sind diese

---

[16] Indifferent Ebisch/Gottschalk/*Hoffjan*/*Müller* Rn. 23: „nicht der ausschlaggebende Punkt".
[17] Angesichts des in Nr. 9 Buchst. c aE des Ersten Runderlasses betr. Durchführung der Verordnung PR Nr. 30/53 über die Preise bei öffentlichen Aufträgen v. 21.11.1953, v. 22.12.1953, MinBlBMWi 1953, 515 geäußerten Willen des Verordnungsgebers scheidet seiner Auffassung nach die Möglichkeit die Vereinbarung von Selbstkostenpreisen im Fall kartellbehördlich genehmigter Wettbewerbsbeschränkung aus.
[18] So nun auch Ebisch/Gottschalk/*Hoffjan*/*Müller* Rn. 21.
[19] Das räumen auch Ebisch/Gottschalk/*Hoffjan*/*Müller* Rn. 29, ein.
[20] Zu einer dezidierten Ermittlung von relevanten Tatbeständen Michaelis/Rhösa/*Greiffenhagen* § 5 B III 2d.
[21] So aber noch Ebisch/Gottschalk/*Waldmann*/*Müller*, 8. Aufl. 2010, Rn. 20.
[22] *Müller* ZfBR 2018, 555 (557). Zu dieser Unterscheidung BGH Urt. v. 23.10.1969 – VII ZR 156/68, NJW 1970, 196, zum damals geltenden § 5 Abs. 2 VO PR Nr. 8/55.
[23] Ebisch/Gottschalk/*Hoffjan*/*Müller* Rn. 62, die einen Rückschluss vom Preis auf eine Beeinflussung der Preisbildung über einen Preisvergleich erwägen.
[24] Michaelis/Rhösa/*Greiffenhagen* § 5 B III 3c.
[25] Michaelis/Rhösa/*Greiffenhagen* § 5 B III 3d.

Voraussetzungen erfüllt, bildet die Preisverordnung zwingendes Recht, und zwar auch dann, wenn Auftraggeber und -nehmer anderes, etwa Festpreise, vereinbart haben. Mit anderen Worten: Die Vertragsparteien müssen bei Vorliegen der Voraussetzungen nach Abs. 1 Nr. 1 den Selbstkostenpreis vereinbaren. Es ist der Preistyp anzuwenden, der für den jeweiligen Fall vorgeschrieben ist.[26] Bei Abs. 1 Nr. 1 ist dieser Weg unumgänglich, weil ein Marktpreis gar nicht festgestellt werden kann. Das gegenteilige Ergebnis hiervon bildet Abs. 1 Nr. 2, der bei Funktionsbeeinträchtigungen des Wettbewerbs den freiwilligen **Gang in die Selbstkostenpreise** erlaubt.

14 Im Falle der Vereinbarung eines Marktpreises, der tatsächlich gar nicht feststellbar ist, ist diese **Entgeltregelung unwirksam** und wird durch eine Regelung über Selbstkostenpreise ersetzt.[27] Falls die Wahlmöglichkeit des Abs. 1 Nr. 2 nicht genutzt wird, bleibt es – nach entsprechender Auslegung des Vertrages nach dem Parteiwillen[28] – bei den vereinbarten Marktpreisen; in Betracht kommen allerdings ggf. sekundärrechtliche Folgen (vgl. § 33 GWB, §§ 8 ff. WiStG).

15 **3. Entscheidung der Preisbehörde (Abs. 2).** Auf Antrag, nicht von Amts wegen, verfügt die Preisbehörde über „das Vorliegen der Voraussetzungen gemäß Absatz 1". Mangels näherer Bestimmung kann der **Antrag** vom Auftraggeber oder vom -nehmer gestellt werden. Die behördliche **Zuständigkeit** bestimmt Abs. 2 in Abhängigkeit von der räumlichen Dimension der Mangellage bzw. Wettbewerbsbeschränkung („in mehr als einem Land").[29] In der Sache muss es an einem „Einverständnis", besser wohl an einem **Einvernehmen,** der Parteien über die die Preisbildung beeinträchtigten Marktumstände fehlen, um der Preisbehörde eine eigene Prüfung aller Voraussetzungen des Abs. 1 Nr. 2 zu eröffnen.

16 Auch wenn die Verordnung fälschlich von „Verfügung" spricht, so meint sie doch einen **rechtsgestaltenden Verwaltungsakt**[30] des Inhalts, dass in diesem Beschaffungsfall entweder ein Selbstkostenpreis zulässig ist oder nicht. Ersterenfalls sind die Verhandlungspartner allerdings nicht gezwungen, einen Selbstkostenpreis zu vereinbaren; vielmehr besteht die Wahlmöglichkeit fort.[31] Letzterenfalls bleibt ihnen dagegen nur die Bestimmung eines Marktpreises, wenn sie einen Vertrag schließen wollen.

17 **4. Vorlage einer Preiskalkulation (Abs. 3).** Abs. 3 betrifft einen Auftrag, für den ein Selbstkostenpreis vereinbart werden kann bzw. muss. Unter dem Vorbehalt des Möglichen statuiert die Vorschrift die **Pflicht des Auftragnehmers,** „mit dem Angebot eine Selbstkostenpreisberechnung vorzulegen". Hinter der Bezugnahme auf die „Verhältnisse des Auftrags" verbirgt sich, dass zum einen eine Vorauskalkulation nicht für jeden Selbstkostenpreistyp möglich ist. Zum anderen bedeutet es auch, dass bei unzumutbarer Belastung des Auftragnehmers durch die Verpflichtung zur Selbstkostenpreisberechnung diese ebenfalls nicht vorgelegt werden muss.

18 **5. Einheitliche Preise bei gleichen Leistungen mehrerer Auftragnehmer (Abs. 4).** Tatbestandlich verlangt Abs. 4 mehrere gleiche Leistungen von mehreren Auftraggebern unter gleichen Voraussetzungen. Dabei fällt die Identifizierung mehrerer Auftragnehmer leicht. Schwieriger gerät die Bestimmung gleicher Leistungen, weshalb Abs. 4 S. 2 hierfür eine **Legaldefinition** aufstellt. Gemeint ist danach nicht die Identität der nachgefragten Gegenstände, sondern sich nach den aufgeführten Subkriterien „im wesentlichen" entsprechende Leistungen. Insbesondere müssen annähernd gleiche Leistungsmengen vorliegen, welche sich auch in der Herstellung nicht wesentlich unterscheiden.[32] Besonders bedeutsam ist diese Regelung für die Fälle der Vergabe nach Losen,[33] da dabei umfangreiche Leistungen nach Menge oder Art zerlegt werden können. Kommt es zu einer solchen Losaufteilung, legt das die Vermutung nahe, dass sich die in Lose aufgeteilten Leistungen „in Ausführung, Liefermenge, Lieferzeitraum und Lieferungs- und Zahlungsbedingungen im wesentlichen entsprechen", mit der Folge, dass für den Fall der Zulässigkeit von Selbstkostenpreisen Abs. 4 Anwendung findet. Das dritte Merkmal der gleichen Voraussetzungen nimmt die Auftragnehmer in den Blick und fragt nach den betrieblichen Bedingungen der Leistungserbringung.[34]

---

[26] *Engel,* Möglichkeiten und Grenzen der Organisation von Preisprüfungen bei öffentlichen Aufträgen gemäß VO PR 30/53, 1983, 54.
[27] Ähnliches gilt für den umgekehrten Fall vgl. *R. Müller,* Preisgestaltung bei öffentlichen Aufträgen, 3. Aufl. 1993, 65 f.
[28] Ebisch/Gottschalk/*Hoffjan*/*Müller* Rn. 32.
[29] Vgl. Michaelis/Rhösa/*Greiffenhagen* § 5 C II.
[30] So auch Michaelis/Rhösa/*Greiffenhagen* § 5 C IV.
[31] AA Michaelis/Rhösa/*Greiffenhagen* § 5 C IV.
[32] Michaelis/Rhösa/*Greiffenhagen* § 5 E II 1.
[33] Michaelis/Rhösa/*Greiffenhagen* § 5 E II 1.
[34] Ebisch/Gottschalk/*Hoffjan*/*Müller* Rn. 39, sprechen insoweit von „Startbedingungen".

Während Marktpreise unabhängig vom Auftragnehmer gebildet werden, sind Selbstkostenpreise **19** grundsätzlich betriebsbezogen. Hieran ändert Abs. 4 insoweit etwas, als unter näher benannten Voraussetzungen nicht die Kosten eines jeden Auftragnehmers unmittelbar preisbildend wirken, sondern mittelbar über eine Durchschnittsbetrachtung und korrigiert am „Selbstkostenpreis eines guten Betriebs" den Preis bestimmen. Die individuellen Kosten sind mithin zweitrangig.[35] Die Rechtsfolge des Abs. 4 ist in doppelter Hinsicht als **Soll-Vorschrift** ausgestaltet: Zum einen gilt das Gebot gleicher Preise bei Vorliegen gleicher Voraussetzungen „in der Regel" (Abs. 4 S. 1). Zum anderen „soll" bei der Preisbildung der Kostenmaßstab eines guten Betriebs angelegt werden (Abs. 4 S. 4). Besondere Umstände im konkreten Auftragsfall erlauben also Ausnahmen.[36]

Die Bildung des gleichen Preises hat von den Selbstkostenpreisen der anbietenden oder betei- **20** ligten Unternehmen auszugehen (Abs. 4 S. 3). Sie sind dann am Maßstab des guten Betriebes zu einem **fiktiven Selbstkostenpreis** zu veredeln. Die Preisverordnung gibt insoweit den guten Betrieb als Ganzes, nicht einzelne Kostenelemente oder Preisbildungsfaktoren als Relationsgröße vor.[37] Es darf also kein Rosinenpicken des Auftraggebers hinsichtlich einzelner Kostenpositionen aus den verschiedenen Angeboten stattfinden. Stattdessen ist er darauf verwiesen, die vorgelegten Selbstkostenpreisberechnungen miteinander zu vergleichen und mit bereits vorhandenem Datenmaterial abzugleichen.

6. Anschlussaufträge (Abs. 5). Abs. 5 stellt klar, dass der **Marktpreisvorrang** des § 1 Abs. 1 **21** auch dann gilt, wenn die nachgefragte Leistung schon einmal für einen Selbstkostenpreis erworben worden ist. Insoweit kommt auch hierin eine Durchsetzung des Marktpreisvorrangs zum Vorschein. Überdies soll damit das Verhalten der Anbieter insoweit gesteuert werden, als dass stets für jeden einzelnen Auftrag gesondert die Prüfung der Erforderlichkeit eines Selbstkostenpreises zu erfolgen hat.[38] Jede weitere Vereinbarung über „die betreffende Leistung" ist also daraufhin zu prüfen, welcher Preistyp nunmehr zulässig ist. So kann im Falle einer neuerlichen Ausschreibung sowohl ein allgemeiner Markt vorhanden sein oder ein besonderer Markt eröffnet werden.[39]

7. Selbstkostenpreistypen (Abs. 6). In Abs. 5 werden diejenigen Typen der Selbstkosten- **22** preise benannt, die die Preisverordnung anerkennt und regelt, und deshalb vereinbart werden „können" im Sinne von dürfen. Man könnte insofern auch vom Numerus clausus der zulässigen Selbstkostenpreistypen sprechen. Denn die Zulässigkeit eines Preistyps im Einzelfall richtet sich nicht nach der Vereinbarung, sondern nach der Verordnung, die ein **geschlossenes System** aufstellt.[40] Abstrakt kommen also überhaupt nur drei Arten von Selbstkostenpreisen in Betracht und konkret ist jeweils nur ein bestimmter Typ rechtmäßig.

Innerhalb der Preisbildung nach Selbstkosten ist dann, wenn – etwa für **Teilleistungen** (Zube- **23** hör, Ersatzteile, Stundensätze) – ein Marktpreis iSv § 4 existiert, insoweit auf eine marktmäßige Preisbildung zurückzugreifen[41] und die ermittelten Marktpreise innerhalb der Selbstkostenpreiskalkulation ersatzweise anstelle der nach Nr. 8 LSP bewerteten Kosten einzustellen.[42] Solche Elemente verändern den Gesamtcharakter des Preises als Selbstkostenpreis nicht, wenn und soweit sie nicht selbstständig nachgefragt worden und damit originärer Auftragsgegenstand sind. Sie sind aber für sich nur noch insoweit der Preisprüfung unterworfen, ob Art und Menge der Teilleistung einer wirtschaftlichen Betriebsführung entsprechen.[43]

Maßgeblicher **Beurteilungszeitpunkt** für den zulässigen Preistyp ist der Vertragsschluss; nach- **24** trägliche Veränderungen der Verhältnisse sind insoweit unerheblich (→ § 1 Rn. 28 f.). Davon zu unterscheiden ist die Frage, ob dieser Zeitpunkt auch für nach Kosten oder marktwirtschaftlichen Grundsätzen bepreiste Teilleistungen gilt. Die Antwort hängt davon ab, ob der zulässige Preistyp vor- oder nachkalkuliert wird. Das bedeutet, das für Selbstkostenfestpreise sowohl hinsichtlich der kostenmäßig zu ermittelnden Bestandteile als auch der marktgängigen Leistungselemente[44] auf das Angebot bzw. den Vertragsschluss abzustellen ist.[45] Da der Selbstkostenerstattungspreis nachkalkula-

---

[35] HK-VergabeR/*Berstermann* Rn. 33.
[36] Zu den möglichen Ausnahmen vom Grundsatz beispielhaft Michaelis/Rhösa/*Greiffenhagen* § 5 E IV.
[37] Ebisch/Gottschalk/*Hoffjan/Müller* Rn. 41; Michaelis/Rhösa/*Greiffenhagen* § 5 E III 2 mwN.
[38] HK-VergabeR/*Berstermann* Rn. 36.
[39] Vgl. Ebisch/Gottschalk/*Hoffjan/Müller* Rn. 45.
[40] Ebisch/Gottschalk/*Hoffjan/Müller* § 1 Rn. 100.
[41] Vgl. *Altmann* DB 1966, 1382.
[42] Michaelis/Rhösa/*Greiffenhagen* § 5 G II 1. HK-VergabeR/*Berstermann* Rn. 40 f., weist auf die Schwierigkeiten bei der Selbstkostenkalkulation hin, die einerseits mit der Teilbarkeit von Leistungen einhergeht und andererseits daraus folgt, dass in Marktpreisen bereits Gemeinkosten und Gewinne enthalten sind.
[43] Ebisch/Gottschalk/*Hoffjan/Müller* Rn. 53.
[44] Michaelis/Rhösa/*Greiffenhagen* § 5 G II 1.
[45] Ebisch/Gottschalk/*Hoffjan/Müller* Rn. 58.

torisch bestimmt wird, gilt das auch für die Leistungsbestandteile,[46] deren Preis marktwirtschaftlich ermittelt werden kann, es sei denn, die Vertragspartner haben insoweit von vornherein einen Festpreis vereinbart.[47] Beim Selbstkostenrichtpreis kommt es darauf an, ob und inwieweit der endgültige Preis auf vor- und/oder nachkalkulatorischer Grundlage gebildet wird.

25 Aus der Rangfolge der Selbstkostenpreisarten folgt der **Vorrang der vorkalkulatorischen gegenüber der nachkalkulatorischen Preisbildung.**[48] § 7 Abs. 2 belegt dieses Verhältnis exemplarisch für Selbstkostenerstattungspreise. Dementsprechend müssen nicht nur für den Gesamtpreis, sondern auch für einzelne Kalkulationsbereiche das Gebot der Vorauskalkulation und der Festpreisvorrang beachtet werden, soweit das möglich ist (→ § 1 Rn. 19 f.).

26 So eine **Gemengelage** kann beispielsweise im Rahmen der aktuellen COVID 19-Pandemie bei beauftragten Gesundheitsleistungen gegeben sein. Im Zeitverlauf schwanken die Erkranktenzahlen und demzufolge auch das Aufkommen an Untersuchungen mitunter stark. Das Mengengerüst bemisst sich jedoch ggf. nicht anhand der Untersuchungszahlen, sondern vielmehr aus der benötigten Vorhaltekapazität. Der Großteil des betrieblichen Wertevzehrs wird dann durch die – der Versorgungssicherheit dienende – Kapazität verursacht, sodass die Kosten nicht primär variabel mit jeder zusätzlichen Untersuchung als Grenzkosten anfallen, sondern infolge der Bereitstellung der medizinisch-apparativen, räumlichen und personellen Ressourcen als bedeutsamer Fixkostenblock. Hierdurch ergibt sich ein partiell gut übersehbares Mengen- und Wertgerüst. Insoweit wäre ein Selbstkostenfestpreis **oder zumindest ein Selbstkostenerstattungspreis mit Festpreisbestandteil** als korrekte Form der Preisbildung anzusehen. Die vorkalkulatorisch belastbar ermittelbaren Infrastrukturkosten würden im zweiten Fall als Festpreisbestandteil eines ansonsten, mit Blick auf die von den tatsächlichen Fallzahlen abhängenden Verbrauchsmaterialien, als Selbstkostenerstattungspreis nachkalkulatorisch abgerechneten Auftrags behandelt.[49]

§ 6 Selbstkostenfestpreise und Selbstkostenrichtpreise

(1) Selbstkostenpreise sind möglichst als Selbstkostenfestpreise zu vereinbaren.

(2) Die Selbstkostenfestpreise sind auf Grund von Kalkulationen zu ermitteln und bei, spätestens aber unmittelbar nach Abschluß des Vertrages festzulegen.

(3) ¹Kann ein Selbstkostenfestpreis nicht festgestellt werden, so ist beim Abschluß des Vertrages zunächst ein vorläufiger Selbstkostenpreis (Selbstkostenrichtpreis) zu vereinbaren. ²Der Selbstkostenrichtpreis ist vor Beendigung der Fertigung, sobald die Grundlagen der Kalkulation übersehbar sind, möglichst in einen Selbstkostenfestpreis umzuwandeln.

Übersicht

	Rn.		Rn.
I. Normzweck	1	b) Rechts- und Fehlerfolgen	7
II. Einzelerläuterungen	4	2. Selbstkostenrichtpreise (Abs. 3)	9
1. Selbstkostenfestpreise (Abs. 1 u. 2)	4	a) Leistungsbegleitende (Vor-)Kalkulation	9
a) Vorkalkulation	4	b) Rechts- und Fehlerfolgen	11

I. Normzweck

1 Wenn auf der sog. „**Preistreppe**" die Selbstkostenpreise erreicht werden, folgen die Stufen der Selbstkostenfest-, Selbstkostenricht- und Selbstkostenerstattungspreise in dieser Reihen- und Rangfolge, dh der nächste Preistyp ist erst zulässig, wenn der vorherige ausscheidet. Insoweit ist die Formulierung in Abs. 1 („möglichst") mindestens missverständlich; deutlicher wird diese Abfolge in Abs. 3 („kann ... nicht festgestellt werden, so ist ...").

2 Abs. 1 statuiert – in Fortführung des Grundsatzes des Festpreises aus § 1 Abs. 2 – den **Vorrang des Selbstkostenfestpreises,** für dessen Bildung Abs. 2 eine Vorkalkulation verlangt.[1] Abs. 3 erlaubt bei diesbezüglicher Unmöglichkeit zwar einen vorläufigen Selbstkostenpreis (Abs. 3 S. 1); dieser sog.

---

[46] AA Michaelis/Rhösa/*Greiffenhagen* § 5 G II 2, die auch im Fall des Selbstkostenerstattungspreises zunächst den Angebotszeitpunkt als relevanten Beurteilungszeitpunkt identifizieren.
[47] So Ebisch/Gottschalk/*Hoffjan/Müller* Rn. 59.
[48] Ebisch/Gottschalk/*Hoffjan/Müller* Rn. 60.
[49] *Hoffjan/Hinz/Mengis* DVBl 2021, 25 (29).
[1] *Georgi,* Die Preisbildung bei öffentlichen Aufträgen im Einklang mit der VO PR 30/53, 2015, 29.

Selbstkostenrichtpreis muss aber schnellstmöglich in einen Selbstkostenfestpreis umgewandelt werden (Abs. 3 S. 2), sodass das Gefüge gewahrt bleibt.

Die Vereinbarung von Selbstkostenfestpreisen eröffnet dem Auftragnehmer die Möglichkeit, **3** durch rationelle Fertigung und Produktionsgestaltung die Kosten zu minimieren und durch solcherart betriebliche Anstrengungen einen Rationalisierungsgewinn zu erwirtschaften, der ihm verbleibt; umgekehrt bedeutet das, dass etwaige Kostensteigerungen zu seinen Lasten gehen.[2] Der Auftraggeber hat den **Vorteil,** bereits bei Vertragsschluss die Belastung seines Haushalts und den Mittelabfluss zu kennen.[3] Verträge mit Selbstkostenfestpreisen sind deshalb einfach und zügig abzuwickeln, aber schwierig auszuhandeln, weil die Erfassung und Verrechnung von Produktivitätsfortschritten und damit einhergehenden Rationalisierungsgewinnen insbesondere bei langen Laufzeiten ebenso schwer zu antizipieren sind wie Kostenentwicklungen.[4]

II. Einzelerläuterungen

1. Selbstkostenfestpreise (Abs. 1 u. 2). a) Vorkalkulation. Wenn Abs. 2 verlangt, dass den **4** Selbstkostenfestpreisen eine Kalkulation zugrunde liegen und der Preis „bei, spätestens aber unmittelbar nach Abschluß des Vertrages" festgelegt werden muss, ist preiskalkulatorisch zwangsläufig auf voraussichtliche Ereignisse in einer zukünftigen Leistungsperiode abzustellen. Normiert wird damit eine **Veranschlagungsmaxime.** Maßgeblich ist nicht die noch unbekannte Entwicklung in der Leistungsperiode, sondern die sachgerechte Veranschlagung der voraussichtlichen Kosten.[5] Dazu wird regelmäßig auf die tatsächlichen Kosten aus vorangegangenen (vergleichbaren) Aufträgen, die diesbezüglichen Gemeinkosten und sich eventuell ergebende Zuschlagssätze abgestellt und auf die zukünftige Leistung hochgerechnet.[6] Wenn Kostenänderungen zwischen dem Zeitpunkt der Kalkulation der Leistung und dem der Leistungserbringung bereits absehbar sind, kommen Preisvorbehalte in Betracht (→ § 1 Rn. 19 f.). Sind eine verlässliche Kostenveranschlagung und damit eine Vorkalkulation insgesamt unmöglich, scheidet ein Selbstkostenfestpreis aus. Unerlässliche Voraussetzung für die Bildung von Selbstkostenfestpreisen ist die Überschaubarkeit der Vorauskalkulation für beide Vertragsparteien dergestalt, dass eine Beurteilung der Angemessenheit der einzelnen Kalkulationsansätze aus vorkalkulatorischer Sicht möglich ist. Zum Zeitpunkt der Feststellung der Höhe des Selbstkostenfestpreises müssen die Kostenstrukturen und Kostenverhältnisse im Leistungszeitraum mit hinreichender Sicherheit beurteilt werden können.[7]

Darüber, welche Prinzipien für die Vorkalkulation gelten, welche Kosten in welcher Höhe **5** ansetzbar sind und was eine rationale Betriebsführung bedeutet, klären abstrakt die LSP auf (→ § 5 Rn. 4 f.).[8] Werden diese Vorgaben im Einzelfall eingehalten, liegt eine sachgerechte Veranschlagung vor. Wenn sich eine solche Schätzung (Prognose) als falsch erweisen sollte, berührt das die Rechtmäßigkeit der Preisbildung nicht. Das Risiko von **Abweichungen der Kostenrechnung ex post von der Kalkulation ex ante** tragen die Vertragsparteien.[9] Die Vereinbarung eines Selbstkostenfestpreises bietet neben der Sicherheit über den zu zahlenden Preis damit auch den Anreiz zu Steigerung der Effizienz, da Kosteneinsparungen beim Auftragnehmer zunächst gewinnsteigernd wirken.[10]

Den Zeitpunkt, zu dem die für Selbstkostenfestpreise notwendige Vorkalkulation (vgl. Nr. 6 **6** lit. a LSP vorliegen muss, definiert Nr. 5 Abs. 1 lit. a LSP als „zeitlich der Leistungserstellung vorausgehen(d)", während § 6 Abs. 2 VO PR Nr. 30/53 hierzu schweigt und für die Festlegung des Festpreises auf eine zeitliche Nähe zum Vertragsabschluss rekurriert. Normsystematisch folgt daraus, dass Kalkulation und **Preisbildung vor Aufnahme der Leistungserstellung** abgeschlossen sein müssen.[11] Die Preistreppe der Verordnung PR Nr. 30/53 sieht nur für den Fall der Unmöglichkeit vorkalkulatorischer Preisbildung Selbstkostenricht- und letztlich Selbstkostenerstattungspreise vor, nicht aber ein Hinausschieben der Preisfestlegung aus Zweckmäßigkeitserwägungen.[12]

---

[2] Dierkes/Hamann, Öffentliches Preisrecht in der Wasserwirtschaft, 2009, 224.
[3] Dierkes/Hamann, Öffentliches Preisrecht in der Wasserwirtschaft, 2009, 224.
[4] Ähnlich Dierkes/Hamann, Öffentliches Preisrecht in der Wasserwirtschaft, 2009, 224.
[5] R. Müller, Preisgestaltung bei öffentlichen Aufträgen, 3. Aufl. 1993, 67.
[6] Müller ZfBR 2018, 555 (558).
[7] Dierkes/Hamann, Öffentliches Preisrecht in der Wasserwirtschaft, 2009, 223.
[8] HK-VergabeR/Berstermann Rn. 4.
[9] So auch Ebisch/Gottschalk/Hoffjan/Müller Rn. 3.
[10] Georgi, Die Preisbildung bei öffentlichen Aufträgen im Einklang mit der VO PR 30/53, 2015, 29, unter Hinweis auf Dierkes/Hamann, Öffentliches Preisrecht in der Wasserwirtschaft, 2009, 224.
[11] HK-VergabeR/Berstermann Rn. 8.
[12] In diese Richtung aber Ebisch/Gottschalk/Hoffjan/Müller Rn. 7 ff.

7   **b) Rechts- und Fehlerfolgen.** Die Vereinbarung bzw. Festlegung eines Selbstkostenfestpreises scheidet aus, wenn die Grundlage für eine sachgerechte Kostenveranschlagung im Vorwege der Leistung fehlt. Das beschreibt Abs. 3 S. 1 mit den Worten: „Kann ein Selbstkostenfestpreis nicht festgestellt werden". Wegen des zwingenden Charakters der Preisverordnung kommt es insoweit auf **objektive Unmöglichkeit** an. Der Selbstkostenfestpreis ist daher auch dann der allein zulässige Preistyp, wenn die Vertragspartner irrigerweise der Meinung waren, die Kalkulationsgrundlagen seien nicht rechtzeitig überschaubar gewesen, und deshalb eine Selbstkostenrichtpreis vereinbar haben.[13] Dasselbe gilt, wenn überhaupt keine Preisvereinbarung getroffen worden ist.

8   Da dem Selbstkostenfestpreis gem. § 1 Abs. 3 **Höchstpreischarakter** zukommt, darf der preisrechtlich zulässige Preis vereinbarungshalber nur unter-, nicht überschritten werden.[14] Unabhängig davon, wann der Selbstkostenfestpreis nachvollzogen wird, hat dies immer auf der Grundlage einer Vorkalkulation, dh bezogen auf den Zeitpunkt vor Leistungsbeginn, zu geschehen.[15] Denn wenn die Prüfung bei einem bereits ins Werk gesetzten Vertrag stattfindet und sich auf Ist-Kosten bezöge, fände automatisch ein Selbstkostenerstattungspreis Anwendung. Dadurch würde die Preistreppe übersprungen.

9   **2. Selbstkostenrichtpreise (Abs. 3). a) Leistungsbegleitende (Vor-)Kalkulation.** Der Selbstkostenrichtpreis gem. Abs. 3 ist der Ausweg aus der Sackgasse, in die die Veranschlagungsmaxime führt, wenn sie rechtstatsächlich nicht zu erfüllen ist. Statt dann nachkalkulatorische Selbstkostenpreise, also Selbstkostenerstattungspreise, zuzulassen, etabliert die Preisverordnung **„als Zwischenstufe"** den Selbstkostenrichtpreis.[16] Er ist per definitionem „vorläufig", weil er vorzugsweise in einen Selbstkostenfest- oder hilfsweise in einen Selbstkostenerstattungspreis umgewandelt werden muss. Typischerweise erfolgt die Umwandlung des Selbstkostenrichtpreises in einen Selbstkostenfestpreis. Er kann aber auch in einen Selbstkostenerstattungspreis umgewandelt werden, wenn sich die Überschaubarkeit der Kosten nicht wie erwartet in der Phase der Leistungserstellung ergibt. Der Preistyp des Selbstkostenrichtpreises erweitert den Anwendungsbereich des Selbstkostenfestpreises, indem der maßgebliche Beurteilungszeitpunkt für die Kosten hinausgeschoben wird, weil die Überschaubarkeit der Kosten als Voraussetzung eines Selbstkostenfestpreises zum Zeitpunkt der Auftragsvergabe zunächst noch nicht gegeben ist, jedoch erwartet wird, dass diese im Laufe des Leistungserstellung eintritt.[17] Statt auf „Abschluss des Vertrages" (Abs. 2) kommt es auf die „Beendigung der Fertigung" (Abs. 3 S. 2) an.

10   Um insoweit den Vorrang des vorkalkulatorischen Selbstkostenpreistyps aufrechtzuerhalten, wird vorausgesetzt, dass die Preiskalkulation zwar noch nicht vor Aufnahme der Leistungserbringung, sicher aber vor Fertigstellung möglich ist.[18] Hintergrund ist, dass im Laufe der Leistungserstellung eine Überschaubarkeit des Kostenverlaufs erwartungsgemäß eintritt und Kalkulationsschwierigkeiten behoben werden können.[19] Konsequent macht Nr. 6 lit. a LSP Selbstkostenrichtpreise ebenfalls von einer Vorkalkulation abhängig. Möglich sein muss danach **eine vorherige Kostenschätzung,** deren Belastbarkeit jedoch hinter der für einen Selbstkostenfestpreis notwendigen Veranschlagung zurückbleibt.[20] „Sobald die Grundlagen der Kalkulation übersehbar sind", entfällt die Voraussetzung für einen Selbstkostenrichtpreis. Es ist dann eine sachgerechte Kostenprognose für einen Selbstkostenfestpreis vorzunehmen. Das in diese vorkalkulatorische Preisbildung auch Erkenntnisse aus dem bereits angelaufenen Fertigungsprozess einfließen, versteht sich von selbst,[21] nimmt der Veranschlagung aber nicht ihren antizipierenden Charakter. In aller Regel wird der Auftragnehmer auf die eingetretene

---

[13] VG Düsseldorf Urt. v. 12.12.2007 – 5 K 1151/06, BeckRS 2008, 30739, unter Hinweis auf Ebisch/Gottschalk/*Hoffjan*/*Müller* Rn. 15.

[14] Vgl. zur Zulässigkeit der Unterschreitung des Selbstkostenpreises VG Düsseldorf Urt. v. 12.12.2007 – 5 K 1151/06, BeckRS 2008, 30739.

[15] Treffend Ebisch/Gottschalk/*Hoffjan*/*Müller* Rn. 21: „der Prüfer (muss) sich in die Situation des Zeitpunktes der Festpreisvereinbarung zurückversetzen".

[16] Ebisch/Gottschalk/*Hoffjan*/*Müller* Rn. 26; *Georgi*, Die Preisbildung bei öffentlichen Aufträgen im Einklang mit der VO PR 30/53, 2015, 30.

[17] *Dierkes/Hamann*, Öffentliches Preisrecht in der Wasserwirtschaft, 2009, 224; Ebisch/Gottschalk/*Hoffjan*/*Müller* Rn. 32; *Georgi*, Die Preisbildung bei öffentlichen Aufträgen im Einklang mit der VO PR 30/53, 2015, 30.

[18] Ähnlich Ebisch/Gottschalk/*Hoffjan*/*Müller* Rn. 28.

[19] *Dierkes/Hamann*, Öffentliches Preisrecht in der Wasserwirtschaft, 224.

[20] Ebisch/Gottschalk/*Hoffjan*/*Müller* Rn. 31, meinen, „bezüglich ihres Genauigkeitsgrads könnte sie in etwa zwischen der Vorkalkulation zu einem Selbstkostenfestpreis und der groben Kostenschätzung eingeordnet werden, wie sie bei Selbstkostenerstattungspreisen zur Bestimmung einer vertraglichen Preisobergrenze verwendet wird".

[21] Zum Charakter der Umwandlungskalkulation *Dierkes/Hamann*, Öffentliches Preisrecht in der Wasserwirtschaft, 2009, 225; *R. Müller*, Preisgestaltung bei öffentlichen Aufträgen, 3. Aufl. 1993, 69.

Überschaubarkeit hinweisen und die Umwandlungskalkulation vornehmen, die in jedem Fall nur bis zur Beendigung der Leistungserstellung erfolgen kann.[22]

b) Rechts- und Fehlerfolgen. Wenn noch vor „Beendigung der Fertigung" eine vollständige Vorkalkulation möglich wird, endet die **Zulässigkeit dieses Preistyps** bereits dann, jedenfalls aber mit vollständiger Leistungserbringung. Bezugsgröße ist hier die nachgefragte Gesamtleistung.[23] Maßgeblich für die Zulässigkeit eines Selbstkostenrichtpreises sind die tatsächlichen Verhältnisse des Auftrags, nicht die diesbezüglichen Einschätzungen von Auftraggeber und -nehmer. Die Voraussetzungen für die Umwandlung sind dann gegeben, wenn aus der laufenden Fertigung hinreichende betriebliche Erfahrungswerte für die Kostengestaltung vorliegen.[24] Das bedeutet, dass es preisrechtlich auf die objektive Möglichkeit der Umwandlung des Preises ankommt, nicht darauf wann die Vertragsparteien sie vorgenommen haben oder ob sie gar ganz unterlassen haben.[25] 11

Der preisrechtlich zulässige Selbstkostenfestpreis ist bezogen auf den Umwandlungszeitpunkt anhand einer Vorkalkulation zu bestimmen. Infolge der Unübersehbarkeit der Kalkulationsgrundlagen bei Leistungsbeginn sind **Preisveränderungen** bei der Umwandlung des Selbstkostenricht- in einen Selbstkostenfest- oder Selbstkostenerstattungspreis unumgänglich. Da sie auch durch Modifikationen von Art und Umfang der Leistung bedingt sein können, kommt hier ausnahmsweise auch eine Abweichung des zulässigen Preises nach oben in Betracht.[26] 12

§ 7 Selbstkostenerstattungspreise

(1) ¹Selbstkostenerstattungspreise dürfen nur vereinbart werden, wenn eine andere Preisermittlung nicht möglich ist. ²Die Höhe der erstattungsfähigen Kosten kann ganz oder teilweise durch Vereinbarung begrenzt werden.

(2) Soweit es die Verhältnisse des Auftrages ermöglichen, soll in Vereinbarungen über Selbstkostenerstattungspreise vorgesehen werden, daß für einzelne Kalkulationsbereiche feste Sätze gelten.

I. Normzweck

Die letzte Stufe[1] der sog. „Preistreppe" bilden die Selbstkostenerstattungspreise. Dabei wird die Vergütung zunächst dem Grunde nach vereinbart, die konkrete Höhe ergibt sich dann durch eine Kalkulation nach Abschluss der Leistungserbringung.[2] Sie sind nur zulässig, wenn **alle anderen Preistypen unanwendbar** sind. Abs. 1 S. 1 benennt das eindeutig („dürfen nur vereinbart werden"). Das ist typischerweise der Fall, wenn vor – oder jedenfalls noch während – der Leistungserbringung keine belastbare Preiskalkulation möglich ist,[3] sodass lediglich nachkalkulatorisch ein Preis gebildet werden kann. Die Vertragsparteien haben die Pflicht zu prüfen, ob eine Preisermittlung zu einem höherrangigen Preistyp möglich ist.[4] Erst im Fall der einvernehmlichen Überzeugung darf der Vertrag zum Selbstkostenerstattungspreis abgeschlossen werden.[5] Der Rückgriff auf Selbstkostenerstattungspreise kommt insbesondere für allgemeine Studien-, Forschungs- und Entwicklungsleistungen mangels zuverlässiger Kalkulationsgrundlagen vor Abschluss der Leistungserbringung in Betracht.[6] 1

Um hier der **„Gefahr des Kostenmachens"** durch den Auftragnehmer zu begegnen, eröffnet Abs. 1 S. 2 die Möglichkeit zur Vereinbarung von Preisobergrenzen für erstattungsfähige Kosten. Der Auftragnehmer kann dann den Preis nicht unbegrenzt in die Höhe treiben. Somit liegt das Risiko des von vornherein nicht bekannten Umfangs der Selbstkosten nicht mehr einseitig beim öffentlichen Auftraggeber.[7] Um den vorrangigen Preisbildungsmechanismen soweit wie möglich 2

---

[22] *Müller* ZfBR 2018, 555 (558).
[23] Vgl. Ebisch/Gottschalk/*Hoffjan*/*Müller* Rn. 35.
[24] *R. Müller*, Preisgestaltung bei öffentlichen Aufträgen, 3. Aufl. 1993, 69.
[25] Ebisch/Gottschalk/*Hoffjan*/*Müller* Rn. 38.
[26] Ebisch/Gottschalk/*Hoffjan*/*Müller* Rn. 29.
[1] HK-VergabeR/*Berstermann* Rn. 2.
[2] *Fickelscher* in Gabriel/Krohn/Neun VergabeR-HdB § 21 Rn. 55.
[3] Die vorhandenen Kalkulationsrisiken würden die endgültige Höhe des Preises nicht nur unerheblich beeinflussen, so *Baudisch* DB 1988, 1583 (1584).
[4] Michaelis/Rhösa/*Greiffenhagen* § 7 A I 1.
[5] *Pöckel* Neue Betriebswirtschaft 1954, 128 (135).
[6] *Coenenberg*, Kostenrechnung und Kostenanalyse, 5. Aufl. 2003, 120; *Dierkes*/*Hamann*, Öffentliches Preisrecht in der Wasserwirtschaft, 2009, 226; *Fickelscher* in Gabriel/Krohn/Neun VergabeR-HdB § 21 Rn. 56; im Detail Michaelis/Rhösa/*Greiffenhagen* § 7 E.
[7] So jedoch die Ausgangslage, vgl. *H. Müller*, Staatliche Preislenkung bei öffentlichen Aufträgen, 1970, 65.

Geltung zu verschaffen, nimmt Abs. 2 „einzelne Kalkulationsbereiche" in den Blick und ordnet hierfür vorbehaltlich besonderer Verhältnisse „feste Sätze" an. Falls im Übrigen für identifizierbare, aber unselbstständige Leistungsbestandteile Marktpreise ermittelbar sind, ist die Erstattungsfähigkeit diesbezüglicher Kosten auch ohne besondere Regelung daran geknüpft (→ § 5 Rn. 23).

II. Einzelerläuterungen

3 **1. Erstattungsfähige Kosten (Abs. 1).** Selbstkostenerstattungspreise ergeben sich aus einer **Nachkalkulation** (Nr. 6 lit. c LSP), die der Auftraggeber nach Leistungserbringung für die tatsächlich entstandenen Kosten der verbrauchten Güter und in Anspruch genommenen Dienste aufstellt (Nr. 5 Abs. 1 lit. b LSP). Insoweit sind das Prinzip der Angemessenheit der Kosten, wie es § 5 Abs. 1 VO PR Nr. 30/53 statuiert, sowie der Grundsatz der wirtschaftlichen Betriebsführung iSv Nr. 4 Abs. 2 LSP besonders zu berücksichtigen.[8] Darüber, welche Kosten in welcher Höhe angemessen sind und was eine rationelle Betriebsführung bedeutet, klären abstrakt die LSP auf (→ § 5 Rn. 4 f.). Anhand dieses Maßstabs ist dann eine konkrete Betriebsabrechnung nachzuweisen.

4 Die Begrenzung der Höhe der erstattungsfähigen Kosten ist nach Abs. 1 S. 2 im Wege der Vereinbarung[9] zulässig. Der Auftragnehmer, der einen Selbstkostenerstattungspreis vereinbart, weiß um den Ersatz sämtlicher bei ihm angefallener Kosten zuzüglich eines Gewinnzuschlags. Daher wird er keine Veranlassung sehen, die Kosten möglichst gering zu halten;[10] vielmehr besteht für den Auftraggeber das Risiko, dass die Kosten hochgetrieben werden.[11] Gerade an dieser Stelle soll der Schutzmechanismus des Abs. 1 S. 2 greifen. Er verhindert ein Überschreiten der **vereinbarten Obergrenze nach oben,** im Gegensatz zu festen Sätzen gem. Abs. 2, die die erstattungsfähigen Kosten nach oben und unten festlegen.[12] Auf welcher Grundlage die Vertragsparteien die Obergrenze ermitteln, bleibt ihnen überlassen. Da eine Vorkalkulation unmöglich ist – sonst wäre ein Selbstkostenerstattungspreis unzulässig –, werden sie sich regelmäßig auf Erfahrungs-, Näherungs- und Schätzwerte stützen müssen. Bezugsgröße der Begrenzung sind die Kosten, also einzelne oder mehrere Kostenarten bzw. Kostenträger, nicht der den Gewinn einschließende Preis insgesamt.[13] Zwar bietet die Vereinbarung von Kostenobergrenzen kalkulatorische Klarheit für beide Vertragsparteien. Doch liegen die Vorteile einer Obergrenze als solcher eher aufseiten des Auftraggebers. „Alle Kosten oberhalb der Kostenbegrenzung sind nicht erstattungsfähig, während bei Kosten unterhalb der Begrenzung keine Aufstockung zugunsten des Auftragnehmers bis zur Obergrenze erfolgt".[14]

5 Wie alle Vorgaben der Preisverordnung sind auch diejenigen zu Selbstkostenerstattungspreisen zwingend. Die danach ermittelten Preise habe Höchstpreischarakter. Eine Ausnahme bildet insoweit eine vertraglich vereinbarte Kostenobergrenze iSv Abs. 1 S. 2. Hierdurch wird den Vertragspartnern ermöglicht, den **preisrechtlich zulässigen Höchstpreis** zu verringern, indem sie die im Prinzip erstattungsfähigen Kosten im Einzelfall limitieren.[15]

6 **2. Feste Sätze (Abs. 2).** Die vereinbarte Geltung fester Sätze in einzelnen Kalkulationsbereichen greift den in § 1 Abs. 2 normierten **Vorrang fester Preise** auf und überträgt ihn partiell und unter dem Vorbehalt der „Verhältnisse des Auftrags" auf Selbstkostenerstattungspreise. Dabei meint das Merkmal „feste Sätze" nicht nur prozentuale Zuschläge,[16] sondern auch feste Beträge, weil damit dem Festpreisvorrang mindestens ebenso gut gedient ist.[17] Zwar bleibt es bei einem Kostenerstattungspreis für die Gesamtleistung auch dann, wenn für einzelne Bereiche feste Sätze vereinbart werden. Allerdings folgen deren Bildung und Prüfung den Regeln für Selbstkostenfestpreise aus § 6.[18] Sie sind daher grundsätzlich auf der Grundlage einer Kalkulation vor Aufnahme der Leistungserstellung festzulegen.[19] Vorrangig gebietet der Regelungszweck der Preisverordnung, dass der ver-

---

8   HK-VergabeR/*Berstermann* Rn. 5.
9   Zur Rechtsnatur der Begrenzung vgl. Michaelis/Rhösa/*Greiffenhagen* § 7 B II.
10 Zum zugrunde liegenden Problem HK-VergabeR/*Berstermann* Rn. 6.
11 *Reichelstein/Reichelstein* Zeitschrift für Wehrtechnik 19 (1987), 44.
12 Ebisch/Gottschalk/*Hoffjan/Müller* Rn. 10; Michaelis/Rhösa/*Greiffenhagen* § 7 B I.
13 Ebisch/Gottschalk/*Hoffjan/Müller* Rn. 16.
14 HK-VergabeR/*Berstermann* Rn. 6; so ähnlich auch *Dierkes/Hamann,* Öffentliches Preisrecht in der Wasserwirtschaft, 2009, 226.
15 Ebisch/Gottschalk/*Hoffjan/Müller* Rn. 16.
16 Skeptisch insoweit Michaelis/Rhösa/*Greiffenhagen* § 7 C III, die im Hinblick auf prozentuale Zuschlagssätze vermehrt die Gefahr des „Kostenmachens" sehen.
17 Vgl. HK-VergabeR/*Berstermann* Rn. 12.
18 Ebisch/Gottschalk/*Hoffjan/Müller* Rn. 23; genauer vgl. Michaelis/Rhösa/*Greiffenhagen* § 7 C V.
19 S. zu Anwendungsproblemen Ebisch/Gottschalk/*Hoffjan/Müller* Rn. 25 ff.

einbarte Satz einen etwa als Marktpreis festzustellenden Stundensatz für die betreffende Dienstleistung nicht überschreiten darf.[20]

Die Soll-Vorschrift des Abs. 1 S. 2 verlangt, dass Festpreise vereinbart werden, wenn dies nach den Verhältnissen des Auftrags objektiv möglich ist. Ist das unterblieben, ist eine Vorkalkulation der festen Sätze, dh eine auf den Zeitpunkt vor Leistungsbeginn bezogene Festpreisbildung, nachzuholen. Dasselbe gilt für die **Prüfung**[21] vereinbarter fester Sätze bzw. Beträge. Wurde dagegen verstoßen, liegt dennoch kein Preisrechtsverstoß mit der Folge vor, dass statt des reinen Selbstkostenpreises ein solcher mit festen Sätzen als vereinbart gilt.[22] Ebenso liegt keine Zuwiderhandlung iSv § 11 vor.[23] Allerdings ist in der Unterlassung der möglichen Bildung fester Preise ein Verstoß gegen Haushaltsrecht zu sehen. 7

§ 8 Ermittlung der Selbstkostenpreise

Werden Selbstkostenpreise (§§ 5–7) vereinbart, so sind die als Anlage beigefügten Leitsätze für die Preisermittlung auf Grund von Selbstkosten anzuwenden.

I. Normzweck und -zusammenhang

Normhierarchisch stehen die LSP auf derselben Ebene wie die Preisverordnung. Ihre materiellen Regelungen nehmen damit am **Höchstpreischarakter** gem. § 1 Abs. 3 teil. Sie determinieren damit den preisrechtlich zulässigen Preis. 1

II. Anwendungsbereich

§ 8 eröffnet den LSP einen zwingenden Anwendungsbereich für die Ermittlung[1] von Selbstkostenpreisen iSd §§ 5–7 VO PR Nr. 30/53. Auch dann, wenn der Auftrag eine abweichende Vereinbarung enthält, greifen sie ein und durch. Damit bildet § 8 die Rechtsgrundlage für die Anwendung der LSP.[2] Dogmatisch werden die LSP damit zum Bestandteil der Verordnung,[3] jedenfalls aber des geltenden Preisrechts.[4] Liegt eine zulässige Vereinbarung über die Ermittlung von Selbstkostenpreisen vor, hat die Anwendung der LSP zwingenden Charakter.[5] Ein Verstoß stellt eine Zuwiderhandlung iSv § 11 dar. 2

Von dieser gesetzlichen Geltungsanordnung der Preisverordnung zu unterscheiden ist die gewillkürte **Einbeziehung der LSP**, entweder einseitig durch den Zuwendungsbescheid oder zweiseitig durch Vereinbarung. Anwendungsbeispiele finden sich bei der Förderung von Forschungs- und Entwicklungsvorhaben, bei denen der Förderungsumfang statt nach Ausgaben auf Kostenbasis bestimmt wird.[6] 3

§ 9 Prüfung der Preise

(1) ¹Der Auftragnehmer hat den für die Preisbildung und Preisüberwachung zuständigen Behörden das Zustandekommen des Preises auf Verlangen nachzuweisen. ²Aus den Unterlagen muß ersichtlich sein, daß der Preis nach den Vorschriften dieser Verordnung zulässig ist. ³Diese Unterlagen sind, soweit nicht andere Vorschriften eine längere Frist vorsehen, mindestens 5 Jahre aufzubewahren.

(2) ¹Die für die Preisbildung und Preisüberwachung zuständigen Behörden sind berechtigt, zu prüfen, ob die Vorschriften dieser Verordnung beachtet worden sind. ²Der Auftragnehmer und die für die Leitung des Unternehmens verantwortlichen Personen sind verpflichtet, die zu diesem Zwecke erforderlichen Auskünfte zu erteilen.

(3) Die für die Preisbildung und Preisüberwachung zuständigen Behörden können die Unterlagen einsehen, Abschriften oder Auszüge aus diesen Unterlagen anfertigen lassen und die Betriebe besichtigen.

---

[20] BVerwG Urt. v. 13.4.2016 – 8 C 2/15, NZBau 2016, 577 (581).
[21] Zur Prüfung der Selbstkostenerstattungspreise vgl. Michaelis/Rhösa/*Greiffenhagen* § 7 D.
[22] HK-VergabeR/*Berstermann* Rn. 13.
[23] Michaelis/Rhösa/*Greiffenhagen* § 7 C II.
[1] Für einen Überblick zur Ermittlung des Selbstkostenpreisen nach LSP vgl. *Fickelscher* in Gabriel/Krohn/Neun VergabeR-HdB § 21 Rn. 59 ff.
[2] So auch Michaelis/Rhösa/*Greiffenhagen* § 8 Erl.
[3] *Pöckel* Neue Betriebswirtschaft 1954, 61 (64).
[4] So auch Michaelis/Rhösa/*Greiffenhagen* § 8 Erl.
[5] HK-VergabeR/*Berstermann* Rn. 1; Michaelis/Rhösa/*Greiffenhagen* § 8 Erl.
[6] Vgl. Ebisch/Gottschalk/*Hoffjan*/*Müller* § 2 Rn. 99.

Übersicht

		Rn.
I.	Normzweck und -zusammenhang	1
II.	Einzelerläuterungen	7
1.	Tatbestand	7
	a) Nachweispflicht des Auftragnehmers (Abs. 1 S. 1 u. 2)	7
	b) Aufbewahrungspflicht des Auftragnehmers (Abs. 1 S. 3)	8
	c) Auskunftspflicht des Auftragnehmers (Abs. 2 S. 2)	9
	d) Unterlagenbezogene Rechte der Preisaufsicht und Duldungspflicht des Auftragnehmers (Abs. 3)	10
	e) Betriebsbesichtigungsrecht der Preisaufsicht und Duldungspflicht des Auftragnehmers (Abs. 3)	11
	f) Prüfungsrecht der Preisaufsicht (Abs. 2 S. 1)	12
2.	Rechtsfolgen	14
	a) Sachlicher Mitwirkungsumfang	14
	b) Persönlicher Mitwirkungsumfang	17
3.	Verfahrensfragen	21
	a) Die Durchführung des Verwaltungsverfahrens	21
	b) Der Prüfungsbericht	26
4.	Rechtsschutzfragen	30

I. Normzweck und -zusammenhang

1 Das Öffentliche Preisrecht der Verordnung PR Nr. 30/53 samt LSP ist nicht mehr und nicht weniger als die hoheitliche Reglementierung der Entgelte für Aufträge der öffentlichen Hand in besonderen Beschaffungssituationen. Für die dann nicht marktwirtschaftlichen Grundsätzen folgende Preisbildung stellt es bindendes materielles Recht auf. Hieran knüpft § 9[1] an und eröffnet eine „Prüfung der Preise" durch „die für die Preisbildung und Preisüberwachung zuständigen Behörden".[2] Unter dem Oberbegriff der Preisprüfung ressortiert zum einen die Preisbildung durch eine vom öffentlichen Auftraggeber verschiedene, neutrale Stelle (vgl. § 5 Abs. 2 Nr. 2, § 10 Abs. 4 S. 2) und zum anderen die eigentliche, externe Preisaufsicht. Etabliert wird damit ein besonderes ordnungsrechtliches Instrumentarium,[3] wie es allgemein in der Wettbewerbsaufsicht, insbesondere der kartellbehördlichen Preismissbrauchs- und der regulierungsbehördlichen Entgeltkontrolle, besteht.[4] Die externe Preisprüfung bildet ein **staatliches Kontrollregime**, das einerseits einen selbstständigen Anwendungsbereich hat, andererseits nicht ohne Bezug zu den anderen Ordnungssystemen ausgelegt und angewendet werden kann – was umgekehrt selbstverständlich entsprechend gilt. Die externe Preisaufsicht ist zwar eine hoheitliche Aufgabe. Sie dient aber nicht vorwiegend oder gar ausschließlich dem Schutz fiskalischer Interessen der Auftraggeber an der Erhaltung niedriger Preise.[5] Vielmehr besteht ein Allgemeininteresse daran, den Preisstand insgesamt zu halten.[6]

2 Wegen des grundrechtlichen Gesetzesvorbehalts bedarf jede hoheitliche Maßnahme mit Eingriffscharakter der **gesetzlichen Ermächtigungsgrundlage**, sodass Nachweis-, Aufbewahrungs-, Auskunfts-, Einsichts- und Besichtigungsrechte der Preisprüfungsbehörden gegenüber dem Auftragnehmer bereichsspezifisch zu normieren sind. Diesen Zweck erfüllt § 9: Abs. 2 S. 1 enthält die zentrale Befugnis zur Preisprüfung und Abs. 3 schafft Rechte der Preisbehörden zum Umgang mit den betrieblichen Unterlagen und zur Besichtigung der Betriebe. Abs. 1 statuiert Pflichten des Auftragnehmers im Zusammenhang mit denjenigen Unterlagen, die zum Nachweis der ordnungsgemäßen Preisbildung erforderlich sind, und Abs. 2 S. 2 normiert eine Pflicht, „die zu diesem Zwecke erforderlichen Auskünfte zu erteilen". Angesichts dieser ausdifferenzierten Rechtsgrundlagen gilt, dass eingreifendes Verwaltungshandeln per se unzulässig ist, wenn es sich nicht auf eine Befugnisnorm stützen lässt.[7] So

---

[1] Zu den rechtlichen Grundlagen der Preisaufsicht Michaelis/Rhösa/Greiffenhagen § 9 A II.
[2] Als empirischen Befund tragen Hoffjan/Hövelborn/Strickmann ZögU 2013, 3 (12), das problematisch Ergebnis vor, dass Preisprüfer oftmals einen Selbstkostenpreis feststellen, obwohl ein Marktpreis vereinbart worden ist, und dass der umgekehrte Fall eher selten ist.
[3] Ebisch/Gottschalk/Hoffjan/Müller Rn. 1, sprechen pointiert von „Preispolizei".
[4] Fickelscher in Gabriel/Krohn/Neun VergabeR-HdB § 21 Rn. 71 sieht in der Preisüberwachung zwar grundsätzlich eine für die freie Marktwirtschaft systemfremdes Instrument, welches jedoch durch die besondere Verantwortung des Fiskus für die Ausgabe der Steuergelder legitimiert sei.
[5] Vgl. BGH Urt. v. 5.12.1968 – VII ZR 92/66, NJW 1969, 425 zum § 5 Abs. 1 BaupreisVO 8/55; OLG Frankfurt a. M. Urt. v. 25.2.1972 – 3 U 113/71, abgedruckt in Michaelis/Rhösa Entscheidungen I 1971-1975 in Bezug auf den der VO PR Nr. 30/53 zugrunde liegenden § 2 PreisG; ähnlich Hamann WuW 1954, 296 (308).
[6] Michaelis/Rhösa/Greiffenhagen § 9 A I, unter Bezug auf das BVerfG.
[7] Vgl. BVerfG Beschl. v. 12.11.1958 – 2 BvL 4, 26, 40/56, 1, 7/57, NJW 1959, 475; ähnlich auch BVerfG Beschl. v. 4.12.1979 – 2 BvR 64/78, 460/79, NJW 1980, 929; BVerfG Beschl. v. 8.11.1983 – 1 BvR 1249/81, NJW 1984, 861; BVerwG Urt. v. 21.2.1995- 1 C 36/92, NVwZ-RR 1995, 425; VGH Kassel Beschl. v. 11.1.1999 – 8 UE 3300/94, BeckRS 1999, 21428, abgedruckt in Michaelis/Rhösa Entscheidungen I 1996-2000.

I. Normzweck und -zusammenhang

entschied das Bundesverfassungsgericht: „Mit Preisfestsetzungs- und insbesondere Preisberechnungsvorschriften sind häufig weitere Regelungen verbunden, die als ‚vorbeugende und sichernde' Bestimmungen oder als ‚Annexvorschriften' bezeichnet werden können [...]. Es handelt sich dabei vor allem um Vorschriften über [...] den Nachweis der Preise und die Aufbewahrung von Unterlagen sowie über die Erteilung von Auskünften [...]. Derartige Bestimmungen sollen der Nichtbeachtung von Preisregelungen vorbeugen, der Überwachung dienen sowie die Ermittlung und Verfolgung von Preisverstößen sichern".[8]

Auf der Rechtsfolgenseite besteht nach Abs. 2 S. 1 **Ermessen** der Preisaufsicht hinsichtlich des Ob und des Wie der Prüfung, maW es greift das Opportunitätsprinzip ein. Es bedarf also keines Antrags eines am Auftrag Beteiligten oder davon Betroffenen, um tätig werden zu können; andererseits führt das Ersuchen des öffentlichen Auftraggebers weder zu einer Prüfungspflicht noch zu inhaltlichen Festlegungen.[9] Vielmehr ist im Einzelfall stets ermessensfehlerfrei über die Durchführung sowie ggf. Umfang und Ausgestaltung von Preisprüfungen zu entscheiden. Ermessensgrenzen werden hier – wie bei jeder Verwaltungstätigkeit – durch den Verhältnismäßigkeitsgrundsatz und das Willkürverbot gezogen. 3

Erwogen werden könnte, statt der Etablierung eines sog. **Wettbewerbspreises** (→ § 4 Rn. 14a) beim Entschließungsermessen der Preisbehörde („Aufgreifermessen")[10] anzusetzen. Wenn ein ordnungsgemäßes bzw. wettbewerbliches Vergabeverfahren stattgefunden hat, wäre dann von einem nicht näher zu überprüfenden, angemessenen Preis auszugehen und das Ermessen von der Preisbehörde dahin auszuüben, keine Preisprüfung mehr vorzunehmen. Umgekehrt können Zweifel an der Ordnungsgemäßheit eines Vergabeverfahrens das Ermessen in Richtung auf Einleitung einer Prüfung lenken.[11] 3a

Während der Preisprüfung besteht die **Bindung des öffentlichen Auftraggebers** an die Preisverordnung unverändert fort. Auch danach endet diese Verpflichtung auf deren Einhaltung nicht, wenn und weil das Prüfungsergebnis nicht verbindlich ist. Vielmehr obliegt es ihm, auf dieser Basis einen preisrechtlich zulässigen Vertrag mit dem Auftragnehmer zustande zu bringen. 4

Von der Frage, ob eine Preisprüfung auch dort **vertraglich vereinbart** werden kann, wo sie nicht eingreift, weil der Anwendungsbereich der Verordnung PR Nr. 30/53 nicht eröffnet ist, ist die Frage nach der Ausgestaltung der obligatorischen Preisprüfung im Vereinbarungswege zu unterscheiden.[12] Während ersteres in Betracht kommt (→ § 10 Rn. 1), scheidet letztere ausnahmslos aus.[13] Ordnungsrechtliche Aufgaben sind nicht verhandelbar. Eine vertragliche Abrede, die eine nachträgliche Preisprüfung durch die Preisbehörde ausschließen will, ist unzulässig.[14] 5

Entsprechend der grundgesetzlichen Kompetenzverteilung der Art. 83 ff. GG für die Ausführung der Bundesgesetze adressiert das Bundesrecht nur die „für die Preisbildung und Preisüberwachung zuständigen Behörden" und überlässt deren Bestimmung der Rechtsetzung der verschiedenen Ebenen. § 2 Abs. 2 PreisG gibt für die Zuständigkeiten des Vollzugs der Preisverordnung nichts her, sondern dient insoweit nur als Rechtsgrundlage.[15] Da die **Ausführung von Bundesrecht als eigene Angelegenheit der Länder** gem. Art. 84 GG in Rede steht, greift das Weisungsrecht aus § 8 Abs. 1 S. 2 PreisG nicht mehr durch.[16] Bezugspunkte der jeweiligen Bundes- oder Landesregelung der sachlichen Zuständigkeit sind die Preisbildung und die Preisüberwachung, die keineswegs behördenidentisch verteilt werden müssen. 6

---

[8] BVerfG Beschl. v. 12.11.1958 – 2 BvL 4, 26, 40/56, 1, 7/57, NJW 1959, 475.
[9] Zum stetigen Übergang zur antragsveranlassten Prüfung vgl. Michaelis/Rhösa/*Greiffenhagen* § 9 C I. *Hoffjan* ZKF 2017, 73 (75 ff.), benennt Gründe, die für das Stellen eines Prüfauftrags an die Preisüberwachungsstellen sprechen.
[10] Ebisch/Gottschalk/*Hoffjan*/*Müller* Rn. 2: Es „gilt das Opportunitätsprinzip".
[11] IdS Ebisch/Gottschalk/*Hoffjan*/*Müller* Rn. 8.
[12] Zum Streit um die Zulässigkeit privatvertraglicher Prüfungsrechte HK-VergabeR/*Berstermann* Rn. 34 ff.; bes. ausf. Michaelis/Rhösa/*Greiffenhagen* § 10 E.
[13] Ebisch/Gottschalk/*Hoffjan*/*Müller* Rn. 25.
[14] *Pauka/Chrobot* VergabeR 2011, 404 (409).
[15] Auch Ebisch/Gottschalk/*Hoffjan*/*Müller* Rn. 31.
[16] VGH München Urt. v. 26.2.2019 – 22 B 16.1447 lässt offen, „ob den Preisüberwachungsbehörden der Länder dann überhaupt ein Entschließungsermessen hinsichtlich der Frage zusteht, ob sie eine auf § 9 VO PR Nr. 30/53 gestützte Anordnung erlassen wollen, wenn der Bund als öffentlicher Auftraggeber sie dazu auffordert, ein Geschäft auf die Rechtskonformität des vom Auftragnehmer geforderten Entgelts hin zu überprüfen, dieser sich nicht freiwillig dazu bereitfindet, an einer solchen Prüfung mitzuwirken bzw. sie zu dulden, und die rechtlichen Voraussetzungen der jeweils einschlägigen, in § 9 VO PR Nr. 30/53 enthaltenen Befugnisnormen vorliegen." Der Bezug des Gerichts auf Art. 35 GG dürfte aber fehlgehen, da das Amtshilfeverhältnis rein formeller Natur ist und deshalb keine Rechtswirkungen gegenüber Dritten entfaltet.

II. Einzelerläuterungen

7   **1. Tatbestand. a) Nachweispflicht des Auftragnehmers (Abs. 1 S. 1 u. 2).** Zwar ist die Preisaufsicht dafür zuständig, die Zulässigkeit des Preises zu prüfen und Verstöße gegen die Preisverordnung nebst LSP festzustellen. Das kann aber nicht ohne die **Mitwirkung des Auftragnehmers** gelingen, weil regelmäßig nur er über die Kalkulationsgrundlage verfügt. Deshalb nimmt Abs. 1 den Auftragnehmer für den aktiven Nachweis des Zustandekommens des Preises in die Pflicht.[17] So ist die Selbstkostenpreisberechnung iSv § 5 Abs. 3 – wenn möglich – bereits mit dem Angebot dem Auftraggeber vorzulegen, nun „auf Verlangen" der Preisaufsicht nachzuweisen (S. 1) und mit aussagekräftigen Unterlagen zu belegen (S. 2). Der Nachweis für das tatsächliche Zustandekommen des Preises obliegt danach dem Auftragnehmer; diese Pflicht korrespondiert mit der Berechtigung der Preisbehörde zu bestimmen, ob ein Preis zulässig ist.[18] Die Darlegungs- und Beweislast des Anbieters berechtigt und verpflichtet ihn jedoch nicht, Daten und Unterlagen beizubringen, die ihm nicht zugänglich sind.[19] Erweitert wird das die Amtsermittlung der Prüfbehörde ermöglichende Pflichtenbündel durch die Pflichten zur Auskunftserteilung nach Abs. 2 S. 2 und zur Duldung der Betriebsbesichtigung gem. Abs. 3.

8   **b) Aufbewahrungspflicht des Auftragnehmers (Abs. 1 S. 3).** Vorbehaltlich anderer Vorschriften über längere Aufbewahrungsfristen[20] ordnet Abs. 1 S. 3 einen **Fünf-Jahres-Zeitraum** an. Gegenstand der Aufbewahrung sind „diese Unterlagen", mithin das gesamte im Hinblick auf „das Zustandekommen des Preises" relevante Datenmaterial. Die Frist beginnt insoweit nicht für einzelne Belege gesondert, sondern einheitlich zu laufen, sodass die Aufbewahrung für einzelne Nachweise länger als fünf Jahre währt.[21] Das folgt aus dem Umstand, dass mit Beginn der Aufbewahrungsfrist eine Preisprüfung möglich sein muss.[22] Wann wiederum die Preisprüfung möglich ist, hängt vom Preistyp ab. Dessen Bildung ist abgeschlossen, wenn der Auftragnehmer dem Auftraggeber bei Selbstkostenfestpreisen die Vorkalkulation, bei Selbstkostenerstattungspreisen die Nachkalkulation, bei Selbstkostenrichtpreisen die Umwandlungskalkulation und bei allen anderen Preisen das Angebot vorlegt.[23] Hat ein Preisprüfungsverfahren begonnen, an das sich ggf. ein Rechtsschutzverfahren anschließt, führt der zwischenzeitliche Ablauf der Aufbewahrungsfrist aus Abs. 1 S. 3 nicht dazu, dass die Unterlagen nicht länger vorgehalten werden müssen; vielmehr sind die Unterlagen dann „bis zum Abschluss des Rechtsstreits aufzubewahren".[24] Nach Ablauf der Aufbewahrungsfrist und eventueller Prüfungsverfahren kann sich eine Preisprüfung nur noch auf die vorhandenen Unterlagen stützen.

9   **c) Auskunftspflicht des Auftragnehmers (Abs. 2 S. 2).** Die Möglichkeit, Auskünfte beim Auftragnehmer und den „für die Leitung des Unternehmens verantwortlichen Personen" einzuholen, sichert die unternehmerische Nachweispflicht durch Unterlagen aus Abs. 1 dergestalt ab, dass **nachgefragt und aufgeklärt** werden kann, was im „schriftlichen Verfahren" unklar geblieben ist. Die Preisauskunftspflicht[25] hält den Auftragnehmer dazu an, zu den vorzulegenden Belegen und Unterlagen die erforderlichen Erläuterungen und Hinweise zu geben, welche die Preisbehörde zur Überprüfung der Zulässigkeit des Preises benötigt.[26] Eine konkrete Form der Auskunftserteilung ist indes nicht normiert; sie wird sich nach der Zweckmäßigkeit des Einzelfalls ergeben. Vor diesem Hintergrund erklärt sich die Ausweitung der Auskunftsverpflichtung über den Auftragnehmer in Gestalt einer natürlichen Person oder vertretungsberechtigter Organe hinaus auf das Leitungspersonal, nicht aber selbstständige Dritte.

---

[17] Für die einzelnen Preistypen differenzierend HK-VergabeR/*Berstermann* Rn. 19 f.; Michaelis/Rhösa/*Greiffenhagen* § 9 C III 1a–d; auch VGH München Urt. v. 6.11.2014 – 22 B 14.175, DÖV 2015, 448.
[18] So Michaelis/Rhösa/*Greiffenhagen* § 9 C III 1 mit Hinweis auf *H. Müller*, Staatliche Preislenkung bei öffentlichen Aufträgen, 1970, 103.
[19] BVerwG Urt. v. 13.4.2016 – 8 C 2/15, NZBau 2016, 577 (581) zur Klärung der Marktlage.
[20] Dabei handelt es sich etwa um Vorschriften des Steuerrechts oder des Bilanzrechts, vgl. § 147 AO oder § 257 HGB.
[21] Ebisch/Gottschalk/*Hoffjan/Müller* Rn. 96.
[22] So überzeugend Michaelis/Rhösa/*Greiffenhagen* § 9 C VII 2.
[23] So Ebisch/Gottschalk/*Hoffjan/Müller* Rn. 94; so überzeugend Michaelis/Rhösa/*Greiffenhagen* § 9 C VII 2.
[24] VGH Kassel Urt. v. 30.8.1995 – 8 UE 900/91, abgedruckt in *Michaelis/Rhösa* Entscheidungen II 1991-1995.
[25] Zur Zulässigkeit und Rechtmäßigkeit der die Auskunftspflicht ursprünglich begründenden Verordnung v. 13.7.1923 (RGBl. 1923 I 699) vgl. BGH Urt. v. 5.3.1953 – 4 StR 864/51, NJW 1953, 711 (711 f.); BVerwG Urt. v. 19.12.1958 – VII C 34/57, NJW 1959, 1240 (1241).
[26] Zur Auskunftsverweigerung HK-VergabeR/*Berstermann* Rn. 25; zur Verweigerung der Nachweis- und Auskunftspflicht durch den Auftragnehmer sowie Verstößen gegen dieselbe vgl. Michaelis/Rhösa/*Greiffenhagen* § 9 C V, VI.

d) Unterlagenbezogene Rechte der Preisaufsicht und Duldungspflicht des Auftrag- 10 nehmers (Abs. 3). Die **Einsichtnahme** der Unterlagen sowie das Fertigen von Abschriften und Auszügen finden im Betrieb, nicht in der Behörde statt. Für ein hoheitliches Recht, die Aushändigung der Unterlagen und die Verbringung in die Dienststelle verlangen zu können, gibt der Wortlaut des Abs. 3 ebenso wenig etwas her wie dafür, dass der Auftragnehmer Kopien der Unterlagen fertigen muss.[27] Diese Pflicht zur passiven Mitwirkung durch Bereitstellung der Dokumente und Duldung der Maßnahme schließt es nicht aus, dass im Einvernehmen mit dem Auftragnehmer anders verfahren wird.[28] Welchen Umfang das Einsichtnahmerecht hat, wird sich zum einen nach der Erforderlichkeit der Unterlagen für die Preisprüfung, zum anderen nach dem zu überprüfenden Preistyp richten.[29] Klar ist jedenfalls für das Recht, Abschriften und Auszüge anzufertigen, dass dies nur für diejenigen Dokumente besteht, die auch eingesehen werden dürfen.

e) Betriebsbesichtigungsrecht der Preisaufsicht und Duldungspflicht des Auftragneh- 11 mers (Abs. 3). Die Behörde hat das Recht **Grundstücke und Geschäftsräume des Auftragnehmers** zu betreten.[30] Die Betriebsbesichtigung der Preisaufsicht dient dazu, immanente Defizite des (schriftlichen) Nachweisverlangens iSv Abs. 1 zu kompensieren, indem vor Ort Kalkulationsansätze aus der Finanzbuchhaltung und der Kostenrechnung eingesehen und nachvollzogen werden.[31] Gleichermaßen kann die Produktion in Augenschein genommen werden. Auch hier entscheidet der Einzelfall über den Umfang der Maßnahme.

f) Prüfungsrecht der Preisaufsicht (Abs. 2 S. 1). Im engeren Sinne betrifft die Prüfungsbe- 12 fugnis die Beurteilung des unter Zuhilfenahme des Auftragnehmers ermittelten Sachverhalts. Den materiellen Maßstab bilden „die Vorschriften dieser Verordnung". Die Wahrnehmung dieses hoheitlichen Prüfungsrechts steht dem Grunde und dem Umfang nach **im pflichtgemäßen Ermessen** der Preisaufsicht. Vor Einleitung des Preisprüfungsverfahrens hat die Preisbehörde zu ermitteln, ob der richtige Preistyp gewählt worden ist. Nur so ist es möglich, Art und Umfang der Preisprüfungsmaßnahmen zu bestimmen.[32]

Im weiteren Sinne gehören zur Prüfungsbefugnis die Vorfeldmaßnahmen, die entweder den 13 Auftragnehmer zu aktivem Tun oder jedenfalls zu passivem Dulden verpflichten. Angesichts des ausdifferenzierten **Kanons an Ermittlungsmaßnahmen** in § 9 sowie dem einschlägigen Verwaltungsverfahrensgesetz spricht viel dafür, Abs. 2 S. 1 insoweit nicht als Generalklausel für weitere Maßnahmen mit Eingriffscharakter zu verstehen.

Zeitraum oder Zeitpunkt der Preisprüfung werden nicht explizit festgelegt. Allerdings folgt 13a aus der Formulierung „Zustandekommen des Preises", dass die Preisaufsicht frühestens nach Eingang des Angebots beim öffentlichen Auftraggeber, durchaus aber schon vor der Durchführung des Vertrages einsetzen kann.[33] Maßgeblich ist im Falle eines Marktpreises stets und bei Selbstkostenfestpreisen grundsätzlich die vorkalkulatorische Entscheidungsgrundlage.[34]

2. Rechtsfolgen. a) Sachlicher Mitwirkungsumfang. Der Begriff der „Unterlagen" iSv 14 Abs. 1 ist weit zu verstehen und umfasst alle gegenständlichen Datenträger, die sich zur unternehmerischen Nutzung unter der tatsächlichen und rechtlichen Verfügungsgewalt des Auftragnehmers im Betrieb befinden. **Gegenstand** der Auskunftspflicht und des Besichtigungsrechts sind ferner auch unkörperliche Erkenntnisobjekte wie insbesondere die Erklärung von Abläufen, Zusammenhängen, Entwicklungsständen und Erfahrungen.[35]

Die Befugnisse zur Sachverhaltsermittlung stehen im Ermessen der Preisaufsicht. Wenn auch 15 lediglich in Bezug auf die Auskunftspflicht ausdrücklich normiert (vgl. Abs. 2 S. 2), bildet die Erforderlichkeit, besser: die **Verhältnismäßigkeit** des behördlichen Verlangens eine maßgebliche Grenze der Nachweis-, Auskunfts- und Prüfungsduldungspflichten des Auftragnehmers. Was im Einzelfall vom Auftragnehmer beizubringen ist, hängt danach einerseits vom angebotenen bzw. vereinbarten

---

[27] Ebisch/Gottschalk/*Hoffjan*/*Müller* Rn. 51.
[28] So HK-VergabeR/*Berstermann* Rn. 27; Michaelis/Rhösa/*Greiffenhagen* § 9 C IV die die Möglichkeit der Einsichtnahme auch in den Diensträumen der Preisbehörde bei entsprechender Zustimmung des Auftragnehmers bejahen.
[29] So auch HK-VergabeR/*Berstermann* Rn. 27.
[30] Zur verfassungsrechtlichen Problematik in Bezug auf Art. 13 GG vgl. BVerfG Beschl. v. 13.10.1971 – 1 BvR 280/66, NJW 1971, 2299; BVerwG Urt. v. 6.9.1974 – I C 17/73, NJW 1975, 130; *Runge* BB 1972, 422 (423).
[31] Ebisch/Gottschalk/*Hoffjan*/*Müller* Rn. 47: „instrumentale Beschränkungen".
[32] Michaelis/Rhösa/*Greiffenhagen* § 9 C III 1.
[33] HK-VergabeR/*Berstermann* Rn. 12.
[34] Vgl. HK-VergabeR/*Berstermann* Rn. 12.
[35] Ebisch/Gottschalk/*Hoffjan*/*Müller* Rn. 77.

Preistyp ab.³⁶ So kommen bei Marktpreisen Unterlagen über die Ausschreibung, Preislisten und ggf. Differenzrechnungen in Betracht (nicht aber betriebsinterne Preiskalkulationen), bei Selbstkostenpreisen je nachdem die Vor- oder Nachkalkulation sowie Nachweise über die betrieblichen Kostenansätze.³⁷ Andererseits bestimmt das konkrete Verlangen der Preisbehörde Tiefe und Dichte der Mitwirkungspflichten des Auftragnehmers.

16 Bezugspunkt der Nach-, Auskunfts- und Prüfungsduldungspflicht ist „das Zustandekommen des Preises" und derjenigen Umstände, die seine Zulässigkeit dartun (vgl. Abs. 1 S. 1 u. 2). Ob der angebotene bzw. vereinbarte Preis nach Maßgabe der Verordnung PR Nr. 30/53 zulässig ist, hat dann die Preisbehörde zu prüfen. Nicht verlangt werden kann vom Auftragnehmer der Nachweis des – nach Ansicht der Preisaufsicht – zulässigen, im konkreten Beschaffungsfall aber **nicht zustande gekommenen Preises**.³⁸ Insoweit wird der Unternehmer regelmäßig entweder über gar keine oder nicht aussagekräftige Unterlagen verfügen;³⁹ jedenfalls trifft ihn für eine andere als „seine" Preisbildung keine Mitwirkungspflicht.

17 **b) Persönlicher Mitwirkungsumfang.** Auftragnehmer kann eine natürliche Person, eine Personalgesellschaft oder eine juristische Person sein.⁴⁰ Der Begriff des **Auftragnehmers** iSv § 9 ist weit auszulegen. Er umfasst den Vertragspartner des öffentlichen Auftraggebers, eventuell aber auch schon den Bieter,⁴¹ weil in den Fällen des § 5 Abs. 2 Nr. 2 und § 10 mangels Vertragsschlusses noch gar kein Auftragnehmer im engeren Sinne vorhanden ist. Gleichwohl müssen hier zugunsten der Preisbildungsstelle die Rechte und Pflichten aus § 9 zugutekommen, weil nach Sinn und Zweck nicht erkennbar ist, dass der Verordnungsgeber sie auf die allgemeinen Beweismittel des § 26 VwVfG beschränken will.

18 Zugunsten des Auftragnehmers greift der **Nemo-tenetur-Grundsatz** ein.⁴² Dieses verfassungsrechtlich garantierte Abwehrrecht schützt davor, sich durch die Mitwirkung an Preisprüfungsverfahren einer Straftat oder Ordnungswidrigkeit selbst bezichtigen zu müssen. Insoweit also die Prüfung der Preise nicht „nur" das Angebot bzw. die Vereinbarung eines preisrechtlich unzulässigen Preises mit der Folge der Ersetzung durch den preisrechtlich zulässigen Preis zu ergeben droht, sondern auf die straf- oder ordnungswidrigkeitenrechtliche Sanktionierung von Pflichtverstößen zuläuft, steht dem Auftragnehmer ein Auskunftsverweigerungsrecht zu.⁴³ Soweit ihm aus § 9 die bloße Duldung behördlicher Sachverhaltsermittlung und -prüfung obliegt, kann er hiergegen kein Verweigerungsrecht einwenden. Allerdings darf der Schutz vor Selbstbelastung dadurch nicht unterlaufen werden.⁴⁴

19 § 11 sieht für den Fall von **Zuwiderhandlungen** gegen „die Bestimmungen dieser Verordnung" ein spezielles Verfahren zur Ahndung vor, in dessen Rahmen auch das Bestehen und der Umfang eines Auskunftsverweigerungsrechts des Auftragnehmers zu prüfen sind.⁴⁵ Liegt es vor, scheidet eine Sanktion des verweigerten Nachweises aus. Der preisaufsichtliche Nachvollzug der Preisbildung muss dann ggf. ohne die aktive Mitwirkung des Unternehmers auskommen. Davon unberührt bleibt die Möglichkeit, ein Ermittlungsverfahren nach dem Ordnungswidrigkeitengesetz wegen des Verdachts des Preisverstoßes einzuleiten. Liegt kein Nachweis- bzw. Auskunftsverweigerungsrecht vor, wird das Ahndungsverfahren nach § 11 mit einem Bußgeldbescheid auf der Grundlage des § 3 WiStG enden.

---

³⁶ S. die Beispiele bei HK-VergabeR/*Berstermann* Rn. 18 ff.; Ebisch/Gottschalk/*Hoffjan*/*Müller* Rn. 74; Michaelis/Rhösa/*Greiffenhagen* § 9 C III 1a–d.

³⁷ Michaelis/Rhösa/*Greiffenhagen* § 9 C III 1a–d.

³⁸ Ebisch/Gottschalk/*Hoffjan*/*Müller* Rn. 80; auch OVG Weimar Beschl. v. 13.4.1999 – 2 ZEO 18/99, BeckRS 1999, 17774.

³⁹ Exemplarisch Ebisch/Gottschalk/*Hoffjan*/*Müller* Rn. 82 f.

⁴⁰ Michaelis/Rhösa/*Greiffenhagen* § 9 B II.

⁴¹ Dafür spricht auch § 1 Abs. 3 VO PR Nr. 30/53, der auch das Anbieten überhöhter Preise verbietet. So auch OLG Neustadt Beschl. v. 19.10.1961 – Ws (a) 205/60, abgedruckt in Michaelis/Rhösa Entscheidungen II 1961-1965.

⁴² BVerfG Beschl. v. 13.1.1981 – 1 BvR 116/77, NJW 1981, 1431; BVerfG Beschl. v. 26.2.1997 – 1 BvR 2172/96, NJW 1997, 1841; BVerfG Urt. v. 8.7.1997 – 1 BvR 2111/94, 1 BvR 195/95 u. 1 BvR 2189/95, NJW 1997, 2307; zur Rekonstruktion der Entwicklung des Nemo-Tenetur-Grundsatzes *Verell* NStZ 1997, 361 (415).

⁴³ So auch HK-VergabeR/*Berstermann* Rn. 25; *Fickelscher* in Gabriel/Krohn/Neun VergabeR-HdB § 21 Rn. 78; Ebisch/Gottschalk/*Hoffjan*/*Müller* Rn. 88.

⁴⁴ Abzulehnen daher Ebisch/Gottschalk/*Hoffjan*/*Müller* Rn. 89, wenn sie das Auskunftsverweigerungsrecht nicht auf die Nachweispflichten des § 9 Abs. 1 VO PR Nr. 30/53 beziehen wollen, weil es sich um „wegen der Erfordernisse der Materie etwas qualifizierte Duldungspflichten" handele.

⁴⁵ Ebenso Ebisch/Gottschalk/*Hoffjan*/*Müller* Rn. 88; Michaelis/Rhösa/*Greiffenhagen* § 9 C VI.

Nicht nachweis- und auskunftspflichtig gem. § 9 ist der öffentliche **Auftraggeber**.[46] Gleichwohl kann er als Beteiligter nach § 26 VwVfG in die Ermittlung des Sachverhalts einbezogen werden.

3. Verfahrensfragen. a) Die Durchführung des Verwaltungsverfahrens. Das Preisprüfungsverfahren ist ein **Verwaltungsverfahren iSv § 9 VwVfG** bzw. der Parallelnormen der einschlägigen Landesgesetze.[47] Beteiligte sind der öffentliche Auftraggeber und der Auftragnehmer. Es gelten die allgemeinen gesetzlichen Verfahrensgrundsätze und -regeln. Das betrifft den Untersuchungsgrundsatz gem. § 24 VwVfG ebenso wie die Beweismittel aus § 26 VwVfG. Die Rechte der Preisaufsicht und die Pflichten des Auftragnehmers gem. § 9 erweitern insoweit lediglich die Möglichkeiten, den preisprüfungsrechtlich maßgeblichen Sachverhalt aufzuklären.

Eingeleitet werden kann das Verfahren durch einen Antrag eines jeden (späteren) Beteiligten sowie auch von Amts wegen, wobei der Behörde ein Verfahrensermessen verbleibt.[48] Das an den Auftragnehmer gerichtete Nachweis- oder Auskunftsverlangen der Preisbehörde hat die Qualität eines **Verwaltungsakts**,[49] dessen verfügende Regelung materiell vollzugsfähig ist. Dasselbe gilt für die der Prüfungstätigkeit der Behörde korrespondierenden Duldungspflichten. Zur Durchsetzung der im Einzelfall konkretisierten und individualisierten Pflichten des § 9 stehen die Mittel des Verwaltungszwangs zur Verfügung. Insoweit greifen die gesetzlichen Vorschriften zu den allgemeinen und besonderen Vollstreckungsvoraussetzungen ein. Im Gegensatz dazu stellt der Prüfungsbericht, welcher das Preisprüfungsverfahren abschließt, mangels unmittelbarer Regelungswirkung keinen Verwaltungsakt dar (→ § 9 Rn. 26 ff.).

Leitend für das **Verwaltungsermessen** bei der behördlichen Sachverhaltsermittlung ist, eine Beurteilungsgrundlage zusammenzutragen, um die Höchstpreisgrenze des § 1 Abs. 3 für den in Rede stehenden Auftrag bestimmen zu können. An diesem allein zulässigen Preis ist der angebotene bzw. vereinbarte Preis zu messen. Hierauf ist der Einsatz der Instrumente des § 9 auszurichten. Anderenfalls macht die Prüfbehörde nicht in einer dem Zweck der gesetzlichen Ermächtigung entsprechenden Art und Weise von den Befugnissen gebrauch und handelt ermessensfehlerhaft, dh rechtswidrig.

Sind vom Auftraggeber **Unteraufträge** vergeben worden, so sind zwar beide Auftragsverhältnisse preisrechtlich strikt voneinander getrennt, ggf. von verschiedenen Preisbehörden, zu betrachten; gleichwohl ist zu berücksichtigen, dass die preisrechtliche Beurteilung des Unterauftrags relevant für die Preisprüfung des Hauptauftrags sein kann (→ § 2 Rn. 11 ff.). Deshalb ist unmittelbar nach Einleitung eines Prüfungsverfahrens bezüglich des Hauptauftrags der Blick auf etwaige Unteraufträge und diesbezügliche Prüfungsersuchen zu lenken.[50]

Die Durchführung des Preisprüfungsverfahrens ist von Rechts wegen zeitlich nicht gebunden. Insbesondere die **Verjährungsfristen** für die Ahnung von Zuwiderhandlungen führen nicht zur Unzulässigkeit preisaufsichtlicher Maßnahmen nach § 9.[51] Das ergibt sich schon daraus, dass das Preisprüfungsverfahren keinen Abschluss in einer bindenden Regelung findet, sondern vor allem auf die faktische Wirkung des Prüfungsberichts in der zivilrechtlichen Beziehung zwischen Auftragnehmer und -geber zielt. Dieses Rechtsverhältnis ist indes unabhängig von der Verfolgung von Preisverstößen als Ordnungswidrigkeiten. Im Übrigen ergäbe sich sonst eine unterschiedliche Behandlung von Fällen durch die Preisaufsicht, je nachdem ob im Einzelfall eine Ordnungswidrigkeit vorliegt oder nicht.

b) Der Prüfungsbericht. Mangels Ermächtigungsgrundlage vermag die Preisaufsicht nicht unmittelbar auf Auftraggeber und -nehmer einzuwirken. Es fehlt in der Preisverordnung jede Vorschrift zum förmlichen Abschluss des Prüfverfahrens; geregelt sind insoweit nur die materiellen Maßstäbe für Preisbildung und Preisüberwachung. Erledigt sich das Verwaltungsverfahren nicht auf sonstige Weise, ist die Preisaufsicht darauf beschränkt, als Abschluss des Verfahrens einen informellen **Prüfungsbericht** zu fertigen. Er fasst aus preisbehördlicher Sicht Sachverhalt und Stellungnahme zusammen und dokumentiert damit die Prüfung, enthält aber keine – auch kein feststellende – Regelung und ist damit kein Verwaltungsakt iSv § 35 VwVfG.[52] Als schlichte Willenserklärung der Preisbehörde entfaltet der Prüfungsbericht keine Bindungswirkung gegenüber den Beteiligten. Es steht in der Verantwortung der Vertragsparteien, aufgrund des Ergebnisses der Preisprüfung den zulässigen Höchstpreis zu vereinbaren. Insbesondere dem öffentlichen Auftraggeber bleibt es überlas-

---

[46] AA Michaelis/Rhösa/*Greiffenhagen* § 9 B II 2 mit einer dogmatisch nicht angängigen Auslegung gegen den Wortlaut.
[47] Ebenso Ebisch/Gottschalk/*Hoffjan*/*Müller* Rn. 55.
[48] Auch Michaelis/Rhösa/*Greiffenhagen* § 9 C I.
[49] VG Kassel Urt. v. 22.11.1979 – IV E 533/78, abgedruckt in *Michaelis/Rhösa* Entscheidungen II 1976-1980.
[50] Ebisch/Gottschalk/*Hoffjan*/*Müller* § 2 Rn. 77.
[51] Ausf. Ebisch/Gottschalk/*Hoffjan*/*Müller* Rn. 131 ff.
[52] So auch HK-VergabeR/*Berstermann* Rn. 31; Ebisch/Gottschalk/*Hoffjan*/*Müller* Rn. 114 f.

sen, ggf. die Einhaltung der Höchstpreisgrenze unter Bezugnahme auf den Preisprüfungsbericht gegenüber dem Auftragnehmer auf zivilrechtlichem Wege durchzusetzen.[53]

27 Ungeachtet des Akteneinsichtsrechts der Beteiligten aus § 29 VwVfG bzw. kongruenter Bestimmungen des Landesverwaltungsrechts kommt ihnen ein **Anspruch auf Mitteilung** über den Abschluss des Prüfverfahrens zu. Wenn dieser in Form eines Prüfungsberichts erfolgt, richtet er sich auf dessen Bekanntgabe.[54] Als sachverständige behördliche Stellungnahme zum zulässigen Preis entfaltet der Bericht faktische Wirkung im Hinblick auf die zivilrechtlichen Preisverhandlungen bzw. -vereinbarungen zwischen Auftraggeber und -nehmer,[55] sodass bei beiden ein berechtigtes Interesse an der Kenntnisnahme besteht. Deshalb existiert ein Informationsanspruch auch ohne ausdrückliche gesetzliche Anordnung; insbesondere ein Prüfungsbericht darf nicht verwaltungsintern bleiben. Die Grenze findet der Publikationsanspruch im Schutz öffentlicher und privater Belange.

28 Der Prüfungsbericht ist ohne Beachtung von Vertrauensschutzgesichtspunkten iSv §§ 48 ff. VwVfG änderbar. Erweist er sich als unzutreffend, führt die allgemeine Amtspflicht, Auskünfte richtig, klar, unmissverständlich und vollständig zu erteilen, zu einer **Korrekturpflicht** und einer diesbezüglichen Mitteilung an die Beteiligten.

29 Im geltenden Preisrecht besteht die Ungereimtheit, dass die Entscheidung der Preisbildungsstelle nach § 10 Abs. 4 S. 2 bindend über den zulässigen Höchstpreis bestimmt (→ § 10 Rn. 20), nicht aber der Prüfungsbericht und die Feststellung der Unzulässigkeit des Selbstkostenpreises durch den öffentlichen Auftraggeber (→ § 10 Rn. 10 f.). Diese Ungereimtheit bei der Rechtsqualität von Prüfungsergebnissen sollte im Zuge einer **Novellierung** behoben werden. Insbesondere das hoheitliche Verfahren der Preisaufsicht unterscheidet sich in keiner Weise von anderen aufsichtsbehördlichen Vorgehensweisen, deren Ergebnisse nicht zuletzt mit Blick auf Art. 19 Abs. 4 GG angreifbar sein müssen. Nach derzeitigem Stand sind die von einer Preisprüfung betroffenen Beteiligten darauf verwiesen, gegen Verfahrenshandlungen der Behörde, denen üblicherweise Verwaltungsaktqualität zuerkannt wird, gewissermaßen präventiv vorzugehen, wenn sie das Gefühl haben, dass die Prüfung in eine „falsche" Richtung läuft.[56] Unterlässt einer der am Auftragsverhältnis Beteiligten, hier Rechtsschutz zu ergreifen, bleibt nur der sekundärrechtliche Ausgleich nach Maßgabe der dann unverbindlichen Feststellung der Preisaufsicht im Zivilprozess. Hätte der Prüfungsbericht die Qualität eines Verwaltungsakts, entfaltete er insoweit jedenfalls Tatbestandswirkung. Ob es bei einer regelnden Entscheidung der Preisaufsicht, die insbesondere mit der Anfechtungsklage angegriffen werden kann, überhaupt noch zu zivilgerichtlichen Auseinandersetzungen käme, erscheint sehr fraglich. Immerhin löst die VO PR Nr. 30/53 diese Frage im Falle der Anrufung der Preisbehörde gem. § 10 Abs. 3 und 4 in diesem Sinne.

30 **4. Rechtsschutzfragen.** Im Rahmen der Eröffnung des Verwaltungsrechtsweges gem. § 40 Abs. 1 S. 1 VwGO ist Rechtsschutz gegen hoheitliche Handlungen oder Unterlassungen ungeachtet der Handlungsform gewährleistet. Insbesondere die Qualifizierung einer Maßnahme als Verwaltungsakt iSv § 35 VwVfG wirkt nicht mehr rechtsschutzeröffnend, sondern nur noch klageartbestimmend.[57] Die **Generalklausel** schließt einen Numerus clausus der Klagearten aus. „Für jede hoheitliche Handlung, die in subjektive öffentliche Rechte eingreift, muss eine statthafte Klageart zur Verfügung stehen."[58]

31 Soweit Verwaltungsakte streitbefangen sind, kann der Auftragnehmer verwaltungsgerichtlichen Rechtsschutz gegen die Preisaufsichtsbehörde im Wege der Anfechtungsklage nach § 42 Abs. 1 VwGO suchen. Dies betrifft insbesondere die Maßnahmen zur **Untersuchung des Sachverhalts** auf der Grundlage des § 9 sowie den Einsatz diesbezüglicher Verwaltungszwangsmittel, wenn und weil ihnen Regelungsqualität zukommt. Fehlt es daran, kommen die allgemeine Leistungsklage oder hilfsweise die Feststellungsklage in Betracht.

32 Da der **Prüfungsbericht** nicht in die Form des Verwaltungsakts gegossen wird, scheiden hierauf bezogene Anfechtungs- oder Verpflichtungsklagen aus. Indes liegt eine behördliche Willenserklärung vor, die sich sowohl auf das Verfahren als auch die (Un-)Richtigkeit der konkreten der Preisbildung bezieht. Diese Maßnahme entfaltet jedenfalls eine faktische Wirkung auf das privatrechtliche Ver-

---

[53] Zur Frage der Bindung an das Angebot, wenn der Auftraggeber den Zuschlag nach Mitteilung des Prüfungsergebnisses zu dem Höchstpreis erteilt, den die Preisbehörde für zulässig erklärt hat, *Nicklisch* BB 1973, 53 ff.; *Holzapfl* BB 1973, 682 f.
[54] AA Ebisch/Gottschalk/*Hoffjan*/*Müller* Rn. 118.
[55] Das räumen Ebisch/Gottschalk/*Hoffjan*/*Müller* Rn. 119 ff., ein; auch Michaelis/Rhösa/*Greiffenhagen* § 9 D.
[56] AA Ebisch/Gottschalk/*Hoffjan*/*Müller* Rn. 1118.
[57] *Maurer/Waldhoff* VerwR § 9 Rn. 39; idS auch BVerwG Urt. v. 22.5.1980 – 2 C 3078, NJW 1981, 76; BVerwG Urt. v. 20.5.1987 – 7 C 83/84, NJW 1988, 87; das verkennen jedoch Ebisch/Gottschalk/*Hoffjan*/*Müller* Rn. 158.
[58] *Hufen*, Verwaltungsprozessrecht, 9. Aufl. 2013, § 13 Rn. 2.

tragsverhältnis, sodass vor dem Hintergrund der Rechtsschutzgarantie aus Art. 19 Abs. 4 GG eine gerichtliche Überprüfbarkeit dieses Verwaltungshandeln mittels Leistungs- oder Feststellungsklage gegeben sein muss, vorausgesetzt die weiteren Zulässigkeitsvoraussetzungen, insbesondere Klagebefugnis und Rechtsschutzbedürfnis, sind gegeben.[59]

Es muss in jedem Fall gewährleistet sein, dass **Rechtsschutz in angemessener Zeit** gewährt wird. Insoweit liegt eine vergleichende Betrachtung zum vergaberechtlichen Nachprüfungsverfahren nahe, wenngleich ein durchgreifender Unterschied darin liegt, dass im Vergaberecht ein unterlegener Bieter die Verfahrensgemäßheit der Vergabe rügt, während im Preisrecht ein von einer Behörde vermeintlich nachteilig Betroffener gegen Verwaltungsentscheidungen Rechtsschutz sucht. Damit liegt hier der Regelfall des Verwaltungsrechtsschutzes vor. Wenn darüber hinaus nachgedacht wird, den Rechtsschutz im öffentlichen Preisrecht sonderrechtlich analog zum Vergaberechtsschutz zu ordnen, so muss dieser strukturelle Unterschied berücksichtigt werden. 33

§ 10 Feststellung der Angemessenheit von Selbstkostenpreisen durch öffentliche Auftraggeber

(1) ¹Der öffentliche Auftraggeber ist, sofern das Bundesministerium für Wirtschaft und Arbeit ihn hierzu allgemein oder im Einzelfall ermächtigt hat, berechtigt, im Benehmen mit der für die Preisbildung und Preisüberwachung zuständigen Behörde festzustellen, daß ein Selbstkostenpreis den Vorschriften dieser Verordnung entspricht. ²§ 9 Abs. 2 Satz 2 und Abs. 3 gelten entsprechend. ³Die Feststellung ist bei einem Selbstkostenfestpreis nur in der Zeit von der Angebotsabgabe bis zum Abschluß der Vereinbarung zulässig. ⁴Das gleiche gilt bei einem Selbstkostenrichtpreis oder Selbstkostenerstattungspreis hinsichtlich vereinbarter fester Sätze für einen Kalkulationsbereich.

(2) Die Beanspruchung des Auftragnehmers durch Feststellungen gemäß Absatz 1 hat sich in angemessenem Verhältnis zur wirtschaftlichen Bedeutung der Leistung für den Auftraggeber und den Auftragnehmer zu halten.

(3) Der Auftragnehmer kann bei der für die Preisbildung und Preisüberwachung zuständigen Behörde ihre Beteiligung an der Feststellung der Selbstkostenpreise beantragen.

(4) ¹Bestehen zwischen dem Auftraggeber und dem Auftragnehmer über das Ergebnis der Feststellung Meinungsverschiedenheiten, so sollen Auftraggeber und Auftragnehmer zunächst eine gütliche Einigung über den Selbstkostenpreis anstreben. ²Kommt eine Einigung nicht zustande, so setzt auf Antrag eines Beteiligten die für den Sitz des Auftragnehmers zuständige Preisbildungsstelle den Selbstkostenpreis fest.

Übersicht

	Rn.		Rn.
I. Normzweck und -zusammenhang ..	1	a) Rechtsgrundlage	5
II. Einzelerläuterungen	5	b) Verfahrensfragen	10
1. Ermächtigung zur Feststellung (Abs. 1		c) Grenzen	12
u. 2)	5	2. Anrufung der Preisbehörde (Abs. 3 u. 4)	17

I. Normzweck und -zusammenhang

Das Instrument zur Beschaffung der von der Verwaltung benötigten Gegenstände ist der Vertrag, der – unabhängig von seiner Rechtsnatur – vom Prinzip der Verhandlungen auf Gegenseitigkeit getragen ist. Hiermit sind einseitige Leistungsbestimmungsrechte grundsätzlich ebenso wenig zu vereinbaren wie hoheitliche Feststellungsrechte eines Vertragspartners hinsichtlich der Angemessenheit von Entgelten. Dennoch berechtigt Abs. 1 S. 1 den öffentlichen Auftraggeber dazu „festzustellen, dass ein Selbstkostenpreis den Vorschriften dieser Verordnung entspricht". Anders als die Preisprüfung durch eine neutrale Stelle nach § 9 ist dieses Element des Öffentlichen Preisrechts **dem Vertragswesen fremd.** Es dient dazu, die bei Selbstkostenpreisen unumgängliche Analyse der Kosten und der Preiskalkulation schon präventiv durchführen zu können und nicht ausschließlich einer repressiven Kontrolle zu überlassen. Da beide Vertragsparteien durch die Preisverordnung und die Leitsätze unmittelbar gebunden sind, besteht bei öffentlichen Aufträgen im Anwendungsbereich der Preisverordnung bezüglich des Entgelts ohnehin keine Vertragsfreiheit. Von daher ist die vertragliche Verein- 1

---

[59] AA Ebisch/Gottschalk/*Hoffjan*/*Müller* Rn. 116, 155.

barung von Auskunfts-, Einsichts- und Besichtigungsrechten des öffentlichen Auftraggebers naheliegend und auch zulässig. Der Verordnungsgeber hat aus ordnungspolitischen Gründen[1] eine Ermächtigung für den Bundesminister für Wirtschaft statuiert, diese Rechte bestimmten öffentlichen Auftraggebern von Rechts wegen ohne vertragliche Regelung einräumen zu können.

2   Durch die Möglichkeit der hoheitlichen Feststellung der Angemessenheit von Selbstkostenpreisen werden Art und Ausmaß der **Preisprüfung nach § 9** weder berührt noch eingeschränkt. Ob und inwieweit ein öffentlicher Auftraggeber die Preisbehörde in Ausübung seines Rechts aus § 10 hinzuzieht, liegt daher in seiner Entscheidung, während die Preisaufsicht nach ihrem Ermessen über die Aufnahme von Preisprüfungen bestimmt. Die beiden Instrumente können unabhängig voneinander wahrgenommen werden und schließen sich nicht gegenseitig aus. Aus einem ausgeübten Feststellungsrecht folgt keine Beschränkung der Preisaufsicht.[2] Dass gleichwohl Doppelprüfungen vermieden werden sollen, ergibt sich schon vor dem Hintergrund des Effizienzgebots, welches in der Verwaltung gilt. Wenngleich § 9 Abs. 2 S. 1 u. § 10 Abs. 1 S. 1 leicht abweichend formuliert sind („zu prüfen, ob" bzw. „festzustellen, daß"), folgt daraus für die Rechtsmacht des Prüfungsberechtigten nichts,[3] weil bei identischem Maßstab jeweils (nur) eine Feststellung erlaubt ist. Indes unterscheiden sich die Anwendungsbereiche beider Normen teilweise – § 10 ist etwa auf die Feststellung von Selbstkostenpreisen (und auch in zeitlicher Hinsicht) beschränkt –, sodass beide Maßnahmen neben einer gemeinsamen Schnittmenge weiterhin einen jeweils eigenständigen Anwendungsbereich besitzen.[4]

3   Öffentliche Auftraggeber sind nicht kraft Status berechtigt, die Beachtung der Preisverordnung festzustellen, sondern nur, wenn sie „hierzu allgemein oder im Einzelfall" vom Bundesminister für Wirtschaft ermächtigt worden sind. Da der Bundesminister für Wirtschaft von der Ermächtigung des Abs. 1 S. 1 lediglich für Bundesbahn und Bundespost Gebrauch gemacht hatte und dieses Feststellungsrecht mit Verfügung vom 27.1.1994 – IB 3–24 19 90 – „mit sofortiger Wirkung" aufgehoben worden ist,[5] verfügt § 10 seit Jahren über **keinen praktischen Anwendungsbereich** mehr. Unverändert fortbesteht natürlich die Zuständigkeit der Preisprüfungsbehörden gem. § 9.

4   Die Feststellung des zulässigen Preises nach Abs. 1 kann vom hierzu ermächtigten öffentlichen Auftraggeber vorgenommen werden. Er ist entscheidungszuständig, hat aber „im Benehmen mit der für die Preisbildung und Preisüberwachung zuständigen Behörde" vorzugehen. Während hier die Initiative der beschaffenden Stelle zwingend erforderlich ist, kann die **Preisbehörde** nach Abs. 3 auch auf Antrag des Auftragnehmers und gem. Abs. 4 S. 2 auf Antrag eines Vertragspartners bei Meinungsverschiedenheiten über das Ergebnis der Feststellung beteiligt werden.

II. Einzelerläuterungen

5   **1. Ermächtigung zur Feststellung (Abs. 1 u. 2). a) Rechtsgrundlage.** Konstitutive Voraussetzung des Feststellungsrechts sowie aller in § 10 benannten Hilfsrechte ist eine Entscheidung des Bundesministers für Wirtschaft, an der es derzeit fehlt.[6] Wegen grundrechtlicher bzw. rechtsstaatlicher Implikationen bedarf diese Verleihung des Feststellungsrechts an öffentliche Auftraggeber durch eine oberste Bundesbehörde näherer Ausgestaltung. Denn die adressierten öffentlichen Auftraggeber erhalten damit die Befugnisse aus § 9 Abs. 2 S. 2 u. Abs. 3 zu Eingriffen in Rechte Dritter, nämlich in die der Auftragnehmer. Während die Preisbehörde unmittelbar durch die Verordnung ermächtigt werden, sind die Erfordernisse an eine bereichsspezifische Rechtsgrundlage für das eingreifende Verwaltungshandeln der öffentlichen Auftraggeber nur dann erfüllt, wenn die **Übertragung von Hoheitsgewalt** zulässig ist und ordnungsgemäß erfolgt. Dies gebietet schon das jedem staatlichen Handeln zugrundeliegende Prinzip der Gesetzmäßigkeit der Verwaltung, vgl. Art. 20 Abs. 3 GG.

6   Insoweit kommt es darauf an, ob sich die Vorschrift des § 10 in dem von § 2 Abs. 1 PreisG nach Inhalt, Zweck und Ausmaß gezogenen Rahmen hält und ob der zuständige Bundesminister von der Ermächtigung ermessensfehlerfrei Gebrauch macht. Insbesondere die erste Frage ruft **durchgreifende Zweifel** hervor, weil der Kreis der potenziell berechtigten öffentlichen Auftragnehmer in keiner Weise bestimmt oder auch nur bestimmbar ist. Mangels Festlegung in der Preisverordnung ist für die Auftragnehmer überhaupt nicht vorhersehbar, in welchen Branchen, Konstellationen und Fällen hoheitliche Feststellungsrechte der Vergabestelle drohen. Dass die vom Bundesminister für

---

[1]   So Ebisch/Gottschalk/*Müller* Rn. 1.
[2]   HK-VergabeR/*Berstermann* Rn. 2.
[3]   Ebenso Ebisch/Gottschalk/*Hoffjan/Müller* Rn. 5.
[4]   Zu den Unterschieden im Anwendungsbereich HK-VergabeR/*Berstermann* Rn. 3.
[5]   Vgl. dazu im Detail von Michaelis/Rhösa/*Greiffenhagen* § 10 B I.
[6]   Zu Ressortvereinbarungen zwischen dem Bundesministerium für Wirtschaft und dem Bundesministerium der Verteidigung und zur Vereinbarung vertraglicher Preisprüfrechte des BAAINBw s. Michaelis/Rhösa/*Greiffenhagen* § 10 F.

Wirtschaft vorgenommene Ermächtigung diese Konkretisierung leistet, vermag den Mangel der Rechtsgrundlage nicht zu heilen.

Dem kann nicht pauschal entgegengehalten werden, dass Bestimmungen, die „der Nichtbeachtung von Preisregelungen vorbeugen, der Überwachung dienen sowie die Ermittlung und Verfolgung von Preisverstößen sichern" durch „ihren Zusammenhang mit den Preisfestsetzungen, zu deren Sicherung sie erlassen worden sind", „hinreichend bestimmt und begrenzt" und deshalb § 2 Abs. 1 PreisG mit **Art. 80 Abs. 1 GG** vereinbar seien.[7] Zum einen ist zweifelhaft, ob die diesbezügliche Aussage des BVerfG auch auf § 10 übertragbar ist.[8] Denn insoweit handelt es sich um eine „Modifikation des Prüfrechts".[9] Zum anderen steht nicht in erster Linie die Zulässigkeit, ein Feststellungsrecht der öffentlichen Auftraggeber im Verordnungswege einzuführen oder vorzusehen, in Streit, sondern die Verfassungsmäßigkeit einer voraussetzungslosen Weiterdelegation der Ermächtigung hierzu. Die hier gegenständliche Frage liegt somit eine Stufe hinter der thematisierten Problematik. 7

Unterstellt, die Rechtsgrundlage trägt die Verleihung des Feststellungsrechts an öffentliche Auftraggeber, so kommt der Entscheidung des Bundesministers für Wirtschaft rechtsgestaltend Wirkung zu, da die betroffenen Verwaltungsträger nunmehr hoheitliche Befugnisse ausüben können. Da der Rechtskreis der obersten Bundesbehörde überschritten wird, stellt die Regelung einen **Verwaltungsakt**[10] iSd § 35 VwVfG dar, ggf. in der Variante der Allgemeinverfügung nach S. 2.[11] 8

Schließlich stellt sich die Frage, ob öffentliche Auftraggeber einen **Anspruch gegen den Bundeswirtschaftsminister** auf Ausübung der Ermächtigung und damit auf Verleihung der Feststellungsberechtigung haben. Schon der Wortlaut des § 10 lässt das Bestehen eines Anspruches nicht vermuten. Auch die Möglichkeit der repressiven Preisprüfung durch die zuständige Preisbehörde deutet eher in die entgegengesetzte Richtung. Überdies spricht der traditionelle Schutzzweck der Preisverordnung dagegen, der auf die Wirtschaftlichkeit und Sparsamkeit des Verwaltungshandelns bei Beschaffungen bezogen wird und wie für das Haushaltsrecht im Ganzen ausschließlich im öffentlichen Interesse verankert wird. Kein anderes Ergebnis ergibt sich, wenn die wettbewerbliche Dimension der öffentlichen Auftragsvergabe und des Preisrechts einbezogen wird, weil die verstärkte Durchsetzung marktwirtschaftlicher Grundsätze – so die Eingangsformel der Verordnung PR Nr. 30/53 – allein dem Gemeinwohl dient. Vor diesem Hintergrund hat der Bundesminister für Wirtschaft von der Ermächtigung des Abs. 1 S. 1 nach seinem Ermessen pflichtgemäß, dh unter Beachtung der genannten Schutzzwecke, Gebrauch zu machen; einen korrespondierenden Anspruch auf ermessensfehlerfreie Entscheidung gibt es nicht. 9

b) Verfahrensfragen. Die Feststellung erfolgt „im Benehmen mit der für die Preisbildung und Preisüberwachung zuständigen Behörde". Damit wird keine Mitentscheidungskompetenz der Preisaufsicht bezüglich der Ermittlung und Bewertung der Preiskalkulation, sondern eine **Verfahrensobliegenheit** des öffentlichen Auftraggebers begründet. Die Preisverordnung verlangt insoweit kein „Einvernehmen" beider Stellen, sodass einerseits Informationen ausgetauscht werden und andererseits Gegenvorstellungen erhoben werden können, die Feststellungsberechtigung des öffentlichen Auftraggebers aber unangetastet bleibt. 10

Ebenso wenig wie der Prüfungsbericht (→ § 9 Rn. 26) entfaltet die Feststellung der Unzulässigkeit des Selbstkostenpreises durch den öffentlichen Auftraggeber verbindliche Wirkung für die Auftragsvergabe. Es handelt sich um eine schlicht-hoheitliche **Willenserklärung,** die insbesondere das Angebot des Auftragnehmers oder den Vertrag rechtlich nicht unmittelbar modifiziert. Erst eine gerichtliche Entscheidung, vorzugsweise im Zivilrechtsstreit um die Höhe des Preises, löst den Konflikt rechtsverbindlich. Dabei ist das Gericht seinerseits nicht an Feststellungen und Prüfungsberichte gebunden, wenngleich sie im Zivilprozess als Beweismaterial nutzbar gemacht werden können. 11

c) Grenzen. Eine Feststellungsberechtigung öffentlicher Auftraggeber kann sich immer nur auf (alle Arten von) **Selbstkostenpreise(n)** beziehen. Durch den insoweit eindeutigen Bezugspunkt in Gestalt der Kosten des Auftragnehmers und die in der Preisverordnung nebst Anhang definierten Beurteilungsregeln sind hier allein auftragsbezogene Ermittlungen vonnöten. Da die bei Marktpreisen anders ist, hat der Verordnungsgeber deren Prüfung der Preisaufsicht vorbehalten. 12

Entsprechend der Selbstkostenpreistypen enthalten Abs. 1 S. 3 u. 4 **zeitliche Grenzen** für die Ausübung des Feststellungsrechts. Festpreise gem. § 6 Abs. 1 u. 2 und feste Sätze für einzelne 13

---

[7] So aber Ebisch/Gottschalk/*Hoffjan*/*Müller* Rn. 13; Michaelis/Rhösa/*Greiffenhagen* § 10 A II.
[8] Vgl. BVerfG Beschl. v. 12.11.1958 – 2 BvL 4, 26, 40/56, 1, 7/57, NJW 1959, 475.
[9] Das räumen Ebisch/Gottschalk/*Hoffjan*/*Müller* Rn. 13, ein.
[10] So für den Fall der Einzelermächtigungen an Bundespost und Bundesbahn vgl. Michaelis/Rhösa/*Greiffenhagen* § 10 B I.
[11] Ohne Begründung aA Ebisch/Gottschalk/*Hoffjan*/*Müller* Rn. 13. Das kann allerdings nicht für den Fall der Einzelmächtigung gelten.

Kalkulationsbereiche bei Erstattungspreisen gem. § 7 Abs. 2 sind vor Vertragsschluss überprüfbar, weshalb die Feststellungsberechtigung des öffentlichen Auftraggebers auf die „Zeit von der Angebotsabgabe bis zum Abschluß der Vereinbarung" begrenzt ist. Bei Richtpreisen gem. § 6 Abs. 3 und Erstattungspreisen gem. § 7 Abs. 1 – vorbehaltlich fester Sätze – gilt das nicht. Das zeigt bereits die Auslegung des Wortlauts von § 10. Er lässt das Feststellungrecht bis zum „Abschluss der Vereinbarung" gelten. Da es sich bei der Vereinbarung eines Selbstkostenrichtpreises jedoch um eine vorläufige Vereinbarung handelt, ist der Preis nicht endgültig vereinbart. Erst mit vollständiger Überschaubarkeit der Kalkulationsgrundlage, also zum Zeitpunkt der Umwandlungsmöglichkeit, endet die Möglichkeit der Durchführung einer Feststellungsmaßnahme.[12]

14 Der Sinn des Benehmenserfordernisses erschließt sich mit Blick auf die Befugnisse des öffentlichen Auftraggebers zur **Ermittlung der Bewertungsgrundlagen.** Zwar stehen ihm gem. Abs. 1 S. 2 die Rechte aus § 9 Abs. 2 S. 2 u. Abs. 3 zu. Den Auftragnehmer trifft aber gegenüber dem Auftraggeber nicht die Nachweispflicht aus § 9 Abs. 1, sodass hier der Informationsaustausch mit der Preisprüfungsbehörde Abhilfe leisten kann. Allerdings ist hierbei stets zu berücksichtigen, dass der öffentliche Auftraggeber nicht in derselben Rolle wie die Preisbehörde agiert, insbesondere nicht neutral, sondern Teil des Auftragsverhältnisses ist. Der Umstand, dass der Verordnungsgeber keine umfassende Nachweispflicht statuiert hat, um das Wettbewerbsverhältnis zwischen Auftraggeber und -nehmer nicht in Schieflage zu bringen, darf nicht dadurch unterminiert werden, dass sich der Auftraggeber die ihn in den Vertragsverhandlungen bevorteilenden Informationen über die Betriebs- und Geschäftsführung des Auftragnehmers auf dem Umweg über die Preisaufsicht verschafft.[13]

15 Um dem verfassungsrechtlichen **Gebot der Verhältnismäßigkeit** behördlicher Maßnahmen zu genügen, bindet Abs. 2 „die Beanspruchung des Auftragnehmers durch Feststellungen" an die „wirtschaftliche Bedeutung der Leistung" für beide (potenziellen) Vertragspartner. Diese Vorschrift zielt auf den Schutz des Auftragnehmers ab, indem eine unzumutbare Beanspruchung desselben durch unnötige Untersuchungen durch den Auftraggeber verhindert wird.[14] Diese Schranke ist nach den Verhältnissen eines jeden Einzelfalls auszulegen.[15] Die Missachtung eines „angemessenen Verhältnisses" macht die Ermittlungsmaßnahmen des öffentlichen Auftraggebers unzulässig. Der Auftragnehmer ist mithin berechtigt, der Verfügung nicht Folge zu leisten.[16] Ob das mit Blick auf die Auftragsvergabe ein verwaltungspraktisch gangbarer Weg ist, steht auf einem anderen Blatt.

16 Im Falle der Nichterfüllung der dem Auftragnehmer gegenüber dem öffentlichen Auftraggeber auferlegten aktiven und passiven Pflichten, greift § 11 ein. Danach ist für **Zuwiderhandlungen** gegen „die Bestimmungen dieser Verordnung" ein spezielles Verfahren zur Ahndung etabliert, in dessen Rahmen auch das Bestehen und der Umfang eines Mitwirkungsverweigerungsrechts des Auftragnehmers zu prüfen sind. Der öffentliche Auftraggeber verfügt unmittelbar ebenso wenig über Sanktionsmöglichkeiten wie beim Verdacht der Höchstpreisüberschreitung.

17 **2. Anrufung der Preisbehörde (Abs. 3 u. 4).** Die mit der Feststellungsberechtigung des öffentlichen Auftraggebers einhergehende Stärkung seiner Verhandlungsposition versucht der Verordnungsgeber zu kompensieren, indem der Auftragnehmer nach Abs. 3 die Beteiligung der Preisbehörde an der Feststellung beantragen kann. Weder dem feststellungsberechtigten Auftraggeber noch der Preisprüfungsbehörde kommt ein Entschließungsermessen hinsichtlich der Mitwirkung der neutralen Stelle zu. Auch wenn die Preisbehörde über originäre Befugnisse aus § 9 verfügt, kann sie diese im Fall der Anrufung durch den Auftragnehmer nur einsetzen, um die Feststellung des öffentlichen Auftraggebers über die Zulässigkeit des in Rede stehenden Selbstkostenpreises zu beeinflussen. Die **Letztentscheidungszuständigkeit** bleibt ungeschmälert beim Auftraggeber. Praktisch werden dadurch mutmaßlich sich widersprechende Ergebnisse vermieden; rechtlich ausgeschlossen sind sie nicht. Dem Prüfungsbericht der Preisaufsicht kommt gegenüber der Feststellung des öffentlichen Auftraggebers von Rechts wegen kein Vorrang[17] und keine Bindungswirkung[18] zu.

18 Im Falle von Meinungsverschiedenheiten, insbesondere infolge der Feststellung des zulässigen Selbstkostenpreises durch den öffentlichen Auftraggeber, appelliert Abs. 4 S. 1 an die Vertragspartner,

---

[12] Ebenso Ebisch/Gottschalk/*Hoffjan*/*Müller* Rn. 23; Michaelis/Rhösa/*Greiffenhagen* § 10 C II 2.
[13] Ähnlich Ebisch/Gottschalk/*Hoffjan*/*Müller* Rn. 20, die deshalb eine Abwägung „zwischen den Belangen des Auftraggebers und denen des Auftragnehmers" verlange.
[14] HK-VergabeR/*Berstermann* Rn. 8.
[15] Michaelis/Rhösa/*Greiffenhagen* § 10 C II 1.
[16] Insoweit unzutr., wenn Ebisch/Gottschalk/*Hoffjan*/*Müller* Rn. 24, meinen, dass „rechtliche Folgen aus einer Nichtbeachtung nicht abgeleitet werden können"; so in etwa auch HK-VergabeR/*Berstermann* Rn. 8; Michaelis/Rhösa/*Greiffenhagen* § 10 C II 1.
[17] Ebisch/Gottschalk/*Hoffjan*/*Müller* Rn. 28.
[18] Michaelis/Rhösa/*Greiffenhagen* § 10 A III.

sich gütlich zu einigen. Schlägt dieser Versuch fehl, eröffnet Abs. 4 S. 2 den Weg zur Preisbildungsstelle, die „auf Antrag eines Beteiligten (…) den Selbstkostenpreis fest(setzt)". Das **Ziel der Vorschrift** ist, zunächst die Privatautonomie zu wahren und der unabhängigen Preisbehörde eine Schiedsrichterfunktion[19] zuzuweisen, um gerichtliche Streitverfahren zu vermeiden.[20]

Die Einschaltung der Preisbildungsstelle ist in Abhängigkeit vom Selbstkostenpreistyp ab dem **Zeitpunkt** zulässig, ab dem die Feststellung des Preises möglich ist (→ Rn. 13), kann dann aber auch erst nach Vertragsschluss erfolgen. 19

Anders als der Prüfungsbericht (→ § 9 Rn. 26) und die Feststellung der Unzulässigkeit des Selbstkostenpreises durch den öffentlichen Auftraggeber (→ Rn. 10 f.) bestimmt die Entscheidung der Preisbildungsstelle nach Abs. 4 S. 2 bindend über den zulässigen Höchstpreis. Da sich dessen Höhe bereits aus der Preisverordnung und den Leitsätzen ergibt, erbringt die Festsetzung nur eine Konkretisierungs- und Individualisierungsleistung und hat insoweit die Qualität eines **feststellenden Verwaltungsakts**.[21] Dieser entfaltet Tatbestandswirkung, dh der rechtswirksame Verwaltungsakt ist von allen Staatsorganen zu beachten und als gegebener „Tatbestand" den Entscheidungen zugrunde zu legen.[22] Das Zivilgericht ist mithin an die Feststellung gebunden.[23] Falls das behördliche bzw. das verwaltungsgerichtliche Preisbildungsverfahren noch nicht abgeschlossen ist, kann es das zivilgerichtliche Verfahren aussetzen, muss das aber nicht. 20

§ 11 Zuwiderhandlungen

Zuwiderhandlungen gegen die Bestimmungen dieser Verordnung werden nach den Strafbestimmungen des Gesetzes zur Vereinfachung des Wirtschaftsstrafrechts (Wirtschaftsstrafgesetz) vom 26. Juli 1949 (WiGBl. S. 193) in der Fassung des Gesetzes vom 25. März 1952 (BGBl. I S. 188)/17. Dezember 1952 (BGBl. I S. 805) geahndet.

I. Normzweck

Um den Regelungen des Öffentlichen Preisrechts Nachdruck zu verleihen, unterstellt § 11 „Zuwiderhandlungen" ausdrücklich dem **Sanktionsmechanismus des WiStG**. Konkret werden gem. § 3 WiStG „Verstöße gegen die Preisregelung" als Ordnungswidrigkeit iSv § 1 Abs. 1 OWiG geahndet. Davon erfasst sind nicht nur die materiellen Bestimmungen der Preisverordnung, sondern auch formelle Vorschriften, etwa zu Pflichten des Auftragnehmers im Zuge der Preisprüfung. Strafbar macht sich nur (mehr), wer Preisrechtsverstöße begeht. 1

Als Blankettvorschrift fordert § 11 **rechtsstaatliche Bedenken** heraus, weil die mit Bußgeld bedrohten Tatbestände nicht aus der Norm heraus erkennbar sind. Dem kann entgegengehalten werden, dass die in Bezug genommenen Preisregelungen feststehen und seit Jahrzehnten durch Rechtsprechung, Wissenschaft und Praxis ausgelegt und angewendet werden. 2

Die hoheitliche Preisbildung und Preisüberwachung gem. §§ 9, 10 steht selbstständig neben der Ahndung von Preisverstößen. Die **Preisprüfung** wirkt präventiv und hilft insoweit auch, repressive Maßnahmen in Gestalt von Bußgeldverfahren zu vermeiden. 3

II. Einzelerläuterungen

1. Tatbestand. „Bestimmungen dieser Verordnung" gem. § 11 sind **alle formellen und materiellen Preisregelungen** in der Verordnung selbst sowie in den Leitsätzen. Soweit über § 3 allgemeine oder besondere Preisvorschriften einbezogen werden, können sie ebenfalls Gegenstand der von § 11 erfassten Zuwiderhandlungen sein. 4

Als **Tatbestandsvarianten** für Verstöße gegen die Höchstpreisgrenze des § 1 Abs. 3 nennt die Vorschrift ausdrücklich das Fordern, Versprechen, Vereinbaren, Annehmen und Gewähren unzulässiger Preise, nicht unzulässiger Preistypen. In der Sache werden damit teilweise Verhaltensweisen selbstständig als Ordnungswidrigkeit sanktioniert, die bezogen auf einen Preisverstoß nur Versuchscharakter haben.[1] Eine „echte" Versuchsstrafbarkeit von Zuwiderhandlungen kennt das WiStG nicht; hierfür bedürfte es der expliziten gesetzlichen Anordnung (vgl. § 13 Abs. 2 OWiG). Wenn der Auftragnehmer zu aktivem Tun oder jedenfalls zu passivem Dulden im Zuge von Preisprüfungsmaßnahmen verpflichtet ist, handelt er dem durch Unterlassen oder Widerstand zuwider. Jede der in 5

---

[19] Michaelis/Rhösa/*Greiffenhagen* § 10 D III.
[20] Vgl. auch Ebisch/Gottschalk/*Hoffjan*/*Müller* Rn. 32.
[21] Ähnlich Ebisch/Gottschalk/*Hoffjan*/*Müller* Rn. 34; ebenso Michaelis/Rhösa/*Greiffenhagen* § 10 D III.
[22] Allg. *Maurer*/*Waldhoff* AllgVerwR § 10 Rn. 20.
[23] Vgl. BGHZ 73, 114 = NJW 1979, 597 f.
[1] Ebisch/Gottschalk/*Hoffjan*/*Müller* Rn. 15.

§ 1 Abs. 3 benannten Begehungsvarianten ist unabhängig von zeitlich vorhergehenden Tatbestandsverwirklichungen selbstständig unter Strafe gestellt, kann kumulativ erfüllt werden und unterliegt für sich betrachtet der Verfolgungsverjährung nach § 31 OWiG.[2]

6   Soweit **öffentlich Bedienstete** der Auftraggeber oder der Preisbehörden gegen die preisrechtlichen Vorschriften verstoßen, können sie gleichermaßen Ordnungswidrigkeitentatbestände iSv § 3 WiStG iVm § 11 VO PR Nr. 30/53 verwirklichen.[3]

7   **2. Rechtsfolgen.** Während die allgemeine Regel des § 17 Abs. 1 OWiG den **Rahmen für Geldbußen** bei Ordnungswidrigkeiten von 5–1.000 EUR spannt, erweitert § 3 Abs. 2 WiStG ihn auf bis zu 25.000 EUR. Im Falle von fahrlässig begangenen Preisverstößen wird das Höchstmaß nach § 17 Abs. 2 OWiG auf 12.550 EUR halbiert. Die Zumessung der Geldbuße steuern allgemein § 17 Abs. 3 u. 4 OWiG.

8   Das WiStG sieht in §§ 7–9 „ergänzende Vorschriften" zur Einziehung von Gegenständen,[4] der Abführung sowie der Rückerstattung des Mehrerlöses vor, die als **Nebenfolgen** im Bußgeldbescheid ausgesprochen werden können.[5] § 8 WiStG sieht die Abführung des Mehrerlöses an das Land und § 9 WiStG an den Geschädigten vor. § 10 WiStG erlaubt sogar die „selbstständige Abführung des Mehrerlöses", wenn „ein Straf- oder Bußgeldverfahren nicht durchgeführt werden (kann)".[6] Der sog. Mehrerlös bestimmt sich als Unterschiedsbetrag zwischen dem zulässigen und dem erzielten Preis (vgl. § 8 Abs. 1 S. 1 WiStG). Das Ziel der Mehrerlösabführung ist demnach, die aus dem Verstoß gegen preisrechtliche Vorschriften erwachsenden wirtschaftlichen Vorteile auszugleichen.[7] Das wird daran deutlich, dass § 8 Abs. 1 S. 1 WiStG die Abführung unter den Vorbehalt, der Rückerstattung „auf Grund einer rechtlichen Verpflichtung" stellt. Insbesondere Anordnungen bezüglich des Mehrerlöses machen eine Berücksichtigung des wirtschaftlichen Vorteils des Täters aus dem Preisverstoß bei der Zumessung der Geldbuße gem. § 17 Abs. 4 OWiG weitgehend bedeutungslos.[8]

9   Grundsätzlich unberührt von ordnungswidrigkeitenrechtlichen Sanktionen bleiben **zivilrechtliche Ansprüche** des geschädigten öffentlichen Auftraggebers. Da Preisrechtsverletzungen zur Unwirksamkeit der betroffenen Entgeltvereinbarung führen, kommen hier vor allem bereicherungsrechtliche Ansprüche auf Herausgabe des erlangten Mehrerlöses gem. §§ 812 ff. BGB in Betracht (vgl. aber § 817 S. 2 BGB).[9] Um eine Doppelbelastung des Auftragnehmers zu vermeiden, eröffnen § 8 Abs. 1 S. 1 WiStG, § 9 Abs. 2 WiStG der Verfolgungs- bzw. der Vollstreckungsbehörde, auf zivilrechtliche Rückerstattungen zu reagieren.

§ 12 Inkrafttreten

(1) Diese Verordnung tritt am 1. Januar 1954 in Kraft.

(2) Für die vor dem Inkrafttreten dieser Verordnung abgeschlossenen, vom Auftragnehmer noch nicht oder noch nicht voll erfüllten Verträge gilt folgendes:
1. Vereinbarungen, nach denen Marktpreise oder Selbstkostenfestpreise zu zahlen sind bleiben unberührt.
2. Selbstkostenrichtpreise sind nach den Vorschriften dieser Verordnung umzuwandeln.
3. Selbstkostenerstattungspreise sind nach den Vorschriften dieser Verordnung für diejenigen Leistungen, Teilleistungen und Teile von Leistungen zu ermitteln die nach dem Inkrafttreten dieser Verordnung erbracht werden.

1   Wenn eine Neuregelung zu vertraglich vereinbarten Preisen in einem festgelegten Zeitpunkt in Kraft tritt (Abs. 1), trifft sie zwangsläufig auf dann noch nicht vollständig erfüllte Austauschverhält-

---

[2] LG Kaiserslautern Beschl. v. 15.10.1969 – 1 Qs 201, 69, abgedruckt in *Michaelis/Rhösa* Entscheidungen IV 1966-1970; ebenso Ebisch/Gottschalk/*Hoffjan/Müller* Rn. 80 ff.
[3] So auch Michaelis/Rhösa/*Greiffenhagen* § 11 B I 2b; AA mit untauglicher Begründung Ebisch/Gottschalk/ *Hoffjan/Müller* Rn. 21.
[4] Zum Doppelcharakter der Einziehung vgl. Michaelis/Rhösa/*Greiffenhagen* § 11 C I mwN.
[5] HK-VergabeR/*Berstermann* Rn. 7; ausf. Ebisch/Gottschalk/*Hoffjan/Müller* Rn. 35 ff.; Michaelis/Rhösa/ *Greiffenhagen* § 11 C.
[6] Die Abführung kann ihrerseits auch ohne gleichzeitige Verhängung eines Bußgeldes ausgesprochen werden des Mehrerlöses, OLG Koblenz Beschl. v. 31.10.1963 – 2 WS (a) 380/63 u. 381/63, abgedruckt in *Michaelis/ Rhösa* Entscheidungen IV 1961-1965.
[7] Daneben dient es auch der Abschreckung zur Sicherung eines angemessenen Preisgefüges, BGH Urt. v. 23.9.1954 – 4 StR 451/53, NJW 1954, 1734.
[8] Ebisch/Gottschalk/*Hoffjan/Müller* Rn. 32.
[9] BGH Urt. v. 28.1.1953 – II ZR 265/51, NJW 1953, 740 (743).

nisse. Das macht Übergangsregelungen notwendig (Abs. 2). Wenn und soweit bereits einschlägige Regelungen vorhanden sind, bedarf es deren Aufhebung (Abs. 3) bzw. der Harmonisierung der Anwendungsbereiche (Abs. 4). Letzteres hat sich durch die Freigabe der Preise bei öffentlichen Aufträgen für Bauleistungen vollends erledigt.

Anlage zur Verordnung PR Nr. 30/53 vom 21. November 1953:

Leitsätze für die Preisermittlung auf Grund von Selbstkosten (LSP)

Vorbemerkung

1   Die sog. LSP statuieren als Anlage zur VO PR Nr. 30/53 ein in sich geschlossenes und vollständiges **System der kostenbezogenen Entgeltbildung** und stellen insoweit verbindliche **Normen des materiellen Rechts** dar. Sie „regeln die Preisbildung auf Grund von Selbstkosten", soweit ihre Anwendung allgemein oder im Einzelfall angeordnet oder vereinbart worden ist (Nr. 1 Abs. 1). „Sie regeln insbesondere die Preisermittlung bei allen Vereinbarungen gem. §§ 5–8 VO PR Nr. 30/53" (Nr. 1 Abs. 2). Wegen ihrer allgemeinen betriebswirtschaftlichen Relevanz sind die LSP auch auf andere Gebiete als für öffentliche Aufträge anwendbar. Umgekehrt können steuer- oder handelsrechtliche Vorgaben preisrechtlich nur durchgreifen, wenn diese Regelungen mit dem Zweck und den Grundsätzen der Preisverordnung übereinstimmen.[1]

2   Der mit „Allgemeines" überschriebene erste **Abschnitt der LSP** (Nr. 1–3) bestimmt den „Geltungsbereich" der LSP, die „Einrichtung und Ausgestaltung des betrieblichen Rechnungswesens" und die „Erklärung des Auftragnehmers" über die preisrechtskonforme Preisermittlung. Der zweite Abschnitt (Nr. 4–10) betrifft die „Preisermittlung auf Grund von Selbstkosten", genauer: die Grundsätze, Verfahren und Arten der Kostenkalkulation. Schließlich bestimmt der dritte und umfangreichste Abschnitt (Nr. 11–52) die „Bestandteile des Selbstkostenpreises". Er regelt in den einzelnen Unterabschnitten A. bis L. die ansatzfähigen Kostenarten, so etwa auch die „kalkulatorischen Kosten" (Nr. 37–50) und den „kalkulatorischen Gewinn" (Nr. 51 u. 52).

3   Aus der betrieblichen Perspektive bildet das interne Rechnungswesen, die sog. **Kostenrechnung,** einen zentralen Bestandteil des gesamten betrieblichen Informationssystems, mit dessen Hilfe sich die wesentlichen ökonomischen Vorgänge und Beziehungen innerhalb des Betriebs ebenso darstellen lassen wie zu seiner Umwelt. Inmitten steht die Zuordnung des speziellen Ressourcenverbrauchs (Kosten) zu jeweiligen Produkten. Insoweit können Kennzahlen gebildet werden, die Informationen zur Steuerung bilden, damit die Produkt- und Finanzziele erreicht, die Wirtschaftlichkeit gesteigert und Optimierungspotenziale erkannt werden. Den Einstieg bildet die Formulierung von Plan- oder Zielwerten, die auf keinen Fall überschritten (Kosten) bzw. in jedem Fall erreicht (Leistungen) werden sollen. Ein Vergleich mit den tatsächlichen Werten gibt Auskunft über die Zielerreichung.

4   Die in der betrieblichen Praxis angewandten Regeln der Kostenrechnung entsprechen im Wesentlichen den LSP.[2] Allerdings verlangen die Leitsätze nicht, dass die betriebliche Kostenrechnung ihren Ansatz- und Bewertungsvorschriften angepasst ist bzw. wird. Nach Nr. 2 S. 1 ist lediglich der potenzielle Auftragnehmer nur „zur **Führung eines geordneten Rechnungswesens** verpflichtet". Der Begriff des geordneten Rechnungswesens wird in den LSP indes nicht erläutert.[3] „Dieses muss jederzeit die Feststellung der Kosten und Leistungen, die Abstimmung der Kosten- und Leistungsrechnung mit der Aufwands- und Ertragsrechnung sowie die Ermittlung von Preisen auf Grund von Selbstkosten ermöglichen" (Nr. 2 S. 2). Nr. 4 Abs. 4 bestimmt für den Fall eines abweichend aufgebauten „betriebsindividuellen" Rechnungswesens, dass die preisrechtlich zulässigen Kosten „aus der betriebsindividuellen Betriebsabrechnung im Wege der Zu- und Absetzung entwickelt werden (dürfen)". Das betrifft etwa Unternehmen, die nur über eine Teilkostenrechnung verfügen. Fehlt es, etwa bei Hochschulen oder Freiberuflern, überhaupt an einer Kostenrechnung, muss eine diesbezügliche Schätzung vorgenommen werden. Die Zurückhaltung des Verordnungsgebers in Bezug auf die Schaffung detaillierter Anforderungen an das Rechnungswesen lässt den Schluss zu, dass staatliche Eingriffe in das unternehmensbezogene Rechnungswesen so gering wie möglich gehalten werden, damit eine betriebsinterne Ausgestaltung gewährleistet ist.[4]

5   Von maßgeblicher Bedeutung für die Entgeltkalkulation ist die Summe der ansatzfähigen Kosten. Die LSP enthalten zwar Regelungen, die Aufschluss darüber geben, wie der Begriff der ansatzfähigen Kosten zu verstehen ist. Allerdings fehlt es an einer Definition des Kostenbegriffs. Nr. 4 Abs. 1 deutet indes auf den **sog. wertmäßigen Kostenbegriff** hin, wonach Kosten der monetär bewertete Güter- und Dienstleistungsverzehr, welcher durch die Leistungserbringung in einer Periode bedingt

---

[1]   So zutr. Ebisch/Gottschalk/*Hoffjan*/*Müller* § 5 Rn. 76.
[2]   *R. Müller*, Preisgestaltung bei öffentlichen Aufträgen, 3. Aufl. 1993, 90.
[3]   Michaelis/Rhösa/*Greiffenhagen* Leitsätze Nr. 2 Ziff. 1.2. mwN.
[4]   Michaelis/Rhösa/*Greiffenhagen* Leitsätze Nr. 2 Ziff. 1.2.

ist, sind.[5] Unter Gütern sind alle werthaltigen, nützlichen, auch knappen Dinge zu verstehen, dh neben Sachgütern und Dienstleistungen auch Nominalgüter wie Geld und Darlehenswerte.[6] Als Verbrauch werden zum einen der physische Verzehr von Roh-, Hilfs- und Betriebsstoffen, sodann die Ableistung von Arbeit und Diensten und ferner die Nutzung von Betriebsmitteln, Infrastruktur und Rechten sowie zum anderen die Nutzung von Kapital und die Entrichtung öffentlicher Abgaben erfasst.[7] Die LSP verankern statt einer strengen Leistungsbezogenheit eine weitere Sachzielbezogenheit der Kosten, wie Nr. 4 Abs. 3 mit der Formulierung „der Leistung zuzurechnenden Kosten" belegt. Als Sachziel einer Unternehmung sind Art, Menge und Verteilung der zu produzierenden und abzusetzenden Güter zu verstehen.[8]

Der wertmäßige Kostenbegriff hat auch eine **zeitliche Komponente.** In die Kalkulation dürfen 6 nur Kosten eingestellt werden, die in der Periode der Leistungserstellung entstehen. Möglicher zukünftiger Aufwand kann nicht vorweggenommen werden, weil das der Wahrung des Preisstandes widerspräche.[9] Der Ansatz von Rückstellungen zur Deckung künftiger Verbindlichkeiten gerät daher mit dem Gebot der Periodengerechtigkeit in Konflikt. Die entsprechenden Kostenpositionen dürfen grundsätzlich erst dann in die Preiskalkulation eingehen, wenn die Leistungen erbracht sind, für die Mittel bereitgestellt worden sind.[10]

Bei der Preisbildung aufgrund betriebsindividueller Selbstkosten wurde in der Vergangenheit 7 der Vorwurf laut, diese Berechnungsweise begünstige die Unwirtschaftlichkeit und trage zu einem übermäßigen „Kostenmachen" bei.[11] Daher begrenzt Nr. 4 Abs. 2 die Berücksichtigungsfähigkeit der Kosten auf diejenigen, „die bei wirtschaftlicher Betriebsführung zur Erstellung der Leistung entstehen". Soweit Marktpreise in Rede stehen, stellt sich das Problem des Ansatzes überflüssiger bzw. übermäßiger Kosten nicht, da ein Anpassungs- und Kostensenkungsdruck aus dem Wettbewerb erwächst. Problematisch ist demgegenüber die Ist-Kosten-Rechnung, für die ein Korrektiv im Sinne des Minimumprinzips eingeführt wird.[12] Der **Maßstab der wirtschaftlichen Betriebsführung** wird dabei nicht durch die Verhältnisse eines idealtypischen Unternehmens[13] gefüllt, sondern durch die Verhältnisse des zu beurteilenden Unternehmens. Der Begriff stellt mithin subjektiv auf das unternehmerische Verhalten des Auftragnehmers ab, wobei der Auftragnehmer über eine gewisse unternehmerische Selbstständigkeit verfügen muss.[14] Insoweit sind nur Kostenerhöhungen, die durch unwirtschaftliche Verhältnisse des konkreten Auftragnehmers begründet sind, auszuschließen.[15] Bezugsobjekt ist insoweit die Gesamtheit sämtlicher in wirtschaftlicher, organisatorischer und technischer Hinsicht bestehender Arbeitsverfahren; es geht um die unternehmensbezogene Wirtschaftlichkeit. Die Unwirtschaftlichkeit eines Teilverfahrens kann insoweit durch gegenläufige Effekte bei anderen Produktionsteilen bzw. Kostenarten kompensiert werden.[16] Der preisrechtlich vorgegebene Weg zur wirtschaftlichen Betriebsführung zielt dabei auf die vereinbarte Gesamtleistung, wie schon der Wortlaut von Nr. 4 Abs. 2 belegt. Zwar mögen bei einzelnen Preisbildungsfaktoren eher aussagekräftige und belastbare Daten vorliegen, auf die eine Wirtschaftlichkeitsbetrachtung des Produktionsprozesses und -mitteleinsatzes gestützt werden kann.[17] Dennoch reicht es nicht aus, wegen eines möglicherweise unwirtschaftlichen Teilverfahrens die angefallenen Selbstkosten der Fertigung entsprechend zu kürzen, wenn das untersuchte Endprodukt wirtschaftlich gefertigt worden ist.[18]

§ 5 Abs. 1 stellt zudem für die einzelnen Kostenpositionen die Voraussetzung der **Angemessen-** 8 **heit** auf. Auch hier ist Betrachtungsgegenstand nicht ein Idealunternehmen, sondern ein verobjekti-

---

[5] *Möllhoff,* Das öffentliche Auftragswesen des Verteidigungsressorts im Spannungsfeld der Wirtschafts- und Finanzverfassung, 1985, 194 ff.
[6] *Dierkes/Hamann,* Öffentliches Preisrecht in der Wasserwirtschaft, 2009, 232.
[7] *Dierkes/Hamann,* Öffentliches Preisrecht in der Wasserwirtschaft, 2009, 232.
[8] *Dierkes/Hamann,* Öffentliches Preisrecht in der Wasserwirtschaft, 2009, 233.
[9] Ebisch/Gottschalk/*Hoffjan/Müller* § 5 Rn. 78.
[10] Vgl. zu den Folgen des abweichenden handelsrechtlichen Begriffs der Aufwendungen *Hoffjan/Hövelborn* BB 2017, 1323 ff., am Beispiel des preisrechtlichen Ansatzes von Pensionsrückstellungen.
[11] Michaelis/Rhösa/*Greiffenhagen* Leitsätze Nr. 4 Ziff. 2.1.
[12] Ebisch/Gottschalk/*Hoffjan/Müller* LSP Nr. 4 Rn. 15, 17; HK-VergabeR/*Berstermann* § 5 Rn. 24.
[13] So auch *Möllhoff,* Das öffentliche Auftragswesen des Verteidigungsressorts im Spannungsfeld der Wirtschafts- und Finanzverfassung, 1985, 199.
[14] Ebisch/Gottschalk/*Hoffjan/Müller* LSP Nr. 4 Rn. 19; *R. Müller,* Preisgestaltung bei öffentlichen Aufträgen, 3. Aufl. 1993, 101.
[15] IdS auch Michaelis/Rhösa/*Greiffenhagen* Leitsätze Nr. 4 Ziff. 2.1.2.
[16] *Dierkes/Hamann,* Öffentliches Preisrecht in der Wasserwirtschaft, 2009, 235.
[17] So in etwa auch HK-VergabeR/*Berstermann* § 5 Rn. 25.
[18] Michaelis/Rhösa/*Greiffenhagen* Leitsätze Nr. 4 Ziff. 2.1.2; Ebisch/Gottschalk/*Hoffjan/Müller* LSP Nr. 4 Rn. 17.

vierter Betrieb unter den konkreten Verhältnissen.[19] Bezugsmaßstab ist die Leistungserstellung. Bei der Prüfung der Angemessenheit besteht, im Unterschied zu der Prüfung der wirtschaftlichen Betriebsführung, kein Beurteilungsspielraum auf Auftragnehmerseite im Sinne einer unternehmerischen Entscheidungsfreiheit.[20] Kosten können als angemessen angesehen werden, wenn sie bei der Leistungserstellung als objektiv notwendig bezeichnet werden können.[21]

9 Normsystematisch steht dieses Begrenzungsinstrument in einem gewissen Spannungsverhältnis zur wirtschaftlichen Betriebsführung, kann als unmittelbar in der Verordnung angelegtes Kriterium aber wohl kaum durch die Anlage abgeschwächt werden. Mithin ist aus normsystematischen Erwägungen von einem Vorrang des Begriffs „angemessene Kosten" vor dem Begriff „Kosten bei wirtschaftlicher Betriebsführung" auszugehen.[22] Das Öffentliche Preisrecht geht von einer **doppelten Prüfung** aus, indem es die verrechnungsfähigen Kosten zunächst auf ihre Angemessenheit und das gesamte Produktionsverfahren und sodann auf eine wirtschaftliche Betriebsführung begrenzt. Diese Prüffolge[23] darf weder kurzgeschlossen noch umgekehrt werden.

I. Allgemeines

Nr. 1 Geltungsbereich

(1) Die Leitsätze regeln die Preisermittlung auf Grund von Selbstkosten
a) soweit Rechtsverordnungen oder Verfügungen
   aa) die Anwendung dieser Leitsätze vorschreiben oder
   bb) dem Auftraggeber das Recht einräumen, die Anwendung dieser Leitsätze zu fordern und er von diesem Recht Gebrauch macht oder
b) soweit Auftraggeber und Auftragnehmer die Anwendung dieser Leitsätze preisrechtlich zulässig vereinbaren.

(2) Sie regeln insbesondere die Preisermittlung bei allen Vereinbarungen gemäß §§ 5 bis 8 der Verordnung PR Nr. 30/53 über die Preise bei öffentlichen Aufträgen vom 21. November 1953 (Bundesanzeiger Nr. 244 vom 18. Dezember 1953).

1 Die Leitsätze für die Preisermittlung auf Grund von Selbstkosten (LSP) machen detaillierte Vorgaben dahingehend, auf welche Weise **Selbstkostenpreise** zu kalkulieren sind, soweit Rechtsverordnungen oder Verfügungen auf die LSP als Sollvorschrift verweisen oder Auftraggeber berechtigt sind, die Anwendung der LSP von den Vertragspartnern zu fordern, und sie dieses Recht ausnutzen. Auch kann die Verwendung der LSP als Preisermittlungsmethode von Auftraggeber und Auftragnehmer frei vereinbart werden, wenn dies zulässig ist bzw. wenn dem keine anderen preisrechtlichen Regelungen entgegenstehen. Dies gilt auch für nicht-öffentliche Auftraggeber.[1]

2 In erster Linie regeln die LSP als Anlage zur VO PR Nr. 30/53 die Kalkulation der in den §§ 5–7 adressierten Selbstkostenpreistypen. Durch § 8 werden die LSP hierbei zur **verpflichtenden Kalkulationsvorschrift**. Unter Berücksichtigung des § 2 Abs. 4 ist festzuhalten, dass die LSP bei Verträgen zwischen öffentlichen Auftraggebern und den Hauptauftragnehmern, zwischen Hauptauftragnehmer und Unterauftragnehmer sowie zwischen Unterauftragnehmer und „Unterunterauftragnehmer" zur Anwendung kommen können.[2] Ein weiteres wichtiges Anwendungsfeld der LSP sind die sehr häufig auch auf Kostenbasis abgerechneten **staatlichen Zuwendungen**, die in den NKBF 2017 rechtlich geregelt sind und ebenfalls durch die behördlichen Preisprüfungsstellen überwacht werden.[3] Ferner gelten die LSP bei von deutschen Behörden angeordneten Liefer- und Leistungsauflagen bzw. -anweisungen zum Zwecke der Entschädigung des Leistungserbringers. Eines Vertragsabschlusses bedarf es hierbei nicht, solange die Entschädigung selbstkostenbasiert vorgenommen wird.[4]

---

[19] *Dierkes/Hamann*, Öffentliches Preisrecht in der Wasserwirtschaft, 2009, 237; Michaelis/Rhösa/*Greiffenhagen* Nr. 4 Ziff. 2.1.1 sprechen sich dazu aus, „die Kosten des individuellen Betriebes" zugrunde zu legen.
[20] HK-VergabeR/*Berstermann* § 5 Rn. 20.
[21] Michaelis/Rhösa/*Greiffenhagen* Leitsätze Nr. 4 Ziff. 2.1.1. unter Bezugnahme auf *Birgel*, Öffentliches Auftragswesen und Preisrecht, 1994, 104.
[22] So auch Michaelis/Rhösa/*Greiffenhagen* Leitsätze Nr. 4 Ziff. 2.1.; ebenfalls für eine herausragende Bedeutung der Angemessenheitsprüfung HK-VergabeR/*Berstermann* § 5 Rn. 17.
[23] Michaelis/Rhösa/*Greiffenhagen* Leitsätze Nr. 4 Ziff. 2.1; Ebisch/Gottschalk/*Hoffjan*/*Müller* LSP Nr. 4 Rn. 21.
[1] Vgl. *Birgel*, Öffentliches Auftragswesen und Preisrecht, 1994, 141.
[2] Vgl. *Birgel*, Öffentliches Auftragswesen und Preisrecht, 1994, 141.
[3] Vgl. Ebisch/Gottschalk/*Hoffjan*/*Müller* Rn. 2.
[4] Vgl. *Birgel*, Öffentliches Auftragswesen und Preisrecht, 1994, 141; Ebisch/Gottschalk/*Hoffjan*/*Müller* Rn. 1.

Nr. 2 Einrichtung und Ausgestaltung des Rechnungswesens

¹Der Auftragnehmer ist zur Führung eines geordneten Rechnungswesens verpflichtet. ²Dieses muß jederzeit die Feststellung der Kosten und Leistungen, die Abstimmung der Kosten- und Leistungsrechnung mit der Aufwands- und Ertragsrechnung sowie die Ermittlung von Preisen auf Grund von Selbstkosten ermöglichen.

I. Normzweck und -zusammenhang

Die LSP verlangen in ihrer Nr. 2, dass allen Selbstkostenpreisermittlungen ein geordnetes und plausibel auf seine einzelnen Rechnungs-/Buchungskreise abgestimmtes Rechnungswesen-System zugrunde liegt. Zu jedem Zeitpunkt soll hierdurch die Feststellung der Kosten und Leistungen, die Abstimmung der Kosten- und Leistungsrechnung mit der Aufwands- und Ertragsrechnung sowie die Ermittlung von Preisen auf Grund von Selbstkosten **mit vertretbarem Aufwand und hinreichender Sicherheit** leistbar sein. 1

Den Anforderungen an das Rechnungswesen des Auftragnehmers wird gemeinhin die übliche Untergliederung des Rechnungswesens in die beiden Rechnungskreise **„Finanzbuchhaltung"** („Fibu") und **„Betriebsbuchhaltung"** („Bebu" bzw. Kostenrechnung) gerecht.[1] Die Kostenrechnung macht sich hierbei die Grunddaten der Finanzbuchhaltung zunutze.[2] Für beide Rechnungskreise, Finanzbuchhaltung und Kostenrechnung, müssen die Grundsätze ordnungsgemäßer Buchführung **(GoB)**[3] gewahrt werden. 2

Die Kostenrechnung dient zur **Erfassung und Verteilung der Kosten,** die in den betrieblichen Leistungserstellungsprozessen entstehen. Der betriebswirtschaftliche Kostenbegriff bezeichnet den leistungsbedingten, bewerteten Verzehr von Gütern und Dienstleistungen innerhalb einer Periode. Er umfasst somit nicht nur die **aufwandgleichen Kosten (Grundkosten),** sondern auch etwa kalkulatorischer Abschreibungen, kalkulatorische Wagnisse und die kalkulatorischen Zinsen als sog. **Anders- bzw. Zusatzkosten.** Neutrale Aufwendungen (außerordentliche, betriebs- und periodenfremde Aufwendungen) und die bewertungsbedingten neutralen Aufwendungen wie bilanzielle Abschreibungen und Fremdkapitalzinsen sind dagegen streng genommen keine Kosten und somit in der Kostenrechnung **auszusondern.** 3

II. Einzelerläuterungen

Die LSP verzichten darauf, dem Auftragnehmer konkrete Vorgaben dahingehend zu machen, wie er sein Rechnungswesen **technisch bzw. EDV-mäßig** auszugestalten hat.[4] Obschon also das Rechnungswesen ordnungsmäßig strukturiert und eine betriebswirtschaftlich plausible Informationsversorgung gewährleistet sein soll, ist es das Ansinnen des Verordnungsgebers „so wenig wie möglich in das firmenspezifische Rechnungswesen einzugreifen".[5] 4

Zur Erfüllung der notwendigen Bedingungen für ein geordnetes (ordnungsmäßiges) Rechnungswesen ist auf eine **Reihe von Kriterien** abzustellen, wobei insbesondere die folgenden anzuführen sind:[6] 5
– **In sich geschlossenes Rechnungswesen:** Damit das Rechnungswesen als „geschlossen" bezeichnet werden kann, muss zwischen der Finanzbuchhaltung und der Kostenrechnung eine plausible und lückenlose Schnittstelle geschaffen werden. Die Überleitung der Aufwands- in die Kostenrechnung ist hier ganz wesentlich. Für die Kalkulation des Selbstkostenpreises im Wege der Überleitungsrechnung sind die laut LSP nicht ansatzfähigen Kosten/Kostenarten zunächst zu eliminieren, dann kalkulatorische Kostenarten zu ergänzen und letztlich potenzielle Nebenerlöse kostenmindern abzusetzen. Hinsichtlich der Überleitung von der Finanzbuchhaltung auf die Kostenrechnung ist darauf zu achten, dass jeweils derselbe Rechnungszeitraum die Grundlage bildet.
– **Nachweisbare/nachprüfbare Kostenentstehung:** Analog zu dem aus der Finanzbuchhaltung bekannten Prinzip, dass alle Buchungen anhand von Belegen überprüfbar gemacht werden sollen, ist auch bei der Kostenerfassung stets vom Kostenrechner zu kontrollieren, dass sich alle veranschlagten Kosten anhand geeigneter Belege/Unterlagen durch einen objektiven Dritten verifizieren lassen.

---

[1] Vgl. Ebisch/Gottschalk/*Hoffjan/Müller* Rn. 4; *Birgel,* Öffentliches Auftragswesen und Preisrecht, 1994, 143 f.
[2] Vgl. *Brösel* in Wöhe/Döring, Einführung in die Allgemeine Betriebswirtschaftslehre, 26. Aufl. 2016, 638 ff.
[3] Zu den sog. „GoB" vgl. vertiefend *Brösel* in Wöhe/Döring, Einführung in die Allgemeine Betriebswirtschaftslehre, 26. Aufl. 2016, 671 ff.
[4] S. auch Ebisch/Gottschalk/*Hoffjan/Müller* Rn. 66.
[5] So *Birgel,* Öffentliches Auftragswesen und Preisrecht, 1994, 142.
[6] Vgl. im Folgenden va *Birgel,* Öffentliches Auftragswesen und Preisrecht, 1994, 145 ff.

- **Vollständige, einmalige Kostenverrechnung:** Es ist als LSP-konform zu bezeichnen, dass die Kosten vollumfänglich erfasst und jeweils nur einmal angesetzt werden. Neben einer unvollständigen Darstellung der Kostensituation, ist demnach auch ein doppelter Ansatz einzelner Kostenpositionen, beispielsweise zum einen als kalkulatorisches Wagnis und zum anderen gleichzeitig als Versicherungskosten, strengstens untersagt. Nicht zuletzt zur Erreichung dieser Grundsätze dient die systematische Aufteilung der Kostenkalkulation in die drei konsekutiven Schritte Kostenartenrechnung, Kostenstellenrechnung und schließlich Kostenträgerrechnung.
- Die **Kostenartenrechnung** erfolgt zu dem Zweck, die betrieblichen Kosten vollständig zu erfassen und sinnvoll in Untergruppen zu strukturieren und alle Kosten eindeutig einer Kostenart zuzuordnen. Wesentlich ist hier insbesondere die Aufteilung der Kosten in verschiedene Einzel- sowie Gemeinkostenarten. Einzelkosten sind die Kosten, die den einzelnen Kostenträgern (Produkten, Leistungen, Aufträgen) direkt zugeordnet werden können. Gemeinkosten hingegen müssen den einzelnen Kostenträgern im weiteren Verlauf der LSP-Kalkulation indirekt bzw. mittelbar zugerechnet werden.[7] Eine „Globalabstimmung der Summe aller Gemeinkosten mit der Summe aller Aufwendungen" – also eine eher grobe und auf aggregierten Zahlen basierende Plausibilitätsprüfung – hat der Verordnungsgeber im Hinblick auf die behördliche Preis- und Kostenprüfung nicht vorgesehen. Vielmehr werden in vertretbarem Rahmen Einzelabstimmungen gefordert, unabhängig davon, ob die Kosten als Einzel- oder Gemeinkosten einzustufen sind.[8] Prinzipiell kann im Rahmen von behördlichen Preis- und Kostenprüfung bei sämtlichen Kostenarten eine tiefgehende Prüfung **bis hin zum Urbeleg** erfolgen. Zudem ist es nicht unüblich, bei einzelnen Kostenarten auffällige Abweichungen zu Vorjahreswerten besonders dezidiert unter die Lupe zu nehmen. Mit dem Grundsatz der wirtschaftlichen Gestaltung des Prüfungsprozesses wäre es jedoch nicht vereinbar, sämtliche Kostenarten lückenlos bis zum Urbeleg zu prüfen. Der Preis- und Kostenprüfer wird daher zu Recht in Gestalt einer – von Prüfung zu Prüfung mit wechselnden Schwerpunkten versehenen – Stichprobenprüfung operieren.[9]
- Die **Kostenstellenrechnung** verfolgt als zwischengeschaltetes Bindeglied zwischen Kostenarten- und Kostenträgerrechnung das Ziel, die nicht jedem Kostenträger direkt zurechenbaren Kosten zu sammeln und diese dann auf die Kostenträger weiter zu verrechnen. Hierbei sollten zunächst möglichst viele (Gemein-)Kostenarten direkt einzelnen Kostenstellen zugeordnet werden, wenn der Werteverzehr nachweislich nur in ebendiesen spezifischen Kostenstellen entsteht. Die sodann übrig gebliebenen Kostenarten müssen – weil sie durch mehrere Kostenstellen verursacht werden – mittels geeigneter verursachungsgerechter Schlüssel auf die betroffenen Kostenstellen umgelegt werden, wobei die Schlüssel zumeist so gewählt werden, dass sich die entstandenen Kosten zu der gewählten Bezugsgröße möglichst proportional verhalten. Die Verteilung der Gemeinkosten gemäß dem in der Praxis zuweilen angewendeten **Kostentragfähigkeitsprinzip,** bei dem umso mehr fixe Kosten einem jeweiligen Absatzgut zugerechnet werden, je höher der erzielbare Deckungsbeitrag dieses Produkttyps ausfällt („Wie viele Gemeinkosten ist ein Produkt fähig zu tragen?"), kann demzufolge **nicht** als **preisrechtskonform** bezeichnet werden. Hiermit wird nämlich bloß ein vertrieblicher bzw. marktnaher Ansatz ohne näheren Bezug zu der physischen Art und Beschaffenheit der verschiedenen betrieblichen Leistungen verfolgt, der nicht mit einer verursachungsgerechten Kostenschlüsselung einhergeht und aufgrund der häufig anzutreffenden hohen relativen Bedeutung der (fixen) Gemeinkosten somit zu verfälschten Kalkulationsergebnissen führt. Außerdem kann das Kostentragfähigkeitsprinzip in Betrieben mit einer hohen Anzahl an Aufträgen zu Selbstkosten ohnehin nicht konsistent angewendet werden, weil für die Feststellung der Deckungsbeiträge zunächst die Marktpreise der Produkte bekannt sein müssen, die es jedoch bei Aufträgen nach LSP von vornherein bekanntlich nicht gibt.
- Mit der **Kostenträgerrechnung** werden schließlich die Selbstkosten für einzelne Leistungs- bzw. Output-Einheiten des Unternehmens ermittelt. Es wird hier also berechnet, was ein einzelnes zu einem bestimmten Auftrag gehörendes Produkt oder eine Dienstleistungseinheit – je nach Preistyp – kostet oder gekostet hat. Dabei lassen sich die Divisionskalkulation, die Zuschlagskalkulation und andere Verfahren unterscheiden. Zur Vollständigkeit der Kostendarstellung gehört es auch, dass durch innerbetriebliche Prozesse und Leistungsverflechtungen entstandene Kosten in den Selbstkosten(preisen) berücksichtigt werden. Auch wenn diese Leistungen nicht für den Absatzmarkt bestimmt sind, so sind sie dennoch integraler Bestandteil des

---

[7] Zur Abgrenzung der Einzel- und Gemeinkosten s. *Gerst* BFuP 1981, 12 (13).
[8] *Gerst* BFuP 1981, 12 (19); zu „Globalabstimmungen" aus Sicht der betriebswirtschaftlichen Prüfungslehre vgl. auch *Lachnit* in Coenenberg/von Wysocki, Handwörterbuch der Revision, 1983, Sp. 519 (520).
[9] *Christoph*, Die Grundsatzprüfung gemäß VO PR Nr. 30/53, 1990, 23.

I. Normzweck und -zusammenhang

Produktions- oder Dienstleistungsprozesses und demnach LSP-relevant. Die Betriebe müssen hier ein transparentes und verursachungsgerechtes Verfahren zur innerbetrieblichen Leistungsverrechnung und Kostenumlage finden, das stetig angewendet werden kann.

– **Berücksichtigung von Betriebsgröße/-struktur:** Bei der praktischen Umsetzung der vorgenannten Kostenarten, -stellen und -trägerrechnung ist es wesentlich, dass eine für die jeweilige Betriebsgröße und -struktur angemessene Lösung gefunden wird. Je nach Branche, Leistungsspektrum, Anteil der Eigenfertigung im Produktionsprozess, betrieblichen Sondermerkmalen oder Unternehmensgröße werden sich also abweichende Kostenrechnungssysteme als sinnvoll erweisen. Unternehmen mit einer überschaubaren Anzahl von Produkten und Leistungen oder relativ ähnlichen Produkttypen können mit einem geringeren Detaillierungsgrad und einer schlankeren Kostenstellenstruktur auskommen als Großunternehmen mit einem ungleich breiteren und/oder tieferen Leistungsspektrum.

Nr. 3 Erklärung des Auftragnehmers

Der öffentliche Auftraggeber kann vom Auftragnehmer eine Erklärung darüber verlangen,
a) **daß die in der Preisermittlung auf Grund von Selbstkosten angesetzten Preise und Entgelte den preisrechtlichen Vorschriften entsprechen und**
b) **daß die Preisermittlung auf Grund von Selbstkosten nach diesen Leitsätzen vorgenommen wurde.**

Bei Ausführung eines öffentlichen Auftrags zu Selbstkosten wird der Auftragnehmer an die Vorschriften der VO PR Nr. 30/53 und der LSP gebunden, wobei ein höherer Preis als der, der sich bei Beachtung der vorgenannten Normen ergibt, **unzulässig** wäre. Einer gesonderten Erklärung des Auftragnehmers, dass er sich an die Regeln des Preisrechts hält, bedarf es grundsätzlich eigentlich nicht.

Nr. 3 hat vielmehr zum Zweck, die Auftragnehmer nochmals auf ihre besonderen Sorgfaltspflichten bei der Abrechnung öffentlicher Aufträge zu Selbstkosten hinzuweisen und dem Auftraggeber im Bedarfsfälle über eine entsprechende eingeholte Erklärung Sicherheit darüber zu geben, dass der Auftragnehmer seine Leistungserbringung **im Bewusstsein über die Regeln der LSP** kalkuliert und abrechnet. Eine solche Erklärung kann auch noch nach Auftragserteilung angefordert werden, was vor allem bei Selbstkostenerstattungspreisen zweckmäßig erscheinen mag.[1]

II. Preisermittlung auf Grund von Selbstkosten

Nr. 4 Kosten und Selbstkostenpreise

(1) Die Kosten werden aus Menge und Wert der für die Leistungserstellung verbrauchten Güter und in Anspruch genommenen Dienste ermittelt.

(2) In Preisermittlungen auf Grund von Selbstkosten im Sinne dieser Leitsätze sind nach Art und Höhe nur diejenigen Kosten zu berücksichtigen, die bei wirtschaftlicher Betriebsführung zur Erstellung der Leistungen entstehen.

(3) Der Selbstkostenpreis im Sinne dieser Leitsätze ist gleich der Summe der nach diesen Leitsätzen ermittelten, der Leistung zuzurechnenden Kosten zuzüglich des kalkulatorischen Gewinnes (Nummer 51 und 52).

(4) Ist das betriebsindividuelle Rechnungswesen, insbesondere hinsichtlich der Bewertung, nach Grundsätzen aufgebaut, die von den Bestimmungen dieser Leitsätze abweichen, so dürfen die nach diesen Leitsätzen für die Selbstkostenpreisermittlung zulässigen Kosten aus der betriebsindividuellen Betriebsabrechnung im Wege der Zu- und Absetzung entwickelt werden, sofern hierdurch die Nachweisbarkeit erhalten bleibt.

I. Normzweck und -zusammenhang

Nr. 4 dient im Wesentlichen der näheren Beschreibung der **preisrechtlichen Schlüsselbegriffe** Kosten, Selbstkosten und Selbstkostenpreis und somit der Schaffung eines möglichst einheitlichen Grundverständnisses hierüber, über alle Anwendungsgruppen der LSP hinweg. Zudem wird klargestellt, dass nur Kosten, die einer **wirtschaftlichen Betriebsführung** erwachsen, ansatzfähige Kosten im Sinne der LSP sind. Auch kommt es zu einem Hinweis darüber, ob – und wenn ja,

---

[1] Ebisch/Gottschalk/*Hoffjan*/*Müller* Rn. 1; *Birgel*, Öffentliches Auftragswesen und Preisrecht, 1994, 156.

inweit – ein von den Sollvorgaben der LSP divergierendes betriebliches Rechnungswesen (noch) als geeignet für die Kalkulation öffentlicher Aufträge zu Selbstkosten angesehen werden kann.

2 Es wird in dieser Norm auch gewissermaßen der Grundstein gelegt für die charakteristischen **Grundprinzipien** der LSP-getreuen Selbstkostenpreisbildung:
- Die LSP fungieren als **Preisermittlungsvorschrift** für öffentliche Aufträge auf Basis der **betriebsindividuellen Selbstkosten** des Auftragnehmers.
- Sie fußen in ihrer Ausgangslage auf einer Ist-Kostenrechnung[1] auf **Vollkostenbasis**. Unter den Ist-Kosten sind betriebswirtschaftlich die während einer Abrechnungsperiode tatsächlich angefallenen Kosten zu verstehen.
- Das **Verursachungsprinzip** ist bei der Kostenermittlung stets ein wesentlicher Eckpfeiler.
- Nur Kosten, die als **angemessen** gelten und die im Rahmen der Auftragsausführung tatsächlich angefallen sowie bei **wirtschaftlicher Betriebsführung** entstanden sind, dürfen angesetzt werden.
- Der Vollkostenansatz führt nicht automatisch dazu, dass immer alle entstandenen Kosten auch angesetzt werden dürfen. Selbstkostenpreise stellen auf die angemessenen Kosten bei wirtschaftlicher Betriebsführung ab. Somit kommt es häufig dazu, dass **einzelne Kostenpositionen** aufgrund von Verstößen gegen den vorgenannten Grundsatz ganz oder teilweise **nicht** in die LSP-Kalkulation mit aufgenommen werden dürfen.
- Die betriebliche Kostenkalkulation hat nach **einheitlichen** Grundsätzen und möglichst **stetig** zu erfolgen.
- Die **doppelte Verrechnung** einzelner Kostenpositionen ist streng **verboten.**

Vor dem Hintergrund des Höchstpreisprinzips des öffentlichen Preisrechts können bzw. dürfen jedoch **auch niedrigere als die nach den LSP zulässigen Kosten** verrechnet werden.[2]

3 In Bezug auf die behördliche Überprüfung von nach LSP gebildeten Preisen kann zwischen **Grundsatzprüfungen** und **Einzelauftragsprüfungen** unterschieden werden. Im Rahmen der Grundsatzprüfung werden insbesondere die Ordnungsmäßigkeit, Struktur und Funktionsfähigkeit des Rechnungswesens, die Verbindung zwischen Finanz- und Betriebsbuchhaltung, die hierbei eingesetzten IT-Anwendungen, die Gemeinkosten sowie die Bildung der Stundenverrechnungs- und Zuschlagssätze geprüft. Bei der Einzelauftragsprüfung wird eingedenk der Erkenntnisse aus der Grundsatzprüfung die Abrechnung eines spezifischen Auftrags ausgewertet, wobei insoweit der Prüfungsschwerpunkt eher auf den Einzelkosten liegt.[3] Die Grundsatzprüfung als umfassende Prozessprüfung entspricht aus betriebswirtschaftlicher bzw. prüfungstheoretischer Sicht somit einer sog. **Systemprüfung,** die im vorliegenden Kontext das „Kostenrechnungssystem" als solches zum Gegenstand hat. Die Einzelauftragsprüfung entspricht hingegen einer sog. **Einzelfallprüfung,** die auf die direkte Prüfung eines spezifischen Geschäftsvorfalls abzielt. In Anbetracht der Fülle des Prüfungsstoffs muss sich die Systemprüfung im Gegensatz zur Einzelfallprüfung – bei der die Soll-Ist-Vergleiche zumindest theoretisch bzw. in Ausnahmefällen lückenlos vollzogen werden könnten[4] – auf die bewusste oder zufällige Auswahl von Stichproben stützen.

II. Einzelerläuterungen

4 Eine eigene, klare Definition des Kostenbegriffes sucht man in den LSP vergebens. Lediglich wird angeordnet, dass die Kosten **„aus Menge und Wert der für die Leistungserstellung verbrauchten Güter und in Anspruch genommenen Dienste ermittelt"** werden. Diese Aussage lässt sich durchaus mit der in den Wirtschaftswissenschaften heutzutage etablierten **„wertmäßigen Kostendefinition"** in Einklang bringen bzw. sich zumindest in deren Nähe verorten. Nach *Schmalenbach* sind hierbei die Kosten „der in Geld bewertete Güter- und Dienstleistungsverzehr zum Zwecke der Leistungserstellung".[5] Kosten im Sinne der LSP sind somit sowohl aufwandsgleiche Kosten(arten) als auch kalkulatorische Kosten(arten). Den kalkulatorischen Kosten(arten) steht entweder ein Aufwand in abweichender Höhe (Anderskosten) oder kein Aufwand (Zusatzkosten) gegenüber. Kalkulatorische Kosten basieren hierbei nicht auf tatsächlichen Auszahlungs-

---

[1] Bei Selbstkostenerstattungspreisen sind Ist-Kosten-Betrachtungen geradezu wesensimmanent; bei Selbstkostenricht- sowie Selbstkostenfestpreisen dienen sie zumindest als anfänglicher Orientierungs- und Vergleichssowie ggf. auch ex post als Kontrollmaßstab.

[2] *Gerst* BFuP 1981, 12.

[3] Vgl. *Birgel*, Öffentliches Auftragswesen und Preisrecht, 1994, 129 ff. bzw. *Christoph*, Die Grundsatzprüfung gemäß VO PR Nr. 30/53, 1990, 12 und 47.

[4] Vgl. hierzu aus Sicht der betriebswirtschaftlichen Prüfungslehre *Wittmann*, Systemprüfung und ergebnisorientierte Prüfung, 1981, 60 ff. und 40 ff.; *Peemöller* in Coenenberg/von Wysocki, Handwörterbuch der Revision, 2. Aufl. 1992, Sp. 343 (346).

[5] *Schmalenbach*, Kostenrechnung und Preispolitik, 8. Aufl. 1963, 6.

vorgängen, sondern lediglich auf einem fiktiven/theoretischen Aufwand, der gleichwohl wesentlich ist.

Dadurch, dass eine **wirtschaftliche Betriebsführung** ganz allgemein betrachtet eine Voraussetzung für ein Bestehen der Unternehmung am Markt und somit „marktwirtschaftliche", marktgerechte Preise ist, verlangen auch die LSP in Nr. 4 Abs. 2 beim Ansetzen von Kosten die Beachtung der Nebenbedingung, dass eine wirtschaftliche Betriebsführung vorgeherrscht hat.[6] Auf diese Weise sollen der **Gefahr des „Kostenmachens"** und somit dem unangemessenen Ansteigen der (Selbstkosten-)Preise ein Riegel vorgeschoben werden. Die Gefahr des „Kostenmachens" ist jedem Selbstkostenpreis, ua auch weil sich der kalkulatorische Gewinnzuschlag zumeist proportional zu der abgerechneten Höhe der Selbstkosten verhält und sich somit ein zusätzlicher „Hebel" zur Erlössteigerung bietet, trotz des Gebots der wirtschaftlichen Betriebsführung nach LSP Nr. 4, immanent.[7] 5

Das Kostenmachen kann sich einerseits aus einem **fahrlässigen oder unvorsichtigen Kostenmanagement** des Unternehmers ergeben, dh in einer trägen Leistungserstellung, die überdies wenig sorgfältig mit den Ressourcen umgeht und ggf. sogar unnötig teure Einsatzstoffe in das in Auftrag gegebene Produkt integriert. Andererseits kann auch ein **absichtliches Kostenmachen,** was dann als rechtswidrige/dolose Handlung zu werten ist, theoretisch vorkommen. Exemplarisch sei hier nur der fingierte Ansatz angeblich geleisteter Stunden und verbrauchter Mengen sowie Manipulationen in den Zuschlagssätzen oder das fehlende Weiterreichen von bei der Beschaffung von Vorprodukten erzielten Rabatten erwähnt.[8] Auch aus taktischen Erwägungen wurde zuweilen bereits eine bewusste Kostenüberhöhung bei einzelnen Kostenarten vorgenommen, um den Preisprüfer zu Kürzungen zu verleiten in der Hoffnung, die Prüfung würde hiernach beendet oder es könne so von anderen ebenso strittigen Kostenansätzen abgelenkt werden (sog. „Preisprüferrabatt").[9] 6

Des Weiteren ist aus ökonomischer Perspektive festzuhalten, dass Verträge zu Selbstkosten uU eine **Fehlallokation von Produktionsfaktoren** bewirken können. Es entfällt bei gesicherter Erstattung der Vollkosten für die Unternehmung den Druck, Effizienzsteigerungen und eine bessere Auslastung der Kapazitäten durchzusetzen. Gesamtwirtschaftlich mündet dies in Wohlfahrtseinbußen, weil die Kapazitäten, zumindest teilweise, eine bessere alternative Verwendung hätten finden können. Im Extremfall werden dann sogar Leistungserstellungen vergütet, die im marktwirtschaftlichen Wettbewerbsfall durch den Unternehmer mangels Profitabilität schon aus dem Programm genommen worden wären.[10] 7

Ein „guter" bzw. wirtschaftlich arbeitender Betrieb zeichnet sich in diesem Sinne durch die Beachtung und Einhaltung des **Wirtschaftlichkeitsprinzips** aus. Das Wirtschaftlichkeitsprinzip ist eine Medaille mit zwei Seiten. Zum einen kann es durch Wahrung des „Maximumprinzips" eingehalten werden. Hierbei wird mit den gegebenen Produktionsfaktoren die maximal mögliche Ausbringungsmenge erzeugt. Zum anderen kann aber auch das „Minimumprinzip" als unmittelbare Folge der Wirtschaftlichkeit gelten. Hier wird ein vorab festgelegtes Produktionsergebnis zu den geringstmöglichen Kosten bereitgestellt. Im Kontext der LSP ist das Wirtschaftlichkeitsprinzip eher in Anlehnung an das **„Minimumprinzip"** zu interpretieren.[11] Denn: Das Produktionsergebnis ist nach Art und Menge durch den Auftrag und die Leistungsbeschreibung des öffentlichen Auftraggebers in der Regel ex ante vorgegeben, wobei der Auftraggeber dieses möglichst kostengünstig und somit haushaltsschonend beschaffen will. 8

Ob die wirtschaftliche Betriebsführung tatsächlich sichergestellt wurde, ist stets auch an den **betriebssubjektiven Gegebenheiten und Besonderheiten** zu beurteilen.[12] Ein ganz wesentliches Beurteilungskriterium stellt hierbei immer auch der vorgefundene Beschäftigungsgrad, also die 9

---

[6] *Birgel,* Öffentliches Auftragswesen und Preisrecht, 1994, 157; Ebisch/Gottschalk/*Hoffjan*/*Müller* Rn. 15.
[7] Vgl. hierzu *Preiser* in Schmölders, Der Wettbewerb als Mittel volkswirtschaftlicher Leistungssteigerung und Leistungsauslese, 1942, 107 (113); *Rath* Bundeswehrverwaltung 1964, 274; *Kailing,* Öffentliche Aufträge als Problem der Absatzpolitik einer Unternehmung, 1970, 360; *Wachendorff,* Alternative Vertragsgestaltung bei öffentlichen Aufträgen, 1985, 10; *Noelle/Rogmans,* Öffentliches Auftragswesen, 3. Aufl. 2002, 126; Ebisch/Gottschalk/*Hoffjan*/*Müller* Rn. 15.
[8] Vgl. hierzu *Rath* Bundeswehrverwaltung 1964, 274 ff.; *Zybon* ZfB 1968, 889 (896); Unterschlagungs- und Veruntreuungsrisiken im Bereich der Selbstkostenpreise werden, ohne jedoch näher auf die Problematik einzugehen, zudem erwähnt bei *Machenheimer,* Die Problematik des Kostenpreises bei öffentlichen Aufträgen, 1972, 197.
[9] *Welter,* Der Staat als Kunde, 1960, 243 Fn. 2.
[10] Vgl. *Diederich,* Der Kostenpreis bei öffentlichen Aufträgen, 1961, 38; *Machenheimer,* Die Problematik des Kostenpreises bei öffentlichen Aufträgen, 1972, 90 f.; im „Selbstkostenerstattungsvertrag" kommt es demnach im Extremfall zu der misslichen Situation, dass „gute Betriebe für die gleiche Leistung einen niedrigeren, schlechte einen hohen Preis erhalten" (so *Flottmann,* Das Deutsche Preisrecht, 1943, 173 f.).
[11] Ebisch/Gottschalk/*Hoffjan*/*Müller* Rn. 17.
[12] *Birgel,* Öffentliches Auftragswesen und Preisrecht, 1994 158.

Kapazitätsauslastung, des Betriebes dar. Bei schlechter Auslastung der betrieblichen Kapazitäten verteilen sich die Fixkosten als wesentlicher Bestandteil der betrieblichen Gemeinkosten auf eine (zu) geringe Produktionsmenge, was sich automatisch in (zu) hohen Gemeinkostenzuschlagssätzen widerspiegelt. Unter Umständen ist die unzureichende Kapazitätsauslastung durch den Auftragnehmer verursacht. Die Beantwortung der Frage, ab wann die Auslastung der Kapazitäten als zu gering und somit ineffizient eingestuft werden muss, ist nicht trivial. Häufig wurde bislang jedoch als Daumenregel eine **Mindestkapazitätsauslastung von 80%** verlangt.[13] Dieser Richtwert sollte jedoch in besonderen Fällen wie etwa der Corona-Virus-Pandemie oä wirtschaftlichen Krisenphasen nicht als fixe Grenze betrachtet werden, wenn die Unternehmen nachweislich (wenn auch vergebliche) Anstrengungen unternommen haben, die Auslastung trotz schwieriger Rahmenbedingungen weiter aufrechtzuerhalten.[14]

10 Wenn eine **vermeidbare Unterauslastung** konstatiert worden ist, muss eine **Kostenbereinigung** stattfinden, und zwar dergestalt, dass die Teile der fixen Kosten aus dem Auftrag herauszurechnen sind, die über dem angemessenen Teil der Kosten liegen. An dieser Stelle zeigt sich, dass eine klare Trennung zwischen fixen und variablen Kosten ein charakteristisches Merkmal einer guten Kostenrechnung und somit im Kontext der LSP geboten ist.[15]

11 In Nr. 4 Abs. 3 wird sodann auf den Begriff „**Selbstkostenpreis**" eingegangen. Dieser stellt die **Summe aus den LSP-konformen, angemessenen Selbstkosten für die bestellte Leistung und einem kalkulatorischen Gewinnaufschlag** dar. Es sind also nur diejenigen Kosten in Rechnung zu stellen, die durch den jeweiligen Auftrag verursacht wurden. Hier zeigt sich, dass die LSP implizit eine Vollkostenrechnung unter strenger Beachtung des Verursachungsprinzips unterstellen.[16]

12 Die Selbstkostenpreisermittlung kann nach Nr. 4 Abs. 4 ggf. auch mittels **Zu- und Absetzungen** erfolgen. Hierhinter steckt die Prämisse, dass der Unternehmer bei der Ausgestaltung seiner Kostenrechnung durchaus über gewisse Freiheitsgrade verfügen darf, solange er die Nachweisbarkeit der angefallenen Kosten sicherstellt und somit die Ordnungsmäßigkeit des Rechnungswesens erhalten bleibt. Systematische Fehler müssen stets mit hinreichender Sicherheit ausgeschlossen werden können. Werden doch solche systematischen Fehler aufgedeckt und stellt sich deren Behebung als schwierig dar, kann im Extremfall ein vollständiger Neuaufbau der Kostenrechnung hin zu einer professionellen Kostenarten-, -stellen und -trägerrechnung notwendig werden, um den Anforderungen der LSP Genüge zu tun.[17]

13 Im Übrigen sei angemerkt, dass Zuschüsse, Finanzierungshilfen uä – wenn sie **gezielte kostenmindernde Effekte** haben sollen – bei den betreffenden Kostenarten abgesetzt werden müssen (vgl. auch die hiervon abweichende Beurteilung hinsichtlich staatlicher Investitionszuschüsse, Finanzierungshilfen uä für die Beschaffung von Gegenständen des Anlagevermögens in der Kommentierung zu Nr. 44 → Nr. 44 Rn. 3).[18] Kein kostenmindernder Abzug sollte jedoch erfolgen müssen, wenn aufgrund von Krisenlagen wie zB der COVID 19-Pandemie staatliche Soforthilfen und ähnliche Zuschüsse gezahlt werden, da dies dem stabilisierenden volkswirtschaftlichen Charakter dieser Gelder widersprechen würde.[19]

Nr. 5 Arten der Preisermittlung auf Grund von Selbstkosten

(1) Nach dem Zeitpunkt sind zu unterscheiden:
a) Vorkalkulationen (Kalkulationen, die zeitlich der Leistungserstellung vorausgehen),
b) Nachkalkulationen (Kalkulationen, die zeitlich nach der Leistungserstellung durchgeführt werden).

(2) Nach dem Verfahren sind zu unterscheiden:
a) Divisionsverfahren (Divisionsrechnungen, Äquivalenzziffernrechnungen),
b) Zuschlagsverfahren [Verrechnungssatzverfahren (Sortenrechnungen und Auftragsrechnungen)],
c) Mischformen von a) und b).

---

[13] *Birgel*, Öffentliches Auftragswesen und Preisrecht, 1994, 158; Ebisch/Gottschalk/*Hoffjan*/*Müller* Rn. 33, 35 und 36.
[14] *Hinz*/*Hoffjan*/*Mengis* DB 2020, 1185 (1186).
[15] *Birgel*, Öffentliches Auftragswesen und Preisrecht, 1994, 158 f.
[16] *Birgel*, Öffentliches Auftragswesen und Preisrecht, 1994, 166.
[17] *Birgel*, Öffentliches Auftragswesen und Preisrecht, 1994, 167; Ebisch/Gottschalk/*Hoffjan*/*Müller* Rn. 43.
[18] Ebisch/Gottschalk/*Hoffjan*/*Müller* Rn. 11.
[19] *Hinz*/*Hoffjan*/*Mengis* DB 2020, 1185 (1188 f.).

I. Normzweck und -zusammenhang

Nr. 5 Abs. 1 differenziert hinsichtlich der Preisbildung auf Basis von Selbstkosten nach dem **Zeitpunkt** der Preiskalkulation und somit der Reihenfolge der beiden essenziellen Prozeduren Preiskalkulation und Leistungserstellung. In Abs. 2 werden nähere Angaben dazu getätigt, welche Kalkulationsverfahren bei der Auftragsausführung vor- oder nachgelagerten Preisberechnungen zur Anwendung gelangen können. 1

II. Einzelerläuterungen

Eine **Vorkalkulation**, also eine LSP-Kalkulation noch vor Leistungserstellung, ist aufgrund ihrer Zukunftsbezogenheit und somit der Verwendung von Plankosten stets mit gewissen Unsicherheiten behaftet. Sie sollte daher auch nur dann anvisiert werden, wenn **Mengen- und Wertgerüst** des auszuführenden Auftrags ex ante gut **vorhersehbar** und **planbar** sind. Der Ausgangspunkt einer jeden Vorkalkulation „sind die Erfahrungen der Vergangenheit, die (...) unter Berücksichtigung der voraussehbaren Entwicklung zu den vorkalkulatorischen Ansätzen führen".[1] Sind die weiteren kostenmäßigen Entwicklungen indessen nicht hinreichend vorhersehbar, so darf ein Selbstkostenfestpreis nicht festgesetzt oder auch eine Umwandlung eines anfänglichen Selbstkostenrichtpreises in einen Selbstkostenfestpreis nicht durchgeführt werden. Der Selbstkostenrichtpreis ist klassischerweise ein hybrider Preistyp, da er teilweise (bis zum Zeitpunkt der Umwandlung) einen nachkalkulatorischen Preis und teilweise (ab Zeitpunkt der Umwandlung) einen vorkalkulatorischen Preis darstellt. 2

Nachkalkulationen sind demgegenüber vor allem im Bereich der **Selbstkostenerstattungspreise** durchzuführen. Entweder wird der gesamte Auftrag ex post kalkuliert, oder aber nur die Teile der Leistung, für die die Vereinbarung fester Sätze nicht möglich erschien. Auch werden Nachkalkulationen bei Selbstkostenrichtpreisen vorgenommen, und zwar entweder für die ersten fertigen Bestandteile der Leistung zum Zeitpunkt der Umwandlung in einen Selbstkostenfestpreis oder aber zum Schluss für die gesamte Leistung, wenn die Voraussetzungen für eine sinnvolle Umwandlung letztlich doch nicht eingetreten sind.[2] Sofern die Umwandlung unterlassen oder versäumt wurde, obwohl sie möglich gewesen wäre, führt dies nicht per se zu einer Nachkalkulation/einem Selbstkostenerstattungspreis. Auch ex post wäre dann dergestalt vorzugehen, dass bei der Preisermittlung vorkalkulatorisch operiert werden muss. Es gilt dann der Preis als ordnungsgemäßer Preis, der sich bei einer rechtzeitigen Umwandlung in einen Selbstkostenfestpreis rechnerisch ergeben hätte.[3] 3

Hinsichtlich der in Abs. 2 genannten – klassischen – Kalkulationsverfahren für Vor- und Nachkalkulationen ist Folgendes anzumerken:[4] Das **einfache Divisionsverfahren** kann bei Existenz eines einheitlichen Produktes, das wiederholt in Massenfertigung hergestellt wird, zur Anwendung kommen. Es werden hier die Kosten der Rechnungsperiode lediglich durch die ausgebrachte Menge an Erzeugnissen dividiert. Bei zwar durchaus unterschiedlichen, in ihrer Kostenverursachung jedoch verwandt/proportional zueinander liegenden Produkten, kann in der Kostenträgerrechnung uU auch zur **Äquivalenzziffernrechnung** gegriffen werden. Bei Beobachtbarkeit oder Messbarkeit der bestehenden Kostenverhältnisse der einzelnen verwandten Produkte/Sorten zueinander, lässt sich das Verhältnis in relativen Wertigkeitsziffern (Äquivalenzziffern) quantifizieren. Die Äquivalenzziffern dienen dann zur Verteilung der Gesamtkosten auf die verschiedenen Produkte. Zunächst sind hierzu die Mengen der einzelnen Produkte zu erfassen. Sodann ist jedem Produkt eine Äquivalenzziffer rechnerisch zuzuteilen. Die einzelnen Mengen sind dann mit den jeweiligen Äquivalenzziffern zu multiplizieren. Man erhält auf diese Weise die sog. Recheneinheiten. Durch Aufsummieren der jeweiligen Recheneinheiten erhält man die Größe (den Nenner), auf die die zu verteilenden Kosten (der Zähler) bezogen werden können. Mittels Division der zu verteilenden Kosten auf die Summe der Recheneinheiten werden die Kosten pro Recheneinheit ermittelt. Wiederum durch Multiplikation dieser Kosten pro Recheneinheit mit den eingangs zugeteilten Äquivalenzziffern, erhält man die Stückkosten des einzelnen Produkts. 4

Zum **Zuschlagsverfahren** ist vor allem festzuhalten, dass dieses eine verhältnismäßig genaue und verursachungsgerechte Zuteilung der Kosten auf die Kostenträger bei heterogener Produkt-/Leistungspalette ermöglicht. Daher ist es in diesen Fällen, die in der Praxis den Regelfall darstellen dürften, auch zum vorherrschenden Verfahren der LSP-Kalkulation geworden.[5] Alle nicht direkt zurechenbaren Kosten (Gemeinkosten) werden durch prozentuale Zuschläge den einzelnen Leistun- 5

---

[1] Ebisch/Gottschalk/*Hoffjan*/*Müller* Rn. 2.
[2] *Birgel*, Öffentliches Auftragswesen und Preisrecht, 1994, 168.
[3] *Altmann* DB 1975, 824.
[4] *Birgel*, Öffentliches Auftragswesen und Preisrecht, 1994, 170.
[5] *Birgel*, Öffentliches Auftragswesen und Preisrecht, 1994, 170; Ebisch/Gottschalk/*Hoffjan*/*Müller* Rn. 26.

gen angelastet. Zunächst weist die Zuschlagskalkulation den Kostenträgern die verschiedenen für sie in der Kostenartenrechnung festgestellten Einzelkosten zu. Dann werden im Rahmen der Vollkostenrechnung – in anteiliger Weise – die Gemeinkosten prozentual auf Grundlage der Einzelkosten mittels Zuschlagssätzen aufgeschlagen.

6   **Mischformen** aus Divisions- und Zuschlagskalkulation sind darüber hinaus im Preisrecht ebenso nicht ausgeschlossen. Bei der Stufenkalkulation können diese vorkommen, sofern heterogene Produktionsabläufe nacheinander geschaltet sind. Teilweise können Fertigungsstufen mittels Divisionskalkulation, andere wiederum mittels Zuschlagskalkulation kostenmäßig bewertet werden.[6]

Nr. 6 Arten der Selbstkostenpreise

Preise auf Grund von Selbstkosten können ermittelt werden
a) durch Vorkalkulationen als Selbstkostenfestpreise oder Selbstkostenrichtpreise,
b) durch Nachkalkulationen als Selbstkostenerstattungspreise,
c) durch Vorkalkulationen der Kosten einzelner und durch Nachkalkulationen der Kosten der übrigen Kalkulationsbereiche.

1   Nr. 6 dient im Kern (lediglich) dazu, zwischen den zuvor (→ Nr. 5 Rn. 1 ff.) in Nr. 5 angeführten zeitpunktbezogenen Varianten der Selbstkostenkalkulation und den in den §§ 6 und 7 genannten Selbstkostenpreistypen eine Brücke zu schlagen. Es wird also klargestellt, **welche Kalkulationsweise** (vor- oder nachkalkulatorisch) **bei welchem Preistyp** heranzuziehen ist.

2   Nr. 6 benötigt insoweit nicht zwingend eine weiterführende Kommentierung; vielmehr sei auf die **vorherigen Ausführungen** verwiesen (→ Nr. 5 Rn. 1 ff.).

Nr. 7 Mengenansatz

(1) Soweit Abschnitt III nichts Abweichendes bestimmt, sind unter Berücksichtigung des Grundsatzes wirtschaftlicher Betriebsführung als Mengensätze zugrundezulegen
a) bei Preisvereinbarungen auf Grund von Vorkalkulationen
die bei der Leistungserstellung zu verbrauchenden Güter und in Anspruch zu nehmenden Dienste, wie sie im Zeitpunkt der Angebotsabgabe voraussehbar sind,
b) bei Preisvereinbarungen auf Grund von Nachkalkulationen
die bei der Leistungserstellung tatsächlich verbrauchten Güter und in Anspruch genommenen Dienste.

(2) Bei Preisvereinbarungen auf der Grundlage der Vorkalkulation der Kosten einzelner und der Nachkalkulation der Kosten der übrigen Kalkulationsbereiche gelten die Bestimmungen des Absatzes 1 jeweils für die einzelnen Kalkulationsbereiche entsprechend.

1   In Nr. 7 wird der Aspekt der **Mengenansätze** („Mengengerüst") im Rahmen der Selbstkostenermittlung grundsätzlich geregelt, wobei – wie der Hinweis auf Abschnitt III zeigt – stellenweise besondere Maßgaben beachtlich sein können. Eine solche liegt etwa bei Nr. 16 in Bezug auf die Stoffkosten vor. Der obige Leitsatz Nr. 7 stellt klar, dass die Art der Berücksichtigung des Mengengerüsts abhängig von dem Zeitpunkt der aufgestellten Kalkulation ist. Bei Vorkalkulationen auf Plankostenbasis sind die **voraussichtlich** bei der Leistungserstellung zu verbrauchenden Güter und in Anspruch zu nehmenden Dienste mengenmäßig zugrunde zu legen. Im Gegensatz hierzu ist bezüglich der Bewertung der angesetzten Mengen in der Vorkalkulation jedoch nicht auf die voraussichtlichen Preise, die sich in der Folge im Rahmen ihrer Beschaffung bzw. laufenden Auftragsausführung herauskristallisieren, sondern auf die tatsächlichen Tagespreise zum Zeitpunkt der Angebotsabgabe abzustellen (vgl. Nr. 8). Bei Nachkalkulationen auf Ist-Kostenbasis sind es hingegen die **tatsächlich** verbrauchten Mengen und in Anspruch genommenen Dienste, die in die Selbstkostenrechnung einzufließen haben.

Nr. 8 Bewertung

(1) ¹Bei der Bewertung der Güter und Dienste bleiben die nach den §§ 15 und 28 des Umsatzsteuergesetzes (Mehrwertsteuer) abziehbaren Vorsteuern und Beträge außer

---

[6] Ebisch/Gottschalk/*Hoffjan*/*Müller* Rn. 31.

Ansatz. ²Die nach diesen Vorschriften nicht abziehbaren Vorsteuern und Beträge sind Kosten im Sinne von Nummer 4.

(2) Bei der Bewertung sind, soweit im Abschnitt III nichts Abweichendes bestimmt wird, zugrunde zu legen
a) bei Preisvereinbarungen auf Grund von Vorkalkulationen Tagespreise für Güter und entsprechende Entgelte für Dienste, abgestellt auf den Zeitpunkt der Angebotsabgabe,
b) bei Preisvereinbarungen auf Grund von Nachkalkulationen Anschaffungspreise für Güter und entsprechende Entgelte für Dienste, soweit Güter und Dienste für den Auftrag besonders beschafft wurden, Tagespreise, abgestellt auf den Zeitpunkt der Lagerentnahme, soweit Stoffe nicht besonders für den Auftrag beschafft, sondern dem Lager entnommen wurden.

(3) Bei Preisvereinbarungen auf der Grundlage der Vorkalkulation der Kosten einzelner und der Nachkalkulation der Kosten der übrigen Kalkulationsbereiche gelten die Bestimmungen des Absatzes 2 jeweils für die einzelnen Kalkulationsbereiche entsprechend.

In Nr. 8 werden allgemeine Klarstellungen dahingehend geliefert, wie die bei der Auftragsausführung verbrauchten bzw. die in die Leistung eingeflossenen Ressourcen **zu bewerten** sind, um sodann aus dem Produkt aus Mengen- und Wertgerüst die Selbstkosten berechnen zu können. Abs. 1 regelt den **Umgang mit dem Vorsteuerabzug** bei der Bewertung der verbrauchten Güter im Falle von vorsteuerabzugsberechtigten Auftragnehmern, welche den absoluten Regelfall darstellen. Die Vorsteuer ist die vom Auftragnehmer gezahlte Umsatzsteuer, die mit der von den Kunden (zB öffentlicher Auftraggeber) erhaltenen Umsatzsteuer verrechenbar ist (§ 15 Abs. 1 UStG). So wird nicht der gesamte Umsatz eines Unternehmers, sondern nur der durch ihn begründete Teil der Wertschöpfung (der „Mehrwert") steuerlich belastet. Die vom Unternehmer auf den Nettoumsatz aufgeschlagene Umsatzsteuer enthält sowohl den vom Vorsteuerabzug abgedeckten Teil der Umsatzsteuer als auch den Teil der effektiven Umsatzsteuer-Zahllast des Unternehmers. Die zuvor vom Unternehmer gezahlte Vorsteuer hat somit den **Charakter eines durchlaufenden Postens.** Im Ergebnis entspricht die Umsatzsteuer-Zahllast lediglich dem Anteil der Wertschöpfungskette, die der Unternehmer durch seine Leistung verantwortet hat. Um die vom Auftragnehmer gegenüber dem öffentlichen Auftraggeber fakturierte Umsatzsteuer voll in Ansatz bringen zu können, müssen die vom Auftragnehmer zuvor zur Leistungserstellung bestellten Vorprodukte **netto,** also ohne die ihm in Rechnung gestellte Vorsteuer, bewertet werden.[1] In Abs. 1 wird ferner klargestellt, dass gemäß Umsatzsteuerrecht **nicht abziehbare Vorsteuern (vgl. § 15 Abs. 2 UStG) indessen als Kosten in der LSP-Kalkulation zu erfassen** sind. Verrechnungstechnisch erscheint es theoretisch möglich, diese nicht abziehbaren Vorsteuern mittels entsprechender Höherbewertung der beschafften Güter und Leistungen oder aber mittels Pauschalverrechnung auf alle Kosten bzw. eine Kostengruppe zu berücksichtigen. Im Sinne einer möglichst verursachungsgerechten Kostenverteilung (vgl. Nr. 4) ist die erstgenannte Vorgehensweise zu bevorzugen und eine höhere Individualbewertung der Einzelgüter vorzunehmen.[2]

Abs. 2 liefert sodann allgemeine Vorgaben zur Bewertung in Abhängigkeit der Frage, ob eine Selbstkostenpreisermittlung vor- oder nachkalkulatorisch vorgenommen wird. Bei **Vorkalkulationen** sollen die Güter und Leistungen zu **auf den Zeitpunkt der Angebotsabgabe bezogenen Tagespreisen** bewertet werden. Der Begriff des Tagespreises entspricht in Wirklichkeit dem Begriff des Zeitwertes und meint die Preise, die **gegenwärtig** auf dem Beschaffungsmarkt für bestimmte Güter und Leistungen effektiv zu entrichten sind. Bei **Nachkalkulationen** müssen in die Leistungserstellung eingeflossene Güter und Dienste zu ihren **Anschaffungspreisen** berücksichtigt werden. Diese sind in aller Regel als Nettoeinstandspreise zuzüglich der mittelbaren Lieferkosten wie Porto, Fracht, Rollgeld und Verpackung – also den Aufwendungen, die tatsächlich mit der Beschaffung entstanden sind – zu verstehen. Bei der Beschaffung der Vorprodukte realisierte Mengenrabatte, Treueprämien oder andere Preisnachlässe hat der Auftragnehmer zugunsten des öffentlichen Auftragnehmers kostenmindernd abzusetzen. Am Beschaffungsmarkt erzielte Skonti jedoch müssen nicht zwingend weitergegeben werden (vgl. auch Nr. 18).[3] Aus dem eigenen Lager entnommene Vorprodukte werden mit ihren Tagespreisen am Tag der Entnahme, also zum **Entnahmezeitpunkt am Markt erzielbaren Preisen,** erfasst.[4] Vereinbarte Selbstkostenpreise, die sowohl vor- als auch nach-

---
[1] Ebisch/Gottschalk/*Hoffjan*/*Müller* Rn. 2 bzw. 7.
[2] Ebisch/Gottschalk/*Hoffjan*/*Müller* Rn. 8; *Birgel*, Öffentliches Auftragswesen und Preisrecht, 1994, 189.
[3] *Birgel*, Öffentliches Auftragswesen und Preisrecht, 1994, 190.
[4] Ebisch/Gottschalk/*Hoffjan*/*Müller* Rn. 12.

kalkulatorische Elemente enthalten, haben gem. Abs. 3 die zuvor erläuterten Prinzipien für den vor- bzw. nachkalkulatorischen Preisbestandteil **jeweils analog** zu berücksichtigen.

Nr. 9 Allgemeine Angaben zu Preiskalkulationen

(1) Zu jeder Preiskalkulation sind anzugeben
a) die genaue Bezeichnung des Kalkulationsgegenstandes (Auftrags-, Stücklisten- und Zeichnungsnummer, Zeichnungsänderungsvermerke, Bau- oder Musternummer und dgl.),
b) das Lieferwerk und die Fertigungsabteilung,
c) die Bezugsmenge, auf die die Zahlenangaben der Kalkulation abgestellt sind (Stück, kg, m und dgl.),
d) der Tag des Abschlusses der Kalkulation,
e) die Liefermenge, für die insgesamt die Kalkulation maßgebend sein soll,
f) die Lieferbedingungen, soweit sie die Höhe des Selbstkostenpreises beeinflussen.

(2) Zu Nachkalkulationen sind ferner anzugeben
a) der Zeitabschnitt, in dem die abgerechneten Leistungen erstellt wurden,
b) die den abgerechneten Leistungen vorausgegangenen und laut Auftragsbestand oder Auftragszusage noch folgenden gleichartigen Leistungen.

1   Mithilfe von Nr. 9 sollen eine leichtere Verständlichkeit und eine transparentere Auswertbarkeit der LSP-Kalkulation unterstützt werden. Hierfür sind vom Auftragnehmer zur Unterfütterung der erfassten reinen Geldbeträge aus der vorgelegten Kostenkalkulation wesentliche **qualitative und quantitative Angaben** zu den einzelnen in Ansatz gebrachten Kostenpositionen zu machen. Ziel ist es hierbei nicht zuletzt, das dem Auftrag inhärente Risiko von Fehldeutungen und Fehlabrechnungen für Auftraggeber **und** Auftragnehmer in Grenzen zu halten.[1] Die hier erwähnte Norm, deren geforderte Angaben als **Mindestangaben** zu interpretieren sind, wird in der Praxis häufig nicht ausreichend beachtet. Durch die hieraus resultierenden partiellen Verständnisprobleme können zeitliche Verzögerungen entstehen, die aus Sicht aller Beteiligten unerwünscht sind.[2]

Nr. 10 Gliederung der Preiskalkulationen

(1) Unter Beachtung von Nummer 2 und Nummer 4 Absatz 4 kann der Auftraggeber mit dem Auftragnehmer bestimmte Muster für Vor- und Nachkalkulationen vereinbaren.

(2) Vor- und Nachkalkulationen sind in der Gliederung so aufeinander abzustimmen, daß Vergleiche möglich sind.

(3) Unter Beachtung von Nummer 2 ist unbeschadet einer den Bedürfnissen einer prüfungsfähigen Preisermittlung entsprechenden, weitergehenden betriebsindividuellen Gliederung oder sonst vereinbarten Gliederung, mindestens wie folgt nach Kalkulationsbereichen zu gliedern, soweit in den Absätzen 4 bis 6 nichts anderes bestimmt wird:
Fertigungsstoffkosten
Fertigungskosten
Entwicklungs- und Entwurfskosten
Verwaltungskosten
Vertriebskosten

Selbstkosten
Kalkulatorischer Gewinn

Selbstkostenpreis

(4) [1]Innerhalb der Kalkulationsbereiche sind Einzel- und Gemeinkosten getrennt auszuweisen, soweit dies nach dem angewandten Kalkulationsverfahren (vgl. Nummer 5 Absatz 2) möglich und branchenüblich ist. [2]Innerhalb der Einzelkosten ist gegebenenfalls nach Fertigungs- und Sondereinzelkosten zu unterscheiden. [3]Sonderkosten, die nach Abschnitt III ausgewiesen werden müssen, sind in den entsprechenden Kalkulationsbereichen aufzuführen.

---

[1] *Birgel*, Öffentliches Auftragswesen und Preisrecht, 1994, 193.
[2] S. Ebisch/Gottschalk/*Hoffjan*/*Müller* Rn. 285.

(5) Die Zwischensumme Herstellkosten ist an der Stelle einzuordnen, an der sie branche- oder betriebsüblich gezogen wird.

(6) Soweit es die Wirtschaftlichkeit der Rechnungsführung erfordert, können folgende Gemeinkosten zusammengefaßt werden:
Stoffgemeinkosten und Fertigungsgemeinkosten,
Verwaltungsgemeinkosten und Vertriebsgemeinkosten.

(7) Läßt es die Kostenrechnung unter Beachtung der Grundsätze eines geordneten Rechnungswesens gemäß Nummer 2 zu, so kann sich die Nachkalkulation auf die Erfassung der Unterschiedsbeträge gegenüber der Vorkalkulation beschränken.

(8) Bei Leistungen, die in gleicher oder ähnlicher Art vom Auftragnehmer bereits erstellt worden sind, kann die Preisermittlung aus den Nachkalkulationen unter Berücksichtigung eingetretener Kostenänderungen abgeleitet werden.

I. Normzweck und -zusammenhang

Preisrechtlich wird über Nr. 10 eine **Mindestgliederung der Selbstkostenpreiskalkulation** gefordert. In vielen Fällen ist diese jedoch nicht hinreichend detailliert.[1] Aufgrund der betriebssubjektiven Gegebenheiten oder Verabredungen mit dem öffentlichen Auftraggeber sind demnach teilweise **tiefergehende Aufgliederungen** vorzunehmen.[2] Nr. 10 ist gleichwohl relativ offen formuliert, womit der Verordnungsgeber den Umständen Rechnung trägt, dass die üblichen Gepflogenheiten der Kostenrechnung in der Praxis immer wieder auch Wandlungen durchlaufen, die Unternehmen je nach Branche teilweise stark unterschiedlich kalkulieren und mitunter **bewusste Abweichungen vom Standardmodell** zu geeigneten Kalkulationsergebnissen führen können.[3]

II. Einzelerläuterungen

Die Vertragsparteien können gem. Abs. 1 für Vor- oder Nachkalkulation bestimmte Muster verabreden, wobei die sonstigen preisrechtlichen Erfordernisse eines **geordneten Rechnungswesens**, insbesondere die jederzeitige Nachvollziehbarkeit der Kosten sowie die Abstimmbarkeit der Kosten- und Leistungsrechnung mit der Aufwands- und Ertragsrechnung (Finanzbuchhaltung), gewahrt werden müssen. Sofern sich die LSP-gemäßen Kosten nicht direkt aus dem betrieblichen Rechnungswesen ergeben, kann wie bereits angemerkt mittels Zu- und Abschlägen zu selbigen gelangt werden, solange hierdurch die Nachweisbarkeit und Prüfbarkeit nicht leidet.[4]

Vor- und Nachkalkulationen müssen ferner gem. Abs. 2 die **gleiche Gliederungsstruktur** aufweisen, um Vergleichsbetrachtungen zu ermöglichen und für die Zukunft gewisse Korrekturen einleiten zu können.[5] Zudem werden erst durch die Einhaltung dieser Gleichförmigkeit die vereinfachten Preisermittlungsansätze der Abs. 7 und 8 umsetzbar.[6]

Innerhalb der vorgegebenen Mindestgliederungsstruktur sind **Einzel- und Gemeinkosten getrennt auszuweisen** (Abs. 3), wobei bei den Einzelkosten differenziert werden soll zwischen den Fertigungseinzelkosten und den Sondereinzelkosten. Zu den Gemeinkosten ist anzumerken, dass sie nur dann brauchbare bzw. verursachungsgerechte Daten liefern, wenn zwischen der Kostenstellenstruktur und der physischen Art der betrieblichen Leistungserstellung „eine gewisse Homogenität"[7] besteht.

Das grobe LSP-Kalkulationsschema aus Abs. 3 deutet eine Kalkulationsgliederung nach der **Zuschlagskalkulation** an. Dies ist insoweit vorteilhaft bzw. zumindest nachvollziehbar, als dieses Kalkulationsschema in der Unternehmenspraxis aufgrund der Art der Leistungserstellungsprozesse relativ **weit verbreitet** ist und es zudem – infolge der Aufteilung der Kosten in mehrere Bereiche – **leichter zu prüfen** ist.[8] Das LSP-Kalkulationsschema unter Anwendung der Zuschlagskalkulation lässt sich vor diesem Hintergrund wie folgt noch etwas weiter aufgliedern bzw. präzisieren:[9]

---

[1] R. Müller, Preisgestaltung bei öffentlichen Aufträgen, 3. Aufl. 1993, 94.
[2] Noelle/Rogmans, Öffentliches Auftragswesen, 3. Aufl. 2002, 181.
[3] Birgel, Öffentliches Auftragswesen und Preisrecht, 1994, 196; Ebisch/Gottschalk/Hoffjan/Müller Rn. 1.
[4] Birgel, Öffentliches Auftragswesen und Preisrecht, 1994, 194.
[5] Birgel, Öffentliches Auftragswesen und Preisrecht, 1994, 195.
[6] Ebisch/Gottschalk/Hoffjan/Müller Rn. 2.
[7] Birgel, Öffentliches Auftragswesen und Preisrecht, 1994, 195.
[8] So die Einschätzung von Däumler/Grabe, Kalkulationsvorschriften bei öffentlichen Aufträgen, 1984, 48.
[9] In Anlehnung an Hoitsch, Kosten- und Erlösrechnung, 2. Aufl. 1997, 138.

+	Fertigungsstoffeinzelkosten (zB Rohstoffkosten)
+	Fertigungsstoffgemeinkosten (zB Kosten des Eingangslagers)
+	Fertigungseinzelkosten (zB Fertigungslöhne)
+	Fertigungsgemeinkosten (zB Kosten der Fertigungsstellen)
+	Sondereinzelkosten der Fertigung (zB Kosten für Spezialwerkzeuge)
+	Entwicklungs- und Entwurfseinzelkosten (zB auftragsbezogene Konstruktionskosten)
+	Entwicklungs- und Entwurfsgemeinkosten (zB anteilige Kosten der Grundlagenforschung)
=	Herstellkosten
+	Verwaltungsgemeinkosten (zB Kosten der Finanzbuchhaltung)
+	Vertriebsgemeinkosten (zB Kosten der Auftragsakquisition)
+	Sondereinzelkosten des Vertriebs (zB Frachtkosten für Auftrag)
=	Selbstkosten
+	Kalkulatorischer Gewinn
=	Selbstkostenpreis

III. Bestandteile des Selbstkostenpreises

A. Stoffe

Nr. 11 Fertigungsstoffe

(1) Als Fertigungsstoffe sind zu erfassen
a) Einsatz- und Fertigungsstoffe (Grundstoffe und Halbzeuge, die Bestandteile der Erzeugnisse werden),
b) Zwischenerzeugnisse (Erzeugnisse, die sich in Zwischenstufen der Fertigung ergeben oder solche Teile für die eigenen Erzeugnisse, die im Sinne des Fertigungsprogrammes nicht selbstständige, absatzbestimmte Fertigungserzeugnisse darstellen),
c) auswärts bezogene Fertigerzeugnisse (vollständig fertige Erzeugnisse, die auf Grund eigener oder fremder Zeichnungen, Entwürfe oder dgl. von fremden Betrieben gefertigt, jedoch mit eigenen Erzeugnissen fertigungstechnisch verbunden werden).

(2) Auf Nummer 13 Absatz 3 wird verwiesen.

1 In recht klarer und abschließender Weise – ohne jedoch den Versuch einer allgemeinen Begriffsdefinition zu unternehmen – vermittelt Nr. 11 einen Eindruck darüber, was als **Fertigungsstoffe** zu behandeln ist und was nicht. Wichtig ist vor allem die Abgrenzung zu den Roh-, Hilfs- und Betriebsstoffen, welche erst in Nr. 13 behandelt werden.

2 Primär adressiert sind mit den Fertigungsstoffen diejenigen Einsatzstoffe, die letztlich in das fertige Erzeugnis integriert werden und hierbei einen wesentlichen Bestandteil ausmachen. Mitunter können dies auch selbsthergestellte Vor- oder Zwischenprodukte sein; diese sind ausdrücklich und originär **nicht zum eigenständigen Abverkauf** am Markt gedacht, sondern fließen in nachgelagerte Fertigungsschritte ein.

3 Wenn es sich bei den integrierten Komponenten aber um ansonsten selbstständige, zum Abverkauf am Markt vorgesehene Produkte handelt, so sind diese – der marktwirtschaftlichen Grundorientierung der VO PR Nr. 30/53 folgend – möglichst zu ihrem Marktpreis in der LSP-Kalkulation anzusetzen. Insoweit ergibt sich an dieser Stelle ein Selbstkostenpreis mit Marktpreisbestandteilen, welcher als hybrider, also gemischter Preistyp anzusehen ist.[1] Gleichsam sind **von externen Dritten bezogene** und dann im eigenen Betrieb weiterverarbeitete bzw. mit eigenen Einsatzstoffen und Teilen verbundene Erzeugnisse als Fertigungsstoffe aufzufassen.[2]

Nr. 12 Auswärtige Bearbeitung

(1) Als auswärtige Bearbeitung ist entweder der Bezug von Zwischenerzeugnissen aus kostenlos beigestellten Stoffen oder die Übernahme einzelner Fertigungsvorgänge durch Fremdbetriebe (Lohnarbeiten) zu verstehen.

(2) [1]**Werden betriebseigene Fertigungsstoffe in Fremdbetrieben bearbeitet, so sind die Kosten dieser Fremdleistung als gesonderte Kostenart zu verrechnen und in der Kalkulation gesondert auszuweisen.** [2]**Das Gleiche gilt für Lohnarbeiten fremder Zulieferer.**

---

[1] Ebisch/Gottschalk/*Hoffjan*/*Müller* Rn. 4; *Hoffjan*/*Hinz*/*Mengis* DVBl 2021, 25 (30).
[2] *Birgel*, Öffentliches Auftragswesen und Preisrecht, 1994, 199.

(3) Fertigungsgemeinkosten der werkseigenen Fertigungsstellen dürfen auf fremde Lohnarbeitskosten nicht in Ansatz gebracht werden.

Trotz der Tatsache, dass es sich bei einer **auswärtigen Bearbeitung** um Arbeitsschritte handelt, die von externen Dritten für den Auftragnehmer ausgeführt werden, wird selbige in den LSP im Abschnitt der Stoffkosten behandelt und nicht unter den Fremdleistungen. Hintergrund dessen ist, dass auch andernorts bearbeitete Teile den Charakter von Stoffen haben und im Hause des Auftragnehmers letztlich **dieselben Abteilungen** wie zB Einkauf, Materialwirtschaft und Lagerwesen mit ihrer Beschaffung und Koordination befasst sind.[1] Die hier in Rede stehende auswärtige Bearbeitung kann sich entweder auf die **externe Bearbeitung von unentgeltlich zur Verfügung gestellten Materialien oder die Verantwortung einzelner Fertigungsteilprozesse durch Drittunternehmen** beziehen. Der Auftragnehmer kann **wählen**, ob er die Kosten der auswärtigen Bearbeitung in die Bezugsbasis eines allgemein anzuwendenden Gemeinkostenzuschlags für alle Stoffkosten aufnimmt oder aber hierfür einen separat ermittelten Gemeinkostenzuschlagssatz berechnet. Letzteres würde zwar die Einrichtung einer eigenen Kostenstelle für die auswärtige Bearbeitung nötig machen. Dies hätte aber den Vorteil, dass die Kostenverteilung noch verursachungsgerechter verliefe und zudem Kostenvergleiche zwischen Eigen- und Fremdbearbeitung von Teilen möglich wären; diese Informationen könnten sodann auch im Sinne einer **Kostenkontrolle** für die wirtschaftliche Betriebsführung genutzt werden. Keinesfalls ist es jedoch zulässig, die Kosten der auswärtigen Bearbeitung bzw. fremde Lohnarbeiten mit Fertigungsgemeinkosten der hauseigenen Produktionsstätte zu belasten.[2] 1

Nr. 13 Hilfs- und Betriebsstoffe

(1) Die Hilfsstoffe der Fertigung sind, sofern sie nicht aus verrechnungstechnischen Gründen innerhalb der Gemeinkosten verrechnet werden, wie Fertigungsstoffe zu behandeln.

(2) Betriebsstoffe zählen nicht zu den Fertigungsstoffen.

(3) Die Abgrenzung zwischen Fertigungsstoffen, Hilfs- und Betriebsstoffen soll nach einheitlichen Gesichtspunkten stetig durchgeführt werden.

Preisrechtlich gesehen existiert **keine klare Definition** dahingehend, was als Fertigungs-, Hilfs- oder Betriebsstoffe zu betrachten ist. Nr. 13 liefert gleichwohl Hinweise darüber, welche Stoffe als Fertigungsstoffe zu kategorisieren sind. Gemäß Abs. 1 sind die Hilfsstoffe in Bezug auf die Verrechnung mit den Fertigungsstoffen gleichzustellen und den Kostenträgern (Produkten) als Einzelkosten zuzurechnen, sofern sie nicht ausnahmsweise als Gemeinkosten verrechnet werden. Gemeinhin versteht man jedoch unter Hilfsstoffen solche Güter, die in die Endleistung zwar eingehen, jedoch keinen Hauptbestandteil der Leistung darstellen. Beispiele hierfür sind Farben, Lacke, Nägel, Schrauben, Nieten, Bolzen, Klebstoffe und Leim. 1

Betriebsstoffe hingegen sind in Bezug auf die Verrechnung mit den Fertigungsstoffen **nicht** gleichzustellen (Abs. 2). Sie gehen nicht direkt in das Produkt ein, sondern dienen nur dem Herstellungsprozess. Beispiele hierfür sind Schmierstoffe oder Reinigungsmittel. Sie werden in aller Regel als Teil der Fertigungsgemeinkosten anzusetzen sein. Wenn jedoch Betriebsstoffe klar von einem bestimmten Kostenträger verbraucht werden, so wären die hierfür anfallenden Kosten im Sinne des Verursachungsprinzips diesem gleichwohl ausnahmsweise als Einzelkosten zuzurechnen.[1] Gemäß Abs. 3 hat kostenrechnerisch eine **getrennte Behandlung** von Fertigungs-, Hilfs- und Betriebsstoffen zu erfolgen – und zwar nach einheitlichen Gesichtspunkten und auf stetige Weise, worin sich abermals der Grundsatz eines geordneten Rechnungswesens widerspiegelt. 2

Nr. 14 Sonderbetriebsmittel

(1) ¹Sonderbetriebsmittel sind alle Arbeitsgeräte, die ausschließlich für die Fertigung des jeweiligen Liefergegenstandes verwendet werden. ²Es gehören hierzu u. a. besondere Modelle, Gesenke, Schablonen, Schnitte und ähnliche Vorrichtungen, Sonderwerkzeuge und Lehren.

---

[1] *Birgel*, Öffentliches Auftragswesen und Preisrecht, 1994, 200; Ebisch/Gottschalk/*Hoffjan*/*Müller* Rn. 1.
[2] *Birgel*, Öffentliches Auftragswesen und Preisrecht, 1994, 200; Ebisch/Gottschalk/*Hoffjan*/*Müller* Rn. 3 f.
[1] *Birgel*, Öffentliches Auftragswesen und Preisrecht, 1994, 201.

(2) Die Kosten der Sonderbetriebsmittel sind, falls es sich um einen einmaligen Lieferauftrag handelt, einmalig abzugelten oder sonst mit angemessenen Tilgungsanteilen in den Kalkulationen der Liefergegenstände als Sonderkosten der Fertigung zu verrechnen.

(3) Der Verlauf und Stand der Tilgung durch die auf Liefergegenstände verrechneten Anteile müssen buch- oder karteimäßig nachweisbar sein.

1 **Sonderbetriebsmittel** sind Güter oder Gerätschaften, die speziell für die Ausführung eines bestimmten Auftrags bzw. die Herstellung eines bestimmten Produkts angeschafft werden mussten (Abs. 1). Durch den erkennbaren direkten Verursachungsbezug zu dem öffentlichen Auftrag als Kostenträger ergibt sich eine **abweichende kostenmäßige Handhabe** gegenüber der normalen Betriebsausstattung, bei der es vermessen wäre, die entsprechenden Anschaffungskosten dem öffentlichen Auftraggeber gesondert in Rechnung zu stellen.[1]

2 Sonderbetriebsmittel können aber nicht nur eigens beschafft, sondern auch im Auftragnehmer-Betrieb eigens hergestellt worden sein.[2] Sonderbetriebsmittel sind gerätegebunden und weisen Werkzeug- oder Vorrichtungscharakter auf. Sie sind anderweitig – dies gilt sowohl für den Betrieb des Auftragnehmers als auch für Drittbetriebe mit anderen Auftragsstrukturen – typischerweise technisch nicht sinnvoll weiter zu verwenden (spezielle Modelle, Gesenke, Schablonen, Schnitte und Ähnliches).[3]

3 Bei den Sonderbetriebsmitteln handelt es sich **nicht** um Gegenstände, die im **Anlagevermögen** zu aktivieren sind. Ihre Kosten müssen prinzipiell dem Auftraggeber in dem jeweiligen Auftrag voll angelastet werden. Falls sie nicht für einen einmaligen Auftrag angeschafft wurden, so schreibt Abs. 2 vor, dass ihre Kosten mit angemessenen Tilgungsraten schrittweise als Sonderkosten der Fertigung abzugelten sind. Bei bekannter Anzahl der sukzessiv zu liefernden Gegenstände kann dies zB mittels einfacher Division der Sonderbetriebsmittelkosten durch die Anzahl an Gegenständen geschehen. Eine entsprechende Abrede im Vertrag wird hier empfohlen.[4] Ferner ist eine Beaufschlagung der eingesetzten Sonderbetriebsmittel mit Gemeinkosten und kalkulatorischem Gewinn nicht ausgeschlossen.[5] Gelingt eine vollumfängliche Weitergabe der Kosten nach mehreren Lieferungen an einen bestimmten öffentlichen Auftraggeber nicht, so dürfen die verbliebenen Kostenanteile **nicht bei anderen öffentlichen Aufträgen** über die Gemeinkosten abgegolten werden.[6]

4 Der Hinweis in Abs. 3, dass die durch die auf Liefergegenstände verrechneten Anteile **buch- oder karteimäßig** nachweisbar sein müssen, ist im Hinblick auf den heutzutage üblichen nahezu flächendeckenden Einsatz von Informationstechnologie offensichtlich **antiquiert**. Der Hinweis „buch- oder karteimäßig" könnte demnach bei einer Novellierung der LSP der Streichung zum Opfer fallen oder ggf. durch einen anderen, **modernen Verweis** substituiert werden.

Nr. 15 Brennstoffe und Energie

(1) Zu Brennstoffen und Energie zählen feste, flüssige und gasförmige Brenn- und Treibstoffe, Dampf, Strom, Preßluft und Preßwasser.

(2) Die Brennstoff- und Energiekosten sind verrechnungstechnisch wie Betriebsstoffe zu behandeln.

1 Nr. 15 regelt, welche Stoffe als **Brennstoffe oder Energie** anzusehen sind und wie sie kostenrechnerisch zu behandeln sind. Laut Abs. 1 rechnen feste, flüssige und gasförmige Brenn- und Treibstoffe sowie Dampf, Strom, Pressluft und Presswasser zu Brennstoffen und Energie. Laut Abs. 2 sollen sie kostenrechnerisch analog zu den Betriebsstoffen (vgl. Nr. 13) einkalkuliert werden.

2 Ohnehin werden gerade elektrische Energie und Benzin in der Betriebswirtschaftslehre oftmals als typische Beispiele für Betriebsstoffe angeführt.[1] Das bedeutet, dass sie in aller Regel Teil der Fertigungsgemeinkosten sein werden.[2] Brennstoffe und Energie können von externen Lieferanten

---

[1] *Birgel*, Öffentliches Auftragswesen und Preisrecht, 1994, 202.
[2] Ebisch/Gottschalk/*Hoffjan*/*Müller* Rn. 1.
[3] *R. Müller*, Preisgestaltung bei öffentlichen Aufträgen, 3. Aufl. 1993, 143.
[4] So Ebisch/Gottschalk/*Hoffjan*/*Müller* Rn. 2; *Birgel*, Öffentliches Auftragswesen und Preisrecht, 1994, 202 f.; *R. Müller*, Preisgestaltung bei öffentlichen Aufträgen, 3. Aufl. 1993, 144 f.
[5] *R. Müller*, Preisgestaltung bei öffentlichen Aufträgen, 3. Aufl 1993, 145; *Birgel*, Öffentliches Auftragswesen und Preisrecht, 1994, 202.
[6] *Birgel*, Öffentliches Auftragswesen und Preisrecht, 1994, 202.

[1] S. etwa *Dichtl/Issing*, Vahlens Großes Wirtschaftslexikon, Bd. 1, 2. Aufl. 1993, 276.
[2] *Birgel*, Öffentliches Auftragswesen und Preisrecht, 1994, 204.

bezogen oder auch selbst hergestellt werden. Insofern werden ihre Kosten entweder anhand der Eingangsrechnungen oder über die innerbetriebliche Leistungsverrechnung anfallen.[3]

Nr. 16 Mengenermittlung

(1) [1]Als Verbrauch ist die Einsatzmenge je Stoffart einschließlich des bei normalen Fertigungsbedingungen entstehenden Verarbeitungsabfalles (z.B. Verschnitt oder Späne) oder einschließlich des Zuschlages für Ausschuß beim Einbau anzusetzen. [2]Verwertungsfähige Reststoffe sind durch Reststoffgutschriften zu erfassen.

(2) [1]Soweit die Verbrauchsmengen durch Nachweise, Meßeinrichtungen oder dgl. erfaßt werden können, sind deren Angaben für den Mengenansatz maßgebend. [2]Anderenfalls sind die Verbrauchsmengen durch andere objektive Maßstäbe, Stichproben oder dgl. zu ermitteln.

(3) Die einzusetzenden Mengen sind in Vorkalkulationen aus Zeichnungen, Stücklisten, Rezepturvorschriften, Stoffbedarfszusammenstellungen oder dgl. in Nachkalkulationen aus Verbrauchsaufschreibungen oder dgl. zu ermitteln.

1 Ergänzend zu der – oben (→ Nr. 7 Rn. 1) bereits behandelten – allgemeinen Vorschrift über den Mengenansatz (Nr. 7) bezieht sich Nr. 16 speziell auf die **ansetzbaren Mengengerüste im Bereich der Stoffe** (Nr. 11–21). Abs. 1 besagt, dass der Verbrauch als Einsatzmenge je Stoffart inklusive des bei normalen Fertigungsbedingungen anfallenden Verarbeitungsabfalls zu verstehen ist. Wenn beim Einbau der Materialien Ausschuss erzeugt wird, so ist dieser ebenfalls anzusetzen. Sofern verwertbare Materialreste übrig bleiben, so sind diese als Reststoffgutschriften zu berücksichtigen.

2 **Verarbeitungsabfall** bezeichnet hier den Anteil der Stoffe, der im Rahmen der Produktion durch notwendiges Zuschneiden von zunächst nur in handelsüblichen Normmaßen verfügbaren Materialien oder aber durch zu Spänen, Abrieb, Abbrand, Schwund etc führenden Arbeitsschritten generiert wird.[1] Die hier entstehenden Kosten sind nur insoweit einzukalkulieren, als sie ein vertretbares Maß nicht übersteigen. Im Sinne des Gebots der **wirtschaftlichen Betriebsführung** wären die Kosten aufgrund von Abfällen aus der Stoffverarbeitung, die im Vergleich mit anderen Betrieben oder dem betriebsüblichen Maß früherer Perioden auffällig hoch liegen, ggf. nicht in voller Höhe verrechenbar.[2]

3 **Ausschuss** hingegen sind wesentlich fehlerhafte und daher nicht mehr an Kunden auslieferbare unfertige oder fertige Erzeugnisse. Der Ausschuss enthält nicht nur Stoffkosten, sondern auch vergeblich aufgewendete Fertigungskosten. Je nach Zeitpunkt der Fehlerfeststellung – relativ zu Beginn des Fertigungsverfahrens oder erst bei der abschließenden Qualitätskontrolle – fallen die vergeblich entstandenen Kosten unterschiedlich hoch aus.[3] Gleichwohl ist der Ausschuss gem. Abs. 1 **als prozentualer Aufschlag auf die ermittelten Mengen** zu berücksichtigen. Ein Ansatz der ausschussbedingten Kosten im Rahmen der Fertigungsgemeinkosten liefe Abs. 1 zuwider. Diese prozentuale Verrechnung überzeugt jedoch aufgrund mangelnder Verursachungsgerechtigkeit nicht vollends, da hierdurch die einzelnen Stoffe mit demselben Zuschlag belastet werden, obwohl einzelne Kostenträger von der Ausschussproblematik gar nicht betroffen sind. Soweit möglich bzw. messbar, sollte der Ausschuss daher bei **Nachkalkulationen** besser als **Sondereinzelkosten der Fertigung** in den Selbstkostenpreis einfließen.[4] Bei **vorkalkulatorischen** Preisermittlungen muss hinsichtlich des Ausschusses mit Erfahrungswerten aus der Vergangenheit operiert werden; bei nachkalkulatorischen Preisermittlungen sind die tatsächlichen Ausschussmengen maßgeblich.[5]

4 Um die Mengen korrekt zu ermitteln, sind laut Abs. 2 geeignete Methodiken anzuwenden. Dies kann entweder über **aussagekräftige Belege** wie Eingangsrechnungen oder Materialentnahmescheine aus dem Lagerwesen wie auch mittels „**indirekter Verbrauchsermittlung** durch Rückrechnung"[6] geschehen. Angemerkt sei ferner, dass sich Fehler in den Produkten mitunter auch durch **Nacharbeiten** beheben lassen. In Nr. 16 Abs. 1 wird zwar nur von Ausschuss gesprochen, doch lässt sich die Regelung auch auf die Kosten für zusätzliche Arbeitsgänge (Nacharbeit) analog

---

[3] Ebisch/Gottschalk/*Hoffjan*/*Müller* Rn. 1.
[1] *Birgel*, Öffentliches Auftragswesen und Preisrecht, 1994, 204; Ebisch/Gottschalk/*Hoffjan*/*Müller* Rn. 3.
[2] Ebisch/Gottschalk/*Hoffjan*/*Müller* Rn. 4.
[3] Ebisch/Gottschalk/*Hoffjan*/*Müller* Rn. 5.
[4] *Birgel*, Öffentliches Auftragswesen und Preisrecht, 1994, 205; Ebisch/Gottschalk/*Hoffjan*/*Müller* Rn. 6.
[5] Ebisch/Gottschalk/*Hoffjan*/*Müller* Rn. 6.
[6] *Birgel*, Öffentliches Auftragswesen und Preisrecht, 1994, 205.

anwenden.[7] Sofern der Auftraggeber **geringfügig fehlerbehaftete Güter** ausnahmsweise akzeptiert, so stellen diese keinen Ausschuss dar, da der Absatzvorgang (Umsatzakt) dennoch stattfindet. Auf die Kalkulation haben diese geringfügigen Fehler dann auch keinen direkten Einfluss. Gleichwohl sollte in diesen Fällen infolge der Qualitätseinbußen ein Abschlag vom ursprünglichen Verkaufspreis vertraglich vereinbart und einkalkuliert werden.[8]

Nr. 17 Bewertung

(1) [1]Die Stoffe und dgl. sind mit Preisen des Zeitpunktes gemäß Nummer 8 zu bewerten. [2]Die Preise gemäß Satz 1 können auch als Einstandspreise berechnet werden (vgl. Nummer 18).

(2) [1]Für Lagerstoffe können Verrechnungspreise verwendet werden. [2]Sie müssen auf wirklichkeitsnahen Ermittlungen beruhen, in Vorkalkulationen den Preisen gemäß Nummer 8 Absatz 1a und in Nachkalkulationen den Preisen gemäß Nummer 8 Absatz 1b nahekommen. [3]Verrechnungspreise sollen in kürzeren Zeiträumen nur abgewandelt werden, wenn grundlegende Änderungen der Preise eingetreten sind.

(3) Standardwerte oder Standardsätze sind durch Preise gemäß Nummer 8 oder Absatz 2 zu ersetzen oder in solche Preise umzurechnen.

(4) [1]Von den Bewertungsgrundsätzen dieser Leitsätze abweichende Regelungen sind, soweit keine anderen Rechtsvorschriften entgegenstehen, zulässig. [2]Sie bedürfen vertraglicher Vereinbarung.

1   Nr. 17 befasst sich mit der **Bewertung** der zu verarbeitenden oder bereits verarbeiteten **Stoffe**. Stoffe müssen gem. Abs. 1 mit den sich aus Nr. 8 (allgemeine Bewertungsgrundsätze) ergebenden oder mit Einstandspreisen nach Nr. 18 bewertet werden. Konkretisierend wird in Abs. 2 dargestellt, dass Lagerstoffe **auch mittels Verrechnungspreisen** bewertet werden können. Diesen müssen jedoch **realitätsnahe Berechnungen** zugrunde liegen und sie müssen in der Nähe der Preise nach Nr. 8 Abs. 2 liegen (Tagespreise der Angebotsabgabe bei Vorkalkulationen bzw. Anschaffungspreise bei Nachkalkulationen, mithin tatsächliche Preise). Mit Aktualisierungen dieser Verrechnungspreise im Zeitablauf soll dann aber sparsam umgegangen werden; sie sind im Sinne einer gewissen **Stetigkeit** nur bei „grundlegenden" Veränderungen angezeigt. Bei wiederkehrenden wesentlichen Verrechnungspreisschwankungen sollte daher den **Bewertungsansätzen des Nr. 8 Abs. 2 der Vorzug gegeben** werden.[1] Eventuell genutzte Standardwerte oder -sätze sind durch einen der beiden vorgenannten Bewertungsansätze zu substituieren (Abs. 3).

2   Abs. 4 gibt im Wege einer Ausnahmeregelung den Vertragsparteien zudem das Recht, über **vertragliche Abreden** von den Bewertungsgrundsätzen der LSP abzurücken, solange keine anderen Rechtsvorschriften diesem im Wege stehen. Dies kann zB im Falle von Vorkalkulationen bei zu erwartenden Stoffpreissteigerungen – ohne dass parallel eine entsprechende Preisgleitklausel vereinbart wird – angezeigt sein.[2] Nicht aber darf es zu einer Vereinbarung von unangemessenen Stoffpreisen kommen. Dies ist aber ohnehin ein eher theoretisches Problem, da die **Interessenlagen** von Auftraggeber und Auftragnehmer, zumindest im Hinblick auf den zu zahlenden Preis, in der Regel **gegenläufig** sind und es insofern gar nicht erst zu inadäquaten Stoffpreisabreden kommen würde.[3]

Nr. 18 Einstandspreis

(1) [1]Der Einstandspreis versteht sich im Regelfall frei Werk des Bestellers. [2]Er beinhaltet den Preis der beschafften Güter einschließlich der mittelbaren Lieferkosten wie Fracht, Porto, Rollgeld und Verpackung.

(2) Der Auftragnehmer hat beim Einkauf alle geschäftsüblichen Vorteile zugunsten des Auftraggebers wahrzunehmen.

(3) Erzielte Mengenrabatte, Preisnachlässe, Gutschriften für Treue-, Jahres- und Umsatzrabatte, für zurückgesandte Verpackung und ähnliches sind zu belegen und bei Ermittlung

---

[7] *Hans*, Planung und Plankostenrechnung in Betrieben mit Selbstkostenpreis-Erzeugnissen, 1984, 83.
[8] *Hans*, Planung und Plankostenrechnung in Betrieben mit Selbstkostenpreis-Erzeugnissen, 1984, 82.
[1] Ebisch/Gottschalk/*Hoffjan*/*Müller* Rn. 3.
[2] *Birgel*, Öffentliches Auftragswesen und Preisrecht, 1994, 206.
[3] Ebisch/Gottschalk/*Hoffjan*/*Müller* Rn. 6.

des Einstandspreises abzusetzen, sofern nicht aus abrechnungstechnischen Gründen eine andersartige Verrechnung in den Selbstkosten erfolgt.

Zuvor wurde in Nr. 17 Abs. 1 ua auf den **„Einstandspreis"** von Stoffen und dergleichen Bezug genommen. Dieser Einstandspreis bestellter Lieferungen ergibt sich iSv Nr. 18 Abs. 1 aus dem Einkaufspreis zuzüglich aller Bezugskosten wie Fracht, Porto, Rollgeld und Verpackung sowie etwaige Zölle.[1] Nach der begrifflichen Definition in Nr. 18 Abs. 1 handelt sich hierbei um den Preis, zu dem die Materialien **„frei Werk"** des Bestellers bzw. Auftragnehmers ausgeliefert werden.

Abs. 2 weist ausdrücklich darauf hin, dass der Auftragnehmer im Rahmen des Bestellvorgangs alle **geschäftsüblichen Vorteile ausnutzen** und über verringerte Einstandspreise dem Auftraggeber zugutekommen lassen muss. Wie im sonstigen betrieblichen Einkaufswesen soll der Unternehmer auch im öffentlichen Auftrag **möglichst kostengünstig beschaffen** und sich nicht etwa – dies gilt insbesondere für Selbstkostenerstattungspreis-Verträge – von dem Gedanken leiten lassen, dass ohnehin alle anfallenden Kosten später erstattet und noch mit einem kalkulatorischen Gewinn beaufschlagt werden.[2]

Laut Abs. 3 sind alle erzielten Mengenrabatte, Preisnachlässe, Gutschriften für Treue-, Jahres- und Umsatzrabatte, für zurückgesandte Verpackung und ähnliche Ermäßigungen[3] zu belegen und dem Auftraggeber kostenmindernd gutzuschreiben. Bei **Skonti** verhält es sich jedoch **anders.** Beim Skonto handelt es sich um einen Preisnachlass, der dem Abnehmer zugebilligt wird, um diesen zu einer zügigeren Begleichung der offenen Rechnung anzureizen. Skonti haben eine gewisse Ähnlichkeit mit Rabatten, jedoch werden Skonti lediglich als Nachlass für eine schnelle Bezahlung gewährt, nicht für die Abnahme großer Mengen oder wiederholter Käufe über einen längeren Zeitraum. In Abs. 3 werden Skonti als dem öffentlichen Auftraggeber gutzuschreibendes Element der Preisstellung des Vorlieferanten **nicht explizit** aufgeführt. Dies spricht dafür, dass sie dem Auftragnehmer zugutekommen sollen. Daran ändert auch der Einwand nichts, man könne Skonti ggf. unter der Ergänzung „und ähnliches" subsumieren. Skonti mit den in Abs. 3 enumerativ genannten Preisnachlasstypen auf eine Stufe zu stellen, erschließt sich nicht.[4] Die Skonti gehören im Gegensatz zu den Rabattierungen in die **Finanzsphäre** der Unternehmung (nicht in die Betriebssphäre). Dadurch, dass Skonti erst nach der Rechnungsausstellung in Anspruch genommen und gewährt werden, müssen sie im Gegensatz zu Rabatten auch buchhalterisch erfasst und in einer ordnungsgemäßen Finanzbuchhaltung einzeln nachvollziehbar sein. Zudem sei als weiteres Argument darauf hingewiesen, dass die Vorläufernorm der Nr. 18, dies war die Nr. 15 der bis zum Kriegsende gültigen Leitsätze für die Preisermittlung auf Grund der Selbstkosten bei Leistungen für öffentliche Auftraggeber (LSÖ), noch explizit den Begriff der Skonti in der in Rede stehenden Aufzählung vorsah. Nach Ablösung der LSÖ durch die LSP war der Terminus „Skonti" jedoch nicht mehr enthalten.[5]

Nr. 19 Zulieferungen aus eigenen Vorbetrieben

(1) Bei Zulieferungen marktgängiger Leistungen aus eigenen Vorbetrieben gelten als Einstandspreise die jeweiligen Marktpreise unter Berücksichtigung der eingesparten Vertriebskosten und der üblichen Nachlässe.

(2) Bei Zulieferungen nicht marktgängiger Leistungen aus eigenen Vorbetrieben gelten als Einstandspreise,
a) falls solche Lieferungen in einem Geschäftszweig üblich sind,
   die nach diesen Leitsätzen ermittelten Selbstkosten,
b) falls solche Zulieferungen in einem Geschäftszweig nicht üblich sind,
   die nach diesen Leitsätzen ermittelten Selbstkostenpreise.

Vorbetriebe iSv Nr. 19 sind Zuliefereinheiten in der betrieblichen Sphäre des Auftragnehmers im Rahmen eines vertikal ausgerichteten Produktionsprogramms. Der **Vorbetrieb** stellt eine Vorstufe bei der Fertigstellung der Hauptleistung (des Kostenträgers) dar. Um die Existenz eines Vorbetriebs bejahen zu können, müssen **folgende Kriterien** erfüllt sein:[1]

---

[1] Ebisch/Gottschalk/*Hoffjan*/*Müller* Rn. 1; *Birgel*, Öffentliches Auftragswesen und Preisrecht, 1994, 207.
[2] Ebisch/Gottschalk/*Hoffjan*/*Müller* Rn. 2.
[3] Zu den verschiedenen Ausgestaltungsformen der Rabatte in der Praxis vgl. bereits *Dörinkel* GRUR 1960, 7 ff.
[4] Vgl. hierzu und mwN bereits *Altmann* DB 1970, 767 (769).
[5] Ebisch/Gottschalk/*Hoffjan*/*Müller* Rn. 5; *Birgel*, Öffentliches Auftragswesen und Preisrecht, 1994, 191.
[1] Vgl. zum Folgenden R. *Müller*, Preisgestaltung bei öffentlichen Aufträgen, 3. Aufl. 1993, 109 f.; *Birgel*, Öffentliches Auftragswesen und Preisrecht, 1994, 208 f.

- organisatorische (nicht aber unbedingt räumliche) Trennung vom Hauptbetrieb,
- zu wesentlichen Teilen selbstständige Tätigkeit unter eigener Betriebsleitung,
- eigenes Produktionsprogramm und
- eigenes Rechnungswesen bzw. eigener Kostenrechnungskreis.

2   Für die Entscheidung, ob ein eigener Vorbetrieb gegeben ist oder nicht, sind **primär betriebswirtschaftliche Aspekte relevant.** Rechtlich selbstständige Tochterunternehmen sind nicht als „eigene Vorbetriebe" iSd Nr. 19 aufzufassen. Bei ihnen handelt es sich vielmehr um mittelbare Auftragnehmer (in der Praxis meist „Unterauftragnehmer" genannt) iSd § 2 Abs. 4 Nr. 1.

3   Zulieferungen aus eigenen Vorbetrieben können **nicht** unbenommen zu Einstandspreisen in die LSP-Kalkulation einfließen, da der Auftragnehmer sie selbst bestimmen kann.[2] Insofern gibt Nr. 19 Antwort, wie stattdessen hierbei vorzugehen ist.

4   Bei **Zulieferungen eines eigenen Vorbetriebs** kann es sich um Einsatz- und Fertigungsstoffe sowie um Zwischen- und Fertigerzeugnisse handeln, die in das vom öffentlichen Auftraggeber bestellte Gut ein- oder an selbiges angebaut werden.[3] Für die Bewertung der Lieferungen aus eigenen Vorbetrieben ist die Frage wesentlich, ob es sich bei selbigen um **marktgängige Leistungen** handelt. Ist dies der Fall, so gelten für sie – dies steht im Einklang mit dem Marktpreisvorrang als führender Maxime des Preisrechts – ihre jeweiligen **Marktpreise als Einstandspreise,** wobei ggf. die eingesparten Vertriebskosten sowie üblicherweise gewährte Preisnachlässe zu erfassen wären.

5   Fehlt es an der Marktgängigkeit der Leistung des Vorbetriebes, so werden tiefergehende Analyseschritte notwendig. Zunächst ist zu hinterfragen, ob die Lieferungen als für den Vorbetrieb „(branchen)üblich" zu bezeichnen sind. Ist dies der Fall, so sind die **LSP-konformen Selbstkosten als Einstandspreis** heranzuziehen. Ist dies nicht der Fall, dh keine „(Branchen-) Üblichkeit", so sind die LSP-konformen Selbstostenpreise als Bewertungsgrundlage einschlägig. Hierbei kommt es also neben der In-Rechnung-Stellung der Selbstkosten auch zu einem Ansatz eines Gewinnzuschlags.

6   Vorgenannte Unterscheidung hat letztlich den Effekt, dass mehrstufig organisierte Auftragnehmer für (nicht branchenübliche) Zulieferungen aus eigenen Vorbetrieben **in etwa die gleichen Kosten** ansetzen, die bei einem Fremdbezug anfallen würden. Ohne die hier diskutierte Regelung würden mehrstufig organisierte Auftragnehmer aufgrund ihres Einflusses auf den Vorbetrieb den hieraus erwachsenden Vorteil an den öffentlichen Auftraggeber weiterleiten, was im Vergleich mit nicht-mehrstufigen (kleineren) Anbietern zu günstigeren Endpreisen führen würde, die ihren Gewinnzuschlag auf die gesamte Leistung beziehen. Diese Gemengelage hätte einen – aus Sicht des Verordnungsgebers unangemessenen – **Wettbewerbsnachteil** für die nicht-mehrstufigen (kleineren) Anbieter zur Folge, denn auf diese würde strukturell ein – unerwünschter – Preisdruck ausgeübt.[4] Den mehrstufig aufgestellten Auftragnehmern kommt aber dennoch ein wesentlicher Vorteil zu. Sie werden in die Lage versetzt, **zweimal** einen **Gewinnzuschlag** einzukalkulieren – nämlich einerseits auf den Einstandspreis der branchenüblichen eigenen Zulieferungen und auf die Selbstkostenkalkulation des Hauptauftrags. Angemerkt sei jedoch, dass der hier diskutierten Vorschrift nur eine **eher geringe praktische Bedeutung** zukommt, da eigene Zulieferbetriebe zumeist rechtlich selbstständige Gesellschaften (verbundene Unternehmen) sind, deren Zulieferungen mittelbare Leistungen nach § 2 Abs. 4 darstellen.

Nr. 20 Beistellung von Stoffen

Vom Auftraggeber kostenlos beigestellte Stoffe sind, soweit sie Gemeinkosten verursachen, entsprechend ihrem gegebenenfalls geschätzten Wert den Stoffkosten zuzuschlagen und sodann von den Selbstkosten mit dem gleichen Wert wieder abzusetzen.

1   Vom öffentlichen Auftraggeber eventuell **unentgeltlich zur Verfügung gestellte Stoffe** verursachen beim Auftragnehmer in aller Regel **auch Gemeinkosten** – so zB in der Einkaufsabteilung oder im Lagerwesen. Sie müssen daher in einer Vollkosten-orientierten betrieblichen Kostenrechnung Berücksichtigung finden. Gleichwohl sind sie laut Nr. 20 **hinterher** wieder mit dem gleichen Wert von den Selbstkosten **abzuziehen.** Auch die vom öffentlichen Auftraggeber eventuell unentgeltlich zur Verfügung gestellten Stoffe und Teile müssen bei ihrem Eingang im Lager – wenngleich sie später wieder abgezogen werden – angemessen und marktnah bewertet werden. Hintergrund ist, dass es sonst zu einer nicht verursachungsgerechten Verteilung der Material-, Verwaltungs- und Vertriebsgemeinkosten auf die Fertigungsstoffkosten kommen könnte.

---

[2] Ebisch/Gottschalk/*Hoffjan*/*Müller* Rn. 1.
[3] R. *Müller*, Preisgestaltung bei öffentlichen Aufträgen, 3. Aufl. 1993, 110.
[4] *Birgel*, Öffentliches Auftragswesen und Preisrecht, 1994, 209; Ebisch/Gottschalk/*Hoffjan*/*Müller* Rn. 8.

Mangelt es an einer Kenntnis über den Wert der Stoffe und Teile, so muss dieser fachmännisch geschätzt werden.[1] Auch ein Blick auf Preislisten dieses Marktsegments oder das Stellen von Anfragen bei Lieferanten können Abhilfe schaffen.[2] Die letztlich wieder vorzunehmende Absetzung der Stoffkosten aus beigestellten Materialien bedeutet offenkundig, dass sie keinesfalls Teil des letztlich geforderten Selbstkostenpreises sein und mit einem Gewinnzuschlag versehen werden dürfen.

Nr. 21 Reststoffe

(1) Verwendungsfähige Reststoffe sind, soweit eine Weiterverwendung im eigenen Betrieb möglich ist, wie Stoffe zu bewerten und den Stoffkosten gutzuschreiben.

(2) Veräußerte oder veräußerungsfähige Reststoffe sind mit den durchschnittlich erzielten oder erzielbaren Erlösen, vermindert um die bei der Aufbereitung und Veräußerung entstandenen Kosten, den Stoffkosten gutzuschreiben.

Mitunter fallen im Rahmen des Fertigungs- bzw. Auftragsausführungsprozesses **Reststoffe** an, die entweder im eigenen Betrieb oder als Verkaufsgüter am Markt **weiterverwendet** werden können. Nr. 21 regelt, inwiefern diese werthaltigen Reststoffe kostenmindernd zu erfassen sind.

Bei einer weitergehenden **Verwendungsmöglichkeit im eigenen Betrieb** sind die Reststoffe laut Abs. 1 „in der Höhe des ansonsten vorliegenden Einkaufswertes"[1] zu bewerten und, wenn möglich, den Stoffkosten des in Rede stehenden Auftrags direkt betragsmäßig gutzuschreiben. Wenn dies nicht möglich bzw. sinnvoll ist, da Reststoffe in etwa bei allen Fertigungsaufträgen gleichermaßen anfallen oder eine Einzelverrechnung wegen geringer Reststoffwerte nicht verhältnismäßig erscheint, kann jedoch auch eine Korrektur der Stoffgemeinkosten erfolgen.[2]

Wenn ein **Verkauf der Reststoffe an Dritte** erfolgen soll, so sind laut Abs. 2 die hier durchschnittlich erzielbaren Verkaufserlöse, abzüglich der bei der Aufbereitung und Vermarktung entstandenen Kosten, bei der Bewertung anzusetzen. In Bezug auf die Verrechnungstechnik ist je nach sich bietender Sachlage analog zu oben (→ Nr. 21 Rn. 2) vorzugehen.

B. Löhne, Gehälter und andere Personalkosten

Nr. 22 Verrechnung

(1) Bei Löhnen, Gehältern und kalkulatorischem Unternehmerlohn sind im Falle der Anwendung des Zuschlagsverfahrens gemäß Nummer 5 Abs. 2b zu unterscheiden
a) **unmittelbar dem Kostenträger zurechenbare Kosten:**
   Fertigungslöhne, Fertigungsgehälter und unmittelbar auf die Fertigung entfallender Unternehmerlohn (Unternehmerfertigungslohn),
b) **mittelbar dem Kostenträger zurechenbare Kosten:**
   Hilfslöhne, sonstige Gehälter und nicht unmittelbar auf die Fertigung entfallender Unternehmerlohn.

(2) Der kalkulatorische Unternehmerlohn kann auch unter den kalkulatorischen Kostenarten ausgewiesen werden.

(3) Die Kostenrechnung nach den Absätzen 1 und 2 soll nach einheitlichen Grundsätzen stetig durchgeführt werden.

Hinsichtlich der **Verrechnung von Löhnen und Gehältern** in Selbstkostenpreisen ist bei der Anwendung der Zuschlagskalkulation zu differenzieren, zwischen den direkt auf den Kostenträger zu verrechnenden Kosten (Fertigungslöhne und -gehälter) und den indirekt auf den Kostenträger zu schlüsselnden Kosten (Hilfslöhne und sonstige Gehälter). Auch der **kalkulatorische Unternehmerlohn** – dieser wird angesetzt, wenn ein Unternehmer sich für die Tätigkeit im Unternehmen kein Gehalt auszahlt – kann entsprechend seines Anfalls gemäß den beiden vorgenannten Kriterien kostenmäßig angesetzt oder aber unter den kalkulatorischen Kostenpositionen aufgeführt werden. Die Kostenrechnung ist zudem, auch in dem hier beschriebenen Kontext der Personalkosten, **einheitlich** und **stetig** zu vollziehen.

---

[1] Ebisch/Gottschalk/*Hoffjan*/*Müller* Rn. 2.
[2] *Birgel*, Öffentliches Auftragswesen und Preisrecht, 1994, 210.
[1] *Birgel*, Öffentliches Auftragswesen und Preisrecht, 1994, 210 f.
[2] Ebisch/Gottschalk/*Hoffjan*/*Müller* Rn. 1.

Nr. 23 Ansatz

In den Vor- und Nachkalkulationen dürfen Löhne, Gehälter und andere Personalkosten nach Art und Umfang nur insoweit berücksichtigt werden, als sie den Grundsätzen wirtschaftlicher Betriebsführung entsprechen (vgl. Nummer 4).

1   Hinsichtlich des Ansatzes der **Personalkosten** wird in Nr. 23 klargestellt, dass die Maxime einer **wirtschaftlichen Betriebsführung** auch hier eine wesentliche Nebenbedingung der Ansatzfähigkeit von Kosten darstellt. Aus Sicht der betrieblichen **Praxis** stellt sich in diesem Kontext nicht nur die Frage, welche **Anzahl von Arbeitsstunden** notwendig gewesen ist, sondern ob diese Anzahl im Hinblick auf den Wirtschaftlichkeitsgrundsatz (noch) als **angemessen** zu bezeichnen ist. Dadurch, dass die Maxime der wirtschaftlichen Betriebsführung bereits in Nr. 4 Abs. 2 angeführt wurde, erscheint Nr. 23 (als zusätzlicher Leitsatz) nach Ansicht von *Birgel* jedoch strenggenommen verzichtbar[1] – eine Einschätzung, der ohne Weiteres zuzustimmen ist.

2   Zudem tangiert Nr. 23 ganz wesentlich auch das Thema der **Mitarbeiterstundensätze.**[2] Grundsätzlich gilt hierbei das übliche Kalkül:

$$\text{Mitarbeiterstundensatz} = \frac{\text{Anrechenbare Personalkosten}}{\text{Basisbeschäftigung}}$$

3   Zu den ansetzbaren Personalkosten rechnen zunächst einmal die **originären Personalkosten** (Personalkosten gemäß Tarif-/Arbeitsvertrag zzgl. Personalnebenkosten). Sodann können beanspruchungsgerecht **zu verteilende Arbeitsplatzkosten** erfasst werden (insbesondere Raumkosten, IT-Kosten usw). Die **restlichen, nicht verursachungsgerecht verteilbaren Kosten** sind dem klassischen Overhead zuzuordnen (Zuschläge für die allgemeine Verwaltung). Diese können anteilig über einfache Zuschlagssätze auf die personenbezogenen Kosten je Mitarbeiterkategorie umgelegt werden. Hierzu können auch die Kosten der Abteilungsleitung zählen, wenn diese im Wesentlichen allgemeine Koordinierungs- und keine Projektaufgaben übernimmt.

4   Bei der Definition der **Beschäftigungsbasis** sind zuerst die Brutto-Arbeitsstunden pro Jahr gemäß Tarif-/Arbeitsvertrag zu ermitteln und dann unproduktive Stunden aufgrund von Urlaub, Krankheit, Fortbildungen, Besprechungszeiten, Rüstzeiten, Wissensmanagement usw in üblichem Umfang abzuziehen. Hieraus ergibt sich die angemessene Personalauslastung bei wirtschaftlicher Betriebsführung. Sodann ist die Angemessenheit des Auslastungsgrades **kontrollieren.** Hierzu ist die tatsächliche berechnete Auslastung in Relation zur oben genannten Basisbeschäftigung zu setzen. Die ermittelten Stundensätze sind ferner mit den in dem Auftrag aufgewendeten (respektive angemessenen) Stunden zu multiplizieren, um die notwendigen **Abrechnungsbeträge** zu erhalten.

5   Eine geeignete **Zahl von Mitarbeiterkategorien** und somit unterschiedlichen Stundensätzen ist branchen- oder gar betriebsindividuell festzulegen. Gleichwohl können gewisse Daumenregeln bei der Entscheidung berücksichtigt werden: Branchentypische Spezifitäten der erstellten Leistungen sind zwecks Orientierung zu berücksichtigen. Je mehr verschiedene Kompetenzen im Unternehmen vorhanden sind, desto höher fällt die Anzahl der Stundensätze aus. Der Pool für eine Mitarbeiterkategorie ist bestenfalls so groß zu wählen, dass Zufälligkeiten in den Kostensätzen (zB durch Langzeiterkrankungen) vermieden werden. Mehr als 10–15 Mitarbeiterkategorien bzw. Stundensätze werden nur selten notwendig bzw. praktikabel sein.

Nr. 24 Bewertung

(1) In Vor- und Nachkalkulationen sind die tariflichen oder, soweit sie angemessen sind, die mit dem Arbeitnehmer vereinbarten Löhne und Gehälter einzusetzen.

(2) ¹Bei Einzelkaufleuten und Personengesellschaften kann als Entgelt für die Arbeit der ohne feste Entlohnung tätigen Unternehmer ein kalkulatorischer Unternehmerlohn in der Kostenrechnung berücksichtigt werden. ²Auch für die ohne feste Entlohnung mitarbeitenden Angehörigen der Unternehmer kann ein ihrer Tätigkeit entsprechendes Entgelt kalkulatorisch verrechnet werden.

(3) ¹Der kalkulatorische Unternehmerlohn ist unabhängig von den tatsächlichen Entnahmen des Unternehmers in der Höhe des durchschnittlichen Gehaltes eines Angestellten mit gleichwertiger Tätigkeit in einem Unternehmen gleichen Standorts, gleichen Geschäftszweiges und gleicher Bedeutung oder mit Hilfe eines anderen objektiven Leis-

---

[1] *Birgel*, Öffentliches Auftragswesen und Preisrecht, 1994, 212.
[2] Zum Folgenden s. auch: Ebisch/Gottschalk/*Hoffjan*/*Müller* Rn. 2–11.

tungsmaßstabes zu bemessen. ²Die Größe des Betriebes, der Umsatz und die Zahl der in ihm tätigen Unternehmer sind zu berücksichtigen.

Die **Bewertung der Personalkosten** setzt auf den tariflichen oder den mit den Angestellten (in angemessener, orts- und branchenüblicher Weise) frei oder über den Tarif hinausgehend vereinbarten Arbeitsentgelten auf. 1

Bei Zahlung von **tariflichen Löhnen und Gehältern** ergeben sich keine Nachweis- oder Anerkennungsschwierigkeiten. Stellenweise können auch höhere Entgelte anerkennungsfähig bzw. angemessen sein, wenn besonders hoch qualifizierte und leistungsstarke Personen betroffen sind. Gleichwohl ist stets eine **Angemessenheitsprüfung** bei übertariflichen Zahlungen vorzunehmen. Betriebs-, Branchen- oder Ortsvergleichswerte können hierbei als Maßstab dienen. Auf diese Vergleichsmaßstäbe sollte dann auch bei den freiwilligen und/oder variablen Vergütungsbestandteilen referenziert werden. Maßgeblich für den Angemessenheitsnachweis ist stets die Höhe der Gesamtvergütung.[1] 2

Fallen bei der Personalkostenerfassung besondere Zahlungen wegen **Mehr- oder Nachtarbeit** an, stellt sich die Frage, ob diese durch den spezifischen Auftrag entstanden oder durch die allgemeine Beschäftigungs- oder Konjunktursituation im Betrieb angefallen sind. Im ersten Szenario sollten diese Zusatzkosten als Sondereinzelkosten der Fertigung auf den in Rede stehenden Kostenträger, im zweiten Szenario nach Möglichkeit als Gemeinkosten auf Basis der Fertigungslöhne verrechnet werden.[2] 3

In Bezug auf **Vorstands- oder Geschäftsführervergütungen** ist zu konstatieren, dass sie den Löhnen und Gehältern nach Nr. 22 zugehören. Auch diese müssen der Höhe nach – insgesamt betrachtet (Einbezug von Tantiemen etc) – angemessen ausfallen. Trotz der stets immanenten Relevanz unternehmens- oder konzernindividueller Faktoren, können auch hier Unternehmens- oder Branchenvergleiche wertvolle Beurteilungsmaßstäbe liefern.[3] 4

Abschließend sei nun noch auf den **kalkulatorischen Unternehmerlohn** eingegangen: Im Falle von Einzelunternehmen oder Personengesellschaften (GbR, OHG, KG) kann es mitunter nämlich vorkommen, dass der Unternehmer im eigenen Betrieb tätig ist, ohne ein festes Gehalt zu beziehen, sondern sich im Erfolgsfall aus dem Gewinn des Unternehmens zu bedienen. Dem kalkulatorischen Unternehmerlohn liegt somit keine betriebliche Buchung zugrunde. Gleichwohl können in diesem Falle (fiktive, kalkulatorische) Personalkosten angesetzt werden. Der kalkulatorische Unternehmerlohn stellt ökonomisch betrachtet **Opportunitätskosten** aus entgangenem Nutzen dar. Der Unternehmer verzichtet mithin auf ein übliches Gehalt, das er andernorts als angestellter Geschäftsführer beziehen könnte. Diesen Betrag muss er nun im eigenen Betrieb ebenfalls mit erwirtschaften. 5

Einzelunternehmer und Personengesellschaften werden hiermit auch insofern im Verhältnis zu anderen Unternehmen preisrechtlich gleich behandelt, als sie in den Stand versetzt werden müssen, für die **Wahrnehmung der Managementaufgaben** bei Bedarf (zB im Krankheitsfall) Ersatzpersonal engagieren und bezahlen zu können. Der gleiche Ansatz wird bei eine Vergütung im Auftragnehmer-Betrieb **mitarbeitenden Familienangehörigen** des Unternehmers zugrunde gelegt. Für diese kann ein durchschnittliches Gehalt eines Angestellten mit **vergleichbarem** Tätigkeitsprofil, welches zudem **orts- und branchenüblich** sein muss, angesetzt werden. Überdies ist es natürlich eine Grundvoraussetzung für den Ansatz des kalkulatorischen Unternehmer- und auch des vorgenannten Familienangehörigenlohns als fiktive Entgelte für geleistete Arbeit, dass diese Persönlichkeiten tatsächlich in dem Betrieb tätig sind[4] – und die geleistete Arbeit einen Bezug zu dem nach LSP zu kalkulierenden öffentlichen Auftrag aufweist. 6

In Preisprüfungen wird nicht selten ein (zu) großes **Augenmerk auf die Höhe des kalkulatorischen Unternehmerlohns** gelegt. Dies erscheint jedoch häufig in Anbetracht des relativen Kostenanteils des kalkulatorischen Unternehmerlohns an den gesamten Nettoselbstkosten **eher unverhältnismäßig**. Wenngleich unangemessene und unwirtschaftliche Kostenansätze für den kalkulatorischen Unternehmerlohn mit Recht auf ein vertretbares Maß zu senken sind, sollte von zu kleinlichen Prüfungsansätzen bei dieser Kostenart Abstand genommen werden.[5] 7

Nr. 25 Sozialkosten

(1) Sozialkosten sind zu gliedern in
a) gesetzliche Sozialaufwendungen wie Arbeitgeberbeiträge zur Sozialversicherung (Invaliden-, Angestellten-, Knappschafts-, Kranken- und Unfallversicherung) und zur Arbeitslosenversicherung,

---

[1] Ebisch/Gottschalk/*Hoffjan*/*Müller* Rn. 2.
[2] *Birgel*, Öffentliches Auftragswesen und Preisrecht, 1994, 212 f.
[3] Ebisch/Gottschalk/*Hoffjan*/*Müller* Rn. 7.
[4] *Birgel*, Öffentliches Auftragswesen und Preisrecht, 1994, 214.
[5] Ebisch/Gottschalk/*Hoffjan*/*Müller* Rn. 15.

b) tarifliche Sozialaufwendungen,
c) zusätzliche Sozialaufwendungen zugunsten der Belegschaft.

(2) Angesetzt werden dürfen
a) die gesetzlichen und tariflichen Sozialaufwendungen in tatsächlicher Höhe,
b) die zusätzlichen Sozialaufwendungen, soweit sie nach Art und Höhe betriebs- oder branchenüblich sind und dem Grundsatz wirtschaftlicher Betriebsführung entsprechen.

Übersicht

	Rn.		Rn.
I. Normzweck und -zusammenhang ..	1	2. Pensionsrückstellungen	6
II. Einzelerläuterungen	3		
1. Grundlagen	3	3. Abfindungen	13

I. Normzweck und -zusammenhang

1   Allgemein-betriebswirtschaftlich sind **betriebliche Sozialleistungen** „Zuwendungen in Form von Geld bzw. Sach- oder Dienstleistungen, die Unternehmen ihren Mitarbeitern gewähren".[1] Sie sind von den Löhnen und Gehältern zu unterscheiden, da diese eine direkte Gegenleistung für die geleistete Arbeit darstellen.

2   Nr. 25 fasst die Sozialkosten als **eigenständige Kostenart** auf und verlangt deren untergliederte Darstellung in der Selbstkostenkalkulation in Form von gesetzlichen, tariflichen und zusätzlichen Sozialaufwendungen. Im Zuge dessen darf der Auftragnehmer die gesetzlichen und tariflichen Sozialaufwände in der tatsächlichen Höhe kostenmäßig ansetzen. Die zusätzlichen Sozialaufwände darf er nur einkalkulieren, solange sie nach Art und Höhe branchenüblich sowie dem Grundsatz der wirtschaftlichen (sparsamen) Betriebsführung gerecht werden.

II. Einzelerläuterungen

3   **1. Grundlagen.** Bei den **gesetzlichen Sozialaufwendungen** geht es zunächst um die in Abs. 1 lit. a vom Verordnungsgeber seinerzeit angeführten Beispielpositionen Arbeitgeberbeiträge zur Sozialversicherung (Invaliden-, Angestellten[2]-, Knappschafts-, Kranken- und Unfallversicherung) sowie Arbeitslosenversicherung. Aus heutiger Sicht sind zudem die Arbeitgeberanteile zur Pflegeversicherung, die Beträge zur Berufsgenossenschaft und eventuell die Ausgleichsabgabe nach dem Schwerbehindertengesetz anzuführen.[3]

4   Hinsichtlich der **tariflichen Sozialaufwendungen** gilt, dass diese Position mehr und mehr an praktischer Bedeutung verloren hat. An sich waren hiermit die vom Arbeitgeber infolge der Tarifvereinbarungen der Arbeitgeberverbände mit den Gewerkschaften entstandenen Aufwandsarten im Sozialbereich adressiert. Aus heutiger Sicht führen jedoch vielmehr die allermeisten dieser Vereinbarungen zu einer Anpassung der bzw. Zuordnung zu den Lohnkosten und sind kaum noch innerhalb des Begriffsverständnisses des Sozialaufwands zu verorten.[4]

5   Im Bereich der **zusätzlichen Sozialaufwendungen** sind soziale Zuwendungen zu erfassen, für die keine gesetzliche oder tarifvertragliche Grundlage existiert. Insofern haben diese Zuwendungen freiwilligen Charakter, wobei zum Teil die üblichen Gepflogenheiten in der jeweiligen Branche oder auch die allgemeine Lage auf dem Arbeitsmarkt diese „Freiwilligkeit" de facto durchaus einschränken können.[5] Exemplarisch können hier Zahlungen für bestimmte Abfindungen, Aufwendungen für Hinterbliebenenfürsorge, für Kranken- und Unfallrenten, Hausverwaltung für Mitarbeiterwohnungen, Essensgeldzuschüsse, Kantinenbenutzung, Ausgabe von Belegschaftsaktien uÄ angeführt werden.[6] Wenn Urlaubs- oder Weihnachtsgeld nicht tariflich verankert sind, rechnen sie ebenso zu den zusätzlichen Sozialaufwendungen.[7] Nachfolgend findet aufgrund ihrer besonderen Bedeutung in der Praxis nun noch eine separate Diskussion der Kosten für Pensionsrückstellungen sowie für Abfindungen statt.

---

[1] *Brösel* in Wöhe/Döring, Einführung in die Allgemeine Betriebswirtschaftslehre, 26. Aufl. 2016, 146.
[2] Aus heutiger Sicht müsste es an dieser Stelle eigentlich lauten: „Renten- ...versicherung".
[3] Ebisch/Gottschalk/*Hoffjan*/*Müller* Rn. 4.
[4] Ebisch/Gottschalk/*Hoffjan*/*Müller* Rn. 5.
[5] *Birgel*, Öffentliches Auftragswesen und Preisrecht, 1994, 215.
[6] Ebisch/Gottschalk/*Hoffjan*/*Müller* Rn. 6.
[7] *Birgel*, Öffentliches Auftragswesen und Preisrecht, S. 215.

2. Pensionsrückstellungen. Rückstellungen zB für Pensionsverpflichtungen werden für 6
Aufwendungen gebildet, die wirtschaftlich dem laufenden Geschäftsjahr zuzurechnen sind, deren Auswirkungen jedoch erst später stattfinden. So können Betriebe ihren Angestellten im Rahmen der betrieblichen Altersvorsorge nach deren Austritt aus dem Unternehmen eine altersbedingte Rente oder Pension auszahlen. Eine solche Bewilligung nennt sich Pensionszusage, auf deren Basis die Unternehmen dazu angehalten sind, eine Pensionsrückstellung zu bilden. Diese Rückstellungen sind bilanziell als sog. ungewisse Verpflichtung zu behandeln und gem. § 249 Abs. 1 S. 1 HGB im Bereich des Fremdkapitals auszuweisen, wenn mit einer Inanspruchnahme durch einen Dritten zu rechnen ist. Dies ist bei Pensionsrückstellungen der Fall. Sie sind mithin **Schulden des Unternehmens für eine eingegangene schuldrechtliche Verpflichtung gegenüber einer versorgungsberechtigten Person** (dem Arbeitnehmer), die in der Zukunft fällig wird. Sie sind insofern auch nicht mit Rücklagen zu verwechseln. Neuzusagen über Pensionsleistungen müssen handelsrechtlich als Pensionsrückstellung passiviert werden. Ihre Höhe kann nur geschätzt oder mit versicherungsmathematischen Methoden über die Abhängigkeit von biometrischen Wahrscheinlichkeiten der Pensionsberechtigten berechnet werden. Ab dem Zeitpunkt der Pensionszusage soll bis zum Eintreten des Versorgungsfalls das zur Leistung der Pensionszahlungen nötige Kapital angespart werden. Pensionsrückstellungen sind **handelsrechtlich** in Höhe des nach **vernünftiger kaufmännischer Beurteilung notwendigen Erfüllungsbetrages** – also des Betrags, mit dem der bilanzierende Schuldner die Verbindlichkeit bei deren Fälligkeit zu erfüllen hat – anzusetzen (§ 253 Abs. 1 HGB). Dieser Ansatz preist seit Inkrafttreten des **Bilanzrechtsmodernisierungsgesetzes (BilMoG)** auch die erwartbare bzw. erkennbare **Gehalts- und Rentendynamik** mit ein. Dies lässt sich vor allem damit begründen, dass die Pension bis zum Eintritt in den Ruhestand voll ausfinanziert sein soll und dem betreffenden Angestellten schon beim Aussprechen einer am Gehalt orientierten Pensionszusage (keine Festbetragszusage) angekündigt wird, er erhielte später einmal nicht einen Prozentsatz seiner aktuellen, sondern seiner zukünftigen Vergütung.

Steuerrechtlich hingegen kann der Unternehmer **wählen** (§ 6a EStG), ob er eine Pensions- 7
rückstellung bilanzieren möchte oder nicht. Eine Pensionsrückstellung darf indessen nur dann in der Steuerbilanz auftauchen, sofern:
- der Pensionsberechtigte einen Rechtsanspruch auf einmalige oder laufende Pensionsleistungen hat,
- die Pensionszusage keine von künftigen gewinnabhängigen Bezügen abhängige Leistungen vorsieht und keinen Vorbehalt enthält, dass sie gemindert oder entzogen werden kann oÄ,
- die Pensionszusage schriftlich erteilt worden ist und
- die Pensionszusage eindeutige Angaben zu Art, Form, Voraussetzungen und Höhe der in Aussicht gestellten künftigen Leistungen enthält.

Vor diesem Hintergrund stünde auch das Ausscheiden des Angestellten vor Eintritt des Versorgungs- 8
falls als Widerrufsvorbehalt der steuerrechtlichen Bildung einer Pensionsrückstellung entgegen.[8] In Bezug auf die Höhe der Rückstellung ist steuerrechtlich das **Teilwertverfahren** zugrunde zu legen. Hierbei ist die erforderliche Kapitalakkumulation unabhängig vom Zeitpunkt der Zusage stets auf den Zeitraum ab Diensteintritt bis zum Eintreten des Versorgungsfalls zu verteilen. Der Teilwert stellt nach § 6a Abs. 3 EStG demgemäß den Unterschiedsbetrag zwischen dem Barwert der künftigen Versorgungszahlungen und dem Barwert der noch zu erbringenden, betragsmäßig gleichbleibenden Jahressummen (Annuität) dar.

Im **Teilwertverfahren** darf pro Jahr lediglich die **Differenz zwischen dem Barwert der** 9
Pensionsverpflichtungen zum aktuellen Bilanzstichtag und dem Barwert der Pensionsverpflichtungen zum vorherigen Bilanzstichtag zu den Pensionsrückstellungen **maximal** zugeführt werden. Bleibt der Bilanzierende unterhalb dieses Maximalbetrages, so darf er eine Nachholung der ausgelassenen Zuführung erst bei Beendigung des Dienstverhältnisses oder Eintreten des Versorgungsfalls verbuchen.[9] Bei **Erhöhung einer Zusage** kommt es im **Teilwertverfahren** im Zeitpunkt der Zusage **automatisch zu einer Nachholung,** weil angenommen wird, dass der Mehrbetrag gleichmäßig während des Gesamtzeitraums der aktiven Dienstzeit des Begünstigten aufgewendet wird. Dem Teilwertverfahren liegt also die Prämisse zugrunde – und dies ist eine Besonderheit des steuerlichen Ansatzes –, dass die Pensionszusage stets **bei Eintritt in das Unternehmen** ausgesprochen wurde. Im Jahr der (tatsächlichen) Pensionszusage ergibt sich dann eine hohe Einmalzuführung für die Phase zwischen Beginn des Arbeitsverhältnisses und Zusageerteilung. Zu Beginn des Arbeitsverhältnisses besteht jedoch meist **noch keine Zusage** zu Pensionsansprüchen und der betreffende Angestellte kann häufig auch **noch nicht fest damit rechnen,** dass es zu einer solchen kommen wird. Pensionszusagen sind betriebswirtschaftlich vielmehr als „**zusätzliche Gehaltskomponente**

---

[8] Ebisch/Gottschalk/*Hoffjan*/*Müller* Rn. 16.
[9] Ebisch/Gottschalk/*Hoffjan*/*Müller* Rn. 20.

für die Leistungen des Arbeitnehmers nach der Pensionszusage" und somit auch als Mittel „verdiente Mitarbeiter langfristig an das Unternehmen zu binden" aufzufassen.[10]

10 Für preisrechtliche Belange ist **weder die handelsrechtliche noch die steuerliche Sichtweise direkt maßgeblich.** Insofern stellt sich hier die Frage nach der zweckmäßigen Übernahme einer der beiden Sichtweisen. Traditionell wurde – und wird noch immer – sich von den **Preisprüfbehörden** an der **steuerlichen** Anerkennung der Pensionsrückstellungen orientiert.[11] Für das Preisrecht ist jedoch primär eine möglichst verursachungsgerechte, periodengerechte und mit dem öffentlichen Auftrag kausal zusammenhängende Kostenermittlung von Interesse.[12] Die steuerlichen Regelungen entsprechen nicht ohne Weiteres auch den Zielen der Kostenrechnung. Wenn **stoßweise Zuführungen** zu den Pensionsrückstellungen vorkommen und diese die Selbstkostenkalkulation in wesentlicher Höhe beeinflussen, ist zu überlegen, diese Beträge mittels Verteilung **über mehrere Perioden** (etwa fünf Jahre)[13] zu glätten. Das kostenrechnerische Ergebnis kann hier sowohl über als auch unter dem steuerrechtlichen liegen. Da das steuerlich angewandte Teilwertverfahren stoßweise Mehrbelastungen bei den Pensionsrückstellungszuführungen **tendenziell begünstigt** (die wie angemerkt dann streng genommen zu Korrekturbedarf führen), sollten die tendenziell verursachungsgerechteren und realitätsnäheren handelsrechtlichen oder IFRS-entsprechenden Herangehensweisen preisrechtlich **ebenfalls akzeptiert** werden (Gegenwartswertverfahren; Projected Unit Credit Method (PUCM)).[14]

11 Im Kontext von Pensionsrückstellungen ergibt sich jedoch noch eine zusätzliche, **zinsbezogene Problematik.** Pensionsrückstellungen enthalten nämlich stets einen **Personalaufwandsanteil** und auch einen **Zinsanteil.** Diese Aufwandskonten dienen buchhalterisch der Gegenbuchung der Pensionsrückstellung auf der Passivseite der Bilanz. Bei der Bildung bzw. Zuführung der Rückstellung wird das jeweilige Aufwandskonto mit dem kalkulierten bzw. geschätzten Betrag im „Soll" belastet, während auf dem Rückstellungskonto der Ausgleich entsprechend im „Haben" erfolgt. Diese Unterteilung der jährlichen Erhöhung der Pensionsrückstellungen in Personal- und Zinsaufwand ist betriebswirtschaftlich sachgerecht, da sich **die Erfassung von Pensionsrückstellungen als Instrument der Fremdkapitalfinanzierung** interpretieren lässt.[15] Die Pensionsverpflichtung kann – ökonomisch, nicht rechtlich – als Auswirkung einer **Kreditgewährung bzw. Kapitalüberlassung**[16] **des begünstigten Arbeitnehmers gegenüber seinem Arbeitgeber** verstanden werden. Wenngleich Pensionsverpflichtungen formal unverzinsliche Schulden darstellen, stellt ökonomisch jede zeitlich auseinanderliegende Erbringung von Leistung und Gegenleistung ein Kreditverhältnis dar. Dies ist bei Pensionszusagen durchaus der Fall, da der Begünstigte während seiner Anwartschaftsphase die wirtschaftlichen Ansprüche auf Basis seiner Arbeit faktisch ansammelt, **ohne jedoch hier schon eine materielle Gegenleistung vom Arbeitgeber** zu erhalten. Da diese Schulden also erst zu einem späteren Zeitpunkt, nach Ablauf der aktiven Dienstjahre, an den Arbeitnehmer zurückgeführt werden, ist für die Zeit bis zur Rückführung der Zinsaufwand zu berechnen, sodass der „Kredit" dem Begünstigten nach Ablauf seiner aktiven Dienstzeit letztlich verzinst zurückgezahlt wird. Nach Eintreten des Versorgungsfalls setzen sich die Zahlungen an den Begünstigten also, wie bei einem normalen Kredit, aus einem Tilgungs- und einem Zinsanteil zusammen. Unter der Annahme eines rational agierenden Arbeitnehmers wird sich dieser nur zu solch einem Vorgehen bereit erklären, wenn er für das dem Arbeitgeber überlassene Kapital eine angemessene Rendite/Verzinsung erhält. Der in dem Erfüllungsbetrag der Pension enthaltene Zinsanteil entspricht somit sozusagen der geforderten Rendite des begünstigten Arbeitnehmers auf das während seiner aktiven Dienstzeit zur Verfügung gestellte Kapital.

12 Die hier diskutierten Zinsaufwände aus Pensionsrückstellungen sind preisrechtlich **nicht als Zinskosten** iSv Nr. 43 ansetzbar und sind somit in der Selbstkostenermittlung auszusondern.[17] Tatsächlich für die Nutzung von Fremdkapital angefallene Zinsen, und als solche sind sie mithin hier aufzufassen, bleiben gem. Nr. 43 Abs. 3 in aller Regel **außer Ansatz.** Man kann typischerweise davon ausgehen, dass die Zuführungen zu den Pensionsrückstellungen des aktuellen und auch der vorherigen Perioden zuvor über Leistungen am Markt verdient worden sind, ihnen also Mittelzuflüsse gegenüberstehen, die in den **betriebsnotwendigen Vermögenspositionen nunmehr**

---

[10] Ebisch/Gottschalk/*Hoffjan*/*Müller* Rn. 20.
[11] *Birgel*, Öffentliches Auftragswesen und Preisrecht, 1994, 217; Ebisch/Gottschalk/*Hoffjan*/*Müller* Rn. 34.
[12] *Hoffjan*/*Hövelborn* BB 2017, 1323 (1325 ff.).
[13] Ebisch/Gottschalk/*Hoffjan*/*Müller* Rn. 26; *Birgel*, Öffentliches Auftragswesen und Preisrecht, 1994, 217.
[14] Ebisch/Gottschalk/*Hoffjan*/*Müller* Rn. 30.
[15] S. hierzu zB auch bereits *Scheffler* WPg 1993, 461 (466).
[16] S. zur Kapitalüberlassung in diesem Zusammenhang auch aus betriebswirtschaftlicher Sicht *Thoms-Meyer*, Grundsätze ordnungsmäßiger Bilanzierung für Pensionsrückstellungen, 1996, 98.
[17] Vgl. hierzu und im Folgenden Ebisch/Gottschalk/*Hoffjan*/*Müller* Rn. 35 ff.

gebunden sind. Da für die preisrechtlichen **kalkulatorischen Zinsen** diese betriebsnotwendigen Vermögenspositionen in Gänze und losgelöst von der Finanzierungsstruktur des Unternehmens zugrunde gelegt werden, würde eine separate Berechnung der Zinsaufwände aus Pensionsrückstellungen eine **unzulässige Doppelverrechnung von Zinsen** bedeuten.

3. Abfindungen. Zu den **Abfindungen** ist festzuhalten, dass sich der Verordnungsgeber und auch die Preisprüfstellen lange Zeit sehr zögerlich gezeigt haben, diese als Kostenposition generell anzuerkennen – und dies noch immer tun. Grundgedanke war und ist hier, dass Kosten für Massenentlassungen aus den Gewinnrücklagen vergangener Perioden zu finanzieren seien, weil dies ein Risiko darstelle, das dem **allgemeinen Unternehmerwagnis des Nr. 47 Abs. 2** zuzurechnen sei. Es bestehe kein wesentlicher Unterschied zwischen den Abfindungen infolge von nachteiligen Markt- oder Konjunkturschwankungen und einem zwischen Betriebsrat und Arbeitgeber vereinbarten Sozialplan.[18] Diese Unsicherheiten über die preisrechtliche Behandlung von Abfindungszahlungen und Sozialplankosten bestanden bis in die jüngere Zeit fort, wurden sodann jedoch durch die Rechtsprechung des BGH in weiten Teilen abgebaut. Der BGH entschied, dass Abfindungskosten nur anerkannt würden, wenn sie als „**zusätzliche Sozialaufwendungen**" nach Nr. 25 Abs. 1 lit. c und Abs. 2 lit. b angesehen werden könnten. Hierbei sei es wesentlich, dass sie bei **wirtschaftlicher Betriebsführung** „zur Erstellung der Leistungen" entstünden, dem auszuführenden Auftrag des Auftragnehmers mithin direkt zurechenbar sowie **nach Art und Höhe betriebs- oder branchenüblich** sind und dem Grundsatz wirtschaftlicher Betriebsführung entsprächen. Laut Auffassung des Gerichts sei ein direkter Zusammenhang zwischen einer einzelnen Leistung und Abfindungszahlungen grundsätzlich nicht gegeben, sodass eine preisrechtliche Anerkennung von Abfindungen regelmäßig nur in Betracht komme, wenn sie als **Teil des normalen betrieblichen Geschehens** anzusehen seien. Bei Sozialplanaufwendungen, die einen direkten oder indirekten Zusammenhang zu dem Auftrag oder dem normalen betrieblichen Geschehen nicht erkennen ließen, seien die anfallenden Kosten also preisrechtlich nicht anzuerkennen. Abfindungszahlungen, welche die Existenz des Unternehmens als Ganzes berührten, seien grundsätzlich nicht dem normalen Betriebsgeschehen zuzurechnen und gehörten zum allgemeinen Unternehmerwagnis, das mit dem kalkulatorischen Gewinn abgegolten werde, wobei es nicht darauf ankomme, ob der tatsächlich erzielte Gewinn zur Abdeckung der Abfindungszahlungen ausreiche.[19] Anders kann ein Fall jedoch ggf. dann gelagert sein, **wenn der Auftraggeber den Auftragnehmer zum Aufbau einer vorübergehenden Betriebsstätte veranlasst hat.** Der Auftraggeber sollte hier auch für die Kosten des Personalabbaus aufkommen.[20]

C. Instandhaltung und Instandsetzung

Nr. 26 Ansatz

(1) ¹Aufwendungen für laufende Instandhaltung und Instandsetzung von Betriebsbauten, Betriebseinrichtungen, Maschinen, Vorrichtungen, Werkzeugen und dgl. sind Kosten. ²Sofern diese Kosten stoßweise anfallen, sind sie dem Verbrauch entsprechend ratenweise zu verrechnen (Quoten- und Ratenrechnung).

(2) Instandsetzungskosten sind für die Benutzungsdauer des Anlagegegenstandes in den Abschreibungen zu verrechnen,
a) sofern durch die Instandsetzung der Wert des Anlagegegenstandes gegenüber demjenigen im Zeitpunkt seiner Anschaffung wesentlich erhöht wird (werterhöhende Instandsetzung) oder
b) sofern die Instandsetzung bezweckt, die Lebensdauer des Anlagegegenstandes über die ursprüngliche technisch bedingte Lebensdauer hinaus (vgl. Nummer 39 Absatz 1) zu verlängern.

Mit **Instandhaltung** werden alle Aufgaben zur Bewahrung des ordnungsgemäßen Zustandes einer Anlage oder eines anderen Wirtschaftsgutes bezeichnet. **Instandsetzung** hingegen sind all jene Maßnahmen, mit denen vorhandene oder neu aufgetretene Mängel beseitigt und die Gebrauchsfähigkeit von Betriebsmitteln wiederhergestellt werden.

Preisrechtlich stellen die bei beiden Prozeduren entstehenden Aufwendungen Kosten dar, wobei es gemeinhin vertretbar erscheint, diese **unter einer Kostenposition zu subsumieren**.[1] Der

---

[18] *Birgel*, Öffentliches Auftragswesen und Preisrecht, 1994, 218.
[19] BGH Beschl. v. 5.11.2015 – III ZR 41/15, NWB OAAAF-17700.
[20] S. zu diesem Sonderfall auch Ebisch/Gottschalk/*Hoffjan*/*Müller* Rn. 59.
[1] *Birgel*, Öffentliches Auftragswesen und Preisrecht, 1994, 222.

Kostencharakter kommt vor allem dadurch zustande, dass diese Aufwendungen einen Ausgleich für bzw. die Folge von zeit- und produktionsbedingtem Verschleiß der Anlagegüter darstellen.

3   Bei unregelmäßiger Notwendigkeit von Instandhaltung und -setzung sind die hierbei anfallenden und das Periodenergebnis maßgeblich beeinflussenden Kosten **ratierlich** in der Selbstkostenkalkulation zu verteilen. Ferner können Instandsetzungen eine **Werterhöhung** oder auch eine **Längerlebigkeit** des vorübergehend nicht gebrauchsbereiten Gegenstandes zur Folge haben. In diesen Fällen ist der entstandene Aufwand im **Anlagevermögen** zu bilanzieren, also als Investition zu behandeln. Der LSP-Kalkulation werden diese Kosten sodann über zeitanteilig vermehrte kalkulatorische Abschreibungen zugeführt.

4   Bei der **rein werterhöhenden Instandsetzung** (Nr. 26 Abs. 2 lit. a) sind die Kosten zeitlich abzugrenzen und ab Fertigstellung in **konstanten Beträgen** als Kosten weiter zu verrechnen, wobei sich die Höhe der konstanten Beträge anhand der wirtschaftlichen Auswirkung der werterhöhenden Maßnahme bemisst. Bei der **Lebensdauer-verlängernden Instandsetzung** (Nr. 26 Abs. 2 lit. b) werden die Kosten zum Zeitpunkt der Maßnahme auf den noch vorhandenen Restbuchwert des Gutes aufgeschlagen und dieser nunmehr **erhöhte Buchwert** über den neuen, **verlängerten Nutzungszeitraum** abschreibungstechnisch verteilt.[2]

D. Entwicklungs-, Entwurfs- und Versuchsaufträge

Nr. 27 „Freie" und „gebundene" Entwicklung

Entwicklungs- und Entwurfsarbeiten, Forschungen, Versuche und Herstellung von Probestücken, die die werkseigene sogenannte „freie" Entwicklung überschreiten, sind zwischen Auftraggeber und Auftragnehmer ausdrücklich zu vereinbaren („gebundene" Entwicklung).

1   Nr. 27 befasst sich mit den anfallenden **Kosten für Entwicklungs- und Entwurfsarbeiten, Forschungen, Versuche und Herstellung von Probestücken.** Diese Tätigkeiten können preisrechtlich durchaus unter dem Begriff **„Entwicklung"** zusammengefasst werden.[1] Entwicklung umfasst alle Vorhaben, die in geplanter Weise vollzogen werden und die auf die Neugewinnung nutzenstiftender Erkenntnisse über Produkte und Verfahren abzielen.

2   Ordnungsgemäß erfüllt werden auf den Auftragnehmer übertragene Entwicklungsaufgaben grundsätzlich, wenn dieser „sich nach besten Kräften bemüht, unter Ausnutzung des neuesten Standes von Wissenschaft und Technik und unter Verwertung der eigenen Kenntnisse und Erfahrungen das bestmögliche Ergebnis zu erzielen".[2] Entwicklungskosten, die auf einer unangemessenen oder unwirtschaftlichen Betriebsführung beruhen, dürfen **nicht** angesetzt werden.[3]

3   Wenn hierbei insbesondere **wissenschaftliche,** also methodisch und systematisch nachprüfbare geistig-schöpferische Ansätze verfolgt werden, kann von **„Forschung"** gesprochen werden (zielen diese Ansätze auf eine Materie von allgemeiner theoretischer Natur ab, kann von „Grundlagenforschung" gesprochen werden). Forschung lässt sich ferner als Vorstufe der Entwicklung ansehen, da Entwicklungstätigkeiten nicht zuletzt auf den Erkenntnissen der Forschung aufbauen, um letztlich Produkte und Verfahren zur Marktreife zu treiben. Dies geschieht häufig mittels Konstruktionsarbeiten, Laborversuchen, Prototypen-Herstellung usw.[4] Für Vorgenannte sind **Differenzierungen aus preisrechtlicher Sicht jedoch zweitrangig,** da Nr. 27 einen breiten, die Forschung ebenfalls umfassenden Entwicklungsbegriff vorgibt.

4   Von besonderer Relevanz ist preisrechtlich gleichwohl die Unterscheidung, ob die betrieblichen Entwicklungsarbeiten als **„frei" oder „gebunden"** klassifiziert werden müssen. Als **freie Entwicklung** bezeichnet man die werkseigene, sich an den originären betrieblichen Bedürfnissen des Unternehmens orientierende und daher auch meistens von diesem initiierte Entwicklung. Als **gebundene Entwicklung** hingegen sind über die werkseigene, aus eigenem Antrieb angestoßene Entwicklung hinausgehende Entwicklungsarbeiten zu bezeichnen. Ihre Durchführung ist zuvor zwischen Auftraggeber und Auftragnehmer ausdrücklich zu vereinbaren. Ihre Kosten können vom Auftraggeber getragen werden. Sofern aber auch dem Auftragnehmer ein Nutzen durch die gebundene Entwicklung gestiftet wird, ist eine vereinbarte Selbstbeteiligung des ausführenden Betriebs durchaus ange-

---

[2] Ebisch/Gottschalk/*Hoffjan*/*Müller* Rn. 6.
[1] So auch *Birgel,* Öffentliches Auftragswesen und Preisrecht, 1994, 223 ff.
[2] So der Wortlaut in § 1 Abs. 1 ABEI („Allgemeine Bedingungen für Entwicklungsverträge mit Industriefirmen" des Bundesamtes für Ausrüstung, Informationstechnik und Nutzung der Bundeswehr (BAAINBw), Stand: 27.6.2005).
[3] *Noelle/Rogmans,* Öffentliches Auftragswesen, 3. Aufl. 2002, 193.
[4] Ebisch/Gottschalk/*Hoffjan*/*Müller* Rn. 2.

messen. Über den Vertragspreis ggf. hinausgehende Kostenbelastungen dürfen nicht automatisch der freien Entwicklung zugeteilt und in den Gemeinkosten in anderen Aufträgen verrechnet werden, da sie sich nach wie vor auf einen konkreten Auftrag beziehen.

Nr. 28 Nachweis

(1) ¹Alle Aufwendungen für die werkseigene „freie" und für die „gebundene" Entwicklung sowie die für ihre Abgeltung verrechneten Beträge sind, nach Entwicklungsaufgaben getrennt, nachzuweisen. ²Einzelheiten für diesen Nachweis sind gegebenenfalls im Einvernehmen mit dem Auftraggeber festzulegen.

(2) In den Kalkulationen sind die Entwicklungs- und Entwurfskosten getrennt nach „freier" und „gebundener" Entwicklung gesondert auszuweisen.

I. Normzweck und -zusammenhang

In den LSP ist lediglich von freier und gebundener Entwicklung die Rede. Gleichwohl ist es notwendig, hinsichtlich der **freien Entwicklung** kostenrechnerisch eine weitere Untergliederung vorzunehmen, um eine verursachungsgerechte Kostenzuteilung auf die einzelnen Projekte bzw. Kostenträger zu erreichen. Konkret ist hiermit die Abgrenzung zwischen der **allgemeinen Entwicklung** zu der **objektbezogenen freien Entwicklung** angesprochen:[1]
- Zu der **allgemeinen freien Entwicklung** rechnen insbesondere Grundlagenforschungsvorhaben, Verfahrensentwicklungen sowie nicht zu einer bestimmten Erzeugnisart oder -gruppe zugehörige Vorhaben.
- Zu der **objektbezogenen freien Entwicklung** sind Tätigkeiten zu zählen, um eine ganz bestimmte Erzeugnisart oder -gruppe markt- oder serienreif zu machen. Mit Serienreifmachung sind jedoch hier nicht zeitlich weit nachgelagerte Teilschritte, wie zB Herstellung der Vorserie, der Nullserie, deren fertigungstechnische Betreuung, die Neuinstallation oder Umstellung der Fertigungsstraßen oder die Umschulung der Fertigungsmitarbeiter gemeint. Diese zählen nicht mehr zu den Entwicklungskosten, sondern in der Regel zu den Sondereinzelkosten der Fertigung nach Nr. 29.[2] Von der gebundenen Entwicklung unterscheidet sich die objektbezogene freie Entwicklung nur insoweit, als die gebundene Entwicklung aufgrund eines Auftrages durch einen Dritten (also fremdmotiviert) in Gang gesetzt wird.

II. Einzelerläuterungen

Gemäß der Mindestgliederung aus Nr. 10 Abs. 3 sind die „**Entwicklungs- und Entwurfskosten**" als separate Kostenposition darzustellen:[3]
- Nr. 28 Abs. 2 verlangt darüber hinaus hierunter die Unterscheidung zwischen freier und gebundener Entwicklung, wenn die gebundene Entwicklung Teil der Leistung eines öffentlichen Auftrags ist.
- Wenn der ganze Auftrag allein aus einer gebundenen Entwicklung besteht, dann muss im Rahmen der Selbstkostenkalkulation unter dem Posten der „Entwicklungs- und Entwurfskosten" ein Ansatz der anteiligen Kosten der freien Entwicklung ausgewiesen werden.

Innerhalb der Gemeinkosten dürfen die Kosten der freien Entwicklung – dies wird an dieser Stelle nochmals deutlich – in aller Regel nicht einkalkuliert werden, da dies nicht dem preisrechtlichen Ziel einer wohlstrukturierten und geordneten Kostenrechnung entsprechen würde (s. hierzu auch die Mindestgliederungsvorschrift der Kalkulation gem. Nr. 10).[4]

Die Kosten der **allgemeinen freien Entwicklung** sind innerhalb der Rechnungsperiode oder des Zeitraums ihres Entstehens auf die Herstellkosten der hierdurch mittelbar tangierten Kostenträger bzw. marktbezogenen Projekte mittels einfacher oder (bei sehr komplexen Entwicklungsvorhaben) differenzierter **Schlüssel** zu verrechnen. Hierbei gilt, dass auch die Kostenträger der objektgebundenen freien Entwicklung anteilsmäßig mit den Kosten der allgemeinen freien Entwicklung beaufschlagt werden. Die Kostenträger sollten möglichst verursachungsgerecht mit den Kosten der allgemeinen freien Entwicklung anteilig belastet werden und zwar so, „wie es dem anteiligen Nutzen an der allgemeinen freien Entwicklung entspricht".[5]

---

[1] Vgl. hierzu Ebisch/Gottschalk/*Hoffjan*/*Müller* Rn. 5–6.
[2] So die Klarstellungen bei R. *Müller*, Preisgestaltung bei öffentlichen Aufträgen, 3. Aufl. 1993, 133 und 146 f.
[3] Ebisch/Gottschalk/*Hoffjan*/*Müller* LSP Nr. 27 Rn. 9.
[4] S. bereits *Broschwitz* DB 1964, 1305 (1306).
[5] Ebisch/Gottschalk/*Hoffjan*/*Müller* LSP Nr. 27 Rn. 17.

5   Die Kosten der **objektbezogenen freien Entwicklung** werden **den Erzeugnissen und Leistungen zugerechnet,** welche sie verursacht haben. Bis zur Verrechnung sind diese Kosten kostenneutral zu thesaurieren, indem sie im betriebsnotwendigen Kapital klar abgegrenzt festgehalten werden. Die auf diese aktivierten Posten anfallenden Zinsen sind sodann auch sauber allein den sie verursachenden Kostenträgern zuzurechnen. Der für die öffentlichen Aufträge des Wehrressorts zu Selbstkostenpreisen besondere Regelungen vorhaltende **Entwicklungskostenerlass des Bundesministers der Verteidigung vom 27.6.1989**[6] sieht an dieser Stelle die Aktivierung der entstandenen Aufwände bei den betreffenden Kostenträgern sowie eine ebenfalls dort zu anzusetzende Verzinsung von 3% per annum vor.[7] Die angesammelten Kosten der objektbezogenen freien Entwicklung, die von Erfolg gekrönt bzw. mehrwertstiftend war, müssen entsprechend der Dauer der Nutzbarkeit der Arbeitsergebnisse **in jährlichen Raten** auf die entsprechenden Kostenträger oder Kostenträgergruppen verteilt werden. Die Raten können entweder als Zuschlag auf die Herstellkosten der durch sie tangierten Objekte oder Leistungen aufgeschlagen oder auch direkt den jeweiligen Kostenstellen zugerechnet werden (wenn beispielsweise ein neuartiges Verfahren entwickelt worden ist).[8]

6   **Fehlgeschlagene objektbezogene freie Entwicklung** ist kostenmäßig dem Entwicklungswagnis zuzuordnen und mittels Wagnisprämien auf alle Erzeugnisse (wenn das Wagnis den gesamten Betrieb betrifft) oder auf einzelne relevante Unternehmensbereiche zu verteilen.[9]

7   **Gebundene Entwicklungen** sind in Bezug auf die kostenmäßige Erfassung etwas einfacher zu handhaben, da sie sich auf einen vorab klar definierten, extern beauftragten Kostenträger beziehen, wodurch die kostenrechnerische Abgrenzung erleichtert wird.[10]

8   Im Übrigen ist es geboten, im vorliegenden Kontext das Thema der **staatlichen Zuwendungen** anzusprechen und diese **von Entwicklungs-Aufträgen abzugrenzen.**[11] Ebenso wie bei gebundenen Entwicklungen wird bei Zuwendungen für Forschung und Entwicklung die auszuführende Tätigkeit zuvor mit einer staatlichen Stelle vereinbart. Zuwendungen dienen aber im Kern „nur" der (teilweisen) Finanzierung eines bestimmten F&E-Vorhabens. Die mit Verwendungsauflagen zu Forschungszwecken an das Unternehmen übertragenen Gelder stellen **kein Entgelt für eine abschließend definierte Gegenleistung** dar. Ein Leistungsaustausch im klassischen Sinne wird hiermit insofern nicht begründet. Es liegt also auch **kein öffentlicher Auftrag** im Sinne der VO PR Nr. 30/53 bzw. LSP vor (wenngleich bei Zuwendungen dennoch sehr häufig die preisrechtlichen Kalkulationsvorschriften als objektiver, etablierter Maßstab bewusst zum Tragen kommen). Bei der gebundenen Entwicklung ist die Situation eine andere, da hier die Entwicklungsleistungen gegen entsprechende Vergütung **dem öffentlichen Auftraggeber zur Verfügung gestellt werden** müssen, sodass durchaus ein öffentlicher Auftrag im Sinne der VO PR Nr. 30/53 bzw. LSP gegeben ist. Nicht oder nur bedingt zurückzuzahlende **Zuwendungen** müssen je nach inhaltlichem Bezug bzw. Spezifizierungsgrad des Vorhabens im Bereich der Kosten für allgemeine freie oder objektbezogene freie Entwicklung **kostenmindernd gutgeschrieben** werden. Erfolgte dieses nicht, so fände gewissermaßen eine **unzulässige Doppelverrechnung von Kosten** gegenüber der öffentlichen Hand statt.

E. Fertigungsanlauf, Bauartänderungen

Nr. 29 Ansatz

Soweit bei einem Auftrag zusätzliche, im Regelfalle nicht vorkommende Stoffkosten und Fertigungskosten anfallen, z.B. durch amtliche Abnahme, durch Überstunden und Sonntagsarbeit, durch das Anlaufen einer neuartigen Fertigung, durch das Anlernen neuer Arbeitskräfte oder durch Bauartänderungen auf Veranlassung des Auftraggebers, sind diese in der Kostenrechnung und in den Kalkulationen gesondert auszuweisen.

1   In Nr. 29 wird klargestellt, dass bei einem Auftrag **auf Veranlassung des öffentlichen Auftraggebers** entstehende, einmalige Zusatzkosten, etwa durch amtliche Abnahme, durch Überstunden und Sonntagsarbeit, durch das Anlaufen einer neuartigen Fertigung, durch das Anlernen neuer Arbeitskräfte oder durch Bauartänderungen, in der preisrechtlichen Selbstkostenabrechnung separat

---

[6] Abgedruckt bei Ebisch/Gottschalk/*Hoffjan*/*Müller* Anhang 14 bzw. Michaelis/Rhösa/*Pauka* Text-Teil V 2a 18.
[7] *Noelle/Rogmans,* Öffentliches Auftragswesen, 3. Aufl. 2002, 194.
[8] Ebisch/Gottschalk/*Hoffjan*/*Müller* LSP Nr. 27 Rn. 23.
[9] Ebisch/Gottschalk/*Hoffjan*/*Müller* LSP Nr. 27 Rn. 23.
[10] Ebisch/Gottschalk/*Hoffjan*/*Müller* LSP Nr. 27 Rn. 24.
[11] Vgl. hierzu und im Folgenden Ebisch/Gottschalk LSP Nr. 27 Rn. 35; *Noelle/Rogmans,* Öffentliches Auftragswesen, 3. Aufl. 2002, 193 f.

anzugeben sind. Die **Kosten des Fertigungsanlaufs und/oder von Bauartänderungen** getrennt und auftragsspezifisch nach dem Verursachungsprinzip auszuweisen, ist wichtig, da sie – um das Kostenbild nicht zu verfälschen – in aller Regel nicht in die Kalkulation eines Folgeauftrags eingehen (sollten).[1] Die oben genannte „Veranlassung des Auftraggebers" beim Kostenanfall ist **weit auszulegen.** Die Kosten brauchen nicht direkt aus expliziten zusätzlichen Anforderungen seitens des Auftraggebers zu erwachsen, sondern können auch implizit aufgrund der Beschaffenheit der gewünschten Lieferung oder Leistung notwendig werden.[2]

F. Steuern, Gebühren, Beiträge

Nr. 30 Steuern

Für die Zwecke der Preisermittlung auf Grund von Selbstkosten sind zu unterscheiden
a) Steuern, die Kosten im Sinne dieser Leitsätze sind (kalkulierbare Steuern), insbesondere
    die Gewerbesteuer (auch Gewerbeertrag- und Lohnsummensteuer), die Vermögensteuer, die Grundsteuer, die Kraftfahrzeugsteuer und die Steuer für den Selbstverbrauch (§ 30 des Umsatzsteuergesetzes).
    Als Sonderkosten sind in den Kalkulationen auszuweisen
    aa) die auf den Lieferungen und sonstigen Leistungen des Auftragnehmers lastende Umsatzsteuer ohne Abzug der nach den §§ 15 und 28 des Umsatzsteuergesetzes (Mehrwertsteuer) abziehbaren Vorsteuern und Beträge. Die an die Lieferungen und sonstigen Leistungen des Auftragnehmers gebundenen Umsatzsteuerminderungen sind zu berücksichtigen;
    bb) besondere auf dem Erzeugnis lastende Verbrauchsteuern.
b) Steuern, die nicht Kosten im Sinne dieser Leitsätze sind (nicht kalkulierbare Steuern), insbesondere die Einkommen-, Körperschaft- und Kirchensteuer, die Erbschaft- und Schenkungsteuer.

Übersicht

	Rn.		Rn.
I. Normzweck und -zusammenhang ..	1	1. Gewerbeertragsteuer	3
II. Einzelerläuterungen	3	2. Weitere Kostensteuern	16

I. Normzweck und -zusammenhang

In Übereinstimmung mit allgemeinen betriebswirtschaftlichen Grundsätzen wird auch preisrechtlich zwischen **Kostensteuern** (Nr. 30 lit. a) und **Nicht-Kostensteuern** (Nr. 30 lit. b) unterschieden. **Kostensteuern** sind solche Steuerarten, die – obschon sie wie alle anderen Steuern auch Geldleistungen darstellen, die das Unternehmen an das öffentlich-rechtliche Gemeinwesen aufgrund vordefinierter Tatbestände zu dessen Einnahmensicherung zu bezahlen hat – aus Sicht des Unternehmens als Kosten behandelt werden und daher auch Eingang in die (LSP-)Kostenrechnung finden. Wertmäßig fließen sie also im Zuge der betrieblichen Absatzvorgänge bei Zahlung kostendeckender Preise durch den/die Auftraggeber an das Unternehmen zurück. 1

Die **Nicht-Kostensteuern** hingegen bleiben in der Produktkalkulation außer Ansatz und sind später aus dem betrieblichen Gesamtergebnis der Periode zu finanzieren. Sie wirken insoweit aus Sicht des Auftragnehmers gewinnmindernd. Zu den nicht von Nr. 30 abgedeckten Steuern zählen vor allem die Einkommen-, die Körperschaft-, die Kirchen- sowie die Erbschaft- und Schenkungsteuer. 2

II. Einzelerläuterungen

1. Gewerbeertragsteuer. Die **Gewerbeertragsteuer (GewSt)** stellt eine **Gewinnsteuer** dar, 3 da sie analog zur Körperschaftsteuer den Unternehmenserfolg besteuert und handelsrechtlich auch so klassifiziert ist. Seit der Unternehmenssteuerreform im Jahr 2008 hat sich zudem das **Steuerrecht** insofern an diese Sichtweise angenähert, als der Gewerbesteueraufwand gem. § 4 Abs. 5b EStG **nicht mehr als Betriebsausgabe anrechenbar** ist, dh er nicht länger in Form einer Kostensteuer die Bemessungsgrundlagen der Einkommen-, Körperschaft- sowie der GewSt als solcher verringert.

---

[1] Birgel, Öffentliches Auftragswesen und Preisrecht, 1994, 226; Ebisch/Gottschalk/*Hoffjan*/*Müller* Rn. 1 ff.
[2] Ebisch/Gottschalk/*Hoffjan*/*Müller* Rn. 1.

Der LSP-konforme Ansatz der Gewerbesteueraufwendungen als Kostensteuer ist somit aus heutiger Sicht sicherlich diskussionswürdig[1] – zumindest aber eigentümlich.

4 Vorgenannte Kritik etwas einschränkend sei jedoch erwähnt, dass es bei der praktischen Ermittlung der GewSt-Belastung der Unternehmen gem. **§ 8 GewStG** eine Reihe von Positionen zu beachten gibt, die dem **Gewerbeertrag** („Gewinn") als Bemessungsgrundlage der GewSt in Form von **Hinzurechnungen** aufgeschlagen werden müssen. Bei den hinzuzurechnenden Positionen handelt es sich beispielsweise um Finanzierungsaufwendungen (Entgelte für den Schuldendienst), bestimmte Renten und dauernde Versorgungslasten jenseits der Pensionszahlungen, Gewinnanteile etwaiger stiller Gesellschafter, Mietzinsen, Pachtzinsen, Erbbauzinsen, Leasingraten und Lizenzgebühren. Die ermittelte Summe der Hinzurechnungsbeträge darf um einen Freibetrag von 100.000 EUR gemindert werden, jedoch nicht um mehr als die zuvor gebildete Summe. Die Hinzurechnungen können ferner über Kürzungen gem. § 9 GewStG ggf. zu gewissen Teilen kompensiert werden. Diese Hinzurechnungspraktik in Bezug auf den Gewerbeertrag („Gewinn") kann in der Praxis eventuell dazu führen, dass die GewSt-Zahllast vornehmlich durch künstliche nachträgliche Hinzurechnungen begründet wird und nicht durch den originären, im operativen Geschäftsbetrieb erwirtschafteten Gewinn. Das Unternehmen hat dann eine spürbare GewSt-Belastung zu tragen, obwohl in der Periode keine wesentlichen, hierzu in einem angemessenen Verhältnis stehenden Gewinne zu Buche geschlagen sind. **In besonderen, aber nicht unrealistischen Konstellationen**[2] mit einem zudem hohen Anteil öffentlicher Aufträge am Gesamtauftragsvolumen würden sich, **sofern die GewSt im Kontext der LSP kostenmäßig nicht ansetzbar wäre**, letztlich für das Unternehmen in unerwünschter Weise **Verluste** nach Steuern ergeben.

5 Mit Blick auf eine eventuelle Modernisierung des Preisrechts könnte es vor dem Hintergrund der obigen (→ Nr. 30 Rn. 3 f.) Diskussion als zweckmäßig angesehen werden, die **GewSt** als Kostensteuer im Sinne der LSP zwar per se **beizubehalten**, den **Umfang** der einkalkulierbaren GewSt perspektivisch **jedoch zu verringern**. Effektiven **Kostencharakter** besitzt im Kern lediglich die aus dem oben (→ Nr. 30 Rn. 4) erläuterten **gewinnunabhängigen (Hinzurechnungs-)Anteil** erwachsende GewSt-Zahllast, welche demnach kostenmäßig anzuerkennen sein sollte. Hiervon abgesehen besteuert die GewSt in ihrer Ausgangslage durchaus auch den Unternehmensgewinn, sodass dieser tatsächlich gewinnabhängige Anteil entsprechend als Gewinnsteuer zu interpretieren wäre, was zu einer Nicht-Anerkennung dieses durch Gewinn begründeten Anteils an der GewSt in der LSP-Kalkulation führen sollte.

6 Unabhängig von dem obigen (→ Rn. 5) Verbesserungsvorschlag gilt, dass die **verursachungsgerechte Verteilung** einer unternehmenserfolgsabhängigen Steuer wie der **GewSt** auf einzelne Aufträge bzw. Kostenträger nur **schwer eindeutig** zu leisten ist. Eine einfache Verteilung anhand der Stoff- und Fertigungskosten kommt nicht infrage; aus Verursachungsgesichtspunkten heraus müsste vielmehr strenggenommen eine Schlüsselung über die Deckungsbeiträge aller Aufträge vorgenommen werden.[3] Vor diesem Hintergrund wurden im preisrechtlichen Schrifttum in der Vergangenheit bereits diverse mathematische Ansätze zur Verrechnung der GewSt vorgestellt und diskutiert, die zum Teil nebeneinander angewendet wurden.[4]

7 Die heute in der Regel angewendete Methodik besteht in der Verwendung der sog. **„Stuttgarter Formel"**, welche als **„Kompromisslösung"** von der Preisbildungsstelle Stuttgart, Vertretern anderer Preisbehörden, der öffentlichen Auftraggeberschaft und der Industrie gemeinsam entwickelt wurde.[5] Die Kompromisslösung zielt auf eine befriedigende gleichzeitige Berücksichtigung der Kriterien **Verursachungsgerechtigkeit** der Kostenverrechnung, **Angemessenheit** des Kostenansatzes, **verwaltungsökonomisches Vorgehen** sowie **Stetigkeit** des Vorgehens ab. Das Verfahren verteilt die effektive (tatsächlich anfallende) GewSt mittels **Schlüsselung auf die einzelnen Aufträge**, wobei das **Verhältnis aus der GewSt-Belastung zum Periodengewinn des Unternehmens** die Richtgröße für den auftragsspezifisch ansetzbaren GewSt-Aufwand darstellt. Man legt die Prämisse zugrunde, dass die GewSt-Belastung des Gesamtunternehmens sich zum Periodengewinn des Gesamtunternehmens genauso wie die GewSt-Belastung eines einzelnen Auftrags zum (angepassten/korrigierten) Erfolg eines einzelnen Auftrags entwickelt:

$$\frac{GewSt_U}{G_U} = \frac{GewSt_A}{G_A}$$

---

[1] Vgl. hierzu auch Ebisch/Gottschalk/*Hoffjan*/*Müller* Rn. 7.
[2] S. hierzu Ebisch/Gottschalk/*Hoffjan*/*Müller* Rn. 8 f.
[3] *Birgel*, Öffentliches Auftragswesen und Preisrecht, 1994, 228.
[4] Vgl. für eine übersichtsartige Darstellung bspw. *Noelle*/*Rogmans*, Öffentliches Auftragswesen, 3. Aufl. 2002, 200 f.
[5] S. Ebisch/Gottschalk/*Hoffjan*/*Müller* Rn. 18 ff. sowie Anhang 11a ebenda.

II. Einzelerläuterungen

Nach der Gewerbesteuerlast des Auftrags (GewSt$_A$) umgestellt lautet diese Beziehung: 8

$$\text{GewSt}_A = \frac{\text{GewSt}_U}{G_U} \cdot G_A$$

Konkret solle sich der Erfolg des einzelnen Auftrags zudem aus der Summe des vereinbarten bzw. 9
tatsächlichen Auftragsgewinns und der halben, mit den gesamten Nettoselbstkosten gewichteten
Zinsdifferenz zusammensetzen, sodass gelte:

$$G_A = x \cdot \text{NSK}_A + \frac{0{,}5 \cdot Z}{\text{NSK}_U} \cdot \text{NSK}_A = \text{NSK}_A \left(x + \frac{0{,}5 \cdot Z}{\text{NSK}_U} \right)$$

Die **"Stuttgarter Formel"** lautet nach Einsetzen der unteren in die obige Formel wie folgt: 10

$$\text{GewSt}_A = \frac{\text{GewSt}_U}{G_U} \cdot \text{NSK}_A \left(x + \frac{0{,}5 \cdot Z}{\text{NSK}_U} \right)$$

wobei gilt:
GewSt$_A$ Auftragsspezifische Gewerbesteuer in Euro
GewSt$_U$ Effektive Gewerbesteuer des Unternehmens in Euro
G_U Steuerlicher Periodengewinn des Unternehmens („Gewerbeertrag") in Euro
G_A Steuerlicher Gewinn des Auftrags in Euro
x   vereinbarter (bei Selbstkostenfestpreis) bzw. tatsächlich erzielter (bei Selbstkostenerstattungspreis) Gewinn als Anteil/Dezimale (beispielsweise 3% Gewinn = 0,03)
Z   Zinsdifferenz in Euro (Differenz aus den verrechneten kalkulatorischen Zinsen und den Zinsaufwendungen aus der Finanzbuchhaltung)
NSK$_A$ Nettoselbstkosten des Auftrags in Euro
NSK$_U$ Nettoselbstkosten des Unternehmens in Euro

Die Gewerbesteuer **in Prozent der Nettoselbstkosten des Auftrags** kann anhand der nachfolgen- 11
den Variante der „Stuttgarter Formel" berechnet werden, die pro Periode für jede Gewinnvereinbarung die auftragsspezifische Gewerbesteuerbelastung ausgibt:

$$\text{GewSt}_A = \frac{\text{GewSt}_U}{G_U} \cdot 100 \cdot \left(x + \frac{0{,}5 \cdot Z}{\text{NSK}_U} \right)$$

Falls der Auftragnehmer zur **steuerlichen Organschaft** eines Konzerns gehört, wird die GewSt 12
bei der obersten Organgesellschaft für die gesamte Unternehmensgruppe zentral veranlagt. Eine steuerliche Organschaft ist insoweit als Zusammenfassung von rechtlich selbständigen Unternehmen zu einer Besteuerungseinheit zu verstehen, wobei alle einbezogenen Konzernunternehmen dadurch gewissermaßen als ein einheitlicher Steuerpflichtiger behandelt werden. Eine direkte Gewerbesteuerzahlung des Auftragnehmers (Tochterunternehmens) an das Finanzamt wird in diesen Fällen also nicht geleistet. Das Konstrukt der gewerbesteuerlichen Organschaft steht dem **preisrechtlichen Ansatz der kalkulatorischen GewSt grundsätzlich jedoch nicht entgegen.** Das gilt auch bei Entstehung vereinzelter Verluste im Organkreis, während der öffentliche Auftrag des Auftragnehmers zu positiven Gewerbeerträgen führt. Im Organrechnungskreis werden die Gewerbeerträge für jedes Tochterunternehmen getrennt gebildet und bei der Muttergesellschaft konsolidiert. Ein Gewinnsaldo führt bei der Muttergesellschaft zur Gewerbesteuerzahlung, während ihr ein Verlustsaldo einen Verlustvortrag erlaubt. Erwirtschaftet eine Tochtergesellschaft Gewinne und erleidet eine andere Verluste, so führt das positive Ergebnis der einen Gesellschaft innerhalb des Organrechnungskreises **auch bei einem Verlustanfall in anderen Konzerngesellschaften per Saldo zu einem Werteverzehr,** der preisrechtlich bzw. kostenmäßig ansetzbar und dem Auftragnehmer verursachungsgerecht zuzurechnen ist.

In diesem Zusammenhang wird in Bezug auf die **Verrechnungstechnik der kalkulatorischen** 13
GewSt bei einer Organschaft gefordert, dass der Ausgangspunkt zur Konzernverrechnung der GewSt, wie bereits angerissen, die Konsolidierungsstufe des Konzerns sein solle, auf der die GewSt letztlich anfällt. Auf dieser Stufe seien zunächst also GewSt-Ertrag und GewSt-Zahllast zu ermitteln. Sodann sei die GewSt ausgehend von diesen Werten unter Rückgriff auf die „Stuttgarter Formel" **auf die einzelnen Aufträge in der Unternehmensgruppe zu schlüsseln.** Nur so könne erreicht werden, dass die intendierte Schlüsselung nach dem Gewinn tatsächlich erreicht wird.

Die „**Stuttgarter Formel**" – die wie gesagt eine konsensuale Kompromisslösung verschiedener 14
Interessensgruppen des öffentlichen Auftrags- und Preisprüfungswesens darstellt – ist aus analytischer Sicht jedoch durchaus **nicht unangreifbar.** Zum einen sei gesagt, dass die Summe aus kalkulatorischen Gewinnzuschlägen und der halben Zinsdifferenz nicht deckungsgleich mit dem steuerrechtli-

chen Gewerbeertrag des Gesamtunternehmens ist und somit je nach Umfang der unberücksichtigten Teile des steuerrechtlichen Gewerbeertrags die anfallende oder bereits angefallene GewSt-Zahllast nicht in Gänze weiterverrechnet werden kann. Zum anderen muss konstatiert werden, dass die „Stuttgarter Formel" aufgrund der formelmäßigen Mitberücksichtigung der effektiven/tatsächlichen Gewerbesteuer des Unternehmens ausnahmsweise eine partielle Abkehr vom sonst konsequent angewendeten Prinzip der wertmäßigen Kosten (vgl. Nr. 4 Abs. 1) zugunsten des Prinzips der pagatorischen – also rein auf Zahlungsvorgängen basierenden – Kosten bedeutet.[6]

15   Zweifel hinsichtlich der Frage, ob das relativ aufwendige Vorgehen nach der „Stuttgarter Formel" im Hinblick auf die Kriterien Verursachungsgerechtigkeit, Angemessenheit des Kostenansatzes und Angemessenheit des Prüfaufwands als verhältnismäßig bezeichnet werden kann, erscheinen insofern nachvollziehbar und berechtigt. Überdies decken sich die Erfahrungen der Verfasser mit Hinweisen aus dem Schrifttum, wonach aus der Praxis durchaus „seit Einführung der ‚Stuttgarter Formel' pragmatische Lösungen bekannt"[7] seien. Derartige pragmatische Lösungen zur Berechnung der kalkulatorischen Gewerbeertragsteuer zielen vornehmlich auf die Multiplikation des Produkts aus Gewerbesteuermesszahl (allgemein 3,5%) und Hebesatz der Sitz-Gemeinde des Auftragnehmers (beispielsweise 490% für München) mit dem kalkulatorischen LSP-Gewinn als Bemessungsgrundlage ab.

16   **2. Weitere Kostensteuern.** Weitere wesentliche **Steuern mit Kostencharakter** sind aus heutiger Sicht insbesondere
   – die **Grundsteuer** (Substanzsteuer auf das Eigentum, aber auch auf Erbbaurechte an betrieblichen Grundstücken; Bemessungsgrundlage ist in aller Regel der Wert des Grundstücks) und
   – die **Grunderwerbsteuer** (Verkehrssteuer, die beim Erwerb eines inländischen betrieblichen Grundstücks oder Grundstückanteils vom Käufer zu entrichten ist).
   – Ferner können die **Kfz-Steuern** für Dienstfahrzeuge oder auch die **Verbrauchsteuern** für bestimmte Erzeugnisse wie Mineralöl, Tabak, Bier, Branntwein etc angeführt werden.

17   Die vormalig ebenfalls in den LSP verrechenbare **Vermögensteuer,** die Wechselsteuer oder auch die Kapitalverkehrsteuer (dh Gesellschaftsteuer, Börsenumsatzsteuer) werden **heutzutage nicht mehr erhoben.**

Nr. 31 Lastenausgleich

Ausgleichsabgaben im Sinne des Gesetzes über den Lastenausgleich vom 14. August 1952 (Bundesgesetzbl. I S. 446) sind nicht Kosten im Sinne dieser Leitsätze.

1   Nr. 31 stellt klar, dass **Ausgleichsabgaben im Sinne des Gesetzes über den Lastenausgleich** – welches zum Ziel hatte, Deutschen, die infolge des Zweiten Weltkrieges und seiner Nachwirkungen Vermögensschäden oder besondere andere Nachteile erlitten hatten, eine finanzielle Entschädigung zu gewähren – nicht zu den preisrechtlich ansatzfähigen Kosten zählen. Die Lastenausgleichsabgaben sind jedoch schon **im Jahre 1979 ausgelaufen,** sodass Nr. 31 heutzutage **keine praktische Relevanz** mehr aufweist. Es erscheint daher recht wahrscheinlich, dass Nr. 31 im Falle der geplanten, punktuellen Renovierung des Preisrechts ersatzlos gestrichen wird.

Nr. 32 Gebühren und Beiträge

(1) Pflichtgebühren und Pflichtbeiträge sind Kosten, soweit sie für betriebliche Zwecke aufgewendet werden.

(2) Nicht auf gesetzlichen Verpflichtungen beruhende Beiträge oder Zuwendungen an Vereinigungen und Körperschaften, die dem Betriebsinteresse dienen, können in angemessener Höhe berücksichtigt werden.

1   In Nr. 32 wird auf **Gebühren und Beiträge** abgestellt. Es werden Anhaltspunkte geliefert, inwieweit diese als preisrechtlich ansatzfähige Kosten zu behandeln sind. Die Verrechenbarkeit von Gebühren und Beiträgen in der LSP-Kalkulation bemisst sich vor allem an ihrer effektiven „**Betriebsnähe**".[1] Sofern die Gebühren und Beiträge auf gesetzlicher Grundlage basieren, sind sie

---

[6] So die Kritik bei *Noelle/Rogmans*, Öffentliches Auftragswesen, 3. Aufl. 2002, 201, welche die „Stuttgarter Formel" vor diesem Hintergrund gar als „mathematisch fehlerhaft" bezeichnen.
[7] *Christoph*, Die Grundsatzprüfung gemäß VO PR Nr. 30/53, 1990, 32.
[1] *Birgel*, Öffentliches Auftragswesen und Preisrecht, 1994, 229.

demnach auch nur dann ansetzbar, wenn sie **dem Betriebszweck dienen**. Dies dürfte jedoch **zumeist erfüllt** sein. Hierunter fallen etwa kommunale Nutzungsgebühren (Müllabfuhr, Straßenreinigung usw), Verwaltungsgebühren oder öffentlich-rechtliche Beiträge (zB für die Industrie- und Handelskammer, Wasser- und Bodenverbände).[2]

Nicht gesetzlich verankerte Beiträge oder Zuwendungen an Vereinigungen und Körperschaften dürfen laut Abs. 2 verrechnet werden, wenn sie dem Betriebsinteresse dienlich sind. Im Vergleich zu Abs. 1 („Betriebszweck") wurde hier also eine **weiter zu fassende Terminologie** verwendet.[3] Neben Zahlungen an wohltätige oder kirchliche Institutionen, die Arbeitgeberverbände etc fallen unter den Abs. 2 demnach ggf. auch gewisse Spenden mit Werbewirkung, deren Nichtzahlung dem Ansehen des Unternehmens schaden würde. **Übermäßig bzw. unüblich hohe Zahlungen** für Gebühren, Beiträge und ähnliche Zuwendungen sind allerdings **kritisch** zu bewerten. Auch diese Kostengruppe ist nämlich ausdrücklich nur „in angemessener Höhe" preisrechtlich ansatzfähig, wobei die Angemessenheit neben den betriebsindividuellen Größenverhältnissen auch anhand der branchenüblichen Gepflogenheiten beurteilt werden sollte.

2

G. Lizenzen, Patente und gewerblicher Rechtsschutz

Nr. 33 Ansatz und Verrechnung

(1) [1]Lizenzgebühren sind insoweit Kosten im Sinne dieser Leitsätze, als sie in angemessenem Verhältnis zu Umsatzmenge und Verkaufspreis der Leistungen stehen. [2]Die für die Verrechnung von Lizenzgebühren in Betracht kommenden Lizenzverträge sind dem Auftraggeber auf Verlangen zur Einsicht vorzulegen.

(2) Ausgaben zum Erwerb von Fremdpatenten sind zu aktivieren und kalkulatorisch abzuschreiben oder periodisch abzugrenzen und ratenweise als Kosten zu verrechnen.

(3) Lizenzgebühren, sowie Gebühren für den gewerblichen Rechtsschutz, Fremd- und Eigenpatentkosten sind in den Kalkulationen als Sonderkosten auszuweisen, sofern sie bestimmte Erzeugnisse oder Erzeugnisgruppen betreffen.

Lizenzgebühren infolge der Nutzung eines fremden Patentes oder eines sonstigen gesetzlichen Schutzes sind grundsätzlich als **Kosten** im Sinne der Leitsätze anzuerkennen. Gleichwohl ist auch hier der fachlich-inhaltliche Bezug zur bzw. die Notwendigkeit für die betrieblichen Leistungserstellungen so gut es geht erkennbar zu machen. Zudem muss auch hier der entstandene Aufwand für die Nutzung in einem angemessenen (wirtschaftlichen) Verhältnis zu den erzielbaren Erträgen stehen.[1] In der Praxis **übliche vertragliche Regelungen bei Lizenzen** – die dem öffentlichen Auftraggeber nach Abs. 1 auf Verlangen vorzulegen sind – sehen Beträge in Höhe von 0,5–10% des erzielten Umsatzes (vereinzelt auch mehr) vor.[2]

1

Wenn ein Patent von einem Dritten käuflich erworben wird, ist es im Bereich der **immateriellen Vermögensgegenstände** zu aktivieren und gem. Abs. 2 über die Nutzungsdauer kalkulatorisch abzuschreiben oder periodisch abzugrenzen und ratenweise als Kosten zu verrechnen. **Eigene Patentanmeldungen** dürfen ebenfalls kostenmäßig erfasst werden. Es gilt hier für das gleiche Prozedere wie bei den zuvor genannten Fremdpatentkosten. Eigene Patente sind entweder im Bereich der immateriellen Vermögensgegenstände zu aktivieren und über die Nutzungsdauer kalkulatorisch abzuschreiben oder periodisch abzugrenzen und ratenweise als Kosten zu verrechnen. Auch **handelsbilanziell** gilt übrigens laut § 248 HGB mittlerweile, dass selbst geschaffene immaterielle Vermögensgegenstände des Anlagevermögens als Aktivposten in die Bilanz aufgenommen werden können **(Aktivierungswahlrecht)**. Wenn die hier diskutierten lizenz-, patent- oder rechtsschutzbezogenen Aufwendungen **nur eine ganz bestimmte Produktart oder -gruppe** tangieren, so sind sie als **Sonderkosten** in der LSP-Kalkulation kenntlich zu machen und dürfen aufgrund des Verursachungsprinzips nicht über die betrieblichen Gemeinkosten verrechnet werden.[3]

2

Wenn der Auftragnehmer eigene Patente, Lizenzen oder andere von einem gewerblichen Schutzrecht abgedeckte immaterielle Vermögensgegenstände **Dritten zur Nutzung überlässt** und hieraus **Einnahmen** generiert, so sind diese als **Nebenerlöse** dort kostenmindernd abzusetzen, wo die Kosten (im oben beschriebenen Sinne, → Nr. 33 Rn. 1 f.) verbucht worden sind. Zu den

3

---

[2] Ebisch/Gottschalk/*Hoffjan*/Müller Rn. 1.
[3] So auch das Begriffsverständnis bei Ebisch/Gottschalk/*Hoffjan*/Müller Rn. 3 und *Birgel*, Öffentliches Auftragswesen und Preisrecht, 1994, 229.
[1] *Birgel*, Öffentliches Auftragswesen und Preisrecht, 1994, 230.
[2] So *Birgel*, Öffentliches Auftragswesen und Preisrecht, 1994, 231.
[3] So auch *Birgel*, Öffentliches Auftragswesen und Preisrecht, 1994, 231.

kostenverursachenden geistigen Eigentümern mit einem möglichen gewerblichen Rechtsschutz zählen im Übrigen auch Gebrauchs- und Geschmacksmuster, eingetragene Marken (also Bezeichnungen für Waren- und Dienstleistungen), Designs etc.[4]

H. Mieten, Büro-, Werbe- und Transportkosten und dgl.

Nr. 34 Mengenansatz und Bewertung

Für die Bemessung sonstiger Kostenarten, insbesondere der
Mieten und Pachten
Bürokosten
Werbe- und Repräsentationskosten
Transportkosten
Kosten des Zahlungsverkehrs
gelten die Nummern 4 und 16 bis 21 sinngemäß.

Übersicht

		Rn.			Rn.
I.	Normzweck und -zusammenhang	1	3.	Werbe- und Repräsentationskosten	6
II.	Einzelerläuterungen	3	4.	Transportkosten	8
1.	Mieten und Pachten	3	5.	Kosten des Zahlungsverkehrs	10
2.	Bürokosten	5	6.	Sonstige Kosten	11

I. Normzweck und -zusammenhang

1 Von Nr. 34 als **Sammel- bzw. Pauschalvorschrift** werden neben den hier explizit angeführten Kotenarten auch **alle sonstigen Kosten** abgedeckt, für die ansonsten keine separate Regelung existiert. In Ermangelung spezifischer Vorschriften hinsichtlich der Mengengerüst-Ermittlung sowie Bewertung dieser Kostenarten, sind die Nr. 4 und 16–21 der Leitsätze entsprechend anzuwenden.

2 Der **Hinweis auf Nr. 4** wäre **eigentlich nicht notwendig** gewesen, da die dort genannten Grundsätze ohnehin für alle preisrechtlichen Kostenverrechnungen Gültigkeit besitzen. Die Verweise auf die Nr. 16–21 sind jedoch durchaus wichtig und berechtigt.[1]

II. Einzelerläuterungen

3 **1. Mieten und Pachten. Mieten** können beispielsweise für Grundstücke, Gebäude, Fertigungsmaschinen, PC-Hardware, Drucker, Fax, Software, Zubehör usw anfallen und stellen ausdrücklich **Kosten** dar. Mitunter kommt es jedoch vor, dass vom Unternehmer zu zahlende **Mieten ungewöhnlich niedrig** sind oder gar ganz entfallen. Etwa aufgrund einer familiären Beziehung des Vermieters der Sache zum Mieter – dies ist zB in mittelständischen Familienbetrieben nicht selten der Fall – werden dem mietenden Unternehmer dann besondere Vergünstigungen gewährt. Der effektive Werteverzehr an der Sache spiegelt sich dann nicht angemessen in den Mietzahlungen wider. In solch einem Fall darf dann – auch wenn Mieten nicht im Abschnitt K der LSP (kalkulatorische Kosten) genannt werden – **mit kalkulatorischen Mieten gerechnet** werden, die der üblichen Höhe für Mieten an dem in Rede stehenden Wirtschaftsgut entsprechen. Bei Ansatz der stark vergünstigten oder gar Null betragenden Mietkosten würde dem öffentlichen Auftraggeber aus ökonomischer Sicht „ein durch nichts begründeter Vorteil"[2] zukommen.

4 Des Weiteren stellt das **Leasing** eine besondere Art der mietweisen Überlassung dar. Typischerweise ist das Leasing ein atypischer Mietvertrag, bei dem das Leasingobjekt vom Leasinggeber beschafft und finanziert und dem Leasingnehmer gegen Zahlung eines vereinbarten Leasingentgelts zur Nutzung überlassen wird. Die vertraglichen Ausgestaltungen in der Praxis sind jedoch im Detail recht vielfältig. Auch aus preisrechtlicher (nicht nur aus steuerlicher) Sicht ist hierbei von Interesse, wem das wirtschaftliche Eigentum an dem Leasinggegenstand zukommt. Wenn der **Leasingnehmer nicht wirtschaftlicher Eigentümer** des Leasingobjektes wird (sog. **„Operating Lease"**), so ist der Vertrag als Miet- oder Pachtvertrag anzusehen und die Leasingraten fließen in die Kostenkalkulation ein. Bei Leasingverträgen kann jedoch auch der Finanzierungscharakter der gezahlten Leasingra-

---

[4] *Birgel*, Öffentliches Auftragswesen und Preisrecht, 1994, 231.
[1] So auch Ebisch/Gottschalk/*Hoffjan*/*Müller* Rn. 2.
[2] Ebisch/Gottschalk/*Hoffjan*/*Müller* Rn. 3.

ten von übergeordneter Bedeutung sein und somit gewissermaßen ein Ratenkaufvertrag mit Eigentumsvorbehalt vorliegen (sog. „**Financial Lease**"). Hier gewinnt in der Regel der **Leasingnehmer das wirtschaftliche Eigentum** an der Sache und muss sie in seiner Bilanz aktivieren. Die offenen Leasingverbindlichkeiten sind spiegelbildlich unter dem Fremdkapital zu passivieren. Die Sache wird in diesem Modell zu einem Teilobjekt des betriebsnotwendigen Vermögens, sodass auf sie kalkulatorische Abschreibungen und Zinsen zu verrechnen sind (anstelle der Leasingraten).[3]

2. Bürokosten. Als Bürokosten sind die **Aufwendungen für Bürobedarf/Büromaterial** zu verstehen. Bürokosten werden entweder in der genaueren Variante auf den für ihren Anfall verantwortlichen Kostenstellen ausgewiesen oder gehen – dies dürfte in der Praxis dem Regelfall entsprechen – aus Vereinfachungsgründen pauschal in die **Verwaltungsgemeinkosten** ein.

3. Werbe- und Repräsentationskosten. Unter den Werbe- und Repräsentationskosten werden **Kosten für Werbekampagnen, Anzeigen, Geschenke an Geschäftspartner und andere Dritte, Bewirtung von Geschäftspartnern und anderen Dritten, Firmenjubiläumsfeiern usw** subsumiert. **Produktspezifische Werbekosten** sind kostenrechnerisch in der sie betreffenden Kostenträgergruppe zu erfassen und anteilig auf die einzelnen Einheiten/Kostenträger zu verteilen. Zu prüfen ist jedoch stets, ob die Werbemaßnahmen der Vermarktung des Produktes wirklich förderlich sind und ob sie gewissermaßen unternehmerisch notwendig erscheinen. Jedoch auch in relevanten Märkten mit einem Nachfragemonopol der öffentlichen Hand wie etwa der Verteidigungswirtschaft können produktspezifische Werbemaßnahmen durchaus als betriebsnotwendig bezeichnet werden, da sie wesentlich dabei helfen können, auf das eigene Angebot aufmerksam zu machen und sich gegenüber der, zum Teil auch internationalen, Konkurrenz durchzusetzen.[4]

Allgemeine Werbekosten des Unternehmens, durch die der Betrieb als Ganzes angepriesen und bekannter gemacht werden soll, werden auf alle Produkte über die Vertriebsgemeinkosten umgelegt und belasten somit zumindest anteilsmäßig auch den öffentlichen Auftrag. Bei allen zu verrechnenden Werbe- und Repräsentationskosten kommt dem Grundsatz bzw. Prüfungsmaßstab der **Wirtschaftlichkeit** und **Angemessenheit** im Übrigen eine außerordentlich hohe Bedeutung zu.[5] Dies gilt vor allem aber in Bezug auf die Repräsentationskosten, deren (vollständige) preisrechtliche Anerkennung nicht selten versagt wird.

4. Transportkosten. Mit **Transportkosten** sind hier vor allem die Aufwendungen für die einzelnen **innerbetrieblichen Transportvorgänge,** also etwa die Beförderung von Gütern
— vom Wareneingang zum Lager,
— vom Lager zur Verwaltung oder
— vom Lager über die einzelnen Fertigungskostenstellen zur Endmontage sowie
— von der Endmontage zur Versandstelle
gemeint.

Eingangsfrachten sind in aller Regel schon in den **Einstandspreisen der Stoffe** (vgl. Nr. 8 und Nr. 18) enthalten **oder** werden **behelfsweise** über die **Stoffgemeinkosten** abgegolten. Ausgangsfrachten sind als Teil der Vertriebssonderkosten (vgl. Nr. 36) zu verstehen.[6]

5. Kosten des Zahlungsverkehrs. Mit den Kosten des Zahlungsverkehrs werden hier **insbesondere Kontoführungs- und Bearbeitungsgebühren der Banken** adressiert. Sie sind ausdrücklich als Kostenposition ansetzbar. An die Kreditgeber zu zahlende Sollzinsen sind gem. Nr. 43 Abs. 3 jedoch nicht kostenrechnerisch einzubeziehen.

6. Sonstige Kosten. Nachfolgend sind im Kontext der Nr. 34 noch einige **wichtige sonstige Kostenarten** zu diskutieren:
– **Reisekosten:** Hinsichtlich der Kosten für auftragsbedingte Fahrten, Übernachtung, Spesen usw gilt, dass sie grundsätzlich in der LSP-Auftragskalkulation angesetzt werden können. Zwar machen die Reisekosten meist nur einen geringen Anteil an den Gesamtkosten des Auftrags aus; dennoch werden sie **häufig intensiv von den Preisprüfungsstellen geprüft**, was zulasten der Prüfungszeit bei anderen, wesentlichen Kostenarten gehen kann. Dieses Vorgehen wird im betriebswirtschaftlichen Schrifttum vor dem Hintergrund des prüfungstheoretischen Wesentlichkeitsgrundsatzes durchaus **kritisch** beurteilt.[7] Der **Grundsatz der Wesentlichkeit („Materiality")** besagt nicht zuletzt, dass Qualität und Effizienz einer betriebswirtschaftlichen Prüfung (wie zB einer

---

[3] Zu den Leasingkosten aus preisrechtlicher Sicht vgl. auch grundlegend bereits *Broschwitz* DB 1964, 813 ff. sowie *Book* BB 1968, 110 ff.
[4] Ebisch/Gottschalk/*Hoffjan*/*Müller* Rn. 22.
[5] Ähnlich auch *Birgel*, Öffentliches Auftragswesen und Preisrecht, 1994, 233.
[6] *Birgel*, Öffentliches Auftragswesen und Preisrecht, 1994, 233.
[7] Ebisch/Gottschalk/*Hoffjan*/*Müller* Rn. 52.

Preisprüfung nach § 9) durch eine Konzentration auf das wirklich Entscheidungserhebliche maßgeblich erhöht werden. Eine sehr intensive Prüfung auch bei untergeordneten Positionen hätte nämlich den entscheidenden Nachteil, dass aufgrund des zwangsläufig begrenzten Zeitrahmens der Prüfung sodann andere, bedeutsamere („wesentlichere") Elemente des Prüfungsstoffs zum Teil nur stiefmütterlich abgehandelt werden können.[8]

- **Aufsichtsratsbezüge:** Hinsichtlich der Kosten für Aufsichtsratsvergütungen ist festzuhalten, dass sie, obwohl sie nicht ausdrücklich genannt werden, dennoch zu den sonstigen Kosten iSv Nr. 34 zählen. Die Einrichtung des Gremiums „Aufsichtsrat" ist satzungsmäßig oder gar gesetzlich vorgeschrieben und daher als „betriebsnotwendig" einzuordnen. Auf die Angemessenheit, Verhältnismäßigkeit und Branchenüblichkeit der Bezüge der Aufsichtsratsmitglieder ist jedoch großer Wert zu legen, da sie sonst nicht in voller Höhe kostenmäßig ansetzbar sein werden.

- **Konzessionsabgaben:** Konzessionen liegen vor, wenn eine staatliche oder kommunale Behörde ein Nutzungsrecht an einem Gemeingut einem Dritten verleiht. Als Gegenleistung wird in der Regel eine Konzessionsabgabe entrichtet. Somit kommt dem Konzessionsgeber gewissermaßen eine Entschädigung für die eingeschränkte Nutzung zu. Beispielsweise können kommunale Aufgaben an Personen des privaten Rechts übertragen werden wie etwa bei „Dienstleistungskonzessionen" zur Durchführung von Ver- oder Entsorgungsaufgaben. Im Lichte der LSP ist es von Bedeutung, dass Konzessionsabgaben zwangsläufig bei der Leistungserbringung anfallen und somit als betriebsbedingte Kosten des ausführenden Unternehmens anzuerkennen sind.[9]

- **Avalprovisionen:** Avalprovisionen sind die an Bürgen wie zB Kreditinstitute zu zahlenden Provisionen für die Übernahme der Bürgschaft. Die Bank tritt notfalls für das Unternehmen ein und sagt dem Bürgschaftsgläubiger somit gewissermaßen zu, dass dessen finanzielle Ansprüche in jedem Falle erfüllt werden. Auch Sicht der LSP bzw. der öffentlichen Auftragsvergabe sind die Kosten aufgrund von Avalprovisionen differenziert zu behandeln: Bankbürgschaften, die zur Absicherung der Vertragserfüllung vom öffentlichen Auftraggeber verlangt werden, stehen in einem sehr engen Bezug zur Leistungserstellung, sodass die hier zu zahlenden Avalprovisionen als Kosten iSv Nr. 4 Abs. 1 anzusehen sind.[10] Wenn aber Bankbürgschaften – wie nicht selten der Fall – zur Absicherung von (un-)verzinslichen An- oder Vorauszahlungen öffentlicher Auftraggeber von selbigem verlangt werden, müssen die von den Banken berechneten Avalprovisionen als Kosten im Zusammenhang mit der Beschaffung von Fremdkapital aufgefasst werden, sodass sie gem. Nr. 43 Abs. 3 nicht als Kosten im Sinne des Preisrechts behandelt werden dürfen.[11]

- **„Kosten der Preisprüfung":** Es ist durchaus nicht unüblich, dass durch einen erhaltenen öffentlichen Auftrag zu Selbstkosten oder aber eine durchgeführte Preisprüfung wesentliche Reorganisationsmaßnahmen im betrieblichen Rechnungswesen des Auftragnehmers notwendig werden, damit dem preisrechtlichen Grundsatz eines geordneten Rechnungswesens Genüge getan werden kann. Diese Arbeiten binden interne und ggf. zusätzliche externe Ressourcen – sprich: sie verursachen Kosten. Stellenweise ist der Versuch unternommen worden, diese Kosten dem öffentlichen Auftrag direkt in Form von Sonderkosten zuzuteilen, durch dessen Annahme die Reorganisationsarbeiten angestoßen wurden. Dies ist preisrechtlich jedoch nicht gestattet, da die Verbesserungen im betrieblichen Rechnungswesen dem Betrieb als Ganzes zugutekommen und sie eigentlich ohnehin als eine unternehmerisch zu ergreifende, weil notwendige Maßnahme angesehen werden können. Insoweit gilt, dass die Aufwendungen für die Optimierungen des Rechnungswesens und der Betriebsabrechnung über die Gemeinkosten über alle Produkte und Leistungen verrechnet werden müssen.[12]

I. Vertriebssonderkosten

Nr. 35 Vertreterprovisionen

(1) [1]**Eine Provision oder ähnliche Vergütung an einen Handelsvertreter darf in voller Höhe nur berücksichtigt werden, wenn bei Vorbereitung, Abschluß oder Abwicklung des öffentlichen Auftrages die Mitarbeit des Handelsvertreters notwendig ist und wenn sie sich**

---

[8] Vgl. zum Wesentlichkeits- bzw. Materiality-Grundsatz als Prüfungsgrundsatz auch bereits *Leffson/Lippmann/Baetge,* Sicherheit und Wirtschaftlichkeit der Urteilsbildung, 1969, 25; *Leffson/Bönkhoff* WPg 1982, 389 ff.; *Leffson* in Leffson/Rückle/Großfeld, Handwörterbuch unbestimmter Rechtsbegriffe im Bilanzrecht des HGB, 1986, 434 ff.
[9] Ebisch/Gottschalk/*Hoffjan*/Müller Rn. 40.
[10] Ebisch/Gottschalk/*Hoffjan*/Müller Rn. 29.
[11] Ebisch/Gottschalk/*Hoffjan*/Müller Rn. 30; *Christoph,* Die Grundsatzprüfung gemäß VO PR Nr. 30/53, 1990, 20.
[12] Ebisch/Gottschalk/*Hoffjan*/Müller Rn. 31 f.

in angemessenen Grenzen hält; den Absatzverhältnissen des Auftragnehmers soll dabei gebührend Rechnung getragen werden. ²In allen übrigen Fällen ist ein angemessener Abschlag vorzunehmen.

(2) Die Höhe der in Selbstkostenpreisen anrechenbaren Provisionen und ähnlichen Vergütungen an Handelsvertreter kann durch Vereinbarung zwischen Auftraggeber und Auftragnehmer begrenzt werden.

(3) Provisionen und ähnliche Vergütungen sind in den Kalkulationen gesondert auszuweisen.

Nr. 35 behandelt **an Handelsvertreter gezahlte Provisionen** (Vertreterprovisionen). Ein Handelsvertreter ist gem. § 84 HGB ein selbstständiger Gewerbetreibender, der von einem Unternehmen beauftragt wird, Geschäftsabschlüsse in die Wege zu leiten oder in dessen Namen abzuschließen. Für seine Arbeit erhält der Handelsvertreter eine – in aller Regel erfolgsabhängige – Vergütung, die Vertreterprovision. Diese richtet sich zumeist nach einem bestimmten Prozentsatz am Rechnungsbetrag des durch den Handelsvertreter angebahnten Umsatzaktes. 1

Handelsvertreter müssen in aller Regel über ein umfassendes Wissen über das vermarktete Produkt verfügen. Ihre Einschaltung führt tendenziell dazu, dass die **eigentliche Vertriebsabteilung** des Auftragnehmers in ihrer Größe und Mannstärke **überschaubarer** gehalten werden kann, da der Handelsvertreter wesentliche Teilaufgaben des Tätigkeitsfelds Marketing/Vertrieb mit dem potenziellen Kunden im bilateralen Austausch unmittelbar erledigen kann. Somit muss die **Entsendung von Handelsvertretern** auch **nicht unbedingt teurere Absatzpreise** zur Folge haben.¹ 2

In der Selbstkostenkalkulation sind etwaige Vertreterprovisionen nach Möglichkeit als **Vertriebseinzelkosten** kostenträgerscharf einzuberechnen. Sie sind in der Kalkulation **separat** auszuweisen. Wenn bei der Vorbereitung und Abwicklung des öffentlichen Auftrages die Mitarbeit des Handelsvertreters allerdings tatsächlich **nicht unbedingt notwendig** gewesen ist, darf die Vertreterprovision nicht kostenmäßig angesetzt werden. Wenn die gezahlte Provision **die angemessenen und branchenüblichen Dimensionen überschreitet,** kann sie ebenfalls nicht – zumindest nicht in voller Höhe – in Ansatz gebracht werden, sondern es muss ein entsprechender Abschlag vorgenommen werden. 3

Nr. 36 Versandbedingungen und Versandkosten

Nach Maßgabe der vereinbarten Liefer- und Versandbedingungen sind die Kosten der Verpackung, die Versandfrachten, die Rollgelder, die Transportversicherung und ähnliches in der Kalkulation gesondert auszuweisen, sofern aus Gründen der Wirtschaftlichkeit der Rechnungsführung nicht eine andere Art der Verrechnung in den Kosten vorgenommen wird.

Nr. 36 stellt auf Versandmodalitäten und Versandkosten ab. Konkret sind hiermit die **Kosten der Verpackung, die Versandfrachten, die Rollgelder, die Transportversicherung und Ähnliches** gemeint. Bei ihrer kostenrechnerischen Behandlung können sich mitunter besondere Probleme ergeben.¹ 1

Zu den **Verpackungskosten,** die gesondert als Vertriebseinzelkosten auszuweisen sind, zählen mitnichten alle Vorkehrungen, die gemeinhin eine Auslieferung erst möglich machen und daher als Verpackung verstanden werden könnten. Wenn nämlich die „Verpackung" zum Schutz der Ware und zur dauernden Unterbringung und Lagerfähigkeit bis zu ihrem tatsächlichen Gebrauch in der Zukunft dient, spricht man preisrechtlich von den **Kosten der Warenumhüllung.** Dies kann zB bei Paletten, Kartonagen, Schalen, Folien, Fässern, Kanistern, Kisten, Säcken usw der Fall sein. Diese Kosten sind nicht als Vertriebseinzelkosten, sondern als **Teil der Herstellkosten** anzusetzen. 2

Die Kosten, die dadurch anfallen, dass die **Lieferung zum Auftraggeber** verbracht wird, sind als **Sondereinzelkosten des Vertriebs** (Vertriebssonderkosten) getrennt darzustellen. Wenn der Auftragnehmer die Beförderung der Güter **selbst** durchführt, fallen offenkundig keine externen Rollgelder und Frachten an; stattdessen sind aber **Verrechnungssätze für die erbrachte Logistikleistung** anzusetzen. Hierbei muss dafür Sorge getragen werden, dass keine doppelte Verrechnung dieser Kosten als Sondereinzelkosten des Vertriebs einerseits und Vertriebsgemeinkosten andererseits stattfindet. Insofern sind die hier verursachten internen Beförderungskosten (Fahrzeug-Abschreibun- 3

---

¹ So auch Ebisch/Gottschalk Rn. 3.
¹ Ebisch/Gottschalk/*Hoffjan*/*Müller* Rn. 1 f.

gen, kalkulatorische Zinsen auf die Fahrzeuge, Instandhaltungsaufwand, Raumkosten, Betriebskosten, Fahrer- und Beifahrerlohn etc) anteilig aus den Gemeinkosten herauszurechnen.[2]

4   Gleichwohl sei auch betont, dass die oben (→ Rn. 3) beschriebene separate Darstellung von Versandkosten als Sondereinzelkosten des Vertriebs (Vertriebssonderkosten) nach Nr. 36 nur dann verlangt wird, solange aus **Wirtschaftlichkeitsaspekten** heraus nicht eine **andere Art der Verrechnung** geeigneter bzw. angemessener erscheint.[3] Als andere mögliche Art der Verrechnung bietet sich dann im Grunde nur ein Ansatz **innerhalb der Vertriebsgemeinkosten** an. Dies erscheint vor allem dann vertretbar, wenn alle Kostenträger bzw. Kostenträgergruppen in etwa die gleichen Versandkosten verursachen.[4] Auch bei einer Verrechnung über die Vertriebsgemeinkosten kann in diesen Fällen eine verursachungsgerechte Kostenallokation erreicht werden.

K. Kalkulatorische Kosten

a) Anlageabschreibungen

Nr. 37 Begriff

(1) Anlageabschreibungen sind die Kosten der Wertminderung betriebsnotwendiger Anlagegüter.

(2) Der Abschreibungsbetrag kann sowohl je Zeiteinheit als auch je Leistungseinheit (Tonne, Stück, Maschinenstunde oder dgl.) ermittelt werden.

I. Normzweck und -zusammenhang

1   Abschreibungen bilden den Werteverzehr des materiellen und immateriellen Anlagevermögens ab. Während die bilanziellen Abschreibungen auf Basis handels- und steuerrechtlicher Regelungen gebildet werden, sollen die **kalkulatorischen Abschreibungen** den ökonomisch „korrekten" Wertverlust der Wirtschaftsgüter darstellen. Im Fokus der kalkulatorischen Abschreibungen steht die Erfassung von planmäßigen und betriebsbedingten Wertminderungen infolge der Abnutzung (vgl. auch die typische Terminologie in der Praxis: Abschreibung = AfA = Absetzung für Abnutzung). Nur für betriebsnotwendige, also dem Betriebszweck dienende Anlagegüter dürfen Abschreibungen in Ansatz gebracht werden.

II. Einzelerläuterungen

2   Die jährlichen Abschreibungsbeträge ergeben sind in der Regel durch Division der Anschaffungs- oder Herstellungskosten (AHK) durch die **Nutzungsdauer** des Gutes. Man spricht hierbei von **linearer Abschreibung,** da gleichbleibende Abschreibungsbeträge die Folge dieses Ansatzes sind. Bei der Ermittlung der Abschreibungen kommt der Nutzungsdauer eine sehr wesentliche Bedeutung zu. Preisrechtlich ist die Nutzungsdauer unabhängig von der handels- bzw. steuerrechtlichen Vorgehensweise festzulegen. Der Auftragnehmer kann die tatsächlichen betrieblichen Nutzungszeiten der Betriebsmittel in Abweichung zu den Vorgaben steuerlicher AfA-Tabellen aufgrund seiner Erfahrungen und Fachkenntnisse prognostizieren.[1]

3   Gleichwohl sollte er die von ihm zugrunde gelegten Nutzungsdauern von Zeit zu Zeit aus Eigeninteresse einer Plausibilitätskontrolle unterziehen, um nicht in der Zukunft falsche Referenzwerte heranzuziehen und nicht bei zu lang prognostizierter Nutzungsdauer kostenunterdeckend bzw. bei zu kurz kalkulierter Nutzungsdauer mit prohibitiv hohen (Selbstkosten-)Angebotspreisen zu operieren. Wenn der Auftragnehmer **Soll-Ist-Abweichungen in der bisherigen Einschätzung der Nutzungsdauer** feststellt, muss er die Mehr- oder Minderabschreibungen in der Betriebsbuchhaltung auf einem separaten neutralen Erfolgskonto namens **Abschreibungswagniskonto**[2]

---

[2]   Ebisch/Gottschalk/*Hoffjan*/*Müller* Rn. 3.
[3]   *Birgel,* Öffentliches Auftragswesen und Preisrecht, 1994, 235.
[4]   Ebisch/Gottschalk/*Hoffjan*/*Müller* Rn. 4.
[1]   Hier vom ex ante „Schätzen" der Nutzungsdauer (vgl. auch Nr. 39) zu sprechen, ist streng genommen verfehlt. Richtig ist vielmehr die Verwendung des Wortes „Prognostizieren". Prognosen sollten mithin nicht mit Schätzungen verwechselt werden, da Schätzungen Aussagen über Ereignisse oder Zustände darstellen, „die bereits in der Vergangenheit eingetreten sind, sich aber dennoch aus technischen oder wirtschaftlichen Gründen einer unmittelbaren Beobachtung oder Messung entziehen" (*Mandl/Jung* in Ballwieser/Coenenberg/von Wysocki, Handwörterbuch der Rechnungslegung und Prüfung, 3. Aufl. 2002, Sp. 1698 (1699)). Die Nutzung des Gutes hat bei der Festlegung der Nutzungsdauer aber gerade erst begonnen und ihr Verlauf ist ex ante zumindest teilweise mit Unwägbarkeiten behaftet.
[2]   Ebisch/Gottschalk/*Hoffjan*/*Müller* Rn. 15 ff.

verbuchen – ein Vorgehen, das in der Praxis jedoch leider nur selten angewendet wird. Falls eine zu hohe kalkulatorische AfA festgestellt wurde, wird mittels entsprechendem Buchungssatz das Anlagegut im Soll erhöht und der Gegenwert auf dem Abschreibungswagniskonto im Haben als Gewinn verbucht. Wenn eine zu geringe AfA aufgedeckt wurde, so wird der entsprechende Betrag auf dem Abschreibungswagniskonto im Soll als Verlust und der entsprechende Gegenwert auf dem Konto des Anlageguts im Haben als Buchwertminderung erfasst. Bleibt per Saldo ein Abschreibungswagnisverlust über längere Zeit bestehen, so ist dieser in der LSP-Kalkulation neben den Abschreibungen als zusätzliche Wagniskosten anzusetzen. Bleibt per Saldo ein Abschreibungswagnisgewinn über längere Zeit stehen, führt dies aufgrund des Prinzips der Einmaligkeit der Verrechnung von Kosten zu langfristig verteilten Kostengutschriften.

Bei der Ermittlung der Abschreibungen ist kalkulatorisch – auch wenn die LSP dies nicht explizit erwähnen – ein eventueller **Restwert** (Liquidationserlös bei Ende der Nutzung bzw. Schrottwert) zu berücksichtigen, sofern er wesentliche Höhen erreicht.[3] Dieser ist von den AHK im Wege einer Bereinigung der Bemessungsgrundlage abzuziehen, damit die verrechneten Abschreibungsbeträge nicht über den ökonomisch angemessenen liegen und die Vergleichbarkeit und Stetigkeit der einzelnen Periodenergebnisse nicht beeinträchtigt wird. Die zeitbezogene, lineare Abschreibung ist in aller Regel eine Position aus dem Bereich der *Gemeinkosten*. 4

Alternativ kann die kalkulatorische Abschreibung gem. Nr. 37 aber auch als **leistungsbezogene Abschreibung** und damit **variabel** erfolgen. Die Abschreibungen richten sich dann jeweils nach den mithilfe des Anlagegutes hergestellten Stückzahlen, Tonnen, Litern, den durchlaufenen Maschinenstunden, den gefahrenen Kilometern eines Kraftwagens pro Zeitabschnitt usw, wobei die Anschaffungs- und Herstellungskosten des Betriebsmittels durch die prognostizierte, mit dem Betriebsmittel erreichbare Gesamtmenge an Erzeugnissen/Tonnen/Litern/Laufstunden/Fahrkilometern usw geteilt werden. Der Abschreibungsbetrag der jeweiligen Rechnungsperiode errechnet sich dann als Produkt aus dem vorgenannten Abschreibungsbetrag pro Leistungseinheit und der in der Periode jeweils angefallenen Menge an Leistungseinheiten. Folgendes sei in diesem Zusammenhang jedoch zu bedenken gegeben: Die Entscheidung für die leistungsbezogene, variable Abschreibungsmethode, die auf den ersten Blick häufig als die exaktere und verursachungsgerechte Verrechnungsmethode erscheinen mag, führt nicht per se zu sinnvollen Ergebnissen. Wird ein neu angeschafftes und aktiviertes Betriebsmittel zunächst über einen längeren Zeitraum, zB mehrere Jahre, gar nicht genutzt, erfolgt in diesem Modell auch keine Abschreibung. Wenngleich Wertminderung und Intensität der Nutzung gemeinhin zusammenhängende Größen sind, kann die Wertminderung nach mehreren Jahren der Nichtnutzung dennoch erheblich sein. Die Leistungsabschreibungsmethode erscheint in diesen Fällen daher nicht sachgerecht. 5

Darüber hinaus ist darauf hinzuweisen, dass die in der Betriebswirtschaftslehre ebenfalls schon seit langer Zeit diskutierten bzw. zum Teil empfohlenen Abschreibungsmethoden der **progressiven Abschreibung** sowie **degressiven Abschreibung** aus preisrechtlicher Sicht **nicht zulässig** sind: 6
– Die **progressive Abschreibung** als eine mögliche Form der planmäßigen AfA führt zu steigenden Abschreibungsbeträgen im Laufe der Nutzungsdauer. Sie ist in der Praxis jedoch kaum von Bedeutung. Infrage kommen hier lediglich Wirtschaftsgüter, die erst über längere Jahre hochgefahren werden (beispielsweise Kraftwerke). In anderen Fällen wären die Vermögenswerte in den ersten Nutzungsjahren im Vergleich zur linearen oder degressiven Abschreibung zu hoch bewertet. Die progressive Abschreibungsmethode ist somit ohnehin nur in besonderen Grenzfällen zweckmäßig, wenn augenscheinlich wird, dass eine starke Belastung sowie Abnutzung in späteren Perioden eintreten.
– Die **degressive Abschreibung** als weitere mögliche Form der planmäßigen AfA sieht – spiegelbildlich zur progressiven AfA – vor, dass die Abschreibungsbeträge ungleichmäßig über die Nutzungsdauer verteilt werden, indem sie zu Beginn höhere und in späteren Perioden niedrigere Wertverluste unterstellt. Hierfür wird zumeist ein Prozentsatz festgelegt, um den sich die Bemessungsgrundlage jährlich mindert. Dienen im ersten Jahr noch die Anschaffungskosten als Basiswert, wird ab dem zweiten Jahr hingegen der Prozentsatz auf den Restbuchwert der Vorperiode angewendet. Da sich die Bemessungsgrundlage sukzessive verringert, sinken im Zeitablauf auch die Abschreibungsbeträge. Diese Methode wurde für Betriebsmittel entwickelt, die in den ersten Jahren nach ihrer Anschaffung, beispielsweise infolge des schnellen technischen Fortschritts, bereits deutlich an Wert verlieren.

Nr. 38 Abschreibungsbetrag und Bewertungsgrundsatz

[1]Der Abschreibungsbetrag für Anlagegüter ist unabhängig von den Wertansätzen in der Handels- und Steuerbilanz zu verrechnen. [2]Er ergibt sich durch Teilung des Anschaffungs-

---

[3] *Birgel*, Öffentliches Auftragswesen und Preisrecht, 1994, 237.

preises oder der Herstellkosten durch die Gesamtnutzung. ³**Die mit der Errichtung und Ingangsetzung verbundenen Kosten rechnen zu den Anschaffungs- oder Herstellkosten.**

1   Wie bereits angemerkt sind die Kosten des Wertverlustes betrieblicher Anlagegüter preisrechtlich als **kalkulatorische Abschreibungen** zu verrechnen. Sie ergeben sich als Quotient aus den Anschaffungs- und Herstellkosten des Gutes und der Gesamtnutzung des Gutes. Wertmäßig müssen sie den **handels- oder steuerrechtlichen Ansätzen nicht unbedingt entsprechen.**

2   Die LSP folgten **bis ins Jahr 1989** dem Grundsatz der **Bruttosubstanzerhaltung.** Dieses Konzept fußt auf den Annahmen einer völligen Loslösung von der Finanzierungsseite, einer Bewertung sämtlicher Produktionsfaktoren zu Wiederbeschaffungspreisen und dem Verständnis, dass Unternehmensgewinne tatsächlich erst dann entstehen, wenn die Veräußerungserlöse am Markt die zu Tageswerten angesetzten Verbräuche übersteigen. Ausfluss dieses Grundsatzes war, dass laut Nr. 38 als Basis für die Abschreibungen sowohl die **Anschaffungs- und Herstellungskosten** als auch – unter gewissen Voraussetzungen – die **Wiederbeschaffungszeitwerte** der Betriebsmittel herangezogen werden konnten.[1] Der Wiederbeschaffungszeitwert stellt die Anschaffungskosten eines im Unternehmen vorhandenen Vermögensgegenstandes zum Zeitpunkt der Kalkulation dar. Hintergrund dieser Regelung ist nicht zuletzt die Prämisse, dass eine Substanzerhaltung des Betriebes nur dann realisierbar ist, wenn der Wert in die Kostenrechnung einkalkuliert wird, der nötig ist, um das Betriebsmittel zu einem späteren Zeitpunkt als Ersatzinvestition wiederzubeschaffen und weiter unternehmerisch zu agieren. Meistens wird der Wiederbeschaffungspreis aufgrund der Inflation **höher** liegen als die ursprünglichen Anschaffungs- und Herstellungskosten. Gerade in diesen Fällen kommt der Gedanke der Substanzerhaltung voll zum Tragen. Mit den Verkaufspreisen der betrieblichen Produkte werden die Abschreibungsgegenwerte verdient, wodurch eine Wiederbeschaffung des Anlagegutes ermöglicht wird. Teilweise kann der Wiederbeschaffungspreis aber auch **niedriger** als die historischen Anschaffungs- und Herstellungskosten sein. Die marktorientierte Unternehmung wird dann den gesunkenen Wert des Anlagevermögens in den Verkaufspreisen berücksichtigen und diese senken, wenn die wettbewerbliche Gemengelage in dem jeweiligen relevanten Markt dieses nahelegt.[2] Die vorgenannten Effekte beschreiben tendenziell die Entwicklung von Marktpreisen. Beim Fehlen einer wettbewerblichen Gemengelage in dem relevanten Markt und bei Vorliegen einer nicht-marktgängigen Leistung – erst hier gelangen die nach LSP gebildeten Selbstkostenpreise vor dem Hintergrund des Marktpreisvorrangs bekanntlich zur Anwendung – würde der Auftragnehmer nur im ersten Fall (höhere Wiederbeschaffungszeitwerte) aus eigenem Interesse eine Anpassung des Verkaufspreises vornehmen. Im zweiten Fall (niedrigere Wiederbeschaffungszeitwerte) müsste das Regime der LSP oder aber eine mögliche Preisprüfung disziplinierend auf die Höhe der einkalkulierten AfA einwirken, weil aufgrund der höheren erzielbaren Erlöse ein Anreiz zur unbilligen Fortschreibung des nunmehr eigentlich zu hohen Restbuchwertes existieren würde.

3   Mit Erlass der VO PR Nr. 1/89 vom 13.6.1989 (BGBl. 1989 I 1094) wurde jedoch die **Möglichkeit der Berechnung kalkulatorischer Abschreibungen über Wiederbeschaffungszeitwerte aufgehoben.** Der Abnutzung unterliegende Betriebsmittel sind seitdem **nur noch auf Basis ihrer Anschaffungs- und Herstellungskosten** zu bewerten. Ohne hier die Hintergründe und Erwägungen zu dieser Umstellung erschöpfend darstellen zu können, sei dennoch festgehalten, dass der Verordnungsgeber mit dieser Regelung sein Verständnis darüber zum Ausdruck bringen wollte, dass die Erhaltung der betrieblichen Substanz (die durchaus als legitimes und wichtiges Ansinnen betrachtet wird) nicht primär im Bereich der Bewertungsmethoden von einzelnen Wirtschaftsgütern des Auftragnehmers zweckmäßig umzusetzen ist, sondern dies vielmehr eine Frage der Gewinnverwendung seitens des Unternehmers ist, weshalb die Vertragsparteien bei der Gewinnvereinbarung stets auch entsprechende Ansätze für die Eigenkapitalsicherung im Blick haben mögen.[3] Die Gefahr einer Verrechnung unangemessen hoher Kosten wurde nicht zuletzt auch dadurch gesehen,
– dass ggf. Anlagevermögen einkalkuliert wird, das nur für einen bestimmten öffentlichen Auftrag angeschafft wurde (Sonderanlagen) und daher in der Zukunft gar nicht zu einem dann aktualisierten, höheren Wiederbeschaffungspreis ersetzt werden muss, und
– dass auch kreditfinanzierte Anlagegüter bei Verfolgung des Bruttosubstanzerhaltungsansatzes zu Wiederbeschaffungspreisen bewertet werden, obgleich der Kredit vom Auftragnehmer später nur zum Nominalwert zurückgezahlt werden muss.[4]

---

[1]   Vgl. zur Aufhebung dieser Möglichkeit *Birgel* BB 1989, 2007 ff.
[2]   Vgl. *Buchholz/Gerhards*, Internes Rechnungswesen, 3. Aufl. 2016, 70.
[3]   Ebisch/Gottschalk/*Hoffjan/Müller* Rn. 5; zum Zusammenhang zwischen Substanzerhaltung und kalkulatorischem Gewinn vgl. zudem *Dräger*, Der angemessene kalkulatorische Gewinn bei öffentlichen Aufträgen, 1964, 56 mwN; *Baudisch/Birgel* BB 1990, 594 (596 f.).
[4]   *Birgel* BB 1989, 2007 (2008).

Hinsichtlich der Bewertungsgrundsätze bei den Abschreibungen ist ferner anzumerken, dass die oben (→ Nr. 37 Rn. 2) bereits mehrfach erwähnten Anschaffungs- und Herstellungskosten der Betriebsmittel sowohl den Netto-Anschaffungspreis bzw. die Herstellkosten als auch alle sonstigen Aufwendungen einschließen, die zum Erwerb oder Erreichen eines betriebsbereiten Zustands notwendig sind (**Anschaffungsnebenkosten** sowie etwaige **nachträgliche Anschaffungskosten**).[5] Auch hier kann also letztlich vom „**Einstandspreis**" (vgl. Nr. 18, → Nr. 18 Rn. 1) gesprochen werden.

Hierunter ebenfalls zu subsumieren sind eventuelle **Bauzeitzinsen**. Bei Anlagen mit längerer Bauzeit werden aus Sicht des Unternehmens häufig Anzahlungen oder Vorauszahlungen an den Hersteller bzw. Dienstleister fällig. Auf hierfür eingesetzte Kreditmittel fallen bereits während der Bauzeit Sollzinsen an (Bauzeitzinsen). Dadurch, dass die Finanzierung bereits während der Bauphase von dem Unternehmen sichergestellt wird, verringert sich indessen die Kapitalbindung seitens des Herstellers bzw. Dienstleisters, wodurch im Normalfall eine Verringerung der Anschaffungskosten der Anlage erreicht werden kann. Analog zu der handels- und steuerrechtlichen Handhabung sollen die effektiven Bauzeitzinsen auch preisrechtlich als Teil der Anschaffungskosten akzeptiert werden.[6]

Nr. 39 Nutzung der Anlagen

(1) Für den Umfang der Gesamtnutzung ist die erfahrungsmäßige Lebensdauer der Anlagen oder ihre geschätzte Leistungsmenge unter Berücksichtigung der üblichen technischen Leistungsfähigkeit maßgebend.

(2) ¹Die Schätzung der Nutzung für die einzelnen Anlagegüter und die Schätzung der Nutzung für Gruppen gleichartiger Anlagegüter ist in regelmäßigen Zeitabständen zu prüfen. ²Daraus sich ergebende Mehr- oder Minderabschreibungen sind unter Berücksichtigung von Nr. 49 Abs. 3 und Nr. 50 als Abschreibungswagnis anzusetzen; Auftraggeber und Auftragnehmer können abweichendes vereinbaren.

(3) Ist die bisherige Nutzung nicht einwandfrei zu ermitteln, so kann der kalkulatorische Restwert der Anlage (Tagesneuwert der Anlage abzüglich der bisherigen Wertminderung) geschätzt und als Ausgangswert für die Berechnung der Abschreibung verwendet werden.

Nr. 39 befasst sich mit der **Nutzungs- bzw. Lebensdauer der betrieblichen Anlagen.** Das Wesentliche zu diesem Aspekt wurde bewusst bereits in der Kommentierung von Nr. 37 oben abgehandelt (→ Nr. 37 Rn. 2 f.).

Nr. 40 Berücksichtigung abweichender Kosten

[aufgehoben]

Nr. 40 zur Berücksichtigung abweichender Kosten diente der Regelung von Korrekturen der Wiederbeschaffungszeitwerte (vgl. auch die Ausführungen zu Nr. 38, → Nr. 38 Rn. 2 f.). Diese Vorschrift ist folgerichtig **mit der VO PR Nr. 1/89 vom 13.6.1989 (BGBl. 1989 I 1094) ebenfalls erloschen.**

Nr. 41 Sonderabschreibungen

¹Der Ansatz höherer Anlageabschreibungen als gemäß Nummer 38 bis 40 zum Ausgleich einer ursprünglich nicht voraussehbaren technischen Entwicklung oder Bedarfsverschiebung oder aus anderem Anlaß (Sonderabschreibungen) ist nur zulässig, wenn er mit dem Auftraggeber ausdrücklich vereinbart worden ist. ²Abschreibungssätze gemäß Satz 1 sind gesondert auszuweisen.

Abschreibungen dienen grundsätzlich dazu, die Anschaffungs- und Herstellungskosten von Betriebsmitteln auf die Gesamtdauer seiner Nutzung kostenmäßig zu verteilen. Durch **Sonderabschreibungen** nach Nr. 41 kann jedoch zumindest ein Teil des zu verteilenden Abschreibungsvolumens in einen kürzeren Abschreibungszeitraum vorverlagert werden.

---

[5] Michaelis/Rhösa/*Pauka*, Stand 2018, Abs. 2.1.2 6 und Abs. 2.2.1 9.
[6] So zurecht Ebisch/Gottschalk/*Hoffjan*/*Müller* Rn. 18.

2   Sonderabschreibungen sind nur dann preisrechtlich anzuerkennen, wenn diese **mit dem Auftraggeber vereinbart** worden sind. Der Grund für Sonderabschreibungen wird in der Regel eine durch außerordentliche Einflüsse bedingte Wertminderung sein. Aber auch **projektstrategische Gründe** können dafür sprechen („…aus anderem Anlaß…"), wenn etwa der öffentliche Auftraggeber über die Gewährung von Sonderabschreibungen das Risiko des Auftragnehmers begrenzen will, dass sich von ihm speziell für den Auftrag getätigte Investitionen in **anderweitig nicht verwendbare Sonderanlagen** sonst nicht über ausreichende Umsätze amortisieren würden.[1]

3   Bei Sonderabschreibungen darf – anders als bei den regulären kalkulatorischen Abschreibungen iSd Nr. 38–40 – ausnahmsweise **auch die degressive Abschreibung** angewendet werden, die oben unter Nr. 37 kurz beschrieben wurde (→ Nr. 37 Rn. 6).[2] Mit dem öffentlichen Auftraggeber ggf. verabredete Sonderabschreibungen sind – unter Angabe des sie betreffenden Wirtschaftsgutes – gem. dem letzten Satz von Nr. 41 in der LSP-Kalkulation **separat** auszuweisen.

Nr. 42 Anlagenachweis

(1) Für sämtliche Anlagen sind Übersichten zu führen, aus denen alle für die Abschreibungen notwendigen Angaben hervorgehen, insbesondere die Ausgangswerte, die geschätzte Gesamtnutzung, die bisherige Nutzung, der Abschreibungsbetrag je Zeit- oder Leistungseinheit und der kalkulatorische Restwert.

(2) Für jede Anlage ist ein Einzelnachweis notwendig, jedoch können gleichartige Anlagen mit gleichen Anschaffungswerten oder geringen Einzelwerten zusammengefaßt werden.

1   Nr. 42 behandelt die **Dokumentation und Pflege der Daten** zu den betrieblichen Anlagegütern im betrieblichen Rechnungswesen des Auftragnehmers. Der Nachweis über die genutzten Anlagen ist grundsätzlich **auf Ebene des einzelnen Betriebsmittels** zu führen, damit die Verrechnung der Abschreibungen iSd Nr. 37–41 anhand der kritischen Größen genau ausgewertet und überprüft werden kann (insbesondere Ausgangswerte, geplante Gesamtnutzung, bisherige Nutzung, Abschreibungsbetrag je Zeit- oder Leistungseinheit, werterhöhende oder lebensverlängernde Instandsetzung, kalkulatorischer Restwert). Betriebsmittel mit gleichen Anschaffungs- und Herstellungskosten oder geringwertige Wirtschaftsgüter dürfen jedoch gem. Abs. 2 auch in **konsolidierter Form** ausgewiesen werden.

b) Zinsen

Nr. 43 Bemessung

(1) [1]Für die Bereitstellung des betriebsnotwendigen Kapitals können kalkulatorische Zinsen angesetzt werden. [2]Sie sind in der Betriebsrechnung gesondert auszuweisen.

(2) Für kalkulatorische Zinsen setzt das Bundesministerium für Wirtschaft und Arbeit im Einvernehmen mit dem Bundesminister der Finanzen einen Höchstsatz fest.

(3) Die für Fremdkapital tatsächlich entstandenen Aufwendungen (Zinsen, Bankprovisionen und dgl.) bleiben bei der Preisermittlung außer Ansatz, soweit sie nicht als Kosten des Zahlungsverkehrs gemäß Nummer 34 berücksichtigt werden.

(4) Nebenerträge aus Teilen des betriebsnotwendigen Kapitals (z.B. Zinsen, Mieten, Pachten) sind als Gutschriften zu behandeln.

I. Normzweck und -zusammenhang

1   Beginnend mit Nr. 43 werden als weitere kalkulatorische Kostenart die **kalkulatorischen Zinsen** angesprochen. Sie stellen gewissermaßen das Entgelt für die Bereitstellung und Verwendung des betriebsnotwendigen Kapitals in dem öffentlichen Auftrag dar und „können" – müssen also nicht – angesetzt werden (Wahlrecht). Den kalkulatorischen Zinsen kommt ökonomisch gesehen **Opportunitätskostencharakter** zu. Opportunitätskosten sind Kosten, die dadurch entstehen, dass der Unternehmer sein Betriebsvermögen theoretisch auch einer alternativen renditeträchtigen Verwendung zuführen könnte, ihm der potenzielle Nutzen aufgrund der Entscheidung für den einen Auftrag und gegen den anderen Auftrag aber nun entgeht. Die kalkulatorischen Zinsen sind innerhalb der LSP-Kalkulation als **separate Kostenart** kenntlich zu machen.

---

[1] Ähnlich auch Ebisch/Gottschalk/*Hoffjan*/*Müller* Rn. 2.
[2] Ebisch/Gottschalk/*Hoffjan*/*Müller* Rn. 3 f.

II. Einzelerläuterungen

Preisrechtlich wird **von der Finanzierungsstruktur des Unternehmens abstrahiert** und so eine Gleichbehandlung aller Auftragnehmer unabhängig von ihrem individuellen Verschuldungsgrad angestrebt. Implizit wird also das Ziel verfolgt, dass sich unterschiedliche Finanzierungsstrukturen der Auftragnehmer nicht auf die Höhe des Selbstkostenpreises auswirken sollen.

Effektiv gezahlte Fremdkapitalzinsen sowie alle anderen tatsächlichen Aufwendungen für die Zurverfügungstellung von Krediten bleiben – solange sie nicht als Kosten des Zahlungsverkehrs gem. Nr. 34 angesetzt werden konnten – bei der Kalkulation nämlich **außen vor**. Vor diesem Hintergrund wird deutlich, dass im Kontext der Leitsätze für die Selbstkostenpreisermittlung nur die betriebliche Mittelverwendung von Interesse ist, nicht aber die finanzierungstechnische Mittelherkunft. Dadurch, dass die vorgenannten effektiven Fremdkapitalkosten keinesfalls einkalkuliert werden dürfen, sollte der Auftragnehmer von dem eingangs betonten **Wahlrecht** der Verrechnung kalkulatorischer Zinsen in aller Regel **Gebrauch machen,** um eine angemessene Kostendeckung zu erreichen.[1]

Zinsen (ganz gleich welcher Art) sind grundsätzlich **Gemeinkosten,** denn sie können den einzelnen Leistungseinheiten nicht direkt zugeordnet werden. Sie werden in aller Regel **zunächst global ermittelt** und dann über **Verteilungsschlüssel** auf die Kostenstellen und Kostenträger(gruppen) **umgelegt.** Die kalkulatorischen Zinsen müssen, wie für die LSP bzw. eine geordnete Kostenrechnung wesenstypisch, den Kostenträgern (Produkte, Aufträge, Sparten) möglichst verursachungsgerecht zugeschlüsselt werden. Es sollte **eine Zuordnung der einzelnen Teile des betriebsnotwendigen Vermögens auf die einzelnen Kostenträger** (Produkte, Aufträge, Sparten) auf Basis der produktionstechnisch bestehenden Zusammenhänge angestrebt werden.[2] Hierzu ist festzuhalten, dass meist das Sachanlagevermögen – und ggf. auch das Vorratsvermögen – den Kostenstellen relativ plausibel zuordenbar ist und die Kapitalbindung je Kostenstelle somit als verursachungsgerechte Schlüsselgröße geeignet erscheint. Gleichwohl sind dem hier beschriebenen Verrechnungsmodus auch gewisse Pauschalierungen immanent, da sich bei anderen Teilen des Umlaufvermögens wie zB den liquiden Mitteln kein ursächlicher Zusammenhang zu bestimmten Kostenstellen herstellen lässt.[3]

In Bezug auf die **Höhe des Zinssatzes** ist zu konstatieren, dass der Bundeswirtschaftsminister im Wege der VO PR Nr. 4/72 (BAnz. 1972, Nr. 78 vom 25.4.1972) für die Höhe des kalkulatorischen Zinssatzes eine preisrechtliche **Obergrenze von 6,5%** verordnet hat. Die Vertragspartner können also auch einen niedrigeren Zinssatz vereinbaren.

Die kalkulatorischen Zinsen sind ferner um etwaige **Nebenerlöse** aus der Nutzung des betriebsnotwendigen Vermögens **zu kürzen.** Wenn bestimmte Wirtschaftsgüter also nicht zum betriebsnotwendigen Vermögen gezählt werden, sie aber gleichwohl Nebenerträge generieren, so müssen diese Nebenerträge nicht von den kalkulatorischen Zinsen abgesetzt werden. Als **Gutschriften** zu behandelnde Nebenerlöse sind beispielsweise Miet- und Pachterträge, Habenzinsen auf Guthaben bei der Hausbank, Beteiligungserträge von Unternehmen, mit denen ein betrieblich begründbares Beteiligungsverhältnis besteht, Patent- und Lizenzeinnahmen usw.

Nr. 44 Ermittlung des betriebsnotwendigen Kapitals

(1) Das betriebsnotwendige Kapital besteht aus dem betriebsnotwendigen Vermögen, vermindert um die dem Unternehmen zinslos zur Verfügung gestellten Vorauszahlungen und Anzahlungen durch öffentliche Auftraggeber und solche Schuldbeträge, die dem Unternehmen im Rahmen des gewährten Zahlungszieles von Lieferanten zinsfrei zur Verfügung gestellt werden.

(2) [1]Das betriebsnotwendige Vermögen setzt sich aus den Teilen des Anlage- und Umlaufvermögens zusammen, die dem Betriebszweck dienen. [2]Unberücksichtigt bleibt der Wert der nicht betriebsnotwendigen Vermögensteile. [3]Zu diesen gehören insbesondere die stillgelegten Anlagen mit Ausnahme betriebsnotwendiger Reserveanlagen in Erzeugungs- und Handelsbetrieben, die landwirtschaftlich genutzten Grundstücke, die Wohnhäuser, soweit sie nicht für Betriebsangehörige notwendig sind, die nicht betriebsnotwendigen Beteiligungen, die Forderungen aus Kriegsschäden und die Kriegsfolgeschäden.

---

[1] So auch *Birgel*, Öffentliches Auftragswesen und Preisrecht, 1994, 246 f.
[2] Ebisch/Gottschalk/*Hoffjan*/Müller Rn. 6.
[3] So auch R. *Müller*, Preisgestaltung bei öffentlichen Aufträgen, 3. Aufl. 1993, 118.

I. Normzweck und -zusammenhang

1 In Nr. 44 wird näher auf das **betriebsnotwendige Kapital** als Bemessungsgrundlage der kalkulatorischen Zinsen eingegangen. Ganz allgemein formuliert setzt sich das betriebsnotwendige Kapital wie folgt zusammen:

	betriebsnotwendiges Anlagevermögen
+	betriebsnotwendiges Umlaufvermögen
=	betriebsnotwendiges Vermögen
./.	Abzugskapital
=	betriebsnotwendiges Kapital

II. Einzelerläuterungen

2 **1. Betriebsnotwendiges Vermögen.** Den dem Betriebszweck dienenden Anlagegütern sind die betriebsnotwendigen Teile des Umlaufvermögens hinzuzurechnen, woraus sich **zunächst das betriebsnotwendige Vermögen (BNV)** – gewissermaßen als Bruttogröße – ergibt. Die Begrifflichkeiten „dem Betriebszweck dienend" bzw. „betriebsnotwendig" sind relativ eng auszulegen und können auch mit „der betrieblichen Leistungserstellung dienend" übersetzt werden.

3 **Staatliche Investitionszulagen, Zuschüsse und Finanzierungsbeihilfen,** die aus **wirtschaftspolitischen Erwägungen** heraus gewährt werden, müssen bei den Anschaffungs- und Herstellungskosten des Anlagevermögens **nicht wertmindernd** in Abzug gebracht werden, da dies dem wirtschaftspolitischen Zweck dieser Zuwendungen widersprechen bzw. diese teilweise wieder aufheben würde. Zudem gilt, dass preisrechtliche Abschreibungen und Zinsen vom Grundsatz her auf Basis der vollen (fortgeführten) Anschaffungs- und Herstellungskosten bemessen werden und Aspekte der Finanzierung bzw. Mittelherkunft laut LSP kein Entscheidungskriterium darstellen.[1]

4 Auch besondere Posten der Aktivseite der Bilanz wie beispielsweise käuflich erworbene (derivative) **Geschäfts- oder Firmenwerte oder aktive Rechnungsabgrenzungsposten (ARAP)** zur richtigen Periodenabgrenzung (ARAP = Auszahlungen vor dem Stichtag, die Aufwand für eine bestimmte Zeit nach diesem Tag darstellen) können je nach Lage der Dinge im Einzelfall als betriebsnotwendige Vermögensgegenstände zu betrachten sein, wenn sie sachlich-wirtschaftlich und vernünftig begründbar sind.[2]

5 Auch **Anlagen im Bau** als Bilanzposition des Sachanlagevermögens bilanzierender Unternehmen, die noch im Fertigstellungsprozess befindliche Anlagen abbildet, können in aller Regel dem BNV zugerechnet werden.[3] Und zwar ist dies bei Anlagen im Bau der Fall, die in Gestalt von **Ersatzinvestitionen** bereits bestehende betriebsnotwendige Anlagegüter ersetzen sollen. **Erweiterungsinvestitionen** hingegen wären **auszusondern,** da sie noch nicht Bestandteil des aktuellen Betriebsgeschehens und daher nicht als Teil des gegenwärtigen betriebsnotwendigen Vermögens anzusehen sind.[4] Gleiches gilt uE für **geleistete Anzahlungen** an externe Zulieferer oder Dienstleister. Geleistete Anzahlungen haben Forderungscharakter. Wenngleich bei ihnen die beizustellenden Güter und Leistungen noch nicht im Leistungserstellungsprozess der Unternehmung eingesetzt werden können, sind sie gleichwohl zum BNV zu zählen, da durch sie Mittel im operativen Geschäft gebundenen werden.

6 In Bezug auf die Position der **liquiden Mittel** – also Geldmittel, die zur sofortigen Ausgabe bereitstehen, wie Bargeld in der Kasse, Bankguthaben und Schecks – ist anzumerken, dass sie nur insoweit zum betriebsnotwendigen Vermögen gehören, wie sie den tatsächlichen betriebsindividuellen Bedarf nicht übersteigen. Preisrechtlich spricht man hierbei häufig auch von der **kalkulatorischen Liquiditätsreserve.** Durch sie soll die jederzeitige Zahlungsbereitschaft, dh die jederzeit mögliche Abgeltung von laufenden auszahlungswirksamen Kosten durch das Unternehmen, sichergestellt werden. Aus betriebswirtschaftlicher Sicht lässt sich die konkrete Höhe des betriebsnotwendigen Liquiditätsbestands „letztlich nur firmenindividuell und näherungsweise festlegen".[5] Nichtsdestotrotz wird mitunter versucht, allgemein anwendbare Richtwerte zu formulieren. So soll beispielsweise die Vorhalteliquidität „für ein konservativ geführtes, vom Konjunkturzyklus abhängiges Unternehmen … erfahrungsgemäß etwa 20% des Jahresumsatzes entsprechen".[6] Ähnliches

---

[1] Ebisch/Gottschalk/*Hoffjan*/*Müller* LSP Nr. 4 Rn. 11.
[2] Vgl. hierzu Ebisch/Gottschalk/*Hoffjan*/*Müller* Rn. 3 ff. und 22 f.
[3] Ebisch/Gottschalk/*Hoffjan*/*Müller*, Rn. 57.
[4] Vgl. *Brod/Steenbock,* Preiskalkulation bei Wasser und Abwasser, 1980, 207 f.
[5] So *Boettger*, Cash Management internationaler Konzerne, 1995, 53.
[6] So *Reisch* in Lutter/Scheffler/Schneider, Handbuch der Konzernfinanzierung, 1998, 137–170, hier Rn. 6.14.

gilt inzwischen aus Sicht der preisrechtlichen Praxis, wo es sich als Faustregel für das öffentliche Auftrags- und Preisprüfungswesen durchgesetzt hat, als kalkulatorische Liquiditätsreserve **regelmäßig** nur liquide **Mittel in Höhe von 1/12 (= 8,33%) des Jahresumsatzes** bzw. eines durchschnittlichen Monatsumsatzes als betriebsnotwendig anzuerkennen – ein Ansatz, dem sich im Übrigen auch die Bundesnetzagentur für die Netzentgeltkalkulation angeschlossen hat.[7] Je nach Lage der Dinge im Einzelfall sollten indes **auch 2/12 (= 16,67%) des Jahresumsatzes** bzw. zwei durchschnittliche Monatsumsatze – oder sogar mehr – anerkannt werden.[8] Eine **betriebliche Liquiditätsvorschau** aus dem Berichtswesen des Unternehmens kann hier ggf. nützlich sein. Gleichwohl griffe es zu kurz, die erwarteten oder regelmäßig fälligen Auszahlungen allein für die Beurteilung heranzuziehen; die kalkulatorische Liquiditätsreserve soll nämlich nicht zuletzt auch mögliche **unerwartete und überraschende** zu Mittelabflüssen führende Entwicklungen abgelten können.[9] Vorgenannte, quotal ausgedrückte Richtwerte haben – auch wenn sie für den einen oder anderen stark vereinfachend anmuten mögen – aber ohne Frage den Vorteil, dass sie mit Recht unterstellen, die betriebsnotwendige absolute Höhe der Kassenmittel wachse mit der Größe der Unternehmen an.[10]

Als nicht betriebsnotwendige und somit im betriebsnotwendigen Vermögen außen vor zu lassende – oder vom Gesamtvermögen als „Abzugsvermögen" abzusetzende – Positionen können beispielsweise unbebaute und ungenutzte Grundstücke, stillgelegte/nicht mehr benötigte Anlagen, Ladenhüter, unbrauchbare Vorräte, beigestellte Stoffe, nicht betriebsnotwendige Unternehmensbeteiligungen und über den Betriebszweck hinausgehende, langfristig geplante Geldanlagen wie Festgeldkonten oder Wertpapiere anzusehen sein.[11] Bloß gemietete oder gepachtete Anlagen sind ebenfalls nicht ansetzbar, da sie dem Auftragnehmer nicht gehören und ihre Kosten bereits in anderem Zusammenhang (vgl. Nr. 34) verrechnet werden.

2. Abzugskapital. Vom betriebsnotwendigen Vermögen ist sodann noch das **Abzugskapital** abzusetzen, um letztlich das betriebsnotwendige Kapital zu erhalten. Unter dem Abzugskapital sind die Fremdkapitalbestandteile aufzufassen, die dem Unternehmen **unverzinslich** zur Verfügung gestellt werden. Es besteht gem. Nr. 44 Abs. 1 aus dem Unternehmen zinslos zur Verfügung gestellten Vorauszahlungen und Anzahlungen durch öffentliche Auftraggeber und solche Schuldbeträge, die dem Unternehmen im Rahmen des gewährten Zahlungszieles von Lieferanten zinsfrei zur Verfügung gestellt werden. Zu Letzterem rechnen auch zinsfreie Darlehen, Verbindlichkeiten aus Lieferungen und Leistungen, unverzinsliche/kurzfristige Rückstellungen oder passive Rechnungsabgrenzungsposten (Einnahmen vor dem Abschlussstichtag, die Ertrag für eine bestimmte Zeit danach darstellen).

In dem in früheren Zeiten gültigen **LSÖ-Regime** mussten **alle zinsfreien Vorauszahlungen, Abschlagszahlungen und Anzahlungen von Kunden** im Abzugskapital berücksichtigt werden. Seit Umstellung auf die **LSP** gilt dies **nur noch für zinslos zur Verfügung gestellte Vorauszahlungen und Anzahlungen durch öffentliche Auftraggeber.** Dennoch weisen aus ökonomischer Sicht alle von Abnehmern geleisteten zinslosen An-/Voraus-/Abschlagszahlungen Verbindlichkeitscharakter auf. Zum Zeitpunkt dieser Zahlungen hat der Auftragnehmer seine Leistungen noch nicht (vollständig) erbracht und somit seine vertraglichen Pflichten noch nicht abschließend erfüllt. Im Normalfall würden sie erst getätigt, nachdem die Leistung erstellt und vom Kunden abgenommen wurde. Die erhaltenen zinslosen An-/Voraus-/Abschlagszahlungen dürfen daher nicht streng genommen nicht so verstanden werden, dass sie eine geleistete Arbeit abgelten. Sie sind ökonomisch vielmehr als **unverzinsliches Kapital** zu verstehen, das der Auftragnehmer im Voraus erhält und mit dem er in der Zwischenzeit weiterarbeiten kann. Die Alternative wäre eine Aufnahme eines klassischen Kredites, für den dann jedoch Sollzinsen anfallen würden. Da sich die ökonomische Wirkung von Vorauszahlungen unabhängig davon einstellt, ob der Abnehmer öffentlich-rechtlich oder privatwirtschaftlich organisiert ist, erscheint **das damals im Rahmen der LSÖ verordnete Vorgehen,** die zinsfreien An-/Voraus-/Abschlagszahlungen aller Kunden zum Abzugskapital zu zählen, eigentlich **sachgerechter. Womöglich** wird dies auch vom Verordnungsgeber künftig wieder so erkannt werden, was dann in einer **Änderung von Nr. 44 Abs. 1** münden könnte bzw. müsste.

---

[7] S. *Pellens/Crasselt/Schmidt* Zeitschrift für Controlling 2007, Heft 12, 663 (664).
[8] So auch die Einschätzung von Ebisch/Gottschalk/*Hoffjan/Müller* Rn. 10.
[9] Vgl. *Reisch* in Lutter/Scheffler/Schneider, Handbuch der Konzernfinanzierung, 1998, 137–170, Rn. 6.13; *Boettger*, Cash Management internationaler Konzerne, 1995, 10; ferner auch schon *Chmielewicz*, Betriebliche Finanzwirtschaft, Bd. I, Finanzierungsrechnung, 1976, 50 f.
[10] S. zu dieser Feststellung bereits *Chmielewicz*, Betriebliche Finanzwirtschaft, Bd. I, Finanzierungsrechnung, 1976, 51.
[11] *Birgel*, Öffentliches Auftragswesen und Preisrecht, 1994, 248.

Nr. 45 Wertansatz des betriebsnotwendigen Vermögens

(1) Das Anlagevermögen ist mit dem kalkulatorischen Restwert nach Maßgabe der Vorschriften für die Abschreibungen zu Anschaffungs- oder Herstellkosten anzusetzen (vgl. Nummer 37 ff.).

(2) Die Gegenstände des Umlaufvermögens sind auf der Grundlage von Anschaffungspreisen oder Herstellkosten zu bewerten.

(3) In den Beständen enthaltene unbrauchbare oder entwertete Stoffe oder ebensolche halbfertige oder fertige Erzeugnisse sind abzusetzen oder mit angemessenen Restwerten zu berücksichtigen.

(4) Wertpapiere und Forderungen in fremder Währung sind mit den Kursen zu bewerten, die an den für die Berechnung des betriebsnotwendigen Vermögens maßgebenden Stichtagen gelten.

(5) Die übrigen Teile des Umlaufvermögens sind mit den Werten anzusetzen, die ihnen an den für die Berechnung maßgebenden Stichtagen beizumessen sind.

(6) Bei der Ermittlung des betriebsnotwendigen Kapitals sind, soweit nicht Bestimmungen der Absätze 1 bis 6 entgegenstehen, die Wertberichtigungsposten der Kapitalseite von den Buchwerten der Vermögensseite der Bilanz abzusetzen.

1 In Nr. 45 wird die Erfassung des betriebsnotwendigen Vermögens **der Höhe nach** geregelt. Die Gegenstände des abnutzbaren Anlagevermögens sind laut Abs. 1 zu ihren **fortgeführten kalkulatorischen Restbuchwerten nach Abzug der bisher erfolgten Abschreibungen** iSd Nr. 37 ff. anzusetzen. Das nicht abnutzbare Anlagevermögen, dies sind insbesondere Grund und Boden, Finanzanlagen sowie einige wenige immaterielle Vermögensgegenstände, ist zu seinem Anschaffungs- und Herstellungskosten zu bewerten. Gleiches gilt für die Beteiligungen am Stammkapital anderer Unternehmen.

2 Die **im Umlaufvermögen bilanzierten „Gegenstände"** ((un-)fertige Erzeugnisse und andere gegenständliche Vorräte) müssen laut Abs. 2 zu Anschaffungs- und Herstellungskosten im betriebsnotwendigen Vermögen angesetzt werden. Ein **geringerer Wertansatz** ist laut Abs. 3 bei unbrauchbaren oder entwerteten Stoffen bzw. unbrauchbaren oder entwerteten (un-)fertigen Erzeugnisse angezeigt.

3 Abs. 4 verordnet, dass **in Fremdwährung gehaltene Wertpapiere des Umlaufvermögens und Forderungen** mittels des zum Stichtag der Berechnung des betriebsnotwendigen Vermögens geltenden Wechselkurses in Euro umzurechnen sind. Hierin liegt somit eine Abweichung von dem ansonsten weitestgehend angewendeten Prinzip der Bewertung zu Anschaffungs- und Herstellungskosten vor.

4 Abs. 5 gibt vor, dass die sonstigen Bestandteile des Umlaufvermögens mit ihrem **beizumessenden Wert** angesetzt werden müssen. Hierfür kommen grundsätzlich die **Bilanzbuchwerte** infrage. Auch dies führt zu einer Abweichung von dem ansonsten weitestgehend angewendeten Prinzip der Bewertung zu Anschaffungs- und Herstellungskosten.

5 Gemäß Abs. 6 wird verlangt, dass bei der Ermittlung des betriebsnotwendigen Kapitals etwaige **Wertberichtigungsposten der Passivseite** der Bilanz mit den Buchwerten der Aktivseite verrechnet werden. Auch scheint eine Ansetzung dieser Positionen im Abzugskapital, was ebenfalls zu einer Verminderung der Höhe der verrechenbaren kalkulatorischen Zinsen führt, denkbar.[1]

Nr. 46 Mengenansatz des betriebsnotwendigen Vermögens

Das betriebsnotwendige Vermögen und das Abzugskapital sind mit den im Abrechnungszeitabschnitt durchschnittlich gebundenen Mengen anzusetzen.

1 In Nr. 46 wird in relativ knapper Art und Weise konkretisierend auf die ordnungsmäßigen **Mengenansätze des betriebsnotwendigen Kapitals** eingegangen. Der Auftragnehmer muss der Ermittlung des betriebsnotwendigen Kapitals die im Abrechnungszeitraum **durchschnittlich gebundenen Mengen** zugrunde legen. Wertmäßig sind die kalkulatorischen Restbuchwerte der Wirtschaftsgüter maßgeblich. Der Wert **zu Beginn** eines Abrechnungszeitraums zuzüglich des Werts

---

[1] *Hinz/Hoffjan/Mengis* DB 2020, 1185 (1188).

I. Normzweck und -zusammenhang

zum Ende eines Abrechnungszeitraums ist **durch zwei** zu teilen, sodass der Kostenrechner die durchschnittlich gebundenen Werte bezogen auf die Restbuchwerte erhält.[1]

Das Schrifttum ist der Ansicht, dass für den Bereich des **Anlagevermögens** wegen der **meist relativ überschaubaren Schwankungen** ein Durchschnitt aus den Mengen zu Jahresbeginn und Jahresabschluss (nur zwei Stichtage) oder ggf. eine quartalsweise Betrachtung (vier Stichtage) angemessen sei. Beim **Umlaufvermögen** seien infolge der hier meist deutlicher ausgeprägten **unterjährigen Volatilitäten** mehr regelmäßige Stichtage (bis zu zwölf Stichtage, also ein Durchschnittswert aus den Monatsabschlüssen) zweckmäßig.[2] Dieser Einschätzung ist grundsätzlich zuzustimmen. Gleichwohl sollte **bei Aufträgen von eher kurzer Dauer der Leistungserstellung** nach Möglichkeit auch beim Anlagevermögen der höheren Genauigkeit wegen mit **unterjährigen Stichtagen** operiert werden. Wenn sich beispielsweise die Ausführung eines Auftrags nur über einen oder einige wenige Monate erstreckt, sollten entsprechend das Monatsende vor Beginn der Leistungserstellung sowie das Monatsende nach Beendigung als Stichtage gewählt und die Summe durch zwei dividiert werden, um **nur das relevante Zeitfenster** – dieses dann aber vollumfänglich – abzubilden.

Der Mehraufwand für die Mitarbeiter dürfte hierbei vernachlässigbar sein. Die **Abschreibungen** auf Sachanlagen werden nämlich **in der Unternehmenspraxis** ohnehin sehr oft **monatlich**[3] mit je einem Zwölftel der Jahresabschreibung verbucht. So wird es dem betrieblichen Rechnungswesen erst möglich, tatsächlich vergleichbare und aussagekräftige Monatsergebnisse vorzulegen.

c) Einzelwagnisse

Nr. 47 Abgrenzung

(1) Wagnis (Risiko) ist die Verlustgefahr, die sich aus der Natur des Unternehmens und seiner betrieblichen Tätigkeit ergibt.

(2) Wagnisse, die das Unternehmen als Ganzes gefährden, die in seiner Eigenart, in den besonderen Bedingungen des Wirtschaftszweiges oder in wirtschaftlicher Tätigkeit schlechthin begründet sind, bilden das allgemeine Unternehmerwagnis.

(3) Einzelwagnisse sind die mit der Leistungserstellung in den einzelnen Tätigkeitsgebieten des Betriebes verbundenen Verlustgefahren.

I. Normzweck und -zusammenhang

Mit Nr. 47 beginnen die Leitsätze, die sich mit den **Einzelwagniskosten** befassen. Sie reichen bis Nr. 50. Zunächst wird in Nr. 47 das preisrechtliche Begriffsverständnis des Wagnisses näher erläutert. Als Wagnis ist preisrechtlich **das Risiko von aperiodisch auftretenden Verlusten (korrekter: „Aufwendungen")** zu verstehen, die sich aus der Natur des Unternehmens und seiner betrieblichen Tätigkeit ergeben.

Wagnisse, die **den Betrieb in Gänze** zu treffen in der Lage sind, die in den Eigenarten des Betriebes oder in branchentypischen Eigenarten zu verorten sind oder in seiner wirtschaftlichen Tätigkeit als solcher (Konjunkturschwankungen, Inflation, Nachfrageverschiebungen etc) begründet liegen, sind als **allgemeines Unternehmerwagnis** zu verstehen. Hierunter werden also „jene Wagnisse zusammengefaßt, die aus unternehmerischer Tätigkeit entstehen, rechnerisch aber nicht erfaßbar sind".[1] Das allgemeine Unternehmerwagnis wird im **kalkulatorischen Gewinn** (vgl. Nr. 51, 52) abgegolten.

Kalkulatorische Einzelwagnisse sind Verlustgefahren, die in den **einzelnen Tätigkeiten der Unternehmensteilbereiche** aperiodisch und mehr oder minder unangekündigt augenscheinlich werden. Kalkulatorische Einzelwagnisse lassen sich unter gewissen Umständen und bei Pflege von geeigneten internen Statistiken durchaus **rechnerisch erfassen.** Sie dürfen grundsätzlich als **Kosten** angesetzt werden, da mit ihnen ein **außerplanmäßiger Werteverzehr** einhergeht und sie mit der Leistungserstellung unmittelbar zusammenhängen. Der kostenrechnerische Ansatz von kalkulatorischen Einzelwagnissen entspricht ökonomisch einer **Selbstversicherung des Unternehmers,** wobei sich im Zeitablauf die in Rechnung gestellten kalkulatorischen Wagniskosten und die tatsächlich eingetretenen Verluste **ausgleichen** (sollten).

---

[1] *Birgel,* Öffentliches Auftragswesen und Preisrecht, 1994, 253.
[2] Ebisch/Gottschalk/*Hoffjan*/*Müller* Rn. 1 f.
[3] Vgl. hierzu auch schon *Wallmeyer,* Maschinenbuchhaltung, 1957, 147.
[1] *Dräger,* Der angemessene kalkulatorische Gewinn bei öffentlichen Aufträgen, 1964, 116.

II. Einzelerläuterungen

4   Kalkulatorische Einzelwagnisse können **nur bei Vorkalkulationen/Selbstkostenfestpreisen** angesetzt werden, da mit Nachkalkulationen/Selbstkostenerstattungspreisen nur die tatsächlich angefallenen Kosten ex post abgegolten werden.[2] Mit der Verrechnung von pro-aktiv ermittelten, zeitlich und der Höhe nach teilweise unsicheren Risiken, die zudem mehr oder weniger unerwartet und zufällig auftreten (Wagnisse), ist ein solcher Ansatz nicht vereinbar.

5   Folgende Ereignisse sind grundsätzlich geeignet, eine Verrechnung von kalkulatorischen Einzelwagnissen auszulösen:

- **Beständewagnis:** Verluste der Lagerhaltung von (un-)fertigen Erzeugnissen und Materialien aus Diebstahl und Unterschlagung, Veralten, Verderb, Qualitätsminderung, Preisverfall und Inventurdifferenzen. Bezüglich des Beständewagnisses kann als besonderer praktischer Beispielfall auch die Frage nach dem Umgang mit Überbeständen an bereitzuhaltenden Ersatzteilen im Lager des Auftragnehmers angeführt werden, der sich zuvor vertraglich verpflichtet hat, besondere Ersatzteile (zB für die Bundeswehr) über einen überdurchschnittlich langen Zeitraum wie zB 20 Jahre vorzuhalten und bei Bedarf auszuliefern.[3] Die Unternehmen führen hierbei meist gleich zu Beginn eine relativ große Bevorratung durch, um nicht Gefahr zu laufen, nachträglich teure Sonderanfertigungen der Ersatzteile in Auftrag geben zu müssen oder passende Komponenten womöglich gar nicht mehr beziehen zu können. Dieses Vorgehen ist bei sehr speziellen Ersatzteilen mit ungewisser langfristiger Verfügbarkeit vertretbar. Der öffentliche Auftraggeber steht aber nicht zwingend in der Pflicht, alle bevorrateten Teile auch tatsächlich abzunehmen. Werden die Ersatzteile vom Auftraggeber zu wesentlichen Teilen nicht abgerufen, sodass der Liquiditätskreislauf beim Auftragnehmer infolge des Ausbleibens der geplanten Verkaufserlöse gestört wird, kommt ggf. eine Verrechnung der der nicht gebrauchten Vorratsanteile als kalkulatorische Wagniskosten infrage. Wenn der öffentliche Auftraggeber zu einem späteren Zeitpunkt doch auf die Bestände zugreifen will, muss allerdings dafür Sorge getragen werden, dass die im Vorfeld bereits verrechneten Wagniskosten bei den Verkaufspreisen in Abzug gebracht werden, um eine Doppelverrechnung von Kosten zu verhindern. Da die großvolumige Bevorratung hier wie angemerkt durchaus sachgerecht und „wirtschaftlich" ist, sind die Vorräte auch als Teil des betriebsnotwendigen und somit kalkulatorisch zu verzinsenden Vermögens anzusehen.
- **Fertigungswagnis:** aus der Produktion resultierende Verlustrisiken aufgrund von Material-, Arbeits- und Konstruktionsfehlern, die sich in Bruch, Ausschuss, Minderqualität und Nachbesserung widerspiegeln.
- **Gewährleistungswagnis:** Risiko des Unternehmens, eine Lieferung oder durchgeführte Dienstleistung mit Mängeln auf eigene Kosten nachbessern, reparieren oder ersetzen zu müssen.
- **Anlagenwagnis:** Gefahr, dass Teile des Anlagevermögens aus unerwarteten technischen oder wirtschaftlichen Gründen vorzeitig veralten oder aus sonstigen Gründen wie etwa Brand, Explosion, Überschwemmung oder Maschinenbruch ausfallen.
- **Entwicklungswagnis:** Risiko, dass objektbezogene freie Forschungs- und Entwicklungsvorhaben fehlschlagen und sich letztlich nicht in marktreifen Produkten und somit Erträgen widerspiegeln.
- **Vertriebswagnis:** Transportschäden bei Versand der Güter, Gefahr von Währungsverlusten bei oder Ausfällen von Forderungen; der Ansatz eines Vertriebswagnisses wird bei öffentlichen Aufträgen aber nur in den seltensten Fällen angemessen sein, da hier „das Risiko eines Forderungsausfalls im Prinzip gleich null"[4] ist.
- **Abschreibungswagnis** (s. Nr. 37, 39, → Nr. 37. Rn. 3 und → Nr. 39 Rn. 1) sowie
- eventuell vorhandene sonstige **spezielle Wagnisse** des Einzelfalls oder einzelnen Betriebs.

Nr. 48 Verrechnung

(1) Das allgemeine Unternehmerwagnis wird im kalkulatorischen Gewinn abgegolten.

(2) [1]**Für die Einzelwagnisse können kalkulatorische Wagniskosten (Wagnisprämien) in die Kostenrechnung eingesetzt werden.** [2]**Betriebsfremde Wagnisse sind außer Betracht zu lassen.** [3]**Soweit Wagnisse durch Versicherungen gedeckt oder eingetretene Wagnisverluste in anderen Kostenarten abgegolten sind, ist der Ansatz von Wagniskosten nicht zulässig.**

---

[2] Ebisch/Gottschalk/*Hoffjan*/*Müller* Rn. 2.
[3] Vgl. hierzu und im Folgenden *R. Müller*, Preisgestaltung bei öffentlichen Aufträgen, 3. Aufl. 1993, 123 f.
[4] *Birgel*, Öffentliches Auftragswesen und Preisrecht, 1994, 23 bzw. 258 f.; ähnlich auch *R. Müller*, Preisgestaltung bei öffentlichen Aufträgen, 3. Aufl. 1993, 125.

Nr. 48 soll **konkretisierende Anhaltspunkte zur Verrechnungstechnik** der in Nr. 47 definierten kalkulatorischen Wagniskosten liefern: Wagnisse, die den Betrieb in Gänze zu treffen in der Lage sind, die in den Eigenarten des Betriebes oder in branchentypischen Eigenarten zu verorten sind oder in seiner wirtschaftlichen Tätigkeit als solcher (Konjunkturschwankungen, Inflation, Nachfrageverschiebungen etc) begründet liegen, sind als allgemeines Unternehmerwagnis zu verstehen. Das allgemeine Unternehmerwagnis wird im kalkulatorischen Gewinn (vgl. Nr. 51, 52) abgegolten. Für die Einzelwagnisse **können** – nicht müssen – kalkulatorische Wagniskosten in der Kostenrechnung angesetzt werden. Ziel ist es hierbei, die unregelmäßig auftretenden, zu ungeplantem Mehraufwand führenden Vorfälle gleichmäßig bzw. normalisiert auf die betroffenen Leistungen zu verrechnen.

Betriebsfremde, nicht mit der betrieblichen Leistungserstellung zusammenhängende Wagnisse dürfen **nicht** angesetzt werden. Hierbei kann es sich beispielsweise um Verlustgefahren aus spekulativen Geldanlagen oder aus der Inanspruchnahme von erteilten Bürgschaften handeln. Ferner gilt, dass **keine kalkulatorischen Einzelwagnisse** einkalkuliert werden dürfen, wenn ihre Risiken bereits seitens des Unternehmens **mittels Abschluss von Versicherungsverträgen abgefedert** worden sind. Der Charakter von kalkulatorischen Wagniskosten als Selbstversicherung des Unternehmers gegen Gefahren in einzelnen Unternehmensbereichen geht hierdurch verloren. Außerdem käme es zu einer Doppelverrechnung von Kosten, da die zu zahlenden Versicherungsprämien bereits anderweitig, zB als Transportversicherungskosten (vgl. Nr. 36) im Rahmen der Sondereinzelkosten des Vertriebs, zum Ansatz kommen. Das Verbuchen eines kalkulatorischen Vertriebswagnisses infolge möglicher Transportschäden wäre in diesem Beispiel folglich unzulässig.

Nr. 49 Ermittlung der kalkulatorischen Wagniskosten

(1) ¹Die kalkulatorischen Wagniskosten sind auf der Grundlage der tatsächlich entstandenen Verluste aus Wagnissen zu ermitteln. ²Soweit Verlusten aus Wagnissen entsprechende Gewinne gegenüberstehen, sind diese aufzurechnen. ³Der tatsächlichen Gefahrenlage im laufenden Abrechnungszeitabschnitt ist Rechnung zu tragen. ⁴Fehlen zuverlässige Unterlagen, so sind die kalkulatorischen Wagniskosten sorgfältig zu schätzen.

(2) ¹Für die Bemessung der Wagniskosten soll ein hinreichend langer, möglichst mehrjähriger Zeitabschnitt zugrunde gelegt werden. ²Dabei ist stets ein Ausgleich zwischen den kalkulatorischen Wagniskosten und den tatsächlichen Verlusten aus Wagnissen anzustreben.

(3) Die Wagniskosten sind nach Wagnisarten und Kostenträgergruppen getrennt zu ermitteln und auszugleichen.

(4) ¹Klein- und Mittelbetriebe können in einer der Wirtschaftlichkeit der Rechnungsführung entsprechenden Weise die Erfassung und Verrechnung der Wagniskosten vereinfachen. ²Dabei sollen Mittelbetriebe mindestens die Wagniskosten nach Kostenträgergruppen aufteilen.

Nr. 49 dient der Klarstellung der Datengrundlage, der Strukturierung sowie etwaiger Vereinfachungen in Bezug auf die **Ermittlung der Werte der kalkulatorischen Einzelwagniskosten.** Es wird in Abs. 1 zunächst ausgeführt, dass die bislang in den einzelnen Bereichen des Betriebes jeweils **tatsächlich aufgetretenen Verluste der Vorperioden** die Grundlage bzw. den Orientierungsmaßstab für die Ermittlung darstellen müssen. Die Erfassung der tatsächlichen Schadenseintrittsfälle sollte sich auf einen **möglichst mehrjährigen Betrachtungszeitraum der Vergangenheit** erstrecken. Die kalkulatorischen Einzelwagnisse können so als Wagniskostensätze in Prozent berechnet werden. Der Wagniskostensatz stellt sich als Quotient aus den durchschnittlichen Wagnisverlusten der vergangenen Jahre – die mit eventuellen spiegelbildlichen Wagnisgewinnen direkt zu saldieren sind – und einer hierzu möglichst verursachungsgerechten Bezugsgröße (ebenfalls als Durchschnittsbestand der vergangenen Perioden) dar. Die verrechenbaren Wagniskosten der aktuellen Rechnungsperiode entsprechen dann dem Produkt aus dem zuvor gebildeten Wagniskostensatz und dem Durchschnittsbestand der Bezugsgröße der aktuellen Rechnungsperiode. Die tatsächliche, ggf. anders gelagerte Gefahrenlage im laufenden Abrechnungszeitabschnitt muss indessen stets Berücksichtigung finden.

Wenn **keine verwertbaren Unterlagen** zur Dokumentation der in den einzelnen Bereichen des Betriebes jeweils tatsächlich aufgetretenen Verluste vorhanden sind, so sind ebenfalls gem. Abs. 1 die kalkulatorischen Einzelwagniskosten **sorgfältig,** dh möglichst fundiert und exakt, **zu schätzen.**

Diese Praktik kann sodann jedoch **nur temporär angewendet** werden. Infolge der Feststellung, dass bestimmte Wagnisse offenbar Relevanz für den in Rede stehenden Betrieb haben, muss möglichst schnell zu einer sauberen und nachvollziehbaren internen Dokumentation der weiteren tatsächlich aufgetretenen Schadensfälle übergegangen werden.[1]

3 **Langfristig** sollen sich gem. Abs. 2 die **verrechneten Wagniskosten** und die **tatsächlich eingetretenen Schäden ausgleichen**. Zeichnen sich strukturelle Abweichungen ab, weil sich im Zeitablauf wegen zu hoher (zu geringer) tatsächlicher Verluste nicht in Richtung eines Ausgleichs bewegt werden kann, so sind die einkalkulierten Wagniskostensätze nach oben (oder unten) zu **korrigieren**.[2]

4 Kalkulatorische Einzelwagniskosten sind gem. Abs. 3 nach Wagnisarten und Kostenträgergruppen getrennt zu ermitteln und auszugleichen. **Kleine und mittlere Unternehmen** dürfen jedoch nach Abs. 4 eine **vereinfachte Wagniskostenrechnung** betreiben, wenn Effizienzgründe dafür sprechen. Eine Untergliederung nach einzelnen Wagnisarten darf in diesem Sinne entfallen. Gleichwohl soll aber eine Aufteilung auf einzelne Kostenträgergruppen (Produktgruppen) erfolgen. Welcher Betrieb (noch) als kleines oder mittleres Unternehmen zu klassifizieren ist, ist jedoch in Ermangelung einer einheitlichen Definition der Unternehmensgrößenklassen **eine Frage des Einzelfalls**.[3]

Nr. 50 Nachweis

(1) Die eingetretenen Verluste oder Gewinne aus Wagniskosten sowie die verrechneten kalkulatorischen Wagniskosten sind unter Abstimmung mit der Buchführung laufend nachzuweisen.

(2) Auftraggeber und Auftragnehmer können durch Vereinbarung den Ansatz einzelner Wagniskosten von einem besonderen Nachweis gegenüber dem Auftraggeber abhängig machen.

1 Nr. 50 befasst sich mit der Art und Weise, wie **kalkulierte Einzelwagnisse** sowie **tatsächliche Schadensvorfälle laufend nachzuweisen** sind und ob ggf. hierzu ein gesonderter Informationsaustausch zwischen den Vertragspartnern stattfinden muss. Mittels interner Dokumentationen und betrieblicher Statistiken sind die verrechneten Einzelwagnisse und -gewinne sowie die tatsächlich eintretenden Wagnisgewinne und -verluste fortwährend nachzuweisen. Dies geschieht in der Praxis in aller Regel unter Zuhilfenahme von eigens in der Betriebsbuchhaltung eingerichteten **Wagniskonten**.[1]

2 Es besteht die Möglichkeit, mit dem öffentlichen Auftraggeber zu vereinbaren, dass der Ansatz bestimmter Einzelwagniskosten von einem **gesonderten Nachweis gegenüber dem Auftraggeber** abhängig gemacht wird. Auch können insbesondere bei **langfristigen Aufträgen** nachträgliche Rückerstattungen von einkalkulierten Einzelwagniskosten an den öffentlichen Auftraggeber vereinbart werden, wenn in Anbetracht der tatsächlich eingetretenen Schäden zu hohe kalkulatorische Wagnisse eingepreist worden waren.[2]

L. Kalkulatorischer Gewinn

Nr. 51 Begriff

Im kalkulatorischen Gewinn werden abgegolten:
a) das allgemeine Unternehmerwagnis,
b) ein Leistungsgewinn bei Vorliegen einer besonderen unternehmerischen Leistung in wirtschaftlicher, technischer oder organisatorischer Hinsicht. Der Leistungsgewinn soll der unternehmerischen Mehrleistung entsprechen.

1 Nach Nr. 4 Abs. 3 setzt sich der Selbstkostenpreis im Sinne dieser Leitsätze aus „der Summe der nach diesen Leitsätzen ermittelten, der Leistung zuzurechnenden Kosten zuzüglich des kalkulatorischen Gewinnes (Nr. 51 und 52)" zusammen. Bestandteile des kalkulatorischen Gewinns sind das **allgemeine Unternehmerwagnis** und **ggf. ein Leistungsgewinn**. Dabei bestimmt Nr. 47

---

[1] R. *Müller*, Preisgestaltung bei öffentlichen Aufträgen, 3. Aufl. 1993, 123; Ebisch/Gottschalk/*Hoffjan*/*Müller* Rn. 5.
[2] Ebisch/Gottschalk/*Hoffjan*/*Müller* Rn. 6.
[3] Ebisch/Gottschalk/*Hoffjan*/*Müller* Rn. 10.
[1] Ebisch/Gottschalk/*Hoffjan*/*Müller* Rn. 1.
[2] *Birgel*, Öffentliches Auftragswesen und Preisrecht, 1994, 259.

„Wagnisse, die das Unternehmen als Ganzes gefährden, die in seiner Eigenart, in den besonderen Bedingungen des Wirtschaftszweiges oder in wirtschaftlicher Tätigkeit schlechthin begründet sind", als das allgemeine Unternehmerwagnis. Es ist mithin kein Entgelt für die konkrete Leistung des Unternehmens, sondern es soll die wirtschaftliche Existenz eines (kommunalen) Unternehmens auf lange Sicht sichern.[1] Aufgerufen sind damit Wagnisse wie Konjunkturrückgänge, Nachfrageeinbrüche, Geldentwertung und technischer Fortschritt einschließlich der digitalen Transformation.[2]

Während sich bei marktgängigen Leistungen der Gewinn unter wettbewerblichen Bedingungen ergibt, ist Voraussetzung für Selbstkostenaufträge gerade das Fehlen eines funktionsfähigen Marktes, womit der Markt auch „als unmittelbarer Regulator des Gewinns" ausfällt. Da das ökonomische Bedürfnis der Unternehmen, in guten Zeiten Rücklagen für schlechte Zeiten zu bilden, aber unabhängig von Markt- und Selbstkostenpreisen besteht, erlauben die LSP den Ansatz eines kalkulatorischen Gewinns einschließlich des allgemeinen Unternehmerwagnisses. Bei Aufträgen, die aufgrund einer Ausschreibung vergeben werden, wird nur der Angebotspreis sichtbar, während der Auftraggeber die Preisbestandteile einschließlich des Risiko- und Gewinnzuschläge in der Regel nicht erfährt. Bei nach Preisprüfungsrecht kontrollierten Entgelten ist dies anders. Hier stellt das allgemeine Unternehmerwagnis zum einen eine **Risikoprämie für unternehmerische Tätigkeit** dar und ermöglicht zum anderen die **Deckung von Aufwand,** der nach Öffentlichem Preisrecht nicht zu den ansatzfähigen Kosten gehört, wie betriebs- und periodenfremde oder neutrale Aufwendungen.[3] Hinzu kommt die Abdeckung von Refinanzierungslücken für Investitionen und Instandhaltungen, die sich infolge der preisrechtlich unzulässigen Abschreibung nach Wiederbeschaffungs(zeit)werten sowie der ohne ausdrückliche Vereinbarung unzulässigen Sonderabschreibung ergeben.[4] Letztlich dient das allgemeine Unternehmerwagnis damit der Erhaltung des Eigenkapitals.[5] 2

Das Unternehmerwagnis als Bestandteil des kalkulatorischen Gewinns ist im Öffentlichen Preisrecht **nach betriebswirtschaftlichen Grundsätzen** zu bestimmen. Denn wenn sowohl die Eigenkapitalverzinsung (Nr. 43 ff.) als auch der kalkulatorische Unternehmerlohn (Nr. 22 lit. a) ausdrücklich als ansatzfähige Kosten aufgeführt werden, die nach einem betriebswirtschaftlichen Gewinnbegriff aus dem Unternehmensgewinn zu bestreiten sind, müssen die darüber hinaus zum Gewinn rechnenden Faktoren der Risikoprämie, des Leistungsgewinns und der betriebsnotwendigen Rücklagenzuführung zur Substanzerhaltung des Eigenkapitals mit dem kalkulatorischen Gewinn (Nr. 51) abgedeckt werden.[6] 3

Der **potenzielle, zusätzliche „Leistungsgewinn"** soll – über das allgemeine Unternehmerwagnis hinaus – eine **besondere unternehmerische Mehrleistung in wirtschaftlicher, technischer oder organisatorischer Hinsicht** prämieren. An die Vergütung des Leistungsgewinns müssen konkrete Voraussetzungen einvernehmlich geknüpft werden.[7] Mögliche Voraussetzungen sind etwa das eventuelle Erreichen einer besonders kostengünstigen Leistungserstellung, besonders günstiger Lieferfristen und -konditionen, besonderer Güterqualitäten, besonders hoher Präzision, besonders guter Widerstandsfähigkeit und Haltbarkeit, besonderer Konstruktionsvorteile, besonderer fertigungstechnischer Erfindungen, einer besonderen Schnelligkeit der Leistungserbringung oder auch besondere organisatorische Unterstützung oder Betreuung des öffentlichen Auftraggebers durch den Auftragnehmer.[8] In Bezug auf die Praxis ist allerdings festzustellen, dass ein besonderer Leistungsgewinn **nur „in äußerst seltenen Fällen"**[9] **von den Vertragsparteien vereinbart** wird. 4

Nr. 52 Höhe der Zurechnung

(1) [1]**Das Entgelt für das allgemeine Unternehmerwagnis ist in einem Hundertsatz vom betriebsnotwendigen Vermögen oder in einem Hundertsatz vom Umsatz oder in einer Summe von zwei solchen Hundertsätzen oder in einem festen Betrag zu bemessen.** [2]**Das Bundesministerium für Wirtschaft und Arbeit kann hierfür Richt- oder Höchstsätze festlegen.**

---

[1] Michaelis/Rhösa/*Greiffenhagen* Leitsätze Nr. 51 Erl. 2.
[2] OVG Münster Urt. v. 4.10.2001 – 9 A 2737/00, NVwZ-RR 2002, 684 (685).
[3] Ebisch/Gottschalk/*Hoffjan*/*Müller* Rn. 5.
[4] *Gruneberg* NWVBl. 2008, 341 (343).
[5] Vgl. Ebisch/Gottschalk/*Hoffjan*/*Müller* Rn. 6.
[6] *Gruneberg* NWVBl. 2008, 341 (343).
[7] *Birgel*, Öffentliches Auftragswesen und Preisrecht, 1994, 260.
[8] Vgl. Ebisch/Gottschalk/*Hoffjan*/*Müller* Rn. 7–11.
[9] So bereits *Dräger*, Der angemessene kalkulatorische Gewinn bei öffentlichen Aufträgen, 1964, 81 mwN, dessen Einschätzung aber unserer Kenntnis nach auch heute noch zutreffend ist.

(2) Ein Leistungsgewinn darf nur berechnet werden, wenn er zwischen Auftraggeber und Auftragnehmer vereinbart wurde.

(3) Den Kostenträgern (absatzbestimmten Leistungen) ist der kalkulatorische Gewinn unmittelbar oder mittels einfacher Schlüssel zuzurechnen.

I. Normzweck und -zusammenhang

1   Wie hoch der Gewinnzuschlag nach Öffentlichem Preisrecht sein darf, ist einer Einzelfallprüfung überbeantwortet, weil Nr. 52 zwar Aussagen zur Bemessungsgrundlage für das allgemeine Unternehmerwagnis, nicht aber zur **Höhe** enthalten. Der Gewinnzuschlag ist damit preisrechtlich nicht begrenzt, sondern bei allen Selbstkostenpreistypen vertraglich zu vereinbaren.[1] Zudem wird der Bundeswirtschaftsminister ermächtigt, für den kalkulatorischen Gewinn ggf. Richtwerte oder Obergrenzen festzuschreiben. Von diesem Recht hat dieser gleichwohl bisher nie Gebrauch gemacht.[2]

II. Einzelerläuterungen

2   **1. Allgemeine Ansätze zur Gewinnbemessung.** Die **Bemessung des kalkulatorischen Gewinns** kann grundsätzlich gemäß den folgenden Ansätzen vollzogen werden:

i) **Als Prozentsatz vom betriebsnotwendigen Vermögen (BNV):** Dieser für anlagenintensive Auftragnehmer theoretisch passende Ansatz hat sich jedoch in der Praxis nie richtig durchgesetzt.[3] Es erscheint aufgrund der **eher geringen Praxisrelevanz** auch gut vorstellbar, dass diese Variante der kalkulatorischen Gewinnbemessung bei der bevorstehenden Renovierung des Preisrechts ersatzlos entfallen wird. Jedenfalls sollte sie aus heutiger Sicht den Akteuren der Praxis eher nicht mehr empfohlen werden.

ii) **Als Prozentsatzes vom Umsatz:** Diese in der preisrechtlichen Anwenderpraxis **gängigste Art der Gewinnbemessung** zielt auf einen Gewinnaufschlag auf die kalkulierten Nettoselbstkosten des Auftrags ab (Selbstkosten ohne Umsatzsteuer).[4] Der Verwendung des Begriffs vom „Umsatz" ist demgemäß unsauber, da im Umsatzerlös stets implizit auch die Gewinnmarge des Unternehmens enthalten ist. Diese ist aber gerade Gegenstand der Vereinbarung im Sinne der Nr. 51 und 52, sodass ein Zirkelbezug bzw. logischer Fehler vorliegt. Möglicherweise wird auch dieser Aspekt bei der bevorstehenden Renovierung des Preisrechts klargestellt.

iii) **Als eine Verknüpfung aus den beiden vorgenannten Prozentsätzen:** Entsprechend der Hinweise unter i. stellt auch diese Form der Gewinnbemessung in der Praxis keine etablierte Vereinbarung dar. Konsequenterweise wäre auch dieses Wahlrecht bei der bevorstehenden Renovierung des Preisrechts – sofern die Gewinnbemessungsmöglichkeit als Prozentsatz vom betriebsnotwendigen Vermögen (BNV) erlischt – zu streichen.

iv) **Als fester Satz bzw. fixer Betrag:** Hierbei wird ein feststehender Gewinnbetrag festgelegt, der durch steigende oder fallende Selbstkosten nicht tangiert wird. Dieses Modell entsprach offenbar dem aus Sicht des Verordnungsgebers präferierten Vorgehen.[5] Dieses hat sich in der Praxis jedoch auch kaum durchgesetzt, da vielmehr die oben genannte Variante ii. de facto die dominierende Rolle eingenommen hat.

3   In Bezug auf die in der Praxis gängigste Art der Gewinnbemessung – Gewinnaufschlag auf die kalkulierten Nettoselbstkosten des Auftrags (vgl. Punkt ii. → Rn. 2) – sind im Kontext der kommunalen Auftragsstrukturen durchaus **wichtige Richtwerte** postuliert worden. Diese sind nicht zuletzt auch dann bereits in Betracht gezogen worden, wenn es Auftraggeber und Auftragnehmer versäumt haben, eine konkrete Bemessung des Gewinns vertraglich zu vereinbaren. Das Entgelt für das allgemeine Unternehmerwagnis ist insofern bei einer nachträglichen Preis- und Kostenprüfung als **gemeinhin übliches Leistungsentgelt** für die in Rede stehende Auftragsform zu bemessen.

4   **2. Praxis der Gewinnbemessung in der Kommunalwirtschaft.** Die Rechtsprechung versucht im Rahmen von gebührenrechtlichen Streitigkeiten teilweise, die **Höhe** dieses nach Preisrecht höchstzulässigen kalkulatorischen Gewinns für ganz oder teilweise verwaltungseigene Fremdunter-

---

[1] Auch *Gruneberg* NWVBl. 2008, 341 (343); zur Bestimmung eines Gewinnaufschlags *Hoffjan/Hennemann* AbfallR 2017, 130 (133 ff.).
[2] Ebisch/Gottschalk/*Hoffjan*/Müller Rn. 1.
[3] Vgl. Ebisch/Gottschalk/*Hoffjan*/Müller Rn. 4.
[4] Vgl. Ebisch/Gottschalk/*Hoffjan*/Müller Rn. 5.
[5] Vgl. hierzu Nr. 29 der Richtlinien für öffentliche Auftraggeber zur Anwendung der VO PR Nr. 30/53, abgedruckt zB bei Ebisch/Gottschalk/*Hoffjan*/Müller Anhang 4b 572.

nehmen zu reglementieren, indem sie auf das unternehmerische Risiko des Dienstleisters abstellt.[6] Bei einem **Selbstkostenfestpreis** seien danach **maximal 3%**,[7] bei einem **Selbstkostenerstattungspreis** lediglich 1% Zuschlag für das allgemeine Unternehmerwagnis zulässig.[8] **Darüber hinausgehende Prozentsätze bedürfen der besonderen Rechtfertigung.**[9] Ausdrücklich für nicht mehr entscheidungserheblich bezüglich der Bemessung eines angemessenen Wagniszuschlags hält das OVG Münster inzwischen die bis dahin herangezogenen Gesichtspunkte, in welchem Umfang die Kommune an dem tätig werdenden Unternehmen beteiligt und welcher Anteil seiner wirtschaftlichen Tätigkeit vom Gebührenbereich abgedeckt ist.[10] Hierzu ist festzuhalten, dass es auch einem öffentlichen Unternehmen in der Rechtsform einer Kapitalgesellschaft nicht verwehrt werden kann, eine nicht ausreichende Kapitalverzinsung ausgleichen und die Substanzerhaltung gewährleisten zu wollen.[11] Es kann daher nach den Vorgaben des Öffentlichen Preisrechts zusätzlich zum kalkulatorischen Zins der betriebsübliche Gewinnzuschlag vereinbart werden, der auch einem Privatunternehmen zuzubilligen wäre, an dem die kommunale Körperschaft nicht beteiligt ist.[12]

Zwar hat eine Preisprüfung zu erfolgen; sie ist aber nicht gebührenrechtlich aufzuladen. Von der Frage, ob und in welcher Höhe ein Gewinnzuschlag im Fremdleistungsentgelt nach Öffentlichem Preisrecht zulässig ist, ist diejenige nach der **Gebührenfähigkeit dieser Kostenposition** zu unterscheiden.[13] Wenn die kommunale Körperschaft Anteilseignerin an einer mit der Ent- oder Versorgung beauftragten Kapitalgesellschaft ist, wächst ihr ein im Fremdleistungsentgelt einkalkulierter Gewinn anteilig zu: Wenn der Gewinn ausgeschüttet wird, erhält sie entsprechende Geldmittel, die grundsätzlich dem allgemeinen Haushalt zufließen. Verbleibt der Gewinn in der Gesellschaft, erhält sie einen entsprechenden Wertzuwachs ihrer Anteile (shareholder value), der ebenfalls nicht dem Gebührenhaushalt zugutekommt. Den beteiligten Privatunternehmen steht dieser Gewinn zu; für die kommunalen Körperschaften ist ein solcher Wagniszuschlag zur Erfüllung ihrer öffentlich-rechtlichen Aufgaben aber nicht erforderlich. Der Gewinnzuwachs bei kommunalen Körperschaften ist deshalb nach der Rechtsprechung einiger Obergerichte in der Gebührenkalkulation von den Entgelten für in Anspruch genommene Fremdleistungen abzuziehen.[14] Der dann auf kommunale Körperschaften entfallende Anteil am kalkulatorischen Gewinnzuschlag hängt vom Maß der kommunalen Beteiligung an dem privaten Verwaltungshelfer ab.[15] Damit ist es Gemeinden als Gesellschaftern von Unternehmen, denen sie selbst den Dienstleistungsauftrag erteilt hat, verwehrt, sich auf dem Umweg über eine Privatisierung Gewinne zu verschaffen, die in öffentlich-rechtlicher Organisationsform nicht hätten erzielen können.[16] Gleichzeitig ist den Privatunternehmen, die an einer als Verwaltungshelferin eingesetzten Kapitalgesellschaft beteiligt sind, ein kalkulatorischer Gewinn garantiert, den sie zu Recht beanspruchen können, wenn er den LSP entspricht. Der Abzug ist anhand des in der Preiskalkulation enthaltenen Gewinnzuschlages zu errechnen, und zwar nur soweit er eine angeme-

---

[6] OVG Münster Urt. v. 4.10.2001 – 9 A 2737/00, NVwZ-RR 2002, 684 (685 f.); OVG Münster Urt. v. 1.6.2007 – 9 A 372/06, GemHH 2008, 207 (209).
[7] OVG Münster Beschl. v. 25.11.2010 – 9 A 94/09, KStZ 2011, 110 ff.; dem folgend OVG Lüneburg Urt. v. 17.7.2012, 9 LB 187/09, DVBl. 2012, 1255 ff.
[8] OVG Münster Urt. v. 4.10.2001 – 9 A 2737/00, NVwZ-RR 2002, 684 (685 f.); OVG Münster Urt. v. 1.6.2007 – 9 A 372/06, GemHH 2008, 207 (209); OVG Münster Beschl. v. 29.3.2012 – 9 A 1064/10, BeckRS 2012, 50903; dem folgend OVG Lüneburg Urt. v. 17.7.2012 – 9 LB 187/09, DVBl. 2012, 1255 ff.
[9] Hierzu *Gruneberg* NWVBl. 2008, 372 ff.
[10] OVG Münster Urt. v. 1.6.2007 – 9 A 372/06, GemHH 2008, 207 (209); auch OVG Schleswig, Urt. v. 16.2.2005 – 2 LB 109/03, BeckRS 2005, 27260.
[11] *Dierkes/Hamann*, Öffentliches Preisrecht in der Wasserwirtschaft, 2009, 310; *Gruneberg* NWVBl. 2008, 341 (346).
[12] Vgl. zur Bestimmung der Betriebsüblichkeit *Dierkes/Hamann*, Öffentliches Preisrecht in der Wasserwirtschaft, 2009, 301 f.
[13] *Hoffjan/Hennemann* AbfallR 2017, 130 (133); idS wohl auch BVerwG Beschl. v. 14.9.2006 – 9 B 2/06, NVwZ 2006, 1404 ff.
[14] VGH Mannheim Urt. v. 31.5.2010 – 2 S 2423/08, BeckRS 2010, 50831; auch OVG Münster Beschl. v. 22.11.2005 – 15 A 873/04, GemHH 2006, 68 ff., zum Straßenbaubeitragsrecht: Wenn eine Gemeinde eine gemeindeeigene Gesellschaft mit der Ausführung der Baumaßnahme beauftragt, gehört der zwischen der Gemeinde und ihrer Gesellschaft vereinbarte Gewinn nicht zum beitragsfähigen Aufwand. Insoweit wird darauf abgestellt, dass die Abwasserbeseitigung eine nichtwirtschaftliche Tätigkeit ist, für die eine kommunale Körperschaft auch nicht durch den Umweg über eine private Gesellschaft Gewinne erwirtschaften darf; aA *de Vivie* KStZ 2011, 11 (12 f.); *Dierkes/Hamann*, Öffentliches Preisrecht in der Wasserwirtschaft, 2009, 303 ff.
[15] OVG Greifswald Urt. v. 7.11.1996 – 4 K 11/96, DVBl. 1997, 1072 und OVG Greifswald Urt. v. 25.2.1998 – 4 K 8/97, NVwZ-RR 1999, 144.
[16] IdS unter Bezug auf das Kostenüberschreitungsverbot VGH Mannheim Urt. v. 31.5.2010 – 2 S 2423/08, BeckRS 2010, 50831.

sene Eigenkapitalverzinsung übersteigt.[17] Angesichts der im Gebührenrecht geltenden Veranschlagungsmaxime muss der Gewinn einer kommunalen Gesellschaft im Kalkulationszeitraum prognostiziert werden und der Anteil am Gewinnzuschlag im nach LSP kalkulierten Entgelt angesetzt werden. Weicht der nachträglich ermittelte Gewinn der Gemeinde aus ihrer Beteiligung an dem Unternehmen im „gebührengebundenen Bereich" hiervon ab, kann das über den Ausgleich von Über- und Unterdeckungen gelöst werden.[18] Angesichts dieser Möglichkeit verfängt sich der Hinweis auf das kommunale Unternehmer(verlust)risiko, das auch bei Vereinbarung eines Selbstkostenpreises bestehe,[19] nicht.

6   Die oben (→ Rn. 4) genannten, von der Rechtsprechung vorgegebenen Gewinnsätze von 3% bei Selbstkostenfestpreisen und 1% bei Selbstkostenerstattungspreisen sind sicherlich zum Teil von der **vergleichsweise überschaubaren Risikostruktur kommunaler Dauerschuldverhältnisse** geprägt. In anderen Branchen, beispielsweise bei industriellen Fertigungs- oder Dienstleistungen, kann der Gewinn aufgrund höherer Unsicherheitsfaktoren daher auch höher ausfallen. Dementsprechend trägt Birgel vor, dass seiner Erfahrung nach als Regelsatz in der Praxis „ein Gewinn in Höhe von 5% auf die Nettoselbstkosten (= Selbstkosten ohne Sonderkosten des Vertriebs und Umsatzsteuer) gewährt"[20] würde.

7   **3. Praxis der Gewinnbemessung im Verteidigungssektor.** In Bezug auf den für das öffentliche Preisrecht traditionell sehr bedeutsamen **wehrtechnischen Sektor** existiert zudem eine spezielle und standardisiert zur Anwendung gelangende Form der kalkulatorischen Gewinnbemessung:[21] Der Bundesverteidigungsminister hat unter Mitwirkung von BMWi, BMF und Bundesrechnungshof im Rahmen eines Erlasses vom 27.6.1989 für alle Bundeswehr-bezogenen Aufträge zu Selbstkosten für die Gewinnbemessung die Anwendung der sog. **„Bonner Formel"** vorgegeben, sofern keine Gewinnbemessung als fester Betrag noch als Prozentsatz vereinbart ist. Der kalkulatorische Gewinn wird durch diese weder als fixer Betrag noch Hundertsatz, sondern auf modifizierte eigene Weise hergeleitet:

$$G = 0{,}05 \left(Q + 1{,}5 \frac{BNAV}{BNV}\right) E + 0{,}01 F$$

Dabei bedeutet:
G = Kalkulatorischer Gewinn
Q = Qualifikationsfaktor für den Innovationsgrad der Leistung
Q = 0,70 für Instandsetzungsverträge
Q = 1,05 für Beschaffungsverträge
Q = 1,10 für Studien-/Forschungs- und Entwicklungsverträge
E = Eigenleistung = Nettoselbstkosten − F
F = Fertigungsmaterial + Fremdleistungen

$$\frac{BNAV}{BNV} = \frac{\text{Betriebsnotwendiges Anlagevermögen}}{\text{Betriebsnotwendiges Vermögen}}$$

8   Mit der „Bonner Formel" wird der Versuch unternommen, den Kriterien der **Substanz- und Kapitalerhaltung,** des allgemeinen **Leistungs- und Anreizprinzips der Marktwirtschaft** (Eigenleistung, Innovationskraft) und der betriebsindividuellen **Anlagenintensität** als Indikator für das Risiko, da das Unternehmen bei einer hohen Anlagenintensität weniger flexibel auf Marktveränderungen reagieren kann, gerecht zu werden.

9   **4. Gewinnbemessung beim besonderen Leistungsgewinn.** Dazu sei angeführt, dass in Bezug auf die Höhe des oben (→ Nr. 51 Rn. 4) bereits angesprochenen und nur selten in praxi zum Tragen kommenden **besonderen Leistungsgewinns** keine verbindlichen Vorgaben existieren. Sie muss von den Vertragspartnern vereinbart werden, wobei der Zeitpunkt dieser Vereinbarung ebenfalls kein bestimmter ist. Vor längerer Zeit galten als Richtwert für die Höhe des Leistungsgewinns offenbar Sätze von 0,5–1% der Nettoselbstkosten.[22] Diese geringe – und somit nur mit

---

[17] Brüning, Die Gemeinde SH, 2011, 299 (302); für die Berücksichtigung des gesamten Anteils an diesem Gewinn nach Abzug der aus dem Gewinn zu zahlenden Steuern aber VGH Mannheim Urt. v. 31.5.2010 – 2 S 2423/08, BeckRS 2010, 50831.
[18] So VGH Mannheim Urt. v. 31.5.2010 – 2 S 2423/08, BeckRS 2010, 50831; VGH Kassel Beschl. v. 27.9.2006 – 5 N 358/04, HSGZ 2007, 57.
[19] de Vivie KStZ 2011, 11 (12).
[20] Birgel, Öffentliches Auftragswesen und Preisrecht, 1994, 261.
[21] Vgl. hierzu und im Folgenden Ebisch/Gottschalk/*Hoffjan*/*Müller*, Rn. 8 sowie der dortige Anhang 13 für den oben genannten Erlass des BMVg.; Birgel, Öffentliches Auftragswesen und Preisrecht, 1994, 263 f.
[22] Birgel, Öffentliches Auftragswesen und Preisrecht, 1994, 260; Ebisch/Gottschalk/*Hoffjan*/*Müller* Rn. 10.

einer überschaubaren Anreizwirkung zur Erreichung besonderer technischer, wirtschaftlicher oder organisatorischer Ergebnisse einhergehende – Bemessung des Leistungsgewinns wird daher aus heutiger Sicht durchaus nicht als per se angemessen beurteilt.[23] Zuweilen sollten also – dieser Einschätzung wollen wir uns hiermit anschließen – auch höhere Leistungsgewinnzuschlagssätze akzeptiert werden können.

Unabhängig von der Frage, ob der „herkömmliche" kalkulatorische Gewinn oder aber der zusätzliche besondere Leistungsgewinn der LSP in Rede steht, gilt, dass er den Kostenträgern (absatzbestimmte Leistungen und Produkte bzw. Aufträge und Sparten) **entweder unmittelbar oder mittels einfacher Schlüssel** zuzurechnen ist. Die unmittelbare und daher rechnerisch einfache Zurechnung ist möglich, wenn der Gewinn – wie allgemein üblich – als Prozentsatz der Nettoselbstkosten kalkuliert wird.

---

[23] Ebisch/Gottschalk/*Hoffjan*/*Müller* Rn. 10.

4. Teil WRegG – Wettbewerbsregistergesetz

Vom 18. Juli 2017 (BGBl. 2017 I 2739)
Zuletzt geändert durch Art. 10 GWB-DigitalisierungsG vom 18.1.2021 (BGBl. 2021 I 2)

Vorbemerkung

Schrifttum: *Behringer*, Korruptionsregister auf Bundesebene Empfehlungen für die Gesetzgebung, ZRP 2016, 20; *Brüggemann/Vogel*, Wettbewerbsregister und Selbstreinigung im Spannungsfeld zwischen Arbeits- und Vergaberecht Risiko Fremdpersonaleinsatz, NZBau 2018, 263; *Byok*, Wettbewerbsregister gegen Wirtschaftskriminalität, BB 2017, Heft 26 Editorial; *Dreher*, Die Eintragung von Kartellrechtsverstößen in das Wettbewerbsregister, NZBau 2017, 313; *Dreher/Engel*, Vergaberechtliche Selbstreinigung und kartellrechtliche Schadensersatzklagen – Teil 1, WuW 2020, 363; *Eufinger*, Der Entwurf zur Einrichtung eines bundesweiten Wettbewerbsregisters – Implikationen für die Compliance, CB 2017, 240; *Fülling/Freiberg*, Das neue Wettbewerbsregister, NZBau 2018, 259; *Gottschalk/Lubner*, Die Einführung des bundesweiten Wettbewerbsregisters – ein komplizierter rechtlicher Dreiklang, NZWiSt 2018, 96; *Haus/Erne*, Das Wettbewerbsregister Ein Grund mehr zur (Vor-)Sorge bei der Vermeidung von Rechtsverstößen im Unternehmen, NZG 2017, 1167; *Hooghoff*, Die Rolle des Wettbewerbsregisters, in 20. Forum vergabe Gespräche, 2019, 211; *Huerkamp*, Bessere Informationen für öffentliche Auftraggeber: Das Wettbewerbsregister beim Bundeskartellamt, WuW 2021, 551; *Huerkamp*, Vergaberechtliche Selbstreinigung und Kartellverstoß, WuW 2020, 294; *Markgraf/Hermans*, Das geplante Wettbewerbsregister und Antikorruptions-Compliance – alter Wein in neuen Schläuchen oder Handlungsbedarf für Unternehmen?, CB 2017, 250; *Meyer*, Vom Schlussstein zum Schlusslicht?, Editorial NJW 37/2011; *Mundt*, Das Vergaberecht aus Sicht des Bundeskartellamts, in 19. Forum vergabe Gespräche, 2018, 25; *Neun*, Neuer Anlauf für ein Wettbewerbsregister auf Bundesebene, NZKart 2017, 181; *Pfannkuch*, Das bundesrechtliche Wettbewerbsregistergesetz – Überblick und Bedeutung im Vergabeverfahren, ZfBR 2018, 342; *Rieder/Dammann de Chapto*, Das neue Wettbewerbsregister beim Bundeskartellamt – Ein Anlass für (noch) mehr Compliance im Unternehmen, NZKart 2018, 8; *Schaller*, Neues Register zum Schutz des öffentlichen Wettbewerbs, LKV 2017, 440; *Scharn/Teicke*, Die Begutachtung der Selbstreinigung in neuen Wettbewerbsregister, CB 2017, 363; *Seeliger/Gürer*, Das neue Wettbewerbsregister – ein Überblick aus kartellrechtlichem Blickwinkel, BB 2017, 1731; *Stoye*, Korruptionsregistergesetz, der zweite Versuch – Besser, aber nicht gut genug, ZRP 2005, 265; *Süße*, Bundesweites Wettbewerbsregister – kommt es diesmal?, Newsdienst Compliance 2017, 71001; *Wirth*, Das neue Wettbewerbsregister, CCZ 2018, 181.

Öffentliche Aufträge sollen nur an **fachkundige und leistungsfähige** Unternehmen vergeben **1** werden. Das früher zu berücksichtigende Eignungskriterium der **Zuverlässigkeit,** das die Gesetzestreue einschloss,[1] ist im Rahmen der Umsetzung der neuen EU-Richtlinie ersatzlos entfallen. Stattdessen ist nunmehr zu prüfen, ob gegen einen Bieter **Ausschlussgründe** nach §§ 123, 124 GWB bestehen,[2] womit aber ebenfalls eine Zuverlässigkeitsprüfung abgebildet wird. Beide Regelungen beziehen sich zur Bestimmung der Ausschlussgründe in unterschiedlicher Intensität auch auf Gesetzesverstöße, die dem betroffenen Bieter zur Last gelegt werden.

Insoweit stellt sich dem Auftraggeber bei Prüfung der Ausschlussgründe stets die Frage, ob und **2** in welchem Maß ein Bieter um einen Auftrag gegen gesetzliche Regelungen verstoßen haben könnte. Da es hier regelmäßig um Umstände geht, die **außerhalb des konkreten Vergabeverfahrens** liegen, besteht für den Auftraggeber nur ein sehr beschränkter Einblick, und die Prüfung der Ausschlussgründe stellt ihn nicht selten vor erhebliche Schwierigkeiten. Diesen **Missstand** soll die Einführung eines bundeseinheitlichen Wettbewerbsregisters beheben, das seit über 20 Jahren auf der Agenda des Gesetzgebers stand.[3]

Der **Referentenentwurf** für das WRegG stammt aus dem Februar 2017, dem am 31.3.2017 **3** der **Gesetzentwurf der Bundesregierung**[4] folgte. Der Gesetzentwurf wurde schließlich in der vom **Wirtschaftsausschuss** geänderten Fassung[5] am 1.6.2017 vom Bundestag verabschiedet und am 7.7.2017 vom Bundesrat angenommen.

Bis zur Einführung des Wettbewerbsregisters war das Bild geprägt durch verschiedene **landes- 4 rechtliche Korruptions- oder Vergaberegister,** für die zum Teil eine gesetzliche Grundlage bestand, die zum Teil aber auch auf Erlasse zurückgingen.[6] Entsprechend bestanden **erhebliche**

---

[1] Vgl. § 97 Abs. 4 S. 1 GWB aF.
[2] Zu diesem Zusammenhang *Dreher/Engel* WuW 2020, 363 (364).
[3] *Byok* BB 2017, Heft 26 Editorial; *Scharn/Teicke* CB 2017, 363; eingehend zu früheren Entwürfen und zur rechtspolitischen Debatte *Stoye* ZRP 2005, 265 ff.; *Behringer* ZRP 2016, 20 ff.
[4] BT-Drs. 18/12051.
[5] BT-Drs. 18/12583; zuvor hatte sich die Bundesregierung zur Stellungnahme des Bundesrates geäußert (BT-Drs. 18/12497).
[6] Überblick bei BT-Drs. 18/12051, 16.

Unterschiede hinsichtlich der Eintragungsvoraussetzungen und der Abfragepflichten.[7] Diese Zersplitterung und die damit für die öffentlichen Auftraggeber verbundenen Schwierigkeiten bei der Informationsbeschaffung wurden sowohl von der Bundesregierung[8] als auch von den Ländern[9] als **unbefriedigend** wahrgenommen.[10] Sie führten auch zu einer überaus unterschiedlichen Anzahl von Eintragungen in den unterschiedlichen Registern: Während in manchen Ländern nur 20 oder 30 Eintragungen bestanden, waren es in anderen über 2.000.[11]

5 Neben den landesrechtlichen Regelungen bestand die Möglichkeit für Auftraggeber, Auskünfte aus dem **Gewerbezentralregister** zu erhalten, um die Zuverlässigkeit eines Unternehmens zu prüfen. Allerdings waren hier nur Gesetzesverstöße nachgehalten, die im Zusammenhang mit der Ausübung eines Gewerbes standen. Damit fehlten für die Prüfung des Ausschlusses relevante Gesetzesverstöße. Das **Bundeszentralregister** erfasst hingegen nur die Daten natürlicher Personen.

6 Bis zur Einführung des Wettbewerbsregisters war die Informationslage deshalb lückenhaft, und öffentliche Auftraggeber waren bei der Prüfung der Ausschlussgründe zumeist auf **Eigenerklärungen** der Bieter angewiesen.[12]

7 Mit der Einführung des Wettbewerbsregisters hält der Gesetzgeber für öffentliche Auftraggeber (zum Begriff → § 6 Rn. 8) nunmehr **zentral, nach einheitlichen Kriterien gesammelte Informationen über bestimmte Gesetzesverstöße,** die Unternehmen zurechenbar sind, bereit. So soll das in § 1 Abs. 2 festgeschriebene Ziel erreicht werden, Auftraggebern Informationen über Ausschlussgründe nach den §§ 123, 124 GWB zur Verfügung zu stellen. Die **landesrechtlichen Regelungen** sind gem. § 12 Abs. 2 S. 3 anzuwenden, bis die Pflicht zur Abfrage aus dem Wettbewerbsregister nach § 12 Abs. 2 S. 2 eingreift (→ § 12 Rn. 1).

8 Dabei bleibt der Auftraggeber bei der Entscheidung, ob aufgrund der ihm übermittelten Informationen ein Ausschluss vom Vergabeverfahren erfolgen muss, frei und ist nur an den materiellen Maßstab der §§ 123, 124 GWB gebunden (→ § 7 Rn. 10). Eine Eintragung ist deshalb **keine Vergabesperre.**

9 Das Wettbewerbsregister führt nur Verurteilungen und Bußgeldentscheidungen auf, die durch **deutsche Gerichte oder Behörden** ergangen sind. Vergleichbare Entscheidungen **ausländischer oder supranationaler Behörden** finden keinen Eingang (→ § 2 Rn. 3).

10 Auf Ebene der **EU** wird die sog. „**EDES database**" geführt. Sie zählt, basierend auf Art. 136 der EU-Haushaltsordnung, Unternehmen und Individuen auf, die von der Teilnahme an EU-Verfahren zur Vergabe von Aufträgen und Gewährung von Finanzhilfen, EU-Wettbewerben um Preisgelder, EU-Finanzierungsinstrumenten, EU-Verfahren zur Auswahl von Sachverständigen sowie jeglichen anderen Arten von Beiträgen aus dem EU-Haushalt ausgeschlossen oder mit einer finanziellen Sanktion belegt worden sind. An sie kann kein Vertrag vergeben werden, der aus dem EU-Haushalt finanziert wird.[13] Die **Weltbank** führt vergleichbar eine Liste der „Ineligble Firms and Individuals", an die keine von der Weltbank finanzierten Verträge vergeben werden dürfen.[14]

§ 1 Einrichtung des Wettbewerbsregisters

(1) Beim Bundeskartellamt (Registerbehörde) wird ein Register zum Schutz des Wettbewerbs um öffentliche Aufträge und Konzessionen (Wettbewerbsregister) eingerichtet und geführt.

(2) Mit dem Wettbewerbsregister werden Auftraggebern im Sinne von § 98 des Gesetzes gegen Wettbewerbsbeschränkungen Informationen über Ausschlussgründe im Sinne der §§ 123 und 124 des Gesetzes gegen Wettbewerbsbeschränkungen zur Verfügung gestellt.

(3) Das Wettbewerbsregister wird in Form einer elektronischen Datenbank geführt.

---

[7] Vgl. illustrativ *Eufinger* CB 2017, 240 (241); *Markgraf/Hermans* CB 2017, 250.
[8] Vgl. etwa Beschluss der Eckpunkte zur Reform des Vergaberechts, Beschluss des Bundeskabinetts, v. 7.1.2015, unter IV.6.
[9] Beschluss der 85. Konferenz der Justizministerinnen und Justizminister am 25. und 26.6.2014, TOP I.1; Beschluss der Wirtschaftsministerkonferenz am 10. und 11.12.2014, TOP 10.
[10] Überblick über die Schwächen eines landesspezifischen Ansatzes der Erfassung bei *Fülling/Freiberg* NZBau 2018, 259.
[11] *Süße* Newsdienst Compliance 2017, 71001.
[12] *Fülling/Freiberg* NZBau 2018, 259.
[13] Vgl. https://ec.europa.eu/info/strategy/eu-budget/how-it-works/annual-lifecycle/implementation/anti-fraud-measures/edes/database_de (zuletzt abgerufen am 25.10.2021).
[14] Vgl. https://www.worldbank.org/en/projects-operations/procurement/debarred-firms (zuletzt abgerufen am 25.10.2021).

I. Zuständigkeit des Bundeskartellamts

Die vom Gesetzgeber intendierte **bundesweite Vereinheitlichung** der Bekämpfung von Wirtschaftskriminalität bei der Vergabe öffentlicher Aufträge macht die Einrichtung einer *Bundes*registerbehörde zwingend. Die Wahl fiel auf das Bundeskartellamt, weil mit den dort eingerichteten Vergabekammern des Bundes eine besondere sachliche Expertise als Anknüpfungspunkt besteht.[1]

II. Zweck des Registers

Abs. 1 und 2 legen den Zweck des Registers fest. Der **Schutz des Wettbewerbs um den Auftrag** soll gefördert werden, indem öffentlichen Auftraggebern Informationen zur Verfügung gestellt werden, die sie bei der Prüfung von Ausschlussgründen benötigen. Durch die zentrale Sammlung und Bereitstellung der relevanten Informationen wird die **Prüfung erleichtert.** Der Gesetzgeber hat insoweit faktische Schwierigkeiten bei den öffentlichen Auftraggebern ausgemacht: Es sei für sie oft schwierig, in Erfahrung zu bringen, ob es bei Bewerbern um Aufträge zu relevantem Fehlverhalten gekommen ist. Entsprechend seien immer wieder auch Unternehmen, bei denen eigentlich Grund für den Ausschluss bestand, in den Genuss von Aufträgen gelangt und dies zulasten rechtstreuer Mitbewerber.[2] Diesen Missstand soll die Einrichtung des Wettbewerbsregisters beheben. Zugleich soll eine **zentralisierte Prüfung von Selbstreinigungsmaßnahmen** der Unternehmen ermöglicht werden.

Abs. 2 spricht als Programmsatz generell von **Auftraggebern** iSd § 98 GWB. Dies ist jedoch nicht ganz richtig, weil etwa **Sektorenauftraggeber** nach § 100 Abs. 1 Nr. 2 GWB zur Abfrage von Eintragungen **weder berechtigt noch verpflichtet** sind. Das ist aber unschädlich, weil der Kreis der Einsichtsberechtigten abschließend in § 6 definiert wird.

Der **Anwendungsbereich** des WRegG ist nicht auf Aufträge oberhalb der Schwellenwerte des § 106 GWB begrenzt (→ § 6 Rn. 9). Vielmehr kann eine Abfrage **auch unterhalb der Schwellenwerte** erforderlich sein oder ggf. freiwillig erfolgen (→ § 6 Rn. 20). Der Verweis auf die §§ 123 und 124 GWB ist deshalb nicht im strikten Sinne zu verstehen, als Begrenzung des Anwendungsbereichs auf die Oberschwellenvergabe. Vielmehr kommt eine Abfrage aus dem Register überall dort in Betracht, wo der Auftraggeber die Zuverlässigkeit des Bewerbers prüfen muss (also etwa § 31 Abs. 1 UVgO, §§ 16b, 6a VOB/A).

III. Elektronische Datenbank

Der Gesetzgeber verspricht sich von der Führung des Wettbewerbsregisters als elektronische Datenbank ein **effizientes Melde- und Abfrageverfahren,** insbesondere im Vergleich zu dem Vorgehen beim Gewerbezentralregister. Hier findet die Abfrage noch in Papierform statt, was zu unnötigen Verzögerungen im Vergabeverfahren führen kann.

§ 2 Eintragungsvoraussetzungen

(1) In das Wettbewerbsregister sind einzutragen:
1. rechtskräftige strafgerichtliche Verurteilungen und Strafbefehle, die wegen einer der folgenden Straftaten ergangen sind:
   a) in § 123 Absatz 1 des Gesetzes gegen Wettbewerbsbeschränkungen aufgeführte Straftaten,
   b) Betrug nach § 263 des Strafgesetzbuchs und Subventionsbetrug nach § 264 des Strafgesetzbuchs, soweit sich die Straftat gegen öffentliche Haushalte richtet,
   c) Vorenthalten und Veruntreuen von Arbeitsentgelt nach § 266a des Strafgesetzbuchs,
   d) Steuerhinterziehung nach § 370 der Abgabenordnung oder
   e) wettbewerbsbeschränkende Absprachen bei Ausschreibungen nach § 298 des Strafgesetzbuchs;
2. rechtskräftige strafgerichtliche Verurteilungen und Strafbefehle sowie rechtskräftige Bußgeldentscheidungen, die wegen einer der folgenden Straftaten oder Ordnungswidrigkeiten ergangen sind, sofern auf Freiheitsstrafe von mehr als drei Monaten oder Geldstrafe von mehr als 90 Tagessätzen erkannt oder eine Geldbuße von wenigstens zweitausendfünfhundert Euro festgesetzt worden ist:

---

[1] BT-Drs. 18/12051, 26.
[2] BT-Drs. 18/12951, 1.

a) nach § 8 Absatz 1 Nummer 2, den §§ 10 bis 11 des Schwarzarbeitsbekämpfungsgesetzes vom 23. Juli 2004[1], das zuletzt durch Artikel 1 des Gesetzes vom 6. März 2017[2] geändert worden ist,
b) nach § 404 Absatz 1 und 2 Nummer 3 des Dritten Buches Sozialgesetzbuch – Arbeitsförderung –[3], das zuletzt durch Artikel 6 Absatz 8 des Gesetzes vom 23. Mai 2017[4] geändert worden ist,
c) nach den §§ 15, 15a, 16 Absatz 1 Nummer 1, 1c, 1d, 1f und 2 des Arbeitnehmerüberlassungsgesetzes in der Fassung der Bekanntmachung vom 3. Februar 1995[5], das zuletzt durch Artikel 1 des Gesetzes vom 21. Februar 2017[6] geändert worden ist,
d) nach § 21 Absatz 1 und 2 des Mindestlohngesetzes vom 11. August 2014[7], das zuletzt durch Artikel 6 Absatz 39 des Gesetzes vom 13. April 2017[8] geändert worden ist, oder
e) nach § 23 Absatz 1 und 2 des Arbeitnehmer-Entsendegesetzes vom 20. April 2009[9], das zuletzt durch Artikel 6 Absatz 40 des Gesetzes vom 13. April 2017[10] geändert worden ist, oder

3. rechtskräftige Bußgeldentscheidungen, die nach § 30 des Gesetzes über Ordnungswidrigkeiten, auch in Verbindung mit § 130 des Gesetzes über Ordnungswidrigkeiten, wegen Straftaten nach Nummer 1 oder Straftaten oder Ordnungswidrigkeiten nach Nummer 2 ergangen sind.

(2) In das Wettbewerbsregister werden ferner Bußgeldentscheidungen eingetragen, die wegen Ordnungswidrigkeiten nach § 81 Absatz 1 Nummer 1, Absatz 2 Nummer 1 in Verbindung mit § 1 des Gesetzes gegen Wettbewerbsbeschränkungen ergangen sind, wenn eine Geldbuße von wenigstens fünfzigtausend Euro festgesetzt worden ist. Nicht eingetragen werden Bußgeldentscheidungen, die nach § 81a Absatz 1 bis 3 des Gesetzes gegen Wettbewerbsbeschränkungen ergangen sind.

(3) Die Eintragung von strafgerichtlichen Entscheidungen und Bußgeldentscheidungen nach Absatz 1 Nummer 1 und 2 und von Entscheidungen gegen eine natürliche Person nach Absatz 2 erfolgt nur, wenn das Verhalten der natürlichen Person einem Unternehmen zuzurechnen ist. Das ist der Fall, wenn die natürliche Person als für die Leitung des Unternehmens Verantwortliche gehandelt hat, wozu auch die Überwachung der Geschäftsführung oder die sonstige Ausübung von Kontrollbefugnissen in leitender Stellung gehört.

(4) Unternehmen im Sinne dieses Gesetzes ist jede natürliche oder juristische Person oder eine Gruppe solcher Personen, die auf dem Markt die Lieferung von Waren, die Ausführung von Bauleistungen oder die Erbringung von sonstigen Leistungen anbietet. Erlischt eine juristische Person oder eine Personenvereinigung mit Unternehmenseigenschaft nachträglich, steht dies der Eintragung nicht entgegen.

Übersicht

	Rn.		Rn.
I. Allgemeines	1	a) Die in § 123 Abs. 1 GWB aufgeführte Straftaten (Abs. 1 Nr. 1 lit. a)	11
1. Numerus-clausus-Prinzip	1	b) Betrug und Subventionsbetrug, soweit sich die Straftat gegen öffentliche Haushalte richtet (Abs. 1 Nr. 1 lit. b)	13
2. Keine Erfassung von Entscheidungen ausländischer oder supranationaler Behörden	3	c) Vorenthalten und Veruntreuen von Arbeitsentgelt und Steuerhinterziehung (Abs. 1 Nr. 1 lit. c und d)	16
3. Zurechnungsfragen	4	d) Wettbewerbsbeschränkende Absprachen bei Ausschreibungen (Abs. 1 Nr. 1 lit. e)	17
II. Die einzelnen Eintragungstatbestände	7		
1. Gesetzesverstöße, die ohne Mindeststrafe oder Mindestbuße einzutragen sind	11		

---

[1] BGBl. 2004 I 1842.
[2] BGBl. 2017 I 399.
[3] Art. 1 des Gesetzes v. 24.3.1997 (BGBl. 1997 I 594, 595).
[4] BGBl. 2017 I 1228.
[5] BGBl. 1995 I 158.
[6] BGBl. 2017 I 258.
[7] BGBl. 2014 I 1348.
[8] BGBl. 2017 I 872.
[9] BGBl. 2009 I 799.
[10] BGBl. 2017 I 872.

	Rn.		Rn.
2. Gesetzesverstöße, die nur bei Übersteigen der Bagatellgrenze einzutragen sind (Abs. 1 Nr. 2)	18	2. Zurechnungstatbestände	30
		a) Verantwortlichkeit der natürlichen Person für das Unternehmen	30
3. Bußgeldentscheidungen gegen Unternehmen	22	b) Zurechnungsadressat	31
		c) Zeitliche Dimension	35
4. Sonderregelung für Wettbewerbsbeschränkungen	25	d) Verhältnis zwischen Zurechnung und Bußgeldentscheidung gegen ein Unternehmen	40
III. Zurechnungsregelungen	28		
1. Grundsatz: Eintragung nur bei Zurechnung zu Unternehmen (Abs. 3)	28	IV. Unternehmensbegriff	41

I. Allgemeines

1. Numerus-clausus-Prinzip. Während § 3 regelt, welche Informationen im Register festzuhalten sind, legt § 2 fest, unter welchen Voraussetzungen ein Gesetzesverstoß eine Eintragung erfordert. Dabei gilt wegen der erheblichen **Grundrechtsrelevanz** einer Eintragung ein **striktes numerus-clausus-Prinzip**. Das heißt, dass nur die ausdrücklich aufgeführten Verstöße unter den normierten Bedingungen (zB Mindeststrafe) zu einer Eintragung führen können.[11] Nicht eintragbar ist deshalb die Einstellung des Strafverfahrens nach § 153a StPO.[12] 1

Der Katalog des § 2 differenziert **nicht nach zwingenden und fakultativen Ausschlussgründen** iSd §§ 123, 124 GWB. Abs. 1 Nr. 1 führt Gesetzesverstöße auf, die unabhängig von einer verhängten Mindestbuße oder Mindeststrafe einzutragen sind, während die Eintragung nach Abs. 1 Nr. 2 eine solche Mindeststrafe oder Mindestbuße voraussetzt. Abs. 2 enthält spezielle Regelungen für Bußgeldentscheidungen des Bundeskartellamts. 2

2. Keine Erfassung von Entscheidungen ausländischer oder supranationaler Behörden. Derzeit sind nur strafgerichtliche Entscheidung und Bußgeldentscheidungen **deutscher Behörden** im Wettbewerbsregister erfasst. Der Gesetzgeber hat angekündigt, dass im Rahmen der Evaluation zu prüfen sein wird, ob „Rechtsverstöße im Ausland" Eingang in das Register finden können.[13] Diese Formulierung ist missverständlich. Auch jetzt schon können **Rechtsverstöße im Ausland** in das Register Eingang finden, wenn auf einen im Ausland begangenen Rechtsverstoß das deutsche Strafrecht anwendbar ist und ein deutsches Gericht eine entsprechende Strafe verhängt.[14] Gemeint sein dürfte vielmehr, ob auch strafgerichtliche Entscheidungen ausländischer und **supranationaler Behörden** in das deutsche Wettbewerbsregister Eingang finden können. Angesichts zahlreicher rechtsstaatlicher und technischer Fragen, die sich aus einer solchen Erweiterung ergeben, dürfte eine Erfassung von Entscheidungen ausländischer Stellen oder der EU aber allenfalls ein sehr langfristiges Ziel sein. 3

3. Zurechnungsfragen. Im Ausgangspunkt kommt als Täter eines Gesetzesverstoßes im deutschen Recht immer **nur eine natürliche Person** und kein Unternehmen in Betracht („*societas delinquere non potest*"). Eine Eintragung in das Register soll jedoch nur erfolgen, wenn der Rechtsverstoß der natürlichen Person einem **Unternehmen zuzurechnen** ist,[15] wobei als Unternehmen auch natürliche Personen gelten, wenn sie die Voraussetzungen des Abs. 4 erfüllen. 4

Für die Zurechnung enthält die Vorschrift eine direkte und eine indirekte Zurechnungsregel: Abs. 1 Nr. 3 regelt Fälle, in denen die für die Verfolgung zuständige Behörde bereits auf Grundlage der genuinen Zurechnungsnormen des Ordnungswidrigkeitenrechts eine **Bußgeldentscheidung unmittelbar gegen die juristische Person** als Trägerin des Unternehmens erlassen hat. Eine Zurechnung durch die Registerbehörde erfolgt nicht mehr. 5

Abs. 3 regelt unter Aufgreifen der **Regelung des § 123 Abs. 3 GWB** die Zurechnung eines Gesetzesverstoßes zu einem Unternehmen, wenn die strafgerichtliche Entscheidung oder die Bußgeldentscheidung „nur" gegen eine natürliche Person vorliegt. 6

II. Die einzelnen Eintragungstatbestände

Hinsichtlich der Sanktionsform der einzutragenden Gesetzesverstöße differenziert die Vorschrift zwischen **strafgerichtlichen Entscheidungen und Bußgeldentscheidungen.** Von den strafgerichtlichen Entscheidungen sind sowohl **Urteile** als auch **Strafbefehle** erfasst. 7

---

[11] BT-Drs. 18/12051, 26.
[12] BT-Drs. 18/12051, 27; dies war für die Landesvergaberegisters teils abweichend geregelt; vgl. etwa *Eufinger* CB 2017, 240 (241) mit Bezug auf Schleswig-Holstein.
[13] BT-Drs. 18/12051, 25.
[14] *Wirth* CCZ 2018, 181 (182); ebenso *Fülling/Freiberg* NZBau 2018, 259 (261).
[15] BT-Drs. 18/12051, 27.

8 Im Grundsatz muss der einzutragende Gesetzesverstoß in einer **rechtskräftigen Entscheidung** festgestellt sein. Der Rechtskraftbegriff ist durch die **Strafprozessordnung** vorgegeben, wobei hier die **formelle Rechtskraft** maßgeblich ist, die auch Voraussetzung der Vollstreckung nach § 449 StPO ist. Sie tritt bei Urteilen grundsätzlich ein, wenn es von keinem Verfahrensbeteiligten mit einem ordentlichen Rechtsmittel angefochten werden kann.[16] Vorstellbar sind als Grundlage von Eintragungen auch Konstellationen relativer Rechtskraft, bei denen nur noch bestimmte Beteiligte Rechtsmittel einlegen können.[17] Bei Strafbefehlen tritt Rechtskraft ein, wenn nicht rechtzeitig Einspruch erhoben wird (§ 410 Abs. 3 StPO). Die **Bußgeldentscheidung erlangt Rechtskraft,** wenn nicht binnen zwei Wochen Einspruch gegen sie eingelegt wird (§ 67 Abs. 1 OWiG).

9 Für Verstöße gegen **kartellrechtliche** Vorschriften hat der Gesetzgeber mit Abs. 2 eine **Sondervorschrift** geschaffen.

10 Die gesetzliche Regelung differenziert außerdem nach Gesetzesverstößen, die ohne eine bestimmte **Mindeststrafe oder Mindestbuße** einzutragen sind, und solchen, bei denen die Eintragung eine bestimmte Mindestfreiheits- oder -geldstrafe oder ein Mindestbußgeld erfordert.

11 **1. Gesetzesverstöße, die ohne Mindeststrafe oder Mindestbuße einzutragen sind. a) Die in § 123 Abs. 1 GWB aufgeführte Straftaten (Abs. 1 Nr. 1 lit. a).** § 2 Abs. 1 Nr. 1 lit. a verweist pauschal auf die in § 123 Abs. 1 GWB genannten **zwingenden Ausschlussgründe.** Erfasst sind damit Verurteilungen und Strafbefehle wegen verschiedener Staatsschutzdelikte, wegen Betrugs und Subventionsbetrugs (soweit sich die Tat gegen den Haushalt der Europäischen Union oder gegen Haushalte richtet, die von der Europäischen Union oder in ihrem Auftrag verwaltet werden), wegen bestimmter Straftaten gegen den Wettbewerb, wegen Vorteilsgewährung und Bestechung sowie wegen bestimmter Straftaten gegen die persönliche Freiheit.

12 Hinsichtlich der weiteren Einzelheiten kann auf die Kommentierung zu § 123 GWB verwiesen werden.

13 **b) Betrug und Subventionsbetrug, soweit sich die Straftat gegen öffentliche Haushalte richtet (Abs. 1 Nr. 1 lit. b).** Einzutragen sind auch Verurteilungen oder Strafbefehle wegen **Betrugs und Subventionsbetrugs,** der sich gegen die **öffentlichen Haushalte** richtet. Die in § 123 Abs. 1 Nr. 4 und 5 GWB geregelten zwingenden Ausschlussgründe sind enger und erfassen nur den Betrug und den Subventionsbetrug zulasten des Haushalts der Europäischen Union oder zulasten von Haushalten, die von der Europäischen Union oder in ihrem Auftrag verwaltet werden. Der Referentenentwurf beschränkte sich noch auf den in § 123 Abs. Nr. 4 und 5 GWB erfassten Betrug zulasten des EU-Haushalts.

14 Grund für die Eintragung von Betrugsdelikten zulasten öffentlicher Haushalte liegt in der **typisierenden Betrachtung des Gesetzgebers,** bei Verstößen dieser Art liege „regelmäßig eine schwere Verfehlung im Rahmen der beruflichen Tätigkeit" nach § 124 Abs. 1 Nr. 3 GWB und damit ein fakultativer Ausschlussgrund vor.[18]

15 Es kann bezweifelt werden, ob diese **Typisierung** geglückt ist: Sie findet sich (anders als die nach Abs. 2 zu erfassenden Gesetzesverstöße) nicht im Gewerbezentralregister wieder. Fraglich ist zudem, wie einem **Umkehrschluss** begegnet werden soll, dass dann die Begehung anderer Delikte, die hier nicht genannt sind, „regelmäßig" keine schwere Verfehlung darstellt. Unabhängig davon ist zu beachten, dass § 124 Abs. 1 GWB dem Auftraggeber **Ermessen** bei der Entscheidung über den Ausschluss eines Bieters einräumt. § 6 Abs. 5 S. 1 stellt klar, dass dieser Ermessensspielraum durch das WRegG keine Einschränkung erfährt. Ein schlichter Verweis auf eine Eintragung nach Abs. 1 Nr. 1 lit. b stellte deshalb einen Ermessensausfall dar.

16 **c) Vorenthalten und Veruntreuen von Arbeitsentgelt und Steuerhinterziehung (Abs. 1 Nr. 1 lit. c und d).** Die Eintragung wegen dieser Delikte korrespondiert mit den in **§ 123 Abs. 4 GWB** normierten zwingenden Ausschlussgründen. Auf die entsprechende Kommentierung kann verwiesen werden.

17 **d) Wettbewerbsbeschränkende Absprachen bei Ausschreibungen (Abs. 1 Nr. 1 lit. e).** Aufgenommen hat der Gesetzgeber ebenfalls eine Verurteilung oder einen Strafbefehl wegen eines Verstoßes gegen § 298 StGB. Es handelt sich hier nicht um eine Katalogstraftat der zwingenden Ausschlussgründe. Die Gesetzesbegründung lässt nicht weiter erkennen, welche Beweggründe zur Aufnahme dieses Eintragungstatbestands geführt haben. Naheliegend erscheint, dass es auch hier um eine **typisierende Betrachtung der schweren Verfehlungen** nach § 124 Abs. 1 Nr. 3 GWB geht.

---

[16] Meyer-Goßner/Schmitt StPO § 449 Rn. 5 mwN; BeckOK StPO/Coen StPO § 449 Rn. 4.
[17] MüKoStPO/Nestler StPO § 450 Rn. 20.
[18] BT-Drs. 18/12051, 26.

2. Gesetzesverstöße, die nur bei Übersteigen der Bagatellgrenze einzutragen sind (Abs. 1 Nr. 2).

Erfasst sind von Abs. 1 Nr. 2 ausschließlich Verstöße gegen Vorschriften mit **sozial- und arbeitsrechtlichem Schwerpunkt**. Nicht eintragungsfähig sind etwa strafbewehrte oder bußgeldbewehrte Verstöße gegen Umweltvorschriften (etwa nach § 62 BImschG, § 32 Treibhausemissionshandelsgesetz oder § 69 KrWG).

Abs. 1 Nr. 2 knüpft die Eintragungspflicht an eine Mindestschwere der ausgesprochenen Rechtsfolge, um die Eintragung von Bagatellfällen zu vermeiden.[19] Erforderlich ist bei strafgerichtlichen Entscheidungen eine Freiheitsstrafe von **mehr als drei Monaten** oder eine Geldstrafe von **90 Tagessätzen**. Bei Bußgeldentscheidungen muss eine Geldbuße von wenigstens **2.500 EUR** festgesetzt sein. Diese Bagatellgrenzen entsprechen der Einordnung für das Gewerbezentralregister in § 149 Abs. 2 Nr. 4 GewO.

Ziel des Gesetzgebers ist es, durch die Eintragung die **Prüfung der Ausschlussgründe nach § 124 GWB zu erleichtern**. Zudem führt der Gesetzgeber in seiner Begründung pauschal aus, dass die in Abs. 1 Nr. 2 aufgeführten Gesetzesverstöße „den fakultativen Ausschlussgrund nach § 124 Abs. 1 Nr. 1 in Verbindung mit Abs. 2 begründen".[20] Diese Aussage erfordert jedoch zwei Einschränkungen. Zum einen gilt das oben zu den Grenzen der Typisierung Gesagte (→ Rn. 14 f.). Zum anderen ist mit Blick auf § 124 Abs. 1 Nr. 1 GWB zu beachten, dass dieser Verstöße gegen das Sozial- und Arbeitsrecht nur insoweit erfasst, als sie „bei der Ausführung öffentlicher Aufträge" erfolgten. Eine vergleichbare Einschränkung besteht für die Eintragung nach Abs. 1 Nr. 2 nicht, sodass der **Auftraggeber stets zu prüfen** hat, ob der eingetragene Verstoß auch tatsächlich bei Ausführung eines öffentlichen Auftrags und nicht bei Arbeiten für einen privaten Auftraggeber erfolgte, soweit er sich auf den § 124 Abs. 1 Nr. 1 GWB stützen möchte.

Die **Auswahl der Vorschriften** übernimmt im Wesentlichen die bisher in das Gewerbezentralregister einzutragenden und dem öffentlichen Auftraggeber mitzuteilenden Gesetzesverstöße (§ 149 Abs. 2 Nr. 4 GewO und § 150a Abs. 1 Nr. 1 lit. b GewO aF). Die dem öffentlichen Auftraggeber nach dem WRegG zur Verfügung zu stellenden Informationen sind etwas weitergehender als bisher auf Grundlage von § 150a Abs. 1 Nr. 1 lit. b GewO aF mitgeteilten Informationen. Zu dem Katalog hinzugekommen sind Verstöße gegen § 8 Abs. 1 Nr. 2 SchwarzArbG sowie die in § 16 Abs. 1 Nr. 1, 1 lit. c, 1 lit. d 1 lit. f und Nr. 2 AÜG genannten Ordnungswidrigkeiten.

3. Bußgeldentscheidungen gegen Unternehmen.

In Abs. 1 Nr. 3 ist zunächst in Anlehnung an § 123 Abs. 1 GWB der Fall geregelt, dass bereits eine Bußgeldentscheidung gegen ein Unternehmen wegen eines der in Abs. 1 Nr. 1 oder Nr. 2 genannten Gesetzesverstöße ergangen ist. Die **Zurechnung des Gesetzesverstoßes** der handelnden natürlichen Person an das Unternehmen **erfolgt hier bereits in der Bußgeldentscheidung** über § 30 OWiG. Voraussetzung dafür ist, dass durch den Verstoß Pflichten der das Unternehmen tragenden juristischen Person oder der Personenvereinigung verletzt werden oder dass diese durch den Verstoß bereichert sind.

Darüber hinaus enthält die Vorschrift mit **§ 130 OWiG einen weiteren Eintragungstatbestand**, ohne dass die Gesetzesbegründung hierauf eingeht. § 130 OWiG sanktioniert als echtes Unterlassungsdelikt das Unterlassen von Aufsichtsmaßnahmen durch den Inhaber eines Betriebs oder Unternehmens zur Unterbindung von Pflichtverletzungen, wenn die Verletzung der Pflicht mit Strafe oder Geldbuße bedroht ist. § 130 OWiG ist damit **nicht Zurechnungsnorm**, sondern selbstständige Ordnungswidrigkeit. Eine Zurechnung an den Unternehmensträger erfolgt entweder schon direkt in der Bußgeldentscheidung über § 30 OWiG oder sie erfolgt nachträglich für die Zwecke des Wettbewerbsregisters über § 2 Abs. 3 (zur Zurechnung für diesen Fall → Rn. 30 f.).

Durch den Verweis auf die in Abs. 1 Nr. 1 und 2 genannten Verstöße wird deutlich, dass sich die Aufsichtspflicht in einem Verstoß gegen die in diesen Normen aufgeführten Tatbestände niedergeschlagen haben muss. Hat die Aufsichtspflichtverletzung die Verwirklichung anderer Tatbestände zur Folge, kommt eine Eintragung nicht in Betracht.

4. Sonderregelung für Wettbewerbsbeschränkungen.

Abs. 2 regelt die Eintragung von Bußgeldentscheidungen wegen **Verstößen gegen bestimmte kartellrechtliche Vorschriften**. In Bezug genommen werden aber nur Verstöße gegen das **Kartellverbot** in Art. 101 AEUV und § 1 GWB. **Andere Verstöße** gegen das Kartellrecht, insbesondere der Missbrauch einer marktbeherrschenden Stellung, sind **nicht** eintragungsfähig. Eine Eintragung erfolgt nur, wenn eine **Geldbuße von mindestens 50.000 EUR** festgesetzt ist.[21] Hat also das betroffene Unternehmen erfolg-

---

[19] BT-Drs. 18/12051, 27; kritisch zur Wahl der Schwellenwerte Rieder/Dammann de Chapto NZKart 2018, 8 (9).
[20] BT-Drs. 18/12051, 26.
[21] Kritisch gegenüber diesem Wert Seeliger/Gürer BB 2017, 1731 (1732).

reich einen **Kronzeugenantrag** gestellt und erlässt das Bundeskartellamt daraufhin nach § 81k GWB die Geldbuße, kommt eine Eintragung nach dem klaren Wortlaut der Norm nicht in Betracht.[22]

26 Im Gegensatz zu allen übrigen eintragungspflichtigen Gesetzesverstößen soll es für die Eintragung von Bußgeldentscheidungen wegen Kartellrechtsverstößen nach Abs. 2 **nicht auf die Rechtskraft der Bußgeldentscheidung** ankommen. Der Gesetzgeber begründet dies mit der Formulierung des Ausschlussgrunds in § 124 Abs. 1 Nr. 4 GWB, wonach bereits „hinreichende Anhaltspunkte" für einen Kartellrechtsverstoß genügen. Hinreichende Anhaltspunkte bestünden bereits, wenn eine Bußgeldentscheidung in der Welt sei.[23] Diese Ungleichbehandlung gegenüber anderen Gesetzesverstößen kann man durchaus **kritisch** sehen.[24] Auch ein fakultativer Ausschluss aufgrund anderer Gesetzesverstöße erfordert nach § 124 Abs. 1 Nr. 3 GWB nicht zwingend die Rechtskraft der Sanktionsentscheidung.[25] Dennoch gilt für sie, dass eine Eintragung in das Wettbewerbsregister erst mit Rechtskraft erfolgt. Weshalb dann bei Verstößen gegen das Kartellrecht eine frühere Eintragung geboten erscheint, erschließt sich nicht.

27 Auf Initiative des Ausschusses für Wirtschaft und Energie[26] ist eine Eintragung von Bußgeldentscheidungen, die auf Grundlage von § 81a Abs. 1–3 GWB ergangen sind, ausdrücklich ausgeschlossen. Mit diesen Vorschriften hat der Gesetzgeber im Rahmen der 9. GWB-Novelle Möglichkeiten geschaffen, den Adressatenkreis einer Bußgeldentscheidung in Anlehnung an den **europakartellrechtlich vorgeprägten Unternehmensbegriff** deutlich zu erweitern, insbesondere auf Konzernobergesellschaften. Nach Abs. 2 kann eine solche gegen das „wirtschaftlich" verstandene Unternehmen ergangene Bußgeldentscheidung **nicht Ausgangspunkt einer Eintragung des Unternehmens im Wettbewerbsregister** sein. Vielmehr bleibt als Anknüpfungspunkt nur die gegen die natürlichen Personen ergangene Bußgeldentscheidung, die dann über Abs. 3 einer juristischen Person zugerechnet werden muss (→ Rn. 30). Diese Klarstellung ist begrüßenswert: Sie sichert das im Wettbewerbsregister festgeschriebene und vor der 9. GWB Novelle auch im Kartellrecht wirksame) **Rechtsträgerprinzip** ab. Eine Zurechnung erfolgt nach dem WRegG stets nur an den Rechtsträger, für den die natürliche Person verantwortlich gehandelt hat (→ Rn. 32). Es ist darüber hinaus zu begrüßen, dass sich der Gesetzgeber dafür entschieden hat, auch für den Bereich des Kartellrechts im WRegG am Rechtsträgerprinzip festzuhalten. Alles andere hätte eine noch weitergehende Absonderung der Kartellrechtsverstöße von anderen Verstößen innerhalb des WRegG zur Folge gehabt.

III. Zurechnungsregelungen

28 **1. Grundsatz: Eintragung nur bei Zurechnung zu Unternehmen (Abs. 3).** Da nach §§ 123 und 124 GWB **nur Unternehmen** von Vergabeverfahren ausgeschlossen werden können, ordnet Abs. 3 zunächst im Grundsatz an, dass eine Eintragung von strafgerichtlichen Entscheidungen oder Bußgeldentscheidungen gegen natürliche Personen nur erfolgen darf, wenn der durch eine natürliche Person begangene Gesetzesverstoß einem Unternehmen zurechenbar ist.

29 **Unklar** ist die Handhabung von den in Abs. 1 Nr. 3 genannten **Verstößen gegen § 130 OWiG**.[27] Auch hier ergeht die Bußgeldentscheidungen zunächst gegen eine natürliche Person, entweder weil diese selbst Träger des Unternehmens ist (zB beim e.K.) oder weil ihr über § 9 die Unternehmensträgereigenschaft einer juristischen Person zugerechnet wird.[28] Nach dem vorgehend geschilderten Grundsatz dürfte deshalb auch hier eine Eintragung in das Register nur erfolgen, wenn das Verhalten einem Unternehmen zurechenbar ist. Der ausdrückliche **Verweis in Abs. 3 S. 1** nimmt aber nur auf die Gesetzesverstöße in Abs. 1 Nr. 1und 2 Bezug und nicht auf Nr. 3, der den § 130 OWiG benennt. Auch hier muss aber gelten, dass eine Eintragung nur erfolgen darf, wenn die Zurechnung des Verhaltens an ein Unternehmen möglich ist. In der Praxis dürfte diese **unklare Verweislage** kaum Schwierigkeiten verursachen. Typischerweise wird bei Verstößen gegen § 130 OWiG nicht nur ein Bußgeld gegen den Repräsentanten nach § 9 OWiG verhängt, sondern auch nach § 30 OWiG gegen die juristische Person, die Inhaberin des Unternehmens ist.

30 **2. Zurechnungstatbestände. a) Verantwortlichkeit der natürlichen Person für das Unternehmen.** Der Gesetzesverstoß einer natürlichen Person ist dem Unternehmen zurechenbar,

---

[22] Insoweit zweifelnd offenbar *Mundt* 19. Forum vergabe Gespräche, 2018, 24.
[23] BT-Drs. 18/12051, 27; zustimmend *Fülling/Freiberg* NZBau 2018, 259 (261).
[24] Mit etwas anderer Begründung *Seeliger/Gürer* BB 2017, 1731 (1732); kritisch ebenfalls *Dreher* NZBau 2017, 313 (314); *Haus/Erne* NZG 2017, 1167 (1168); *Rieder/Dammann de Chapto* NZKart 2018, 8 (10).
[25] OLG Düsseldorf NZBau 2019, 393 Rn. 67; OLG Saarbrücken NZBau 2004, 346.
[26] BT-Drs. 18/12583, 9.
[27] Zweifelnd insoweit auch *Gottschalk/Lubner* NZWiSt 2018, 96 (99).
[28] Krenberger/Krumm/*Bohnert/Krenberger/Krumm* OWiG § 130 Rn. 8.

wenn die natürliche Person als für die **Leitung des Unternehmens Verantwortliche** gehandelt hat, wozu auch die Überwachung der Geschäftsführung oder die sonstige Ausübung von Kontrollbefugnissen in leitender Stellung gehört. Die in Abs. 3 S. 2 aufgestellte **Zurechnungsregel** entspricht nahezu wörtlich dem § 123 Abs. 3 GWB, der sich wiederum an § 30 Abs. 1 Nr. 5 OWiG orientiert. Erfasst sind im Kern alle **Personen, die in verantwortlicher Position das Unternehmen leiten oder in leitender Stellung arbeiten.** Zu diesem Personenkreis zählt insbesondere, wer vertretungsberechtigtes Organ einer juristischen Person oder Mitglied eines solchen Organs, Vorstand eines nicht rechtsfähigen Vereins oder Mitglied eines solchen Vorstands, vertretungsberechtigter Gesellschafter einer rechtsfähigen Personengesellschaft oder Generalbevollmächtigter ist oder wer in leitender Stellung Prokurist oder Handlungsbevollmächtigter einer juristischen Person, eines nicht rechtsfähigen Vereins bzw. einer rechtsfähigen Personengesellschaft ist.[29] Eine **organschaftliche Stellung** ist damit **nicht** zwingend.[30] Fehlt es einem Mitarbeiter an der entsprechenden Leitungsverantwortlichkeit, kommt eine Zurechnung nicht in Betracht.[31] Wegen der weiteren Einzelheiten kann auf die Kommentierung zu § 123 Abs. 3 GWB verwiesen werden.

b) Zurechnungsadressat. Eine entscheidende Einschränkung, die sich allerdings in erster Linie aus der Gesetzesbegründung ergibt, betrifft den Adressaten der Zurechnung. Das **Unternehmen als Zurechnungsobjekt ist eng zu verstehen** und **keinesfalls im Sinne des europakartellrechtlich** geprägten Unternehmensbegriffs.[32] Nach dem Verständnis des europäischen Kartellrechts können verschiedene juristische Personen innerhalb einer Unternehmensgruppe eine wirtschaftliche Einheit und damit ein einheitliches Unternehmen bilden.[33] Ein so verstandenes Unternehmen soll aber nicht Zurechnungsadressat des Verhaltens der natürlichen Person nach dem WRegG sein. 31

Im Grundsatz erfolgt die **Zurechnung nur an den Unternehmensträger**,[34] für den die handelnde Person konkret Leitungsbefugnisse im Sinne dieser Vorschrift hat. Besteht also gegen den Geschäftsführer der A-GmbH, die neben der B- und der C-GmbH zum von der Z-AG getragenen Z-Konzern gehört, ein rechtskräftiges Urteil wegen eines Katalogtatbestands nach Abs. 1 oder 2, erfolgt nur die Eintragung der A-GmbH und des Geschäftsführers. Weder die Z-AG noch die anderen Tochtergesellschaften sind einzutragen. Besteht das rechtskräftige Urteil gegen einen Vorstand der Z-AG, sind der Vorstand und die Z-AG einzutragen (die Gesetzesbegründung spricht für diesen Fall von der „Obergesellschaft des Gesamtkonzerns"). Übt eine natürliche Person für mehrere Rechtsträger (zB innerhalb eines Konzernverbunds) Leitungsfunktionen aus, muss genau geprüft werden, für welchen konkreten Rechtsträger die natürliche Person tätig war, als der Gesetzesverstoß erfolgte.[35] Eine **pauschale Zurechnung an alle Rechtsträger** scheidet aus.[36] 32

Im Kern orientiert sich der Gesetzgeber damit am **Rechtsträgerprinzip** und nicht an einem **Funktionalitätsprinzip**, das darauf abstellt, ob der Verantwortliche für das Unternehmen als wirtschaftliche Einheit in leitender Position tätig ist. Ob damit ein relevantes **Risiko einer Umgehung** besteht, etwa durch Neugründung von Töchterunternehmen bei Eintragung einer bisherigen Tochter, muss die Praxis zeigen. 33

Handelt es sich bei dem **Unternehmensträger** um dieselbe **natürliche Person**, zB eingetragener Kaufmann, die auch den Gesetzesverstoß begangen hat, bleibt eine Zurechnung der rechtskräftigen strafgerichtlichen Entscheidung oder der Bußgeldentscheidung an das Unternehmen zwar erforderlich. Diese wird aber zumeist unproblematisch sein, weil die natürliche Person bei Begehung der Tat in aller Regel in ihrer Funktion als Unternehmensträger gehandelt haben wird. Sollte dieses Kriterium ausnahmsweise nicht erfüllt sein, müsste eine Eintragung trotz Personenidentität von natürlicher Person und Unternehmensträger unterbleiben. 34

c) Zeitliche Dimension. Unklar ist, zu welchem **Zeitpunkt** die natürliche Person in verantwortlicher Position für das Unternehmen gehandelt haben muss, um eine Eintragungspflicht anzunehmen. In Betracht kommen der **Zeitpunkt der Begehung der Tat,** der **Zeitpunkt der Rechtskraft** der sanktionierenden Entscheidungen oder der **Zeitpunkt der Eintragung.** Die 35

---

[29] BT-Drs. 18/6281, 103 zu § 123 Abs. 3 GWB.
[30] S. zu dieser Frage iRd § 123 Abs. 3 GWB ausf. Beck VergabeR/*Opitz* GWB § 123 Rn. 44.
[31] *Fülling/Freiberg* NZBau 2018, 259 (262).
[32] Ebenso *Seeliger/Gürer* BB 2017, 1731 (1732).
[33] Vgl. beispielhaft EuGH Urt. v. 10.9.2009 – C-97/08, EuZW 2009, 816 – Akzo Nobel mit weiteren Nachweisen zur Rechtsprechung.
[34] Vgl. dazu BT-Drs. 18/12051, 28; zustimmend *Rieder/Dammann de Chapto* NZKart 2018, 8 (11); *Haus/Erne* NZG 2017, 1167 (1168) mit weiteren systematischen Erwägungen.
[35] Kritisch *Rieder/Dammann de Chapto* NZKart 2018, 8 (11), die meinen, bei größeren Konzernen werde eine Eintragung meist ausscheiden, weil sich nicht ermitteln lasse, für welches Unternehmen die Leitungsperson gehandelt habe.
[36] Ebenso mit ausführlicher Begründung *Haus/Erne* NZG 2017, 1167 (1169).

Gesetzesbegründung schweigt zu dieser Frage. Zumindest der Wortlaut der Vorschrift („gehandelt *hat*") scheint darauf hinzudeuten, dass es darauf ankommt, dass die natürliche Person bei Begehung der Tat eine verantwortliche Position innehatte.

36 Der Blick auf die parallele Diskussion, die zum Zeitpunkt der Zurechnung im Rahmen der **wortlautgleichen Vorschrift § 123 Abs. 3 S. 2 GWB** geführt wird,[37] lässt aber Zweifel an dieser Auslegung aufkommen: Unter Verweis auf Art. 57 Abs. 1 S. 2 RL 2014/24/EU wird zurecht vertreten, dass der Ausschluss eines Bieters nur in Betracht kommen kann, wenn die rechtskräftig sanktionierte Person noch während des relevanten Vergabeverfahrens eine Leitungsposition in dem betroffenen Unternehmen ausübt.[38] Zwar kann diese Sichtweise nicht ohne Weiteres auf den Eintragungstatbestand übertragen werden, weil die Registerbehörde sonst bei jeder Abfrage eines Auftraggebers nach § 6 Abs. 1 verpflichtet wäre, die Voraussetzungen des Eintragungstatbestands erneut zu prüfen.

37 Dennoch darf angesichts der Zielsetzung des Wettbewerbsregisters der **Blick auf die tatsächliche Möglichkeit eines Ausschlusses** nicht verstellt werden: Kommt ein Ausschluss europarechtlich nicht in Betracht, wenn die rechtskräftig sanktionierte natürliche Person im Zeitpunkt des Vergabeverfahrens keine Leitungsposition mehr inne hat, muss auch eine Eintragung in das Wettbewerbsregister jedenfalls dann nicht mehr erfolgen, wenn **im Eintragungszeitpunkt die handelnde Person nachweislich ihre Leitungsposition verloren** hat.

38 Hiergegen lässt sich nicht einwenden, auf diese Weise würde der Anwendungsbereich der strengengeren **Regelungen der Selbstreinigung** in § 8 zu sehr eingeengt, weil dem Unternehmen die Möglichkeit verbleibe, zB durch Entlassung der handelnden Leitungsperson nach Rechtskraft der sanktionierenden Entscheidung, aber vor Eintragung in das Register, eine Eintragung zu verhindern, ohne die Vorgaben der Selbstreinigung erfüllen zu müssen. Denn eine Eintragung in dem hier diskutierten Szenario (Entlassung der Leitungsperson nach Rechtskraft und vor Eintragung) muss nur unterbleiben, soweit sie sich auf die Zurechnungsnorm des § 2 Abs. 3 stützt. Daneben besteht aber die Möglichkeit der Eintragung nach § 2 Abs. 1 Nr. 3, wenn gegen das Unternehmen selbst auf Grundlage des § 30 OWiG eine rechtskräftige Bußgeldentscheidung ergangen ist. Hier spielt es keine Rolle, ob die handelnde Person in Leitungsfunktion das Unternehmen zwischenzeitlich verlassen hat, weil dann bereits die Bußgeldentscheidung gegen das betroffene Unternehmen selbst ergeht.

39 Die Notwendigkeit, den **Verlust der Leitungsposition vor Eintragung zu berücksichtigen,** ist damit nur Ausdruck des Umstands, dass sich die Zurechnung an das Unternehmen und damit der Eintragungstatbestand ausschließlich aus dem Handeln einer natürlichen Person ergibt und die Verfolgungsbehörden keine Bußgeldentscheidung gegen das Unternehmen selbst erlassen haben.

40 **d) Verhältnis zwischen Zurechnung und Bußgeldentscheidung gegen ein Unternehmen.** Die Regelungen in Abs. 1 Nr. 3 und Abs. 3 haben zur Folge, dass grundsätzlich ein und dasselbe relevante Fehlverhalten einer Leitungsperson zu Mehrfacheintragungen eines Unternehmens in das Wettbewerbsregister führen können. Dies ergibt sich aus § 7 Abs. 1 S. 4 und ist dem Umstand geschuldet, dass der Gesetzesverstoß einer Leitungsperson einerseits zum Erlass einer eintragungspflichtigen Bußgeldentscheidung gegen das Unternehmen auf Grundlage von § 30 OWiG führen kann und andererseits eine Sanktionsentscheidung gegen die natürliche Person nach sich zieht, die über § 2 Abs. 3 ebenfalls eine Eintragung des Unternehmens zur Folge hat. Um ungewollte Belastungen durch doppelte Eintragungen zu vermeiden, hat der Gesetzgeber die Löschungsfristen bei Doppeleintragungen in § 7 Abs. 1 S. 4 angepasst (→ § 7 Rn. 5)

IV. Unternehmensbegriff

41 Abs. 4 S. 1 definiert Unternehmen als natürliche oder juristische Personen oder Gruppe von solchen Personen, die auf dem Markt die Lieferung von Waren, die Ausführung von Bauleistungen oder die Erbringung von sonstigen Leistungen anbietet. Die Definition lehnt sich an Art. 2 Abs. 1 Nr. 10 **RL 2014/24/EU** an.

42 Wichtig ist, erneut darauf hinzuweisen (→ Rn. 31 f.), dass dort, wo ein Unternehmen aus mehreren juristischen Personen besteht, eine Zurechnung nicht an das gesamte Unternehmen, sondern nur an den **konkreten Unternehmensträger** erfolgt, für den die handelnde Person in zurechenbarer Weise tätig wird.

43 Der S. 2 des Abs. 4 stellt klar, dass auch das Erlöschen einer juristischen Person vor dem Zeitpunkt der Eintragung nicht der Eintragung entgegensteht. Der Auftraggeber soll durch die Eintragung auch **erloschener Unternehmensträger** in die Lage versetzt werden, zu prüfen, ob ein

---

[37] Vgl. etwa HK-VergabeR/*Kaufmann* GWB § 123 Rn. 53; Beck VergabeR/*Opitz* GWB § 123 Rn. 40.
[38] HK-VergabeR/*Kaufmann* GWB § 123 Rn. 53; Beck VergabeR/*Opitz* GWB § 123 Rn. 40.

Ausschlussgrund auch zulasten des Rechtsnachfolgers gewertet werden muss (zu den damit verbundenen Schwierigkeiten → § 6 Rn. 6).

§ 3 Inhalt der Eintragung in das Wettbewerbsregister

(1) Die Registerbehörde speichert folgende Daten, die ihr von einer nach § 4 zur Mitteilung verpflichteten Behörde übermittelt wurden, in einer elektronischen Datenbank:
1. den Namen der mitteilenden Behörde,
2. das Datum der einzutragenden Entscheidung und ihrer Rechts- beziehungsweise Bestandskraft,
3. das Aktenzeichen des Vorgangs der mitteilenden Behörde,
4. vom betroffenen Unternehmen
    a) die Firma,
    b) die Rechtsform,
    c) den Familiennamen und den Vornamen der gesetzlichen Vertreter,
    d) bei Personengesellschaften den Familiennamen und den Vornamen der geschäftsführenden Gesellschafter,
    e) die Postanschrift des Unternehmens,
    f) bei inländischen Unternehmen das Registergericht und die Registernummer aus dem Handels-, Genossenschafts-, Vereins-, Partnerschaftsregister oder bei vergleichbaren amtlichen Registern die Registernummer und die registerführende Stelle, soweit vorhanden,
    g) bei ausländischen Unternehmen anstelle der in Buchstabe f genannten Angaben eine der Registernummer vergleichbare Nummer und die registerführende Stelle, soweit vorhanden, sowie
    h) soweit vorhanden, die Umsatzsteueridentifikationsnummer,
5. von der natürlichen Person, gegen die sich die einzutragende Entscheidung richtet oder die im Bußgeldbescheid nach § 30 des Gesetzes gegen Ordnungswidrigkeiten genannt wird,
    a) den Familiennamen, den Geburtsnamen und den Vornamen der natürlichen Person,
    b) das Geburtsdatum, den Geburtsort und den Staat der Geburt der natürlichen Person,
    c) die Anschrift der betroffenen natürlichen Person und
    d) die die Zurechnung des Fehlverhaltens zu einem Unternehmen gemäß § 2 Absatz 3 Satz 2 begründenden Umstände sowie
6. die zur Registereintragung führende Straftat oder Ordnungswidrigkeit einschließlich der verhängten Sanktion.

(2) Teilt ein Unternehmen nach seiner Eintragung in das Wettbewerbsregister der Registerbehörde mit, dass es Maßnahmen zur Selbstreinigung im Sinne des § 123 Absatz 4 Satz 2 oder des § 125 des Gesetzes gegen Wettbewerbsbeschränkungen nachweisen kann, speichert die Registerbehörde die übermittelten Daten im Wettbewerbsregister.

(3) Die in dem Wettbewerbsregister gespeicherten Daten und die Verfahrensakten der Registerbehörde sind vertraulich.

I. Im Register zu speichernde Daten

§ 3 Abs. 1 legt fest, welche Daten im Wettbewerbsregister zu speichern sind. Die Vorschrift **1** schafft damit die **datenschutzrechtlich erforderliche Gesetzesgrundlage** und legt spiegelbildlich über den Verweis in § 4 Abs. 1 S. 1 fest, welche Informationen seitens der Strafverfolgungsbehörden und der Behörden, die zur Verfolgung von Ordnungswidrigkeiten berufen sind, an die Registerbehörde geliefert werden müssen. Schließlich ist auf diese Weise auch der Umfang der nach § 6 Abs. 3 **an den abfragenden Auftraggeber zu übermittelnden Daten** festgelegt.

Die Vorschrift zählt die einzelnen **Datenpunkte abschließend** auf. Sie dienen dazu, das **2** betroffene Unternehmen und den Eintragungstatbestand unzweifelhaft zu identifizieren. Die Wettbewerbsregisterverordnung konkretisiert in ihrem § 4 WRegV die einzutragenden Informationen nur geringfügig. Neben den in § 3 Abs. 1 und 2 genannten Informationen muss die Registerbehörde nach § 8 Abs. 4 S. 4 auch eine **negative Entscheidung** über einen Antrag auf vorzeitige Löschung wegen Selbstreinigung vermerken (→ § 8 Rn. 32).

Ohne dass dies ausdrücklich Erwähnung findet, muss die Registerbehörde auch erfassen und **3** abspeichern, dass eine Eintragung nach § 7 Abs. 1 wegen **Fristablaufs** oder wegen **erfolgreicher**

Selbstreinigung nach § 8 Abs. 1 S. 3 gelöscht worden ist. Dies ergibt sich aus der in § 7 Abs. 2 S. 1 angeordneten Bindungswirkung einer gelöschten Eintragung (→ § 7 Rn. 10 f.). Diese Bindungswirkung setzt voraus, dass die Registerbehörde den Umstand der Löschung speichert und auf Abfrage dem Auftraggeber zur Verfügung stellt.

II. Maßnahmen zur Selbstreinigung

4   Soweit ein Unternehmen der Registerbehörde mitteilt, dass es Maßnahmen zur Selbstreinigung nach § 123 Abs. 4 S. 2 GWB oder nach § 125 GWB ergriffen hat, ist auch **diese Information im Register abzuspeichern.** Die Informationen sind unter Verwendung eines Standardformulars mitzuteilen.

5   Es handelt sich hierbei **nicht um einen Antrag** auf vorzeitige Löschung wegen Selbstreinigung nach § 8. Die Informationen werden insbesondere **ohne Prüfung durch die Registerbehörde** übernommen.[1] Zweck der in Abs. 2 vorgesehenen Speicherung ist vielmehr, dem Unternehmen die Gelegenheit zu geben, gegenüber dem öffentlichen Auftraggeber **frühzeitig zu signalisieren,** dass bereits Selbstreinigungsmaßnahmen ergriffen wurden. Damit kann das Unternehmen zum einen dem mit dem Eintrag verbundenen negativen Eindruck direkt entgegenwirken, bevor eine endgültige Entscheidung nach § 8 über die Selbstreinigung ergangen ist. Zum anderen bleibt den Auftraggebern unbenommen, selbstständig und vor Abschluss eines Verfahrens nach § 8 über den Erfolg der Selbstreinigung zu entscheiden (→ § 8 Rn. 34). Die Übermittlung von Informationen nach § 3 Abs. 2 kann dann erster Aufsatzpunkt für eine solche Prüfung sein.

III. Vertraulichkeit der Informationen

6   Abs. 3 ordnet an, dass die gespeicherten Informationen vertraulich sind. **Ausgeschlossen** sind damit nach Willen des Gesetzgebers insbesondere Informationsansprüche nach dem **IFG,**[2] aber auch Auskunftsbegehren, die auf andere Grundlagen gestellt werden.

§ 4 Mitteilungen

(1) Die Strafverfolgungsbehörden und die Behörden, die zur Verfolgung von Ordnungswidrigkeiten berufen sind, teilen bei Entscheidungen nach § 2 Absatz 1 und 2 der Registerbehörde unverzüglich die in § 3 Absatz 1 bezeichneten Daten mit. § 30 der Abgabenordnung steht der Mitteilung von Entscheidungen nach § 2 Absatz 1 Nummer 1 Buchstabe d sowie nach § 2 Absatz 1 Nummer 3 in Verbindung mit Absatz 1 Nummer 1 Buchstabe d nicht entgegen.

(2) Die Registerbehörde prüft die übermittelten Daten und sieht von einer Eintragung ab, wenn die Daten offensichtlich fehlerhaft sind. Stellt sich die Fehlerhaftigkeit erst nach der Eintragung heraus, berichtigt oder löscht die Registerbehörde die betroffenen Daten von Amts wegen. § 8 Absatz 3 gilt entsprechend.

(3) Werden den Strafverfolgungsbehörden oder den Behörden, die für die Verfolgung von Ordnungswidrigkeiten berufen sind, Umstände bekannt, die einer weiteren Speicherung der übermittelten Daten im Wettbewerbsregister entgegenstehen, so haben sie die Registerbehörde unverzüglich zu unterrichten.

I. Mitteilungspflicht der Behörden

1   Nach Abs. 1 S. 1 sind die **Strafverfolgungsbehörden** und die zur **Verfolgung von Ordnungswidrigkeiten berufenen Behörden** zuständig für die Mitteilung der in das Register einzutragenden Informationen. Inhaltlich umfasst sind sämtliche in § 3 Abs. 1 S. 1 genannten **Informationspunkte.**

2   Wichtig ist dies insbesondere mit Blick auf die in § 3 Abs. 1 S. 1 Nr. 5 lit. d genannten Umstände, welche die **Zurechnung des Fehlverhaltens** einer natürlichen Person zu einem Unternehmen rechtfertigen. Wie der Bundesrat in seiner Stellungnahme zurecht anmerkte setzt diese Informationspflicht eine „**gewisse Vorprüfung**" der Zurechnungskriterien des § 2 Abs. 3 S. 2 voraus.[1] Unumgänglich verbunden ist damit die Gefahr einer uneinheitlichen Anwendung der Zurechnungskriterien. Die Bundesregierung hat diese Gefahr allerdings in Kauf genommen, indem

---

[1] BT-Drs. 18/12051, 28.
[2] BT-Drs. 18/12051, 29.
[1] BT-Drs. 18/12497, 2.

sie festhielt, die zur Verfolgung des jeweiligen Verstoßes berufenen Behörden seien mit den Umständen des Einzelfalls am besten vertraut.[2] Entsprechend regelt § 4 Abs. 2 Nr. 2 WRegV, dass die Verfolgungsbehörden Informationen zu der durch den Täter ausgeübten Leitungsfunktion und zum Handeln des Täters in der Ausübung dieser Funktion geben müssen. Ihnen obliegt also die **Ausermittlung und die Übermittlung** der den **Zurechnungstatbestand** ausfüllenden Umstände.

II. Entscheidung über Eintragung

Die Registerbehörde hat vor Eintragung die übermittelten **Daten zu überprüfen.** Bei offensichtlicher **Fehlerhaftigkeit** hat die Eintragung zu unterbleiben. Darin kann sich die Prüfpflicht der Registerbehörde aber nicht erschöpfen. 3

Insbesondere obliegt ihr ausweislich der Gesetzesmaterialien auch die „**abschließende und eigenverantwortliche Prüfung**" der **Zurechnung** des Verstoßes zu dem einzutragenden Unternehmen.[3] Diese Prüfung mag vielfach unkompliziert sein, etwa wenn die handelnde natürliche Position als Geschäftsführer des betroffenen Unternehmens tätig war und sich damit klar in einer Leitungsposition befand (zu den Einzelheiten der Zurechnung → § 2 Rn. 30). 4

In **Grenzfällen** wird die Registerbehörde aber **eingehender zu prüfen** haben, ob die von der Verfolgungsbehörde übermittelten Umstände tatsächlich für eine Zurechnung ausreichend sind. Sie kann sich in solchen Grenzfällen insbesondere nicht einfach darauf berufen, die Verfolgungsbehörde habe eine Zurechnung offenbar bejaht, weil sie die entsprechenden Informationen zu dem betroffenen Unternehmen übermittelt habe. Dann liefe nämlich die vom Gesetzgeber vorgesehene „eigenverantwortliche Prüfung" durch die Registerbehörde leer. 5

Benötigt die Registerbehörde für ihre Prüfung (sei es zur Verifizierung offensichtlicher Fehler oder zur Entscheidung über den Zurechnungstatbestand) weitere Informationen, ist sie durch den Verweis in Abs. 2 S. 3 auf § 8 Abs. 3 ermächtigt, die Verfolgungsbehörde um **Übermittlung weiterer Informationen** zu ersuchen, die sie für ihre Bewertung benötigt. 6

Das Gesetz gestaltet die **Prüfungspflicht** dabei **fortlaufend** aus. Ergeben sich später Umstände, die für die Fehlerhaftigkeit der Daten sprechen, ist auch dann die Löschung sofort vorzunehmen. 7

III. Nachmeldepflichten

Abs. 3 erweitert die **Meldepflicht der Behörden** über den konkreten Moment der rechtskräftigen Entscheidung hinaus und gestaltet sie **fortlaufend** aus. Die meldende Stelle muss von Amts wegen auch mitteilen, wenn ihr Fehler bei den zuvor mitgeteilten Informationen bekannt werden oder wenn ihr nachträglich Umstände bekannt werden, die der Eintragung entgegenstehen. Zu denken ist etwa an die Wiederaufnahme des Verfahrens, die sowohl im Straf- als auch im Bußgeldrecht zur Folge hat, dass die ursprüngliche Entscheidung gegenstandslos wird.[4] 8

Die festgeschriebene Überprüfungspflicht der Ermittlungsbehörden gilt **nur zugunsten der Unternehmen.** Ergeben sich also später Erkenntnisse, die für eine Eintragung sprechen könnten, ist eine Übermittlung an die Registerbehörde nicht mehr vorgeschrieben. Sie darf auch nicht erfolgen, weil es an einem Erlaubnistatbestand zur Übermittlung der geschützten Daten fehlt. 9

§ 5 Gelegenheit zur Stellungnahme vor Eintragung in das Wettbewerbsregister; Auskunftsanspruch

(1) Vor der Eintragung in das Wettbewerbsregister informiert die Registerbehörde das betroffene Unternehmen in Textform über den Inhalt der geplanten Eintragung und gibt ihm Gelegenheit, innerhalb von zwei Wochen nach Zugang der Information Stellung zu nehmen. Weist das betroffene Unternehmen nach, dass die übermittelten Daten fehlerhaft sind, sieht die Registerbehörde von einer Eintragung ab oder korrigiert die fehlerhaften Daten. Die Registerbehörde kann die Frist zur Stellungnahme verlängern. 4 § 8 Absatz 3 ist entsprechend anzuwenden.

(2) Auf Antrag erteilt die Registerbehörde Unternehmen oder natürlichen Personen Auskunft über den sie betreffenden Inhalt des Wettbewerbsregisters. Unbeschadet des Bestehens datenschutzrechtlicher Auskunftsansprüche ist ein erneuter Antrag nach Satz 1 desselben Unternehmens oder derselben natürlichen Person erst nach Ablauf eines Jahres zulässig, es sei denn, es besteht ein berechtigtes Interesse. Die Registerbehörde erteilt mit

---

[2] BT-Drs. 18/12497, 5.
[3] BT-Drs. 18/12497, 5.
[4] Vgl. KK-OWiG/*Lutz* OWiG § 85 Rn. 40 für Bußgeldentscheidungen und BeckOK StPO/*Singelnstein*, 38. Ed. 1.10.2020, StPO § 370 Rn. 9 für strafgerichtliche Entscheidungen.

Zustimmung des betreffenden Unternehmens auf Antrag auch einer Stelle, die ein amtliches Verzeichnis führt, das den Anforderungen des Artikels 64 der Richtlinie 2014/24/EU entspricht, Auskunft über den das Unternehmen betreffenden Inhalt des Wettbewerbsregisters.

(3) Der Antrag nach Absatz 2 Satz 1 kann schriftlich mit amtlich oder öffentlich beglaubigter Unterschrift gestellt werden. Der Antragsteller hat seine Identität und, wenn er als gesetzlicher Vertreter handelt, zusätzlich seine Vertretungsmacht nachzuweisen. Für ein antragstellendes Unternehmen kann den Antrag nur ein gesetzlicher Vertreter stellen. Der Antragsteller kann sich bei der Antragstellung nicht durch einen Bevollmächtigten vertreten lassen.

(4) Der Antrag nach Absatz 2 Satz 1 kann auch elektronisch gestellt werden. In diesem Fall bedarf es einer elektronischen Identifizierung.

(5) Die Erteilung einer Auskunft nach Absatz 2 Satz 1 durch die Registerbehörde ist gebührenpflichtig.

(6) Unternehmen, die in das Wettbewerbsregister eingetragen sind oder von einer geplanten Eintragung betroffen sind, können zur Geltendmachung oder Verteidigung ihrer rechtlichen Interessen im Hinblick auf die Eintragung verlangen, dass einem bevollmächtigten Rechtsanwalt unbeschränkte Akteneinsicht gewährt wird.

(7) Für die Erteilung von Auskünften nach Artikel 15 der Verordnung (EU) 2016/679 des Europäischen Parlaments und des Rates vom 27. April 2016 zum Schutz natürlicher Personen bei der Verarbeitung personenbezogener Daten, zum freien Datenverkehr und zur Aufhebung der Richtlinie 95/46/EG gelten die Absätze 3 und 4 entsprechend.

Übersicht

	Rn.		Rn.
I. Anhörung betroffener Unternehmen	1	3. Sonstige Verfahrensaspekte	7
1. Grundsatz	1	II. Rechtsschutz gegen Eintragungsentscheidung	10
2. Nachweis der Fehlerhaftigkeit der Daten durch das Unternehmen	4	III. Auskunftserteilung	14

I. Anhörung betroffener Unternehmen

1 **1. Grundsatz.** Abs. 1 S. 1 verpflichtet die Registerbehörde, dem betroffenen Unternehmen vor Eintragung zwei Wochen **Gelegenheit zur Stellungnahme** zu geben. Für die Form der Anhörung ist **Textform** vorgeschrieben. Nach § 126b BGB genügt also eine lesbare Erklärung, in der die Person des Erklärenden genannt ist und die auf einem dauerhaften Datenträger abgegeben wird. Nur das von der Eintragung betroffene Unternehmen ist anzuhören, nicht mehr die natürliche Person, die ebenfalls eingetragen wird.

2 Zum genauen Inhalt der Anhörungsmitteilung verhält sich die Vorschrift nicht. Angesichts des Ziels des Gesetzgebers, durch die Gelegenheit zur Stellungnahme ein **faires Verfahren** zu ermöglichen,[1] liegt es nahe, sich an den **Anforderungen des § 28 Abs. 1 VwVfG** zu orientieren. Die Registerbehörde muss also die tatsächlichen und rechtlichen Aspekte des Einzelfalles herausstellen, die für die Entscheidung bestimmend sind.[2] In vielen Fällen wird sich dies auf die Wiedergabe der rechtskräftigen Entscheidung und die Nennung der formellen Position des Täters innerhalb des Unternehmens (zB Geschäftsführer) beschränken.

3 Anders mag dies ausnahmsweise bei **komplizierter gelagerten Konstellationen** sein, bei der die **Zurechnung** weniger klar ist (→ § 2 Rn. 35 f.), etwa weil die natürliche Person nicht als Organ des Unternehmens gehandelt hat, sondern sie faktisch eine Leitungsposition innehatte. Hier sollte die Registerbehörde darlegen, wie sie zu der Auffassung gelangt, dass eine Zurechnung der rechtskräftigen Entscheidung gegen die natürliche Person zu dem Betroffenen gerechtfertigt ist.

4 **2. Nachweis der Fehlerhaftigkeit der Daten durch das Unternehmen.** Weist das betroffene Unternehmen nach, dass die von der Behörde übermittelten **Informationen fehlerhaft** sind,

---

[1] BT-Drs. 18/12051, 29.
[2] Vgl. zu § 28 VwVfG VGH Kassel DVBl. 2015, 1067 Rn. 34; Stelkens/Bonk/Sachs/*Kallerhoff/Mayen* VwVfG § 28 Rn. 35.

hat die Eintragung gem. S. 2 zu unterbleiben oder in korrigierter Form zu erfolgen. Dabei trifft das Unternehmen die **Darlegungslast**.

Trotz des eng gefassten Wortlauts sind Unternehmen aber nicht darauf beschränkt, nur zur Fehlerhaftigkeit der Daten vorzutragen. Die Eintragung in das Wettbewerbsregister ist belastendes Verwaltungshandeln, gegen das die Unternehmen **sämtliche Argumente vorbringen** dürfen, die ihnen zur Verfügung stehen. Auch die Gesetzesbegründung spricht von der Absicherung eines „fairen Verfahrens" und der allgemeinen Möglichkeit, „Einwände vor(zu)bringen".[3] Eine **Engführung der Einwendungsmöglichkeiten auf die Fehlerhaftigkeit** der übermittelten Daten vertrüge sich mit dieser Zwecksetzung des Gesetzgebers nicht.

Unternehmen können im Rahmen der Anhörung deshalb beispielsweise auch vortragen, die rechtskräftige Sanktionierung eines Mitarbeiters könne nicht zur Eintragung führen, weil dieser Mitarbeiter tatsächlich **keine Leitungsbefugnisse** innehabe. Nach der hier vertretenen Auffassung (→ § 2 Rn. 38 f.) ist – soweit die Eintragung auf § 2 Abs. 3 gestützt wird – der Einwand ebenfalls berücksichtigungsfähig, dass die handelnde Person ihre **Leitungsposition verloren** hat.

3. Sonstige Verfahrensaspekte. Die Registerbehörde kann die Frist zur Stellungnahme **verlängern.** Diese Befugnis steht in ihrem pflichtgemäßen Ermessen. Eine Verlängerung dürfte regelmäßig angezeigt sein, wenn das Unternehmen in seiner ersten Stellungnahme nachvollziehbare Einwendungen erhebt und Zeit für die weitere Substantiierung des Vortrags benötigt.

Der Registerbehörde steht auch hier die Möglichkeit zur Verfügung, in entsprechender Anwendung des § 8 Abs. 3 die Verfolgungsbehörde um die **Übersendung weiterer Informationen** zu bitten.

Abs. 6 gewährt Unternehmen ein **erweitertes Akteneinsichtsrecht,** um ihre Rechte gegen eine Eintragung geltend zu machen. Allerdings soll vollständige Akteneinsicht nur einem bevollmächtigten Rechtsanwalt gewährt werden. Hintergrund ist, dass durch die Akteneinsicht auch Informationen aus dem Straf- oder Bußgeldverfahren gegen die natürliche Person zutage gefördert werden können. Die Zwischenschaltung eines Rechtsanwalts in Anlehnung an § 147 Abs. 1 StPO stellt sicher, dass nur solche Informationen an das Unternehmen gelangen, die für die Registereintragung relevant sind.[4]

II. Rechtsschutz gegen Eintragungsentscheidung

Die Gesetzesbegründung betont, die Anhörung diene auch dem Zweck, die notwendigen Informationen zu vermitteln, die „zur Wahrnehmung der Möglichkeit des Rechtsschutzes erforderlich" sind.[5] Damit steht dem betroffenen Unternehmen nach der **Auffassung des Gesetzgebers auch Rechtsschutz** gegen die Eintragung zu. Dies erscheint konsequent: Zwar hat eine Eintragung nach § 6 Abs. 5 keine bindende Wirkung für die Entscheidung über die Vergabe. Dennoch wird man einer Eintragung nicht absprechen, dass sie einschneidende bis existenzvernichtende Auswirkungen für das betroffene Unternehmen haben kann.[6] Auch der Gesetzgeber erkennt die Eintragung als möglichen Eingriff in Art. 12 GG an. Vor dem Hintergrund des Gebots umfassenden Rechtsschutzes aus **Art. 19 Abs. 4 GG** ist die Einräumung von Rechtsschutzmöglichkeiten gegen die Eintragung selbst daher zwingend.[7] Allerdings regeln die Vorschriften den Anknüpfungspunkt dieses Rechtsschutzes nur sehr rudimentär.

Nicht geregelt ist insbesondere, ob die Registerbehörde nach der Gelegenheit zur Stellungnahme formell über die Eintragung im Sinne eines **Verwaltungsakts** entscheidet. Davon abhängig ist die Form des zu wählenden Rechtsschutzes. Viel spricht dafür, die Eintragung in das Wettbewerbsregister als **tatsächliches Verwaltungshandeln** und nicht als Verwaltungsakt zu qualifizieren.[8] Insbesondere dürfte es der Eintragung an der für einen Verwaltungsakt erforderlichen Regelungswirkung fehlen. Nach der Rechtsprechung fehlt es an der Regelungswirkung bei Eintragungen in Register, die nicht unmittelbar selbst eine verbindliche Rechtsfolge setzen, sondern die auf die Erfassung und Sammlung von Informationen zielen, um so die Tatsachengrundlage zur Vorbereitung

---

[3] BT-Drs. 18/12051, 29.
[4] S. dazu die Ergänzung des Ausschusses für Wirtschaft und Energie, BT-Drs. 18/12583, 11.
[5] BT-Drs. 18/12051, 29.
[6] *Dreher* NZBau 2017, 313 (314); zustimmend HK-VergabeR/*Kaufmann* GWB § 123 Rn. 33; sehr deutlich *Gottschalk/Lubner* NZWiSt 2018, 96 (102).
[7] AA *Schaller* LKV 2017, 440 (443), der ohne nähere Begründung Rechtsschutz gegen die Eintragung allgemein für ausgeschlossen hält, weil es sich nicht um einen Verwaltungsakt handele; Rechtsschutz ohne weitere Begründung befürworten *Gottschalk/Lubner* NZWiSt 2018, 96 (103), wobei sie offenbar die Anfechtungsbeschwerde für statthaft halten.
[8] Vgl. allgemein Schoch/Schneider/*Pietzcker/Marsch*, 39. EL Juli 2020, VwGO § 42 Abs. 1 Rn. 35.

neuerlicher Entscheidungen aufzubereiten.[9] Da gem. § 6 Abs. 5 S. 1 die Eintragung keine unmittelbar rechtsgestaltende Auswirkung auf das Vergabeverfahren hat, steht auch bei Eintragung in das Wettbewerbsregister die Sammlung von Informationen im Vordergrund. Deshalb scheidet die Qualifikation als Verwaltungsakt aus[10] (zum Rechtsschutz gegen die Ablehnung des Antrags auf Löschung wegen Selbstreinigung → § 8 Rn. 36 f.).

12 Unternehmen können das in der Eintragung liegende Verwaltungshandeln aber einer gerichtlichen Kontrolle zuführen, indem sie **Leistungsbeschwerde auf Löschung der Eintragung** gem. § 11 Abs. 1 S. 1 beim zuständigen OLG Düsseldorf beantragen. Die Leistungsbeschwerde ist ein nach dem Wettbewerbsregister zulässiger Rechtsbehelf (→ § 11 Rn. 15 f.).

13 Möglich ist insoweit auch **vorläufiger Rechtsschutz**.[11] Dieser dürfte bei betroffenen Unternehmen von herausragender Bedeutung sein, wenn sie eine Benachteiligung in laufenden oder unmittelbar bevorstehenden Verfahren fürchten (→ § 11 Rn. 16). § 5 Abs. 2 WRegV des Referentenentwurfs hatte insoweit noch einen „Sperrvermerk" vorgesehen, den die Registerbehörde eintragen sollte, wenn schlüssige Zweifel an der Richtigkeit der Eintragung dargelegt werden. Die Streichung dieses Zusatzes, der Unternehmen einen gewissen Schutz bot, steigert die Bedeutung vorläufigen Rechtsschutzes noch.

III. Auskunftserteilung

14 Jedem Unternehmen steht grundsätzlich ein Anspruch auf Auskunft über Eintragungen zu **(Selbstauskunft)**. Die Wettbewerbsregisterverordnung sieht in § 8 Abs. 2 S. 1 hierfür eine Gebühr in Höhe von 20 EUR vor.

15 Durch die Änderungen im Rahmen der 10. GWB Novelle ist der Anspruch auf Selbstauskunft eingeschränkt worden auf eine Selbstauskunft pro Jahr, um eine übermäßige Belastung der Registerbehörde zu vermeiden. Eine Ausnahme gilt bei einem **berechtigten Interesse** des Unternehmens. Dieses Interesse liegt in der Regel vor, wenn der Registerauszug dazu dienen soll, das Nichtvorliegen von Ausschlussgründen im Rahmen von Vergabeverfahren in anderen EU-Mitgliedsstaaten nachzuweisen.[12] Gemäß Art. 60 Abs. 2 lit. a RL 2014/24/EU gilt ein solcher Auszug nämlich als Nachweis dafür, dass Ausschlussgründe nicht vorliegen. Außerdem bleiben **datenschutzrechtliche Ansprüche** natürlicher Personen unberührt, wozu insbesondere der Anspruch nach Art. 15 DS-GVO (VO (EU) 2016/679) zählt.

16 Darüber hinaus kommt mit Zustimmung des betroffenen Unternehmens auch die Erteilung einer Auskunft an eine Stelle in Betracht, die ein amtliches Verzeichnis iSd Art. 64 RL 2014/24/EU führt.

17 Einzelne Aspekte der Auskunftserteilung, insbesondere der Antragstellung sind in den durch die im Rahmen der 10. GWB Novelle eingefügten Abs. 3–5 geregelt. Weitere Einzelheiten dazu enthält § 8.

§ 6 Abfragepflicht für Auftraggeber; Entscheidung über einen Ausschluss vom Vergabeverfahren

(1) Ein öffentlicher Auftraggeber nach § 99 des Gesetzes gegen Wettbewerbsbeschränkungen ist verpflichtet, vor der Erteilung des Zuschlags in einem Verfahren über die Vergabe öffentlicher Aufträge mit einem geschätzten Auftragswert ab 30 000 Euro ohne Umsatzsteuer bei der Registerbehörde abzufragen, ob im Wettbewerbsregister Eintragungen zu demjenigen Bieter, an den der öffentliche Auftraggeber den Auftrag zu vergeben beabsichtigt, gespeichert sind. Ein Sektorenauftraggeber nach § 100 Absatz 1 Nummer 1 des Gesetzes gegen Wettbewerbsbeschränkungen sowie ein Konzessionsgeber nach § 101 Absatz 1 Nummer 1 und 2 des Gesetzes gegen Wettbewerbsbeschränkungen sind ab Erreichen der Schwellenwerte des § 106 des Gesetzes gegen Wettbewerbsbeschränkungen verpflichtet, bei der Registerbehörde vor Zuschlagserteilung abzufragen, ob im Wettbewerbsregister Eintragungen zu demjenigen Bieter, an den sie den Auftrag zu vergeben beabsichtigen, gespeichert sind. Eine Verpflichtung zur Abfrage besteht abweichend von den Sätzen 1 und 2 nicht bei Sachverhalten, für die das Vergaberecht Ausnahmen von der Anwendbarkeit des Vergaberechts vorsieht. Auslandsdienststellen sind abweichend von den Sätzen 1

---

[9] BVerwG NJW 1988, 87 (88).
[10] Fülling/Freiberg NZBau 2018, 259 (262); ähnlich auch VG Düsseldorf Beschl. v. 13.4.2006 – 26 L 464/06 juris Rn. 6 für eine Eintragung in das Korruptionsregister NRW, bei der allerdings eine leicht abweichende Regelungssystematik besteht.
[11] Ähnlich für das Korruptionsregister NRW VG Düsseldorf Beschl. v. 13.4.2006 – 26 L 464/06 juris Rn. 8.
[12] Vgl. BT-Drs. 18/12051, 30.

I. Abfragepflicht

und 2 nicht verpflichtet, das Wettbewerbsregister abzufragen. Auf eine erneute Abfrage bei der Registerbehörde kann der Auftraggeber verzichten, wenn er innerhalb der letzten zwei Monate zu dem entsprechenden Unternehmen bereits eine Auskunft aus dem Wettbewerbsregister erhalten hat. Auftraggeber dürfen von Bietern oder Bewerbern nicht die Vorlage einer Auskunft nach § 5 Absatz 2 Satz 1 verlangen.

(2) Daneben können Auftraggeber nach Absatz 1 bei der Registerbehörde abfragen
1. bei öffentlichen Aufträgen und Konzessionen mit einem geschätzten Auftrags- oder Vertragswert unterhalb der Wertgrenzen nach Absatz 1, ob Eintragungen im Wettbewerbsregister zu demjenigen Bieter vorliegen, an den der Auftraggeber den Auftrag oder die Konzession zu vergeben beabsichtigt, und
2. im Rahmen eines Teilnahmewettbewerbs, ob Eintragungen im Wettbewerbsregister in Bezug auf diejenigen Bewerber vorliegen, die der Auftraggeber zur Abgabe eines Angebots auffordern will.

(3) Die Registerbehörde übermittelt dem abfragenden Auftraggeber die im Wettbewerbsregister gespeicherten Daten über das Unternehmen, das in der Abfrage benannt ist. Gibt es im Wettbewerbsregister zu einem Unternehmen keine Eintragung, teilt die Registerbehörde dies dem Auftraggeber mit.

(4) Die Auskünfte aus dem Wettbewerbsregister dürfen nur den Bediensteten zur Kenntnis gebracht werden, die mit der Entgegennahme der Auskunft oder mit der Bearbeitung des Vergabeverfahrens betraut sind.

(5) Der Auftraggeber entscheidet nach Maßgabe der vergaberechtlichen Vorschriften in eigener Verantwortung über den Ausschluss eines Unternehmens von der Teilnahme an dem Vergabeverfahren. § 7 Absatz 2 bleibt unberührt.

(6) Auftraggeber können von den Strafverfolgungsbehörden oder den zur Verfolgung von Ordnungswidrigkeiten berufenen Behörden ergänzende Informationen anfordern, soweit diese nach Einschätzung der Auftraggeber für die Vergabeentscheidung erforderlich sind. Die Strafverfolgungsbehörden und die zur Verfolgung von Ordnungswidrigkeiten berufenen Behörden dürfen die angeforderten Informationen auf Ersuchen des Auftraggebers übermitteln.

(7) Die nach Absatz 3 und 6 sowie nach § 8 Absatz 4 Satz 5 übermittelten Daten sind vertraulich und dürfen vom Auftraggeber nur für Vergabeentscheidungen genutzt werden. Die Daten sind nach Ablauf der rechtlich vorgesehenen Aufbewahrungsfristen zu löschen.

Übersicht

	Rn.			Rn.
I. Abfragepflicht	1		5. Sperrwirkung der Abfragepflicht	17
1. Gegenstand der Abfrage: Eintragungen des Bieters	5		II. Freiwillige Abfrage	20
			III. Erteilung der Auskunft	24
2. Verpflichtete	8		IV. Verwertung der Auskunft im Vergabeverfahren	26
a) Öffentliche Auftraggeber	8			
b) Sektoren- und Konzessionsauftraggeber	10		V. Schutz der Vertraulichkeit	34
3. Zeitpunkt der Abfrage	12		VI. Anforderung weiterer Informationen durch den Auftraggeber	36
4. Ausnahmen	14			

I. Abfragepflicht

Die Verpflichtung öffentlicher Auftraggeber zur Abfrage der im Register hinterlegten Informationen ist **Herzstück des Wettbewerbsregisters.** Der Gesetzgeber möchte sicherstellen, dass Wirtschaftsdelikte bei der Vergabe von Aufträgen nicht zulasten sich rechtstreu verhaltender Unternehmen folgenlos bleiben. Um dieses Ziel zu erreichen, werden öffentliche Auftraggeber (zum Begriff → Rn. 8 f.) zur Abfrage der Eintragungen in das Wettbewerbsregisters verpflichtet. So ist sichergestellt, dass die Prüfung der Ausschlussgründe durch die Auftraggeber auf einer **vollständigen Tatsachengrundlage** stattfindet und die Eignung von Bietern, denen Verstöße gegen relevante Vorschriften zurechenbar sind, umfassend und vollständig geprüft werden kann.

WRegG § 6 2–9 Abfragepflicht für Auftraggeber; Entscheidung über Vergabeverfahren-Ausschluss

2   Abs. 1 legt lediglich eine **Abfragepflicht** fest, spricht aber keine darüber hinausgehende **Abfrageberechtigung** aus. Angesichts der vom Gesetzgeber anerkannten besonderen Sensibilität der im Wettbewerbsregister gespeicherten Daten,[1] dem Recht auf informationelle Selbstbestimmung, das grundsätzlich auch Unternehmen zusteht,[2] und den strengen Anforderungen des BVerfG an die Bestimmtheit der gesetzlichen Grundlagen im Zusammenhang mit dem automatisierten Datenabruf,[3] wird man deshalb davon auszugehen haben, dass Auftraggeber **nur soweit eine Verpflichtung** für sie besteht, auch Zugriff auf das Wettbewerbsregister nehmen können. Für diese Auffassung spricht insbesondere der systematische Abgleich zwischen Abs. 1 und 2 der Vorschrift. Hätte der Gesetzgeber mit der Verpflichtung zur Abfrage gleichzeitig die Befugnis zur freiwilligen Abfrage in anderen Fällen gewähren wollen, wäre zumindest die Regelung des Abs. 2 Nr. 1 überflüssig.

3   Es steht Auftraggebern folglich nicht frei, **außerhalb ihrer Verpflichtung,** also gewissermaßen freiwillig, Informationen anzufordern. Dies hat besondere Bedeutung für die in Abs. 1 S. 3 und 4 geregelten Ausnahmen von der Abfragepflicht. Hier kommt eine Abfrage selbst dann nicht in Betracht, wenn der Auftraggeber sie für sinnvoll oder hilfreich erachten sollte.

4   Die Abfragepflicht ist nach dem Willen des Gesetzgebers **keine bieterschützende Norm.**[4] Konkurrierende Bieter können die Auftragsvergabe also nicht damit angreifen, dass der Auftraggeber die Abfrage unterlassen hat. Möglich bleibt hingegen die Rüge, dass ein Ausschluss des Konkurrenten nach § 123 GWB oder § 124 GWB hätte erfolgen müssen, soweit man diesen Vorschriften drittschützenden Charakter zuspricht.[5]

5   **1. Gegenstand der Abfrage: Eintragungen des Bieters.** Bezugspunkt der Abfrage ist der Bieter. Der Zwecksetzung des Wettbewerbsregisters entspricht es, dass bei Geboten von **Bietergemeinschaften** die Auskunft aus dem Wettbewerbsregister für sämtliche Bieter einzuholen ist.[6] Eine Abfrage darf sich vor dem Hintergrund der Zurechnungssystematik (→ § 2 Rn. 31) nur auf den Rechtsträger beziehen, der als Bieter auftritt. Unzulässig ist beispielsweise eine Abfrage mit Blick auf die Konzernmutter, wenn nur die Tochter als Bieterin auftritt.[7]

6   Unklar ist, ob der Auftraggeber auch Abfragen zu **Vorgängergesellschaften** des Bieters stellen kann. § 2 Abs. 4 S. 2 regelt zwar, dass es der Eintragung nicht entgegensteht, wenn ein Unternehmensträger nachträglich erlischt. Es fehlen aber Maßstäbe dafür, wann ein erloschener Rechtsträger als Vorgängergesellschaft eines Bieters zu gelten hat. Offen ist insbesondere, welches Maß an wirtschaftlicher Kontinuität erforderlich ist, um davon auszugehen, dass der aktuelle Bieter Eintragungen einer bereits erloschenen Gesellschaft gegen sich gelten lassen muss.[8] Auch § 5 Abs. 2 Nr. 3 WRegV spricht **gegen die Möglichkeit** des Auftraggebers, Informationen zu Vorgängergesellschaften abzufragen.

7   Die Abfragepflicht erstreckt sich nicht ausdrücklich auf **Nachunternehmer** und Unternehmen, auf die ein Bieter im Rahmen einer sogenannten **Eignungsleihe** zurückgreift. Zwar besteht in Bezug auf solche Unternehmen die Verpflichtung des öffentlichen Auftraggebers, die zwingenden und fakultativen Ausschlussgründe zu prüfen.[9] Der Wortlaut des § 6 spricht aber **gegen eine Ausweitung** auf solche Unternehmen, weil sich die Vorschrift ausdrücklich nur auf Bieter bezieht und dieser Begriff zumindest in Art. 2 Abs. 1 Nr. 11 der Vergaberichtlinie definiert ist als Wirtschaftsteilnehmer, der „ein Angebot abgegeben hat", was weder auf Nachunternehmer noch auf Unternehmen, auf die im Wege der Eignungsleihe zurückgegriffen wird, zutrifft. Allerdings bleibt es den öffentlichen Auftraggebern in diesen Fällen möglich, von dem Nachunternehmer einen Auszug auf dem Wettbewerbsregister zu verlangen (→ Rn. 18).

8   **2. Verpflichtete. a) Öffentliche Auftraggeber.** Alle **öffentlichen Auftraggeber** iSd § 99 GWB sind bei Vergabe klassischer öffentlicher Aufträge iSd § 103 GWB verpflichtet, Eintragungen zu dem Bieter abzufragen, dem der Zuschlag erteilt werden soll.

9   Die Abfragepflicht greift erst bei einem geschätzten **Auftragswert von 30.000 EUR** ohne Mehrwertsteuer. Die Wertgrenze entspricht den Wertgrenzen in § 21 SchwarzArbG, § 21 AEntG und § 19 MiLoG.

---

[1] BT-Drs. 18/12051, 30.
[2] BVerfG NJW 2007, 2464 Rn. 150 ff.
[3] BVerfG NJW 2007, 2464 Rn. 98 ff.
[4] BT-Drs. 18/12051, 31.
[5] Bejahend Beck VergabeR/*Opitz* GWB § 123 Rn. 16; HK-VergabeR/*Kaufmann* GWB § 123 Rn. 81.
[6] BT-Drs. 18/12051, 30; vgl. auch § 5 Abs. 1 S. 2 WRegV.
[7] Ebenso *Haus/Erne* NZG 2017, 1167 (1169 f.).
[8] S. auch *Haus/Erne* NZG 1167 (1169).
[9] § 47 Abs. 2 S. 1 VgV, § 47 Abs. 2 S. 1 SektVO, § 6d EU Abs. 1 S. 4 VOB/A; § 36 Abs. 5 S. 1 VgV, § 34 Abs. 5 S. 1 SektVO.

b) Sektoren- und Konzessionsauftraggeber. Öffentliche Auftraggeber sind auch dann zur 10 Abfrage verpflichtet, wenn sie nach § 100 Abs. 1 Nr. 1 GWB eine **Sektorentätigkeit** ausüben. Einziger Unterschied zu der Abfragepflicht in Abs. 1 S. 1 besteht in dem abweichenden Schwellenwert. Zählt ein Auftrag zur Sektorentätigkeit des öffentlichen Auftraggebers, greift eine Verpflichtung zur Abfrage erst dann, wenn der geschätzte Auftragswert die (deutlich höhere) Schwelle des § 106 Abs. 2 Nr. 2 GWB erreicht. **Private Sektorenauftraggeber** nach § 100 Abs. 1 Nr. 2 GWB sind zur Abfrage nicht verpflichtet und nicht berechtigt.

Konzessionsgeber iSd § 101 Abs. 1 Nr. 1 und 2 GWB sind zur Abfrage ebenfalls erst dann 11 verpflichtet, wenn die Schwellenwerte des § 106 Abs. 2 Nr. 4 GWB erreicht sind.

3. Zeitpunkt der Abfrage. Sowohl öffentliche Auftraggeber als auch Sektoren- und Konzessi- 12 onsauftraggeber sind zur Abfrage nach § 6 Abs. 1 erst in dem Zeitpunkt verpflichtet, wenn sie einen Bieter bestimmt haben, „an den (sie) den Auftrag zu vergeben beabsichtige(n)". Die Pflicht zur Abfrage besteht mithin erst dann, wenn sich eine **Eintragung als entscheidungserheblich** erweist. Da es sich bei den zu übermittelnden Daten um sensible Informationen handelt, darf die Abfrage erst erfolgen, wenn die beschriebene Entscheidungserheblichkeit eingetreten ist. Öffentliche Auftraggeber dürfen also **keine „Vorratsabfragen"** für das gesamte verbleibende Bieterfeld stellen, sondern müssen sich bereits für einen Kandidaten entschieden haben. Entsprechend verlangt § 5 Abs. 2 lit. d WRegV vom Auftraggeber bei der Abfrage die Erklärung, dass die „Voraussetzungen" des S. 1 der Vorschrift erfüllt sind. Zu diesen Voraussetzungen zählt auch, dass die Abfrage den Bieter betrifft, der den Zuschlag erhalten soll.

Um zeitlichen Verzögerungen des Vergabeverfahrens möglichst entgegenzuwirken, sieht § 9 13 Abs. 2 die **automatisierte Abfrage** durch den Auftraggeber vor. Er soll nach Vorstellung des Gesetzgebers noch am Tag der Abfrage die Daten übermittelt bekommen[10] und so **zügig Gewissheit** haben. Ergibt sich nach der Datenübermittlung und der anschließenden Prüfung durch den Auftraggeber, dass der bisher ins Auge gefasste Bieter wegen Unzuverlässigkeit auszuschließen ist, kann sofort die Abfrage für den nächstbesten Bieter erfolgen, ohne dass es zu größeren Zeitverlusten kommt.

4. Ausnahmen. Soweit das Vergaberecht Ausnahmen von der eigenen Anwendbarkeit vorsieht, 14 besteht für Auftraggeber nach Abs. 1 S. 3 keine Pflicht zur Abfrage. Eine Abfragepflicht scheidet demnach insbesondere aus bei **In-House-Vergaben,**[11] Vergaben, die **Verteidigungs- oder Sicherheitsaspekte** betreffen,[12] sowie bei Vorgängen, für die **andere Ausnahmen** greifen.[13] Richtigerweise kommt bei Beschaffungsvorgängen in diesen Bereichen auch **keine Abfragebefugnis** in Betracht. Dies führt zwar zu dem Ergebnis, dass gerade in besonderen sensiblen Bereichen wie dem Verteidigungssektor eine Abfrage nicht stattfinden kann. Der Wortlaut der Vorschrift, das systematische Verhältnis zu Abs. 2 sowie die verfassungsrechtlichen Vorgaben zur Bestimmtheit von Befugnisnormen im Bereich der Datenabfrage (→ Rn. 2) gewähren insoweit aber keinen Spielraum.

Ebenfalls von der Abfragepflicht befreit sind **Auslandsdienststellen** wie beispielsweise Bot- 15 schaften und Konsulate.

Schließlich kann der Auftraggeber auf eine **erneute Registerabfrage verzichten,** wenn er 16 innerhalb der letzten zwei Monate bereits zu dem Unternehmen eine Auskunft aus dem Register erhalten hat. Dem Gesetzgeber ging es um eine Entlastung der Auftraggeber.[14] Das **Risiko,** das sich aus einer möglichen Überholtheit der ursprünglichen Auskunft für das Vergabeverfahren ergibt, liegt allerdings beim Auftraggeber. Verzichtet er also auf eine erneute Auskunft und erteilt den Zuschlag einem Bieter, für den zwischenzeitlich eine Eintragung besteht, ist die Vergabeentscheidung gegebenenfalls rechtswidrig und angreifbar.

5. Sperrwirkung der Abfragepflicht. Durch die Änderungen im Rahmen der 10. GWB- 17 Novelle hat der Gesetzgeber Abs. 1 um den S. 6 ergänzt, der öffentlichen Auftraggebern verbietet, von Bietern **Selbstauskünfte** (nach § 5 Abs. 2 S. 1) aus dem Wettbewerbsregister zu verlangen. Damit wird zum einen abgesichert, dass öffentliche Auftraggeber die in § 6 Abs. 1 und 2 geregelten Voraussetzungen für eine Auskunft aus dem Register nicht umgehen, indem sie Bieter zu einer Selbstauskunft auffordern. Zum anderen soll die Sperrwirkung den Unternehmen auch die mit der Einrichtung des Wettbewerbsregisters verbundene **Entlastung** sichern, die entfiele, wenn Unternehmen weiterhin zur Selbstauskunft verpflichtet blieben.[15]

---

[10] BT-Drs. 18/12051, 33.
[11] § 108 GWB.
[12] §§ 117, 145 GWB.
[13] Etwa §§ 107, 109 GWB oder § 116 GWB.
[14] BT-Drs. 18/12051, 30.
[15] BT-Drs. 19/13492, 145 f.

18 Eine **freiwillige Vorlage** eines Registerauszugs durch den Bieter bleibt möglich. Sie mag sinnvoll sein, wenn sich kurz vor Entscheidung über die Vergabe die Eintragung ändert, etwa weil die Registerbehörde eine Löschung aufgrund einer erfolgreichen Selbstreinigung vorgenommen hat. Hier kann der Bieter durch die freiwillige Vorlage verhindern, dass die Behörde auf Grundlage **veralteter Erkenntnisse** entscheidet, weil sie etwa nach § 6 Abs. 1 S. 5 von einer erneuten Auskunft bei der Registerbehörde absieht. In diesen Fällen wird auch das berechtigte Interesse nach § 5 Abs. 2 gegeben sein. Eine freiwillige Vorlage kann auch in Betracht kommen, wenn der Auftraggeber nach § 6 Abs. 1 S. 3 daran gehindert ist, selbst eine Auskunft einzuholen, etwa bei Aufträgen mit **Verteidigungs- und Sicherheitsbezug.**

19 Möglich bleibt ebenfalls, von **Nachunternehmen** oder Unternehmen, die vom Bieter im Wege der **Eignungsleihe** hinzugezogen werden, eine Selbstauskunft aus dem Wettbewerbsregister für die obligatorische Prüfung der Ausschlusskriterien zu verlangen. Die Sperre des § 6 Abs. 1 S. 6 greift hier nicht, weil es sich bei diesen Unternehmen nicht um Bieter oder Bewerber handelt.

II. Freiwillige Abfrage

20 Auftraggeber nach § 6 Abs. 1 können außerhalb ihrer Verpflichtung zur Einholung einer Auskunft nach Abs. 2 in zwei Fällen auch freiwillig, dh **ohne eine Verpflichtung** nach § 6 Abs. 1, eine Auskunft bei der Registerbehörde einholen. Wie sich aus dem definitorischen Verweis zur Präzisierung des Auftraggeberbegriffs auf Abs. 1 ergibt, erweitert die Vorschrift den Kreis der Berechtigten nicht. Private Sektorenauftraggeber können also auch über Abs. 2 nicht Zugang zum Wettbewerbsregister erhalten.

21 Nr. 1 der Vorschrift ermöglicht eine Auskunftserteilung in Fällen, in denen der geschätzte Auftragswert **unterhalb** der nach § 6 Abs. 1 vorgeschriebenen **Wertgrenzen** bleibt.

22 Nr. 2 der Vorschrift passt die Abfragemöglichkeit an die Ausgestaltung des Vergabeverfahrens als Verfahren mit vorgeschaltetem **Teilnehmerwettbewerb** an. Erfasst sind damit alle Teilnehmerwettbewerbe nach § 119 GWB. Der öffentliche Auftraggeber soll eine informierte Auswahl der Bieter treffen können, die er zu einer Angebotsabgabe auffordert. Voraussetzung ist, dass der Auftraggeber aber bereits an sich, also abgesehen von der Prüfung der Ausschlussgründe, entschieden hat, die Unternehmen, für die er eine Abfrage vornimmt, auch zur Angebotsabgabe aufzufordern. Die Abfrage bei Wettbewerbsregister muss insoweit **entscheidungserheblich** sein. Ähnlich wie Abs. 1 S. 1 und 2 (→ Rn. 12 f.) ist eine Vorratsabfrage für Bewerber, die schon aus anderen Gründen die Angebotsphase nicht erreichen, nicht zulässig.

23 Nicht ausdrücklich geregelt ist das **Verhältnis zur Abfragepflicht** nach Abs. 1. Technisch bleibt der Auftraggeber deshalb auch bei freiwilliger Abfrage im Rahmen des Teilnehmerwettbewerbs verpflichtet, nach Abs. 1 vor Zuschlagserteilung eine weitere Auskunft einzuholen (soweit die Wertgrenzen des Abs. 1 erreicht werden). Dieser Konflikt dürfte allerdings eher theoretischer Natur sein, weil in vielen Fällen keine zwei Monate zwischen freiwilliger Abfrage und Zuschlagserteilung liegen dürften. Der Auftraggeber kann dann nach Abs. 1 S. 5 auf eine erneute Abfrage verzichten. Wird der Zeitraum von zwei Monaten überschritten, muss vor Zuschlagserteilung eine neue Abfrage erfolgen.

III. Erteilung der Auskunft

24 Der abfragende Auftraggeber erhält nach Abs. 3 S. 1 die nach § 3 Abs. 1 und 2 zu speichernden Daten über das Unternehmen, das Gegenstand der Abfrage ist. Bestehen für das konkret benannte Unternehmen **keine Eintragungen,** teilt die Registerbehörde dies ebenfalls mit. Neben den in § 3 Abs. 1 und 2 genannten Informationen muss die Registerbehörde nach § 8 Abs. 4 S. 4 auch eine **negative Entscheidung** über einen Antrag auf vorzeitige Löschung wegen Selbstreinigung vermerken (→ § 8 Rn. 32). Der Auftraggeber kann dann nach § 8 Abs. 4 S. 5 die Entscheidung als auch weitere Unterlagen zu der Entscheidung bei der Registerbehörde anfordern.

25 Ohne dass dies gesetzlich eigens geregelt wäre, muss die Registerbehörde auch mitteilen, wenn eine Eintragung nach § 7 Abs. 1 wegen **Fristablaufs** oder nach § 8 Abs. 1 S. 3 wegen **erfolgreicher Selbstreinigung** gelöscht worden ist. Dies ergibt sich aus der in § 7 Abs. 2 S. 1 angeordneten Bindungswirkung einer gelöschten Eintragung (→ § 7 Rn. 10 f.). Diese Bindungswirkung setzt voraus, dass die Registerbehörde den Umstand der Löschung speichert und auf Abfrage dem Auftraggeber zur Verfügung stellt.

IV. Verwertung der Auskunft im Vergabeverfahren

26 Der Gesetzgeber hat in Abs. 5 klargestellt, dass der Auftraggeber in seiner Entscheidung über den Ausschluss eines Unternehmens **allein nach dem materiellen Vergaberecht** zu entscheiden hat. Eine Eintragung in das Wettbewerbsregister ist damit **nicht als Vergabesperre** ausgestaltet.

Die von der Registerbehörde übermittelten Informationen präjudizieren in keiner Weise die Entscheidung über den Ausschluss. Eine Ausnahme gilt gem. § 7 Abs. 2 nur für den Fall der Löschung.

Selbst wenn die Auskunft ergibt, dass für den Bieter ein Verstoß aus dem Katalog der **zwingen-** 27 **den Ausschlussgründe** eingetragen ist, **erübrigt das nicht die weitere Prüfung** durch den Auftraggeber.[16] Beispielhaft ist denkbar, dass der Geschäftsführer, dessen strafbares Verhalten nach § 123 Abs. 3 GWB dem Unternehmen zugerechnet wird, das Unternehmen nach Eintragung in das Wettbewerbsregister verlassen hat. Jedenfalls bei einer europarechtlich ausgerichteten Auslegung der Vorschrift wird dann ein Ausschluss unterbleiben müssen, weil Art. 57 Abs. 1 S. 2 RL 2014/24/EU davon ausgeht, dass für einen Ausschluss die verantwortliche Person ihre Position im Zeitpunkt der Vergabeentscheidung noch innehaben muss.[17]

Auch bei anderen Eintragungen bleibt für eine Verwertung im Vergabeverfahren eine **sorgfäl-** 28 **tige Prüfung des Einzelfalls unerlässlich.** Zeigt die Abfrage, dass eine Eintragung wegen Verstößen gegen das MiLoG (§ 2 Abs. 1 Nr. 2 lit. d) besteht, kann der Auftraggeber daraus nicht ohne Weiteres erstreckt, dass der Ausschlusstatbestand des § 124 Abs. 1 Nr. 1 GWB erfüllt ist.[18] Der Ausschlusstatbestand setzt nämlich voraus, dass der Verstoß „bei der Ausführung öffentlicher Aufträge" erfolgt. Dies ist aber nicht Voraussetzung der Eintragung.

Schließlich müssen die öffentlichen Auftraggeber beachten, ob der **zulässige Zeitraum** für den 29 Ausschluss nach § 126 GWB bereits verstrichen ist. Teilweise besteht ein Gleichklang zwischen Löschung der Eintragung und dem nach § 126 GWB zulässigen Zeitraum für einen Ausschluss, in anderen Fällen können Löschungsfristen und Frist für den Ausschluss aber auseinanderfallen (→ § 7 Rn. 6 f.).

Ergibt die Abfrage umgekehrt, dass für das Unternehmen **keine Eintragungen** vorliegen, folgt 30 daraus nicht zwingend, dass die entsprechenden Ausschlussgründe nicht vorliegen. Der Gesetzgeber hat insoweit die in § 7 Abs. 2 S. 1 vorgesehene Bindungswirkung des Auftraggebers nicht auf die Situation erstreckt, dass keine Eintragung besteht.

Jedenfalls bei Gesetzesverstößen, die nach **§ 123 GWB** zwingend zu einem Ausschluss vom Verga- 31 beverfahren führen, wird der Auftraggeber aber die Tatsache, dass keine Eintragung hinsichtlich dieser Gesetzesverstöße vorliegt, **faktisch als Beleg** dafür nehmen müssen, dass zwingende Ausschlussgründe nicht bestehen. Dafür spricht, dass nach Art. 60 Abs. 2 lit. a RL 2014/24/EU ein Auszug ohne Eintragungen als ausreichender Nachweis gilt, dass zwingende Ausschlussgründe nicht erfüllt sind.

Bei Gesetzesverstößen, die im Rahmen der Prüfung eines **fakultativen Ausschlusses** nach 32 § 124 Abs. 1 Nr. 1 oder 3 GWB zu prüfen sind, kann nicht von einer vergleichbaren Wirkung ausgegangen werden. Grund dafür ist, dass eine Eintragung erst erfolgt, wenn die Sanktion wegen eines relevanten Verstoßes rechtskräftig geworden ist. Dies ist aber nicht Voraussetzungen für die Berücksichtigung eines Gesetzesverstoßes iRd § 124 Abs. 1 Nr. 1 oder 3 GWB.

Mit Blick auf den Ausschlusstatbestand des § 124 Abs. 1 Nr. 4 GWB muss hinsichtlich der 33 Bindungswirkung folgendes gelten: Besteht im Wettbewerbsregister keine Eintragung nach § 2 Abs. 2 wegen eines **Verstoßes gegen das Kartellverbot,** ist von einer **faktischen Bindung** des öffentlichen Auftraggebers dahingehend auszugehen, dass ein Ausschlusstatbestand nach § 124 Abs. 1 Nr. 4 GWB jedenfalls wegen eines vom Bundeskartellamt zu verfolgenden Kartellverstoßes nicht vorliegt. Allgemein wird nämlich angenommen, dass dieser Ausschlusstatbestand erst dann erfüllt sein kann, wenn die Kartellbehörde eine Bußgeldentscheidung erlassen hat. Da bereits der Erlass der Bußgeldentscheidung eintragungspflichtig ist, schließt das **Fehlen eines entsprechenden Eintrags** diesen Tatbestand zumindest mit Blick auf das **Bundeskartellamt** aus. Freilich kann sich ein Ausschlussgrund nach § 124 Abs. 1 Nr. 4 GWB auch aus einer Entscheidung der **EU-Kommission** ergeben. Da Entscheidungen der EU-Kommission überhaupt nicht eintragungspflichtig sind, kommt auch eine Bindung des Auftraggebers bei fehlender Eintragung nicht in Betracht.

V. Schutz der Vertraulichkeit

Die im Wettbewerbsregister erfassten Informationen sind **sensibler Natur** und vom Recht 34 der Unternehmen auf informationelle Selbstbestimmung geschützt. Aus diesen Gründen trifft § 6 verschiedene **Vorkehrungen,** um die Vertraulichkeit der erfassten Informationen zu wahren. Abs. 4 legt fest, dass die Auskünfte aus dem Wettbewerbsregister nur den Bediensteten zur Kenntnis gebracht werden dürfen, die mit der Entgegennahme der Auskunft oder der Bearbeitung des Vergabeverfahrens befasst sind. Auftraggeber haben entsprechende organisatorische Vorkehrungen zu treffen.

---

[16] Etwas zu weitgehend deshalb BT-Drs. 18/12051, 31; ähnlich auch *Markgraf/Hermans* CB 2017, 250 (251), die bei Katalogstraftaten des § 123 Abs. 1 GWB, § 2 Abs. 1 Nr. 1 lit. a mit Blick auf den Ausschluss von einer „Ermessensreduzierung" sprechen; ähnlich auch *Gottschalk/Lubner* NZWiSt 2018, 96 (100).

[17] Vgl. HK-VergabeR/*Kaufmann* GWB § 123 Rn. 53; Beck VergabeR/*Opitz* GWB § 123 Rn. 40.

[18] Irreführend deshalb BT-Drs. 18/12051, 26 f.

35 Darüber hinaus ordnet Abs. 7 an, dass die von der Registerbehörde übermittelten Auskünfte vertraulich zu behandeln sind und nur für die konkrete Vergabeentscheidung verwendet werden dürfen. Sie sind nach Ablauf der gesetzlichen Aufbewahrungsfristen zu löschen. Es handelt sich um eine **Vertraulichkeitsverpflichtung** nach § 3 Nr. 4 IFG,[19] die einen Informationsanspruch nach dem IFG ausschließt. Die Verpflichtung schreibt den von § 3 Abs. 3 angeordneten Vertraulichkeitsschutz nach Übergang der Daten an den Auftraggeber fort.

VI. Anforderung weiterer Informationen durch den Auftraggeber

36 Soweit für die Vergabeentscheidung erforderlich können öffentliche Auftraggeber zusätzlich zu den nach Abs. 3 übermittelten Informationen der Registerbehörde weitere **Informationen bei der Verfolgungsbehörde** einholen (Abs. 6 S. 1). Erforderlich kann eine solche Anforderung nur dann sein, wenn zu dem Unternehmen überhaupt ein **Registereintrag** vorliegt. Ausweislich der Gesetzesbegründung kann es nämlich nur um „ergänzende Informationen über den *der Eintragung* zugrunde liegenden Sachverhalt" gehen.[20] Abs. 6 kann also nicht zur Bestätigung eines bestehenden Verdachts genutzt werden.

37 Darüber hinaus muss zwischen den angeforderten Informationen und der Vergabeentscheidung, in diesem Fall also über den Ausschluss des Bieters, ein **Erforderlichkeitszusammenhang** bestehen. Denkbar ist etwa, dass der Auftraggeber näheres über die Umstände des Verstoßes in Erfahrung bringen möchte, um seine **Schwere** und die etwaigen Folgen für die Zuverlässigkeit des Unternehmens besser abschätzen zu können. Zu denken ist beispielsweise an eine Anfrage, mit welcher der Auftraggeber in Erfahrung bringen möchte, ob ein Verstoß gegen das MiLoG (§ 2 Abs. 1 Nr. 1 lit. d) in Ausführung eines öffentlichen Auftrags begangen wurde, weil nur dann der Ausschlussgrund des § 124 Abs. 1 Nr. 1 GWB erfüllt sein kann.

38 Abs. 6 S. 2 regelt die Übermittlungsbefugnis der Verfolgungsbehörde, die nach der Vorstellung des Gesetzgebers grundsätzlich auch die Übermittlung vertraulicher Informationen erfasst.[21] Gemäß § 9 Abs. 1 steht die Entscheidung der Verfolgungsbehörde über die Übermittlung von Informationen an Auftraggeber in ihrem **pflichtgemäßen Ermessen.** Weitere Einzelheiten der Übermittlung sind in § 9 geregelt.

§ 7 Löschung der Eintragung aus dem Wettbewerbsregister nach Fristablauf; Rechtswirkung der Löschung

(1) Eintragungen über Straftaten nach § 2 Absatz 1 Nummer 1 Buchstabe a, c und d werden spätestens nach Ablauf von fünf Jahren ab dem Tag der Rechts- oder Bestandskraft der Entscheidung gelöscht. Eintragungen von Bußgeldentscheidungen nach § 2 Absatz 2 werden spätestens nach Ablauf von drei Jahren ab dem Erlass der Bußgeldentscheidung gelöscht. Im Übrigen werden Eintragungen spätestens nach Ablauf von drei Jahren ab dem Tag gelöscht, an dem die Entscheidung unanfechtbar geworden ist. Bei mehreren Eintragungen wegen desselben Fehlverhaltens ist eine Löschung aller ein Unternehmen betreffenden Eintragungen vorzunehmen, wenn die Voraussetzungen der Löschung für eine Eintragung gegeben sind und dieselben Fristen für die Löschung gelten; bei unterschiedlichen Fristen ist die längere Frist maßgeblich. Die Regelungen des § 4 Absatz 2 Satz 2 und des § 8 Absatz 1 Satz 3 bleiben unberührt.

(2) Ist eine Eintragung im Wettbewerbsregister nach Absatz 1 oder § 8 gelöscht worden, so darf die der Eintragung zugrunde liegende Straftat oder Ordnungswidrigkeit in Vergabeverfahren nicht mehr zum Nachteil des betroffenen Unternehmens verwertet werden. Die Ablehnung eines Löschungsantrags nach § 8 Absatz 1 durch die Registerbehörde ist für den Auftraggeber nicht bindend.

Übersicht

		Rn.			Rn.
I.	Allgemeines	1	2.	Kein vollständiger Gleichlauf mit den materiellen Fristen des § 126 GWB	6
II.	Löschungsfristen	2			
1.	Fristenlauf	2	III.	Wirkung der Löschung	10

---

[19] BT-Drs. 18/12051, 31.
[20] BT-Drs. 18/12051, 31.
[21] BT-Drs. 18/12051, 31.

I. Allgemeines

Eine **Löschung** aus dem Register ist grundsätzlich vorzunehmen bei **Fristablauf,** bei erfolgreichem Nachweis der **Selbstreinigung** (§ 8 Abs. 1 S. 3) oder wenn sich nach Eintragung die **Unrichtigkeit der eingetragenen Daten** herausstellt (§ 4 Abs. 2 S. 2). Abs. 1 der Vorschrift regelt die Löschung wegen Fristablaufs. Ab. 2 trifft Regelungen zur **Bindungswirkung** von Löschungen im Vergabeverfahren. 1

II. Löschungsfristen

1. Fristenlauf. Beginn der Löschungsfrist ist bis auf eine Ausnahme die **Rechtskraft** (zu dem Begriff → § 2 Rn. 8) der nach § 2 Abs. 1 einzutragenden Sanktionsentscheidung (Strafurteil, Strafbefehl oder Bußgeldentscheidung). Die Vorschrift verwendet zwar die Begriffe „Rechts- oder Bestandskraft" oder spricht von der Unanfechtbarkeit. Diese Begriffswahl ist aber nicht konsistent mit § 2 Abs. 1, der auf Hinweis des Bundesrats[1] ausschließlich von der Rechtskraft der einzutragenden Entscheidung spricht. 2

Eine **Sonderregelung** besteht auch hier für **Bußgeldentscheidungen des Bundeskartellamts.** Für sie beginnt die Löschungsfrist mit Erlass des Bescheids. Dies ist konsequent, weil auch die Eintragung nach § 2 Abs. 2 lediglich den Erlass des Bescheids voraussetzt.[2] 3

Die Frist beträgt nach Abs. 1 S. 1 für Eintragungen auf Grundlage von § 2 Abs. 1 Nr. 1 lit a (in § 123 Abs. 1 GWB aufgezählte Straftaten), lit. c (Vorenthalten und Veruntreuen von Arbeitsentgelt) und lit. d (Steuerhinterziehung) **fünf Jahre.** Für alle anderen Eintragungen gilt nach Abs. 1 S. 3 die Frist von **drei Jahren.** 4

Im Falle von **mehrfachen Eintragungen** wegen eines Fehlverhaltens (→ § 2 Rn. 40) ordnet Abs. 1 S. 4 an, dass alle Eintragungen zu löschen sind, wenn die Löschungsfrist für eine der Eintragungen abgelaufen und die Dauer der Löschungsfristen identisch ist. Bei unterschiedlichen langen Löschungsfristen ist die längere Frist maßgeblich. 5

2. Kein vollständiger Gleichlauf mit den materiellen Fristen des § 126 GWB. Ausweislich der Gesetzesbegründung zielte der Gesetzgeber auf einen Gleichlauf mit dem in § 126 GWB geregelten zulässigen Zeitraum für Ausschlüsse ab. Dieser **Gleichlauf** wird durch die Regelungen des § 7 Abs. 1 aber **nur teilweise** erreicht.[3] Die Auftraggeber müssen deshalb **sorgfältig prüfen,** ob trotz einer bestehenden Eintragung der nach § 126 GWB zulässige Zeitraum für einen Ausschluss bereits **verstrichen** ist. Gemäß § 6 Abs. 5 müssen sie nämlich in eigener Verantwortung anhand des materiellen Vergaberechts über den Ausschluss entscheiden. 6

Ein Gleichlauf der Fristen besteht für die **zwingenden Ausschlussgründe,** die in § 123 Abs. 1 und 4 GWB niedergelegt sind. Hier beträgt die Frist der Löschung fünf Jahre ab Eintreten der Rechtskraft. Dies **entspricht der Regelung des § 126 Nr. 1 GWB** zum zulässigen Zeitraum für einen Ausschluss. Ein solcher Gleichlauf besteht auch für Bußgeldentscheidungen wegen Verstößen gegen das **Kartellverbot,** die nach § 2 Abs. 2 zur Eintragung führen. Diese sind gem. § 7 Abs. 1 S. 2 drei Jahre nach Erlass der Entscheidung zu löschen. Dies entspricht dem in § 126 Nr. 2 GWB geregelten Zeitraum. Denn nach der Entscheidung des EuGH in Sachen Vossloh Laeis GmbH/Stadtwerke München GmbH[4] bildet der Erlass der Entscheidung den Anfangszeitpunkt für die Dreijahresfrist des § 126 Nr. 2 GWB. 7

Für die übrigen im Wettbewerbsregister einzutragenden Verstöße kann die **Eintragung deutlich länger** bestehen, als ein **Ausschluss nach § 126 Nr. 2 GWB zulässig** ist. Bilden Gesetzesverstöße nach § 2 Abs. 1 Nr. 1 lit. b, lit. e oder Nr. 2 GWB die Grundlage für die Eintragung, so kommen nur die **fakultativen Ausschlussgründe** des 124 Abs. 1 Nr. 1 GWB (Verstoß gegen sozial- oder arbeitsrechtliche Verpflichtungen bei öffentlichem Auftrag) oder des § 124 Abs. 1 Nr. 3 GWB (schwere Verfehlungen im Rahmen der beruflichen Tätigkeit) in Betracht. Ein Ausschluss ist hier gem. § 126 Nr. 2 GWB drei Jahre „ab dem betreffenden Ereignis" möglich. Dies wird im Schrifttum regelmäßig so verstanden, dass es auf **die Begehung der Tat** ankommt.[5] Damit laufen Eintragung und zulässiger Zeitraum für einen Ausschluss **nicht synchron.** 8

---

[1] BT-Drs. 18/12497, 1.
[2] AA offenbar *Seeliger/Gürer* BB 2017, 1731 (1733), die von einer Löschung erst ab Rechtskraft der Bußgeldentscheidung ausgehen.
[3] Mit diesem Hinweis auch schon *Neun* NZKart 2017, 181 (182); aA *Gottschalk/Lubner* NZWiSt 2018, 96 (101).
[4] EuGH NZBau 2018 768 Rn. 41.
[5] HK-VergabeR/*Kaufmann* GWB § 126 Rn. 18; Immenga/Mestmäcker/Kling GWB § 126 Rn. 19.

9   Zwar hat der EuGH in der Entscheidung Vossloh Laeis GmbH/Stadtwerke München GmbH[6] den **Erlass der Bußgeldentscheidung** in einem Kartellverfahren als den entscheidenden Zeitpunkt für den Beginn der Frist nach § 126 Nr. 2 GWB eingeordnet. Zum einen betraf die Entscheidung aber nur Kartellverfahren, sodass bereits fraglich ist, ob sie sich auf andere Fälle der fakultativen Ausschlussgründe übertragen ließe. Zum anderen wäre ein Ausschluss auch dann gem. § 126 Nr. 2 GWB nur drei Jahre ab Erlass der sanktionierenden Entscheidung möglich und **nicht ab Rechtskraft** dieser Entscheidung, worauf § 7 Abs. 1 S. 1 und 3 abstellen.

III. Wirkung der Löschung

10   Anders als die Eintragung, die nach § 6 Abs. 5 keine Bindungswirkung für öffentliche Auftraggeber nach sich zieht, ist die **Löschung** einer Eintragung für die öffentliche Auftraggeber gem. Abs. 2 S. 1 **verbindlich.** Ausdrücklich erfasst sind Löschungen wegen Fristablaufs nach Abs. 1 sowie Löschungen aufgrund einer erfolgreichen Selbstreinigung nach § 8 Abs. 1 S. 3. Nicht ausdrücklich erfasst ist die Löschung wegen Fehlerhaftigkeit der von der Verfolgungsbehörde übermittelten Daten nach § 4 Abs. 2 S. 2. Dies ist auch nicht notwendig, weil in diesem Fall davon auszugehen ist, dass die Registerbehörde dem öffentlichen Auftraggeber nur die korrigierten Daten übermittelt oder – soweit die Fehlerhaftigkeit der Daten die Eintragung selbst berührt – dem öffentlichen Auftraggeber von vornherein mitteilt, dass keine Eintragung für das Unternehmen vorliegt.

11   Durch die gesetzliche Ausgestaltung als **zwingende Bindung** des Auftraggebers können Dritte die Löschung nach Auffassung des Gesetzgebers nicht im Rahmen einer **Nachprüfung der Vergabeentscheidung** in Zweifel ziehen.[7] Bedeutung hat dies insbesondere für eine Löschung wegen einer Selbstreinigung. Weist das Unternehmen dem Auftraggeber individuell auf Grundlage des § 125 GWB nach, dass es die Voraussetzung der Selbstreinigung erfüllt hat, so können Drittbieter nach Auffassungen im Schrifttum die Vergabeentscheidung mit dem Argument angreifen, der Auftraggeber habe die Selbstreinigung zu Unrecht bejaht.[8] Löscht hingegen die Registerbehörde die Eintragung wegen erfolgreicher Selbstreinigung, steht dies verbindlich für den Auftraggeber fest und eine Überprüfung der Vergabeentscheidung ist mit Blick auf die Verneinung der Ausschlussgründe **nicht möglich.**

12   Lehnt die Registerbehörde einen Antrag auf Löschung wegen Selbstreinigung **ab,** tritt hierdurch nach Abs. 2 S. 2 **keine Bindungswirkung** ein. Die Vorschrift sichert so die Möglichkeit eines Unternehmens ab, individuell gegenüber dem öffentlichen Auftraggeber nachzuweisen, dass die Voraussetzungen der Selbstreinigung erfüllt sind. Der öffentliche Auftraggeber erhält zwar von der Registerbehörde gem. § 8 Abs. 4 **Kenntnis über eine Ablehnung des Antrags** auf Löschung wegen Selbstreinigung. Wegen § 7 Abs. 2 S. 2 wird die Entscheidung des öffentlichen Auftraggebers über den Ausschluss rechtlich dadurch **nicht präjudiziert** – auch wenn sich seine Chancen auf einen erfolgreichen Nachweis der Selbstreinigung dadurch faktisch erheblich verschlechtern dürften.

§ 8 Vorzeitige Löschung der Eintragung aus dem Wettbewerbsregister wegen Selbstreinigung; Gebühren und Auslagen

(1) Ist ein Unternehmen in das Wettbewerbsregister eingetragen worden, so kann es bei der Registerbehörde beantragen, dass die Eintragung wegen Selbstreinigung vor Ablauf der Löschungsfrist nach § 7 Absatz 1 aus dem Wettbewerbsregister gelöscht wird. Der Antrag ist zulässig, wenn das Unternehmen ein berechtigtes Interesse an der vorzeitigen Löschung glaubhaft macht. Die Eintragung ist zu löschen, wenn das Unternehmen gegenüber der Registerbehörde die Selbstreinigung im Fall des § 2 Absatz 1 Nummer 1 Buchstabe c und d entsprechend § 123 Absatz 4 Satz 2 des Gesetzes gegen Wettbewerbsbeschränkungen, im Übrigen entsprechend § 125 des Gesetzes gegen Wettbewerbsbeschränkungen für die Zwecke des Vergabeverfahrens nachgewiesen hat.

(2) Die Registerbehörde ermittelt den Sachverhalt nach Antragstellung von Amts wegen. Sie kann sich dabei auf das beschränken, was von dem Antragsteller vorgebracht wird oder ihr sonst bekannt sein muss. Sie kann von dem Antragsteller verlangen, dass er ihr
1. die strafgerichtliche Entscheidung oder die Bußgeldentscheidung übermittelt,
2. Gutachten oder andere Unterlagen vorlegt, die zur Bewertung der Selbstreinigungsmaßnahmen geeignet sind.

---

[6] EuGH NZBau 2018, 768 Rn. 41.
[7] BT-Drs. 18/12051, 32.
[8] HK-VergabeR/*Kaufmann* GWB § 125 Rn. 65, VergabeR/*Opitz* GWB § 125 Rn. 14.

Die §§ 57 und 59 bis 59b des Gesetzes gegen Wettbewerbsbeschränkungen sind entsprechend anzuwenden.

(3) Zur Vorbereitung der Entscheidung über den Antrag kann die Registerbehörde die mitteilende Strafverfolgungsbehörde oder die Behörde, die für die Verfolgung von Ordnungswidrigkeiten berufen ist, ersuchen, ihr Informationen, die nach Einschätzung der Registerbehörde zur Bewertung des Antrags erforderlich sein können, zu übermitteln. Die ersuchte Behörde übermittelt diese Informationen.

(4) Die Registerbehörde bewertet die von dem Unternehmen ergriffenen Selbstreinigungsmaßnahmen und berücksichtigt dabei die Schwere und die besonderen Umstände der Straftat oder des Fehlverhaltens. Hält sie die Selbstreinigungsmaßnahmen des Unternehmens für unzureichend, so verlangt sie von dem Unternehmen ergänzende Informationen oder lehnt den Antrag ab. Lehnt die Registerbehörde den Antrag ab, begründet sie diese Entscheidung gegenüber dem Unternehmen. Die Entscheidung über den Antrag auf vorzeitige Löschung einer Eintragung ist im Wettbewerbsregister zu vermerken. Die Registerbehörde übermittelt einem Auftraggeber auf dessen Ersuchen die Entscheidung zu dem Löschungsantrag sowie weitere Unterlagen.

(5) Die Registerbehörde erlässt Leitlinien zur Anwendung der Absätze 1 bis 4.

(6) Bei Anträgen auf vorzeitige Löschung aus dem Wettbewerbsregister wegen Selbstreinigung werden zur Deckung des Verwaltungsaufwands der Registerbehörde Gebühren und Auslagen erhoben. § 62 des Gesetzes gegen Wettbewerbsbeschränkungen und die auf dieser Grundlage erlassenen Rechtsverordnungen sind entsprechend anzuwenden; der Gebührenrahmen richtet sich nach § 62 Absatz 2 Satz 2 Nummer 2 des Gesetzes gegen Wettbewerbsbeschränkungen.

Übersicht

	Rn.		Rn.
I. Hintergrund	1	a) Insbesondere Vorlage von Gutachten	17
II. Antrag und Prüfungsmaßstab	5	b) Kartellverwaltungsrechtliche Ermittlungsbefugnisse	22
1. Berechtigtes Interesse	5	c) Kooperation mit der Verfolgungsbehörde	30
2. Prüfungsmaßstab	9	IV. Rechtsfolgen der Entscheidung	31
III. Verfahrensfragen	12	V. Parallele Zuständigkeit des öffentlichen Auftraggebers	34
1. Eingeschränkter Amtsermittlungsgrundsatz	12	VI. Rechtsschutz	36
2. Ermittlungsbefugnisse	16	VII. Gebühren	39

I. Hintergrund

Die Eintragung in das Wettbewerbsregister kann für das betroffene Unternehmen erhebliche **wirtschaftliche Auswirkungen** haben, die bis zur **Existenzvernichtung** reichen können. Die Eintragung soll aber gerade nicht als zusätzliche Sanktion neben das Straf- oder Bußgeldrecht treten. Bezugspunkt des Wettbewerbsregisters ist vielmehr nach § 1 Abs. 2 die erleichterte Prüfung der Ausschlussgründe nach den §§ 123 und 124 GWB. Diese wiederum dienen allein dazu, die **Zuverlässigkeit des Bieters** zu prüfen (Erwägungsgrund 101 RL 2014/24/EU). 1

Es ist dementsprechend folgerichtig, dass auch das Wettbewerbsregister den betroffenen Unternehmen die Möglichkeit eröffnet, ihre **Zuverlässigkeit trotz Eintragung** unter Beweis zu stellen und so eine **Löschung** der Eintragung zu erreichen. Das Gesetz greift dafür auf das in § 125 GWB und § 123 Abs. 4 S. 2 GWB geregelte Instrument der **Selbstreinigung** zurück, das im Vergaberecht bereits seit längerer Zeit gewohnheitsrechtlich anerkannt ist.[1] Voraussetzung für eine Selbstreinigung sind Maßnahmen zur Schadensregulierung, eine aktive Zusammenarbeit mit den Ermittlungsbehörden zur Aufklärung des Sachverhalts sowie geeignete Vorsorgemaßnahmen zur Vermeidung einer Wiederholung des Rechtsverstoßes. Der **materielle Entscheidungsmaßstab**, der sich aus den §§ 125 und 123 Abs. 4 S. 2 GWB ergibt, wird durch das WRegG nicht modifiziert. 2

Die Prüfung der Voraussetzungen durch die zentrale Registerbehörde mit der **Bindungswirkung** des § 7 Abs. 2 S. 1 kann für betroffene Unternehmen durchaus Vorzüge aufweisen. Gelingt 3

---

[1] BT-Drs. 18/6281, 107; HK-VergabeR/*Kaufmann* GWB § 125 Rn. 1.

ihnen der Nachweis, so ist für alle Auftraggeber verbindlich festgestellt, dass die zugrunde liegenden Gesetzesverstöße nicht zu einem Ausschluss führen dürfen. Dies ist vorteilhaft gegenüber einem Nachweis bei einem individuellen Auftraggeber, der nach Auffassung von Rechtsprechung und Literatur ausschließlich den jeweils entscheidenden Auftraggeber bindet.[2] Ein weiterer Vorteil kann insbesondere bei **laufenden Kartellschadensersatzprozessen** zwischen Auftraggeber und Bieter darin bestehen, dass der Bieter nicht gegenüber dem Auftraggeber Einzelheiten des Kartellverstoßes offenlegen muss.[3]

4   Daneben bleibt aber die **Prüfung** der Selbstreinigung auch **durch den öffentlichen Auftraggeber** möglich, wenn die Registerbehörde einen Antrag abgelehnt oder noch nicht über ihn entschieden hat (sog. „**zweite Chance**").[4] Die Kompetenz der Registerbehörde sperrt die Prüfung durch den Auftraggeber nur insoweit, als eine Löschung wegen positiven Nachweises der Selbstreinigung erfolgt.[5] In zeitlicher Hinsicht kann die Prüfung durch die Registerbehörde und den öffentlichen Auftraggeber **parallel** erfolgen. Besteht wegen eines unmittelbar bevorstehenden wichtigen Vergabeverfahrens zeitliche Eile, ist betroffenen Unternehmen zu empfehlen, gleichzeitig mit dem Antrag auf vorzeitige Löschung bei der Registerbehörde den Selbstreinigungsnachweis beim Auftraggeber zu führen.

II. Antrag und Prüfungsmaßstab

5   **1. Berechtigtes Interesse.** Der Antrag auf vorzeitige Löschung wegen erfolgreicher Selbstreinigung setzt nach § 8 Abs. 1 S. 2 ein berechtigtes Interesse voraus, das durch den Antragsteller glaubhaft zu machen ist. Der Gesetzgeber sieht ein solches Interesse nur dann nicht als gegeben an, wenn das betroffene Unternehmen nicht beabsichtigt, an Vergabeverfahren teilzunehmen.[6] Hier kling zurecht an, dass **keine überzogenen Anforderungen** an das berechtigte Interesse zu stellen sind.

6   Insbesondere kann in zeitlicher Hinsicht **nicht** verlangt werden, dass der Antragsteller geltend machen muss, an einem **bestimmten, bereits veröffentlichten Vergabeverfahren** teilnehmen zu wollen.[7] Die dann noch verbleibende Ausschreibungsfrist für die Abgabe eines Angebots dürfte nämlich in den meisten Fällen schon nicht mehr für eine Prüfung und Entscheidung über den Antrag auf Selbstreinigung genügen. Der Antrag wäre dann von vornherein nicht zielführend. Vor diesem Hintergrund muss es betroffenen Unternehmen möglich sein, **präventiv** einen Antrag auf Löschung nach § 8 zu stellen, dh bevor sie überhaupt von einer geeigneten Ausschreibung Kenntnis erlangen, bei der die Eintragung die eigenen Chancen beeinträchtigen könnte. Zulässig ist es nach der hier vertretenen Auffassung deshalb insbesondere, den **Antrag bereits mit der Anhörung** nach § 5 Abs. 1 S. 1 zu stellen.

7   In sachlicher Hinsicht muss es genügen, wenn das Unternehmen geltend macht, zumindest **potenziell an öffentlichen Aufträgen interessiert** zu sein. Angesichts der Bandbreite der öffentlichen Beschaffung wird dieses Kriterium deshalb **kaum zu verneinen** sein. Allenfalls in Konstellationen, in denen die Geschäftstätigkeit des betroffenen Unternehmens unter keinem vernünftigen Blickwinkel für die öffentliche Hand von Interesse ist, kann ein berechtigtes Interesse ausnahmsweise abzulehnen sein.

8   **Inhaltliche Anforderungen** an den Antrag werden in → Rn. 15 näher erörtert.

9   **2. Prüfungsmaßstab.** § 8 **verweist** hinsichtlich der materiellen Anforderungen an die Selbstreinigung auf die Vorschriften des **§ 125 GWB und § 123 Abs. 4 S. 2 GWB**.[8] Eine Modifikation des Entscheidungsmaßstabs ist durch das WRegG nicht beabsichtigt. Der Verweis in § 8 Abs. 4 S. 1 auf die Schwere und die besonderen Umstände des Fehlverhaltens ist ebenfalls nicht neu. Diese Faktoren gehören vielmehr zum üblichen **Prüfungskanon** der Selbstreinigung.[9]

10 Die Rechtsprechung zu den Anforderungen an eine Selbstreinigung ist allerdings noch in der **Entwicklung** begriffen. Insoweit kann die künftige Entscheidungspraxis der Registerbehörde durchaus maßgebliche Impulse setzen. Bedeutsam ist in diesem Zusammenhang insbesondere die

---

[2] *Prieß/Simonis* in KKPP GWB § 125 Rn. 55 ff.; VK Münster Beschl. v. 25.4.2019 – VK 2-41/18 Rn. 112.
[3] Vgl. zu dieser problematischen Konstellation ausf. *Huerkamp* WuW 2020, 294 ff.; s. auch *Rieder/Dammann de Chapto* NZKart 2018, 8 (12).
[4] *Fülling/Freiberg* NZBau 2018, 259 (263).
[5] BT-Drs. 18/12051, 32.
[6] BT-Drs. 18/12051, 32.
[7] Ähnlich *Wirth* CCZ 2018, 181 (182): „grundsätzliche Intention" genügt; vgl. auch *Pfannkuch* ZfBR 2018, 342 (344).
[8] Zum Konkurrenzverhältnis der Vorschriften *Brüggemann/Vogel* NZBau 2018, 263 (266).
[9] BT-Drs. 18/6281, 109; VK Münster Beschl. v. 25.4.2019 – VK 2-41/18 Rn. 110, juris.

Möglichkeit der Registerbehörde, nach **Abs. 5 Leitlinien** zu erlassen, in denen die Anforderungen näher spezifiziert werden können.

Die von der Registerbehörde entwickelten Anforderungen könnten dabei **Ausstrahlungswirkung** auf die Entwicklung von Compliance-Maßstäben insgesamt zeitigen. Der Präsident des Bundeskartellamts spricht insoweit zurecht vom Bundeskartellamt als „**Compliance-Behörde** schlechthin".[10] Dies zeigt sich besonders mit Blick auf das **Kartellbußgeldrecht.** Die durch die 10. GWB Novelle in § 81d Abs. 1 S. 2 Nr. 4 und 5 GWB eingeführte sog. „compliance defense" sieht nämlich als abzuwägende Umstände bei der Bußgeldbemessung vor, dass es auf Maßnahmen ankommt, die den Anforderungen an eine Selbstreinigung durchaus verwandt sind. Da das Bundeskartellamt auch Registerbehörde in „Behördenunion" ist, steht eine wechselseitige Entwicklung der Maßstäbe für die Selbstreinigung und für die Zumessung von Kartellbußgeldern nach § 81d Abs. 1 S. 2 Nr. 4 und 5 GWB zu erwarten.

III. Verfahrensfragen

1. Eingeschränkter Amtsermittlungsgrundsatz. Die Vorschrift verpflichtet in ihrem Abs. 2 S. 1 die Registerbehörde zwar grundsätzlich zur Ermittlung des Sachverhalts **von Amts** wegen. Dieser Grundsatz wird aber in S. 2 auf ein pragmatisches Maß **durchbrochen,** wonach sich die Registerbehörde auf das beschränken kann, „was von dem Antragsteller vorgebracht wird". Die Einschränkung ähnelt dem § 163 Abs. 1 S. 2 GWB, der deshalb zur Auslegung herangezogen werden kann. Im Kern ist es der Registerbehörde **erlaubt,** auch von sich aus **Nachforschungen** zu Aspekten anzustellen, die der Antragsteller in seinem Antrag nicht als relevant oder gar nicht dargestellt hat; sie ist in Anlehnung an die allgemeine Regelung des § 24 Abs. 1 S. 2 Hs. 2 VwVfG nicht an das Vorbringen des Antragstellers gebunden. Sie ist zu weiteren Nachforschungen aber **nicht verpflichtet.**

Die Durchbrechung des strikten Amtsermittlungsgrundsatzes hat seine **Berechtigung** iRd § 8 insbesondere, weil die Umstände, die für eine geglückte Selbstreinigung sprechen, allein aus der Sphäre des antragstellenden Unternehmens kommen können.

Soweit die Registerbehörde den Vortrag zu einzelnen Aspekten des Antrags nicht für ausreichend hält, um eine positive Entscheidung zugunsten des Antragstellers zu treffen, ist die Behörde allerdings als Ausfluss des Amtsermittlungsgrundsatzes verpflichtet, entsprechende **Rückfragen** zu stellen oder von ihren Ermittlungsbefugnissen Gebrauch zu machen. Sie kann also **nicht einfach nach Aktenlage ablehnend** entscheiden. Dafür spricht zum einen, dass in einer solchen Konstellation ein Anknüpfungspunkt für eine weitere Erforschung des Sachverhalts im Vortrag des Antragstellers besteht und damit die Voraussetzung des § 8 Abs. 2 S. 2 erfüllt ist. Zudem zeigt § 8 Abs. 4 S. 2 an, dass die Behörde vor Ablehnung eines Antrags prüfen muss, ob sie ergänzende Informationen anfordern soll.

Antragstellern ist deshalb zu empfehlen, bereits in ihrem Antrag auf Löschung **möglichst erschöpfend** und **umfassend** zu den einzelnen Merkmalen der Selbstreinigung vorzutragen und sich nicht auf Amtsermittlungen der Registerbehörde zu verlassen.[11] Soweit möglich sollten Unterlagen, Urkunden und andere Dokumente, die als Beleg der Selbstreinigungsmaßnahmen dienen können, direkt übermittelt werden. Im Idealfall ist der Antrag des Unternehmens auf vorzeitige Löschung so eingehend und **nachvollziehbar begründet,** dass sich weitere Ermittlungen durch die Registerbehörde erübrigen. Insoweit dürfte vor allem eine **anwaltliche Einschätzung** der ergriffenen Maßnahmen förderlich sein.[12] Die strategische Frage, ob mit Antragstellung schon ein Gutachten nach § 8 Abs. 2 S. 3 Nr. 2 zu übermitteln ist, um das Verfahren abzukürzen, ist differenziert zu betrachten: Einerseits kann die freiwillige Einreichung eines Gutachtens die Überzeugungskraft eines Antrags deutlich erhöhen. Andererseits kann die Registerbehörde ein Gutachten nur verlangen, soweit sich dies als erforderlich und angemessen erweist (→ Rn. 18), sodass sich eine ausführliche, freiwillige Begutachtung als überflüssig erweisen kann.

2. Ermittlungsbefugnisse. Die Befugnisse, die der Behörde zur Ermittlung des Sachverhalts zur Verfügung stehen, regeln § 8 Abs. 2 S. 3 und 4. Sie stehen im **pflichtgemäßen Ermessen** der Registerbehörde.

a) Insbesondere Vorlage von Gutachten. Nach § 8 Abs. 2 S. 3 Nr. 1 kann die Registerbehörde die Übermittlung der strafgerichtlichen Entscheidung oder Bußgeldentscheidung, die Grundlage für den Eintrag war, verlangen. Darüber hinaus kann die Registerbehörde nach Nr. 2 Gutachten

---

[10] *Mundt* 19. Forum vergabe Gespräche, 2018, 25.
[11] *Hooghoff* 20. Forum vergabe Gespräche, 2019, 211.
[12] Ähnlich *Haus/Erne* NZG 2017, 1167 (1171).

oder andere Unterlagen anfordern, die zur Bewertung der Selbstreinigungsmaßnahmen geeignet sind.

18 Mit Blick darauf, dass die Erstellung von Gutachten durch Externe **erheblichen Zeit- und Kostenaufwand** verursacht, stellt sich die Frage, unter welchen Voraussetzungen die Registerbehörde auf der Erstellung eines Gutachtens beharren kann. Hier geht es um die ordnungsgemäße Ausübung des **Ermittlungsermessens**. Im allgemeinen Verwaltungsrecht ist, trotz Unterschieden bei der dogmatischen Begründung, anerkannt, dass sich Art und Umfang der Ermittlungen im Rahmen des Amtsermittlungsgrundsatzes am Verhältnismäßigkeitsgrundsatz ausrichten müssen.[13] Die Ermittlungen müssen im Hinblick auf Art, Umfang, Zeit, Auswahl der Mittel und Belastung für den Betroffenen und die Allgemeinheit **angemessen** sein.[14]

19 Es ist nicht ersichtlich, dass für das Ermittlungsermessen iRd § 8 Abs. 2 andere Erwägungen Platz greifen könnten. Die Registerbehörde muss bei ihrer Entscheidung deshalb zum einen berücksichtigen, ob die **Vorlage eines Gutachtens** im Einzelfall **notwendig** ist.[15] Bestehen etwa nur hinsichtlich einzelner Aspekte des Antrags Rückfragen, dürften sich gezielte Ermittlungsmaßnahmen auf Grundlage des § 8 Abs. 2 S. 3 (und ggf. Abs. 4) stets als milderes Mittel erweisen. Aber auch wenn sich auf Grundlage des Antrags erweist, dass eine umfangreichere Prüfung angezeigt ist, muss die Registerbehörde **Aufwand und Kosten des Gutachtens** für das betroffene Unternehmen im Blick behalten. Steht etwa zu erwarten, dass das Unternehmen auf entsprechendes **Auskunftsersuchen** Antworten erarbeiten kann, die für eine abschließende Entscheidung ausreichend sind, wäre die Anforderung eines externen Gutachtens unverhältnismäßig.

20 Einzelheiten zur Erstellung und Anforderung des Gutachtens sind in § 11 WRegV geregelt: Die Registerbehörde kann **Vorgaben** hinsichtlich des zu begutachtenden Sachverhalts und den zu prüfenden Themenstellungen machen (§ 11 Abs. 1 S. 2). Auch hier ist dem Verhältnismäßigkeitsgrundsatz Rechnung zu tragen, indem Sachverhalt und Fragestellungen **auf das erforderliche Maß** zugeschnitten werden. Während die Auswahl des Gutachters dem Antragsteller obliegt, kann die Registerbehörde einen vorgeschlagenen Gutachter ablehnen, wenn aufgrund des Umfangs seiner Tätigkeit für den Antragsteller oder verbundene Konzernunternehmen seine Unabhängigkeit in Frage steht.

21 Insbesondere wenn ein Unternehmen ein Gutachten bereits in Auftrag gegeben haben, um es mit Antragstellung einreichen zu können, dürfte dieser Umstand allein nicht ausreichen, um diesem Gutachter die **Unabhängigkeit** abzusprechen. Allein der Umstand, dass sich das betroffene Unternehmen zur Vorbereitung des Antrags an den Gutachter gewandt hat, lässt seine Unabhängigkeit jedenfalls nicht offensichtlich entfallen. Eine solche Gefährdung ist vielmehr erst dann anzunehmen, wenn die **ernsthafte Gefahr** im Raum steht, der ausgewählte Gutachter könnte wegen langfristiger Beziehungen zu dem Antragsteller geneigt sein, den Interessen des Unternehmens bei seiner Prüfung entgegenzukommen.

22 **b) Kartellverwaltungsrechtliche Ermittlungsbefugnisse.** § 8 Abs. 2 S. 4 weist der Registerbehörde ähnlich wie § 163 Abs. 2 S. 5 GWB der Vergabekammer bestimmte **kartellverwaltungsrechtliche Ermittlungskompetenzen** zu. Anders als die Vergabekammer darf die Registerbehörde aber keine Beschlagnahmen nach § 58 GWB durchführen.

23 Während der in Bezug genommene § 57 GWB vor allem Fragen der Beweiserhebung regelt, ist § 59 GWB zentrale Norm für die Informationsbeschaffung. Zwar ist der **§ 59 GWB** stark auf die Situation des Kartellverwaltungsverfahrens zugeschnitten. Er erlaubt der Behörde in der Fassung der 10. GWB Novelle, von Unternehmen Auskunft und Herausgabe von Unterlagen zu verlangen, wenn dies zur Erfüllung gesetzlicher Aufgaben erforderlich ist. Die Befugnis steht nach § 59 Abs. 3 S. 1 GWB unter dem **Vorbehalt der Verhältnismäßigkeit:** Die Befugnis ist begrenzt durch das Ermittlungsziel und das Kriterium der Erforderlichkeit.[16]

24 Vor der 10. GWB Novelle war in der Rechtsprechung anerkannt, dass § 59 GWB die Befugnis verleiht, Auskünfte über die **gesamte betriebliche und gesellschaftsrechtliche Sphäre des Unternehmens** zu verlangen.[17] Die Behörde ist allgemein berechtigt, sich durch eine erschöpfende Befragung ein **möglichst umfassendes Bild** von den wirtschaftlichen Verhältnissen des befragten Unternehmens zu machen.[18] Es ist nicht davon auszugehen, dass sich diese Reichweite durch die 10. GWB Novelle grundsätzlich ändert. § 59 Abs. 1 S. 1 GWB iVm § 8 Abs. 2 S. 4 dürfte deshalb

---

[13] Stelkens/Bonk/Sachs/*Kallerhoff/Fellenberg* VwVfG § 24 Rn. 36; BeckOK VwVfG/*Heßhaus*, 50. Ed. 1.1.2021, VwVfG § 24 Rn. 11.2; NK-VwVfG/*Engel/Pfau* VwVfG § 24 Rn. 19.
[14] Stelkens/Bonk/Sachs/*Kallerhoff/Fellenberg* VwVfG § 24 Rn. 36.
[15] Eine differenzierte Betrachtung der Notwendigkeit findet sich bei *Scharn/Teicke* CB 2017, 363 (364 f.).
[16] Immenga/Mestmäcker/*Wirtz* GWB § 59 Rn. 28.
[17] *Barth* → GWB § 59 Rn. 20; Immenga/Mestmäcker/*Wirtz* GWB § 59 Rn. 28.
[18] KG 19.2.1980 – Kart. 6/78, WuW/E OLG 2441 (2444) – Schulbuchvertrieb; KG 30.11.1977 – Kart. 14/77, WuW/E OLG 1961 – Flug-Union.

zumeist ausreichen, um der Registerbehörde Zugang zu den Informationen zu beschaffen, die sie benötigt, um eine Entscheidung über den Antrag auf Löschung wegen Selbstreinigung treffen zu können.

Im Unterschied zu anderen Ermittlungsmaßnahmen des § 8 gewährt der § 59 GWB der Registerbehörde grundsätzlich auch die Möglichkeit, **Auskünfte gegenüber unbeteiligten Dritten** zu verlangen,[19] sollte dies im Rahmen der Ermittlung erforderlich sein. Allerdings wird man hier sehr **hohe Hürden** annehmen müssen: Aus § 3 Abs. 3, § 7 Abs. 4 und 7 ergibt sich, dass schon der Umstand der Eintragung eines Unternehmens vertraulich ist. Dieser besondere Vertraulichkeitsschutz darf nicht durchbrochen werden, indem sich die Registerbehörde mit Fragen zum Verhalten des eingetragenen Unternehmens an Dritte wendet. Ein an Dritte gerichtetes Auskunftsverlangen kann deshalb nur in Betracht kommen, wenn die Anonymität des Antragstellers vollumfänglich gewahrt werden kann, was in den seltensten Fällen möglich sein sollte. Etwas anderes kann eventuell auch gelten, wenn der Antragsteller einer Befragung Dritter zustimmt. 25

In der kartellverwaltungsrechtlichen Praxis greift die Behörde zunächst typischer Weise auf ein **formloses Auskunftsersuchen** zurück. Hierbei handelt es sich – im Gegensatz zum förmlichen Auskunftsverlangen, das nach § 59 Abs. 5 S. 1 GWB durch Beschluss (im Falle der entsprechenden Anwendung durch eine Entscheidung der Registerbehörde) erfolgen muss – um einfache Verwaltungsschreiben, die den Hinweis enthalten, dass die fristgemäße Beantwortung erwartet wird, aber **freiwillig** ist. Meist weist das Bundeskartellamt auf die Befugnisse nach § 59 Abs. 1 GWB hin und kündigt den Erlass eines förmlichen Auskunftsbeschlusses für den Fall einer nicht freiwillig gewährten Auskunft an.[20] Da das Bundeskartellamt auch als Registerbehörde fungiert, ist davon auszugehen, dass es diese Praxis fortführen und auch bei Anträgen auf Löschung wegen Selbstreinigung zunächst im Wege des formlosen Auskunftsersuchens vorgehen wird. 26

Entscheidet sich die Behörde dazu, ein **formelles Auskunftsverlangen** zu erlassen, so muss dies nach der Gesetzessystematik im Wege der **förmlichen Entscheidung** erfolgen, gegen die nach § 11 Abs. 1 S. 1 die **Beschwerde** eröffnet ist. Zwar ergibt sich aus § 59 Abs. 5 S. 1 GWB, dass Auskunftsverlangen im Wege des Beschlusses ergehen. Der Beschluss ist aber keine Entscheidungsform, die im WRegG vorgesehen ist. Stattdessen geht das Gesetz von der schriftlich begründeten „Entscheidung" (Gedanke ex § 8 Abs. 4 S. 3) als Entscheidungsform aus, die ausdrücklich als Gegenstand des Rechtsschutzantrags in § 11 Abs. 1 S. 1 genannt ist. 27

Mangels ausdrücklichen Verweises gilt in den Verfahren nach dem Wettbewerbsregister die **Bußgeldandrohung** des § 81 Abs. 2 Nr. 6 GWB im Zusammenhang mit einem förmlichen Auskunftsverlangen nicht. Für informelle Auskunftsersuchen greift sie ohnehin nicht. 28

Die Möglichkeit einer **Durchsuchung** besteht zwar nach § 8 Abs. 2 S. 4, § 59b GWB im Grundsatz auch. Mit Blick auf den Verhältnismäßigkeitsgrundsatz dürfte sie aber bei Prüfung der Selbstreinigung **kaum in Betracht** kommen. Angesichts der Intensität des damit verbundenen Eingriffs wird die Registerbehörde regelmäßig den Antrag wegen unvollständiger Informationen ablehnen müssen, anstatt seine Voraussetzungen im Wege einer Durchsuchung zu prüfen. 29

c) **Kooperation mit der Verfolgungsbehörde.** Die Registerbehörde kann darüber hinaus nach § 8 Abs. 3 **weitere Informationen** zum Sachverhalt von der Verfolgungsbehörde verlangen, wenn dies erforderlich ist, also die zusätzlich angefragten Informationen entscheidungserheblich sind. Die Behörde ist durch S. 2 zur Auskunft befugt. 30

IV. Rechtsfolgen der Entscheidung

Kommt die Registerbehörde bei Anwendung des materiellen Prüfungsmaßstabs (→ Rn. 9) zu dem Ergebnis, dass die Voraussetzungen der Selbstreinigung erfüllt sind, **löscht** sie den Eintrag im Wettbewerbsregister (§ 8 Abs. 1 S. 3). Der Umstand der Löschung ist zu speichern und dem öffentlichen Auftraggeber mitzuteilen, der nach § 7 Abs. 2 S. 1 an die Entscheidung gebunden ist und die der Eintragung zugrundeliegende Straftat bei der Prüfung der Geeignetheit **nicht mehr berücksichtigen** darf (→ § 7 Rn. 10). 31

Kommt die Behörde zu dem Ergebnis, dass die Voraussetzungen der Selbstreinigung nicht erfüllt sind, lehnt sie den Antrag nach § 8 Abs. 4 S. 3 durch eine **förmliche Entscheidung** ab, die mit einer Begründung zu versehen ist. Die Entscheidung, den Antrag abzulehnen, ist nach § 8 Abs. 4 S. 4 ebenfalls im Wettbewerbsregister **zu vermerken.** Anders als iRd § 61 Abs. 1 GWB sieht die Norm nicht ausdrücklich vor, dass die Entscheidung mit einer **Rechtsbehelfsbelehrung** zu versehen ist. Allerdings sollte die Registerbehörde schon aus rechtsstaatlichen Erwägungen eine entsprechende Belehrung aufnehmen. 32

---

[19] Immenga/Mestmäcker/*Wirtz* GWB § 59 Rn. 16.
[20] Zum Ganzen *Barth* → GWB § 59 Rn. 19; FK-KartellR/*zur Nieden* GWB § 59 Rn. 2.

33 Dem betroffenen Unternehmen steht es frei, zu einem späteren Zeitpunkt erneut einen Antrag auf Löschung nach § 8 Abs. 1 S. 3 zu stellen. Es wird sich hierbei typischerweise um einen sog. „**Zweitantrag**" handeln, den die Registerbehörde vollumfänglich zu prüfen hat. Eine Bezugnahme auf den Rechtsgedanken der Regelungen zum **Wiederaufgreifen** des Verfahrens in § 51 VwVfG muss **ausscheiden:** Die in dieser Vorschrift geregelte Durchbrechung der Bestandskraft kommt nur bei Verwaltungsakten mit Dauerwirkung in Betracht.[21] Der Ablehnung eines Antrags auf vorzeitige Löschung kommt eine solche Dauerwirkung jedoch nicht zu. Die Registerbehörde ist deshalb verpflichtet, auf Grundlage des neuen Antrags erneut zu prüfen, ob die Voraussetzungen der Selbstreinigung erfüllt sind. Nur bei **missbräuchlicher Antragstellung**, insbesondere bei mehreren kurz hintereinander gestellten Anträgen bei offenkundig unveränderter Sach- oder Rechtslage, kann der Antrag gegebenenfalls unzulässig sein und im Wege einer wiederholenden Verfügung abgelehnt werden.[22]

V. Parallele Zuständigkeit des öffentlichen Auftraggebers

34 Neben der Registerbehörde kann auch der öffentliche Auftraggeber **parallel und selbstverantwortlich** prüfen, ob er die Zuverlässigkeit des eingetragenen Unternehmens wegen der ergriffenen Selbstreinigungsmaßnahmen als gegeben ansieht. Der Gesetzgeber hat sich in § 7 Abs. 2 S. 2 dafür entschieden, einer ablehnenden Entscheidung der Registerbehörde **keine Bindungswirkung** für den öffentlichen Auftraggeber zuzusprechen. Die Prüfung der Selbstreinigung durch die Registerbehörde und den öffentlichen Auftraggeber kann parallel erfolgen. Bei unmittelbar bevorstehenden wichtigen Vergabeverfahren mit besonderer zeitlicher Eile kann es empfehlenswert sein, **gleichzeitig** mit dem Antrag nach § 8 Abs. 1 S. 1 den Selbstreinigungsnachweis gegenüber dem konkreten Auftraggeber zu führen.

35 Die Prüfung nach der Registerbehörde ist deshalb nur lose mit der separaten Prüfung des Auftraggebers verzahnt. Soweit die Registerbehörde einen Antrag auf vorzeitige Löschung wegen Selbstreinigung ablehnt, erfährt der Auftraggeber davon, weil die **Ablehnung im Wettbewerbsregister zu vermerken** ist (§ 8 Abs. 4 S. 4). Der Auftraggeber kann die Registerbehörde dann gem. § 8 Abs. 4 S. 5 um **Übermittlung der Entscheidung** und weiterer vertraulicher Unterlagen aus dem Verfahren nach § 8 ersuchen.

VI. Rechtsschutz

36 Gemäß § 11 Abs. 1 S. 1 kann das betroffene Unternehmen gegen die ablehnende Entscheidung Beschwerde erheben. Einschlägig ist hier die **Verpflichtungsbeschwerde** (→ § 11 Rn. 10).

37 Entscheidet die Registerbehörde über den Antrag ohne zureichenden Grund nicht innerhalb angemessener Frist, kann der Antragsteller gem. § 11 Abs. 1 S. 2 iVm § 73 Abs. 3 S. 2 GWB **Untätigkeitsbeschwerde** erheben. Die Bestimmung der angemessenen Frist muss einzelfallbezogen erfolgen. Die Registerbehörde muss ausreichend Zeit haben, um über den Antrag entscheiden zu können. Gleichzeitig muss die Registerbehörde bei ihrer Prüfung zügig vorgehen, weil die bestehende Eintragung für das betroffene Unternehmen erhebliche Konsequenzen haben kann. Die bei kartellrechtlichen Unterlassungsbeschwerden als „Faustregel" genannten drei bis vier Monate[23] mögen auch hier ein guter erster Indikator sein.

38 Bei Schutz gegen **Verfahrenshandlungen** ist zu differenzieren; jedenfalls soweit die Registerbehörde durch Entscheidung (→ Rn. 27) ein förmliches Auskunftsverlangen (anstelle eines informellen Auskunftsersuchens) stellt, ist die **Beschwerde** nach § 11 Abs. 1 S. 1 eröffnet. Bei reinen Zwischenentscheidungen oder **Verfahrenshandlungen**, die dem Verfahrensfortgang dienen und zur Förderung der Sachentscheidung ergehen, wird in der kartell- und energierechtlichen Rechtsprechung unter Verweis auf den § 44a VwGO die Zulässigkeit der Beschwerde verneint.[24] Eine ähnliche Linie der Rechtsprechung ist auch für Verfahren nach § 8 zu erwarten. Zum Beispiel das Verlangen der Registerbehörde, nach § 8 Abs. 2 Nr. 1 die zugrunde liegende Sanktionsentscheidung zu übermitteln, kann deshalb nicht gerichtlich angegriffen werden.

VII. Gebühren

39 Der Antragsteller hat die Kosten für das Antragsverfahren zu tragen. § 8 Abs. 6 verweist dazu auf die Regelungen des § 62 GWB. Die Gebühr darf demnach **25.000 EUR** nicht übersteigen, es sei denn der betriebene Aufwand erweist sich als außergewöhnlich hoch.

---

[21] BeckOK VwVfG/*Falkenbach*, 50. Ed. 1.1.2021, VwVfG § 51 Rn. 7; vgl. auch OVG Münster BeckRS 2018, 951.
[22] BeckOK VwVfG/*Falkenbach*, 50. Ed. 1.1.2021, VwVfG § 51 Rn. 7.
[23] Immenga/Mestmäcker/*K. Schmidt* GWB § 63 Rn. 38.
[24] OLG Report Düsseldorf 2009, 336; KG Report Berlin 2008, 621 (621 f.).

§ 9 Elektronische Datenübermittlung

(1) Die Kommunikation zwischen der Registerbehörde und den Strafverfolgungsbehörden, den zur Verfolgung von Ordnungswidrigkeiten berufenen Behörden, den Auftraggebern sowie den Unternehmen und den Stellen, die ein amtliches Verzeichnis führen, das den Anforderungen des Artikels 64 der Richtlinie 2014/24/EU entspricht, erfolgt in der Regel elektronisch.

(2) Die Datenübermittlung an Auftraggeber kann im Wege eines automatisierten Verfahrens auf Abruf, das die Übermittlung personenbezogener Daten ermöglicht, erfolgen. Für die Verarbeitung von personenbezogenen Daten gelten die allgemeinen datenschutzrechtlichen Vorschriften, soweit dieses Gesetz oder die aufgrund dieses Gesetzes erlassene Rechtsverordnung keine besondere Regelung enthält.

Bereits § 1 Abs. 3 ordnet an, das Wettbewerbsregister elektronisch zu führen. Konsequent und im Einklang mit dem generellen **Grundsatz elektronischer Kommunikation im Vergabeverfahren**[1] ordnet § 9 Abs. 1 an, dass die Kommunikation mit der Registerbehörde von allen Beteiligten (Verfolgungsbehörden, Unternehmen, Auftraggeber und Stellen, die ein amtliches Verzeichnis führen) elektronisch erfolgen soll. Der Gesetzgeber möchte auf diese Weise den Bürokratieaufwand reduzieren.[2] 1

Nach Abs. 2 soll die Übermittlung an die Auftraggeber grundsätzlich in einem automatisierten Abrufverfahren erfolgen. Der Gesetzgeber geht von dem Grundsatz aus, dass die **Übermittlung noch am Tag der Abfrage** erfolgt.[3] 2

Einzelheiten zur Datenübermittlung regelt der erste Abschnitt der Wettbewerbsregisterverordnung. 3

§ 10 Verordnungsermächtigung

Die Bundesregierung erlässt mit Zustimmung des Bundesrates eine Rechtsverordnung, um Folgendes zu regeln:
1. die technischen und organisatorischen Voraussetzungen für
    a) die Speicherung von Daten im Wettbewerbsregister,
    b) die Übermittlung von Daten an die Registerbehörde oder an Auftraggeber einschließlich des automatisierten Abrufverfahrens und
    c) die Kommunikation mit Unternehmen und natürlichen Personen, jeweils einschließlich Regelungen zur Identifizierung und Authentifizierung, sowie mit Stellen, die ein amtliches Verzeichnis führen, das den Anforderungen des Artikels 64 der Richtlinie 2014/24/EU entspricht,
2. die erforderlichen datenschutzrechtlichen Vorgaben für die elektronische Kommunikation mit der Registerbehörde,
3. Inhalt und Umfang der Daten nach § 3 Absatz 1 und der Mitteilung nach § 6 Absatz 3,
4. ein von den Unternehmen zu verwendendes Standardformular für die Mitteilung nach § 3 Absatz 2,
5. Anforderungen an den Inhalt der Mitteilung nach § 4 einschließlich eines von den mitteilungspflichtigen Stellen zu verwendenden Standardformulars sowie die Einzelheiten des Eintragungsverfahrens,
6. nähere Bestimmungen zu den ergänzenden Informationen gemäß § 6 Absatz 6 Satz 1,
7. Anforderungen an vom Antragsteller vorzulegende geeignete Gutachten und Unterlagen nach § 8 Absatz 2 Satz 3 Nummer 2, insbesondere auch an die Zulassung von Systemen unabhängiger Stellen durch die Registerbehörde, mit denen geeignete Vorsorgemaßnahmen zur Verhinderung zukünftiger Verfehlungen für die Zwecke des Vergabeverfahrens belegt werden können und
8. den Gebührensatz und die Erhebung der Gebühr vom Kostenschuldner bei Erteilung der Auskunft nach § 5 Absatz 2 Satz 1 sowie die Erstattung von Auslagen.

Die Vorschrift ermächtigt die Bundesregierung, mit Zustimmung des Bundesrates eine konkretisierende Rechtsverordnung zu erlassen. Die Bundesregierung hat durch Erlass der Wettbewerbsre- 1

---
[1] § 97 Abs. 5 GWB.
[2] BT-Drs. 18/12051, 33.
[3] BT-Drs. 18/12051, 34.

gisterverordnung von diesem Recht Gebrauch gemacht und weitere **Einzelheiten zu Abläufen** nach dem WRegG geregelt.

Keine Regelung trifft die Wettbewerbsregisterverordnung allerdings mit Blick auf die in § 10 Nr. 7 vorgesehene Möglichkeit, Anforderungen hinsichtlich der **Zulassung von Systemen unabhängiger Stellen** festzulegen, mit denen geeignete Vorsorgemaßnahmen zur Verhinderung zukünftiger Verfehlungen belegt werden können. Die Bundesregierung hat insoweit im Verordnungsverfahren erkennen lassen, dass die Registerbehörde zunächst Erfahrungen im Zusammenhang mit der Selbstreinigung sammeln soll, bevor entsprechende Zulassungskriterien im Wege der Verordnung geregelt werden.

§ 11 Rechtsweg

(1) Gegen Entscheidungen der Registerbehörde ist die Beschwerde zulässig. § 63 Absatz 1 Nummer 1 und 2, die §§ 64, 69, 70 Absatz 1 und 2, die §§ 71 bis 73 Absatz 1 Satz 2, Absatz 2 Satz 1 in Verbindung mit § 54 Absatz 2 Nummer 1 und 2, § 73 Absatz 3 und 4 Satz 1 erster Halbsatz und Satz 2, die §§ 74, 75 Absatz 1 bis 3, § 76 Absatz 1 Satz 1 und 2, Absatz 2 und 4 bis 6 sowie § 171 Absatz 3 des Gesetzes gegen Wettbewerbsbeschränkungen sind entsprechend anzuwenden, soweit nichts anderes bestimmt ist.

(2) Das Beschwerdegericht entscheidet durch eines seiner Mitglieder als Einzelrichter. Der Einzelrichter überträgt das Verfahren dem Beschwerdegericht zur Entscheidung in der im Gerichtsverfassungsgesetz vorgeschriebenen Besetzung, wenn
1. die Sache besondere Schwierigkeiten tatsächlicher oder rechtlicher Art aufweist oder
2. die Rechtssache grundsätzliche Bedeutung hat.
Eine Rückübertragung auf den Einzelrichter ist ausgeschlossen.

(3) Die Entscheidung über die Beschwerde kann ohne mündliche Verhandlung ergehen, es sei denn, ein Beteiligter beantragt, eine mündliche Verhandlung durchzuführen. § 65 Absatz 2 des Gesetzes gegen Wettbewerbsbeschränkungen ist entsprechend anzuwenden.

Übersicht

		Rn.			Rn.
I.	Allgemeines	1		b) Antragsbefugnis, Form und Frist	12
II.	Die Beschwerdearten	2	3.	Untätigkeitsbeschwerde	13
1.	Anfechtungsbeschwerde	7	4.	Leistungsbeschwerde, Fortsetzungsfeststellungsbeschwerde	15
	a) Statthaftigkeit	7			
	b) Beschwerdebefugnis	8	5.	Sonstige Regelungen	21
	c) Form und Frist	9	III.	Vorläufiger Rechtsschutz	22
2.	Verpflichtungsbeschwerde	10	IV.	Besetzung des Gerichts; mündliche Verhandlung; Instanzenzug	27
	a) Statthaftigkeit	10			

I. Allgemeines

Die Vorschrift regelt den Rechtsschutz für Handlungen der Registerbehörde und verweist im Wesentlichen auf die **Regelungen zur Beschwerde im GWB**. Anstelle der eigentlich zur Entscheidung berufenen Verwaltungsgerichte ist damit das OLG Düsseldorf[1] für den Rechtsschutz gegen Maßnahmen der Registerbehörde zuständig. Derartige **Sonderzuweisungen** sind durchaus kritisch zu beurteilen,[2] der Gesetzgeber sieht aber, anders als noch § 10 des Referentenentwurfs, der deklaratorisch die Eröffnung des Verwaltungsrechtswegs klarstellte, in der Zuständigkeit des **OLG Düsseldorf** den Vorteil, die Expertise der Vergabesenate fruchtbar zu machen.[3]

---

[1] Die örtliche Zuständigkeit ergibt sich aus § 11 Abs. 1 S. 2, § 73 Abs. 4 GWB iVm § 2 der Verordnung über die Bildung gemeinsamer Kartellgerichte und über die gerichtliche Zuständigkeit in bürgerlichen Rechtsstreitigkeiten nach dem Energiewirtschaftsgesetz, Gesetz- und Verordnungsblatt NRW v. 23.9.2011, 467.

[2] *Meyer* Editorial NJW 37/2011, spricht von einer „schleichenden Aushöhlung der Kompetenzen der Verwaltungsgerichte" und warnt vor einhergehenden Gefahren.

[3] BT-Drs. 18/12051, 34.

II. Die Beschwerdearten

§ 11 Abs. 1 S. 1 ordnet an, dass gegen **„Entscheidungen"** der Registerbehörde die Beschwerde 2 statthaft ist. § 11 Abs. 1 S. 2 iVm § 73 Abs. 3 GWB eröffnet die Möglichkeit zu einer **Verpflichtungsbeschwerde** und einer **Untätigkeitsbeschwerde**.

Das Gesetz definiert den Begriff der Entscheidung (anders als § 61 GWB für die Verfügung) 3 zwar nicht, erwähnt ihn aber in § 8 Abs. 4 S. 3. Aufgrund der Ausgestaltung des Rechtsschutzes in Parallelität zu dem kartellgerichtlichen Rechtsschutzverfahren streitet viel dafür, dass mit **„Entscheidung" ein Verwaltungsakt** gemeint ist.[4] Dafür spricht auch, dass die Erwähnung der Entscheidung in § 8 Abs. 4 S. 3 die Definitionsmerkmale eines Verwaltungsakts erfüllt.

Mit diesen dogmatischen Überlegungen ist aber keine Engführung des Rechtsschutzes ver- 4 knüpft. Vielmehr ist wie bei der Parallelnorm des § 73 GWB davon auszugehen, dass das **Rechtsschutzsystem** des § 11 grundsätzlich **„ergänzungsbedürftig"** ist.[5] Andernfalls lässt sich das Gebot umfassenden Rechtsschutzes des Art. 19 Abs. 4 GG nicht einlösen und auch die abdrängende Sonderzuweisung an das OLG Düsseldorf liefe teilweise leer, weil für Rechtsschutz gegen andere Handlungen als Entscheidungen die Zuständigkeit der Verwaltungsgerichte wieder auflebte.

Ähnlich wie beim kartellgerichtlichen Rechtsschutz[6] ist deshalb **nicht von einem numerus** 5 **clausus** der ausdrücklich genannten Rechtsschutzmöglichkeiten auszugehen. Vielmehr kommen in Abhängigkeit von der Handlungsform der Registerbehörde neben den drei ausdrücklichen geregelten Beschwerdeformen (Anfechtungsbeschwerde, Verpflichtungsbeschwerde, Untätigkeitsbeschwerde) verschiedene weitere Formen in Betracht, nämlich die **Leistungsbeschwerde** und die **Fortsetzungsfeststellungsbeschwerde**.

Als Gegenstand des Rechtsschutzbegehrens kommen in erster Linie die **Eintragung**, die 6 **Ablehnung der Löschung** sowie das förmliche **Auskunftsersuchen** in Betracht.

1. Anfechtungsbeschwerde. a) Statthaftigkeit. Die Anfechtungsbeschwerde ist statthaft 7 gegen alle **Entscheidungen der Registerbehörde**. Dies ist in erster Linie ein **förmliches Auskunftsverlangen** nach § 8 Abs. 2 S. 4, das, obwohl nicht ausdrücklich geregelt, im Wege der Entscheidung ergeht (→ § 8 Rn. 27). Hiergegen ist dann auch die Beschwerde statthaft. Die **Eintragung** selbst ist nach der hier vertretenen Auffassung kein Verwaltungsakt (→ § 5 Rn. 11 und damit auch keine Entscheidung iSd § 11 Abs. 1 S. 1. Einschlägig ist deshalb die Leistungsbeschwerde. Die Entscheidung der Registerbehörde, den Antrag auf vorzeitige **Löschung** wegen Selbstreinigung nach § 8 Abs. 1 S. 3 abzulehnen, ist im Wege der Verpflichtungsbeschwerde anzugreifen (→ Rn. 10).

b) Beschwerdebefugnis. Beschwerdebefugt sind nach § 11 Abs. 1 S. 2, § 73 Abs. 2 S. 1 iVm 8 § 54 Abs. 2 Nr. 1 und 2 GWB **die am Verfahren Beteiligten**. Hier also der Antragsteller oder das betroffene Unternehmen, gegen das sich das Verfahren richtet. Der fehlende Verweis auf § 54 Abs. 2 Nr. 3 GWB zeigt, dass sich Dritte nicht am Rechtsschutzverfahren beteiligen können. Eine **Beiladung ist nicht möglich**.

c) Form und Frist. Durch den Verweis auf § 74 GWB gelten für die Einreichung der 9 Beschwerde bestimmte Formvorschriften. Sie ist binnen einer Frist von **einem Monat ab Zugang der Entscheidung** bei dem Beschwerdegericht schriftlich einzureichen. Alternativ kann die Einreichung auch bei der Registerbehörde erfolgen. Innerhalb von **zwei Monaten nach Zugang der Entscheidung** muss die Beschwerde begründet werden, insbesondere sind Tatsachen und Beweismittel vorzulegen. Die Frist kann durch den Vorsitzenden verlängert werden.

2. Verpflichtungsbeschwerde. a) Statthaftigkeit. Die Verpflichtungsbeschwerde nach § 11 10 Abs. 1 S. 2 iVm § 73 Abs. 3 S. 1 GWB ist einschlägig, wenn die Registerbehörde den **Antrag auf vorzeitige Löschung aus dem Wettbewerbsregister** ablehnt. Zwar ist der eigentliche Vorgang – die Löschung selbst – ein Realakt. Voraussetzung dafür ist aber die positive Entscheidung der Registerbehörde, dass die getroffenen Selbstreinigungsmaßnahmen ausreichend sind. Eine Leistungsklage, gerichtet auf Löschung, genügt hier nicht, weil dann die ablehnende Entscheidung der Registerbehörde nach § 8 Abs. 4 S. 3 entgegen stünde. Um sie zu beseitigen, bedarf es der **kassatorischen Wirkung** der Verpflichtungsbeschwerde.

Das Gericht spricht die **Verpflichtung der Registerbehörde** aus, positiv über den Antrag zu 11 entscheiden, wenn es zu der Auffassung gelangt, dass alle Voraussetzungen erfüllt sind (§ 11 Abs. 1

---

[4] Vgl. für den § 73 GWB Immenga/Mestmäcker/*K. Schmidt* GWB § 63 Rn. 15.
[5] Zu diesem Begriff vgl. Immenga/Mestmäcker/*K. Schmidt* GWB § 63 Rn. 15.
[6] Dazu OLG Düsseldorf Beschl. v. 13.3.2019 – VI-Kart 7/18 (v) – Pressemitteilung des Bundeskartellamtes II; *Klose* in Wiedemann KartellR-HdB § 54 Rn. 5; *Bechtold/Bosch* GWB § 63 Rn. 2; Immenga/Mestmäcker/ *K. Schmidt* GWB § 63 Rn. 15.

S. 2 iVm § 76 Abs. 4 GWB). Andernfalls kann es die Behörde zur **Neubescheidung** des Antrags unter Beachtung der Rechtsauffassung des Gerichts verpflichten.

12 b) **Antragsbefugnis, Form und Frist.** Mit Blick auf die Antragsbefugnis gelten die Ausführungen zur Anfechtungsbeschwerde entsprechend. Sie steht dem am **Verfahren Beteiligten** und damit dem betroffenen Unternehmen zu. Auch hinsichtlich Form und Frist ergeben sich keine Abweichungen zur Anfechtungsbeschwerde. Die Beschwerdefrist beginnt mit Zugang der den Antrag ablehnenden Entscheidung.

13 **3. Untätigkeitsbeschwerde.** Entscheidet die Registerbehörde über einen Antrag **ohne zureichenden Grund nicht innerhalb angemessener Frist,** kann der Antragsteller gem. § 11 Abs. 1 S. 2 iVm § 63 Abs. 3 S. 2 GWB Untätigkeitsbeschwerde erheben. In Betracht kommt hier in erster Linie die ausbleibende Entscheidung über einen Antrag auf vorzeitige Löschung nach § 8 Abs. 1 S. 3. Die **Frist** ist **einzelfallbezogen** zu bestimmen, wobei der Registerbehörde ausreichend Zeit verbleiben muss, um über den Antrag entscheiden zu können. Gleichzeitig wird man eine zügige Bearbeitung als Leitbild unterstellen müssen, weil die bestehende Eintragung für das betroffene Unternehmen erhebliche Konsequenzen haben kann. Die bei kartellrechtlichen Unterlassungsbeschwerden als „**Faustregel**" genannten drei bis vier Monate[7] können auch hier ein erster Indikator sein.

14 Die Einlegung der Untätigkeitsbeschwerde ist **nicht fristgebunden** nach § 11 Abs. 1 S. 2 iVm § 74 Abs. 2 GWB. Nach Einlegung der Beschwerde beträgt die Begründungsfrist einen Monat.[8] Hinsichtlich der **Antragsbefugnis** gilt dasselbe wie bei Anfechtungs- und Verpflichtungsbeschwerde (→ Rn. 8)

15 **4. Leistungsbeschwerde, Fortsetzungsfeststellungsbeschwerde.** Aus den oben geschilderten Gründen (→ Rn. 4 f.) ist der Rechtsschutz nach § 11 ähnlich wie der kartellgerichtliche Rechtsschutz **ergänzungsbedürftig.**

16 Die Leistungsbeschwerde kommt als statthaftes Rechtsmittel in Betracht, wenn sich das betroffene Unternehmen gegen **tatsächliches Handeln** der Registerbehörde wendet. In Betracht kommt insbesondere die **Eintragung in das Register.** Je nach Zeitpunkt kommt hier die Leistungsbeschwerde direkt (gerichtet auf Löschung) oder in Form der Unterlassungsbeschwerde (wenn die Eintragung noch nicht erfolgt ist) in Betracht. Denkbar ist die Leistungsbeschwerde auch zur Durchsetzung einer Löschung wegen offensichtlicher Fehlerhaftigkeit nach § 4 Abs. 2 S. 2.

17 Eine **Feststellungsbeschwerde** wäre nur subsidiär zu einer Leistungsbeschwerde statthaft. **Praktischer Bedarf** ist für diese Beschwerdeart deshalb nicht unmittelbar erkennbar.[9] Sollte sich entsprechender Bedarf ergeben, wäre eine solche Beschwerdeart aber wegen Art. 19 Abs. 4 GG anzuerkennen.

18 Die **Fortsetzungsfeststellungsbeschwerde** kommt in Betracht, wenn sich die Entscheidung oder begehrte Handlung bereits vor Einlegung der Anfechtungs-, Verpflichtungs- oder Leistungsbeschwerde erledigt. Allerdings dürfte es sich hier eher um theoretische Konstellationen handeln.

19 Bedeutung kann hingegen die Konstellation erlangen, in der sich **während des laufenden gerichtlichen Verfahrens die Entscheidung** erledigt. Denkbar ist etwa, dass sich eine auf vorzeitige Löschung nach § 8 Abs. 1 S. 3 gerichtete Verpflichtungsbeschwerde nach Erhebung der Beschwerde erledigt, weil zwischenzeitlich eine Löschung nach § 7 Abs. 1 wegen Zeitablaufs erfolgt ist. Hier kommt eine Umstellung der Verpflichtungsbeschwerde nach § 11 Abs. 1 S. 2 iVm § 76 Abs. 3 S. 2 GWB in Betracht. Voraussetzung dafür ist, dass der Antragsteller ein **berechtigtes Interesse an der weiteren Feststellung** der Rechtslage hat. In der kartellgerichtlichen Rechtsprechung ist anerkannt, dass der Antragsteller ein eigenes Interesse und zukunftsbezogenes Interesse vortragen muss.[10] Dies wird man etwa bejahen können, wenn der Antragsteller geltend macht, seine Selbstreinigungsmaßnahmen seien – entgegen der Ansicht der Registerbehörde – ausreichend gewesen und dass sich eine ähnliche Frage in naher Zukunft erneut stellen kann, etwa weil es wieder zu einem eintragungsfähigen Rechtsverstoß gekommen ist. Ob allein die Gefahr genügt, dass es zu einer erneuten Eintragung kommt, wird man bezweifeln dürfen.

20 Leistungsbeschwerde und Fortsetzungsfeststellungsbeschwerde sind nicht fristgebunden.

21 **5. Sonstige Regelungen.** Für alle Beschwerdeverfahren richtet sich die **Beteiligtenfähigkeit** nach § 11 Abs. 1 S. 2, § 63 Abs. 1 Nr. 1 und 2 GWB: Beteiligtfähig sind der Rechtsbehelfsführer

---

[7] Immenga/Mestmäcker/*K. Schmidt* GWB § 63 Rn. 38.
[8] § 11 Abs. 1 S. 2 iVm § 74 Abs. 3 S. 2 GWB.
[9] Ähnlich für den kartellgerichtlichen Rechtsschutz Immenga/Mestmäcker/*K. Schmidt* GWB § 63 Rn. 11.
[10] Immenga/Mestmäcker/*K. Schmidt* GWB § 71 Rn. 30.

und die Registerbehörde. Für die Verfahren vor dem OLG besteht nach § 11 Abs. 1 S. 2, § 64 GWB **Anwaltszwang.** Für die gerichtliche **Akteneinsicht** gilt § 11 Abs. 1 S. 2, § 70 Abs. 1 und 2 GWB. Die entsprechende Geltung der Vorschriften des **GVG** und der **ZPO** ergibt sich aus § 11 Abs. 1 S. 2 und § 71 GWB. Daneben ist auch auf die Vorschriften der **VwGO** zurückzugreifen.

III. Vorläufiger Rechtsschutz

22 Soweit sich das betroffene Unternehmen im Wege der Anfechtungsbeschwerde gegen eine Entscheidung der Registerbehörde richtet, entfaltet die **Beschwerde aufschiebende Wirkung.** Dies ergibt sich aus dem fehlenden Verweis auf § 66 GWB, der für Verfügungen des Bundeskartellamts anordnet, dass die Beschwerde nur ausnahmsweise aufschiebende Wirkung entfaltet. Damit bleibt es bei Streitigkeiten nach dem WRegG beim Grundsatz der aufschiebenden Wirkung der Beschwerde, die nach Auffassung des BVerfG ein „fundamentaler Grundsatz des öffentlich-rechtlichen Prozesses" ist.[11]

23 Nicht geregelt hat der Gesetzgeber die Möglichkeit vorläufigen Rechtsschutzes in der deutlich relevanteren **Angriffssituation,** wenn also das betroffene Unternehmen von der Registerbehörde ein bestimmtes Handeln oder Unterlassen verlangt. Zu denken ist hier insbesondere an Situationen, in denen das betroffene Unternehmen die Eintragung von vornherein verhindern möchte, weil es sie für unberechtigt hält oder die Registerbehörde nach erfolglosem Antrag verpflichten möchte, eine **vorzeitige Löschung** wegen einer Selbstreinigung vorzunehmen.

24 In beiden Konstellationen kann es für die betroffene Unternehmen von entscheidender Bedeutung sein, möglichst **zügig** ihr Rechtsschutzziel zu erreichen, etwa wenn die Bewerbung für einen größeren Auftrag bevorsteht (§ 5 Abs. 2 des Referentenentwurfs hatte insoweit noch einen „Sperrvermerk" vorgesehen, den die Registerbehörde eintragen sollte, wenn schlüssige Zweifel an der Richtigkeit der Eintragung dargelegt werden. Die Streichung dieses Zusatzes, der Unternehmen einen gewissen Schutz bot, steigert die Bedeutung vorläufigen Rechtsschutzes noch). Hier kann ein Abwarten bis zur Entscheidung in der Hauptsache **erhebliche wirtschaftliche Folgen** zeitigen. Zwar ist richtig, dass sich aus der Eintragung selbst nach § 7 Abs. 5 S. 1 noch keine unmittelbaren Folgen für die Entscheidung im Vergabeverfahren ergeben. Man wird aber doch von einer erheblichen **Verschlechterung der Zuschlagschancen** ausgehen müssen, wenn eine Eintragung erfolgt oder bestehen bleibt, die eigentlich zu löschen wäre.

25 Trotz dieser Interessenlage hat der Gesetzgeber aber von einem **Verweis auf § 68 GWB abgesehen,** der dem Beschwerdegericht die Möglichkeit einräumt, **einstweilige Anordnungen** mit Blick auf den Streitgegenstand zu treffen. Mit Blick auf die verfassungsrechtliche Garantie des Art. 19 Abs. 4 GG ist der Rechtsschutz damit lückenhaft: Effektiver Rechtsschutz in Form des vorläufigen Rechtsschutzes ist nämlich nicht nur bei Anfechtungssachen, sondern auch bei „Vornahmesachen" geboten.[12] Können durch ein Abwarten bis zur Entscheidung in der Hauptsache irreversible Folgen entstehen, muss die Möglichkeit vorläufigen Rechtsschutzes zur Verfügung stehen. So liegt der Fall hier: Durch eine (unberechtigte) Eintragung im Wettbewerbsregister verschlechtern sich die Chancen, im Rahmen der Auftragsvergabe den Zuschlag zu erhalten, substanziell. Bleibt der Zuschlag für einen bestimmten Auftrag dann aus, lässt sich dies durch einen späteren Erfolg in der Hauptsache nicht mehr kompensieren.

26 Das betroffene Unternehmen kann sich deshalb auch mit dem Antrag an das Beschwerdegericht wenden, in **analoger Anwendung des § 68 GWB** im Wege der einstweiligen Anordnung die vorläufige Löschung des Eintrags (oder das vorläufige Unterbleiben des Eintrags) anzuordnen. Eine **Vorwegnahme der Hauptsache** ist hierin nicht zu erkennen, weil es nicht zu einer dauerhaften Löschung kommt. Auf diese kann nur im Hauptsacheverfahren erkannt werden. Die Zuständigkeit des Beschwerdegerichts bleibt unberührt, weil sich nach allgemeinen Grundsätzen die Zuständigkeit im vorläufigen Rechtsschutz nach dem Rechtsweg der Hauptsache richtet.[13]

IV. Besetzung des Gerichts; mündliche Verhandlung; Instanzenzug

27 Abs. 2 der Vorschrift ordnet die grundsätzliche **Zuständigkeit des Einzelrichters** an. Dieser kann unter bestimmten Voraussetzungen den Rechtsstreit an den Senat als Spruchkörper übertragen. Abs. 3 sieht vor, dass Entscheidungen grundsätzlich ohne mündliche Verhandlung ergehen können, es sei denn ein Beteiligter beantragt eine mündliche Verhandlung. Sieht der Einzelrichter oder der Senat eine **mündliche Verhandlung** als zweckdienlich an, kann er sie anberaumen. Denkbar ist

---

[11] BVerfG NJW 1973, 1491 (1492); vgl. auch BVerwGE 18, 72 (79); 16, 289 (292).
[12] BVerfGE 46, 166 (178); auch BVerfG NVwZ 2011, 35 (36); zum Ganzen Schoch/Schneider/*Schoch*, 39. EL Juli 2020, VwGO § 123 Rn. 12.
[13] Vgl. etwa BeckOK VwGO/*Kuhla*, 56. Ed. 1.7.2020, VwGO § 123 Rn. 2.

etwa, dass Zeugen oder Sachverständige zu vernehmen sind, um Feststellungen zur Zulänglichkeit der Selbstreinigungsbemühungen zu treffen.

28 Der **Instanzenzug** ist nicht eindeutig geregelt. Einen Verweis auf die Rechts- und Nichtzulassungsbeschwerde sieht das Gesetz nicht vor. Ein solcher Verweis ist allerdings nicht erforderlich, weil über § 11 Abs. 1 S. 2, § 76 Abs. 1 S. 1 GWB geregelt ist, dass das Beschwerdegericht durch Beschluss entscheidet. Ein solcher Beschluss kann *ipso iure* mit der Rechts- bzw. der Nichtzulassungsbeschwerde vor dem BGH angegriffen werden. Die Überlegung, in entsprechender Anwendung der Bestimmungen der vergaberechtlichen Beschwerde, den Instanzenzug auf das OLG zu beschränken, erscheint nicht vorzugswürdig.[14]

§ 12 Anwendungsbestimmungen; Verkündung von Rechtsverordnungen

(1) Das Bundesministerium für Wirtschaft und Energie hat
1. das Vorliegen der Voraussetzungen für die elektronische Datenübermittlung entsprechend § 9 Absatz 1 festzustellen und
2. die Feststellung nach Nummer 1 im Bundesanzeiger bekannt zu machen.

(2) Die §§ 2 und 4 sind nach Ablauf des Monats, der auf den Tag der Bekanntmachung nach Absatz 1 Nummer 2 folgt, anzuwenden; dieser Tag ist vom Bundesministerium für Wirtschaft und Energie unverzüglich im Bundesanzeiger bekannt zu machen. § 5 Absatz 2 und § 6 sind sechs Monate nach dem in Satz 1 genannten Tag anzuwenden; abweichend hiervon kann die Registerbehörde einem Auftraggeber auf dessen Ersuchen die Möglichkeit zur Abfrage nach § 6 Absatz 1 und 2 bereits ab dem in Satz 1 bezeichneten Tag eröffnen. Bis zur verpflichtenden Anwendung der in Satz 2 bezeichneten Vorschriften sind die landesrechtlichen Vorschriften über die Errichtung und den Betrieb eines dem § 1 entsprechenden Registers weiter anzuwenden.

(3) Rechtsverordnungen nach diesem Gesetz können abweichend von § 2 Absatz 1 des Verkündungs- und Bekanntmachungsgesetzes im Bundesanzeiger verkündet werden.

1 Die Vorschrift regelt **Einzelheiten zur Verkündung** von Rechtsverordnungen und zur **Anwendung des Gesetzes.** Insbesondere ist vorgesehen, dass die Abfragepflicht nach § 6 erst sechs Monate nach der Bekanntmachung nach Abs. 1 gilt.

---

[14] Vgl. zu dieser Überlegung *Seeliger/Gürer* BB 2017, 1731 (1733); *Schaller* LKV 2017, 440 (447) hält die Rechts- und Nichtzulassungsbeschwerde für ausgeschlossen.

WRegV – Wettbewerbsregisterverordnung

Verordnung über den Betrieb des Registers zum Schutz des Wettbewerbs um öffentliche Aufträge und Konzessionen

Vom 22. Januar 2021

(BGBl. 2021 I 809)

Auf Grund des § 10 des Wettbewerbsregistergesetzes vom 18. Juli 2017 (BGBl. I S. 2739), der durch Artikel 10 Nummer 6 des Gesetzes vom 18. Januar 2021 (BGBl. I S. 2) geändert worden ist, verordnet die Bundesregierung:

Abschnitt 1. Allgemeine Vorschriften für die elektronische Kommunikation

§ 1 Elektronische Kommunikation und Datenübermittlung

(1) Die elektronische Datenübermittlung und Kommunikation zwischen der Registerbehörde nach § 1 Absatz 1 des Wettbewerbsregistergesetzes und
1. den Strafverfolgungsbehörden,
2. den zur Verfolgung von Ordnungswidrigkeiten berufenen Behörden,
3. den in § 6 Absatz 1 des Wettbewerbsregistergesetzes genannten Auftraggebern,
4. Unternehmen,
5. natürlichen Personen sowie
6. Stellen, die ein amtliches Verzeichnis führen, das den Anforderungen des Artikels 64 der Richtlinie 2014/24/EU entspricht (amtliche Verzeichnisstellen)

erfolgt nach Maßgabe dieser Verordnung.

(2) ¹Für die elektronische Übermittlung von Daten ist ein sicheres Verfahren zu verwenden, mithilfe dessen der Datenübermittelnde authentifiziert werden kann und die Vertraulichkeit sowie Integrität der zu übermittelnden Daten gewährleistet ist. ²Anerkannte Standards der IT-Sicherheit sind zu beachten.

(3) Sichere Verfahren zur elektronischen Datenübermittlung nach Absatz 2 sind die Übermittlung über:
1. ein von der Registerbehörde auf der Internetseite www.wettbewerbsregister.de bereitgestelltes Portal,
2. eine durch die Registerbehörde bestimmte amtliche Schnittstelle,
3. einen Postfach- und Versanddienst eines De-Mail-Kontos, wenn der Absender bei Versand der Nachricht nach § 4 Absatz 1 Satz 2 des De-Mail-Gesetzes angemeldet ist und seine sichere Anmeldung nach § 5 Absatz 5 des De-Mail-Gesetzes bestätigt ist,
4. ein besonderes elektronisches Anwaltspostfach im Sinne des § 31a der Bundesrechtsanwaltsordnung oder ein entsprechendes auf gesetzlicher Grundlage errichtetes elektronisches Postfach zum Kontakt mit der elektronischen Poststelle der Registerbehörde,
5. ein nach Durchführung eines Identifizierungsverfahrens im Sinne des § 7 der Elektronischer-Rechtsverkehr-Verordnung eingerichtetes Postfach einer Behörde oder einer juristischen Person des öffentlichen Rechts zum Kontakt mit der elektronischen Poststelle der Registerbehörde,
6. ein Nutzerkonto im Sinne des § 2 Absatz 5 des Onlinezugangsgesetzes,
7. sonstige bundeseinheitliche Verfahren zur elektronischen Datenübermittlung, welche die Authentizität und Integrität der Daten sowie die Barrierefreiheit gewährleisten, soweit die Registerbehörde diese zur Übermittlung von Daten nach Absatz 2 zugelassen hat.

(4) ¹Die für die Datenübermittlung nach Absatz 2 zugelassenen Dateiformate werden von der Registerbehörde nach § 14 Nummer 2 auf ihrer Internetseite veröffentlicht. ²Genügen die elektronisch übermittelten Daten nicht den von der Registerbehörde für die Bearbeitung gestellten Anforderungen, teilt die Registerbehörde dies dem Absender unter Hinweis auf die geltenden technischen Rahmenbedingungen mit.

§ 2 Nutzung des Portals

(1) Die Nutzung des Portals nach § 1 Absatz 3 Nummer 1 setzt eine vorherige Registrierung der Nutzer voraus.

(2) ¹Für die Registrierung ist ein Antrag bei der Registerbehörde erforderlich. ²Dazu sind unter Verwendung des auf der Internetseite der Registerbehörde veröffentlichten elektronischen Standardformulars folgende Angaben zu machen:
1. für mitteilungspflichtige Behörden und öffentliche Auftraggeber im Sinne des § 99 Nummer 1 bis 3 des Gesetzes gegen Wettbewerbsbeschränkungen:
   a) Bezeichnung und Art der Behörde, des Sondervermögens, der juristischen Person des öffentlichen Rechts, der juristischen Person des privaten Rechts oder des Verbandes,
   b) Kontaktdaten, einschließlich Anschrift, E-Mail-Adresse und Telefonnummer,
   c) von dem für die Registrierung verantwortlichen Bediensteten und von den mit der Verwaltung von Portalnutzern betrauten Bediensteten: der Vor- und Nachname sowie die Kontaktdaten im Sinne des Buchstaben b; von den mit der Verwaltung von Portalnutzern betrauten Bediensteten zusätzlich die Nutzerkennungen,
   d) bei mitteilungspflichtigen Behörden eine Erklärung des zu registrierenden Nutzers, dass es sich um eine nach § 4 Absatz 1 Satz 1 des Wettbewerbsregistergesetzes mitteilungspflichtige Behörde handelt und
   e) bei Auftraggebern eine Erklärung des zu registrierenden Nutzers, dass es sich um einen öffentlichen Auftraggeber im Sinne des § 99 Nummer 1, 2 oder 3 des Gesetzes gegen Wettbewerbsbeschränkungen handelt;
2. für öffentliche Auftraggeber im Sinne des § 99 Nummer 4 des Gesetzes gegen Wettbewerbsbeschränkungen:
   a) Bezeichnung der natürlichen oder juristischen Person,
   b) Kontaktdaten, einschließlich Anschrift des Sitzes oder der Hauptniederlassung, E-Mail-Adresse und Telefonnummer,
   c) von dem für die Registrierung verantwortlichen Bediensteten und von den mit der Verwaltung von Portalnutzern oder der Abfrage betrauten Bediensteten: der Vor- und Nachname sowie die Kontaktdaten im Sinne des Buchstaben b; von den mit der Verwaltung von Portalnutzern oder der Abfrage betrauten Bediensteten zusätzlich die Nutzerkennungen,
   d) das voraussichtliche Datum der Fertigstellung oder der Abnahme des Vorhabens, für das der zu registrierende Nutzer als öffentlicher Auftraggeber tätig ist, und
   e) eine Erklärung des zu registrierenden Nutzers, dass die Voraussetzungen des § 99 Nummer 4 des Gesetzes gegen Wettbewerbsbeschränkungen im Hinblick auf das Vorhaben nach Buchstabe d erfüllt sind;
3. für amtliche Verzeichnisstellen:
   a) Bezeichnung der Stelle,
   b) Kontaktdaten, einschließlich Anschrift, E-Mail-Adresse und Telefonnummer,
   c) von den für die Registrierung verantwortlichen und den mit der Verwaltung von Portalnutzern betrauten Beschäftigten: der Vor- und Nachname sowie die Kontaktdaten im Sinne des Buchstaben b,
   d) eine Erklärung des zu registrierenden Nutzers, dass es sich um eine amtliche Verzeichnisstelle handelt, die den Anforderungen des Artikels 64 der Richtlinie 2014/24/EU entspricht;
4. für Unternehmen:
   a) Firma und Rechtsform,
   b) Kontaktdaten, einschließlich Anschrift des Firmensitzes und, soweit vorhanden, der Niederlassung in der Bundesrepublik Deutschland,
   c) bei inländischen Unternehmen, soweit vorhanden, das Registergericht und die Registernummer aus dem Handels-, Genossenschafts-, Gesellschafts-, Vereins-, Partnerschaftsregister oder bei vergleichbaren amtlichen Registern die Registernummer und die registerführende Stelle,
   d) bei ausländischen Unternehmen, soweit vorhanden, eine der Registernummer im Sinne des Buchstaben c vergleichbare Nummer und die nummernführende Stelle,
   e) soweit vorhanden, die Umsatzsteuer-Identifikationsnummer und
   f) Vor- und Nachname sowie die Kontaktdaten der mit der Registrierung betrauten Beschäftigten sowie die Bevollmächtigung dieser Beschäftigten.

(3) ¹Die Registerbehörde kann weitere Auskünfte und Nachweise verlangen, soweit diese erforderlich sind, um die Eigenschaft des zu registrierenden Nutzers als Auftraggeber zu prüfen. ²Die Registerbehörde kann dabei auch Erklärungen durch eine andere Stelle verlangen. ³Für die Aus-

künfte, Nachweise und Erklärungen sind die von der Registerbehörde auf ihrer Internetseite veröffentlichten Standardformulare zu verwenden.

(4) ¹Sofern einem Bediensteten oder Beschäftigten die Befugnisse zur Verwaltung von Portalnutzern nach der erstmaligen Registrierung neu eingeräumt werden oder diese entfallen, ist dies der Registerbehörde unter Verwendung des auf ihrer Internetseite veröffentlichten Standardformulars unverzüglich anzuzeigen. ²Der Registerbehörde ist es ebenfalls unverzüglich anzuzeigen, wenn die gesetzlichen Voraussetzungen als mitteilungspflichtige Behörde nach § 4 Absatz 1 des Wettbewerbsregistergesetzes oder als abfrageverpflichteter oder abfrageberechtigter Auftraggeber nach § 6 Absatz 1 und 2 des Wettbewerbsregistergesetzes entfallen. ³Die Registerbehörde hat im Falle einer Anzeige zum Entfallen der Befugnisse nach Satz 1 oder der Abfrageberechtigung nach Satz 2 die betroffenen Daten unverzüglich im Registrierungssystem zu löschen.

(5) ¹Die Registerbehörde macht weitere Vorgaben zu dem Verfahren, das für die Übermittlung von Angaben und Erklärungen zur Registrierung und die Mitteilung nachträglich eingetretener Änderungen nach Absatz 4 einzuhalten ist. ²Dazu gehören insbesondere Vorgaben zur Nutzung eines sicheren Verfahrens nach § 1 Absatz 2 und 3. ³Die Registerbehörde kann Vorgaben zu dem für die Anmeldung am Portal zu verwendenden Authentifizierungsmittel und zu den mit der Portalnutzung verbundenen Pflichten machen.

§ 3 Nutzung der amtlichen Schnittstelle

(1) Hat die Registerbehörde eine amtliche Schnittstelle nach § 1 Absatz 3 Nummer 2 eingerichtet, kann die Registerbehörde diese mitteilungspflichtigen Behörden, öffentlichen Auftraggebern im Sinne des § 99 Nummer 1 bis 3 des Gesetzes gegen Wettbewerbsbeschränkungen und amtlichen Verzeichnisstellen zur Nutzung zur Verfügung stellen.

(2) Soweit die Registerbehörde für die Nutzung der amtlichen Schnittstelle nach § 1 Absatz 3 Nummer 2 eine Registrierung verlangt, findet § 2 entsprechende Anwendung.

Abschnitt 2. Besondere Vorschriften für die elektronische Kommunikation

§ 4 Pflichten der mitteilungspflichtigen Behörden

(1) ¹Die mitteilungspflichtigen Behörden haben der Registerbehörde die in § 3 Absatz 1 des Wettbewerbsregistergesetzes bezeichneten Daten unter Beachtung der nachfolgenden Vorgaben elektronisch über das Portal nach § 1 Absatz 3 Nummer 1 oder die amtliche Schnittstelle nach § 1 Absatz 3 Nummer 2 zu übermitteln. ²Die Registerbehörde hat der übermittelnden Stelle eine automatisierte elektronische Eingangsbestätigung auszustellen.

(2) Zu den nach § 4 Absatz 1 Satz 1 in Verbindung mit § 3 Absatz 1 des Wettbewerbsregistergesetzes zu übermittelnden Daten gehören auch folgende Angaben:
1. das Gericht, das die einzutragende Entscheidung verhängt oder erlassen hat, und das Aktenzeichen,
2. soweit einem Unternehmen das Fehlverhalten einer natürlichen Person nach § 2 Absatz 3 Satz 2 des Wettbewerbsregistergesetzes zuzurechnen ist, die die Zurechnung begründenden Umstände:
    a) die im Unternehmen zur Tatzeit ausgeübte Leitungsfunktion, insbesondere unter Berücksichtigung der in § 30 Absatz 1 Nummer 1 bis 5 des Gesetzes über Ordnungswidrigkeiten genannten Funktionen,
    b) das Handeln oder Unterlassen der natürlichen Person in Ausübung dieser Funktion;
3. zur eintragungspflichtigen Tat:
    a) Bezeichnung der zugrunde liegenden Straftat oder Ordnungswidrigkeit,
    b) Tatzeit.

(3) ¹Die mitteilungspflichtige Behörde ist für die Rechtmäßigkeit der Übermittlung sowie die Richtigkeit und Vollständigkeit der übermittelten Daten verantwortlich. ²Erlangt sie Kenntnis davon, dass die übermittelten Daten unrichtig sind oder sich nachträglich geändert haben, teilt sie dies der Registerbehörde unverzüglich mit. ³Die Registerbehörde hat im Falle einer Mitteilung nach Satz 2 die betreffenden Eintragungen im Wettbewerbsregister entsprechend zu löschen oder zu ändern.

(4) Die mitteilungspflichtige Behörde hat an die Registerbehörde die in § 3 Absatz 1 in Verbindung mit § 4 Absatz 1 Satz 1 des Wettbewerbsregistergesetzes und die in § 4 Absatz 2 genannten Daten mit folgender Maßgabe zu übermitteln:
1. rechtskräftige strafgerichtliche Verurteilungen, Strafbefehle und Bußgeldbescheide nach § 2 Absatz 1 des Wettbewerbsregistergesetzes, soweit diese ab dem vom Bundesministerium für Wirtschaft und Energie nach § 12 Absatz 2 Satz 1 des Wettbewerbsregistergesetzes im Bundesanzeiger bekanntzumachenden Tag rechtskräftig werden,
2. Bußgeldentscheidungen nach § 2 Absatz 2 Satz 1 des Wettbewerbsregistergesetzes, soweit diese ab dem vom Bundesministerium für Wirtschaft und Energie nach § 12 Absatz 2 Satz 1 des Wettbewerbsregistergesetzes im Bundesanzeiger bekanntzumachenden Tag ergangen sind.

§ 5 Abfrage von Daten durch Auftraggeber

(1) ¹Für die elektronische Abfrage durch Auftraggeber nach § 6 Absatz 1 Satz 1, Satz 2 oder Absatz 2 des Wettbewerbsregistergesetzes sind das Portal nach § 1 Absatz 3 Nummer 1 oder die amtliche Schnittstelle nach § 1 Absatz 3 Nummer 2 zu nutzen. ²Bezieht sich die Abfrage auf eine Bietergemeinschaft, ist die Abfrage für jedes Mitglied der Bietergemeinschaft gesondert zu stellen. ³Auftraggebern nach § 99 Nummer 4 des Gesetzes gegen Wettbewerbsbeschränkungen steht eine Nutzung der amtlichen Schnittstelle nach § 1 Absatz 3 Nummer 2 nicht zur Verfügung.

(2) ¹Bei der Abfrage sind, soweit bekannt, folgende Angaben zu machen:
1. Kurzbeschreibung des zugrundeliegenden Vergabeverfahrens sowie das dazugehörige Aktenzeichen oder die Verfahrensnummer,
2. Fundstelle der Auftragsbekanntmachung, soweit vorhanden,
3. zu dem Unternehmen die Angaben nach § 3 Absatz 1 Nummer 4 des Wettbewerbsregistergesetzes.

²Der Auftraggeber hat zu bestätigen, dass die Voraussetzungen für eine Abfrage nach § 6 Absatz 1 Satz 1 und 2 oder Absatz 2 des Wettbewerbsregistergesetzes erfüllt sind und die Daten nur Bediensteten zur Kenntnis gebracht werden, die mit der Entgegennahme der Auskunft oder mit der Bearbeitung des zugrundeliegenden Vergabeverfahrens betraut sind.

(3) Sofern im Wettbewerbsregister Eintragungen zu dem mittels der Angaben nach Absatz 2 identifizierbaren Unternehmen vorhanden sind, hat die Registerbehörde dem Auftraggeber die nach § 3 Absatz 1 und 2 des Wettbewerbsregistergesetzes und nach den §§ 4 und 10 mitgeteilten Daten, soweit diese im Register gespeichert sind, und, sofern vorhanden, einen Registervermerk nach § 8 Absatz 4 Satz 4 des Wettbewerbsregistergesetzes zu übermitteln.

(4) ¹Die Verantwortung für die Rechtmäßigkeit der Datenabfrage und die Verwendung der Daten trägt der Auftraggeber. ²Die Registerbehörde prüft die Rechtmäßigkeit der Abfrage, sofern dazu Anlass besteht. ³Sie ist befugt, von dem Auftraggeber weitere Auskünfte sowie Unterlagen zu verlangen, soweit diese für eine Prüfung der Abfrageberechtigung nach Satz 2 erforderlich sind.

§ 6 Auskunftserteilung an amtliche Verzeichnisstellen

(1) ¹Für die Abfrage durch amtliche Verzeichnisstellen nach § 5 Absatz 2 Satz 3 des Wettbewerbsregistergesetzes ist die amtliche Schnittstelle nach § 1 Absatz 3 Nummer 2 zu verwenden. ²Bei der Abfrage hat die amtliche Verzeichnisstelle die in § 3 Absatz 1 Nummer 4 des Wettbewerbsregistergesetzes genannten Angaben zu dem Unternehmen zu machen.

(2) ¹Die gemäß § 5 Absatz 2 Satz 3 des Wettbewerbsregistergesetzes erforderliche Zustimmung des betroffenen Unternehmens zu dem Auskunftsantrag ist ausschließlich gegenüber der amtlichen Verzeichnisstelle zu erklären. ²Die amtliche Verzeichnisstelle hat gegenüber der Registerbehörde zu versichern, dass sie die Zustimmung nach Satz 1 des im Antrag bezeichneten Unternehmens eingeholt hat. ³Die Registerbehörde ist befugt, von dem im Antrag bezeichneten Unternehmen einen Nachweis für die gegenüber der Verzeichnisstelle erteilte Zustimmung zu verlangen, sofern hierzu Anlass besteht.

(3) Die Registerbehörde kann Auskunftsanträge einer amtlichen Verzeichnisstelle zulassen, die sich auf mehrere Unternehmen beziehen (Sammelabfrage).

§ 7 Elektronische Kommunikation mit Unternehmen

¹Die Kommunikation von Unternehmen mit der Registerbehörde soll elektronisch erfolgen. ²Hierzu zählt insbesondere die Nutzung eines Portals nach § 1 Absatz 3 Nummer 1, sofern die Registerbe-

§ 8 Antrag auf Selbstauskunft; Gebühr

(1) ¹Ein elektronischer Antrag auf Selbstauskunft für ein Unternehmen oder eine natürliche Person nach § 5 Absatz 2 Satz 1 des Wettbewerbsregistergesetzes ist unter Verwendung eines Nutzerkontos im Sinne des Onlinezugangsgesetzes zu stellen. ²Es muss ein elektronischer Identitätsnachweis nach § 18 des Personalausweisgesetzes, nach § 12 des eID-Karte-Gesetzes oder nach § 78 Absatz 5 des Aufenthaltsgesetzes erbracht werden. ³Für einen schriftlichen Antrag ist das auf der Internetseite der Registerbehörde bereitgestellte Standardformular zu verwenden.

(2) ¹Für die Erteilung einer Auskunft nach § 5 Absatz 2 Satz 1 des Wettbewerbsregistergesetzes erhebt die Registerbehörde vom Antragsteller eine Gebühr in Höhe von 20 Euro. ²Die Gebühr wird mit Erteilung der Auskunft durch die Registerbehörde fällig. ³Die Registerbehörde kann die Zahlung eines Vorschusses verlangen; sie kann die Erteilung der Auskunft von der Zahlung des Vorschusses abhängig machen.

§ 9 Anforderung ergänzender Informationen durch Auftraggeber

(1) Fordert ein Auftraggeber nach § 6 Absatz 6 Satz 1 des Wettbewerbsregistergesetzes von der mitteilungspflichtigen Behörde ergänzende Informationen an, unterliegen Art und Umfang der Auskunftserteilung dem pflichtgemäßen Ermessen der mitteilungspflichtigen Behörde.

(2) Die Informationen nach Absatz 1 können nach Maßgabe des § 32b Absatz 4 der Strafprozessordnung durch Übersendung von Abschriften oder beglaubigten Abschriften jeweils in Papierform oder als elektronisches Dokument erfolgen.

(3) Eine Information unterbleibt, soweit ihr eine bundesrechtliche Verwendungsregelung oder Zwecke des Straf- oder Ordnungswidrigkeitenverfahrens entgegenstehen.

Abschnitt 3. Selbstreinigung

§ 10 Mitteilung eines Unternehmens zu Selbstreinigungsmaßnahmen

(1) ¹Für die Mitteilung über Maßnahmen zur Selbstreinigung eines Unternehmens nach § 3 Absatz 2 des Wettbewerbsregistergesetzes ist das von der Registerbehörde auf ihrer Internetseite bereitgestellte Standardformular zu verwenden. ²Das Formular soll elektronisch übermittelt werden. ³Die Registerbehörde kann Vorgaben zum zulässigen Umfang der zu übermittelnden Daten machen. ⁴Das Unternehmen hat in der Mitteilung folgende Angaben zu machen:
1. Registereintragung, auf die sich die Selbstreinigungsmaßnahmen beziehen,
2. Maßnahmen, die zum Zweck der Selbstreinigung nach § 123 Absatz 4 Satz 2 oder § 125 Absatz 1 des Gesetzes gegen Wettbewerbsbeschränkungen ergriffen worden sind, und
3. soweit das Unternehmen angibt, dass ein oder mehrere Auftraggeber die mitgeteilten Maßnahmen in einem konkreten Vergabeverfahren als ausreichenden Nachweis für die Selbstreinigung angesehen haben, die Mitteilung, ob und wie viele Auftraggeber die Maßnahmen nicht als ausreichend beurteilt haben.

(2) ¹Die Registerbehörde speichert die nach Absatz 1 übermittelten Daten, ohne diese inhaltlich zu überprüfen. ²Die Daten werden gelöscht, wenn die betreffende Registereintragung aus dem Register gelöscht wird. ³Anträge nach § 8 Absatz 1 Satz 1 des Wettbewerbsregistergesetzes auf vorzeitige Löschung der Eintragung bleiben unberührt.

§ 11 Anforderungen an vorzulegende Gutachten und Unterlagen zur Bewertung einer Selbstreinigung

(1) ¹Die Registerbehörde kann zur Bewertung eines Antrags nach § 8 Absatz 1 Satz 1 des Wettbewerbsregistergesetzes auf vorzeitige Löschung einer Eintragung wegen Selbstreinigung verlangen, dass das Unternehmen geeignete Gutachten oder andere Unterlagen zur Bewertung vorgenommener Selbstreinigungsmaßnahmen vorlegt. ²Die Registerbehörde kann Vorgaben hinsichtlich des zu

begutachtenden Sachverhalts oder der zu begutachtenden Themenstellung machen. ³Die Registerbehörde ist befugt, für die Vorlage des Gutachtens eine angemessene Frist zu setzen.

(2) ¹Auswahl und Beauftragung des Gutachters obliegen dem Unternehmen. ²Der Gutachter muss sachkundig und unabhängig sein. ³Zur Beurteilung seiner Unabhängigkeit hat das Unternehmen der Registerbehörde mitzuteilen, ob und in welchem Umfang der Gutachter oder andere ihm zurechenbare Personen in den vergangenen zwei Jahren für das Unternehmen oder mit ihm nach § 36 Absatz 2 des Gesetzes gegen Wettbewerbsbeschränkungen verbundene Unternehmen tätig gewesen sind. ⁴Die Registerbehörde ist berechtigt, einen Gutachter abzulehnen, wenn er die Voraussetzungen nach Satz 2 nicht erfüllt. ⁵Wird ein Gutachter nach Satz 4 abgelehnt, kann das Unternehmen einen anderen Gutachter entsprechend den Anforderungen nach Satz 1 und 2 vorschlagen.

(3) ¹Das Gutachten muss objektiv und nachvollziehbar den Gegenstand der Untersuchung, die angewandten Methoden sowie die Ergebnisse der Untersuchung darlegen. ²Die dabei verwendeten Unterlagen und Nachweise sind beizufügen.

Abschnitt 4. Datenschutz und Protokollierung

§ 12 Datenschutz

Bei Datenübermittlungen an oder durch die Registerbehörde müssen die Daten vor einem unbefugten Zugriff Dritter geschützt sein.

§ 13 Protokollierung

(1) ¹Die Registerbehörde protokolliert automatisiert Art und Umfang der über das Portal oder über die amtliche Schnittstelle übermittelten Daten. ²Aus dem Protokoll muss hervorgehen:
1. der Zweck der Datenübermittlung,
2. das Datum und die Uhrzeit der Datenübermittlung,
3. die Bezeichnung der Stelle, die die Daten übermittelt hat,
4. bei Mitteilungen der mitteilungspflichtigen Behörden nach § 4 Absatz 1 Satz 1 des Wettbewerbsregistergesetzes die in § 3 Absatz 1 Nummer 3 und 4 des Wettbewerbsregistergesetzes genannten Daten,
5. bei Abfragen der Auftraggeber nach § 6 Absatz 1 und 2 des Wettbewerbsregistergesetzes die in § 3 Absatz 1 Nummer 4 des Wettbewerbsregistergesetzes und § 5 Absatz 2 genannten Daten,
6. bei Auskunftsanträgen der amtlichen Verzeichnisstellen nach § 5 Absatz 2 Satz 3 des Wettbewerbsregistergesetzes die nach § 3 Absatz 1 Nummer 4 des Wettbewerbsregistergesetzes abgefragten und von der Registerbehörde übermittelten Daten.

(2) ¹Die Protokolldaten dürfen nur zur Sicherstellung eines ordnungsgemäßen Betriebs, zu internen Prüfzwecken und zur Datenschutzkontrolle verarbeitet werden. ²Sie sind durch geeignete Vorkehrungen gegen Missbrauch zu schützen. ³Die Protokolldaten sind spätestens nach einem Jahr zu löschen.

(3) Die oder der Bundesbeauftragte für den Datenschutz und die Informationsfreiheit hat das Recht zur Einsichtnahme in die Protokolldaten.

Abschnitt 5. Bekanntmachungen, Inkrafttreten

§ 14 Veröffentlichungen der Registerbehörde zur elektronischen Kommunikation

Die Registerbehörde veröffentlicht auf ihrer Internetseite Einzelheiten zur elektronischen Kommunikation, insbesondere zu:
1. der Zulassung von sonstigen bundeseinheitlichen Übermittlungswegen im Sinne des § 1 Absatz 3 Nummer 7 durch die Registerbehörde,
2. den zugelassenen Dateiformaten nach § 1 Absatz 4 und den technischen Anforderungen an die zu übermittelnden Daten und die dabei zu verwendenden elektronischen Mittel,

3. den Anforderungen an die Registrierung nach § 2 und § 3 und
4. den nach dieser Verordnung bereitgestellten Standardformularen.

§ 15 Inkrafttreten
Diese Verordnung tritt am Tag nach der Verkündung[1] in Kraft.

---

[1] Verkündet am 22.4.2021.

5. Teil VOB/A – Vergabe- und Vertragsordnung für Bauleistungen Teil A

Allgemeine Bestimmungen für die Vergabe von Bauleistungen

Ausgabe 2019
vom 31. Januar 2019
(BAnz AT 19.2.2019 B2, 3)

Abschnitt 1 Basisparagrafen

Vorbemerkung

Die im Folgenden kommentierte VOB Teil A behandelt die allgemeinen Bestimmungen für 1 die Vergabe einer Bauleistung im Wege der Ausschreibung. Sie enthält Basisparagrafen im ersten Abschnitt (§§ 1–23) sowie ergänzende Regelungen, mit denen die Richtlinie 2014/24/EU (Abschnitt 2, §§ 1 EU–23 EU) und die Richtlinie 2009/81/EG (Abschnitt 3, §§ 1 VS–22 VS) umgesetzt werden. VOB Teil B enthält allgemeine Vertragsbedingungen für die Ausführung von Bauleistungen und VOB Teil C ein technisches Regelwerk, die „allgemeinen technischen Vertragsbedingungen für Bauleistungen" (ATV). In ihrer Gesamtheit einschließlich des Teils C sind die VOB-Regelungen als Allgemeine Geschäftsbedingungen zu klassifizieren. Sie stellen weder eine Rechtsverordnung noch Gewohnheitsrecht dar.

Die Vergabe- und Vertragsordnung für Bauleistungen (VOB) geht auf das Jahr 1926 zurück. 2 Die Reichsregierung hatte damals auf Verlangen des Deutschen Reichstags einen Reichsverdingungsausschuss eingesetzt, der die Aufgabe hatte, einheitliche Verdingungsgrundsätze für das Reich und die Länder zu schaffen, um die Vergabe von Bauleistungen durch den öffentlichen Auftraggeber „aus dem Dunkel der Unkontrollierbarkeit in ein durchsichtiges und leicht überschaubares System rechtlich gelenkten Wettbewerbs zu verlagern".[1] Dem Verdingungsausschuss gehörten Vertreter aller Interessengruppen, sowohl der Arbeitgeber- und Arbeitnehmerverbände als auch der Architekten und Ingenieure, an.[2] Die VOB stellt aufgrund der Pluralität der an ihrem Zusammenkommen beteiligten Interessengruppen ein im Kern ausgewogenes Vertragswerk dar, das dadurch allerdings nicht seinen Charakter als Allgemeine Geschäftsbedingungen verliert.[3] Nach einer ersten Überarbeitung im Jahre 1952 wurde die VOB im Jahr 1973 noch einmal grundlegend reformiert.[4] Ihre heutige Fassung hat die VOB im Jahre 2019 erfahren.

Die VOB steht heute als Alternative neben dem neuen dispositiven Bauvertragsrecht der 3 §§ 650a ff. BGB, sodass die Parteien anstelle des BGB auch die VOB wählen können. Als Allgemeine Geschäftsbedingung bedarf die VOB der Anerkennung durch beide Vertragsparteien als Vertragsinhalt. Ohne den Nachweis einer solchen Vereinbarung der VOB bleibt es bei der Anwendung des Bauvertragsrechts des BGB. Die ursprüngliche Idee, die VOB im neuen Bauvertragsrecht des BGB aufgehen zu lassen, wurde nicht verwirklicht. Vergleicht man das Bauvertragsrecht des BGB mit der VOB, so ist die Gesamtheit der in die VOB aufgenommenen schuldvertraglichen Regelungen ausführlicher, zum Teil auch präziser als die Regelungen des im BGB enthaltenen Bauvertragsrechts. Es ist daher wahrscheinlich, dass auch in Zukunft die Mehrheit der Bauverträge durch die Vereinbarung der VOB bestimmt wird.

Eine Inhaltskontrolle der VOB mittels der §§ 307 ff. BGB ist grundsätzlich möglich. Zu beden- 4 ken ist aber, dass die VOB als im Großen und Ganzen ausgewogene Regelung in ihrer Gesamtheit gesehen werden und mit der Regelung des BGB verglichen werden muss. Eine Inhaltskontrolle dahin, dass jede einzelne Regelung in der VOB mit dem Bauvertragsrecht des BGB verglichen wird und dann über § 307 BGB als Verstoß gegen Grundgedanken der gesetzlichen Regelung beanstandet wird, würde außer Acht lassen, dass nicht in Form eines Rosinenpickens einzelne Bestimmungen der VOB isoliert betrachtet und dann mit den funktionsgleichen Bestimmungen des Bauvertragsrechts

---

[1] MüKoBGB/*Busche* BGB § 650a Rn. 29.
[2] Näher dazu: *Lampe/Helbig* FS Korbion, 1986, 249 ff.
[3] Vgl. BGHZ 178, 1 Rn. 10; BGHZ 101, 357 (359 ff.) = NJW 1988, 55; BGHZ 86, 135 ff. = NJW 1983, 816 ff.; BGH NJW 1999, 3261 ff.
[4] Vgl. dazu *Appelhagen* BB 1974, 343; *Eiermann* BB 1974, 958.

verglichen werden können. Die Regelung der VOB verlöre damit ihre Bedeutung als eine ausgewogene Gesamtordnung des Bauvertragsrechts.

5   In diesem Vergaberechtsband ist nur Teil A kommentiert, weil Teil B und C der VOB keinen Bezug zum Vergaberecht haben. In der VOB/A sind alle Vorgänge bezüglich der Vergabe von Bauleistungen zusammengefasst, die notwendig sind, um den Abschluss eines Bauvertrages zwischen Auftraggeber und Bieter herbeizuführen. Die VOB/A ist von dem Grundsatz geprägt, dass Bauleistungen an fachkundige, leistungsfähige und zuverlässige Bewerber zu angemessenen Preisen zu vergeben sind, und zwar im Regelfall durch Wettbewerb (§ 2 Abs. 1 S. 1). Um die mit der Vergabeordnung angestrebten Ziele zu erreichen, hat Teil A der VOB für die Vergabe von Bauleistungen bei öffentlicher Ausschreibung ein bestimmtes Verfahren vorgeschrieben, das der öffentliche Auftraggeber einzuhalten hat (§ 2 Abs. 2 VgV). Dieses Verfahren gilt mit einigen Modifikationen auch bei beschränkter Ausschreibung und bei freihändiger Vergabe (§ 3). Die Einzelheiten des Verfahrens ergeben sich aus den §§ 2 ff. § 8a Abs. 1 S. 1 schreibt vor, dass die VOB/B und VOB/C Bestandteil des Vertrages werden, es sei denn, die Parteien einigen sich über eine andere Regelung, etwa über die Anwendung der §§ 650a ff. BGB.[5] Diese Regelung sollte angesichts des neuen BGB-Bauvertragsrechts gestrichen werden. Über nähere Einzelheiten des VOB/B Bauvertrages unterrichtet der im Anschluss an die VOB/A abgedruckte Einführungstext in den VOB/B Bauvertrag (→ Grundzüge der VOB/B Rn. 1 ff.).[6]

§ 1 Bauleistungen

Bauleistungen sind Arbeiten jeder Art, durch die eine bauliche Anlage hergestellt, instand gehalten, geändert oder beseitigt wird.

Übersicht

		Rn.			Rn.
I.	Anwendungsbereich	1	V.	Instandhaltung einer baulichen Anlage (Var. 2)	8
II.	Anwendungsbereich	2	VI.	Änderung einer baulichen Anlage (Var. 3)	9
III.	Bauleistungen	4	VII.	Beseitigung einer baulichen Anlage (Var. 4)	10
IV.	Herstellung einer baulichen Anlage (Var. 1)	7	VIII.	Geltung	11

I. Anwendungsbereich

1   Die Norm definiert den Begriff der Bauleistungen und bestimmt damit den sachlichen Anwendungsbereich der VOB/A, anknüpfend an den Begriff der Bauleistungen und in Abgrenzung zu Liefer- und Dienstleistungsaufträgen (vgl. § 1 VOL/A und → GWB § 103 Rn. 44 und zu Einzelfällen → GWB § 103 Rn. 63 ff.). Bei gemischttypischen Vergaben entscheidet grundsätzlich der Schwerpunkt der Beschaffungsmaßnahme über die Zuordnung (§ 110 Abs. 1 GWB).[1] Bei Betreibermodellen, die nach der Errichtung des Bauwerks auch den Betrieb der Anlage umfassen, führt diese Betrachtung der Mehrzahl der Fälle zur Einordnung als Bauleistung (nicht Liefervertrag).[2] Nach den Abgrenzungsregelungen in §§ 110–112 GWB, auf deren Kommentierung verwiesen wird (→ GWB § 110 Rn. 1 ff.), können aber auch unterschiedliche Vergaberechtsregime Anwendung finden.

II. Anwendungsbereich

2   Der erste Abschnitt der VOB/A, die Basisparagrafen, gilt im in der Norm definierten Anwendungsbereich für Bauleistungen ober- und unterhalb der Schwellenwerte (§ 106 GWB), während mit Erreichen der Schwellenwerte zusätzlich der zweite und dritte Abschnitt der VOB/A gilt.[3]

3   Der persönliche Anwendungsbereich ergibt sich dagegen nicht aus § 1. Mit Erreichen der Schwellenwerte bestimmt § 99 GWB diesen (zum sachlichen Anwendungsbereich → Einl. Verga-

---

[5] Vgl. MüKoBGB/*Busche* BGB § 650a Rn. 37.
[6] Zum BGB Bauvertrag vgl. MüKoBGB/*Busche* BGB §§ 650a ff. Zum Regelungsinhalt der allgemeinen technischen Vertragsbedingungen (ATV) vgl. *Tempel* NZBau 2003, 465 ff.; *Mundt* NZBau 2003, 73 (74).
[1] Ziekow/Völlink/*Hermann* Rn. 26; zur Bestimmung des Rechtscharakters bei gemischttypischen Verträgen vgl. MüKoBGB/*Emmerich* BGB § 311 Rn. 28 (Absorptionsmethode).
[2] Vgl. Kapellmann/Messerschmidt/*Lederer* Rn. 15 mwN.
[3] Ziekow/Völlink/*Ziekow* GWB Einl. Rn. 25 ff.

beR Rn. 231). Unterhalb der Schwellenwerte kann der persönliche Anwendungsbereich sich aus bundes- bzw. landesrechtlichen oder auch kommunalen Bestimmungen ergeben und sich auch auf private Auftraggeber erstrecken.[4] Auch eine freiwillige Bindung an die vergaberechtlichen Bestimmungen liegt im Rahmen der Vertragsfreiheit der Parteien.[5]

III. Bauleistungen

Ausgangspunkt stellt das Vorliegen einer Bauleistung dar; der Begriff hat einen Bezug zum Bauauftragsbegriff in § 1 EU bzw. § 103 Abs. 3 GWB.[6] § 103 Abs. 3 GWB folgt wiederum der Definition von Art. 2 RL 2014/24/EU bzw. Art. 2 RL 2014/25/EU; insofern wird auf die ausführliche Kommentierung mit Rechtsprechungsnachweisen zu § 103 GWB (→ GWB § 103 Rn. 56 ff.) verwiesen. 4

Abweichend zur bisherigen Definition (→ GWB § 103 Rn. 58) definiert § 1 Bauleistungen als Arbeiten jeder Art, durch die eine bauliche Anlage hergestellt, instand gehalten, geändert oder beseitigt wird. Zentraler Anknüpfungspunkt für die Definition stellt der Begriff der baulichen Anlage dar. Sprachlich hiervon abweichend knüpft § 103 Abs. 3 Nr. 2 GWB an den Begriff des Bauwerks an, ohne dass aus der sprachlichen Abweichung inhaltlich auf eine Differenzierung zu schließen ist.[7] 5

Bauliche Anlagen iSv § 1 sind regelmäßig Bauwerke; unter diesen sind wiederum unbewegliche, durch Verwendung von Arbeit und Material in Verbindung mit dem Erdboden hergestellte Sachen über und/oder unter der Erdoberfläche zu verstehen (→ GWB § 103 Rn. 43, 44 mit Rechtsprechungsnachweisen).[8] Nach § 103 Abs. 3 Nr. 2 GWB bzw. Art. 2 Abs. 1 Nr. 7 RL 2014/24/EU sind Bauwerke das Ergebnis von Tief- oder Hochbauarbeiten und erfüllen eine wirtschaftliche oder technische Funktion (→ GWB § 103 Rn. 71 ff.). Bauleistungen iSv § 1 dienen der Herstellung der baulichen Anlage, aber auch der Instandhaltung oder gar Beseitigung derselben, wie sich aus dem Wortlaut der Norm ergibt.[9] 6

IV. Herstellung einer baulichen Anlage (Var. 1)

Die Herstellung einer baulichen Anlage stellt eine Bauleistung iSv § 1 dar und umfasst die vollständige Erstellung oder die Erbringung von Teilleistungen für die Erstellung einer Anlage, ohne dass es auf die Fertigstellung der gesamten Anlage oder darauf ankäme, dass die Teilleistung für die Funktionalität der Anlage zwingend erforderlich wäre.[10] Reine Planungsleistungen erfasst § 1 dagegen nicht;[11] zur Anwendung von §§ 69 ff. VgV aber → GWB § 103 Rn. 61 ff. Solche Arbeiten, die nach ihrer Zweckbestimmung dem Bauwerk zu dienen bestimmt sind oder an einem Grundstück durchgeführt werden, sind dagegen Bauleistungen.[12] 7

V. Instandhaltung einer baulichen Anlage (Var. 2)

Maßnahmen an baulichen Anlagen, die der Instandhaltung dienen,[13] sind Bauleistungen im Sinne der Norm, selbst wenn sie nicht von wesentlicher Bedeutung für den Erhalt derselben sind.[14] Instandhaltungsmaßnahmen können anknüpfend an die Differenzierung in der HOIA in Instandsetzungsmaßnahmen,[15] insbesondere Renovierungen und Reparaturen, und Instandhaltungsmaßnah- 8

---

[4] Vgl. Ziekow/Völlink/*Völlink* VOB/A Einl. Rn. 7 ff.
[5] OLG Düsseldorf Beschl. v. 15.8.2011 – 27 W 1/11.
[6] Keine inhaltlichen Unterschiede sieht iErg Kapellmann/Messerschmidt/*Lederer* Rn. 1 ff.; vgl. HK-VergabeR/*Winnes* Rn. 2.
[7] Vgl. Kapellmann/Messerschmidt/*Lederer* Rn. 1 ff.
[8] BGH Urt. v. 18.1.2001 – VII ZR 247/98, NZBau 2001, 201 zur Bauwerkseigenschaft; zur notwendigen weiten Auslegung des Bauwerksbegriffs *Weyand*, Vergaberecht, 2011, Rn. 1657.
[9] Vgl. mwN Ziekow/Völlink/*Völlink* Rn. 13 ff.; Kapellmann/Messerschmidt/*Lederer* Rn. 17, 22.
[10] Kapellmann/Messerschmidt/*Lederer* Rn. 14; mit typischen Anwendungsfällen Beck VOB/*Messerschmidt* Rn. 49 ff.; Ziekow/Völlink/*Herrmann* Rn. 7 ff.
[11] Zu Ausnahmen vgl. Kapellmann/Messerschmidt/*Lederer* Rn. 14.
[12] Vgl. Ziekow/Völlink/*Völlink* Rn. 5; für Einzelfälle vgl. Ziekow/Völlink/*Herrmann* Rn. 12 aE.
[13] Vgl. die Definitionen in § 2 Nr. 9 und 10 HOAI 2009: „9. ‚Instandsetzungen' sind Maßnahmen zur Wiederherstellung des zum bestimmungsgemäßen Gebrauch geeigneten Zustandes (Soll-Zustandes) eines Objekts, soweit sie nicht unter Nummer 4 fallen oder durch Maßnahmen nach Nummer 7 verursacht sind; 10. ‚Instandhaltungen' sind Maßnahmen zur Erhaltung des Soll-Zustandes eines Objekts".
[14] Kapellmann/Messerschmidt/*Lederer* Rn. 18 mwN.
[15] § 2 Abs. 8 HOAI: „Instandsetzungen sind Maßnahmen zur Wiederherstellung des zum bestimmungsgemäßen Gebrauch geeigneten Zustandes (Soll-Zustandes) eines Objekts, soweit diese Maßnahmen nicht unter Absatz 3 fallen".

men,¹⁶ zB Reinigungsarbeiten, bzw. bauwerks- oder grundstücksbezogene Arbeiten unterteilt werden.¹⁷ Allerdings können sowohl bauwerks- als auch grundstücksbezogene Maßnahmen die Voraussetzungen einer Bauleistung erfüllen und in den Anwendungsbereich der VOB/A fallen, sodass diese Differenzierung im Anwendungsbereich von § 1 sich von untergeordneter Bedeutung darstellt.¹⁸

VI. Änderung einer baulichen Anlage (Var. 3)

9 § 1 umfasst Änderungen einer baulichen Anlage, die sowohl Umbauarbeiten als auch Erweiterungsbaumaßnahmen erfasst.¹⁹ Umbauten greifen erheblich in den Bestand der Anlage ein,²⁰ während Erweiterungen zu einer Ergänzung der bestehenden Anlage führen,²¹ die üblicherweise mit einer Wertsteigerung bzw. Funktionserweiterung verbunden ist; eine feste Verbindung mit der Anlage stellt keine Voraussetzung dar.²²

VII. Beseitigung einer baulichen Anlage (Var. 4)

10 Schließlich stellt die Beseitigung einer baulichen Anlage, insbesondere durch Abbruch und Rückbau, eine Bauleistung im Sinne der Norm dar, wie der Wortlaut von § 1 aE klarstellt. Ebenso wie Arbeiten, die ihrer Zweckbestimmung nach einem Bauwerk dienen, Bauleistungen darstellen (→ Rn. 6), stellen Arbeiten, die der Vorbereitung der Errichtung einer Anlage dienen, namentlich die Ausschachtung und der Aushub von Baugruben, Herstellungsarbeiten iSv Var. 1 dar.²³

VIII. Geltung

11 Zwar entfalten die Basisgraphen wegen ihrer Rechtsnatur als Verwaltungsvorschriften keine Außenwirkung;²⁴ sie haben dennoch große praktische Relevanz und gelten in den Bundesländern je nach landesrechtlicher Ausgestaltung (→ Rn. 3).²⁵

§ 2 Grundsätze

(1) ¹Bauleistungen werden im Wettbewerb und im Wege transparenter Verfahren vergeben. ²Dabei werden die Grundsätze der Wirtschaftlichkeit und der Verhältnismäßigkeit gewahrt. ³Wettbewerbsbeschränkende und unlautere Verhaltensweisen sind zu bekämpfen.

(2) Bei der Vergabe von Bauleistungen darf kein Unternehmen diskriminiert werden.

(3) Bauleistungen werden an fachkundige, leistungsfähige und zuverlässige Unternehmen zu angemessenen Preisen vergeben.

(4) Auftraggeber, Bewerber, Bieter und Auftragnehmer wahren die Vertraulichkeit aller Informationen und Unterlagen nach Maßgabe dieser Vergabeordnung oder anderer Rechtsvorschriften.

(5) Die Durchführung von Vergabeverfahren zum Zwecke der Markterkundung ist unzulässig.

(6) Der Auftraggeber soll erst dann ausschreiben, wenn alle Vergabeunterlagen fertig gestellt sind und wenn innerhalb der angegebenen Fristen mit der Ausführung begonnen werden kann.

---

[16] § 2 Abs. 9 HOAI: „Instandhaltungen sind Maßnahmen zur Erhaltung des Soll-Zustandes eines Objekts".
[17] Vgl. Abteilung 45 in Anhang II Verzeichnis der Tätigkeiten nach Artikel 2 Abs. 1 Nummer 6 lit. a RL 2014/24/EU, die neben Neubau und Renovierung die gewöhnliche Instandsetzung umfasst.
[18] Ziekow/Völlink/*Herrmann* Rn. 14; vgl. die Differenzierung bei Beck VOB/*Messerschmidt* Rn. 54 ff. zwischen Instandhaltungs-, Instandsetzungs- und Renovierungsarbeiten sowie Sanierungs-, Renovierungs-, Modernisierungsmaßnahmen.
[19] Vgl. Ziekow/Völlink/*Hermann* Rn. 16; Kapellmann/Messerschmidt/*Lederer* Rn. 19; Beck VOB/*Messerschmidt* Rn. 64.
[20] Vgl. die Definition in § 2 Nr. 6 HOIA 2009: „‚Umbauten' sind Umgestaltungen eines vorhandenen Objekts mit Eingriffen in Konstruktion oder Bestand"; für Beispiele Beck VOB/*Messerschmidt* Rn. 64.
[21] Vgl. die Definition in § 2 Nr. 5 HOIA 2009: „‚Erweiterungsbauten' sind Ergänzungen eines vorhandenen Objekts".
[22] So zu Recht Kapellmann/Messerschmidt/*Lederer* Rn. 20 mwN.
[23] So auch Beck VOB/*Messerschmidt* Rn. 68.
[24] EuGH Urt. v. 18.12.2014 – C-568/13, EuZW 2015, 186 Rn. 36 – Azienda Ospedaliero-Universitaria di Careggi-Firenze/Data Medical Service Srl.
[25] Vgl. Ziekow/Völlink/*Ziekow* GWB Einl. Rn. 31 ff.

(7) Es ist anzustreben, die Aufträge so zu erteilen, dass die ganzjährige Bautätigkeit gefördert wird.

Übersicht

		Rn.			Rn.
I.	**Allgemeines**	1	b) Eignungsmerkmale		47
1.	Überblick	2	c) Vergabeverfahrensrechtliche Aspekte		59
2.	Drittschutz der Norm	9	d) Sonderfragen		67
II.	**Kommentierung**	14	e) Angemessene Preise		75
1.	Vergabegrundsätze (Abs. 1 und 2)	14	3. Vertraulichkeit von Informationen und Unterlagen (Abs. 4)		80
	a) Wettbewerb	15	4. Verbotene Markterkundung und fehlende Ausschreibungsreife (Abs. 5 und 6)		83
	b) Diskriminierungsverbot	24	a) Markterkundung		84
	c) Transparenz	29	b) Ausschreibungsreife		89
	d) Wirtschaftlichkeit und Verhältnismäßigkeit	39	c) Doppel- und Parallelausschreibungen		96
2.	Eignung	44	5. Förderung der ganzjährigen Bautätigkeit (Abs. 7)		98
	a) Grundlagen	44			

I. Allgemeines

§ 2 normiert Grundsätze des bei der Vergabe von Bauaufträgen unterhalb der Schwellenwerte 1 durchzuführenden Verfahrens. Enthalten sind die sog. „Vergabegrundsätze" und weitere Bestimmungen, die von grundsätzlicher Bedeutung für das Vergabeverfahren sind. Die Norm wurde mit der Neufassung der VOB/A 2019 neu geordnet. Abs. 1 wurde dem Wortlaut des § 2 Abs. 1 UVgO angenähert, der wiederum an § 97 Abs. 1 GWB angelehnt ist.

1. Überblick. Abs. 1 S. 1 und 2 sind – bis auf die Einschränkung auf „Bauaufträge" – wortlaut- 2 identisch mit § 2 Abs. 1 UVgO sowie § 97 Abs. 1 GWB. Sie enthalten die Grundsätze des Wettbewerbs, der Transparenz (S. 1) sowie der Wirtschaftlichkeit und der Verhältnismäßigkeit (S. 2). Wohl um das Gewicht des Wettbewerbsgrundsatzes zu betonen, wurde ergänzend die Aussage beibehalten, dass wettbewerbsbeschränkende und unlautere Verhaltensweisen zu bekämpfen sind (S. 3). Die Annäherung des Wortlauts an § 2 UVgO sowie § 97 GWB enthält zwar Neuerungen für die Vergabe von Bauaufträgen unterhalb der Schwellenwerte, trägt aber zur weiteren Vereinheitlichung der vergaberechtlichen Normen bei und erleichtert damit insgesamt die Anwendung des Vergaberechts.

Abs. 2 ist inhaltlich unverändert geblieben und enthält das Verbot, bei der Vergabe von Bauleis- 3 tungen Unternehmen zu diskriminieren. Neben der Nähe zu den Prinzipien des GWB korrespondieren die in den Abs. 1 und 2 normierten Vergabegrundsätze mit den Anforderungen des unionsrechtlichen Vergabeprimärrechts.[1] Sie sollen ähnlich wie ihre Parallelgewährleistungen für die Oberschwellenvergabe in § 97 GWB (→ GWB § 97 Rn. 6 ff.) vornehmlich eine Orientierung bei der Auslegung der Verfahrensvorschriften der VOB/A geben und als Hilfestellung bei der Schließung eventueller Regelungslücken dienen,[2] soweit sie nicht ohnehin durch die nachfolgenden Normen rechtsverbindlich näher ausgestaltet werden.

Die allgemeinen Vorgaben für die Eignung, die bislang in Abs. 1 Nr. 2 geregelt waren, sind 4 nunmehr in Abs. 3 zu finden. Da der Transparenzgrundsatz im neuen Abs. 1 verankert wurde, wurde auf seine erneute Erwähnung verzichtet.

In Abs. 4 wurde ein Hinweis auf zu wahrende Vertraulichkeit aller Informationen und Unterla- 5 gen neu aufgenommen. Der Wortlaut entspricht vollständig dem des § 2 EU Abs. 6. Die Pflicht zur Vertraulichkeit wird sowohl für den Auftraggeber als auch für die weiteren Beteiligten am Vergabeverfahren, nämlich die Bewerber, Bieter und Auftragnehmer, angeordnet.

Abs. 5 verbietet die Durchführung von Vergabeverfahren allein zu Markterkundungszwe- 6 cken und damit ohne das Ziel der Deckung eines konkreten Beschaffungsbedarfs. Die Vorschrift verweist auf die Funktion des Vergaberechts, schützt zugleich die Inanspruchnahme der Unter-

---

[1] Zur diesbezüglichen Rechtsprechung des EuGH *Knauff* in Goede/Stoye/Stolz VergabeR-HdB Kap. 1 Rn. 16 ff.; s. auch die Mitteilung der EuGH-Kommission zu Auslegungsfragen in Bezug auf das Gemeinschaftsrecht, das für die Vergabe öffentlicher Aufträge gilt, die nicht oder nur teilweise unter die Vergaberichtlinien fallen, ABl. 2006 C 179, 2; s. auch EuG Urt. v. 20.5.2010 – T-258/06, Slg. 2010, II-2027.
[2] Kapellmann/Messerschmidt/*Glahs* Rn. 2; Willenbruch/Wieddekind/*Schubert/Werner* Rn. 1; s. auch *Meurers*, Der Grundsatz der Verhältnismäßigkeit im Vergaberecht, 2020, 120 ff.; krit. *Burgi* NZBau 2008, 29 ff.

nehmen der Bauwirtschaft durch die Erstellung von Angeboten, die nicht zum Ziel einer Auftragserteilung führen können, und sichert deren grundsätzliche Bereitschaft zur Mitwirkung an Vergabeverfahren.

7 Abs. 6 regelt die Ausschreibungsreife. Danach darf der Auftraggeber den Auftrag erst dann ausschreiben, wenn alle dafür erforderlichen Unterlagen vorliegen und alle Voraussetzungen für den planmäßigen Beginn der Bauausführung gegeben sind.

8 Die bisher in Abs. 3 verortete Aufforderung an den Auftraggeber, die Aufträge zeitlich so zu takten, dass eine ganzjährige Bautätigkeit möglich ist, ist nunmehr im neuen Abs. 7 geregelt. Es handelt sich unverändert um einen im Interesse der Bauwirtschaft eingefügten Programmsatz ohne Verpflichtungswirkung.

9 **2. Drittschutz der Norm.** Als Bestandteil des ersten Teils der VOB/A handelt es sich bei den Grundsätzen des § 2 jedenfalls auf Bundesebene nicht um Außen-, sondern um bloßes **Innenrecht,** welches (nur) für die Verwaltung über die Verwaltungsvorschrift Nr. 2 (zweiter Spiegelstrich) zu § 55 BHO verbindlich ist.[3]

10 Entsprechendes gilt überwiegend im Landesrecht (VV zu § 55 LHO). Einige Länder haben den Abschnitt 1 der VOB/A durch Verweis in den Landesvergabegesetzen allerdings rechtlich aufgewertet und ihr dadurch unmittelbare **Außenwirkung** verliehen.[4]

11 Dennoch können sich Bieter auf die Einhaltung der Vorgaben in der VOB/A berufen. Die Vorschriften der VOB/A sind nämlich – jedenfalls wenn die Vergabestelle die Anwendung der VOB/A (wie regelmäßig) angekündigt hat – Teil des vorvertraglichen Schuldverhältnisses gem. § 241 Abs. 2 BGB, § 311 Abs. 2 BGB geworden.[5] Daneben kann die Außenwirksamkeit mit der aufgrund Art. 3 GG eintretenden Selbstbindung der Vergabestellen anknüpfend an ihr tatsächliches Handeln begründet werden.[6]

12 Wenn und soweit die ihrerseits subjektive Rechte vermittelnden Grundsätze des Primärvergaberechts sich in ihrem Anwendungsbereich inhaltlich mit denjenigen des § 2 decken, wirken die Vorschriften der VOB/A schließlich im Ergebnis auch darüber nach außen. Streng genommen entfaltet hier aber nicht die VOB/A selbst Außenwirkung, sondern der inhaltsgleiche Rechtssatz des Unionsprimärrechts, dessen Geltung von einer Parallelregelung in der VOB/A unabhängig ist.

13 Dessen ungeachtet kann im Anwendungsbereich der Basisparagrafen nicht davon gesprochen werden, dass in Deutschland effektive **Rechtsschutzmöglichkeiten** bestehen.[7] Zwar ist potenziell die Möglichkeit der gerichtlichen Verhinderung rechtswidriger Vergabeentscheidungen über zivilgerichtliche einstweilige Verfügungen gegeben; die Geltendmachung ist aber insofern erschwert, als nach dem geltenden Recht eine Information über das Unterliegen bei der Vergabe sowie die Gründe dafür erst nach dem Vertragsschluss mit dem obsiegenden Bieter anzugeben sind, sodass der Unterlegene nur noch Schadensersatzforderungen geltend machen kann.[8] Mit dem europäischen Sekundärrecht, insbesondere mit den Rechtsmittelrichtlinien ist dies vereinbar, da sie nur auf Vergaben oberhalb der Schwellenwerte Anwendung finden. Die Übereinstimmung mit dem EU-Primärvergaberecht wird jedoch zu Recht in Zweifel gezogen.[9]

II. Kommentierung

14 **1. Vergabegrundsätze (Abs. 1 und 2).** Die Vergabegrundsätze überformen in ihrem jeweiligen Anwendungsbereich das Vergaberecht und können bei der **Auslegung** vergaberechtlicher Normen oder im Rahmen der **Ermessensausübung** herangezogen werden. Ferner können sie helfen,

---

[3] So auch Ingenstau/Korbion/*Leupertz/von Wietersheim* Einl. Rn. 25.
[4] § 6 Abs. 1 TariftVergabeG BR (ab 50.000 EUR); § 2a HmbVgG; § 3 Abs. 2 S. 2 NTVergG; § 1 Abs. 2 SächsVergabeG; § 1 Abs. 2 LVG LSA; § 3 Abs. 1 Nr. 2 VGSH iVm § 4 Abs. 1 SHVgVO; § 1 Abs. 2 S. 1 Nr. 2 ThürVgG; vgl. auch § 1 Abs. 8 HVTG, der die VOB/A nicht selbst für anwendbar erklärt, sondern auf die Verwaltungsvorschriften zum Haushaltsrecht hinweist und § 2 Abs. 4 VgG M-V, der auf die Einführung der VOB/A mittels Verwaltungsvorschrift hinweist (Ziffer I 1, erster Spiegelstrich VgE M-V).
[5] *Mertens* in Gabriel/Krohn/Neun VergabeR-HdB § 89 Rn. 15; *Dicks* VergabeR 2012, 531 (538); *Krist* VergabeR 2011, 163 (163).
[6] So BVerwG Beschl. v. 2.5.2007 – 6 B 10/07, NVwZ 2007, 820 (822); *Scharen* VergabeR 2011, 653 (656).
[7] Vgl. auch *Knauff* NVwZ 2007, 546 (548 f.).
[8] Dies erachtet BVerfGE 116, 135 als verfassungskonform.
[9] S. HK-VergabeR/*Pache* BHO § 55 Rn. 136 ff.; OLG Düsseldorf Beschl. v. 13.12.2017 – I-27 U 25/17 Rn. 44 f., NZBau 2018, 168 (168 f.); aA KG Berlin Urt. v. 7.1.2020 – 9 U 79/19 Rn. 8 ff., NZBau 2020, 680 (681 f.); OLG Celle Urt. v. 9.1.2020 – 13 W 56/19 Rn. 29 ff., NZBau 2020, 679 (680); *Jansen/Geitel* VergabeR 2018, 376 (383 f.).

Regelungslücken zu schließen.[10] Aufgrund ihrer Allgemeinheit sind sie jedoch weder dazu geeignet noch dafür bestimmt, eindeutig angeordnete Rechtsfolgen zu relativieren oder außer Kraft zu setzen; der Vorrang des Gesetzes ist bei ihrer Anwendung zu beachten.[11]

a) Wettbewerb. aa) Grundlagen. Der faire Wettbewerb ist wie im Anwendungsbereich des 15 § 2 UVgO sowie des § 97 Abs. 1 S. 1 GWB im Anwendungsbereich der Basisparagrafen der VOB/A gleichermaßen zu gewährleisten. Der Auftraggeber ist gehalten, **möglichst weitgehenden Wettbewerb** zu fördern, soweit dies mit dem Beschaffungsziel vereinbar ist.[12]

Der Wettbewerbsgrundsatz ist der wohl prägendste Grundsatz des Vergaberechts. Wettbewerbs- 16 und Transparenzgrundsatz sowie das Diskriminierungsverbot bedingen einander. Echter Wettbewerb kann nur bei Gleichbehandlung aller Teilnehmer in einem transparenten Vergabeverfahren gewährleistet werden.

bb) Verfahrensrechtliche Ausgestaltung. Wettbewerbliche Vergabe bedeutet, dass **mindes-** 17 **tens zwei Bieter** sich an dem Vergabeverfahren beteiligen müssen, damit eine Anbieterkonkurrenz besteht und eine wettbewerbliche Preisfindung und Angebotswürdigung möglich ist.[13] Dies ist bei der Öffentlichen Ausschreibung in der Regel gewährleistet, weil die Teilnahme am Verfahren von Auftraggeberseite unbeschränkt ist und von Ausnahmefällen abgesehen gerade deshalb mehr als ein Angebot eingeht. Bei der Beschränkten Ausschreibung mit Teilnahmewettbewerb stellt § 3b Abs. 2 klar, dass mehrere, wenn vorhanden mindestens fünf geeignete Unternehmen zur Angebotsabgabe eingeladen werden müssen; bei der Beschränkten Ausschreibung ohne Teilnahmewettbewerb sollen gem. § 3b Abs. 3 mindestens drei geeignete Unternehmen zur Abgabe eines Angebots aufgefordert werden. Vor dem Hintergrund des Wettbewerbsgrundsatzes sind gegebenenfalls weitere geeignete Unternehmen zur Teilnahme aufzufordern, soweit dies zur Sicherstellung eines funktionierenden Wettbewerbs geboten ist.[14]

Der Vorrang der Öffentlichen Ausschreibung wurde mit der Neufassung 2019 der VOB/A 18 auch im Bereich der Basisparagrafen aufgegeben. Die **Öffentliche Ausschreibung** sowie die **Beschränkte Ausschreibung mit Teilnahmewettbewerb** werden nunmehr auch hier als wettbewerblich gleichrangig angesehen und den Auftraggebern wird die freie Wahl zwischen diesen Verfahrensarten ermöglicht.[15] Hiermit werden die Vorgaben der Basisparagrafen der VOB/A einmal mehr an diejenigen der UVgO (§ 8 Abs. 2 S. 1 UVgO) sowie des GWB-Vergaberechts (§ 119 Abs. 2 GWB) angenähert. Die fortschreitende Vereinheitlichung der vergaberechtlichen Anforderungen dient der besseren Übersichtlichkeit sowie der Vereinfachung der Rechtsanwendung.[16]

Die übrigen, wettbewerblich nachteiligeren Verfahren, die **Beschränkte Ausschreibung ohne** 19 **Teilnahmewettbewerb** sowie die **Freihändige Vergabe,** sind nur in den Grenzen des § 3a Abs. 2 bzw. Abs. 3 zulässig. Die Verfahren bieten dem Auftraggeber größere Flexibilität sowohl hinsichtlich der Auswahl der beteiligten Bieter wie auch bei der Ausgestaltung des Verfahrens. Dennoch ist der Auftraggeber durch den Wettbewerbsgrundsatz auch bei diesem Verfahren gehalten, möglichst viele Unternehmen zu beteiligen, falls das nicht ausnahmsweise untunlich ist, wie etwa im Falle von § 3a Abs. 3 Nr. 1. Wenn seine Marktkenntnis für eine Einschätzung der Wettbewerbs- und Interessenlage nicht ausreicht, kann er außerdem verpflichtet sein, einen öffentlichen Teilnahmewettbewerb dem eigentlichen Vergabeverfahren vorzuschalten.[17]

Beteiligt sich nur ein Bieter an dem Vergabeverfahren bzw. verbleibt nach Beurteilung der 20 Eignung und einer Prüfung der Ausschlussgründe nur noch ein wertungsfähiges Angebot, besteht seitens des Auftraggebers aufgrund des Wettbewerbsprinzips und der Vertragsfreiheit kein Kontrahie-

---

[10] Näher *Meurers,* Der Grundsatz der Verhältnismäßigkeit im Vergaberecht, 2020, 120 ff.
[11] Für den Verhältnismäßigkeitsgrundsatz s. bspw. *Meurers,* Der Grundsatz der Verhältnismäßigkeit im Vergaberecht, 2020, 53 ff.
[12] Immenga/Mestmäcker/*Dreher* GWB § 97 Rn. 9; Ingenstau/Korbion/*Schranner* Rn. 2; *Vavra* in KMPP Rn. 16.
[13] Ingenstau/Korbion/*Schranner* Rn. 4.
[14] So ausdrücklich normiert in § 51 Abs. 2 S. 2 VgV § 3b EU Abs. 2 Nr. 3 S. 4, § 3b VS Abs. 1 S. 2. Für den Unterschwellenbereich kann aufgrund des Wettbewerbsgrundsatzes nichts Abweichendes gelten, vgl. *Meurers,* Der Grundsatz der Verhältnismäßigkeit im Vergaberecht, 2020, 250 ff.
[15] Vgl. *Meurers,* Der Grundsatz der Verhältnismäßigkeit im Vergaberecht, 2020, 163 ff., 181; s. auch *v. Hoff/Queisner* in RKPP GWB § 119 Rn. 8; Beck VergabeR/*Jasper* GWB § 119 Abs. 1 Rn. 13; *Hirsch/Kaelble* in Müller-Wrede VgV § 14 Rn. 41 ff.; Willenbruch/Wieddekind/*Haak/Koch/Sang* GWB § 119 Rn. 4, anders jedoch Willenbruch/Wieddekind/*Haak/Koch/Sang* GWB § 119 Rn. 29; aA HK-VergabeR/*Pünder* GWB § 119 Rn. 62 ff.
[16] Für eine Bewertung s. *Meurers,* Der Grundsatz der Verhältnismäßigkeit im Vergaberecht, 2020, 325 ff.
[17] Vgl. Ingenstau/Korbion/*Stolz* § 3 Rn. 30.

rungszwang mit dem **letztverbleibenden Bieter**.[18] Ohne den erforderlichen Wettbewerb gibt es keine Grundlage für eine Bewertung der Angemessenheit von Angebot und Preis, sodass die haushaltsrechtlichen Grundsätze der Wirtschaftlichkeit und Sparsamkeit möglicherweise nicht eingehalten werden können. Der Auftraggeber ist allerdings nicht schlechthin gehindert, nach einer Analyse der Gründe für die Situation dennoch mit dem verbleibenden Bieter zu kontrahieren, kann sich aber nach seiner Einschätzung der Lage unter Hinweis auf den fehlenden Wettbewerb auch für die Aufhebung des Vergabeverfahrens entscheiden. Er muss das Verfahren dann aufheben, wenn die Reduzierung des Wettbewerbs in seiner Verantwortung liegt, wenn er beispielsweise nicht genügend Unternehmen zur Angebotsabgabe aufgefordert hat.[19]

21   cc) **Bekämpfung wettbewerbsbeschränkender/unlauterer Verhaltensweisen.** Über die eigenen Weichenstellungen bei der Gestaltung des Vergabeverfahrens hinaus ist der Auftraggeber zudem durch § 2 Abs. 1 S. 2 gehalten, aktiv auf **Bieterseite** das Gebot des fairen Wettbewerbs durchzusetzen und wettbewerbsbeschränkenden und unlauteren Verhaltensweisen entgegenzuwirken.[20] Konkret sieht die VOB/A etwa in § 16 Abs. 1 Nr. 5 und Nr. 10 vor, Unternehmen auszuschließen, denen unlautere Praktiken nachgewiesen werden können bzw. bei denen ein begründeter Verdacht für ebensolche Praktiken besteht.[21] Weiterhin ist das Vergabeverfahren präventiv so zu gestalten, dass Wettbewerbsbeeinträchtigungen durch Teilnehmer erschwert werden.

22   Ausdruck der Verpflichtung aus § 2 Abs. 1 S. 2 ist auch der Geheimwettbewerb.[22] Um diesen sicherzustellen, widmet sich ein wesentlicher Teil der Vergabeverfahrensvorschriften einem **formalisierten Informationsmanagement.** Die Absicht der Vergabe eines bestimmten Auftrags darf nur für alle potenziell interessierten Bieter gleichermaßen erkennbar kommuniziert werden, sei es über eine Vorinformation, eine Bekanntmachung oder die Aufforderung zur Angebotsabgabe, sodass alle dieselben Kenntnisnahme-Chancen haben. Finden vor dem eigentlichen Beginn im Rahmen der Markterkundung Beratungen mit Unternehmen statt, sind diese so zu dokumentieren und in die Vergabeunterlagen aufzunehmen, dass neu hinzutretende Bieter möglichst schnell denselben Informationsstand erreichen.[23] Durch die Ausgestaltung des Verfahrens hinsichtlich des Umgangs mit den Angeboten bei der Vergabestelle sollen die nicht autorisierte Informationsweitergabe und daraus resultierende Wettbewerbsverfälschungen erschwert werden.[24] Ergänzende Verhandlungen zwischen Bietern und Vergabestelle sind lediglich in Grenzen bei der Freihändigen Vergabe zulässig, bei den anderen Vergabeverfahren aber nicht vorgesehen.[25] Informationspflichten der Vergabestelle über die Bieter und deren Angebote bestehen gem. § 14 Abs. 6 bzw. § 14a Abs. 7 erst nach Ablauf der Angebotsfrist.

23   Über die gesetzlich geregelten Mechanismen hinaus ist der Auftraggeber aufgrund von § 2 Abs. 1 S. 2 verpflichtet, gegen sonstiges wettbewerbsbeschränkendes Verhalten wirksam vorzugehen, wenn er Kenntnis von diesem erlangt. Welche konkreten Maßnahmen er ergreift, liegt in seinem **Ermessen**.[26] Dabei sind die Begriffe der Wettbewerbsbeschränkung sowie der Unlauterkeit weit auszulegen. Es ist insbesondere nicht erforderlich, dass ein Verbotsgesetz existiert, welches die spezifische Handlung explizit verbietet. Vielmehr sind alle vorwerfbaren Verhaltensweisen umfasst, die sich in irgendeiner Form wettbewerbsbeschränkend auswirken.[27]

---

[18] S. nur BGHZ 139, 259 (268 f.); vgl. auch EuGH Urt. v. 11.12.2014 – C-440/13, ECLI:EU:C:2014:2435 Rn. 35 – Croce Amica One Italia Srl gegen Azienda Regionale Emergenza Urgenza (AREU); EuGH Urt. v. 16.9.1999 – C-27/98, ECLI:EU:C:1999:420 – Metalmeccanica Fracasso SpA ua gegen Amt der Salzburger Landesregierung; *Conrad* in Gabriel/Krohn/Neun VergabeR-HdB § 33 Rn. 14; *Neun/Otting* EuZW 2015, 453 (457 f.); *Lischka* in Müller-Wrede VgV § 63 Rn. 21; *Portz* in KKMPP VgV § 63 Rn. 18 f., 22.

[19] So für den Oberschwellenbereich ausdrücklich EuGH Urt. v. 11.12.2014 – C-440/13, ECLI:EU:C:2014:2435 Rn. 35 – Croce Amica One Italia Srl gegen Azienda Regionale Emergenza Urgenza (AREU); *Portz* in KKMPP VgV § 63 Rn. 22. Für den Unterschwellenbereich kann nichts Abweichendes gelten. AA OLG Naumburg Beschl. v. 17.5.2006 – 1 Verg 3/06.

[20] Vgl. Ziekow/Völlink/*Ziekow* § 2 EU Rn. 4; Beck VergabeR/*Osseforth* § 2 EU Rn. 16.

[21] *Haupt* in Gabriel/Krohn/Neun VergabeR-HdB § 29 Rn. 112; aA *Vavra* in KMPP Rn. 26, die stets einen sicheren Nachweis fordert.

[22] Immenga/Mestmäcker/*Dreher* GWB § 97 Rn. 25; Willenbruch/Wieddekind/*Schubert/Werner* Rn. 25; Kommentierung zu Abs. 4 → Rn. 80 ff.

[23] Vgl. Begr. zu § 28 Abs. 1 VgV in BT-Ds. 18/7318, 169; *Krohn* in Gabriel/Krohn/Neun VergabeR-HdB § 19 Rn. 6.

[24] § 14 bzw. § 14a; zum Zweck s. *Marx* in KMPP § 14 Rn. 3; Ingenstau/Korbion/*von Wietersheim* § 14a Rn. 4.

[25] S. im Detail vgl. die Kommentierung zu § 15 Abs. 3 → § 15 Rn. 47 ff.; zur freihändigen Vergabe → § 3b Rn. 47 ff.

[26] Beck VergabeR/*Osseforth* § 2 EU Rn. 16.

[27] *Weiner* in Gabriel/Krohn/Neun VergabeR-HdB § 1 Rn. 26.

b) Diskriminierungsverbot. In § 2 Abs. 2 findet sich schließlich als weiteres grundlegendes 24
Prinzip des Vergaberechts das Diskriminierungsverbot bzw. – positiv formuliert – der **Gleichbehandlungsgrundsatz**. Dieser schließt gegenständlich nicht nur die Diskriminierungs- und Beschränkungsverbote des Europarechts (Art. 18 AEUV und die Grundfreiheiten) hinsichtlich der Konkurrenten aus anderen EU-Mitgliedstaaten mit ein,[28] sondern gilt unabhängig vom grenzüberschreitenden Bezug des Vergabeverfahrens und umfasst ebenso alle verfassungsrechtlichen Anforderungen aus Art. 3 GG.[29] Die VOB/A greift daher bestehende Bindungen des Europa- und Verfassungsrechts auf und erklärt sie klarstellend spezifisch für die Unterschwellenvergabe für anwendbar. Das Diskriminierungsverbot ist ebenso wesentlich für die Ermöglichung des Wettbewerbs wie das Transparenzgebot.[30] In der Sache ergeben sich keine Unterschiede zu den Anforderungen in § 97 Abs. 2 GWB.[31]

§ 2 Abs. 2 schreibt für die Vergabe von Bauaufträgen unterhalb der Schwellenwerte vor, dass 25
Auftraggeber wesentlich Gleiches nicht ungleich und wesentlich Ungleiches nicht gleich behandeln dürfen, ohne dass ein sachlicher Grund für diese Ungleichbehandlung vorläge.[32] Willkürliche Entscheidungen sollen vermieden werden. Dies gelingt durch eine starke **Formalisierung** des Vergabeverfahrens und in der Folge eine weitgehende Rücknahme von Entscheidungsspielräumen sowie eine erhöhte Transparenz, die die Feststellung einer Ungleichbehandlung und damit das Angreifen einer solchen durch die betroffenen Unternehmen ermöglicht.

Der Grundsatz der Gleichbehandlung wird in der VOB/A mehrfach näher konkretisiert. Diese 26
Konkretisierungen des Gleichbehandlungsgrundsatzes dienen vor allem der Verdeutlichung seiner Auswirkungen. Die Vergabestelle wird auf die aus dem Grundsatz erwachsenden Anforderungen ausdrücklich hingewiesen, sodass sie Verstöße gegen diese Anforderungen gezielt vermeiden kann. So schreibt § 3b Abs. 1 etwa vor, dass die Vergabeunterlagen bei Öffentlicher Ausschreibung an alle Unternehmen abzugeben sind, die sie anfordern. Weiter heißt es für die Beschränkte Ausschreibung und die Freihändige Vergabe in § 3b Abs. 4, dass bei der Auswahl der Unternehmen, die zu Angeboten aufgefordert werden, unter mehreren geeigneten Bietern möglichst gewechselt werden soll, also über einen längeren Zeitraum hinweg grundsätzlich alle in Betracht kommenden Unternehmen gleichermaßen zu berücksichtigen sind (→ § 3b Rn. 46). Gemäß § 12a Abs. 1 Nr. 2 müssen bei Beschränkter Ausschreibung und Freihändiger Vergabe die Vergabeunterlagen an alle Unternehmen am selben Tag abgesendet werden. Zusätzlich von einzelnen Unternehmen angefragte Informationen sind nach § 12a Abs. 4 unverzüglich allen teilnehmenden Unternehmen gleichermaßen zu erteilen.

An anderer Stelle werden bestimmte, in allen Verfahrensschritten **unzulässige Differenzie-** 27
rungskriterien genannt. Gemäß § 6 Abs. 1 ist etwa eine Beschränkung auf an bestimmten Orten ansässige Unternehmen nicht mit dem Gleichbehandlungsgrundsatz vereinbar, in Abs. 2 der Vorschrift werden die Auftraggeber verpflichtet, Bietergemeinschaften unter bestimmten Voraussetzungen mit Einzelbietern gleichzusetzen und § 7 Abs. 2 weist darauf hin, dass technische Spezifikationen grundsätzlich keine spezifische Herkunft oder Produktion verlangen dürfen und nicht Marken, Patente oder Typen eines bestimmten Anbieters in die Leistungsbeschreibung aufnehmen dürfen.

Auch der **Geheimwettbewerb** dient der Verwirklichung des Gleichbehandlungsgrundsatzes, 28
der überdies bei Ausschreibungen der Zulässigkeit von Angebotsveränderungen entgegensteht.[33] Eine Besserstellung von **Projektanten** im Vergabewettbewerb ist ungeachtet des Fehlens einer § 6 EU Abs. 3 Nr. 4 entsprechenden Vorschrift auszuschließen.[34]

c) Transparenz. aa) Grundlagen. Der Transparenzgrundsatz ist ebenfalls eines der Grund- 29
prinzipien des Vergaberechts. Neben dem Gleichbehandlungsgrundsatz trägt er als dienendes Prinzip zur Verwirklichung des Wettbewerbsgrundsatzes bei.[35] Nur durch Transparenz wird die Entscheidung für die Beteiligten nachvollziehbar, nur dadurch kann effektiver Rechtsschutz gewährleistet

---

[28] Wie der EuGH in Urt. v. 8.9.2005 – C-544/03 u. C-545/03, Slg 2005, I-7723–7754 klargestellt hat, können sich auf diese auch inländische Unternehmen ohne Weiteres berufen.
[29] *Weiner* in Gabriel/Krohn/Neun VergabeR-HdB § 1 Rn. 46; zu den Anforderungen des Art. 3 Abs. 1 GG für die öffentliche Auftragsvergabe BVerfG Beschl. v. 13.6.2006 – 1 BvR 1160/03 Rn. 83 ff., NJW 2006, 3701 (3705).
[30] Vgl. auch VK Thüringen Beschl. v. 26.4.2019 – 250-4002-11352/2019-N-006-EF Rn. 23, BeckRS 2019, 33023.
[31] HK-VergabeR/*Fehling* Rn. 23; ausf. *Knauff* in Band 3 → GWB § 97 Rn. 54 ff.
[32] Kapellmann/Messerschmidt/*Glahs* Rn. 43; Beck VergabeR/*Dörr* GWB § 97 Abs. 2 Rn. 15.
[33] EuGH Urt. v. 29.3.2012 – C-599/10, NVwZ 2012, 745 – SAG ELV Slovensko; EuGH Urt. v. 10.10.2013 – C-336/12, NZBau 2013, 783 – Manova; EuGH Urt. v. 7.4.2016 – C-324/14, NZBau 2016, 373 – Partner Apelski Dariusz.
[34] S. parallel *Lux* in Müller-Wrede UVgO § 2 Rn. 48 ff.
[35] Vgl. HK-VergabeR/*Fehling* Rn. 17.

und können wettbewerbliche, rechtskonforme Vergabeentscheidungen gefördert werden.[36] Es lassen sich bezogen auf die Zuschlagsentscheidung die **ex ante- und die ex post-Transparenz** unterscheiden (= Transparenz vor bzw. nach Zuschlag).[37]

30 Zu Transparenz verpflichtet ist indes lediglich der **Auftraggeber,** während unter den Bietern Geheimwettbewerb herrschen muss.[38] Insbesondere ist zur Ermöglichung des Wettbewerbs zwingend die geheime Angebotsabgabe geboten.[39] Nur in Unkenntnis der anderen Angebote kann eine echte, unverzerrte Konkurrenz erfolgen. Geheim bleibt sowohl die Tatsache der Beteiligung als auch der Angebotsinhalt, weil Absprachen über eine Marktaufteilung bzw. den Preis das Preisniveau erhöhen und wettbewerbsfeindlich sind. Der Aspekt der Vertraulichkeit wurde im neuen Abs. 4 mit der Neufassung 2019 besonders betont.

31 Nach der Rechtsprechung des EuGH folgt das Transparenzprinzip bereits aus dem europäischen **Primärrecht.** Zwar wird es dort nur als Prinzip der Offenheit in Art. 15 Abs. 1 AEUV in Bezug auf EU-Organe genannt, es gilt darüber hinaus aber als allgemeines Grundprinzip, welches aus den Grundfreiheiten und dem Effizienzgebot folgt.[40] Denn nur in einem transparenten Verfahren kann effektiv vermieden werden, dass mittelbare und unmittelbare Diskriminierungen geschehen und die Grundfreiheiten beschränkt werden. Für Aufträge, an denen ein eindeutiges grenzüberschreitendes Interesse besteht,[41] ist das Transparenzgebot folglich (auch) für Unterschwellenvergaben schon unabhängig von § 2 vorgegeben.[42]

32 **bb) Bekanntmachung und Vergabeunterlagen.** Die **Offenlegung** sämtlicher für die Beteiligung am Verfahren **wichtiger Informationen** ist Voraussetzung für die Entscheidung über eine Teilnahme am Vergabeverfahren.[43] Jedes Unternehmen muss vor Erstellung eines Angebots oder Einreichung eines Teilnahmeantrags einerseits einschätzen können, ob es die Teilnahmebedingungen erfüllen und dies andererseits mit den geforderten Dokumenten nachweisen kann. Ferner soll es bereits vor der Angebotsabgabe seine Chancen auf den Erhalt des Zuschlags abschätzen können. Alle für die Teilnahmeentscheidung wesentlichen Informationen müssen bei der Öffentlichen Ausschreibung in die Bekanntmachung aufgenommen werden (§ 12 Abs. 1). Dazu zählen etwa die Eignungskriterien und die zu deren Nachweis vorzulegenden Dokumente (→ Rn. 44 ff.). Weiterhin ist spätestens in die Vergabeunterlagen gem. § 8 Abs. 1 Nr. 2 eine detaillierte Leistungsbeschreibung nach den Vorgaben der §§ 7–7c aufzunehmen. Zusätzlich sollen die Vertragsmodalitäten gem. § 8a darin genau benannt werden. So werden neben den Spezifikationen des zu errichtenden Bauwerks auch die Rahmenbedingungen für die Ausführung im Vorhinein transparent gemacht.

33 Seit der VOB/A 2019 ist nun in § 12 Abs. 1 Nr. 2 lit. r ausdrücklich klargestellt, dass auch die Zuschlagskriterien in der Bekanntmachung enthalten sein müssen sowie ggf. deren Gewichtung. Die Aufstellung der Zuschlagskriterien kann sich an der Auflistung in § 16d Abs. 1 Nr. 5 S. 2 orientieren. Im Gegensatz dazu muss die Bewertungsmethode nicht Bestandteil der Bekanntmachung sein, wenn sie – wie regelmäßig – nichts an der bekanntgemachten Gewichtung der Zuschlagskriterien ändert und sie nicht für eine sachgerechte Angebotserstellung im Einzelfall unabdingbar ist.[44]

34 **cc) Bieterinformation. Auskünfte,** die für die Erstellung des Angebots relevant sein können, darf jeder Bieter bei der Vergabestelle anfragen. Diese hat die gewünschten Informationen, sofern sie sachdienlich sind, gem. § 12a Abs. 4 unter Beachtung des Gleichheitssatzes allen Bietern gleichzeitig mitzuteilen.[45]

35 Die erste formale **Bieterinformationspflicht** entsteht gem. § 14 Abs. 6 S. 1 bzw. § 14a Abs. 7 unverzüglich nach Öffnung der Angebote. Wenn nur elektronische Angebote zugelassen sind, erfolgt die Öffnung gem. § 14 Abs. 1 S. 1 ohne Bieteröffentlichkeit. Alle Informationen gem. § 14 Abs. 3

---

[36] Näher zur besonderen Bedeutung der Transparenz allgemein und im Vergaberecht *Höfler* NZBau 2010, 73 (73).
[37] Heiermann/Riedl/Rusam/*Bauer* Rn. 22.
[38] *Vavra* in KMPP Rn. 12.
[39] Vgl. etwa HK-VergabeR/*Fehling* GWB § 97 Rn. 64.
[40] Bspw. EuGH Urt. v. 5.4.2017 – C-298/15, ECLI:EU:C:2017:266 mwN.
[41] Vgl. EuGH Urt. v. 21.7.2005 – C-231/03, Slg. 2005, I-7287 Rn. 16 ff., 28 – Coname; nachfolgend EuGH Urt. v. 17.6.2008 – C-347/06, Slg. 2008, I-5641 Rn. 57 ff. – ASM Brescia.
[42] EuGH Urt. v. 21.2.2008 – C-412/04, Slg. 2008, I-619 Rn. 65 f. – Kommission/Italien; zur damit nicht stets verbundenen Verpflichtung zur Ausschreibung EuGH Urt. v. 13.11.2008 – C-324/07, Slg. 2008, I-8457 Rn. 25 – Coditel Brabant; EuGH Urt. v. 14.11.2013 – C-388/12 Rn. 46, BeckRS 2013, 82157 – Comune di Ancona.
[43] Instruktiv OLG Brandenburg Beschl. v. 28.3.2017 – 6 Verg 5/16, ZfBR 2017, 505 (507).
[44] EuGH Urt. v. 28.1.2016 – C-514/14, NZBau 2016, 772 Rn. 27 ff. – Dimarso; *Schneevogl* NZBau 2017, 262 (264 ff.).
[45] Ingenstau/Korbion/*von Wietersheim* § 12a Rn. 10 ff.

Nr. 1 lit. a–d, etwa über Zahl und Identität der Bieter sowie die Endbeträge der eingereichten Angebote, sind danach elektronisch verfügbar zu machen.

Sind schriftliche Angebote zugelassen, findet gem. § 14a Abs. 1 S. 1 ein **Eröffnungstermin** 36 mit Bieteröffentlichkeit statt. Hernach wird Einsicht in die Niederschrift bzw. die Informationen nach § 14a Abs. 7 auf Antrag gewährt, wodurch die Bieter in die Lage versetzt werden, die korrekte Erfassung der eigenen Angebotsbestandteile zu überprüfen und die eigene Positionierung im Vergleich zu den Konkurrenten einzuschätzen.[46]

Eine Pflicht zur **Vorabinformation** nach dem Vorbild des § 134 Abs. 1 und 2 GWB existiert 37 in der VOB/A bislang nicht.[47] Lediglich solche Bieter, deren Angebote ausgeschlossen worden sind bzw. nicht in die engere Wahl (§ 16d Abs. 1 Nr. 3 S. 1) gelangt sind, sollen gem. § 19 Abs. 1 unverzüglich über diese Entscheidung in Kenntnis gesetzt werden. Wurde ein Bieter entsprechend informiert, kann der Primärrechtsschutz vor den ordentlichen Gerichten noch erfolgversprechend sein.[48] In allen sonstigen Fällen, insbesondere beim Unterliegen in der letzten Stufe des Vergabeverfahrens, der Entscheidung über den Zuschlag, muss der betreffende Bieter gem. § 19 Abs. 1 S. 2 erst nach Zuschlagerteilung informiert werden und es besteht mangels Reversibilität des Vertragsschlusses[49] kein Primärrechtsschutz mehr.

dd) Vergabevermerk. Die Nachvollziehbarkeit des Vergabeverfahrens im Rückblick sichert 38 die gem. § 20 anzufertigende **Dokumentation aller wesentlichen Abläufe und Entscheidungen des Vergabeverfahrens** (Vergabevermerk).[50] Hier ist jede Entscheidung sowohl zur Wahl und Ausgestaltung des Verfahrens als auch zum Ausschluss oder zur Eignung eines Bieters samt Begründung im Einzelnen darzulegen. Das erleichtert in einem späteren Rechtsstreit die Beweisführung sowohl für die Vergabestelle als auch für den Bieter, etwa wenn er der Meinung ist, dass sein Angebot zu Unrecht von der abschließenden Wertung ausgenommen wurde. Dem Vergabevermerk kommt zulasten der Vergabestelle negative Beweiskraft zu. Ist ein Vorgang darin nicht dokumentiert, kann sich die Vergabestelle nicht auf ihn berufen.[51]

d) Wirtschaftlichkeit und Verhältnismäßigkeit. Auch in die Basisparagrafen der VOB/A 39 wurden mit der Neufassung 2019 die Vergabegrundsätze der Wirtschaftlichkeit und Verhältnismäßigkeit aufgenommen. Damit wurde ein **Gleichlauf zum GWB-Vergaberecht sowie zur UVgO** hergestellt.

aa) Wirtschaftlichkeit. Der Begriff der Wirtschaftlichkeit ist im Vergaberecht traditionell auf 40 der Ebene des **Zuschlags** gebräuchlich. In der VOB/A sieht § 16d Abs. 1 Nr. 4 S. 1 diesbezüglich vor, dass der Zuschlag auf das wirtschaftlichste Angebot erteilt wird. Soweit § 2 Abs. 1 diesen Wirtschaftlichkeitsbegriff im Rahmen der Vergabegrundsätze betont, ist mit der Einführung des Grundsatzes keine Rechtsveränderung verbunden.

Nach dem insoweit eindeutigen Wortlaut des § 2 Abs. 1 gilt der Wirtschaftlichkeitsgrundsatz 41 darüber hinaus aber auch für das **Vergabeverfahren.**[52] Die vergaberechtlich gebundenen Auftraggeber werden damit dazu aufgefordert und entsprechend auch dazu ermächtigt, das Verfahren nach wirtschaftlichen Grundsätzen auszugestalten. Wo Spielräume bei der Vergabeverfahrensgestaltung bestehen, sind folglich die wirtschaftlichen Konsequenzen zu berücksichtigen. Der Wirtschaftlichkeitsgrundsatz wirkt in dieser Form in den meisten Fällen zugunsten der Auftraggeber, indem er ihnen ein Argument dafür liefert, zugunsten der Wirtschaftlichkeit auf eine kompliziertere, die anderen Vergabegrundsätze oder die Rechte der Verfahrensbeteiligten aber möglicherweise stärker zur Geltung bringende Ausgestaltung zu verzichten. Da die Gegenüberstellung der widerstreitenden

---

[46] Beck VergabeR/*Lausen*, § 14 EU Rn. 44 f.
[47] So für den Oberschwellenbereich ausdrücklich EuGH Urt. v. 11.12.2014 – C-440/13, ECLI:EU:C:2014:2435 Rn. 35 – Croce Amica One Italia Srl gegen Azienda Regionale Emergenza Urgenza (AREU); *Portz* in KKMPP VgV § 63 Rn. 22. Für den Unterschwellenbereich kann nichts Abweichendes gelten. AA OLG Naumburg Beschl. v. 17.5.2006 – 1 Verg 3/06.
[48] Zur inzwischen generellen Statthaftigkeit von Primärrechtsschutz OLG Düsseldorf NZBau 2010, 328 (329 ff.); OLG Frankfurt a. M. Urt. v. 13.10.2015 – 11 W 32/15, ZfBR 2016, 290; OLG Frankfurt a. M. Urt. v. 21.3.2017 – 11 U 10/17, BeckRS 2017, 112537 Rn. 21; OLG München Beschl. v. 19.6.2017 – 21 W 314/17, BeckRS 2017, 113365 Rn. 6; s. auch *Vavra* in KMPP Rn. 41.
[49] Hierzu krit. HK-VergabeR/*Pache* BHO § 55 Rn. 148 ff.
[50] *Vavra* in KMPP Rn. 14.
[51] → § 20 Rn. 27 ff.
[52] Wie hier Immenga/Mestmäcker/*Dreher* GWB § 97 Rn. 113 ff., insbes. Immenga/Mestmäcker/*Dreher* GWB § 97 Rn. 115 f.; aA Ziekow/Völlink/*Ziekow* GWB § 97 Rn. 59: „keine über die Prüfung des wirtschaftlich günstigsten Angebots hinausgehende Bedeutung".

Interessen im Rahmen einer Verhältnismäßigkeitsprüfung vonstatten geht, liegt hierin die oben angesprochene Überschneidung mit dem Grundsatz der Verhältnismäßigkeit.

42 **bb) Verhältnismäßigkeit.** Der Grundsatz der Verhältnismäßigkeit wird allgemein für im Rahmen des Vergabeverfahrens beachtlich erklärt. Dennoch ist der Grundsatz nicht flächendeckend anwendbar, sondern seine **Anwendbarkeit** muss für den jeweiligen Kontext durch Auslegung festgestellt werden.[53] Auch dieser Grundsatz vermag an den zwingenden Vorgaben des Vergaberechts nichts zu ändern, kann aber die Ausfüllung von Spielräumen auf Tatbestands- und Rechtsfolgenebene determinieren. Insbesondere verhindert er in diesem Zusammenhang eine unverhältnismäßige Zurückstellung von Bieterrechten und -interessen. Jedoch ist seine Anwendbarkeit zugunsten der Vergabestelle bzw. des Auftraggebers nicht ausgeschlossen. In diesem Fall entsprechen seine Auswirkungen häufig denjenigen des Wirtschaftlichkeitsgrundsatzes.[54]

43 Im Rahmen der sogenannten **„strategischen Vergabe"**, bei denen für die eigentliche Bedarfsdeckung unerhebliche, politische Ziele mitverfolgt werden (vgl. etwa § 16d Abs. 1 Nr. 4 S. 4) kommt der Verhältnismäßigkeit ferner die Funktion zu, das Vergaberecht auf seinen Regelungsgegenstand zu beschränken. Hier dienen die Anforderungen nicht nur der Wahrung der Interessen der Bieter/Bewerber bzw. der Auftraggeber/Vergabestellen, sondern stellen sicher, dass das Hauptziel des Vergabeverfahrens die Bedarfsdeckung ist und die bei Gelegenheit mitverfolgten Ziele von untergeordneter Bedeutung bleiben.[55]

44 **2. Eignung. a) Grundlagen.** Eignungsvorgaben sind auch im Unterschwellenbereich – entsprechend der Systematik des GWB-Vergaberechts (vgl. § 122 Abs. 1 GWB) – **unternehmensbezogene Mindestanforderungen,** die jeder Bieter erfüllen muss, damit sein Angebot Eingang in die finale, anhand leistungsbezogener Zuschlagskriterien durchzuführende Wertung findet.[56] Eignungs- und Zuschlagskriterien beziehen sich folglich auf unterschiedliche Gegenstände. Im Rahmen des Zuschlags sind geforderte Eignungskriterien daher nach herkömmlichem Verständnis nicht mehr berücksichtigungsfähig. Dies gilt auch für solche Eignungskriterien, die zur Beurteilung der Eignung im konkreten Fall nicht herangezogen wurden.

45 Diese bislang klare Maßgabe wurde oberhalb der Schwellenwerte mit der Vergaberechtsnovelle, genauer durch Art. 67 Abs. 2 lit. b RL 2014/24/EU, dessen Rechtswirkungen vom EuGH[57] bereits vor Ablauf der Umsetzungsfrist in die alte Rechtslage hineingelesen wurde, aufgeweicht. Nach § 127 Abs. 1 und 3 GWB können bei der Beurteilung des Preis-Leistungs-Verhältnisses nunmehr unter anderem qualitative Aspekte berücksichtigt werden, soweit ein Zusammenhang mit der Leistung besteht. Dies wird in den § 58 Abs. 2 Nr. 2 VgV, § 16d EU Abs. 2 Nr. 2 S. 2 lit. b[58] konkretisiert, die ausdrücklich regeln, dass die Organisation, Qualifikation und Erfahrung des mit der Ausführung des Auftrags betrauten Personals – hierbei handelt es sich um typische Eignungskriterien – Zuschlagskriterien sein können, wenn diese Merkmale erheblichen Einfluss auf das Niveau der Auftragsausführung haben können.[59] Dies ist nach Auffassung des EuGH insbesondere dann der Fall, wenn es sich um Dienstleistungen mit intellektuellem Charakter handelt.[60] Allerdings wird hierdurch die grundsätzliche **Trennung von Eignungs- und Leistungskriterien** nicht aufgegeben.[61] Vielmehr erkennt die neue Rechtslage allein an, dass originär die Eignung betreffende Kriterien im Ausnahmefall auch Auswirkungen auf die Qualität der Leistung haben können und damit nicht nur bieter-, sondern zugleich leistungsbezogen sein können und daher beim Zuschlag Beachtung finden sollen.

46 Obwohl sich die Rechtsänderungen und die Rechtsprechung des EuGH nur auf den Oberschwellenbereich beziehen, kann sie auf die **Unterschwellenvergabe** übertragen werden.[62] Die

---

[53] Eine entsprechende Durchsicht des vergaberechtlichen Normenbestands findet sich bei *Meurers,* Der Grundsatz der Verhältnismäßigkeit im Vergaberecht, 2020, 127 ff.

[54] Zu den Funktionen des Verhältnismäßigkeitsgrundsatzes s. *Meurers,* Der Grundsatz der Verhältnismäßigkeit im Vergaberecht, 2020, 311 ff.; zum Verhältnis des Verhältnismäßigkeits- zum Wirtschaftlichkeitsgrundsatz s. S. 135 ff.

[55] Näher *Meurers,* Der Grundsatz der Verhältnismäßigkeit im Vergaberecht, 2020, 318 ff.

[56] Vgl. etwa OLG Schleswig Beschl. v. 28.6.2016 – 54 Verg 2/16 Rn. 31, NZBau 2016, 593.

[57] EuGH Urt. v. 26.3.2015 – C-601/13 Rn. 31 ff., EnZW 2015, 433 (435) – Ambisig.

[58] Es handelt sich um eine 1:1-Umsetzung des Art. 67 Abs. 2 RL 2014/24/EU.

[59] Vgl. allg. zur Trennung von Eignungs- und Zuschlagskriterien nach der neuen Rechtslage *Wiedemann* in KKMPP VgV § 58 Rn. 24 ff; *Gnittke/Hattig* in Müller-Wrede VgV § 29 Rn. 45 ff.; *Müller-Wrede* in Müller-Wrede GWB § 127 Rn. 129 ff.; *Pauka* NZBau 2015, 18 (22 f.); *Eiermann* NZBau 2016, 76 (77).

[60] Eingehend zum Urteil *Rosenkötter* NZBau 2015, 609 (610 f.).

[61] Vgl. etwa *Wiedemann* in KKMPP VgV § 58 Rn. 24 ff, insbes. *Wiedemann* in KKMPP VgV § 58 Rn. 27; *Braun* in Gabriel/Krohn/Neun VergabeR-HdB § 30 Rn. 14 ff.; *Gnittke/Hattig* in Müller-Wrede GWB § 122 Rn. 17.

[62] IE ebenso Willenbruch/Wieddekind/*Schubert/Werner* Rn. 4.

Erkenntnis, dass Organisation, Qualifikation und Erfahrung des ausführenden Personals sich insbesondere bei geistig-schöpferischen Leistungen auf die Qualität der Leistungserbringung auswirken können, trifft ebenso auf die Unterschwellenvergabe zu. Mit dem Wortlaut der VOB/A ist dies ohne Weiteres vereinbar. In § 16d Abs. 1 Nr. 5 findet sich systematisch beim Zuschlag geregelt das Merkmal der Qualität, bei dessen Konkretisierung die von der Rechtsprechung im Oberschwellenbereich entwickelten Maßgaben zu berücksichtigen sind.

b) Eignungsmerkmale. Aufträge sind gem. § 2 Abs. 3 nur an fachkundige, leistungsfähige 47 und zuverlässige, mithin geeignete Unternehmen zu vergeben. Alle Eignungskriterien, die vom Auftraggeber aufgestellt werden, müssen sich auf diese drei unbestimmten Rechtsbegriffe zurückführen lassen.[63] Die Merkmale der Fachkunde und der Leistungsfähigkeit überschneiden sich teilweise. Tendenziell betrifft die „Fachkunde" qualitativ-immaterielle Anforderungen an das Leistungsvermögen eines Unternehmens, wohingegen mit Leistungsfähigkeit die quantitativ-materiellen Voraussetzungen für die ordnungsgemäße Leistungserbringung in Bezug genommen werden.[64] Jedoch wird die Fachkunde in einem Unternehmen durch das Personal verkörpert, das wiederum in ausreichender Zahl vorhanden sein muss, sodass sich qualitative und quantitative Ebenen gegenseitig bedingen.

aa) Fachkunde. Nach dem Vergabehandbuch des Bundes ist jeder Bieter fachkundig, der 48 über die für die Vorbereitung und Ausführung der jeweiligen Leistung notwendigen technischen Kenntnisse verfügt.[65] Ergänzend heißt es dort, bei schwierigen Leistungen sei in der Regel zu fordern, dass der Bieter bereits nach Art und Umfang vergleichbare Leistungen ausgeführt hat. Das Kriterium der Fachkunde betrifft vor allem das **technische Know-How** der Unternehmen. Ferner ist die Kenntnis der fachspezifischen rechtlichen Anforderungen an das Tätigwerden zu verlangen.[66] Ein fachkundiges Unternehmen verfügt über eine ausreichende Zahl[67] an Mitarbeitern mit den nötigen Sachkenntnissen, das zu vergebende Bauvorhaben fachgerecht, das heißt nach allen Regeln der Technik und innerhalb des vorgegebenen zeitlichen Rahmens, durchführen bzw. beaufsichtigen zu können.[68] Dazu sind nicht zwingend bestimmte Ausbildungsnachweise zu erbringen, sondern es ist grundsätzlich unerheblich, wie sich die Verantwortlichen im Unternehmen das notwendige Wissen angeeignet haben.[69] Die betreffenden Mitarbeiter müssen die Erfahrungen nicht beim bietenden Unternehmen erworben haben. Natürlich brauchen all diese Fähigkeiten nicht in der Person des Unternehmers oder Betriebsleiters vorzuliegen, sondern es ist eine Gesamtbetrachtung des kompletten Unternehmensstabs anzustellen. Es kommt im Wesentlichen auf die Stammbelegschaft des Leistungserbringers an, nicht auf solche Arbeitskräfte, die über Arbeitnehmerüberlassungsmodelle oder ähnliche flexible Mechanismen möglicherweise abgerufen werden könnten, es sei denn der Bieter kann in Bezug auf konkrete Personen mit Sicherheit nachweisen, dass sie im Falle der Auftragserteilung für ihn tätig werden.[70]

Wesentlich für die Beurteilung und den Nachweis der Fachkunde dürften die **Referenzen** der 49 Bieter gem. § 6a Abs. 2 Nr. 2 sein. Diese müssen vergleichbar, dh so beschaffen sein, dass sie für die einwandfreie Bauausführung eine positive Prognose erlauben. Dazu müssen die Referenzprojekte weder mit den Anforderungen des angestrebten Bauvorhabens exakt übereinstimmen, noch müssen sie zwingend aus demselben Segment (zum Beispiel Hoch- bzw. Tiefbau) stammen.[71] Dies würde den Wettbewerbsgrundsatz unnötig einschränken. Entscheidend ist die jeweils individuell zu beurteilende Aussagekraft für das zu vergebende Projekt. Je spezifischer die zur Bauausführung erforderlichen Fertigkeiten sind, desto strenger können die Vorgaben für geeignete Referenzen sein. Dies kann im Einzelfall sogar dazu führen, dass Newcomern die Aussicht auf den Zuschlag bei ungewöhnlich komplexen Aufträgen verwehrt ist und sie die Eignungskriterien nur über das Gründen einer Bieter-

---

[63] Diesbezüglich unterscheidet sich die Eignungsprüfung nicht vom Oberschwellenbereich, vgl. etwa *Hausmann/v. Hoff* in RKPP GWB § 122 Rn. 16 (freilich mit dem Unterschied, dass die Zuverlässigkeit dort systematisch nicht mehr zur Eignung zählt).
[64] Zum Teil wird ungenauer zwischen einer eher personenbezogenen (Fachkunde) und einer sach- und betriebsbezogenen Prüfung (Leistungsfähigkeit) unterschieden, etwa bei *Dreher/Hoffmann* NZBau 2008, 545 (546 f.); vgl. auch Ingenstau/Korbion/*Schranner* Rn. 53, 63.
[65] VHB Bund, Richtlinien zu Formblatt 321 Stand April 2016, Nr. 4.4; vgl. auch VK Halle Beschl. v. 26.10.2016 – 3 VK LSA 33/16 Rn. 33.
[66] → § 6a Rn. 22 ff.; vgl. auch Beck VergabeR/*Soudry*, 2. Aufl. 2013 Rn. 39.
[67] → Rn. 53.
[68] Wie hier Beck VergabeR/*Soudry*, 2. Aufl. 2013, Rn. 46; zu weit dagegen Ingenstau/Korbion/*Schranner* Rn. 54, der darüber hinaus auch für den Auftrag nicht erforderliche, aber zum Sachgebiet gehörende Kenntnisse verlangt.
[69] Ingenstau/Korbion/*Schranner* Rn. 54.
[70] *Dreher/Hoffmann* NZBau 2008, 545 (546).
[71] *Dreher/Hoffmann* NZBau 2008, 545 (546).

gemeinschaft mit erfahreneren Partnern oder den Einbezug von Nachunternehmern erfüllen können.[72] Die Anforderungen stehen unter dem Vorbehalt ihrer Verhältnismäßigkeit.

50 Referenzen verlieren mit der Zeit ihre Aussagekraft für die gegenwärtige Fachkunde in einem Unternehmen.[73] Nur in begründeten Ausnahmefällen sollten daher Referenzen akzeptiert werden, die älter als drei Jahre sind. Gemäß § 6a Abs. 2 Nr. 1 kann der Auftraggeber über einzelne Referenzen hinaus vom Unternehmen einen Nachweis über dessen Umsatz im Segment Bauleistungen und vergleichbare Leistungen der letzten drei Geschäftsjahre verlangen. Sollten sich daraus Hinweise auf Tätigkeiten ergeben, die in den Referenzen der Unternehmen nicht erwähnt werden, begründet dies eine Aufklärungspflicht des Auftraggebers. In diesem Fall und bei allen anderen Unklarheiten hinsichtlich der Fachkunde ist die Vergabestelle gehalten, diese bspw. durch die Kontaktaufnahme zu den Referenzgebern auszuräumen.[74]

51 Zusätzlich kann sich der Auftraggeber zur Prüfung der Fachkunde gem. § 6a Abs. 2 Nr. 3 die Zahl der in den letzten drei Geschäftsjahren jahresdurchschnittlich beschäftigten **Arbeitskräfte** gegliedert nach Lohngruppen mit gesondert ausgewiesenem technischen Leistungspersonal nachweisen lassen.

52 **bb) Leistungsfähigkeit.** Leistungsfähig ist ein Bieter, der über das für die fach- und fristgerechte Ausführung notwendige Personal und Gerät verfügt und die Erfüllung seiner Verbindlichkeiten erwarten lässt.[75] Der Begriff der Leistungsfähigkeit umfasst tendenziell die **quantitativ-materiellen Voraussetzungen** für die ordnungsgemäße Leistungserbringung. Schlüsselt man die genannte Definition aus dem Vergabe- und Vertragshandbuch für die Baumaßnahmen des Bundes auf, besteht die Leistungsfähigkeit aus einer technischen, einer kaufmännisch-betriebswirtschaftlichen und einer finanziellen Komponente.

53 In technischer Hinsicht muss das Unternehmen neben dem fachkundigen Personal[76] mit ausreichenden **Sachmitteln** ausgestattet sein, um den Bauauftrag ausführen zu können. Damit ist insbesondere solches technische Gerät gemeint, welches zum Erstellen des Bauwerks benötigt wird und dessen Anschaffungskosten gegenüber der Auftragssumme nicht völlig unerheblich ist, zB Baumaschinen wie Kräne, Bagger, Betonmischer, Estrichpumpen, im Regelfall jedoch nicht Baugerüste, Container oder Absperrgitter. Hierzu ist nicht erforderlich, dass alle oder überhaupt irgendwelche Betriebsmittel auch im Eigentum des Bieters stehen bzw. in dessen Betrieb zum Zeitpunkt der Angebotseinreichung physisch vorhanden sind.[77] Wie der Unternehmer sich die Betriebsmittel verschafft, ist seine unternehmerische Entscheidung, deren Ausgestaltung keinen Rückschluss auf seine Leistungsfähigkeit erlaubt und folglich vom Vergaberecht nicht vorgegeben werden soll. Der Nachweis der Leistungsfähigkeit muss sich vielmehr nur darauf beziehen, woher der Bieter die nötigen Arbeitsmittel zu beschaffen gedenkt. Er muss umfassen, dass alle Betriebsmittel in ausreichender Anzahl zum Zeitpunkt der geplanten Bauausführung zusammen mit dem in die Bedienung eingewiesenen Personal mit Sicherheit zur Verfügung stehen.[78] Der Auftraggeber kann zum Nachweis der Eignung verlangen, die für den Zugriff auf die Geräte Dritter maßgeblichen Zusagen etwa von Verleihunternehmen oder Lieferanten einzusehen.[79]

54 Weiterhin muss die unternehmensinterne **Buchhaltung** so aufgestellt sein, dass sie personell und organisatorisch dazu in der Lage ist, eine reibungslose Rechnungslegung, ein funktionierendes Qualitätsmanagement und ein einwandfreies personelles, sachliches und finanzielles Ressourcenmanagement zu gewährleisten.[80] Ausschlaggebend sind auch hier Anzahl und Erfahrung der Mitarbeiter, die mit obigem Verzeichnis nachgewiesen werden. Daneben erscheint es möglich und sinnvoll, sich vom Bieter versichern zu lassen, dass es diesbezüglich gegenwärtig keine grundlegenden Beanstandungen anderer Kunden oder der Belegschaft gibt bzw. dass es zwar Beanstandungen gab, diese aber nicht begründet oder vom Unternehmen nicht zu verantworten waren. Diese Angaben kann die Vergabestelle üblicherweise mangels entsprechender Informationen zwar nicht vollumfänglich überprüfen. Wenn aber tatsächliche Anhaltspunkte für Defizite auftauchen, hat sie diesen nachzugehen. Stellt sich im weiteren Verlauf des Vergabeverfahrens heraus, dass die vom Unternehmen beigebrachten Angaben unzutreffend waren, ist das betreffende Unternehmen gem. § 16 Abs. 1 Nr. 8 zwingend

---

[72] Wie hier *Dreher/Hoffmann* NZBau 2008, 545 (546 f.); aA *Vavra* in KMPP Rn. 8.
[73] VK Weimar Beschl. v. 23.1.2017 – 250-4002-866/2017-N-001-EE.
[74] OLG Saarbrücken Urt. v. 28.1.2015 – 1 U 60/15, VergabeR 2015, 623 (627).
[75] VHB Bund, Richtlinien zu Formblatt 321 Stand April 2016, Nr. 4.4; vgl. auch VK Halle Beschl. v. 26.10.2016 – 3 VK LSA 33/16 Rn. 33.
[76] Zu „Fachkunde" → Rn. 48 ff.
[77] *Dreher/Hoffmann* NZBau 2008, 545 (547).
[78] EuGH Urt. v. 2.12.1999 – C-176/98, Slg 1999, I-8607 – Holst Italia.
[79] Ingenstau/Korbion/*Schranner* Rn. 63.
[80] HK-VergabeR/*Tomerius*, 2. Aufl. 2015, § 6 Rn. 45.

vom weiteren Verfahren auszuschließen bzw. macht sich schadensersatzpflichtig, wenn der Vertrag mit ihm bereits geschlossen wurde.

In finanzieller Hinsicht muss das vorhandene **Kapital** dazu ausreichen, das unternehmerische 55 Risiko, welches mit der Übernahme des Auftrags verbunden ist, zusätzlich zum sonstigen Geschäft des Bieters zu tragen. Die Liquidität muss die begründete Aussicht dazu geben, dass das Unternehmen in der Lage ist, neben dem eigentlichen Auftrag auch eventuell anfallende Nachbesserungsarbeiten durchzuführen. Dazu kann eine Kapitaldeckung vorgesehen werden, die jedoch stets im Verhältnis zum Auftragsgegenstand und zur Größe des Unternehmens stehen muss. Der Auftraggeber kann die Erfüllung dieser Vorgaben beeinflussen (und ist aus Gründen der Mittelstandsförderung auch dazu angehalten), indem er eine phasenweise Abnahme und Vergütung vorsieht.[81] Der Nachweis der finanziellen Leistungsfähigkeit wird meist durch die Vorlage von Bilanzen bzw. Bilanzauszügen über den Gesamtumsatz bzw. den Umsatz im betreffenden Leistungssegment sowie eine sog. Bankerklärung zu erbringen sein.

Auch die fakultativen **Ausschlussgründe in § 16 Abs. 2 Nr. 1, 2 und 4**[82] betreffen die 56 finanzielle Leistungsfähigkeit. Dass sie nicht zwingend zum Ausschluss des Bieters führen, sondern diesen in das Ermessen des Auftraggebers stellen, bedeutet im Umkehrschluss, dass in der Regel keiner der dort genannten Aspekte, also weder die Eröffnung des Insolvenzverfahrens, noch eine aktuelle Liquidationsphase, für sich genommen ausreicht, die finanzielle Leistungsfähigkeit zu verneinen. Diese Wertung des Normgebers ist bei der Bewertung der Eignung und in der Begründung eines Ausschlusses zu beachten.

cc) **Zuverlässigkeit.** Anders als im GWB-Vergaberecht[83] gehört die Zuverlässigkeit im Anwen- 57 dungsbereich der Basisparagrafen der VOB/A noch systematisch zur Eignung. Ein Bieter ist zuverlässig, der seinen gesetzlichen Verpflichtungen – auch zur Entrichtung von Steuern und sonstigen Abgaben – nachgekommen ist und der aufgrund der Erfüllung früherer Verträge eine einwandfreie Ausführung einschließlich Erfüllung der Mängelansprüche erwarten lässt.[84] Spezielle Fälle der Unzuverlässigkeit sind in § 16 Abs. 2 Nr. 3 und 4 geregelt, wobei es sich hierbei nur um fakultative, nicht um obligatorische Ausschlussgründe handelt, deren Vorliegen nicht automatisch zur Annahme der Unzuverlässigkeit führt. Die Zuverlässigkeit umfasst hiernach die Beurteilung der Bereitschaft und dafür nötige Kompetenz und Sorgfalt des Unternehmens, die ihm obliegenden gesetzlichen und vertraglichen Rechtspflichten ordnungsgemäß zu erfüllen.

Für den Unterschwellenbereich wird dem Auftraggeber durch den **unbestimmten Rechts-** 58 **begriff** der Zuverlässigkeit eine größere Flexibilität zugestanden. Während im Oberschwellenbereich nur die ausdrücklich normierten Ausschlussgründe, die an eine mangelnde Zuverlässigkeit anknüpfen, zu einem Ausschluss führen, kann im Unterschwellenbereich grundsätzlich jeglicher tatsächliche Anhaltspunkt bei der Beurteilung der Zuverlässigkeit berücksichtigt werden. Insbesondere kann ein Ausschluss wegen schlechter Erfahrungen aus früherer Zusammenarbeit mit einem Bieter schon unterhalb der in § 124 Abs. 1 Nr. 7 GWB geforderten Erheblichkeit erfolgen.[85] Darüber hinaus kann für die Frage des Vorliegens der (Un-)Zuverlässigkeit auf die Rechtsprechung zu anderen Bereichen des öffentlichen (Wirtschafts-)Rechts zurückgegriffen werden.[86] Die für die Beurteilung der Zuverlässigkeit anforderbaren Eignungsnachweise sind in § 6a Abs. 2 Nr. 6–9 aufgelistet.

c) **Vergabeverfahrensrechtliche Aspekte. aa) Festlegung und Transparenz der Eig-** 59 **nungskriterien und -nachweise.** Bei der Festlegung, welche inhaltlichen Anforderungen im Einzelfall an die Eignung gestellt und welcherlei Nachweise dafür verlangt werden, verfügt der Auftraggeber über einen **Beurteilungs- und Ermessensspielraum.**[87] Es ist jedoch stets ein hinreichender **Auftragsbezug** sicherzustellen.[88]

---

[81] Vgl. *Schaller* ZfBR 2008, 142.
[82] Kapellmann/Messerschmidt/*Frister* § 16 Rn. 49.
[83] Vgl. die Legaldefinition der Eignung in § 122 Abs. 1 GWB (→ GWB § 122 Rn. 3 ff.); in der Sache finden sich Zuverlässigkeitskriterien in den Ausschlussgründen der §§ 123, 124 GWB wieder; so auch OLG München Beschl. v. 21.4.2017 – Verg 2/17 Abs. 2.2.6.2, IBRRS 2017, 1490; *Brüning* NZBau 2016, 723 ff.
[84] VHB Bund, Richtlinien zu Formblatt 321 bis Stand August 2014, Nr. 3.4; vgl. auch VK Halle Beschl. v. 26.19.2016 – 3 VK LSA 33/16 Rn. 33.
[85] *Meißner* VergabeR 2017, 270 (274); vgl. zur identischen Problematik in der UVgO auch *Lausen* NZBau 2017, 3 (7).
[86] Willenbruch/Wieddekind/*Schubert/Werner* Rn. 12; s. zB VK Bund Beschl. v. 25.3.2014 – Vk 1 – 16/14 Rn. 42.
[87] Vgl. *Reichling/Scheumann* GewArch 2016, 228 (229).
[88] Willenbruch/Wieddekind/*Schubert/Werner* Rn. 2; hierzu ausf. *Gnittke/Hattig* in Müller-Wrede GWB § 127 Rn. 120 ff.

60 Alle Eignungskriterien müssen bei Öffentlichen Ausschreibungen gem. § 3 Abs. 1 und bei Beschränkten Ausschreibungen nach Öffentlichem Teilnahmewettbewerb gem. § 3 Abs. 2 Alt. 2 schon in der **Bekanntmachung** konkret und umfassend aufgeführt werden.[89] Damit wird ein Erfordernis der Oberschwellenvergabe, welches in § 122 Abs. 4 GWB, § 48 Abs. 1 VgV normiert ist, auf den Unterschwellenbereich übertragen. Dies ergibt sich zwingend aus dem Transparenz- und Gleichbehandlungsgrundsatz nach § 2 Abs. 1 S. 1 bzw. Abs. 2,[90] da es dem Auftraggeber andernfalls freistünde, nach Sichtung der Angebote neue zusätzliche Eignungskriterien zu ergänzen, sodass die Vergabeentscheidung willkürlich getroffen werden könnte. Die Bewertungsmaßstäbe sind zusätzlich zu den eigentlichen Kriterien in der Regel jedoch nicht anzugeben. Sie sind gleichwohl so auszugestalten, dass ihre Anwendung nicht zu einer von den Angaben in der Bekanntmachung bzw. in den Vergabeunterlagen abweichenden Gewichtung führt, die für die Bieter überraschend ist.[91]

61 Eine ausdrückliche Pflicht, gleichzeitig schon in der Bekanntmachung die beizubringenden **Nachweise** (vgl. § 6a) lückenlos aufzuführen, folgt zwar nicht aus § 12 Abs. 1 Nr. 2 („sollen"), wohl aber aus § 6b Abs. 4.[92] Es sind alle Eignungsnachweise zu benennen, die im Laufe des Vergabeverfahrens angefordert werden können; andere als die genannten Nachweise dürfen nicht verlangt werden.[93]

62 Es besteht für die Bieter auch ohne ausdrückliche Zulassung durch den Auftraggeber stets die Möglichkeit, die Eignung durch eine Eintragung in einem **Präqualifikationsverzeichnis** nachzuweisen. Beabsichtigt der Bieter hingegen, Einzelnachweise vorzulegen, kann der Auftraggeber bei der Öffentlichen Ausschreibung und dem Öffentlichen Teilnahmewettbewerb vor einer beschränkten Ausschreibung ergänzend angeben, dass einzelne oder alle Nachweise vorerst durch **Eigenerklärungen** erbracht werden können und die Nachforderung von Drittbescheinigungen vorbehalten bleibt, falls das Angebot des Bieters konkret für den Zuschlag in Betracht kommt.[94] Hierbei kann der Bieter auch eine Einheitliche Europäische Eigenerklärung (EEE) verwenden, die dann auch akzeptiert werden muss.

63 **Eigenerklärungen** können gem. § 6b Abs. 2 S. 2 abweichend von § 48 Abs. 2 S. 1 VgV nicht regelmäßig, sondern nur dann als endgültige Nachweise behandelt werden, wenn der Auftraggeber dies ausdrücklich so vorgesehen hat.[95] Eine solche Bestimmung kann der Auftraggeber nicht generell für alle zu erbringenden Nachweise treffen, sondern nur ausnahmsweise („für einzelne Angaben").

64 **bb) Vornahme der Eignungsprüfung.** Hinsichtlich des **Zeitpunkts** der Eignungsprüfung ist nach den einzelnen Verfahrensarten zu differenzieren. Bei der Öffentlichen Ausschreibung gem. § 3 Nr. 1 weiß der Auftraggeber erst nach Abgabe der Angebote durch die Bieter, wer sich an dem Verfahren beteiligt. Entsprechend kann er erst zu diesem Zeitpunkt alle Bieter auf ihre Eignung hin überprüfen (§ 16b Abs. 1). Weiterhin kann er die Eignungsprüfung gem. § 16b Abs. 2 auch erst nach der Angebotsprüfung vornehmen. Bei Beschränkter Ausschreibung und Freihändiger Vergabe findet die Eignungsprüfung bereits vor der Aufforderung zur Angebotsabgabe statt (vgl. § 3b Abs. 2). Hier trifft der Auftraggeber im Vorhinein eine Entscheidung darüber, welche Unternehmen zur Angebotsabgabe aufgefordert werden sollen und ist entsprechend verpflichtet, nur geeignete Unternehmen auszuwählen.[96] Als Entscheidungsgrundlage kann er ggf. vorab die in § 6a Abs. 2–4, § 6b Abs. 1 und 2 genannten Nachweise anfordern.[97] Nach Angebotsabgabe besteht gem. § 16b Abs. 3 nur noch die Möglichkeit, Zweifel an der Eignung auszuräumen, die sich erst aufgrund von nach der Aufforderung zur Angebotsabgabe bekannt gewordener Tatsachen ergeben haben,[98] zB infolge der Abgabe eines ungewöhnlich niedrigen Angebots oder größerer Veränderungen im Bieterunternehmen.

---

[89] → § 12a Rn. 32; ergänzend s. VK Weimar Beschl. v. 18.4.2017 – 250-4002-3905/2017-N-006-NDH Rn. 46 ff.; Beck VergabeR/*Krohn*, 2. Aufl. 2017, § 12 Rn. 7.

[90] *Knauff* in Band 3 → GWB § 97 Rn. 25.

[91] *Dierkes* jurisPR-UmwR 3/2015 Anm. 3; OLG Saarbrücken Beschl. v. 15.10.2014 – 1 Verg 1/14, NZBau 2015, 45 (49).

[92] Ingenstau/Korbion/*Schranner* § 6b Rn. 18 ff. mwN; OLG München Beschl. v. 15.3.2012 – Verg 2/12, NZBau 2012, 460 (462 f.).

[93] VK Thüringen Beschl. v. 18.4.2017 – 250-4002-3905/2017-N-006-NDH, IBRRS 2017, 1546; HK-VergabeR/*Franzius* § 12 Rn. 46 f.; Kapellmann/Messerschmidt/*Planker* § 12 Rn. 9.

[94] Ingenstau/Korbion/*Schranner* § 6b Rn. 10.

[95] → § 6b Rn. 32.

[96] Ingenstau/Korbion/*Schranner*/*Stolz* § 3b Rn. 14 und Ingenstau/Korbion/*Schranner* § 6b Rn. 24; *Hausmann/v. Hoff* in KMPP § 6 Rn. 185.

[97] *Hausmann/v. Hoff* in KMPP § 6 Rn. 186.

[98] Ingenstau/Korbion/*von Wietersheim* § 16b Rn. 14; vgl. OLG Naumburg Beschl. v. 23.12.2014 – 2 Verg 5/14, NZBau 2015, 387 (389).

Die Eignungsnachweise sind anhand der zuvor festgelegten Kriterien auf ihre Vollständigkeit 65
und ihr inhaltliches Genügen hin zu untersuchen (**formelle und materielle Eignungsprüfung**).
Fehlende Eignungsnachweise müssen, wenn auch schon ein Fall von § 16 vorliegt, gem. § 16a
Abs. 1 nachgefordert werden.[99] Erst wenn das erfolglos bleibt, folgt zwingend der Ausschluss nach
§ 16a Abs. 5. Soweit trotz formalen Beibringens aller geforderten Nachweise weiterhin Zweifel
oder Unsicherheiten bestehen, kann eine **ergänzende Aufklärung** gem. § 15 Abs. 1 Nr. 1 von
den betreffenden Bietern verlangt werden, sofern dadurch lediglich die in der Bekanntmachung
genannten Nachweise erläutert werden und es sich in der Sache nicht um vollständig neue Angaben
handelt.[100]

Nach der Auswertung der Eignungsnachweise trifft der Auftraggeber eine **Prognoseentschei-** 66
dung, ob die Bieter eine hinreichende Gewähr für die ordnungsgemäße Ausführung des noch
zu erteilenden Auftrags bieten. Sie ist gerichtlich nur auf Beurteilungsfehler überprüfbar.[101] Die
Vergabestelle muss mithin das vorgeschriebene Verfahren einhalten, vom zutreffenden Sachverhalt
ausgehen, alle ihr vorliegenden Informationen würdigen und darf keine sachfremden Erwägungen
zugrunde legen bzw. anerkannte Bewertungsmaßstäbe missachten. Bloße Vermutungen und unbelegte Behauptungen genügen für einen Ausschluss mangels Eignung nicht. Andererseits muss die
fehlende Eignung nicht vollständig beweisverwertbar aufgeklärt werden. Die Vergabestelle muss
vielmehr durch geeignete Ermittlungen auf Tatsachen beruhende Verdachtsmomente nachweisen,
sodass ein Eignungsmangel überwiegend wahrscheinlich erscheint.[102] Gelingt dies, ist es Aufgabe
des Bieters, die dann begründeten Eignungszweifel auszuräumen. Bei der Prognose können eigene
Erfahrungen der Vergabestelle mit bestimmten Bietern berücksichtigt werden.[103] Die Vergabestelle
muss die Prognoseentscheidung im Vergabevermerk nach § 20 Abs. 1 Nr. 5 im Einzelnen dokumentieren.[104] Sie kann noch während eines sich ggf. anschließenden Nachprüfungsverfahrens nach
allgemeinen Grundsätzen Gründe für die Entscheidung nachschieben, sofern diese dadurch inhaltlich
nicht verändert wird.[105]

d) Sonderfragen. aa) Eignungsleihe (Konzernunternehmen; Nachunternehmer). 67
Unter den **Begriff** der Eignungsleihe fallen alle Konstellationen, in denen sich der Bieter der
Fähigkeiten eines anderen Unternehmens bedient und damit insbesondere die technische Leistungsfähigkeit belegen kann.[106] Sie ist oberhalb als auch unterhalb der Schwellenwerte unproblematisch
möglich, soweit der Bieter im Einzelfall nachweisen kann, dass ihm die entsprechenden Mittel für
die Vertragsausführung zur Verfügung stehen.[107] Über die Eignungsleihe wird es auch kleineren
Unternehmen oder solchen, die nicht das gesamte Leistungsspektrum des Auftrags bedienen können
oder wollen, ermöglicht, am Vergabeverfahren teilzunehmen, was den Wettbewerb stärkt.

Von einer **Nachunternehmerschaft** als häufiger Sonderfall der Eignungsleihe spricht man 68
dann, wenn nicht der Bieter selbst, sondern ein mit ihm vertraglich oder im Falle von Konzernen
wirtschaftlich verbundener Partner wesentliche Teile des Auftrags für den eigentlichen Bieter übernimmt, mit der Folge, dass der Bieter selbst auf genanntem Gebiet keine Erfahrungen und Fähigkeiten nachweisen muss, sondern auf diejenigen des kooperierenden Unternehmens verweisen kann.
Andere Fälle der Eignungsleihe beziehen sich auf Unternehmen, die ohne eine Nachunternehmerstellung im **Konzern** mit dem Bieter verbunden sind bzw. sonstige vertragliche **Kooperationsverhältnisse,** die sich nicht auf die Auftragsausführung beziehen, sondern bspw. lediglich Beratungsleistungen beinhalten.[108]

In der Vergangenheit waren insbesondere der Nachunternehmerschaft nach deutschem Recht 69
sowohl für den Ober- als auch für den Unterschwellenbereich wegen des sog. **Selbstausführungs-**
gebots,[109] interpretativ abgeleitet aus § 6 Abs. 3, enge Grenzen gesetzt. Für den Bereich der Oberschwellenvergabe legt der EuGH schon seit längerer Zeit das EU-Vergaberecht dahingehend aus,

---

[99] Ingenstau/Korbion/*von Wietersheim* § 16a Rn. 3.
[100] *Zeise* in KMPP § 15 Rn. 9 ff.
[101] Instruktiv OLG Saarbrücken Urt. v. 28.1.2015 – 1 U 60/15, VergabeR 2015, 623 (626 f.); s. auch OLG Karlsruhe Beschl. v. 10.6.2015 – 15 Verg 3/15, ZfBR 2016, 202; OLG Hamburg Beschl. v. 21.1.2000 – 1 Verg 2/99, NVwZ 2001, 714 (715); Kapellmann/Messerschmidt/*Frister* § 16b Rn. 18.
[102] OLG Saarbrücken Urt. v. 28.1.2015 – 1 U 60/15, VergabeR 2015, 623 (626 f).
[103] Kapellmann/Messerschmidt/*Frister* § 16b Rn. 20.
[104] S. etwa Ingenstau/Korbion/*Düsterdiek* § 20 Rn. 10.
[105] Grundlegend BGHZ 188, 200 (230); s. auch. VK Lüneburg Beschl. v. 27.1.2017 – VgK-49/2016 Rn. 81, IBRRS 2018, 0952.
[106] OLG Düsseldorf Beschl. v. 25.6.2014 – VII-Verg 38/13 Rn. 26.
[107] Vgl. auch § 6d EU Abs. 3.
[108] S. allg. zur Eignungsleihe Beck VergabeR/*Opitz* GWB § 122 Rn. 36 ff.; → VgV § 47 Rn. 1 ff.
[109] Vgl. Kapellmann/Messerschmidt/*Glahs* § 6 Rn. 22 ff. mwN; Ingenstau/Korbion/*Schranner* § 6 Rn. 31 ff.

dass ein solches Verbot **europarechtswidrig** ist, wenn der Auftraggeber in die Lage versetzt wird, die Eignung der Nachunternehmer zu überprüfen.[110] Diese Rechtsprechung ist in den Vergaberichtlinien inzwischen kodifiziert.[111] Im April 2017 stellte der EuGH klar, dass ein Verbot der Nachunternehmerschaft in aller Regel auch dem europäischen Primärrecht, insbesondere der Dienstleistungs- und Niederlassungsfreiheit widerspricht[112] und hat damit die für das deutsche Recht geführte Diskussion über die Übertragbarkeit auf den Unterschwellenbereich beendet.[113] Soweit also (potenziell) ein grenzüberschreitender Bezug besteht, werden die Grundfreiheiten durch ein Selbstausführungsgebot beschränkt. Im Einzelfall kann sich eine solche Beschränkung gleichwohl als gerechtfertigt erweisen.[114] In seiner Entscheidung zur Unterschwellenvergabe hat der EuGH das gesetzgeberische Ziel im Ausgangspunkt als legitim angesehen, solche Unternehmen von der Angebotsabgabe abzuhalten, die sich an einer Ausschreibung mit dem alleinigen Ziel beteiligen, den Zuschlag zu erhalten, ohne selbst an der Auftragsausführung interessiert zu sein, wenngleich er eine Rechtfertigung in der Folge an der Geeignetheit der konkreten zu beurteilenden Regelung scheitern ließ. Das bisher aus dem Merkmal der Gewerbsmäßigkeit in § 6 Abs. 3 herausgelesene pauschale Selbstausführungsgebot ist jedenfalls mit dem europäischen Primärrecht nicht vereinbar. Die Vorschrift ist vor diesem Hintergrund europarechtskonform so auszulegen, dass sie kein pauschales Selbstausführungsgebot vorsieht, was ohne Weiteres mit ihrem Wortlaut vereinbar ist.

70 Obwohl die europarechtskonforme Auslegung nur im Anwendungsbereich des Europarechts – also bei Ausschreibungen, die ein grenzüberschreitendes Interesse hervorrufen – rechtlich zwingend ist und die Annahme eines grundsätzlichen Selbstausführungsgebots daher im Falle von Auftragsvergaben von rein nationalem Interesse – sofern sich ein solcher zweifelsfrei belegen ließe – weiter möglich wäre, ist zugunsten einer **einheitlichen Auslegung** der VOB/A darauf zu verzichten. Es widerspräche der Intention der VOB/A, die Auftragsvergabe im Unterschwellenbereich für die Vergabestellen dergestalt zu verkomplizieren, dass dieselbe Norm (§ 6 Abs. 3) je nach Anwendbarkeit des Europarechts unterschiedlich ausgelegt werden müsste.[115] Dies zugrunde gelegt, ist der Rechtsstand im Unterschwellenbereich demjenigen oberhalb der Schwellenwerte weitestgehend angepasst.[116]

71 bb) **Bietergemeinschaften.** Wie aus § 6 Abs. 2 hervorgeht, besteht auch im Unterschwellenbereich die Möglichkeit, sich als Bietergemeinschaft am Vergabeverfahren zu beteiligen. Wie bei der Eignungsleihe handelt es sich hierbei um eine Form der **Kooperation zwischen mehreren Unternehmen.** Bietergemeinschaften bilden sich speziell für das jeweilige Angebot, um gemeinschaftlich die Anforderungen der Ausschreibung (besser) zu erfüllen. Anders als bei der Eignungsleihe agiert die Gemeinschaft selbst als Bieter. Sie existiert zu diesem Zeitpunkt meist nur auf der Grundlage einer informellen Abrede, rechtlich ausgedrückt also in der Rechtsform der Gesellschaft bürgerlichen Rechts. Erst im Falle des Zuschlags wird die GbR dann gegebenenfalls in eine leistungsfähigere Gesellschaftsform umgewandelt und es wird ihr die nötige Kapital- und Personalausstattung gegeben. Gemäß § 12 Abs. 1 Nr. 2 lit. v soll die dann erforderliche Rechtsform der Bietergemeinschaft schon in der Bekanntmachung festgelegt werden.[117]

72 Für die Beurteilung der **Fachkunde und Leistungsfähigkeit** der Bietergemeinschaft kommt es darauf an, welche Mitglieder innerhalb der Gemeinschaft für welche Aufgabe einstehen werden. Nur die für den jeweiligen Aufgabenteil zuständigen Bieter sind auf ihre Fachkunde und auf ihre Leistungsfähigkeit in Bezug auf genau diese Aufgaben hin zu überprüfen. Die **Zuverlässigkeit** hingegen muss unterschiedslos bei allen Mitgliedern der Bietergemeinschaft gegeben sein.[118]

73 § 6 Abs. 2 schreibt für den Unterschwellenbereich vor, dass Bietergemeinschaften dann mit Einzelbietern gleichzusetzen sind, wenn sie die Arbeiten im eigenen Betrieb oder in den Betrieben

---

[110] EuGH Urt. v. 2.12.1999 – C-176/98, Slg 1999, I-8607 – Holst Italia; s. auch EuGH Urt. v. 18.3.2004 – C-314/01, Slg 2004, I-2549 Abs. 42 ff. – Siemens und ARGE Telekom; EuGH Urt. v. 10.10.2013 – C-94/12, ECLI:EU:C:2013:646 – Swm Costruzioni und Mannocchi Luigino; EuGH Urt. v. 14.6.2016 – C-406/14, ECLI:EU:C:2016:562 – Wroclaw Miasto na prawach powiatu; vgl. auch *Amelung* NZBau 2017, 139; *Amelung* ZfBR 2013, 337 (337); *Burgi* NZBau 2010, 593 (595 f.).
[111] Ua in Art. 63 RL 2014/24/EU.
[112] EuGH Urt. v. 5.4.2017 – C-298/15, ECLI:EU:C:2017:266 – Borta; vor dem Urteil haben dies bereits Beck VergabeR/*Antweiler*, 2. Aufl. 2013, § 6 Rn. 29; *Hausmann/v. Hoff* in KMPP § 6 Rn. 65 vertreten.
[113] Gegen eine Übertragbarkeit auf die Unterschwelle etwa Ingenstau/Korbion/*Schranner/Stolz* § 3b Rn. 5 f.; Ingenstau/Korbion/*Schranner* § 6 Rn. 37 ff.; Kapellmann/Messerschmidt/*Glahs* § 6 Rn. 22 ff. mwN; *Burgi* NZBau 2010, 593 (596).
[114] Vgl. Art. 63 Abs. 2 RL 2014/24/EU, umgesetzt in § 47 Abs. 5 VgV.
[115] Vgl. *Marx* in KMPP Einl. Rn. 3.
[116] Vgl. Art. 63 RL 2014/24/EU, umgesetzt in § 47 VgV.
[117] → § 12 Rn. 31.
[118] HK-VergabeR/*Tomerius*, 2. Aufl. 2015, § 6 Rn. 11.

der Mitglieder ausführen. Es handelt sich hierbei in der Sache um ein **Gebot der Selbstausführung speziell für Bietergemeinschaften.**[119] Für den Oberschwellenbereich existiert eine vergleichbare Regelung nicht.[120] Sie würde auch gegen europäisches Sekundärrecht verstoßen.[121] Es ist nicht abschließend geklärt, ob das Selbstausführungsgebot im Unterschwellenbereich auch bei Bietergemeinschaften gegen europäisches Primärrecht verstößt. Wie in → Rn. 69 dargelegt, kann im Unterschwellenbereich ein Selbstausführungsgebot dann zulässig sein, wenn damit ein legitimer Zweck verfolgt wird und die Regelung verhältnismäßig ist. Diese Voraussetzungen sind jedoch auch bei der Bietergemeinschaft nicht in jedem Fall erfüllt. Es mag zwar dem ersten Anschein nach fernliegend erscheinen, dass Bieter den Aufwand auf sich nehmen, eine Bietergemeinschaft nur mit dem Ziel zu gründen, im Stile eines Generalübernehmers[122] alle oder zumindest weite Teile der geforderten Leistungen Nachunternehmen zu übertragen. Gleichwohl kann eine entsprechende Interessenlage nicht schlechterdings ausgeschlossen werden. Jedenfalls besteht auch im Unterschwellenbereich kein Grund dafür, sie rechtlich zu untersagen und damit den Wettbewerb potenziell zu beeinträchtigen. Damit muss § 6 Abs. 2 Hs. 2 bei grenzüberschreitendem Bezug unanwendbar bleiben. Im Interesse einer einheitlichen Auslegung der VOB/A und um Rechtsunsicherheiten zu vermeiden, sollte dies darüber hinaus für sämtliche Vergabeverfahren im Anwendungsbereich der Basisparagrafen gelten.[123]

Ferner dürfen sich Bietergemeinschaften nicht auf eine kartellrechtlich gem. § 1 GWB **unzulässige Absprache** stützen. Das dürfte aber jedenfalls dann nicht der Fall sein, wenn die Eignungsvoraussetzungen von den jeweiligen Einzelunternehmen allein nicht erfüllt werden können bzw. der Zusammenschluss eine nach wirtschaftlichen Gesichtspunkten zweckmäßige und kaufmännisch vernünftige Entscheidung darstellt.[124] Eine genaue Überprüfung der Absprache muss daher nur erfolgen, wenn sich konkrete Verdachtsmomente für unlauteren Wettbewerb ergeben, ansonsten wird die kartellrechtliche Rechtmäßigkeit des Zusammenschlusses vermutet.

e) Angemessene Preise. Gemäß § 2 Abs. 3 werden Bauleistungen zu angemessenen Preisen vergeben. Die vom öffentlichen Auftraggeber zu erbringende Gegenleistung in ihrer Gesamtheit[125] soll der korrespondierenden Leistung entsprechen, also weder ersichtlich zu niedrig noch zu hoch sein, wobei zu hohe Preise in der Praxis der Bauvergaben wohl kaum vorkommen.[126] Ausdrücklich wird nicht auf den günstigsten zu erzielenden Preis abgestellt. Ziel der VOB/A ist vielmehr, dem vom Haushaltsrecht geforderten sparsamen Umgang mit öffentlichen Mitteln Rechnung zu tragen, gleichzeitig aber soll das beauftragte Unternehmen grundsätzlich in die Lage versetzt werden, bei einer einwandfreien Ausführung des Auftrags zumindest kostendeckend zu arbeiten, auch um den Auftraggeber vor Folgekosten wegen schlechter Leistungserbringung zu schützen.[127] Dies wird durch das – auch unter dem Gesichtspunkt der Gleichbehandlung und Transparenz gebotene – preisbezogene vergaberechtliche Nachverhandlungsverbot gem. § 15 Abs. 3 untermauert.

§ 16d füllt den Grundsatz des angemessenen Preises aus, ohne dabei wie die Vorgängerregelungen auf den subjektiven Aspekt der „Auskömmlichkeit" zu verweisen, dem daher keine Bedeutung (mehr) zukommen kann.[128] Nach § 16d Abs. 1 Nr. 1 bleiben Angebote sowohl mit unangemessen hohen als auch niedrigen Preisen bei der Wertung unberücksichtigt. Nach der Wertung des § 16d Abs. 1 Nr. 3 steht bei dieser haushaltsrechtlich gebotenen Prüfung im Vordergrund, ob zu erwarten ist, dass der Auftrag sowie mögliche Mängelansprüche mit der geforderten Gegenleistung einwandfrei erbracht werden können. Ob und in welcher Höhe das Unternehmen einen Gewinn damit erwirtschaftet, ist dagegen in erster Linie seine Verantwortung.[129] Es kommt nicht isoliert auf einzelne Posten an, sondern auf eine **Gesamtbetrachtung** des Angebots. Sind einzelne Positionen unterkalkuliert, kann dies durch eine entsprechende Überkalkulation bei anderen Rechnungsposten ausgeglichen werden.[130]

---

[119] So auch Ingenstau/Korbion/*Schranner* § 6 Rn. 21.
[120] Vgl. § 6d EU Abs. 1, der uneingeschränkt auch auf Bietergemeinschaften anwendbar ist.
[121] Art. 63 Abs. 1 UAbs. 4 RL 2014/24/EU.
[122] Zum Begriff s. nur HK-VergabeR/*Tomerius* § 5 Rn. 29 f.
[123] Beck VergabeR/*Antweiler*, 2. Aufl. 2017, § 6 Rn. 19.
[124] OLG Düsseldorf Beschl. v. 17.12.2014 – VII-Verg 22/14, NZBau 2015, 176; OLG Düsseldorf Beschl. v. 17.1.2018 – VII-Verg 39/17, VergabeR 2018, 559 (565 f.); Kapellmann/Messerschmidt/*Glahs* § 6 Rn. 15.
[125] Willenbruch/Wieddekind/*Schubert/Werner* Rn. 16 f.
[126] Kapellmann/Messerschmidt/*Frister* § 16d Rn. 4.
[127] Kapellmann/Messerschmidt/*Frister* § 16d Rn. 2, *Conrad* ZfBR 2017, 40 (41).
[128] Vgl. Heiermann/Riedl/Rusam/*Bauer* Rn. 16.
[129] Kapellmann/Messerschmidt/*Frister* § 16d Rn. 2.
[130] S. schon BGH JZ 1977, 61 f.; OLG Düsseldorf Beschl. v. 9.2.2009 – Verg 66/08 Rn. 60, BeckRS 2009, 11172; OLG Brandenburg Beschl. v. 20.3.2007 – Verg W 12/06 Rn. 71.

77 Nur wenn der Auftraggeber begründete Zweifel an der Angemessenheit der Preise haben kann, darf er – und muss dann auch – beim Bieter ergänzende Informationen anfragen, um die Zweifel ausräumen bzw. bestätigen zu können.[131] Solche Zweifel sind in jedem Fall dann angebracht, wenn der Preis gegenüber dem nächstliegenden Angebot um mehr als 20% abweicht.[132] Zuweilen werden auch schon 10% für ausreichend gehalten.[133]

78 Bei der Entscheidung, ob der Auftraggeber ein Angebot wegen eines unangemessenen Preises nach der Auswertung der vom Bieter erlangten Informationen tatsächlich ausschließt, steht ihm ein **Beurteilungsspielraum** zu.[134] Die Frage, unter welchen Voraussetzungen ein Preis für eine Leistung angemessen ist, ist umstritten.[135] Die Preisbildung hängt in der Praxis von vielen Faktoren ab und kann im Vorhinein nur nach wirtschaftlichen Grundsätzen annäherungsweise kalkuliert werden. Dieser Prozess beinhaltet immer auch subjektive Wertungen des Bieters sowie Elemente einer Prognose. Traut sich ein Unternehmen zu, eine Leistung zu einem günstigeren Preis zu erbringen als ein Konkurrent seine Selbstkosten einschätzt, spricht das ohne Weiteres nicht gegen seine Angemessenheit, sondern kann etwa in der ökonomischeren Organisation und Planung des Unternehmens oder einer abweichenden Schätzung bei der Kalkulation begründet sein. Auch **Unterkostenangebote** sind nicht schlechthin vergaberechtswidrig, wenn sie insgesamt auf einer wirtschaftlich vernünftigen Kalkulation beruhen, die ordnungsgemäße Auftragsausführung nicht gefährdet ist und nicht die Absicht der Marktverdrängung von Konkurrenten ursächlich für die Unterbreitung ist.[136]

79 Als angemessen ist der Preis positiv gewendet jedenfalls immer dann anzusehen, wenn er sich frei am Markt gebildet hat, wenn er also das **Ergebnis eines fairen Wettbewerbs** ist.[137] Alle Unternehmen, die auf diesem Markt im Wege des lauteren Wettbewerbs konkurrieren, tragen zu der Bildung des Marktpreises bei. Bei der Anwendung des Angemessenheitsprinzips geht es letztlich um eine Missbrauchs- und Plausibilitätskontrolle, um unseriös berechnete bzw. nicht wettbewerblich zustande gekommene Preise auszuschließen.[138] Weil es sich dabei stets um eine potenzielle Beeinträchtigung des Wettbewerbs handelt, dürfte ein Angebotsausschluss allein wegen fehlender Preisangemessenheit nur vergaberechtskonform sein, wenn der Bieter keinerlei nachvollziehbare Erklärung für die Preisbildung liefern kann. Liegen sämtliche bei der Wertung berücksichtigungsfähige Angebote nicht im von der Vergabestelle erwähnten Rahmen, besteht nach allgemeinen Grundsätzen stets die Möglichkeit der Aufhebung des Vergabeverfahrens auch unabhängig davon, ob ein unangemessener Preis iSd § 2 Abs. 3 festgestellt werden kann.

80 **3. Vertraulichkeit von Informationen und Unterlagen (Abs. 4).** Gemäß § 2 Abs. 4 müssen Auftraggeber, Bewerber, Bieter und Auftragnehmer die Vertraulichkeit aller Informationen und Unterlagen nach Maßgabe dieser Vergabeordnung oder anderer Rechtsvorschriften[139] wahren. Indem sich die Vorschrift darauf beschränkt, die Relevanz spezieller Regelungen hervorzuheben, kommt ihr **kein eigenständiger Regelungsgehalt** zu.

81 In der Neufassung der VOB/A 2019 wurden die Anforderungen an die Vertraulichkeit der vom **Auftraggeber** im Rahmen des Vergabeverfahrens zur Verfügung gestellten Informationen und Dokumente geschärft, vgl. etwa § 11 Abs. 7, § 11a. Die Anforderungen an den Auftraggeber zur Vertraulichkeit der Angebote in § 13 sind inhaltlich unverändert geblieben.

82 Neben den genannten, für den Auftraggeber maßgeblichen Anforderungen bezieht sich die Pflicht zur Wahrung der Vertraulichkeit in § 2 Abs. 4 ausdrücklich auch auf **Bieter und Bewerber.** In diesem Zusammenhang beziehen sich die Anforderungen auf den Geheimwettbewerb, der es

---

[131] OLG Karlsruhe Beschl. v. 6.8.2014 – 15 Verg 7/14, ZfBR 2014, 809 (810 f.); VK Lüneburg Beschl. v. 2.5.2017 – VgK-08/2017, BeckRS 2017, 119958 Rn. 37; vgl. auch *Sulk,* Der Preis im Vergaberecht, 2015, 172 ff.

[132] OLG Düsseldorf Beschl. v. 11.7.2018 – Verg 19/18 Rn. 45 f., VergabeR 2019, 208 (212); eingehend OLG Celle Beschl. v. 10.3.2016 – 13 Verg 5/15, NZBau 2016, 385 (391) mwN; OLG Düsseldorf Beschl. v. 25.4.2012 – Verg 61/11, ZfBR 2012, 613 (615); OLG Düsseldorf Beschl. v. 23.3.2005, – Verg 77/04 Rn. 84, BeckRS 2005, 4430; OLG Düsseldorf Beschl. v. 23.1.2008 – Verg 36/07 Rn. 71 f.; VK Lüneburg Beschl. v. 2.5.2017 – VgK-08/2017, BeckRS 2017, 119958 Rn. 37.

[133] Von mindestens 10% spricht OLG Karlsruhe Beschl. v. 6.8.2014 – 15 Verg 7/14, ZfBR 2014, 809 (810).

[134] § 16d EU Rn. 12.

[135] Vgl. im Überblick Willenbruch/Wieddekind/*Schubert/Werner* Rn. 18.

[136] OLG München Beschl. v. 21.5.2010 – Verg 02/10, ZfBR 2010, 606 (619); KG Berlin Beschl. v. 23.6.2011 – 2 Verg 7/10; VK Bund Beschl. v. 23.7.2015 – VK 1-55/15, ZfBR 2016, 506 (509); VK Lüneburg Beschl. v. 2.5.2017 – VgK-08/2017 Rn. 58.

[137] Vgl. *Conrad* ZfBR 2017, 40 (43).

[138] OLG München Beschl. v. 21.5.2010 – Verg 02/10, ZfBR 2010, 606 (619 f.); OLG Karlsruhe Beschl. v. 16.6.2010 – 15 Verg 4/10 Rn. 42.

[139] Zum Bsp. das UWG, BDSG, s. zu Letzterem und allgemein zum Datenschutz im Vergabeverfahren *Pauka/Kemper* NZBau 2017, 71 ff.

Bietern untersagt, anderen die Details des eigenen Angebotes mitzuteilen oder vertrauliche Informationen an die Öffentlichkeit zu geben, an die sie im Rahmen des Vergabeverfahrens gelangt sind.[140]

4. Verbotene Markterkundung und fehlende Ausschreibungsreife (Abs. 5 und 6). § 2 Abs. 5 und 6 stehen in einem engen Zusammenhang. Abs. 5 verbietet dem Auftraggeber die Einleitung eines Vergabeverfahrens nur zum Zwecke der Markterkundung, wohingegen Abs. 6 ihn dazu verpflichtet, das Verfahren erst dann zu beginnen, wenn alle Vergabeunterlagen fertiggestellt sind. Beide Normen schützen einerseits die Bieter vor unnötigem Akquiseaufwand, andererseits den Auftraggeber vor den unerwünschten Rechtsfolgen eines Scheinvergabeverfahrens, insbesondere vor Schadensersatzansprüchen aus culpa in contrahendo.[141]

a) Markterkundung. aa) Hintergrund. Vor dem Hintergrund einer undurchsichtigen Marktlage kann es für den Auftraggeber etwa bei der Allokation von Haushaltsmitteln oder bei der Eingrenzung von Projektvorhaben von Interesse sein, das Leistungsniveau der Wirtschaft in einem bestimmten Marktsegment zu ermitteln und zu diesem Zweck eine **Scheinausschreibung** durchzuführen. Anders als bei einem ordnungsgemäßen Vergabeverfahren besteht hier bereits bei der Einleitung des Verfahrens Klarheit, dass eine Bedarfsdeckung (bezogen auf den Ausschreibungsgegenstand insgesamt oder gewichtiger Teile[142]) nicht beabsichtigt ist und eine Bezuschlagung folglich auch nicht erfolgen soll (fehlende Vergabeabsicht)[143] bzw. aufgrund von der Vergabestelle bekannten Hindernissen nicht erfolgen kann.[144] Das – auch sonst stets mögliche – Scheitern des Verfahrens steht daher bereits bei seiner Einleitung fest. Vergleichbar ist die Konstellation, dass zwar ein Bedarf gedeckt werden soll, der Auftraggeber aber noch keine Vorstellungen entwickelt hat, welcher Art die Bedarfsdeckung sein soll und verschiedene Leistungen ausschreibt, um sich am Ende für die wirtschaftlichste zu entscheiden. In der Sache verlangt der Auftraggeber auch hier Vorleistungen von den Bietern, die nicht mit einer entsprechenden Zuschlagsaussicht korrespondieren. In diesem Fall überträgt er die ihm abverlangte Markterkundung auf die Bieter und mutet ihnen gleichzeitig unbillig das Risiko zu, sich mangels objektiver Vergleichbarkeit der Varianten auf der Grundlage einer Wertung für eine konzeptionell andere Lösung zu entscheiden.

Für die Bieter ist die Teilnahme an Vergabeverfahren mit erheblichem Aufwand verbunden, weil innerhalb kurzer Zeit ein möglicherweise aufwendiges Angebot zu erstellen ist und umfangreiche Nachweise bereits zu einem vergleichsweise frühen Stadium des Verfahrens beigebracht werden müssen. Nach der Wertung der VOB/A sind den Unternehmen diese Anstrengungen nur dann zuzumuten, wenn am Ende auch tatsächlich jedes Angebot potenziell die gleiche Aussicht auf den Zuschlag hat. Folge der Durchführung von Vergabeverfahren nur zur Markterkundung wahrscheinlich wäre, dass weniger Unternehmen den Aufwand einer Teilnahme an einem Vergabeverfahren betreiben würden bzw. das zusätzliche Risiko bei der Erstellung der Angebote für die öffentliche Hand einpreisen müssten. Beides würde den Wettbewerb einschränken und die Kosten für die öffentliche Bedarfsdeckung erhöhen. Ferner würde es dem Transparenzgrundsatz zuwiderlaufen.[145]

bb) Verbotstatbestand. § 2 Abs. 5 verbietet die Durchführung von Vergabeverfahren zum Zwecke der Markterkundung und stellt damit zugleich klar, dass eine solche Praxis insbesondere mit dem Wettbewerbsgrundsatz nicht vereinbar ist. Das Verbot gilt für alle Verfahrensarten,[146] und auch für den Abschluss von Rahmenvereinbarungen.[147]

Abzugrenzen sind die von § 2 Abs. 5 erfassten Konstellationen von solchen Fällen, in denen der Zuschlag aus anderen Gründen als der von Anfang an fehlenden Vergabeabsicht unterbleibt. Diese Gründe können darin bestehen, dass im ursprünglichen Vergabeverfahren Fehler gemacht wurden, die sich nur durch eine neuerliche Ausschreibung korrigieren lassen. Wenn aufgrund eines Verfahrensfehlers aufgehoben wird, ist dies nur dann als sachlicher Grund anzuerkennen, wenn gleichzeitig ein neues Vergabeverfahren auf der Grundlage desselben Bedarfs eingeleitet wird. Weiterhin liegt kein Fall des Abs. 5 vor, wenn die Gründe für die Verfahrensaufhebung erst im Nachhinein bekanntgeworden sind und im Vorhinein noch nicht absehbar war, dass sie eintreten würden. Ebenfalls kann der Vorwurf einer fehlenden Vergabeabsicht nicht allein darauf gestützt werden, dass die

---

[140] Vgl. Willenbruch/Wieddekind/*Schubert* § 6 VSVgV Rn. 1.
[141] OLG Düsseldorf Beschl. v. 27.11.2013 – VII-Verg 20/13, NZBau 2014, 121 (122 f.); Ingenstau/Korbion/*Schranner* Rn. 96, 119; HK-VergabeR/*Fehling* Rn. 33; HK-VergabeR/*Franzius* Rn. 50; vgl. auch HK-VergabeR/*Fehling* VSVgV § 10 Rn. 19.
[142] HK-VergabeR/*Franzius* Rn. 45.
[143] Ingenstau/Korbion/*Schranner* Rn. 96, 98; *Vavra* in KMPP Rn. 38.
[144] OLG Dresden Beschl. v. 23.4.2009 – WVerg 11/08, ZfBR 2009, 610 (613).
[145] Ziekow/Völlink/*Greb* § 2 EU Rn. 12.
[146] Willenbruch/Wieddekind/*Schubert*/*Werner* Rn. 31.
[147] *Osseforth* in Gabriel/Krohn/Neun VergabeR-HdB § 13 Rn. 51 f.; Ziekow/Völlink/*Greb* § 2 EU Rn. 12.

Vergabestelle in transparenter Weise eine Preisobergrenze festlegt, ab der sie von der Beschaffung absehen will.[148] Kein Fall der unzulässigen Markterkundung liegt auch dann vor, wenn die Leistung in den Vergabeunterlagen nur funktional etwa mittels eines Leistungsprogramms gem. § 7c beschrieben wird bzw. wenn der Auftraggeber etwa im Falle von innovativen Bauleistungen – trotz aller Anstrengungen – den genauen Leistungsinhalt gem. § 3a Abs. 3 Nr. 3 objektiv nicht eindeutig und erschöpfend festlegen kann.[149] Dieser Fall unterscheidet sich von einer unzulässigen Markterkundung insoweit, als der Auftraggeber hier auch bei Einsatz sämtlicher eigener Ressourcen den Bedarf und die bestmögliche Art und Weise der Bedarfsdeckung wegen der Eigenart der Leistung nicht oder nur schlechter ermitteln könnte, wenn die Ausschreibung nach § 7c mithin erforderlich ist. Hier sollte aber viel Sorgfalt auf eine konkrete Bedarfsbeschreibung aufgewendet werden.

88 Im Einzelfall ist es für die Bieter schwer einzuschätzen, ob ein Auftraggeber von Anfang an keine Vergabeabsicht gehegt hat oder ob der Zuschlag erst aufgrund nachträglich eingetretener Umstände entfallen ist. Der Verdacht wird nicht allein durch die Aufhebung des Vergabeverfahrens begründet. Eine solche ist, wie § 17 zeigt, grundsätzlich möglich. Über den Wortlaut von § 17 hinaus wird hierfür gemeinhin jeder sachliche Grund als ausreichend erachtet. Dies liegt in der Vertragsfreiheit begründet, die auch im Anwendungsbereich des Vergaberechts grundsätzlich gilt.[150] Damit § 2 Abs. 5 erfüllt ist, müssen weitere Anhaltspunkte für das anfängliche Fehlen der Vergabeabsicht hinzutreten.

89 **b) Ausschreibungsreife. aa) Fertigstellung der Vergabeunterlagen.** § 2 Abs. 6 schreibt vor, dass die Ausschreibung eines Bauauftrags erst erfolgen soll, wenn alle Vergabeunterlagen, dh die in § 8 Abs. 1 benannten Unterlagen, fertiggestellt sind. Dieses Erfordernis folgt logisch daraus, dass der notwendige Inhalt der Bekanntmachung stark von der in den Vergabeunterlagen enthaltenen Leistungsbeschreibung abhängt. Infolge der Bekanntmachung kommt es zu einer **Bindungswirkung** an die dort verlautbarten Kriterien und Leistungscharakteristika. Es liegt somit im eigenen Interesse des Auftraggebers, nicht bereits vor Fertigstellung dieser Unterlagen ein Vergabeverfahren zu beginnen, weil die Angaben in den Vergabeunterlagen nicht mehr abgeändert werden können, das Verfahren also nicht mehr nach den Anforderungen des Auftraggebers gestaltet werden kann.[151] Die Norm regelt insoweit also eigentlich eine Selbstverständlichkeit.[152] Begründete Abweichungen sind gleichwohl in Anbetracht der Formulierung der Bestimmung als Soll-Vorschrift zulässig.[153]

90 Auch bei rechtzeitiger Erstellung der Vergabeunterlagen vor Beginn des Vergabeverfahrens verpflichtet § 2 Abs. 6 den Auftraggeber zusätzlich zur **materiellen „Fertigstellung"** der Unterlagen, also dazu, alle notwendigen Angaben zur ausgeschriebenen Leistung in Bekanntmachung und Vergabeunterlagen aufzunehmen. Das setzt voraus, dass zunächst der konkrete Bedarf genau zu ermitteln und eine Markterkundung durchzuführen ist. Gestützt auf diese Informationen ist eine Leistungsbeschreibung zu erstellen, aus der hervorgeht, welche Eigenschaften die zu beschaffende Bauleistung haben soll und in welchem Zeitraum sie auszuführen ist. Eine Ausschreibung ohne genügende Vorerkundungen würde regelmäßig einer unzulässigen Markterkundung[154] gleichkommen.

91 **bb) Ausführungsbeginn innerhalb der angegebenen Fristen.** Weiterhin schreibt § 2 Abs. 6 dem Auftraggeber vor, sicherzustellen, dass mit der Auftragsausführung innerhalb der angegebenen Fristen begonnen werden kann. Die Bieter erstellen das Angebot auf der Grundlage des Leistungsverzeichnisses in den Vergabeunterlagen und legen bei der Kalkulation den Ausführungszeitraum zugrunde, den der Auftraggeber dort angegeben hat. Es liegt daher im **Verantwortungsbereich des Auftraggebers,** alle seinerseits für die plangemäße Ausführung zu besorgenden Voraussetzungen rechtlicher und tatsächlicher Art rechtzeitig zu erfüllen.

92 Zu den rechtlichen Voraussetzungen zählen neben den ggf. erforderlichen behördlichen Genehmigungen vor allem die Rechte bspw. am zu bebauenden Grundstück und etwaige andere notwendige zivilrechtliche Rechtspositionen. In tatsächlicher Hinsicht muss der Auftraggeber insbesondere die Finanzierung sichern, bevor er ausschreibt.[155] Unverbindliche Finanzierungszusagen genügen nicht, sondern der Betrag muss entweder bereits zugewiesen sein bzw. es müsste eine Verpflichtungsermächtigung zum Eingehen von Verbindlichkeiten vorliegen.[156]

---

[148] VK Bund Beschl. v. 12.6.2016 – VK 2 – 49/16, VPRRS 2016, 0275.
[149] OLG Düsseldorf Beschl. v. 14.2.2001 – Verg 14/00 Rn. 25 ff., BeckRS 2001, 00567.
[150] OLG Düsseldorf Beschl. v. 8.7.2009 – VII-Verg 13/09 Rn. 21, BeckRS 2010, 14437.
[151] OLG München Beschl. v. 15.3.2012 – Verg 2/12, NZBau 2012, 460 (462 f.).
[152] So auch *Vavra* in KMPP Rn. 40.
[153] Vgl. auch Willenbruch/Wieddekind/*Schubert/Werner* Rn. 43.
[154] → Rn. 83 ff.
[155] OLG Düsseldorf Beschl. v. 27.11.2013 – VII-Verg 20/13, NZBau 2014, 121 (122 f.); Ingenstau/Korbion/*Schranner* Rn. 128.
[156] BGHZ 139, 259 Rn. 26, 28; Ingenstau/Korbion/*Schranner* Rn. 128 aE; Ziekow/Völlink/*Völlink* § 2 EU Rn. 23; *Vavra* in KMPP Rn. 40.

Die Vorschrift ist nicht so zu verstehen, dass sämtliche Voraussetzungen schon für das Gesamtvorhaben bei der Einleitung des Vergabeverfahrens vorliegen müssten.[157] Dies ist bei komplexen Projekten wie etwa dem Bau eines Flughafens faktisch unmöglich und würde den Baubeginn unnötig verzögern, zumal an der Erfüllung einzelner Voraussetzungen wie bspw. Genehmigungsbedingungen noch während der Bauphase gearbeitet werden kann. Weil Verzögerungen aufgrund fehlender Voraussetzungen aber stets in den Verantwortungsbereich des Auftraggebers fallen,[158] verlangt § 2 Abs. 6 diesem eine realistische und vorausschauende Planung ab, die solche Verzögerungen möglichst vermeidet. Hinsichtlich der Beurteilung, ob Ausschreibungsreife besteht, steht dem Auftraggeber ein Einschätzungsspielraum zu. Der Auftraggeber muss anhand von Planungen, deren Tiefe mit der Komplexität des Auftragsgegenstands korrespondiert, bei Einleitung des Vergabeverfahrens berechtigterweise davon ausgehen können, dass sämtliche Bedingungen rechtzeitig erfüllt werden. Zu beachten ist überdies, dass eine künstliche Aufspaltung eines Projekts zur Umgehung der Anwendung des GWB-Vergaberechts nicht erfolgen darf (vgl. Art. 5 Abs. 3 RL 2014/24/EU). 93

Wenn jedoch bereits zum Zeitpunkt der Ausschreibung schlechthin ausgeschlossen ist, dass der Auftrag mangels Erfüllung notwendiger Voraussetzungen innerhalb der vorgesehenen Fristen ausgeführt werden kann, ist die Ausschreibung schon aus diesem Grunde mangels Ausschreibungsreife als rechtswidrig aufzuheben.[159] Ist der ausschreibungsgemäße Ausführungsbeginn dagegen nicht vollständig gesichert, aber auch nicht gänzlich unmöglich, sanktioniert § 2 Abs. 6 den möglicherweise verfrühten Beginn des Vergabeverfahrens nicht.[160] Nur wenn der geplante Beginn in der Folge tatsächlich nicht eingehalten werden kann, bestehen gegen den Auftraggeber dem Grunde nach Schadensersatzansprüche der Bieter, die ihn freilich auch unabhängig von § 2 Abs. 6 treffen würden. 94

Für den Fall, dass die Finanzierung nicht abschließend gesichert ist bzw. es an erforderlichen Genehmigungen oder Rechten für die Ausführung noch fehlt, aber dennoch ausnahmsweise ein begründetes Interesse besteht, mit dem Vergabeverfahren bereits zu beginnen, kann der Auftraggeber die Entstehung von Sekundäransprüchen verhindern, indem er diese Information prominent in der Bekanntmachung sowie den Vergabeunterlagen vermerkt.[161] Dabei ist Unternehmern nicht zuzumuten, erst die kompletten Vergabeunterlagen auf diesen Hinweis untersuchen zu müssen. Vielmehr ist er gut sichtbar – am besten auf der Titelseite der Bekanntmachung und der Vergabeunterlagen – anzubringen. Soweit Unternehmen sich daraufhin dennoch an dem Vergabeverfahren beteiligen, können sie nicht auf eine Zuschlagerteilung vertrauen und haben daher kein berechtigtes Interesse auf den Ausgleich eines Vertrauensschadens. 95

c) Doppel- und Parallelausschreibungen. Aufgrund § 2 Abs. 5 und 6 sind sog. **Doppel- oder Zweitausschreibungen** grundsätzlich unzulässig, in denen ein und derselbe Auftrag ein weiteres Mal – möglicherweise unter Verwendung einer anderen Vergabeverfahrensart oder mit veränderten Zuschlagskriterien – ausgeschrieben wird, obwohl das erste Verfahren nicht in dem Umfang der Neuausschreibung aufgehoben wurde.[162] Mit der neuerlichen Ausschreibung steht nämlich fest, dass in einem der beiden Verfahren kein Zuschlag erteilt werden soll und es sich insoweit um eine unzulässige Markterkundung handelt.[163] 96

Gleiches gilt richtigerweise in aller Regel auch für **Parallelausschreibungen,** die verschiedene Ausprägungen aufweisen können. Dabei werden in parallelen Vergabeverfahren in der Sache unterschiedliche Leistungen ausgeschrieben, wobei die Chancen auf die Erteilung eines Zuschlags wechselseitig vom Ausgang des jeweils anderen Verfahrens abhängen. Parallelausschreibungen können auch in der Gestalt einer einzelnen Ausschreibung mit einem gewichtigen Anteil an untereinander nicht vergleichbaren optionalen Leistungen[164] bzw. Nebenangebotsvarianten[165] vorkommen, sodass der Inhalt der Leistung je nach Option bzw. Variante grundlegend anders ist und es sich in der Sache um mehrere Aufträge handelt. Auch hier werden vom Auftraggeber durchzuführende Vorerkundigungen unzulässig auf die Bieter abgewälzt. Soweit in der Literatur eine Parallelausschreibung 97

---

[157] OLG Karlsruhe Beschl. v. 16.11.2016 – 15 Verg 5/16 Rn. 136; *Wagner-Cardenal/Scharf/Dierkes* NZBau 2012, 74 (75); Ziekow/Völlink/*Völlink* § 2 EU Rn. 20 f.; aA Beck VergabeR/*Soudry*, 2. Aufl. 2017, Rn. 120 f.
[158] Ingenstau/Korbion/*Schranner* Rn. 127.
[159] OLG Karlsruhe Beschl. v. 16.11.2016 – 15 Verg 5/16 Rn. 138.
[160] VK Karlsruhe Beschl. v. 2.2.2010 – 1 VK 75/09, IBRRS 2010, 2187; KG Berlin Beschl. v. 22.8.2001 – KartVerg 3/01, NZBau 2002, 402 (403 f.); HK-VergabeR/*Fehling* Rn. 40.
[161] OLG Düsseldorf Beschl. v. 10.6.2015 – VII-Verg 39/14, NZBau 2015, 572 (573 f.); OLG Düsseldorf Beschl. v. 18.12.2014 – VII-Verg 39/14 Rn. 24, BeckRS 2016, 18395; Ingenstau/Korbion/*Schranner* Rn. 135.
[162] OLG Frankfurt a. M. Beschl. v. 15.7.2008 – 11 Verg 6/08, ZfBR 2009, 92 (93); OLG Naumburg Beschl. v. 13.10.2006 – 1 Verg 11/06, BeckRS 2006, 12146, vgl. auch HK-VergabeR/*Ruhland* VOL/A § 17 Rn. 17.
[163] Vgl. Willenbruch/Wieddekind/*Schubert/Werner* Rn. 36.
[164] HK-VergabeR/*Franzius* Rn. 43; Willenbruch/Wieddekind/*Schubert/Werner* Rn. 41.
[165] OLG Celle Beschl. v. 8.11.2001 – 13 Verg 10/01, BeckRS 2001, 160731.

für zulässig erachtet wird, in der eine Leistung gleichzeitig als Gesamt- und Losvergabe ausgeschrieben wird, um zu ermitteln, welche der beiden Auftragsformen wirtschaftlicher ist,[166] läuft dies § 5 Abs. 2 zuwider. Danach ist eine Aufteilung in Lose zwingend, wenn nicht schon im Vorfeld auf der Grundlage einer alle tatsächlichen Gegebenheiten rund um den Auftrag berücksichtigenden prognostischen Einschätzung zu erwarten ist, dass die Aufteilung entweder technisch nicht möglich oder unzweckmäßig bzw. unwirtschaftlich ist[167] (etwa im Fall wahrscheinlicher technischer Inkompatibilitäten und daraus resultierender Mehrkosten).[168] Dabei ist die Aufteilung in Fachlose aus Gründen der Mittelstandsförderung nicht in jedem Fall bereits dann unwirtschaftlich, wenn eine Gesamtvergabe geringfügig günstiger wäre.[169] Da die Unwirtschaftlichkeit auch nicht mit den allgemeinen Vorteilen einer Gesamtvergabe begründet werden kann (zu nennen ist der verringerte Koordinierungsaufwand, die einfachere Abwicklung von Mängelansprüchen oder das unaufwändigere und kostengünstigere Vergabeverfahren), sondern aus den konkreten Besonderheiten des Auftrags folgen muss, die sich notwendig bereits aus der Leistungsbeschreibung ergeben,[170] erscheint es ausgeschlossen, die Unwirtschaftlichkeit (allein) nachträglich durch den Ausgang einer Parallelausschreibung nachzuweisen. Eine Gestaltungsmöglichkeit verliert der Auftraggeber dadurch nicht, da er, wenn er gem. § 12 Abs. 1 Nr. 2 lit. h Angebote eines Bieters auf mehrere oder alle Lose zulässt, in einer separaten Spalte abfragen darf, in welcher Höhe ein **Koppelungsnachlass** gewährt wird, falls alle Lose an diesen Bieter vergeben werden.[171] Als unzulässige Parallelausschreibung ist auch die gleichzeitige Ausschreibung eines Bauauftrags und seiner Finanzierung zu qualifizieren, da die gesicherte Finanzierung Voraussetzung für die Ausschreibungsreife ist.[172]

98   **5. Förderung der ganzjährigen Bautätigkeit (Abs. 7).** Nach § 2 Abs. 7 sollen die Aufträge nach Möglichkeit so erteilt werden, dass die ganzjährige Bautätigkeit gefördert wird. Die Vorschrift richtet sich an die Auftraggeber, die ihre Planungen entsprechend ausrichten sollen. Sie dient dazu, eine effektive Nutzung der vorhandenen Zeit und damit ein zügiges Bauen sicherzustellen. Daneben soll sie aber auch die saisonalen Schwankungen der Beschäftigungszahlen abmildern.[173] Wenn Arbeiten über das gesamte Jahr verteilt gleichmäßig durchgeführt werden können, was voraussetzt, dass solche Arbeiten, die bei kälteren Temperaturen möglich sind, auch für den Winter vorgesehen werden, können die beteiligten Unternehmen ihre Arbeitskräfte über das ganze Jahr beschäftigen und sind nicht mehr auf saisonale Verstärkungen durch Zeitarbeit oÄ angewiesen.

99   Mehr als einen **Programmsatz** stellt die Regelung aber schon nach ihrer Formulierung nicht dar. Es gibt weder einen Planungs- oder einen Kontrollmechanismus, der sicherstellt, dass die Planungsvorgabe eingehalten wird, noch sind an einen Verstoß irgendwelche Rechtsfolgen geknüpft.[174] Insbesondere vermittelt sie den Unternehmen der Bauwirtschaft keinen Anspruch.[175]

§ 3 Arten der Vergabe

Die Vergabe von Bauleistungen erfolgt nach Öffentlicher Ausschreibung, Beschränkter Ausschreibung mit oder ohne Teilnahmewettbewerb oder nach Freihändiger Vergabe.
1. Bei Öffentlicher Ausschreibung werden Bauleistungen im vorgeschriebenen Verfahren nach öffentlicher Aufforderung einer unbeschränkten Zahl von Unternehmen zur Einreichung von Angeboten vergeben.
2. Bei Beschränkten Ausschreibungen (Beschränkte Ausschreibung mit oder ohne Teilnahmewettbewerb) werden Bauleistungen im vorgeschriebenen Verfahren nach Aufforderung einer beschränkten Zahl von Unternehmen zur Einreichung von Angeboten vergeben.
3. Bei Freihändiger Vergabe werden Bauleistungen in einem vereinfachten Verfahren vergeben.

---

[166] Ingenstau/Korbion/*Schranner* Rn. 108, 115; Willenbruch/Wieddekind/*Schubert/Werner* Rn. 38; Heiermann/Riedl/Rusam/*Bauer* § 5 Rn. 33.
[167] BayVGH Beschl. v. 22.5.17 – 4 ZB 16.577 Rn. 15, NZBau 2017, 692.
[168] OLG Düsseldorf Beschl. v. 25.4.12 – VII-Verg 100/11 Rn. 16 f., ZfBR 2012, 608.
[169] Vgl. Ingenstau/Korbion/*Schranner* § 5 Rn. 30; Willenbruch/Wieddekind/*Werner* § 5 Rn. 21 f.
[170] BayVGH Beschl. v. 22.10.14 – 4 ZB 14.1260 Rn. 10, BeckRS 2014, 58940.
[171] Eingehend *Müller-Wrede* in Müller-Wrede GWB § 97 Rn. 201 f.
[172] → Rn. 91 ff.; vgl. Band 3 → Einl. VergabeR Rn. 248 f.; aA Willenbruch/Wieddekind/*Schubert/Werner* Rn. 39.
[173] Ingenstau/Korbion/*Schranner* Rn. 148.
[174] Ingenstau/Korbion/*Schranner* Rn. 148; Kapellmann/Messerschmidt/*Glahs* Rn. 48; *Vavra* in KMPP Rn. 37.
[175] Willenbruch/Wieddekind/*Schubert/Werner* Rn. 27; vgl. Ziekow/Völlink/*Völlink* § 2 EU Rn. 26.

Übersicht

		Rn.			Rn.
I.	Regelungsgehalt und Überblick	1	III.	Öffentliche Ausschreibung	6
II.	Systematische Stellung und Zweck der Norm	3	IV.	Beschränkte Ausschreibung	11
			V.	Freihändige Vergabe	15

I. Regelungsgehalt und Überblick

§ 3 regelt die **Arten der Vergabe,** die im Haushaltsvergaberecht des ersten Abschnitts der VOB/A, also außerhalb des durch die EU-Vergaberichtlinien beeinflussten GWB-Vergaberechts des zweiten Abschnitts der VOB/A, Anwendung finden. Im Bereich des Haushaltsvergaberechts gibt es folgende Verfahrensarten: Die **Öffentliche Ausschreibung** (Nr. 1), die **Beschränkte Ausschreibung mit und ohne Teilnahmewettbewerb** (Nr. 2) und die **Freihändige Vergabe** (Nr. 3). Die durch die VOB/A 2019 ohne inhaltliche Änderungen gegenüber der Vorgängerregelung neu gefasste Regelung ist abschließend.[1] 1

Die Vergabeverfahrensarten iSd § 3 beziehen sich ausschließlich auf **Bauleistungen** einschließlich gemischter Aufträge, die insgesamt als solche zu qualifizieren sind. Dies ist bereits durch den Anwendungsbereich der VOB/A vorgegeben und hätte in § 3 keiner besonderen Erwähnung bedurft. Bauleistungen sind nach der **Definition des § 1** (→ § 1 Rn. 4) Arbeiten jeder Art, durch die eine bauliche Anlage hergestellt, instand gehalten, geändert oder beseitigt wird. Sie sind von den Liefer- und Dienstleistungsaufträgen abzugrenzen, für die außerhalb des GWB-Vergaberechts die UVgO nach Maßgabe der entsprechenden Bestimmungen Anwendung findet (vgl. § 1 Abs. 1 UVgO). Zur Abgrenzung von Bauleistungen zu Liefer- und Dienstleistungen kann entsprechend auch die Oberschwellenregelung nach § 103 Abs. 2 und 3 GWB (→ GWB § 103 Rn. 39 ff.) herangezogen werden: Enthält ein öffentlicher Auftrag verschiedene Leistungen wie Liefer-, Bau- oder Dienstleistungen, wird er nach den Vorschriften vergeben, denen der Hauptgegenstand des Auftrags zuzuordnen ist (vgl. § 110 Abs. 1 GWB für den Anwendungsbereich des GWB-Vergaberechts, → GWB § 110 Rn. 4). 2

II. Systematische Stellung und Zweck der Norm

Während § 3 die Arten der Vergabe des Haushaltsvergaberechts regelt, sind die Zulässigkeitsvoraussetzungen dieser Verfahrensarten in § 3a (→ § 3a Rn. 5 ff.) geregelt. Der wesentliche Ablauf der Ausschreibungsverfahren ergibt sich aus § 3b (→ § 3b Rn. 1 ff.). 3

Im GWB-Vergaberecht finden sich **entsprechende Regelungen** in § 3 EU (Arten der Vergabe, → § 3 EU Rn. 1 ff.), § 3a EU (Zulässigkeitsvoraussetzungen, → § 3a EU Rn. 1 ff.) und § 3b EU (Ablauf der Verfahren, → § 3b EU Rn. 1 ff.) bzw. § 3 VS (Arten der Vergabe, → § 3 VS Rn. 1 ff.), § 3a VS (Zulässigkeitsvoraussetzungen, → § 3a VS Rn. 1 ff.) und § 3b VS (Ablauf der Verfahren, → § 3b VS Rn. 1 ff.). Inhaltlich unterscheiden sich die Regelungen im Anwendungsbereich des GWB-Vergaberechts deutlich von denen des Haushaltsrechts. So kennt das GWB-Vergaberecht andere und mehr Verfahrensarten. In seinem Anwendungsbereich besteht für die Vergabe von Bauleistungen ferner nach § 3a EU Abs. 1 (→ § 3a EU Rn. 4 ff.) die Wahlfreiheit zwischen dem offenen Verfahren, das grundsätzlich der Öffentlichen Ausschreibung entspricht, und dem nicht offenen Verfahren, das grundsätzlich der Beschränkten Ausschreibung mit Teilnahmewettbewerb entspricht. Diese Wahlfreiheit, die im Haushaltsvergaberecht nach § 8 Abs. 2 UVgO auch für Liefer- und Dienstleistungen übernommen wurde, folgt für Bauaufträge unterhalb der Schwellenwerte auf Grundlage der VOB/A 2019 entgegen der früheren Rechtslage nunmehr aus § 3a Abs. 1 (→ § 3a Rn. 3). 4

Im Gegensatz zur UVgO hat die Regelung des § 3 am Begriff der „Freihändigen Vergabe" festgehalten. Die **„Freihändige Vergabe"** in der VOL/A wurde in der UVgO in „Verhandlungsvergabe" umbenannt, um deutlicher zu signalisieren, dass es sich hierbei um ein reguläres, in der Regel wettbewerbliches Verfahren handelt, bei dem über die Angebotsinhalte im Regelfall verhandelt wird. Zudem sollte so die Parallelität zum „Verhandlungsverfahren" im Oberschwellenbereich deutlicher herausgestellt werden.[2] 5

III. Öffentliche Ausschreibung

Nr. 1 beschreibt das **Verfahren der Öffentlichen Ausschreibung.** Die Öffentliche Ausschreibung ist nach § 3a (→ § 3a Rn. 3) stets ohne Weiteres zulässig. Bei Öffentlicher Ausschreibung 6

---

[1] Ziekow/Völlink/*Völlink* Rn. 1.
[2] Bekanntmachung der Erläuterungen zur Verfahrensordnung für die Vergabe öffentlicher Liefer- und Dienstleistungsaufträge unterhalb der EU-Schwellenwerte des BMWi v. 2.2.2017, BAnz AT 7.2.2017 B 2, Erl. zu § 8, Abs. 4.

werden Bauleistungen im vorgeschriebenen Verfahren nach öffentlicher Aufforderung einer unbeschränkten Zahl von Unternehmen zur Einreichung von Angeboten vergeben.

7   Das Tatbestandsmerkmal **„im vorgeschriebenen Verfahren"** verweist darauf, dass die Öffentliche Ausschreibung ein förmliches Verfahren ist, dessen einzelne Verfahrensschritte in der VOB/A geregelt sind und von denen der Auftraggeber nicht abweichen darf. Dies steht im Gegensatz zur Freihändigen Vergabe, die nach Nr. 3 die Vergabe von Bauleistungen ohne ein förmliches Verfahren zulässt.

8   Als Folge der Förmlichkeit des Verfahrens gilt im Rahmen der Öffentlichen Ausschreibung vor allem das **Verhandlungsverbot** nach § 15 Abs. 3. Nach dieser Norm sind Verhandlungen, besonders über Änderung der Angebote oder Preise, unstatthaft, außer, wenn sie bei Nebenangeboten oder Angeboten aufgrund eines Leistungsprogramms nötig sind, um unumgängliche technische Änderungen geringen Umfangs und daraus sich ergebende Änderungen der Preise zu vereinbaren (→ § 15 Rn. 47 ff.). Damit besteht auch für den öffentlichen Auftraggeber „keine rechtlich zulässige Möglichkeit, die ausgeschriebene Leistung durch Erweiterungen, Änderungen oder Einschränkungen im Zuschlagsschreiben zu modifizieren".[3]

9   Um ein Höchstmaß an Transparenz herzustellen, sind die Unternehmen bei der Öffentlichen Ausschreibung öffentlich zur Einreichung von Angeboten aufzufordern. Diese **öffentliche Aufforderung** geschieht nach § 12 (→ § 12 Rn. 4) zB in Tageszeitungen, amtlichen Veröffentlichungsblättern oder auf Internetportalen; sie können auch auf www.bund.de veröffentlicht werden. Diese Bekanntmachungen sollen die Angaben gem. § 12 Abs. 1 Nr. 2 (→ § 12 Rn. 7 ff.) enthalten. Darüber hinaus gibt der Auftraggeber in der Auftragsbekanntmachung nach § 11 Abs. 3 (→ § 11 Rn. 11) eine elektronische Adresse an, unter der die Vergabeunterlagen unentgeltlich, uneingeschränkt, vollständig und direkt abgerufen werden können. Der Auftraggeber ist nicht daran gehindert, zusätzlich Unternehmen unmittelbar auf die Ausschreibung hinzuweisen.[4] Dies darf jedoch erst nach der Auftragsbekanntmachung erfolgen und muss ohne diskriminierende Wirkungen erfolgen.[5]

10 Die Unterlagen sind einer **unbeschränkten Zahl von Unternehmen** zur Einreichung von Angeboten abzugeben. Die Öffentliche Ausschreibung ist nach § 3b Abs. 1 (→ § 3b Rn. 4) maßgeblich dadurch gekennzeichnet, dass die Unterlagen an alle Unternehmen abzugeben sind. Jedes interessierte Unternehmen erhält daher bei dieser Verfahrensart die Gelegenheit, ein Angebot abzugeben. Der Auftraggeber ist verpflichtet, sich mit allen Angeboten auseinander zu setzen und eine Prüfung und Wertung vorzunehmen.[6] Die Öffentliche Ausschreibung ermöglicht daher von allen Verfahrensarten den größtmöglichen Wettbewerb.

IV. Beschränkte Ausschreibung

11 Bei Beschränkter Ausschreibung werden Bauleistungen nach Nr. 2 im vorgeschriebenen Verfahren nach Aufforderung einer beschränkten Zahl von Unternehmen zur Einreichung von Angeboten vergeben. Dies erfolgt mit oder ohne vorheriger Durchführung eines Teilnahmewettbewerbs. Der wesentliche Unterschied zur Öffentlichen Ausschreibung besteht in der Beschränkung der Teilnehmerzahl. Das Verfahren ist stets **auf einen Kreis ausgewählter Unternehmen ausgerichtet.**

12 Das Tatbestandsmerkmal **„im vorgeschriebenen Verfahren"** verweist für die Beschränkte Ausschreibung darauf, dass es sich um ein förmliches Verfahren handelt, dessen einzelne Verfahrensschritte in der VOB/A geregelt sind (→ Rn. 7 f.).

13 Die **Beschränkte Ausschreibung mit Teilnahmewettbewerb** ist gem. § 3a Abs. 1 S. 1 stets zulässig. Das Verfahren weist eine zweistufige Struktur auf.[7] Nach § 12 Abs. 2 sind die Unternehmen zunächst in öffentlicher Aufforderung durch Bekanntmachungen, zB in Tageszeitungen, amtlichen Veröffentlichungsblättern oder auf Internetportalen, aufzufordern, ihre Teilnahme am Wettbewerb zu beantragen (→ Rn. 9). Die Auswahl der zur Angebotsabgabe aufzufordernden Unternehmen richtet sich sodann nach § 3b Abs. 2 (→ § 3b Rn. 15 ff.). Somit kann zwar nicht die Anzahl der Bewerber, jedoch infolge der Vorabauswahl der zur Angebotsabgabe aufzufordernden Unternehmen die Anzahl der Bieter beschränkt werden.[8] Dabei hat „[i]m Ausgangspunkt ... jedes Unternehmen die gleichen Chancen, in die beschränkte Ausschreibung hineinzugelangen und im Endergebnis den Zuschlag zu erhalten".[9]

14 Eine **Beschränkte Ausschreibung ohne Teilnahmewettbewerb** ist nur nach Maßgabe des § 3a Abs. 2 (→ § 3a Rn. 6 ff.) zulässig. Ein darüber hinausgehendes Ermessen des Auftraggebers über die Durchführung eines Teilnahmewettbewerbs besteht nicht. Nach § 3b Abs. 3 sollen mehrere,

---

[3] OLG Naumburg Urt. v. 7.6.2019 – 7 U 69/18, BeckRS 2019, 32034.
[4] OLG Schleswig Urt. v. 17.2.2000 – 11 U 91/98, NZBau 2000, 207.
[5] Ziekow/Völlink/*Völlink* Rn. 7.
[6] Franke/Kemper/Zanner/Grünhagen/Mertens/*Baumann* Rn. 6.
[7] Vgl. auch BeckOK VergabeR/*Meiners* Rn. 2; Willenbruch/Wieddekind/*Haak/Sang* Rn. 8.
[8] BeckOK VergabeR/*Meiners* Rn. 3.
[9] OLG Düsseldorf Urt. v. 29.7.1998 – U (Kart) 24/98, MDR 1998, 1220 (1121).

im Allgemeinen mindestens drei geeignete Unternehmen zur Angebotsabgabe aufgefordert werden, sodass hier die Anzahl der Bewerber beschränkt werden kann. Ein subjektiver Anspruch eines einzelnen Bewerbers auf Beteiligung an der Beschränkten Ausschreibung ohne Teilnahmewettbewerb besteht nicht; jedoch ist der Auftraggeber „gehalten, seine Auswahl nach pflichtgemäßem Ermessen auszuüben und bei der Auswahl der Teilnehmer nach objektiven, nicht diskriminierenden und auftragsbezogenen Kriterien vorzugehen und willkürliche Ungleichbehandlungen zu unterlassen".[10]

V. Freihändige Vergabe

Bei **Freihändiger Vergabe** werden Bauleistungen nach Nr. 3 in einem vereinfachten Verfahren vergeben, das sich durch eine hohe Flexibilität auszeichnet.[11] Es handelt sich gleichwohl anders als bei einem Direktauftrag nach § 3a Abs. 4 um ein reguläres Vergabeverfahren.[12] Der Auftraggeber geht auf von ihm ausgewählte Unternehmen zu, wobei er mit diesen auch noch nach Angebotsabgabe über die Einzelheiten von Preis, Leistung und Ausführungsmodalitäten verhandeln kann.[13] 15

Im Gegensatz zu den anderen Verfahrensarten der Öffentlichen Ausschreibung und der Beschränkten Ausschreibung ist die Freihändige Vergabe **kein förmliches Verfahren**. Der Auftraggeber ist vielmehr unter Beachtung der Vergabegrundsätze des § 2 in der Verfahrensgestaltung frei, soweit die VOB/A nicht ausdrücklich einzelne Regelungen auch auf die Freihändige Vergabe für anwendbar erklärt (vgl. § 6b Abs. 4, § 8b Abs. 1 Nr. 2). 16

Die Freihändige Vergabe setzt **keine öffentliche Aufforderung**, zB in Tageszeitungen, amtlichen Veröffentlichungsblättern oder auf Internetportalen, voraus, wenngleich eine solche zulässig ist.[14] Verzichtet der Auftraggeber auf einen Teilnahmewettbewerb, erfahren die Unternehmen von der Durchführung des Verfahrens nur, wenn sie vom Auftraggeber zu einer Beteiligung an dem Verfahren aufgefordert werden. Diese Einschränkung der Transparenz und die Freiheit von der Förmlichkeit des Verfahrens sind der Grund, weshalb eine Freihändige Vergabe nur ausnahmsweise unter den Voraussetzungen des § 3a Abs. 4 (→ § 3a Rn. 20) zulässig ist. Die in § 2 Abs. 1 normierten Vergabegrundsätze gelten gleichwohl uneingeschränkt (→ § 2 Rn. 14 ff.). Die aufzufordernden Unternehmen sollen nach § 3b Abs. 3 (→ § 3b Rn. 24) möglichst gewechselt werden. Das BMI weist zu Recht darauf hin, dass, sofern mehr als ein Unternehmen für die Beauftragung in Betracht kommt, „in der Regel Vergleichsangebote einzuholen [sind], es sei denn, die Einhaltung des Wirtschaftlichkeitsgebots kann anderweitig sichergestellt werden, z.B. weil die aktuell geforderten Preise für eine Leistung wegen kurz zuvor durchgeführter Vergabeverfahren bekannt sind oder weil lediglich ein Bieter Interesse bekundet, jedoch kein kalkuliertes Angebot abgeben möchte und der geforderte Gesamtpreis Erfahrungswerten entspricht".[15] 17

Wesentlicher Unterschied der Freihändigen Vergabe gegenüber den förmlichen Verfahren ist, dass das Verhandlungsverbot nach § 15 Abs. 3 nicht gilt. Der Auftraggeber darf daher in der Freihändigen Vergabe mit den von ihm ausgewählten Unternehmen über die Einzelheiten von Preis, Leistung und Ausführungsmodalitäten verhandeln. Die **Grenzen dieser Verhandlung** liegen erst in den allgemeinen Grundsätzen des Wettbewerbs nach § 2 Abs. 1 Nr. 2 und der Nichtdiskriminierung nach § 2 Abs. 2. Dass kein Verhandlungsverbot gilt, bedeutet nicht, dass der Auftraggeber auch verpflichtet wäre zu verhandeln. 18

§ 3a Zulässigkeitsvoraussetzungen

(1) Dem Auftraggeber stehen nach seiner Wahl die Öffentliche Ausschreibung und die Beschränkte Ausschreibung mit Teilnahmewettbewerb zur Verfügung. Die anderen Verfahrensarten stehen nur zur Verfügung, soweit dies nach den Absätzen zwei und drei gestattet ist.

(2) Beschränkte Ausschreibung ohne Teilnahmewettbewerb kann erfolgen,
1. bis zu folgendem Auftragswert der Bauleistung ohne Umsatzsteuer:[1]
    a) 50 000 Euro für Ausbaugewerke (ohne Energie- und Gebäudetechnik), Landschaftsbau und Straßenausstattung,

---

[10] OLG Saarbrücken Urt. v. 28.1.2015 – 1 U 138/14, VergabeR 2015, 623 (626).
[11] Ziekow/Völlink/*Völlink* Rn. 19.
[12] *Janssen* NZBau 2019, 147 (148).
[13] Franke/Kemper/Zanner/Grünhagen/Mertens/*Baumann* Rn. 10.
[14] Willenbruch/Wieddekind/*Haak/Sang* Rn. 18; Ziekow/Völlink/*Völlink* Rn. 18.
[15] BMI, Erlass v. 26.2.2020.
[1] [Amtliche Anmerkung:] Für Bauleistungen zu Wohnzwecken kann bis zum 31. Dezember 2021 eine Beschränkte Ausschreibung ohne Teilnahmewettbewerb für jedes Gewerk bis zu einem Auftragswert von 1 000 000 Euro ohne Umsatzsteuer erfolgen.

b) 150 000 Euro für Tief-, Verkehrswege- und Ingenieurbau,
c) 100 000 Euro für alle übrigen Gewerke,
2. wenn eine Öffentliche Ausschreibung oder eine Beschränkte Ausschreibung mit Teilnahmewettbewerb kein annehmbares Ergebnis gehabt hat,
3. wenn die Öffentliche Ausschreibung oder eine Beschränkte Ausschreibung mit Teilnahmewettbewerb aus anderen Gründen (z. B. Dringlichkeit, Geheimhaltung) unzweckmäßig ist.

(3) [1]Freihändige Vergabe ist zulässig, wenn die Öffentliche Ausschreibung oder Beschränkte Ausschreibungen unzweckmäßig sind, besonders,
1. wenn für die Leistung aus besonderen Gründen (z. B. Patentschutz, besondere Erfahrung oder Geräte) nur ein bestimmtes Unternehmen in Betracht kommt,
2. wenn die Leistung besonders dringlich ist,
3. wenn die Leistung nach Art und Umfang vor der Vergabe nicht so eindeutig und erschöpfend festgelegt werden kann, dass hinreichend vergleichbare Angebote erwartet werden können,
4. wenn nach Aufhebung einer Öffentlichen Ausschreibung oder Beschränkten Ausschreibung eine erneute Ausschreibung kein annehmbares Ergebnis verspricht,
5. wenn es aus Gründen der Geheimhaltung erforderlich ist,
6. wenn sich eine kleine Leistung von einer vergebenen größeren Leistung nicht ohne Nachteil trennen lässt.
[2]Freihändige Vergabe kann außerdem bis zu einem Auftragswert von 10 000 Euro ohne Umsatzsteuer erfolgen.[2]

(4) Bauleistungen bis zu einem voraussichtlichen Auftragswert von 3 000 Euro ohne Umsatzsteuer können unter Berücksichtigung der Haushaltsgrundsätze der Wirtschaftlichkeit und Sparsamkeit ohne die Durchführung eines Vergabeverfahrens beschafft werden (Direktauftrag). Der Auftraggeber soll zwischen den beauftragten Unternehmen wechseln.

Übersicht

	Rn.		Rn.
I. Regelungsgehalt und Überblick	1	1. Unzweckmäßigkeit der förmlichen Verfahren (S. 1)	17
II. Systematische Stellung und Zweck der Norm	2	a) Nur ein Unternehmen leistungsfähig (S. 1 Nr. 1)	18
III. Regelverfahren (Abs. 1)	3	b) Besondere Dringlichkeit (S. 1 Nr. 2)	20
IV. Zulässigkeit der Beschränkten Ausschreibung ohne Teilnahmewettbewerb (Abs. 2)	5	c) Keine vergleichbaren Angebote (S. 1 Nr. 3)	21
		d) Aufhebung eines förmlichen Verfahrens (S. 1 Nr. 4)	23
1. Auftragswerte (Nr. 1)	7	e) Gründe der Geheimhaltung (S. 1 Nr. 5)	24
2. Vorherige Ausschreibung ohne annehmbares Ergebnis (Nr. 2)	9	f) Kleine untrennbare Leistung (S. 1 Nr. 6)	25
3. Unzweckmäßigkeit (Nr. 3)	11	2. Auftragswert bis 10.000 EUR (netto) (S. 2)	26
V. Zulässigkeit der Freihändigen Vergabe (Abs. 3)	16	VI. Direktaufträge (Abs. 4)	28

I. Regelungsgehalt und Überblick

1   § 3a regelt die Zulässigkeitsvoraussetzungen der Verfahrensarten des Haushaltsvergaberechts. Abs. 1 legt als Regelverfahren die Öffentliche Ausschreibung und die Beschränkte Ausschreibung mit Teilnahmewettbewerb fest. Liegt keiner der nachfolgend geregelten Ausnahmetatbestände vor, muss der Auftraggeber nach Abs. 1 ausschreiben. Die Ausnahmen sind in Abs. 2–4 geregelt: Die Beschränkte Ausschreibung ohne Teilnahmewettbewerb ist nach Abs. 2 zulässig, die Freihändige Vergabe nach Abs. 3. Die Möglichkeit der vergabeverfahrensfreien Erteilung eines Direktauftrags findet sich in Abs. 4.

---

[2] [Amtliche Anmerkung:] Für Bauleistungen zu Wohnzwecken kann bis zum 31. Dezember 2021 eine Freihändige Vergabe bis zu einem Auftragswert von 100 000 Euro ohne Umsatzsteuer erfolgen.

II. Systematische Stellung und Zweck der Norm

§ 3a regelt die Zulässigkeitsvoraussetzungen der in § 3 (→ § 3 Rn. 5 ff.) bestimmten Verfahrensarten. Der Ablauf der Verfahren ist in § 3b geregelt. Vergleichbare Regelungen des GWB-Vergaberechts finden sich in § 3a EU (→ § 3a EU Rn. 1) bzw. § 3a VS (→ § 3a VS Rn. 1). 2

III. Regelverfahren (Abs. 1)

Nach dem Vorbild von § 119 Abs. 2 GWB, § 8 Abs. 2 UVgO und § 3a EU normiert § 3a Abs. 1 S. 1 ein **Wahlrecht zwischen Öffentlicher Ausschreibung und Beschränkter Ausschreibung mit Teilnahmewettbewerb.** Dabei kommt es auf das Vorliegen der vormals in Abs. 3 aF normierten Gründe (Leistung nur von einem beschränkten Kreis von Unternehmen ausführbar oder außergewöhnlich hoher Aufwand der Angebotsbearbeitung) nicht mehr an. Die VOB/A 2019 weicht insoweit von den Vorgängerfassungen ab, die entsprechend der deutschen Vergaberechtstradition einen Vorrang der Öffentlichen Ausschreibung vorsahen.[3] Damit verbunden ist die Vorstellung, dass „[d]ie nunmehr vorgesehene Wahlfreiheit ... Vorteile für Auftragnehmer und Auftraggeber" bringe, insbesondere Effizienzgewinne und eine erhöhte Flexibilität.[4] Ob damit tatsächlich eine Verbesserung einhergeht, sei dahin gestellt;[5] zu begrüßen ist jedenfalls die erfolgte Vereinheitlichung des Verhältnisses zwischen den Vergabeverfahren ober- und unterhalb der Schwellenwerte sowie zwischen verschiedenen Auftragsarten. 3

Andere in § 3 vorgesehene **Vergabeverfahrensarten** dürfen nach § 3a Abs. 1 S. 2 nur unter den in Abs. 2 und 3 normierten Voraussetzungen durchgeführt werden. Ohne entsprechende Verweisung gilt dies auch für die Erteilung eines Direktauftrags nach Abs. 4. Die besonderen Verfahrensarten des Oberschwellenbereichs (insbesondere wettbewerblicher Dialog und Innovationspartnerschaft) stehen für die Vergabe von Unterschwellenbauaufträgen nicht zur Verfügung; jedoch kann eine Freihändige Vergabe vergleichbar ausgestaltet werden. 4

IV. Zulässigkeit der Beschränkten Ausschreibung ohne Teilnahmewettbewerb (Abs. 2)

Abs. 2 regelt die Zulässigkeit der Beschränkten Ausschreibung ohne Teilnahmewettbewerb. Danach kann eine solche erfolgen, wenn ein Auftragswert nach Maßgabe der Nr. 1 nicht überschritten ist, eine Öffentliche Ausschreibung oder eine Beschränkte Ausschreibung mit Teilnahmewettbewerb gem. Nr. 2 kein annehmbares Ergebnis gehabt hat oder die Öffentliche Ausschreibung oder eine Beschränkte Ausschreibung mit Teilnahmewettbewerb nach Nr. 3 aus anderen Gründen (zB Dringlichkeit, Geheimhaltung) unzweckmäßig ist. 5

Aus der Formulierung „kann erfolgen" ergibt sich, dass der Auftraggeber nicht verpflichtet ist, beschränkt ohne Teilnahmewettbewerb auszuschreiben. Nach seinem Ermessen kann er vielmehr auch dann eine Öffentliche Ausschreibung oder eine Beschränkte Ausschreibung mit Teilnahmewettbewerb durchführen, wenn die Ausnahmetatbestände gegeben sind.[6] Sofern er von dem Ausnahmetatbestand Gebrauch machen möchte, gibt die Regelung abschließend vor, unter welchen Umständen eine Beschränkte Ausschreibung ohne Teilnahmewettbewerb in Betracht kommt. Allerdings enthält sie mit der Regelung nach Nr. 3, dass die Beschränkte Ausschreibung ohne Teilnahmewettbewerb erfolgen kann, wenn eine Öffentliche Ausschreibung oder eine Beschränkte Ausschreibung mit Teilnahmewettbewerb „aus anderen Gründen unzweckmäßig" ist, einen unbestimmten Regelungsumfang, der grundsätzlich weiteren Fallgruppen gegenüber offen ist. 6

1. Auftragswerte (Nr. 1). Eine Beschränkte Ausschreibung kann nach Nr. 1 zunächst erfolgen, wenn bestimmte Auftragswerte – jeweils ohne Umsatzsteuer und ggf. bezogen auf ein Los[7] – nicht überschritten sind. Die erfassten Gewerke sind nicht im Einzelnen gesetzlich definiert. Zur näheren Bestimmung der Begriffe kann – soweit dort Hinweise vorhanden sind – auf die VOB/C oder sonstige Regelwerke zurückgegriffen werden.[8] Die Auftragswerte betragen 50.000 EUR für – von Rohbaugewerken zu unterscheidende[9] – Ausbaugewerke (ohne Energie- und Gebäudetechnik) für Landschaftsbau (DIN 18320) und Straßenausstattung (Verkehrsbeschilderung, Markierung, Wegweisung, Leiteinrichtungen, Lichtsignalsteuerung, Straßenbeleuchtung),[10] 150.000 EUR für Tief-, 7

---

[3] Vgl. auch Kapellmann/Messerschmidt/*Stickler* Rn. 5.
[4] Bezogen auf § 119 Abs. 2 GWB BT-Drs 18/6281, 97.
[5] Näher *Knauff* in Müller-Wrede GWB § 119 Rn. 15.
[6] Willenbruch/Wieddekind/*Haak/Sang* Rn. 6.
[7] Kapellmann/Messerschmidt/*Stickler* Rn. 10.
[8] Franke/Kemper/Zanner/Grünhagen/Mertens/*Baumann* Rn. 14.
[9] Kapellmann/Messerschmidt/*Stickler* Rn. 12.
[10] *Natzschka*, Straßenbau, Entwurf und Bautechnik, 3. Aufl. 2011, 423 ff.

Verkehrswege- (DIN 18315-18318) und Ingenieurbau (§ 41 HOAI) sowie 100.000 EUR für alle übrigen Gewerke.

8 Nach der amtlichen Fußnote kann für Bauleistungen zu Wohnzwecken bis zum 31.12.2021 eine Beschränkte Ausschreibung ohne Teilnahmewettbewerb für jedes Gewerk, auch wenn es nur ein einzelnes Los bildet,[11] bis zu einem Auftragswert von 1.000.000 EUR ohne Umsatzsteuer erfolgen. Dabei handelt es sich nach Auffassung des Bundesministeriums des Innern, für Bau und Heimat (BMI) um solche Bauvergaben, „die der Schaffung neuen Wohnraums sowie der Erweiterung, der Aufwertung, der Sanierung oder der Instandsetzung bestehenden Wohnraums dienen. Eine Aufwertung, Sanierung oder Instandsetzung von Wohnraum kann z. B. in der Verbesserung der energetischen Qualität oder der Erhöhung des Ausstattungsstandards liegen, auch in der äußerlichen Sanierung/Instandsetzung von Wohngebäuden (z. B. Fassade, Dach). Umfasst sind auch Infrastrukturmaßnahmen im Zusammenhang mit Neubau von Wohnraum oder Aufwertung bestehenden Wohnraums, z. B. Zufahrtsstraßen für Wohngebiete, Ver- und Entsorgungsleitungen oder emissions- bzw. immissionsmindernde Maßnahmen, z. B. zur Reduzierung von Lärm oder Erschütterungen in Wohnräumen. Wohnzwecken dienen grundsätzlich auch städtebauliche Maßnahmen zur Verbesserung des Wohnumfeldes. Wohnzwecke müssen nicht der alleinige und auch nicht der Hauptzweck der Bauleistung sein. Es genügt, wenn die Wohnzwecke nicht nur untergeordneter Natur sind".[12] Überdies sei „[d]er Begriff ... weit zu verstehen. Über die bereits genannten Beispiele hinaus wird klargestellt, dass nach Auffassung des BMI auch Unterkünfte der Bundeswehr und Bundespolizei Wohnzwecken dienen. Bei den genannten städtebaulichen Maßnahmen zur Verbesserung des Wohnumfelds kommen nach Ansicht des BMI beispielsweise auch Maßnahmen zur Errichtung, Erweiterung, Sanierung oder zum Umbau von Kindergärten und -tagesstätten, Schulen und Sportstätten in Betracht. Gleiches gilt für Maßnahmen im Zusammenhang mit Ladeinfrastruktur für E-Mobilität".[13] Die Vergabe muss bis zu dem genannten Datum mit dem Zuschlag abgeschlossen sein.

9 **2. Vorherige Ausschreibung ohne annehmbares Ergebnis (Nr. 2).** Nach Nr. 2 ist eine Beschränkte Ausschreibung zulässig, wenn eine Öffentliche Ausschreibung oder eine Beschränkte Ausschreibung mit Teilnahmewettbewerb – bei identischem Beschaffungsgegenstand[14] – kein annehmbares Ergebnis gehabt hat. Ein **annehmbares Ergebnis** liegt nur dann vor, wenn in dieser förmlichen Ausschreibung ein Zuschlag erteilt werden kann.[15] Der Ausnahmetatbestand stellt auf annehmbare Ergebnisse, nicht auf „annehmbare Angebote" ab. Es ist daher nicht zwingend Voraussetzung, dass die Ausschreibung nach § 17 Abs. 1 Nr. 1 (→ § 17 Rn. 1) aufgehoben wird, weil kein Angebot eingeht, das den Ausschreibungsbedingungen entspricht. Auch ein anderer schwerwiegender Grund nach § 17 Abs. 1 Nr. 3 (→ § 17 Rn. 1) kann ein annehmbares Ergebnis verhindern. So liegt zB ein anderer schwerwiegender Grund vor, aufgrund dessen eine Ausschreibung aufgehoben werden darf, wenn keines der Angebote einen angemessenen Preis aufweist, solange der Auftraggeber seiner Bewertung einen vollständig ermittelten Sachverhalt zugrunde gelegt hat.[16]

10 Kein Fall der Nr. 2 liegt vor, wenn die vorherige Ausschreibung wegen grundlegender Änderung der Vergabeunterlagen nach § 17 Abs. 1 Nr. 2 aufgehoben wird. Das folgt schon aus dem Wortlaut der Nr. 2, denn Grund für die Aufhebung ist dann nicht ein „nicht annehmbares Ergebnis".[17] Gleiches gilt, wenn der Auftraggeber das Scheitern der Ausschreibung zu vertreten hat.[18]

11 **3. Unzweckmäßigkeit (Nr. 3).** Eine Beschränkte Ausschreibung ohne Teilnahmewettbewerb ist ferner nach Nr. 3 zulässig, wenn die Öffentliche Ausschreibung oder eine Beschränkte Ausschreibung mit Teilnahmewettbewerb aus anderen Gründen unzweckmäßig ist. Exemplarisch verweist die Norm auf Dringlichkeit und Geheimhaltung.

12 Mit dem Tatbestandsmerkmal der **„anderen Gründe"** enthält die VOB/A einen unbestimmten Rechtsbegriff, der den Ausnahmetatbestand der Beschränkten Ausschreibung ohne Teilnahmewettbewerb vom Vorrang der Öffentlichen Ausschreibung und der Beschränkten Ausschreibung mit Teilnahmewettbewerb neuen Fallgruppen gegenüber öffnet. Bei der Konkretisierung des unbestimmten Rechtsbegriffs „Unzweckmäßigkeit" steht dem Auftraggeber ein Beurteilungsspielraum zu.

---

[11] Kapellmann/Messerschmidt/*Stickler* Rn. 14.
[12] BMI, Erlass v. 2.2.2019, GMBl. 2019, 86.
[13] BMI, Erlass v. 26.2.2020.
[14] HK-VergabeR/*Pünder* Rn. 10.
[15] Vgl. auch Ziekow/Völlink/*Völlink* Rn. 9.
[16] OLG München Beschl. v. 31.10.2012 – Verg 19/12, BeckRS 2012, 22638.
[17] IE ebenso: Franke/Kemper/Zanner/Grünhagen/Mertens/*Baumann* Rn. 14.
[18] HK-VergabeR/*Pünder* Rn. 10.

Eine **beurteilungsfehlerfreie Bestimmung der Unzweckmäßigkeit** setzt voraus, dass der 13
Auftraggeber seinen Beurteilungsspielraum ausübt und die Unzweckmäßigkeit unter Berücksichtigung aller Umstände des Einzelfalls sachlich und willkürfrei begründet und dokumentiert.[19] Dabei hat er zunächst zu beachten, dass zwischen der Öffentlichen Ausschreibung bzw. der Beschränkten Ausschreibung mit Teilnahmewettbewerb nach Abs. 1 und der Beschränkten Ausschreibung ohne Teilnahmewettbewerb nach Abs. 2 ein Regel-Ausnahme-Verhältnis besteht. Der Begriff der „Unzweckmäßigkeit" ist daher nach den allgemeinen Auslegungsgrundsätzen eng auszulegen. Die Unzweckmäßigkeit muss sich gerade aus der Eigenart der Leistung oder anderen besonderen Umständen ergeben. Dem Zweck der Regelung nach Abs. 2 Nr. 3 nach muss es sich bei den „anderen Gründen" um solche handeln, die dem nicht annehmbaren Ergebnis nach Abs. 2 Nr. 2, der Dringlichkeit oder der Geheimhaltung gleich stehen.[20]

Dringlichkeit ist gegeben, wenn eine Öffentliche Ausschreibung oder eine Beschränkte Aus- 14
schreibung mit Teilnahmewettbewerb nicht durchgeführt werden kann, ohne dass es wegen der längeren Dauer des Verfahrens aufgrund der erforderlichen öffentlichen Aufforderung zu erheblichen Nachteilen kommen würde. Eine Bauleistung ist dringlich, wenn ihre Vergabe aufgrund äußerer, vom Auftraggeber nicht veranlasster Umständen, wie zB Naturereignisse (Überschwemmungen, Stürme etc) oder Brände keinen Aufschub duldet.[21] Daran fehlt es grundsätzlich, wenn der Auftraggeber die Eilbedürftigkeit selbst zu verantworten hat.[22]

Eine **Geheimhaltung** ist objektiv erforderlich, wenn Gründe vorliegen, die es unzweckmäßig 15
erscheinen lassen, eine unbestimmte Anzahl von Unternehmen über das zu vergebende Bauvorhaben in Kenntnis zu setzen. Ein Geheimhaltungsbedarf kann bei allen Bauobjekten mit objektiv begründbarem besonderem Sicherheitsbedarf, etwa bei militärischen Baumaßnahmen, Gefängnissen oder Bauten des Verfassungsschutzes bestehen, aber auch bei Bauten, die für spezielle Forschungszwecke erstellt werden, deren Pläne vertraulich zu behandeln sind.[23] Unerheblich sind dagegen Geheimhaltungsinteressen von Unternehmen.[24]

V. Zulässigkeit der Freihändigen Vergabe (Abs. 3)

Eine Freihändige Vergabe ist nach Abs. 3 in zwei **Konstellationen** zulässig. Diese betreffen die 16
Unzweckmäßigkeit der Durchführung eines förmlichen Verfahrens (S. 1) und den Fall, dass der Auftragswert von 10.000 EUR nicht überschritten wird (S. 2).

1. Unzweckmäßigkeit der förmlichen Verfahren (S. 1). Eine Freihändige Vergabe kann 17
erfolgen, wenn eine Öffentliche Ausschreibung oder eine Beschränkte Ausschreibung mit oder ohne Teilnahmewettbewerb unzweckmäßig ist. Ungeachtet des anzuerkennenden Beurteilungsspielraums des öffentlichen Auftraggebers (→ Rn. 12 f.) sind hieran strenge Maßstäbe anzulegen.[25] Voraussetzung ist, dass der Auftraggeber zunächst die Zweckmäßigkeit eines förmlichen Verfahrens prüft und erst dann die Freihändige Vergabe wählt, wenn objektive Gründe vorliegen, die aufgrund der Eigenart der Leistung oder besonderer Umstände eine Abweichung von den förmlichen Verfahren rechtfertigen. Eine nicht in Abs. 3 geregelte Fallgruppe der Unzweckmäßigkeit muss insbesondere einem der Regelbeispiele der Nr. 1–6 entsprechen.

a) Nur ein Unternehmen leistungsfähig (S. 1 Nr. 1). Eine Freihändige Vergabe ist zulässig, 18
wenn für die Leistung aus besonderen Gründen nur ein bestimmtes Unternehmen in Betracht kommt. Die VOB/A nennt beispielhaft für solche Fälle das Bestehen eines Patentschutzes, das Erfordernis einer besonderen Erfahrung oder das Vorhandensein außergewöhnlicher Geräte. Vergleichbare Gründe, deren Vorliegen objektiv erforderlich ist,[26] wären zB andere Ausschließlichkeitsrechte wie Urheber- oder sonstige Schutzrechte wie auch das Eigentum an einem für das Bauvorhaben notwendigen Grundstück.[27]

In jedem Fall muss objektiv belegbar sein, dass nur ein einziges Unternehmen für die Leistungs- 19
erbringung in Betracht kommt. Das kann und muss ggf. durch die Durchführung einer vorherigen Markterkundung geschehen, die nicht lokal beschränkt sein darf.[28]

---

[19] Franke/Kemper/Zanner/Grünhagen/Mertens/*Baumann* Rn. 25.
[20] Ziekow/Völlink/*Völlink* § 3a Rn. 12.
[21] Beck VOB/*Jasper/Soudry* § 3 Rn. 49; Franke/Kemper/Zanner/Grünhagen/Mertens/*Baumann* Rn. 26.
[22] HK-VergabeR/*Pünder* Rn. 11.
[23] Beck VOB/*Jasper/Soudry* § 3 Rn. 51; Franke/Kemper/Zanner/Grünhagen/Mertens/*Baumann* Rn. 29.
[24] Ziekow/Völlink/*Völlink* Rn. 15; aA HK-VergabeR/*Pünder* Rn. 22.
[25] Für eine enge Auslegung auch Ziekow/Völlink/*Völlink* Rn. 22.
[26] Ziekow/Völlink/*Völlink* Rn. 26.
[27] Willenbruch/Wieddekind/*Haak/Sang* Rn. 22.
[28] Ziekow/Völlink/*Völlink* Rn. 26 f.

20 **b) Besondere Dringlichkeit (S. 1 Nr. 2).** Im Fall einer besonderen Dringlichkeit ist eine Freihändige Vergabe nach Nr. 2 gerechtfertigt, sofern die Durchführung eines förmlichen Verfahrens den Beschaffungszweck aufgrund der Dauer des Verfahrens vereiteln würde. Neben der Dringlichkeit (→ Rn. 14) muss daher eine „besondere" Dringlichkeit vorliegen. Dies ist der Fall, wenn jede andere Vergabeart den mit der Auftragserteilung und Auftragsausführung verfolgten Zweck vereiteln würde und dadurch eine bestehende Gefahr nicht erfolgreich abgewendet und ein drohender Schaden nicht erfolgreich verhindert werden könnte.[29] Insbesondere darf die Zehntagesfrist nach § 10 Abs. 1 nicht abzuwarten sein.[30] Auch hier gilt, dass außerhalb der Bereiche der Daseinsvorsorge[31] der Auftraggeber die Eilbedürftigkeit nicht selbst verursacht haben darf, sondern dass diese auf äußere, von ihm nicht beeinflusste Umstände zurückzuführen sein muss (Unfälle, Naturkatastrophen etc).[32]

21 **c) Keine vergleichbaren Angebote (S. 1 Nr. 3).** Bauleistungen dürfen nach Nr. 3 freihändig vergeben werden, wenn die Leistung nach Art und Umfang vor der Vergabe nicht so eindeutig und erschöpfend festgelegt werden kann, dass hinreichend vergleichbare Angebote erwartet werden können. Es entspricht dem Wettbewerbsgrundsatz nach § 2 Abs. 1 Nr. 2, § 7 Abs. 1 Nr. 1, dass die Leistung so zu beschreiben ist, dass alle Angebote miteinander verglichen werden können, denn nur mit vergleichbaren Angeboten kann Wettbewerb überhaupt entstehen.[33] Daraus folgt aber auch, dass von vornherein kein Wettbewerb entstehen kann, wenn die Leistung nicht so eindeutig und erschöpfend festgelegt werden kann, dass hinreichend vergleichbare Angebote erwartet werden können. In diesem Fall ist eine Freihändige Vergabe gerechtfertigt.

22 Fallgruppen dieses Ausnahmetatbestandes sind vor allem große, komplexe und neuartige Bauvorhaben, in denen der Auftraggeber nicht von vornherein hinreichend genaue Leistungsbeschreibungen fertigen kann, sondern dies erst über Verhandlungen vom besonderen Know-how der Bieter möglich wird. Erfasst wird aber auch die Situation des Wegfalls eines zuvor beauftragten Unternehmens, wenn dieses mit den Bauarbeiten bereits begonnen hatte.[34]

23 **d) Aufhebung eines förmlichen Verfahrens (S. 1 Nr. 4).** Wenn eine Öffentliche Ausschreibung oder eine Beschränkte Ausschreibung aufgehoben wurde, kann die Bauleistung im Wege der Freihändigen Vergabe vergeben werden, sofern eine erneute Ausschreibung kein annehmbares Ergebnis (→ Rn. 9 f.) verspricht.

24 **e) Gründe der Geheimhaltung (S. 1 Nr. 5).** Wenn es aus Gründen der Geheimhaltung erforderlich ist, kann eine Bauleistung nach Nr. 5 freihändig vergeben werden. Der Begriff der Geheimhaltung ist derselbe wie in Abs. 2 Nr. 3 (→ Rn. 15). Damit aber nicht nur eine Beschränkte Ausschreibung zulässig ist, müssen die Eigenart der Leistung oder besondere Umstände eine Freihändige Vergabe erfordern. Dazu sind objektive Gründe erforderlich, die es notwendig erscheinen lassen, nicht einmal die begrenzte Anzahl von Bietern einer Beschränkten Ausschreibung zuzulassen. Das Maß der Geheimhaltung muss daher – ähnlich wie im Falle der Dringlichkeit nach Nr. 2 – auf ein besonderes Maß objektiv erhöht sein.

25 **f) Kleine untrennbare Leistung (S. 1 Nr. 6).** Eine freihändige Vergabe ist ferner zulässig, wenn sich eine kleine Leistung von einer vergebenen größeren Leistung nicht ohne – technischen oder finanziellen[35] – Nachteil trennen lässt. Bei einer „kleinen" Leistung handelt es sich um eine Zusatzleistung gegenüber der „größeren" Leistung, der Hauptleistung. „Klein" ist die Zusatzleistung, wenn sie im Verhältnis zur „größeren" Hauptleistung nicht ins Gewicht fällt. Die Grenze der Zusatzleistung ist zahlenmäßig nicht abstrakt zu bestimmen, aufgrund der erheblichen Wettbewerbsbeschränkung im Fall einer Freihändigen Vergabe aber eher niedrig anzusetzen.[36] Nicht ohne Nachteile trennbar sind Leistungen aus wirtschaftlichen Gründen, etwa weil eine eigene Ausschreibung

---

[29] Franke/Kemper/Zanner/Grünhagen/Mertens/*Baumann* Rn. 44.
[30] HK-VergabeR/*Pünder* Rn. 18.
[31] VK LSA Beschl. v. 4.9.2017 – 3 VK LSA 70-72/17.
[32] Beck VOB/*Jasper/Soudry* § 3 Rn. 63; Willenbruch/Wieddekind/*Haak/Sang* Rn. 24; aA Ziekow/Völlink/*Völlink* Rn. 30.
[33] Vgl. *Pauka* in Band 3 → GWB § 121 Rn. 2.
[34] VG Schleswig Urt. v. 13.12.2017 – 12 A 205/15, ZfBR 2018, 287 (290); Willenbruch/Wieddekind/*Haak/Sang* Rn. 26 f.; Ziekow/Völlink/*Völlink* Rn. 33 f.; vgl. auch OVG Bautzen Urt. v. 20.6.2018 – 5 A 746/12, BeckRS 2018, 40918 Rn. 65.
[35] HK-VergabeR/*Pünder* Rn. 23.
[36] Beck VOB/*Jasper/Soudry* § 3 Rn. 72 f.; Franke/Kemper/Zanner/Grünhagen/Mertens/*Baumann* Rn. 59; für eine Orientierung an § 3 Abs. 5 lit. d Ziekow/Völlink/*Völlink* Rn. 39.

zu aufwändig wäre, oder aus bautechnischen Gründen, etwa weil Haupt- und Zusatzleistung nur in einem Zuge ausgeführt werden können.[37]

2. Auftragswert bis 10.000 EUR (netto) (S. 2). Eine Freihändige Vergabe von Bauleistungen kann stets bis zu einem Auftragswert von 10.000 EUR ohne Umsatzsteuer erfolgen. Besonderer Gründe bedarf es dann nicht mehr, es kommt allein auf den Auftragswert an, der gemäß den in § 3 VgV verankerten Grundsätzen zu bestimmen ist.[38] 26

Nach der amtlichen Fußnote kann zudem für Bauleistungen zu Wohnzwecken (→ Rn. 8) bis zum 31.12.2021 eine Freihändige Vergabe bis zu einem Auftragswert von 100.000 EUR ohne Umsatzsteuer erfolgen. 27

VI. Direktaufträge (Abs. 4)

Neu eingefügt wurde mit der VOB/A 2019 Abs. 4 über vergaberechtsfreie Direktaufträge. Die Vorschrift entspricht bis auf die Höhe des Auftragswerts § 14 UVgO. Anders als bei einer Freihändigen Vergabe erfolgt die **Beauftragung außerhalb des Vergaberechts**.[39] 28

Der maximale **Auftragswert** für Direktaufträge über Bauleistungen iSv § 1 beträgt nach Abs. 4 S. 1 3.000 EUR ohne Umsatzsteuer. Dieser „festgelegten Wertgrenze liegt eine Wirtschaftlichkeitsbetrachtung zugrunde. Bis zu dieser Höhe wäre nach gegenwärtiger Erkenntnis der Personalaufwand selbst für das einfachste Vergabeverfahren, die Freihändige Vergabe, höher als die wegen fehlenden Wettbewerbs mutmaßlich eintretende Kostensteigerung. Die Grundsätze der Wirtschaftlichkeit und Sparsamkeit sind gleichwohl zu beachten, d.h. Preise, die sich nach Erfahrungswerten, Baukostendatenbanken, Internetrecherchen o.ä. als unangemessen hoch erweisen, dürfen nicht gezahlt werden".[40] Gegenstandsbezogene Differenzierungen nach dem Vorbild von Abs. 2 Nr. 1 sind nicht vorgesehen. Erfasst werden im Wesentlichen kleinere Reparaturarbeiten. 29

Hinsichtlich des **Verfahrens** bestehen über das aus Abs. 4 S. 2 folgende grundsätzliche Gebot des Wechsels zwischen den beauftragten Unternehmen hinaus keine Anforderungen. Vielmehr ist eine unmittelbare Beauftragung zulässig. Insbesondere bedarf es „[d]er Einholung von Vergleichsangeboten … beim Direktauftrag nicht".[41] 30

§ 3b Ablauf der Verfahren

(1) Bei einer Öffentlichen Ausschreibung fordert der öffentliche Auftraggeber eine unbeschränkte Anzahl von Unternehmen öffentlich zur Abgabe von Angeboten auf. Jedes interessierte Unternehmen kann ein Angebot abgeben.

(2) Bei Beschränkter Ausschreibung mit Teilnahmewettbewerb erfolgt die Auswahl der Unternehmen, die zur Angebotsabgabe aufgefordert werden, durch die Auswertung des Teilnahmewettbewerbs. Dazu fordert der Auftraggeber eine unbeschränkte Anzahl von Unternehmen öffentlich zur Abgabe von Teilnahmeanträgen auf. Die Auswahl der Bewerber erfolgt anhand der vom Auftraggeber festgelegten Eignungskriterien. Die transparenten, objektiven und nichtdiskriminierenden Eignungskriterien für die Begrenzung der Zahl der Bewerber, die Mindestzahl und gegebenenfalls Höchstzahl der einzuladenden Bewerber gibt der Auftraggeber in der Auftragsbekanntmachung des Teilnahmewettbewerbs an. Die vorgesehene Mindestzahl der einzuladenden Bewerber darf nicht niedriger als fünf sein. Liegt die Zahl geeigneter Bewerber unter der Mindestzahl, darf der Auftraggeber das Verfahren mit dem oder den geeigneten Bewerber(n) fortführen.

(3) Bei Beschränkter Ausschreibung ohne Teilnahmewettbewerb sollen mehrere, im Allgemeinen mindestens drei geeignete Unternehmen aufgefordert werden.

(4) Bei Beschränkter Ausschreibung ohne Teilnahmewettbewerb und Freihändiger Vergabe soll unter den Unternehmen möglichst gewechselt werden.

Schrifttum: *Belke*, Beschränkte Ausschreibung: Wann muss Anfrage nach Korruptionsbekämpfungsgesetz NW erfolgen?, IBR 2009, 1423; *Frenz*, Unterschwellenvergaben, VergabeR 2018, 245; *Janssen*, Die VOB/A 2019 – Änderungen und Hintergründe, NZBau 2019, 147; *Reichling/Scheumann*, Durchführung von Vergabeverfahren

---
[37] Beck VOB/*Jasper/Soudry* § 3 Rn. 74.; Franke/Kemper/Zanner/Grünhagen/Mertens/*Baumann* Rn. 58.
[38] VG Schleswig Urt. v. 13.12.2017 – 12 A 205/15, ZfBR 2018, 287 (290).
[39] Ziekow/Völlink/*Völlink* Rn. 41.
[40] BMI, Erlass v. 26.2.2020; s. auch *Janssen* NZBau 2019, 147 (148).
[41] BMI, Erlass v. 26.2.2020.

(Teil 1) – Entwicklung der Vergabeunterlagen als „Herzstück" der Ausschreibung, GewArch 2015, 193; *Städler*, Der Umgang mit anfechtbaren Angeboten und Praxisfragen der dritten Wertungsstufe, NZBau 2014, 472; *Sturmberg*, Das Vergaberecht en marche – jetzt neue VOB/A zur nationalen Vergabe von Bauleistungen, BauR 2019, 427; *Troidl*, Vergaberecht und Verwaltungsrecht, NVwZ 2015, 549.

Übersicht

	Rn.		Rn.
I. Allgemeines	1	b) Überblick über den Ablauf einer öffentlichen Ausschreibung	13
1. Normzweck	1		
2. Entstehungsgeschichte	2	2. Beschränkte Ausschreibung mit Teilnahmewettbewerb (Abs. 2)	15
3. Vergleichbare Regelungen	4	3. Beschränkte Ausschreibung ohne Teilnahmewettbewerb (Abs. 3, 4)	29
II. Verfahrensarten	6	a) Mindestanzahl der zur Angebotsabgabe aufzufordernden Unternehmen (Abs. 3)	32
1. Die Öffentliche Ausschreibung	6	b) Wechselgebot (Abs. 4)	38
a) Vergabe „nach öffentlicher Aufforderung einer unbeschränkten Anzahl von Unternehmen zur Abgabe von Angeboten (Abs. 1)	6	c) Sonstige Verfahrensanforderungen	41
		4. Freihändige Vergabe (Abs. 4)	43

I. Allgemeines

1 **1. Normzweck.** § 3b **regelt die bei Vergabeverfahren nach Abschnitt 1 der VOB/A in** Betracht kommenden Vergabearten (Öffentliche Ausschreibung, Beschränkte Ausschreibung mit Teilnahmewettbewerb, Beschränkte Ausschreibung ohne Teilnahmewettbewerb und Freihändige Vergabe). Anders als die Überschrift „Ablauf der Verfahren" vermuten lässt, enthält § 3b aber **keine umfassende Verfahrensbeschreibung sämtlicher Vergabeverfahren.** Hinsichtlich der Öffentlichen Ausschreibung, der Beschränkten Ausschreibung ohne Teilnahmewettbewerb und der Freihändigen Vergabe definiert § 3b lediglich die Mindestanforderungen an den Zugang zum Wettbewerb. Lediglich der Ablauf der Beschränkten Ausschreibung mit Teilnahmewettbewerb wird seit der VOB/A 2019 in Abs. 2 näher geregelt (→ Rn. 3). Weitere Anforderungen an die Verfahrensgestaltung ergeben sich aus §§ 5 ff.

2 **2. Entstehungsgeschichte.** Die Vorschrift des § 3b wurde durch die VOB/A 2016 eingeführt und entsprach § 6 Abs. 2 VOB/A 2012. Nachdem eine Vielzahl der bisher nur in den Vergabeordnungen geregelten Abläufe eines europaweiten Vergabeverfahrens in das GWB und insbesondere in die VgV aufgenommen worden waren und damit Gesetzesrang erlangt hatten, waren die daneben bestehen gebliebenen Bestimmungen der Vergabeordnungen einschließlich der Bestimmungen über das nationale Vergabeverfahren inhaltlich und redaktionell anzupassen. In der **VOB/A 2016** blieben die **Bestimmungen über das nationale Vergabeverfahren** aber **weitgehend inhaltlich unverändert,** während die Bestimmungen über das europaweite Vergabeverfahren eine Erweiterung und Detaillierung erfuhren. Insbesondere zu den Verfahrensarten und deren Zulässigkeit sind hierdurch Unterschiede entstanden. Während § 3b EU die Verfahrensabläufe der fünf Verfahrensarten genau beschrieb, beschränkte sich § 3b trotz der gleichlautenden Überschrift darauf, die Mindestgrenze für die zum Wettbewerb zuzulassenden Unternehmen zu benennen (öffentliche Ausschreibung alle; beschränkte Ausschreibung mindestens drei) und vorzugeben, dass zwischen den Unternehmen „möglichst" gewechselt werden soll.

3 Durch die **VOB/A 2019** wurde § 3b nunmehr **wesentlich erweitert.** Die Beschreibung der Öffentlichen Ausschreibung in Abs. 1 wurde der Beschreibung des Offenen Verfahrens in § 3b EU Abs. 1 angepasst. Insbesondere wurde nunmehr in Abs. 2 eine nähere Beschreibung des Ablaufes der Beschränkten Ausschreibung mit Teilnahmewettbewerb aufgenommen. Diese Einfügung knüpft an den mit der VOB/A 2019 ebenfalls geänderten § 3a Abs. 1 an, der nunmehr – entsprechend der Rechtslage in Abschnitt 2 – dem öffentlichen Auftraggeber eine Wahlfreiheit zwischen Öffentlicher Ausschreibung und Beschränkter Ausschreibung mit Teilnahmewettbewerb gewährt. Um der damit einhergehenden Aufwertung der Beschränkten Ausschreibung mit Teilnahmewettbewerb Rechnung zu tragen, wurde das Verfahren in § 3b Abs. 2 in seinen wesentlichen Grundzügen näher beschrieben.[1] Der frühere Abs. 2 ist zu Abs. 3 geworden und bezieht sich – zwecks Abgrenzung zu der in Abs. 2 geregelten Beschränkten Ausschreibung mit Teilnahmewettbewerb – nur noch auf die Beschränkte Ausschreibung ohne Teilnahmewettbewerb. Die Regelung des Abs. 4 – vormals Abs. 3 –

---

[1] *Janssen* NZBau 2019, 147.

regelt nach wie vor, dass zwischen Unternehmen möglichst gewechselt werden soll, erfasst aber nicht mehr nur die freihändige Vergabe, sondern gilt nunmehr auch für die Beschränkte Ausschreibung ohne Teilnahmewettbewerb.

3. Vergleichbare Regelungen. Die **UVgO** weicht sowohl hinsichtlich der Regelungssystematik als auch inhaltlich, dh bezüglich der Verfahrensarten, von § 3b ab. In systematischer Hinsicht fällt auf, dass die UVgO die unterschiedlichen Verfahrensarten nicht in einer zentralen Norm zusammenfasst, sondern jede Verfahrensart in einem gesonderten Paragrafen regelt (§§ 9–12 UVgO). Zudem beschreiben §§ 9ff. UVgO den Ablauf der einzelnen Vergabeverfahren ausführlicher als § 3b. Dieser enthält lediglich eine nähere Beschreibung der Beschränkten Ausschreibung mit Teilnahmewettbewerb, während die anderen Verfahrensarten nur rudimentär beschrieben werden. Inhaltlich ist bemerkenswert, dass die UVgO die freihändige Vergabe (§ 3b Abs. 4) nicht kennt. Die UVgO enthält stattdessen die Verhandlungsvergabe mit oder ohne Teilnahmewettbewerb (§ 12 UVgO), die allerdings stärker formalisiert und daher nur zum Teil mit einer freihändigen Vergabe vergleichbar ist.

§ 3b EU stimmt zum Teil mit § 3b überein, enthält jedoch auch diverse abweichende Bestimmungen. Das Offene Verfahren (§ 3 EU Nr. 1) entspricht der Öffentlichen Ausschreibung (§ 3 Nr. 1) und wird in § 3b EU Abs. 1 nahezu mit denselben Worten beschrieben, wie die Öffentliche Ausschreibung in § 3b Abs. 1. Das Nicht Offene Verfahren (§ 3 EU Nr. 2) kann mit der Beschränkten Ausschreibung mit Teilnahmewettbewerb (§ 3 Nr. 2) verglichen werden. Ersteres ist jedoch in § 3b EU Abs. 2 ausführlicher geregelt, als die Beschränkte Ausschreibung mit Teilnahmewettbewerb in § 3b Abs. 2. Die Verfahrensarten der Beschränkten Ausschreibung ohne Teilnahmewettbewerb (§ 3 Nr. 2) sowie der Freihändigen Vergabe (§ 3 Nr. 3) gibt es im Oberschwellenbereich nicht, sodass § 3b EU keine mit § 3b Abs. 3 und 4 unmittelbar vergleichbare Regelungen enthält. Stattdessen ist das Verhandlungsverfahren mit und ohne Teilnahmewettbewerb (§ 3 EU Nr. 3) vorgesehen, dessen Ablauf in § 3b EU Abs. 3 geregelt wird. Das Verhandlungsverfahren iSd § 3 EU Nr. 3 kann allerdings nur bedingt mit der Beschränkten Ausschreibung ohne Teilnahmewettbewerb bzw. mit der Freihändigen Vergabe verglichen werden. Von der Beschränkten Ausschreibung ohne Teilnahmewettbewerb unterscheidet sich das Verhandlungsverfahren (ohne Teilnahmewettbewerb) dadurch, dass bei ersterem Verfahren keine Verhandlungen stattfinden. Der Unterschied zur Freihändigen Vergabe besteht darin, dass diese weniger formalisiert ist, als das Verhandlungsverfahren iSd § 3 EU Nr. 3. Abschnitt 2 der VOB/A kennt im Übrigen noch zwei weitere Verfahrensarten, die Abschnitt 1 der VOB/A nicht kennt, nämlich den Wettbewerblichen Dialog (§ 3 EU Nr. 4) und die Innovationspartnerschaft (§ 3 EU Nr. 5), deren Abläufe eine sehr detaillierte Regelung in § 3b EU Abs. 4 und 5 erfahren haben.

II. Verfahrensarten

1. Die Öffentliche Ausschreibung. a) Vergabe „nach öffentlicher Aufforderung einer unbeschränkten Anzahl von Unternehmen zur Abgabe von Angeboten (Abs. 1). Nach Abs. 1 S. 1 fordert der öffentliche Auftraggeber bei einer Öffentlichen Ausschreibung eine unbeschränkte Anzahl von Unternehmen öffentlich zur Abgabe von Angeboten auf. Dementsprechend kann, wie Abs. 1 S. 1 verdeutlicht, jedes interessierte Unternehmen ein Angebot abgeben. Damit beschreibt Abs. 1 zunächst ein **maßgebliches Charakteristikum der Öffentlichen Ausschreibung**, nämlich dass es sich um ein Verfahren handelt, zu dem eine **unbeschränkte Anzahl von Unternehmen Zugang** hat.

Die Relevanz dieser – auf den ersten Blick profanen Aussage – wird deutlich, wenn man sich die frühere Rechtslage vor Augen führt. **§ 6 Abs. 2 Nr. 1 VOB/A 2012,** also die Vorgängernorm des Abs. 1, lautete wie folgt:

„1. Bei öffentlicher Ausschreibung sind die Unterlagen an alle Bewerber abzugeben, die sich gewerbsmäßig mit der Ausführung von Leistungen der ausgeschriebenen Art befassen."

Dieser Formulierung wurde zweierlei entnommen: Zum einen wurde diese Regelung als Beleg für die Zulässigkeit eines Selbstausführungsgebotes gewertet. Ob ein Selbstausführungsgebot in Abschnitt 1 der VOB/A zulässig ist, ist zwar nach wie vor umstritten (→ § 6 Rn. 56 ff.), kann jedoch mangels Entfall des Erfordernisses einer gewerbsmäßigen Befassung der Bieter mit der gewerblichen Leistung jedenfalls nicht mehr auf § 3b Abs. 2 gestützt werden.[2] Darüber hinaus beschränkte § 6 Abs. 2 Nr. 1 VOB/A 2012 bereits den Zugang zu den Vergabeunterlagen, indem diese nur Unter-

---

[2] AA Ingenstau/Korbion/*Schranner/Stolz* Rn. 2 f., die § 3b Abs. 1 im Lichte des § 6 Abs. 3 dahin gehend auslegen, dass lediglich Unternehmen, die sich gewerbsmäßig mit der Ausführung von Leistungen der ausgeschriebenen Art befassen, ein Angebot abgeben können.

nehmen erhalten sollten, die sich gewerbsmäßig mit der Ausführung von Leistungen der ausgeschriebenen Art befassen. Diese Einschränkung ging historisch zurück auf die Überlegung, dass die Erstellung eines Angebotes für die Bieter kostenaufwendig sein kann und dies den interessierten Unternehmen, die ersichtlich nicht für die Auftragserfüllung in Betracht kamen, erspart bleiben sollte. Aus diesem Gedanken resultierte die rechtliche Möglichkeit, Bieter schon vor der Angebotsabgabe auszuschließen, indem ihnen die Übersendung der Vergabeunterlagen verweigert wurde.[3] Auch für diese Überlegung bietet der aktuelle Wortlaut des § 3b Abs. 1 keinerlei Anhaltpunkt mehr. Das ist übrigens keine Folge der aktuellen Anpassung des Abs. 1, sondern galt schon nach der Vorschrift des **§ 3b Abs. 1 VOB/A 2016,** in der gegenüber § 6 Abs. 2 Nr. 1 VOB/A 2012 bereits das Erfordernis einer gewerbsmäßigen Befassung der Bieter mit der gewerblichen Leistung gestrichen wurde und die wie folgt lautete:

„Bei öffentlicher Ausschreibung sind die Unterlagen an alle Unternehmen abzugeben."

9   Die **aktuelle Änderung** des Abs. 1 bringt insoweit keine Neuerungen, sondern enthält lediglich eine Anpassung an den Wortlaut des § 3b EU Abs. 1. Erklären lässt sich die Anpassung damit, dass angesichts der näheren Beschreibung der Beschränkten Ausschreibung mit Teilnahmewettbewerb in Abs. 2 – dem Vorbild der Parallelnorm in Abschnitt 2 entsprechend – wohl **auch die Öffentliche Ausschreibung näher beschrieben werden sollte.** Im Übrigen **passte der Wortlaut** „sind die Unterlagen an alle Unternehmen abzugeben" **nicht zu der nunmehr auch bei Vergabeverfahren nach Abschnitt 1 der VOB/A normal** – zumindest optional – **möglichen elektronischen Durchführung** des Vergabeverfahrens (vgl. § 11).

10 Mit dem Satz „Bei einer Öffentlichen Ausschreibung fordert der öffentliche Auftraggeber eine unbeschränkte Anzahl von Unternehmen öffentlich zur Abgabe von Angeboten auf" beschreibt Abs. 1 aber nicht nur ein wesentliches Merkmal der öffentlichen Ausschreibung, sondern auch eine wichtige **Verfahrenshandlung,** nämlich die **öffentliche Bekanntmachung des Beschaffungsvorhabens** iSv von § 12 Abs. 1 Nr. 1. Als Medium können bei Öffentlicher Ausschreibung nach Abschnitt 1 der VOB/A Tageszeitungen, amtliche Veröffentlichungsblätter oder unentgeltlich nutzbare und direkt zugängliche Internetportale, etwa die Plattform www.service.bund.de, genutzt werden. Wie sich bereits aus dem Wortlaut von § 12 Abs. 1 Nr. 1 ergibt, ist die Aufzählung in § 12 Abs. 1 Nr. 1 beispielhaft. Entscheidend ist, dass eine **unbeschränkte Zahl von Unternehmen** von dem Beschaffungsvorhaben **Kenntnis nehmen kann.** Die Auftragsbekanntmachung soll die in § 12 Abs. 1 Nr. 2 genannten Angaben enthalten.

11 In **Abs. 1 S. 2** wird ein weiterer Verfahrensschritt, nämlich die Angebotsabgabe, angesprochen. Da alle interessierten Unternehmen ein Angebot abgeben können, sind jedem Unternehmen, welches auf die Bekanntmachung hin die **Vergabeunterlagen** abruft, diese zur Verfügung zu stellen. Die Vergabeunterlagen werden entweder (§ 12a Abs. 1) oder **elektronisch zur Verfügung gestellt** (§§ 11, 11a). Werden die Unterlagen elektronisch zur Verfügung gestellt, muss der elektronische Zugriff nach § 11 Abs. 3 barrierefrei sein. Dabei darf zu diesem Zeitpunkt noch keine Auswahl getroffen oder die Zahl der Unternehmen beschränkt werden. Es ist Ziel und Zweck der öffentlichen Ausschreibung, jedem Marktteilnehmer, der sich zur Abgabe eines Angebotes in der Lage sieht, den **Zugang zum Wettbewerb zu eröffnen.** Der Ausschluss einzelner Bieter oder Angebote kann sich allenfalls im Rahmen der späteren Eignungsprüfung der Unternehmen und der Wertung der Angebote ergeben. Lediglich kann zum Schutz der Vertraulichkeit nach § 11 Abs. 7 die Abgabe einer Verschwiegenheitserklärung verlangt werden.

12 Die Übermittlung der Vergabeunterlagen geschieht bei Bauprojekten mit großen Planunterlagen vereinzelt auch noch in **Papierform.** Zulässig und gebräuchlich sind zudem die **GAEB-Dateien,** die eine elektronische Angebotserstellung und spätere elektronische Angebotsprüfung ermöglichen, was insbesondere bei großen Leistungsverzeichnissen mit einer großen Zahl von Preispositionen hilfreich sein kann.

13 **b) Überblick über den Ablauf einer öffentlichen Ausschreibung.** Wie aus § 3 Nr. 1 folgt, hat die Ausschreibung bei Öffentlicher Ausschreibung „im vorgeschriebenen Verfahren" zu erfolgen. Anders als im Falle der Beschränkten Ausschreibung mit Teilnahmewettbewerb nach Abs. 2, wird der Verfahrensablauf der Öffentlichen Ausschreibung jedoch nicht näher dargestellt. Vielmehr lassen sich Abs. 1 lediglich Aussagen zu wichtigen Verfahrensschritten, nämlich der Bekanntmachung und der Angebotsabgabe entnehmen. Der Verfahrensablauf folgt vielmehr aus den **Einzelvorschriften der §§ 7 ff.**

14 Eine Öffentliche Ausschreibung nach Abschnitt 1 der VOB/A verläuft – grob dargestellt – wie folgt: Zunächst hat der öffentliche Auftraggeber die **Vergabeunterlagen** unter Beachtung der

---

[3] Hierzu *Reider* → 2. Aufl. 2019, Rn. 4 ff.

Anforderungen der §§ 7–8b zu erstellen. Anschließend erfolgt die bereits erwähnte **Auftragsbekanntmachung** gem. §§ 11, 11a, 12 (→ Rn. 10) und der **Versand der Vergabeunterlagen** (§ 12a Abs. 1 bis 3). UU erteilt die Vergabestelle gem. § 12a Abs. 4 **Auskünfte** an die Bieter. Die **zwingend einzuhaltende Angebotsfrist** ergibt sich aus **§ 10 Abs. 1** und beträgt mindestens **zehn Tage.** Die Angebotsfrist hat ausreichend zu sein und ist unter Berücksichtigung des Aufwandes für die Besichtigung der Baustellen oder der Beschaffung von Unterlagen für die Angebotsbearbeitung zu bemessen. Innerhalb der vom Auftraggeber in der Auftragsbekanntmachung angegebenen **Angebotsfrist** können die Bieter **Angebote einreichen** (§§ 10, 13). Nach Ablauf der Angebotsfrist erfolgt ein **Öffnungstermin** (§§ 14, 14a). Waren nur elektronische Angebote zugelassen, werden die bis dahin verschlüsselt aufbewahrten Angebote von mindestens zwei Vertretern des Auftraggebers im Termin geöffnet und hierüber ein Protokoll gefertigt, welches den Bietern elektronisch zur Verfügung gestellt wird (§ 14). Waren auch schriftliche Angebote zugelassen, was bei Verfahren nach Abschnitt 1 der VOB/A nach wie vor zulässig ist, werden die bis dahin in einem verschlossenen Umschlag aufbewahrten Angebote im Termin, an dem auch Bieter bzw. dessen Vertreter teilnehmen können, geöffnet und verlesen (§ 14a). Sodann schließt sich die **formale Angebotsprüfung** an (§ 16), in deren Verlauf gegebenenfalls Unterlagen oder Erklärungen nachgefordert werden (§ 16a). Diese Phase wird auch als erste Wertungsstufe bezeichnet.[4] Gegenstand der sich anschließenden zweiten Wertungsstufe ist die **materielle Angebotsprüfung,** also die Eignungsprüfung (§ 16b).[5] Im Rahmen der dritten Wertungsstufe erfolgt eine **wirtschaftliche Angebotsprüfung,** die die Feststellung der Angemessenheit des Preises zum Ziel hat (§ 16d Abs. 1 Nr. 1 und Nr. 2).[6] Die vierte Wertungsstufe umfasst die **Auswahl des Angebotes** anhand der Zuschlagskriterien (§ 16d Abs. 1 Nr. 4–7).[7] Sofern erforderlich, kann bis zum Abschluss der vierten Wertungsstufe eine Aufklärung der Angebote gem. § 15 erfolgen. Nach Durchführung dieser Verfahrensschritte erteilt der öffentliche Auftraggeber entweder den **Zuschlag** (§ 18) oder es erfolgt eine **Aufhebung der Ausschreibung** (§ 17). Es schließt sich noch die **Benachrichtigung der unterlegenen Bieter** über die Zuschlagserteilung an (§ 19 Abs. 1 S. 2).

2. Beschränkte Ausschreibung mit Teilnahmewettbewerb (Abs. 2). Die Beschränkte Ausschreibung mit öffentlichem Teilnahmewettbewerb **entspricht dem nicht offenen Verfahren** iSd **§ 3 EU Nr. 2, § 3b EU Abs. 2.** Da die Beschränkte Ausschreibung mit öffentlichem Teilnahmewettbewerb neben dem offenen Verfahren gleichrangig zur Wahl steht (§ 3a Abs. 1), soll auch diese Verfahrensart die **größtmögliche Öffnung für den Wettbewerb** gewährleisten. 15

Der **Verfahrensablauf** wird in dem durch die VOB/A 2019 eingefügten **Abs. 2 S. 1–6** nunmehr näher erläutert, jedoch nicht umfassend dargestellt. Aus der Beschreibung des Abs. 2 geht hervor, dass es sich um ein **zweistufiges Verfahren** handelt, bei welchem auf der **ersten Stufe** eine abschließende Auswahl der Bewerber erfolgt, die zur Abgabe eines Angebotes zugelassen werden **(Teilnahmewettbewerb).** Die **zweite Stufe** bildet die **beschränkte Ausschreibung,** welche insbesondere die Wertung der Angebote sowie die Zuschlagserteilung umfasst.[8] 16

Der vor die Klammer gezogene Teilnahmewettbewerb verläuft wie folgt: Zunächst erfolgt eine **öffentliche Bekanntmachung** gem. § 12 Abs. 2, in der unter Benennung des konkreten Beschaffungsvorhabens Unternehmen **aufgefordert werden, sich um die Zulassung zur Angebotsabgabe zu bewerben** (Abs. 2 S. 2). Der öffentliche Teilnahmewettbewerb ist uneingeschränkt für alle interessierten Unternehmen offen. 17

Für den Eignungswettbewerb gelten die Grundsätze des § 2. Das bedeutet, dass die **Eignungskriterien nach den Maßstäben von §§ 6a, 6b festzulegen** sind und die geforderten Nachweise sich auf die zu beschaffende Leistung beziehen müssen, dh sie müssen mit ihrem Inhalt Rückschlüsse dazu erlauben, ob der Bewerber die zu beschaffende Bauleistung ordnungsgemäß bewältigen wird, sowohl in fachlicher Hinsicht als auch von den verfügbaren Unternehmenskapazitäten her. Für die Bewerber muss transparent sein, mit welchen Eignungsnachweisen sie sich erfolgreich um Zulassung zur Angebotsabgabe bewerben können (Abs. 2 S. 4). 18

Wie bei der öffentlichen Ausschreibung prüft der Auftraggeber die Teilnahmeanträge zunächst unter formalen Gesichtspunkten (1. Wertungsstufe). Im Anschluss folgt die Eignungsprüfung (2. Wertungsstufe) gem. § 6b Abs. 5.[9] 19

---

[4] OLG Koblenz Urt. v. 26.9.2019 – 1 U 564/19, BeckRS 2019, 27869 Rn. 67; VK Bund Beschl. v. 4.6.2010 – VK 3-48/10, BeckRS 2010, 142928 Rn. 48.
[5] OLG Frankfurt a. M. Urt. v. 31.10.2006 – 11 U 2/06, BeckRS 2011, 25381; VK Sachsen Beschl. v. 28.8.2015 – 1/SVK/020-15, BeckRS 2015, 17933.
[6] OLG Karlsruhe Beschl. v. 7.5.2014 – 15 Verg 4/13, BeckRS 2015, 8088 Rn. 44; *Städler* NZBau 2014, 472.
[7] OLG Köln Urt. v. 29.1.2020 – 11 U 14/19, NZBau 2020, 684 (688); VK Bund Beschl. v. 4.6.2010 – VK 3-48/10, BeckRS 2010, 142928 Rn. 47.
[8] HK-VergabeR/*Pünder/Klafki* Rn. 14; Ziekow/Völlink/*Völlink* § 3 Rn. 10.
[9] *Belke* IBR 2009, 1423; Kapellmann/Messerschmidt/*Stickler* Rn. 11.

20 Das nicht offene Verfahren empfiehlt sich für die Vergabe von Bauleistungen, bei denen mit sehr vielen Angeboten zu rechnen ist. Dann kann eine vorherige Eignungsprüfung zur Beschränkung der Zahl der Angebote allein auf solche von geeigneten Bietern führen und den Prüfungsaufwand für den öffentlichen Auftraggeber verringern; er muss weniger Komplettangebote prüfen. Das Verfahren ist hilfreich auch bei Bauleistungen mit besonderen fachlichen Anforderungen, sodass bereits vorab die Unternehmen ermittelt werden können, die die Gewähr für die Erfüllung der Anforderungen bieten. Abs. 2 S. 4 sieht deshalb vor, dass der öffentliche **Auftraggeber sowohl eine Höchstzahl als auch eine Mindestanzahl von Bewerbern** (jedoch nicht weniger als fünf) **vorgeben kann,** die später zur Angebotsabgabe aufgefordert werden. Diese Begrenzungen sind schon in der Bekanntmachung mitzuteilen (Abs. 2 S. 4).

21 Aus der Möglichkeit der Festlegung einer Höchstzahl von Bewerbern, mit denen das Verfahren nach Durchführung des Teilnahmewettbewerbs fortgeführt werden soll, ergibt sich für die Eignungsprüfung eine Besonderheit gegenüber der öffentlichen Ausschreibung. Wenn die Anzahl der geeigneten Bewerber die vorab festgesetzte Höchstzahl von Bewerbern überschreitet, genügt es nicht, wie bei der Öffentlichen Ausschreibung, die Eignung eines Bieters zu bejahen oder zu verneinen. Vielmehr bedarf es der Entscheidung, welche Bewerber trotz erfolgtem Eignungsnachweis nicht zur Angebotsabgabe aufgefordert werden. Die **Auswahl unter den geeigneten Unternehmen** erfolgt anhand der vom Auftraggeber festgelegten Eignungskriterien (Abs. 2 S. 3), welche in der Auftragsbekanntmachung anzugeben sind. Zu ermitteln ist hierbei, in welchem Ausmaß die Bewerber die Eignungskriterien erfüllen. Wird als Eignungskriterium der durch vergleichbare Leistungen erzielte Umsatz innerhalb der letzten drei Geschäftsjahre gewählt (§ 6a Abs. 2 Nr. 1), so ist zB ein Bewerber, der mit entsprechenden Bauleistungen einen durchschnittlichen Umsatz in Höhe von 1 Mio. erzielt hat, geeigneter, als ein Bewerber, der mit den einschlägigen Leistungen lediglich einen jahresdurchschnittlichen Umsatz in Höhe von 0,5 Mio. Euro erwirtschaftet hat.

22 Auch im Rahmen eines Teilnahmewettbewerbs können **Mindestanforderungen an die Eignung** gestellt werden, sofern diese bereits in der Bekanntmachung aufgeführt werden.[10] So könnte beispielsweise vorgegeben werden, dass die Bewerber durch vergleichbare Leistungen innerhalb der letzten drei Geschäftsjahre mindestens einen Umsatz von durchschnittlich 0,5 Mio. EUR erzielt haben müssen. Bewerber, die diese Anforderungen nicht erfüllen, wären ungeeignet, sodass der Teilnahmeantrag nicht berücksichtigt werden kann. Erfüllen mehrere Bewerber die Mindestanforderung an die Eignung und überschreitet ihre Anzahl die vorgegebene Höchstzahl an Bewerbern, so wäre die im zweiten Schritt durchzuführende Auswahlentscheidung daran auszurichten, in welchem Maße die Bewerber den jahresdurchschnittlichen Mindestumsatz von 0,5 Mio. EUR überschreiten.

23 Erfüllen mehrere Bewerber an einem Teilnahmewettbewerb mit festgelegter Höchstzahl gleichermaßen die Anforderungen und ist die Bewerberzahl auch nach einer objektiven Auswahl entsprechend der zugrunde gelegten Eignungskriterien zu hoch, kann die Auswahl unter den verbliebenden Bewerbern **ausnahmsweise** im Wege **des Losverfahrens** getroffen werden.[11]

24 Die Kriterien für die Begrenzung der Anzahl der Bewerber sind nach dem Wortlaut von Abs. 2 S. 4 in der Auftragsbekanntmachung anzugeben. Fraglich ist, ob die Pflicht zur Veröffentlichung der Auswahlkriterien auch eine **Verpflichtung zur Bekanntgabe eines vollständigen Bewertungssystems bzw. einer Bewertungsmatrix** nach sich zieht. Grundsätzlich ist es ausreichend, wenn die Auswahlentscheidung aufgrund sachlicher und willkürfreier Erwägungen vorgenommen wird.[12] Im Interesse der Transparenz der Auswahlentscheidung ist dem öffentlichen Auftraggeber allerdings zu empfehlen, bereits in der Bekanntmachung in Gestalt einer Bewertungsmatrix zu verdeutlichen, wie die Eignung bewertet wird.[13] Jedenfalls dann, wenn der öffentliche Auftraggeber im Vorfeld des Teilnahmewettbewerbs entsprechende Regeln für die Gewichtung der Auswahlkriterien aufgestellt hat, sind diese zwingend in der Bekanntmachung bekanntzugeben.[14]

25 Bleibt die Zahl der geeigneten Unternehmen **hinter der bekanntgemachten Mindestzahl zurück,** ist der öffentliche Auftraggeber darauf beschränkt, nur die verbliebenen Unternehmen zur Angebotsabgabe aufzufordern **(Abs. 2 S. 6).**

---

[10] VK Brandenburg Beschl. v. 22.6.2016 – VK 5/16, BeckRS 2016, 53538; ähnlich zum Verhandlungsverfahren: OLG Schleswig Beschl. v. 28.6.2016 – Verg 2/16, NZBau 2016, 593 (596).

[11] OLG Rostock Beschl. v. 1.8.2003 – 17 Verg 7/03, ZfBR 2004, 192 (zur VOF); vgl. auch § 75 Abs. 6 VgV zur Eignungsprüfung bei der Vergabe von Architekten- und Ingenieurleistungen.

[12] OLG Düsseldorf Beschl. v. 29.10.2003 – VII-Verg 43/03, BeckRS 2003, 17895 (zur Vergabe einer freiberuflichen Leistung im Wege eines Verhandlungsverfahrens nach der VOF); VK Sachsen-Anhalt Beschl. v. 10.6.2009 – VK 2 LVwA LSA-13/09 (zur VOL/A); *Röwekamp* in RKPP GWB § 119 Rn. 19; Kapellmann/Messerschmidt/*Stickler* Rn. 13.

[13] VK Bund Beschl. v. 24.6.2011 – VK 1-63/11, VPRRS 2011, 0442; Reidt/Stickler/Glahs/*Ganske* GWB § 119 Rn. 29.

[14] EuGH Urt. v. 12.12.2002 – C-470/99, Slg. I 2002, 11617 Rn. 87 ff. = EuZW 2003, 147 ff. – Universale-Bau AG; Beck OGK/*Bulla* BGB § 631 Rn. 1502.7.

II. Verfahrensarten	26–33 § 3b VOB/A

Ist die Eignung festgestellt und sind die Bewerber zur Angebotsabgabe aufgefordert, dürfen nur noch Umstände berücksichtigt werden, die nach der Aufforderung zur Abgabe der Angebote bekannt werden und Zweifel an der Eignung des Bieters begründen (§ 16b Abs. 3). **26**

Die sich an die Auswahl der Bewerber anschließende **Angebotsphase**, die in Abs. 2 nicht näher geregelt wird, **gleicht in Anforderungen und Ablauf der Angebotsphase der öffentlichen Ausschreibung** (Geheimhaltungspflicht, Submissionstermin, Prüfung der Angebote), hier nun **ohne die bereits vorab geprüften Eignungsaspekte** (Zuschlagsentscheidung anhand vorab bekanntgemachter Kriterien, nachvollziehbare Dokumentation der Entscheidung, Information der Bieter usw). **27**

Hinsichtlich der **Fristen** hat der Auftraggeber einen größeren Spielraum als beim Nicht Offenen Verfahren nach § 3 EU Nr. 2, § 3b EU Abs. 2. Während nach § 10b EU Abs. 1 und 2 sowohl die Bewerbungs- als auch die Angebotsfrist im Regelfall, dh wenn keine Verkürzung gem. § 10b EU Abs. 3 möglich ist, mindestens 30 Tage beträgt, schreibt **§ 10 Abs. 2** lediglich die Setzung einer „**ausreichenden**" Bewerbungsfrist vor. Die **Angebotsfrist** ist nach **§ 10 Abs. 1** ebenfalls „ausreichend" zu bemessen, wobei diese **zehn Kalendertage nicht unterschreiten** darf. **28**

3. Beschränkte Ausschreibung ohne Teilnahmewettbewerb (Abs. 3, 4). Ein der Beschränkten Ausschreibung ohne Teilnahmewettbewerb **entsprechendes Verfahren existiert oberhalb der Schwellenwerte nicht.** Bei einem nicht offenen Verfahren iSv § 3 EU Nr. 2 findet stets ein Teilnahmewettbewerb statt. **29**

Die **Auswahl der Bewerber** erfolgt bei der Beschränkten Ausschreibung ohne Teilnahmewettbewerb – ähnlich der freihändigen Vergabe **weitgehend formfrei** (→ Rn. 43 ff.). Aufgrund der wettbewerbseinschränkenden Wirkung ist die Verfahrensart der Beschränkten Ausschreibung ohne Teilnahmewettbewerb nur bei Vorliegen eines der unter § 3a Abs. 2 genannten Ausnahmegründe statthaft. **30**

Es handelt sich ebenso wie bei der beschränkten Ausschreibung mit Teilnahmewettbewerb um ein **zweistufiges Verfahren.** Die erste Stufe umfasst die Auswahl der Bieter und Aufforderung zur Abgabe von Angeboten und die zweite Stufe die Wertung der Angebote sowie die Zuschlagserteilung. Im Gegensatz zur Beschränkten Ausschreibung mit Teilnahmewettbewerb findet sich **in § 3b keine vollständige Beschreibung des Verfahrensablaufes** der Beschränkten Ausschreibung ohne Teilnahmewettbewerb. Vielmehr hat sich der Normgeber bei § 3b auf die Erwähnung von zwei Mindestanforderungen zur Aufrechterhaltung des Wettbewerbs beschränkt, nämlich die Vorgabe einer Mindestanzahl von Unternehmen, die zur Angebotsabgabe aufzufordern sind (Abs. 3) und der Vorgabe, zwischen den Unternehmen zu wechseln (Abs. 4). **31**

a) Mindestanzahl der zur Angebotsabgabe aufzufordernden Unternehmen (Abs. 3). Abs. 3 verlangt für das Verfahren der beschränkten Ausschreibung ohne Teilnahmewettbewerb die Aufrechterhaltung des Wettbewerbs mit der Forderung, mehrere, **im Allgemeinen mindestens drei** geeignete Unternehmen zur Angebotsabgabe aufzufordern. Daraus ist zweierlei abzuleiten: zum einen gilt auch für das beschränkte Vergabeverfahren der **Grundsatz aus § 2 Abs. 3,** wonach **Aufträge nur an geeignete Unternehmen** (→ § 6a Rn. 5 ff.) vergeben werden. Zum anderen soll die Festlegung der Mindestzahl an auszuwählenden Teilnehmern am Angebotsverfahren sicherstellen, dass die **Vergabe im Wettbewerb** erfolgt. Dies entspricht dem Vergabegrundsatz aus **§ 2 Abs. 1 S. 1**, wonach der **Wettbewerb die Regel** sein soll. Da diese Grundsätze durch ihre Stellung in der VOB/A und ihren Sinn und Zweck ohnehin für alle Vergabearten gelten, kann die hier erfolgte zusätzliche Erwähnung nur noch einmal betonen, dass die Vergabeverfahrensarten, die weniger streng formgebunden sind als die öffentliche Ausschreibung, dennoch in vollem Umfang den allgemeinen Grundsätzen unterliegen. **32**

Nach **§ 3a Abs. 2 Nr. 1** ist die Beschränkte Ausschreibung ohne Teilnahmewettbewerb statthaft, wenn bestimmte Auftragswerte (50.000 EUR für Ausbauwerke, 150.000 EUR für Tief-, Verkehrswege und Ingenieurbau sowie 100.000 EUR) nicht überschritten werden. Die beschränkte Ausschreibung ohne Teilnahmewettbewerb ist ferner zulässig, wenn eine Öffentliche Ausschreibung oder eine Beschränkte Ausschreibung mit Teilnahmewettbewerb kein annehmbares Ergebnis gehabt hat (§ 3a Abs. 2 Nr. 2) oder sofern eine Öffentliche Ausschreibung oder eine Beschränkte Ausschreibung mit Teilnahmewettbewerb aus anderen Gründen unzweckmäßig ist. Diese **Ausnahmetatbestände** lassen erkennen, dass die Verfahrensart der Beschränkten Ausschreibung ohne Teilnahmewettbewerb **den Bedürfnissen des Auftraggebers Rechnung tragen soll, insbesondere dem Interesse an der Vermeidung eines unverhältnismäßigen Verwaltungsaufwandes oder an einem schnellen Verfahren.** Der öffentliche Auftraggeber kann sich durch die Beschränkung des Bieterkreises auf die nach durchgeführter Eignungsprüfung tatsächlich geeigneten Unternehmen konzentrieren und sich damit die vollständige Prüfung einer größeren Zahl von im Ergebnis nicht **33** zuschlagsfähigen Angeboten ersparen. Diese Überlegungen hatten jedoch nicht den Zweck, die geltenden Vergabegrundsätze zu relativieren oder auszusetzen. Eine **Eignungsprüfung hat daher nach § 3b Abs. 2 iVm § 2 Abs. 1 Nr. 2 stattzufinden** bei allen Bewerbern und unabhängig davon, ob es einen vorgeschalteten Teilnahmewettbewerb gegeben hat.[15] Die **Auswahl** der Unternehmen, die zur Angebotsabgabe aufgefordert werden sollen, kann **nur aus dem Kreis der als geeignet befundenen Bewerber** erfolgen.

34 Abweichend von den Bestimmungen zur beschränkten Ausschreibung mit Teilnahmewettbewerb, für die in § **3b Abs. 2 S. 5** eine **Mindestzahl von fünf** am Angebotsverfahren zu beteiligenden Unternehmen festgelegt ist, werden bei nur nationalen Vergaben **drei Bieter als Minimum** für eine Vergabe im Wettbewerb als ausreichend erachtet.

35 Mit der Einschränkung „im Allgemeinen" ist zudem die **Möglichkeit eröffnet, auch weniger Unternehmen aufzufordern,** wenn die jeweiligen Gegebenheiten dies rechtfertigen.[16] Die Reduzierung auf weniger als drei Unternehmen muss jedoch auf **Ausnahmefälle** beschränkt werden, etwa wenn für die Auftragsausführung lediglich zwei Unternehmen in Betracht kommen.[17] Das kann der Fall sein, wenn der zu erfüllende Bauauftrag besondere Anforderungen stellt, zB hinsichtlich technischer Ausstattung und/oder fachlicher Erfahrung. Soll die Zahl von drei Unternehmen ausnahmsweise unterschritten werden, empfiehlt sich eine **nachvollziehbare Dokumentation der Gründe.** Insbesondere bei der Gewährung von Fördermitteln, die regelmäßig von der Einhaltung des Vergaberechts abhängig gemacht wird, sollte die Unterschreitung der Mindestanzahl von drei Unternehmen gut überlegt sein. Eine unbegründete oder nicht ausreichend begründete Beschränkung des Teilnehmerkreises in einem beschränkten Vergabeverfahren kann zur **Rückforderung oder Versagung von Fördermitteln** führen.

36 Ob sich die zur Angebotsabgabe aufgeforderten Unternehmen am Wettbewerb beteiligen, ist grundsätzlich unerheblich. Insbesondere ist der Auftraggeber nicht zur Einholung von Ersatzangeboten verpflichtet, wenn weniger als drei Angebote eingehen (→ Rn. 45).

37 Nach oben ist die Zahl der zur Angebotsabgabe aufzufordernden Unternehmen dagegen nicht begrenzt.

38 **b) Wechselgebot (Abs. 4).** Abs. 4 betrifft mit der Forderung, zwischen den Unternehmen möglichst zu wechseln**,** die Situation, dass bestimmte Leistungen dauerhaft immer wieder zu vergeben sind, zB in den Bereichen der Bauunterhaltung, Renovierung, Reparaturarbeiten usw, um die sich häufig dieselben – meist ortsnah ansässigen – Unternehmen bewerben. Einzelne Aufträge können unter den Schwellenwerten liegen, nach denen sowohl die beschränkte als auch die freihändige Vergabe ohne weitere Voraussetzungen zulässig sind. Für die beschränkte Ausschreibung ohne Teilnahmewettbewerb ergeben sich diese Auftragswerte aus § 3a Abs. 2 Nr. 1. Die Forderung, möglichst zu wechseln, soll dem sog. **Hoflieferantentum entgegenwirken.**[18] Die Forderung wird zusätzlich gestützt durch § 6 Abs. 1, wonach der Wettbewerb nicht auf Unternehmen beschränkt werden darf, die in bestimmten Regionen und Orten ansässig sind. Werden die Aufträge nur in regional ansässigen Handwerkerunternehmen vergeben, können sich Regionalkartelle bilden, in denen sich die Betriebe darüber verständigen, in welcher Reihenfolge welches Unternehmen jeweils das günstigste Angebot abgibt, es kann Preisabsprachen anderer Art geben und bei einer Wiederholung der Beauftragung eines bestimmten Unternehmens mag die Qualität der Ausführung der zugewiesenen Aufträge in Ordnung sein, der Preis kann dann aber „konkurrenzlos" kalkuliert werden, was nicht wettbewerbsgerecht wäre. Chancengleichheit ist nur dann gewährleistet, wenn jeder Teilnehmer am Wettbewerb eine reale Chance auf den Zuschlag hat und die Entscheidung über die Vergabe allein von neutralen Kriterien gelenkt wird, die nicht nach dem „bekannt – und – bewährt – Prinzip" Unternehmen schlechter bewerten, die nicht bereits für den Auftraggeber tätig sind. Bisher für den Auftraggeber erbrachte gute Leistungen dürfen bei der Eignungsprüfung als Referenz berücksichtigt werden. Sie dürfen jedoch nicht ohne sachlichen Grund eine bessere Bewertung erfahren als eine bei einem anderen Auftraggeber erarbeitete gute Referenz.

39 Die Einschränkung, dass nur **„möglichst"** zu wechseln ist, trägt dem Umstand Rechnung, dass ein Wechsel nicht immer realisierbar ist. Insbesondere bei kleinen Auftragswerten kann es an Angeboten verschiedener oder nicht ortsansässiger Unternehmen fehlen. Die Einschränkung eröffnet die Möglichkeit, in solchen Fällen ein Unternehmen auch wiederholt zu beauftragen. Das sollte allerdings die **Ausnahme** sein und die **Gründe sollten dokumentiert werden.**

---

[15] HK-VergabeR/*Pünder/Klafki* Rn. 19.
[16] Ingenstau/Korbion/*Schranner/Stolz* Rn. 19.
[17] Vgl. amtliche Begründung zu Parallelnorm des § 12 UVgO, BAnz AT 7.2.2017 B2.
[18] Zu § 12 UVgO: *Hirsch/Kaelble* in Müller-Wrede UVgO § 12 Rn. 26.

Nach welchem **Modus** der Wechsel zwischen den Unternehmen erfolgt, obliegt dem Beurtei- 40 lungsspielraum des Auftraggebers. In Anbetracht des Gebotes der Herstellung eines möglichst großen Wettbewerbs soll allerdings ein turnusmäßiger Wechsel ebenso wenig genügen, wie die Anwendung des Losverfahrens.[19]

c) Sonstige Verfahrensanforderungen. Aufgrund der Intransparenz der Beschränkten Aus- 41 schreibung ohne Teilnahmewettbewerb sieht die VOB/A vor, dass ab Erreichen eines Netto-Auftragswertes von 25.000 EUR nach Zuschlagserteilung auf geeignete Weise, zB auf Internetportalen, über die Auftragsvergabe zu informieren ist **(ex-post-Transparenz).** Zudem hat der Auftraggeber über beabsichtigte Beschränkte Ausschreibungen ohne Teilnahmewettbewerb ab Erreichen eines Netto-Auftragswertes von 25.000 EUR Unternehmen fortlaufend auf Internetportalen etc zu informieren **(ex-ante-Transparenz).**

Die sich an die Auswahl der Bewerber anschließende **Angebotsphase gleicht in Anforderun-** 42 **gen und Ablauf der Angebotsphase der Öffentlichen Ausschreibung** (Geheimhaltungspflicht, Submissionstermin, Prüfung der Angebote), hier nun **ohne die bereits vorab geprüften Eignungsaspekte** (dh Zuschlagsentscheidung anhand vorab bekanntgemachter Kriterien, nachvollziehbare Dokumentation der Entscheidung, Information der Bieter usw).

4. Freihändige Vergabe (Abs. 4). Die Freihändige Vergabe stellt gemäß der – durch die 43 VOB/A 2019 überarbeiteten – Vorschriften § 3 Nr. 3 ein „**vereinfachtes Verfahren**" dar. Ungeachtet der Vereinfachung handelt es sich also um ein **reguläres Vergabeverfahren.** Anders als das Wort „freihändig" vermuten lässt, kann in der Regel nicht ein Unternehmen unmittelbar mit der Leistungserbringung beauftragt werden. Das ist lediglich bei einem Direktkauf (§ 3a Abs. 4) möglich, von dem die freihändige Vergabe zu unterscheiden ist.[20]

Die Freihändige Vergabe iSv § 3 Nr. 3 ist – zumindest im Ansatz – mit der Verhandlungsvergabe 44 iSd § 8 Abs. 4 UVgO vergleichbar (→ Rn. 4). Während der Ablauf des Verhandlungsverfahrens in § 12 UVgO im Einzelnen geregelt wird, beschränkt sich § 3b Abs. 4 auf die Statuierung eines Wechselgebotes (→ Rn. 38 ff.).

Bei der Freihändigen Vergabe kann der öffentliche Auftraggeber von ihm ausgewählte Bieter zur 45 Angebotsabgabe auffordern, **ohne** dass die Bieter vorab in einem **Teilnahmewettbewerb** ermittelt wurden. Eine **Mindestanzahl an Bietern** ist – anders als nach Abs. 3 bei der beschränkten Ausschreibung ohne Teilnahmewettbewerb – **nicht vorgeschrieben.** In Abhängigkeit vom Auftragsgegenstand und der Beschaffungssituation besteht hier also ein größerer Spielraum für ein Verfahren mit weniger als drei Bewerbern. In Anbetracht des Wettbewerbsgrundsatzes (§ 2) sowie unter Beachtung haushaltsrechtlicher Grundsätze dürfte eine **Reduzierung auf weniger als drei Bewerber** aber **zu begründen** sein, wobei die Begründungsbedürftigkeit mit abnehmender Bieteranzahl steigt.[21] Ist die Vergabeart der Freihändigen Vergabe zB zulässig, weil zuvor eine Öffentliche oder Beschränkte Ausschreibung aufgehoben wurde (§ 3a Abs. 3 Nr. 4), so dürften unter wettbewerblichen Gesichtspunkten zumindest die Unternehmen zu beteiligen sein, die sich im Rahmen der aufgehobenen Öffentlichen Ausschreibung beteiligt haben bzw. die im Rahmen der aufgehobenen Beschränkten Ausschreibung zur Abgabe von Angeboten aufgefordert wurden.[22] Mit Rücksicht auf den weiten Spielraum des Auftraggebers bezüglich der Verfahrensgestaltung und in Anbetracht des Umstandes, dass es gerade bei der Verfahrensart der Freihändigen Vergabe darum geht, mit angemessenem Verwaltungsaufwand zu einer Vergabeentscheidung zu kommen, soll der Auftraggeber nach zustimmungswürdiger Auffassung des VG Köln **nicht dazu verpflichtet** sein, **Ersatzangebote einzuholen,** wenn er zwar drei Unternehmen zur Angebotsabgabe aufgefordert hat, jedoch nur ein Unternehmen ein Angebot abgegeben hat.[23] Selbstverständlich darf der Auftraggeber eine solche Situation nicht missbräuchlich herbeiführen, indem er Unternehmen zur Angebotsabgabe auffordert, bei denen er davon ausgehen musste, dass diese sich nicht am Verfahren beteiligen werden.[24]

Wie bei der beschränkten Ausschreibung ohne Teilnahmewettbewerb ist im Übrigen auch bei 46 der freihändigen Vergabe – dies ist die einzige ausdrückliche Verfahrensanforderung in § 3b Abs. 4 – zur Sicherstellung des Wettbewerbs **zwischen den Unternehmen zu wechseln,** welche zur

---

[19] Zu § 12 UVgO: *Hirsch/Kaelble* in Müller-Wrede UVgO § 12 Rn. 31.
[20] *Janssen* NZBau 2019, 147 (148).
[21] HK-VergabeR/*Pünder/Klafki* Rn. 21; Ingenstau/Korbion/*Schranner/Stolz* Rn. 24.
[22] OLG Dresden Beschl. v. 16.10.2001 – WVerg 7/01, NJOZ 2003, 2708 (2710); OLG Düsseldorf Beschl. v. 23.2.2005 – VII-Verg 78/04, NZBau 2005, 537 (538); OLG Hamburg Beschl. v. 8.7.2008 – 1 Verg 1/08, BeckRS 2009, 8988 (jeweils zur VOL/A).
[23] VG Köln Urt. v. 1.7.2015 – 16 K 6872/14, BeckRS 2015, 49851 (zur Rückforderung von Zuwendungsmitteln wegen möglicher Verstöße gegen die VOL/A).
[24] *Hirsch/Kaelble* in Müller-Wrede UVgO § 12 Rn. 21.

Abgabe eines Angebotes aufgefordert werden (→ Rn. 38 ff.). Zu beachten ist, dass der öffentliche Auftraggeber auch bei einer Freihändigen Vergabe keineswegs von einer Prüfung der **Eignung der Bieter** befreit ist. Gemäß § 6b Abs. 5 S. 1 muss diese – wie bei der Beschränkten Ausschreibung ohne Teilnahmewettbewerb – **vorab geprüft** werden (→ Rn. 33).

47   Bezüglich der sonstigen Gestaltung des Verfahrens hat der Auftraggeber einen deutlich größeren **Freiraum** als bei den anderen in §§ 3, 3b geregelten Vergabeverfahren. Hierin liegt das Wesensmerkmal der Freihändigen Vergabe. Insbesondere besteht **kein Verhandlungsverbot** (§ 15 Abs. 3).[25] Ähnlich wie bei einem Verhandlungsverfahren iSd Abschnitts 2 (vgl. § 3 EU Nr. 3, § 3b EU Abs. 3) kann also mit den Bietern über den Leistungsgegenstand, die Auftragsbedingungen und den Preis verhandelt werden. Auch hat der Auftraggeber zB bei der Bestimmung der Angebotsfrist einen weiten Ermessensspielraum.

48   Die Flexibilität des Auftraggebers hinsichtlich der Verfahrensgestaltung ist indes **nicht unbegrenzt**. Das zeigt sich daran, dass die VOB/A explizit die Anwendbarkeit diverser Einzelbestimmungen auf die Freihändige Vergabe vorsieht. So wird vorgeschrieben, dass die Leistungsbeschreibung und alle anderen Unterlagen unentgeltlich abzugeben sind (**§ 8b Abs. 1 Nr. 2**). Sofern der Auftraggeber von den Bietern Entwürfe, Pläne, Zeichnungen, statische Berechnungen etc verlangt, ist eine Entschädigung vorzusehen (**§ 8b Abs. 2 Nr. 2**). Auf eine Sicherheitsleistung ist in der Regel zu verzichten (**§ 9c Abs. 1 S. 3**). Der Auftraggeber hat eine angemessene Bindefrist zu bestimmen, die mit dem Ablauf der Angebotsfrist beginnt (**§ 10 Abs. 6**). Soweit Vergabeunterlagen nicht elektronisch zur Verfügung gestellt werden, sind diese an alle ausgewählten Bewerber am gleichen Tag abzusenden (**§ 12a Abs. 1 Nr. 2**). Die Angebote nebst Anlagen sind sorgfältig zu verwahren und geheim zu halten (**§ 14a Abs. 9**). Im Falle des nachträglichen Bekanntwerdens von Gründen, welche Anlass zu Zweifeln an der Eignung geben, muss der Auftraggeber ggf. wieder in die Eignungsprüfung eintreten (**§ 16b Abs. 3**). Die Angebote sind einer Prüfung auf Rechenfehler zu unterziehen (**§ 16c Abs. 2 Nr. 3**). Die Vorschriften über die Wertung von Angeboten gelten entsprechend (**§ 16d Abs. 5**). Der Auftraggeber muss eine Dokumentation des Vergabeverfahrens in Textform erstellen, welche mindestens die Gründe für die Wahl der Freihändigen Vergabe enthält (**§ 20 Abs. 1 Nr. 9**). Bei Freihändigen Vergaben, deren Auftragswert 15.000 EUR übersteigt, hat der Auftraggeber auf geeignete Weise, zB auf Internetportalen, nach Zuschlagserteilung über die Auftragsvergabe zu informieren (**§ 20 Abs. 3 Nr. 2**). Spielraum für eine individuelle Verfahrensgestaltung besteht insbesondere bei den Vorschriften der VOB/A, die nicht explizit für anwendbar erklärt werden.

49   Begrenzende Wirkung haben schließlich die **Prinzipien des § 2**, insbesondere das **Transparenzgebot**, das **Diskriminierungsverbot** und der **Gleichbehandlungsgrundsatz**.[26] Wenn der Auftraggeber mit den Bietern verhandelt, ist er zB – ebenso wie beim Verhandlungsverfahren iSd Abschnitts 2 (vgl. § 3 EU Nr. 3, § 3b EU Abs. 3) – verpflichtet, allen Bietern gleichmäßige und zeitgleiche Informationen über die sich aus den Verhandlungen ergebenden Veränderungen in den Leistungsanforderungen zukommen zu lassen und den Inhalt der vorliegenden Angebote gegenüber anderen Bietern geheim zu halten (→ § 3b EU Rn. 33).

§ 4 Vertragsarten

(1) Bauleistungen sind so zu vergeben, dass die Vergütung nach Leistung bemessen wird (Leistungsvertrag), und zwar:
1. in der Regel zu Einheitspreisen für technisch und wirtschaftlich einheitliche Teilleistungen, deren Menge nach Maß, Gewicht oder Stückzahl vom Auftraggeber in den Vertragsunterlagen anzugeben ist (Einheitspreisvertrag),
2. in geeigneten Fällen für eine Pauschalsumme, wenn die Leistung nach Ausführungsart und Umfang genau bestimmt ist und mit einer Änderung bei der Ausführung nicht zu rechnen ist (Pauschalvertrag).

(2) Abweichend von Absatz 1 können Bauleistungen geringeren Umfangs, die überwiegend Lohnkosten verursachen, im Stundenlohn vergeben werden (Stundenlohnvertrag).

(3) Das Angebotsverfahren ist darauf abzustellen, dass der Bieter die Preise, die er für seine Leistungen fordert, in die Leistungsbeschreibung einzusetzen oder in anderer Weise im Angebot anzugeben hat.

(4) Das Auf- und Abgebotsverfahren, bei dem vom Auftraggeber angegebene Preise dem Auf- und Abgebot der Bieter unterstellt werden, soll nur ausnahmsweise bei regelmäßig

---

[25] Kapellmann/Messerschmidt/*Stickler* Rn. 28.
[26] *Marx/Hölzl* NZBau 2010, 535 (536); HK-VergabeR/*Pünder/Klafki* Rn. 20.

wiederkehrenden Unterhaltungsarbeiten, deren Umfang möglichst zu umgrenzen ist, angewandt werden.

Schrifttum: *Byok,* Die Entwicklung des Vergaberechts seit 2018, NJW 2019, 1650; *Dähne,* Angehängte Stundenlohnarbeiten – juristisch betrachtet, Festschrift Walter Jagenburg zum 65. Geburtstag, 2002, 97; *Dauner-Lieb/Langen,* BGB-Schuldrecht, 4. Aufl. 2021 (=NK-BGB); *Dicks,* Nochmals: Primärrechtsschutz bei Aufträgen unterhalb der Schwellenwerte, VergabeR 2012, 531; *Grünhoff,* Die Konzeption des GMP-Vertrags – Mediation und value engeneering, NZBau 2000, 313; *Heddäus,* Probleme und Lösungen um den Pauschalvertrag – Mischformen von Pauschalverträgen – Komplettheitsklauseln –, ZfBR 2005, 114; *Hilgers,* Vorsicht bei allzu „kreativen" Ausschreibungsgestaltungen!, NZBau 2011, 664; *Kapellmann/Schiffers/Markus,* Vergütung, Nachträge und Behinderungsfolgen beim Bauvertrag, Band 1, 7. Aufl. 2017; *Kimmich/Bach,* ibr-online-Kommentar VOB für Bauleiter, 6. Edition 2017; *Kniffka,* ibr-online-Kommentar Bauvertragsrecht, 23. Aktualisierung Stand: 29.9.2020; *Peters,* Das Gebot wirtschaftlichen Arbeitens beim Stundenlohnvertrag und beim Einheitspreisvertrag, NZBau 2009, 573; *Pioch,* Privilegierung der VOB/B – Abweichung ist nicht gleich Abweichung, NZBau 2019, 273; *Ryll,* Renaissance der AGB-rechtlichen Privilegierung der VOB/B?, NZBau 2018, 187; *Vygen,* Rechtliche Probleme bei Ausschreibung, Vergabe und Abrechnung von Alternativ- und Eventualpositionen, BauR 1992, 135; *Zepp,* Anmerkung zu OLG Celle, Urt. v. 9.8.2012 – 16 U 197/11, NJW 2013, 1314.

Übersicht

	Rn.			Rn.
I.	**Allgemeines**	1	a) Voraussetzungen	28
1.	Normzweck	1	b) Typen von Stundenlohnverträgen	30
2.	Entstehungsgeschichte	3	c) Abrechnung der Stundenlohnarbeiten	36
3.	Vergleichbare Vorschriften	4	3. Sonstige Vertragstypen bzw. Vergütungsmodelle	37
II.	**Die Vertragstypen (Abs. 1 und 2)**	5	**III.** **Verfahren der Angebotseinholung (Abs. 3 und 4)**	42
1.	Der Leistungsvertrag (Abs. 1)	6	1. Das Angebotsverfahren (Abs. 3)	43
	a) Der Einheitspreisvertrag (Abs. 1 Nr. 1)	7		
	b) Der Pauschalvertrag (Abs. 1 Nr. 2) ...	22	2. Das Auf- und Abgebotsverfahren (Abs. 4)	46
2.	Der Stundenlohnvertrag (Abs. 2)	27	**IV.** **Bieterschutz**	51

I. Allgemeines

1. Normzweck. § 4 gibt einen zusammenfassenden Überblick über die bei Bauverträgen prak- 1
tikablen und anzuwendenden Vertragsformen. Damit sind zwar nicht alle denkbaren Konstellationen erfasst, die aufgenommenen Vertragstypen stehen jedoch mit den weiteren vergaberechtlichen Anforderungen im Einklang und ermöglichen eine transparente Ermittlung des wirtschaftlichsten Angebotes. Die Vorgaben haben **bestimmende Auswirkungen auf die Gestaltung der Vergabeunterlagen,** nach denen Vorgaben die Preise einzutragen sind.

§ 4 schließt die zivilrechtlichen Regeln über den Vertragsschluss und den Bauvertrag (**§ 311** 2
BGB, §§ 631–651 BGB) nicht aus. Hierzu gehört das zum 1.1.2018 in Kraft getretene reformierte Bauvertragsrecht. Inhaltlich stehen die Regeln des Bauvertragsrechts des BGB zu den Anforderungen des § 4 nicht in einem Spannungsverhältnis, weil § 4 sich darauf beschränkt, **Vorgaben zur Preisbildung und Preisgestaltung** zu machen, während die ansonsten im Werkvertragsrecht geregelten Rechte und Pflichten bei der Vertragserfüllung nicht angesprochen und daher auch nicht berührt werden. Die Regeln der VOB/A haben unterhalb der Schwellenwerte nur den Charakter von Verwaltungsvorschriften, da die VgV, die die VOB/A für anwendbar erklärt, nur die Vergaben erfasst, deren Auftragswerte über den Schwellenwerten liegen. Um eine angemessene Verteilung der Rechte, Pflichten und Risiken im Rahmen eines Vertrages über Bauleistungen nicht ständig neu „erfinden" zu müssen, bestimmt **§ 8a Abs. 1,** dass die **VOB/B** in Form von „Besonderen Vertragsbedingungen" und die **VOB/C** als „Allgemeine technische Vertragsbedingungen" zugrunde gelegt wird.

2. Entstehungsgeschichte. Vor der Reform der VOB/A im Jahr 2010 waren die verschiede- 3
nen Bauvertragstypen in den **§§ 5 und 6** geregelt und sahen in **§ 5 Nr. 3 Abs. 1 aF** als mögliche Vertragsform den **Selbstkostenerstattungsvertrag vor.** Mit der Neuregelung im Jahr 2010 wurden die auf zwei Bestimmungen verteilten verschiedenen Vertragstypen in § 4 bzw. § 4 EU zusammengezogen. Der Selbstkostenerstattungsvertrag wurde nicht wieder aufgenommen, weil er keine praktische Relevanz entwickelt hatte.[1] Ebenfalls **entfiel § 5 Nr. 3 Abs. 3 aF,** aus dem in Verbindung mit

---
[1] Ziekow/Völlink/*Püstow* § 4 EU Rn. 23.

den Vergütungsregeln in **§ 2 VOB/B** ein Vorrang des Leistungsvertrages abgeleitet wurde. In der Praxis kommt der Leistungsvertrag nach wie vor überwiegend zur Anwendung, sodass es einer ausdrücklichen Festlegung nicht bedarf. Sprachlich wurde die Formulierung verbindlicher. Aus dem früheren „sollen so vergeben werden" ist ein „sind so zu vergeben" geworden. Die Anwendung einer dieser Vertragsarten dürfte daher zumindest für die öffentliche Hand zwingend sein.

4   **3. Vergleichbare Vorschriften.** Nahezu identische Regelungen finden sich in § 4 EU und § 4 VS. **§ 4** unterscheidet sich von **§ 4 EU** und **§ 4 VS** nur durch die Bezeichnung **Bauleistungen** in S. 1. In § 4 EU und § 4 VS lautet der Begriff **Bauaufträge.** Ein abweichender Sinn ist damit nicht erfasst. Beide Bestimmungen umfassen den identischen Regelungsbereich. § 4 EU und § 4 VS orientiert sich lediglich an dem Sprachgebrauch der aus dem EU-Recht entstandenen Bestimmungen, die für die europaweiten Vergabeverfahren gelten. Andere Vergabeordnungen enthalten keine mit § 4 vergleichbare Vorschrift.

II. Die Vertragstypen (Abs. 1 und 2)

5   Als mögliche Vertragsarten nennen Abs. 1 und 2 den Leistungsvertrag, den Pauschalpreisvertrag und den Stundenlohnvertrag, wobei diese Aufzählung nicht abschließend ist (→ Rn. 37).

6   **1. Der Leistungsvertrag (Abs. 1).** Da Bauverträge grundsätzlich Werkverträge nach § 631 BGB sind, schuldet der Auftragnehmer das fertige Werk zum vereinbarten Preis. Tatsächlich ergeben sich bei der Durchführung von Bauaufträgen oft – nach Erstellung der Angebotsunterlagen, nach Abgabe des Angebotes oder während der Bauausführung – notwendige Veränderungen, sei es durch eine teilweise geänderte Planung, einen witterungsbedingten Bauzeitenverzug oder unerwartete Hindernisse im Boden, die eine Veränderung der vereinbarten Leistung erforderlich machen. In einem solchen Fall an einem einmal vereinbarten Festpreis festzuhalten, würde für alle Vertragsparteien ein kostenrelevant erhöhtes Risiko bedeuten. Die Baumaßnahmen würden sich entweder zulasten des Auftraggebers verteuern oder für den Bauunternehmer ein existentielles Risiko bedeuten. Diesem Umstand trägt § 4 Rechnung, wonach die Vergütung von Bauleistungen an der zu erbringenden bzw. der erbrachten Leistung bemessen werden soll. Dazu sieht Abs. 1 zwei Varianten vor, den **Einheitspreisvertrag** (Nr. 1) und den **Pauschalvertrag** (Nr. 2) (→ Grundzüge der VOB/B Rn. 33 und 39). Beide Varianten haben maßgeblichen Einfluss auf die Gestaltung der Vergabeunterlagen. Ein Bieter muss seinen Aufwand realistisch mitteilen können und dem Auftraggeber damit ein weitgehend realistisches Bild der zu erwartenden Kosten (vorbehaltlich sich später ergebender notwendiger Änderungen) abgeben. Aus der Reihenfolge der Aufzählung wird bei den Varianten des Leistungsvertrages ein Vorrang des Einheitspreisvertrages abgeleitet.[2]

7   **a) Der Einheitspreisvertrag (Abs. 1 Nr. 1).** Typisch für Bauleistungen ist die **Kombination aus Liefer- und Dienstleistungselementen,** da sich nur aus dem Zusammenspiel beider Elemente der geschuldete Erfolg, das Werk, erstellen lässt. Mit der Beschaffung der – abstrakt betrachtet – Dienstleistung „Bauen" ist ganz überwiegend die Lieferung der benötigten Baumaterialen verbunden, sodass die zu vergütende Leistung regelmäßig die Kosten für die verbrauchten Materialien und die Kosten für die erbrachten Leistungsstunden des eingesetzten Personals sowie die Kosten für die eingesetzten Gerätschaften, seien es Energiekosten oder (ggf. zusätzliche) Mietkosten usw umfasst. Der Einheitspreisvertrag, der die Unwägbarkeit der abschließend benötigten Ressourcen im Blick hat, geht daher vom sogenannten Einheitspreis aus. Als Einheit ist dabei das jeweilige einzelne Leistungselement zu verstehen, zB die Kosten für eine Stunde Facharbeitereinsatz, für einen Tag Standkosten für ein Gerüst, für 1m Kabel oder für 1m^3 Sand usw. Das Leistungselement (oder die Position) setzt sich zusammen aus dem Vordersatz, der Positionsbeschreibung, dem Einheitspreis und dem (Gesamt-)Positionspreis. Praktisch kann das so aussehen:

Pos.	Leistungsbeschreibung	Mengeneinheit (ME)	Einheitspreis in EUR	Gesamtpreis in EUR
1.020	Schwimmender Zementestrich (CTF5) nach DIN 18560, einschichtig, liefern und fachgerecht einbauen – Estrichdicke: max. 50 mm – Verkehrslast: 3,5 KN/m^2 – Einbauort: 1. OG einschl. Anarbeiten an aufgehenden Bauteilen, zur Aufnahme von Parkett.	45 m^2	……	……

---
[2] *Heddäus* ZfBR 2005, 114 (116); Beck VergabeR/*Janssen* § 4 EU Rn. 50.

aa) Charakteristische Elemente des Einheitspreisvertrages. Der **Vordersatz** gibt an, in 8
welcher Größenordnung die beschriebene Teilleistung benötigt wird. Sie kann in Stückzahl, Gewicht
oder Maß angegeben werden (zB 40 Stück, 20 to, 45m^2, 100 m^3).

Die Angabe der erforderlichen **Mengen und Maße** im Vordersatz erfordert eine sorgfältige 9
und verlässliche Erarbeitung der Vergabeunterlagen. Für die dazu erforderlichen Aufmaße gibt die
VOB/C Regeln vor, die aber nicht als abschließend anzusehen sind. Im Rahmen der vorvertraglichen Sorgfaltspflichten muss das Leistungsverzeichnis für jede Baumaßnahme so zuverlässig wie
möglich die notwendigen Anforderungen, Leistungselemente und Mengen angeben. § 7 und §§ 7a–
7c stellen dazu Regeln auf, deren Einhaltung die Basis für ein auf die Vergütung nach Leistung
ausgerichtetes Leistungsverzeichnis sind. Dabei werden weitgehende Anforderungen an die Exaktheit
und Vollständigkeit der Leistungsbeschreibung aufgestellt, um bei den Bietern ein einheitliches
Verständnis von der geforderten Leistung und im Ergebnis vergleichbare Angebote hervorzurufen.
Ein eindeutiges und vollständiges Leistungsverzeichnis ist Teil eines transparenten und willkürfreien
Wettbewerbs, der nach § 2 Abs. 1 und 2 auch unterhalb der Schwellenwerte gefordert ist.

Soweit es bei einer funktionalen Leistungsbeschreibung nach § 7c nicht möglich ist, vorab jede 10
Position oder zu jeder Position die benötigten Mengen zu benennen, gilt auch hier die Anforderung,
die Bauaufgabe so zu beschreiben, dass die Unternehmen **alle für die Entwurfsbearbeitung
und ihr Angebot maßgebenden Bedingungen und Umstände** erkennen können und in der
Leistungsbeschreibung sowohl der Zweck der fertigen Leistung als auch die an sie gestellten technischen, wirtschaftlichen, gestalterischen und funktionsbedingten Anforderungen angegeben sind (§ 7c
Abs. 2 Nr. 1). Gegebenenfalls kann ein Musterleistungsverzeichnis beigefügt werden, in dem die
Mengenangaben ganz oder teilweise offengelassen werden oder es können Zeichnungen, Muster,
Probestücke oder Hinweise auf ähnliche Projekte verwendet werden (§ 7c Abs. 2 Nr. 2 iVm § 7b Abs. 2 und 3).
Werden diese Anforderungen bei der Erstellung der Leistungsbeschreibung erfüllt und die ergänzenden Möglichkeiten aus § 7b genutzt, ist dem Recht der Bieter auf eine verlässliche Kalkulationsgrundlage für ihr Angebot genüge getan und die vorvertragliche Sorgfaltspflicht erfüllt.

Das vom Auftraggeber vorgegebene **Mengengerüst** ist **für die Kalkulation** der Bieter und 11
die **Angebotswertung maßgeblich.** Die spätere **Abrechnung** erfolgt allerdings nicht gemäß dem
Vordersatz der einzelnen Positionen, sondern **nach den tatsächlich ausgeführten Mengen.**[3]
Mithin trägt der Auftraggeber das Mengenrisiko.[4] Die Vorschrift des § 2 Abs. 3 VOB/B regelt, dass
ab einer bestimmten Differenz zwischen der Vordersatzmenge und der ausgeführten Menge (10%)
ein neuer Preis unter Berücksichtigung der Mehr- oder Minderkosten zu bilden ist. Nach der
Rechtsprechung des BGH kann dieser Mechanismus – selbst durch AGB – abbedungen werden.[5]
Allerdings sollte das wohl überlegt sein, da derartige Abänderungen zur Konsequenz haben können,
dass die VOB/B in den Bauvertrag nicht mehr iSv § 310 Abs. 1 S. 3 BGB „ohne inhaltliche Abweichungen insgesamt einbezogen" wird und somit eine AGB-Inhaltskontrolle einzelner VOB/B-Vorschriften stattfinden kann.[6]

Bei der **Positionsbeschreibung**, die entsteht, wenn das Gesamtwerk in einzelne Produktions- 12
schritte „zerlegt" wird,[7] handelt es sich um die Beschreibung einer Teilleistung (vgl. § 7b Abs. 1).
Das Leistungsverzeichnis umfasst die Gesamtheit aller Positionsbeschreibungen und definiert – evtl.
zusammen mit anderen Vertragsbestandteilen – das sog. Bausoll,[8] die vertragsgegenständliche
Leistung. Zwar kann der Auftraggeber Leistungsänderungen oder die Ausführung nicht vereinbarter
Leistungen verlangen (§ 1 Abs. 3, 4 VOB/B), allerdings hat dies in der Regel einen Mehrvergütungsanspruch des Auftragnehmers zur Folge (§ 2 Abs. 5, 6 VOB/B).

Der **Einheitspreis** ist der Preis je Einheit des Vordersatzes der beschriebenen Teilleistung.[9] 13
Er setzt sich zusammen aus den Einzelkosten der Teilleistung, also aus Lohnkosten, Stoffkosten,
Gerätekosten und weitere Kosten. Hinzu kommen in der Regel die (anteiligen) **Baustellengemeinkosten (BGK),** die **Allgemeinen Geschäftskosten (AGK)** sowie (anteilige) Aufschläge für Wagnis
und Gewinn.[10] Im Rahmen der Angebotserstellung und -wertung ist der Einheitspreis zunächst für

---

[3] IdS OLG Brandenburg Urt. v. 20.4.2005 – 4 U 163/04, BeckRS 2005, 30362136.
[4] OLG Frankfurt a. M. Urt. v. 3.5.2013 – 24 U 19/12, IBRRS 2015, 2270; Ziekow/Völlink/*Püstow* § 4 EU
Rn. 11; *Schmitz* in *Kniffka,* ibr-online-Kommentar Bauvertragsrecht, 23. Aktualisierung Stand: 29.9.2020,
BGB § 650 f. Rn. 56; Leinemann/Kues/*Lüders* BGB § 631 Rn. 8.
[5] BGH Urt. v. 8.7.1993 – VII ZR 79/92, NJW 1993, 2738; OLG Köln Beschl. v. 7.11.2014 – 19 U 55/1,
BeckRS 2015, 15504 Rn. 19.
[6] Zu dieser Problematik vgl. zB *Pioch* NZBau 2019, 273; *Ryll* NZBau 2018, 187 ff.; Messerschmidt/Voit/
Thode Abschn. F Rn. 51 ff.; Leinemann/Kues/*Lüders* BGB § 650a Rn. 49 ff.
[7] Kapellmann/Messerschmidt/*Kapellmann* Rn. 12.
[8] VG Magdeburg Urt. v. 28.2.2018 – 3 A 192/16, BeckRS 2018, 39224 Rn. 33.
[9] *Zepp* NJW 2013, 1314.
[10] Vgl. VHB Bund Ausgabe 2017 – Stand 2019, Teil 2, Formulare 221 – 223; Beck VergabeR/*Janssen* § 4 EU
Rn. 127; Nicklisch/Weick/Jansen/Seibel/*Kues* VOB/B § 2 Rn. 58.

die Ermittlung des (Gesamt-)Positionspreises von Bedeutung (→ Rn. 14). Kommt es nach Vertragsschluss zu Mengenänderungen von mehr 10%, wird der Bauentwurf geändert oder werden zusätzliche Leistungen beauftragt, bildet der im Leistungsverzeichnis angegebene Einheitspreis die Grundlage für die Berechnung des neuen Preises bzw. der zusätzlichen Vergütung (→ Rn. 11).

14 In der Regel wird der **(Gesamt-)Positionspreis** (vgl. auch § 16c Abs. 2 Nr. 1) sich rechnerisch aus der Multiplikation des Einheitspreises mit der in der Positionsbeschreibung genannten Menge (Vordersatz) ergeben.[11] Für den Fall von Abweichungen bestimmt **§ 16c Abs. 2 Nr. 1,** dass dann der Einheitspreis maßgeblich ist.

15 **bb) Typen von Leistungspostionen. (1) Grundpositionen.** Eine Grund- oder Normalposition ist eine Standard-Teilleistungsposition, die eine konkrete Teilleistung beschreibt und ohne Einschränkungen im Leistungsverzeichnis genannt wird und deshalb uneingeschränkt zur geschuldeten Leistung gehört.[12]

16 **(2) Positionen mit Einschränkungen.** Zum Teil enthalten Einheitspreisverträge Positionen, die über die Beschreibung einer einzelnen Teilleistung hinausgehen oder nur unter bestimmten Bedingungen anfallen. Zu nennen sind insbes. Alternativ- bzw. Wahlpositionen, Eventualpositionen, Zulagepositionen, Auswahlpositionen und Sammelpositionen.

17 **Alternativpositionen oder Wahlpositionen** sind Leistungspositionen, die sich der Auftraggeber anstelle von ebenfalls ausgeschriebenen Grundpositionen anbieten lässt und von denen er nach Kenntnisnahme der Angebotsinhalte eine Alternative für den Zuschlag auswählt.[13] Grundposition und Alternativposition stehen also im Entweder-/Oder-Verhältnis. Sowohl die eine wie die andere Position ist inhaltlich bestimmt und hat in der Regel einen Vordersatz.[14] Problematisch ist, ob derartige Positionen zulässig sind. Laut VHB dürfen Alternativ- oder Wahlpositionen zwar nicht in das Leistungsverzeichnis aufgenommen werden.[15] Da es sich bei dem VHB lediglich um Innenrecht handelt, welches keine subjektiven Bieterrechte begründet, folgt allein daraus aber nicht die Unzulässigkeit von Alternativ- oder Wahlpositionen.[16] Anders als Bedarfspositionen, welche nach § 7 Abs. 1 Nr. 4 grundsätzlich nicht in das Leistungsverzeichnis aufgenommen werden sollen, ist die Verwendung von Alternativ- oder Wahlpositionen durch die VOB/A auch nicht ausdrücklich beschränkt. Zwar sind sie im Hinblick auf das Gebot der eindeutigen Leistungsbeschreibung (§ 7 Abs. 1 Nr. 1) und den Grundsatz der Transparenz des Vergabeverfahrens (§ 2 Abs. 1 S. 1) kritisch zu sehen, weil die Entscheidung für oder gegen eine Wahlposition das Wertungsergebnis beeinflussen kann.[17] Aber auch das macht Alternativ- oder Wahlpositionen **nicht a priori unzulässig.** Ihre Verwendung kommt unter engen Voraussetzungen in Betracht, nämlich (1.) wenn und soweit ein **anerkennenswertes Bedürfnis des öffentlichen Auftraggebers** besteht, die zu beauftragende Leistung in den betreffenden Punkten vorläufig offen zu halten und (2.) wenn – zur Sicherstellung eines transparenten Vergabeverfahrens – den Bietern vorab bekannt gegeben wird, welche **Kriterien für die Inanspruchnahme der ausgeschriebenen Wahlposition** maßgebend sein sollen.[18] Ein berechtigtes Bedürfnis kann zB darin gesehen werden, dass der öffentliche Auftraggeber mit Blick auf den Grundsatz der effizienten und sparsamen Verwendung von Haushaltsmitteln die Kosten für die verschiedenen Ausführungsvarianten in Erfahrung bringen will.[19] Als berechtigtes Interesse erkennt

---

[11] Zepp NJW 2013, 1314; Nicklisch/Weick/Jansen/Seibel/*Kues* VOB/B § 2 Rn. 58.
[12] VG Magdeburg Urt. v. 28.2.2018 – 3 A 192/16, BeckRS 2018, 39224 Rn. 33; Beck VergabeR/*Janssen* § 4 EU Rn. 90; HK-VergabeR/*Tomerius* Rn. 6.
[13] OLG Düsseldorf Beschl. v. 13.4.2011 – Verg 58/10, ZfBR 2011, 508 (512); OLG Düsseldorf Beschl. v. 15.5.2019 – VII-Verg 61/18, NZBau 2019, 742 (744); VK Bund Beschl. v. 18.6.2012 – VK 2-53/12, ZfBR 2013, 75 (76); VK Lüneburg Beschl. v. 8.7.2015 – VgK-22/2015, IBRRS 2015, 2839.
[14] Kapellmann/Messerschmidt/*Kapellmann* Rn. 18.
[15] Vgl. Ziff. 4.6 Allgemeine Richtlinien Vergabeverfahren und Zuständigkeiten 100, Ausgabe 2017 – Stand 2019.
[16] Beck VergabeR/*Janssen* § 4 EU Rn. 106.
[17] OLG Düsseldorf Beschl. v. 24.3.2004 – VII-Verg 7/04, NZBau 2004, 463; OLG Düsseldorf Beschl. v. 13.4.2011 – Verg 58/10, ZfBR 2011, 508 (513); OLG München Beschl. v. 27.1.2006 – Verg 1/06, BeckRS 2006, 2401; VK Bund Beschl. v. 18.6.2012 – VK 2-53/12, ZfBR 2013, 75 (77); VK Bund Beschl. v. 21.10.2018 – VK 2-88/18, ZfBR 2019, 297 (301); *Byok* NJW 2019, 1650.
[18] OLG Düsseldorf Beschl. v. 24.3.2004 – VII-Verg 7/04, NZBau 2004, 463; OLG Düsseldorf Beschl. v. 13.4.2011 – Verg 58/10, ZfBR 2011, 508, (513); OLG Düsseldorf Beschl. v. 15.5.2019 – VII-Verg 61/18, NZBau 2019, 742 (744); VK Bund Beschl. v. 18.6.2012 – VK 2-53/12, ZfBR 2013, 75 (77); VK Bund Beschl. v. 21.10.2018 – VK 2-88/18, ZfBR 2019, 297 (301); *Byok* NJW 2019, 1650.
[19] OLG Düsseldorf Beschl. v. 24.3.2004 – VII-Verg 7/04, NZBau 2004, 463; OLG Düsseldorf Beschl. v. 13.4.2011 – Verg 58/10, ZfBR 2011, 508 (513); OLG Düsseldorf Beschl. v. 15.5.2019 – VII-Verg 61/18, NZBau 2019, 742 (744).

die Rechtsprechung auch an, dass der Vergabestelle durch die Wahlposition die Möglichkeit eröffnet wird, ein technisch höherwertiges Gerät zu erhalten.[20] Ein berechtigtes Interesse ist allerdings zu verneinen, wenn die Festlegung auf eine der beiden Varianten möglich und zumutbar gewesen ist.[21] Ein mögliches Kriterium für die Inanspruchnahme der ausgeschriebenen Wahlposition könnte der niedrigste Angebotspreis oder – bei Zugrundelegung einer Lebenszykluskostenberechnung – neben den Anschaffungskosten auch die Folgekosten sein. Eine äußerste Grenze ist der Verwendung von Alternativ- oder Wahlpositionen schließlich dadurch gesetzt, dass nicht durch eine Vielzahl derartiger Positionen eine solche Intransparenz geschaffen wird, dass das Wertungsergebnis kaum noch vorhersehbar ist.[22] Mithin wird die Verwendung von Alternativ- oder Wahlpositionen **auf eine oder wenige Positionen zu beschränken** sein. Zu beachten ist schließlich, dass der Auftraggeber nach hM im Falle der Verwendung von Wahlposition spätestens bei Zuschlagserteilung entscheiden muss, ob er die Grund- oder die Wahlposition annimmt.[23] Im Falle einer Zuschlagserteilung ohne Ausübung des Wahlrechts wird die Grundposition Vertragsgegenstand.[24]

Bedarfs- oder Eventualpositionen sind solche Positionen im Angebotsblankett, die Leistungen betreffen, bei denen zum Zeitpunkt der Erstellung der Leistungsbeschreibung noch nicht feststeht, ob und ggf. in welchem Umfang sie tatsächlich zur Ausführung kommen werden, für die der Auftraggeber aber gleichwohl schon jetzt einen Preis festgelegt wissen möchte.[25] Solche Positionen enthalten nur eine im Bedarfsfall erforderliche Leistung, über deren Ausführung erst nach Auftragserteilung und nicht bereits bei Erteilung des Zuschlags entschieden wird. Sie werden nicht bereits mit der Hauptposition unter der aufschiebenden Bedingung des Eintritts des Bedarfsfalles erteilt; vielmehr sind sie so zu verstehen, dass der Auftraggeber selbst im Falle des Bedarfseintritts noch entscheiden kann, ob er von dem diesbezüglichen Angebot des Auftragnehmers Gebrauch macht[26] oder seinen Bedarf anderweitig deckt. Das VHB untersagt die Verwendung von Eventualpositionen.[27] Nach **§ 7 Abs. 1 Nr. 4** sind Bedarfspositionen „grundsätzlich" nicht in die Leistungsbeschreibung aufzunehmen. Bereits der Wortlaut impliziert, dass Eventualpositionen zumindest in Ausnahmefällen statthaft sein können. Grundvoraussetzung der Aufnahme von Eventualpositionen ist allerdings, dass der Auftragnehmer hiermit nicht die mangelhafte Grundlagenermittlung überdeckt, welche ihm zu leisten ist, sondern sich überraschende Wendungen trotz aller Bemühungen nicht ausschließen lassen.[28] Denkbar ist zB, dass im Falle der Vergabe von Kanalbauarbeiten die Handschachtung zum Schutz und zur Sicherung der im Bereich der Kanaltrasse verlaufenden Kabel als Eventualposition ausgewiesen wird, wenn sich den vorhandenen Plänen deren exakte Lage nicht entnehmen lässt.[29] Darüber hinaus ist die Zulässigkeit der Aufnahme von Eventualpositionen von ähnlich strengen Bedingungen abhängig, wie die Verwendung von Alternativ- oder Wahlpositionen.

Zulagepositionen sind Positionen, die regeln, dass der Auftragnehmer zu der Vergütung für eine Grundposition eine zusätzliche Vergütung verlangen kann, zB eine Zulage für bestimmte Erschwernisse.[30] Die Aufnahme von Zulagepositionen kommt mithin zur Anwendung, wenn bei Erstellung des Leistungsverzeichnisses noch nicht feststeht, ob bzw. welche Schwierigkeiten die Ausführung einer bestimmten Teilleistung mit sich bringt.[31] Denkbar ist etwa, dass das Leistungsverzeichnis einer Tiefbaumaßnahme in einer Grundposition die Entsorgung einer vorgegebenen Menge

---

[20] OLG München Beschl. v. 27.1.2006 – Verg 1/06, BeckRS 2006, 2401; OLG Düsseldorf Beschl. v. 15.5.2019 – VII-Verg 61/18, NZBau 2019, 742 (744).
[21] OLG Naumburg Beschl. v. 1.2.2008 – 1 U 99/07, BeckRS 2008, 10394 Rn. 8; OLG Düsseldorf Beschl. v. 15.5.2019 – VII-Verg 61/18, NZBau 2019, 742 (744); Reidt/Stickler/Glahs/*Kadenbach* GWB § 121 Rn. 39.
[22] IdS OLG Düsseldorf Beschl. v. 2.8.2002 – Verg 25/02, IBRRS 2003, 0300; VK Münster Beschl. v. 11.2.2010 – VK 29/09, IBRRS 2010, 1153; Kapellmann/Messerschmidt/*Kapellmann* Rn. 20.
[23] Kapellmann/Messerschmidt/*Kapellmann* Rn. 18; aA Beck VergabeR/*Janssen* § 4 EU Rn. 108, der davon ausgeht, dass eine interessengerechte Auslegung im Einzelfall auch zu dem Ergebnis führen kann, dass die Wahl erst im Verlaufe der Baumaßnahme getroffen werden kann.
[24] *Vygen* BauR 1992 136 ff.; Kapellmann/Messerschmidt/*Kapellmann* Rn. 18.
[25] OLG Saarbrücken Beschl. v. 22.10.1999 – 5 Verg 4/99, NZBau 158 (162); OLG Düsseldorf Beschl. v. 13.4.2011 – Verg 58/10, ZfBR 2011, 508 (512).
[26] BGH Urt. v. 23.1.2003 – VII ZR 10/01, NZBau 2003, 376; *Markus* in Kapellmann/Schiffers/Markus, Vergütung, Nachträge und Behinderungsfolgen beim Bauvertrag, Band 1, 7. Aufl. 2017, Rn. 581.
[27] Vgl. Ziff. 4.6 Allgemeine Richtlinien Vergabeverfahren und Zuständigkeiten 100, Ausgabe 2017 – Stand 2019.
[28] Beck VergabeR/*Janssen* § 4 EU Rn. 94.
[29] Mit diesem Bsp. Reidt/Stickler/Glahs/*Kadenbach* GWB § 121 Rn. 36.
[30] VK Sachsen-Anhalt Beschl. v. 10.8.2015 – 3 VK LSA 54/15, BeckRS 2015, 52223 Rn. 26; *Kimmich/Bach*, ibr-online-Kommentar VOB für Bauleiter, 7. Edition 2017, Abschn. D Rn. 620.
[31] VK Sachsen-Anhalt Beschl. v. 10.8.2015 – 3 VK LSA 54/15, BeckRS 2015, 52223 Rn. 26.

belasteten Bodenmaterials der Belastungsklasse Z 1 nach der LAGA M 20 umschreibt und zugleich eine Zulageposition für den Fall enthält, dass das gemäß der Grundposition zu entsorgende Bodenmaterial der Belastungsklasse Z 2 zuzuordnen ist. Zulagepositionen sind so zu verstehen, dass der Auftrag zur Hauptposition mit der aufschiebenden Bedingung erteilt wird, dass die Vergütung gemäß Zulageposition gezahlt wird, wenn vom Auftragnehmer nachgewiesen wird, ob und inwieweit die durch die Zulageposition erfassten Erschwernisse eingetreten sind.[32]

20 Während bei einer Alternativ- oder Wahlposition die Grundposition und die Alternativposition im Leistungsverzeichnis mit einer Positionsbeschreibung enthalten sind und der Auftraggeber die Entweder-/Oder-Auswahl hat, ist bei **Auswahlpositionen** das Bausoll – zumindest in einem oder mehreren Details – offen. Bei der Festlegung der offen gebliebenen Details handelt es sich um die Ausübung eines Leistungsbestimmungsrechts iSd § 315 BGB. Der Umstand, dass verschiedene VOB/C-Regelungen Auswahlrechte des Auftragnehmers[33] und zum Teil sogar des Auftraggebers[34] vorsehen, verdeutlicht, dass eine derartige Gestaltung von Leistungspositionen nicht generell mit der VOB/A unvereinbar ist. Da es nach § 315 BGB den Vertragsparteien obliegt, festzulegen, wem das Leistungsbestimmungsrecht zusteht, können Leistungspositionen – auch wenn keine Vorgaben der VOB/C existieren oder diese ein Leistungsbestimmungsrecht des Auftragnehmers vorsehen – durchaus so gestaltet werden, dass dem Auftraggeber das Leistungsbestimmungsrecht zustehen soll. Schreibt der Auftraggeber zB den Einbau näher bestimmter Kunststofftüren aus, so könnte er in der Leistungsposition zB vorgeben „Farbton: Uni, nach Wahl des Auftraggebers".[35] Zu berücksichtigen ist allerdings, dass das Auswahl- oder Leistungsbestimmungsrecht – gleichgültig, welcher Partei es zusteht – nach § 315 BGB Abs. 1 BGB im Zweifel nach billigem Ermessen auszuüben ist. Was billigem Ermessen entspricht, ist zwar nach allgemeinen Grundsätzen unter Berücksichtigung der Interessen beider Parteien und unter Berücksichtigung vergleichbarer Fälle zu ermitteln.[36] Bei einem auf einem Vergabeverfahren nach der VOB/A beruhenden Vertragsschluss dürfte es hierbei jedoch maßgeblich auf den objektiven Empfängerhorizont der potentiellen Bieter ankommen.[37] Hinzu kommt, dass der Bieter einer Ausschreibung nach der VOB/A bei möglichen Auslegungszweifeln die Ausschreibung als den Anforderungen der VOB/A entsprechend verstehen darf, also zB dahingehend, dass dem Bieter kein ungewöhnliches Wagnis iSv § 7 Abs. 1 Nr. 3 auferlegt werden soll.[38] Daneben sind auch die Umstände des Einzelfalls, also zB die konkreten Verhältnisse des Bauwerks, die Verkehrssitte sowie Treu und Glauben zu berücksichtigen.[39] Unter Berücksichtigung dieser Grenzen des Auswahl- oder Leistungsbestimmungsrechts wird man die Festlegung „Farbton: Uni, nach Wahl des Auftraggebers" für ausgeschriebene Kunststofftüren – zumindest bei einem Funktionalgebäude – zB so verstehen müssen, dass hiermit lediglich Standardfarben, welche von inländischen oder europäischen Herstellern angeboten werden, gemeint sind.[40] Zur Vermeidung von Unstimmigkeiten über die Auslegung von Wahlpositionen ist dem öffentlichen Auftraggeber zu empfehlen, die Details, die dem Auswahl- bzw. Leistungsbestimmungsrecht unterliegen sollen, genau einzugrenzen (im genannten Beispiel also zB „Farbton: von europ. Herstellern angebotene Uni-Standardfarbe, nach Wahl des Auftraggebers"). Sofern das Auswahl- oder Leistungsbestimmungsrecht dem Auftraggeber zusteht und er mit seiner Wahl die vorgenannten Grenzen überschreitet, handelt es sich um eine Änderung des Bausolls, die einen Mehrvergütungsanspruch des Auftragnehmers nach § 2 Abs. 5 VOB/B auslöst.

21 Eine **Sammelposition** fasst in einer Position verschiedene ungleichartige Leistungen zusammen. Sie ist gem. **§ 7b Abs. 4 S. 2** zulässig, wenn eine Teilleistung gegenüber einer anderen für die Bildung eines Durchschnittspreises ohne nennenswerten Einfluss ist (→ § 7b EU Rn. 25).

22 **b) Der Pauschalvertrag (Abs. 1 Nr. 2).** Ein Pauschalvertrag liegt vor, wenn nicht die Leistungselemente einzeln anzubieten und zu bepreisen sind, sondern entweder die gesamte Leistung (zB

---

[32] Ingenstau/Korbion/*Schranner* § 7 Rn. 44.
[33] Vgl. zB Ziff. 3.1.2 DIN 18304 („*Die Wahl des Bauablaufs sowie die Wahl und der Einsatz der Geräte sind Sache des Auftragnehmers.*"), Ziff. 2.1.2 DIN 18315 („*Die Zusammensetzung von Baustoffgemischen und Böden bleibt dem Auftragnehmer überlassen.*"); Ziff. 3.1.1 DIN 18319 („*Die Wahl des Bauverfahrens sowie Bauablaufs sowie die Wahl und der Einsatz der Baugeräte innerhalb der Boden- und Felsklassen sind Sache des Auftragnehmers.*").
[34] 3.1.2 DIN 18302 („*Die endgültige Ausbautiefe bestimmt der Auftraggeber im Benehmen mit dem Auftragnehmer.*").
[35] Vgl. BGH Urt. v. 22.4.1993 – VII ZR 118/92, NJW-RR 1993, 1109 f.; OLG Köln Urt. v. 15.9.1995 – 20 U 259/90, IBR 1999, 1, wo diese Position im Grundsatz unbeanstandet geblieben ist.
[36] OLG Stuttgart Urt. v. 5.5.2010 – 3 U 79/09, NJW-RR 2011, 202 (204); MüKoBGB/*Würdiger* BGB § 315 Rn. 32.
[37] Allgemein zur Vertragsauslegung: BGH Urt. v. 11.11.1993 – VII ZR 47/93, NJW 1994, 850 = BGHZ 124, 64 ff.
[38] BGH Urt. v. 9.1.1997 – VII ZR 259/95, NJW 1997, 1577 (1578) = BGHZ 134, 245 ff.
[39] BGH Urt. v. 11.11.1993 – VII ZR 47/93, NJW 1994, 850.
[40] OLG Köln Urt. v. 15.9.1995 – 20 U 259/90, BeckRS 1995, 10857 Rn. 23.

Aufbau und Montage einer einfachen Halle aus Fertigbauteilen) oder größere Zusammenhänge einer Leistung (zB die Baustelleneinrichtung) zu einem Gesamtpreis angeboten werden. Einer Forderung nach Angabe detaillierter Preise für Einzelpositionen bedarf es nicht, wenn die **Leistung nach Ausführungsart und Umfang genau bestimmt ist und mit einer Änderung nicht zu rechnen ist.** Da hier das Risiko nachträglicher Veränderungen der zu erbringenden Leistung nicht mehr berücksichtigt wird, soll diese Vergütungsart nur bei geeigneten Bauaufgaben eingesetzt werden. Welche Bauaufgaben geeignet sind, richtet sich nach den Gegebenheiten des Einzelfalles. Eine generelle oder gar verbindliche Regel gibt es nicht. Maßgeblich kommt es darauf an, dass das **Risiko späterer unvorhersehbarer Veränderungen der Anforderungen an die Leistung minimal** ist (**„positive Nichtänderungsprognose")**.[41] Die Pauschalierung von veränderungsanfälligen Erdarbeiten wird zB kritisch gesehen; selbst wenn sich der Auftraggeber hierbei um eine Grundlagenermittlung bemüht und ein Baugrundgutachten einholt, darf nicht übersehen werden, dass solche Gutachten wegen der stichprobenartigen Untersuchung des Bodens in der Regel auf Abweichungen hinweisen und somit erhebliche Unwägbarkeiten verbleiben.[42] Auch Hochwasserschutzmaßnahmen (zB Montage, Vorhaltung und Rückbau einer zusätzlichen Wasserhaltung bei Überschreitung des Bemessungswasserstandes) sind aufgrund der mangelnden Vorhersehbarkeit von Hochwasserereignissen üblicherweise nicht pauschalierungsfähig.[43] Ebenfalls problematisch dürften auch witterungsanfällige Bauaufgaben mit langdauernder Ausführungszeit sein. Denkbar sind hingegen klar umgrenzte Maßnahmen, wie zB der Einbau von 20 neuen Fenstern, wenn sich an der Zahl der Fenster nichts ändert und die Bausubstanz für den Einbau vorhanden ist und damit die Einbaumodalitäten vorhersehbar sind.

Die Vergütung in Form einer Pauschalsumme entbindet den Auftraggeber nicht von der Pflicht, 23 eine **Leistungsbeschreibung** vorzugeben, die den Anforderungen von **§ 7 und §§ 7a–7c** entspricht. Nach **§ 16c Abs. 2 Nr. 2** gilt die Pauschalsumme ohne Rücksicht auf etwa angegebene Einzelpreise. Auch Abweichungen von den Angaben in der Leistungsbeschreibung, die sich während der Ausführung des Bauauftrags ergeben, werden, außer in den Fällen des **§ 2 Abs. 7 Nr. 1 VOB/B,** nicht mehr berücksichtigt. Da somit bei der Vergütung nach einer Pauschalsumme spätere Abweichungen von der ursprünglichen Leistungsbeschreibung nicht mehr vergütet werden, kommt es auf **eine zuverlässige Leistungsbeschreibung** auch bei einem auf einen Pauschalvertrag gerichteten Leistungsverzeichnis an. Die Leistungsbeschreibung in allen zugelassenen Formen (konkrete detaillierte Beschreibung, funktionale Beschreibung mit Bauprogramm) hat daher genau **wie beim Einheitspreisvertrag** die zu erbringende Leistung in allen Einzelheiten so genau wie möglich zu beschreiben, dh beim Bauprogramm ist die Bauaufgabe nach allen Anforderungen von **§ 7c** mit derselben Sorgfalt zu erfüllen. Nur dann kann das Risiko für einen später nicht mehr änderbaren Pauschalpreis verantwortlich kalkuliert werden.

Begrifflich ist zwischen dem Teil-Pauschalvertrag, dem Detail-Pauschalvertrag und dem Global- 24 Pauschalvertrag zu differenzieren. Ein **Teil-Pauschalvertrag** liegt vor, wenn im Rahmen einer Einheitspreisausschreibung einzelne Leistungskomplexe (zB die Baustelleneinrichtung oder die Gesundheits- und Sicherheitsmaßnahmen) als Pauschalleistung ausgeschrieben werden.[44] Ein **Detail-Pauschalvertrag** (in Abgrenzung zum Global-Pauschalvertrag) liegt vor, wenn dem Vergabeverfahren ein „klassisches" detailliertes Leistungsverzeichnis mit Angabe aller zu erbringenden Einzelleistungen zugrunde liegt oder die Leistung in anderen Vertragsunterlagen (zB Zeichnungen, Pläne, Leistungsbeschreibung etc) detailliert festgelegt ist,[45] die Leistung aber gleichwohl zu einem Pauschalpreis anzubieten ist. Ein Detail-Pauschalvertrag wird in der Regel mehrere Teilleistungen einer Bauleistung umfassen, liegt aber auch vor, wenn nur ein Leistungskomplex der Gesamtmaßnahme als Pauschalkalkulation vorgesehen ist. Die Begriffe des Teil-Pauschalvertrages und des Detail-Pauschalvertrages sind daher in der Praxis inhaltlich oft deckungsgleich, denn auch der Teil-Pauschalvertrag setzt eine ordnungsgemäße Leistungsbeschreibung voraus.

Demgegenüber wird der Leistungsumfang bei einem **Global-Pauschalvertrag** lediglich durch 25 ein grobes Raster bzw. „global" beschrieben, etwa durch eine funktionale Leistungsbeschreibung (zielorientiertes Bausoll).[46] Grundsätzlich gilt die **Pflicht zur vollständigen, eindeutigen und**

---

[41] *Hilgers* NZBau 2011, 664 (665).
[42] VK Münster Beschl. v. 10.2.2004 – VK 1/04; VK Düsseldorf Beschl. v. 29.7.2011 – VK 19/2011, NZBau 2011, 637 (639).
[43] VK Düsseldorf Beschl. v. 29.7.2011 – VK 19/2011, NZBau 2011, 637 (640).
[44] Mit einem Bsp. für die Pauschalierung einer Leistungsposition: OLG Naumburg Urt. v. 19.2.2020 – 2 U 177/12, BeckRS 2020, 12435 Rn. 44.
[45] OLG Naumburg Urt. v. 2.2.2006 – 4 U 56/05, BeckRS 2006, 27828; OLG Naumburg Urt. v. 16.12.2019 – 12 U 114/19, NZBau 2020, 504 (506); *Heddäus* ZfBR 2005, 114; Leinemann/Kues/*Lüders* BGB § 631 Rn. 10a.
[46] OLG Naumburg Urt. v. 2.2.2006 – 4 U 56/05, BeckRS 2006, 27828; OLG München Urt. v. 17.9.2019 – 28 U 945/19, IBRRS 2020, 2516; *Heddäus* ZfBR 2005, 114 (115); Leinemann/Kues/*Lüders* BGB § 631 Rn. 12.

erschöpfenden Leistungsbeschreibung nach § 7 und in der konkretisierenden Ausgestaltung der §§ 7a–7c auch für den Pauschalvertrag ohne Einschränkung. Gerade wegen der späteren Unabänderbarkeit des Pauschalpreises kommt es auf die Leistungsbeschreibung an. Daher werden in § 7c auch für den Fall einer noch nicht abschließenden Beschreibbarkeit der Baumaßnahme Regeln aufgestellt, die einzuhalten sind. Es gibt keine Bestimmung in der VOB/A, die es zulässt, für einen Global-Pauschalvertrag davon abzuweichen. Ein Global-Pauschalvertrag wird daher bei allen beschreibbaren Bauleistungen schon deshalb ausgeschlossen sein, weil es sich der Auftraggeber nicht einfach machen und zur Aufwandsminimierung von der Beschreibung der Leistung absehen darf. Bei einer **Ausschreibung mit Leistungsprogramm nach § 7c** bestehen ebenfalls weitreichende Anforderungen an die Beschreibung der zu erbringenden Leistung, die einzuhalten sind. Zudem verlangt **§ 7c Abs. 3** weitreichende Angaben der Bieter in den Angeboten zu einem Leistungsprogramm, die ohne die **§ 7c Abs. 1 und 2** entsprechenden Informationen nicht erarbeitet werden könnten. Die Frage, ob ein Global-Pauschalvertrag zulässig ist oder nicht, beantwortet sich daher aus den rein praktischen Anforderungen an ein Vergabeverfahren und den Anforderungen an die Leistungsbeschreibung, für deren Aussetzung keine rechtliche oder praktische Basis besteht. Bei einem **Verstoß gegen die – weitgehend bieterschützenden –**[47] **Vorschriften zur Leistungsbeschreibung wäre ein Vergabeverfahren fehlerhaft** und jenseits des Rechtsschutzes nach dem 4. Teil des GWB auch nach nationalem Recht angreifbar. Hier kommt der zunehmend anerkannte Rechtsschutz der Bieter vor den Verwaltungsgerichten ebenso in Frage wie der der öffentlichen Hand eigene Rechnungsprüfung und beim Einsatz von Fördermitteln die Verwendungsprüfung und ggf. deren Rückforderung. In der Praxis haben Global-Pauschalverträge daher tatsächlich eine geringe Bedeutung.

26   Grundsätzlich unabhängig vom Pauschalvertrag ist der Begriff der **schlüsselfertigen Leistung** zu sehen. Zwar weist der Begriff der „Schlüsselfertigkeit" globale Elemente auf. Es kann aber auch trotz Zugrundelegung eines detaillierten Leistungsverzeichnis – durch Verwendung von „Schlüsselfertigkeits- oder Komplettheitsklauseln" – eine Pauschalierung der Leistung stattfinden.[48] Das ist der Fall, wenn zur Leistungsbeschreibung Leistungselemente hinzukommen, die zur bestimmungsgemäßen Nutzung notwendig und in der Leistungsbeschreibung noch nicht enthalten sind, aber vorhersehbar waren, etwa Koordination-, Kontroll- und Vervollständigungsleistungen. Ähnlich der Situation beim Pauschalvertrag, besteht dann eine gewisse Unwägbarkeit, die jedoch auf der Art der geschuldeten Leistung und nicht – wie beim Pauschalvertrag – auf der gewählten Vergütungsart beruht.

27   **2. Der Stundenlohnvertrag (Abs. 2).** Nach **Abs. 2** können Bauleistungen geringeren Umfangs, die überwiegend Lohnkosten verursachen, im Stundenlohn vergeben werden. Der Stundenlohnvertrag ist – wie auch der Selbstkostenerstattungsvertrag, der seit der VOB/A 2009 nicht mehr in der VOB/A geregelt ist – ein sog. Aufwandsvertrag. Für diese ist kennzeichnend, dass die Leistung nicht nach Maßgabe der Leistungseinheiten, sondern der Aufwand an Zeit, Material und Geräteeinsatz etc vergütet wird.[49] Der sogenannte Stundenlohnvertrag besteht als Gestaltungsmöglichkeit **nachrangig zum Leistungsvertrag,** was sich aus der Rangfolge innerhalb des § 4 und den einschränkenden Voraussetzungen ergibt.[50] Aus der Nachrangigkeit ergibt sich für die potentiellen Bieter umgekehrt aber **kein Anspruch auf Ausschreibung in den vorrangigen Formen des Leistungsvertrages,** wenn die übrigen Voraussetzungen von **Abs. 2** vorliegen.[51] Er ist grundsätzlich wie der Leistungsvertrag **im Wettbewerb zu vergeben** und erfordert eine klare Leistungsbeschreibung sowie eine vertragliche Vereinbarung, die auch noch nach Beginn oder weitgehendem Fortschritt der Bauleistungen getroffen werden kann, wenn sich der Bedarf an Stundenlohnarbeiten nachträglich ergibt (→ Rn. 34).

28   **a) Voraussetzungen. aa) Bauleistungen geringeren Umfangs.** Bauleistungen geringeren Umfangs sind nicht weiter definiert. Ob sich die Bauleistungen noch in geringem Umfang halten, hängt von den Umständen des Einzelfalles ab, sodass die Benennung einer allgemein gültigen betrags- oder anteilsmäßigen Grenze nicht möglich ist. Insbesondere bei den selbständigen Stundenlohnarbeiten (→ Rn. 31) wird man darauf abstellen müssen, ob die betreffende Bauleistung von ihrem gesamten Gepräge her (Komplexität, Dauer, Umfang) geringfügig, wenn auch uU notwendig ist. Als

---

[47] Ingenstau/Korbion/*Schranner* § 7 Rn. 10; Ziekow/Völlink/*Trutzel* § 7 EU Rn. 18.
[48] OLG Köln Urt. v. 4.4.1990 – 17 U 34/89, IBR 1990, 592; OLG Düsseldorf Urt. v. 27.5.2014 – 23 U 162/13, BeckRS 2014, 20297 Rn. 12; Kapellmann/Messerschmidt/*Kapellmann* VOB/B § 2 Rn. 456.
[49] Beck VergabeR/*Janssen* § 4 EU Rn. 206; Ziekow/Völlink/*Püstow* § 4 EU Rn. 19.
[50] IdS Franke/Kemper/Zanner/Grünhagen/Mertens/*Franke/Kaiser* § 4 EU Rn. 16; Ziekow/Völlink/*Püstow* § 4 EU Rn. 4 f.
[51] Beck VergabeR/*Janssen* § 4 EU Rn. 211.

II. Die Vertragstypen (Abs. 1 und 2)   29–33 § 4 VOB/A

Stundenlohnarbeiten dürften daher insbesondere Kleingewerke (zB Aufstellen eines Buswartehäuschens aus Fertigteilen) oder Neben- oder Hilfsarbeiten, wie Reparatur-, Instandhaltungs- oder Wartungsarbeiten vergeben werden können,[52] wobei die Abgrenzung zum Dienstleistungsvertrag fließend sein kann (zB bei Wartungsarbeiten, bei denen in der Regel kein fertiges Werk, sondern für die vertraglich bestimmte Zeit die regelmäßige vorsorgliche Kontrolle und Überwachung, ggf. verbunden mit Kleinreparaturen, geschuldet wird; auch die Pflege der Grünanlagen eines Gebäudekomplexes ist als Dauerschuldverhältnis eher ein Dienstvertrag). Bei den angehängten Stundenlohnarbeiten (→ Rn. 33) können außer den vorstehend genannten Kriterien die Art und der Umfang der vergebenen Hauptleistungen als Maßstab herangezogen werden.[53] Große Bauleistungen kommen im Umkehrschluss nicht in Betracht.

bb) Überwiegend Lohnkosten. Wann überwiegend Lohnkosten verursacht werden, ist ebenfalls nicht definiert. Nach allgemeinem sprachlichem Verständnis ist mit „überwiegend" jedenfalls mehr als die Hälfte der Kosten gemeint, sodass von über 50% der Gesamtkosten auszugehen ist.[54] Die **Gesamtkosten der Baumaßnahme als Bezugsgröße** ergeben sich aus den Kosten, welche durch die Erbringung der Bauleistung insgesamt entstehen. Konkrete Hinweise ergeben sich dazu aus **§ 15 Abs. 1 Nr. 1 VOB/B**, der (hier zur Abrechnung von nicht vereinbarten Stundenlohnarbeiten) die weiteren Kosten neben den Lohn- und Gehaltskosten der Baustelle aufzählt: Lohn- und Gehaltsnebenkosten der Baustelle, Stoffkosten der Baustelle, Kosten der Einrichtungen, Geräte, Maschinen und maschinellen Anlagen der Baustelle, Fracht-, Fuhr- und Ladekosten, Sozialkassenbeiträge und Sonderkosten, die bei wirtschaftlicher Betriebsführung entstehen, mit angemessenen Zuschlägen für Gemeinkosten und Gewinn (einschließlich allgemeinem Unternehmerwagnis) zuzüglich Umsatzsteuer. Verkürzt ausgedrückt bedeutet das, dass die **Bezugsgröße für die Frage, ob überwiegend Lohnkosten verursacht** werden, der **Preis für die gesamte Baumaßnahme ist, den der Auftraggeber zahlen muss.** Macht innerhalb dieses Gesamtpreises der Anteil der Lohnkosten mehr als 50% aus, kann von überwiegenden Lohnkosten ausgegangen werden. Diese Betrachtung kann auch auf Bauabschnitte angewendet werden. Wird zB bei einem Streckenbauwerk, das in Losen vergeben wird, an einem Streckenlos eine Arbeit erforderlich, die bezogen auf die Kosten dieses Loses überwiegend Lohnkosten verursacht, kann diese Arbeit als Stundenlohnvertrag vergeben werden. Allerdings werden die Lohnkosten dann auch im Hinblick auf die gesamte Baumaßnahme nachrangig sein. 29

b) Typen von Stundenlohnverträgen. Zu differenzieren ist bei Stundenlohnverträgen zwischen selbständigen und angehängten Stundelohnarbeiten. 30

aa) Selbständige Stundenlohnarbeiten. Von solchen wird gesprochen, wenn Stundenlohnarbeiten **ohne Bezug zur gleichzeitigen Vergabe von Bauleistungen nach Leistungsvertragselementen** (Einheitspreis- oder Pauschalvertrag) ausgeschrieben werden.[55] Sie können aber durchaus im Kontext zu solchen Leistungen stehen. Bei selbständigen Stundenlohnarbeiten kann es sich um vollständig unabhängige Baumaßnahmen handeln, zB Abrucharbeiten oder um selbständige Arbeiten zur Vorbereitung einer anderen Bauleistung (zB Rodungsarbeiten oder das Erstellen von Kernbohrungen[56]). 31

Die **Vergabe von selbständigen Stundenlohnarbeiten** folgt den allgemeinen Regeln. Mithin erfolgt sie im Wettbewerb (vgl. 2 Abs. 1)[57] und erfordert ein entsprechend eindeutiges und vollständiges Leistungsverzeichnis (§§ 7–7c). Die Preise sind als Stundenverrechnungssatz und als Gesamtpreis zu den Positionen des Leistungsverzeichnisses anzugeben. Sie sind nach den unterschiedlichen Stundenkostensätzen (Hilfskraft, Fachkraft, Geselle, Meister, Ingenieur usw) differenziert anzugeben. 32

bb) Angehängte Stundenlohnarbeiten. Angehängte Stundenlohnarbeiten stehen **unselbständig** in unmittelbarem Zusammenhang mit einem Leistungsvertrag[58] und dürfen nach **§ 7 Abs. 1 Nr. 4** nur in dem unbedingt erforderlichen Maß in die Leistungsbeschreibung aufgenommen werden. Diese Vorgabe betrifft die von Anfang an vorhersehbar notwendigen Stundenlohnarbeiten. Es kann sich jedoch auch im Lauf der Bauausführung ergeben, dass bisher nicht vereinbarte Stundenlohnarbeiten notwendig werden. 33

---

52 Ingenstau/Korbion/*Schranner* Rn. 30.
53 Beck VergabeR/*Janssen* § 4 EU Rn. 218.
54 Ziekow/Völlink/*Püstow* § 4 EU Rn. 19; jurisPK-VergabeR/*Hillmann* Rn. 38.
55 IdS Beck VergabeR/*Janssen* § 4 EU Rn. 213; *Dähne* FS Jagenburg, 2002, 97 (98).
56 Mit diesem Bsp. Beck VergabeR/*Janssen* § 4 EU Rn. 214.
57 Ingenstau/Korbion/*Schranner* Rn. 34.
58 Ingenstau/Korbion/*Schranner* Rn. 32; *Dähne* FS Jagenburg, 2002, 97.

34 Da nach **§ 2 Abs. 10 VOB/B** Stundenlohnarbeiten nur vergütet werden, wenn sie vor ihrem Beginn als solche ausdrücklich vereinbart worden sind, ist es erforderlich, die Stundenlohnarbeiten im Leistungsverzeichnis als solche zu bezeichnen und konkret zu benennen. Bei später auftretendem Bedarf ist es erforderlich, eine ebenso konkrete nachträgliche Vereinbarung zu treffen. Das wird in **§ 15 Abs. 1 Nr. 1 VOB/B** weiter bekräftigt, wonach die Abrechnung der erbrachten Stunden nach den vertraglichen Vereinbarungen erfolgt.

35 Auch die angehängten Stundenlohnarbeiten sind im Wettbewerb zu vergeben (→ Rn. 32). In vielen Fällen werden sie Teil des Leistungsvertrages sein, der ohnehin der **Vergabe im Wettbewerb** unterliegt. In den Fällen des späteren Auftretens des Bedarfs kommt es auf den Einzelfall an. Grundsätzlich **unterliegen auch später zu vergebende Stundenlohnarbeiten dem Wettbewerb.** Es kann jedoch Konstellationen geben, in denen die Stundenlohnarbeiten, die nur geringen Umfang haben dürfen, in so engem funktionalem oder abwicklungsorganisatorischem Kontext mit konkreten einzelnen Elementen des Leistungsvertrages stehen, dass es gerechtfertigt sein kann, die Arbeiten nach Maßgabe von § 22 dem Unternehmen zu übertragen, welches die im engen Kontext stehenden Aufgaben ausführt.

36 **c) Abrechnung der Stundenlohnarbeiten.** Die Abrechnung der Stundenlohnarbeiten richtet sich nach § 2 Abs. 10 VOB/B und nach § 15 VOB/B. § 2 Abs. 10 VOB/B fordert die ausdrückliche Vereinbarung der Arbeiten. § 15 VOB/B bestimmt die Vergütung nach den vertraglichen Vereinbarungen und trifft weitreichende Regelungen für den Fall, dass keine Vereinbarung getroffen wurde und sich auch eine ortsübliche Vergütung nicht ermitteln lässt. Das scheint zwar vordergründig im Widerspruch zur Vorgabe der vorherigen Vereinbarung zu stehen, führt jedoch letztlich zu einem angemessenen Risikoausgleich im Hinblick auf die Unwägbarkeiten, die mit jeder Bauausführung einhergehen können. Weiter sind Bestimmungen über die Dokumentation der geleisteten Stunden (§ 15 Abs. 3 VOB/B) und die Abrechnungszeitintervalle (§ 15 Abs. 4 VOB/B) sowie über die Abrechnung bei Zweifeln über den Umfang der geleisteten Stunden (§ 15 Abs. 5 VOB/B) enthalten. Auch diese Bestimmungen dienen der Absicherung beider Vertragsseiten. Dem Auftraggeber steht eine nachvollziehbare und prüfbare Dokumentation der geleisteten Stunden zu (Stundenlohnzettel, § 15 Abs. 5 VOB/B), dem Auftragnehmer steht eine Vergütung für tatsächlich erbrachte Leistungen zu, auch wenn diese ohne vorherige Vereinbarung, zB bei Gefahr im Verzug, pflichtgemäß erbracht wurden (§ 15 Abs. 3 VOB/B). Bei Zweifeln am tatsächlichen Umfang der geleisteten Stunden versucht § 15 Abs. 5 VOB/B mit der Anbindung an die nachweisbar ausgeführten Leistungen einen Interessenausgleich.

37 **3. Sonstige Vertragstypen bzw. Vergütungsmodelle.** Wie sich zB aus der Regelung des § 23 ergibt, die mit der Baukonzession eine weitere Vertragsart regelt, enthalten Abs. 1 und 2 keine abschließende Festlegung der Vertragsarten bzw. Vergütungsmodelle. Mithin steht es den Vertragsparteien sowohl unter vergabe- als auch unter vertragsrechtlichen Gesichtspunkten frei, andere Vertragsarten bzw. Vergütungsmodelle zu wählen.[59]

38 Der **Selbstkostenerstattungsvertrag,** welcher der Kategorie der sog. Aufwandsverträge zugerechnet wird,[60] war in § 5 Nr. 3 VOB/A 2006 noch ausdrücklich geregelt. Die Regelung gestattete, Bauarbeiten größeren Umfangs ausnahmsweise nach Selbstkosten zu vergeben, wenn diese vor der Vergabe nicht so eindeutig und erschöpfend beschrieben werden konnten, dass eine einwandfreie Preisermittlung möglich ist (§ 5 Nr. 3 Abs. 1 VOB/A 2006). Weiterhin sah die Regelung vor, dass bei der Vergabe festgelegt wird, wie Löhne, Stoffe, Gerätevorhaltung, Gemeinkosten etc zu vergüten und der Gewinn zu bemessen ist (§ 5 Nr. 3 Abs. 2 VOB/A 2006). Daraus ergibt sich auch der Unterschied zum Stundenlohnvertrag. Die Vergütung richtet sich nicht nach dem vom Auftragnehmer zu erbringenden Aufwand an Zeit und Material, sondern nach dem **Kostenaufwand,** den der Auftraggeber betreiben muss, um den Bauerfolg zu verwirklichen.[61] Die Regelung des § 5 Nr. 3 VOB/A 2006 ist mangels praktischer Relevanz gestrichen worden (→ Rn. 3), woraus sich nach hM – vor allem mit Rücksicht auf die nicht abschließende Regelung der Vertragsarten bzw. Vergütungsmodelle in der VOB/A – allerdings kein Verbot eines Selbstkostenerstattungsvertrages ergibt.[62] Zu beachten ist aber, dass eine Vergabe von Bauleistungen gegen Selbstkostenerstattung weiterhin

---

[59] Ziekow/Völlink/*Püstow* § 4 EU Rn. 22; Beck VergabeR/*Janssen* § 4 EU Rn. 222; Kapellmann/Messerschmidt/*Kapellmann* Rn. 4 f.
[60] NK-BGB/*Langen* BGB Anhang III §§ 631–650r Rn. 88; Messerschmidt/Voit/*Leupertz* I. Teil Abschn. K Rn. 32.
[61] NK-BGB/*Langen* BGB Anhang III §§ 631–650r Rn. 88; Messerschmidt/Voit/*Leupertz* I. Teil Abschn. K Rn. 32.
[62] Ingenstau/Korbion/*Schranner* Rn. 35; Ziekow/Völlink/*Püstow* § 4 EU Rn. 23.

nur ausnahmsweise, unter den engen Voraussetzungen des § 5 Nr. 3 VOB/A 2006, zulässig ist.[63] In Anbetracht der Tatsache, dass sich die allermeisten Bauleistungen – wenn auch unter Einschaltung von Gutachtern und zumindest funktional – beschreiben lassen, verbleibt für den Selbstkostenerstattungsvertrag praktisch nur ein sehr schmaler Anwendungsbereich. Vorliegen könnten diese Voraussetzungen zB bei Katastrophenereignissen oder Notfallsituation, bei denen ein derart schnelles Handeln geboten ist, dass keine Zeit für eine eindeutige und erschöpfende Beschreibung verbleibt und eine zeitliche Verschiebung der Baumaßnahme nicht zumutbar ist.[64]

Eine weitere Option der Vergütung beinhaltet das sog. **Garantierte-Maximal-Preis (GMP)- 39 Modell.** Den im angloamerikanischen Rechtsraum entwickelten Garantierten Maximalpreis-Vertrag (GMP-Vertrag) (englisch „guaranteed maximum price") kennzeichnet eine besondere Preisabrede, die dahin geht, dass zunächst für das gesamte Projekt ein Höchstpreis vereinbart wird, für den ein beauftragter Generalunternehmer einsteht. Dieser beinhaltet die von dem Generalunternehmer selbst zu erbringenden Leistungen, Kosten der eingesetzten Nachunternehmer, Allgemeine Geschäftskosten (AGK), Baustellengemeinkosten (BGK), sowie Risikokosten und Gewinn. Nach der vertraglichen Abrede soll der Höchstpreis die Vergütung nur nach oben begrenzen. Überschreiten die tatsächlichen Gesamtkosten den vereinbarten Höchstpreis, so trägt der Auftragnehmer das Risiko. Bei Unterschreitung der Gesamtkosten – nach Vereinbarung ggf. auch lediglich einzelner Kostenelemente, wie zB der Nachunternehmerkosten – teilen sich der Auftraggeber und der Auftragnehmer die erzielte Einsparung nach einem festgelegten Schlüssel. Voraussetzung eines solchen Vertrages ist eine Kostentransparenz, weshalb im Rahmen eines GMP-Vertrages häufig sog. Partnering-Elemente festgeschrieben werden, wie zB das Prinzip der „open-books", das den Auftraggeber berechtigt, relevante Unterlagen und Rechnungen einzusehen.[65] Gegen den GMP-Vertrag bestehen aus vertragsrechtlicher Sicht keine grundsätzlichen Bedenken. In vergaberechtlicher Hinsicht ist insbesondere zu prüfen, ob inwieweit die Beauftragung eines Generalunternehmers bzw. Generalübernehmers im Einzelfall mit dem Gebot der Losaufteilung (§ 5 Abs. 2, § 97 Abs. 4 GWB) in Einklang gebracht werden kann.

Die **Baukonzession** ist gem. § 23 ein Vertrag über die Durchführung eines Bauauftrags, bei 40 dem die Gegenleistung für die Bauarbeiten statt in einem Entgelt in dem befristeten Recht auf Nutzung der baulichen Anlage, gegebenenfalls zuzüglich der Zahlung eines Preises besteht (→ § 23 Rn. 4 ff.).

Eine weitere Vertragskategorie ist die in den §§ 4a, 4a EU geregelte **Rahmenvereinbarung.** 41 Mit einem Rahmenvertrag werden die Bedingungen für Einzelaufträge, die während eines bestimmten Zeitraums vergeben werden sollen, festgelegt (→ § 4a Rn. 7 ff. sowie → § 4a EU Rn. 6 f.).

III. Verfahren der Angebotseinholung (Abs. 3 und 4)

Abs. 3 und 4 regeln zwei unterschiedliche Verfahren mittels derer Angebote – unabhängig 42 davon, welche Art von Vertrag der Auftraggeber abschließen will – eingeholt werden können, nämlich das Angebots- sowie das Auf- und Abgebotsverfahren.

1. Das Angebotsverfahren (Abs. 3). Die Regelung des Abs. 3 knüpft an die BGB-Vorschrif- 43 ten über den Vertragsschluss (§§ 145 ff. BGB) an, wonach ein Vertrag durch Angebot (§ 145 BGB) und Annahme (§ 146 BGB) zustande kommt. **Der Zuschlag** im Vergabeverfahren entspricht der zivilrechtlichen Annahme des Angebots und **führt zum Vertragsschluss.** Da ein Angebot die Basis für den Zuschlag bildet, muss es alle Bestandteile eines Angebots iSv § 145 BGB enthalten, insbesondere den Preis. Dieser Preis – es kann sich je nach Vertragsart um Einheitspreise, einen Pauschalpreis oder um Stundensätze handeln – muss in den Angeboten aller Bieter so eindeutig und abschließend angegeben sein, dass vergleichbare Angebote entstehen, auf die mit einem einfachen „ja" der Zuschlag erteilt werden kann. **Abs. 3** kann daher als **Anforderung an die Vergabeunterlagen** verstanden werden, die die Vorgaben des **Abs. 1 und 2** noch einmal abstrahiert. Dem Auftraggeber obliegt die Pflicht, die Vergabeunterlagen so zu gestalten, dass **eindeutige und vollständige Preisangaben der Bieter** gefordert sind, die eine Vergabe im Wettbewerb möglich machen.

Diese Anforderung besteht unabhängig von der gewählten Verfahrensart oder der angestrebten 44 Vertragsart.[66] Auch in Verhandlungsverfahren oder bei Leistungsprogrammen sowie bei angestrebten Pauschalverträgen sind nach vorher definierten und die Gleichbehandlung der Bieter wahrenden Gesichtspunkten die Vergabeunterlagen für das Angebot (im Verhandlungsverfahren bei mehreren

---

[63] NK-BGB/Langen BGB Anhang III §§ 631–650r Rn. 89.
[64] Beck VergabeR/*Janssen* § 4 EU Rn. 226.
[65] Zur typischen Gestaltung von GMP-Verträgen vgl. zB OLG Dresden Urt. v. 21.5.2008 – 13 U 1953/07, NZBau 2008, 650 (651 f.); *Grünhoff* NZBau 2000, 313 ff.; Ingenstau/Korbion/*Schranner* Rn. 36 ff.
[66] Beck VergabeR/*Janssen* § 4 EU Rn. 260.

„Runden" für jede „Verhandlungsrunde") so zu gestalten, dass die Gleichbehandlung der Bieter und deren Chancengleichheit gewahrt wird. Das erschöpft sich nicht in der Nachfrage nach Preisen, sondern **umfasst die gesamten Vergabeunterlagen** (§§ 7–7c),[67] da diese die Basis für die Kalkulation der Bieter bilden. Hierzu gehören zB die komplette Leistungsbeschreibung, ggf. vorhandene Bodengutachten, ggf. schon ausgearbeitete Vertragsmuster, aus denen sich weitere Pflichten der Vertragsparteien ergeben und alle sonstigen begleitenden Informationen, die Auswirkungen auf den Aufwand und damit den Preis des späteren Auftragnehmers haben können. Dies liegt auch im Interesse des Auftraggebers, denn nur bei verlässlichen Angaben in den Vergabeunterlagen kann auch die Einhaltung der angebotenen Preise verlangt werden. Abs. 3 beschränkt sich in seinem Wortlaut auf die „Preise, die der Bieter für seine Leistungen fordert". Das setzt jedoch voraus, dass die zu erbringenden Leistungen so vollständig und so exakt, wie zur Zeit der Erstellung der Vergabeunterlagen möglich, zusammengestellt werden.

45 Die Differenzierung zwischen der Eintragung „**in der Leistungsbeschreibung**" oder „**in anderer Weise im Angebot**" macht deutlich, dass die Preise **in jedem Fall im Angebot einzutragen und mit dem Angebot abzugeben** sind. Praktisch ermöglicht die Differenzierung, dass zB nicht das Originalleistungsverzeichnis mit Preisen versehen werden muss, sondern dass die Preise zB in eine mitgelieferte GAEB-Datei oder in eine neben dem Leistungsverzeichnis vorhandene Datei mit den Positionsnummern des Leistungsverzeichnisses eingetragen werden dürfen. In vielen als Formular standardisierten Angebotsschreiben ist der Gesamtpreis auch im Angebotsschreiben anzugeben.[68] Bei angestrebten Pauschalverträgen wäre damit auch die alleinige Angabe des Pauschalpreises im Angebotsschreiben zulässig, da es hier für die spätere Vergütung auf die Einheitspreise nicht ankommt. Zur Wahrung eines fairen, manipulationsfreien und die Chancengleichheit sichernden Wettbewerbs kommt es **unabhängig von dem Ort und der Art der geforderten Preisangaben** darauf an, dass diese **im und mit dem Angebot sowie mit eindeutiger Aussagekraft** vorgelegt werden. Ausnahmen von diesem Grundsatz ergeben sich aus § 16a Abs. 2.

46 **2. Das Auf- und Abgebotsverfahren (Abs. 4).** Im Auf- und Abgebotsverfahren gibt der Auftraggeber – neben der Leistungsbeschreibung – auch die von ihm für sachgerecht und angemessen gehaltenen Preise für die geforderten Einzelleistungen einer Bauleistung in den Vergabeunterlagen, insbesondere im Leistungsverzeichnis, vor. Die Bieter geben in ihren Angeboten an, ob sie die Ausführung der Bauleistung mit ihren Einzelleistungen zu den vom Auftraggeber vorgegebenen Preisen anbieten oder diese unterbieten oder überbieten wollen.[69] Da der Auftraggeber beim Auf- und Abgebotsverfahren typischerweise Positionspreise vorgibt, scheidet das Auf- und Abgebotsverfahren bei Verwendung von Leistungsbeschreibungen mit Leistungsprogramm iSv § 7b, dh bei funktionalen Leistungsbeschreibungen, aus.[70]

47 Die Anwendung dieses Verfahrens ist **nur ausnahmsweise zulässig** bei **regelmäßig wiederkehrenden Unterhaltungsarbeiten, deren Umfang möglichst zu umgrenzen ist.** Nähere Definitionen zum Begriff der Unterhaltungsarbeiten oder zum Umfang, der zugrunde gelegt werden darf, ergeben sich aus der VOB/A nicht. „**Regelmäßig wiederkehrende Unterhaltungsarbeiten**" werden daher nach dem allgemeinen Sprachgebrauch im Bauwesen zu verstehen sein, als die Arbeiten, die notwendig sind, ein einmal erstelltes und in den bestimmungsgemäßen Gebrauch genommenes Bauwerk intakt und funktionsfähig zu erhalten. In Betracht kommen insbesondere Instandsetzungs- und Instandhaltungsarbeiten,[71] jedoch auch geringfügige Umbau- oder Erweiterungsmaßnahmen, die in einen unmittelbaren Zusammenhang zu Instandsetzungs- oder und Instandhaltungsarbeiten stehen.[72] Havarieleistungen können zB nicht als regelmäßig wiederkehrende Unterhaltungsarbeiten eingeordnet werden, weil das Ob und der Umfang dieser Arbeiten angesichts der Unregelmäßigkeit von Havarien stets ungewiss ist.[73]

48 Für die **Umgrenzung des Umfangs** kommen sowohl **Zeit- und Kostenfaktoren als auch fachspezifische Faktoren** in Betracht. Regelmäßig wiederkehrende Unterhaltungsarbeiten gehen nach dem Wortsinn von einer längeren Dauer des Bedarfs aus, zumal sich der Bedarf mit zunehmendem Alter des Bauwerk und zunehmender Abnutzung steigern dürfte. Eine Umgrenzung nach Kosten kann wegen der Unwägbarkeiten des Verfahrens gerade bei längerer Dauer für alle Beteiligten geboten sein, wobei auch eine Kombination aus Zeit und Kosten zu einer Umgrenzung des Umfangs

---

[67] IdS Ingenstau/Korbion/*Schranner* Rn. 44.
[68] Vgl. zB VHB Bund Ausgabe 2017 – Stand 2019, Teil 2, Formular 213 „Angebotsschreiben – einheitliche Fassung".
[69] Ziekow/Völlink/*Püstow* § 4 EU Rn. 35.
[70] Beck VergabeR/*Janssen* § 4 EU Rn. 260; Kapellmann/Messerschmidt/*Kapellmann* Rn. 53.
[71] HK-VergabeR/*Tomerius* Rn. 37.
[72] Ingenstau/Korbion/*Schranner* Rn. 48.
[73] LG Cottbus Urt. v. 24.10.2007 – 5 O 99/07, BeckRS 2007, 19104 Rn. 35.

führen kann. Hinzu kann bei Spezialbauwerken die Umgrenzung des Umfangs auf bestimmte fachspezifische Unterhaltungsarbeiten für eine maximal zu bestimmende Zeit kommen. Entscheidend ist, dass **vor der Anwendung dieses Verfahrens die Umgrenzung bestimmt** wird, denn die Formulierung der Vorschrift verlangt dies zwingend.

Aus dem Wortsinn und der Beschränkung auf Ausnahmefälle wird üblicherweise geschlossen, dass es sich um Fälle **geringen** Umfangs handeln soll.[74] Zwingend erscheint dies nicht, da an die Umgrenzung keine konkreten Anforderungen gestellt werden. Insbesondere bei fachspezifischen Unterhaltungsarbeiten können diese hohe Kosten verursachen.   49

Auch wenn das Auf- und Abgebotsverfahren im Einzelfall zulässig ist, ist Auftraggebern zu empfehlen, gründlich abzuwägen, ob ein Auf- und Abgebotsverfahren im Einzelfall sinnvoll ist. In dieser Verfahrensweise die – auch bei nationalen Vergaben bestehenden – Anforderungen an ein transparentes, die Chancengleichheit wahrendes Vergabeverfahren einzuhalten, erfordert sehr viel Sorgfalt und Aufwand, insbesondere muss der Auftraggeber selbst vorher sehr umfassend und realistisch die Marktpreise ermitteln, die er den Bietern vorgeben will. Das erfordert gegenüber den anderen Vergabeverfahrensarten einen weiteren zeitintensiven und aufwändigen Arbeitsschritt, dessen Nutzen zudem gering ist, da die potentiellen Bieter aufgrund ihrer Tätigkeit am Markt möglicherweise ganz andere Materialbeschaffungskosten oder Personaleinsatzkosten kalkulieren können als eine abstrakte Marktkundung ergibt. Bei fachspezifischen Unterhaltungsarbeiten kann es nur wenige Anbieter geben, die sich nach der Marktabfrage auf die vorhersehbare Ausschreibung (ggf. gemeinsam) einrichten könnten. Letztlich enthält das Auf- und Abgebotsverfahren daher neben dem Mehraufwand der eigenen Marktrecherche viele Unsicherheiten und Unwägbarkeiten, die seine Anwendung unpraktisch und im Einzelfall auch kontraproduktiv machen können.   50

IV. Bieterschutz

Aufgrund des zunehmend anerkannten Rechtsschutzes der Bieter bei Vergabeverfahren unterhalb der EU-Schwellenwerte[75] stellt sich zwar auch bei den Regelungen des Abschnitts 1 durchaus die Frage nach dem bieterschützenden Charakter der Vorschrift. Aufgrund der Ausgestaltung des Rechtsschutz nach den §§ 155 ff. GWB bei Vergabeverfahren oberhalb der EU-Schwellenwerte wird auf die Ausführungen zu § 4 EU verwiesen (→ § 4 EU Rn. 16).   51

§ 4a Rahmenvereinbarungen

(1) ¹**Rahmenvereinbarungen sind Aufträge, die ein oder mehrere Auftraggeber an ein oder mehrere Unternehmen vergeben können, um die Bedingungen für Einzelaufträge, die während eines bestimmten Zeitraums vergeben werden sollen, festzulegen, insbesondere über den in Aussicht genommenen Preis.** ²**Das in Aussicht genommene Auftragsvolumen ist so genau wie möglich zu ermitteln und bekannt zu geben, braucht aber nicht abschließend festgelegt zu werden.** ³**Eine Rahmenvereinbarung darf nicht missbräuchlich oder in einer Art angewendet werden, die den Wettbewerb behindert, einschränkt oder verfälscht.** ⁴**Die Laufzeit einer Rahmenvereinbarung darf vier Jahre nicht überschreiten, es sei denn, es liegt ein im Gegenstand der Rahmenvereinbarung begründeter Ausnahmefall vor.**

(2) Die Erteilung von Einzelaufträgen ist nur zulässig zwischen den Auftraggebern, die ihren voraussichtlichen Bedarf für das Vergabeverfahren gemeldet haben, und den Unternehmen, mit denen Rahmenvereinbarungen abgeschlossen wurden.

Schrifttum: *Baudis*, Zur gemeinsamen Beschaffung öffentlicher Auftraggeber nach Maßgabe der Richtlinie 2014/24/EU und deren Umsetzung sowie ihren Grenzen, VergabeR 2016, 425; *Fischer/Fongern*, Rahmenvereinbarungen im Vergaberecht, NZBau 2013, 550; *Franke*, Rechtsschutz bei der Vergabe von Rahmenvereinbarungen, ZfBR 2006, 546; *Graef*, Rahmenvereinbarungen bei der Vergabe von öffentlichen Aufträgen de lege lata und de lege ferenda, NZBau 2005, 561; *Kämper/Heßhaus*, Möglichkeiten und Grenzen von Auftraggebergemeinschaften, NZBau 2003, 303; *Portz*, Flexible Vergaben durch Rahmenvereinbarungen: Klarstellungen durch die EU-Vergaberichtlinie 2014, VergabeR 2014, 523; *Reuber*, Die neue VOB/A, VergabeR 2016, 339; *Rosenkötter/Seidler*, Praxisprobleme bei Rahmenvereinbarungen, NZBau 2007, 684; *Siegel*, Zulässige Vertragslaufzeiten im Vergaberecht, ZfBR 2006, 554; *Wichmann*, Die Vergabe von Rahmenvereinbarungen und die Durchführung nachgelagerter Wettbewerbe nach neuem Recht, VergabeR 2017, 1 ff.

---

[74] VK Berlin Beschl. v. 10.2.2005 – VK-B 2-74/04, BeckRS 2013, 57396.
[75] Vgl. hierzu zB OLG Saarbrücken Urt. v. 13.6.2012 – 1 U 357/11, ZfBR 2012, 799 ff.; *Dicks* VergabeR 2012, 531 ff.; *Lamm* in Lampe-Helbig/Jagenburg/Baldringer Bauvergabe-HdB Abschn. G Rn. 102 ff.

VOB/A § 4a 1–4

Übersicht

	Rn.		Rn.
I. Normzweck	1	2. Rahmenvertragspartner	11
II. Entstehungsgeschichte	4	a) Auftraggeberseite	12
		b) Auftragnehmerseite	14
III. Einzelerläuterung	7	3. Bedingungen für Einzelaufträge	15
1. Rahmenvereinbarung	7	4. Missbrauchsverbot und Wettbewerbsrecht	
a) Vergabe nach den §§ 3, 3a	7	(Abs. 1 S. 3)	20
b) Schwellenwert	10	5. Laufzeit (Abs. 1 S. 4)	21
c) „… in Aussicht genommene Auftragsvolumen …"	10a	6. Parteien der Einzelaufträge (Abs. 2)	23

I. Normzweck

1 Die Rahmenvereinbarung in der VOB/A soll eine **effiziente** und **wirtschaftliche** Beschaffung von Bauleistungen in den Fällen ermöglichen, in denen Einzelaufträge innerhalb eines festgelegten Zeitraums zu zuvor festgelegten Bedingungen vergeben werden sollen. Die Entscheidung, eine Beschaffung bzw. ein „Bündel an Beschaffungen" im Wege einer Rahmenvereinbarung auszuschreiben und zu vergeben, ist im Einzelfall nach Abwägung zu treffen. Es gibt kein besser oder schlechter. Der Auftraggeber kann sich den Aufwand durch den Entfall von mehreren Vergabeverfahren sparen, bindet sich aber auch für eine gewisse Zeit. Das Unternehmen „hat weniger Wettbewerb", wenn es „einmal drin ist", muss aber vielleicht einen unlukrativ gewordenen Vertrag eingehen. Die Rahmenvereinbarung gehört zu den sog. **besonderen Instrumenten des Vergaberechts,** die bei Vorliegen von bestimmten Merkmalen des Beschaffungsgegenstandes eine Vereinfachung bzw. Beschleunigung in Vergabeverfahren ermöglichen sollen. Die Idee, die dahinter steht, ist, den öffentlichen Auftraggeber einerseits zur Einhaltung der Vergabegrundsätze zu verpflichten, andererseits bestimmte Leistungen rational hinsichtlich Zeit und Ressourcen beschaffen zu können. Weitere besondere vergaberechtliche Instrumente – jenseits der Basisparagrafen für die Unterschwellenvergabe – sind das Dynamische Beschaffungssystem, die Elektronische Auktion, die Elektronischen Kataloge, die Planungswettbewerbe und die Zentrale Beschaffungstätigkeit.

2 Die Vergabe von Aufträgen mit einer Rahmenvereinbarung ist ein **zweistufiges Verfahren.** Zunächst vereinbaren der/die öffentliche(n) Auftraggeber und der/die Auftragnehmer einen **rechtlichen Rahmen** für künftige Einzelaufträge, die in den anschließenden (grundsätzlich) vier Jahren abgerufen werden können/müssen. Anknüpfungspunkt für die vergaberechtlichen Vorschriften ist aber die Rahmenvereinbarung als solche. Sollen dann die vorgesehenen Leistungen tatsächlich beschafft werden, werden diese entweder nur noch abgerufen, sie brauchen dann nicht mehr gesondert ausgeschrieben werden; oder es schließt sich ein weiteres wettbewerbliches Verfahren („Mini-wettbewerb") zur Vergabe der Einzelaufträge an, welches aber deutlich „abgespeckt" ist. Das spart Zeit und Kosten.

3 Damit erhält der öffentliche Auftraggeber die Möglichkeit, **flexibel** und schnell einzelne Leistungen zu beschaffen, Beschaffungsvorgänge zu **bündeln** und wiederkehrende Leistungen nicht jedes Mal neu ausschreiben zu müssen. Insbesondere im Unterschwellenbereich erleichtert die Möglichkeit zum Abschluss von Rahmenvereinbarungen die Beschaffung von ähnlich gelagerten bzw. häufig wiederkehrenden Bauleistungen. Das sind in der Praxis in erster Linie die sog. **Unterhaltungsarbeiten,**[1] die für einen festen Zeitraum vergeben werden. Die „Bauunterhaltungsarbeiten" (so RL 611.1, 611.2 „Rahmenverträge für Zeitvertragsarbeiten" des VHB-Bund 2017) sind Bauleistungen, die nicht eine Errichtung, sondern den Fortbestand eines errichteten Bauwerks zum Inhalt haben und die zur Erreichung dieses Ziels regelmäßig wiederkehrend notwendig sind.[2] Insofern hat die Rahmenvereinbarung in den anderen Bereichen außerhalb der VOB/A eine weitaus größere praktische Bedeutung.

II. Entstehungsgeschichte

4 Rahmenvereinbarungen für Bauleistungen nach der VOB/A sind nach weit überwiegender Auffassung erst seit der **Vergaberechtsreform** vom 18.4.2016 zulässig. Da § 4a in der Fassung, die

---

[1] Vgl. VK Berlin Beschl. v. 10.2.2005 – VK-B 2-74/04, BeckRS 2013, 57396.
[2] Ingenstau/Korbion/*Schranner* Rn. 2.

am 1.7.2016 im Bundesanzeiger veröffentlicht wurde, aufgenommen wurde, ist diese Vorschrift zeitlich seit dem Inkrafttreten der Gesamtfassung der VOB/A 2016 anwendbar.[3]

Die Rahmenvereinbarung als Instrument gehörte schon seit längerem zum Bestandteil unterschiedlicher vergaberechtlicher Regelungswerke und ist grundsätzlich in **§ 103 Abs. 5 GWB** legal definiert. Dessen Wortlaut entspricht vom Umfang auch dem der Regelung des § 4a. Mit der Richtlinie 2014/24/EU des Europäischen Parlaments und des Rates vom 26.2.2014 und deren Umsetzung im Rahmen der Vergaberechtsreform im April 2016 sind nun die in der EU-Richtlinie 2014/24/EU über die Auftragsvergabe vom 26.2.2014 in den Art. 34–37 RL 2014/24/EU genannten Instrumente, die insbesondere im Zusammenhang mit der elektronischen Vergabe stehen, in § 120 GWB aufgenommen worden.[4] Eingang in den ersten Abschnitt „Basisparagrafen" VOB/A hat bisher allerdings nur die Rahmenvereinbarung gefunden. Vom Umfang und Detaillierungsgrad des Tatbestandes ähnelt der neu aufgenommene § 4a dem § 4 VOL/A, der schon seit längerem die Rahmenvereinbarung für Dienstleistungen ermöglichte. Vergleicht man den Tatbestand mit der entsprechenden Vorschrift im 2. Abschnitt, dem § 4a EU, wird deutlich, dass im Oberschwellenbereich durch die wesentliche Übernahme des Richtlinientextes an die Erfüllung der Voraussetzungen für eine Vergabe mittels Rahmenvereinbarung ein höherer Detaillierungsgrad gefordert wird.

Obwohl es die Rahmenvereinbarung als Beschaffungsinstrument schon länger in vergaberechtlichen Regelwerken wie der Vergabe- und Vertragsordnung für Leistungen (VOL/A), der Vergabeverordnung Verteidigung und Sicherheit (VSVgV) oder der Sektorenverordnung (SektVO) gab, enthielt die VOB/A bis vor der Reform keine entsprechende Vorschrift. Zu der Frage, ob die Rahmenvereinbarung wie ein Rechtsgrundsatz dennoch gelten sollte oder ob es sich um ein bloßes Redaktionsversehen handelte, positionierte sich die Vergabekammer Sachsen zur VOF recht klar.[5] Deren Auffassung, dass Rahmenvereinbarungen in der damaligen VOF nicht zulässig sein sollten, wurde zur überwiegenden Meinung, die ebenso auf die VOB/A übertragbar war. Dadurch, dass diese Regelung nunmehr im ersten und zweiten Abschnitt der VOB/A **ausdrücklich** aufgenommen wurde, braucht dieser alte Streit nicht weiter dargestellt werden.

III. Einzelerläuterung

1. Rahmenvereinbarung. a) Vergabe nach den §§ 3, 3a. Die Rahmenvereinbarung ist keine weitere vergaberechtliche Verfahrensart, auch wenn sie ein Verfahren zur Beauftragung bzw. dem Abruf von Einzelaufträgen beinhaltet. Dies geht nicht direkt aus § 4a Abs. 1, aber dafür aus § 4a EU Abs. 1 hervor. Dort heißt es, dass der Abschluss einer Rahmenvereinbarung im Rahmen einer nach dieser Vergabeordnung anwendbaren Verfahrensart erfolgt. Ein qualitativer Unterschied – bis auf die zusätzlichen Voraussetzungen – besteht zwischen beiden Vorschriften nicht. Sie ist ein **Instrument** zur effektiven Beschaffung sowohl im Unterschwellen- als auch Oberschwellenbereich.

Der Wortlaut zeigt, dass die Rahmenvereinbarung selbst der **Anknüpfungspunkt** für die vergaberechtlichen Bestimmungen ist. Denn das Vergaberecht setzt an der Auftragsvergabe an und § 4a Abs. 1 S. 1 stellt klar, dass eben die Rahmenvereinbarung als Auftrag im vergaberechtlichen Sinne zu behandeln ist, obwohl mit ihr selbst noch nichts beschafft wird. Es ist also die Rahmenvereinbarung, die nach den Regeln der VOB/A vergeben wird. Genau an dieser Stelle besteht der eigentliche Bruch mit dem Grundsatz, dass „jeder öffentliche Auftrag" in einem eigenen Vergabeverfahren zu vergeben ist. Vergeben wird hier vielmehr der Rahmen, in dem der Auftraggeber die Bedingungen für die Einzelaufträge festgelegt hat.

Damit gelten für die Rahmenvereinbarung die vergaberechtlichen Grundsätze des § 2 sowie ua die Vorschriften zur Leistungsbeschreibung in den Vergabeunterlagen.[6] Diese Anforderungen sind allerdings an die besondere Situation der Rahmenvereinbarung anzupassen: Denn auf die Rahmenvereinbarung als solche wird gerade nicht geboten.[7] Die Vergabe der zu schließenden Rahmenvereinbarung hat also im Wege der **regulären Vergabeverfahrensarten** nach den Voraussetzungen der §§ 3, 3a zu erfolgen.

---

[3] Kapellmann/Messerschmidt/*Glahs* Rn. 3; Franke/Kemper/Zanner/Grünhagen/Mertens/*Franke/Kaiser* Rn. 1.
[4] Etwa *Reuber* VergabeR 2016, 339 (343).
[5] VK Sachsen Beschl. v. 25.1.2008 – 1/SVK/88-07, BeckRS 2008, 11096; HK-VergabeR/*Schrotz*, 1. Aufl. 2011, VOL/A § 4 EG Rn. 10 ff.; *Rosenkötter* VergabeR 2010, 368; *Machwirth* VergabeR 2007, 385 f.; *Knauff* VergabeR 2006, 24 (26); *Haak/Degen* VergabeR 2005, 164 (168).
[6] Vgl. *Portz* VergabeR 2014, 523 (526); VK Bund Beschl. v. 21.8.2013 – VK 1–67/13, BeckRS 2013, 21374.
[7] Vgl. VK Südbayern Beschl. v. 12.8.2013 – Z3-3-3194-1-18-07/13, VPRRS 2013, 1248.

10 **b) Schwellenwert.** Wenn das Vergaberecht an die Rahmenvereinbarung selbst anknüpft, muss anhand des Schwellenwertes dieser Vereinbarung das Vergaberechtsregime ermittelt werden. Der Wert der Rahmenvereinbarung wird dabei auf der Grundlage des **geschätzten Gesamtwertes** aller Einzelaufträge berechnet, die während der Laufzeit geplant sind (vgl. § 3 Abs. 4 VgV).[8] Dies erfolgt durch Addition der Höchstbeträge der potenziellen Einzelaufträge. Die Summe wird dann wie ein einheitlicher Auftrag angesehen.[9] Die Vorschrift des § 4a kommt also nur dann zur Anwendung, wenn die Summe sämtlicher geplanter Einzelaufträge innerhalb der vier Jahre unterhalb des für Bauleistungen aktuellen Schwellenwertes liegt.

10a **c) „… in Aussicht genommene Auftragsvolumen …".** § 4a Abs. 1 S. 2 bestimmt, dass der Auftraggeber zum Zwecke der Vergabe das in Aussicht genommene **Auftragsvolumen** so genau wie möglich zu ermitteln und bekannt zu geben hat. Wie dies im Einzelnen zu geschehen hat, wird nicht beschrieben. Eine dem § 3 VgV ähnliche Bestimmung gibt es hierfür nicht. Insofern kann aber auf die dort beschriebene Vorgehensweise zurückgegriffen werden. Das gilt auch für die Berücksichtigung des Netto-Wertes. Hier geht es aber weniger um den reinen Wert als vielmehr um die Benennung des voraussichtlichen Leistungsumfanges. Nur so werden die Bieter in die Lage versetzt, im Rahmen des Vergabeverfahrens zu kalkulieren oder sich für die Nichtteilnahme zu entscheiden. Der Grundsatz der ordnungsgemäßen Leistungsbeschreibung gilt auch hierfür, wenn auch erheblich abgeschwächt. Die Bieter müssen aber im Ansatz eine „nicht aus der Luft gegriffene" Vorstellung über die Gesamtheit aller Leistungen in der Laufzeit erhalten. Je konkreter beschreibbar dieses Auftragsvolumen ist, desto höher müssen die Anforderungen an die Leistungsbeschreibung in den Vergabeunterlagen sein, dieser Grundsatz steckt in „… **ist so genau wie möglich zu ermitteln** …". § 4a Abs. 1 S. 2 2. HS stellt ausdrücklich klar, dass das Auftragsvolumen aber nicht abschließend festgelegt werden braucht. Der gewissenhafte Umgang mit dieser Beschreibung ist unbedingt sorgfältig zu **dokumentieren,** weil bei Überschreitungen des angegebenen Maximalwertes ggf. neu auszuschreiben ist.

10b Das so ermittelte und geschätzte Gesamtauftragsvolumen bildet den Maximalauftragswert, der Gegenstand des Vergabeverfahrens nach §§ 3, 3a ist. Dieses ist zugleich die Rechtfertigung dafür, dass für die Einzelaufträge keine gesonderten förmlichen Vergabeverfahren mehr durchgeführt werden müssen. Die Angabe der Höchstmenge, wie bei der Rahmenvereinbarung im Oberschwellenbereich, ist hier nicht gefordert.[10] Allerdings gebietet der Wettbewerbs- und Transparenzgrundsatz auch im Unterschwellenbereich, dass eine „erhebliche" Überschreitung des geschätzten Maximalauftragswertes dazu führen muss, dass der Einzelauftrag nun in einem regulären Vergabeverfahren ausgeschrieben werden muss. Dies folgt dem Gedanken des § 132 Abs. 3 Nr. 2 GWB, der bei **erheblichen Überschreitungen** eine „Auftragsänderung" sieht, die eine neue Vergabe notwendig macht.[11] Eine aus der vorgenannten Norm hergeleitete Grenze für eine Überschreitung von 15% dürfte ein erster Anhaltspunkt sein.[12] Die Dokumentation dieser Abwägung hat dann insbesondere die Schwierigkeiten bei der Schätzung, tatsächliche Entwicklungen und die Vorhersehbar von Abweichungen zu berücksichtigen.

11 **2. Rahmenvertragspartner.** § 4a unterscheidet zwischen der Auftraggeber- und Unternehmerseite.

12 **a) Auftraggeberseite.** Ein öffentlicher Auftraggeber kann mit einem oder mehreren Unternehmen die Vereinbarung über künftige Einzelaufträge schließen. Ausdrücklich lässt der Wortlaut aber auch eine **Mehrzahl** von öffentlichen Auftraggebern zu.

13 Das führt dazu, dass sich mehrere Auftraggeber für gleichartige Beschaffungsvorhaben zusammenschließen können. Diese **faktischen Einkaufsgemeinschaften** können möglicherweise aufgrund der gebündelten Nachfrage zu einer kartellrechtlich beachtlichen Marktmacht führen. Hier ist im Einzelfall zu prüfen, ob aufgrund ihrer potenziellen Marktmacht im Kartellrecht, eine kartellrechtlich unzulässige Nachfragebündelung und damit ein Verstoß gegen das vergaberechtliche Missbrauchsverbot vorliegt.[13]

---

[8] Beck VergabeR/*Biemann* GWB § 103 Abs. 5 Rn. 18.
[9] So bereits GA *Lenz* Schlussanträge v. 16.2.1995 – C-79/94, Slg. 1995, I-1071 (1079) – Kom./Griechenland.
[10] EuGH Urt. v. 19.12.2018 – C-216/17, VergabeR 2019, 359.
[11] So auch Ingenstau/Korbion/*Schranner* Rn. 5.
[12] So Ingenstau/Korbion/*Schranner* Rn. 5.
[13] Vgl. OLG Düsseldorf Beschl. v. 17.1.2011 – VII-Verg 3/11, BeckRS 2011, 02627; vgl. zu Einkaufsgemeinschaften auch BGH Urt. v. 12.11.2002 – KZR 11/01, GRUR 2003, 633; *Dreher* NZBau 2005, 427 (432 ff.); *Kämper/Heßhaus* NZBau 2003, 303 ff.; *Machwirth* VergabeR 2007, 385 (386).

b) Auftragnehmerseite. Ebenso ermöglicht der Wortlaut dem oder den Auftraggebern, mit einem oder mehreren Unternehmen die Rahmenvereinbarung zu schließen. Dies entscheidet der Auftraggeber, wobei es in erster Linie auf **Zweckmäßigkeitsgesichtspunkte** im Einzelfall ankommt. Es macht Sinn, bei mehreren größeren Einzelaufträgen auch mehrere Unternehmer in die Rahmenvereinbarung einzuschließen, damit insgesamt der Abruf des Vertragsvolumens nicht durch Kapazitätsgrenzen einzelner Unternehmen beeinträchtigt wird. Andererseits sollen die Unternehmen nicht unnötig Kapazitäten vorhalten müssen, wenn absehbar ist, dass die Einzelbeauftragung nur gering wahrscheinlich ist. Die Entscheidung des oder der Auftraggeber, die insofern einen Entscheidungsspielraum haben, sollen sich dabei an den konkreten Umständen orientieren. Gerade hier spielen die allgemeinen Vergaberechtsgrundsätze des § 2 wieder eine regulierende Rolle.

3. Bedingungen für Einzelaufträge. § 4a Abs. 1 spricht nur von „Bedingungen für Einzelaufträge". Es wird auch nur – eingeführt durch das Wort „insbesondere" – ein (zwingendes) Beispiel hierfür geliefert: der Preis. Damit wird – jedenfalls für die Basisparagrafen – der weite Spielraum des Auftraggebers hinsichtlich der Ausgestaltung der Rahmenvereinbarung deutlich.

Die Rahmenvereinbarung muss danach also wenigstens die **wesentlichen** Bedingungen für den Abschluss einer Rahmenvereinbarung im konkreten Fall enthalten.[14] Das Wort „insbesondere" legt nahe, dass die VOB/A den Preis auf jeden Fall als wesentliche Bedingung ansieht.

Der **Preis** betrifft die Vergütung des Auftragnehmers. Hier stellt sich die Frage, ob bereits der genaue Preis für die spätere Einzelbeauftragung oder dieser lediglich in seiner Berechnungsmethode vereinbart werden muss. Die Formulierung „... in Aussicht genommene Preis" zeigt, dass die Rahmenvereinbarung lediglich die **Berechnungsmethode** zur Preisermittlung für die späteren Einzelaufträge bestimmen muss. Enthalten sein müssen wenigstens die preisbildenden Kriterien, wie beispielsweise der Preis pro Menge, pro Stunde oder pro Arbeitskraft.[15] Ausreichend kann auch die Angabe einer Berechnungsart wie Einheits- oder Pauschalpreis sein.[16] Im Hinblick auf die Dauer einer Rahmenvereinbarung werden auch in der Kommentierung zu § 103 Abs. 5 GWB die Vereinbarung von Staffelpreisen und Preis- und Materialgleitklauseln für zulässig und sogar sinnvoll gehalten. Diese Interessenlage ist ohne Weiteres auf den Unterschwellenbereich übertragbar. Diese Interessenlage besteht angesichts des Wettbewerbsprinzips aber nur dann, wenn es einen Grund dafür gibt, dass nicht von vornherein feste Preise für die Einzelabrufe/Einzelbeauftragungen vereinbaret werden den. Solche Gründe können die Laufzeit, die bekannten Marktpreisschwankungen von Preisbestandteilen oder die bewusste Öffnung für „Miniwettbewerbe" sein.

Welche und wie detailliert **weitere Bedingungen** für die späteren Einzelbeauftragungen in der Rahmenvereinbarung enthalten sein müssen, wird erkennbar offen gelassen. Doch auch wenn der Vergabe- und Vertragsausschuss für die Regelung im Unterschwellenbereich bewusst auf die umfangreicheren Vorgaben zur Einzelbeauftragung verzichtet hat, so besteht gleichwohl hier die Bindung an die vergaberechtlichen Grundsätze des § 2. In der praktischen Umsetzung kann daher dazu geraten werden, sich grundsätzlich an dem System des § 4a EU zu orientieren.[17] Insofern dürfte der „sicherste Weg" bei der Einzelbeauftragung auch die Beachtung der in diesem Werk enthaltenen Kommentierungen zu § 4a EU (→ § 4a EU Rn. 6 ff.) im Unterschwellenbereich sein. Die Vorgaben zu den Vergaben der Einzelaufträge im „Miniwettbewerb" oder zum bloßen Abruf von einzelnen Aufträgen in § 4a EU sind die Konkretisierungen des Wettbewerbs-, Gleichbehandlungs- und Transparenzprinzips. Wenn also – neben dem Preis – die Kriterien für die Auswahl des Auftragnehmers für den Fall des Einzelabrufs bei mehreren Rahmenvereinbarungspartnern festgeschrieben werden, muss das so erfolgen, dass allen „interessierten Unternehmen" in gleicher Weise diese Kriterien bekannt sind.[18]

Angesichts der vergaberechtlichen Grundsätze und nach dem Verständnis des Vertragsrechts muss die spätere Leistung jedoch so genau bestimmt sein, dass alle Bieter die **Leistungsbeschreibung** im gleichen Sinne verstehen können, um eine angemessene Kalkulationsbasis zu erhalten. Der Normgeber hat diesbezüglich in § 4a Abs. 1 S. 2 einen tatbestandlichen Hinweis gegeben: „Das in Aussicht genommene Auftragsvolumen ist so genau wie möglich zu ermitteln und bekannt zu geben, braucht aber nicht abschließend festgelegt zu werden". Auch diese Konkretisierung dient den Bietern dazu, die eigenen Kapazitäten zu prüfen und die Berechnung für spätere Aufträge voraussehbar zu machen.

---

[14] Vgl. EuGH Urt. v. 11.6.2009 – C-300/07, IBRRS 2009, 1922; VK Bund Beschl. v. 20.5.2003 – VK 1-35/03, IBR 2003, 491; Franke ZfBR 2006, 546 (547).
[15] Beck VergabeR/*Biemann* GWB § 103 Abs. 5 und 6 Rn. 13.
[16] Franke/Kemper/Zanner/Grünhagen/Mertens/*Franke/Kaiser* Rn. 6.
[17] So auch Ingenstau/Korbion/*Schranner* Rn. 1.
[18] Vgl. VK Sachsen-Anhalt Beschl. v. 21.9.2016 – 3 VK LSA 27/16, IBR RS 2016, 2926.

19 Die wenig detaillierte Festlegung der Mindestbedingungen der Rahmenvereinbarung nach § 4a lässt den Rückschluss darauf zu, dass auch die Regelung der **Bindung** der Beteiligten je nach Einzelfall variieren kann. Dies ermöglicht zudem eine flexible Planung für die späteren Beschaffungsvorgänge. Hierbei sind verschiedene Konstellationen denkbar. Der Grundfall wird sein, dass der Unternehmer mit der Rahmenvereinbarung einseitig verpflichtet wird, bei Abruf durch den öffentlichen Auftraggeber zu leisten. Andersherum entsteht jedoch für den Unternehmer kein Anspruch auf Beauftragung. Verpflichtet sich dagegen in der Rahmenvereinbarung auch der Auftraggeber zum Abruf eines bestimmten Volumens, wird damit für den Unternehmer eine bessere Planbarkeit erreicht. Denkbar ist darüber hinaus auch eine Rahmenvereinbarung, die für beide Seiten keine Verpflichtung zu einem späteren Einzelauftrag vorsieht. Die Unternehmen entscheiden dann letztlich, ob sie leisten wollen oder nicht.

20 **4. Missbrauchsverbot und Wettbewerbsrecht (Abs. 1 S. 3).** § 4a Abs. 1 S. 3 hebt zudem hervor, dass die Rahmenvereinbarung nicht missbräuchlich angewendet werden darf. **Missbrauch** einer Vergaberechtserleichterung, wie dem Instrument der Rahmenvereinbarung, bedeutet, dass die Möglichkeit der ausschreibungsfreien Einzelbeauftragungen nicht dazu führen darf, dass die Grundsätze des Vergaberechts umgangen werden. Dies ist etwa dann denkbar, wenn der Auftraggeber durch die Gestaltung der Bedingungen über das notwendige Maß hinaus den oder die Unternehmer in ihren unternehmerischen Entscheidungen einschränkt. Das Missbrauchsverbot ist also Maßstab für alle konkreten Bedingungen der Rahmenvereinbarung. Der Unternehmer, und damit Vertragspartner der Rahmenvereinbarung, muss wenigstens bei ihrem Abschluss die Tragweite erkennen können. Das einseitige Überbürden von bestimmten Vertragspflichten auf den Unternehmer soll noch nicht zu einem Missbrauch führen, da insofern auch beim Abschluss einer Rahmenvereinbarung Vertragsfreiheit herrscht.[19] Eine Umgehung der vergaberechtlichen Grundsätze würde im Konstrukt der Rahmenvereinbarung dann bestehen, wenn es keinerlei Regelungen zu dem Beauftragungs- bzw. Abrufverfahren für die Einzelaufträge gäbe.[20] Hier zwingt also das Missbrauchsverbot direkt zur Vereinbarung von Verfahrensgrundsätzen, die zudem die allgemeinen wettbewerbsrechtlichen Grundsätze und die Haushaltsvorgaben einhalten.

20a In der Vorschrift des § 4 Abs. 1 S. 3 VOL/A 2012 war das **Verbot konkurrierender Rahmenvereinbarungen** enthalten. Damit sollten mehrere Rahmenvereinbarungen für dieselbe Leistung ausgeschlossen sein. Dem Wortlaut des § 4a sieht dieses Verbot nicht vor. Unter Berufung auf das Wettbewerbs- und Transparenzprinzip ist das Verbot aber ebenfalls hier zu anzuwenden. Anderenfalls wäre den Marktteilnehmern nicht hinreichend klar, welches die maßgebenden Leistungskriterien sein sollen.[21] Das setzt allerdings voraus, dass es sich tatsächlich um dieselben und nicht den gleichen Beschaffungsgegenstand handelt. Einer anderer – zulässiger – Fall ist es, wenn ein Auftrag aus einer Rahmenvereinbarung durch ein gesondertes Vergabeverfahren vergeben wird; denn ein „Mehr" an Wettbewerb ist nicht schädlich.

20b Die Bedeutung des Wettbewerbsprinzips kommt in § 4a Abs. 1 S. 3 zum Ausdruck. Ausgehend vom Sinn und Zweck des Vergaberechts ist nicht nur eine wettbewerbswidrige Einzelbeauftragung zu verhindern, sondern der Wettbewerb soll auch im Hinblick auf einen sparsamen und wirtschaftlichen Umgang mit öffentlichen Mitteln gefördert werden. Gerade für die Bieter auf Ausschreibungen von Rahmenvereinbarungen tun sich zahlreiche Unwägbarkeiten bei der Kalkulation auf. Hier gilt der – etwa in § 7 ff. enthaltene – Grundsatz, dass sichergestellt werden muss, dass die Bieter die Risiken hinreichend erfassen und bei nicht vorsehbaren Erschwernissen ein Ausgleich geschaffen werden kann.[22] Gemeint sind bspw. Lohn- oder Stoffpreisgleitklauseln in besonderen Vertragsbedingungen und eine sorgfältige Leistungsbeschreibung.

21 **5. Laufzeit (Abs. 1 S. 4).** Der Normgeber regelt in Abs. 1 S. 4 eine weitere zwingend aufzunehmende Bedingung. Für die Rahmenvereinbarung ist eine Laufzeit zu bestimmen, die vier Jahre grundsätzlich nicht überschreiten darf. Die Erteilung von Einzelaufträgen ist also nur innerhalb dieses **Zeitrahmens** ohne erneute Ausschreibung zulässig. Das ist die notwendige Begrenzung dafür, dass im Gegenzug ein oder mehrere Aufträge dem größeren Wettbewerb entzogen werden. Dabei ist die Laufzeit der Einzelaufträge nicht identisch mit der Laufzeit der Rahmenvereinbarung.

22 Dieser Zeitrahmen kann aufgrund des Halbsatzes dann die vier Jahre überschreiten, wenn ein im Auftragsgegenstand begründeter Ausnahmefall[23] vorliegt. Denkbar ist dies, wenn aufgrund des

---

[19] Vgl. OLG Düsseldorf Beschl. v. 21.10.2015 – VII-Verg 28/14, ZfBR 2016, 83; VK Bund Beschl. v. 15.11.2007 – VK 2–102/07, IBR 2008, 1003.
[20] Vgl. VK Berlin Beschl. v. 10.2.2005 – B 2–74/04, BeckRS 2013, 57396.
[21] So auch Franke/Kemper/Zanner/Grünhagen/Mertens/*Franke/Kaiser* Rn. 5.
[22] BKartA Beschl. v. 29.7.2009 – VK-2 87/09, BeckRS 2014, 15624.
[23] Etwa OLG Düsseldorf Beschl. v. 11.4.2012 – Verg 95/11, VergabeR 2012, 878.

Investitionsbedarfs der jeweiligen Aufträge eine für den Unternehmer ausreichend lange Vertragslaufzeit notwendig[24] ist oder erst noch besonders qualifiziertes Personal eingestellt werden muss. Je länger die Vertragslaufzeit angesetzt wird, desto mehr gerät die Abwägung zwischen dem Wettbewerbsprinzip und der Wirtschaftlichkeit ins Wanken.[25] Bei vier Jahren geht der Verordnungsgeber von einem ausgeglichenen Verhältnis bei Bauleistungen aus. Bei jeder Abweichung ist deshalb in der Dokumentation gesondert zu den Gründen im Auftragsgegenstand und der Rechtfertigung für die längere Laufzeit auszuführen.

6. Parteien der Einzelaufträge (Abs. 2). Abs. 2 enthält eine Besonderheit, die sich ausschließlich bei Regelungen über Rahmenvereinbarungen im Unterschwellenbereich (§ 4 Abs. 2 VOL/A und § 15 UVgO) findet. § 4a Abs. 2 stellt klar, dass nur diejenigen Auftraggeber Einzelaufträge ohne weiteres förmliches Vergabeverfahren erteilen dürfen, die ihren voraussichtlichen Bedarf bei der Nennung des Gesamtauftragsumfangs zuvor eingestellt haben. Dies ist konsequent, da somit wenigstens der zu vergebende Einzelauftrag dem Vergaberecht unterstellt wurde. Der jeweilige Auftraggeber erhält damit eine Art **Abrufberechtigung** für sämtliche Einzelaufträge. Dies führt dazu, dass zwingend vom Auftraggeber eine **Bedarfsabfrage** durchgeführt werden muss. Im Hinblick auf eine spätere Kontrolle ist dies auch zu dokumentieren.[26] Allerdings unterscheidet sich der Wortlaut von der Parallelvorschrift § 4a EU insoweit, als das im Unterschwellenbereich damit auch ein Auftraggeber abrufberechtigt sein kann, der nicht ausdrücklich in der Rahmenvereinbarung genannt ist.[27]

§ 5 Vergabe nach Losen, Einheitliche Vergabe

(1) Bauleistungen sollen so vergeben werden, dass eine einheitliche Ausführung und zweifelsfreie umfassende Haftung für Mängelansprüche erreicht wird; sie sollen daher in der Regel mit den zur Leistung gehörigen Lieferungen vergeben werden.

(2) ¹Bauleistungen sind in der Menge aufgeteilt (Teillose) und getrennt nach Art oder Fachgebiet (Fachlose) zu vergeben. ²Bei der Vergabe kann aus wirtschaftlichen oder technischen Gründen auf eine Aufteilung oder Trennung verzichtet werden.

Schrifttum: *Antweiler*, Die Berücksichtigung von Mittelstandsinteressen im Vergabeverfahren – Rechtliche Rahmenbedingungen, VergabeR 2006, 637; *Ax/Höfler*, Fallstudie zur rechtlichen Durchsetzung von Unternehmensinteressen im öffentlichen Auftragswesen, WiB 1996, 759; *Ax/Sattler*, Schutzmechanismen für den Mittelstand im deutschen Vergaberecht, ZVgR 1999, 231; *Bartl*, Angebote von Generalübernehmern in Vergabeverfahren – EU-rechtswidrige nationale Praxis, NZBau 2005, 195; *Boesen*, Getrennt oder zusammen? – Losaufteilung und Gesamtvergabe nach der Reform des GWB in der Rechtsprechung, VergabeR 2011, 364; *Brückner*, Die Mittelstandsförderung im Vergaberecht, 2015; *Buhr*, Losweise Vergabe vs. gesamthafte Ausschreibung, VergabeR 2018, 207; *Burgi*, Mittelstandsfreundliche Vergabe, NZBau 2006, 606; *Burgi*, Nachunternehmerschaft und wettbewerbliche Untervergabe, NZBau 2010, 593; *Dreher*, Die Berücksichtigung mittelständischer Interessen bei der Vergabe öffentlicher Aufträge, NZBau 2005, 427; *Eydner*, Wann ist der Teilausschnitt einer Leistung ein „Fachlos"?, IBR 2012, 284; *Faßbender*, Die neuen Regelungen für eine mittelstandsgerechte Auftragsvergabe, NZBau 2010, 529; *Fietz*, Die Auftragsvergabe an Generalübernehmer – ein Tabu?, NZBau 2003, 426; *Frenz*, Die Berücksichtigung mittelständischer Interessen nach § 97 Abs. 3 GWB und Europarecht, GewArch 2011, 97; *Frenz*, Mittelstandsförderung in der Auftragsvergabe und Unionsrecht, GewArch 2018, 95; *Gerhardt/Sehlin*, Puplic Private Partnership – ein Modell für Kommunen?, VBlBW 2005, 90; *Golembiewski/Migalk*, Praxis der Vergabe öffentlicher Bauaufträge unter besonderer Berücksichtigung mittelstandspolitischer Zielsetzungen, 2005; *Horn*, Losweise Vergabe – neue Spielregeln auch für die Gesamtvergabe?, NZBau 2011, 601; *Johannes*, Mittelstandsförderung im Konflikt zwischen Wirtschaftlichkeit und Wettbewerbsfreiheit – zur Berücksichtigung mittelständischer Interessen im neuen Vergabeverfahren, ZVgR 1999, 187; *Kaltenborn*, Mittelstandsförderung im Konflikt mit europäischem Vergaberecht?, GewArch 2006, 321; *Krause*, Mittelstandsförderung im Vergaberecht, 2015; *Kullack/Terner*, Zur Berücksichtigung von Generalübernehmern bei der Vergabe von Bauleistungen, ZfBR 2003, 443; *Kus*, Losvergabe und Ausführungskriterien, NZBau 2009, 21; *Manz/Schönwälder*, Die vergaberechtliche Gretchenfrage: Wie hältst Du's mit dem Mittelstand?, NZBau 2012, 465; *Manz/Schönwälder*, (No) Limits in der Vergabe? Rechte- und Pflichtenprogramm bei der Loslimitierung als vergaberechtlichem Instrument, VergabeR 2013, 852; *Meckler*, Grenzen der Verpflichtung zur Losvergabe nach vergaberechtlicher Rechtsprechung, NZBau 2019, 492; *Michallik*, Problemfelder bei der Berücksichtigung mittelständischer Interessen im Vergaberecht, VergabeR 2011, 683; *Migalk*, Praxis der Vergabe öffentlicher Bauaufträge unter besonderer Berücksichtigung mittelstandspolitischer Zielsetzungen, VergabeR 2006, 651; *Mösinger*, Mittelstandsgerechte Gestaltung von PPP-Projekten, IR 2009, 290; *Mohr*, Sozial motivierte Beschaffungen nach dem Vergaberechtsmodernisierungsgesetz 2016, EuZA 2017, 23; *Müllejans*, Mittelstandsförderung im Vergaberecht im

---

[24] Kapellmann/Messerschmidt/*Glahs* Rn. 9.
[25] VK Arnsberg Beschl. v. 21.2.2006 – VK 29/05, NZBau 2006, 536.
[26] *Osseforth* in Gabriel/Krohn/Neun VergabeR-HdB § 13 Rn. 110.
[27] So auch Ziekow/Völlink/*Kraus* Rn. 7.

Rahmen des § 97 Abs. 3 GWB, 2014; *Müller-Wrede,* Grundsätze der Losvergabe unter dem Einfluss mittelständischer Interessen, NZBau 2004, 643; *Ortner,* Das Gebot der Berücksichtigung mittelständischer Interessen im Vergaberecht, VergabeR 2011, 677; *Otting/Tresselt,* Grenzen der Loslimitierung, VergabeR 2009, 585; *Pilarski,* Loslimitierung in der Praxis – Herstellung oder Beschränkung von Wettbewerb?, Vergabeblog.de vom 02/07/2020, Nr. 44386; *Pinkenburg/ Zawadke,* Teilweise Rückforderung von Zuwendungen im Falle unterbliebener Losbildung bei Feuerwehrfahrzeug-Beschaffung, NZBau 2017, 651; *Portz,* Zulässigkeit der Parallelausschreibungen, KommJur 2004, 90; *Rechten,* Divide et impera – Die losweise Vergabe, Jahrbuch forum vergabe 2012, 149; *Robbe,* Vergaberechtliche Beurteilung der Privilegierung kleinerer und mittlerer sowie ortsansässiger Unternehmen im Rahmen öffentlicher Auftragsvergaben, VR 2005, 325; *Robl,* Mittelstandspolitik im Rahmen der Vergabepraxis bei öffentlichen Aufträgen, in forum vergabe, Forum '96, Öffentliches Auftragswesen, 1997, 97 ff.; *Ruh,* Mittelstandsbeteiligung an öffentlichen Aufträgen, VergabeR 2005, 718; *Schaller,* Ein wichtiges Instrument der Mittelstandsförderung – Die Losteilung bei öffentlichen Aufträgen, ZfBR 2008, 142; *Schneevogl,* Generalübernehmervergabe – Paradigmenwechsel im Vergaberecht, NZBau 2004, 418; *Schulz,* Das Vielzahlkriterium nach § 1 AGBG und die Ausschreibung unter dem Vorbehalt der Vergabe nach Teillosen, NZBau 2000, 317; *Storr,* Mittelstandsförderung durch öffentliche Auftragsvergabe, SächsVBl. 2005, 289; *Theurer/Trutzel/Braun/Weber,* Die Pflicht zur Losaufteilung: Von der Norm zur Praxis, VergabeR 2014, 301; *Werner,* Die Verschärfung der Mittelstandsklausel, VergabeR 2009, 262; *Willems,* Die Förderung des Mittelstandes – wirtschaftsverfassungsrechtliche Legitimation und vergaberechtliche Realisierung, 2003; *Willner/Strohal,* Modulbau im Spannungsfeld von Leistungsbestimmungsrecht und Mittelstandsschutz, VergabeR 2014, 120; *Ziekow,* Das Gebot der vornehmlichen Berücksichtigung mittelständischer Interessen bei der Vergabe öffentlicher Aufträge – Mittelstandsschutz ernst genommen, GewA 2013, 417.

Übersicht

	Rn.		Rn.
I. **Normzweck**	1	c) Fachlose	15
		d) Verhältnis von Fach- und Teillosen	19
II. **Entstehungsgeschichte**	3	2. Regelfall: Losvergabe (Abs. 2 S. 1)	20
III. **Einheitliche Vergabe (Abs. 1)**	4	3. Ausnahme: Gesamtvergabe (Abs. 2 S. 2)	23
IV. **Vergabe nach Losen (Abs. 2)**	11	4. Loslimitierung	28
1. Begriffe	13	5. Bekanntmachungspflicht	29
a) Bauleistungen	13		
b) Teillose	14	V. **Fehlerfolgen**	30

I. Normzweck

1 § 5 enthält zwei Regelungen mit unterschiedlichen Zielsetzungen. **§ 5 Abs. 1** normiert das sog. **Gebot der einheitlichen Bauausführung,** das einer zweifelsfreien und umfassenden Mängelhaftung dient, mithin also im Interesse des öffentlichen Auftraggebers liegt. **§ 5 Abs. 2** regelt die **Losvergabe,** dient somit also den Interessen mittelständischer Unternehmen und versucht so, der wirtschaftlichen Struktur der deutschen Bauwirtschaft Rechnung zu tragen.[1] Dem gleichen Zweck dient im Anwendungsbereich des auf unionsrechtlichen Vorgaben beruhenden Kartellvergaberechts, dh oberhalb des maßgeblichen Schwellenwertes, auch § 97 Abs. 4 GWB. § 5 regelt indes ausschließlich diejenigen Fallgestaltungen unterhalb des Schwellenwertes. Oberhalb der Schwellenwerte ist § 5 EU anwendbar. Inhaltlich entspricht § 5 jedoch im Wesentlichen den Regelungen in § 5 EU Abs. 1 und Abs. 2 Nr. 2 und Nr. 3.

2 Die beiden unterschiedlichen Ziele von § 5 bzw. dessen **Abs. 1 und 2 stehen nicht in Widerspruch zueinander.** Vielmehr wird die umfassende Mängelhaftung iSd Abs. 1 durch die Verbindung von Bauleistung und Lieferung sichergestellt, wobei die Bauleistung ihrerseits nach Abs. 2 regelmäßig in Teil- und Fachlose aufzuteilen ist (Abs. 2 S. 1) und nur im Ausnahmefall auf eine solche Trennung verzichtet werden darf (Abs. 2 S. 2).[2] Mit anderen Worten: Der öffentliche Auftraggeber hat zunächst nach Maßgabe des § 5 Abs. 1 zu entscheiden, ob und in welcher Form er die Vergabe nach Losen durchführt. Erst nach dieser Entscheidung hat der Auftraggeber den Grundsatz des § 5 Abs. 1 zu beachten. Diejenigen Bauleistungen, die ihrer Art und Struktur nach zu einem Handwerks- oder Gewerbezweig gehören und daher in einem Fachlos vergeben werden, sollen nach § 5 Abs. 1 einheitlich zugeteilt werden, wodurch eine zweifelsfreie umfassende Haftung für Mängelansprüche erreicht werden soll. Die Teil- und Fachlosvergabe gem. § 5 Abs. 2 hat mithin Vorrang und wird grundsätzlich nicht durch das Gebot der einheitlichen Ausführung in § 5 Abs. 1 eingeschränkt.[3] Erschwert jedoch schon die Aufteilung in Teil- und Fachlose nach Abs. 2 die einheitliche Vergabe nach Abs. 1, so

---

[1] Kapellmann/Messerschmidt/*Stickler* Rn. 1.
[2] Vgl. zur vorrangigen Anwendbarkeit von Abs. 2 im Verhältnis zu Abs. 1 HK-VergabeR/*Tomerius* Rn. 3.
[3] Kapellmann/Messerschmidt/*Stickler* Rn. 2.

hat der Auftraggeber gegenläufige Interessen abzuwägen und ermessensfehlerfrei in größtmögliche Konkordanz zu bringen.[4]

II. Entstehungsgeschichte

§ 5 beruht auf § 4 VOB/A 2006. § 5 Abs. 1 enthält gegenüber § 4 Nr. 1 VOB/A 2006 keine Änderungen. In § 5 Abs. 2 wurden hingegen die Bestimmungen des § 4 Nr. 2 und Nr. 3 VOB/A 2006, wo es hieß

„2. Umfangreiche Bauleistungen sollen möglichst in Lose geteilt und nach Losen vergeben werden (Teillose)
3. Bauleistungen verschiedener Handwerks- oder Gewerbezweige sind in der Regel nach Fachgebieten oder Gewerbezweigen getrennt zu vergeben (Fachlose). Aus wirtschaftlichen oder technischen Gründen dürfen mehrere Fachlose zusammen vergeben werden.",

zusammengefasst, wobei teilweise die durch das Gesetz zur Modernisierung des Vergaberechts vom 20.4.2009[5] vorgenommenen Änderungen des § 97 Abs. 3 GWB aF (heute § 97 Abs. 4 GWB) berücksichtigt wurden, ohne diese jedoch vollständig zu übernehmen.[6] Soweit nach § 4 Nr. 2 VOB/A 2006 die Aufteilung in Teillose lediglich für umfangreiche Bauleistungen galt, findet sich diese Einschränkung in § 5 Abs. 2 nicht mehr.

III. Einheitliche Vergabe (Abs. 1)

Gemäß § 5 Abs. 1 Hs. 1 sollen Bauleistungen so vergeben werden, dass eine einheitliche Ausführung und zweifelsfreie umfassende Haftung für Mängelansprüche erreicht wird. Dieser Grundsatz wird in § 5 Abs. 1 Hs. 2 dahingehend konkretisiert, dass die Bauleistungen in der Regel mit den zur Leistung gehörigen Lieferungen vergeben werden sollen.

Mit der Regelung über die einheitliche Ausführung sollen **klare und voneinander abgrenzbare Verantwortungsbereiche geschaffen,** für eine umfassende Gewährleistung gesorgt und Streitpunkte über die Zuordnung etwaiger Mängel vermieden werden. Die Merkmale „umfassend" und „zweifelsfrei" begründen dabei das Ziel, dass der Auftraggeber die Vergabe so strukturiert, dass durch eine einheitlichen Leistungszuschnitt **Klarheit über die Person des Anspruchsgegners und dessen Haftung für Mängelansprüche** (§ 13 VOB/B) herrscht.[7] Der Auftragnehmer soll hierdurch nicht nur für in seiner Werkleistung liegende Mängel haften, sondern auch für solche, die in der Beschaffenheit der von ihm verwendeten Baustoffe angelegt sind. Durch die umfassende Haftung für Beschaffenheits- wie auch Montagemängel werden Abgrenzungsschwierigkeiten hinsichtlich unterschiedlicher Verantwortungssphären vermieden. Durch die Reduzierung von Schnittstellen zwischen Unternehmen gleicher Branchen verringert sich zugleich auch der Koordinierungsaufwand und verkürzt sich regelmäßig die Bauzeit, weil zeit- und arbeitsaufwändige Abstimmungen entfallen.[8]

§ 5 Abs. 1 Hs. 2 nennt ein **Regelbeispiel,** durch das eine umfassende Mängelhaftung sichergestellt werden soll. Die Bauleistung soll in der Regel zusammen mit der entsprechenden Lieferung vergeben werden. Dies korrespondiert mit Ziffer 2.1.1 der DIN 18 299 (VOB/C), wonach die Leistungen auch die Lieferung der dazugehörigen Stoffe und Bauteile einschließlich des Abladens und der Lagerung auf der Baustelle umfassen.[9] Auswirkungen hat dies im Übrigen auch bei der **Auslegung von Bauverträgen.** Die Lieferung von Stoffen und Bauteilen sind mit beauftragt und gehören zu der zu vergütenden Leistung (§ 2 Abs. 1 VOB/B), solange nicht etwas Abweichendes geregelt wird.[10]

Durch die Regelungstechnik in Form des intendierten Ermessens („sollen") und das Regel-Ausnahme-Verhältnis lässt der Normgeber Ausnahmen von der einheitlichen Vergabe zu. Diese Ausnahmen lassen sich allerdings nicht mit Hilfe der Maßgaben des § 5 Abs. 2 begründen. Vielmehr stehen insoweit zwei unterschiedliche Fragen in Rede; die in einem ersten Schritt gem. § 5 Abs. 2 in Fach- oder Teillose unterteilte Bauleistung ist erst in einem zweiten Schritt einheitlich iSd § 5 Abs. 1 zu vergeben (→ Rn. 2). Ein Ausnahmetatbestand kann aus technischen oder wirtschaftlichen Erwägungen, aber auch mit Blick auf ein sinnvolles zusätzliches Haftungsverhältnis begründet sein (etwa bei speziellen Qualitätsanforderungen bei einem „Bauteil").[11] Im letzteren Fall dient die

---

[4] VK Sachsen Beschl. v. 25.9.2009 – 1/SVK/038-09, BeckRS 2010, 02254.
[5] BGBl. 2009 I 790.
[6] Kapellmann/Messerschmidt/*Stickler* Rn. 3.
[7] Ziekow/Völlink/*Püstow* § 5 EU Rn. 8; Kapellmann/Messerschmidt/*Stickler* Rn. 7.
[8] Kapellmann/Messerschmidt/*Stickler* Rn. 6.
[9] HK-VergabeR/*Tomerius* Rn. 8; Kapellmann/Messerschmidt/*Stickler* Rn. 8.
[10] Vgl. mwN HK-VergabeR/*Tomerius* Rn. 8; Kapellmann/Messerschmidt/*Stickler* Rn. 10.
[11] Ausf. dazu Ingenstau/Korbion/*Schranner* Rn. 17 ff.

einheitliche Vergabe gerade dem zentralen Zweck von § 5 Abs. 1, nämlich einer möglichst weitreichenden Mangelhaftung, und zugleich den von § 5 Abs. 2 geförderten mittelständischen Interessen.

8   **Wirtschaftliche oder technische Überlegungen können** Anlass für eine Trennung zwischen der Beschaffung von Gegenständen und deren Einbau in das Bauwerk sein und damit eine **Ausnahme von der einheitlichen Vergabe nach § 5 Abs. 1 rechtfertigen.**[12] Eine Aufteilung von Lieferung und Bauleistung kann demnach ausnahmsweise dann gerechtfertigt sein, wenn der Montageanteil weitgehend untergeordnete Bedeutung hat, wenn der Einbau der Bauteile keine organisatorischen oder handwerklichen Probleme erwarten lässt oder wenn eine eigenständige vertragliche Beziehung zu dem Hersteller angezeigt ist (etwa aufgrund des Wertes oder der Komplexität der Sache).[13] In diesen Fällen kann nämlich die Ausnahme von der in Abs. 1 vorgesehenen Regel der einheitlichen Vergabe durch den Zweck von Abs. 1 (weitreichende Haftung) selbst begründet werden, und zwar ohne, dass die in Abs. 2 verbürgten Interessen des Mittelstandes berührt werden.

9   Darüber hinaus kommen **Ausnahmen** in Betracht, **wenn die Beistellung der Stoffe und Bauteile orts- oder gewerbeüblich ist,** was im Zweifelsfall durch Stellungnahmen der örtlichen Industrie- und Handelskammer geklärt werden kann.[14] Im Falle der Beistellung der Stoffe oder Bauteile durch den Auftraggeber entfällt nach § 13 Abs. 3 VOB/B die Mängelhaftung des Auftragnehmers, wenn und soweit er seiner Hinweispflicht gem. § 4 Abs. 3 VOB/B nachgekommen ist.[15]

10 § 5 Abs. 1 dient damit insgesamt nicht dem Schutz der Unternehmen, sondern nimmt eine Interessenabwägung zugunsten der Interessen des Auftraggebers vor.[16] Eine den Wettbewerb und die mittelständischen Interessen einschränkende einheitliche Vergabe wird im Interesse des Auftraggebers an einer reibungslosen Abwicklung des Auftrags vergaberechtlich erlaubt. Rechtfertigungsbedürftig ist es deswegen, wenn der Auftraggeber die Bauleistung und die Lieferung getrennt vergibt.

IV. Vergabe nach Losen (Abs. 2)

11 § 5 Abs. 2 regelt die Vergabe nach Teil- und/oder Fachlosen sowie diesbezügliche Ausnahmen. Bauleistungen sind gem. § 5 Abs. 2 S. 1 in der Menge aufgeteilt (Teillose) und getrennt nach Art oder Fachgebiet (Fachlose) zu vergeben. Gemäß § 5 Abs. 2 S. 2 kann bei der Vergabe aus wirtschaftlichen oder technischen Gründen auf eine Aufteilung oder Trennung verzichtet werden

12 § 5 Abs. 2 ist im Vergleich zu der oberschwelligen Parallelvorschrift des § 5 EU Abs. 2 undifferenzierter und damit jedenfalls in der Grundtendenz auch etwas auftraggeberfreundlicher. Im wesentlichen Kern gelten jedoch sehr ähnliche Grundsätze und Maßstäbe.

13 **1. Begriffe. a) Bauleistungen. Bauleistungen** sind nach **§ 1** Arbeiten jeder Art, durch die eine bauliche Anlage hergestellt, instandgehalten, geändert oder beseitigt wird (→ § 1 Rn. 4 ff.). Zu unterscheiden ist im hiesigen Kontext eine die Vergabe eines in mehrere Lose aufgeteilten Gesamtauftrags von der Fallkonstellation, dass bereits mehrere funktional, räumlich und/oder zeitlich unabhängige Bauleistungen vergeben werden. Letzteres stellt keine Losvergabe, sondern die Vergabe mehrerer Bauaufträge als solcher dar, wobei die einzelnen Bauaufträge ihrerseits natürlich wiederum in Lose untergliedert sein können.[17]

14 **b) Teillose. Teillose** unterteilen nach § 5 Abs. 2 S. 1 die Bauleistung der Menge nach. Diese Form der Aufteilung der Gesamtleistung kann dabei nach **rein mengenmäßigen, räumlichen oder uU auch zeitlichen Kriterien** erfolgen. Anknüpfungspunkt ist dabei stets die Leistung bzw. deren äußere Gesichtspunkte[18] und nicht die Vergütung, denn nur so können die Lose inhaltlich voneinander abgegrenzt werden. Es ist die Aufgabe des öffentlichen Auftraggebers, die Gesichtspunkte für eine sinnvolle Aufteilung zu ermitteln.[19] Eine einheitliche Bauleistung wird also in einzelne Abschnitte unterteilt, die ihrem Wesen nach gleichartig sind, also keinen unterschiedlichen Fachrichtungen zugeordnet sind. Logische Voraussetzung für die Bildung von Teillosen ist die faktisch mögliche Teilbarkeit der Leistung.

15 **c) Fachlose. Fachlose** sind eine **Aufteilung des Bauauftrags nach den Kriterien der Art und des Fachgebiets der Leistungen.** Der Begriff des Fachloses knüpft nicht nur an einschlägige

---

[12] Vgl. OLG München Beschl. v. 28.9.2005 – Verg 19/05, VergabeR 2006, 238 (241) sowie Kapellmann/Messerschmidt/*Stickler* Rn. 11 ff.
[13] Dazu Kapellmann/Messerschmidt/*Stickler* Rn. 14 f.
[14] Ingenstau/Korbion/*Schranner* Rn. 17; HK-VergabeR/*Tomerius* Rn. 9; Kapellmann/Messerschmidt/*Stickler* Rn. 13.
[15] Kapellmann/Messerschmidt/*Stickler* Rn. 14.
[16] Vgl. KG Berlin Beschl. v. 7.8.2015 – Verg 1/15, NZBau 2015, 790.
[17] Vgl. hierzu auch Kapellmann/Messerschmidt/*Stickler* Rn. 16.
[18] Ingenstau/Korbion/*Schranner* Rn. 23; Kapellmann/Messerschmidt/*Stickler* Rn. 17.
[19] Vgl. VK Berlin Beschl. v. 10.2.2005 – VK-B 2-74/04, BeckRS 2013, 57396.

IV. Vergabe nach Losen (Abs. 2)

Handwerksleistungen, sondern auch an die bei der Auftragsausführung anfallenden Gewerke an, sofern diese sachlich abgrenzbar sind.[20] Diese sachliche Abgrenzung hat individuell und einzelfallbezogen zu erfolgen. Als Anhaltspunkte für die Abgrenzung können beispielsweise die Gewerbeverzeichnisse der Handwerksordnung herangezogen werden.[21] Darüber hinaus liegt eine Abgrenzung anhand existierender DIN-Normen für bestimmte Leistungen auf der Hand.[22] Nicht zuletzt spielen auch Erwägungen eine Rolle, ob für die jeweils auszuführenden Leistungen ein eigener Markt besteht.[23] Der Auftraggeber hat also unter anderem danach zu fragen, ob ein Anbietermarkt von Fachunternehmern besteht, die sich explizit auf bestimmte Tätigkeiten spezialisiert haben. Dies impliziert, dass es auch innerhalb einer Branche eine weitere fachliche Aufgliederung geben kann.[24] Besteht ein derart spezialisierter Markt, so spricht vieles für eine entsprechende Aufteilung(-spflicht) in Fachlose, wenn die Unternehmen ohne eine Losvergabe keinen Zugang zu öffentlichen Aufträgen hätten.[25] Die Anzahl der Marktteilnehmer muss jedoch eine gewisse Erheblichkeitsschwelle überschreiten, sodass eine Vergabe im Rahmen eines freien Wettbewerbs gewährleistet wird.[26]

Der **Deutsche Vergabe- und Vertragsausschuss für Bauleistungen (DVA)** – zuständig für die Fortentwicklung der VOB – hat im Jahr 2000 ein **Positionspapier zu Fach- und Teillosen** veröffentlicht, welches inhaltlich noch immer aktuell ist.[27] Danach bestimmt sich nach den gewerberechtlichen Vorschriften und der allgemein oder regional üblichen Abgrenzung, welche Leistungen zu einem Fachlos gehören. In einem Fachlos werden jene Bauarbeiten zusammengefasst, die von einem baugewerblichen bzw. einem maschinen- oder elektrotechnischen Zweig ausgeführt werden, unabhängig davon, in welchen Allgemeinen Technischen Vertragsbedingungen (ATV) des Teils C der VOB diese Arbeiten behandelt werden. Fachlose können regional verschieden sein. Allgemein ist es zB üblich, Erd-, Maurer-, Beton- und Stahlbetonarbeiten zusammen als ein Fachlos zu vergeben, obgleich sie verschiedenen ATVen angehören. Die Fachlosvergabe entspricht damit der Struktur der mit der Erbringung von Bauleistungen befassten Unternehmen. 16

Die entscheidungsrelevanten Parameter für die Fachlosbildung und damit auch die Fachlosabgrenzung als solche sind daher naturgemäß auch nicht starr, sondern dynamisch; sie unterliegen einem Wandel.[28] 17

Werden mehrere Fachlose (zB Erd-, Mauer- und Betonarbeiten oder Heizungs- und Sanitärarbeiten) zusammen vergeben, spricht man von sog. **Fachlosgruppen.** Die Vergabe nach Fachlosgruppen ist keine Vergabe nach Fachlosen, sondern nach § 5 Abs. 2 S. 2 nur aus wirtschaftlichen oder technischen Gründen zulässig (vgl. Richtlinie zu 111 Ziff. 2.5 VHB 2017).[29] 18

d) Verhältnis von Fach- und Teillosen. Fach- und Teillose stehen in keinem Konkurrenzverhältnis zueinander. Sie schließen sich insbesondere auch nicht gegenseitig aus. Vielmehr können beide Formen auch ohne Weiteres **miteinander kombiniert** werden. So erfolgt in der Praxis häufig in einem ersten Schritt die Aufteilung in Teillose, die sodann bei Bedarf weiter in Fachlose unterteilt werden (Beispiel: Bau eines Autobahnteilstücks). Umgekehrt besteht auch die Möglichkeit, ein Fachlos in mehrere Teillose zu untergliedern (Beispiel: mengenmäßige Abgrenzung von Dachdecker- oder bestimmten Installationsarbeiten).[30] 19

2. Regelfall: Losvergabe (Abs. 2 S. 1). Gemäß **§ 5 Abs. 2 S. 1** sind Bauleistungen in der Menge aufgeteilt (Teillose) und getrennt nach Art oder Fachgebiet (Fachlose) zu vergeben. Die Norm statuiert ein **Regel-Ausnahme-Verhältnis** dahingehend, dass in der Regel eine Aufteilung der Bauleistung in Teillose und Fachlose vorzunehmen ist („Bauleistungen sind [...] aufgeteilt [...] und getrennt [...] zu vergeben"). Der ausnahmsweise Verzicht auf eine Aufteilung richtet sich nach den Vorgaben des § 5 Abs. 2 S. 2 (→ Rn. 23 ff.). Der Auftraggeber hat daher im Regelfall eine Vergabe in Teil- bzw. Fachlosen durchzuführen. 20

Bereits nach der VOB/A 2006 standen Los- und Gesamtvergabe in einem Regel-Ausnahme-Verhältnis. Gemäß § 4 Nr. 3 S. 1 VOB/A 2006 waren Fachlose „in der Regel" zu bilden; umfangrei- 21

---

[20] OLG Düsseldorf Beschl. v. 11.7.2007 – Verg 10/07, BeckRS 2008, 1321.
[21] VK Niedersachsen Beschl. v. 8.8.2014 – VgK-22/2014, BeckRS 2014, 20959.
[22] VK Niedersachsen Beschl. v. 8.8.2014 – VgK-22/2014, BeckRS 2014, 20959.
[23] VK Rheinland Beschl. v. 6.10.2014 – VK VOL 21/2013, BeckRS 2015, 01935.
[24] Vgl. OLG Koblenz Beschl. v. 16.9.2013 – 1 Verg 5/13, BeckRS 2013, 16569.
[25] Vgl. OLG Koblenz Beschl. v. 16.9.2013 – 1 Verg 5/13, BeckRS 2013, 16569.
[26] Vgl. OLG Koblenz Beschl. v. 16.9.2013 – 1 Verg 5/13, BeckRS 2013, 16569.
[27] Deutsche Vergabe- und Vertragsausschuss für Bauleistungen (DVA) – „Erläuterung zur Zusammenfassung von Fachlosen, Bildung von Teillosen, Stand: 30.8.2000, abrufbar unter www.stadtentwicklung.berlin.de (zuletzt abgerufen am 30.7.2021).
[28] Ähnlich Kapellmann/Messerschmidt/*Stickler* Rn. 20.
[29] Kapellmann/Messerschmidt/*Stickler* Rn. 21.
[30] Ingenstau/Korbion/*Schranner* Rn. 29; Kapellmann/Messerschmidt/*Stickler* Rn. 23.

che Bauleistungen „sollten möglichst" in Teillosen vergeben werden (§ 4 Nr. 2 VOB/A 2006). Ob danach an das Absehen von einer Teillosvergabe geringere Anforderungen als an den Verzicht auf eine Fachlosvergabe zu stellen waren, wurde unterschiedlich beurteilt.[31] Die Frage ist durch die zwischenzeitliche (verschärfende) Neufassung des § 5 Abs. 2 obsolet geworden (→ Rn. 3), denn nach § 5 Abs. 2 ist die Aufteilung der Bauleistung in **Teil- und Fachlose verpflichtend, soweit nicht wirtschaftliche oder technische Gründe bestehen.**

22 Hinsichtlich des konkreten **Loszuschnitts** enthält die VOB/A keine Vorgaben. Im Grundsatz soll es jedem Auftraggeber dabei sogar freistehen, die auszuschreibenden Leistungen nach seinen individuellen Vorstellungen zu bestimmen und den Wettbewerb nur in dieser – den autonomen bestimmten Zwecken entsprechenden – Gestalt zu öffnen.[32] Entscheidungen über den Umfang, den die zu vergebende Leistung im Einzelnen haben soll und ob gegebenenfalls mehrere Leistungseinheiten, also Lose, gebildet werden, die gesondert vergeben und vertraglich abzuwickeln sind, unterliegen grundsätzlich der freien Beurteilung des Auftraggebers.[33] Er entscheidet daher auch darüber, ob er Lose bildet oder nicht. Die **Freiheit über die Leistungsbestimmung** wird rechtstechnisch mit Hilfe einer **Einschätzungsprärogative** des Auftraggebers gesichert.[34] Diese Freiheit findet jedoch ihre **Einschränkung durch den Normzweck des § 5 Abs. 2.** Danach müssen mittelständische Unternehmen in geeigneten Fällen in die Lage versetzt werden, sich eigenständig zu bewerben. Die Lose müssen indes nicht derart gebildet werden, dass auch Kleinstunternehmen eine Auftragsdurchführung möglich ist.[35] Soweit gleichartige Lose vergeben werden, zwingt § 5 Abs. 2 S. 1 auch nicht dazu, den Loszuschnitt so vorzunehmen, dass sich mittelständische Unternehmen *auf alle Lose* bewerben können. Es genügt vielmehr, dass ihnen die Möglichkeit eröffnet wird, auf einzelne Lose Angebote abzugeben.[36] Auch besteht kein Anspruch darauf, dass sich der Auftrag an den wirtschaftlichen Interessen ganz bestimmter Bieter ausrichtet.[37] Erst recht geht die Berücksichtigungspflicht nicht so weit, dass ein Unternehmen einen Anspruch auf einen für den eigenen Betrieb optimalen Loszuschnitt hat.[38] Vielmehr hat der Auftraggeber grundsätzlich schon dann die **mittelständischen Interessen hinreichend berücksichtigt,** wenn er den Auftrag soweit in Lose aufgeteilt hat, wie es ihm zumutbar ist bzw. **wenn und solange eine Auftragsvergabe an mittelständische Unternehmen möglich bleibt.**[39]

23 **3. Ausnahme: Gesamtvergabe (Abs. 2 S. 2).** Gemäß § 5 Abs. 2 S. 2 kann bei der Vergabe aus wirtschaftlichen oder technischen Gründen auf eine Aufteilung oder Trennung in Lose verzichtet werden. Hinsichtlich der Anforderungen an einen Verzicht wird dabei nicht zwischen Teil- und Fachlosen unterschieden.[40]

24 Der Verzicht auf eine losweise Vergabe ist demzufolge nur im Ausnahmefall zulässig. Er setzt zudem eine **Abwägung** der widerstreitenden Belange voraus, wobei die **überwiegenden Gründe** für eine einheitliche Auftragsvergabe sprechen müssen. Die herrschende Meinung ging hiervon bereits unter dem Regime der Vorgängerregelung des § 4 Nr. 3 S. 2 VOB/A 2006 aus.[41] Demgegenüber vertrat das OLG Schleswig die Auffassung, dass die Zusammenfassung von Fachlosen nach § 4 Nr. 3 S. 2 VOB/A 2006 keiner zwingenden oder überwiegenden Gründe bedürfe. Überdies stünde dem Auftraggeber ein Ermessensspielraum zu, in dessen Rahmen vertretbare Gründe ausreichend seien.[42] Durch die Neufassung des § 5 Abs. 2 ist nunmehr jedoch klargestellt, dass tatsächlich überwiegende Gründe im Sinne der früheren Rechtsprechung des OLG Düsseldorf[43] vorliegen müssen.[44]

---

[31] Kapellmann/Messerschmidt/*Stickler* Rn. 24.
[32] VK Baden-Württemberg Beschl. v. 29.7.2013 – 1 VK 25/13, IBRRS 2014, 1232.
[33] OLG Thüringen Beschl. v. 6.6.2007 – 9 Verg 3/07, NZBau 2007, 730.
[34] OLG Düsseldorf Beschl. v. 16.10.2019 – VII-Verg 66/18, NZBau 2020, 184; OLG Düsseldorf Beschl. 25.11.2009 – VII-Verg 27/09, BeckRS 2010, 2863; OLG Düsseldorf Beschl. v. 11.7.2007 – VII-Verg 10/07, BeckRS 2008, 1321; zur Einschränkung des Entscheidungsspielraums bei der Frage, „ob" überhaupt eine Aufteilung erfolgt Ingenstau/Korbion/*Schranner* Rn. 21 f.
[35] OLG Karlsruhe Beschl. v. 6.4.2011 – 15 Verg 3/11, VergabeR 2011, 722 (727).
[36] LSG Baden-Württemberg Beschl. v. 23.1.2009 – L 11 WB 5971/08, VergabeR 2009, 452 (463); Kapellmann/Messerschmidt/*Stickler* Rn. 24.
[37] OLG Düsseldorf Beschl. v. 25.4.2012 – VII-Verg 100/11, ZfBR 2012, 608.
[38] OLG Frankfurt a. M. Beschl. v. 14.5.2018 – 11 Verg 4/18, ZfBR 2018, 718; OLG Düsseldorf Beschl. v. 25.4.2012 – VII-Verg 100/11, ZfBR 2012, 608; OLG Karlsruhe Beschl. v. 6.4.2011 – 15 Verg 3/11, NZBau 2011, 567.
[39] OLG Schleswig Beschl. v. 14.8.2000 – 6 Verg 2/2000, OLGR 2000, 470.
[40] Kapellmann/Messerschmidt/*Stickler* Rn. 24.
[41] OLG Düsseldorf Beschl. v. 8.9.2004 – VII-Verg 38/04, VergabeR 2005, 107 (110); *Dreher* NZBau 2005, 427 (430).
[42] OLG Schleswig Beschl. v. 14.8.2000 – 6 Verg 2/2000, OLGR 2000, 470.
[43] OLG Düsseldorf Beschl. v. 8.9.2004 – VII-Verg 38/04, VergabeR 2005, 107 (110).
[44] Kapellmann/Messerschmidt/*Stickler* Rn. 25.

Die Anforderungen an einen Verzicht auf die Aufteilung oder Trennung in Lose gem. § 5 **25** Abs. 2 S. 2 entsprechen damit (einschließlich der Auslegung der Begriffe „wirtschaftliche Gründe", „technische Gründe" und „überwiegende Gründe" sowie der Maßstäbe ihrer rechtlichen Kontrolle) denen gem. § 5 EU Abs. 2 Nr. 1. Aus diesem Grund wird an dieser Stelle auf die dortige Kommentierung (→ § 5 EU Rn. 26–47) verwiesen.

Die **Beweislast** für das Vorliegen der Voraussetzungen einer Gesamtvergabe trägt der öffentliche **26** Auftraggeber.[45] Er hat daher seine Entscheidung für eine Gesamtvergabe eingehend zu **begründen** und in der Vergabeakte zu **dokumentieren** (§ 20).[46]

Ein gewisses **Spannungsverhältnis** besteht zwischen § 5 Abs. 2 und der durch § 7c eröffneten **27** Möglichkeit einer **Funktionalausschreibung.** Entscheidet sich der öffentliche Auftraggeber im Rahmen seiner Gestaltungsfreiheit bei der Festlegung des Leistungsprofils für eine Funktionalausschreibung, gibt er bei einer solchen nur den Rahmen oder das Programm der gewünschten Bauleistung an. Es ist dann Sache der Bieter, diesen Rahmen oder das Programm durch ihre Angebote auszugestalten. In Ansehung dessen kann der Auftraggeber eine Aufteilung in Teil- oder Fachlose schlechterdings nicht vornehmen, weil er noch nicht absehen kann, in welcher Weise der Auftragnehmer das vorgegebene Programm ausführen wird. Daher verträgt sich eine Vergabe von Teil- oder Fachlosen nicht mit einer Funktionalausschreibungen und kann somit nicht stattfinden.[47] Ähnlich verhält es sich auch in Bezug auf den wettbewerblichen Dialog iSd § 119 Abs. 6 GWB,[48] welcher als Verfahrensart jedoch nur oberhalb der Schwellenwerte zur Verfügung steht.

4. Loslimitierung. Anders als § 5 EU Abs. 2 Nr. 3 (→ § 5 EU Rn. 54 ff.) oder auch § 22 **28** Abs. 1 S. 4 UVgO sieht § 5 keine Regelungen zur sog. Loslimitierung vor. Da sie primär dem Schutz mittelständischer Interessen dient, wird sie aber überwiegend auch im Bereich der Bauvergaben unterhalb des Schwellenwertes für grundsätzlich zulässig erachtet.[49] Mangels ausdrücklicher Regelung kann aber keinesfalls eine Pflicht zur Loslimitierung bestehen;[50] vielmehr handelt es sich um eine „freiwillige Maßnahme".[51] Eine Zulässigkeitsgrenze besteht immer dann, wenn die Loslimitierung zu einer unwirtschaftlichen Zersplitterung des Auftrags führt. Denn dann steht das Gebot der Zuschlagserteilung auf das wirtschaftlichste Angebot gem. § 16d Abs. 1 Nr. 4 S. 1 dem Schutz mittelständischer Interessen entgegen.[52]

5. Bekanntmachungspflicht. Gemäß § 12 Abs. 1 Nr. 2 lit. h sind in der Bekanntmachung **29** insbesondere Art und Umfang der einzelnen Lose und die Möglichkeit anzugeben, Angebote für eines, mehrere oder alle Lose einzureichen. Die Bekanntmachungspflicht erstreckt sich insbesondere auch auf eine etwaige Loslimitierung (→ Rn. 28).

V. Fehlerfolgen

§ 5 Abs. 1 ist nicht bieterschützend, sondern dient lediglich den Interessen des Auftragge- **30** bers[53] (→ Rn. 1 und 4 ff.). Subjektive Rechte und/oder Ansprüche zugunsten von Unternehmen ergeben sich insoweit nicht.

Anders verhält es sich bei § 5 Abs. 2, sodass bei einem Verstoß grundsätzlich ein **Schadenser- 31 satzanspruch** wegen Verschuldens bei Vertragsverhandlungen gem. **§ 280 Abs. 1 BGB, § 311 Abs. 2 BGB, § 241 Abs. 2 BGB (cic)** in Betracht kommt.[54]

---

[45] OLG Düsseldorf Beschl. v. 8.9.2004 – VII-Verg 38/04, VergabeR 2005, 107 (110).
[46] OLG Düsseldorf Beschl. v. 17.3.2004 – VII-Verg 1/04, VergabeR 2004, 513 (514).
[47] OLG Thüringen Beschl. v. 6.6.2007 – 9 Verg 3/07, NZBau 2007, 730; *Manz/Schönwälder* NZBau 2012, 465; Kapellmann/Messerschmidt/*Stickler* Rn. 31; s. ferner auch Ingenstau/Korbion/*Schranner* Rn. 20, nach dem die Zulässigkeit einer Funktionalausschreibung davon abhängen soll, dass die Voraussetzungen des § 5 Abs. 2 S. 2 VOB/A vorliegen.
[48] S. hierzu Kapellmann/Messerschmidt/*Stickler* Rn. 31.
[49] Vgl. hierzu insbes. Kapellmann/Messerschmidt/*Stickler* Rn. 36 unter Verweis auf OLG Düsseldorf Beschl. v. 15.6.2000 – VII-Verg 6/00, NZBau 2000, 440 (441); OLG Düsseldorf Beschl. v. 7.11.2012 – VII-Verg 24/12, NZBau 2013, 184; OLG Düsseldorf Beschl. v. 7.12.2011 – VII-Verg 99/11, VergabeR 2012, 494; KG Berlin Beschl. v. 20.2.2014 – Verg 10/13, VergabeR 2014, 566 (568 f.); *Müller-Wrede* NZBau 2004, 643 (647).
[50] Vgl. hierzu für Vergaben oberhalb der Schwellenwerte auch VK Baden-Württemberg Beschl. v. 27.11.2008 – 1 VK 52/08.
[51] LSG Baden-Württemberg Beschl. v. 23.1.2009 – L 11 WB 5971/08, VergabeR 2009, 452 (462); LSG Nordrhein-Westfalen Beschl. v. 26.3.2009 – L 21 KR 26/09 SFB, VergabeR 2009, 922 (927); *Müller-Wrede* NZBau 2004, 643 (645); *Dreher* NZBau 2005, 427 (431); Kapellmann/Messerschmidt/*Stickler* Rn. 31.
[52] *Dreher* NZBau 2005, 427 (431); Kapellmann/Messerschmidt/*Stickler* Rn. 31.
[53] KG Berlin Beschl. v. 7.8.2015 – Verg 1/15, NZBau 2015, 790 (791).
[54] HK-VergabeR/*Tomerius* Rn. 39.

32 Ferner kann ein Verstoß gegen § 5 Abs. 2 auch zur **Rückforderung von Fördermitteln** führen, wenn und soweit diese für das in Rede stehende Beschaffungsvorhaben gewährt wurden.[55]

Dagegen liegt in einem Verstoß gegen § 5 Abs. 2 nicht zugleich auch ein **Verstoß gegen § 20 GWB**. Denn bei der Gesamtvergabe entfällt zwar die öffentliche Hand als Nachfrager, allerdings tritt der Generalunternehmer an ihre Stelle und tritt im Regelfall als Nachfrager am Markt auf. Der Bieter hat keinen Anspruch darauf, gerade die öffentliche Hand als Vertragspartner zu erhalten.[56]

§ 6 Teilnehmer am Wettbewerb

(1) Der Wettbewerb darf nicht auf Unternehmen beschränkt werden, die in bestimmten Regionen oder Orten ansässig sind.

(2) Bietergemeinschaften sind Einzelbietern gleichzusetzen, wenn sie die Arbeiten im eigenen Betrieb oder in den Betrieben der Mitglieder ausführen.

(3) Am Wettbewerb können sich nur Unternehmen beteiligen, die sich gewerbsmäßig mit der Ausführung von Leistungen der ausgeschriebenen Art befassen.

Schrifttum: *Amelung*, Das unzulässige Selbstausführungsgebot, NZBau 2017, 139; *Bosch*, Die Entwicklung des deutschen und europäischen Kartellrechts, NJW 2020, 1713; *Antweiler*, Neues zur Rügeobliegenheit und zu öffentlich-rechtlichen Marktzugangsbeschränkungen, NZBau 2020, 761; *Burgi*, Das Kartellvergaberecht als Sanktions- und Rechtsschutzinstrument bei Verstößen gegen das kommunale Wirtschaftsrecht?, NZBau 2003, 539; *Detterbeck*, Handwerksordnung, 3. Online-Aufl. 2016 (= Nomos-BR/*Detterbeck*); *Ennuschat*, Kommunalwirtschaftsrecht – Prüfungsmaßstab im Vergaberechtsschutz?, NVwZ 2008, 966; *Hattig/Oest*, Keine abstrakt quantitative Beschränkung des Nachunternehmereinsatzes, NZBau 2020, 494; *Hausmann/Queisner*, Die Zulässigkeit von Bietergemeinschaften im Vergabeverfahren, NZBau 2015, 402; *Hertwig*, Uneingeschränkte Relevanz des Gemeindewirtschaftsrechts im Vergabenachprüfungsvertragen, NZBau 2009, 355; *Kiermeier/Hänsel*, Ausgewählte Probleme des Bau-ARGE-Vertrags, NJW-Spezial 2013, 236; *Kling*, Vergaberecht und Kartellrecht, Eine Analyse der Entscheidungspraxis im Zeitraum 2015 bis 2018, NZBau 2018, 715; *Leisner*, Beck'scher Online-Kommentar Handwerksordnung, 13. Ed. 1.1.2021 (= BeckOK HWO); *Lux*, Bietergemeinschaften im Schnittfeld von Gesellschafts- und Vergaberecht, 2009; *Lux*, Gesellschaftsrechtliche Veränderungen bei Bietern im Vergabeverfahren, NZBau 2012, 680; *Mager/Lotz*, Grundsätzliche Unzulässigkeit von Bietergemeinschaften, NZBau 2014, 328; *Mahnken/Kurtze*, Konsortien im Anlagenbau und das ICC Consortium Agreement 2016, NZBau 2017, 187; *Mann*, Kommunales Wirtschaftsrecht als Vorfrage des Vergaberechts?, NVwZ 2010, 857; *Mösinger/Juraschek*, Der Bieterwechsel im laufenden Vergabeverfahren, NZBau 2017, 76; *Müller-Feldhammer*, Die Bieter- und Arbeitsgemeinschaft – kartellrechtlich ein Auslaufmodell?, NZKart 2019, 463; *Overbuschmann*, Verstößt die Verabredung einer Bietergemeinschaft gegen das Kartellrecht, VergabeR 2014, 634; *Roquette/Schweiger*, Vertragshandbuch Privates Baurecht, 3. Aufl. 2020; *Schneider*, Öffentlich-rechtliche Marktzutrittsverbote im Vergaberecht, NZBau 2009, 352; *Schulte/Voll*, Das Bietergemeinschaftskartell im Vergaberecht – Drum prüfe, wer sich (ewig) bindet –, ZfBR 2013, 223.

Übersicht

	Rn.		Rn.
I. Allgemeines	1	b) Kartellrechtliche Vorfragen	14
1. Normzweck	1	c) Wechsel im Mitgliederbestand der Bietergemeinschaft	36
2. Entstehungsgeschichte	1a	d) Nachträgliche Bietergemeinschaft	40
3. Vergleichbare Regelungen	5	e) Ausführung der Arbeiten im eigenen Betrieb	45
II. Einzelerläuterung	6	3. Beteiligungsfähigkeit (Abs. 3)	46
1. Verbot regionaler Beschränkungen (Abs. 1)	6	a) Grundvoraussetzungen einer gewerbsmäßigen Ausführung der Leistung	47
2. Gleichbehandlung von Bietergemeinschaften mit Einzelbietern (Abs. 2)	10	b) Negativabgrenzung – Keine Vollständige Verlagerung der auftragsgegenständlichen Leistung auf Dritte	53
a) Begriffsbestimmung und Abgrenzung	10		

---

[55] VGH Bayern Beschl. v. 22.5.2017 – 4 ZB 16.577, NZBau 2017, 692; Kapellmann/Messerschmidt/*Stickler* Rn. 39; sowie allgemein in diesem Zusammenhang auch *Troidl* NVwZ 2015, 549 ff.

[56] Vgl. Kapellmann/Messerschmidt/*Stickler* Rn. 38; aA dagegen LG Hannover Urt. v. 17.4.1997 – 21 O 38/97 (Kart), EuZW 1997, 638 (640).

I. Allgemeines

1. Normzweck. Die Vorschrift des § 6 legt fest, wer Teilnehmer am Wettbewerb um Bauaufträge sein kann. Die einzelnen Absätze enthalten Verbote unzulässiger Differenzierungen, Gebote der Gleichbehandlung von Bietergruppen sowie zulässige Wettbewerbsbeschränkungen. Im Einzelnen verbietet Abs. 1 eine Unterscheidung nach der regionalen bzw. Ortsansässigkeit. Abs. 2 statuiert den Grundsatz der Gleichbehandlung von Bieter- und Arbeitsgemeinschaften. Abs. 3 regelt das das sog. Selbstausführungsgebot, dh eine Beschränkung des Wettbewerbs auf Unternehmen, die sich gewerbsmäßig mit der Ausführung von Bauleistungen befassen.

2. Entstehungsgeschichte. Prima facie erfuhr der § 6 mit der Fassung der VOB/A 2016 erhebliche Änderungen. Dieser Befund relativiert sich jedoch, wenn man die nachfolgenden Regelungen des § 6a und § 6b in die Betrachtung mit einbezieht. Die Regelungen des § 6 VOB/A 2012 sind – im Regelungsgehalt weitestgehend identisch – in den §§ 6, 6a und 6b aufgegangen.

Die Regelungen des § 6 Abs. 1 und 2 entsprechen weitestgehend denen des § 6 Abs. 1 Nr. 1 und 2 VOB/A 2012/2009 bzw. dem § 8 Nr. 1 Abs. 1 VOB/A 2006. Die Regelung über Bietergemeinschaften war in der Fassung 2006 noch in § 25 Nr. 6 verortet.

§ 6 Abs. 3 entspricht in seinem Regelungsgehalt im Wesentlichen dem § 6 Abs. 2 Nr. 1 der VOB/A von 2009 und 2012 bzw. dem § 8 Nr. 2 Abs. 1 VOB/A 2006. Nach der Fassung von 2016 können sich am Wettbewerb „nur Unternehmen beteiligen, die sich gewerbmäßig mit der Ausführung von Leistungen der ausgeschriebenen Art befassen". Die Vorgängerregelungen richteten sich noch an den Auftraggeber als Gebot, „die Unterlagen [nur] an alle Bewerber abzugeben, die sich gewerbmäßig mit der Ausführung von Leistungen der ausgeschriebenen Art befassen".

Durch die VOB/A 2019 wurde § 6 nicht verändert.

3. Vergleichbare Regelungen. Eine Bestimmung, die wie **Abs. 1** die Unzulässigkeit der Anknüpfung an die lokale Ansässigkeit des Unternehmens verbietet, wurde auch in § 6 EU Abs. 3 Nr. 1 und in § 6 VS Abs. 3 Nr. 1 aufgenommen. In anderen Vergabeordnungen finden sich keine vergleichbaren Regelungen. Eine vergleichbare Regelung des Modells der Bietergemeinschaft **(Abs. 2)** enthalten § 6 EU Abs. 3 Nr. 2 S. 1, § 6 VS Abs. 3 Nr. 2 S. 1, § 43 Abs. 2 S. 2 VgV, § 32 Abs. 2 UVgO und § 24 Abs. 2 S. 1 KonzVgV, jedoch ohne den Zusatz „wenn sie die Arbeiten im eigenen Betrieb oder in den Betrieben der Mitglieder ausführen". Eine **Abs. 3** entsprechende Regelung findet sich in anderen Vergabeordnungen nicht. Allerdings gestattet § 26 Abs. 6 UVgO ausdrücklich die Anordnung eines Selbstausführungsgebotes, welches die hM auch aus § 6 Abs. 3 ableitet (→ Rn. 54). Die Regelungen des § 57 Abs. 5 UVgO sowie § 6d EU Abs. 4 lassen die Vorgabe einer Selbstausführung der Leistung lediglich bei kritischen Aufgaben zu.

II. Einzelerläuterung

1. Verbot regionaler Beschränkungen (Abs. 1). § 6 Abs. 1 verbietet eine Anknüpfung an die lokale Ansässigkeit des Unternehmers. Dieses spezielle Diskriminierungsverbot stellt einen **Ausfluss aus dem allgemeinen Gleichbehandlungsgrundsatz** dar, der einen freien Wettbewerb gewährleisten soll.[1] Insoweit kann die Norm auch als rein deklaratorische Nennung eines Einzelfalles verstanden werden. Sie stellt klar, dass selbst Erwägungen hinsichtlich der Förderung regional ansässiger Unternehmen gerade keine Ungleichbehandlung bestimmter Bieter zu rechtfertigen imstande sind. Unzulässig sind damit im Grundsatz Maßnahmen, die eine regionale Beschränkung des Bieterkreises zur Folge haben (können).[2] Das Diskriminierungsverbot ist immer dann zu beachten, wenn dem öffentlichen Auftraggeber Beurteilungs- und Ermessensspielräume zugebilligt sind.

Insbesondere **Erwägungen der „politischen Opportunität"** und vor allem das Argument, Steuergelder an die örtliche Wirtschaft zurückführen zu wollen, **dürfen bei der Auftragsvergabe keine Rolle spielen.** Vergaberechtswidrig sind auch Vorgaben, die darauf abzielen, dass volkswirtschaftliche Vorteile im Hinblick auf die allgemeine wirtschaftliche Entwicklung in einer Region wertungsrelevant werden sollen.[3] Eine andere Sichtweise kann auch nicht damit begründet werden, dass die zu verwendenden Haushaltsmittel einem nationalen Konjunkturförderprogramm entstammen und der Förderzweck auf nationaler Ebene durch eine Auftragsvergabe an einen ausländischen Bieter möglicherweise nicht erfüllt wird.[4] Im Ergebnis dürfen sich derartige unzulässige Beschränkungen weder aus dem Text einer Vergabebekanntmachung oder dem Inhalt der Vergabeunterlagen

---
[1] Hierzu ausf. Ingenstau/Korbion/*Schranner* Rn. 3 ff.
[2] Vgl. OVG Schleswig Urt. v. 23.8.2001 – 4 L 5/01, ZfBR 2002, 305 (306).
[3] VK Baden-Württemberg Beschl. v. 21.3.2003 – 1 VK 10/03, IBRRS 2003, 1508.
[4] VK Bund Beschl. v. 12.11.2009 – VK 3-208/09, IBRRS 2009, 3926.

ergeben. Auch der Inhalt einer **Leistungsbeschreibung darf nicht dazu „missbraucht" werden, ohne sachlichen Grund regionale ansässige Unternehmen** unmittelbar oder mittelbar **zu bevorzugen.**[5] Jegliche Formen einer mittelbaren Diskriminierung ortsferner Unternehmen sind unzulässig. Dies gilt für die Auswahl von Eignungs- und Zuschlagskriterien gleichermaßen. Kriterien wie „vorherige Zusammenarbeit", „regionale Erfahrung" etc sind unzulässig. Dies gilt gleichfalls für eine positive Berücksichtigung einer besonderen Bekanntschaft eines Bieters zu einem Ansprechpartner bei Behörden oder etwa der Vergabestelle.[6] Die Rechtsprechung hält es insgesamt für sachgerecht und wettbewerblich geboten, keine Kriterien aufzustellen, die faktisch die vor Ort etablierten Unternehmen bevorteilen – weil sie zum Beispiel über das Personal, Räumlichkeiten, die Vernetzung vor Ort etc bereits verfügen –, wenn nicht zugleich gewährleistet ist, dass auswärtige Unternehmen nicht von vorneherein schlechter gestellt werden als Ortsansässige.[7]

8   Allerdings kann der vergaberechtliche Grundsatz, wonach dem öffentlichen Auftraggeber die (vom Vergaberecht unberührte) Freiheit zusteht, über den gewünschten Beschaffungsgegenstand autonom zu entscheiden,[8] den Gleichbehandlungsgrundsatz in bestimmten Fällen faktisch überlagern. An den Schnittstellen beider Grundsätze sind mithin **Ausnahmen** denkbar, die das in § 6 Abs. 1 postulierte Verbot nicht uneingeschränkt gelten lassen. Auch die Bestimmungsfreiheit des Auftraggebers gilt nicht uneingeschränkt. Sie hat stets einer Rechtfertigung durch einen sachlichen Grund standzuhalten.[9] Vor diesem Hintergrund können Einschränkungen des Diskriminierungsverbots nur dort möglich sein, wo sie von einer sachlich gerechtfertigten Ausübung der Bestimmungsfreiheit des Auftraggebers überlagert werden. Solche Konstellationen können sich insbesondere im Anwendungsbereich des **§ 7 Abs. 2** ergeben. Eine zulässigerweise vorgenommene produktbezogene Leistungsbeschreibung kann im Ergebnis zur Folge haben, dass sich der Bieterkreis ausschließlich auf bestimmte regionale Unternehmer beschränkt. Der Auftraggeber ist bei der dem Vergabeverfahren vorgelagerten **Entscheidung für eine bestimmte (Produkt-)Herkunft** im Grundsatz ungebunden und weitestgehend frei, sofern er **sachliche Gründe** hierfür vorbringt.[10] Solche sachlichen Gründe sind durch Vergabenachprüfinstanzen nur (eingeschränkt) auf Willkürfreiheit kontrollierbar.[11] Darüber hinaus hat der Auftraggeber einen Spielraum, sowohl bei der Bestimmung des Leistungsgegenstandes (§ 7a Abs. 6) als auch bei den Zuschlagskriterien (§ 16d Abs. 2 Nr. 2 S. 2 lit. a) **auftragsbezogene ökologische Gesichtspunkte** zu berücksichtigen, die **mittelbar auswärtige Bieter benachteiligen** können.[12] Hieraus ergibt sich, dass das Diskriminierungsverbot nach § 6 Abs. 1 bei systematischer Betrachtung der Gesetzesmaterie kein absolutes Verbot darstellen kann.

9   Neben mittelbar-faktischen sind auch **unmittelbare Einschränkungen des lokalen Diskriminierungsverbots denkbar** und in bestimmten Fällen möglich. Anforderungen in den Vergabeunterlagen an eine bestimmte **örtliche Präsenz** des Unternehmers sind bei **Vorliegen angemessener, sachlicher, inhaltlicher und auftragsbezogener Rechtfertigungsgründe** ausnahmsweise zulässig. So ist eine solche Diskriminierung ausnahmsweise hinzunehmen, wenn die Anwesenheit des Ausführenden vor Ort hinreichend erforderlich ist.[13] Auch der EuGH lässt in grenzüberschreitenden Sachverhalten das Kriterium der Ortsansässigkeit in Ausnahmefällen zu. Eine Verletzung des freien Dienstleistungsverkehrs ist dann gerechtfertigt, wenn die Kriterien in nichtdiskriminierender Weise angewandt werden, aus zwingenden Gründen des Allgemeininteresses gerechtfertigt sind, geeignet sind, die Erreichung des mit ihnen verfolgten Zieles zu gewährleisten, und nicht über das hinausgehen, was zur Erreichung dieses Zieles erforderlich ist.[14]

---

[5] *Müller-Wrede* VergabeR 2005, 32 (34); *Müller-Wrede/Horn* in Müller-Wrede VOL/A § 19 EG Rn. 290, jeweils mit umfangreichen Nachweisen aus der Rechtsprechung.
[6] VK Sachsen Beschl. v. 19.11.2001 – 1/SVK/119-01, IBR 2002, 277; Ziekow/Völlink/*Ziekow* § 6 EU Rn. 4.
[7] VK Bund Beschl. v. 19.7.2013 – VK 1-51/13, IBRRS 2013, 4403; OLG Düsseldorf Beschl. v. 19.6.2013 – Verg 16/12, ZfBR 2014, 85 (87).
[8] Vgl. OLG Düsseldorf Beschl. v. 25.3.2013 – Verg 6/13, BeckRS 2013, 15867; OLG Düsseldorf Beschl. v. 22.5.2013 – Verg 16/12, NZBau 2013, 650 (651).
[9] OLG Düsseldorf Beschl. v. 22.5.2013 – Verg 16/12, NZBau 2013, 650 (651).
[10] OLG Düsseldorf Beschl. v. 12.2.2014 – VII-Verg 29/13, BeckRS 2014, 08851.
[11] OLG Düsseldorf Beschl. v. 12.2.2014 – VII-Verg 29/13, BeckRS 2014, 08851.
[12] jurisPK-VergabeR/*Summa* Rn. 13.
[13] VK Sachsen Beschl. v. 31.1.2007 – 1/SVK/124-06, NJOZ 2007, 1431 (1439); VK Baden-Württemberg Beschl. v. 10.1.2011 – 1 VK 69/10, ZfBR 2011, 709; VK Baden-Württemberg Beschl. v. 14.11.2013 – 1 VK 37/13, BeckRS 2014, 13620.
[14] EuGH Urt. v. 27.10.2005 – C-234/03 Slg. 2005, I-9315 Rn. 79 = NVwZ 2006, 187 ff. – Contse u.a.

2. Gleichbehandlung von Bietergemeinschaften mit Einzelbietern (Abs. 2). 10
a) Begriffsbestimmung und Abgrenzung. Die Norm bestimmt, dass im Vergabeverfahren Bietergemeinschaften Einzelbietern gleichzusetzen sind. Hintergrund ist auch hier – wie bei der Vergabe nach Losen – der **Schutz und die Förderung des Mittelstandes.** Komplexität, Umfang und Vielschichtigkeit des ausgeschriebenen Leistungsgegenstandes können in Einzelfällen eine Ausführung durch mehrere Unternehmen aus verschiedenen Fachrichtungen unabdingbar machen. Ein Bedürfnis nach der Bildung einer Bietergemeinschaft entsteht hiernach immer dort, wo eine losweise Vergabe nicht erfolgt. Auch kann sich die Notwendigkeit daraus ergeben, dass zwar losweise ausgeschrieben wird, die einzelnen Lose aber entsprechend umfangreich sind. Der einzig beschreitbare Weg zum Erhalt des Zuschlags liegt für mittelständische Fachunternehmer dann in der Bildung von Bietergemeinschaften.[15] Alternativ kann sich ein einzelner Unternehmer lediglich unter Einbindung eines Subunternehmers an einer Ausschreibung beteiligen. Der Zusammenschluss zu einer Bietergemeinschaft ist oftmals in mehrfacher Hinsicht vorzugswürdig. Durch das gemeinschaftliche Auftreten als Anbieter kann auch die Leistung aus einer Hand angeboten werden, was nicht zuletzt auch für den Auftraggeber vorteilhaft ist. Weiterhin verteilt sich die wirtschaftliche Last auf mehrere Schultern; gleichzeitig erhöhen sich Bonität und Liquidität des Anbieters. Nicht zuletzt ermöglicht ein gleichberechtigter Zusammenschluss auf einer Ebene zumeist einen effizienteren Einsatz von Material- und Arbeitsressourcen.

Eine Bietergemeinschaft ist ein rechtlicher Zusammenschluss mindestens zweier Unternehmen 11 zum Zwecke der gemeinsamen Abgabe eines Angebotes.[16] Im Regelfall handelt es sich bei Bietergemeinschaften um Gesellschaften bürgerlichen Rechts (GbR), sodass für die rechtlichen Rahmenbedingungen auf die zivilrechtlichen Regelungen der §§ 705 ff. BGB verwiesen werden kann. Grundsätzlich unterscheidet man zwischen zwei Arten von Bietergemeinschaften. In **horizontalen Bietergemeinschaften** schließen sich mehrere Unternehmen oder Handwerker derselben Branche oder desselben Gewerks zusammen, um mit vereinten Kräften Auftragsvolumina zu bewältigen, die sie einzeln aus Personal- oder Infrastruktur-Gründen nicht hätten annehmen können.[17] Hier ist ein besonderes Vertrauensverhältnis zwischen den Einzelunternehmen vonnöten, da jeder Partner zwangsläufig umfangreiche und eigentlich vertrauliche Umsatz-, Liquiditäts- und Kompetenznachweise und -angaben der Vergabestelle und somit auch der Bietergemeinschaft zugänglich macht. In **vertikalen Bietergemeinschaften** ergänzen sich unterschiedliche Gewerke oder Branchen zu einem Gesamtangebot, das die komplette Durchführung größerer Projekte ermöglicht.[18] In dieser Gemeinschaftsform sollte natürlich auch ein grundsätzlich vertrauensvolles Klima herrschen, direkte Konkurrenz-Situationen ergeben sich aber deutlich seltener.

Von einer **Bewerbergemeinschaft** wird hingegen gesprochen, wenn sich zwei oder mehr 12 Unternehmen zum Zwecke der gemeinsamen Einreichung eines Teilnahmeantrages – im Rahmen einer beschränkten Ausschreibung mit Teilnahmewettbewerb iSd § 3 Nr. 2 – zusammenschließen.[19] Auch wenn § 3 die Bewerbergemeinschaft nicht explizit erwähnt, ist davon auszugehen, dass die Vorschrift auch bei einer beschränkten Ausschreibung mit Teilnahmewettbewerb anzuwenden ist und eine Gleichbehandlung von Einzelbewerbern und Bewerbergemeinschaften gebietet. Eine solche Auslegung ist schon aufgrund des Diskriminierungsverbotes (§ 2 Abs. 2) geboten. Für die Bewerbergemeinschaft gilt mithin das zur Bietergemeinschaft Gesagte.

Abzugrenzen ist der Terminus der Bietergemeinschaft von dem der **Arbeitsgemeinschaft** 13 **(ARGE).** Erhält die Bietergemeinschaft den Zuschlag, wandelt sie sich in eine ARGE um, die – ebenfalls meist als GbR organisiert –[20] die sachlich und zeitlich begrenzte gemeinsame Ausführung des Auftrags zum Zwecke hat. Während es für den Bietergemeinschaftsvertrag ausreichend ist, bloße Rahmenbedingungen im Falle der Zuschlagserteilung zu vereinbaren, regelt der Arbeitsgemeinschaftsvertrag detailliert die im Einzelnen zu erbringenden Beiträge der Unternehmer. Die Leitung der Geschäfte wird in kaufmännischer und technischer Hinsicht abhängig vom Umfang der Leistung auf einen oder mehrere Gesellschafter (sog. „Federführer") übertragen. Dem technischen Geschäftsführer obliegt die Sicherstellung der Einhaltung des ARGE-Vertrages, das Überwachen der Bauarbei-

---

[15] Vgl. VK Bund Beschl. v. 1.2.2001 – VK1-1/01, IBRRS 2013, 2576.
[16] KG Urt. v. 7.5.2007 – 23 U 31/06, NJOZ 2007, 4073 (4074); *Schulte/Voll* ZfBR 2013, 223.
[17] OLG Koblenz Beschl. v. 8.2.2001 – 1 Verg 5/00, NZBau 2001, 452 (454); *Mager/Lotz* NZBau 2014, 328 (329); Beck VergabeR/*Mager* VgV § 43 Rn. 13.
[18] OLG Koblenz Beschl. v. 8.2.2001 – 1 Verg 5/00, NZBau 2001, 452 (454); OLG Koblenz Beschl. v. 29.12.2004 – 1 Verg 6/04, ZfBR 2005, 407 (408); *Mager/Lotz* NZBau 2014, 328 (329); Beck VergabeR/*Mager* VgV § 43 Rn. 13.
[19] IdS OLG München Beschl. v. 28.4.2006 – Verg 6/06, BeckRS 2006, 07979; Ziekow/Völlink/*Herrmann* VgV § 53 Rn. 61.
[20] ZB *Kiermeier/Hänsel* NJW-Spezial 2013, 236; *Mösinger/Juraschek* NZBau 2017, 76 (77).

ten und die Vertretung der ARGE gegenüber Dritten. Der kaufmännische Geschäftsführer hat den Geldverkehr, den Einkauf und die Materialverwaltung zu erledigen. Seine Vertretungsbefugnis umfasst in der Regel nur kaufmännische Angelegenheiten.[21]

14 **b) Kartellrechtliche Vorfragen. aa) Verhältnis zwischen Vergabe- und Kartellrecht.** Der vor einiger Zeit vom KG Berlin[22] ausgesprochenen Vermutung, Bietergemeinschaften verstießen regelmäßig gegen Kartellrecht, kann aus gesetzessystematischer Sicht nicht gefolgt werden. Aus der Sicht des KG verstießen Bietergemeinschaften schon Ihrem Wesen nach gegen das Kartellrecht. Das Eingehen einer Bietergemeinschaft erfülle ohne Weiteres den Tatbestand einer Abrede bzw. Vereinbarung iSv § 1 GWB. Auch sei die naturgemäße Folge des Eingehens einer Bietergemeinschaft, dass sich die Mitglieder der Gemeinschaft jedenfalls in Bezug auf den ausgeschriebenen Auftrag nicht wettbewerblich untereinander verhalten.

15 Dem ist mit Recht entgegenzuhalten, dass die gesetzlich vorausgesetzte Existenz des Instituts der Bietergemeinschaft deren grundsätzliche Zulässigkeit impliziert.[23] Richtigerweise sind **kartellrechtliche Vorfragen stets einzelfallbezogen zu klären und Verstöße gegen das Kartellrecht nicht ohne Weiteres anzunehmen.**[24] Daran gemessen ist der öffentliche Auftraggeber nicht berechtigt, verbindliche Regeln darüber aufzustellen, unter welchen Tatbestandsvoraussetzungen und wann die Eingehung einer Bietergemeinschaft als ein Kartellrechtsverstoß anzusehen ist oder nicht. Über die Zulässigkeit oder Unzulässigkeit von Bietergemeinschaften sowie von Wettbewerbseinschränkungen hat das Gesetz entschieden und haben durch eine Anwendung auf den Einzelfall die Kartellgerichte zu befinden (§§ 87, 91, 94 GWB), unter anderem allerdings auch die Vergabenachprüfungsinstanzen, sofern dies im Rahmen einer vergaberechtlichen Anknüpfungsnorm inzident entscheidungserheblich ist.[25] Insoweit gebietet § 2 Abs. 1 eine inzidente Prüfung kartellrechtlicher Vorschriften. Die Frage nach der kartellrechtlichen Zulässigkeit des Zusammenschlusses zu einer Bietergemeinschaft ist eine solche, die dem eigentlichen Vergaberecht vorgelagert ist. Dies bedeutet, dass kein „Vergabeprivileg" dergestalt besteht, dass die vergaberechtliche Zulässigkeit der Bietergemeinschaft stets kartellrechtliche Verstöße unbeachtlich werden lässt. Das Vergaberecht entfaltet gegenüber dem Kartellrecht keine Sperrwirkung. Vielmehr gilt umgekehrt, dass die vergaberechtliche Zulässigkeit einer Zuschlagserteilung mit der kartellrechtlichen Rechtmäßigkeit steht und fällt.[26]

16 Im Ergebnis ist die **Bildung von Bietergemeinschaften grundsätzlich zulässig und unterliegt nicht dem Generalverdacht der Kartellrechtswidrigkeit.** Eine Vereinbarung verschiedener Unternehmen, sich mit einer Bietergemeinschaft an der Ausschreibung für einen bestimmten Auftrag zu beteiligen, ist gem. § 1 GWB nur verboten, wenn die Vereinbarung geeignet ist, die Marktverhältnisse durch Beschränkung des Wettbewerbs spürbar zu beeinflussen.[27]

17 **bb) Zulässigkeit von Bietergemeinschaften.** Eine Wettbewerbsbeschränkung ist von vornherein dann zu verneinen, wenn **zwischen den kooperierenden Unternehmen kein Wettbewerb** besteht, also insbesondere zwischen Unternehmen verschiedener Branchen und Gebiete **(vertikale Bietergemeinschaften).**[28] Ohne existenten Wettbewerb besteht keine Gefahr einer Beschränkung.

18 Auch gleichartige, aktuell oder potenziell zueinander im Wettbewerb stehende Unternehmen, können kartellrechtlich unbedenkliche **(horizontale) Bietergemeinschaften** bilden. Im Ansatz

---

[21] Vgl. zB das Vertragsmuster bei *Oldiges* in Roquette/Schweiger, Vertragshandbuch Privates Baurecht, 3. Aufl. 2020, Abschn. D Rn. 12 ff.; näher zum Dach-Arbeitsgemeinschaftsvertrag des Hauptverbandes der Deutschen Bauindustrie sowie dem Zentralverband des Deutschen Baugewerbes: Kapellmann/Messerschmidt/*Messerschmidt*, Anhang VOB/B Baubeteiligte und Unternehmereinsatzformen Rn. 128; zum ICC Consortium Agreement: *Mahnken/Kurtze* NZBau 2017, 187 ff.

[22] Vgl. KG Beschl. v. 24.10.2013 – Verg 11/13, NZBau 2013, 792.

[23] IdS OLG Karlsruhe Beschl. v. 8.1.2010 – 15 Verg 1/10, BeckRS 2010, 26785; OLG Düsseldorf Beschl. v. 17.12.2014 – VII-Verg 22/14, NZBau 2015, 176 Rn. 25; *Schulte/Voll* ZfBR 2013, 223 (227); *Overbuschmann* VergabeR 2014, 634 (637).

[24] OLG Karlsruhe Beschl. v. 8.1.2010 – 15 Verg 1/10, BeckRS 2010, 26785; OLG Düsseldorf Beschl. v. 17.12.2014 – VII-Verg 22/14, NZBau 2018, 237 (240); VK Baden-Württemberg Beschl. v. 4.6.2014 – 1 VK 15/14, BeckRS 2015, 47530; VK Südbayern Beschl. v. 1.2.2016 – Z3-3/3194/1/58/11/15, BeckRS 2016, 42985.

[25] Vgl. BGH Beschl. v. 18.6.2012 – X ZB 9/11, NZBau 2012, 586 Rn. 14 mAnm *Tugendreich*; OLG Düsseldorf Beschl. v. 1.8.2012 – VII-Verg 105/11, ZfBR 2012, 826 (827).

[26] OLG Düsseldorf Beschl. v. 29.7.2015 – VII-Verg 6/15, BeckRS 2015, 18294.

[27] BGH Urt. v. 13.12.1938 – KRB 3/83, GRUR 1984, 379; Lux, Bietergemeinschaften im Schnittfeld von Gesellschafts- und Vergaberecht, 2009, 32.

[28] OLG Beschl. v. 9.11.2011 – VII-Verg 35/11, Düsseldorf NZBau 2012, 252 (254); *Hausmann/Queisner* NZBau 2015, 402 (404).

wird dieser Wettbewerb durch die Abrede einer Bietergemeinschaft regelmäßig eingeschränkt. Gleichwohl erachtet die Rechtsprechung Bietergemeinschaften zwischen branchenangehörigen Unternehmen für wettbewerbsunschädlich, (1.) sofern die beteiligten Unternehmen ein **jedes für sich zu einer Teilnahme an der Ausschreibung** mit einem eigenen (und selbstverständlich auch aussichtsreichen) Angebot aufgrund ihrer betrieblichen oder geschäftlichen Verhältnisse (zB mit Blick auf Kapazitäten, technische Einrichtungen und/oder fachliche Kenntnisse) **nicht leistungsfähig** sind, und erst der Zusammenschluss zu einer Bietergemeinschaft sie in die Lage versetzt, sich daran (mit Erfolgsaussicht) zu beteiligen.[29] Ebenfalls als zulässig erachtet wird (2.) die Fallgruppe, dass die Unternehmen für sich genommen zwar leistungsfähig sind (insbesondere über die erforderlichen Kapazitäten verfügen), die **Kapazitäten aufgrund anderweitiger Bindung aktuell jedoch nicht einsetzbar sind.**[30] Weiterhin zulässig sind Fälle, in denen (3.) **einzelnen Unternehmen für sich zwar leistungsfähig** sind, ein **erfolgversprechendes Angebot jedoch nur durch den Zusammenschluss** zustande gebracht werden kann. Dabei muss es sich subjektiv um eine Unternehmensentscheidung handeln, die auf wirtschaftlich zweckmäßigen Erwägungen beruht und sich als kaufmännisch vernünftiges Handelns darstellt.[31] Erst der Zusammenschluss versetzt in diesen Fällen die Unternehmen in die Lage, überhaupt an der Ausschreibung teilzunehmen, sodass der Wettbewerb anstelle einer Beschränkung gar eine Bereicherung erfährt.[32]

Die Entscheidung eines Unternehmens, sich als Mitglied einer Bietergemeinschaft an einer Ausschreibung zu beteiligen, unterliegt der **Einschätzungsprärogative der beteiligten Unternehmen,** die nur beschränkt auf die Einhaltung ihrer Grenzen kontrollierbar ist.[33] Sie muss freilich auf objektiven Anhaltspunkten beruhen, deren Vorliegen uneingeschränkt zu überprüfen ist, sodass die Entscheidung zur Eingehung einer Bietergemeinschaft vertretbar erscheint.[34]

Die vorstehend erläuterten Grundsätze gelten allerdings nicht, wenn sich Unternehmen zusammengeschlossen haben, um sich **dauerhaft gemeinschaftlich um Aufträge bundesweit agierender Auftraggeber in unbestimmter Anzahl zu bemühen.**[35] Die wettbewerbsbeschränkende Wirkung eines solchen Zusammenschluss beurteilt sich nach den von der Rechtsprechung für Gemeinschaftsunternehmen entwickelten Kriterien.[36]

cc) Darlegungslast der kartellrechtlichen (Un-)Zulässigkeit. Im Zusammenhang mit der Tatsache, dass die Entscheidung von Bietern zur Eingehung einer Bietergemeinschaft auf objektiven Merkmalen zu beruhen hat, stellt sich die Frage, welche der Parteien das Vorliegen dieser Tatsachen darzulegen und ggf. zu beweisen hat.

Die Tatsache, dass eine Bietergemeinschaft potenziell gegen Wettbewerbsrecht verstoßen kann, lässt für sich genommen noch nicht den Schluss zu, dass die Bietergemeinschaft die ihre Zulässigkeit rechtfertigenden objektiven Anhaltspunkte darzulegen hat. Ausgangspunkt ist die Überlegung, dass Art. 101 AEUV und § 1 GWB nicht die Vermutung enthalten, dass eine Bietergemeinschaft eine Verhinderung, Einschränkung oder Verfälschung des Wettbewerbs bezweckt oder bewirkt.[37] Infolgedessen muss die Darlegung nicht schon mit der Abgabe des Angebots erfolgen, sondern sie muss erst **auf eine entsprechende gesonderte Aufforderung des Auftraggebers zur Erläuterung**

---

[29] Vgl. BGH NJW 2002, 2176 (2178) = GRUR 2002, 644 ff. – Jugendnachtfahrten; OLG Frankfurt a. M. Beschl. v. 27.6.2003 – 11 Verg 2/03, NZBau 2004, 60 (61); OLG Düsseldorf Beschl. v. 23.3.2005 – VII-Verg 68/04, BeckRS 2005, 04881; OLG Düsseldorf Beschl. v. 17.2.2014 – VII-Verg 2/14, NZBau 2014, 716 (717) – Bauvorhaben Schramberg; OLG Düsseldorf Beschl. v. 1.7.2015 – VII-Verg 17/15, ZfBR 2016, 822 (824); KG Beschl. v. 21.12.2009 – 2 Verg 11/09, BeckRS 2010, 3552; *Kling* NZBau 2018, 715 (716); vgl. auch *Müller-Feldhammer* NZKart 2019, 463 ff., der die Bietergemeinschaft wohl nur in diesem Fall für (kartellrechtlich) zulässig hält.
[30] OLG Düsseldorf Beschl. v. 1.7.2015 – VII-Verg 17/15, ZfBR 2016, 822 (824); *Hausmann/Queisner* NZBau 2015, 402 (404).
[31] OLG Koblenz Beschl. v. 29.12.2004 – 1 Verg 6/04, ZfBR 2005, 619 (620); OLG Düsseldorf Beschl. v. 1.7.2015 – VII-Verg 17/15, ZfBR 2016, 822 (824); OLG Düsseldorf Beschl. v. 17.1.2018 – VII-Verg 39/17; NZBau 2018, 237 (240); *Kling* NZBau 2018, 715 (716).
[32] BGH Urt. v. 13.12.1938 – KRB 3/83, GRUR 1984, 379; VK Südbayern Beschl. v. 1.2.2016 – Z3-3/3194/1/58/11/15, BeckRS 2016, 42985.
[33] OLG Düsseldorf Beschl. v. 9.11.2011 – VII-Verg 35/11; NZBau 2012, 252 (254); OLG Düsseldorf Beschl. v. 1.7.2015 – Verg 17/15, ZfBR 2016, 822 (824).
[34] IdS OLG Düsseldorf Beschl. v. 9.11.2011 – VII-Verg 35/11, NZBau 2012, 252 (254); VK Bund Beschl. v. 31.7.2017 – VK 2-68/17, IBRRS 2017, 3103.
[35] OLG Düsseldorf Beschl. v. 15.5.2019 – W (Kart) 4/19, BeckRS 2019, 17496 Rn. 9 f.; hierzu näher *Bosch* NJW 2020, 1713 (1714 f.).
[36] OLG Düsseldorf Beschl. v. 15.5.2019 – W (Kart) 4/19, BeckRS 2019, 17496 Rn. 11.
[37] OLG Düsseldorf Beschl. v. 17.12.2014 – VII-Verg 22/14, NZBau 2015, 176 Rn. 25; OLG Düsseldorf Beschl. v. 1.7.2015 – Verg 17/15, ZfBR 2016, 822 (823).

der Gründe für die Bildung der Bietergemeinschaft erfolgen. Eine solche Aufforderung durch den Auftraggeber muss erfolgen, wenn es zureichende Anhaltspunkte dafür gibt, dass es sich bei dem Bieter um eine unzulässige Bietergemeinschaft handelt, beispielsweise wenn die beteiligten Unternehmen gleichartige, in derselben Branche tätige Wettbewerber sind und nichts dafür spricht, dass sie mangels Leistungsfähigkeit objektiv nicht in der Lage gewesen wären, unabhängig voneinander ein Angebot zu machen, sodass die Entscheidung zur Zusammenarbeit auf einer wirtschaftlich zweckmäßig und kaufmännisch vernünftigen Unternehmensentscheidung beruht.[38] Auf Aufforderung haben die beteiligten Unternehmen hierzu vorzutragen, um dem Auftraggeber eine gezielte kartellrechtliche Einzelfallprüfung zu ermöglichen.[39]

23 Der **Ausschluss** einer Bietergemeinschaft wegen der in ihrer Bildung liegenden Wettbewerbseinschränkung, ist erst zulässig, nachdem der Auftraggeber die Bietergemeinschaft zu einer Erläuterung der Gründe für die Bildung aufgefordert und ihr Gelegenheit zur Stellungnahme gegeben hat und von der Bietergemeinschaft die für eine kartellrechtliche Unzulässigkeit sprechenden Argumente nicht widerlegt werden konnten.[40] Gestützt werden kann der Ausschluss auf § 16 Abs. 1 Nr. 5.

24 **dd) Bietergemeinschaften im Konzernverbund.** Generell gilt: Unternehmen können in verschiedenen Rollen an einem Vergabeverfahren teilnehmen: als Bietergemeinschaft oder Einzelbieter, als Nachunternehmer mit oder ohne Eignungsrelevanz, als bloßer Lieferant oder im Rahmen bloßer Eignungsleihe. Keine Lösung ist es, die Einordnung dem Auftraggeber zu überlassen und Partner vorsichtshalber sowohl als Mitglied einer Bietergemeinschaft, als auch als Nachunternehmer zu bezeichnen.[41]

25 **Konzernangehörige Unternehmen** sind kartellrechtlich zusammen mit dem Mutterunternehmen als einheitliches Unternehmen anzusehen (vgl. § 36 Abs. 2 GWB). Innerhalb eines Unternehmens besteht zwischen den angeschlossenen Unternehmen nicht notwendig ein Wettbewerb. Unter konzernangehörigen Unternehmen kann ein Wettbewerb beschränkt werden.[42] Gehen in einem vertraglichen Unterordnungskonzern angehörige Unternehmen eine Bietergemeinschaft ein, ist § 1 GWB infolge des sog. **Konzernprivilegs** in der Regel nicht tangiert. Dem beherrschenden Unternehmen ist es jederzeit möglich, ihm angehörende Unternehmen zur Eingehung einer Bietergemeinschaft anzuweisen. Allein die jederzeitige rechtliche Möglichkeit zu einer solchen Anweisung entzieht die Vereinbarung einer Bietergemeinschaft dem Schutzbereich der Norm.[43] Innerhalb eines vertraglichen Unterordnungskonzerns herrscht deshalb ungeachtet dessen, ob eine Weisung des beherrschenden Unternehmens im Einzelfall ergangen ist, nur ein potentiell beschränkbarer Wettbewerb. Die Muttergesellschaft kann eine solche Weisung jederzeit treffen, was die Vereinbarung einer Bietergemeinschaft im vertraglichen Unterordnungskonzern von einer Anwendung des § 1 GWB suspendiert.[44] Die Rechtslage nach § 101 Abs. 1 AEUV unterscheidet sich davon im Ergebnis nicht.[45]

26 Die bei einer Anwendung des § 1 GWB, Art. 101 Abs. 1 AEUV gewöhnlich anzuwendenden Zulässigkeitsmaßstäbe an Bietergemeinschaften (Betätigen sich die beteiligten Unternehmen auf verschiedenen Märkten oder gehören sie demselben Markt an? Sofern sie auf demselben Markt tätig sind: Zählen sie zu einer der drei Fallgruppen, bei denen das Kartellverbot nicht verletzt ist?)[46] gelten für Bietergemeinschaften zwischen Konzernunternehmen aufgrund des Konzernprivilegs mithin nicht (→ Rn. 25).[47]

27 Zum **faktischen Unterordnungskonzern** ist anzunehmen: Sofern das herrschende Unternehmen aufgrund mehrheitlicher oder ausschließlicher Kapitalbeteiligung und/oder personeller Ver-

---

[38] OLG Düsseldorf Beschl. v. 17.12.2014 – VII-Verg 22/14, NZBau 2015, 176 Rn. 25; OLG Düsseldorf Beschl. v. 1.7.2015 – Verg 17/15, ZfBR 2016, 822 (824); *Mager/Lotz* NZBau 2014, 328 ff.; *Oberbuschmann* VergabeR 2014, 634, ff.
[39] OLG Düsseldorf Beschl. v. 17.2.2014 – VII-Verg 2/14, NZBau 2014, 716 (718); OLG Düsseldorf Beschl. v. 28.1.2015 – VII-Verg 31/14, NZBau 2015, 503 Rn. 31.
[40] IdS OLG Düsseldorf Beschl. v. 28.1.2015 – VII-Verg 31/14, NZBau 2015, 503 Rn. 31.
[41] OLG Hamburg Beschl. v. 31.3.2014 – 1 Verg 4/13, NZBau 2014, 659 (663).
[42] VK München Beschl. v. 1.2.2016 – Z3-3-3194-1-58-11/15, BeckRS 2016, 42985.
[43] OLG Düsseldorf Beschl. v. 29.7.2015 – Verg 5/15, ZfBR 2016, 199 (200); VK Südbayern Beschl. v. 1.2.2016 – Z3-3-3194-1-58-11/15, BeckRS 2016, 42985.
[44] OLG Düsseldorf Beschl. v. 29.7.2015 – Verg 5/15, ZfBR 2016, 199 (200); VK Südbayern Beschl. v. 1.2.2016 – Z3-3-3194-1-58-11/15, BeckRS 2016, 42985.
[45] OLG Düsseldorf Beschl. v. 29.7.2015 – Verg 5/15, ZfBR 2016, 199 (200).
[46] Vgl. OLG Düsseldorf Beschl. v. 9.11.2011 – VII-Verg 35/11, NZBau 2012, 252 (254); OLG Düsseldorf Beschl. v. 17.2.2014 – VII-Verg 2/14, NZBau 2014, 716 (717); OLG Düsseldorf Beschl. v. 1.7.2015 – VII-Verg 17/15, ZfBR 2016, 822 (823 f.).
[47] IdS OLG Düsseldorf Beschl. v. 29.7.2015 – Verg 5/15, ZfBR 2016, 199 (200).

flechtungen in der Geschäftsführung oder im Aufsichtsrat über die tatsächliche und rechtliche Möglichkeit verfügt, das Wettbewerbsverhalten der konzernangehörigen Unternehmen zu steuern, ist der konzerninterne Wettbewerb nicht Schutzgegenstand des § 1 GWB. Im GmbH-Konzern darf das herrschende Unternehmen, erst recht dasjenige, welches, wie im Streitfall, sämtliche Geschäftsanteile innehat, der Geschäftsführung eines untergeordneten Unternehmens verbindliche Weisungen erteilen (s. § 37 Abs. 1 GmbHG).[48] Die Unionsrechtslage ist nicht anders zu beurteilen.[49]

Die grundsätzliche Zulässigkeit der Beteiligung mehrerer konzernverbundener Unternehmen **28** am Vergabeverfahren darf allerdings nicht darüber hinwegtäuschen, dass auch bei dieser Fallgestaltung sichergestellt sein muss, dass der Grundsatz des Geheimwettbewerbs gewahrt ist. Ähnlich wie im Falle einer Doppelbeteiligung als Bieter und Mitglied einer Bietergemeinschaft dürften die konkurrierenden Angebote der konzernverbundenen Unternehmen nicht a limine ausgeschlossen werden, vielmehr ist den beteiligten Unternehmen Gelegenheit zur Stellungnahme zu geben.[50] Nach der Rechtsprechung des OLG Düsseldorf besteht hierbei allerdings die Besonderheit, dass die **Nichteinhaltung des Geheimwettbewerbs – widerlegbar – vermutet** wird, sofern „allein im Hinblick auf die zwischen ihnen durch die Konzernverbundenheit bestehenden möglichen Schnittstellen und Berührungspunkte eine im Vergleich zur Angebotslegung voneinander vollkommen unabhängiger Unternehmen objektiv erhöhte Gefahr von Verstößen gegen den Geheimhaltungswettbewerb durch abgestimmtes Verhalten besteht".[51] Das heißt, wenn die Vergabestelle das Bestehen einer solchen Gefahr darlegen und beweisen kann, obliegt deren Entkräftung den (konzernverbundenen) Bietern.[52] Die Darlegungen haben sich darauf zu erstrecken, welche strukturellen Vorkehrungen vor Angebotslegung getroffen worden sind, um die Einhaltung des Grundsatzes des Geheimwettbewerbs sicherzustellen; offenzulegen sein dürfte hierbei insbesondere, inwieweit technische und organisatorische Vorkehrungen bestanden haben, die die Vertraulichkeit der Angebotserstellung gewährleisten („chinese walls").[53] Entsprechende Darlegungen müssen allerdings – vorbehaltlich abweichender Vorgaben in den Vergabeunterlagen – nicht schon mit Angebotsabgabe, sondern erst auf Aufforderung des Auftraggebers hin erfolgen.[54]

Es ist anzuerkennen, dass kleine und mittlere Unternehmen bei der Vereinbarung von Bietergemeinschaften **29** mit ebensolchen Unternehmen einem erheblich größeren und zeitaufwändigeren Abstimmungsbedarf und Bearbeitungsaufwand unterliegen, als konzernangehörige Unternehmen.

ee) Bietergemeinschaften und Geheimwettbewerb. Eine essenzielle und unverzichtbare **30** Grundvoraussetzung jeder Auftragsvergabe ist die Sicherstellung eines geheimen Wettbewerbs zwischen den beteiligten Bietern. Nur dann, wenn jeder Bieter die ausgeschriebene Leistung in Unkenntnis der konkurrierenden Angebote, Angebotsgrundlagen und Angebotskalkulationen anbietet, kommt überhaupt ein echter Wettbewerb zustande.[55] Besondere Bedeutung kommt deshalb der **strikten Einhaltung der vertraulichen Behandlung der Angebote** zu. Vor dem Eröffnungstermin sind die schriftlich zugegangenen Angebote beim Eingang auf dem ungeöffneten Umschlag zu kennzeichnen und ungeöffnet unter Verschluss zu halten (§ 14a Abs. 1 S. 1). Elektronische Angebote sind zu kennzeichnen und verschlüsselt aufzubewahren (§ 14a Abs. 1 S. 2). Zu Beginn des Eröffnungstermins hat der Verhandlungsleiter festzustellen, ob der Verschluss der schriftlichen Angebote unversehrt ist und die elektronischen Angebote verschlüsselt sind (§ 14a Abs. 3 Nr. 1). Selbst im Anschluss an den Eröffnungstermin sind die Angebote und ihre Anlagen sorgfältig zu verwahren und geheim zu halten (§ 14a Ab. 9). Diese strenge Ausprägung, die der Vertraulichkeitsgrundsatz in den geltenden Vergaberechtsbestimmungen erfahren hat, dient einerseits dem Schutz der Bieter insoweit, als die Kenntnis der Angebotskalkulation eines Unternehmens einen Einblick in das

---

[48] OLG Düsseldorf Beschl. v. 29.7.2015 – Verg 5/15, ZfBR 2016, 199 (201).
[49] OLG Düsseldorf Beschl. v. 29.7.2015 – Verg 5/15, ZfBR 2016, 199 (201).
[50] EuGH Urt. v. 19.5.2009 – C–538/07 ECLI:EU:C:2009:317 = NZBau 2009, 607 Rn. 30 – Assitur Sri; OLG Düsseldorf Beschl. v. 11.5.2011 – Verg 8/11, ZfBR 2011, 789 (792); OLG Düsseldorf Beschl. v. 13.4.2011 – VII-Verg 4/11, NZBau 2011, 371 (373); zustimmend: *Gabriel* in Gabriel/Krohn/Neun VergabeR-HdB § 18 Rn. 61.
[51] OLG Düsseldorf Beschl. v. 11.5.2011 – Verg 8/11, ZfBR 2011, 789 (792 f.); OLG Düsseldorf Beschl. v. 13.4.2011 – VII-Verg 4/11, NZBau 2011, 371 (373).
[52] OLG Düsseldorf Beschl. v. 11.5.2011 – Verg 8/11, ZfBR 2011, 789 (792 f.); OLG Düsseldorf Beschl. v. 13.4.2011 – VII-Verg 4/11, NZBau 2011, 371 (373).
[53] OLG Düsseldorf Beschl. v. 11.5.2011 – Verg 8/11, ZfBR 2011, 789 (793); OLG Düsseldorf Beschl. v. 13.4.2011 – VII-Verg 4/11, NZBau 2011, 371 (374); OLG Düsseldorf Beschl. v. 29.7.2015 – VII-Verg 6/15, BeckRS 2015, 18294 Rn. 27; näher hierzu *Gabriel* in Gabriel/Krohn/Neun VergabeR-HdB § 18 Rn. 63 ff., 69.
[54] OLG Düsseldorf Beschl. v. 13.4.2011 – VII-Verg 4/11, NZBau 2011, 371 (373).
[55] Vgl. OLG Düsseldorf Beschl. v. 16.9.2003 – VII-Verg 52/03, BeckRS 2004, 02041.

Betriebs- und Wirtschaftlichkeitskonzept ermöglicht. Über diese individualschützende Zielrichtung hinaus bietet der Vertraulichkeitsgrundsatz jedoch auch die Gewähr dafür, dass der öffentliche Auftraggeber seiner gesetzlichen Pflicht zur wirtschaftlichen Beschaffung gerecht werden kann.[56] Fehlen die Grundstrukturen eines geheimen Wettbewerbs, gibt es keinen Mechanismus, der die handelnden Institutionen zu wirtschaftlichem Angebots- und Nachfrageverhalten zwingt. Auf Seiten der öffentlichen Hand folgt dieser Zwang aus der Bindungswirkung des Vergaberechts. Auf Seiten der Bieter folgt er – nach marktwirtschaftlichen Regeln – aus der Unkenntnis der Preisgestaltung der konkurrierenden Angebote. Gerade weil der einzelne Bieter nicht weiß, welche Konditionen der Konkurrent seiner Offerte zugrunde legt, wird er, um seine Aussichten auf Erhalt des Zuschlags zu steigern, bis an die Rentabilitätsgrenze seiner individuell berechneten Gewinnzone kalkulieren. Auf diesem natürlichen Preis- und Wettbewerbsdruck beruht die in den Haushaltsordnungen des Bundes und der Länder verankerte Maxime wirtschaftlichen Handelns. Diesem Druck entzieht sich aber auf Bieterseite ohne Weiteres, wer die Geheimhaltungsschranken missachtet. Kennt ein Bieter Leistungsumfang und Preise seines Konkurrenten, muss er nicht mehr potenziell preisgünstigere Limits unterbieten, sondern braucht sich nur noch an den ihm bekannten Bedingungen auszurichten.[57] Das Zustandekommen einer wettbewerbsbeschränkenden Absprache impliziert mithin nicht die ausdrückliche Verständigung zwischen zwei Unternehmen in einem Vergabeverfahren darüber, wer welche Leistung zu welchem Preis anbietet. Sie ist vielmehr in aller Regel schon dann verwirklicht, wenn ein Angebot in Kenntnis der Bedingungen eines Konkurrenzangebots erstellt wird.[58]

31 ff) **Doppel- und Mehrfachbeteiligungen eines Bieters.** An eine mögliche **kartellrechtswidrige Einschränkung des Wettbewerbs** ist immer auch dann zu denken, wenn sich Bieter mehrfach, in unterschiedlichen Konstellationen an Ausschreibungen beteiligen. Hierbei sind verschiedene Fallgruppen zu unterscheiden.

32 Zunächst ist an den Fall der **Doppelbeteiligung als Bieter und Nachunternehmer** eines Bieters zu denken. Der bloße Umstand, dass der Bieter ein eigenes Angebot zum Vergabeverfahren eingereicht hat und zusätzlich gemäß dem Angebot eines anderen Bieters von diesem als Nachunternehmer eingesetzt wird, **genügt nicht, die für einen Angebotsausschluss erforderliche Kenntnis festzustellen.** Dazu müssen **weitere Tatsachen hinzukommen,** die nach Art und Umfang des Nachunternehmereinsatzes sowie mit Rücksicht auf die Begleitumstände eine Kenntnis von dem zu derselben Ausschreibung abgegebenen Konkurrenzangebot vermuten lassen. Eine derartige Kenntnis muss im Einzelfall festgestellt werden. Diese Kenntnis ergibt sich nicht allein daraus, dass der Bieter die vom Nachunternehmer in Rechnung zu stellenden Kosten kennt, weil dem Bieter Kalkulationsspielräume beim Gewinn und bei den Kosten verbleiben, welche er im Hinblick auf die Gestaltung des eigenen Angebotspreises nach den Regeln des Geheimwettbewerbs umsetzen kann.[59] Sie kann jedoch anzunehmen sein, wenn der Nachunternehmer, der zugleich Bieter ist, im Wesentlichen die gesamte Leistung für das entsprechende Gebot bereitstellt und sich der eigentliche Bieter auf eine Steuerungsleistung beschränkt, sodass eine Doppelbewerbung gegeben sein könnte.[60]

33 Für Fälle einer **Überkreuzbeteiligung,** dh wenn sich zwei Hauptbieter wechselseitig als Nachunternehmer einsetzen, gilt grundsätzlich dasselbe wie für die Konstellation der Doppelbeteiligung als Bieter und Nachunternehmer. Auch bei dieser Fallgestaltung reicht allein der Umstand der Überkreuzbeteiligung für einen Wettbewerbsausschluss nicht aus, da sich von dieser nicht zwingend auf eine positive Kenntnis vom Angebotsinhalt des Wettbewerbers schließen lässt.[61] Das gilt jedenfalls solange, wie für den betreffenden Bieter Spielräume verbleiben, seine originär eigene Leistung in dem Angebot gegenüber der Vergabestelle anders auszugestalten als im Nachunternehmerangebot gegenüber dem anderen Bieter.[62] Hinzuweisen ist allerdings darauf, dass die Überkreuzbeteiligung vereinzelt auch strenger beurteilt wurde. So erachtete die VK Bund bei einer Überkreuzbeteiligung einen Angebotsausschluss für zwingend, wenn die Bieter sich wechselseitig für jeweils ungefähr die Hälfte des Angebotes als Unterauftragnehmer einsetzen, da die Eigenleistung im Hauptangebot des jeweils anderen sich inhaltlich höchstwahrscheinlich nicht wesentlich von dem unterscheidet, was

---

[56] Vgl. OLG Jena Beschl. v. 19.4.2004 – 6 Verg 3/04, IBRRS 2004, 1059.
[57] Vgl. OLG Jena Beschl. v. 19.4.2004 – 6 Verg 3/04, IBRRS 2004, 1059.
[58] Vgl. OLG Düsseldorf Beschl. v. 16.9.2003 – VII-Verg 52/03, BeckRS 2004, 02041.
[59] OLG Düsseldorf Beschl. v. 13.4.2006 – VII-Verg 10/06, NZBau 2006, 810; VK Bund Beschl. v. 30.11.2012 – VK 2-131/12, IBRRS 2013, 0598; VK Baden-Württemberg Beschl. v. 1.9.2015 – 1 VK 30/15, IBRRS 2015, 3108.
[60] *Gabriel* in Gabriel/Krohn/Neun VergabeR-HdB § 18 Rn. 54 f.
[61] OLG Düsseldorf Beschl. v. 9.4.2008 – VII-Verg 2/08, BeckRS 2008, 7456; iErg auch VK Hamburg, Beschl. v. 23.5.2008 – VK BSU 2/08 u. 3/08.
[62] OLG Düsseldorf Beschl. v. 9.4.2008 – VII-Verg 2/08, BeckRS 2008, 7456.

der Wettbewerber als Unterauftragnehmer angeboten habe.[63] Zudem ist zu beachten, dass es sich um eine verdeckte Bietergemeinschaft handeln kann, wenn die beteiligten Unternehmen ein Angebot abgeben, in dem das jeweils andere Unternehmen als Unterauftragnehmer vorgesehen ist und die Leistung nur gemeinschaftlich erbracht werden kann; deren rechtliche Zulässigkeit ist nach denselben Maßstäben zu beurteilen, die im Falle einer Doppelbeteiligung als Bieter und Mitgliedlied einer Bietergemeinschaft gelten (→ Rn. 34).[64] Hinsichtlich der Annahme einer verdeckte Bietergemeinschaft kann sich der Auftraggeber aber nicht auf eine Vermutung stützen, sondern muss dies im Einzelfall prüfen und im Zweifel nachweisen.

Zu einem anderen Ergebnis wird man häufig im Fall der **Doppelbeteiligung als Bieter und** 34 **Mitglied einer Bietergemeinschaft** kommen. Ausgehend von der EuGH-Rechtsprechung darf zwar – entgegen der früheren nationalen Rechtsprechung[65] – auch in dieser Konstellation die Annahme einer Verletzung des Grundsatzes des Geheimwettbewerbs nicht allein auf den Umstand der Doppelbeteiligung gestützt werden. Vielmehr erfordert der Verhältnismäßigkeitsgrundsatz, den betroffenen Bieter bzw. die betroffenen Bietergemeinschaften anzuhören und ihnen Gelegenheit zur Erbringung des Nachweises zu geben, dass die Angebote unabhängig voneinander gelegt wurden.[66] Der Beleg, dass es nicht zu einem Austausch wettbewerblich relevanter Informationen gekommen ist, dürfte dem betroffenen Bieter bzw. der betroffenen Bietergemeinschaften in der Praxis freilich nicht leicht fallen, da die Mitglieder einer Bietergemeinschaft in der Regel volle Kenntnis vom Angebotsinhalt haben.[67] Unproblematisch ist eine Doppelbeteiligung als Bieter und Mitglied einer Bietergemeinschaft hingegen regelmäßig dann, wenn die Leistung in Losen ausgeschrieben wurde und das Mitglied einer Bietergemeinschaft nur zu demjenigen Leistungsteil ein separates Angebot (als Einzelbieter) abgibt, der ihm auch im Rahmen der Bietergemeinschaft zufällt; hier besteht in der Regel keine Gefahr, dass mehrere Bieter ihre Angebotspreise absprechen oder aufeinander abstimmen.[68]

gg) Wettbewerbswidrige Scheinkonkurrenz. Dass in wettbewerbsbeschränkender Weise 35 ein Bieter ein Angebot in Kenntnis der von einem Mitbieter abgegebenen Nebenangebote erstellt hat, ergibt sich schon daraus, **dass für beide Angebote ausweislich der Unterschrift dieselbe Person verantwortlich zeichnet.** Das kann nur als Beleg dafür genommen werden, dass auch die Verantwortung für die inhaltliche Erarbeitung der Angebote in einer Person konzentriert war. Die Angebote beider Bieter stehen im Vergabeverfahren in unmittelbarer Konkurrenz zu einander. Die Vergabestelle kann den Zuschlag nur für eines der Angebote – jeweils zugunsten des einen Bieters und zulasten des anderen Bieters – erteilen. Der in der Rechtsprechung für zulässig angesehene Sonderfall einer Doppelbewerbung, in dem ein Einzelunternehmen nur zu denjenigen Leistungsteilen ein separates Angebot abgibt, die ihm zugleich im Rahmen einer ebenfalls an einer Ausschreibung teilnehmenden Bietergemeinschaft zufallen, mit der Folge, dass keine echte Konkurrenzsituation begründet wird, ist von diesem Grundsatz allerdings ausgenommen. Wenn die Angebote beider Bieterinnen in Kenntnis des jeweiligen Alternativangebots kalkuliert sind, begründen sie bei einer Gesamtbetrachtung die Konstellation einer wettbewerbswidrigen Scheinkonkurrenz.[69]

c) Wechsel im Mitgliederbestand der Bietergemeinschaft. Der Grundsatz der Unverän- 36 derlichkeit des Angebots gilt nicht allein für das Angebot selbst, sondern auch für die Person des Bieters, weil Inhalt des Angebots nicht nur die Beschaffenheit der versprochenen Leistungen, sondern auch die Person des Leistenden ist.[70] In **Abhängigkeit von der Verfahrensart** ergeben sich danach unterschiedliche Zeitpunkte, bis zu welchen Änderungen zulässig sind.

Kommt es bei einer **öffentlichen Ausschreibung** in der Phase zwischen Angebotsabgabe und 37 Zuschlagserteilung zu einem Wechsel im Mitgliederbestand einer Bietergemeinschaft, gebieten die vergaberechtlichen Prinzipien des Wettbewerbs, der Gleichbehandlung und der Transparenz, das geänderte Angebot insgesamt von der Wertung auszunehmen. Denn der Bieteraustausch führt, da sein Wirksamwerden, der Zeitpunkt und die genauen Umstände bis zum Ablauf der Angebotsfrist nicht offenbar werden, sowohl für den Auftraggeber als auch für die Wettbewerber in tatsächlicher

---

[63] VK Bund Beschl. v. 21.12.2007, VK 3 – 142/07, BeckRS 2007, 142887.
[64] VK Arnsberg Beschl. 2.2.2006 – VK 30/05, IBRRS 2006, 0743; *Gabriel* in Gabriel/Krohn/Neun/VergabeR-HdB, § 18 Rn. 57 f.
[65] In dem Sinne OLG Düsseldorf Beschl. v. 27.7.2006 – VII-Verg 23/06, IBRRS 2006, 4391.
[66] EuGH Urt. v. 23.12.2009 – C–376/08, Slg. 2009, I–12172, NZBau 2010, 261 Rn. 46 – Serrantoni; zustimmend *Gabriel* in Gabriel/Krohn/Neun VergabeR-HdB § 18 Rn. 46.
[67] *Gabriel* in Gabriel/Krohn/Neun VergabeR-HdB § 18 Rn. 49.
[68] OLG Düsseldorf Beschl. v. 28.5.2003 – VII-Verg 8/03, BeckRS 2004, 11759.
[69] OLG Jena Beschl. v. 19.4.2004 – 6 Verg 3/04, IBRRS 2004, 1059.
[70] Vgl. zB OLG Düsseldorf Beschl. v. 24.5.2005 – VII-Verg 28/05, NZBau 2005, 710 (711).

und in rechtlicher Hinsicht – mit nachteiligen Folgen für den Wettbewerb – zu einem Zustand von Intransparenz. Infolge eines derartigen Wechsels steht insbesondere die Eignung des Bieters in Frage. Sie muss im Rahmen der Angebotswertung unter ganz anderen Vorzeichen als aus dem Angebot zu erkennen ist, nämlich im Hinblick auf das als Bieter neu eintretende Unternehmen, geprüft und ermittelt werden.[71] Zu diesem Zweck müssen die Eignungsvoraussetzungen in Bezug auf dieses Unternehmen untersucht und beurteilt werden, ohne dass dazu für den Auftraggeber eine nach außen erkennbare Veranlassung besteht und ohne dass er die einer solchen Prüfung zugrunde zulegenden Tatsachen kennt. Konkurrierende Bieter sind ebenso wenig imstande, das Ergebnis einer eventuellen Eignungsprüfung nachzuvollziehen und es gegebenenfalls zu bemängeln. Dies stört empfindlich die Transparenz des Vergabeverfahrens und ebenso den fairen und chancengleichen Bieterwettbewerb, zumal bei einer Zulassung Manipulationsmöglichkeiten eröffnet sind.[72]

38 Bei der **Beschränkten Ausschreibung mit Teilnahmewettbewerb,** sind Änderungen im Mitgliederbestand entsprechend den vorstehend erläuterten Gründen maximal bis zum Abschluss des Teilnahmewettbewerbs zulässig, da sich die Teilnehmer in der Regel im Rahmen des Teilnahmeantrags dazu erklärt haben, ob sie sich allein oder als Bietergemeinschaft um die Teilnahme bewerben.[73]

39 Ist der Zeitpunkt überschritten, bis zu dem Änderungen im Mitgliederbestand unproblematisch zulässig sind, ist zu prüfen, ob ein als Angebotsänderung zu wertender Wechsel im Kreis der Bietergemeinschaftsmitglieder vorliegt. Ausgangspunkt für die Annahme einer unzulässigen Angebotsänderung ist, dass sich bei Veränderung der Zusammensetzung der Bietergemeinschaft deren rechtliche Identität verändert.[74] Eine rechtliche Identität in der Person des Bieters besteht insbesondere dann nicht mehr, wenn aus einer Bietergemeinschaft, die sich an der Ausschreibung beteiligt hat, **bis auf einen Bieter alle anderen ausscheiden,** an die Stelle der Bietergemeinschaft also ein Einzelbieter tritt. Denn die BGB-Gesellschaft erlischt zwingend, wenn nur noch ein Gesellschafter verbleibt.[75] Für den Fall einer **mehrgliedrigen Bietergemeinschaft** hat das **OLG Celle** die Ansicht vertreten, dass die Bietergemeinschaft als teilrechtsfähiges Zuordnungsobjekt der vergaberechtlichen und uU künftigen werkvertraglichen Rechtsbeziehungen mit dem Auftraggeber auch bei Ausscheiden eines Mitglieds fortbestehe, sodass sich die gesellschaftsrechtliche Identität nicht verändere.[76]

40 d) **Nachträgliche Bietergemeinschaft.** Verwandt mit der Fallgruppe des identitätsändernden Wechsels im Mitgliederbestand einer Bietergemeinschaft ist die Konstellation der sog. nachträglichen Bietergemeinschaft.

41 aa) **Bei öffentlicher Ausschreibung.** Wie in der erstgenannten Fallgruppe, ist eine **unzulässige Änderung in der Person des Bieters** grundsätzlich auch dann gegeben, wenn sich ein Bieter **nach der Eröffnung der Angebote, aber vor der Zuschlagserteilung** mit anderen Bietern zu einer Arbeits- bzw. Bietergemeinschaft zusammenschließt.[77] Zwar wird dadurch, dass sich dem Bieter ein anderer durch Gründung einer Arbeits- bzw. Bietergemeinschaft zugesellt und er dessen Angebot unverändert übernimmt, das Angebot hinsichtlich der angebotenen Leistung und des dafür verlangten Preises nicht beeinträchtigt. Jedoch wird die nach der Angebotseröffnung zum Ruhen gekommene Wettbewerbslage mit dem Ziel, dem Auftraggeber die sorgfältige Auswahl des annehmbarsten Angebotes nach besten Kräften zu ermöglichen, wieder in Bewegung gebracht.

42 Tritt zB ein finanzstarker und solventer Bieter im Rahmen einer Bietergemeinschaft hinzu, ist die Chancengleichheit der Bieter im Vergabewettbewerb beeinträchtigt.[78] Die nachträgliche Bildung einer Arbeitsgemeinschaft kann allenfalls **ausnahmsweise** für **unschädlich** erachtet werden, wenn die nachträgliche Bildung einer Arbeitsgemeinschaft den **Vergabewettbewerb unter keinem**

---

[71] OLG Düsseldorf Beschl. v. 26.1.2005 – VII-Verg 45/04, NZBau 2005, 354 (355); OLG Düsseldorf Beschl. v. 24.5.2005 – VII-Verg 28/05, NZBau 2005, 710 (711).
[72] IdS OLG Düsseldorf Beschl. v. 24.5.2005 – VII-Verg 28/05, NZBau 2005, 710 (711 f.); OLG Düsseldorf Beschl. v. 18.10.2006 – VII-Verg 30/06, NZBau 2007, 254, (255); OLG Celle Beschl. v. 5.9.2007 – 13 Verg 9/07, NZBau 2007, 663 (664).
[73] VK Bund Beschl. v. 30.5.2006 – VK 2-29/06, BeckRS 2006, 136078 Rn. 44; VK Bund Beschl. v. 22.2.2008 – VK-1-4/08, ZfBR 2008, 412 (416).
[74] OLG Düsseldorf Beschl. v. 24.5.2005 – VII-Verg 28/05, NZBau 2005, 710 (711); OLG Schleswig-Holstein Beschl. v. 13.4.2006 – VK2-29/06, IBRRS 2006, 1108; OLG Celle Beschl. v. 5.9.2007 – 13 Verg 9/07, ZfBR 2007, 830 (833); OLG Hamburg Beschl. v. 31.3.2014 – 1 Verg 4/13, NZBau 2014, 659 (663).
[75] OLG Düsseldorf Beschl. v. 24.5.2005 – Verg 28/05, NZBau 2005, 710 (711 f.); OLG Hamburg Beschl. v. 31.3.2014 – 1 Verg 4/13, NZBau 2014, 659 (663); wohl auch OLG Celle Beschl. v. 5.9.2007 – Verg 9/07, ZfBR 2007, 830 (834); *Lux* NZBau 2012, 680 (682).
[76] Vgl. OLG Celle Beschl. v. 5.9.2007 – Verg 9/07, ZfBR 2007, 830 (833).
[77] VG Köln Urt. v. 21.11.2013 – 16 K 6287/11, ZfBR 2014, 170 (176).
[78] VG Köln Urt. v. 21.11.2013 – 16 K 6287/11, ZfBR 2014, 170 (176).

Gesichtspunkt beeinträchtigen konnte. Grundvoraussetzung sollte hierfür sein, dass derjenige Bieter, der sich nachträglich mit einem weiteren Unternehmen zu einer Arbeitsgemeinschaft zusammenschließen will, auch ohne einen solchen Zusammenschluss den Auftrag erhalten würde.[79]

bb) Bei anderen Vergabeverfahren. Bei der **beschränkten Ausschreibung mit Teilnahmewettbewerb** ist jede Veränderung der Identität der Bewerber nach Abschluss des Teilnahmewettbewerbs unzulässig (→ Rn. 38), sodass über den Wechsel des Mitgliederbestandes hinaus auch die nachträgliche Bildung einer Bietergemeinschaft – nach der Aufforderung zur Angebotsabgabe aber vor Zuschlagserteilung – unzulässig ist.[80] 43

Bei der **beschränkten Vergabe ohne Teilnahmewettbewerb** fordert der Auftraggeber mindestens drei Unternehmen zur Angebotsabgabe auf, deren Eignung er vorab geprüft hat (§ 3b Abs. 3). Aufgrund der vorgezogenen Eignungsprüfung und weil bei diesem Verfahren lediglich die aufgeforderten Bieter teilnahmeberechtigt sind, dürfte es auch bei diesem Verfahren grundsätzlich unzulässig sein, wenn sich der zur Angebotsabgabe aufgeforderte Unternehmen – nach der Aufforderung zur Angebotsabgabe aber Zuschlagserteilung – mit einem aufgeforderten oder nicht aufgeforderten Unternehmen zu einer Bietergemeinschaft zusammenschließt. Aufgrund der ohnehin größeren Freiheit des Auftraggebers bei der Bieterauswahl und weil hier Bewerber nicht bereits im Rahmen eines Teilnahmeantrags eine Aussage dazu getroffen haben, ob sie allein oder als Bietergemeinschaft auftreten, dürfte es jedoch im Ermessen des Auftraggebers liegen, Ausnahmen zuzulassen,[81] welche auch konkludent – etwa wenn der Angebotsaufforderung eine Bietergemeinschaftserklärung beigefügt wurde – erklärt werden kann. Entsprechendes dürfte für die freihändige Vergabe gelten. 44

e) Ausführung der Arbeiten im eigenen Betrieb. Die grundsätzliche Gleichstellung von Bietergemeinschaften gegenüber Einzelbietern (→ Rn. 17–23) erfolgt gem. Abs. 2 unter der Bedingung, dass die Arbeiten im eigenen Betrieb oder in den Betrieben der Mitglieder ausgeführt werden. Hierbei handelt es sich um einen Hinweis auf das in Abs. 3 geregelte Selbstausführungsgebot, sodass auf die diesbezüglichen Erläuterungen zu Abs. 3 verwiesen werden kann (→ Rn. 53 ff.). Nach der hier vertretenen Auffassung ist das Selbstausführungsgebot auch im Unterschwellenbereich nur eingeschränkt zulässig, nämlich bei Fehlen einer Binnenmarktrelevanz (→ Rn. 56). Mithin kann eine Ausführung im eigenen Betrieb oder in den Betrieben der Mitglieder von Bietergemeinschaften ebenfalls nur bei Fehlen einer Binnenmarktrelevanz gefordert werden. 45

3. Beteiligungsfähigkeit (Abs. 3). Gemäß Abs. 3 können sich am Wettbewerb nur Unternehmen beteiligen, die sich gewerbsmäßig mit der Ausführung von Leistungen der ausgeschriebenen Art befassen. 46

a) Grundvoraussetzungen einer gewerbsmäßigen Ausführung der Leistung. Gewerbsmäßig befasst sich derjenige mit einer Leistung, der sich selbstständig und nachhaltig am allgemeinen wirtschaftlichen Verkehr mit der Absicht beteiligt, einen Gewinn zu erzielen.[82] 47

Gewerbsmäßiges Handeln setzt des Weiteren voraus, dass der Bewerber alle für seine Tätigkeit maßgeblichen nationalen **gewerberechtlichen Voraussetzungen** erfüllt. Erforderlich ist hiernach entweder eine Eintragung in der Handwerksrolle oder die Zugehörigkeit zur IHK.[83] Da es sich bei Bauleistungen häufig um zulassungspflichtige Handwerke iSv § 1 Abs. 2 Handwerksordnung (HwO) handelt, dh solche, die handwerksmäßig betrieben werden und in Anlage A HwO aufgeführt sind, wird sich zumeist die Frage nach der Erforderlichkeit einer **Handwerksrolleneintragung** gem. § 1 Abs. 1 HwO stellen. Ob es sich um eine Tätigkeit handelt, die zwingend einer Handwerksrolleneintragung bedarf, ist nicht immer leicht zu entscheiden. So ist zB das **Anlegen von befahrbaren Wegen und (Park-)Plätzen** nicht ausschließlich dem gem. § 1 Abs. 2 HwO iVm Anlage A Nr. 5 HWO zulassungspflichtigen Straßenbauerhandwerk zuzuordnen. Vielmehr gehört diese Leistung nach der Rechtsprechung auch zum Berufsbild des nichthandwerklichen Gewerbes des Garten- und Landschaftsbauers (sog. GALA-Bauer), jedenfalls wenn ein Zusammenhang mit (landschafts-)gärtnerisch geprägten Anlagen besteht.[84] Für die Beurteilung, ob eine (landschafts-)gärtnerisch geprägte 48

---

[79] VG Köln Urt. v. 21.11.2013 – 16 K 6287/11, ZfBR 2014, 170 (177).
[80] Ingenstau/Korbion/*Schranner* Rn. 26 f.; ebenso VHB Bund Ausgabe 2017 – Stand 2019, Teil 3, Richtlinien zu 311–312, Ziff. 1.2.
[81] IErg wie hier Heiermann/Riedl/Rusam/*Bauer* Rn. 26; mit der Annahme einer grundsätzlichen Unzulässigkeit der Bildung einer Bietergemeinschaft nach Aufforderung zur Angebotsabgabe dagegen Ingenstau/Korbion/*Schranner* Rn. 26 f.; VHB Bund Ausgabe 2017 – Stand 2019, Teil 3, Richtlinien zu 311–312, Ziff. 1.2.
[82] Kapellmann/Messerschmidt/*Glahs* Rn. 10; Ingenstau/Korbion/*Schranner* Rn. 31.
[83] Zum früheren § 8 Nr. 2 Abs. 1: VK Sachsen-Anhalt Beschl. v. 30.4.2001 – VK Hal 06/00, IBR 2001, 558.
[84] BVerwG Urt. v. 30.3.1993 – 1 C 26.91, BeckRS 1993, 31228050; OLG Köln Beschl. v. 16.11.1999 – Ss 436 – 437/99; OLG Karlsruhe Urt. v. 21.3.2014 – 4 U 153/12, IBRRS 2014, 1737; VG Lüneburg Urt. 10.4.1996 – 5 A 128/91 v. 10.4.1996, IBRRS 2004, 2148.

Anlage gegeben ist, ist der Gesamtcharakter der Anlage maßgeblich. Zu den typisch (landschafts-)gärtnerisch geprägten Anlagen gehören Garten-, Park-, Grün- und Friedhofsanlagen, sodass diese aufgrund ihrer gärtnerisch Prägung nach der Verkehrsanschauung ohne Weiteres dem Garten- und Landschaftsbau zuzurechnen sind.[85] Ist eine Anlage nicht ohne Weiteres als typisch (landschafts-)gärtnerisch geprägte Anlage definiert, ist im Einzelfall zu entscheiden, ob sie unter Berücksichtigung ihrer Umgebung nach ihrem äußeren Erscheinungsbild landschafts-gärtnerisch geprägt ist.[86] Hierfür kann sprechen, dass die Anlage vom Charakter her auch der Erholung, Entspannung, Beruhigung und Freizeitgestaltung der Menschen dient. Indiziell ist hierfür die Flächenverteilung. Das hat zur Folge, dass unter Einbeziehung der jeweiligen Funktion das Verhältnis von gärtnerisch gestalteten, dh bepflanzten Flächen und sonstigen, insbesondere Weg- und Parkplatzflächen zu berücksichtigen ist; da es sich um eine wertende Entscheidung handelt, müssen die gärtnerisch gestalteten Teilflächen stets überwiegen.[87] Keine Rolle für die (landschafts-)gärtnerische Prägung spielt die Aufteilung in mehrere Lose, zB Erd- und Pflasterarbeiten, bzw. deren Aufteilung auf mehrere Ausschreibungen; den Gesamtcharakter der Anlage prägen auch die erst später ausgeschriebenen und ausgeführten weiteren Maßnahmen zur Durchführung der Baumaßnahme.[88] Zu beachten ist im Übrigen, dass nach § 5 HwO auch **Arbeiten in anderen Handwerken** nach § 1 Abs. 1 HwO ausgeführt werden dürfen, wenn sie mit der der Haupttätigkeit, mit welcher der Unternehmer in der Handwerksrolle eingetragen ist, technisch oder fachlich zusammenhängen oder diese wirtschaftlich ergänzen. Das ist in der Regel nur unter der Voraussetzung zu bejahen, dass solche Tätigkeiten im Einzelfall gegenüber der zu einem bestimmten Handwerkszweig gehörenden Haupttätigkeit von untergeordneter Bedeutung sind.[89] Mithin folgt aus dem Tatbestandsmerkmal der „Ausführung von Leistungen der ausgeschriebenen Art", dass der Bewerber entweder mit dem Handwerk in die Handwerksrolle eingetragen ist, dem die ausgeschriebene Leistung zuzurechnen ist oder die ausgeschriebene Leistung einem Handwerk zuzurechnen ist, das zumindest einen Zusammenhang im vorstehend erläuterten Sinne zu dem Handwerk aufweist, mit welchem der Bewerber oder Bieter in die Handwerksrolle eingetragen ist. Ein Beispiel sind Verputzarbeiten bei Leitungsreparaturen[90] (näher zu den handwerksrechtlichen Voraussetzungen → § 6a Rn. 67). Ob der Bewerber Mitglied in einer bestimmten Handwerksinnung ist, soll im Rahmen der Begrifflichkeit der „gewerbsmäßigen" Leistungserbringung dagegen keine Rolle spielen,[91] was nachvollziehbar ist, weil die **Innungsmitgliedschaft** obligatorisch ist (vgl. § 52 Abs. 1 HwO). Da gem. § 2 Abs. 3 IHKG Personen und Personengesellschaften, die in der Handwerksrolle oder in dem Verzeichnis der zulassungsfreien Handwerke oder der handwerksähnlichen Gewerbe eingetragen sind, nur mit ihrem nichthandwerklichen oder nichthandwerksähnlichen Betriebsteil der Industrie- und Handelskammer angehören, dürfte es bei der Vergabe von Bauleistungen auf die **Mitgliedschaft in der IHK** ankommen, wenn der Bieter neben Bauleistungen weitere, mitbeauftragte nichthandwerkliche Leistungen zu erbringen hat, etwa Lieferleistungen oder wenn es sich um einen Generalübernehmer handelt, der selber keine Handwerksleistungen erbringt und daher nicht zwingend über eine Handwerksrolleneintragung verfügen muss (→ § 6a Rn. 68) und der nach der hier vertretenen Auffassung zumindest bei Aufträgen mit Binnenmarktrelevanz zum Wettbewerb zugelassen werden muss (→ Rn. 56 f.).

49 Die gewerbsmäßige Betätigung muss sich außerdem auf **„Leistungen der ausgeschriebenen Art"** beziehen. Da die VOB/A die Vergabe von Bauleistungen regelt, ist diese Wendung dahingehend zu verstehen, dass sich Bewerber jedenfalls mit der gewerbsmäßigen Ausführung von **Bauleistungen iSd § 1** befassen müssen.[92] Das sind Arbeiten jeder Art, durch die eine bauliche Anlage hergestellt, instandgehalten, geändert oder beseitigt wird. Das Merkmal „Leistungen der ausgeschriebenen Art" erfordert darüber hinaus, dass die **gewerbliche Betätigung des Bewerbers gerade dem Bereich zuzuordnen ist, dem das auftragsgegenständliche Gewerk angehört**. In Betracht kommen insbesondere Gewerke, deren Erbringung in einer der DIN-Normen geregelt ist, welche Bestandteil der VOB/C sind.[93]

---

[85] BVerwG Urt. v. 30.3.1993 – 1 C 26.91, BeckRS 1993, 31228050.
[86] BVerwG Urt. v. 30.3.1993 – 1 C 26.91, BeckRS 1993, 31228050; VG Lüneburg Urt. 10.4.1996 – 5 A 128/91 v. 10.4.1996, IBRRS 2004, 2148.
[87] BVerwG Urt. v. 30.3.1993 – 1 C 26.91, BeckRS 1993, 31228050; BayObLG Beschl. 23.3.1992 – 3 ObOWi 96/91, IBRRS 2004, 1789; OLG Karlsruhe Urt. v. 21.3.2014 – 4 U 153/12, IBRRS 2014, 1737; VG Lüneburg Urt. 10.4.1996 – 5 A 128/91, IBRRS 2004, 2148.
[88] OLG Karlsruhe Urt. v. 21.3.2014 – 4 U 153/12, IBRRS 2014, 1737.
[89] OLG Düsseldorf Beschl. v. 8.2.1994 – 20 U 46/93, GewArch 1994, 340; Nomos-BR/Detterbeck HwO/ *Detterbeck* HwO § 5 Rn. 2.
[90] BeckOK HwO/*Leisner* HwO § 5 Rn. 6.
[91] VK Baden-Württemberg Beschl. 31.10.2003 – 1 VK 63/03, IBRRS 2003, 3175.
[92] Kapellmann/Messerschmidt/*Glahs* Rn. 20.
[93] Ingenstau/Korbion/*Schranner* Rn. 30, Ziekow/Völlink/*Goede/Hänsel* Rn. 5.

Auf die Rechtsform des Bewerbers (UG, GbR, GmbH, GmbH & Co KG, AG) kommt es **50** ebenso wenig an, wie auf die Person des Inhabers bzw. der Gesellschafters. Nach § 6 Abs. 1 Nr. 3 aF waren **Justizvollzugsanstalten, Einrichtungen** der Jugendhilfe, Aus- und Fortbildungsstätten und ähnliche Einrichtungen sowie **Betriebe** der öffentlichen Hand und Verwaltungen zum Wettbewerb mit gewerblichen Unternehmen nicht zugelassen. Diese Regelung wurde in die VOB/A 2016 nicht übernommen, weil ein genereller Ausschluss dieser Einrichtungen sowie der Betriebe im Oberschwellenbereich aufgrund europarechtlicher Vorgaben nicht zulässig gewesen wäre und im Ober- und Unterschwellenbereich eine einheitliche Rechtslage geschaffen werden sollte. Mithin können Justizvollzugsanstalten, Einrichtungen der Jugendhilfe, Aus- und Fortbildungsstätten und ähnliche Einrichtungen sowie Betriebe der öffentlichen Hand durchaus Unternehmen sein, die sich gewerbsmäßig mit der Ausführung von Leistungen der ausgeschriebenen Art befassen.

Zu beachten ist aber, dass derartige Einrichtungen, namentliche öffentliche Unternehmen, **51** häufig nicht uneingeschränkt am Wettbewerb teilnehmen dürfen. Kommunalunternehmen dürfen sich in der Regel nur wirtschaftlich betätigen, wenn ein öffentlicher Zweck die Betätigung erfordert, die Betätigung nach Art und Umfang in einem angemessenen Verhältnis zu der Leistungsfähigkeit der Gemeinde steht und der öffentliche Zweck durch Dritte nicht besser und wirtschaftlicher erfüllt werden kann (vgl. zB § 107 Abs. 1 GO NRW, Art. 87 BayGO). Insbesondere das OLG Düsseldorf hat lange Zeit in der Beteiligung eines öffentliches Unternehmen am Wettbewerb, welche einem solchen **öffentlich-rechtlichen Marktzutrittsverbot** zuwiderläuft, einen Verstoß gegen den Wettbewerbsgrundsatz gesehen, der zu einem Ausschluss vom Vergabeverfahren zwingt.[94] Das Gericht hat diese Rechtsprechung jedoch kürzlich explizit aufgegeben: Öffentlich-rechtliche Beschränkungen des Tätigkeitsfeldes außerhalb des Vergaberechts ließen dessen Eignung aufgrund des abschließendes Charakters der in §§ 122 ff. GWB iVm §§ 42 ff. VgV geregelten Eignungsanforderungen und Ausschlussgründe nicht entfallen.[95] Der Wettbewerbsgrundsatz des § 97 Abs. 1 GWB stehe nicht entgegen, weil diese nicht keine Aussage darüber enthalte, wer am Wettbewerb teilnehmen dürfe, sondern lediglich, dass der Wettbewerb nicht durch die Verfahrensgestaltung künstlich eingeschränkt werden dürfe.[96] Schließlich bestehe nach dem Gemeinschaftsrecht ein Interesse an der Beteiligung möglichst vieler Bieter an einer Ausschreibung. Mit einem solchen Verständnis des Wettbewerbsgrundsatzes sei es nicht vereinbar, den Markzutritt von Unternehmen der öffentlichen Hand – unabhängig davon, ob er nach nationalem Recht zulässig sei oder nicht – grundsätzlich als einen Verstoß gegen den Wettbewerbsgrundsatz iSv § 97 Abs. 1 GWB zu sehen, was aus der Entscheidung des EuGH in der Rechtssache CoNISMa[97] abgeleitet wird.[98] In der Sache ist anzumerken, dass sich die Bezugnahme auf die EuGH-Entscheidung in der Rechtssache CoNISMa nicht ganz erschließt.[99] Zwar hat der EuGH, wie vom OLG Düsseldorf zutreffend referiert,[100] entschieden, dass die Freiheit, sich an dem Wettbewerb um einen öffentlichen Auftrag zu beteiligen, auch Unternehmen oder Einrichtungen der öffentlichen Hand zuteil wird.[101] Der EuGH hat allerdings in derselben Entscheidung hervorgehoben, dass die Mitgliedstaaten diesen Einrichtungen die Teilnahme an einem Vergabeverfahren nur dann nicht untersagen dürfen, wenn und soweit das nationale Recht diesen Einrichtungen erlaube, Leistungen marktmäßig anzubieten.[102] Man könnte öffentlich-rechtlichen Marktzutrittsregelungen, wie § 107 Abs. 1 GO NRW, Art. 87 BayGO oder – wie im Ausgangsfall – § 2 Abs. 1 UKVO iVm der Satzung des beklagten Universitätsklinikums durchaus so interpretieren, dass den betreffenden Einrichtungen die wirtschaftliche Betätigung lediglich unter Beachtung der

---

[94] OLG Düsseldorf Beschl. v. 17.6.2002 – Verg 18/02, NZBau 2002, 626 (628); OLG Düsseldorf Beschl. v. 23.3.2005 – Verg 68/04, BeckRS 2005, 4881 Rn. 42; OLG Düsseldorf Beschl. v. 29.3.2006 – VII-Verg 77/05, BeckRS 2006, 6017; OLG Düsseldorf Beschl. v. 13.8.2008 – Verg 42/07, BeckRS 2008, 21712; OLG Düsseldorf Beschl. v. 4.5.2009 – VII-Verg 68/08, BeckRS 2009 24305; ebenso *Hertwig* NZBau 2009, 355 (356); aA OVG Beschl. v. 1.4.2008 – 15 B 122/08, Münster NVwZ 2008, 1031 (1032); *Burgi* NZBau 2003, 539 (544); *Ennuschat* NVwZ 2008, 966 (967); *Mann* NVwZ 2010, 857 (861); zweifelnd VG Lüneburg Beschl. v. 14.8.2008 – 10 ME 280/08, NVwZ 2009, 258 (259); vermittelnd *Schneider* NZBau 2009, 352 (354 f.).
[95] OLG Düsseldorf Beschl. v. 14.10.2020 – VII-Verg 36/19, NZBau 2020, 732 Rn. 45.
[96] OLG Düsseldorf Beschl. v. 14.10.2020 – VII-Verg 36/19, NZBau 2020, 732 Rn. 52.
[97] EuGH Urt. v. 23.12.2009 – C-305/08 ECLI:EU:C:2009:807 Rn. 37 = NZBau 2010, 188 (190) – CoNISMa.
[98] OLG Düsseldorf Beschl. v. 14.10.2020 – VII-Verg 36/19, NZBau 2020, 732 Rn. 53.
[99] Hierzu näher *Antweiler* NZBau 2020, 761 (763 f.).
[100] OLG Düsseldorf Beschl. v. 14.10.2020 – VII-Verg 36/19, NZBau 2020, 732 Rn. 53.
[101] EuGH Urt. v. 23.12.2009 – C-305/08 ECLI:EU:C:2009:807 Rn. 37 ff. = NZBau 2010, 188 (190) – CoNISMa.
[102] EuGH Urt. v. 23.12.2009 – C-305/08 ECLI:EU:C:2009:807 Rn. 47 ff. = NZBau 2010, 188 (191) – CoNISMa.

rechtlichen Grenzen dieser Vorschriften gestattet ist und es bei einer Überschreitung derselben gerade an der Erlaubnis zu einer Marktteilnahme fehlt. Überzeugend ist hingegen – jedenfalls für den Oberschwellenbereich – das Argument des Numerus clausus der Eignungsanforderungen der §§ 122 ff. GWB iVm §§ 42 ff. VgV, § 6a EU, welche schlicht keinen rechtlichen Ansatzpunkt für die Überprüfung der Überschreitung öffentlich-rechtliche Marktzutrittsregelungen bieten. Nachvollziehbar ist es ferner, nicht (ersatzweise) das Prinzip der wettbewerblichen Vergabe als Grundlage für einen Ausschluss heranzuziehen,[103] weil eine Wettbewerbsbeeinträchtigung nicht zwingend aus dem bloßen Verstoß gegen Markzutrittsregeln, also dem „Ob" der wirtschaftlichen Betätigung resultiert, sondern allenfalls aus dem „Wie" der Tätigkeit.[104] Diese auf den Oberschwellenbereich bezogene Begründung ist jedoch **auf Vergaben nach Abschnitt 1 der VOB/A nicht uneingeschränkt übertragbar.** An einem Numerus clausus der Eignungsanforderungen fehlt es; § 6a regelt die denkbaren Eignungsnachweise nicht abschließend (vgl. § 6a Abs. 3). Bei einer Auslegung im Lichte des Wettbewerbsgrundsatzes, der auch für Vergabeverfahren nach Abschnitt 1 der VOB/A prägend ist (vgl. 2 Abs. 1 S. 1), dürfte jedoch auch bei Vergaben nach Abschnitt 1 der VOB/A zu beachten sein, dass der Verstoß gegen Markzutrittsregelungen allein – mangels Relevanz für die Annahme einer Wettbewerbsbeeinträchtigung – einen Ausschluss vom Vergabeverfahren nicht zu legitimieren vermag. Allenfalls kann eine – auf konkreten, gewichtigen Anhaltspunkten beruhende – **Prognose, dass der Anbieter** wegen der Überschreitung öffentlich-rechtlicher Marktzutrittsregelungen **an der Vertragserfüllung gehindert werde,** etwa durch ein Einschreiten der Kommunalaufsichtsbehörde, zur Annahme einer mangelnden Leistungsfähigkeit und in der Konsequenz zu einen Angebotsausschluss führen.[105]

52 Einschränkungen des Bieterkreises können sich aus **Spezialvorschriften,** wie **§§ 224, 226 SGB IX** ergeben, wonach Aufträge der öffentlichen Hand, die von anerkannten Werkstätten für behinderte Menschen, Inklusionsbetrieben oder Blindenwerkstätten ausgeführt werden können, bevorzugt diesen Werkstätten anzubieten sind. Näheres ergibt sich aus Verwaltungsvorschriften, welche gem. § 224 Abs. 1 S. 2 SGB IX die Bundesregierung mit Zustimmung des Bundesrates erlassen kann. Auf der Grundlage von § 224 Abs. 1 S. 2 SGB IX hat der Bund zwar bislang keine entsprechende Verwaltungsvorschrift erlassen. Nach § 241 Abs. 3 SGB IX gilt jedoch die auf der Grundlage des § 56 Abs. 2 SchwG erlassene Richtlinie[106] weiter. Auf die Länder und Gemeinden ist diese Richtlinie nicht anwendbar. Allerdings haben die Länder eigene Richtlinien erlassen, die teilweise identisch mit den Richtlinien des Bundes sind.[107]

53 **b) Negativabgrenzung – Keine Vollständige Verlagerung der auftragsgegenständlichen Leistung auf Dritte.** Was unter „gewerbsmäßiger Befassung mit der Ausführung von Leistungen der ausgeschriebenen Art" zu verstehen ist, lässt sich nicht nur im Wege einer (positiven) Begriffsbestimmung ermitteln, sondern auch durch eine Negativabgrenzung, dh durch die Ausklammerung von Aktivitäten, die keine „gewerbsmäßige Befassung mit der Ausführung von Leistungen der ausgeschriebenen Art" darstellen. Ansatzpunkt für eine Negativabgrenzung ist das sog. Selbstausführungsgebot.

54 **aa) Reichweite des Selbstausführungsgebots.** Die Voraussetzung des Abs. 3, sich „gewerbsmäßig mit der Ausführung von Leistungen der ausgeschriebenen Art" zu befassen, kann so verstanden werden, dass sich an einem Vergabeverfahren nach der VOB/A keine Unternehmen beteiligen können, die nicht wenigstens einen Teil der auftragsgegenständlichen Leistungen im eigenen Betrieb

---

[103] So bereits *Burgi* NZBau 2003, 539 (544).
[104] *Mann* NVwZ 2010, 857 (859).
[105] IdS bereits *Schneider* NZBau 2009, 352 (354 f.). Die Bemerkung des OLG Düsseldorf, dass die vorgelegten Erklärungen des aufsichtführenden Ministeriums im konkreten Fall nicht auf eine Gefährdung der Vertragserfüllung schließen lassen (OLG Düsseldorf Beschl. v. 14.10.2020 – VII-Verg 36/19, NZBau 2020, 732 Rn. 49) legt den Schluss nahe, dass selbst das OLG Düsseldorf in einer solchen Ausnahmesituation einen Angebotsausschluss für möglich hält, was jedoch für den Oberschwellenbereich wegen des Arguments der abschließenden Regelung der Eignungsanforderungen durch §§ 122 ff. GWB iVm § 42 ff. VgV, § 6a EU (→ Rn. 51) systematisch nicht überzeugt.
[106] Richtlinien für die Berücksichtigung von Werkstätten für Behinderte und Blindenwerkstätten bei der Vergabe öffentlicher Aufträge v. 10.5.2001 (BAnz. Nr. 109 v. 16.6.2001, 11773).
[107] Vgl. zB für NRW: Berücksichtigung von Werkstätten für behinderte Menschen und von Inklusionsbetrieben bei der Vergabe öffentlicher Aufträge – Gemeinsamer Runderlass des Ministeriums für Wirtschaft, Innovation, Digitalisierung und Energie, des Ministeriums für Arbeit, Gesundheit und Soziales, des Ministeriums für Heimat, Kommunales, Bau und Gleichstellung und des Ministeriums der Finanzen v. 29.12.2017 (MBl. NRW. 2018, 22), geänd. d. Rdl. v. 28.8.2018 (MBl. NRW. 2018 505); für Bayern: Ziff. 3 Verwaltungsvorschrift zum öffentlichen Auftragswesen (VVöA) Bekanntmachung der Bayerischen Staatsregierung v. 24.3.2020, Az. B II 2-G17/17-2 (BayMBl. Nr. 155).

ausführen (vgl. § 4 Abs. 8 Nr. 1 S. 1 VOB/B), was auch als **Selbstausführungsgebot** bezeichnet wird.[108]

Fraglich ist, ob die Vorgabe eines Selbstausführungsgebot zulässig ist. Für den Oberschwellenbereich ist diese Frage zu verneinen. Da § 6 EU auf die Regelung, dass sich nur Unternehmen beteiligen können, „die sich gewerbsmäßig mit der Ausführung von Leistungen der ausgeschriebenen Art befassen" verzichtet und § 6d EU ausdrücklich bestimmt, dass sich ein Bieter bei der Erfüllung eines Auftrags der Fähigkeiten anderer Unternehmen bedienen kann, ist davon auszugehen, dass **im Oberschwellenbereich** – abgesehen von der Ausnahme des § 6d Abs. 4 EU, nach der bei kritischen Arbeiten die Selbstausführung verlangt werden kann – **kein Selbstausführungsgebot** gilt und auch Unternehmen zum Wettbewerb zugelassen werden müssen, die sich selbst nicht gewerbsmäßig mit der unmittelbaren Ausführung von Bauleistungen befassen. Diese Rechtslage im Oberschwellenbereich ist das Ergebnis der Rechtsprechung des EuGH, der festgestellt hatte, dass eine pauschale Beschränkung des Rückgriffs auf Unterauftragnehmer mit der – seinerzeit maßgeblichen – Vergabe-RL 2004 unvereinbar ist.[109] Diese Sichtweise hat der Gerichtshof zwischenzeitlich mehrfach bestätigt,[110] zuletzt mit Urteil vom 26.9.2019.[111]

Ob sich hieraus Rückschlüsse für die Rechtslage im **Unterschwellenbereich** ergeben, ist nach wie vor **umstritten**. Dagegen wird vor allem eingewendet, dass die Annahme des EuGH, dass nationale Regelungen, die dem Bewerber vorschreiben, zumindest einen Teil der Leistung selber auszuführen, auf einer Auslegung der jeweils maßgeblichen Vergaberichtlinien beruhen, welche keine Vorgaben für Vergabeverfahren im Unterschwellenbereich enthalten würden.[112] Die Vertreter der Gegenansicht nehmen an, dass die Argumente des EuGH für den Unterschwellenbereich entsprechend gelten würden oder leiten die Unzulässigkeit eines Selbstausführungsgebotes aus den Grundfreiheiten her,[113] die im Unterschwellenbereich – zumindest bei Binnenmarktrelevanz des Auftrags – ihre Wirkung entfalten. Für die erste Auffassung könnte sprechen, dass wohl auch der Normgeber davon ausgeht, dass bei Vergabeverfahren nach dem 1. Abschnitt der VOB/A die Vorgabe eines Selbstausführungsgebotes nach wie vor statthaft ist. Das kann man daraus folgern, dass im Rahmen der jüngsten VOB/A-Reform diverse Regelungen des Abschnitts 1 an die Vorschriften des Abschnitts 2 angepasst wurden, die Regelung des § 6d EU (Kapazitäten anderer Unternehmen) jedoch nicht in den Abschnitt 1 übernommen wurde, obgleich die Zulässigkeit des Selbstausführungsgebotes schon seit langem diskutiert wird und sich eine Klarstellung angeboten hätte. Im Übrigen spricht gegen die Annahme der Unzulässigkeit eines Selbstausführungsgebotes bei Vergabeverfahren nach dem 1. Abschnitt der VOB/A, dass auch § 26 Abs. 6 UVgO dem Auftraggeber die Vorgabe eines Selbstausführungsgebotes gestattet. Andererseits können sich die nationalen Normgeber nicht über das EU-Recht hinwegsetzen. Hiermit ließe sich ein umfassendes Selbstausführungsgebot nur schwer in Einklang bringen. Weist der Auftrag Binnenmarktrelevanz auf, muss das Vergabeverfahren nämlich zumindest mit dem Gleichbehandlungsgrundsatz, dem Transparenzgrundsatz und dem Verhältnismäßigkeitsgrundsatz in Einklang stehen.[114] Ein pauschales Selbstausführungsgebot könnte sich durchaus als Diskriminierung von Wirtschaftsteilnehmern aus anderen Mitgliedstaaten darstellen. Auch dürfte der Schutz vor ungeeigneten Nachunternehmern ein umfassendes Selbstausführungsgebot in der Regel nicht rechtfertigen können, da andere Maßnahmen, zB die Eignungsprüfung von Nachunternehmern, ausreichenden Schutz vor ungeeigneten Nachunternehmern bieten. Folgt man dieser Auffassung, wäre die **Vorgabe eines Selbstausführungsgebotes nur bei fehlender Binnenmarktrelevanz des Auftrages** und ansonsten nur **bei einem berechtigten Interesse**

---

[108] Vgl. zB OLG Naumburg Beschl. v. 9.9.2003 – 1 Vrg 5/03, NZBau 2004, 350 (351); *Amelung* NZBau 2017, 139 (141); BeckOK-VergabeR/*Opitz* GWB § 122 Rn. 37.

[109] EuGH Urt. v. 10.10.2013 – C-94/12 ECLI:EU:C:2013:646 Rn. 31 ff. = NZBau 2014, 114 – Swm Construzioni.

[110] EuGH Urt. v. 14.7.2016 – C-406/14 ECLI:EU:C:2016:562 Rn. 35 = NZBau 2016, 571 – Stadt Breslau; EuGH Urt. v. 5.4.2017 C-298/15 ECLI:EU:C:2017:266 Rn. 54 ff. = NZBau 2017, 748 – Borta; ebenso: OLG Düsseldorf Beschl. v. 22.10.2008 – VII-Verg 48/08, BeckRS 2008, 139591 Rn. 49 (zur VOL/A); *Amelung* NZBau 2017, 139 (141).

[111] EuGH Urt. v. 25.9.2019 – C-63/18 ECLI:EU:C:2019:787 Rn. 40 ff. = NZBau 2019, 792 – Vitali; zustimmend: *Hattig/Oest* NZBau 2020, 494 (496 f.).

[112] Ingenstau/Korbion/*Schranner* Rn. 32, 38; HK-VergabeR/*Pape* Rn. 18 f.

[113] Kapellmann/Messerschmidt/*Glahs* Rn. 26 f.; Ziekow/Völlink/*Goede/Hänsel* Rn. 2; *Gabriel* in Gabriel/Krohn/Neun VergabeR-HdB § 18 Rn. 46; zu § 26 UVgO: *Plauth* in Müller-Wrede VgV/UVgO § 16 Rn. 21; Ziekow/Völlink/*Püstow* UVgO § 26 Rn. 4.

[114] Vgl. Ziff. 1.1 der Mitteilung der Kommission zu Auslegungsfragen in Bezug auf das Gemeinschaftsrecht, das für die Vergabe öffentlicher Aufträge gilt, die nicht oder nur teilweise unter die Vergaberichtlinien fallen (2006/C 179/02), ABl. 2006 C 179, 2.

des **Auftraggebers** zulässig. Letzteres dürfte unstreitig zu bejahen sein, wenn die Voraussetzungen für die Vorgabe einer Selbstausführung entsprechend § 6d EU Abs. 4 vorliegen.

57 bb) **Konsequenzen für Generalunternehmer, Generalübernehmer und Totalübernehmer.** Soweit das Selbstausführungsgebot noch Anwendung findet, stellt sich die Frage, welche Tätigkeiten einem Selbstausführungsgebot zuwiderlaufen würden. Aus dem Tatbestandsmerkmal „gewerbsmäßig mit der Ausführung von Leistungen der ausgeschriebenen Art befassen" wird gefolgert, dass der Bewerber die auftragsgegenständliche Bauleistung zumindest teilweise selbst erbringen muss, sodass **Generalübernehmer**, dh Unternehmen, die die Ausführung von Bauleistungen vollständig in die Hände von Nachunternehmern legen und sich selbst auf die Vermittlung, Koordination und Überwachung der Bauleistungen beschränken,[115] nicht zum Wettbewerb zugelassen sind.[116] Dasselbe soll für **Totalübernehmer** gelten,[117] also Unternehmen, die neben der kompletten Ausführung der Bauleistung auch die Planung und ggf. weitere Leistungen, wie zB das Projektmanagement übernehmen und die Bauleistung vollständig durch Nachunternehmer ausführen lassen.[118]

58 Bei den **Generalunternehmern** wird im Unterschwellenbereich – auch von denen, die ein Selbstausführungsgebot bejahen – eine differenzierte Betrachtung vorgenommen. Sie sollen wie Generalübernehmer zu behandeln sein, wenn der Eigenanteil des Generalunternehmers an der Bauleistung lediglich von untergeordneter Bedeutung ist und er insoweit eher einem Generalübernehmer als einem Hauptunternehmer gleichkommt. Sind die Leistungen, die der Generalunternehmer selbst erbringt, dagegen nicht lediglich von untergeordneter Bedeutung, kann er sich auch unterhalb der Schwellenwerte an einem Vergabeverfahren beteiligen.[119] Zur Abgrenzung wird auf die Komplexität der Baumaßnahme, der bei der Ausführung der Bauleistung betroffenen Fachbereiche und ihrer eher allgemein oder überwiegend speziellen Anforderung abgestellt.[120] Zum Teil wird davon ausgegangen, dass eine Selbstausführung vorliegt, wenn etwa 1/3 der Bauleistung im eigenen Betrieb ausgeführt werden, was jedoch lediglich als Anhaltspunkt und nicht absolute Grenze zu verstehen sein soll.[121] Der Eigenleistungsanteil soll dabei im Einzelfall auch durch ein mit dem Bieter verbundenes Tochter- oder ansonsten konzernrechtlich verbundenes Unternehmen erbracht werden können.[122]

§ 6a Eignungsnachweise

(1) Zum Nachweis ihrer Eignung ist die Fachkunde, Leistungsfähigkeit und Zuverlässigkeit der Bewerber oder Bieter zu prüfen. Bei der Beurteilung der Zuverlässigkeit werden Selbstreinigungsmaßnahmen in entsprechender Anwendung des § 6f EU Absatz 1 und 2 berücksichtigt.

(2) Der Nachweis umfasst die folgenden Angaben:
1. den Umsatz des Unternehmens jeweils bezogen auf die letzten drei abgeschlossenen Geschäftsjahre, soweit er Bauleistungen und andere Leistungen betrifft, die mit der zu vergebenden Leistung vergleichbar sind, unter Einschluss des Anteils bei gemeinsam mit anderen Unternehmen ausgeführten Aufträgen,
2. die Ausführung von Leistungen in den letzten bis zu fünf abgeschlossenen Kalenderjahren, die mit der zu vergebenden Leistung vergleichbar sind. Um einen ausreichenden Wettbewerb sicherzustellen, kann der Auftraggeber darauf hinweisen, dass auch einschlägige Bauleistungen berücksichtigt werden, die mehr als fünf Jahre zurückliegen.
3. die Zahl der in den letzten drei abgeschlossenen Kalenderjahren jahresdurchschnittlich beschäftigten Arbeitskräfte, gegliedert nach Lohngruppen mit gesondert ausgewiesenem technischem Leitungspersonal,
4. die Eintragung in das Berufsregister ihres Sitzes oder Wohnsitzes,

---

[115] OLG Saarbrücken Beschl. v. 21.4.2004 – 1 Verg 1/04, NZBau 2004, 690 (691); Kapellmann/Messerschmidt/*Thierau* Anhang VOB/B Rn. 9.
[116] OLG Düsseldorf Beschl. v. 5.7.2020 – Verg 5/99, NZBau 2001, 106 (109); VK Schleswig-Holstein Beschl. v. 31.1.2006 – VK-SH 33/05, IBR 2006, 0499; VÜA Bayern Beschl. v. 28.2.1997 – VÜA 14/96, IBR 1998, 182.
[117] *Stolz/Heindl* in Althaus/Heindl, Der öffentliche Bauauftrag, 3. Aufl. 2013, 4. Teil 2 Rn. 191.
[118] LG Stuttgart Urt. v. 20.11.2015 – 3 O 201/15; Messerschmidt/Voit/*Richter* Abschn. D Rn. 325.
[119] OLG Frankfurt a. M. Beschl. v. 16.5.2000 – 11 Verg 1/99, NZBau 2001, 101 (104); Ingenstau/Korbion/*Schranner* Rn. 39.
[120] Kapellmann/Messerschmidt/*Glahs* Rn. 29.
[121] OLG Frankfurt a. M. Beschl. v. 16.5.2000 – 11 Verg 1/99, NZBau 2001, 101 (104); OLG Saarbrücken Beschl. v. 21.4.2004 – 1 Verg 1/04, NZBau 2004, 690 (691); Ingenstau/Korbion/*Schranner* Rn. 39.
[122] OLG Saarbrücken Beschl. v. 21.4.2004 – 1 Verg 1/04, NZBau 2004, 690 (691).

sowie Angaben,
5. ob ein Insolvenzverfahren oder ein vergleichbares gesetzlich geregeltes Verfahren eröffnet oder die Eröffnung beantragt worden ist oder der Antrag mangels Masse abgelehnt wurde oder ein Insolvenzplan rechtskräftig bestätigt wurde,
6. ob sich das Unternehmen in Liquidation befindet,
7. dass nachweislich keine schwere Verfehlung begangen wurde, die die Zuverlässigkeit als Bewerber oder Bieter in Frage stellt,
8. dass die Verpflichtung zur Zahlung von Steuern und Abgaben sowie der Beiträge zur Sozialversicherung ordnungsgemäß erfüllt wurde,
9. dass sich das Unternehmen bei der Berufsgenossenschaft angemeldet hat

(3) Andere, auf den konkreten Auftrag bezogene zusätzliche, insbesondere für die Prüfung der Fachkunde geeignete Angaben können verlangt werden.

(4) Der Auftraggeber wird andere ihm geeignet erscheinende Nachweise der wirtschaftlichen und finanziellen Leistungsfähigkeit zulassen, wenn er feststellt, dass stichhaltige Gründe dafür bestehen.

(5) Der Auftraggeber kann bis zu einem Auftragswert von 10 000 Euro auf Angaben nach Absatz 2 Nummer 1 bis 3, 5 und 6 verzichten, wenn dies durch Art und Umfang des Auftrags gerechtfertigt ist.

Schrifttum: *Achenbach*, Ausweitung des Zugriffs bei den ahndenden Sanktionen gegen die Unternehmensdelinquenz, wistra 2002, 441; *Battis/Kersten*, Die Deutsche Bahn AG als Untersuchungsrichter in eigener Sache?, NZBau 2004, 303; *Brüggemann/Vogel*, Wettbewerbsregister und Selbstreinigung im Spannungsfeld zwischen Arbeits- und Vergaberecht, NZBau 2018, 263; *Burgi*, Ausschluss und Vergabesperre als Rechtsfolgen von Unzuverlässigkeit, NZBau 2014, 595; *Dageförde*, Umweltschutz im öffentlichen Vergabeverfahren, 2012; *Dageförde/Dross*, Reform des europäischen Vergaberechts Umweltkriterien in den neuen Vergaberichtlinien, NVwZ 2005, 19; *Delcuvé*, Grundzüge der Gestaltung von Vergabeverfahren, JuS 2020, 1128; *Erdmann*, Das System der Ausnahmetatbestände zur Meisterprüfung im Handwerksrecht, DVBl. 2010, 353; *Figgen/Lenz*, Altes Thema, neue Fallstricke: Die Eignungsprüfung bleibt spannend, NZBau 2019, 699; *Friton/Meister*, Anforderungen an den Nachweis des Ausschlusses wegen einer früheren, erheblichen Schlechtleistung, jurisPR-VergR 4/2017 Anm. 3; *Fülling/Freiberg*, Das neue Wettbewerbsregister, NZBau 2018, 259; *Graf* (Hrsg.), BeckOK OWiG, 38. Edition/Stand: 1.10.2020; *Gröning*, Referenzen und andere Eignungsnachweise, VergabeR 2008, 721; *Günther*, Die „Altgesellenregelung" nach § 7b HwO unter Berücksichtigung der hierzu ergangenen Rechtsprechung, GwArch 2011, 189; *Hattenhauer/Butzert*, Die Etablierung ökologischer, sozialer, innovativer und qualitativer Aspekte im Vergaberecht, ZfBR 2017, 129; *Hattig/Oest*, Datenschutz im Vergabeverfahren – Die Auswirkungen der DSGVO auf das Vergabeverfahren/Teil I – Grundlagen, VergabeNavigator 4/2018, 5; *Hattig/Leupold*, Zurück auf Los, VergabeNavigator 6/2018, 7; *Hattig/Oest*, Datenschutz im Vergabeverfahren – Die Auswirkungen der DSGVO auf das Vergabeverfahren / Teil II – Eignung, Vergabe, Navigator 1/2019, 8; *Janssen*, Die VOB/A 2019 – Änderungen und Hintergründe, NZBau 2019, 147; *Kreßner*, Die Auftragssperre im Vergaberecht, 2006; *Mager*, Richtiger Umgang mit Referenzen bei der Eignungsprüfung, NZBau 2013, 92; *Niebuhr*, Der fakultative Ausschluss vom Vergabeverfahren zwischen Beurteilungsspielraum und Ermessensentscheidung am Beispiel des § 124 Abs. 1 Nr. 7 GWB wegen früherer mangelhafter Auftragsausführung, VergabeR 2017, 335; *Prieß*, Warum die Schadenswiedergutmachung Teil der vergaberechtlichen Selbstreinigung ist und bleiben muss, NZBau 2012, 425; *Ohrtmann*, Compliance, 2009; *Pünder/Prieß/Arrowsmith*, Self-Cleaning in Public Procurement Law, 2009; *Rettenmaier/Palm*, Das Ordnungswidrigkeitenrecht und die Aufsichtspflicht von Unternehmensverantwortlichen, NJOZ 2010, 1414; *Stein/Friton*, Internationale Korruption, zwingender Ausschluss und Selbstreinigung, VergabeR 2010, 151; *Sterner*, Rechtsschutz gegen Auftragssperren, NZBau 2001, 423; *Tegeler*, Datenschutz im Vergabeverfahren für öffentliche Auftraggeber, VergabeR 2019, 337; *Theile/Petermann*, Die Sanktionierung von Unternehmen nach dem OWiG, JuS 2011, 496.

Übersicht

		Rn.			Rn.
I.	Allgemeines	1		d) Kategorien der Eignung	21
1.	Normzweck, Entstehungsgeschichte	1	2.	Nachweiskatalog (Abs. 2)	36
2.	Vergleichbare Regelungen	7		a) Umsatz (Nr. 1)	37
II.	Einzelerläuterung	9		b) Referenzen (Nr. 2)	47
				c) Personal (Nr. 3)	59
1.	Eignung der Bieter (Abs. 1)	9		d) Berufsregister-Eintragung (Nr. 4)	65
	a) Festlegung der Eignungsanforderungen	9		e) Insolvenzverfahren (Nr. 5)	72
	b) Bestimmtheitsgebot	15		f) Liquidation (Nr. 6)	79
	c) Grundsätze der Eignungsprüfung	18		g) Schwere Verfehlungen (Nr. 7)	82

	Rn.		Rn.
h) Verpflichtung zur Zahlung von Steuern, Abgaben, Beiträgen (Nr. 8)	117	b) Sonderfall: Gütezeichen und Zertifikate	131
i) Anmeldung Berufsgenossenschaft (Nr. 9)	121	4. Datenschutzrechtliche Grenzen der Anforderung von Eignungsnachweisen	137
3. Zusätzliche Nachweise (Abs. 3)	124	5. Andere Nachweise der wirtschaftlichen/finanziellen Leistungsfähigkeit (Abs. 4)	141
a) Überblick über mögliche weitere Nachweise	126	6. Verzicht auf Eignungsnachweise (Abs. 5)	146

I. Allgemeines

1 **1. Normzweck, Entstehungsgeschichte.** Die Vorschrift des § 6a befasst sich mit Eignungsnachweisen. Mit „Nachweisen" sind aber nicht die Mittel der Nachweisführung, wie Präqualifikation, Eigenerklärung etc, gemeint, welche in § 6b geregelt werden. Vielmehr geht es um die **inhaltlichen Anforderungen an die Eignung.** Abs. 1 benennt als – übergeordnete – Eignungskategorien Fachkunde, Leistungsfähigkeit und Zuverlässigkeit. In Abs. 2 werden sodann konkrete Angaben aufgelistet, anhand derer das Vorliegen der Fachkunde, Leistungsfähigkeit und Zuverlässigkeit überprüft werden kann. Abs. 3 regelt die Anforderung weiterer, nicht näher benannter Angaben zur Überprüfung der wirtschaftlichen und finanziellen Leistungsfähigkeit. Abs. 4 legt fest, unter welchen Voraussetzungen durch den Auftraggeber geforderte Angaben bzw. Nachweise durch andere Belege ersetzt werden können. Durch Abs. 5 wird dem Auftraggeber – im Interesse der Verfahrensökonomie – die Möglichkeit eingeräumt, bei einem Auftragswert bis 10.000 EUR auf bestimmte Eignungsnachweise zu verzichten.

2 § 6a übernimmt größtenteils bestehende Regelungen, die bereits in gleicher oder ähnlicher Form in **§ 6 VOB/A 2012** und **2009** bzw. **§ 8 VOB/A 2006** zu finden waren.

3 Nach § 6a Abs. 1 ist zum Nachweis ihrer Eignung die Fachkunde, Leistungsfähigkeit und Zuverlässigkeit der Bewerber oder Bieter zu prüfen. Diese Regelung, wie sie in vergleichbarer Weise traditionell in sämtlichen Normenkatalogen zum Vergaberecht zu finden ist, fand ihren Niederschlag in den Fassungen 2012 und 2009 in § 6 Abs. 3 Nr. 1 bzw. in § 8 Nr. 1 Abs. 1 VOB/A 2006. Dort heißt es:

„*Von den Bewerbern oder Bietern dürfen zum Nachweis ihrer Eignung (Fachkunde, Leistungsfähigkeit und Zuverlässigkeit) Angaben verlangt werden über [...].*"

4 Auch der Nachweiskatalog des § 6a Abs. 2 entspricht dem der Fassungen 2012 und 2009. Die Fassung von 2009 (§ 6 Abs. 3 Nr. 2) erfuhr eine Erweiterung im Vergleich zur Fassung von 2006. Nach § 8 Nr. 3 Abs. 1 VOB/A 2006 beinhaltete der Katalog lediglich folgende Angaben:

„*Von den Bewerbern oder Bietern dürfen zum Nachweis ihrer Eignung (Fachkunde, Leistungsfähigkeit und Zuverlässigkeit) Angaben verlangt werden über*

a) den Umsatz des Unternehmers in den letzten drei abgeschlossenen Geschäftsjahren, soweit er Bauleistungen und andere Leistungen betrifft, die mit der zu vergebenden Leistung vergleichbar sind, unter Einschluss des Anteils bei gemeinsam mit anderen Unternehmern ausgeführten Aufträgen,

b) die Ausführung von Leistungen in den letzten drei abgeschlossenen Geschäftsjahren, die mit der zu vergebenden Leistung vergleichbar sind,

c) die Zahl der in den letzten drei abgeschlossenen Geschäftsjahren jahresdurchschnittlich beschäftigten Arbeitskräfte, gegliedert nach Berufsgruppen,

d) die dem Unternehmer für die Ausführung der zu vergebenden Leistung zur Verfügung stehende technische Ausrüstung,

e) das für die Leitung und Aufsicht vorgesehene technische Personal,

f) die Eintragung in das Berufsregister ihres Sitzes oder Wohnsitzes,

g) andere, insbesondere für die Prüfung der Fachkunde geeignete Nachweise."

5 Die Forderung nach zusätzlichen Nachweisen hinsichtlich der Fachkunde, die in § 6a Abs. 3 geregelt ist, entspricht der Regelung des § 6 Abs. 3 Nr. 3 VOB/A 2012/2009. Ähnlich verhält es sich mit dem Nachweis der Leistungsfähigkeit gem. § 6a Abs. 4, der dem § 6 Abs. 3 Nr. 4 VOB/A 2012 und 2009 entspricht.

6 Durch die **VOB/A 2019** wurden verschiedene Regelungen des § 6a an den Abschnitt 2 der VOB/A angepasst. So wurde durch Abs. 1 S. 2 klargestellt, dass bei der Beurteilung der Zuverlässigkeit Selbstreinigungsmaßnahmen in entsprechender Anwendung des § 6f EU Abs. 1 und 2 berücksichtigt werden. In Abs. 2 Nr. 2 und 3 wird nunmehr – wie in § 6a EU Nr. 3 lit. a und g auf Kalenderjahre statt – wie bisher – auf Geschäftsjahre abgestellt. Mit Änderung des Abs. 2 Nr. 3 wird der Zeitraum, aus dem Referenzen vorgelegt werden können, von drei auf fünf Jahre erweitert und im Übrigen zugelassen, dass zur Sicherstellung des Wettbewerbs auch Bauleistungen berücksichtigt werden können, die mehr als fünf Jahre zurückliegen, womit sich die Vorschrift nunmehr mit § 6a EU Nr. 3 lit. a deckt. Durch die Streichung des Zusatzes „gesetzlich" vor dem Wort „Sozialversicherung" in Abs. 2 Nr. 8 wird die Vorschrift in Gleichklang zur Regelung des § 6 EU Abs. 4 Nr. 1 gebracht. Nicht der Anpassung an Abschnitt 2, sondern als Verfahrensvereinfachung der Vergabe von Bauleistungen mit geringem Auftragsvolumen dient der neu eingefügte Abs. 5, der dem Auftraggeber die Möglichkeit eröffnet, bis zu einem Auftragswert von 10.000 EUR auf bestimmte Eignungsnachweise zu verzichten.

2. Vergleichbare Regelungen. Der Vergleich mit der **UVgO** lässt erhebliche **systematische Unterschiede** erkennen. Der Regelung des Abs. 1, nach der zwecks Nachweis der Eignung die Fachkunde, Leistungsfähigkeit und Zuverlässigkeit der Bewerber bzw. Bieter zu prüfen ist, entspricht § 31 Abs. 2 UVgO, § 33 Abs. 1 UVgO. Die Eignung ist jedoch nach § 31 Abs. 2 UVgO, § 33 Abs. 1 S. 1 UVgO anhand der aus dem Oberschwellenbereich bekannten Eignungskategorien – Befähigung und Erlaubnis zur Berufsausübung, wirtschaftliche und finanzielle Leistungsfähigkeit, technische und berufliche Leistungsfähigkeit und Nichtvorliegen von Ausschlussgründen – zu prüfen. Einen ausführlichen Nachweiskatalog, wie ihn § 6a Abs. 2 enthält, findet sich in der UVgO nicht. Stattdessen hat es der Normgeber hier bei dem allgemeinen Hinweis belassen, dass die Anforderungen mit dem Auftragsgegenstand in Verbindung und zu diesem in einem angemessenen Verhältnis stehen müssen (§ 33 Abs. 1 S. 2 UVgO) und das der Auftraggeber zu jedem Zeitpunkt des Verfahrens Nachweise der Befähigung und Erlaubnis zur Berufsausübung verlangen kann, soweit eintragungs-, anzeige- und erlaubnispflichtige Tätigkeiten Gegenstand der Leistung sind (§ 33 Abs. 2 UVgO). § 6a Abs. 4 kann mit § 35 Abs. 5 UVgO verglichen werden. Eine Regelung, die wie § 6a Abs. 5, bis zu einem bestimmten Auftragswert, einen Verzicht auf Eignungsnachweise zulässt, existiert in der UVgO nicht.

Ähnliche Regelungen enthält **Abschnitt 2** der VOB/A. Die in Abs. 1 enthaltenen Eignungskategorien, anhand derer die Eignung festzustellen ist, finden sich jedoch nicht in § 6a EU, sondern in § 6 EU Abs. 1 und 2. Auch hier ist nicht die Fachkunde, Leistungsfähigkeit und Zuverlässigkeit maßgeblich, sondern die Befähigung und Erlaubnis zur Berufsausübung, die wirtschaftliche und finanzielle sowie die technische und berufliche Leistungsfähigkeit und das Nichtvorliegen von Ausschlussgründen. Der Nachweiskatalog des § 6a Abs. 2 kann mit der Auflistung von Eignungsnachweisen in § 6a EU verglichen werden. § 6a EU regelt die in Betracht kommenden Eignungsnachweise jedoch – basierend auf den Vorgaben der zugrundeliegenden Vorschriften der RL 2014/24/EU – wesentlich detaillierter als § 6a Abs. 2. Exemplarisch genannt werden kann die Vorgabe zu Mindestumsätzen in § 6a EU Nr. 2 lit. c. Eine Vorschrift, die wie § 6a Abs. 3 die Anforderung weiterer, nicht ausdrücklich benannter Eignungsnachweise zulässt, existiert folglich in Abschnitt 2 nicht. Eine Gemeinsamkeit stellt die Zulassung der Ersetzung von geforderten Nachweisen zur wirtschaftlichen und finanziellen Leistungsfähigkeit durch gleichwertige Nachweise dar (vgl. § 6a Abs. 4 und § 6a EU Nr. 2 S. 2). Eine Regelung, die bei niedrigen Auftragswerten einen Verzicht auf bestimmte Eignungsweisen zulässt (vgl. § 6a Abs. 5) enthält Abschnitt 2 naturgemäß nicht, da Abschnitt 2 erst ab Erreichung der Schwellenwerte iSd § 106 GWB eingreift. Wegen der Parallelen zu Bestimmungen der VgV, der VSVgV, der SektVO und der KonzVgV wird auf die Ausführungen zu § 6a EU verwiesen (→ § 6a EU Rn. 3 ff.).

II. Einzelerläuterung

1. Eignung der Bieter (Abs. 1). a) Festlegung der Eignungsanforderungen. Die Norm spaltet den Begriff der Eignung in die Kategorien **Fachkunde, Leistungsfähigkeit und Zuverlässigkeit** auf. Der Auftraggeber benennt – im Rahmen dieser Kategorien – Eignungsanforderungen und -nachweise. Ob die Bewerber bzw. Bieter diese erfüllen, ist im Rahmen der Eignungsprüfung gem. § 16b anhand der Angaben in der Präqualifikationsliste, der Eigenerklärungen sowie der weiteren geforderten Nachweise zu bewerten (→ § 16b EU Rn. 4).

Die Vergabestelle trifft zum Zwecke der Ermöglichung einer angemessenen Eignungsprüfung die Pflicht, Forderungen nach Eignungsnachweisen bereits mit der Vergabebekanntmachung zu stellen. Es stellt einen **schwerwiegenden Mangel** des Vergabeverfahrens dar, **wenn keine Eignungsanforderungen aufgestellt und keine Eignungsnachweise gefordert werden.** Denn dadurch wird der gesetzlich geregelten Pflicht zur Eignungsprüfung faktisch die Grundlage entzogen, was zur Unmöglichkeit der Angebotswertung in der zweiten Wertungsstufe führt und zur Unmöglichkeit der Einhaltung der Vergabegrundsätze gem. § 2 Abs. 1 Nr. 1.[1] Vor diesem Hintergrund ist § 12 Abs. 1 Nr. 2 lit. w, der als Sollvorschrift formuliert ist, mithin so zu verstehen, dass er ein einzelfallabhängiges Mindestmaß an Nachweisforderungen zwingend vorschreibt. Diese sind im

---
[1] Vgl. VK Sachsen Beschl. v. 28.8.2015 – 1/SVK/020–15, BeckRS 2015, 17933.

Übrigen stets unter Berücksichtigung der Anforderungen, welche sich aus der konkreten Bauaufgabe ergeben, zu definieren.[2]

11 Die geforderten Angaben sind daher schon in der **Bekanntmachung** möglichst konkret zu benennen, damit die interessierten Bieter frühzeitig erkennen können, ob für sie die Abgabe eines Angebots in Frage kommt.[3] Der öffentliche Auftraggeber ist an seine Festlegungen in der Bekanntmachung gebunden und darf in den Verdingungsunterlagen keine Nachforderungen stellen, sondern die in der Bekanntmachung verlangten Eignungsnachweise nur konkretisieren. Allenfalls darf er die Anforderungen nachträglich verringern, jedoch keine erhöhten Anforderungen stellen.[4]

12 Sind aufgrund eines Bekanntmachungsdefizits keine oder praktisch keine Eignungsanforderungen wirksam erhoben, leidet das Vergabeverfahren an einem schwerwiegenden Mangel. Die Vergabestelle hat in einem solchen Fall eigenverantwortlich zu entscheiden, ob sie im betroffenen Vergabeverfahren den Zuschlag erteilen kann, oder den Fehler der unzureichenden Bekanntmachung der Eignungsanforderungen durch eine Rückversetzung des Verfahrens in den Stand vor Vergabebekanntmachung und der Erstellung einer überarbeiteten Bekanntmachung korrigieren muss. Eine derartige Rückversetzung kommt einer Aufhebung gleich.[5] Die Forderung von Eignungsnachweisen in den Vergabeunterlagen, welche nicht bereits in der Bekanntmachung benannt sind, ist für einen durchschnittlichen Bieter in einem Verfahren nach der VOB/A nicht als Verstoß gegen Vergabevorschriften erkennbar. Dazu ist die Kenntnis der einschlägigen, ausdifferenzierten Rechtsprechung erforderlich.[6]

13 Welche Eignungsanforderungen aufgestellt und welche Eignungsnachweise gefordert werden, liegt im Ermessen des öffentlichen Auftraggebers. Bei der Festlegung der Eignungsanforderungen und -nachweise ist der öffentliche Auftraggeber jedoch limitiert. Die Anforderungen müssen sich als **verhältnismäßig** erweisen (§ 2 Abs. 1 S. 2), insbesondere dürfen sie die Grenzen des zur Auftragserfüllung Notwendigen nicht überschreiten.[7] Im Übrigen darf die Forderung von Nachweisen das **Bieterunternehmen nicht unzumutbar belasten.**[8] Sowohl die Rechtfertigung durch den Auftragsgegenstand als auch die Zumutbarkeit sind unbestimmte Rechtsbegriffe, die der uneingeschränkten Rechtskontrolle durch die Vergabenachprüfungsinstanzen unterliegen.[9]

14 Obgleich dies im Wortlaut des § 6a nicht zum Ausdruck kommt, ist davon auszugehen, dass der Auftraggeber auch **Mindestanforderungen** an die Eignung, etwa Mindestumsätze oder eine Mindestanzahl an Referenzen oder Mitarbeiter etc, festlegen kann.[10] Sie unterliegen daher denselben Rechtmäßigkeitsanforderungen, wie die sonstigen Eignungsanforderungen, insbesondere müssen sie **verhältnismäßig** sein, wobei wegen der wettbewerbsbeschränkenden Wirkung gesteigerte Anforderungen an die Notwendigkeit derselben zu stellen sind. Verlangt der Auftraggeber zB einen bestimmten Mindestumsatz im auftragsgegenständlichen Bereich, so hängt die Zulässigkeit dieser Mindestforderungen davon ab, dass die zu erbringende Bauleistung nach Art und Umfang eine Begrenzung auf solchermaßen solvente Bieter rechtfertigt. Bedenkt man, dass der Auftragnehmer trotz des Anspruchs auf Abschlagszahlungen in angemessenen Zeitabständen (§ 16 Abs. 1 Nr. 1 VOB/B) die Kosten des Materials aber auch seine eigene Arbeitsleistung vorfinanzieren muss, erscheint es naheliegend, dass der Auftraggeber bei großvolumigen Bauaufträgen die Solvenz des Bieters sicherstellen will. In einer solchen Fallgestaltung dürfte sich die Forderung eines Mindestumsatzes, der zumindest ein Indiz für die wirtschaftliche Situation der Bewerber bzw. Bieter darstellt, rechtfertigen lassen. Zu beachten ist zudem, dass der Auftraggeber in der Bekanntmachung und den Vergabeunterlagen **deutlich kennzeichnen** muss, ob mit dem Verlangen nach einem Eignungsnachweis auch eine bestimmte inhaltliche Mindestanforderung aufgestellt wird oder nicht. Zweifel gehen zulasten

---

[2] Ingenstau/Korbion/*Schranner* Rn. 8.
[3] OLG Frankfurt a. M. Beschl. v. 21.2.2012 – 11 Verg 11/11, BeckRS 2012, 16589.
[4] OLG Düsseldorf Beschl. v. 24.5.2006 – VII-Verg 14/06, ZfBR 2007, 181 (182); OLG Düsseldorf Beschl. v. 2.5.2007 – VII-Verg 1/07, NZBau 2007, 600 (603); OLG Düsseldorf Beschl v. 12.12.2007 – VII-Verg 34/07, BeckRS 2008, 2955; OLG Düsseldorf Beschl. v. 4.6.2008 – VII-Verg 21/08, BeckRS 2009, 5989; OLG Frankfurt a. M. Beschl. v. 15.7.2008 – 11 Verg 4/08, ZfBR 2009, 86 (90); OLG Frankfurt a. M. Beschl. v. 26.8.2008 – 11 Verg 8/08, BeckRS 2008, 25109; OLG Jena Beschl. v. 21.9.2009 – 9 Verg 7/09, BeckRS 2009, 86482 Rn. 36.
[5] Vgl. VK Südbayern Beschl. v. 5.12.2013 – Z3-3-3194-1-38-10/13, IBRRS 2014, 0207; allgemein zur Rückversetzung: *Hattig/Leupold* VergabeNavigator 6/18, 7 ff.
[6] VK Sachsen Beschl. v. 28.8.2015 – 1/SVK/020–15, BeckRS 2015, 17933.
[7] OLG Frankfurt a. M. Beschl. v. 24.10.2006 – 11 Verg 8/06, NZBau 2007, 468 (469).
[8] BGH Urt. v. 10.6.2008 – X ZR 78/07, ZfBR 2008, 702 (703); BGH Urt. v. 3.4.2012 – X ZR 130/10, NZBau 2012, 513 (516).
[9] OLG Düsseldorf Beschl. v. 25.6.2014 – VII-Verg 38/13, BeckRS 2014, 15908 Rn. 19; OLG Düsseldorf Beschl. v. 7.6.2018 – VII-Verg 4/18, NZBau 2018, 707 (709).
[10] Kapellmann/Messerschmidt/*Glahs* Rn. 7; HK-VergabeR/*Pape* Rn. 14.

des Auftraggebers.[11] Ein öffentlicher Auftraggeber, der im Hinblick auf die Eignungsprüfung die Vorlage bestimmter Unterlagen als Mindestanforderung verlangt, ist hieran gebunden und darf nicht zugunsten eines Bieters auf die Erfüllung der Mindestanforderung verzichten. Infolgedessen ist der dem öffentlichen Auftraggeber bei der Eignungsprüfung grundsätzlich zustehende Beurteilungs- und Ermessensspielraum durch die Festlegung solcher Mindestanforderungen eingeengt. Erfüllt ein Bieter die Mindestanforderungen nicht, ist er zwingend von der Wertung auszuschließen.[12]

b) Bestimmtheitsgebot. Die **Anforderungen** des Auftraggebers **an die Eignungsnachweise müssen eindeutig und erschöpfend formuliert sein.** Insoweit ist es nicht ausreichend, wenn der Auftraggeber in der Bekanntmachung lediglich ein Gesetzeszitat angibt, welches die gemeinte Norm zudem falsch zitiert.[13] Eine allgemeine Bezugnahme auf den Informationskatalog des § 6a in der Bekanntmachung genügt den Bestimmtheitsanforderungen indes grundsätzlich nicht.[14] Denn für den Bieter wird nicht erkennbar, welche Nachweise der öffentliche Auftraggeber erwartet oder später nachfordern wird. So ist etwa Abs. 3 der Vorschrift („andere, insbesondere für die Prüfung der Fachkunde geeignete Nachweise") weitestgehend offen und lässt aus der Sicht des Bieters eine Einschätzung von Art und Umfang etwaiger beizubringender oder auf Anforderung nachzureichender Unterlagen nicht zu.[15] Auch die Verweisung auf Formulare, in denen eine Aufzählung von Eignungskriterien enthalten ist, reicht demzufolge als klare und für alle Bewerber/Bieter verständlich formulierte Anforderung nicht aus. Maßgebend sind die eindeutige Benennung/Aufzählung und selbstverständlich auch die verständliche Formulierung der geforderten Eignungskriterien.[16] 15

Entsprechen die Vorgaben, die die Vergabestelle bei Bekanntmachung an die beizubringenden Eignungsnachweise stellt, nicht den beschriebenen Anforderungen der strikten Klarheit und Deutlichkeit, kann ein hierauf eingehendes Angebot nicht als Zuwiderhandlung gewertet und wegen fehlender Eignungsnachweise ausgeschlossen werden.[17] 16

Eine entsprechend große Bedeutung kommt in Fällen ungenauer Vorgaben vonseiten der Vergabestelle der **Auslegung** zu. Eine solche hat anhand des **objektiven Empfängerhorizonts** zu erfolgen. Da sich Ausschreibungen regelmäßig an eine unbestimmte Vielzahl potenzieller Bieter richtet, ist auf die Sicht eines durchschnittlichen Bieters abzustellen, der die im entsprechenden Verkehrskreis übliche Fachkunde besitzt und die Gepflogenheiten des konkreten Auftraggebers nicht kennt.[18] Das OLG Naumburg[19] hatte einen Fall zu entscheiden, in dem sich die von der Vergabestelle verwendete Bezeichnung des von den Bietern mit dem Angebot vorzulegenden Eignungsnachweises in der Vergabebekanntmachung auf „Zertifizierung DVGW-Arbeitsblatt GW 302" in der Gruppe GN2 „Steuerbare horizontale Spülbohrverfahren" beschränkte, obwohl nach dem Arbeitsblatt in dieser Gruppe Zertifizierungen mit den unterschiedlichen Belastungsgraden A (bis zu 400 kN Rückzugskraft) und B (über 400 kN) erfolgen. In einem solchen Fall ist durch Auslegung der Vergabebekanntmachung nach dem objektiven Empfängerhorizont zu ermitteln, welcher Eignungsnachweis – Gruppe GN2 A oder Gruppe GN2 B – gefordert worden ist. Der wirkliche Wille des Auftraggebers und der Inhalt der Vergabeunterlagen sind insoweit unerheblich, soweit er nicht Niederschlag im Text der Vergabebekanntmachung gefunden hat. Denn der angesprochene Adressat kennt im Zweifel nur den Bekanntmachungstext. Unklarheiten und Widersprüche gehen somit zulasten des Auftraggebers.[20] 17

c) Grundsätze der Eignungsprüfung. Die **Eignung** eines Bieters, insbesondere seine Fachkunde und Leistungsfähigkeit sowie der Umstand, dass er zu den ausgeschriebenen Leistungen berechtigt ist, muss **im Zeitpunkt der Vergabeentscheidung** geklärt sein und in diesem Zeitpunkt bejaht werden können.[21] Die im Rahmen der **Eignungsprüfung gem. § 16b** zu treffende Entscheidung ist regelmäßig in dem Vergabevermerk des zuständigen Mitarbeiters zu sehen, aus dem sich 18

---

[11] OLG Koblenz Beschl. v. 25.9.2012 – 1 Verg 5/12, NZBau 2013, 63 (64); BKartA Beschl. v. 13.6.2014 – VK 1-34/14, BeckRS 2014, 21200; Ingenstau/Korbion/*Schranner* Rn. 9.
[12] VK Rheinland-Pfalz Beschl. v. 27.8.2012 – VK 2-23/12, IBRRS 2013, 0591.
[13] VK Sachsen Beschl. v. 21.11.2014 – 1/SVK/035-14, BeckRS 2015, 10278.
[14] Vgl. OLG Frankfurt a. M. Beschl. v. 10.6.2008 – 11 Verg 3/08, BeckRS 2008, 20396; OLG Hamm Urt. v. 12.9.2012 – I-12 U 50/12, BeckRS 2012, 22198.
[15] OLG Hamm Urt. v. 12.9.2012 – I-12 U 50/12, BeckRS 2012, 22198.
[16] VK Thüringen Beschl. v. 12.4.2013 – 250-4002-2400/2013-E-008-SOK, BeckRS 2013, 52148.
[17] OLG Düsseldorf Beschl. v. 15.8.2011 – VII-Verg 71/11, BeckRS 2011, 23806.
[18] OLG Naumburg Beschl. v. 29.10.2013 – 2 Verg 3/13, BeckRS 2013, 22090.
[19] OLG Naumburg Beschl. v. 29.10.2013 – 2 Verg 3/13, BeckRS 2013, 22090.
[20] OLG Düsseldorf Beschl. v. 26.3.2012 – Verg 4/12, BeckRS 2012, 11206.
[21] OLG Düsseldorf Beschl. v. 5.7.2006 – VII-Verg 25/06, NZBau 2007, 461.

ergibt, dass eine eigenständige Prüfung erfolgt ist und eine Entscheidung getroffen wurde.[22] Es spricht im Übrigen nichts dagegen, wenn sich ein öffentlicher Auftraggeber bei der Durchführung des Vergabeverfahrens und somit auch bei der Eignungsprüfung von **externen Dienstleistern** (zB Rechtsanwälten, Architekten und Ingenieuren) unterstützen lässt. Er muss aber das Handeln dieser Personen stets nachvollziehen und sich zu Eigen machen.[23]

19 Gleichwohl ist die Feststellung, ob ein Bieter die erforderliche Fachkunde und Leistungsfähigkeit besitzt, um den Auftrag zufriedenstellend ausführen zu können, das Ergebnis einer fachlich tatsächlichen **Prognose**.[24] Da diese Prognose als solche einer Bewertungsentscheidung in Prüfungsverfahren entspricht, erfordert sie eine subjektive Einschätzung des Auftraggebers.[25] Folgerichtig gestehen die Nachprüfinstanzen der Vergabestelle im Rahmen der materiellen Eignungsprüfung einen nur eingeschränkt überprüfbaren Beurteilungsspielraum zu.[26] Eine Kontrolle hat deshalb nur daraufhin stattzufinden, ob die rechtlichen Grenzen des Beurteilungsspielraums beachtet worden sind, mit anderen Worten, ob das vorgeschriebene Verfahren eingehalten, von einem zutreffenden und vollständig ermittelten Sachverhalt ausgegangen worden ist, keine sachwidrigen Erwägungen in die Entscheidung eingeflossen sind und die Wertungsentscheidung sich im Rahmen der Gesetze und der allgemein gültigen Beurteilungsmaßstäbe hält.[27] Eine Überschreitung dieser Maßstäbe ist nach der VK des Bundes[28] bei einer Forderung nach einem Umsatz von mindestens 24 Mio. EUR in den letzten drei Geschäftsjahren – und damit eines durchschnittlichen Jahresumsatzes von 8 Mio. EUR – in Anbetracht eines zu erwartenden Auftragswerts von ca. 6 Mio. EUR noch nicht gegeben.

20 Die Prüfung der Eignung erfolgt im Übrigen in zwei Schritten. In einer ersten Stufe (formelle Eignungsprüfung) ist zu prüfen, ob inhaltliche oder formelle Mängel vorliegen (§ 16 Abs. 1 Nr. 1–9), wobei ua geprüft wird, ob das Angebot alle geforderten Eignungsnachweise enthält. Hat der Bieter die entsprechenden Nachweise nicht vorgelegt (und kommt nicht ausnahmsweise eine Nachforderung von Unterlagen nach § 16a Abs. 1 in Betracht), ist das Angebot bereits auf der ersten Stufe der Eignungsprüfung zwingend gem. § 16 auszuschließen. Gegenstand der zweiten Stufe (materielle Eignungsprüfung) ist, ob der Bieter für die Durchführung des Auftrags tatsächlich geeignet ist (§ 16b).

21 **d) Kategorien der Eignung.** Durch die Vergaberechtsreform 2016 wurde die Systematik der Eignungsprüfung oberhalb der EU-Schwellenwerte verändert. Der hergebrachte Dreiklang aus Fachkunde, Leistungsfähigkeit und Zuverlässigkeit wurde aufgegeben zugunsten eines Zweiklangs aus Leistungsfähigkeit (wirtschaftliche und finanzielle sowie technische und berufliche) und Befähigung zur Berufsausübung, der ergänzt wird durch die Voraussetzung des Nichtvorliegens von Ausschlussgründen (§§ 122 ff. GWB).[29] Während § 31 Abs. 1 UVgO diese Systematik für die Beschaffung von Liefer- und Dienstleistungen im Unterschwellenbereich übernommen hat, blieb es in Abschnitt 1 der VOB/A bei den hergebrachten Eignungskategorien Fachkunde, Leistungsfähigkeit und Zuverlässigkeit. Auch die VOB/A 2019 hat insoweit keine Neuerungen gebracht. Der **DVA präferiert in Abschnitt 1 der VOB/A weiterhin die bisherigen Eignungskategorien,** insbesondere den Begriff der Zuverlässigkeit. Darin wird nach wie vor ein besser handhabbares Merkmal gesehen, um vorwerfbares Verhalten eines Bieters sanktionieren zu können, was von *Janssen* wie folgt begründet wird:
„*Es macht deutlicher als das retrospektive Abstellen auf Ausschlussgründe, dass die Eignungsprüfung, insbesondere die Zuverlässigkeitsprüfung, eine Prognoseentscheidung ist.*"[30]

22 **aa) Fachkunde.** Fachkundig ist der Bieter, der über die für die Vorbereitung und Ausführung der jeweiligen Leistung notwendigen **technischen Kenntnisse** verfügt.[31] Erst wenn ein Unternehmen nicht nur notwendige, sondern **umfassende betriebsbezogene Kenntnisse** nach den allgemein anerkannten Regeln der Bautechnik auf dem jeweiligen Spezialgebiet aufweist, ist es als fach-

---

[22] OLG München Beschl. v. 21.8.2008 – Verg 13/08, BeckRS 2008, 20532.
[23] VK Südbayern Beschl. v. 2.1.2018 – Z3-3-3194-1-47-08/17, BeckRS 2018, 382 Rn. 148.
[24] VK Nordbayern Beschl. v. 13.4.2016 – 21.VK-3194-05/16, IBRRS 2016, 1731.
[25] BGH Urt. v. 16.10.2001 – X ZR 100/99, NZBau 2002, 107; OLG Hamm Urt. v. 12.9.2012 – I-12 U 50/12, BeckRS 2012, 22198.
[26] Vgl. OLG München Beschl. v. 12.11.2012 – Verg 23/12, BeckRS 2012, 23578.
[27] OLG Düsseldorf Beschl. v. 24.2.2005 – VII-Verg 88/04, NZBau 2005, 535; OLG Düsseldorf Beschl. v. 22.9.2005 – VII Verg 49/05, BeckRS 2005, 13565 Rn. 34.
[28] VK Bund Beschl. v. 13.12.2013 – VK 1-109/13, BeckRS 2014, 13619.
[29] *Janssen* NZBau 2019, 147 (148).
[30] *Janssen* NZBau 2019, 147 (148).
[31] VK Sachsen-Anhalt Beschl. v. 26.10.2016 – 3 VK LSA 33/16, IBRRS 2016, 2709; VK Sachsen-Anhalt Beschl. v. 9.8.2016 – 3 VK LSA 24/16, IBRRS 2016, 2257.

kundig zu qualifizieren.[32] Die Fachkunde eines Bieters wird mithin insbesondere durch die personelle Ausstattung geprägt und beruht auf den Erfahrungen und Kenntnissen der Mitarbeiter. Woher diese Kenntnisse stammen, ist unerheblich. Deshalb können Mitarbeiter ihre Kenntnisse und Erfahrungen auch bei anderen Unternehmen erworben haben.[33]

Der Auftraggeber hat jeweils abzuwägen, in welchem Umfang **Fachkundenachweise** im Einzelfall sachlich geboten sind, und ab welcher Schwelle der zu hohe Nachweis an die Fachkunde den Wettbewerb unzulässig beschränkt. Dem Auftraggeber steht hierbei ein **Ermessensspielraum** zu, in den die Vergabekammer nicht mit eigenen Zweckmäßigkeitserwägungen eingreifen darf. Erst wenn der Auftraggeber mit unzumutbaren oder sachlich nicht gerechtfertigten Forderungen seinen Ermessensspielraum wettbewerbsbeschränkend überschreitet, kann die Vergabekammer eine Rechtsverletzung feststellen.[34] 23

Die Fachkunde muss nicht bereits vollständig zum Zeitpunkt der Vergabeentscheidung nachgewiesen sein. Der jeweilige Auftragnehmer kann alle Leistungsnachweise einschließlich der Fachkundenachweise auch erbringen, indem er vor der Vergabeentscheidung nachweist, **bis zum Vertragsbeginn** die **Leistungsfähigkeit herstellen** zu können. Insoweit ergibt die Prognoseentscheidung des Auftraggebers, dass der Bieter als ausreichend geeignet anzusehen ist. Der Auftraggeber darf lediglich nicht von jeglicher Prüfung der Leistungsfähigkeit des Auftragnehmers absehen oder den erforderlichen Nachweis insgesamt in die Leistungsphase verlagern.[35] 24

bb) Leistungsfähigkeit. Leistungsfähig ist der Bieter, der über das für die fach- und fristgerechte Ausführung notwendige **Personal und Gerät** verfügt und die **Erfüllung seiner Verbindlichkeiten erwarten lässt**.[36] Insbesondere im Bereich der Leistungsfähigkeit ist die Einschaltung von Nachunternehmern ein probates Mittel, fehlende Aspekte der eigenen Eignung zu kompensieren. 25

Legt der Bieter seinem Angebot eine Erklärung vor, wonach er (im Wege der Eignungsleihe) zur Durchführung der Arbeiten auf die Ressourcen des Mutterkonzerns und auf sämtliche zur Ausführung der Arbeiten notwendigen Geräte zugreifen kann, ist in Bezug auf die zur Auftragsausführung erforderlichen Maschinen ein ausreichender Eignungsnachweis geführt.[37] 26

cc) (Un-)Zuverlässigkeit. Für die Bewertung der Zuverlässigkeit eines Bieters im Vergabeverfahren ist maßgebend, inwieweit die Umstände des einzelnen Falles die Aussage rechtfertigen, er werde die von ihm angebotenen **Leistungen, die Gegenstand des Vergabeverfahrens sind, vertragsgerecht erbringen.** Die Beurteilung der Zuverlässigkeit ist eine **Prognoseentscheidung,** die auch aufgrund des in der Vergangenheit liegenden Geschäftsgebarens eines Bewerbers erfolgt. Die **mangelnde Sorgfalt bei der Ausführung früherer Arbeiten** ist hierbei durchaus ein Kriterium, das zur Unzuverlässigkeit eines Bewerbers führt. Hierfür ist es erforderlich, dass durch den Auftraggeber eine umfassende Abwägung aller in Betracht kommenden Gesichtspunkte unter angemessener Berücksichtigung des Umfangs, der Identität des Ausmaßes und des Grades der Vorwerfbarkeit der Pflichtverletzungen stattfindet (→ Rn. 87 ff.).[38] 27

Zum Zwecke dieser Beurteilung darf eine Vergabestelle im Rahmen der Eignungsbeurteilung auf **eigene Erfahrungen,** die sie mit dem Unternehmen aus früheren Aufträgen gemacht hat, abstellen und diese bei der Wertung berücksichtigen.[39] Eine Vergabestelle, die selbst keine eigenen Erfahrungen mit dem betreffenden Bieter hat, kann auch grundsätzlich **gesicherte Erfahrungen der von ihr beauftragten Büros** – wie Architekt und Projektsteuerer – heranziehen, ohne dass es dazu eines gesonderten Hinweises in der Bekanntmachung bedarf. Dabei ist sicherzustellen, dass die Prognoseentscheidung bezüglich der Zuverlässigkeit anhand einer ausreichend ermittelten und bewerteten Tatsachengrundlage erfolgen muss. Daher darf die Vergabestelle Erfahrungen der von ihr beauftragten Büros nicht ungeprüft zur Begründung der Unzuverlässigkeit eines Bieters heranziehen. Sie muss zumindest prüfen, ob ein Büro ein Eigeninteresse hat, einen bestimmten Bieter als unzuverlässig erscheinen zu lassen. Weiterhin gilt, dass dem Bieter vor einem Ausschluss wegen mangelnder Zuverlässigkeit aufgrund der Erfahrungen der von der Vergabestelle beauftragten Büros 28

---

[32] VK Lüneburg Beschl. v. 17.6.2011 – VgK-17/2011, BeckRS 2011, 21797.
[33] VK Sachsen Beschl. v. 23.5.2014 – 1/SVK/011-14, NZBau 2014, 790.
[34] VK Lüneburg Beschl. v. 17.6.2011 – VgK-17/2011, BeckRS 2011, 21797.
[35] VK Lüneburg Beschl. v. 17.6.2011 – VgK-17/2011, BeckRS 2011, 21797.
[36] VK Sachsen-Anhalt Beschl. v. 26.10.2016 – 3 VK LSA 33/16, IBRRS 2016, 2709; VK Sachsen-Anhalt Beschl. v. 9.8.2016 – 3 VK LSA 23/16, IBRRS 2016, 2255.
[37] OLG Saarbrücken Beschl. v. 2.4.2013 – 1 Verg 1/13, ZfBR 2013, 608 (610).
[38] VK Sachsen-Anhalt Beschl. v. 28.7.16 – 3 VK LSA 20/16, IBRRS 2016, 2522; OLG Düsseldorf Beschl. v. 28.8.2001 – Verg 27/01, IBRRS 2003, 0285.
[39] VK Münster Beschl. v. 16.12.2010 – VK 9/10, BeckRS 2011, 12074 Rn. 67.

Gelegenheit zu geben ist, zu den Vorwürfen Stellung zu nehmen. Dazu ist im Regelfall eine Anhörung des Bieters erforderlich.[40]

29 Gemäß Abs. 1 S. 2, der durch die VOB/A 2019 eingefügt wurde, werden bei der Beurteilung der Zuverlässigkeit **Selbstreinigungsmaßnahmen** in entsprechender Anwendung des **§ 6f EU Abs. 1 und 2** berücksichtigt.

30 Die Regelung des § 6f EU Abs. 1 und 2 ist der Regelung des § 125 GWB nachgebildet, welche durch das VergabeRModG – zwecks Umsetzung von Art. 57 Abs. 6 RL 2014/24/EU – in das GWB integriert wurde. Durch diese Vorschrift wurde das Institut der Selbstreinigung erstmals im deutschen Recht kodifiziert. Durch den Verweis auf § 6f EU Abs. 1 und 2 wird mithin eine formale Angleichung an die Rechtslage im Bereich des Abschnitts 2 der VOB/A bewirkt.

31 In der Sache dürfte damit keine bedeutende Veränderung verbunden sein, da die Möglichkeit einer Selbstreinigung in der vergaberechtlichen Rechtsprechung und Literatur schon vor der Kodifizierung der Selbstreinigung im GWB anerkannt und näher konturiert worden war.[41] Auch nach dieser Sichtweise war Anknüpfungspunkt der Prüfung der Selbstreinigung das Kriterium der Zuverlässigkeit des Bieters.[42] In Anbetracht dieser Rechtsentwicklung hat die Regelung des Abs. 1 S. 2 daher eher eine klarstellende Bedeutung.[43]

32 Eine Selbstreinigung erfordert das **kumulative Vorliegen der in § 6f EU Abs. 1 genannten Voraussetzungen,** dh der Zahlung eines Ausgleiches oder der Verpflichtung zur Zahlung eines Ausgleichs, einer umfassenden Aufklärung der Tatsachen und Umstände die mit der begangenen Straftat bzw. dem begangenen Fehlverhalten oder dem dadurch verursachten Schaden im Zusammenhang stehen, durch aktive Zusammenarbeit mit den Ermittlungsbehörden und dem öffentlichen Auftraggeber sowie konkrete technische, organisatorische und personelle Maßnahme, welche geeignet sind weitere Straftaten oder weiteres Fehlverhalten zu verhindern. Bei der **Bewertung** der vom Unternehmen ergriffenen **Selbstreinigungsmaßnahmen** sind gem. § 6f EU Abs. 2 S. 1 **schwere und besondere Umstände der Straftat oder des Fehlverhaltens** zu berücksichtigen. Bezüglich der Einzelheiten wird auf die Kommentierung des § 6f EU verwiesen (→ § 6f EU Rn. 6 ff.).

33 Kommt der Auftraggeber zu dem Ergebnis, dass die Selbstreinigungsmaßnahmen unzureichend sind, ist dies gegenüber dem Unternehmen zu **begründen** (§ 6a Abs. 1 S. 2, § 6f EU Abs. 2 S. 2).

34 Zu beachten ist, dass § 6a Abs. 1 S. 1 nicht auf die Vorschrift des § 6f EU Abs. 3 verweist, die § 126 GWB nachgebildet ist und regelt, für welchen Zeitraum ein Unternehmen, das keine oder keine ausreichenden Selbstreinigungsmaßnahmen ergriffen hat, vom Vergabeverfahren ausgeschlossen wird. Formal lässt sich dies damit erklären, dass Abschnitt 1 die absoluten und fakultativen Ausschlussgründe des § 6e EU nicht kennt, an die in § 6f EU Abs. 3 hinsichtlich der möglichen Dauer des Ausschlusses, angeknüpft wird. Wenn der Auftraggeber nicht an die in § 6e EU aufgelisteten – und in § 6f EU Abs. 3 in Bezug genommenen – Ausschlussgründe gebunden ist, sondern das flexiblere Merkmal der Zuverlässigkeit zu prüfen hat, ist es nur dogmatisch konsequent, wenn der Auftraggeber auch nicht an die starren Vorgaben des § 6f EU Abs. 3 hinsichtlich des möglichen **Zeitraums eines Ausschlusses** vom Vergabeverfahren gebunden ist.

35 **Wie lange ein Unternehmen** von gegenwärtigen Vergabeverfahren aufgrund eines vergangenen Fehlverhaltens **wegen Unzuverlässigkeit ausgeschlossen werden kann, liegt mithin im Ermessen der Vergabestelle.** Vor Einführung des § 126 GWB, § 6f EU Abs. 3 wurde zB eine Begrenzung auf drei[44] bzw. vier[45] Jahre diskutiert. Eine feste Obergrenze gab es jedoch nicht. Während die VK Bund in Frage gestellt hat, ob ein Ausschluss wegen einer schweren Verfehlung in Gestalt einer Straftat eines Geschäftsführers den Ausschluss des Unternehmens auch dann noch rechtfertigt, wenn seit der Verurteilung bereits vier Jahre vergangen sind,[46] hat das OLG München einen Ausschluss eines Unternehmens, dessen Geschäftsführer – wenige Monate vor dem Ausschluss vom Vergabeverfahren – wegen eines bereits acht Jahre zurückliegenden Sachverhaltes als unproble-

---

[40] VK Südbayern Beschl. v. 11.9.2014 – Z3-3-3194-1-34-07/14, ZfBR 2015, 189 (194).
[41] Zum Beispiel OLG München Beschl. v. 22.11.2012 – Verg 22/12, NZBau 2013, 261 (263); OLG Düsseldorf Beschl. v. 9.6.2010 – VII-Verg 14/10, BeckRS 2010, 19463; OLG Brandenburg Beschl. v. 14.12.2007 – Verg W 21/07, NZBau 2008, 277 (279); VK Niedersachsen Beschl. v. 14.2.2012 – VgK-05/2012, IBRRS 2012, 0626; *Stein/Friton* VergabeR 2010, 151 ff.; *Prieß* NZBau 2012, 425; *Ohrtmann*, Compliance, 2009, 42; *Pünder* in Pünder/Prieß/Arrowsmith, Self-Cleaning in Public Procurement Law, 2009, 187 (202).
[42] OLG Frankfurt a. M. Beschl. v. 20.7.2004 – 11 Verg 6/04, ZfBR 2004, 822 (826); OLG Düsseldorf Beschl. v. 9.4.2003 – Verg 43/02, NZBau 2003, 578 (580).
[43] *Janssen* NZBau 2019, 147 (149).
[44] *Kreßner* Auftragssperre im Vergaberecht, 2006, 119 ff.
[45] LG Berlin NZBau 2006, 397 (399).
[46] VK Bund Beschl. v. 11.10.2002 – VK 1-75/02, BeckRS 2002, 161152 Rn. 34; ähnlich OLG Frankfurt a. M. Beschl. v. 20.7.2004 – 11 Verg 6/04, ZfBR 2004, 822 (826).

matisch angesehen.⁴⁷ Der Zeitraum, innerhalb dessen ein Sachverhalt, der die Annahme der Unzuverlässig begründet, nach dessen Abschluss im Rahmen der Zuverlässigkeitsprüfung Berücksichtigung finden kann, muss ebenso wie der Ausschluss selbst, angemessen sein. Ob dies der Fall ist, hängt von Art und Schwere des Verstoßes und namentlich von der Umsetzung effektiver Selbstreinigungsmaßnahmen ab.

2. Nachweiskatalog (Abs. 2). Ein Unternehmen weist seine Eignung nicht nach, wenn es 36 die geforderten Erklärungen nicht, nicht vollständig oder nicht in der geforderten Form vorlegt. Der öffentliche Auftraggeber hat die Fachkunde und Leistungsfähigkeit der Bieter zu prüfen und ist berechtigt, bestimmte Angaben zu verlangen, mit Hilfe derer er sich Aufschluss über die Leistungsfähigkeit eines Unternehmens verschaffen kann.

a) Umsatz (Nr. 1). Gemäß Abs. 2 Nr. 1 kann die Vergabestelle Angaben über den Umsatz 37 des Unternehmers in den letzten drei abgeschlossenen Geschäftsjahren verlangen, soweit dieser Bauleistungen und andere Leistungen betrifft, die mit der zu vergebenden Leistung vergleichbar sind. Die Regelung beruht auf der Prämisse, dass die in der Vergangenheit erzielten Umsätze aussagekräftig für die **Beurteilung der wirtschaftlichen Leistungsfähigkeit** eines Bieters hinsichtlich des zur Vergabe anstehenden Auftrags sind.⁴⁸

Es kommt hiernach nur auf den Umsatz des Unternehmens an, der mit solchen Bauleistungen 38 und anderen Leistungen erwirtschaftet wurde, die sich mit denjenigen vergleichen lassen, die jetzt vergeben werden sollen. Eine **Vergleichbarkeit** erfordert keine Identität der Leistung, sondern einen gleich hohen oder höheren Schwierigkeitsgrad. Der Begriff ist ebenso zu definieren, wie der Begriff der Vergleichbarkeit in Nr. 2 (→ Rn. 48 f.).

Maßgeblich sind im Übrigen nur die Umsätze des Unternehmens **in den letzten drei abge-** 39 **schlossenen Geschäftsjahren.** Das Geschäftsjahr ist der Zeitraum, für den Unternehmen das Ergebnis ihrer Geschäftstätigkeit in einem Jahresabschluss zusammengefasst haben. Dieses darf gem. § 240 Abs. 2 HGB zwölf Monate nicht überschreiten, muss sich aber nicht zwingend mit dem Kalenderjahr decken.⁴⁹ Liegen die Leistungen außerhalb des geforderten Zeitraums der letzten drei abgeschlossenen Geschäftsjahre, wird die Eignungsanforderung nicht erfüllt.⁵⁰ Die durch Abs. 1 Nr. 1 vorgegebene zeitliche Limitierung ist auch im Lichte des Grundsatzes der Vergabe im Wettbewerb (§ 2 Abs. 1) gerechtfertigt, weil nur nur in der jüngeren Vergangenheit liegenden Aufträge ein realistisches Bild der gegenwärtigen finanziellen und wirtschaftlichen Lage des Unternehmens zeichnen.⁵¹

Wie die Formulierung „unter Einschluss des Anteils bei gemeinsam mit anderen Unternehmen 40 ausgeführten Aufträgen" verdeutlicht, können im Rahmen der Umsatzangabe nicht nur Umsätze berücksichtigt werden, die aus der Abwicklung von Aufträgen resultieren, die als Alleinunternehmer erzielt wurden, sondern **auch Umsätze, die der Bewerber bzw. Bieter als Mitglied einer Bietergemeinschaft oder als Nachunternehmer erzielt hat.** Freilich darf in einem solchen Fall nicht der durch den gesamten Auftrag erwirtschaftete Umsatz eingerechnet werden, sondern nur der Umsatz, den der Bewerber bzw. Bieter durch die Ausführung der von ihm erbrachten Teilleistung erwirtschaftet hat.⁵²

Der Regelung des Abs. 1 Nr. 1 ist nicht zu entnehmen, dass das Unternehmen mindestens drei 41 Geschäftsjahre alt sein muss, um die wirtschaftliche und finanzielle Eignung zu erfüllen. Mithin können sich auch Unternehmen mit Aussicht auf Erfolg um den Auftrag bewerben, die noch keine drei Jahre am Markt sind.⁵³ Unternehmen, die noch nicht volle drei Jahre in dem einschlägigen Bereich tätig sind (sog. **Newcomer**), müssen die geforderten Angaben daher nur insoweit machen, als sie verfügbar sind.⁵⁴ Es obliegt dann dem Auftraggeber, ergebnisoffen zu prüfen, ob diese Angaben – allein oder in Verbindung mit anderen Informationen – für die Bejahung der wirtschaftlichen und finanziellen

---

⁴⁷ OLG München Beschl. v. 21.4.2006 – Verg 8/06, ZfBR 2006, 507 (510); ähnlich OLG Celle Urt. v. 26.11.1998 – 14 U 283/97, NZBau 2000, 106.
⁴⁸ Kapellmann/Messerschmidt/*Glahs* Rn. 17.
⁴⁹ EBJS/*Ehricke* HGB § 120 Rn. 3; KKRD/*Morck/Drüen* HGB § 240 Rn. 5.
⁵⁰ VK Thüringen Beschl. v. 24.6.2009 – 250-4002.20-3114/2009-005-SOK, IBRRS 2009, 2218.
⁵¹ IdS Beck VergabeR/*Mager* § 6 EU Rn. 20.
⁵² OLG München Beschl. v. 15.3.2012 – Verg 2/12, NZBau 2012, 460 (463); Ingenstau/Korbion/*Schranner* Rn. 116.
⁵³ IdS VK Sachsen Beschl. v. 20.1.2017 – 1/SVK/030-16, BeckRS 2017, 128682 Rn. 113 ff.; Beck VergabeR/ *Mager* § 6 EU Rn. 21; jurisPK-VergabeR/*Summa* § 6a EU Rn. 39; Franke/Kemper/Zanner/Grünhagen/ Mertens/*Mertens* Rn. 20.
⁵⁴ VK Sachsen Beschl. v. 20.1.2017 – 1/SVK/030-16, BeckRS 2017, 128682 Rn. 113 (zur VgV); Franke/ Kemper/Zanner/Grünhagen/Mertens/*Mertens* § 6a EU Rn. 20.

Leistungsfähigkeit ausreichen.[55] Trotz alledem ist der Auftraggeber nicht verpflichtet, Newcomer in jedem Fall zuzulassen.[56] Eine etwaige Markteintrittshürde für Newcomer ist vergaberechtlich dann nicht zu beanstanden, wenn dadurch sichergestellt wird, dass der Auftrag nur an ein Unternehmen vergeben wird, das auch tatsächlich in der Lage ist, den Auftrag in seiner Komplexität auszuführen. Die Grenze zur Rechtswidrigkeit ist erst überschritten, wenn eine Forderung unzumutbar ist – wobei sich die Unzumutbarkeit noch nicht allein daraus ergibt, das ein Unternehmen zur Erfüllung nicht in der Lage ist – oder nicht mehr der Befriedigung eines mit Blick auf das konkrete Beschaffungsvorhaben berechtigten Informations- und/oder Prüfungsbedürfnisses dient, sondern ohne jeden sachlichen Grund ausgrenzend und damit wettbewerbsbeschränkend wirkt.[57]

42   Anders als § 6a EU Nr. 2 lit. c lässt Abs. 2 Nr. 1 die **Forderung von Mindestumsätzen** nicht explizit zu. Gleichwohl wird das Verlangen eines Mindestumsatzes auch in Abschnitt 1 der VOB/A für zulässig gehalten.[58] Mittelbar ergibt sich dies daraus, dass die Rechtsprechung für den Oberschwellenbereich die Forderung von Mindestumsätzen bereits vor der Einführung der Regelung des § 6a EU Nr. 2 lit. c anerkannt hat.[59] Die Forderung von Mindestumsätzen ist legitim, weil sich hierdurch feststellen lässt, ob ein Bieter in der Lage war, Aufträge mit einem vergleichbaren Auftragsvolumen zu bewältigen, sodass von einer gewissen Erfahrung des Bieters mit Aufträgen der ausgeschriebenen Größenordnung ausgegangen werden kann.[60] Erforderlich dürfte sein, dass die Höhe des geforderten Mindestumsatzes in einem angemessenen Verhältnis zum Umfang der zu vergebenden Leistung und der Bauzeit steht.[61] Auch in Abschnitt 1 der VOB/A wird man sich an § 6a EU Nr. 2 lit. c orientieren müssen, wonach der Mindestjahresumsatz das Zweifache des Auftragswertes nicht überschreiten darf.

43   In der Literatur wird zum Teil zwischen dem Verlangen eines **Mindestumsatzes aus vergleichbaren Leistungen** und der Forderung **eines allgemeinen Mindestumsatzes** unterschieden. Mindestanforderungen an den allgemeinen Geschäftsumsatz werden in Abschnitt 1 der VOB/A – wegen der wettbewerbseinschränkenden Wirkung und der begrenzten Aussagekraft des allgemeinen Umsatzes – kritisch gesehen.[62] Die vor Einführung des § 6a EU Nr. 2 lit. c ergangene Rechtsprechung zum Oberschwellenbereich hat allerdings auch das Verlangen eines allgemeinen Mindestumsatzes als unkritisch angesehen. Für die Zulässigkeit einer solchen Anforderung spricht, dass ein über mehrere Jahre hinweg getätigter (allgemeiner) Geschäftsumsatz einen nachhaltigen Unternehmensbestand und damit eine gewisse Gewähr dafür bietet, dass der ausgeschriebene Auftrag ordnungsgemäß und vollumfänglich durchgeführt werden wird.[63] Es darf andererseits nicht verkannt werden, dass das Verlangen allgemeiner Mindestumsätze die Wettbewerbschancen kleiner und mittelständischer Unternehmen schmälert. Unter Berücksichtigung des Verhältnismäßigkeitsgrundsatzes (§ 2 Abs. 1 S. 2) sollte die Forderung eines allgemeinen Mindestumsatzes daher auf die erforderlichen Fälle begrenzt bleiben. Das wird insbesondere bei Bauaufträgen mit hohem Auftragswert (oberhalb von 1 Mio. EUR netto) und oder langer Bauzeit zu bejahen sein, da die Bewältigung eines solchen Auftrags eine hinreichende wirtschaftliche Stabilität des Unternehmens voraussetzt.

44   Gibt eine **Bietergemeinschaft** ein Angebot ab, genügt es, wenn entweder beide Mitglieder gemeinsam oder eines der Mitglieder der Bietergemeinschaft den geforderten Mindestumsatz nachweisen können.[64] Eignungsnachweisanforderungen richten sich grundsätzlich an den jeweiligen Bieter. Das ist im Fall von Bietergemeinschaften nicht das einzelne Bietergemeinschaftsmitglied, sondern die Gemeinschaft als solche. Tritt somit ein Bieter in Form einer Bietergemeinschaft auf, so ist anerkannt, dass die Eignungsmerkmale der Leistungsfähigkeit nicht von jedem einzelnen Mitglied der Bietergemeinschaft vollständig erfüllt werden müssen. Vielmehr können sich diesbezüglich die Mitglieder der Bietergemeinschaft – deren Sinn und Zweck entsprechend – gegenseitig

---

[55] OLG Koblenz Beschl. v. 25.9.2012 – 1 Verg 5/12, NZBau 2013, 63 (64); VK Sachsen Beschl. v. 20.1.2017 – 1/SVK/030-16, BeckRS 2017, 128682 Rn. 118; jurisPK-VergR/*Summa* VgV § 45 Rn. 53.
[56] IdS OLG Düsseldorf Beschl. v. 16.11.2011 – Verg 60/11, ZfBR 2012, 179 (180); VK Bad.-Württ. Beschl. v. 26.6.2012 – 1 VK 16/12, BeckRS 2013, 6581; VK Sachsen Beschl. v. 11.6.2019 – 1/SVK/012-19, BeckRS 2019, 24592 Rn. 55.
[57] OLG Koblenz Beschl. v. 13.6.2012 – 1 Verg 2/12, NZBau 2012, 724 (725); VK Sachsen Beschl. v. 11.6.2019 – 1/SVK/012-19, BeckRS 2019, 24592 Rn. 55.
[58] Kapellmann/Messerschmidt/*Glahs* Rn. 11.
[59] OLG München Beschl. v. 15.3.2012 – Verg 2/12, NZBau 2012, 460 (463); VK Bund Beschl. v. 13.12.2013 – VK-1-109/13, BeckRS 2014, 13619.
[60] OLG München Beschl. v. 15.3.2012 – Verg 2/12, NZBau 2012, 460 (463); VK Bund Beschl. v. 13.12.2013 – VK-1-109/13, BeckRS 2014, 13619.
[61] Ingenstau/Korbion/*Schranner* Rn. 16.
[62] Ingenstau/Korbion/*Schranner* Rn. 16 f.
[63] IdS VK Bund Beschl. v. 13.12.2013 – VK-1-109/13, BeckRS 2014, 13619.
[64] OLG München Beschl. v. 15.3.2012 – Verg 2/12, NZBau 2012, 460 (463).

ergänzen.⁶⁵ Hinsichtlich der Möglichkeit zur Zusammenrechnung der Teilfähigkeiten der einzelnen Mitglieder einer Bietergemeinschaft wird zum Teil noch einmal zwischen der technischen und beruflichen Leistungsfähigkeit einerseits und der wirtschaftlichen und finanziellen Leistungsfähigkeit differenziert und im Hinblick auf die gesamtschuldnerische Haftung von Bietergemeinschaftsmitgliedern und das Interesse des Auftraggebers, sich im Haftungsfall und bei Solvenzausfall eines Mitglieds an den oder die anderen halten und deshalb schon vorab deren jeweilige individuelle finanzielle Leistungsfähigkeit abschätzen zu können, die Anforderung vollständiger Nachweise für jedes einzelne Bietergemeinschaftsmitglied für zulässig gehalten.⁶⁶ Dies ist aber nicht zwingend. So wird in der Rechtsprechung betont, dass eine diesbezügliche Verpflichtung der Bieter nur durch eine entsprechende eindeutige Vorgabe des Auftraggebers begründet werden kann. Ansonsten bleibt es bei dem Grundsatz, dass Eignungsmerkmale der wirtschaftlichen Leistungsfähigkeit – im vorliegenden Fall der Mindestumsatz – von der Bietergemeinschaft erfüllt werden und sich die Mitglieder der Bietergemeinschaft diesbezüglich ergänzen können.⁶⁷ Dafür, dass es zulässig ist, hinsichtlich des Mindestumsatzes auf die Bietergemeinschaft in Ihrer Gesamtheit abzustellen, sprechen auch folgende Überlegungen: Der Auftraggeber hat einen weiten Ermessensspielraum hinsichtlich der Bestimmung der Eignungsanforderungen, dh der Anforderungen, anhand derer beurteilt wird, ob die Bieter die für die Erfüllung der vertraglichen Verpflichtungen notwendigen Sicherheiten bieten. Wenn zugelassen wird, dass die Anforderungen an die wirtschaftliche und finanzielle Leistungsfähigkeit von den Bietergemeinschaftsmitgliedern in Ihrer Gesamtheit erfüllt werden können, so wird eine Teilnahme kleiner und mittelständischer Unternehmen erleichtert und der Wettbewerb erweitert. Das ist unter Berücksichtigung des Verhältnismäßigkeitsgrundsatzes (§ 2 Abs. 1 S. 2) und des Grundsatzes der Vergabe im Wettbewerb (§ 2 Abs. 1 S. 2) zu begrüßen.

Der **Umsatz konzernverbundener Unternehmen** ist dem Bewerber bzw. Bieter nicht ohne 45 Weiteres zuzurechnen.⁶⁸ Dies ist nur möglich, wenn die Voraussetzungen der Eignungsleihe vorliegen.⁶⁹ Ein Bieter, der nach eigenen Umsätzen gefragt unkommentiert Umsatzzahlen eines anderen Unternehmens nennt, gibt vorsätzlich unzutreffende Erklärungen in Bezug auf seine Leistungsfähigkeit ab. Sein Angebot ist deshalb zwingend auszuschließen.⁷⁰

Eine Vergabestelle kann zwar nachträglich zu der Einschätzung gelangen, dass die ihr anvertrau- 46 ten öffentlichen Interessen auch bei Vergabe des Auftrags an ein Unternehmen gewahrt bleiben, das die insoweit zunächst für notwendig erachteten Umsätze nicht erzielt hat. Dies muss aber plausible Gründe haben. Außerdem ist aus Wettbewerbsgründen zu bedenken, ob sich der Kreis der Teilnehmer nicht anders zusammengesetzt hätte, wenn die jetzt als ausreichend erachteten Umsätze von vornherein vorgegeben worden wären.⁷¹

b) Referenzen (Nr. 2). Nach Abs. 2 Nr. 2 kann der öffentliche Auftraggeber die Vorlage von 47 Nachweisen über die Ausführung von Leistungen, die mit der zu vergebenden Leistung vergleichbar sind (sog. Referenzen), verlangen. Die Verpflichtung der Bieter zur Benennung von mit der ausgeschriebenen Leistung vergleichbaren Referenzobjekten und deren Bewertung ist ein probates Mittel, um die Eignung, insbesondere die technische Fachkunde eines Unternehmens, zu beurteilen.⁷²

Die geforderte „Vergleichbarkeit" bedeutet **nicht „gleich" oder gar „identisch"**, sondern, 48 dass die Leistungen im technischen oder organisatorischen Bereich einen **gleich hohen oder höheren Schwierigkeitsgrad** hatten.⁷³ Maßgeblich ist mithin nicht, ob eine „1:1" Übereinstimmung

---

⁶⁵ OLG Düsseldorf Beschl. v. 31.7.2007 – VII-Verg 25/07, BeckRS 2008, 3763; VK Bund Beschl. v. 28.5.2010 – VK 2 – 47/10, BeckRS 2010, 142936 Rn. 68; VK Sachsen Beschl. v. 19.10.2010 – 1 SVK/ 037/10, BeckRS 2011, 1299 Rn. 69, 73.
⁶⁶ VK Nordbayern Beschl. v. 18.9.2003 – 320.VK-3194-31/03, BeckRS 2003, 32437 Rn. 131; VK Saarland Beschl. v. 28.10.2010 – 1 VK 12/2010, BeckRS 2011, 12072 (bzgl. Haftpflichtversicherung); *Maaser-Siemers* in Müller-Wrede VgV § 43 Rn. 76; aA wohl VK Sachsen Beschl. v. 19.10.2010 – 1 SVK/037/10, BeckRS 2011, 1299 Rn. 69, 73; *Hausmann/von Hoff* in KKMPP VgV § 43 Rn. 29.
⁶⁷ VK Bund Beschl. v. 28.5.2010 – VK 2-47/10, BeckRS 2010, 142936 Rn. 68.
⁶⁸ OLG München Beschl. v. 15.3.2012 – Verg 2/12, NZBau 2012, 460 (463); OLG Düsseldorf Beschl. v. 28.6.2006 – VII-Verg 18/06, BeckRS 2006, 08482; OLG Düsseldorf Beschl. v. 23.6.2010 – Verg 18/10, ZfBR 2010, 823; OLG Düsseldorf Beschl. v. 30.6.2010 – Verg 13/10, NZBau 2011, 54.
⁶⁹ OLG München Beschl. v. 15.3.2012 – Verg 2/12, NZBau 2012, 460 (463).
⁷⁰ VK Köln Beschl. v. 6.2.2013 – VK VOB 34/2012, IBRRS 2013, 3741.
⁷¹ BGH Beschl. v. 7.1.2014 – X ZB 15/13, NZBau 2014, 185 (189).
⁷² VK Thüringen Beschl. v. 23.1.2017 – 250-4002-866/2017-N-001-EF, IBRRS 2017, 1224.
⁷³ OLG Frankfurt a. M. Beschl. v. 24.10.2006 – 11 Verg 8/06, NZBau 2007, 468 (469); OLG Frankfurt a. M. Beschl. v. 8.4.2014 – 11 Verg 1/14, NZBau 2015, 51 (53); OLG Düsseldorf Beschl. v. 26.11.2008 – Verg 54/08, BeckRS 2009, 5998; OLG Schleswig-Holstein Beschl. v. 28.6.2016 – 54 Verg 2/16, NZBau 2016, 593 (598); VK Bund Beschl. v. 14.12.2011 – VK 1-153/11, IBRRS 2011, 5191; VK Bund Beschl. v. 4.3.2016 – VK 1-4/16, ZfBR 2016, 720 (724); VK Bad.-Württ. Beschl. v. 10.2.2014 – 1 VK 2/14, BeckRS 2016, 40681.

der abgewickelten Aufträge mit dem zu vergebenden Auftrag gegeben ist, sondern allein, ob im Hinblick auf bereits durchgeführte Aufträge die Prognose gerechtfertigt ist, dass die fachliche und technische Leistungsfähigkeit auch im Hinblick auf den zu vergebenden Auftrag gegeben ist. Eine solche Auslegung des Begriffs der „Vergleichbarkeit" wird auch regelmäßig dem Grundsatz der Vergabe im Wettbewerb gerecht, da bei einer zu restriktiven Auslegung faktisch abgeschlossene Teilmärkte entstehen könnten, zu denen Bewerber, die die ausgeschriebene Leistung bisher nicht oder nicht so in ihrem Portfolio hatten, keinen Zugang hätten.[74] Erforderlich, aber auch hinreichend ist deshalb die Benennung solcher Referenzleistungen, die der ausgeschriebenen Leistung soweit ähneln, dass sie einen **tragfähigen Rückschluss auf die Fachkunde und Leistungsfähigkeit des Bieters** auch für die ausgeschriebene Leistung erlauben.[75] Abzustellen ist bei der Vergleichbarkeit von Referenzen auf die in der Bekanntmachung bekanntgegebenen Charakteristika einer Leistung.[76] Eine Referenz ist dann nicht mehr vergleichbar, wenn ein wesentlicher Teil der Leistung nicht umfasst wird.[77]

49 Der Auftraggeber kann die **Vergleichbarkeit** unter Beachtung des Verhältnismäßigkeitsgrundsatzes und des Grundsatzes der Vergabe im Wettbewerb **näher eingrenzen.**[78] So können Merkmale technischer oder sonstiger Art benannt werden, anhand derer sich die Prüfung der Vergleichbarkeit ausrichtet. Zum Beispiel kann die Vergleichbarkeit davon abhängig gemacht werden, dass ein bestimmter Auftragswert erreicht wurde[79] oder bestimmte technische Anforderungen erfüllt sind.[80] Sofern entsprechende Kriterien in vergaberechtskonformer Weise festgelegt und bekannt gemacht wurden, kann die Eignung nur bejaht werden, wenn die durch den Bewerber bzw. Bieter benannten Referenzleistungen, den vom Auftraggeber benannten speziellen Merkmalen entsprechen. Je abstrakter die Vergleichsparameter sind, desto größer ist der Spielraum für die Annahme der Vergleichbarkeit der Referenzleistung.[81]

50 Mit der VOB/A 2019 wurde der **Zeitraum, aus dem Referenzen vorgelegt werden können,** von drei auf **fünf Jahre** erweitert. Darüber hinaus wird nicht mehr – wie im Rahmen von Abs. 1 Nr. 1 – auf das Geschäftsjahr abgestellt, sondern auf das **Kalenderjahr.** Beide Änderungen dienten der Anpassung an die Regelung des Abschnitts 2,[82] welche ihrerseits auf den Vorgaben der RL 2014/24/EU beruhen.

51 Eine weitere Neuerung der VOB/A 2019 ist die aus Abschnitt 2 (§ 6a EU Nr. 3a S. 2) übernommene Regelung des Abs. 1 Nr. 2 S. 2, wonach der Auftraggeber zur Sicherstellung eines ausreichenden Wettbewerbs auch einschlägige Bauleistung berücksichtigen kann, die **mehr als fünf Jahre zurückliegen.** Es handelt sich um eine Ausnahme, die nur bei besonderen Bauleistungen in Betracht kommt, welche aufgrund der technischen Besonderheiten, des Umfangs oder sonstiger Anforderungen selten nachgefragt werden.[83] Wie in Abs. 1 Nr. 2 S. 2 explizit zum Ausdruck gebracht wird, muss der Auftraggeber darauf hinweisen, dass er einschlägige Bauleistungen berücksichtigen wird, die mehr als fünf Jahre zurückliegen. Mithin muss die Auftragsbekanntmachung erkennen lassen, dass der Auftraggeber von dieser Möglichkeit Gebrauch macht. Im Ergebnis liegt dem Ausnahmetatbestand ein Kompromiss zugrunde. Je länger die Ausführung der vergleichbaren Leistung zurückliegt, desto weniger aussagekräftig sind diese Leistungen im Hinblick auf die Leistungsfähigkeit des Bieters.

---

[74] OLG Frankfurt a. M. Beschl. v. 24.10.2006 – 11 Verg 8/06, NZBau 2007, 468 (469); OLG München Beschl. v. 12.11.2012 – Verg 23/12, BeckRS 2012, 23578.

[75] OLG München Beschl. v. 12.11.2012 – Verg 23/12, BeckRS 2012, 23578; OLG Frankfurt a. M. Beschl. v. 8.4.2014 – 11 Verg 1/14, NZBau 2015, 51 (53); OLG Frankfurt a. M. Beschl. v. 24.10.2006 – 11 Verg 8/06, NZBau 2007, 468 (469); OLG Düsseldorf Beschl. v. 26.11.2008 – Verg 54/08, BeckRS 2009, 5998; OLG Schleswig-Holstein Beschl. v. 28.6.2016 – 54 Verg 2/26, NZBau 2016, 593 (598); VK Bund Beschl. v. 14.12.2011 – VK 1- 153/11, IBRRS 2011, 5191; VK Arnsberg Beschl. v. 25.11.2013 – VK 16/13, IBRRS 2014, 0726; VK Bad.-Württ. Beschl. v. 10.2.2014 – 1 VK 2/14, BeckRS 2016, 40681.

[76] VK Bund Beschl. v. 15.3.2012 – VK 1-10/12, BeckRS 2012, 20901; VK Bund Beschl. v. 4.3.2016 – VK 1-4/16, ZfBR 2016, 720 (724).

[77] VK Arnsberg Beschl. v. 16.12.2013 – VK 21/13, IBRRS 2014, 1384.

[78] OLG Frankfurt a. M. Beschl. v. 8.4.2014 – 11 Verg 1/14, NZBau 2015, 51 (53); VK Bund Beschl. v. 27.9.2011 – VK 3-119/11, ZfBR 2013, 283 (284); VK Südbayern Beschl. v. 6.9.2018 – Z3-3-3194-1-24-07/18, BeckRS 2018, 28328 Rn. 60; Ingenstau/Korbion/*Schranner* Rn. 18.

[79] VK Lüneburg Beschl. v. 2.5.2019 – VgK-09/2019, IBRRS 2019, 3452.

[80] VK Südbayern Beschl. v. 6.9.2018 – Z3-3-3194-1-24-07/18, BeckRS 2018, 28328 Rn. 63 (hinsichtlich eines zu errichtenden Brückenbauwerks wurde eine Referenz über ein „seilverspanntes Bauwerk, welches im Freivorbau errichtet wurde", verlangt).

[81] IdS VK Sachsen Beschl. v. 8.1.2010 – 1/SVK/059-09, IBRRS 2010, 0626; ähnlich Franke/Kemper/Zanner/Grünhagen/Mertens/*Mertens* § 6a EU Rn. 18.

[82] *Janssen* NZBau 2019, 147 (149).

[83] Ähnlich: Ingenstau/Korbion/*Schranner* Rn. 18.

Andererseits ist dem Auftraggeber nicht damit gedient, wenn sich der Wettbewerb auf einige wenige oder evtl. nur einen Bieter verengt. Daher ist die nunmehr auch in Abschnitt 1 der VOB/A eröffnete Möglichkeit, gegebenenfalls auch Referenzen berücksichtigen zu können, die mehr als fünf Jahre zurückliegen, zu begrüßen.

Bei der Bewertung der Referenzen gilt, dass **aktuellere Referenzen regelmäßig positiver zu bewerten** sind, als Referenzen über länger zurückliegende Projekte. Dies gilt insbesondere, wenn und soweit Projekte benannt wurden, die in den abgefragten Zeitraum zwar hineinreichen, deren Projektbeginn terminlich aber weit vor diesem Zeitraum lag.[84]

Fraglich ist, ob im Rahmen der Prüfung der Referenzen auch **noch nicht abgeschlossene Leistungen** des Bewerbers bzw. Bieters berücksichtigt werden können. Der Wortlaut des Abs. 2 Nr. 2 („*über die Ausführung von Leistungen …, die mit der zu vergebenden Leistung vergleichbar sind*") steht dem nicht zwingend entgegen. Wohl ausgehend von der Überlegung, dass nur abgeschlossene Projekte Rückschlüsse darauf zulassen, ob der Bewerber bzw. Bieter eine hinreichende Gewähr dafür bietet, auch den ausschreibungsgegenständlichen Auftrag erfolgreich abzuwickeln, wird zum Teil vertreten, dass im Rahmen der Prüfung der Referenzen nur abgeschlossene Aufträge zu berücksichtigen sein.[85] Dem kann jedoch in dieser Allgemeinheit nicht gefolgt werden. Bei **Dauerschuldverhältnissen,** wie Rahmenverträgen, sind Rückschlüsse auf die Leistungsfähigkeit bereits möglich, wenn die **Leistung weitgehend abgeschlossen** ist.[86] Auch **vollständig abgeschlossene Teilleistungen** eines noch nicht vollendeten Auftrags kommen als Referenz in Betracht. Das kann der Fall sein, wenn der – noch nicht abgeschlossene – Referenzauftrag mehrere Gewerke umfasste bzw. der Bieter als Generalunternehmer tätig geworden ist und das Gewerk bzw. der Teil des Auftrags, welcher als Referenzleistung für die ausgeschriebene Leistung herangezogen werden soll, bereits vollständig erbracht wurde. Wäre der Referenzauftrag in mehrere Lose aufgeteilt worden und wäre der Bieter nur mit dem abgeschlossenen Teil des Auftrags beauftragt worden, müsste dieser Auftrag im Rahmen der Prüfung der Referenzen unstreitig berücksichtigt werden. Es findet sich kein vernünftiger Grund dafür, diesen Teil des Auftrags im Rahmen der Eignungsprüfung nicht zu berücksichtigen, nur weil dem Bewerber oder Bieter vom Referenzgeber weitere Leistungen übertragen wurden, die noch nicht abgeschlossen wurden.

Im Interesse einer Verringerung des Wertungsaufwandes wird die **Anzahl der Referenzen,** die bei der Eignungsprüfung berücksichtig werden, häufig **begrenzt.** In Anknüpfung an eine Entscheidung des OLG Düsseldorf aus dem Jahr 2012[87] schien sich in der Spruchpraxis mehrerer Vergabekammern die Auffassung durchzusetzen, dass eine Begrenzung der Anzahl der Referenzen wegen der damit einhergehenden Wettbewerbsverengung und weil die Eignungsprüfung damit auf einer zu „schmalen Tatsachengrundlage"[88] durchgeführt werde, unzulässig sei.[89] Zwischenzeitlich hat das OLG Düsseldorf jedoch klargestellt, dass der öffentliche Auftraggeber die Anzahl einzureichender und zu wertender Referenzen durchaus begrenzen darf, dass er die Eignungswertung jedoch nicht auf bestimmte Referenzen (zB unter Nr. 1–3 eingereichte) reduzieren darf.[90] Diese Sichtweise berücksichtigt das Interesse des Auftraggebers an einer zügigen Durchführung des Vergabeverfahrens, trägt aber auch den Interessen der Bewerber bzw. Bieter an einer umfassenden Eignungsprüfung Rechnung. Keine Bedenken bestehen im Übrigen dagegen, wenn der Auftraggeber – umgekehrt – eine **Mindestanzahl an Referenzen** verlangt.[91]

Grundsätzlich müssen der Bewerber bzw. Bieter die vergleichbaren Leistungen selbst erbracht haben. Einem Bewerber bzw. Bieter, der durch Neugründung aus einem anderen Unternehmen hervorgegangen ist oder der ein anderes Unternehmen übernommen hat, können die **Referenzen** dieses **anderen Unternehmens unter Umständen zugerechnet** werden, wenn er die gleichen Personen beschäftigt, über das bisher vorhandene Know-how verfügt und mit im Wesentlichen denselben Anlagen und Werkzeugen arbeitet. Zu beachten ist aber, dass es in personeller Hinsicht

---

[84] VK Lüneburg Beschl. v. 6.7.2016 – VgK-18/2016, BeckRS 2016, 17359.
[85] VK Sachsen Beschl. v. 17.6.2004 – 1/SVK/038-04, IBRRS 2005, 1192, iErg ähnlich VK Schleswig-Holstein Beschl. v. 27.1.2009 – VK SH 19/08, BeckRS 2009, 5399 Rn. 35.
[86] *Seeger* in Müller-Wrede VgV § 46 Rn. 39.
[87] OLG Düsseldorf Beschl. v. 12.9.2012 – VII-Verg 108/11, NZBau 2013, 61 (62).
[88] OLG Düsseldorf Beschl. v. 12.9.2012 – VII-Verg 108/11, NZBau 2013, 61 (62).
[89] VK Bund Beschl. v. 15.11.2013 – VK 1-97/13, BeckRS 2014, 16038; OLG Düsseldorf Beschl. v. 3.6.2013 – VK 2-31/13, BeckRS 2014, 8133; VK Bad.-Württ. Beschl. v. 4.11.2013 – 1 VK 35/13, BeckRS 2016, 40647; aA VK Sachsen Beschl. v. 10.2.2012 – 1/SVK/001-12, ZfBR 2012, 404 (408); *Mager* NZBau 2013, 92 (95).
[90] OLG Düsseldorf Beschl. v. 21.10.2015 – VII-Verg 28/14, NZBau 2016, 235 (244).
[91] OLG Düsseldorf Beschl. v. 26.11.2008 – Verg 54/08, BeckRS 2009, 5998; OLG München Beschl. v. 5.11.2009 – Verg 13/09, ZfBR 2010, 702 (706); *Delcuvé* JuS 2020, 1128 (1130); *Mager* NZBau 2013, 92 (95).

nicht nur darauf ankommt, ob das Management aus denselben Personen besteht, sondern auch auf die mit der Auftragsdurchführung im Übrigen befassten Personen (Techniker etc).[92] Handelt es sich um verbundene Unternehmen, kann sich der Bewerber bzw. Bieter auf deren Referenzen unter den Voraussetzungen der Eignungsleihe berufen.[93]

56 Dass im Rahmen eines Referenzauftrages **Nachunternehmer** eingesetzt wurden, steht einer Berücksichtigung der Referenz im Rahmen der Eignungsprüfung nicht entgegen, wenn die Bauleistung, auf die es zum Nachweis der Referenz ankommt, entweder durch den Bewerber bzw. Bieter selbst oder den von ihm – im aktuellen Vergabeverfahren – benannten Nachunternehmer erbracht wurde. Wurde jedoch der Teil der Leistung, auf den es für die Vergleichbarkeit des Referenzauftrages mit dem ausgeschriebenen Auftrag ankommt, von einem Nachunternehmer erbracht, der im Rahmen des anhängigen Vergabeverfahrens nicht benannt wird, kann sich der Bewerber bzw. Bieter auf diese Referenz nicht berufen.[94]

57 Grundsätzlich sind auch im Falle der Einschaltung von Nachunternehmern Referenzangaben möglich. **Unzulässig** ist es allerdings, eine **gesamtheitliche Referenzanforderung in einzelne Anforderungselemente aufzuteilen und diese durch Verweis auf Referenzobjekte verschiedener Unternehmen erfüllen zu wollen.** Es ist nicht ausreichend, wenn mehrere Unternehmen lediglich Teilleistungen vorweisen können, die erst in einer Gesamtschau die Referenzanforderung insgesamt erfüllen.[95] Der vom Bieter benannte Nachunternehmer hat die gleichen Nachweise und Erklärungen zur Prüfung seiner Eignung vorzulegen bzw. die gleichen Anforderungen zu erfüllen, wie sie für den Bieter selbst gefordert waren. Dies gilt auch für die Anzahl und Zeitbestimmung der vom Bieter geforderten Referenzen. Erfüllt der Nachunternehmer diese Forderungen nicht, wirkt sich dies als Eignungsmangel beim Bieter aus.[96]

58 Auch wenn dies im Wortlaut des Abs. 2 Nr. 2 nicht zum Ausdruck kommt, kann der Bieter nach hM aufgefordert werden, neben der Beschreibung der Referenzleistung, des Auftragswertes und des Ausführungszeitraums den Namen und die Anschrift des Referenzgebers sowie eines **Ansprechpartners** einschließlich dessen **Kontaktdaten** zu benennen.[97] Zu beachten ist, dass bei einer Weiterleitung von personenbezogenen Daten, wozu auch der Name und die Kontaktdaten der Ansprechpartner der Referenzgeber gehören dürften, datenschutzrechtliche Aspekte zu beachten sind (→ Rn. 137 ff.).

59 **c) Personal (Nr. 3).** § 6a Abs. 2 Nr. 3 erlaubt es der Vergabestelle, die Zahl der jahresdurchschnittlich beschäftigten Arbeitskräfte, gegliedert nach Lohngruppen mit gesondert ausgewiesenem technischem Leitungspersonal als Nachweis zu verlangen. Mit der VOB/A 2019 wird nunmehr auch bei der Angabe der Beschäftigten auf die „**in den letzten drei Kalenderjahren Beschäftigten**" und nicht mehr auf die in den letzten drei Geschäftsjahren Beschäftigten abgestellt, womit die Regelung an § 6a EU Nr. 3 lit. g angepasst wurde.[98]

60 Aus den entsprechenden Angaben kann die Vergabestelle vor allem Rückschlüsse auf die **Leistungsfähigkeit** ziehen. Denn die Aufschlüsselung ermöglicht eine Beurteilung, ob für den konkreten Auftrag eine hinreichende Anzahl ausreichend qualifizierter Arbeitskräfte zur Verfügung steht, dh der Bewerber bzw. Bieter über die erforderlichen personellen Ressourcen verfügt, derer es zur Erfüllung der ausgeschriebenen Leistung bedarf.[99] Hierbei kommt es nicht nur auf das – gesondert auszuweisende – technische Leitungspersonal und die sonstigen Führungskräfte des Unternehmens an, sondern auch auf das mittlere Fachpersonal sowie die gewerblichen Beschäftigten.[100]

61 Der gesonderte Ausweis des **technischen Leitungspersonals** lässt darüber **hinaus Rückschlüsse auf die Fachkunde** zu, denn diese wird nicht zuletzt durch die personellen Ressourcen des Unternehmens geprägt.[101] Dasselbe gilt für die **Aufgliederung nach Lohngruppen,** denn diese ermöglicht die Feststellung, ob gerade im Bereich der auftragsgegenständlichen Leistung, die

---

[92] OLG Düsseldorf Beschl. v. 20.11.2001 – VII-Verg 33/01, BeckRS 2013, 12918; VK Südbayern Beschl. v. 17.3.2015 – Z3-3-3194-1-56-12/14, IBRRS 2015, 0800; VK Sachsen-Anhalt Beschl. v. 27.2.2017 – 3 VK LSA 01/17, IBRRS 2017, 0876.
[93] OLG Düsseldorf Beschl. v. 17.4.2019 – Verg 36/18, IBRRS 2019, 2183; ähnlich VK Westfalen Beschl. v. 19.7.2019 – VK 2-13/19, IBRRS 2019, 2258.
[94] VK Südbayern Beschl. v. 6.9.2018 – Z3-3-3194-1-24-07/18, BeckRS 2018, 28328 Rn. 68.
[95] VK Sachsen Beschl. v. 10.3.2015 – 1/SVK/044-14, BeckRS 2015, 10280.
[96] VK Hessen Beschl. v. 18.8.2016 – 69d-VK-05/2016, BeckRS 2016, 113042.
[97] OLG München Beschl. v. 13.3.2017 – Verg 15/16, NZBau 2017, 371 (375); vgl. auch VHB Bund Ausgabe 2017 – Stand 2019, Teil 4, Formblatt 444 (Referenzbescheinigung).
[98] *Janssen* NZBau 2019, 147 (149).
[99] Kapellmann/Messerschmidt/*Glahs* Rn. 20.
[100] Franke/Kemper/Zanner/Grünhagen/Mertens/*Mertens* Rn. 23.
[101] Ingenstau/Korbion/*Schranner* Rn. 19.

hierfür benötigten Fachkräfte eingesetzt werden.[102] Anders als bei Referenzen, ist im Übrigen unmaßgeblich, ob die einschlägigen Erfahrungen im Rahmen der Tätigkeit für den Bewerber bzw. Bieter erlangt wurden oder anlässlich der Tätigkeit für andere Unternehmer.[103]

Ob die vorgelegten Nachweise Zweifel an der Leistungsfähigkeit und Fachkunde begründen, hängt von der **Gesamtbewertung** des zur Verfügung stehenden Personals ab.[104] **62**

Ebenso wie hinsichtlich des Umsatzes, kann der Auftraggeber in den vergaberechtlich zulässigen Grenzen auch **Mindestanforderungen an die Anzahl der Beschäftigten** stellen (→ Rn. 14, 42 f.).[105] **63**

Die geforderten **Angaben** müssen so erfolgen, **wie es der Auftraggeber in der Auftragsbekanntmachung vorgegeben hat.** Reicht der Bieter auf die Anforderung nach einem Nachweis gem. § 6a Abs. 2 Nr. 3 Zahlenwerke ein, die sich auf die Firmengruppe beziehen, welcher der Bieter angehört, so ist der Nachweis nicht wie gefordert erbracht. Die Eignung ist in Bezug auf den konkreten Bieter zu prüfen, der öffentliche Auftraggeber gibt hierbei eine Prognose ab, ob gerade von diesem künftigen Auftragnehmer eine vertragsgemäße Ausführung der Leistung erwartet werden kann. Rückschlüsse auf Umsätze und Mitarbeiterzahl des konkreten Bieters sind in einem solchen Fall aber nicht möglich.[106] Sofern eine Nachforderung unzulässig ist oder die erforderlichen Angaben nicht nachgereicht werden, führt dies zu einem Angebotsausschluss. **64**

d) Berufsregister-Eintragung (Nr. 4). Nach Abs. 2 Nr. 4 kann der öffentliche Auftraggeber von Bewerbern oder Bietern den Nachweis verlangen, dass sie in das für ihren Sitz oder Wohnsitz maßgebliche Berufsregister eingetragen sind. **65**

Auf der Grundlage dieser Vorschrift wird von inländischen Bewerbern oder Bietern in der Regel der Nachweis einer Eintragung in das Handelsregister und die Handwerksrolle oder das Mitgliederverzeichnis der Industrie- und Handelskammer, bezogen auf das zu vergebende Gewerk bzw. die zu vergebenden Gewerke, gefordert.[107] **66**

Die Eintragung in die **Handwerksrolle** (§ 6 HwO) lässt erkennen, ob der Bewerber bzw. Bieter die gewerbe- und handwerksrechtlichen Voraussetzungen erfüllt und somit die notwendige Sicherheit für die Erfüllung der vertraglichen Verpflichtungen bietet.[108] Sie ist ein Indiz für die Einhaltung der jeweils einschlägigen rechtlichen Voraussetzungen der Aufnahme und Fortführung der beruflichen bzw. unternehmerischen Betätigung des Bewerbers oder Bieters. Eingetragen wird, wer in dem betriebenen oder in einem mit diesem verwandten zulassungspflichtigen Handwerk die Meisterprüfung abgelegt hat (§ 7 Abs. 1a HwO). In besonderen Fällen erfolgt eine Eintragung in die Handwerksrolle auch ohne Meisterprüfung. So werden Ingenieure oder Absolventen von technischen Hochschulen bzw. staatlichen oder staatlich anerkannten Fachschulen für Technik mit dem Handwerk eingetragen, welches dem Schwerpunkt ihrer Prüfung entspricht (§ 7 Abs. 2 S. 1 HwO). Dasselbe gilt für Personen, die eine sonstige Prüfung abgelegt haben, die der Meisterprüfung für das betreffende Handwerk mindestens gleichwertig ist (§ 7 Abs. 2 S. 2 HwO). Inhaber einer Ausübungsberechtigung und damit in die Handwerksrolle einzutragen sind nach § 7 Abs. 7 HwO, § 7b HwO auch Personen, die in einem zulassungspflichtigen Handwerk bzw. in einem artverwandten zulassungspflichtigen Handwerk bzw. einem entsprechenden Ausbildungsberuf eine Gesellenprüfung abgelegt haben und über einschlägige Berufserfahrung in leitender Stellung verfügen ("Altgesellenregelung").[109] Eingetragen sein können gem. § 7 Abs. 7 HwO, § 7a HwO auch solche Handwerker, die bereits eine Ausübungsberechtigung für ein anderes Gewerbe gemäß Anlage A HwO oder für wesentliche Tätigkeiten dieses Gewerbes besitzen und darüber hinaus die für die Ausübung des zweiten Gewerbes erforderlichen Kenntnisse und Fertigkeiten nachgewiesen haben. In der Praxis handelt es sich um Handwerksmeister oder sonstige Ausübungsberechtigte, die eine Berechtigung zur Ausübung eines zweiten, artverwandten Handwerks beantragt haben, um Leistungen „aus einer Hand" anbieten zu können.[110] Verzeichnet sind nach § 7 Abs. 3 HwO zudem Inhaber einer Ausnahmebewilligung iSd § 8 HwO, die die zur Ausübung eines zulassungspflichtigen Handwerks notwendigen Kenntnisse nachgewiesen haben, für die aber die Ablegung der Meisterprü- **67**

---

[102] Kapellmann/Messerschmidt/*Glahs* Rn. 20.
[103] OLG Celle Beschl. v. 11.3.2004 – 13 Verg 3/04, ZfBR 2004, 602 (604).
[104] Franke/Kemper/Zanner/Grünhagen/Mertens/*Mertens* Rn. 23.
[105] IdS auch Kapellmann/Messerschmidt/*Glahs* Rn. 20.
[106] VK Bund Beschl. v. 26.6.2008 – VK 3-71/08.
[107] Ingenstau/Korbion/*Schranner* Rn. 20; Franke/Kemper/Zanner/Grünhagen/Mertens/*Mertens* Rn. 25.
[108] OLG Celle Urt. v. 27.12.2001 – 13 U 126/01, NZBau 2002, 518 (519).
[109] Hierzu näher BVerwG Urt. v. 13.5.2015 – 8 C 12/14, NVwZ 2015, 1288 (1291); *Günther* GewArch 2011, 189 ff.
[110] Ähnlich *Knörr* in Honig/Knörr/Thiel, Handwerksordnung, 5. Aufl. 2017, HwO § 7a Rn. 3; *Erdmann* DVBl. 2010, 353 (359).

fung etwa aus Gründen des Alters, der persönlichen Situation oder des beruflichen Werdeganges eine unzumutbare Härte darstellt (Härtefallregelung).[111] Schließlich existiert eine Sonderregelung für Handwerker, die ein zulassungspflichtiges Handwerk aufgrund einer in einem EU-Mitgliedstaat bzw. einem Vertragsstaat des EWR-Abkommens oder der Schweiz erworbenen Berufsqualifikation ausüben dürfen (§ 7 Abs. 3 HwO, § 9 HwO). Die genannten Ausnahmetatbestände sind nicht als Durchbrechung des Grundsatzes der Erforderlichkeit einer Meisterprüfung zu verstehen, sondern nur des Prinzips, dass der Nachweis der erforderlichen Fachkenntnisse durch die Meisterprüfung erbracht wird.[112] Es handelt sich um Ausnahmen, die der Gesetzgeber mit Rücksicht auf Marktteilnehmer aus anderen EU-Mitgliedstaaten sowie die Flexibilisierung des Ausbildungsbereiches geschaffen hat.[113]

68 In Anbetracht dessen, dass (Pflicht-)Mitglieder in der Industrie- und Handelskammer (IHK) gem. § 2 Abs. 1 IHKG (Gesetz zur vorläufigen Regelung des Rechts der Industrie- und Handelskammern) alle zur Gewerbesteuer veranlagten natürlichen Personen, Handelsgesellschaften, andere Personenmehrheiten und juristischen Personen des privaten und des öffentlichen Rechts sind, welche im Bezirk der IHK eine Betriebsstätte unterhalten, dh die **Eintragung in das Mitgliederverzeichnis der IHK** – anders als die Eintragung in die Handwerksrolle – nicht von fachlichen Voraussetzungen abhängt, ist der Aussagegehalt der Eintragung in das Mitgliederverzeichnis der IHK begrenzt. Man kann hierin immerhin einen Nachweis der Existenz des Bewerbers bzw. Bieters bzw. dessen rechtlicher Verhältnisse sehen. Da gem. § 2 Abs. 3 IHKG Personen und Personengesellschaften, die in der Handwerksrolle oder in dem Verzeichnis der zulassungsfreien Handwerke oder der handwerksähnlichen Gewerbe eingetragen sind, nur mit ihrem nichthandwerklichen oder nichthandwerksähnlichen Betriebsteil der Industrie- und Handelskammer angehören, dürfte es bei der Vergabe von Bauleistungen auf die Mitgliedschaft in der IHK im Übrigen nur ankommen, wenn der Bieter neben Bauleistungen weitere nichthandwerkliche Leistungen erbringt, etwa Lieferleistungen oder wenn es sich um einen Generalübernehmer handelt, der selbst keine Handwerksleistungen erbringt und daher nicht zwingend über eine Handwerksrolleneintragung verfügen muss. Nach der hier vertretenen Auffassung sind Letztere zumindest bei Aufträgen mit Binnenmarktrelevanz zum Wettbewerb zuzulassen (→ § 6 Rn. 56).

69 Mit der **Handelsregistereintragung ist keine** Aussage über die Erlaubnis zur Berufsausübung verbunden, allerdings dient das Handelsregister, welches beim Amtsgericht geführt wird (vgl. § 1 HRV), dem Nachweis der Existenz des Bewerbers bzw. Bieters bzw. dessen rechtlicher Verhältnisse, was für die Beurteilung der Leistungsfähigkeit und Zuverlässig von Belang ist.[114] Dem Handelsregister lassen sich insbesondere die Rechtsform,[115] die Firma,[116] der Sitz und/oder die Geschäftsanschrift der Gesellschaft[117] entnehmen. Ferner gibt die Handelsregistereintragung zT Aufschluss über den Unternehmensgegenstand[118] und die Höhe des Grund- bzw. Stammkapitals.[119] Darüber hinaus finden sich Angaben zu den Vertretern des Unternehmens und/oder dessen Vertretungsmacht,[120] den Gesellschaftern,[121] etwaigen Prokuristen[122] und/oder Kommanditisten bzw. der Höhe ihrer Kapitaleinlage.[123] Eingetragen wird zudem die Auflösung der Gesellschaft,[124] das Erlöschen bzw. die Liquidation

---

[111] BVerwG Urt. v. 29.8.2001 – 6 C 4/01, NVwZ 2002, 341 (342); *Erdmann* DVBl. 2010, 353 (355).
[112] VGH Bad.-Württ. Beschl. v. 22.1.2013 – 6 S 1365/12, NVwZ-RR 2013, 309; *Huber* in *Schmidt-Aßmann/ Schoch*, Besonderes Verwaltungsrecht, 14. Aufl. 2008, Kap. 3 Rn. 332.
[113] *Erdmann* DVBl. 2010, 353 (354).
[114] IdS OLG Düsseldorf Beschl. v. 16.1.2006 – Verg 92/05, BeckRS 2006, 2916; VK Sachsen-Anhalt Beschl. v. 4.10.2013 – 3 VK LSA 39/13, IBRRS 2013, 4967.
[115] § 40 Nr. 5 lit. a HRV, § 43 Nr. 6 lit. a HRV.
[116] § 106 Abs. 2 Nr. 2 HGB (OHG); § 162 Abs. 1 S. 1 HGB, § 106 Abs. 2 Nr. 2 HGB (KG); § 10 Abs. 1 S. 1 GmbHG (GmbH); § 39 Abs. 1 S. 1 AktG (AG) sowie § 40 Nr. 2 lit. a HRV, § 43 Nr. 2lit. a HRV; § 29 HGB.
[117] § 106 Abs. 2 Nr. 2 HGB (OHG); § 162 Abs. 1 S. 1 HGB, § 106 Abs. 2 Nr. 2 HGB (KG); § 10 Abs. 1 S. 1 GmbHG (GmbH); § 39 Abs. 1 S. 1 AktG (AG) sowie § 40 Nr. 2 lit. b HRV, § 43 Nr. 2 lit. b HRV; § 29 HGB.
[118] § 10 Abs. 1 S. 1 GmbHG (GmbH); § 39 Abs. 1 S. 1 AktG (AG) sowie § 40 Nr. 2 lit. c HRV, § 43 Nr. 2 lit. c HRV.
[119] § 10 Abs. 1 S. 1 GmbHG (GmbH); § 39 Abs. 1 S. 1 AktG (AG).
[120] § 106 Abs. 2 Nr. 4 HGB (OHG); § 162 Abs. 1 S. 1 HRV, § 106 Abs. 2 Nr. 4 HGB (KG); § 10 Abs. 1 S. 1, 2 GmbHG (GmbH); § 39 Abs. 1 S. 1, 3 AktG (AG) sowie § 40 Nr. 3 HRV, § 43 Nr. 4 lit. a HRV.
[121] § 106 Abs. 2 Nr. 1 HGB (OHG); § 162 Abs. 1 S. 1 HGB, § 106 Abs. 2 Nr. 1 HGB (KG); § 3 Abs. 1 Nr. 3 GmbHG, § 8 Abs. 1 Nr. 3 GmbHG (GmbH).
[122] § 53 HGB (OHG, KG, GmbH, AktG) sowie § 40 Nr. 4 HRV, § 43 Nr. 5 HRV.
[123] § 162 Abs. 1 S. 2 HGB.
[124] § 143 Abs. 1 HGB (OHG); § 161 Abs. 2 HGB, § 143 Abs. 1 HGB (KG); § 65 Abs. 1 GmbHG (GmbH) und § 263 AktG (AG).

oder Abwicklung der Gesellschaft,[125] die Eröffnung des Insolvenzverfahrens[126] sowie dessen Aufhebung[127] oder Einstellung.[128] Eintragungspflichtig ist schließlich die Änderung der Firma,[129] des Sitzes der Gesellschaft bzw. der Geschäftsanschrift,[130] der Höhe des Grund- oder Stammkapitals,[131] der Vertretung bzw. der Vertretungsmacht,[132] des Gesellschafterkreises,[133] das Erlöschen der Prokura[134] sowie der Ein- oder Austritt von Kommanditisten[135] bzw. eine Veränderung der Kapitaleinlage Letzterer.[136] Zu beachten ist allerdings, dass nicht jeder Bieter oder Bewerber eine Handelsregistereintragung haben kann oder muss. Für Einzelkaufleute und BGB-Gesellschaften besteht grundsätzlich keine Pflicht, sich in das Handelsregister eintragen zu lassen. Erreicht das Gewerbe jedoch einen Umfang, der einen in kaufmännischer Weise eingerichteten Geschäftsbetrieb erforderlich macht, so entsteht gem. § 1 Abs. 2 HGB ein eintragungspflichtiges Handelsgewerbe (Istkaufmann). Die Eintragung in das Handelsregister ist für diesen allerdings nur deklaratorischer Natur, dh, ein Fehlen der Eintragung lässt die Kaufmannseigenschaft nicht entfallen.[137] Erfordert ein Unternehmen nach Art und Umfang keinen in kaufmännischer Weise eingerichteten Geschäftsbetrieb, so besteht keine Verpflichtung, wohl aber die Berechtigung, die Handelsregistereintragung zu beantragen. Lässt sich ein solches Unternehmen freiwillig in das Handelsregister eintragen, wird mit der Eintragung die Kaufmannseigenschaft erworben (vgl. § 2 HGB). Insoweit wird vom Kannkaufmann gesprochen. Unternehmen sonstiger Rechtsformen (insbesondere GmbH, AG) sind kraft Rechtsform Handelsgesellschaften iSd HGB (Formkaufmann) und müssen ebenfalls in das Handelsregister eingetragen werden (vgl. § 13 Abs. 3 GmbHG, § 3 Abs. 1 AktG).

Soweit es sich um **Bewerber bzw. Bieter aus einem anderen EU-Mitgliedstaat** handelt, müssen diese, wie sich aus dem Wortlaut von Abs. 2 Nr. 4 („*… Berufsregister ihres Sitzes oder Wohnsitzes…*") ergibt, einen Nachweis über die Eintragung in das Berufsregister erbringen, in das sie nach dem Rechts des Sitzstaates eingetragen sein müssen. Die einschlägigen Berufs- oder Handelsregister können Anhang XI RL 2014/24/EU entnommen werden. Zwar gelten die Vorgaben der RL 2014/24/EU unmittelbar nur im Oberschwellenbereich. Es spricht aber nichts dagegen, die diesbezüglichen Festlegungen der RL 2014/24/EU bei grenzüberschreitenden Sachverhalten entsprechend heranzuziehen. 70

Bei der Eintragung in ein Handels- oder Berufsregister handelt es sich auch um ein **höchstpersönliches Eignungskriterium** bzw. bei dem Registerauszug um einen persönlich zu erbringenden Nachweis, der daher auch nicht im Wege der Eignungsleihe durch die Eintragung eines anderen Unternehmens in dem fraglichen Register ersetzt werden kann.[138] 71

e) Insolvenzverfahren (Nr. 5). Die Vergabestelle kann nach Abs. 2 Nr. 5 Nachweis darüber verlangen, ob ein Insolvenzverfahren oder ein vergleichbares gesetzlich geregeltes Verfahren eröffnet oder die Eröffnung beantragt worden ist oder der Antrag mangels Masse abgelehnt wurde (vgl. § 207 InsO) oder ein Insolvenzplan rechtskräftig bestätigt wurde (vgl. § 258 InsO). Entsprechende Nachweise sind für den Auftraggeber von großem Interesse, weil diese Rückschlüsse auf die Leistungsfähigkeit erlauben. 72

Unter den Begriff der „**vergleichbaren gesetzlich geregelten Verfahren**" können dem Insolvenzverfahren iSd InsO ähnliche Verfahren anderer Länder subsumiert werden.[139] 73

Aus der Tatsache der Insolvenz ergibt sich allenfalls eine **„abstrakte" Gefahrenlage**, die als solche für die Verneinung der Zuverlässigkeit nicht ausreicht.[140] Vielmehr hat der Auftraggeber – 74

---

[125] § 157 HGB (OHG); § 161 Abs. 2 HGB, § 157 HGB (KG); § 74 GmbHG (GmbH); § 273 Abs. 1 AktG (AG).
[126] § 31 InsO.
[127] §§ 31, 200 Abs. 2 S. 2 InsO.
[128] §§ 31, 200 Abs. 2 S. 2 InsO, § 215 Abs. 1 S. 3 InsO.
[129] § 107 HGB (OHG); § 161 Abs. 2 HGB, § 107 HGB (KG) bzw. – soweit nicht spezialgesetzlich geregelt – § 31 HGB.
[130] § 107 HGB (OHG); §§ 161 Abs. 2, 107 HGB (KG); § 45 Abs. 1 AktG (AG) bzw. – soweit nicht spezialgesetzlich geregelt – § 13h HGB.
[131] § 107 HGB (OHG); § 161 Abs. 2 HGB, § 107 HGB (KG); § 57 Abs. 1 GmbHG (GmbH); § 184 Abs. 1 AktG (AG).
[132] § 107 HGB (OHG); § 161 Abs. 2 HGB, § 107 HGB (KG); § 39 GmbHG (GmbH); § 81 AktG (AG).
[133] § 107 HGB (OHG); § 161 Abs. 2 HGB, § 107 HGB (KG); § 40 Abs. 1 GmbHG (GmbH).
[134] § 53 HGB (OHG, KG, GmbH, AktG).
[135] § 162 Abs. 3 HGB.
[136] § 175 HGB.
[137] OLG München Beschl. v. 17.12.2013 – Verg 15/13, BeckRS 2014, 21198 Rn. 17.
[138] VK Bund Beschl. v. 30.9.2016 – VK 1-86/16, BeckRS 2016, 122006.
[139] Franke/Kemper/Zanner/Grünhagen/Mertens/*Mertens* Rn. 26.
[140] OLG Schleswig Beschl. v. 30.5.2012 – 1 Verg 2/12, BeckRS 2012, 11885.

auf der Tatbestandsseite – unter Berücksichtigung aller Umstände des Einzelfalles eine dahingehende **Prognose** anzustellen, ob ein Bieter trotz der Eröffnung des Insolvenzverfahrens leistungsfähig und zuverlässig ist. Hierbei steht ihm ein Beurteilungsspielraum zu. Kommt der Auftraggeber zu der Erkenntnis, dass von dem Bieter trotz Eröffnung des Insolvenzverfahrens die ordnungsgemäße Erfüllung der vertraglichen Verpflichtungen erwartet werden kann, kann er ihm ermessensfehlerfrei den Zuschlag erteilen.[141]

75   Sofern dem Auftraggeber diese Informationen zur Verfügung stehen, kann er zB die **Insolvenztabelle** (§ 175 InsO) heranziehen. Hieraus ergibt sich, welche Gläubiger in welcher Höhe Forderungen zur Insolvenztabelle angemeldet haben, was es dem Auftraggeber ermöglicht, sich ein umfassendes Bild über das Ausmaß der wirtschaftlichen Krise der Bieterin und damit über deren Zuverlässigkeit zu machen.[142] Von Relevanz kann zB sein, ob ein **Insolvenzplan** (§§ 217 ff. InsO) vorliegt, da dieser den Zweck der Fortführung des Schuldnerunternehmens dienen kann.[143] Auch der Umstand, dass es sich um eine Insolvenz in Eigenverwaltung (§§ 270 ff. InsO) handelt, die in der Regel zunächst eine Fortführung des gewöhnlichen Geschäftsbetriebes voraussetzt (vgl. § 270a Abs. 1 Nr. 1 InsO), kann den Schluss rechtfertigen, dass trotz Eröffnung eines Insolvenzverfahrens die (wirtschaftliche) Leistungsfähigkeit nicht entfällt.[144] Andererseits spricht die **Ablehnung der Eröffnung eines Insolvenzverfahrens mangels Masse** in der Regel dagegen, dass der Bewerber bzw. Bieter seine vertraglichen Pflichten erfüllen wird.[145] Denn wenn nicht genügend Vermögenswerte zur Befriedigung der Gläubiger vorhanden sind, dürfte es auch den Mitteln zur Fortführung des Unternehmens fehlen.

76   Eine **(insolvenzbedingte) Leistungsunfähigkeit des Nachunternehmers ist dem Bewerber oder Bieter wie eine eigene Leistungsunfähigkeit** – und damit Ungeeignetheit – **zuzurechnen**, mit der Folge, dass sein Angebot für eine Zuschlagerteilung nicht in Betracht kommt.[146] Sofern man auch in Abschnitt 1 der VOB/A das Institut der **Eignungsleihe** anerkennt, gilt dasselbe im Verhältnis des Bewerbers bzw. Bieters zum Eignungsverleiher. Vor dem Ausschluss des Bieters mangels Leistungsunfähigkeit des Eignungsverleihers dürfte jedoch analog § 6d EU Abs. 1 S. 5 eine Ersetzung des Eignungsverleihers zu verlangen sein. Da die Mitglieder von Bietergemeinschaften gesamtschuldnerisch haften und Eignungsmängel eines Mitglieds einer **Bietergemeinschaft** in der Regel durch die Eignung des oder der anderen Bietergemeinschaftsmitglieder kompensiert werden können, führt die Insolvenz eines Mitglieds zumindest nicht zwingend zur Annahme einer Leistungsunfähigkeit der Bietergemeinschaft. Hier ist im Rahmen der vom Auftraggeber anzustellen Prognoseentscheidung zu prüfen, ob bzw. welche Auswirkungen die Insolvenz eines Mitglieds auf die Bietergemeinschaft hat.

77   Je größer gemäß der durchgeführten Prognose die Wahrscheinlichkeit ist, dass der Bieter infolge der Insolvenz seinen vertraglichen Leistungspflichten voraussichtlich nicht nachkommen wird, desto größer ist der Spielraum für einen Ausschluss. Das hat das OLG Schleswig treffend wie folgt ausgedrückt:

„*Die Ergebnisse der zur Tatbestandsseite gehörenden Prüfungen führen zu einer – mehr oder weniger starken – Wirkung auf die Ermessensentscheidung, insbesondere, was die Verantwortbarkeit der Übernahme verbleibender Prognoseunsicherheiten und Risiken anbetrifft. Je stärker solche Unsicherheiten die Erfüllung der (künftigen) vertraglichen Verpflichtungen gefährden, desto eher wird die Ermessensentscheidung für einen Ausschluss ausfallen dürfen. Bei längerfristig abzuwickelnden Aufträgen wird dies anders zu beurteilen sein als bei Verträgen über einmalige Lieferungen.*"[147]

78   Die Eröffnung eines Insolvenzverfahrens stellt zugleich einen möglichen Ausschlussgrund iSd § 16 Abs. 2 Nr. 1 dar. Hierauf kann der Auftraggeber auch dann zurückgreifen, wenn die Insolvenz nach Abschluss der Eignungsprüfung eintritt bzw. der Auftraggeber nach Abschluss der Eignungsprüfung von der Insolvenz Kenntnis erlangt.

79   **f) Liquidation (Nr. 6).** Die Vergabestelle kann nach Abs. 2 Nr. 6 auch Nachweise darüber verlangen, ob sich das Unternehmen in Liquidation befindet. Befindet sich das Unternehmen in Liquidation ist – wie im Rahmen von Abs. 2 Nr. 5 – eine **Prognose** anzustellen, ob der Bieter

---

[141] OLG Celle Beschl. v. 18.2.2013 – 13 Verg 1/13, BeckRS 2013, 197610 Rn. 11, 13; OLG Schleswig Beschl. v. 30.5.2012 – 1 Verg 2/12, BeckRS 2012, 11885; VK Sachsen-Anhalt Beschl. v. 20.12.2012 – 2 VK LSA 37/12, IBRRS 2013, 1030.
[142] OLG Celle Beschl. v. 18.2.2013 – 13 Verg 1/13, BeckRS 2013, 197610 Rn. 17.
[143] OLG Celle Beschl. v. 18.2.2013 – 13 Verg 1/13, BeckRS 2013, 197610 Rn. 17.
[144] VK Sachsen-Anhalt Beschl. v. 21.6.2012 – 2 VK LSA 08/12, IBRRS 2012, 3933.
[145] Ingenstau/Korbion/*Schranner* Rn. 21.
[146] OLG Schleswig Beschl. v. 30.5.2012 – 1 Verg 2/12, BeckRS 2012, 11885.
[147] OLG Schleswig Beschl. v. 30.5.2012 – 1 Verg 2/12, BeckRS 2012, 11885; ähnlich VK Niedersachsen Beschl. v. 4.10.2012 – VgK-38/2012, BeckRS 2012, 23581.

trotz des Umstandes, dass sich das Unternehmen in Liquidation befindet, noch eine hinreichende Gewähr dafür bietet, dass das Unternehmen seinen vertraglichen Verpflichtungen nachkommt. Zumindest bei kleineren bzw. kurzfristig zu erbringenden Aufträgen, muss die Prognose nicht zwangsläufig negativ ausfallen, da sich die Abwicklung eines Unternehmens über einen längeren Zeitraum hinziehen kann.

Darüber hinaus lässt das Faktum, dass sich ein Unternehmen in Abwicklung befindet, zwar **80** regelmäßig erhebliche **Zweifel** daran aufkommen, **ob eine vertragsgerechte Mängelhaftung gesichert ist.** Unter Berücksichtigung der Dauer der Verjährungsfrist – diese beträgt beim VOB-Vertrag gem. § 13 Abs. 4 VOB/B zwischen ein und vier Jahren – und etwaigen zur Verfügung stehenden Sicherungsinstrumenten (zB Vertragserfüllungs- und Mängelbürgschaften), muss auch die Einbeziehung der Mängelhaftung nicht zwingend zu einer negativen Prognose führen.[148]

Befindet sich ein Unternehmen in Abwicklung, so stellt dies zugleich einen möglichen **Aus- 81 schlussgrund** iSd **§ 16 Abs. 2 Nr. 2** dar. Hierauf kann der Auftraggeber auch dann zurückgreifen, wenn das Unternehmen erst nach Abschluss der Eignungsprüfung in das Liquidationsstadium eintritt oder der Auftraggeber nach Abschluss der Eignungsprüfung hiervon Kenntnis erlangt.

g) Schwere Verfehlungen (Nr. 7). Gemäß Abs. 2 Nr. 7 erstreckt sich der Nachweis der Eig- **82** nung auch auf Angaben darüber, dass nachweislich keine schwere Verfehlung vorliegt, die die Zuverlässigkeit als Bewerber in Frage stellt. Die Regelung ist inhaltlich weiter als die Vorschrift des § 6e EU Abs. 6 Nr. 3, die einen fakultativen Ausschlussgrund für den Fall enthält, dass das „*Unternehmen im Rahmen der beruflichen Tätigkeit nachweislich eine schwere Verfehlung begangen hat, durch die die Integrität des Unternehmens in Frage gestellt wird*". Die Regelung des § 6e EU enthält nämlich verschiedene spezielle Ausschlussgründe, wie zB die Begehung bestimmter Straftaten (§ 6 EU Abs. 1) oder wettbewerbswidriges Verhalten (§ 6 EU Abs. 6 Nr. 1), welche in § 6a nicht explizit geregelt sind und daher in Abschnitt 1 durch § 6a Abs. 2 Nr. 7 aufgefangen werden.

aa) Vorwerfbares Verhalten. Zu prüfen ist zunächst, ob dem Bewerber bzw. Bieter eine **83** schwere Verfehlung vorzuwerfen sind. Unter einer **Verfehlung** ist jedes Verhalten zu verstehen, das Einfluss auf die berufliche Glaubwürdigkeit hat.[149] **Schwer** ist die Verfehlung, wenn sie schuldhaft begangen wurde und erhebliche Auswirkungen hat,[150] dh, wenn schützenswerte Rechte bzw. Rechtsgüter verletzt wurden und ein erheblicher Schaden entstanden ist bzw. zu entstehen droht. Die Situation muss sich so darstellen, dass es für den öffentlichen Auftraggeber aufgrund des Gebarens des Bewerbers oder Bieters nicht zumutbar ist, mit diesem ein Vertragsverhältnis einzugehen.[151]

(1) Verletzung von Strafgesetzen. Eine solche schwere Verfehlung ist in der Regel bei **84** Begehung von Straftaten anzunehmen, die **im Zusammenhang mit der geschäftlichen Tätigkeit** des Unternehmens stehen.[152] Hierzu sind – ohne Anspruch auf Vollständigkeit – Betrug (§ 263 BGB), Untreue (§ 266), Diebstahl (§ 242 StGB), Unterschlagung (§ 246 StGB), Urkundenfälschung (§ 267 StGB), Bestechung (§ 334 StGB), Bestechlichkeit (§ 332 StGB), Vorteilsannahme (§ 331 StGB) und Vorteilsgewährung (§ 333 StGB), Bestechlichkeit und Bestechung im geschäftlichen Verkehr (§ 299 StGB), Wettbewerbsbeschränkende Absprachen bei Ausschreibungen (§ 298 StGB), Verrat von Geschäfts- und Betriebsgeheimnissen (§ 17 UWG) ebenso zu rechnen, wie Delikte im Zusammenhang mit Insolvenzverfahren (§§ 283 ff. StGB) oder mit der Ausführung von Bauleistungen, wie Baugefährdung (§ 319 StGB) oder Straftaten gegen die Umwelt, namentlich der Straftatbestand der Gewässer- und Bodenverunreinigung (§§ 324, 324a StGB) sowie der Unerlaubte Umgang mit gefährlichen Abfällen (§ 326 StGB).[153]

Eine schwere, die Zuverlässigkeit des Unternehmens beeinträchtigende Verfehlung nach Abs. 2 **85** Nr. 7 kommt – anders als im Falle des § 6e EU Abs. 1 – auch dann in Betracht, wenn **noch keine rechtskräftige Verurteilung** vorliegt.[154]

---

[148] Strenger: Ingenstau/Korbion/*Schranner* Rn. 22 („*das betreffende Unternehmen bietet in diesem Fall nicht mehr die ausreichende Gewähr für eine sorgfältige Ausführung der Leistung einschließlich einer vertragsgerechten Mängelhaftung*").
[149] EuGH Urt. v. 13.12.2012 – Rs. C-465/11 ECLI:EU:C:2012:801 Rn. 27 = NZBau 2013, 116 ff. – Forposta SA; Franke/Kemper/Zanner/Grünhagen/Mertens/*Mertens* Rn. 28.
[150] OLG München Beschl. v. 21.5.2010 – Verg 02/10, ZfBR 2010, 606 (618); VK Bund Beschl. v. 15.5.2009 – VK 2-21/09, BeckRS 2009, 23124; VK Niedersachsen Beschl. v. 24.3.2011 – VgK 04/2011, IBRRS 2011, 1794.
[151] VK Düsseldorf Beschl. v. 31.10.2005 – VK-30/2005-B, IBRRS 2006, 1001.
[152] OLG Saarbrücken Beschl. v. 29.12.2003 – 1 Verg 4/03, ZfBR 2004, 490 (491); Kapellmann/Messerschmidt/ *Frister* § 16 Rn. 53.
[153] Ingenstau/Korbion/*Schranner* Rn. 28; Kapellmann/Messerschmidt/*Frister* § 16 Rn. 53.
[154] So die Gesetzesbegründung zur vergleichbaren Vorschrift des 124 Abs. 1 Nr. 3 GWB, die sich mit § 6eEU Abs. 6 Nr. 3 deckt, VergRModG 2016, BT-Drs. 18/6281, 105 f.

86 (2) **Sonstige Rechtsverstöße.** Aber auch sonstige schwerwiegende Rechtsverstöße gegen Normen, die grundlegende Prinzipien des Vergaberechts schützen, können als eine solche Verfehlung eingeordnet werden. Dazu wurden bislang neben den genannten Straftatbeständen Verstöße gegen Vorschriften
– des GWB, etwa unzulässige Preisabsprachen,[155]
– des Zivilrechts, wie zB §§ 823, 826, 123, 134, 138 BGB,[156]
– des Umweltrechts, wie zB das KrWG oder das BImSchG,[157]
– des ArbZG[158]
– und gegen arbeitsrechtliche Bestimmungen betreffend die illegale Beschäftigung, wie zB § 8 Abs. 1 Nr. 2, §§ 10, 11 SchwarzArbG oder §§ 15, 15a AÜG[159]
gerechnet.

87 (3) **Vertragspflichtverletzungen.** Als schwere Verfehlung iSv Abs. 2 Nr. 7 kann sich auch eine **Verletzung vertraglicher Pflichten** darstellen.[160] Berücksichtigt werden können hierbei nicht nur eigene Erfahrungen des Auftraggebers, zB aus bereits abgewickelten Auftragsverhältnisses, sondern auch Erfahrungen Dritter mit dem Bewerber oder Bieter, etwa beauftragten Ingenieuren.[161]

88 Erforderlich ist eine **umfassende Abwägung aller in Betracht kommenden Gesichtspunkte** unter angemessener Berücksichtigung des Umfangs, der Intensität, des Ausmaßes und des Grads der Vorwerfbarkeit der Vertragsverletzung.[162] Die **mangelhafte Erfüllung** eines früheren Auftrags muss hierbei **von beträchtlichem Gewicht** sein, was eine erhebliche oder eine fortdauernde Vertragspflichtverletzung voraussetzt.[163]

89 Eine (einmalige) **erhebliche Vertragspflichtverletzung** ist bei einer mangelhaften Leistung gegeben, die den öffentlichen Auftraggeber in tatsächlicher und finanzieller Hinsicht deutlich belastet hat.[164] In Anlehnung an Erwägungsgrund 101 RL 2014/24/EU kann man von einer den Auftraggeber erheblich belastenden Leistungserbringung bei „Lieferungs- oder Leistungsausfall" sowie bei „erheblichen Defiziten" der gelieferten Waren oder Dienstleistungen ausgehen, die sie für den beabsichtigten Zweck unbrauchbar machen.

90 Eine **fortdauernde Vertragspflichtverletzung** ist im Falle einer regelmäßigen oder über längere Dauer aufgetretenen Schlechtleistung gegeben, ohne dass diese im einzelnen Fall erheblich gewesen sein muss. Dies kann insbesondere eine ständige oder wiederholte Fristversäumnis betreffen.[165]

91 Als Vertragspflichtverletzung eingeordnet werden können nicht nur Mängel im zivilrechtlichen Sinne. Maßgeblich ist vielmehr, ob die vertraglichen Leistungspflichten in einem weiteren Sinne „nicht vertragsgerecht" erbracht wurden.[166] Bei den erheblich oder fortdauernd verletzten Vertragspflichten, kann es sich ohne Zweifel um **Hauptleistungspflichten** des Vertrags handeln. Allerdings kann im Einzelfall auch ein Verstoß gegen wichtige **vertragliche Nebenpflichten** ausreichen, also solche, die wesentliche Anforderungen des Auftraggebers betreffen.[167] Zu nennen ist zB der Fall, dass § 4 Abs. 8 VOB/B zuwider ohne Zustimmung des Auftraggebers Nachunternehmen eingesetzt

---

[155] VK Lüneburg Beschl. v. 4.3.2011 – VgK-04/2011, BeckRS 2011, 09161; Kapellmann/Messerschmidt/Frister § 16 Rn. 53.
[156] Ingenstau/Korbion/*Schranner* Rn. 28; *Müller-Wrede* in Müller-Wrede VOL/A § 6 EG Rn. 71 (zum früheren § 6 EG Abs. 6 lit. c VOL/A).
[157] *Dageförde*, Umweltschutz im öffentlichen Vergabeverfahren, 2012, Rn. 285; *Dageförde/Dross* NVwZ 2005, 19 (22 f.); *Hattenhauer/Butzert* ZfBR 2017, 129 (131).
[158] VK Niedersachsen Beschl. v. 18.10.2005 – VgK-47/2005, BeckRS 2005, 155866 Rn. 42.
[159] *Brüggemann/Vogel* NZBau 2018, 263 (265); *Ohrtmann*, Compliance, 2009, 39.
[160] IdS OLG München Beschl. v. 5.10.2012 – Verg 15/12, BeckRS 2012, 21412.
[161] VK Nordbayern Saarbrücken Beschl. v. 12.6.2012 – 21 VK-3194-10/12, ZfBR 2012, 796 (798); VK Südbayern Beschl. v. 11.9.2014 – Z3-3-3194-1-34-07/14, IBRRS 2014, 2652.
[162] OLG Düsseldorf Beschl. v. 28.8.2001 – Verg 27/01, IBRRS 2003, 0285; VK Nordbayern Beschl. v. 12.6.2012 – 21 VK-3194-10/12, BeckRS 2012, 23608.
[163] OLG Frankfurt a. M. Beschl. v. 3.5.2018 – 11 Verg 5/18, BeckRS 2018, 8098 Rn. 42 ff.; LG Düsseldorf Saarbrücken Beschl. v. 11.7.2018 – VII-Verg 7/18, NZBau 2018, 703 (705); Beck VergabeR/*Opitz* GWB § 124 Rn. 90 (zu § 124 Abs. 1 Nr. 7 GWB).
[164] VK Brandenburg Beschl. v. 11.7.2007 – 1 VK 23/07, IBRRS 2007, 3844; VK Nordbayern Saarbrücken Beschl. v. 12.6.2012 – 21 VK-3194-10/12, ZfBR 2012, 796 (798).
[165] VK Sachsen-Anhalt Beschl. v. 28.7.16 – 3 VK LSA 20/16, IBRRS 2016, 2522; *Conrad* in Müller-Wrede GWB § 124 Rn. 149.
[166] OLG Düsseldorf Saarbrücken Beschl. v. 11.7.2018 – VII-Verg 7/18, NZBau 2018, 703 (705); Reidt/Stickler/Glahs/*Ley* GWB § 124 Rn. 153 (zu § 124 Abs. 1 Nr. 7 GWB).
[167] OLG Düsseldorf Saarbrücken Beschl. v. 28.3.2018 – VII-Verg 49/17, NZBau 2018, 567 (570); OLG Düsseldorf Saarbrücken Beschl. v. 11.7.2018 – VII-Verg 7/18, NZBau 2018, 703 (705).

wurden und der Verstoß gegen § 4 Abs. 8 VOB/B trotz Fristsetzung mit Androhung der Kündigung nicht abgestellt wurde.[168] Eine wesentliche Anforderung betreffen – selbst wenn diese uU als Nebenpflichtverletzung einzuordnen sind – zB Verstöße gegen die Verpflichtung zur Wahrung der Vertraulichkeit oder gegen wesentliche Sicherheitsauflagen.[169]

Dass es – wie im Rahmen der für den Oberschwellenbereich geltenden Ausschlussgründe der § 6e EU Abs. 6 Nr. 7, § 124 Abs. 1 Nr. 7 GWB gefordert – zwingend zu einer **vorzeitigen Beendigung des Vertrages, Schadensersatz** oder einer **vergleichbaren Sanktion** gekommen sein muss, lässt sich Abs. 2 Nr. 7 nicht entnehmen. Auch kommt es nicht darauf an, ob Sanktionen, wie eine Vertragskündigung, gerechtfertigt waren.[170] Jedoch dürfte im Rahmen der vom Auftraggeber zu treffenden Ermessensentscheidung über die Eignung, das Ergreifen oder Nichtergreifen bei früheren Auftragsverhältnissen derartiger Maßnahmen zu berücksichtigen sein. Die VK Sachsen hat zB angenommen, dass Erfahrungen mit dem Bieter aus vier Bauvorhaben, von denen drei gekündigt wurden, für mangelnde Sorgfalt bei der Ausführung früherer Arbeiten sprechen und ein Argument für die Annahme einer – zum Ausschluss führenden – Unzuverlässigkeit eines Bieters sind.[171] **92**

Zu beachten ist, dass es sich stets um Vertragspflichtverletzungen handeln muss, die **in den Verantwortungsbereich des Bewerber oder Bieters** gefallen sind.[172] **Meinungsverschiedenheiten** über eine ordnungsgemäße Vertragserfüllung bei einem anderen Bauvorhaben oder das Androhen rechtlich zulässiger Schritte **reichen für die Annahme einer schweren Verfehlung nicht aus.** Dass im Falle streitiger Sachverhalte beide Seiten weiter auf ihrem Rechtsstandpunkt beharren, die jeweils andere Seite sei verantwortlich für die derzeitige Situation, begründet keine erhebliche oder fortdauernde Verletzung wesentlicher Vertragspflichten.[173] Dies gilt auch dann, wenn die betreffenden Fragen Gegenstand eines Rechtsstreits oder eines selbstständigen Beweisverfahrens sind.[174] Wie das OLG München verdeutlich hat, können divergierende Ansichten über die Erfüllung von vertraglichen Pflichten aber ausnahmsweise die Annahme einer schweren Verfehlung rechtfertigen, wenn „... *der Konflikt der Beteiligten und die damit verbundene Zerrüttung jeglichen Vertrauensverhältnisses ... weit über das übliche Maß an Meinungsverschiedenheiten ...*" hinausgehen. Gegenstand der Kontroversen waren massive gegenseitige persönliche Beschuldigungen und Vorwürfe bis hin zu der wechselseitigen Bezichtigung von Straftaten.[175] **93**

Über die vorgenannten Voraussetzungen hinaus zu prüfen ist, inwieweit die zur Beurteilung stehenden Gesichtspunkte geeignet sind, **eine ordnungsgemäße und vertragsgerechte Erbringung gerade der ausgeschriebenen und vom Bieter angebotenen Leistung in Frage** zu stellen. Demzufolge ist auch die Ursache für die nicht vertragsgerechte Durchführung eines früheren Auftrags in die Betrachtung einzubeziehen. Ist beispielsweise ein Lieferverzug durch besondere Umstände verursacht worden, die in Bezug auf die ausgeschriebene Leistung nicht ernsthaft zu befürchten sind (zB Erforderlichkeit zur Einholung von Fachgutachten zu technischen Fragen, die sich im Rahmen des zu vergebenden Auftrags nicht stellen werden),[176] kann aus der Überschreitung der vereinbarten Liefertermine bei einem früheren Auftrag (ausnahmsweise) nicht darauf geschlossen werden, dass auch die ordnungsgemäße Vertragsabwicklung des anstehenden Auftrags in Frage gestellt ist.[177] **94**

(4) Verantwortlichkeit des Unternehmens. Um die Zuverlässigkeit als Bewerber bzw. Bieter in Frage stellen zu können, bedarf es einer **Zurechnung der Verfehlung.** Sofern der Bewerber bzw. Bieter eine natürliche Person sind, ist insoweit unproblematisch auf die Person des Bewerbers bzw. Bieters abzustellen. **95**

---

[168] OLG Frankfurt a. M. Saarbrücken Beschl. v. 12.12.2017 – 11 Verg 13/17, ZfBR 2018, 701 (704); OLG Frankfurt a. M. Beschl. v. 3.5.2018 – 11 Verg 5/18, BeckRS 2018, 8098 Rn. 42 ff.; Beck VergabeR/*Opitz* GWB § 124 Abs. 1 Nr. 88 (jeweils zu § 124 Abs. 1 Nr. 7 GWB).
[169] VK Sachsen-Anhalt Beschl. v. 28.7.16 – 3 VK LSA 20/16, IBRRS 2016, 2522 („regelwidrige Verkehrssicherungen"); vgl. im Übrigen Gesetzesbegründung zu § 124 Nr. 7 GWB, VergRModG 2016, BT-Drs. 18/6281, 106.
[170] OLG Brandenburg Beschl. v. 14.9.2010 – Verg W 8/10, BeckRS 2010, 23053; OLG München Beschl. v. 5.10.2012 – Verg 15/12, BeckRS 2012, 21412.
[171] VK Sachsen-Anhalt Beschl. v. 26.10.2016 – 3 VK LSA 33/16, IBRRS 2016, 2709.
[172] VK Nordbayern Beschl. v. 12.6.2012 – 21 VK-3194-10/12, ZfBR 2012, 796 (798).
[173] OLG Düsseldorf Saarbrücken Beschl. v. 11.7.2018 – VII-Verg 7/18, NZBau 2018, 703 (707); *Conrad* in Müller-Wrede GWB § 124 Rn. 52.
[174] LG Düsseldorf Urt. v. 16.3.2005 – 12 O 225/04, BeckRS 2007, 05522; Kapellmann/Messerschmidt/*Glahs* Rn. 127.
[175] OLG München Beschl. v. 5.10.2012 – Verg 15/12, BeckRS 2012, 21412.
[176] VK Nordbayern Beschl. v. 12.6.2012 – 21 VK-3194-10/12, BeckRS 2012, 23608.
[177] OLG Düsseldorf Beschl. v. 28.8.2001 – Verg 27/01, IBRRS 2003, 0285; VK Nordbayern Beschl. v. 12.6.2012 – 21 VK-3194-10/12, BeckRS 2012, 23608.

96 Handelt es sich bei dem Bewerber bzw. Bieter um eine Personengesellschaft oder juristische Person können Veranlasser des vorwerfbaren Verhaltens unterschiedliche Akteure sein, welche für den Bewerber bzw. Bieter agieren, etwa Inhaber, Geschäftsführer oder Mitarbeiter. Unabhängig davon, worin das vorwerfbare Verhalten besteht, bedarf es der Klärung, ob deren Verhalten dem Bewerber oder Bieter zuzurechnen ist. In Ermangelung einer ausdrücklichen Regelung, wie sie beispielsweise § 6e EU Abs. 3 enthält, kann dies **in Anlehnung an die Vorschrift des § 30 Abs. 1 OWiG** entschieden werden,[178] die regelt, unter welchen Voraussetzungen gegen eine juristische Person oder Personenvereinigung wegen der Begehung einer Straftat oder Ordnungswidrigkeit durch eine natürliche Person eine Geldbuße verhängt werden kann. In Betracht kommen alle für das operative Geschäft Verantwortlichen,[179] also das **vertretungsberechtigte Organ** einer juristischen Person oder dessen Mitglieder, der **Vorstand eines nicht rechtsfähigen Vereins** oder dessen Mitglieder sowie der **vertretungsberechtigte Gesellschafter** einer rechtsfähigen Personengesellschaft. Nach der Generalklausel des § 30 Abs. 1 Nr. 5 OWiG können taugliche Täter auch alle sonstigen Personen sein, die nicht schon aus formalen Gründen Leitungsbefugnisse haben (und unter § 30 Abs. 1 Nr. 1–4 OWiG fallen), sondern faktisch für die Leitung eines Betriebes oder Unternehmens verantwortlich handeln.[180] Somit gehören auch die Verantwortlichen der „zweiten Leitungsebene" dazu, wie **Generalbevollmächtigte** bzw. – sofern in leitender Stellung tätig – **Prokuristen** und **Handlungsbevollmächtigte** einer juristischen Person, eines nicht rechtsfähigen Vereins bzw. einer rechtsfähigen Personengesellschaft.[181]

97 Eine weitere Gruppe von Akteuren, deren Verhalten dem Bewerber oder Bieter zugerechnet werden kann, besteht gem. § 30 Abs. 1 Nr. 5 OWiG aus Personen, die mit der Überwachung der Geschäftsführung oder mit einer sonstigen Ausübung von Kontrollbefugnissen in leitender Stellung befasst sind. Mit der **Überwachung der Geschäftsführung** befasst sind vor allem Mitglieder von Aufsichtsgremien, wie Aufsichtsratsmitglieder einer AG oder Mitglieder des (fakultativen) Aufsichtsrats einer GmbH (§ 52 GmbHG). Eine sonstige **Ausübung von Kontrollbefugnissen in leitender Stellung** erfordert nicht, dass die Kontrollbefugnis gerade in einem Leitungs- oder Aufsichtsgremium ausgeübt wird. Erfasst ist somit zB auch ein Prokurist, der eventuell nur für einen Teil der wirtschaftlichen Tätigkeit eines Unternehmens Prokura besitzt und nicht Mitglied eines Verwaltungs-, Leitungs- oder Aufsichtsgremiums ist.[182] Zum möglichen Täterkreis, an dessen Verhalten angeknüpft werden kann, gehören darüber hinaus Personen, denen eine bestimmte Bereichsverantwortung (Finanzkontrolle, Rechnungsprüfung etc) übertragen ist und die zugleich Leitungsbefugnisse haben.[183] In Betracht kommen sollen beispielsweise auch Compliance-Beauftragte.[184]

98 Unter § 30 Abs. 1 Nr. 5 OWiG werden des Weiteren sog. **Parteien kraft Amtes** subsummiert, wie zB der Insolvenzverwalter, soweit sie in ihrer Eigenschaft als gesetzliche Vertreter handeln.[185]

99 Denkbar ist schließlich die **Einbeziehung Außenstehender,** denen entsprechende Leitungs- oder Kontrollaufgaben übertragen wurden und die somit „verantwortlich" für das Unternehmen handeln,[186] richtigerweise jedoch nur, wenn die Voraussetzungen des § 9 Abs. 2 OWiG oder § 14 StGB vorliegen.[187]

100 Der mögliche Kreis von Personen, dessen Verhalten dem Bewerber bzw. Bieter im Rahmen von Abs. 1 Nr. 7 zugerechnet werden kann, ist jedoch noch weiter. Gemäß § 130 OWiG muss sich der Bewerber bzw. Bieter schließlich das **Verhalten jeder Person zurechnen lassen,** die für das Unternehmen handelte, sofern einer weiteren, mit der eigenverantwortlichen Wahrnehmung von Geschäftsführungsaufgaben befassten Person ein **Aufsichts- oder Organisationsverschulden** im Sinne des hinsichtlich des Verurteilten zur Last fällt.[188]

---

[178] IdS auch Ingenstau/Korbion/*Schranner* Rn. 25.
[179] So ohne Bezugnahme auf § 30 OWiG bereits: OLG Düsseldorf Beschl. v. 28.7.2005 – Verg 42/05, BeckRS 2005, 11753 Rn. 12; OLG Saarbrücken Beschl. v. 29.12.2008 – 1 Verg 4/03, BeckRS 2004, 573 Rn. 29; VK Lüneburg Beschl. v. 1.12.2011 – VgK-53/201, BeckRS 2012, 05608.
[180] BeckOK OWiG/*Meyberg* OWiG § 30 Rn. 49; *Achenbach* wistra 2002, 441 (443).
[181] BeckOK OWiG/*Meyberg* OWiG § 30 Rn. 48.4; Bohnert/Krenberger/Krumm/*Krenberger/Krumm* OWiG § 30 Rn. 29.
[182] Gesetzesbegründung zu § 123 Abs. 3 GWB, VergRModG 2016, BT-Drs. 18/6281, 103; *Rettenmaier/Palm* NJOZ 2010, 1414 (zu § 30 OWiG).
[183] BeckOK OWiG/*Meyberg* OWiG § 30 Rn. 52; *Rettenmaier/Palm* NJOZ 2010, 1414.
[184] *Theile/Petermann* JuS 2011, 496 (500).
[185] Bohnert/Krenberger/Krumm/*Krenberger/Krumm* OWiG § 30 Rn. 20.
[186] BeckOK OWiG/*Meyberg*, 38. Ed. 1.10.2020, OWiG § 30 Rn. 55.
[187] *Hausmann/Kern* in KMPP VOL/A § 6 EG Rn. 64 (mit Blick auf den früheren § 6 EG Abs. 4 S. 3 VOL/A).
[188] VK Düsseldorf Beschl. v. 9.1.2013 – VK-29/2012, ZfBR 2013, 301 (302); Ingenstau/Korbion/*Schranner* Rn. 25.

Eine Zurechnung ist sogar denkbar, wenn ein in leitender Position tätiger Mitarbeiter des 101
Bewerbers oder Bieters die **Verfehlung im Rahmen einer früheren Tätigkeit** für ein anderes
Unternehmen begangen hat. Je nach Lage der Dinge (Zeitraum zwischen Begehung der Verfehlung
und Anstellung, Wiederholungsgefahr) kann der Schluss gerechtfertigt sein, dass der Bewerber bzw.
Bieter diese Verfehlung hinnimmt und dadurch sein Unternehmen gewissermaßen „infiziert"
wird.[189]

bb) „nachweislich". Die Angaben nach Abs. 2 Nr. 7 müssen sich im Übrigen nur auf nach- 102
weislich begangene schwere Verfehlungen erstrecken. Entgegen dem insoweit missverständlichen
Wortlaut des § 6a Abs. 2 Nr. 7 muss nicht der Bieter darlegen, dass er „nachweislich" keine schwere
Verfehlung begangen hat. Vielmehr **obliegt es dem Auftraggeber die Begehung einer schweren
Verfehlung nachzuweisen.**[190]

Unumstritten ist, dass unsubstantiierte Vorwürfe, Vermutungen und vage Verdachtsgründe für 103
einen Angebotsausschluss unzureichend sind; insbesondere darf sich die Vergabestelle nicht auf ungeprüfte Gerüchte oder Informationen von Dritten verlassen.[191] Bestehen lediglich Verdachtsmomente,
können diese – auch wenn sie auf objektiven Tatsachen beruhen – nicht mit dem Nachweis einer
Verfehlung gleichgesetzt werden.[192]

Zu der Frage, welche genauen Anforderungen an das **Beweismaß** für die tatbestandliche 104
Voraussetzung der schweren Verfehlung zu stellen sind, werden bisweilen unterschiedliche Auffassungen vertreten. Diese beziehen sich zwar zum Teil auf den Angebotsausschluss wegen einer nachweislich schweren Verfehlung gem. § 124 Abs. 1 Nr. 3 GWB, § 6e EU Abs. 6 Nr. 3, § 16 Abs. 2 Nr. 3,
können jedoch aufgrund der Verwendung der gleichen Begrifflichkeit auf § 6a Abs. 2 Nr. 7 übertragen werden. Nach Auffassung des **OLG Celle** liegt das Beweismaß zwischen einer überwiegenden
Wahrscheinlichkeit gem. § 287 ZPO und dem Vollbeweis gem. § 286 ZPO. Es reiche aus, wenn der
öffentliche Auftraggeber Indiztatsachen vorbringe, die von einigem Gewicht seien, auf gesicherten
Erkenntnissen aus seriösen Quellen basierten und die die Entscheidung des Auftraggebers zum
Ausschluss des Bieters nachvollziehbar erscheinen ließen.[193] In der **Literatur** wird teils die Auffassung vertreten, dass es wegen des Beschleunigungsgebots des Vergabenachprüfungsverfahrens keiner
umfangreichen und langwierigen Beweisaufnahme bedürfe und eine Glaubhaftmachung der Ausschlussgründe ausreichend sei,[194] teils wird – umgekehrt – ein Grad an Gewissheit gefordert, welcher
einem Vollbeweis durch den öffentlichen Auftraggeber gleichkommen dürfte.[195] Das **OLG Düsseldorf** hat zuletzt deutlich gemacht, dass es zu einer strengen Auslegung tendiert, derzufolge der
öffentliche Auftraggeber bezüglich der von der Vorschrift verlangten Schlechterfüllung Gewissheit
erlangt haben muss, die vernünftigen Zweifeln Schweigen gebiete, dies jedoch vorerst offengelassen.[196]

Die enge Interpretation des Begriffs „nachweislich", die das OLG Düsseldorf präferiert – und 105
erst recht das Verlangen eines Vollbeweises – würde den Unzuverlässigkeitsgrund der „schweren
Verfehlung" schwer handhabbar machen, insbesondere wenn die schwere Verfehlung in einer Vertragspflichtverletzung besteht.[197] Die nach dieser Auffassung erforderliche Gewissheit müsste sich
insbesondere auf den Umstand erstrecken, dass das vorwerfbare Verhalten durch den Bewerber
oder Bieter zu vertreten ist. Bauvertragsrechtliche Streitigkeiten, zB über Mehrvergütungsansprüche,
Bauzeitverlängerungen und – hiermit gegebenenfalls einhergehend – Zahlungs- bzw. Leistungsverweigerungen, sind häufig komplex und nicht selten Gegenstand langjähriger gerichtlicher Auseinandersetzungen. Mit der für einen Strengbeweis erforderlichen Gewissheit wird der Auftraggeber eine
durch den Bewerber oder Bieter verursachte Schlechtleistung zumeist nicht darlegen können. Im
Übrigen gilt für die Eignungsprüfung im Allgemeinen, dass die Anforderungen an den Grad der
Erkenntnissicherheit nicht nur an den vergaberechtlichen Grundsätzen der Transparenz und Diskri-

---

[189] Ingenstau/Korbion/*Schranner* Rn. 25; *Müller-Wrede* in Müller-Wrede VOL/A § 6 EG Rn. 75 (zum früheren § 6 EG Abs. 6 lit. c VOL/A).
[190] VG Düsseldorf Urt. v. 24.3.2015 – 20 K 6764/13, BeckRS 2015, 45979 Rn. 58.
[191] BGH Urt. v. 26.10.1999 – X ZR 30/98, NJW 2000, 661 (662); OLG Düsseldorf Beschl. v. 28.7.2005 – VII-Verg 42/05, BeckRS 2005, 11753 Rn. 12; OLG München Beschl. v. 21.5.2010 – Verg 02/10, ZfBR 2010, 606 (618).
[192] *Battis/Kersten* NZBau 2004, 303 (305); *Sterner* NZBau 2001, 423 (424).
[193] OLG Celle Beschl. v. 9.1.2017 – 13 Verg 9/16, ZfBR 2017, 407 (409).
[194] Beck VergabeR/*Opitz* GWB § 124 Rn. 42; Reidt/Stickler/Glahs/*Ley* GWB § 124 Rn. 160a.
[195] IdS jurisPK-VergabeR/*Summa* GWB § 124 Rn. 101; *Niebuhr* VergabeR 2017, 335 (346); *Friton/Meister* jurisPR-VergR 4/2017 Anm. 3.
[196] OLG Düsseldorf Beschl. v. 28.3.2018 – VII-Verg 49/17, NZBau 2018, 567 (569); OLG Düsseldorf Beschl. v. 11.7.2018 – VII-Verg 7/18, NZBau 2018, 703 (705).
[197] IdS *Janssen* NZBau 2019, 147 (148).

minierungsfreiheit, sondern auch am Interesse des öffentlichen Auftraggebers an einer zügigen Umsetzung von Beschaffungsabsichten und einem raschen Abschluss von Vergabeverfahren zu messen sind.[198] Mit diesen Grundsätzen lässt es sich nur schwer vereinbaren, wenn Auseinandersetzungen über vertragsrechtliche Fragen in das Vergabe- bzw. etwaige Nachprüfungsverfahren verlagert werden. Somit sprechen gute Argumente dafür, es – mit dem OLG Celle – ausreichen zu lassen, wenn die Annahme einer „schweren Verfehlung" auf Indiztatsachen gestützt wird, die von einigem Gewicht sind, auf gesicherten Erkenntnissen aus seriösen Quellen herrühren und die die Entscheidung des Auftraggebers zum Ausschluss des Bieters nachvollziehbar erscheinen lassen.

106 Zum Nachweis einer Verfehlung kann der öffentliche Auftraggeber auf jedes geeignete **Beweismittel** zurückgreifen, wie schriftlich fixierte Zeugenaussagen, Aufzeichnungen, Belege oder Schriftstücke.[199]

107 Keine Zweifel am Nachweis bestehen in der Regel, wenn sich der öffentliche Auftraggeber auf einen **rechtskräftigen Bußgeldbescheid** oder eine **rechtskräftige Verurteilung** stützen kann,[200] deren Vorliegen aber keine zwingende Voraussetzung des Nachweises einer schweren Verfehlung ist.[201] Die VK Niedersachsen hat zB ein **Eingeständnis des Betroffenen**, das dieser – ausweislich der strafrechtlichen Ermittlungsakten – gegenüber der Polizei abgegeben hatte, für ausreichend erachtet, obgleich noch keine Entscheidung über den Abschluss des Ermittlungsverfahrens getroffen wurde.[202] Auch steht die strafrechtliche Unschuldsvermutung einem Angebotsausschluss nicht entgegen.[203]

108 Ist die schwere Verfehlung nicht zugestanden oder unbestritten, kann der Auftraggeber den Nachweis der schweren Verfehlung in der Regel lediglich auf der Grundlage von **Entscheidungen von Behörden** oder Gerichten führen, denen entsprechende Sachverhaltsermittlung zugrunde liegen.[204] Allein die Durchführung eines **staatsanwaltliches Ermittlungsverfahren** wegen des Verdachts einer Straftat soll für sich genommen nicht ausreichen, um von der Begehung einer Straftat und damit von einer schweren Verfehlung auszugehen.[205] Das ist einsichtig, wenn man bedenkt, dass materielle Voraussetzungen eines Ermittlungsverfahrens lediglich ein sog. Anfangsverdacht ist. Dieser liegt vor, wenn Anhaltspunkte vorliegen, die nach kriminalistischen Erfahrungen die Beteiligung des Betroffenen an einer verfolgbaren strafbaren Handlung als möglich erscheinen lassen.[206]

109 Welche sonstigen strafprozessualen Handlungen Rückschlüsse auf eine schwere Verfehlung zulassen, wird uneinheitlich beurteilt. Zum Teil wurde die **Anklageerhebung** durch die Staatsanwaltschaft bzw. die Beantragung eines Strafbefehls als hinreichendes Indiz betrachtet.[207] Voraussetzung hierfür ist gem. § 170 Abs. 1 StPO ein hinreichender Tatverdacht, der vorliegt, wenn eine Wahrscheinlichkeit besteht, dass der Beschuldigte eine strafbare Handlung begangen hat und verurteilt wird.[208] Zum Teil wurde die Annahme einer schweren Verfehlung aus der Bejahung der Voraussetzungen für einen **Haftbefehl** abgeleitet,[209] der nach § 114 Abs. 2 Nr. 2 StPO einen dringenden Tatverdacht voraussetzt, dh eine hohe Wahrscheinlichkeit, dass der Beschuldigte eine strafbare Handlung begangen hat.[210] Was ausreichend ist, dürfte davon abhängen, welche Anforderungen man an das Beweismaß für die tatbestandliche Voraussetzung der schweren Verfehlung stellt (→ Rn. 104 f.). Lässt man, wie das OLG Celle, Indiztatsachen ausreichen, die von einigem Gewicht

---

[198] OLG Düsseldorf Beschl. v. 2.12.2009 – VII-Verg 39/09, NZBau 2010, 393 (398); Prieß/Hölzl NZBau 2010, 354 (357).
[199] OLG Saarbrücken Beschl. v. 29.12.2003 – 1 Verg 4/03, NZBau 2004, 346 (347); OLG Frankfurt a. M. Beschl. v. 20.7.2004 – 11 Verg 6/04, ZfBR 2004, 822 (824).
[200] OLG München Beschl. v. 21.4.2006 – Verg 08/06, IBRRS 2006, 1171; VK Lüneburg Beschl. v. 12.12.2011 – VgK 53/2011, BeckRS 2012, 05608.
[201] OLG München Beschl. v. 22.11.2012 – Verg 22/12, NZBau 2013, 261; VK Düsseldorf Beschl. v. 13.3.2006 – VK-08/2006-L, BeckRS 2014, 48940; VK Nordbayern Beschl. v. 22.1.2007 – 21 VK 3194 44/06, BeckRS 2007, 37789 Rn. 156; Reidt/Stickler/Glahs/Ley GWB § 124 Rn. 160a.
[202] So iErg VK Niedersachsen Beschl. v. 12.12.2011 – VgK-53/2011, BeckRS 2012, 05608.
[203] OLG München Beschl. v. 22.11.2012 – Verg 22/12, NZBau 2013, 261; OLG Saarbrücken Beschl. v. 29.12.2003 – 1 Verg 4/03, NZBau 2004, 346 (347).
[204] Beck VergabeR/Opitz GWB § 124 Rn. 44.
[205] VK Bund Beschl. v. 29.2.2016 – VK 1-138/15, BeckRS 2016, 107974 Rn. 46.
[206] BGH Beschl. v. 6.6.2019 – StB 14/19, NJW 2019, 2627 (2630); OLG Düsseldorf Urt. v. 27.4.2005 – I-15 U 98/03, NJW 2005, 1791.
[207] LG Berlin Urt. v. 22.3.2006 – 23 O 118/04, NZBau 2006, 397.
[208] OLG Bremen Beschl. v. 19.1.2000 – Ws 168/99, NStZ-RR 2000, 270; BeckOK StPO/Gorf, 38. Ed. 1.10.2020, StPO § 170 Rn. 2.
[209] OLG Saarbrücken Beschl. v. 1.1.2004 – 1 Verg 4/03, BeckRS 2004, 02043; OLG München Beschl. v. 22.11.2012 – Verg 22/12, NZBau 2013, 261 f.
[210] BGH Beschl. v. 15.1.2020 – AK 64/19 BeckRS 2020, 307 Rn. 4; Beschl. v. 29.11.2017 – AK 58/17, BeckRS 2017, 133051 Rn. 12.

sind und auf gesicherten Erkenntnissen beruhen sowie aus seriösen Quellen stammen, könnte die Anklageerhebung als Anknüpfungspunkt für die Annahme einer schweren Verfehlung genügen. Hält man, wie das OLG Düsseldorf, eine Überzeugung für erforderlich, die vernünftigen Zweifeln Schweigen gebietet, werden allenfalls strafprozessuale Handlungen ausreichen, die einen dringenden Tatverdacht voraussetzen, wie zB der Erlass eines Haftbefehls. Wie die Entscheidung des OLG Düsseldorf vom 14.11.2018 zeigt, führt aber selbst dies nicht automatisch zur Annahme einer schweren Verfehlung. Es bedarf stets einer individuellen und dokumentierten Auseinandersetzung des Auftraggebers mit den strafrechtlichen Vorwürfen, welche zB eine etwaige Selbstreinigung zu berücksichtigen hat.[211]

Wenn ein **strafrechtliches Ermittlungsverfahren nach § 153a StPO eingestellt** wurde, 110 schließt dies den Nachweis einer schweren Verfehlung nicht aus.[212] Voraussetzung der Einstellung nach § 153a StPO ist, dass die Schwere der Schuld des Beschuldigten nicht entgegensteht, was darauf hindeutet, dass das Gesetz vom Vorhandensein eines Schuldgrades ausgeht. Abgesehen davon, dass der dafür ausreichende hinreichende Tatverdacht[213] für die vergaberechtliche Bewertung einer Verfehlung nach einer verbreiteten Auffassung ohnehin nicht ausreicht (→ Rn. 104, 109), spricht hierfür, dass insbesondere im Bereich der Wirtschaftskriminalität eine Einstellung nach § 153a StPO häufig aus verfahrensökonomischen Gründen vorgenommen wird und somit keine Aussage über das Vorliegen einer schweren Verfehlung beinhaltet.[214]

Als Nachweis können ferner Eintragungen in einschlägigen Registern, **(Gewerbezentralregis-** 111 **ter, Bundeszentralregister)** herangezogen werden.[215] Der Auftraggeber kann selbst entsprechende Register- oder Behördenauskünfte einholen, sofern er dazu berechtigt ist. Auskünfte aus dem Gewerbezentralregister können öffentliche Auftraggeber iSd § 99 GWB gem. § 150a Abs. 1 Nr. 4 GewO unmittelbar einholen, jedoch sind sie auch berechtigt, die Vorlage einer Betroffenenauskunft nach § 150 GewO zu verlangen.[216]

Eine wichtige Informationsquelle stellten darüber hinaus bisweilen die **Vergabe- oder Korrup-** 112 **tionsregister der Bundesländer** dar.[217] Abgestellt werden kann nunmehr auch auf Eintragungen im **bundesweiten Wettbewerbsregister,** welches im März 2021 den Betrieb aufgenommen hat. Rechtliche Grundlage des beim Bundeskartellamt geführten Wettbewerbsregisters ist das Wettbewerbsregistergesetz (WRegG), das bereits im Jahr 2017 in Kraft getreten ist.[218] Inhaltliche Konkretisierung soll das Wettbewerbsregistergesetz durch die Wettbewerbsregisterverordnung (WRegVO) erhalten, die am 16.11.2020 als Entwurf veröffentlicht wurde.[219] Eingetragen in das Wettbewerbsregister werden wirtschaftsstrafrechtliche Tatbeständen, die in § 2 WRegG iVm § 123 GWB abschließend aufgezählt sind. Dazu zählen rechtskräftige Strafurteile und -befehle, ua wegen Geldwäsche, Betrug, Subventionsbetrug, Bestechlichkeit und Bestechung, Vorteilsgewährung, Steuerhinterziehung, aber auch wegen wettbewerbsbeschränkender Absprachen bei Ausschreibungen. Zu einer Eintragung führen darüber hinaus auch kartellrechtliche Bußgeldentscheidungen unabhängig von ihrer Bestandskraft (§ 2 Abs. 2 WRegG).

Denkbar ist auch eine Anknüpfung an Eintragungen in das **polizeiliche Führungszeugnis,** 113 welches der Auftraggeber jedoch nur verlangen kann, wenn die Person, die ein Führungszeugnis vorzulegen hat, eine besondere Vertrauensstellung bei der Auftragsausführung hat.[220]

---

[211] OLG Düsseldorf Beschl. v. 14.11.2018 – VII-Verg 31/18, NZBau 2019, 393 (397).
[212] VK Lüneburg Beschl. v. 12.12.2011 VgK 53/2011, BeckRS 2012, 05608.
[213] BVerfG Beschl. v. 6.12.1995 – 2 BVR 1732/95, NStZ-RR 1996, 168 (169); BeckOK StPO/*Beukelmann* StPO § 153a Rn. 14.
[214] VK Lüneburg Beschl. v. 12.12.2011 VgK 53/2011, BeckRS 2012, 05608.
[215] Beck VergabeR/*Opitz* GWB § 124 Rn. 47.
[216] Beck VergabeR/*Opitz* GWB § 124 Rn. 50.
[217] Vgl. zB § 4 des Gesetzes zur Verbesserung der Korruptionsbekämpfung und zur Errichtung und Führung eines Vergaberegisters in Nordrhein-Westfalen (Korruptionsbekämpfungsgesetz – KorruptionsbG) v. 16.12.2004 (GV. NRW. 2005 S. 8), zuletzt geändert durch Art. 3 des Gesetzes v. 22.3.2018 (GV. NRW. S. 172) sowie Ziff. 7.1.7 Richtlinie zur Verhütung und Bekämpfung von Korruption in der öffentlichen Verwaltung (Korruptionsbekämpfungsrichtlinie – KorruR), Bekanntm. der Bay. Staatsregierung v. 13.4.2004, Az. B III 2-515-238 (AllMBl. S. 87), zuletzt geändert durch die durch Bekanntmachung vom 14. September 2010 (AllMBl. S. 243) geändert worden ist. Mit einem Überblick zu den auf der Ebene der Bundesländer bestehenden Vergabe- oder Korruptionsregistern: Beck VergabeR/*Opitz* GWB § 126 Rn. 22 ff.
[218] Hierzu näher *Fülling/Freiberg* NZBau 2018, 29.
[219] Im Internet abrufbar unter: https://www.bmwi.de/Redaktion/DE/Downloads/Gesetz/referentenentwurf-verordnung-ueber-den-betrieb-des-registers-zum-schutz-des-wettbewerbs-um-oeffentliche-auftraege-und-konzessionen.pdf?__blob=publicationFile&v=8 (zuletzt abgerufen am 31.5.2021).
[220] OLG Düsseldorf Beschl. v. 5.12.2012 – VII-Verg 29/12, BeckRS 2013, 2606 Rn. 16; OLG Düsseldorf Beschl. v. 17.1.2013 – VII-Verg 35/12, NZBau 2013, 329 (332).

114 **cc) Zuverlässigkeit als Bewerber in Frage gestellt.** Wurde eine schwere Verfehlung festgestellt, welche Zweifel an der Eignung des Bewerbers oder Bieters hervorruft, muss der Auftraggeber in einem zweiten Schritt im Rahmen einer **Prognoseentscheidung** feststellen, ob diese so gewichtig sind, dass dadurch die Zuverlässigkeit in Frage gestellt wird. Ausschlaggebend ist hierbei, ob bei einer **Gesamtabwägung** die positiven oder die negativen Erfahrungen mit der Antragstellerin objektiv größeres Gewicht haben. Zum Ausschluss des Bewerbers bzw. Bieters wegen Unzuverlässigkeit bedarf es einer dokumentierten negativen Prognose, wonach die in der Vergangenheit festgestellte mangelhafte Leistung für den zu vergebenden Auftrag erhebliche Zweifel an der Zuverlässigkeit der Antragstellerin begründen.[221]

115 Bei der von dem öffentlichen Auftraggeber zu treffenden Prognoseentscheidung zu berücksichtigen ist insbesondere, ob die Zuverlässigkeit des betroffenen Auftragnehmers im Wege der **Selbstreinigung** wiederhergestellt wurde.[222] Dies kann ein Unternehmen vor allem durch innerbetriebliche, personelle Maßnahmen und die Sicherstellung, dass sich entsprechende Verfehlungen nicht wiederholen, erreichen. Ebenso wichtige Aspekte sind die Wiedergutmachung des durch die Verfehlung entstandenen Schadens und die aktive Unterstützung der Ermittlungsbehörden (→ Rn. 32).[223]

116 Die jeweiligen Feststellungen des Auftraggebers müssen bereits in der Dokumentation gem. § 20 enthalten sein.[224]

117 **h) Verpflichtung zur Zahlung von Steuern, Abgaben, Beiträgen (Nr. 8).** Der Eignungsnachweis gem. Abs. 2 Nr. 8 umfasst Angaben zur ordnungsgemäßen Zahlung von Steuern, Abgaben sowie der Beiträge zur Sozialversicherung. Als **Steuern** lassen sich – in Anlehnung an den Steuerbegriff des § 3 Abs. 1 AO – einmalige oder laufende Geldleistungen definieren, die keine Gegenleistung für eine besondere Leistung darstellen, sondern von einem öffentlich-rechtlichen Gemeinwesen zur Erzielung von Einkünften allen Personen auferlegt werden, die unter den Tatbestand fallen, an den das Gesetz die Leistungspflicht knüpft.[225] Darunter fallen – um nur einige Beispiele zu nennen – Umsatz-, Einkommens-, Körperschafts-, Grund- oder Gewerbesteuer. Der Begriff der **Abgabe** ist ein Oberbegriff, der neben Steuern auch Beiträge und Gebühren umfasst (vgl. zB § 1 Abs. 1 NRWKAG). Eine **Gebühr** ist eine öffentlich-rechtliche Geldleistung, die aus Anlass individuell zurechenbarer öffentlicher Leistungen dem Gebührenschuldner auferlegt wird und dazu bestimmt ist, in Anknüpfung an diese Leistung deren Kosten ganz oder teilweise zu decken.[226] Exemplarisch angeführt werden können die kommunalen Abfallentsorgungsgebühren. **Beiträge** sind öffentlich-rechtliche Geldleistungen, die als Ausgleich für die Möglichkeit der Nutzung von Einrichtungen oder sonstiger Vorteile erhoben werden, unabhängig davon, ob diese tatsächlich in Anspruch genommen werden.[227] Zu denken ist etwa an Straßenausbaubeiträge[228] oder Mitgliedsbeiträge der öffentlich-rechtlichen Kammern. Als **Sozialversicherungsbeiträge** einzuordnen sind die Beiträge zur gesetzliche Kranken-, Unfall- und Rentenversicherung, zur Pflegeversicherung sowie zur Arbeitslosenversicherung (§ 1 SGB IV).[229]

118 Wegen der **Streichung des Zusatzes „gesetzlich"** vor dem Wort „Sozialversicherung" durch die VOB/A 2019 – mit der die Vorschrift in Gleichklang zur Regelung des § 6 EU Abs. 4 Nr. 1 gebracht wird – können nunmehr auch Nachweise über die Abführung von Beiträgen zu Sozialkassen gefordert werden, die aufgrund von für allgemeinverbindlich erklärten Tarifverträgen zu zahlen sind.[230] Diese waren von der Regelung bisher nicht erfasst.[231]

---

[221] VK Sachsen-Anhalt Beschl. v. 28.7.16 – 3 VK LSA 20/16, IBRRS 2016, 2522.
[222] LG Berlin Urt. v. 22.3.2006 – 23 O 118/04, NZBau 2006, 397; VK Nordbayern Beschl. v. 22.1.2007 – 21 VK 3194 44/06, BeckRS 2007, 37789 Rn. 159; VK Lüneburg Beschl. v. 1.12.2011 – VgK-53/201, BeckRS 2012, 05608; VK Lüneburg Beschl. v. 18.12.2015 – VngK-45/2015, BeckRS 2016, 5477.
[223] OLG Düsseldorf Beschl. v. 14.11.2018 – VII-Verg 31/18, NZBau 2019, 393 (397); LG Berlin Urt. v. 22.3.2006 – 23 O 118/04, NZBau 2006, 397 (399).
[224] OLG Düsseldorf Beschl. v. 14.11.2018 – VII-Verg 31/18, NZBau 2019, 393 (397); VK Sachsen-Anhalt Beschl. v. 28.7.16 – 3 VK LSA 20/16, IBRRS 2016, 2522.
[225] IdS OVG Münster Urt. v. 12.3.2015 – 2 A 2423/14, BeckRS 2015, 43989; VG Arnsberg Urt. v. 7.1.2016 – 5 K 375/15, BeckRS 2016, 41219.
[226] ZB BVerwG Urt. v. 13.9.2006 – 6 C 10/06, NVwZ-RR 2007, 192 (195); VG Gelsenkirchen Urt. v. 20.11.2013 – 7 K 4877/11, BeckRS 2014, 45597; BeckOK VwGO/*Gersdorf* VwGO § 80 Rn. 51.1.
[227] VG Gelsenkirchen Urt. v. 20.11.2013 – 7 K 4877/11, BeckRS 2014, 45597; *Driehaus* in Driehaus, Kommunalabgabenrecht, Loseblattsammlung, 63 EL Sept. 2020, KAG NRW § 8 Rn. 9 ff.
[228] *Driehaus* in Driehaus, Kommunalabgabenrecht, Loseblattsammlung, 63 EL Sept. 2020, KAG NRW § 8 Rn. 15.
[229] OLG Schleswig Urt. v. 6.11.2001 – 6 U 50/01, ZfBR 2002, 186 (187).
[230] *Janssen* NZBau 2019, 147 (149); Ingenstau/Korbion/*Schranner* Rn. 30.
[231] OLG Schleswig-Holstein Urt. v. 6.11.2001 – 6 U 50/01, ZfBR 2002, 186 (188); OLG Koblenz Beschl. v. 19.1.2015 – Verg 6/14, BeckRS 2015, 3293.

Die Angaben iSd Abs. 2 Nr. 8 sind für den öffentlichen Auftraggeber in mehrfacher Hinsicht 119 von Interesse. Zahlungsrückstände gegenüber den genannten öffentlichen Kassen bzw. der tariflichen Sozialkassen sind ein **Indiz für eine Illiquidität** und können zum Anlass einer weiteren Prüfung der wirtschaftlichen Leistungsfähigkeit genommen werden.[232] Der Umstand, dass der Bewerber bzw. Bieter Steuern, Abgaben sowie die genannten Beiträge abführt, lässt hingegen erkennen, dass er seinen gesetzlichen Pflichten nachkommt und spricht für dessen **Zuverlässigkeit**.[233] Schließlich ist es **Intention** der Regelung, den öffentlichen Auftraggeber vor etwaigen **Zwangsvollstreckungsmaßnahmen der Steuer- bzw. Abgabengläubiger** und dem hiermit verbundenen Risiko von Leistungsstörungen zu bewahren.[234]

Für den Fall, dass der Bewerber bzw. Bieter seinen Zahlungspflichten iSd Abs. 2 Nr. 8 nicht 120 nachgekommen ist, kann dessen Angebot nach **§ 16 Abs. 2 Nr. 4** vom Wettbewerb ausgeschlossen werden.

i) Anmeldung Berufsgenossenschaft (Nr. 9). Auch Nachweise über die Anmeldung bei der 121 zuständigen Berufsgenossenschaft können nach § 6a Abs. 2 Nr. 9 Gegenstand der Eignungsprüfung sein. Erforderlich ist die Anmeldung bei der Berufsgenossenschaft, **welcher der Bewerber oder Bieter nach der von ihm ausgeübte Tätigkeit angehören muss.**[235] Die gewerblichen Berufsgenossenschaften sind gem. § 121 SGB VII für alle Unternehmer gewerbsmäßiger oder nichtgewerbsmäßiger Art (Betriebe, Verwaltungen, Einrichtungen, Tätigkeiten) zuständig, selbst für die sog. privaten Eigenbauherrn.[236] Es besteht eine Anmeldepflicht gegenüber der Berufsgenossenschaft (§ 192 SGB VII).

Hintergrund der Regelung des § 6a Abs. 2 Nr. 9 ist zum einen das Interesse des Auftraggebers 122 an der Vermeidung der Folgen einer Nichtanmeldung bei der Berufsgenossenschaft. Kommen der Bewerber bzw. Bieter seiner Anmeldepflicht nicht nach, wäre insbesondere die **Überwachung durch die Berufsgenossenschaft auf die Einhaltung der von ihr herausgegebenen Unfallverhütungs- und sonstigen Vorschriften gefährdet.** Diese sichern die Erfüllung der Aufgaben der Berufsgenossenschaften, zu denen es gehört, Arbeits- und Wegeunfälle, Berufskrankheiten und arbeitsbedingte Gesundheitsgefahren zu verhindern (vgl. §§ 14 ff. SGB VII).[237] Diese Aufgaben nehmen die Berufsgenossenschaften zwar unmittelbar im sozialstaatlichen Interesse wahr, jedoch trägt dies zugleich zur Aufrechterhaltung der allgemeinen Ordnung auf der Baustelle bei, die gem. § 4 Abs. 1 Nr. 1 VOB/B grundsätzlich dem Auftraggeber obliegt. Zum anderen kann die Berufsgenossenschaft ihre **Umlage nicht richtig berechnen,** wenn der Bewerber bzw. Bieter seinen Anmeldepflichten nicht nachkommen.[238] Dies ginge aufgrund des Solidarprinzips der gesetzlichen Sozialversicherung zulasten anderer Wettbewerbsteilnehmer und würde unlautere Wettbewerbsvorteile des gesetzesuntreuen Bewerbers bzw. Bieters nach sich ziehen. Letztlich ist zu bedenken, dass das System der Sozialversicherung, zu dem auch die von den Berufsgenossenschaften getragene Unfallversicherung gehört, ein wesentlicher Bestandteil der staatlichen Organisation sozialer Sicherheit ist. Die Frage, ob der Bewerber bzw. Bieter den Pflichten nachkommen, die ihm in diesem Rahmen obliegen, stellt ein wichtiges allgemeines **Indiz für seine Zuverlässigkeit** dar.

Ist der Bewerber oder Bieter nicht bei der Berufsgenossenschaft angemeldet, so rechtfertigt dies 123 gegebenenfalls einen Angebotsausschluss gem. **§ 16 Abs. 2 Nr. 5.**

3. Zusätzliche Nachweise (Abs. 3). Abs. 3 meint andere als die bereits in Abs. 2 Nr. 1– 124 9 aufgeführten Eignungskriterien, die **keinen erschöpfenden Nachweis für die Fachkunde, Leistungsfähigkeit und Zuverlässigkeit** darstellen.[239] Dies ergibt sich bereits aus dem eindeutigen Wortlaut der Vorschrift („andere") und deren Stellung im Text.

Es entspricht den Grundsätzen des Vergaberechts, dass „[D]ie Prüfung der Eignung […] dem 125 Auftraggeber [obliegt]. Er allein hat darüber zu befinden, ob er einem Bieter eine fachgerechte und reibungslose Vertragserfüllung zutraut".[240] Dem öffentlichen Auftraggeber steht es mithin grundsätzlich frei, die von ihm für erforderlich gehaltenen Eignungsvorgaben selbst zu definieren und die von den Bietern zu erfüllenden Anforderungen festzulegen (→ Rn. 13). Das dem Auftraggeber die

---

[232] BGH Urt. v. 21.3.1985 – VII ZR 192/83, NJW 1985, 1825 (1826); Franke/Kemper/Zanner/Grünhagen/ Mertens/*Mertens* Rn. 31.
[233] OLG Koblenz Beschl. v. 4.7.2007 – 1 Verg 3/07, ZfBR 2007, 712 (717).
[234] OLG Düsseldorf Beschl. v. 24.6.2002 – Verg 26/02, IBRRS 2003, 1075; VK Niedersachsen Beschl. v. 4.10.2012 – VgK-38/2012, BeckRS 2012, 23581.
[235] Franke/Kemper/Zanner/Grünhagen/Mertens/*Mertens* Rn. 31.
[236] OLG, Düsseldorf Urt. v. 17.1.1978 – 4 U 201/77, NJW 1978, 1694; LSG Rheinland-Pfalz Urt. v. 25.6.2019 – L 3 U 205/18, BeckRS 2019, 28363 Rn. 31.
[237] Ingenstau/Korbion/*Schranner* Rn. 34.
[238] Ingenstau/Korbion/*Schranner* Rn. 34.
[239] Vgl. OLG Karlsruhe Beschl. v. 7.5.2014 – 15 Verg 4/13, BeckRS 2015, 08088 Rn. 37.
[240] OLG Koblenz Beschl. v. 15.10.2009 – 1 Verg 9/09, BeckRS 2010, 5513.

Möglichkeit eingeräumt wird, weitere Nachweise zu fordern, lässt sich im Übrigen damit erklären, dass es sich bei den in Abs. 2 Nr. 1–9 aufgelisteten Nachweisen um standardisierte Angaben handelt. Da die Eignung stets unter Berücksichtigung der **sich aus der konkreten Bauaufgabe ergebenden Anforderungen** zu prüfen ist (→ Rn. 13), muss der Auftraggeber die Option haben, erforderlichenfalls auch andere als die in Abs. 2 Nr. 1–9 aufgelisteten Angaben bzw. Nachweise zu fordern.

126 **a) Überblick über mögliche weitere Nachweise.** Nach dem Wortlaut des Abs. 3 können vor allem zusätzliche Fachkundenachweise verlangt werden. Wie sich aus dem Wort „insbesondere" ergibt, lässt Abs. 3 jedoch auch die Anforderung zusätzlicher Nachweise zur Leistungsfähigkeit und Zuverlässigkeit zu.

127 Hierbei kann sich ein Auftraggeber auch im Unterschwellenbereich durchaus am **Katalog der §§ 6a EU, 6c EU** orientieren.[241] In Betracht kommen daher bspw.:
– Angabe der technischen Fachkräfte oder der technischen Stellen, insbesondere derjenigen, die mit der Qualitätskontrolle beauftragt sind und derjenigen, über die der Unternehmer für die Errichtung des Bauwerks verfügt,
– Beschreibung der Maßnahmen des Unternehmens zur Qualitätssicherung und seiner Untersuchungs- und Forschungsmöglichkeiten,
– Studiennachweise und Bescheinigungen über die berufliche Befähigung des Unternehmers und/ oder der Führungskräfte des Unternehmens,
– Angabe der Umweltmanagementmaßnahmen, die der Unternehmer zur Ausführung verwendet,
– eine Erklärung, aus der hervorgeht, über welche Ausstattung, welche Geräte und welche technische Ausrüstung das Unternehmen für die Ausführung des Auftrags verfügt (vgl. auch § 8 Nr. 3 Abs. 1d VOB/A 2009)
– sowie die Angabe, welche Teile des Auftrags unter Umständen als Unteraufträge vergeben werden sollen.

128 In Abhängigkeit vom Auftragsgegenstand kann auch ein Bedürfnis des Auftraggebers bestehen, sich zum Zwecke des Nachweises spezifischer Materialkenntnisse oder der Beherrschung besonderer Bauverfahren Nachweise über Prüfungen, Besuche von Fortbildungsseminaren oder Zertifizierungen vorlegen zu lassen, etwa den Nachweis der Einhaltung schweißtechnischer Qualitätsanforderungen nach der DIN EN 1090-1:2010-07 (vormals DIN 18800-7).[242]

129 Unter Berücksichtigung des allgemeinen **Verhältnismäßigkeitsgrundsatzes** (§ 2 Abs. 1 S. 2) muss sich der Auftraggeber jedoch stets auf die Forderung solcher Nachweise beschränken, die durch den Gegenstand der zu erbringenden Bauleistung gerechtfertigt sind.[243] Ob die Forderung des Nachweises von Umweltmanagementmaßnahmen angemessen ist, hängt zB davon ab, ob und inwieweit mit der Auftragsausführung Auswirkungen auf Boden, Luft, Gewässer oder Klima einhergehen oder Gefahren für Umweltgüter entstehen (→ § 6c EU Rn. 26). Sind Teilleistungen unter erschwerten Bedingungen zu erbringen, sind die gesteigerten Anforderungen an die Leistungsfähigkeit nicht für sämtliche ausgeschriebenen Bauleistungen zu fordern, sondern nur für solche Gewerke, bei denen diese spezifischen Bedingungen tatsächlich gegeben sind.[244]

130 Werden auf der Grundlage von Abs. 3 personenbezogene Daten, wie Studiennachweise oder Lebensläufe des (leitenden) Personals des Bewerbers bzw. Bieters angefordert, so muss dies mit datenschutzrechtlichen Anforderungen in Einklang stehen (→ Rn. 137 ff.).

131 **b) Sonderfall: Gütezeichen und Zertifikate.** Fordert ein Auftraggeber einen Nachweis über ein bestimmtes **Qualitätsmanagementsystem** (→ Rn. 127), muss er dies in der Bekanntmachung deutlich machen. Hierbei darf er sich durchaus auf Güte- und Prüfbestimmungen einer bestimmten Güteschutzgemeinschaft (zB **ZertBau, RAL-Güteausschuss** etc) beziehen.[245] Gibt es nach den Prüfbestimmungen bestimmte Klassen bzw. Beurteilungsgruppen des Gütezeichens, ist die geforderte Klasse bzw. Beurteilungsgruppe präzise zu bezeichnen. Als Anforderung iSd § 6a Abs. 3 denkbar und zulässig ist beispielsweise eine Bezugnahme auf die Gütesicherung „Kanalbau RAL-GZ 961, AK2".[246]

---

[241] juris-PK VergabeR/*Summa* Rn. 62, 64.
[242] OLG München Beschl. v. 21.8.2008 – Verg 13/08, BeckRS 2008, 20532; Ingenstau/Korbion/*Schranner* Rn. 35.
[243] BGH NZBau 2012, 513 (515); OLG Düsseldorf NZBau 2015, 43 (45); OLG Düsseldorf Beschl. v. 25.6.2014 – VII-Verg 38/13, BeckRS 2014, 15908 Rn. 29, 38.
[244] juris-PK VergabeR/*Summa* Rn. 66.
[245] Vgl. VK Südbayern Beschl. v. 22.5.2015 – Z3-3-3194-1-13-02/15, NZBau 2016, 126 (128).
[246] OLG Karlsruhe Beschl. v. 25.4.2008 – 15 Verg 2/08, IBRRS 2008, 1525; VK Brandenburg Beschl. v. 11.3.2013 – VK 2/13, BeckRS 2013, 7308; VK Sachsen-Anhalt Beschl. v. 7.8.2018 – 3-VK LSA 46/18, IBRRS 2018, 3728.

Abzugrenzen sind derartige – bieterbezogene – Qualitätsanforderungen von den – leistungsbezogenen – technischen Spezifikationen iSv § 7a Abs. 2.

aa) Vorteile von Gütezeichen. Das übergeordnete Ziel der Gütesicherung ist die **Auswahl fachtechnisch geeigneter Bieter auf Grundlage abgestimmter Anforderungen.** Wie im Falle der Präqualifikation (→ § 6b Rn. 10) ersparen Auftraggeber dem Bieter und sich selbst mit der vorgelagerten Prüfung von fachtechnischen Anforderungen durch entsprechende Zertifizierungsstellen, deren Bestehen durch die Verleihung des Gütezeichens dokumentiert wird, einen nicht unerheblichen bürokratischen Einzelaufwand.

Kommen im Hinblick auf den konkreten Auftragsgegenstand unterschiedliche Güte- und Prüfbestimmungen in Betracht, von welchen die Eignung der Bewerber bzw. Bieter abhängig gemacht werden kann, sind bei der Auswahl für den Auftraggeber in der Regel Aspekte der Neutralität und Transparenz von Bedeutung. Vorzugswürdig sind daher Güte- und Prüfbestimmungen solcher Gremien, die sowohl aus Vertretern der Auftraggeber- als auch Auftragnehmerseite sowie neutralen Dritten, zB Ingenieurbüros, bestehen. Von diesen Gremien werden – unter Berücksichtigung der unterschiedlichen Sichtweisen der Stakeholder und damit interessenausgleichend – Gütebestimmungen, Prüfbestimmungen und Durchführungsbestimmungen für die Verleihung und Führung des Gütezeichens festgesetzt; die Durchführungsbestimmungen können beispielsweise auch Systeme festlegen, über welche auf die Nichteinhaltung der Gütebestimmungen zu einem Zeitpunkt nach der Verleihung reagiert wird, bis hin zum Entzug des Gütezeichens. Diese gemeinsam definierten Anforderungen machen Auftraggeber sodann zur Grundlage ihrer Vergabe.

bb) Anerkennung gleichwertiger Nachweise. Ob ein Auftraggeber seine Eignungsanforderungen auf **ein oder mehrere (Präqualifikations-)Systeme** stützt (zB PQ-VOB und zusätzlich RAL-GZ 961 im Kanalbau und zusätzlich W3 für Wasserleitungsbau, wie empfohlen von der DWA im Merkblatt M 805 vom August 2011), liegt **grundsätzlich in seinem Ermessen.** Wenn es ähnliche Systeme gibt, die sich inhaltlich unterscheiden, kann ein Auftraggeber – sofern die konkrete Bauaufgabe dies rechtfertigt und die Grenzen des vergaberechtlichen Verhältnismäßigkeitsgrundsatzes (§ 2 Abs. 1 S. 2) gewahrt sind – auf diese Unterschiede abheben. Es bleibt eine Auftraggeber-Entscheidung, welche Anforderungen gestellt werden und unter welchen Umständen der Auftraggeber seine (Mindest-)Anforderungen an die Eignung als erfüllt ansieht.[247]

Zur Vermeidung von Wettbewerbsbeschränkung iSv § 2 Abs. 1 Nr. 2 S. 2 muss der Auftraggeber allerdings **gleichwertige Prüfzeugnisse** als Nachweis der Eignung des Auftragnehmers **gelten lassen.** Die Feststellung, ob und inwieweit die gestellten Anforderungen der Güte- und Prüfbestimmungen gleichwertig nachgewiesen werden, unterliegt dem Beurteilungsspielraum des Auftraggebers, ist also nur daraufhin zu überprüfen, ob die Grenzen des Beurteilungsspielraumes überschritten sind, dh der öffentliche Auftraggeber das vorgeschriebene Verfahren eingehalten hat, er von einem zutreffend und vollständig ermittelten Sachverhalt ausgegangen ist, er keine sachwidrigen Erwägungen in die Wertung einbezogen hat und er den sich im Rahmen der Beurteilungsermächtigung haltenden Beurteilungsmaßstab zutreffend angewendet hat (allgemein zur Eignungsprüfung → Rn. 19). Hat der Auftraggeber im Rahmen seiner Eignungsanforderungen zB die „Gütesicherung Kanalbau RAL-GZ 961" gefordert, ist der Bewerber bzw. Bieter aber kein Mitglied der RAL-Gütegemeinschaft Güteschutz Kanalbau, muss als gleichwertiger Nachweis zB eine – nachgewiesene – Fremdüberwachung der Arbeiten des Bewerbers bzw. Bieters durch einen fachkundigen Dritten, etwa anerkannte (herstellerunabhängigen) Prüfstellen (zB Hochschulinstitute) oder technische Sachverständige akzeptiert werden.[248]

4. Datenschutzrechtliche Grenzen der Anforderung von Eignungsnachweisen. Wenn der öffentlicher Auftraggeber Nachweise bzw. Angaben nach Abs. 2–4 fordert, enthalten diese vielfach personenbezogenen Daten im Sinne datenschutzrechtlicher Vorschriften, namentlich des Art. 1 Abs. 1 DS-GVO.

So können etwa Erörterungen zur Selbstreinigung iSv Abs. 1 iVm § 6f EU Abs. 1 und 2 Namen von Mitarbeitern enthalten. Zu denken ist insbesondere auch an die vorzulegenden Nachweise über früher ausgeführte Aufträge iSv Abs. 2 Nr. 2 (Referenzen), die ebenfalls Angaben (Name, Kontaktdaten) von Mitarbeitern der Referenzgeber bzw. der ausführenden Mitarbeiter des Bieters enthalten können. Darüber lassen sich den Eintragungen in Berufsregister (Abs. 2 Nr. 4) in der Regel Namen und Geburtsdaten der Vertretungsberechtigten des Bieters entnehmen. Schließlich kann – nach der hier vertretenen Auffassung – auf der Grundlage des Abs. 3 zB die Angabe der

---

[247] VK Nordbayern Beschl. v. 2.10.2013 – 21.VK-3194-36/13, IBRRS 2013, 4641.
[248] OLG Karlsruhe Beschl. v. 25.4.2008 – 15 Verg 2/08, IBRRS 2008, 1525; VOB-Stelle Niedersachsen, Stellungnahme v. 11.6.1996 – 1082, IBR 1996, 409 mAnm *Schelle*; *Weyand* ibrOK VergabeR § 6 Rn. 245.

technischen Fachkräfte oder Stellen, welche im Rahmen der Leistungserbringung eingesetzt werden sollen oder die Vorlage von Studien- und Ausbildungsnachweise sowie Bescheinigungen über die berufliche Befähigung der Inhaber oder Führungskräfte des Unternehmens verlangt werden. Auch hierbei werden regelmäßig personenbezogene Daten mitgeteilt. Zu beachten ist, dass in diesen Fällen sowohl der Bieter als auch der öffentliche Auftraggeber verpflichtet sind. Die Verletzung von datenschutzrechtlichen Vorgaben würde zwar nicht zur Rechtswidrigkeit des Vergabeverfahrens führen,[249] kann jedoch datenschutzrechtliche Konsequenzen, insbesondere die Verhängung von Bußgeldern, nach sich ziehen.

139 Das – nach datenschutzrechtlichen Vorgaben erforderliche – **berechtigte Interesse des öffentlichen Auftraggebers** an der Verarbeitung der Daten der Referenzgeber dürfte sich daraus ergeben, dass der öffentliche Auftraggeber nach § 16b zur Prüfung der Eignung verpflichtet ist und hierzu die entsprechenden Nachweise bzw. Angaben benötigt.[250] Als Rechtsgrundlage kommen daher aus Sicht des öffentlichen Auftraggebers Art. 6 Abs. 1 S. 1 lit. c DS-GVO iVm Art. 6 Abs. 3 DS-GVO iVm der Landeshaushaltsordnung in Betracht.[251] Zum Teil wird die Auffassung vertreten, dass der Auftraggeber im Hinblick auf die Grundrechte der Ansprechpartner und den Grundsatz der Datenminimierung zweistufig vorgehen sollte. Mit dem Angebot sollen zB zunächst Referenzen ohne Kontaktdaten des Referenzgebers abgefragt werden. Lediglich von dem für die Zuschlagserteilung vorgesehenen Bieter könnten dann in einem zweiten Schritt die vollständigen Informationen (einschließlich Name und Kontaktdaten des Ansprechpartners des Referenzgebers) angefordert werden.[252] Ob ein solches Vorgehen zwingend erforderlich ist, angesichts des damit verbundenen Mehraufwandes und des Umstandes, dass nur wenige, allgemeine Personendaten des Ansprechpartners betroffen sind (Name, dienstliche E-Mail-Adresse), jedoch zweifelhaft.[253] Für den Auftraggeber ergeben sich bei Anforderungen von personenbezogenen Daten aus Art. 13, 14 DS-GVO im Übrigen Informationspflichten, welchen er nachkommt, indem er den Vergabeunterlagen einen **(qualifizierten) Datenschutzhinweis** beifügt.

140 **Bewerber bzw. Bieter** müssen **im Innenverhältnis zu den Referenzgebern sicherstellen, dass die Datenübermittlung an den Auftraggeber mit datenschutzrechtlichen in Einklang steht.** Insbesondere müssen sie – sofern keine andere Rechtsgrundlage Art. 6 DS-GVO in Betracht kommt – eine entsprechende Einwilligung (Art. 6 Abs. 1 S. 1 lit. a DS-GVO) einholen. Die Notwendigkeit, eventuell um die **Einwilligung** in die Weitergabe von Kontaktdaten nachsuchen zu müssen, macht die Anforderung der Daten aber nicht unzulässig.[254] Um etwaigen datenschutzrechtlichen Problemen, insbesondere einem Widerspruch des betroffenen Ansprechpartners, entgegenzuwirken, könnte sich der Auftraggeber – auch wenn er hierzu nicht verpflichtet ist – lediglich die zur Erteilung von Auskünften zuständige Abteilung des Referenzgebers und eine zentrale E-Mail-Adresse benennen lassen.

141 **5. Andere Nachweise der wirtschaftlichen/finanziellen Leistungsfähigkeit (Abs. 4).** Abs. 4 regelt, dass der Auftraggeber andere ihm geeignet erscheinende Nachweise der wirtschaftlichen und finanziellen Leistungsfähigkeit zulässt, wenn hierfür stichhaltige Gründe bestehen. Durch diese § 6a EU Nr. 2 S. 2 entsprechende Regelung, wird festgelegt, dass der Auftraggeber alternative Nachweise anerkennt, wenn der Bewerber bzw. Bieter zur Vorlage der geforderten Nachweise nicht in der Lage sind. Es handelt sich um eine Härtefallregelung, welche eine ungewollte Beschränkung des Wettbewerbs verhindern soll.[255]

142 Dass der Bewerber bzw. Bieter nicht den geforderten Beleg, sondern einen anderen Nachweis vorlegt, muss durch „**stichhaltige Gründe**" gerechtfertigt sein. Ein stichhaltiger Grund ist ein belastbarer und legitimer Grund.[256] Das kann zB der Fall sein, wenn der Auftraggeber die Vorlage einer Bilanz verlangt, diese aber aus handelsrechtlichen Gründen nicht aufgestellt werden kann[257] oder eine Unbedenklichkeitsbescheinigung der Sozialversicherung vorzulegen ist, der Bieter aber kein Arbeitgeber im Sinne des Sozialversicherungsrechts ist.[258]

143 Bei den anstelle der ausdrücklich geforderten Belege vorgelegten Nachweisen muss es sich um „**geeignet erscheinende Nachweise**" handeln, dh sie müssen ebenso tauglich sein, die Eignungs-

---

[249] OLG München Beschl. v.13.3.2017 – Verg 15/16, NZBau 2017, 371 (375).
[250] OLG München Beschl. v.13.3.2017 – Verg 15/16, NZBau 2017, 371 (375).
[251] *Hattig/Oest* VergabeNavigator 1/2019, 8 (9).
[252] *Hattig/Oest* VergabeNavigator 4/2018, 5 (9).
[253] *Tegeler* VergabeR 2019, 337 (343).
[254] OLG München Beschl. v.13.3.2017 – Verg 15/16, NZBau 2017, 371 (375).
[255] VK Bund Beschl. v. 13.6.2007 – VK 2-51/07, IBRRS 2007, 5485 (zur VOB/A 2006).
[256] IdS Ingenstau/Korbion/*Schranner* Rn. 39; Ziekow/Völlink/*Goldbrunner* Rn. 5.
[257] OLG Düsseldorf Beschl. v. 1.2.2006 – VII Verg 83/05, BeckRS 2006, 2267 (zur VOL/A 2002).
[258] OLG Koblenz Beschl. v. 4.7.2007 – 1 Verg 3/07, ZfBR 2007, 712 (713) (zur VOL/A 2006).

anforderungen nachzuweisen, wie die ausdrücklich geforderten Nachweise. Hierbei ist es nicht ausgeschlossen, dass eine Dritterklärung durch eine Eigenerklärung ersetzt wird.[259]

Die **Darlegungs- und Beweislast** für das Vorliegen eines die Ersetzung rechtfertigenden „stichhaltigen Grundes" sowie der Eignung der anstelle der geforderten Nachweise vorgelegten Unterlagen, obliegt dem Bewerber bzw. Bieter.[260] **144**

Der Begriff „stichhaltig" ist ein unbestimmter Rechtsbegriff und eröffnet einen – rechtlich vollständig überprüfbaren – Spielraum für die Annahme eines Ausnahmegrundes, welcher die Anerkennung anderer als der ausdrücklich geforderten Eignungsnachweise rechtfertigt. Bezüglich der Frage, ob die ersatzweise vorgelegten Nachweise geeignet sind, dürfte dem Auftraggeber dagegen ein – nur beschränkt überprüfbarer – Beurteilungsspielraum zustehen. Dies legt bereits der Wortlaut nahe („*ihm geeignet erscheinende Nachweise*"), ergibt sich jedoch auch daraus, dass die Eignungsprüfung eine Prognoseentscheidung ist und der Aussagegehalt der Belege häufig im Konnex zur Art des Nachweises steht.[261] Wenn der Auftraggeber das Vorliegen stichhaltiger Gründe und die Eignung der alternativen Nachweise bejaht, hat er bezüglich der Zulassung dieser Nachweise jedoch **keinen Ermessensspielraum**, wie der Wortlaut „*…wird der Auftraggeber andere … Nachweise … zulassen*" nahelegt. **145**

6. Verzicht auf Eignungsnachweise (Abs. 5). Der durch die VOB/A 2019 eingefügte Abs. 5 eröffnet dem Auftraggeber die Möglichkeit, unter bestimmten Voraussetzungen bis zu einem Auftragswert von 10.000 EUR auf die Eignungsnachweise nach Abs. 2 Nr. 1–3, 5 und 6 zu verzichten. Der Sinn und Zweck der Regelung besteht in der **Entlastung** der **Bewerber bzw. Bieter** von der Beibringung und des **Auftraggebers** von der Prüfung verzichtbarer Eignungsnachweise.[262] **146**

Anwendbar ist die Bestimmung bei Bauaufträgen mit einem **Auftragswert von maximal 10.000 EUR.** Der Normgeber hat sich hierbei an dem in § 3a Abs. 3 S. 2 genannten Auftragswert orientiert, bis zu dessen Höhe eine freihändige Vergabe ohne weitere Voraussetzungen durchgeführt werden kann.[263] Wie im Rahmen des § 3a Abs. 3 S. 2 ist davon auszugehen, dass es sich um den **Netto-Auftragswert** handelt.[264] **147**

Neben der Einhaltung der genannten Betragsgrenze, ist außerdem erforderlich, dass der Verzicht auf die genannten Eignungsnachweise **durch Art und Umfang des Auftrags gerechtfertigt** ist. Die Art des Auftrags rechtfertigt den Verzicht, wenn die zu erbringende **Leistung von geringer Komplexität** ist und oder **geringes Fachwissen bzw. geringe technische Fertigkeiten bzw. Fähigkeiten** erfordert. Vom Umfang her gerechtfertigt ist der Verzicht auf die Vorlage der genannten Belege, wenn der **Auftragswert gering** ist und bzw. oder mit der Auftragsausführung **keine nennenswerten wirtschaftlichen Risiken** verbunden sind. Der Auftraggeber hat diesbezüglich einen Beurteilungsspielraum. Man wird annehmen können, dass unterhalb eines Auftragswertes von 10.000 EUR es Art und Umfang des Auftrags häufig erlauben werden, auf Nachweise zu verzichten.[265] **148**

Liegen die genannten Voraussetzungen vor, kann auf Eignungsnachweise nach Abs. 2 Nr. 1–3 (Umsatz, Referenzen, Anzahl der Arbeitskräfte), Nr. 5 (Angaben zu Insolvenz) und Nr. 6 (Angaben zur Liquidation) verzichtet werden, also auf die Nachweise zur Darlegung von Fachkunde und Leistungsfähigkeit. Es spricht nichts dagegen, dass der Auftraggeber auch nur auf einen der aufgelisteten Nachweise, zB auf die Angabe der Umsätze, verzichtet.[266] Auf die in Abs. 5 nicht aufgelisteten Angaben – es handelt sich um **die Zuverlässigkeit eines Bewerbers oder Bieters** betreffenden Angaben – kann der Auftraggeber dagegen nicht verzichten. Eine Ausdehnung der Ausnahme auch auf diese Angaben hielt der DVA nicht für geboten, da sich der Auftraggeber auch bei Klein- und Kleinstaufträgen vergewissern soll, dass der Schwarzarbeit und dem unlauteren Wettbewerb kein Vorschub geleistet wird.[267] Wird auf Angaben verzichtet, soll dies **für alle Bewerber oder Bieter des Vergabeverfahrens** gleichermaßen gelten.[268] **149**

Da es sich bei Abs. 5 um eine „Kann"-Vorschrift handelt, liegt es im **Ermessen** des Auftraggebers, ob der Auftraggeber von der durch Abs. 5 eingeräumten Möglichkeit Gebrauch macht. **150**

---

[259] Franke/Kemper/Zanner/Grünhagen/Mertens/*Mertens* Rn. 33; zu § 45 Abs. 5 VgV: *Seeger* in Müller-Wrede VgV § 45 Rn. 88.
[260] OLG Koblenz ZfBR 2007, 712 (713) (zur VOL/A 2006).
[261] IErg auch Franke/Kemper/Zanner/Grünhagen/Mertens/*Mertens* Rn. 33; zu § 45 Abs. 5 VgV: *Seeger* in Müller-Wrede VgV § 45 Rn. 88.
[262] *Janssen* NZBau 2019, 147 (149).
[263] *Janssen* NZBau 2019, 147 (149).
[264] Wie hier: Franke/Kemper/Zanner/Grünhagen/Mertens/*Mertens* Rn. 34.
[265] *Janssen* NZBau 2019, 147 (149).
[266] Ebenso: Franke/Kemper/Zanner/Grünhagen/Mertens/*Mertens* Rn. 34.
[267] *Janssen* NZBau 2019, 147 (149).
[268] *Janssen* NZBau 2019, 147 (149).

151   Verzichtet der Auftraggeber nach Abs. 5 auf Eignungsnachweise, so ist dies nach – dem durch die VOB/A 2019 eingefügten – § 20 Abs. 2 im Vergabevermerk zu **begründen**.

§ 6b Mittel der Nachweisführung, Verfahren

(1) Der Nachweis der Eignung kann mit der vom Auftraggeber direkt abrufbaren Eintragung in die allgemein zugängliche Liste des Vereins für die Präqualifikation von Bauunternehmen e.V. (Präqualifikationsverzeichnis) erfolgen.

(2) ¹Die Angaben können die Bewerber oder Bieter auch durch Einzelnachweise erbringen. ²Der Auftraggeber kann dabei vorsehen, dass für einzelne Angaben Eigenerklärungen ausreichend sind. ³Eigenerklärungen, die als vorläufiger Nachweis dienen, sind von den Bietern, deren Angebote in die engere Wahl kommen, oder von den in Frage kommenden Bewerbern durch entsprechende Bescheinigungen der zuständigen Stellen zu bestätigen.

(3) Der Auftraggeber verzichtet auf die Vorlage von Nachweisen, wenn die den Zuschlag erteilende Stelle bereits im Besitz dieser Nachweise ist.

(4) ¹Bei Öffentlicher Ausschreibung sind in der Aufforderung zur Angebotsabgabe die Nachweise zu bezeichnen, deren Vorlage mit dem Angebot verlangt oder deren spätere Anforderung vorbehalten wird. ²Bei Beschränkter Ausschreibung mit Teilnahmewettbewerb ist zu verlangen, dass die Eigenerklärungen oder Nachweise bereits mit dem Teilnahmeantrag vorgelegt werden.

(5) ¹Bei Beschränkter Ausschreibung und Freihändiger Vergabe ist vor der Aufforderung zur Angebotsabgabe die Eignung der Unternehmen zu prüfen. ²Dabei sind die Unternehmen auszuwählen, deren Eignung die für die Erfüllung der vertraglichen Verpflichtungen notwendige Sicherheit bietet; dies bedeutet, dass sie die erforderliche Fachkunde, Leistungsfähigkeit und Zuverlässigkeit besitzen und über ausreichende technische und wirtschaftliche Mittel verfügen.

Schrifttum: *Birk*, Die einheitliche europäische Eigenerklärung als Eignungsnachweis im Vergaberecht, VR 2020, 84; *Braun/Petersen*, Präqualifikation und Prüfungssysteme, VergabeR 2010, 433; *Janssen*, Die VOB/A 2019 – Änderungen und Hintergründe, NZBau 2019, 147; *Lübeck*, Das Amtliche Verzeichnis präqualifizierter Unternehmen, VergabeR 2018, 224; *Prieß/Hölzl*, Kein Wunder: Architektenwettbewerb „Berliner Schloss" vergaberechtskonform, NZBau 2010, 354; *Reichling/Scheumann*, Durchführung von Vergabeverfahren (Teil 2): Die Bedeutung der Eignungskriterien – Neuerungen durch die Vergaberechtsreform, GewArch 2016, 228; *Scharen*, Patentschutz und öffentliche Vergabe, GRUR 2009, 345; *Tugendreich*, Der Anwendungsbereich von Präqualifikationsverfahren im deutschen Vergaberecht, NZBau 2011, 467.

Übersicht

		Rn.			Rn.
I.	**Allgemeines**	1	2.	Einzelnachweise/Eigenerklärungen (Abs. 2)	30
1.	Normzweck, Entstehungsgeschichte	1	3.	Verzicht auf Vorlage von vorhandenen Nachweisen (Abs. 3)	38
2.	Vergleichbare Vorschriften	4	4.	Vorlage der Nachweise (Abs. 4)	43
II.	**Einzelerläuterung**	7		a) Vorlage der Nachweise bei Öffentlicher Ausschreibung (Abs. 4 S. 1)	43
1.	Eignungsnachweis durch Präqualifikation (Abs. 1)	7		b) Vorlage der Nachweise bei Beschränkter Ausschreibung mit Teilnahmewettbewerb (Abs. 4 S. 2)	48
	a) Eintragung in das Präqualifikationsverzeichnis	11	5.	Eignung bei beschränkter Ausschreibung und freihändiger Vergabe (Abs. 5)	51
	b) Wirkung der Eintragung und Konsequenz für Eignungsprüfung	14			

I. Allgemeines

1   **1. Normzweck, Entstehungsgeschichte.** Der durch die VOB 2016 implementierte § 6b regelt in den Abs. 1 und 2 die **Mittel der Nachweisführung,** wobei sich Abs. 1 mit der Präqualifikation, Abs. 2 S. 1 mit Einzelnachweisen und Abs. 2 S. 2 und 3 mit der Eigenerklärung befasst. Abs. 4 legt fest, zu welchem **Zeitpunkt** die **Nachweise für die Eignungsangaben bzw. -nachweise iSd § 6a Abs. 2 ff.** bei einer Öffentlichen Ausschreibung und bei einer Beschränkten Ausschreibung

mit Teilnahmewettbewerb vom Auftraggeber **zu verlangen und wann sie von den Unternehmen vorzulegen** sind. Abs. 5 S. 1 bestimmt, wann bei der **Beschränkten Ausschreibung** und bei der **Freihändigen Vergabe** die Eignung zu prüfen ist und Abs. 5 S. 2 anhand welcher Maßstäbe die **Auswahl der Unternehmen** zu erfolgen hat.

Mit der VOB 2019 **neu eingefügt** wurde **Abs. 3**, der dem Auftraggeber aufgibt, keine Nachweise zu verlangen, in deren Besitz er bereits ist. Ferner wurde in **Abs. 2 S. 3** durch Einfügung der Formulierung *„oder von den in Frage kommenden Bewerbern"* klargestellt, dass die Regelung auch bei Verfahren mit Teilnahmewettbewerb gilt. In **Abs. 4 S. 2** wurde die Bezeichnung *„Beschränkte Ausschreibung nach Öffentlichem Teilnahmewettbewerb"* durch die Formulierung *„Beschränkte Ausschreibung mit Teilnahmewettbewerb"* ersetzt, womit die in § 3 vorgenommene terminologische Anpassung in § 6b nachvollzogen wird. Außerdem wurde **Abs. 4 S. 2** dahingehend präzisiert, dass nicht nur Nachweise mit dem Teilnahmeantrag vorzulegen sind, sondern *„Eigenerklärungen oder Nachweise"*.

Zur **historischen Entwicklung** ist anzumerken, dass die Norm des § 6b dem Muster der §§ 6 und 6a folgend ebenfalls einen Teil des Regelungsspektrums des **§ 6 VOB/A 2012 und 2009** übernimmt. Die Möglichkeit nach § 6b Abs. 1, sich im Rahmen der Eignungsprüfung des Präqualifikationsverzeichnisses zu bedienen, war unter den alten Fassungen in § 6 Abs. 3 Nr. 2 VOB/A 2009 und 2012 normiert. § 6b Abs. 2 entspricht weitgehend den Vorgängerregelungen in § 6 Abs. 3 aE VOB/A 2012/2009. Ebenso verhält es sich mit § 6b Abs. 3 und 4. Diese Normen stellen eine kontinuierliche Fortsetzung des § 6 Abs. 3 Nr. 5 bzw. 6 VOB/A 2012/2009 dar; die Vorgängernormen werden wortlautidentisch übernommen.

2. Vergleichbare Vorschriften. Eine materiell-rechtlich vergleichbare Regelung enthält **§ 35 UVgO**, die aber in einigen Punkten von § 6b abweicht. § 35 Abs. 6 UVgO regelt die Präqualifikation und stellt damit das Pendant zu § 6b Abs. 1 dar. § 35 Abs. 1 UVgO erwähnt andere Nachweise (Eigenerklärungen, Angaben, Bescheinigungen und sonstige Nachweise) und hat damit einen ähnlichen Regelungsgehalt wie § 6b Abs. 2. Die Vorschrift des § 35 Abs. 1 befasst sich aber zugleich mit dem Zeitpunkt, zu dem die Nachweise für die Eignungsangaben zu fordern sind, also mit Fragen, die § 6b Abs. 4 regelt. Darüber hinaus statuiert § 35 Abs. 2 UVgO den **Vorrang der Eigenerklärung,** deren Zulassung nach § 6b Abs. 2 S. 2 in das Ermessen des Auftraggebers gestellt wird. Die durch § 35 Abs. 3 UVgO **als weiterer Beleg zugelassene Einheitliche Europäische Eigenerklärung (EEE)** über die Zulassung alternativer Nachweise zu den vom Auftraggeber geforderten Belegen (§ 35 Abs. 5) findet in § 6b keine Entsprechung.

Die Vorgaben des § 6b finden sich im Übrigen größtenteils in der Parallelregelung im Oberschwellenbereich **(§ 6b EU)** wieder. Abs. 1 entspricht § 6b EU Abs. 1 S. 1 Nr. 1, jedoch regelt § 6b EU Abs. 1 S. Nr. 1 – in Umsetzung der zugrundeliegenden Richtlinienvorschrift – die Präqualifikation noch etwas ausführlicher (Anzweifelung der im Präqualifikationsverzeichnis hinterlegten Angaben nicht ohne Begründung, zum Nachweis der Zahlung von Steuern, Abgaben und Sozialversicherungsbeiträgen kann stets eine Bescheinigung verlangt werden, Eintragung in gleichwertiges Verzeichnis anderer Mitgliedstaaten ist ebenso als Nachweis zuzulassen). Abs. 2 deckt sich mit § 6b EU Abs. 1 S. 1 Nr. 2. Allerdings befasst sich die Vorschrift des § 6b EU in ihrem Abs. 1 S. 2 und Abs. 2 Nr. 1 noch mit einer weiteren Nachweisart, nämlich der **Einheitlichen Europäischen Eigenerklärung (EEE).** Ähnlich wie Abs. 4 befasst sich § 6b EU Abs. 2 Nr. 2 mit der Vorlage von Nachweisen bei offenen Verfahren, beschränkt sich dabei jedoch auf die Frage, wann Nachweise zu fordern sind, wenn zunächst nur eine Eigenerklärung vorgelegt wurde. Sowohl Abs. 5 S. 1 als auch § 6b EU Abs. 2 Nr. 3 S. 1 thematisieren die Eignungsprüfung bei anderen Vergabeverfahren als der öffentlichen Ausschreibung, allerdings befasst sich die Regelung des § 6b EU Abs. 2 Nr. 3 S. 1 nicht mit dem Zeitpunkt der Eignungsprüfung, sondern ebenfalls mit der Ersetzung der Eigenerklärung durch einschlägige Nachweise. Nahezu wortgleich regeln Abs. 5 S. 2 und § 6b EU Abs. 2 Nr. 3 S. 2, anhand welcher Maßstäbe sich die Auswahl der Bewerber in den vorstehend genannten Verfahren zu richten hat. Die Vorgabe in § 6b EU Abs. 2 Nr. 4, sich bei den Nachweisen und Bescheinigungen an den im Informationssystem **e-Certis** hinterlegten Nachweisen zu orientieren, stellt eine Besonderheit des Oberschwellenbereiches dar und ist in § 6b nicht enthalten. Dasselbe gilt für die Bestimmung, dass auf Nachweise verzichtet werden kann, wenn auf diese über **nationale Datenbank in einem Mitgliedstaat** zugegriffen werden kann (§ 6b EU Abs. 3 erster Gedankenstrich). Die Vorgabe, auf Nachweise zu verzichten, wenn sich diese im Besitz der Vergabestelle befinden, entspricht der Regelung in § 6b Abs. 3.

Zu den Parallelen zu **§ 6b VS, § 48 Abs. 8 S. 1–3 VgV** → § 6b EU Rn. 4 ff.

II. Einzelerläuterung

1. Eignungsnachweis durch Präqualifikation (Abs. 1). Abs. 1 beschreibt die Möglichkeit des Bewerbers oder Bieters, den Nachweis der Eignung durch Eintragung in die allgemein zugängliche Liste des Vereins für die Präqualifikation von Bauunternehmen e.V. (Präqualifikationsverzeichnis) zu führen. Bei der Präqualifikation handelt es sich um eine **grundsätzlich zulässige Nachweisart,** die öffentliche Auftraggeber zu akzeptieren haben. Die Bezugnahme der Bewerber oder Bieter auf ihre durch Präqualifikation nachgewiesene Eignung **erfordert** daher **kein Einverständnis des Auftraggebers.**[1]

8   Die Präqualifikation stellt eine der Auftragsvergabe **vorgeschaltete, auftragsunabhängige Prüfung eines Unternehmens** dar, ob bestimmte, etwa personelle, technische oder auch finanzielle Voraussetzungen, die bei der Eignungsprüfung nach § 16b regelmäßig von Bedeutung sind, durch Eignungsnachweise iSd § 6a belegt und nachgewiesen sind.[2] Durchgeführt wird diese nicht durch den Auftraggeber, sondern durch Dritte, die Präqualifizierungsstellen. Zu beachten ist aber, dass die Präqualifikation den Auftraggeber nicht von der angebotsbezogenen Eignungsprüfung befreit, welche insbesondere die Prüfung umfasst, ob der konkrete Auftrag dem präqualifizierten Leistungsbereich zuordnen ist (→ Rn. 18 ff.) oder ob Gründe vorliegen, die der durch die Präqualifizierung implizierten Eignung ausnahmsweise entgegenstehen (→ Rn. 23 f.).

9   Im Baubereich erfolgt die Vornahme der Präqualifikation hierzulande durch den bundesweit zuständigen **Verein für die Präqualifikation von Bauunternehmen e.V.,** auf den in § 6b EU Abs. 1 Nr. 1 verwiesen wird. Dieser hat wiederum **mehrere** – in einem wettbewerblichen Auswahlverfahren durch das Bundesamt für Bauwesen und Raumordnung ermittelte – **Präqualifizierungsstellen** mit der Prüfung beauftragt, bei denen Bauunternehmen ihre Präqualifikation beantragen können.[3] Im Einzelnen sind die Aufgaben, die Struktur der Organisation der Organe der Präqualifizierung, die Auswahl und Beauftragung der Präqualifizierungsstellen und insbesondere die Grundlagen für die Durchführung des Präqualifizierungsverfahrens in einer Leitlinie des Bundesministeriums des Innern, für Bau und Heimat für die Durchführung eines Präqualifizierungsverfahrens von Bauunternehmen vom 28.8.2019, mit Geltung ab dem 1.11.2019,[4] **(Leitlinie PQ-VOB)** näher geregelt.

10   Das Präqualifizierungsverfahren soll zur Entbürokratisierung und Vereinfachung des Vergabeverfahrens beitragen, indem es den betroffenen Unternehmen Kosten und Aufwand bei der Angebotserstellung erspart und den Ausschluss von Angeboten aus formellen Gründen, wegen unvollständiger oder nicht aktueller Eignungsnachweise, vermeidet. Darüber hinaus soll es durch die vorgelagerte Eignungsprüfung den Verfahrensaufwand des öffentlichen Auftraggebers bei der Eignungsprüfung reduzieren.[5]

11   **a) Eintragung in das Präqualifikationsverzeichnis.** Der Eintragung eines Unternehmens im Präqualifikationsverzeichnis ist ein Prüfungsverfahren vorgeschaltet. Wie das **Prüfungsverfahren** abläuft, lässt sich **Ziff. 4–9 Leitlinie PQ-VOB** entnehmen. Im Wesentlichen verläuft das Präqualifizierungsverfahren so, dass Unternehmen des Bauhaupt- und Baunebengewerbes bei der Präqualifikationsstelle einen Antrag auf Zertifizierung stellen (Ziff. 4.1 Leitlinie PQ-VOB). Den Antragstellern werden sodann die Antragsunterlagen online bereitgestellt (Ziff. 4.1 Leitlinie PQ-VOB). Mit dem Antrag sind insbesondere die erforderlichen Nachweise und Eigenerklärungen einzureichen (Ziff. 4.1 Abs. 3 und 4 Leitlinie PQ-VOB). Nach Antragseingang prüft die Präqualifikationsstelle (PQ-Stelle) die Anträge auf Vollständigkeit und Plausibilität und fordert gegebenenfalls fehlende Informationen bzw. Unterlagen nach (Ziff. 4.2 Abs. 1 Leitlinie PQ-VOB). Ein Mitarbeiter der PQ-Stelle stellt sodann fest, ob die Antragsunterlagen den in Anlage 1 zur Leitlinie PQ-VOB aufgelisteten Nachweisen entsprechen, die sich mit den in § 6a genannten Nachweisen decken. Der Mitarbeiter gibt eine Entscheidungsempfehlung ab, über die – zur Sicherstellung des Vier-Augen-Prinzips – von einem unabhängigen Verantwortlichen der PQ-Stelle entschieden wird (Ziff. 5 Leitlinie PQ-VOB). Wird dem Antrag entsprochen, nimmt die PQ-Stelle die Eintragung des Unternehmens und Hinterlegung der eingereichten Belege in die Datenbank vor. Die Freigabe und Zurverfügungstellung der elektronischen Eintragung im Internet erfolgt im Amtlichen Verzeichnis PQ-VOB durch den Verein für die Präqualifikation von Bauunternehmen e.V. Der Eintrag in das Amtliche Verzeichnis PQ-VOB gilt als Zertifizierung (Ziff. 6 Leitlinie PQ-VOB). Bei einer Angebotsabgabe teilt der Bewerber oder

---

[1] VK Sachsen Beschl. v. 19.5.2010 – 1/SVK/011-10, IBRRS 2010, 2366; VK Sachsen-Anhalt Beschl. v. 26.6.2019 – 1 VK LSA 30/18, IBRRS 2019, 2361.
[2] VK Sachsen Beschl. v. 19.5.2010 – 1/SVK/011-10, IBRRS 2010, 2366; VK Hamburg Beschl. v. 3.1.2020 – 60.29-319/2019.005, IBRRS 2020, 1465; Ziekow/Völlink/*Goldbrunner* § 6b EU Rn. 2.
[3] Vgl. die weiterführenden Informationen auf der Internetseite Vereins für die Präqualifikation von Bauunternehmen e.V., https://www.pq-verein.de/praequalifizierungsstellen (zuletzt abgerufen am 31.5.2021).
[4] BAnz AT 18.9.2019 B1 v. 18.9.2019, S. 1.
[5] VK Bund Beschl. v. 14.6.2011 – VK 1-54/11, BeckRS 2011, 139968 Rn. 46; VK Sachsen Beschl. v. 19.5.2010 – 1/SVK/011-10, IBRRS 2010, 2366; VK Hamburg Beschl. v. 3.1.2020 – 60.29-319/2019.005, IBRRS 2020, 1465; Braun/Petersen VergabeR 2010, 433 ff.; Lübeck VergabeR 2018, 224 (225 f.).

Bieter dem Auftraggeber mit, dass er präqualifiziert ist und benennt seine Kennziffer. Der Auftraggeber kann die Eintragung im Amtlichen Verzeichnis PQ-VOB abrufen.

Das amtliche Verzeichnis enthält einen der Öffentlichkeit frei zugänglichen Teil sowie einen passwortgeschützten Bereich. Dem der Öffentlichkeit **frei zugänglichen Teil** können **Name, Anschrift, Leistungsbereiche und Registriernummer der präqualifizierten Bauunternehmen** entnommen werden. Der **passwortgeschützte Bereich** des amtlichen Verzeichnisses beinhaltet die für die Bewertung des präqualifizierten Unternehmens bei den Präqualifizierungsstellen eingereichten **Eignungsnachweise** gem. § 6a. Diese Daten werden vertraulich behandelt. Einsicht in die Dokumente zum Zweck der Eignungsprüfung wird nur öffentlichen Auftraggebern gewährt, die beim Verein für Präqualifikation registriert sind. Jede kommerzielle oder nicht dem Zweck der Präqualifikation dienende Nutzung oder Weitergabe der Daten ist untersagt. Den präqualifizierten Unternehmen stehen diese Daten jederzeit mittels eines Kennwortes zur Verfügung, das sie von der Präqualifizierungsstelle gemeinsam mit der Präqualifizierung erhalten.

Alle **Nachweise liegen bei den PQ-Stellen in Papierform vor,** sind mittels der Registrierungs-Nummer stets rückverfolgbar und können dort in Kopie angefordert werden (Ziff. 11 Abs. 6 Leitlinie PQ-VOB). Mit der Präqualifizierung wird sichergestellt, dass nach Ablauf der zeitlich begrenzten Gültigkeit von Eignungsnachweisen eine Aktualisierung erfolgt. Im Fall von nicht rechtzeitigem Ersatz von ungültig gewordenen Nachweisen werden die Unternehmen aus dem Amtlichen Verzeichnisses PQ-VOB entfernt (Ziff. 8.2 Abs. 1 Leitlinie PQ-VOB).

b) Wirkung der Eintragung und Konsequenz für Eignungsprüfung. Weist ein Unternehmen seine auftragsunabhängige Eignung mittels eines Verweises auf die Eintragung in die Liste präqualifizierter Unternehmen nach, so sind mit dieser Eintragung die **Fachkunde, die Leistungsfähigkeit und die Zuverlässigkeit, bezogen auf die präqualifizierten Leistungsbereiche, nachgewiesen.** Ist die Präqualifikation des Bieters durch den aktuell gültigen Eintrag in das Verzeichnis präqualifizierter Unternehmen bestätigt, hat er damit den Nachweis für seine Leistungsfähigkeit, Fachkunde, Zuverlässigkeit und Gesetzestreue erbracht.[6]

Die Präqualifikation eines Bieters ist sowohl bei der formalen als auch bei der materiellen Eignungsprüfung zu berücksichtigen. Selbst wenn der Bewerber oder Bieter **neben dem Verweis auf die Präqualifikation** seinem Angebot eine **zusätzliche Liste mit Referenzen beifügt,** entlässt dies den Auftraggeber nicht aus der Verpflichtung zur inhaltlichen Auseinandersetzung mit den Präqualifikationsunterlagen.[7]

Im Rahmen der formellen Eignungsprüfung wird zunächst geprüft, ob der Bewerber oder Bieter die geforderten Erklärungen vorgelegt hat.[8] Sofern sich ein Bewerber oder Bieter auf eine Präqualifikation beruft, ist im Rahmen der **formellen Eignungsprüfung** zu prüfen, ob die **Präqualifikation auch die im konkreten Verfahren geforderten Eignungsangaben- und Nachweise abdeckt** (und oder evtl. vorzulegende zusätzliche Nachweise) vorgelegt wurden. Welche Nachweise abgedeckt sind, ist der Anlage 1 Leitlinie PQ-VOB zu entnehmen. Sie entsprechen den Vorgaben aus § 6a. Falls hiernach nicht alle im konkreten Verfahren geforderten Eignungsangaben- und Nachweise vorliegen, muss der Teilnahmeantrag oder das Angebot – ggf. nach erfolgloser Nachforderung der Nachweise – ausgeschlossen werden.

Im Rahmen der **materiellen Eignungsprüfung** setzt sich die Vergabestelle mit den Eignungsnachweisen inhaltlich auseinander und prüft, ob diese belegen, dass der Bieter tatsächlich geeignet ist,[9] also die für die Erfüllung der vertraglichen Verpflichtungen notwendige Sicherheit bietet. Im Falle eines präqualifizierten Bewerbers oder Bieters ergibt sich dabei die Besonderheit, dass die **Eignung eines präqualifizierten Unternehmens vermutet** wird, sodass diese grundsätzlich nicht in Frage zu stellen ist. Dass bedeutet jedoch keineswegs, dass die materielle Angebotsprüfung im Falle einer Präqualifikation entfällt.

aa) Beschränkung auf präqualifizierte Leistungsbereiche. Zu beachten ist zunächst, dass eine **Präqualifikation** immer nur die Eignung **bezogen auf die präqualifizierten Leistungsbereiche** belegt (vgl. auch Ziff. 2 Abs. 6 Leitlinie PQ-VOB).[10] Beim PQ-Verein **präqualifizierbar** sind **alle Unternehmen aus dem Bauhaupt- und dem Baunebengewerbe für alle Arten von Bauleistungen nach der VOB/C.** Generell gehören **Hochbau** (zB Wohnungsbau, gewerblicher Bau, öffentlicher Hochbau) und **Tiefbau** (zB Straßenbau, gewerblicher Straßenbau, öffentlicher

---

[6] IdS *Tugendreich* NZBau 2011, 467 (471).
[7] VK Sachsen-Anhalt Beschl. v. 26.6.2019 – 1 VK LSA 30/18, IBRRS 2019, 2361.
[8] OLG München Beschl. v. 5.11.2009 – Verg 13/09, ZfBR 2010, 702 (706).
[9] OLG Düsseldorf Beschl. vom 17.4.2019 – Verg 36/18, ZfBR 2020, 405 (407).
[10] VK Bund Beschl. v. 30.11.2009 – VK 2-195/09, BeckRS 2009, 139076 Rn. 68; Reidt/Stickler/Glahs/ *Kadenbach* GWB § 122 Rn. 53.

Straßenbau) zum Bauhauptgewerbe. Alles, was nicht unter Hoch- und Tiefbau fällt, ist dem **Baunebengewerbe** zuzuordnen. Dazu gehört üblicherweise (dh, von Ausnahmen abgesehen) auch das Ausbaugewerbe (zB Haustechnik, Maler, Tapezierer, Bauschlosser, Schreiner). Ob der konkrete Auftrag dem **Leistungsbereich** zuzuordnen ist, für den der Bewerber oder Bieter präqualifiziert ist, ist durch den Auftraggeber zu prüfen.[11]

19   Im Übrigen sind und können die in der PQ-Datenbank hinterlegten Nachweise keine auf ein konkretes Vorhaben und dessen individuelle Besonderheiten bezogene Eignungsnachweise sein.[12] Selbst für durch Referenzen abgedeckte Leistungsbereiche können ggf. weitergehende Nachweise nachgefordert werden, wenn zB besondere Ausführungen, ein besonderer Umfang oder sonstige besondere Umstände vorliegen. Die Präqualifikation in der VOB/A soll das Basisgeschehen am Bau abdecken. So sind spezielle Bauleistungen (zB Aluminium-Pfosten-Riegel-Fassadenkonstruktion) wegen der technischen Besonderheiten nicht grundsätzlich durch den Leistungsbereich Metallbauarbeiten abgedeckt.[13] Auch ist beispielsweise vorgespanntes Mauerwerk oder historisches Bruchsteinmauerwerk nicht grundsätzlich durch den Leistungsbereich LB 111-04 Mauerarbeiten abgedeckt. Mithin erfordert die Feststellung in einem solchen Fall **projektspezifische Nachweise.**

20   Bestehen beim öffentlichen Auftraggeber Zweifel, ob die Eignung des Unternehmers für die Durchführung eines speziellen Bauauftrags in diesem, präqualifizierten Leistungsbereich ausreichend durch die hierfür hinterlegten Referenzen nachgewiesen ist, so kann eine **Aufklärung gem. § 15** geboten sein. Kommt der Auftraggeber allerdings zu dem Schluss, dass die hinterlegten Referenzen den projektspezifischen Anforderungen nicht genügen, **wird eine Nachforderung nach § 16a Abs. 1 häufig ausscheiden.** Legt der Bewerber oder Bieter nämlich diese (projektspezifischen) Nachweise nicht – zusätzlich zum Verweis auf die Präqualifikation – mit Einreichung des Teilnahmeantrags oder Angebots vor, obgleich der Auftraggeber dies gemäß den Festlegungen in Auftragsbekanntmachung gefordert hatte, ist die Nachforderung nach § 16a Abs. 1 unzulässig,[14] jedenfalls dann, wenn man mit der bislang hM davon ausgeht, dass § 16a Abs. 1 trotz seines weitergefassten Wortlauts keine Nachforderung zulässt, durch die unzureichende Unterlagen inhaltlich dergestalt nachgebessert werden, dass sie den materiellen Ansprüchen entsprechen.[15] Um einen Fall fehlender Unterlagen handelt es sich nach dieser Auffassung nicht, weil sich der Bewerber mit dem Verweis auf seine Präqualifikation auf die im Rahmen des Präqualifikationsverfahrens hinterlegten Nachweise festgelegt habe. Sofern die in den Referenzen ausgewiesenen Leistungen tatsächlich erbracht worden seien und das der PQ-Stelle vorgelegte Formblatt zur Beschreibung der Referenzen vollständig ausgefüllt sei, seien die Referenzangaben im Übrigen weder fehlerhaft noch unvollständig.[16] Vor diesem Hintergrund ist Bewerbern und Bietern zu empfehlen, stets sorgfältig zu prüfen, ob die im Rahmen der Präqualifizierung hinterlegten Referenzen tatsächlich die projektspezifischen Anforderungen an die Referenzen abdecken.

21   Schließlich können **auf den konkreten Auftrag bezogene zusätzliche Nachweise (auftragsbezogene Angaben) iSv § 6a Abs. 3** verlangt werden, die nicht in dem PQ-System hinterlegt sind.[17] Als auftragsbezogene, zusätzliche Nachweise iSv § 6a Abs. 3 kommen Nachweise in Betracht, welche über eine besondere Fachkunde Auskunft geben, wie zB der Nachweis der Einhaltung schweißtechnischer Qualitätsanforderungen nach der DIN EN 1090-1:2010-07 (vormals DIN 18800-7). Zu denken ist auch an Nachweise, die Fragen der technischen Leistungsfähigkeit belegen, etwa die Ausstattung mit für den konkreten Auftrag benötigten Maschinen (→ § 6a Rn. 126 ff.).[18]

22   Es ist zu beachten, dass die Aufteilung der Präqualifizierungsbereiche zum Teil wenig ausdifferenziert ist. Wenn der Auftraggeber die Präqualifikation gemäß der Liste des Vereins für Präqualifikation von Bauunternehmen e.V. als Eignungsnachweis im Hinblick auf die konkreten, auftragsbezogenen Eignungsanforderungen dennoch als ausreichend betrachtet, muss er andere Referenznachweise (Referenzbescheinigungen anderer Auftraggeber, Eigenerklärungen etc) mit der gleichen Bandbreite akzeptieren, die Präqualifikationen nach dem genannten System der Präqualifikation aufweisen.[19]

---

[11] VK Hamburg Beschl. v. 3.1.2020 – 60.29-319/2019.005, IBRRS 2020, 1465.
[12] VK Thüringen Beschl. v. 12.4.2013 – 250-4002-2400/2013-E-008-SOK, BeckRS 2013, 52148.
[13] VK Nordbayern Beschl. v. 13.9.2016 – 21.VK-3194-15/16, IBRRS 2016, 2768.
[14] VK Hamburg Beschl. v. 3.1.2020 – 60.29-319/2019.005, IBRRS 2020, 1465.
[15] Vgl. zB Kapellmann/Messerschmidt/*Frister* § 16a Rn. 20; aA wohl BMI, Auslegungserlass VOB/A 2019 v. 26.2.2020 – 70421/2#1ff., S. 4, im Internet abrufbar unter https://www.bayika.de/de/aktuelles/meldungen/2020-02-26_Auslegungserlass-VOB-A-2019-auf-Bundesebene.php (zuletzt abgerufen am 31.5.2021).
[16] VK Hamburg Beschl. v. 3.1.2020 – 60.29-319/2019.005, IBRRS 2020, 1465.
[17] VK Sachsen Beschl. v. 19.5.2010 – 1/SVK/011-10, IBRRS 2010, 2366; VK Thüringen Beschl. v. 12.4.2013 – 250-4002-2400/2013-E-008-SOK, BeckRS 2013, 52148.
[18] OLG München Beschl. v. 21.8.2008 – Verg 13/08, IBRRS 2008, 2700; Ingenstau/Korbion/*Schranner* § 6a Rn. 35.
[19] VK Bund Beschl. v. 3.2.2016 – VK 1–126/15, BeckRS 2016, 9215.

bb) Weitergehende Prüfung nur bei begründeten Zweifeln an den hinterlegten Angaben. Im Übrigen sind selbst die von der Präqualifikation standardmäßig erfassten Angaben und Nachweise iSv § 6a Abs. 2 einer näheren Prüfung und gegebenenfalls Aufklärung durch den Auftraggeber nicht gänzlich entzogen. Zumindest wenn **hinreichend belastbare Anhaltspunkte** dafür vorliegen, dass ein Unternehmen trotz Präqualifikation die Eignungsanforderungen nicht oder nicht mehr erfüllt, kommt eine Anforderung weiterer Nachweise bzw. Erklärungen in Betracht.[20] Es ist dem öffentlichen Auftraggeber nicht zumutbar, sehenden Auges die Eignung eines Bieters zu bejahen, obgleich ihm Umstände bekannt sind, die Anlass zu Zweifeln an der Eignung geben. Schließlich lässt selbst die Parallelvorschrift in Abschnitt 2 der VOB/A (§ 6b EU Abs. 1 S. 1 Nr. 1 S. 2), eine Überprüfung der im PQ-Verzeichnis hinterlegten Angaben bei entsprechenden Gründen zu. Die Auffassung der VK Nordbayern, dass eine von der zuständigen Stelle ausgestellte Präqualifikation nicht mit einem Nachprüfungsverfahren aberkannt werden könne,[21] ist aus diesen Gründen zu weitgehend und daher abzulehnen.[22]

23

Etwaige gegen die Eignung sprechende Aspekte sind im Rahmen einer sodann durchzuführenden Abwägung **der positiven Eignungsaussage durch die Präqualifikation wertend gegenüberzustellen.**[23]

24

cc) Feststellung der Eignung von Nachunternehmern. Die **Eignung des Nachunternehmers ergibt sich nicht automatisch aus der Präqualifikation des Bewerbers oder Bieters.** Im Rahmen der Präqualifikation geben Unternehmen lediglich eine Eigenerklärung ab, mit der sie versichern, nur solche Nachunternehmer zu beauftragen, die ihrerseits präqualifiziert sind oder per Einzelnachweis belegen können, dass sie die Präqualifikationskriterien erfüllen, dass sie dem Auftraggeber jeglichen Nachunternehmereinsatz mitteilen werden und dass sie dem Auftraggeber rechtzeitig den Namen und die Kennziffer angeben werden, unter der der Nachunternehmer im amtlichen Verzeichnis PQ-VOB geführt wird (lfd. Nr. 10 der Anlage 1 Leitlinie PQ-VOB). Um die konkrete Eignungsprüfung des Nachunternehmers durchführen zu können, muss der Bewerber oder Bieter also entweder für den Einzelunternehmer die entsprechenden Einzelnachweise vorlegen oder – sofern der Nachunternehmer im amtlichen Verzeichnis PQ-VOB eingetragen ist – dem Auftraggeber dessen Namen und Kennziffer mitteilen. Auf dieser Grundlage erfolgt die Eignungsprüfung des Nachunternehmers.

25

dd) Gültigkeitsdauer der Präqualifikation. Die Gültigkeit der Präqualifikation ergibt sich gemäß Ziff. 8.1 Leitlinie PQ-VOB für die Durchführung eines Präqualifizierungsverfahrens aus der tagesaktuellen Eintragung des amtlichen Verzeichnisses PQ-VOB unter der Adresse www.PQ-Verein.de.

26

Die **Gültigkeit der Präqualifikation** ist somit **solange gegeben, wie alle für die Präqualifikation hinterlegten Eignungsnachweise gültig sind.** Das Erfordernis der Aktualität der im amtlichen Verzeichnisses PQ-VOB hinterlegten Nachweise wird durch die Leitlinie PQ-VOB vorgegeben und durch den darin geregelten Aktualisierungsprozess sichergestellt. Danach wird eine Präqualifikation zB nach Ablauf der Gültigkeitsdauer der erforderlichen Nachweise gestrichen (Ziff. 8.2 Leitlinie PQ-VOB). Um dem vorzubeugen, sorgen die Präqualifizierungsstellen in Abstimmung mit den präqualifizierten Unternehmen für eine rechtzeitige Aktualisierung aller geforderten Nachweise. Hierzu fordert die Zertifizierungsstelle das Unternehmen rechtzeitig vor Ablauf des Gültigkeitsdatums zur Aktualisierung der Einzelnachweise auf (Ziff. 8.1 Leitlinie PQ-VOB). Aus diesen Regelungen ergibt sich, dass es nicht im Verantwortungsbereich des Bieters liegt, die Gültigkeit der Eintragung zu gewährleisten. Vielmehr hat die Präqualifizierungsstelle Sorge für die Aktualität der Liste präqualifizierter Unternehmen zu tragen.[24]

27

In Anbetracht der Vorgabe der Gültigkeit der Präqualifikation gemäß Ziff. 8 Leitlinie PQ-VOB und des dort beschriebenen Aktualisierungsprozesses, können Auftraggeber grundsätzlich **auf die Gültigkeit der im Amtlichen Verzeichnisses PQ-VOB hinterlegten Nachweise vertrauen.** Davon unbenommen bleibt die Berücksichtigung aktueller Erkenntnisse der Vergabestelle hinsichtlich des betreffenden Unternehmens, zB aus anderen Vergabeverfahren.

28

Eine Vergabestelle kann auch der in der Präqualifikationsdatenbank hinterlegten **Eigenerklärung hinsichtlich der Insolvenz** vertrauen, auch wenn diese zur Aufrechterhaltung der Präqualifikation nur alle dreizehn Monate aktualisiert wird (vgl. lfd. Nr. 1 der Anlage 1 Leitlinie PQ-VOB). Diese Eigenerklärung steht in Verbindung mit einer weiteren Eigenerklärung hinsichtlich der Ver-

29

---

[20] *Reichling/Scheumann* GewArch 2016, 228 (233); Kapellmann/Messerschmidt/*Glahs* Rn. 12.
[21] VK Nordbayern Beschl. v. 13.4.2016 – 21.VK-3194-05/16, IBRRS 2016, 1731.
[22] IErg auch Kapellmann/Messerschmidt/*Glahs* § 6b EU Rn. 3.
[23] VK Südbayern Beschl. v. 11.9.2014 – Z3-3-3194-1-34-07/14, IBRRS 2014, 2652.
[24] VK Nordbayern Beschl. v. 21.6.2016 – 21.VK – 3194 – 08/16, IBRRS 2016, 1902.

pflichtung zur Mitteilung über wesentliche Änderungen gem. Ziff. 5.3 Leitlinie PQ VOB. Ein Verstoß gegen diese Mitteilungspflicht ist entsprechend Ziff. 8.2 Abs. 2 lit. c Leitlinie PQ-VOB mit Sanktionen verbunden (Streichung und 24-Monatssperre). Darüber hinaus werden Nachweise von der Sozialkasse Bau zT in kürzeren Abständen aktualisiert, was mittels Plausibilitätsprüfung auch Informationen für die Eigenerklärung hinsichtlich Insolvenz liefert. In der Summe aller Kriterien liefert eine gültige Präqualifikation somit auch zu dieser Frage ein hohes Maß an Vertrauen.

30 **2. Einzelnachweise/Eigenerklärungen (Abs. 2).** Gemäß **Abs. 2 S. 1** können die Bewerber oder Bieter die seitens des Auftraggebers geforderten Angaben auch durch **Einzelnachweise** erbringen. Das heißt, die Bewerber oder Bieter haben das Recht, auf einen Nachweis mittels Präqualifikation zu verzichten und stattdessen Einzelnachweise vorzulegen, selbst wenn sie präqualifiziert sind.[25]

31 Bei den Einzelnachweisen kann es sich um Bescheinigungen Dritter (zB Bestätigung des Sozialversicherungsträgers gem. § 6a Abs. 2 Nr. 8, dass kein Beitragsrückstand besteht) oder andere Unterlagen (beispielsweise Berufsregisterauszug nach § 6a Nr. 4) handeln. Zu den Anforderungen an die Form von Einzelnachweisen wird auf die Ausführungen zu § 6b EU verwiesen (→ § 6b EU Rn. 16).

32 Als weiteres Nachweisinstrument kommen gemäß Abs. 2 S. 2 **Eigenerklärungen** in Betracht. Bewerber bzw. Bieter können sich dieser nach **Abs. 2 S. 2** nur bedienen, **wenn der Auftraggeber diese zugelassen hat.** Mithin sind Eigenerklärung bei Vergabeverfahren keine primäre Nachweisform. Darin liegt ein erheblicher Unterschied gegenüber dem Nachweissystem der UVgO, die vorsieht, dass der öffentliche Auftraggeber vorrangig die Vorlage von Eigenerklärungen verlangt (§ 35 Abs. 2 UVgO). Die Eigenerklärung stellt im Übrigen, genau wie die Präqualifikation, nur eine Möglichkeit dar, die zuvor geforderten, konkret benannten Eignungskriterien zu erbringen, steht also ebenfalls für das „Wie" und nicht für das „Was".[26]

33 Es liegt im Ermessen des öffentlichen Auftraggebers, ob er die Eigenerklärung als Mittel der Nachweisführung für einzelne oder alle Nachweise zulässt (→ § 6b EU Rn. 19) und ob diese als vorläufige oder endgültige Nachweise akzeptiert werden (→ § 6b EU Rn. 20).

34 Für die Entscheidung, ob Bewerber oder Bieter aufgrund von Eigenerklärungen und beigebrachten Nachweisen als geeignet bzw. ungeeignet zu beurteilen sind, ist nicht erforderlich, dass der öffentliche Auftraggeber sämtliche in Betracht kommenden Erkenntnisquellen ausschöpft, um die gemachten Angaben zu verifizieren.[27] Vielmehr darf er seine Entscheidung auf eine **methodisch vertretbar erarbeitete, befriedigende Erkenntnislage** stützen und von einer Überprüfung von Eigenerklärungen absehen, wenn und soweit sich keine objektiv begründeten, konkreten Zweifel an der Richtigkeit ergeben. Nur in diesem Fall wäre er gehalten, weitere Nachforschungen anzustellen und gegebenenfalls von neuem in die Eignungsprüfung einzutreten. Ansonsten ist die Entscheidung des öffentlichen Auftraggebers über die Eignung eines Bewerbers oder Bieters bereits dann hinzunehmen, wenn sie unter Berücksichtigung der schon bei Aufstellung der Prognose aufgrund zumutbarer Aufklärung gewonnenen Erkenntnisse (noch) **vertretbar** erscheint.[28]

35 Sind die Eigenerklärungen nach den Vorgaben des Auftraggebers nur vorläufiger Natur, sind diese nach Maßgabe von **Abs. 2 S. 3** durch die Bescheinigungen, deren vorläufigem Ersatz die Eigenerklärungen dienten, zu ersetzen und zwar – bei einer öffentlichen Ausschreibung – vor Zuschlagserteilung oder – bei Verfahren mit Teilnahmewettbewerb – vor Aufforderung zur Abgabe von Angeboten. Werden Kapazitäten anderer Unternehmen in Anspruch genommen, so muss die Nachweisführung auch für diese Unternehmen erfolgen.[29]

36 Der Vorteil dieses Procederes liegt – ebenso wie bei der Präqualifikation – darin, den Unternehmen Kosten und Aufwand bei der Angebotserstellung zu ersparen. Darüber hinaus soll der **Verfahrensaufwand** des öffentlichen Auftraggebers bei der Eignungsprüfung **reduziert** werden.[30]

37 Durch die mit der VOB/A 2019 eingefügte Formulierung *„oder von den in Frage kommenden Bewerbern"* in Abs. 2 S. 3 wurde hervorgehoben, dass die Regelung auch bei **Verfahren mit Teilnahmewettbewerb** gilt.

38 **3. Verzicht auf Vorlage von vorhandenen Nachweisen (Abs. 3).** Der durch die VOB/A 2019 implementierte Abs. 3 gibt dem Auftraggeber im Interesse der Verringerung des bürokratischen Aufwandes – in Anlehnung an § 6b EU Abs. 3 zweiter Gedankenstrich – vor, auf die Vorlage von

---

[25] VK Bund Beschl. v. 3.2.2016 – VK 1-126/15, ZfBR 2016, 406 (411).
[26] VK Thüringen Beschl. v. 12.4.2013 – 250-4002-2400/2013-E-008-SOK, BeckRS 2013, 52148.
[27] Vgl. OLG Düsseldorf Beschl. v. 2.12.2009 – VII-Verg 39/09 NZBau 2010, 393 (398).
[28] Vgl. OLG Düsseldorf Beschl. v. 2.12.2009 – VII-Verg 39/09 NZBau 2010, 393 (398); *Scharen* GRUR 2009, 345 (348); *Prieß/Hölzl* NZBau 2010, 354 (357).
[29] VK Nordbayern Beschl. v. 28.11.2016 – 21.VK-3194-35/16, IBRRS 2017, 0314.
[30] *Birk* VR 2020, 84; HK-VergabeR/*Pape* Rn. 123.

Nachweisen zu verzichten, sofern die den Auftrag vergebende Stelle bereits im Besitz dieser Nachweise ist.

Das Erfordernis, dass die Nachweise „vorliegen" müssen, lässt darauf schließen, dass die bloße **39** Kenntnis der Nachweise aus einem anderen Vergabeverfahren nicht ausreichend ist.[31] Die Vergabestelle muss vielmehr **Zugriff auf die Nachweisunterlagen** haben.

Die Vorschrift **verpflichtet den Auftraggeber nicht zur Errichtung von Datenbanken** **40** oder ähnlichem, in denen Nachweise erfasst werden.[32] Der hiermit einhergehende Archivierungsaufwand ließe sich nur schwer mit dem Zweck der Vorschrift, den Verwaltungsaufwand zu reduzieren, in Einklang bringen. Sollte die juristische Person des Auftraggebers unterschiedliche Vergabestellen haben, besteht **untereinander** auch **keine Erkundigungspflicht.** Das ergibt sich daraus, dass in Abs. 3 auf die „den Auftrag vergebende Stelle" abgestellt wird.[33] Angesichts dessen, dass der Auftraggeber nicht zu einer tiefgreifenden Recherche verpflichtet ist, ist Bietern, die mit Blick auf Abs. 3 auf die Einreichung von Nachweisen verzichten, zu empfehlen, darauf hinzuweisen, dass die eingeforderten Unterlagen dem öffentlichen Auftraggeber bereits vorliegen und **konkrete Angaben dazu machen, im Rahmen welcher Verfahren die Unterlagen vorgelegt worden sind.**[34]

Da die vorhandenen Nachweise die einzureichenden Nachweise ersetzen, müssen sie **sämtliche** **41** **Anforderungen erfüllen, die der Auftraggeber im konkreten Vergabeverfahren stellt,** insbesondere an die Aktualität und Gültigkeitsdauer.[35] In Anbetracht der kurzen Gültigkeitsdauer verschiedener Nachweise – Bescheinigungen der Sozialkassen Bau und die Bestätigungen der Berufsgenossenschaften (§ 6a Abs. 2 Nr. 8 und 9) haben zT nur eine Gültigkeit von zwei Monaten – ist der Anwendungsbereich der Vorschrift begrenzt.

Wohl ausgehend von der Annahme, dass ein Bewerber oder Bieter, der sich darauf verlässt, dass **42** der öffentliche Auftraggeber von Abs. 3 Gebrauch macht, sichere Kenntnis davon haben muss, dass die Nachweise dem Auftraggeber tatsächlich vorliegen, wird zT angenommen, dass sich der Anwendungsbereich faktisch auf die Freihändige Vergabe und die Beschränkte Ausschreibung ohne Teilnahmewettbewerb und bei der den anderen Vergabearten auf die dann zu unterlassende Nachforderung der fehlenden Nachweise beschränke.[36] Es mag sein, dass die Vorschrift bei diesen Verfahren bzw. im Falle einer Nachforderung besonders relevant ist. Gleichwohl kann nicht ausgeschlossen werden, dass die Regelung auch im Falle einer öffentlichen Ausschreibung praktische Wirksamkeit entfaltet. Große öffentliche Auftraggeber, wie zB die Landesstraßenbauverwaltungen, führen häufig eine Vielzahl von Vergabeverfahren für ähnliche Bauvorhaben parallel durch. Hier ist es durchaus denkbar, dass sich ein Bieter innerhalb weniger Tage auf zwei Ausschreibungen desselben öffentlichen Auftraggebers bewirbt. Hier läge ein Rückgriff auf die Unterlagen aus dem zuerst eingereichten Angebot durchaus nahe.

4. Vorlage der Nachweise (Abs. 4). a) Vorlage der Nachweise bei Öffentlicher Aus- **43** **schreibung (Abs. 4 S. 1). Abs. 4 S. 1 Hs. 1** bestimmt, wann bei einer **Öffentlicher Ausschreibung** die von den Bewerbern zu verlangenden Auskünfte anzufordern und zu bezeichnen sind. Bei Öffentlicher Ausschreibung ist der Auftraggeber hiernach verpflichtet, die von ihm verlangten Nachweise in der **Aufforderung zur Angebotsabgabe** im Einzelnen zu bezeichnen. Dies steht in einem gewissen Widerspruch zu § 12 Abs. 1 Nr. 2 lit. w, wonach die Eignungsnachweise bereits in der Auftragsbekanntmachung angegeben werden sollen. Man kann § 6b Abs. 4 S. 1 daher so verstehen, dass die verlangten Nachweise spätestens in der Aufforderung zur Angebotsabgabe zu bezeichnen sind.[37]

Zu beachten ist hierbei, dass **nach der Rechtsprechung** jedoch **bereits aus der Auftrags-** **44** **bekanntmachung** der Ausschreibung (§ 12) alle wesentlichen Angaben für eine Entscheidung der Bieter über die Teilnahme am Vergabeverfahren ersichtlich sein müssen.[38] Das heißt andererseits nicht, dass ein öffentlicher Auftraggeber sämtliche Einzelheiten seiner Nachweisforderung in der Bekanntmachung abschließend angeben muss. Insofern sind **Konkretisierungen** der geforder-

---

[31] Ingenstau/Korbion/*Schranner* Rn. 15.
[32] *Janssen* NZBau 2019, 147 (149).
[33] *Janssen* NZBau 2019, 147 (149).
[34] Beck VergabeR/*Mager* § 6b EU Rn. 33.
[35] *Janssen* NZBau 2019, 147 (149); Beck VergabeR/*Mager* § 6b EU Rn. 34.
[36] Korbion/Ingenstau/*Schranner* Rn. 15; Ziekow/Völlink/*Goede/Hänsel* Rn. 3.
[37] Ziekow/Völlink/*Goede/Hänsel* Rn. 4.
[38] IdS OLG Düsseldorf Beschl. v. 22.1.2014 – VII-Verg 26/13, NZBau 2014, 371 (373); OLG Celle Beschl. 24.4.14 – 13 Verg 2/14, BeckRS 2014, 14221 Rn. 36; VK Niedersachsen Beschl. v. 18.2.2020 – VgK-06/2020, BeckRS 2020, 14525 Rn. 88.

ten Nachweise in den Vergabeunterlagen **zulässig**.[39] Da das Anschreiben – mit anderen Worten: die Aufforderung zur Angebotsabgabe – Bestandteil der Vergabeunterlagen ist (vgl. § 8 Abs. 2 Nr. 1), können Konkretisierungen somit theoretisch auch noch in der Aufforderung zur Angebotsabgabe erfolgen. Allerdings darf die Vergabestelle an die Art des Nachweises **nachträglich keine höheren oder qualifizierteren Anforderungen stellen**.[40] Nachträglich darf deshalb in den Vergabeunterlagen (bzw. in der Aufforderung zur Angebotsabgabe, die – wie oben dargelegt – Teil der Vergabeunterlagen ist) keine Verschärfung der Vorgaben für die Abgabe von Eignungsnachweisen erfolgen. Der hiernach verbleibende Spielraum für eine nachträgliche Konkretisierung von Eignungsanforderung ist demzufolge nicht allzu groß. Ist laut Auftragsbekanntmachung für eine bestimmte Eignungsanforderung ein Fremdnachweis zu erbringen, wäre bereits die spätere Vorgabe, dass dieser in deutscher Sprache abgefasst sein muss, keine bloße Konkretisierung mehr.[41] Den Bestimmungen über die Bekanntmachung, insbesondere den konkreten Inhalten dieser nach den Bekanntmachungsmustern, wird im Interesse der Sicherung der Gleichbehandlung bieterschützende Wirkung zuerkannt.[42] Damit sollen alle Bewerber ihre Angebote auf dem Stand gleicher Informationen abgeben können. Verweist der Auftraggeber in der Bekanntmachung hinsichtlich der vorzulegenden Eignungsnachweise lediglich auf die Vergabeunterlagen und fordert er die Vorlage solcher Eignungsunterlagen erstmals in den Vergabeunterlagen (zB in der Aufforderung zur Angebotsabgabe), ohne dass hierin eine Konkretisierung eines bereits benannten Nachweises liegt, stellen derartige Nachweise keine wirksame Forderung dar. Hier ist für die Bieter aus den entsprechenden Veröffentlichungen in keiner Weise erkennbar, welche Eignungsanforderungen an sie gestellt werden. Deshalb finden nicht ordnungsgemäß in der Bekanntmachung geforderte Eignungsnachweise bei der Eignungsprüfung keine Berücksichtigung.[43] Ein Ausschluss solcher Angebote aufgrund fehlender Nachweise ist nicht statthaft, da sie durch den Auftraggeber nicht wirksam gefordert worden sind. Über die Bekanntmachung hinausgehende Nachweise dürfen nicht gefordert werden und ihre Nichtvorlage somit auch nicht bei der Angebotswertung berücksichtigt werden. Beides würde den Vorgaben des Transparenzgebotes zuwiderlaufen.[44] Obgleich hiernach eine Konkretisierung der in der Auftragsbekanntmachung bezeichneten Eignungsnachweise in der Aufforderung zur Angebotsabgabe oder in anderen Teilen der Vergabeunterlagen theoretisch möglich ist, ist öffentlichen Auftraggeber zur Vermeidung einer Auseinandersetzung über die Frage, ob es sich noch um eine zulässige Konkretisierung oder schon um eine unzulässige Verschärfung handelt, zu empfehlen, die Eignungsnachweise vollständig und abschließend bereits in der Auftragsbekanntmachung zu bezeichnen.

45 Eine Legaldefinition, was „**Nachweise**" im vergaberechtlichen Sinne sind, enthält die VOB/A nicht. Welche Unterlagen neben Eigenerklärungen als Nachweise beizubringen sind, kann die Vergabestelle in der Bekanntmachung festlegen. Unterlässt sie dies, kann sie einen Bieter nicht mit der Begründung ausschließen, er habe seiner Nachweispflicht nicht genügt, weil er gemachte Angaben nicht durch die Vorlage entsprechender unternehmensbezogener Dokumente unterlegt habe.[45] Zwar kann die Vergabestelle bestimmen, welche Qualität von Nachweisen sie im konkreten Vergabeverfahren genügen lässt. Sie ist in der Entscheidung frei, ob sie offizielle Bescheinigungen verlangt oder inoffizielle, insbesondere Eigenerklärungen, genügen lässt.[46] Die diesbezüglichen Festlegungen sollten **hinreichend deutlich** sein. Sofern sie auslegungsbedürftig sind, sind sie nach dem Empfängerhorizont, dh aus der Sicht des verständigen Bieters auszulegen. Etwaige **Unklarheiten und Widersprüchlichkeiten** in den Anforderungen bezüglich der geforderten Eignungsnachweise **gehen zulasten der Vergabestelle**.[47]

46 Abs. 4 S. 1 Hs. 2 räumt dem Auftraggeber die Möglichkeit ein, sich die **Anforderungen von Nachweisen nach Angebotsabgabe vorzubehalten**. Allerdings müssen auch in diesem Fall bereits in der Bekanntmachung die vorbehaltenen Nachweise zumindest nach Art und Gegenstand bezeich-

---

[39] OLG Düsseldorf Beschl. 12.3.2008 – Verg 56/07, BeckRS 2008, 21252; OLG Jena Beschl. v. 21.9.2009 – 9 Verg 7/09, BeckRS 2009, 86482 Rn. 36; OLG Düsseldorf Beschl. v. 27.10.2010 – Verg 47/10, IBRRS 2010, 4429; OLG Celle, Beschl. v. 24.4.14 – 13 Verg 2/14, BeckRS 2014, 14221 Rn. 36.
[40] OLG Düsseldorf Beschl. 12.3.2008 – Verg 56/07, BeckRS 2008, 21252; OLG Schleswig-Holstein Beschl. v. 28.6.2016 – 54 Verg 2/16, NZBau 2016, 593 (597).
[41] OLG Düsseldorf Beschl. v. 27.10.2010 – Verg 47/10, IBRRS 2010, 4429.
[42] Kapellmann/Messerschmidt/*Planker* § 12 Rn. 4; HK-VergabeR/*Franzius* § 12 Rn. 1.
[43] OLG Düsseldorf Beschl. v. 28.11.2012 – Verg 8/12, NZBau 2013, 258.
[44] VK Halle Beschl. v. 11.12.2014 – 3 VK LSA 96/14.
[45] OLG Düsseldorf Beschl. v. 31.10.2012 – VII-Verg 17/12, NZBau 2013, 333.
[46] VK Hessen Beschl. v. 21.4.2008 – 69d-VK-15/2008; VK Sachsen Beschl. v. 30.4.2008 – 1/SVK/020-08, IBRRS 2008, 1623.
[47] OLG Düsseldorf Beschl. v. 9.6.2004 – VII–Verg 11/04, BeckRS 2007, 15960; OLG Celle Beschl. 24.4.14 – 13 Verg 2/14, BeckRS 2014, 14221 Rn. 36.

net werden.⁴⁸ Spätere Konkretisierungen sind, wie bei den mit Angebotsabgabe vorzulegenden Nachweisen, möglich (→ Rn. 44).

Hat sich der Auftraggeber die Vorlage von Nachweisen nach Abs. 4 S. 1 Hs. 2 vorbehalten, so **47** kann er deren **Vorlage innerhalb einer angemessenen, nach dem Kalender bestimmten Frist** verlangen. Legt der Bieter die Nachweise dann nicht vor, ist das Angebot nach **§ 16 Abs. 1 Nr. 4 S. 1** auszuschließen. Mit der Einführung des § 16 Abs. 1 Nr. 4 S. 1 durch die VOB/A 2016 hat sich auch der Streit, ob die Vorlage vorbehaltener Nachweise nach § 16 Abs. 1 Nr. 3 VOB/A 2012 (entspricht dem heutigen § 16a) gefordert werden kann,⁴⁹ erledigt.⁵⁰ Der Vorbehalt der nachträglichen Anforderungen von Nachweisen und deren Nachforderung ist für den Bieter mit Risiken verbunden, da das Angebot nach § 16 Abs. 1 Nr. 4 S. 1 auszuschließen ist, wenn der angeforderte Nachweis nicht vorgelegt wird bzw. der eingereichte Nachweis nicht den Anforderungen entspricht. Es besteht kein Ermessen des Auftraggebers hinsichtlich einer zweiten Nachforderung.

b) Vorlage der Nachweise bei Beschränkter Ausschreibung mit Teilnahmewettbewerb **48** **(Abs. 4 S. 2).** Abs. 4 S. 2 legt fest, dass der Auftraggeber bei einer Beschränkten Ausschreibung mit Teilnahmewettbewerb (§ 3 Nr. 2 Alt. 1, § 3b Abs. 2) – die Bezeichnung dieses Verfahrens wurde mit der VOB/A 2019 an die terminologische Klarstellung in § 3 angepasst – verlangen muss, dass die jeweiligen Eignungsnachweise bereits **mit dem Teilnahmeantrag** vorgelegt werden. Das ist konsequent, weil bei einer Beschränkten Ausschreibung mit Teilnahmewettbewerb die Auswahl der Unternehmen, die zur Angebotsabgabe aufgefordert werden, durch die Auswertung des Teilnahmewettbewerbs anhand der vom Auftraggeber festgelegten Eignungskriterien erfolgt (§ 3b Abs. 2), dh über die Eignung am Ende des Teilnahmewettbewerbs Gewissheit bestehen muss.

Mit der VOB/A 2019 wurde **Abs. 4 S. 2** dahingehend präzisiert, dass es sich bei den mit dem **49** Teilnahmeantrag einzureichenden Unterlagen nicht nur um die geforderten Nachweise, sondern – sofern solche gefordert wurden – auch um Eigenerklärungen handeln kann.

Anders als Abs. 4 S. 1, äußert sich Abs. 4 S. 2 nicht explizit dazu, zu welchem Zeitpunkt die **50** Nachweise zu bezeichnen sind, die mit dem Teilnahmeantrag vorzulegen sind. Auch hier gilt, dass die Nachweise zumindest nach Art und Gegenstand im Wesentlichen in der Auftragsbekanntmachung darzulegen sind (vgl. § 12 Abs. 1 Nr. 2 lit. w iVm § 12 Abs. 2). Wie bei der öffentlichen Ausschreibung, dürfte auch bei der Beschränkten Ausschreibung mit Teilnahmewettbewerb eine Konkretisierung dieser in der Aufforderung zu Abgabe von Teilnahmeanträgen oder in anderen Teilen der Teilnahmeunterlagen zulässig sein.

5. Eignung bei beschränkter Ausschreibung und freihändiger Vergabe (Abs. 5). Die **51** Vorschrift des Abs. 5 stellt klar, dass bei der Beschränkten Ausschreibung – gemeint ist die **Beschränkte Ausschreibung ohne Teilnahmewettbewerb** iSd § 3 Nr. 2 Alt. 2, § 3b Abs. 3 und 4 Alt. 1 – vor der Aufforderung zur Angebotsabgabe die Eignung der Unternehmen zu prüfen ist. Jeder Bewerber, der vom Auftraggeber eine Angebotsaufforderung erhält, gilt automatisch als geeignet, ansonsten hätte der AG ihn ja nicht zur Angebotsabgabe auffordern dürfen. Da bei kein Bewerber bei der Wertung aufgrund fehlender oder auch nur geringerer Eignung mehr beurteilt oder gar aussortiert werden darf, muss die **Bewerberauswahl notwendigerweise im Vorfeld** erfolgen.

Zu beachten ist, dass bei der Beschränkten Ausschreibung ohne Teilnahwettbewerb nach **52** Abschnitt 1 der VOB/A – anders als nach § 11 Abs. 2 S. 2 UVgO – **keine Möglichkeit** besteht, die **Bieter mit der Aufforderung zur Angebotsabgabe aufzufordern, Eignungsnachweise und Erklärungen vorzulegen,** wenn die Eignung bzw. das Nichtvorliegen von Ausschlussgründen vorab nicht festgestellt werden kann. Mithin muss der Auftraggeber bei einer Beschränkten Ausschreibung ohne Teilnahwettbewerb nach Abschnitt 1 der VOB/A die Eignung zwingend vor der Aufforderung zur Angebotsabgabe feststellen, zB unter Heranziehung der Nachweise aus anderen Vergabeverfahren, durch Einsichtnahme in das Amtliche Verzeichnisses PQ-VOB).

In **Ausnahmefällen** kann allerdings auch in einem beschränkten Vergabeverfahren ohne Teil- **53** nahwettbewerb ein Bieter noch während der Angebotsauswertung, quasi nachträglich, wegen fehlender Eignung ausgeschlossen werden. Voraussetzung ist jedoch, dass die **Zweifel an der Eignung** vor der Angebotsaufforderung trotz Wahrung der Sorgfaltspflicht nicht erkennbar waren, dh dem

---

⁴⁸ Ingenstau/Korbion/*Schranner* § 6 Rn. 21.
⁴⁹ So OLG Celle Beschl. v. 16.6.2011 – 13 Verg 3/11, ZfBR 2012, 176 (177); OLG Frankfurt a. M. Beschl. v. 21.2.2012 – 11 Verg 11/11, IBRRS 2012, 2863; aA OLG Naumburg Beschl. v. 23.2.2012 – 2 Verg 15/11, BeckRS 2012, 5985; OLG Koblenz Beschl. v. 19.1.2015 – Verg 6/14, BeckRS 2015, 3293; OLG Düsseldorf Beschl. v. 17.2.2016 – VII-Verg 37/14, BeckRS 2016, 13665 Rn. 40.
⁵⁰ Ingenstau/Korbion/*Schranner* § 6 Rn. 22.

Auftraggeber erst **nachträglich bekanntgeworden** sind (zB fehlende Zuverlässigkeit aufgrund nachträglicher Insolvenz oder eines stark fehlerhaft verfassten Angebotes).

54 Wie in Abs. 5 ausdrücklich klargestellt wird, ist **Maßstab der Eignungsprüfung,** ob die ausgewählten Unternehmen die für die Erfüllung der vertraglichen Verpflichtungen notwendige Sicherheit bieten, was davon abhängt, ob sie die erforderliche Fachkunde, Leistungsfähigkeit und Zuverlässigkeit besitzen und über ausreichende technische und wirtschaftliche Mittel verfügen. Insoweit ergeben sich keine Besonderheiten gegenüber anderen Verfahren, zB der öffentlichen Ausschreibung (vgl. § 16b Abs. 1).

55 Für die in Abs. 5 ebenfalls erwähnte **Freihändige Vergabe** (§ 3 Nr. 3, § 3b Abs. 4 Alt. 2) gilt nichts anderes, als für die Beschränkte Ausschreibung ohne Teilnahmewettbewerb, sodass auf die diesbezüglichen Ausführungen verwiesen wird (→ Rn. 51 f.).

§ 7 Leistungsbeschreibung

(1)
1. Die Leistung ist eindeutig und so erschöpfend zu beschreiben, dass alle Unternehmen die Beschreibung im gleichen Sinne verstehen müssen und ihre Preise sicher und ohne umfangreiche Vorarbeiten berechnen können.
2. Um eine einwandfreie Preisermittlung zu ermöglichen, sind alle sie beeinflussenden Umstände festzustellen und in den Vergabeunterlagen anzugeben.
3. Dem Auftragnehmer darf kein ungewöhnliches Wagnis aufgebürdet werden für Umstände und Ereignisse, auf die er keinen Einfluss hat und deren Einwirkung auf die Preise und Fristen er nicht im Voraus schätzen kann.
4. Bedarfspositionen sind grundsätzlich nicht in die Leistungsbeschreibung aufzunehmen. Angehängte Stundenlohnarbeiten dürfen nur in dem unbedingt erforderlichen Umfang in die Leistungsbeschreibung aufgenommen werden.
5. Erforderlichenfalls sind auch der Zweck und die vorgesehene Beanspruchung der fertigen Leistung anzugeben.
6. Die für die Ausführung der Leistung wesentlichen Verhältnisse der Baustelle, z.B. Boden- und Wasserverhältnisse, sind so zu beschreiben, dass das Unternehmen ihre Auswirkungen auf die bauliche Anlage und die Bauausführung hinreichend beurteilen kann.
7. Die „Hinweise für das Aufstellen der Leistungsbeschreibung" in Abschnitt 0 der Allgemeinen Technischen Vertragsbedingungen für Bauleistungen, DIN 18299 ff., sind zu beachten.

(2) In technischen Spezifikationen darf nicht auf eine bestimmte Produktion oder Herkunft oder ein besonderes Verfahren, das die von einem bestimmten Unternehmen bereitgestellten Produkte charakterisiert, oder auf Marken, Patente, Typen oder einen bestimmten Ursprung oder eine bestimmte Produktion verwiesen werden, es sei denn
1. dies ist durch den Auftragsgegenstand gerechtfertigt oder
2. der Auftragsgegenstand kann nicht hinreichend genau und allgemein verständlich beschrieben werden; solche Verweise sind mit dem Zusatz „oder gleichwertig" zu versehen.

(3) Bei der Beschreibung der Leistung sind die verkehrsüblichen Bezeichnungen zu beachten.

1 Mit der Vergaberechtsreform 2016 wurde § 7 dem § 7 EU angeglichen und ebenfalls in vier Paragrafen aufgeteilt (§§ 7, 7a, 7b, 7c). Dies sollte der Übersichtlichkeit dienen.
2 Es entspricht dem Willen des Normgebers, dass der für den Unterschwellenbereich geltende § 7 in Wortlaut und inhaltlicher Reichweite § 7 EU entspricht.
3 Somit kann vollumfänglich auf die Kommentierungen zu § 7 EU verwiesen werden (→ § 7 EU Rn. 1 ff.).

§ 7a Technische Spezifikationen

(1) Die technischen Anforderungen (Spezifikationen – siehe Anhang TS Nummer 1) an den Auftragsgegenstand müssen allen Unternehmen gleichermaßen zugänglich sein.

(2) Die technischen Spezifikationen sind in den Vergabeunterlagen zu formulieren:
1. entweder unter Bezugnahme auf die in Anhang TS definierten technischen Spezifikationen in der Rangfolge
   a) nationale Normen, mit denen europäische Normen umgesetzt werden,
   b) europäische technische Bewertungen,
   c) gemeinsame technische Spezifikationen,
   d) internationale Normen und andere technische Bezugssysteme, die von den europäischen Normungsgremien erarbeitet wurden oder,
   e) falls solche Normen und Spezifikationen fehlen, nationale Normen, nationale technische Zulassungen oder nationale technische Spezifikationen für die Planung, Berechnung und Ausführung von Bauwerken und den Einsatz von Produkten.
   Jede Bezugnahme ist mit dem Zusatz „oder gleichwertig" zu versehen;
2. oder in Form von Leistungs- oder Funktionsanforderungen, die so genau zu fassen sind, dass sie den Unternehmen ein klares Bild vom Auftragsgegenstand vermitteln und dem Auftraggeber die Erteilung des Zuschlags ermöglichen;
3. oder in Kombination von Nummer 1 und 2, d.h.
   a) in Form von Leistungs- oder Funktionsanforderungen unter Bezugnahme auf die Spezifikationen gemäß Nummer 1 als Mittel zur Vermutung der Konformität mit diesen Leistungs- oder Funktionsanforderungen;
   b) oder mit Bezugnahme auf die Spezifikationen gemäß Nummer 1 hinsichtlich bestimmter Merkmale und mit Bezugnahme auf die Leistungs- oder Funktionsanforderungen gemäß Nummer 2 hinsichtlich anderer Merkmale.

(3) [1]Verweist der Auftraggeber in der Leistungsbeschreibung auf die in Absatz 2 Nummer 1 genannten Spezifikationen, so darf er ein Angebot nicht mit der Begründung ablehnen, die angebotene Leistung entspräche nicht den herangezogenen Spezifikationen, sofern der Bieter in seinem Angebot dem Auftraggeber nachweist, dass die von ihm vorgeschlagenen Lösungen den Anforderungen der technischen Spezifikation, auf die Bezug genommen wurde, gleichermaßen entsprechen. [2]Als geeignetes Mittel kann eine technische Beschreibung des Herstellers oder ein Prüfbericht einer anerkannten Stelle gelten.

(4) [1]Legt der Auftraggeber die technischen Spezifikationen in Form von Leistungs- oder Funktionsanforderungen fest, so darf er ein Angebot, das einer nationalen Norm entspricht, mit der eine europäische Norm umgesetzt wird, oder einer europäischen technischen Bewertung, einer gemeinsamen technischen Spezifikation, einer internationalen Norm oder einem technischen Bezugssystem, das von den europäischen Normungsgremien erarbeitet wurde, entspricht, nicht zurückweisen, wenn diese Spezifikationen die geforderten Leistungs- oder Funktionsanforderungen betreffen. [2]Der Bieter muss in seinem Angebot mit geeigneten Mitteln dem Auftraggeber nachweisen, dass die der Norm entsprechende jeweilige Leistung den Leistungs- oder Funktionsanforderungen des Auftraggebers entspricht. [3]Als geeignetes Mittel kann eine technische Beschreibung des Herstellers oder ein Prüfbericht einer anerkannten Stelle gelten.

(5) [1]Schreibt der Auftraggeber Umwelteigenschaften in Form von Leistungs- oder Funktionsanforderungen vor, so kann er die Spezifikationen verwenden, die in europäischen, multinationalen oder anderen Umweltzeichen definiert sind, wenn
1. sie sich zur Definition der Merkmale des Auftragsgegenstands eignen,
2. die Anforderungen des Umweltzeichens auf Grundlage von wissenschaftlich abgesicherten Informationen ausgearbeitet werden,
3. die Umweltzeichen im Rahmen eines Verfahrens erlassen werden, an dem interessierte Kreise – wie z.B. staatliche Stellen, Verbraucher, Hersteller, Händler und Umweltorganisationen – teilnehmen können, und
4. wenn das Umweltzeichen für alle Betroffenen zugänglich und verfügbar ist.
[2]Der Auftraggeber kann in den Vergabeunterlagen angeben, dass bei Leistungen, die mit einem Umweltzeichen ausgestattet sind, vermutet wird, dass sie den in der Leistungsbeschreibung festgelegten technischen Spezifikationen genügen. [3]Der Auftraggeber muss jedoch auch jedes andere geeignete Beweismittel, wie technische Unterlagen des Herstellers oder Prüfberichte anerkannter Stellen, akzeptieren. [4]Anerkannte Stellen sind die Prüf- und Eichlaboratorien sowie die Inspektions- und Zertifizierungsstellen, die mit den anwendbaren europäischen Normen übereinstimmen. [5]Der Auftraggeber erkennt Bescheinigungen von in anderen Mitgliedstaaten ansässigen anerkannten Stellen an.

Übersicht

	Rn.		Rn.
I. Regelungsgehalt und Überblick	1	1. § 7a Abs. 3	5
II. Abweichungen zur Oberschwellennorm	4	2. § 7a Abs. 4	8
		3. § 7a Abs. 5	9

I. Regelungsgehalt und Überblick

1 Mit der Vergabereform 2016 wurde § 7a aus § 7 ausgegliedert. Dies geschah im Einklang mit den Neuregelungen im Oberschwellenbereich.[1] Lediglich die Nummerierung ist unterschiedlich: § 7a Abs. 1 entspricht § 7a EU Abs. 1 Nr. 1; § 7a Abs. 2 entspricht § 7a EU Abs. 2; § 7a Abs. 3 entspricht § 7a EU Abs. 3 Nr. 1; § 7a Abs. 4 entspricht § 7a EU Abs. 4; § 7a Abs. 5 entspricht § 7a EU Abs. 6.

2 Es entspricht dem Willen des Normgebers, dass der für den Unterschwellenbereich geltende § 7a in Wortlaut und inhaltlicher Reichweite weitestgehend § 7a EU entspricht.[2]

3 Somit kann vollumfänglich auf die Kommentierungen zu § 7a EU verwiesen werden (→ § 7a EU Rn. 1 ff.).

II. Abweichungen zur Oberschwellennorm

4 Die Reglungen in § 7a Abs. 3–5 weichen teilweise von der entsprechenden Norm im Oberschwellenbereich ab.

5 **1. § 7a Abs. 3.** § 7a Abs. 3 regelt, dass ein öffentlicher Auftraggeber ein Angebot nicht ausschließen darf, wenn er in der Leistungsbeschreibung auf im Anhang TS definierte technische Spezifikationen verweist und das Angebot diesen nicht entspricht. Dies ist jedoch nur dann der Fall, wenn der Bieter mit seinem Angebot den Nachweis führt, dass sein Angebot dennoch den betreffenden technischen Spezifikationen entspricht.

6 Voraussetzung für den Nachweis ist, dass der Bieter die Abweichung eindeutig bezeichnet und nachweist, dass die von ihm angebotene Lösung den technischen Spezifikationen gleichermaßen entspricht. Die Beweislast liegt beim Bieter. Die Gleichwertigkeit kann dann im Rahmen der Angebotsaufklärung nach § 15 geprüft werden. Dabei ist dem Bieter auch der nachträgliche Nachweis nach Angebotsabgabe nach § 15 Abs. 3 möglich.

7 Mögliche Nachweismittel sind zB technische Beschreibungen des Herstellers oder Prüfberichte einer anerkannten Stelle (vgl. § 7a Abs. 3 Nr. 1).

8 **2. § 7a Abs. 4.** Legt der Auftraggeber technische Spezifikationen in der Leistungsbeschreibung in Gestalt von Leistungs- und Funktionsbeschreibungen fest, so darf er ein Angebot nicht ablehnen, wenn es den in § 7a Abs. 3 Nr. 1 lit. a–d (Anhang TS Nr. 2–4) benannten Spezifikationen entspricht. Dies gilt jedoch nur, wenn die Spezifikationen im Angebot eines Bieters die Leistungs- und Funktionsanforderungen des Auftraggebers betreffen. Den Nachweis hat der Bieter zu führen. Die Ausführungen zu § 7a Abs. 3 gelten bezüglich der Nachweisführung entsprechend (→ Rn. 25).

9 **3. § 7a Abs. 5.** Legt der Auftraggeber technische Spezifikationen in der Leistungsbeschreibung in Gestalt von Leistungs- und Funktionsbeschreibungen fest, so kann er dafür auf Spezifikationen aus europäischen, multinationalen oder anderen Umweltzeichen zurückgreifen

10 Die Einschränkung in § 7a Abs. 5 steht im Gegensatz zu der in § 7a EU Abs. 5 umgesetzten Weiterung des Anwendungsbereichs aufs der Vergaberichtlinie 2014/24/EU. In diesen werden neben Umweltzeichen auch Gütezeichen und sonstige Zertifizierungen zugelassen (→ § 7a EU Rn. 33 f.).

11 Der Rückgriff auf die Umweltzeichen als Mittel der Leistungsbeschreibung ist lediglich zulässig, wenn folgende vier Voraussetzungen kumulativ vorliegen:
– Eignung der Spezifikationen als Merkmalsdefinition des Auftragsgegenstandes;
– Begründung der Anforderung durch wissenschaftlich gesicherte Erkenntnisse;
– Erlass der Umweltzeichen durch ein den interessierten Fachkreisen zugängliches Verfahren;
– Zugänglichkeit und Verfügbarkeit des Umweltzeichens für sämtliche Betroffene.

---

[1] Einführungserlass zur Vergabe- und Vertragsordnung für Bauleistungen (VOB) 2016, BI 7-81063-6/1 v. 7.4.2016, 3.
[2] Einführungserlass zur Vergabe- und Vertragsordnung für Bauleistungen (VOB) 2016, BI 7-81063-6/1 v. 7.4.2016, 3.

Kann ein Bieter für seine angebotene Leistung ein Umweltzeichen vorlegen, so gilt die Vermutung, 12
dass es den geforderten technischen Spezifikationen entspricht, sofern dies der Auftraggeber in den
Vergabeunterlagen vorsah.

Die Nachweispflicht obliegt dem Bieter, der auf die in § 7a Abs. 5 Nr. 4 S. 4 benannten Nach- 13
weismittel zurückgreifen kann.

Im Übrigen ist auf die Kommentierungen zu § 7a EU Abs. 5 zu verweisen (→ § 7a EU 14
Rn. 33 ff.).

§ 7b Leistungsbeschreibung mit Leistungsverzeichnis

(1) Die Leistung ist in der Regel durch eine allgemeine Darstellung der Bauaufgabe (Baubeschreibung) und ein in Teilleistungen gegliedertes Leistungsverzeichnis zu beschreiben.

(2) ¹Erforderlichenfalls ist die Leistung auch zeichnerisch oder durch Probestücke darzustellen oder anders zu erklären, z.B. durch Hinweise auf ähnliche Leistungen, durch Mengen- oder statische Berechnungen. ²Zeichnungen und Proben, die für die Ausführung maßgebend sein sollen, sind eindeutig zu bezeichnen.

(3) Leistungen, die nach den Vertragsbedingungen, den Technischen Vertragsbedingungen oder der gewerblichen Verkehrssitte zu der geforderten Leistung gehören (§ 2 Absatz 1 VOB/B), brauchen nicht besonders aufgeführt zu werden.

(4) ¹Im Leistungsverzeichnis ist die Leistung derart aufzugliedern, dass unter einer Ordnungszahl (Position) nur solche Leistungen aufgenommen werden, die nach ihrer technischen Beschaffenheit und für die Preisbildung als in sich gleichartig anzusehen sind. ²Ungleichartige Leistungen sollen unter einer Ordnungszahl (Sammelposition) nur zusammengefasst werden, wenn eine Teilleistung gegenüber einer anderen für die Bildung eines Durchschnittspreises ohne nennenswerten Einfluss ist.

Mit der Vergaberechtsreform 2016 wurde § 7b dem § 7b EU angeglichen, die beide gleicherma- 1
ßen aus § 7/§ 7 EU zur besseren Übersichtlichkeit herausgetrennt wurden.[1]

Es entspricht dem Willen des Normgebers, dass der für den Unterschwellenbereich geltende 2
§ 7b in Wortlaut und inhaltlicher Reichweite § 7b EU entspricht.[2]

Somit kann vollumfänglich auf die Kommentierungen zu § 7b EU verwiesen werden (→ § 7b 3
EU Rn. 1 ff.).

§ 7c Leistungsbeschreibung mit Leistungsprogramm

(1) Wenn es nach Abwägen aller Umstände zweckmäßig ist, abweichend von § 7b Absatz 1 zusammen mit der Bauausführung auch den Entwurf für die Leistung dem Wettbewerb zu unterstellen, um die technisch, wirtschaftlich und gestalterisch beste sowie funktionsgerechteste Lösung der Bauaufgabe zu ermitteln, kann die Leistung durch ein Leistungsprogramm dargestellt werden.

(2)
1. Das Leistungsprogramm umfasst eine Beschreibung der Bauaufgabe, aus der die Unternehmen alle für die Entwurfsbearbeitung und ihr Angebot maßgebenden Bedingungen und Umstände erkennen können und in der sowohl der Zweck der fertigen Leistung als auch die an sie gestellten technischen, wirtschaftlichen, gestalterischen und funktionsbedingten Anforderungen angegeben sind, sowie gegebenenfalls ein Musterleistungsverzeichnis, in dem die Mengenangaben ganz oder teilweise offengelassen sind.
2. § 7b Absatz 2 bis 4 gilt sinngemäß.

(3) ¹Von dem Bieter ist ein Angebot zu verlangen, das außer der Ausführung der Leistung den Entwurf nebst eingehender Erläuterung und eine Darstellung der Bauausführung sowie eine eingehende und zweckmäßig gegliederte Beschreibung der Leistung – gege-

---

[1] Einführungserlass zur Vergabe- und Vertragsordnung für Bauleistungen (VOB) 2016, BI 7-81063-6/1 v. 7.4.2016, 3.
[2] Einführungserlass zur Vergabe- und Vertragsordnung für Bauleistungen (VOB) 2016, BI 7-81063-6/1 v. 7.4.2016, 3.

benenfalls mit Mengen- und Preisangaben für Teile der Leistung – umfasst. ²Bei Beschreibung der Leistung mit Mengen- und Preisangaben ist vom Bieter zu verlangen, dass er

1. die Vollständigkeit seiner Angaben, insbesondere die von ihm selbst ermittelten Mengen, entweder ohne Einschränkung oder im Rahmen einer in den Vergabeunterlagen anzugebenden Mengentoleranz vertritt, und dass er
2. etwaige Annahmen, zu denen er in besonderen Fällen gezwungen ist, weil zum Zeitpunkt der Angebotsabgabe einzelne Teilleistungen nach Art und Menge noch nicht bestimmt werden können (z.B. Aushub-, Abbruch- oder Wasserhaltungsarbeiten) – erforderlichenfalls anhand von Plänen und Mengenermittlungen – begründet.

1 Mit der Vergaberechtsreform 2016 wurde § 7c dem § 7c EU angeglichen, die beide gleichermaßen aus § 7/§ 7 EU zur besseren Übersichtlichkeit herausgetrennt wurden.[1]

2 Es entspricht dem Willen des Normgebers, dass der für den Unterschwellenbereich geltende § 7c in Wortlaut und inhaltlicher Reichweite § 7c EU entspricht.[2]

3 Somit kann vollumfänglich auf die Kommentierungen zu § 7c EU verwiesen werden (→ § 7cEU Rn. 1 ff.).

§ 8 Vergabeunterlagen

(1) Die Vergabeunterlagen bestehen aus
1. dem Anschreiben (Aufforderung zur Angebotsabgabe gemäß Absatz 2 Nummer 1 bis 3), gegebenenfalls Teilnahmebedingungen (Absatz 2 Nummer 6) und
2. den Vertragsunterlagen (§§ 7 bis 7c und 8a).

(2)
1. Das Anschreiben muss alle Angaben nach § 12 Absatz 1 Nummer 2 enthalten, die außer den Vertragsunterlagen für den Entschluss zur Abgabe eines Angebots notwendig sind, sofern sie nicht bereits veröffentlicht wurden.
2. In den Vergabeunterlagen kann der Auftraggeber die Bieter auffordern, in ihrem Angebot die Leistungen anzugeben, die sie an Nachunternehmen zu vergeben beabsichtigen.
3. ¹Der Auftraggeber hat anzugeben:
   a) ob er Nebenangebote nicht zulässt,
   b) ob er Nebenangebote ausnahmsweise nur in Verbindung mit einem Hauptangebot zulässt.

   ²Die Zuschlagskriterien sind so festzulegen, dass sie sowohl auf Hauptangebote als auch auf Nebenangebote anwendbar sind. ³Es ist dabei auch zulässig, dass der Preis das einzige Zuschlagskriterium ist. ⁴Von Bietern, die eine Leistung anbieten, deren Ausführung nicht in Allgemeinen Technischen Vertragsbedingungen oder in den Vergabeunterlagen geregelt ist, sind im Angebot entsprechende Angaben über Ausführung und Beschaffenheit dieser Leistung zu verlangen.
4. Der Auftraggeber kann in den Vergabeunterlagen angeben, dass er die Abgabe mehrerer Hauptangebote nicht zulässt.
5. Der Auftraggeber hat an zentraler Stelle in den Vergabeunterlagen abschließend alle Unterlagen im Sinne von § 16a Absatz 1 mit Ausnahme von Produktangaben anzugeben.
6. Auftraggeber, die ständig Bauleistungen vergeben, sollen die Erfordernisse, die die Unternehmen bei der Bearbeitung ihrer Angebote beachten müssen, in den Teilnahmebedingungen zusammenfassen und dem Anschreiben beifügen.

Schrifttum: *Amelung,* Ausgewählte Fragen im Zusammenhang mit der Benennung von Nachunternehmern im Vergabeverfahren, ZfBR 2013, 337; *Burgi,* Nachunternehmerschaft und wettbewerbliche Untervergabe, NZBau 2010, 593; *Conrad,* Alte und neue Fragen zu Nebenangeboten, ZfBR 2014, 342; *Langen,* Die Bauzeit im Rahmen der Vertragsgestaltung, NZBau 2009, 145; *Ryll,* Renaissance der AGB-rechtlichen Privilegierung der VOB/B?, NZBau 2018, 187; *Vygen,* Der Vergütungsanspruch des Unternehmers für Projektierungsarbeiten und Ingenieurleistungen im Rahmen der Angebotsabgabe, FS Korbion, 1986, 439.

---

[1] Einführungserlass zur Vergabe- und Vertragsordnung für Bauleistungen (VOB) 2016, BI 7-81063-6/1 v. 7.4.2016, 3.

[2] Einführungserlass zur Vergabe- und Vertragsordnung für Bauleistungen (VOB) 2016, BI 7-81063-6/1 v. 7.4.2016, 3.

Übersicht

		Rn.
I.	**Überblick**	1
1.	Regelungsgegenstand	1
2.	Anwendungsbereich	5
II.	**Vergabeunterlagen (Abs. 1)**	6
1.	Bestandteile der Vergabeunterlagen	8
	a) Anschreiben	13
	b) Teilnahme-/Bewerbungsbedingungen	14
	c) Vertragsunterlagen	15
2.	Zeitlicher Ablauf	22
III.	**Anschreiben bzw. Aufforderung zur Angebotsabgabe (Abs. 2 Nr. 1–3)**	23
1.	Angaben nach § 12 Abs. 1 Nr. 2	26
	a) Sinn und Zweck des Anschreibens	26
	b) Rechtsnatur des Anschreibens	27
	c) Verhältnis zwischen Anschreiben und Bekanntmachung	31
2.	Inhalt des Anschreibens (Abs. 2 Nr. 1)	38
	a) Notwendige Angaben nach § 12 Abs. 1 Nr. 2	39
	b) Sonstige Angaben	41
IV.	**Inhalte der Vergabeunterlagen nach Abs. 2 Nr. 2–5**	50
1.	Nachunternehmerleistungen (Abs. 2 Nr. 2)	50
	a) Begriff des Nachunternehmers	54
	b) Angabe der Nachunternehmer	56
2.	Nebenangebote (Abs. 2 Nr. 3)	59
	a) Begriff des Nebenangebots	59
	b) Arten der Nebenangebote	64
	c) Zulassung und Ausschluss von Nebenangeboten	67
	d) Angaben in den Vergabeunterlagen	71
	e) Mindestanforderungen an Nebenangebote	80
3.	Mehrere Hauptangebote (Abs. 2 Nr. 4)	81
4.	Angabe der Unterlagen gemäß § 16d (Abs. 2 Nr. 5)	85
V.	**Teilnahmebedingungen (Abs. 2 Nr. 6)**	87
1.	Rechtsnatur der Teilnahmebedingungen	89
2.	Verhältnis zwischen Teilnahmebedingungen und Anschreiben	90
VI.	**Vertragsunterlagen (§§ 7–7c, 8a)**	91
1.	Obligatorische Vertragsunterlagen	92
2.	Fakultative Vertragsunterlagen	93
VII.	**Sonstige Vergabeunterlagen**	94
VIII.	**Änderungen an den Vergabeunterlagen**	96
IX.	**Auslegung von Vergabeunterlagen**	97

I. Überblick

1. Regelungsgegenstand. Gegenstand des § 8 sind die für das Vergabeverfahren notwendigen 1 Unterlagen, die in ihrer Gesamtheit als Vergabeunterlagen bezeichnet werden. § 8 regelt nicht nur aus welchen Unterlagen sich die Vergabeunterlagen zusammensetzen, sondern macht auch Vorgaben zu ihrer formalen und inhaltlichen Gestaltung.[1]

Abs. 1 regelt die Bestandteile der Vergabeunterlagen und definiert damit zugleich den Begriff 2 der Vergabeunterlagen. Während Abs. 1 grundsätzliche Vorgaben zur Struktur der Vergabeunterlagen enthält, befasst sich Abs. 2 mit der inhaltlichen Ausgestaltung der Vergabeunterlagen. Abs. 2 macht konkrete Vorgaben zum Inhalt des Anschreibens (bzw. der ggf. danebentretenden Teilnahme-/Bewerbungsbedingungen), ua auch zu den Punkten Nachunternehmereinsatz und Nebenangebote.

Im Zuge der Vergaberechtsreform (VOB/A 2016) wurde die **Struktur des § 8** grundsätzlich 3 verändert und von zehn auf zwei Absätze reduziert. Inhaltlich sind die Regelungen jedoch unverändert geblieben. Im Einzelnen ergaben sich folgende Änderungen:
– Aus § 8 Abs. 3 wurde § 8a Abs. 1,
– aus § 8 Abs. 4 wurde § 8a Abs. 2,
– aus § 8 Abs. 5 wurde § 8a Abs. 3,
– aus § 8 Abs. 6 wurde § 8a Abs. 4,
– aus § 8 Abs. 7 wurde § 8b Abs. 1,
– aus § 8 Abs. 8 wurde § 8b Abs. 2,
– aus § 8 Abs. 9 wurde § 8b Abs. 3,
– aus § 8 Abs. 10 wurde § 8b Abs. 4.

Mit der Reform 2019 wurden in Abs. 2 die Nr. 4 und 5 neu eingefügt. Die bisherige Nr. 4 wurde 4 Nr. 6.

2. Anwendungsbereich. Während für Vergaben unterhalb der EU-Schwellenwerte allein § 8 5 anzuwenden ist, gilt oberhalb der Schwellenwerte (ausschließlich) § 8 EU. Die Regelungen sind jedoch weitestgehend identisch, sodass im Rahmen des **Anwendungsbereichs des § 8 EU** auf die Ausführungen zu § 8 zurückgegriffen werden kann.

---

[1] Ingenstau/Korbion/*von Wietersheim* Rn. 1.

II. Vergabeunterlagen (Abs. 1)

6   Die Vergabeunterlagen bilden (neben der Bekanntmachung) die wesentlichen Informationsquellen des Bieters/Bewerbers im Vergabeverfahren.[2] Die Regelungen des § 8 dienen daher der **Transparenz des Vergabeverfahrens**.[3] Es handelt sich daher letztlich um eine Konkretisierung des allgemeinen Transparenzgrundsatzes.[4]

7   Die Vergabeunterlagen enthalten zum einen die für den Bieter/Bewerber notwendigen Informationen über den Ablauf des Vergabeverfahrens (Anschreiben oder Teilnahme-/Bewerbungsunterlagen), zum anderen die den Vertragsinhalt bestimmenden Vertragsunterlagen (Leistungsbeschreibung und Vertragsbedingungen).

8   **1. Bestandteile der Vergabeunterlagen.** Die Vergabeunterlagen setzen sich zusammen aus dem Anschreiben (Aufforderung zur Angebotsabgabe) und den Vertragsunterlagen. An die Stelle des Anschreibens treten ggf. – quasi als standardisierte Ausschreibungsbedingungen – die Teilnahmebedingungen (früher Bewerbungsbedingungen).

9   Aus Gründen der Übersichtlichkeit und der Transparenz empfiehlt sich eine sorgfältige **Trennung zwischen den Vergabeunterlagen im engeren Sinne („Vergabekomponente"),** dh solchen Teilen der Vergabeunterlagen, die Regelungen für das Vergabeverfahren enthalten (Aufforderung zur Angebotsabgabe, ggf. Teilnahme-/Bewerbungsbedingungen), **und den Vertragsunterlagen (der „Vertragskomponente"),** also den Teilen der Vergabeunterlagen, die Regelungen für die Bauvertragsdurchführung, dh die Bauausführung nach Zuschlagserteilung enthalten (Leistungsbeschreibung, Vertragsbedingungen).[5] Selbstverständlich hat auch die „Vertragskomponente" eine zentrale Bedeutung im Vergabeverfahren, denn sie ist Grundlage für die Erstellung eines Angebotes (insbesondere für die Preisermittlung), bildet den Inhalt des einzureichenden Angebotes und ist Maßstab für die Angebotsprüfung und -wertung.[6] Ihren finalen Zweck erreicht die Vertragskomponente jedoch erst mit Vertragsschluss, wenn die (dann) zwischen den Vertragsparteien vereinbarten Rechte und Pflichten ihre Wirkungen entfalten.[7]

10 Den am Vergabeverfahren Beteiligten, insbesondere dem Auftraggeber ist dringend anzuraten, genau auf die zu verwendenden Begrifflichkeiten zu achten. Der Einsatz der richtigen und einheitlichen Terminologie ist, nicht zuletzt aus Gründen der Transparenz, unerlässlich.

11 So wird in der Praxis beispielsweise der **Begriff „Vergabeunterlagen"** häufig untechnisch (und insoweit fehlerhaft) für andere im Rahmen des Vergabeverfahrens gebräuchliche Dokumente verwendet, zB für die Vergabeakte[8] oder die Vertragsunterlagen.

12 Auch die **Bezeichnung der Verfahrensbeteiligten** sollte einheitlich und schlüssig sein.[9] So wird in der Vergabekomponente nur vom **„Auftraggeber"** einerseits und **„Bewerbern"** oder **„Bietern"** andererseits die Rede sein, während es in der Vertragskomponente **„Auftraggeber"** und **„Auftragnehmer"** heißen sollte.[10] Durch eine konsequente Beachtung dieser Grundsätze werden Missverständnisse und Unwägbarkeiten zu der Frage vermieden, ob die Unternehmen bereits im Vergabeverfahren besondere Pflichten – zB zur Vorlage bestimmter Erklärungen und Nachweise – haben (**Bewerber** oder **Bieter**) oder erst nach Vertragsschluss **(Auftragnehmer).**[11]

13 **a) Anschreiben.** Das Anschreiben muss alle (nach § 12 Abs. 1 Nr. 2) in der Bekanntmachung anzugebenden Informationen enthalten, soweit sie nicht bereits bekanntgemacht wurden und soweit sie (außer den Vertragsunterlagen) für den Entschluss zur Abgabe eines Angebots notwendig sind. Mit dem Anschreiben soll der Bieter all diejenigen Angaben erhalten, die für die Teilnahme am Vergabeverfahren notwendig sind. Sie bilden – neben den Vertragsunterlagen – die Entscheidungsgrundlage für die Teilnahme am Vergabeverfahren (→ Rn. 23 ff.).[12]

14 **b) Teilnahme-/Bewerbungsbedingungen.** Nach dem ausdrücklichen Wortlaut des § 8 Abs. 2 Nr. 6 sind die Teilnahme-/Bewerbungsbedingungen dem Anschreiben „beizufügen". Sie

---

[2] *Ohlerich* in Gabriel/Krohn/Neun VergabeR-HdB § 20 Rn. 2.
[3] BGH Urt. v. 11.5.2009 – VII ZR 11/08, ZfBR 2009, 574; *Verfürth* in KMPP Rn. 15; *Ohlerich* in Gabriel/Krohn/Neun VergabeR-HdB § 20 Rn. 2.
[4] *Ohlerich* in Gabriel/Krohn/Neun VergabeR-HdB § 20 Rn. 2.
[5] *Baumann* in Lampe-Helbig/Jagenburg/Baldringer Bauvergabe-HdB Kap. C Rn. 37.
[6] *Baumann* in Lampe-Helbig/Jagenburg/Baldringer Bauvergabe-HdB Kap. C Rn. 37.
[7] *Baumann* in Lampe-Helbig/Jagenburg/Baldringer Bauvergabe-HdB Kap. C Rn. 37.
[8] Kapellmann/Messerschmidt/*von Rintelen* Rn. 5.
[9] *Baumann* in Lampe-Helbig/Jagenburg/Baldringer Bauvergabe-HdB Kap. C Rn. 38.
[10] *Baumann* in Lampe-Helbig/Jagenburg/Baldringer Bauvergabe-HdB Kap. C Rn. 38.
[11] *Baumann* in Lampe-Helbig/Jagenburg/Baldringer Bauvergabe-HdB Kap. C Rn. 38.
[12] *Ohlerich* in Gabriel/Krohn/Neun VergabeR-HdB § 20 Rn. 8.

treten daher nicht an die Stelle des Anschreibens, sondern neben dieses. Sie sollen das Anschreiben nicht ersetzen, sondern nur aus Gründen der Übersichtlichkeit entschlacken (→ Rn. 87 ff.).

c) Vertragsunterlagen. Vertragsunterlagen (früher als Verdingungsunterlagen bezeichnet)[13] 15 sind die Unterlagen, aus denen sich der Vertrag über die ausgeschriebene Bauleistung zusammensetzt (§§ 7–7c und 8a).[14] Sie bilden den Bauvertrag und bestimmen seinen Inhalt, dh die Rechte und Pflichten der Vertragsparteien, die Leistung selbst sowie Art und Weise der Ausführung. Die Vertragsunterlagen unterscheiden sich von dem Angebot eines Bieters letztlich nur dadurch, dass der Bieter die von ihm kalkulierten Preise einsetzt und die von ihm geforderten Erklärungen rechtsverbindlich abgibt.[15]

Bei den §§ 8 und 8a (früher § 8 Abs. 3–6 VOB/A 2012) handelt es sich lediglich um Ordnungs- 16 vorschriften.[16] Für den Inhalt des Bauvertrags ist nicht maßgeblich, was § 8 vorgibt, sondern was zivilrechtlich wirksam vereinbart worden ist.[17] Der Vertragsinhalt ergibt sich nicht aus den §§ 8 ff., sondern aus dem Vertrag. Gleichwohl ist die Bedeutung der §§ 8 ff. immens, bestimmt der Auftraggeber mit den dort genannten Unterlagen, soweit sie im Einzelfall Vertragsgegenstand werden, doch den Inhalt des Bauvertrags.[18]

aa) Bestandteile der Vertragsunterlagen. Die Vertragsunterlagen bestehen aus der Leis- 17 tungsbeschreibung und den Vertragsbedingungen; die Leistungsbeschreibung – das Herzstück der Vergabeunterlagen – wiederum aus der Baubeschreibung, dem Leistungsverzeichnis und den Plänen. Insoweit wird auf die Kommentierung zu § 7–7c verwiesen.

Während das Anschreiben und die Teilnahme-/Bewerbungsbedingungen nur für das Vergabe- 18 verfahren Bedeutung haben (dh bis zur Auftragserteilung), bilden die „Vertragsunterlagen" den Inhalt des Vertrages. **Anschreiben und Bewerbungsunterlagen** werden zwar **grundsätzlich nicht Vertragsbestandteil,**[19] jedoch ist damit nicht gesagt, dass Unterlagen des Vergabeverfahrens nicht Vertragsbestandteil werden können. So kann beispielsweise vereinbart oder bereits in den Vergabeunterlagen vorgesehen werden, dass Verhandlungsprotokolle (im Rahmen des Verhandlungsverfahrens) oder Antworten des Auftraggebers auf Fragen der Bieter durchaus Inhalt des Vertrages werden.

Die von der VOB/A für die einzelnen Vertragsbestandteile vorgegebenen Bezeichnungen sind 19 zwar nicht zwingend, aber aus Gründen der Transparenz dringend zu empfehlen.[20]

bb) Vertragsstruktur. Die VOB gibt in §§ 7 und 8 VOB/A, aber auch in § 1 Abs. 2 VOB/ 20 B eine modular aufgebaute[21] Vertragsstruktur vor, die einem „Baukastensystem" vergleichbar ist. Die technischen und rechtlichen Vertragsinhalte sind in den einzelnen, im Wesentlichen in § 1 Abs. 2 VOB/B aufgeführten, Bausteinen (Modulen) enthalten.[22] Sie werden zu den Vertragsunterlagen zusammengesetzt, als solche in das Vergabeverfahren eingebracht und ergeben schließlich den späteren Vertragsinhalt,[23] den Bauvertrag. Da der Bieter jedoch das Angebot macht (und der Auftraggeber lediglich den Zuschlag darauf erteilt) muss der Auftraggeber dem Bieter vorgeben, was er (der Bieter) zum Inhalt seines Angebots machen soll (bzw. muss). Mit anderen Worten bestimmt der Auftraggeber, welche Inhalte Bestandteil des Angebots sein müssen. Dies geschieht in der Regel im Anschreiben (und/oder abstrakt in den Besonderen Vertragsbedingungen). Vielfach geschieht dies aber auch dadurch, dass der Auftraggeber dem Bieter ein vorgefertigtes Angebotsschreiben übersendet, in dem die Vertragsbestandteile aufgeführt sind. Durch anschließende Verwendung macht sich der Bieter den Inhalt zu eigen und bietet die ausgeschriebenen Leistungen zu den auftraggeberseits vorgegebenen technischen und rechtlichen Bedingungen an.

cc) Verortung der Bestandteile. Der Auftraggeber tut gut daran, die Informationen und 21 Angaben in den Vergabeunterlagen richtig zu verorten, dh in die jeweils dafür vorgesehenen Bestand-

---

[13] Ohlerich in Gabriel/Krohn/Neun VergabeR-HdB § 20 Rn. 1; Kapellmann/Messerschmidt/*von Rintelen* Rn. 3.
[14] Kapellmann/Messerschmidt/*von Rintelen* Rn. 6.
[15] Beck VOB/A/*Hertwig*, 1. Aufl. 2001, § 10 Rn. 1 (zu der entsprechenden Vorschrift der VOB/A in der Fassung vom Mai 2000), der allerdings von Vergabeunterlagen spricht.
[16] Kapellmann/Messerschmidt/*von Rintelen* Rn. 1.
[17] Kapellmann/Messerschmidt/*von Rintelen* Rn. 1.
[18] Ähnlich Ingenstau/Korbion/*von Wietersheim* Rn. 1.
[19] Kapellmann/Messerschmidt/*von Rintelen* Rn. 4.
[20] Ingenstau/Korbion/*von Wietersheim* Rn. 5, der als Gründe die Bewährung in der Praxis und die Reduzierung des Aufwands anführt.
[21] BeckOK VergabeR/*Heinrich*, 20. Ed. 31.10.2020, Rn. 6; Ingenstau/Korbion/*von Wietersheim* Rn. 5.
[22] Ingenstau/Korbion/*von Wietersheim* Rn. 5.
[23] Ingenstau/Korbion/*von Wietersheim* Rn. 4.

teile der Vergabeunterlagen aufzunehmen. Soweit aber in der Literatur[24] vertreten wird, dass es mit Blick auf den Transparenzgrundsatz prinzipiell unschädlich und nicht per se vergaberechtswidrig sei, wenn Informationen in anderen – als den nach der VOB vorgesehenen – Teilen der Vergabeunterlagen enthalten oder abweichend von der Terminologie der VOB/A bezeichnet worden sind, kann dem nicht – jedenfalls nicht pauschal – zugestimmt werden. Dies mag innerhalb der Vertragsbedingungen sicher im Regelfall vertretbar sein. So wird es unschädlich sein, wenn bestimmte Inhalte in den Besonderen Vertragsbedingungen anstatt in den Zusätzlichen Vertragsbedingungen enthalten sind (und umgekehrt). Sofern aber Angaben zum Ablauf des Vergabeverfahrens, die richtigerweise in das Anschreiben oder in die Teilnahme-/Bewerbungsbedingungen aufzunehmen wären, in der Leistungsbeschreibung oder in den Vertragsbedingungen enthalten sind, dürfte dies intransparent und ein Ausschluss wegen Nichtbeachtung der dortigen Vorgaben vergaberechtswidrig sein.[25]

22   **2. Zeitlicher Ablauf.** Ausgangspunkt eines jeden Vergabeverfahrens ist der Beschaffungsbedarf. Der Auftraggeber hat zu Beginn des Vergabeverfahrens den Beschaffungsbedarf zu definieren und die Entscheidung zu treffen, ob und wie er die Leistungen beschaffen will bzw. muss. Sodann erfolgt die Erstellung der Vergabeunterlagen. Nach § 2 Abs. 6 soll der Auftraggeber erst dann ausschreiben, wenn alle Vergabeunterlagen fertiggestellt sind. Die Bekanntmachung kann (und soll) jedenfalls erst erfolgen, wenn der Auftragsgegenstand und die Auftragsbedingungen – mithin die Inhalte der Bekanntmachung – feststehen. Der Bieter/Bewerber hingegen kommt über die Bekanntmachung erstmalig mit dem Beschaffungsvorhaben des Auftraggebers in Berührung.

III. Anschreiben bzw. Aufforderung zur Angebotsabgabe (Abs. 2 Nr. 1–3)

23   Mit dem Anschreiben fordert der Auftraggeber die Bieter (bzw. die Bewerber im Anschluss an den Teilnahmewettbewerb) zur Abgabe eines Angebots auf. Der Bieter erstellt dann auf der Basis der ihm vom Auftraggeber übersandten Unterlagen (der Blankette) das Angebot indem er die Angebotsunterlagen ausfüllt, insbesondere das Leistungsverzeichnis bepreist und ggf. geforderte Zeichnung/Pläne beifügt.

24   Gemäß § 8 Abs. 2 Nr. 1 muss das Anschreiben sämtliche Angaben nach § 12 Abs. 1 Nr. 2 enthalten, die außer den Vertragsunterlagen für den Entschluss zur Abgabe eines Angebots notwendig sind, sofern sie nicht bereits veröffentlich wurden. Tatsächlich werden für den Bieter bzw. seinen Entschluss, ob er sich an dem Vergabeverfahren beteiligt, in erster Linie die Angaben in der Bekanntmachung, vor allem aber die Leistungsbeschreibung und die Vertragsbedingungen maßgeblich sein. Das Anschreiben sollte neben der Aufforderung zur Angebotsabgabe „nur" die notwendigen Informationen zum Ablauf des Vergabeverfahrens enthalten und sich darauf beschränken (letzteres schon allein, um Widersprüche zu den übrigen Unterlagen zu vermeiden).

25   Sofern bei den Angaben nach § 12 Abs. 1 Nr. 2 von **Mindestanforderungen** gesprochen wird, ist dies zumindest missverständlich, da nicht in jedem Falle stets alle Angaben nach § 12 Abs. 1 Nr. 2 in dem Anschreiben enthalten sein müssen. Es kommt insoweit – wie üblich – vielmehr auf die Gegebenheiten und Erfordernisse des Einzelfalls an. Die Vorgaben sind also keineswegs zwingend, sondern am Einzelfall auszurichten. Umgekehrt kann es auch erforderlich sein, weitere Angaben – über die in § 12 Abs. 1 Nr. 2 genannten hinaus – zu machen, wenn diese für den Entschluss des Bieters, sich an dem Vergabeverfahren zu beteiligen, von Bedeutung sind.[26] Auch insoweit ist der Einzelfall maßgeblich. Jedenfalls muss der Auftraggeber alle wesentlichen Gesichtspunkte angeben, die bei gebotener objektiver Betrachtung für den Entschluss eines Bieters, sich an der Vergabe zu beteiligen, maßgebend sind oder nach pflichtgemäßer Einschätzung des Auftraggebers sein können.[27]

26   **1. Angaben nach § 12 Abs. 1 Nr. 2. a) Sinn und Zweck des Anschreibens.** Mit dem Anschreiben wird der Bieter zur Abgabe eines Angebots aufgefordert. Während dem Bieter früher mit dem Anschreiben auch die Vertragsunterlagen übersandt wurden, werden sie ihm im Zuge der Vergabe grundsätzlich elektronisch zur Verfügung gestellt (§ 41 VgV, § 41 SektVO). Neben diesem funktionalen Zweck soll das Anschreiben die Transparenz des Vergabeverfahrens gewährleisten,[28] in dem allen Bietern die gleichen **Informationen zum Vergabeverfahren** und seinem Ablauf zur Verfügung gestellt werden. Das Anschreiben „erklärt" dem Bieter den konkreten Ablauf des Vergabe-

---

[24] *Ohlerich* in Gabriel/Krohn/Neun VergabeR-HdB § 20 Rn. 5.
[25] Vgl. OLG Düsseldorf Beschl. v. 7.3.2012 – VII Verg 82/11, BeckRS 2012, 05922.
[26] Ingenstau/Korbion/*von Wietersheim* Rn. 9.
[27] Ingenstau/Korbion/*von Wietersheim* Rn. 9 aE.
[28] BGH Urt. v. 11.5.2009 – VII ZR 11/08, ZfBR 2009, 574; *Ohlerich* in Gabriel/Krohn/Neun VergabeR-HdB § 20 Rn. 2 mwN.

verfahrens.[29] Auf diese Weise sollen alle Bieter die gleichen Chancen bei der Teilnahme am Vergabeverfahren haben. Das Anschreiben dient damit letztlich auch der **Chancengleichheit** und einem fairen und **diskriminierungsfreien Wettbewerb.** Der Bieter soll in die Lage versetzt werden, sich optimal präsentieren zu können und abschätzen zu können, welche Chancen er im Vergabeverfahren hat.[30]

b) Rechtsnatur des Anschreibens. Zivilrechtlich ist das Anschreiben als sog. invitatio ad 27 offerendum zu qualifizieren.[31] Es handelt sich, auch wenn dem Bieter mit dem Anschreiben die Angebotsunterlagen übersandt werden, noch nicht um ein verbindliches Angebot, sondern um eine unverbindliche Aufforderung zur Angebotsabgabe. Für die Annahme eines verbindlichen Angebots fehlt es an dem dafür notwendigen Rechtsbindungswillen.

Der Vertrag wird nach allgemeinen zivilrechtlichen Grundsätzen geschlossen. Er kommt 28 durch den Zuschlag des Auftraggebers (Annahmeerklärung) auf das Angebot des Bieters (dem die Vertragsunterlagen des Auftraggebers zugrunde liegen) zustande. Eine von beiden Seiten unterschriebene Vertragsurkunde ist nicht zwingend erforderlich, aber zulässig.[32] Vergaberechtlich erforderlich ist im letztgenannten Fall jedoch, dass das Angebot unverändert (dh ohne Änderungen und/oder Ergänzungen) in die Vertragsurkunde aufgenommen und ebenso unverändert angenommen wird.

Die Angaben des Auftraggebers sind jedoch nicht gänzlich unverbindlich. Vielmehr bindet 29 er sich durch die in dem Anschreiben und den Teilnahme-/Bewerbungsbedingungen enthaltenen Festlegungen.[33]

Zudem ist der Inhalt des Begleitschreibens bei der Auslegung des Angebots im Rahmen einer 30 öffentlichen Ausschreibung einzubeziehen.[34] Durch den Inhalt des Begleitschreibens können daher unbewusst bzw. ungewollt das Angebot und damit der spätere Vertragsinhalt von den Ausschreibungsunterlagen, insbesondere dem Leistungsverzeichnis, abweichen.[35]

c) Verhältnis zwischen Anschreiben und Bekanntmachung. Die Bekanntmachung soll 31 die in § 12 Abs. 1 Nr. 2 genannten Angaben enthalten. Sofern sie nicht bereits in der Bekanntmachung enthalten sind, müssen die Informationen mit dem Anschreiben nachgeholt werden.[36]

Widersprüche zwischen dem Anschreiben und der Bekanntmachung sind zwingend zu vermei- 32 den. Zwar sind die in der Bekanntmachung enthaltenen Angaben nicht (mehr) zwingend im Anschreiben zu wiederholen, jedoch ergeben sich nicht unerhebliche Probleme, wenn eine Wiederholung unterbleibt. **Bleiben nämlich die Anforderungen in dem Anschreiben hinter denen der Bekanntmachung zurück,** wird für den Bieter zweifelhaft sein, ob der Auftraggeber an seinen in der Bekanntmachung aufgestellten Vorgaben festhalten will. Zum gleichen Ergebnis gelangt die Ansicht,[37] wonach den Vergabeunterlagen bei Widersprüchen auslegungstechnisch grundsätzlich der Vorrang gebühre, da sie der Bekanntmachung nachfolgen und in der Regel auch detaillierter sind.[38] Bei sich widersprechenden Angaben dürfe sich die Bieter deshalb auf die Anforderungen der nachfolgenden Vergabeunterlagen und die darin für sie enthaltenen, günstigeren Angaben, zB eine längere Angebotsfrist, verlassen.[39] Widersprüche zwischen Bekanntmachung und Vergabeunterlagen gehen zulasten des Auftraggebers.[40]

---

[29] Beck VOB/A/*Hertwig*, 1. Aufl. 2001, § 10 Rn. 10 (zu der entsprechenden Vorschrift der VOB/A in der Fassung vom Mai 2000).
[30] *Ohlerich* in Gabriel/Krohn/Neun VergabeR-HdB § 20 Rn. 2.
[31] *Ohlerich* in Gabriel/Krohn/Neun VergabeR-HdB § 20 Rn. 7.
[32] Ingenstau/Korbion/*von Wietersheim* Rn. 5. Anders bei Honorarvereinbarungen bei Architekten und Ingenieuren; hier müssen das Honorarangebot und die Annahme in einer Urkunde enthalten und diese unterzeichnet sein, BGH Urt. v. 28.10.1993 – VII ZR 192/92, NJW-RR 1994, 280 = ZfBR 1994, 73; BGH Urt. v. 24.11.1988 – VII ZR 313/87, NJW-RR 1989, 786 = BauR 1989, 222 = ZfBR 1989, 104.
[33] *Ohlerich* in Gabriel/Krohn/Neun VergabeR-HdB § 20 Rn. 2.
[34] OLG Stuttgart Urt. v. 9.2.2010 – 10 U 76/09, BeckRS 2010, 10753.
[35] OLG Stuttgart Urt. v. 9.2.2010 – 10 U 76/09, BeckRS 2010, 10753.
[36] Kapellmann/Messerschmidt/*von Rintelen* Rn. 11.
[37] Kapellmann/Messerschmidt/*von Rintelen* Rn. 13.
[38] *Ohlerich* in Gabriel/Krohn/Neun VergabeR-HdB § 20 Rn. 73.
[39] OLG München Beschl. v. 2.3.2009 – Verg 1/09, BeckRS 2009, 07803 = ZfBR 2009, 404 (Ls.) = VergabeR 2009, 816; Kapellmann/Messerschmidt/*von Rintelen* Rn. 13.
[40] OLG München Beschl. v. 2.3.2009 – Verg 1/09, BeckRS 2009, 07803 = ZfBR 2009, 404 (Ls.) = VergabeR 2009, 816. Soweit in der Entscheidung von Verdingungsunterlagen (statt Vergabeunterlagen) die Rede ist, handelt es sich um eine sprachliche Ungenauigkeit, da in der vorgenannten Entscheidung Widersprüche zwischen der Bekanntmachung und der Angebotsaufforderung (somit den Vergabeunterlagen und nicht den Verdingungsunterlagen) bestanden.

33 Schließlich ist zu berücksichtigen, dass Dritte rügen können, sie hätten nur wegen der in der Bekanntmachung enthaltenen Vorgaben von einer Teilnahme an dem Verfahren abgesehen bzw. hätten sich bei Kenntnis der erleichterten Vorgaben an dem Verfahren beteiligt.

34 Ebenfalls nicht unproblematisch sind die Fälle, in denen das Anschreiben weitergehende, dh **über die Bekanntmachung hinausgehende Forderungen** enthält. Insoweit ist danach zu differenzieren, ob es sich um Angaben handelt die zwingend in der Bekanntmachung enthalten sein müssen oder ob sie noch in den übrigen Vergabeunterlagen, insbesondere im Anschreiben nachgeholt werden können.

35 Im erstgenannten Fall geht die Bekanntmachung den übrigen Vergabeunterlagen vor. So darf das Anschreiben beispielsweise keine über die Bekanntmachung hinausgehenden Anforderungen an die Eignung enthalten. Dies gilt sowohl in quantitativer als auch qualitativer Hinsicht. Der Auftraggeber darf also weder die Anzahl der geforderten Eignungsnachweise (zB Referenzen) erhöhen, noch die inhaltlichen Anforderungen verschärfen. Der Auftraggeber ist an seine Festlegungen in der Bekanntmachung gebunden und darf in den Vertragsunterlagen keine Nachforderungen stellen, sondern die in der Bekanntmachung verlangten Eignungsnachweise nur konkretisieren.[41] Allenfalls darf er die Anforderungen nachträglich verringern, jedoch keine erhöhten Anforderungen stellen.[42] Auch hier gilt, dass verbleibende Unklarheiten und Widersprüche zwischen Bekanntmachung und Verdingungsunterlagen zulasten des Auftraggebers gehen.[43]

36 Im Ergebnis sollte das Anschreiben die Angaben der Bekanntmachung wiederholen[44] und – da sich Bekanntmachung wegen der begrenzten Ausfüllmöglichkeiten häufig nur auf stichwortartige Angaben beschränkt – vervollständigen[45] und detaillieren.[46]

37 Abzugrenzen ist das Anschreiben vom **sog. Begleitschreiben,** mit dem der Auftraggeber im Rahmen des vorgeschalteten Teilnahmewettbewerbs (bei der beschränkten Ausschreibung / beim nichtoffenen Verfahren bzw. beim Verhandlungsverfahren mit vorgeschaltetem Teilnahmewettbewerb) die geforderten (Eignungs-)Unterlagen vom Bewerber anfordert. Wenngleich ein solches Begleitschreiben in der VOB/A nicht ausdrücklich vorgesehen ist, ist ein solches Schreiben zulässig.

38 **2. Inhalt des Anschreibens (Abs. 2 Nr. 1).** Bei den im Anschreiben enthaltenen Angaben ist zwischen dem notwendigen Inhalt und den sonstigen Angaben zu unterscheiden.

39 **a) Notwendige Angaben nach § 12 Abs. 1 Nr. 2.** Das Anschreiben muss alle Angaben nach § 12 Abs. 1 Nr. 2 enthalten. Dies sind im Einzelnen folgende Angaben:
a) *Name, Anschrift, Telefon-, Telefaxnummer sowie E-Mail-Adresse des Auftraggebers (Vergabestelle),*
b) *gewähltes Vergabeverfahren,*
c) *gegebenenfalls Auftragsvergabe auf elektronischem Wege und Verfahren der Ver- und Entschlüsselung,*
d) *Art des Auftrags,*
e) *Ort der Ausführung,*
f) *Art und Umfang der Leistung,*
g) *Angaben über den Zweck der baulichen Anlage oder des Auftrags, wenn auch Planungsleistungen gefordert werden,*
h) *falls die bauliche Anlage oder der Auftrag in mehrere Lose aufgeteilt ist, Art und Umfang der einzelnen Lose und Möglichkeit, Angebote für eines, mehrere oder alle Lose einzureichen,*
i) *Zeitpunkt, bis zu dem die Bauleistungen beendet werden sollen oder Dauer des Bauleistungsauftrags; sofern möglich, Zeitpunkt, zu dem die Bauleistungen begonnen werden sollen,*
j) *gegebenenfalls Angaben nach § 8 Absatz 2 Nummer 3 zur Zulässigkeit von Nebenangeboten,*
k) *Name und Anschrift, Telefon- und Telefaxnummer, E-Mail-Adresse der Stelle, bei der die Vergabeunterlagen und zusätzliche Unterlagen angefordert und eingesehen werden können,*
l) *gegebenenfalls Höhe und Bedingungen für die Zahlung des Betrags, der für die Unterlagen zu entrichten ist,*

---

[41] OLG Jena Beschl. v. 21.9.2009 – 9 Verg 7/09, BeckRS 2009, 86482; OLG Schleswig Beschl. v. 22.5.2006 – 1 Verg 5/06, NZBau 2007, 257 (259).
[42] OLG Jena Beschl. v. 21.9.2009 – 9 Verg 7/09, BeckRS 2009, 86482 mit Verweis auf OLG Düsseldorf Beschl. v. 4.6.2008 – VII-Verg 21/08, BeckRS 2009, 05989; OLG Düsseldorf Beschl. v. 12.12.2007 – VII-Verg 34/07, BeckRS 2008, 2955; OLG Düsseldorf Beschl. v. 2.5.2007 – VII-Verg 1/07, NZBau 2007, 600; OLG Düsseldorf Beschl. v. 24.5.2006 – VII-Verg 14/06, ZfBR 2007, 181; OLG Frankfurt a. M. Beschl. v. 15.7.2008 – 11 Verg 4/08, ZfBR 2009, 86; OLG Frankfurt a. M. Beschl. v. 26.8.2008 – 11 Verg 8/08, BeckRS 2008, 25109.
[43] OLG München Beschl. v. 2.3.2009 – Verg 1/09, BeckRS 2009, 07803 = ZfBR 2009, 404 (Ls.) = VergabeR 2009, 816.
[44] *Ohlerich* in Gabriel/Krohn/Neun VergabeR-HdB § 20 Rn. 10.
[45] Kapellmann/Messerschmidt/*von Rintelen* Rn. 11.
[46] Kapellmann/Messerschmidt/*von Rintelen* Rn. 12 „vertiefen".

III. Anschreiben bzw. Aufforderung zur Angebotsabgabe (Abs. 2 Nr. 1–3)   40–46   § 8 VOB/A

m) bei Teilnahmeantrag: Frist für den Eingang der Anträge auf Teilnahme, Anschrift, an die diese Anträge zu richten sind, Tag, an dem die Aufforderungen zur Angebotsabgabe spätestens abgesandt werden,
n) Frist für den Eingang der Angebote,
o) Anschrift, an die die Angebote zu richten sind, gegebenenfalls auch Anschrift, an die Angebote elektronisch zu übermitteln sind,
p) Sprache, in der die Angebote abgefasst sein müssen,
q) Datum, Uhrzeit und Ort des Eröffnungstermins sowie Angabe, welche Personen bei der Eröffnung der Angebote anwesend sein dürfen,
r) gegebenenfalls geforderte Sicherheiten,
s) wesentliche Finanzierungs- und Zahlungsbedingungen und/oder Hinweise auf die maßgeblichen Vorschriften, in denen sie enthalten sind,
t) gegebenenfalls Rechtsform, die die Bietergemeinschaft nach der Auftragsvergabe haben muss,
u) verlangte Nachweise für die Beurteilung der Eignung des Bewerbers oder Bieters,
v) Bindefrist,
w) Name und Anschrift der Stelle, an die sich der Bewerber oder Bieter zur Nachprüfung behaupteter Verstöße gegen Vergabebestimmungen wenden kann.

Hinsichtlich der Einzelheiten wird auf die Kommentierung zu § 12 verwiesen (→ § 12 **40** Rn. 1 ff.).

b) Sonstige Angaben. Bei den zuvor in § 12 Abs. 1 Nr. 2 genannten Angaben handelt es sich **41** um die Mindestanforderungen an den Inhalt des Anschreibens.[47] Darüber hinausgehende Angaben, die für das Vergabeverfahren oder die Angebotsabgabe von Relevanz sind und sich nicht bereits aus den Vertragsunterlagen oder den Teilnahme-/Bewerbungsbedingungen ergeben, sollten ebenfalls in das Anschreiben aufgenommen werden.[48] Gemeint sind Besonderheiten, die das Vergabeverfahren betreffen, etwa wenn der Auftraggeber zulässigerweise von Regelungen der VOB/A oder seinen eigenen Teilnahme-/Bewerbungsbedingungen abweichen oder diese ergänzen will.[49]

Dabei sind Sinn und Zweck des Anschreibens zu beachten. Das Anschreiben soll lediglich die **42** zur Angebotsabgabe notwendigen Angaben enthalten. Dazu gehören beispielsweise auch eine knappe Darstellung der zu lösenden Bauaufgabe und der zum Verständnis der Bauaufgabe erforderlichen Angaben. Die näheren Einzelheiten zu Art und Umfang der Leistung ergeben sich hingegen aus der Leistungsbeschreibung. Keinesfalls sollte das Anschreiben mit umfangreichen Details der Ausschreibung überfrachtet werden.

§ 10 Nr. 5 lit. q VOB/A 2006 sah insoweit ausdrücklich vor, dass auch „sonstige Erfordernisse **43** [anzugeben sind], die die Bieter bei der Bearbeitung ihrer Angebote berücksichtigen müssen". Wenngleich die Regelung seit (bzw. mit) der VOB/A 2009 weggefallen ist, gilt dies selbstverständlich fort.[50]

Die VOB/A enthält (im Gegensatz zur VOB/A EU) keine ausdrückliche Verpflichtung zur **44** Angabe der **Zuschlagkriterien** – weder für die Bekanntmachung noch für das Anschreiben. Gleichwohl sollte der Auftraggeber – im Hinblick auf ein transparentes Vergabeverfahren und eine optimale Beschaffung[51] – die Zuschlagskriterien, evtl. Unterkriterien und deren Gewichtung angeben.

Soweit die Benennung der Zuschlagskriterien und deren Gewichtung bereits in der Bekanntmachung erfolgt ist, sollten sie gleichwohl nochmals in den Vergabeunterlagen (dort im Anschreiben) **45** wiederholt werden.[52] Oberhalb der EU-Schwellenwerte ist der Auftraggeber verpflichtet, die Zuschlagskriterien und deren Gewichtung bekannt zu machen. Die Verpflichtung zur Aufnahme der Zuschlagskriterien und deren Gewichtung in die Bekanntmachung ergibt sich aus § 8 EU Abs. 2 Nr. 1 iVm Anhang V Teil C RL 2014/24/EU. Zu den Einzelheiten der Zuschlagskriterien und deren Gewichtung wird auf die Kommentierungen zu § 16d (→ § 16d Rn. 1 ff.) und § 16d EU (→ § 16d EU Rn. 1 ff.) verwiesen.

Teilweise wird die **Pflicht zur Aufnahme bestimmter Angabe in das Anschreiben** davon **46** abhängig gemacht, dass die Angaben nicht bereits in der Bekanntmachung enthalten waren.[53] Nicht nur aus Gründen der Transparenz empfiehlt es sich die in der Bekanntmachung enthalten Angaben in dem Anschreiben zu wiederholen,[54] sondern auch, weil bei dem Bieter ansonsten Zweifel verblei-

---

[47] Kapellmann/Messerschmidt/*von Rintelen* Rn. 17.
[48] Kapellmann/Messerschmidt/*von Rintelen* Rn. 17.
[49] Kapellmann/Messerschmidt/*von Rintelen* Rn. 40.
[50] Kapellmann/Messerschmidt/*von Rintelen* Rn. 40.
[51] Ähnlich *Ohlerich* in Gabriel/Krohn/Neun VergabeR-HdB § 20 Rn. 14, 17.
[52] *Ohlerich* in Gabriel/Krohn/Neun VergabeR-HdB § 20 Rn. 14.
[53] *Ohlerich* in Gabriel/Krohn/Neun VergabeR-HdB § 20 Rn. 10.
[54] *Ohlerich* in Gabriel/Krohn/Neun VergabeR-HdB § 20 Rn. 10.

ben, ob der Auftraggeber nach wie vor an seinen Anforderungen festhalten will. Dabei sind Widersprüche strikt zu vermeiden.

47 Nach § 13 Abs. 6 hat der Auftraggeber die sich aus § 13 Abs. 1–5 ergebenden **Anforderungen an den Inhalt** der Angebote in die Vergabeunterlagen aufzunehmen. Wenngleich § 13 Abs. 6 ausdrücklich nur von Anforderungen an den Inhalt der Angebote spricht, sind auch Anforderungen an die Form der Angebote in die Vergabeunterlagen aufzunehmen. Dies ergibt sich aus dem Verweis auf § 13 Abs. 1–5, der auch **Anforderungen an die Form** der Angebote enthält.

48 Nach § 21 sind in der Bekanntmachung und den Vergabeunterlagen die Nachprüfungsstellen mit Anschrift anzugeben. Bei Vergaben oberhalb der EU-Schwellenwerte ist auch die zuständige Vergabekammer in der Bekanntmachung und in den Vergabeunterlagen zu benennen (§ 21 EU). Insoweit kommt innerhalb der Vergabeunterlagen systematisch nur das Anschreiben (bzw. die Teilnahmebedingungen) in Betracht.[55]

49 Aus Gründen der Eindeutigkeit und Klarheit der Vergabeunterlagen müssen auch die „sonstigen Angaben" an der richtigen Stelle in den Vergabeunterlagen verortet werden.[56] Insoweit kommen (nur) die Bekanntmachung, das Anschreiben und/oder die Teilnahme-/Bewerbungsbedingungen in Betracht.

IV. Inhalte der Vergabeunterlagen nach Abs. 2 Nr. 2–5

50 **1. Nachunternehmerleistungen (Abs. 2 Nr. 2).** Der Auftraggeber hat ein berechtigtes Interesse zu erfahren, welche Leistungen der spätere Auftragnehmer im eigenen Betrieb zu erbringen beabsichtigt und welche Leistungen er durch Nachunternehmer ausführen lässt. Daher **kann** der Auftraggeber die Bieter gem. § 8 Abs. 2 Nr. 2 auffordern in ihrem Angebot die Leistungen anzugeben, die sie an Nachunternehmen zu vergeben beabsichtigen. Nach dem ausdrücklichen Wortlaut des § 12 Abs. 2 Nr. 2 („kann") ist es in das Ermessen des Auftraggebers gestellt, ob er den Bieter auffordert, sich zum Nachunternehmereisatz zu erklären.

51 Die Kenntnis, ob und welche Nachunternehmer eingesetzt werden und welche Leistungen sie erbringen spielt nicht nur für die Eignungsprüfung eine Rolle (im Falle der Eignungsleihe), sondern ist auch im Hinblick auf § 4 Abs. 8 VOB/B von Bedeutung.

52 § 8 Abs. 2 Nr. 2 regelt allerdings nur, dass der Auftraggeber die Bieter auffordern kann (also die Möglichkeit hat), die Leistungen anzugeben haben, die sie an Nachunternehmen vergeben wollen, nicht aber die Nachunternehmen selbst zu benennen[57] oder die entsprechenden Eignungsnachweise. Eine dahingehende Verpflichtung besteht folglich nicht.

53 Bis zum Inkrafttreten des ÖPP-Beschleunigungsgesetzes im Jahre 2005 galt der Grundsatz, dass der Auftragnehmer die Leistungen (jedenfalls überwiegend) selbst zu erbringen hat. Dieser Grundsatz findet auch in § 4 Abs. 8 S. 1 VOB/B seinen ausdrücklichen Niederschlag. Nach § 4 Abs. 8 S. 1 VOB/B hat der Auftragnehmer die Leistungen im eigenen Betrieb auszuführen und darf sie nur mit schriftlicher Zustimmung des Auftraggebers an Nachunternehmen übertragen. Mit dem ÖPP-Beschleunigungsgesetz 2005 ist dieser Grundsatz – jedenfalls für Vergaben oberhalb der Schwellenwerte – aufgegeben worden.[58] Ob der Grundsatz der Selbstausführung auch für Unterschwellenvergaben entfallen ist, ist noch nicht abschließend geklärt.[59]

54 **a) Begriff des Nachunternehmers.** Sowohl § 8 als auch die korrespondierende Regelung des § 4 Abs. 8 VOB/B lassen offen, wer überhaupt Nachunternehmer ist. Unstreitig dürfte sein, dass kennzeichnend für den Nachunternehmer zum einen ist, dass er in unmittelbarer vertraglicher Beziehung zum Auftragnehmer steht und zum anderen, dass er für diesen (Teil-)Leistungen erbringt.[60] Bloße Zulieferer und Lieferanten sind keine Nachunternehmer.[61] Während der Nachunternehmer einen Teil der Primärleistung selbständig abdeckt, übt der Zulieferer eine bloße Hilfsfunktion aus.[62]

55 Nachunternehmer im vergaberechtlichen Sinne ist, wer selbst einen Teil des werkvertraglichen Erfolges schuldet, nicht wer lediglich Material oder Gerät liefert oder Dienstleistungen bzw. Arbeit schuldet.[63] Hilfsfunktionen wie Speditionsleistungen, Baugerätevermietungen oder Baustoffzuliefe-

---

[55] *Ohlerich* in Gabriel/Krohn/Neun VergabeR-HdB § 20 Rn. 12.
[56] Kapellmann/Messerschmidt/*von Rintelen* Rn. 40.
[57] Kapellmann/Messerschmidt/*von Rintelen* Rn. 48.
[58] Dagegen *Burgi* NZBau 2010, 593 (596).
[59] Kapellmann/Messerschmidt/*von Rintelen* Rn. 46.
[60] Kapellmann/Messerschmidt/*von Rintelen* Rn. 47; *Burgi* NZBau 2010, 593 (594 f.).
[61] Kapellmann/Messerschmidt/*von Rintelen* Rn. 47.
[62] *Amelung* ZfBR 2013, 337 (339).
[63] OLG Düsseldorf Beschl. v. 27.10.2010 – VII-Verg 47/10, BeckRS 2010, 27621; VK Bund Beschl. v. 18.3.2004 – VK 2-152/03, IBRRS 2005, 0799.

rungen sind keine Nachunternehmerleistungen,[64] auch die Lieferung sowohl von standardisierten Bauelementen oder Bauteilen wie auch von speziell gefertigten Bauteilen sind noch keine Nachunternehmerleistungen.[65] Reine Zuarbeiten reichen nicht aus; erbringt der Lieferant jedoch selbst Montageleistungen, wird er also auf der Baustelle tätig, liegen Nachunternehmerleistungen vor.[66]

b) Angabe der Nachunternehmer. Der Auftraggeber kann verlangen, dass die Bieter die 56 Leistungen angeben, die sie an Nachunternehmer zu vergeben beabsichtigen. Nach dem ausdrücklichen dem Wortlaut des § 8 Abs. 2 Nr. 2 bezieht sich die Erklärung der Bieter nur auf die an die Nachunternehmen zu vergebenden bzw. von diesen zu erbringenden (Teil-)Leistungen, nicht aber auf die Nachunternehmer selbst. Dementsprechend sieht das Vergabehandbuch des Bundes ein entsprechendes Muster „Verzeichnisse der Nachunternehmerleistungen" vor, in das folglich (nur) die Leistungen der Nachunternehmer nach Art und Umfang einzutragen sind. Der Informationsgehalt der abgefragten Nachunternehmerliste ist dementsprechend gering, da sie lediglich Auskunft über die Fremdleistungsquote und die betroffenen Gewerke gibt.[67] Zwar kann der Auftraggeber weitergehende Informationen über die Nachunternehmer verlangen (zB Namen der Nachunternehmer und ggf. auch deren Nachunternehmer), jedoch fehlt den Angaben die nötige Verbindlichkeit.

Lediglich im Rahmen der Eignungsleihe kommt der Benennung der Nachunternehmer eine 57 rechtliche Bedeutung zu. Zur Eignung, zum Nachweis der Nachweis, zur Eignungsleihe und zur Verpflichtungserklärung wird auf die Kommentierungen zu § 6b (→ § 6b Rn. 1 ff.) und § 16 (→ § 16 Rn. 1 ff.) verwiesen.

Wenig Beachtung hat bisher die in der Praxis häufige vorkommende Fallgestaltung erfahren, dass 58 der Auftraggeber nach Zuschlagserteilung einen anderen als den im Vergabeverfahren angegebenen Nachunternehmer einsetzt und kein Fall der Eignungsleihe vorliegt.

2. Nebenangebote (Abs. 2 Nr. 3). a) Begriff des Nebenangebots. Nebenangebot ist kurz 59 gesagt ein Angebot, das von der Leistungsbeschreibung abweicht. Mit dem Nebenangebot wird folglich eine andere, als die in der Leistungsbeschreibung nachgefragte Leistung angeboten.[68] Dabei ist unerheblich, ob die Abweichung technischer, wirtschaftlicher oder rechtlicher Natur ist.[69] In allen Fällen liegt ein Nebenangebot vor. Erfasst werden damit Leistungsmodifikationen, Änderungen der vertraglichen Regelungen, der Ausführungsfristen, der kommerziellen Bedingungen zB zu Sicherheiten oder Zahlungsbedingungen.[70] Unerheblich ist, ob es sich um wichtige oder unwichtige Leistungsvorgaben handelt. Ebenfalls ist unerheblich, ob die Abweichung einen Einfluss auf das Wettbewerbsergebnis hat.

Neben dem Begriff des Nebenangebots finden sich die synonym zu verstehenden Begriffe 60 „Alternativangebot", „Alternativvorschlag", „Änderungsangebot", „Änderungsvorschlag", „Änderung der Vergabeunterlagen" oder „Varianten".[71]

Die Begriffe „Änderungsvorschlag" und „Nebenangebot" werden – wie auch die übrigen, 61 der vorgenannten Begriffe – in der VOB nicht definiert.[72] Nach Ansicht von *Hertwig* kann ein „Änderungsvorschlag" (im Unterschied zum „Nebenangebot") nicht ohne das „Hauptangebot" bestehen, auf welches er sich bezieht.[73] Die von *Hertwig* vorgeschlagene klare Trennung des (selbständigen) Nebenangebotes von dem (unselbständigen) Änderungsvorschlag konnte sich in der Praxis jedoch nicht durchsetzen.[74] Mit der VOB/A 2006 entfiel der Begriff des „Änderungsvorschlages". Die VOB/A spricht nunmehr nur noch von Nebenangeboten.[75]

---

[64] OLG Naumburg Beschl. v. 4.9.2008 – 1 Verg 4/08, IBR 2008, 676 = BauR 2009, 707 = VergabeR 2009, 210; OLG Naumburg Beschl. v. 26.1.2005 – 1 Verg 21/04, BeckRS 2005, 01683; VK Sachsen Beschl. v. 20.4.2006 – 1/SVKI029-06, IBR 2006, 415; *Ohlerich* in Gabriel/Krohn/Neun VergabeR-HdB § 20 Rn. 23.
[65] OLG Dresden Beschl. v. 25.4.2006 – 20 U 467/06, BeckRS 9998, 26458; OLG Schleswig Beschl. v. 5.2.2004 – 6 U 23/03, BeckRS 9998, 26383; VK Rheinland-Pfalz Beschl. v. 29.5.2007 – VK 20/07, IBRRS 2015, 0866.
[66] VK Rheinland-Pfalz Beschl. v. 29.5.2007 – VK 20/07, IBRRS 2015, 0866.
[67] Kapellmann/Messerschmidt/*von Rintelen* Rn. 46.
[68] OLG Düsseldorf Beschl. v. 9.3.2011 – VII-Verg 52/10 Rn. 38, BeckRS 2011, 08685.
[69] Kapellmann/Messerschmidt/*von Rintelen* Rn. 54.
[70] Kapellmann/Messerschmidt/*von Rintelen* Rn. 54.
[71] *Ohlerich* in Gabriel/Krohn/Neun VergabeR-HdB § 28 Rn. 1.
[72] Beck VOB/A/*Hertwig*, 1. Aufl. 2001, § 10 Rn. 17 (zu der entsprechenden Vorschrift der VOB/A in der Fassung vom Mai 2000).
[73] Beck VOB/A/*Hertwig*, 1. Aufl. 2001, § 10 Rn. 18 (zu der entsprechenden Vorschrift der VOB/A in der Fassung vom Mai 2000).
[74] Beck VOB/A/*Hertwig*, 1. Aufl. 2001, § 10 Rn. 19 (zu der entsprechenden Vorschrift der VOB/A in der Fassung vom Mai 2000).
[75] Ingenstau/Korbion/*von Wietersheim* Rn. 12.

62 Grundsätzlich gilt, dass Abweichungen von bzw. Änderungen der Vergabeunterlagen unzulässig sind. Nebenangebote stellen – sofern zulässig – eine Ausnahme von dem **Verbot der Änderung der Vergabeunterlagen** bzw. des Abweichens von den Vergabeunterlagen dar.[76]

63 Wenngleich sich der Auftraggeber bei der Definition seines Beschaffungsbedarfs idR intensive Gedanken gemacht haben wird, wie sein Beschaffungsbedarf gedeckt werden kann, kann es durchaus alternative Lösungsmöglichkeiten geben, die der Auftraggeber nicht bedacht hat. Sinn und Zweck von Nebenangeboten ist, die optimale Lösung für den Auftraggeber zu finden. Dabei sollen das Know-how und die unternehmerische Kreativität der Bieter genutzt werden. Durch die Zulassung von Nebenangeboten eröffnet der Auftraggeber dem Bieter die Möglichkeit, Konzepte für die Deckung des Beschaffungsbedarfs zu präsentieren, die sich von den aus der Leistungsbeschreibung vorgegebenen und vom Auftraggeber vorbedachten Lösungsmöglichkeiten unterscheiden.[77]

64 **b) Arten der Nebenangebote.** Man unterscheidet technische und kaufmännische Nebenangebote, je nachdem, ob das Nebenangebot in technischer oder kaufmännischer Weise von den Vorgaben des Auftraggebers abweicht. In der Regel betreffen die Abweichungen die Leistungsbeschreibung (Leistungsverzeichnis oder Pläne) und damit die technischen Leistungsinhalte **(sog. technische Nebenangebote).** Die Abweichungen können qualitativer oder quantitativer Art sein.

65 Die Abweichungen können aber auch die übrigen Vertragsunterlagen betreffen, etwa die kaufmännisch-juristischen Vertragsbedingungen **(sog. kaufmännische Nebenangebote).** In Betracht kommen beispielsweise die Ausführungsfristen/-termine, Preisanpassungsregelungen, Zahlungsmodalitäten, Regelungen zur Gefahrtragung und Verjährungsfristen für Mängelansprüche und Sicherheiten etc. Dabei ist eine eindeutige Trennung zwischen kaufmännischen und rechtlichen Regelungen naturgemäß nicht leicht und in der Praxis auch entbehrlich. Bei Preisnachlässen und Skonti (jeweils bedingt oder unbedingt) handelt es sich nicht um Nebenangebote.[78]

66 **Kein Nebenangebot** liegt vor, wenn der Bieter eine **zusätzliche Leistung anbietet** (also zusätzliche Leistungen übernehmen will).[79] Dabei handelt es sich vielmehr um eine Auftragserweiterung, deren vergaberechtliche Zulässigkeit davon abhängt, ob der Auftraggeber für diese Leistung ein separates Vergabeverfahren durchführen muss.[80]

67 **c) Zulassung und Ausschluss von Nebenangeboten.** Hinsichtlich der Frage, wann Nebenangebote zugelassen sind bzw. ob Nebenangebote einer Zulassung bedürfen, ist zwischen Vergaben oberhalb und unterhalb der EU-Schwellenwerte zu differenzieren.

68 Bei Vergaben unterhalb der EU-Schwellenwerte sind Nebenangebote grundsätzlich zugelassen,[81] es sei denn, sie wurden vom Auftraggeber ausdrücklich ausgeschlossen.[82]

69 Der Auftraggeber hat anzugeben, wenn er Nebenangebote nicht oder nur zusammen mit einem Hauptangebot zulassen möchte. Dies kann sowohl in der Bekanntmachung als auch im Anschreiben erfolgen.[83] Macht er keine Angaben, sind Nebenangebote zugelassen, auch isolierte Nebenangebote, also auch solche ohne ein gleichzeitiges Hauptangebot.[84]

70 Bei EU-Vergaben, dh bei Erreichen und Überschreiten der EU-Schwellenwerte, sind Nebenangebote nur zulässig, wenn sie vom Auftraggeber ausdrücklich zugelassen wurden. Oberhalb der EU-Schwellenwerte ist also eine positive Zulassung erforderlich.[85] Dies gilt auch für isolierte Nebenangebote. Die Zulassung muss bereits in der Bekanntmachung erfolgen und zwar ausdrücklich; eine nachträgliche Zulassung in den Vergabeunterlagen ist nicht möglich.[86]

71 **d) Angaben in den Vergabeunterlagen.** Nach § 8 Abs. 2 Nr. 3 muss der Auftraggeber in den Vergabeunterlagen angeben, wenn er Nebenangebote nicht zulässt oder lediglich in Verbindung mit einem Hauptangebot zulässt. Der Auftraggeber hat daher folgende Wahlmöglichkeiten:[87]
– ausdrücklich verlangen,
– zulassen,

---

[76] *Ohlerich* in Gabriel/Krohn/Neun VergabeR-HdB § 28 Rn. 1.
[77] OLG Düsseldorf Beschl. v. 23.12.2009 – VII-Verg 30/09, BeckRS 2010, 4614.
[78] OLG Jena Beschl. v. 21.9.2009 – 9 Verg 7/09, BeckRS 2009, 86482; *Ohlerich* in Gabriel/Krohn/Neun VergabeR-HdB § 28 Rn. 4; BGH Beschl. v. 11.3.2008 – X ZR 134/05, NZBau 2008, 459.
[79] Ingenstau/Korbion/*von Wietersheim* Rn. 12.
[80] Ingenstau/Korbion/*von Wietersheim* Rn. 12 aE.
[81] *Ohlerich* in Gabriel/Krohn/Neun VergabeR-HdB § 28 Rn. 24.
[82] Kapellmann/Messerschmidt/*Frister* § 16 EU Rn. 4 f., Kapellmann/Messerschmidt/*Frister* § 16 Rn. 44.
[83] *Ohlerich* in Gabriel/Krohn/Neun VergabeR-HdB § 20 Rn. 19.
[84] *Ohlerich* in Gabriel/Krohn/Neun VergabeR-HdB § 28 Rn. 26.
[85] Kapellmann/Messerschmidt/*Frister* § 16 EU Rn. 4 f.
[86] *Ohlerich* in Gabriel/Krohn/Neun VergabeR-HdB § 20 Rn. 19.
[87] Kapellmann/Messerschmidt/*von Rintelen* Rn. 56.

IV. Inhalte der Vergabeunterlagen nach Abs. 2 Nr. 2–5 72–80 § 8 VOB/A

– ausdrücklich nicht zulassen,
– keine Erklärung zu Nebenangeboten.

Des Weiteren kann der Auftraggeber danach differenzieren, ob er Nebenangebote nur in Verbindung 72
mit Hauptangeboten zulassen will, nur technische oder nur kaufmännische Nebenangebote zulässt,
diese auf bestimmte Teile der Leistung beschränken will.[88]

Nach § 13 EU Abs. 3 S. 1 hat der Bieter die Anzahl der von ihm abgegebenen Angebote 73
anzugeben und zwar an einer in den Vergabeunterlagen vom Auftraggeber vorgegebenen Stelle.
Zutreffend wird darauf hingewiesen, dass der Auftraggeber dazu eine solche Stelle in den Vergabeunterlagen vorzusehen hat.[89] Nach § 13 EU Abs. 3 S. 2 müssen die Nebenangebote auf einer besonderen Anlage erstellt und als solche deutlich gekennzeichnet werden. Nebenangebote die den Vorgaben
des § 13 EU Abs. 3 S. 2 nicht entsprechen sind gem. § 16 EU Nr. 6 auszuschließen. Gemäß § 13
EU Abs. 6 hat der Auftraggeber auf die beiden Formerfordernisse des § 13 EU Abs. 3 S. 1 und 2
hinzuweisen.

Der Auftraggeber kann – jedenfalls im Oberschwellenbereich – **ausdrücklich Nebenangebote** 74
verlangen. Dies ergibt sich im EU-Vergaberecht aus § 35 Abs. 1 VgV und § 8 EU Abs. 2 Nr. 3.
Wenngleich dies für den Unterschwellenbereich bislang weder geregelt noch ausdrücklich entschieden ist, wurde dies auch bislang schon für den Unterschwellenbereich vertreten.[90]

Werden Nebenangebote zugelassen, müssen sie gewertet werden. Das Gleiche gilt, sofern sich 75
der Auftraggeber zu Nebenangeboten gar nicht erklärt. Im Unterschwellenbereich sind Nebenangebote grundsätzlich zulässig und nur dann unzulässig, wenn sie der Auftraggeber ausdrücklich ausschließt. Aus Gründen der Klarheit ist zu empfehlen, dass der Auftraggeber auch hier ausdrücklich
erklärt, ob er Nebenangebote zulässt oder nicht.

Mit der VOB 2019 wurde dem bisherigen S. 2 ein weiterer Satz vorangestellt. Danach sind die 76
Zuschlagskriterien so festzulegen, dass sie sowohl auf Hauptangebote als auch auf Nebenangebote
anwendbar sind. Der bisherige S. 2 (Preis als alleiniges Zuschlagskriterium) ist nunmehr S. 3.

Lange umstritten war die Frage, ob Nebenangebote zugelassen sind, wenn ausschließliches 77
Zuschlagskriterium der niedrigste Preis ist. Während nach Ansicht des OLG Düsseldorf[91] Nebenangebote nur dann zugelassen sind, wenn Zuschlagskriterium das wirtschaftlichste Angebot ist, sollten
Nebenangebote nach Ansicht des OLG Schleswig[92] auch dann zulässig sein, wenn Zuschlagskriterium der niedrigste Preis war.[93]

Im Rahmen der GWB-Novelle wurde auf gesetzlicher und untergesetzlicher Ebene (§ 127 78
Abs. 4 GWB, § 35 Abs. 2 S. 3 VgV, § 8 Abs. 2 Nr. 3 lit. b S. 2) ausdrücklich klargestellt, dass eine
reine Preiswertung die Zulassung von Nebenangeboten nicht per se ausschließt, sondern auch bei
Nebenangeboten das wirtschaftlichste Angebot allein auf der Grundlage des Preises ermittelt werden
kann.[94] Nach § 8 Abs. 2 Nr. 3 lit. b S. 2 ist es (auch) zulässig, dass der Preis das einzige Zuschlagskriterium ist. Zu den Einzelheiten der Zuschlagskriterien und deren Gewichtung sowie zum Streitstand
wird auf die Kommentierungen zu § 16d (→ § 16d Rn. 1 ff.) und § 16d EU (→ § 16d EU Rn. 1 ff.)
verwiesen.

Der Auftraggeber kann gem. § 8 Abs. 2 Nr. 3 lit. b S. 3 von den Bietern, die eine Leistung 79
anbieten, deren Ausführung nicht in Allgemeinen Technischen Vertragsbedingungen oder in den
Vergabeunterlagen geregelt ist, im Angebot entsprechende Angaben über Ausführung und Beschaffenheit dieser Leistung verlangen. Damit soll es dem Auftraggeber ermöglicht werden, den Inhalt
des Nebenangebots vor dessen Beauftragung nachvollziehen und prüfen zu können.[95] Wenngleich
der Auftragnehmer grundsätzlich das Risiko für die Umsetzung seines Nebenangebotes trägt,[96]
entsteht während der Vertragsabwicklung vielfach Streit in Bezug auf die Umsetzung, Umsetzbarkeit
und den Umfang der im Nebenangebot enthaltenen Leistungen.

e) Mindestanforderungen an Nebenangebote. Bei Vergaben oberhalb der EU-Schwellen- 80
werte hat der Auftraggeber gem. § 8 EU Abs. 3 Nr. 3 lit. b die Mindestanforderungen für Nebenangebote (in der Bekanntmachung oder der Aufforderung zur Interessenbestätigung) anzugeben. Der

---

[88] Kapellmann/Messerschmidt/*von Rintelen* Rn. 57.
[89] *Ohlerich* in Gabriel/Krohn/Neun VergabeR-HdB § 20 Rn. 22.
[90] Beck VOB/A/*Brinker/Ohler*, 1. Auflage 2001, § 25 Rn. 135 (zu der entsprechenden Vorschrift der VOB/A in der Fassung vom Mai 2000).
[91] OLG Düsseldorf Beschl. v. 18.10.2010 – Verg 39/10, NZBau 2011, 57.
[92] OLG Schleswig Beschl. v. 15.4.2011 – 1 Verg 10/10, BeckRS 2011, 11797.
[93] Conrad ZfBR 2014, 342.
[94] *Mutschler-Siebert/Kern* in Gabriel/Krohn/Neun VergabeR-HdB § 32 Rn. 18.
[95] BeckOK VergabeR/*Heinrich*, 20. Ed. 31.10.2020, Rn. 22.
[96] KG Urt. v. 17.10.2006 – 21 U 70/04, BeckRS 2007, 02337; BGH Beschl. v. 2.12.2007 – VII ZR 211/06, Nichtzulassungsbeschwerde zurückgewiesen.

allgemeine Hinweis des Auftraggebers auf das Erfordernis der Gleichwertigkeit des Nebenangebots mit dem Hauptangebot genügt nicht.[97] Die VOB/A enthält eine solche Vorgabe für nationale Vergaben jedoch nicht. Wenngleich die Aussage, dass Nebenangebote nur wertbar sind, wenn der öffentliche Auftraggeber in den Vergabeunterlagen insoweit Mindestanforderungen festgelegt hat,[98] gleichwohl für Vergaben unterhalb der EU-Schwellenwerte Geltung beanspruchen kann, wird die Angabe von Mindestanforderungen hier gemeinhin abgelehnt.[99]

81 **3. Mehrere Hauptangebote (Abs. 2 Nr. 4).** Mit der VOB 2019 neu eingeführt wurde die Regelung des Abs. 2 Nr. 4. Danach kann der Auftraggeber in den Vergabeunterlagen angeben, dass er die Abgabe mehrerer Hauptangebote nicht zulässt.

82 Nach dem Wortlaut der Neuregelung sind grundsätzlich mehrere Hauptangebote zugelassen. Sehen die Vergabeunterlagen also keine Regelungen zu diesem Punkt vor, ist die Abgabe mehrerer Hauptangebote eines Bieters zulässig. Will der Auftraggeber dies nicht, muss er aktiv werden und die Einreichung mehrerer Hauptangebote auszuschließen.[100] Dem widerspricht jedoch die Regelung des § 16 Abs. 1 Nr. 7. Gemäß § 16 Abs. 1 Nr. 7 sind „Hauptangebote von Bietern, die mehrere Hauptangebote abgegeben haben [auszuschließen], wenn der Auftraggeber die Abgabe mehrerer Hauptangebote in der Auftragsbekanntmachung oder in den Vergabeunterlagen nicht zugelassen hat". Danach müsste die Möglichkeit, mehrere Hauptangebote einzureichen, ausdrücklich zugelassen werden. Bei fehlender ausdrücklicher Zulassung wären mehrere Hauptangebote grundsätzlich auszuschließen.

83 Hat der Auftraggeber die Einreichung mehrerer Hauptangebote ausgeschlossen und gibt der Bieter trotzdem ein weiteres bzw. mehrere weitere Hauptangebote ab, müssen alle seine Angebote ausgeschlossen werden (§ 16 Abs. 1 Nr. 7).

84 Problematisch dürfte die Abgrenzung weiterer Hauptangebote von Nebenangeboten sein. Dies gilt insbesondere vor dem Hintergrund, dass Nebenangebote grundsätzlich, dh sofern keine ausdrückliche Zulassung vorgesehen ist, nicht zugelassen sind. Ein Nebenangebot oder eine Variante liegt nur vor, wenn Gegenstand des Angebots ein von der in den Ausschreibungsunterlagen vorgesehenen Leistung in technischer, wirtschaftlicher oder rechtlicher Hinsicht abweichender Bietervorschlag ist, dh der Inhalt des Angebots durch den Bieter gestaltet und nicht vom Auftraggeber vorgegeben ist.[101] Demgegenüber liegt ein weiteres Hauptangebot vor, wenn es inhaltlich nicht von der Leistungsbeschreibung abweicht.[102]

85 **4. Angabe der Unterlagen gemäß § 16d (Abs. 2 Nr. 5).** Ebenfalls mit der VOB 2019 neu eingeführt wurde die Regelung des Abs. 2 Nr. 5. Der Auftraggeber hat an zentraler Stelle in den Vergabeunterlagen abschließend alle Unterlagen iSv § 16a Abs. 1 mit Ausnahme von Produktangaben anzugeben.

86 Der Auftraggeber hat sich somit festzulegen, welche Unterlagen er mit dem Angebot vorgelegt haben will und welche nicht. Dadurch ist es ihm verwehrt im Laufe des Vergabeverfahrens weitere Unterlagen vom Bieter zu verlangen, die nicht schon in der ursprünglichen Ausschreibung aufgeführt wurden.[103]

V. Teilnahmebedingungen (Abs. 2 Nr. 6)

87 Auftraggeber, die ständig Bauleistungen vergeben, sollen die Erfordernisse, die die Unternehmen bei der Bearbeitung ihrer Angebote beachten müssen, in Teilnahmebedingungen zusammenfassen und dem Anschreiben beifügen. In Teilnahmebedingungen (früher Bewerbungsbedingungen) wird, wie es der Begriff bereits nahelegt, festgelegt unter welchen Voraussetzungen sich ein Unternehmen am Wettbewerb beteiligen kann und/oder welche Anforderungen an die Bearbeitung und Abgabe eines Angebots gestellt werden.[104] Zu den Auftraggebern, die „ständig Bauleistungen vergeben" gehören in erster Linie die öffentlichen Auftraggeber. Mit den Teilnahmebedingungen sollen die Angaben, die ansonsten in dem Anschreiben enthalten sind, standardisiert zusammengefasst werden.

---

[97] OLG Düsseldorf Beschl. v. 23.12.2009 – VII-Verg 30/09, BeckRS 2010, 4614.
[98] EuGH Urt. v. 16.10.2003 – C-241/01, VergabeR 2004, 50 – Traunfeller.
[99] BGH Urt. v. 30.8.2011 – X ZR 55/10, NZBau 2012, 46; Ingenstau/Korbion/*von Wietersheim* Rn. 12 („Formalismus"); aA OLG Zweibrücken Beschl. v. 24.1.2008 – 6 U 25/06, ZfBR 2009, 202.
[100] Offengelassen Kapellmann/Messerschmidt/*von Rintelen* Rn. 26. Zu der alternativen Auslegung der Regelung s. Kapellmann/Messerschmidt/*von Rintelen* Rn. 26.
[101] OLG Düsseldorf Beschl. v. 2.11.2011 – VII-Verg 22/11, NZBau 2012, 194 (197 f.); OLG Jena Beschl. v. 21.9.2009 – 9 Verg 7/09, BeckRS 2009, 86482.
[102] OLG Düsseldorf Beschl. v. 9.3.2011 – Verg 52/10, BeckRS 2011, 8605.
[103] Kapellmann/Messerschmidt/*von Rintelen* Rn. 73.
[104] OLG Koblenz Beschl. v. 10.8.2000 – 1 Verg 2/00, NZBau 2000, 534.

Teilnahme-/Bewerbungsbedingungen sind nicht – wie es der Begriff vielleicht nahelegt – nur **88** für den Teilnahmewettbewerb vorgesehen. Vielmehr handelt es sich um standardisierte Zusammenfassungen[105] der für den Ablauf des Vergabeverfahrens maßgeblichen Informationen und Regelungen. Sinn und Zweck der Teilnahme-/Bewerbungsbedingungen ist es das Anschreiben übersichtlich zu halten.[106] Welche Bestimmungen der Auftraggeber in die Teilnahme-/Bewerbungsbedingungen aufnimmt, steht in seinem Ermessen.[107] Dabei sind jedoch der Sinn und Zweck der Teilnahmebedingungen zu beachten.

1. Rechtsnatur der Teilnahmebedingungen. Bei den Teilnahmebedingungen handelt es **89** sich nach überwiegender Ansicht um für eine Vielzahl von Vergabeverfahren vorformulierte Bedingungen, mithin um Allgemeine Geschäftsbedingungen iSd §§ 305 ff. BGB.[108] Offen bleibt jedoch, welche Konsequenzen diese rechtliche Einordnung hat, da die Teilnahmebedingungen idR gerade nicht Vertragsbestandteil werden.

2. Verhältnis zwischen Teilnahmebedingungen und Anschreiben. Bestimmungen in all- **90** gemeinen Teilnahmebedingungen muss der Bieter in gleicher Weise beachten wie die des Anschreibens selbst, soweit sie nicht nach den für allgemeine Geschäftsbedingungen geltenden Bestimmungen der §§ 305 ff. BGB unwirksam sind oder das Anschreiben nicht speziellere und damit vorrangige Regelungen enthält.[109]

VI. Vertragsunterlagen (§§ 7–7c, 8a)

Die Vertragsunterlagen (§§ 7–7c und 8a) bestimmen den Inhalt des Bauvertrags. Bei den §§ 8 **91** und 8a (früher § 8 Abs. 3–6 VOB/A 2012) handelt es sich jedoch lediglich um Ordnungsvorschriften.[110] Für den Bauvertrag ist nicht maßgeblich, was § 8 vorgibt, sondern was zivilrechtlich wirksam vereinbart worden ist.[111] Der Vertragsinhalt ergibt sich nicht aus den §§ 8 ff., sondern aus dem Vertrag. Im Rahmen des § 8 wird herkömmlicherweise zwischen obligatorischen (zwingenden) und fakultativen Verdingungsunterlagen unterschieden.

1. Obligatorische Vertragsunterlagen. Kernstück der Vertragsunterlagen ist die Leistungsbe- **92** schreibung. Diese besteht aus der Baubeschreibung, dem Leistungsverzeichnis und den Plänen. Insoweit wird auf die Kommentierung zu §§ 7, 7a–e verwiesen. Daneben schreibt § 8a die VOB/B und VOB/C als zwingende Vertragsunterlagen vor. Die VOB/A wird nicht Vertragsbestandteil.[112]

2. Fakultative Vertragsunterlagen. Neben den obligatorischen Vertragsunterlagen kann der **93** Auftraggeber Besondere und Zusätzliche Vertragsbedingungen sowie Zusätzliche Technische Vertragsbedingungen in die Vertragsunterlagen aufnehmen.

VII. Sonstige Vergabeunterlagen

Zu den sonstigen Vergabeunterlagen (im engeren Sinne), wie Anschreiben, Teilnahme-/Bewer- **94** bungs- und Vertragsbedingungen gehören auch die Formulare, die der Auftraggeber den Bietern zur Erstellung ihrer Angebote/Teilnahmeanträge im Rahmen der des Vergabeverfahrens zur Verfügung stellt.[113] Dazu gehören idR das Angebotsschreiben und Formblätter wie:
– Erklärung zur Kalkulation mit vorbestimmten Zuschlägen,
– Erklärung zum Umsatz mit Leistungen, die mit der hier zu vergebenen Leistung vergleichbar sind (in der Regel unter Einschluss des Anteils bei gemeinsam mit anderen Unternehmen ausgeführten Leistungen),
– Erklärung zu den durchschnittlich im bewerbungsspezifischen Bereich beschäftigten Mitarbeitern in den letzten abgeschlossenen Geschäftsjahren,

---

[105] Kapellmann/Messerschmidt/*von Rintelen* Rn. 74; *Ohlrich* in Gabriel/Krohn/Neun VergabeR-HdB § 20 Rn. 7.
[106] Ziekow/Völlink/*Goede*/*Hänsel* Rn. 15 mit Verweis auf § 29 Rn. 10; *Ohlrich* in Gabriel/Krohn/Neun VergabeR-HdB § 20 Rn. 7; OLG Koblenz Beschl. v. 7.7.2004 – 1 Verg 1 und 2/04, NZBau 2004, 571 (572) „der Rationalisierung der Aufstellung […] der Verdingungsunterlagen dient".
[107] OLG Koblenz Beschl. v. 7.7.2004 – 1 Verg 1 und 2/04, NZBau 2004, 571 (572).
[108] OLG Koblenz Beschl. v. 7.7.2004 – 1 Verg 1 und 2/04, NZBau 2004, 571 (572); *Ohlrich* in Gabriel/Krohn/Neun VergabeR-HdB § 20 Rn. 7.
[109] OLG Koblenz Beschl. v. 7.7.2004 – 1 Verg 1 und 2/04, NZBau 2004, 571.
[110] Kapellmann/Messerschmidt/*von Rintelen* Rn. 1.
[111] Kapellmann/Messerschmidt/*von Rintelen* Rn. 1.
[112] Beck VOB/A/*Hertwig*, 1. Aufl. 2001, § 10 Rn. 3 (zu der entsprechenden Vorschift der VOB/A in der Fassung vom Mai 2000).
[113] *Ohlrich* in Gabriel/Krohn/Neun VergabeR-HdB § 20 Rn. 64.

- Erklärung zu Referenzprojekten über Leistungen, die mit der zu erbringenden Leistung vergleichbar sind,
- Verpflichtungserklärung der Drittunternehmen.

95 Zu den Vergabeunterlagen gehören grundsätzlich auch die Bieterfragen und die entsprechenden Antworten, erst recht, wenn die Vergabeunterlagen im Zuge dessen erläutert, konkretisiert, ergänzt oder geändert werden.[114]

VIII. Änderungen an den Vergabeunterlagen

96 Auftraggeberseitige Änderungen an den Vergabeunterlagen während des Vergabeverfahrens sind grundsätzlich zulässig.[115] Ursache sind oftmals Fragen oder Hinweise der Bieter auf Unklarheiten oder Widersprüche in den Vergabeunterlagen. Die Änderungen müssen allen Bietern transparent gemacht und diskriminierungsfrei mitgeteilt werden.[116] Zudem müssen die Änderungen den Bietern so rechtzeitig mitgeteilt werden, dass sie die Bieter bei der Erstellung der Angebote berücksichtigen können; ggf. ist die Angebotsfrist zu verlängern.[117]

IX. Auslegung von Vergabeunterlagen

97 Nicht nur die Leistungsbeschreibung, sondern auch die übrigen Vergabeunterlagen müssen eindeutig und unmissverständlich formuliert sein.[118] Die scharfe Sanktion des Ausschlusses eines Angebots erfordert eindeutige und unmissverständliche Festlegungen in der Bekanntmachung und den Vergabeunterlagen.[119] Dies betrifft sowohl die Frage, welche Erklärungen, Unterlagen oder Nachweise ein Bieter abgeben muss, als auch die Frage, wann und auf wessen Initiative hin der Bieter diese vorzulegen hat.[120] Es ist also nicht nur eindeutig festzulegen welche Erklärungen, Unterlagen und Nachweise vorzulegen sind, sondern auch zu welchem Zeitpunkt (zB mit Angebotsabgabe)[121] und in welcher Form. Auch muss erkennbar sein, ob der Bieter diese von sich aus vorlegen muss oder eine Aufforderung zur Vorlage vorangehen wird. Fehlt es insoweit an einer eindeutigen Formulierung in den Vergabeunterlagen, darf das Angebot nicht ohne Weiteres ausgeschlossen werden.[122]

98 Im Zweifel sind die Vergabeunterlagen auszulegen und zwar nach den für die Auslegung von Willenserklärungen geltenden Grundsätzen (§§ 133, 157 BGB).[123] Die Vergabeunterlagen sind zwar selbst keine Angebote iSd §§ 145 ff. BGB, bilden jedoch die von den Bietern einzureichenden Angebote gleichsam spiegelbildlich ab.[124] Bedürfen die Vergabeunterlagen der Auslegung, ist dafür der **objektive Empfängerhorizont** der potenziellen Bieter, also eines abstrakt bestimmten Adressatenkreises, maßgeblich.[125] Verbleiben bei der Auslegung Zweifel, muss eine Auslegung wegen der für den Bieter damit verbundenen Nachteile restriktiv erfolgen.[126]

---

[114] *Ohlerich* in Gabriel/Krohn/Neun VergabeR-HdB § 20 Rn. 65.

[115] *Verfürth* in KMPP Rn. 14; *Ohlerich* in Gabriel/Krohn/Neun VergabeR-HdB § 20 Rn. 66.

[116] BGH Beschl. v. 26.9.2006 – X ZB 14/06, NVwZ 2007, 240; OLG Düsseldorf Beschl. v. 17.4.2008 – VII Verg 15/08, BeckRS 2008, 13107; *Ohlerich* in Gabriel/Krohn/Neun VergabeR-HdB § 20 Rn. 66.

[117] *Verfürth* in KMPP Rn. 14; *Ohlerich* in Gabriel/Krohn/Neun VergabeR-HdB § 20 Rn. 66.

[118] BGH Urt. v. 3.4.2012 – X ZR 130/10, NZBau 2012, 513; OLG München Beschl. v. 22.1.2016 – Verg 13/15, BeckRS 2016, 121692.

[119] OLG München Beschl. v. 10.9.2009 – Verg 10/09, BeckRS 2009, 27004 = VergabeR 2010, 266 mit Verweis auf OLG München Beschl. v. 21.8.2008 – Verg 13/08, BeckRS 2008, 20532; BGH Urt. v. 10.6.2008 – X ZR 78/07, ZfBR 2008, 702 mwN; jüngst OLG München Beschl. v. 22.1.2016 – Verg 13/15, BeckRS 2016, 121692.

[120] OLG München Beschl. v. 10.9.2009 – Verg 10/09, BeckRS 2009, 27004 = VergabeR 2010, 266.

[121] BGH Urt. v. 10.6.2008 – X ZR 78/07, ZfBR 2008, 702; BayObLG Beschl. v. 28.5.2003 – Verg 6/03, VergabeR 2003, 675 (Bauzeitenplan).

[122] BGH Urt. v. 3.4.2012 – X ZR 130/10, NZBau 2012, 513; OLG Brandenburg Beschl. v. 5.1.2006 – Verg W 12/05, BeckRS 2006, 5148.

[123] BGH Urt. v. 10.6.2008 – X ZR 78/07, ZfBR 2008, 702 mit Verweis auf BGH Urt. v. 11.11.1993 – VII ZR 47/93 = BGHZ 124, 64 = NJW 1994, 850; BGH Urt. v. 18.4.2002 – VII ZR 38/01, NZBau 2002, 500; s. auch OLG Düsseldorf Beschl. v. 20.10.2008 – VII Verg 41/08, NZBau 2009, 63; OLG München Beschl. v. 24.11.2008 – Verg 23/08, BeckRS 2008, 26321; jüngst OLG München Beschl. v. 22.1.2016 – Verg 13/15, BeckRS 2016, 121692.

[124] BGH Urt. v. 10.6.2008 – X ZR 78/07, ZfBR 2008, 702.

[125] BGH Urt. v. 10.6.2008 – X ZR 78/07, ZfBR 2008, 702 mit Verweis auf BGH Urt. v. 22.4.1993 – VII ZR 118/92, BauR 1993, 595; BGH Urt. v. 11.11.1993 – VII ZR 47/93, BGHZ 124, 64 = NJW 1994, 850; so auch OLG Jena Beschl. v. 11.1.2007 – 9 Verg 9/06, ZfBR 2007, 380 (382); OLG München Beschl. v. 22.1.2016 – Verg 13/15, BeckRS 2016, 121692.

[126] OLG Jena Beschl. v. 11.1.2007 – 9 Verg 9/06, ZfBR 2007, 380 (382) mit Hinweis auf OLG Brandenburg Beschl. v. 5.1.2006 – Verg W 12/05, VergabeR 2006, 554 (558) = BeckRS 2006, 5148.

§ 8a Allgemeine, Besondere und Zusätzliche Vertragsbedingungen

(1) ¹In den Vergabeunterlagen ist vorzuschreiben, dass die Allgemeinen Vertragsbedingungen für die Ausführung von Bauleistungen (VOB/B) und die Allgemeinen Technischen Vertragsbedingungen für Bauleistungen (VOB/C) Bestandteile des Vertrags werden. ²Das gilt auch für etwaige Zusätzliche Vertragsbedingungen und etwaige Zusätzliche Technische Vertragsbedingungen, soweit sie Bestandteile des Vertrags werden sollen.

(2)
1. ¹Die Allgemeinen Vertragsbedingungen bleiben grundsätzlich unverändert. ²Sie können von Auftraggebern, die ständig Bauleistungen vergeben, für die bei ihnen allgemein gegebenen Verhältnisse durch Zusätzliche Vertragsbedingungen ergänzt werden. ³Diese dürfen den Allgemeinen Vertragsbedingungen nicht widersprechen.
2. ¹Für die Erfordernisse des Einzelfalles sind die Allgemeinen Vertragsbedingungen und etwaige Zusätzliche Vertragsbedingungen durch Besondere Vertragsbedingungen zu ergänzen. ²In diesen sollen sich Abweichungen von den Allgemeinen Vertragsbedingungen auf die Fälle beschränken, in denen dort besondere Vereinbarungen ausdrücklich vorgesehen sind und auch nur soweit es die Eigenart der Leistung und ihre Ausführung erfordern.

(3) ¹Die Allgemeinen Technischen Vertragsbedingungen bleiben grundsätzlich unverändert. ²Sie können von Auftraggebern, die ständig Bauleistungen vergeben, für die bei ihnen allgemein gegebenen Verhältnisse durch Zusätzliche Technische Vertragsbedingungen ergänzt werden. Für die Erfordernisse des Einzelfalles sind Ergänzungen und Änderungen in der ³Leistungsbeschreibung festzulegen.

(4)
1. In den Zusätzlichen Vertragsbedingungen oder in den Besonderen Vertragsbedingungen sollen, soweit erforderlich, folgende Punkte geregelt werden:
   a) Unterlagen (§ 8b Absatz 3; § 3 Absatz 5 und 6 VOB/B),
   b) Benutzung von Lager- und Arbeitsplätzen, Zufahrtswegen, Anschlussgleisen, Wasser- und Energieanschlüssen (§ 4 Absatz 4 VOB/B),
   c) Weitervergabe an Nachunternehmen (§ 4 Absatz 8 VOB/B),
   d) Ausführungsfristen (§ 9; § 5 VOB/B),
   e) Haftung (§ 10 Absatz 2 VOB/B),
   f) Vertragsstrafen und Beschleunigungsvergütungen (§ 9a; § 11 VOB/B),
   g) Abnahme (§ 12 VOB/B),
   h) Vertragsart (§ 4), Abrechnung (§ 14 VOB/B),
   i) Stundenlohnarbeiten (§ 15 VOB/B),
   j) Zahlungen, Vorauszahlungen (§ 16 VOB/B),
   k) Sicherheitsleistung (§ 9c; § 17 VOB/B),
   l) Gerichtsstand (§ 18 Absatz 1 VOB/B),
   m) Lohn- und Gehaltsnebenkosten,
   n) Änderung der Vertragspreise (§ 9d).
2. ¹Im Einzelfall erforderliche besondere Vereinbarungen über die Mängelansprüche sowie deren Verjährung (§ 9b; § 13 Absatz 1, 4 und 7 VOB/B) und über die Verteilung der Gefahr bei Schäden, die durch Hochwasser, Sturmfluten, Grundwasser, Wind, Schnee, Eis und dergleichen entstehen können (§ 7 VOB/B), sind in den Besonderen Vertragsbedingungen zu treffen. ²Sind für bestimmte Bauleistungen gleichgelagerte Voraussetzungen im Sinne von § 9b gegeben, so dürfen die besonderen Vereinbarungen auch in Zusätzlichen Technischen Vertragsbedingungen vorgesehen werden.

Schrifttum: s. bei § 8.

Übersicht

	Rn.		Rn.
I. Überblick	1	a) Allgemeine Vertragsbedingungen (VOB/B) (Abs. 2)	9
II. Kaufmännisch-juristische und technische Vertragsbedingungen	7	b) Besondere Vertragsbedingungen (BVB) (Abs. 4)	15
1. Kaufmännisch-juristische Vertragsbedingungen	8	c) Zusätzliche Vertragsbedingungen (ZVB) (Abs. 4)	19

		Rn.			Rn.
2.	Technische Vertragsbedingungen	20		c) „Besondere Technische Vertragsbedingungen"	22
	a) Allgemeine Technische Vertragsbedingungen (Abs. 3)	20	3.	Rangfolgeregelungen	24
	b) Zusätzliche Technische Vertragsbedingungen (ZTV)	21	4.	VOB/A-konforme Auslegung	28

I. Überblick

1 Die Vertragsbedingungen bilden zusammen mit der Leistungsbeschreibung den Vertragsinhalt.[1] Vergaberechtlich bilden sie die Vertragsunterlagen und zusammen mit dem Anschreiben und den Teilnahmebedingungen die Vergabeunterlagen.

2 In den Vergabeunterlagen ist gem. § 8a Abs. 1 vorzuschreiben, dass die Allgemeinen Vertragsbedingungen für die Ausführung von Bauleistungen (VOB/B) und die Allgemeinen Technischen Vertragsbedingungen für Bauleistungen (ATV-VOB/C) Bestandteile des Vertrages werden. Das gilt auch für Zusätzliche Vertragsbedingungen (ZVB) und Zusätzliche Technische Vertragsbedingungen (ZTV), soweit sie Bestandteile des Vertrages werden sollen. Öffentliche Auftraggeber müssen folglich zwingend die VOB/B und die VOB/C verwenden und in den Vertrag einbeziehen.

3 Die allgemeinen Vertragsbedingungen (VOB/B und VOB/C) müssen **grundsätzlich unverändert** in den Vertrag aufgenommen werden. Dies wird in § 8a Abs. 2 Nr. 1 S. 1 für die VOB/B und Abs. 3 S. 1 für die VOB/C ausdrücklich angeordnet. Öffentliche Auftraggeber, die an die VOB/A gebunden sind, dürfen daher nur auf der Grundlage der VOB/B und VOB/C Bauverträge schließen.[2] Dadurch soll bei Bauverträgen die Ausgewogenheit der VOB gesichert und eine Inhaltskontrolle nach § 307 Abs. 1 und 2 BGB vermieden werden (§ 310 Abs. 1 S. 3 BGB).

4 Für die wirksame Einbeziehung ist erforderlich, dass in den Vergabeunterlagen eindeutig geregelt ist, dass die VOB/B Vertragsbestandteil wird. Dafür ist es nicht erforderlich, dass die VOB/B und VOB/C den Bietern ausgehändigt bzw. übersandt werden, vielmehr genügt ein entsprechender Verweis in den Vertragsunterlagen.[3] Der für die Einbeziehung notwendige Hinweis auf die Geltung der VOB/B und VOB/C sollte im Angebotsformblatt des Auftraggebers enthalten sein. Ausreichend ist auch ein Verweis in den Besonderen und/oder zusätzlichen Vertragsbedingungen. Ein Hinweis im AzA (Aufforderung zur Angebotsabgabe) oder in den Bewerbungsbedingungen reicht indes nicht.[4] Das im Vergabehandbuch des Bundes (2017) enthaltene Angebotsschreiben (Formblatt 213, Ziffer 5) sieht die ausdrückliche Erklärung des Bieters vor, dass das Angebot neben der VOB/B (mithin auch die VOB/C) umfasst.

5 Für die **Einbeziehung der VOB/C** reicht ein Hinweis auf die VOB/B aus, da die VOB/B ihrerseits in § 1 Nr. 1 VOB/B die VOB/C verweist und sie auf diese Weise in den Bauvertrag einbezieht. Die VOB/A wird hingegen nicht Vertragsbestandteil.[5]

6 Ein **Verstoß gegen die Vorgaben des § 8a,** wonach die Zusätzlichen Vertragsbedingungen der VOB/B nicht widersprechen und nur von Auftraggebern verwendet werden dürfen, die ständig Bauleistungen vergeben, **bleibt ebenso ohne Sanktion,** wie ein Verstoß gegen die Regelung des Abs. 2, wonach sich Besondere Vertragsbedingungen auf solche Fälle zu beschränken haben, in denen dort besondere Vereinbarungen ausdrücklich vorgesehen sind und es die Eigenart der Leistung und ihre Ausführung erfordern.[6] Sofern der AG hiergegen verstößt, kann sich derjenige Bieter, der den Zuschlag erhält, nicht mit Erfolg darauf berufen, eine Regelung der Besonderen Vertragsbedingungen oder Zusätzlichen Vertragsbedingungen hätte überhaupt nicht verwendet werden dürfen.[7] Es bleibt – nach Vertragsschluss – jedoch eine Prüfung anhand der allgemeinen zivilrechtlichen Regelungen, insbesondere der §§ 305 ff. BGB.

---

[1] *Ohlerich* in Gabriel/Krohn/Neun VergabeR-HdB § 20 Rn. 31.
[2] Kapellmann/Messerschmidt/*von Rintelen* Rn. 7.
[3] BeckOK VergabeR/*Heinrich*, 20. Ed. 31.10.2020, Rn. 12 mwN; Kapellmann/Messerschmidt/*von Rintelen* Rn. 8; so auch BGH Urt. v. 13.9.2001 – VII ZR 113/00, NZBau 2002, 28 (29) für die Zusätzlichen Technischen Vertragsbedingungen und Richtlinien für Ausgrabungen in Verkehrsflächen – ZTVA-StB 89.
[4] Kapellmann/Messerschmidt/*von Rintelen* Rn. 9.
[5] Beck VOB/A/*Hertwig*, 1. Aufl. 2001, § 10 Rn. 3 (zu der entsprechenden Vorschrift der VOB/A in der Fassung vom Mai 2000).
[6] Beck VOB/A/*Hertwig*, 1. Aufl. 2001, § 10 Rn. 4 (zu der entsprechenden Vorschrift der VOB/A in der Fassung vom Mai 2000).
[7] Beck VOB/A/*Hertwig*, 1. Aufl. 2001, § 10 Rn. 4 (zu der entsprechenden Vorschrift der VOB/A in der Fassung vom Mai 2000).

II. Kaufmännisch-juristische und technische Vertragsbedingungen

Ganz allgemein lassen sich die Vertragsbedingungen in kaufmännisch-juristische und technische Vertragsbedingungen unterscheiden. 7

1. Kaufmännisch-juristische Vertragsbedingungen. Zu den kaufmännisch-juristischen Vertragsbedingungen zählen die Besonderen und Zusätzlichen Vertragsbedingungen. Hinzu treten ggf. (nicht baubezogene) Allgemeine Geschäftsbedingungen, Zusätzliche Vertragsbedingungen für Arbeitsschutz und Zusätzliche Vertragsbedingungen für Umweltschutz. 8

a) Allgemeine Vertragsbedingungen (VOB/B) (Abs. 2). Nach § 8a Abs. 2 S. 1 bleiben die Allgemeinen Vertragsbedingungen iSd § 8a Abs. 1 (VOB/B und VOB/C) grundsätzlich unverändert. Sie können aber gem. § 8a Abs. 2 S. 2 von Auftraggebern, die ständig Bauleistungen vergeben, für die bei ihnen allgemein gegebenen Verhältnisse durch Zusätzliche Vertragsbedingungen ergänzt werden. Diese dürfen aber gem. § 8a Abs. 3 den Allgemeinen Vertragsbedingungen (gemeint ist die VOB/B) nicht widersprechen. 9

Die VOB/B wird, sofern sie unverändert zum Bestandteil des Vertrages gemacht wird, in ihrer Gesamtheit gemeinhin als ausgewogenes Regelwerk angesehen, das den beiderseitigen Interessen ausreichend Rechnung trägt. Daher soll die VOB/B unverändert zum Bestandteil des Vertrages gemacht werden. 10

Wird die VOB/B „als Ganzes", dh ohne jede Änderung in den Vertrag einbezogen, ist sie **einer Inhaltskontrolle nach den Vorschriften der §§ 305 ff. BGB entzogen.** Denn nach § 310 Abs. 1 S. 3 BGB finden § 307 Abs. 1 und 2 BGB sowie § 308 Nr. 1a und 1b BGB auf Verträge, in die die VOB/B (in der jeweils zum Zeitpunkt des Vertragsschlusses geltenden Fassung) ohne inhaltliche Abweichungen insgesamt einbezogen ist, in Bezug auf eine Inhaltskontrolle einzelner Bestimmungen keine Anwendung. Diese Regelung erlangt insbesondere vor dem Hintergrund des zum 1.1.2018 in Kraft getretenen gesetzlichen Bauvertragsrechts besondere Bedeutung.[8] Mit dem neuen gesetzlichen Bauvertragsrecht hat der Gesetzgeber erstmals Regelungen zum Bauvertrag in das BGB aufgenommen und damit ein gesetzliches Leitbild geschaffen. Eine AGB-Inhaltskontrolle der VOB/B hätte daher aller Voraussicht nach zur Folge, dass zentrale Vorschriften der VOB/B (zB die Anordnungsbefugnis gem. § 1 Abs. 3 und 4 VOB/B) unwirksam wären, da sie von dem – mit Einführung des gesetzlichen Bauvertragsrechts nunmehr gegebenen – gesetzlichen Leitbild abweichen (§ 307 Abs. 2 Nr. 1 BGB: „mit wesentlichen Grundgedanken der gesetzlichen Regelung, von der abgewichen wird, nicht zu vereinbaren [sind]"). Da die VOB/B einer AGB-Kontrolle nur unterworfen ist, sofern sie als Ganzes (dh ohne eine einzige Abweichung) vereinbart wird, ist von jedweder Abweichung von der VOB/B (etwa durch AGB des Auftraggebers) abzuraten, sofern man den die Regelungen der VOB/B erhalten will.[9] 11

Auch im Rahmen der Besonderen Vertragsbedingungen sollen sich – nach Ansicht der Literatur – die Abweichungen auf die Regelungen der VOB/B beschränken, in denen die VOB/B sog. Öffnungsklauseln enthält,[10] also selbst Abweichungen von der VOB/B zulässt. Besondere Vertragsbedingungen sind hier von der VOB/B ausdrücklich vorgesehen.[11] § 8 EU Abs. 6 enthält einen Katalog von Beispielen zu möglichen Regelungsinhalten, der nicht nur für Zusätzliche, sondern auch für Besondere Vertragsbedingungen gilt.[12] 12

Jedoch ist darauf hinzuweisen, dass auch dann, wenn der Auftraggeber von einer – von der VOB/B selbst vorgesehenen – Öffnungsklausel Gebrauch macht, eine Abweichung von der VOB/B vorliegt, diese mithin nicht mehr als Ganzes vereinbart und eine AGB-Inhaltskontrolle eröffnet ist.[13] 13

Nach einer in der Literatur vertretenen Ansicht stellen Ergänzungen und Konkretisierungen der VOB/B-Bestimmungen selbst dann, wenn sie nicht auf Öffnungsklauseln basieren, keine Widersprüche im eigentlichen Sinne und damit keine inhaltliche Abweichung dar, die zum Entfall der Privilegierung führt.[14] Dies gelte jedenfalls so lange, wie nach dem materiellen Regelungsgehalt ein sachlicher Bezug zu der jeweiligen VOB/B-Bestimmung gegeben sei (zB Preisgleitklauseln,[15] die von § 9d/§ 9d EU gedeckt sind).[16] Die Aufnahme von Regelungen jenseits des VOB/B-Regelungs- 14

---

[8] *Ryll* NZBau 2018, 187.
[9] *Ryll* NZBau 2018, 187 (191).
[10] *Ohlerich* in Gabriel/Krohn/Neun VergabeR-HdB § 20 Rn. 40.
[11] *Ohlerich* in Gabriel/Krohn/Neun VergabeR-HdB § 20 Rn. 40.
[12] *Ohlerich* in Gabriel/Krohn/Neun VergabeR-HdB § 20 Rn. 40.
[13] Beck VOB/B/*Sacher* VOB/B Einleitung Rn. 149.
[14] Beck VOB/A/*Motzke*, 2. Aufl. 2013, § 8 Rn. 191; *Ryll* NZBau 2018, 187 (191).
[15] Beck VOB/A/*Motzke*, 2. Aufl. 2013, § 8 Rn. 190.
[16] *Ryll* NZBau 2018, 187 (191).

gefüges (zB Aufrechnungs- oder Abtretungsverbote) lasse die Privilegierung entfallen, da solche Regelungen nicht vom Ausgewogenheitspostulat getragen und zudem geeignet sind, eine Interessenstörung herbeizuführen.[17]

15 **b) Besondere Vertragsbedingungen (BVB) (Abs. 4).** Besondere Vertragsbedingungen sind Vertragsbedingungen für das konkrete Bauvorhaben des Auftraggebers gelten („Für die Erfordernisse des Einzelfalles […]") und zu diesem Zwecke vom Auftraggeber erstellt werden. Besondere Vertragsbedingungen sollen den individuellen Umständen des Einzelfalls Rechnung tragen.[18]

16 „Für die Erfordernisse des Einzelfalles" sind die Allgemeinen und etwaige Zusätzliche Vertragsbedingungen durch Besondere Vertragsbedingungen zu ergänzen. Sinn und Zweck der Besonderen Vertragsbedingungen ist, die Allgemeinen Vertragsbedingungen und etwaige Zusätzliche Vertragsbedingungen für die Erfordernisse des Einzelfalls zu ergänzen.

17 Die Abweichungen von den Allgemeinen Vertragsbedingungen sollen sich auf die Fälle beschränken, in denen in der VOB/B besondere Vereinbarungen ausdrücklich vorgesehen sind (sog. Öffnungsklauseln) und auch nur soweit es die Eigenart der Leistung und ihre Ausführung erfordern.

18 „Erfordern" ist dabei richtigerweise nicht eng als „objektiv notwendig", sondern im Sinne einer sachlichen Gebotenheit zu verstehen.[19] Auf die Generalklausel ist jedoch nur dann abzustellen, wenn die §§ 9 ff./§§ 9 EU ff. für einzelne Vertragsbedingungen keine speziellen und damit vorrangigen Bestimmungen enthalten.[20] Eine Veränderung der Gewährleistungsfrist wäre nur dann unschädlich, wenn die Voraussetzungen des § 9b/§ 9b EU erfüllt sind.[21] Die Verlängerung der Verjährungsfrist dürfte nach § 9b/§ 9b EU beispielsweise dann zulässig sein, wenn es sich um ein technisch neuartiges, komplexes Ingenieurbauwerk handelt.[22] Bei einfachen Zweckbauten wird demgegenüber regelmäßig eine Verkürzung der Verjährungsfrist zulässig sein.[23]

19 **c) Zusätzliche Vertragsbedingungen (ZVB) (Abs. 4).** Zusätzliche Vertragsbedingungen sind solche, die für alle Bauvorhaben des Auftraggebers gleichermaßen gelten und zu diesem Zwecke vom Auftraggeber erstellt werden. Während also die Besonderen Vertragsbedingungen für den Einzelfall aufgestellt werden, sind Zusätzliche Vertragsbedingungen für eine Vielzahl von Bauvorhaben vorformuliert.[24] Der Sinn von Zusätzlichen Vertragsbedingungen besteht in der Ergänzung der Allgemeinen Vertragsbedingungen der VOB/B.[25] Der Auftraggeber kann Zusätzliche Vertragsbedingungen aufstellen und diese zum Vertragsbestandteil machen; eine Pflicht dazu besteht jedoch nicht.[26]

20 **2. Technische Vertragsbedingungen. a) Allgemeine Technische Vertragsbedingungen (Abs. 3).** Die Allgemeinen Technischen Vertragsbedingungen sollen ebenfalls grundsätzlich unverändert bleiben.

21 **b) Zusätzliche Technische Vertragsbedingungen (ZTV).** Zusätzliche Technische Vertragsbedingungen ergänzen die Allgemeinen Technischen Vertragsbedingungen und zwar lediglich im Hinblick auf die allgemeinen Verhältnisse. So können in den Zusätzlichen Technischen Vertragsbedingungen beispielsweise von den DIN-Normen abweichende Abrechnungsregelungen getroffen werden. Ob sich die Zusätzlichen Technischen Vertragsbedingungen ausnahmslos an den allgemein anerkannten Regeln der Technik orientieren müssen oder auch hinter diesen zurückbleiben können, ist bislang nicht höchstrichterlich entschieden. Unstreitig dürfte sein, dass der Auftraggeber in den Zusätzlichen Technischen Vertragsbedingungen über die allgemein anerkannten Regeln der Technik hinausgehende technische Anforderungen aufstellen bzw. verlangen kann.

22 **c) „Besondere Technische Vertragsbedingungen".** § 8a sieht keine „Besonderen Technischen Vertragsbedingungen" vor. Eine Unterscheidung in Besondere und Zusätzliche Vertragsbedingungen kennen die Technischen Vertragsbedingungen nicht. Besondere Technische Vertragsbedingungen gibt es dementsprechend nicht.

23 Einzelfallbezogene, dh für das konkrete Bauvorhaben erforderliche Ergänzungen oder Änderungen der ATV werden nicht (wie bei den kaufmännisch-juristischen Vertragsbedingungen) gesondert

---

[17] *Ryll* NZBau 2018, 187 (191).
[18] *Ohlerich* in Gabriel/Krohn/Neun VergabeR-HdB § 20 Rn. 32.
[19] *Ryll* NZBau 2018, 187 (191); Kapellmann/Messerschmidt/*von Rintelen* Rn. 16.
[20] *Ryll* NZBau 2018, 187 (190).
[21] *Ryll* NZBau 2018, 187 (191).
[22] *Ryll* NZBau 2018, 187 (191).
[23] *Ryll* NZBau 2018, 187 (191).
[24] *Ohlerich* in Gabriel/Krohn/Neun VergabeR-HdB § 20 Rn. 32.
[25] *Althaus/Vogel* in Althaus/Heindl, Der öffentliche Bauvertrag, 3. Aufl. 2013, 3. Teil 1 – Die Vertragsunterlagen, Rn. 173.
[26] *Ohlerich* in Gabriel/Krohn/Neun VergabeR-HdB § 20 Rn. 37.

geregelt. Für die Erfordernisse des Einzelfalls sind Ergänzungen und Änderungen gem. § 8a Abs. 3 S. 3 in der Leistungsbeschreibung festzulegen. Auf Besonderheiten des Einzelfalles ist also in der Leistungsbeschreibung zu reagieren.[27] Es ist mithin die Leistungsbeschreibung selbst, die die „Besonderen Technischen Vertragsbedingungen" enthält.[28]

3. Rangfolgeregelungen. Die VOB/A legt keine Rang- bzw. Reihenfolge der Vertragsunterlagen fest. Auch § 1 Abs. 2 VOB/B legt keine entsprechende Rangfolge fest. Es empfiehlt sich daher, eine entsprechende (Geltungs-)Rangfolge innerhalb der Vertragsbestandteile und insbesondere innerhalb der Vertragsbedingungen festzulegen. Zwar heißt es in § 1 Abs. 2 VOB/B, dass bei Widersprüchen im Vertrag folgende Vertragsbestandteile nacheinander gelten: 24
– die Leistungsbeschreibung
– die Besonderen Vertragsbedingungen,
– etwaige Zusätzliche Vertragsbedingungen,
– etwaige Zusätzliche Technische Vertragsbedingungen,
– die Allgemeinen Technischen Vertragsbedingungen für Bauleistungen (VOB/C),
– die Allgemeinen Vertragsbedingungen für die Ausführung von Bauleistungen (VOB/B).
Jedoch handelt es sich insoweit nur um eine unverbindliche Orientierungshilfe. 25
Zum anderen nennt § 1 Abs. 2 VOB/B die Leistungsbeschreibung an erster Stelle. Dies ist zwar in der Sache zutreffend, jedoch besteht die Leistungsbeschreibung bekanntlich idR aus der Baubeschreibung, dem Leistungsverzeichnis und den Plänen, sodass eine Festlegung des Rangverhältnisses innerhalb der Leistungsbeschreibung fehlt. Der Auftraggeber muss also, will er den üblichen Streit bei Abweichungen und Widersprüchen zwischen Plan und Text vermeiden, ein Rangverhältnis der einzelnen Bestandteile der Leistungsbeschreibung untereinander festlegen. 26

Es empfiehlt sich eine Regelung derart, dass bei Widersprüchen, Unklarheiten oder Lücken die Vertragsbestandteile in der jeweils festgelegten Reihenfolge gelten; soweit es die technischen Regelungen betrifft im Zweifel der höherwertige technische Standard, mindestens jedoch die allgemein anerkannten Regeln der Technik. 27

4. VOB/A-konforme Auslegung. Der BGH hat bisher stets betont, dass Vergaberecht kein Vertragsrecht sei.[29] Gleichwohl wendet er die Grundsätze der VOB/A-konformen Auslegung[30] an, wonach ein Bieter bei Auslegungszweifeln in Bezug auf eine Leistungsbeschreibung davon ausgehen kann, dass der Auftraggeber den Anforderungen von § 7/§ 7 EU entsprechend ausgeschrieben hat.[31] Die Heranziehung der VOB/A (EU) als Auslegungsmaßstab ist daher im Grundsatz höchstrichterlich gebilligt.[32] 28

§ 8b Kosten- und Vertrauensregelung, Schiedsverfahren

(1)
1. Bei Öffentlicher Ausschreibung kann eine Erstattung der Kosten für die Vervielfältigung der Leistungsbeschreibung und der anderen Unterlagen sowie für die Kosten der postalischen Versendung verlangt werden.
2. Bei Beschränkter Ausschreibung und Freihändiger Vergabe sind alle Unterlagen unentgeltlich abzugeben.

(2)
1. ¹Für die Bearbeitung des Angebots wird keine Entschädigung gewährt. ²Verlangt jedoch der Auftraggeber, dass der Bieter Entwürfe, Pläne, Zeichnungen, statische Berechnungen, Mengenberechnungen oder andere Unterlagen ausarbeitet, insbesondere in den Fällen des § 7c, so ist einheitlich für alle Bieter in der Ausschreibung eine angemessene Entschädigung festzusetzen. ³Diese Entschädigung steht jedem Bieter zu, der ein der Ausschreibung entsprechendes Angebot mit den geforderten Unterlagen rechtzeitig eingereicht hat.
2. Diese Grundsätze gelten für die Freihändige Vergabe entsprechend.

---

[27] Beck VOB/A/*Hertwig*, 1. Aufl. 2001, § 10 Rn. 9 (zu der entsprechenden Vorschrift der VOB/A in der Fassung vom Mai 2000).
[28] Beck VOB/A/*Hertwig*, 1. Aufl. 2001, § 10 Rn. 4 (zu der entsprechenden Vorschrift der VOB/A in der Fassung vom Mai 2000).
[29] BGH Urt. v. 1.6.2017 – VII ZR 49/16, NZBau 2017, 559 = NJW-RR 2017, 917 Rn. 16.
[30] Kapellmann/Messerschmidt/*Kapellmann* VOB/B § 2 Rn. 175 ff. mwN.
[31] *Ryll* NZBau 2018, 187 (191).
[32] *Ryll* NZBau 2018, 187 (191).

(3) ¹Der Auftraggeber darf Angebotsunterlagen und die in den Angeboten enthaltenen eigenen Vorschläge eines Bieters nur für die Prüfung und Wertung der Angebote (§§ 16c und 16d) verwenden. ²Eine darüberhinausgehende Verwendung bedarf der vorherigen schriftlichen Vereinbarung.

(4) Sollen Streitigkeiten aus dem Vertrag unter Ausschluss des ordentlichen Rechtswegs im schiedsrichterlichen Verfahren ausgetragen werden, so ist es in besonderer, nur das Schiedsverfahren betreffender Urkunde zu vereinbaren, soweit nicht § 1031 Absatz 2 der Zivilprozessordnung (ZPO) auch eine andere Form der Vereinbarung zulässt.

Schrifttum: s. bei § 8.

Übersicht

		Rn.			Rn.
I.	Überblick	1	IV.	Verwendung der Angebotsunterlagen durch den Auftraggeber (Abs. 3)	10
II.	Erstattung der Kosten (Abs. 1)	2			
III.	Entschädigung für die Ausarbeitung von Angebotsunterlagen (Abs. 2)	6	V.	Schiedsverfahren (Abs. 4)	11

I. Überblick

1   § 8d regelt die wechselseitige Kostenerstattungsansprüche der am Vergabeverfahren Beteiligten. Während der Auftraggeber bei einer Öffentlichen Ausschreibung von den Bietern die Erstattung der Kosten für die Ausschreibungsunterlagen fordern darf, sind die Unterlagen bei den anderen Verfahrensarten unentgeltlich abzugeben (Abs. 1). Umgekehrt wird für die Bearbeitung des Angebotes durch den Bieter grundsätzlich keine Entschädigung gewährt (Abs. 2).

II. Erstattung der Kosten (Abs. 1)

2   Nach § 8b Abs. 1 Nr. 1 kann der Auftraggeber bei der Öffentliche Ausschreibung für die Vervielfältigung der Leistungsbeschreibung und der anderen Unterlagen sowie für die postalische Versendung eine Erstattung der Kosten verlangen. Aus der ausdrücklichen und ausschließlichen Nennung der Öffentlichen Ausschreibung folgt bereits im Umkehrschluss, dass der Auftraggeber eine Kostenerstattung bei allen anderen Verfahren nicht verlangen kann. Ausdrücklich klargestellt wird dies nochmals in § 8b Abs. 1 Nr. 2. Der Auftraggeber kann also „nur" bei der öffentlichen Ausschreibung eine Kostenerstattung verlangen.[1]

3   Hintergrund der Regelung ist der Gedanke einer Art „Schutzwirkung", weil sich der Auftraggeber bei der Öffentlichen Ausschreibung (mehr als bei den anderen Verfahrensarten) möglicherweise einer großen Zahl von Interessenten gegenübersieht, denen er Vergabeunterlagen überlassen muss, obwohl dem ggf. kein konkretes Auftragsinteresse gegenübersteht.[2]

4   Die Höhe der Erstattung darf die Kosten der Vervielfältigung der Leistungsbeschreibung und der anderen Unterlagen sowie der postalischen Versendung nicht überschreiten.[3] Der Auftraggeber soll also nur die tatsächlichen Kosten der Vervielfältigung und Versendung erhalten. In der Praxis üblich (und wohl auch zulässig) ist die Erhebung pauschaler Entgelte für die Vervielfältigung und Versendung der Unterlagen (wenngleich sich daraus freilich ein gewisser Widerspruch zu dem Grundsatz der Erstattung der tatsächlichen Kosten ergeben kann).

5   Insgesamt hat die Vorschrift aufgrund der Digitalisierung an Bedeutung verloren. Erst recht gilt dies für die entsprechende Vorschrift des § 8bEU, da der Auftraggeber bei Vergaben oberhalb der EU-Schwellenwerte verpflichtet ist, die Unterlagen in digitaler Form zur Verfügung zu stellen (vgl. § 41 VgV).

III. Entschädigung für die Ausarbeitung von Angebotsunterlagen (Abs. 2)

6   Grundsätzlich wird den Bietern/Bewerbern keine Entschädigung für die Bearbeitung der Angebote gewährt. Nach der Grundkonzeption der VOB/A werden die Vergabeunterlagen vom Auftraggeber erstellt.[4] Die Tätigkeit des Bieters/Bewerbers ist im Wesentlichen darauf beschränkt die Ausar-

---

[1] Kapellmann/Messerschmidt/*von Rintelen* Rn. 5.
[2] Ingenstau/Korbion/*von Wietersheim* Rn. 5; Kapellmann/Messerschmidt/*von Rintelen* Rn. 5.
[3] Ingenstau/Korbion/*von Wietersheim* Rn. 7.
[4] Ingenstau/Korbion/*von Wietersheim* Rn. 13.

III. Entschädigung für die Ausarbeitung von Angebotsunterlagen (Abs. 2)

beitung des Auftraggebers zu überprüfen,[5] das Angebot zu erstellen, die Preise zu kalkulieren (Preisermittlung),[6] die Unterlagen auszufüllen und notwendige Nachweise und Erklärungen beizubringen. Die Vorschrift gilt entsprechend für Nachtragsangebote.[7]

Etwas anderes gilt nach dem ausdrücklichen Wortlaut des § 8b Abs. 2 Nr. 1 S. 2, wenn der Auftraggeber vom Bieter die Ausarbeitung von Entwürfen, Plänen, Zeichnungen, statische Berechnungen, Mengenberechnungen oder andere Unterlagen verlangt, insbesondere in den Fällen des § 7c. Dann ist in der Ausschreibung für alle Bieter (einheitlich) eine angemessene Entschädigung festzusetzen, die jedem Bieter zusteht, der ein der Ausschreibung entsprechendes Angebot mit den geforderten Unterlagen rechtzeitig eingereicht hat.

Verlangt der Auftraggeber vom Bieter im Rahmen der Ausschreibung die Erstellung einer Musterfläche, so wird diese nur dann vergütet, wenn der Auftraggeber dies mit den Bietern gesondert vereinbart hat.[8] Ansonsten wird die Erstellung einer oder mehrerer Musterflächen nicht vergütet.[9] Wer sich in einem Wettbewerb um einen Auftrag für ein Bauvorhaben bemüht, muss nicht nur damit rechnen, dass er bei der Erteilung des Zuschlags unberücksichtigt bleibt, sondern auch damit, dass der Veranstalter des Wettbewerbs, der eine Entschädigung nicht ausdrücklich festgesetzt hat, dazu im Allgemeinen auch nicht bereit ist. Darauf muss er sich einstellen.[10] Der Bieter vermag in aller Regel auch hinreichend sicher zu beurteilen, ob der zur Abgabe seines Angebots bzw. zur Erlangung des Zuschlags erforderliche Aufwand das Risiko seiner Beteiligung an dem Wettbewerb und zusätzlicher Kosten lohnt.[11] Glaubt er, diesen Aufwand nicht wagen zu können, ist aber gleichwohl an dem Auftrag interessiert, so muss er entweder versuchen, mit dem Veranstalter des Wettbewerbs eine Einigung über die Kosten des Angebots herbeizuführen oder aber von dem Angebot bzw. den zusätzlich geforderten Musterarbeiten absehen und dies den Konkurrenten überlassen, die zur Übernahme dieses Risikos bereit geblieben sind.[12]

§ 8b Abs. 2 Nr. 1 regelt die Entschädigung einzelner Bieter für die Bearbeitung des Angebots sowie für die Ausarbeitung verschiedener Unterlagen. Der Bieter kann gleich aus mehreren Gründen keinen Anspruch auf Vergütung der von ihm erstellten Musterflächen aus dieser Vorschrift herleiten:
– Zum einen bezieht sich die Regelung nur auf die Ausarbeitung von Unterlagen und erfasst daher nicht die Herstellung der Musterflächen.[13] Zwar ist die Aufzählung in § 8b Abs. 2 Nr. 1 nicht abschließend, sondern nur beispielhaft.[14] Es muss sich jedoch immer um andere „Unterlagen" handeln; auf andere „Leistungen" im Allgemeinen ist die genannte Vorschrift nicht anwendbar.[15] Denn § 8b Abs. 2 Nr. 1 bezweckt eine Entschädigung des Bieters für den Fall, dass der Bauherr das Bauvorhaben vor Einholen von Angeboten nicht vollständig hat planen lassen, sondern Planungsleistungen von den Bietern im Rahmen ihrer Angebote verlangt.[16] Mithin geht § 8b Abs. 2 Nr. 1 von der Vorstellung aus, dass es üblicherweise Sache des Auftraggebers ist, diese Unterlagen auszuarbeiten und sie zusammen mit der danach aufgestellten Leistungsbeschreibung (Leistungsverzeichnis) in dem erforderlichen Umfang als Vertragsunterlagen den Bietern und Bewerbern zur Verfügung zu stellen.[17] Die vorstehende Auslegung wird bestätigt durch die Verweisung des § 8b Abs. 2 Nr. 1 auf § 7c, also die Leistungsbeschreibungen mit Leistungsprogramm, bei der es dem Unternehmer zunächst überlassen bleibt, die Grundlagen für eine Angebotsabgabe zu schaffen.[18]
– Darüber hinaus scheitert ein Anspruch aus § 8b Abs. 2 Nr. 1, wenn der Auftraggeber keine Entschädigung in der Ausschreibung festgesetzt hat, da die Festsetzung einer solchen Entschädigung durch den Ausschreibenden aber Anspruchsvoraussetzung ist.[19]

---

[5] Ingenstau/Korbion/*von Wietersheim* Rn. 13.
[6] Ingenstau/Korbion/*von Wietersheim* Rn. 13.
[7] Heiermann/Riedl/Rusam/*Heiermann* § 8 Rn. 66; Ingenstau/Korbion/*von Wietersheim* Rn. 13.
[8] OLG Düsseldorf Urt. v. 30.1.2003 – I-5 U 13/02, NZBau 2003, 459.
[9] OLG Düsseldorf Urt. v. 30.1.2003 – I-5 U 13/02, NZBau 2003, 459.
[10] OLG Düsseldorf Urt. v. 30.1.2003 – I-5 U 13/02, NZBau 2003, 459 (460); BGH Urt. v. 12.7.1979 – VII ZR 154/78, NJW 1979, 2202 = BauR 1979, 509 (511).
[11] OLG Düsseldorf Urt. v. 30.1.2003 – I-5 U 13/02, NZBau 2003, 459 (460).
[12] OLG Düsseldorf Urt. v. 30.1.2003 – I-5 U 13/02, NZBau 2003, 459 (460); BGH Urt. v. 12.7.1979 – VII ZR 154/78, NJW 1979, 2202 = BauR 1979, 509 (511).
[13] OLG Düsseldorf Urt. v. 30.1.2003 – I-5 U 13/02, NZBau 2003, 459 (460).
[14] Beck VOB/A/*Jasper*, 1. Aufl. 2020, § 20 Rn. 24 (zu der entsprechenden Vorschrift der VOB/A in der Fassung vom Mai 2000); Ingenstau/Korbion/*von Wietersheim* Rn. 18.
[15] OLG Düsseldorf Urt. v. 30.1.2003 – I-5 U 13/02, NZBau 2003, 459 (460).
[16] *Vygen* FS Korbion, 1986, 439.
[17] OLG Düsseldorf Urt. v. 30.1.2003 – I-5 U 13/02, NZBau 2003, 459 (460).
[18] OLG Düsseldorf Urt. v. 30.1.2003 – I-5 U 13/02, NZBau 2003, 459 (460).
[19] *Vygen* FS Korbion, 1986, 443; aA Beck VOB/A/*Jasper*, 1. Aufl. 2020, § 20 Rn. 27 f. (zu der entsprechenden Vorschrift der VOB/A in der Fassung vom Mai 2000).

– Schadensersatzansprüche des Bieters kommen (nach den Grundsätze der culpa in contrahendo, § 280 Abs. 1 BGB, § 311 Abs. 2 BGB, § 241 Abs. 2 BGB)[20] zwar in Betracht, wenn der Ausschreibende entgegen seiner Verpflichtung aus § 8b Abs. 2 Nr. 1 eine angemessene Entschädigung in der Ausschreibung nicht festgesetzt hat, jedoch ist es nicht pflichtwidrig für die Erstellung der Musterflächen keine Entschädigung festzusetzen, weil die Erstellung der Musterflächen nicht unter den Anwendungsbereich dieser Vorschrift fällt.[21]

IV. Verwendung der Angebotsunterlagen durch den Auftraggeber (Abs. 3)

10 Der öffentliche Auftraggeber darf die Angebotsunterlagen und die in den Angeboten enthaltenen eigenen Vorschläge eines Bieters nur für die Prüfung und Wertung der Angebote verwenden. Eine darüber hinausgehende Verwendung bedarf der vorherigen schriftlichen Vereinbarung.

V. Schiedsverfahren (Abs. 4)

11 Sofern Streitigkeiten aus dem Vertrag unter Ausschluss des ordentlichen Rechtswegs im schiedsrichterlichen Verfahren ausgetragen werden sollen, ist dies in einer gesonderten („besonderen"), nur das Schiedsverfahren betreffenden, Urkunde zu vereinbaren (soweit nicht § 1031 Abs. 2 ZPO auch eine andere Form der Vereinbarung zulässt). Hintergrund dieser Regelung ist die in § 1031 ZPO enthaltene Formvorgabe für Schiedsvereinbarungen.

§ 9 Ausführungsfristen, Einzelfristen, Verzug

(1)
1. ¹Die Ausführungsfristen sind ausreichend zu bemessen; Jahreszeit, Arbeitsbedingungen und etwaige besondere Schwierigkeiten sind zu berücksichtigen. ²Für die Bauvorbereitung ist dem Auftragnehmer genügend Zeit zu gewähren.
2. Außergewöhnlich kurze Fristen sind nur bei besonderer Dringlichkeit vorzusehen.
3. Soll vereinbart werden, dass mit der Ausführung erst nach Aufforderung zu beginnen ist (§ 5 Absatz 2 VOB/B), so muss die Frist, innerhalb derer die Aufforderung ausgesprochen werden kann, unter billiger Berücksichtigung der für die Ausführung maßgebenden Verhältnisse zumutbar sein; sie ist in den Vergabeunterlagen festzulegen.

(2)
1. Wenn es ein erhebliches Interesse des Auftraggebers erfordert, sind Einzelfristen für in sich abgeschlossene Teile der Leistung zu bestimmen.
2. Wird ein Bauzeitenplan aufgestellt, damit die Leistungen aller Unternehmen sicher ineinandergreifen, so sollen nur die für den Fortgang der Gesamtarbeit besonders wichtigen Einzelfristen als vertraglich verbindliche Fristen (Vertragsfristen) bezeichnet werden.

(3) Ist für die Einhaltung von Ausführungsfristen die Übergabe von Zeichnungen oder anderen Unterlagen wichtig, so soll hierfür ebenfalls eine Frist festgelegt werden.

(4) ¹Der Auftraggeber darf in den Vertragsunterlagen eine Pauschalierung des Verzugsschadens (§ 5 Absatz 4 VOB/B) vorsehen; sie soll fünf Prozent der Auftragssumme nicht überschreiten. ²Der Nachweis eines geringeren Schadens ist zuzulassen.

Schrifttum: s. bei § 8.

Übersicht

	Rn.		Rn.
I. Überblick	1	c) Festlegung der Ausführungsfristen	14
II. Regelungsgehalt	5	2. Ausreichende Bemessung	17
III. Ausführungsfristen (Abs. 1 Nr. 1)	6	IV. Besondere Dringlichkeit (Abs. 1 Nr. 2)	23
1. Begriff der Ausführungsfristen	7		
a) Vertragsfristen	10	V. Auskunft über den voraussichtlichen Beginn (Abs. 1 Nr. 3)	25
b) Nicht-Vertragsfristen	12		

---

[20] Vygen FS Korbion, 1986, 443; Beck VOB/A/Jasper, 1. Aufl. 2020, § 20 Rn. 28 (zu der entsprechenden Vorschrift der VOB/A in der Fassung vom Mai 2000).
[21] OLG Düsseldorf Urt. v. 30.1.2003 – I-5 U 13/02, NZBau 2003, 459 (460).

	Rn.		Rn.
VI. Einzelfristen (Abs. 2 Nr. 1)	27	IX. Pauschalierter Schadensersatz (Abs. 4)	32
VII. Bauzeitenplan (Abs. 2 Nr. 2)	29		
VIII. Planlieferfristen (Abs. 3)	31	X. Rechtsfolgen bei Verstößen gegen § 9	34

I. Überblick

Im Folgenden werden – jedenfalls im Wesentlichen – nur die vergaberechtlichen Besonderheiten dargestellt. Im Übrigen, dh in Bezug auf die vertragsrechtliche Seite, wird auf die einschlägigen Kommentierungen zur VOB/B und dort zu § 5 VOB/B verwiesen. **1**

Die Vorschriften der §§ 9, 9a–9d enthalten vergaberechtliche Vorgaben für einzelne Vertragsbedingungen. Dabei trägt § 9 zwar die Überschrift „Einzelne Vertragsbedingungen, Ausführungsfristen", regelt jedoch selbst nur den Punkt Ausführungsfristen. Die übrigen Regelungen zu Vertragsstrafen, Beschleunigungsvergütung, Verjährung der Mängelansprüche und Sicherheitsleistungen sind in den §§ 9a–9d geregelt. **2**

Im Zuge der Vergaberechtsreform (VOB/A 2016) wurde die **Struktur des § 9** grundsätzlich verändert. Inhaltlich blieben die Regelungen jedoch unverändert. Im Einzelnen ergaben sich folgende Änderungen: **3**
– Aus § 9 Abs. 5 wurde § 9a,
– aus § 9 Abs. 6 wurde § 9b,
– aus § 9 Abs. 7 wurde § 9c Abs. 1,
– aus § 9 Abs. 8 wurde § 9c Abs. 2,
– aus § 9 Abs. 9 wurde § 9d.

Bei den in den §§ 9, 9a–9d enthaltenen Vorgaben handelt es sich um Sollvorschriften, die nur im Regelfall einzuhalten sind.[1] In begründeten Ausnahmefällen kann von den Vorgaben abgewichen werden.[2] Auch die ausfüllungsbedürftigen Begriffe wie „ausreichend", „angemessen" und „erhebliche Nachteile" stellen keine zwingenden Vorgaben dar; Abweichungen erfordern lediglich eine Beurteilung im Einzelfall.[3] **4**

II. Regelungsgehalt

§ 9 knüpft an die Vorschriften des § 8 Abs. 2 Nr. 1 und § 8a Abs. 4 Nr. 1 lit. d an. Nach § 8 Abs. 2 Nr. 1 muss das Anschreiben alle Angaben nach § 12 Abs. 1 Nr. 2 enthalten. § 12 Abs. 1 Nr. 2 lit. i wiederum verlangt Angaben zum „Zeitpunkt, bis zu dem die Bauleistungen beendet werden sollen oder [zur] Dauer des Bauleistungsauftrags; sofern möglich [zum] Zeitpunkt, zu dem die Bauleistungen begonnen werden sollen". Nach § 8a Abs. 4 Nr. 1d sollen in den Besonderen oder Zusätzlichen Vertragsbedingungen, soweit erforderlich, die „Ausführungsfristen" geregelt werden, wobei auf § 9 und § 5 VOB/B verwiesen wird. **5**

III. Ausführungsfristen (Abs. 1 Nr. 1)

Ausführungsfrist ist der Zeitraum in dem Auftragnehmer die ihm übertragenen Leistungen realisieren soll. Die Ausführungsfristen sind für Auftraggeber und Auftragnehmer gleichermaßen von Bedeutung und nicht nur für die Frage, wann der Auftraggeber die beauftragte Leistung erhält bzw. bis wann der Auftragnehmer die geschuldete Leistung erbringen muss, sondern insbesondere in Bezug auf die Kalkulation des Auftragnehmers (zB Einsatz von Personal und Gerät).[4] Für den Auftraggeber sind sie nicht minder von Bedeutung, etwa im Hinblick auf die Finanzierung oder Nutzungsmöglichkeit. Während das BGB keinerlei Vorschriften zu Ausführungsfristen enthält, finden sich in der VOB mit § 9 und § 5 VOB/B gleich zwei, in Bezug zu einander stehende, Regelungen (nimmt man § 6 VOB/B hinzu, wären es sogar drei). Gäbe es diese vertraglichen Regelungen nicht, bliebe es im Grundsatz bei der gesetzlichen Regelung des § 271 BGB.[5] Danach könnte der Auftraggeber die Leistung sofort verlangen, der Auftragnehmer könnte und müsste sie sofort bewirken. **6**

1. Begriff der Ausführungsfristen. Der Begriff der Ausführungsfrist ist mehrdeutig. Einerseits ist darunter der (Gesamt-)Zeitraum zu verstehen, in dem die Bauarbeiten auszuführen sind **7**

---

[1] *Ohlerich* in Gabriel/Krohn/Neun VergabeR-HdB § 20 Rn. 42.
[2] *Ohlerich* in Gabriel/Krohn/Neun VergabeR-HdB § 20 Rn. 42.
[3] *Ohlerich* in Gabriel/Krohn/Neun VergabeR-HdB § 20 Rn. 42.
[4] Zur Bedeutung der Bauzeit im Rahmen der Vertragsgestaltung s. *Langen* NZBau 2009, 145.
[5] Ziekow/Völlink/*Hänsel* § 9 EU Rn. 1.

(Fertigstellungsfrist). Insoweit umfasst der Begriff den Baubeginn, die Bauausführung sowie das Bauende und ist mit dem Begriff der Bauzeit gleichzusetzen. Andererseits erfasst der Begriff aber auch sämtliche Einzelfristen im Rahmen der Bauausführung.

8 Während unter „Frist" ein Zeitraum zu verstehen ist, bezeichnet der Begriff „Termin" nach allgemeinem Sprachgebrauch einen Zeitpunkt.[6] Wenngleich § 9 Abs. 1 Nr. 1 S. 1 ausdrücklich von „Ausführungsfristen" spricht, erfasst die Regelung auch Ausführungstermine.[7]

9 Die VOB/B enthält in § 5 VOB/B eine entsprechende Vorschrift. Innerhalb der Ausführungsfristen iSd § 5 VOB/B ist zwischen Vertragsfristen und Nicht-Vertragsfristen zu unterscheiden. Für die in der Literatur vertretene Ansicht, unter Ausführungsfristen iSd § 9 und § 5 VOB/B seien nur Vertragsfristen, nicht hingegen unverbindliche Nicht-Vertragsfristen zu verstehen,[8] finden sich in der VOB keine Anhaltspunkte. Vielmehr handelt es sich bei Ausführungsfristen um den Oberbegriff von Vertragsfristen und Nicht-Vertragsfristen.

10 **a) Vertragsfristen.** § 9 unterscheidet zwischen Vertragsfristen und Nicht-Vertragsfristen. Nach dem Wortlaut des § 9 Abs. 2 Nr. 2 und der herrschenden Meinung sind nur Vertragsfristen „vertraglich verbindlich". Demgegenüber handelt es sich bei den Nichtvertragsfristen um nicht verbindliche Einzelfristen. Insoweit handelt es sich lediglich um unverbindliche Kontrollfristen.

11 Während es sich bei Vertragsfristen um verbindliche Fristen handelt, deren Nichteinhaltung eine Pflichtverletzung des Auftragnehmers darstellt, sind Nicht-Vertragsfristen unverbindliche Fristen, deren Überschreitung zunächst ohne weitere Folgen bleibt. Zwar stellt die Überschreitung einer Vertragsfrist eine Pflichtverletzung gem. § 280 Abs. 1 BGB dar, jedoch führt diese gem. § 280 Abs. 1, 2 BGB erst unter den weiteren Voraussetzungen des § 286 BGB zu einem Schadensersatzanspruch.

12 **b) Nicht-Vertragsfristen.** All jene Fristen, die nicht explizit als Vertragsfristen gekennzeichnet bzw. als solche bezeichnet sind, sind Nicht-Vertragsfristen und im Grundsatz zunächst einmal unverbindlich. Dies bedeutet, dass Verstöße gegen nicht als verbindlich gekennzeichnete Einzelfristen im Allgemeinen keine Verzugsrechte des Auftraggebers auslösen.[9] Nach § 5 Abs. 1 S. 2 handelt es beispielsweise bei den in einem Bauzeitenplan enthaltenen Einzelfristen um unverbindliche Nicht-Vertragsfristen (soweit vertraglich nichts anderes vereinbart ist). Sie erhalten eine Verbindlichkeit nur, sofern dies ausdrücklich vertraglich vereinbart wird.

13 Allerdings kann ein nachhaltiger Verstoß des Auftragnehmers gegen unverbindliche, aber für den Fortgang des Bauvorhabens bedeutsame Einzelfristen ein Abhilfeverlangen des Auftraggebers nach § 5 Abs. 3 VOB/B rechtfertigen[10] und auf diesem Wege „Verbindlichkeit" erlangen. Um bei Überschreitung einer Nicht-Vertragsfrist zu „Sanktionen" zu kommen, muss der Auftraggeber die Leistungen des Auftragnehmers zunächst „fällig" stellen.[11] Wenn Arbeitskräfte, Geräte, Gerüste, Stoffe oder Bauteile so unzureichend sind, dass die Ausführungsfristen offenbar nicht eingehalten werden können, muss der Auftragnehmer auf Verlangen unverzüglich Abhilfe schaffen (§ 5 Abs. 3 VOB/B). Beachtet der Auftragnehmer diese berechtigte Abhilfeaufforderung nicht, so ist die Bauleistung nach Ablauf der zur Abhilfe gesetzten Frist fällig, sodass der Auftraggeber den Auftragnehmer nun – wie bei einer Vertragsfrist – „in Verzug setzen" kann.[12] Die unverbindlichen Nicht-Vertragsfristen erlangen also erst (und nur) über die Abhilfeaufforderung gem. § 5 Abs. 3 VOB/B „Verbindlichkeit".

14 **c) Festlegung der Ausführungsfristen.** Ausführungsfristen sind konkret zu bestimmen. Dies liegt nicht nur aus Gründen der Klarheit im beiderseitigen Interesse der Vertragsparteien, sondern folgt auch aus der vergaberechtlichen Pflicht zur eindeutigen und erschöpfenden Beschreibung der Leistung.

15 Aus § 9 Abs. 1 Nr. 1 S. 1 ergibt sich nicht, auf welche Weise die Ausführungsfristen zu benennen sind.[13] Der Auftraggeber ist deshalb frei darin, wie er die Ausführungsfristen bestimmt. Das Vergabehandbuch des Bundes (2017) verweist in Ziffer 1.2 der Richtlinie zum Formblatt 214 darauf, dass Ausführungsfristen
– durch Angabe eines Anfangs- bzw. Endzeitpunktes (Datum) oder
– nach Zeiteinheiten (Werktage, Wochen)
zu bemessen sind. Werktage sind alle Tage außer Sonn- und Feiertage.

---

[6] Palandt/*Ellenberger* BGB § 186 Rn. 4.
[7] Kapellmann/Messerschmidt/*Schneider* Rn. 23.
[8] Kapellmann/Messerschmidt/*Schneider* Rn. 23.
[9] *Ludgen* in Kleine-Möller/Merl/Glöckner, Handbuch des privaten Baurechts, 6. Aufl. 2019, § 16 Rn. 121.
[10] *Ludgen* in Kleine-Möller/Merl/Glöckner, Handbuch des privaten Baurechts, 6. Aufl. 2019, § 16 Rn. 121.
[11] *Kapellmann/Langen/Berger*, Einführung in die VOB/B, 26. Aufl. 2019, Rn. 80.
[12] *Kapellmann/Langen/Berger*, Einführung in die VOB/B, 26. Aufl. 2019, Rn. 82.
[13] BeckOK VergabeR/*Heinrich*, 20. Ed. 31.10.2020, § 9 EU Rn. 7.

Die Fristbestimmung durch Datumsangabe soll nach Ziffer 1.2 der Richtlinie zum Formblatt 214 nur dann gewählt werden, wenn der Auftraggeber den Beginn der Ausführung verbindlich festlegen kann und ein bestimmter Endtermin eingehalten werden muss. Auch bei Fristbestimmung nach Zeiteinheiten ist der Beginn der Ausführung möglichst genau zu nennen. **16**

2. Ausreichende Bemessung. Nach § 9 Abs. 1 Nr. 1 S. 1 sind Ausführungsfristen ausreichend **17** zu bemessen. Nach dem Wortlaut der Vorschrift („sind") handelt es sich insoweit (vermeintlich) um eine Muss-Vorschrift. Allerdings lässt die Vorschrift einen weitreichenden Ermessensspielraum zu („ausreichend").

Bei der Bemessung der Ausführungsfristen sind: **18**
– Jahreszeit,
– Arbeitsbedingungen und
– etwaige besondere Schwierigkeiten
zu berücksichtigen. Es handelt sich insoweit nur um eine exemplarische[14] Aufzählung.

Das Vergabehandbuch des Bundes (2017) nennt unter Ziffer 1.2 der Richtlinie zum Form- **19** blatt 214 folgende weitere Faktoren, die im Rahmen der Bemessung der Ausführungsfristen zu berücksichtigen sind:
– zeitliche Abhängigkeiten von vorausgehenden und nachfolgenden Leistungen,
– Zeitpunkt der Verfügbarkeit von Ausführungsunterlagen,
– Anzahl arbeitsfreier Tage (Samstage, Sonn- und Feiertage),
– wahrscheinliche Ausfalltage durch Witterungseinflüsse.

Für die Bauvorbereitung ist dem Auftragnehmer nach § 9 Abs. 1 Nr. 1 S. 2 genügend Zeit zu **20** gewähren.

Ausreichend bemessen ist eine Ausführungsfrist dann, wenn dem Auftragnehmer genügend **21** Zeit für die Bauvorbereitung zur Verfügung steht und er danach die Leistung ohne besonderen Aufwand zügig ausführen kann.[15] Nach anderer Ansicht ist die **Bauvorbereitungsfrist** nicht Teil der Ausführungsfrist, sondern dieser vorgelagert.[16] Die Bauvorbereitungszeit ist der Zeitraum, den der Auftragnehmer für seine innerbetrieblichen Dispositionen und Arbeitsvorbereitungen benötigt, um den Baubeginn fristgerecht vornehmen zu können, wobei die Grenze zwischen den Leistungen des Auftragnehmers, die noch der Bauvorbereitung iSv § 9 Abs. 1 Nr. 1 S. 2 zuzurechnen sind und dem eigentlichen Baubeginn iSv § 5 Abs. 2 VOB/B oftmals schwierig ist.[17]

Was noch Teil der Vorbereitung ist und was schon zur Bauausführung gehört, lässt sich nicht **22** generell bestimmen, sondern ist anhand des Einzelfalls zu beantworten. Dazu gehört die betriebliche Disposition der Mitarbeiter, die Bestellung des Materials, die Bereitstellung des Gerätes und ähnliches, was an Organisations- und Leitungsaufgaben für die Arbeitsaufnahme notwendig und der Sphäre des Auftragnehmers zuzuordnen ist.[18] Die dem Auftragnehmer obliegenden Werkstatt-, Montage- und Konstruktionszeichnungen sind als Internum zu behandeln und dienen der Bauvorbereitung.[19]

IV. Besondere Dringlichkeit (Abs. 1 Nr. 2)

Außergewöhnlich kurze Fristen sind nur bei besonderer Dringlichkeit vorzusehen. Nach dem **23** ausdrücklichen Wortlaut handelt es sich um eine Soll-Vorschrift. Die hat zur Folge, dass der öffentliche Auftraggeber die Bestimmungen im Regelfall einzuhalten hat und nur in begründeten Ausnahmefällen hiervon abweichen darf.[20] Weicht der öffentliche Auftraggeber von den Vorgaben des § 9 Abs. 1 Nr. 2 ab, so ist dies im Vergabevermerk darzulegen, ausführlich zu begründen und zu dokumentieren.[21] Außergewöhnlich kurz sind Ausführungsfristen, wenn sie vom Auftragnehmer nur mit über den üblichen Umfang hinausgehenden Maßnahmen eingehalten werden können.[22]

---

[14] BeckOK VergabeR/*Heinrich*, 20. Ed. 31.10.2020, § 9 EU Rn. 5.
[15] *Kuß*, Vergabe- und Vertragsordnung der Bauleistungen (VOB) Teile A und B, 4. Aufl. 2003, § 11 Rn. 7.
[16] Beck VOB/A/*Motzke,* 1. Aufl. 2020, § 11 Rn. 61 (zu der entsprechenden Vorschrift der VOB/A in der Fassung vom Mai 2000).
[17] Kapellmann/Messerschmidt/*Schneider* Rn. 52.
[18] Beck VOB/A/*Motzke,* 1. Aufl. 2020, § 11 Rn. 61 (zu der entsprechenden Vorschrift der VOB/A in der Fassung vom Mai 2000).
[19] Beck VOB/A/*Motzke,* 1. Aufl. 2020, § 11 Rn. 64 (zu der entsprechenden Vorschrift der VOB/A in der Fassung vom Mai 2000).
[20] Kapellmann/Messerschmidt/*Schneider* Rn. 10.
[21] BeckOK VergabeR/*Heinrich*, 20. Ed. 31.10.2020, § 9 EU Rn. 10; Kapellmann/Messerschmidt/*Schneider* Rn. 10.
[22] *Kuß*, Vergabe- und Vertragsordnung für Bauleistungen (VOB) Teil A und B, 4. Aufl. 2003, § 11 Rn. 14.

24 Die besondere Dringlichkeit kann sich aus der Unaufschiebbarkeit der anstehenden Arbeiten ergeben (zB Reparatur eines Wasserrohrbruchs, einer defekten Heizungsanlage im Winter, einer undichten Gasleitung usw) oder daraus, die Beeinträchtigung der Allgemeinheit so gering wie möglichen zu halten (zB bei verkehrsbehindernden Arbeiten an Autobahnen oder Bahnstrecken während der Schulferien).[23]

V. Auskunft über den voraussichtlichen Beginn (Abs. 1 Nr. 3)

25 § 9 Abs. 1 Nr. 3 korrespondiert mit § 5 Abs. 2 VOB/B. Nach § 5 Abs. 2 Sa. 1 VOB/B hat der Auftraggeber – wenn keine Frist für den Beginn der Ausführung vereinbart ist – dem Auftragnehmer auf Verlangen Auskunft über den voraussichtlichen Beginn zu erteilen. Nach § 5 Abs. 2 S. 2 VOB/B hat der Auftragnehmer innerhalb von 12 Werktagen nach Aufforderung mit der Ausführung der Bauleistung zu beginnen. § 9 Ab. 1 Nr. 3 bestimmt, dass die Frist innerhalb der die Aufforderung ausgesprochen werden kann (unter billiger Berücksichtigung der für die Ausführung maßgebenden Verhältnisse) zumutbar sein muss und in den Vergabeunterlagen festzulegen ist.

26 Soweit es in § 9 Abs. 1 Nr. 3 heißt „Soll vereinbart werden, dass mit der Ausführung erst nach Aufforderung zu beginnen ist [...].", ist der Wortlaut missverständlich. Denn die VOB/B, mithin § 5 Abs. 2 VOB/B, gilt – da die VOB stets unverändert zugrunde zu legen ist – ohnehin, dh ohne gesonderte Vereinbarung. Der Ausführungsbeginn durch Abruf ist daher stets vereinbart, sodass die Formulierung „Soll vereinbart werden [...]" keinen Sinn macht. Im Gegenteil ist eine Vereinbarung gerade dann erforderlich, wenn der Ausführungsbeginn nicht durch Abruf gem. § 5 Abs. 2 VOB/B erfolgen soll.

VI. Einzelfristen (Abs. 2 Nr. 1)

27 Nach § 9 Ab. 2 Nr. 1 sind Einzelfristen für in sich abgeschlossene Teile der Leistung zu bestimmen, sofern es ein erhebliches Interesse des Auftraggebers erfordert. Die in § 9 Abs. 2 Nr. 1 gewählte Begrifflichkeit der „in sich abgeschlossenen" Teilleistung entspricht der des § 12 Abs. 2 VOB/B zur Teilabnahme[24] bzw. der des § 8 VOB/B zur Teilkündigung, sodass auch die dazu ergangene Rechtsprechung verwiesen werden kann.

28 Gemeinhin wird zur Zurückhaltung geraten, wenn es darum geht Einzelfristen als Vertragsfristen zu vereinbaren. So vertritt beispielsweise *Motzke*,[25] dass aus baubetrieblicher Sicht davon Abstand genommen werden sollte, die für die Gesamtleistung geltenden Ausführungsfristen durch – als Vertragsfristen vereinbarte – Einzelfristen aufzuteilen. Viele Einzelfristen als Vertragsfristen würden nämlich im Störungsfall die wirtschaftlichen Anpassungs- und Ausgleichsmöglichkeiten ausschalten.[26]

VII. Bauzeitenplan (Abs. 2 Nr. 2)

29 Nach § 9 Abs. 2 Nr. 2 sollen nur die für den Fortgang der Gesamtarbeit besonders wichtigen Einzelfristen als vertraglich verbindliche Fristen (Vertragsfristen) bezeichnet werden. Soweit § 9 Abs. 2 Nr. 2 auf die in einem Bauzeitenplan enthaltenen Einzelfristen abstellt, ist dies ohne Belang. Nach dem Sinn und Zwecke der Vorschrift, kann es keinen Unterschied machen ob die Einzelfristen in einem Bauzeitenplan enthalten sind oder nicht. Erst recht, kann nicht Voraussetzung für die Vorgaben des § 9 Abs. 2 Nr. 1 sein, dass die Einzelfristen in einem Bauzeitenplan enthalten sind.

30 Die VOB regelt nicht, was unter einem Bauzeitenplan (wie er in § 9 Abs. 2 Nr. 2 und in § 5 Abs. 1 S. 2 VOB/B) zu verstehen ist. Ein Bauzeitenplan im Sinne der VOB ist ein Terminplan, den die Parteien ausdrücklich oder stillschweigend als (sog.) Vertragsterminplan (anfänglich oder nachträglich) dem Bauvertrag zugrunde gelegt haben und der für die vom Auftragnehmer zu erbringenden Leistungen, ggf. aber auch für die auftraggeberseitigen Mitwirkungshandlungen, verbindliche Fristen (Vertragsfristen) enthält, darüber hinaus aber auch unverbindliche Kontrollfristen für Teile der Leistung enthalten kann.[27] Interne Terminpläne der Vertragsparteien stellen deshalb keinen Bauzeitenplan im Sinne der VOB dar.[28] Unerheblich ist auch, in welcher Form die Darstellung

---

[23] Kapellmann/Messerschmidt/*Schneider* Rn. 58.
[24] Kapellmann/Messerschmidt/*Schneider* Rn. 69.
[25] Beck VOB/A/*Motzke*, 1. Aufl. 2001, § 11 Rn. 42 (zu der entsprechenden Vorschrift der VOB/A in der Fassung vom Mai 2000); *Schiffers* in Kapellmann/Vygen, Jahrbuch Baurecht 1998, 275 (285).
[26] Beck VOB/A/*Motzke*, 1. Aufl. 2001, § 11 Rn. 42 (zu der entsprechenden Vorschrift der VOB/A in der Fassung vom Mai 2000); *Schiffers* in Kapellmann/Vygen, Jahrbuch Baurecht 1998, 275 (285).
[27] Kapellmann/Messerschmidt/*Schneider* Rn. 26.
[28] Kapellmann/Messerschmidt/*Schneider* Rn. 26.

erfolgt (Balkenterminplan, Netzplan usw).[29] Ganz allgemein versteht man unter einem Bauzeitenplan ein Instrument zur Planung, Steuerung und Kontrolle der Ausführung von in der Regel umfangreichen Baumaßnahmen; wobei sämtliche Leistungen in nach Handwerks- oder Gewerbezweige aufgeteilte Abschnitte (Gewerke) zerlegt und deren Abhängigkeiten voneinander aufgezeigt werden.[30]

VIII. Planlieferfristen (Abs. 3)

31 Ist die Übergabe von Zeichnungen oder anderen Unterlagen für die Einhaltung der Ausführungsfristen wichtig, soll hierfür nach § 9 Abs. 3 eine Frist festgelegt werden. Nach dem Wortlaut des § 9 Abs. 3 beinhaltet die Regelung sowohl die Übergabe von Unterlagen durch den Auftraggeber als auch durch den Auftragnehmer.[31] Da der Auftraggeber aber gem. § 2 Abs. 5 (bzw. § 2 EU Abs. 8) erst dann ausschreiben soll, wenn alle Vergabeunterlagen fertiggestellt sind und wenn innerhalb der angegebenen Fristen mit der Ausführung begonnen werden kann, beschränkt sich die Regelung des § 9 Abs. 3 hinsichtlich der Übergabe von Unterlagen nach Vertragsschluss in Bezug auf den Auftraggeber im Wesentlichen auf die Freigabe von Planungsunterlagen, etwa die Freigabe der vom Auftragnehmer anzufertigenden Ausführungs- und/oder Werkplanung.[32] Ungeachtet dessen lässt es der Wortlaut dieser Regelung zu, dass auch Fristen für den Auftragnehmer zu Übergabe von Planunterlagen festgelegt werden können, vorausgesetzt natürlich, den Auftragnehmer trifft nach den vertraglichen Grundlagen überhaupt eine entsprechende Planungspflicht.[33]

IX. Pauschalierter Schadensersatz (Abs. 4)

32 Nach § 9 Abs. 4 S. 1 darf der Auftraggeber in den Vertragsunterlagen eine Pauschalierung des Verzugsschadens (§ 5 Abs. 4) vorsehen. Nach dem ausdrücklichen Wortlaut der Vorschrift handelt es sich um eine Kann-Vorschrift. Der pauschalierte Schadensersatz soll nach Hs. 2 5% der Auftragssumme nicht überschreiten. Der Nachweis eines geringeren Schadens ist zuzulassen (§ 9 Abs. 4 S. 2).

33 Haben die Parteien eine Pauschalierung des Verzugsschadens iSv § 9 Abs. 4 vereinbart, dann setzt die Geltendmachung der Schadenspauschale durch den (öffentlichen) Auftraggeber zum einen voraus, dass sich der Auftragnehmer in Verzug befindet, zum anderen, dass dem Auftraggeber hieraus tatsächlich ein Schaden – in welcher Höhe auch immer – entstanden ist.[34] Fehlt es also entweder am Verzug oder am Schaden entfällt der pauschalierte Schadensersatz.

X. Rechtsfolgen bei Verstößen gegen § 9

34 Ein Verstoß gegen § 9 ist sanktionslos. Hinsichtlich der Frage, ob und inwieweit § 9 bieterschützend ist, wird auf die Kommentierung zu § 9a verwiesen (→ § 9a Rn. 1 ff.).

35 Ist der Vertrag einmal zustande gekommen, so ist ein Verstoß gegen § 9 vergaberechtlich ohnehin unbeachtlich. Denkbar ist zwar, dass sich der Verstoß vertragsrechtlich auswirken kann, allerdings scheiden sowohl ein Verstoß gegen ein gesetzliches Verbot iSv § 134 BGB, als auch eine unangemessene Benachteiligung des Auftragnehmers iSv § 307 Abs. 1 BGB aus; letzteres, da eine Fristvereinbarung bereits nicht den Bestimmungen der §§ 305 ff. BGB unterfällt.

§ 9a Vertragsstrafen, Beschleunigungsvergütung

¹Vertragsstrafen für die Überschreitung von Vertragsfristen sind nur zu vereinbaren, wenn die Überschreitung erhebliche Nachteile verursachen kann. ²Die Strafe ist in angemessenen Grenzen zu halten. ³Beschleunigungsvergütungen (Prämien) sind nur vorzusehen, wenn die Fertigstellung vor Ablauf der Vertragsfristen erhebliche Vorteile bringt.

Schrifttum: s. bei § 8.

Übersicht

	Rn.			Rn.
I. Regelungsgehalt	1	1.	Vertragsfrist	3
II. Vertragsstrafenregelung (S. 1)	3	2.	Erhebliche Nachteile	4

---

[29] Kapellmann/Messerschmidt/*Schneider* Rn. 26.
[30] *Kuß*, Vergabe- und Vertragsordnung für Bauleistungen (VOB) Teil A und B, 4. Aufl. 2003, § 11 Rn. 19.
[31] BeckOK VergabeR/*Heinrich*, 20. Ed. 31.10.2020, § 9 EU Rn. 14.
[32] BeckOK VergabeR/*Heinrich*, 20. Ed. 31.10.2020, § 9 EU Rn. 14.
[33] BeckOK VergabeR/*Heinrich*, 20. Ed. 31.10.2020, § 9 EU Rn. 14.
[34] Kapellmann/Messerschmidt/*Schneider* Rn. 101.

		Rn.			Rn.
	a) Begriff des Nachteils	5	1.	Erhebliche Vorteile	14
	b) Prognoseentscheidung des Auftraggebers	8	2.	Inhalt der Vereinbarung	16
3.	Höhe der Vertragsstrafe (S. 2)	10	**IV.**	**Rechtsfolgen bei Verstößen gegen**	
III.	**Beschleunigungsvergütung (S. 3)**	13		**§ 9a**	17

I. Regelungsgehalt

1 Im Folgenden werden – jedenfalls im Wesentlichen – nur die vergaberechtlichen Besonderheiten dargestellt. Im Übrigen, dh in Bezug auf die vertragsrechtliche Seite, wird auf die einschlägigen Kommentierungen zur VOB/B und dort zu § 11 VOB/B verwiesen.

2 § 9a enthält vergaberechtliche Vorgaben für Vertragsstrafen und die Beschleunigungsvergütung. Nach § 9a S. 1 (früher § 9 Abs. 5 VOB/A 2012) sind Vertragsstrafen für die Überschreitung von Vertragsfristen nur zu vereinbaren, wenn die Überschreitung erhebliche Nachteile verursachen kann. Die Vertragsstrafe ist dabei in angemessenen Grenzen zu halten (§ 9a S. 3). Zivilrechtliche Regelungen zur Vertragsstrafe finden sich in §§ 339–345 BGB und in § 11 VOB/B.

II. Vertragsstrafenregelung (S. 1)

3 **1. Vertragsfrist.** Zum Begriff der Vertragsfrist wird auf die Kommentierung zu § 9 verwiesen (→ § 9 Rn. 10 f.). Der Wortlaut des § 9a ist wenig glücklich. Scheinbar knüpft § 9a S. 1 die Zulässigkeit der Vereinbarung einer Vertragsstrafe an die (bloße) Überschreitung von Vertragsfristen. Dies bedeutet jedoch nicht, dass die Vereinbarung einer verzugsunabhängigen Vertragsstrafe zulässig wäre.[1] § 11 Abs. 2 VOB/B (und ergänzend auch die über § 11 Abs. 1 VOB/B anwendbare Vorschrift des § 339 S. 1 BGB) stellt aber klar, dass einer Vertragsstrafe, die an die Überschreitung von Vertragsfristen anknüpft, nur verwirkt wird, wenn der Auftragnehmer in Verzug gerät.[2] Vertragsstrafenklauseln sind stets verschuldensabhängig auszugestalten.[3] Auch wenn § 9a nur von der Überschreitung von Vertragsfristen spricht, ist die Vereinbarung von Vertragsstrafen für andere Pflichtverletzungen des Auftragnehmers selbstverständlich zulässig.

4 **2. Erhebliche Nachteile.** Nach § 9a S. 1 darf Auftraggeber eine Vertragsstrafe nur vereinbaren, wenn die Überschreitung der Vertragsfristen erhebliche Nachteile verursachen kann. Es handelt sich dabei um eine Prognoseentscheidung, die der Auftraggeber anhand der Umstände des Einzelfalles zu treffen hat.[4]

5 **a) Begriff des Nachteils.** Die Regelung ist jedoch insgesamt – wegen der unbestimmten Rechtsbegriffe „erheblich" und „**Nachteile**" – missglückt. Auch die Vorgabe, dass sich die Strafe gem. § 9b S. 2 in „angemessenen Grenzen" halten muss, ist – weil viel zu unbestimmt – wenig gelungen. Wenig hilfreich sind insoweit die Vorgaben des Vergabehandbuchs des Bundes (2017) in Ziffer 2 der Richtlinie zum Formblatt 214. Anhaltspunkt für die Bemessung könne das Ausmaß der Nachteile sein, die bei verzögerter Fertigstellung voraussichtlich eintreten werden. Sind Vertragsstrafen für Einzelfristen zu vereinbaren, so ist nach Ziffer 2 der Richtlinie zum Formblatt 214 nur die Überschreitung solcher Einzelfristen für in sich abgeschlossene Teile der Leistung unter Strafe zu stellen, von denen der Baufortschritt entscheidend abhängt.

6 Nach dem Wortlaut der Regelung darf eine Vertragsstrafe (vergaberechtlich) nicht vorgesehen werden, wenn gar keine oder nur unerhebliche Nachteile zu befürchten sind.[5] Allein der Hinweis des Auftraggebers auf einen drohenden Vermögensschaden soll nach Ansicht der Literatur nicht ausreichen, da eine Terminüberschreitung für den Auftraggeber praktisch immer mit Mehraufwand und daraus resultierenden Mehrkosten verbunden sei.[6] Es müssten deshalb weitere Gründe vorliegen, zB dass der Baufortschritt entscheidend vom Einhalten einer bestimmten Zwischenfrist abhängt oder schwer nachweisbare Einnahmeverluste drohen.[7]

---

[1] Kapellmann/Messerschmidt/*Schneider* Rn. 27.
[2] Kapellmann/Messerschmidt/*Schneider* Rn. 27.
[3] BGH Urt. v. 26.9.1996 – VII ZR 318/95, NJW 1997, 135; BGH Urt. v. 24.4.1991 – VIII ZR 180/90, NJW-RR 1991, 1013 (1015).
[4] BeckOK VergabeR/*Heinrich*, 20. Ed. 31.10.2020, § 9a EU Rn. 7 mit Hinweis auf KG Urt. v. 7.1.2002 – 24 U 9084/00, IBRRS 2003, 0518.
[5] Ziekow/Völlink/*Goede/Hänsel* § 9a EU Rn. 1.
[6] Kapellmann/Messerschmidt/*Schneider* Rn. 32; Ziekow/Völlink/*Goede/Hänsel* § 9a EU Rn. 1.
[7] Ziekow/Völlink/*Goede/Hänsel* § 9a EU Rn. 1.

II. Vertragsstrafenregelung (S. 1)

Umgekehrt muss der Nachteil dabei nicht notwendigerweise vermögensrechtlicher Art sein.[8] Auch die verspätete Ingebrauchnahme oder die erschwerte Koordination, bedingt durch verspätete Fertigstellung, können einen erheblichen Nachteil im Sinne der Vorschrift darstellen.[9]

b) Prognoseentscheidung des Auftraggebers. Nach dem eindeutigen, relativ weit gefassten Wortlaut der genannten Vorschrift sind Vertragsstrafen für die Überschreitung von Vertragsfristen nur auszubedingen, wenn die Überschreitung erhebliche Nachteile verursachen **kann**.[10] Demnach ist es ausreichend, wenn die abstrakte Möglichkeit besteht, dass eine Terminüberschreitung zu einem erheblichen Nachteil führen kann.[11] Es kommt nicht darauf an, dass der Nachteil tatsächlich eintritt, sondern es ist ausschließlich auf die Möglichkeit des Eintritts erheblicher Nachteile abzustellen.[12] Dies folgt denknotwendig schon daraus, dass bei Aufnahme einer Vertragsstrafenregelung nicht abgesehen werden kann, ob der Nachteil wirklich eintritt. In aller Regel werden alle Beteiligten darauf hoffen, dass der Nachteil gerade nicht eintritt.

Zutreffend wird im Vergabehandbuch des Bundes (2017) unter Ziffer 2 der Richtlinie zum Formblatt 214 darauf hingewiesen, dass bei der Bemessung von Vertragsstrafen zu berücksichtigen ist, dass der Bieter die damit verbundene Erhöhung des Wagnisses in den Angebotspreis einkalkulieren kann (und wird). Bei dieser Bewertung steht dem Auftraggeber ein Beurteilungsspielraum zu, der nur eingeschränkt überprüfbar ist.[13] Die Beweggründe für die Aufnahme einer Vertragsstrafe in die Vertragsunterlagen sollten im Vergabevermerk dokumentiert und begründet werden.[14]

3. Höhe der Vertragsstrafe (S. 2). Nach § 9a S. 2 ist die Vertragsstrafe in angemessenen Grenzen zu halten. Zulässig ist danach eine Obergrenze von insgesamt 5% der Auftragssumme[15] und 0,3% der Auftragssumme pro Arbeitstag[16] oder Werktag[17] für die Überschreitung des Fertigstellungstermins. Tagessatzhöhen von 0,2% pro Arbeits-, Werk- oder Kalendertag sind ebenfalls bislang als zulässig angesehen worden.[18] Sofern die Vertragsstrafenregelung an Arbeits- oder Kalendertage anknüpft, ist zu prüfen, welcher Prozentsatz sich daraus pro Werktag ergibt und ob dieser die noch zulässigen 0,3% pro Werktag übersteigt.[19] Unzulässig sind jedenfalls Tagessätze von 0,5% der Auftragssumme[20] (je Werktag[21] oder je Arbeitstag[22]).

Das Vergabehandbuch des Bundes (2017) sieht in Ziffer 2 der Richtlinie zum Formblatt 214 vor, dass die Höhe der Vertragsstrafe 0,1% der Auftragssumme je Werktag (= 0,12% pro Arbeitstag), insgesamt jedoch 5% der Auftragssumme nicht überschreiten darf. Unbedenklich ist die Anknüpfung an die Bruttoauftragssumme.[23]

Besonderheiten bei der Ausgestaltung der Vertragsstrafenregelung gelten bei der Pönalisierung von Überschreitungen von Zwischenterminen/-fristen. Eine Vertragsstrafe für Überschreitungen von Zwischenterminen/-fristen darf sich nicht auf den gesamten Auftrags- oder Abrech-

---

[8] BeckOK VergabeR/*Heinrich*, 20. Ed. 31.10.2020, § 9a EU Rn. 7.
[9] BeckOK VergabeR/*Heinrich*, 20. Ed. 31.10.2020, § 9a EU Rn. 7 mit Hinweis auf OLG Celle Urt. v. 11.7.2002 – 22 U 190/01, BeckRS 2002, 30272103.
[10] OLG Naumburg Urt. v. 8.1.2001 – 4 U 152/00, IBRRS 2002, 0009.
[11] OLG Naumburg Urt. v. 8.1.2001 – 4 U 152/00, IBRRS 2002, 0009; KG Urt. v. 7.1.2002 – 24 U 9084/00, IBRRS 2003, 0518.
[12] OLG Naumburg Urt. v. 8.1.2001 – 4 U 152/00, IBRRS 2002, 0009; KG Urt. v. 7.1.2002 – 24 U 9084/00, IBRRS 2003, 0518.
[13] Ziekow/Völlink/*Goede*/Hänsel § 9a EU Rn. 1.
[14] Kapellmann/Messerschmidt/*Schneider* Rn. 32; Ziekow/Völlink/*Goede*/Hänsel § 9a EU Rn. 1.
[15] BGH Urt. v. 23.1.2003 – VII ZR 210/01, BauR 2003, 870 = NZBau 2003, 321 = ZfBR 2003, 447; *Jurgeleit* in Kniffka/Koeble/Jurgeleit/Sacher, Kompendium des Baurechts, 5. Aufl. 2020, 6. Teil Rn. 123.
[16] BGH Urt. v. 1.4.1976 – VII ZR 122/74 = BauR 1976, 279; BGH Urt. v. 18.1.2001 – VII ZR 238/00, BB 2001, 587; anders hingegen 0,3% pro Kalendertag: OLG Dresden Beschl. v. 8.2.2001 – 16 U 2057/00, BauR 2001, 949; *Jurgeleit* in Kniffka/Koeble/Jurgeleit/Sacher, Kompendium des Baurechts, 5. Aufl. 2020, 6. Teil Rn. 122.
[17] BGH Urt. v. 6.12.2007 – VII ZR 28/07, BauR 2008, 508 = NZBau 2008, 376; *Jurgeleit* in Kniffka/Koeble/Jurgeleit/Sacher, Kompendium des Baurechts, 5. Aufl. 2020, 6. Teil Rn. 122.
[18] *Jurgeleit* in Kniffka/Koeble/Jurgeleit/Sacher, Kompendium des Baurechts, 5. Aufl. 2020, 6. Teil Rn. 122 für Kalendertage.
[19] OLG Dresden Beschl. v. 8.2.2001 – 16 U 2057/00, BauR 2001, 949 allerdings in Bezug auf Kalendertage.
[20] BGH Urt. v. 20.1.2000 – VII ZR 46/98, BauR 2000, 1049 = NZBau 2000, 327 = ZfBR 2000, 331; *Jurgeleit* in Kniffka/Koeble/Jurgeleit/Sacher, Kompendium des Baurechts, 5. Aufl. 2020, 6. Teil, Rn. 122.
[21] BGH Urt. v. 17.1.2002 – VII ZR 198/00, NZBau 2002, 385.
[22] BGH Urt. v. 20.1.2000 – VII ZR 46/98, NJW 2000, 2106 (2107).
[23] BGH Beschl. v. 27.11.2013 – VII ZR 371/12, BauR 2014, 550 = NZBau 2014, 100; *Jurgeleit* in Kniffka/Koeble/Jurgeleit/Sacher, Kompendium des Baurechts, 5. Aufl. 2020, 6. Teil Rn. 122.

nungswert, sondern nur auf den betroffenen Leistungsteil beziehen darf.[24] Darüber hinaus ist bei Zwischenterminen/-fristen zu beachten, dass bei einer Vielzahl von pönalisierten Zwischenfristen eine geringfügige Überschreitung dazu führen würde, dass innerhalb kurzer Zeit die gesamt Vertragsstrafe verwirkt wird und der Auftragnehmer kein Interesse mehr an der Einhaltung der Vertragsfristen hat.[25]

III. Beschleunigungsvergütung (S. 3)

13   Im Vergleich zur Vertragsstrafe fallen zwei Gesichtspunkte auf. Zum einen fehlt eine § 9a S. 2 entsprechende Regelung zur Begrenzung der Beschleunigungsvergütung. Zum anderen gibt es im Gegensatz zur Vertragsstrafe weder im BGB noch in der VOB/B entsprechende Regelungen.

14   **1. Erhebliche Vorteile.** Nach § 9a S. 3 sind Beschleunigungsvergütungen (Prämien) nur vorzusehen, wenn die Fertigstellung vor Ablauf von Vertragsfristen erhebliche Vorteile bringt. Auch hier liegt die Schwäche der Regelung in den unbestimmten Rechtsbegriffen „erheblich" und „Vorteile". Auch will nicht recht einleuchten, wieso nur die Unterschreitung Vorteile bringen soll. Selbstredend ist die Einhaltung der Vertragsfristen oder die Verringerung der Überschreitung der Vertragsfristen für den Auftraggeber von enormer Bedeutung (mithin vorteilhaft).

15   Eine Beschleunigungsvergütung ist nur zulässig, wenn feststeht, dass durch ihre Vereinbarung erhebliche Vorteile eintreten, wobei der Vorteil nicht nur im Bereich des Möglichen liegen darf, sondern sich bereits in der Vergabephase konkret benennen lassen muss.[26]

16   **2. Inhalt der Vereinbarung.** Zutreffend wird in der Literatur darauf hingewiesen, dass die Beschleunigungsvergütung an einen Beschleunigungserfolg geknüpft werden sollte, da ansonsten das bloße Ergreifen von Beschleunigungsmaßnahmen die Vergütung der Beschleunigung auslösen kann.[27] Die Beschleunigungsmaßnahmen sollten spezifiziert oder an zeitliche Vorgaben geknüpft werden.[28] Wenn sich der Auftraggeber auf die Vergütung von unbestimmten Beschleunigungsmaßnahmen eingelassen hat, ohne die Einhaltung von verbindlichen Terminen davon abhängig zu machen, wird die Vergütungspflicht schon dadurch ausgelöst, dass der Auftragnehmer irgendwelche sinnvollen Beschleunigungsmaßnahmen erbringt.[29]

IV. Rechtsfolgen bei Verstößen gegen § 9a

17   Mit Einführung der VOB 1992 wurde die Vorschrift von einer „Soll-Bestimmung" („sollen") in eine „Muss-Bestimmung" („sind") geändert. Wenngleich sich daher aus dem Wortlaut des § 9a zwanglos ergibt, dass es sich – für öffentliche Auftraggeber – um zwingende Vorgaben über die Vereinbarung von Vertragsstrafen (§ 9a S. 1) und von Beschleunigungsvergütungen bzw. Prämien (§ 9a S. 3) handelt,[30] bleibt ein Verstoß (zivilrechtlich) sanktionslos. Allein der Umstand, dass eine Vertragsstrafe vereinbart worden ist, ohne dass die Voraussetzungen des § 9a objektiv vorlagen, rechtfertigt es nicht, der vereinbarten Vertragsstrafe ihre Wirkung zu nehmen.[31]

18   Eine andere Frage ist, ob und bejahendenfalls welche vergaberechtlichen Folgen ein Verstoß gegen § 9a hat. Nach **Ansicht von Motzke** handele es sich bei § 9a nur um eine „materiell-rechtliche Ordnungsvorschrift", der keine bieterschützende Wirkung zukomme.[32] Nach **Auffassung von Langen**[33] sei zwischen EU-Vergaben und Vergaben im Unterschwellenbereich zu unterscheiden. Im Unterschwellenbereich könne der Bieter den Verstoß gegen § 9a (oder gegen andere Vorschriften des Vergaberechts) grundsätzlich nicht gerichtlich überprüfen lassen, da § 9a – wie auch den anderen Bestimmungen der VOB/A – nur der Charakter einer innerdienstlichen Verwaltungsvorschrift zukomme, die keine unmittelbaren Rechtswirkungen im Außenverhältnis begründen könne.[34]

---

24   BGH Urt. v. 6.12.2012 – VII ZR 133/11, NZBau 2013, 222 (223) = ZfBR 2013, 230.
25   OLG Hamm Urt. v. 10.2.2002 – 21 U 85/98, BauR 2000, 1202.
26   Ziekow/Völlink/*Goede*/*Hänsel* § 9a EU Rn. 1.
27   Ziekow/Völlink/*Goede*/*Hänsel* § 9a EU Rn. 7.
28   OLG Köln Urt. v. 18.8.2005 – 7 U 129/04, NZBau 2006, 45 (47).
29   OLG Köln Urt. v. 18.8.2005 – 7 U 129/04, NZBau 2006, 45 (47).
30   Kapellmann/Messerschmidt/*Langen*, 5. Aufl. 2015, § 9 Rn. 73; ebenso Kapellmann/Messerschmidt/*Schneider*, 6. Aufl. 2018, § 9a Rn. 4.
31   BGH Urt. v. 30.3.2006 – VII ZR 44/05, NZBau 2006, 504.
32   Beck VOB/A/*Motzke*, 1. Aufl. 2001, § 12 Rn. 8 (zu der entsprechenden Vorschrift der VOB/A in der Fassung vom Mai 2000).
33   Kapellmann/Messerschmidt/*Langen*, 5. Aufl. 2015, § 9 Rn. 74.
34   Kapellmann/Messerschmidt/*Langen*, 5. Aufl. 2015, § 9 Rn. 74.

Während der Vorschrift nach Ansicht von *Motzke* und *Langen* wegen ihres Charakters als innerdienstliche Verwaltungsvorschrift[35] bzw. als materiell-rechtliche Ordnungsvorschrift[36] eine bieterschützende Wirkung ablehnen, sei ihr nach **Ansicht von *Schneider*** [37] eine eben solche Wirkung sehr wohl zuzuschreiben. Zum einen könne von einem Bieter nicht verlangt werden, sich auf vergaberechtswidrige Regelungen einzulassen, zum anderen habe eine Vertragsstrafenregelung kalkulatorische Bedeutung für den Angebotspreis (weil wagniserhöhend) und könne sich deshalb auf die Zuschlagschancen auswirken.[38] 19

§ 9b Verjährung der Mängelansprüche

¹Andere Verjährungsfristen als nach § 13 Absatz 4 VOB/B sollen nur vorgesehen werden, wenn dies wegen der Eigenart der Leistung erforderlich ist. ²In solchen Fällen sind alle Umstände gegeneinander abzuwägen, insbesondere, wann etwaige Mängel wahrscheinlich erkennbar werden und wieweit die Mängelursachen noch nachgewiesen werden können, aber auch die Wirkung auf die Preise und die Notwendigkeit einer billigen Bemessung der Verjährungsfristen für Mängelansprüche.

Schrifttum: s. bei § 8.

Übersicht

	Rn.			Rn.
I. Sinn und Zweck	1	1.	Regelfristen des § 13 VOB/B	6
II. Sinn und Zweck	3	2.	Abweichungen von § 13 VOB/B	10
III. Verhältnis zu § 13 VOB/B	4	IV.	Rechtsfolgen bei Verstößen gegen § 9b	12

I. Sinn und Zweck

Im Folgenden werden – jedenfalls im Wesentlichen – nur die vergaberechtlichen Besonderheiten dargestellt. Im Übrigen, dh in Bezug auf die vertragsrechtliche Seite, wird auf die einschlägigen Kommentierungen zur VOB/B und dort zu § 13 VOB/B verwiesen. 1

§ 9b regelt die vergaberechtlichen Vorgaben für die Verjährungsfristen der Mängelansprüche. Danach sollen andere als die in § 13 Abs. 4 VOB/B enthaltenen Verjährungsfristen nur dann vorgesehen werden, wenn dies wegen der Eigenart der Leistung erforderlich ist. In solchen Fällen sind gem. S. 2 „alle Umstände gegeneinander abzuwägen, insbesondere, wann etwaige Mängel wahrscheinlich erkennbar werden und inwieweit die Mängelursachen noch nachgewiesen werden können, aber auch die Wirkung auf die Preise und die Notwendigkeit einer billigen Bemessung der Verjährungsfristen für Mängelansprüche". 2

II. Sinn und Zweck

Der Sinn der Regelung des § 9b, der dem bisherigen § 9 Abs. 6 VOB/A 2009 entspricht, ist nicht leicht zu erkennen, da nicht recht einleuchten will, warum es dem öffentlichen Auftraggeber vergaberechtlich verwehrt sein soll, von der VOB/B abweichende Verjährungsfristen vereinbaren zu können.[1] 3

III. Verhältnis zu § 13 VOB/B

Bezugspunkt des § 9b ist (ausschließlich) § 13 VOB/B und dort wiederum nur § 13 Abs. 4 VOB/B („Andere Verjährungsfristen als nach § 13 Absatz 4 VOB/B …").[2] Die Vorschrift knüpft folglich an die Öffnungsklausel des § 13 Abs. 4 VOB/B an und enthält Vorgaben für eine von der Regelverjährungsfrist abweichende Verjährungsfrist auf.[3] 4

---

[35] Kapellmann/Messerschmidt/*Langen*, 5. Aufl. 2015, § 9 Rn. 74.
[36] Beck VOB/A/*Motzke*, 1. Aufl. 2001, § 12 Rn. 8 (zu der entsprechenden Vorschrift der VOB/A in der Fassung vom Mai 2000).
[37] Kapellmann/Messerschmidt/*Schneider* Rn. 5.
[38] Kapellmann/Messerschmidt/*Schneider* Rn. 5.
[1] Kapellmann/Messerschmidt/*Weyer*, 5. Aufl. 2015, § 9 Rn. 113.
[2] Kapellmann/Messerschmidt/*Weyer*, 5. Aufl. 2015, § 9 Rn. 114.
[3] Kapellmann/Messerschmidt/*Weyer*, 5. Aufl. 2015, § 9 Rn. 114.

5   Soweit in diesem Zusammenhang in der Literatur vertreten wird, dass der öffentliche Auftraggeber unselbständige oder sogar selbständige Garantieversprechen nicht verlangen darf,[4] kann dem nicht gefolgt werden. § 9b knüpft zwar an § 13 VOB/B an, enthält aber keine Vorgaben oder Restriktionen im Hinblick auf etwaige (selbständige oder unselbständige) Garantien.

6   **1. Regelfristen des § 13 VOB/B.** Nach § 13 Abs. 4 Nr. 1 VOB/B beträgt die Verjährungsfrist für Mängelansprüche – sofern im Vertrag nichts anderes vereinbart ist – bei Bauwerken vier Jahre, für andere Werke, deren Erfolg in der Herstellung, Wartung oder Veränderung einer Sache besteht, und für die vom Feuer berührten Teile von Feuerungsanlagen zwei Jahre. Davon abweichend beträgt die Verjährungsfrist für feuerberührte und abgasdämmende Teile von industriellen Feuerungsanlagen ein Jahr.

7   Für Teile von maschinellen und elektrotechnischen/elektronischen Anlagen, bei denen die Wartung Einfluss auf Sicherheit und Funktionsfähigkeit hat, beträgt für diese Anlagenteile die Verjährungsfrist für Mängelansprüche (abweichend von § 13 Abs. 4 S. 1 VOB/B) zwei Jahre, wenn der Auftraggeber sich dafür entschieden hat, dem Auftragnehmer die Wartung für die Dauer der Verjährungsfrist zu übertragen. Dies gilt auch, wenn für weitere Leistungen eine andere Verjährungsfrist vereinbart ist. Mit anderen Worten beträgt die Verjährungsfrist nur dann 4 Jahre, wenn dem Auftragnehmer auch die Wartung übertragen wurde. Nicht ausdrücklich geregelt ist die Frage, ob die Wartung dem bauausführenden Auftragnehmer übertragen werden muss oder es grundsätzlich reicht, überhaupt jemanden mit der Wartung zu beauftragen. Abgesehen davon, dass es sich allein aus Gründen der Beweisführung empfehlen dürfte, denjenigen Auftragnehmer mit der Wartung zu beauftragen, der die Anlage auch gebaut hat, spricht auch der Wortlaut („dem Auftragnehmer") für diese Sichtweise. Ebenfalls nicht geregelt ist die Frage, zu welchem Zeitpunkt der Wartungsvertrag abgeschlossen sein muss. Insoweit dürfte der Zeitpunkt der Abnahme der richtige Anknüpfungspunkt sein.

8   Die **Verjährungsfrist beginnt mit der Abnahme** der gesamten Leistung; nur für in sich abgeschlossene Teile der Leistung beginnt sie mit der Teilabnahme (§ 12 Abs. 2 VOB/B). Zulässig ist, bei mehreren Teilleistungen einen einheitlichen Verjährungsbeginn vorzusehen. In diesem Zusammenhang sind die Hemmungstatbestände der §§ 203 ff. BGB und die in § 13 Abs. 5 S. 2 VOB/B enthaltene „Quasi-Unterbrechung" zu nennen. Nach § 13 Abs. 5 S. 2 VOB/B verjährt der Anspruch auf Beseitigung der gerügten Mängel in zwei Jahren, gerechnet vom Zugang des schriftlichen Verlangens an, jedoch nicht vor Ablauf der Regelfristen nach § 13 Abs. 4 VOB/B oder der an ihrer Stelle vereinbarten Frist. § 13 Abs. 5 S. 2 VOB/B kann folglich nicht zu einer Verkürzung der vertraglich vereinbarten Verjährungsfrist führen.

9   Wurden die Mängel beseitigt, so beginnt mit Abnahme der Mängelbeseitigungsleistung gem. § 13 Abs. 4 S. 3 VOB/B „für diese Leistung" eine Verjährungsfrist von zwei Jahren neu, die jedoch nicht vor Ablauf der Regelfristen nach § 13 Abs. 4 VOB/B oder der an ihrer Stelle vereinbarten Frist endet.

10 **2. Abweichungen von § 13 VOB/B.** Sofern der Auftraggeber von den Regelfristen des § 13 Abs. 4 VOB/B abweichen möchte, ist dies (jedenfalls vergaberechtlich) nur zulässig, wenn die Abweichung wegen der Eigenart der Leistung erforderlich ist. Die Erforderlichkeit muss dabei aus objektiver Sicht bestehen; ein bloßes subjektives Interesse des Auftraggebers reicht nicht aus.[5] Die Vorschrift gibt abstrakte Hinweise, wann dies der Fall ist. Zu berücksichtigen ist etwa, wann etwaige Mängel (bzw. die Symptome) wahrscheinlich erkennbar werden und wieweit die Mängelursachen noch nachgewiesen werden können. Bauleistungen mit besonders hohen bautechnischen Anforderungen oder bislang nicht bzw. wenig erprobte Bauweisen machen eine Abweichung von den Regelfristen eher erforderlich als übliche Standardbauweisen.[6]

11 Die Verlängerung der Verjährungsfrist dürfte nach § 9b/§ 9b EU beispielsweise dann zulässig sein, wenn es sich um ein technisch neuartiges, komplexes Ingenieurbauwerk handelt.[7] Bei einfachen Zweckbauten wird demgegenüber regelmäßig eine Verkürzung der Verjährungsfrist zulässig sein.[8]

IV. Rechtsfolgen bei Verstößen gegen § 9b

12 Wie schon bei §§ 9 und 9a bleibt auch ein Verstoß gegen § 9b sanktionslos. Hinsichtlich der Frage, ob und inwieweit § 9b bieterschützend ist, kann auf die Kommentierung zu § 9a verwiesen werden (→ § 9a Rn. 18 f.).

---

[4] Kapellmann/Messerschmidt/*Weyer*, 5. Aufl. 2015, § 9 Rn. 115.
[5] BeckOK VergabeR/*Heinrich*, 20. Ed. 31.10.2020, § 9b EU Rn. 6.
[6] BeckOK VergabeR/*Heinrich*, 20. Ed. 31.10.2020, § 9b EU Rn. 6.
[7] *Ryll* NZBau 2018, 187 (191).
[8] *Ryll* NZBau 2018, 187 (191).

§ 9c Sicherheitsleistung

(1) ¹Auf Sicherheitsleistung soll ganz oder teilweise verzichtet werden, wenn Mängel der Leistung voraussichtlich nicht eintreten. ²Unterschreitet die Auftragssumme 250 000 Euro ohne Umsatzsteuer, ist auf Sicherheitsleistung für die Vertragserfüllung und in der Regel auf Sicherheitsleistung für die Mängelansprüche zu verzichten. ³Bei Beschränkter Ausschreibung sowie bei Freihändiger Vergabe sollen Sicherheitsleistungen in der Regel nicht verlangt werden.

(2) ¹Die Sicherheit soll nicht höher bemessen und ihre Rückgabe nicht für einen späteren Zeitpunkt vorgesehen werden, als nötig ist, um den Auftraggeber vor Schaden zu bewahren. ²Die Sicherheit für die Erfüllung sämtlicher Verpflichtungen aus dem Vertrag soll fünf Prozent der Auftragssumme nicht überschreiten. ³Die Sicherheit für Mängelansprüche soll drei Prozent der Abrechnungssumme nicht überschreiten.

Schrifttum: s. bei § 8.

Übersicht

	Rn.		Rn.
I. Überblick	1	a) Hinterlegung	15
1. Begriff der Sicherheit	2	b) (Sicherheits-)Einbehalt	16
2. Gegenstand der Sicherheitsleistung	3	c) Bürgschaft	18
a) Vertragserfüllungssicherheit	5	d) Wahl- und Austauschrecht	20
b) Mängelsicherheit (Gewährleistungssicherheit)	6	5. Regelungsgehalt des § 9c Abs. 1 – Verzicht auf die Sicherheitsleistung	21
3. Vereinbarung der Sicherheitsleistung	7	II. Höhe der Sicherheitsleistung	22
a) Notwendigkeit der Einbeziehung der VOB/B in den Vertrag	8	1. Allgemeines	22
b) Notwendigkeit vertraglicher Vereinbarung der Sicherheitsleistung	11	2. Regelungsgehalt des § 9c Abs. 2	23
c) Kein Handelsbrauch	12	3. Rückgabe der Sicherheit	26
4. Arten der Sicherheitsleistung	13	III. Rechtsfolgen bei Verstößen gegen § 9c	29

I. Überblick

Im Folgenden werden – jedenfalls im Wesentlichen – nur die vergaberechtlichen Besonderheiten dargestellt. Im Übrigen, dh in Bezug auf die vertragsrechtliche Seite, wird auf die einschlägigen Kommentierungen zur VOB/B und dort zu § 17 VOB/B verwiesen. **1**

1. Begriff der Sicherheit. Sicherheitsleistungen dienen dazu, den Auftraggeber vor finanziellen Verlusten zu schützen, die ihm aus nicht ordnungsgemäßer Erfüllung der vertraglichen Verpflichtungen einschließlich der „Gewährleistung" des Auftragnehmers entstehen können.[1] Die Sicherheit tritt nicht (wie die Vertragsstrafe) neben die Forderung, die gesichert werden soll, sondern an die Stelle für den Fall, dass der Schuldner ausfällt. Dies unterscheidet die Sicherheit maßgeblich von der Vertragsstrafe. **2**

2. Gegenstand der Sicherheitsleistung. Welche Ansprüche im Einzelnen abgesichert werden sollen, richtet sich nach der **vertraglichen Vereinbarung.** Ist vertraglich nichts Besonderes geregelt, dient die Sicherheit beim VOB-Vertrag üblicherweise zur Sicherstellung der **vertragsgemäßen Ausführung** der Leistung und der **Mängelansprüche** (§ 17 Abs. 1 Abs. 2 VOB/B). **3**

Zusätzlich kann vereinbart werden, dass Vorauszahlungen (§ 16 Abs. 2 Nr. 1 VOB/B), Abschlagszahlungen (§ 16 Abs. 1 Nr. 1 S. 3 VOB/B), Rückforderungen bei Überzahlungen, Miet- und Umsatzausfallschäden etc der Sicherheitsleistung unterliegen. Andererseits ist es auch möglich, die Sicherheitsleistung vertraglich **auf einzelne Ansprüche zu beschränken,** zB nur auf die Mängelansprüche/Gewährleistung. Ist im Bauvertrag keine ausdrückliche Beschränkung auf bestimmte Ansprüche erfolgt, umfasst eine Sicherheit für die Ausführung aller vertraglichen Verpflichtungen auch einen Anspruch auf **Vertragsstrafe,** sofern sich der Auftragnehmer im Bauvertrag zur Einhaltung fester, unter Vertragsstrafe gestellter Termine verpflichtet hat.[2] **4**

---

[1] BGH Urt. v. 31.1.1985 – IX ZR 66/84, NJW 1985, 1694 = BauR 1985, 461.
[2] BGH Urt. v. 7.6.1982 – VIII ZR 154/81, NJW 1982, 2305 = BauR 1982, 506 = ZfBR 1982, 216.

5 **a) Vertragserfüllungssicherheit.** Die Ausführungs- oder Vertragserfüllungssicherheit sichert den Anspruch auf fristgerechte und abnahmefähige Herstellung des Werkes (nebst Sekundäransprüchen).

6 **b) Mängelsicherheit (Gewährleistungssicherheit).** Die Mängelsicherheit dient der Absicherung der Ansprüche des Auftraggebers auf Ersatz der Mangelbeseitigungskosten, der Ansprüche aus Minderung sowie der Ansprüche auf Schadensersatz. Von der Vertragserfüllungssicherheit unterscheidet sich die Vertragserfüllungssicherheit durch ihren Sicherungszweck, der auf die – nach § 13 VOB/B grundsätzlich erst nach Abnahme entstehenden – Mängelansprüche gerichtet ist.

7 **3. Vereinbarung der Sicherheitsleistung.** Die Sicherheitsleistung, genauer gesagt die Verpflichtung zur Stellung einer Sicherheit, bedarf einer ausdrücklichen vertraglichen Regelung, da aus dem Bauvertrag selbst noch keine Verpflichtung des Auftragnehmers folgt eine Sicherheit zu stellen. Die Vereinbarung erfolgt in der Regel durch eine (formularmäßige) Sicherungsabrede im Bauvertrag.

8 **a) Notwendigkeit der Einbeziehung der VOB/B in den Vertrag.** Entgegen der in der Praxis vielfach anzutreffenden Ansicht, folgt aus der § 17 VOB/B noch keine Verpflichtung eine Sicherheit zu stellen. Denn § 17 VOB/B regelt nur die Modalitäten der Sicherheitsleistung (das „wie") und nicht die Pflicht zur Stellung einer Sicherheit (das „ob"). Eine dahingehende Verpflichtung ergibt sich (nur) aus der entsprechenden Vereinbarung im Bauvertrag.

9 Zunächst ist darauf hinzuweisen, dass § 17 VOB/B ohnehin nur beim VOB-Bauvertrag Anwendung findet, sodass die Anwendbarkeit der Norm **eine wirksame Einbeziehung der VOB/B in den Vertrag** vorausgesetzt wird. Anderenfalls richten sich die vertraglichen Beziehungen nach BGB-Werkvertragsrecht und eine etwa ausbedungene Sicherheitsleistung nach §§ 232 ff. BGB.

10 Auch eine **isolierte Vereinbarung des § 17 VOB/B** ist sowohl in Allgemeinen Geschäftsbedingungen, Besonderen Vertragsbedingungen oder Zusätzlichen Vertragsbedingungen des Auftraggebers als auch in solchen des Auftragnehmers möglich.[3] Denn die Anwendbarkeit des § 17 VOB/B auf eine im Vertrag ausbedungene Sicherheitsleistung benachteiligt den Vertragspartner des Verwenders im Verhältnis zur gesetzlichen Regelung der §§ 232 ff. BGB nicht unangemessen.[4]

11 **b) Notwendigkeit vertraglicher Vereinbarung der Sicherheitsleistung.** Das Vorliegen eines **VOB-Bauvertrages** allein gibt noch **keinen Anspruch auf Sicherheitsleistung** nach § 17 VOB/B, die Stellung der Sicherheit muss vielmehr **zusätzlich vertraglich vereinbart** worden sein. Dies trifft auch auf den BGB-Werkvertrag zu, weil die §§ 232–240 BGB ebenfalls eine entsprechende vertragliche Absprache voraussetzen (§ 232 Abs. 1 BGB). Die Erbringung einer Sicherheitsleistung kann auch **noch nach Vertragsabschluss** bis zur endgültigen Abwicklung des Bauvertrages zwischen den Vertragsparteien vereinbart (nachgeholt) werden.[5]

12 **c) Kein Handelsbrauch.** In Bauverträgen wird zwar sehr häufig eine Sicherheitsleistung vereinbart, jedoch besteht **weder eine Üblichkeit noch ein Gewohnheitsrecht oder ein Handelsbrauch**,[6] dass eine Sicherheit auch ohne ausdrückliche vertragliche Vereinbarung verlangt werden kann.

13 **4. Arten der Sicherheitsleistung.** Sofern die Parteien die Stellung einer Sicherheit und die Geltung der VOB/B vereinbart haben, sieht § 17 Abs. 2 VOB/B folgende Möglichkeit der Sicherheitsleistung vor:
– Hinterlegung,
– Einbehalt,
– Bürgschaft.

14 Die vorgenannten Sicherheiten gelten als vereinbart, falls die Parteien in der Sicherungsabrede keine anderweitigen Bestimmungen getroffen haben.

15 **a) Hinterlegung.** Findet § 17 VOB/B Anwendung, richtet sich das Verfahren bei der Hinterlegung nach § 17 Abs. 5 VOB/B und die Vorschriften der §§ 232 ff. BGB finden nur ergänzend Anwendung.

16 **b) (Sicherheits-)Einbehalt.** Die Regelungen über die Sicherheitsarten in den §§ 232 ff. BGB sehen – anders als die VOB/B – einen Einbehalt nicht vor. Nach § 17 Abs. 6 VOB/B kann die Sicherheit auch durch (Bar-)Einbehalt erfolgen. Soll der Auftraggeber vereinbarungsgemäß die

---

[3] Beck VOB/B/*I. Jagenburg*, 2. Aufl. 2008, VOB/B Vorbem. § 17 Rn. 9.
[4] Beck VOB/B/*I. Jagenburg*, 2. Aufl. 2008, VOB/B Vorbem. § 17 Rn. 9.
[5] Beck VOB/B/*I. Jagenburg*, 2. Aufl. 2008, VOB/B Vorbem. § 17 Rn. 11.
[6] Ingenstau/Korbion/*Joussen* VOB/B § 17 Abs. 1 Rn. 3; Kapellmann/Messerschmidt/*Thierau* VOB/B § 17 Rn. 17.

Sicherheit in Teilbeträgen von seinen Zahlungen einbehalten, so darf er nach § 17 Abs. 6 Nr. 1 VOB/B die jeweilige Zahlung (nur) um höchstens 10 v. H. kürzen, bis die vereinbarte Sicherheitssumme erreicht ist. Da es sich lediglich um eine Soll-Vorschrift handelt, kann der Auftraggeber aber auch die Zahlungen (vollständig) kürzen, bis die Sicherheitssumme erreicht wird. Sonst käme es bei einer Vertragserfüllungssicherheit zu dem widersinnigen Ergebnis, dass die vollständige Sicherheitssumme erst erreicht ist, wenn die letzte Abschlagsrechnung (dh in der Regel bei annähernd vollständiger Fertigstellung) gestellt wurde.

Durch Vereinbarung eines Sicherheitseinbehalts wird die Fälligkeit des entsprechenden Teils der Vergütungsforderung des Auftragnehmers einverständlich hinausgeschoben und gleichzeitig in dieser Höhe ein Zurückbehaltungsrecht für den Auftraggeber begründet. **17**

c) Bürgschaft. Die Bürgschaft ist in §§ 765 ff. BGB geregelt. Mit der Übernahme der Bürgschaft verpflichtet sich der Bürge gegenüber dem Gläubiger der Hauptforderung, für die Erfüllung dieser Verbindlichkeit einzustehen (§ 765 BGB). Zur Gültigkeit ist die schriftliche Erteilung der Bürgschaftserklärung erforderlich (§ 766 S. 1 BGB). Erfüllt der Bürge später die Hauptverbindlichkeit, wird der Mangel der Form geheilt (§ 766 S. 2 BGB). Ist der Bürge Kaufmann und die Bürgschaft auf Seiten des Bürgen ein Handelsgeschäft, was bei Banken in der Regel der Fall ist, ist allerdings auch eine formlos abgegebene Bürgschaftserklärung gültig (§ 350 HGB). Die Übermittlung der Bürgschaftserklärung per Telefax genügt nicht der Form der §§ 766, 126 BGB.[7] Eine solche Bürgschaft reicht zur Wahrung der Schriftform deshalb nur aus, für den die Stellung der Bürgschaft ein Handelsgeschäft ist. Der Auftraggeber kann eine formlose Bürgschaftserklärung zurückweisen, da sie nicht § 17 Abs. 4 VOB/B und damit nicht der vertraglichen Vereinbarung mit dem Auftragnehmer entspricht. **18**

Die Bürgschaft hat gegenüber dem Sicherheitseinbehalt aus Sicht des Auftragnehmers den Vorteil, dass der Auftraggeber die Vergütung vollständig auszahlt und insoweit keinen Anteil für die Sicherheit einbehält. Vorbehaltlich einer abweichenden Vereinbarung tritt der Sicherungsfall regelmäßig erst dann ein, wenn die Hauptforderung fällig und der Bürgschaftsgläubiger einen auf Geldzahlung gerichteten Mängelanspruch hat,[8] sodass auch erst von diesem Zeitpunkt an die Verjährung zu laufen beginnen kann. **19**

d) Wahl- und Austauschrecht. Der Auftragnehmer hat nach § 17 Abs. 3 VOB/B die Wahl unter den verschiedenen Arten der Sicherheit. Ferner kann er kann eine gestellte Sicherheit durch eine andere ersetzen. **20**

5. Regelungsgehalt des § 9c Abs. 1 – Verzicht auf die Sicherheitsleistung. Nach § 9c Abs. 1 S. 1 soll auf Sicherheitsleistung ganz oder teilweise verzichtet werden, wenn Mängel der Leistung voraussichtlich nicht eintreten. Unterschreitet die Auftragssumme 250.000 EUR (ohne Umsatzsteuer), ist auf eine Sicherheitsleistung für die Vertragserfüllung und in der Regel auf eine Sicherheitsleistung für Mängelansprüche zu verzichten. Bei einer Beschränkten Ausschreibung und bei der Freihändigen Vergabe sollen Sicherheitsleistungen in der Regel nicht verlangt werden. **21**

II. Höhe der Sicherheitsleistung

1. Allgemeines. Zur Höhe der Sicherheitsleistung ist weder im BGB noch in § 17 VOB/B eine Regelung getroffen. Die Festlegung der Höhe obliegt der Vereinbarung der Vertragsparteien (§ 17 Abs. 1 VOB/B). **22**

2. Regelungsgehalt des § 9c Abs. 2. § 9c Abs. 2 enthält eine Regelung zur Höhe der Sicherheitsleistung. Danach soll die Sicherheit nicht höher bemessen und ihre Rückgabe nicht für einen späteren Zeitpunkt vorgesehen werden, als es nötig ist, um den Auftraggeber vor Schaden zu bewahren. Die Sicherheit für die Erfüllung sämtlicher Verpflichtungen aus dem Vertrag soll 5% der Auftragssumme nicht überschreiten. Die Sicherheit für Mängelansprüche soll 3% der Abrechnungssumme nicht überschreiten. **23**

In der Baupraxis werden üblicherweise Vertragserfüllungssicherheiten in Höhe von 10% und Mängelsicherheiten in Höhe von 5% vereinbart. Dass damit von der Empfehlung des § 9c Abs. 2 abgewichen wird, spielt keine Rolle, weil die Parteien bei der Vereinbarung von Sicherheitsleistungen selbst dann nicht an § 9c gebunden sind, wenn sie bei der Vergabe zur Anwendung der VOB/A verpflichtet sind.[9] **24**

---

[7] BGH Urt. v. 28.1.1993 – IX ZR 258/91, BauR 1993, 340.
[8] BGH Urt. v. 28.9.2000 – VII ZR 460/97, WM 2000, 2373 (2374 f.).
[9] Beck VOB/B/*I. Jagenburg*, 2. Aufl. 2008, VOB/B Vorbem. § 17 Rn. 28.

25 Die Vereinbarung einer Vertragserfüllungssicherheit in Höhe von 10% ist – auch formularmäßig – zulässig.[10] Bei der Mängelsicherheit sind 5% üblich und – auch in AGB – zulässig.[11] Die Vereinbarung höherer Sicherheiten ist in beiden Fällen grundsätzlich unwirksam.

26 **3. Rückgabe der Sicherheit.** Nach § 9c Abs. 2 S. 1 soll die Rückgabe nicht später erfolgen als nötig. Nach § 17 Abs. 8 Nr. 1 S. 1 VOB/B hat der Auftraggeber eine nicht verwertete Sicherheit für die Vertragserfüllung zum vereinbarten Zeitpunkt, spätestens nach Abnahme und Stellung der Sicherheit für Mängelansprüche zurückzugeben, es sei denn, dass Ansprüche des Auftraggebers, die nicht von der gestellten Sicherheit für Mängelansprüche umfasst sind, noch nicht erfüllt sind. Dann darf er nach S. 2 für diese Vertragserfüllungsansprüche einen entsprechenden Teil der Sicherheit zurückhalten.

27 Eine nicht verwertete Sicherheit für Mängelansprüche hat der Auftraggeber gem. § 17 Abs. 8 Nr. 2 S. 1 VOB/B nach Ablauf von zwei Jahren zurückzugeben, sofern kein anderer Rückgabezeitpunkt vereinbart worden ist. Soweit jedoch zu diesem Zeitpunkt seine geltend gemachten Ansprüche noch nicht erfüllt sind, darf er nach S. 2 einen entsprechenden Teil der Sicherheit zurückhalten. Die Regelung des § 17 Abs. 8 Nr. 2 VOB/B ist unzweifelhaft missglückt. Danach wäre der Auftraggeber nämlich gezwungen eine etwaige Mängelsicherheit nach zwei Jahren und damit vor Ablauf der Verjährungsfrist der Mängelrechte, die bei Bauwerken nach § 13 Abs. 4 VOB/B vier Jahre beträgt, zurückzugeben. Zwar sieht § 9c Abs. 2 S. 1 eine Öffnungsklausel vor (wie sich aus der Formulierung „soll" ergibt), jedoch führt dies zu einer Abweichung von der VOB/B als Ganzes und mithin zu einer Inhaltskontrolle gem. §§ 305 ff. BGB.

28 Bestehen nach Ablauf der vereinbarten Verjährungsfrist noch unverjährte Ansprüche des Auftraggebers, so ist die Bürgschaft im Übrigen freizugeben.[12] Die Mangelsicherheit kann nach Ablauf der Verjährungsfrist für Mängelansprüche selbst dann nicht zurückbehalten werden, wenn die Mängel, auf denen die geltend gemachten Ansprüche beruhen, in unverjährter Zeit gerügt wurden.[13] Eine Vereinbarung in AGB, wonach die Bürgschaft erst zurückzugeben ist, wenn „sämtliche" Mängelansprüche nicht mehr geltend gemacht werden können, ist nach § 307 Abs. 1 S. 1 BGB unwirksam.[14]

III. Rechtsfolgen bei Verstößen gegen § 9c

29 Wie schon bei §§ 9, 9a und 9b bleibt auch ein Verstoß gegen § 9c sanktionslos. Hinsichtlich der Frage, ob und inwieweit § 9c bieterschützend ist, kann auf die Kommentierung zu § 9a verwiesen werden (→ § 9a Rn. 18 f.).

§ 9d Änderung der Vergütung

¹Sind wesentliche Änderungen der Preisermittlungsgrundlagen zu erwarten, deren Eintritt oder Ausmaß ungewiss ist, so kann eine angemessene Änderung der Vergütung in den Vertragsunterlagen vorgesehen werden. ²Die Einzelheiten der Preisänderungen sind festzulegen.

Schrifttum: s. bei § 8.

1 Im Folgenden werden – jedenfalls im Wesentlichen – nur die vergaberechtlichen Besonderheiten dargestellt. Im Übrigen, dh in Bezug auf die vertragsrechtliche Seite, wird auf die einschlägigen Kommentierungen zur VOB/B und dort zu § 2 VOB/B verwiesen.

I. Regelungsgehalt und Bedeutung des § 9d

2 § 9d enthält eine Regelung zur Änderung der Vergütung. Danach kann eine angemessene Änderung der Vergütung in den Vertragsunterlagen vorgesehen werden, wenn wesentlich Änderungen der Preisermittlungsgrundlagen zu erwarten sind, deren Eintritt oder Ausmaß ungewiss ist. Die Einzelheiten der Preisänderung sind festzulegen. In Betracht kommen insoweit sog. Preisgleitklauseln

---

[10] BGH Urt. v. 7.4.2016 – VII ZR 56/15, NJW 2016, 1945 (1951) = NZBau 2016, 422 = ZfBR 2016, 575 mit Verweis auf BGH Urt. v. 20.3.2014 – VII ZR 248/13, BGHZ 200, 326 = NJW 2014, 1725 = NZBau 2014, 348; BGH Urt. v. 9.12.2010 – VII ZR 7/10, NJW 2011, 2125 = NZBau 2011, 229.
[11] Beck VOB/B/*Rudolph/Koos* VOB/B § 17 Abs. 1 Rn. 25.
[12] BGH Urt. v. 26.3.2015 – VII ZR 92/14, NJW 2015, 1952 Rn. 49 ff.
[13] BGH Urt. v. 9.7.2015 – VII ZR 5/15, NJW 2015, 2961 Rn. 24; BGH Urt. v. 26.3.2015 – VII ZR 92/14, NJW 2015, 1952 Rn. 49 ff.
[14] BGH Urt. v. 26.3.2015 – VII ZR 92/14, NJW 2015, 1952 Rn. 29 ff.

für Lohn und Material (Stoff- und Lohngleitklauseln). Die Bedeutung der Regelung für die Praxis ist gering, da der Auftraggeber in aller Regel keine Preisgleitklausel zugunsten des Auftragnehmers in die Vertragsbedingungen aufnehmen wird.

II. Voraussetzungen

§ 9d nennt drei (kumulativ zu erfüllende) Voraussetzungen, unter denen eine Preisgleitklausel vereinbart werden kann.[1] Erstens müssen Änderungen der Preisgleitklauseln zu erwarten sein. Zweitens muss der Eintritt oder das Ausmaß der Änderungen ungewiss sein. Drittens muss es sich um wesentliche Änderungen handelt. Die Schwäche der Regelung besteht in der Unbestimmtheit der verwendeten Begriffe („wesentliche" und „angemessene"), aber vor allem in der Unsicherheit, ob die Änderungen eintreten und welches Ausmaß sie haben. Die Regelung ist daher völlig verfehlt.

Bei der Verwendung von Preisgleitklauseln ist das „Gesetz über das Verbot der Verwendung von Preisklauseln bei der Bestimmung von Geldschulden (Preisklauselgesetz)" zu beachten, welches an die Stelle des „Preisangaben- und Preisklauselgesetzes" und die „Preisangabenverordnung" getreten ist. Damit einhergegangen ist die Abschaffung des Genehmigungsverfahrens, welches durch das System der Legalausnahmen ersetzt wurde.[2] Nach § 8 S. 1 PrKlG tritt die Unwirksamkeit der Preisklausel erst zu dem Zeitpunkt ein, im dem der Verstoß gegen dieses Gesetz rechtskräftig festgestellt wird. Die Rechtswirkungen der Preisklausel bleiben bis zum Zeitpunkt der Unwirksamkeit unberührt (§ 8 S. 2 PrKlG).

III. Rechtsfolgen bei Verstößen gegen § 9d

Ohne Rechtsfolgen bleibt auch der Verstoß gegen § 9d, da der Auftraggeber nicht verpflichtet ist, Preisgleitklauseln vorzusehen. Wie sich aus dem eindeutigen Wortlaut ergibt, handelt es sich bei § 9d um eine Kann-Vorschrift. Wie schon bei §§ 9, 9a, 9b und 9c bleibt auch ein Verstoß gegen § 9d sanktionslos. Hinsichtlich der Frage, ob und inwieweit § 9d bieterschützend ist, kann auf die Kommentierung zu § 9a verwiesen werden (→ § 9a Rn. 18 f.).

§ 10 Angebots-, Bewerbungs-, Bindefristen

(1) [1]Für die Bearbeitung und Einreichung der Angebote ist eine ausreichende Angebotsfrist vorzusehen, auch bei Dringlichkeit nicht unter zehn Kalendertagen. [2]Dabei ist insbesondere der zusätzliche Aufwand für die Besichtigung von Baustellen oder die Beschaffung von Unterlagen für die Angebotsbearbeitung zu berücksichtigen.

(2) Bis zum Ablauf der Angebotsfrist können Angebote in Textform zurückgezogen werden.

(3) Für die Einreichung von Teilnahmeanträgen bei Beschränkter Ausschreibung mit Teilnahmewettbewerb ist eine ausreichende Bewerbungsfrist vorzusehen.

(4) [1]Der Auftraggeber bestimmt eine angemessene Frist, innerhalb der die Bieter an ihre Angebote gebunden sind (Bindefrist). [2]Diese soll so kurz wie möglich und nicht länger bemessen werden, als der Auftraggeber für eine zügige Prüfung und Wertung der Angebote (§§ 16 bis 16d) benötigt. [3]Eine längere Bindefrist als 30 Kalendertage soll nur in begründeten Fällen festgelegt werden. [4]Das Ende der Bindefrist ist durch Angabe des Kalendertags zu bezeichnen.

(5) Die Bindefrist beginnt mit dem Ablauf der Angebotsfrist.

(6) Die Absätze 4 und 5 gelten bei Freihändiger Vergabe entsprechend.

Übersicht

	Rn.		Rn.
I. Normzweck	1	c) Mindestfrist von zehn Kalendertagen bei Dringlichkeit	12
II. Einzelerläuterungen	3	d) Verlängerung der Angebotsfrist	13
1. Angebotsfrist (Abs. 1)	3	2. Rücknahme von Angeboten vor Ablauf der Angebotsfrist (Abs. 2)	14
a) Beginn und Ablauf der Angebotsfrist	4		
b) Bemessung der Angebotsfrist	6	3. Bewerbungsfrist (Abs. 3)	17

---

[1] Ziekow/Völlink/*Goede/Hänsel* § 9d EU Rn. 1.
[2] Ziekow/Völlink/*Goede/Hänsel* § 9d EU Rn. 3.

	Rn.		Rn.
4. Bindefrist (Abs. 4 und 5)	18	c) Nachträgliche Verlängerung der Bindefrist	23
a) Angemessenheit der Bindefrist (Abs. 4 S. 1 und 2)	21	d) Beginn der Bindefrist (Abs. 5)	24
b) Bindefrist von 30 Kalendertagen (Abs. 4 S. 3)	22	5. Entsprechende Anwendung bei Freihändiger Vergabe (Abs. 6)	25

I. Normzweck

1 § 10 behandelt die im Vergabeverfahren einzuhaltenden Fristen. In der Norm finden sich Regelungen zur Angebots-, Bewerbungs- und zur Bindefrist. Regelungen zu den Fristen im Vergabeverfahren dienen der Einhaltung des vergaberechtlichen **Gleichbehandlungs- und Transparenzgrundsatzes.** Durch die Festlegung der in § 10 vorgegebenen Fristen wird für alle am Vergabeverfahren interessierten Unternehmen der zeitliche Rahmen definiert. Ein verbindlicher zeitlicher Rahmen sorgt für einen ordnungsgemäßen Ablauf des Verfahrens und beugt Manipulationsgefahren vor.

2 Vorgaben, wie Fristen im Einzelfall zu bemessen sind, dienen dem **Grundsatz, Bauleistungen im Wettbewerb zu vergeben.** Zu knapp bemessene Fristen schränken den Wettbewerb unnötig ein, wenn sie Unternehmen davon abhalten, sich überhaupt am Vergabeverfahren zu beteiligen. Unter Zeitdruck angefertigte Angebote leiden unter Fehleranfälligkeit, müssen ggf. ausgeschlossen werden und der Kreis an wertungsfähigen Angeboten verringert sich. Ausreichende Fristen ermöglichen es Bietern, vollständige und wertungsfähige Angebote einzureichen. Sie öffnen den Wettbewerb für Unternehmen und schaffen damit die Voraussetzung, Bauleistungen möglichst wirtschaftlich zu beschaffen.

II. Einzelerläuterungen

3 **1. Angebotsfrist (Abs. 1).** Die Angebotsfrist bezeichnet den Zeitraum, der den Bietern für die Bearbeitung und Einreichung der Angebote eingeräumt wird. Die Bestimmung einer Angebotsfrist ist für alle Verfahrensarten vorgesehen. Mit Ablauf der Angebotsfrist wird die Zahl der Angebote abschließend festgelegt, die im Wettbewerb verbleiben, da nach Ablauf der Angebotsfrist eingereichte Angebote ausgeschlossen werden (§ 16 Abs. 1 Nr. 1). An den Ablauf der Angebotsfrist ist ferner die Bindungswirkung geknüpft. Ab diesem Zeitpunkt sind Bieter für die Dauer der Bindefrist an ihr Angebot gebunden.

4 **a) Beginn und Ablauf der Angebotsfrist.** In § 10 fehlt es an einer ausdrücklichen Regelung über den Beginn des Fristenlaufs. Abs. 1 verlangt, dass der Zeitraum für die Erstellung und Einreichung der Angebote ausreichend bemessen sein muss. Welcher Zeitraum den Bietern zur Verfügung steht und ob dieser als ausreichend anzusehen ist, kann nur bestimmt werden, wenn der Beginn der Frist feststeht.[1] Der Beginn ist anhand objektiver Kriterien zu bestimmen. Entscheidend ist, ab wann der Auftraggeber seine Beschaffungsabsicht erkennen lässt und zum Ausdruck bringt, von nun an Angebote entgegen zu nehmen. Bei Öffentlicher Ausschreibung bietet es sich an, sich an der Regelung in § 10a EU Abs. 1 zu orientieren und den **Tag nach der Absendung der Bekanntmachung** als Fristbeginn festzulegen. Bei Beschränkter Ausschreibung und Freihändiger Vergabe ist der Fristbeginn auf den **Tag nach der Absendung der Aufforderung zur Angebotsabgabe** festzulegen.[2] Auf die tatsächlich erfolgte Kenntnisnahme von der Bekanntmachung oder der Aufforderung zur Angebotsabgabe kommt es nicht an. Der Gleichbehandlungsgrundsatz verlangt, dass der Fristbeginn für alle Bieter gleichzeitig erfolgt. Bei Öffentlicher Ausschreibung ist dies durch die Anknüpfung an die Absendung der Bekanntmachung unproblematisch. Auch bei Beschränkter Ausschreibung und Freihändiger Vergabe ist der gleichzeitige Fristbeginn für alle Bewerber gesichert. Die Aufforderung zur Angebotsabgabe ist Teil der Vergabeunterlagen (§ 8 Abs. 1 Nr. 1). Legt der Auftraggeber fest, dass die Kommunikation elektronisch erfolgt, werden die Vergabeunterlagen einheitlich zum elektronischen Abruf bereitgestellt (§ 11 Abs. 2 und 3). Wenn das Verfahren schriftlich geführt wird, verlangt § 12a Abs. 1 Nr. 2, dass die Vergabeunterlagen an alle ausgewählten Bewerber am selben Tag versandt werden.

5 Für die Fristenberechnung gelten die allgemeinen Vorschriften des BGB aus den §§ 186 ff. BGB.[3] Das Fristende tritt mit Ablauf des durch den Auftraggeber angegebenen Kalendertages ein.

---

[1] Ziekow/Völlink/*Völlink* Rn. 5; Kapellmann/Messerschmidt/*Planker* Rn. 5.
[2] Beck VOB/A/*Reidt* Rn. 25; Ziekow/Völlink/*Völlink* Rn. 5.
[3] VG Lüneburg BeckRS 2017, 151256 Rn. 32.

§ 10 Abs. 1 schließt es nicht aus, dass der Auftraggeber auch eine Uhrzeit festlegen kann.[4] Macht der Auftraggeber von dieser Möglichkeit keinen Gebrauch, läuft die Frist bis 24:00 Uhr des angegebenen Kalendertages. Fällt das Fristende auf einen Sonntag, Feiertag oder einen Samstag tritt gem. § 193 BGB an die Stelle eines solchen Tages der nächste Werktag.

b) Bemessung der Angebotsfrist. Abs. 1 verlangt, dass eine **ausreichende** Angebotsfrist 6 vorgesehen wird, die auch bei Dringlichkeit nicht unter zehn Kalendertage betragen darf. Die Vorschrift differenziert nicht nach Verfahrensarten, sondern formuliert einen allgemeinen **Grundsatz** für Ausschreibungen. Das Merkmal der „ausreichenden" Angebotsfrist ist ein unbestimmter Rechtsbegriff, dessen Auslegung durch die Umstände des Einzelfalls geprägt ist. Dem Wortlaut ist zu entnehmen, dass der Zeitaufwand für die **Bearbeitung** und **Einreichung** der Angebote zu berücksichtigen, mithin der Zeitaufwand der Bieter. Eine einseitige Betrachtung des **Zeitaufwands der Bieter** ist bei der Bemessung der Angebotsfrist jedoch zu kurz gegriffen. Der Begriff der Dringlichkeit zeugt davon, dass auch der zeitlich **drängende Bedarf des Auftraggebers** an einer Bauleistung zu berücksichtigen ist. Die Vorgabe, eine „ausreichende" Angebotsfrist festzulegen, verlangt, den Zeitaufwand der Bieter und das Interesse des Auftraggebers an einer raschen Auftragsvergabe in einen Ausgleich zu bringen.

aa) Bearbeitung. Bei der Bearbeitung der Angebote sind Tätigkeiten, die der **Vorbereitung** 7 der Angebotserstellung dienen, und der Zeitaufwand zu berücksichtigen, der für die eigentliche **Ausarbeitung** erforderlich ist. Zu den Vorbereitungen gehört die Prüfung der Vergabeunterlagen. Bevor ein Bieter ein Angebot kalkulieren kann, bedarf es einer genauen Prüfung der Anforderungen des Auftrags. Er wird sich vergewissern, ob die ausgeschriebene Leistung seinem Unternehmensprofil entspricht und ob er über die erforderlichen Kapazitäten verfügt. Zum Zeitaufwand der Bieter gehört es auch, Bietern eine kurze Zeitspanne zur Entscheidungsfindung einzuräumen, ob überhaupt ein Angebot abgegeben werden soll.[5] Wie S. 2 beispielhaft aufführt, ist es ebenfalls Teil der Vorbereitung, wenn sich Bieter durch eine Baubesichtigung einen Eindruck vor Ort verschaffen oder zusätzliche Unterlagen heranziehen. Der zeitliche Aufwand dieser vorbereitenden Tätigkeiten ist bei der Bemessung der Angebotsfrist zu berücksichtigen.

Der Zeitaufwand für die Ausarbeitung des Angebots hängt von verschiedenen Faktoren ab. 8 Nicht erforderlich ist es, die Besonderheiten einzelner Unternehmen wie etwa Personalengpässe zu berücksichtigen. Der Begriff „ausreichend" spricht für einen objektiven Maßstab. Der Auftraggeber darf also einen Maßstab anlegen, der von Unternehmen erwartet werden kann, die im Bereich der ausgeschriebenen Leistung tätig sind.

Bei der Verwendung einer Leistungsbeschreibung mit Leistungsprogramm ist regelmäßig von 9 einem vergleichsweise hohen Bearbeitungsaufwand auszugehen. Dies gilt insbesondere dann, wenn der Auftraggeber Entwürfe, Pläne, Zeichnungen oder statische Berechnungen durch den Bieter ausarbeiten lässt. § 8b Abs. 2 Nr. 1 sieht für solche Fälle sogar die Pflicht des Auftraggebers vor, für alle Bieter eine angemessene Entschädigung festzusetzen. Der Mehraufwand für solche Leistungen ist nicht nur finanziell, sondern auch bei der Bemessung der Angebotsfrist zu berücksichtigen. Erfolgt die Leistungsbeschreibung anhand eines Leistungsverzeichnisses, in das der Bieter seine Einheitspreise einträgt, sind der Umfang und die Komplexität der ausgeschriebenen Leistung zu berücksichtigen. Die Anzahl der auszufüllenden Positionen oder die Auftragssumme sind zunächst als Indizien für einen hohen Bearbeitungsaufwand anzusehen. Entscheidend ist die Komplexität der ausgeschriebenen Leistung, die sich in einem entsprechenden Aufwand bei der Kalkulation der Preise niederschlägt.[6]

Bei Beschränkter Ausschreibung mit Teilnahmewettbewerb kann im Vergleich zur Öffentlichen 10 Ausschreibung eine kürzer bemessene Angebotsfrist festgesetzt werden. Dies rechtfertigt sich dadurch, dass beim erstgenannten Verfahren die Eignungsprüfung bereits durch einen vorgeschalteten Teilnahmewettbewerb abgeschlossen wird. Der Bearbeitungsaufwand für die folgende Angebotsphase reduziert sich dadurch.

bb) Einreichung. Welchen Zeitaufwand der Auftraggeber für die Einreichung der Angebote 11 zu berücksichtigen hat, hängt maßgeblich davon ab, in welcher Form Angebote einzureichen sind. Im Anwendungsbereich des ersten Abschnitts der VOB/A hat der Auftraggeber weiterhin ein Wahlrecht zwischen der elektronischen Kommunikation und der Kommunikation in Papierform (§ 11 Abs. 1

---

[4] Ingenstau/Korbion/*von Wietersheim* Rn. 3.
[5] Vgl. VK Sachsen ZfBR 2003, 302 (304); Ingenstau/Korbion/*von Wietersheim* Rn. 10; Beck VOB/A/*Reidt* Rn. 18.
[6] Kapellmann/Messerschmidt/*Planker* Rn. 10.

S 1).⁷ Entscheidet sich der Auftraggeber für die Kommunikation in Papierform, ist zwingend der Postlauf für die Einreichung der Angebote bei der Bemessung der Angebotsfrist zu berücksichtigen.

12   c) **Mindestfrist von zehn Kalendertagen bei Dringlichkeit.** Nach § 10 Abs. 1 S. 1 Hs. 2 kann auch bei Dringlichkeit die Angebotsfrist nicht auf unter zehn Kalendertage festgesetzt werden. Die Bestimmung definiert für die Angebotsfrist eine Mindestfrist im Sinne einer Untergrenze, die nicht unterschritten werden darf. Dringlichkeit kennzeichnet die nach objektiven Gesichtspunkten zu beurteilende Eilbedürftigkeit der Leistungsbeschaffung.⁸ Dem Auftraggeber ist ein Beurteilungsspielraum einzuräumen. Er kann sich allerdings dann nicht mehr auf Dringlichkeit berufen, wenn sich die Eilbedürftigkeit aus Umständen ergibt, die dem Auftraggeber selbst zuzurechnen sind. Es widerspricht dem Wettbewerbsgrundsatz, dem Auftraggeber eine Einschränkung des Wettbewerbs durch Fristverkürzungen zu gestatten, wenn er die Dringlichkeit selbst herbeigeführt hat.⁹

13   d) **Verlängerung der Angebotsfrist.** In § 10 findet sich keine Regelung, die den Auftraggeber verpflichtet, eine bereits laufende Angebotsfrist zu verlängern. Eine nachträgliche Verlängerung der Angebotsfristen kann jedoch im Einzelfall aufgrund des Wettbewerbsgebotes sowie der vergaberechtlichen Grundsätze der Gleichbehandlung und Transparenz geboten sein. Im Anwendungsbereich des zweiten Abschnitts ist in § 10a EU Abs. 6 und § 10b EU Abs. 6 ausdrücklich geregelt, wann eine Verlängerung zu erfolgen hat (→ § 10a EU Rn. 9 ff.). Es bietet sich an, sich an diesen Regelungen zu orientieren.

14   **2. Rücknahme von Angeboten vor Ablauf der Angebotsfrist (Abs. 2).** In Abs. 2 wird geregelt, dass der Bieter bereits eingereichte Angebote bis zum Ablauf der Angebotsfrist zurückziehen kann. Die Rücknahme erfolgt durch Erklärung gegenüber dem Auftraggeber. Es handelt sich um eine einseitige empfangsbedürftige Willenserklärung. Wirksam wird die Rücknahme erst mit dem Zugang beim Auftraggeber (§ 130 Abs. 1 S. 1 BGB). Zugegangen ist die Erklärung, sobald sie nach der Verkehrsanschauung derart in den Machtbereich des Adressaten gelangt ist, dass bei Annahme gewöhnlicher Verhältnisse damit zu rechnen ist, er könne von ihrem Inhalt Kenntnis erlangen.¹⁰ Die Anforderungen des § 130 BGB gelten nach Abs. 3 ausdrücklich auch dann, wenn die Erklärung gegenüber einer Behörde abzugeben ist. Bei einer Behörde erfolgt der Zugang der Rücknahmeerklärung, wenn die Erklärung bei der für den Empfang von Erklärungen eingerichteten Stelle angelangt ist, wie etwa der Posteingangsstelle oder dem Behördenbriefkasten. Auf die tatsächliche Kenntnisnahme des zuständigen Bearbeiters kommt es dann nicht mehr an.

15   Die Rücknahmeerklärung hat in Textform zu erfolgen. Die Anforderungen der Textform sind in § 126b BGB geregelt. Bei der Textform handelt es sich um die einfachste gesetzliche Form der textlichen Niederlegung von Erklärungen. Die Textform erlaubt eine Übermittlung mittels Fax oder E-Mail. Aus der Erklärung muss die Person des Erklärenden hervorgehen. Dazu ist keine eigenhändige Unterschrift nötig. Es genügt die Namensnennung.¹¹ Die Nutzung einer einfachen E-Mail oder eines Faxes ist auch dann nicht ausgeschlossen, wenn die Kommunikation im Vergabeverfahren mithilfe elektronischer Mittel erfolgt. § 11a Abs. 2 ist bereits seinem Wortlaut nach nur auf den Auftraggeber anwendbar. Im Übrigen handelt es sich bei der Festlegung auf die Textform in Abs. 2 um die speziellere Regelung, die das Formerfordernis abschließend regelt.

16   Inhaltlich muss aus der Erklärung hervorgehen, dass der Bieter von seinem Angebot Abstand nehmen möchte. Auf eine ausdrückliche Mitteilung kommt es nicht an. Die Erklärung ist nach den §§ 133, 157 BGB auszulegen. Die Rücknahme muss nicht zwangsläufig das gesamte Angebot erfassen. Auch selbstständige Teile des Angebots wie etwa Nebenangebote oder Angebote für einzelne Lose können isoliert zurückgezogen werden.¹² Wenn die Vorschrift bereits die Rücknahme vollständiger Angebote gestattet, ist im Sinne der Erhaltung des Wettbewerbs auch die Rücknahme hinzunehmen, die sich nur auf Teile des Angebots erstreckt. Mit einer solchen Vorgehensweise kann erreicht werden, dass das übrige Angebot im Wettbewerb verbleibt und der Bieter nicht gezwungen ist, von seinem Angebot insgesamt Abstand zu nehmen.

17   **3. Bewerbungsfrist (Abs. 3).** Abs. 3 verlangt, dass eine ausreichende Bewerbungsfrist vorzusehen ist. Die Regelung bezieht sich auf das Vergabeverfahren der Beschränkten Ausschreibung mit Teilnahmewettbewerb. Im Anwendungsbereich des ersten Abschnitts handelt es sich um das einzige

---

[7] S. hierzu den Erlass des Bundesministeriums des Innern v. 26.2.2020 zur Auslegung einzelner Regelungen des ersten Abschnitts der VOB/A, GMBl 2020, 279.
[8] Heiermann/Riedl/Rusam/*Weitenbach* Rn. 12; vgl. OLG Düsseldorf IBRSS 2003, 1076.
[9] Vgl. OLG Düsseldorf IBRRS 2003, 1076.
[10] BGHZ 67, 271 (275); 137, 205 (207); BGH NJW 2004, 1320.
[11] BeckOK BGB/*Wendtland* BGB § 126b Rn. 6.
[12] Vgl. *Rechten* in KKMPP VgV § 20 Rn. 79.

zweistufige Verfahren, das sich aus einem Teilnahmewettbewerb und dem Angebotsverfahren zusammensetzt. Interessierte Unternehmen bewerben sich für den Teilnahmewettbewerb mit einem Teilnahmeantrag. Der Teilnahmewettbewerb dient der Auswahl geeigneter Bewerber, die zur Angebotsabgabe aufgefordert werden. Es werden nur solche Bewerber aufgefordert, die die erforderliche Fachkunde, Leistungsfähigkeit und Zuverlässigkeit aufweisen. Zur Bemessung einer **ausreichenden Bewerbungsfrist** ist analog zu den Ausführungen zur Angebotsfrist der zeitliche Aufwand für die **Einreichung** und **Bearbeitung** des Teilnahmeantrags und eine kurze **Überlegungsfrist** zu berücksichtigen. Der Aufwand für die Bearbeitung eines Teilnahmeantrags ist regelmäßig niedriger zu bemessen als der Aufwand für die Erstellung eines vollständigen Angebots. Demgegenüber handelt es sich bei der Beschränkten Ausschreibung mit Teilnahmewettbewerb um ein Verfahren, das Auftraggeber in der Regel dann wählen, wenn sie einen besonderen Fokus auf die Eignung der Unternehmen legen. Der Teilnahmewettbewerb gestattet es dem Auftraggeber aus einem Kreis geeigneter Bewerber eine Auswahl zu treffen, die er zur Angebotsabgabe auffordert. Er kann mithin die Eignung der Unternehmen untereinander vergleichen und sich für die „geeignetsten" Unternehmen entscheiden. In solchen Fällen kann zumindest für die Darlegung der Eignung ein erhöhter Aufwand bestehen.

4. Bindefrist (Abs. 4 und 5). Nach Abs. 4 bestimmt der Auftraggeber eine Frist bis zu deren 18 Ablauf der Bieter an sein Angebot gebunden ist. Der Zeitraum wird als Bindefrist legaldefiniert. Zweck der Vorschrift ist es, für einen **Ausgleich der Interessen** von Bietern und Auftraggebern für die Zeit **nach Ablauf der Angebotsfrist** zu sorgen. Dem Auftraggeber ist daran gelegen, genügend Zeit für eine sorgfältige Prüfung der Angebote zur Verfügung zu haben, ohne dass die Bieter währenddessen von ihren Angeboten Abstand nehmen können. Bieter haben hingegen ein Interesse daran, dass der angestrebte Vertragsschluss nicht länger als erforderlich hinausgezögert wird, da sie Kapazitäten vorhalten müssen und zwischenzeitlich Preissteigerungen eintreten könnten, die sie im Vorfeld bei der Kalkulation der Angebote nicht berücksichtigen konnten.

Bei der Bindefrist handelt es sich um eine **Annahmefrist iSd § 148 BGB.** Die Norm sieht 19 vor, dass der Antragende die Frist bestimmt. Übertragen auf das Vergabeverfahren handelt es sich hierbei um den Bieter. Dies widerspricht auf den ersten Blick der Regelung in Abs. 4, wonach der Auftraggeber die Bindefrist bestimmt. Durch Einreichung des Angebots ist es dennoch der Bieter, der die Annahmefrist/Bindefrist bestimmt, die in den Vergabeunterlagen angegebene Bindefrist Bestandteil seines Angebots wird. Die Übernahme der Bindefrist wird vergaberechtlich dadurch gesichert, dass der Bieter gem. § 13 Abs. 1 Nr. 5 keine Änderungen an den Vergabeunterlagen vornehmen darf und das Angebot andernfalls nach § 16 Abs. 1 Nr. 2 ausgeschlossen wird.

Fehlt es in den Vergabeunterlagen an Angaben zur Bindefrist, richtet sich der Vertragsschluss 20 nach den §§ 146 f. BGB. § 146 BGB verlangt, dass die Annahme rechtzeitig erfolgt. Im Vergabeverfahren wird der Antrag einem Abwesenden unterbreitet. Für diesen Fall regelt § 147 Abs. 2 BGB, dass die Annahme nur bis zu dem Zeitpunkt erfolgen kann, in welchem der Antragende den Eingang der Antwort unter regelmäßigen Umständen erwarten darf. Nach Prüfung und Wertung aller Angebote dürfte die Erteilung des Zuschlags im Lichte von § 147 Abs. 2 BGB nicht mehr als rechtzeitig anzusehen sein.[13] Der Bieter ist dann nicht mehr an sein Angebot gebunden. Dem Auftraggeber ist es gleichwohl unbenommen, auf dieses Angebot den Zuschlag zu erteilen. Davon geht auch § 18 Abs. 2 aus. Zivilrechtlich handelt es sich dann nicht mehr um eine Annahmeerklärung, sondern gem. § 150 Abs. 1 BGB um ein neues Angebot durch den Bieter.

a) Angemessenheit der Bindefrist (Abs. 4 S. 1 und 2). Abs. 4 verlangt, dass eine „angemes- 21 sene" Bindefrist festzusetzen ist. Angemessen ist die Bindefrist nur dann, wenn die konkreten Umstände des Einzelfalls berücksichtigt werden. Analog zur Bemessung der Angebotsfrist bedeutet dies, dass der Arbeitsaufwand berücksichtigt wird, der die Prüfung und Wertung der Angebote abverlangt. Auch hierzu sind die Komplexität des ausgeschriebenen Auftrags und der Umfang der Angebote zu berücksichtigen. Die Regelung sieht vor, dass die Frist **so kurz wie möglich** und **nicht länger bemessen** werden soll, als für eine **zügige** Prüfung und Wertung der Angebote nötig ist. Die Vorgabe ist zwar als Soll-Vorschrift formuliert. Gleichwohl setzt sie für die Ermessensausübung des Auftraggebers bei der Bemessung der Frist klare Grenzen. Der Wortlaut der Norm verdeutlicht, dass den schutzwürdigen Interessen der Bieter an ihrer geschäftlichen Dispositionsfreiheit ein mindestens ebenso hohes Gewicht beigemessen wird wie dem Interesse des Auftraggebers an einer sorgfältigen Prüfung der Angebote. Der Auftraggeber ist gehalten, bei der Fristbestimmung von einer reibungslosen und zügigen Bearbeitung der Angebote auszugehen. Absehbare Verzögerungen bei der Prüfung und Wertung, die im Verantwortungsbereich des Auftraggebers liegen, gehen zu dessen Lasten und rechtfertigen es nicht, die Frist von vornherein länger zu veranschlagen. Die Aussicht,

---

[13] Heiermann/Riedl/Rusam/*Weitenbach* Rn. 28; Ingenstau/Korbion/*von Wietersheim* Rn. 24.

dass die Angebote etwa wegen Personalmangels zunächst unbearbeitet bleiben, kann bei der Fristbestimmung nicht berücksichtigt werden.[14]

22   **b) Bindefrist von 30 Kalendertagen (Abs. 4 S. 3).** Nach Abs. 4 S. 3 soll eine Bindefrist von mehr als 30 Kalendertagen nur in begründeten Fällen festgelegt werden. Die Angabe von 30 Kalendertagen dient der Orientierung, dass typischerweise eine längere Bemessung für die Prüfung der Werte nicht erforderlich ist. Soll diese Marke überschritten werden, muss sich der Auftraggeber auf konkrete, belegbare Umstände berufen, die eine Verlängerung rechtfertigen. Der Wortlaut zeigt auf, dass es sich um Ausnahmefälle handeln muss, die nur in besonderen Konstellationen in Betracht kommen. Der Verweis auf „begründete" Fälle dient ferner der Klarstellung, dass der Auftraggeber die Gründe für die Festsetzung einer längeren Bindefrist gem. § 20 Abs. 1 zu dokumentieren hat.

23   **c) Nachträgliche Verlängerung der Bindefrist.** Eine nachträgliche einseitige Verlängerung der Bindefrist durch den Auftraggeber sieht die VOB/A nicht vor. Nicht ausgeschlossen ist es, dass der Auftraggeber die Bindefrist jeweils im Einvernehmen mit den Bietern verlängert. Zivilrechtlich handelt es sich um eine rechtsgeschäftliche Änderung der bereits festgelegten Annahmefrist nach § 148 BGB.[15] Welche Bieter informiert und aufgefordert werden müssen, hängt vom Stand des Vergabeverfahrens ab. Ist der Auftraggeber noch nicht in die Wertung und Prüfung der Angebote eingestiegen, gebietet es der Gleichbehandlungsgrundsatz alle Bieter aufzufordern, der Verlängerung der Bindefrist zuzustimmen.[16] Ist das Vergabeverfahren bereits so weit fortgeschritten, dass feststeht, welche Angebote in die engere Wahl kommen, genügt es, nur die Bieter dieser Angebote aufzufordern.[17] Kann mit einem Bieter kein Einvernehmen über die Fristverlängerung erzielt werden, scheidet er mit seinem Angebot aus dem Vergabeverfahren aus.

24   **d) Beginn der Bindefrist (Abs. 5).** Die Bindefrist beginnt mit dem Ablauf der Angebotsfrist. Die Bindungswirkung setzt damit nahtlos ein, sobald der Bieter sein Angebot nicht mehr nach Abs. 2 zurückziehen kann.

25   **5. Entsprechende Anwendung bei Freihändiger Vergabe (Abs. 6).** Abs. 6 ordnet an, dass bei Freihändiger Vergabe die Absätze 5 und 6 entsprechend anzuwenden sind. Im Umkehrschluss bedeutet dies, dass die übrigen Vorschriften bei Freihändiger Vergabe nicht zu beachten sind.[18] Gleichwohl kann es unter Beachtung des Wettbewerbs- und Gleichbehandlungsgrundsatzes geboten sein, auch bei Freihändiger Vergabe eine Angebotsfrist zu bestimmen. Die Beachtung einer starren Mindestfrist von zehn Kalendertagen ist dann jedoch nicht zwingend. Dies gilt insbesondere für den Fall von Notfallbeschaffungen etwa nach Katastrophenfällen oder in Not- oder Gefahrensituationen, in denen eine Freihändige Vergabe wegen der besonderen Dringlichkeit der Leistung gem. § 3a Abs. 3 Nr. 2 zulässig ist.[19]

§ 11 Grundsätze der Informationsübermittlung

(1) [1]Der Auftraggeber gibt in der Auftragsbekanntmachung oder den Vergabeunterlagen an, auf welchem Weg die Kommunikation erfolgen soll. [2]Für den Fall der elektronischen Kommunikation gelten die Absätze 2 bis 6 sowie § 11a. [3]Eine mündliche Kommunikation ist jeweils zulässig, wenn sie nicht die Vergabeunterlagen, die Teilnahmeanträge oder die Angebote betrifft und wenn sie in geeigneter Weise ausreichend dokumentiert wird.

(2) Vergabeunterlagen sind elektronisch zur Verfügung zu stellen.

(3) Der Auftraggeber gibt in der Auftragsbekanntmachung eine elektronische Adresse an, unter der die Vergabeunterlagen unentgeltlich, uneingeschränkt, vollständig und direkt abgerufen werden können. Absatz 7 bleibt unberührt.

(4) Die Unternehmen übermitteln ihre Angebote und Teilnahmeanträge in Textform mithilfe elektronischer Mittel.

(5) [1]Der Auftraggeber prüft im Einzelfall, ob zu übermittelnde Daten erhöhte Anforderungen an die Sicherheit stellen. [2]Soweit es erforderlich ist, kann der Auftraggeber verlangen, dass Angebote und Teilnahmeanträge zu versehen sind mit

---

[14] Ingenstau/Korbion/*von Wietersheim* Rn. 29.
[15] KG Berlin NZBau 2008, 180 (181); OLG Jena IBRRS 2003, 1016; VK Bund BeckRS 2007, 142860 Rn. 34.
[16] Vgl. *Rechten* in KKMPP VgV § 20 Rn. 67.
[17] Vgl. VK Lüneburg BeckRS 2006, 07463.
[18] AA VG Lüneburg BeckRS 2017, 151256 Rn. 35.
[19] Beck VOB/A/*Reidt* Rn. 13.

1. einer fortgeschrittenen elektronischen Signatur,
2. einer qualifizierten elektronischen Signatur,
3. einem fortgeschrittenen elektronischen Siegel oder
4. einem qualifizierten elektronischen Siegel.

(6) ¹Der Auftraggeber kann von jedem Unternehmen die Angabe einer eindeutigen Unternehmensbezeichnung sowie einer elektronischen Adresse verlangen (Registrierung). ²Für den Zugang zur Auftragsbekanntmachung und zu den Vergabeunterlagen darf der Auftraggeber keine Registrierung verlangen. ³Eine freiwillige Registrierung ist zulässig.

(7) Enthalten die Vergabeunterlagen schutzwürdige Daten, kann der Auftraggeber Maßnahmen zum Schutz der Vertraulichkeit der Informationen anwenden. Der Auftraggeber kann den Zugriff auf die Vergabeunterlagen insbesondere von der Abgabe einer Verschwiegenheitserklärung abhängig machen. Die Maßnahmen sind in der Auftragsbekanntmachung anzugeben.

I. Regelungsgehalt und Überblick

Die Regelung des § 11 enthält für den ersten Abschnitt der VOB/A die wesentlichen **Grundsätze der Informationsübermittlung.** In Abs. 1 ist der Begriff der elektronischen Mittel definiert. Abs. 2 enthält die Pflicht, Bekanntmachungen an das Amt für Veröffentlichungen der Europäischen Union zu übermitteln. Eine Pflicht, die Vergabeunterlagen mit Zeitpunkt der Bekanntmachung im Internet frei zugänglich zu machen, begründet Abs. 3. Die Verpflichtung zur elektronischen Abgabe der Angebote, Teilnahmeanträge, Interessensbekundungen und Interessensbestätigungen durch die Unternehmen ist in Abs. 4 geregelt. Abs. 5 bestimmt, wie mit Anforderungen an die Sicherheit der Übermittlung umzugehen ist. Der Umfang der Registrierung für ein Vergabeverfahren ist in Abs. 6 geregelt. Vertraulichkeitsaspekte werden in Abs. 7 thematisiert. 1

II. Systematische Stellung und Zweck der Norm

§ 11 regelt im Wesentlichen gemeinsam mit § 11a (→ § 11a Rn. 1) die **Grundlagen der elektronischen Auftragsvergabe** im ersten Abschnitt der VOB/A. Abs. 3–6 entsprechen nahezu wortgleich der Regelung in § 11 EU Abs. 3–6 (→ § 11 EU Rn. 11 ff.). Abs. 1 S. 3 entspricht § 11 EU Abs. 7 VOB/A (→ § 11 EU Rn. 25). Abs. 7 wurde mit der VOB/A 2019 im Hinblick auf datenschutzrechtliche Erfordernisse eingefügt.[1] 2

III. Wahl der Kommunikationsform (Abs. 1)

Der Auftraggeber gibt nach Abs. 1 in der Bekanntmachung oder den Vergabeunterlagen an, auf welchem Weg die Kommunikation erfolgen soll. Grundsätzlich kann sich der Auftraggeber entscheiden, ob er den „klassischen" Kommunikationsweg oder die elektronische Kommunikation wählt. Das bedeutet, dass die **verpflichtende E-Vergabe im Unterschwellenbereich bei Bauaufträgen nicht eingeführt** wurde, obwohl es sich dabei heute um den vergaberechtlichen Normalfall[2] handelt. Eine Ausschließlichkeit einer Kommunikationsform ist in der Norm nicht angelegt.[3] 3

IV. E-Vergabe (Abs. 2–7)

Wenn sich der Auftraggeber für die elektronische Auftragsvergabe entscheidet, gelten für die **Kommunikation** die Abs. 2–6 sowie § 11a. Diese sind den Regelungen im Oberschwellenbereich nachgebildet. Das ist deshalb sinnvoll, weil ansonsten für die Vergaben oberhalb- und unterhalb der EU-Schwellenwerte bei etwaigen Abweichungen an die Kommunikationen nicht dieselben Prozesse und Geräte verwendet werden könnten. 4

Abs. 7 ermöglicht bei der elektronischen Auftragsvergabe eine Einschränkung der nach Abs. 3 grundsätzlich gebotenen hürdenlosen Zugänglichkeit der Vergabeunterlagen für den Fall, dass diese sensible Angaben[4] und damit **schutzwürdige Daten** enthalten. Im Oberschwellenbereich folgen übereinstimmende Erfordernisse aus § 11b EU Abs. 2 S. 1 iVm § 5 Abs. 3 VgV (→ § 11b EU Rn. 8). 5

---

[1] Vgl. Kapellmann/Messerschmidt/*Planker* Rn. 9.
[2] *Wanderwitz* VergabeR 2019, 26.
[3] Kapellmann/Messerschmidt/*Planker* Rn. 2.
[4] *Janssen* NZBau 2019, 147 (150).

§ 11a Anforderungen an elektronische Mittel

(1) ¹Elektronische Mittel und deren technische Merkmale müssen allgemein verfügbar, nichtdiskriminierend und mit allgemein verbreiteten Geräten und Programmen der Informations- und Kommunikationstechnologie kompatibel sein. ²Sie dürfen den Zugang von Unternehmen zum Vergabeverfahren nicht einschränken. ³Der Auftraggeber gewährleistet die barrierefreie Ausgestaltung der elektronischen Mittel nach den §§ 4, 12a und 12b des Behindertengleichstellungsgesetzes vom 27. April 2002 (BGBl. I S. 1467, 1468) in der jeweils geltenden Fassung.

(2) Der Auftraggeber verwendet für das Senden, Empfangen, Weiterleiten und Speichern von Daten in einem Vergabeverfahren ausschließlich solche elektronischen Mittel, die die Unversehrtheit, die Vertraulichkeit und die Echtheit der Daten gewährleisten.

(3) Der Auftraggeber muss den Unternehmen alle notwendigen Informationen zur Verfügung stellen über
1. die in einem Vergabeverfahren verwendeten elektronischen Mittel,
2. die technischen Parameter zur Einreichung von Teilnahmeanträgen, Angeboten mithilfe elektronischer Mittel und
3. verwendete Verschlüsselungs- und Zeiterfassungsverfahren.

(4) ¹Der Auftraggeber legt das erforderliche Sicherheitsniveau für die elektronischen Mittel fest. ²Elektronische Mittel, die vom Auftraggeber für den Empfang von Angeboten und Teilnahmeanträgen verwendet werden, müssen gewährleisten, dass
1. die Uhrzeit und der Tag des Datenempfangs genau zu bestimmen sind,
2. kein vorfristiger Zugriff auf die empfangenen Daten möglich ist,
3. der Termin für den erstmaligen Zugriff auf die empfangenen Daten nur von den Berechtigten festgelegt oder geändert werden kann,
4. nur die Berechtigten Zugriff auf die empfangenen Daten oder auf einen Teil derselben haben,
5. nur die Berechtigten nach dem festgesetzten Zeitpunkt Dritten Zugriff auf die empfangenen Daten oder auf einen Teil derselben einräumen dürfen,
6. empfangene Daten nicht an Unberechtigte übermittelt werden und
7. Verstöße oder versuchte Verstöße gegen die Anforderungen gemäß den Nummern 1 bis 6 eindeutig festgestellt werden können.

(5) ¹Die elektronischen Mittel, die von dem Auftraggeber für den Empfang von Angeboten und Teilnahmeanträgen genutzt werden, müssen über eine einheitliche Datenaustauschschnittstelle verfügen. ²Es sind die jeweils geltenden Interoperabilitäts- und Sicherheitsstandards der Informationstechnik gemäß § 3 Absatz 1 des Vertrags über die Errichtung des IT-Planungsrats und über die Grundlagen der Zusammenarbeit beim Einsatz der Informationstechnologie in den Verwaltungen von Bund und Ländern vom 1. April 2010 zu verwenden.

(6) Der Auftraggeber kann im Vergabeverfahren die Verwendung elektronischer Mittel, die nicht allgemein verfügbar sind (alternative elektronische Mittel), verlangen, wenn er
1. Unternehmen während des gesamten Vergabeverfahrens unter einer Internetadresse einen unentgeltlichen, uneingeschränkten, vollständigen und direkten Zugang zu diesen alternativen elektronischen Mitteln gewährt und
2. diese alternativen elektronischen Mittel selbst verwendet.

(7) ¹Der Auftraggeber kann für die Vergabe von Bauleistungen und für Wettbewerbe die Nutzung elektronischer Mittel im Rahmen der Bauwerksdatenmodellierung verlangen. ²Sofern die verlangten elektronischen Mittel für die Bauwerksdatenmodellierung nicht allgemein verfügbar sind, bietet der Auftraggeber einen alternativen Zugang zu ihnen gemäß Absatz 6 an.

I. Regelungsgehalt und Überblick

1 § 11a regelt die Anforderungen an elektronische Mittel, sofern der Auftraggeber nach Maßgabe des § 11 davon Gebrauch macht. Abs. 1 schreibt die allgemeine Verfügbarkeit der technischen Mittel und deren technische Merkmale vor. Abs. 2 verpflichtet auf die Unversehrtheit, die Vertraulichkeit und die Echtheit der Daten in der elektronischen Kommunikation. Abs. 3 gibt vor, welche Informationen Auftraggeber den interessierten Unternehmen über die elektronische Kommunikation zur

Verfügung stellen müssen. Mindestanforderungen an das erforderliche Sicherheitsniveau für die elektronischen Mittel sind in Abs. 4 geregelt. Abs. 5 macht Vorgaben zu einer einheitlichen Datenaustauschschnittstelle. Alternative elektronische Mittel sind in Abs. 6 geregelt. Spezielle Vorgaben für die elektronischen Mittel im Rahmen der Bauwerksdatenmodellierung finden sich in Abs. 7.

II. Systematische Stellung und Zweck der Norm

§ 11a ist wortgleich an der Regelung des § 11 EU orientiert. Auf die dortige Kommentierung wird verweisen (→ § 11 EU Rn. 1 ff.). 2

§ 12 Auftragsbekanntmachung

(1)
1. Öffentliche Ausschreibungen sind bekannt zu machen, z. B. in Tageszeitungen, amtlichen Veröffentlichungsblättern oder auf unentgeltlich nutzbaren und direkt zugänglichen Internetportalen; sie können auch auf www.service.bund.de veröffentlicht werden.
2. Diese Auftragsbekanntmachungen sollen folgende Angaben enthalten:
    a) Name, Anschrift, Telefon-, Telefaxnummer sowie E-Mail-Adresse des Auftraggebers (Vergabestelle),
    b) gewähltes Vergabeverfahren,
    c) gegebenenfalls Auftragsvergabe auf elektronischem Wege und Verfahren der Ver- und Entschlüsselung,
    d) Art des Auftrags,
    e) Ort der Ausführung,
    f) Art und Umfang der Leistung,
    g) Angaben über den Zweck der baulichen Anlage oder des Auftrags, wenn auch Planungsleistungen gefordert werden,
    h) falls der Auftrag in mehrere Lose aufgeteilt ist, Art und Umfang der einzelnen Lose und Möglichkeit, Angebote für eines, mehrere oder alle Lose einzureichen,
    i) Zeitpunkt, bis zu dem die Bauleistungen beendet werden sollen oder Dauer des Bauleistungsauftrags; sofern möglich, Zeitpunkt, zu dem die Bauleistungen begonnen werden sollen,
    j) gegebenenfalls Angaben nach § 8 Absatz 2 Nummer 3 zur Nichtzulassung von Nebenangeboten,
    k) gegebenenfalls Angaben nach § 8 Absatz 2 Nummer 4 zur Nichtzulassung der Abgabe mehrerer Hauptangebote,
    l) Name und Anschrift, Telefon- und Telefaxnummer, E-Mail-Adresse der Stelle, bei der die Vergabeunterlagen und zusätzliche Unterlagen angefordert und eingesehen werden können; bei Veröffentlichung der Auftragsbekanntmachung auf einem Internetportal die Angabe einer Internetadresse, unter der die Vergabeunterlagen unentgeltlich, uneingeschränkt, vollständig und direkt abgerufen werden können; § 11 Absatz 7 bleibt unberührt,
    m) gegebenenfalls Höhe und Bedingungen für die Zahlung des Betrags, der für die Unterlagen zu entrichten ist,
    n) bei Teilnahmeantrag: Frist für den Eingang der Anträge auf Teilnahme, Anschrift, an die diese Anträge zu richten sind, Tag, an dem die Aufforderungen zur Angebotsabgabe spätestens abgesandt werden,
    o) Frist für den Eingang der Angebote und die Bindefrist,
    p) Anschrift, an die die Angebote zu richten sind, gegebenenfalls auch Anschrift, an die Angebote elektronisch zu übermitteln sind,
    q) Sprache, in der die Angebote abgefasst sein müssen,
    r) die Zuschlagskriterien, sofern diese nicht in den Vergabeunterlagen genannt werden, und gegebenenfalls deren Gewichtung,
    s) Datum, Uhrzeit und Ort des Eröffnungstermins sowie Angabe, welche Personen bei der Eröffnung der Angebote anwesend sein dürfen,
    t) gegebenenfalls geforderte Sicherheiten,
    u) wesentliche Finanzierungs- und Zahlungsbedingungen und/oder Hinweise auf die maßgeblichen Vorschriften, in denen sie enthalten sind,
    v) gegebenenfalls Rechtsform, die die Bietergemeinschaft nach der Auftragsvergabe haben muss,
    w) verlangte Nachweise für die Beurteilung der Eignung des Bewerbers oder Bieters,

x) Name und Anschrift der Stelle, an die sich der Bewerber oder Bieter zur Nachprüfung behaupteter Verstöße gegen Vergabebestimmungen wenden kann.

(2)
1. Bei Beschränkter Ausschreibung mit Teilnahmewettbewerb sind die Unternehmen durch Auftragsbekanntmachungen, z. B. in Tageszeitungen, amtlichen Veröffentlichungsblättern oder auf unentgeltlich nutzbaren und direkt zugänglichen Internetportalen, aufzufordern, ihre Teilnahme am Wettbewerb zu beantragen. Die Auftragsbekanntmachung kann auch auf www.service.bund.de veröffentlicht werden.
2. Diese Auftragsbekanntmachungen sollen die Angaben gemäß § 12 Absatz 1 Nummer 2 enthalten.

(3) Teilnahmeanträge sind auch dann zu berücksichtigen, wenn sie durch Telefax oder in sonstiger Weise elektronisch übermittelt werden, sofern die sonstigen Teilnahmebedingungen erfüllt sind.

Übersicht

		Rn.			Rn.
I.	Normzweck	1	l)	Kontaktdaten der Stelle zur Anforderung und Einsicht der Vergabeunterlagen	20
II.	Auftragsbekanntmachung bei öffentlicher Ausschreibung (§ 12 Abs. 1)	5	m)	Kostenerstattung für die Vergabeunterlagen	21
1.	Publikationsorgane	6	n)	Frist und Anschrift für Teilnahmeanträge	22
			o)	Angebots- und Bindefrist	23
2.	Inhalt der Auftragsbekanntmachung	8	p)	Anschrift für die Angebote	25
	a) Auftraggeber	9	q)	Angebotssprache	26
	b) Vergabeverfahren	10	r)	Zuschlagskriterien, die nicht in den Vergabeunterlagen genannt werden nebst Gewichtung	27
	c) Auftragsvergabe auf elektronischem Wege und Verfahren der Ver- und Entschlüsselung	11	s)	Daten zum Eröffnungstermin und den bei Eröffnung zugelassenen Personen	28
	d) Art des Auftrags	12	t)	Sicherheiten	29
	e) Ort der Ausführung	13	u)	Wesentliche Finanzierungs- und Zahlungsbedingungen	30
	f) Art und Umfang der Leistung	14	v)	Rechtsform von Bietergemeinschaften	31
	g) Zweck der baulichen Anlage oder des Auftrags bei Abforderung von Planungsleistungen	15	w)	Eignungsnachweise	32
	h) Vergabe nach Losen	16	x)	Nachprüfungsstelle	33
	i) Bauende, Ausführungsdauer und Baubeginn	17	III.	Auftragsbekanntmachung bei beschränkter Ausschreibung nach Teilnahmewettbewerb (§ 12 Abs. 2)	34
	j) Nebenangebote	18			
	k) Mehrere Hauptangebote	19	IV.	Teilnahmeanträge (§ 12 Abs. 3)	35

I. Normzweck

1 § 12 enthält die formellen Anforderungen, die an die Bekanntmachung einer Ausschreibung durch den Auftraggeber zu stellen sind. Die Bestimmungen der Norm geben dem Auftraggeber zwingend vor, in welcher Art und Weise er sich bei der Vergabe von Aufträgen an den potenziellen Bieterkreis zu wenden hat. Sinn und Zweck der Norm ist die Sicherstellung einer möglichst breiten und einheitlichen **Publizität der Ausschreibungsverfahren.** Es sollen möglichst viele potenzielle Bieter Kenntnis von dem Ausschreibungsverfahren erhalten, um einen möglichst breiten Markt zu eröffnen und einen möglichst intensiven Wettbewerb zu erzielen.[1] Bei der beschränkten Ausschreibung nach öffentlichem Teilnahmewettbewerb gem. § 3 Abs. 1 S. 2 bezweckt die Vorschrift gleichzeitig, dem Auftraggeber einen ersten Überblick über den möglichen Bieterkreis zu vermitteln.[2]

2 Die Paragrafenüberschrift des § 12 wurde im Rahmen der Neufassung des Abschnitts 1 der VOB/A 2019 redaktionell von „Bekanntmachung" in „Auftragsbekanntmachung" geändert. Zweck dieser Änderung ist eine Angleichung an die Begrifflichkeiten des Abschnitts 2 der VOB/A. Eine inhaltliche Änderung ist damit nicht verbunden.

---

[1] OLG Düsseldorf Beschl. v. 24.10.2003 – VK 31/2003 L; VK Brandenburg Beschl. v. 22.5.2008 – VK 11/08.
[2] Kapellmann/Messerschmidt/*Planker* Rn. 2.

II. Auftragsbekanntmachung bei öffentlicher Ausschreibung (§ 12 Abs. 1) 3–7 § 12 VOB/A

Die formellen Vorgaben der Norm sind für die Auftraggeberseite zwingend und für die Auftrag- 3
nehmerseite generell bieterschützend.[3] Inhalt des Bieterschutzes des § 12 ist die Sicherung der Diskriminierungsfreiheit des Ausschreibungsverfahrens.[4] Die Beschränkung auf regionale Märkte unter Ausgrenzung externer Marktteilnehmer soll vermieden werden. Es besteht ein **Anspruch der Bieter auf Information** über Vergabevorhaben, die nach Maßgabe des § 12 Abs. 1–3 bekannt zu machen sind.[5] Die Verletzung der zwingenden Vorgaben für die Auftragsbekanntmachung in § 12 kann zur Rechtswidrigkeit des gesamten Ausschreibungsverfahrens führen und Schadensersatzansprüche gegenüber dem Auftraggeber begründen.

§ 12 Abs. 1 Nr. 1 regelt die Art und Weise der Auftragsbekanntmachung der **öffentlichen** 4 **Ausschreibung.** Die inhaltlichen Vorgaben an die Auftragsbekanntmachung sind in Form einer Checkliste in § 12 Abs. 1 Nr. 2 enthalten. § 12 Abs. 2 Nr. 1 und 2 regelt die Vorgaben an die Auftragsbekanntmachung bei beschränkter Ausschreibung nach öffentlichem Teilnahmewettbewerb. § 12 Abs. 3 ergänzt für Fälle der **beschränkten Ausschreibung** nach öffentlichem Teilnahmewettbewerb gem. § 12 Abs. 2 den Kreis der formell vom Auftraggeber berücksichtigungspflichtigen Teilnahmeanträge.

II. Auftragsbekanntmachung bei öffentlicher Ausschreibung (§ 12 Abs. 1)

§ 12 Abs. 1 Nr. 1 regelt die zulässige Art und Weise der Bekanntgabe der öffentlichen Ausschrei- 5
bung gem. § 3 Abs. 1 S. 1. § 12 Abs. 1 Nr. 2 definiert dabei gleichzeitig den Mindestinhalt der Auftragsbekanntmachung einer öffentlichen Ausschreibung.

1. Publikationsorgane. Als **Publikationsorgane der Auftragsbekanntmachung** stehen 6
dem Auftraggeber eine Reihe von Medien zur Verfügung, die § 12 Abs. 1 Nr. 1 nicht abschließend benennt. Die Vorgaben des § 12 Abs. 1 Nr. 1 sind häufig verwaltungsintern determiniert. Das VHB, Ausgabe 2017, Stand 2019, schreibt für seinen Geltungsbereich die amtliche Veröffentlichung auf der Internetplattform **www.service.bund.de** vor. Bei Auswahl der in § 12 Abs. 1 Nr. 1 benannten Publikationsorgane hat der Auftraggeber zu prüfen, ob dem konkret gewählten Publikationsorgan die notwendige Breitenwirkung zukommt, um den Sinn und Zweck der Information, einen größtmöglichen potenziellen Bieterkreis über die öffentliche Ausschreibung zu informieren, zu erfüllen. Je interessanter der Auftrag für potenzielle Bieter ist, desto breiter soll er bekannt gemacht werden, um einen größtmöglichen Markt und einen größtmöglichen Wettbewerb um den Auftrag zu eröffnen. Dadurch soll ein transparentes und am Wettbewerbsprinzip orientiertes Vergabeverfahren gefördert werden. Bei der Wahl des Publikationsorgans hat der Auftraggeber darauf zu achten, dass mit dem gewählten Medium die in Betracht kommenden Wirtschaftskreise erreicht werden. Entsprechend dem Sinn und Zweck der öffentlichen Ausschreibung muss ein ausreichend großer, prinzipiell unbeschränkter Bewerberkreis angesprochen werden.[6]

So hat der Auftraggeber, wenn er zur Auftragsbekanntmachung der öffentlichen Ausschreibung 7
Tageszeitungen auswählt, darauf zu achten, dass deren Auflagenzahl und Verbreitungsgebiet groß genug ist, um die nötige Breitenwirkung bei den angesprochenen Fachkreisen zu erreichen. So kann es geboten sein, die gleiche Bekanntmachung in zwei regionalen Tageszeitungen zu veröffentlichen.[7] Entscheidend ist, dass das gewählte Publikationsorgan einem unbeschränkten Kreis von potenziellen Bietern ohne Schwierigkeiten zugänglich ist. Deshalb kann die Auftragsbekanntmachung allein in einem regional verbreiteten Veröffentlichungsblatt unzureichend sein.[8] Eine Veröffentlichung in einer Fachzeitschrift wird in Betracht kommen, wenn hierdurch ein fachspezifischer Bieterkreis ohne regionale Begrenzung erreicht werden kann.[9] Der Auftraggeber hat stets nach Zweckmäßigkeitsgesichtspunkten zu prüfen, über welches Veröffentlichungsorgan er den Markt am besten erreichen kann. Sein Ermessen zur Auswahl eines geeigneten Veröffentlichungsmittels wird durch den Zweck der Bekanntmachung, ein wettbewerbsoffenes und transparentes Verfahren zu fördern, beschränkt.[10] Oberhalb der Schwellenwerte ist das Amtsblatt der Europäischen Gemeinschaft das zwingend von § 12 EU Abs. 3 Nr. 2 vorgeschriebene Ausschreibungsorgan. Oberhalb der Schwellen-

---

[3] BGH Urt. v. 27.11.2007 – X ZR 18/07; jurisPK–VergabeR/*Lausen* Rn. 5.
[4] BGH Urt. v. 27.11.2007 – X ZR 18/07; jurisPK–VergabeR/*Lausen* Rn. 5.
[5] OLG Düsseldorf Beschl. v. 24.10.2003 – VK 31/2003 L; VK Brandenburg Beschl. v. 22.5.2008 – VK 11/08.
[6] BayObLG Beschl. v. 4.2.2003 – Verg 31/02; VK Brandenburg Beschl. v. 22.5.2008 – VK 11/08.
[7] OLG Düsseldorf Urt. v. 5.6.2013 – 6 K 2273/12; OVG Nordrhein-Westfalen Beschl. v. 24.6.2014 – 13 A 1607/13; OVG Münster Beschl. v. 24.6.2014 – 13 A 1607/13.
[8] BayObLG Beschl. v. 4.2.2003 – Verg 31/02.
[9] VK Brandenburg Beschl. v. 22.5.2008 – VK 11/08.
[10] OVG Nordrhein-Westfalen Beschl. v. 24.6.2014 – 13 A 1607/13.

werte kann gem. § 12 EU Abs. 3 Nr. 5 S. 1 die EU-weite Auftragsbekanntmachung zusätzlich im Inland, zB in Tageszeitungen, amtlichen Veröffentlichungsblättern oder Internetportalen, veröffentlicht werden. Unterhalb der Schwellenwerte gilt dies nicht. Hier sind als Bekanntmachungsorgane die einschlägigen Vergabeportale im Internet, amtliche Veröffentlichungsblätter oder Tageszeitungen auszuwählen.

8   **2. Inhalt der Auftragsbekanntmachung.** Die gem. § 12 Abs. 1 Nr. 2 lit. a–b bekannt zu machenden Inhalte der Ausschreibung betreffen den Auftraggeber und die zu vergebende Leistung (§ 12 Abs. 1 Nr. 2 lit. a–e), das durchzuführende Vergabeverfahren (§ 12 Abs. 1 Nr. 2 lit. j–s), die spätere Ausführungsphase (§ 12 Abs. 1 Nr. 2 lit. t–v) und die geforderten Bieternachweise sowie den Abschluss des Vergabeverfahrens (§ 12 Abs. 1 Nr. 2 lit. w–x). Die Neufassung des Abschnitts 1 der VOB/A 2019 hat § 12 Abs. 1 Nr. 2 lit. k–x neu nummeriert.

9   **a) Auftraggeber.** Erforderlich sind hier: vollständiger Name, genaue Anschrift sowie Telefon- und Telefaxnummern nebst E-Mail-Adressen des Auftraggebers. Die genaue **Identität des Auftraggebers** (der Vergabestelle), der den Zuschlag erteilt und der Vertragspartner des Auftragnehmers wird, ist zu benennen. Die Benennung eines Vertreters des Auftraggebers, wie zB das die Ausschreibung betreuende Planungsbüro, ist nicht ausreichend, da daraus allein die genaue Identität des Auftraggebers nicht hervorgeht.[11]

10 **b) Vergabeverfahren.** Das vom Auftraggeber gewählte **Vergabeverfahren** muss genau kenntlich gemacht werden. Potenzielle Bieter müssen erkennen, ob es sich um eine öffentliche oder beschränkte Ausschreibung handelt, um ihre Chancen auf Zuschlagserteilung abschätzen zu können. Zu benennen ist allein die gewählte Art des Vergabeverfahrens, eine Begründung der getroffenen Wahl hat der Auftraggeber nicht anzugeben.

11 **c) Auftragsvergabe auf elektronischem Wege und Verfahren der Ver- und Entschlüsselung.** § 12 Abs. 1 Nr. 2 lit. c verlangt vom Auftraggeber **Angaben zur elektronischen Vergabe.** Wählt der Auftraggeber elektronische Mittel zur Durchführung des Ausschreibungsverfahrens, hat er den Bietern frühzeitig und diskriminierungsfrei die hierfür maßgeblichen Informationen zur Verfügung zu stellen. Zur Verfügung zu stellende Informationen sind die verwandten Verfahren der Ver- und Entschlüsselung, das verwandte Internetportal, die Schnittstellen, die erforderliche Software etc.[12] Zur Verfügung zu stellen vom Auftraggeber sind auch die maßgeblichen Informationen zur Möglichkeit der Einsichtnahme in die elektronisch bereitgestellten Vergabeunterlagen. Die Anforderungen an die Informationsübermittlung und die elektronischen Mittel, die vom Auftraggeber für das Ausschreibungsverfahren gewählt werden, richten sich nach § 11 Abs. 1 Nr. 1–3, § 11a Nr. 1–7. Schriftliche Angebote waren bei unterschwelligen Bauvergaben gem. § 13 Abs. 1 Nr. 1 S. 2 VOB/A 2016 stets zuzulassen. Diese Regelung ist in der Neufassung des § 13 Abs. 1 Nr. 1 S. 2 VOB/A 2019 entfallen. Der Auftraggeber kann nunmehr auch bei nationalen Ausschreibungsverfahren gem. § 13 Abs. 1 Nr. 1 S. 1 ausschließlich elektronische Angebote zur Einreichung vorgeben.

12 **d) Art des Auftrags.** Die Angabe der Art des Auftrags gem. § 12 Abs. 1 Nr. 2 lit. d umfasst die schlagwortartige **Benennung des Auftragsinhaltes.** Der konkrete Gegenstand des Auftrags und die im Rahmen des Auftrags im Einzelnen verlangten Leistungen sind gem. § 12 Abs. 1 Nr. 2 lit. e–g weiter zu spezifizieren. Die Angabe der Art des Auftrags gem. § 12 Abs. 1 Nr. 2 lit. d soll interessierten Unternehmen eine erste Einschätzung darüber ermöglichen, ob sie die verlangten Leistungen ausführen können.[13]

13 **e) Ort der Ausführung.** Die Angaben zum **Ausführungsort der Bauleistung** gem. § 12 Abs. 1 Nr. 2 lit. e sind für die potenziellen Bieter von wesentlicher Bedeutung. Potenzielle Bieter, die allein regional geschäftlich tätig sind, können anhand dieser Angabe beurteilen, ob der ausgeschriebene Auftrag für sie überhaupt in Frage kommt. Für überregional geschäftlich tätige Bieter ist die Angabe des Ausführungsorts der Bauleistung von erheblicher Bedeutung für die Kalkulation und damit die Höhe des Angebotspreises.

14 **f) Art und Umfang der Leistung.** Die Angaben zu Art und Umfang der abverlangten Leistung gem. § 12 Abs. 1 Nr. 2 lit. f sollen potenziellen Bietern die Überprüfung gestatten, ob ihr Betrieb für den ausgeschriebenen Auftrag fachlich und kapazitär eingerichtet ist. Potenziellen Bietern ist daher anzugeben, **welche Leistungen in welchem Umfang** erforderlich werden. Eine schlagwortartige, grobe Umschreibung der abverlangten Leistung ist genügend. Notwendig sind aber

---

[11] Ingenstau/Korbion/*von Wietersheim* Rn. 6; Kapellmann/Messerschmidt/*Planker* Rn. 11.
[12] Ingenstau/Korbion/*von Wietersheim* Rn. 8.
[13] Ingenstau/Korbion/*von Wietersheim* Rn. 9.

erschöpfende Angaben, anhand derer sich die Unternehmen ein Bild vom Auftrag machen und abschätzen können, ob sich dieser Auftrag für sie zur Abgabe eines Angebots eignet.[14] Die Angabe der Einzelheiten der Leistung folgt aus der Leistungsbeschreibung.[15]

g) Zweck der baulichen Anlage oder des Auftrags bei Abforderung von Planungsleistungen. Ist Gegenstand des ausgeschriebenen Auftrags auch die Abgabe eines Angebots über mit zu erbringende Planungsleistungen, hat der Auftraggeber gem. § 12 Abs. 1 Nr. 2 lit. g nähere Angaben über den **Zweck der baulichen Anlage** oder des Auftrags zu machen. Dies betrifft Leistungsbeschreibungen mit Leistungsprogramm gem. § 7c Abs. 1, 2. Der dann gleichzeitig auch mitplanende Bieter hat zur Erfüllung des von ihm zu erbringenden Planungsteils der Bauaufgabe wirtschaftliche, technische, funktionale und gestalterische Lösungen zu erarbeiten und mit anzubieten. Die Angabe gem. § 12 Abs. 1 Nr. 2 lit. g ermöglicht dem Bieter dazu die Beurteilung darüber, ob der vom Auftraggeber vorgegebene Zweck der baulichen Anlage oder des Bauauftrages erfüllt werden kann.

h) Vergabe nach Losen. § 5 Abs. 2 S. 1 schreibt für den Regelfall in Entsprechung zu § 97 Abs. 4 S. 2 GWB die Aufteilung des Bauauftrags in **Teillose** und **Fachlose** vor. Aus wirtschaftlichen oder technischen Gründen kann gem. § 5 Abs. 2 S. 2 ausnahmsweise auf eine Aufteilung oder Trennung verzichtet werden. Wird der zu erteilende Bauauftrag gem. § 5 Abs. 2 S. 1 in Lose aufgeteilt, muss gem. § 12 Abs. 1 Nr. 2 lit. h in der Bekanntmachung angegeben werden, ob die Losaufteilung die Ausbildung von Teillosen oder Fachlosen umfasst und von welcher Art und welchem Umfang die einzelnen Lose sind. Hat der Auftraggeber vorgesehen, dass potenzielle Bieter Angebote für eines, für mehrere oder für alle vorgesehenen Lose abgeben können, so ist auch dies bekannt zu machen. Für den potenziellen Bieter sind die Informationen gem. § 12 Abs. 1 Nr. 2 lit. h von hoher Relevanz und wesentlicher wirtschaftlicher Bedeutung.[16] Er benötigt diese Angaben für seine Beurteilung der eigenen Leistungsfähigkeit zur Erfüllung des Auftrags und für seine Kalkulation. Kann der Bieter Angebote für mehrere Lose anbieten, wird ihm dies eine günstigere Kalkulation ermöglichen können, als wenn er nur auf einzelne Teil- und Fachlose anbieten darf.[17]

i) Bauende, Ausführungsdauer und Baubeginn. Die für potenzielle Bieter äußerst wichtigen zeitlichen Parameter des **Fertigstellungstermins**, der **Ausführungsdauer** und des vom Auftraggeber gewünschten **Baubeginns** sind in der Bekanntmachung gem. § 12 Abs. 1 Nr. 2 lit. i so konkret wie möglich anzugeben. Hier sind in aller Regel konkrete datumsmäßige Bezeichnungen erforderlich. Statthaft ist auch die Angabe, dass der Beginn der Arbeiten innerhalb von zB zwei Wochen nach Zuschlagserteilung erfolgt und bis zu einem bestimmten Datum oder innerhalb einer bestimmten Ausführungsfrist auszuführen ist.[18] Diese Angaben sind für potenzielle Bieter zur Beurteilung ihrer kapazitären Leistungsfähigkeit und für die Kalkulation ihres Angebots wesentlich. Vorhersehbare **Unterbrechungen** oder bereits bei Beginn der Ausschreibung bekannte **Behinderungstatbestände** sollte der Auftraggeber in eigenem Interesse mit bekannt geben, damit diese Umstände von dem Bieter kalkuliert werden können.[19] Auch die Angabe der Frist oder des Zeitraums, die dem Bieter zwischen Erhalt des Zuschlags und Beginn der Vertragsdurchführung zur Verfügung steht, ist für potenzielle Bieter von hoher Relevanz. Ist für potenzielle Bieter absehbar, dass sie im Zuschlagsfall ihre Leistungsfähigkeit nicht bis zum Vertragsbeginn herstellen können, werden sie nämlich von einer Teilnahme am Vergabeverfahren absehen.[20] Daher ist der Auftraggeber gehalten, auch ohne normierte Vorgabe für Vorlauffristen oder Rüstzeiten auf einen angemessenen Abstand zwischen Zuschlagserteilung und Vertrags- bzw. Baubeginn zu achten.[21]

j) Nebenangebote. Der Auftraggeber hat in der Bekanntmachung gem. § 12 Abs. 1 Nr. 2 lit. j anzugeben, ob er Nebenangebote nicht zulässt (§ 8 Abs. 2 Nr. 3 lit. a) oder ob er Nebenangebote ausnahmsweise nur iVm einem Hauptangebot zulässt (§ 8 Abs. 2 Nr. 3 lit. b). Er hat mithin allein dann in der Bekanntmachung gem. § 12 Abs. 1 Nr. 2 lit. j darüber zu informieren, wenn er **Nebenangebote nicht zulassen will.** Enthält die Bekanntmachung keine Information gem. § 12 Abs. 1 Nr. 2 lit. j, gelten Nebenangebote als zugelassen.[22] Diese Angabe der Bekanntmachung ist für poten-

---

[14] VK Brandenburg Beschl. v. 25.4.2003 – VK 21/03.
[15] Ingenstau/Korbion/*von Wietersheim* Rn. 11.
[16] VK Bund Beschl. v. 21.9.2004 – VK 3-110/04.
[17] VK Baden-Württemberg Beschl. v. 14.9.2001 – 1 VK 24/01; VK Arnsberg Beschl. v. 6.2.2013 – VK 21/12; Ingenstau/Korbion/*von Wietersheim* Rn. 13.
[18] HHKW/*Schneider* Rn. 18.
[19] HHKW/*Schneider* Rn. 18.
[20] VK Bund Beschl. v. 5.11.2013 – VK 2-100/13.
[21] VK Bund Beschl. v. 5.11.2013 – VK 2-100/13; VK Arnsberg Beschl. v. 6.2.2013 – VK 21/12.
[22] Kapellmann/Messerschmidt/*Planker* Rn. 20.

zielle Bieter wichtig, da diese häufig „näher am Markt" sind und durch diese Information in der Bekanntmachung ihre Chance auf Zuschlagserteilung bei der vom Auftraggeber eröffneten Möglichkeit, Nebenangebote abzugeben, besser einschätzen können.

19 **k) Mehrere Hauptangebote.** § 12 Abs. 1 Nr. 2 lit. k wurde in Abschnitt 1 der VOB/A 2019 neu aufgenommen. § 12 Abs. 1 Nr. 2 lit. k bezieht sich auf die ebenfalls neue Vorschrift des § 8 Abs. 2 Nr. 4. Gemäß § 8 Abs. 2 Nr. 4 kann der Auftraggeber in den Vergabeunterlagen angeben, dass er die Abgabe mehrerer Hauptangebote nicht zulässt. Macht der Auftraggeber hiervon Gebrauch, hat er gem. § 12 Abs. 1 Nr. 2 lit. k in der Auftragsbekanntmachung anzugeben, dass er mehrere Hauptangebote nicht zulässt (§ 8 Abs. 2 Nr. 4). Ebenso wie bei § 12 Abs. 1 Nr. 2 lit. j hat der Auftraggeber allein dann in der Auftragsbekanntmachung gem. § 12 Abs. 1 Nr. 2 lit. k darüber zu informieren, wenn er die Abgabe mehrerer **Hauptangebote nicht zulassen will**.

20 **l) Kontaktdaten der Stelle zur Anforderung und Einsicht der Vergabeunterlagen.** Durch die Angabe gem. § 12 Abs. 1 Nr. 2 lit. l hat der Auftraggeber in der Bekanntmachung die Stelle zu bezeichnen, bei der die Anforderung der Vergabeunterlagen oder zusätzlichen Unterlagen und deren Einsicht möglich ist. Die **anzugebende Stelle** muss nicht mit dem Auftraggeber identisch oder personengleich sein. Es kann sich insbesondere um ein mit der Betreuung der Ausschreibung beauftragtes Architekten- oder Ingenieurbüro handeln.[23]

21 **m) Kostenerstattung für die Vergabeunterlagen.** Gemäß § 8b Abs. 1 Nr. 1 kann vom Auftraggeber bei öffentlicher Ausschreibung eine Erstattung der Kosten für die Vervielfältigung der Leistungsbeschreibung und der anderen Unterlagen sowie für die Kosten der postalischen Versendung verlangt werden. Diese Höhe einer geforderten **Kostenerstattung** und die **Modalitäten der Zahlung** sind gem. § 12 Abs. 2 lit. m bekanntzugeben. Dies gilt insbesondere auch für die Angabe des Auftraggebers, ob er die Zahlung der Kostenerstattung vor der Versendung der Vergabeunterlagen verlangt oder ob die Versendung der Vergabeunterlagen unabhängig von bereits erfolgter Zahlung erfolgt.[24]

22 **n) Frist und Anschrift für Teilnahmeanträge.** Die Regelung ist allein für beschränkte Ausschreibungen nach öffentlichem Teilnahmewettbewerb gem. § 12 Abs. 2 Nr. 1 anwendbar. Ein Teilnahmeantrag gem. § 12 Abs. 1 Nr. 2 lit. n ist bei öffentlichen Ausschreibungen gem. § 12 Abs. 1 Nr. 1 nicht vorgesehen. Anzugeben bei beschränkten Ausschreibungen mit öffentlichem Teilnahmewettbewerb gem. § 12 Abs. 2 Nr. 1 ist die **festgesetzte Bewerbungsfrist** gem. § 10 Abs. 3. Diese Bewerbungsfrist ist von dem Auftraggeber „ausreichend" zu dimensionieren. Weiterhin hat der Auftraggeber gem. § 12 Abs. 1 Nr. 2 lit. n den Tag anzugeben, an dem die Aufforderung zur Angebotsabgabe spätestens abgesandt wird. Dies soll den Bietern ermöglichen, sich zeitlich auf die Angebotskalkulation und die Einhaltung der Angebotsfrist einrichten zu können. Dies ist für die geschäftliche Disposition der Bieter wesentlich.

23 **o) Angebots- und Bindefrist.** Für die geschäftliche Disposition der Bieter ebenfalls wesentlich ist die gem. § 12 Abs. 1 Nr. 2 lit. o zwingend vom Auftraggeber bekanntzumachende Angebotsfrist. Gemäß § 10 Abs. 1 S. 1 ist für die Bearbeitung und Einreichung der Angebote eine ausreichende Angebotsfrist vorzusehen, die auch bei Dringlichkeit zehn Kalendertage nicht unterschreiten darf. **Zusätzlicher Informationsaufwand** des Bieters für die Besichtigung von Baustellen oder für die Beschaffung von Unterlagen für die Angebotsbearbeitung ist gem. § 10 Abs. 1 S. 2 zu berücksichtigen. Die zwingend gem. § 12 Abs. 1 Nr. 2 lit. o bekannt zu machende Angebotsfrist ist auch deshalb wichtig, da die Angebotsfrist mit Ablauf des gesetzten Termins abläuft. Angebote, die bis zum Ablauf der Angebotsfrist nicht eingegangen sind, sind gem. § 14 Abs. 2, § 14a Abs. 2 nicht zur Eröffnung zuzulassen. Sie sind gem. § 14 Abs. 4 S. 1, § 14a Abs. 5 S. 1 als verspätete Angebote in der Niederschrift zum Öffnungs- bzw. Eröffnungstermin oder in einem Nachtrag hierzu besonders aufzuführen. Die Eingangszeit der verspäteten Angebote und die bekannten Gründe, aus denen die Angebote nicht vorgelegen haben, sind zu vermerken (§ 14 Abs. 4 S. 2, § 14a Abs. 5 S. 2). Der Umschlag und andere Beweismittel sind aufzubewahren (§ 14a Abs. 5 S. 2, 3).

24 Die gem. § 12 Abs. 1 Nr. 2 lit. o in die Auftragsbekanntmachung aufzunehmende Angabe der Bindefrist ist unerlässlich. Potenzielle Bieter müssen aus der Auftragsbekanntmachung erkennen können, bis wann sie an ihr Angebot gebunden sind. Dies ist für ihre geschäftliche Dispositionsfreiheit wesentlich. Gemäß § 10 Abs. 4 S. 4 ist das **Ende der Bindefrist** durch Angabe des Kalendertages des Ablaufs der Bindefrist zu bezeichnen. Die Angabe einer lediglich berechenbaren Frist ist nicht

---

[23] Kapellmann/Messerschmidt/*Planker* Rn. 21.
[24] Ingenstau/Korbion/*von Wietersheim* Rn. 18.

II. Auftragsbekanntmachung bei öffentlicher Ausschreibung (§ 12 Abs. 1)   25–31   § 12 VOB/A

zulässig.²⁵ Eine längere Bindefrist als 30 Kalendertage sieht § 10 Abs. 4 S. 3 allein in begründeten Ausnahmefällen vor. Die Bindefrist selbst beginnt mit dem Ablauf der Angebotsfrist (§ 10 Abs. 5).

p) Anschrift für die Angebote. Die Angabe der postalischen oder elektronischen Anschriften 25 für die Einreichung der Angebote gem. § 12 Abs. 1 Nr. 2 lit. p ist unverzichtbar. Hier ist besondere Genauigkeit vom Auftraggeber gefordert. Die Bieter müssen aufgrund der **Adressierungsangaben in der Lage sein,** ihr Angebot zur richtigen Zeit am richtigen Ort einzureichen bzw. abzugeben. Genaue Informationen über die zu verwendende postalische Anschrift (ggf. mit weiteren Zusätzen über die Bezeichnung und den Sitz der Vergabestelle im Geschäftsbetrieb des Auftraggebers etc) sowie die präzise Angabe einer elektronischen Anschrift bei vorgegebener elektronischer Vergabe sind unverzichtbar erforderlich. Als Stelle, an die die Angebote zu richten sind, können auch **externe Architekten-, Ingenieur- oder Projektsteuererbüros** angegeben werden.²⁶ Diese Angabe hat gleichfalls präzise und eindeutig zu erfolgen.

q) Angebotssprache. Im Bereich der nationalen Bauvergabe des Abschnitts 1 der VOB/A 26 sind die Angebote in **deutscher Sprache abzugeben.** Fachausdrücke und Fachbezeichnungen haben so in die Angebote aufgenommen zu werden, dass sie der in Deutschland allgemein anerkannten und üblichen Fachsprache entsprechen.²⁷

r) Zuschlagskriterien, die nicht in den Vergabeunterlagen genannt werden nebst 27 **Gewichtung.** Gemäß dem neuen § 12 Abs. 1 Nr. 2 lit. r hat der Auftraggeber in der Auftragsbekanntmachung die Zuschlagskriterien zu benennen, sofern diese nicht in den Vergabeunterlagen genannt werden. Gleiches gilt für die Gewichtung der Zuschlagskriterien. Auch die Gewichtung ist in der Auftragsbekanntmachung zu benennen, sofern diese nicht in den Vergabeunterlagen genannt wird. Der Auftraggeber sollte bei Benennung der Zuschlagskriterien und deren Gewichtung zur Wahrung des vergaberechtlichen Transparenzgebots besondere Sorgfalt walten lassen.

s) Daten zum Eröffnungstermin und den bei Eröffnung zugelassenen Personen. 28 Zwingend anzugeben sind gem. § 12 Abs. 1 Nr. 2 lit. s ferner das **Datum, die Uhrzeit und der Ort des Eröffnungstermins.** Gemäß § 14a Abs. 1 S. 1 dürfen allein im Eröffnungstermin bei Zulassung schriftlicher Angebote Bieter und ihre Bevollmächtigten zugegen sein. Diese Angabe ist für den Bieter bei zugelassener schriftlicher Angebotsabgabe gleichfalls relevant, um den Wettbewerb und seine Chance auf Zuschlagserteilung einschätzen zu können. Zweckmäßigerweise sollte bereits in der Bekanntmachung mitgeteilt werden, wer als Bevollmächtigter des Bieters fungieren kann und auf welche Weise die Bevollmächtigung oder sonstige Legitimation nachzuweisen ist.²⁸

t) Sicherheiten. Die Bekanntmachung hat gem. § 12 Abs. 1 Nr. 2 lit. t auch Angaben des Auf- 29 traggebers darüber zu enthalten, welche Sicherheiten er für die Erfüllung der Verpflichtungen aus dem Vertrag und/oder für die Erfüllung der Mängelansprüche verlangt. Diese Informationen sind ebenfalls für die Teilnahmemöglichkeit des Bieters am Vergabeverfahren und seine Kalkulation wesentlich.

u) Wesentliche Finanzierungs- und Zahlungsbedingungen. Die zu vereinbarenden Zah- 30 lungsmodelle gem. § 16 Abs. 1 Nr. 1 S. 1 VOB/B bei Abschlagszahlungen sowie ausnahmsweise gem. § 16 Abs. 2 Nr. 1 S. 1 VOB/B bei vereinbarten Vorauszahlungen sind gem. § 12 Abs. 1 Nr. 2 lit. u in der Vergabebekanntmachung bekannt zu geben. Gleiches gilt bei vorgesehenen Teilschlusszahlungen für in sich abgeschlossene Teile der Leistung nach Teilabnahme gem. § 16 Abs. 4 VOB/B und für die Schlusszahlung gem. § 16 Abs. 3 Nr. 1 S. 1 VOB/B. Viele Bekanntmachungen verweisen standardmäßig auf die Regelungen des § 16 VOB/B, was allein im Regelfall zulässig und ausreichend ist. Bei hiervon **abweichenden Finanzierungs- und Zahlungsbedingungen,** wie zB der Vereinbarung von Vorauszahlungen gem. § 16 Abs. 2 Nr. 1, 2 VOB/B hat der Auftraggeber demgegenüber konkret die vorgesehenen Bedingungen und Einzelheiten der Finanzierung und Zahlung bekanntzugeben.²⁹

v) Rechtsform von Bietergemeinschaften. Der potenzielle Bieter muss wissen, zu welcher 31 Rechtsform er sich mit anderen Unternehmen verbinden kann oder muss, um an der Ausschreibung teilnehmen zu können. Die Annahme einer bestimmten **Rechtsform einer Bietergemeinschaft**

---

²⁵ Ingenstau/Korbion/*von Wietersheim* Rn. 29.
²⁶ HHKW/*Schneider* Rn. 24.
²⁷ Ingenstau/Korbion/*von Wietersheim* Rn. 22.
²⁸ Ingenstau/Korbion/*von Wietersheim* Rn. 24.
²⁹ Kapellmann/Messerschmidt/*Planker* Rn. 29.

kann vom Auftraggeber nicht bereits für die Einreichung des Angebots verlangt werden.[30] Die Annahme einer bestimmten Rechtsform der Bietergemeinschaft kann jedoch verlangt werden, wenn ihnen der Auftrag erteilt worden ist.[31] Gemäß § 6 Abs. 2 sind Bietergemeinschaften Einzelbietern gleichzusetzen, wenn sie die Arbeiten im eigenen Betrieb oder in den Betrieben der Mitglieder ausführen. In der Vergabebekanntmachung kann bestimmt werden, ob die **Nachweise zur Fachkunde und Leistungsfähigkeit** von einem oder von allen Mitgliedern der Bietergemeinschaft zu erbringen sind. Die Zuverlässigkeit ist demgegenüber stets von jedem Mitglied der Bietergemeinschaft in der geforderten Art und Weise nachzuweisen.[32]

32   w) **Eignungsnachweise.** Von hoher Relevanz für potenzielle Bieter ist die Bekanntmachung der vom Auftraggeber für die Ausschreibung verlangten Eignungsnachweise gem. § 12 Abs. 1 Nr. 2 lit. w. Mit der Bekanntmachung muss für jeden Bieter zweifelsfrei klar sein, welche **Eignungsnachweise** der Auftraggeber von ihm verlangt. Die Anforderung der bekannt gemachten Eignungsnachweise ist für den Auftraggeber **rechtlich verbindlich.** Der Auftraggeber darf hiervon später nicht – auch nicht nur geringfügig – abweichen.[33] Der Auftraggeber ist hieran gebunden. Mit der Angebotsaufforderung dürfen die Erfordernisse allenfalls konkretisiert, in der Sache aber nicht abgeändert oder ergänzt werden.[34] Jegliche nachträgliche inhaltliche Veränderung der in der Bekanntmachung angegebenen Eignungsnachweise, insbesondere deren Verschärfung oder Lockerung, ist unzulässig.[35] Auch sind die Mindestanforderungen an die Eignung in der Bekanntmachung unter genauer Abgabe der in diesem Zusammenhang vom Bieter vorzulegenden Unterlagen zu bezeichnen. Ein Verweis der Bekanntmachung auf die Verdingungsunterlagen ist insoweit unstatthaft. Die Verdingungsunterlagen können die Angaben der Vergabebekanntmachung lediglich in bestimmten Umfang konkretisieren.[36] Eignungsnachweise sind die in § 6a Abs. 2 Nr. 1–9 benannten Nachweise. Als andere Eignungsnachweise können gem. § 6a Abs. 3 auf den konkreten Auftrag bezogene, zusätzliche Angaben, die insbesondere für die Prüfung der Fachkunde geeignet sind, verlangt werden. Die geforderten Eignungsnachweise sind eindeutig und bestimmt anzugeben. Der Bieter muss zudem genügend Zeit erhalten, um sich erforderliche Unterlagen zu beschaffen.[37]

33   x) **Nachprüfungsstelle.** § 12 Abs. 1 Nr. 2 lit. x verlangt vom Auftraggeber die Benennung der Angabe der **Nachprüfungsstelle** in der Bekanntmachung, an die sich der Bieter wegen behaupteter Verstöße gegen Vergabebestimmungen zur Nachprüfung wenden kann. Diese Angabe der Nachprüfungsstelle ist auch gem. § 21 in der Bekanntmachung und den Vergabeunterlagen zwingend. Für den Auftraggeber tritt durch die Angabe der Nachprüfungsstelle in der Vergabebekanntmachung **eine Selbstbindung** ein. Der Auftraggeber kann sich in einem späteren Verfahren vor der Nachprüfungsstelle nicht auf die Unzuständigkeit dieser von ihm bekannt gegebenen Nachprüfungsstelle berufen. Die Nachprüfungsstelle selbst kann sich hingegen wegen ihrer von Amts wegen zu prüfenden Zuständigkeit für unzuständig erklären.[38]

III. Auftragsbekanntmachung bei beschränkter Ausschreibung nach Teilnahmewettbewerb (§ 12 Abs. 2)

34   § 12 Abs. 2 Nr. 1 enthält für beschränkte Ausschreibungen nach Teilnahmewettbewerb die zusätzliche Vorgabe an die Auftragsbekanntmachung, die Bieter aufzufordern, ihre **Teilnahme am Wettbewerb zu beantragen.** Diese Bestimmung des § 12 Abs. 2 Nr. 1 ergänzt die Vorgaben an die Auftragsbekanntmachung gem. § 12 Abs. 1 Nr. 2 lit. a–b. Auftragsbekanntmachungen von beschränkten Ausschreibungen nach öffentlichem Teilnahmewettbewerb sollen ferner die Angaben gem. § 12 Abs. 1 Nr. 2 enthalten (§ 12 Abs. 2 Nr. 2).

---

[30] EuGH Urt. v. 18.12.2007 – C-357/2006 – Frigero Luigi; EuGH Urt. v. 23.1.2003 – C-57/01 – Makedoniko Metro; KG Beschl. v. 4.7.2002 – KartVerg 8/02.
[31] KG Beschl. v. 4.7.2002 – KartVerg 8/02.
[32] OLG Naumburg Beschl. v. 10.4.2007 – 1 Verg 1/07; OLG Dresden Beschl. v. 16.10.2006 – WVerg 15/06; Kapellmann/Messerschmidt/*Planker* Rn. 30.
[33] OLG Frankfurt a. M. Beschl. v. 15.7.2008 – 11 Verg 4/2008; OLG Düsseldorf Beschl. v. 12.3.2008 – Verg 56/2007.
[34] OLG Düsseldorf Beschl. v. 22.1.2014 – Verg 26/13.
[35] VK Baden-Württemberg Beschl. v. 14.6.2013 – 1 VK 13/13; OLG Düsseldorf Beschl. v. 22.1.2014 – Verg 26/13.
[36] VK Bund Beschl. v. 4.10.2012 – VK 2-86/12; OLG Düsseldorf Beschl. v. 22.1.2014 – Verg 26/13.
[37] Ingenstau/Korbion/*von Wietersheim* Rn. 28.
[38] Ingenstau/Korbion/*von Wietersheim* Rn. 30.

IV. Teilnahmeanträge (§ 12 Abs. 3)

§ 12 Abs. 3 verpflichtet den Auftraggeber, auch solche Teilnahmeanträge zu berücksichtigen, die durch Telefax oder in sonstiger Weise elektronisch übermittelt worden sind, sofern die sonstigen Teilnahmebedingungen erfüllt sind. Wenn Teilnahmeanträge den inhaltlichen Anforderungen in der Auftragsbekanntmachung entsprechen, hat der Auftraggeber diese Teilnahmeanträge zu berücksichtigen, auch wenn sie lediglich per Telefax oder in sonstiger Weise elektronisch eingereicht werden. Auch hierdurch soll ein größtmöglicher Bewerberkreis eröffnet und damit ein größtmöglicher Wettbewerb ermöglicht werden.

§ 12a Versand der Vergabeunterlagen

(1) Soweit die Vergabeunterlagen nicht elektronisch im Sinne von § 11 Absatz 2 und 3 zur Verfügung gestellt werden, sind sie
1. den Unternehmen unverzüglich in geeigneter Weise zu übermitteln.
2. bei Beschränkter Ausschreibung und Freihändiger Vergabe an alle ausgewählten Bewerber am selben Tag abzusenden.

(2) Wenn von den für die Preisermittlung wesentlichen Unterlagen keine Vervielfältigungen abgegeben werden können, sind diese in ausreichender Weise zur Einsicht auszulegen.

(3) Die Namen der Unternehmen, die Vergabeunterlagen erhalten oder eingesehen haben, sind geheim zu halten.

(4) Erbitten Unternehmen zusätzliche sachdienliche Auskünfte über die Vergabeunterlagen, so sind diese Auskünfte allen Unternehmen unverzüglich in gleicher Weise zu erteilen.

Übersicht

		Rn.			Rn.
I.	Normzweck	1	IV.	Mitwirkungspflichten des Bewerbers bei erkennbaren Problemen der Übersendung der Vergabeunterlagen	6
II.	Übermittlung der Vergabeunterlagen bei öffentlicher Ausschreibung (§ 12a Abs. 1 Nr. 1)	2	V.	Einsichtnahme in die für die Preisermittlung wesentlichen Unterlagen (§ 12a Abs. 2)	7
			VI.	Geheimhaltung (§ 12a Abs. 3)	9
III.	Versand der Vergabeunterlagen bei beschränkter Ausschreibung und freihändiger Vergabe (§ 12a Abs. 1 Nr. 2)	4	VII.	Zusätzliche sachdienliche Auskünfte über die Vergabeunterlagen (§ 12a Abs. 4)	11

I. Normzweck

§ 12a VOB/A 2019 enthält die vormals in § 12 Abs. 4 Nr. 7 VOB/A 2012 kodifizierten Vorschriften zum Versand der Vergabeunterlagen und zu den vom Auftraggeber auf Ersuchen zusätzlich zu erteilenden sachdienlichen Auskünften über die Vergabeunterlagen. Normzweck des § 12 Abs. 1 Nr. 1 ist die Verfahrensbeschleunigung sowie die **Sicherstellung der Gleichbehandlung** der ausgewählten Bewerber bei beschränkter Ausschreibung und bei freihändiger Vergabe gem. § 12a Abs. 1 Nr. 2. Die Norm schützt durch § 12a Abs. 3 weiterhin den Geheimwettbewerb sowie in § 12a Abs. 4 die Gleichbehandlung und Chancengleichheit aller Bewerber und die Transparenz des Ausschreibungsverfahrens.

II. Übermittlung der Vergabeunterlagen bei öffentlicher Ausschreibung (§ 12a Abs. 1 Nr. 1)

Die Vergabeunterlagen sind, soweit sie nicht gem. § 11 Abs. 2, 3 elektronisch vom Auftraggeber zur Verfügung gestellt werden, unverzüglich an die Unternehmen zu übermitteln. Zur Auslegung des Begriffs „unverzüglich" ist auf die Legaldefinition des § 121 Abs. 1 S. 1 BGB zurückzugreifen. Nach Eingang einer Anforderung beim Auftraggeber sind die Vergabeunterlagen grundsätzlich sofort zu versenden. Vom Auftraggeber ist zu erwarten, intern alle erforderlichen Vorkehrungen zu treffen, um dieses Postulat zu verwirklichen. Der Auftraggeber hat für den unverzüglichen Versand der Vergabeunterlagen eine **geeignete Infrastruktur vorzuhalten**.[1]

---

[1] Ingenstau/Korbion/*von Wietersheim* Rn. 3.

3   Die Übermittlung hat „in geeigneter Weise" zu erfolgen. Dies umfasst den Postversand wie auch die Übermittlung auf elektronischem Weg. Die Wahl der Übermittlungsart unterliegt dem pflichtgemäßen Ermessen des Auftraggebers. Bieter können nicht von sich aus eine bestimmte Art der Übermittlung der Vergabeunterlagen fordern. Der Auftraggeber ist dabei an die von ihm gewählte Kommunikationsart gem. § 11 Abs. 1 S. 1 gebunden. Bei elektronischer Kommunikation hat der Auftraggeber den elektronischen Versand zu dokumentieren, um den Zugang beim Bieter im Streitfall darlegen und beweisen zu können.[2] Die Bekanntmachung und Festlegung einer abschließenden Frist zur Abforderung der Vergabeunterlagen ist mit § 12a Abs. 1 Nr. 1 nicht zu vereinbaren.[3]

III. Versand der Vergabeunterlagen bei beschränkter Ausschreibung und freihändiger Vergabe (§ 12a Abs. 1 Nr. 2)

4   Zur Wahrung der Gleichbehandlung und der Chancengleichheit der Bewerber sind die Vergabeunterlagen gem. § 12a Abs. 1 Nr. 2 bei beschränkter Ausschreibung und bei freihändiger Vergabe an alle ausgewählten Bewerber am selben Tag abzusenden. Vermieden werden soll jede Beeinträchtigung der Wettbewerbschancen der Bewerber aus Gründen, die in der Sphäre des Auftraggebers liegen.[4]

5   Der Versand der Vergabeunterlagen an alle ausgewählten Bewerber am gleichen Tag ist vom Auftraggeber **zu dokumentieren**. Unterschiedliche Postlaufzeiten muss der Auftraggeber demgegenüber nicht antizipieren.[5]

IV. Mitwirkungspflichten des Bewerbers bei erkennbaren Problemen der Übersendung der Vergabeunterlagen

6   Den Bewerber können Verhaltensanforderungen in eigenem Interesse treffen. Einem Bewerber, der die Vergabeunterlagen angefordert hat, obliegt es, die Vergabestelle frühzeitig **zu benachrichtigen**, falls er die Unterlagen nicht innerhalb der für einen normalen Postlauf anzusetzenden Zeitspanne erhält und ein postalisches Versehen nahe liegt.[6] Erkennt der Bewerber, dass die Übersendung der Vergabeunterlagen an ihn offenbar fehlgeschlagen ist, muss er bei der Vergabestelle **nachfassen**.[7] Gehen Unterlagen auf dem Postweg verloren, ist die Vergabestelle im Rahmen des Möglichen und Zumutbaren verpflichtet, dem Bewerber die Vergabeunterlagen erneut zuzusenden. Die Vergabestelle kann die erneute Zusendung nicht damit ablehnen, dass die verbleibende Kalkulationszeit nicht ausgereicht hätte, um ein chancenreiches Angebot abzugeben.[8]

V. Einsichtnahme in die für die Preisermittlung wesentlichen Unterlagen (§ 12a Abs. 2)

7   § 12a Abs. 2 erfasst Unterlagen, die für die Angebotsbearbeitung wesentlich sind, und für die keine Vervielfältigungen abgegeben werden können, weil dies nicht möglich oder mit unverhältnismäßig hohen Kosten verbunden wäre. Dies betrifft vor allem **Detailzeichnungen, Sachverständigengutachten, Probestücke, Planunterlagen** mit sehr großen Plänen oder farbigen Darstellungen sowie **Modelle**. Nicht erfasst ist hingegen die Leistungsbeschreibung. Ohne diese ist eine Angebotserstellung ausgeschlossen.[9] Die Einsichtnahme in die für die Preisermittlung wesentlichen Vergabeunterlagen muss so organisiert und durchgeführt werden, dass jeder potenzielle Bieter mit verhältnismäßigem Aufwand während üblicher Geschäftszeiten die Möglichkeit zur Einsichtnahme hat. Die Einsichtsmöglichkeit kann vom Auftraggeber zeitlich befristet werden.

8   Die Angemessenheit einer für die Einsichtnahme angesetzten Frist ist nach dem Umfang der zur Einsicht bereitgestellten Vergabeunterlagen zu beurteilen.[10] Die Einsichtnahme muss nicht am Geschäftssitz des Auftraggebers erfolgen. Es darf keine Bevorzugung ortsnaher Bieter durch den festgelegten Ort und die festgelegte Zeit der Einsichtmöglichkeit erfolgen. Durchgeführte Einsichtnahmen hat der Auftraggeber zu dokumentieren. Zur Wahrung des Geheimwettbewerbs sind **getrennte Einsichtnahmetermine** mit jedem Bieter allein zu vereinbaren.[11] Zeitgleiche Einsichtnahmen mehrerer Bieter sind unstatthaft.

---

[2] Kapellmann/Messerschmidt/*Planker* § 12 Rn. 40.
[3] VK Sachsen Beschl. v. 19.4.2012 – 1/SVK/009-12.
[4] Kapellmann/Messerschmidt/*Planker* § 12 Rn. 43.
[5] Ingenstau/Korbion/*von Wietersheim* Rn. 4.
[6] VK Bund Beschl. v. 28.9.2005 – VK 2-120/05; *Weyand* ibrOK VergabeR § 12 Rn. 112.
[7] VK Bund Beschl. v. 28.9.2005 – VK 2-120/05.
[8] OLG Düsseldorf Beschl. v. 21.12.2005 – Verg 75/05.
[9] Ingenstau/Korbion/*von Wietersheim* Rn. 6, 5.
[10] HHKW/*Schneider* § 12 Rn. 41.
[11] Ingenstau/Korbion/*von Wietersheim* Rn. 6.

VI. Geheimhaltung (§ 12a Abs. 3)

Das Postulat des sicherzustellenden Geheimwettbewerbs unter den Bewerbern gilt nicht allein **9** bei Versand der Vergabeunterlagen oder bei Einsichtnahmen in die Vergabeunterlagen. Es erstreckt sich vielmehr auf sämtliche Stadien des Ausschreibungsverfahrens bis zur Zuschlagserteilung.[12] Die Gewährleistung des Geheimwettbewerbs zwischen den am Ausschreibungsverfahren teilnehmenden Bietern ist essenziell für die Funktionsfähigkeit des Wettbewerbs. Nur dann, wenn jeder Bieter die ausgeschriebene Leistung in Unkenntnis der Angebote, der Angebotsgrundlagen und der Angebotskalkulation seiner Mitbewerber um den Zuschlag anbietet, ist ein echter Bieterwettbewerb möglich.[13] Andernfalls besteht die Möglichkeit **kartellrechtswidriger Absprachen** zwischen den Bietern.

Die Vorschrift ist zwingend und vom Auftraggeber streng zu beachten. Getroffene Geheimhal- **10** tungsmaßnahmen sollte der Auftraggeber genau dokumentieren.

VII. Zusätzliche sachdienliche Auskünfte über die Vergabeunterlagen (§ 12a Abs. 4)

§ 12a Abs. 4 schützt die Gleichbehandlung und die Chancengleichheit der Bieter. Dem gesam- **11** ten potenziellen Bieterkreis sind auf Anforderung unverzüglich sachdienliche Auskünfte zu erteilen, um den Bietern eine ordnungsgemäße Angebotsbearbeitung und -kalkulation zu ermöglichen. Die Auskunftspflicht des öffentlichen Auftraggebers dient der Einhaltung eines fairen, mit möglichst großer Beteiligung geführten Wettbewerbs und damit auch der Gleichbehandlung der beteiligten Bieter.[14] Zusätzliche Auskünfte sind unverzüglich zu erteilen, wenn sie sachdienlich sind. Dies ist dann der Fall, wenn die von den Bietern gestellten Fragen im Zusammenhang mit der geforderten Bauleistung im Hinblick auf eine ordnungsgemäße Angebotsbearbeitung oder der Angebotsabgabe stehen. Hier ist ein **großzügiger Maßstab** durch den Auftraggeber anzulegen.[15] Der Begriff der zusätzlichen Auskünfte ist weit auszulegen.[16] Der Auftraggeber hat dadurch die Möglichkeit, Zweifelsfragen und Missverständnisse der Bieter aufzuklären. Auf diese Weise trägt er dazu bei, dass die Bieter ihre Angebote ordnungsgemäß bearbeiten können.[17]

Bei öffentlicher Ausschreibung sind alle Unternehmen über die Antwort auf eine Bieterfrage **12** zu informieren, denen die Vergabeunterlagen übermittelt wurden. Antworten auf Bieterfragen sind daher – soweit es in ihnen um Informationen geht, die über das individuelle Interesse des Fragenden auch für die übrigen Bewerber von Bedeutung sein können – den anderen Bietern zeitgleich und im selben Umfang bekannt zu machen. Dies erfordert der Grundsatz der Gleichbehandlung.[18] Bei elektronischer Bereitstellung der Vergabeunterlagen muss der Auftraggeber diese **aktualisieren** und **Hinweise auf die Aktualisierung der Unterlagen** unter Kennzeichnung der Neuerungen geben.[19] Bei beschränkter Ausschreibung oder freihändiger Vergabe muss der Auftraggeber seine Antworten auf Bieterfragen allen Unternehmen zuleiten, die Teilnahmeanträge gestellt haben oder denen er die Vergabeunterlagen übermittelt hat.

Allenfalls im Einzelfall kann der Auftraggeber eine Bieterfrage individuell beantworten, wenn **13** sie offensichtlich das individuelle Missverständnis eines Bieters betrifft, die allseitige Beantwortung der Frage Betriebs- oder Geschäftsgeheimnisse des Bieters verletzen würde oder die Identität des Bieters preisgeben würde.[20] Der Auftraggeber sollte hier besondere Vorsicht walten lassen, um den Gleichbehandlungsgrundsatz nicht zu verletzen. Der Begriff „unverzüglich" in § 12a Abs. 4 entspricht der Legaldefinition des § 121 Abs. 1 S. 1 BGB.

Aus Dokumentationsgründen ist der Auftraggeber gem. § 20 Abs. 1 gehalten, sowohl die erteil- **14** ten Auskünfte als auch die Adressaten dieser Auskünfte in den Vergabeunterlagen festzuhalten. Erbetene Auskünfte müssen allen Bewerbern gleichzeitig auch in gleicher Art und Weise übermittelt werden, um die Chancengleichheit zu bewahren.[21] Eine **Änderung der Vergabeunterlagen** durch Auskünfte des Auftraggebers ist nicht statthaft.[22] Durch zusätzliche Auskünfte und zusätzliche Unterlagen können zwar bestimmte Klarstellungen an den Vergabeunterlagen vorgenommen werden und

---

[12] HHKW/*Schneider* § 12 Rn. 42.
[13] OLG Düsseldorf Beschl. v. 4.2.2013 – Verg 31/12; OLG Düsseldorf Beschl. v. 16.9.2003 – Verg 52/03.
[14] VK Sachsen Beschl. v. 15.4.2008 – 1/SVK/015-08; OLG Naumburg Beschl. v. 23.7.2001 – 1 Verg 2/01; VK Bremen Beschl. v. 20.3.2014 – 16 VK 1/14.
[15] Ingenstau/Korbion/*von Wietersheim* Rn. 12.
[16] VK Sachsen Beschl. v. 10.5.2011 – 1/SVK/009-11.
[17] VK Sachsen Beschl. v. 10.5.2011 – 1/SVK/009-11.
[18] VK Sachsen Beschl. v. 24.8.2016 – 1/SVK/017-16; VK Sachsen Beschl. v. 10.5.2011 – 1/SVK/009-11.
[19] Ingenstau/Korbion/*von Wietersheim* Rn. 14.
[20] VK Sachsen Beschl. v. 24.8.2016 – 1/SVK/017-16.
[21] HHKW/*Schneider* § 12 Rn. 43.
[22] *Weyand* ibrOK VergabeR § 12 Rn. 120.

weitere Informationen gegeben werden. Diese dürfen jedoch nicht – beispielsweise durch Berichtigungen der Vergabeunterlagen – den Umfang oder die Bedingungen des Auftrags verändern, dh technische Spezifikationen oder Vergabekriterien modifizieren.[23]

15 Unterhalb der Schwellenwerte ist der Auftraggeber befugt, eine Frist für den letztmöglichen Eingang von Fragen zu den Vergabeunterlagen zu setzen (Fragefrist).[24] Dies deshalb, um bestehenden Klärungsbedarf im Rahmen der laufenden Angebotsfrist abzuarbeiten, ohne den geordneten Ablauf des Ausschreibungsverfahrens zu beeinträchtigen.[25] Der Auftraggeber hat jeweils auch zu prüfen, ob er die Angebotsfrist verlängern muss, damit die Bieter die Auskünfte bei ihrer Angebotskalkulation noch berücksichtigen können.[26] **Rechtsauskünfte zu den Vergabeunterlagen** oder eine rechtliche Beratung des Bieters zu den Vergabeunterlagen sind vom Auftraggeber gem. § 12a Abs. 4 nicht zu erteilen. Trotzdem erteilte Rechtsauskünfte müssen aber der Sache nach richtig sein. Die fehlerhafte Rechtsauskunft des Auftraggebers gegenüber einem Bieter führt zur Intransparenz des Vergabeverfahrens und damit zu einem Verstoß gegen § 97 Abs. 1 S. 1 GWB.[27]

§ 13 Form und Inhalt der Angebote

(1)
1. Der Auftraggeber legt fest, in welcher Form die Angebote einzureichen sind. Schriftlich eingereichte Angebote müssen unterzeichnet sein. Elektronische Angebote sind nach Wahl des Auftraggebers in Textform oder versehen mit
   a) einer fortgeschrittenen elektronischen Signatur,
   b) einer qualifizierten elektronischen Signatur,
   c) einem fortgeschrittenen elektronischen Siegel oder
   d) einem qualifizierten elektronischen Siegel zu übermitteln.
2. Der Auftraggeber hat die Datenintegrität und die Vertraulichkeit der Angebote auf geeignete Weise zu gewährleisten. Per Post oder direkt übermittelte Angebote sind in einem verschlossenen Umschlag einzureichen, als solche zu kennzeichnen und bis zum Ablauf der für die Einreichung vorgesehenen Frist unter Verschluss zu halten. Bei elektronisch übermittelten Angeboten ist dies durch entsprechende technische Lösungen nach den Anforderungen des Auftraggebers und durch Verschlüsselung sicherzustellen. Die Verschlüsselung muss bis zur Öffnung des ersten Angebots aufrechterhalten bleiben.
3. Die Angebote müssen die geforderten Preise enthalten.
4. Die Angebote müssen die geforderten Erklärungen und Nachweise enthalten.
5. Änderungen an den Vergabeunterlagen sind unzulässig. Änderungen des Bieters an seinen Eintragungen müssen zweifelsfrei sein.
6. Bieter können für die Angebotsabgabe eine selbstgefertigte Abschrift oder Kurzfassung des Leistungsverzeichnisses benutzen, wenn sie den vom Auftraggeber verfassten Wortlaut des Leistungsverzeichnisses im Angebot als allein verbindlich anerkennen; Kurzfassungen müssen jedoch die Ordnungszahlen (Positionen) vollzählig, in der gleichen Reihenfolge und mit den gleichen Nummern wie in dem vom Auftraggeber verfassten Leistungsverzeichnis wiedergeben.
7. Muster und Proben der Bieter müssen als zum Angebot gehörig gekennzeichnet sein.

(2) Eine Leistung, die von den vorgesehenen technischen Spezifikationen nach § 7a Absatz 1 abweicht, kann angeboten werden, wenn sie mit dem geforderten Schutzniveau in Bezug auf Sicherheit, Gesundheit und Gebrauchstauglichkeit gleichwertig ist. Die Abweichung muss im Angebot eindeutig bezeichnet sein. Die Gleichwertigkeit ist mit dem Angebot nachzuweisen.

(3) Die Anzahl von Nebenangeboten ist an einer vom Auftraggeber in den Vergabeunterlagen bezeichneten Stelle aufzuführen. Etwaige Nebenangebote müssen auf besonderer Anlage erstellt und als solche deutlich gekennzeichnet werden. Werden mehrere Hauptangebote abgegeben, muss jedes aus sich heraus zuschlagsfähig sein. Absatz 1 Nummer 2 Satz 2 gilt für jedes Hauptangebot entsprechend.

---

[23] EuGH Urt. v. 10.5.2012 – C-368/10 Rn. 55 – Kommission/Königreich der Niederlande.
[24] VK Sachsen Beschl. v. 24.4.2008 – 1/SVK/015-08.
[25] VK Sachsen Beschl. v. 24.4.2008 – 1/SVK/015-08; VK Bremen Beschl. v. 20.3.2014 – 16 VK 1/14; *Weyand* ibrOK VergabeR § 12 Rn. 134.
[26] Ingenstau/Korbion/*von Wietersheim* Rn. 19.
[27] VK Bund Beschl. v. 11.10.2010 – VK 3-96/10; OLG Düsseldorf Beschl. v. 17.2.2014 – VII-Verg 2/14.

(4) Soweit Preisnachlässe ohne Bedingungen gewährt werden, sind diese an einer vom Auftraggeber in den Vergabeunterlagen bezeichneten Stelle aufzuführen.

(5) Bietergemeinschaften haben die Mitglieder zu benennen sowie eines ihrer Mitglieder als bevollmächtigten Vertreter für den Abschluss und die Durchführung des Vertrags zu bezeichnen. Fehlt die Bezeichnung des bevollmächtigten Vertreters im Angebot, so ist sie vor der Zuschlagserteilung beizubringen.

(6) Der Auftraggeber hat die Anforderungen an den Inhalt der Angebote nach den Absätzen 1 bis 5 in die Vergabeunterlagen aufzunehmen.

Übersicht

		Rn.			Rn.
I.	Normzweck	1		b) Änderungen an eigenen Eintragungen	71
II.	Grundlagen	6	7.	Bieterseitige Kurzfassungen des Leistungsverzeichnisses (§ 13 Abs. 1 Nr. 6)	76
1.	Zivilrechtliches Angebot	6			
2.	Angebotsauslegung	8	8.	Muster und Proben der Bieter (§ 13 Abs. 1 Nr. 7)	79
III.	Anforderungen an die Angebote gem. § 13 Abs. 1 Nr. 1–7	13	IV.	Abweichung von technischen Spezifikationen in den Vergabeunterlagen (§ 13 Abs. 2)	82
1.	Angebotsform nach Vorgabe des Auftraggebers (§ 13 Abs. 1 Nr. 1 S. 1)	13	1.	Norminhalt und -kontext	82
2.	Angebotsform im Einzelnen (§ 13 Abs. 1 Nr. 1 S. 2–4)	15	2.	Technische Spezifikationen	87
	a) Schriftliche Angebote (§ 13 Abs. 1 Nr. 1 S. 2, 3)	15	3.	Zulässigkeitsanforderungen der Abweichung	89
	b) Elektronische Angebote (§ 13 Abs. 1 Nr. 1 S. 3)	25	4.	Nachweis der Gleichwertigkeit	92
3.	Datenintegrität und Vertraulichkeit bei der Angebotsbehandlung (§ 13 Abs. 1 Nr. 2)	32	V.	Nebenangebote und mehrere Hauptangebote (§ 13 Abs. 3)	94
	a) Grundlagen der Angebotsbehandlung	32	1.	Norminhalt und Normkontext	94
	b) Verschluss und Kennzeichnung schriftlicher Angebote	34	2.	Aufführung der Anzahl und Kennzeichnung von Nebenangeboten	100
	c) Verschlüsselung elektronischer Angebote	39	3.	Mehrere Hauptangebote	104
4.	Angebotsanforderungen in Bezug auf die Preise (§ 13 Abs. 1 Nr. 3)	43	VI.	Preisnachlässe ohne Bedingungen (§ 13 Abs. 4)	105
	a) Normkontext und -zweck	43	1.	Begrifflichkeiten und Voraussetzungen	105
	b) Geforderte Preisangaben	47	2.	Behandlung und Rechtsfolgen	109
5.	Angebotsanforderungen in Bezug auf Erklärungen und Nachweise (§ 13 Abs. 1 Nr. 4)	55	VII.	Angebote von Bietergemeinschaften (§ 13 Abs. 5)	110
	a) Normkontext und -zweck	55	1.	Begrifflichkeiten und Voraussetzungen	110
	b) Geforderte Erklärungen und Nachweise	58	2.	Bezeichnung des bevollmächtigten Vertreters	115
6.	Bieterseitige Änderungen an den Vergabeunterlagen und an seinen Eintragungen (§ 13 Abs. 1 Nr. 5)	64	VIII.	Aufnahme der Anforderungen gem. § 13 Abs. 1–5 in die Vergabeunterlagen (§ 13 Abs. 6)	118
	a) Änderungen an den Vergabeunterlagen	64			

I. Normzweck

Die §§ 13 ff. bilden den **Kern des Vergabeverfahrens**.[1] Dieser besteht aus den förmlichen und inhaltlichen Vorgaben bei der Abgabe der Angebote (§ 13), den Regelungen für die Eröffnung, die förmliche Angebotsbehandlung und den Öffnungs- bzw. Eröffnungstermin (§§ 14, 14a) sowie die Aufklärung des Angebotsinhalts (§ 15), insbesondere der Möglichkeit der Durchführung von Aufklärungsgesprächen mit den Bietern. Mit den Vorgaben der §§ 13–15 wird die Angebotsphase des Vergabeverfahrens einschließlich der formellen Behandlung der Angebote im Öffnungstermin und die Aufklärung des Angebotsinhalts geregelt. Weitere Kernpunkte des Vergabeverfahrens sind

---

[1] Ingenstau/Korbion/*von Wietersheim* Vor §§ 13 ff. Rn. 2.

die formelle Prüfung der Angebote auf zwingende oder fakultative Ausschlussgründe (§ 16 Abs. 1, 2), die Prüfung der bieterbezogenen Eignungskriterien (§ 16b Abs. 1, 2) und schließlich die materielle Angebotswertung (§ 16d Abs. 1–5).

2 § 13 hat in der Neufassung der VOB/A 2019 in § 13 Abs. 1 Nr. 1 S. 2 und 3 Änderungen zur vorhergehenden Regelung des § 13 VOB/A 2016 erfahren. § 13 Abs. 1 Nr. 1–7, § 13 Abs. 2–6 sind materiell mit den Regelungen des § 13 EU Abs. 1 Nr. 1–7, § 13 Abs. 2–6 sowie mit den Regelungen des § 13 VS Abs. 1 Nr. 1–7, § 13 Abs. 2–6 identisch. Die nachstehende Kommentierung des § 13 kann daher für die §§ 13 EU und 13 VS gleichfalls ergänzend herangezogen werden.

3 § 13 ermöglicht die Durchführung eines ordnungsgemäßen Wettbewerbs durch Sicherstellung des formal korrekten Ablaufs des Vergabeverfahrens in der Angebotsphase. Die Vorschrift bezweckt dabei insbesondere die **Sicherstellung der Vergleichbarkeit der Angebote** für die auf die Angebotsphase folgende Wertungsphase.[2] Die Vorschrift ist bieterschützend.[3] Diese Sicherstellung einer möglichst weitgehenden Vergleichbarkeit der Angebote in der Angebotsphase ermöglicht es erst in der darauf folgenden Wertungsphase, das annehmbarste und wirtschaftlichste Angebot gem. § 16d Abs. 1 Nr. 3 zu ermitteln. Hierdurch wird den Vorgaben des öffentlichen Haushaltsrechts durch Einhaltung der Gebote der Sparsamkeit und Wirtschaftlichkeit Rechnung getragen.[4] Die von den die Vorgaben des § 13 geforderte **Vollständigkeit der Bieterangaben** zu den bieterseits unveränderten Vergabeunterlagen dient ferner nach Zuschlagserteilung der Vertragssicherheit.[5]

4 Die formellen und inhaltlichen Anforderungen des § 13 an die Angebote der Bieter sind **nicht abschließend.** Die Bieter sind ferner bei der Angebotsabgabe allein dann zur Einhaltung der Vorgaben in § 13 Abs. 1–5 verpflichtet, wenn der Auftraggeber gem. § 13 Abs. 6 die Anforderungen an den Inhalt der Angebote nach § 13 Abs. 1–5 in den Vergabeunterlagen vorgegeben hat.[6] Hierzu ist die **wörtliche Wiederholung** der Bestimmungen des § 13 Abs. 1–5 in den Vergabeunterlagen erforderlich.[7]

5 Gemäß § 13 Abs. 1 Nr. 1 S. 1 in der Neufassung der VOB/A 2019 hat der Auftraggeber auch im Bereich der nationalen Vergabe die Möglichkeit, ausschließlich elektronische Angebote zur Einreichung vorzugeben. § 13 Abs. 1 Nr. 1 S. 2 VOB/A 2016, demzufolge bei der nationalen Bauvergabe schriftlich eingereichte Angebote immer zuzulassen waren, ist entfallen. Des Weiteren enthält § 13 Abs. 1 die Grundlagen der Angebotsbehandlung und des Angebotsinhalts (§ 13 Abs. 1 Nr. 2–7). Besondere Anforderungen an den Angebotsinhalt in Bezug auf die Abweichung von technischen Spezifikationen, der Abgabe von Nebenangeboten, von Preisnachlässen ohne Bedingungen sowie der gemeinsamen Angebotsabgabe von Bietergemeinschaften enthalten ferner die Regelungen in § 13 Abs. 2–5.

II. Grundlagen

6 **1. Zivilrechtliches Angebot.** Das Bieterangebot im Vergabeverfahren ist Angebot gem. § 145 BGB. Es ist eine einseitige, empfangsbedürftige Willenserklärung, welche gem. § 130 Abs. 1 S. 1 BGB mit Zugang beim öffentlichen Auftraggeber wirksam wird. Das Bieterangebot ist Teil des zweiseitigen Rechtsgeschäfts „Bauauftrag" oder „Bauvertrag", welches durch Zuschlagserteilung (Annahme des Angebots) geschlossen wird. Das Bieterangebot erfolgt auf Grundlage der Vergabeunterlagen iSd § 8 Abs. 1 Nr. 1, 2, Abs. 2 Nr. 1–4. Durch die Angebotsabgabe des Bieters auf Grundlage der Vergabeunterlagen wird die Bestimmtheit bzw. die Bestimmbarkeit des Angebots als einseitige, empfangsbedürftige Willenserklärung, die auf den Abschluss eines Bauvertrages mit definiertem Inhalt gerichtet ist, herbeigeführt. Gegenstand und Inhalt des Vertrages müssen durch Bezugnahme des Angebots auf die Vergabeunterlagen so bestimmt bzw. so bestimmbar gem. den §§ 133, 157, 315 ff. BGB sein, dass die Annahme des Angebots durch ein einfaches Ja erfolgen kann. Gegenstand und Inhalt des Angebots einschließlich der notwendigen Bestimmtheit sind aus **Sicht des Empfängerhorizonts** zu beurteilen. Die zivilrechtlichen Vorschriften der Rechtsgeschäftslehre (§§ 145 ff. BGB) sind auf das Bieterangebot uneingeschränkt heranzuziehen. Gleiches gilt für die zivilrechtlichen Vorgaben zur Auslegung des Angebots gem. den §§ 133, 157, 315 ff. BGB.

7 Die Bindefrist, die der Auftraggeber gem. § 10 Abs. 4 S. 1–4, § 18 Abs. 1 in den Vergabeunterlagen setzt, beinhaltet die Bestimmung einer Annahmefrist für das auf Grundlage der Vergabeunterla-

---

[2] Ingenstau/Korbion/*von Wietersheim* Rn. 1.
[3] 1. VK Sachsen Beschl. v. 5.9.2002 – 1/SVK/073-02; Kapellmann/Messerschmidt/*Planker* Rn. 1.
[4] Kapellmann/Messerschmidt/*Planker* Rn. 1.
[5] Kapellmann/Messerschmidt/*Planker* Rn. 1.
[6] Ingenstau/Korbion/*von Wietersheim* Rn. 1; jurisPK–VergabeR/*Dippel* Rn. 55.
[7] Ingenstau/Korbion/*von Wietersheim* Rn. 40.

gen abgegebene Angebot gem. § 148 BGB. Daher ist gem. § 18 Abs. 1 der Zuschlag möglichst bald, mindestens aber so rechtzeitig zu erteilen, dass dem Bieter die Erklärung des Zuschlags noch **vor Ablauf der Bindefrist** (§ 10 Abs. 4–6) zugeht. Zuschlagserteilungen unter Erweiterungen, Einschränkungen oder Änderungen sind ebenso wie verspätete Zuschlagserteilungen abändernde bzw. verspätete Annahmen des Angebots gem. § 150 Abs. 1 und 2 BGB. Abändernde oder verspätete Zuschlagserteilungen des öffentlichen Auftraggebers beinhalten eine Ablehnung des Angebots des Bieters, verbunden mit einem neuen Angebot des öffentlichen Auftraggebers. Dementsprechend ist der Bieter gem. § 18 Abs. 2 bei Zuschlagserteilung unter Erweiterungen, Einschränkungen oder Änderungen des Angebots sowie bei verspäteten Zuschlagserteilungen nach Ablauf der Bindefrist aufzufordern, sich unverzüglich über die Annahme (des neuen Angebots des Auftraggebers) zu erklären.

2. Angebotsauslegung. Ist das Angebot des Bieters aus Sicht des Empfängerhorizonts unklar 8 oder sonst auslegungsbedürftig, sind die zivilrechtlichen Grundsätze zur Auslegung einseitiger empfangsbedürftiger Willenserklärungen gem. den §§ 133, 157 BGB heranzuziehen.[8] Eine Auslegungsbedürftigkeit und -möglichkeit besteht dann nicht, wenn die einseitige empfangsbedürftige Willenserklärung nach Wortlaut und Zweck **einen eindeutigen Inhalt** hat und für eine Auslegung daher kein Raum ist.[9] So kommt keine Auslegung des Angebots des Bieters den §§ 133, 157 BGB in Betracht, wenn die Eintragung des Bieters in der maßgeblichen Position für sich genommen eindeutig ist und keinen Rechen- oder Schreibfehler erkennen lässt.[10]

Bei bestehender Auslegungsmöglichkeit und -bedürftigkeit ist die **Auslegung des Angebots** 9 des Bieters gegenüber dessen Ausschluss **vorrangig.**[11] Der öffentliche Auftraggeber ist bei Auslegungsbedürftigkeit des Angebots zur Auslegung verpflichtet.[12]

Bei Ermittlung des Erklärungsinhalts der auslegungsbedürftigen einseitigen empfangsbedürftigen 10 Willenserklärung ist nicht am Wortlaut zu haften. Empfangsbedürftige Willenserklärungen sind vielmehr so auszulegen, wie sie der Erklärungsempfänger nach Treu und Glauben unter Berücksichtigung der Verkehrssitte verstehen musste. Zu berücksichtigen sind bei der Auslegung dabei allein solche Umstände, die bei Zugang der Erklärung dem Empfänger bekannt oder für ihn erkennbar waren. Maßgeblich ist der Empfängerhorizont, und zwar auch dann, wenn der Erklärende die Erklärung anders verstanden hat und auch anders verstehen durfte.[13] Der Erklärungsempfänger darf das Angebot allerdings nicht einfach in einem für ihn günstigsten Sinn verstehen. Er ist vielmehr nach Treu und Glauben verpflichtet, unter Berücksichtigung aller ihm erkennbaren Umstände mit gehöriger Aufmerksamkeit zu prüfen, was der Erklärende gemeint hat. Entscheidend ist danach der durch normative Auslegung zu ermittelnde **objektive Erklärungswert der Erklärung** aus Sicht des Erklärungsempfängers.[14] Für die Auslegung von Angeboten und sonstigen Bietererklärungen im Vergabeverfahren sind dabei ergänzend auch die in § 97 Abs. 1, 2 GWB aufgestellten Vergabeprinzipien der Auftragsvergabe im Rahmen eines transparenten Wettbewerbs unter Gleichbehandlung aller Bieter zu beachten.[15]

Bei der Angebotsauslegung können auch **nachträglich abgegebene Erklärungen** eines 11 Bieters darüber, wie er sein Angebot im Zeitpunkt der Angebotsabgabe verstanden wissen wollte und welchem Inhalt er diesem Angebot beimaß, berücksichtigt werden. Zur Feststellung, welchen Inhalt der Erklärende seinem Angebot selbst zukommen lassen wollte, sind daher auch zeitlich später entstandene Erläuterungen des Bieters heranzuziehen, soweit sie einen Rückschluss auf den Willen des Bieters im Zeitpunkt der Angebotsabgabe zulassen.[16] Auch **spätere Vorgänge,** insbesondere das nachträgliche Verhalten des Bieters sind ebenso wie nachträgliche Erklärungen des Bieters insoweit zu berücksichtigen, als sie Rückschlüsse auf seinen tatsächlichen Willen und

---

[8] OLG Celle Beschl. v. 19.2.2015 – 13 Verg 12/14; VK Südbayern Beschl. v. 10.9.2013 – Z3-3-3194-1-24-08/13.
[9] *Weyand* ibrOK VergabeR § 13 Rn. 13.
[10] VK Schleswig-Holstein Beschl. v. 20.10.2010 – VK-SH 16/10; VK Bund Beschl. v. 28.7.2006 – VK 2-50/06; VK Schleswig-Holstein Beschl. v. 28.3.2007 – VK-SH 4/07; VK Schleswig-Holstein Beschl. v. 15.5.2006 – VK-SH 10/06; OLG Frankfurt a. M. Beschl. v. 8.2.2005 – 11 Verg 24/04; VK Münster Beschl. v. 15.8.2007 – VK 13/07.
[11] VK Bund Beschl. v. 17.2.2017 – VK 2-14/17; *Weyand* ibrOK VergabeR Rn. 14.
[12] OLG Düsseldorf Beschl. v. 19.6.2013 – Verg 8/13; OLG Düsseldorf Beschl. v. 12.12.2012 – Verg 38/12.
[13] OLG Celle Beschl. v. 19.2.2015 – 13 Verg 12/14; VK Südbayern Beschl. v. 10.9.2013 – Z3-3-3194-1-24-08/13; VK Schleswig-Holstein Beschl. v. 20.10.2010 – VK-SH 16/10.
[14] VK Westfalen Beschl. v. 7.4.2017 – VK 1-07/07; Palandt/*Ellenberger* BGB § 133 Rn. 9.
[15] OLG Frankfurt a. M. Beschl. v. 14.10.2008 – 11 Verg 11/08; BayOblg Beschl. v. 16.9.2002 – Verg 19/02.
[16] *Weyand* ibrOK VergabeR Rn. 16.

das tatsächliche Verständnis des Erklärungsempfängers zulassen können.[17] Nachträgliche Bietererklärungen sind bei Auslegung des Angebots des Bieters aber dann nicht zu berücksichtigen, wenn sie den Angebotsinhalt nachträglich ändern und im Ergebnis dazu führen, dass diesem Bieter eine längere Angebotsfrist eingeräumt wird als den übrigen Bietern.[18] Im Zweifel hat dabei auch eine **vergaberechtskonforme Auslegung** des Angebots zu erfolgen. Die Auslegungsregel, der zufolge die Parteien im Zweifel vernünftige Ziele und redliche Absichten verfolgen, gilt auch im Vergaberecht.[19] Im Zweifel will der Bieter ein ausschreibungskonformes Angebot abgeben und der Auftraggeber die Vergaberechtsbestimmungen einhalten.[20] Bei der Beurteilung des Verständnisses des für die Auslegung maßgeblichen Empfängerhorizonts sind dabei auch die Vergabegrundsätze zu berücksichtigen. Im Zweifel kann nicht angenommen werden, dass der öffentliche Auftraggeber hiergegen verstoßen will.[21]

12   Eine „Berichtigung" eines unklaren Angebotsinhalts im Wege der technischen Angebotsaufklärung gem. § 15 Abs. 1 Nr. 1 ist unstatthaft. Dies überschreitet die Grenzen des Nachverhandlungsverbotes gem. § 15 Abs. 3.[22]

III. Anforderungen an die Angebote gem. § 13 Abs. 1 Nr. 1–7

13   **1. Angebotsform nach Vorgabe des Auftraggebers (§ 13 Abs. 1 Nr. 1 S. 1).** Gemäß § 13 Abs. 1 Nr. 1 S. 1 legt der Auftraggeber fest, in welcher Form die Angebote der Bieter einzureichen sind. Der im Zuge der Vergaberechtsreform 2016 eingefügte § 13 Abs. 1 Nr. 1 S. 2 VOB/A 2016, der die obligatorische Vorgabe des Auftraggebers zur Zulassung schriftlicher Angebote der Bieter regele, ist entfallen. Nach der Neufassung der VOB/A 2019 darf der öffentliche Auftraggeber bei unterschwelligen Bauvergaben zur Festlegung der Angebotsform auch ausschließlich die Einreichung elektronischer Angebote nach Maßgabe des § 13 Abs. 1 Nr. 1 S. 3 vorgeben.

14   Unabhängig davon, wie der öffentliche Auftraggeber das ihm durch § 13 Abs. 1 Nr. 1 S. 1 eingeräumte Wahlrecht ausübt, ist er verpflichtet, den Bietern über die Formvorgabe hinaus **weitere Details zur gewählten Angebotsform** und zur Angebotsabgabe zu unterbreiten.[23] Diese Vorgaben des öffentlichen Auftraggebers sind gem. § 11 Abs. 1 Nr. 1 in der Bekanntmachung oder in den Vergabeunterlagen anzugeben. Bei der Wahl elektronisch einzureichender Angebote hat der öffentliche Auftraggeber weitere Einzelheiten und Details zur vorgegebenen elektronischen Form gem. § 13 Abs. 1 Nr. 1 S. 3 anzugeben. Anzugeben ist seitens des öffentlichen Auftraggebers insbesondere auch, wie die Anforderungen an die Unterzeichnung des elektronischen Angebots sind, insbesondere welche **Signaturanforderungen** zur Unterzeichnung des elektronischen Angebots bestehen. Vom Bieter ist hier besondere Aufmerksamkeit und Gründlichkeit bei der Umsetzung der Vorgaben des öffentlichen Auftraggebers gem. § 13 Abs. 1 Nr. 1 S. 1 gefordert. Zweifel am Angebotsinhalt und Defizite der Angebotsform gehen zulasten des Bieters.[24]

15   **2. Angebotsform im Einzelnen (§ 13 Abs. 1 Nr. 1 S. 2–4). a) Schriftliche Angebote (§ 13 Abs. 1 Nr. 1 S. 2, 3).** § 13 Abs. 1 Nr. 1 S. 2–4 regelt die Angebotsformen der schriftlichen und der elektronischen Angebote. Der Auftraggeber hat die Wahlfreiheit, in welcher Form er die Vorlage der Angebote der Bieter wünscht. Er legt gem. § 13 Abs. 1 Nr. 1 S. 1 fest, in welcher Form die Angebote einzureichen sind. Bis zum 18.10.2018 waren im Unterschwellenbereich gem. § 13 Abs. 1 Nr. 2 S. 2 VOB/A 2016 schriftlich eingereichte Angebote zwingend zuzulassen. Nach dem 18.10.2018 konnte der öffentliche Auftraggeber seine Wahlfreiheit auch dahingehend ausüben, dass er ausschließlich elektronische Angebote zulässt. Schriftliche Angebote können nach Maßgabe des § 11 Abs. 1, 2 und dementsprechender Vorgabe des Auftraggebers auch nach dem 18.10.2018 zugelassen werden. Vor und nach dem 18.10.2018 kann der Auftraggeber sein Wahlrecht ferner dahingehend ausüben, dass seitens der Bieter eine Kombination der Kommunikationsmittel zu verwenden ist. Die **Vorgabe von Kombinationsformen** der zu verwendenden Kommunikationsmittel ist aus Sicht des Auftraggebers häufig nicht ratsam. Kombinationsformen der zu verwendenden Kommunikationsmittel provozieren widersprüchliche Angebotsangaben der Bieter und Unklarheiten des Angebotsinhalts.

---

[17] OLG Düsseldorf Beschl. v. 14.10.2009 – Verg 9/09; VK Südbayern Beschl. v. 15.5.2015 – Z3-3-3194-1-05-01/15.
[18] VK Bund Beschl. v. 6.2.2014 – VK 1 125/13.
[19] OLG Düsseldorf Beschl. v. 27.9.2006 – Verg 36/06; OLG Rostock Beschl. v. 9.10.2013 – 17 Verg 6/13.
[20] BGH Urt. v. 22.7.2010 – VII ZR 213/08.
[21] *Weyand* ibrOK VergabeR Rn. 17.
[22] VK Schleswig-Holstein Beschl. 20.10.2010 – VK-SH 16/10; *Weyand* ibrOK VergabeR Rn. 18.
[23] jurisPK-VergabeR/*Dippel* Rn. 8; Ingenstau/Korbion/*von Wietersheim* Rn. 2.
[24] VK Westfalen Beschl. v. 7.4.2017 – VK 1-07/17; Ingenstau/Korbion/*von Wietersheim* Rn. 2; jurisPK-VergabeR/*Dippel* Rn. 15.

Die **Schriftform** schriftlicher Angebote iSd § 13 Abs. 1 Nr. 1 S. 2 beinhaltet eine durch Rechtsgeschäft bestimmte Schriftform gem. § 127 Abs. 1 BGB, § 126 Abs. 1 BGB.[25] Der Verstoß hiergegen begründet Nichtigkeit gem. § 125 S. 2 BGB.[26]

Die Schriftlichkeit der Schriftform erfüllen sowohl handschriftliche Eintragungen in die Verdingungsunterlagen als auch deren maschinelles Ausfüllen. Die verwandten Schreib- und Druckmittel haben dabei **dokumentenecht** zu sein.[27]

Wesentlich für die Wahrung der Schriftform ist die – stets handschriftliche – **Unterzeichnung der Angebote** gem. § 13 Abs. 1 Nr. 1 S. 2. Die handschriftliche Unterschrift erfüllt eine Identitäts-, Verifikations- und Echtheitsfunktion, indem sie die Identität des Bieters erkennbar macht und das Angebot eindeutig und nachprüfbar diesem zuordnet. Durch die Verbindung von Angebotstext und Unterschrift wird gleichzeitig die Integrität und Vollständigkeit des Angebots in inhaltlicher Hinsicht gewährleistet.[28] Schriftlich eingereichte Angebote sind unterzeichnet iSd § 13 Abs. 1 Nr. 1 S. 2, wenn das Angebot als Urkunde von dem Aussteller eigenhändig durch Namensunterschrift gem. § 126 Abs. 1 S. 1 BGB unterzeichnet wurde. Die Unterschrift hat dabei die Erklärung **räumlich abzuschließen.** Dieser räumliche Abschluss der Unterschrift unter das Angebot ist dann erbracht, wenn aus der Platzierung der Unterschrift zweifelsfrei folgt, dass sie ersichtlich den gesamten Inhalt des Angebots abdeckt.[29] Ohne räumlichen Abschluss der Unterschrift unter das schriftliche Angebot sind die Anforderungen der § 13 Abs. 1 Nr. 1 S. 2, § 126 Abs. 1 BGB nicht erfüllt.

Wesentlich ist ferner die **eigenhändige Unterzeichnung** des Angebots durch den Erklärenden. Mechanische oder elektromechanische Mittel zur Wiedergabe der Unterschrift, wie Farbdruck, Stempel, digitale Signatur, etc., erfüllen nicht das Erfordernis der eigenhändigen Namensunterschrift iSd § 13 Abs. 1 Nr. 1 S. 2, § 126 Abs. 1 BGB.[30] Gleiches gilt für die Unterschriftskopie oder den Unterschriftsausdruck, zB auf einem Telefax.[31] Die Wiedergabe des Namens des Unterzeichnenden in Textform als Kopie, Stempel oder Telefax-Unterschrift begründen den zwingenden Ausschlusstatbestand des § 16 Abs. 1 Nr. 2. Die Wiedergabe des Namens des Unterzeichnenden in Textform auf einem Telefaxschreiben kann das Erfordernis der Eigenhändigkeit der Unterschrift gem. § 13 Abs. 1 Nr. 1 S. 2, § 126 Abs. 1 BGB allein dann erfüllen, wenn ein eigenhändig unterzeichnetes schriftliches Bestätigungsschreiben, welches auf das Telefaxschreiben eindeutig Bezug nimmt, postalisch nachgesandt wird. Dieses eigenhändig unterzeichnete Bestätigungsschreiben hat dann aber vor Ablauf der Angebotsfrist dem Auftraggeber zuzugehen.[32]

Des Weiteren ist die **Vertretungsmacht des Unterzeichnenden** zur formwirksamen Schriftlichkeit des Angebots erforderlich. Diese Vertretungsmacht folgt im Zweifel aus dem Vorliegen einer **Anscheinsvollmacht** des Unterzeichnenden. Das Tatbestandsmerkmal der „Rechtsverbindlichkeit" der Unterschrift wurde ab der VOB/A 2000 aufgegeben. Eine Nachprüfungspflicht des Auftraggebers für das Vorliegen der Vertretungsmacht des Unterzeichnenden besteht – bei Wahrung der Grundsätze der Anscheinsvollmacht – nicht.[33] Daher ist es auch nicht erforderlich, dass der Bieter die Rechtsverbindlichkeit seiner Unterschrift, dh seine Vertretungsmacht zur Unterzeichnung des Angebots, durch Nachweise belegt.[34]

Der Auftraggeber ist nicht gehindert, die früher geltenden Anforderungen der Rechtsverbindlichkeit der Unterschrift zusätzlich von den Bietern abzuverlangen.[35] Wird vom öffentlichen Auftraggeber die rechtsverbindliche Unterschrift der Bieter unter das Angebot verlangt, so genügt dieser Anforderung jede Unterschrift eines Erklärenden, der tatsächlich rechtsgeschäftlich bevollmächtigt ist.[36] Die zivil-, handelsrechtlichen- und gesellschaftsrechtlichen Vertretungsvorschriften, dh die

---

[25] Kapellmann/Messerschmidt/*Planker* Rn. 4.
[26] VK Südbayern Beschl. v. 17.4.2013 – Z3-3-3194-1-07-03/13; VK Südbayern Beschl. v. 21.5.2015 – Z3-3-3194-1-08-02/15; VK Brandenburg Beschl. v. 17.1.2012 – VK 55/11.
[27] Kapellmann/Messerschmidt/*Planker* Rn. 4.
[28] VK Südbayer Beschl. v. 21.5.2015 – Z3-3-3194-1-08-02/15; VK Südbayern Beschl. 17.4.2013 – Z3-3-3194-1-07-03/13.
[29] VK Bund Beschl. v. 6.6.2005 – VK 3-43/05; OLG Celle Beschl. v. 19.8.2003 – 13 Verg 20/03; Ingenstau/Korbion/*von Wietersheim* Rn. 2.
[30] Kapellmann/Messerschmidt/*Planker* Rn. 5.
[31] Kapellmann/Messerschmidt/*Planker* Rn. 5.
[32] jurisPK–VergabeR/*Dippel* Rn. 10.
[33] VK Sachsen Beschl. v. 31.1.2005 – 1/SVK/144-04; VK Bund Beschl. v. 3.7.2007 – VK 3-64/07; VK Hessen Beschl. v. 27.2.2003 – 69d VK 70/2002.
[34] VK Bund Beschl. v. 3.7.2007 – VK 3-64/07; *Weyand* ibrOK VergabeR Rn. 30.
[35] OLG Düsseldorf Beschl. v. 22.12.2004 – VII Verg 81/04; VK Hessen Beschl. v. 13.3.2012 – 69d VK-06/12; OLG Frankfurt a. M. Beschl. v. 26.8.2008 – 11 Verg 8/08; OLG Karlsruhe Beschl. v. 24.7.2007 – 17 Verg 6/07; OLG Naumburg Beschl. v. 29.1.2009 – 1 Verg 10/08; *Weyand* ibrOK VergabeR Rn. 33.
[36] *Weyand* ibrOK VergabeR Rn. 34.

§§ 164 ff. BGB, § 48 ff. HGB, § 35 Abs. 1 GmbHG, § 78 Abs. 1 S. 1 AktG, gelten unmittelbar. **Bietergemeinschaften** sind Gesellschaften bürgerlichen Rechts gem. §§ 705 ff. BGB. Die Gesellschaft bürgerlichen Rechts wird gem. § 709 Abs. 1 BGB, § 714 BGB grundsätzlich von allen Gesellschaftern gemeinschaftlich vertreten. Daher hat das Angebot einer Bietergemeinschaft grundsätzlich von allen Mitgliedern der Bietergemeinschaft eigenhändig unterzeichnet zu sein.[37]

22   Hat **nur ein Mitglied der Bietergemeinschaft** als Bevollmächtigter für die Bietergemeinschaft unterzeichnet und ist dem schriftlichen Angebot keine Vollmachtsurkunde der anderen Mitglieder der Bietergemeinschaft beigefügt, so ist das Angebot **nicht rechtswirksam unterschrieben.** Ausnahmsweise kann die Vertretungsmacht eines das Angebot einer Bietergemeinschaft allein unterzeichnenden Mitglieds ohne beigefügte Vollmachtsurkunde der anderen Mitglieder der Bietergemeinschaft dann die Vertretungsmacht des Unterzeichnenden hinreichend ausweisen, wenn im Angebot alle Mitglieder der Bietergemeinschaft benannt sind, der Unterzeichnende als federführender Gesellschafter alleinige Geschäftsführungsbefugnis hat, und dies aus einer von allen Mitgliedern rechtsverbindlich unterschriebenen Erklärung hervorgeht.[38]

23   Für den Auftraggeber muss der Umstand, dass eine Bietergemeinschaft das Angebot abgibt, die **Zusammensetzung dieser Bietergemeinschaft** und deren **Identität der Mitglieder,** klar und eindeutig aus dem Angebot entnehmbar sein. Alle, aus dem Angebot eindeutig und klar als Mitglieder der Bietergemeinschaft hervorgehenden Unternehmen haben das Angebot eigenhändig zu unterzeichnen. Hat allein ein Mitglied der Bietergemeinschaft als Bevollmächtigter der übrigen Mitglieder der Bietergemeinschaft unterzeichnet, müssen schriftliche, dh eigenhändig unterzeichnete Vollmachtserklärungen der übrigen Mitglieder dem Angebot beigefügt sein. Andernfalls ist das Angebot gem. § 16 Abs. 1 Nr. 2 auszuschließen.[39] Die lediglich fehlende Benennung eines federführenden Gesellschafters als bevollmächtigtem Vertreter kann gem. § 13 Abs. 5 S. 2 vor Ablauf der Zuschlagsfrist nachgeholt werden. Die Bezeichnung des Federführenden – und allein diese – ist insoweit nachholbar. Das Nachholen einer erforderlichen Unterschrift eines Mitglieds der Bietergemeinschaft oder das Nachreichen einer eigenhändig unterzeichneten Vollmachtsurkunde ist durch § 13 Abs. 5 S. 2 nicht gedeckt.[40] Unterschriftsmängel der Mitglieder einer Bietergemeinschaft, die nach Ablauf der Angebotsfrist noch fortbestehen, führen gem. § 16 Abs. 1 Nr. 2 zwingend zum Angebotsausschluss.

24   Die eigenhändige Unterschrift der Erklärenden unter dem Angebot muss ferner als **Schriftzeichen erkennbar** sein. Die Lesbarkeit des Namens ist nicht erforderlich. Es müssen hingegen zumindest Andeutungen von Buchstaben erkennbar sein. Die Unterzeichnung nur mit einem Handzeichen oder einer lediglichen Paraphe genügen nicht.[41]

25   **b) Elektronische Angebote (§ 13 Abs. 1 Nr. 1 S. 3).** Gemäß § 13 Abs. 1 Nr. 1 S. 3 sind elektronische Angebote nach Wahl des Auftraggebers in **Textform** oder mit einer **fortgeschrittenen elektronischen Signatur** und den Anforderungen des Auftraggebers oder mit einer **qualifizierten elektronischen Signatur** zu übermitteln. § 13 Abs. 1 Nr. 1 S. 3 eröffnet dem Auftraggeber damit bei elektronischen Angeboten das Wahlrecht zur Vorgabe der bieterseitigen Angebotsabgabe in Textform oder mit fortgeschrittener elektronischer Signatur oder schließlich mit qualifizierter elektronischer Signatur.[42]

26   Die Begrifflichkeiten „elektronisches Angebot" und „elektronische Übertragung" sind scharf zu trennen. Ob ein Angebot elektronisch ist oder nicht, richtet sich nicht nach der Art der Übermittlung. Elektronisch übermittelte Angebote können hingegen denknotwendig allein elektronische Angebote sein, sonst wäre eine elektronische Übermittlung nicht möglich.[43] Bei elektronischen Dokumenten besteht die Möglichkeit, diese entweder „körperlos" auf rein elektronischem Wege oder „körperlich" auf einem Datenträger (wie bei einem Papierdokument unter Anwesenden durch Übergabe oder unter Abwesenden mit der Post oder durch Boten) zu übermitteln. Im erstgenannten Fall ist sowohl die Frage der Form als auch des Übermittlungsweges, im zweitgenannten Fall lediglich die Frage der Form angeschnitten.[44] Elektronische Angebote liegen damit auch dann vor, wenn elektronische Datenträger, auf denen sich elektronische Angebotsunterlagen befinden, physisch über-

---

[37] VK Hessen Beschl. v. 13.3.2012 – 69d VK 06/12; VK Brandenburg Beschl. v. 26.3.2002 – VK 3/02.
[38] VK Brandenburg Beschl. v. 16.10.2007 – VK 38/07; Kapellmann/Messerschmidt/*Planker* Rn. 46, 47; HHKW/*Koenigsmann-Hölken* Rn. 9.
[39] Ingenstau/Korbion/*von Wietersheim* Rn. 36; Kapellmann/Messerschmidt/*Planker* Rn. 47.
[40] aA VK Baden-Württemberg Beschl. v. 20.9.2001 – 1 VK 26/01: Vollmachtsnachweis kann bis Zuschlagserteilung vorgelegt werden.
[41] Kapellmann/Messerschmidt/*Planker* Rn. 5.
[42] OLG Düsseldorf Beschl. v. 9.5.2011 – Verg 42/11; OLG Düsseldorf Beschl. v. 9.5.2011 – VII-Verg 40/11.
[43] *Weyand* ibrOK VergabeR Rn. 61.
[44] OLG Düsseldorf Beschl. v. 9.5.2011 – VII-Verg 40/11; VK Bund Beschl. v. 21.4.2011 – VK 3-41/11.

mittelt werden.⁴⁵ Die Übergabe oder postalische Übersendung eines elektronischen Datenträgers ist aber keine elektronische Übermittlung gem. § 11 Abs. 1 Nr. 1 Alt. 4.

Das nach Vorgabe des Auftraggebers elektronisch in **Textform** gem. § 13 Abs. 1 Nr. 1 S. 4 Alt. 1 abgegebene Angebot hat die Anforderungen der Textform gem. § 126b BGB zu erfüllen. Hiernach muss die Erklärung des Angebots „in einer Urkunde oder auf andere zur dauerhaften Wiedergabe in Schriftzeichen geeignete Weise abgegeben" werden, „die Person des Erklärenden genannt und der Abschluss der Erklärung durch Nachbildung der Namensunterschrift oder anders erkennbar gemacht werden". 27

Ferner sind durch den Auftraggeber die Grundsätze der Informationsübermittlung unter Verwendung elektronischer Mittel gem. § 11 Abs. 1 Nr. 1–3, § 11 Abs. 2 und für die vom Auftraggeber eingesetzten Geräte die Anforderungen an elektronische Mittel gem. § 11a Nr. 1–7 einzuhalten. 28

Soweit der Auftraggeber die Abgabe elektronischer Angebote nicht in Textform, sondern mit einer **fortgeschrittenen elektronischen Signatur** oder einer **qualifizierten elektronischen Signatur** vorgibt, wird damit auf die Legaldefinitionen in § 2 Nr. 1, lit. a–d SigG aF sowie § 2 Nr. 3 lit. a–b SigG aF verwiesen. Diese Legaldefinitionen des zwischenzeitlich außer Kraft getretenen Signaturgesetzes sind weiter heranzuziehen.⁴⁶ Die fortgeschrittene elektronische Signatur gem. § 2 Nr. 2 lit. a–d SigG aF wie auch die qualifizierte elektronische Signatur gem. § 2 Nr. 3 lit. a, b SigG aF dienen als Äquivalent der Unterschrift der Authentifizierung der elektronischen Angebotserklärungen des Bieters. Die nach Vorgabe des Auftraggebers gem. § 13 Abs. 1 Nr. 1 S. 4 Alt. 2 oder Alt. 3 vom Bieter einzuhaltenden Anforderungen der jeweiligen Signaturstufe folgen aus § 2 Nr. 2 lit. a–d SigG aF (fortgeschrittene elektronische Signatur) und aus § 2 Nr. 3 lit. a, b SigG aF (qualifizierte elektronische Signatur). 29

Für die Frage der Einhaltung dieser Anforderungen ist allein entscheidend, mit welcher Art von Signatur das Angebot beim öffentlichen Auftraggeber eingegangen ist. Die Umstände des Signiervorgangs selbst liegen dabei allein in der **Risikosphäre des Bieters.** Erstellt der Bieter bei vorgegebener qualifizierter elektronischer Signatur durch Fehlbedienung der Bietersoftware lediglich eine fortgeschrittene elektronische Signatur, so ist die vorgegebene elektronische Form nicht gewahrt. Dies gilt unabhängig davon, welche Form der elektronischen Signatur der Bieter seiner Ansicht nach verwandt hat.⁴⁷ Die Nachforderung einer wirksamen elektronischen Signatur gem. § 16a S. 1 nach Abgabe eines mit einer ungültigen elektronischen Signatur versehenen Angebotes kommt nicht in Betracht.⁴⁸ Die auftraggeberseitige Vorgabe einer qualifizierten elektronischen Signatur iSd § 13 Abs. 1 Nr. 1 S. 4 Alt. 3, § 126a Abs. 1 BGB ist keine ungewöhnliche Anforderung gegenüber dem Bieter.⁴⁹ 30

Durch beide Signaturstufen, dh durch die fortgeschrittene und die qualifizierte elektronische Signatur, soll der Auftraggeber als Empfänger der Daten im elektronischen Geschäftsverkehr ausreichende Sicherheit über die Identität des Bieters als Absender sowie darüber erlangen, dass die Daten während des elektronischen Transports **nicht inhaltlich verändert wurden.**⁵⁰ Die fortgeschrittene elektronische Signatur, die auf Basis von Softwarezertifikaten erstellt wird, beinhaltet eine deutlich geringere Sicherheit als die qualifizierte elektronische Signatur. Daher stellt § 126a Abs. 1 BGB die elektronische Form allein dann der Schriftform gleich, wenn der Aussteller dieser Erklärung seinen Namen hinzufügt und das elektronische Dokument mit einer qualifizierten elektronischen Signatur versehen ist. Gleichermaßen stellt § 371a Abs. 1 S. 1 ZPO allein solche elektronischen Dokumente der Beweiskraft von Privaturkunden gem. § 416 ZPO gleich, die mit einer qualifizierten elektronischen Signatur versehen sind. 31

3. Datenintegrität und Vertraulichkeit bei der Angebotsbehandlung (§ 13 Abs. 1 Nr. 2). a) Grundlagen der Angebotsbehandlung. § 13 Abs. 1 Nr. 2 bezweckt sowohl den Schutz des Wettbewerbs durch Sicherstellung der ordnungsgemäßen Durchführung des Vergabeverfahrens als auch den Schutz von know-how und Betriebsgeheimnissen aus den Angebotsunterlagen der Bieter. Um Manipulationen entgegenzuwirken, die Gleichbehandlung der Angebote sowie den Geheimwettbewerb sicherzustellen und die Angebotsinhalte zum Schutz von know-how und Betriebsgeheimnissen allein den Personen zugänglich zu machen, die die Vergabeentscheidung treffen, sind die Angebote bis Ablauf der Angebotsfrist **strikt unter Verschluss** zu halten. Die Postulate 32

---

[45] VK Bund Beschl. v. 21.4.2011 – VK 3-41/11.
[46] Kapellmann/Messerschmidt/*Planker* Rn. 9.
[47] VK Südbayern Beschl. v. 17.4.2013 – Z3-3-3194-1-07-03/13; VK Südbayern Beschl. v. 21.5.2015 – Z3-3-3194-1-08-02/15; *Weyand* ibrOK VergabeR Rn. 73/1.
[48] VK Südbayern Beschl. v. 21.5.2015 – Z3-3-3194-1-08-02/15.
[49] VK Bund Beschl. v. 21.4.2011 – VK 3-41/11; VK Bund Beschl. v. 21.4.2011 – VK 3-38/11; *Weyand* ibrOK VergabeR Rn. 73.
[50] HHKW/*Koenigsmann-Hölken* Rn. 11.

des § 13 Abs. 1 Nr. 2 S. 1 zur Gewährleistung der Integrität der Daten und der Vertraulichkeit der Angebote gem. § 13 Abs. 1 Nr. 2 S. 2, 3 gelten sowohl für schriftlich eingereichte Angebote als auch für elektronische Angebote der Bieter.

33   Bei beiden Angebotsformen ist in jedem Fall sicherzustellen, dass vor dem Öffnungs- bzw. Eröffnungstermin eine Einsichtnahme in die Angebote unmöglich ist. Gemäß § 14 Abs. 2 Nr. 1, § 14a Abs. 3 Nr. 1 hat der Verhandlungsleiter im Öffnungs- bzw. Eröffnungstermin festzustellen, ob der Verschluss der schriftlichen Angebote unversehrt ist und die elektronischen Angebote verschlüsselt sind. Angebote, die den Bestimmungen des § 13 Abs. 1 Nr. 2 nicht entsprechen, sind gem. § 16 Abs. 1 Nr. 2 zwingend auszuschließen. Aufgrund ihres Schutzzwecks wird die Vorschrift strikt gehandhabt. Ein hinreichender Verschluss, der die Unversehrtheit eines schriftlichen Angebots begründet, liegt bereits dann nicht mehr vor, wenn die lediglich **abstrakte Gefahr** einer **unbemerkten Einsichtnahme** besteht oder zumindest nicht ausgeschlossen ist.[51]

34   **b) Verschluss und Kennzeichnung schriftlicher Angebote.** Gemäß § 13 Abs. 1 Nr. 2 S. 2 sind per Post oder direkt übermittelte Angebote in einem verschlossenen Umschlag einzureichen, als solche zu kennzeichnen und bis zum Ablauf der für die Einreichung vorgesehenen Frist unter Verschluss zu halten. Verschlossen ist ein Umschlag oder – bei umfangreicheren Angebotsunterlagen – ein Behältnis dann, wenn es mit Vorkehrungen versehen ist, die der Kenntnisnahme ein deutliches Hindernis bereiten.[52]

35   Briefumschläge haben dementsprechend verklebt zu sein, Kartons und Pakete mit Paketklebeband verschlossen oder mit Paketband fest eingebunden zu sein. Ein Verkleben mit Tesafilm, welcher leicht und ohne Hinterlassung von Spuren zu entfernen ist, führt **nicht** dazu, dass das Angebot als verschlossen angesehen werden kann. Ein verschlossenes Paket, das in seiner Wirkung einem verschlossenen Umschlag gleich kommt und das den Angebotsordner des Bieters enthält, setzt ein vollständiges Verpacken des Ordners in einen Karton oder in Packpapier und dessen Verkleben mit Paketklebeband voraus.[53] Das lediglich Zusammenfalten von Umschlägen oder das bloße Zusammenstecken von Kartondeckeln, etc., reicht für den gem. § 13 Abs. 1 Nr. 2 S. 2 erforderlichen Verschluss schriftlicher Angebote **nicht** aus.[54]

36   Stets ist ein Verkleben des Umschlags oder ein vollständiges Verpacken des Angebots in Packpapier, einem Karton oder Paket und dessen Kleben mit Paketklebeband oder feste Verschnürung mit Paketband erforderlich. Es muss ferner stets überprüfbar sein, dass das Angebot tatsächlich nicht geöffnet wurde. Die Art der Verpackung muss demgemäß so gewählt und ausgeführt sein, dass sofort bemerkt wird, ob das Angebot bereits vorzeitig geöffnet wurde.[55] Der hinreichende Verschluss des Angebots liegt in der **Sphäre des Bieters.** Erforderlich ist ferner, dass das Angebot verschlossen beim Auftraggeber eingeht. Wenn ein an sich ausreichend verschlossenes Angebot beim Transport durch Verschulden des Postdienstleisters vor Eingang beim Auftraggeber so beschädigt wurde, dass es als offen anzusehen ist, führt dies nicht dazu, dass das Angebot zuzulassen ist. Der Bieter trägt auch das **Versendungsrisiko.**[56]

37   Gemäß § 13 Abs. 1 Nr. 2 S. 2 ist das verschlossene schriftliche Angebot vom Auftraggeber als solches zu kennzeichnen und von ihm bis zum Ablauf der Angebotsfrist unter Verschluss zu halten. Die Kennzeichnung des verschlossenen schriftlichen Angebots erfolgt durch den **Eingangs- und Kennzeichnungsvermerk** des Auftraggebers. Dieser muss den Aussteller, dh das Namenszeichen desjenigen erkennen lassen, der die Sendung entgegengenommen und verwahrt hat. Des Weiteren hat der Eingangs- und Kennzeichnungsvermerk das Datum und die Uhrzeit[57] des Eingangs auszuweisen. Die Unterschrift[58] der annehmenden Person ist nicht erforderlich. Die Identität des Ausstellers des Eingangs- und Kennzeichnungsvermerks hat durch das Namenszeichen jedoch zweifelsfrei zu sein. Das Namenszeichen hat die konkrete Person wiederzugeben, die für die inhaltliche Richtigkeit des gefertigten Eingangs- und Kennzeichnungsvermerks und die Authentizität der Posteingänge verantwortlich ist und die im Bedarfsfall hierfür auch in Verantwortung genommen werden kann.

---

[51] VK Bund Beschl. v. 13.5.2003 – VK 1-31/03; jurisPK–VergabeR/*Dippel* Rn. 18.
[52] VK Lüneburg Beschl. v. 20.8.2002 – 203 VgK-12/2002; VK Lüneburg Beschl. v. 23.3.2012 – VgK-06/12.
[53] VK Bund Beschl. v. 13.5.2003 – VK 1-31/03; VK Lüneburg Beschl. v. 23.3.2012 – VgK-06/12.
[54] VK Lüneburg Beschl. v. 23.3.2012 – VgK-06/12; jurisPK–VergabeR/*Dippel* Rn. 18; *Weyand* ibrOK VergabeR Rn. 79.
[55] VK Lüneburg Beschl. v. 23.3.2012 – VgK-06/12; VK Bund Beschl. v. 13.5.2003 – VK 1-31/03; *Weyand* ibrOK VergabeR Rn. 81.
[56] VK Baden-Württemberg Beschl. v. 4.9.2014 – 1 VK 40/14; OLG Düsseldorf Beschl. v. 7.1.2002 – Verg 36/01.
[57] VK Thüringen Beschl. v. 12.11.2010 – Verg 74/10.
[58] OLG Frankfurt a. M. Beschl. v. 9.5.2017 – 11 Verg 5/17.

Dies ist bei einer **äußerlich anonymen Aufschrift** als Eingangs- und Kennzeichnungsvermerk 38
nicht gewährleistet.[59] Der Eingangs- und Kennzeichnungsvermerk ist auf dem unversehrten
Umschlag anzubringen. Der Eingangs- und Kennzeichnungsvermerk hat das Angebot körperlich
zu kennzeichnen. Empfangsbekenntnisse, gesonderte Schreiben etc, erfüllen diese Unmittelbarkeit
der Kennzeichnung des ungeöffneten Angebots nicht. Dies gilt selbst dann nicht, wenn diese Empfangsbekenntnisse die Eingangszeit, den Stempel und die Unterschrift des die Sendung entgegen
nehmenden Mitarbeiters des Auftraggebers ausweisen und eine Eintragung in ein Posteingangsbuch
erfolgt.[60] Der Eingangs- und Kennzeichnungsvermerk hat auch unschwer die **Identität des Ausstellers** des Vermerks auszuweisen. Ist die Feststellung der Ausstelleridentität nicht unschwer möglich
oder gar von einer Beweisaufnahme abhängig, so genügt dies den Anforderungen des § 13 Abs. 1
Nr. 2 S. 2 nicht.[61]

c) **Verschlüsselung elektronischer Angebote.** Entsprechend zum Verschluss, der Kennzeichnung und der bis Ablauf der Angebotsfrist zu gewährleistenden Unterverschlusshaltung schriftlicher Angebote ist gem. § 13 Abs. 1 Nr. 2 S. 3 mit **elektronischen Angeboten** zu verfahren. Bei 39
elektronisch übermittelten Angeboten ist durch den Bieter der Verschluss und durch den Auftraggeber die Kennzeichnung und das Unterverschlusshalten bis zum Ablauf der Angebotsfrist durch
technische Lösungen nach Anforderungen des Auftraggebers und durch Verschlüsselung sicherzustellen. Die Verschlüsselung der elektronisch eingereichten Angebote muss gem. § 13 Abs. 1 Nr. 2 S. 4
bis zur Öffnung des ersten Angebots aufrechterhalten bleiben.

Die Anforderungen an die hierfür einzusetzenden technischen Lösungen und die Verschlüsselung sind gleichermaßen am Zweck der Norm auszurichten: Es sollen Manipulationen dadurch 40
verhindert werden, dass einzelne Bieter das eigene oder der Auftraggeber selbst oder ein bestimmtes
Angebot verändern, nachdem sie die Inhalte anderer Angebote vorzeitig erfahren haben. Die Sicherstellung des ordnungsgemäßen Wettbewerbs durch Geheimhaltung des Angebotsinhalts elektronischer Angebote bis zum Submissionstermin ist an diesen Anforderungen auszurichten. Diesen Anforderungen wird bei elektronischen Angeboten regelmäßig dadurch Rechnung getragen, dass diese
mit fortgeschrittener oder qualifizierter elektronischer Signatur versehen sind. Die Verschlüsselung
ist der **virtuelle Umschlag** des elektronischen Angebots.[62]

Gemäß den § 14 Abs. 1 S. 3, Abs. 2 Nr. 1, § 14a Abs. 1 S. 3 sind die verschlüsselt eingereichten 41
elektronischen Angebote zu kennzeichnen und die Verschlüsselung bis zum Beginn des Öffnungsbzw. Eröffnungstermins aufrechtzuerhalten. Die Pflicht zur Verschlüsselung nach Vorgabe des Auftraggebers trifft bis zur Einreichung der Angebote den Bieter. Danach ist der Auftraggeber dafür
verantwortlich, dass die verschlüsselten Angebote gekennzeichnet werden und deren Verschlüsselung
bis zum Beginn des Eröffnungstermins aufrechterhalten bleibt.[63] Die Grundsätze der Informationsübermittlung im Vergabeverfahren gem. § 11 Abs. 1 Nr. 1–3 wie auch die Anforderungen an die
vom Bieter und vom Auftraggeber einzusetzenden technischen Geräte gem. § 11a Nr. 1–7 sind
strikt zu beachten.

Dies gilt insbesondere auch, wenn der Auftraggeber den Bietern als Angebotsform elektronisch 42
einzureichender Angebote die **Textform** gem. § 13 Abs. 1 Nr. 1 S. 3 Alt. 1 vorgibt. Insbesondere
hier muss sichergestellt sein, dass diese Angebote **verschlüsselt beim Auftraggeber eingehen,** von
diesem nicht vorzeitig entschlüsselt und eingesehen werden können und dass diese Verschlüsselung
bis zum Beginn der Submission aufrechterhalten bleibt. Von Bietern eingereichte elektronische
Angebote in offener E-Mail-Form erfüllen – ebenso wenig wie ein in Telefaxform eingereichtes
schriftliches Angebot – nicht die Anforderungen des § 13 Abs. 1 Nr. 2 S. 2–4. So ist insbesondere
die Übermittlung von **eingescannten Angeboten per Fax** oder **einfachem E-Mail** unzulässig.
Dieser Mangel der Angebotsform kann auch nicht durch die nochmalige verschlüsselte Übermittlung
des Angebots geheilt werden.[64] Der öffentliche Auftraggeber ist auch nicht berechtigt, die Abgabe
von Angeboten per Fax oder einfacher E-Mail zuzulassen.[65]

4. Angebotsanforderungen in Bezug auf die Preise (§ 13 Abs. 1 Nr. 3). a) Normkontext und -zweck. Gemäß § 13 Abs. 1 Nr. 3 müssen die Angebote die geforderten Preise enthalten. 43
§ 21 Nr. 1 Abs. 2 S. 5 VOB/A 2006 enthielt noch die Angebotsanforderung: „die Angebote sollen

---

[59] OLG Naumburg Beschl. v. 31.3.2008 – 1 Verg 1/08; VK Sachsen-Anhalt Beschl. v. 4.9.2014 – 1 VK LSA 12/14; *Weyand* ibrOK VergabeR Rn. 84.
[60] *Weyand* ibrOK VergabeR Rn. 84.
[61] *Weyand* ibrOK VergabeR Rn. 86.
[62] Kapellmann/Messerschmidt/*Planker* Rn. 10.
[63] Ingenstau/Korbion/*von Wietersheim* Rn. 8.
[64] OLG Karlsruhe Beschl. v. 17.3.2017 – 15 Verg 2/17.
[65] VK Baden-Württemberg Beschl. v. 19.4.2005 – 1 VK 11/05; *Weyand* ibrOK VergabeR Rn. 95.

nur die Preise und die geforderten Erklärungen enthalten." Seit der VOB Ausgabe 2009 wurde diese Formulierung, nunmehr geregelt in § 13 Abs. 1 Nr. 3, in: „müssen die geforderten Preise enthalten." verschärft. Dies deshalb, da die Vergleichbarkeit der Angebote allein durch **eindeutige und zweifelsfreie Preisangaben** gewährleistet werden kann.[66] Allein so ist die Gleichbehandlung der Angebote und der ordnungsgemäße Wettbewerb sicherzustellen. Angebote, die diesen Anforderungen nicht entsprechen, sind unvollständig und in aller Regel gem. § 16 Abs. 1 Nr. 3 Hs. 1 auszuschließen. Der Ausschlusstatbestand des § 16 Abs. 1 Nr. 3 Hs. 1 greift dabei bereits dann, wenn eine Preisangabe im Angebot nicht enthalten ist. Diese Unvollständigkeit des Angebots als solche begründet bereits den Ausschlusstatbestand. Eine weitergehende Prüfung, ob das unvollständige Angebot auch im Ergebnis nicht mit anderen Angeboten vergleichbar ist, hat zur Bejahung der Ausschlussvoraussetzungen nicht zu erfolgen.[67]

44   Diese streng formale Betrachtungsweise wird allein durch § 16 Abs. 1 Nr. 3 Hs. 2 durchbrochen. Lediglich in Fällen, in denen in einer **einzelnen unwesentlichen Position** die Preisangabe fehlt und durch Außerachtlassung dieser Position der Wettbewerb und die Wertungsreihenfolge, auch bei Wertung dieser Position mit dem höchsten Wettbewerbspreis nicht beeinträchtigt wird, ist das insoweit unvollständige Angebot nicht auszuschließen. In allen anderen Fällen unvollständiger Preisangaben des Angebots hat zwingend der Ausschluss gem. § 16 Abs. 1 Nr. 3 Hs. 1 zu erfolgen.[68]

45   Die zwingende Angebotsanforderung gem. § 13 Abs. 1 Nr. 3 steht in engem Normkontext zu § 4 Abs. 3. § 4 Abs. 3 postuliert für beide Vertragsarten des Leistungsvertrages gem. § 4 Abs. 1 Nr. 1, 2 und für den Stundenlohnvertrag gem. § 4 Abs. 2 die Ausrichtung des Angebotsverfahrens zur Vergabe von Bauleistungen darauf, dass der Bieter die Preise, die er für seine Leistungen fordert, in die Leistungsbeschreibung einzusetzen oder in anderer Weise im Angebot anzugeben hat.

46   Im **Einheitspreisvertrag** des § 4 Abs. 1 Nr. 1 hat der Bieter dann alle Einheitspreise einzutragen. Im **Pauschalpreisverhältnis** gem. § 4 Abs. 1 Nr. 2 einzutragen sind – je nach Ausgestaltung – die Gesamtpauschale oder die vorgegebenen Einzelpauschalen.[69] Gleiches gilt im **Stundenlohnvertrag** gem. § 4 Abs. 2. Hier sind – entsprechend der jeweiligen Anforderung im Leistungsverzeichnis – für Bauleistungen geringeren Umfangs, die überwiegend Lohnkosten verursachen, vom Bieter sämtliche angebotenen Stundenlöhne – wenn vorgegeben, differenziert nach der jeweiligen Qualifikation des Arbeiters – anzugeben. Auch durch die Regelung des § 4 Abs. 3 wird die zentrale Bedeutung vollständiger Preisangaben im Angebot gem. § 13 Abs. 1 Nr. 3 und für die Wertbarkeit des Angebots gem. § 16 Abs. 1 Nr. 3 Hs. 1 unterstrichen.

47   **b) Geforderte Preisangaben.** Jede angebotsmäßige Bietererklärung, die nicht alle vom Bieter für seine jeweiligen Leistungen geforderten Preise enthält, ist grundsätzlich auszuschließen.[70] Einzige und eng auszulegende Ausnahme hiervon sind die Fälle des § 16 Abs. 1 Nr. 3 Hs. 2. Für die Preisangaben des Bieters im ausgeschriebenen Einheitspreisvertrag für Bauleistungen bedeutet dies, dass grundsätzlich **jeder Einzelpreis für jede Einzelleistung** vom Bieter im Angebot einzutragen oder einzusetzen ist. Alle, in der Leistungsbeschreibung geforderten Preise sind vom Bieter vollständig und mit dem Betrag anzugeben, der für die betreffende Einzelleistung vom Bieter gefordert wird.[71]

48   **Mischkalkulierte Preisangaben** sind für den Bieter unzulässig und begründen den Angebotsausschluss gem. § 16 Abs. 1 Nr. 3 Hs. 1. Gibt der Bieter aufgrund einer Mischkalkulation einzelne, geforderte Preise nicht an, weil er diese in andere Leistungspositionen hineingerechnet hat, begründet dies einen zwingenden Ausschlusstatbestand.[72] Mischkalkuliert sind solche Angebote, in denen der Bieter die von ihm tatsächlich für einzelne Leistungspositionen kalkulierten Preise nicht offenlegt, sondern – nicht selten zur Manipulationszwecken – Kostenfaktoren ganz oder teilweise in anderen

---

[66] VK Südbayern Beschl. v. 5.9.2003 – 37-08/03; VK Lüneburg Beschl. v. 25.11.2002 – 203-VgK-27/2002; OLG Düsseldorf Beschl. v. 21.12.2005 – Verg 69/05; VK Südbayern Beschl. v. 15.6.2001 – 18-05/01; HHKW/*Koenigsmann-Hölken* Rn. 13.
[67] BGH Urt. v. 7.1.2003 – X ZR 50/01; OLG Düsseldorf Beschl. v. 26.11.2003 – Verg 53/03; HHKW/*Koenigsmann-Hölken* Rn. 14.
[68] BGH Urt. v. 7.1.2003 – X ZR 50/01; OLG Düsseldorf Beschl. v. 26.11.2003 – Verg 53/03; OLG München Urt. v. 23.6.2009 – Verg 8/09; OLG Düsseldorf Beschl. v. 24.9.2014 – Verg 19/14; VK Südbayern Beschl. v. 15.6.2001 – 18-05/01.
[69] Kapellmann/Messerschmidt/*Planker* Rn. 12.
[70] BGH Urt. v. 7.1.2003 – X ZR 50/01; OLG Düsseldorf Beschl. v. 26.11.2003 – Verg 53/03; OLG München Urt. v. 23.6.2009 – Verg 8/09; OLG Düsseldorf Beschl. v. 24.9.2014 – Verg 19/14; VK Südbayern Beschl. v. 15.6.2001 – 18-05/01.
[71] BGH Urt. v. 7.1.2003 – X ZR 50/01; OLG München Urt. v. 23.6.2009 – Verg 8/09; OLG Düsseldorf Beschl. v. 26.11.2003 – Verg 53/03; OLG Düsseldorf Beschl. v. 24.9.2014 – Verg 19/14.
[72] BGH Urt. v. 24.5.2005 – X ZR 243/02; OLG Brandenburg Beschl. v. 24.5.2011 – Verg W 8/11; Ingenstau Korbion/*von Wietersheim* Rn. 10.

Positionen versteckt. Dieses **Auf- und Abpreisen** hat zur Folge, dass die für die jeweiligen Leistungen geforderten tatsächlichen Preise weder vollständig noch zutreffend wiedergegeben werden. Die Vergleichbarkeit der Angebote ist dann nicht mehr gegeben.[73]

Ist im Leistungsverzeichnis vom Auftraggeber weitergehend für Einzelleistungen eine Aufgliederung der Einheitspreise, zB in Lohn- und Materialkostenanteile, vorgesehen, so hat der Bieter auch dies im Angebot vorzunehmen und nicht allein den – unaufgegliederten – Einheitspreis anzugeben.[74] Erfolgt eine Mischkalkulation des Bieters dadurch, dass er Einzelpositionspreise nicht gänzlich weglässt, sondern in **geringerer Höhe** angibt, weil diese von ihm in andere Positionen hineingerechnet wurden, ist das Angebot zwar nicht unvollständig, aber gleichfalls auszuschließen.[75] Die Umlage einzelner Preisbestandteile auf andere Leistungspositionen durch Mischkalkulation des Bieters hat der Auftraggeber darzulegen und zu beweisen.[76] Hat der Auftraggeber Zweifel, ob ein vom Bieter angegebener Preis den Vorgaben des § 13 Abs. 1 Nr. 3 entspricht, ist er gehalten, die Aufklärung des Angebotsinhalts gem. § 15 Abs. 1 Nr. 1 herbeizuführen.[77] 49

Enthält das Leistungsverzeichnis eine Einzelposition und ergibt sich aus der Leistungsbeschreibung eindeutig, welche Kostenbestandteile in diesen Positionen vom Bieter einzurechnen sind, so hat der Bieter auch dies in seinem Angebot zu befolgen. Andernfalls liegt eine unzulässige Mischkalkulation vor. Enthält das Angebot des Bieters **widersprüchliche Preisangaben** für die gleiche Leistung, sodass für diese Leistung der tatsächlich geforderte Preis nicht erkennbar wird, ist dies dem Fehlen von Preisangaben gleichzustellen.[78] In Fällen widersprüchlicher Preisangaben im Angebot des Bieters für dieselbe Leistung ist eine Aufklärung des Angebotsinhalts gem. § 15 Abs. 1 Nr. 1 nicht statthaft. Es läge dann eine unzulässige Nachverhandlung über die Preise gem. § 15 Abs. 3 vor.[79] 50

Gleichfalls auszuschließen sind Angebote, in denen der Bieter Einzelpreise mit einem Fantasiebetrag (zB **1 EUR oder 1 Cent**) bepreist, welcher in keinem Zusammenhang mit der geforderten Einzelleistung steht.[80] Bei derart offensichtlich ohne Zusammenhang mit den vom Bieter geforderten Einzelleistungen angegebenen Niedrigpreisen (zB 1 EUR oder 1 Cent) liegt zwar eine Preisangabe vor, sodass das Angebot per se nicht unvollständig ist. Der Auftraggeber ist aber gehalten, die Niedrigpreisangabe des Bieters im Rahmen der Aufklärung gem. § 15 Abs. 1 Nr. 1 zu hinterfragen.[81] Niedrigpreise des Bieters für Einzelpositionen sind ein Indiz für eine vom Bieter vorgenommene unzulässige Mischkalkulation. Bei Niedrigpreisangaben kann nämlich vermutet werden, dass die tatsächlichen Preisanteile vom Bieter in anderen Preispositionen versteckt werden. In diesen Fällen von offensichtlich ohne Zusammenhang zum Leistungsinhalt der Einzelpositionen gemachten Niedrigpreisangaben trägt der Bieter die Beweislast für das Nichtvorliegen einer unzulässigen Mischkalkulation.[82] Der Auftraggeber ist auch hier gem. § 15 Abs. 1 Nr. 1 gehalten, offensichtliche Niedrigpreisangaben aufzuklären. Im Rahmen der Angebotswertung ist der Auftraggeber ferner bei Vorliegen eines unangemessen niedrigen Angebotspreises gem. § 16d Abs. 1 Nr. 2 S. 1 verpflichtet, den Bieter um Aufklärung über die Ermittlung seiner Preise für die Gesamtleistung oder für Teilleistungen zu ersuchen. 51

Eine korrekte Preisangabe liegt demgegenüber vor, wenn der Bieter im Rahmen seiner Kalkulationsfreiheit in einer Einzelposition einen **Preisnachlass** berücksichtigt. Die prozentuale oder in einer konkreten Summe ausgedrückte unbedingte Kürzung des Vertragspreises bei unverändert bleibender Leistung des Bieters bietet kein Anhaltspunkt für das Vorliegen einer Mischkalkulation oder ein unzulässiges Verschieben von Preisangaben.[83] Eine Verpflichtung des Bieters, für Einzelpreise mindestens den Preis zu fordern, den sein Nachunternehmer für diese Leistung verlangt, besteht 52

---

[73] OLG Koblenz Beschl. v. 18.9.2013 – 1 Verg 6/13; VK Bund Beschl. v. 26.7.2013 – VK 2-46/13.
[74] VK Nordbayern Beschl. v. 8.5.2007 – 21. VK-3194-20/07; VK Bund Beschl. v.19.2.2002 – VK 2-02/02; Ingenstau/Korbion/*von Wietersheim* Rn. 10.
[75] BGH Urt. v. 7.6.2005 – X ZR 19/02; BGH Urt. v. 18.5.2004 – X ZB 7/04; HHKW/*Koenigsmann-Hölken* Rn. 15.
[76] OLG Frankfurt a. M. Beschl. v. 17.10.2005 – 11 Verg 8/05; HHKW/*Koenigsmann-Hölken* Rn. 15.
[77] OLG Karlsruhe Beschl. v. 11.11.2011 – 15 Verg 11/11; OLG Frankfurt a. M. Beschl. v. 17.10.2005 – 11 Verg 8/05; OLG Jena Beschl. v. 23.1.2006 – 9 Verg 8/05.
[78] OLG Brandenburg Beschl. v. 6.11.2007 – Verg W 12/07; VK Arnsberg Beschl. v. 2.9.2010 – VK 16/10; VK Nordbayern Beschl. v. 2.7.2010 – 21.VK-3194-21/10.
[79] VK Nordbayern Beschl. v. 2.7.2010 – 21.VK-3194-21/10; VK Sachsen Beschl. v. 22.6.2011 – 1/SVK/024-11.
[80] OLG Brandenburg Beschl. v. 30.11.2004 – Verg W 10/04; HHKW/*Koenigsmann-Hölken* Rn. 17.
[81] Kapellmann/Messerschmidt/*Planker* Rn. 14.
[82] VK Niedersachsen Beschl. v. 22.11.2011 – VgK 51/2011; jurisPK–VergabeR/*Dippel* Rn. 23.
[83] VK Lüneburg Beschl. v. 11.7.2013 – VgK 21/2013; VK Baden-Württemberg Beschl. v. 16.3.2006 – 1 VK 8/06.

gleichfalls nicht.[84] Bepreist der Bieter eine Einzelposition mit 0 oder weist er für diese einen negativen Preis aus, ist gleichfalls das Angebot nicht unvollständig. Die **Preisangabe 0** stellt eine Preisangabe dar und macht das Angebot nicht unvollständig.[85] Auch begründet die Preisangabe 0 als solche keine unzulässige Mischkalkulation, vorausgesetzt, dass die mit 0 bepreiste Leistung auch **tatsächlich kostenlos angeboten** wird.[86] Der Auftraggeber hat dies gem. § 15 Abs. 1 Nr. 1 aufzuklären und das Vorliegen einer unzulässigen Mischkalkulation auszuschließen.

53   **Negative Preisangaben** sind nicht per se fehlende Preisangaben. Auch negative Preise stellen Preisangaben dar. Anhaltspunkte für eine unzulässige Mischkalkulation bei Angabe negativer Preise liegen jedenfalls dann nicht vor, wenn negative Preise bei Leistungsposition angeboten werden, infolge derer die Erbringung anderer ausgeschriebener Leistungen entfallen, wobei die entfallenen Leistungen aufgrund der Übermessungsregeln der VOB/C abzurechnen sind.[87] Der Auftraggeber ist auch hier gehalten, den Bieter gem. § 15 Abs. 1 Nr. 1 um Aufklärung über seine Preiskalkulation zu ersuchen.[88] Ein Indiz einer vom Bieter vorgenommenen unzulässigen Mischkalkulation liegt bei angegebenen Einzelpositionen mit der Preisangabe 0 oder einem negativen Preis gleichfalls vor. Die Beweislast für das Nichtvorliegen einer Mischkalkulation in diesen Fällen trifft gleichfalls den Bieter. Der Bieter hat im Rahmen der ersuchten Aufklärung gem. § 15 Abs. 1 Nr. 1 dann nötigenfalls durch Vorlage entsprechender Nachweise und Kalkulationslagen zu belegen, dass er keine unzulässige Mischkalkulation vorgenommen hat.

54   Der öffentliche Auftraggeber kann durch möglichst **genaue und fachlich einwandfreie Definitionen der Leistungspositionen** in der Leistungsbeschreibung sowie durch möglichst präzise inhaltliche Vorgaben zur Kalkulation in der Leistungsbeschreibung Mischkalkulationen effektiv vermeiden.[89]

55   **5. Angebotsanforderungen in Bezug auf Erklärungen und Nachweise (§ 13 Abs. 1 Nr. 4). a) Normkontext und -zweck.** § 13 Abs. 1 Nr. 4 zwingt den Bieter, mit seiner Angebotsabgabe alle geforderten Erklärungen und Nachweise vorzulegen. Diese Erklärungen und Nachweise können sowohl **leistungsbezogen** als auch **eignungsbezogen** sein. Dem Auftraggeber steht grundsätzlich ein Beurteilungsspielraum zu, welche angebots- oder eignungsbezogenen Erklärungen oder Nachweise er zweckmäßigerweise mit der Angebotsabgabe vom Bieter abverlangt.[90] Soweit leistungsbezogene Erklärungen und Nachweise abverlangt werden, können diese sowohl den technischen Inhalt als auch die rechtlichen oder sonstigen Rahmenbedingungen der angebotenen Leistung umfassen.

56   § 13 Abs. 1 Nr. 4 soll sicherstellen, dass die von den Bietern vorgelegten Angebote bereits bei rein formaler Betrachtung **unschwer vergleichbar sind** und dass die Angebote so vollständig sind, dass sie alle vom Auftraggeber für die Angebotswertung erforderlichen Informationen enthalten.[91]

57   Ob eine mit Angebotsvorlage geforderte Erklärung oder ein Nachweis vorliegt oder nicht, ist rein **formal zu betrachten**. § 16a S. 1 verpflichtet den Auftraggeber, die fehlenden geforderten Erklärungen oder Nachweise beim Bieter nachzufordern. Dieser hat diese dann gem. § 16a S. 2 spätestens innerhalb von sechs Kalendertagen nach Aufforderung durch den Auftraggeber vorzulegen. Diese Frist beginnt gem. § 16a S. 3 am Tag nach der Absendung der Aufforderung durch den Auftraggeber. Werden sodann die Erklärungen oder Nachweise vom Bieter nicht innerhalb dieser Frist vorgelegt, so ist das Angebot gem. § 16a S. 4 zwingend auszuschließen.[92]

58   **b) Geforderte Erklärungen und Nachweise.** Der Begriff der Erklärungen und Nachweise ist – ebenso wie der Begriff der Erklärungen und Nachweise in § 16a S. 1 – weit auszulegen. Er umfasst sowohl **bieterbezogene Eigen- und Fremderklärungen** als auch **leistungsbezogene Angaben** und Unterlagen. Durch vorzulegende Erklärungen und Nachweise nach den Vorgaben des Auftraggebers wird in Bezug auf Form und Inhalt der Angebote die Voraussetzung dafür geschaffen, dass die eingehenden Angebote bereits bei rein formaler Betrachtung leicht vergleichbar sind

---

[84] HHKW/*Koenigsmann-Hölken* Rn. 18.
[85] OLG Düsseldorf Beschl. v. 7.11.2012 – Verg 12/12; VK Bund Beschl. v. 13.12.2013 – VK 1-111/13.
[86] VK Schleswig-Holstein Beschl. v. 26.5.2009 – VK-SH 04/09.
[87] OLG Düsseldorf Beschl. v. 8.6.2011 – Verg 11/11.
[88] Kapellmann/Messerschmidt/*Planker* Rn. 14.
[89] VK-Baden-Württemberg Beschl. v. 22.8.2013 – 1 VK 29/13; *Weyand* ibrOK VergabeR § 16 Rn. 232/1.
[90] OLG Frankfurt a. M. Beschl. v. 13.12.2011 – 11 Verg 8/11; VK Lüneburg Beschl. v. 13.12.2013 – VgK 42/2013; jurisPK–VergabeR/*Dippel* Rn. 24.
[91] OLG Naumburg Beschl. v. 23.2.2012 – 2 Verg 15/11; OLG Düsseldorf Beschl. v. 21.12.2005 – Verg 69/05; jurisPK–VergabeR/*Dippel* Rn. 26.
[92] VK Brandenburg Beschl. v. 20.10.2016 – VK 19/16.

und so vollständig sind, dass sie alle vom Auftraggeber für die spätere Wertung erforderlichen Informationen enthalten.[93]

Die vom Bieter mit Angebotsabgabe nach Vorgabe des Auftraggebers gem. § 13 Abs. 1 Nr. 4 vorzulegenden Erklärungen und Nachweise können Fabrikatsangaben, kalkulatorische Erläuterungen, die Urkalkulation, Ausführungsbeschreibungen, Auszüge aus Gewerberegistern oder Nachunternehmererklärungen sein.[94] Für die Frage des Fehlens der Erklärung oder des Nachweises ist allein entscheidend, ob diese Erklärung oder dieser Nachweis nach Vorgabe des Auftraggebers vorzulegen war.[95] Ob die fehlende Erklärung oder der fehlende Nachweis einen Einfluss auf den Wettbewerb hat, ist nicht relevant.[96] Welche Erklärung oder welcher Nachweis vom Bieter vorzulegen ist, ist durch Auslegung der Vergabeunterlagen zu ermitteln. Maßgeblich für diese Auslegung ist der objektive Empfängerhorizont des potenziellen Bieters.[97] Den Auftraggeber trifft die Pflicht, die Vergabeunterlagen inhaltlich so **präzise zu formulieren,** dass die Bieter den Unterlagen zuverlässig entnehmen können, welche Erklärungen und welche Nachweise sie genau vorzulegen haben und wann dies zu erfolgen hat.[98]

Von der Nichtvorlage einzelner geforderter Erklärungen und Nachweise durch den Bieter mit Angebotsabgabe ist der Fall des **unvollständigen Angebots** zu unterscheiden. Angaben, die nicht mehr Erklärungen oder Nachweise zum Angebot, sondern notwendige **integrale Kernbestandteile des Angebots** selbst sind (fehlende Seiten des auszufüllenden Leistungsverzeichnisses etc), führen dazu, dass gar kein wirksames Angebot abgegeben wurde. Das **Fehlen** solcher **integraler Kernbestandteile des Angebots** ist nicht heilbar und führt zum Angebotsausschluss.[99] Ein lediglliches Fehlen von Erklärungen oder Nachweisen liegt dann nicht vor.[100] Wenn wegen einer inhaltlichen Unvollständigkeit des Angebots schon gar kein wirksames Angebot vom Bieter abgegeben worden ist, ist das Angebot auszuschließen, ohne dass dem Bieter gem. § 16a Gelegenheit gegeben werden darf, die Unvollständigkeit nachzubessern.[101]

Eine Erklärung oder ein Nachweis fehlt gem. § 13 Abs. 1 Nr. 4, wenn er körperlich nicht vorhanden ist oder nicht formgerecht, unlesbar oder unvollständig abgegeben wurde.[102] Eine Erklärung oder ein Nachweis fehlt nicht, wenn diese mit einem anderen Inhalt als gefordert abgegeben werden und damit materiell unzureichend sind.[103] Von der nicht formgerechten, unlesbaren oder unvollständigen Erklärung, die deshalb unbrauchbar ist und der fehlenden Erklärung oder dem fehlenden Nachweis gleichsteht,[104] ist der Fall zu unterscheiden, dass eine geforderte Erklärung formgerecht, lesbar und vollständig abgegeben wird, hingegen aber **inhaltlich unzureichend,** dh „zu schwach" ist, um die Angebotsanforderungen zu erfüllen. Formal ordnungsgemäß abgegebene, aber inhaltlich unzureichende Erklärungen und Nachweise können und dürfen nicht gem. § 16a nachgefordert werden.[105] Erfolgt bei inhaltlich abweichenden oder inhaltlich unzureichenden Erklärungen und Nachweisen dennoch eine Nachforderung des Auftraggebers, verstößt der Auftraggeber regelmäßig gegen das Nachverhandlungsverbot des § 15 Abs. 3.

Die Abgabe der vom Bieter geforderten Erklärungen und die Erbringung der verlangten Nachweise müssen dabei stets dem **Gebot der Zumutbarkeit** entsprechen.[106] Die Forderung des Auftraggebers an die Bieter, bereits mit Angebotsabgabe Verpflichtungserklärungen der Nachunternehmer vorzulegen, kann für die Bieter unzumutbar sein.[107] Die Zumutbarkeit oder Unzumutbarkeit

---

[93] OLG Naumburg Beschl. v. 23.2.2012 – 2 Verg 15/11; VK Nordbayern Beschl. v. 25.6.2014 – 21.VK-3194-15/14; VK Sachsen-Anhalt Beschl. v. 20.5.2015 – 2 VK LSA 2/15; VK Baden-Württemberg Beschl. v. 12.6.2014 – 1 VK 24/14.
[94] jurisPK–VergabeR/*Dippel* Rn. 26.
[95] VK Südbayern Beschl. v. 16.7.2007 – Z3-3-3194-1-28-06/07.
[96] OLG Karlsruhe Beschl. v. 23.3.2011 – 15 Verg 2/11; jurisPK–VergabeR/*Dippel* Rn. 26.
[97] Kapellmann/Messerschmidt/*Planker* Rn. 15.
[98] BGH Urt. v. 10.6.2008 – X ZR 78/07; BGH Urt. v. 3.4.2012 – X ZR 130/10; BGH Urt. v. 15.1.2013 – X ZR 155/10; Kapellmann/Messerschmidt/*Planker* Rn. 15.
[99] VK Thüringen Beschl. v. 12.4.2013 – 250-4002-2400/2013-E-008-SOK; OLG Dresden Beschl. v. 21.2.2012 – Verg 1/12; OLG Koblenz Beschl. v. 30.3.2012 – 1 Verg 1/12.
[100] Ingenstau/Korbion/*von Wietersheim* § 16a Rn. 2.
[101] VK Thüringen Beschl. v. 12.4.2013 – 250-4002-2400/2013-E-008-SOK; OLG Dresden Beschl. v. 21.2.2012 – Verg 1/12; VK Brandenburg Beschl. v. 6.8.2013 – VK 11/13; jurisPK–VergabeR/*Dippel* Rn. 26.
[102] OLG Brandenburg Beschl. v. 30.1.2014 – Verg W 2/14; OLG Düsseldorf Beschl. v. 17.12.2012 – Verg 47/12; Ingenstau/Korbion/*von Wietersheim* § 16a Rn. 2; jurisPK–VergabeR/*Summa* § 16 Rn. 198.
[103] OLG Brandenburg Beschl. v. 30.1.2014 – Verg W 2/14.
[104] jurisPK–VergabeR/*Summa* § 16 Rn. 198.
[105] jurisPK–VergabeR/*Summa* § 16 Rn. 193.
[106] HHKW/*Koenigsmann-Hölken* Rn. 20.
[107] BGH Urt. v. 3.4.2012 – X ZR 130/10; BGH Urt. v. 10.6.2008 – X ZR 78/07.

derartiger Anforderungen in den Vergabeunterlagen ist unter Berücksichtigung der Beteiligteninteressen zu beurteilen. Der Bieter, der die Unzumutbarkeit geltend macht, muss die hierfür maßgeblichen Umstände dartun.[108] Das Verlangen zur Vorlage von Verpflichtungserklärungen zu benennender Nachunternehmer bereits mit Angebotsabgabe kann dabei aus dem Interesse des Auftraggebers, frühzeitige Gewissheit über die Identität, Verfügbarkeit und Eignung der einzusetzenden Nachunternehmer zu erlangen, folgen.[109]

63 § 13 Abs. 1 Nr. 4 verbietet es dem Bieter nicht, zusätzliche Erklärungen und Nachweise vorzulegen, deren Vorlage seitens des Auftraggebers nicht gefordert worden war.[110] Derartige, **nicht geforderte Erklärungen und Nachweise** dürfen hingegen keine Änderungen an den Vergabeunterlagen gem. § 13 Abs. 1 Nr. 5 begründen. In diesem Fall wäre das Angebot gem. § 16 Abs. 1 Nr. 2 zwingend auszuschließen.

64 **6. Bieterseitige Änderungen an den Vergabeunterlagen und an seinen Eintragungen (§ 13 Abs. 1 Nr. 5). a) Änderungen an den Vergabeunterlagen.** Gemäß § 13 Abs. 1 Nr. 5 S. 1 sind Änderungen des Bieters an den Vergabeunterlagen unzulässig. Verstößt der Bieter hiergegen, ist sein Angebot gem. § 16 Abs. 1 Nr. 2 **zwingend auszuschließen.** Die strikte Regelung in § 13 Abs. 1 Nr. 5 S. 1 stellt iVm § 16 Abs. 1 Nr. 2 sicher, dass allein solche Angebote gewertet werden, die exakt den ausgeschriebenen Leistungen und den Vergabeunterlagen entsprechen. Allein dann ist ein ordnungsgemäßer Wettbewerb von vergleichbaren Angeboten gleichbehandelter Bieter möglich.[111] Der Auftraggeber, der zur Einhaltung der öffentlich-rechtlichen Bestimmungen des Haushalts- und des Vergaberechts verpflichtet ist, soll ferner durch § 13 Abs. 1 Nr. 5 S. 1 davor geschützt werden, den Zuschlag auf ein – unbemerkt geändertes – Angebot in der irrigen Annahme zu erteilen, dies sei das Wirtschaftlichste.[112]

65 Ein Angebot, dass unter Änderungen der Verdingungsunterlagen abgegeben wird, entspricht ferner nicht dem mit der Zuschlagserteilung manifestierten Vertragswillen des Auftraggebers. Es kann dann wegen der **nicht übereinstimmenden Willenserklärungen** des Bieters bei Angebotsabgabe und des Auftraggebers bei Zuschlagserteilung nicht zu dem beabsichtigten Vertragsschluss führen.[113]

66 Der Begriff der Änderung an den Vergabeunterlagen ist weit auszulegen.[114] Vergabeunterlagen iSd § 13 Abs. 1 Nr. 5 S. 1 sind die in § 8 Abs. 1 Nr. 1 und 2, § 8 Abs. 2 Nr. 1–4 benannten Unterlagen. Von einer Änderung an den Vergabeunterlagen iSd § 13 Abs. 1 Nr. 5 S. 1 ist immer dann auszugehen, wenn das vom Bieter abgegebene Angebot – wenn auch nur geringfügig – von den Vergabeunterlagen abweicht, dh wenn sich **Angebot und Nachfrage nicht decken.**[115] Dies ist durch Vergleich des Inhalts des Angebots mit den Verdingungsunterlagen festzustellen.[116] Jeder unmittelbare Eingriff des Bieters in die Vergabeunterlagen mit verfälschendem Ergebnis (Streichung, Hinzufügung oÄ) stellt – unabhängig davon, ob der Eingriff in manipulativer Absicht erfolgt oder nicht – eine Änderung an den Vergabeunterlagen dar.[117]

67 Neben **Streichungen** oder **Hinzufügungen** des Bieters an den Vergabeunterlagen stellt die **Entnahme vonseiten aus Formblättern**, der **Austausch von Vertragsbedingungen** oder das Anbieten **nicht der Leistungsbeschreibung entsprechender Produkte** eine Änderung der Ver-

---

[108] BGH Urt. v. 3.4.2012 – X ZR 130/10.
[109] OLG Düsseldorf Beschl. v. 5.5.2004 – Verg 10/04; VK Rheinland-Pfalz Beschl. v. 24.2.2005 – VK 28/04; VK Sachsen Beschl. v. 10.3.2010 – 1/SVK/001-10; abweichend für eine Benennung schon im Teilnahmewettbewerb: VK Sachsen Beschl. v. 4.2.2013 – 1/SVK/039-12.
[110] HHKW/*Koenigsmann-Hölken* Rn. 21.
[111] BGH Urt. v. 16.4.2002 – X ZR 67/00; OLG Köln Urt. v. 31.1.2012 – 3 U 17/11; OLG Koblenz Beschl. v. 6.6.2013 – 2 U 522/12; KG Beschl. v. 20.4.2011 – Verg 2/11; VK Lüneburg Beschl. v. 1.2.2008 – VgK 48/2007.
[112] VK Nordbayern Beschl. v. 4.8.2004 – 320 VK-3194-28/04; OLG Jena Beschl. v. 16.9.2013 – 9 Verg 3/13; HHKW/*Koenigsmann-Hölken* Rn. 22.
[113] OLG Frankfurt a. M. Beschl. v. 2.12.2014 – 11 Verg 7/14; OLG München Beschl. v. 25.11.2013 – Verg 13/13; jurisPK–VergabeR/*Dippel* Rn. 27.
[114] OLG Frankfurt a. M. Beschl. v. 21.2.2012 – 11 Verg 11/11; OLG Frankfurt a. M. Beschl. v. 26.6.2012 – 11 Verg 12/11; OLG Jena Beschl. v. 16.9.2013 – 9 Verg 3/13; jurisPK–VergabeR/*Dippel* Rn. 29.
[115] OLG Frankfurt a. M. Beschl. v. 26.6.2012 – 11 Verg 12/11; OLG Rostock Beschl. v. 9.10.2013 – 17 Verg 6/13; jurisPK–VergabeR/*Dippel* Rn. 29.
[116] OLG Rostock Beschl. v. 9.10.2013 – 17 Verg 6/13; OLG Frankfurt a. M. Beschl. v. 26.6.2012 – 11 Verg 12/11.
[117] OLG Frankfurt a. M. Beschl. v. 21.2.2012 – 11 Verg 11/11; OLG Koblenz Beschl. v. 6.6.2013 – 2 U 522/12; OLG Frankfurt a. M. Beschl. v. 26.6.2012 – 11 Verg 12/11; Kapellmann/Messerschmidt/*Planker* § 13 Rn. 18.

gabeunterlagen dar.[118] Die Angabe der Anzahl von Nebenangeboten gem. § 13 Abs. 3 S. 1 stellt keine Änderung an den Vergabeunterlagen gem. § 13 Abs. 1 Nr. 5 S. 1 dar.[119] Die Vornahme einer Änderung an den Vergabeunterlagen ist auch durch ein **Begleitschreiben zum Angebot** möglich.[120] Dieses Begleitschreiben ist regelmäßig Bestandteil des Angebots. Sofern das Schreiben nicht allein rechtlich unbeachtliche Höflichkeitsfloskeln, sondern rechtserhebliche Erklärungen zum Angebotspreis, zu Lieferfristen, etc. oder die Allgemeinen Geschäftsbedingungen des Bieters auf der Rückseite aufweist, stellt dies eine Änderung an den Vergabeunterlagen dar.[121] Aufgrund des weitreichenden Begriffs der Änderung an den Vergabeunterlagen ist grundsätzlich jede Änderung gem. § 13 Abs. 1 Nr. 5 S. 1 unzulässig.

Die wirtschaftliche Bedeutung dieser Änderung ist unbeachtlich.[122] Unerheblich ist, ob eine Änderung **zentrale oder unwesentliche Leistungspositionen** betrifft und ob die Abweichung **Einfluss auf das Wettbewerbsergebnis** haben kann oder nicht.[123] So liegt beispielsweise eine Änderung der Vergabeunterlagen auch dann vor, wenn der Bieter seine Angebotspreise nicht in Euro und vollen Cent, sondern mit drei oder mehr Stellen hinter dem Komma abgibt.[124] Die Motivationslage des Bieters für seine Änderungen ist irrelevant. Auch wenn ein Bieter Vorgaben der Vergabeunterlagen für falsch oder unzweckmäßig hält, ist dies unbeachtlich und berechtigt ihn nicht, von den Vergabeunterlagen abzuweichen.[125] Aufgrund des weitreichenden Begriffs der Änderung an den Vergabeunterlagen gem. § 13 Abs. 1 Nr. 5 S. 1 hat der Bieter allein die Wahl die Leistung wie gefordert anzubieten oder nicht. Will er ein abweichendes Angebot unterbreiten, muss er – soweit zugelassen – ein Nebenangebot abgeben.[126] Dieses Nebenangebot hat jedoch die zwingenden Vorgaben des Hauptangebots zu beachten. Werden diese Vorgaben im Nebenangebot abgeändert, ist das Nebenangebot ebenfalls auszuschließen.[127] Durch § 13 Abs. 1 Nr. 5 S. 1 wird der Bieter allerdings nicht gehindert, dem Auftraggeber mitzuteilen, dass die Vergabeunterlagen aus seiner Sicht auslegungs- oder ergänzungsbedürftig sind.[128]

Diese Mitteilung kann in Form von **Bieterfragen oder isolierten Hinweisen** an den Auftraggeber erfolgen. Der Auftraggeber hat dann diese Bieterfragen gem. § 12a Abs. 4 gegenüber allen Bietern in gleicher Weise zu beantworten. Diese Möglichkeit steht den Bietern bei jeglichen Unklarheiten in den Vergabeunterlagen offen. Nach Angebotsvorlage darf dem Bieter ferner nicht die Möglichkeit gegeben werden, die unvollständig oder sonst abgeändert angebotene Leistung doch noch uneingeschränkt entsprechend den Anforderungen der Vergabeunterlagen anzubieten. Dies verstößt gegen das Nachverhandlungsverbot des § 15 Abs. 3.[129]

Bleibt im Vergabeverfahren eine gem. § 13 Abs. 1 Nr. 5 S. 1 unzulässige Änderung des Bieters an den Vergabeunterlagen unbemerkt und wird sie mit Zuschlagserteilung des Auftraggebers Vertragsinhalt, kann dem Auftraggeber ein Schadensersatzanspruch gem. den §§ 282, 241 Abs. 2 BGB, § 311 Abs. 2 Nr. 1 BGB zustehen. Dies dann, wenn der Bieter durch die Änderung an den Vergabeunterlagen schuldhaft gegen seine vorvertraglichen Pflichten verstoßen hat.[130]

b) Änderungen an eigenen Eintragungen. Gemäß § 13 Abs. 1 Nr. 5 S. 2 müssen **Änderungen des Bieters an seinen Eintragungen zweifelsfrei sein.** Der Bieter kann grundsätzlich seine eigenen Angaben ändern. Diese Änderungen des Bieters an seinen eigenen Eintragungen haben aber in jeder Hinsicht unmissverständlich und zweifelsfrei zu sein. Zeitlich besteht diese Änderungsmöglichkeit des Bieters an seinen eigenen Eintragungen nur bis zum Ablauf der Angebotsfrist.[131]

---

[118] KG Beschl. v. 20.4.2011 – Verg 2/11; jurisPK–VergabeR/*Dippel* Rn. 29.
[119] Kapellmann/Messerschmidt/*Planker* Rn. 18.
[120] OLG München Beschl. v. 21.2.2008 – Verg 01/08; VK Bund Beschl. v. 6.2.2014 – VK 1-125/13; OLG Köln Urt. v. 31.1.2012 – 3 U 17/11.
[121] OLG München Beschl. v. 21.2.2008 – Verg 01/08; VK Nordbayern Beschl. v. 19.3.2009 – 21.VK-3194-08/09; jurisPK–VergabeR/*Dippel* Rn. 29.
[122] OLG Frankfurt a. M. Beschl. v. 26.6.2012 – 11 Verg 12/11; HHKW/*Koenigsmann-Hölken* Rn. 27.
[123] OLG Celle Beschl. v. 19.2.2015 – 13 Verg 12/14; OLG Düsseldorf Beschl. v. 15.12.2004 – VII-Verg 47/04.
[124] HHKW/*Koenigsmann-Hölken* Rn. 24.
[125] OLG Celle Beschl. v. 19.2.2015 – 13 Verg 12/14; OLG Frankfurt a. M. Beschl. v. 26.6.2012 – 11 Verg 12/11.
[126] OLG Celle Beschl. v. 19.2.2015 – 13 Verg 12/14; OLG Koblenz Beschl. v. 6.6.2013 – 2 U 522/12.
[127] jurisPK–VergabeR/*Dippel* Rn. 30.
[128] Kapellmann/Messerschmidt/*Planker* Rn. 20.
[129] HHKW/*Koenigsmann-Hölken* Rn. 27.
[130] Kapellmann/Messerschmidt/*Planker* Rn. 21.
[131] VK Thüringen Beschl. v. 19.1.2011 – 250-4002.20-5163/2010-014-J; OLG Düsseldorf Beschl. v. 13.8.2008 – Verg 42/07.

Abänderungen nach diesem Zeitpunkt sind ausgeschlossen.[132] Die Regelung des § 13 Abs. 1 Nr. 5 S. 2 soll die Vergleichbarkeit der Angebote gewährleisten sowie verhindern, dass sich ein Bieter nach Zuschlagserteilung darauf berufen kann, er habe etwas anderes in Bezug auf die Leistung oder den Preis angeboten.[133]

72 Der Begriff der Änderungen des Bieters an seinen Eintragungen ist weit zu verstehen. Als Änderungen des Bieters an seinen Eintragungen sind jegliche Korrekturen und/oder Ergänzungen am Angebotsinhalt anzusehen. Dabei ist der gesamte Inhalt des Angebots mit allen Bestandteilen zu betrachten.[134] § 13 Abs. 1 Nr. 5 S. 2 erfasst **Durchstreichungen, Überschreibungen, textliche Ergänzungen** oder die **Korrektur von Zahlenangaben**.[135] Um jeglichen Missbrauch und jegliche Wettbewerbsverfälschung durch – unklare – Änderungen von eigenen Eintragungen auszuschließen, ist der Bieter gem. § 13 Abs. 1 Nr. 5 S. 2 gezwungen, diese Änderungen an seinen Eintragungen **eindeutig und zweifelsfrei** zu tätigen.

73 Auch wenn der Bieter eigene Eintragungen unter Verwendung von Korrekturflüssigkeit oder einem Korrekturband vornimmt, können zweifelhafte, mehrdeutige Angaben und Änderungen vorliegen.[136] **Korrekturlack-Eintragungen** sind in aller Regel nicht zweifelsfrei, weil sich der Korrekturlack bereits bei normalem Gebrauch ablösen kann und damit der überschriebene (ebenfalls dokumentenechte) Einheitspreis zur Wertung kommt. Der mit Korrekturlack überdeckte Einheitspreis ist damit hinsichtlich der Änderung des Antragstellers durch Überdecken und Eintrag eines neuen dokumentenechten Einheitspreises nicht mehr zweifelsfrei.[137] Die Benutzung von **Korrekturband** ist gleichfalls problematisch. Zwar lässt sich Korrekturband regelmäßig nicht ablösen, ohne dass darunter befindliche Papier mit zu entfernen. Dennoch besteht bei der Verwendung von Korrekturband die Situation, dass die Änderungen an den Eintragungen des Bieters nicht als von ihm, dem Bieter, stammend erkennbar sind.[138] Daher ist in solchen Fällen der unklaren Authentizität der unter Verwendung von Korrekturband vorgenommenen Änderungen das Angebot unter Manipulations- und Korruptionsgesichtspunkten gem. § 16 Abs. 1 Nr. 2 auszuschließen.[139]

74 Stets setzt die Eindeutigkeit einer Änderung des Bieters an seinen Eintragungen voraus, dass sie den Ändernden unzweifelhaft erkennen lässt sowie den Zeitpunkt der Änderung deutlich macht. Daher müssen Änderungen des Bieters an seinen Eintragungen zusätzlich zumindest mit einem **Signum** oder einer **Paraphe der ändernden Person** versehen sein und sollten weiterhin eine **Datumsangabe** enthalten.[140] Das Fehlen der Datumsangabe schadet nicht, wenn es keine Hinweise auf Manipulationen gibt, sodass ausgeschlossen werden kann, dass die Änderung erst nach Abgabe der Angebote vorgenommen wurde.[141] Im Zweifel ist ein **strenger Maßstab** anzulegen.

75 Änderungen, die durch **Durchstreichen und Neueintragung** erfolgen, sind am ehesten zweifelsfrei, wenn die nicht mehr gültigen Eintragungen vom Bieter deutlich durchgestrichen werden und die verbindlichen neuen Eintragungen daneben geschrieben werden.[142] Auch diese Änderungen des Bieters an seinen Eintragungen müssen zumindest mit dem Signum bzw. der Paraphe der ändernden Person und sollten zusätzlich noch mit einer Datumsangabe versehen sein.[143] Der Bieter ist durch § 13 Abs. 1 Nr. 5 S. 2 gehalten, bei Änderungen seiner Erklärungen streng darauf zu achten, dass sie eindeutig und klar erfolgen. Jede Mehrdeutigkeit führt zum Angebotsausschluss gem. § 16 Abs. 1 Nr. 2.

76 **7. Bieterseitige Kurzfassungen des Leistungsverzeichnisses (§ 13 Abs. 1 Nr. 6).** Die Angebotsbearbeitung durch die Bieter soll rationell und effizient vonstattengehen.[144] Insbesondere soll es dem Bieter möglich sein, die Angebote EDV-gestützt zu bearbeiten. Gemäß § 13 Abs. 1 Nr. 6

---

[132] Kapellmann/Messerschmidt/*Planker* Rn. 22.
[133] OLG München Beschl. v. 23.6.2009 – Verg 8/09.
[134] OLG Düsseldorf Beschl. v. 13.8.2008 – Verg 42/07.
[135] jurisPK-VergabeR/*Dippel* Rn. 34.
[136] Kapellmann/Messerschmidt/*Planker* Rn. 23.
[137] VK Südbayern Beschl. v. 14.12.2004 – 69-10/2004; *Weyand* ibrOK VergabeR § 16 Rn. 186.
[138] vgl. hierzu OLG München Beschl. v. 23.6.2009 – Verg 8/09; OLG Schleswig Beschl. v. 11.8.2006 – 1 Verg 1/06.
[139] VK Schleswig-Holstein Beschl. v. 5.1.2006 – VK-SH 31/05; OLG Schleswig Beschl. v. 11.8.2006 – 1 Verg 1/06; VK Baden-Württemberg Beschl. v. 29.6.2009 – 1 VK 27/09; *Weyand* ibrOK VergabeR § 16 Rn. 188.
[140] VK Schleswig-Holstein Beschl. v. 5.1.2006 – VK-SH 31/05; *Weyand* ibrOK VergabeR § 16 Rn. 184.
[141] VK Rheinland-Pfalz Beschl. v. 3.2.2012 – VK 2-44/11.
[142] VK Rheinland-Pfalz Beschl. v. 3.2.2012 – VK 2-44/11.
[143] VK Schleswig-Holstein Beschl. v. 5.1.2006 – VK-SH 31/05; VK Rheinland-Pfalz Beschl. v. 3.2.2012 – VK 2-44/11; *Weyand* ibrOK VergabeR § 16 Rn. 193.
[144] VK Südbayern Beschl. v. 20.4.2011 – Z3-3-3194-1-07-02/11; VK Südbayern Beschl. v. 17.6.2003 – 25-06/03.

Hs. 1 können die Bieter daher für die Angebotsabgabe eine selbst gefertigte Abschrift oder Kurzfassung des Leistungsverzeichnisses benutzen. Dies dann, wenn sie den vom Auftraggeber verfassten Wortlaut der Urfassung des Leistungsverzeichnisses im Angebot als allein für sich verbindlich anerkennen. Die vom Bieter für die Angebotsabgabe selbst gefertigte Abschrift oder Kurzfassung des Leistungsverzeichnisses muss dabei gem. § 13 Abs. 1 Nr. 6 Hs. 2 die **Ordnungszahlen (Positionen) vollzählig,** in **der gleichen Reihenfolge** und mit den **gleichen Nummern** wie in dem vom Auftraggeber verfassten Leistungsverzeichnis wiedergeben.

Die Verwendung von bieterseits gefertigten Abschriften oder einer Kurzfassung des Leistungsverzeichnisses ist unter diesen Maßgaben gem. § 13 Abs. 1 Nr. 6 **stets gestattet.** Sie muss vom Auftraggeber nicht ausdrücklich zugelassen werden. Den Bietern wird durch § 13 Abs. 1 Nr. 6 ermöglicht, seine digital vorliegenden Angebotsdaten in eine von ihm selbst gefertigte Kurzfassung des Leistungsverzeichnisses zu übertragen. Er kann sich unter Einhaltung der Voraussetzungen des § 13 Abs. 1 Nr. 6 selbst einen Ausdruck des Leistungsverzeichnisses erstellen. Die Bieter werden damit von der mühsamen und fehlerträchtigen händischen Übertragung der Daten in das Leistungsverzeichnisse des Auftraggebers entbunden. Der Bieter, der selbst gefertigte Abschriften oder Kurzfassungen des Leistungsverzeichnisses verwendet, sollte strikt auf die Einhaltung der Anforderungen des § 13 Abs. 1 Nr. 6 achten. Insbesondere die im Leistungsverzeichnis geforderten Angaben von **Fabrikats- und Typenbezeichnungen** müssen in der Kurzfassung vollzählig, in der gleichen Reihenfolge und mit den gleichen Nummern wie in dem vom Auftraggeber verfassten Leistungsverzeichnis wiedergegeben werden.[145]

Ein Widerspruch einer selbst gefertigten Abschrift oder Kurzfassung zur Langfassung des Leistungsverzeichnisses des Auftraggebers birgt für den Bieter das Risiko, dass sein Angebot widersprüchlich wird und damit auszuschließen ist.[146] Deckt sich die vom Bieter selbst gefertigte Abschrift oder Kurzfassung des Leistungsverzeichnisses nicht mit der Langfassung des Leistungsverzeichnisses des Auftraggebers, so ist allein die Langfassung aufgrund der vom Bieter abgegebenen Verbindlichkeitserklärung gem. § 13 Abs. 1 Nr. 6 Hs. 1 maßgeblich. Trotz Anerkennung der Langtextleistungsverzeichnisses als allein verbindlich durch den Bieter können **Mengenänderungen im Vordersatz** des selbst gefertigten Kurztextleistungsverzeichnisses einen Ausschluss des Bieters begründen. Dies jedenfalls dann, wenn die vom Bieter eingefügten Mengenangaben im selbst gefertigten Kurztextleistungsverzeichnis geringer sind als im Langtextleistungsverzeichnis des Auftraggebers. Der Bieter bietet dann auch bei Anerkennung des Langtextleistungsverzeichnisses als allein verbindlich nur das an, was er auch bepreist hat.[147] Das Angebot des Bieters ist dann preislich nicht mit den übrigen Angeboten vergleichbar und auszuschließen.[148] Eine Korrektur der geänderten Mengenansätze des Kurztextleistungsverzeichnisses auf die Mengenansätze des Langtextleistungsverzeichnisses ist regelmäßig ausgeschlossen.[149]

8. Muster und Proben der Bieter (§ 13 Abs. 1 Nr. 7). Gemäß § 7b Abs. 2 S. 1 kann die Leistungsbeschreibung vorgeben, die Leistung auch zeichnerisch oder durch Probestücke darzustellen oder anders zu erklären. Zeichnungen und Proben, die für die Ausführung maßgebend sein sollen, sind gem. § 7b Abs. 2 S. 2 eindeutig zu bezeichnen. Muster und Proben dienen dazu, die angebotene Leistung klarer und eindeutiger, als durch reine Wortbeschreibung möglich, zu verdeutlichen sowie etwaige Zweifelsfragen zu klären, um Missverständnissen zu begegnen.[150] Angeforderte Muster und Proben können ferner nähere Erklärungen des Bieters, wie die angebotene Leistung beschaffen ist, ersetzen.[151] Muster und Proben stellen – wenn sie mit Angebotsabgabe abgefordert wurden – **Angebotsbestandteile** dar. Bei Nichtvorlage oder unvollständiger Vorlage dieser abgeforderten Muster und Proben kann das Angebot unvollständig sein und damit gem. § 16 Abs. 1 Nr. 2 dem Ausschluss unterliegen.[152]

Soweit der Auftraggeber die Vorlage von Mustern und Proben nicht schon mit der Angebotsabgabe verbindlich vorgibt, können vom Bieter Muster und Proben auch nachträglich, zB zur Vorberei-

---

[145] Kapellmann/Messerschmidt/*Planker* Rn. 24.
[146] Ingenstau/Korbion/*von Wietersheim* Rn. 21.
[147] VK Schleswig-Holstein Beschl. v. 20.10.2010 – VK-SH 16/10; VK Bund Beschl. v. 6.5.2008 – VK 3-53/08.
[148] VK Düsseldorf Beschl. v. 14.8.2006 – VK-32/2006 B; VK Bund Beschl. v. 6.5.2008 – VK 3-53/08; VK Schleswig-Holstein Beschl. v. 20.10.2010 – VK-SH 16/10.
[149] AA VK Thüringen Beschl. v. 9.9.2005 – 360-4002.20-009/05-SON; VK Sachsen Beschl. v. 21.4.2008 – 1/SVK/021-08-G.
[150] VK Baden-Württemberg Beschl. v. 4.12.2013 – 1 VK 64/03; *Weyand* ibrOK VergabeR Rn. 129.
[151] VK Düsseldorf Beschl. v. 21.1.2009 – VK-43/2008-L.
[152] OLG Düsseldorf Beschl. v. 14.11.2007 – VII Verg 23/07; VK Bund Beschl. v. 5.8.2009 – VK 1-128/09; *Weyand* ibrOK VergabeR Rn. 130; Kapellmann/Messerschmidt/*Planker* Rn. 26.

tung eines technischen Aufklärungsgesprächs gem. § 15 Abs. 1 Nr. 1 vorgelegt oder vom Auftraggeber zu Aufklärungszwecken verlangt werden.[153] § 13 Abs. 1 Nr. 7 fordert von den Mustern und Proben, die mit dem Angebot vorgelegt werden, **deren eindeutige Kennzeichnung als zum Angebot gehörig.** Damit soll die zweifelsfreie Zuordnung von Mustern und Proben zu einem bestimmten Angebot eines Bieters und zu einem bestimmten Teil dieses Angebots ermöglicht werden.[154]

81   Ein Verstoß gegen diese Kennzeichnungspflicht von Mustern und Proben gem. § 13 Abs. 1 Nr. 7 begründet keinen Ausschlusstatbestand gem. § 16 Abs. 1 Nr. 1–7. Die Kennzeichnungspflicht von Mustern und Proben als zum Angebot gehörig gem. § 13 Abs. 1 Nr. 7 wird in § 16 Abs. 1 Nr. 1–7 nicht erwähnt.

IV. Abweichung von technischen Spezifikationen in den Vergabeunterlagen (§ 13 Abs. 2)

82   **1. Norminhalt und -kontext.** Gemäß § 13 Abs. 2 S. 1 sind die Bieter berechtigt, eine Leistung anzubieten, die von den in den Vergabeunterlagen vorgesehenen technischen Spezifikationen gem. § 7a Abs. 1 iVm Anhang TS Nr. 1–5 abweicht, anzubieten, wenn die abweichende Leistung mit dem geforderten Schutzniveau in Bezug auf Sicherheit, Gesundheit und Gebrauchstauglichkeit **gleichwertig** ist. Gemäß § 13 Abs. 2 S. 2 hat der Bieter diese Abweichung im Angebot **eindeutig zu bezeichnen.** Ferner ist vom Bieter gem. § 13 Abs. 2 S. 3 die Gleichwertigkeit der Abweichung zusammen mit dem Angebot **nachzuweisen.**

83   Die Vorschrift bezweckt die öffentlichen Beschaffungsmärkte für den Wettbewerb zu öffnen. Einerseits soll den Auftraggebern erlaubt sein, genormte technische Spezifikationen in Form von **bestimmten Leistungs- oder Funktionsanforderungen** vorzugeben. Andererseits soll den Bietern gestattet werden, Angebote einzureichen, die die Vielfalt der auf dem Markt gegebenen technischen Lösungsmöglichkeiten ausnutzen und dabei von den vorgegebenen technischen Spezifikationen abweichen. Solche Angebote sollen dann nicht ausgeschlossen werden können, sondern die Bieter die Möglichkeit haben, die Gleichwertigkeit der von ihnen angebotenen Lösung zu belegen. Der Auftraggeber soll gleichzeitig gezwungen werden, sich mit derartigen Angeboten auf der Grundlage gleichwertiger technischer Lösungen auseinanderzusetzen.[155]

84   § 13 Abs. 2 steht in direktem Regelungszusammenhang zu § 16d Abs. 2. Gemäß § 16d Abs. 2 ist das Angebot, mit welchem Leistungen angeboten werden, die eine zulässige Abweichung von technischen Spezifikationen gem. § 13 Abs. 2 S. 1–3 beinhalten, nicht wie ein Nebenangebot, sondern **wie ein Hauptangebot** zu werten. Das bieterseitige Angebot abweichender Leistungen gem. § 13 Abs. 2 kann daher vom öffentlichen Auftraggeber weder in der Bekanntmachung noch in der Aufforderung zur Angebotsabgabe ausgeschlossen werden. Liegen sämtliche Voraussetzungen des § 13 Abs. 2 S. 1–3 vor, muss der öffentliche Auftraggeber gem. § 16d Abs. 2 die angebotene, von den technischen Spezifikationen zulässigerweise abweichende Leistung wie ein Hauptangebot werten.[156]

85   § 13 Abs. 2 regelt damit die bieterseitige Befugnis, in genannten Fällen und unter bieterseitigem Nachweis der Gleichwertigkeit bei seiner Angebotsabgabe Leistungen anzubieten, die von den technischen Spezifikationen gem. § 7a Abs. 1 iVm Anhang TS Nr. 1–5 abweichen. Für den Auftraggeber enthält § 13 Abs. 2 iVm § 16d Abs. 2 in diesen Fällen dann die Wertungsvorgabe zur Wertung der von den technischen Spezifikationen abweichenden Leistungen als Hauptangebot. Die Vorschrift ist zwingend.[157] Sie eröffnet insbesondere allein für Bieter die in § 13 Abs. 2 S. 1 benannte Befugnis. Für den öffentlichen Auftraggeber begründet die Vorschrift ferner eine Prüfungspflicht der formellen Voraussetzungen des § 13 Abs. 2 S. 2 und der materiellen Gleichwertigkeit sowie des Nachweises der Gleichwertigkeit gem. § 13 Abs. 2 S. 1, 3. Die Vorschrift begründet für den öffentlichen Auftraggeber keine Befugnis, von den Bietern Angebote zu fordern oder entgegenzunehmen, die eine Abweichung von vorgesehenen technischen Spezifikationen beinhalten.[158] Das **Risiko der Nichteinhaltung** der von § 13 Abs. 2 S. 1 geforderten **Gleichwertigkeit des Schutzniveaus** in Bezug auf Sicherheit, Gesundheit und Gebrauchstauglichkeit und die Führung des Nachweises der Gleichwertigkeit gem. § 13 Abs. 2 S. 3 trägt allein der Bieter.[159] Aufgrund dieses bieterseitigen Risikos dürfte es für den Bieter regelmäßig opportun sein, keine Abweichungen von technischen

---

[153] *Weyand* ibrOK VergabeR Rn. 130; Kapellmann/Messerschmidt/*Planker* Rn. 26.
[154] HHKW/*Koenigsmann-Hölken* Rn. 31.
[155] VK Lüneburg Beschl. v. 23.7.2012 – VgK-23/2012; VK Bund Beschl. v. 10.4.2007 – VK 1-20/07.
[156] HHKW/*Koenigsmann-Hölken* Rn. 33.
[157] Ingenstau/Korbion/*von Wietersheim* Rn. 22.
[158] Ingenstau/Korbion/*von Wietersheim* Rn. 24.
[159] VK Bund Beschl. v. 10.4.2007 – VK 1-20/07; VK Sachsen Beschl. v. 7.10.2003 – 1/SVK/111/03; VK Brandenburg Beschl. v. 28.11.2006 – 2 VK 48/06; Ingenstau/Korbion/*von Wietersheim* Rn. 25.

IV. Abweichung von technischen Spezifikationen in den Vergabeunterlagen

Spezifikationen gem. § 13 Abs. 2 im Hauptangebot anzubieten, sondern sich insoweit auf die Abgabe von Nebenangeboten zu beschränken, wenn der öffentliche Auftraggeber diese zugelassen hat.

Die **DIN 18299: 2019-09 VOB/C**: Allgemeine technische Vertragsbedingungen für Bauleistungen (ATV) – Allgemeine Regelungen für Bauarbeiten jeder Art sieht in Ziff. 2, Stoffe, Bauteile, unter Ziff. 2.3.4 S. 1 und 2 eine weitergehende Regelung zur Abweichung von technischen Spezifikationen vor. Gemäß Ziff. 2.3.4 S. 1 der DIN 18299: 2019-09 dürfen Stoffe und Bauteile, für die bestimmte technische Spezifikationen in der Leistungsbeschreibung nicht genannt sind, auch verwendet werden, wenn sie Normen, technischen Vorschriften oder sonstigen Bestimmungen anderer Staaten entsprechen, sofern das geforderte Schutzniveau in Bezug auf Sicherheit, Gesundheit und Gebrauchstauglichkeit gleichermaßen dauerhaft erreicht wird. Gemäß Ziff. 2.3.4 S. 2 DIN 18299: 2019-09 kann bei Stoffen und Bauteilen, für die eine Überwachungs- oder Prüfzeichenpflicht oder der Nachweis der Brauchbarkeit allgemein vorgesehen ist, von einer Gleichwertigkeit ferner nur ausgegangen werden, wenn die Stoffe oder Bauteile ein Überwachungs- oder Prüfzeichen tragen oder für sie der genannte Brauchbarkeitsnachweis erbracht ist.

2. Technische Spezifikationen. Die Definition der technischen Spezifikationen verweist § 13 Abs. 2 S. 1 auf § 7a Abs. 1 und damit auf Anhang TS Nr. 1 lit. a und b. Dies sind bei öffentlichen Bauaufträgen die Gesamtheit der insbesondere in den Vergabeunterlagen enthaltenen technischen Beschreibungen, die die erforderlichen Eigenschaften eines Werkstoffs, eines Produkts oder einer Lieferung definieren, damit diese den vom Auftraggeber beabsichtigten Zweck erfüllen. Der Begriff ist überaus weit gefasst. Hierunter sind u. a. auch die Vorschriften für Planung und die Berechnung von Bauwerken, die Bedingungen für die Prüfung, Inspektion und Abnahme von Bauwerken, die Konstruktionsmethoden oder -verfahren und alle anderen technischen Anforderungen, die der Auftraggeber für fertige Bauwerke oder dazu notwendige Materialien oder Teile davon durch allgemeine oder spezielle Vorschriften anzugeben in der Lage ist.[160]

Individuelle, auf das konkrete Vorhaben bezogene technische Vorgaben, wie zB die Haltekonstruktion bei Glaselementen, fallen nicht hierunter.[161] Dies deshalb, da § 13 Abs. 2 nicht die in einer für ein bestimmtes Vorhaben erstellten Leistungsbeschreibung konkret und individuell für die gewünschte Leistung aufgestellten technischen Anforderungen, geforderten Abmessungen oder Zulassungen etc., zur Disposition der Bieter stellen soll.[162] Unter **technischen Spezifikationen** sind damit **nur technische Regelwerke, Normen**, ggf. auch **allgemeine Eigenschafts- und Funktionsbeschreibungen** zu verstehen. Nicht jedoch individuelle, auf das konkrete Bauvorhaben bezogene, technische Vorgaben. Von individuellen technischen Vorgaben, die auf das konkrete Bauvorhaben bezogen sind, abweichende technische Lösung dürfen nicht als Hauptangebot, sondern allenfalls als Nebenangebot gewertet werden.[163] Sonst hätte § 13 Abs. 3 neben § 13 Abs. 2 keinen eigenen Anwendungsbereich mehr.[164]

3. Zulässigkeitsanforderungen der Abweichung. Die angebotene Abweichung von den vorgesehenen technischen Spezifikationen **muss** vom Auftraggeber wie ein Hauptangebot **gewertet werden**, wenn sie gem. § 13 Abs. 2 S. 1 mit dem geforderten Schutzniveau in Bezug auf Sicherheit, Gesundheit und Gebrauchstauglichkeit gleichwertig ist. Zur Auslegung des Begriffs des Schutzniveaus sind die im Leistungsverzeichnis vorgesehenen technischen Spezifikationen als Mindesterfordernisse zu betrachten.[165]

Der Begriff der **Sicherheit** umfasst die technische Sicherheit in Bezug auf Haltbarkeit, Standfestigkeit und Dauertauglichkeit nach allen technischen Erfahrungen der einschlägigen Fachbereiche am Ort der Bauausführung.[166] Der Begriff der **Gesundheit** umfasst jede nachteilige Einwirkung auf den Menschen sowie die erforderlichen Umweltverträglichkeitseigenschaften.[167] Der Begriff der **Gebrauchstauglichkeit** ist erfüllt, wenn die vorgesehene Nutzung der baulichen Maßnahme aus Sicht der Vorgaben des Auftraggebers uneingeschränkt gewährleistet ist.[168]

Die erforderliche **Gleichwertigkeit** liegt vor, wenn das Schutzniveau in Bezug auf Sicherheit, Gesundheit und Gebrauchstauglichkeit erreicht oder überschritten wird. Der Bieter ist gem. § 13

---

[160] VK Bund Beschl. v. 21.1.2011 – VK 2-146/10; Kapellmann/Messerschmidt/*Planker* Rn. 28.
[161] VK Bund Beschl. v. 21.1.2011 – VK 2-146/10; Kapellmann/Messerschmidt/*Planker* Rn. 28.
[162] VK Bund Beschl. v. 21.1.2011 – VK 2-146/10; OLG München Beschl. v. 28.7.2008 – Verg 10/08; OLG Düsseldorf Beschl. v. 6.10.2004 – Verg 56/04.
[163] HHKW/*Koenigsmann-Hölken* Rn. 33.
[164] HHKW/*Koenigsmann-Hölken* Rn. 33.
[165] Ingenstau/Korbion/*von Wietersheim* Rn. 26.
[166] Ingenstau/Korbion/*von Wietersheim* Rn. 27.
[167] Ingenstau/Korbion/*von Wietersheim* Rn. 27.
[168] Ingenstau/Korbion/*von Wietersheim* Rn. 27.

Abs. 2 S. 2 zwingend gehalten, die Abweichung in seinem Angebot eindeutig zu bezeichnen. Hierzu ist in der betreffenden Position des Angebotes, den betreffenden Positionsgruppen, dem Abschnitt oder erforderlichenfalls im ganzen Angebot eindeutig und klar verständlich zu machen, dass eine Abweichung von den technischen Spezifikationen vorliegt und worin sie genau liegt.[169] Der Bieter muss nicht nur darlegen, dass er etwas anderes macht, sondern auch dartun, was genau er anders macht. Die **eindeutige Bezeichnung der Abweichung** ist Grundbedingung für die Prüfung des abweichenden Angebots durch den Auftraggeber.[170] Der Auftraggeber hat das Angebot mit den eindeutig bezeichneten Abweichungen von den geforderten technischen Spezifikationen auf seine Gleichwertigkeit zu überprüfen. Hierzu muss er keine eigenen Nachforschungen anstellen.[171]

92   **4. Nachweis der Gleichwertigkeit.** Gemäß § 13 Abs. 2 S. 3 hat der Bieter die Gleichwertigkeit der Abweichung von den vorgesehenen technischen Spezifikationen mit dem geforderten Schutzniveau in Bezug auf Sicherheit, Gesundheit und Gebrauchstauglichkeit mit dem Angebot nachzuweisen. Den Bieter trifft insoweit die uneingeschränkte **Darlegungs- und Beweislast,** verbunden mit dem **Risiko der Nichtwertbarkeit** des von den technischen Spezifikationen abweichenden Angebots gem. § 16d Abs. 2.[172] Da insoweit keine Nachforschungspflicht des Auftraggebers besteht, ist der Bieter gehalten, in Bezug auf diesen Nachweis der Gleichwertigkeit überaus gründlich vorzugehen.

93   Der Nachweis der Gleichwertigkeit hat in jedem Fall **zusammen mit der Vorlage des Angebots** zu erfolgen.[173] Wird die Gleichwertigkeit der Abweichung von den technischen Spezifikationen nicht mit Angebotsvorlage nachgewiesen, kommt eine Wertung des Angebots als Hauptangebot gem. § 16d Abs. 2 nicht in Betracht.[174] Auch eine technische Aufklärung der Gleichwertigkeit im Rahmen einer Angebotsaufklärung gem. § 15 Abs. 1 Nr. 1 ist nicht statthaft.[175] Dies stellt eine unzulässige, nach Angebotsvorlage erfolgende Nachweisführung des Bieters dar.[176]

V. Nebenangebote und mehrere Hauptangebote (§ 13 Abs. 3)

94   **1. Norminhalt und Normkontext.** § 13 Abs. 3 S. 1, 2 regelt die Verfahrensweise des Auftraggebers zum Umgang mit Nebenangeboten. Neu ist die Regelung in § 13 Abs. 3 S. 3, 4. Gemäß § 13 Abs. 3 S. 3 muss bei Abgabe mehrerer Hauptangebote jedes Hauptangebot aus sich heraus zuschlagsfähig sein. Gemäß § 13 Abs. 3 S. 4 gilt § 13 Abs. 1 Nr. 2 S. 2 für jedes Hauptangebot entsprechend. Jedes Hauptangebot muss daher bei Übermittlung per Post oder bei direkter Übermittlung in einem verschlossenen Umschlag eingereicht werden, ist als solches zu kennzeichnen und vom Auftraggeber bis zum Ablauf der für die Einreichung vorgesehenen Frist unter Verschluss zu halten.

95   Nebenangebote sind Abweichungen vom Hauptangebot, die der Bieter eigenständig anbietet, nachdem der öffentliche Auftraggeber sie in der Bekanntmachung gem. § 12 Abs. 1 Nr. 2 lit. j iVm § 8 Abs. 2 Nr. 3 zugelassen hat. Nebenangebote, die ein Bieter eigenständig nach Zulassung durch den Auftraggeber vorlegt, sind regelmäßig **Abweichungen von den individuellen Anforderungen** an das konkrete Bauvorhaben. Diese betreffen zB die Herstellungsart (Fertig- oder Ortbeton etc), Änderungen der Baustoff- und Materialvorgaben, Änderungen im Bauablaufplan oder Änderungen im Bauzeitenplan. Nicht allein technische Abweichungen, sondern auch Abweichungen wirtschaftlicher, rechtlicher oder rechnerischer Art können als Nebenangebot zu qualifizieren sein und in Form eines Nebenangebots abgegeben werden.[177] Das Nebenangebot ändert konkret individuelle Vorgaben des Hauptangebots, wobei Abweichungen unabhängig von ihrem Grad, ihrer Gewichtung oder ihrem Umfang Nebenangebote darstellen.[178]

96   Nebenangebote sind zu unterscheiden von einer **angebotenen Auftragserweiterung,** dh wenn der Bieter anbietet, zusätzliche Leistungen zu übernehmen.[179] Nebenangebote sind ferner zu

---

[169] Ingenstau/Korbion/*von Wietersheim* Rn. 28.
[170] VK Südbayern Beschl. v. 24.8.2010 – Z3-3-3194-1-31-05/10; OLG Saarbrücken Beschl. v. 27.4.2011 – 1 Verg 5/10.
[171] VK Sachsen-Anhalt Beschl. v. 16.4.2014 – 3 VK LSA 14/14; HHKW/*Koenigsmann-Hölken* Rn. 34.
[172] VK Bund Beschl. v. 10.4.2007 – VK 1-20/07; VK Sachsen Beschl. v. 7.10.2003 – 1/SVK/111/03.
[173] OLG Koblenz Beschl. v. 2.2.2011 – 1 Verg 1/11; VK Brandenburg Beschl. v. 28.11.2006 – 2 VK 48/06; VK Sachsen-Anhalt Beschl. v. 16.4.2014 – 3 VK LSA 14/14.
[174] VK Sachsen Beschl. v. 7.10.2003 – 1/SVK/111/03; HHKW/*Koenigsmann-Hölken* Rn. 34.
[175] VK Brandenburg Beschl. v. 28.11.2006 – 2 VK 48/06.
[176] HHKW/*Koenigsmann-Hölken* Rn. 34.
[177] VK Sachsen Beschl. v. 10.4.2014 – 1/SVK/007/14; VK Schleswig-Holstein Beschl. v. 11.2.2010 – VK-SH 29/09; VK Brandenburg Beschl. v. 1.3.2005 – VK 8/05.
[178] HHKW/*Koenigsmann-Hölken* Rn. 35.
[179] Ingenstau/Korbion/*von Wietersheim* § 8 Rn. 12.

V. Nebenangebote und mehrere Hauptangebote (§ 13 Abs. 3)

unterscheiden von Wahl- oder Alternativpositionen und den hierauf ergehenden Angeboten[180] sowie von unzulässigen Änderungen der Vergabeunterlagen gem. § 13 Abs. 1 Nr. 5 S. 1. Solche Änderungen dürfen nicht als Nebenangebote eingestuft und behandelt werden.[181] Schließlich stellen **Preisnachlässe ohne Bedingungen** gem. § 13 Abs. 4 keine Nebenangebote dar.[182] Preisnachlässe, die an bestimmte Bedingungen geknüpft sind, können dagegen grundsätzlich als Nebenangebot angeboten werden.[183]

Nebenangebote bedürfen grundsätzlich der Definition von vorher bekanntgegebenen Kriterien, anhand derer die **Gleichwertigkeitsprüfung** mit dem Hauptangebot durchgeführt wird und anhand derer der Bieter die Gleichwertigkeit seines Nebenangebots zum Zeitpunkt der Abgabe dieses Angebots nachzuweisen hat. 97

Mindestanforderungen für Nebenangebote müssen dabei gem. § 8 Abs. 2 Nr. 3 **im Unterschwellenbereich nicht** in den Vergabeunterlagen **definiert** werden, um die Wertbarkeit der Nebenangebote zu ermöglichen. Dies ist **im Oberschwellenbereich** gem. § 8 EU Abs. 2 Nr. 3 lit. b dagegen **zwingend erforderlich.** § 16 Abs. 1 Nr. 5 enthält keine § 16 EU Nr. 5 Hs. 2 entsprechende Regelung. Eine analoge Anwendung des § 16 EU Nr. 5 Hs. 2 im Unterschwellenbereich kommt nicht in Betracht, weil insoweit keine ungewollte Regelungslücke vorliegt.[184] 98

Die Erfüllung von Mindestanforderungen für Nebenangebote im Oberschwellenbereich ist ferner kein Äquivalent der Gleichwertigkeitsprüfung.[185] Bei der Gleichwertigkeitsprüfung steht dem öffentlichen Auftraggeber ein **weiter Beurteilungs- und Ermessensspielraum zu.**[186] Der Nachweis der Gleichwertigkeit eines Nebenangebots ist dabei vom Bieter entsprechend den Anforderungen des Leistungsverzeichnisses zu erbringen.[187] Die Nachforderung eines Gleichwertigkeitsnachweises stellt eine unzulässige Nachbesserung des Angebots dar und ist damit dem Auftraggeber untersagt.[188] 99

2. Aufführung der Anzahl und Kennzeichnung von Nebenangeboten. Gemäß § 13 Abs. 3 S. 1 ist die Anzahl von Nebenangeboten durch den Bieter an einer vom Auftraggeber in den Vergabeunterlagen bezeichneten Stelle aufzuführen. § 13 Abs. 3 S. 2 schreibt ferner vor, dass Nebenangebote auf besondere Anlage erstellt und als solche deutlich gekennzeichnet werden. Dies dient der Transparenz des Vergabeverfahrens. 100

Angebotsbestandteil der Nebenangebote ist des Weiteren der vom Bieter zu führende Gleichwertigkeitsnachweis des Nebenangebots mit dem Hauptangebot anhand der vom Auftraggeber in den Vergabeunterlagen definierten Gleichwertigkeitskriterien. § 8 Abs. 2 Nr. 3 lit. b erlaubt es dem Auftraggeber ferner, Nebenangebote ausnahmsweise nur in Verbindung mit einem Hauptangebot zuzulassen. Ist dies erfolgt, sind **isoliert eingereichte Nebenangebote** des Bieters ohne Hauptangebot unzulässig und auszuschließen.[189] 101

Nebenangebote müssen physisch vom Hauptangebot **deutlich getrennt sein,** zB durch einen eigenen Ordner oder Hefter. Die Angebotsunterlagen müssen klar zum Ausdruck bringen, was das geforderte Hauptangebot und was das auf Vorschlag des Bieters abgegebene Nebenangebot beinhaltet. Es ist für das Nebenangebot die Überschrift „Nebenangebot" oder „Änderungsvorschlag" durch den Bieter anzubringen.[190] Nebenangebote sind vom Bieter zu unterschreiben.[191] Anderes gilt, wenn aus der Unterschrift des Bieters unter das Hauptangebot zweifelsfrei hervorgeht, dass diese Unterschrift auch für das miteingereichte Nebenangebot gilt.[192] Fehlt die gem. § 13 Abs. 3 S. 1 erforderliche Bieterangabe der abgegebenen Anzahl der Nebenangebote an der vom 102

---

[180] Kapellmann/Messerschmidt/*Planker* Rn. 35.
[181] OLG Brandenburg Beschl. v. 17.5.2011 – Verg W 16/10; Kapellmann/Messerschmidt/*Planker* Rn. 35.
[182] teilw. abw. VK Sachsen Beschl. v. 10.4.2014 – 1/SVK/007-14.
[183] VK Brandenburg Beschl. v. 1.3.2005 – VK 8/05.
[184] BGH Urt. v. 30.8.2011 – X ZR 55/10 Rn. 19; VK Sachsen-Anhalt Beschl. v. 15.1.2010 – 3 VK LSA 77/15; zum Diskussionsstand ferner *Weyand* ibrOK VergabeR § 16 Rn. 843 ff.
[185] OLG Brandenburg Beschl. v. 17.5.2011 – Verg W 16/10; OLG Koblenz Beschl. v. 2.2.2011 – 1 Verg 1/11.
[186] OLG Brandenburg Beschl. v. 17.5.2011 – Verg W 16/10; OLG Koblenz Beschl. v. 2.2.2011 – 1 Verg 1/11.
[187] VK Sachsen-Anhalt Beschl. v. 30.11.2016 – 3 VK LSA 44/16; OLG Koblenz Beschl. v. 2.2.2011 – 1 Verg 1/11.
[188] VK Sachsen-Anhalt Beschl. v. 30.11.2016 – 3 VK LSA 44/16; Ingenstau/Korbion/*von Wietersheim* § 16d Rn. 30, 34.
[189] VK Hessen Beschl. v. 30.9.2009 – 69d VK-32/2009; VK Bund Beschl. v. 17.7.2003 – VK 1-55/03; Ingenstau/Korbion/*von Wietersheim* § 16d Rn. 31.
[190] jurisPK–VergabeR/*Dippel* Rn. 47.
[191] jurisPK–VergabeR/*Dippel* Rn. 47; Kapellmann/Messerschmidt/*Planker* Rn. 40.
[192] BGH Beschl. v. 23.3.2011 – X ZR 92/09.

103 Auftraggeber in den Vergabeunterlagen bezeichneten Stelle, so führt dies nicht zum Ausschluss des Nebenangebots.[193]

103 Unterlässt es der Bieter, sein Nebenangebot entgegen § 13 Abs. 3 S. 2 auf besonderer Anlage zu erstellen und das Nebenangebot als solches deutlich kenntlich zu machen, ist das Nebenangebot gem. § 16 Abs. 1 Nr. 6 auszuschließen.[194] **Bedingte Nebenangebote,** deren Wirksamkeit vom Eintritt einer aufschiebenden oder auflösenden Bedingung gem. § 158 Abs. 1, 2 BGB abhängig gemacht wird, sind dann unzulässig, wenn der Bedingungseintritt vom Verhalten des Bieters abhängig ist oder das bedingte Nebenangebot in den ordnungsgemäßen Wettbewerb eingreift (zB bei Erteilung eines Drittauftrags Geltung beanspruchen soll, oÄ).[195]

104 **3. Mehrere Hauptangebote.** § 8 Abs. 2 Nr. 4 enthält seit der Neufassung der VOB/A 2019 die Befugnis des Auftraggebers in den Vergabeunterlagen anzugeben, dass er die Abgabe mehrerer Hauptangebote nicht zulässt. Mehrere Hauptangebote vom gleichen Bieter sind daher immer dann zulässig, wenn der Auftraggeber von der Möglichkeit gem. § 8 Abs. 2 Nr. 4, mehrere Hauptangebote nicht zuzulassen, keinen Gebrauch macht.[196] § 13 Abs. 3 S. 3 schreibt nunmehr vor, dass bei Einreichung mehrerer Hauptangebote diese Hauptangebote jeweils isoliert aus sich heraus zuschlagsfähig sein müssen. Dies ist als Hinweis auf die vom Verordnungsgeber geforderte Vollständigkeit und Schlüssigkeit der einzelnen Hauptangebote zu verstehen.[197] § 13 Abs. 3 S. 4 stellt durch den Verweis auf § 13 Abs. 1 Nr. 2 S. 2 nunmehr klar, dass bei Einreichung mehrerer schriftlicher Hauptangebote diese jeweils in einem verschlossenen Umschlag einzureichen, als solche vom Bieter zu kennzeichnen sind und vom Auftraggeber bis zum Ablauf der Angebotsfrist verschlossen gehalten werden müssen. Erforderlich ist daher, dass der Bieter für jedes von ihm eingereichte Hauptangebot einen gesonderten Umschlag verwendet und dieses Hauptangebot als solches bezeichnet.[198]

VI. Preisnachlässe ohne Bedingungen (§ 13 Abs. 4)

105 **1. Begrifflichkeiten und Voraussetzungen.** § 13 Abs. 4 zwingt die Bieter Preisnachlässe, die ohne Bedingung gewährt werden, an der vom Auftraggeber in den Vergabeunterlagen bezeichneten Stelle aufzuführen. Wird dies unterlassen, so sind Preisnachlässe ohne Bedingung gem. § 16d Abs. 4 S. 1 nicht zu werten. Der Begriff des Preisnachlasses umschreibt einen prozentualen oder als Euro-Summe angebotenen Abzug von der Angebots- oder Abrechnungssumme des Bieters.[199] Es handelt sich um eine vertraglich eingeräumte, prozentual oder konkret bezifferte Kürzung des Vertragspreises bei unverändert bleibender Leistung des Bieters.[200]

106 § 13 Abs. 4 erfasst allein solche Preisnachlässe, die **ohne Bedingungen** als Preisabschläge **auf das Gesamtangebot** gewährt werden. Einzelne Nachlässe bei Einheitspreisen für einzelne Leistungspositionen im Angebot oder für Teile des Angebots werden von § 13 Abs. 4 nicht erfasst.[201] Des Weiteren werden von § 13 Abs. 4 allein solche Preisnachlässe erfasst, die an keine Bedingungen des Bieters geknüpft sind. **Preisnachlässe mit Bedingungen** können allenfalls als kaufmännisches Nebenangebot angeboten werden, soweit der Auftraggeber Nebenangebote zugelassen hat.[202]

107 Soweit Preisnachlässe mit Bedingungen angeboten werden, deren Eintritt oder Ausfall vom Verhalten des Bieters abhängt, sind diese auch nicht im Rahmen eines Nebenangebotes zu werten. Derartig bedingte Preisnachlässe, deren Wirksamwerden vom Verhalten des Bieters abhängt, **verfälschen den Wettbewerb.** Ihre Wertung würde zu Wettbewerbsverzerrungen bei der Vergabeentscheidung führen.[203] Preisnachlässe mit Bedingungen, deren Eintritt oder Ausfall an das Verhalten des Auftraggebers anknüpfen (insbesondere **Skontogewährungen**) können gewertet werden, wenn der Auftraggeber diese Skonti verbunden mit der Aufforderung an die Bieter, derartige Preisnachlässe anzubieten, in die Vergabeunterlagen aufgenommen hatte. Nur dann ist für die Bieter erkennbar,

---

[193] HHKW/*Koenigsmann-Hölken* Rn. 36; Kapellmann/Messerschmidt/*Planker* Rn. 39.
[194] *Theißen/Stollhoff*, Die neue Bauvergabe, B. II. 1.7.
[195] VK Baden-Württemberg Beschl. v. 18.10.2002 – 1 VK 53/02; VK Saarland Beschl. v. 27.4.2004 – 1 VK 02/2004; Ingenstau/Korbion/*von Wietersheim* § 16d Rn. 35.
[196] Ingenstau/Korbion/*von Wietersheim* Rn. 31.
[197] Ingenstau/Korbion/*von Wietersheim* Rn. 32.
[198] Ingenstau/Korbion/*von Wietersheim* Rn. 33.
[199] VK Brandenburg Beschl. v. 21.10.2002 – VK 55/02; VK Lüneburg Beschl. v. 11.7.2003 – VgK 21/2013.
[200] VK Lüneburg Beschl. v. 11.7.2003 – VgK 21/2013; *Weyand* ibrOK VergabeR § 16 Rn. 918.
[201] OLG München Beschl. v. 24.5.2006 – Verg 10/06; Ingenstau/Korbion/*von Wietersheim* Rn. 32; HHKW/*Koenigsmann-Hölken* Rn. 37; jurisPK–VergabeR/*Dippel* Rn. 49.
[202] VK Brandenburg Beschl. v. 1.3.2005 – VK 8/05; *Weyand* ibrOK VergabeR § 16 Rn. 934.
[203] VK Baden-Württemberg Beschl. v. 18.10.2002 – 1 VK 53/02; VK Saarland Beschl. v. 27.4.2004 – 1 VK 02/2004; *Weyand* ibrOK VergabeR § 16 Rn. 934.

dass Skontoabzüge anzubieten sind und in die Wertung einbezogen werden sollen.[204] Wertbar sind allein solche Skontoabzüge, deren Voraussetzungen der Auftraggeber realistischerweise erfüllen kann.[205] Ohne Vorgabe des Auftraggebers in den Vergabeunterlagen von den Bietern unaufgefordert angebotene Preisnachlässe mit Bedingungen für die Zahlungsfrist (Skonti) dürfen gem. § 16d Abs. 4 S. 2 nicht gewertet werden. Dies gilt gem. § 16d Abs. 5 S. 2 auch bei freihändiger Vergabe.

§ 13 Abs. 4 dient mit der Vorgabe, Preisabschläge ohne Bedingungen für das Gesamtangebot ausschließlich an der vom Auftraggeber in den Vergabeunterlagen bezeichneten Stelle aufzuführen, der **Transparenz der Angebote** und der **Missbrauchsbekämpfung**.[206] Durch § 13 Abs. 4 soll sichergestellt werden, dass die Preistransparenz und die Vergleichbarkeit der Angebote gewährleistet ist. Ferner, dass der Verhandlungsleiter im Eröffnungstermin die Preisnachlässe gem. § 14 Abs. 3 Nr. 2 S. 2 verlesen und gem. § 14 Abs. 4 Nr. 1 S. 1 in die Niederschrift über den Eröffnungstermin aufnehmen kann. 108

2. Behandlung und Rechtsfolgen. Bietet der Bieter einen **zulässigen Preisabschlag für das Gesamtangebot** an der vom Auftraggeber in den Vergabeunterlagen hierfür vorgesehenen Stelle an, ist der Preisnachlass im Eröffnungstermin zu verlesen und zu protokollieren. Dieser Preisnachlass ohne Bedingungen kann dann gem. § 16d Abs. 1 im Rahmen der Angebotswertung berücksichtigt werden. Wird der unbedingte und auf den Angebotsgesamtbetrag gewährte prozentuale oder summenmäßig bestimmte Preisabschlag nicht an der in den Vergabeunterlagen vom Auftraggeber vorgesehenen Stelle aufgeführt, ist dieser Preisnachlass nicht im Eröffnungstermin zu verlesen und gem. § 16d Abs. 4 S. 1 auch nicht zu werten.[207] Die Vorschrift ist zwingend.[208] 109

VII. Angebote von Bietergemeinschaften (§ 13 Abs. 5)

1. Begrifflichkeiten und Voraussetzungen. Bietergemeinschaften sind Zusammenschlüsse von Unternehmen, die sich als Zweckgemeinschaften oder Gelegenheitsgesellschaften gemeinschaftlich um den ausgeschriebenen Bauauftrag bewerben und diesen nach Zuschlagserteilung gemeinschaftlich – regelmäßig als Arbeitsgemeinschaft – abwickeln.[209] Bietergemeinschaften können als **vertikale Bietergemeinschaften,** dh als Zusammenschlüsse zwischen Unternehmen verschiedener Fachrichtungen zum gemeinschaftlichen Angebot auf verschiedene Fachlose, oder als **horizontale Bietergemeinschaften,** dh als Zusammenschlüsse von Unternehmen gleicher Fachlose zur Abarbeitung verschiedener Teillose auftreten.[210] 110

Je nach inhaltlicher Ausgestaltung des Rechtsverhältnisses der Mitglieder der Bietergemeinschaften stellen Bietergemeinschaften BGB-Gesellschaften (§§ 705 ff. BGB) oder offene Handelsgesellschaften (§§ 105 ff. HGB) dar. Kennzeichnend für die Bietergemeinschaft ist der **projektbezogene Unternehmenszusammenschluss** von mindestens zwei Unternehmen, als temporäre Arbeitsgemeinschaft, regelmäßig in Rechtsform der BGB-Gesellschaft,[211] um bei erfolgreichem Angebot arbeitsteilig unter gesamtschuldnerischer Haftung die ausgeschriebenen Bauleistungen zu erbringen.[212] Die Beteiligung von Bietergemeinschaften im Vergabeverfahren ist ausdrücklich zulässig und aus Gründen des Mittelstandsschutzes erwünscht. 111

Vor gemeinschaftlicher Angebotsabgabe ist die Bildung von Bietergemeinschaften sowie der Wechsel ihrer Mitglieder grundsätzlich zulässig.[213] Zwischen Angebotsabgabe und Zuschlagserteilung sind Änderungen im Mitgliederkreis der Bietergemeinschaft grundsätzlich unzulässig.[214] Veränderungen der Bietergemeinschaft zwischen Angebotsabgabe bis Zuschlagserteilung sind ausnahmsweise statthaft, wenn die **rechtliche Identität der Bietergemeinschaft** und ihrer Mitglieder erhalten bleibt. Dies ist zB bei einem Gesellschafterwechsels eines Mitglieds der Bietergemeinschaft der Fall. Dann obliegt es der Vergabestelle zu prüfen, ob die Bietergemeinschaft weiterhin für 112

---

[204] BGH Urt. v. 11.3.2008 – X ZR 134/05 Rn. 12; jurisPK–VergabeR/*Summa* § 16 Rn. 511.
[205] BGH Urt. v. 11.3.2008 – X ZR 134/05 Rn. 12; OLG Düsseldorf Beschl. v. 1.10.2003 – II Verg 45/03.
[206] BGH Urt. v. 20.1.2009 – X ZR 113/07 Rn. 13; OLG Saarbrücken Urt. v. 13.6.2012 – 1 U 357/11; VK Sachsen Beschl. v. 13.5.2002 – 1/SVK/043-02.
[207] jurisPK–VergabeR/*Dippel* Rn. 49.
[208] Kapellmann/Messerschmidt/*Planker* Rn. 42.
[209] KG Urt. v. 7.5.2007 – 23 U 31/06; VK Sachen Beschl. v. 20.9.2006 – 1/SVK/085-06; VK Arnsberg Beschl. v. 2.2.2006 – VK 30/05.
[210] jurisPK–VergabeR/*Dippel* Rn. 51.
[211] KG Urt. v. 7.5.2007 – 23 U 31/06.
[212] Noch VergabeR-HdB B Rn. 249.
[213] OLG Düsseldorf Beschl. v. 24.5.2005 – Verg 28/05; zu Ausnahmefällen *Weyand* ibrOK VergabeR § 6 Rn. 17, 18.
[214] VK Hessen Beschl. v. 28.6.2005 – 69d-VK-07/2005; OLG Düsseldorf Beschl. v. 24.5.2005 – Verg 28/05; *Weyand* ibrOK VergabeR § 6 Rn. 19; jurisPK–VergabeR/*Dippel* Rn. 52.

den Auftrag geeignet ist.[215] Wird über das Vermögen eines Mitglieds der Bietergemeinschaft nach Angebotsabgabe das Insolvenzverfahren eröffnet, wird die Bietergemeinschaft gem. § 728 Abs. 2 S. 1 BGB aufgelöst. Diese Änderung in der Person der Bietergemeinschaft nach Angebotsabgabe und vor Zuschlagserteilung führt zum zwingenden Angebotsausschluss.[216]

113 Gemäß § 13 Abs. 5 S. 1 haben Bietergemeinschaften bei Angebotsabgabe ihre Mitglieder zu benennen sowie eines ihrer Mitglieder als bevollmächtigten Vertreter für den Abschluss und die Durchführung des Vertrages zu bezeichnen. Die Benennung der Mitglieder der Bietergemeinschaft bei Angebotsabgabe ist unverzichtbar. Aus dem Angebot der Bietergemeinschaft muss klar und eindeutig entnehmbar sein, dass es sich um ein Angebot einer Bietergemeinschaft handelt. Die erkennbare **Identität dieser Bietergemeinschaft** und ihrer **einzelnen Mitglieder** ist essenzieller Bestandteil des Angebots.[217]

114 Die Abgabe eines eigenen Angebots eines Bieters neben der Abgabe eines Angebots durch diesen Bieter im Rahmen einer Bietergemeinschaft verletzt den Geheimwettbewerb, was den Ausschluss beider Angebote nach sich zieht.[218]

115 **2. Bezeichnung des bevollmächtigten Vertreters.** Gemäß § 13 Abs. 5 S. 1 haben Bietergemeinschaften eines ihrer Mitglieder als bevollmächtigten Vertreter für den Abschluss und die Durchführung des Vertrages zu bezeichnen. Der Auftraggeber soll im Rechtsverkehr nicht gezwungen sein, stets mit allen gem. § 709 Abs. 1 BGB, § 714 BGB gemeinschaftlich vertretungsbefugten Mitgliedern der Bietergemeinschaft zu kommunizieren. Die Bietergemeinschaft hat gem. § 13 Abs. 5 S. 1 dem Auftraggeber zwingend einen von ihr **bevollmächtigten Vertreter der Bietergemeinschaft** zu benennen. Dieser bevollmächtigte Vertreter der Bietergemeinschaft ist dann gem. § 714 BGB befugt, die gesamte Bietergemeinschaft gegenüber dem Auftraggeber rechtsgeschäftlich zu vertreten. § 13 Abs. 5 S. 1 sieht vor, dass dieser federführende Gesellschafter im Regelfall bereits mit Angebotsabgabe gegenüber dem Auftraggeber benannt wird.

116 Fehlt diese Benennung des bevollmächtigten Vertreters der Bietergemeinschaft im Angebot, so kann sie gem. § 13 Abs. 5 S. 2 bis vor der Zuschlagserteilung nachgeholt werden.[219] Das Fehlen der Benennung des bevollmächtigten Vertreters im Angebot stellt gem. § 13 Abs. 5 S. 2 iVm § 16 Abs. 1 Nr. 1–5 keinen Ausschlussgrund dar.[220] Ein Angebotsausschluss wegen Nichtbenennung des bevollmächtigten Vertreters der Bietergemeinschaft vor Zuschlagserteilung ist allenfalls dann denkbar, wenn der **wiederholten Nichtbefolgung einer Aufforderung** des Auftraggebers an die Bietergemeinschaft zur Benennung des bevollmächtigten Vertreters Zuverlässigkeitsmängel der Bietergemeinschaft gem. § 16b Abs. 1 entnommen werden können. Des Weiteren kann analog § 15 Abs. 2 die Nichtbenennung des bevollmächtigten Vertreters binnen einer vom Auftraggeber gesetzten angemessenen Frist einen Ausschlussgrund begründen.[221]

117 Von der Bezeichnung des bevollmächtigten Vertreters der Bietergemeinschaft bei Angebotsabgabe oder deren Nachholung vor Zuschlagserteilung gem. § 13 Abs. 5 ist das zwingende **Erfordernis der Unterzeichnung des Angebots** der Bietergemeinschaft durch alle Mitglieder der Bietergemeinschaft strikt zu trennen.[222] Hat nur ein Mitglied der Bietergemeinschaft in eigenem Namen und gleichzeitig als Bevollmächtigter der anderen Mitglieder der Bietergemeinschaft das Angebot unterschrieben, müssen die schriftlichen Vollmachtserklärungen der anderen Mitglieder der Bietergemeinschaft dem Angebot beigefügt sein.[223] Eine Nachholung nach Angebotsabgabe ist hier ausgeschlossen.[224]

VIII. Aufnahme der Anforderungen gem. § 13 Abs. 1–5 in die Vergabeunterlagen (§ 13 Abs. 6)

118 Gemäß § 13 Abs. 6 hat der öffentliche Auftraggeber die Vorgaben des § 13 Abs. 1–5 in die Vergabeunterlagen aufzunehmen. Hierzu sind die Bestimmungen des § 13 Abs. 5 ausdrücklich in den Vergabeunterlagen aufzuführen, dh **wörtlich zu wiederholen.** Ein bloßer Hinweis auf § 13

---

[215] VK Hessen Beschl. v. 28.6.2005 – 69d-VK-07/2005.
[216] OLG Düsseldorf Beschl. v. 24.5.2005 – Verg 28/05.
[217] jurisPK-VergabeR/*Dippel* Rn. 53; Ingenstau/Korbion/*von Wietersheim* Rn. 37.
[218] VK Arnsberg Beschl. v. 2.2.2006 – VK 30/05.
[219] OLG Karlsruhe Beschl. v. 24.7.2007 – 17 Verg 6/07.
[220] OLG Karlsruhe Beschl. v. 24.7.2007 – 17 Verg 6/07.
[221] Kapellmann/Messerschmidt/*Planker* Rn. 48.
[222] VK Brandenburg Beschl. v. 26.3.2002 – VK 3/02; jurisPK–VergabeR/*Dippel* Rn. 54; Kapellmann/Messerschmidt/*Planker* Rn. 47.
[223] jurisPK–VergabeR/*Dippel* Rn. 54; Kapellmann/Messerschmidt/*Planker* Rn. 47.
[224] teilw. abw. OLG Frankfurt a. M. Beschl. v. 9.7.2010 – 11 Verg 5/10; OLG Frankfurt a. M. Beschl. v. 20.7.2004 – 11 Verg 11/04.

Abs. 1–5 genügt nicht.[225] Die in § 13 Abs. 1–5 enthaltenen Vorgaben zur Angebotserstellung und -abgabe verpflichten die Bieter gem. § 13 Abs. 6 allein dann, wenn die Einhaltung dieser Vorgaben des § 13 Abs. 1–5 vom Auftraggeber ausdrücklich unter wörtlicher Wiedergabe der Tatbestände der Norm verlangt werden.[226]

§ 14 Öffnung der Angebote, Öffnungstermin bei ausschließlicher Zulassung elektronischer Angebote

(1) Sind nur elektronische Angebote zugelassen, wird die Öffnung der Angebote von mindestens zwei Vertretern des Auftraggebers gemeinsam an einem Termin (Öffnungstermin) unverzüglich nach Ablauf der Angebotsfrist durchgeführt. Bis zu diesem Termin sind die elektronischen Angebote zu kennzeichnen und verschlüsselt aufzubewahren.

(2)
1. Der Verhandlungsleiter stellt fest, ob die elektronischen Angebote verschlüsselt sind.
2. Die Angebote werden geöffnet und in allen wesentlichen Teilen im Öffnungstermin gekennzeichnet.
3. Muster und Proben der Bieter müssen im Termin zur Stelle sein.

(3) Über den Öffnungstermin ist eine Niederschrift in Textform zu fertigen, in der die beiden Vertreter des Auftraggebers zu benennen sind. Der Niederschrift ist eine Aufstellung mit folgenden Angaben beizufügen:
a) Name und Anschrift der Bieter,
b) die Endbeträge der Angebote oder einzelner Lose,
c) Preisnachlässe ohne Bedingungen,
e) Anzahl der jeweiligen Nebenangebote.

(4) Angebote, die nach Ablauf der Angebotsfrist eingegangen sind, sind in der Niederschrift oder in einem Nachtrag besonders aufzuführen. Die Eingangszeiten und die etwa bekannten Gründe, aus denen die Angebote nicht vorgelegen haben, sind zu vermerken.

(5) Ein Angebot, das nachweislich vor Ablauf der Angebotsfrist dem Auftraggeber zugegangen war, aber dem Verhandlungsleiter nicht vorgelegen hat, ist mit allen Angaben in die Niederschrift oder in einen Nachtrag aufzunehmen. Den Bietern ist dieser Sachverhalt unverzüglich in Textform mitzuteilen. In die Mitteilung sind die Feststellung, ob die Angebote verschlüsselt waren, sowie die Angaben nach Absatz 3 Buchstabe a bis d aufzunehmen. Im Übrigen gilt Absatz 4 Satz 2.

(6) Bei Ausschreibungen stellt der Auftraggeber den Bietern die in Absatz 3 Buchstabe a bis d genannten Informationen unverzüglich elektronisch zur Verfügung. Den Bietern und ihren Bevollmächtigten ist die Einsicht in die Niederschrift und ihre Nachträge (Absätze 4 und 5 sowie § 16c Absatz 3) zu gestatten.

(7) Die Niederschrift darf nicht veröffentlicht werden.

(8) Die Angebote und ihre Anlagen sind sorgfältig zu verwahren und geheim zu halten.

Übersicht

	Rn.			Rn.
I. Normzweck	1	3.	Niederschrift (§ 14 Abs. 3 S. 1, 2, Abs. 6, 7)	11
II. Vor dem Öffnungstermin (§ 14 Abs. 1)	4	IV.	Verspätete Angebote (§ 14 Abs. 4, 5 S. 1–3)	15
III. Öffnungstermin (§ 14 Abs. 2 Nr. 1–3, Abs. 3 Nr. 1, 2)	7	1.	Formelle Behandlung (§ 14 Abs. 4 S. 1, 2)	15
1. Angebotsöffnung und -kennzeichnung (§ 14 Abs. 2 Nr. 1, 2)	7	2.	Rechtzeitig eingegangene, aber nicht im Öffnungstermin vorliegende Angebote (§ 14 Abs. 5 S. 1–3)	16
2. Muster und Proben (§ 14 Abs. 2 Nr. 3)	10	V.	Verwahrung und Geheimhaltung der Angebote (§ 14 Abs. 8)	23

---

[225] jurisPK–VergabeR/*Dippel* Rn. 55; Ingenstau/Korbion/*von Wietersheim* Rn. 40.
[226] Ingenstau/Korbion/*von Wietersheim* Rn. 40; Kapellmann/Messerschmidt/*Planker* Rn. 49.

I. Normzweck

1   Die Regelungen des § 14 zur Durchführung des Öffnungstermins bei ausschließlicher Zulassung elektronischer Angebote wurden mit der Neufassung der VOB/A 2016 aufgenommen. § 14 regelt seitdem die Verfahrensweise zur Durchführung des **Öffnungstermins** bei ausschließlicher Zulassung elektronischer Angebote durch den öffentlichen Auftraggeber. Im Gegenzug dazu regelt § 14a die Verfahrensweise zur Durchführung des **Eröffnungstermins** bei der Zulassung schriftlicher Angebote durch den Auftraggeber. Gemäß § 13 Abs. 1 Nr. 1 S. 2 waren schriftliche Angebote im Unterschwellenbereich zwingend bis zum 18.10.2018 durch den öffentlichen Auftraggeber zuzulassen. Seit dem 18.10.2018 kann der Auftraggeber als ausschließliche Angebotsform die Einreichung elektronischer Angebote vorgeben. Erfolgt eine derartige Vorgabe der Angebotsform des öffentlichen Auftraggebers, so richtet sich die Verfahrensweise zur Durchführung des Öffnungstermins nach § 14 Abs. 1–8. Lässt der öffentliche Auftraggeber ausschließlich oder kumulativ schriftliche Angebote zu, so richtet sich die Verfahrensweise und Durchführung des Eröffnungstermins nach § 14a Abs. 1–8.

2   § 14 gilt bei der ausschließlichen Zulassung elektronischer Angebote für alle Vergabearten. § 14a gilt demgegenüber allein für die Vergabearten der öffentlichen und der beschränkten Ausschreibung. Dies folgt aus dem Umkehrschluss aus § 14a Abs. 9 Hs. 2.

3   Die Verhaltensanforderungen an den Auftraggeber vor und bei Durchführung des Eröffnungstermins gem. §§ 14, 14a bilden einen Kernbereich, „ein Herzstück", im Vergabeverfahren.[1] §§ 14, 14a gewährleisten die Grundsätze der Transparenz, § 97 Abs. 1 S. 1 GWB und der Gleichbehandlung, § 97 Abs. 2 GWB. Die Einhaltung der Verfahrensregelungen zum Öffnungs- und Eröffnungstermin in §§ 14, 14a bildet die Grundlage eines ordnungsgemäßen Wettbewerbs. Die Vorschriften der §§ 14, 14a sind bieterschützend.[2]

II. Vor dem Öffnungstermin (§ 14 Abs. 1)

4   Gemäß § 14 Abs. 1 S. 1 ist bei der ausschließlichen Zulassung elektronischer Angebote die Öffnung der elektronischen Angebote von mindestens zwei Vertretern des Auftraggebers gemeinsam in einem Öffnungstermin durchzuführen. Dieser Öffnungstermin hat unverzüglich nach Ablauf der Angebotsfrist zu erfolgen. **Bieter sind** zu diesem Öffnungstermin bei ausschließlicher Zulassung elektronischer Angebote gem. § 14 Abs. 1 S. 1 **nicht zugelassen.**

5   Die Richtlinien zu 313 des VHB, Ausgabe 2017, Stand 2019, Ziff. 2.2, Abs. 2 und 3 stellen hierzu für den Geltungsbereich des Vergabehandbuchs klar, dass beide im Öffnungstermin anwesenden Vertreter des Auftraggebers weder an der Bearbeitung der Vergabeunterlagen, noch an der Vergabe oder der Vertragsabwicklung beteiligt sein sollen. Einer der beteiligten Vertreter des Auftraggebers hat den Öffnungstermin als **Verhandlungsleiter** zu leiten. Zur Unterstützung der Verhandlungsleitung ist gem. Ziff. 2.2 Abs. 3 der Richtlinien zu 313 des VHB, Ausgabe 2017, Stand 2019, eine **Schriftführung** hinzuziehen, die eine Niederschrift über den Öffnungstermin nach Formblatt 313 des VHB, Ausgabe 2017, Stand 2019, anzufertigen hat.

6   Die in elektronischer Form gem. § 13 ABs. 1 Nr. 1 S. 2 erster bis dritter Gedankenstrich VOB/A vorliegenden Angebote sind gem. § 14 Abs. 1 S. 2 vor dem Öffnungstermin **zu kennzeichnen und verschlüsselt aufzubewahren.** Dies entspricht den Vorgaben des § 13 Abs. 1 Nr. 2 S. 3, 4. Hiernach ist durch entsprechende technische Lösungen nach den Anforderungen des Auftraggebers die Datenintegrität und die Vertraulichkeit der Angebote zu gewährleisten und durch Verschlüsselung sicherzustellen. Gemäß § 13 Abs. 1 Nr. 2 S. 4 hat die Verschlüsselung bis zur Öffnung des ersten Angebots aufrecht zu erhalten bleiben. Durch die Verschlüsselung der Angebote vom Zeitpunkt der Absendung durch den Bieter bis zur Öffnung des ersten elektronischen Angebots wird dem **Vertraulichkeitsgebot im Vergabeverfahren** Rechnung getragen.[3] Der im Vergabeverfahren anzustrebende, lückenlose Geheimwettbewerb wird dadurch sichergestellt.

III. Öffnungstermin (§ 14 Abs. 2 Nr. 1–3, Abs. 3 Nr. 1, 2)

7   **1. Angebotsöffnung und -kennzeichnung (§ 14 Abs. 2 Nr. 1, 2).** Unmittelbar zu Beginn des Öffnungstermins hat der Verhandlungsleiter gemäß § 14 Abs. 2 Nr. 1 zu prüfen und in der in elektronischer Form zu fertigenden Niederschrift festzustellen, dass die elektronischen Angebote nach wie vor verschlüsselt sind. Dies ist zu protokollieren. Verletzung der Verfahrensvorschriften zur Angebotsöffnung stellen regelmäßig schwerwiegende Verfahrensfehler im Vergabeverfahren dar.

---

[1] jurisPK-VergabeR/*Haug/Panzer* Rn. 1.
[2] VK Sachsen Beschl. v. 13.2.2002 – 1/SVK/2-02; VK Sachsen Beschl. v. 1.2.2002 – 1/SVK/131-01; *Weyand* ibrOK VergabeR Rn. 7.
[3] Ingenstau/Korbion/*von Wietersheim* § 13 Rn. 8.

Gemäß § 14 Abs. 2 Nr. 2 sind elektronische Angebote nach Feststellung der vorliegenden ordnungsgemäßen Verschlüsselung zu öffnen, dh zu entschlüsseln und zu sichten. Die geöffneten elektronischen Angebote sind gem. § 14 Abs. 2 Nr. 2 Hs. 2 sodann in **allen wesentlichen Teilen** im Öffnungstermin zu kennzeichnen. Sinn der Kennzeichnung ist es, die Identität des Angebotsinhalts zu wahren und den Austausch oder Verwechslungen mit günstigeren Angeboten oder Angebotsbestandteilen zu vermeiden.[4] Die Kennzeichnung dient damit der Gewährleistung der Authentizität der Angebote und ist unabdingbare Grundvoraussetzung zur Sicherung eines transparenten und fairen Wettbewerbs.[5]

Sinn der Kennzeichnung ist weiterhin, nachzuweisen, dass das betreffende Angebot bei Ablauf der Angebotsfrist vorgelegen hat und gem. § 16 Abs. 1 Nr. 1 für das weitere Verfahren zugelassen ist.[6] Der Begriff der wesentlichen Teile des Angebots, die zu kennzeichnen sind, umfasst sämtliche Angebotsbestandteile, die für den späteren Vertragsinhalt von Bedeutung sind. Hierzu gehören Preise, geforderte Erklärungen, die Unterschrift, Nebenangebote sowie regelmäßig auch Referenzen, Eignungsnachweise und Anlagen wie Angaben zur Preisermittlung. Im Zweifel hat eine Kennzeichnung des gesamten Angebots zu erfolgen.[7] Die Kennzeichnung hat so zu erfolgen, dass nachträgliche Änderungen oder Ergänzungen des Angebots verhindert werden.[8] Ziff. 2.2 Abs. 5 der Richtlinien zu 313 des VHB, Ausgabe 2017, Stand 2019, sieht hierzu die Verwendung geeigneter Verschlüsselungsverfahren durch den öffentlichen Auftraggeber vor. Die **Angaben zur Kennzeichnung** sind dabei vom Auftraggeber dem **elektronischen Angebot** hinzuzufügen, zusammen mit diesem abzuspeichern und dieses wieder zu verschlüsseln.

Da die Kennzeichnung verhindern soll, dass nachträglich einzelne Angebotsbestandteile ausgetauscht, entfernt oder manipuliert werden,[9] stellt die unterlassene Kennzeichnung elektronischer Angebote einen schweren Vergabeverstoß dar. Dieser Vergabeverstoß kann auch durch Rückversetzung des Vergabeverfahrens auf den Zeitpunkt der Angebotsöffnung **nicht mehr beseitigt werden.** Denn selbst bei Rückversetzung auf den Zeitpunkt der Angebotsöffnung können die erforderlichen Feststellungen nicht mehr zweifelsfrei getroffen werden. Der Auftraggeber hat keine Möglichkeit, bei einer erneuten Prüfung der Angebote diesen Kennzeichnungsmangel zu heilen.[10] Ein rechtmäßiges Vergabeverfahren ist bei unterlassener oder unzureichender Kennzeichnung nicht mehr durchführbar.[11] Die Ausschreibung ist in aller Regel aufzuheben.[12]

2. Muster und Proben (§ 14 Abs. 2 Nr. 3). Gemäß § 14 Abs. 2 Nr. 3 müssen auch im Öffnungstermin bei ausschließlich elektronischer Angebotseinreichung die Muster und Proben der Bieter **zur Stelle sein.** Dies deshalb, da die Angebote, die zur Wertung zugelassen werden, vollständig zu sein haben. Eine spätere Einreichung von Mustern oder Proben könnte die Wettbewerbssituation verändern bzw. die Unvollständigkeit von Angeboten begründen.[13] Muster und Proben sind insbesondere dann Angebotsinhalt, soweit diese gem. § 13 Abs. 2 S. 1 VOB/B als vereinbarte Beschaffenheit der Werkleistung gelten. Gemäß § 13 Abs. 2 S. 1 VOB/B gelten bei Leistungen nach Probe die Eigenschaften der Probe als vereinbarte Beschaffenheit, soweit nicht Abweichungen nach der Verkehrssitte als bedeutungslos anzusehen sind.

3. Niederschrift (§ 14 Abs. 3 S. 1, 2, Abs. 6, 7). Über den Öffnungstermin zur Öffnung ausschließlich **elektronisch zugelassener Angebote** ist gem. § 14 Abs. 3 S. 1 eine Niederschrift in Textform zu fertigen, in der beide Vertreter des Auftraggebers zu benennen sind. Gemäß Ziff. 2.2 Abs. 3 S. 2 der Richtlinien zu 313 des VHB, Ausgabe 2017, Stand 2019, hat der Schriftführer, der zur Unterstützung des Verhandlungsleiters hinzuzuziehen ist, die Niederschrift nach Formblatt 313

---

[4] Ingenstau/Korbion/*von Wietersheim* Rn. 22.
[5] VK Sachsen-Anhalt Beschl. v. 14.2.2014 – 3 VK LSA 01/14; VK Sachsen-Anhalt Beschl. v. 28.1.2009 – 1 VK LVwA 29/08; VK Sachsen Beschl. v. 10.4.2014 – 1/SVK/007-14.
[6] Ingenstau/Korbion/*von Wietersheim* § 14a Rn. 22.
[7] Ingenstau/Korbion/*von Wietersheim* § 14a Rn. 22.
[8] OLG Naumburg Beschl. v. 31.3.2008 – 1 Verg 1/08; VK Sachsen-Anhalt Beschl. v. 14.2.2014 – 3 VK LSA 01/14; VK Sachsen Beschl. v. 10.4.2014 – 1/SVK/007-14; VK Sachsen Beschl. v. 24.5.2007 – 1/SVK/029-07; VK Sachsen Beschl. v. 24.2.2005 – 1/SVK/005-05.
[9] HHKW/*Koenigsmann-Hölken* Rn. 11.
[10] VK Sachsen Beschl. v. 24.5.2007 – 1/SVK/029-07; VK Sachsen Beschl. v. 24.2.2005 – 1/SVK/005-05; VK Münster Beschl. v. 13.2.2008 – VK 29/07.
[11] HHKW/*Koenigsmann-Hölken* Rn. 12.
[12] VK Arnsberg Beschl. v. 10.3.2008 – VK 05/08; OLG Naumburg Urt. v. 1.8.2013 – 2 U 151/12; anders in Ausnahmefällen VK Arnsberg Beschl. v. 3.6.2013 – VK 9/013; OLG Schleswig Beschl. v. 8.1.2013 – 1 W 51/12.
[13] HHKW/*Koenigsmann-Hölken* Rn. 17; Ingenstau/Korbion/*von Wietersheim* § 14a Rn. 29.

des VHB, Ausgabe 2017, Stand 2019, zu erstellen. Dies hat gem. § 14 Abs. 3 S. 1 in Textform zu erfolgen.

12 Da die Niederschrift über den Öffnungstermin die ordnungsgemäße, verfahrenskonforme Durchführung dieses Termins dokumentiert,[14] ist auf die vollständige und sorgfältige Anfertigung dieser Niederschrift besonderes Augenmerk zu legen.[15] Es sind hierin **alle wesentlichen Vorkommnisse** des Öffnungstermins genau zu vermerken.[16] Das Formblatt 313 des VHB, Ausgabe 2017, Stand 2019, bietet hierzu eine wichtige Hilfestellung. Gemäß § 14 Abs. 3 S. 2 lit. a–d ist der Niederschrift in Textform eine – gleichfalls in Textform verfasste – Aufstellung mit folgenden Pflichtangaben beizufügen: (a) Name und Anschrift der Bieter, (b) die Endbeträge der Angebote oder einzelner Lose, (c) Preisnachlässe ohne Bedingungen sowie (d) Anzahl der jeweiligen Nebenangebote. Die Niederschrift hat ferner das Datum, die Uhrzeit von Beginn und Ende des Öffnungstermins, den Ort des Öffnungstermins und die anwesenden Vertreter des Auftraggebers, differenziert nach Verhandlungsleiter und Schriftführer, aufzuführen. Zu dokumentieren ist der **gesamte Verlauf des Öffnungstermins**, die Anzahl der elektronischen Angebote, die Unversehrtheit der Verschlüsselung der elektronischen Angebote, die Eingangszeit der Angebote, die Kennzeichnung der Angebote, die Anzahl der Nebenangebote sowie alle sonstigen Besonderheiten des Ablaufs des Öffnungstermins.[17]

13 Eine **Verlesung der Niederschrift** findet **nicht** statt. Da der Öffnungstermin bei ausschließlich elektronisch zugelassener Angebotseinreichung in Abwesenheit der Bieter stattfindet, sind diese auch nicht zu ersuchen, den Inhalt der Niederschrift als richtig anzuerkennen und dies in der Niederschrift zu vermerken. Gemäß § 14 Abs. 4 S. 1 sind ferner elektronische Angebote, die nach Ablauf der Angebotsfrist eingegangen sind, in der Niederschrift oder in einem Nachtrag hierzu besonders aufzuführen. Gemäß § 14 Abs. 4 S. 2 sind die Eingangszeiten und die etwa bekannten Gründe, aus denen die Angebote nicht vorgelegen haben, gleichfalls zu vermerken. Schließlich hat die Niederschrift gem. § 14 Abs. 5 S. 1 rechtzeitige, aber iSd § 14 Abs. 5 S. 1 nicht vorgelegte Angebote, zu enthalten.

14 Die Niederschrift in Textform ist gem. § 14 Abs. 3 S. 1 in der Neufassung 2019 **nicht** mehr von beiden Vertretern des Auftraggebers **zu unterschreiben** bzw. **nicht** mehr mit **fortgeschrittener oder qualifizierter elektronischer Signatur** gem. § 13 Abs. 1 S. 3 zu versehen.[18] Gemäß § 14 Abs. 6 S. 1 stellt der Auftraggeber bei Ausschreibungen gem. § 3 Abs. 1, 2 (öffentlicher oder beschränkter Ausschreibung) den Bietern die gem. § 14 Abs. 3 lit. a–d genannten Informationen unverzüglich elektronisch zur Verfügung. Den Bietern und ihren Bevollmächtigten ist gem. § 14 Abs. 6 S. 2 die Einsicht in die Niederschrift und ihre Nachträge zu gestatten. Die Niederschrift selbst darf gem. § 14 Abs. 7 nicht veröffentlicht werden.

IV. Verspätete Angebote (§ 14 Abs. 4, 5 S. 1–3)

15 **1. Formelle Behandlung (§ 14 Abs. 4 S. 1, 2).** Gemäß § 14 Abs. 4 S. 1 sind **verspätete elektronische Angebote** in der in Textform zu fertigenden Niederschrift oder in einem Nachtrag hierzu besonders aufzuführen. Hierzu sind gem. § 14 Abs. 4 S. 2 in der Niederschrift oder einem Nachtrag hierzu die Eingangszeiten und die etwa bekannten Gründe, aus denen die Angebote nicht vor Ablauf der Angebotsfrist eingegangen sind, zu vermerken. Verspätet sind solche elektronischen Angebote, die zum Zeitpunkt des Ablaufs der Angebotsfrist bei dem Auftraggeber nicht fristgerecht iSd § 16 Abs. 1 Nr. 1 eingegangen sind. Verspätete Angebote, die nach diesem Zeitpunkt, aber noch während des Öffnungstermins eintreffen, werden in die Niederschrift aufgenommen. Die erst nach Ablauf der Angebotsfrist und nach dem Öffnungstermin eingehenden elektronischen Angebote werden in einem Nachtrag zur Niederschrift aufgeführt.[19] Die Aufführung derartiger verspäteter elektronischer Angebote in der Niederschrift hat „besonders" zu erfolgen. Gleiches gilt für die Aufführung dieser Angebote in einem Nachtrag zur Niederschrift. Die „besonders" durchzuführende Erfassung dieser verspäteten Angebote erfolgt dadurch, dass sie von den übrigen Angeboten **getrennt aufgeführt** werden.[20] Dies dient der Übersicht und der Vermeidung von Missverständnissen.[21]

16 **2. Rechtzeitig eingegangene, aber nicht im Öffnungstermin vorliegende Angebote (§ 14 Abs. 5 S. 1–3).** Elektronische Angebote, die bei Ablauf der Angebotsfrist nicht eingegangen

---

[14] BGH Urt. v. 26.10.1999 – X ZR 30/98; VK Thüringen Beschl. v. 26.6.2001 – 216-4003.20-027/01-J-S.
[15] Ingenstau/Korbion/*von Wietersheim* § 14a Rn. 30.
[16] BGH Urt. v. 26.10.1999 – X ZR 30/98.
[17] HHKW/*Koenigsmann-Hölken* Rn. 19.
[18] HHKW/*Koenigsmann-Hölken* Rn. 21.
[19] Ingenstau/Korbion/*von Wietersheim* § 14a Rn. 36.
[20] Ingenstau/Korbion/*von Wietersheim* § 14a Rn. 36.
[21] Ingenstau/Korbion/*von Wietersheim* § 14a Rn. 36.

sind, sind für das weitere Verfahren nicht zugelassen und dürfen auch nicht gewertet werden. Derartige verspätete elektronische Angebote sind gem. § 16 Abs. 1 Nr. 1 zwingend auszuschließen.

Rechtzeitige, dh nachweislich vor Ablauf der Angebotsfrist dem Auftraggeber zugegangene 17 elektronische Angebote, die im Öffnungstermin aber nicht vorliegen, sind gem. § 14 Abs. 5 S. 1 mit allen Angaben in die Niederschrift oder einen Nachtrag aufzunehmen. Sie sind als rechtzeitig eingereichte Angebote zu behandeln. Dies gilt auch, wenn das elektronische Angebot nachweislich **vor Ablauf der Angebotsfrist** dem Auftraggeber zugegangen war, aber dem Verhandlungsleiter nicht vorgelegen hat. § 14 Abs. 5 S. 1 setzt voraus, dass dem Auftraggeber das elektronische Angebot vor Ablauf der Angebotsfrist zugegangen ist. Ein Angebot, das später zugeht, muss unberücksichtigt bleiben, unabhängig davon, ob der Bieter die Verspätung zu vertreten hat.[22]

Ob ein Angebot vor oder nach Ablauf der Angebotsfrist dem Auftraggeber zugeht, beurteilt sich 18 nach dem BGB. Elektronische Willenserklärungen, dh in einer Datei gespeicherte Willenserklärungen, die per Internet und E-Mail übermittelt werden, können nach der Rechtsgeschäftslehre des BGB Erklärungen unter Anwesenden oder Erklärungen unter Abwesenden darstellen. Sofern elektronische Erklärungen nicht in einem unmittelbaren Dialog zwischen Erklärenden und Adressat abgegeben werden, sondern an ein E-Mail-Postfach versendet werden, handelt es sich um Willenserklärungen unter Abwesenden gem. § 130 Abs. 1 S. 1 BGB. Zugang erfolgt bei elektronischen Willenserklärungen unter Abwesenden dann, wenn die elektronische Erklärung in die **Mailbox des Empfängers** gelangt ist und dieser unter gewöhnlichen Umständen die **Möglichkeit der Kenntnisnahme** hat.[23]

Ob ein **elektronisches Angebot** nachweislich vor Ablauf der Angebotsfrist dem Auftraggeber 19 zugegangen war, ist nach diesen Grundsätzen zu beurteilen. Derartige Fälle sind bei elektronischen Angeboten beispielsweise bei rechtzeitigem Eingang des elektronischen Angebots in das richtige E-Mail-Postfach (Mailbox) des Auftraggebers und gleichzeitiger Störung der automatischen Abruffunktion denkbar.

Der Umstand, dass das elektronische Angebot vollständig und rechtzeitig gem. § 14 Abs. 5 S. 1 20 beim Auftraggeber eingereicht wurde, hat grundsätzlich **der Bieter zu beweisen.**[24] Den Auftraggeber trifft ausnahmsweise dann die Beweislast für die Rechtzeitigkeit oder Nicht-Rechtzeitigkeit der Angebotseinreichung, wenn es allein im Verantwortungsbereich des Auftraggebers liegt, dass sich die für einen Ausschluss gem. § 16 Abs. 1 Nr. 1 erforderlichen Tatsachen nicht nachweisen lassen.[25] Dies folgt aus der Dokumentationspflicht des Auftraggebers, die ihm auch gebietet, dokumentarisch die geeigneten Vorkehrungen zu treffen, um im Zweifel die Verspätung eines Angebots nachweisen zu können.[26] Wenn der Auftraggeber ein verspätetes Angebot, das ihm bei Ablauf der Angebotsfrist nicht vorlag, gem. § 14 Abs. 5 S. 1 werten will, hat gleichfalls er zu beweisen, dass ihm das Angebot rechtzeitig iSd § 14 Abs. 5 S. 1 zugegangen war.[27]

Gemäß § 14 Abs. 5 S. 2 ist den Bietern der Sachverhalt eines vor Ablauf der Angebotsfrist 21 zugegangenen, aber nicht vorgelegten Angebots gem. § 14 Abs. 5 S. 1 unverzüglich **in Textform** gem. § 126b BGB **mitzuteilen.** In diese Mitteilung sind gem. § 14 Abs. 5 S. 3 die Feststellung gem. § 14 Abs. 2 Nr. 1, ob die elektronischen Angebote verschlüsselt waren und die Angaben gem. § 14 Abs. 3 S. 2 lit. a–d mit aufzunehmen. Hiermit soll Transparenz über den Öffnungstermin geschaffen sowie Manipulationen entgegengewirkt werden.

Das nicht vorgelegte, aber rechtzeitig zugegangene elektronische Angebot gem. § 14 Abs. 5 22 S. 1 ist gem. § 14 Abs. 5 S. 1 **in die elektronische Niederschrift** oder in einen **Nachtrag zu dieser Niederschrift** aufzunehmen. Die Eingangszeiten und die etwa bekannten Gründe, aus denen das Angebot nicht bei Ablauf der Angebotsfrist vorgelegen hat, sind in dieser elektronischen Niederschrift oder dem Nachtrag hierzu gem. § 14 Abs. 5 S. 3, Abs. 4 S. 2 zu vermerken. Auch diese Regelung dient der Transparenz des ohne Anwesenheit der Bieter durchgeführten Öffnungstermins und beugt Manipulationen vor.

V. Verwahrung und Geheimhaltung der Angebote (§ 14 Abs. 8)

Elektronische Angebote und ihre Anlagen sind nach Öffnung gem. § 14 Abs. 8 vom Auftragge- 23 ber sorgfältig zu verwahren und geheim zu halten. Die Verwahrungs- und Geheimhaltungspflicht besteht sowohl für die beim späteren Zuschlag **nicht berücksichtigten Angebote** als auch für das

---

[22] HHKW/*Koenigsmann-Hölken* Rn. 25.
[23] MüKoBGB/*Einsele* BGB § 130 Rn. 18, 19.
[24] OLG Celle Beschl. v. 7.6.2007 – 13 Verg 5/07; VK Sachsen-Anhalt Beschl. v. 2.8.2013 – 3 VK LSA 33/13; VK Bund Beschl. v. 8.9.2008 – VK 3-116/08; HHKW/*Koenigsmann-Hölken* Rn. 26.
[25] OLG Celle Beschl. v. 7.6.2007 – 13 Verg 5/07; VK Sachsen-Anhalt Beschl. v. 2.8.2013 – 3 VK LSA 33/13.
[26] OLG Celle Beschl. v. 7.6.2007 – 13 Verg 5/07; HHKW/*Koenigsmann-Hölken* Rn. 26.
[27] HHKW/*Koenigsmann-Hölken* Rn. 26.

später **bezuschlagte Angebot**. § 14 Abs. 8 bezweckt den Schutz des Geheimwettbewerbs[28] wie auch die Sicherung von Beweismitteln für etwaige Einsprüche der Bieter oder Rückfragen von Fördermittelgebern. Auch gilt es, spätere unzulässige Manipulationen von Bietern oder Dritten an den Angeboten zu vermeiden.[29] Die Geheimhaltungspflicht des Auftraggebers für die Angebote und ihre Anlagen reicht dabei auch über den Zeitraum nach Zuschlagserteilung hinaus.[30]

24 Die Richtlinien zu Formblatt 313 des VHB, Ausgabe 2017, Stand 2019, sehen unter Ziff. 4 ebenfalls eine Geheimhaltungspflicht für die Angebote mit allen Anlagen vor. Diese Geheimhaltungspflicht gilt **für alle Verfahrensarten im Anwendungsbereich des VHB**. Angebote mit ihren Anlagen dürfen gem. Ziff. 4 S. 2, 3 der Richtlinien zu Formblatt 313 des VHB, Ausgabe 2017, Stand 2019, nur den unmittelbar mit der Bearbeitung beauftragten Personen zugänglich gemacht werden. Dies hiernach auch, wenn freiberuflich Tätige an der Prüfung und Wertung der Angebote beteiligt sind.

25 Bei schwerwiegendem Verstoß gegen die Verwahrungs- und Geheimhaltungspflicht kommt eine Aufhebung der Ausschreibung in Betracht. Dies insbesondere dann, wenn infolge des durch einen Verstoß gegen die Geheimhaltungs- und Verwahrungspflicht ermöglichten Eingriffs Dritter nicht mehr zuzuordnen ist, **welche Bestandteile zu welchem Angebot** gehören.[31] Entwürfe, Ausarbeitungen, Muster und Proben von nicht berücksichtigten Angeboten sind zurückzugeben, wenn dies im Angebot oder innerhalb von 30 Kalendertagen nach Ablehnung des Angebots verlangt wird, § 19 Abs. 4.

26 Das Geheimhaltungsgebot beinhaltet ferner, dass die Vergabeentscheidung des Auftraggebers selbst in **nicht öffentlicher Sitzung** getroffen wird. Hiervon zu trennen ist die Information über das Ergebnis der getroffenen Entscheidung. Diese kann der Öffentlichkeit mitgeteilt werden.[32]

§ 14a Öffnung der Angebote, Eröffnungstermin bei Zulassung schriftlicher Angebote

(1) Sind schriftliche Angebote zugelassen, ist bei Ausschreibungen für die Öffnung und Verlesung (Eröffnung) der Angebote ein Eröffnungstermin abzuhalten, in dem nur die Bieter und ihre Bevollmächtigten zugegen sein dürfen. Bis zu diesem Termin sind die zugegangenen Angebote auf dem ungeöffneten Umschlag mit Eingangsvermerk zu versehen und unter Verschluss zu halten. Elektronische Angebote sind zu kennzeichnen und verschlüsselt aufzubewahren.

(2) Zur Eröffnung zuzulassen sind nur Angebote, die bis zum Ablauf der Angebotsfrist eingegangen sind.

(3)
1. Der Verhandlungsleiter stellt fest, ob der Verschluss der schriftlichen Angebote unversehrt ist und die elektronischen Angebote verschlüsselt sind.
2. Die Angebote werden geöffnet und in allen wesentlichen Teilen im Eröffnungstermin gekennzeichnet. Name und Anschrift der Bieter und die Endbeträge der Angebote oder einzelner Lose, sowie Preisnachlässe ohne Bedingungen werden verlesen. Es wird bekannt gegeben, ob und von wem und in welcher Zahl Nebenangebote eingereicht sind. Weiteres aus dem Inhalt der Angebote soll nicht mitgeteilt werden.
3. Muster und Proben der Bieter müssen im Termin zur Stelle sein.

(4)
1. Über den Eröffnungstermin ist eine Niederschrift in Schriftform oder in elektronischer Form zu fertigen. In ihr ist zu vermerken, dass die Angaben nach Absatz 3 Nummer 2 verlesen und als richtig anerkannt oder welche Einwendungen erhoben worden sind.
2. Sie ist vom Verhandlungsleiter zu unterschreiben oder mit einer Signatur nach § 13 Absatz 1 Nummer 1 zu versehen; die anwesenden Bieter und Bevollmächtigten sind berechtigt, mit zu unterzeichnen oder eine Signatur nach § 13 Absatz 1 Nummer 1 anzubringen.

(5) Angebote, die nach Ablauf der Angebotsfrist eingegangen sind (Absatz 2), sind in der Niederschrift oder in einem Nachtrag besonders aufzuführen. Die Eingangszeiten und die etwa bekannten Gründe, aus denen die Angebote nicht vorgelegen haben, sind zu vermerken. Der Umschlag und andere Beweismittel sind aufzubewahren.

---

[28] VK Lüneburg Beschl. v. 4.10.2011 – VgK-26/2011; VK Brandenburg Beschl. v. 26.2.2013 – VK 46/12.
[29] VK Lüneburg Beschl. v. 4.10.2011 – VgK-26/2011; VK Brandenburg Beschl. v. 26.2.2013 – VK 46/12; Ingenstau/Korbion/*von Wietersheim* § 14a Rn. 52.
[30] VK Lüneburg Beschl. v. 4.10.2011 – VgK-26/2011.
[31] HHKW/*Koenigsmann-Hölken* Rn. 34.
[32] Ingenstau/Korbion/*von Wietersheim* § 14a Rn. 53.

(6) Ein Angebot, das nachweislich vor Ablauf der Angebotsfrist dem Auftraggeber zugegangen war, aber dem Verhandlungsleiter nicht vorgelegen hat, ist mit allen Angaben in die Niederschrift oder in einen Nachtrag aufzunehmen. Den Bietern ist dieser Sachverhalt unverzüglich in Textform mitzuteilen. In die Mitteilung sind die Feststellung, ob der Verschluss unversehrt war und die Angaben nach Absatz 3 Nummer 2 aufzunehmen. Im Übrigen gilt Absatz 5 Satz 2 und 3.

(7) Den Bietern und ihren Bevollmächtigten ist die Einsicht in die Niederschrift und ihre Nachträge (Absätze 5 und 6 sowie § 16c Absatz 3) zu gestatten; den Bietern sind nach Antragstellung die Namen der Bieter sowie die verlesenen und die nachgerechneten Endbeträge der Angebote sowie die Zahl ihrer Nebenangebote nach der rechnerischen Prüfung unverzüglich mitzuteilen.

(8) Die Niederschrift darf nicht veröffentlicht werden.

(9) Die Angebote und ihre Anlagen sind sorgfältig zu verwahren und geheim zu halten; dies gilt auch bei Freihändiger Vergabe.

Übersicht

		Rn.			Rn.
I.	Normzweck	1	3.	Muster und Proben (§ 14a Abs. 3 Nr. 3)	28
II.	Vor dem Eröffnungstermin (§ 14a Abs. 1, 2)	5	4.	Niederschrift und Verlesung (§ 14a Abs. 4 Nr. 1, 2, Abs. 7, 8)	29
III.	Eröffnungstermin (§ 14a Abs. 3 Nr. 1–3, Abs. 4)	11	IV.	Verspätete Angebote (§ 14a Abs. 5, 6)	35
1.	Angebotsöffnung und -kennzeichnung (§ 14a Abs. 3 Nr. 1, 2)	14	1.	Formelle Behandlung (§ 14a Abs. 5)	35
2.	Verlesung der Angebote (§ 14a Abs. 3 Nr. 2 S. 2–4)	23	2.	Rechtzeitig eingegangene, aber nicht vorgelegte Angebote (§ 14a Abs. 6)	41
			V.	Verwahrung und Geheimhaltung (§ 14a Abs. 9)	43

I. Normzweck

§ 14a regelt den Eröffnungstermin, einen Kernbereich des Vergabeverfahrens, in den Fällen, in denen der öffentliche Auftraggeber des zu vergebenden Bauauftrages gem. § 13 Abs. 1 Nr. 1 ausschließlich oder auch **schriftliche Angebote** zugelassen hat. Gemäß § 13 Abs. 1 Nr. 1 S. 2 war der Auftraggeber bei unterschwelligen Bauvergaben verpflichtet, bis zum 18.10.2018 stets schriftlich eingereichte Angebote zuzulassen. Seit dem 18.10.2018 ist es für den Auftraggeber des zu vergebenden Bauauftrages statthaft, ausschließlich elektronische Angebote als zulässige Angebotsform im Vergabeverfahren unterhalb der Schwellenwerte festzusetzen. Während § 14 das Verfahren zur Durchführung des **Öffnungstermins** ohne Anwesenheit der Bieter bei ausschließlicher Zulassung elektronischer Angebote regelt, enthält § 14a die Verfahrensvorschriften zur Durchführung des **Eröffnungstermins** unter Anwesenheit der Bieter bei ausschließlicher oder kumulativer Zulassung schriftlicher Angebote. 1

Normzweck des § 14a ist es, im Zusammenwirken mit § 14 den transparenten, ordnungsgemäßen Wettbewerb im Vergabeverfahren zu sichern.[1] Transparenz im Bauvergabeverfahren wird insbesondere durch die von § 14a Abs. 1 S. 1 bei vorgegebener schriftlicher Angebotsform ermöglichte **Anwesenheit von Bietern und ihrer Bevollmächtigten** im Eröffnungstermin geschaffen. Die Bieter können sich hier einen Überblick über die Angebotssummen ihres Angebots im Vergleich mit den Angeboten anderer Bieter und über ihre Aussichten im Wettbewerb machen.[2] Gleichzeitig unterbindet die Norm durch die Vorgabe strikter Kennzeichnungs- und Geheimhaltungspflichten für die Angebote mögliche Manipulationen im Vorfeld. Sie schützt damit den ordnungsgemäßen Wettbewerb sowie die Bieterinteressen.[3] Die Vorschrift des § 14a ist dadurch insgesamt bieterschützend.[4] 2

---

[1] HHKW/*Koenigsmann-Hölken* § 14 Rn. 1.
[2] VK Sachsen Beschl. v. 13.2.2002 – 1/SVK/2-02; VK Sachsen Beschl. v. 1.2.2002 – 1/SVK/131-01; *Weyand* ibrOK VergabeR § 14 Rn. 8.
[3] OLG Naumburg Urt. v. 1.8.2013 – 2 U 151/12; VK Thüringen Beschl. v. 10.3.2016 – 250-4002-2350/2016-N-003-SOK; VK Lüneburg Beschl. v. 18.11.2015 – VgK-42/2015; HHKW/*Koenigsmann-Hölken* § 14 Rn. 1.
[4] VK Sachsen Beschl. v. 13.2.2002 – 1/SVK/2-02; VK Sachsen Beschl. v. 1.2.2002 – 1/SVK/131-01; *Weyand* ibrOK VergabeR § 14 Rn. 7.

3   Der Eröffnungstermin markiert im Vergabeverfahren den Übergang von der Angebotsphase zur formellen Angebotsprüfung und inhaltlichen Angebotswertung.[5] Mit Ablauf der Angebotsfrist endet auch die Rücknehmbarkeit des Angebots gem. § 10 Abs. 2. Die Regelungsstruktur des § 14a unterscheidet zwischen den Vorgaben an den öffentlichen Auftraggeber vor dem Eröffnungstermin (§ 14a Abs. 1, 2), den Vorgaben zur Durchführung des Eröffnungstermins (§ 14a Abs. 3–7) und den Vorgaben nach Durchführung des Eröffnungstermins (§ 14a Abs. 8, 9).

4   § 14a gilt für alle Ausschreibungsverfahren, dh die **öffentliche Ausschreibung** und die **beschränkte Ausschreibung** gem. § 3 Abs. 1, 2. Für die **freihändige Vergabe** gem. § 3 Abs. 3 gilt allein gem. § 14a Abs. 9 Hs. 2 die Verwahrungs- und Geheimhaltungspflicht für die Angebote und ihre Anlagen nach dem Eröffnungstermin. Die Regelungen des § 14a Abs. 1–8 gelten für die **freihändige Vergabe** nicht.[6]

II. Vor dem Eröffnungstermin (§ 14a Abs. 1, 2)

5   Der Auftraggeber hat die Angebote nach Eingang und vor dem Eröffnungstermin gem. § 14a Abs. 1 S. 2 auf dem ungeöffneten Umschlag mit Eingangsvermerk zu versehen und unter Verschluss zu halten. Die gem. § 14a Abs. 1 S. 2 normierte Pflicht, die ungeöffneten Angebote mit **Eingangsvermerk zu versehen** und **verschlossen zu verwahren,** ist eine wesentliche vergaberechtliche Verpflichtung des Auftraggebers.[7] Der Eingangsvermerk auf dem ungeöffneten Umschlag und der Verschluss der Angebote bis zum Eröffnungstermin sollen sicherstellen, dass der Wettbewerb unter den Bietern unter gleichen Voraussetzungen stattfindet. Es soll ausgeschlossen werden, dass einzelne Bieter oder Dritte die Angebote nachträglich verändern. Die äußerliche Kennzeichnung der ungeöffneten Angebote durch Eingangsvermerk soll ferner den Eingangszeitpunkt der Angebote und damit deren Rechtzeitigkeit dokumentieren.[8]

6   Die **äußerliche Kennzeichnung durch Eingangsvermerk** erfolgt in aller Regel durch Eingangsstempel, Notierung der Uhrzeit des Eingangs, des Namenszeichen des Entgegennehmenden und fortlaufender Nummerierung der Angebote in der Reihenfolge des Eingangs.[9] Zweckmäßigerweise werden die ungeöffneten Angebote hierzu mit einem Stempel oder Aufkleber versehen, auf dem zusätzlich die Vergabemaßnahme, die Ausschreibungs-Nummer sowie das Submissionsdatum nebst Uhrzeit vermerkt sind.[10]

7   Wurde ein Angebot vom Auftraggeber **versehentlich** nach Eingang und vor dem Eröffnungstermin **geöffnet,** so ist dieses Angebot sofort wieder zu verschließen und zu verwahren. Der Auftraggeber hat einen entsprechenden Vermerk auf dem Umschlag anzubringen, der im Eröffnungstermin zu verlesen und in die Niederschrift aufzunehmen ist.[11] Es muss seitens des Auftraggebers sichergestellt werden, dass vor Öffnung der Angebote im Eröffnungstermin Bieter oder Dritte keine Kenntnis vom Angebotsinhalt erlangen können, um diese für ein eigenes Angebot zu verwenden oder an Dritte zu manipulativen Zwecken weiterzugeben.[12]

8   Die verschlossenen Angebote sind nach äußerlicher Kennzeichnung des Auftraggebers durch Eingangsvermerk gem. § 14a Abs. 1 S. 2 **sicher zu verwahren.** Die schuldhafte Verletzung der Verwahrungspflichten des Auftraggebers kann seine Schadensersatzpflicht gem. § 311 Abs. 2 Nr. 1, 2 BGB, § 241 Abs. 2 BGB nach sich ziehen. Die Haftungserleichterung der §§ 690, 277 BGB ist dann zugunsten des Auftraggebers nicht anwendbar.[13]

9   Elektronische Angebote sind gem. § 14a Abs. 1 S. 3 zu kennzeichnen und verschlüsselt aufzubewahren. Verletzungen der Kennzeichnungs- und Verwahrungspflichten durch den Auftraggeber bei elektronischen Angeboten stellen ebenfalls schwerwiegende Vergabeverstöße dar.

10 Gemäß § 14a Abs. 2 sind vom Auftraggeber nur die Angebote zur Eröffnung zuzulassen, die vor Ablauf der Angebotsfrist eingegangen sind. Andere Angebote sind gem. § 16 Abs. 1 Nr. 1 auszuschließen. Allein rechtzeitig eingegangene Angebote sind gem. § 14a Abs. 2, § 16 Abs. 1 Nr. 1 zur Eröffnung zugelassen. § 14a Abs. 2 entkoppelt dabei den Ablauf der Angebotsfrist vom Beginn der Öffnung des ersten Angebots. Demgegenüber stellte die Altregelung des § 14 Abs. 2 VOB/A 2012 für den Ablauf der Angebotsfrist ausschließlich auf die Öffnung des ersten Angebots im Eröff-

---

[5] HHKW/*Koenigsmann-Hölken* § 14 Rn. 1.
[6] Ingenstau/Korbion/*von Wietersheim* Rn. 1.
[7] Ingenstau/Korbion/*von Wietersheim* Rn. 8.
[8] HHKW/*Koenigsmann-Hölken* § 14 Rn. 3.
[9] VK Thüringen Beschl. v. 12.11.2010 – 250-4003.20-4299/2010-018-SM; VK Lüneburg Beschl. v. 20.8.2002 – 203-VgK-12/2002; HHKW/*Koenigsmann-Hölken* § 14 Rn. 3.
[10] Kapellmann/Messerschmidt/*Planker* § 14 Rn. 6.
[11] Kapellmann/Messerschmidt/*Planker* § 14 Rn. 8.
[12] Ingenstau/Korbion/*von Wietersheim* Rn. 11.
[13] Ingenstau/Korbion/*von Wietersheim* Rn. 11.

nungstermin ab. Diese **Entkoppelung des Ablaufs der Angebotsfrist** vom Beginn der Öffnung des ersten Angebots hat zur Folge, dass bei Verspätung des terminierten Eröffnungstermins solche Angebote, die nach Ablauf der Angebotsfrist, aber vor tatsächlichem Beginn des Eröffnungstermins noch eingereicht werden, nicht mehr zur Eröffnung zuzulassen sind.[14]

III. Eröffnungstermin (§ 14a Abs. 3 Nr. 1–3, Abs. 4)

Der Auftraggeber ist gem. § 14a Abs. 1 S. 1 zur Durchführung eines Eröffnungstermins bei öffentlicher Ausschreibung und beschränkter Ausschreibung gem. § 3 Abs. 1, 2 verpflichtet. Eine **Verlegung des Eröffnungstermins** ist bei Vorliegen schwerwiegender Gründe statthaft; der Auftraggeber ist aber nicht zur Verlegung des Eröffnungstermins verpflichtet.[15] Der Eröffnungstermin hat **pünktlich** stattzufinden. Bieter können beanspruchen, dass der Auftraggeber die festgesetzte Terminzeit einhält. Geringfügige zeitliche Verschiebungen des Eröffnungstermins, die 15 bis maximal 30 Minuten betragen, sind vergaberechtlich tolerierbar.[16]

Bieter und ihre Bevollmächtigten sind gem. § 14a Abs. 1 S. 1 berechtigt, im Eröffnungstermin zugegen zu sein. Die Identität und die Legitimation der Anwesenden sollte zu Beginn des Eröffnungstermins durch den Verhandlungsleiter festgestellt werden.[17] Da regelmäßig juristische Personen Bieter sind, ist die **Legitimation der Anwesenden** durch die jeweilige juristische Person im Eröffnungstermin von Bedeutung. Weigert sich ein Bieter oder ein Bevollmächtigter, seine Legitimation nachzuweisen, kann er von der Teilnahme an der Submission ausgeschlossen werden.[18] Teilnahmeberechtigt sind allein die Bieter und deren Bevollmächtigte, deren Angebot dem Auftraggeber rechtzeitig vorliegt. Bieter oder Bevollmächtigte von Bietern, **die verspätet oder gar kein Angebot** abgegeben haben, besitzen **kein Teilnahmerecht**.[19]

Vonseiten des Auftraggebers sollen zwei Personen zugegen sein, die weder mit der Vorbereitung der Vergabe, der Vergabe selbst, noch der späteren Vertragsabwicklung befasst sind. Im Geltungsbereich des Vergabehandbuchs haben der **Verhandlungsleiter** sowie der **Schriftführer** teilzunehmen. Ziff. 2.2 Abs. 2 der Richtlinie zu 313 des VHB, Ausgabe 2017, Stand 2019, schreibt vor, dass stets zwei Vertreter der ausschreibenden Stelle im Eröffnungstermin anwesend zu sein haben. Beide Personen sollen weder an der Bearbeitung der Vergabeunterlagen noch an der Vergabe selbst oder bei der späteren Vertragsabwicklung beteiligt sein. Außerhalb des Geltungsbereichs des VHB ist es zulässig, den Termin nur durch eine behördeninterne Person des Auftraggebers durchführen zu lassen.[20] Vom Auftraggeber eingesetzte Projektsteuerer, Planer oder sonstige, an der Erstellung der Vergabeunterlagen beteiligte Personen sollen – ebenso wie sonstige Dritte – nicht am Eröffnungstermin teilnehmen.[21]

1. Angebotsöffnung und -kennzeichnung (§ 14a Abs. 3 Nr. 1, 2). Der Ablauf des Eröffnungstermins wird durch § 14a Abs. 3–7 strukturiert. Weitere Ausdifferenzierungen enthält das VHB Bund Ausgabe 2017, Stand 2019, Formblatt 313 nebst Richtlinie zu 313 Ziff. 2.1–2.2.1.

Unmittelbar zu Beginn des Eröffnungstermins hat sich der Verhandlungsleiter zu vergewissern, ob alle auf die Ausschreibung hin eingegangenen **schriftlichen Angebote ungeöffnet** und alle **elektronischen Angebote verschlüsselt** vorliegen. Bei elektronischen Angeboten, die mit einer fortgeschrittenen und qualifizierten Signatur gem. § 13 Abs. 1 Nr. 1 S. 2 lit. a, b versehen sind, hat der Verhandlungsleiter zu prüfen, ob die Signatur vorliegt. Gleiches gilt für elektronische Angebote, die gem. § 13 Abs. 1 Nr. 1 lit. c, d mit einem fortgeschrittenen elektronischen Siegel oder einem qualifizierten elektronischen Siegel versehen sind. Diese Feststellungen sind in der Niederschrift zu protokollieren.

Die Angebote werden sodann gem. § 14a Abs. 3 Nr. 2 S. 1 geöffnet und in **allen wesentlichen Teilen** im Eröffnungstermin **gekennzeichnet**. Es ist statthaft, entgegen der in § 14a Abs. 3 Nr. 2 S. 1 und 2 bezeichneten Reihenfolge, die Angebote **zuerst zu verlesen** und sodann die länger andauernde Kennzeichnung vorzunehmen. Dies entspricht dem Interesse der im Eröffnungstermin anwesenden Bieter.[22] Wenn die Angebote zuerst verlesen und sodann gekennzeichnet werden sollen,

---

[14] Ingenstau/Korbion/*von Wiethersheim* Rn. 15.
[15] OLG Düsseldorf Beschl. v. 21.12.2005 – Verg 75/05; HHKW/*Koenigsmann-Hölken* § 14 Rn. 7; *Weyand* ibrOK VergabeR § 14 Rn. 16.
[16] VK Lüneburg Beschl. v. 20.12.2004 – 203-VgK-54/2004; *Weyand* ibrOK VergabeR § 14 Rn. 15.
[17] HHKW/*Koenigsmann-Hölken* § 14 Rn. 6.
[18] Kapellmann/Messerschmidt/*Planker* § 14 Rn. 3.
[19] Kapellmann/Messerschmidt/*Planker* § 14 Rn. 3.
[20] jurisPK-VergabeR/*Haug/Panzer* § 14 Rn. 16.
[21] jurisPK-VergabeR/*Haug/Panzer* § 14 Rn. 20.
[22] OLG Hamburg Beschl. v. 21.1.2004 – 1 Verg 5/03; *Weyand* ibrOK VergabeR § 14 Rn. 31.

VOB/A § 14a   17–22   Öffnung der Angebote, Eröffnungstermin bei Zulassung schriftlicher Angebote

sollte hierzu die Zustimmung der anwesenden Bieter eingeholt werden. Diese Zustimmung der anwesenden Bieter zur Abweichung von der in § 14a Abs. 3 Nr. 2 S. 1, 2 vorgesehenen Reihenfolge ist in der Niederschrift zu dokumentieren.[23]

17 Die Kennzeichnung der **schriftlichen Angebote** und Angebotsbestandteile erfolgt regelmäßig durch Lochstempel mit Datumsanzeige.[24] Die Lochung und Datierung der Angebote soll verhindern, dass nachträglich einzelne Bestandteile ausgetauscht, entfernt oder die Angebote sonst manipuliert werden.[25] Die Kennzeichnung dient so der Gewährleistung der Authentizität der Angebote und soll einen ordnungsgemäßen, fairen Wettbewerb sicherstellen.[26] Die Kennzeichnung soll nachweisen, dass das Angebot zu Beginn des Eröffnungstermins vorgelegen hat und für das weitere Verfahren zuzulassen ist.[27] Die Kennzeichnung hat dokumentenecht zu erfolgen. Eine mit Bleistift aufgetragene eingekreiste Ziffer auf den geöffneten Angeboten erfüllt die Kennzeichnungspflicht nicht.[28]

18 Zu kennzeichnen sind gem. § 14a Abs. 3 Nr. 2 S. 1 **alle wesentlichen Teile** der Angebote. Dies umfasst auch alle wesentlichen Angebotsbestandteile, wie zB die Urkalkulation,[29] das Leistungsverzeichnis und alle Unterlagen, in denen sich vom Bieter geforderte Erklärungen befinden[30] und schließlich die Unterschrift des Bieters. Nebenangebote sind gleichfalls wesentliche Angebotsbestandteile.[31] Sie sind ebenfalls zu kennzeichnen und vorzugsweise – dies ist nicht zwingend – mit dem Hauptangebot zu verbinden.[32] Die Anlage, auf der die Bieter gem. § 13 Abs. 3 S. 2 Nebenangebote unter deutlicher Kennzeichnung der Nebenangebote als solche erstellt haben, ist gleichfalls wesentlicher Angebotsbestandteil und damit durch den Verhandlungsleiter kennzeichnungspflichtig gem. § 14a Abs. 3 Nr. 2 S. 1.[33]

19 Gleichfalls kennzeichnungspflichtig sind alle Erklärungen, die für den später durchzuführenden Vertrag von maßgeblicher Bedeutung sind. Hierzu zählen Vertragsbedingungen wie AVB, ZVB, etc. und das unterzeichnete Angebotsformblatt.[34]

20 Bei **elektronischen Angeboten** sind die Angaben zur Kennzeichnung vom Auftraggeber dem elektronischen Angebot hinzuzufügen, zusammen mit diesem abzuspeichern und dieses wieder zu verschlüsseln.

21 Die **unterlassene Kennzeichnung** der vorliegenden Angebote nebst wesentlicher Angebotsbestandteile stellt einen schweren Vergabeverstoß dar, der auch durch eine Zurückversetzung des Vergabeverfahrens auf den Zeitpunkt der Angebotseröffnung nicht geheilt werden kann.[35] Dies deshalb, da die gem. § 14a Abs. 3 Nr. 1, 2 S. 1 erforderlichen Feststellungen des Verhandlungsleiters rückwirkend nicht mehr zweifelsfrei getroffen werden können.[36] Die Ausschreibung ist in aller Regel aufzuheben.[37] Gleichfalls ist es statthaft, einen Verstoß gegen die Kennzeichnungspflicht gem. § 14a Abs. 3 Nr. 2 S. 1 durch Zurückversetzung des Verfahrens in den Stand vor Submission und vor Einreichung neuer Angebote durch die bisherigen Bieter zu heilen.[38]

22 Auch die **unzureichende Kennzeichnung** stellt einen wesentlichen Vergabeverstoß dar. Hat der Verhandlungsleiter Nebenangebote zum Angebot nicht gekennzeichnet, ist ein ordnungsgemäßes Vergabeverfahren nicht mehr sichergestellt. Die unterlassene Kennzeichnung von Nebenangeboten zieht die Nichtwertbarkeit der Nebenangebote nach sich.[39] Bei Unklarheiten, ob bestimmte Teile des

---

[23] jurisPK-VergabeR/*Haug/Panzer* § 14 Rn. 25.
[24] VK Sachsen Beschl. v. 24.2.2005 – 1/SVK/005-05; VK Sachsen-Anhalt Beschl. v. 14.2.2014 – 3 VK LSA 01/14; VK Sachsen Beschl. v. 10.4.2014 – 1/SVK/007-14; HHKW/*Koenigsmann-Hölken* § 14 Rn. 11.
[25] VK Sachsen Beschl. v. 24.2.2005 – 1/SVK/005-05; VK Arnsberg Beschl. v. 3.6.2013 – VK 9/13; VK Sachsen Beschl. v. 24.2.2005 – 1/SVK/005-05; *Weyand* ibrOK VergabeR § 14 Rn. 32.
[26] VK Sachsen-Anhalt Beschl. v. 14.2.2014 – 3 VK LSA 01/14; VK Sachsen Beschl. v. 24.5.2007 – 1/SVK/029-07; *Weyand* ibrOK VergabeR § 14 Rn. 32.
[27] HHKW/*Koenigsmann-Hölken* § 14 Rn. 11.
[28] VK Sachsen Beschl. v. 24.5.2007 – 1/SVK/029-07; VK Sachsen Beschl. v. 24.2.2005 – 1/SVK/005-05; *Weyand* ibrOK VergabeR § 14 Rn. 32.
[29] OLG Naumburg Beschl. v. 31.3.2008 – 1 Verg 1/08; *Weyand* ibrOK VergabeR § 14 Rn. 34.
[30] Kapellmann/Messerschmidt/*Planker* § 14 Rn. 17.
[31] VK Sachsen Beschl. v. 10.4.2014 – 1/SVK/007-14; *Weyand* ibrOK VergabeR § 14 Rn. 34/1.
[32] VK Sachsen Beschl. v. 10.4.2014 – 1/SVK/007-14; *Weyand* ibrOK VergabeR § 14 Rn. 34/1.
[33] *Weyand* ibrOK VergabeR § 14 Rn. 34/1.
[34] jurisPK-VergabeR/*Haug/Panzer* § 14 Rn. 27.
[35] VK Sachsen Beschl. v. 24.5.2007 – 1/SVK/029-07; VK Arnsberg Beschl. v. 3.6.2013 – VK 9/13; VK Sachsen Beschl. v. 24.2.2005 – 1/SVK/005-05; VK Arnsberg Beschl. v. 10.3.2008 – VK 05/08; HHKW/*Koenigsmann-Hölken* § 14 Rn. 12; *Weyand* ibrOK VergabeR § 14 Rn. 36.
[36] *Weyand* ibrOK VergabeR § 14 Rn. 36.
[37] VK Arnsberg Beschl. v. 10.3.2008 – VK 05/08; VK Sachsen-Anhalt Beschl. v. 28.1.2009 – 1VK LVwA 29/08.
[38] *Weyand* ibrOK VergabeR § 14 Rn. 36/1.1.
[39] VK Sachsen Beschl. v. 10.4.2014 – 1/SVK/007-14; *Weyand* ibrOK VergabeR § 14 Rn. 36/5.

III. Eröffnungstermin (§ 14a Abs. 3 Nr. 1–3, Abs. 4) 23–26 § 14a VOB/A

Angebots, die nicht gekennzeichnet waren, bei Angebotseröffnung dem Verhandlungsleiter vorlagen, gelten die allgemeinen Beweislastregelungen. Der Bieter, der einen Verstoß gegen die Kennzeichnungspflicht des Auftraggebers moniert, trägt die Beweislast für die für ihn günstigen Tatsachen.[40] Liegt dagegen eine unzureichende Kennzeichnung durch den Verhandlungsleiter vor, trägt der Auftraggeber die Beweislast für die Vollständigkeit des Angebotes, auf das er den Zuschlag erteilen will.[41]

2. Verlesung der Angebote (§ 14a Abs. 3 Nr. 2 S. 2–4). Gemäß § 14a Abs. 3 Nr. 2 S. 2 **23** sind Name und Anschrift der Bieter und die **Endbeträge der Angebote** oder **einzelner Lose** sowie **Preisnachlässe ohne Bedingungen** zu verlesen. Gemäß § 14a Abs. 3 Nr. 2 S. 3, 4 wird ferner bekanntgegeben, ob und von wem und in welcher Zahl **Nebenangebote** eingereicht worden sind. Weiteres aus dem Inhalt der Angebote soll nicht mitgeteilt werden. Das gesamte Angebot wird nicht verlesen.[42] Die Verlesung umfasst gem. § 14a Abs. 3 Nr. 2 S. 2, 3 diejenigen Angaben, die für die Bieterinformation wesentlich sind.

Der Verhandlungsleiter hat den anwesenden Bietern und deren Bevollmächtigten nach Öffnung **24** der Angebote gem. § 14a Abs. 3 Nr. 2 Hs. 1 aus den Angeboten zu verlesen bzw. mitzuteilen: **Name und Sitz des Bieters** sowie den **Angebotsendpreis**.[43] Beim **Einheitspreisvertrag** ist der Gesamtpreis der zu verlesende Angebotsendpreis. Beim **Pauschalpreisvertrag** ist der angebotene Pauschalpreis als Angebotsendpreis zu verlesen. **Einzelne Positionspreise** müssen nicht verlesen werden.[44] Wenn das Leistungsverzeichnis für einzelne Gewerke oder wesentliche Arbeitsabschnitte gesonderte Abschnitte oder Titel ausweist und der Auftraggeber in der Ausschreibung von den Bietern abschnittsweise Preisangaben mit jeweiligen Endpreisen verlangt hat, so sind auch die Endbeträge der Abschnitte bzw. Titel zu verlesen.[45] **Endbeträge einzelner Lose** müssen stets verlesen werden.[46]

Im Übrigen entscheidet der Verhandlungsleiter im Einzelfall, ob die Verlesung der Bepreisung **25** weiterer einzelner Abschnitte der Angebote sinnvoll und zweckmäßig ist.[47] Gemäß § 14a Abs. 3 Nr. 2 S. 2 Hs. 2 sind auch Preisnachlässe ohne Bedingungen zu verlesen.[48] Auch andere, den Preis betreffende Angaben, wie Preise für Wartungsverträge sowie Lohn- und Stoffpreisklauseln, sind mitzuteilen.[49] Bei **verspätet eingereichten Angeboten** erfolgt keine Bekanntgabe der Preise.[50] Eine Nachrechnung der Angebotsendpreise im Eröffnungstermin findet nicht statt.[51]

Erfolgt eine falsche Verlesung im Eröffnungstermin oder wird eine Verlesung unterlassen, so **26** ist dies in der gem. § 14a Abs. 4 Nr. 1 S. 1 zu fertigenden Niederschrift zu vermerken.[52] Eine **unzureichende oder unterlassene Verlesung** eines Angebots begründet keinen Wertungsausschluss.[53] Die Verletzung einer Formvorschrift durch den Auftraggeber kann nicht zulasten des Bieters gehen.[54] Gemäß § 14a Abs. 3 Nr. 2 S. 3 ist ferner durch den Verhandlungsleiter gegenüber den anwesenden Bietern und deren Bevollmächtigten bekanntzugeben, ob und von wem und in welcher Zahl **Nebenangebote** eingereicht worden sind. Über den **Inhalt der Nebenangebote** sind keine Angaben zu machen.[55] Auch der Preis der Nebenangebote ist nicht bekanntzugeben.[56] Dies deshalb, da sich die Endpreise aus Haupt- und Nebenangeboten nicht ohne Weiteres vergleichen lassen und die Bekanntgabe der Nebenangebotspreise falsche Schlüsse auf Bieterseite erwecken könnte.[57] Weder ist daher die vom Bieter benannte Höhe des Nebenangebotspreises noch das

---

[40] VK Baden-Württemberg Beschl. v. 16.6.2008 – 1 VK 18/08; Weyand ibrOK VergabeR § 14 Rn. 37.
[41] VK Baden-Württemberg Beschl. v. 16.6.2008 – 1 VK 18/08; Weyand ibrOK VergabeR § 14 Rn. 37.
[42] Ingenstau/Korbion/von Wietersheim Rn. 24.
[43] jurisPK-VergabeR/Haug/Panzer § 14 Rn. 29.
[44] Ingenstau/Korbion/von Wietersheim Rn. 24.
[45] Ingenstau/Korbion/von Wietersheim Rn. 24.
[46] HHKW/Koenigsmann-Hölken § 14 Rn. 13.
[47] HHKW/Koenigsmann-Hölken § 14 Rn. 13.
[48] hierzu Ingenstau/Korbion/von Wietersheim Rn. 24.
[49] jurisPK-VergabeR/Haug/Panzer § 14 Rn. 30.
[50] jurisPK-VergabeR/Haug/Panzer § 14 Rn. 32.
[51] jurisPK-VergabeR/Haug/Panzer § 14 Rn. 33.
[52] Ingenstau/Korbion/von Wietersheim Rn. 26.
[53] VK Baden-Württemberg Beschl. v. 22.6.2004 – 1 VK 32/04; VK Nordbayern Beschl. v. 30.11.2001 – 320.VK-3194-40/01.
[54] Ingenstau/Korbion/von Wietersheim Rn. 26.
[55] VK Lüneburg Beschl. v. 11.6.2001 – 203-VgK-08/2001.
[56] OLG Braunschweig Urt. v. 27.7.1994 – 3 U 231/92.
[57] VK Lüneburg Beschl. v. 11.6.2001 – 203-VgK-08/2001; HHKW/Koenigsmann-Hölken § 14 Rn. 15; Weyand ibrOK VergabeR § 14 Rn. 45.

Ergebnis einer rechnerischen Prüfung des Auftraggebers bekanntzugeben.[58] Weitere Angaben, insbesondere Angaben zum Inhalt der Nebenangebote, sind gem. § 14a Abs. 3 Nr. 2 S. 4 nicht zu machen. Es findet auch keine Nachrechnung von Einzelpreisen im Eröffnungstermin und keine Bewertung von Nebenangeboten statt.[59]

27 Stellt der Verhandlungsleiter im Eröffnungstermin **Mängel am Angebot** fest, erhält auch der anwesende Bieter keine Möglichkeit zur Nachholung. Insbesondere ist bei fehlender Unterschrift unter dem Angebot keine nachträgliche Unterzeichnung im Eröffnungstermin zulässig. Fehlende Erklärungen und Nachweise, die Gegenstand einer Nachforderung gem. § 16a S. 1 sein könnten, können dagegen im Eröffnungstermin von den anwesenden Bietern übergeben werden.[60]

28 **3. Muster und Proben (§ 14a Abs. 3 Nr. 3).** Muster und Proben sind Bestandteil des Angebots und müssen gem. § 14a Abs. 3 Nr. 3 im Eröffnungstermin vorliegen. Dies deshalb, da die Angebote vollständig zu sein haben. Ein nachträglich übergebenes Muster oder eine nachträglich gelieferte Probe könnte den Angebotsinhalt verfälschen oder den Auftraggeber beeinflussen.[61] Muster und Proben sind insbesondere immer dann Angebotsinhalt, soweit diese gem. § 13 Abs. 2 S. 1 VOB/B als vereinbarte Beschaffenheit der Werkleistung gelten. Gemäß § 13 Abs. 2 S. 1 VOB/B gelten bei Leistungen nach Probe die Eigenschaft der Probe als vereinbarte Beschaffenheit, soweit nicht Abweichungen nach der Verkehrssitte als bedeutungslos anzusehen sind.[62]

29 **4. Niederschrift und Verlesung (§ 14a Abs. 4 Nr. 1, 2, Abs. 7, 8).** Gemäß § 14a Abs. 4 Nr. 1 S. 1 ist über den Eröffnungstermin eine Niederschrift in Schriftform oder in elektronischer Form zu fertigen. Die Niederschrift ist gem. § 14a Abs. 4 Nr. 1 S. 2 Hs. 1 mit den Angaben gem. § 14a Abs. 3 Nr. 2 im Eröffnungstermin zu verlesen. In ihr ist gem. § 14a Abs. 4 Nr. 1 S. 2 Hs. 2 zu vermerken, dass sie verlesen und von den Bietern im Eröffnungstermin als richtig anerkannt worden ist oder welche Einwendungen erhoben worden sind. Die Niederschrift ist gem. § 14a Abs. 4 Nr. 2 Hs. 1 vom Verhandlungsleiter **zu unterschreiben** oder mit einer **fortgeschrittenen oder qualifizierten elektronischen Signatur** gem. § 13 Abs. 1 Nr. 1 lit. a oder lit. b zu versehen. Anwesende Bieter und deren Bevollmächtigte sind gem. § 14a Abs. 4 Nr. 2 Hs. 2 berechtigt, mit zu unterzeichnen oder eine Signatur anzubringen. Weitere Pflichteinträge in die Niederschrift regeln § 14a Abs. 5 S. 1, 2, Abs. 6 S. 1, 2. Das Formblatt 313 des VHB, Ausgabe 2017, Stand 2019, enthält ein Muster, welches die Pflichteinträge der Niederschrift ausweist.

30 Sinn der Niederschrift ist die Dokumentation des ordnungsgemäßen Ablaufs des Eröffnungstermins. Der öffentliche Auftraggeber ist gem. § 14a Abs. 4 Nr. 1 S. 1 gegenüber den Bietern zur Anfertigung der Niederschrift über den Eröffnungstermin und zur Dokumentation aller **wesentlichen Vorgänge und Sachverhalte** dieses Termins in dieser Niederschrift verpflichtet.[63] Kommt der Auftraggeber seiner Pflicht zur Protokollierung des Eröffnungstermins durch Anfertigung einer Niederschrift nicht nach, so liegt darin die Verletzung einer vertraglichen Nebenpflicht. Diese Pflichtverletzung verwehrt es ihm, sich im Verhältnis zu den betroffenen Bietern auf die Unvollständigkeit der Niederschrift zu berufen. Er muss sich dann gegenüber den Bietern bis zum erbrachten Gegenbeweis so behandeln lassen, als sei die Niederschrift vollständig und richtig.[64] Öffentliche Auftraggeber sind gehalten, ihr Augenmerk auf die vollständige und sorgfältige Anfertigung der Niederschrift zu richten.[65]

31 Weitere Vorgaben zum Inhalt der Niederschrift enthält Formblatt 313 des VHB Ausgabe 2017, Stand 2019. In der Niederschrift sind danach unter anderem anzugeben: Datum und Uhrzeit des Eröffnungstermins, Person des Verhandlungsleiters und des Schriftführers, teilnehmende Bieter und ihre Bevollmächtigten sowie das Vorliegen von Legitimationsnachweisen der Bieter und ihrer Bevollmächtigten. Des Weiteren ist die Erfüllung der Verpflichtungen des Verhandlungsleiters gem. § 14a Abs. 3 Nr. 1, 2 in der Niederschrift zu vermerken.

32 **Erklärungen der Bieter zu den Angeboten** und **dem Vergabeverfahren,** insbesondere auch **Einwendungen der Bieter** sollen mit aufgenommen werden.[66] Gleiches gilt für die **Gegendarstellung des Verhandlungsleiters** zu etwaigen Einwendungen und Beschwerden. Ferner

---

[58] *Weyand* ibrOK VergabeR § 14 Rn. 46.
[59] jurisPK-VergabeR/*Haug/Panzer* § 14 Rn. 33.
[60] jurisPK-VergabeR/*Haug/Panzer* § 14 Rn. 34.
[61] Ingenstau/Korbion/*von Wietersheim* Rn. 29.
[62] hierzu auch Kapellmann/Messerschmidt/*Planker* § 14 Rn. 22.
[63] BGH Urt. v. 26.10.1999 – X ZR 30/98; VK Thüringen Beschl. v. 26.6.2001 – 216-4003.20-027/01-J-S; *Weyand* ibrOK VergabeR § 14 Rn. 53.
[64] BGH Urt. v. 26.10.1999 – X ZR 30/98, *Weyand* ibrOK VergabeR § 14 Rn. 53.
[65] Ingenstau/Korbion/*von Wietersheim* Rn. 30.
[66] Ingenstau/Korbion/*von Wietersheim* Rn. 30.

sind aufzunehmen: die Unversehrtheit der Angebote und der Verschlüsselung sowie die verlesenden Brutto-Angebotsendbeträge, die Anzahl von Nebenangeboten sowie etwaige verspätete Angebote. Der Vermerk über die erfolgte Verlesung der Niederschrift, deren Unterzeichnung sowie Angaben zum Verhandlungsschluss sind gleichfalls Inhalt der Niederschrift.[67] In die Niederschrift sind ferner etwaige Nachträge zur Niederschrift aufzunehmen. Dies gilt insbesondere für rechtzeitige Angebote, die im Eröffnungstermin nicht vorlagen gem. § 14a Abs. 6 S. 1 Hs. 2. Der Transparenzgrundsatz gebietet es ferner, nachträgliche, im Rahmen der Angebotsprüfung festgestellte Nachlässe, Skonti, Nebenangebote und andere angebotsrelevanten Angaben in die Niederschrift einzutragen.[68] Gemäß § 16c Abs. 3 sind auch die aufgrund der Angebotsprüfung festgestellten Angebotsendsummen in einem Nachtrag zu der Niederschrift über den Eröffnungstermin zu vermerken.

Die gem. § 14a Abs. 4 Nr. 1 S. 2 Hs. 1 mit den Angaben gem. § 14a Abs. 3 Nr. 2 verlesene 33 Niederschrift ist vom Verhandlungsleiter **zu unterschreiben oder mit digitaler Signatur** zu versehen. Durch seine Unterschrift übernimmt der Verhandlungsleiter die Verantwortung für die Richtigkeit der Dokumentation des Eröffnungstermins.[69] Existiert eine Dienstvorgabe des Auftraggebers zur Unterzeichnung durch zwei Vertreter des Auftraggebers, so ist diese bei Unterzeichnung der Niederschrift zu befolgen. Fehlt in diesem Fall die zweite Unterschrift, so stellt dies einen gravierenden Verfahrensfehler dar, der die Aufhebung der Ausschreibung gebietet.[70] Anwesende Bieter und ihre Bevollmächtigten sind berechtigt – aber **nicht verpflichtet** –, die Niederschrift gem. § 14a Abs. 4 Nr. 2 Hs. 2 mit zu unterzeichnen oder mit elektronischer Signatur zu versehen.

Bieter und ihre Bevollmächtigten haben gem. § 14a Abs. 7 Hs. 1 das Recht zur **Einsicht in** 34 **die Niederschrift** und ihre Nachträge. Das Einsichtsrecht ist zugleich für Bieter die Möglichkeit, die Niederschrift über den Eröffnungstermin auf ihre Richtigkeit zu überprüfen. Das Einsichtsrecht ist ein Einsichtsrecht, einen Anspruch auf Übersendung der Niederschrift haben Bieter nicht.[71] Eine Veröffentlichung der Niederschrift findet gem. § 14a Abs. 8 nicht statt. Die durch die Niederschrift und deren Verlesung im Eröffnungstermin geschaffene Transparenz wird von § 14a Abs. 8 auf die im Eröffnungstermin anwesenden Bieter und Bevollmächtigte beschränkt.[72] § 14a Abs. 8 schützt auch Geheimhaltungsinteressen der Bieter. Aus dem Angebotsinhalt folgende Geschäftsgeheimnisse sowie die Angebotskalkulation der Bieter selbst sollen gem. § 14a Abs. 8 nicht in die Öffentlichkeit gelangen.[73]

IV. Verspätete Angebote (§ 14a Abs. 5, 6)

1. Formelle Behandlung (§ 14a Abs. 5). Angebote, die nach Ablauf der Angebotsfrist einge- 35 gangen sind, sind gem. § 16 Abs. 1 Nr. 1 zwingend auszuschließen. Formell sind Angebote, die nach Ablauf der Angebotsfrist eingegangen sind, gem. § 14a Abs. 5 S. 1 **in der Niederschrift** oder **in einem Nachtrag zur Niederschrift** besonders aufzuführen. Die **Eingangszeiten der verspäteten Angebote** und die etwa **bekannten Gründe,** aus denen die Angebote nicht vorgelegen haben, sind gem. § 14a Abs. 5 S. 2 zu vermerken. Der Umschlag des verspäteten Angebots und andere Beweismittel sind aufzubewahren, § 14a Abs. 5 S. 3. Der Umschlag und andere Beweismittel des verspäteten Angebots sollen zusammen mit der Dokumentation der schon bekannten Gründe der Verspätung die Einschätzung ermöglichen, ob ein zu wertendes Angebot gem. § 14a Abs. 6 S. 1 vorliegt.[74]

Verspätete Angebote werden geöffnet, aber nicht eröffnet,[75] und auch **nicht verlesen.** Des 36 Gleichen werden bei verspäteten Angeboten auch nicht alle Angebotsinhalte und Umstände in der Niederschrift oder einem Nachtrag hierzu dokumentiert, die bei rechtzeitig vorliegenden Angeboten zu machen sind.[76] Verspätete Angebote werden geöffnet, Name und Sitz des Bieters des verspäteten Angebots in die Niederschrift bzw. den Nachtrag zur Niederschrift aufgenommen sowie die Eingangszeit und die bekannten Umstände, die zur Verspätung führten, vermerkt.[77]

---

[67] jurisPK-VergabeR/*Haug/Panzer* § 14 Rn. 39.
[68] *Weyand* ibrOK VergabeR § 14 Rn. 55.
[69] HHKW/*Koenigsmann-Hölken* § 14 Rn. 21.
[70] *Weyand* ibrOK VergabeR § 14 Rn. 56.
[71] HHKW/*Koenigsmann-Hölken* § 14 Rn. 30.
[72] HHKW/*Koenigsmann-Hölken* § 14 Rn. 32.
[73] VK Lüneburg Beschl. v. 4.10.2011 – VgK-26-2011.
[74] Kapellmann/Messerschmidt/*Planker* § 14 Rn. 26.
[75] Ingenstau/Korbion/*von Wietersheim* Rn. 37.
[76] Ingenstau/Korbion/*von Wietersheim* Rn. 37.
[77] Ingenstau/Korbion/*von Wietersheim* Rn. 38.

37 Das Formblatt 313 des VHB Ausgabe 2017, Stand 2019, sieht unter III. Nachträge zur Niederschrift ein Formularfeld für Angebote, die nach Ablauf der Angebotsfrist vorgelegt wurden, vor. Hier sind als Einträge die Angebotsnummer, das Datum und die Uhrzeit des Eingangs, ein Verschulden des Bieters oder ein Verschulden der Vergabestelle, die Benachrichtigung des Bieters bei Verschulden der Vergabestelle sowie die Gründe für den verspäteten Eingang, soweit bekannt, vorgegeben.

38 Die Beantwortung der Frage, ob ein Angebot zum Ablauf der Angebotsfrist eingegangen ist oder nicht, richtet sich nach dem BGB. Zugang ist gem. § 130 Abs. 1 S. 1 BGB gegeben, wenn das Angebot in den **Machtbereich des Empfängers** gelangt ist und dieser unter normalen Umständen die **Möglichkeit der Kenntnisnahme** hat. Zum Machtbereich des Empfängers gehören auch die von ihm zur Entgegennahme von Erklärungen **bereit gehaltenen Einrichtungen.**[78] Hier ist maßgeblich, welche Eingangsstelle oder welche zur Empfangnahme von Erklärungen bereitgehaltene Einrichtungen der Auftraggeber vorhält. Wird in den Ausschreibungsbedingungen eine bestimmte Stelle oder eine bestimmte Person zur Entgegennahme von Angeboten bezeichnet, so ist diese Stelle oder diese Person Empfangsvertreter des Auftraggebers. Wird das Angebot demgegenüber einer anderen Stelle oder einem anderen Mitarbeiter des Auftraggebers ausgehändigt, so ist diese Stelle oder diese Person lediglich Empfangsbote des Auftraggebers.[79]

39 **Erklärungen an den Empfangsboten** gehen dem Auftraggeber erst in dem Zeitpunkt zu, in dem nach regelmäßigem Verlauf der Dinge die Weiterleitung an den richtigen Adressaten des Auftraggebers zu erwarten ist.[80] Hat der Auftraggeber in den Vergabeunterlagen einen **bestimmten Raum** zur Abgabe des Angebots bezeichnet, muss das Angebot dort auch abgegeben werden.[81] Die beim **Pförtner erfolgte Angebotsabgabe** ist als verspätet zurückzuweisen. Pförtner sind keine Empfangsvertreter und regelmäßig auch keine Empfangsboten.[82] Ist in den Vergabeunterlagen keine Raumnummer zur Angebotsabgabe benannt, ist die Aushändigung des Angebots an einen Empfangsgehilfen der Vergabestelle für den Zugang maßgeblich.[83]

40 Sind keine besonderen Hinweise zur Adressierung des Angebots an eine bestimmte Einrichtung, Stelle oder Person des Auftraggebers in den Vergabeunterlagen benannt, ist der Einwurf in den Postbriefkasten des Auftraggebers für das Gelangen des Angebots in den Machtbereich des Empfängers ausreichend.[84] Der Bieter trägt das **Risiko für die Rechtzeitigkeit des Zugangs.**[85] Ein verspäteter Zugang des Angebots ist nur dann dem Bieter nicht zuzurechnen, wenn die Verspätung entweder allein vom Auftraggeber oder weder vom Bieter noch vom Auftraggeber zu vertreten ist.[86] Der Bieter trägt die Darlegungs- und Beweislast für den rechtzeitigen Zugang seines Angebots.

41 **2. Rechtzeitig eingegangene, aber nicht vorgelegte Angebote (§ 14a Abs. 6).** Gemäß § 16 Abs. 1 Nr. 1, § 14a Abs. 6 S. 1 ist ein Angebot, das nachweislich vor Ablauf der Angebotsfrist dem Auftraggeber zugegangen war, aber dem Verhandlungsleiter nicht vorgelegen hat, ein rechtzeitiges Angebot. Durch § 16 Abs. 1 Nr. 1 in der Neufassung der VOB/A 2019 wird klargestellt, dass es allein auf den fristgerechten Eingang der Angebote beim Auftraggeber und nicht auf deren Vorlage im Eröffnungstermin ankommt.[87] Die Vorschrift des § 14a Abs. 6 ist nur anwendbar, wenn das Angebot tatsächlich **vor Ablauf der Angebotsfrist** dem Auftraggeber zugegangen ist, dh in den Machtbereich des Auftraggebers gelangt ist und dieser die Möglichkeit der Kenntnisnahme hatte.

42 Gemäß § 14a Abs. 6 S. 2 ist den Bietern das Vorliegen eines Angebots gem. § 14a Abs. 6 S. 1 **unverzüglich in Textform mitzuteilen.** In diese Mitteilung an die Bieter sind gem. § 14a Abs. 6 S. 2 die Feststellung aufzunehmen, dass der Verschluss des Angebots unversehrt war und die Angaben gem. § 14a Abs. 3 Nr. 2 aufzunehmen.

---

[78] OLG Celle Beschl. v. 7.6.2007 – 13 Verg 5/07; VK Südbayern Beschl. v. 7.4.2006 – 07-03/06; VK Baden-Württemberg Beschl. v. 7.8.2009 – 1 VK 35/09.
[79] VK Baden-Württemberg Beschl. v. 7.8.2009 – 1 VK 35/09; VK Brandenburg Beschl. v. 11.11.2010 – VK 57/10.
[80] Weyand ibrOK VergabeR § 14 Rn. 62.
[81] VK Brandenburg Beschl. v. 11.11.2010 – VK 57/10; VK Brandenburg Beschl. v. 26.1.2005 – VK 81/04.
[82] VK Brandenburg Beschl. v. 26.1.2005 – VK 81/04; Weyand ibrOK VergabeR § 14 Rn. 64.
[83] VK Südbayern Beschl. v. 7.4.2006 – 07-03/06; Weyand ibrOK VergabeR § 14 Rn. 65.
[84] VK Sachsen-Anhalt Beschl. v. 8.4.2014 – 3 VK LSA 13/14; Weyand ibrOK VergabeR § 14 Rn. 66.
[85] VK Bund Beschl. v. 1.9.2006 – VK 3-105/06; VK Nordbayern Beschl. v. 1.4.2008 – 21.VK-3194-09/08; VK Sachsen Beschl. v. 29.12.2004 – 1/SVK/123-04.
[86] VK Sachsen Beschl. v. 29.12.2004 – 1/SVK/123-04; VK Sachsen-Anhalt Beschl. v. 8.4.2014 – 3 VK LSA 13/14; VK Brandenburg Beschl. v. 26.1.2005 – VK 81/04; Weyand ibrOK VergabeR § 14 Rn. 74.
[87] Ingenstau/Korbion/von Wietersheim § 16 Rn. 7.

V. Verwahrung und Geheimhaltung (§ 14a Abs. 9)

Gemäß § 14a Abs. 9 Hs. 1 sind die Angebote und deren Anlagen sorgfältig zu verwahren und geheim zu halten. Dies gilt gem. § 14a Abs. 9 Hs. 2 **auch bei freihändiger Vergabe** gem. § 3 Abs. 3. Die Verpflichtung zur Geheimhaltung bezweckt, unzulässige Manipulationen von Bietern an ihren Angeboten zu vermeiden.[88] Die Verpflichtung erfasst auch verspätete oder aus anderen Gründen nicht in die Prüfung und Wertung gelangten Angebote. Der Geltungsbereich des § 14a Abs. 9 Hs. 1 ist insoweit weit umfasst. Auch gilt das Geheimhaltungsgebot zeitlich unbeschränkt.[89] Durch das Geheimhaltungsgebot soll auch sichergestellt werden, dass Dritte aufgrund der erlangten Kenntnisse keinen Einfluss auf die weitere Angebotsbehandlung und die Zuschlagsentscheidung haben.[90] Geschäftsgeheimnisse der Bieter und das möglicherweise in Nebenangeboten enthaltene technische know-how sind zu schützen. Auch deshalb darf der Inhalt der Angebote Dritten nicht zugänglich gemacht werden.[91] Ausreichend zur Erfüllung der Verwahrungs- und Geheimhaltungspflicht ist es, wenn der Auftraggeber die Angebote **ordnungsgemäß vor unberechtigtem Zugriff Dritter** schützt. Dies kann dadurch erfolgen, dass die Angebote in einem verschlossenen Schrank oder einem dafür vorgesehenen verschlossenen Raum aufbewahrt werden.[92]

43

Hinsichtlich der nicht bezuschlagten Angebote endet die Verwahrungspflicht – nicht die Geheimhaltungspflicht – mit dem ordnungsgemäßen Abschluss des Vergabeverfahrens einschließlich des Ablaufs etwaiger Widerspruchsfristen unterliegender Bieter. Auch im Unterschwellenbereich sollte die Verwahrung mindestens **sechs Monate nach Zuschlagserteilung** andauern.[93] Verletzt der Auftraggeber die Geheimhaltungspflicht und entsteht dem Bieter ein Schaden, so kann ein Schadensersatzanspruch aus Gründen bei contrahendo entstehen.[94]

44

Bei schwerwiegendem Verstoß gegen die Verwahrungs- und Geheimhaltungspflicht kommt eine Aufhebung der Ausschreibung in Betracht. Dies insbesondere dann, wenn infolge des durch einen Verstoß gegen die Geheimhaltungs- und Verwahrungspflicht ermöglichten Eingriffs Dritter nicht mehr zuzuordnen ist, **welche Bestandteile zu welchem Angebot** gehören.[95] Entwürfe, Ausarbeitungen, Muster und Proben von nicht berücksichtigten Angeboten sind zurückzugeben, wenn dies im Angebot oder innerhalb von 30 Kalendertagen nach Ablehnung des Angebots verlangt wird (§ 19 Abs. 4).

45

§ 15 Aufklärung des Angebotsinhalts

(1)
1. Bei Ausschreibungen darf der Auftraggeber nach Öffnung der Angebote bis zur Zuschlagserteilung von einem Bieter nur Aufklärung verlangen, um sich über seine Eignung, insbesondere seine technische und wirtschaftliche Leistungsfähigkeit, das Angebot selbst, etwaige Nebenangebote, die geplante Art der Durchführung, etwaige Ursprungsorte oder Bezugsquellen von Stoffen oder Bauteilen und über die Angemessenheit der Preise, wenn nötig durch Einsicht in die vorzulegenden Preisermittlungen (Kalkulationen), zu unterrichten.
2. Die Ergebnisse solcher Aufklärungen sind geheim zu halten. Sie sollen in Textform niedergelegt werden.

(2) Verweigert ein Bieter die geforderten Aufklärungen und Angaben oder lässt er die ihm gesetzte angemessene Frist unbeantwortet verstreichen, so ist sein Angebot auszuschließen.

(3) Verhandlungen, besonders über Änderung der Angebote oder Preise, sind unstatthaft, außer, wenn sie bei Nebenangeboten oder Angeboten aufgrund eines Leistungsprogramms nötig sind, um unumgängliche technische Änderungen geringen Umfangs und daraus sich ergebende Änderungen der Preise zu vereinbaren.

---

[88] VK Lüneburg Beschl. 4.10.2011 – VgK 26/2011; VK Brandenburg Beschl. v. 26.2.2013 – VK 46/12; Ingenstau/Korbion/*von Wietersheim* Rn. 52.
[89] HHKW/*Koenigsmann-Hölken* § 14 Rn. 33.
[90] VK Lüneburg Beschl. 4.10.2011 – VgK 26/2011; VK Brandenburg Beschl. v. 26.2.2013 – VK 46/12; VK Düsseldorf Beschl. v. 4.8.2000 – VK-14/00; HHKW/*Koenigsmann-Hölken* § 14 Rn. 33.
[91] VK Lüneburg Beschl. 4.10.2011 – VgK 26/2011; VK Brandenburg Beschl. v. 26.2.2013 – VK 46/12; jurisPK-VergabeR/*Haug/Panzer* § 14 Rn. 54.
[92] jurisPK-VergabeR/*Haug/Panzer* § 14 Rn. 55.
[93] jurisPK-VergabeR/*Haug/Panzer* § 14 Rn. 56.
[94] HHKW/*Koenigsmann-Hölken* § 14 Rn. 34.
[95] HHKW/*Koenigsmann-Hölken* § 14 Rn. 34.

VOB/A § 15 1, 2   Aufklärung des Angebotsinhalts

Übersicht

		Rn.			Rn.
I.	Normzweck	1	5.	Geplante Art der Durchführung	22
II.	Kein Anspruch des Bieters auf Angebotsaufklärung (§ 15 Abs. 1 Nr. 1, Abs. 2)	4	6.	Ursprungsorte oder Bezugsquellen	27
			7.	Angemessenheit der Preise	30
III.	Aufklärungsbedarf und allein zulässige Aufklärungsgründe (§ 15 Abs. 1 Nr. 1)	7	IV.	Geheimhaltung und Niederlegung in Textform (§ 15 Abs. 1 Nr. 2)	38
			V.	Aufklärungsverweigerung (§ 15 Abs. 2)	43
1.	Allgemeines	7			
2.	Eignung, technische und wirtschaftliche Leistungsfähigkeit	10	VI.	Nachverhandlungsverbot (§ 15 Abs. 3)	47
3.	Das Angebot selbst	15	1.	Änderung der Angebote oder der Preise	49
4.	Nebenangebote	19	2.	Ausnahme bei Nebenangeboten	51

I. Normzweck

1 § 15 begrenzt den **zulässigen Inhalt der Bieterkommunikation** im Zeitraum zwischen der Angebotsöffnung gem. den § 14 Abs. 2 Nr. 2, § 14a Abs. 3 Nr. 2 und der Zuschlagserteilung gem. § 18 Abs. 1.[1] Die Vorschrift hat durch das in § 15 Abs. 3 normierte Verhandlungsverbot und durch die enumerative Aufzählung der allein zulässigen Aufklärungsgründe bei Ausschreibungen gem. § 15 Abs. 1 Nr. 1 eine besonders wichtige Funktion zur Sicherung eines fairen Verfahrensablaufs und der Durchführung eines ordnungsgemäßen Wettbewerbs. Denn der Bieterwettbewerb ist in diesem zeitlichen Stadium durch die Angebotsöffnung zum Ruhen gekommen und darf nicht durch einseitige weitere Verhandlungen des Auftraggebers mit einem Bieter verfälscht werden. Nach der Angebotsöffnung besteht für den Auftraggeber bei den förmlichen Vergabeverfahren der öffentlichen Ausschreibung und der beschränkten Ausschreibung gem. § 3 Abs. 1, 2 ein **striktes Verhandlungsverbot.** Jegliche (Nach-)Verhandlungen der bieterseits abgegebenen und geöffneten Angebote sind bei Ausschreibungen gem. § 15 Abs. 3 unzulässig und verboten. Allein eine Angebotsaufklärung aus den in § 15 Abs. 1 Nr. 1 benannten Gründen ist für den Auftraggeber nach Angebotsöffnung statthaft. Bieterkommunikation, die über den von § 15 Abs. 1 Nr. 1 zur inhaltlichen Angebotsaufklärung eröffneten Rahmen hinausgeht, unterfällt dem Verhandlungsverbot des § 15 Abs. 3.

2 § 15 ist bieterschützend.[2] Ein Verstoß gegen § 15 Abs. 1 Nr. 1, 2, Abs. 3 durch Überschreitung des zulässigen Gegenstands der Angebotsaufklärung oder durch (Nach-)Verhandlungen mit einem Bieter bei Ausschreibungen stellt einen Vergaberechtsverstoß dar. Dieser Vergaberechtsverstoß beinhaltet gleichzeitig eine Verletzung vorvertraglicher Pflichten und vermag einen **Schadensersatzanspruch** des durch eine unzulässige Aufklärung oder einen auftraggeberseitigen Verstoß gegen das Nachverhandlungsverbot benachteiligten Bieter begründen.[3] Die bieterschützende Vorschrift des § 15 schützt dagegen **nicht den Bieter,** mit dem unstatthafte Verhandlungen gem. § 15 Abs. 3 geführt werden. Denn Sinn und Zweck des Nachverhandlungsverbots des § 15 Abs. 3 ist es, den Wettbewerb unter gleichen Bedingungen für alle Bieter aufrechtzuerhalten.[4] Anderenfalls würde der Bieter, mit dem entgegen § 15 Abs. 3 vergaberechtlich unzulässige Nachverhandlungen geführt werden, eine wettbewerbsverfälschende Bevorzugung erlangen, die § 15 Abs. 3 gerade unterbinden will.[5] Das Transparenzgebot des § 97 Abs. 1 S. 1 GWB und das Gleichbehandlungsgebot gem. § 97 Abs. 2 GWB verbieten jegliche nachträgliche Änderung der in den Ausschreibungsverfahren gem. § 3 Abs. 1, 2 abgegebenen Angebote. Auf die Unabänderbarkeit der abgegebenen Angebote muss sich jeder Bieter verlassen können, ansonsten ist kein ordnungsgemäßer Wettbewerb gewährleistet.[6]

---

[1] Ingenstau/Korbion/*von Wietersheim* Rn. 1.
[2] OLG Düsseldorf Beschl. v. 14.3.2001 – Verg 30/00; VK Hessen Beschl. v. 23.5.2013 – 69d-VK-5/2013; VK Bund Beschl. v. 22.7.2002 – VK 1-59/02; VK Nordbayern Beschl. v. 14.1.2010 – 21.VK-3194-64/09.
[3] VK Bund Beschl. v. 22.7.2002 – VK 1-59/02; jurisPK-VergabeR/*Horn* Rn. 3.
[4] VK Bund Beschl v. 18.10.1999 – VK 1-25/99; VK Bund Beschl. v. 22.7.2002 – VK 1-59/02; VK Nordbayern Beschl. v. 14.1.2010 – 21.VK-3194-64/09; *Weyand* ibrOK VergabeR Rn. 6; jurisPK-VergabeR/*Horn* Rn. 3.
[5] VK Nordbayern Beschl. v. 14.1.2010 – 21.VK-3194-64/09; VK Hessen Beschl. v. 23.5.2013 – 69d-VK-5/2013; *Weyand* ibrOK VergabeR Rn. 6.
[6] VK Nordbayern Beschl. v. 14.1.2010 – 21.VK-3194-64/09; *Weyand* ibrOK VergabeR Rn. 9.

§ 15 ist allein auf **Ausschreibungsverfahren** gem. § 3 Abs. 1, 2 anwendbar. Für die freihändige 3
Vergabe gem. § 3 Abs. 3 gelten die Verbote des § 15 nicht.[7] Die freihändige Vergabe gem. § 3 Abs. 3
erfordert demgegenüber gleichfalls die Durchführung eines transparenten und diskriminierungsfreien
Wettbewerbs. Insbesondere sind die Bieter im Rahmen der freihändigen Vergabe gleich zu behandeln. Preisverhandlungen mit ausschließlich einem Bieter sind im Rahmen der freihändigen Vergabe
ebenso unstatthaft, wie eine nicht allen Bietern im Rahmen einer freihändigen Vergabe ermöglichte
weitere Angebotsreduktion, zB im Rahmen eines last call. Während im Rahmen der freihändigen
Vergabe auch Angebotsaufklärungen über den Rahmen des § 15 Abs. 1 hinaus sowie diskriminierungsfreie Verhandlungen mit den Bietern über § 15 Abs. 3 hinaus statthaft sind, so ist demgegenüber
die **Geheimhaltungspflicht** der Ergebnisse von Angebotsaufklärungen gem. § 15 Abs. 1 Nr. 2 S. 1
wie auch die **Dokumentationspflicht** dieser Angebotsaufklärungen gem. § 15 Abs. 1 Nr. 2 S. 2
auch bei freihändiger Vergabe entsprechend anwendbar.[8] Das Gebot der Vertraulichkeit von Aufklärungsgesprächen und deren hinreichende Dokumentation auch im Rahmen freihändiger Vergabe
folgen zudem aus dem Wettbewerbsgrundsatz und dem Diskriminierungsverbot gem. § 2 Abs. 1,
2.[9]

II. Kein Anspruch des Bieters auf Angebotsaufklärung (§ 15 Abs. 1 Nr. 1, Abs. 2)

§ 15 Abs. 1 Nr. 1, Abs. 2 begründet keinen bieterseitigen Anspruch auf Aufklärung seines 4
Angebots.[10] Ob und bejahendenfalls welche Maßnahmen zur Aufklärung von Angebotsinhalten
ergriffen werden, steht grundsätzlich **im Ermessen des Auftraggebers.**[11] Hierbei unterliegt der
Auftraggeber der Einschränkung, dass er bei der Ausübung seines Ermessens verschiedene Bewerber
gleich und fair zu behandeln hat.[12] Dieses Ermessen kann reduziert sein. Die ausschließliche Verantwortung des Bieters, ein vollständiges und zweifelfreies Angebot abzugeben, welches bei Unklarheit
nicht zwingend, sondern allein nach pflichtgemäßem Ermessen des Auftraggebers aufzuklären ist,
kann sich auf den Auftraggeber verlagern und eine Aufklärung gebieten. Dies insbesondere dann,
wenn die Unklarheit des Angebots des Bieters vom Auftraggeber verursacht wurde oder das Gebot
zur fairen und gleichen Behandlung der Bieter dies fordert.[13]

So kann sich das Aufklärungsermessen des Auftraggebers zu einer **Aufklärungspflicht** redu- 5
zieren, wenn die Vergabeunterlagen unklar sind und ein Bieter sie in vertretbarer Weise anders
auslegt als der Auftraggeber dies vorgesehen hat.[14] Desgleichen kann eine Ermessensreduzierung
zur Durchführung eines Aufklärungsgesprächs erfolgen, wenn der Auftraggeber diesbezüglich
einen konkreten Vertrauenstatbestand gesetzt hat. Dieser Vertrauenstatbestand kann aus der Durchführung von gleichartigen Aufklärungsgesprächen in der Vergangenheit folgen.[15] Schließlich können ungewöhnlich hohe oder niedrige Preise eine Aufklärung gebieten. § 16d Abs. 1 Nr. 2
begründet eine Aufklärungspflicht, wenn der Angebotspreis unangemessen niedrig erscheint und
anhand vorliegender Unterlagen über die Preisermittlung die Angemessenheit des Preises nicht
zu beurteilen ist. Auch der Verdacht einer **Mischkalkulation** oder eines **Spekulationsangebots**
gebieten eine Aufklärung.[16] Ein Angebotsausschluss ohne gewährte Erläuterungsmöglichkeit des
Bieters wäre dann unstatthaft.[17]

Das Aufklärungsermessen des Auftraggebers kann auch dann reduziert und eine Aufklärung 6
geboten sein, wenn durch eine geringfügige Nachfrage des Auftraggebers Zweifel am Angebotsinhalt
ausräumbar sind und so der Angebotsschluss vermieden werden kann.[18] Durch entsprechende Hin-

---

[7] Ingenstau/Korbion/*von Wietersheim* Rn. 2.
[8] Ingenstau/Korbion/*von Wietersheim* Rn. 2; jurisPK-VergabeR/*Horn* Rn. 7.
[9] jurisPK-VergabeR/*Horn* Rn. 7.
[10] VK Bund Beschl. v. 29.1.2014 – VK 1-123/13; OLG Brandenburg Urt. v. 6.9.2011 – 6 U 2/11; Ingenstau/Korbion/*von Wietersheim* Rn. 2.
[11] EuGH Urt. v. 29.3.2012 – Rs. C-599/10 Rn. 41 – SAG ELV Slovensko; VK Nordbayern Beschl. v. 10.2.2015 – 21.VK-3194-38/14; jurisPK-VergabeR/*Horn* Rn. 5.
[12] EuGH Urt. v. 29.3.2012 – Rs. C-599/10 Rn. 41- SAG ELV Slovensko; VK Nordbayern Beschl. v. 10.2.2015 – 21.VK-3194-38/14.
[13] OLG Brandenburg Urt. v. 6.9.2011 – 6 U 2/11; VK Bund Beschl. v. 4.2.2010 – VK 3-3/10; VK Bund Beschl. v. 12.1.2005 – VK 3-218/04; VK Niedersachsen Beschl. v. 24.10.2008 – VgK-35/2008; *Weyand* ibrOK VergabeR Rn. 20; Ingenstau/Korbion/*von Wietersheim* Rn. 2; HHKW/*Steiff* Rn. 6.
[14] VK Südbayern Beschl. v. 8.2.2011 – Z3-3-3194-1-01-01/11; VK Lüneburg Beschl. v. 24.10.2008 – VgK-35/2008; *Weyand* ibrOK VergabeR Rn. 21.
[15] OLG Dresden Beschl. v. 10.7.2003 – WVerg 0015/02; OLG Frankfurt a. M. Beschl. v. 26.5.2009 – 11 Verg 7/09; VK Saarland Beschl. v. 23.4.2007 – 3 VK 2/07; *Weyand* ibrOK VergabeR Rn. 15.
[16] HHKW/*Steiff* Rn. 7.
[17] HHKW/*Steiff* Rn. 7; Kapellmann/Messerschmidt/*Planker* Rn. 13.
[18] VK Bund Beschl. v. 25.9.2002 – VK-1-71/02; HHKW/*Steiff* Rn. 18.

weise des Auftraggebers auf Lücken im Angebot im Rahmen der Aufklärung darf ein Angebot hingegen nicht gleichheitswidrig optimiert werden.[19]

III. Aufklärungsbedarf und allein zulässige Aufklärungsgründe (§ 15 Abs. 1 Nr. 1)

7   1. **Allgemeines.** Die Gründe zulässiger Angebotsaufklärungen sind abschließend in § 15 Abs. 1 Nr. 1 bestimmt. Hierbei handelt es sich um eng auszulegende Ausnahmetatbestände.[20] Aufklärungsbedarf des öffentlichen Auftraggebers besteht dann, wenn ein erhebliches, für die Vergabeentscheidung relevantes Informationsbedürfnis vorliegt. Dieses Informationsbedürfnis hat dabei im Zusammenhang mit einem Ausschlussgrund oder der Prüfung der Zuschlagskriterien zu stehen. Die gewählten Aufklärungsmaßnahmen müssen ferner geeignet sein, den Informationsbedarf des Auftraggebers zu erfüllen und die benötigten Informationen dürfen nicht auf andere und einfachere Weise zu beschaffen sein.[21] Der Aufklärungsbedarf des Auftraggebers muss sich auf derart **erhebliche Zweifel** über den Inhalt des Angebots oder die Person des Bieters gründen, sodass ohne Aufklärung eine abschließende inhaltliche Bewertung des Angebots nicht möglich ist. Der Aufklärung des Angebots geht stets die **Auslegung des Angebots** voraus.[22] Der Auftraggeber hat für die ordnungsgemäße Wertung des Angebots trotz Auslegung auf die nachgereichten Angaben bzw. Unterlagen in der Aufklärung angewiesen zu sein.[23]

8   Aufklärungsersuchen sind vom Auftraggeber an den Bieter, dessen Angebot aufklärungsbedürftig ist, zu richten.[24] Der Auftraggeber muss sich auf sein Aufklärungsersuchen hin nicht vom Bieter darauf verweisen lassen, dass er sich die Informationen selbst beschaffen könne.[25] Verweigert ein Bieter die geforderten Aufklärungen und Angaben, so ist sein Angebot gem. § 15 Abs. 2 auszuschließen.[26] Der Auftraggeber ist nicht auf die Aufklärung beim Bieter beschränkt, sondern kann auch **anderweitig Informationen einholen.**[27] Der Auftraggeber darf sich bei der Aufklärung auch der Hilfe von Gutachtern bedienen.[28] Wenn aus dem gleichen Gesichtspunkt mehrere Angebote aufklärungsbedürftig sind, ist aufgrund des Gleichbehandlungsgrundsatzes eine Aufklärung aller aufklärungsbedürftigen Angebote geboten.[29] Dabei ist es zulässig und wirtschaftlich geboten, die Aufklärung der Angebotsinhalte auf solche Angebote zu beschränken, die in der Wertung an erster, zweiter und ggf. an dritter Stelle stehen, dh **konkrete Zuschlagsaussicht** haben.[30]

9   Aufgrund des Ausnahmecharakters der Angebotsaufklärung gem. § 15 sind die Ausnahmetatbestände zulässiger Aufklärungsgründe gem. § 15 Abs. 1 Nr. 1 **restriktiv zu handhaben.**[31] Eine erweiternde Interpretation dieser Ausnahmetatbestände ist nicht statthaft.[32] Die Aufzählung der zulässigen Aufklärungsgründe in § 15 Abs. 1 Nr. 1 ist abschließend. Die Aufklärungsgründe beschreiben abschließend dasjenige, was vom Auftraggeber ausnahmsweise beim Bieter nach Angebotseinreichung noch erfragt werden darf.[33]

10   2. **Eignung, technische und wirtschaftliche Leistungsfähigkeit.** Gemäß § 15 Abs. 1 Nr. 1 Alt. 1 kann ausnahmsweise eine Unterrichtung des Auftraggebers über die Eignung, insbesondere die technische und wirtschaftliche Leistungsfähigkeit des Bieters im Rahmen eines Aufklärungsgesprächs erfolgen. Diese Aufklärung hat sich darauf zu beschränken, was der Bieter im Hinblick auf die ausgeschriebene Bauaufgabe technisch und wirtschaftlich zu leisten vermag.[34] Die Aufklärung über

---

[19] VK Südbayern Beschl. v. 8.2.2011 – Z3-3-3194-1-0-01/11; VK Hessen Beschl. v. 18.3.2002 – 69d-VK-3/2002.
[20] OLG Celle Beschl. v. 14.1.2014 – 13 Verg 11/13; OLG München Beschl. v. 17.9.2007 – Verg 10/07; jurisPK-VergabeR/*Horn* Rn. 16.
[21] jurisPK-VergabeR/*Horn* Rn. 16.
[22] HHKW/*Steiff* Rn. 5.
[23] *Weyand* ibrOK VergabeR Rn. 26; jurisPK-VergabeR/*Horn* Rn. 16.
[24] OLG Frankfurt a. M. Beschl. v. 12.11.2013 – 11 Verg 14/13; HHKW/*Steiff* Rn. 9.
[25] HHKW/*Steiff* Rn. 5.
[26] hierzu OLG Jena Beschl. v. 14.11.2002 – 6 Verg 7/02.
[27] VK Hessen Beschl. v. 7.10.2004 – 69d-VK-60/2004.
[28] OLG München Beschl. v. 31.1.2013 – Verg 31/12; OLG München Beschl. v. 17.1.2013 – Verg 30/12.
[29] OLG Saarbrücken Beschl. v. 29.5.2002 – 5 Verg 1/01; VK Nordbayern Beschl. v. 10.2.2015 – 21-VK-3194-38/14; HHKW/*Steiff* Rn. 10.
[30] VK Baden-Württemberg Beschl. v. 7.8.2003 – 1 VK 33/03; OLG München Beschl. v. 17.9.2007 – Verg 10/07.
[31] OLG Celle Beschl. v. 14.1.2014 – 13 Verg 11/13; OLG München Beschl. v. 17.9.2007 – Verg 10/07.
[32] jurisPK-VergabeR/*Horn* Rn. 16.
[33] jurisPK-VergabeR/*Horn* Rn. 18.
[34] OLG Saarbrücken Beschl. v. 14.5.2004 – 1 Verg 4/04; OLG Frankfurt a. M. Beschl. v. 9.7.2010 – 11 Verg 5/10.

III. Aufklärungsbedarf und allein zulässige Aufklärungsgründe (§ 15 Abs. 1 Nr. 1)   11–15   § 15 VOB/A

die Bietereignung gem. § 2 Abs. 1 Nr. 1 ist dabei auf die Informationen zu beschränken, deren Erlangung im berechtigten Interesse des Auftraggebers liegt.[35] Berechtigte Auftraggeberinteressen bestehen vor allem bei bisher **unbekannten Bietern** oder bei solchen Bietern, deren bekannte Verhältnisse sich **geändert** haben. Aufklärungsmaßnahmen zur Eignung sind auf die Erläuterung bereits abgegebener Erklärungen und auf die **Ausräumung von Restzweifeln** gerichtet.[36] Durch die Ausräumung dieser Restzweifel soll sichergestellt werden, dass Bauleistungen gem. § 2 Abs. 2 Nr. 1 allein an fachkundige, leistungsfähige und zuverlässige Unternehmen vergeben werden.[37]

Im Geltungsbereich des VHB, Ausgabe 2017, Stand 2019 sind die Richtlinien zu Formblatt **11** 321 zu berücksichtigen. Maßnahmen zur Angebotsaufklärung bezüglich der Eignung, insbesondere der technischen und wirtschaftlichen Leistungsfähigkeit können durch Anforderung von ergänzenden Nachweisen oder durch Einholung von Auskünften, **auch bei Dritten,** durchgeführt werden. Die Einholung von Drittauskünften kann eine vorherige Unterrichtung des betroffenen Bieters voraussetzen. Dies ist dann nicht der Fall, wenn der Bieter bei Abgabe seiner Referenzen Kontaktpersonen benannt hat. In diesem Fall entspricht es seiner Intention oder er muss zumindest damit rechnen, dass der Auftraggeber bei den angegebenen Kontaktpersonen Erkundigungen einzieht.[38] Die Aufklärung über die Eignung, insbesondere die technische und wirtschaftliche Leistungsfähigkeit des Bieters, hat sich dabei allein auf Zweifelsfragen an den vorliegenden Eignungsnachweisen zu erstrecken.

Von den vorliegenden, inhaltlich aufklärungsbedürftigen Eignungsnachweisen sind **fehlende** **12 Eignungsnachweise** des Bieters abzugrenzen. Fehlende Eignungsnachweise sind vom Auftraggeber im Verfahren gem. § 16a S. 1 nachzufordern und vom Bieter gem. § 16a S. 2 spätestens innerhalb von sechs Kalendertagen nach Aufforderung durch den Auftraggeber vorzulegen. Unterbleibt die fristgerechte Vorlage durch den Bieter, ist sein Angebot gem. § 16a S. 4 auszuschließen. Unklarheiten, die aus fehlenden Eignungsnachweisen resultieren, dürfen nicht durch Nachverhandlungen im Rahmen eines Aufklärungsgesprächs gem. § 15 Abs. 1 Nr. 1 Alt. 1 geklärt werden.[39]

Auch die Ergänzung eines bis dahin **unvollständigen Angebots** im Rahmen einer Angebots- **13** aufklärung gem. § 15 Abs. 1 Nr. 1 stellt eine unzulässige Nachverhandlung dar.[40] Eine Aufklärung gem. § 15 Abs. 1 Nr. 1 Alt. 1 kommt demgegenüber dann in Betracht, wenn der Bieter einen ursprünglich nicht vorgelegten Nachweis im Rahmen einer Nachforderung des Auftraggebers gem. § 16a S. 1 fristgerecht gem. § 16a S. 2 nachgereicht hat und an diesem nachgereichten Eignungsnachweis Zweifel bestehen.[41] Eine Aufklärung gem. § 15 Abs. 1 Nr. 1 Alt. 1 kommt auch in Betracht, wenn dem Auftraggeber Hinweise auf **besondere Umstände** vorliegen, die einen bestimmten Bieter als ungeeignet erscheinen lassen.[42]

Spätestens im Rahmen eines Aufklärungsgesprächs hat der Bieter ferner von sich aus Auskunft **14** über wesentliche, seine Eignung, insbesondere die technische und wirtschaftliche Leistungsfähigkeit, betreffende Gesichtspunkte zu informieren. Eine **Informationspflicht des Bieters** ist insbesondere dann zu bejahen, wenn er in wirtschaftliche Bedrängnis geraten ist, wodurch die Erreichung des Vertragsziels vereitelt oder wesentlich erschwert würde. Desgleichen hat der Bieter von sich aus spätestens im Aufklärungsgespräch den Auftraggeber über Umstände aufzuklären, die dem Auftraggeber nach Vertragsschluss ein Anfechtungsrecht gem. § 123 Abs. 1 BGB geben würden.[43]

3. Das Angebot selbst. Einen berechtigten Aufklärungsgrund gem. § 15 Abs. 1 Nr. 1 kann **15** auch das Angebot selbst liefern. Aufklärungsgespräche über das Angebot selbst sind dabei allein dann statthaft, wenn Zweifelsfragen in Bezug auf den seit Angebotsabgabe **feststehenden Angebotsinhalt** vorliegen und das Aufklärungsgespräch auf die Ausräumung dieser Zweifelsfragen beschränkt bleibt.[44] Der Zweck des Bietergesprächs darf dabei allein die Klärung und Ausräumung von Restzweifeln an dem feststehenden Angebotsinhalt sein. Desgleichen ist die Aufklärung bestimmter technischer Ausdrucksweisen und Vorschläge (zB bei Nebenangeboten im Hinblick auf das angebo-

---

[35] Ingenstau/Korbion/von Wietersheim Rn. 5; jurisPK-VergabeR/Horn Rn. 19.
[36] VK Schleswig-Holstein Beschl. v. 28.1.2008 – VK-SH 27/07; VK Südbayern Beschl. v. 7.12.2007 – Z3-3194-1-49-10/07; OLG Saarbrücken Beschl. v. 12.5.2004 – 1 Verg 4/04.
[37] jurisPK-VergabeR/Horn Rn. 20.
[38] jurisPK-VergabeR/Horn Rn. 22.
[39] OLG Frankfurt a. M. Beschl. v. 9.7.2010 – 11 Verg 5/10; VK Bund Beschl. v. 13.6.2007 – VK 2-51/07; VK Schleswig-Holstein Beschl. v. 28.1.2008 – VK-SH 27/07; VK Südbayern Beschl. v. 7.12.2007 – Z3-3-3194-1-49-10/07; Ingenstau/Korbion/von Wietersheim Rn. 5.
[40] Ingenstau/Korbion/von Wietersheim Rn. 5.
[41] HHKW/Steiff Rn. 12.
[42] HHKW/Steiff Rn. 12.
[43] Ingenstau/Korbion/von Wietersheim Rn. 6.
[44] Ingenstau/Korbion/von Wietersheim Rn. 7.

tene Material oder die beabsichtigte Verfahrenstechnik) statthaft.[45] Gleiches gilt bei missverständlichen Äußerungen des Bieters oder wenn bei einem lediglich allgemeinem Leistungsbeschrieb zusätzliche Angaben des Bieters zu den von dem Bieter gewählten Erzeugnissen oder Fabrikaten im Rahmen der Angebotsaufklärung gem. § 15 Abs. 1 Nr. 1 ergänzt werden müssen.[46]

16 Hiervon zu unterscheiden ist der Fall, dass gewählte Erzeugnisse oder Fabrikate im Leistungsverzeichnis konkret abgefragt wurden und der Bieter diese Angaben unterlassen hat. Geforderte Erzeugnis-, Fabrikats- und Typangaben sind dann **integraler Angebotsbestandteil**. Werden diese Angaben unterlassen, ist das Angebot unvollständig. Eine Angebotsaufklärung über Zweifel des Angebots selbst gem. § 15 Abs. 1 Nr. 1 ist dann nicht statthaft.[47] Die Nachreichung von Material-, Erzeugnis- und Fabrikatsangaben im Aufklärungsgespräch liefe dann nämlich zwangsläufig auf eine Angebotsänderung hinaus.[48] Auch eine Nachforderung fehlender integraler Angebotsbestandteile gem. § 16a S. 1, 2 ist unzulässig. Das Angebot ist vielmehr gem. § 16 Abs. 1 Nr. 2 auszuschließen.[49]

17 Aufklärungsmaßnahmen über das Angebot selbst sind stets unzulässig, wenn der objektive Erklärungsgehalt des Angebots im Wege der Auslegung eindeutig ermittelt werden kann.[50] Besondere Vorsicht ist geboten, wenn durch Aufklärungsmaßnahmen zum Angebot selbst auch die **Preise tangiert** werden. Der Auftraggeber bewegt sich dann an der Grenze zur **unzulässigen Preisverhandlung.**[51] So ist es unzulässig, im Aufklärungsgespräch gem. § 15 Abs. 1 Nr. 1 zu erfragen, ob sich ein angebotener Nachlass (Skonto) jeweils auf die fristgerechte Zahlung einzelner (Abschlags-)Rechnungen oder aller Rechnungen bezieht. Der Bieter könnte dann seine Auskunft an dem ihm bereits bekannten Submissionsergebnis orientieren und so den Angebotspreis nachträglich manipulieren.[52] Im Aufklärungsgespräch nachgeschobene Erklärungen des Bieters, die den **Angebotsinhalt modifizieren,** dürfen vom Auftraggeber gleichfalls nicht berücksichtigt werden. Bei Angebotsabgabe vorliegende **unzulässige Änderungen** des Bieters an den Verdingungsunterlagen bleiben unzulässig. Eine Aufklärung hierüber darf nicht erfolgen.[53]

18 Kommen dagegen nach dem Leistungsverzeichnis mehrere **gleichwertige Varianten** der Leistungserbringung in Frage, kann der Auftraggeber über die beabsichtigte Art der Ausführung beim Bieter gem. § 15 Abs. 1 Nr. 1 aufklären und sich über das Angebot selbst und die geplante Art der Durchführung unterrichten.[54] Gleichfalls darf die Klärung von **widersprüchlichen Preisangaben** nicht Gegenstand einer Aufklärung gem. § 15 Abs. 1 Nr. 1 sein. Würde man die Modifikation von Preisangaben eines Angebots im Rahmen eines Aufklärungsgesprächs gestatten, so wäre dem Bieter, der das Submissionsergebnis zu diesem Zeitpunkt kennt, eine nachträgliche Manipulation seines Angebots möglich.[55] Demgegenüber kann vom Bieter die Aufklärung eines unangemessen hohen oder unangemessen niedrig erscheinenden Preises iSd § 16d Abs. 1 Nr. 1 verlangt werden, wenn anhand der vorliegenden Unterlagen die Angemessenheit nicht anders zu beurteilen ist.[56]

19 **4. Nebenangebote.** Nebenangebote sind gem. § 16 Abs. 1 Nr. 5 zu werten, wenn der Auftraggeber nicht in der Bekanntmachung oder in den Vergabeunterlagen gem. § 8 Abs. 2 Nr. 3 lit. a erklärt hat, dass er diese nicht zulässt. Aufklärungsmaßnahmen in Bezug auf Nebenangebote gem. § 15 Abs. 1 Nr. 1 kommen dann in Betracht, wenn Zweifel bestehen, ob das Nebenangebot die vom Auftraggeber verlangten **Anforderungen und den Vergabezweck** erfüllt.[57]

20 Nebenangebote sind häufiger Gegenstand von Aufklärungsgesprächen. Dies deshalb, da der technische Inhalt des Nebenangebots vom Bieter formuliert wird und deswegen nicht zwingend der Leistungsbeschreibung entspricht, sodass häufig Unklarheiten und damit Aufklärungsbedarf über

---

[45] OLG München Beschl. v. 17.9.2007 – Verg 10/07; HHKW/*Steiff* Rn. 13.
[46] OLG München Beschl. v. 10.4.2014 – Verg 1/14; OLG München Beschl. v. 25.11.2013 – Verg 13/13; VK Nordbayern Beschl. v. 28.6.2005 – 320.VK-3194-21/05; HHKW/*Steiff* Rn. 13.
[47] VK Münster Beschl. v. 15.10.2004 – VK 28/04; VK Thüringen Beschl. v. 12.4.2013 – 250-4002-2400/2013-E-008-SOK; VK Hessen Beschl. v. 7.10.2004 –69d-VK-60/2004.
[48] Ingenstau/Korbion/*von Wietersheim* Rn. 7.
[49] VK Thüringen Beschl. v. 12.4.2013 – 250-4002-2400/2013-E-008-SOK; VK Hessen Beschl. v. 7.10.2004 – 69d-VK-60/2004; VK Münster Beschl. v. 15.10.2004 – VK 28/04.
[50] jurisPK-VergabeR/*Horn* Rn. 27.
[51] jurisPK-VergabeR/*Horn* Rn. 29.
[52] Kapellmann/Messerschmidt/*Planker* Rn. 6.
[53] VK Südbayern Beschl. v. 11.3.2015 – Z3-3-3194-1-65-12/14; Kapellmann/Messerschmidt/*Planker* Rn. 6; jurisPK-VergabeR/*Horn* Rn. 30.
[54] VK Bund Beschl. v. 9.6.2010 – VK 2-38/10; jurisPK-VergabeR/*Horn* Rn. 31.
[55] VK Brandenburg Beschl. v. 22.8.2008 – VK 3/08; VK Niedersachsen Beschl. v. 6.6.2006 – VgK 11/06; *Weyand* ibrOK VergabeR Rn. 45.
[56] VK Hessen Beschl. v. 8.1.2014 – 69d VK 48/13; *Weyand* ibrOK VergabeR Rn. 45/1.
[57] jurisPK-VergabeR/*Horn* Rn. 32.

III. Aufklärungsbedarf und allein zulässige Aufklärungsgründe (§ 15 Abs. 1 Nr. 1) 21–24 § 15 VOB/A

das Nebenangebot besteht.[58] Dann kann im Rahmen des Aufklärungsgesprächs in Bezug auf Nebenangebote gem. § 15 Abs. 1 Nr. 1 geklärt werden, ob diese Nebenangebote dem Auftraggeberwillen in allen technischen und wirtschaftlichen Einzelheiten gerecht werden.[59] Gleiches gilt, wenn Nebenangebote nur skizzenhaft zusätzlich zum Hauptangebot gem. § 13 Abs. 3 S. 2 angeboten werden.[60] Des Weiteren kann in Bezug auf Nebenangebote gem. § 15 Abs. 1 Nr. 1 eine vertiefte Erläuterung einer dem Auftraggeber **nicht bekannten Alternativlösung** im Rahmen eines Aufklärungsgesprächs erfolgen. Dies ist auch statthaft, wenn zweifelhaft ist, ob ein Nebenangebot vom Auftraggeber festgelegte Gleichwertigkeitskriterien oder gegebenenfalls angegebene Mindestanforderungen einhält.[61]

Bei Nebenangeboten kann ferner ausnahmsweise eine Änderung des Nebenangebots oder dessen Bepreisung gem. § 15 Abs. 3 nachverhandelt werden, wenn diese Nachverhandlungen nötig sind, um **unumgängliche technische Änderungen geringen Umfangs** und daraus sich ergebende Änderungen der Preise zu vereinbaren. Hier ist für den Auftraggeber **besondere Vorsicht** geboten, um die Grenzen des Nachverhandlungsverbots gem. § 15 Abs. 3 nicht zu überschreiten.[62] Fehlende Angaben des Bieters, die zum Nachweis der Gleichwertigkeit eines Nebenangebots erforderlich sind, können im Aufklärungsgespräch nicht nachgeholt werden.[63] Gleiches gilt, wenn Präzisierungen und Konkretisierungen von Änderungsvorschlägen und Nebenangeboten dazu führen, dass der Bieter den angebotenen Leistungsumfang ändert und im Rahmen der Aufklärung dann eine in seinem Angebot nicht enthaltene Leistung anbieten kann.[64]

5. Geplante Art der Durchführung. Eine Aufklärung des Angebotsinhalts ist gem. § 15 Abs. 1 Nr. 1 auch in Bezug auf die geplante Art der Durchführung statthaft. Dies dann, wenn **wertungsrelevante Unklarheiten** oder Zweifel hinsichtlich der Art und Weise der Leistungserbringung bestehen. Der von § 15 Abs. 1 Nr. 1 für zulässig erklärte Aufklärungsgrund der Art der Durchführung ist begrifflich weit zu verstehen.[65] Zulässige Aufklärungsmaßnahmen können sich hiernach auf die rein technische Art der Bauausführung und deren Ergebnis sowie auch auf kaufmännische und wirtschaftliche Gesichtspunkte beziehen. Personaleinsatzfragen, Geräteeinsatz und -zeiten, Baustraßen, Anlieferung von Baustoffen und Bauteilen und sonstige Aspekte des Baustellenbetriebes in Relation zur Einhaltung vorgesehener Bauzeiten können hier Aufklärungsgegenstand sein.[66]

Dies gilt insbesondere für den Fall der Verwendung einer **Leistungsbeschreibung mit Leistungsprogramm** gem. § 7c Abs. 1–3. Wird vom Auftraggeber eine Leistungsbeschreibung mit Leistungsprogramm verwandt und ist es in zulässiger Weise dem Bieter überlassen, die technisch, wirtschaftlich und gestalterisch beste sowie funktionsgerechteste Lösung nach den Anforderungen des Leistungsprogramms zu ermitteln, so sind Aufklärungsgespräche in Bezug auf die geplante Art der Durchführung gem. § 15 Abs. 1 Nr. 1 häufig unverzichtbar. Soweit die Bieter in der Art und Weise der Einhaltung der Anforderungen des Leistungsprogramms frei sind, kann sich der Auftraggeber durch Aufklärungsgespräche über die geplante Art der Durchführung gem. § 15 Abs. 1 Nr. 1 die vom Bieter vorgesehene Bauausführung erläutern lassen.[67] Die Erörterungen in einem Aufklärungsgespräch über die geplante Art der Durchführung müssen sich dabei stets **im Rahmen des Angebotsinhalts** bewegen. Der Inhalt des vorliegenden Angebots des Bieters begrenzt die Erörterungsmöglichkeiten gem. § 15 Abs. 1 Nr. 1 über die geplante Art der Durchführung. Im Aufklärungsgespräch vorgestellte Alternativen der Art der Durchführung dürfen nicht dazu führen, dass der Inhalt eines Angebots nachträglich verändert wird.[68]

Sofern alle im Aufklärungsgespräch erörterten Ausführungsarten nicht der Ausschreibung entsprechen, ist das Angebot gem. § 16 Abs. 1 Nr. 2 iVm § 13 Abs. 1 Nr. 5 S. 1 auszuschließen.[69] Das Nachverhandlungsverbot gem. § 15 Abs. 3 untersagt ferner Erörterungen über die geplante Art

---

[58] VK Arnsberg Beschl. v. 4.11.2002 – VK-1-23/02; jurisPK-VergabeR/*Horn* Rn. 32.
[59] Ingenstau/Korbion/*von Wietersheim* Rn. 8.
[60] Ingenstau/Korbion/*von Wietersheim* Rn. 8.
[61] HHKW/*Steiff* Rn. 15.
[62] VK Brandenburg Beschl. v. 23.8.2001 – 2 VK 82/01; Kapellmann/Messerschmidt/*Planker* Rn. 7.
[63] OLG Frankfurt a. M. Beschl. v. 26.3.2002 – 11 Verg 3/01.
[64] VK Baden-Württemberg Beschl. v. 7.4.2004 – 1 VK 13/04.
[65] jurisPK-VergabeR/*Horn* Rn. 35; Ingenstau/Korbion/*von Wietersheim* Rn. 9.
[66] Ingenstau/Korbion/*von Wietersheim* Rn. 9.
[67] OLG Saarbrücken Beschl. v. 23.11.2005 – 1 Verg 3/05.
[68] VK Bund Beschl. v. 9.6.2010 – VK 2-38/10; VK Münster Beschl. v. 15.1.2003 – VK 22/02; VK Baden-Württemberg Beschl. 7.4.2004 – 1 VK 13/04; Ingenstau/Korbion/*von Wietersheim* Rn. 9; *Weyand* ibrOK VergabeR Rn. 74.
[69] VK Bund Beschl. v. 9.6.2010 – VK 2-38/10.

der Durchführung, die den Inhalt des vorliegenden Angebots nachträglich abändern. So liegt eine unzulässige Nachverhandlung gem. § 15 Abs. 3 bei jeder nachträglichen Veränderung von Art und Umfang der angebotenen Leistungen vor. Darunter fallen auch Ergänzungen oder Konkretisierungen, durch die eine ordnungsgemäße Wertung erst möglich wird.[70] Angebote, die den Verdingungsunterlagen nicht entsprechen, können nachträglich nicht mehr im Rahmen einer Aufklärung gem. § 15 Abs. 1 Nr. 1 berichtigt werden.[71]

25 Aufklärungsbedarf über die geplante Art der Durchführung kann sich auch im Rahmen der Aufklärung eines unangemessen niedrigen Angebotspreises gem. § 16d Abs. 1 Nr. 2 ergeben. Die Überprüfung der **Angemessenheit eines Angebotspreises** gem. § 16d Abs. 1 Nr. 2 ist häufig allein in Zusammenhang mit der vom Bieter geplanten Art der Durchführung möglich.[72] Auch hier ist für den Auftraggeber **besondere Vorsicht** geboten. Eine Änderung, die zu einem gegenüber dem Leistungsverzeichnis veränderten Leistungsumfang führen würde, insbesondere eine solche, die eine Qualitätsänderung zum Leistungsverzeichnis darstellt, stellt eine unzulässige Nachverhandlung gem. § 15 Abs. 3 dar.[73]

26 Eine unzulässige Nachverhandlung gem. § 15 Abs. 3 stellt es gleichfalls dar, wenn dem Auftraggeber auf Nachfrage im Rahmen einer Angebotsaufklärung über die geplante Art der Durchführung **kostenneutrale Leistungsergänzungen** des bisherigen Angebotsinhalts zugestanden werden.[74] Gleichfalls sind **technische Änderungen,** dh Änderungen an den technischen Vorgaben des Leistungsverzeichnisses im Rahmen der Aufklärung gem. § 15 Abs. 1 über die geplante Art der Durchführung unzulässig. Dann wird nicht das ursprüngliche Angebot des Bieters erläutert, sondern nach Ablauf der Angebotsfrist vom Bieter etwas anderes angeboten.[75] Ist im Rahmen einer produktneutralen Ausschreibung nach den Vorgaben des Leistungsverzeichnisses **keine Produktbenennung** durch den Bieter erforderlich gewesen, kann im Rahmen der Angebotsaufklärung über die geplante Art der Durchführung gem. § 15 Abs. 1 Nr. 1 erfragt werden, welches Produkt seitens des Bieters Verwendung findet.[76] Die im Rahmen einer Aufklärung nach Angebotsabgabe abgefragten Produkte haben dabei den Anforderungen des Leistungsverzeichnisses **in allen Details** zu entsprechen. Anderenfalls liegt eine unzulässige Nachverhandlung gem. § 15 Abs. 3 vor.[77]

27 **6. Ursprungsorte oder Bezugsquellen.** Zulässiger Gegenstand von Aufklärungsgesprächen gem. § 15 Abs. 1 Nr. 1 sind auch Nachfragen zu den Ursprungsorten oder Bezugsquellen von Stoffen oder Bauteilen. Hiermit soll sich der Auftraggeber die für seine Vergabeentscheidung erforderlichen Informationen über die **Qualität** des vorgesehenen Materials sowie über die **Zuverlässigkeit** von Herstellern und Lieferanten beschaffen können.[78] So kann der Auftraggeber ein Interesse daran haben, bestimmte Ursprungsorte oder Bezugsquellen von der Verwendung auszuschließen, weil sich diese in der Vergangenheit nicht bewährt haben.[79]

28 Auch hier darf die Grenze zur inhaltlichen Nachbesserung des Angebots nicht überschritten werden. Eine Ergänzung bisher nicht benannter Produkte, Stoffe und Bauteile **über den Angebotsinhalt hinaus** darf nicht erfolgen. Auch dürfen es sich Bieter nicht offenhalten, erst in der Aufklärung den Angebotsinhalt festzulegen.[80] Zulässig ist eine Aufklärungsmaßnahme über Ursprungsorte oder Bezugsquellen von Stoffen oder Bauteilen dann, wenn der Rahmen des Angebotsinhalts nicht überschritten wird oder ein feststehendes Angebot inhaltlich nicht verändert wird. Liegt ein Angebot mit einer **Vielzahl von unzureichenden Fabrikatsangaben** vor, werden keine Zweifelsfragen geklärt, sondern fehlende, zwingend mit der Angebotsabgabe zu machende Angaben nachgeholt. Dies ist eine unzulässige Nachverhandlung gem. § 15 Abs. 3.[81] Werden zwei Fabrikate im Leistungs-

---

[70] VK Lüneburg Beschl. v. 11.3.2009 – VgK-04/2009.
[71] VK Sachsen Beschl. v. 16.10.2012 – 1/SVK/031-12; VK Lüneburg Beschl. v. 11.3.2009 – VgK-04/2009; VK Arnsberg Beschl. v. 4.11.2002 – VK 1-23/02; VK Bund Beschl. v. 9.6.2010 – VK 2-38/10; VK Südbayern Beschl. v. 11.3.2015 – Z3-3-3194-1-65-12/14.
[72] jurisPK-VergabeR/*Horn* Rn. 37.
[73] VK Niedersachsen Beschl. v. 13.8.2002 – VgK 09/2002; jurisPK-VergabeR/*Horn* Rn. 39; *Weyand* ibrOK VergabeR Rn. 48.
[74] VK Sachsen Beschl. v. 13.12.2002 – 1/SVK/105-02; jurisPK-VergabeR/*Horn* Rn. 39; *Weyand* ibrOK VergabeR Rn. 49.
[75] VK Münschter Beschl. v. 29.3.2012 – VK 3/12; *Weyand* ibrOK VergabeR Rn. 52.
[76] OLG München Beschl. v. 10.4.2014 – Verg 1/14; OLG München Beschl. v. 25.11.2013 – Verg 13/13; OLG Düsseldorf Beschl. v. 19.12.2012 – Verg 37/12; *Weyand* ibrOK VergabeR Rn. 60/1.1.
[77] VK Arnsberg Beschl. v. 3.6.2013 – VK 9/13; *Weyand* ibrOK VergabeR Rn. 60/2.
[78] jurisPK-VergabeR/*Horn* Rn. 40.
[79] jurisPK-VergabeR/*Horn* Rn. 41.
[80] Ingenstau/Korbion/*von Wietersheim* Rn. 10.
[81] VK Düsseldorf Beschl. v. 7.6.2001 – VK-13/2001-B; jurisPK-VergabeR/*Horn* Rn. 43; *Weyand* ibrOK VergabeR Rn. 55.

verzeichnis abgefragt und im Angebot angeboten, kann in einem Aufklärungsgespräch ohne Änderungen des Angebots bestimmt werden, welches von den angebotenen Fabrikaten eingebaut werden soll.[82]

Werden im Aufklärungsgespräch gem. § 15 Abs. 1 Nr. 1 vom Bieter Produkte benannt, welche nicht den Anforderungen des Leistungsverzeichnisses entsprechen, ist das Angebot vom weiteren Verfahren auszuschließen.[83] Bestimmte Stoff- und Bauteilvorgaben können aus den **Bauordnungen der Länder** folgen, für deren Einhaltung der Auftraggeber als Bauherr verantwortlich ist. Hieraus kann der Auftraggeber zur Aufklärung des Angebotsinhalts gem. § 15 Abs. 1 Nr. 1 über Ursprungsorte oder Bezugsquellen von Stoffen oder Bauteilen berechtigt und verpflichtet sein.[84]

7. Angemessenheit der Preise. Gemäß § 15 Abs. 1 Nr. 1 kann der Auftraggeber Aufklärungsmaßnahmen über die Angemessenheit der Preise tätigen und hierzu, wenn nötig, Einsicht in **vorzulegende Preisermittlungen (Kalkulationen)** der Bieter nehmen.[85] Die Aufklärungsbefugnis des Auftraggebers über die Angemessenheit der Preise resultiert aus den Vergabepostulaten des § 2 Abs. 1 Nr. 1. Bauleistungen sind an fachkundige, leistungsfähige und zuverlässige Unternehmen zu angemessenen Preisen in transparenten Vergabeverfahren zu vergeben. Daher muss sich der Auftraggeber über die Angemessenheit der Preise im Rahmen der Angebotsaufklärung gem. § 15 Abs. 1 Nr. 1 vergewissern können. Während die Angebotsaufklärung gem. § 16d Abs. 1 Nr. 2 S. 1, 2 die Angemessenheit des Angebotspreises in Bezug auf den Gesamtpreis erfasst, fokussiert § 15 Abs. 1 Nr. 1 die Angemessenheit der Preise (Plural), dh auch **aller Einzelpreise**.[86]

Auch bei diesem Tatbestand der ausnahmsweise zulässigen Angebotsaufklärung gem. § 15 Abs. 1 Nr. 1 ist für den Auftraggeber **besondere Vorsicht** geboten. Der Auftraggeber darf verbleibende Zweifel in Bezug auf die Preisangaben des Angebots abklären oder sich gem. § 15 Abs. 1 Nr. 1 über die Angemessenheit der Preise informieren. Das Aufklärungsgespräch gem. § 15 Abs. 1 Nr. 1 über die Angemessenheit der Preise darf hingegen nicht den eindeutigen **Inhalt des Angebots** verändern.[87] Das Nachverhandlungsverbot gem. § 15 Abs. 3 wird verletzt, wenn nachträgliche Preisangaben im Rahmen der Angebotsaufklärung gem. § 15 Abs. 1 Nr. 1 gemacht werden oder gemachte Preisangaben nachträglich modifiziert werden.[88]

Von der Unterrichtung über die Angemessenheit der Preise gem. § 15 Abs. 1 Nr. 1 ist die Prüfung der Preise und die Ermittlung des wirtschaftlichsten Angebots gem. § 16d Abs. 1 Nr. 2, 3 zu unterscheiden. Gemäß § 15 Abs. 1 Nr. 1 hat sich der Auftraggeber im Rahmen seiner Aufklärungsmaßnahmen über die Angemessenheit der Preise auf die angebotsbezogene, rein sachliche Aufklärungsmaßnahmen, die die Kalkulation des Bieters im konkreten Bauvergabeverfahren betreffen, zu beschränken. Gemäß § 15 Abs. 1 Nr. 1 darf sich der Auftraggeber hingegen **kein allgemeines Bild** über geschäftsinterne Vorgänge beim Bieter verschaffen.[89] Der Auftraggeber kann Aufklärung über die Grundlagen der Preisansätze der Bieter tätigen, auf denen die Angebotspreise basieren. Dies betrifft zB die Ansätze für Lohn-, Material-, Baustellen- und allgemeinen Geschäftskosten.[90] Auch die Aufklärung über die Angemessenheit der Preise gem. § 15 Abs. 1 Nr. 1 ist ein eng auszulegender Ausnahmetatbestand. So hat es bei einer bloßen Unterrichtung des Auftraggebers über die Angemessenheit der Preise gem. § 15 Abs. 1 Nr. 1 durch den Bieter zu verbleiben, wenn hierdurch die notwendige Aufklärung erzielt werden kann.

Die **Vorlage der Kalkulationen** durch den Bieter ist nur in Ausnahmefällen statthaft.[91] Grundsätzlich unzulässig ist es, von allen Bietern die Vorlage ihrer Kalkulationen zu verlangen.[92] Ist eine bloße Unterrichtung über die Angemessenheit der Preise durch den Bieter nicht ausreichend, so kann die Kalkulationsvorlage bei angezeigter Überprüfung der Angemessenheit der Preise allein von

---

[82] VK Nordbayern Beschl. v. 25.6.2014 – 21.VK-3194-15/14; *Weyand* ibrOK VergabeR Rn. 60/3.
[83] jurisPK-VergabeR/*Horn* Rn. 44.
[84] jurisPK-VergabeR/*Horn* Rn. 45; Kapellmann/Messerschmidt/*Planker* Rn. 9.
[85] VK Bund Beschl. v. 3.5.2005 – VK 3-19/05; VK Brandenburg Beschl. v. 26.3.2002 – VK 4/02.
[86] VK Hessen Beschl. v. 8.1.2014 – 69d VK 46/13; VK Hessen Beschl. v. 8.1.2014 – 69d-VK 48/2013; HHKW/*Steiff* Rn. 18.
[87] VK Bund Beschl. v. 16.5.2015 – VK 2-27/15; OLG Düsseldorf Beschl. v. 24.9.2014 – VII-Verg 19/14; *Weyand* ibrOK VergabeR Rn. 44.
[88] VK Südbayern Beschl. v. 11.3.2015 – Z3-3-3194-1-65-12/14; VK Hessen Beschl. v. 23.5.2013 –69d-VK-5/2013; jurisPK-VergabeR/*Horn* Rn. 52.
[89] Ingenstau/Korbion/*von Wietersheim* Rn. 12.
[90] Ingenstau/Korbion/*von Wietersheim* Rn. 12; jurisPK-VergabeR/*Horn* Rn. 47.
[91] VK Brandenburg Beschl. v. 26.3.2002 – VK 4/02; VK Bund Beschl. v. 3.5.2005 – VK 3-19/05; Ingenstau/Korbion/*von Wietersheim* Rn. 14; jurisPK-VergabeR/*Horn* Rn. 47.
[92] jurisPK-VergabeR/*Horn* Rn. 48.

den Bietern verlangt werden, die in die engere Wahl kommen.[93] Grundsätzlich bemisst sich ferner die preisliche Angemessenheit des Angebots allein anhand der Gesamtsumme. Diese ist im Rahmen der Angemessenheitsprüfung des (gesamten) Angebotspreises gem. § 16d Abs. 1 Nr. 1, 2 zu prüfen.[94] Eine Einzel- bzw. Einheitspreisprüfung sollte nur ausnahmsweise und nur dann erfolgen, wenn die Einzel- bzw. Einheitspreise nicht nur vereinzelt, sondern in **größerer Anzahl** von Marktüblichkeit und Erfahrung abweichen.[95]

34 Wenn es dann nötig ist, kann der Auftraggeber dann auch Einsicht in die Preisermittlungsgrundlagen nehmen. Der Bieter ist dann verpflichtet, die Einsichtnahme des Auftraggebers in die von ihm vorzulegenden Preisgrundlagen zu gestatten.[96] Die Gründe, die der Auftraggeber hat, vom Bieter die Vorlage der Kalkulation zu fordern, sollten dabei dem Bieter benannt werden. Gründe, die den Auftraggeber gegenüber dem Bieter zur Anforderung und Erläuterung der Kalkulation berechtigen, sind **Verdachtstatbestände** auf vorliegenden Kalkulationsirrtum, spekulative Preise, Mischkalkulationen, oder wettbewerbsbeschränkende Preisabsprachen.[97] Der diesbezügliche Verdacht des Auftraggebers hat **konkret** zu sein, lediglich vage Vermutungen oder geringe Verdachtsmomente reichen nicht aus.[98]

35 Besteht der konkrete Verdacht des Vorliegens wettbewerbsbeschränkender Preisansprachen oder sonstiger Manipulationen, so erfolgt der Sache nach nicht allein eine Aufklärung des Auftraggebers über die Angemessenheit der Preise, sondern eine Aufklärung zur **Wahrung des Wettbewerbsgrundsatzes,** was durch § 15 Abs. 1 Nr. 1 gleichfalls gedeckt ist.[99] Wird der Verdacht einer unzulässigen wettbewerbsbeschränkenden Preisabsprache im Rahmen der Aufklärung gem. § 15 Abs. 1 Nr. 1 bestätigt, ist das Angebot gem. § 16 Abs. 1 Nr. 4 S. 1 auszuschließen.[100]

36 Berechtigt ist das Aufklärungsverlangen des Auftraggebers über die Angemessenheit der Preise gem. § 15 Abs. 1 Nr. 1 auch dann, wenn Anhaltspunkte für einen offensichtlichen Kalkulationsirrtum[101] oder einen Spekulationspreis vorliegen. Unzulässig ist es, im Rahmen von Aufklärungsgesprächen über die Angemessenheit der Preise gem. § 15 Abs. 1 Nr. 1 **gemeinschaftliche Kalkulationsirrtümer** oder **Kalkulationsfehler** des Bieters zu beseitigen.[102] Weder dürfen „Fehlkalkulationen" der Bieter ausgeräumt werden, noch darf eine „Klarstellung" von Preisen Gegenstand von Aufklärungsgesprächen sein, die im Ergebnis zu einer Preisreduzierung führen würden.[103]

37 Aufklärungsfähig im Rahmen des § 15 Abs. 1 Nr. 1 sind auch die **Preise der Nachunternehmer,** die mit Angebotsabgabe vom Bieter bereits benannt wurden. Dies ist streitig.[104] Wenn der Nachunternehmer zum Angebotszeitpunkt – wie regelmäßig – noch nicht beauftragt ist, sondern lediglich eine Verpflichtungserklärung vorliegt, sind Auskünfte über die Preise und das Angebot eines Nachunternehmers für den Auftraggeber wertlos.[105] Ist der Nachunternehmer zum Angebotszeitpunkt bereits gegenüber dem Bieter preislich gebunden, ist auch die Aufklärung über die Angemessenheit der Nachunternehmerpreise statthaft. Allein, wenn es sich um geringfügige Nachunternehmerleistungen handelt, kann im Einzelfall für den Nachunternehmer die Aufklärung der Nachunternehmerpreise unzumutbar sein.[106] Zulässig ist stets das Aufklärungsverlangen des Auftraggebers gegenüber dem Bieter zur Öffnung der in sein Angebot übernommenen Nachunternehmerpreise. Hierzu kann um Vorlage des Nachunterangebots ersucht werden.[107] Zulässig ist zudem stets die Unterrichtung des Auftraggebers im Rahmen eines Aufklärungsgesprächs gem. § 15 Abs. 1 Nr. 1 über die Zusammensetzung des **Hauptunternehmer- oder Generalunternehmerzuschlags.**[108]

---

[93] jurisPK-VergabeR/*Horn* Rn. 48; Kapellmann/Messerschmidt/*Planker* Rn. 10.
[94] OLG München Beschl. v. 6.12.2012 – Verg 29/12; OLG Bremen Beschl. v. 9.10.2012 – Verg 1/12; OLG Düsseldorf Beschl. v. 9.2.2009 – Verg 66/08.
[95] Kapellmann/Messerschmidt/*Planker* Rn. 10.
[96] Kapellmann/Messerschmidt/*Planker* Rn. 11.
[97] jurisPK-VergabeR/*Horn* Rn. 51; Kapellmann/Messerschmidt/*Planker* Rn. 11.
[98] jurisPK-VergabeR/*Horn* Rn. 51.
[99] Ingenstau/Korbion/*von Wietersheim* Rn. 15.
[100] jurisPK-VergabeR/*Horn* Rn. 51.
[101] BGH Urt. v. 7.7.1998 – X ZR 17/97, BGHZ 139, 177, 187; OLG Koblenz Urt. v. 5.12.2001 – 1 U 2046/98.
[102] OLG Düsseldorf Beschl. v. 30.4.2002 – Verg 3/02; VK Sachsen Beschl. v. 21.7.2004 – 1/SVK/050-04, Ingenstau/Korbion/*von Wietersheim* Rn. 14.
[103] jurisPK-VergabeR/*Horn* Rn. 53.
[104] aA Kapellmann/Messerschmidt/*Planker* Rn. 12; jurisPK-VergabeR/*Horn* Rn. 56.
[105] jurisPK-VergabeR/*Horn* Rn. 56; Kapellmann/Messerschmidt/*Planker* Rn. 22.
[106] HHKW/*Steiff* Rn. 20.
[107] OLG Frankfurt a. M. Beschl. v. 18.6.2005 – 11 Verg 7/05; VK Hessen Beschl. v. 21.4.2005 – 69d VK 20/2005.
[108] jurisPK-VergabeR/*Horn* Rn. 56.

IV. Geheimhaltung und Niederlegung in Textform (§ 15 Abs. 1 Nr. 2)

§ 15 Abs. 1 Nr. 2 S. 1 konkretisiert die Geheimhaltungspflicht des Auftraggebers für den Angebotsinhalt gem. § 14 Abs. 8, § 14a Abs. 9. Notwendiges Korrelat zum Unterrichtungsrecht des Auftraggebers gem. § 15 Abs. 1 Nr. 1 ist die Geheimhaltungspflicht des Auftraggebers auch über die Ergebnisse von Aufklärungsmaßnahmen gem. § 15 Abs. 1 Nr. 2 S. 1. § 15 Abs. 1 Nr. 2 S. 1 verpflichtet Auftraggeber zur **strikten Geheimhaltung** der im Rahmen von Aufklärungsmaßnahmen erlangten Informationen und Unterlagen. Dies schützt die berechtigten Interessen der Bieter, in deren geschäftlichen Belange insbesondere bei der Aufklärung über die Angemessenheit der Preise gem. § 15 Abs. 1 Nr. 1 eingegriffen wird.[109] Des Weiteren schützt § 15 Abs. 1 Nr. 2 S. 1 den ordnungsgemäßen Wettbewerb. Die strikte Geheimhaltungspflicht der Ergebnisse von Aufklärungsmaßnahmen soll auch verhindern, dass unbefugte Dritte Kenntnis des Inhalts oder der Ergebnisse von Aufklärungsgesprächen erlangen und damit die Möglichkeit erhalten, das **Wettbewerbsergebnis zu manipulieren**.[110] 38

Die Geheimhaltungspflicht des Inhalts und der Ergebnisse von Aufklärungsmaßnahmen gem. § 15 Abs. 1 Nr. 2 S. 1 verbietet es, Aufklärungsgespräche mit mehreren Bietern gleichzeitig abzuhalten. Es haben stets **Einzelgespräche** mit Bietern geführt zu werden, ansonsten ist § 15 Abs. 1 Nr. 2 S. 1 verletzt.[111] Verstößt der Auftraggeber gegen die Geheimhaltungspflicht des § 15 Abs. 1 Nr. 2 S. 1 kann er sich wegen Verschuldens bei Vertragsverhandlungen gem. § 311 Abs. 2 Nr. 1, 2 BGB, § 241 Abs. 2 BGB, § 280 Abs. 1 S. 1 BGB schadensersatzpflichtig machen.[112] 39

Die Geheimhaltungspflicht des § 15 Abs. 1 Nr. 2 S. 1 verpflichtet den Auftraggeber nicht zur Unterlassung behördlicher oder gerichtlicher Maßnahmen, wenn sich im Rahmen der Angebotsaufklärung gem. § 15 Abs. 1 Nr. 1 herausstellt, dass der Bieter gegen gesetzliche Vorschriften, so zB durch wettbewerbsbeschränkende Preisabsprachen gegen § 1 GWB, verstoßen hat.[113] 40

Die Inhalte und Ergebnisse von Aufklärungsmaßnahmen gem. § 15 Abs. 1 Nr. 1 sollen gem. § 15 Abs. 1 Nr. 2 S. 2 in Textform niedergelegt werden. Das **Dokumentationsgebot** des § 15 Abs. 1 Nr. 2 S. 2 dient der Transparenz des Vergabeverfahrens.[114] Der vom Auftraggeber im Rahmen der Sollbestimmung des § 15 Abs. 1 Nr. 2 S. 2 anzufertigende Gesprächsvermerk dokumentiert, dass die Aufklärungsgespräche ordnungsgemäß verlaufen sind.[115] Durch diesen Gesprächsvermerk ist es ferner möglich, nach Zuschlagserteilung bei Auslegungsschwierigkeiten festzustellen, mit welchem genauen Inhalt der Vertrag zustande gekommen ist.[116] 41

Die Dokumentation des Inhalts und der Ergebnisse von Aufklärungsgesprächen und Aufklärungsmaßnahmen und hieraus folgende verfahrensrelevante Feststellungen haben gemäß der Sollvorschrift des § 15 Abs. 1 Nr. 2 S. 2 in Textform gem. § 126b BGB zu erfolgen. Lediglich allgemeine Informationen zur Unterrichtung des Auftraggebers durch den Bieter ohne ausschlaggebende Bedeutung für das Vergabeverfahren gestatten es, von der Sollvorschrift des § 15 Abs. 1 Nr. 2 S. 2 abzuweichen.[117] Aus Beweisgründen sollte der Auftraggeber von der Sollvorschrift des § 15 Abs. 1 Nr. 2 S. 2 nicht abweichen und den Inhalt wie auch die Ergebnisse von Aufklärungsgesprächen umfassend in Textform dokumentieren. Zu Beweiszwecken ist es sachdienlich, dass Protokoll des Aufklärungsgesprächs **vom Bieter gegenzeichnen** zu lassen.[118] Das Protokoll des Aufklärungsgesprächs ist Bestandteil der Vergabedokumentation gem. § 20 Abs. 1 Nr. 1, 2. Es ist der Vergabeakte beizufügen.[119] Es ist grundsätzlich nicht zu beanstanden, dass der Bieter keine Abschrift dieses Protokolls über den Inhalt und die Ergebnisse eines Aufklärungsgesprächs erhält.[120] 42

V. Aufklärungsverweigerung (§ 15 Abs. 2)

Verweigert ein Bieter die geforderten Aufklärungen und Angaben oder lässt er eine ihm hierzu gesetzte angemessene Frist unbeantwortet verstreichen, so ist gem. § 15 Abs. 2 **sein Angebot auszuschließen**. Dies deshalb, da ein unklares oder sonst aufklärungsbedürftiges Angebot nicht bezuschlagt werden darf. Der Auftraggeber würde, wenn er bei einem Bieter Unklarheiten und damit mögliche 43

---

[109] Ingenstau/Korbion/*von Wietersheim* Rn. 17.
[110] Ingenstau/Korbion/*von Wietersheim* Rn. 17.
[111] Kapellmann/Messerschmidt/*Planker* Rn. 14; jurisPK-VergabeR/*Horn* Rn. 62.
[112] Ingenstau/Korbion/*von Wietersheim* Rn. 17.
[113] Ingenstau/Korbion/*von Wietersheim* Rn. 17; jurisPK-VergabeR/*Horn* Rn. 63.
[114] HHKW/*Steiff* Rn. 24.
[115] HHKW/*Steiff* Rn. 24.
[116] HHKW/*Steiff* Rn. 24.
[117] jurisPK-VergabeR/*Horn* Rn. 65.
[118] jurisPK-VergabeR/*Horn* Rn. 65.
[119] jurisPK-VergabeR/*Horn* Rn. 65.
[120] VK Lüneburg Beschl. v. 11.6.2001 – 203-VgK-08/01; *Weyand* ibrOK VergabeR Rn. 77.

Abweichungen vom Leistungsverzeichnis hinnimmt, gegen den Gleichbehandlungsgrundsatz des § 97 Abs. 2 GWB und den Wettbewerbsgrundsatz des § 97 Abs. 1 S. 1 GWB verstoßen.[121] Die Ausschlussmöglichkeit eines Angebots gem. § 15 Abs. 2 ergänzt die Ausschlussgründe des § 16 Abs. 1 Nr. 1–7, Abs. 2 Nr. 1–5.

44 § 15 Abs. 2 stellt seit der Neufassung der VOB/A 2016 einen **zwingenden Ausschlusstatbestand** dar. Die Ausschlussentscheidung gem. § 15 Abs. 2 wegen verweigerter Mitwirkung eines Bieters an der Aufklärung setzt ein ordnungsgemäßes, **berechtigtes Aufklärungsverlangen,** dh das Vorliegen aller Voraussetzungen des § 15 Abs. 1 Nr. 1 voraus.[122] Das Angebot ist gem. § 15 Abs. 2 Alt. 2 gleichfalls auszuschließen, wenn der Bieter eine ihm gesetzte angemessene Frist zur Erfüllung eines ordnungsgemäßen, berechtigten Aufklärungsverlangens gem. § 15 Abs. 1 Nr. 1 voraus. unbeantwortet verstreichen lässt. Ein Angebotsausschluss gem. § 15 Abs. 2 Alt. 2 setzt voraus, dass die dem Bieter gesetzte Frist für die Beantwortung des Aufklärungsverlangens des Auftraggebers eindeutig als **Ausschlussfrist erkennbar** ist.[123] Gegenüber dem Bieter ist unmissverständlich darauf hinzuweisen oder sonst kenntlich zu machen, dass die Einhaltung der ihm gesetzten Frist die letzte und abschließende Möglichkeit zur Beantwortung eines – berechtigten – Aufklärungsersuchens des Auftraggebers darstellt.[124]

45 Die **Angemessenheit** der dem Bieter gem. § 15 Abs. 2 Alt. 2 gesetzten Frist beurteilt sich nach den Umständen des Einzelfalls, insbesondere nach Inhalt und Umfang der vom Auftraggeber ersuchten Aufklärung.[125] Ist die Beantwortung eines zulässigen Aufklärungsersuchens gem. § 15 Abs. 1 Nr. 1 nicht aufgrund von Inhalt und Umfang des Aufklärungsersuchens übermäßig aufwendig, so ist die Angemessenheit der Frist des § 15 Abs. 2 Alt. 2 an der Frist zur Nachforderung von Unterlagen gem. § 16a S. 2 zu orientieren.[126] Bei besonders aufwendiger Beantwortung komplexer Aufklärungsersuchen ist die Frist von sechs Kalendertagen des § 16a S. 2 iRd § 15 Abs. 2 Alt. 2 zu kurz bemessen.[127]

46 Die verweigerte Mitwirkung des Bieters gem. § 15 Abs. 2 an einem berechtigen Aufklärungsersuchen des Auftraggebers gem. § 15 Abs. 1 Nr. 1 kann ferner **negative Rückschlüsse auf seine Eignung** gem. § 16b Abs. 1 zulassen.[128]

VI. Nachverhandlungsverbot (§ 15 Abs. 3)

47 Das Nachverhandlungsverbot des § 15 Abs. 3 schützt den **ordnungsgemäßen Wettbewerb** gem. § 97 Abs. 1 S. 1 GWB und die **Gleichbehandlung aller Bieter** gem. § 97 Abs. 2 GWB.[129] Der ordnungsgemäße Vergabewettbewerb gem. § 97 Abs. 1 S. 1 GWB unter gleichen Bedingungen für alle Bieter gem. § 97 Abs. 2 GWB ist nicht mehr gewährleistet, wenn einzelne Bieter ihre Angebote nachverhandeln und durch nachträgliche Abänderung ihrer Angebote einen Vorteil erlangen können.[130] Dementsprechend sind gem. § 15 Abs. 3 Verhandlungen nach Angebotseröffnung, besonders über die Änderung der Angebote oder der Preise gem. § 15 Abs. 3 unzulässig und verboten. Das Nachverhandlungsverbot des § 15 Abs. 3 ist bieterschützend.[131]

48 Gleichgültig für die Unzulässigkeit von Nachverhandlungen der Angebote gem. § 15 Abs. 3 ist es, von wem die **Nachverhandlungsinitiative** ausgeht. Auch wenn der Bieter von sich aus anbietet, sein Angebot zu ändern oder Preisnachlässe zu gewähren, darf der Auftraggeber darauf nicht eingehen.[132] Das Nachverhandlungsverbot des § 15 Abs. 3 verbietet nicht nur das Ersuchen des Auftraggebers zur nachträglichen Verhandlung des Angebots oder von Angebotsbestandteilen, sondern soll Angebotsänderungen insgesamt unterbinden, sofern nicht ein Ausnahmetatbestand des § 15 Abs. 3 eingreift.[133] Rechtsfolge eines Verstoßes gegen das Nachverhandlungsverbots ist der Ausschluss des

---

[121] Ingenstau/Korbion/*von Wietersheim* Rn. 18.
[122] Ingenstau/Korbion/*von Wietersheim* Rn. 18.
[123] OLG Jena Beschl. v. 14.11.2002 – 6 Verg 7/02; jurisPK-VergabeR/*Horn* Rn. 71.
[124] VK Nordbayern Beschl. v. 4.12.2012 – 21.VK-3194-29/12; jurisPK-VergabeR/*Horn* Rn. 71.
[125] VK Nordbayern Beschl. v. 4.12.2006– 21.VK-3194-39/06; Nordbayern Beschl. v. 4.12.2012 – 21.VK-3194-29/12; jurisPK-VergabeR/*Horn* Rn. 71.
[126] VK Nordbayern Beschl. v. 27.6.2013 – 21.VK-3194-28/13; Ingenstau/Korbion/*von Wietersheim* Rn. 19.
[127] VK Münster Beschl. v. 21.7.2001 – VK 9/11; VK Nordbayern Beschl. v. 27.6.2013 – 21.VK-3194-28/13; jurisPK-VergabeR/*Horn* Rn. 71; Kapellmann/Messerschmidt/*Planker* Rn. 17.
[128] Kapellmann/Messerschmidt/*Planker* Rn. 17; jurisPK-VergabeR/*Horn* Rn. 72.
[129] VK Nordbayern Beschl. v. 27.1.2011 – 21.VK-3194-46/10; VK Südbayern Beschl. v. 19.3.2015 – Z3-3-3194-1-61-12/14; jurisPK-VergabeR/*Horn* Rn. 75; *Weyand* ibrOK VergabeR Rn. 92.
[130] jurisPK-VergabeR/*Horn* Rn. 75.
[131] OLG Düsseldorf Beschl. v. 14.3.2001 – Verg 30/00; VK Hessen Beschl. v. 23.5.2013 – 69d-VK-5/2013.
[132] VK Südbayern Beschl. v. 25.7.2002 – Verg 21/02; *Weyand* ibrOK VergabeR Rn. 93.
[133] *Weyand* ibrOK VergabeR Rn. 93.

nachverhandelten Angebots.[134] Ein Ausschluss des Bieters, der nachverhandelt hat, ist ebenso wenig geboten, wie ein Ausschluss des ursprünglichen – nicht nachverhandelten – Angebots. Dieses ursprüngliche Angebot kann bei einer erneuten Entscheidung über den Zuschlag berücksichtigt werden.[135]

1. Änderung der Angebote oder der Preise. § 15 Abs. 3 untersagt zunächst jegliche Verhandlungen über die Änderung der Leistungsinhalte des Angebots. Verboten sind damit Verhandlungen über Änderungen der Leistungsbeschreibung, der Qualitäts- und Ausführungsvorgaben, der Bauzeiten sowie der geforderten Erklärungen und Nachweise.[136] Vom Nachverhandlungsverbot erfasst sind darüber hinaus Verhandlungen über eine Änderung des Angebots durch **Änderung der Rechtspersönlichkeit** des Bieters, zB bei nachträglicher Bildung einer Bietergemeinschaft, nachträglicher Gestattung eines ursprünglich nicht erlaubten Nachunternehmereinsatzes, nachträglicher Änderung eines ursprünglich vorgesehenen Nachunternehmereinsatzes, Änderung eines Skontoangebots, etc.[137] Des Weiteren stellen Aufklärungsgespräche, die bezwecken, Änderungen des Bieters an den Vergabeunterlagen nach Ablauf der Angebotsfrist zu korrigieren, einen Verstoß gegen § 15 Abs. 3 dar.[138] Auch kann die Klärung **widersprüchlicher Preisangaben** nicht Gegenstand einer zulässigen Nachverhandlung sein. Dies würde einen unkontrollierbaren Spielraum nachträglicher Manipulation ermöglichen.[139] Des Weiteren können fehlende Angaben zum **beabsichtigten Nachunternehmereinsatz** nicht durch Nachverhandlungen gem. § 15 Abs. 1 Nr. 1 nachgeholt werden.[140]

Das Nachverhandlungsverbot des § 15 Abs. 3 gilt des Weiteren besonders für Verhandlungen über eine Änderung der Preise.[141] Mit erfolgter Angebotsabgabe gem. § 13 Abs. 1 Nr. 1 S. 1 stehen die Preise zum Ablauf der Angebotsfrist zur Ausschreibung gem. § 3 Abs. 1, 2 unveränderlich fest. Diese, mit Ablauf der Angebotsfrist unveränderlich feststehenden Preise sind Grundlage des Vergabewettbewerbs.[142] **Unzulässige Preisänderungen** gem. § 15 Abs. 3 liegen zB vor, wenn Preise zur Verbesserung der Angebote nachträglich heruntergehandelt werden,[143] fehlende Preisangaben ergänzt,[144] Einheitspreise pauschaliert, nachträglich die Umsatzsteuer hinzugefügt, oder nachträglich die Parameter einer Lohngleit- oder Materialpreisgleitklausel verhandelt werden.[145]

2. Ausnahme bei Nebenangeboten. Ausnahmsweise sind gem. § 15 Abs. 3 Hs. 2 Verhandlungen gestattet, wenn sie bei Nebenangeboten oder Angeboten aufgrund eines Leistungsprogramms nötig sind, um **unumgängliche technische Änderungen geringen Umfangs** und sich daraus ergebende Änderungen der Preise zu vereinbaren. Dies ist eine eng auszulegende Ausnahme vom Nachverhandlungsverbot des § 15 Abs. 3, die sich aus der Notwendigkeit ergibt, bei Nebenangeboten oder Angeboten aufgrund eines Leistungsprogramms technische Änderungen geringen Umfangs und daraus folgende Preisanpassungen vorzunehmen. Damit werden ansonsten erforderliche Aufhebungen von Ausschreibungen vermieden.[146] Voraussetzungen hierfür sind das Vorliegen von aufklärungsbedürftigen Zweifeln bei Nebenangeboten sowie bei Angeboten aufgrund eines Leistungsprogramms. Weitere Voraussetzung ist das Vorliegen unumgänglich notwendiger technischer Änderungen geringen Umfangs, ohne die eine sachgerechte Ausführung nicht möglich wäre.[147] Unumgängliche technische Änderungen geringen Umfangs sind allein solche, die im Vergleich zur Bedeutung und zur Ausgestaltung des Gesamtauftrages eine nur **unwesentliche Bedeutung** haben.[148] Das Vorliegen einer unwe-

---

[134] BGH Urt. v. 6.2.2002 – X Z 185/99; OLG Frankfurt a. M. Beschl. v. 16.6.2015 – 11 Verg 3/15; *Weyand* ibrOK VergabeR Rn. 95.
[135] VK Bund Beschl. v. 22.7.2002 – VK 1-59/02; *Weyand* ibrOK VergabeR Rn. 95; jurisPK-VergabeR/*Horn*Rn. 78.
[136] VK Niedersachen Beschl. v. 13.8.2002 – VgK-09/2002; VK Schleswig-Holstein Beschl. v. 20.10.2010 – VK-SH 16/10; VK Bund Beschl. v. 16.4.2015 – VK 2-2715; VK Sachsen-Anhalt Beschl. v. 24.4.2014 – 3 VK LSA 02/14; HHKW/*Steiff* Rn. 30; jurisPK-VergabeR/*Horn* Rn. 79.
[137] jurisPK-VergabeR/*Horn* Rn. 79.
[138] OLG Celle Beschl. v. 19.2.2015 – 13 Verg 12/14; *Weyand* ibrOK VergabeR Rn. 94.
[139] VK Bund Beschl. v. 21.7.2005 – VK 3-61/05; VK Sachsen Beschl. v. 16.12.2009 – 1/SVK/057-09; *Weyand* ibrOK VergabeR Rn. 94.
[140] OLG Düsseldorf Beschl. v. 30.7.2003 – Verg 32/03; *Weyand* ibrOK VergabeR Rn. 94.
[141] VK Bund Beschl. v. 16.4.2015 – VK 2-27/15; VK Schleswig-Holstein Beschl. v. 20.10.2010 – VK-SH 16/10; VK Niedersachsen Beschl. v. 13.8.2002 – VgK 09/2002.
[142] jurisPK-VergabeR/*Horn* Rn. 80; HHKW/*Steiff* Rn. 31.
[143] HHKW/*Steiff* Rn. 31.
[144] VK Brandenburg Beschl. v. 18.6.2003 – VK 31/03; jurisPK-VergabeR/*Horn* Rn. 80.
[145] jurisPK-VergabeR/*Horn*Rn. 80; Kapellmann/Messerschmidt/*Planker* Rn. 20, 22; HHKW/*Steiff* Rn. 32.
[146] KG Beschluss v. 13.10.1999 – KartVerg 1V/99; VK Arnsberg Beschl. v. 4.11.2002 – VK 1-23/02; jurisPK-VergabeR/*Horn* Rn. 82; Ingenstau/Korbion/*von Wietersheim* Rn. 22.
[147] Ingenstau/Korbion/*von Wietersheim* Rn. 24; HHKW/*Steiff* Rn. 35.
[148] HHKW/*Steiff* Rn. 35.

sentlichen Bedeutung der technischen Änderung geringen Umfangs in diesem Sinne ist durch Vergleich der geänderten Ausführung zur bisherigen Ausführungsart und zum bisherigen Ausführungsumfang zu ermitteln.[149] Die Grenzen der Zulässigkeit sind dabei an den Auswirkungen auf die Preise und an der Menge der Änderungen insgesamt zu messen.[150]

52 Die ausnahmsweise Zulassung von Nachverhandlungen gem. § 15 Abs. 3 Hs. 2 ist **restriktiv** auszulegen. Die ausnahmsweise Zulassung einer Nachverhandlung gem. § 15 Abs. 3 Hs. 2 darf nur dazu dienen, ein für sich genommen bereits **zuschlagsfähiges Angebot** zu präzisieren und zu optimieren.[151] Keinesfalls ist es gem. § 15 Abs. 3 Hs. 2 statthaft, ein nicht zuschlagsfähiges (Neben-)Angebot durch Nachverhandlung erst zuschlagsfähig zu machen.[152] Unstatthaft ist es auch, im Rahmen von Aufklärungsverhandlungen Angaben abzufordern, die zum Nachweis der Gleichwertigkeit eines Nebenangebots erforderlich sind.[153] Der Auftraggeber hat in diesem Zusammenhang **besondere Vorsicht** walten zu lassen und das von ihm erachtete Vorliegen des Ausnahmetatbestandes des § 15 Abs. 3 Hs. 2 sorgsam zu **dokumentieren.** Anderenfalls setzt er sich dem Vorwurf einer unzulässigen Nachverhandlung mit Preismanipulation aus.[154]

53 Das im Rahmen des Ausnahmetatbestandes des § 15 Abs. 3 Hs. 2 nachverhandelte Nebenangebot muss schließlich gem. § 8 Abs. 2 Nr. 3 in der Bekanntmachung oder den Vergabeunterlagen zugelassen worden sein und den formellen Anforderungen des § 13 Abs. 3 S. 1, 2 entsprechen. Angebote aufgrund eines Leistungsprogramms müssen gem. § 7c Abs. 1–3 zulässigerweise im Rahmen der Ausschreibung verlangt worden sein.[155] Für die Einhaltung der Voraussetzung des § 15 Abs. 3 Hs. 2 ist der **Auftraggeber beweispflichtig.**[156]

§ 16 Ausschluss von Angeboten

(1) Auszuschließen sind:
1. Angebote, die nicht fristgerecht eingegangen sind,
2. Angebote, die den Bestimmungen des § 13 Absatz 1 Nummer 1, 2 und 5 nicht entsprechen,
3. Angebote, die die geforderten Unterlagen im Sinne von § 8 Absatz 2 Nummer 5 nicht enthalten, wenn der Auftraggeber gemäß § 16a Absatz 3 festgelegt hat, dass er keine Unterlagen nachfordern wird. Satz 1 gilt für Teilnahmeanträge entsprechend,
4. Angebote, bei denen der Bieter Erklärungen oder Nachweise, deren Vorlage sich der Auftraggeber vorbehalten hat, auf Anforderung nicht innerhalb einer angemessenen, nach dem Kalender bestimmten Frist vorgelegt hat. Satz 1 gilt für Teilnahmeanträge entsprechend,
5. Angebote von Bietern, die in Bezug auf die Ausschreibung eine Abrede getroffen haben, die eine unzulässige Wettbewerbsbeschränkung darstellt,
6. Nebenangebote, wenn der Auftraggeber in der Bekanntmachung oder in den Vergabeunterlagen erklärt hat, dass er diese nicht zulässt,
7. Hauptangebote von Bietern, die mehrere Hauptangebote abgegeben haben, wenn der Auftraggeber die Abgabe mehrerer Hauptangebote in der Auftragsbekanntmachung oder in den Vergabeunterlagen nicht zugelassen hat,
8. Nebenangebote, die dem § 13 Absatz 3 Satz 2 nicht entsprechen,
9. Hauptangebote, die dem § 13 Absatz 3 Satz 3 nicht entsprechen,
10. Angebote von Bietern, die im Vergabeverfahren vorsätzliche unzutreffende Erklärungen in Bezug auf ihre Fachkunde, Leistungsfähigkeit und Zuverlässigkeit abgegeben haben.

(2) Außerdem können Angebote von Bietern ausgeschlossen werden, wenn
1. ein Insolvenzverfahren oder ein vergleichbares gesetzlich geregeltes Verfahren eröffnet oder die Eröffnung beantragt worden ist oder der Antrag mangels Masse abgelehnt wurde oder ein Insolvenzplan rechtskräftig bestätigt wurde,
2. sich das Unternehmen in Liquidation befindet,

---

[149] VK Saarland Beschl. v. 27.5.2005 – 3 VK 02/05; *Weyand* ibrOK VergabeR Rn. 103.
[150] VK Saarland Beschl. v. 27.5.2005 – 3 VK 02/05; *Weyand* ibrOK VergabeR Rn. 103.
[151] HHKW/*Steiff* Rn. 36; *Weyand* ibrOK VergabeR Rn. 103/1.
[152] HHKW/*Steiff* Rn. 36.
[153] OLG Frankfurt a. M. Beschl. v. 26.3.2002 – 11 Verg 3/01; VK Baden-Württemberg Beschl. v. 27.4.2004 – 1 VK 13/04.
[154] Ingenstau/Korbion/*von Wietersheim* Rn. 26.
[155] Ingenstau/Korbion/*von Wietersheim* Rn. 27.
[156] Ingenstau/Korbion/*von Wietersheim* Rn. 28.

3. nachweislich eine schwere Verfehlung begangen wurde, die die Zuverlässigkeit als Bewerber oder Bieter in Frage stellt,
4. die Verpflichtung zur Zahlung von Steuern und Abgaben sowie der Beiträge zur gesetzlichen Sozialversicherung nicht ordnungsgemäß erfüllt wurde,
5. sich das Unternehmen nicht bei der Berufsgenossenschaft angemeldet hat.

Schrifttum: *Hausmann/Queisner*, Die Zulässigkeit von Bietergemeinschaften im Vergabeverfahren, NZBau 2015, 402; *Jäger/Graef*, Bildung von Bietergemeinschaften durch konkurrierende Unternehmen, NZBau 2012, 213; *Schulte*, Das Bietergemeinschaftskartell im Vergaberecht – Drum prüfe, wer sich (ewig) bindet –, ZfBR 2013, 223.

Übersicht

		Rn.			Rn.
I.	Überblick	1		a) Wettbewerbsbeschränkende Abrede (Abs. 1 Nr. 5)	2
II.	Regelungsgehalt	2		b) Ausschluss wegen vorsätzlich unzutreffender Erklärungen (Abs. 1 Nr. 10)	11
1.	Zwingende Ausschlussgründe	2	2.	Fakultative Ausschlussgründe	13

I. Überblick

Hinsichtlich § 16 Abs. 1 Nr. 1–4 sowie Nr. 6–9 wird auf die Kommentierung zu § 16 EU verwiesen (→ § 16 EU Rn. 1 ff.). Die dort geregelten zwingenden Ausschlusstatbestände entsprechen im Wesentlichen den zwingenden Ausschlussgründen in § 16 EU. Zusätzlich enthalten § 16 Abs. 1 Nr. 5 und Nr. 10 **zwingende Ausschlusstatbestände** für Angebote von Bietern, die in Bezug auf die Ausschreibung eine Abrede getroffen haben, die eine unzulässige Wettbewerbsbeschränkung darstellt und Angebote von Bietern, die in Bezug auf ihre Fachkunde, Leistungsfähigkeit und Zuverlässigkeit vorsätzliche Falschangaben getätigt haben. Des Weiteren enthält § 16 Abs. 2 einen Katalog von Ausschlusstatbeständen, bei deren Vorliegen der Auftraggeber das Angebot eines bzw. die Angebote mehrerer Bieter ausschließen kann. Dem Auftraggeber steht bei den **fakultativen Ausschlussgründen** ein Ermessens- und Beurteilungsspielraum zu. 1

II. Regelungsgehalt

1. Zwingende Ausschlussgründe. a) Wettbewerbsbeschränkende Abrede (Abs. 1 Nr. 5). Nach § 16 Abs. 1 Nr. 5 sind Angebote von Bietern auszuschließen, die in Bezug auf die Ausschreibung eine Abrede getroffen haben, die eine unzulässige Wettbewerbsbeschränkung darstellt. Der Begriff der Wettbewerbsbeschränkung kommt aus dem Kartellrecht. Gemäß § 1 GWB sind Vereinbarungen zwischen Unternehmen, Beschlüsse von Unternehmensvereinigungen und aufeinander abgestimmte Verhaltensweisen, die eine Verhinderung, Einschränkung oder Verfälschung des Wettbewerbs bezwecken oder bewirken, verboten. Wettbewerbsbeschränkende und unlautere Verhaltensweisen sind nach § 2 Abs. 1 S. 3 zu bekämpfen. Wettbewerbsbeschränkende Abreden werden als derart gewichtige Verstöße gewertet, dass sie nach Zuschlagserteilung einen Kündigungsgrund darstellen. Gemäß § 8 Abs. 4 S. 1 Nr. 1 VOB/B kann der Auftraggeber den Auftrag entziehen, wenn der Auftragnehmer **aus Anlass der Vergabe** eine Abrede getroffen hatte, die eine unzulässige Wettbewerbsbeschränkung darstellt. Werden wettbewerbsbeschränkende Abreden erst nach Vertragsschluss für den Auftraggeber erkennbar, hat dieser folglich die Möglichkeit innerhalb von zwölf Werktagen nach Bekanntwerden des Kündigungsgrundes die Kündigung auszusprechen. Die wettbewerbsbeschränkende Abrede muss in Bezug auf die **konkrete Ausschreibung** erfolgen. 2

aa) Begriff. Der Begriff der wettbewerbsbeschränkenden Abrede ist weit auszulegen. Er ist nicht auf gesetzeswidriges Verhalten beschränkt, sondern umfasst auch alle sonstigen **Absprachen und Verhaltensweisen** eines Bieters, die mit dem vergaberechtlichen Wettbewerbsgebot unvereinbar sind.[1] Der Wettbewerb muss durch voneinander unabhängige Beteiligung mehrerer Unternehmen gesichert sein.[2] Nur so kann der öffentliche Auftraggeber eine wirtschaftliche Beschaffung sicherstellen, da jeder einzelne Bieter gehalten ist, selbst bis an die eigene Rentabilitätsgrenze 3

---

[1] OLG München Beschl. v. 11.8.2008 – Verg 16/08, ZfBR 2008, 721; OLG Düsseldorf Beschl. v. 27.7.2006 – Verg 23/06, BauR 2007, 938; Ingenstau/Korbion/*von Wietersheim* Rn. 17 f.; Kapellmann/Messerschmidt/*Frister* Rn. 41.

[2] Ingenstau/Korbion/*von Wietersheim* Rn. 18.

zu kalkulieren.³ Wesentliches und unverzichtbares Merkmal einer Auftragsvergabe im Wettbewerb ist die Gewährleistung eines **Geheimwettbewerbs** zwischen den an der Ausschreibung teilnehmenden Bietern. Ein echter Bieterwettbewerb ist nur dann möglich, wenn jeder Bieter die ausgeschriebenen Leistungen in Unkenntnis der anderen Angebote anbietet.⁴ Bereits die Kenntnis von den Angebotsgrundlagen oder der Kalkulation konkurrierender Bieter verhindert einen echten Wettbewerb zwischen den Bietern, da für den Bieter die Möglichkeit besteht sein eigenes Angebot an den ihm bekannten Bedingungen der Konkurrenz ausrichten.⁵ Eine ausdrückliche Absprache zwischen den Bietern ist für die Annahme eines Verstoßes gegen den Gemeinwettbewerb dagegen nicht erforderlich.⁶

4   Die Bejahung des Ausschlusstatbestandes setzt somit nicht die Erfüllung des Tatbestandes gem. § 298 StGB (Wettbewerbsbeschränkende Absprachen bei Ausschreibungen) voraus.⁷ Nach § 298 Abs. 1 StGB wird mit einer Freiheitsstrafe bis zu fünf Jahren oder mit Geldstrafe bestraft, wer bei einer Ausschreibung über Waren oder Dienstleistungen ein Angebot abgibt, das auf einer rechtswidrigen Absprache beruht, die darauf abzielt, den Veranstalter zur Annahme eines bestimmten Angebots zu veranlassen. Rechtswidrig ist eine Absprache, wenn sie gegen das GWB oder Art. 101, 102 AEUV verstößt.⁸ Angebote, die den Tatbestand des § 298 StGB erfüllen, sind nach § 16 Abs. 1 Nr. 5 auszuschließen. Dennoch handelt es sich um zwei unabhängig voneinander durchzuführende Prüfungen, wobei der Ausschluss eines Angebotes nach § 16 Abs. 1 Nr. 5 nicht Tatbestandsvoraussetzung von § 298 StGB und die Strafbarkeit der wettbewerbsbeschränkenden Absprache nicht Voraussetzung für einen Angebotsausschluss nach § 16 Abs. 1 Nr. 5 ist.

5   Beruft sich der Auftraggeber auf einen Verstoß gegen das Geheimhaltungsgebot muss er dem Bieter die Kenntnis vom Konkurrenzangebot nachweisen, um dessen Angebot ausschließen zu können.⁹ Stellt der Auftraggeber eine entsprechende Kenntnis fest, muss er dem vom Ausschluss bedrohten Bieter die Gelegenheit geben, zu widerlegen, dass die Angebote voneinander beeinflusst worden sind.¹⁰ **Konzernverbundene Unternehmen,** die jeweils Kenntnis davon haben, dass auch der andere Angebote in einem Vergabeverfahren abgibt, müssen bereits mit Angebotsabgabe die grundsätzliche Vermutung dafür, dass der Geheimwettbewerb zwischen ihnen nicht gewahrt ist, widerlegen.¹¹ Die Vermutung, dass Angebote verbundener Unternehmen für denselben Auftrag voneinander beeinflusst worden sind, ist aber nicht unwiderlegbar.¹² Vielmehr bedarf es einer Prüfung und Würdigung, ob der Inhalt der abgegebenen Angebote durch die sich aus der Verbundenheit ergebenden Verflechtungen und Abhängigkeiten beeinflusst worden ist.¹³ Die Feststellung eines wie auch immer gearteten Einflusses genügt dabei für den Ausschluss dieses Unternehmens.¹⁴

6   **bb) Preisabsprachen/Submissionsabsprachen.** Zu den wettbewerbsbeschränkenden Abreden zählen ua Preisabsprachen zwischen zwei oder mehreren Bietern, aber auch **sonstige Absprachen,** wie zB Absprachen über eine Nichtbeteiligung am Wettbewerb – ggf. gegen Leistung von Abstandszahlungen,¹⁵ die räumliche Aufteilung von Bieterterritorien oder die Abgabe von Scheinan-

---

3   VK Thüringen Beschl. v. 9.11.2017 – 250-4003-8222/2017-E-S-015-GTH.
4   OLG Jena Beschl. v. 19.4.2004 – 6 Verg 3/04, IBRRS 2004, 4172; OLG Düsseldorf Beschl. v. 27.7.2006 – Verg 23/06, BauR 2007, 93; OLG München Beschl. v. 11.8.2008 – Verg 16/08, ZfBR 2008, 721; Kapellmann/Messerschmidt/*Frister* Rn. 41.
5   OLG Naumburg Beschl. v. 2.8.2012 – 2 Verg 3/12, BeckRS 2012, 21447.
6   OLG Düsseldorf Beschl. v. 27.7.2006 – Verg 23/06, BauR 2007, 93; VK Thüringen Beschl. v. 9.11.2017 – 250-4003-8222/2017-E-S-015-GTH.
7   AA Ingenstau/Korbion/*von Wietersheim* Rn. 19.
8   BGH Beschl. v. 25.7.2012 – 2 StR 154/12, NJW 2012, 3318.
9   OLG Naumburg Beschl. v. 2.8.2012 – 2 Verg 3/12, BeckRS 2012, 21447.
10 OLG Naumburg Beschl. v. 2.8.2012 – 2 Verg 3/12, BeckRS 2012, 21447; Kapellmann/Messerschmidt/*Frister* Rn. 42.
11 OLG Düsseldorf Beschl. v. 13.4.2011 – Verg 4/11, NZBau 2011, 371.
12 EuGH Urt. v. 19.5.2009 – C-538/07, NZBau 2009, 607.
13 EuGH Urt. v. 19.5.2009 – C-538/07, NZBau 2009, 607; Kapellmann/Messerschmidt/*Frister* Rn. 42; OLG Düsseldorf Beschl. v. 19.11.2011 – Verg 63/11, BeckRS 2011, 26032: Eine gemeinsame Rechtsabteilung innerhalb eines Konzernverbundes, die keine Kenntnis von den kalkulationsrelevanten Tatsachen erhält und nur wegen allgemeiner vergaberechtlicher Fragen angegangen wird, begründet noch keinen Verstoß gegen den Geheimwettbewerb. Sollte ausnahmsweise die Rechtsabteilung doch Kenntnis von den kalkulationserheblichen Tatsachen erhalten, reicht eine Verschwiegenheitsverpflichtung ihrer Mitglieder gegenüber dem jeweils anderen Unternehmen als Maßnahme aus, um sicherzustellen, dass kalkulationsrelevante Tatsachen nicht von einem an das andere Unternehmen fließen können.
14 EuGH Urt. v. 19.5.2009 – C-538/07, NZBau 2009, 607.
15 Kapellmann/Messerschmidt/*Frister* Rn. 40.

geboten, welche die Zuschlagserteilung an einen zuvor von den Mitbewerbern ermittelten Bieter zum Ziel hat.

cc) Bietergemeinschaften. Der Zusammenschluss mehrerer Unternehmen zu einer Bietergemeinschaft zur gemeinsamen Abgabe eines Angebotes und, im Falle der Zuschlagserteilung, Durchführung des Auftrags ist nach § 1 GWB nicht per se unzulässig.[16] So ist die Beteiligung von Bietergemeinschaften als Bieter im Rahmen einer Ausschreibung in § 6 Abs. 2 ausdrücklich vorgesehen. Die Zulässigkeit von Bietergemeinschaften findet ihre **Grenzen in § 1 GWB,** wobei keine Vermutung dafür streitet, dass eine Bietergemeinschaft eine Verhinderung, Einschränkung oder Verfälschung des Wettbewerbs bezweckt oder bewirkt.[17] Zunächst ist zu differenzieren/prüfen, ob die sich zusammenschließenden Unternehmen in Bezug auf die konkrete Ausschreibung überhaupt in einem potenziellen Wettbewerb zueinander stehen. Kommt die Beteiligung eines Mitgliedes der Bietergemeinschaft an der Ausschreibung mit einem eigenen Angebot von vornherein nicht in Betracht, ist die **Bietergemeinschaftsvereinbarung** nicht geeignet, den potenziellen Wettbewerb zu beschränken.[18] Es sind verschiedene Gründe denkbar, welche die einzelnen Mitglieder der Bietergemeinschaft daran hindern, selbstständige Angebote abzugeben. Sind diese in unterschiedlichen Märkten tätig bzw. enthält die konkrete Ausschreibung Anforderungen und Bedingungen, die von den Mitgliedern einzeln nicht erfüllt werden können, fehlt es an einem potenziellen Wettbewerb. Aber auch, wenn es sich um konkurrierende Unternehmen handelt, können diese keine eigene Angebote abgegeben werden, wenn sie einzeln – in Bezug auf die konkrete Ausschreibung – nicht über die erforderlichen Kapazitäten in technischer und/oder personeller Hinsicht verfügen oder diese Kapazitäten zwar grundsätzlich vorhanden, aufgrund von anderen Ausschreibungen aber gebunden sind. In diesen Fällen kann dem Zusammenschluss mehrerer, im potenziellen Wettbewerb zueinander stehenden Unternehmen eine **mittelstands- und wettbewerbsfördernde Wirkung** zukommen.[19] Problematisch sind diejenigen Fälle, in denen sich konkurrierende Unternehmen zu einer Bietergemeinschaft zusammenschließen, die selbst über die geforderten Kapazitäten, technischen Ausrüstungen und fachlichen Kenntnisse verfügen, um den Auftrag auszuführen. Ein solcher Zusammenschluss kann den Tatbestand der wettbewerbsbeschränkenden Abrede erfüllen.

Der BGH hat im Rahmen der sogenannten **„Schramberg-Entscheidung"** zunächst ausgeführt, dass auch den Zusammenschluss von gleichartigen, grundsätzlich zueinander in Konkurrenz stehenden Unternehmen, deren Kapazitäten, technische Einrichtungen und fachlichen Kenntnisse ausreichen würden, den Auftrag selbstständig auszuführen, nicht per se unzulässig ist.[20] Vorstehendes soll jedenfalls dann geltend, wenn die Entscheidung über den Zusammenschluss „**subjektiv**" in der Erkenntnis getroffen wurde, dass eine selbstständige Teilnahme an der Ausschreibung *„wirtschaftlich nicht zweckmäßig und kaufmännisch nicht vernünftig wäre"*.[21] Unter Berücksichtigung dieser Entscheidung kam es für die Beurteilung der Zulässigkeit einer Bietergemeinschaft entscheidend darauf an, ob der Entschluss zum Zusammenschluss für auch nur eines der beteiligten Unternehmen keine, im Rahmen zweckmäßigen und kaufmännisch vernünftigen Handelns liegende Entscheidung ist.[22] Die Gründe für die wirtschaftliche Zweckmäßigkeit und kaufmännische Vernünftigkeit müssen allerdings anhand von Fakten belegbar und objektiv nachvollziehbar sein.[23]

Das OLG Düsseldorf hat zuletzt zutreffend ausgeführt, dass der Zusammenschluss von konkurrierenden Unternehmen, die für sich genommen leistungsfähig sind, wettbewerbsunschädlich sein kann. Voraussetzung dafür ist, dass im Rahmen einer wirtschaftlich zweckmäßigen und kaufmännisch vernünftigen Entscheidung erst der Zusammenschluss **ein erfolgversprechendes Angebot** ermöglicht.[24] Die Entscheidung eines Unternehmens, sich als Mitglied einer Bietergemeinschaft an einer

---

[16] OLG Düsseldorf Beschl. v. 17.12.2014 – VII-Verg 22/14, BeckRS 2015, 00626.
[17] OLG Düsseldorf Beschl. v. 17.12.2014 – VII-Verg 22/14; NZBau 2015, 176; VK Rheinland Beschl. v. 11.2.2015 – VK VOB 32/2014, IBRRS 2015, 0664. Das OLG Düsseldorf führte im Rahmen einer Entscheidung im Jahr 2011 noch aus, dass die Verabredung einer Bietergemeinschaft in Bezug auf eine Auftragsvergabe im Allgemeinen die gegenseitige Verpflichtung einschließt, von eigenen Angeboten abzusehen und mit anderen Unternehmen nicht zusammenzuarbeiten, was grundsätzlich den Tatbestand einer Wettbewerbsbeschränkung iSd § 1 GWB erfülle. Inwieweit eine Bietergemeinschaft wettbewerbsunschädlich ist, müsse dann im Einzelfall geprüft werden: OLG Düsseldorf Beschl. v. 9.11.2011 – VII-Verg 35/11, NZBau 2012, 252.
[18] *Schulte* ZfBR 2013, 223 (224).
[19] *Schulte* ZfBR 2013, 223 (223); so auch *Jäger/Graef* NZBau 2012, 213 (214).
[20] BGH Urt. v. 13.12.1983 – KRB 3/83, GRUR 1984, 379.
[21] BGH Urt. v. 13.12.1983 – KRB 3/83, GRUR 1984, 379.
[22] OLG Koblenz Beschl. v. 29.12.2004 – 1 Verg 6/04, ZfBR 2005, 407.
[23] *Jäger/Graef* NZBau 2012, 213 (215): Nicht anerkannt werden von jedem Unternehmen verfolgte Ziele, wie bspw. die Maximierung der erzielbaren Vergütung.
[24] OLG Düsseldorf Beschl. v. 8.6.2016 – Verg 3/16, BeckRS 2016, 13184.

Ausschreibung zu beteiligen, unterliegt der Einschätzungsprärogative der beteiligten Unternehmen, die nur beschränkt auf die Einhaltung ihrer Grenzen kontrollierbar ist. Allerdings muss diese auf **objektiven Anhaltspunkten** beruhen, deren Vorliegen uneingeschränkt zu überprüfen ist.[25]

10   Die Bietergemeinschaft muss auf Aufforderung des Auftraggebers darlegen, dass ihre Bildung nicht gegen § 1 GWB verstößt. Diese **Darlegung** muss jedoch nicht schon mit der Abgabe des Angebots erfolgen, weil es gerade keine Vermutung gem. § 1 GWB dahingehend gibt, dass eine Bietergemeinschaft eine Verhinderung, Einschränkung oder Verfälschung des Wettbewerbs bezweckt oder bewirkt.[26] Liegen zureichende Anhaltspunkte für einen Verstoß vor, weil es sich um konkurrierende Unternehmen handelt, bei denen nicht ersichtlich ist, weshalb diese objektiv nicht in der Lage waren, ein eigenes Angebot abzugeben, muss der Auftraggeber eine entsprechende Darlegung verlangen.

11   **b) Ausschluss wegen vorsätzlich unzutreffender Erklärungen (Abs. 1 Nr. 10).** Gemäß § 16 Abs. 1 Nr. 10 sind Angebote von Bietern auszuschließen, die im Vergabeverfahren vorsätzlich unzutreffende Erklärungen **in Bezug auf ihre Fachkunde, Leistungsfähigkeit und Zuverlässigkeit** abgegeben haben. Eine vorsätzlich unzutreffende Erklärung liegt nur vor, wenn die Erklärung gewollt und in voller Kenntnis der Fehlerhaftigkeit abgegeben wurde.[27] Dem steht es gleich, wenn Bieter unrichtige Behauptungen ohne tatsächliche Grundlage „*ins Blaue hinein*" aufstellen.[28] Dies gilt jedenfalls dann, wenn Erklärungen abgegeben werden, ohne tatsächliche Kenntnis vom Erklärten zu haben und dieser Umstand dem Erklärungsempfänger verschwiegen wird. Im Fall der Eignungsleihe führen auch vorsätzlich **falsche Angaben des Nachunternehmers** zum Angebotsausschluss nach § 16 Abs. 1 Nr. 10.[29] Der Auftraggeber ist nach § 16b Abs. 1 auch zur Prüfung der Eignung von Nachunternehmern verpflichtet, da diese einen Teil der vom Auftragnehmer zu erbringenden Leistungen ausführen werden. Insoweit müssen Nachunternehmer für die zu übernehmenden Teile der Leistung in fachlicher, persönlicher und wirtschaftlicher Hinsicht denselben Eignungsanforderungen genügen wie der Auftragnehmer.[30] Unerheblich ist dabei, ob der Bieter Kenntnis von den falschen Angaben des Nachunternehmers hat, solange dieser die Erklärung selbst vorsätzlich abgegeben hat. Der Bieter muss sich die Falschangaben des Nachunternehmers zurechnen lassen.

12   Dem Wortlaut „*im Vergabeverfahren*" lässt sich nicht eindeutig entnehmen, ob nur vorsätzlich unzutreffende Erklärungen **im laufenden Vergabeverfahren** oder auch **aus früheren Vergabeverfahren** vom Ausschlussgrund erfasst sind. Für die Erfassung von Vorstößen aus vorangegangenen Vergabeverfahren spricht, dass es sich bei vorsätzlichen Falschangaben um einen schwerwiegenden Verstoß handelt, der das **Vertrauensverhältnis** zwischen Bieter und Auftraggeber auch über das laufende Vergabeverfahren hinaus erschüttern kann und – je nach Schwere des Verstoßes – geeignet ist, über einen längeren Zeitraum Zweifel an der Zuverlässigkeit des Bieters zu begründen.[31] Der Ausschlusstatbestand gehört allerdings seit der Neufassung der VOB/A in 2009 zu den zwingenden Ausschlussgründen, sodass dem Auftraggeber kein Ermessen mehr zur Seite steht. Für einen Abwägungsvorgang durch den Auftraggeber, insbesondere für Verhältnismäßigkeitserwägungen ist somit kein Raum. Die Berücksichtigung von Falschangaben aus früheren Vergabeverfahren würde folglich zu längerfristigen Auftragssperren für den Bieter führen, ohne dass die Entscheidung über den Angebotsausschluss einer Verhältnismäßigkeitsprüfung zugänglich wäre. Die schwerwiegende Täuschung eines Unternehmens in Bezug auf Ausschlussgründe oder Eignungskriterien stellt dagegen oberhalb der Schwellenwerte einen fakultativen Ausschlussgrund dar (§ 6e EU Abs. 6 Nr. 8). Zum

---

[25] OLG Düsseldorf Beschl. v. 8.6.2016 – Verg 3/16, BeckRS 2016, 13184: Gegenstand der Ausschreibung waren Rabattvereinbarungen nach § 130a Abs. 8 SGB V, wobei Zuschlagskriterium die Wirtschaftlichkeit des Rabatt-ApU festgelegt wurde. Dieser wird anhand der Gesamtwirtschaftlichkeitsmaßzahl ermittelt. Für die Erfolgsaussichten des Angebots war die Sortimentsabdeckung von entscheidender Bedeutung. Hier führt die Bildung von Bietergemeinschaften von Unternehmen, deren Sortimentsbreite unter der potenzieller Wettbewerber liegt, dazu, dass überhaupt erst ein Angebot abgegeben werden kann, welches Aussicht auf Zuschlagserteilung hat. Das OLG Düsseldorf hat ausgeführt, dass es jedenfalls im Rahmen einer wirtschaftlich zweckmäßig und kaufmännisch vernünftigen Entscheidung vertretbar war, dass sich die Unternehmen mit dem Ziel zusammengeschlossen haben, eine Sortimentsbreite zu erreichen, die sich der des leistungsstärksten Wettbewerbers nähert.
[26] OLG Saarbrücken Beschl. v. 27.6.2016 – 1 Verg 2/16, IBRRS 2016, 2618.
[27] VK Hessen Beschl. v. 18.8.2016 – 69d-VK-05/2016; BeckRS 2016, 113042.
[28] So auch Ingenstau/Korbion/*von Wietersheim* Rn. 36.
[29] OLG Frankfurt a. M. Beschl. v. 11.10.2016 – 11 Verg 12/16, NZBau 2017, 183; OLG Düsseldorf Beschl. v. 16.11.2011 – Verg 60/11, ZfBR 2012, 179.
[30] OLG Düsseldorf Beschl. v. 16.11.2011 – Verg 60/11, ZfBR 2012, 179; VK Hessen Beschl. v. 18.8.2016 – 69d-VK-05/2016; BeckRS 2016, 113042.
[31] Ingenstau/Korbion/*von Wietersheim* Rn. 38; OLG Celle Beschl. v. 8.12.2005 – 13 Verg 2/05; NZBau 2006, 197.

einen ist der Auftraggeber hier im Rahmen seiner Ermessensausübung an den Grundsatz der Verhältnismäßigkeit gebunden, zum anderen gewährt § 6f EU den Unternehmen die Möglichkeit der Selbstreinigung. Schließlich darf ein Unternehmen, welches keine ausreichenden Sanierungsmaßnahmen ergreift, bei Vorliegen eines zwingenden Ausschlussgrundes höchstens für einen Zeitraum von fünf Jahren und bei Vorliegen eines fakultativen Ausschlussgrundes von drei Jahren von der Teilnahme am Vergabeverfahren ausgeschlossen werden. Die unterschiedliche Handhabung bei Falschangaben/Täuschungen in Bezug auf Eignungskriterien im Bereich oberhalb und unterhalb der Schwellenwerte ist nicht nachvollziehbar. Da die Möglichkeit der Selbstreinigung bei Vergaben unterhalb der Schwellenwerte zwar nunmehr in § 6a Abs. 1 und 2 vorgesehen ist, der Verweis sich aber auf die Beurteilung der Zuverlässigkeit des Bewerbers/Bieters bezieht, und auch entsprechende Regelungen zu einer zeitlichen Begrenzung in Bezug auf die Berücksichtigung von Verstößen fehlen, spricht einiges für eine enge Auslegung von § 16 Abs. 1 Nr. 8 und somit die Beschränkung auf Falschangaben im laufenden Vergabeverfahren. Folgt man der Auffassung, dass Verstöße aus vorangegangenen Vergabeverfahren ebenfalls erfasst sind, ist eine zeitliche Begrenzung zwingend erforderlich.[32]

2. Fakultative Ausschlussgründe. Des Weiteren hat der Auftraggeber nach § 16 Abs. 2 die 13 Möglichkeit, Angebote von Bietern auszuschließen, die einen oder mehrere der in § 16 Abs. 2 Nr. 1–5 geregelten Ausschlussgründe erfüllen. Systematisch handelt es sich um eine vorgezogene Eignungsprüfung, beschränkt auf die in § 16 Abs. 2 Nr. 1–5 geregelten Aspekte.[33] Der Bewerber/ Bieter muss zum Nachweis der Eignung zu den in § 16 Abs. 2 aufgezählten Ausschlussgründen nach § 6a Abs. 2 Nr. 5–9 Angaben machen. Die Erfüllung eines oder mehrerer Tatbestände führt dabei nicht zwingend zum Angebotsausschluss. Dem Auftraggeber steht bei der **Prognoseentscheidung**, ob der Bieter trotz des Vorliegens eines oder mehrerer zum Ausschluss berechtigender Gründe noch genügend fachkundig, leistungsfähig und zuverlässig ist und damit die erforderliche Eignung aufweist, ein **Beurteilungs- und Ermessensspielraum** zu.[34] Dieser kann von den Nachprüfungsinstanzen nur daraufhin überprüft werden, ob das vorgeschriebene Verfahren eingehalten und der zugrunde gelegte Sachverhalt vollständig und zutreffend ermittelt worden ist, keine sachwidrigen Erwägungen angestellt wurden und der Auftraggeber nicht gegen allgemeine Bewertungsgrundsätze verstoßen hat.[35]

Hinsichtlich der einzelnen Ausschlusstatbestände wird auf die Kommentierung zu § 6a Abs. 2 14 Nr. 5–9 (→ § 6a Rn. 72 ff.) verwiesen.

§ 16a Nachforderung von Unterlagen

(1) ¹**Der Auftraggeber muss Bieter, die für den Zuschlag in Betracht kommen, unter Einhaltung der Grundsätze der Transparenz und Gleichbehandlung auffordern, fehlende, unvollständige oder fehlerhafte unternehmensbezogene Unterlagen – insbesondere Erklärungen, Angaben oder Nachweise – nachzureichen, zu vervollständigen oder zu korrigieren, oder fehlende oder unvollständige leistungsbezogene Unterlagen – insbesondere Erklärungen, Produkt- und sonstige Angaben oder Nachweise – nachzureichen oder zu vervollständigen (Nachforderung), es sei denn, er hat von seinem Recht aus Absatz 3 Gebrauch gemacht. ²Es sind nur Unterlagen nachzufordern, die bereits mit dem Angebot vorzulegen waren.**

(2) ¹**Fehlende Preisangaben dürfen nicht nachgefordert werden.** ²**Angebote, die den Bestimmungen des § 13 Absatz 1 Nummer 3 nicht entsprechen, sind auszuschließen.** ³**Dies gilt nicht für Angebote, bei denen lediglich in unwesentlichen Positionen die Angabe des Preises fehlt und sowohl durch die Außerachtlassung dieser Positionen der Wettbewerb und die Wertungsreihenfolge nicht beeinträchtigt werden als auch bei der Wertung dieser Positionen mit dem jeweils höchsten Wettbewerbspreis.** ⁴**Hierbei wird nur auf den Preis ohne Berücksichtigung etwaiger Nebenangebote abgestellt.** ⁵**Der Auftraggeber fordert den Bieter nach Maßgabe von Absatz 1 auf, die fehlenden Preispositionen zu ergänzen.** ⁶**Die Sätze 3 bis 5 gelten nicht, wenn der Auftraggeber das Nachfordern von Preisangaben gemäß Absatz 3 ausgeschlossen hat.**

(3) Der Auftraggeber kann in der Auftragsbekanntmachung oder den Vergabeunterlagen festlegen, dass er keine Unterlagen oder Preisangaben nachfordern wird.

---
[32] Ingenstau/Korbion/*von Wietersheim* Rn. 38 zieht als Richtwert einen Zeitraum von drei Jahren heran.
[33] Kapellmann/Messerschmidt/*Frister* Rn. 49.
[34] Ingenstau/Korbion/*von Wietersheim* Rn. 41; Kapellmann/Messerschmidt/*Frister* Rn. 49.
[35] OLG Düsseldorf Beschl. v. 6.5.2011 – Verg 26/11, BeckRS 2011, 18447.

(4) ¹Die Unterlagen oder fehlenden Preisangaben sind vom Bewerber oder Bieter nach Aufforderung durch den Auftraggeber innerhalb einer angemessenen, nach dem Kalender bestimmten Frist vorzulegen. ²Die Frist soll sechs Kalendertage nicht übersteigen.

(5) Werden die nachgeforderten Unterlagen nicht innerhalb dieser Frist vorgelegt, ist das Angebot auszuschließen.

(6) Die Absätze 1, 3, 4 und 5 gelten für den Teilnahmewettbewerb entsprechend.

1 § 16a ist, bis auf kleine redaktionelle Unterschiede, wortgleich zu § 16a EU. Auf die Kommentierung zu § 16a EU kann daher verwiesen werden (→ § 16a EU Rn. 1 ff.).

§ 16b Eignung

(1) Bei Öffentlicher Ausschreibung ist zunächst die Eignung der Bieter zu prüfen. Dabei sind anhand der vorgelegten Nachweise die Angebote der Bieter auszuwählen, deren Eignung die für die Erfüllung der vertraglichen Verpflichtungen notwendigen Sicherheiten bietet; dies bedeutet, dass sie die erforderliche Fachkunde, Leistungsfähigkeit und Zuverlässigkeit besitzen und über ausreichende technische und wirtschaftliche Mittel verfügen.

(2) Abweichend von Absatz 1 können die Angebote zuerst geprüft werden, sofern sichergestellt ist, dass die anschließende Prüfung der Eignung unparteiisch und transparent erfolgt.

(3) Bei Beschränkter Ausschreibung und Freihändiger Vergabe sind nur Umstände zu berücksichtigen, die nach Aufforderung zur Angebotsabgabe Zweifel an der Eignung des Bieters begründen (vgl. § 6b Absatz 4).

1 Die Durchführung der Eignungsprüfung für Vergaben unterhalb der Schwellenwerte ist in § 16b geregelt. § 16b VOB/A 2019 wurde durch Einfügen des Abs. 2 insoweit an § 16b EU angepasst, als die Angebotsprüfung vor der Eignungsprüfung erlaubt ist, sofern sichergestellt ist, dass die anschließende Prüfung der Eignung unparteiisch und transparent erfolgt. Die im Rahmen der Vergaberechtsreform 2016 für den Oberschwellenbereich vorgenommene Änderung der Eignungsprüfung in der Form, dass die Prüfung der Zuverlässigkeit durch die Prüfung des Nichtvorliegens von Ausschlussgründen (§§ 123, 124 GWB) ersetzt wird, wurde für den Bereich unterhalb der Schwellenwerte nicht übernommen.

2 Gemäß § 2 Abs. 1 Nr. 1 werden Bauleistungen an fachkundige, leistungsfähige und **zuverlässige** Unternehmen vergeben. Im Gegensatz zu Vergaben im Oberschwellenbereich gilt im Unterschwellenbereich noch der dreigliedrige Eignungsbegriff. Neben der Fachkunde und Leistungsfähigkeit ist somit die Zuverlässigkeit zu prüfen. Als zuverlässig ist ein Bieter anzusehen, wenn er Gewähr dafür bietet, die ausgeschriebene Leistung sorgfältig und ordnungsgemäß zu erbringen und er seinen gesetzlichen Verpflichtungen nachgekommen ist (→ § 2 Rn. 26 f.). Die Zuverlässigkeit ist immer mit Blick auf die ausgeschriebene Leistung zu beurteilen. Die Prüfung erfordert eine **Prognoseentscheidung,** die aufgrund eines in der Vergangenheit liegenden Verhaltens des Bieters im Berufs- und Arbeitsleben erfolgt, aber eine Bewertung dahingehend erfordert, inwieweit dieser die von ihm jetzt angebotene Leistung vertragsgemäß erbringen wird. Hierbei steht dem Auftraggeber ein Beurteilungsspielraum zu. An dieser Stelle kann auf die Kommentierung zu § 16b EU verwiesen werden (→ § 16b EU Rn. 6).

3 Im Hinblick auf die Eignungsnachweise kann der öffentliche Auftraggeber gem. § 6a Abs. 3 über die in § 6a Abs. 2 genannten Angaben hinaus auch andere, auf den konkreten Auftrag bezogene zusätzliche, insbesondere für die Prüfung der Fachkunde **geeignete Angaben** verlangen. Die Aufzählung unter Abs. 2 ist somit **nicht abschließend.** Dem Auftraggeber steht hinsichtlich der Frage, was durch den Auftragsgegenstand gerechtfertigt und ihm angemessen ist, ein Beurteilungsspielraum zu. Er darf diejenigen Eignungsnachweise fordern, die er zur Sicherstellung seines Erfüllungsinteresses für erforderlich hält, die mit den gesetzlichen Bestimmungen im Einklang stehen und die nicht unverhältnismäßig, nicht unangemessen und für die Bieter nicht unzumutbar sind (→ § 6a Rn. 124 ff.).

4 Bei Beschränkter Ausschreibung und Freihändiger Vergabe erfolgt die Eignungsprüfung vor Aufforderung zur Angebotsabgabe – der Auftraggeber hat mit der Auswahl der geeigneten Unternehmen folglich bereits eine Entscheidung über die Eignung getroffen. Insoweit sind bei diesen Ausschreibungen nach § 16b nur neue oder erst später bekannt gewordene Umstände zu berücksichtigen, die nach Aufforderung zur Angebotsabgabe **Zweifel** an der Eignung des Bieters begründen

Wertung § 16d VOB/A

(→ § 16b EU Rn. 9). Der Auftraggeber darf Aufträge nur an fachkundige, leistungsfähige und zuverlässige Unternehmen vergeben. Bei beschränkter Ausschreibung und Freihändiger Vergabe ist er aber nach Aufforderung zur Angebotsabgabe – bei Zugrundelegung des unveränderten Sachverhalts bzw. der gleichen Entscheidungsgrundlage – an seine einmal getroffene Entscheidung gebunden. Nur neue Umstände bzw. erst später bekannt gewordene, die demnach nicht mit in die abgeschlossene Eignungsprüfung eingeflossen sind und die Zweifel an der Eignung begründen, können Berücksichtigung finden.

§ 16c Prüfung

(1) Die nicht ausgeschlossenen Angebote geeigneter Bieter sind auf die Einhaltung der gestellten Anforderungen, insbesondere in rechnerischer, technischer und wirtschaftlicher Hinsicht zu prüfen.

(2)
1. Entspricht der Gesamtbetrag einer Ordnungszahl (Position) nicht dem Ergebnis der Multiplikation von Mengenansatz und Einheitspreis, so ist der Einheitspreis maßgebend.
2. Bei Vergabe für eine Pauschalsumme gilt diese ohne Rücksicht auf etwa angegebene Einzelpreise.
3. Die Nummern 1 und 2 gelten auch bei Freihändiger Vergabe.

(3) Die aufgrund der Prüfung festgestellten Angebotsendsummen sind in der Niederschrift über den Öffnungstermin zu vermerken.

§ 16c ist im Wesentlichen identisch mit § 16c EU, weshalb auf die dortige Kommentierung **1** verwiesen wird (→ § 16c EU Rn. 1 ff.). Die in § 16c EU Abs. 1 S. 2 enthaltene Regelung zur Nachweisführung in Bezug auf die Einhaltung spezifischer umweltbezogener, sozialer und sonstiger Merkmale findet sich in § 16c Abs. 1 nicht. In § 16c Abs. 2 Nr. 3 wird klargestellt, dass Nr. 1 und 2 auch bei Freihändiger Vergabe gelten.

§ 16d Wertung

(1)
1. Auf ein Angebot mit einem unangemessen hohen oder niedrigen Preis darf der Zuschlag nicht erteilt werden.
2. [1]Erscheint ein Angebotspreis unangemessen niedrig und ist anhand vorliegender Unterlagen über die Preisermittlung die Angemessenheit nicht zu beurteilen, ist in Textform vom Bieter Aufklärung über die Ermittlung der Preise für die Gesamtleistung oder für Teilleistungen zu verlangen, gegebenenfalls unter Festlegung einer zumutbaren Antwortfrist. [2]Bei der Beurteilung der Angemessenheit sind die Wirtschaftlichkeit des Bauverfahrens, die gewählten technischen Lösungen oder sonstige günstige Ausführungsbedingungen zu berücksichtigen.
3. [1]In die engere Wahl kommen nur solche Angebote, die unter Berücksichtigung rationellen Baubetriebs und sparsamer Wirtschaftsführung eine einwandfreie Ausführung einschließlich Haftung für Mängelansprüche erwarten lassen.
4. [1]Der Zuschlag wird auf das wirtschaftlichste Angebot erteilt. [2]Grundlage dafür ist eine Bewertung des Auftraggebers, ob und inwieweit das Angebot die vorgegebenen Zuschlagskriterien erfüllt. [3]Das wirtschaftlichste Angebot bestimmt sich nach dem besten Preis-Leistungs-Verhältnis. [4]Zu dessen Ermittlung können neben dem Preis oder den Kosten auch qualitative, umweltbezogene oder soziale Aspekte berücksichtigt werden.
5. [1]Es dürfen nur Zuschlagskriterien und gegebenenfalls deren Gewichtung berücksichtigt werden, die in der Auftragsbekanntmachung oder in den Vergabeunterlagen genannt sind. [2]Zuschlagskriterien können neben dem Preis und den Kosten insbesondere sein:
   a) Qualität einschließlich technischer Wert, Ästhetik, Zweckmäßigkeit, Zugänglichkeit, Design für alle, soziale, umweltbezogene und innovative Eigenschaften;
   b) Organisation, Qualifikation und Erfahrung des mit der Ausführung des Auftrags betrauten Personals, wenn die Qualität des eingesetzten Personals erheblichen Einfluss auf das Niveau der Auftragsausführung haben kann, oder
   c) Kundendienst und technische Hilfe sowie Ausführungsfrist.

6. Die Zuschlagskriterien müssen mit dem Auftragsgegenstand in Verbindung stehen.
7. Zuschlagskriterien stehen mit dem Auftragsgegenstand in Verbindung, wenn sie sich in irgendeiner Hinsicht und in irgendeinem Lebenszyklus-Stadium auf diesen beziehen, auch wenn derartige Faktoren sich nicht auf die materiellen Eigenschaften des Auftragsgegenstandes auswirken.

²Die Zuschlagskriterien müssen so festgelegt und bestimmt sein, dass die Möglichkeit eines wirksamen Wettbewerbs gewährleistet wird, der Zuschlag nicht willkürlich erteilt werden kann und eine wirksame Überprüfung möglich ist, ob und inwieweit die Angebote die Zuschlagskriterien erfüllen. ³Es können auch Festpreise oder Festkosten vorgegeben werden, sodass der Wettbewerb nur über die Qualität stattfindet.

(2) Ein Angebot nach § 13 Absatz 2 ist wie ein Hauptangebot zu werten.

(3) Nebenangebote sind zu werten, es sei denn, der Auftraggeber hat sie in der Bekanntmachung oder in den Vergabeunterlagen nicht zugelassen.

(4) ¹Preisnachlässe ohne Bedingung sind nicht zu werten, wenn sie nicht an der vom Auftraggeber nach § 13 Absatz 4 bezeichneten Stelle aufgeführt sind. ²Unaufgefordert angebotene Preisnachlässe mit Bedingungen für die Zahlungsfrist (Skonti) werden bei der Wertung der Angebote nicht berücksichtigt.

(5) ¹Die Bestimmungen von Absatz 1 und § 16b gelten auch bei Freihändiger Vergabe. ²Die Absätze 2 bis 4, § 16 Absatz 1 und § 6 Absatz 2 sind entsprechend auch bei Freihändiger Vergabe anzuwenden.

Schrifttum: vgl. die Angaben bei § 16d EU.

Übersicht

	Rn.			Rn.
I. Überblick	1	IV.	Wertung von Nebenangeboten (Abs. 3)	8
II. Preisprüfung (Abs. 1 Nr. 1 und 2)	3			
III. Wertung	5	1.	Unterschied zu § 16d EU	8
1. Inhaltlicher Unterschied zu § 16d EU weggefallen	5	2.	Preis als alleiniges Zuschlagskriterium	9
		3.	Nebenangebot nur mit Hauptangebot	10
2. Festlegung von Zuschlagskriterien (Abs. 1 Nr. 5)	6	4.	Gleichwertigkeitsprüfung	11

I. Überblick

1 Regelungsgegenstand von § 16d ist die **Wertung** derjenigen Angebote, die nicht nach den §§ 16, 16a Abs. 5 auszuschließen sind und bei denen die Eignungsprüfung zugunsten der jeweiligen Bieter ausgefallen ist.

2 Nachdem § 16d in der VOB/A 2016 in einem größeren Maße von § 16d EU abwich, als dies im Vergleich der §§ 16 und 16 EG der Fall war, sind beide Vorschriften mit der VOB/A 2019 einander wieder stärker angenähert worden, sodass die Regelungen für den Unter- und den Oberschwellenbereich sich im Wesentlichen entsprechen.¹ In den ersten Abschnitt übernommen wurden die ausdifferenzierten Regelungen zu den Zuschlagskriterien, einschließlich der natürlich bereits zuvor gültigen Festlegung, dass auch unterhalb der Schwellenwerte nur solche Zuschlagskriterien für die Wertung herangezogen werden dürfen, die in der Auftragsbekanntmachung oder in den Vergabeunterlagen genannt sind. Darüber hinaus können jetzt auch im Unterschwellenbereich die Organisation, Qualifikation und Erfahrung des mit der Ausführung des Auftrags betrauten Personals als Zuschlagskriterium verwendet werden, wenn die Qualität des eingesetzten Personals erheblichen Einfluss auf das Niveau der Auftragsausführung haben kann. Keinen Eingang in den ersten Abschnitt haben hingegen die Regelungen zu Angeboten, die aufgrund staatlicher Beihilfen ungewöhnlich niedrig sind (§ 16d EU Abs. 1 Nr. 3), und zu den Lebenszykluskosten gem. § 16d EU Abs. 2 gefunden, während die in § 16d EU fehlende Wertung der Nebenangebote nach Abs. 3 in § 16d verblieben ist (→ § 16d EU Rn. 58 ff.). Daher wird an dieser Stelle grundsätzlich auf die Kommentierung des

---

¹ Ziekow/Völlink/*Steck* Rn. 1.

IV. Wertung von Nebenangeboten (Abs. 3)　　　　　　　　　　3–8　§ 16d VOB/A

§ 16d EU verwiesen (→ § 16d EU Rn. 1 ff.). Nachstehend erfolgt eine Erläuterung nur insoweit, als sich § 16d von § 16d EU inhaltlich unterscheidet.

II. Preisprüfung (Abs. 1 Nr. 1 und 2)

Die Regelungen in § 16d Abs. 1 Nr. 1 und Nr. 2 entsprechen weitgehend § 16d EU Abs. 1 **3** Nr. 1 und Nr. 2. Im Unterschied zu § 16d EU Abs. 1 Nr. 1 ist die Prüfung der Angemessenheit allerdings auf den **Angebotspreis** beschränkt. Die **Angemessenheit der Kosten** ist bei der Preisprüfung **nicht zu berücksichtigen.** Des Weiteren hat die Regelung in § 16d EU Abs. 1 Nr. 1 S. 2, wonach der Auftraggeber ein Angebot ablehnt, das unangemessen niedrig ist, weil es den geltenden **umwelt-, sozial- und arbeitsrechtlichen Anforderungen** nicht genügt, keine Entsprechung in § 16d Abs. 1 Nr. 1. Darüber hinaus fordert Abs. 1 Nr. 2 – anders als § 16d EU Abs. 1 Nr. 2 – seinem Wortlaut nach vom Auftraggeber nicht, vom Bieter **vor Ablehnung** des Angebots Aufklärung zu verlangen. Ein inhaltlicher Unterschied dürfte damit nicht verbunden sein, da eine erst nach erfolgter Ablehnung durchgeführte Aufklärung auch im Unterschwellenbereich wenig Sinn ergibt.[2] Ein Ausschluss kann folglich erst nach gebotener Aufklärung erfolgen.

Anders als § 16d EU Abs. 1 Nr. 2 finden sich in § 16d Abs. 1 Nr. 2 S. 2 **Richtpunkte,** die bei **4** der Beurteilung der Angemessenheit zu berücksichtigen sind.[3] Danach sind bei der Beurteilung der Angemessenheit die Wirtschaftlichkeit des Bauverfahrens, die gewählten technischen Lösungen oder sonstige günstige Ausführungsbedingungen in die Bewertung einzustellen. Die Angemessenheitsprüfung gestaltet sich im Übrigen aber wie in § 16d EU Abs. 1 Nr. 2.[4]

III. Wertung

1. Inhaltlicher Unterschied zu § 16d EU weggefallen. Im Ergebnis der Neufassung des **5** Abs. 1 Nr. 4 beschränkt sich der Unterschied zum Abschnitt 2 darin, dass die parallele Vorschrift dort in § 16d EU Abs. 2 Nr. 1 enthalten ist.

2. Festlegung von Zuschlagskriterien (Abs. 1 Nr. 5). Ähnliches gilt für § 16d Abs. 1 Nr. 5, **6** der seine wörtliche Entsprechung in § 16d EU Abs. 2 Nr. 2 hat.

Mit der Neufassung dürfte sich die Rechtsprechung des BGH überholt haben, wonach es **7** genügen sollte, wenn die Bieter die objektiv vorgesehenen Kriterien den Vergabeunterlagen entnehmen können.[5] Dieser Rechtsprechung war ohnehin mit Vorsicht zu begegnen, da es in den meisten Fällen, in denen der Zuschlag nicht allein auf Grundlage des niedrigsten Preises erteilt werden soll, **kaum möglich sein dürfte,** das wirtschaftlichste Angebot willkürfrei zu bestimmen, ohne Wertungskriterien vorab festzulegen.[6] Auch hat sich nicht erschlossen, weshalb sich bei Unterschwellenvergaben – in den Worten des BGH – „vielfach ... objektiv bestimmen lassen und folglich für die anbietenden und deshalb sachkundigen Unternehmen auf der Hand liegen [wird], welche der in § 16d Abs. 1 Nr. 3 S. 2 VOB/A 2016 aufgeführten Wertungskriterien nach den gesamten Umständen insbesondere nach Art des zu beschaffenden Gegenstands in Betracht kommen, und deshalb keine Gefahr einer intransparenten Vergabeentscheidung besteht", bei Oberschwellenvergaben hingegen nicht.

IV. Wertung von Nebenangeboten (Abs. 3)

1. Unterschied zu § 16d EU. Der offensichtlichste Unterschied zwischen den Abschnitten 1 **8** und 2 besteht in Bezug auf die Wertung von Nebenangeboten (zum Begriff des Nebenangebots → § 13 Rn. 95 ff.). Während der öffentliche Auftraggeber bei Oberschwellenvergaben Nebenangebote gem. § 8 EU Abs. 2 Nr. 3 ausdrücklich zulassen muss, wenn sie gewertet werden sollen, ist das Verhältnis in Abschnitt 1 genau umgekehrt: Nach Abs. 3 müssen Nebenangebote gewertet werden, wenn sie nicht ausdrücklich ausgeschlossen wurden. Gleichwohl ist der öffentliche Auftraggeber gem. § 12 Abs. 1 Nr. 2 lit. j gehalten, Angaben zur Zulässigkeit von Nebenangeboten zu machen. Darüber hinaus bedarf es nach der Rechtsprechung des BGH keiner Festlegung von Mindestkriterien.[7]

---

[2] Kapellmann/Messerschmidt/*Frister* 16d EU Rn. 7.
[3] Ingenstau/Korbion/*von Wietersheim* Rn. 10.
[4] Ziekow/Völlink/*Steck* Rn. 4.
[5] BGH Urt. v. 10.5.2016 – X ZR 66/15, NZBau 2016, 576.
[6] So auch Kapellmann/Messerschmidt/*Frister* Rn. 23, zuvor schon skeptisch *Leinemann* VPR 2016, 195. Im vom BGH entschiedenen Fall war der Preis das einzige Zuschlagskriterium.
[7] BGH Urt. v. 10.5.2016 – X ZR 66/15, NZBau 2016, 576.

9 **2. Preis als alleiniges Zuschlagskriterium.** Nachdem der BGH in seinem Urteil zur „Stadtbahn Gera" entschieden hatte, dass sowohl bei Vergaben oberhalb als auch bei Unterschwellenvergaben die Wertung von Nebenangeboten ausscheide, wenn der Preis das alleinige Zuschlagskriterium darstellt, gestattet § 8 Abs. 2 Nr. 3 S. 3 dies auch für den Abschnitt 1 ausdrücklich (→ § 8 Rn. 75 f.).[8] Allerdings enthält der mit der VOB/A 2019 neu hinzugekommene § 8 Abs. 2 Nr. 3 S. 2 den Warnhinweis an den Auftraggeber, dass die Zuschlagskriterien so festzulegen sind, dass sie sowohl auf Hauptangebote als auch auf Nebenangebote anwendbar sind.

10 **3. Nebenangebot nur mit Hauptangebot.** Da der öffentliche Auftraggeber gem. § 8 Abs. 2 Nr. 3 lit. b festlegen muss, ob der Nebenangebote ausnahmsweise nur in Verbindung mit einem Hauptangebot zulässt, ist er an diese Festlegung im Rahmen der Angebotswertung gebunden. Fehlt es daher an einem Hauptangebot, obwohl dies zwingend hätte vorgelegt werden müssen, kann das Nebenangebot nicht gewertet werden. Dies gilt im Übrigen auch, wenn das Hauptangebot nicht wertbar ist.[9]

11 **4. Gleichwertigkeitsprüfung.** Ein zentraler Streitpunkt im Zusammenhang mit der Wertung von Nebenangeboten war lange die Frage, ob Nebenangebote „gleichwertig" zu den Hauptangeboten sein müssen.[10] Der BGH hat diese Frage in der „Stadtbahn-Gera"-Entscheidung dahingehend beantwortet, dass für Vergaben oberhalb der EU-Schwellenwerte keine Gleichwertigkeitsprüfung erfolgen dürfe.[11] Eine höchstrichterliche Entscheidung zur Rechtslage bei Unterschwellenvergaben liegt indessen noch nicht vor. Allerdings lassen mehrere Urteile zu Schadenersatzansprüchen enttäuschter Bieter erkennen, dass der BGH insoweit eine andere Auffassung vertritt als für EU-weite Vergaben. Im Urteil vom 10.5.2016 wird zumindest nicht beanstandet, dass der Auftraggeber gemäß den Bewerbungsbedingungen prüfen musste, ob Nebenangebote im Vergleich zur Leistungsbeschreibung qualitativ und quantitativ gleichwertig sind.[12] In diesem Zusammenhang ebenfalls zu nennen wäre die „Ortbetonschacht"-Entscheidung vom 23.3.2011, der zufolge es keinen rechtlichen Bedenken begegnete, dass das Berufungsgericht für den Vergleich des Nebenangebots mit dem Leistungsverzeichnis dieselben Kriterien heranzog, die gemäß den genannten Bestimmungen für Abweichungen von den technischen Spezifikationen innerhalb eines Hauptangebots gelten.[13] Der hierfür geltende Maßstab ist eben gem. § 13 Abs. 2 die Gleichwertigkeit.

§ 17 Aufhebung der Ausschreibung

(1) Die Ausschreibung kann aufgehoben werden, wenn:
1. kein Angebot eingegangen ist, das den Ausschreibungsbedingungen entspricht,
2. die Vergabeunterlagen grundlegend geändert werden müssen,
3. andere schwerwiegende Gründe bestehen.

(2) Die Bewerber und Bieter sind von der Aufhebung der Ausschreibung unter Angabe der Gründe, gegebenenfalls über die Absicht, ein neues Vergabeverfahren einzuleiten, unverzüglich in Textform zu unterrichten.

1 § 17 entspricht vollständig § 17 EU Abs. 1 und 2 Nr. 1. Es kann daher auf die Kommentierung zu § 17 EU verwiesen werden (→ § 17 EU Rn. 1 ff.), dies mit der Maßgabe, dass die dort erfolgten Hinweise auf § 181 GWB für Vergaben unterhalb des Schwellenwerts nicht einschlägig sind. Dasselbe gilt für die Ausführungen zu § 17 EU Abs. 2 Nr. 2, der im ersten Abschnitt keine Entsprechung hat.

---

[8] BGH Beschl. v. 7.1.2014 – X ZB 15/13, NZBau 2014, 185 = ZfBR 2014, 278; BGH Beschl. v. 12.2.2014 – X ZB 15/13, BeckRS 2014, 04359.
[9] Ingenstau/Korbion/*von Wietersheim* Rn. 37.
[10] Vgl. OLG Schleswig Beschl. v. 15.4.2011 – 1 Verg 10/10, NZBau 2011, 375 (378) = VergabeR 2011, 586 (591) – säulenförmige Gründung; OLG München Beschl. v. 9.9.2010 – Verg 16/10, NZBau 2010, 720 Ls. = BeckRS 2010, 22055; OLG Brandenburg Beschl. v. 29.7.2008 – Verg W 10/08, BeckRS 2008, 15856 = VergabeR 2009, 222; OLG Brandenburg Beschl. v. 17.5.2011 – Verg W 16/10, BeckRS 2011, 22444 = VergabeR 2012, 124; OLG Frankfurt a. M. Beschl. v. 26.6.2012 – 11 Verg 12/11, BeckRS 2012, 18676 = VergabeR 2012, 884 (894); vgl. auch *Kues/Kirch* NZBau 2011, 335; *Dittmann* in KKPP GWB § 16 Rn. 293 ff.; vgl. auch Ziekow/Völlink/*Vavra*, 2. Aufl. 2013, § 16 Rn. 62.
[11] BGH Beschl. v. 14.1.2014 – X ZB 15/13, NZBau 2014, 185 (187).
[12] BGH Urt. v. 10.5.2016 – X ZR 66/15, NZBau 2016, 576; dazu auch Ingenstau/Korbion/*von Wietersheim* Rn. 34.
[13] BGH Beschl. v. 23.3.2011 – X ZR 92/09, NZBau 2011, 438.

§ 18 Zuschlag

(1) Der Zuschlag ist möglichst bald, mindestens aber so rechtzeitig zu erteilen, dass dem Bieter die Erklärung noch vor Ablauf der Bindefrist (§ 10 Absatz 4 bis 6) zugeht.

(2) Werden Erweiterungen, Einschränkungen oder Änderungen vorgenommen oder wird der Zuschlag verspätet erteilt, so ist der Bieter bei Erteilung des Zuschlags aufzufordern, sich unverzüglich über die Annahme zu erklären.

Schrifttum: *Dageförde*, Die Vorabinformationspflicht im Vergaberechtsschutz: Eine unendliche Geschichte, NZBau 2020, 72.

§ 18 ist wortgleich zu § 18 EU Abs. 1 und 2. Auf die Kommentierung zu § 18 EU kann daher verwiesen werden (→ § 18 EU Rn. 3, 5–28). 1

Dabei ist die unterschiedliche Regelung in Bezug auf die **Länge der Bindefrist** zu beachten: Gemäß § 10 Abs. 4 S. 3 soll eine längere Bindefrist als 30 Kalendertage nur in begründeten Fällen festgelegt werden, während sie nach § 10a EU Abs. 8 im Regelfall 60 Tage beträgt. 2

Wie auch § 18 EU Abs. 1 und 2 betrifft § 18 die Frage des Zustandekommens eines zu vergebenden Bauvertrags, mithin die Wirksamkeit des erteilten Zuschlags.[1] Allerdings kommen hier, anders als bei § 18 EU, § 135 GWB sowie die Zuschlagsverbote gem. § 169 Abs. 1 GWB, § 173 Abs. 1 S. 1 GWB und § 173 Abs. 3 GWB (letztere iVm § 134 BGB) nicht als Unwirksamkeits- bzw. Nichtigkeitsgründe in Betracht. 3

Nach zutreffender, herrschender Ansicht ist § 134 GWB **nicht analogiefähig** als Ausdruck einer generellen Mitteilungs- und Wartepflicht und eines daraus folgenden ungeschriebenen Abschlussverbotes (dann iVm § 134 BGB).[2] Es **fehlt** an einer planwidrigen **Regelungslücke,** wie insbesondere der Umstand belegt, dass es § 46 Abs. 1 UVgO bewusst bei einer **ex-post**-Unterrichtungspflicht belassen hat.[3] 4

Ob § 8 Abs. 1 und 2. S. 2 SächsVergabeG, § 19 Abs. 1 und 2 ThürVgG, § 19 Abs. 1 und 2 LVG LSA sowie § 12 Abs. 1 VgG M-V, die eine Informations- und Wartepflicht **auch unterhalb der EU-Schwellenwerte verbieten, Verbotsgesetze** iSd § 134 BGB sind, ist **umstritten.**[4] Dagegen könnte sprechen, dass §§ 134, 135 GWB gerade keine automatisch und **ad infinitum** wirkende Nichtigkeitsfolge bei einem Verstoß gegen Wartepflichten vorsehen. Und auch in der Begründung der Bundesregierung zum Entwurf des Gesetzes zur Modernisierung des Vergaberechts 2009 wurde ausgeführt, es erscheine anstatt der bisherigen Regelung der Nichtigkeit in § 13 S. 6 VgV aF „sachgerechter, den Vertrag unter eine aufschiebende oder auflösende Bedingung zu stellen".[5] Allerdings enthalten die genannten Regelungen bereits ihrem Wortlaut nach ein **Zuschlagsverbot** für den Fall, dass ein Bieter das Verfahren **rechtzeitig beanstandet.** Der Verbotsgesetzcharakter der landesrechtlichen Bestimmungen ist daher für das laufende Beanstandungsverfahren zu bejahen.[6] Wird das Vergabeverfahren hingegen nicht angegriffen, behält ein im Übrigen wirksam erteilter Zuschlag seine Gültigkeit. Mit dieser Lösung wird auch ein Wertungswiderspruch zum EU-Kartellvergaberecht vermieden. 5

§ 19 Nicht berücksichtigte Bewerbungen und Angebote

(1) [1]**Bieter, deren Angebote ausgeschlossen worden sind (§ 16) und solche, deren Angebote nicht in die engere Wahl kommen, sollen unverzüglich unterrichtet werden.** [2]**Die übrigen Bieter sind zu unterrichten, sobald der Zuschlag erteilt worden ist.**

---

[1] Ingenstau/Korbion/*Reichling* Rn. 1.
[2] OLG Celle Urt. v. 9.1.2020 – 13 W 56/19, NZBau 2020, 679; KG Beschl. v. 7.1.2020 – 9 U 79/19, NZBau 2020, 680 jeweils mwN; aA als obiter dictum OLG Düsseldorf Urt. v. 13.12.2017 – I-27 U 25/17, NZBau 2018, 168, ferner Ziekow/Völlink/*Braun* GWB § 134 Rn. 161 und *Dageförde* NZBau 2020, 72.
[3] KG Beschl. v. 7.1.2020 – 9 U 79/19, NZBau 2020, 680, 681; jurisPK-VergabeR/*Gerlach*, 6.8.2018, Vor UVgO Rn. 151 f. mwN; *Conrad* in Müller-Wrede UVgO § 46 Rn. 7; *Jansen/Geitel* VergabeR 2018, 376 (379).
[4] Dagegen explizit LG Rostock Urt. v. 6.11.2015 – 3 O 703/15, ZfBR 2016, 302; dafür VK Sachsen-Anhalt Beschl. v. 30.1.2017 – 3 VK LSA 61/16, IBRRS 2017, 0493; offen bleibt die Frage in den Entscheidungen OLG Celle Urt. v. 9.1.2020 – 13 W 56/19, NZBau 2020, 679 und KG Beschl. v. 7.1.2020 – 9 U 79/19, NZBau 2020, 680; vgl. zum Ganzen *Sitsen* ZfBR 2018, 654.
[5] BT-Drs. 16/10117, 21.
[6] So auch *Sitsen* ZfBR 2018, 654 (655).

(2) Auf Verlangen sind den nicht berücksichtigten Bewerbern oder Bietern innerhalb einer Frist von 15 Kalendertagen nach Eingang ihres in Textform gestellten Antrags die Gründe für die Nichtberücksichtigung ihrer Bewerbung oder ihres Angebots in Textform mitzuteilen, den Bietern auch die Merkmale und Vorteile des Angebots des erfolgreichen Bieters sowie dessen Name.

(3) Nicht berücksichtigte Angebote und Ausarbeitungen der Bieter dürfen nicht für eine neue Vergabe oder für andere Zwecke benutzt werden.

(4) Entwürfe, Ausarbeitungen, Muster und Proben zu nicht berücksichtigten Angeboten sind zurückzugeben, wenn dies im Angebot oder innerhalb von 30 Kalendertagen nach Ablehnung des Angebots verlangt wird.

Übersicht

		Rn.			Rn.
I.	Bedeutung der Norm	1	2.	Mitteilung von Gründen für die Nichtberücksichtigung (Abs. 2)	10
II.	Unterrichtung unterlegener Bieter und Bewerber	2		a) Bewerberinformation	11
1.	Bieterformation (Abs. 1)	2		b) Bieterinformation	12
	a) Adressat der Information (Abs. 1 S. 1)	4		c) Form und Frist	15
	b) Adressat und Zeitpunkt der Information (Abs. 1 S. 2)	6	III.	Umgang mit nicht berücksichtigten Angeboten und Ausarbeitungen	16
	c) Begründung und Form	7			
	d) Rechtsfolgen einer Verletzung der Pflicht nach Abs. 1	9	IV.	Rückgabe nicht berücksichtigter Angebotsunterlagen	17

I. Bedeutung der Norm

1 § 19 regelt in den Abs. 1 und 2 für den Unterschwellenbereich die Pflicht des öffentlichen Auftraggebers (oder des zur Anwendung der VOB/A verpflichteten Zuwendungsempfängers), Bieter und Bewerber über ihr Abschneiden im Vergabeverfahren zu unterrichten. Die Vorschrift ist damit Ausfluss des auch im Bereich der nationalen Vergaben gem. § 2 Abs. 1 Nr. 1 zu beachtenden Transparenzprinzips.[1] Zusätzlich wird – in Ergänzung zu § 8b Abs. 2 – klargestellt, dass nicht berücksichtigte Angebote allein für das laufende Vergabeverfahren verwendet werden dürfen und darüber hinaus auf Verlangen zurückzugeben sind. Der im Zuge der Neufassung von 2009 eingeführte Abs. 5, der öffentliche Auftraggeber zur fortlaufenden Information über beabsichtigte Beschränkte Ausschreibungen verpflichtet, wurde ohne inhaltliche Änderungen zu § 20 Abs. 4.

II. Unterrichtung unterlegener Bieter und Bewerber

2 **1. Bieterformation (Abs. 1).** Nach Abs. 1 „soll" der Auftraggeber Bieter, deren Angebote gem. § 16 ausgeschlossen worden sind, und solche, deren Angebote nicht in die engere Wahl kommen, unverzüglich unterrichten. Die übrigen Bieter sind zu unterrichten, sobald der Zuschlag erteilt worden ist.

3 Die Verpflichtung, die erfolglos gebliebenen Bieter entsprechend zu informieren, dient im Abschnitt 1 der VOB/A nach herrschender Ansicht nicht dem nach jetziger Rechtslage ohnehin nicht oder nur in Ausnahmefällen gewährleisteten Primärrechtsschutz (anders als § 19 EU Abs. 2 oder § 134 GWB bei EU-weiten Vergaben), sondern dem schutzwürdigen Bedürfnis der betroffenen Unternehmen, frühzeitig ihre Dispositionsfreiheit wiederzuerlangen. Verstöße können unter dem Gesichtspunkt der Verletzung des durch die Einleitung des Verfahrens begründeten vorvertraglichen Vertrauensverhältnisses zu Schadensersatzansprüchen führen (§ 311 Abs. 2 BGB, § 241 Abs. 2 BGB, § 280 Abs. 1 BGB).[2] Die Informationspflicht gem. Abs. 1 besteht in einigen Bundesländern aber auch im Bereich der Unterschwellenvergaben zum Teil neben weiteren Unterrichtungsverpflichtungen, die sich aus den jeweiligen Landesvergabegesetzen ergeben und zum Teil eben doch die Wahrung von Bieterrechten im Verfahren bezwecken.[3] Sie sind, soweit die Landesgesetze nichts Abweichendes vorsehen, unabhängig voneinander zu erfüllen.

---

[1] Vgl. BeckOK VergabeR/*Dreher/Hoffmann* GWB § 134 Rn. 12; Ingenstau/Korbion/*Reichling* Rn. 1.
[2] BayObLG Beschl. v. 19.12.2000 – Verg 7/00, NZBau 2002, 294 (Ls.); Ingenstau/Korbion/*Reichling* Rn. 5 und 12. Auf ein Vertrauen des Bieters in die Einhaltung des Vergaberechts kommt es dabei nicht länger an, BGH Urt. v. 9.6.2011 – X ZR 143/10, NZBau 2011, 498 – Rettungsdienstleistungen II.
[3] So in § 12 VgG M-V, § 8 Abs. 1 SächsVergabeG, § 19 Abs. 1 LVG LSA und § 19 ThürVgG (→ § 18 Rn. 5).

II. Unterrichtung unterlegener Bieter und Bewerber

a) Adressat der Information (Abs. 1 S. 1). Gemäß Abs. 1 S. 1 „sollen" ausschließlich Bieter 4 informiert werden, dh nur solche Teilnehmer am Vergabeverfahren, die ein wertbares Angebot eingereicht haben. Nicht erfasst sind hingegen Bewerber, die allein auf ihren Antrag hin informiert werden sollen. „Sollen" ist nach der ständigen Rechtsprechung des BVerwG als sog. **„intendiertes Ermessen"** anzusehen, das ein Abweichen nur in sachlich begründeten Ausnahmefällen zulässt (→ § 19 EU Rn. 9).[4]

„Unverzüglich" sollen die Bieter informiert werden, deren Angebote entweder im ersten Prüf- 5 schritt nach § 16 (bzw. § 16a S. 4) ausgeschlossen wurden oder im Ergebnis der dritten Wertungsstufe nicht in die engere Wahl kamen. In Bezug auf die §§ 16, 16a kann auf die dortige bzw. auf die Kommentierung zu §§ 16, 16a EU verwiesen werden (→ § 16 Rn. 2 ff., → § 16 EU Rn. 4 ff., → § 16a Rn. 1, → § 16a EU Rn. 4 ff.). In die engere Wahl kommen gem. § 16d Abs. 1 Nr. 3 nur solche Angebote, die unter Berücksichtigung rationellen Baubetriebs und sparsamer Wirtschaftsführung eine einwandfreie Ausführung einschließlich Haftung für Mängelansprüche erwarten lassen. Dies ist im Gegenschluss für Angebote auszuschließen, die wegen mangelnder Eignung (2. Stufe, § 16b, → § 16b Rn. 1 ff.) oder aufgrund unangemessener Preise (3. Stufe, § 16d Abs. 1 Nr. 1 und 2) für den Zuschlag nicht in Betracht kommen. Die betroffenen Bieter sind unverzüglich, dh gem. § 121 BGB ohne schuldhaftes Zögern zu informieren. Das bedeutet, dass sie regelmäßig unmittelbar in Anschluss an die jeweilige Prüfungs- bzw. Wertungsentscheidung zu unterrichten sind, dh im Normalfall noch am selben, spätestens aber am Folgetag.[5] Ein Zuwarten bis nach der Zuschlagserteilung ist hingegen unzulässig (**arg. e contrario ex** Abs. 1 S. 2).

b) Adressat und Zeitpunkt der Information (Abs. 1 S. 2). Anders als die in S. 1 genannten 6 Bieter sind gem. Abs. 1 S. 2 diejenigen Bieter, deren Angebote in die engere Wahl gekommen sind, erst zu unterrichten, sobald (dh sofort nachdem) der Zuschlag erteilt worden ist. Es handelt sich hier anders als bei Abs. 1 S. 1 um eine echte Verpflichtung des Auftraggebers, die in gar keiner Weise in sein Ermessen gestellt ist. Abs. 1 S. 2 verdeutlicht in besonderer Weise, dass Abs. 1 nicht die Wahrung von (primären) Bieterinteressen bezwecken soll. Aus dieser Perspektive erscheint es auch durchaus logisch, diejenigen Bieter als letzte zu informieren, deren Angebote bis zuletzt im Rennen geblieben sind. Dennoch dürfte die Differenzierung zwischen den S. 1 und 2 wenig mit der Vergaberealität zu tun haben, in der ein typischerweise vom Auftraggeber beauftragter Architekt im Rahmen der Leistungsphase 7 einen „Vergabevorschlag" erstellt, der in eine Vergabeempfehlung mündet und **de facto** sämtliche Prüf- und Wertungsschritte gem. §§ 16–16d zusammenfasst. Sachgerechter und praxistauglicher erscheint daher eine einheitliche Regelung, wie sie etwa § 19 VOL/A oder auch § 46 Abs. 1 UVgO vorsieht.[6]

c) Begründung und Form. Im Gegensatz zu Abs. 2 sieht Abs. 1 eine Mitteilung von Gründen 7 für die Nichtberücksichtigung nicht vor. Dies mag in Ansehung des nunmehr auch im 1. Abschnitt der VOB/A (§ 2 Abs. 1 Nr. 1) verankerten Transparenzprinzips fragwürdig erscheinen, entspricht aber der geltenden und in § 46 Abs. 2 UVgO auch fortgeführten, „überkommenen" Rechtslage, wonach die Information keinen Primärrechtsschutz, sondern die möglichst rasche Wiedererlangung der Dispositionsfreiheit des Bieters bezweckt. Jedenfalls zulässig wird es sein, wenn der öffentliche Auftraggeber „freiwillig" eine Begründung abgibt.[7]

Ebenfalls nicht vorgeschrieben ist eine bestimmte Form; die Wahrung zumindest der **Textform,** 8 analog zu Abs. 2, ist allerdings für eine ordnungsgemäße Dokumentation letztlich unumgänglich.[8]

d) Rechtsfolgen einer Verletzung der Pflicht nach Abs. 1. Konkrete vergaberechtliche 9 Konsequenzen ergeben sich aus einem Verstoß gegen die Soll-Vorschrift des Abs. 1 nicht. Gegebenenfalls machen sich öffentliche Auftraggeber aber nach den Grundsätzen der **culpa in contrahendo** (§ 311 BGB) schadenersatzpflichtig, wenn sie Bieter zu spät darüber informieren, dass sie über ihre

---

[4] BVerwG Urt. v. 5.7.1985 – 8 C 22/83, NJW 1986, 738.
[5] Ingenstau/Korbion/*Reichling* Rn. 11.
[6] § 46 Abs. 1 UVgO lautet: „Der Auftraggeber unterrichtet jeden Bewerber und jeden Bieter unverzüglich über den Abschluss einer Rahmenvereinbarung oder die erfolgte Zuschlagserteilung. Gleiches gilt hinsichtlich der Aufhebung oder erneuten Einleitung eines Vergabeverfahrens einschließlich der Gründe dafür. Der Auftraggeber unterrichtet auf Verlangen des Bewerbers oder Bieters unverzüglich, spätestens innerhalb von 15 Tagen nach Eingang des Antrags die nicht berücksichtigten Bieter über die wesentlichen Gründe für die Ablehnung ihres Angebots, die Merkmale und Vorteile des erfolgreichen Angebotes sowie den Namen des erfolgreichen Bieters, und die nicht berücksichtigten Bewerber über die wesentlichen Gründe ihrer Nichtberücksichtigung".
[7] Ingenstau/Korbion/*Reichling* Rn. 11.
[8] Ebenso Ingenstau/Korbion/*Reichling* Rn. 11, unter Verweis auf die Verwendung etwa des Formblatts 332 aus dem VHB.

für die Teilnahme am Verfahren bzw. die spätere Ausführung des Auftrags vorgesehenen Sach- und Personalmittel wieder frei disponieren können.⁹

10 **2. Mitteilung von Gründen für die Nichtberücksichtigung (Abs. 2).** Während der Auftraggeber die Unterrichtung gem. Abs. 1 unabhängig davon vorzunehmen hat, ob die betroffenen Bieter sich bei ihm gemeldet haben, sieht Abs. 2 weitergehende Informationspflichten vor, die nur auf Antrag des Bieters zu erfüllen sind. Auf Verlangen sind den nicht berücksichtigten Bewerbern oder Bietern innerhalb einer Frist von 15 Kalendertagen nach Eingang ihres in Textform gestellten Antrags die Gründe für die Nichtberücksichtigung ihrer Bewerbung oder ihres Angebots in Textform mitzuteilen, den Bietern auch die Merkmale und Vorteile des Angebots des erfolgreichen Bieters sowie dessen Name.

11 **a) Bewerberinformation.** Anspruchsberechtigt nach Abs. 2 sind nicht nur Bieter, sondern auch diejenigen Bewerber, deren Teilnahmeanträge in einem zweistufigen Verfahren mit vorgeschaltetem Teilnahmewettbewerb nicht berücksichtigt wurden. Die zu benennenden Gründe für die Nichtberücksichtigung können sich entweder aus einem Fehlen der verlangten Eignung (Fachkunde, Leistungsfähigkeit und Zuverlässigkeit, § 6a Abs. 1) oder daraus ergeben, dass der Auftraggeber gem. § 3b Abs. 2 die Zahl der zur Angebotsabgabe aufzufordernden Bewerber (auf in der Regel mindestens drei) beschränkt und daher ausnahmsweise ein „Mehr ein Eignung" festgestellt hat (→ § 3b Rn. 21 f.). Die Angabe der „Gründe" genügt, dh die formularmäßige Angabe etwa im VHB-Formblatt 336 ist in der Regel ausreichend. Wie bereits im Rahmen der (für die Bewerber weitaus bedeutenderen) Information nach § 134 GWB ist *e fortiori* eine ausführliche Begründung im Rahmen des Abs. 2 nicht erforderlich (→ GWB § 134 Rn. 36 ff.).¹⁰ Nicht ausreichend wäre hingegen die bloße Mitteilung über die Nichtberücksichtigung als solche.¹¹

12 **b) Bieterinformation.** Auf ihren entsprechenden Antrag hin sind Bieter ebenfalls über die Gründe für die Ablehnung ihres Angebots zu informieren. In Betracht kommen der Ausschluss nach § 16 bzw. § 16a, mangelnde Eignung (§ 16b), unangemessene Preisen (§ 16d Abs. 1 Nr. 1 und 2) oder ein wirtschaftlicheres Angebot. In Bezug auf den notwendigen Inhalt gilt das Vorstehende entsprechend, wobei bei Verwendung der Formblätter aus dem VHB das Formblatt 332 zu nennen wäre.

13 Darüber hinaus sind den Bietern auch die **Merkmale und Vorteile des Angebots des erfolgreichen** Bieters sowie dessen Name anzugeben. Eine Überschneidung zu den Gründen der Ablehnung ist möglich, aber keinesfalls zwingend. So können die Gründe für die Ablehnung allein im Angebot des informierten Bieters liegen, etwa im Falle des Ausschlusses nach § 16 bzw. § 16a, mangelnder Eignung (§ 16b) oder unangemessenen Preisen (§ 16d Abs. 1 Nr. 1 und 2). Demgegenüber verlangt Abs. 2 ein Eingehen auf die „positiven Eigenschaften und Merkmale" des ausgewählten Angebots.¹² Dies erfordert grundsätzlich eine Darlegung anhand der vom öffentlichen Auftraggeber vorgegebenen Zuschlagskriterien (vgl. § 16d Abs. 1), wobei auch hier eine knappe Darlegung (etwa ebenfalls auf dem Formblatt 332) genügt.

14 Zu beachten ist, dass die Grundsätze der **Vertraulichkeit** und des **Geheimwettbewerbs** auch im Rahmen der Bieterinformation zu wahren sind. So dürfen, wie § 19 EU Abs. 4 Nr. 2 es deutlicher macht, nur die „relativen" Vorteile in Bezug auf das Angebot des jeweils informierten Bieters mitgeteilt werden, während Informationen über die Angebote anderer Bieter unzulässig sind.¹³ Gemäß § 14 Abs. 8, § 14a Abs. 9 sind die Angebote und ihre Anlagen geheim zu halten. Die Informationspflicht ist auf die in § 19 Abs. 2 genannten Angaben beschränkt. Daher darf der Preis des erfolgreichen Angebots nicht mitgeteilt werden.¹⁴

15 **c) Form und Frist.** Die Mitteilung nach Abs. 2 hat binnen 15 Kalendertagen nach Eingang eines in Textform (§ 126b BGB) gestellten Antrags zu erfolgen. Die Antwort hat ebenfalls die Textform zu wahren. Die Nutzung von E-Mail oder Telefax ist zulässig.¹⁵ Zur Wahrung der Frist

---

⁹ BayObLG Beschl. v. 19.12.2000 – Verg 7/00, NZBau 2002, 294 (l.s.). Auf ein Vertrauen des Bieters in die Einhaltung des Vergaberechts kommt es dabei, entgegen der früheren Rechtslage, nicht länger an, BGH Urt. v. 9.6.2011 – X ZR 143/10, NZBau 2011, 498 – Rettungsdienstleistungen II.

¹⁰ Kapellmann/Messerschmidt/*Stickler* Rn. 15.

¹¹ Ingenstau/Korbion/*Reichling* Rn. 13; Kapellmann/Messerschmidt/*Stickler* Rn. 11.

¹² Ingenstau/Korbion/*Reichling* Rn. 19.

¹³ Kapellmann/Messerschmidt/*Stickler* Rn. 17.

¹⁴ VG Neustadt/Weinstraße Beschl. v. 19.10.2005 – 4 L 1715/05, VergabeR 2006, 78 (80) – Kanalaustausch; darauf Bezug nehmend Kapellmann/Messerschmidt/*Stickler* Rn. 17.

¹⁵ Kapellmann/Messerschmidt/*Stickler* Rn. 19; BeckOK BGB/*Wendtland* BGB § 126b Rn. 9; Palandt/*Ellenberger* BGB § 126b Rn. 3.

genügt es, wenn die Mitteilung am letzten Tag des Fristablaufs abgesendet wird.[16] Anders als der Antwort des Auftraggebers ist der Anfrage des Bewerbers oder Bieters keine Frist gesetzt. Allerdings ist darf das Auskunftsverlangen zurückgewiesen werden, wenn ein schutzwürdiges Interesse des Bewerbers oder Bieters nicht mehr erkennbar ist und der Auftraggeber mit einem Antrag auf Erteilung der Information nach Treu und Glauben nicht mehr zu rechnen brauchte. Hierzu wird vertreten, dass der Auftraggeber in **Analogie zu § 135 Abs. 2 GWB** eine Frist von sechs Monaten nach Zuschlagserteilung zugrunde legen kann, wenn der Antragsteller über die Zuschlagserteilung nicht informiert wurde, anderenfalls eine Frist von 30 Tagen.[17] Dies erscheint aufgrund der ähnlichen Interessenlage sachgerecht.

III. Umgang mit nicht berücksichtigten Angeboten und Ausarbeitungen

Abs. 3 ist identisch zu § 19 EU Abs. 5. Auf die Kommentierung zu § 19 EU wird daher verwiesen (→ § 19 EU Rn. 23 ff.). 16

IV. Rückgabe nicht berücksichtigter Angebotsunterlagen

Abs. 4 ist identisch zu § 19 EU Abs. 6. Auf die Kommentierung zu § 19 EU wird daher verwiesen (→ § 19 EU Rn. 28 ff.). 17

§ 20 Dokumentation, Informationspflicht

(1) ¹Das Vergabeverfahren ist zeitnah so zu dokumentieren, dass die einzelnen Stufen des Verfahrens, die einzelnen Maßnahmen, die maßgebenden Feststellungen sowie die Begründung der einzelnen Entscheidungen in Textform festgehalten werden. ²Diese Dokumentation muss mindestens enthalten:
1. Name und Anschrift des Auftraggebers,
2. Art und Umfang der Leistung,
3. Wert des Auftrags,
4. Namen der berücksichtigten Bewerber oder Bieter und Gründe für ihre Auswahl,
5. Namen der nicht berücksichtigten Bewerber oder Bieter und die Gründe für die Ablehnung,
6. Gründe für die Ablehnung von ungewöhnlich niedrigen Angeboten,
7. Name des Auftragnehmers und Gründe für die Erteilung des Zuschlags auf sein Angebot,
8. Anteil der beabsichtigten Weitergabe an Nachunternehmen, soweit bekannt,
9. bei Beschränkter Ausschreibung ohne Teilnahmewettbewerb, Freihändiger Vergabe Gründe für die Wahl des jeweiligen Verfahrens,
10. gegebenenfalls die Gründe, aus denen der Auftraggeber auf die Vergabe eines Auftrags verzichtet hat.
³Der Auftraggeber trifft geeignete Maßnahmen, um den Ablauf der mit elektronischen Mitteln durchgeführten Vergabeverfahren zu dokumentieren.

(2) ¹Wird auf die Vorlage zusätzlich zum Angebot verlangter Unterlagen und Nachweise verzichtet, ist dies in der Dokumentation zu begründen. ²Dies gilt auch für den Verzicht auf Angaben zur Eignung gem. § 6a Absatz 5.

(3) ¹Nach Zuschlagserteilung hat der Auftraggeber auf geeignete Weise, z.B. auf Internetportalen oder im Beschafferprofil zu informieren, wenn bei
1. Beschränkten Ausschreibungen ohne Teilnahmewettbewerb der Auftragswert 25 000 Euro ohne Umsatzsteuer,
2. Freihändigen Vergaben der Auftragswert 15 000 Euro ohne Umsatzsteuer übersteigt. ²Diese Informationen werden sechs Monate vorgehalten und müssen folgende Angaben enthalten:
a) Name, Anschrift, Telefon-, Telefaxnummer und E-Mail-Adresse des Auftraggebers,
b) gewähltes Vergabeverfahren,
c) Auftragsgegenstand,
d) Ort der Ausführung,
e) Name des beauftragten Unternehmens.

---

[16] Ingenstau/Korbion/*Reichling/Portz* Rn. 19 mwN.
[17] Kapellmann/Messerschmidt/*Stickler* Rn. 20; Ingenstau/Korbion/*Reichling* Rn. 20.

(4) ¹Der Auftraggeber informiert fortlaufend Unternehmen auf Internetportalen oder in seinem Beschafferprofil über beabsichtigte Beschränkte Ausschreibungen nach § 3a Absatz 2 Nummer 1 ab einem voraussichtlichen Auftragswert von 25.000 Euro ohne Umsatzsteuer.
²Diese Informationen müssen folgende Angaben enthalten:
1. Name, Anschrift, Telefon-, Telefaxnummer und E-Mail-Adresse des Auftraggebers,
2. Auftragsgegenstand,
3. Ort der Ausführung,
4. Art und voraussichtlicher Umfang der Leistung,
5. voraussichtlicher Zeitraum der Ausführung.

Übersicht

		Rn.			Rn.
I.	Überblick	1	V.	Verzicht auf bestimmte Unterlagen und Nachweise (Abs. 2)	16
II.	Bedeutung der Norm	3			
III.	Zeitpunkt, Inhalt und Form der Dokumentation	6	VI.	Ex-post-Transparenz (Abs. 3)	20
			VII.	Ex-ante-Transparenz (Abs. 4)	21
1.	Zeitnahe und fortlaufende Dokumentation	6	VIII.	Mängel der Dokumentation und ihre Folgen	26
	a) Zeitnahe Dokumentation	7			
	b) Dokumentation der einzelnen Stufen	8	1.	Negative Beweiskraft	27
2.	Notwendiger Inhalt	9	2.	Kausalitätserfordernis	28
3.	Form	12			
IV.	Dokumentation elektronischer Verfahren	15	3.	Möglichkeit der Heilung von Dokumentationsmängeln	29

I. Überblick

1   Für Vergaben unterhalb der EU-Schwellenwerte enthält § 20 umfangreiche Vorgaben zur Dokumentation des Verfahrens. Während die VOB/A im zweiten Abschnitt mit einer Verweisung in die VgV auskommen muss, bietet § 20 eine Art Blaupause, die im Rahmen der Dokumentation des Verfahrens abzuarbeiten ist. In der VOB/A 2009 hatte die Vorschrift eine für sämtliche Verfahrensarten gültige Neuregelung gefunden. Die wesentliche Neuerung bestand zum einen in der Klarstellung, dass nicht lediglich die „Vergabe" (bzw. die Zuschlagserteilung), sondern das gesamte Vergabeverfahren dokumentiert werden muss. Zum anderen wurde über die veränderte Terminologie verdeutlicht, dass in diesem Zuge nicht nur ein mehr oder weniger knapper „Vermerk" zu fertigen, sondern eine **umfassende Dokumentation** zu erstellen ist. Anders als § 8 VgV verlangt § 20 nicht die zusätzliche Anfertigung einer kondensierten Fassung der Dokumentation (darunter ist gem. § 8 Abs. 2 VgV der „Vergabevermerk" zu verstehen).

2   Mit der VOB/A 2019 neu hinzugekommen ist Abs. 4, der allerdings keine inhaltliche Änderung mit sich bringt, sondern lediglich Ergebnis einer Verschiebung ist (zuvor § 19 Abs. 5). Da die Abs. 3 und 4 primär **Informationspflichten** (ex-post in Abs. 3, ex-ante in Abs. 4) betreffen, wurde die Überschrift entsprechend angepasst.

II. Bedeutung der Norm

3   § 20 ist wesentlicher Ausdruck des **Transparenzgebots**.[1] Das Vergabeverfahren muss auf jeder seiner Stufen und zu jeder Zeit durch Dritte überprüft und nachvollzogen werden können. Als Prüfberechtigte kommen zunächst Bewerber und Bieter in Betracht, die ein **subjektives Recht** auf Einhaltung der Vorgaben des § 20 haben.[2] Die Vorschrift ist zugleich Grundvoraussetzung für die Gewährung **effektiven Rechtsschutzes**, nicht nur in Nachprüfungsverfahren (soweit unterhalb der EU-Schwellenwerte eröffnet), sondern auch in zivilrechtlichen Streitigkeiten um Schadensersatz.[3]

---

[1] Vgl. § 2 Abs. 1 Nr. 1; Kapellmann/Messerschmidt/*Schneider* Rn. 1; Ziekow/Völlink/*Goede/Hänsel* Rn. 1; Ingenstau/Korbion/*Düsterdiek* Rn. 1; *Nelskamp/Dahmen* KommJur 2010, 208; allgM.
[2] Kapellmann/Messerschmidt/*Schneider* Rn. 1; Ingenstau/Korbion/*Düsterdiek* Rn. 5.
[3] *Nelskamp/Dahmen* KommJur 2010, 208 (211); Kapellmann/Messerschmidt/*Schneider* Rn. 6; Ingenstau/Korbion/*Düsterdiek* Rn. 4.

Daneben sind auch Zuwendungsgeber oder Rechts- bzw. Dienstaufsichtsbehörden auf die ordnungsgemäße Dokumentation angewiesen.⁴ Damit dient die Vorschrift im Weiteren den **haushaltsrechtlichen Grundsätzen der Wirtschaftlichkeit und Sparsamkeit** (vgl. § 7 BHO). 4

Mängel der Dokumentation sind im Nachhinein nur eingeschränkt korrigierbar, weshalb sie dazu führen können, dass Vergabeverfahren wiederholt oder Fördermittel zurückgezahlt werden müssen.⁵ Die Bedeutung des § 20 kann der öffentliche Auftraggeber daher auch im eigenen Interesse kaum zu überschätzen.⁶ 5

III. Zeitpunkt, Inhalt und Form der Dokumentation

1. Zeitnahe und fortlaufende Dokumentation. Der öffentliche Auftraggeber hat die Dokumentation gem. Abs. 1 „zeitnah" zu erstellen. Aus der weiteren Formulierung des Abs. 1 („dass die einzelnen Stufen…") geht hervor, dass dies im Sinne einer fortlaufenden, dh verfahrensbegleitenden Dokumentation zu verstehen ist: Jede einzelne Stufe und wesentliche Entscheidung muss hinreichend bald in Textform dokumentiert werden. 6

a) Zeitnahe Dokumentation. Wann noch von einer „zeitnahen" Dokumentation auszugehen ist, gibt die VOB/A nicht vor; es fehlt zudem an einer gesetzlichen Definition. Grundsätzlich wird zwar ein gegenüber der Unverzüglichkeit (§ 121 BGB) großzügigerer Maßstab anzusetzen sein.⁷ Dennoch ist der öffentliche Auftraggeber gut beraten, wenn er die Dokumentation nach der Devise „je eher desto besser" fertigt bzw. fortführt.⁸ Die Rechtsprechung leistet wenig Hilfestellung, allenfalls in Form von Negativabgrenzungen. So wurde etwa eine Dokumentation in einem zeitlichen Abstand von zwei Monaten zum relevanten Ereignis⁹ oder gar erst nach Zuschlagserteilung¹⁰ als verspätet angesehen. Damit ist jedoch für die noch zulässige Wartezeit nichts ausgesagt. Aus Sinn und Zweck der Vorschrift, die unter anderem einer nachträglichen Manipulation vorbeugen will,¹¹ ergibt sich einerseits die Notwendigkeit einer einfallbezogenen Prüfung, andererseits aber auch die Empfehlung, sich im Zweifel auch unterhalb der EU-Schwellenwerte an der Grenze von zehn Kalendertagen gem. § 160 Abs. 3 GWB zu orientieren.¹² 7

b) Dokumentation der einzelnen Stufen. Die Dokumentation muss **die einzelnen Stufen** des Verfahrens, die einzelnen **Maßnahmen**, die **maßgebenden Feststellungen** sowie die **Begründung** der einzelnen Entscheidungen wiedergeben. Daraus folgt, dass die Dokumentation im Grundsatz chronologisch aufzubauen und darüber hinaus so zu gliedern ist, dass die einzelnen Verfahrensstufen erkennbar werden. Auch wenn das Vergabeverfahren erst mit seiner Bekanntmachung beginnt, muss die Dokumentation bereits **früher ansetzen.** Wie etwa aus Abs. 1 Nr. 9 deutlich wird, muss die Dokumentation bei Beschränkter Ausschreibung oder Freihändiger Vergabe die Angabe der Gründe für die Wahl des jeweiligen Verfahrens enthalten. Darüber hinaus gehören gem. Nr. 2 auch die Feststellung des Beschaffungsbedarfs und nach Nr. 3 die Schätzung des Auftragswerts zur ordnungsgemäßen Dokumentation. Im Übrigen ist die Zeitspanne bis zur Erteilung des Zuschlags oder der Aufhebung des Verfahrens abzudecken.¹³ 8

2. Notwendiger Inhalt. Abs. 1 S. 2 Nr. 1–9 führt den Mindestinhalt der Dokumentation auf und benennt in diesem Zuge die zu dokumentierenden **Maßnahmen, Entscheidungen, Feststellungen** und **Begründungen** gem. Abs. 1 S. 1. Unter „Maßnahme" zu verstehen sind alle Umstände, auf deren Basis die Vergabeentscheidung getroffen wird.¹⁴ Wie bereits ausgeführt (→ Rn. 7) sind auch Maßnahmen vor der Bekanntmachung des Verfahrens betroffen, wie aus Abs. 1 S. 2 Nr. 2, 3 und 9 ersichtlich. Ebenfalls zu den dokumentationsbedürftigen Maßnahmen zählt die gesamte Kommunikation mit den Bewerbern und Bietern. Im Übrigen überschneidet sich der Begriff mit dem der „Entscheidungen", die der öffentliche Auftraggeber auf Grundlage der von ihm ergriffenen 9

---

4 Ingenstau/Korbion/*Düsterdiek* Rn. 3.
5 → Rn. 19 ff.
6 *Nelskamp/Dahmen* KommJur 2010, 208; Kapellmann/Messerschmidt/*Schneider* Rn. 6.
7 So auch Kapellmann/Messerschmidt/*Schneider* Rn. 13; Ingenstau/Korbion/*Düsterdiek* Rn. 6.
8 Kapellmann/Messerschmidt/*Schneider* Rn. 13.
9 OLG Naumburg Beschl. v. 20.9.2012 – 2 Verg 4/12, IBRRS 2012, 3797 = VergabeR 2013, 55; OLG Düsseldorf Beschl. v. 4.3.2004 – VII Verg 8/04, BeckRS 2009, 07999.
10 VK Südbayern Beschl. v. 17.7.2001 – 120.3-3194-1-23-06/01, BeckRS 2001, 29809.
11 Vgl. OLG Celle Beschl. v. 11.2.2010 – 13 Verg 16/09, IBR 2010, 226.
12 So auch Kapellmann/Messerschmidt/*Schneider* Rn. 13; für eine Prüfung in jedem Einzelfall: Ingenstau/Korbion/*Düsterdiek* Rn. 6.
13 Kapellmann/Messerschmidt/*Schneider* Rn. 14.
14 Kapellmann/Messerschmidt/*Schneider* Rn. 15; bzgl. eines „Mindestinhalts" der Dokumentation vgl. Ingenstau/Korbion/*Düsterdiek* Rn. 12.

Maßnahmen trifft. Darunter fällt über das bereits Gesagte hinaus die Losaufteilung und die Festlegung und Gewichtung der Bewertungskriterien. Dabei versteht sich von selbst, dass der Dokumentations- und vor allem der Begründungsaufwand dann besonders hoch ist, wenn der öffentliche Auftraggeber entweder Ausnahmen von der Regel (wie etwa entgegen § 5 Abs. 2 den Verzicht auf eine Losaufteilung) in Anspruch nehmen oder, wie bei der Festlegung der Eignungs- oder Zuschlagskriterien, Ermessen ausüben will.[15] An dieser Stelle zeigt sich im besonderen Maße die Notwendigkeit, Entscheidungen und Sachverhalte zu dokumentieren, die der Bekanntmachung vorausgehen.

10 Schließlich sind auch die „maßgeblichen Feststellungen" des Auftraggebers in die Dokumentation aufzunehmen. Davon erfasst sind auch interne Wertungen ohne unmittelbare Rechts- und Außenwirkung.[16]

11 Die Verwendung der **Formblätter des VHB** gewährleistet nach Ansicht einiger Vergabekammern bei **vollständiger** und **ordnungsgemäßer** Bearbeitung im Regelfall eine ausreichende Dokumentation und Begründung der einzelnen Verfahrensschritte.[17] In der Praxis werden diese Formblätter allerdings nicht selten weder vollständig noch ordnungsgemäß ausgefüllt bzw. notwendige inhaltliche Begründungen, die etwa das Formblatt 332 (Absageschreiben) verlangt, fehlen. Die Nutzung der Formblätter bietet für sich genommen daher keinerlei Gewähr für eine ordnungsgemäße Dokumentation des Verfahrens.

12 **3. Form.** Die Dokumentation hat in Textform (§ 126b BGB) zu erfolgen, dh die elektronische Form genügt. Gemäß § 126b BGB muss die Person des Erklärenden erkennbar sein; zudem ist ein dauerhafter Datenträger und darüber hinaus ein Dateiformat zu verwenden, das nachträgliche Änderungen ausschließt. Weitergehende Formanforderungen, wie etwa die nach einer Paginierung,[18] werden nicht gestellt, dh anders als gem. § 8 VgV ist die Fertigung eines gesonderten „Vergabevermerks" entbehrlich. Erforderlich ist allerdings die Unterschrift des Erstellers, ggf. auch auf Teilstücken der Dokumentation. Dies folgt zwar nicht unmittelbar aus § 20, nach der Rechtsprechung aber aus den „Anforderungen, die im Rechtsverkehr an einen Vermerk gestellt werden".[19] Anderenfalls kann die Dokumentation nicht als Urkunde ihre Beweisfunktion erfüllen.[20]

13 Der Auftraggeber hat die Dokumentation grundsätzlich **selbst** vorzunehmen. In der Praxis wird diese Arbeit jedoch meist mehr oder minder vollständig an den mit der **Leistungsphase 7** beauftragten Architekten oder Fachplaner delegiert. Dies ist insoweit unzulässig als der Auftraggeber die Entscheidungen und Wertungen des Planers schlicht übernimmt.[21] Die Dokumentation muss deutlich machen, dass die Vergabestelle ihre **eigenen Entscheidungen** trifft, und damit auch, inwieweit sie dem Vergabevorschlag des Dritten folgt.[22] Ob hierfür bereits die Unterschrift der Vergabestelle genügt, erscheint zweifelhaft;[23] vorzugswürdig ist ein gesondertes Dokument, das die Befassung der Vergabestelle mit dem Vorschlag des Dritten belegt.

14 Zu den Möglichkeiten, eine mangelhafte oder fehlende Dokumentation nachträglich zu heilen → Rn. 22 ff.

IV. Dokumentation elektronischer Verfahren

15 Bei Durchführung eines elektronischen Vergabeverfahrens hat der öffentliche Auftraggeber nach Abs. 1 S. 3 geeignete Maßnahmen zur Dokumentation zu treffen. Da die elektronische Vergabe auch im Unterschwellenbereich inzwischen der **Regelfall** sein dürfte, ist die ordnungsgemäße Dokumentation dieser Vergaben mittlerweile von zentraler Bedeutung, **ohne** dass erkennbar wäre, dass Rechtsprechung und Literatur hierfür **Konkretisierungen** erarbeitet hätten. Die Vorschrift bezieht sich in erster Linie auf die Anforderungen, die an die Angebote und den Umgang mit ihnen gestellt werden. § 13 Abs. 1 Nr. 2 verpflichtet den Auftragnehmer, die Datenintegrität und Vertraulichkeit der Angebote zu gewährleisten. Das gilt zunächst für die Zeit bis zur Öffnung des ersten Angebotes

---

[15] Kapellmann/Messerschmidt/*Schneider* Rn. 15; vgl. zum erhöhten Begründungsaufwand für einen Ausschluss aufgrund „schlechter Erfahrung" VK Sachsen-Anhalt Beschl. v. 14.8.2018 – 3 VK LSA 48/18, IBRRS 2018, 3747.
[16] Kapellmann/Messerschmidt/*Schneider* Rn. 15.
[17] VK Saarland Beschl. v. 23.4.2007 – 3 VK 2/2007, 3 VK 3/2007, IBRRS 2007, 5067; VK Lüneburg Beschl. v. 6.12.2004 – 203-VgK-50/2004, IBRRS 2005, 0089.
[18] OLG Celle Beschl. v. 11.6.2015 – 13 Verg 4/15, IBRRS 2015, 2049.
[19] OLG Celle Beschl. v. 11.2.2010 – 13 Verg 16/09, BeckRS 2010, 04938 = VergabeR 2010, 669; OLG Bremen Beschl. v. 14.4.2005 – Verg 1/2005, IBRRS 2014, 0714 = VergabeR 2005, 537.
[20] OLG Celle Beschl. v. 11.2.2010 – 13 Verg 16/09, BeckRS 2010, 04938 = VergabeR 2010, 669.
[21] OLG München Beschl. v. 15.7.2005 – Verg 014/05, IBRRS 2005, 2258 = NZBau 2006, 472 (Ls.).
[22] VK Saarland Beschl. v. 23.4.2007 – 3 VK 2/2007, 3 VK 3/2007, IBRRS 2007, 5067.
[23] So aber VK Saarland Beschl. v. 23.4.2007 – 3 VK 2/2007, 3 VK 3/2007, IBRRS 2007, 5067.

(§ 13 Abs. 1 Nr. 2 S. 3).[24] Die Gewähr hierfür bietet in der Regel die Software der jeweiligen Vergabeplattform, die ein vorzeitiges Öffnen verhindert. In der Praxis und in Übereinstimmung mit § 11 Abs. 4 werden Angebote meist ohne elektronisches Siegel bzw. elektronische Signatur übermittelt, sodass sich die Frage stellt, wie **nach erfolgtem Download** der Angebotsunterlagen zu verfahren ist, auch in Hinblick auf die Weiterleitung der Angebote zwecks Prüfung an ein beauftragtes Planungsbüro. Wie bereits ausgeführt, halten sich Rechtsprechung und Literatur insoweit bislang bedeckt. Ob die Lösung tatsächlich darin bestehen kann, dass der Auftraggeber die Dateien ausdruckt und unterschreibt, muss ernsthaft bezweifelt werden.[25] Die Richtlinien zu FB 313 des VHB besagen lapidar, dass elektronisch übermittelte Angeboten durch geeignete Verschlüsselungsverfahren so zu kennzeichnen sind, dass nachträgliche Änderungen oder Ergänzungen verhindert werden. Ob es insoweit genügt, dass die Angebote als prinzipiell nachträglich nicht veränderbare GAEB- oder PDF-Datei vorliegen, ist bislang offenbar noch nicht entschieden worden.

V. Verzicht auf bestimmte Unterlagen und Nachweise (Abs. 2)

Die Vorschrift des Abs. 2, wonach der Auftraggeber einen Verzicht auf zusätzlich zum Angebot verlangte Unterlagen und Nachweise in der Dokumentation begründen muss, hat kaum praktische Bedeutung. Relevanz besaß sie zu einer Zeit, in der das Fehlen geforderter Unterlagen und Nachweise grundsätzlich zum Ausschluss des Angebots führte. In Einzelfällen wurde dies für unverhältnismäßig erachtet, etwa wenn die Eignung des Bieters noch aus früheren Vorhaben hinreichend bekannt war oder wenn verlangte Unterlagen über die Materialgüte oder Zeichnungen aus Anlass einer früheren Vergabe bereits vorlagen und sich an der Anforderung nichts geändert hatte.[26] In derartigen begründeten Ausnahmen konnte von einer (Neu-)Vorlage abgesehen werden, was entsprechend zu begründen war. 16

Mittlerweile erscheint jedoch ein rechtmäßiger Verzicht auf ursprünglich geforderte Unterlagen kaum denkbar. So entfaltet die Forderung nach bestimmten Unterlagen oder Nachweisen Bindungswirkung, die der Auftraggeber nach dem Transparenzgebot nicht nachträglich aufheben kann. Überdies ist der Auftraggeber gem. § 16a grundsätzlich verpflichtet, fehlende Nachweise und Unterlagen nachzufordern. Kommt der Bieter der Aufforderung nicht innerhalb der hierfür gesetzten Frist nach, ist sein Angebot auszuschließen. Einen Verzicht auf Nachweise sieht § 16a hingegen nicht vor. 17

Ein Anwendungsbereich für Abs. 2 besteht daher nur noch für solche Fälle, in denen der Auftraggeber Anforderungen gestellt hat, die sich als rechtswidrig oder unzumutbar erweisen.[27] Allerdings hätte es dafür eines gesonderten Abs. 2 nicht bedurft; die Vorschrift ist insoweit als redundant anzusehen. 18

Zusätzlich enthält der neue Abs. 2 S. 2 eine Regelung mit Blick auf den ebenfalls neu mit der VOB/A 2019 eingeführten § 6a Abs. 5. Demnach sind Auftraggeber berechtigt, bis zu einem Auftragswert von 10.000 EUR auf bestimmte, die technische und wirtschaftliche Leistungsfähigkeit betreffende Angaben (namentlich gem. § 6a Abs. 2 Nr. 1–3, 5 und 7) zu verzichten, wenn dies durch Art und Umfang des Auftrags gerechtfertigt ist. Abs. 2 stellt klar, dass die Gründe für einen solchen Verzicht zu dokumentieren sind. Insbesondere ist dabei zu anzugeben, weshalb Art und Umfang des ausgeschriebenen Auftrags einen Verzicht auf die Eignungsangaben rechtfertigen.[28] 19

VI. Ex-post-Transparenz (Abs. 3)

Abs. 3 sieht einen Sonderfall der ex-post-Transparenz vor. So ist der öffentliche Auftraggeber verpflichtet, nach Zuschlagserteilung auf geeignete Weise zu informieren, wenn bei beschränkten Ausschreibungen ohne Teilnahmewettbewerb oder freihändigen Vergaben bestimmte Wertgrenzen überstiegen werden. Abs. 3 bildet einerseits das Gegenstück zu Abs. 4, wonach der Auftraggeber fortlaufend über beabsichtigte beschränkte Ausschreibungen ab einem voraussichtlichen Auftragswert von 25.000 EUR netto zu informieren hat. Andererseits schließt er die Transparenzlücke, die sich daraus ergibt, dass Bieter gem. § 19 Abs. 2 unterhalb der Schwellenwerte im Normalfall nur auf Anfrage erfahren, welcher Bieter den Zuschlag erhalten hat. Für den Bereich der **besonders missbrauchsanfälligen Verfahren** ohne Teilnahmewettbewerb zwingt Abs. 3 den öffentlichen Auftraggeber zur Offenlegung auch ohne vorausgegangenen Antrag eines Bieters.[29] Gemäß S. 2 ist die Information für sechs Monate vorzuhalten. Binnen welcher Frist die Information einzustellen ist, 20

---

[24] Kapellmann/Messerschmidt/*Schneider* Rn. 29.
[25] So aber Kapellmann/Messerschmidt/*Schneider* Fn. 74, unter Verweis auf jurisPK-VergabeR/*Dippel* Rn. 23.
[26] Vgl. Ingenstau/Korbion/*Portz*, 15 Aufl. 2004, § 30 Rn. 11.
[27] S. dazu die Beispiele bei Ziekow/Völlink/*Goede/Hänsel* Rn. 6.
[28] Kapellmann/Messerschmidt/*Schneider* Rn. 31.
[29] Ziekow/Völlink/*Goede/Hänsel* Rn. 7; Kapellmann/Messerschmidt/*Schneider* Rn. 32.

regelt Abs. 2 nicht; sachgerecht erscheint es, hier auf die **30-Tagesfrist** gem. § 18 EU Abs. 4 abzustellen.[30]

VII. Ex-ante-Transparenz (Abs. 4)

21   Das Gegenstück zu Abs. 3 bildet der neue Abs. 4, der erstmalig als § 19 Abs. 5 in die VOB/A 2009 aufgenommen und nun an die richtige Stelle verschoben wurde. Anlass für seine Einführung (wie auch für die des § 20 Abs. 3 Nr. 1) war die Schaffung des seinerzeit ebenfalls neuen § 3 Abs. 3 im Zuge des Konjunkturpakets II, der erstmals die bis heute (jetzt: § 3a Abs. 3) gültigen Erleichterungen bei der Durchführung Beschränkter Ausschreibungen **ohne** vorherigen **Teilnahmewettbewerb** vorsah.[31] Dem damit einhergehenden, zumindest befürchteten Verlust an Transparenz sollte durch die zusätzlichen Informationspflichten begegnet werden, dies auch mit Blick auf die der Rechtsprechung des EuGH, wonach auch bei Vergaben unterhalb der Schwellenwerte die Anwendung des europäischen Primärrechts ein transparentes Verfahren erforderlich machen kann.[32] Dabei dient Abs. 4 der **ex-ante-**, Abs. 3 Nr. 1 hingegen – wie oben gesehen (→ Rn. 20) – der ex-post-Transparenz.[33]

22   Die Informationspflicht besteht in Bezug auf alle in Aussicht genommenen Vergaben ab einem voraussichtlichen Auftragswert von 25.000 EUR ohne Umsatzsteuer. Bei der Schätzung des Auftragswerts ist – auch bei Unterschwellenvergaben – analog zu § 3 VgV vorzugehen.

23   Die Information muss enthalten:
1. Name, Anschrift, Telefon-, Telefaxnummer und E-Mail-Adresse des Auftraggebers,
2. Auftragsgegenstand,
3. Ort der Ausführung,
4. Art und voraussichtlicher Umfang der Leistung,
5. voraussichtlicher Zeitraum der Ausführung.

24   Um den Verwaltungsaufwand für den öffentlichen Auftraggeber zu reduzieren, genügt die Vorab-Information auf einschlägigen Internetportalen oder speziell eingerichteten Beschafferprofilen des öffentlichen Auftraggebers. Die ex-ante-Information ist dabei nicht als Bekanntmachung anzusehen. Ein Rechtsanspruch auf Beteiligung an einer Ausschreibung besteht daher auch nicht.[34] Die Beteiligung von Bewerbern, die ihr Interesse bekunden, ist unter Beachtung von § 6a Abs. 3 zulässig.

25   Wie sich aus dem Wortlaut und der Abgrenzung zu Abs. 3 Nr. 2 ergibt, findet Abs. 4 auf freihändige Vergaben keine Anwendung.

VIII. Mängel der Dokumentation und ihre Folgen

26   Als wesentlicher Ausdruck des vergaberechtlichen Transparenzprinzips ist die Dokumentation des Vergabeverfahrens von erheblicher Bedeutung für den Auftraggeber. Dies zeigt sich insbesondere an den **Konsequenzen,** die sich für ihn ergeben, wenn er seinen Dokumentationspflichten nicht im hinreichenden Maße nachkommt. Dies können von der Pflicht, einzelne, nicht dokumentierte Teile des Verfahrens zu wiederholen, über die Notwendigkeit, das Verfahren aufzuheben bis zur Schadensersatzleistung führen.

27   **1. Negative Beweiskraft.** Eine mögliche Folge von Weglassungen oder Ungenauigkeiten der Dokumentation ist ihre negative Beweiskraft im Streitfall. Trägt ein Bieter in einem einstweiligen Verfügungsverfahren oder in einem Nachprüfverfahren nach Landesrecht vor, der Auftraggeber habe bestimmte, nicht dokumentierte Sachverhalte oder Gründe vorgeschoben oder gar manipuliert, kann die fehlende Dokumentation zu Beweiserleichterungen bis hin zur Beweislastumkehr führen.[35] Ist

---

[30] So auch Kapellmann/Messerschmidt/*Schneider* Rn. 34.
[31] Vgl. den Einführungserlass zur VOB/A 2009 (Az. B 15-8163.6/1) des BMVBS v. 10.6.2010, 8. Abschnitt III.1 „Zu § 19 VOB/A". Zu beachten ist, dass im Rahmen des Konjunkturpakets II zunächst gegenüber § 3a Abs. 3 weitaus höhere Wertgrenzen galten (vgl. Erlass B 15-8163.6/1 des BMVBS v. 27.1.2009 und den Erlass IB3-260500/37 des BMWi v. 27.1.2009). Zwar lief das Konjunkturpaket zum 31.12.2010 aus, die erhöhten Wertgrenzen wurden jedoch in einigen Bundesländern beibehalten. Informationen dazu liefert die Internetseite httphttps://auftragsberatungsstellen.de/images/ABST/Uebersicht/Wertgrenzen_Bund_%20Bundeslnder%20201720Bundeslaender_2019.pdf (zuletzt abgerufen am 11.8.2021).
[32] Vgl. EuGH Urt. v. 3.12.2001 – C-59/00, Slg. 2001 I-9505 – Vestergaard; EuGH Urt. v. 20.10.2005 – C-264/03, Slg. 2005 I-8831 = VergabeR 2006, 54; EuGH Urt. v. 18.12.2007 – C-220/06, Slg. 2007 I-12175 = VergabeR 2008, 196 – APERMC.
[33] Ziekow/Völlink/*Goede*/*Hänsel* Rn. 7–9.
[34] BeckOK VergabeR/*Jasper*/*Soudry*, 2. Aufl. 2013, Rn. 29; Ingenstau/Korbion/*Reichling*/*Portz*/*Düsterdiek* Rn. 2829.
[35] Kapellmann/Messerschmidt/*Schneider* Rn. 8; OLG Jena Beschl. v. 26.6.2006 – 9 Verg 2/06, NZBau 2006, 735; VK Sachsen Beschl. v. 4.10.2011 – 1/SVK/037-11, IBRRS 2012, 1406.

daher in den Vergabeakten keine Dokumentation über einen Prüfungsvorgang enthalten, ist davon auszugehen, dass dieser Vorgang nicht stattgefunden hat, sofern die Dokumentation nicht ausnahmsweise nachgeholt werden kann (→ Rn. 29 ff.).[36]

2. Kausalitätserfordernis. Trotz seines bieterschützenden Charakters sind § 20 und die sich 28 aus ihm ergebenden Pflichten kein Selbstzweck.[37] Bewerber und Bieter können sich nur dann auf eine Verletzung ihrer Rechte berufen, wenn die mangelhafte oder vollständig unterbliebene Dokumentation für die Rechtsverletzung **ursächlich** geworden ist.[38] Hierfür trifft den Antragsteller die Darlegungs- und Beweiskraft; trägt er insoweit nichts vor, ist sein Antrag bereits unzulässig.[39]

3. Möglichkeit der Heilung von Dokumentationsmängeln. Ob der öffentliche Auftragge- 29 ber Mängel der Dokumentation im Nachhinein beheben kann, war und ist umstritten. Bis in das Jahr 2011 entsprach es der überwiegenden Meinung in Rechtsprechung und Schrifttum, dass eine derartige Heilung und ein Nachschieben von Begründungen unzulässig sei.[40] Dem ist der BGH mit seinem Beschluss in Sachen „Abellio Rail" vom 8.2.2011 zum Teil entgegengetreten.[41] Demnach ist nach Sinn und Zweck des § 20 abzuwägen zwischen dem Gebot der zeitnahen Führung des Vergabevermerks zum Schutz der Transparenz des Vergabeverfahrens und der Verhinderung von Manipulationen einerseits und dem vergaberechtlichen Beschleunigungsgrundsatz andererseits. Mit letzterem sei es nicht vereinbar, bei Dokumentationsmängeln unabhängig von deren Gewicht und Stellenwert stets eine Wiederholung der betroffenen Abschnitte des Vergabeverfahrens anzuordnen. Dieser Schritt solle vielmehr Fällen vorbehalten bleiben, in denen zu besorgen ist, dass die Berücksichtigung der nachgeschobenen Dokumentation lediglich im Nachprüfungsverfahren nicht ausreichen könnte, um eine wettbewerbskonforme Auftragserteilung zu gewährleisten.[42] Läuft die Wiederholung jedoch auf bloße Förmelei hinaus, gebührt dem Beschleunigungsgebot der Vorrang.[43]

Trotz der etwas nachgiebigeren Haltung des BGH zum Nachschieben von Gründen stellt die 30 Möglichkeit, Dokumentationsmängel im Nachhinein zu heilen, die **Ausnahme** von der Regel des Abs. 1 dar, wonach die Dokumentation zeitnah zu fertigen ist. So bleibt es dabei, dass eine Heilung von Dokumentationsmängeln grundsätzlich **nicht** in Betracht kommt, soweit der Mangel im **gänzlichen Fehlen** der Dokumentation besteht. Grundsätzlich abzulehnen ist zudem die Möglichkeit, die unterlassene Dokumentation im Nachhinein durch eine Zeugeneinvernahme zu ersetzen. Dies würde der Manipulation Tür und Tor öffnen und auf Seiten der Vergabestelle ggf. sogar den Anreiz setzen, auf eine Dokumentation mit Bedacht zu verzichten.[44] Ein Verfahrensschritt ist ferner zwingend zu wiederholen, wenn eine Entscheidung nicht mehr rekonstruiert und die Begründung im Nachhinein nicht mehr nachvollzogen werden kann.[45] Damit bleibt die Heilungsmöglichkeit solchen Fällen vorbehalten, in denen Begründungen für **einzelne** Entscheidungen oder Maßnahmen lediglich durch zusätzliche Argumente und Erwägungen **ergänzt** werden.

§ 21 Nachprüfungsstellen

In der Auftragsbekanntmachung und den Vergabeunterlagen sind die Nachprüfungsstellen mit Anschrift anzugeben, an die sich der Bewerber oder Bieter zur Nachprüfung behaupteter Verstöße gegen die Vergabebestimmungen wenden kann.

I. Überblick

§ 21 ist, bis auf das Wort „Nachprüfungsstellen", im Wortlaut identisch mit § 21 EU. Dennoch 1 bestehen große Unterschiede zwischen beiden, beginnend damit, dass mit den Nachprüfungsstellen

---

[36] OLG Jena Beschl. v. 26.6.2006 – 9 Verg 2/06, NZBau 2006, 735 (737).
[37] OLG Dresden Beschl. v. 31.3.2004 – WVerg 2/04, NZBau 2004, 574 (576).
[38] OLG Düsseldorf Beschl. v. 17.3.2004 – VII-Verg 1/04, NZBau 2004, 461; OLG Dresden Beschl. v. 31.3.2004 – WVerg 2/04, NZBau 2004, 574 (576).
[39] Kapellmann/Messerschmidt/*Schneider* Rn. 9 mwN.
[40] Vgl. nur OLG Düsseldorf Beschl. v. 17.3.2004 – Verg 1/04, BeckRS 2004, 03905; OLG Celle Beschl. v. 11.2.2010 – 13-Verg 16/09, BeckRS 2010, 04938; Ingenstau/Korbion/*Portz*, 16. Aufl. 2006, § 30 Rn. 5, jeweils mwN.
[41] BGH Beschl. v. 8.2.2011 – X ZB 4/10, NZBau 2011, 175 Rn. 73 ff.
[42] BGH Beschl. v. 8.2.2011 – X ZB 4/10, NZBau 2011, 175 (184).
[43] In diesem Sinne bereits VK Bund Beschl. v. 10.12.2003 – VK 2–116/03, IBRRS 2005, 00795.
[44] Kapellmann/Messerschmidt/*Schneider* Rn. 10; OLG Jena Beschl. v. 26.6.2006 – 9 Verg 2/06, NZBau 2006, 735; VK Sachsen Beschl. v. 4.10.2011 – 1/SVK/037-11, IBRRS 2012, 1406.
[45] Kapellmann/Messerschmidt/*Schneider* Rn. 11 mwN.

gerade nicht wie mit den „Nachprüfungsbehörden" gem. § 21 EU die Vergabekammern gemeint sind.[1]

2   § 21 entspricht auf den ersten Blick insofern nicht dem traditionellen Verständnis des Unterschwellenvergaberechts als Teil des Haushaltsrechts, das den Bietern keine subjektiven Rechte einräumt, als die Vorschrift einen – wie immer gearteten – **Primärrechtsschutz** vorauszusetzen scheint.[2] Allerdings kann aus der bloßen Existenz des § 21 **nicht abgeleitet werden,** dass ein solcher **Primärrechtsschutz** auch tatsächlich effektiv gewährleistet ist. Zudem kann der öffentliche Auftraggeber durch die (uU fehlerhafte) Benennung einer Behörde **weder** die **Zuständigkeit** einer Nachprüfungsstelle **noch** einen **Anspruch** auf Überprüfung **begründen.** In erster Linie soll § 21 es Bietern und Bewerbern erleichtern, den auf Grundlage des **Opportunitätsprinzips** grundsätzlich nach eigenem Ermessen tätig werdenden Aufsichtsbehörden Sachverhalte zur Kenntnis zu bringen, die diese zu einem Einschreiten veranlassen könnten. Ein Anspruch darauf besteht jedoch nicht. Dies gilt unabhängig davon, ob nach den jeweiligen Landesvergabegesetzen sogenannte „kleine" Vergabenachprüfungsverfahren vorgesehen sind;[3] mit diesen hat § 21 streng genommen nichts zu tun, ebenso wenig mit der Gewährung von Primärrechtsschutz im Unterschwellenbereich durch die Anrufung der ordentlichen Gerichte.[4]

II. Angabe der Nachprüfungsstellen

3   **1. Nachprüfungsstellen.** Nachprüfungsstellen iSd § 21 sind die zuständigen Stellen, welche die Dienst-, Rechts- oder Fachaufsicht über den öffentlichen Auftraggeber ausüben.[5] Handelt es sich um Vergaben des Bundes oder der Länder, sind Nachprüfungsstellen die jeweils **vorgesetzten Dienststellen.** Die zuständige **Kommunalaufsichtsbehörde** übt die Fach- und Rechtsaufsicht über **kommunale Auftraggeber** aus.

4   **2. Ort der Angabe.** Die Angabe der Nachprüfungsstelle hat gem. § 12 Abs. 1 Nr. 2 lit. x in der Bekanntmachung und damit gem. § 8 Abs. 2 Nr. 1 auch in der Aufforderung zur Angebotsabgabe zu erfolgen.

5   **3. Inhalt der Angabe.** Nach dem Wortlaut sowohl des § 21 als auch des § 12 Abs. 1 Nr. 2 lit. x genügt die korrekte **Bezeichnung** der Nachprüfungsstelle sowie die Mitteilung der **Anschrift.** Weitergehende Angaben wie etwa Telefon- und Faxverbindung oder E-Mail-Adresse sind nicht erforderlich, zumal sich in der heutigen Zeit letztlich jeder Bieter diese zusätzlichen Angaben binnen kurzem über das Internet verschaffen kann.[6]

III. Befugnisse der Nachprüfungsstellen

6   Stellt die angerufene Nachprüfungsstelle einen Verstoß fest, kann sie je nach Befugnis gegenüber dem öffentlichen Auftraggeber die geeigneten Maßnahmen treffen. Dies beginnt mit der bloßen **Beanstandung** gegenüber der Vergabestelle, umfasst aber auch die Möglichkeit, das Vergabeverfahren **auszusetzen,** im Wege der Ersatzvornahme einzelne Vergabeentscheidungen **zu ändern,** das Verfahren in einen früheren Verfahrensstand **zurückzuversetzen** oder ganz **aufzuheben.**[7] Ebenso wie im Bereich der Oberschwellenvergaben gilt allerdings, dass ein wirksam erteilter Zuschlag nicht durch die Aufsichtsbehörde rückgängig gemacht bzw. aufgehoben werden kann.[8] Ob Vorschriften wie § 8 Abs. 1 und 2. S. 2 SächsVergabeG, § 19 Abs. 2 ThürVgG, § 19 Abs. 1 und 2 LVG LSA oder § 12 Abs. 1 VgG M-V, die dem Auftraggeber die Zuschlagserteilung vor Ablauf einer bestimmten Wartefrist auch unterhalb der EU-Schwellenwerte verbieten, Verbotsgesetze iSd § 134 BGB sind, ist umstritten. Nach der hier vertretenen Ansicht sind sie Ver-

---

[1] Die Ausnahme bildet gem. §§ 1 und 19 LVG LSA die sog. 3. Vergabekammer Sachsen-Anhalt, die gleichwohl keine Vergabekammer iSd §§ 155, 156 GWB ist; ferner ist die Vergabekammer Thüringen gem. § 19 Abs. 3 ThürVgG als Nachprüfungsbehörde auch zuständig für Beanstandungen von Vergabeverfahren im Unterschwellenbereich.
[2] Dahingehend Kapellmann/Messerschmidt/*Glahs* Rn. 1.
[3] Vgl. etwa § 8 Abs. 2 SächsVergabeG, § 19 Abs. 2 ThürVgG oder §§ 1, 19 LVG LSA. Das Nebeneinander von Aufsicht und Vergabenachprüfung besteht auch im Oberschwellenbereich, wie § 155 GWB verdeutlicht.
[4] Hingegen subsumiert Kapellmann/Messerschmidt/*Glahs* Rn. 3 das vom Bewerber oder Bieter initiierte Einschreiten der Aufsichtsbehörde unter das Stichwort „Primärrechtsschutz", was mE irreführt, da wirklicher Rechtsschutz die Pflicht zum Tätigwerden der angerufenen Stelle bedingt, was *Glahs* wiederum ausdrücklich anerkennt: „Effektiver Rechtsschutz wird den Bietern durch diese Möglichkeit also nicht gewährt".
[5] Ziekow/Völlink/*Völlink* Rn. 2; Kapellmann/Messerschmidt/*Glahs* Rn. 4.
[6] AA Ziekow/Völlink/*Völlink* Rn. 3.
[7] Kapellmann/Messerschmidt/*Glahs* Rn. 10; Ingenstau/Korbion/*Reichling* Rn. 5.
[8] Kapellmann/Messerschmidt/*Glahs* Rn. 11; Ingenstau/Korbion/*Reichling* Rn. 5.

botsgesetze, sofern ein Bieter die Beanstandung innerhalb der jeweils festgelegten Frist erhebt (→ § 18 Rn. 5).

§ 22 Änderungen während der Vertragslaufzeit

Vertragsänderungen nach den Bestimmungen der VOB/B erfordern kein neues Vergabeverfahren; ausgenommen davon sind Vertragsänderungen nach § 1 Absatz 4 Satz 2 VOB/B.

I. Überblick

§ 22 wurde mit der Vergaberechtsreform 2016 neu eingeführt. Frühere Fassungen der VOB enthielten sowohl im ersten als auch im zweiten Abschnitt nur in Ansätzen Bestimmungen über Vertragsänderungen während der Vertragslaufzeit.[1] Dies ist durchaus überraschend, da öffentliche Auftraggeber gerade im Bereich der Bauvergaben im Zusammenhang mit „Nachträgen" regelmäßig über **keinerlei vergaberechtliches Problembewusstsein** verfügen. Weit verbreitet ist vielmehr die Vorstellung, dass ein einmal im Wege der Ausschreibung korrekt zustande gekommener Bauauftrag nach dem Zuschlag gleichsam nach Belieben abgeändert werden kann, wobei diese Ansicht immer schon unzutreffend war und nicht selten im Zuge von **Verwendungsnachweisprüfungen** unliebsame Überraschungen bereithielt. 1

Vor diesem Hintergrund ist die Regelung grundsätzlich zu begrüßen. **Bedenklich** erscheint indes nach wie vor der Umstand, **dass § 22 und sein Pendant im zweiten Abschnitt, § 22 EU,** sich nicht nur im Umfang drastisch unterscheiden, sondern inhaltlich – wahrscheinlich – sogar **widersprechen.** So lässt sich die klare Aussage des § 22 auf § 22 EU Abs. 2 Nr. 1 gerade nicht übertragen (→ § 22 EU Rn. 2).[2] Man mag dies bedauerlich finden, zumal der Inhalt der Regelung gem. § 22 die durchaus herrschende Ansicht vor der Vergaberechtsreform abbildet.[3] Letztlich belegt aber gerade der Umstand der unterschiedlichen Regelungen, dass bereits aus Sicht des DVA eine Übernahme der Formulierung aus dem ersten Abschnitt in § 22 EU keine ordnungsgemäße Umsetzung von Art. 72 RL 2014/24/EU dargestellt hätte und daher nicht in Frage kam. Dies ändert wiederum nichts daran, dass der resultierende Widerspruch, der sich dem – im Falle der VOB häufig nicht juristisch aus-, sondern lediglich fortgebildeten – Normanwender nicht ohne weiteres erschließt, nur als misslich bezeichnet werden kann.[4] 2

II. Vertragsänderungen ohne neues Vergabeverfahren (Hs. 1)

Gemäß § 22 Hs. 1 erfordern Vertragsänderungen auf der Grundlage der VOB/B kein neues Vergabeverfahren. Hiervon erfasst sind insbesondere die einseitigen Anordnungen des Auftraggebers gem. **§ 1 Abs. 3 und Abs. 4 S. 1 VOB/B** bezüglich des Leistungsinhalts sowie die korrespondierenden Anpassungen der Vergütung gem. **§ 2 Abs. 5 und Abs. 6 VOB/B.**[5] Dies gilt unabhängig 3

---

[1] Zu nennen wären vor allem die Regelungen in § 3 Abs. 5 Nr. 6 zur Zulässigkeit der freihändigen Vergabe bzw. in § 3G Abs. 5 Nr. 5 und 6 zur Zulässigkeit des Verhandlungsverfahrens ohne Teilnahmewettbewerb, die zumindest der Sache nach Änderungen bzw. Ergänzungen bereits geschlossener Verträge betrafen.
[2] → GWB § 132 Rn. 29; Ingenstau/Korbion/*Stolz* § 22 EU Rn. 27; zur früheren Rechtslage schon *Krohn* NZBau 2008, 619; → GWB § 99 Rn. 22.
[3] Vgl. etwa *Kulartz/Duikers* VergabeR 2008, 728 (735 f.); Beck VOB/A/*Schotten/Hüttinger* GWB § 99 Rn. 39 oder *Eschenbruch* in KKP GWB § 99 Rn. 104, der § 1 Abs. 3 und Abs. 4 S. 1 als „sicheren Hafen" für nachträgliche Änderungen" bezeichnete und dies auch für § 132 GWB aufrecht erhält, *Eschenbruch* in KKPP GWB § 132 Rn. 89.
[4] Wenig hilfreich ist in diesem Kontext der Einführungserlass zur VOB/A 2016 (Az. BI 7-81063-6/1), der hervorhebt, der DVA habe „sich bewusst dagegen entschieden, die deutlich umfangreichere Regelung der EU-Vergaberechtlinie auch im ersten Abschnitt der VOB/A umzusetzen". Dies ist bereits vom äußeren Bild her offensichtlich, während der Erlass nichts darüber besagt, ob die Regelung des ersten Abschnitts auch im Rahmen des § 22 EU Geltung beanspruchen kann. Hier die Klärung zu Gerichten zu überlassen ist insbesondere vor dem Hintergrund, dass Verwendungsnachweise regelmäßig erst Jahre nach dem Abschluss einer Baumaßnahme zu führen sind, fahrlässig. Der Zuwendungsempfänger kann nicht rückwirkend reagieren, sondern nur hoffen, dass ihm das im Falle der Zuwendungskürzung wegen einer zu Unrecht auf § 22 EU iVm § 1 Abs. 3 VOB/B gestützten Nachtragsvergabe angerufene Verwaltungsgericht den „benefit of doubt" aufgrund der „seinerzeit", dh heute ungeklärten Rechtslage gewährt.
[5] Ingenstau/Korbion/*Stolz* Rn. 3.

vom Umfang der geänderten oder zusätzlichen Leistung, solange diese nur dem Anordnungsrecht unterliegt.[6]

4   Ändern sich lediglich die **Mengen oder Massen,** fehlt es bereits an einer Vertragsänderung, da im Einheitspreisvertrag nicht die ausgeschriebene, sondern die tatsächlich notwendige Menge geschuldet ist und entsprechend vergütet werden muss. Ob die Vergütung nach § 2 Abs. 3 VOB/B anzupassen ist, spielt daher keine Rolle.[7]

5   Weiterhin unter § 22 Hs. 1 fallen die Zustimmung zum ursprünglich nicht genehmigten Nachunternehmereinsatz nach § 4 Abs. 8 Nr. 1 VOB/B, die Verlängerung von Ausführungsfristen gem. § 6 Abs. 2 VOB/B, die Anordnung von Stundenlohnarbeiten nach § 15 und die nachträgliche Vereinbarung von Vorauszahlungen (§ 16 Abs. 2 Nr. 1 VOB/B).[8]

III. Vertragsänderungen mit neuem Vergabeverfahren (Hs. 2)

6   § 22 Hs. 2 stellt klar, dass Hs. 1 für Vertragsänderungen gem. § 1 Abs. 4 S. 2 VOB/B, die nur mit Zustimmung des Auftragnehmers möglich sind, keine Geltung hat. Daraus folgt scheinbar im Umkehrschluss die Verpflichtung, in diesem Fällen ausnahmslos ein Vergabeverfahren durchzuführen – ungeachtet des Werts und der Bedeutung dieser Leistung und ohne Rücksicht darauf, ob die Vergabe an ein anderes Unternehmen als den bisherigen Auftragnehmer für den Auftraggeber mit (erheblichen) Nachteilen verbunden ist.

7   Eine analoge Anwendung etwa von § 22 EU Abs. 3 mit den dortigen *de-minimis*-Grenzen verbietet sich systematisch und auch in Ansehung des Einführungserlasses, der dies ausdrücklich ausschließt. Allerdings folgt bereits aus dem Wortlaut des § 22 nicht, dass für jede noch so unbedeutende Änderung eine Ausschreibung durchzuführen wäre. Vielmehr ist der Auftraggeber lediglich verpflichtet, das geltende Vergaberecht anzuwenden. Daher kann der öffentliche Auftraggeber prüfen, ob etwa die Voraussetzungen des **§ 3a Abs. 4 S. 1 Nr. 1, 2 oder 6** (→ § 3a Rn. 18 ff.) erfüllt sind und eine Direktvergabe ausnahmsweise erlauben.[9] Liegt der Auftragswert unterhalb von 10.000 EUR (§ 3a S. 2) oder sehen die Landesvergabegesetze entsprechende höhere Wertgrenzen vor, kann zumindest die freihändig Vergabe erfolgen. In diesen Fällen kann es – bei ordnungsgemäßer Ermessensausübung – zulässig sein, lediglich ein Angebot des bisherigen Auftragnehmers einzuholen. Dabei dürften dieselben Erwägungen, die etwa im Rahmen des § 22 EU Abs. 2 Nr. 2 und 3 anzustellen sind, auch hier zum Tragen kommen, wenn nicht ohnehin § 3a Abs. 4 Nr. 1 gegeben ist.

§ 23 Baukonzessionen

(1) Eine Baukonzession ist ein Vertrag über die Durchführung eines Bauauftrags, bei dem die Gegenleistung für die Bauarbeiten statt in einem Entgelt in dem befristeten Recht auf Nutzung der baulichen Anlage, gegebenenfalls zuzüglich der Zahlung eines Preises besteht.

(2) Für die Vergabe von Baukonzessionen sind die §§ 1 bis 22 sinngemäß anzuwenden.

Schrifttum: *Siegel,* Die Konzessionsvergabe im Unterschwellenbereich, NZBau 2019, 353; *Walz,* Die Bau- und Dienstleistungskonzession im deutschen und europäischen Vergaberecht, 2009.

Übersicht

		Rn.			Rn.
I.	Überblick	1		d) Gegenleistung	12
II.	Bedeutung	3	2.	Vergabe in sinngemäßer Anwendung der §§ 1–22	19
III.	Regelungsgehalt	4		a) Grundsatz	19
1.	Begriff der Baukonzession (Abs. 1)	5		b) Keine Geltung der die Vergütung betreffenden Regelungen	21
	a) Grundsatz	5			
	b) Bauauftrag	6		c) Kein Verbot des ungewöhnlichen Wagnisses	22
	c) Vertrag	10			

---

[6] Vgl. Beck VOB/B/*Jansen* VOB/B § 1 Abs. 3 Rn. 78: „Der Auftraggeber darf auch Änderungen anordnen, die zu einer weit reichenden Umgestaltung des Projektes führen. Das kann dazu führen, dass einzelne Leistungen komplett wegfallen und durch andere ersetzt werden.", ferner Ingenstau/Korbion/*Stolz* Rn. 1: „generell und unabhängig vom Wert und der Auswirkungen".
[7] Ingenstau/Korbion/*Stolz* Rn. 3.
[8] Ingenstau/Korbion/*Stolz* Rn. 3.
[9] Ingenstau/Korbion/*Stolz* Rn. 5.

III. Regelungsgehalt 1–5 § 23 VOB/A

	Rn.		Rn.
d) Wahl der Vergabeart	23	g) Keine Einschränkung der §§ 1–22 im Übrigen	27
e) Einschränkung des Gebots der losweisen Vergabe	24	3. Vergabe von Unteraufträgen bzw. Unterkonzessionen	28
f) Einbeziehung der VOB/B über § 8a Abs. 1 S. 1	25		

I. Überblick

Seit der Vergaberechtsreform 2016 steht § 23 ohne inhaltliche Entsprechung in Abschnitt 2 der VOB/A da. Der Erlass der **Konzessionsvergabeverordnung** (KonzVgV), die sämtliche Vergaben von Konzessionen unter Einschluss der Baukonzession einem einheitlichen Verfahren unterstellt, führte zum **Entfall** des vormaligen § 22 EG. 1

Der Begriff der Baukonzession wird, soweit er das Oberschwellenvergaberecht betrifft, in § 105 GWB legal definiert. Baukonzessionen im Sinne des EU-Kartellvergaberechts sind demnach **entgeltliche Verträge,** mit denen ein oder mehrere Konzessionsgeber ein oder mehrere Unternehmen mit der Erbringung von Bauleistungen betrauen; dabei besteht die Gegenleistung entweder allein in dem **Recht zur Nutzung des Bauwerks** oder in diesem Recht **zuzüglich** einer Zahlung (§ 105 Abs. 1 Nr. 1 GWB). In Abgrenzung zur Vergabe öffentlicher Bauaufträge geht bei der Vergabe einer Baukonzession das Betriebsrisiko für die Nutzung des Bauwerks auf den Konzessionsnehmer über. Dies ist der Fall, wenn unter normalen Betriebsbedingungen nicht gewährleistet ist, dass die Investitionsaufwendungen oder die Kosten für den Betrieb des Bauwerks wieder erwirtschaftet werden können, und der Konzessionsnehmer den Unwägbarkeiten des Marktes tatsächlich ausgesetzt ist, sodass potenzielle geschätzte Verluste des Konzessionsnehmers nicht vernachlässigbar sind. Das Betriebsrisiko kann ein Nachfrage- oder Angebotsrisiko sein (§ 105 Abs. 2 S. 1 GWB). Insoweit wird auf die Kommentierung zu § 105 GWB (→ GWB § 105 Rn. 31–91) sowie ergänzend auf die Kommentierung zur KonzVgV (→ KonzVgV Vor § 1 Rn. 5 und → KonzVgV § 1 Rn. 2 ff.) verwiesen. 2

II. Bedeutung

Baukonzessionen sind von erheblicher praktischer Bedeutung. Sie dienen der Entlastung der öffentlichen Haushalte. Umgesetzt werden sie häufig in Gestalt von sog. „ÖPP-Modellen", dh in Formen der öffentlich-privaten Partnerschaft.[1] Daher ist auch die Relevanz des § 23 einerseits nicht zu unterschätzen, da gerade Kommunen in Ansehung des maßgeblichen Schwellenwerts von (bis zum 31.12.2021) 5.350.00 EUR Baukonzessionen in der Regel nicht nach der KonzVgV vergeben.[2] Andererseits hält sie sich aber auch in Grenzen, da sich eine **eigenständige Dogmatik** für ein Unterschwellenvergaberecht **nicht herausgebildet** hat. Stattdessen werden die maßgeblichen Rechtsfragen weitgehend einheitlich für das Ober- und Unterschwellenvergaberecht behandelt und insbesondere die Rechtsprechung des EuGH und der Vergabesenate auch für die Auslegung des § 23 herangezogen. 3

III. Regelungsgehalt

§ 22 definiert zum einen die Baukonzession für das Unterschwellenvergaberecht. Zum anderen wird festgelegt, nach welchen Regelungen die Vergabe von Baukonzessionen zu erfolgen hat. Dies soll in sinngemäßer Anwendung der Bestimmungen der VOB/A 1. Abschnitt geschehen. 4

1. Begriff der Baukonzession (Abs. 1). a) Grundsatz. Abs. 1 beschreibt die Baukonzession als Vertrag über die Durchführung eines Bauauftrags, bei dem die Gegenleistung für die Bauarbeiten statt in einem Entgelt in dem befristeten Recht auf Nutzung der baulichen Anlage, gegebenenfalls zuzüglich der Zahlung eines Preises besteht. Diese Definition ist kürzer als diejenige in § 105 GWB. Sie verzichtet ihrem Wortlaut nach insbesondere auf das **„Risikoelement"** des § 105 Abs. 2 GWB, indem lediglich auf die gegenüber dem „normalen" Bauauftrag anders geartete Gegenleistung abgestellt wird. Der scheinbare Unterschied zwischen Unter- und Oberschwellenvergaberecht besteht 5

---

[1] Vgl. Ziekow/Völlink/*Herrmann* Rn. 3 ff., 11–18 mit einem kritischen Überblick zu den bisherigen Erfahrungen mit ÖPP-Modellen; darüber hinaus Ingenstau/Korbion/*Düsterdiek* Rn. 46–59 sowie zu ÖPP im Verkehrsbereich *Kupjetz/Eftekharzadeh* NZBau 2013, 142; s. ferner die Übersicht bei http://www.bmvi.de/SharedDocs/DE/Artikel/StB/oepp-modelle.html (zuletzt abgerufen am 11.8.2021) zu den unterschiedlichen, sog. A-, V- oder F-Modellen im Straßenbau sowie das allerdings schon etwas in die Jahre gekommene Gutachten „PPP im öffentlichen Hochbau", Bd. II: Rechtliche Rahmenbedingungen, abrufbar unter http://www.bbr.bund.de/BBSR/DE/Bauwesen/BauwirtschaftBauqualitaet/WU-PPP/Downloads/DL_gutachten_ppp_hochbau_band2_teil1.pdf?__blob=publicationFile&v=3 (zuletzt abgerufen am 11.8.2021).
[2] So auch Ziekow/Völlink/*Herrmann* Rn. 2.

allerdings **in Wahrheit nicht.** Nach ganz allgemeiner und auch zutreffender Ansicht ist die **Übernahme des Nutzungsrisikos** auch für die Baukonzession gem. § 23 **konstitutiv.**[3] Dies folgt daraus, dass im Recht des Konzessionärs, die bauliche Anlage zu nutzen, das damit verbundene Risiko der Nichtinanspruchnahme inhärent ist. Vor diesem Hintergrund kann auf die zum früheren § 22 EG ergangene Rechtsprechung auch in Hinblick auf § 23 zurückgegriffen werden,[4] und ebenso auf die Rechtsprechung zu § 105 GWB sowie zur KonzVgV.[5]

6 **b) Bauauftrag. aa) Begriff des Bauauftrags.** Abs. 1 setzt einen Vertrag über die Durchführung eines **Bauauftrags** voraus. Dies ist insoweit ungewöhnlich, als die VOB/A in Abschnitt 1, genau gesagt in § 1, den Begriff der „Bauleistungen" verwendet. Der „Bauauftrag" gehört hingegen terminologisch in das Kartellvergaberecht (§ 1 EU bzw. § 103 Abs. 3 GWB). Für das Verständnis ist dies indes ohne Bedeutung; beide Bezeichnungen meinen – zumindest im Kontext der Baukonzession – dasselbe, sodass in Bezug auf die Merkmale des Bauauftrags auf die Kommentierungen zu § 1 EU (→ § 1 EU Rn. 2 ff.) und § 103 GWB (→ GWB § 103 Rn. 56–82 sowie zu Abgrenzungsfragen → GWB § 103 Rn. 44 und 110) verwiesen werden kann.[6]

7 **bb) Notwendiger Beschaffungsbezug.** Aus dem Vorstehenden ergibt sich, dass insbesondere auch die im Urteil des EuGH zur Rechtssache „Helmut Müller" festgelegten Grundsätze zu beachten sind.[7] Der erteilte Auftrag muss mithin einen spezifischen **„Beschaffungsbezug"** aufweisen, dh der Auftrag- bzw. Konzessionsgeber muss ein **eigenes wirtschaftliches Interesse** an der Durchführung des Auftrags haben.[8] Dieses wirtschaftliche Interesse ist eindeutig gegeben, wenn vorgesehen ist, dass der öffentliche Auftraggeber Eigentümer der Bauleistung oder des Bauwerks wird, die bzw. das Gegenstand des Auftrags ist.[9] Es genügt jedoch, wenn der öffentliche Auftraggeber nach dem Inhalt des Vertrags über einen Rechtstitel verfügen soll, der ihm die Verfügbarkeit der zu errichtenden Bauwerke „im Hinblick auf ihre öffentliche Zweckbestimmung sicherstellt".[10] Dies kann etwa in Gestalt eines Mietvertrags erfolgen; es ist allerdings nicht notwendig, dass die Leistung die Form der Beschaffung eines gegenständlichen oder körperlichen Objekts für den Auftrag- bzw. Konzessionsgeber selbst annimmt.[11] Es genügt, wenn der öffentliche Auftraggeber aus der zukünftigen Nutzung oder Veräußerung des Bauwerks wirtschaftliche Vorteile ziehen kann.[12]

8 Die Bestimmung muss jeweils für den **Einzelfall** erfolgen. Häufiger Streitpunkt waren dabei in der Vergangenheit **Parkflächen** im Rahmen der Errichtung privater Investorenvorhaben.[13] Ein eigenes wirtschaftliches Interesse des öffentlichen Auftrag- bzw. Konzessionsgebers kann nur dann angenommen werden, wenn die Parkflächen entweder durch ihn selbst (etwa im Rahmen eines Miet- oder Pachtvertrags) genutzt werden oder aber der Allgemeinheit zur Verfügung gestellt werden.[14] In jüngerer Zeit hat das OLG Hamburg – wenn auch in Hinblick auf Dienstleistungskonzessionen – das Merkmal des Beschaffungsbezugs unangemessen ausgeweitet.[15] Nicht jede ordnungsrechtlich begründete öffentliche Aufgabe ist geeignet, einen Beschaffungsbezug im vergaberechtlichen Sinne herzustellen.[16]

---

[3] AllgM; vgl. nur Kapellmann/Messerschmidt/*Ganske* Rn. 28 und 48; Ziekow/Völlink/*Herrmann* Rn. 22; Willenbruch/Wieddekind/*Wieddekind* Rn. 2; iErg wohl auch *Siegel* NZBau 2019, 353 (354).

[4] Tatsächlich ist es Usus, auch bei der Kommentierung des § 23, dh des ersten Abschnitts der VOB/A, so gut wie ausschließlich auf die Rspr. zu verweisen, die zum Kartellvergaberecht ergangen ist, vgl. etwa Ziekow/Völlink/*Herrmann* Rn. 19–23.

[5] → Rn. 2 aE.

[6] In diesem Sinne auch Kapellmann/Messerschmidt/*Ganske* Rn. 16; *Marx* in KMPP § 1 Rn. 32.

[7] EuGH Urt. v. 25.3.2010 – C-451/08, NJW 2010, 2189 = NZBau 2010, 321.

[8] EuGH Urt. v. 25.3.2010 – C-451/08, NJW 2010, 2189 Rn. 49; ferner Kapellmann/Messerschmidt/*Ganske* Rn. 17; Ziekow/Völlink/*Herrmann* Rn. 19 mit Fn. 30 und dem Verweis darauf, dass die nationalen Gerichte die vom EuGH entwickelten Grundsätze aufgenommen haben.

[9] EuGH Urt. v. 25.3.2010 – C-451/08, NJW 2010, 2189 Rn. 50.

[10] EuGH Urt. v. 25.3.2010 – C-451/08, NJW 2010, 2189 Rn. 51 f.

[11] EuGH Urt. v. 25.3.2010 – C-451/08, NJW 2010, 2189 Rn. 54.

[12] EuGH Urt. v. 25.3.2010 – C-451/08, NJW 2010, 2189 Rn. 52.

[13] Vgl. OLG Düsseldorf Beschl. v. 9.6.2010 – VII-Verg 9/10, NZBau 2010, 580; OLG Schleswig Beschl. v. 15.3.2013 – 1 Verg 4/12, NZBau 2013, 453; VK Schleswig-Holstein Beschl. v. 17.8.2012 – VK-SH 17/12, IBRRS 2012, 4443.

[14] Nach Auffassung der VK Schleswig-Holstein Beschl. v. 17.8.2012 – VK-SH 17/12, IBRRS 2012, 4443, soll es wiederum nicht genügen, wenn im Rahmen des Vorhabens bereits vorhandene öffentlich nutzbare Parkflächen durch andere Flächen ersetzt werden und somit lediglich ein Ausgleich stattfindet.

[15] OLG Hamburg Beschl. v. 1.11.2017 – 1 Verg 2/17, NZBau 2018, 122.

[16] *Siegel* NZBau 2019, 353; vgl. ferner OLG Düsseldorf Beschl. v. 23.1.2019 – VII-Verg 22/18, NZBau 2019, 605 sowie OVG Münster Beschl. v. 8.6.2017 – 4 B 307/17, NVwZ-RR 2018, 147 (Ls.), jeweils mit Bezug auf Spielhallenerlaubnisse.

III. Regelungsgehalt   9–13 § 23 VOB/A

cc) Durchsetzbare Bauverpflichtung. Die Annahme eines Bauauftrags erfordert nach der Entscheidung des EuGH in der Rechtssache „Helmut Müller" im Weiteren eine durch den Auftrag- bzw. Konzessionsgeber einklagbare **Bauverpflichtung**.[17] Im Kontext der Baukonzession sind diesbezüglich **Durchführungsverträge** mit Durchführungspflicht gem. **§ 12 Abs. 1 und 6 BauGB** in den Fokus geraten. Nach Ansicht des OLG Schleswig fehlt es bei einem Durchführungsvertrag selbst dann an einer einklagbaren Bauverpflichtung, wenn der Vertrag das Recht der Gemeinde vorsieht, die Arbeiten im Wege der Ersatzvornahme selbst durchzuführen und zudem eine hohe Vertragsstrafe vereinbart wurde.[18] In der Praxis werde die Gemeinde eher gem. § 12 Abs. 6 BauGB den Bebauungsplan aufheben als ihre vertraglichen Rechte durchsetzen. Ob dies in jedem Fall zutrifft, mag indes bezweifelt werden: So stehen der Kommune unterschiedliche vertragliche Gestaltungsmöglichkeiten offen, um die Erfüllung der Durchführungsverpflichtung sichern, etwa die Vereinbarung von Vertragsstrafen oder die Stellung von Sicherheiten. Auch die Unterwerfung unter die sofortige Zwangsvollstreckung (vgl. § 61 VwVfG) kommt in Betracht.[19] Daher wird jeweils für den Einzelfall zu prüfen sein, ob von einer durchsetzbaren Bauverpflichtung auszugehen ist oder nicht.[20] 9

c) Vertrag. Die Konzession setzt einen Vertrag voraus. **Ohne Belang** ist dabei die Frage, ob der zugrunde liegende Vertrag dem **öffentlichen** oder aber dem **Privatrecht** unterfällt.[21] Welches von beiden anzunehmen ist, hängt vom Gegenstand des Vertrags ab. Sind mit der Einräumung der Konzession hoheitliche Befugnisse im Wege der Beleihung verknüpft, handelt es sich um einen öffentlich-rechtlichen Vertrag gem. § 54 VwVfG, der gleichwohl (soweit die sonstigen Voraussetzungen vorliegen) dem Regime des Vergaberechts untersteht.[22] Kein Vertrag, und damit auch keine Baukonzession gem. § 23 liegt hingegen vor, wenn die Konzession durch **Verwaltungsakt** (§ 35 VwVfG) zustande kommt.[23] Bestehen Zweifel hinsichtlich der Frage, ob von einem Vertrag oder vom Erlass eines Verwaltungsakts auszugehen ist, kommt es nach der Rechtsprechung des EuGH maßgeblich auf den dem Auftrag- bzw. Konzessionsnehmer eingeräumten **Spielraum** an.[24] 10

Ein Vertrag bedingt im Weiteren die **Personenverschiedenheit** zwischen Konzessionsgeber und -nehmer.[25] Eine Austauschbeziehung zwischen Dienststellen, Behörden und anderen unselbständigen Verwaltungseinheiten ist daher nicht als Vertrag zu qualifizieren. 11

d) Gegenleistung. Wie bereits ausgeführt (→ Rn. 5) besteht die Gegenleistung bei der Konzession nicht in einem Entgelt, sondern entweder allein in dem **befristeten** Recht, die erstellte bauliche Anlage zu nutzen, oder aber in diesem Recht zuzüglich einer Zahlung. 12

aa) Befristung. Das Nutzungsrecht darf dem Konzessionsnehmer **nur auf Zeit** eingeräumt werden; unbefristete Konzessionen verstoßen gegen den Wettbewerbsgrundsatz und sind unzulässig.[26] Daraus folgt, dass in alldenjenigen Fällen, in denen der Errichter der baulichen Anlage das **Eigentum** daran erwirbt, der Vorgang nicht als Konzession anzusehen ist.[27] Hingegen existiert keine starre zeitliche Grenze für die Dauer der Befristung wie etwa bei der Rahmenvereinbarung. Vielmehr sind je nach Einzelfall Art und Umfang des Auftrags und das Amortisationsinteresse des Konzessionsnehmers zu berücksichtigen.[28] Die Regelobergrenze von **fünf Jahren** gem. § 3 Abs. 2 13

---

[17] EuGH Urt. v. 25.3.2010 – C-451/08, NJW 2010, 2189 Rn. 59 ff.
[18] OLG Schleswig Beschl. v. 15.3.2013 – 1 Verg 4/12, NZBau 2013, 453.
[19] Vgl. *Mitschang* in Battis/Krautzberger/Löhr, BauGB, Kommentar, 14. Aufl. 2019, BauGB § 12 Rn. 41.
[20] Ähnlich *Hahn* IBR 2013, 1143; ihm folgend Kapellmann/Messerschmidt/*Ganske* Rn. 20; aA Ingenstau/Korbion/*Düsterdiek* Rn. 33: Die Kommune könne den Vorhabenträger regelmäßig nicht zwingen, das Vorhaben zu realisieren.
[21] *Müller* NVwZ 2016, 266; Ziekow/Völlink/*Herrmann* Rn. 26 unter Verweis auf EuGH Urt. v. 12.7.2001 – C-399/98, NZBau 2001, 512.
[22] Vgl. im Weiteren *Bonk/Neumann/Siegel* in Stelkens/Bonk/Sachs, VwVfG, Kommentar, 9. Aufl. 2018, VwVfG § 54 Rn. 159 ff.; Kopp/Ramsauer/*Tegethoff* VwVfG § 54 Rn. 61b.
[23] Vgl. BVerwG Beschl. v. 18.10.2007 – 7 B 33/07, NVwZ 2008, 694; ferner *Braun* NZBau 2019, 622 (624).
[24] Vgl. EuGH Urt. v. 18.12.2007 – C-220/06, NJW 2008, 633 Rn. 51.
[25] *Pünder* in Müller-Wrede Kompendium VergabeR, 1. Aufl. 2008, 193.
[26] EuGH Urt. v. 25.3.2010 – C-451/08, NJW 2010, 2189 Rn. 79; Kapellmann/Messerschmidt/*Ganske* Rn. 29, 38 ff.
[27] Vgl. Kapellmann/Messerschmidt/*Ganske* Rn. 29 und 39 mit Fn. 148 unter Verweis auf die frühere Rechtslage vor der Vergaberechtsreform von 2009. Bis dahin war umstritten, ob die Übertragung des Eigentums auf den Auftragnehmer eine Konzession ausschloss. Vor allem das OLG Düsseldorf war bis zum Jahr 2010 der Ansicht, es sei unerheblich, ob die Nutzung dauerhaft nach Veräußerung oder lediglich begrenzt erfolge, vgl. OLG Düsseldorf Beschl. v. 2.10.2008 – Verg 25/08, NZBau 2008, 727 (732); ua wegen dieser Frage erfolgte die Vorlage zum EuGH, die zur Entscheidung „Helmut Müller", EuGH Urt. v. 25.3.2010 – C-451/08, NJW 2010, 2189 Rn. 79, führte.
[28] Kapellmann/Messerschmidt/*Ganske* Rn. 40; vgl. auch § 3 Abs. 1 S. 2 KonzVgV: Demnach wird die Laufzeit vom Konzessionsgeber „je nach den geforderten Bau- oder Dienstleistungen geschätzt".

S. 1 KonzVgV mag als **Orientierung** dienen, einschließlich der Erwägungen, die eine längere Laufzeit rechtfertigen. Demnach darf die Laufzeit nicht länger sein als der Zeitraum, innerhalb dessen der Konzessionsnehmer nach vernünftigem Ermessen die **Investitionsaufwendungen** für die Errichtung, die Erhaltung und den Betrieb des Bauwerks oder die Erbringung der Dienstleistungen zuzüglich einer Rendite auf das investierte Kapital unter Berücksichtigung der zur Verwirklichung der spezifischen Vertragsziele notwendigen Investitionen **wieder erwirtschaften** kann.[29] Dies kann uU auch erst nach 15 Jahren der Fall sein.[30]

14 bb) **Nutzungsrecht.** Dem Konzessionär ist das Recht zur Nutzung der baulichen Anlage einzuräumen. Dieses Recht muss vom Konzessionsgeber selbst abgeleitet werden; ist dies nicht der Fall, sondern wird dem Konzessionär das Nutzungsrecht von einem (privaten) Dritten gewährt, liegt keine Konzession vor.[31]

15 cc) **Risikoübertragung und Zuzahlung.** Da die Übernahme des Betriebsrisikos konstitutives Merkmal der Konzession ist, bestehen **Abgrenzungsprobleme** zum Bauauftrag in erster Linie im Zusammenhang mit der ausdrücklich eröffneten Möglichkeit, dem Konzessionär neben der Einräumung des Nutzungsrechts eine Zahlung zu gewähren. Es ist folglich – wie auch im Rahmen des § 105 GWB – einerseits nicht notwendig, dem Konzessionsnehmer das Betriebsrisiko vollständig aufzubürden. Andererseits darf die Zahlung auch nicht so bemessen sein, dass das Risiko der Nutzung am Ende überwiegend beim öffentlichen Auftraggeber verbleibt.

16 Der Begriff der Zahlung ist wie derjenige des „Entgelts" im Rahmen des § 105 GWB funktional weit auszulegen. Er umfasst neben der Zahlung im eigentlichen Sinn **alle geldwerten Zuwendungen,** die der Konzessionsnehmer zusätzlich zum Nutzungsrecht erhält.[32]

17 Um die Baukonzession überhaupt am Markt anbringen zu können, kann es notwendig sein, durch die Gewährung einer Zuzahlung das Risiko des Konzessionärs auf ein marktübliches Niveau zu begrenzen.[33] Auch kann es im öffentlichen Interesse liegen, wenn durch eine Zuzahlung das durch den Konzessionär bei den „Endnutzern" erhobene Nutzungsentgelt reduziert wird.[34] Das beim Konzessionsnehmer verbleibende Risiko darf jedoch nicht derart minimiert werden, dass der Zahlung bei wertender Betrachtung **kein bloßer Zuschusscharakter** mehr beigemessen werden kann.[35] Eine **fixe Prozentzahl** nennt § 23 ebenso wenig wie § 105 GWB oder die KonzVgV. Gemäß der Leitentscheidung des BGH in Sachen „Abellio Rail" bedarf es insoweit stets einer **alle Umstände des Einzelfalls einbeziehenden Gesamtschau;** eine schematische Regelung verbietet sich.[36] Im Ergebnis können auch an dieser Stelle die Wertungen des **Oberschwellenvergaberechts** als **Entscheidungshilfe** herangezogen werden. Demnach kommt es entscheidend darauf an, ob unter normalen Betriebsbedingungen nicht gewährleistet ist, dass die Investitionsaufwendungen oder die Kosten für den Betrieb des Bauwerks wieder erwirtschaftet werden können. Der Konzessionsnehmer muss auch in Ansehung der Zuzahlung den Unwägbarkeiten des Marktes tatsächlich ausgesetzt bleiben, und zwar in der Weise, dass potenzielle geschätzte Verluste des Konzessionsnehmers nicht vernachlässigbar sind.

18 Obwohl im Ergebnis Einigkeit darüber besteht, dass eine für alle oder auch nur eine Vielzahl von Fällen zu formulierende Zuzahlungsgrenze nicht anzunehmen ist, haben sich Vergabesenate und auch der BGH zu unterschiedlichen Prozentsätzen geäußert. Die Entscheidungen belegen, dass sich die Annahme einer Grenze zwar verbietet, die Übernahme von mehr als 50 % der Kosten im Zweifel jedoch dazu führt, dass ein Bauauftrag und keine Konzession vorliegt.[37] Ist sich der öffentlicher

---

[29] Dies wird iErg zu einer „Vertretbarkeitskontrolle" führen, *Siegel* NVwZ 2016, 1672 (1676).
[30] Vgl. EuGH Urt. v. 9.9.2010 – C-64/08, Slg. 2010, I-8244 Rn. 48 = EuZW 2010, 821.
[31] Kapellmann/Messerschmidt/*Ganske* Rn. 29; Reidt/Stickler/Glahs/*Ganske* GWB § 103 Rn. 9 ff. und Reidt/Stickler/Glahs/*Ganske* GWB § 105 Rn. 50.
[32] BGH Beschl. v. 8.2.2011 – X ZB 4/19, NZBau 2011, 175 (180) – Abellio Rail; Kapellmann/Messerschmidt/*Ganske* Rn. 35.
[33] *Walz*, Die Bau- und Dienstleistungskonzession im deutschen und europäischen Vergaberecht, 2010, 202.
[34] *Walz*, Die Bau- und Dienstleistungskonzession im deutschen und europäischen Vergaberecht, 2010, 202.
[35] BGH Beschl. v. 8.2.2011 – X ZB 4/19, NZBau 2011, 175 (180) – Abellio Rail.
[36] BGH Beschl. v. 8.2.2011 – X ZB 4/19, NZBau 2011, 175 (181) – Abellio Rail.
[37] OLG Schleswig Beschl. v. 6.7.1999 – 6 U Kart 22/99, NZBau 2000, 100 (102): Eine Zuzahlung von mehr als 20% der Baukosten schließt den Konzessionscharakter nicht aus, wenn ein bedeutender Teil der Risiken, die mit der Nutzung verbunden sind, beim Konzessionär verbleiben. BGH Beschl. v. 8.2.2011 – X ZB 4/19, NZBau 2011, 175 – Abellio Rail: Bei Zuzahlung iHv 64% der bei Vertragsdurchführung anfallenden Gesamtkosten überwiegt die Zuzahlung, sodass keine Konzession vorliegt. OLG Düsseldorf Beschl. v. 2.3.2011 – VII-Verg 48/10, NZBau 2011, 244: Zuzahlungen iHv ca. 40% der Gesamtkosten der Vertragsausführung sind für die Annahme einer Konzession unschädlich, unter Hinweis darauf, dass umso eher von einem Dienstleistungsauftrag auszugehen sei, je mehr der Auftraggeber mehr als 50% der Kosten abdeckt; vgl. ergänzend Ingenstau/Korbion/*Düsterdiek* Rn. 64 f.

Auftraggeber in seiner Prognose in Bezug auf die Übernahme des Betriebsrisikos durch den Auftrag-/Konzessionsnehmer unsicher, ist im Zweifel von einem Bauauftrag auszugehen.[38]

2. Vergabe in sinngemäßer Anwendung der §§ 1–22. a) Grundsatz. Ist sich der Konzessionsgeber hingegen sicher, dass kein öffentlicher Bauauftrag, sondern eine Konzession zu vergeben ist, ist das Vergabeverfahren gem. Abs. 2 in „sinngemäßer" Anwendung der §§ 1–22 durchzuführen. 19

Während oberhalb der EU-Schwellenwerte durch den Erlass der KonzVgV mittlerweile geregelt ist, wie bei der Vergabe von (Bau-)Konzessionen zu verfahren ist, bietet der Anwendungsbefehl gem. Abs. 2 dem Rechtsanwender wenig Sicherheit. Im Grunde steht nur fest, dass die Vergabe einerseits nicht in wortwörtlicher Beachtung der Basisparagrafen zu erfolgen hat, während der Konzessionsgeber andererseits in seinem Vorgehen nicht frei ist. Er hat vielmehr die §§ 1–22 zu beachten, **sofern und soweit** es der **besondere Charakter der Baukonzession** zulässt.[39] Hilfestellungen bestehen dabei in zweierlei Hinsicht: Zum einen bietet die KonzVgV Hinweise darauf, in welcher Beziehung die Bestimmungen des förmlichen, für öffentliche Aufträge gedachten Vergaberechts anzupassen sind. Zum anderen haben Rechtsprechung und Lehre in den vergangenen Jahrzehnten bezüglich der wesentlichen Fragestellungen weitgehend Einigkeit erzielen können. 20

b) Keine Geltung der die Vergütung betreffenden Regelungen. Ein gut nachvollziehbarer Ansatz besteht darin, zunächst all diejenigen Regelungen, die sich mit der Vergütung des späteren Auftragnehmers befassen, von der Anwendung auszunehmen, da an deren Stelle grundsätzlich das Recht der Nutzung tritt.[40] Hiervon betroffen sind § 4 (Vertragsarten), § 9d (Änderung der Vergütung) sowie § 16c Abs. 2 und Abs. 3 (Angebotsprüfung). Dies trifft allerdings dann nur eingeschränkt zu, wenn der Konzessionsgeber zusätzlich zur Einräumung des Nutzungsrechts ein Entgelt zahlt.[41] 21

c) Kein Verbot des ungewöhnlichen Wagnisses. Mit dem Wesen der Konzession schlechthin unvereinbar ist die Bestimmung des § 7 Abs. 1 Nr. 3, wonach dem Auftraggeber kein ungewöhnliches Wagnis für Umstände aufgebürdet werden darf, auf die er keinen Einfluss hat und deren Einwirkung auf die Preise und Fristen er nicht im Voraus schätzen kann. Da die Übertragung des Nutzungsrisikos zum Wesenskern der Baukonzession gehört, kommt die Anwendung von § 7 Abs. 1 Nr. 3 nicht in Betracht.[42] Dass eine Risikoübertragung nicht vollkommen schrankenlos möglich sein kann, mag zutreffen,[43] ist aber weniger auf § 7 Abs. 1 Nr. 3 zurückzuführen, sondern – ähnlich wie in der VgV, die das ungewöhnliche Wagnis nicht kennt – Ausfluss des vergaberechtlichen Transparenzprinzips. 22

d) Wahl der Vergabeart. Zwar sind nach wohl überwiegender Ansicht die §§ 3, 3a bei der Vergabe von Baukonzessionen uneingeschränkt anwendbar.[44] Damit gilt auch der Vorrang von öffentlicher Ausschreibung bzw. beschränkter Ausschreibung mit Teilnahmewettbewerb gem. § 3a Abs. 1. Allerdings dürfte in vielen Fällen eine **freihändige Vergabe** (mit vorherigem Teilnahmewettbewerb) gem. § 3a Abs. 4 Nr. 3 die zulässige Verfahrensart sein, da die Leistung häufig nach Art und Umfang nicht eindeutig und erschöpfend festgelegt werden kann. Dazu korrespondiert, dass § 12 Abs. 1 KonzVgV dem Konzessionsgeber die freie Ausgestaltung des Verfahrens gestattet und die Ausrichtung am Verhandlungsverfahren mit Teilnahmewettbewerb anheimstellt.[45] Warum für die Vergabe von Konzessionen unterhalb der Schwellenwerte ein anderer, schärferer Maßstab gelten sollte, erschließt sich in der Sache nicht.[46] 23

---

[38] Kapellmann/Messerschmidt/*Ganske* Rn. 37, unter Verweis auf OLG München Beschl. v. 21.5.2008 – Verg 5/08, VergabeR 2008, 845.

[39] Kapellmann/Messerschmidt/*Ganske* Rn. 60: „Mit anderen Worten: Die Vorschriften des 1. Abschnitts der VOB/A, die auf den Vertragscharakter der Baukonzession passen, sind anzuwenden, die übrigen nicht".

[40] Kapellmann/Messerschmidt/*Ganske* Rn. 62; Ingenstau/Korbion/*Düsterdiek* Rn. 78.

[41] Kapellmann/Messerschmidt/*Ganske* Rn. 62.

[42] Ingenstau/Korbion/*Düsterdiek* Rn. 78; *Braun* in Müller-Wrede GWB § 105 Rn. 121; HK-VergabeR/*B. W. Wegener* § 22 (aF) Rn. 10.

[43] Dahingehend Ziekow/Völlink/*Herrmann* Rn. 34: Die Vorgabe könne „nicht in vollem Umfang übertragen werden"; und auch Kapellmann/Messerschmidt/*Ganske* Rn. 60.

[44] Kapellmann/Messerschmidt/Ganske Rn. 63; Ziekow/Völlink/*Herrmann* Rn. 33; Ingenstau/Korbion/*Düsterdiek* Rn. 80.

[45] Ähnlich HK-VergabeR/*B. W. Wegener* § 22 (aF) Rn. 10.

[46] S. auch Kapellmann/Messerschmidt/*Ganske* Rn. 63 und Rn. 70, letztere im Zusammenhang mit der Einbeziehung der VOB/B in den Konzessionsvertrag; demnach haben „in aller Regel die Vertragspartner die notwendigen Abweichungen individuell ausgehandelt …, so dass die §§ 305 ff. BGB aus diesem Grund regelmäßig nicht zur Anwendung kommen". Dies setzt die Vergabe im Wege der freihändigen Vergabe voraus.

24   **e) Einschränkung des Gebots der losweisen Vergabe.** Eine in der Praxis häufige Einschränkung besteht in Bezug auf das in § 5 Abs. 2 normierte Gebot der losweisen Vergabe. Gerade bei komplexen ÖPP-Projekten dürfte die Gesamtvergabe an einen einzigen Konzessionsnehmer eher die Regel denn die Ausnahme sein.[47]

25   **f) Einbeziehung der VOB/B über § 8a Abs. 1 S. 1.** Weitgehend Einigkeit besteht darüber, dass gem. § 8a Abs. 1 S. 1 die VOB/B in das Vertragswerk einzubeziehen ist, wobei auch dies wiederum nur „sinngemäß" erfolgen kann.[48] Die Regelungen zur Vergütung (und ggf. zu deren Minderung) können erneut nicht bzw. nicht ohne Einschränkung Gültigkeit beanspruchen, dh §§ 2, 13, 14, 15 und 16 VOB/B. Dasselbe gilt für die Bestimmungen zur vorzeitigen Vertragsbeendigung (§ 4 Abs. 7 und 8 VOB/B, § 5 Abs. 4, 6 und 7 VOB/B), da das primäre Nutzungsinteresse beim Konzessionsnehmer selbst, und nicht beim Konzessionsgeber liegt.[49]

26   Aus dem Vorstehenden folgt zudem, dass eine Einbeziehung der VOB/B „ohne inhaltliche Abweichungen insgesamt" iSd § 310 Abs. 1 S. 3 BGB bei Konzessionsverträgen regelmäßig ausscheidet, weshalb jede einzelne Bestimmung der VOB/B im Grundsatz der **Inhaltskontrolle** unterliegt. Da – zumindest bei Durchführung einer freihändigen Vergabe – die Vertragsbedingungen allerdings individuell ausgehandelt werden können, stellt die Anwendung der §§ 305 ff. BGB auf Konzessionsverträge – sofern nicht Musterkonzessionsverträge Verwendung finden – in der Praxis meist kein Problem dar.[50]

27   **g) Keine Einschränkung der §§ 1–22 im Übrigen.** Von den vorstehenden Punkten abgesehen beanspruchen die §§ 1–22 ohne Einschränkung oder Modifikation bei der Vergabe von Baukonzessionen Geltung. Dies trifft im besonderen Maße zu auf die Grundsätze der Vergabe gem. § 2, die Anforderungen an die Teilnehmer am Wettbewerb und die Eignungsnachweise (§§ 6–6b), die Bestimmungen über die ordnungsgemäße Erstellung der Leistungsbeschreibung (§§ 7–7c), die Grundsätze der Informationsübermittlung (§§ 11 und 11a), die Bekanntmachung (§ 12), die Anforderungen an Form und Inhalt der Angebote (§ 13), die Bestimmungen zur Prüfung und Wertung der Angebote gem. §§ 16–16d (ausgenommen § 16c Abs. 2 und 3) sowie die §§ 17–22.

28   **3. Vergabe von Unteraufträgen bzw. Unterkonzessionen.** Die KonzVgV enthält in § 33 KonzVgV eine an § 36 VgV orientierte Regelung zur Vergabe von Unteraufträgen durch den Konzessionsnehmer (→ KonzVgV § 33 Rn. 1 bis 41). Davon betroffen ist zum einen die Vergabe einer **„Unterkonzession"**, bei der der Unterauftragnehmer seinerseits das Betriebsrisiko ganz oder teilweise übernimmt (vgl. § 33 Abs. 1 KonzVgV: **„Teile der Konzession, die sie im Wege der Unterauftragsvergabe an Dritte zu vergeben beabsichtigen"**), und zum anderen die Vergabe von Bauaufträgen durch den Konzessionär (§ 33 Abs. 3 KonzVgV).

29   Für den hier zuletzt genannten Fall bedarf es im 1. Abschnitt der VOB/A keiner gesonderten Regelung: Es gilt (über § 8a Abs. 1) § 4 Abs. 8 VOB/B.[51] Die Vergabe von **Unterkonzessionen** ist hingegen weder von § 23 noch von § 4 Abs. 8 VOB/B erfasst. Ob § 23 auf Unterkonzessionen anzuwenden ist, war zumindest in älteren Publikationen umstritten.[52] Um Umgehungskonstellationen zu vermeiden – etwa wenn der Konzessionär seinerseits Konzessionsgeber ist – erscheint eine entsprechende Anwendung allerdings angebracht.[53] Vorsorglich sollte eine entsprechende **Verpflichtung** in den Konzessionsvertrag aufgenommen werden.[54]

---

[47] Das OLG Celle hat dies sogar für die gegenüber § 5 Abs. 2 strengere Vorschrift des § 97 Abs. 3 GWB aF (entspricht dem jetzigen § 97 Abs. 4 GWB) bestätigt, OLG Celle Beschl. v. 26.4.2010 – 13 Verg 4/10, NZBau 2010, 715: Die Losaufteilung ergebe „schlechterdings keinen Sinn".

[48] Vgl. Ingenstau/Korbion/*Düsterdiek* Rn. 75 ff.; Kapellmann/Messerschmidt/*Ganske* Rn. 68 ff; Ziekow/Völlink/*Herrmann* Rn. 36 f.

[49] Zweifelnd Ziekow/Völlink/*Herrmann* Rn. 36: Gerade dann, wenn der Konzessionsnehmer aus in eigener Verantwortung liegenden Gründen in Verzug gerate, müsse dem Konzessionsgeber die Möglichkeit verbleiben, nach vorheriger Fristsetzung außerordentlich kündigen zu können, und zwar auch dann, wenn keine entsprechenden Regelungen im Konzessionsvertrag enthalten sein sollten. Dies ließe sich aber bereits über die Bestimmungen des BGB, hier insbes. den neuen § 648a BGB, bewerkstelligen.

[50] So auch Kapellmann/Messerschmidt/*Ganske* Rn. 70; lt. Ziekow/Völlink/*Herrmann* Rn. 36 sind die Bestimmungen der VOB/B in diesen Fällen ebenfalls als Individualvereinbarungen anzusehen, was allerdings voraussetzt, dass man auch sie inhaltlich im Zuge der Verhandlungen zur Disposition stellt.

[51] Ingenstau/Korbion/*Düsterdiek* Rn. 77.

[52] Vgl. etwa zustimmend *Höfler* WuW 2000, 136 (142 f.); ablehnend hingegen *Prieß* in Jestaedt/Kemper/Marx/Prieß, Das Recht der Auftragsvergabe, 1999, 68 f.

[53] So auch Ingenstau/Korbion/*Düsterdiek* Rn. 77; Kapellmann/Messerschmidt/*Ganske* Rn. 58; Ziekow/Völlink/*Herrmann* Rn. 30.

[54] Kapellmann/Messerschmidt/*Ganske* Rn. 58.

§ 24 Vergabe im Ausland

Für die Vergabe von Bauleistungen einer Auslandsdienststelle im Ausland oder einer inländischen Dienststelle, die im Ausland dort zu erbringende Bauleistungen vergibt, kann
1. Freihändige Vergabe erfolgen, wenn dies durch Ausführungsbestimmungen eines Bundes- oder Landesministeriums bis zu einem bestimmten Höchstwert (Wertgrenze) zugelassen ist,
2. auf Angaben nach § 6a verzichtet werden, wenn die örtlichen Verhältnisse eine Vergabe im Ausland erfordern und die Angaben aufgrund der örtlichen Verhältnisse nicht erlangt werden können,
3. abweichend von § 8a Absatz 1 von der Vereinbarung der VOB/B und VOB/C abgesehen werden, wenn die örtlichen Verhältnisse eine Vergabe im Ausland sowie den Verzicht auf die Vereinbarung der VOB/B und VOB/C im Einzelfall erfordern, durch das zugrundeliegende Vertragswerk eine wirtschaftliche Verwendung der Haushaltsmittel gewährleistet ist und die gewünschten technischen Standards eingehalten werden.

I. Bedeutung der Norm

§ 24 wurde neu in die VOB/A 2019 eingefügt. Die Vorschrift stellt in der langen Geschichte 1 der VOB ein **Novum** dar, indem sie erstmalig überhaupt Bestimmungen über Vergaben im Ausland enthält.[1] § 24 hat keine Entsprechung im 2. Abschnitt der VOB/A, wohl aber in § 53 UVgO; eine Bestimmung, die offensichtlich Pate gestanden hat. Hintergrund ist der Umstand, dass für die Vergabe derartiger Bauaufträge deutsches Vergaberecht Anwendung findet, und nicht etwa das Recht des Landes, in dem die Umsetzung erfolgt.[2] Dies hat allerdings häufig den unerwünschten Effekt, den Wettbewerb auf Unternehmen mit Sitz oder Niederlassungen in Deutschland zu beschränken. Erschwert wird eine Beteiligung der eigentlich „vor Ort" tätigen Interessenten sowohl in Hinblick auf die eigentliche Vergabe anhand der im Ausland im Zweifel unbekannten VOB/A als auch – über die Einbeziehung der VOB Teile B und C – in der Durchführung.[3]

II. Betroffene Vergabevorgänge

Die Vorschrift betrifft Bauleistungen, die **im Ausland vergeben und ausgeführt** werden. Es 2 wird nicht zwischen dem EU-Ausland und nicht der EU angehörigen Staaten differenziert, sodass die Regelung beides erfasst.[4] „Im Ausland ausgeführt" bedeutet, dass sich die Baustelle dort befindet.[5]

Es werden zwei unterschiedliche Konstellationen erfasst: zum einen die Vergabe durch eine 3 **Auslandsdienststelle,** zum anderen – nach der etwas merkwürdigen Diktion des § 24 – Verfahren einer **inländischen Dienststelle,** die „im Ausland dort zu erbringende Bauleistungen vergibt".

Auslandsdienststellen meint alle Verwaltungen und Gerichte der Bundesrepublik Deutschland 4 mit Sitz im Ausland. Dies folgt aus dem BPersVG. Gemäß § 91 Abs. 1 BPersVG sind Auslandsdienststellen „Dienststellen des Bundes im Ausland", „Dienststellen" nach § 6 Abs. 1 BPersVG die einzelnen Behörden, Verwaltungsstellen und Betriebe der in § 1 BPersVG genannten Verwaltungen sowie die Gerichte. § 1 BPersVG nennt Verwaltungen des Bundes, der bundesunmittelbaren Körperschaften, Anstalten und Stiftungen des öffentlichen Rechts, Gerichte des Bundes sowie Betriebsverwaltungen.

Demgegenüber sind inländische Dienststellen iSd § 24 alle diejenigen Stellen, die zwar keinen 5 Sitz im Ausland haben, aber im Ausland für einen dort zu deckenden Bedarf beschaffen.[6] Wird das Vergabeverfahren in der Bundesrepublik durchgeführt – was durchaus möglich wäre – gilt § 24 folglich nicht. Der Ort der „Durchführung" des Vergabeverfahrens dürfte wiederum in erster Linie durch das Veröffentlichungsmedium und die gewählte Verfahrenssprache determiniert sein.

III. Die einzelnen Privilegierungen

§ 24 sieht – entsprechend dem verfolgten Zweck – sowohl **vergabe-** als auch **vertragsrechtli-** 6 **che** Erleichterungen vor.

---
[1] BeckOK VergabeR/*Lang* Rn. 3.
[2] OLG Düsseldorf Beschl. v. 17.12.2012 – Verg 47/12, BeckRS 2013, 3317; Ingenstau/Korbion/*von Wietersheim* Rn. 2.
[3] Ziekow/Völlink/*Völlink* Rn. 1.
[4] Ziekow/Völlink/*Völlink* Rn. 2; Ingenstau/Korbion/*von Wietersheim* Rn. 10.
[5] Ziekow/Völlink/*Völlink* Rn. 2; Ingenstau/Korbion/*von Wietersheim* Rn. 11.
[6] Ziekow/Völlink/*Völlink* UVgO § 53 Rn. 3.

7   **1. Vergaberechtliche Erleichterungen. a) Freihändige Vergaben.** Nr. 1 gestattet es der tätig werdenden Vergabestelle, **Freihändige Vergaben** unter der Voraussetzung durchzuführen, dass dies durch Ausführungsbestimmungen eines Bundes- oder Landesministeriums bis zu einem bestimmten Höchstwert (Wertgrenze) zugelassen ist. Damit lässt die Vorschrift das zu, was § 8 Abs. 4 Nr. 17 UVgO ohnehin – ohne den Auslandsbezug – erlaubt und was auch für den Baubereich über entsprechende Verweisungen in den Landesvergabegesetzen oder Verwaltungsvorschriften längst Usus ist. Ziff. 1 hat damit lediglich klarstellenden Charakter.[7]

8   **b) Verzicht auf Angaben.** Gemäß § 24 Nr. 2 kann die Dienststelle überdies auf **Angaben nach § 6a Abs. 1** verzichten, wenn ergänzend zwei Voraussetzungen erfüllt sind: Zum einen müssen die örtlichen Verhältnisse eine Vergabe im Ausland erfordern, zum anderen sind die Angaben nach den örtlichen Verhältnissen nicht zu erlangen. Die erste der beiden Bedingungen verlangt, dass die Vergabe im Ausland nicht nur faktisch durchgeführt wird, sondern dass dies darüber hinaus **notwendig** ist. Davon ist auszugehen, wenn die örtlichen Verhältnisse ein **erhebliches Gewicht** haben und daher die **Gründe** für eine Vergabe im Ausland **überwiegen**.[8] Im Rahmen der „örtlichen Verhältnisse" zu berücksichtigen sind etwa die rechtlichen Randbedingungen einschl. der Personalverfügbarkeit, aber auch technische Parameter wie Materialanforderungen oder erforderliche Baumaschinen.[9] Als problematischer dürfte sich indes die zweite Voraussetzung erweisen: Demnach darf es nach den örtlichen Verhältnissen nicht möglich sein, die in § 6a, insbesondere in Abs. 2 Nr. 1–9 aufgeführten Nachweise zu erlangen. Vielfach wird in diesem Zuge vom betreibende **Ermittlungs- und Dokumentationsaufwand** die angestrebte Vergabeerleichterung überwiegen, zumal nach überwiegender Kommentarmeinung an den Verzicht **hohe Anforderungen** zu stellen sind.[10] So dürfen auch Auslandsbauten nur von fachkundigen, leistungsfähigen und zuverlässigen Unternehmen ausgeführt werden. § 24 bedeutet nicht den Verzicht auf diese grundlegenden Anforderungen gem. § 6a Abs. 1 S. 1, sondern lediglich eine Nachweiserleichterung. Das heißt aber auch, dass Nr. 2 den Dienststellen Steine statt Brot gewährt.

9   **2. Vertragsrechtliche Erleichterungen.** Gemäß Nr. 3 wird es der Dienststelle ermöglicht, **abweichend von § 8a Abs. 1,** von einer Einbeziehung der VOB, Teile B und/oder C, zu verzichten. Allerdings ist auch dies an ergänzende Voraussetzungen geknüpft, die die praktische Umsetzbarkeit eines solchen Verzichts zumindest in Frage stellen. Nicht nur muss – wie in Nr. 2 – die Vergabe im Ausland erforderlich sein, sondern darüber hinaus auch der Verzicht auf die Vereinbarung der VOB/B und VOB/C, und zwar ausdrücklich „im Einzelfall". Betont wird damit der **Ausnahmecharakter** der Vorschrift, und zugleich herausgestellt, welch hohen Dokumentations- und Begründungsaufwand die Vergabestelle zu betreiben hat.[11] Überdies muss sichergestellt sein, dass das an die Stelle der VOB tretende Vertragswerk sowohl eine wirtschaftliche Verwendung der Haushaltsmittel als auch die Einhaltung der gewünschten technischen Standards gewährleistet. In der Praxis erscheint daher ein Verzicht auf die Einbeziehung der VOB nur in solchen Fällen denkbar, in denen die Dienststelle über gesicherte, bestenfalls durch entsprechende Gutachten untermauerte Erkenntnisse verfügt, dass nach den örtlichen Gegebenheiten ein entweder international anerkanntes oder im jeweiligen Staat fest etabliertes Klauselwerk existiert, das alle vertraglichen und technischen Aspekte abdeckt und es zugleich ausschließt, dass sich ein „vor Ort" tätiges Unternehmen auf die ihm gänzlich unbekannte VOB einlässt.[12] Eine tatsächliche Einzelfallüberprüfung dürfte hingegen schwerlich umsetzbar sein.

Anhang TS

Technische Spezifikationen
1. „Technische Spezifikation" hat eine der folgenden Bedeutungen:
   a) bei öffentlichen Bauaufträgen die Gesamtheit der insbesondere in den Vergabeunterlagen enthaltenen technischen Beschreibungen, in denen die erforderlichen Eigenschaften eines Werkstoffs, eines Produkts oder einer Lieferung definiert sind, damit dieser/diese den vom Auftraggeber beabsichtigten Zweck erfüllt; zu diesen

---

[7] Ingenstau/Korbion/*von Wietersheim* Rn. 12. Für den Bund hat das BMI mit Erlass v. 10.12.2019 –70421/3#4 die Wertgrenze einheitlich für alle Auslands-Baumaßnahmen des Bundes auf den EU-Schwellenwert festgelegt. Darin liegt die eigentliche Bedeutung der Ziff. 1.
[8] Ziekow/Völlink/*Völlink* Rn. 8.
[9] Ingenstau/Korbion/*von Wietersheim* Rn. 17.
[10] Ziekow/Völlink/*Völlink* Rn. 8 mwN; Ingenstau/Korbion/*von Wietersheim* Rn. 22.
[11] Ziekow/Völlink/*Völlink* Rn. 11.
[12] Zu denken wäre etwa an die FIDIC-Vertragsmuster oder an die „CCAG travaux" im vom französischen Rechtskreis geprägten Ausland.

Eigenschaften gehören Umwelt- und Klimaleistungsstufen, „Design für alle" (einschließlich des Zugangs von Menschen mit Behinderungen) und Konformitätsbewertung, Leistung, Vorgaben für Gebrauchstauglichkeit, Sicherheit oder Abmessungen, einschließlich der Qualitätssicherungsverfahren, der Terminologie, der Symbole, der Versuchs- und Prüfmethoden, der Verpackung, der Kennzeichnung und Beschriftung, der Gebrauchsanleitungen sowie der Produktionsprozesse und -methoden in jeder Phase des Lebenszyklus der Bauleistungen; außerdem gehören dazu auch die Vorschriften für die Planung und die Kostenrechnung, die Bedingungen für die Prüfung, Inspektion und Abnahme von Bauwerken, die Konstruktionsmethoden oder -verfahren und alle anderen technischen Anforderungen, die der Auftraggeber für fertige Bauwerke oder dazu notwendige Materialien oder Teile durch allgemeine und spezielle Vorschriften anzugeben in der Lage ist;
b) bei öffentlichen Dienstleistungs- oder Lieferaufträgen eine Spezifikation, die in einem Schriftstück enthalten ist, das Merkmale für ein Produkt oder eine Dienstleistung vorschreibt, wie Qualitätsstufen, Umwelt- und Klimaleistungsstufen, „Design für alle" (einschließlich des Zugangs von Menschen mit Behinderungen) und Konformitätsbewertung, Leistung, Vorgaben für Gebrauchstauglichkeit, Sicherheit oder Abmessungen des Produkts, einschließlich der Vorschriften über Verkaufsbezeichnung, Terminologie, Symbole, Prüfungen und Prüfverfahren, Verpackung, Kennzeichnung und Beschriftung, Gebrauchsanleitungen, Produktionsprozesse und -methoden in jeder Phase des Lebenszyklus der Lieferung oder der Dienstleistung sowie über Konformitätsbewertungsverfahren;

2. „Norm" bezeichnet eine technische Spezifikation, die von einer anerkannten Normungsorganisation zur wiederholten oder ständigen Anwendung angenommen wurde, deren Einhaltung nicht zwingend ist und die unter eine der nachstehenden Kategorien fällt:
   a) internationale Norm: Norm, die von einer internationalen Normungsorganisation angenommen wurde und der Öffentlichkeit zugänglich ist;
   b) europäische Norm: Norm, die von einer europäischen Normungsorganisation angenommen wurde und der Öffentlichkeit zugänglich ist;
   c) nationale Norm: Norm, die von einer nationalen Normungsorganisation angenommen wurde und der Öffentlichkeit zugänglich ist;
3. „Europäische technische Bewertung" bezeichnet eine dokumentierte Bewertung der Leistung eines Bauprodukts in Bezug auf seine wesentlichen Merkmale im Einklang mit dem betreffenden Europäischen Bewertungsdokument gemäß der Begriffsbestimmung in Artikel 2 Nummer 12 der Verordnung (EU) Nr. 305/2011 des Europäischen Parlaments und des Rates;
4. „gemeinsame technische Spezifikationen" sind technische Spezifikationen im IKT-Bereich, die gemäß den Artikeln 13 und 14 der Verordnung (EU) Nr. 1025/2012 festgelegt wurden;
5. „technische Bezugsgröße" bezeichnet jeden Bezugsrahmen, der keine europäische Norm ist und von den europäischen Normungsorganisationen nach den an die Bedürfnisse des Marktes angepassten Verfahren erarbeitet wurde.

Abschnitt 2 Vergabebestimmungen im Anwendungsbereich der Richtlinie 2014/24/EU (VOB/A – EU)

§ 1 EU Anwendungsbereich

(1) Bauaufträge sind Verträge über die Ausführung oder die gleichzeitige Planung und Ausführung
1. eines Bauvorhabens oder eines Bauwerks für einen öffentlichen Auftraggeber, das
   a) Ergebnis von Tief- oder Hochbauarbeiten ist und
   b) eine wirtschaftliche oder technische Funktion erfüllen soll oder
2. einer dem öffentlichen Auftraggeber unmittelbar wirtschaftlich zugutekommenden Bauleistung, die Dritte gemäß den vom öffentlichen Auftraggeber genannten Erfordernissen erbringen, wobei der öffentliche Auftraggeber einen entscheidenden Einfluss auf die Art und die Planung des Vorhabens hat.

(2) ¹Die Bestimmungen dieses Abschnittes sind von öffentlichen Auftraggebern im Sinne von § 99 GWB für Bauaufträge anzuwenden, bei denen der geschätzte Gesamtauftragswert der Baumaßnahme oder des Bauwerkes (alle Bauaufträge für eine bauliche Anlage) mindestens dem im § 106 GWB geregelten Schwellenwert für Bauaufträge ohne Umsatzsteuer entspricht. ²Die Schätzung des Auftragswerts ist gemäß § 3 VgV vorzunehmen.

I. Normzweck

Die Norm regelt anknüpfend an § 2 VgV den Anwendungsbereich von Abschnitt 2 der **1** VOB/A, in dem ergänzend zu den Bestimmungen des 4. Teils des GWB die Vorgaben der RL 2014/24/EU für die Vergabe von Bauaufträgen in nationales Recht umgesetzt werden. Infolge der Beibehaltung des „**Kaskadensystems**" im Bauvergaberecht[1] bestehen zahlreiche Parallelen im 2. Abschnitt der VOB/A zu anderen vergaberechtlichen Regelungen. Insoweit bedarf es nicht nur ihrer richtlinienkonformen, sondern auch einer möglichst einheitlichen Auslegung im Hinblick auf gleichsinnige Regelungen insbesondere in GWB und VgV.[2] Hinzu kommt, dass die VgV durch die VOB/A nicht völlig verdrängt wird, sondern gem. § 2 S. 1 VgV deren Abschnitt 1 (§§ 1–13 VgV) sowie Abschnitt 2, Unterabschnitt 2 (§§ 21–27 VgV) bei der Vergabe von Bauaufträgen unmittelbar und vorrangig (vgl. § 2 S. 2 VgV: „[i]m Übrigen ist Teil A Abschnitt 2 [VOB/A] anzuwenden") gelten. Abweichungen im Wortlaut von Abschnitt 2 der VOB/A und sonstigen Oberschwellenvergaberecht deuten gerade nicht zwingend auf inhaltliche Unterschiede hin. Diese normative Ausgestaltung wirft – auch im Vergleich zum im Übrigen zweistufigen Vergaberecht – die Frage ihrer Angemessenheit auf, wenngleich sie nicht als europa- oder verfassungswidrig zu qualifizieren ist.[3] Es wäre durchaus konsequent und der sicheren Rechtsanwendung dienlich, den mit der Ersetzung der VOL/A durch die VgV bereits erfolgten Traditionsbruch perspektivisch auch im Bauvergaberecht nachzuvollziehen.

II. Bauaufträge (Abs. 1)

Voraussetzung der Anwendung der EU-Paragrafen ist das Vorliegen eines Bauauftrages. Abs. 1 **2** enthält im Vergleich mit § 103 Abs. 3 GWB eine **scheinbar eigenständige Legaldefinition**.[4] Es handelt sich danach entweder um Verträge über die Ausführung oder die gleichzeitige Planung und Ausführung eines Bauvorhabens oder eines öffentlichen Auftraggebers, das Ergebnis von Tief- oder Hochbauarbeiten ist und eine wirtschaftliche oder technische Funktion erfüllen soll (Nr. 1), oder eine dem öffentlichen Auftraggeber unmittelbar wirtschaftlich zugutekommende Bauleistung, die Dritte gemäß den vom öffentlichen Auftraggeber genannten Erfordernissen erbringen, wobei der öffentliche Auftraggeber einen entscheidenden Einfluss auf die Art und die Planung des Vorhabens hat (Nr. 2).

Nr. 1 ist ungeachtet der Abweichung im Wortlaut in gleicher Weise wie **§ 103 Abs. 3 GWB** **3** zu interpretieren (→ GWB § 103 Abs. 3 Rn. 59). Jedes andere Verständnis führte zu Konflikten mit höherrangigem Recht und stünde im Widerspruch zur Zielsetzung des Normgebers, mittels Abschnitt 2 der VOB/A die europarechtlichen Vorgaben für die Vergabe öffentlicher Bauaufträge

---

[1] Dazu *Knauff* NZBau 2016, 195.
[2] Vgl. Kapellmann/Messerschmidt/*Lederer* Rn. 1; HK-VergabeR/*Winnes* Rn. 1.
[3] Näher *Knauff* NZBau 2010, 657 (658 ff.).
[4] Ziekow/Völlink/*Ziekow* Rn. 2, hält die Regelungstechnik wegen der unterschiedlichen Terminologie zu Recht für verfehlt.

in nationales Recht umzusetzen. Letztlich ist die Regelung daher nicht nur überflüssig, sondern irreführend und geeignet, wegen ihrer Missverständlichkeit zu Rechtsunsicherheit beizutragen.

4   Nr. 2 tritt der früheren, auch vom EuGH[5] korrigierten nationalen Rechtsprechung entgegen, die durch extensive Auslegung kommunale Grundstücksgeschäfte als öffentliche Bauaufträge qualifizierte.[6] Der Regelungsgehalt beschränkt sich insoweit auf eine Klarstellung, da der Begriff des Bauauftrags iSv § 103 Abs. 3 GWB wie auch unter Nr. 1 ohnehin europarechtskonform auszulegen ist (→ GWB § 103 Rn. 112 ff.).

III. Anwendung des 2. Abschnitts der VOB/A (Abs. 2)

5   Abschnitt 2 der VOB/A kommt nur bei Vergaben von Bauaufträgen zur Anwendung, die durch einen **öffentlichen Auftraggeber** iSv § 99 GWB erfolgen. Über einen eigenständigen Regelungsgehalt verfügt Abs. 2 S. 1 insoweit nicht; es wird daher auf die entsprechende Kommentierung verwiesen (→ GWB § 99 Rn. 5 ff.).

5a Oberschwellige **Baukonzessionen** unterfallen Abs. 2 nicht. Ihre Vergabe richtet sich ausschließlich nach dem Konzessionsvergaberecht (§§ 148 ff. GWB iVm der KonzVgV). Insoweit weicht Abschnitt 2 von Abschnitt 1 ab, in dem § 23 Abs. 2 die sinngemäße Anwendung der §§ 1–22 für die Vergabe von Unterschwellenbaukonzessionen anordnet.

6   Entsprechend den europarechtlichen Vorgaben und deren Umsetzung im GWB-Vergaberecht setzt gem. Abs. 2 S. 1 die Anwendung von Abschnitt 2 der VOB/A das Erreichen von **Schwellenwerten** voraus, die sich aus § 106 Abs. 2 GWB durch dynamischen Verweis auf die Vergaberichtlinien, insbesondere RL 2014/24/EU und RL 2015/25/EU, ergeben (→ GWB § 106 Rn. 4). Für Bauaufträge beträgt der Schwellenwert seit 1.1.2020 5.350.000 EUR.[7] Die Vergabe von Bauaufträgen, deren Auftragswert den Schwellenwert unterschreitet, wird im Wesentlichen haushaltsrechtlich determiniert und richtet sich nach Abschnitt 1 der VOB/A. Im Übrigen wird im Hinblick auf die Schwellenwerte auf die Kommentierung zu § 106 GWB verwiesen (→ GWB § 106 Rn. 1 ff.).

7   Bereits mit der VOB/A 2016 sind die ehemals in § 1 Abs. 2 und 3 VOB/A 2012 geregelten speziellen Vorschriften zur **Schätzung des Auftragswertes** entfallen und durch einen deklaratorischen Hinweis in Abs. 2 S. 2 auf die ohnehin unmittelbar geltende Vorschrift des § 3 VgV ersetzt worden. Für Einzelheiten wird auf die dortige Kommentierung verwiesen (→ VgV § 3 Rn. 14).

§ 2 EU Grundsätze

(1) ¹Öffentliche Aufträge werden im Wettbewerb und im Wege transparenter Verfahren vergeben. ²Dabei werden die Grundsätze der Wirtschaftlichkeit und der Verhältnismäßigkeit gewahrt. ³Wettbewerbsbeschränkende und unlautere Verhaltensweisen sind zu bekämpfen.

(2) Die Teilnehmer an einem Vergabeverfahren sind gleich zu behandeln, es sei denn, eine Ungleichbehandlung ist aufgrund des GWB ausdrücklich geboten oder gestattet.

(3) Öffentliche Aufträge werden an fachkundige und leistungsfähige (geeignete) Unternehmen vergeben, die nicht nach § 6 EU ausgeschlossen worden sind.

(4) ¹Mehrere öffentliche Auftraggeber können vereinbaren, einen bestimmten Auftrag gemeinsam zu vergeben. ²Es gilt § 4 VgV.

(5) Die Regelungen darüber, wann natürliche Personen bei Entscheidungen in einem Vergabeverfahren für einen öffentlichen Auftraggeber als voreingenommen gelten und an einem Vergabeverfahren nicht mitwirken dürfen, richten sich nach § 6 VgV.

(6) Öffentliche Auftraggeber, Bewerber, Bieter und Auftragnehmer wahren die Vertraulichkeit aller Informationen und Unterlagen nach Maßgabe dieser Vergabeordnung oder anderen Rechtsvorschriften.

(7) ¹Vor der Einleitung eines Vergabeverfahrens kann der öffentliche Auftraggeber Marktkonsultationen zur Vorbereitung der Auftragsvergabe und zur Unterrichtung der Unternehmer über seine Pläne zur Auftragsvergabe und die Anforderungen an den Auftrag

---

[5] EuGH NJW 2010, 2189 – Helmut Müller.
[6] Vgl. Kapellmann/Messerschmidt/*Lederer* Rn. 5.
[7] Delegierte Verordnung (EU) 2019/1828 v. 30.10.2019 zur Änderung der Richtlinie 2014/24/EU im Hinblick auf die Schwellenwerte für die Vergabe öffentlicher Liefer-, Dienstleistungs- und Bauaufträge sowie für Wettbewerbe, ABl. 2019 L 279, 25.

durchführen. ²Die Durchführung von Vergabeverfahren zum Zwecke der Markterkundung ist unzulässig.

(8) Der öffentliche Auftraggeber soll erst dann ausschreiben, wenn alle Vergabeunterlagen fertig gestellt sind und wenn innerhalb der angegebenen Fristen mit der Ausführung begonnen werden kann.

(9) Es ist anzustreben, die Aufträge so zu erteilen, dass die ganzjährige Bautätigkeit gefördert wird.

Übersicht

	Rn.		Rn.
I. Einleitung	1	3. Gemeinsame Vergabe, Mitwirkungsverbot (Abs. 4, 5)	8
II. Kommentierung	3	4. Vertraulichkeit der Informationen (Abs. 6)	9
1. Vergabegrundsätze	3	5. Marktkonsultationen, Markterkundung (Abs. 7)	10
a) Abs. 1	3		
b) Abs. 2	5	6. Ausschreibungsreife, Förderung der ganzjährigen Bautätigkeit (Abs. 8, 9)	12
2. Eignung und Ausschlussgründe (Abs. 3)	6		

I. Einleitung

Der zweite Abschnitt der VOB/A (Vergabebestimmungen im Anwendungsbereich der Richtlinie 2014/24/EU) bildet die unterste Stufe der Vergaberechtskaskade für die Vergabe von Bauaufträgen.[1] § 2 EU formuliert deklaratorisch die Grundsätze des Vergaberechts für diese Regelungsstufe. Die Vorschrift wurde im Rahmen der Neufassung 2016 grundlegend umgestaltet. Sie hat bei der Neufassung 2019 keine Änderungen erfahren. 1

Sofern die in § 2 EU normierten Grundsätze sich in den höherrangigen Normen wiederfinden, bedarf es einer nochmaligen Kommentierung an dieser Stelle nur insoweit, als sich für die Vergabe von Bauaufträgen Besonderheiten ergeben. Im Übrigen wird auf die Erläuterungen zu den jeweils in Bezug genommenen Vorschriften verwiesen. 2

II. Kommentierung

1. Vergabegrundsätze. a) Abs. 1. Abs. 1 S. 1 und 2 ist mit § 97 Abs. 1 GWB (→ GWB § 97 Rn. 1 ff.) identisch. Es fehlt allein die Bezugnahme auf (oberschwellige Bau-)Konzessionen, deren Vergabe nicht der VOB/A, sondern der KonzVgV unterfällt. 3

Aus der früheren Fassung (§ 2 EG Abs. 1 Nr. 2 S. 2 VOB/A 2012) hat sich Abs. 1 S. 3 erhalten, der wiederum mit § 2 Abs. 1 S. 3 (→ VOB/A § 2 Rn. 21 ff.) übereinstimmt. Er unterstreicht, dass die Anforderungen der Wettbewerblichkeit der Auftragsvergabe sich nicht nur an den Auftraggeber richtet, sondern auch an sämtliche Teilnehmer des Vergabeverfahrens. Der Auftraggeber ist verpflichtet, von den übrigen Teilnehmern ausgehende Wettbewerbsbeeinträchtigungen durch eine entsprechende Verfahrensgestaltung möglichst zu vermeiden und Verstöße zu ahnden. 4

b) Abs. 2. Abs. 2 entspricht § 97 Abs. 2 GWB (→ GWB § 97 Rn. 54 ff.). Inhaltlich enthält er ein Gleichbehandlungsgebot, das vor 2016 als Diskriminierungsverbot ausgestaltet war. 5

2. Eignung und Ausschlussgründe (Abs. 3). Abs. 3 normiert mit der Fachkunde und Leistungsfähigkeit die Bietereignung. Wie im GWB ist das Erfordernis der Zuverlässigkeit entfallen und es wurde durch einen Verweis auf die zwingenden und fakultativen Ausschlussgründe ersetzt. Insoweit besteht ein Unterschied zur Parallelregelung für Unterschwellenbauvergaben in § 2 Abs. 3. 6

Die Norm ist gleichlautend mit § 122 Abs. 1 GWB (→ GWB § 122 Rn. 14 ff., 43 ff.) mit dem Unterschied, dass anstelle der §§ 123 f. GWB auf den § 6e EU verwiesen wird. Dieser wiederum deckt sich – bis auf kleinere Umstellungen – weitgehend mit den §§ 123 f. GWB. Das ist auch folgerichtig, denn ohnehin darf § 6e EU Abs. 1 S. 1 den höherrangigen Vorgaben im GWB nicht widersprechen. In § 6e EU Abs. 1 fehlen im Vergleich zu § 123 Abs. 4 GWB die Wörter „zu jedem Zeitpunkt des Vergabeverfahrens". Ein inhaltlicher Unterschied folgt auch daraus nicht. § 6e EU Abs. 6 entspricht inhaltlich exakt § 124 Abs. 1 GWB. § 124 Abs. 2 GWB, der nur eine Klarstellung enthält, fehlt in § 6e EU, ohne dass dies inhaltliche Auswirkungen hätte. 7

---

[1] Zur Einordnung *Knauff* NZBau 2016, 195 (195 f.).

8 **3. Gemeinsame Vergabe, Mitwirkungsverbot (Abs. 4, 5).** Die Abs. 4 und 5 sind mit der Vergaberechtsmodernisierung 2016 neu in § 2 EU aufgenommen worden. Abs. 4 S. 1 entspricht § 4 Abs. 1 S. 1 VgV und verweist in S. 2 auch auf diese Vorschrift (→ VgV § 4 Rn. 12 ff.). Bei Abs. 5 handelt es sich in der Sache um einen Hinweis auf § 6 VgV (→ VgV § 6 Rn. 8 ff.). Beide Verweisungsobjekte sind aber wegen § 2 S. 1 VgV ohnehin auf die Vergabe von Bauaufträgen anwendbar, sodass Abs. 4 und 5 allein ein deklaratorischer Charakter zu eigen ist.

9 **4. Vertraulichkeit der Informationen (Abs. 6).** Der Absatz weist auf die im GWB (§ 124 Abs. 1 Nr. 9 lit. b GWB, § 128 Abs. 2 GWB, § 165 Abs. 3 GWB), der VgV (§§ 5, § 11 Abs. 2 VgV), der VOB/A (etwa § 3b EU Abs. 3 Nr. 9 S. 5, Abs. 4 Nr. 4 S. 3, Abs. 5 Nr. 5 S. 5, § 6e EU Abs. 6 Nr. 9 lit. b, § 10a EU Abs. 5, § 11aEU Abs. 2, § 11b EU Abs. 2, § 13 EU Abs. 1 Nr. 2) sowie in sonstigen Vorschriften außerhalb des Vergaberechts[2] enthaltenen Anforderungen an die Vertraulichkeit der Informationen hin. Mit der Verwendung des Begriffs „Auftragnehmer" stellt die Vorschrift klar, dass die Vertraulichkeitsanforderungen auch nach Abschluss des Vergabeverfahrens in der Durchführungsphase fortgelten.[3] Einen eigenen Regelungsinhalt besitzt auch dieser Absatz nicht.

10 **5. Marktkonsultationen, Markterkundung (Abs. 7).** Abs. 7 S. 1 entspricht bis auf wenige, nicht inhaltsrelevante Umstellungen und die Ersetzung von „Markterkundungen" durch den Terminus „Marktkonsultationen" dem § 28 Abs. 1 VgV (→ VgV § 28 Rn. 5 ff.).[4] Die Norm stellt klar, dass der öffentliche Auftraggeber im Vorfeld des Vergabeverfahrens Marktkonsultationen vornehmen kann und soll und zu diesem Zwecke Unternehmen über seine Pläne zur Auftragsvergabe und die Anforderungen an den Auftrag informieren kann. Allerdings muss dies aus Gründen der Gleichbehandlung so geschehen, dass die konsultierten Unternehmen im nachfolgenden Vergabeverfahren keinen Vorteil gegenüber solchen Unternehmen haben, die sich erst in diesem Stadium beteiligen. Zu diesem Zweck sollte der Auftraggeber sicherstellen, dass alle jenen gewährten Informationen für die neuen Bieter einsehbar sind. Hierfür bedarf es während der Marktkonsultationen einer Dokumentation der Konsultationen.[5]

11 Abs. 7 S. 2 entspricht wörtlich § 2 Abs. 5 (→ § 2 Rn. 83 ff.). Eine weitgehende inhaltliche Übereinstimmung besteht darüber hinaus mit § 28 Abs. 2 VgV.

12 **6. Ausschreibungsreife, Förderung der ganzjährigen Bautätigkeit (Abs. 8, 9).** Abs. 8 entspricht § 2 Abs. 6 (→ § 2 Rn. 89 ff.). Abs. 9 ist identisch mit § 2 Abs. 7 (→ § 2 Rn. 98 f.) und vermittelt den Unternehmen keinen Anspruch iSv § 97 Abs. 6 GWB.[6]

§ 3 EU Arten der Vergabe

Die Vergabe von öffentlichen Aufträgen erfolgt im offenen Verfahren, im nicht offenen Verfahren, im Verhandlungsverfahren, im wettbewerblichen Dialog oder in der Innovationspartnerschaft.
1. Das offene Verfahren ist ein Verfahren, in dem der öffentliche Auftraggeber eine unbeschränkte Anzahl von Unternehmen öffentlich zur Abgabe von Angeboten auffordert.
2. Das nicht offene Verfahren ist ein Verfahren, bei dem der öffentliche Auftraggeber nach vorheriger öffentlicher Aufforderung zur Teilnahme eine beschränkte Anzahl von Unternehmen nach objektiven, transparenten und nichtdiskriminierenden Kriterien auswählt (Teilnahmewettbewerb), die er zur Abgabe von Angeboten auffordert.
3. Das Verhandlungsverfahren ist ein Verfahren, bei dem sich der öffentliche Auftraggeber mit oder ohne Teilnahmewettbewerb an ausgewählte Unternehmen wendet, um mit einem oder mehreren dieser Unternehmen über die Angebote zu verhandeln.
4. Der wettbewerbliche Dialog ist ein Verfahren zur Vergabe öffentlicher Aufträge mit dem Ziel der Ermittlung und Festlegung der Mittel, mit denen die Bedürfnisse des öffentlichen Auftraggebers am besten erfüllt werden können.
5. Die Innovationspartnerschaft ist ein Verfahren zur Entwicklung innovativer, noch nicht auf dem Markt verfügbarer Bauleistungen und zum anschließenden Erwerb der daraus hervorgehenden Leistungen.

---

[2] Zum Bsp. das UWG, BDSG, s. zu letzterem und allgemein zum Datenschutz im Vergabeverfahren *Pauka/Kemper* NZBau 2017, 71 ff.
[3] Ingenstau/Korbion/*Schranner* Rn. 21.
[4] § 28 VgV ist allerdings selbst auf die Vergabe von Bauaufträgen nicht anwendbar (§ 2 VgV).
[5] Ingenstau/Korbion/*Schranner* Rn. 29.
[6] Willenbruch/Wieddekind/*Werner* Rn. 10.

Übersicht

		Rn.			Rn.
I.	Regelungsgehalt und Überblick	1	IV.	Nicht offenes Verfahren (Nr. 2)	6
II.	Systematische Stellung und Zweck der Norm	2	V.	Verhandlungsverfahren (Nr. 3)	9
			VI.	Der wettbewerbliche Dialog (Nr. 4)	12
III.	Offenes Verfahren (Nr. 1)	3	VII.	Die Innovationspartnerschaft (Nr. 5)	14

I. Regelungsgehalt und Überblick

§ 3 EU regelt die Arten der Vergabe, die im Anwendungsbereich des zweiten Abschnitts der VOB/A Anwendung finden. Die Vorschrift ist weithin mit § 119 Abs. 3–7 GWB identisch und verfügt insoweit über keinen eigenständigen Regelungsgehalt (→ GWB § 119 Rn. 18 ff.). Anknüpfend an die Vorgaben des höherrangigen Rechts sind für die Vergabe von Bauaufträgen oberhalb der Schwellenwerte durch öffentliche Auftraggeber die Verfahrensarten des offenen Verfahrens (Abs. 1), des nicht offenen Verfahrens (Abs. 2), des Verhandlungsverfahrens mit und ohne Teilnahmewettbewerb (Abs. 3), des wettbewerblichen Dialogs (Abs. 4) sowie der Innovationspartnerschaft (Abs. 5) vorgesehen. 1

II. Systematische Stellung und Zweck der Norm

§ 3 EU regelt ebenso wie § 119 GWB abschließend[1] die Typen, die einem öffentlichen Auftraggeber als Verfahrensart zur Vergabe von Bauleistungen oberhalb der Schwellenwerte zur Verfügung stehen. Insoweit herrscht Typenzwang: Der öffentliche Auftraggeber muss die Verfahrensvorgaben einhalten, er darf die Verfahrensarten nicht abändern oder kombinieren.[2] Die Norm wird ergänzt durch § 3a EU (→ § 3a EU Rn. 1), der das Verhältnis der Verfahren untereinander regelt, sowie durch § 3b EU, der Vorgaben zum Ablauf der Verfahren macht. Eine vergleichbare Regelung findet sich für Bauleistungen, die in den Bereich Verteidigung und Sicherheit des dritten Abschnitts fallen, in § 3 VS und – mit inhaltlichen Abweichungen – für die Unterschwellenvergaben in § 3. 2

III. Offenes Verfahren (Nr. 1)

Das offene Verfahren ist nach Nr. 1 ein einstufiges Verfahren, in dem der öffentliche Auftraggeber eine unbeschränkte Anzahl von Unternehmen öffentlich zur Abgabe von Angeboten auffordert. Im Gegensatz zu allen anderen Verfahrensarten ist das offene Verfahren einstufig, dh es findet kein vorgeschalteter Teilnahmewettbewerb statt. Jedes Unternehmen ist berechtigt, sich an dem Verfahren zu beteiligen und ein Angebot abzugeben. Der Auftraggeber ist verpflichtet, sich mit allen Angeboten auseinanderzusetzen und eine Prüfung und Wertung vorzunehmen. Damit erfolgt keine vorherige Beschränkung des Bieterkreises. Im offenen Verfahren darf, wie im nicht offenen Verfahren, grundsätzlich nicht verhandelt werden (§ 15 EU Abs. 3, → § 15 EU Rn. 47). Zweck des offenen Verfahrens ist, den Wettbewerb im wirtschaftlichen Interesse der Vergabestelle zu intensivieren.[3] Der Ablauf des offenen Verfahrens ist in § 3b EU Abs. 1 (→ § 3b EU Rn. 4) geregelt. 3

Der Vorteil des einstufigen offenen Verfahrens gegenüber den anderen mehrstufigen Verfahrensarten ist, dass das Verfahren in der Regel weniger Zeit in Anspruch nimmt. So beträgt die Angebotsfrist im offenen Verfahren nach § 10a EU Abs. 1 (→ § 10a EU Rn. 3) regelmäßig mindestens 35 Kalendertage, mangels Teilnahmewettbewerb gibt es keine Teilnahmefrist. Dagegen ist beispielsweise in nicht offenen Verfahren, das wie das offene Verfahren ein Regelverfahren iSd § 3a EU Abs. 1 (→ § 3a EU Rn. 3) darstellt, regelmäßig die Mindestfrist für die Teilnahmeanträge nach § 10b EU Abs. 1 30 Kalendertage, dazu kommt die Mindestangebotsfrist nach § 10b EU Abs. 2 mit weiteren 30 Kalendertagen. Überdies ist das offene Verfahren sehr wettbewerbsintensiv.[4] 4

Der wesentliche Nachteil des offenen Verfahrens ist, dass wegen des Verhandlungsverbots die Leistung sehr konkret und abschließend beschrieben sein muss. Es ist deshalb weniger flexibel als das Verhandlungsverfahren, der wettbewerbliche Dialog oder die Innovationspartnerschaft. Da im Gegensatz zum nicht offenen Verfahren alle Unternehmen berechtigt sind, Angebote abzugeben, und der Auftraggeber sich mit allen Angeboten auseinandersetzen muss, kann der Aufwand für die 5

---

[1] Beck VergabeR/*Osseforth* Rn. 11; Kapellmann/Messerschmidt/*Stickler* Rn. 3.
[2] HK-VergabeR/*Pünder* Rn. 2.
[3] *Knauff* in Müller-Wrede GWB § 119 Rn. 18.
[4] Vgl. auch BeckOK VergabeR/*Meiners* Rn. 1.

Auswertung der Angebote und deren Dokumentation im offenen Verfahren höher sein als im nicht offenen Verfahren, wenn es zu vielen Angeboten kommt.

IV. Nicht offenes Verfahren (Nr. 2)

6   Das nicht offene Verfahren ist nach Nr. 2 ein zweistufiges Verfahren, bei dem der öffentliche Auftraggeber nach einem Teilnahmewettbewerb eine beschränkte Anzahl von Unternehmen zur Abgabe von Angeboten auffordert. Der Teilnahmewettbewerb ist dadurch bestimmt, dass der Auftraggeber nach einer öffentlichen Aufforderung zur Teilnahme aufgrund objektiver, transparenter und nichtdiskriminierender Kriterien eine Auswahl unter den Bewerbern trifft. Wie im anderen Regelverfahren, dem offenen Verfahren, darf im nicht offenen Verfahren grundsätzlich nicht verhandelt werden (§ 15 EU Abs. 3, → § 15 EU Rn. 48). Der Ablauf des nicht offenen Verfahrens ergibt sich aus § 3b EU Abs. 2 (→ § 3b EU Rn. 3 ff.).

7   Gegenüber dem einstufigen offenen Verfahren liegt der wesentliche Vorteil des nicht offenen Verfahrens in der Möglichkeit, die Teilnehmerzahl zu begrenzen und damit Aufwand in der Angebotswertung und deren Dokumentation zu sparen. Das Verfahren dauert in der Regel aber etwas länger als das offene Verfahren. Es ist jedoch regelmäßig schneller zu beenden als die anderen mehrstufigen Verfahren. Gegenüber diesen ist das nicht offene Verfahren wegen des Verhandlungsverbots nach § 15 EU Abs. 3 (→ § 15 EU Rn. 48) weniger flexibel.

8   Grundsätzlich hat der öffentliche Auftraggeber zwischen dem offenen und dem nicht offenen Verfahren nach § 3a EU Abs. 1 (→ § 3a EU Rn. 4) die freie Wahl. Die ehemaligen Zulässigkeitsvoraussetzungen des § 3 Abs. 3 VOB/A 2012 können bei der Auswahl aber als strategische Leitlinie dienen. So kann ein nicht offenes Verfahren gegenüber dem offenen Verfahren vor allem dann zweckmäßiger sein, wenn die Bearbeitung der Angebote für die Bieter wegen der Eigenart der Leistung einen außergewöhnlich hohen Aufwand erfordert oder die Leistung nach ihrer Eigenart nur von einem beschränkten Kreis von Unternehmen in geeigneter Weise ausgeführt werden kann. In diesem Fall muss der Auftraggeber allerdings die Umstände, die für ein nicht offenes Verfahren sprechen, wegen der Wahlfreiheit nicht dokumentieren.

V. Verhandlungsverfahren (Nr. 3)

9   Nach Nr. 3 ist das Verhandlungsverfahren ein Verfahren, bei dem sich der öffentliche Auftraggeber mit oder ohne Teilnahmewettbewerb an ausgewählte Unternehmen wendet, um mit einem oder mehreren dieser Unternehmen über die Angebote zu verhandeln. Das Verhandlungsverfahren ist ein dynamischer Prozess, in dem der Auftraggeber mit den Bietern über den Auftragsgegenstand und den Preis sprechen kann, bis feststeht, welches Angebot den Bedarf des Auftraggebers am besten befriedigt.[5] Im Gegensatz zu den Regelverfahren des offenen und des nicht offenen Verfahrens ist das Verhandlungsverfahren nach § 3a EU (→ § 3a EU Rn. 22) nur ausnahmsweise zulässig. Unter welchen Umständen auf einen Teilnahmewettbewerb verzichtet werden darf, ergibt sich aus § 3a EU Abs. 3 (→ § 3a EU Rn. 22 ff.). Der Ablauf des Verhandlungsverfahrens ist in § 3b EU Abs. 3 geregelt.

10 Im Gegensatz zu den Regelverfahren, in denen ein Verhandlungsverbot besteht, zeichnet sich das Verhandlungsverfahren durch seine Flexibilität aus. Für die Durchführung des Verfahrens ist wegen der Zweistufigkeit und der grundsätzlich erforderlichen Verhandlungsrunde jedoch mehr Zeit einzuplanen als für das offene oder das nicht offene Verfahren. Allerdings kann der öffentliche Auftraggeber sich nach Maßgabe des § 3b EU Abs. 3 Nr. 7 vorbehalten, den Auftrag auf Grundlage der Erstangebote zu vergeben, ohne in Verhandlungen einzutreten. In diesem Fall entspricht das Verhandlungsverfahren dem nicht offenen Verfahren.

11 Gegenüber dem wettbewerblichen Dialog und der Innovationspartnerschaft bietet das Verhandlungsverfahren den Vorteil, dass es erfahrungsgemäß regelmäßig etwas schneller ist. Allerdings muss der Auftraggeber im Gegensatz zu diesen beiden anderen Verfahrensarten bereits grundlegende Vorstellungen über die Auftragskonzeption haben, deren Identität im Verfahren zu bewahren ist.[6]

VI. Der wettbewerbliche Dialog (Nr. 4)

12 Der wettbewerbliche Dialog ist nach Nr. 4 ein Verfahren zur Vergabe öffentlicher Aufträge mit dem Ziel der Ermittlung und Festlegung der Mittel, mit denen die Bedürfnisse des öffentlichen Auftraggebers am besten erfüllt werden können. Bei diesem Verfahren handelt es sich um ein

---

[5] *Knauff* in Müller-Wrede GWB § 119 Rn. 54.
[6] *Knauff* in Müller-Wrede GWB § 119 Rn. 54.

mehrstufiges[7] Verfahren für besonders anspruchsvolle Beschaffungen,[8] das gem. § 3a EU Abs. 4 unter denselben Voraussetzungen wie das Verhandlungsverfahren mit Teilnahmewettbewerb zulässig ist. Der Ablauf des Verfahrens ist in § 3b Abs. 4 geregelt.

Der wesentliche Vorteil gegenüber dem offenen, dem nicht offenen und dem Verhandlungsverfahren ist, dass zwischen dem Teilnahmewettbewerb und der Angebotslegung eine weitere Stufe steht, in der die Mittel ermittelt und festgelegt werden, mit denen die Bedürfnisse des öffentlichen Auftraggebers am besten erfüllt werden können. Der Auftraggeber muss daher beim wettbewerblichen Dialog nicht schon zu Beginn des Verfahrens grundlegende Vorstellungen über die Auftragskonzeption haben. Nachteilig ist, dass das Verfahren wegen dieser dritten Stufe mehr Zeit in Anspruch nimmt. 13

VII. Die Innovationspartnerschaft (Nr. 5)

Die Innovationspartnerschaft ist nach Nr. 5 ein Verfahren zur Entwicklung innovativer, noch nicht auf dem Markt verfügbarer Bauleistungen und zum anschließenden Erwerb der daraus hervorgehenden Leistungen. Es soll den öffentlichen Auftraggebern ermöglichen, zugleich die Entwicklung *und* den anschließenden Kauf neuer, innovativer Bauleistungen zu begründen, ohne dass ein getrenntes Vergabeverfahren für den Kauf erforderlich ist.[9] 14

Der Vorteil dieses Verfahrens gegenüber den anderen Verfahren ist, dass für innovative Lösungen die Entwicklung und der Bezug in einem wettbewerblichen Verfahren vergeben werden können. Der Nachteil liegt in der Dauer des Verfahrens. Zur Durchführung der Innovationspartnerschaft siehe § 3b EU Abs. 5 (→ § 3b EU Rn. 32). 15

§ 3a EU Zulässigkeitsvoraussetzungen

(1) ¹Dem öffentlichen Auftraggeber stehen nach seiner Wahl das offene und das nicht offene Verfahren zur Verfügung. ²Die anderen Verfahrensarten stehen nur zur Verfügung, soweit dies durch gesetzliche Bestimmungen oder nach den Absätzen 2 bis 5 gestattet ist.

(2) Das Verhandlungsverfahren mit Teilnahmewettbewerb ist zulässig,
1. wenn mindestens eines der folgenden Kriterien erfüllt ist:
   a) die Bedürfnisse des öffentlichen Auftraggebers können nicht ohne die Anpassung bereits verfügbarer Lösungen erfüllt werden;
   b) der Auftrag umfasst konzeptionelle oder innovative Lösungen;
   c) der Auftrag kann aufgrund konkreter Umstände, die mit der Art, der Komplexität oder dem rechtlichen oder finanziellen Rahmen oder den damit einhergehenden Risiken zusammenhängen, nicht ohne vorherige Verhandlungen vergeben werden;
   d) die technischen Spezifikationen können von dem öffentlichen Auftraggeber nicht mit ausreichender Genauigkeit unter Verweis auf eine Norm, eine europäische technische Bewertung (ETA), eine gemeinsame technische Spezifikation oder technische Referenzen im Sinne des Anhangs TS Nummern 2 bis 5 der Richtlinie 2014/24/EU erstellt werden.
2. wenn ein offenes Verfahren oder nicht offenes Verfahren wegen nicht ordnungsgemäßer oder nicht annehmbarer Angebote aufgehoben wurde. Nicht ordnungsgemäß sind insbesondere Angebote, die nicht den Vergabeunterlagen entsprechen, nicht fristgerecht eingegangen sind, nachweislich auf kollusiven Absprachen oder Korruption beruhen oder nach Einschätzung des öffentlichen Auftraggebers ungewöhnlich niedrig sind. Unannehmbar sind insbesondere Angebote von Bietern, die nicht über die erforderlichen Qualifikationen verfügen und Angebote, deren Preis das vor Einleitung des Vergabeverfahrens festgelegte und schriftlich dokumentierte Budget des öffentlichen Auftraggebers übersteigt.

(3) Das Verhandlungsverfahren ohne Teilnahmewettbewerb ist zulässig,
1. wenn bei einem offenen Verfahren oder bei einem nicht offenen Verfahren
   a) keine ordnungsgemäßen oder nur unannehmbaren Angebote abgegeben worden sind und
   b) in das Verhandlungsverfahren alle – und nur die – Bieter aus dem vorausgegangenen Verfahren einbezogen werden, die fachkundig und leistungsfähig (geeignet) sind und die nicht nach § 6eEU ausgeschlossen worden sind.

---
[7] Von Dreistufigkeit spricht BeckOK VergabeR/*Meiners* Rn. 10.
[8] *Knauff* in Müller-Wrede GWB § 119 Rn. 5.
[9] Erwägungsgrund 49 RL 2014/24/EU.

2. wenn bei einem offenen Verfahren oder bei einem nicht offenen Verfahren
   a) keine Angebote oder keine Teilnahmeanträge abgegeben worden sind oder
   b) nur Angebote oder Teilnahmeanträge solcher Bewerber oder Bieter abgegeben worden sind, die nicht fachkundig oder leistungsfähig (geeignet) sind oder die nach § 6eEU ausgeschlossen worden sind oder
   c) nur solche Angebote abgegeben worden sind, die den in den Vergabeunterlagen genannten Bedingungen nicht entsprechen
   und die ursprünglichen Vertragsunterlagen nicht grundlegend geändert werden. Der Europäischen Kommission wird auf Anforderung ein Bericht vorgelegt.
3. wenn die Leistungen aus einem der folgenden Gründen nur von einem bestimmten Unternehmen erbracht werden können:
   a) Erschaffung oder Erwerb eines einzigartigen Kunstwerks oder einer einzigartigen künstlerischen Leistung als Ziel der Auftragsvergabe;
   b) nicht vorhandener Wettbewerb aus technischen Gründen;
   c) Schutz von ausschließlichen Rechten, einschließlich der Rechte des geistigen Eigentums.
   Die in Buchstabe b und c festgelegten Ausnahmen gelten nur dann, wenn es keine vernünftige Alternative oder Ersatzlösung gibt und der mangelnde Wettbewerb nicht das Ergebnis einer künstlichen Einschränkung der Auftragsvergabeparameter ist.
4. wenn wegen der äußersten Dringlichkeit der Leistung aus zwingenden Gründen infolge von Ereignissen, die der öffentliche Auftraggeber nicht verursacht hat und nicht voraussehen konnte, die in § 10aEU, § 10bEU und § 10cEU Absatz 1 vorgeschriebenen Fristen nicht eingehalten werden können.
5. wenn gleichartige Bauleistungen wiederholt werden, die durch denselben öffentlichen Auftraggeber an den Auftragnehmer vergeben werden, der den ursprünglichen Auftrag erhalten hat, und wenn sie einem Grundentwurf entsprechen und dieser Gegenstand des ursprünglichen Auftrags war, der in Einklang mit § 3a EU vergeben wurde. Der Umfang der nachfolgenden Bauleistungen und die Bedingungen, unter denen sie vergeben werden, sind im ursprünglichen Projekt anzugeben. Die Möglichkeit, dieses Verfahren anzuwenden, muss bereits bei der Auftragsbekanntmachung der Ausschreibung für das erste Vorhaben angegeben werden; der für die Fortsetzung der Bauarbeiten in Aussicht gestellte Gesamtauftragswert wird vom öffentlichen Auftraggeber bei der Anwendung von § 3 VgV berücksichtigt. Dieses Verfahren darf jedoch nur innerhalb von drei Jahren nach Abschluss des ersten Auftrags angewandt werden.

(4) Der wettbewerbliche Dialog ist unter den Voraussetzungen des Absatzes 2 zulässig.

(5) ¹Der öffentliche Auftraggeber kann für die Vergabe eines öffentlichen Auftrags eine Innovationspartnerschaft mit dem Ziel der Entwicklung einer innovativen Leistung und deren anschließendem Erwerb eingehen. ²Der Beschaffungsbedarf, der der Innovationspartnerschaft zugrunde liegt, darf nicht durch auf dem Markt bereits verfügbare Bauleistungen befriedigt werden können.

Übersicht

	Rn.		Rn.
I. Regelungsgehalt und Überblick	1	d) Keine hinreichende Genauigkeit für technische Spezifikationen	16
II. Systematische Stellung und Zweck der Norm	2	2. Keine ordnungsgemäßen oder annehmbaren Angebote im offenen oder nicht offenen Verfahren	17
III. Zulässigkeit des offenen und des nicht offenen Verfahrens (Abs. 1)	4	V. Zulässigkeit des Verhandlungsverfahrens ohne Teilnahmewettbewerb (Abs. 3)	22
IV. Zulässigkeit des Verhandlungsverfahrens mit Teilnahmewettbewerb (Abs. 2)	7	1. Keine ordnungsgemäßen oder annehmbaren Angebote in offenen oder nicht offenen Verfahren bei Einbeziehung der geeigneten Bewerber	22
1. Vorliegen bestimmter Kriterien	8	2. Keine wertbaren Angebote oder Teilnahmeanträge	25
a) Anpassung verfügbarer Lösungen erforderlich	9		
b) Konzeptionelle oder innovative Lösungen	11		
c) Verhandlungen aufgrund konkreter Umstände	14	3. Leistung kann nur von einem Unternehmen erbracht werden	27

	Rn.		Rn.
a) Einzigartiges Kunstwerk	28	b) Ereignisse, die der Auftraggeber nicht verursacht hat und nicht voraussehen konnte	34
b) Nicht vorhandener Wettbewerb aus technischen Gründen	29		
c) Schutz von Ausschließlichkeitsrechten	30	5. Wiederholung gleichartiger Bauleistungen	35
4. Äußerste Dringlichkeit der Leistung	32	VI. Zulässigkeit des wettbewerblichen Dialogs (Abs. 4)	38
a) Äußerste Dringlichkeit	33	VII. Zulässigkeit der Innovationspartnerschaft (Abs. 5)	40

I. Regelungsgehalt und Überblick

§ 3a EU regelt die **Zulässigkeitsvoraussetzungen** der Verfahrensarten des GWB-Vergaberechts in Bezug auf Bauaufträge oberhalb der Schwellenwerte. Abs. 1 regelt übereinstimmend mit § 119 Abs. 2 GWB das Verhältnis der Verfahrensarten (→ GWB § 119 Rn. 6 ff.). Während das offene und das nicht offene Verfahren gem. Abs. 1 S. 1 stets zulässig sind, werden die übrigen Verfahrensarten in Abs. 1 S. 2 als nachrangig qualifiziert.[1] Das Verhandlungsverfahren mit Teilnahmewettbewerb ist unter den Voraussetzungen nach Abs. 2 zulässig, das Verhandlungsverfahren ohne Teilnahmewettbewerb nach Abs. 3. Die Zulässigkeitsvoraussetzungen des wettbewerblichen Dialoges finden sich in Abs. 4, die der Innovationspartnerschaft in Abs. 5. 1

II. Systematische Stellung und Zweck der Norm

Die Verfahrensarten selbst sind in § 3 EU (→ § 3 EU Rn. 1) geregelt, ihr Ablauf in § 3b EU (→ § 3b EU Rn. 1). Eine **vergleichbare Regelung** für die Verfahrensarten des Unterschwellenvergaberechts ist in § 3a (→ § 3a Rn. 1) zu finden. Für Bauleistungen im Bereich Verteidigung und Sicherheit findet sich eine vergleichbare Regelung in § 3a VS (→ § 3a VS Rn. 1). 2

Abs. 1 legt als Regelverfahren das offene Verfahren und das nicht offene Verfahren fest. Diese sind stets zulässig und bedürfen keiner weiteren Begründung. Die Ausnahmen, nach denen andere Verfahrensarten nur unter besonderen Voraussetzungen zulässig sind, sind in Abs. 2–5 geregelt, die inhaltlich wiederum weithin mit § 14 Abs. 3 und 4 VgV korrespondieren. Die Regelung des Abs. 1 ist weitgehend gleichlautend mit § 119 Abs. 2 GWB (→ GWB § 119 Rn. 6). 3

III. Zulässigkeit des offenen und des nicht offenen Verfahrens (Abs. 1)

Dem öffentlichen Auftraggeber stehen gem. § 119 Abs. 2 GWB (→ GWB § 119 Rn. 6) und Abs. 1 nach seiner Wahl **das offene und das nicht offene Verfahren** zur Verfügung. Mit dieser Regelung wurde der vor der Vergaberechtsreform 2016 im deutschen Vergaberecht geltende Vorrang des offenen Verfahrens vor allen anderen Verfahren aufgehoben und das nicht offene Verfahren dem offenen Verfahren in Anlehnung an Art. 26 Abs. 2 RL 2014/24/EU als Regelverfahren gleichgestellt. 4

Der öffentliche Auftraggeber hat die **freie Wahl** zwischen dem offenen und dem nicht offenen Verfahren.[2] Die ehemaligen Zulässigkeitsvoraussetzungen des § 3 Abs. 3 VOB/A 2012 können bei der Auswahl aber als strategische Leitlinie dienen.[3] 5

Die anderen Verfahrensarten stehen nach Abs. 1 S. 2 nur zur Verfügung, soweit dies durch gesetzliche Bestimmungen oder nach den Abs. 2–5 gestattet ist. Der öffentliche Auftraggeber hat das Vorliegen der Tatbestandsvoraussetzungen der Ausnahmen nach § 20 EU (→ § 20 EU Rn. 1) iVm § 8 Abs. 2 Nr. 6 VgV zu dokumentieren. 6

IV. Zulässigkeit des Verhandlungsverfahrens mit Teilnahmewettbewerb (Abs. 2)

Das **Verhandlungsverfahren mit Teilnahmewettbewerb** ist nach Abs. 2 zulässig, wenn entweder bestimmte Kriterien erfüllt sind oder ein offenes oder nicht offenes Verfahren wegen nicht ordnungsgemäßer oder nicht annehmbarer Angebote aufgehoben wurde. In der Vergaberechtsreform 2016 wurden die Anwendungsmöglichkeiten des Verhandlungsverfahren gegenüber der VOB/A 2012 deutlich erweitert. Die geschah vor dem Hintergrund der Erwägungen der RL 2014/24/EU, nach der für öffentliche Auftraggeber und zur Förderung des grenzüberschreitenden Handels äußerst 7

---

[1] Siehe dazu auch *Knauff* NZBau 2018, 134 ff.
[2] Kapellmann/Messerschmidt/*Stickler* Rn. 8.
[3] Zu den strategischen Erwägungen der Wahl zwischen offenem und nicht offenem Verfahren → § 3 EU Rn. 7 f.

wichtig ist, über zusätzliche Flexibilität zu verfügen, um ein Vergabeverfahren auszuwählen, das Verhandlungen vorsieht.[4]

8 **1. Vorliegen bestimmter Kriterien.** Das Verhandlungsverfahren mit Teilnahmewettbewerb ist nach Nr. 1 zulässig, wenn mindestens eines der – sich teils überschneidenden[5] – Kriterien nach lit. a–d erfüllt ist. Die Aufzählung der Kriterien ist **abschließend.**[6] Es genügt aber, wenn eines der Kriterien gegeben ist.

9 **a) Anpassung verfügbarer Lösungen erforderlich.** Das Verhandlungsverfahren mit Teilnahmewettbewerb ist zulässig, wenn die Bedürfnisse des öffentlichen Auftraggebers **nicht ohne die Anpassung bereits verfügbarer Lösungen** erfüllt werden können.[7] Diese selten einschlägige[8] Variante setzt voraus, dass der Markt für Bauleistungen grundsätzlich verfügbare Lösungen für den Bedarf des Auftraggebers bereithält, die aber eine Modifikation erfordern. Das kann zum Beispiel der Fall sein bei Bauleistungen, bei denen keine Normbauten errichtet werden, insbesondere bei komplexen Bauvorhaben, die besonders hoch entwickelte Anforderungen an die Leistungserbringung stellen, oder bei Großprojekten.[9]

10 Sind die auf dem Markt verfügbaren Lösungen auch mit Anpassungen nicht geeignet, den Bedarf des Auftraggebers zu decken, kommt eine Ausnahme nach lit. b oder eine Innovationspartnerschaft nach Abs. 5 in Betracht.

11 **b) Konzeptionelle oder innovative Lösungen.** Das Verhandlungsverfahren mit Teilnahmewettbewerb ist ferner zulässig, wenn der Auftrag **konzeptionelle oder innovative Lösungen** umfasst, die nicht notwendigerweise bautechnischer, sondern etwa auch finanzieller Natur sein können.[10] Voraussetzung für diesen Ausnahmetatbestand ist, dass die Leistungs- und Aufgabenbeschreibung iSd § 121 GWB (→ GWB § 121 Rn. 1 ff.) Lösungen umfasst, die im Wege eines Konzepts speziell für die zu erbringende Leistung zu entwickeln oder so auf dem Markt (noch) überhaupt nicht verfügbar sind.

12 **Konzeptionelle Leistungen** sind vor allem dann gegeben, wenn die Aufgabenbeschreibung das Ziel der Beschaffung vorgibt, die Lösung selbst aber durch das Know-how des Bieters erst erarbeitet werden muss.

13 Der Begriff der „**Innovation**" umfasst nach Art. 2 Nr. 22 RL 2014/24/EU die Realisierung von neuen oder deutlich verbesserten Waren, Dienstleistungen oder Verfahren. Dazu gehören Produktions-, Bau- oder Konstruktionsverfahren, eine neue Vermarktungsmethode oder ein neues Organisationsverfahren in Bezug auf Geschäftspraxis, Abläufe am Arbeitsplatz oder externe Beziehungen beinhalten, die mit dem Ziel, zur Bewältigung gesellschaftlicher Herausforderungen beizutragen oder die Strategie Europa 2020 für intelligentes, nachhaltiges und integratives Wachstum zu unterstützen. Das Merkmal „innovativ" ist allerdings bereits erfüllt, wenn der Auftraggeber neuartige, also nicht bereits auf dem Markt verfügbare Lösungen beschaffen will (→ GWB § 119 Rn. 109).

14 **c) Verhandlungen aufgrund konkreter Umstände.** Sofern der Auftrag aufgrund konkreter Umstände, die mit der **Art, der Komplexität oder dem rechtlichen oder finanziellen Rahmen oder den damit einhergehenden Risiken** zusammenhängen, nicht ohne vorherige Verhandlungen vergeben werden kann, ist das Verhandlungsverfahren mit Teilnahmewettbewerb zulässig. Diese Definition geht über die Regelung in § 3 EG Abs. 4 VOB/A 2012 weit hinaus, nach der ein Verhandlungsverfahren mit öffentlicher Vergabebekanntmachung zulässig war, wenn im Ausnahmefall die Leistung nach Art und Umfang oder wegen der damit verbundenen Wagnisse nicht eindeutig und nicht so erschöpfend beschrieben werden kann, dass eine einwandfreie Preisermittlung zur Vereinbarung einer festen Vergütung möglich ist.

15 Nach der Regelung ist das Verhandlungsverfahren bereits zulässig, wenn die Leistung selbst eindeutig und erschöpfend beschrieben werden kann, aber zB deren rechtlicher oder finanzieller Rahmen ohne Verhandlung nicht vergeben werden kann, etwa bei ÖPP-Projekten.[11] Das wäre beispielsweise gegeben, wenn die Bauleistung selbst zwar als Standardleistung konkret beschreibbar ist, der Auftraggeber aber unübliche Haftungsklauseln im Vertrag vorsieht oder besondere Versiche-

---

[4] Erwägungsgrund 42 RL 2014/24/EU.
[5] *Hettich* in Hettich/Soudry VergabeR 28.
[6] BR-Drs. 87/16, 168.
[7] Zum Leistungsbestimmungsrecht in diesem Zusammenhang Beck VergabeR/*Osseforth* Rn. 14; übergreifend *Knauff* ZUR 2021, 218 (219 f.).
[8] Kapellmann/Messerschmidt/*Stickler* Rn. 13.
[9] Franke/Kemper/Zanner/Grünhagen/Mertens/*Baumann* Rn. 12.
[10] Kapellmann/Messerschmidt/*Stickler* Rn. 14.
[11] Beck VergabeR/*Osseforth* Rn. 23.

rungen verlangen möchte, die nicht marktüblich sind. In einem offenen oder nicht offenen Verfahren müsste der Auftraggeber diese außergewöhnlichen Anforderungen vorgeben, ohne die Möglichkeit einer Verhandlung zu haben. In diesem Fall riskiert er, dass kein Angebot abgegeben wird und er erst dann ein Verhandlungsverfahren nach § 3a EU Abs. 3 Nr. 2 lit. a (→ § 3a EU Rn. 17) einleiten dürfte.

d) Keine hinreichende Genauigkeit für technische Spezifikationen. Das Verhandlungsverfahren mit Teilnahmewettbewerb ist auch zulässig, wenn die **technischen Spezifikationen von dem öffentlichen Auftraggeber objektiv**[12] **nicht mit ausreichender Genauigkeit** unter Verweis auf eine Norm, eine europäische technische Bewertung (ETA), eine gemeinsame technische Spezifikation oder technische Referenzen im Sinne des Anhangs TS Nr. 2–5 RL 2014/24/EU erstellt werden können. Die Vorschrift steht zwar in einem Spannungsverhältnis mit den Grundsätzen zur Vergabereife (§ 2 EU Abs. 8, → § 2 EU Rn. 5) und dem Gebot der eindeutigen und erschöpfenden Leistungsbeschreibung (§ 121 GWB [→ GWB § 121 Rn. 13 ff.] und § 7 EU Abs. 1 Nr. 1 [→ § 7 EU Rn. 7]). Sie ist jedoch durch den Willen des Richtliniengebers bedingt, Auftraggebern zusätzliche Flexibilität zu verschaffen, um ein Vergabeverfahren auszuwählen, das Verhandlungen vorsieht.[13] 16

2. Keine ordnungsgemäßen oder annehmbaren Angebote im offenen oder nicht offenen Verfahren. Das Verhandlungsverfahren mit Teilnahmewettbewerb ist nach Nr. 2 zulässig, wenn ein offenes Verfahren oder nicht offenes Verfahren wegen nicht ordnungsgemäßer oder nicht annehmbarer Angebote aufgehoben wurde. Diese Variante setzt daher eine **wirksame Aufhebung** nach § 17 EU Abs. 1 Nr. 1 (→ § 17 EU Rn. 11) voraus.[14] Liegen zugleich die Voraussetzungen nach Abs. 3 Nr. 1 vor, kann der öffentliche Auftraggeber zwischen dem Verhandlungsverfahren mit oder ohne Teilnahmewettbewerb wählen.[15] 17

Nicht ordnungsgemäß sind nach der Regelung insbesondere Angebote, die nicht den Vergabeunterlagen entsprechen, nicht fristgerecht eingegangen sind, nachweislich auf kollusiven Absprachen oder Korruption beruhen oder nach Einschätzung des öffentlichen Auftraggebers ungewöhnlich niedrig sind. Angebote der ersten und zweiten Alternative, die **nicht den Vergabeunterlagen** entsprechen, oder **nicht fristgerecht** eingegangen sind, sind nach § 16 EU (→ § 16 EU Rn. 4 f.) auszuschließen. Eine **kollusive Absprache** stellt einen fakultativen Ausschlussgrund nach § 6e EU Abs. 6 Nr. 4 (→ § 6e EU Rn. 1 ff.) dar. **Korruption** kann nach § 6e EU Abs. 6 Nr. 4 (→ § 6e EU Rn. 1 ff.) ebenfalls zum Ausschluss des Unternehmens führen. Auf ein Angebot mit einem **unangemessen hohen oder niedrigen Preis** oder mit unangemessen hohen oder niedrigen Kosten darf der Zuschlag nach § 16d EU Abs. 1 Nr. 1 (→ § 16d EU Rn. 2) nicht erteilt werden. 18

Unannehmbar sind insbesondere Angebote von Bietern, die nicht über die erforderlichen Qualifikationen verfügen und Angebote, deren Preis das vor Einleitung des Vergabeverfahrens festgelegte und schriftlich dokumentierte Budget des öffentlichen Auftraggebers übersteigt. Die Bieter müssen nach § 16b EU (→ § 16b EU Rn. 1) ihre **Qualifikation** nachweisen, damit ihr Angebot gewertet werden kann. Die Budgetüberschreitung stellt einen Aufhebungsgrund als „sonstigen schweren Grund" iSd § 17 EU Abs. 1 Nr. 3 (→ § 17 EU Rn. 18) dar. Ein Ausschluss des Bieters nach § 16b EU (→ § 16b EU Rn. 1) bzw. eine Aufhebung wegen Budgetüberschreitung nach § 17 EU Abs. 1 Nr. 3 (→ § 17 EU Rn. 18) sind nur zwei Regelbeispiele, nach denen Angebote unannehmbar sein können. 19

Weitere Fallgruppen müssten aber dem Ausschluss eines Bieters mangels Eignung oder der Aufhebung wegen Budgetüberschreitung der Schwere nach gleichstehen und objektiv nachweisbar sein. Eine bloß „subjektive" Unannehmbarkeit, zB aufgrund individueller Interessen oder Vorlieben, kommt zur Erfüllung des Tatbestands nicht in Betracht. 20

Zusammengefasst lässt sich festhalten, dass der Regelung die Fallgestaltung zugrunde liegt, dass ein vorausgegangenes offenes oder nicht offenes Verfahren aufzuheben war, weil entweder aufgrund von Ausschlussgründen kein Bieter oder kein Angebot im Wettbewerb verblieben ist oder aufgrund der Budgetüberschreitung ein sonstiger Aufhebungsgrund iSd § 17 EU Abs. 1 Nr. 3 (→ § 17 EU Rn. 18) vorlag. Als Ausnahmevorschrift ist diese Regelung eng auszulegen. Andere als die ausdrücklich in § 3a EU (→ § 3a EU Rn. 1) genannten Aufhebungsgründe eines offenen oder nicht offenen Verfahrens führen daher nicht zur Zulässigkeit des Verhandlungsverfahrens mit Teilnahmewettbewerb nach Nr. 2. 21

---

[12] Beck VergabeR/*Osseforth* Rn. 27.
[13] Franke/Kemper/Zanner/Grünhagen/Mertens/*Baumann* Rn. 23.
[14] S. auch Kapellmann/Messerschmidt/*Stickler* Rn. 28; HK-VergabeR/*Pünder* Rn. 5.
[15] Kapellmann/Messerschmidt/*Stickler* Rn. 31.

V. Zulässigkeit des Verhandlungsverfahrens ohne Teilnahmewettbewerb (Abs. 3)

22 **1. Keine ordnungsgemäßen oder annehmbaren Angebote im offenen oder nicht offenen Verfahren bei Einbeziehung der geeigneten Bewerber.** Das Verhandlungsverfahren ohne Teilnahmewettbewerb ist nach Nr. 1 zulässig, wenn bei einem offenen Verfahren oder bei einem nicht offenen Verfahren keine ordnungsgemäßen oder nur unannehmbare Angebote abgegeben worden sind und in das Verhandlungsverfahren alle Bieter aus dem vorausgegangenen Verfahren einbezogen werden, die fachkundig und leistungsfähig (geeignet) sind und die nicht nach § 6e EU (→ § 6e EU Rn. 1) ausgeschlossen worden sind.

23 Der Weg ins Verhandlungsverfahren ohne Teilnahmewettbewerb ist nach dem Wortlaut dieser Variante nur eröffnet, wenn ein **offenes Verfahren oder ein nicht offenes Verfahren vorausgegangen** sind. Ist ein Verhandlungsverfahren mit Teilnahmewettbewerb, ein wettbewerblicher Dialog oder eine Innovationspartnerschaft ohne annehmbares Ergebnis vorausgegangen, gilt dies nach Sinn und Zweck der Regelung aber ebenfalls.[16]

24 Für die Beurteilung, ob **keine ordnungsgemäßen oder nur unannehmbare Angebote** abgegeben worden sind, gelten die in Rn. 17 gemachten Ausführungen. Im Gegensatz zur Zulässigkeit des Verhandlungsverfahrens mit Teilnahmewettbewerb nach Abs. 2 Nr. 2 hat der Auftraggeber, sofern er auf einen Teilnahmewettbewerb verzichten will, alle – und nur die – Bieter aus dem vorausgegangenen Verfahren einzubeziehen, die fachkundig und leistungsfähig (geeignet) sind und die nicht nach § 6e EU (→ § 6e EU Rn. 1) ausgeschlossen worden sind.

25 **2. Keine wertbaren Angebote oder Teilnahmeanträge.** Ferner ist das Verhandlungsverfahren ohne Teilnahmewettbewerb nach Nr. 2 zulässig, wenn bei einem offenen Verfahren oder bei einem nicht offenen Verfahren entweder gar keine Angebote oder Teilnahmeanträge abgegeben worden sind, nur Angebote oder Teilnahmeanträge solcher Bewerber oder Bieter abgegeben worden sind, die nicht fachkundig oder leistungsfähig (geeignet) sind oder die nach § 6e EU (→ § 6e EU Rn. 1) ausgeschlossen worden sind, oder nur solche Angebote abgegeben worden sind, die den in den Vergabeunterlagen genannten Bedingungen nicht entsprechen. In diesem Fall liegen **keine Angebote** vor oder **alle Unternehmen oder Angebote sind auszuschließen.**

26 Der Auftraggeber darf in diesem Fall aber nur dann ohne Teilnahmewettbewerb in Verhandlungen gehen, wenn die ursprünglichen Vertragsunterlagen **nicht grundlegend geändert** werden. Eine grundlegende Änderung liegt vor, wenn die ausgeschriebene Leistung bei verständiger Betrachtung unter Berücksichtigung aller Umstände in wirtschaftlicher, technischer und rechtlicher Hinsicht eine andere ist als die ursprünglich ausgeschriebene.[17]

27 **3. Leistung kann nur von einem Unternehmen erbracht werden.** Das Verhandlungsverfahren darf ohne Teilnahmewettbewerb durchgeführt werden, wenn die Leistungen aus einem der in der Nr. 3 geregelten Gründe **nur von einem bestimmten Unternehmen** erbracht werden können. Der Sinn dieser Ausnahme liegt darin, dass eine wettbewerbliche Ausschreibung sinnlos ist, wenn von vornherein feststeht, dass nur ein Unternehmen die Leistung erbringen kann.

28 **a) Einzigartiges Kunstwerk.** Der erste Grund liegt vor, wenn das Ziel der Auftragsvergabe die Erschaffung oder der Erwerb eines **einzigartigen Kunstwerks oder einer einzigartigen künstlerischen Leistung** ist. In der Regelung hervorgehoben ist die Einzigartigkeit. Hierfür muss sich das Kunstwerk oder die künstlerische Leistung deutlich vom üblichen Kunsthandwerk unterscheiden und eine außergewöhnliche individuelle Leistung des Künstlers darstellen. Die Ausnahme gilt nach S. 2 allerdings nur dann, wenn es keine vernünftige Alternative oder Ersatzlösung gibt und der mangelnde Wettbewerb nicht das Ergebnis einer künstlichen Einschränkung der Auftragsvergabeparameter ist.

29 **b) Nicht vorhandener Wettbewerb aus technischen Gründen.** Der zweite, alternativ in Betracht kommende Grund für ein Verhandlungsverfahren ohne Teilnahmewettbewerb ist gegeben, wenn ein **Wettbewerb aus technischen Gründen nicht vorhanden** ist. Derartige technische Gründe liegen vor, wenn eine besondere Befähigung oder spezielle Ausstattung für die Durchführung der Arbeiten erforderlich ist.[18] In dieser Fallgruppe beruht die Einzigartigkeit der Leistung im Gegensatz zur künstlerischen Einzigartigkeit nach lit. a nicht auf ästhetischen, sondern rein auf technischen Aspekten. Auch für diese Ausnahme gilt nach S. 2, dass der Auftraggeber dokumentieren muss, dass es keine vernünftige Alternative oder Ersatzlösung gibt und der mangelnde Wettbewerb nicht das Ergebnis einer künstlichen Einschränkung der Auftragsvergabeparameter ist.

---

[16] So auch Kapellmann/Messerschmidt/*Stickler* Rn. 35.
[17] Franke/Kemper/Zanner/Grünhagen/Mertens/*Baumann* Rn. 53.
[18] Franke/Kemper/Zanner/Grünhagen/Mertens/*Baumann* Rn. 59.

c) Schutz von Ausschließlichkeitsrechten. Soweit der Schutz von ausschließlichen Rechten 30 einschließlich der Rechte des geistigen Eigentums einem Unternehmen ein **Ausschließlichkeitsrecht** zur Leistungserbringung verleiht, ist ein Verhandlungsverfahren ohne Teilnahmewettbewerb zulässig. Ausschließliche Rechte in diesem Sinne werden durch das Geschmacksmusterrecht, das Patent- oder Urheberrecht[19] oder sonstige gewerbliche Schutzrechte verliehen, können aber auch zB durch Vertriebslizenzen begründet werden.

Das Recht muss nachweislich zu einer Ausschließlichkeit führen. Daher führt das Bestehen 31 eines Patents allein nicht zwingend zur Feststellung, dass nur ein bestimmtes Unternehmen die Arbeiten ausführen kann. Bieten mehrere Unternehmen die patentierte Leistung an, scheidet ein Verhandlungsverfahren ohne Teilnahmewettbewerb mit nur einem Unternehmen aus.[20]

4. Äußerste Dringlichkeit der Leistung. Ein weiterer Ausnahmetatbestand, der die Vergabe 32 der Leistungen im Verhandlungsverfahren ohne Teilnahmewettbewerb regelt, ist gegeben, wenn **äußerste Dringlichkeit** die Vergabe der Leistung aus zwingenden Gründen gebietet. Die objektiv zu bestimmende[21] Dringlichkeit muss infolge von Ereignissen entstehen, die der öffentliche Auftraggeber nicht verursacht hat und nicht vorausehen konnte. Dabei trägt „[d]ie Darlegungs- und Feststellungslast für die Voraussetzungen der Ausnahme ... der öffentliche Auftraggeber, wobei diese Ausnahmeregelungen sehr eng auszulegen sind und eine sorgfältige Abwägung, Begründung und umfassende Dokumentation erfordern".[22]

a) Äußerste Dringlichkeit. Äußerste Dringlichkeit liegt vor, wenn die in § 10 EU 33 (→ § 10 EU Rn. 1), § 10b EU (→ § 10b EU Rn. 1) und § 10c EU Abs. 1 (→ § 10c EU Rn. 1) vorgeschriebenen Fristen nicht eingehalten werden können, ohne dass ein Eintritt von erheblichen Schäden insbesondere für Leib und Leben zu befürchten ist. Das Maß an Dringlichkeit muss über die „bloße" Dringlichkeit, die ein beschleunigtes Verfahren mit verkürzten Fristen nach § 10a EU (→ § 10a EU Rn. 1), § 10b EU (→ § 10b EU Rn. 1) und § 10c EU Abs. 1 (→ § 10c EU Rn. 2) rechtfertigt, hinausgehen. „Äußerste" Dringlichkeit liegt nur vor, wenn auch dieses beschleunigte Verfahren den Schadenseintritt nicht verhindern kann.[23] Eine Begründung der äußersten Dringlichkeit kann regelmäßig nicht mit bloßen wirtschaftlichen Erwägungen erfolgen.[24]

b) Ereignisse, die der Auftraggeber nicht verursacht hat und nicht vorausehen 34 **konnte. Ereignisse, die der Auftraggeber nicht verursacht hat und nicht vorausehen konnte,** sind solche, deren Ursachen grundsätzlich nicht aus dem Verantwortungsbereich des Auftraggebers stammen, dh ihm grundsätzlich nicht zurechenbar und für ihn bei gewöhnlichem und typischem Geschehensverlauf nicht einschätzbar sind.[25] Dies kann zB der Fall sein bei außergewöhnlichen meteorologischen Verhältnissen, die so außergewöhnlich intensiv und umfangreich sind, dass sie berechtigterweise als unvorhersehbar angesehen werden können.[26]

5. Wiederholung gleichartiger Bauleistungen. Ein Verhandlungsverfahren ohne Teilnah- 35 mewettbewerb ist nach Maßgabe der Nr. 5 ferner zulässig, wenn **gleichartige Bauleistungen wiederholt** werden, die durch denselben öffentlichen Auftraggeber an den Auftragnehmer vergeben werden, der den ursprünglichen Auftrag erhalten hat. Allerdings müssen sie einem Grundentwurf entsprechen, der Gegenstand des ursprünglichen Auftrags war. Dieser Auftrag muss auch im Einklang mit den Zulässigkeitsvoraussetzungen nach § 3a EU vergeben worden sein.

Der Umfang der nachfolgenden Bauleistungen und die Bedingungen, unter denen sie vergeben 36 werden, sind im ursprünglichen Projekt anzugeben. **Bereits bei der Auftragsbekanntmachung** der Ausschreibung für das erste Vorhaben muss aus Gründen der Transparenz die Möglichkeit, dieses Verfahren anzuwenden, angegeben werden. Darüber hinaus ist der für die Fortsetzung der Bauarbeiten in Aussicht gestellte Gesamtauftragswert vom öffentlichen Auftraggeber bei der ursprünglichen Auftragswertschätzung nach § 3 VgV zu berücksichtigen. Nachfolgende Bauleistungen dürfen im Verhandlungsverfahren ohne Teilnahmewettbewerb jedoch nur innerhalb von drei Jahren nach Abschluss des ersten Auftrags vergeben werden.

Sinn und Zweck der Vorschrift ist es, eine bereits funktionierende Verbindung zwischen 37 Auftraggeber und Auftragnehmer auf der Grundlage gleicher Vergabebedingungen zu erhalten.[27]

---

[19] S. insoweit zu Baukunstwerken Beck VergabeR/*Osseforth* Rn. 77 ff.
[20] OLG Düsseldorf Beschl. v. 20.10.2008 – Verg 46/08, VergabeR 2009, 173.
[21] Kapellmann/Messerschmidt/*Stickler* Rn. 56.
[22] OLG Düsseldorf Beschl. v. 20.12.2019 – Verg 18/19, ZfBR 2020, 699 (701).
[23] Vgl. EuGH Urt. v. 14.9.2004 – C-385/02, Slg. 2004, I-08121.
[24] OLG Düsseldorf Beschl. v. 20.12.2019 – Verg 18/19, ZfBR 2020, 699 (701).
[25] Franke/Kemper/Zanner/Grünhagen/Mertens/*Baumann* Rn. 65.
[26] Generalanwalt beim EuGH, Schlussanträge v. 2.6.2005 – C-525/03, IBRRS 2005, 1879.
[27] Franke/Kemper/Zanner/Grünhagen/Mertens/*Baumann* Rn. 73.

VI. Zulässigkeit des wettbewerblichen Dialogs (Abs. 4)

38 Der **wettbewerbliche Dialog** ist unter denselben Voraussetzungen zulässig, wie das Verhandlungsverfahren mit Teilnahmewettbewerb.[28] Der öffentliche Auftraggeber verfügt insoweit grundsätzlich über ein Wahlrecht.[29] Voraussetzung ist demnach im Wesentlichen, dass entweder bestimmte, abschließend in Abs. 2 aufgezählte Kriterien erfüllt sind oder ein offenes Verfahren oder nicht offenes Verfahren wegen nicht ordnungsgemäßer oder nicht annehmbarer Angebote aufgehoben wurde (→ Rn. 17 ff.).

39 Die Möglichkeiten, in den wettbewerblichen Dialog zu gehen, sind damit für öffentliche Auftraggeber **erheblich erweitert** worden. Zugleich wirft die normative Ausgestaltung die – freilich auf EU-Ebene zu beantwortende – Frage nach der Sinnhaftigkeit der Existenz zweier Vergabeverfahren unter denselben Anwendungsvoraussetzungen auf.

VII. Zulässigkeit der Innovationspartnerschaft (Abs. 5)

40 Der öffentliche Auftraggeber kann nach Abs. 5 für die Vergabe eines öffentlichen Auftrags eine **Innovationspartnerschaft** mit dem Ziel der Entwicklung einer innovativen Leistung und deren anschließenden Erwerb[30] eingehen. Einzige Zulässigkeitsvoraussetzung ist, dass der Beschaffungsbedarf, der der Innovationspartnerschaft zugrunde liegt, nicht durch auf dem Markt bereits verfügbare Bauleistungen befriedigt werden kann.[31] Es muss sich also bei der zu beschaffenden Leistung um eine **echte Innovation** handeln. Der Begriff der „Innovation" umfasst nach Art. 2 Nr. 22 RL 2014/24/EU die Realisierung von neuen oder deutlich verbesserten Waren, Dienstleistungen oder Verfahren. Dazu gehören Produktions-, Bau- oder Konstruktionsverfahren, eine neue Vermarktungsmethode oder ein neues Organisationsverfahren in Bezug auf Geschäftspraxis, Abläufe am Arbeitsplatz oder externe Beziehungen, ua mit dem Ziel, zur Bewältigung gesellschaftlicher Herausforderungen beizutragen oder die Strategie Europa 2020 für intelligentes, nachhaltiges und integratives Wachstum zu unterstützen. Im Kontext des Bauvergaberechts kann auch der erstmalige Einsatz innovativer Werkstoffe und Verfahren die Innovationspartnerschaft rechtfertigen.[32]

§ 3b EU Ablauf der Verfahren

(1) ¹Bei einem offenen Verfahren wird eine unbeschränkte Anzahl von Unternehmen öffentlich zur Abgabe von Angeboten aufgefordert. ²Jedes interessierte Unternehmen kann ein Angebot abgeben.

(2)
1. ¹Bei einem nicht offenen Verfahren wird im Rahmen eines Teilnahmewettbewerbs eine unbeschränkte Anzahl von Unternehmen öffentlich zur Abgabe von Teilnahmeanträgen aufgefordert. ²Jedes interessierte Unternehmen kann einen Teilnahmeantrag abgeben. ³Mit dem Teilnahmeantrag übermitteln die Unternehmen die vom öffentlichen Auftraggeber geforderten Informationen für die Prüfung der Eignung und das Nichtvorliegen von Ausschlussgründen.
2. Nur diejenigen Unternehmen, die vom öffentlichen Auftraggeber infolge einer Bewertung der übermittelten Information dazu aufgefordert werden, können ein Angebot einreichen.
3. ¹Der öffentliche Auftraggeber kann die Zahl geeigneter Bewerber, die zur Angebotsabgabe aufgefordert werden, begrenzen. ²Dazu gibt der öffentliche Auftraggeber in der Auftragsbekanntmachung oder der Aufforderung zur Interessensbestätigung die von ihm vorgesehenen objektiven und nicht diskriminierenden Eignungskriterien für die Begrenzung der Zahl, die vorgesehene Mindestzahl und gegebenenfalls auch die Höchstzahl der einzuladenden Bewerber an. ³Die vorgesehene Mindestzahl der einzuladenden Bewerber darf nicht niedriger als fünf sein. ⁴In jedem Fall muss die Zahl der eingeladenen Bewerber ausreichend hoch sein, dass ein echter Wettbewerb gewährleistet ist. ⁵Sofern geeignete Bewerber in ausreichender Zahl zur Verfügung stehen, lädt

---

[28] Hinsichtlich der normativen Ausgestaltung spricht HK-VergabeR/*Pünder* Rn. 3 zu Recht von einer „unbeholfene[n] Regelungstechnik".
[29] Kapellmann/Messerschmidt/*Stickler* Rn. 71; s. auch *Knauff* NZBau 2018, 134 (138).
[30] Zur Notwendigkeit einer Bedarfsdeckungsabsicht Beck VergabeR/*Krönke* GWB § 119 Abs. 7 Rn. 15 ff.; Reidt/Stickler/Glahs/*Ganske* GWB § 119 Rn. 65.
[31] Zur insoweit erforderlichen Marktkenntnis vgl. auch Byok/Jaeger/*Werner* GWB § 119 Rn. 141; Langen/Bunte/*Wagner* GWB § 119 Rn. 67; *Hettich* in Hettich/Soudry VergabeR 34.
[32] Beck VergabeR/*Osseforth* Rn. 98.

der öffentliche Auftraggeber von diesen eine Anzahl ein, die nicht niedriger als die festgelegte Mindestzahl ist.
⁶Sofern die Zahl geeigneter Bewerber unter der Mindestzahl liegt, darf der öffentliche Auftraggeber das Verfahren ausschließlich mit diesem oder diesen geeigneten Bewerber(n) fortführen.

(3)
1. ¹Bei einem Verhandlungsverfahren mit Teilnahmewettbewerb wird im Rahmen des Teilnahmewettbewerbs eine unbeschränkte Anzahl von Unternehmen öffentlich zur Abgabe von Teilnahmeanträgen aufgefordert. ²Jedes interessierte Unternehmen kann einen Teilnahmeantrag abgeben. ³Mit dem Teilnahmeantrag übermitteln die Unternehmen die vom öffentlichen Auftraggeber geforderten Informationen für die Prüfung der Eignung und das Nichtvorliegen von Ausschlussgründen.
2. Nur diejenigen Unternehmen, die vom öffentlichen Auftraggeber infolge einer Bewertung der übermittelten Informationen dazu aufgefordert werden, können ein Erstangebot übermitteln, das die Grundlage für die späteren Verhandlungen bildet.
3. Im Übrigen gilt Absatz 2 Nummer 3 mit der Maßgabe, dass die in der Auftragsbekanntmachung oder der Aufforderung zur Interessensbestätigung anzugebende Mindestzahl nicht niedriger als drei sein darf.
4. Bei einem Verhandlungsverfahren ohne Teilnahmewettbewerb erfolgt keine öffentliche Aufforderung zur Teilnahme.
5. Die Mindestanforderungen und die Zuschlagskriterien sind nicht Gegenstand von Verhandlungen.
6. Der öffentliche Auftraggeber verhandelt mit den Bietern über die von ihnen eingereichten Erstangebote und alle Folgeangebote, mit Ausnahme der endgültigen Angebote, mit dem Ziel, die Angebote inhaltlich zu verbessern.
7. Der öffentliche Auftraggeber kann öffentliche Aufträge auf der Grundlage der Erstangebote vergeben, ohne in Verhandlungen einzutreten, wenn er in der Auftragsbekanntmachung oder in der Aufforderung zur Interessensbestätigung darauf hingewiesen hat, dass er sich diese Möglichkeit vorbehält.
8. ¹Der öffentliche Auftraggeber kann vorsehen, dass das Verhandlungsverfahren in verschiedenen aufeinander folgenden Phasen abgewickelt wird, um so die Zahl der Angebote, über die verhandelt wird, oder die zu erörternden Lösungen anhand der vorgegebenen Zuschlagskriterien zu verringern. ²Wenn der öffentliche Auftraggeber dies vorsieht, gibt er dies in der Auftragsbekanntmachung, der Aufforderung zur Interessensbestätigung oder in den Vergabeunterlagen an. ³In der Schlussphase des Verfahrens müssen so viele Angebote vorliegen, dass ein echter Wettbewerb gewährleistet ist, sofern eine ausreichende Anzahl von geeigneten Bietern vorhanden ist.
9. ¹Der öffentliche Auftraggeber stellt sicher, dass alle Bieter bei den Verhandlungen gleich behandelt werden. ²Insbesondere enthält er sich jeder diskriminierenden Weitergabe von Informationen, durch die bestimmte Bieter gegenüber anderen begünstigt werden könnten. ³Er unterrichtet alle Bieter, deren Angebote nicht gemäß Nummer 8 ausgeschieden wurden, schriftlich über etwaige Änderungen der Leistungsbeschreibung, insbesondere der technischen Anforderungen oder anderer Bestandteile der Vergabeunterlagen, die nicht die Festlegung der Mindestanforderungen betreffen. ⁴Im Anschluss an solche Änderungen gewährt der öffentliche Auftraggeber den Bietern ausreichend Zeit, um ihre Angebote zu ändern und gegebenenfalls überarbeitete Angebote einzureichen. ⁵Der öffentliche Auftraggeber darf vertrauliche Informationen eines an den Verhandlungen teilnehmenden Bieters nicht ohne dessen Zustimmung an die anderen Teilnehmer weitergeben. ⁶Eine solche Zustimmung darf nicht allgemein erteilt werden, sondern wird nur in Bezug auf die beabsichtigte Mitteilung bestimmter Informationen erteilt.
10. ¹Beabsichtigt der öffentliche Auftraggeber, die Verhandlungen abzuschließen, so unterrichtet er die verbleibenden Bieter und legt eine einheitliche Frist für die Einreichung neuer oder überarbeiteter Angebote fest. ²Er vergewissert sich, dass die endgültigen Angebote den Mindestanforderungen entsprechen und erteilt den Zuschlag.

(4)
1. ¹Beim wettbewerblichen Dialog fordert der öffentliche Auftraggeber eine unbeschränkte Anzahl von Unternehmen im Rahmen eines Teilnahmewettbewerbs öffentlich zur Abgabe von Teilnahmeanträgen auf. ²Jedes interessierte Unternehmen kann

einen Teilnahmeantrag abgeben. ³Mit dem Teilnahmeantrag übermitteln die Unternehmen die vom öffentlichen Auftraggeber geforderten Informationen für die Prüfung der Eignung und das Nichtvorliegen von Ausschlussgründen.
2. ¹Nur diejenigen Unternehmen, die vom öffentlichen Auftraggeber infolge einer Bewertung der übermittelten Informationen dazu aufgefordert werden, können in den Dialog mit dem öffentlichen Auftraggeber eintreten. ²Im Übrigen gilt Absatz 2 Nummer 3 mit der Maßgabe, dass die in der Auftragsbekanntmachung anzugebende Mindestzahl nicht niedriger als drei sein darf.
3. ¹In der Auftragsbekanntmachung oder den Vergabeunterlagen zur Durchführung eines wettbewerblichen Dialogs beschreibt der öffentliche Auftraggeber seine Bedürfnisse und Anforderungen an die zu beschaffende Leistung. ²Gleichzeitig erläutert und definiert er die hierbei zugrunde gelegten Zuschlagskriterien und legt einen vorläufigen Zeitrahmen für Verhandlungen fest.
4. ¹Der öffentliche Auftraggeber eröffnet mit den ausgewählten Unternehmen einen Dialog, in dem er ermittelt und festlegt, wie seine Bedürfnisse am besten erfüllt werden können. ²Dabei kann er mit den ausgewählten Unternehmen alle Einzelheiten des Auftrages erörtern. ³Er sorgt dafür, dass alle Unternehmen bei dem Dialog gleich behandelt werden, gibt Lösungsvorschläge oder vertrauliche Informationen eines Unternehmens nicht ohne dessen Zustimmung an die anderen Unternehmen weiter und verwendet diese nur im Rahmen des Vergabeverfahrens.
5. ¹Der öffentliche Auftraggeber kann vorsehen, dass der Dialog in verschiedenen aufeinander folgenden Phasen geführt wird, sofern der öffentliche Auftraggeber darauf in der Auftragsbekanntmachung oder in den Vergabeunterlagen hingewiesen hat. ²In jeder Dialogphase kann die Zahl der zu erörternden Lösungen anhand der vorgegebenen Zuschlagskriterien verringert werden. ³Der öffentliche Auftraggeber hat die Unternehmen zu informieren, wenn deren Lösungen nicht für die folgende Dialogphase vorgesehen sind. ⁴In der Schlussphase müssen noch so viele Lösungen vorliegen, dass ein echter Wettbewerb gewährleistet ist, sofern ursprünglich eine ausreichende Anzahl von Lösungen oder geeigneten Bietern vorhanden war.
6. ¹Der öffentliche Auftraggeber schließt den Dialog ab, wenn
   a) eine Lösung gefunden worden ist, die seine Bedürfnisse und Anforderungen erfüllt, oder
   b) erkennbar ist, dass keine Lösung gefunden werden kann.
   ²Der öffentliche Auftraggeber informiert die Unternehmen über den Abschluss des Dialogs.
7. ¹Im Fall von Nummer 6 Buchstabe a fordert der öffentliche Auftraggeber die Unternehmen auf, auf der Grundlage der eingereichten und in der Dialogphase näher ausgeführten Lösungen ihr endgültiges Angebot vorzulegen. ²Die Angebote müssen alle Einzelheiten enthalten, die zur Ausführung des Projekts erforderlich sind. ³Der öffentliche Auftraggeber kann Klarstellungen und Ergänzungen zu diesen Angeboten verlangen. ⁴Diese Klarstellungen oder Ergänzungen dürfen nicht dazu führen, dass grundlegende Elemente des Angebots oder der Auftragsbekanntmachung geändert werden, der Wettbewerb verzerrt wird oder andere am Verfahren beteiligte Unternehmen diskriminiert werden.
8. ¹Der öffentliche Auftraggeber bewertet die Angebote anhand der in der Auftragsbekanntmachung oder in der Beschreibung festgelegten Zuschlagskriterien. ²Der öffentliche Auftraggeber kann mit dem Unternehmen, dessen Angebot als das wirtschaftlichste ermittelt wurde, mit dem Ziel Verhandlungen führen, um im Angebot enthaltene finanzielle Zusagen oder andere Bedingungen zu bestätigen, die in den Auftragsbedingungen abschließend festgelegt werden.³ Dies darf nicht dazu führen, dass wesentliche Bestandteile des Angebots oder des öffentlichen Auftrags einschließlich der in der Auftragsbekanntmachung oder der Beschreibung festgelegten Bedürfnisse und Anforderungen grundlegend geändert werden, und dass der Wettbewerb verzerrt wird oder andere am Verfahren beteiligte Unternehmen diskriminiert werden.
9. Verlangt der öffentliche Auftraggeber, dass die am wettbewerblichen Dialog teilnehmenden Unternehmen Entwürfe, Pläne, Zeichnungen, Berechnungen oder andere Unterlagen ausarbeiten, muss er einheitlich allen Unternehmen, die die geforderten Unterlagen rechtzeitig vorgelegt haben, eine angemessene Kostenerstattung gewähren.

(5)
1. ¹Bei einer Innovationspartnerschaft beschreibt der öffentliche Auftraggeber in der Auftragsbekanntmachung oder den Vergabeunterlagen die Nachfrage nach der innovativen Bauleistung. ²Dabei ist anzugeben, welche Elemente dieser Beschreibung Mindestanforderungen darstellen. ³Es sind Eignungskriterien vorzugeben, die die Fähigkeiten der Unternehmen auf dem Gebiet der Forschung und Entwicklung sowie die Ausarbeitung und Umsetzung innovativer Lösungen betreffen. ⁴Die bereitgestellten Informationen müssen so genau sein, dass die Unternehmen Art und Umfang der geforderten Lösung erkennen und entscheiden können, ob sie eine Teilnahme an dem Verfahren beantragen.
2. ¹Der öffentliche Auftraggeber fordert eine unbeschränkte Anzahl von Unternehmen im Rahmen eines Teilnahmewettbewerbs öffentlich zur Abgabe von Teilnahmeanträgen auf. ²Jedes interessierte Unternehmen kann einen Teilnahmeantrag abgeben. ³Mit dem Teilnahmeantrag übermitteln die Unternehmen die vom öffentlichen Auftraggeber geforderten Informationen für die Prüfung der Eignung und das Nichtvorliegen von Ausschlussgründen.
3. ¹Nur diejenigen Unternehmen, die vom öffentlichen Auftraggeber infolge einer Bewertung der übermittelten Informationen dazu aufgefordert werden, können ein Angebot in Form von Forschungs- und Innovationsprojekten einreichen. ²Im Übrigen gilt Absatz 2 Nummer 3 mit der Maßgabe, dass die in der Auftragsbekanntmachung anzugebende Mindestzahl nicht niedriger als drei sein darf.
4. ¹Der öffentliche Auftraggeber verhandelt mit den Bietern über die von ihnen eingereichten Erstangebote und alle Folgeangebote, mit Ausnahme der endgültigen Angebote, mit dem Ziel, die Angebote inhaltlich zu verbessern. ²Dabei darf über den gesamten Auftragsinhalt verhandelt werden mit Ausnahme der vom öffentlichen Auftraggeber in den Vergabeunterlagen festgelegten Mindestanforderungen und Zuschlagskriterien. ³Sofern der öffentliche Auftraggeber in der Auftragsbekanntmachung oder in den Vergabeunterlagen darauf hingewiesen hat, kann er die Verhandlungen in verschiedenen aufeinander folgenden Phasen abwickeln, um so die Zahl der Angebote, über die verhandelt wird, anhand der vorgegebenen Zuschlagskriterien zu verringern.
5. ¹Der öffentliche Auftraggeber trägt dafür Sorge, dass alle Bieter bei den Verhandlungen gleich behandelt werden. ²Insbesondere enthält er sich jeder diskriminierenden Weitergabe von Informationen, durch die bestimmte Bieter gegenüber anderen begünstigt werden könnten. ³Er unterrichtet alle Bieter, deren Angebote gemäß Nummer 4 Satz 3 nicht ausgeschieden wurden, in Textform über etwaige Änderungen der Anforderungen und sonstigen Informationen in den Vergabeunterlagen, die nicht die Festlegung der Mindestanforderungen betreffen. ⁴Im Anschluss an solche Änderungen gewährt der öffentliche Auftraggeber den Bietern ausreichend Zeit, um ihre Angebote zu ändern und gegebenenfalls überarbeitete Angebote einzureichen. ⁵Der öffentliche Auftraggeber darf vertrauliche Informationen eines an den Verhandlungen teilnehmenden Bieters nicht ohne dessen Zustimmung an die anderen Teilnehmer weitergeben. ⁶Eine solche Zustimmung darf nicht allgemein, sondern nur in Bezug auf die beabsichtigte Mitteilung bestimmter Informationen erteilt werden. ⁷Der öffentliche Auftraggeber muss in den Vergabeunterlagen die zum Schutz des geistigen Eigentums geltenden Vorkehrungen festlegen.
6. ¹Die Innovationspartnerschaft wird durch Zuschlag auf Angebote eines oder mehrerer Bieter eingegangen. ²Eine Erteilung des Zuschlags allein auf der Grundlage des niedrigsten Preises oder der niedrigsten Kosten ist ausgeschlossen. ³Der öffentliche Auftraggeber kann die Innovationspartnerschaft mit einem Partner oder mit mehreren Partnern, die getrennte Forschungs- und Entwicklungstätigkeiten durchführen, eingehen.
7. ¹Die Innovationspartnerschaft wird entsprechend dem Forschungs- und Innovationsprozess in zwei aufeinander folgenden Phasen strukturiert:
    a) einer Forschungs- und Entwicklungsphase, die die Herstellung von Prototypen oder die Entwicklung der Bauleistung umfasst, und
    b) einer Leistungsphase, in der die aus der Partnerschaft hervorgegangene Leistung erbracht wird.

²Die Phasen sind durch die Festlegung von Zwischenzielen zu untergliedern, bei deren Erreichen die Zahlung der Vergütung in angemessenen Teilbeträgen vereinbart wird. ³Der öffentliche Auftraggeber stellt sicher, dass die Struktur der Partnerschaft und

insbesondere die Dauer und der Wert der einzelnen Phasen den Innovationsgrad der vorgeschlagenen Lösung und der Abfolge der Forschungs- und Innovationstätigkeiten widerspiegeln. [4]Der geschätzte Wert der Bauleistung darf in Bezug auf die für ihre Entwicklung erforderlichen Investitionen nicht unverhältnismäßig sein.
8. Auf der Grundlage der Zwischenziele kann der öffentliche Auftraggeber am Ende jedes Entwicklungsabschnitts entscheiden, ob er die Innovationspartnerschaft beendet oder, im Fall einer Innovationspartnerschaft mit mehreren Partnern, die Zahl der Partner durch die Kündigung einzelner Verträge reduziert, sofern der öffentliche Auftraggeber in der Auftragsbekanntmachung oder in den Vergabeunterlagen darauf hingewiesen hat, dass diese Möglichkeiten bestehen und unter welchen Umständen davon Gebrauch gemacht werden kann.
9. Nach Abschluss der Forschungs- und Entwicklungsphase ist der öffentliche Auftraggeber zum anschließenden Erwerb der innovativen Leistung nur dann verpflichtet, wenn das bei Eingehung der Innovationspartnerschaft festgelegte Leistungsniveau und die Kostenobergrenze eingehalten werden.

Schrifttum: *Arrowsmith*, The innovation partnership procedure, The Law of Public and Utilities Procurement, Third Edition, Volume 1, 1046; *Amelung*, Frühzeitiger Zugang zu den Vergabeunterlagen, VergabeR 2017, 294; *Badenhausen-Fähnle*, Die neue Vergabeart der Innovationspartnerschaft – fünftes Rad am Wagen, VergabeR 2015, 743; *Belke*, Beschränkte Ausschreibung: Wann muss Anfrage nach Korruptionsbekämpfungsgesetz NW erfolgen?, IBR 2009, 1423; *Bovis*, The Competitive Dialogue as a Procurement Process of Public Private Partnerships, Public Procurement Law Review (PPLR) 2006, 14; *Dobmann*, Das Verhandlungsverfahren. Eine Bestandsaufnahme, VergabeR 2013, 175; *Fehling*, Forschungs- und Innovationsförderung durch wettbewerbliche Verfahren, NZBau 2012, 673; *Hölzl*, Verhandlungsverfahren: Was geht?, NZBau 2013, 558; *Hövelberndt*, Bereitstellung der Vergabeunterlagen in zweistufigen Verfahren und Folgeprobleme, ZfBR 2020, 352; *Kirch/Klammer*, Lösungsoffene Vergabeverfahren, VergabeNews 2015, 138; *Knauff*, Das Verhältnis der nachrangigen Vergabeverfahrensarten, NZBau 2018, 134; *Ollmann*, Das für das (bisherige) Verhandlungsverfahren, VergabeR 2016, 413; *Reuber*, Die neue VOB/A, VergabeR 2016, 339; *Püstow/Meiners:* Die Innovationspartnerschaft – Mehr Rechtssicherheit für ein innovatives Vertragsmodell, NZBau 2016, 406; *Rosenkötter*, Die Innovationspartnerschaft, VergabeR 2016, 196; *Städler*, Der Umgang mit anfechtbaren Angeboten und Praxisfragen der dritten Wertungsstufe, NZBau 2014, 472.

Übersicht

		Rn.			Rn.
I.	**Allgemeines**	1		b) Teilnahmewettbewerb im Verhandlungsverfahren	29
1.	Normzweck	1		c) Die Verhandlungen	30
2.	Entstehungsgeschichte	1a	4.	Der wettbewerbliche Dialog (Abs. 4)	37
3.	Vergleichbare Vorschriften	2		a) Allgemeines	37
4.	Gemeinschaftsrechtliche Grundlagen	8		b) Eröffnung des Verfahrens, Teilnahmewettbewerb (Nr. 1–3)	39
II.	**Die Verfahrensarten**	9		c) Die Dialogphase (Nr. 4–6)	40
1.	Das offene Verfahren (Abs. 1)	9		d) Die Angebotsphase (Nr. 7–9)	41
	a) Vergabe „nach öffentlicher Aufforderung einer unbeschränkten Zahl von Unternehmen zur Abgabe von Angeboten"	10	5.	Die Innovationspartnerschaft (Abs. 5)	44
				a) Allgemeines	44
				b) Eröffnung des Verfahrens, Teilnahmewettbewerb (Nr. 1–3)	50
	b) Ablauf des offenen Verfahrens	14		c) Die Verhandlungsphase (Nr. 4–6)	53
2.	Das nicht offene Verfahren (Abs. 2)	19		d) Die Forschungs- und Entwicklungsphase (Nr. 7–8)	57
3.	Das Verhandlungsverfahren (Abs. 3)	28		e) Die Leistungsphase (Nr. 9)	60
	a) Allgemeines	28	**III.**	**Drittschützender Charakter**	61

I. Allgemeines

1. Normzweck. § 3b EU beschreibt die Abläufe der jeweiligen Verfahren im Detail. Die Vorschrift rundet den Komplex zu den Verfahrensarten ab, der in **§ 3 EU die Verfahrensarten** benennt und kurz vorstellt, in **§ 3a EU die Zulässigkeitsvoraussetzungen** zu den einzelnen Verfahrensarten aufführt und in **§ 3b EU den Ablauf der Verfahrensarten** „Schritt für Schritt" beschreibt. Hierbei ist § 3b EU wie folgt gegliedert: In **Abs. 1** wird der Ablauf des offenen Verfahrens geschildert. **Abs. 2** enthält eine Darstellung des nicht offenen Verfahrens. Das Verhandlungsverfahren wird in **Abs. 3** dargestellt. **Abs. 4** erläutert den Verlauf des Wettbewerblichen Dialogs und in **Abs. 5** wird der Ablauf einer Innovationspartnerschaft dargestellt. Zu beachten ist, dass jedoch § 3b EU keine vollständige Schilderung der Verfahrensabläufe enthält. Insbesondere das offene Verfahren wird in Abs. 1 nur sehr rudimentär beschrieben. Der Ablauf der sonstigen Verfahren wird ausführlicher dargestellt. Allerdings sind verschiedene – **verfahrensübergreifend relevante** – **Verfahrensschritte außerhalb des § 3b EU** geregelt. Gesondert geregelt sind beispielsweise die Fristen (§§ 10 EU, 10a EU–10d EU), die Grundsätze der Informationsübermittlung und die Verwendung elektronischer Mittel (§§ 11 EU–11b EU), die Vorabinformation, die Bekanntmachung und der Versand der Vergabeunterlagen (§§ 12 EU, 12a EU), die Anforderung an Form und Inhalt von Angeboten (§ 13 EU), die Angebotsöffnung (§ 15 EU), die Angebotsaufklärung und der Ausschluss sowie die Nachforderung von Unterlagen (§§ 15 EU–16a EU), die Angebotsprüfung und -wertung (§§ 16b EU–16d EU), der Verfahrensabschluss (§§ 17 EU, 18 EU), die Benachrichtigung nicht berücksichtigter Bewerber und Bieter (§ 19 EU) sowie die Verfahrensdokumentation (§ 20 EU iVm § 8 VgV).

2. Entstehungsgeschichte. Zur Entstehungsgeschichte kann im Grunde auf die Entstehungsgeschichte der **§§ 119 GWB** (→ § 119 Rn. 1–4) und **§§ 15–19 VgV** (→ VgV § 15 Rn. 1, → VgV § 16 Rn. 1 und Rn. 3, → VgV § 17 Rn. 28, → VgV § 18 Rn. 2, → VgV § 19 Rn. 1) verweisen werden, denn **§ 3b EU** enthält weitgehend wörtlich gleichlautend die Zusammenfassung und Beschreibung der dort schon beschriebenen verschiedenen Verfahrensarten. Da **§ 2 VgV** für Bauaufträge den **Abschnitt 1 und den Abschnitt 2, 2. Unterabschnitt** der VgV für anwendbar erklärt, wäre es ohne Weiteres möglich gewesen, auch den **Unterabschnitt 1 des Abschnitts 2,** in dem sich die Regelungen zu den Verfahrensarten befinden, für anwendbar zu erklären, insbesondere, da die Erläuterungen zum Ablauf der Verfahrensarten **keine bauspezifischen Besonderheiten** enthalten. Die mit der Reform des europäischen Vergaberechts **neu aufgenommenen Verfahrensarten** des wettbewerblichen Dialogs und der Innovationspartnerschaft sind neben den schon althergebrachten Verfahrensarten (Offenes Verfahren, Nichtoffenes Verfahren mit und ohne Teilnamewettbewerb, Verhandlungsverfahren) systematisch von Möglichkeiten der Vertragsgestaltung, wie der Rahmenvereinbarung, den dynamischen Beschaffungssystemen, den elektronischen Auktionen und den elektronischen Katalogen getrennt. Während die in **§ 3b EU** enthaltenen Verfahrensarten zur Auswahl eines bestimmten Bieters (oder einer bestimmten Bietergemeinschaft) führen, mit dem der Vertrag geschlossen wird, sehen die Instrumente der Vertragsgestaltung vor, einen Kreis von Berechtigten im Wege eines Angebotsverfahrens zu finden, die sich dann an der Rahmenvereinbarung, dem dynamischen Beschaffungssystem und den weiteren genannten Systemen beteiligen können mit der Folge, dass nicht mehr jeder einzelne Beschaffungsakt im Rahmen des gewählten Systems ein förmliches Vergabeverfahren durchlaufen muss. Alle Verfahren und Instrumenten müssen den **Grundsätzen des § 97 GWB gerecht** werden. Auch die scheinbar sehr formfreien Verfahren des wettbewerblichen Dialogs und der Innovationspartnerschaft beinhalten keine Einschränkung der Bindung an die allgemeinen Grundsätze. Im Gegenteil erwächst aus dem Grundsatz der Transparenz für diese Verfahren ein **hoher Anspruch an die Gleichbehandlung** der Bewerber oder Bieter **und damit an die Klarheit und Vollständigkeit der Dokumentation** der Vergabeverfahren.[1] Ein in der Praxis ganz wesentlicher Unterschied zur vorherigen Fassung ist, dass nunmehr, wie auch aus **§ 119 Abs. 2 GWB und § 14 Abs. 2 VgV** hervorgeht, **zwischen dem offenen und dem nicht offenen Vergabeverfahren mit offenem Teilnahmewettbewerb gewählt** werden darf.

3. Vergleichbare Vorschriften. Parallelen ergeben sich vor allem zur Vorschrift des **§ 119 GWB,** welche die im sog. Oberschwellenbereich in Betracht kommenden Verfahrensarten regelt. § 3b EU übernimmt deren Vorgaben und gestaltet die Verfahrensregelungen weiter aus.

Die Beschreibung der Abläufe der unterschiedlichen Vergabeverfahren in der **VgV** stimmt ganz überwiegend mit der Darstellung in § 3b EU überein, allerdings sind diese Regelungen auf mehrere Vorschriften, nämlich die §§ 15–19 VgV verteilt. § 15 VgV schildert das offene Verfahren und deckt sich daher mit § 3b EU Abs. 1. Das nicht offene Verfahren wird in § 16 VgV dargestellt, womit die Regelung § 3b EU Abs. 2 entspricht. § 17 VgV thematisiert das Verhandlungsverfahren und korrespondiert folglich mit § 3b EU Abs. 3. Gegenstand des § 18 VgV ist der Wettbewerbliche Dialog, der innerhalb von Abschnitt 2 der VOB/A in § 3b EU Abs. 4 geregelt ist. Eine Darstellung der Innovationspartnerschaft findet sich § 19 VgV, mithin handelt es sich um die Parallelnorm zu § 3b EU Abs. 5. Abweichend von den §§ 15–19 VgV wurden jedoch die Bestimmungen über die in den Verfahren einzuhaltenden Fristen zentral in §§ 10 EU, 10a EU–10d EU festgehalten. Diese Trennung reduziert zwar den Umfang des außerordentlich langen § 3b EU, führt aber dazu, dass es einen unterschiedlichen Aufbau bei den ansonsten gleichlautenden Gestaltungen der Norm zwischen

---

[1] Erwägungsgrund 49 RL 2014/24/EU.

VgV und VOB/A gibt. Die VOB/A enthält zwar keine eigene inhaltliche Bestimmung über die Dokumentation der Vergabeverfahren, verweist aber in § 20 EU auf § 8 VgV. Die dort aufgestellten Regeln gelten daher uneingeschränkt auch für die Vergabeverfahren nach der VOB/A. Da die VOB/A in § 2 VgV als für die Vergabe von Bauaufträgen anzuwendendes Regelwerk genannt ist, ist die Anwendung für die europaweiten Vergaben zwingend.

4   Auch die **SektVO** regelt den Ablauf der Vergabeverfahren nicht in einer zentralen Norm, sondern in Einzelvorschriften. In der SektVO findet sich eine Regelung des Ablaufs des offenen Verfahrens (§ 14 SektVO), des nicht offenen Verfahrens (15 Abs. 1–3 SektVO), des Verhandlungsverfahrens (§ 15 Abs. 4 SektVO), des Wettbewerblichen Dialogs (§ 17 SektVO) und der Innovationspartnerschaft (§ 18 SektVO). Alle Bestimmungen regeln – ähnlich der VgV – auch die jeweils geltenden Fristen, die in Abschnitt 2 der VOB/A gesondert geregelt werden. Das offene Verfahren ist ähnlich knapp geregelt, wie in § 3b EU Abs. 1. Die Regelungsdichte der Vorschriften zum Ablauf des nicht offenen Verfahrens und des Verhandlungsverfahrens ist geringer, als die der Parallelvorschriften in Abschnitt 2 der VOB/A (§ 3b EU Abs. 2 und 3). Der Ablauf des Wettbewerblichen Dialogs und der Innovationspartnerschaft wird ähnlich ausführlich geregelt, wie in § 3b EU Abs. 4 und 5.

5   Auch in der **VSVgV** ist die Regelung der Abläufe der unterschiedlichen Vergabeverfahren auf mehrere Vorschriften verteilt. Ein offenes Verfahren kennt die VSVgV nicht. Regelverfahren sind das nicht offene Verfahren und das Verhandlungsverfahren mit Teilnahmewettbewerb (§ 11 Abs. 1 S. 1 VSVgV). Hinsichtlich des Ablaufs des nicht offenen Verfahrens beschränkt sich die SektVO auf die Aussage, dass Verhandlungen im nicht offenen Verfahren nicht stattfinden (§ 11 Abs. 2 VSVgV). Weitere Regelungen speziell zum Ablauf des nicht offenen Verfahrens finden sich nicht. Der Verlauf des Verhandlungsverfahrens mit Teilnahmewettbewerb ist in § 11 Abs. 3 geregelt, jedoch enthält die Vorschrift nur einige wesentliche Vorgaben. In begründeten Ausnahmefällen lässt die VSVgV ein Verhandlungsverfahren ohne Teilnahmewettbewerb und einen Wettbewerblichen Dialog zu (§ 11 Abs. 1 S. 2 VSVgV). Die Vorschrift des § 12 SektVO regelt die Ausnahmefälle, in denen das Verhandlungsverfahren ohne Teilnahmewettbewerb zulässig ist; der Ablauf des Verhandlungsverfahrens ohne Teilnahmewettbewerb wird nicht gesondert geregelt. Ausführlicher dargestellt wird hingegen der Ablauf des Wettbewerblichen Dialogs (§ 13 VSVgV). Das Verfahren der Innovationspartnerschaft ist in der SektVO nicht vorgesehen.

6   Die **KonzVgV** beschreibt keine konkreten Verfahrensarten. Nach § 12 Abs. 1 S. 2 KonzVgV darf der Konzessionsgeber das Verfahren zur Vergabe von Konzessionen nach Maßgabe der KonzVgV frei ausgestalten. Folglich enthält die KonzVgV keine mit § 3b EU vergleichbare Bestimmung.

7   Hinsichtlich der Parallelelen zwischen § 3b EU und § 3b wird auf die Ausführungen zu § 3b verwiesen (→ § 3b Rn. 5).

8   **4. Gemeinschaftsrechtliche Grundlagen.** Die Bestimmung des **Abs. 1** dient der Umsetzung von **Art. 27 Abs. 1 UAbs. 1 RL 2014/24/EU**, nicht jedoch der umfangreichen Fristenregelungen in Art. 27 Abs. 1 UAbs. 2, Abs. 2–4 RL 2014/24/EU. Mit **Abs. 2** wird die Vorgabe des **Art. 28 RL 2014/24/EU** umgesetzt, allerdings ohne die ausführliche Fristenregelung in Art. 28 Abs. 1 UAbs. 2, Abs. 2 UAbs. 2, Abs. 3–6 RL 2014/24/EU. Durch die Vorschrift des **Abs. 3** wird **Art. 29 RL 2014/24/EU** – unter Ausklammerung der Fristenregelung des Art. 29 Abs. 1 UAbs. 4 RL 2014/24/EU in nationales Recht transformiert. Die sekundärrechtliche Grundlage des **Abs. 4** findet sich in **Art. 30 RL 2014/24/EU**, allerdings ohne die Fristenregelung des Abs. 1 UAbs. 2 RL 2014/24/EU. **Abs. 5** setzt die unionsrechtlichen Vorgaben des **Art. 31 RL 2014/24/EU** um, nicht aber die Fristenregelung des Art. 31 Abs. 1 UAbs. 4 S. 1 RL 2014/24/EU. Die durch § 3b EU nicht geregelten **Fristenbestimmungen** werden durch **§§ 10a EU–10d EU** umgesetzt.

II. Die Verfahrensarten

9   **1. Das offene Verfahren (Abs. 1).** Wie § 119 Abs. 3 GWB und § 15 VgV setzt auch **Abs. 1** die europarechtliche Regelung des **Art. 27 Abs. 1 UAbs. 1 RL 2014/24/EU** um. Der Wortlaut von **Abs. 1** beschreibt das offene Verfahren als ein Verfahren, in dem Bauleistungen im vorgeschriebenen Verfahren nach öffentlicher Aufforderung einer unbeschränkten Zahl von Unternehmen zur Einreichung von Angeboten vergeben werden. Wie sich aus § 3a EU Abs. 1 ergibt, handelt es sich bei dem offenen Verfahren um ein Regelverfahren, welches dem öffentlichen Auftraggeber – neben dem nicht offenen Verfahren – zur freien Auswahl steht.

10 a) Vergabe „nach öffentlicher Aufforderung einer unbeschränkten Zahl von Unternehmen zur Abgabe von Angeboten". Diese sperrige Formulierung meint schlicht die **öffentliche Bekanntmachung des Beschaffungsvorhabens**. Nach **§ 12 EU Abs. 3 Nr. 2** erfolgt die Auftragsbekanntmachung – für alle Verfahrensarten – **mit den von der europäischen Kommission festgelegten Standardformularen** und enthält die Informationen nach Anhang V Teil C der

RL 2014/24/EU. Die Bekanntmachung ist an das **Amt für Veröffentlichungen der Europäischen Union** elektronisch zu übermitteln. Daneben können öffentliche Ausschreibungen zB in Tageszeitungen, amtlichen Veröffentlichungen oder auf Internetseiten sowie auf der Plattform www.bund.de bekannt gemacht werden. Dabei ist aus Gründen der Chancengleichheit darauf zu achten, dass die nationalen Bekanntmachungen zeitlich nicht früher als die europaweite Bekanntmachung erscheinen. Verpflichtend ist die Bekanntmachung über das Amt für Veröffentlichungen der EU, die weitere hier angesprochene Aufzählung ist beispielhaft. Entscheidend ist, dass eine unbeschränkte Zahl von Unternehmen von dem Beschaffungsvorhaben Kenntnis nehmen kann.

Die **zwingend einzuhaltende Angebotsfrist** ergibt sich aus § 10a EU und beträgt in der Regel **35 Tage**, gerechnet ab dem auf die Bekanntmachung folgenden Tag (**§ 10a EU Abs. 1**). Sie kann nach erfolgter **Vorabinformation nach § 12 EU Abs. 1** oder **bei begründeter Dringlichkeit** verkürzt werden. Nach Erwägungsgrund 46 RL 2014/24/EU muss es sich bei der Dringlichkeit nicht um eine extreme Dringlichkeit aufgrund unvorhersehbarer und vom Auftraggeber nicht zu verantwortender Ereignisse handeln.[2] Die verkürzte Frist darf **15 Tage** nicht unterschreiten (**§ 10a EU Abs. 3**). § 10a EU Abs. 5 und 6 enthalten zudem Regelungen zur Verlängerung der Angebotsfrist in bestimmten Fällen. Da die **Angebotsfrist die einzige zwingende Fristenvorgabe** im offenen Verfahren ist und alle weiteren Abläufe einschließlich der Festlegung einer angemessenen Frist, während der die Bieter an ihre Angebote gebunden sein sollen, in der Gestaltungshoheit des öffentlichen Auftraggebers liegen, ist das offene Verfahren das schnellste Vergabeverfahren, das zudem die wenigsten förmlichen Verfahrensschritte beinhaltet, sodass auch die Ablauforganisation gegenüber den anderen Verfahrensarten weniger komplex ist.

Alle interessierten Unternehmen können ein Angebot abgeben. Daher sind jedem Unternehmen, das auf die Bekanntmachung hin die Vergabeunterlagen abruft, diese zur Verfügung zu stellen. In der Regel wird dies elektronisch geschehen, sodass es nicht um die klassische Übersendung geht, sondern um die **Möglichkeit des elektronischen Zugriffs, der nach § 11 EU Abs. 3 barrierefrei** sein muss. Dabei darf zu diesem Zeitpunkt noch keine Auswahl getroffen oder die Zahl der Unternehmen beschränkt werden. **Es ist Ziel und Zweck der öffentlichen Ausschreibung, jedem Marktteilnehmer, der sich zur Abgabe eines Angebotes in der Lage sieht, den Zugang zum Wettbewerb zu eröffnen.** Der Ausschluss einzelner Bieter oder Angebote kann sich allenfalls im Rahmen der späteren Eignungsprüfung der Unternehmen und der Wertung der Angebote ergeben.

Die **Übermittlung der Vergabeunterlagen** geschieht bei Bauprojekten mit großen Planunterlagen vereinzelt auch noch in Papierform (vgl. § 11b EU Abs. 1 S. 1). Zulässig und gebräuchlich sind zudem die GAEB-Dateien, die eine elektronische Angebotserstellung und spätere elektronische Angebotsprüfung ermöglichen, was insbesondere bei großen Leistungsverzeichnissen mit einer großen Zahl von Preispositionen hilfreich sein kann.

b) Ablauf des offenen Verfahrens. § 3b EU Abs. 1 erwähnt – anders als § 3 für die nationalen Verfahren – nicht, dass die Vergabe „im vorgeschriebenen Verfahren" zu erfolgen hat. Dies ergibt sich jedoch zwingend aus **§ 2 VgV**, wonach die Bestimmungen der VOB/A bei der Vergabe von Bauaufträgen anzuwenden sind.

Ein wichtiger Schritt ist die **Vorbereitung eines Vergabeverfahrens,** weil sie den späteren Ablauf wesentlich mitbestimmt. So haben zB die **Leistungsbeschreibung (§§ 7 EU, 7a EU–7c EU)**, die Gestaltung der **Vergabeunterlagen** mit den darin enthaltenen Anforderungen und Vorgaben **(§§ 8 EU, 8a EU–8c EU)** und die schon auf die spätere Auswahl bezogene **Festlegung der geforderten Eignungsnachweise (§ 6a EU–6d EU)** maßgeblichen Einfluss auf das spätere Prüf- und Auswahlverfahren zu den eingegangenen Angeboten. Eine nicht neutrale Leistungsbeschreibung oder eine nicht auftragsbezogene Eignungsanforderung kann diskriminierenden und damit unzulässigen Charakter haben.

Zu den Bestimmungen des vorgeschriebenen Verfahrens gehören auch **§§ 10 EU, 10a EU–10d EU**, wonach den Bietern **für die Bearbeitung und Einreichung der Angebote eine angemessene Frist einzuräumen** ist, die **auch bei Dringlichkeit nicht unter zehn** Tagen betragen darf und den zusätzlichen Aufwand für die Besichtigung von Baustellen oder die Beschaffung von Unterlagen für die Angebotswertung berücksichtigen muss. Was eine angemessene Frist zur Angebotserstellung ist, wird an dieser Stelle nicht ausdrücklich bestimmt. Für europaweite offene Vergabeverfahren legt **§ 10a EU Abs. 1** eine **Mindestfrist von 35 Tagen** fest, von der nur in Fällen von besonderer Dringlichkeit nach unten abgewichen werden darf (→ § 10a EU Rn. 5 ff.). Da es sich um eine Mindestfrist handelt, darf sie ohne Weiteres verlängert werden. **§ 10 EU Abs. 1** verlangt, dass der öffentliche Auftraggeber **die Angemessenheit der Frist in jedem Fall gesondert prüft**

---

[2] BR-Drs. 87/16, 170 f. (zu § 15 Abs. 3 VgV).

und dabei **die Zeit, die unter Berücksichtigung der Komplexität des Auftrags für die Ausarbeitung der Angebote erforderlich ist,** berücksichtigt. Aus dieser Regelung ist ersichtlich, dass die Angebotsfrist flexibel gesetzt werden muss und nur die Untergrenze von 35 Tagen gilt.

17 Eingeleitet wird das Verfahren durch die **Auftragsbekanntmachung** gem. § 12a EU iVm §§ 11 EU–11b EU und den **Versand der Vergabeunterlagen** (§ 12a EU). Ergeben sich nach dem Versand der Vergabeunterlagen **Fragen der potenziellen Bieter** dazu, sind diese und die dazu erteilten Informationen zur Wahrung eines gleichmäßigen Informationsstandes allen Bietern „unverzüglich in gleicher Weise" mitzuteilen **(§ 12a EU Abs. 3).**

18 Innerhalb der vom Auftraggeber in der Auftragsbekanntmachung angegebenen **Angebotsfrist** können die Bieter **Angebote einreichen** (§§ 10a EU, 13). Nach Ablauf der Angebotsfrist erfolgt ein **Öffnungstermin** (§ 14 EU). Die bis zu diesem Termin verschlüsselt aufbewahrten (elektronischen Angeboten) bzw. unter Verschluss gehaltenen (schriftlichen) Angebote werden von mindestens zwei Vertretern des Auftraggebers im Öffnungstermin geöffnet. Es wird hierüber eine Niederschrift gefertigt (§ 14 EU Abs. 3), welche den Bietern elektronisch zur Verfügung gestellt wird (§ 14 EU Abs. 6). Sodann schließt sich die **formale Angebotsprüfung** an (§ 16 EU), in deren Verlauf gegebenenfalls Unterlagen oder Erklärungen nachgefordert (§ 16a EU) werden. Diese Phase wird auch als erste Wertungsstufe bezeichnet.[3] Gegenstand der sich anschließenden zweiten Wertungsstufe ist die **materielle Angebotsprüfung,** also die Eignungsprüfung (16b EU).[4] Im Rahmen der dritten Wertungsstufe erfolgt eine **wirtschaftliche Angebotsprüfung,** die die Feststellung der Angemessenheit des Preises zum Ziel hat (§ 16d EU Abs. 1 Nr. 1–Nr. 3).[5] Die vierte Wertungsstufe umfasst die **Auswahl des Angebotes** anhand der Zuschlagskriterien (§ 16d EU Abs. 1 Nr. 4, Abs. 2).[6] Sofern erforderlich, kann bis zum Abschluss der vierten Wertungsstufe eine Aufklärung der Angebote gem. § 15 EU erfolgen. Sofern eine **Aufhebung des Verfahrens** nach 17 EU ausscheidet, erfolgt nach Abschluss der vierten Wertungsstufe eine **Benachrichtigung der unterlegenen Bieter** gem. § 134 Abs. 1 GWB, 19 EU Abs. 1, Abs. 2 S. 1–2. Nach Ablauf einer Wartefrist von 15 Kalendertagen, welche auf 10 Tage verkürzt werden kann (§ 134 Abs. 2 GWB, § 19 EU Abs. 2 S. 3–5), wird der **Zuschlag** erteilt (§ 18 EU).

19 **2. Das nicht offenen Verfahren (Abs. 2).** Das **nicht offene Verfahren** entspricht der **beschränkten Ausschreibung mit Teilnahmewettbewerb** bei nationalen Vergaben (§ 3 Nr. 2, § 3b Abs. 2). Anders als für nationale Vergabeverfahren sieht Abs. 2 jedoch ein nicht offenes Verfahren ohne Teilnahmewettbewerb nicht vor. Da das nicht offene Verfahren neben dem offenen Verfahren **gleichrangig zur Wahl (§ 3a EU Abs. 1)** steht, soll auch diese Verfahrensart die größtmögliche Öffnung für den Wettbewerb gewährleisten.

20 Abs. 2 geht auf Art. 28 RL 2014/24/EU zurück. Das Verfahren wird in Nr. 1–3 detailliert beschrieben. Aus dieser Beschreibung geht **in Nr. 1** hervor, dass das nicht offene Verfahren **den Eignungswettbewerb vor die Klammer zieht** und damit eine abschließende Auswahl der Bewerber erfolgt, die zur Abgabe eines Angebotes zugelassen werden. Praktisch bedeutet das, dass zunächst eine öffentliche Bekanntmachung erfolgt, in der unter Benennung des konkreten Beschaffungsvorhabens potenzielle Bieter aufgefordert werden, sich um die Zulassung zur Angebotsabgabe zu bewerben durch Vorlage der geforderten Eignungsnachweise. Der öffentliche Teilnahmewettbewerb ist uneingeschränkt für alle interessierten Unternehmen offen.

21 Eine **öffentliche Aufforderung zur Abgabe von Teilnahmeanträgen** setzt eine Auftragsbekanntmachung gem. § 12 EU, § 12a EU voraus. Hierbei ergeben sich aus § 12 EU **zwei alternative Verfahrensgestaltungen: § 12 EU Abs. 2** eröffnet subzentralen Auftraggebern, also allen Auftraggebern, die keine obersten Bundesbehörden sind (vgl. § 12 EU Abs. 2 Nr. 3) die Möglichkeit, die **Vorinformation** gemäß den von der EU-Kommission festgelegten Standardformularen (Anhang V Teil B RL 2014/24/EU) bereits **als Aufruf zum Wettbewerb zu nutzen,** vorausgesetzt, die Vorinformation erfüllt sämtliche der in § 12 EU Abs. 2 Nr. 1 lit. a–d genannten Bedingungen. In diesem Falle fordert der Auftraggeber mit der Vorinformation zugleich eine unbeschränkte Zahl von Unternehmen auf, ihr Interesse mitzuteilen (§ 12 EU Abs. 2 Nr. 1 lit. b). Auf die Vorinformation können die Interessenten binnen der gem. Ziffer IV.2.2) des Standardformulars 1 gesetzten Frist eine Interessensbekundung abgeben. Lediglich Unternehmen, die ihr Interesse bekundet haben, erhalten dann eine Aufforderung zur Interessensbestätigung (§ 12 EU Abs. 2 Nr. 1 lit. d). Der Bewerberkreis

---

[3] OLG Koblenz Urt. v. 26.9.2019 – 1 U 564/19, BeckRS 2019, 27869 Rn. 67; VK Bund Beschl. v. 4.6.2010 – VK 3-48/10, BeckRS 2010, 142928 Rn. 48.
[4] OLG Frankfurt a. M. Urt. v. 31.10.2006 – 11 U 2/06, BeckRS 2011, 25381; VK Sachsen Beschl. v. 28.8.2015 – 1/SVK/020-15, BeckRS 2015, 17933.
[5] OLG Karlsruhe Beschl. v. 7.5.2014 – 15 Verg 4/13, BeckRS 2015, 8088 Rn. 44; *Städler* NZBau 2014, 472.
[6] OLG Köln NZBau 2020, 684 (688); VK Bund Beschl. v. 4.6.2010 – VK 3-48/10, BeckRS 2010, 142928 Rn. 47.

im Teilnahmewettbewerb wird so bereits durch die Interessenbekundungsphase reduziert. Diese Vorgehensweise hat aus Sicht des öffentlichen Auftraggebers zwei Vorteile: Er kann die Möglichkeit einer Verkürzung der Angebotsfrist gem. § 10b EU Abs. 3 nutzen, ohne den Auftrag nochmals – unter entsprechender Fristsetzung – bekanntmachen zu müssen. Im Übrigen müssen die Vergabeunterlagen noch nicht mit der Vorinformation, sondern erst mit der Aufforderung zur Interessensbestätigung unentgeltlich mit uneingeschränktem und vollständigem direkten Zugang anhand elektronischer Mittel angeboten werden (vgl. § 12a Abs. 1 Nr. 1 und 3 S. 1).[7] Der Auftraggeber wird hierdurch in die Lage versetzt, sich einen Überblick über die Interessenten bereits zu einem Zeitpunkt zu verschaffen, zu dem er die Vergabeunterlagen evtl. noch nicht fertiggestellt hat. Abgesehen von einer oft nicht beabsichtigten Filterfunktion ist diese Möglichkeit aber auch für die Unternehmen mit mehr Aufwand verbunden, da sie nicht nur einen Teilnahmeantrag und ggf. ein Angebot einreichen müssen, sondern auch zur Abgabe einer Interessensbekundung und -bestätigung verpflichtet sind. Die Verwendung ihrer Ressourcen und Kapazitäten können sie kaum verlässlich planen, da es schwer absehbar ist, wie groß die Zeitspanne zwischen Abgabe der Interessensbekundung und Eröffnung des Teilnahmewettbewerbs sein wird. Gerade in Zeiten einer hohen Baukonjunktur und ohnehin teilweise bestehender Schwierigkeiten, kompetente Unternehmen für die Ausführung von Bauaufträgen der öffentlichen Hand gewinnen zu können, werden interessierte Unternehmen durch diesen erhöhten Aufwand noch mehr abgeschreckt.[8] **Ohne die Nutzung einer Vorinformation als Aufruf zum Wettbewerb** erfolgt eine „reguläre" Auftragsbekanntmachung nach **§ 12 EU Abs. 3.** Hierzu fordert der Auftraggeber eine unbeschränkte Anzahl von Unternehmen auf, am Wettbewerb teilzunehmen (§ 12 EU Abs. 3 Nr. 1). Die Auftragsbekanntmachung erfolgt mittels des von der EU-Kommission festgelegten Standardformulars (Anhang V Teil C RL 2014/24/EU) und muss zu allen Punkten des Standardformulars Angaben enthalten (§ 12 EU Abs. 3 Nr. 2). Ebenso wie bei offenen Verfahren hat der Auftraggeber auch beim nicht offenen Verfahren die Vergabeunterlagen gem. § 12a EU Abs. 1 Nr. 1 ab dem Tag der Veröffentlichung der Auftragsbekanntmachung gem. § 12 EU Abs. 3 unentgeltlich mit uneingeschränktem und vollständigem direkten Zugang anhand elektronischer Mittel anzubieten. Der Auftraggeber gibt außerdem in der Auftragsbekanntmachung eine elektronische Adresse an, unter der die Vergabeunterlagen unentgeltlich, uneingeschränkt, vollständig und direkt abgerufen werden können (§ 11 EU Abs. 3). Interessenten können innerhalb der Fristen nach § 10b EU Abs. 1 und Abs. 5 Nr. 1 Teilnahmeanträge einreichen.

Seit Inkrafttreten des neuen Vergaberechts im Jahr 2016 wurde die Frage diskutiert, ob bei zweistufigen Vergabeverfahren, wie dem nicht offenen Verfahren nach Abs. 2, die erwähnte Verpflichtung, die Vergabeunterlagen mit der Aufforderung zur Interessensbestätigung (§ 12a Abs. 1 Nr. 1 und 3 S. 1) bzw. mit der Auftragsbekanntmachung (§ 12a EU Abs. 1 Nr. 1) unentgeltlich und mit uneingeschränktem sowie vollständigem direkten Zugang anhand elektronischer Mittel anzubieten, sich auf sämtliche Bestandteile der Vergabeunterlagen erstreckt. Im **Schrifttum** wurde zT eine einschränkende Auslegung des § 41 Abs. 1 VgV (entspricht § 11 EU Abs. 3) vertreten, wonach in zweistufigen Verfahren – wie nach alter Rechtslage – während des Teilnahmewettbewerbs nur die Bewerbungsbedingungen mit den Eignungsanforderungen, Nachweisanforderungen und ggf. weitere Auswahlkriterien zur Verfügung gestellt werden müssen, was insbesondere damit begründet wurde, dass eine Verpflichtung, sämtlichen Interessenten von Anfang an alle Vergabeunterlagen einschließlich der Angebotsunterlagen, insbesondere der Leistungsbeschreibung und der Vertragsbedingungen, zur Verfügung zu stellen, nicht zum Wesen des zweistufigen Verfahrens passe.[9] Im Gegensatz hierzu hat das **OLG München** mit Blick auf die Regelung des § 41 Abs. 1 SektVO (= § 11 EU Abs. 3), angenommen, dass auch in zweistufigen Vergabeverfahren bereits mit der Auftragsbekanntmachung die Vergabeunterlagen allen interessierten Unternehmen zur Verfügung zu stellen sind, jedenfalls soweit diese Unterlagen bei Auftragsbekanntmachung in einer finalisierten Form vorliegen können. Begründet wurde dies ua damit, dass die Vergabeunterlagen alle Angaben umfassen müssen, die erforderlich sind, um interessierten Unternehmen eine Entscheidung über die Teilnahme am Vergabeverfahren zu ermöglichen. Ein weiteres Indiz wird in Art. 73 RL 2014/25/EU[10] gesehen, der – ohne Differenzierung nach ein- und zweistufigem Verfahren – vorschreibe, dass der Auftraggeber mit der Auftragsbekanntmachung einen Zugang zu den Vergabeunterlagen anzubieten habe.[11] Überraschend hat dann dass **OLG Düsseldorf** entschieden, dass § 41 Abs. 1

---

[7] Ingenstau/Korbion/*von Wietersheim* § 12 EU Rn. 6.
[8] Franke/Kemper/Zanner/Grünhagen/Mertens/*Mertens* § 12 EU Rn. 8 ff.
[9] ZB *Horn* in Müller-Wrede VgV § 41 Rn. 13; *Röwekamp* in KKMPP VgV § 5 Rn. 11; *Amelung* VergabeR 2017, 294 (299); aA Beck VergabeR/*Krohn* VgV § 41 Rn. 29 ff.; *Reuber* VergabeR 2016, 339 (342).
[10] Entspricht Art. 53 RL 2014/24/EU.
[11] OLG München Beschl. v. 13.3.2017 – Verg 15/16, NZBau 2017, 371 ff. Rn. 46 f.; ebenso zu § 41 VgV: VK Südbayern Beschl. v. 2.1.2018 – Z3-3-3194-1-47-08/17, BeckRS 2018, 382 Rn. 144; VK Lüneburg Beschl. v. 30.10.2018 – VgK-41/2018, IBRRS 2018, 3544.

VgV (= § 11 EU Abs. 3) keine Pflicht zur Bereitstellung sämtlicher Vergabeunterlagen mit Auftragsbekanntmachung begründet. Das Adjektiv „vollständig" in § 41 Abs. 1 VgV (= § 11 EU Abs. 3) lasse lediglich darauf schließen, dass die Vergabeunterlagen nicht nur teilweise elektronisch und zum Teil in Papierform zugänglich sein dürfen, nicht aber auf den Umfang der Vergabeunterlagen selbst.[12] Gegenteiliges impliziere weder die Verordnungsbegründung zu § 41 Abs. 1 VgV noch das Richtlinienrecht. Nach Ersterer[13] werde mit der Vorschrift ein Paradigmenwechsel unter dem Leitgedanken des Übergangs von einer papierbasierten öffentlichen Auftragsvergabe zu einer durchgängig auf der Verwendung elektronischer Mittel basierenden Auftragsvergabe vollzogen. Diesem Ziel werde entsprochen, wenn über die Internetadresse in der Bekanntmachung sämtliche Vergabeunterlagen und nicht nur Teile davon abgerufen werden können. Im Übrigen lasse sich weder Art. 53 Abs. 1 S. 1 noch den Erwägungsgründen Nr. 52 und Nr. 80 der RL 2014/24/EU entnehmen, welche Unterlagen in welchem Umfang zum Abruf dieser bereit zu stellen sind.[14] Wie der Topos der Vergabeunterlagen zu verstehen sei, ergebe sich vielmehr aus § 29 Abs. 1 VgV (entsprich in etwa § 8 EU). Der Verzicht auf die Zurverfügungstellung der Vertragsbedingungen vor Ablauf der Teilnahmefrist laufe dies der Norm nicht zuwider, weil die dort aufgelisteten Unterlagen keinen Mindestinhalt der Vergabeunterlagen darstellen würden.[15] Welche Angaben die Vergabeunterlagen zu beinhalten haben, müsse vielmehr im Einzelfall unter Beachtung der Verfahrensart und in Abhängigkeit davon entschieden werden, welche Relevanz die Angaben für die Entscheidung des Bewerbers haben, sich an dem Verfahren zu beteiligen.[16] Bei einem nicht offenen Verfahren nach § 119 Abs. 4 GWB (entspricht § 3b EU Abs. 2) gehe es (noch) nicht um die Kalkulation und Abgabe eines Angebots, sondern zunächst nur um die Abgabe eines Teilnahmeantrags. Erforderlich aber auch ausreichend seien daher sämtliche Angaben, die dem Unternehmen eine belastbare Entscheidung ermöglichen, ob die ausgeschriebenen Leistungen nach Art und Umfang in sein Produktportfolio fallen und aus unternehmerischer Sicht sinnvoll ist, in den Teilnahmewettbewerb einzutreten. Um diese Entscheidung auf einer validen Grundlage treffen zu können, seien nicht zwingend sämtliche Vergabeunterlagen notwendig.[17] Im konkreten Fall musste die Antragstellerin für die Entscheidung, ob sie sich an dem Teilnahmewettbewerb beteiligt, nach Auffassung des Gerichts den Inhalt des Vertrags nicht kennen. Die sich aus den zur Verfügung gestellten Unterlagen ergebenden Informationen über Art und Umfang der Leistung, würden den interessierten Unternehmen Rückschlüsse auf den Personalbedarf und damit auch die Entscheidung der Frage ermöglichen, ob sie die Leistung allein oder nur zusammen mit anderen Unternehmen erbringen könne. Auch sei die von der Auftraggeberin beabsichtige Vertragsgestaltung der Antragstellerin aufgrund ihrer jahrzehntelangen Tätigkeit für die Auftraggeberin bekannt.[18] Die Entscheidung ist allerdings **kein Freibrief für öffentliche Auftraggeber, von einer Veröffentlichung der für die Angebotsphase relevanten Bestandteile der Vergabeunterlagen mit Angebotsbekanntmachung grundsätzlich abzusehen:** So lässt sich dem Beschluss lediglich entnehmen, dass der Vertragsentwurf nicht zwingend mit Auftragsbekanntmachung veröffentlicht werden musste. Die Leistungsbeschreibung bzw. wichtige Informationen müssen dagegen wohl bereits im Teilnahmewettbewerb vorliegen, damit die interessierten Unternehmen prüfen können, ob ein Eintritt in den Teilnahmewettbewerb lohnenswert ist. Ferner hat das Gericht seine Sichtweise explizit mit den Einzelfallumständen, nämlich der Kenntnis der Antragstellerin von der beabsichtigten Vertragsgestaltung aufgrund ihrer jahrzehntelangen Tätigkeit für die Auftraggeberin, begründet. Zur Vermeidung rechtlicher Risiken ist öffentlichen Auftraggebern daher zu empfehlen, **möglichst mit der Auftragsbekanntmachung auch bereits die für Angebotsphase relevanten Teile der Vergabeunterlagen** zu **veröffentlichen,** insbes. wenn im Vertragsentwurf oder den sonstigen für die Angebotsphase relevanten Unterlagen Informationen enthalten sind, die den Kreis potenzieller Bewerber nicht unerheblich einengen. Abgesehen davon, dürfte die Ausarbeitung der vollständigen Vergabeunterlagen mit Beginn des Teilnahmewettbewerbs den öffentlichen Auftraggeber vor später nicht mehr korrigierbaren Fehlen bei der Bestimmung der Eignungs- und Zuschlagskriterien schützen.[19]

---

[12] OLG Düsseldorf Beschl. v. 17.10.2018 – VII-Verg 26/18, NZBau 2019, 129 Rn. 34.
[13] BT-Drs. 18/7318, 181.
[14] OLG Düsseldorf Beschl. v. 17.10.2018 – VII-Verg 26/18, NZBau 2019, 129 Rn. 36–38.
[15] OLG Düsseldorf Beschl. v. 17.10.2018 – VII-Verg 26/18, NZBau 2019, 129 Rn. 41 f.
[16] Vgl. OLG Düsseldorf Beschl. v. 17.10.2018 – VII-Verg 26/18, NZBau 2019, 129 Rn. 43. Zu beachten ist jedoch, dass das OLG Düsseldorf argumentiert, dass nach § 29 Abs. 1 VgV die Vergabeunterlagen lediglich „in der Regel" aus den unter Ziffer 1.–3. dieser Vorschrift genannten Unterlagen bestünden. Zumindest dieses Argument lässt sich nicht uneingeschränkt auf § 8 EU übertragen, da hier die Wendung „in der Regel" nicht gebraucht wird.
[17] OLG Düsseldorf Beschl. v. 17.10.2018 – VII-Verg 26/18, NZBau 2019, 129 Rn. 45.
[18] OLG Düsseldorf Beschl. v. 17.10.2018 – VII-Verg 26/18, NZBau 2019, 129 Rn. 47 ff.
[19] Ausführlich: *Hövelberndt* ZfBR 2020, 352 (354 f.).

Für den **Eignungswettbewerb** gelten im Übrigen die **Grundsätze des § 97 GWB**. Das 23
bedeutet, dass auch in diesem Verfahren die **Eignungskriterien** nach den Maßstäben von **§ 6 EU**
sowie **§§ 6a EU–6f EU** festzulegen sind und die geforderten Nachweise sich auf die zu beschaffende
Leistung beziehen müssen, dh sie müssen mit ihrem Inhalt Rückschlüsse dazu erlauben, ob der Bieter
die zu beschaffende Bauleistung ordnungsgemäß bewältigen wird, sowohl in fachlicher Hinsicht als
auch von den verfügbaren Unternehmenskapazitäten her. Für die Bewerber muss **transparent** sein,
mit welchen Eignungsnachweisen sie sich erfolgreich um Zulassung zur Angebotsabgabe bewerben
können, denn nach **Nr. 2** können nur die Unternehmen ein Angebot abgeben, die vom öffentlichen
Auftraggeber dazu aufgefordert werden. Die vorab festzulegenden Auswahlkriterien müssen sich aus
der **Dokumentation** ergeben.

Ausweislich des **Abs. 2 Nr. 2** nimmt der Auftraggeber auf der Grundlage der übermittelten 24
Informationen, also des Teilnahmeantrags samt den geforderten Angaben und Erklärungen, eine
Bewertung vor, dh er prüft die Eignung und das Nichtvorliegen von Ausschlussgründen. Auf dieser
Grundlage trifft er eine **Bewerberauswahl** und fordert diese zur Angebotsabgabe auf. Die Auswahl
der Bieter muss anhand der bekanntgemachten, transparenten Entscheidungskriterien **diskriminierungsfrei unter Wahrung der Chancengleichheit** erfolgen. Wie bei der öffentlichen Ausschreibung prüft der Auftraggeber die Teilnahmeanträge zunächst unter formalen Gesichtspunkten (1.
Wertungsstufe). Im Anschluss folgt die Eignungsprüfung (2. Wertungsstufe).[20] Obgleich sich
§ 16a EU Abs. 1 nur auf Angebote bezieht, können nach hM im Falle der Unvollständigkeit **Unterlagen bzw. Angaben entsprechend § 16a EU Abs. 1 nachgefordert** werden.[21] Die wesentlichen
Gründe der Auswahlentscheidung müssen **dokumentiert** werden. Ist die Eignung festgestellt und
sind die Bewerber zur Angebotsabgabe aufgefordert, dürfen nur noch Umstände berücksichtigt
werden, die nach der Aufforderung zur Abgabe der Angebote bekannt werden und Zweifel an der
Eignung des Bieters begründen **(§ 16b Abs. 2)**. Wie durch Abs. 2 Nr. 2 zum Ausdruck gebracht
wird, können nur die Unternehmen, die vom Auftraggeber **zur Angebotsabgabe aufgefordert**
werden, ein Angebot einreichen. Unternehmen, die im Rahmen der Bewerberauswahl zu Recht
unberücksichtigt bleiben, haben mithin keinen Anspruch auf eine weitere Verfahrensbeteiligung.
Sie können lediglich beanspruchen, dass der Auftraggeber seine Auswahl der zur Angebotsabgabe
aufzufordernden Bewerber rechtmäßig und nach pflichtgemäßem Ermessen vornimmt.[22]

Das nicht offene Verfahren empfiehlt sich für die Vergabe von Bauleistungen, zu denen mit 25
sehr vielen Angeboten zu rechnen ist. Dann kann eine vorherige Eignungsprüfung zur Beschränkung
der Zahl der Angebote allein auf solche von geeigneten Bietern führen und den Prüfungsaufwand
für den öffentlichen Auftraggeber verringern, er muss weniger Komplettangebote prüfen. Das Verfahren ist hilfreich auch bei Bauleistungen mit besonderen fachlichen Anforderungen, sodass bereits
vorab die Unternehmen ermittelt werden können, die die Gewähr für die Erfüllung der Anforderungen bieten. **Nr. 3** sieht deshalb vor, dass der öffentliche Auftraggeber **sowohl eine Mindestzahl als
auch eine Höchstzahl von Bewerbern** festlegen darf, die später zur Angebotsabgabe aufgefordert
werden. Diese Begrenzungen sind schon in der Bekanntmachung oder in der Aufforderung zur
Interessenbekundung mitzuteilen **(Nr. 3 S. 2)**. Die **Mindestzahl darf fünf nicht unterschreiten**,
in jedem Fall muss ein **echter Wettbewerb gewährleistet** sein **(Nr. 3 S. 3 und 4)**. Das Bestehen
eines Wettbewerbs impliziert eine Konkurrenzsituation, welche nur gegeben ist, wenn noch mindestens zwei Unternehmen am Verfahren beteiligt sind.[23] Wie sich aus dem Wortlaut des Abs. 2 Nr. 3
S. 5 ergibt („*Sofern geeignete Bewerber in ausreichender Zahl zur Verfügung stehen ...* "), kann das Verfahren
jedoch fortgesetzt werden, wenn es an einer ausreichenden Zahl von geeigneten Bewerbern fehlt.[24]
Ergibt sich nach abgeschlossenem Teilnahmewettbewerb, dass **mehr Bewerber** die Eignungskriterien erfüllen, als zur Angebotsabgabe zugelassen werden sollen, hat auch hierzu eine den **Grundsätzen des § 97 GWB genügende Auswahl** stattzufinden. Die Kriterien für die Auswahl aus dem
Kreis der geeigneten Bieter sind ebenfalls schon in der Bekanntmachung oder der Aufforderung
zur Interessenbekundung mitzuteilen. Bleibt die Zahl der geeigneten Unternehmen **hinter der
bekanntgemachten Mindestzahl zurück**, ist der öffentliche Auftraggeber darauf beschränkt, nur
die verbliebenen Unternehmen zur Angebotsabgabe aufzufordern **(Nr. 3 S. 6)**. Die Vorschrift des

---

[20] *Belke* IBR 2009, 1423; Kapellmann/Messerschmidt/*Stickler* § 3b Rn. 11.
[21] Ingenstau/Korbion/*von Wietersheim* Rn. 19; HK-VergabeR/*Sadoni* § 16a EU Rn. 7; Ziekow/Völlink/*Steck*
§ 16a EU Rn. 16.
[22] OLG Naumburg Beschl. v. 15.1.2002 – 1 Verg 5/00, ZfBR 2002, 301 (302); OLG Düsseldorf Beschl. v.
6.7.2005 – Verg 22/05, BeckRS 2005, 12126 Rn. 41; Franke/Kemper/Zanner/Grünhagen/Mertens/*Baumann* Rn. 14.
[23] VK Sachsen Beschl. v. 2.10.2012 – 1/SVK/022-12, BeckRS 2013, 4344; *Opitz* VergabeR 2006, 451 (459).
[24] VK Sachsen-Anhalt Beschl. v. 3.3.2006 – VK 2-LVwA LSA 2/06, IBRRS 2006, 3662 (zur VOF); Franke/
Kemper/Zanner/Grünhagen/Mertens/*Baumann* Rn. 25.

Abs. 2 Nr. 2 deckt sich im Wesentlichen mit den Vorgaben zur Festlegung einer Höchst- und Mindestzahl von Bewerbern bei der beschränkten Ausschreibung mit Teilnahmewettbewerb gem. § 3b Abs. 2 S. 4–6, sodass im Einzelnen auf die diesbezüglichen Erläuterungen Bezug genommen wird (→ § 3b Rn. 20 ff.).

26 Die sich an die Auswahl der Bewerber anschließende **Angebotsphase gleicht in Anforderungen und Ablauf der Angebotsphase des offenen Verfahrens** (Geheimhaltungspflicht, Submissionstermin, Prüfung der Angebote, hier nun ohne die bereits vorab geprüften Eignungsaspekte, Zuschlagsentscheidung anhand vorab bekanntgemachter Kriterien, nachvollziehbare Dokumentation der Entscheidung, Information der Bieter usw.).

27 Anders als in **§ 16 VgV**, der die ansonsten gleichlautende Regelung für die Vergabe von Liefer- und Dienstleistungen enthält, sind die einzuhaltenden Fristen separat geregelt, hier in **§ 10b EU** (→ § 10b EU Rn. 2 ff.). Da das Verfahren in mehreren förmlichen Schritten verläuft, sind entsprechend mehr Fristen einzuhalten als beim offenen Verfahren. Nach **§ 10b EU Abs. 1 und 2** sind **sowohl für die Bewerbungsfrist als auch für die Angebotsfrist** im Regelfall **mindestens 30 Tage** vorzusehen, was gegenüber der Regelfrist des offenen Verfahrens von 35 Tagen fast eine Verdoppelung darstellt. Die **Angebotsfrist** kann wie beim offenen Verfahren verkürzt werden, hier auf zehn Tage, wenn eine **Vorabinformation nach § 12 EU Abs. 2** erfolgt ist (**§ 10b EU Abs. 3**). Die Frist kann nach **Abs. 5** ebenso in Fällen von **Dringlichkeit** weiter verkürzt werden, wobei derselbe Maßstab für die Dringlichkeit wie beim offenen Verfahren (→ Rn. 12) zugrunde zu legen ist. Daneben sind aber auch Fälle der Fristverlängerung vorgesehen (**§ 10b EU Abs. 6 und 7**).

28 **3. Das Verhandlungsverfahren (Abs. 3). a) Allgemeines. Abs. 3** geht zurück auf **Art. 29 RL 2014/24/EU** und beruht auf **§ 119 Abs. 5 GWB**. Das Verhandlungsverfahren ist nach **§ 3a EU Abs. 2 nachrangig** gegenüber dem offenen und dem nicht offenen Verfahren (→ § 3a Rn. 7 ff.). Die Regelung enthält zwei verschiedene Varianten: Das Verhandlungsverfahren **mit und ohne vorherigen Teilnahmewettbewerb**. Bereits aus der Gliederung der Norm ist erkennbar, wo die besondere Sensibilität des Verfahrens liegt. Während Nr. 1–3 für den Teilnahmewettbewerb weitgehend auf Abs. 2 verweisen bzw. die dortigen Verfahrensschritte wiederholen, setzen sich die Nr. 4–10 mit der Durchführung der Verhandlungen auseinander. Die Vielfalt und Detailliertheit der Vorgaben macht deutlich, dass dieses oft zu Unrecht als Königsweg im Vergaberecht bewertete Verfahren den öffentlichen Auftraggeber durchaus vor Herausforderungen stellen kann, denn auch und gerade im Verhandlungsverfahren **gelten die Grundsätze des § 97 GWB**. Auch in einem Verhandlungsverfahren ist die nachgefragte Leistung grundsätzlich eindeutig und erschöpfend zu beschreiben, sodass alle Bewerber die Beschreibung im gleichen Sinne verstehen müssen und miteinander vergleichbare Angebote zu erwarten sind. Im Verhandlungsverfahren ist diese Anforderung zwar gelockert. Änderungen der Anforderungen an den Beschaffungsgegenstand sind, solange seine Identität gewahrt bleibt, zulässig (→ Rn. 33), weil es gerade Sinn des Verhandlungsverfahrens ist, Klarheit darüber zu erlangen, was genau zu welchem Preis beschafft werden soll.[25] Gleichwohl muss der Auftraggeber zumindest seine eigenen Anforderungen an die Aufgabenstellung so umfassend und eindeutig beschreiben, wie es ihm zum Zeitpunkt der Bekanntmachung und – später – der Aufforderung zur Angebotsabgabe möglich ist. Die Beschreibung kann funktional sein oder sich aus funktionalen und schon feststehenden Elementen mischen. Entscheidend ist, dass Bieter ihre Verhandlungsangebote so weitgehend auf die Wünsche des Auftraggebers ausrichten können, dass nach dem vom Auftraggeber gesetzten Verständnis der zu lösenden Aufgabe alle Bieter eine reale Chance auf den Zuschlag haben. Das erfordert – trotz der gelockerten Anforderungen an die Leistungsbeschreibung – eine hinreichend klare Mitteilung der eigenen Zielvorstellungen des öffentlichen Auftraggebers und Angabe der **Mindestbedingungen, die nicht mehr Gegenstand der Verhandlungen sein dürfen (Abs. 3 Nr. 5)**. Entsprechend sorgfältig sollte die **Dokumentation** angelegt sein, die belegen muss, dass allen Bietern gleiche Verhandlungsbedingungen und -chancen geboten wurden.[26]

29 **b) Teilnahmewettbewerb im Verhandlungsverfahren.** Die **Nr. 1–3** beschreiben den **Teilnahmewettbewerb im Verhandlungsverfahren** und entsprechen **§ 17 Abs. 1–4 VgV** (→ § 17 Rn. 29 ff.) mit dem Unterschied, dass die einzuhaltenden Fristen in **§ 17 VgV** aufgenommen sind, während sie sich hier aus **§ 10c EU** ergeben. Weder im Ablauf noch in den einzuhaltenden Fristen ergeben sich ansonsten Unterschiede. Wie beim nicht offenen Verfahren erfolgt auch hier zunächst

---

[25] OLG Schleswig Beschl. v. 19.8.2016 – 54 Verg 7/16, 54 Verg 8/16, BeckRS 2016, 19262 Rn. 25; HK-VergabeR/*Pünder/Klafki* VgV § 17 Rn. 7.
[26] Zu den Anforderungen an die Dokumentation eines Verhandlungsverfahrens und die Heilung von Mängeln vgl. OLG Düsseldorf Beschl. v. 21.10.2015 – VII-Verg 28/14, NZBau 2016, 235 Rn. 135 ff.; zum Transparenzgebot und zur Rügepflicht vgl. KG Beschl. v. 21.11.2014 – Verg 22/13, BeckRS 2015, 145 Rn. 22 ff.

die Bekanntmachung über den öffentlichen Teilnahmewettbewerb, der noch keine Einschränkung des Wettbewerbs bedeutet, da **alle Bewerber in dieser Phase des Vergabeverfahrens zuzulassen und alle Bewerbungen zu prüfen sind (Abs. 3 Nr. 1).** Hinsichtlich des Rechts, am Angebotsverfahren teilzunehmen und der Zulässigkeit der Beschränkung der Zahl der zuzulassenden Bieter ergeben sich keine Abweichungen zu Abs. 2. **Abs. 3 Nr. 3** verweist insoweit auch auf **Abs. 2 Nr. 3.**

c) **Die Verhandlungen. Abs. 3 Nr. 4** eröffnet die Möglichkeit eines Verhandlungsverfahrens 30 ohne vorherigen Teilnahmewettbewerb. Wann dieses den Zugang zum Wettbewerb einschränkende Verfahren **zulässig** ist, ergibt sich aus **§ 3a EU Abs. 3** (→ § 3a EU Rn. 7 ff.). Das Vorliegen der Zulässigkeitsvoraussetzungen muss sich aus der **Dokumentation** ergeben **(§ 20 EU iVm § 8 Abs. 2 Nr. 6 VgV).**

Abs. 3 Nr. 5 definiert, **welche Inhalte nicht verhandelbar sind.** Das sind die **Mindestanforderungen** und die **Zuschlagskriterien** als für alle Bieter verlässliche, vorhersehbare und transparente Basis eines die Chancengleichheit wahrenden Wettbewerbs. Aus **Nr. 6** ergibt sich **zusätzlich das endgültige Angebot** als nicht verhandelbar. Auch dieses dient der Transparenz und Fairness des Wettbewerbs, denn die abschließende Zuschlagsentscheidung muss nachvollziehbar auf für alle Bieter gleichen Wettbewerbsbedingungen beruhen.

Ansonsten ist grundsätzlich der **gesamte Angebotsinhalt verhandelbar,** also die Merkmale 32 der ausgeschriebenen Leistung, wie Liefermenge, Qualitätsmerkmale der Leistung, vertragliche Klauseln, wie Sicherheitsleistungen, Haftungsgrundsätze, Vertragsstrafen etc,[27] sofern diese nicht durch vorab publizierte Mindestanforderungen als unverhandelbar festgelegt wurden. Auch der Preis kann Verhandlungsgegenstand sein.[28] Um die Ausschreibungsverpflichtung als Ausgangspunkt aller vergaberechtlichen Rechte und Pflichten der Beteiligten nicht leerlaufen zu lassen, muss allerdings die **Identität des Ausschreibungsgegenstands gewahrt** bleiben.[29] Ob diese Grenze eingehalten ist, bemisst sich danach, ob – bei einem Vergleich zwischen dem bekanntgemachten Leistungsgegenstand und der verhandelten Leistung – ein Aliud beauftragt werden soll, also eine Leistung mit einem völlig anderen Wesenskern.[30]

Abs. 3 Nr. 6–10 beschreibt den **Gang der Verhandlungen.** Danach steht dem öffentlichen 33 Auftraggeber ein Gestaltungsrahmen zu, der ihm viele Möglichkeiten eröffnet, wenn er sie **vorher in der Bekanntmachung oder den Vergabeunterlagen ankündigt.** So kann er sich vorbehalten, **schon auf das erste Angebot den Zuschlag zu erteilen (Nr. 7).** Hat sich der Auftraggeber die Zuschlagserteilung auf das erste Angebot vorbehalten, kommt ihm bezüglich der Entscheidung, ob er hiervon Gebrauch macht, ein Beurteilungsspielraum zu.[31] Die Inanspruchnahme dieser Option sollte jedoch gut überlegt sein. Trotz Ankündigung dieses Vorbehalts kann nicht sicher davon ausgegangen werden, dass die Bieter initial ihr bestes Angebot abgegeben haben. Erteilt der Auftraggeber den Zuschlag ohne Verhandlungen auf das Erstgebot, bleibt eine etwaige vorhandene Verhandlungsmarge eventuell ungenutzt.[32] Eine weitere Möglichkeit besteht darin, in den aufeinanderfolgenden Verhandlungsrunden den **Kreis der Bieter enger zu ziehen (Nr. 8),** wobei in der Schlussrunde noch ein echter Wettbewerb gewährleistet sein muss (→ Rn. 15). Besondere Bedeutung kommt **Nr. 9** zu. Zunächst wird grundsätzlich die **Pflicht zur Gleichbehandlung** der Bieter vorangestellt, dann folgen **detaillierte Vorgaben zum Umgang mit den einzelnen Verhandlungselementen, insbesondere der Bieterkommunikation.** Damit soll die gleichmäßige und zeitgleiche Information aller Bieter in jeder Verhandlungsrunde über die sich aus den Verhandlungen ergebenden Veränderungen in den Leistungsanforderungen und die Geheimhaltung der bisher vorgelegten Angebote sichergestellt werden. Die **Frist für die Abgabe der jeweils neu einzureichenden Angebote,** auch wenn diese eine Fortentwicklung bisheriger Angebote sind, ist ausreichend zu bemessen. Nach **§ 10c EU Abs. 2** darf diese Frist auch in dringlichen Fällen **nicht unter zehn Tage** fallen.

---

[27] Vgl. BR-Drs. 87/16, 173 (zu § 17 VgV).
[28] IdS OLG Stuttgart Urt. v. 24.11.2008 – 10 U 97/08, BeckRS 2009, 3038; OLG Schleswig Beschl. v. 19.8.2016 – 54 Verg 7/16 u. 54 Verg 8/16, BeckRS 2016, 19262 Rn. 29, 32.
[29] OLG Naumburg Beschl. v. 1.9.2004 – 1 Verg 11/04, BeckRS 2004, 10166 Rn. 15; OLG Dresden Beschl. v. 21.10.2005 – WVerg 5/05, NZBau 2006, 469 (471); OLG München Beschl. v. 28.4.2006 – Verg 6/06, BeckRS 2006, 07979; OLG Düsseldorf Beschl. v. 3.8.2011 – Verg 16/11, ZfBR 2012, 72 (76); OLG Schleswig Beschl. v. 19.8.2016 – 54 Verg 7/16 u. 54 Verg 8/16, BeckRS 2016, 19262 Rn. 25; *Hölzl* NZBau 2013, 558 (559).
[30] OLG Celle Beschl. v. 16.1.2002 – 13 Verg 1/02, BeckRS 2002, 160346 Rn. 30; OLG Dresden Beschl. v. 21.10.2005 – WVerg 5/05, NZBau 2006, 469 (471); OLG München Beschl. v. 28.4.2006 – Verg 6/06, BeckRS 2006, 07979; OLG Brandenburg Beschl. v. 22.5.2007 – Verg W 13/06, BeckRS 2008, 1089; *Hölzl* NZBau 2013, 558 (559).
[31] Ingenstau/Korbion/*von Wietersheim* Rn. 45.
[32] *Ollmann* VergabeR 2016, 413 (416 f.); mit anderer Einschätzung: Ingenstau/Korbion/*von Wietersheim* Rn. 45.

Das betrifft zwar primär die jeweils ersten Angebote. Allerdings kann es gerade bei komplexen Bauprojekten zu aufwändigen Neuplanungen der Baustellenorganisation und der Bauzeiten kommen, was wiederum Abstimmung mit anderen Unternehmern erforderlich machen kann. Ein Mindestzeitraum von zehn Tagen erscheint daher auch bei den Folgeangeboten angemessen. Ausnahmen sind denkbar, wenn es nur noch um den Austausch einzelner Kalkulations- oder Preispositionen geht. Hinweise, welche Gesichtspunkte bei der Bemessung der Angemessenheit berücksichtigt werden können, ergeben sich auch aus **§ 20 VgV**, der hier jedoch wegen der Anwendbarkeitsregel in **§ 2 VgV nicht unmittelbar anwendbar** ist.

34 In der praktischen Umsetzung ist darauf zu achten, dass sowohl die Informationen als auch die Kommunikation für alle Bieter in gleicher Weise verläuft. Das gilt auch für die **Verhandlungs- und ggf. erforderlichen Präsentationstermine.** Soweit seitens des öffentlichen Auftraggebers eine Kommission zur Durchführung der Verhandlungen und Bewertung der Angebote gebildet wurde, dürfen die beteiligten Personen nicht willkürlich wechseln und/oder ausgetauscht werden. Der Gang der Verhandlungen ist **zeitnah und transparent zu dokumentieren (§ 20 EU iVm § 8 Abs. 1 VgV).**

35 Hinzuweisen ist in diesem Zusammenhang darauf, dass nicht abschließend geklärt ist, ob eine **Angebotswertung auf der Grundlage eines mündlichen Angebotsvortrags** zulässig ist. Die VK Südbayern verneint dies, weil die Wertung rein mündlich vorgetragener Angebotsbestandteile ohne Grundlage in Textform aufgrund von § 9 Abs. 2 VgV (entspricht § 11 EU Abs. 2) unzulässig sei. Auch stelle das Mitbringen von wertungsrelevanten Angebotsbestandteilen, etwa einer Präsentation, zu Verhandlungsterminen keine formgerechte Angebotsabgabe nach § 53 Abs. 1 VgV (entspricht § 11 EU Abs. 4) dar.[33] Demgegenüber nimmt die VK Bund an, dass die fachlich-inhaltliche Vorstellung des Angebots sowie des einzusetzenden Personals grundsätzlich in Form einer mündlichen Präsentation vorgenommen und entsprechend bewertet werden könne. Gestützt wird diese Auffassung darauf, dass nach der Begründung der VergRModVO eine mündliche Kommunikation über die Angebote nach § 9 Abs. 2 VgV (entspricht § 11 EU Abs. 2) gerade nicht ausgeschlossen sein sollte.[34] So setze die Regelung ausdrücklich die Vorschrift des Art. 22 Abs. 2 RL 2014/24/EU um, die vorgebe, dass *„die mündliche Kommunikation mit Bietern, die einen wesentlichen Einfluss auf den Inhalt und die Bewertung des Angebots haben könnte, in hinreichendem Umfang und in geeigneter Weise dokumentiert werden"* muss. Hieraus ergebe sich, dass der EU-Richtliniengeber die Berücksichtigung eines mündlichen Vortrags auch im Rahmen der Angebotswertung als zulässig erachtet habe.[35] Auch wenn die Sichtweise der VK Bund vorzugswürdig erscheint, resultiert aus der abweichenden Spruchpraxis der VK Südbayern für öffentliche Auftraggeber ein vergaberechtliches Risiko. Der rechtlich sicherste Weg wäre der Verzicht auf eine Wertung mündlich vorgetragener Erläuterungen. Will der öffentliche Auftraggeber nicht auf eine Präsentation verzichten, sollte zumindest vorgegeben werden, dass die Präsentationsunterlagen bereits mit dem Angebot einzureichen sind. Ein mündlicher Vortrag der – mit dem Angebot vorgelegten – Präsentation und eine Erläuterung in einem Präsentationstermin erscheint – auch auf der Grundlage der Auffassung der VK Südbayern – noch vertretbar, weil in diesem Falle keine Wertung rein mündlich vorgetragener Angebotsbestandteile erfolgen würde.

36 **Abs. 3 Nr. 10** widmet sich den **finalen Angeboten** und der **Zuschlagsentscheidung.** Danach müssen auch nach allen in den Verhandlungsrunden erfolgten Weiterentwicklungen die **endgültigen Angebote den Mindestanforderungen entsprechen.** Das ergibt sich aus dem Gebot es transparenten Wettbewerbs und ist vom öffentlichen Auftraggeber positiv festzustellen. Nach der Aufforderung zur Abgabe endgültiger Angebote, sind Verhandlungen unstatthaft.[36] Weiter wird in Abs. 3 Nr. 10 klargestellt, dass auch im Verhandlungsverfahren eine **Bieterinformation nach § 134 GWB** zu erfolgen hat.

37 **4. Der wettbewerbliche Dialog (Abs. 4). a) Allgemeines. Abs. 4** findet seine **Basis in § 119 Abs. 6 GWB** und **entspricht im Wortlaut § 18 VgV.** Abweichend findet sich hier wie bei den anderen Verfahrensarten die **Fristenregelung separat in § 10d EU.** Die Regelung des **§ 119 Abs. 6 GWB** und die in **§ 18 VgV** enthaltene Darstellung der einzelnen Verfahrensschritte des wettbewerblichen Dialogs, die jeweils nahezu identisch übernommen wurden, dient der Umsetzung von **Art. 30 Abs. 2 RL 2014/24/EU.** Die Verfahrensart ist nur **nachrangig zulässig** und steht damit dem Verhandlungsverfahren gleich **(§ 3a EU Abs. 4 iVm § 3a EU Abs. 2).** Die Gründe für die

---

[33] VK Südbayern Beschl v. 2.4.2019 – Z3-3-3194-1-43-11/18, BeckRS 2019, 7485 Rn. 137 f.; ähnlich: VK Rheinland Beschl. v. 19.11.2019 – VK 40/19-L, BeckRS 2019, 31186 Rn. 45 (*„Die Angebotswertung … allein auf die mündliche Präsentation durch die Bieter zu stützen, …, ist mit Vergaberecht nicht vereinbar."*).
[34] BR-Drs 87/16, 234 (zu § 9 Abs. 2 VgV).
[35] VK Bund Beschl. v. 22.11.2019 – VK 1-83/19, BeckRS 2019, 35388 Rn. 39–41.
[36] Ingenstau/Korbion/*von Wietersheim* Rn. 43.

Wahl dieser Verfahrensart müssen **dokumentiert** werden (**§ 20 EU iVm § 8 Abs. 1 und Abs. 2 Nr. 6 VgV**). Das Verfahren kommt in Betracht, wenn der öffentliche Auftraggeber für seinen speziellen Bedarf nicht über ausreichende Kenntnisse der Möglichkeiten des Marktes verfügt oder sich diese nur unter unverhältnismäßigem Aufwand beschaffen könnte. Bei Baumaßnahmen sind Anwendungsfälle schwer vorstellbar, weil es für die meisten, auch komplexen und schwierigen Bausituationen bereits umgesetzte Lösungen gibt, auf die zurückgegriffen werden kann. Denkbar wäre eine Nutzung des Verfahrens im Spezialanlagenbau, wo die Problematik in der speziellen Verbindung des Basisbauwerks mit den Anforderungen der Anlagentechnik liegen kann. Bekannte Probleme wie Zeit- oder Kostenoptimierung werden kaum begründen können, dass die Leistung nicht beschreibbar und nicht einmal näher konkretisierbar sein soll.[37]

Der wesentliche **Unterschied zum Verhandlungsverfahren** besteht darin, dass **nicht über Angebote verhandelt** wird, sondern dass **vor der Angebotsphase ein Dialog** geführt wird, in dem die Grundlagen für die Leistungsbeschreibung erarbeitet werden, auf deren Basis später die Angebote abgegeben werden. Zu den Elementen eines klassischen Vergabeverfahren (Bekanntmachung, Teilnahmewettbewerb/Eignungsprüfung, Aufforderung zur Abgabe eines Angebotes auf der Basis einer möglichst genauen Leistungsbeschreibung, Prüfung der Angebote, ggf. Verhandlungen, Erarbeitung der Zuschlagsentscheidung) kommt hier als zusätzliches Element die Dialogphase hinzu, deren Ergebnis die Basis für den späteren Wettbewerb bildet. 38

b) Eröffnung des Verfahrens, Teilnahmewettbewerb (Nr. 1–3). Die **Nr. 1–3** betreffen die **Eröffnung des Vergabeverfahrens.** Danach hat, wie in den anderen Verfahrensarten auch, zunächst eine **Bekanntmachung** stattzufinden, die einen noch uneingeschränkt zugänglichen offenen Teilnahmewettbewerb eröffnet. Damit Unternehmen einen aussichtsreichen Teilnahmeantrag stellen können, hat der öffentliche Auftraggeber **seine Bedürfnisse und Anforderungen an die zu erbringende Leistung** zu beschreiben und die hierbei zugrunde gelegten **Zuschlagskriterien** zu definieren **(Nr. 3).** Zum Gang der Auswahl der Dialogpartner wird auch hier auf den **Teilnahmewettbewerb nach Abs. 2 Nr. 3** verweisen. Danach darf der Kreis der Dialogpartner beschränkt werden, wenn dies von vornherein mitgeteilt wurde und die Zahl nicht unter drei fällt **(Nr. 2).** Die Auswahl der Dialogpartner muss nach den Grundsätzen eines fairen und transparenten Wettbewerbs anhand der zuvor bekanntgemachten Auswahlkriterien erfolgen. 39

c) Die Dialogphase (Nr. 4–6). Mit den ausgewählten Unternehmen tritt der öffentliche Auftragnehmer in einen Dialog ein, in dem er ermittelt und festlegt, wie seine Bedürfnisse am besten erfüllt werden können (Nr. 4). Der Verlauf des Dialogs gleicht in seinen Schritten den Verhandlungen in einem Verhandlungsverfahren. Das heißt, der **Dialog wird mit jedem Unternehmen separat geführt,** es gibt keinen „runden Tisch". Die vorgetragenen Lösungsansätze und Vorschläge der Unternehmen sind grundsätzlich geheim zu halten (Nr. 4). Eine Weitergabe ist nur mit Zustimmung des betroffenen Unternehmens zulässig (Nr. 4 S. 3). Angesprochen werden dürfen alle Aspekte der erwarteten Leistung (Nr. 4 S. 2). Die Regelung ist dahin gehend zu verstehen, dass Gegenstand des Dialogs auch wirtschaftliche (Preis, Kosten, Einkünfte usw) oder rechtliche Aspekte (Risikoverteilung und -begrenzung, Garantien, mögliche Schaffung von „Zweckgesellschaften" etc) sein können.[38] Die **Gleichbehandlung aller beteiligten Unternehmen ist sicherzustellen,** allen beteiligten Unternehmen sind alle Informationen in gleicher Weise und zu gleicher Zeit zugänglich zu machen. Allen Unternehmen ist in gleicher Weise Raum und Rahmen für die Präsentation und Erläuterung ihrer Lösungsvorschläge zu geben. Wenn dies vorher bekanntgemacht war, darf hier wie im Verhandlungsverfahren der Kreis der Dialogpartner von Dialogrunde zu Dialogrunde enger gezogen werden, allerdings müssen in der Schlussrunde noch so viele Lösungen vorliegen, dass ein echter Wettbewerb möglich bleibt (Nr. 5 S. 4). Die nach jeder Dialogrunde ausgeschiedenen Unternehmen sind entsprechend zu informieren (Nr. 5 S. 3). Erachtet der öffentliche Auftraggeber eine seinen Bedürfnissen entsprechende Lösung als gefunden oder geht er nach den Dialoggesprächen davon aus, dass es für seine Vorstellungen keine Lösung gibt, beendet er den Dialog und teilt dies den Gesprächspartnern mit. Die Mitteilung umfasst neben der Angabe, dass der Dialog beendet ist, auch die Information darüber, ob damit das Verfahren insgesamt beendet wird, weil keine Lösung gefunden wurde oder ob das Verfahren nunmehr mit der Angebotsphase weitergeht (Nr. 6). Die Dialoge sind zu dokumentieren (§ 20 EU iVm § 8 Abs. 1 VgV). 40

d) Die Angebotsphase (Nr. 7–9). Zur Abgabe von Angeboten werden nur **die Unternehmen aufgefordert, die bis zum Schluss an der Dialogphase beteiligt waren (Nr. 7).** Die 41

---

[37] Zu den Anforderungen an die Bekanntmachung u.a. zur Gewichtung der Zuschlagskriterien vgl. OLG Celle Beschl. v. 16.5.2013 – 13 Verg 13/12, NZBau 2013, 795 (796 f.).
[38] Europäische Kommission Erläuterungen zum Wettbewerblichen Dialog, Dokument CC/2005/04_rev1 v. 5.10.2005, Ziff. 3.2; Ingenstau/Korbion/*Stolz* Rn. 60; Kapellmann/Messerschmidt/*Schneider* Rn. 84.

Dialogphase hat daher eine ähnliche Filterfunktion wie der Teilnahmewettbewerb. Über die Angebote finden **keine Verhandlungen** statt **(Nr. 7)**. Grundlage für die Angebote sind die in der Dialogphase eingereichten Lösungsvorschläge **(Nr. 7)**. Hierzu dürfen zwar **Klarstellungen und Ergänzungen** verlangt werden, diese dürfen jedoch nicht zu einer Änderung grundlegender Angebotselemente führen. Sie dürfen die Bekanntmachung nicht ändern und den Wettbewerb nicht verzerren. Die Klarstellungen und Ergänzungen dürfen **erfragt** werden, Verhandlungen darüber sind nicht zulässig.

42   Die **Bewertung der Angebote** erfolgt nach den in der Bekanntmachung oder in der Leistungsbeschreibung festgelegten Kriterien **(Nr. 8)**. Nur und ausschließlich mit dem Bieter, dessen Angebot als das wirtschaftlichste ermittelt wurde, darf der öffentliche Auftraggeber in geringem Rahmen über konkret festgelegte Punkte verhandeln. Es sind dies im Angebot enthaltene **finanzielle Zusagen** oder **andere Bedingungen, die in den Auftragsbedingungen abschließend festgelegt werden (Nr. 8)**. Auch hier gilt, dass dadurch wesentliche Inhalte des Angebotes oder der bekanntgemachten Anforderungen und Bedürfnisse nicht geändert werden dürfen. Der Wettbewerb darf nicht verzerrt und andere Unternehmen nicht durch nachträgliche Veränderung der Wettbewerbsbedingungen diskriminiert und in der Chancengleichheit beeinträchtigt werden.

43   Nr. 9 trägt dem Umstand Rechnung, dass die Erarbeitung von Lösungsvorschlägen oft kostenträchtig ist und trifft jedenfalls für die ausdrücklich geforderten Entwürfe, Pläne, Zeichnungen, Berechnungen oder andere Unterlagen eine Kostenausgleichsregelung. Wie sich aus dem Wortlaut („muss") ergibt, ist die Gewährung der **Kostenerstattung** obligatorisch, steht also nicht im Ermessen des öffentlichen Auftraggebers. Der Begründung zur Parallelregelung in § 18 Abs. 10 VgV lässt sich entnehmen, dass es sich lediglich um eine *„Aufwandsentschädigung ohne Gewinnanteil und keine Vergütung"* handeln soll.[39] Gleichwohl muss die Kostenerstattung angemessen sein, darf also nicht außer Verhältnis zu der erbrachten Leistung stehen.

44   **5. Die Innovationspartnerschaft (Abs. 5). a) Allgemeines. Abs. 5** geht auf **§ 119 Abs. 7 GWB** zurück und entspricht im Wortlaut mit Ausnahme der Fristenregelung **§ 19 VgV**. Die einzuhaltenden **Mindestfristen** ergeben sich aus **§ 10d EU**. **§ 119 Abs. 7 GWB** setzt **Art. 31 RL 2014/24/EU** um und führt erstmalig die Möglichkeit der Innovationspartnerschaft ein, die ihre Wurzeln in dem von der Europäischen Kommission zunächst ins Auge gefassten Toolbox-Konzept[40] hat (zur Entwicklung des Verfahrens der Innovationspartnerschaft auf europäischer Ebene → § 119 GWB Rn. 104–106).

45   Durch die Gesetzesbegründung zu § 119 Abs. 7 GWB[41] wird der Zweck bzw. der Charakter des Verfahrens der Innovationspartnerschaft bündig wie folgt beschrieben:

§ 119 Absatz 7 definiert das neue Verfahren der Innovationspartnerschaft, das nunmehr in Artikel 31 der Richtlinie 2014/24/EU eingeführt wird. Die Innovationspartnerschaft ist ein besonderes Vergabeverfahren zur Entwicklung und dem anschließenden Erwerb innovativer Liefer-, Bau- oder Dienstleistungen, wenn der bestehende Bedarf nicht durch bereits auf dem Markt verfügbare Lösungen befriedigt werden kann. Die Innovationspartnerschaft ermöglicht es öffentlichen Auftraggebern, eine langfristige Innovationspartnerschaft mit einem oder mehreren Partnern für die Entwicklung und den anschließenden Erwerb neuer, innovativer Leistungen zu begründen, ohne dass ein getrenntes Vergabeverfahren für den Kauf erforderlich ist. Voraussetzung ist, dass für solche innovativen Leistungen die vereinbarten Leistungs- und Kostenniveaus eingehalten werden können.
Die Innovationspartnerschaft stützt sich im Kern auf die Verfahrensregeln, die für das Verhandlungsverfahren gelten, da dies für den Vergleich von Angeboten für innovative Lösungen am besten geeignet ist, wobei die Auftragsvergabe auf der Grundlage des besten Preis-Leistungs-Verhältnisses erfolgt. Unabhängig davon, ob es um sehr große Vorhaben oder um kleinere innovative Vorhaben geht, sollte die Innovationspartnerschaft so strukturiert sein, dass sie die erforderliche Marktnachfrage bewirken kann, die die Entwicklung einer innovativen Lösung anstößt, ohne jedoch zu einer Marktabschottung zu führen. Vor diesem Hintergrund darf die Innovationspartnerschaft nicht genutzt werden, um den Wettbewerb zu behindern, einzuschränken oder zu verfälschen. In bestimmten Fällen könnten solche Effekte durch die Gründung von Innovationspartnerschaften mit mehreren Partnern vermieden werden.

46   Eine ähnliche, jedoch etwas anders akzentuierte Beschreibung folgt aus der Begründung der Verordnung zur Modernisierung des Vergaberechts (Vergaberechtsmodernisierungsverordnung – VergRModVO) zu § 19 VgV:[42]

§ 19 regelt das in § 119 Absatz 7 GWB definierte Verfahren der Innovationspartnerschaft. Die Innovationspartnerschaft wird mit Artikel 31 der Richtlinie 2014/24/EU neu eingeführt. Das Verfahren soll es den öffentlichen

---

[39] BR-Drs. 87/16, 175 (zu § 19 VgV).
[40] *Badenhausen-Fähnle* VergabeR 2015, 743 (744); Reidt/Stickler/Glahs/*Ganske* GWB § 119 Rn. 62.
[41] BT-Drs. 18/6281, 98.
[42] BR-Drs. 87/16, 175.

Auftraggebern ermöglichen, eine langfristige Innovationspartnerschaft für die Entwicklung und den anschließenden Erwerb neuer innovativer Geräte, Ausrüstungen, Waren und Dienstleistungen zu begründen (Erwägungsgrund 49 der Richtlinie 2014/24/EU). Die Förderung von Innovationen durch die öffentliche Hand erfolgt in der Regel durch projektorientierte oder institutionelle Forschungsförderung im Wege der Gewährung von Zuwendungen. Reicht die öffentliche Hand Zuwendungen aus, ist sie an Vergaberecht grundsätzlich nicht gebunden. Zuwendungen sind allerdings sog. verlorene Zuschüsse, für die die öffentliche Hand keine unmittelbare Gegenleistung erhält, geschweige denn mit denen ein Beschaffungsbedarf befriedigt werden dürfte.
Nun wird es dem öffentlichen Auftraggeber erstmals ermöglicht, im Rahmen eines einzigen Vergabeverfahrens – der Innovationspartnerschaft – sowohl die Entwicklung einer Innovation zu unterstützen als auch zugleich den anschließenden Erwerb zu regeln, ohne erneut ausschreiben zu müssen.
Dabei stützt sich die Innovationspartnerschaft im Kern auf die Verfahrensregeln, die für das Verhandlungsverfahren gelten. Unabhängig davon, ob es um sehr große Vorhaben oder um kleinere innovative Vorhaben geht, sollte die Innovationspartnerschaft so strukturiert sein, dass sie die erforderliche Marktnachfrage bewirken kann, die die Entwicklung einer innovativen Lösung anstößt. Die Innovationspartnerschaft darf allerdings nicht dazu genutzt werden, um den Wettbewerb zu behindern, einzuschränken oder zu verfälschen. In bestimmten Fällen könnten solche Effekte durch die Gründung von Innovationspartnerschaften mit mehreren Partnern vermieden werden.

47 Aus diesen Erläuterungen lassen sich folgende Vorteile des Verfahrens der Innovationspartnerschaft destillieren: Das Verfahren ermöglicht es, die **Entwicklung und** den anschließenden **Erwerb** der in der Kooperation entwickelten neuartigen Geräte, Ausrüstungen, Waren und Dienstleistungen sowie Bauleistungen **in einem einheitlichen Beschaffungsvorgang** abbilden zu können.[43] Das hat für öffentliche Auftraggeber den Vorteil, die verfahrensgegenständliche **Innovation fördern,** sich aber **zugleich** auch die **Vorteile der Entwicklung sichern** zu können. Die Verbindung von Produktentwicklung und Produktbeschaffung wirkt sich darüber hinaus positiv auf die Motivation der Unternehmen aus, sich an einem Entwicklungsauftrag zu beteiligen. Denn das Verfahren bietet eine Lösung für das häufig auftretende Problem, dass Unternehmen bisweilen von Entwicklungsprojekten Abstand nehmen, um nicht vor dem Hintergrund der sog. **Projektenproblematik** ihre Chancen in dem Verfahren betreffend den – häufig profitableren – Umsetzungsauftrag zu gefährden. Auch dem Effekt, dass andere Marktteilnehmer – selbst bei entsprechenden Maßnahmen des Auftraggebers zum Ausgleich von etwaigen Wettbewerbsvorteilen eines Projektanten – von der Beteiligung an der Umsetzungsausschreibung Abstand nehmen, weil sie einen verbleibenden, faktisch nicht zu überbrückenden Wissensvorsprung des Entwicklers befürchten, wird entgegengewirkt.[44] Die Innovationspartnerschaft ist damit **kein Weg aus dem Vergaberecht,** sondern wie beim wettbewerblichen Dialog wird zunächst in einem offenen Teilnahmewettbewerb der Kreis der späteren Innovationspartner ermittelt. Es sind auch hier in der Bekanntmachung maßgebliche Informationen mitzuteilen, die später nicht mehr geändert werden dürfen. Der offene Wettbewerb wird daher der Entwicklungs- und Angebotsphase vorgeschaltet, die damit ermittelten Wettbewerbsteilnehmer sind sowohl während der Entwicklungsphase als auch während der Angebots- und Umsetzungsphase nach den **Grundsätzen des § 97 GWB** diskriminierungsfrei und unter Wahrung der Chancengleichheit zu behandeln (→ § 2 EU Rn. 4 iVm → § 2 Rn. 24).

48 Das Verfahren der Innovationspartnerschaft ist **zulässig unter der Voraussetzung des § 3a EU Abs. 5** (→ § 3a EU Rn. 50). Danach darf der der Innovationspartnerschaft zugrundeliegende Beschaffungsbedarf **nicht bereits durch am Markt vorhandene Bauleistungen befriedigt werden können.** Sind für den Beschaffungsbedarf bereits Lösungen vorhanden, fehlt es am innovativen Charakter der zu beschaffenden Leistung. Für Normbauten jedweder Art, auch wenn sie komplexe Anforderungen stellen, kommt das Verfahren daher nicht infrage.[45] Wie beim wettbewerblichen Dialog fällt es daher schwer, sich Anwendungsfälle vorzustellen, ausgeschlossen ist dies jedoch im Baubereich nicht.

49 Das Verfahren folgt im Kern den Regeln für das Verhandlungsverfahren. Unabhängig davon, ob es sich um große Vorhaben oder um kleinere innovative Vorhaben handelt, sollte die Innovationspartnerschaft so strukturiert sein, dass sie die erforderliche Marktnachfrage bewirken kann, die die Entwicklung einer innovativen Lösung anstößt. Das Verfahren darf nicht dazu genutzt werden, den Wettbewerb zu behindern, einzuschränken oder zu verfälschen.[46]

50 **b) Eröffnung des Verfahrens, Teilnahmewettbewerb (Nr. 1–3).** Aus **Abs. 5 Nr. 1** ergibt sich, dass die Innovationspartnerschaft wie die anderen Verfahrensarten auch mit einer **öffentlichen**

---

[43] *Rosenkötter* VergabeR 2016, 196; Reidt/Stickler/Glahs/*Ganske* GWB § 119 Rn. 65.
[44] *Rosenkötter* VergabeR 2016, 196 (197); Reidt/Stickler/Glahs/*Ganske* GWB § 119 Rn. 65.
[45] Erwägungsgrund 43 RL 2014/24/EU.
[46] BR-Drs. 87/16, 175 (zu § 19 VgV); Erwägungsgrund 49 RL 2014/24/EU.

Bekanntmachung beginnt. Für den Inhalt der Bekanntmachung gelten dieselben Anforderungen wie für die anderen Verfahrensarten, sie werden lediglich im Hinblick auf die zu leistende Entwicklungsarbeit angepasst. Der öffentliche Auftraggeber hat daher **die erwartete Leistung,** insbesondere die physischen, funktionellen und rechtlichen Erwartungen an die Entwicklungsleistung in der Bekanntmachung oder den Leistungsunterlagen so **umfassend, klar und eindeutig zu beschreiben,** wie ihm das zu diesem Zeitpunkt möglich ist. Er hat dafür Sorge zu tragen, dass seine Erwartungen an die Entwicklungsleistung von allen Bewerbern im gleichen Sinn zu verstehen sind und die Unternehmen Art und Umfang der geforderten Lösung erkennen und entscheiden können, ob sie sich um die Teilnahme am Vergabeverfahren bewerben. Er hat festzulegen, welche seiner Anforderungen **Mindestanforderungen** sind. Weiter hat er schon in der Bekanntmachung **Zuschlagskriterien** mitzuteilen. Die **Mindestanforderungen** und **Zuschlagskriterien** sind später **nicht mehr änderbar (Nr. 4).**

51 Wie bei den anderen Verfahrensarten sind auch hier **Eignungskriterien** vorzugeben **(Nr. 1).** Die geforderten Unterlagen sollen Aufschluss über die Fähigkeit der Unternehmen geben können, auf dem Gebiet der Forschung und Entwicklung sowie der Ausarbeitung und Umsetzung innovativer Lösungen erfolgreich tätig sein zu können.[47] Die geforderten Nachweise müssen daher geeignet sein, über die für den konkreten Auftrag notwendigen Erfahrungen und Kompetenzen Aufschluss zu geben.

52 Nach **Nr. 2 und 3 erfolgt die Auswahl der Innovationspartner** in einem klassischen **Teilnahmewettbewerb.** Dabei darf die Zahl der auszuwählenden Unternehmen begrenzt werden, wenn dies vorher angekündigt wurde. Hierzu **verweist Nr. 3 auf Abs. 2 Nr. 3,** sodass auch in dieser Verfahrensart wenigstens drei Unternehmen zur Teilnahme vorzusehen sind. Die Auswahl hat nach den zuvor bekanntgemachten Kriterien zu erfolgen. Zunächst werden die Bewerber ausgeschlossen, die die geforderten Nachweise nicht erbringen und damit ihre Eignung nicht nachweisen können. Verbleiben danach mehr geeignete Unternehmen als für die Teilnahme an der Partnerschaft ausweislich der Ankündigung in der Bekanntmachung vorgesehen, hat die **Auswahl aus dem Kreis der verbliebenen geeigneten Unternehmen** nach den **zuvor bekanntgemachten Auswahlkriterien** zu erfolgen. Der **Auswahlvorgang** ist nachvollziehbar zu **dokumentieren.** Da nur die ausgewählten Unternehmen am weiteren Verfahren teilnehmen dürfen **(Nr. 3),** sind die nicht erfolgreichen Bewerber über das Ergebnis des Teilnahmewettbewerbs zu informieren.

53 c) **Die Verhandlungsphase (Nr. 4–6).** Nach **Nr. 4** folgt auf die Auswahl der geeigneten Unternehmen die Angebots- und Verhandlungsphase mit den ausgewählten Unternehmen. **Gegenstand der Verhandlungen** dürfen **alle Aspekte der jeweiligen Angebote** und bei mehreren Verhandlungsrunden **alle Angebote mit Ausnahme des endgültigen Angebotes** sein. **Nicht verhandelbar** und durch alle Verfahrensschritte gültig sind die zu Beginn des Verfahrens mitgeteilten **Mindestanforderungen** und die **Zuschlagskriterien.** Soweit dies in der Bekanntmachung angekündigt war, darf der Kreis der beteiligten Unternehmen auch hier von Verhandlungsrunde zu Verhandlungsrunde reduziert werden. **Nr. 5 S. 3** befasst sich mit der Information der im Verfahren verbliebenen Verhandlungspartner, eine ausdrückliche Regelung zum **Umgang mit den in jeder Verhandlungsrunde ausgeschiedenen Bewerbern** enthält die Beschreibung der Innovationspartnerschaft nicht. Es ist deshalb auf die allgemeinen Regeln des GWB abzustellen. Nach **§ 134 GWB** sind die nicht erfolgreichen Bewerber zeitnah zu informieren, nach **§ 160 Abs. 3 GWB und § 167 Abs. 2 GWB** haben auch die Beteiligten hier eine Mitwirkungspflicht im Hinblick auf den **Beschleunigungsgrundsatz.** Die Vergabe in Verfahren der Innovationspartnerschaft wird zwar regelmäßig ein sehr langes, eher nicht beschleunigtes Vergabeverfahren sein, wenn aber eine Entscheidung getroffen ist, sollte der Rechtsschutz keine unnötige Verzögerung verursachen. Es wäre daher nicht im Sinne des Gesetzgebers und auch unwirtschaftlich, wollte man die Informationspflicht nach **§ 134 GWB** gegenüber den frühzeitig ausgeschiedenen Bewerbern hier erst am Ende des gesamten Verfahrens sehen.[48] Das könnte zur Folge haben, dass nach einem erfolgreichen Nachprüfungsverfahren uU nach dem ansonsten abgeschlossenen Verfahren die gesamte Verhandlungsphase wiederholt werden muss. **Nr. 4** enthält zwar keine ausdrückliche Aussage dahin, dass die ausgeschiedenen Bewerber darüber zu informieren sind, die VOB/A kann aber auch als nachrangige Regelung kein Bundesgesetz außer Kraft setzen, sodass hier **§ 134 GWB anzuwenden** ist. Da **§ 134 GWB** verlangt, dass auch der Name des erfolgreichen Bieters mitgeteilt wird, dieser aber noch nicht feststeht und der Kreis der anderen Bewerber anonym zu bleiben hat, stellt sich die **praktische Frage, wie die Information aussehen könnte.** Da sich das Vergabeverfahren noch im Fluss befindet, wird sich

---

[47] IdS *Knauff/Meurers* in Müller-Wrede VgV § 19 Rn. 27.
[48] IErg wohl auch jurisPK-VergabeR/*Sommer* GWB § 134 Rn. 20 f.; Immenga/Mestmäcker/*Kling* GWB § 134 Rn. 39 f.

je nach Verfahrensstand nur mitteilen lassen, aus welchem Grund das Angebot des ausgeschiedenen Bewerbers als nicht weiterführend angesehen wurde. Um die Rechte des bereits ausgeschiedenen Bieters zu wahren, sollte jedoch auch vor Erteilung des Zuschlags nochmals die Vorabinformation an diesen Bieter – dann unter Benennung des erfolgreichen Bieters – erfolgen.[49]

Nach **Nr. 5** ist auch für das Verfahren der Innovationspartnerschaft kein „runder Tisch" der 54 beteiligten Unternehmen zulässig. **Nr. 5** beinhaltet sehr detaillierte Vorgaben zur Sicherstellung der **Geheimhaltung der Innovations- und Lösungsvorschläge der beteiligten Unternehmen.** Dafür hat der öffentliche Auftraggeber in den Vergabeunterlagen die zum **Schutz des geistigen Eigentums** geltenden Vorkehrungen festzulegen. Inhalte einzelner Angebote und Lösungsvorschläge dürfen **nur mit Einwilligung** des Unternehmens, das das Angebot abgegeben und den Lösungsvorschlag gemacht hat, weitergegeben werden. Die Zustimmung muss sich **auf konkrete Einzelfragen beziehen** und darf **nicht pauschal für das gesamte Angebot und auch nicht im Voraus generell** verlangt werden. Die Weitergabe einzelner Aspekte der Lösungsvorschläge ist – soweit überhaupt zulässig – auf das notwendige Maß zu beschränken. Im Zweifel ist davon auszugehen, dass die Informationen in den eingereichten Konzepten überwiegend vertraulich zu behandeln sind.[50] Hat der öffentliche Auftraggeber in der Bekanntmachung mitgeteilt, dass er beabsichtigt, den Kreis der Verhandlungspartner von Runde zu Runde verkleinern, sieht **Nr. 5 S. 3** vor, dass er die Bieter, die nicht ausgeschieden sind, über etwaige Änderungen an den Vergabeunterlagen in Textform informiert. **Abs. 5. Nr. 5** gibt ebenfalls vor, dass und wie eine gleichmäßige, die Chancengleichheit der beteiligten Wettbewerber gewährleistende Information aller Beteiligten sicherzustellen ist. In der Praxis bedeutet das, dass trotz der naheliegenden Überlegung, die Kompetenzen der ausgewählten geeigneten Unternehmen zu bündeln, jedes Unternehmen für sich allein seine Lösungsvorschläge vorlegen muss. Soweit sich aus den verschiedenen Angeboten Ansatzpunkte für eine **Modifizierung oder Fortschreibung der Leistungsunterlagen** ergeben (die nicht die Mindestanforderungen betreffen dürfen, **Nr. 4**), **sind diese Veränderungen allen Bietern mitzuteilen.**

Im Anschluss an solche Veränderungen ist den Bietern **ein angemessener Zeitrahmen für** 55 **die Abgabe überarbeiteter Angebote** zu gewähren **(Nr. 5 S. 6).** Eine Definition oder Vorgabe für einen angemessenen Zeitrahmen enthält die Regelung nicht. **§ 20 VgV** gehört zwar zu den Abschnitten der VgV, die nicht auf die Vergabe von Bauaufträgen anwendbar sind, sodass eine unmittelbare Anwendung nicht in Betracht kommt. Allerdings gibt **§ 20 VgV**, insbesondere in § 20 **Abs. 1 und 2 VgV,** einige praktische **Hinweise zur Bemessung einer angemessenen Frist,** die in die Ermessensentscheidung über die Festsetzung der Frist einfließen können, sodass diese ihre Basis und Parallele im Vergaberecht hat. Zu diesen Aspekten gehören die **Komplexität der zu lösenden Aufgabe** und der Zeitaufwand für ggf. erforderliche Ortsbesichtigungen. Für die Innovationspartnerschaft dürfte auch das **Ausmaß der Veränderungen an den Vergabeunterlagen** infolge der Verhandlungen ein zu berücksichtigender Aspekt sein.

Die **Verhandlungsphase endet mit dem Zuschlag (Nr. 6).** Der Zuschlag ist zu erteilen auf 56 das Angebot, dass die ausgeschriebenen Anforderungen nach den mitgeteilten Zuschlagskriterien am besten erfüllt. Ein **Zuschlag auf den niedrigsten Preis oder die niedrigsten Kosten ist hier unzulässig (Nr. 6 S. 2),** da das dafür sprechen würde, dass die Leistung doch beschreibbar und schon am Markt vorhanden ist, sodass es auf den Entwicklungsaspekt nicht mehr ankommt. Aus **Nr. 6 S. 3** ist erkennbar, dass auch für die Entwicklungs- und Forschungsleistung **Lose** gebildet werden können, sodass unterschiedliche Aspekte der Entwicklungs- und Forschungsleistung auch **an unterschiedliche Unternehmen vergeben** werden können.

d) Die Forschungs- und Entwicklungsphase (Nr. 7–8). Mit dem Zuschlag werden mit 57 dem oder den ausgewählten Unternehmen **Verträge geschlossen,** die ab jetzt die Basis der Zusammenarbeit sind. Der **Innovationsprozess** besteht aus **zwei Phasen,** der **Forschungs- und Entwicklungsphase (Nr. 7 S. 1 lit. a)** und der **Leistungsphase (Nr. 7 S. 1 lit. b).** Die Forschungs- und Entwicklungsphase umfasst die Herstellung von Prototypen oder die Entwicklung der Bauleistung, in der Leistungsphase wird die aus der Partnerschaft hervorgegangene Leistung erbracht. Da die Leistungsphase in der Ausführung einer Bauleistung besteht, richtet sie sich nach den üblichen und bekannten Regeln.

Nr. 7 S. 2 gibt vor, dass die Forschungs- und Entwicklungsphase durch die Festlegung von 58 **Zwischenzielen** zu untergliedern ist. Diese Untergliederung dient **zweierlei Zielen.** Zum einen

---

[49] IdS Immenga/Mestmäcker/*Kling* GWB § 134 Rn. 39 f. („*Die besonderen, während der Dialogphase bestehenden und ihrem Ablauf dienenden Informationspflichten haben demnach keine Auswirkung auf das Bestehen der Vorabinformationspflicht vor Erteilung des Zuschlags*").
[50] *Knauff/Meurers* in Müller-Wrede VgV § 19 Rn. 40.

kann der **Entwicklungsfortschritt besser verfolgt** und beobachtet werden, ob die Entwicklung **die gewünschte Richtung** nimmt und den gesetzten **Zeitplan einhält (insbesondere Nr. 7 S. 3),** zum anderen sind Zwischenziele auch **Zahlungstermine (Nr. 7 S. 2),** zu denen durch **angemessene Raten** sichergestellt wird, dass ein Unternehmen nicht mit seinem gesamten Potenzial (Personal, Equipement) langfristig in Vorlage treten muss. Die **besondere Kostenverantwortung des öffentlichen Auftraggebers** ergibt sich aus **Nr. 7 S. 4,** wonach die Höhe der für die Entwicklung notwendigen Investitionen nicht außer Verhältnis zum Wert der Bauleistung stehen darf. Nach **S. 3** gilt dies auch für die Zwischenziele, zu denen jeweils die Struktur der Partnerschaft und die Dauer und der Wert der einzelnen Entwicklungsphasen mit dem Innovationsgrad der vorgeschlagenen Leistung und der Abfolge der Forschungs- und Innovationstätigkeiten in einem ausgewogenen Verhältnis stehen müssen.

59   **Nr. 8** spricht den Zwischenzielen zusätzlich eine Zäsurwirkung für die Vertragsverhältnisse zu. Danach kann der öffentliche Auftraggeber auch bei jedem Zwischenziel entscheiden, ob er den Vertrag mit dem Innovationspartner kündigt und die Partnerschaft beendet oder – im Falle mehrerer Vertragspartner – den Kreis verkleinert und die Verträge mit einzelnen Unternehmen wieder löst. Voraussetzung ist, dass diese Möglichkeit und die Umstände, unter denen davon Gebrauch gemacht werden soll, in der Bekanntmachung oder den Vergabeunterlagen angekündigt wurde. Die Wendung „unter welchen Umständen davon Gebrauch gemacht werden kann" räumt dem Auftraggeber einen weiten Spielraum für die Festlegung der Kündigungsgründe ein, sodass die Kündigung nicht nur von der Zielerfüllung, sondern auch von anderen Gründen abhängig gemacht werden darf.[51]

60   **e) Die Leistungsphase (Nr. 9).** Ist die Entwicklungsleistung abgeschlossen, kann der öffentliche Auftraggeber sie ohne erneutes Vergabeverfahren erwerben. Aus **Nr. 9** ergibt sich, dass er ist in dieser Entscheidung aber **nur dann zur Abnahme verpflichtet ist, wenn** das bei Eingehung der Innovationspartnerschaft festgelegte **Leistungsniveau** und die **Kostenobergrenze eingehalten** worden ist. Daraus folgt umgekehrt, dass eine Erwerbsverpflichtung des Auftraggebers besteht, wenn diese Voraussetzungen erfüllt sind.[52] Hieraus ergibt sich für die Auftragnehmer ein Anreiz, die vereinbarten Kosten- und Qualitätsziele einzuhalten.[53]

III. Drittschützender Charakter

61   Die in § 3b EU geschilderten Verfahrensabläufe stellen spezielle Ausgestaltungen des Wettbewerbs-, Transparenz- und Gleichbehandlungsgrundsatzes (§ 2 EU Abs. 1, 2) dar. So dienen die jeweiligen Vorgaben hinsichtlich der Bekanntmachung (§ 3b EU Abs. 1 S. 1, Abs. 2 Nr. 1 S. 1, Abs. 3 Nr. 1 S. 1, Abs. 4 Nr. 1 S. 1, Abs. 5 Nr. 1 S. 1) offensichtlich der Herstellung der notwendigen Verfahrenstransparenz. Dass es sich um besondere Ausprägungen der vergaberechtlichen Grundprinzipien handelt, wird auch deutlich, wenn man das Gebot, im Rahmen des Wettbewerblichen Dialogs alle Unternehmen gleich zu behandeln (Abs. 4 Nr. 4 S. 3) oder die Vorgabe, dafür Sorge zu tragen, dass im Rahmen des Verhandlungsverfahrens auch in der Schlussphase noch so viele Angebote vorliegen, dass ein echter Wettbewerb gewährleistet ist, betrachtet. Mithin handelt es sich bei den Verfahrensregelungen des § 3b EU **grundsätzlich** um **drittschützende Regelungen**.[54] Zu beachten ist, dass die Vorschriften dem öffentlichen Auftraggeber zum Teil ein Ermessen einräumen. Sofern dem Auftraggeber ein Ermessensspielraum eingeräumt ist (vgl. zB Abs. 2 Nr. 3 S. 1, Abs. 3 Nr. 8 S. 1, Abs. 4 Nr. 4 S. 2, Abs. 4 Nr. 5 S. 1) kann sich der Anspruch des Bewerbers bzw. Bieters nur auf eine **Überprüfung der rechtlichen Grenzen des Ermessensspielraums** richten.

§ 4 EU Vertragsarten

(1) Bauaufträge sind so zu vergeben, dass die Vergütung nach Leistung bemessen wird (Leistungsvertrag), und zwar:
1. in der Regel zu Einheitspreisen für technisch und wirtschaftlich einheitliche Teilleistungen, deren Menge nach Maß, Gewicht oder Stückzahl vom öffentlichen Auftraggeber in den Vertragsunterlagen anzugeben ist (Einheitspreisvertrag),

---
[51] *Rosenkötter* VergabeR 2015, 196 (200 f.).
[52] Ingenstau/Korbion/*Stolz* Rn. 82.
[53] *Püstow/Meiners* NZBau 2016, 406 (408).
[54] Vgl. zu den Parallelvorschriften der VgV: *Gnittke/Hattig/Hirsch/Kaelble* in Müller-Wrede VgV § 15 Rn. 152; *Hirsch/Kaelble* in Müller-Wrede VgV § 16 Rn. 107; *Hirsch/Kaelble* in Müller-Wrede VgV § 17 Rn. 130; *Hirsch/Kaelble* in Müller-Wrede VgV § 18 Rn. 117; *Knauff/Meurer* in Müller-Wrede VgV § 19 Rn. 65; Ziekow/Völlink/*Steck* VgV § 15 Rn. 42; Ziekow/Völlink/*Steck* VgV § 16 Rn. 29; Ziekow/Völlink/*Völlink* VgV § 17 Rn. 34.

2. in geeigneten Fällen für eine Pauschalsumme, wenn die Leistung nach Ausführungsart und Umfang genau bestimmt ist und mit einer Änderung bei der Ausführung nicht zu rechnen ist (Pauschalvertrag).

(2) Abweichend von Absatz 1 können Bauaufträge geringeren Umfangs, die überwiegend Lohnkosten verursachen, im Stundenlohn vergeben werden (Stundenlohnvertrag).

(3) Das Angebotsverfahren ist darauf abzustellen, dass der Bieter die Preise, die er für seine Leistungen fordert, in die Leistungsbeschreibung einzusetzen oder in anderer Weise im Angebot anzugeben hat.

(4) Das Auf- und Abgebotsverfahren, bei dem vom öffentlichen Auftraggeber angegebene Preise dem Auf- und Abgebot der Bieter unterstellt werden, soll nur ausnahmsweise bei regelmäßig wiederkehrenden Unterhaltungsarbeiten, deren Umfang möglichst zu umgrenzen ist, angewandt werden.

Übersicht

	Rn.		Rn.
I. **Allgemeines**	1	2. Der Stundenlohnvertrag (Abs. 2)	12
1. Normzweck	1	3. Sonstige Vertragstypen	12a
2. Entstehungsgeschichte	2	III. **Verfahren der Angebotseinholung**	
3. Vergleichbare Vorschriften	3	(Abs. 3 und 4)	13
II. **Die Vertragstypen**	4	1. Das Angebotsverfahren (Abs. 3)	14
1. Der Leistungsvertrag (Abs. 1)	4	2. Das Auf- und Abgebotsverfahren (Abs. 4)	15
a) Der Einheitspreisvertrag (Abs. 1 Nr. 1)	5		
b) Der Pauschalvertrag (Abs. 1 Nr. 2)	9	IV. **Bieterschutz**	16

I. Allgemeines

1. Normzweck. Während die Regeln der VOB/A unterhalb der Schwellenwerte nur den 1 Charakter von Verwaltungsvorschriften haben, hat die VgV in **§ 2 VgV** den zweiten Abschnitt der VOB/A, die sog. **EU-§§, für anwendbar erklärt**, sodass diese Bestimmungen für öffentliche Auftraggeber in europaweiten Ausschreibungsverfahren **verbindlich sind**. § 4 EU gibt einen zusammenfassenden Überblick über die bei Bauverträgen anzuwendenden Vertragsformen. Die aufgenommenen Vertragstypen der Abs. 1, 2 und 4 stehen mit den vergaberechtlichen Anforderungen im Einklang und ermöglichen eine transparente Ermittlung des wirtschaftlichsten Angebotes, wenn dies auch bei den Auf- und Abgebotsverträgen eher schwierig ist (→ § 4 Rn. 46). Die Vorgaben haben **bestimmende Auswirkungen auf die Gestaltung der Vergabeunterlagen**, nach deren Vorgaben die Preise einzutragen sind. § 4 EU schließt wie § 4 die zivilrechtlichen Regeln über den Vertragsschluss und den Bauvertrag (**§ 311 BGB, §§ 631–651 BGB**) nicht aus. Hierzu gehört das zum 1.1.2018 in Kraft getretene reformierte Bauvertragsrecht. Zu den Einzelheiten → § 4 Rn. 1 f. Anders als bei den nationalen Vergaben ist hier die Anwendung der **VOB/B** durch **§ 8a EU Abs. 1** auch verbindlich vorgegeben, ebenso wie die Einbeziehung der **VOB/C**.

2. Entstehungsgeschichte. Die Bestimmung ist im Übrigen Ergebnis derselben Reform wie 2 § 4. Die Ausführungen zu § 4 (→ § 4 Rn. 3) gelten daher auch für § 4 EU. Im Folgenden werden nur die Besonderheiten von § 4 EU dargestellt.

3. Vergleichbare Vorschriften. Eine identische Regelung enthält § 4 VS. § 4 EU ist – ebenso 3 wie § 4 VS – wortgleich mit § 4 bis auf die Bezeichnung „Bauaufträge" anstelle von „Bauleistungen" in S. 1. Ein abweichender Sinn ist damit nicht erfasst. Beide Bestimmungen umfassen den identischen Regelungsbereich. § 4 EU und § 4 VS orientieren sich lediglich an dem Sprachgebrauch der aus dem EU-Recht entstandenen Bestimmungen, die für die europaweiten Vergabeverfahren gelten. Andere Vergabeordnungen enthalten keine mit § 4 EU vergleichbare Vorschrift.

II. Die Vertragstypen

1. Der Leistungsvertrag (Abs. 1). Zu den grundsätzlichen Überlegungen der Aufnahme 4 bestimmter Vertragstypen in die VOB/A → § 4 Rn. 6. Wie § 4 sieht auch **§ 4 EU** in **Abs. 1** zwei Varianten des Leistungsvertrages vor, nämlich den **Einheitspreisvertrag (Nr. 1)** und den

Pauschalvertrag (Nr. 2). Für beide Varianten gelten die Ausführungen zu § 4 (→ § 4 Rn. 5–26) ebenso.

5   a) Der Einheitspreisvertrag (Abs. 1 Nr. 1). Zum Einheitspreisvertrag → § 4 Rn. 7–21. Ergänzend dazu ist hier darauf hinzuweisen, dass sich der Gesamtpreis wie bei § 4 rechnerisch aus der Multiplikation des Einheitspreises mit der in der Positionsbeschreibung (Vordersatz) genannten Menge ergeben wird. Für den Fall von Abweichungen ist hier jedoch auf **§ 16c EU Abs. 2 Nr. 1 hinzuweisen,** der wie § 16c Abs. 2 Nr. 1 bestimmt, dass **dann der Einheitspreis maßgeblich ist.**

6   Zur **Vergütung von Nachträgen** → § 4 Rn. 11. Zu berücksichtigen ist hier, dass sich die von § 2 VOB/B erfassten Nachträge auf eine Größenordnung beschränken, die die Bestimmungen zur **Ausschreibungspflicht nachträglicher Vertragsänderungen bei europaweiten Ausschreibungen** nach 22 EU bzw. § 132 GWB nicht berühren.

7   Zur **Angabe der erforderlichen Mengen und Maße im Vordersatz** → § 4 Rn. 9. Zu berücksichtigen ist hier, dass die **§§ 7EU, 7a EU–7c EU** die Regeln aufstellen, deren Einhaltung die Basis für ein auf die Vergütung nach Leistung ausgerichtetes Leistungsverzeichnis sind. Ein **eindeutiges und vollständiges Leistungsverzeichnis ist Teil eines transparenten und willkürfreien Wettbewerbs,** der sowohl nach § 97 GWB als auch nach **§ 2 EU Abs. 1 und 2** gefordert ist.

8   Zur **funktionalen Leistungsbeschreibung nach § 7c EU** → § 4 Rn. 10. Abweichend von den Angaben dort ergeben sich hier die maßgeblichen Anforderungen an eine funktionale Leistungsbeschreibung aus **§ 7c EU.** Die Unternehmen müssen **nach § 7c EU Abs. 2 Nr. 1 alle für die Entwurfsbearbeitung und ihr Angebot maßgebenden Bedingungen und Umstände** erkennen können, ebenso den Zweck der fertigen Leistung und die an sie gestellten technischen, wirtschaftlichen, gestalterischen und funktionsbedingten Anforderungen. Auch hier kann ein Musterleistungsverzeichnis beigefügt werden, in dem die Mengenangaben ganz oder teilweise offengelassen werden oder es können Zeichnungen, Probestücke oder Hinweise auf ähnliche Projekte verwendet werden (**§ 7c EU Abs. 2 Nr. 2 iVm § 7b EU Abs. 2 und 3**).

9   b) Der Pauschalvertrag (Abs. 1 Nr. 2). Zur Definition des Pauschalvertrags → § 4 Rn. 22.

10   Zur **Vergütung in Form einer Pauschalsumme** → § 4 Rn. 23. Abweichend kommen hier die Vorschriften des 2. Abschnitts der VOB/A zur Anwendung. Die Pflicht des Auftraggebers zur Erstellung einer **Leistungsbeschreibung** ergibt sich hier aus **§ 7 EU und § 7a EU–7c EU,** die Geltung der Pauschalsumme ohne Rücksicht auf die Einzelpreise ergibt sich hier aus **§ 16c EU Abs. 2 Nr. 2.** Den Anforderungen an eine zuverlässige Leistungsbeschreibung, die sich hier aus **§ 7 EU und §§ 7a EU–7c EU** ergeben, kommt daher zumindest auch eine **bieterschützende Wirkung** zu.

11   Zur Unterscheidung zwischen **Teil-Pauschalvertrag, Detail-Pauschalvertrag** und **Global-Pauschalvertrag und zur Abgrenzung zur schlüsselfertigen Leistung** → § 4 Rn. 24–26. Soweit dort § 7 und §§ 7a–7c zitiert sind, sind hier die entsprechenden Bestimmungen der § 7EU und §§ 7a EU–7c EU anzuwenden.

12   **2. Der Stundenlohnvertrag (Abs. 2).** Zum Stundenlohnvertrag → § 4 Rn. 27–36. Da Stundenlohnverträge nur für Bauaufträge geringen Umfangs vorgesehen sind, kommen große Bauaufträge dem Wortlaut nach nicht in Betracht, sodass die Bestimmung für die europaweiten Vergaben in der Regel keine Bedeutung hat.

12a   **3. Sonstige Vertragstypen.** Ebenso wie § 4 enthält auch § 4 EU keine abschließende Regelung der in Betracht kommenden Vertragstypen, sodass – unter Beachtung insbesondere der Vorgabe einer eindeutigen und erschöpfenden Leistungsbeschreibung (§§ 7 EU ff.) und der allgemeinen vergaberechtlichen Prinzipien, wie dem Transparenz- und Wettbewerbsprinzip (§ 2 EU Abs. 1) – den Auftraggebern auch andere Vertragstypen und Vergütungsmodelle offen stehen (→ § 4 Rn. 37–41).

III. Verfahren der Angebotseinholung (Abs. 3 und 4)

13   Abs. 3 und 4 regeln zwei unterschiedliche Verfahren mittels derer Angebote – unabhängig davon, welche Art von Vertrag der Auftraggeber abschließen will – eingeholt werden können, nämlich das Angebots- und das Auf- und Abgebotsverfahren.

14   **1. Das Angebotsverfahren (Abs. 3).** Zum Angebotsverfahren → § 4 Rn. 43–45. Besonderheiten ergeben sich im europaweiten Wettbewerb nicht.

2. Das Auf- und Abgebotsverfahren (Abs. 4). Zum Auf- und Abgebotsverfahren → § 4 Rn. 46–50. Besonderheiten ergeben sich für europaweite Vergaben nicht. Bei dieser Verfahrensweise sind die Anforderungen an ein transparentes, die Chancengleichheit wahrendes Vergabeverfahren einzuhalten. Dies erfordert sehr viel Sorgfalt und Aufwand, insbesondere muss der Auftraggeber selbst vorher sehr umfassend und realistisch die Marktpreise ermitteln, die er den Bietern vorgeben will. Das setzt gegenüber den anderen Vergabeverfahrensarten einen weiteren zeitintensiven Arbeitsschritt voraus, dessen Nutzen zudem gering ist, da die potenziellen Bieter aufgrund ihrer Tätigkeit am Markt möglicherweise ganz andere Materialbeschaffungskosten oder Personaleinsatzkosten kalkulieren können, als eine abstrakte Markterkundung ergibt. Das Verfahren hat daher wegen des damit verbundenen Aufwands kaum praktische Bedeutung und wird für europaweite Vergabeverfahren in der Regel nicht angewendet.

IV. Bieterschutz

Die Regelungen des **Abs. 1 Nr. 2,** in der die Vergabe von Bauleistungen durch Pauschalverträge an enge Voraussetzungen gebunden ist, soll den Grad an Genauigkeit, mit der die vertraglich geschuldete Leistung bestimmt sein muss, sicherstellen. Nur wenn die Leistung hinreichend exakt bestimmt ist, ist die Transparenz des Vergabeverfahrens gewahrt,[1] die wiederrum eine wichtige Voraussetzung für die Herstellung eines intensiven Wettbewerbs und die Einhaltung des Gleichbehandlungsgrundsatzes ist.[2] Würde ein Auftraggeber zB eine pauschale Vergütung vorsehen obgleich die Leistung nicht - wie von Abs. 1 Nr. 2 gefordert – „nach Ausführungsart und Umfang genau bestimmt ist", besteht zB die Gefahr, dass die Bieter den Leistungsumfang unterschiedlich interpretieren und damit ungleiche Wettbewerbschancen bestehen. Daher handelt es sich bei **Abs. 1 Nr. 2** um eine **bieterschützende Vorschrift.**[3] Auch die Regelung des **Abs. 2,** nach der lediglich Bauarbeiten geringen Umfangs, die überwiegend Lohnkosten verursachen, im Stundenlohn vergeben werden sollen, wird in der Literatur als **bieterschützend** eingeordnet.[4] Das ist nachvollziehbar, weil bei der Vergabe von Bauleistung im Stundenlohn außerhalb der durch Abs. 2 vorgegebenen Grenzen ebenfalls das Risiko besteht, dass die vertraglich geschuldete Leistung nicht mit hinreichender Genauigkeit festgelegt und damit der Wettbewerb beeinträchtigt wird. Da der Auftraggeber bei Vorliegen der engen Voraussetzungen für einen Pauschal- oder Stundenlohnvertrag auf diese Vertragsarten zurückgreifen kann, aber nicht muss, und Bieter keinen Anspruch auf entsprechende Verfahren haben, stellt es allerdings **keine Verletzung von Bieterrechten** dar, wenn sich der öffentliche Auftraggeber **trotz Vorliegen der Voraussetzungen für die Vergabe eines Pauschal- oder Stundenlohnvertrages für die Ausschreibung einen Einheitspreisvertrages entscheidet** (→ § 4 Rn. 27). **Abs. 3 und 4** werden dagegen als bloße Ordnungsvorschriften gesehen, die **keine Schutzwirkung** im Interesse des Wettbewerbs und der Gleichbehandlung der Bieter entfalten sollen.[5]

§ 4a EU Rahmenvereinbarungen

(1) ¹Der Abschluss einer Rahmenvereinbarung erfolgt im Rahmen einer nach dieser Vergabeordnung anwendbaren Verfahrensart. ²Das in Aussicht genommene Auftragsvolumen ist so genau wie möglich zu ermitteln und bekannt zu geben, braucht aber nicht abschließend festgelegt zu werden. ³Eine Rahmenvereinbarung darf nicht missbräuchlich oder in einer Art angewendet werden, die den Wettbewerb behindert, einschränkt oder verfälscht.

(2) ¹Auf einer Rahmenvereinbarung beruhende Einzelaufträge werden nach den Kriterien dieses Absatzes und der Absätze 3 bis 5 vergeben. ²Die Einzelauftragsvergabe erfolgt ausschließlich zwischen den in der Auftragsbekanntmachung oder der Aufforderung zur Interessensbestätigung genannten öffentlichen Auftraggebern und denjenigen Unternehmen, die zum Zeitpunkt des Abschlusses des Einzelauftrags Vertragspartei der Rahmenvereinbarung sind. ³Dabei dürfen keine wesentlichen Änderungen an den Bedingungen der Rahmenvereinbarung vorgenommen werden.

(3) ¹Wird eine Rahmenvereinbarung mit nur einem Unternehmen geschlossen, so werden die auf dieser Rahmenvereinbarung beruhenden Einzelaufträge entsprechend den Bedin-

---

[1] VK Düsseldorf Beschl. v. 29.7.2011 – VK 19/2011, NZBau 2011, 637 (638).
[2] HK-VergabeR/*Fehling* § 2 Rn. 17; Reidt/Stickler/Glahs/*Kadenbach* GWB § 121 Rn. 10.
[3] VK Düsseldorf Beschl. v. 29.7.2011 – VK 19/2011, NZBau 2011, 637; zustimmend: *Hilgers* NZBau 2011, 664 (665); Kapellmann/Messerschmidt/*Kapellmann* § 4 Rn. 36; Ziekow/Völlink/*Püstow* Rn. 3; offengelassen dagegen in: VK Bund Beschl. v. 26.2.2007 – VK2-9/07, BeckRS 2013, 46408.
[4] Kapellmann/Messerschmidt/*Kapellmann* § 4 Rn. 36.
[5] HK-VergabeR/*Schrotz* § 4 Rn. 39; Ziekow/Völlink/*Püstow* Rn. 3.

gungen der Rahmenvereinbarung vergeben. ²Für die Vergabe der Einzelaufträge kann der öffentliche Auftraggeber das an der Rahmenvereinbarung beteiligte Unternehmen in Textform auffordern, sein Angebot erforderlichenfalls zu vervollständigen.

(4) Wird eine Rahmenvereinbarung mit mehr als einem Unternehmen geschlossen, werden die Einzelaufträge wie folgt vergeben:
1. gemäß den Bedingungen der Rahmenvereinbarung ohne erneutes Vergabeverfahren, wenn in der Rahmenvereinbarung alle Bedingungen für die Erbringung der Bauleistung sowie die objektiven Bedingungen für die Auswahl der Unternehmen festgelegt sind, die sie als Partei der Rahmenvereinbarung ausführen werden; die letztgenannten Bedingungen sind in der Auftragsbekanntmachung oder den Vergabeunterlagen für die Rahmenvereinbarung zu nennen;
2. wenn in der Rahmenvereinbarung alle Bedingungen für die Erbringung der Bauleistung festgelegt sind, teilweise ohne erneutes Vergabeverfahren gemäß Nummer 1 und teilweise mit erneutem Vergabeverfahren zwischen den Unternehmen, die Partei der Rahmenvereinbarung sind, gemäß Nummer 3, wenn diese Möglichkeit in der Auftragsbekanntmachung oder den Vergabeunterlagen für die Rahmenvereinbarung durch den öffentlichen Auftraggeber festgelegt ist; die Entscheidung, ob bestimmte Bauleistungen nach erneutem Vergabeverfahren oder direkt entsprechend den Bedingungen der Rahmenvereinbarung beschafft werden sollen, wird nach objektiven Kriterien getroffen, die in der Auftragsbekanntmachung oder den Vergabeunterlagen für die Rahmenvereinbarung festgelegt sind; in der Auftragsbekanntmachung oder den Vergabeunterlagen ist außerdem festzulegen, welche Bedingungen einem erneuten Vergabeverfahren unterliegen können; diese Möglichkeiten gelten auch für jedes Los einer Rahmenvereinbarung, für das alle Bedingungen für die Erbringung der Bauleistung in der Rahmenvereinbarung festgelegt sind, ungeachtet dessen, ob alle Bedingungen für die Erbringung einer Bauleistung für andere Lose festgelegt wurden; oder
3. sofern nicht alle Bedingungen zur Erbringung der Bauleistung in der Rahmenvereinbarung festgelegt sind, mittels eines erneuten Vergabeverfahrens zwischen den Unternehmen, die Parteien der Rahmenvereinbarung sind.

(5) Die in Absatz 4 Nummer 2 und 3 genannten Vergabeverfahren beruhen auf denselben Bedingungen wie der Abschluss der Rahmenvereinbarung und erforderlichenfalls auf genauer formulierten Bedingungen sowie gegebenenfalls auf weiteren Bedingungen, die in der Auftragsbekanntmachung oder den Vergabeunterlagen für die Rahmenvereinbarung in Übereinstimmung mit dem folgenden Verfahren genannt werden:
1. vor Vergabe jedes Einzelauftrags konsultiert der öffentliche Auftraggeber in Textform die Unternehmen, die in der Lage sind, den Auftrag auszuführen;
2. der öffentliche Auftraggeber setzt eine ausreichende Frist für die Abgabe der Angebote für jeden Einzelauftrag fest; dabei berücksichtigt er unter anderem die Komplexität des Auftragsgegenstands und die für die Übermittlung der Angebote erforderliche Zeit;
3. die Angebote sind in Textform einzureichen und dürfen bis zum Ablauf der Einreichungsfrist nicht geöffnet werden;
4. der öffentliche Auftraggeber vergibt die Einzelaufträge an den Bieter, der auf der Grundlage der in der Auftragsbekanntmachung oder den Vergabeunterlagen für die Rahmenvereinbarung genannten Zuschlagskriterien das jeweils wirtschaftlichste Angebot vorgelegt hat.

(6) Die Laufzeit einer Rahmenvereinbarung darf höchstens vier Jahre betragen, es sei denn, es liegt ein im Gegenstand der Rahmenvereinbarung begründeter Sonderfall vor.

Schrifttum: *Baudis,* Zur gemeinsamen Beschaffung öffentlicher Auftraggeber nach Maßgabe der Richtlinie 2014/24/EU und deren Umsetzung sowie ihren Grenzen, VergabeR 2016, 425; *Fischer/Fongern,* Rahmenvereinbarungen im Vergaberecht, NZBau 2013, 550; *Fischer/Schleper,* Zwingende Festlegung einer Höchstmenge abrufbarer Leistungen bei Rahmenvereinbarungen, NZBau 2019, 762; *Csaki/Winkelmann,* Die praktische Umsetzung der EuGH-Rechtsprechung zu Rahmenvereinbarungen, NZBau 2019, 758; *Franke,* Rechtsschutz bei der Vergabe von Rahmenvereinbarungen, ZfBR 2006, 546; *Graef,* Rahmenvereinbarungen bei der Vergabe von öffentlichen Aufträgen de lege lata und de lege ferenda, NZBau 2005, 561; *Kämper/Heßhaus,* Möglichkeiten und Grenzen von Auftraggebergemeinschaften, NZBau 2003, 303; *Laumann/Scharf,* Liefer- und Abnahmepflichten bei Lieferverträgen mit Rahmenvereinbarungen, VergabeR 2012, 156; *Nelskamp/Dahmen,* Dokumentation im Vergabeverfahren, KommJur 2010, 208; *Osseforth,* Längere Laufzeit eines Rahmenvertrags als die Regellaufzeit ist erkennbar!, VPR 2015, 1030; *Pfannkuch,* Aktuelle Anforderungen an Rahmenvereinbarungen im Vergaberecht, KommJur

I. Normzweck

2019, 241; *Portz,* Flexible Vergaben durch Rahmenvereinbarungen: Klarstellungen durch die EU-Vergaberichtlinie 2014, VergabeR 2014, 523; *Reuber,* Die neue VOB/A, VergabeR 2016, 339; *Rosenkötter/Seidler,* Praxisprobleme bei Rahmenvereinbarungen, NZBau 2007, 684; *Siegel,* Zulässige Vertragslaufzeiten im Vergaberecht, ZfBR 2006, 554; *Wichmann,* Die Vergabe von Rahmenvereinbarungen und die Durchführung nachgelagerter Wettbewerbe nach neuem Recht, VergabeR 2017, 1.

Übersicht

	Rn.		Rn.
I. Normzweck	1	f) Arten der Rahmenvereinbarung	16b
II. Entstehungsgeschichte	3	2. Rahmenvertragspartner (Abs. 2)	17
III. Einzelerläuterung	6	a) Auftraggeberseite	18
1. Abschluss einer Rahmenvereinbarung (Abs. 1)	6	b) Auftragnehmerseite	20
		3. Einzelauftragsvergabe (Abs. 2–5)	21
a) Begriff	6	a) Verfahrensanforderungen	21
b) Vergabe der Rahmenvereinbarung	8	b) Rahmenvereinbarung mit einem Unternehmer (Abs. 3)	25
c) Mindestinhalt	10	c) Rahmenvereinbarung mit mehreren Unternehmen (Abs. 4, 5)	28
d) Nicht missbräuchlich oder wettbewerbshindernd	14		
e) Schwellenwert	16	4. Rechtsschutz	39

I. Normzweck

Die Rahmenvereinbarung ist ein Beschaffungsinstrument im Vergaberecht zum **effizienten** **1** **und wirtschaftlichen** Einkauf von Leistungen. Dieses Instrument sieht eine Vergabe der Leistungen in zwei Phasen vor. Zunächst wird eine Rahmenvereinbarung in einem regulären förmlichen Vergabeverfahren ausgeschrieben, bei dem am Ende ein oder mehrere Unternehmen den Zuschlag für einen Rahmenvertrag über die Erbringung bestimmter zukünftiger Leistungen zu bestimmten vertraglichen Bedingungen über eine Laufzeit von grundsätzlich vier Jahren erhalten. Erst wenn der Bedarf an der Beschaffung einzelner Leistungen tatsächlich entsteht, sollen in einer zweiten Phase diese Leistungen im Einzelnen beauftragt bzw. abgerufen werden.[1] Für den öffentlichen Auftraggeber kann das Zeit und personellen Aufwand sparen, weil er so eine Vielzahl von einzelnen Vergaben bündeln kann („Instrument der Sammelbeschaffung");[2] für diese Einzelvergaben brauchen – sobald der Bedarf beim Auftraggeber entstanden ist – dann keine förmlichen Vergabeverfahren durchgeführt werden, sondern es kann – je nach Rahmenvertragsgestaltung – ein einfacher Abruf bis zu einem „abgespeckten" Kleinstwettbewerb ausreichen. Das Wettbewerbsprinzip ist hierbei durch die Angabe der zu vergebenden Leistungen am Anfang, also durch die Einbeziehung in die Rahmenvereinbarung, gewahrt worden.

Sie eignet sich damit grundsätzlich für die Beschaffung **gleichartiger Leistungen,** die in mehr **2** oder weniger unregelmäßigen Abständen und mit noch nicht abschließend bestimmter Menge bei Bedarf abgerufen werden sollen.[3] Beschränkt ist die Rahmenvereinbarung aber nicht darauf. Vielmehr hat der Auftraggeber die Möglichkeit, zugeschnitten auf den konkreten Beschaffungsbedarf und die typische Bedarfssituation, sich für eine Vergabe mittels Rahmenvereinbarung oder herkömmlicher Einzelvergabe zu entscheiden. Insofern kann aber nur dazu geraten werden, bei jedem neuen Beschaffungsbedarf immer auch die Vor- und Nachteile der Vergabe einer Rahmenvereinbarung zu überdenken.

Die Rahmenvereinbarung ist daher keine Vergabeart, sondern eine **Vertragsart**.[4] Letzterer **2a** wird – förmlich - vergeben, aufgrund des Vertrages werden die Einzelaufträge nach vorher bestimmten Bedingungen „verteilt". Das dies für den öffentlichen Auftraggeber für beispielsweise voraussehbar wiederkehrende gleichartige Leistungen sehr viel flexibler sein kann, leuchtet ein.[5]

Gegenstand der Rahmenvereinbarung nach § 4a EU sind Bauleistungen. Im Bereich der Dienst- **2b** und Lieferleistungen dürfte derzeit wohl noch der größere Anwendungsbereich von Rahmenvereinbarungen liegen, da hier eher kurzfristiger Bedarf nach Ausstattung, zB mit IT-Technik, Schulmöbeln oder Beratungsdienstleistungen, zeitnah gedeckt werden kann. **Bauleistungen** benötigen in der Regel eine vorherige Planung, dauern in der Ausführung und bedürfen eines gewissen Vor- und

---

[1] Vgl. *Fischer/Fongern* NZBau 2013, 550; Europäische Kommission KOM (98) 143, 8.
[2] Vgl. VK Bund Beschl. v. 12.8.2016 – VK 1-42/15, IBR 2016, 661.
[3] Voppel/Osenbrück/Bubert/*Voppel* VgV § 21 Rn. 2.
[4] Vgl. VK Rheinland-Pfalz Beschl. v. 27.8.2019 – VK 1-13/19, BeckRS 2019, 28920.
[5] So auch Franke/Kemper/Zanner/Grünhagen/Mertens/*Franke/Kaiser* Rn. 4.

Nachbereitungsaufwands, sodass der Vorteil einer Rahmenvereinbarung dann nicht zum Tragen kommt. In erster Linie bieten sich deshalb die sog. Unterhaltungsarbeiten[6] an, die für einen festen Zeitraum vergeben werden. Die **„Bauunterhaltungsarbeiten"** (so RL 611.1, 611.2 „Rahmenverträge für Zeitvertragsarbeiten" des VHB-Bund 2017) sind Bauleistungen, die nicht eine Errichtung, sondern den Fortbestand eines errichteten Bauwerks zum Inhalt haben und die zur Erreichung dieses Ziels regelmäßig wiederkehrend notwendig sind.[7] Da die Vorschrift des § 4a EU aber die Vergabe der Rahmenvereinbarung im Oberschwellenbereich regelt, würde es sich um Unterhaltungsarbeiten mit einem Gesamtauftragswert über vier Jahre von derzeit über 5.350.000,00 EUR handeln. Hier ist etwa die Beschaffung von mehreren noch zu errichtenden Gebäuden oder Anlagen denkbar. Einen bestimmten Gegenstand oder Art von Bauleistungen gibt § 4a EU nicht vor, insofern ist der Auftraggeber frei. Begrenzt wird er aber von der Zweckmäßigkeit, Bestimmtheit und Wirtschaftlichkeit der Bauvergabe, die über die Vergabegrundsätze wirken.

II. Entstehungsgeschichte

3   In der Vergabeverordnung vom 12.4.2016 werden im „Abschnitt 2 Vergabeverfahren" neben der Rahmenvereinbarung noch das dynamische Beschaffungssystem, die elektronische Auktion und der elektronische Katalog im „Unterabschnitt 2 Besondere Methoden und Instrumente in Vergabeverfahren" aufgeführt. In der Vergabe- und Vertragsordnung für Bauleistungen oberhalb der Schwellenwerte, der VOB/A EU, hat das **vergaberechtliche Instrument** der Rahmenvereinbarung einen eigenen Paragrafen erhalten, die weiteren in der VgV genannten Instrumente werden durch den darauf folgenden § 4b EU durch ausdrückliche Verweisung auch für die Bauvergabe für anwendbar erklärt. Eine Aussage des Normgebers dahingehend, dass ein Instrument bedeutender als das andere sei, liegt darin nicht. Sämtliche zur Verfügung gestellten Methoden und Instrumente sollen in den jeweiligen Verfahrenslagen auf Zulässigkeit und Effektivität geprüft und auch eingesetzt werden.

4   Vergleicht man den Wortlaut des § 4a EU mit dem des § 21 VgV, stellt man fest, dass dieser nahezu identisch für die Bauvergabe in die VOB **übernommen** worden ist. Insofern hätte man auf die Vorschrift des § 21 VgV verweisen können, so wie es § 4b EU für die weiteren vergaberechtlichen Instrumente auch macht. *Schranner* spricht insoweit auch von „unnötiger Doppelregelung".[8] Die Platzierung in § 4a EU lässt sich aber daraus erklären, dass mit einer breiten Inanspruchnahme im Bereich der Bauleistungsvergaben gerechnet wird.

5   Vergleicht man den Wortlaut mit der Parallelvorschrift § 4a im 1. Abschnitt „Basisparagrafen", fällt zunächst der **unterschiedliche Umfang** auf. Die Regelung für die Rahmenvereinbarung im Unterschwellenbereich ist deutlich weniger detailliert, um „den Rahmenvereinbarungen im Gefüge der Vertragsarten nicht überproportional Gewicht zu verleihen".[9] Da das in den Abs. 2–5 des § 4a EU enthaltene System des Abrufs und der Miniwettbewerbe letztlich die Konkretisierung des Wettbewerbs- und Transparenzgrundsatzes darstellt, bietet sich auch für Rahmenvereinbarungen im Unterschwellenbereich die Übernahme der Grundstruktur dieses Systems an. Für den Fall von gerichtlichen Überprüfungen – etwa im Rahmen eines Schadensersatzprozesses oder einstweiligen Verfügungen – dürfte dann für den Nachweis der Einhaltung des Wettbewerbs die „analoge" Anwendung von § 4a EU Abs. 2–5 der „sicherste Weg" sein.

5a Die Regelung des § 4a EU setzt Art. 33 RL 2014/24/EU um, der ausdrücklich die Rahmenvereinbarung – wie zuvor schon Art. 1 Abs. 5 und Art. 32 RL 2004/18/EG (Vergabe-RL 2004) – als Instrument der Auftragsvergabe auch für Bauleistungsvergaben zulässt. Deutschland hatte aber diese Vorgabe des europäischen Richtlinienpaketes 2004 vor der Reform 2016 nur im Anwendungsbereich der VOL/A, der SektVO und der VSVgV umgesetzt.

III. Einzelerläuterung

6   **1. Abschluss einer Rahmenvereinbarung (Abs. 1). a) Begriff.** Im Gegensatz zu der Parallelvorschrift § 4a im „Abschnitt 1: Basisparagrafen" definiert § 4 EU Abs. 1 die Rahmenvereinbarung nicht. Hier wird vielmehr die Konstruktion der Rahmenvereinbarung vorausgesetzt, denn Abs. 1 beginnt gleich damit, dass der Abschluss einer Rahmenvereinbarung im Rahmen einer nach der VOB/A EU anwendbaren Verfahrensart erfolgt. Auch die darauf folgenden Absätze beschreiben im Wesentlichen den vergaberechtlichen Aufwand für die nachfolgenden Einzelvergaben und nicht den Begriff der Rahmenvereinbarung.

---

[6]   Vgl. VK Berlin Beschl. v. 10.2.2005 – VK-B 2-74/04, BeckRS 2013, 57396.
[7]   Ingenstau/Korbion/*Schranner* § 4a Rn. 2.
[8]   Ingenstau/Korbion/*Schranner* § 4a Rn. 1.
[9]   So *Osseforth* in Gabriel/Krohn/Neun VergabeR-HdB § 13 Rn. 111 unter Bezug auf „Hinweise für den überarbeiteten Abschnitt 1 VOB/A 2016", veröffentlicht am 1.7.2016, BAnz AT 1. 7. 2016 B4.

Insofern ist deshalb auf die **Legaldefinition** der Rahmenvereinbarung in § 103 Abs. 5 GWB 7
zurückzugreifen. Danach sind dies Vereinbarungen zwischen einem oder mehreren öffentlichen
Auftraggebern und einem oder mehreren Unternehmen, die dazu dienen, die Bedingungen für die
öffentlichen Aufträge, die während eines bestimmten Zeitraums vergeben werden sollen, festzulegen,
insbesondere in Bezug auf den Preis. Diese Definition wiederum ist eng angelehnt an Art. 33 Abs. 1
UAbs. 2 RL 2014/24/EU.[10]

b) Vergabe der Rahmenvereinbarung. Dass die Rahmenvereinbarung nicht etwa eine 8
eigene Verfahrensart ist, stellt § 4a EU Abs. 1 S. 1 gleich am Anfang klar.[11] Danach erfolgt ihr
Abschluss im Rahmen einer nach der VOB/A EU anwendbaren **Verfahrensart,** mithin also im
offenen, im nicht offenen, im Verhandlungsverfahren, im wettbewerblichen Dialog. Eine Rahmenvereinbarung im Rahmen einer Innovationspartnerschaft lässt sich nur schwerlich vorstellen. Aber
auch im Anwendungsbereich eines wettbewerblichen Dialoges dürfte die Rahmenvereinbarung
kaum eine Rolle spielen.[12]

Die Vergabe der Rahmenvereinbarung unterliegt also denselben Regelungen wie die Vergabe 9
eines öffentlichen Auftrags. Damit gelten für den Abschluss einer Rahmenvereinbarung die **vergaberechtlichen Grundsätze** der Gleichbehandlung,[13] der Transparenz und des Wettbewerbs nach § 2
ebenso wie der Grundsatz der klaren und möglichst eindeutigen Leistungsbeschreibung. Aus dem
Wettbewerbsprinzip kann sich auch ergeben, dass die Aufträge in Lose aufgeteilt werden müssen
und sich mittelständische Unternehmen um die Vergabe der Rahmenvereinbarung bewerben können.[14] Diese Anforderungen sind allerdings an die besondere Situation der Rahmenvereinbarung
anzupassen: Denn ein verbindlicher, entgeltlicher, auf eine Bauleistung gerichteter Auftrag kommt
mit dem Abschluss der Rahmenvereinbarung gerade noch nicht zustande.[15] Die Rahmenvereinbarung legt nur die Bedingungen für zukünftige Einzelaufträge fest, ohne dass bereits Leistungspflichten
entstehen.[16] Der eigentliche Austauschvertrag entsteht erst mit dem Einzelabruf. Deshalb hat sich
die Bestimmtheit und Klarheit der Leistungsbeschreibung daran zu orientieren, was die Bieter kennen
müssen, um zuschlagsfähige Angebote für spätere einzelne Vergaben oder Einzelabrufe erstellen zu
können.[17] Die Grenze für die Unbestimmtheit der Leistungsbeschreibung stellt das Verbot der
Überbürdung eines ungewöhnlichen Wagnisses dar.[18]

Zu der typischen Situation einer Rahmenvereinbarung kann in erster Linie die Verfahrensart 9a
des Verhandlungsverfahrens passen. Dass die Bedingungen für die Auftragsvergabe, wie das Auftragsvolumen oder der Gesamtpreis gerade mit Abschluss des Vertrages noch nicht festgelegt sind, erfordert
eigentlich die Verhandlung. Eine Rechtfertigung für die generelle Anwendung des **Verhandlungsverfahrens** liegt hierin aber nicht.[19] Wie bei jedem anderen öffentlichen Auftrag auch müssen die
Voraussetzungen für das richtige Vergabeverfahren im Einzelfall geprüft werden. Das gilt deshalb
auch für die besonderen Zulässigkeitsvoraussetzungen der Verhandlungsvergabe.

Der Verweis in § 4a EU Abs. 1 S. 1 bezieht sich nicht allein auf die **Vergabeverfahrensarten,** 9b
sondern auch auf alle anderen Verfahrensvorschriften der VOB/A. Zu beachten sind daher im
gleichen Maße insbesondere die Vorschriften über die Auftragsbekanntmachung und Vorinformation
nach § 12 EU, die Bestimmungen über die Eignungskriterien, die Bekanntmachung der Zuschlagskriterien und die Vorschriften zur Angebotswertung. Wie bei jeder anderen Vergabe auch muss

---

[10] Art. 33 Abs. 1 UAbs. 2 RL 2014/24/EU: „Bei einer Rahmenvereinbarung handelt es sich um eine Vereinbarung zwischen einem oder mehreren öffentlichen Auftraggebern und einem oder mehreren Wirtschaftsteilnehmern, die dazu dient, die Bedingungen für die Aufträge, die im Laufe eines bestimmten Zeitraums vergeben werden sollen, festzulegen, insbesondere in Bezug auf den Preis und gegebenenfalls die in Aussicht genommene Menge".
[11] Vgl. VK Rheinland-Pfalz Beschl. v. 27.8.2019 – VK 1-13/19, BeckRS 2019, 28920.
[12] *Machwirth* VergabeR 2007, 385 (387); *Franke* ZfBR 2006, 546 (547).
[13] Erwägungsgrund 11 Vergabe-RL 2004; OLG Düsseldorf Beschl. v. 26.7.2002 – Verg 28/02, VergabeR 2003, 87; *Franke* ZfBR 2006, 546 (547); *Knauff* VergabeR 2006, 24 (25); *Opitz* NZBau 2003, 183 (193).
[14] Vgl. Europäische Kommission, Erl. zu Rahmenvereinbarungen, Dok. CC/2005/03, 6.
[15] Vgl. VK Bund Beschl. v. 12.8.2016 – VK 1-42/15, IBR 2016, 661.
[16] Vgl. Verordnungsbegründung, BR-Drs. 87/16, 177; VK Bund Beschl. v. 18.12.2007 – VK 3-139/07, VPRRS 2007, 0460; VK Münster Beschl. v. 28.5.2004 – VK 10/04, IBBRS 2004, 1274.
[17] Vgl. VK Südbayern Beschl. v. 12.8.2013 – Z3-3-3194-1-18-07/13, VPRRS 2013, 1248.
[18] Vgl. OLG Düsseldorf Beschl. v. 19.10.2011 – VII-Verg 54/11, NZBau 2011, 762; OLG Düsseldorf Beschl. v. 7.11.2011 – Verg 90/11, NZBau 2012, 256; OLG Düsseldorf Beschl. v. 7.12.2011 – Verg 96/11, IBRRS 2012, 0562; OLG Düsseldorf Beschl. v. 20.2.2013 – Verg 44/12, NZBau 2013, 392; aA: OLG Jena Beschl. v. 22.8.2011 – 9 Verg 2/11, NZBau 2011, 771; ohne nähere Begründung OLG Dresden Beschl. v. 2.8.2011 – Verg 4/11, NZBau 2011, 775.
[19] Vgl. VK Bund Beschl. v. 19.11.2008 – VK 1-136/08, VPRRS 2008, 0385; *Gröning* VergabeR 2005, 156 (159).

deshalb der öffentliche Auftraggeber gem. § 127 Abs. 1 S. 1 GWB den Zuschlag für den Abschluss der Rahmenvereinbarung auf das wirtschaftlichste Angebot erteilen.

10 c) **Mindestinhalt.** Die **wesentlichen Bedingungen** für die später zu erteilen Einzelaufträge müssen bereits in der Rahmenvereinbarung festgelegt sein.[20] Es ist gerade der Grund für die Einführung der Rahmenvereinbarung, den öffentlichen Auftraggebern, die am Anfang eben nicht alle Vertragsbedingungen für spätere Einzelaufträge abschließend übersehen und regeln können, diesen rechtlichen „Rumpf" an die Hand zu geben. Da vom Grundsatz her die Rahmenvereinbarung eine zumindest theoretische Einschränkung des Wettbewerbsprinzips bedeutet, muss ihre Verwendung immer begründbar sein. Es gehört daher in die Vergabedokumentation eine Erläuterung, warum welche Vertragsbedingungen für die beabsichtigte Laufzeit gerade noch nicht abschließend festgelegt werden können.

10a **aa) Leistungsgegenstand.** Neben der Nennung der Vertragsparteien muss als Mindestinhalt der Rahmenvereinbarung eine klare Bezeichnung der Rechte und Pflichten für den Fall der Einzelbeauftragung erfolgen, da sie die Grundlage der später abzurufenden Einzelaufträge sein werden. Jedenfalls muss die Rahmenvereinbarung einen bestimmten **Leistungsgegenstand** beschreiben, da sonst vergleichbare Angebote nicht möglich wären (vgl. § 121 Abs. 1 S. 1 GWB). Typisch für die Rahmenvereinbarung ist dann aber, dass einzelne Leistungskriterien wie der Leistungsort, die Leistungszeit oder die genaue Menge gerade offen gehalten werden. Die funktionale Leistungsbeschreibung ist daher ebenso zulässig. Die Vergabestelle kann daher zumindest nur – möglichst konkret – die gewünschte Funktionalität und Verwendung der Materialien beschreiben.[21]

10b Zwar ist der Auftraggeber nur verpflichtet, im Rahmen seiner Möglichkeiten über den Leistungsumfang zu informieren. Zum Ausgleich für die Ungewissheit bei der Kalkulation wird im Lichte der EuGH-Rechtsprechung aber bereits angeraten, die **Maximalmengen** der Leistungen zu bestimmen, die Gegenstand der Einzelaufträge werden.[22]

11 **bb) Auftragsvolumen.** § 4a EU Abs. 1 S. 2 fordert die Bekanntgabe des in Aussicht genommenen **Auftragsvolumens,** das so genau wie möglich zu ermitteln ist, ohne dass es jedoch abschließend festgelegt werden muss. Gemeint ist damit die Leistungsmenge. Der öffentliche Auftraggeber wird so dazu angehalten, sich über den Bedarf klar zu werden und diesen so genau wie möglich zu ermitteln. Andererseits soll der Bieter eine halbwegs plausible Grundlage für seine Kalkulation erhalten. Wenigstens die Größenordnung des Auftrags muss danach erkannt werden können.

11a Der deutsche Verordnungsgeber hat dem öffentlichen Auftraggeber durch den Wortlaut des S. 2 keinen Ermessensspielraum darüber eingeräumt, ob er das voraussichtliche Auftragsvolumen bekannt gibt oder nicht.[23] So sah es hingegen die unionsrechtliche Vorgabe in der RL 2014/24/EU vor. Das heißt tatsächlich aber nur, dass wenigstens eine Angabe zum voraussichtlichen Auftragsvolumen in der Rahmenvereinbarung angegeben sein muss.[24] Ausreichend ist deshalb der Hinweis, dass die Angabe zum Auftragsvolumen an dieser Stelle lediglich eine **Prognose** ist. Diese Prognose ist im Rahmen des Möglichen und Zumutbaren zu erstellen.[25] In rechtlicher Hinsicht ist hier der **Sorgfaltsmaßstab** eines gewissenhaften öffentlichen Auftraggebers anzusetzen. Anknüpfungspunkt für die rechtliche Überprüfung ist dann der Verhältnismäßigkeitsgrundsatz. Zum einen steht es schon in seinem eigenen Interesse, dass sich die Bieter so gut wie möglich auf die späteren Einzelaufträge einstellen und diese wirtschaftlich kalkulieren können. Zum anderen verdient der Bieter insoweit Schutz, dass der öffentliche Auftraggeber den Bietern zur Angebotserstellung alle verfügbaren Informationen hinsichtlich des Auftragsvolumens zur Verfügung stellt, soweit sie für die Kalkulation bedeutsam sind oder bedeutsam sein können.[26] So gibt es keine Verpflichtung, die Daten und Erfahrungswerte aus der Vergangenheit offen zu legen; hier muss entschieden werden, ob diese Daten noch entwickelt werden können und ob sie überhaupt eine für die zukünftigen Einzelaufträge relevante Aussagekraft besitzen.[27]

11b Eine **erhebliche Überschreitung** des in der Bekanntmachung anzugebenden geschätzten Auftragsvolumens ist nicht mehr von der Rahmenvereinbarung gedeckt und macht eine erneute Aus-

---

[20] EuGH Urt. v. 11.6.2009 – Rs. C-300/07 Rn. 71, NZBau 2009, 520 – Oymann.
[21] *Niestedt* → VgV § 21 Rn. 7 mit Verweis auf Kom., Dok. CC/2005/03_rev1. 7, Fn. 19.
[22] VK Rheinland-Pfalz Beschl. v. 27.8.2019 – VK 1-13/19, BeckRS 2019, 28920.
[23] Vgl. VK Südbayern Beschl. v. 2.5.2016 – Z3-3-3194-1-07-02/16, BeckRS 2016, 52529.
[24] OLG Celle Beschl. v. 19.3.2019 – 13 Verg 7/18, NZBau 2019, 462.
[25] Vgl. VK Südbayern Beschl. v. 2.5.2016 – Z3-3-3194-1-07-02/16, BeckRS 2016, 52529.
[26] OLG Düsseldorf Beschl. v. 21.10.2015 – VII-Verg 28/14, NZBau 2016, 235 (242); VK Bund Beschl. v. 20.2.2015 – VK 2-3/15, VPRRS 2015, 0110.
[27] Vgl. OLG Düsseldorf Beschl. v. 7.3.2012 – VII-Verg 91/11, BeckRS 2012, 10231; VK Bund Beschl. v. 24.4.2012 – VK 2-169/11, IBRRS 2012, 4053.

schreibung für die nicht vom ursprünglichen Auftragsvolumen umfasste Menge erforderlich.[28] Die erhebliche Änderung des Auftragsvolumens bedeutet zugleich eine erhebliche Änderung des Leistungsgegenstandes, und damit eine Änderung des Mindestinhalts. Wann eine wesentliche Änderung vorliegt, wird gerade nicht normiert. Es soll auf die Einschätzung im Einzelfall ankommen.[29] Dafür sind sämtliche Faktoren einzustellen wie zB Art und Größe des Beschaffungsgegenstandes oder Dauer der Vertragslaufzeit.[30] Die Tendenz ist aber eher restriktiv zu halten. Liegt eine erhebliche Überschreitung vor, ist für überschreitende Auftragsmenge eine Neuvergabe notwendig. Geringfügige Überschreitungen sind hingegen tolerierbar. Wichtig auch hier ist die sorgfältige Dokumentation darüber, dass und wie sich die Vergabestelle Gedanken darüber gemacht hat.

cc) Laufzeit. Die Angabe des Geltungszeitraums der Rahmenvereinbarung gehört zum Mindestinhalt. Am Ende der Vorschrift, in Abs. 6, wird bestimmt, dass die **Laufzeit der Rahmenvereinbarung** im Grundsatz höchstens vier Jahre beträgt. Da es sich um die Laufzeit der Rahmenvereinbarung handelt, muss die letzte Einzelbeauftragung innerhalb dieses Zeitraums erfolgen. Die Ausführung des innerhalb dieses Zeitrahmens abgerufenen Einzelauftrages kann über diese Grenze hinaus aber andauern.[31] Der in Abs. 6 enthaltene Halbsatz eröffnet den Sonderfall für eine längere Laufzeit, der deshalb durch einen vorab zu dokumentierenden sachlichen Grund begründet werden muss.[32] Wann die Regellaufzeit über die vier Jahre verlängert werden kann, beschreibt auch der Erwägungsgrund 62 Abs. 2 RL 2014/24/EU. Hier wird als Beispiel der benötigte Amortisierungszeitraum für die Ausrüstung genannt, der mehr als die maximale Regellaufzeit umfasst. Die festgelegte Laufzeit ist ein kalkulationserheblicher Faktor und soll die Anstrengung und das Risiko der Wirtschaftsteilnehmer begrenzen, die nach Abschluss der Rahmenvereinbarung ihre Ressourcen für den Fall der Einzelbeauftragung vorhalten müssen. Insofern ist der Öffentliche Auftraggeber bei Verlängerung der Regellaufzeit darlegungs- und beweispflichtig für das Vorliegen eines begründeten Sonderfalls.

Es ist aber nur die Laufzeit für die Rahmenvereinbarung als solche anzugeben. Der Zeitraum eines jeden Einzelauftrags ist deshalb nicht zu benennen.[33] Dies ist gerade auch Ausdruck der gewollten Flexibilität.

dd) Preis. Entgegen der Vorschrift in den Basisparagrafen enthält § 4a EU Abs. 1 keinen Hinweis darauf, dass die **Preise** für die abzurufenden Leistungen vorher festgelegt werden müssten. Nach § 103 Abs. 5 S. 1 GWB ist insbesondere der in Aussicht genommene Preis für die einzelnen Leistungen in der Rahmenvereinbarung festzulegen. Aber auch wenn die Legaldefinition in § 103 Abs. 5 S. 1 GWB den Preis als Beispiel einer festzulegenden Bedingung benennt, kann damit nicht zwingend der Endpreis gemeint sein. Hiervon geht wohl selbst die Europäische Kommission aus, obwohl die Definition in der Richtlinie den Preis nennt.

Verpflichtend hingegen ist die Abfrage der einzelnen **Berechnungsparameter** für die Vergütung der Einzelabrufe. Solche preisbildenden Kriterien sind etwa Preis pro Menge, pro Stunde oder pro Arbeitskraft.[34] Diese Preisangaben können sich auf ganze Margen oder mengenbezogene Staffelungen beziehen, je nach Auftragsgegenständen. Denkbar ist es dann, den konkret errechneten Preis erst im Rahmen der Vergabe der Einzelaufträge verbindlich abzufragen und dann ggf. zum Gegenstand der Wertung zu machen.[35] In der Rahmenvereinbarung sind deshalb die einzelnen Berechnungsparameter für die spätere Preisbildung anzugeben. Anhand dieser Berechnungsparameter muss tatsächlich auch das wirtschaftlichste Angebot ermittelt werden können, sonst wäre die Vergabe der Rahmenvereinbarung gar nicht möglich. Es versteht sich von selbst, dass sich sämtliche Preise und Berechnungsparameter ausschließlich auf die Leistungen der Einzelaufträge beziehen. Die Rahmenvereinbarung als solche wird nicht vergütet.[36]

Gestalterisch möglich ist es, in der Rahmenvereinbarung bereits einen verbindlichen **Festpreis** für die Leistungen der zukünftigen Einzelaufträge anzugeben und die Einzelaufträge dann nach

---

[28] *Niestedt* → VgV § 21 Rn. 5.
[29] EuGH Urt. v. 19.6.2008 – C-454/06, Slg. 2008, I-4401 = NZBau 2008, 518 – Pressetext Nachrichtenagentur mAnm *Niestedt/Hölzl* NJW 2008, 3321; vgl. auch *Zeise* in KMPP VOL/A EG § 4 Rn. 31.
[30] So *Niestedt* → VgV § 21 Rn. 5.
[31] Voppel/Osenbrück/Bubert/*Voppel* VgV § 21 Rn. 8.
[32] *Segeth*, Rahmenvereinbarungen, 2010, 215.
[33] Vgl. OLG Düsseldorf Beschl. v. 20.2.2013 – VII-Verg 44/12, ZfBR 2013, 510 (512); VK Bund Beschl. v. 17.3.2014 – VK 2-13/14, VPRRS 2014, 028.
[34] Vgl. VK Südbayern Beschl. v. 2.5.2016 – ZS-3-3194-07-02/16, BeckRS 2016, 52529; Voppel/Osenbrück/Bubert/*Voppel* VgV§ 21 Rn. 17.
[35] *Zeise* in KKPP GWB § 103 Rn. 488.
[36] Vgl. VK Bund Beschl. v. 6.7.2011 – VK 3-80/11, VPRRS 2013, 0239.

14 **d) Nicht missbräuchlich oder wettbewerbshindernd.** Nach § 4a EU Abs. 1 S. 3 darf eine Rahmenvereinbarung nicht missbräuchlich oder in einer Art angewendet werden, die den Wettbewerb behindert, einschränkt oder verfälscht. Auf europäischer Ebene findet sich dieses Missbrauchsverbot im Erwägungsgrund 61 Abs. 3 S. 4 RL 2014/24/EU. Es ist vor dem Hintergrund eines **fairen Wettbewerbs** zu sehen.

15 Zu einem Verstoß gegen den allgemeinen Vergaberechtsgrundsatz des Missbrauchsverbotes würde die Ausschreibung einer Rahmenvereinbarung zum Zwecke der **Markterkundung** führen. Dies ist ein sog. **vergabefremder Zweck.** Die Rahmenvereinbarung lädt theoretisch dazu ein, weil in der ersten Phase lediglich die Grundbedingungen festgelegt werden, in der zweiten Phase dann aber von der Einzelbeauftragung abgesehen werden könnte. Maßgeblich ist hierbei, ob die Rahmenvereinbarung bereits ohne den Willen der späteren Einzelvergabe geschlossen wurde.[38]

15a Der Erwägungsgrund 61 RL 2014/24/EU stellt ausdrücklich klar, dass die öffentlichen Auftraggeber aufgrund dieser Richtlinie nicht verpflichtet sein sollen, Leistungen, die Gegenstand einer Rahmenvereinbarung sind, unter dieser Rahmenvereinbarung zu beschaffen (grundsätzlich **keine Sperrwirkung**). § 4a EU schließt daher auch nicht aus, dass Leistungen einer Rahmenvereinbarung auch außerhalb dieser, im Wege einer Einzelvergabe, beschafft werden. Insoweit wird kein Verstoß gegen den Wettbewerb gesehen. Nur wenn der Auftraggeber sich bereits in der Rahmenvereinbarung zur Abnahme dort genannter Leistungen verpflichtet hat, würde das zum Missbrauch führen; diese Leistungen würden dann dem Wettbewerb entzogen.[39]

16 **e) Schwellenwert.** Wenn das Vergaberecht an die Rahmenvereinbarung selbst anknüpft, muss anhand des geschätzten Gesamtauftragswertes ermittelt werden, ob der Schwellenwert für Bauvergaben erreicht wird oder nicht. Der Wert der Rahmenvereinbarung wird dabei gem. § 3 Abs. 4 VgV auf der Grundlage des **geschätzten Gesamtwertes** aller Einzelaufträge berechnet, die während der Laufzeit geplant sind.[40] Dies erfolgt durch Addition der Höchstbeträge der potenziellen Einzelaufträge. Die Summe wird dann wie ein einheitlicher Auftrag angesehen.[41] Der Ermittlung des Schwellenwertes dient damit auch das Gebot des § 4a EU Abs. 1 S. 2, möglichst genau das in Aussicht genommene Auftragsvolumen zu ermitteln.

16a Werden mit der Rahmenvereinbarung mehrere unterschiedliche Leistungen ausgeschrieben, also Bauleistungen ebenso wie Liefer- und Dienstleistungen, ist § 110 Abs. 1 S. 1 GWB anzuwenden. Danach ist der **Hauptgegenstand des Auftrags** zu ermitteln. Hierbei wird der Vergabestelle bei der Ermittlung des Schwerpunktes ein Beurteilungsspielraum eingeräumt. Die Einordnung des Hauptgegenstandes ist deshalb unbedingt zu dokumentieren. Die Art der zu erbringenden Leistungen ist nach den Legaldefinitionen in § 103 GWB zu ermitteln. Der richtigen Einordnung kommt erhebliche Bedeutung zu, da aufgrund der unterschiedlichen Schwellenwerte der Leistungsarten auch unterschiedliche Vergabeverfahren einzuhalten sind. Eine falsche oder etwa gar keine Entscheidung hierüber kann zu einem Vergaberechtsverstoß führen, der ein Nachprüfungsverfahren zur Folge haben kann. Verstoßen wird dann nämlich gegen das Wettbewerbsprinzip und den Transparenzgrundsatz, wenn anstatt eines Oberschwellenvergabeverfahrens ein Unterschwellenvergabeverfahren durchgeführt wird.

16b **f) Arten der Rahmenvereinbarung.** Die rechtliche Ausgestaltung der Rahmenvereinbarungen wird nicht von § 4a EU oder § 103 Abs. 5 GWB geregelt. Hier kann also nach allgemeinen vertragsgestalterischen Grundsätzen vorgegangen werden. Bezogen auf den **Bindungsgrad** für die späteren Einzelbeauftragungen heißt das: einseitig verbindliche, zweiseitig verbindliche, noch beidseitig unverbindliche Rahmenvereinbarung oder Mischvertrag.

16c **aa) einseitig verbindliche Rahmenvereinbarung.** Die einseitig verbindliche Ausgestaltung ähnelt einem **Optionsrecht.** In den meisten Fällen hat dieses „Optionsrecht" dann der Auftraggeber. Der Bieter verpflichtet sich dann, auf Abruf des öffentlichen Auftraggebers die festgelegte Leistung zu erbringen. Dabei besteht meistens auch nicht die Verpflichtung, überhaupt abzunehmen.[42] Aber auch dies kann anders geregelt werden.

---

[37] So auch *Niestedt* → VgV § 21 Rn. 6.
[38] Vgl. VK Berlin Beschl. v. 13.9.2019 – VK-B 1-13/19, VPRRS 2019, 0333.
[39] VK Berlin Beschl. v. 30.7.2019 – VK-B-1-09/19, BeckRS 2019, 21818.
[40] Beck VergabeR/*Biemann* GWB § 103 Abs. 5 Rn. 18.
[41] So bereits GA *Lenz* Schlussanträge v. 16.2.1995 – C-79/94, Slg. 1995, I-1071 (1079) – Kom./Griechenland.
[42] Vgl. VK Bund Beschl. v. 4.4.2007 – VK 1-23/07, IBRRS 2007, 2922.

bb) beidseitig verbindliche Rahmenvereinbarung. Möglich ist auch die beidseitig verbindliche Vereinbarung. Dann verpflichtet sich der Bieter dazu, bei Abruf die Leistung zu erbringen. Im Gegenzug verpflichtet sich der öffentliche Auftraggeber, im **Bedarfsfall** einen der in der Rahmenvereinbarung festgelegten Einzelaufträge abzurufen. Der Auftraggeber macht sich dann auf das positive Interesse schadensersatzpflichtig, wenn ein Bedarfsfall eingetreten ist und er die Leistung bei einem Dritten beschafft.[43]

cc) unverbindliche Rahmenvereinbarung. Diese Art der Ausgestaltung ist zulässig. Sie empfiehlt sich bei Rahmenvereinbarungen mit mehreren Unternehmern, bei der der Auftraggeber für die Leistung auf mehrere Unternehmen zurückgreifen kann. Sie bietet sich insbesondere bei der Verfahrensweise nach dem „Kaskadenprinzip" an.[44]

dd) Mischverträge. Im Rahmen der gewährten Vertragsfreiheit können auch verbindliche Beauftragungen mit unverbindlichen Vereinbarungen kombiniert werden. Denkbar ist das bei Festaufträgen und einem unbestimmten Annex. Für diesen Teil – etwa bei Wartungsverträgen – können andere Unternehmen in Betracht kommen.

2. Rahmenvertragspartner (Abs. 2). Wie bei jeder anderen Vereinbarung auch, gibt es eine Auftraggeber- und eine Auftragnehmerseite. Abgesehen von der Legaldefinition im GWB, macht § 4a EU Aussagen zu den Vertragsparteien der Rahmenvereinbarung in Abs. 2, der inhaltlich aber bereits die Einzelauftragsvergabe behandelt. Die Aufnahme neuer Bieter während der Laufzeit ist unzulässig, insofern gilt **Exklusivität.** Einzelaufträge sind nur zwischen den von Anbeginn an der Rahmenvereinbarung beteiligten und in der Bekanntmachung genannten Auftraggebern und Unternehmen zulässig.[45]

a) Auftraggeberseite. § 4a EU Abs. 2 S. 2 spricht von „öffentlichen Auftraggebern". Der Plural zeigt deutlich, dass auf Auftraggeberseite auch eine **Mehrzahl** von öffentlichen Auftraggebern zulässig ist nun. Dabei müssen aber nicht alle zum Abruf berechtigten Auftraggeber zugleich Vertragspartei der Rahmenvereinbarung werden. Der EuGH lässt den Abruf durch sog. **„sekundäre" Auftraggeber** ausdrücklich zu. Voraussetzung ist aber, dass der sekundäre Auftraggeber bei Abschluss der Rahmenvereinbarung genannt wird.[46] Die in der Rahmenvereinbarung genannte Gesamtmenge gilt dabei auch für die sekundären Auftraggeber.

Das führt dazu, dass sich mehrere Auftraggeber für gleichartige Beschaffungsvorhaben zusammenschließen können. Diese **faktischen Einkaufsgemeinschaften** können möglicherweise aufgrund der gebündelten Nachfrage zu einer kartellrechtlich beachtlichen Marktmacht führen. Hier ist im Einzelfall zu prüfen, ob aufgrund ihrer potenziellen Marktmacht im Kartellrecht, eine kartellrechtlich unzulässige Nachfragebündelung und damit ein Verstoß gegen das vergaberechtliche Missbrauchsverbot vorliegt.[47]

b) Auftragnehmerseite. Auf Auftragnehmerseite können ein oder mehrere Unternehmen stehen, dies ergibt sich ebenfalls aus der Verwendung des Plurals. Es macht Sinn, bei mehreren größeren Einzelaufträgen auch mehrere Unternehmer in die Rahmenvereinbarung einzuschließen, damit insgesamt der Abruf des Vertragsvolumens nicht durch Kapazitätsgrenzen einzelner Unternehmen beeinträchtigt wird. Andererseits sollen die Unternehmen nicht unnötig Kapazitäten vorhalten, wenn absehbar ist, dass die Einzelbeauftragung nur gering wahrscheinlich ist. Die Entscheidung des oder der Auftraggeber, die insofern einen Entscheidungsspielraum haben, sollen sich dabei an den konkreten Umständen orientieren. Gerade hier spielen die allgemeinen Vergaberechtsgrundsätze des § 2 wieder eine regulierende Rolle.

3. Einzelauftragsvergabe (Abs. 2–5). a) Verfahrensanforderungen. Im Gegensatz zu der Parallelvorschrift des § 4a enthält die Norm im 2. Abschnitt ein geregeltes **System für das Verfahren der Einzelauftragsvergabe,** das sich in den Abs. 2–5 wiederfindet. Dies verdeutlicht auch Abs. 2 S. 1, wonach die auf der Rahmenvereinbarung beruhenden Einzelaufträge nach den Kriterien der Abs. 2–5 vergeben werden. Mit „Kriterien" sind nicht die inhaltlichen Anforderungen, sondern die einzuhaltenden Verfahrensregeln gemeint.[48] Die im folgenden geregelten Einzelauftragsvergaben

---

[43] Vgl. BGH Urt. v. 30.4.1992 – VII ZR 159/91, NJW-RR 1992, 977 (978).
[44] *Poschmann* in Müller-Wrede VgV § 21 Rn. 62.
[45] *Niestedt* → VgV § 21 Rn. 12.
[46] Vgl. EuGH Urt. v. 19.12.2018 – C-216/17, VergabeR 2019, 359.
[47] Vgl. OLG Düsseldorf Beschl. v. 17.1.2011 – VII-Verg 3/11, BeckRS 2011, 02627; vgl. zu Einkaufsgemeinschaften auch BGH Urt. v. 12.11.2002 – KZR 11/01, GRUR 2003, 633; *Dreher* NZBau 2005, 427 (432 ff.); *Kämper/Heßhaus* NZBau 2003, 303 ff.; *Machwirth* VergabeR 2007, 385 (386).
[48] Ingenstau/Korbion/*Schranner* Rn. 4.

sind privilegierte Verfahren, da sie in Form und Strenge wesentlich hinter den förmlichen Verfahrensarten der VOB/A EU zurückstehen.

22 S. 2 stellt klar, dass die Einzelaufträge ausschließlich zwischen den öffentlichen Auftraggebern, die in der Auftragsbekanntmachung oder der Aufforderung zur Interessensbestätigung genannt wurden und den Unternehmen, die Vertragspartei der Rahmenvereinbarung sind, geschlossen werden. Damit ist die Rahmenvereinbarung im Hinblick auf die Einzelauftragsvergabe **exklusiv.** Es dürfen also keine Dritte, etwa zur Erweiterung des Wettbewerbs, mit den in der Rahmenvereinbarung benannten Leistungen beauftragt werden. Grund hierfür ist, dass die jeweilige Einzelauftragsvergabe unter erleichterten Voraussetzungen stattfindet und ansonsten eine Umgehung des Vergaberechts vorliegen würde.

23 Dieses Prinzip wird durch Abs. 2 S. 3 unterstrichen, wonach keine **wesentlichen Änderungen** an den Bedingungen der Rahmenvereinbarung vorgenommen werden dürfen. Insbesondere bezieht sich das auf den in der Rahmenvereinbarung zuvor festgelegten Leistungsgegenstand. Dennoch kommt es immer wieder vor, dass sich nach Abschluss der Rahmenvereinbarung die tatsächlichen Umstände derart ändern können, dass auch die Leistungen bzw. deren Bedingungen angepasst werden müssen. Es stellt sich dann die Frage, ob es bei einer **Anpassung** der Rahmenvereinbarung bleiben kann oder eine neue Vergabe durchgeführt werden muss. Diese Problematik ist auch Gegenstand der Regelung des § 132 GWB. Danach sind die Änderungen der Bedingungen der Rahmenvereinbarung „wesentlich", wenn sich dadurch der Beschaffungsgegenstand in einer Weise ändert, dass dies einer Neuvergabe gleichkommt. Damit muss prognostiziert werden, ob bei einer neuen Ausschreibung der geänderten Leistung andere Unternehmer sich beteiligt hätten oder ein anderer Unternehmer den Zuschlag erhalten hätte.[49] Bei Heranziehung von Art. 33 Abs. 2 UAbs. 3 RL 2014/24/EU ist die Auslegung der „wesentlichen Änderungen" noch enger vorzunehmen, als die Voraussetzungen des § 132 GWB.[50] Vielmehr wird man bei Abweichungen von den in der Rahmenvereinbarung festgelegten Bedingungen immer anhand des Wettbewerbs- und Transparenzprinzips den Grund des Anpassungsbedarf neu bewerten müssen.

24 Die Abs. 3 und 4 **unterscheiden** für das Verfahren zur Einzelauftragsvergabe danach, ob die Rahmenvereinbarung mit nur einem oder mit mehr als einem Unternehmen geschlossen wurde.

25 **b) Rahmenvereinbarung mit einem Unternehmer (Abs. 3).** Die Rahmenvereinbarung kann dem Wortlaut der Vorschrift nach auch nur mit einem Unternehmen geschlossen werden, dies liegt im Ermessen des Auftraggebers.[51] Der Einzelauftrag ist dann entsprechend den Bedingungen der Rahmenvereinbarung zu vergeben. Ob der Unternehmer auf Abruf vertraglich gebunden ist oder selbst erst noch annehmen muss, hängt davon ab, ob in der Rahmenvereinbarung bereits die Annahmeerklärung geregelt ist. Im 1. Fall handelt es sich um eine einseitig bindende Vereinbarung mit dem Auftragnehmer, im 2. Fall ist die Rahmenvereinbarung für beide Seiten unverbindlich ausgestaltet.

26 Da die Auswahl des zu Beauftragenden damit bereits schon feststeht, kommt es für das anschließende Verfahren der Vergabe nur noch darauf an, ob in der Rahmenvereinbarung bereits alle **Bedingungen abschließend festgelegt** sind. Ist dies der Fall, bedarf es auch keines weiteren Vergabeverfahrens für den Einzelauftrag mehr.[52] Der öffentliche Auftraggeber braucht dann nur noch im Zeitpunkt des Bedarfes den Einzelauftrag abrufen, damit der Vertrag zustande kommt (§ 4a EU Abs. 3 S. 1).

27 Sind die Bedingungen für den Einzelauftrag noch **nicht vollständig** festgelegt worden, muss der öffentliche Auftraggeber nach § 4a EU Abs. 3 S. 2 den Unternehmer in Textform auffordern, sein Angebot zu vervollständigen. „Textform" richtet sich nach § 126b BGB und verlangt eine lesbare Erklärung, in der die Person des Erklärenden genannt ist und die auf einem dauerhaften Datenträger abgegeben wird. Es reicht beispielsweise E-Mail, SMS oder Telefax. Eine eigenhändige Unterschrift wie § 126 BGB wird daher nicht verlangt. Das Wort „kann" ist als „muss" zu lesen, da ansonsten ein Vertrag gar nicht zustande kommen kann.[53] Maßstab ist die Bestimmtheit und Vollständigkeit von Vertragsbestandteilen, damit der Einzelauftrag am Ende wirksam ist. Deshalb muss der öffentliche Auftraggeber die für Rahmenvereinbarungen typischerweise offen gelassenen Bedingungen wie Leistungszeit oder konkreter Leistungsumfang bekannt geben. Der Unternehmer muss auf dieser Grundlage nunmehr den genauen Preis mitteilen.

---

[49] Voppel/Osenbrück/Bubert/*Voppel* VgV § 21 Rn. 26.
[50] Ingenstau/Korbion/*Schranner* Rn. 6.
[51] *Portz* VergabeR 2014, 523 (529).
[52] *Machwirth* VergabeR 2007, 385 (389).
[53] Voppel/Osenbrück/Bubert/*Voppel* VgV § 21 Rn. 29.

Bedingungen, die in der Rahmenvereinbarung festgelegt sind, können an dieser Stelle nicht 27a
geändert werden. Der Begriff „erforderlichenfalls" in S. 2 zeigt, dass Rahmenvereinbarungen mit
nur einem Unternehmen nach Möglichkeit nur solche Bedingungen offenlassen sollen, deren Festlegung noch nicht möglich oder zu diesem Zeitpunkt noch nicht zweckmäßig waren. Durch die
Anforderung der ausstehenden Bedingungen dürfen sich weder die Leistungen noch die Vertragsbedingungen ändern.[54]

c) **Rahmenvereinbarung mit mehreren Unternehmen (Abs. 4, 5).** Ist die Rahmenvereinbarung dagegen mit mehr als einem Unternehmen geschlossen worden, sieht das Regelungssystem in § 4a EU drei Varianten für das sich anschließende Vergabeverfahren bezüglich der Einzelaufträge vor. Die Abs. 4 und 5 sind also bereits ab zwei Unternehmen auf Auftragnehmerseite anzuwenden. 28

aa) **„ohne erneutes Vergabeverfahren" (Abs. 4 Nr. 1).** Wenn in der Rahmenvereinbarung 29
alle **Bedingungen für die Erbringung der Bauleistung** sowie die **objektiven Bedingungen
für die Auswahl der Unternehmen,** die hierfür in der Rahmenvereinbarung aufgeführt sind,
festgelegt wurden („vollständige Rahmenvereinbarung"), bedarf es nach Nr. 1 keines erneuten wettbewerblichen Vergabeverfahrens mehr. Denn der Einzelauftrag kann nun unmittelbar nach den
Bedingungen, die in der Rahmenvereinbarung enthalten sind, vergeben werden.

Bedingungen für die Erbringung der Bauleistung betreffen den Auftragsgegenstand, Preis, Leistungsort, Ausführungsfristen. Sie dürfen **nicht weiter konkretisierungsbedürftig** sein.[55] 29a

Die Auswahl unter den Rahmenvertragspartnern auf Auftragnehmerseite muss durch die bereits 30
vorhandenen Informationen in den abgegebenen Angeboten vergaberechtlich ordnungsgemäß
getroffen werden können. Vorliegen müssen nach dem Wortlaut **objektive Auswahlbedingungen,**
die bereits in der Auftragsbekanntmachung der Rahmenvereinbarung oder in den Vergabeunterlagen
der Rahmenvereinbarung benannt sein mussten.[56] Dabei geht es um Kriterien, die gerade die
Auswahl des Auftragnehmers bzw. die Verteilung der Aufträge abgesehen vom jeweiligen Leistungsgegenstand möglich machen. So muss klar bezeichnet sein, welches Unternehmen bei welchen zu
erbringenden Leistungen unter welchen Voraussetzungen einen Einzelauftrag erhält. Der **Transparenzgrundsatz** gebietet es, dass die Regeln für die Verteilung der Einzelaufträge in diesem Fall klar
bestimmt sind. Die Verteilung der Einzelaufträge ist gerade nicht in das freie Ermessen der Vergabestelle gestellt.[57] Die objektiven Bedingungen können angebots-, bieter- oder nutzerbezogen sein.[58]
Der öffentliche Auftraggeber hat auf der Grundlage der objektiven Bedingungen ein wettbewerbliches System zu erstellen. Beispiele aus der Praxis sind das **Kaskadenprinzip** und das **Rotationsverfahren.** Bei ersterem wird zunächst der Bieter mit dem wirtschaftlichsten Angebot angefragt, bei
Absage wird das nächstplatzierte Unternehmen aufgefordert.[59] Beim Rotationsverfahren erhält erst
das wirtschaftlichste Angebot auf dem ersten Rang einen Auftrag, den zweiten Auftrag erhält der
Bieter auf dem zweiten Rang. Da sich dieses Verfahren ausschließlich an objektiven Kriterien
festmachen lässt, ist dieses auch nicht diskriminierend.[60]

bb) **„teilweise ohne, teilweise mit erneutem Vergabeverfahren" (Abs. 4 Nr. 2).** Die 31
Verfahrensweise nach Nr. 2 erschließt sich auf den 1. Blick nicht sofort. Grundvoraussetzung für das
sog. **Mischverfahren** ist, das **alle Bedingungen für die Erbringung der Bauleistung in der
Rahmenvereinbarung bereits festgelegt** sind. Insofern könnte auch ohne erneutes Verfahren
vergeben, also nach Nr. 1 vorgegangen werden. In der Auftragsbekanntmachung oder den Vergabeunterlagen für die Rahmenvereinbarung kann jedoch festgelegt werden, dass **im Einzelfall ein
erneutes Vergabeverfahren durchgeführt werden kann,** der Auftraggeber lässt sich diese Möglichkeit also offen. Das bedeutet jedoch nicht, dass der öffentliche Auftraggeber dies frei zu entscheiden hat, vielmehr soll die Entscheidung, ob bestimmte Bauleistungen nach erneutem Vergabeverfahren (Nr. 3) oder direkt entsprechend der Rahmenvereinbarung (Nr. 1) beschafft werden sollen, **nach
objektiven Kriterien** getroffen werden (§ 4a EU Abs. 4 Nr. 2 Hs. 2). Der öffentliche Auftraggeber
kann also vorsehen, dass unter bestimmten Bedingungen ein erneutes Vergabeverfahren stattfindet.
Zugleich muss er ebenfalls vorab bekanntgeben, **welche Bedingungen der Rahmenvereinbarung**

---

[54] Ingenstau/Korbion/*Schranner* Rn. 11.
[55] Vgl. VK Bund Beschl. v. 15.11.2007 – VK 2-102/07, IBR 2008, 1003.
[56] VK Berlin Beschl. v. 10.2.2005 – VK-B2-74/04, BeckRS 2013, 57396 unter Hinweis auf BGH Urt. v. 17.2.1999 – X ZR 101/97 (KG), NJW 2000, 137 (139).
[57] KG Beschl. v. 13.1.2005 – 2 Verg 26/04, BeckRS 2005, 01041; VK Berlin Beschl. v. 10.2.2005 – VK-B 2-74/04, BeckRS 2013, 57396.
[58] Erwägungsgrund 61 RL 2014/24/EU.
[59] Vgl. VK Bund Beschl. v. 20.4.2006 – VK 1-19/06, IBRRS 2013, 4592.
[60] So EuG Urt. v. 20.5.2010 – T-258/06, IBRRS 2010, 1879.

31a Diese Mischvariante setzt also voraus, dass bereits in der Rahmenvereinbarung alle Bedingungen für die Leistungserbringung abschließend geregelt sind. Der öffentliche Auftraggeber kann dann auch bei nicht miniwettbewerbspflichtigen Einzelvergaben gleichwohl einen Wettbewerb durchführen.

32 **cc) „mit erneutem Vergabeverfahren" (Abs. 4 Nr. 3, Abs. 5).** Nr. 3 behandelt den Fall, dass in der Rahmenvereinbarung noch **nicht alle konkreten Bedingungen** zur Erbringung der Bauleistung festgelegt sind. Dann wird jeder Einzelauftrag durch ein weiteres Vergabeverfahren, auf der sog. 2. Stufe, unter den Auftragnehmern der Rahmenvereinbarung verteilt. In diesem Fall fehlt etwa die abschließende Darstellung des Leistungssolls für den betreffenden Einzelauftrag in der Rahmenvereinbarung.

33 **dd) Einzelauftragsvergabe durch den „Kleinstwettbewerb/Miniwettbewerb" (Abs. 5).** § 4a EU Abs. 5 enthält die Vorgaben für das wettbewerbliche Verfahren zur Einzelauftragsvergabe in den Fällen des Abs. 4 Nr. 2 und 3. Mit „Vergabeverfahren" in S. 1 ist gerade nicht das förmliche Verfahren der §§ 3, 3a EU gemeint. Es ist gerade der Sinn und Zweck der Rahmenvereinbarung, Zeit und Aufwand einzusparen. Das „Vergabeverfahren" muss also den vergaberechtlichen Grundsätzen des § 2 EU voll gerecht werden, andererseits „verschlankt" sein. Während im Unterschwellenbereich der öffentliche Auftraggeber mit § 4a dahingehend allein gelassen wird, erhält er mit § 4a EU ein Grundgerüst. Diese Vorgaben sind dabei allesamt Konkretisierungen dieser Grundsätze, was der Bedeutung des EU-Vergaberechts geschuldet ist.

33a Für das Vergabeverfahren auf der 2. Stufe („Kleinstwettbewerb" oder „Miniwettbewerb") kann der Auftraggeber **zusätzliche Kriterien** hinsichtlich der konkreten Leistung heranziehen und damit über die Vergabekriterien der Rahmenvereinbarung, hinausgehen. Dies ergibt sich unmittelbar aus dem Wortlaut des § 4a EU Abs. 5, wenn es dort heißt, dass die Vergabeverfahren „erforderlichenfalls auf genauer formulierten Bedingungen sowie gegebenenfalls auf weiteren Bedingungen…" beruhen. Voraussetzung ist nur, dass diese zusätzlichen Kriterien in der Auftragsbekanntmachung oder in den Vergabeunterlagen für die Rahmenvereinbarung bereits genannt worden sind. Auch hier wird deutlich, dass sämtliche Vergaberechtsgrundsätze auch bei dem Instrument der Rahmenvereinbarung und seiner Einzelauftragsvergabe gleichermaßen zu beachten sind.

34 Abs. 5 enthält mit einer Auflistung (Nr. 1–4) **Verfahrensvorschriften,** die in dem Vergabeverfahren auf der 2. Stufe beachtet werden müssen.

35 Vor der Vergabe des Einzelauftrages **konsultiert** der öffentliche Auftraggeber in Textform die Vertragspartner der Rahmenvereinbarung, die in der Lage sind, den Auftrag auszuführen **(Nr. 1).** Die Wortwahl „… die in der Lage sind …" deutet auf einen Beurteilungsspielraum des öffentlichen Auftraggebers hin.[61] Hierbei kann es sich eigentlich nur um die Einschätzung der Leistungsfähigkeit zum konkreten Abrufzeitpunkt handeln, da die grundsätzliche Eignung bereits bei der Vergabe der Rahmenvereinbarung geprüft worden ist. Nimmt man die Formulierung „konsultiert" wörtlich, würde das bedeuten, dass der öffentliche Auftraggeber von den Unternehmen vor Beginn des Vergabeverfahrens eine Einschätzung über die aktuelle Leistungsfähigkeit- und -bereitschaft einholt. Der Auftraggeber darf also nicht selbst eine Vorauswahl zwischen den Rahmenvereinbarungspartnern treffen, sondern muss aufgrund der Befragungspflicht allen beteiligten Unternehmen die Teilnahme ermöglichen. Bei Ausübung des Beurteilungsspielraums hat er sich bei der Frage der „Geeignetheit" an § 122 GWB auszurichten. Dies kann so weit gehen, dass der Wettbewerb auf ein geeignetes Unternehmen beschränkt wird. Die Befragung findet aber nur dazu statt, um den Beurteilungsspielraum sorgfältig auszuüben. Es geht nicht darum, die Unternehmen zu fragen, ob sie zur Ausführung in der Lage sind.

35a Im Rahmen der Konsultation präzisiert der Auftraggeber die noch offenen oder unvollständigen Bedingungen. Die Unternehmen werden aufgefordert, ihre Angebote zu vervollständigen.

36 In einem zweiten Schritt werden die Unternehmen aufgefordert für jeden Einzelauftrag ein Angebot abzugeben. Hierfür setzt er nach **Nr. 2** eine **ausreichende Frist.** Maßstab für die Länge der Frist soll unter anderem die Komplexität des Auftragsgegenstandes und die Zeit der Angebotsübermittlung sein. Auf jeden Fall ist hier die Frist für den Einzelfall festzulegen und nicht wie bei den sonstigen Fristen der Vergabeverfahren nach einer gesetzlich festgelegten Dauer. Für eine eventuelle spätere Nachprüfung muss die Entscheidung über die Dauer wenigstens plausibel sein. Einen qualitativen Unterschied zwischen ausreichender und angemessener Frist gibt es hier nicht. Maßstab für die Festlegung der Frist ist vor allem die Chancengleichheit der Unternehmen. Angebote, die

---

[61] Voppel/Osenbrück/Bubert/*Voppel* VgV § 21 Rn. 33.

nach Fristablauf eingehen, sind ebenso wie im förmlichen Verfahren auszuschließen. Einen Grundsatz, dass sich die Frist an § 15 VgV orientieren muss und ausnahmsweise länger oder kürzer bemessen werden kann, gibt es nicht.[62]

Die Angebote sind in Textform einzureichen **(Nr. 3). Textform** bedeutet nach § 126b BGB, 37 dass eine lesbare Erklärung, in der die Person des Erklärenden genannt ist, auf einem dauerhaften Datenträger abgegeben wird. Das Angebot muss also gespeichert oder weggelegt werden können. Die mündliche Mitteilung reicht deshalb gerade nicht. Ein Text in Schriftform mit eigenhändiger Unterschrift erfüllt diese Voraussetzung als ein Mehr zur Textform selbstverständlich. Dass die Angebote erst nach Ablauf der Angebotsfrist geöffnet werden dürfen, entspricht den allgemeinen Grundsätzen der Vergabeverfahren und ist auch Ausdruck des Wettbewerbsgrundsatzes sowie des Geheimhaltungsgebotes.

Nach Ablauf der Angebotsfrist hat der Auftraggeber die eingegangenen Angebote anhand der 38 in der Rahmenvereinbarung bekanntgegebenen Zuschlagskriterien zu **werten (Nr. 4).** Der Auftrag ist auf das wirtschaftlichste Angebot zu erteilen. Die **Zuschlagskriterien** müssen in der Auftragsbekanntmachung oder in den Vergabeunterlagen für die Rahmenvereinbarung bereits festgelegt sein, so ausdrücklich der Wortlaut. Der Transparenzgrundsatz gebietet es, dass auch im „Kleinstwettbewerb" das wirtschaftlichste Angebot ausschließlich auf der Grundlage der vorher bekanntgegebenen Zuschlagskriterien ermittelt wird. Eine Änderung oder spätere Festlegung von Kriterien erst im Rahmen des Kleinstwettbewerbes ist ausgeschlossen.[63] Es liegt in der Natur der Sache, dass bei unvollständigen Rahmenvereinbarungen mit mehreren Auftragnehmern zweimal das wirtschaftlichste Angebot gewertet werden muss: einmal zur Auswahl der Vertragspartner der Rahmenvereinbarung, dann zur Auswahl der Vertragspartner des jeweiligen Einzelauftrags. Insofern müssen bereits bei Abschluss der Rahmenvereinbarung auch schon die Zuschlagskriterien für etwaige Kleinstwettbewerbe festgelegt sein. Die Wertungskriterien müssen also keinesfalls identisch sein. Bestes Beispiel hierfür ist der Preis für die Wertung auf der 1. Stufe. Für die Auswahl der Rahmenvertragspartner ist häufig die Angabe lediglich eines Maximalpreises oder auch nur von qualitativen Merkmalen ausreichend und sachgerecht. Für die Vergabe des Einzelauftrags kann dann das Kriterium des niedrigsten Preises ausreichen.[64]

Unterschiedlich gesehen wird die Frage, ob neben den Zuschlagskriterien auch ihre **Gewich-** 38a **tung** bereits in der Auftragsbekanntmachung bzw. Vergabeunterlagen zur Rahmenvereinbarung genannt werden muss.[65] Der Wortlaut spricht indes nur von „Zuschlagskriterien". Unter Rückgriff auf § 127 Abs. 5 GWB ist auch von der notwendigen Angabe der Gewichtung und Unterkriterien vorab auszugehen.[66] Das gebietet schon der Grundsatz effet utile.

Dass ein Eröffnungstermin mit Angebotsöffnung abgehalten werden muss, wird in dieser Vor- 38b schrift nicht verlangt. Aus Nr. 3 ergibt sich, dass der Ablauf der Einreichungsfrist maßgeblich sein dürfte und danach die Angebote nach allgemeinen Grundsätzen zu werten sind.

4. Rechtsschutz. Als Instrument der flexiblen Beschaffung sollen die Vorschriften zur Rah- 39 menvereinbarung dem öffentlichen Auftraggeber Handlungsspielräume eröffnen. Rechtsschutz der Bieter kommt also dann in Betracht, wenn der Auftraggeber diese Befugnisnormen überschreitet.[67] Vergaberechtliche Verstöße bei der Vergabe der **Rahmenvereinbarung** sind daher mit dem im GWB vorgesehenen Nachprüfungsverfahren nach §§ 155 ff. GWB geltend zu machen.[68]

Auch die **Einzelauftragsvergabe** ist vor den Vergabekammern überprüfbar. Insofern handelt es 40 sich zwar um privilegierte, aber dennoch nach den Regeln der §§ 97 ff. GWB zustande gekommene Vergaben.[69] Typische Vergaberechtsverstöße bei Einzelauftragsvergaben sind zu unbestimmte Bedingungen für die Auftragsvergabe[70] oder Einzelaufträge, die so nicht in der Rahmenvereinbarung vorgesehen waren.[71] Letzterer ist rechtlich als de facto-Vergabe zu behandeln.

---

[62] So auch *Poschmann* in Müller-Wrede VgV § 21 Rn. 149; aA *Franke* ZfBR 2006, 546 (550); *Knauff* VergabeR 2006, 24 (36).
[63] So auch *Poschmann* in Müller-Wrede VgV § 21 Rn. 160; vgl. *Franke* ZfBR 2006, 546 (550).
[64] *Niestedt* → VgV § 21 Rn. 22.
[65] *Poschmann* in Müller-Wrede VgV § 21 Rn. 162 geht davon aus, dass der Wortlaut der Nr. 4 gerade nicht die Gewichtung aufgeführt hat. Folge wäre ein größerer Gestaltungsspielraum.
[66] *Niestedt* → VgV § 21 Rn. 21.
[67] *Poschmann* in Müller-Wrede VgV § 21 Rn. 174.
[68] Vgl. OLG Düsseldorf Beschl. v. 11.1.2012 – VII-Verg 58/11, BeckRS 2012, 1849.
[69] So auch *Poschmann* in Müller-Wrede VgV § 21 Rn. 176; die aA nahm bei der Einzelauftragsvergabe lediglich den Vollzug eines zivilrechtlichen Vertrages an. So dann *Graef* NZBau 2005, 561 (562).
[70] Vgl. VK Südbayern Beschl. v. 3.5.2016 – Z3-3-3194-1-61-12/15, BeckRS 2016, 118857.
[71] Vgl. OLG Düsseldorf Beschl. v. 20.6.2001 – Verg 3/01, NZBau 2001, 696.

§ 4b EU Besondere Instrumente und Methoden

(1) Der öffentliche Auftraggeber kann unter den Voraussetzungen der §§ 22 bis 24 VgV für die Beschaffung marktüblicher Leistungen ein dynamisches Beschaffungssystem nutzen.

(2) Der öffentliche Auftraggeber kann im Rahmen eines offenen, eines nicht offenen oder eines Verhandlungsverfahrens vor der Zuschlagserteilung eine elektronische Auktion durchführen, sofern die Voraussetzungen der §§ 25 und 26 VgV vorliegen.

(3) ¹Ist der Rückgriff auf elektronische Kommunikationsmittel vorgeschrieben, kann der öffentliche Auftraggeber festlegen, dass die Angebote in Form eines elektronischen Katalogs einzureichen sind oder einen elektronischen Katalog beinhalten müssen. ²Das Verfahren richtet sich nach § 27 VgV.

Schrifttum: *Braun*, „Elektronische Vergaben", VergabeR 2016, 179; *Knauff*, Neues europäisches Vergabeverfahrensrecht: Dynamische Beschaffungssysteme (Dynamische elektronische Verfahren), VergabeR 2008, 615; *Müller*, Das dynamische elektronische Verfahren, NZBau 2011, 72; *Schäfer*, Perspektiven der eVergabe, NZBau 2015, 131; *Schröder*, Die elektronische Auktion nach § 101 IV 1 GWB – Rückkehr des Lizitationsverfahrens?, NZBau 2010, 411; *Wieddekind*, Das dynamische elektronische Verfahren gem. § 101 Abs. 6 GWB, § 5 VOL/A-EG, VergabeR 2011, 412.

Übersicht

	Rn.			Rn.
I. Normzweck	1	2.	Elektronische Auktion (Abs. 2)	26
II. Entstehungsgeschichte	5		a) Begriff	26
			b) Anwendbarkeit	29
III. Einzelerläuterung	7		c) Vergabeverfahren	32
1. Dynamisches Beschaffungssystem (Abs. 1)	7		d) Verfahrensablauf	34
a) Begriff	7			
b) Anwendbarkeit und marktübliche Leistungen	11	3.	Elektronischer Katalog (Abs. 3)	44
			a) Begriff	44
c) Vergabeverfahren	14		b) Anwendbarkeit	47
d) Verfahrensablauf	18		c) Verfahren	50

I. Normzweck

1   Mit dieser Vorschrift werden drei weitere – im GWB und VgV statuierte – **besondere Instrumente** des Vergaberechts – dynamisches Beschaffungssystem, elektronische Auktion und elektronischer Katalog – ausdrücklich auch für den Bereich der Vergabe von Bauleistungen anwendbar erklärt. Der Wortlaut „kann" zeigt, dass der Gebrauch dieser Instrumente lediglich angeboten aber nicht vorgeschrieben wird.

2   Der Normgeber hat, anstatt Einzelheiten dazu in der VOB/A EU unmittelbar auszuführen, ausdrücklich auf die Regelungen des Unterabschnitts 2 „Besondere Methoden und Instrumente in Vergabeverfahren" des Abschnitts 2 „Vergabeverfahren" in der VgV verwiesen. Auch hieran wird deutlich, dass die VgV seit der Vergaberechtsreform 2016 immer mehr eine tatsächliche **Scharnierfunktion** erhält.

3   Abs. 1 ermöglicht für die Beschaffung marktüblicher Bauleistungen die Anwendbarkeit von dynamischen Beschaffungssystemen. Das Instrument „Dynamisches Beschaffungssystem" wird aufgrund der direkten Verweisung in den §§ 22–24 VgV näher behandelt. Nach Abs. 2 kann bei Oberschwellenvergaben von Bauleistungen im Rahmen eines offenen, eines nicht offenen oder eines Verhandlungsverfahrens vor Zuschlagserteilung die elektronische Auktion durchgeführt werden. Auch hier führt nicht etwa § 4b EU im Einzelnen aus, diese Aufgabe übernimmt die VgV in ihren §§ 25 und 26 VgV. Abs. 3 ist für den Fall einschlägig, dass der Rückgriff auf elektronische Kommunikationsmittel im Vergabeverfahren vorgeschrieben ist. Der öffentliche Auftraggeber hat dann die Möglichkeit, die Darstellung in Form eines elektronischen Kataloges zu fordern. Auch hier wird im Rahmen der Vergabe von Bauleistungen vollständig auf die entsprechende Vorschrift in der Vergabeverordnung verwiesen.

4   Dadurch, dass eine vergleichbare Anwendungsnorm im ersten Abschnitt der VOB/A fehlt, ergibt sich, dass alle drei Instrumente nicht bei Bauvergaben im **Unterschwellbereich** möglich sind.

II. Entstehungsgeschichte

§ 4b EU ist auf die Art. 34 ff. **RL 2014/24/EU** zurückzuführen. Diese enthielten die Richtlinienbestimmungen, die durch die Normierung der §§ 22–27 VgV nF in das nationale deutsche Recht umgesetzt worden sind.

Die drei Instrumente finden sich zudem in dem durch die Vergaberechtsreform 2016 neu gefassten § 120 Abs. 1–3 GWB. Umfragen bei den Behörden haben ergeben, dass in der Vergangenheit von diesen Instrumenten bzw. Methoden nur zögerlich Gebrauch gemacht worden ist.[1] Das dynamische Beschaffungssystem war bereits 2004 auf EU-Ebene eingeführt worden und ist allerdings auch in den übrigen EU-Mitgliedstaaten noch nicht in breiter Anwendung.[2]

III. Einzelerläuterung

1. Dynamisches Beschaffungssystem (Abs. 1). a) Begriff. Die Legaldefinition findet sich in § 120 Abs. 1 GWB und nicht unmittelbar in §§ 22 f. VgV. Danach ist das dynamische Beschaffungssystem ein zeitlich befristetes, ausschließlich elektronisches Verfahren zur Beschaffung marktüblicher Leistungen, bei denen die allgemein auf dem Markt verfügbaren Merkmale den Anforderungen des öffentlichen Auftraggebers genügen. § 22 VgV greift vielmehr die Verwendung dieses Instruments auf.

Der Wortlaut des § 4b EU Abs. 1 entspricht dabei vollständig dem des § 22 Abs. 1 VgV. Es soll nach dem Erwägungsgrund 63 RL 2014/24/EU dazu führen, dass ganz im Sinne des Vergaberechts der öffentliche Auftraggeber schnell und einfach eine **möglichst weite Bandbreite** von Angeboten einholen kann. Die Möglichkeiten solcher elektronischen Systeme gegenüber dem Versand von Papier liegen auf der Hand.

Nach § 22 Abs. 3 VgV wird das dynamische Beschaffungssystem **vollständig elektronisch** betrieben, wobei die beiden Vorschriften §§ 11, 12 VgV für den Einsatz elektronischer Mittel in Vergabeverfahren zwingend zu beachten sind. Das ergibt sich aus der vollständigen Verweisung der VOB/A EU auf § 22 VgV und damit auch auf § 22 Abs. 1 S. 2 VgV. Weiter führt das dazu, dass auch jegliche Kommunikation zwischen dem öffentlichen Auftraggeber und den interessierten Wirtschaftsteilnehmern einschließlich der Ausschreibung und der Abgabe von Angeboten mit elektronischen Mitteln zu erfolgen hat.[3]

Das dynamische Beschaffungssystem steht gem. § 22 Abs. 4 VgV jedem Wirtschaftsteilnehmer offen, der die Eignungskriterien erfüllt. Der Zugang hierzu hat gem. § 22 Abs. 5 VgV unentgeltlich zu erfolgen.

b) Anwendbarkeit und marktübliche Leistungen. Dieses Verfahren ist dann anwendbar, wenn eine Norm die Anwendbarkeit erklärt. So sieht die Vergabeverordnung selbst dieses Instrument bei der Beschaffung von marktüblichen Liefer- und Dienstleistungen und bei der Beschaffung im Rahmen der Sektorenverordnung vor. Für die Beschaffung von **marktüblichen Bauleistungen** ist diese Anwendbarkeitserklärung nunmehr in § 4b EU erfolgt.

Marktübliche Leistungen sind solche, „bei denen die allgemein auf dem Markt verfügbaren Merkmale den Anforderungen des öffentlichen Auftraggebers genügen", so die Legaldefinition in § 120 Abs. 1 GWB. Es geht also um Standardleistungen. **Standard-Bauleistungen** sind beispielsweise das Erstellen von Mauern, die keinen außergewöhnlichen statischen Anforderungen genügen müssen oder das Herstellen eines Bürgersteiges durch Betonplatten. Hier wird jeweils im **Vorfeld** der Ausschreibung zu prüfen sein, ob an die eigentliche Bauleistung besondere Anforderungen gestellt werden müssen.

Planungsleistungen sind grundsätzlich keine Standardleistungen, sodass ein dynamisches Beschaffungssystem für sie von vornherein nicht in Frage kommen dürfte.[4] Allerdings sind Planungsleistungen auch keine Bauleistungen, sodass der Frage, wann Standard-Planungsleistungen vorliegen können, an dieser Stelle nicht weiter nachgegangen wird.

c) Vergabeverfahren. Verfahrensmäßig stellt das dynamische Verfahren nicht etwa ein eigenständiges Vergabeverfahren dar, was neben die drei Verfahrensarten des § 3 EU tritt, sondern es ist eine besondere Ausgestaltung des **nicht offenen Verfahrens.** Dies ergibt sich unmittelbar aus § 22 Abs. 2 VgV.

Der insoweit eindeutige Wortlaut des § 22 Abs. 2 VgV, auf den im Tatbestand des § 4b EU Abs. 1 verwiesen wird, macht deutlich, dass nun das dynamische Beschaffungssystem nur im nicht

---

[1] Burgi VergabeR, 1. Aufl. 2016, § 13 Rn. 30.
[2] Vgl. Schäfer NZBau 2015, 131 (136).
[3] Osseforth in Gabriel/Krohn/Neun VergabeR-HdB § 13 Rn. 121.
[4] So Voppel/Osenbrück/Bubert/Voppel VgV §§ 22–24 Rn. 39.

offenen Verfahren zugelassen ist. Das frühere dynamische Verfahren war dagegen nur im Rahmen eines offenen Verfahrens in Kombination mit unverbindlichen Angeboten möglich. Diese Änderung durch den § 22 Abs. 2 VgV soll die Attraktivität der Nutzung dieses Instruments in Deutschland fördern.[5]

16   Das elektronisch eingerichtete dynamische Beschaffungssystem steht gem. § 22 Abs. 4 VgV während der anfangs bekanntgegebenen Gültigkeitsdauer jedem geeigneten Unternehmen, das marktübliche Bauleistungen anbieten möchte, **offen**. § 4b EU Abs. 1 enthält Begrenzungen der zulässigen Bewerberanzahl sowie der maximalen Gültigkeitsdauer. Etwas anderes ergibt sich auch nicht aus der VgV.

17   § 22 Abs. 4 VgV setzt überdies auch eine **Eignungsprüfung** voraus, was sich aus dem direkten Bezug auf die „Eignungskriterien" im Wortlaut ergibt. Da im dynamischen Beschaffungssystem die einzelnen Aufträge erst später zustande kommen werden, kann es sich hierbei nur um eine Prognose handeln, ob ein bestimmtes Unternehmen nach seiner personellen, sachlichen und finanziellen Ausstattung in der Lage ist, den Auftrag auszuführen sowie die Prüfung des Nichtvorliegens von Ausschlussgründen.[6]

18   **d) Verfahrensablauf.** § 23 Abs. 1 VgV, auf den verwiesen wird, beschreibt den eigentlichen Verfahrensablauf beim dynamischen Beschaffungssystem. Danach hat der öffentliche Auftraggeber bereits in der **Auftragsbekanntmachung** anzugeben, dass er ein dynamisches Beschaffungssystem nutzt und für welchen Zeitraum es betrieben wird.

19   Werden vom öffentlichen Auftraggeber die Standardformulare verwendet, finden sich darin bereits Felder zum Auswählen. Zum weiteren Ablauf sind – auch wenn nicht ausdrücklich in der Verweisung enthalten – die flankierenden Regelungen der VgV anzuwenden. In der Auftragsbekanntmachung ist deshalb nach § 41 VgV die **elektronische Adresse** anzugeben, unter der sämtliche Vergabeunterlagen abgerufen werden können.

20   Das dynamische Beschaffungssystem kann ähnlich wie die Rahmenvereinbarung dazu führen, dass einzelne Standardbauleistungen erst Jahre nach Eingabe des elektronischen Systems mit den Angebotsinformationen beauftragt werden. Insoweit besteht Konsens über die **praktikable Möglichkeit** allgemeine Bewerbungsbedingungen sowie allgemeine vertragliche Regelungen für das dynamische Beschaffungssystem und seine einzelnen Auftragsvergaben zum Abruf zur Verfügung zu stellen. Als Ausgleich dafür muss die Möglichkeit bestehen, bei Bedarf allgemein gehaltene Regelungen auftragsgerecht zu präzisieren, wenn die Leistung beschafft werden soll.[7] Die vorher festgelegte Beschaffungskategorie darf sich jedoch dadurch nicht ändern dürfen.

21   Der öffentliche Auftraggeber kann später die angekündigte **Gültigkeitsdauer** nicht ohne Weiteres verlängern, sondern muss zuvor gem. § 23 Abs. 2 VgV die Europäische Kommission hierüber informieren. Die Vorschrift enthält auch detailliert den Verweis auf die Standardformulare, die bei Änderungen der Gültigkeitsdauer vom öffentlichen Auftraggeber zu benutzen sind. So heißt es in § 23 Abs. 2 VgV:

1. Wird die Gültigkeitsdauer ohne Einstellung des dynamischen Beschaffungssystems geändert, ist das Muster gemäß Anhang II der Durchführungsverordnung (EU) 2015/1986 der Kommission vom 11.11.2015 zur Einführung von nun Standardformularen für die Veröffentlichung von Vergabebekanntmachungen für öffentliche Aufträge und zur Aufhebung der Durchführungsverordnung (EU) Nr. 842/2011 (ABl. L 296 vom 12.11.2015, S. 1) in der jeweils geltenden Fassung zu verwenden.
2. Wird das dynamische Beschaffungssystem eingestellt, ist das Muster gemäß Anhang III der Durchführungsverordnung (EU) 2015/1986 zu verwenden.

22   Daneben muss der öffentliche Auftraggeber in den Vergabeunterlagen gem. § 23 Abs. 3 VgV mindestens die **Art** und die **geschätzte Menge** der zu beschaffenden Leistung sowie alle **erforderlichen Daten** des dynamischen Beschaffungssystems angeben.

23   Darüber hinaus hat er gem. § 23 Abs. 4 VgV anzugeben, ob er das dynamische Beschaffungssystem in **Kategorien** untergliedert hat, unter Angabe der jeweiligen objektiven Merkmale. Kategorien sind Bau-, Liefer- oder Dienstleistungen. In diesem Fall werden jeweils alle für die einem konkreten Auftrag entsprechende Kategorie zugelassenen Bewerber aufgefordert, ein Angebot zu unterbreiten (§ 23 Abs. 6 S. 2 VgV). Zuvor hat der öffentliche Auftraggeber nach § 23 Abs. 5 VgV für jede Kategorie die Eignungskriterien gesondert festgelegt.

24   § 23 Abs. 6 S. 1 VgV verweist wiederum auf § 16 Abs. 4 VgV und § 51 Abs. 1 VgV. Danach sind die zugelassenen Bewerber für jede einzelne, über ein dynamisches Beschaffungssystem stattfindende Auftragsvergabe **gesondert** zur Angebotsabgabe aufzufordern. Nicht zugelassene Bewerber dürfen

---

[5]   Vgl. Erwägungsgrund 63 RL 2014/24/EU; *Schäfer* NZBau 2015, 131 (136).
[6]   Ziekow/Völlink/*Bernhardt* VgV § 23 Rn. 14.
[7]   So etwa Ziekow/Völlink/*Bernhardt* VgV § 23 Rn. 5.

dann also nicht mehr aufgefordert. Ist das Beschaffungssystem in Kategorien eingeteilt, sind nur diejenigen Bewerber aufzufordern, die mit der für die jeweilige Beschaffung einschlägigen Kategorie verknüpft sind (§ 23 Abs. 6 S. 2 VgV).

Alle für das dynamische Beschaffungssystem zu beachtenden **Fristen** sind gesondert in § 24 VgV enthalten. Hierbei geht es um Fristen für den Eingang von Teilnahmeanträgen, um Prüfungsfristen der Eignung oder um den Eingang von Angeboten. Aufgrund des uneingeschränkten Verweises gelten diese so auch für das nicht offene Verfahren in der VOB/A EU. 25

2. Elektronische Auktion (Abs. 2). a) Begriff. Eine elektronische Auktion ist gem. § 120 Abs. 2 GWB ein sich schrittweise wiederholendes elektronisches Verfahren zur Ermittlung des wirtschaftlichsten Angebots im Anschluss an eine vollständige erste Bewertung aller Erstangebote. Aus dieser **Legaldefinition** allein wird noch nicht deutlich, wo und wie dieses weitere vergaberechtliche Instrument im Vergabeverfahren einsetzt. Vielmehr erhellt Art. 35 RL 2014/24/EU die zugedachte Funktionsweise, der in den §§ 25 und 26 VgV in das deutsche Recht umgesetzt wurde. 26

Wie die anderen vergaberechtlichen Instrumente auch, dient die elektronische Auktion dem Zweck, personellen und zeitlichen Aufwand zu **rationalisieren.** Das Prinzip der Auktion eröffnet für den öffentlichen Auftraggeber die Möglichkeit, Leistungen besonders günstig zu beschaffen. Anknüpfungspunkte dieser Auktion sind die anfangs bekannt gegebenen Zuschlagskriterien. 27

Die Sachbearbeiter der Vergabestelle führen im Laufe des Verfahrens eine Erstauswertung der Angebote durch. In einem zweiten Schritt werden die Folgeangebote der für die elektronische Auktion zugelassenen Bieter in einem vollelektronischen Prozess mithilfe einer **mathematischen Bewertungsmethode** ohne jegliche Intervention oder Begutachtung durch den öffentlichen Auftraggeber ausgewertet.[8] Am Ende dieser elektronischen Bewertungsphase stehen die Angebote dann in der danach berechneten Rangfolge. 28

b) Anwendbarkeit. Aus § 25 Abs. 1 S. 1 VgV ergibt sich unmittelbar, dass die elektronische Auktion sowohl beim offenen, nicht offenen als auch beim Verhandlungsverfahren genutzt werden kann. Aus § 25 Abs. 1 S. 4 VgV folgt die Anwendbarkeit auch für die erneuten Vergabeverfahren innerhalb der **Rahmenvereinbarung** nach § 21 VgV und im **dynamischen Beschaffungssystem** nach § 22 VgV. Aufgrund der Verweisung in § 4b EU Abs. 2 gilt diese Anwendbarkeitserklärung auch bei der Bauvergabe. 29

Voraussetzung für die Durchführbarkeit der elektronischen Auktion ist die Möglichkeit, den Inhalt der Vergabeunterlagen hinreichend präzise beschreiben und die Leistung mithilfe automatischer Bewertungsmethoden einstufen zu können (§ 25 Abs. 1 S. 1 VgV). Damit ist der Einsatz dieses Vergabeinstrumentes nur bei der Beschaffung von Leistungen denkbar, die sich in Zahlen oder Prozentsätzen einfach ausdrücken lassen.[9] In der einschlägigen Kommentarliteratur zur Vergabeverordnung finden sich als Beispiele hierfür Vergaben, bei denen ausschließlich der Preis maßgeblich ist oder bei denen eine LCC-Betrachtung vorgenommen werden kann, oder auch vertragliche Komponenten wie zB die Höhe von Haftungssummen, Vertragsstrafen oder Leistungs- bzw. Wiederherstellungszeiten. Als qualitative Aspekte kommen Lebensdauer, Belastungsfähigkeit oder Geschwindigkeit in Betracht.[10] 30

Als Negativbeispiel nennt der Normgeber in § 25 Abs. 1 S. 2 VgV die **geistig-schöpferischen Leistungen.** Seinen Grund hat das darin, dass per se derartige Leistungen nicht maschinell ausgewertet werden können. Die Frage, ob eine elektronische Auktion im jeweiligen Verfahren durchgeführt werden kann, beantwortet sich also immer danach, ob anhand der konkreten Bewertungskriterien für die Vergabe ein Rechenprogramm eine Rangfolge erstellen kann. Dieses ist für jeden Einzelfall zu prüfen. Bei Beratungs- oder Dienstleistungen, die einen gewissen kreativen Bestandteil haben, ist die geforderte automatische Bewertung auf elektronischem Wege anhand fester Parameter wie Verfügbarkeit oder Stundensätze ohne Weiteres denkbar. Bei Bauleistungen, und damit im Anwendungsbereich der VOB/A, wird dies in der Praxis seltener der Fall sein. Sollte sich die Vergabestelle dennoch für die Zulässigkeit einer elektronischen Auktion entschließen, ist der Entscheidungsvorgang jedenfalls in dem Vergabevermerk zu dokumentieren. 31

c) Vergabeverfahren. Für das Vergabeverfahren selbst gelten die jeweiligen Verfahrensvorschriften. Vor Beginn der elektronischen Auktion müssen alle in der jeweiligen Verfahrensart eingegangenen Angebote anhand der Zuschlagskriterien und deren Gewichtung **vollständig bewertet** werden. Insofern sind die Angebote von der Vergabestelle auf Vollständigkeit, Richtigkeit, Eignung und das Nichtvorliegen von Ausschlussgründen zu prüfen (§ 26 VgV). Nur die Angebote, die 32

---

[8] *Knauff* EuZW 2004, 141 (142).
[9] So Erwägungsgrund 67 RL 2014/24/EU.
[10] Ziekow/Völlink/*Wichmann* VgV § 25 Rn. 4.

hiernach nicht aussortiert worden sind, können in die elektronische Auktion eingestellt werden. Die zur Verfügung stehenden Angebote sind dann auf den Teil zu beschränken, der maschinell bewertet werden kann. Insofern sind die Bieter aufzufordern, Teilangebote unter Aufrechterhaltung der verbleibenden Angebotsbestandteile im Rahmen der elektronischen Auktion abzugeben.[11] Diese Angebote werden dann durch den Rechenprozess in ihre neue Rangfolge gebracht.

33 Vorteil der elektronischen Auktion ist die Möglichkeit, ohne weiteren personellen und zeitlichen Aufwand eine erneute Angebotsabgabe zu generieren.

34 **d) Verfahrensablauf.** Den Ablauf der elektronischen Auktion im Einzelnen regelt **chronologisch** § 26 VgV, auf den ausdrücklich § 4b EU Abs. 2 verweist.

35 Nach § 26 Abs. 1 VgV hat bereits die Auftragsbekanntmachung bzw. die Aufforderung zur Interessensbestätigung die **Ankündigung** der elektronischen Auktion zu enthalten. Ohne vorherige Anzeige führt das zu einem Verfahrensfehler, denn die Bieter müssen die Möglichkeit haben, ihre Angebote entsprechend zu gestalten.[12] Zwar ist die elektronische Auktion nur ein Element innerhalb des jeweiligen Vergabeverfahrens. Nach dem Vergabegrundsatz der Transparenz soll jedoch jeder Bieter sich auf die Besonderheit der mathematischen Bewertungsmethode in der eigentlichen Auswahlphase einstellen können.

36 § 26 Abs. 2 VgV enthält die **Mindestangaben** in den Vergabeunterlagen, soweit die Durchführung der elektronischen Auktion angekündigt ist.

37 Sind die Angebote eingegangen, findet die **erste Prüfungsstufe** statt. Hierbei sind die allgemeinen Zulässigkeitskriterien zu beachten. Hierzu gehört auch das insbesondere bei Bauvergaben häufig vorkommende Angebot mit einem unangemessen hohen oder niedrigen Preis iSv § 16d EU Abs. 1 Nr. 1, 2. In solchen Fällen sind die jeweiligen Vorgehensweisen zu beachten, sodass etwa bei einem unangemessen niedrigen Angebotspreis zuvor aufzuklären ist, bevor ausgeschlossen werden darf. Für die Frage, wann die Vergabestelle in dieser Bewertungsphase Angebote als unzulässig aussortieren kann, gibt Art. 35 Abs. 5 UAbs 3 RL 2014/24/EU mit dem Tatbestandsmerkmal „inakzeptabel" einen Orientierungspunkt. Inakzeptabel kann ein Angebot aber nur dann sein, wenn es ungeeignet erscheint, einen Vertrag über wirtschaftliche Bauleistungen schließen zu können. Wenn aber im Wege der Auktion der Bieter noch seine Preise anpassen kann, sollte nach dem Prinzip des größtmöglichen Wettbewerbes dieses Angebot noch nicht nach der Phase ausgeschlossen werden.[13]

38 Das und wie zur Teilnahme an der elektronischen Auktion aufzufordern ist, regeln die § 26 Abs. 3 und 4 VgV. Danach sind alle Bieter **gleichzeitig** zur Teilnahme an der Auktion aufzufordern, sobald die erste Bewertungsphase durch die Vergabestelle vollständig abgeschlossen ist. § 25 Abs. 1 S. 3 VgV schreibt vor, die Mitteilung des Ergebnisses dieser Bewertungsphase vor Beginn der Auktion vor. Der Normgeber hat hierzu nicht näher ausgeführt, worüber die Bieter im Einzelnen informiert werden sollen. Jedenfalls aber muss davon ausgegangen werden, dass jeder Bieter darüber aufgeklärt werden muss, ob er ein zulässiges Angebot eingereicht hat und damit noch im Rennen ist. Denn nur die zulässigen Angebote dürfen nach § 26 Abs. 3 VgV zur elektronischen Auktion zugelassen werden.

39 Die elektronische Auktion darf **frühestens** erst zwei Arbeitstage nach der Versendung der Aufforderung zur Teilnahme an der elektronischen Auktion beginnen.

40 Im Laufe jeder Phase der elektronischen Auktion ist allen Bietern unverzüglich zumindest der jeweilige **Rang ihres Angebotes** innerhalb der Reihenfolge aller Angebote mitzuteilen (§ 26 Abs. 5 S. 1 VgV). „Zumindest" bezieht sich auf die Daten nach § 26 Abs. 2 Nr. 3 VgV, der „Auflistung aller Daten, die den Bietern während der elektronischen Auktion zur Verfügung gestellt werden". Dabei gilt aber der Grundsatz, dass die Identität der Bieter nicht offengelegt werden darf.

41 Der Transparenz des Verfahrens ist auch § 26 Abs. 6 VgV geschuldet, der die Bekanntgabe der **Zeitpunkte** des Beginns und des Abschlusses einer jeden Phase bei jeder Aufforderung zur Teilnahme an der elektronischen Auktion vorschreibt. Das Instrument der Auktion lässt es gerade zu, dass gegen Ende die Bieter noch ihre Preise verändern können. Die zeitliche Aufteilung ist dabei nach festen Terminen mit Uhrzeit oder nach Zeitintervallen möglich.

42 Die **Beendigung** der elektronischen Auktion tritt dann ein, wenn der in der Aufforderung zur Teilnahme bekannt gemachte Zeitpunkt für die Beendigung eintritt (§ 26 Abs. 7 Nr. 1 VgV). Aus § 26 Abs. 7 Nr. 1–3 VgV ergibt sich, dass damit dem Auftraggeber drei Möglichkeiten an die Hand gegeben werden zu bestimmen, wie die elektronische Auktion beendet wird. So kann er nach § 26 Abs. 7 Nr. 2 VgV auch einen Zeitraum festlegen, innerhalb dessen auktionskonforme Angebote abgegeben werden können. Bleiben diese aus, tritt Beendigung ein. Nach § 26 Abs. 7 Nr. 3 VgV

---

[11] Ziekow/Völlink/*Wichmann* VgV § 25 Rn. 11.
[12] So auch *Schröder* NZBau 2010, 411 (414).
[13] So auch Ziekow/Völlink/*Wichmann* VgV § 25 Rn. 14.

III. Einzelerläuterung　　　　　　　　　　　　　43–51　§ 4b EU VOB/A

kann vorher auch eine Anzahl von Auktionsphasen festgelegt werden, nach Ablauf der letzten Phase endet die Auktion.

Ist die elektronische Auktion beendet, weiß der öffentliche Auftraggeber, welchem Bieter er 43 den Zuschlag erteilen möchte. Um ausreichenden Rechtsschutz zu gewährleisten gilt auch hier § 19 EU. Es gilt die Wartefrist und das Prinzip der **Vorabinformation** der unterlegenen Bieter.

3. Elektronischer Katalog (Abs. 3). a) Begriff. Weder § 4b EU Abs. 3 noch § 27 VgV, auf 44 den die VOB/A EU verweist, erklärt den Begriff des elektronischen Kataloges. Die **Legaldefinition** für dieses Vergabeinstrument findet sich vielmehr in § 120 Abs. 3 S. 1 GWB. Danach ist es ein auf der Grundlage der Leistungsbeschreibung erstelltes Verzeichnis der zu beschaffenden (Bau-) Leistungen in einem elektronischen Format. § 120 Abs. 3 S. 2 GWB schlägt den elektronischen Katalog insbesondere beim Abschluss von Rahmenvereinbarungen vor und listet beispielhaft typische Kategorien auf (Abbildungen, Preisinformationen, Produktbeschreibungen). Der Erwägungsgrund 68 RL 2014/24/EU sieht in dem elektronischen Katalog ein Format zur Darstellung und Gestaltung von Informationen einer Weise, die allen teilnehmenden Bietern gemeinsam ist und die für sich eine elektronische Bearbeitung anbietet, wie beispielsweise Kalkulationstabellen.

Elektronische Kataloge sind jedenfalls von den „allgemeinen Katalogen" der Unternehmen 45 **abzugrenzen.** Hierauf geht der Erwägungsgrund 68 RL 2014/24/EU ein. Unter allgemeinen Katalogen dürften sämtliche – ohne Zuschnitt auf die jeweilige Ausschreibung – aufgestellte katalogisierte Darstellungen von Waren oder Leistungen verstanden werden. Durch die Übertragung der Leistungen des Unternehmens in das vorgeschriebene Katalogformat, wird erreicht, dass vorab das Angebot selbst noch einmal überprüft und nicht einfach übertragen wird.

Als vergaberechtliches Instrument ist der elektronische Katalog vor allem wieder im Rahmen der 46 Vergaberechtsreform 2016[14] als **effektive und rationale Beschaffungsmethode** in den einzelnen Regelwerken neu aufgenommen worden, während er vorher lediglich in Erwägungsgründen der Richtlinien genannt wurde. Gerade bei grenzüberschreitenden Angeboten verspricht man sich durch die Verwendung von elektronischen Katalogen, die die notwendigen Informationen möglichst klar und einfach darstellen, eine erhebliche Erleichterung und damit eine Stärkung des EU-weiten Wettbewerbs.

b) Anwendbarkeit. Der elektronische Katalog kann grundsätzlich in jeder Verfahrensart ver- 47 wendet werden. Voraussetzung dafür, dass Angebote in Form eines elektronischen Kataloges eingereicht werden können oder diese einen solchen beinhalten müssen, ist die für das jeweilige Vergabeverfahren **vorgeschriebene Nutzung elektronischer Kommunikationsmittel.** Nur dann steht dem öffentlichen Auftraggeber die Möglichkeit offen, den Vergleich und die Auswertung der Angebote in Form von standardisierten Katalogen zu vereinfachen. Die Formulierung „kann" in § 27 Abs. 1 S. 1 VgV zeigt, dass auch hier die Verwendung des Instruments im Ermessen des Auftraggebers steht.

§ 27 Abs. 1 S. 2 VgV stellt klar, dass neben dem elektronischen Katalog „weitere Unterlagen" 48 beigefügt werden können. Hierbei wird es sich beispielsweise um Datenblätter oder Produktbeschreibungen handeln.

Im Vorfeld sind die technischen Standards der einzureichenden Kataloge zu klären. Deshalb ist 49 mit der Bekanntmachung über den Einsatz des elektronischen Kataloges zugleich das gewünschte **Katalogaustauschformat** festzulegen.[15] Technisch werden die elektronischen Kataloge der Bieter über eine Standardschnittstelle in einem Browser eingebunden. Der öffentlicher Auftraggeber kann so unmittelbar ein Blick in den Katalog erhalten und sich damit zeitsparend Informationen besorgen.[16]

c) Verfahren. Die allgemeinen Vergabegrundsätze wie Gleichbehandlung, Wettbewerb oder 50 Nichtdiskriminierung gelten auch bei Verwendung dieses Vergabeinstruments. Schon wegen des Transparenzprinzips hat der öffentliche Auftraggeber, soweit er sich für die Nutzung eines elektronischen Kataloges im Vergabeverfahren entschieden, bereits in der Auftragsbekanntmachung bzw. der Aufforderung zur Interessensbestätigung darauf hinzuweisen. Für die Bieter ist die Entscheidung des Auftraggebers wiederum bindend.

Wie bei den anderen vergaberechtlichen Instrumenten auch handelt es sich bei dem elektroni- 51 schen Katalog nicht um eine Verfahrensart, sondern um eine **Methode** zur effizienten und rationellen Entscheidungsfindung. Als besonders geeignet erscheint der Einsatz bei Rahmenvereinbarungen

---

[14] Gesetz zur Modernisierung des Vergaberechts, BGBl. 2016 I 203; Verordnung zur Modernisierung des Vergaberechts, BGBl. 2016 I 624.
[15] Ziekow/Völlink/*Bernhardt* VgV § 27 Rn. 4.
[16] *Osseforth* in Gabriel/Krohn/Neun VergabeR-HdB § 13 Rn. 167.

und dynamischen Beschaffungssystemen, die wiederum auch nur Vergaberechtsinstrumente darstellen.

52 § 27 Abs. 3 VgV beschreibt den Einsatz des elektronischen Kataloges im Rahmen der Vergabe der Einzelaufträge bei **Rahmenvereinbarungen**. Auch hier handelt es sich lediglich um ein Angebot, was sich in der Formulierung „kann er vorschreiben" und der Struktur des Abs. 3 widerspiegelt. Gesetzestechnisch hat der Normgeber aber deutlich eine Handreichung in § 27 VgV hinterlassen, um die „neuen", insbesondere elektronischen Vergabeinstrumente für den öffentlichen Auftraggeber handhabbar zu machen.

53 So finden sich in § 27 Abs. 3 Nr. 1 und 2 VgV **zwei unterschiedliche Handlungsoptionen** für die Vergabe der Einzelaufträge. Voraussetzung dafür ist, dass bereits in den Angeboten zum Abschluss der Rahmenvereinbarung elektronische Kataloge enthalten waren. Beide Optionen drehen sich um das Procedere der Einzelauftragsvergabe auf Grundlage aktualisierter elektronischer Kataloge. Hierbei kann der Bieter entweder aufgefordert werden, seinen elektronischen Katalog an die Anforderungen des Einzelauftrages anzupassen und erneut einzureichen (Nr. 1). Die zweite Option, die gesondert in der Auftragsbekanntmachung oder in den Vergabeunterlagen für den Abschluss einer Rahmenvereinbarung anzukündigen ist, sieht vor, dass der öffentliche Auftraggeber an einem bestimmten Zeitpunkt den bereits bei Abschluss der Rahmenvereinbarung eingereichten elektronischen Katalogen die Daten entnehmen kann, die für die Angebotserstellung im Hinblick auf die Einzelaufträge notwendig sind (Nr. 2). Beim ersten Lesen des § 27 Abs. 3 Nr. 2 VgV ergibt sich das nicht auf den ersten Blick, da man das Wort „sie" erst einmal nicht auf den Auftraggeber bezieht. Im Abgleich mit dem Erwägungsgrund 68 RL 2014/24/EU zeigt sich, dass der etwas missglückte Satz europarechtskonform im vorgenannten Sinne auszulegen ist.[17] Da bei dieser Verfahrensweise der Auftraggeber selbstständig die Daten für die Angebote der Bieter erstellen kann, sind die Bieter bei der Auftragsbekanntmachung oder in den Vergabeunterlagen für den Abschluss einer Rahmenvereinbarung gesondert darauf hinzuweisen. Der Bieter kann die Datenerhebung durch den Auftraggeber ablehnen.

54 Da die Datenerhebung durch den Auftraggeber eine Ausnahme von den allgemeinen Vergabegrundsätzen darstellt, befasst sich § 27 Abs. 4 VgV deshalb mit der gebotenen Kontrollmöglichkeit der Bieter. Danach hat der öffentliche Auftraggeber bei Wahl dieser Verfahrensweise jedem Bieter die gesammelten Daten vor der Erteilung des Zuschlags **vorzulegen.** Die Bieter sollen dadurch die Möglichkeit erhalten, die mit ihren Daten erstellten Angebote auf inhaltliche Fehler zu untersuchen. Aus Sicht des Vergaberechts wäre es unerträglich, wenn es der Auftraggeber in der Hand hätte, Bieter durch falsche Angebote aus dem Rennen zu werfen.[18] Es ist nicht näher beschrieben, wie sich die Parteien bei Vorlage zu verhalten haben. *Bernhardt*[19] macht in seiner Kommentierung den Vorschlag, der öffentliche Auftraggeber solle eine Frist zur Bestätigung setzen. Ohne diese Bestätigung würde das generierte Angebot als abgelehnt gelten. Dieser Auffassung kann aus Praktikabilitätsgründen zugestimmt werden.

55 Beim Einsatz im Rahmen von dynamischen Beschaffungssystemen muss mit dem Antrag auf Teilnahme am **dynamischen Beschaffungssystem** der elektronische Katalog beigefügt werden. Werden dann Einzelaufträge vergeben, können die bereits vorgelegten Kataloge auf die konkrete Abfrage hin angepasst werden.[20]

§ 5 EU Einheitliche Vergabe, Vergabe nach Losen

(1) Bauaufträge sollen so vergeben werden, dass eine einheitliche Ausführung und zweifelsfreie umfassende Haftung für Mängelansprüche erreicht wird; sie sollen daher in der Regel mit den zur Leistung gehörigen Lieferungen vergeben werden.

(2)
1. ¹Mittelständische Interessen sind bei der Vergabe öffentlicher Aufträge vornehmlich zu berücksichtigen. ²Leistungen sind in der Menge aufgeteilt (Teillose) und getrennt nach Art oder Fachgebiet (Fachlose) zu vergeben. ³Mehrere Teil- oder Fachlose dürfen zusammen vergeben werden, wenn wirtschaftliche oder technische Gründe dies erfordern. ⁴Wird ein Unternehmen, das nicht öffentlicher Auftraggeber ist, mit der Wahrnehmung oder Durchführung einer öffentlichen Aufgabe betraut, verpflichtet der öffentliche Auftraggeber das Unternehmen, sofern es Unteraufträge an Dritte vergibt, nach den Sätzen 1 bis 3 zu verfahren.

---

[17] So auch Ziekow/Völlink/*Bernhardt* VgV § 27 Rn. 12.
[18] Erwägungsgrund 68 RL 2014/24/EU.
[19] Ziekow/Völlink/*Bernhardt* VgV § 27 Rn. 15.
[20] Ziekow/Völlink/*Bernhardt* VgV § 27 Rn. 13.

2. Weicht der öffentliche Auftraggeber vom Gebot der Losaufteilung ab, begründet er dies im Vergabevermerk.
3. ¹Der öffentliche Auftraggeber gibt in der Auftragsbekanntmachung oder in der Aufforderung zur Interessensbestätigung an, ob Angebote nur für ein Los oder für mehrere oder alle Lose eingereicht werden können.
²Der öffentliche Auftraggeber kann die Zahl der Lose beschränken, für die ein einzelner Bieter einen Zuschlag erhalten kann. ³Dies gilt auch dann, wenn ein Bieter Angebote für mehrere oder alle Lose einreichen darf. ⁴Diese Begrenzung ist nur zulässig, sofern der öffentliche Auftraggeber die Höchstzahl der Lose pro Bieter in der Auftragsbekanntmachung oder in der Aufforderung zur Interessensbestätigung angegeben hat.
⁵Für den Fall, dass ein einzelner Bieter nach Anwendung der Zuschlagskriterien eine größere Zahl an Losen als die zuvor festgelegte Höchstzahl erhalten würde, legt der öffentliche Auftraggeber in den Vergabeunterlagen objektive und nichtdiskriminierende Regeln für die Erteilung des Zuschlags fest.
⁶In Fällen, in denen ein einziger Bieter den Zuschlag für mehr als ein Los erhalten kann, kann der öffentliche Auftraggeber Aufträge über mehrere oder alle Lose vergeben, wenn er in der Auftragsbekanntmachung oder in der Aufforderung zur Interessensbestätigung angegeben hat, dass er sich diese Möglichkeit vorbehält und die Lose oder Losgruppen angibt, die kombiniert werden können.

Schrifttum: *Antweiler,* Die Berücksichtigung von Mittelstandsinteressen im Vergabeverfahren – Rechtliche Rahmenbedingungen, VergabeR 2006, 637; *Ax/Höfler,* Fallstudie zur rechtlichen Durchsetzung von Unternehmensinteressen im öffentlichen Auftragswesen, WiB 1996, 759; *Ax/Sattler,* Schutzmechanismen für den Mittelstand im deutschen Vergaberecht, ZVgR 1999, 231; *Bartl,* Angebote von Generalübernehmern in Vergabeverfahren – EU-rechtswidrige nationale Praxis, NZBau 2005, 195; *Boesen,* Getrennt oder zusammen? – Losaufteilung und Gesamtvergabe nach der Reform des GWB in der Rechtsprechung, VergabeR 2011, 364; *Brückner,* Die Mittelstandsförderung im Vergaberecht, 2015; *Buhr,* Losweise Vergabe vs. gesamthafte Ausschreibung, VergabeR 2018, 207; *Burgi,* Mittelstandsfreundliche Vergabe, NZBau 2006, 606; *Burgi,* Nachunternehmerschaft und wettbewerbliche Untervergabe, NZBau 2010, 593; *Dreher,* Die Berücksichtigung mittelständischer Interessen bei der Vergabe öffentlicher Aufträge, NZBau 2005, 427; *Eydner,* Wann ist der Teilausschnitt einer Leistung ein „Fachlos"?, IBR 2012, 284; *Faßbender,* Die neuen Regelungen für eine mittelstandsgerechte Auftragsvergabe, NZBau 2010, 529; *Fietz,* Die Auftragsvergabe an Generalübernehmer – ein Tabu?, NZBau 2003, 426; *Frenz,* Die Berücksichtigung mittelständischer Interessen nach § 97 Abs. 3 GWB und Europarecht, GewArch 2011, 97; *Frenz,* Mittelstandsförderung in der Auftragsvergabe und nach Unionsrecht, GewArch 2018, 95; *Gerhardt/Sehlin,* Puplic Private Partnership – ein Modell für Kommunen?, VBlBW 2005, 90; *Golembiewski/Migalk,* Praxis der Vergabe öffentlicher Bauaufträge unter besonderer Berücksichtigung mittelstandspolitischer Zielsetzungen, 2005; *Horn,* Losweise Vergabe – neue Spielregeln auch für die Gesamtvergabe?, NZBau 2011, 601; *Johannes,* Mittelstandsförderung im Konflikt zwischen Wirtschaftlichkeit und Wettbewerbsfreiheit – zur Berücksichtigung mittelständischer Interessen im neuen Vergabeverfahren, ZVgR 1999, 187; *Kaltenborn,* Mittelstandsförderung im Konflikt mit europäischem Vergaberecht?, GewArch 2006, 321; *Krause,* Mittelstandsförderung im Vergaberecht, 2015; *Kullack/Terner,* Zur Berücksichtigung von Generalübernehmern bei der Vergabe von Bauleistungen, ZfBR 2003, 443; *Kus,* Losvergabe und Ausführungskriterien, NZBau 2009, 21; *Manz/Schönwalder,* Die vergaberechtliche Gretchenfrage: Wie hältst Du's mit dem Mittelstand?, NZBau 2012, 465; *Manz/Schönwälder,* (No) Limits in der Vergabe? Rechte- und Pflichtenprogramm bei der Loslimitierung als vergaberechtlichem Instrument, VergabeR 2013, 852; *Meckler,* Grenzen der Verpflichtung zur Losvergabe nach vergaberechtlicher Rechtsprechung, NZBau 2019, 492; *Michallik,* Problemfelder bei der Berücksichtigung mittelständischer Interessen im Vergaberecht, VergabeR 2011, 683; *Migalk,* Praxis der Vergabe öffentlicher Bauaufträge unter besonderer Berücksichtigung mittelstandspolitischer Zielsetzungen, VergabeR 2006, 651; *Mösinger,* Mittelstandsgerechte Gestaltung von PPP-Projekten, IR 2009, 290; *Mohr,* Sozial motivierte Beschaffungen nach dem Vergaberechtsmodernisierungsgesetz 2016, EuZA 2017, 23; *Müllejans,* Mittelstandsförderung im Vergaberecht im Rahmen des § 97 Abs. 3 GWB, 2014; *Müller-Wrede,* Grundsätze der Losvergabe unter dem Einfluss mittelständischer Interessen, NZBau 2004, 643; *Ortner,* Das Gebot der Berücksichtigung mittelständischer Interessen im Vergaberecht, VergabeR 2011, 677; *Otting/Tresselt,* Grenzen der Loslimitierung, VergabeR 2009, 585; *Pilarski,* Loslimitierung in der Praxis – Herstellung oder Beschränkung von Wettbewerb?, Vergabeblog.de vom 02/07/2020, Nr. 44386; *Pinkenburg/Zawadke,* Teilweise Rückforderung von Zuwendungen im Falle unterbliebener Losbildung bei Feuerwehrfahrzeug-Beschaffung, NZBau 2017, 651; *Portz,* Zulässigkeit der Parallelausschreibungen, KommJur 2004, 90; *Rechten,* Divide et impera – Die losweise Vergabe, Jahrbuch forum vergabe 2012, 149; *Robbe,* Vergaberechtliche Beurteilung der Privilegierung kleinerer und mittlerer sowie ortsansässiger Unternehmen im Rahmen öffentlicher Auftragsvergaben, VR 2005, 325; *Robl,* Mittelstandspolitik im Rahmen der Vergabepraxis bei öffentlichen Aufträgen, in: forum vergabe, Forum '96, Öffentliches Auftragswesen, 1997, 97 ff.; *Ruh,* Mittelstandsbeteiligung an öffentlichen Aufträgen, VergabeR 2005, 718; *Schaller,* Ein unzulässiges Instrument der Mittelstandsförderung – Die Losteilung bei öffentlichen Aufträgen, ZfBR 2008, 142; *Schneevogl,* Generalübernehmervergabe – Paradigmenwechsel im Vergaberecht, NZBau 2004, 418; *Schulz,* Das Vielzahlkriterium nach § 1 AGBG und die Ausschreibung unter dem Vorbehalt der Vergabe nach Teillosen, NZBau 2000, 317; *Storr,* Mittelstandsförderung durch öffentliche Auftragsvergabe, SächsVBl.

2005, 289; *Theurer/Trutzel/Braun/Weber*, Die Pflicht zur Losaufteilung: Von der Norm zur Praxis, VergabeR 2014, 301; *Werner*, Die Verschärfung der Mittelstandsklausel, VergabeR 2009, 262; *Willems*, Die Förderung des Mittelstandes – wirtschaftsverfassungsrechtliche Legitimation und vergaberechtliche Realisierung, 2003; *Willner/Strohal*, Modulbau im Spannungsfeld von Leistungsbestimmungsrecht und Mittelstandsschutz, VergabeR 2014, 120; *Ziekow*, Das Gebot der vornehmlichen Berücksichtigung mittelständischer Interessen bei der Vergabe öffentlicher Aufträge – Mittelstandsschutz ernst genommen, GewA 2013, 417.

Übersicht

	Rn.		Rn.
I. **Normzweck**	1	e) Verpflichtung privater Unternehmen zur Losvergabe (Abs. 2 Nr. 1 S. 4)	48
II. **Einheitliche Vergabe (Abs. 1)**	6	2. Begründungserfordernis (Abs. 2 Nr. 2)	53
III. **Vergabe nach Losen (Abs. 2)**	12	3. Loslimitierung (Abs. 2 Nr. 3)	54
1. Grundsatz und Ausnahme (Abs. 2 Nr. 1)	12	a) Überblick und Terminologie	54
a) Allgemeines	12	b) Angebotslimitierung (Abs. 2 Nr. 3 S. 1)	57
b) Vornehmliche Berücksichtigung „mittelständischer Interessen" (Abs. 2 Nr. 1 S. 1)	17	c) Zuschlagslimitierung (Abs. 2 Nr. 3 S. 2–5)	59
c) Grundsatz der Losaufteilung (Abs. 2 Nr. 1 S. 2)	20	d) Loskombination (Abs. 2 Nr. 3 S. 6)	66
d) Absehen von einer Losaufteilung (Abs. 2 Nr. 1 S. 3)	26	e) Kopplungsnachlass	69
		IV. **Fehlerfolgen**	70

I. Normzweck

1 § 5 EU Abs. 1 normiert das **Gebot der einheitlichen Bauausführung.** Die Regelung ist identisch mit § 5 Abs. 1 (→ § 5 Rn. 4 ff.); es wird lediglich von „Bauaufträgen" an Stelle von „Bauleistungen" gesprochen.[1]

2 § 5 EU Abs. 2 enthält Regelungen zur **Losvergabe.** Die Regelungen zur Losvergabe in § 5 EU Abs. 2 dienen der Umsetzung von Art. 46 RL 2014/24/EU,[2] wobei § 5 EU Abs. 2 Nr. 1 lediglich eine wörtliche Wiederholung der bereits in § 97 Abs. 4 GWB getroffenen gesetzlichen Regelung betreffend das Gebot der Losaufteilung im Bereich oberhalb der Schwellenwerte darstellt.[3] Vor dem Hintergrund Letzteren kann hinsichtlich des § 5 EU Abs. 2 Nr. 1 an dieser Stelle auch ergänzend auf die Kommentierung zu § 97 Abs. 4 GWB verwiesen werden (→ GWB § 97 Rn. 217 ff.).

3 Die beiden in § 5 EU geregelten Grundsätze verfolgen ihrerseits unterschiedliche Ziele: Während Abs. 1 auf die „zweifelsfreie" und „umfassende" Mängelhaftung („Qualitätssicherung"[4]) zugunsten des Auftraggebers gerichtet ist, schützt Abs. 2 die Interessen der mittelständischen Bauwirtschaft an einer breit gestreuten Vergabe.[5] § 5 EU Abs. 1 dient einer wirtschaftlichen Beschaffung der Bauleistung; § 5 EU Abs. 2 demgegenüber primär dem Mittelstandsschutz und allenfalls untergeordnet und in Evidenzfällen einer sparsamen oder effizienten Haushaltsführung (vgl. § 5 EU Abs. 2 Nr. 1 S. 3 Alt. 1).

4 § 5 EU Abs. 1 und Abs. 2 bzw. die jeweils von ihnen verfolgten Interessen stehen nicht **in Widerspruch zueinander.** Vielmehr wird die umfassende Mängelhaftung iSd Abs. 1 durch die Verbindung von Bauleistung **und** Lieferung sichergestellt, wobei die Bauleistung ihrerseits nach Abs. 2 regelmäßig in Teil- und Fachlose aufzuteilen ist (Abs. 2 Nr. 1 S. 1 und 2) und nur im Ausnahmefall auf eine solche Trennung verzichtet werden darf (Abs. 2 Nr. 1 S. 3).[6] Mit anderen Worten: Der öffentliche Auftraggeber hat zunächst nach Maßgabe des § 5 EU Abs. 2 zu entscheiden, ob und in welcher Form er die Vergabe nach Losen durchführt. Erst nach dieser Entscheidung hat der Auftraggeber den Grundsatz des § 5 EU Abs. 1 zu beachten. Diejenigen Bauleistungen, die ihrer Art und Struktur nach zu einem Handwerks- oder Gewerbezweig gehören und daher in einem Fachlos vergeben werden, sollen nach § 5 EU Abs. 1 einheitlich zugeteilt werden, wodurch eine zweifelsfreie umfassende Haftung für Mängelansprüche erreicht werden soll. Die Teil- und Fachlosvergabe gem. § 5 EU Abs. 2 hat mithin Vorrang und wird grundsätzlich nicht durch das Gebot der

---

[1] Kapellmann/Messerschmidt/*Stickler* Rn. 7.
[2] RL 2014/24/EU des Europäischen Parlaments und des Rates v. 26.2.2014 über die Vergabe öffentlicher Aufträge und zur Aufhebung der Richtlinie 2004/18/EG, ABl. 2014 L 94, 65.
[3] Vgl. zu den damit verbundenen Vor- und Nachteilen Kapellmann/Messerschmidt/*Stickler* Rn. 2.
[4] jurisPK-VergabeR/*Lausen* § 5 Rn. 4.
[5] So auch Kapellmann/Messerschmidt/*Stickler* § 5 Rn. 1.
[6] Vgl. zur vorrangigen Anwendbarkeit von Abs. 2 im Verhältnis zu Abs. 1 HK-VergabeR/*Tomerius* § 5 Rn. 3.

einheitlichen Ausführung in § 5 EU Abs. 1 eingeschränkt.[7] Erschwert jedoch schon die Aufteilung in Teil- und Fachlose nach Abs. 2 die einheitliche Vergabe nach Abs. 1, so hat der Auftraggeber gegenläufige Interessen abzuwägen und ermessensfehlerfrei in größtmögliche Konkordanz zu bringen.[8]

Soweit die Vereinbarkeit des Gebots der Mittelstandsförderung mit dem Unionsrecht unter dem Regime der alten Vergabekoordinierungsrichtlinie 2004/18/EG (Vergabe-RL 2004) mit Blick auf Art. 53 Abs. 1 Vergabe-RL 2004 bezweifelt wurde,[9] kann diese Diskussion in Ansehung von Art. 46 RL 2014/24/EU, der die Zulässigkeit der Losvergabe nunmehr ausdrücklich regelt, als obsolet betrachtet werden (→ Rn. 54).[10]

II. Einheitliche Vergabe (Abs. 1)

§ 5 EU Abs. 1 verpflichtet den Auftraggeber, eine Bauleistung oberhalb der Schwellenwerte einheitlich zu vergeben. Mit der Regelung über die einheitliche Ausführung sollen **klare und voneinander abgrenzbare Verantwortungsbereiche geschaffen,** für eine umfassende Gewährleistung gesorgt und Streitpunkte über die Zuordnung etwaiger Mängel vermieden werden. Die Merkmale „umfassend" und „zweifelsfrei" begründen dabei das Ziel, dass der Auftraggeber die Vergabe so strukturiert, dass durch einen eindeutigen Leistungszuschnitt **Klarheit über die Person des Anspruchsgegners und dessen Haftung für Mängelansprüche** (§ 13 VOB/B) herrscht.[11]

Durch die Regelungstechnik in Form des intendierten Ermessens („sollen") und das Regel-Ausnahme-Verhältnis lässt der Normgeber Ausnahmen von der einheitlichen Vergabe zu. Diese Ausnahmen lassen sich allerdings nicht mit Hilfe der Maßgaben des § 5 EU Abs. 2 begründen. Vielmehr stehen insoweit zwei unterschiedliche Fragen in Rede; die in einem ersten Schritt gem. § 5 EU Abs. 2 in Fach- oder Teillose unterteilte Bauleistung ist erst in einem zweiten Schritt einheitlich iSd § 5 EU Abs. 1 zu vergeben (→ Rn. 4).

Wirtschaftliche oder technische Überlegungen können Anlass für eine Trennung zwischen der Beschaffung von Gegenständen und deren Einbau in das Bauwerk sein und damit eine **Ausnahme von der einheitlichen Vergabe nach Abs. 1 rechtfertigen.**[12] Eine Aufteilung von Lieferung und Bauleistung kann demnach ausnahmsweise dann gerechtfertigt sein, wenn der Montageanteil weitgehend untergeordnete Bedeutung hat, wenn der Einbau der Bauteile keine organisatorischen oder handwerklichen Probleme erwarten lässt oder wenn eine eigenständige vertragliche Beziehung zu dem Hersteller angezeigt ist (etwa aufgrund des Wertes oder der Komplexität der Sache).[13] In diesen Fällen kann nämlich die Ausnahme von der in Abs. 1 vorgesehenen Regel der einheitlichen Vergabe durch den Zweck von Abs. 1 (weitreichende Haftung) selbst begründet werden, und zwar ohne, dass die in Abs. 2 verbürgten Interessen des Mittelstandes berührt werden.

Darüber hinaus kommt eine **Ausnahme** in Betracht, **wenn die Beistellung der Stoffe und Bauteile orts- oder gewerbeüblich ist.**[14]

Hinsichtlich weiterer Einzelheiten sei an dieser Stelle auf die Kommentierung der weitgehend identischen Regelung in § 5 Abs. 1 (→ Rn. 1) verwiesen (→ § 5 Rn. 4 ff.).

§ 5 EU Abs. 1 ist nicht bieterschützend,[15] sondern begründet eine rein haushaltsrechtlich motivierte Pflicht des öffentlichen Auftraggebers, durch „Schnittstellenvorsicht" eine wirtschaftliche Beschaffung zu sichern. Ein Anspruch von Bewerbern und/oder Bietern, dass der öffentliche Auftraggeber Lose bündelt oder den Leistungsumfang erweitert, folgt hieraus nicht; das diesbezügliche Leistungsbestimmungsrecht verbleibt insofern beim öffentlichen Auftraggeber.[16] Überdies dient es gerade dem Wettbewerb und kommt es den Bietern zugute, wenn der öffentliche Auftraggeber ausnahmsweise von der nach § 5 EU Abs. 1 möglichen einheitlichen Vergabe absieht.[17]

---

[7] Kapellmann/Messerschmidt/*Stickler* § 5 Rn. 2.
[8] VK Sachsen Beschl. v. 25.9.2009 – 1/SVK/038-09, BeckRS 2010, 02254.
[9] Vgl. zu dieser Diskussion *Dreher* NZBau 2005, 427; *Antweiler* VergabeR 2006, 637 (642 ff.); zur Zulässigkeit des Ziels, Mittelstandsunternehmen die Beteiligung an öffentlichen Aufträgen zu erleichtern: EuGH Urt. v. 15.3.2012 – C-574/10, ECLI:EU:C:2012:145 = VergabeR 2012, 593, Rn. 47; OLG Düsseldorf Beschl. v. 8.9.2004 – VII-Verg 38/04, VergabeR 2005, 107 (109).
[10] Vgl. hierzu auch Kapellmann/Messerschmidt/*Stickler* Rn. 4.
[11] Ziekow/Völlink/*Püstow* Rn. 8; Kapellmann/Messerschmidt/*Stickler* § 5 Rn. 7.
[12] Vgl. OLG München Beschl. v. 28.9.2005 – Verg 19/08, VergabeR 2006, 238 (241) sowie Kapellmann/Messerschmidt/*Stickler* § 5 Rn. 11 ff.
[13] Dazu Kapellmann/Messerschmidt/*Stickler* § 5 Rn. 14 f.
[14] Ingenstau/Korbion/*Schranner* § 5 Rn. 17; Kapellmann/Messerschmidt/*Stickler* § 5 Rn. 13 f.
[15] KG Berlin Beschl. v. 7.8.2015 – Verg 1/15, NZBau 2015, 790.
[16] Ziekow/Völlink/*Püstow* Rn. 7.
[17] KG Berlin Beschl. v. 7.8.2015 – Verg 1/15, NZBau 2015, 790.

III. Vergabe nach Losen (Abs. 2)

12 **1. Grundsatz und Ausnahme (Abs. 2 Nr. 1). a) Allgemeines.** § 5 EU Abs. 2 Nr. 1 regelt die Vergabe von Teil- oder Fachlosen. Die Vorschrift entspricht dem Wortlaut von § 97 Abs. 4 GWB und wiederholt diesen lediglich (→ Rn. 2).

13 Mit Blick auf die unionsrechtliche Grundlage in Art. 46 RL 2014/24/EU ist festzustellen, dass § 97 Abs. 4 GWB und § 5 EU Abs. 2 Nr. 1 über die durch Art. 46 Abs. 1 UAbs. 2 RL 2014/24/ EU geforderte bloße Begründungspflicht beim Unterlassen einer Losaufteilung („[...] geben die öffentlichen Auftraggeber die wichtigsten Gründe für ihre Entscheidung an, keine Unterteilung in Lose vorzunehmen; diese Begründung wird in die Auftragsunterlagen oder den Vergabevermerk [...] aufgenommen") hinausgehen. Sie stellen inhaltlich und gerichtlich überprüfbare Kriterien, die bei einem Absehen von der Unterteilung in Lose verwirklicht sein müssen, auf. Allerdings stellt Art. 46 Abs. 4 RL 2014/24/EU klar, dass die Mitgliedstaaten die Vergabe von Aufträgen in Form von getrennten Losen unter Bedingungen vorschreiben können, die gemäß ihren nationalen Rechtsvorschriften und unter Beachtung des Unionsrechts zu bestimmen sind. In Erwägungsgrund 78 RL 2014/24/EU wird hierzu erläutert, dass die Vergabe in Losen die Beteiligung von kleinen und mittleren Unternehmen (KMU) erleichtern soll. Von dieser Möglichkeit hat die Bundesrepublik Deutschland in § 97 Abs. 4 S. 2 und 3 GWB und § 5 EU Abs. 2 Nr. 1 S. 2 und 3 Gebrauch gemacht. Danach ist die Vergabe in Losen grundsätzlich vorgeschrieben und kann nur unter der Voraussetzung unterbleiben, dass wirtschaftliche oder technische Gründe dies erfordern.[18]

14 Gegen die **unionsrechtliche Zulässigkeit** der Regelung bestehen jedenfalls seit der Existenz des Art. 46 RL 2014/24/EU keine Bedenken (→ Rn. 5).[19]

15 Ebenso erweist sich die Regelung als **verfassungsrechtlich zulässig.** Denn die Förderung des Mittelstandes[20] ist ein legitimes wirtschaftspolitisches Ziel, welches den Gesetzgeber berechtigt, zugunsten kleiner und mittlerer Unternehmen (KMU) den Zuschnitt der zu vergebenden Lose zu regeln.[21]

16 Den Unternehmen wird durch (§ 97 Abs. 6 GWB iVm) § 5 EU Abs. 2 Nr. 1 ein **subjektives Recht** eingeräumt, mit dem sie eine angemessene Berücksichtigung mittelständischer Interessen durchsetzen können[22] (→ Rn. 71 f.).

17 **b) Vornehmliche Berücksichtigung „mittelständischer Interessen" (Abs. 2 Nr. 1 S. 1).** Gemäß (§ 97 Abs. 4 S. 1 GWB und) § 5 EU Abs. 2 Nr. 1 S. 1 sind mittelständische Interessen bei der Vergabe öffentlicher Aufträge vornehmlich zu berücksichtigen. Eine Definition des Begriffs der „mittelständischen Interessen" findet weder im 2. Abschnitt der VOB/A noch durch das GWB statt. Sie fehlt ebenso wie eine Definition des Begriffs „Mittelstand" als solchen.[23] Als **Auslegungshilfe** kann indes auf die **„Empfehlung betreffend die Definition der Kleinstunternehmen sowie der kleinen und mittleren Unternehmen" der EG-Kommission**[24] zurückgegriffen werden.[25] Danach zählen Betriebe mit 50 bis 249 Beschäftigten, die entweder einen Jahresumsatz von höchstens 50 Mio. EUR erzielen oder deren Jahresbilanzsumme sich auf höchstens 43 Mio. EUR beläuft, zu den mittelständischen Unternehmen. Es sind jedoch ergänzend immer auch die jeweiligen konkreten Marktverhältnisse zu berücksichtigen. Danach kann sich für bestimmte Leistungen ein eigener Markt herausbilden.[26] Auch die Rechtsprechung stellt bei der Bestimmung der „mittelständischen Interessen" auf die Betriebsgröße im Verhältnis zu der sonstigen Struktur des jeweiligen Marktes ab.[27] Daraus wird deutlich, dass es weder eine strikte Ober- noch eine strikte

---

[18] Vgl. zum Ganzen auch Kapellmann/Messerschmidt/*Stickler* Rn. 4.
[19] Ebenso Kapellmann/Messerschmidt/*Stickler* Rn. 4.
[20] Vgl. in diesem Zusammenhang insbes. auch BVerfG Beschl. v. 17.7.1961 – 1 BvL 44/55, NJW 1961, 2011 (2015).
[21] Vgl. *Faßbender* NZBau 2010, 529 (533); Kapellmann/Messerschmidt/*Stickler* Rn. 6.
[22] VK Bund Beschl. v. 1.2.2001 – VK 1-1/01, VergabeR 2001, 143 (144).
[23] BVerfG Beschl. v. 11.4.1967 – 1 BvL 25/64, BVerfGE 21, 292 (299); zu den unterschiedlichen Ansätzen *Antweiler* VergabeR 2006, 637 (640 f.).
[24] Empfehlung der EG-Kommission 2003/361/EG v. 6.5.2003, ABl. 2003 L 124, 36, Anhang Art. 2.
[25] OLG Düsseldorf Beschl. v. 8.9.2004 – VII-Verg 38/04, VergabeR 2005, 107 (110); OLG Karlsruhe Beschl. v. 6.4.2011 – 15 Verg 3/11, VergabeR 2011, 722 (727); *Dreher* NZBau 2005, 427 (428); Kapellmann/ Messerschmidt/*Stickler* § 5 Rn. 24.
[26] OLG Düsseldorf Beschl. v. 11.1.2012 – VII-Verg 52/11, VergabeR 2012, 658; ähnlich OLG Schleswig Beschl. v. 25.1.2013 – 1 Verg 6/12, NZBau 2013, 395; Kapellmann/Messerschmidt/*Stickler* § 5 Rn. 24; aA OLG Karlsruhe Beschl. v. 6.4.2011 – 15 Verg 3/11, VergabeR 2011, 722 (727).
[27] OLG Düsseldorf Beschl. v. 21.3.2012 – VII-Verg 92/11, NZBau 2012, 515; OLG Düsseldorf Beschl. v. 8.9.2004 – VII-Verg 38/04, VergabeR 2005, 107 (110); OLG Karlsruhe Beschl. v. 6.4.2011 – 15 Verg 3/ 11, VergabeR 2011, 722 (727); VK Bund Beschl. v. 4.3.2009 – VK 2-202/08 und VK 2-205/08, BeckRS 2009, 10947.

Untergrenze für einen etwaigen Anspruchsteller gibt – obschon es in der Rechtsprechung anerkannt ist, dass Lose nicht derart gebildet werden müssen, dass auch Kleinstunternehmen eine Auftragsdurchführung möglich ist.[28]

Sowohl nach § 5 EU Abs. 2 Nr. 1 S. 1 als auch nach § 97 Abs. 4 S. 1 GWB sind die mittelständischen Interessen *vornehmlich* zu berücksichtigen. Hieraus wird zum einen deutlich, dass sich der Schutz mittelständischer Interessen nicht in der Verpflichtung zur losweisen Vergabe erschöpft, wenngleich die losweise Vergabe – nach wie vor – den wohl wichtigsten Aspekt der Mittelstandsförderung im Vergaberecht darstellen dürfte.[29] Daneben finden sich im Vergaberecht jedoch noch diverse weitere Bestimmungen, die zumindest auch dem Schutz des Mittelstands dienen, wie zB das Verbot, Bietergemeinschaften von der Bewerbung um den Auftrag auszuschließen (§ 6 EU Abs. 3 Nr. 2),[30] oder das Recht eines Bieters, sich zur Erfüllung eines Auftrags der Kapazitäten anderer Unternehmen zu bedienen (§ 6d EU).[31] Ferner kann der Auftraggeber den Belangen der kleinen und mittleren Unternehmen (KMU) auch über diese Bestimmungen hinaus im Rahmen seines Gestaltungsspielraums Rechnung tragen, beispielsweise bei der Festsetzung der Angebotsfristen (§ 10 EU) oder der Festlegung der Eignungsnachweise etc.[32] Dabei ist jedoch zu beachten, dass § 5 EU Abs. 2 Nr. 1 S. 1 – ebenso wie § 97 Abs. 4 S. 1 GWB – eine Berücksichtigung mittelständischer Interessen lediglich insoweit fordert, als nach Möglichkeit **Chancengleichheit zwischen mittelständischen Unternehmen und Großunternehmen** herzustellen ist, also die aus der Größe resultierenden Vorteile der Großunternehmen auszugleichen sind.[33] Hingegen ist eine **Benachteiligung von Großunternehmen weder gefordert noch zulässig.**[34] **18**

Zum anderen eröffnet der Begriff „vornehmlich" Raum für eine **Interessenabwägung,** in deren Rahmen die mittelständischen Interessen zwar vornehmlich, also in besonderer Weise, keinesfalls aber ausschließlich zu berücksichtigen sind. Vielmehr können auch nicht mittelständische Interessen und zu diesen uU im Widerspruch stehende Interessen mit in die Abwägung eingestellt werden. Solche Interessen können ua in den Interessen des öffentlichen Auftraggebers, in den Interessen der Großunternehmen, in den Interessen des Allgemeinwohls oder in anderen öffentlichen Interessen liegen (→ GWB § 97 Rn. 240 ff.). Ein Abwägungs- bzw. Ermessensfehler liegt insoweit (jedenfalls) immer dann vor, wenn der Auftraggeber seiner Prüfungspflicht nicht genügt hat und die Struktur oder Reichweite der mittelständischen Interessen in unvertretbarer Weise verkannt oder die zum Schutz mittelständischer Interessen in Betracht kommenden Maßnahmen nicht ermittelt oder nicht zum Einsatz gebracht hat.[35] **19**

c) Grundsatz der Losaufteilung (Abs. 2 Nr. 1 S. 2). Die grundsätzliche und im Sinne eines Obersatzes[36] gefasste Pflicht gem. § 5 EU Abs. 2 Nr. 1 S. 1 zur vornehmlichen Berücksichtigung mittelständischer Interessen bei der Vergabe öffentlicher Aufträge wird in § 5 EU Abs. 2 Nr. 1 S. 2 durch den **Grundsatz der Losaufteilung** konkretisiert. Danach sind Leistungen in der Menge aufgeteilt (Teillose) und getrennt nach Art oder Fachgebiet (Fachlose) zu vergeben. Der Grundsatz der Losaufteilung vermittelt einen Anspruch auf eine **angemessene Berücksichtigung mittelständischer Interessen** (vgl. § 5 EU Abs. 2 Nr. 1 S. 1) bei der Entscheidung über eine eventuelle Losaufteilung.[37] Hierbei handelt es sich um ein **einklagbares subjektives Recht.**[38] **20**

Der Rechtsetzer definiert **Teillose** als **Aufteilung der Bauleistung** der Menge nach. Ein Teillos teilt die Gesamtleistung **nach rein mengenmäßigen, räumlichen oder zeitlichen Kriterien.** Anknüpfungspunkt ist dabei stets die Leistung bzw. deren äußere Gesichtspunkte[39] **21**

---

[28] OLG Karlsruhe Beschl. v. 6.4.2011 – 15 Verg 3/11, VergabeR 2011, 722 (727).
[29] Reidt/Stickler/Glahs/*Masing* GWB § 97 Rn. 84; Kapellmann/Messerschmidt/*Stickler* Rn. 10.
[30] Vgl. OLG Celle Beschl. v. 12.4.2016 – 13 Verg 1/16, VergabeR 2016, 502 (506).
[31] Kapellmann/Messerschmidt/*Stickler* Rn. 10.
[32] Kapellmann/Messerschmidt/*Stickler* Rn. 11.
[33] Vgl. hierzu BT-Drs. 16/11428, 22, wo es heißt (Klammerzusatz diesseits): „Damit [mit der grundsätzlichen Pflicht zur Losvergabe] werden Nachteile des Mittelstandes bei der Vergabe großer Aufträge mit einem Volumen, das die Ressourcen der Mittelstandsunternehmen überfordern könnte, ausgeglichen und die Mittelstandsklausel gestärkt.".
[34] Vgl. OLG Düsseldorf Beschl. v. 8.9.2004 – VII-Verg 38/04, VergabeR 2005, 107 (109); sowie mwN Reidt/Stickler/Glahs/*Masing* GWB § 97 Rn. 85.
[35] Ziekow/Völlink/*Ziekow* GWB § 97 Rn. 76.
[36] Vgl. Kapellmann/Messerschmidt/*Stickler* Rn. 10.
[37] OLG Düsseldorf Beschl. v. 25.4.2012 – VII-Verg 100/11, ZfBR 2012, 608; OLG Karlsruhe Beschl. v. 6.4.2011 – 15 Verg 3/11, VergabeR 2011, 722 (727); VK Bund Beschl. v. 4.11.2009 – VK 3-190/09, BeckRS 2009, 138148.
[38] So bereits OLG Düsseldorf Beschl. v. 15.6.2000 – VII-Verg 6/00, NZBau 2000, 440; VK Bund Beschl. v. 1.2.2001 – VK 1-1/01, VergabeR 2001, 143 (144).
[39] Ingenstau/Korbion/*Schranner* § 5 Rn. 23; Kapellmann/Messerschmidt/*Stickler* § 5 Rn. 17.

und nicht die Vergütung, denn nur so können die Lose inhaltlich voneinander abgegrenzt werden. Es ist die Aufgabe des öffentlichen Auftraggebers, die Gesichtspunkte für eine sinnvolle Aufteilung zu ermitteln.[40] Eine einheitliche Bauleistung wird also in einzelne Abschnitte unterteilt, die ihrem Wesen nach gleichartig sind, also keinen unterschiedlichen Fachrichtungen zugeordnet sind. Logische Voraussetzung für die Bildung von Teillosen ist die faktisch mögliche Teilbarkeit der Leistung.

22 **Fachlose** sind eine **Aufteilung des Bauauftrags nach den Kriterien der Art und des Fachgebiets der Leistungen.** Der Begriff des Fachloses knüpft nicht nur an einschlägige Handwerksleistungen, sondern auch an die bei der Auftragsausführung anfallenden Gewerke an, sofern diese sachlich abgrenzbar sind.[41] Diese sachliche Abgrenzung hat individuell und einzelfallbezogen zu erfolgen. Als Anhaltspunkte für die Abgrenzung können beispielsweise die Gewerbeverzeichnisse der Handwerksordnung herangezogen werden.[42] Darüber hinaus liegt eine Abgrenzung anhand existierender DIN-Normen für bestimmte Leistungen auf der Hand.[43] Nicht zuletzt spielen auch Erwägungen eine Rolle, ob für die jeweils auszuführenden Leistungen ein eigener Markt besteht.[44] Der Auftraggeber hat also unter anderem danach zu fragen, ob ein Anbietermarkt von Fachunternehmern besteht, die sich explizit auf bestimmte Tätigkeiten spezialisiert haben. Dies impliziert, dass es auch innerhalb einer Branche eine weitere fachliche Aufgliederung geben kann.[45] Besteht ein derart spezialisierter Markt, so spricht vieles für eine entsprechende Aufteilung(-spflicht) in Fachlose, wenn die Unternehmen ohne eine Losvergabe keinen Zugang zu öffentlichen Aufträgen hätten.[46] Die Anzahl der Marktteilnehmer muss jedoch eine gewisse Erheblichkeitsschwelle überschreiten, sodass eine Vergabe im Rahmen eines freien Wettbewerbs gewährleistet wird.[47] Die entscheidungsrelevanten Parameter für die Fachlosbildung und damit auch die Fachlosabgrenzung als solche sind daher naturgemäß nicht starr, sondern dynamisch.[48]

23 Der **Deutsche Vergabe- und Vertragsausschuss für Bauleistungen (DVA)** – zuständig für die Fortentwicklung der VOB – hat im Jahr 2000 ein **Positionspapier zu Fach- und Teillosen** veröffentlicht, welches inhaltlich noch immer aktuell ist.[49] Danach bestimmt sich nach den gewerberechtlichen Vorschriften und der allgemein oder regional üblichen Abgrenzung, welche Leistungen zu einem Fachlos gehören. In einem **Fachlos werden jene Bauarbeiten zusammengefasst, die von einem baugewerblichen bzw. einem maschinen- oder elektrotechnischen Zweig ausgeführt werden,** unabhängig davon, in welchen Allgemeinen Technischen Vertragsbedingungen (ATV) des Teils C der VOB diese Arbeiten behandelt werden. Fachlose können regional verschieden sein. Allgemein ist es zB üblich, Erd-, Maurer-, Beton- und Stahlbetonarbeiten zusammen als ein Fachlos zu vergeben, obgleich sie verschiedenen ATVen angehören. Die **Fachlosvergabe entspricht damit der Struktur der mit der Erbringung von Bauleistungen befassten Unternehmen.**

24 Hinsichtlich des konkreten Loszuschnitts enthält die VOB/A keine Vorgaben. Nach dem Normzweck müssen mittelständische Unternehmen in geeigneten Fällen in die Lage versetzt werden, sich eigenständig zu bewerben. Die Lose müssen indes nicht derart gebildet werden, dass auch Kleinstunternehmen eine Auftragsdurchführung möglich ist.[50] Soweit gleichartige Lose vergeben werden, zwingt § 5 EU Abs. 2 Nr. 1 S. 2 auch nicht dazu, den **Loszuschnitt** so vorzunehmen, dass sich mittelständische Unternehmen *auf alle Lose* bewerben können. Es genügt vielmehr, dass ihnen die Möglichkeit eröffnet wird, auf einzelne Lose Angebote abzugeben.[51] Auch besteht kein Anspruch darauf, dass sich der Auftrag an den wirtschaftlichen Interessen ganz bestimmter Bieter ausrichtet.[52] Erst recht geht die Berücksichtigungspflicht gem. § 5 EU Abs. 2 Nr. 1 S. 2 nicht so weit, dass ein Unternehmen einen

---

[40] Vgl. VK Berlin Beschl. v. 10.2.2005 – VK-B 2-74/04, BeckRS 2013, 57396.
[41] OLG Düsseldorf Beschl. v. 25.11.2009 – 7 Verg 10/07, 11.7.2007 – Verg 10/07, BeckRS 2008, 1321.
[42] VK Niedersachsen Beschl. v. 8.8.2014 – VgK-22/2014, BeckRS 2014, 20959.
[43] VK Niedersachsen Beschl. v. 8.8.2014 – VgK-22/2014, BeckRS 2014, 20959.
[44] VK Rheinland Beschl. v. 6.10.2014 – VK VOL 21/2013, BeckRS 2015, 01935.
[45] Vgl. OLG Koblenz Beschl. v. 16.9.2013 – 1 Verg 5/13, BeckRS 2013, 16569.
[46] Vgl. OLG Koblenz Beschl. v. 16.9.2013 – 1 Verg 5/13, BeckRS 2013, 16569.
[47] Vgl. OLG Koblenz Beschl. v. 16.9.2013 – 1 Verg 5/13, BeckRS 2013, 16569.
[48] Ähnlich Kapellmann/Messerschmidt/*Stickler* § 5 Rn. 20.
[49] Deutsche Vergabe- und Vertragsausschuss für Bauleistungen (DVA) – „Erläuterung zur Zusammenfassung von Fachlosen, Bildung von Teillosen, Stand: 30.8.2000, abrufbar unter www.stadtentwicklung.berlin.de (zuletzt abgerufen am 30.7.2021).
[50] OLG Karlsruhe Beschl. v. 6.4.2011 – 15 Verg 3/11, VergabeR 2011, 722 (727).
[51] LSG Baden-Württemberg Beschl. v. 23.1.2009 – L 11 WB 5971/08, VergabeR 2009, 452 (463); Kapellmann/Messerschmidt/*Stickler* § 5 Rn. 24.
[52] OLG Düsseldorf Beschl. v. 25.4.2012 – VII-Verg 100/11, ZfBR 2012, 608.

Anspruch auf einen für den eigenen Betrieb optimalen Loszuschnitt hat.[53] Vielmehr hat der Auftraggeber grundsätzlich schon dann die **mittelständischen Interessen hinreichend berücksichtigt,** wenn er den Auftrag soweit in Lose aufgeteilt hat, wie es ihm zumutbar ist bzw. **wenn und solange eine Auftragsvergabe an mittelständische Unternehmen möglich bleibt.**[54]

25 Für das **Verhältnis von Fach- und Teillosen** zueinander gilt, dass diese in keinem Konkurrenzverhältnis stehen. Beide Formen **können auch miteinander kombiniert werden.** So erfolgt in der Praxis häufig in einem ersten Schritt die Aufteilung in Teillose, die sodann bei Bedarf weiter in Fachlose unterteilt werden (Beispiel: Bau eines Autobahnteilstücks). Umgekehrt besteht auch die Möglichkeit, ein Fachlos in mehrere Teillose zu untergliedern (Beispiel: mengenmäßige Abgrenzung von Dachdecker- oder bestimmten Installationsarbeiten).[55]

26 **d) Absehen von einer Losaufteilung (Abs. 2 Nr. 1 S. 3). aa) Regel-Ausnahme-Verhältnis.** Gemäß § 5 EU Abs. 2 Nr. 1 S. 3 kann der Auftraggeber von einer Losaufteilung absehen, wenn wirtschaftliche oder technische Gründe dies erfordern. Der Normsetzer statuiert damit ein **Regel-Ausnahme-Verhältnis** zwischen Losvergabe (= Regel) und Gesamtvergabe (= Ausnahme).[56] Der Verzicht auf eine losweise Vergabe ist nur im Ausnahmefall zulässig. Er setzt eine Abwägung der widerstreitenden Belange voraus, wobei die **überwiegenden Gründe** für eine einheitliche Auftragsvergabe sprechen müssen (→ Rn. 43 ff.).[57] Außerdem sind für alle Überlegungen und Abwägungsgesichtspunkte, die eine Abweichung vom Vorrang der losweisen Vergabe begründen, **konkrete Nachweise erforderlich.**[58] Eine Fachlosvergabe hat danach im Sinne eines an den öffentlichen Auftraggeber gerichteten bieterschützenden und justiziablen vergaberechtlichen Gebots die Regel zu sein. Eine Gesamt- oder zusammenfassende Vergabe darf nach dem – auch in § 97 Abs. 4 GWB zum Ausdruck kommenden – Willen des Gesetzgebers aus Gründen der Mittelstandsförderung hingegen nur in Ausnahmefällen stattfinden.[59]

27 Die **Beweislast** für das Vorliegen der Voraussetzungen einer Gesamtvergabe trägt der öffentliche Auftraggeber.[60] Allein schon aus diesem Grund empfiehlt sich – unabhängig von § 5 EU Abs. 2 Nr. 2 (→ Rn. 53) – eine sorgfältige **Dokumentation im Vergabevermerk,** auch wenn dem öffentlichen Auftraggeber im Rahmen der Abwägung nach der Rechtsprechung wohl – zumindest was die Teillosbildung anbelangt – ein gerichtlich nur eingeschränkt überprüfbarer Beurteilungsspielraum zukommt[61] (→ Rn. 45 ff.).

28 **bb) wirtschaftliche Gründe (Abs. 2 Nr. 1 S. 3 Alt. 1). Wirtschaftliche Gründe,** die eine Gesamtvergabe rechtfertigen können, liegen vor, wenn die vertragsgemäße einheitliche Gesamtleistung anderenfalls, dh bei einer Aufteilung in Lose, nicht oder nur mit unverhältnismäßig hohem wirtschaftlichem Aufwand gesichert werden kann. Dies ist beispielsweise dann der Fall, **wenn die Losaufteilung unverhältnismäßige Kostennachteile mit sich bringen, das Vorhaben zeitlich stark verzögern oder gar dazu führen würde, dass das Vorhaben entgegen der beabsichtigten Abwicklung durchgeführt werden müsste.**[62]

29 **Rein verwaltungsökomische Gründe und bloße Zweckmäßigkeitserwägungen reichen hingegen nicht aus.**[63] Entscheidend ist vielmehr, dass der wirtschaftliche Mehraufwand wesentlich

---

[53] OLG Frankfurt a. M. Beschl. v. 14.5.2018 – 11 Verg 4/18, ZfBR 2018, 718; OLG Düsseldorf Beschl. v. 25.4.2012 – VII-Verg 100/11, ZfBR 2012, 608; OLG Karlsruhe Beschl. v. 6.4.2011 – 15 Verg 3/11, NZBau 2011, 567.
[54] OLG Schleswig Beschl. v. 14.8.2000 – 6 Verg 2/2000, OLGR 2000, 470.
[55] Ingenstau/Korbion/*Schranner* § 5 Rn. 29; Kapellmann/Messerschmidt/*Stickler* § 5 Rn. 23.
[56] VK Niedersachsen Beschl. v. 8.8.2014 – VgK-22/2014, BeckRS 2014, 20959.
[57] VK Bund, Beschl. v. 9.5.2014, VK 1-26/14, ZfBR 2014, 718.
[58] OLG Düsseldorf Beschl. v. 8.9.2004 – VII-Verg 38/04, NZBau 2004, 688.
[59] So ua OLG Brandenburg Beschl. v. 27.11.2008 – Verg W 15/08, VergabeR 2009, 652 (657); OLG Düsseldorf Beschl. v. 11.7.2007 – VII-Verg 10/07, BeckRS 2008, 01321; OLG Düsseldorf Beschl. v. 8.9.2004 – VII-Verg 38/04, NZBau 2004, 688 (689); OLG Thüringen Beschl. v. 6.6.2007 – 9 Verg 3/07, VergabeR 2007, 677 (679).
[60] OLG Düsseldorf Beschl. v. 8.9.2004 – VII-Verg 38/04, VergabeR 2005, 107 (110).
[61] Vgl. KG Berlin Beschl. v. 26.3.2019 – Verg 16/16, VergabeR 2020, 206; OLG Düsseldorf Beschl. v. 8.9.2011 – VII-Verg 48/11, VergabeR 2012, 193 (195); OLG Düsseldorf Beschl. v. 23.3.2011 – VII-Verg 63/10, VergabeR 2011, 718 (720); s. ferner auch OLG Karlsruhe Beschl. v. 6.4.2011 – 15 Verg 3/11, VergabeR 2011, 722 (727); sowie zur diesbezüglichen Diskussion Kapellmann/Messerschmidt/*Stickler* § 5 Rn. 33.
[62] VK Bund Beschl. v. 1.2.2001 – VK 1-1/01, VergabeR 2001, 143; OLG Düsseldorf Beschl. v. 8.9.2004 – VII-Verg 38/04, VergabeR 2005, 107 (109); OLG Thüringen Beschl. v. 6.6.2007 – 9 Verg 3/07, NZBau 2004, 730.
[63] OLG Koblenz Beschl. v. 4.4.2012 – 1 Verg 2/11, NZBau 2012, 598; VK Nordbayern Beschl. v. 19.5.2009, VK 13/09 und 14/09.

über den mit einer Losvergabe ohnehin verbundenen Ausschreibungs-, Prüfungs- und Koordinierungsaufwand hinausgeht.[64] Belastungen, die unter dieser Schwelle liegen, hat der öffentliche Auftraggeber schon konzeptionell aus mittelstands- und wettbewerbspolitischen Gründen hinzunehmen. Denn ein erhöhter Koordinierungsaufwand ist jeder Losbildung immanent und reicht deshalb für sich genommen nicht als wirtschaftlicher Grund für eine Gesamtvergabe aus.[65]

30 **Unverhältnismäßige Kostennachteile,** die eine Gesamtvergabe rechtfertigen, wurden von der Rechtsprechung jedenfalls bei Mehrkosten ab 14% bejaht.[66] Hingegen werden Mehrkosten von 6%[67] bis 10%[68] von der Literatur als noch hinnehmbar qualifiziert.[69]

31 Eine Gesamtvergabe wegen drohender **starker Verzögerungen** lässt sich dann rechtfertigen, wenn **besondere zeitliche Zwänge** bestehen und die Gesamtvergabe eine **(deutlich) schnellere Aufgabenerfüllung** erwarten lässt.[70]

32 Auch das **Ziel einer einheitlichen Mängelhaftung** kann ausnahmsweise für eine Gesamtvergabe streiten, **wenn ein besonders hohes Schadensrisiko droht und die Zuordnung der Verantwortlichkeiten in besonderer Weise erschwert ist.**[71] Im Regelfall ist allerdings davon auszugehen, dass es dem Wesen einer losweisen Vergabe entspricht und mithin grundsätzlich hinzunehmen ist, dass eine Mehrzahl von Auftragnehmern auch eine Mehrzahl von Gewährleistungsgegnern bedeutet.[72] Eine andere, weniger restriktive Sichtweise würde eine allzu leichte Umgehung des Gebots der Losaufteilung ermöglichen.[73]

33 Dementsprechend können die Gesichtspunkte einer deutlich günstigeren Preisgestaltung und/oder einheitlicher und damit zweifelsfreier Mängelhaftung **nur in wirklich gut begründeten Ausnahmefällen** ein Absehen von der Losvergabe rechtfertigen.[74] Vorstellbar ist dies **zB auch bei sog. Splitterlosen,** wenn der Auftraggeber bereits zahlreiche Lose gebildet hat und die gesonderte Wertung der verbleibenden Leistung, der Vertragsabschluss und die gesonderte Abwicklung des Vertrags im Verhältnis zu einer Gesamtausschreibung zu unverhältnismäßigem Aufwand führt.[75]

34 Letztlich ist die Zweckmäßigkeit der Losaufteilung immer anhand des Einzelfalls zu beurteilen. Dabei spielen der Umfang des Auftrags, die Gewährleistung in Bezug auf die Durchführung des Auftrags und die Wirtschaftlichkeit eine Rolle. Eine **unwirtschaftliche Zersplitterung** wäre gegeben, wenn die Vertragsgemäßheit, insbesondere die Einheitlichkeit der Leistungen, nicht oder nur mit unverhältnismäßigem Aufwand gesichert werden kann oder die Überwachung und Verfolgung von Gewährleistungsansprüchen ungewöhnlich erschwert wird.[76] Eine solche **Zweckmäßigkeit** ist in der Regel **nur bei umfangreicheren Aufträgen** zu bejahen und/oder **bei solchen, in denen Leistungen sinnvoll zu teilen sind.**[77] Eine entsprechende Sachlage kann aber auch vorliegen, wenn die **Aufteilung unverhältnismäßige Kostennachteile mit sich bringen oder zu einer starken Verzögerung des Vorhabens** führen würde.[78]

---

[64] OLG München Beschl. v. 9.4.2015 – Verg 1/15, NZBau 2015, 446; OLG Koblenz Beschl. v. 4.4.2012 – Verg 2/11, NZBau 2012, 598; OLG Düsseldorf Beschl. v. 21.3.2012 – VII-Verg 92/11, NZBau 2012, 515.
[65] VGH Bayern Beschl. v. 22.5.2017 – 4 ZB 16.577, NZBau 2017, 692.
[66] VK Sachsen Beschl. v. 2.11.1999 – 1/SVK/019-1999, IBR 2000, 302; Kapellmann/Messerschmidt/*Stickler* § 5 Rn. 27.
[67] *Ax/Sattler* ZVgR 1999, 231 (233).
[68] *Faßbender* NZBau 2010, 529 (533).
[69] Vgl. Kapellmann/Messerschmidt/*Stickler* § 5 Rn. 27.
[70] So insbes. VK Arnsberg Beschl. v. 13.8.1999 – VK 11/99, IBR 2000, 402 betreffend einen stark belasteten Autobahnabschnitt; sowie OLG München Beschl. v. 9.4.2015 – Verg 1/15, VergabeR 2015, 574 (577) für die Vergabe von Lärmschutzarbeiten an einer Bundesautobahn.
[71] VK Bund Beschl. v. 1.2.2001 – VK 1-1/01, VergabeR 2001, 143 (145); DVA BauR 2000, 1793 (1797); Kapellmann/Messerschmidt/*Stickler* § 5 Rn. 27.
[72] VK Bund Beschl. v. 1.2.2001 – VK 1-1/01, VergabeR 2001, 143.
[73] OLG Düsseldorf Beschl. v. 11.7.2007 – VII-Verg 10/07, BeckRS 2008, 01321; VK Arnsberg Beschl. v. 31.1.2001 – VK 2-01/01, VPRRS 2013, 0986.
[74] Ingenstau/Korbion/*Schranner* § 5 Rn. 30.
[75] Vgl. OLG Düsseldorf Beschl. v. 11.1.2012 – VII-Verg 52/11, VergabeR 2012, 658 (661); OLG Koblenz Beschl. v. 4.4.2012 – 1 Verg 2/12, ZfBR 2012, 416; Kapellmann/Messerschmidt/*Stickler* § 5 Rn. 27.
[76] VK Hessen Beschl. v. 10.9.2007 – 69 d VK-37/2007, IBRRS 2008, 0106; VK Hessen Beschl. v. 10.9.2007 – 69 d VK-29/2007, IBRRS 2008, 0106; VK Hessen Beschl. v. 12.9.2001 – 69 d VK-30/2001; VK Sachsen Beschl. v. 25.9.2009 – 1/SVK/038-09, BeckRS 2010, 02254; iErg ebenso VK Bund Beschl. v. 14.9.2007 – VK 1-101/07, BeckRS 2007, 141957; VK Bund Beschl. v. 31.8.2007 – VK 1-92/07, BeckRS 2007, 142178; VK Bund Beschl. v. 8.1.2004 – VK 1-117/03, BeckRS 2004, 150745.
[77] VK Hessen Beschl. v. 10.9.2007 – 69 d VK-37/2007, IBRRS 2008, 0106; VK Hessen Beschl. v. 10.9.2007 – 69 d VK-29/2007, IBRRS 2008, 0106.
[78] OLG Düsseldorf Beschl. v. 11.7.2007 – VII-Verg 10/07, BeckRS 2008, 01321; VK Sachsen Beschl. v. 30.4.2008 – 1/SVK/020-08, IBRRS 2008, 1623.

Das Vorliegen einer „unwirtschaftlichen Zersplitterung" bedarf jedoch mehr als nur gewisser, 35
nach der Erfahrung zu erwartender Kostennachteile. Dass eine Mehrzahl von Auftraggebern auch
eine Mehrzahl von Gewährleistungsgegnern bedeutet, entspricht dem Wesen einer losweisen Vergabe
und wird vom Gesetz hingenommen. Gleiches gilt für den Umstand, dass eine losweise Vergabe ein
kostenaufwändigeres Vergabeverfahren verursachen würde.[79] An sich plausible Gründe, wie etwa
die Entlastung des Auftraggebers von der Koordinierung, der Vorzug, nur einen Vertragspartner
zu haben oder die einfachere Durchsetzung von Gewährleistungsansprüchen sind damit (für sich
genommen) nicht geeignet, einen Ausnahmefall zu begründen. § 5 EU Abs. 2 Nr. 1 würde leerlaufen, wenn zur Begründung einer Gesamtvergabe die Benennung solcher Schwierigkeiten ausreichte,
die typischerweise mit jeder losweisen Ausschreibung verbunden sind.[80]

Nach Auffassung der VK Münster **kann das „Argument – kleinere Mengen – höhere** 36
Preise –" nicht per se als sachwidrig angesehen werden. Ein öffentlicher Auftraggeber kann
zu Recht unterstellen, dass die Preise bei kleineren Abnahmemengen homogener Produkte höher
sein werden, was für ihn unwirtschaftlicher wäre. Das ist im Falle von „Massenlieferungen" ein
Erfahrungssatz, der nicht abwegig oder sachfremd ist, sondern der Realität entspricht. Er müsste
somit Preisnachteile in Kauf nehmen, wenn er die Losaufteilung vornehmen würde. Eine Vergabestelle kann bei einer solchen Sachlage nicht verpflichtet werden, die Interessen des Mittelstandes vor
die eigenen Interessen zu setzen und sie handelt auch nicht ermessensfehlerhaft, wenn sie sich mit
guten Gründen gegen eine Losaufteilung entscheidet.[81]

Auch die Tatsache, dass bei einem Rahmenvertrag sukzessive Einzelkomponenten abgerufen 37
werden, bedeutet nicht, dass dieser wirtschaftliche Vorteil nicht existiert. Entscheidend ist, dass das
Gesamtbudget innerhalb eines bestimmten Zeitraums verausgabt werden soll. Bei einer solchen
Konstellation bestehen keine Zweifel daran, dass auch dann die Einzelkomponenten günstiger kalkuliert werden können.[82]

cc) technische Gründe (Abs. 2 Nr. 1 S. 3 Alt. 2). Neben den wirtschaftlichen Gründen 38
(→ Rn. 28 ff.) können zusätzlich oder auch allein (rein) **technische Gründe** eine Gesamtvergabe
rechtfertigen.[83] Dies kommt etwa dann in Betracht, wenn die Aufteilung nach Fachlosen zur Entstehung nicht mehr **funktionsfähiger Auftragseinheiten** führt, das **Erfordernis einer engen logistischen Kooperation** besteht[84] oder ein **besonderer (technischer) Koordinierungsaufwand**[85]
vorliegt. Darüber hinaus können auch **Sicherheitsinteressen** für eine Gesamtvergabe sprechen, zB
wenn die Errichtung eines Bauwerks aufgrund der zahlreichen Schnittstellen mit Sicherheitsrisiken
verbunden ist.[86] Ferner kann auch die **bautechnische Kopplungen benachbarter Baukörper** in
Betracht kommen, wobei als entscheidende Parameter die Plausibilität der von der Vergabestelle
vorgetragenen technischen Besonderheiten, die einheitliche Betrachtungsweise dieser Besonderheiten, insbesondere im Vorfeld der geplanten Ausschreibung, sowie die Übereinstimmung der dargelegten Fakten mit den aktenkundig dokumentierten geotechnischen und geologischen Gutachten und
den vorgelegten Bauwerksentwürfen anzusehen sind.[87]

Die technischen Gründe müssen im Auftrag selbst begründet sein und hiermit im Zusammen- 39
hang stehen.[88]

---

[79] OLG Düsseldorf Beschl. v. 11.7.2007 – VII-Verg 10/07, BeckRS 2008, 01321; OLG Düsseldorf Beschl. v. 8.9.2004 – VII-Verg 38/04, NZBau 2004, 688; VK Sachsen Beschl. v. 25.9.2009 – 1/SVK/038-09, BeckRS 2010, 02254; eher entgegengesetzt VK Bund Beschl. v. 14.9.2007 – VK 1-101/07, BeckRS 2007, 141957; VK Bund Beschl. v. 31.8.2007 – VK 1-92/07, BeckRS 2007, 142178.
[80] OLG Düsseldorf Beschl. v. 11.7.2007 – VII-Verg 10/07, BeckRS 2008, 01321; 1. VK Sachsen Beschl. v. 30.4.2008 – 1/SVK/020-08, IBRRS 2008, 1623.
[81] VK Münster Beschl. v. 7.10.2009 – VK 18/09, IBRRS 2009, 3455.
[82] VK Münster Beschl. v. 7.10.2009 – VK 18/09, IBRRS 2009, 3455.
[83] OLG Düsseldorf Beschl. v. 30.11.2009 – VII-Verg 43/09, BeckRS 2010, 3480; OLG Düsseldorf Beschl. v. 25.11.2009 – VII-Verg 27/09, BeckRS 2010, 2863; OLG Düsseldorf Beschl. v. 22.10.2009 – VII-Verg 25/09, BeckRS 2009, 29057; OLG Düsseldorf Beschl. v. 11.7.2007 – VII-Verg 10/07, BeckRS 2008, 1321.
[84] Kapellmann/Messerschmidt/*Stickler* § 5 Rn. 28.
[85] Vgl. hierzu auch das DVA-Papier Fach- und Teillose, NZBau 2000, 555 (557 f.), in welchem der Deutsche Vergabe- und Vertragsausschuss für Bauleistungen (DVA) als maßgebliches Kriterium für eine Gesamtver-gabe – neben dem Ziel einer einheitlichen Gewährleistung, der Verkehrssicherheit, bestimmten, kurz bemes-senen Ausführungsfristen, Forderungen nach Kostensicherheit und einem geringen Auftragsvolumen – ua auch den Koordinierungsaufwand nennt.
[86] Vgl. OLG Brandenburg Beschl. v. 27.11.2008 – Verg W 15/08, VergabeR 2009, 652 (658) betreffend die Errichtung eines Flugasterminals; sowie dazu Kapellmann/Messerschmidt/*Stickler* § 5 Rn. 28.
[87] Vgl. VK Sachsen Beschl. v. 2.11.1999 – 1/SVK/19-99, IBRRS 2013, 2782; VK Bund Beschl. v. 8.10.2003 – VK 2-78/03, BeckRS 2003, 152586.
[88] Vgl. OLG Düsseldorf Beschl. v. 25.6.2014 – VII-Verg 38/13, VergabeR 2015, 71 (76).

40 In Einzelfällen kann sich die Zulässigkeit eines entsprechenden technischen Kriteriums auch aus der Natur der Sache selbst ergeben. Dies gilt insbesondere dann, **wenn die Summe von mehreren Einzelvergaben (Losen) technisch oder inhaltlich nicht zu dem gleichen Beschaffungsgegenstand führt, wie die Gesamtvergabe.** Denn der öffentliche Auftraggeber braucht – mit Rücksicht auf das ihm zustehende weite Beschaffungsermessen – solche eigenen Interessen nicht zu opfern, die er nur in Gestalt einer Gesamtvergabe zu erreichen vermag. Eine Zerlegung in einzelne Teil- oder Fachlose kommt somit nicht in Betracht, wenn diese in ihrer Summe den mit dem Beschaffungsprojekt verfolgten (übergeordneten) Zwecken nicht mehr entsprechen.[89]

41 **dd) sonstige, rechtliche Gründe.** Schließlich kann eine Gesamtvergabe in Einzelfällen auch – wenn man so will – aus „rechtlichen Gründen" gerechtfertigt sein. So beispielsweise dann, wenn der Auftraggeber infolge einer Losaufteilung bzw. der daraus resultierenden zeitlichen Parallelität der Einzelvergaben gegen das vergaberechtliche Gebot der eindeutigen und erschöpfenden Leistungsbeschreibung verstoßen würde.[90]

42 Überdies besteht ein gewisses **Spannungsverhältnis** zwischen § 5 Abs. 2 Nr. 1 und der durch § 7c EU eröffneten Möglichkeit einer **Funktionalausschreibung.** Entscheidet sich der öffentliche Auftraggeber im Rahmen seiner Gestaltungsfreiheit bei der Festlegung des Leistungsprofils für eine Funktionalausschreibung, gibt er bei einer solchen nur den Rahmen oder das Programm der gewünschten Bauleistung an. Es ist dann Sache der Bieter, diesen Rahmen oder das Programm durch ihre Angebote auszugestalten. In Ansehung dessen kann der Auftraggeber eine Aufteilung in Teil- oder Fachlose schlechterdings nicht vornehmen, weil er noch nicht absehen kann, in welcher Weise der Auftragnehmer das vorgegebene Programm ausführen wird. Daher verträgt sich eine Vergabe von Teil- oder Fachlosen nicht mit einer Funktionalausschreibung und kann somit nicht stattfinden.[91] Ähnlich verhält es sich auch in Bezug auf den **wettbewerblichen Dialog iSd § 119 Abs. 6 GWB.**[92]

43 **ee) überwiegende Gründe.** Gemäß § 5 EU Abs. 2 Nr. 1 S. 3 „[dürfen] mehrere Teil- oder Fachlose [...] zusammen vergeben werden, wenn wirtschaftliche oder technische Gründe dies erfordern". Der Ausnahmefall einer vergaberechtlich zulässigen Gesamtvergabe war schon in § 4 Nr. 3 S. 2. VOB/A 2006 geregelt, wo es hieß: „Aus wirtschaftlichen oder technischen Gründen dürfen mehrere Fachlose zusammen vergeben werden.". Bereits im Rahmen dieser Vorgängerregelung nahm die herrschende, insbesondere auch vom OLG Düsseldorf vertretene Auffassung an, dass **überwiegende Gründe** vorliegen müssen, um eine Gesamtvergabe zu rechtfertigen.[93] Demgegenüber vertrat das OLG Schleswig die Ansicht, dass die Zusammenfassung von Fachlosen gem. § 4 Nr. 3 S. 2 VOB/A 2006 keiner zwingenden oder überwiegenden Gründe bedürfe. Vielmehr sollten zur Rechtfertigung einer Gesamtvergabe bereits nachvollziehbare Zweckmäßigkeitserwägungen des öffentlichen Auftraggebers ausreichen, die erst und insoweit ihre Grenze finden, als durch die Zusammenfassung im Einzelfall die Wirksamkeit und Transparenz des Wettbewerbs beeinträchtigt werden. Dem öffentlichen Auftraggeber stehe insoweit ein Ermessensspielraum zu.[94] Die zwischenzeitliche Neufassung des § 5 EU Abs. 2 liegt auf der Linie des OLG Düsseldorf und spricht für die Notwendigkeit überwiegender Gründe.[95]

44 Aus dem Umstand, dass die für eine Gesamtvergabe sprechenden (wirtschaftlichen und/oder technischen) Gründe nicht nur vorliegen, sondern überwiegen müssen, erwächst zum einen das **Erfordernis einer Prognose** im Einzelfall. Da bei der Entscheidung – zB im Hinblick auf die Wirtschaftlichkeit der Bauausführung, die Bauabläufe und die Einhaltung zeitlicher Vorgaben – in der Regel komplexe und in die Zukunft gerichtete, prognostische Betrachtungen und Überlegungen anzustellen sind, ist dem Auftraggeber diesbezüglich auch eine **Einschätzungsprärogative** bzw. ein **Beurteilungsspielraum**[96] zuzuerkennen.[97] Zum anderen erwächst daraus das **Erfordernis**

---

[89] OLG Thüringen Beschl. v. 6.6.2007 – 9 Verg 3/07, NZBau 2007, 730.
[90] Vgl. VK Bund Beschl. v. 4.1.2016 – VK 2-125/15, IBR 2016, 303; sowie ferner auch HK-VergabeR/*Tomerius* § 5 Rn. 24, der diesen „rechtlichen" Grund indes bei den wirtschaftlichen Gründen einsortiert.
[91] OLG Thüringen Beschl. v. 6.6.2007 – 9 Verg 3/07, NZBau 2007, 730; *Manz/Schönwälder* NZBau 2012, 465; Kapellmann/Messerschmidt/*Stickler* § 5 Rn. 31; s. ferner auch Ingenstau/Korbion/*Schranner* § 5 Rn. 20, nach dem die Zulässigkeit einer Funktionalausschreibung davon abhängen soll, dass die Voraussetzungen des § 5 Abs. 2 S. 2 vorliegen.
[92] S. hierzu Kapellmann/Messerschmidt/*Stickler* § 5 Rn. 31.
[93] OLG Düsseldorf Beschl. v. 8.9.2004 – VII-Verg 38/04, VergabeR 2005, 107 (110); *Dreher* NZBau 2005, 427 (430); Kapellmann/Messerschmidt/*Stickler* § 5 Rn. 25.
[94] OLG Schleswig Beschl. v. 14.8.2000 – 6 Verg 2/2000, OLGR 2000, 470.
[95] Kapellmann/Messerschmidt/*Stickler* § 5 Rn. 25.
[96] Die Terminologie ist uneinheitlich, vgl. hierzu auch Kapellmann/Messerschmidt/*Stickler* § 5 Rn. 26.
[97] OLG Düsseldorf Beschl. v. 11.7.2007 – VII-Verg 10/07, BeckRS 2008, 01321.

einer Abwägung. Das normierte Regel-Ausnahme-Verhältnis macht deutlich, dass sich der Auftraggeber nach dem Normzweck bei der Entscheidung für eine zusammenfassende Vergabe in besonderer Weise mit dem Gebot einer Fachlosvergabe und dagegensprechenden Gründen auseinanderzusetzen hat. Im Rahmen der dem Auftraggeber obliegenden **Ermessensentscheidung** bedarf es deshalb einer **umfassenden Abwägung der widerstreitenden Belange,** nach deren Ergebnis die für eine Gesamtvergabe sprechenden Gründe nicht nur anerkennenswert sein, sondern überwiegen müssen (soweit in den vorstehend zitierten Entscheidungen von überwiegenden Gründen die Rede ist, kennzeichnet dies folglich das Ergebnis des Abwägungsvorgangs). Die Reichweite der vorstehend beschriebenen Einschätzungsprärogative bzw. des Beurteilungsspielraums wird indes umso weitreichender eingeschränkt, je höher die gerichtliche Kontrolldichte (Überprüfbarkeit) der Entscheidung des öffentlichen Auftraggebers ist (→ Rn. 45 ff.).

Für das **Maß eines Überwiegens** lassen sich keine allgemeinen Regeln, sondern allenfalls 45 Orientierungshilfen aufstellen. So können der mit einer Fachlos- oder gewerbeweisen Vergabe allgemein verbundene Ausschreibungs-, Prüfungs- und Koordinierungsmehraufwand sowie ein höherer Aufwand bei Gewährleistungen eine Gesamtvergabe für sich allein nicht rechtfertigen. Dabei handelt es sich um einen den Fachlosvergaben immanenten und damit typischerweise verbundenen Mehraufwand, der nach dem Zweck des Gesetzes in Kauf zu nehmen ist und bei der Abwägung grundsätzlich unberücksichtigt zu bleiben hat.[98] Anders kann es sich freilich bei Synergieeffekten verhalten, die aus prognostischer Sicht durch eine zusammenfassende Vergabe zu erwarten sind.[99] Umgekehrt ist indes genauso wenig zu fordern, eine Fachlosausschreibung müsse, um davon ermessensfehlerfrei absehen zu dürfen, generell unverhältnismäßige Kostennachteile mit sich bringen und/oder zu einer starken Verzögerung des Beschaffungsvorhabens führen. Soweit das OLG Düsseldorf davon in seinem Beschluss vom 8.9.2004[100] gesprochen hat, ist dadurch lediglich zum Ausdruck gebracht worden, dass der Entscheidung des öffentlichen Auftraggebers für eine Gesamtvergabe eine umfassende Interessenabwägung voranzugehen hat. Diese muss überwiegende, für eine solche Vergabe streitende Gründe hervorbringen, die bei vertretbarer Würdigung einen wertungsmäßig hinzunehmenden Überhang aufweisen, der nicht lediglich in einer Vermeidung des mit einer Fachlosvergabe typischerweise verbundenen Mehraufwands liegt. Danach können auch einfache, jedenfalls nicht vernachlässigbare, Kostennachteile oder Verzögerungen genügen. Tendenziell wird ein Überhang aber umso geringer sein dürfen, desto mehr die Bauaufgabe als solche, und zwar hinsichtlich ihres Umfangs oder ihrer Komplexität, ohnehin schon besonderen, vor allem erschwerenden Anforderungen unterliegt.[101]

Der **Maßstab der gerichtlichen Überprüfbarkeit** wird uneinheitlich beurteilt. Bis zur Neu- 46 fassung des § 5 Abs. 2 wurde weitgehend, insbesondere vom OLG Düsseldorf die Auffassung vertreten, dass dem öffentlichen Auftraggeber bei der Entscheidung über eine Losaufteilung ein Beurteilungsspielraum zustehe, welcher gerichtlich nur beschränkt überprüfbar sei.[102] Hiergegen wurde und wird eingewandt, dass § 5 Abs. 2 (bzw. § 97 Abs. 4 GWB) einen solche Beurteilungsspielraum nicht vorsehe, die Entscheidung des Auftraggebers somit gerichtlich vollständig überprüfbar sei.[103] Das **OLG Düsseldorf** hält jedoch auch vor dem Hintergrund der neuen Rechtslage an seiner bisherigen Rechtsprechung fest, wonach ein **nur eingeschränkt überprüfbarer Beurteilungsspielraum des Auftraggebers** bestehe.[104] Das **KG Berlin differenziert** hingegen zwischen der Bildung von Fachlosen und der Bildung von Teillosen. Hinsichtlich der **Bildung von Fachlosen** geht es – anders als das OLG Düsseldorf – davon aus, dass die Entscheidung des Auftraggebers **in vollem Umfang und nicht etwa nur eingeschränkt von den Nachprüfungsinstanzen überprüft werden kann.** Für die Bildung von Teillosen geht das KG Berlin indes – im Einklang mit dem OLG Düsseldorf – von einer nur **eingeschränkten Überprüfbarkeit** aus.[105]

---

[98] So auch OLG Düsseldorf Beschl. v. 11.7.2007 – VII-Verg 10/07, BeckRS 2008, 01321.
[99] Vgl. OLG Düsseldorf Beschl. v. 11.7.2007 – VII-Verg 10/07, BeckRS 2008, 01321.
[100] OLG Düsseldorf Beschl. v. 8.9.2004 – VII-Verg 38/04, NZBau 2004, 688 (689).
[101] OLG Düsseldorf Beschl. v. 25.11.2009 – VII-Verg 27/09, BeckRS 2010, 2863; VK Schleswig-Holstein Beschl. v. 19.10.2012 – VK-SH 28/12, BeckRS 2013, 2667 unter Verweis auf VK Schleswig-Holstein Beschl. v. 7.9.2012 – VK-SH 23/12; VK Sachsen Beschl. v. 22.7.2010 – 1/SVK/022-10, BeckRS 2010, 23399.
[102] OLG Düsseldorf Beschl. v. 8.9.2004 – VII-Verg 38/04, VergabeR 2005, 107 (109); sowie dazu auch Kapellmann/Messerschmidt/*Stickler* § 5 Rn. 33.
[103] Immenga/Mestmäcker/*Dreher* GWB § 97 Rn. 123; *Burgi* NZBau 2006, 693 (696); sowie dazu auch Kapellmann/Messerschmidt/*Stickler* § 5 Rn. 33.
[104] OLG Düsseldorf Beschl. v. 8.9.2011 – VII-Verg 48/11, VergabeR 2012, 193 (195); OLG Düsseldorf Beschl. v. 23.3.2011 – VII-Verg 63/10, VergabeR 2011, 718 (720); sowie zum Ganzen auch Kapellmann/Messerschmidt/*Stickler* § 5 Rn. 33.
[105] KG Berlin Beschl. v. 26.3.2019 – Verg 16/16, VergabeR 2020, 206; vgl. zur Teillosvergabe ferner auch OLG Karlsruhe Beschl. v. 6.4.2011 – 15 Verg 3/11, VergabeR 2011, 722 (727).

47 Der **Maßstab der rechtlichen Kontrolle** ist daher **jedenfalls in bestimmten Bereichen beschränkt.** Die Ermessensentscheidung des öffentlichen Auftraggebers ist von den Vergabenachprüfungsinstanzen dann nur darauf zu überprüfen, ob sie auf vollständiger und zutreffender Sachverhaltsermittlung und nicht auf einer Ermessensfehlbetätigung, namentlich auf Willkür, beruht. Dabei ist von den Vergabenachprüfungsinstanzen auch zu beachten, dass das Vergaberecht nicht nur Bieterrechte eröffnet, sondern auch eine wirtschaftliche und den vom öffentlichen Auftraggeber gestellten Anforderungen entsprechende Leistungsbeschaffung gewährleisten soll. Der öffentliche Auftraggeber als Nachfrager hat durch seine Ausschreibungen nicht bestimmte Märkte oder Marktteilnehmer zu bedienen. Vielmehr bestimmt allein der Auftraggeber im Rahmen der ihm übertragenen öffentlichen Aufgaben den daran zu messenden Beschaffungsbedarf und die Art und Weise, wie dieser gedeckt werden soll. Am Auftrag interessierte Unternehmen haben sich darauf einzustellen.[106] Der öffentliche Auftraggeber ist daher beispielsweise auch nicht verpflichtet, Ausschreibungen so zuzuschneiden, dass sich bestimmte Unternehmen – auch wenn dies für sie von wirtschaftlichem Vorteil wäre – daran beteiligen können. So sind vernünftige Gründe für eine Gesamtvergabe gefordert (anerkennenswerte Bedürfnisse), die nicht auf einer groben Fehleinschätzung durch den Auftraggeber beruhen und das Ergebnis einer verstärkten Auseinandersetzung mit der Los- oder Gesamtvergabe sind. Bloße Zweckmäßigkeitserwägungen genügen dem Darlegungserfordernis des Auftraggebers nicht.[107]

48 **e) Verpflichtung privater Unternehmen zur Losvergabe (Abs. 2 Nr. 1 S. 4). § 5 EU Abs. 2 Nr. 1 S. 4** bestimmt – im Einklang mit **§ 97 Abs. 4 S. 4 GWB** –, dass wenn ein Unternehmen, das nicht öffentlicher Auftraggeber ist, mit der Wahrnehmung oder Durchführung einer öffentlichen Aufgabe betraut wird, vom öffentlichen Auftraggeber zu verpflichten ist, bei etwaigen Unterauftragsvergaben an Dritte nach den S. 1–3 zu verfahren. In der Beschlussempfehlung des Ausschusses für Wirtschaft und Technologie vom 17.12.2008 betreffend die inhaltsgleiche Regelung des § 97 Abs. 4 S. 4 GWB heißt es hierzu:

„Um mittelstandfreundliche Auftragsvergaben auch im Rahmen einer Öffentlich-Privaten-Zusammenarbeit sicherzustellen, muss, sofern das Unternehmen Unteraufträge vergibt, diese Unterauftragsvergabe mit erfasst werden. Zu diesem Zweck wird der ursprüngliche Auftraggeber verpflichtet, entsprechende vertragliche Regelungen zu treffen."[108]

49 Die Vorschrift richtet sich nicht unmittelbar an die Auftragnehmer und begründet mithin auch keine unmittelbaren Verpflichtungen der Unternehmen, sondern verpflichtet die öffentlichen Auftraggeber, im Rahmen bestimmter Auftragserteilungen entsprechende vertragliche Regelungen zu treffen. Fehlt es hieran, ist der jeweilige Auftragnehmer nicht zur Losaufteilung verpflichtet.[109]

50 Die Verpflichtung der öffentlichen Auftraggeber gem. § 5 EU Abs. 2 Nr. 1 S. 4 besteht lediglich bei bestimmten Auftragserteilungen, namentlich solchen, mit denen ein Unternehmen „**mit der Wahrnehmung oder Durchführung einer öffentlichen Aufgabe betraut**" wird. Die Begriffe der „Betrauung" und „öffentlichen Aufgabe" werden indes nicht näher definiert.

51 Unter „**Betrauung**" ist letztlich jede Form der Übertragung einer öffentlichen Aufgabe zu verstehen, sei es in Form des Abschlusses eines Vertrags, durch Gesetz, Verwaltungsakt oder auf sonstige Weise. Der Begriff ist mithin nicht identisch mit dem der Betrauung mit Dienstleistungen von allgemeinem wirtschaftlichen Interesse iSd Art. 106 Abs. 2 AEUV.[110]

52 Der Begriff der „**öffentlichen Aufgabe**" drängt die Frage auf, ob darüber letztlich jeder Auftragnehmer erfasst werden soll, der einen öffentlichen Bauauftrag iSd § 103 Abs. 3 GWB erhalten hat. Für eine dahingehende Auslegung könnte sprechen, dass das fiskalische Handeln der öffentlichen Hand in aller Regel einer öffentlichen Aufgabe dient.[111] Die Genese der Vorschrift, insbesondere die Gesetzesbegründung zu § 97 Abs. 4 S. 4 GWB,[112] legen jedoch eine restriktivere Auslegung der Vorschrift nahe.[113] Danach trägt die Vorschrift insbesondere dem Umstand Rechnung, dass bei der Beauftragung gemischtwirtschaftlicher Unternehmen eine Losvergabe in der Regel ausscheidet (→ Rn. 48). Es geht also vornehmlich darum, eine Losaufteilung auf Ebene des Bauunternehmens

---

[106] So auch *Müller-Wrede* NZBau 2004, 643 (646).
[107] OLG Koblenz Beschl. v. 4.4.2012 – Verg 2/11, NZBau 2012, 598; VK Nordbayern Beschl. v. 19.5.2009, VK 13/09 und 14/09, 21.VK-3194–13/09, BeckRS 2010, 27031.
[108] BT-Drs. 16/11428, 33.
[109] Kapellmann/Messerschmidt/*Stickler* Rn. 21; sowie zu § 97 Abs. 4 S. 4 GWB ferner auch Reidt/Stickler/Glahs/*Masing* GWB § 97 Rn. 92.
[110] Kapellmann/Messerschmidt/*Stickler* Rn. 19.
[111] Kapellmann/Messerschmidt/*Stickler* Rn. 20.
[112] BT-Drs. 16/11428, 33.
[113] So insbes. auch Kapellmann/Messerschmidt/*Stickler* Rn. 20; Reidt/Stickler/Glahs/*Masing* GWB § 97 Rn. 93; HK-VergabeR/*Fehling* GWB § 97 Rn. 142.

sicherzustellen, wenn der öffentliche Auftraggeber hierzu selbst nicht in der Lage war.[114] Dagegen kann es weder das Regelungsziel sein, dass etwa Auftragnehmer, die von einem öffentlichen Auftraggeber mit Losen eines Bauauftrags beauftragt wurden, ihrerseits verpflichtet sind, bei der Beauftragung von Subunternehmern eine (nochmalige) Losaufteilung vorzunehmen;[115] noch verbleibt im Übrigen ein sinnvoller Anwendungsbereich. Denn wenn eine Aufteilung der Leistung in Lose in Betracht kommt, so hat diese bereits auf vorgelagerter Ebene bei der Auftragsvergabe durch den öffentlichen Auftraggeber und nicht erst bei der Vergabe von Unteraufträgen durch das beauftragte Unternehmen zu erfolgen.[116] Die Vorschrift ist daher missverständlich bzw. „unglücklich"[117] formuliert.

2. Begründungserfordernis (Abs. 2 Nr. 2). Weicht der öffentliche Auftraggeber vom Gebot 53 der Losaufteilung ab, hat er dies gem. § 5 EU Abs. 2 Nr. 2 im Vergabevermerk zu begründen. Die Vorschrift dient der Umsetzung von Art 46 Abs. 1 UAbs. 2 RL 2014/24/EU. Danach geben die öffentlichen Auftraggeber die wichtigsten Gründe für ihre Entscheidung an, keine Unterteilung in Lose vorzunehmen; diese Begründung wird in die Auftragsunterlagen oder den Vergabevermerk aufgenommen. Eine entsprechende Dokumentationspflicht folgt darüber hinaus auch bereits unmittelbar aus § 20 EU iVm § 8 Abs. 2 Nr. 11 VgV.

3. Loslimitierung (Abs. 2 Nr. 3). a) Überblick und Terminologie. In § 5 EU, konkret in 54 § 5 EU Abs. 2 Nr. 3, findet sich – anders als in § 5 und in § 97 Abs. 4 GWB – eine ausdrückliche Regelung zum Problemkreis der Loslimitierung. § 5 EU Abs. 2 Nr. 3 ist an Art. 46 Abs. 2 und 3 RL 2014/24/EU angelehnt, wo es heißt:
„*(2) Die öffentlichen Auftraggeber geben in der Auftragsbekanntmachung oder in der Aufforderung zur Interessensbestätigung an, ob Angebote nur für ein Los oder für mehrere oder alle Lose eingereicht werden können. Die öffentlichen Auftraggeber können, auch wenn Angebote für mehrere oder alle Lose eingereicht werden dürfen, die Zahl der Lose beschränken, für die ein einzelner Bieter einen Zuschlag erhalten kann, sofern die Höchstzahl der Lose pro Bieter in der Auftragsbekanntmachung oder in der Aufforderung zur Interessensbestätigung angegeben wurde. Die öffentlichen Auftraggeber geben die objektiven und nichtdiskriminierenden Kriterien oder Regeln in den Auftragsunterlagen an, die sie bei der Vergabe von Losen anzuwenden gedenken, wenn die Anwendung der Zuschlagskriterien dazu führen würde, dass ein einzelner Bieter den Zuschlag für eine größere Zahl von Losen als die Höchstzahl erhält.*
(3) Die Mitgliedstaaten können bestimmen, dass in Fällen, in denen ein einziger Bieter den Zuschlag für mehr als ein Los erhalten kann, die öffentlichen Auftraggeber Aufträge über mehrere oder alle Lose vergeben können, wenn sie in der Auftragsbekanntmachung oder in der Aufforderung zur Interessensbestätigung angegeben haben, dass sie sich diese Möglichkeit vorbehalten und die Lose oder Losgruppen angeben, die kombiniert werden können."

Sowohl der Richtlinientext als auch § 5 EU Abs. 2 Nr. 3 unterscheiden dabei zwischen **zwei** 55 **Formen der Loslimitierung,** namentlich der sog. **Angebotslimitierung** (§ 5 EU Abs. 2 Nr. 3 S. 1) und der sog. **Zuschlagslimitierung** (§ 5 EU Abs. 2 Nr. 3 S. 2 ff.). Beide Möglichkeiten können miteinander kombiniert werden (§ 5 EU Abs. 2 Nr. 3 S. 3).[118] Kein Fall der Loslimitierung ist dagegen die Vorgabe des Auftraggebers, dass ein Bieter ein Angebot zwingend auf alle Lose abgeben muss.

Loslimitierungen dienen ua dem Schutz bzw. der Förderung mittelständischer Interessen. Kleine 56 und mittlere Unternehmen (KMU) sollen eine erhöhte Chance haben, in den Genuss von (Teil-)Aufträgen zu kommen, bei denen sie sich nicht übernehmen und das Feld daher Großunternehmen überlassen müssen. Zudem wird die wirtschaftliche Abhängigkeit des Auftraggebers vom Auftragnehmer verhindert und das Risiko verringert, dass die Bieter wirtschaftlich und personell überfordert werden, wenn sie Aufträge für mehrere Lose ausführen müssen, obwohl sie dazu nicht in der Lage sind. Ferner wird durch die Loslimitierung das Risiko der Konzentration des Auftraggebers auf einen oder nur wenige Auftragnehmer verhindert und damit die Gefahr des Ausfalls eines Auftragnehmers durch Insolvenz oder der nicht ordnungsgemäßen Leistungserbringung minimiert. Loslimi-

---

[114] Ebenso und jeweils mwN Reidt/Stickler/Glahs/*Masing* GWB § 97 Rn. 93; sowie insbes. auch Kapellmann/Messerschmidt/*Stickler* Rn. 20, der beispielhaft auf solche Aufträge hinweist, bei denen der Auftraggeber Planung und Bauausführung an einen Auftragnehmer vergibt oder an die Vergabe auf Grundlage einer funktionalen Ausschreibung (§ 7c EU).
[115] Kapellmann/Messerschmidt/*Stickler* Rn. 20.
[116] Reidt/Stickler/Glahs/*Masing* GWB § 97 Rn. 93 ua unter Hinweis auf *Werner* VergabeR 2010, 328 (334 f.), der § 97 Abs. 4 S. 4 GWB daher insgesamt als „unsinnig" bezeichnet.
[117] So Kapellmann/Messerschmidt/*Stickler* Rn. 20.
[118] Vgl. insoweit auch Kapellmann/Messerschmidt/*Stickler* Rn. 25 und 27.

tierungen fördern damit den Wettbewerb zugunsten von mittelständischen Unternehmen und beschränken den Wettbewerb zulasten von Großunternehmen.[119]

57 **b) Angebotslimitierung (Abs. 2 Nr. 3 S. 1).** Nach § 5 EU Abs. 2 Nr. 3 S. 1 kann der Auftraggeber bei in mehrere Lose aufgeteilten Leistungen die höchstmögliche Anzahl der von einem Bieter abzugebenden Angebote limitieren (sog. **Angebotslimitierung**). Es steht dem öffentlichen Auftraggeber frei, ob er von der Möglichkeit der Angebotslimitierung Gebrauch macht. Die Gründe hierfür muss er nicht einmal dokumentieren.[120] Voraussetzung ist nach § 5 EU Abs. 2 Nr. 3 S. 1 aber, dass die Angebotslimitierung entsprechend § 12a EU Abs. 1 Nr. 3 Hs. 2 in der Auftragsbekanntmachung oder in der Aufforderung zur Interessensbestätigung angegeben wird. Anders als bei der Zuschlagslimitierung (→ Rn. 59) wird der Zuschlag dabei – im Einklang mit § 127 Abs. 1 S. 1 GWB – immer auf das wirtschaftlichste Angebot erteilt.

58 Die Angebotslimitierung erlaubt es dem Auftraggeber zu steuern, dass Bieter nur für ein Los, eine bestimmte Zahl von Losen oder natürlich auch auf alle Lose bieten können. Überlegens- bzw. empfehlenswert ist dies insbesondere dann, wenn der Auftraggeber von vornherein eine Konzentration von Angeboten bestimmter Bieter verhindern und auf eine bestimmte Verteilung oder Streuung der Angebote durch verschiedene Bieter auf die einzelnen Lose hinwirken möchte.[121]

59 **c) Zuschlagslimitierung (Abs. 2 Nr. 3 S. 2–5).** Darüber hinaus kann der öffentliche Auftraggeber nach **§ 5 EU Abs. 2 Nr. 3 S. 2** die Zahl der Lose beschränken, für die ein einzelner Bieter einen Zuschlag erhalten kann (sog. **Zuschlagslimitierung**). Grundlage dieser Regelung ist Art. 46 Abs. 2 UAbs. 2 RL 2014/24/EU. Ein öffentlicher Auftraggeber, der beispielsweise zehn Lose ausschreibt, könnte mithin vorgeben, dass ein Unternehmen höchstens für drei Lose den Zuschlag erhalten kann. Dies kann im Ergebnis dazu führen, dass zumindest hinsichtlich bestimmter Lose der Zuschlag – entgegen § 127 Abs. 1 S. 1 GWB – nicht auf das wirtschaftlichste Angebot erteilt wird.

60 Die Möglichkeit zur Zuschlagslimitierung gilt gem. **§ 5 EU Abs. 2 Nr. 3 S. 3** auch dann, wenn gleichzeitig eine Angebotslimitierung vorgesehen wurde und erlaubt mithin die **Kombination** beider Instrumente. So kann der öffentliche Auftraggeber, der zehn Lose gebildet hat und ausschreibt, beispielsweise vorgeben, dass interessierte Wirtschaftsteilnehmer maximal für fünf Lose Angebote abgeben können und ihnen der Zuschlag höchstens für drei Lose erteilt werden wird. Der Eingriff in den Wettbewerb wirkt dann besonders schwer.[122]

61 Die Begrenzung im Sinne einer Zuschlagslimitierung – sei es isoliert oder in Kombination mit einer Angebotslimitierung – ist gem. **§ 5 EU Abs. 2 Nr. 3 S. 4** nur zulässig, sofern der öffentliche Auftraggeber die Höchstzahl der Lose pro Bieter in der Auftragsbekanntmachung oder in der Aufforderung zur Interessensbestätigung angegeben hat.

62 Für den Fall, dass ein einzelner Bieter nach Anwendung der Zuschlagskriterien eine größere Zahl an Losen als die zuvor festgelegte Höchstzahl erhalten würde, muss der öffentliche Auftraggeber gem. **§ 5 EU Abs. 2 Nr. 3 S. 5** in den Vergabeunterlagen **objektive und nichtdiskriminierende Regeln für die Erteilung des Zuschlags** festlegen. Dies erklärt sich daraus, dass in diesem Fall eine Wertung der Angebote allein anhand der bekannt gemachten Zuschlagskriterien nicht weiterhilft. Vielmehr bedarf es dafür zusätzlicher Kriterien, die angeben, wie die Erteilung des Zuschlags zu erfolgen hat, wenn ein einzelner Bieter nach Anwendung der Zuschlagskriterien eine größere Zahl an Losen, als die zuvor festgelegte Höchstzahl, erhalten würde. Es kann sich hierbei zwangsläufig und denknotwendig nicht um die Zuschlagskriterien oder deren Unterkriterien handeln.[123]

63 Gerade mit Blick darauf, dass die Zuschlagslimitierung dazu führen kann, dass der Zuschlag für bestimmte Lose – entgegen § 127 Abs. 1 S. 1 GWB – nicht auf das wirtschaftlichste Angebot erteilt wird (→ Rn. 59), war die **Zulässigkeit der Zuschlagslimitierung** lange Zeit **umstritten bzw. zumindest ernstlichen Bedenken ausgesetzt.** Auch nach der ausdrücklichen Regelung in Art. 46 Abs. 2 UAbs. 2 RL 2014/24/EU klingen in der **Literatur** – nach wie vor – Bedenken gegen die grundsätzliche Zulässigkeit der Loslimitierung an.[124] So wird ua geltend gemacht, die Zuschlagslimitierung hindere besonders leistungsfähige Unternehmen ungerechtfertigter Weise an der Abgabe eines Angebots für sämtliche Lose und unterlaufe daher die Grundsätze der Wirtschaftlichkeit, des Wettbewerbs und der Gleichbehandlung.[125] Die **Rechtsprechung** hielt und hält die Zuschlagslimi-

---

[119] Ausf. dazu *Pilarski* Vergabeblog.de v. 2.7.2020, Nr. 44386.
[120] Kapellmann/Messerschmidt/*Stickler* Rn. 26.
[121] HK-VergabeR/*Tomerius* VgV § 30 Rn. 4. Eingehend zu den Vor- und Nachteilen der Loslimitierung *Pilarski* Vergabeblog.de v. 2.7.2020, Nr. 44386.
[122] Ähnlich Kapellmann/Messerschmidt/*Stickler* Rn. 27.
[123] Vgl. Kapellmann/Messerschmidt/*Stickler* Rn. 27.
[124] Im Überblick *Pilarski* Vergabeblog.de v. 2.7.2020, Nr. 44386.
[125] Vgl. *Pilarski* Vergabeblog.de v. 2.7.2020, Nr. 44386 unter Verweis auf *Ziekow* GewA 2013, 417 (419 f.); *Dreher* NZBau 2005, 427 (431); *Otting/Tresselt* VergabeR 2009, 585 ff.; sowie VK Baden-Württemberg Beschl. v. 27.11.2008 – 1 VK 52/08.

tierung dagegen für grundsätzlich zulässig; jedenfalls dann, wenn es einen hinreichenden sachlichen Grund für die Limitierung gibt.[126] Die Kritik der Literatur verkenne die Bestimmungsfreiheit des Auftraggebers, kraft derer er hinsichtlich der Regularien der Ausschreibung ua auch eine Loslimitierung vorsehen kann. Der Auftraggeber darf diejenige Form der Loslimitierung wählen, die ihm zweckmäßig erscheint. Dies kann eine Angebotslimitierung sein, aber auch eine Zuschlagslimitierung. Die damit verbundenen Vorteile – und gleichsam auch sachlichen Rechtfertigungsgründe für die Zuschlagslimitierung – können insbesondere eine **Risikostreuung, die Verhinderung der Abhängigkeit von einem Bieter, der Mittelstandsschutz, die Verbesserung der Wettbewerbsmöglichkeiten auch für kleinere Unternehmen sowie die strukturelle Erhaltung des Anbieterwettbewerbs für die Zukunft oÄ** sein.[127]

Hinsichtlich der Erwägungen des Auftraggebers, die für oder gegen eine Loslimitierung sprechen, ist der **Maßstab der rechtlichen Kontrolle beschränkt.** Die Entscheidung des Auftraggebers kann von den Nachprüfungsinstanzen nur darauf überprüft werden, ob sie auf vollständiger und zutreffender Sachverhaltsermittlung und nicht auf Beurteilungsfehlern, insbesondere auf Willkür beruht. Dabei ist zu beachten, dass das Vergaberecht nicht nur Wettbewerb und subjektive Bieterrechte eröffnet, sondern auch eine wirtschaftliche und den vom öffentlichen Auftraggeber gestellten Anforderungen entsprechende Beschaffung gewährleisten soll. Der öffentliche Auftraggeber als Nachfrager hat durch seine Ausschreibungen nicht bestimmte Marktteilnehmer zu bedienen. Vielmehr bestimmt allein der Auftraggeber im Rahmen der ihm übertragenen Aufgaben den daran zu messenden Beschaffungsbedarf und die Weise, wie dieser gedeckt werden soll. Am Auftrag interessierte Unternehmen haben sich darauf einzustellen.[128] Um über die Zulässigkeit eines solchen Vergabeverfahrens im Einzelfall entscheiden zu können, sind die Wirtschaftlichkeitsinteressen des Auftraggebers und die Gleichbehandlung und Mittelstandsförderungsinteressen der potenziellen Auftragnehmer gegeneinander abzuwägen. Die Grenze zur Unzulässigkeit ist jedenfalls dort überschritten, wo die Regel der Losaufteilung durch mehrere Zuschläge für Mehrfachbieter leerläuft, zu einer unwirtschaftlichen Zersplitterung führt[129] oder die Loslimitierung einzelne potenzielle Auftragnehmer gezielt benachteiligt.[130] Eine Pflicht zur Loslimitierung besteht nicht.[131]

Ungeachtet des vorstehend Gesagten (→ Rn. 64) sollte ein Auftraggeber sich aber stets nur aus wohlbedachten Gründen für eine solche Vorgehensweise entscheiden, da jede Form der Loslimitierung die mit der Aufteilung in Lose angestrebte Erweiterung des Wettbewerbs grundsätzlich wieder (potenziell) einschränkt.[132] Aus diesem Grund sollten die Vor- und Nachteile einer Loslimitierung[133] mit Rücksicht auf den konkreten Einzelfall stets sorgfältig betrachtet und abgewogen werden.

d) Loskombination (Abs. 2 Nr. 3 S. 6). Nach § 5 EU Abs. 2 Nr. 3 S. 6 kann der öffentliche Auftraggeber in Fällen, in denen ein einziger Bieter den Zuschlag für mehr als ein Los erhalten kann, Aufträge über mehrere oder alle Lose vergeben, wenn er in der Auftragsbekanntmachung oder in der Aufforderung zur Interessensbestätigung angegeben hat, dass er sich diese Möglichkeit vorbehält und die Lose oder Losgruppen angibt, die kombiniert werden können. Grundlage für diese Regelung, die einer Loszersplitterung entgegenwirken soll, ist Art. 46 Abs. 3 RL 2014/24/EU. (Auch) Hier erfolgt der Zuschlag an einen Bieter, obwohl dieser für ein bestimmtes Los nicht das wirtschaftlichste Angebot abgegeben hat.

Vor dem Hintergrund Letzteren wird die Vorschrift daher – mit guten Gründen – auch als kritisch angesehen.[134] Argumentiert wird dabei zum einen, dass das Regelungsziel, einer Loszersplitterung entgegenzuwirken, auch bereits bei der Bildung der Lose Berücksichtigung finden könne. Zum anderen führe die Loskombination im Ergebnis dazu, dass die Bildung von Losen nachträglich wieder rückgängig gemacht werde. Denn den Zuschlag erhält derjenige Bieter, der im Hinblick auf

---

[126] Vgl. bspw. OLG Karlsruhe Beschl. v. 25.7.2014 – 15 Verg 5/14, BeckRS 2014, 120996; OLG Düsseldorf Beschl. v. 17.1.2013 – VII-Verg 35/12, NZBau 2013, 329; OLG Düsseldorf Beschl. v. 7.12.2011 – VII-Verg 99/11, BeckRS 2012, 02841; OLG Düsseldorf Beschl. v. 15.6.2000 – VII-Verg 6/00, NZBau 2000, 440 – Euro-Münzplättchen III; LSG Nordrhein-Westfalen Beschl. v. 30.1.2009 – L 21 KR1/08 SFB, BeckRS 2009, 51726.
[127] Vgl. insbes. OLG Düsseldorf Beschl. v. 17.1.2013 – VII-Verg 35/12, NZBau 2013, 329; sowie ferner auch OLG Karlsruhe Beschl. v. 25.7.2014 – 15 Verg 5/14, BeckRS 2014, 120996; LSG Nordrhein-Westfalen Beschl. v. 30.1.2009 – L 21 KR1/08 SFB, BeckRS 2009, 51726.
[128] Vgl. auch OLG Düsseldorf Beschl. v. 11.1.2012 – VII-Verg 52/11, BeckRS 2012, 04015 zur Fachlosvergabe.
[129] *Dreher* NZBau 2005, 427 (431); Kapellmann/Messerschmidt/*Stickler* § 5 Rn. 36.
[130] Ausf. zum Ganzen HK-VergabeR/*Tomerius* Rn. 18 ff.; sowie *Pilarski* Vergabeblog.de v. 2.7.2020, Nr. 44386.
[131] VK Baden-Württemberg Beschl. v. 27.11.2008 – 1 VK 52/08.
[132] So *Pilarski* Vergabeblog.de v. 2.7.2020, Nr. 44386.
[133] Ausf. zu diesen *Pilarski* Vergabeblog.de v. 2.7.2020, Nr. 44386.
[134] So insbes. Kapellmann/Messerschmidt/*Stickler* Rn. 29.

das kombinierte Los das wirtschaftlichste Angebot abgegeben hat.[135] Schließlich stellt die Vorschrift auch das Gebot einer möglichst breit gestreuten und möglichst wirtschaftlichen Vergabe in Frage.

68 Dem Auftraggeber steht ein **Beurteilungsspielraum** zu, ob er von der durch § 5 EU Abs. 2 Nr. 3 S. 6 eingeräumten Möglichkeit Gebrauch macht. In Ansehung der einschneidenden Folgen, die die Loskombination für den Wettbewerb haben kann, erscheint die Forderung, dass hierfür zumindest objektive, nachvollziehbare Gründe vorliegen müssen,[136] sachgerecht.

69 e) **Kopplungsnachlass.** Nicht ausdrücklich in § 5 EU geregelt ist der sog. Kopplungsnachlass, dh **die Gestaltungsvariante, dass der Auftraggeber den Bietern die Möglichkeit einräumt, für den Fall, dass sie den Zuschlag auf mehrere Lose erhalten, einen Rabatt anzubieten.**[137] Die Rechtsprechung hält diese für zulässig,[138] stellt mit Rücksicht auf den Mittelstandsschutz indes die Maßgabe auf, dass der Rabatt nur dann zum Tragen kommen kann, wenn das betroffene Angebot bezogen auf das jeweilige Los das wirtschaftlichste Angebot ist.[139] Für die Zulässigkeit des Kopplungsnachlasses lässt sich anführen, dass dieser letztlich nur einen Unterfall der Loskombination darstellt. Da diese unter den in § 5 EU Abs. 2 Nr. 3 S. 6 genannten Voraussetzungen zulässig ist, kann unter den gleichen Voraussetzungen auch ein Kopplungsnachlass vorgesehen werden.[140]

IV. Fehlerfolgen

70 **§ 5 EU Abs. 1 ist nicht bieterschützend,** sondern dient lediglich dem Interesse des Auftraggebers an einem reibungslosen Bauablauf[141] (→ Rn. 11).

71 Dagegen ist **§ 5 EU Abs. 2 bieterschützend iSd § 97 Abs. 6 GWB** (→ Rn. 16). Entgegen der älteren Rechtsprechung[142] ist die bieterschützende Wirkung nach Auffassung des **BGH**[143] grundsätzlich auch **nicht von der Unternehmensgröße abhängig,** dh auf mittelständische Unternehmen beschränkt. Gleichwohl ist es im Rahmen der Antragsbefugnis iSd § 160 Abs. 2 GWB von Bedeutung, ob das in Rede stehende Unternehmen durch eine fehlende oder unzureichende Losaufteilung in seinem Interesse an der Auftragserteilung verletzt ist. Für die Antragsbefugnis kommt es – mit anderen Worten – demnach nicht darauf an, ob der Antragsteller zum Mittelstand (zum Begriff → Rn. 17) zählt, sondern, ob ihn der konkrete Loszuschnitt von der Angebotsabgabe ausschließt.[144]

72 Bei Vergaben oberhalb der Schwellenwerte kann ein interessierter Wirtschaftsteilnehmer mithin **Primärrechtsschutz** in Form eines Nachprüfungsverfahrens mit der Begründung anstrengen, dass die notwendige Aufteilung in Teil- oder Fachlose nicht (oder nur unzureichend) erfolgt. Eine **Antragsbefugnis iSd § 160 Abs. 2 GWB** liegt in diesem Fall auch dann vor, wenn kein Angebot abgegeben wurde.[145] Der Antragsteller muss insbesondere kein beabsichtigtes Angebot für ein Los vorlegen, welches noch nicht ausgeschrieben wurde. Erforderlich ist jedoch die Darlegung, dass er geeignet ist, das Los, das der Auftraggeber ausschreiben soll, tatsächlich auszuführen.[146] Allerdings kann der Antragsteller hierbei nicht verlangen, dass die Lose auf seine Kapazitäten zugeschnitten werden (→ Rn. 24 und 47). Ergibt sich der Verstoß gegen § 5 EU Abs. 2 bereits aus der Bekanntmachung und/oder den sonstigen Vergabeunterlagen, ist zudem die **Rügeobliegenheit gem. § 160 Abs. 3 S. 1 Nr. 2 bzw. 3 GWB zu beachten.**[147]

73 Darüber hinaus kommt bei einem Verstoß gegen § 5 EU Abs. 2 grundsätzlich auch ein **Schadensersatzanspruch** wegen Verschuldens bei Vertragsverhandlungen gem. **§ 280 Abs. 1 BGB, § 311 Abs. 2 BGB, § 241 Abs. 2 BGB (cic)** in Betracht.[148]

---

[135] So Kapellmann/Messerschmidt/*Stickler* Rn. 29.
[136] So Kapellmann/Messerschmidt/*Stickler* Rn. 29.
[137] Vgl. hierzu auch Kapellmann/Messerschmidt/*Stickler* Rn. 30.
[138] Vgl. insbes. OLG Düsseldorf Beschl. v. 28.3.2018 – VII-Verg 54/17, VergabeR 2019, 92 (97).
[139] So OLG Frankfurt a. M. Beschl. v. 9.5.2017 – 11 Verg 5/17, BeckRS 2017, 112554.
[140] So Kapellmann/Messerschmidt/*Stickler* Rn. 30.
[141] KG Berlin Beschl. v. 7.8.2015 – Verg 1/15, NZBau 2015, 790 (791).
[142] Vgl. insbes. OLG Düsseldorf Beschl. v. 8.9.2004 – VII-Verg 38/04, VergabeR 2005, 107 (110).
[143] BGH Beschl. v. 8.2.2011 – X ZB 4/10, VergabeR 2011, 452 (462).
[144] OLG Frankfurt a. M. Beschl. v. 29.3.2018 – 11 Verg 16/17, NZBau 2018, 498 (500); Kapellmann/Messerschmidt/*Stickler* Rn. 32.
[145] OLG Karlsruhe Beschl. v. 6.4.2011 – 15 Verg 3/11, VergabeR 2011, 722 (725); OLG Düsseldorf Beschl. v. 8.9.2004 – VII-Verg 38/04, VergabeR 2005, 107 (108); Kapellmann/Messerschmidt/*Stickler* Rn. 33.
[146] OLG Brandenburg Beschl. v. 27.11.2008 – Verg W 15/08, VergabeR 2009, 652 (656); Kapellmann/Messerschmidt/*Stickler* Rn. 33.
[147] S. in diesem Zusammenhang auch KG Berlin Beschl. v. 11.7.2000 – KartVerg 7/00, BauR 2000, 1620; sowie Kapellmann/Messerschmidt/*Stickler* Rn. 34.
[148] HK-VergabeR/*Tomerius* § 5 Rn. 39.

Schließlich kann ein Verstoß gegen § 5 EU Abs. 2 auch zur **Rückforderung von Fördermitteln** führen, wenn und soweit diese für das in Rede stehende Beschaffungsvorhaben gewährt wurden.[149] 74

Dagegen liegt in einem Verstoß gegen § 5 EU Abs. 2 nicht zugleich auch ein Verstoß gegen § 20 GWB[150] (→ § 5 Rn. 33). 75

§ 6 EU Teilnehmer am Wettbewerb

(1) Öffentliche Aufträge werden an fachkundige und leistungsfähige (geeignete) Unternehmen vergeben, die nicht nach § 6eEU ausgeschlossen worden sind.

(2) [1]Ein Unternehmen ist geeignet, wenn es die durch den öffentlichen Auftraggeber im Einzelnen zur ordnungsgemäßen Ausführung des öffentlichen Auftrags festgelegten Kriterien (Eignungskriterien) erfüllt. [2]Die Eignungskriterien dürfen ausschließlich Folgendes betreffen:
1. Befähigung und Erlaubnis zur Berufsausübung,
2. wirtschaftliche und finanzielle Leistungsfähigkeit,
3. technische und berufliche Leistungsfähigkeit.

[3]Die Eignungskriterien müssen mit dem Auftragsgegenstand in Verbindung und zu diesem in einem angemessenen Verhältnis stehen.

(3)
1. Der Wettbewerb darf nicht auf Unternehmen beschränkt werden, die in bestimmten Regionen oder Orten ansässig sind.
2. [1]Bewerber- und Bietergemeinschaften sind Einzelbewerbern und -bietern gleichzusetzen. [2]Für den Fall der Auftragserteilung kann der öffentliche Auftraggeber verlangen, dass eine Bietergemeinschaft eine bestimmte Rechtsform annimmt, sofern dies für die ordnungsgemäße Durchführung des Auftrages notwendig ist.
3. Der öffentliche Auftraggeber kann das Recht zur Teilnahme an dem Vergabeverfahren unter den Voraussetzungen des § 118 GWB beschränken.
4. [1]Hat ein Bewerber oder Bieter oder ein mit ihm in Verbindung stehendes Unternehmen vor Einleitung des Vergabeverfahrens den öffentlichen Auftraggeber beraten oder sonst unterstützt, so ergreift der öffentliche Auftraggeber angemessene Maßnahmen, um sicherzustellen, dass der Wettbewerb durch die Teilnahme dieses Bieters oder Bewerbers nicht verfälscht wird.
[2]Der betreffende Bewerber oder Bieter wird vom Verfahren nur dann ausgeschlossen, wenn keine andere Möglichkeit besteht, den Grundsatz der Gleichbehandlung zu gewährleisten.
[3]Vor einem solchen Ausschluss gibt der öffentliche Auftraggeber den Bewerbern oder Bietern die Möglichkeit, nachzuweisen, dass ihre Beteiligung an der Vorbereitung des Vergabeverfahrens den Wettbewerb nicht verzerren kann. [4]Die ergriffenen Maßnahmen werden im Vergabevermerk dokumentiert.

Schrifttum: *Behrens*, Zulassung zum Vergabewettbewerb bei vorausgegangener Beratung des Auftraggebers, NZBau 2006, 752; *Diringer*, Die Beteiligung sog. Projektanten am Vergabeverfahren, VergabeR 2010, 361; *Gröning*, Spielräume für die Auftraggeber bei der Wertung von Angeboten, NZBau 2003, 86; *Horn*, Projektantenstatus im VOF-Verfahren?, NZBau 2005, 28; *Kupczyk*, Die Projektantenproblematik im Vergaberecht, NZBau 2010, 21; *Müller-Wrede/Lux*, Die Behandlung von Projektanten im Vergabeverfahren, ZfBR 2006, 327; *Opitz*, Das Fabricom-Urteil des EuGH: Zur Verfälschung des Vergabe-Wettbewerbs bei Projektantenbeteiligung, ZWeR 2005, 440; *Otting*, Eignungs- und Zuschlagskriterien, im neuen Vergaberecht, VergabeR 2016, 316; *Willenbruch*, Eignungskriterien: Neue Rechtsprechung zu Möglichkeiten und Grenzen in rechtlicher und praktischer Hinsicht, VergabeR 2015, 322.

Übersicht

	Rn.		Rn.
I. Allgemeines	1	2. Entstehungsgeschichte	2
1. Normzweck	1	3. Gemeinschaftsrechtliche Grundlagen	3

---

[149] VGH Bayern Beschl. v. 22.5.2017 – 4 ZB 16.577, NZBau 2017, 692; Kapellmann/Messerschmidt/*Stickler* § 5 Rn. 39; sowie allgemein in diesem Zusammenhang auch *Troidl* NVwZ 2015, 549 ff.

[150] Vgl. Kapellmann/Messerschmidt/*Stickler* § 5 Rn. 38; aA dagegen LG Hannover Urt. v. 17.4.1997 – 21 O 38/97 (Kart), EuZW 1997, 638 (640).

		Rn.			Rn.
4.	Vergleichbare Regelungen	10	1.	Verbot regionaler Beschränkungen (Abs. 3 Nr. 1)	54
II.	**Eignung und Nichtvorliegen von Ausschlussgründen (Abs. 1)**	18	2.	Gleichbehandlung von Bewerber- und Bietergemeinschaften mit Einzelbewerbern und -bietern (Abs. 3 Nr. 2)	55
III.	**Eignungskategorien (Abs. 2)**	24			
1.	Befähigung und Erlaubnis zur Berufsausübung (Abs. 2 S. 2 Nr. 1)	30	3.	Bestimmten Auftragnehmern vorbehaltene Aufträge (Abs. 3 Nr. 3)	62
2.	Wirtschaftliche und finanzielle Leistungsfähigkeit (Abs. 2 S. 2 Nr. 2)	31	4.	Projektantenproblematik (Abs. 3 Nr. 4)	63
3.	Technische und berufliche Leistungsfähigkeit (Abs. 2 S. 2 Nr. 3)	36		a) Vorbefassung eines Unternehmens	65
				b) Wettbewerbsvorteil des Projektanten	73
4.	Verbindung zum Auftragsgegenstand und Angemessenheit (Abs. 2 S. 3)	45		c) Maßnahmen zum Ausgleich des Wettbewerbsvorteils	76
IV.	**Zulässige und unzulässige Wettbewerbsbeschränkungen; Maßnahmen zur Vermeidung von Wettbewerbsverzerrungen (Abs. 3)**	53		d) Ausschluss des Projektanten vom Wettbewerb als ultima ratio	82
				e) Dokumentationspflicht	87
			V.	**Drittschützende Wirkung**	88

I. Allgemeines

1   **1. Normzweck.** Die Vorschrift des § 6 EU legt fest, wer **Teilnehmer an einem Vergabeverfahren** sein kann. **Grundvoraussetzung** für die Teilnahme am Wettbewerb ist nach Abs. 1 die **Eignung** der Bewerber bzw. Bieter sowie das **Nichtvorliegen von Ausschlussgründen** nach § 6e EU. Abs. 2 konkretisiert den Begriff der Eignung durch die Benennung von **drei Eignungskategorien,** innerhalb dessen Grenzen der Auftraggeber im Einzelfall konkrete Eignungskriterien festlegen kann. In Abs. 3 werden **verschiedene Fälle von zulässigen bzw. unzulässigen Wettbewerbseinschränkungen bzw. Maßnahmen zur Vermeidung von Wettbewerbsverzerrungen** geregelt. Flankiert wird § 6 EU durch die Bestimmung des § 6a, die regelt, welche Arten von Eignungsnachweisen verlangt werden können sowie durch die Norm des § 16b EU, die die Eignungsprüfung näher ausgestaltet, dh die Feststellung, ob die Bewerber bzw. Bieter die im konkreten Fall aufgestellten Eignungskriterien erfüllen.

2   **2. Entstehungsgeschichte.** Bei § 6 EU handelt es sich um die Nachfolgeregelung des **§ 6 EG VOB/A 2012,** dessen wesentliche Bestimmungen auf die §§ 6–6e verteilt wurden. In § 6 EG VOB/A 2012 noch nicht enthalten war eine § 6f entsprechende Regelung zur Selbstreinigung.

3   **3. Gemeinschaftsrechtliche Grundlagen.** Gemäß **Art. 56 Abs. 1 UAbs. 1 lit. b RL 2014/24/EU** sind die öffentlichen Auftraggeber verpflichtet zu prüfen, ob die Bewerber und Bieter die vom öffentlichen Auftraggeber gem. Art. 58 RL 2014/24/EU genannten Eignungskriterien erfüllen und nicht gem. Art. 57 RL 2014/24/EU ausgeschlossen werden müssen. Diese Vorgabe findet sich in **Abs. 1** wieder.

4   Die Vorgabe des **Art. 58 Abs. 1 S. 1 RL 2014/24/EU,** dass die Eignungskriterien die Befähigung zur Berufsausübung, die wirtschaftliche und finanzielle Leistungsfähigkeit und die technische und berufliche Leistungsfähigkeit betreffen können, wurde mit **Abs. 2 S. 1 und 2** umgesetzt. **Art 58 Abs. 1 S. 4 RL 2014/24/EU** bestimmt, dass alle Anforderungen mit dem Auftragsgegenstand in Verbindung und mit diesem in einem angemessenen Verhältnis stehen müssen und entspricht damit **Abs. 2 S. 3.**

5   Das Verbot der Beschränkung des Wettbewerbs auf bestimmte Orte und Regionen **(Abs. 3 Nr. 1)** hat hingegen keine europarechtliche Grundlage; hier stehen insoweit lediglich der allgemeine Gleichbehandlungsgrundsatz bzw. das Diskriminierungsverbot zur Verfügung.

6   In **Art 19 Abs. 2 S. 1 RL 2014/24/EU** wurde festgelegt, dass Gruppen von Wirtschaftsteilnehmern am Vergabeverfahren teilnehmen können. Diese Vorgabe wird für den Bereich der Bauvergabe durch die Bestimmung des **Abs. 3 Nr. 2 S. 1** umgesetzt, die ein Gebot der Gleichbehandlung von Einzelbewerbern und -bietern sowie Bewerber- und Bietergemeinschaften statuiert. Das in **Art. 19 Abs. 2 S. 2 RL 2014/24/EU** geregelte Verbot, von diesen Gruppen für den Teilnahmeantrag oder die Angebotsabgabe eine bestimmte Rechtsform zu verlangen, setzt **§ 6 EU Abs. 3 Nr. 2 S. 2** – wenn auch mit sprachlichen Abweichungen – inhaltlich um. § 6 EU Abs. 3 Nr. 2 S. 2 bestimmt – umgekehrt – unter welchen Voraussetzungen eine bestimmte Rechtsform verlangt werden kann, nämlich wenn (1.) der Bieter beauftragt wird und (2.) dies für die ordnungsgemäße Durchführung des Auftrags notwendig ist.

I. Allgemeines 7–16 § 6 EU VOB/A

Abs. 3 Nr. 3 enthält lediglich einen Verweis auf die Regelung des § 118 GWB (Aufträge, die 7 Werkstätten für Behinderten vorbehalten sind), welcher an Art. 20 Abs. 1 Hs. 1 RL 2014/24/EU anknüpft.

Die Vorschrift des **Abs. 3 Nr. 4** regelt die Frage, wie mit der Situation umzugehen ist, dass 8 sich ein Bewerber oder Bieter an dem Vergabeverfahren beteiligen möchten, obgleich dieser oder ein mit ihm verbundenes Unternehmen den Auftraggeber **im Vorfeld des Vergabeverfahrens beraten oder unterstützt** hat (sog. Projektantenproblematik) und dient der Umsetzung des Art. 41 RL 2014/24/EU. Die in Art. 41 Abs. 2 RL 2014/24/EU geregelten Maßnahmen zur Verhinderung eines Wettbewerbsvorteils des Projektanten (Ausgleich von Informationsvorsprüngen und Bestimmung angemessener Angebotsfristen) wurden in Abs. 3 Nr. 4 nicht übernommen, sind jedoch von Literatur und Rechtsprechung als wirkungsvolle Ausgleichsmaßnahmen anerkannt (→ Rn. 76 ff.).

Mithin ist davon auszugehen, dass § 6 EU die zugrundeliegenden Vorgaben der RL 2014/24/ 9 EU für den Bereich der Vergabe von öffentlichen Bauaufträgen umsetzt.

4. Vergleichbare Regelungen. Die Regelung des Abs. 1 und 2 stimmt im Wesentlichen mit 10 den Vorgaben der **§ 42 Abs. 1 VgV, § 21 VSVgV, § 25 KonzVgV, § 46 SektVO** überein.

Eine mit Abs. 1 und 2 vergleichbare Struktur weist vor allem **§ 42 Abs. 1 VgV** auf. Hiernach 11 hängt die Eignung des Bewerbers oder Bieters von den in § 122 GWB festgelegten Eignungskriterien und dem Nichtvorliegen von Ausschlussgründen ab. Anders als § 6 EU Abs. 1 und 2 legt § 42 Abs. 1 VgV aber nicht nur fest, dass die Eignung und das Nichtvorliegen von Ausschlussgründen Voraussetzung einer Teilnahme am Wettbewerb ist, sondern regelt die Eignungsprüfung, die sich in Abschnitt 2 der VOB/A in § 16b wiederfindet.

§ 21 VSVgV ordnet an, dass Aufträge unter Wahrung der Eignungsanforderungen des § 122 12 GWB vergeben werden. § 23 VSVgV regelt den Ausschluss von Unternehmen bei Vorliegen zwingender Ausschlussgründe iSv §§ 123, 147 GWB und § 24 VSVgV ermöglicht den Auftraggebern einen Ausschluss im Falle von fakultativen Ausschlussgründen nach §§ 124, 147 GWB.

Gemäß **§ 23 Abs. 1 KonzVgV** legen Konzessionsgeber Eignungskriterien gem. § 122 GWB, 13 § 152 Abs. 2 GWB in der Konzessionsbekanntmachung oder – falls eine Bekanntmachung nicht erfolgen muss – in den Vergabeunterlagen fest. § 25 Abs. 2 KonzVgV enthält nähere Vorgaben zu den Eignungskriterien. Insbesondere dürfen sie nicht diskriminierend sein und müssen sicherstellen, dass der Konzessionsgeber zur Durchführung der Konzession in der Lage ist.

Allenfalls ansatzweise mit § 6 EU Abs. 1 und 2 vergleichbar ist **§ 46 SektVO**. Die SektVO 14 spricht zwar nicht von Eignungskriterien, enthält aber in § 46 SektVO die Vorgabe, dass die Auftraggeber die Unternehmen anhand von „objektiven und nichtdiskriminierenden Kriterien" auswählen, dh, es besteht ein wesentlich größerer Spielraum hinsichtlich der Bestimmung der bewerberbezogenen Anforderungen. Gemäß § 46 Abs. 2 S. 2 SektVO, § 142 Nr. 2 GWB haben öffentliche Sektorenauftraggeber iSd § 100 Abs. 1 Nr. 1 GWB dabei die zwingenden Ausschlussgründe gem. § 123 GWB zu beachten, sonstige Sektorenauftraggeber können nach § 46 Abs. 2 S. 2 SektVO, § 142 Nr. 2 GWB die zwingenden Ausschlussgründe gem. § 123 GWB berücksichtigen.

Der Grundsatz der Gleichbehandlung von Bewerber- und Bietergemeinschaften und Einzel- 15 bewerbern und -bietern **(Abs. 3 Nr. 2 S. 1)** findet sich in **§ 43 Abs. 2 S. 1 VgV, § 21 Abs. 5 S. 1 VSVgV, § 24 Abs. 2 S. 1 KonzVgV** sowie in **§ 50 Abs. 2 S. 1 SektVO** wieder. Abs. 3 Nr. 2 S. 2 enthält die Vorgabe, dass nur im Falle der Auftragserteilung und nur sofern dies für die ordnungsgemäße Durchführung des Auftrags notwendig ist, verlangt werden kann, dass die Bietergemeinschaft eine bestimmte Rechtsform annimmt. Daraus kann man im Umkehrschluss folgern, dass ansonsten nicht die Annahme einer bestimmten Rechtsform bestimmt werden kann.[1] Die Parallelvorschriften regeln nicht nur den in Abs. 3 Nr. 2 S. 1 genannten Ausnahmefall, sondern stellen ausdrücklich klar, dass im Übrigen nicht verlangt werden darf, dass Bietergemeinschaften eine bestimmte Rechtsform haben (vgl. § 43 Abs. 2 S. 3 und Abs. 3 VgV, § 21 Abs. 5 S. 2 und 3 VSVgV, § 24 Abs. 2 S. 2 und Abs. 3 KonzVgV, § 50 Abs. 2 S. 2 und Abs. 3 SektVO).

Die in **Abs. 3 Nr. 4** geregelte Projektantenproblematik wird auch in **§ 7 VgV, § 7 SektVO** 16 aufgegriffen. Die Vorgabe, dass der öffentliche Auftraggeber im Falle einer Vorbefassung Maßnahmen zur Sicherstellung des Wettbewerbs zu ergreifen hat, enthalten auch § 7 Abs. 1 VgV, § 7 Abs. 1 SektVO. Allerdings setzen § 7 Abs. 1 VgV, § 7 Abs. 1 SektVO die zugrundeliegende Richtlinienvorschrift detailgetreuer um und regeln – im Gegensatz zu Abs. 3 Nr. 4 – auch die im Gebote stehenden Ausgleichsmaßnahmen. Das Gebot, den vorbefassten Bieter vor einem möglichen Ausschluss anzuhören (Abs. 3 Nr. 4 S. 3) enthalten auch § 7 Abs. 3 VgV und § 7 Abs. 3 SektVO. Das Dokumentationserfordernis des Abs. 3 Nr. 4 S. 4 findet sich in § 7 VgV, § 7 SektVO nicht, kann dort jedoch aus allgemeinen Regelungen abgeleitet werden (vgl. § 8 Abs. 2 S. 2 Nr. 10 VgV, § 8 Abs. 2 Nr. 1

---

[1] *Maaser-Siemers* in Müller-Wrede VgV § 43 Rn. 15.

SektVO). Keine mit Abs. 3 Nr. 4 vergleichbaren Regelungen finden sich dagegen in der **KonzVgV** und in der **VSVgV**.

17 Das Verbot der Beschränkung des Wettbewerbs auf bestimmte Orte und Regionen (**Abs. 3 Nr. 1**) findet sich mangels EU-sekundärrechtlicher Grundlage in anderen Vergabeordnungen nicht wieder. In der Sache ergibt sich hieraus keine Änderung, da ein solches Verbot ohne Weiteres aus dem vergaberechtlichen Gleichbehandlungsgrundsatz hergeleitet werden kann (→ § 6 Rn. 6). Die in **Abs. 3 Nr. 3** enthaltene Bezugnahme auf § 118 GWB findet sich in den anderen Vergabeordnungen nicht. Da es sich bei Abs. 3 Nr. 3 nur um einen klarstellenden Verweis handelt und öffentliche Auftraggeber bei Auftragsvergaben oberhalb der EU-Schwellenwerte ohnehin von der Möglichkeit des § 118 GWB Gebrauch machen können, besteht in der Sache keine Abweichung.

II. Eignung und Nichtvorliegen von Ausschlussgründen (Abs. 1)

18 Dem Wortlaut des Abs. 1 zufolge dürfen öffentliche Aufträge nur an fachkundige und leistungsfähige (geeignete) Unternehmen vergeben werden, die nicht nach den § 6e EU ausgeschlossen worden sind.

19 **Abs. 1** formuliert zunächst den Grundsatz, dass Aufträge nur an geeignete Unternehmen vergeben werden. Öffentliche **Auftraggeber** sind mithin **verpflichtet, eine Eignungsprüfung durchzuführen**; die Auftragsvergabe an einen ungeeigneten Bieter wäre vergaberechtswidrig. Bei der Eignungsprüfung handelt es sich um eine **unternehmensbezogene Betrachtung**,[2] in dessen Rahmen eine Prognose darüber anzustellen ist,[3] ob ein Unternehmen nach seiner personellen, sachlichen und finanziellen Ausstattung zur Ausführung der konkret nachgefragten Leistung in der Lage sein wird.[4] Sie dient nicht der Ermittlung qualitativer Unterschiede zwischen den einzelnen Bewerbern,[5] dh es gibt **kein „Mehr" an Eignung**.[6]

20 Der Begriff der Eignung wird dabei in Abs. 1 nur noch auf die Begriffe der Fachkunde und Leistungsfähigkeit gestützt (→ Rn. 24 ff.), welche **durch die in Abs. 2 S. 2 aufgeführten drei Kategorien** (Befähigung und Erlaubnis zur Berufsausübung, wirtschaftliche und finanzielle Leistungsfähigkeit, technische und berufliche Leistungsfähigkeit) **ausgefüllt** werden,[7] die der RL 2014/24/EU entnommen sind (→ Rn. 25).

21 Gemäß Abs. 1 erfolgt die Vergabe öffentlicher Aufträge im Übrigen nur an solche Unternehmen, die **nicht nach § 6e EU vom Teilnahmewettbewerb oder Vergabeverfahren ausgeschlossen** worden sind. Mit diesem Verweis auf die zwingenden oder fakultativen Ausschlussgründe des § 6e EU Abs. 1–4 wird – entsprechend der Systematik der RL 2014/24/EU – sichergestellt, dass nur solche Unternehmen den Zuschlag erhalten, die Recht und Gesetz in der Vergangenheit eingehalten haben und bei denen gesetzestreues Verhalten auch in Zukunft zu erwarten ist. Vor diesem Hintergrund konnte auch der unbestimmte Rechtsbegriff der Zuverlässigkeit entfallen, unter den entsprechende Fälle vor Umsetzung der RL 2014/24/EU – für den Baubereich durch die VOB/A 2016 – subsummiert wurden.[8] Abgesehen von dem engen Ausnahmetatbestand des § 6e EU Abs. 5, zieht das Vorliegen von zwingenden Ausschlussgründen nach § 6e EU Abs. 1–4 einen Ausschluss der Unternehmen vom Vergabeverfahren nach sich, ohne dass dem Auftraggeber ein Entscheidungsspielraum verbleibt. Zwingende Ausschlussgründe liegen insbesondere vor, wenn Personen, deren Verhalten dem Unternehmen zuzurechnen ist, die in § 6e EU Abs. 1 aufgelisteten Straftaten begehen, zB Bestechlichkeit und Bestechung im geschäftlichen Verkehr gem. § 299 StGB. Liegt ein fakultativer Ausschlussgrund nach § 6e EU Abs. 6 vor, können Unternehmen aufgrund einer Ermessensentscheidung des öffentlichen Auftraggebers ausgeschlossen werden. Ein fakultativer Ausschlussgrund ist nach § 124 Abs. 1 Nr. 2 GWB zB gegeben, wenn das Unternehmen zahlungsunfähig ist und ein Insolvenzverfahren eröffnet wurde.

22 Nicht zum Ausdruck kommt in Abs. 1, dass ein Ausschluss trotz Vorliegens eines zwingenden Ausschlussgrundes gem. § 6e EU Abs. 1–4 oder eines fakultativen Ausschlussgrundes gem. § 6e EU

---

[2] OLG München Beschl. v. 1.7.2013 – Verg 8/13, BeckRS 2013, 11807; VK Bund Beschl. v. 15.5.2015 – VK 1-32/15, IBRRS 2015, 3224.
[3] VK Sachsen-Anhalt Beschl. v. 30.8.2017 – 3 VK LSA 63/17, ZfBR 2018, 306 (307); VK Berlin Beschl. v. 30.11.2018 – VK-B 2-25/18; BeckRS 2018, 31595 Rn. 27.
[4] OLG Düsseldorf Beschl. v. 23.5.2012 – VII-Verg 4/12, BeckRS 2012, 18207; VK Rheinland-Pfalz Beschl. v. 31.5.2016 – VK 2-7/16, BeckRS 2016, 118849 Rn. 70.
[5] BGH Urt. v. 15.4.2008 – X ZR 129/06, NZBau 2008, 505 (506); OLG Celle Beschl. v. 12.1.2012 – 13 Verg 9/11, NZBau 2012, 198 (199); *Gröning* NZBau 2003, 86 (90).
[6] BGH Urt. v. 15.4.2008 – X ZR 129/06, ZfBR 2008, 614 (616); VK Bund Beschl. v. 16.7.2013 – VK 3-47/13, ZfBR 2014, 98 (103).
[7] *Otting* VergabeR 2016; 316 (317); Beck VergabeR/*Opitz* GWB § 122 Rn. 15.
[8] Reidt/Stickler/Glahs/*Kadenbach* GWB § 122 Rn. 13.

Abs. 5 nicht erfolgt, wenn das Unternehmen dem öffentlichen Auftraggeber nachgewiesen hat, dass es gem. **§ 6f EU Selbstreinigungsmaßnahmen** ergriffen hat.

Die **Prüfung der Eignung** erfolgt in **zwei Schritten**. In einer ersten Stufe **(formelle Eig- 23 nungsprüfung)** ist zu prüfen, ob das Angebot wegen inhaltlicher oder formeller Mängel auszuschließen ist, wobei ua geprüft wird, ob das Angebot alle geforderte Eignungsnachweise enthält. Hat der Bieter die entsprechenden Nachweise nicht vorgelegt (und kommt nicht ausnahmsweise eine Nachforderung von Unterlagen nach § 16a EU Abs. 1 in Betracht), ist das Angebot bereits auf der ersten Stufe der Eignungsprüfung zwingend gem. § 16 EU auszuschließen. Gegenstand der zweiten Stufe **(materielle Eignungsprüfung)** ist, ob der Bieter für die Durchführung des Auftrags tatsächlich geeignet ist (§ 16b EU). Der Formulierung „ausgeschlossen worden sind" in Abs. 1, welche der Normgeber aus § 122 Abs. 1 GWB übernommen hat, lässt sich die grundsätzlich vorgegebene Reihenfolge der materiellen Eignungsprüfung entnehmen. In einem ersten Schritt ist das Vorliegen bzw. Nichtvorliegen der Ausschlussgründe zu prüfen, bevor der Auftraggeber dann in die eigentliche Eignungsprüfung eintritt.[9]

III. Eignungskategorien (Abs. 2)

Abs. 2 S. 1 legt fest, dass ein Unternehmen geeignet ist, dh iSd Abs. 1 fachkundig und leistungs- 24 fähig ist, wenn es die vom Auftraggeber zur ordnungsgemäßen Ausführung des Auftrags festgelegten Eignungskriterien erfüllt.

Die Vorschrift des Abs. 2 S. 2 übernimmt – wie § 122 Abs. 2 GWB – die Regelung in Art. 58 25 Abs. 1 RL 2014/24/EU und **bestimmt drei zugelassene Kategorien der Eignung**. Zu beachten ist, dass die Eignung nicht allgemein anhand dieser Kategorien zu prüfen ist, sondern aufgrund der vom öffentlichen Auftraggeber für den konkreten Auftrag **bestimmten Eignungsmerkmale,** welche sich jedoch im Rahmen dieser Kriterien halten müssen.[10]

Ob der öffentliche Auftraggeber bestimmte Eignungskriterien aufstellt und, wenn ja, welches 26 Anforderungsniveau er dabei für erforderlich hält, ist ihm grundsätzlich freigestellt.[11] Zu beachten ist allerdings, dass der öffentliche Auftraggeber zur Eignungsprüfung verpflichtet ist und hierfür einer Grundlage bedarf, an der es bei jeglichem Verzicht auf Eignungsanforderungen und -nachweisen fehlen kann (→ § 6a Rn. 12 ff.).

Die im Einzelfall festgelegten Eignungskriterien müssen sich aber nicht nur einer der in Abs. 2 27 S. 2 benannten drei Kategorien zuordnen lassen, sondern sie müssen zudem, wie die Wendung **„zur ordnungsgemäßen Ausführung"** zum Ausdruck bringt, notwendig sein, um die konkret zu vergebenden Bauleistungen nach Art, Umfang und Schwierigkeit ordnungsgemäß und einwandfrei ausführen zu können. Diese für die Auswahl und Bestimmung der Eignungskriterien zu beachtende Zweck-Mittel-Relation wird in S. 3 wiederholt und hervorgehoben („*…müssen mit dem Auftragsgegenstand in Verbindung … stehen*").[12] Nicht rechtfertigen ließe sich zB die Forderung der Vorlage einer Erlaubnis iSd § 1 AÜG, obgleich der zu schließende Vertrag keine Hinweise auf eine Arbeitnehmerüberlassung enthält.[13] An der Notwendigkeit zur ordnungsgemäßen Ausführung würde es auch mangeln, wenn beispielsweise der Nachweis der Einhaltung schweißtechnischer Qualitätsanforderungen nach der DIN EN 1090-1:2010-07 (vormals DIN 18800-7) gefordert würde, obwohl keine Schweißarbeiten durchzuführen sind.[14]

Bei Betrachtung des Abs. 2 S. 2 fällt auf, dass bei der Umschreibung der Eignung eine von 28 Abs. 1 abweichende Terminologie verwendet wird. Während Abs. 1 Merkmale nennt, die dem – in Abschnitt 1 der VOB/A nach wie vor verwendeten – traditionellen Eignungsbegriff der VOB entnommen sind, werden in Abs. 2 die in § 122 GWB genannten und auf Art. 58 Abs. 1 RL 2014/24/EU zurückgehenden Eignungskategorien Befähigung und Erlaubnis zur Berufsausübung, wirtschaftliche und finanzielle Leistungsfähigkeit sowie technische und berufliche Leistungsfähigkeit genannt. Manche sehen darin die Absicht der Verfasser der VOB den Text der RL 2014/24/EU unverändert zu übernehmen, den herkömmlichen Eignungsbegriff der VOB jedoch nicht ganz

---

[9] Zum Ablauf der gesamten (4-stufigen) Angebotsprüfung: BGH Urt. v. 15.4.2008 – X ZR 129/06, NZBau 2008, 505 (506); OLG Celle Beschl. v. 12.1.2012 – 13 Verg 9/11, NZBau 2012, 198 (199).
[10] Beck VergabeR/*Opitz* GWB § 122 Rn. 50 f.
[11] Vgl. Verordnungsbegründung zu § 42 VgV, BR-Drs. 87/16, 198.
[12] EuGH Urt. v. 18.10.2012 – C-218/11, ECLI:EU:C:2012:643 Rn. 32 = EuZW 2012, 954 ff.; OLG Düsseldorf Beschl. v. 20.7.2015 – Verg 4/18, ZfBR 2019, 189 (191).
[13] OLG Düsseldorf Beschl. v. 20.7.2015 – VII-Verg 37/15, NZBau 2015, 709 (710); HK-VergabeR/*Pape* Rn. 8.
[14] Beck VergabeR/*Opitz* GWB § 122 Rn. 90 (zum Merkmal der Verbindung zum Auftragsgegenstand iSv § 122 Abs. 4 S. 1 GWB).

aufzugeben.[15] Ein anderer Erklärungsansatz könnte sein, dass hiermit verdeutlicht werden sollte, dass die dem herkömmlichen Eignungsbegriff zuzuordnenden Eignungskategorien der Fachkunde und der Leistungsfähigkeit in den – mit der VOB/A 2016 eingeführten – Eignungskategorien Befähigung und Erlaubnis zur Berufsausübung, wirtschaftliche und finanzielle Leistungsfähigkeit sowie technische und berufliche Leistungsfähigkeit aufgegangen sind. Für die Rechtsanwendung im Bereich der Vergaben nach Abschnitt 2 der VOB/A ist jedenfalls ausschließlich auf die Kriterien des Abs. 2 S. 2 abzustellen. Inhaltlich ist hiermit auch keine wesentliche Änderung verbunden. Die meisten der unter die Begriffe **Fachkunde** und **Leistungsfähigkeit** subsumierten Umstände werden jedoch durch die Eignungskategorien Befähigung und Erlaubnis zur Berufsausübung, wirtschaftliche und finanzielle Leistungsfähigkeit sowie technische und berufliche Leistungsfähigkeit erfasst. Da sich die vom öffentlichen Auftraggeber aufgestellten Eignungskriterien strikt im Rahmen der durch § 6 EU Abs. 2 S. 2 Nr. 1–3 beschriebenen Eignungskategorien halten müssen, die durch § 6a EU weiter konkretisiert werden, ist für ungeschriebene Eignungskriterien, wie zB eine allgemeine Rechtstreue, im Übrigen kein Raum. Rechtsverstöße, welche nicht unter die Eignungskriterien iSd § 6 EU Abs. 2 S. 2 Nr. 1–3, § 6a EU subsumiert werden können, führen daher in der Regel nicht zum Angebotsausschluss. So scheidet etwa ein Ausschluss des Bieters wegen eines etwaigen Verstoßes gegen öffentlich-rechtliche Marktzutrittsregeln, wie § 107 GO NRW, im Anwendungsbereich der § 6 EU Abs. 2 S. 2 Nr. 1–3, § 6a EU aus (→ § 6 Rn. 51).[16]

29 Die Durchführung der **Eignungsprüfung** selbst, dh die Prüfung ob der Bewerber oder Bieter etwaige für das konkrete Vergabeverfahren aufgestellte Eignungskriterien erfüllt, richtet sich nach **§ 16b EU**. In diesem Rahmen prüft der Auftraggeber, ob das Unternehmen die durch den öffentlichen Auftraggeber im Einzelnen zur ordnungsgemäßen Ausführung des öffentlichen Auftrags festgelegten Kriterien erfüllt und keine Ausschlussgründe vorliegen (→ § 16b EU Rn. 2 ff.).

30 **1. Befähigung und Erlaubnis zur Berufsausübung (Abs. 2 S. 2 Nr. 1).** Der Regelung des § 6a EU Nr. 1 lässt sich entnehmen, dass die Befähigung und Erlaubnis zur Berufsausübung von den Bewerbern/Bietern anhand der Eintragungen in das Berufs- und Handelsregister oder die Handwerksrolle ihres Sitzes oder Wohnsitzes nachzuweisen ist. Das impliziert, dass es bei dem Kriterium der beruflichen Befähigung und Erlaubnis zur Berufsausübung darum geht, ob die jeweils einschlägigen **rechtlichen Voraussetzungen der Aufnahme und Fortführung der beruflichen bzw. unternehmerischen Betätigung** des Bewerbers oder Bieters gegeben sind. Es handelt sich um einen Aspekt, der nach dem tradierten Eignungsbegriff der VOB dem Kriterium der Leistungsfähigkeit zuzuordnen war, da angenommen wurde, dass die Leistungsfähigkeit ua dann fehlte, wenn der Tätigkeit des Bieters genehmigungsrechtliche Hindernisse entgegenstanden.[17] Welche Anforderungen sich aus dem Erfordernis der Befähigung und Erlaubnis zur Berufsausübung im Einzelnen ergeben, ist unter Berücksichtigung des § 6a EU Nr. 1 zu bestimmen (→ § 6a EU Rn. 9 ff.).

31 **2. Wirtschaftliche und finanzielle Leistungsfähigkeit (Abs. 2 S. 2 Nr. 2).** Ausweislich § 6a EU Nr. 2 bezweckt das Kriterium „**wirtschaftliche und finanzielle Leistungsfähigkeit**" die Klärung der Frage, ob die Bewerber oder Bieter über hinreichende wirtschaftliche und finanzielle Kapazitäten für die Ausführung des Auftrags verfügen.

32 Nach dem traditionellen Eignungsbegriff der VOB wurde die Eignung ua anhand des Topos „Leistungsfähigkeit" beurteilt. Die erforderliche Leistungsfähigkeit eines Unternehmens wurde angenommen, wenn es in technischer, kaufmännischer, personeller und finanzieller Hinsicht über die zur ordnungsgemäßen, dh fach- und fristgerechten Auftragsausführung notwendigen Mittel verfügt.[18] Das Kriterium der wirtschaftlichen und finanziellen Leistungsfähigkeit iSv Abs. 2 S. 2 Nr. 2 entspricht damit in etwa dem bislang unter dem Begriff Leistungsfähigkeit diskutierten Teilaspekt der „Leistungsfähigkeit in kaufmännischer und finanzieller Hinsicht".

33 Welche **materiellen Anforderungen** der öffentliche Auftraggeber an die wirtschaftliche und finanzielle Leistungsfähigkeit stellen darf, wird näher durch § 6a EU Nr. 2 geregelt. Nach der – nicht abschließenden –[19] Auflistung des § 6a EU Nr. 2 können Bankerklärungen, der Nachweis einer Berufshaftpflichtversicherung, Angaben über den Jahresumsatz bzw. Mindestjahresumsätze in dem auftragsgegenständlichen Tätigkeitsbereich gefordert werden. Ferner kann die Annahme der wirtschaftlichen und finanziellen Leistungsfähigkeit auf Informationen aus den Jahresabschlüssen,

---

[15] Ingenstau/Korbion/*Schranner* Rn. 3.
[16] Zu §§ 122 ff. GWB iVm § 42 VgV: OLG Düsseldorf Beschl. v. 14.10.2020 – VII-Verg 36/19, NZBau 2020, 732 Rn. 45.
[17] OLG Düsseldorf Beschl. v. 21.2.2005 – VII-Verg 91/04, NJOZ 2005, 2672 (2678); HK-VergabeR/*Fehling* § 2 Rn. 4.
[18] *Müller*-Wrede in Müller-Wrede Kompendium VergabeR Kap. 20 Rn. 22.
[19] Vgl. Verordnungsbegründung zu 45 VgV, BR-Drs. 87/16, 198.

etwa die Relation zwischen Vermögen und Verbindlichkeiten, sowie auf das Bestehen von Versicherungen gestützt werden (vgl. im Einzelnen → § 6a EU Rn. 13 ff.).

Vor allem die Möglichkeit des Abstellens auf die **Jahresabschlüsse** verdeutlicht die Zielrichtung des Kriteriums der wirtschaftlichen und finanziellen Leistungsfähigkeit. Nach § 264 Abs. 2 HGB soll der Jahresabschluss „unter Beachtung der Grundsätze ordnungsmäßiger Buchführung ein den tatsächlichen Verhältnissen entsprechendes Bild der Vermögens-, Finanz- und Ertragslage" vermitteln. Im Rahmen einer Bilanzanalyse wird regelmäßig zwischen zwei Erkenntniszielen unterschieden. Bei der sog. finanzwirtschaftlichen Bilanzanalyse steht die finanzielle Stabilität im Fokus, während es bei der erfolgswirtschaftlichen Bilanzanalyse um die Feststellung der Ertragskraft des Unternehmens geht. Personen, deren Beziehungen zu dem Unternehmen primär durch ein vertraglich geregeltes Schuldner-Gläubiger-Verhältnis gekennzeichnet sind, namentlich potenzielle Auftraggeber, sind primär an Informationen über die finanzielle Stabilität interessiert. Für diese Personengruppen gilt es, aufgrund der Jahresabschluss- und Lageberichtsinformationen das Risiko einzuschätzen, ob und inwieweit finanzielle Instabilitäten des Unternehmens die planmäßige Erfüllung seiner Leistungsverpflichtungen gegenüber den Adressaten beeinträchtigen könnten, dh, ob bzw. welches **Illiquiditätsrisiko** besteht.[20] 34

Die **finanzielle Leistungsfähigkeit** ist als Unterfall des Oberbegriffs der wirtschaftlichen Leistungsfähigkeit zu begreifen. Es handelt sich um ein einheitliches Eignungskriterium. Die Zuordnung eines Nachweises zur Kategorie „finanziell" oder wirtschaftlich ist daher entbehrlich und ließe sich zumeist auch nicht eindeutig vornehmen.[21] 35

3. Technische und berufliche Leistungsfähigkeit (Abs. 2 S. 2 Nr. 3). Wie in § 6a EU Nr. 3 näher beschrieben, kann der öffentliche Auftraggeber zum Nachweis der „**technischen und beruflichen Leistungsfähigkeit**" der Bewerber oder Bieter Angaben über Leistungen verlangen, die mit der auszuführenden Leistung vergleichbar sind (Referenzen), Angaben über technische Fachkräfte, eine Beschreibung der technischen Ausrüstung oder der Maßnahmen zur Qualitätssicherung, Bescheinigungen über die berufliche Befähigung der Führungskräfte des Unternehmens, Angaben über die Zahl der jahresdurchschnittlich Beschäftigten etc. 36

Die Auflistung lässt erkennen, dass unter die Begrifflichkeit der technischen und beruflichen Leistungsfähigkeit alle Anforderungen fallen, die sicherstellen, dass die Bewerber oder Bieter über ausreichende Erfahrungen sowie die erforderlichen Mittel verfügen, um den Auftrag in angemessener Qualität ausführen zu können. 37

Zum einen geht es darum, ob der Bewerber oder Bieter über die **notwendigen technischen Kenntnisse** verfügt, um die jeweils ausgeschriebene Leistung ordnungsgemäß erbringen zu können. Diesem Aspekt, der nach dem traditionellen Eignungsbegriff der VOB unter dem Topos „Fachkunde" diskutiert wurde,[22] dürften sich die unter § 6a EU Nr. 3 lit. a und e aufgelisteten Angaben zuordnen lassen. 38

Des Weiteren erfordert die Feststellung der technischen und beruflichen Leistungsfähigkeit, dass der Betrieb in technischer und personeller Hinsicht so ausgestattet ist, dass es die Gewähr für die ordnungsgemäße Erbringung der geforderten Bauleistungen bietet, mithin Aspekte die nach dem herkömmlichen Eignungsbegriff der VOB mit dem Begriff „Leistungsfähigkeit" umschrieben wurden.[23] 39

Der Ermittlung der **technischen Leistungsfähigkeit,** die insbesondere das Vorhandensein der für die Auftragsausführung erforderlichen Maschinen, Geräte und Werkzeuge voraussetzt und unter Umständen auch Untersuchungs- und Forschungsmöglichkeiten sowie die Ergreifung von Maßnahmen zur Qualitätssicherung erfordert, dienen die unter § 6a EU Nr. 3 lit. c, d, f und h genannten Eignungsnachweise. 40

Die **personelle Leistungsfähigkeit** erfordert, dass der Betrieb sowohl zahlenmäßig als auch hinsichtlich der Ausbildung über das erforderliche Personal verfügt, um die Leistung zu erbringen und kann anhand der unter § 6a EU Nr. 3 lit. b und g genannten Eignungsnachweise festgestellt werden. Da der Teilaspekt der **personelle Leistungsfähigkeit** eher an das Unternehmen und weniger an die handelnden Personen anknüpft, ist die Leistungsfähigkeit eines Unternehmens nicht 41

---

[20] *Schaffhauser-Linzatti*, Grundzüge des Rechnungswesens, 2. Aufl. 2016, 93 f.
[21] IdS Reidt/Stickler/Glahs/*Kadenbach* GWB § 122 Rn. 35.
[22] Zum Begriff der Fachkunde vgl. zB OLG Brandenburg Beschl. v. 15.3.2011 – Verg W 5/11, BeckRS 2011, 6544; VK Baden-Württemberg Beschl. v. 10.9.2009 – 1 VK 41/09, IBRRS 2010, 0129; VK Schleswig-Holstein Beschl. v. 27.1.2009 – VK-SH 19/08, BeckRS 2009, 5399 Rn. 31.
[23] Zum Begriff der Leistungsfähigkeit vgl. zB OLG Brandenburg Beschl. v. 15.3.2011 – Verg W 5/11, IBRRS 2011, 1156; VK Baden-Württemberg Beschl. v. 10.9.2009 – 1 VK 41/09, IBRRS 2010, 0129; VK Saarland Beschl. v. 12.1.2009 – 1 VK 07/2008, IBRRS 2009, 4448.

allein von den Personen, die an der Leistung mitwirken oder dafür verantwortlich sind, abhängig, sondern von der gesamten **Betriebsorganisation**.[24]

42 Der Umstand, dass sich ein Unternehmen **gleichzeitig an mehreren Ausschreibungen beteiligt**, lässt in der Regel keinen Schluss auf die mangelnde Leistungsfähigkeit des Unternehmens zu. Eine solche Schlussfolgerung muss sich entgegenhalten lassen, dass nicht jede Beteiligung an einer Ausschreibung zu einem Auftrag führt. Stellt sich allerdings im Laufe eines Vergabeverfahrens heraus, dass die personellen, technischen oder finanziellen Ressourcen eines Unternehmens durch eine oder mehrere andere Beauftragungen erschöpft sind, kann dies nachträglich die Eignung entfallen lassen, jedoch nur, sofern der Bieter nicht in der Lage ist, sich im Zeitraum zwischen Zuschlagserteilung und Ausführungsbeginn die notwendigen Ressourcen zu beschaffen.[25]

43 Welche **Anforderungen im Hinblick auf die technische und berufliche Leistungsfähigkeit** konkret gestellt werden dürfen, hängt nach § 6a EU Nr. 3 von **Art, Menge, Umfang oder Verwendungszweck der ausgeschriebenen Leistung** ab. Von Bedeutung ist insbesondere die **Komplexität** der verfahrensgegenständlichen Leistung.[26] So soll zB für besonders gefahrenträchtige Tätigkeiten, wie die Kampfmittelbeseitigung, ein hohes Maß an Erfahrung gefordert werden können.[27]

44 Mittels welcher **Nachweise** die technische und berufliche Leistungsfähigkeit belegt werden kann, erläutert § 6a EU Nr. 3. Auch wenn dies im Wortlaut von § 6a EU Nr. 3 weniger deutlich wird, als in § 45 Abs. 4 VgV, handelt es sich – im Gegensatz zur Darstellung der Belege für die wirtschaftliche und finanzielle Leistungsfähigkeit in § 6a EU Nr. 2 – um eine abschließende Auflistung von Nachweisen, auf die der öffentliche Auftraggeber zurückgreifen kann (→ § 6a EU Rn. 27 ff.).[28]

45 **4. Verbindung zum Auftragsgegenstand und Angemessenheit (Abs. 2 S. 3).** Die vom öffentlichen Auftraggeber im Einzelfall bestimmten Eignungsmerkmale müssen sich nicht nur im Rahmen der durch Abs. 2 S. 2 Nr. 1–3 vorgegebenen Eignungskategorien halten, sondern sie müssen gem. Abs. 2 S. 3 mit dem Auftragsgegenstand in Verbindung und zu diesem in einem angemessenen Verhältnis stehen.

46 Eine **Verbindung zum Auftragsgegenstand** ist gegeben, wenn die Kriterien eine Rechtfertigung im Auftragsgegenstand finden.[29] Damit deckt sich dieses Kriterium inhaltlich mit der in Abs. 2 S. 2 enthaltenen Anforderung, dass die Kriterien „zur ordnungsgemäßen Ausführung des Auftrags" festgelegt worden sein müssen (→ Rn. 27).

47 Da es sich bei der Anforderung des Abs. 2 S. 3 um eine Konkretisierung des in § 97 Abs. 1 S. 2 GWB, § 2 EU Abs. 1 S. 2 enthaltenen Verhältnismäßigkeitsgrundsatzes handelt,[30] muss jedes Eignungskriterium zunächst **geeignet** und **erforderlich** sein, um die Erfüllung der vertraglichen Verpflichtungen sicherzustellen.[31] Die in Abs. 2 S. 3 hervorgehobene **Angemessenheit** ist eine weitere Voraussetzung des Verhältnismäßigkeitsgrundsatzes und erfordert, dass das für die Erreichung des angestrebten Ziels mildeste Mittel eingesetzt wird.[32] Abzuwägen sind dabei die berechtigten Interessen der Vergabestelle an den geforderten Nachweisen[33] gegenüber den Konsequenzen für die Bewerber oder Bieter, namentlich die wettbewerbsbegrenzende Wirkung[34] und den Aufwand der Nachweisbeschaffung.[35]

---

[24] IdS OLG Düsseldorf Beschl. v. 20.11.2001 – Verg 33/01, BeckRS 2013, 12918; *Seeger* in Müller-Wrede UVgO § 46 Rn. 16.

[25] VK Niedersachsen Beschl. v. 8.5.2006 – VgK 07/2006, BeckRS 2006, 135182 Rn. 65; ebenso Beck VergabeR/*Opitz* GWB § 122 Rn. 84, der darüber hinaus die Vorgabe einer maximal möglichen Auslastung in Gestalt einer Obergrenze von Aufträgen, die von einem Bieter gleichzeitig ausgeführt werden dürfen, für unzulässig hält.

[26] Ziekow/Völlink/*Ziekow* GWB § 122 Rn. 24; Voppel/Osenbrück/Bubert/*Voppel* VgV § 46 Rn. 11.

[27] IdS OLG Düsseldorf Beschl. v. 2.1.2006 – VII-Verg 93/05, BeckRS 2006, 2917.

[28] Beck VergabeR/*Mager* Rn. 27; vgl. auch Verordnungsbegründung zu der Parallelvorschrift des 46 VgV, BR-Drs. 87/16, 199.

[29] IdS OLG Düsseldorf Beschl. v. 20.7.2015 – VII-Verg 37/15, NZBau 2015, 709 (710); VK Bund Beschl. v. 10.9.2014 – VK 1-66/14, BeckRS 2015, 7548.

[30] *Gnittke/Hattig* in Müller-Wrede GWB § 122 Rn. 87 (zum gleichlautenden § 122 Abs. 4 S. 1 GWB); Beck VergabeR/*Opitz* GWB § 122 Rn. 91.

[31] OLG Düsseldorf Beschl. v. 21.12.2011 – VII-Verg 74/11, NZBau 2012, 321 (322); OLG Düsseldorf Beschl. v. 27.6.2018 – Verg 4/18, ZfBR 2019, 189 (191); *Willenbruch* VergabeR 2015, 322 (323).

[32] VK Nordbayern Beschl. v. 27.9.2016 – 21.VK-3194-34/16, BeckRS 2016, 128179 Rn. 76; *Willenbruch* VergabeR 2015, 322 (323).

[33] OLG Koblenz Beschl. v. 13.6.2012 – 1 Verg 2/12, NZBau 2012, 724 (725); *Gnittke/Hattig* in Müller-Wrede GWB § 122 Rn. 89.

[34] OLG Koblenz Beschl. v. 13.6.2012 – 1 Verg 2/12, NZBau 2012, 724 (725).

[35] Beck VergabeR/*Mager* Rn. 16.

IV. Zulässige und unzulässige Wettbewerbsbeschränkungen   48–56 § 6 EU VOB/A

Wie weitreichend die konkreten Anforderungen an die Eignung sein dürfen, hängt dabei maß- 48
geblich von den **Eigenarten des Auftrags** ab, wie sich aus der Gesetzesbegründung zu § 122 Abs. 4
S. 1 GWB ergibt:
„So werden in der Regel die Eignungsvorgaben an den Lieferanten bei der Beschaffung marktüblicher Waren deutlich geringer ausfallen können als die Eignungsvorgaben an einen Bauunternehmer, der mit der Realisierung eines komplexen Bauvorhabens betraut werden soll."[36]

Die Erklärung über das **Vorliegen eines Meisterbriefes,** soll beispielsweise nur im Ausnahme- 49
fall gerechtfertigt sein.[37]

Da auf der Ebene der Angebotswertung prinzipiell keine Beurteilung der wirtschaftlichen und 50
finanzielle Leistungsfähigkeit oder der technische und berufliche Leistungsfähigkeit mehr erfolgen darf, empfiehlt es sich aus Sicht des Auftraggebers, das **Eignungsniveau** nicht zu **niedrig anzusetzen.**[38] Andererseits dürfen die Eignungsanforderungen nicht derart hoch sein, dass der Bewerberoder Bieterkreis übermäßig eingeengt wird.[39]

Bei der Bestimmung dessen, was durch den Auftragsgegenstand gerechtfertigt und ihm angemes- 51
sen ist, ist dem Auftraggeber ein **Entscheidungsspielraum** zuzuerkennen, der einer lediglich **eingeschränkten Nachprüfung** der Nachprüfungsinstanzen auf Einhaltung der Grenzen des Beurteilungsspielraums unterliegt, insbesondere darauf, ob von einem zutreffend und vollständig ermittelten Sachverhalt ausgegangen worden ist und allgemeine Wertungsgrundsätze beachtet worden sowie keine sachwidrigen Erwägungen in die Wertung eingeflossen sind.[40]

Ein anderer Prüfungsmaßstab gilt nach Auffassung des OLG Düsseldorf indes für die **Forderung** 52
von Eignungsnachweisen. Bei diesen sollen Zumutbarkeit und Rechtfertigung durch den Auftragsgegenstand der **uneingeschränkten Rechtskontrolle** durch die Vergabenachprüfungsinstanzen unterliegen.[41]

IV. Zulässige und unzulässige Wettbewerbsbeschränkungen; Maßnahmen zur Vermeidung von Wettbewerbsverzerrungen (Abs. 3)

Abs. 1 und 2 benennen die Grundvoraussetzung für eine Wettbewerbsteilnahme, nämlich die 53
Eignung und das Nichtvorliegen von Ausschlussgründen. Ergänzt werden diese Vorgaben durch die Vorschrift des Abs. 3, welche zulässige Wettbewerbseinschränkungen (Behindertenwerkstätten und Integrationseinrichtungen vorbehaltene Aufträge) bzw. unzulässige Wettbewerbsbegrenzungen (Verbot regionaler Beschränkungen, Verbot der Ungleichbehandlung von Bewerber- und Bietergemeinschaften sowie Einzelbewerbern und -bietern) bzw. Maßnahmen zur Vermeidung von Wettbewerbsverzerrungen (bei einer Wettbewerbsteilnahme von Projektanten) regelt.

1. Verbot regionaler Beschränkungen (Abs. 3 Nr. 1). Abs. 3 Nr. 1 bringt zum Ausdruck, 54
dass Wettbewerb nicht auf Unternehmen beschränkt werden darf, die in bestimmten Regionen oder Orten ansässig sind. Die Regelung stimmt wörtlich mit **§ 6 Abs. 1** überein, sodass vollumfänglich auf die Erläuterung des § 6 Abs. 1 verwiesen wird (→ § 6 Rn. 6 ff.).

2. Gleichbehandlung von Bewerber- und Bietergemeinschaften mit Einzelbewerbern 55
und -bietern (Abs. 3 Nr. 2). Abs. 3 S. 2 statuiert den Grundsatz der Gleichbehandlung von Bewerber- und Bietergemeinschaften sowie Einzelbewerbern- und Bietern und **deckt sich somit mit § 6 Abs. 2,** sodass auf die Kommentierung dieser Regelung Bezug genommen werden kann (→ § 6 Rn. 10 ff.). Zwar betrifft Abs. 3 Nr. 2 S. 1 Bewerber- und Bietergemeinschaften, während in § 6 Abs. 2 ausdrücklich nur von Bietergemeinschaften die Rede ist. Da aber auch § 6 Abs. 2 – trotz des insoweit nicht ganz eindeutigen Wortlauts – auf den Teilnahmewettbewerb anwendbar ist (→ § 6 Rn. 12), handelt es sich bei der Formulierung „Bewerber- und Bietergemeinschaften" in Abs. 3 Nr. 2 S. 1 lediglich um eine Klarstellung.

Die Einschränkung „wenn sie die Arbeiten im eigenen Betrieb oder in den Betrieben der 56
Mitglieder ausführen" in § 6 Abs. 2 ist als Hinweis auf das Selbstausführungsgebot zu sehen (→ § 6

---

[36] Vgl. Gesetzesbegründung VergRModG, BT-Drs. 18/6281, 101.
[37] OLG Düsseldorf Beschl. v. 21.12.2011 – VII-Verg 74/11, NZBau 2012, 321 (322 f.).
[38] VK Bund Beschl. v. 30.1.2002 – VK 1-01/02, IBRRS 2013, 3044.
[39] Beck VergabeR/*Opitz* GWB § 122 Rn. 98.
[40] OLG Düsseldorf Beschl. v. 21.12.2011 – VII-Verg 74/11, NZBau 2012, 321 (322); OLG Düsseldorf Beschl. v. 27.6.2018 – Verg 4/18, ZfBR 2019, 189 (191); OLG Koblenz Beschl. v. 13.6.2012 – 1 Verg 2/12, NZBau 2012, 724 (725); BKartA Beschl. v. 30.3.2006 – VK 1-13/06, BeckRS 2006, 136074 Rn. 39; VK Niedersachsen Beschl. v. 2.5.2019 – VgK-09/2019, BeckRS 2019, 25909 Rn. 57, 63.
[41] OLG Düsseldorf Beschl. v. 25.6.2014 – VII-Verg 38/13, BeckRS 2014, 15908 Rn. 19; OLG Düsseldorf Beschl. v. 27.6.2018 – Verg 4/18, ZfBR 2019, 189 (191).

Rn. 45), welches bei Vergaben nach Abschnitt 2 der VOB/A grundsätzlich nicht gilt (→ § 6 Rn. 55) und daher iRv Abs. 3 Nr. 2 keine Rolle spielt.

57 Abweichend von § 6 Abs. 2 enthält **Abs. 3 Nr. 2 S. 2** die Feststellung, dass **die Annahme einer bestimmten Rechtsform** nur dann verlangt werden kann, wenn dem Bieter der Auftrag erteilt wird und dies für die ordnungsgemäße Durchführung des Auftrags erforderlich ist. Dieser Klarstellung bedurfte es in Anbetracht der Vorschrift des Art. 19 Abs. 2 S. 2 RL 2014/24/EU, die verbietet, von Bewerber- und Bietergemeinschaften für die Abgabe des Teilnahmeantrags oder des Angebots die Annahme einer bestimmten Rechtsform zu verlangen (→ Rn. 6). Abs. 3 Nr. 2 S. 2 übernimmt dieses Verbot zwar nicht explizit, sondern regelt stattdessen positiv, unter welchen Voraussetzungen ausnahmsweise verlangt werden kann, dass Bewerber- und Bietergemeinschaften eine bestimmte Rechtsform einnehmen. Da hieraus jedoch im Umkehrschluss gefolgert werden kann, dass die Vorgabe einer bestimmten Rechtsform für Bewerber- und Bietergemeinschaften grundsätzlich nicht verlangt werden darf, kann in der Regelung des Abs. 3 Nr. 2 S. 2 eine Umsetzung von Art. 19 Ab. 2 S. 2 RL 2014/24/EU gesehen werden.[42]

58 Wenn der öffentliche Auftraggeber nach Abs. 3 Nr. 2 S. 2 prinzipiell keine bestimmte Rechtsform für Bewerber- und Bietergemeinschaften vorschreiben darf, so bedeutet dies für die Bewerber und Bieter, dass sie im Falle der Bildung einer Bewerber- oder Bietergemeinschaft eine **Wahlfreiheit hinsichtlich der Rechtsform** haben.[43]

59 Angesicht dessen, dass die Bieter die notwendigen Sicherheiten für die Erfüllung der vertraglichen Verpflichtungen bieten müssen (16b EU Abs. 1 S. 1) dürfte ein anerkennenswertes Interesse des öffentlichen Auftraggebers bestehen, dass eine **Rechtsform** gewählt wird, **die eine hinreichende Gewähr dafür bietet, dass sich die Bieter nicht ihrer Haftung entziehen können.** Dementsprechend sehen zB die Musterformulare aus dem Vergabehandbuch des Bundes (VHB Bund) oder dem Handbuch für die Vergabe und Ausführung von Bauleistungen im Straßen- und Brückenbau (HVA B-StB) eine Erklärung vor, nach der die Mitglieder der Bietergemeinschaft im Falle der Auftragserteilung gesamtschuldnerisch haften.[44]

60 Schließen sich mehrere Personen zum Zwecke der Einreichung eines Teilnahmeantrags oder der Angebotslegung zusammen, so stellt dieser Zusammenschluss in der Regel eine Gesellschaft bürgerlichen Rechts **(GbR)** iSv §§ 705 ff. BGB dar.[45] Da die GbR teilrechtsfähig ist[46] und die Gesellschafter gesamtschuldnerisch haften,[47] ist den Bedürfnissen des Auftraggebers damit in der Regel Genüge getan.[48] **Weitergehende Anforderungen** an die Rechtsform sind nur in **Ausnahmefällen** gerechtfertigt. Wird zB ein **Public-Private-Partnership-Modell** ausgeschrieben, das neben der Errichtung eines Objektes auch den Grundstücksankauf, die Planung, die Finanzierung und spätere Vermietung des Objektes umfasst, so kann uU die Gründung einer Projektgesellschaft vorgegeben werden.[49]

61 Verlangen dürften öffentliche Auftraggeber gem. § 13 EU Abs. 5 dagegen ohne Weiteres eine **Benennung der Mitglieder der Bietergemeinschaft** sowie des **bevollmächtigten Vertreters** für den Abschluss und die Durchführung des Vertrages.

62 **3. Bestimmten Auftragnehmern vorbehaltene Aufträge (Abs. 3 Nr. 3).** Der öffentliche Auftraggeber kann die Teilnahme am Vergabewettbewerb nach Maßgabe von § 118 GWB beschränken. Hiernach können öffentliche Auftraggeber das Recht zur Teilnahme an Vergabeverfahren **Werkstätten für Menschen mit Behinderungen** und Unternehmen vorbehalten, deren Hauptzweck die soziale und berufliche Integration von Menschen mit Behinderungen oder von benachteiligten Personen ist (sog. **Integrationsbetriebe**) oder festlegen, dass öffentliche Aufträge

---

[42] *Maaser-Siemers* in Müller-Wrede VgV § 43 Rn. 15.
[43] Ziekow/Völlink/*Goede/Hänsel/Goldbrunner* VgV § 43 Rn. 5.
[44] „Vergabe- und Vertragshandbuch für die Baumaßnahmen des Bundes" (VHB 2017) Stand 2019, Teil 2, Formblatt 234 Erklärung Bieter-/Arbeitsgemeinschaft sowie „Handbuch für die Vergabe und Ausführung von Bauleistungen im Straßen- und Brückenbau (HVA B-StB)", Ausgabe August 2019, Vordrucke Teil 1, Vordruck 153 Erklärung Bewerbergemeinschaft.
[45] BGH Beschl. v. 21.1.2009 – Xa ARZ 273/08, BeckRS 2009, 5200; OLG Celle Beschl. v. 5.9.2007 – 13 Verg 9/07, ZfBR 2007, 830 (833); OLG Koblenz Beschl. v. 8.2.2011 – Verg 5/00, NZBau 2001, 452 (453).
[46] BGH Urt. v. 29.1.2001 – II ZR 331/00, NJW 2001, 1056; BGH Urt v. 25.1.2008 – V ZR 63/07, NJW 2008, 1378 (1379); MüKoBGB/*Schäfer* BGB § 705 Rn. 310.
[47] BGH Urt v. 25.9.2006 – II ZR 218/05, NJW 2006, 3716 Rn. 14, 19; BGH Urt. v. 3.4.2006 – II ZR 40/05, NJW-RR 2006, 1268 Rn. 10, 14 f.; MüKoBGB/*Schäfer* BGB § 705 Rn. 107.
[48] Ziekow/Völlink/*Goede/Hänsel/Goldbrunner* VgV § 43 Rn. 6.
[49] OLG Frankfurt a. M. Beschl. v. 12.7.2016 – 11 Verg 9/16, NZBau 2016, 705 (707 ff.); vgl. auch den Sachverhalt zu OLG Düsseldorf Beschl. v. 14.10.2020 – Verg 36/19, NZBau 2020, 732.

im Rahmen von Programmen mit **geschützten Beschäftigungsverhältnissen** durchzuführen sind (vgl. dazu die eingehende Kommentierung von § 118 GWB → GWB § 118 Rn. 3 ff.).

4. Projektantenproblematik (Abs. 3 Nr. 4). Die Vorschrift des Abs. 3 Nr. 4 widmet sich 63 der Frage, wie mit der Situation umzugehen ist, dass sich ein Bewerber oder Bieter an dem Vergabeverfahren beteiligen möchte, obgleich dieser oder ein mit ihm verbundenes Unternehmen den Auftraggeber **im Vorfeld des Vergabeverfahrens beraten oder unterstützt** hat (sog. Projektantenproblematik) und dient der Umsetzung des Art. 41 RL 2014/24/EU.

Eine vergleichbare Regelung wurde in Übereinstimmung mit der damaligen Rechtsprechung 64 des EuGH[50] durch das Gesetz zur Beschleunigung der Umsetzung von Öffentlich Privaten Partnerschaften und zur Verbesserung gesetzlicher Rahmenbedingungen für Öffentlich Private Partnerschaften (ÖPP-Beschleunigungsgesetz) vom 1.9.2005 (BGBl. 2005 I 2676) erstmals mit § 6 Abs. 3 VgV aF iVm § 4 Abs. 5 VgV aF geschaffen. Mit der VOB 2006 wurde die Regelung in § 8a Nr. 9 aufgenommen und fand sich seit der VOB 2012 für Bauleistungen in § 6 EG Abs. 7 wieder. Mit der VOB 2016 wurde die Projektantenproblematik sodann in Umsetzung von Art. 41 RL 2014/24/EU **in § 6 EU Abs. 3 Nr. 4** geregelt.

a) Vorbefassung eines Unternehmens. Die Regelung betrifft Bewerber und Bieter oder mit 65 diesen in Verbindung stehende Unternehmen, die den Auftraggeber vor Einleitung des Vergabeverfahrens beraten oder unterstützt haben (sog. vorbefasste Bieter oder Projektanten).

aa) Vorbefassung in persönlicher Hinsicht. Anwendbar ist die Regelung des Abs. 3 Nr. 4 66 zunächst auf alle Bewerber und Bieter im aktuellen Vergabeverfahren, die selbst in die Vorbereitung des Vergabeverfahren einbezogen waren **(unmittelbarer Projektant).**

Als vorbefasst gelten nach Abs. 3 Nr. 4 solche Bewerber oder Bieter, die mit einem Unterneh- 67 men in Verbindung stehen, welches in die Vorbereitung des Vergabeverfahren eingebunden war **(mittelbare Projektanten).** Der Grund für die Einbeziehung mittelbarer Projektanten dürfte darin gelegen haben, Umgehungen der Vorschrift durch Einschaltung Dritter vorzubeugen.[51] Aufgrund der inhaltlichen Weite bedarf dieses Tatbestandsmerkmal der Konkretisierung. In der Sache geht es darum, die Fälle zu erfassen, in denen trotz der Personenverschiedenheit zwischen dem Projektanten und dem Bewerber bzw. Bieter des konkreten Vergabeverfahrens ein Rückgriff auf die im Vorfeld gewonnenen Informationen möglich ist. Das dürfte insbesondere bei einer **gesellschaftsrechtlichen Verbundenheit** zwischen Projektant und Bewerber bzw. Bieter iSv. §§ 17, 18 AktG der Fall sein, weil in diesen Fällen eine Wissenszurechnung aufgrund der wirtschaftlichen Einheit des Konzernverbundes entsprechend § 36 Abs. 2 S. 1 GWB erfolgen kann.[52] Daneben kommen alle personellen Verpflechtungen in Betracht, welche Zugriff auf fremdes Wissen ermöglichen und somit geeignet sind, Wettbewerbsvorteile zu verschaffen. Das kann der Fall sein, wenn Projektant und Bieter **dieselben geschäftsführenden Organe** haben[53] bzw. wenn Personenidentität zwischen dem Geschäftsführer des Projektanten und dem Geschäftsführer eines Bietergemeinschaftsmitglieds besteht.[54] Auch wenn **Wissensträger des vorbefassten Unternehmens in das Unternehmen des Bewerbers oder Bieters eintreten** oder als freie Mitarbeiter tätig werden, kann dies eine Projektantenstellung begründen.[55] Allerdings rechtfertigt nicht jede Verbindung zwischen Projektant und Bewerber oder Bieter die Annahme einer Wettbewerbsverzerrung. Maßgeblich ist stets, ob ein Rückgriff auf die im Vorfeld gewonnenen Informationen möglich ist.

bb) Vorbefassung in sachlicher Hinsicht. (1) Beratung oder sonstige Beteiligung an 68 **der Vorbereitung des Vergabeverfahrens.** In sachlicher Hinsicht bedarf es einer Beratung des Auftraggebers oder sonstigen Beteiligung an der Vorbereitung des laufenden Vergabeverfahrens.

Eine **Beratung** ist jede Handlung, durch die der Auftraggeber Informationen oder Empfehlun- 69 gen zur Durchführung des konkreten Beschaffungsvorgangs erhalten hat. Voraussetzung ist eine unmittelbare Beziehung zum Auftraggeber, in deren Rahmen ein kommunikativer Austausch stattgefunden hat oder auch eine praktische Anleitung gegeben wurde, die zum Ziel hatte, eine Aufgabe

---

[50] EuGH Urt. v. 3.3.2005 – verb. Rs. C-21/03 und C-34/03, Slg. I 2005, 1577 Rn. 36 = NZBau 2005, 351 ff. – Fabricom SA/Belgischer Staat.
[51] So bereits zur früheren Rechtslage: *Müller-Wrede/Lux* ZfBR 2006, 327 (329).
[52] Zum Ausschluss eines Bieters wegen Verstoßes gegen den Grundsatz des Geheimwettbewerbs: OLG Düsseldorf Beschl. v. 11.5.2011 – Verg 8/11 BeckRS 2011, 18633 (jedoch ohne konkrete Bezugnahme auf § 36 GWB); näher zu der Thematik: *Voigt* in Müller-Wrede VgV § 7 Rn. 17.
[53] OLG Celle Beschl. 14.4.2016 – 13 Verg 11/15; BeckRS 2016, 121640 Rn. 39; instruktiv *Voigt* in Müller-Wrede VgV § 7 Rn. 18.
[54] VK Bund Beschl. v. 24.5.2012 – VK 3-45/12, IBRRS 2012, 2420; *Voigt* in Müller-Wrede VgV § 7 Rn. 18.
[55] OLG München Beschl. v. 2.12.2013 – Verg 14/13, IBRRS 2014, 4576.

oder ein Problem zu lösen, insbesondere auf der Grundlage eines Vertragsverhältnisses.[56] Dies könnten beispielsweise Planer sein, welche die Planung für das Bauvorhaben erstellt haben und/oder den Auftraggeber bei der Erstellung der Vergabeunterlagen unterstützt haben. Ein weiteres Beispiel könnte die Erstellung einer Machbarkeitsstudie sein.

70   Der Auffangtatbestand der **„sonstige[n] Beteiligung"** ist inhaltlich weiter und umfasst jede sonstige Leistung, die für das konkrete Beschaffungsvorhaben dienlich war.[57] Hierunter könnte zB ein Auftragsverhältnis zu einem Dritten zu verstehen sein, der seinerseits den Auftraggeber bei der Vorbereitung des Beschaffungsvorhabens unterstützt hat,[58] etwa zu einem vom Auftraggeber beauftragten Architekten. Zu denken ist zB an ein Unternehmen, das als Nachunternehmer für den Architekten eine Fachplanung erstellt hat oder den Architekten hinsichtlich des Bauverfahrens beraten hat und sich jetzt um den Bauauftrag bewirbt.

71   **(2) Erbringung der Unterstützungsleistung vor Einleitung des konkreten Vergabeverfahrens.** Zu beachten ist, dass die Mitwirkung – gleichgültig, ob sie in einer Beratung oder einer sonstigen Unterstützung des Auftraggebers bestand – **zeitlich vor der Einleitung des Vergabeverfahrens** erfolgt sein muss, dh dass die Vorbefassung außerhalb des konkreten Vergabeverfahrens erfolgt sein muss. Nicht Gegenstand einer Vorbefassung iSd Abs. 3 Nr. 4 ist die Fallgestaltung, dass während des Vergabeverfahrens Personen als Bewerber oder Bieter auftreten, die gleichzeitig entweder selbst oder über „verbundene" Personen auf der Seite des Auftraggebers tätig sind und an Entscheidungen im Vergabeverfahren mitwirken oder diese beeinflussen können. Diese Thematik ist Regelungsgegenstand des § 2 EU Abs. 5 iVm § 6 VgV.[59]

72   **(3) Unmittelbarer Bezug zu dem Ausschreibungsgegenstand.** Diese sehr weite Formulierung des Abs. 3 Nr. 4 ist einschränkend dahin auszulegen, dass die für den Auftraggeber erbrachte Leistung in einem unmittelbaren Bezug zu dem Ausschreibungsgegenstand stehen muss.[60] Denn das vorherige Auftrags- und Beratungsverhältnis zwischen dem Auftraggeber und dem Bieter ist nach dem Sinn und Zweck der Vorschrift die entscheidende Voraussetzung, um einen Informationsvorsprung als „wettbewerbswidrig" anzusehen. Ohne die Einschränkung, dass der Wettbewerbsvorteil aus einem Auftragsverhältnis zu dem Auftraggeber stammen muss, welches **mit dem konkreten Vergabeverfahren im Zusammenhang** steht, müsste jeder Wettbewerbsvorteil eines Bieters ausgeglichen werden. Es müssten somit auch Wettbewerbsvorteile oder Informationsvorsprünge ausgeglichen werden, die aus einem besonderen Know-how erwachsen. Es liegt auf der Hand, dass die Ausschlusstatbestände ohne diese Einschränkung uferlos würden und über das hinausgehen, was zur Vermeidung von Wettbewerbsverzerrungen erforderlich ist. Deshalb liegt zB kein auszugleichender „Projektantenstatus" vor, wenn der Bieter seine vertieften Informationen aufgrund eines früheren Auftrags des Auftraggebers mit einem vergleichbaren Gegenstand erlangt hat.[61]

73   **b) Wettbewerbsvorteil des Projektanten.** Die Beratung oder sonstige Unterstützung des Auftraggebers durch den Bewerber bzw. Bieter oder durch ein mit dem Bewerber bzw. Bieter verbundenes Unternehmen als solche genügt noch nicht für die Annahme einer Wettbewerbsverzerrung. Ausgleichsmaßnahmen nach Abs. 3 Nr. 4 sind nur geboten, wenn **besondere Umstände** hinzutreten, **die einen Wettbewerbsvorteil des Projektanten implizieren.**[62]

74   Hierbei geht es insbesondere um **Informationsvorsprünge.** Hat der Bewerber oder Bieter zB im Vorfeld der Bauleistung die Planung erstellt und gegebenenfalls sogar an den Vergabeunterlagen mitgewirkt und bewirbt er sich nun um den Bauauftrag (dies ist zB bei einem Generalübernehmer denkbar), so resultiert ein Wettbewerbsvorteil zwangsläufig daraus, dass er den Auftragsgegenstand länger kennt und schlicht mehr Zeit für die Vorbereitung der Bewerbung bzw. Angebotsabgabe hatte (zB für die Verhandlung mit Nachunternehmern oder die Recherche der Preise von Baustoffen etc). Ein Wettbewerbsvorteil, kann aber darin liegen, dass sich ein Bewerber im Rahmen der Planung vertieft mit den baulichen Grundlagen (zB der Bodenbeschaffenheit oder bestimmten Bauverfahren) befasst hat und daher die an die ausgeschriebenen Leistungen gestellten Anforderungen besser beur-

---

[56] VK Hessen Beschl. v. 12.2.2008 – 69d-VK-01/2008, IBRRS 2008, 2536.
[57] *Kupcyk* NZBau 2010, 21 (23).
[58] KG Beschl. v. 27.1.2015 – Verg 9/14, IBRRS 2015, 1126; Ziekow/Völlink/*Tomerius* VgV § 7 Rn. 4.
[59] Ingenstau/Korbion/*Schranner* Rn. 7.
[60] OLG München Beschl. v. 25.7.2013 – Verg 7/13, BeckRS 2014, 490; OLG München Beschl. v. 2.12.2013 – Verg 14/13, IBRRS 2014, 4576.
[61] VK Westfalen Beschl. v. 7.2.2017 – VK 1-50/16, IBRRS 2017, 0697; *Kupczyk* NZBau 2010, 21 (23); iErg ebenso: OLG Düsseldorf Beschl. v. 14.10.2020 – VII-Verg 36/19, NZBau 732 (736) Rn. 41.
[62] OLG München Beschl. v. 10.2.2011 – Verg 24/10, NZBau 2011, 507 (511); VK Lüneburg Beschl. v. 22.2.2016 – VgK-01/2016, BeckRS 2016, 11056; *Behrens* NZBau, 2006, 752 (755).

teilen und sein Angebot deshalb leichter an die Bedürfnisse des Auftraggebers anpassen kann als andere, vorher unbeteiligte Bieter.[63]

Außerdem kann sich ein Wettbewerbsvorteil daraus ergeben, dass das vorbefasste Unternehmen als Berater des Auftraggebers den **Gegenstand und die Bedingungen des Auftrags mit Rücksicht auf seine eigene spätere Bieterstellung beeinflusst** hat.[64] **75**

c) **Maßnahmen zum Ausgleich des Wettbewerbsvorteils.** Nach der früheren Rechtsprechung führte jede Art der Vorbefassung zum Ausschluss des Bieters, weil man davon ausgegangen ist, dass nur auf diese Weise der Wettbewerb gewährleistet werden könne.[65] Der EuGH hat aber bereits 2005 entschieden, dass ein mit Vorarbeiten für Bauleistungen, Lieferungen oder Dienstleistungen hinsichtlich eines öffentlichen Auftrags durch den öffentlichen Auftraggeber betrautes Unternehmen grundsätzlich zur Einreichung eines Teilnahmeantrags bzw. eines Angebotes zuzulassen sei und dass ein **Ausschluss nur statthaft** sei, **wenn dem Unternehmen kein Entlastungsbeweis gelinge,** dh wenn es nicht zu beweisen vermag, dass nach den Umständen des Einzelfalls die von dem Unternehmen erworbene Erfahrung den Wettbewerb nicht hat verfälschen können.[66] Spätestens mit der Einführung des § 6 EU Abs. 3 Nr. 4 S. 2 ist jedoch klar, dass der Ausschluss des Bewerbers oder Bieters nur das letzte Mittel ist und andere Maßnahmen, die sicherstellen, dass der Wettbewerb durch die Teilnahme des Bieters oder Bewerbers nicht verfälscht wird, vorrangig sind. **76**

Mithin muss der öffentliche Auftraggeber prüfen, ob die Teilnahme des vorbefassten Unternehmens in Einklang mit dem Gleichbehandlungsgrundsatz gebracht werden kann und sodann die erforderlichen und zugleich **angemessenen Maßnahmen** ergreifen.[67] Konkret ist zu klären, inwieweit Wissensvorsprünge und daraus resultierende (unzulässige Wettbewerbsvorteile) eines Bieters durch andere Maßnahmen ausgeglichen werden können.[68] Die in Betracht kommenden Maßnahmen werden in Abs. 3 Nr. 4 nicht erläutert. Anhaltspunkte ergeben sich jedoch aus Art. 41 Abs. 2 RL 2014/24/EU, der wie folgt lautet: **77**

„Diese Maßnahmen umfassen die Unterrichtung anderer Bewerber oder Bieter in Bezug auf einschlägige Informationen, die im Zusammenhang mit der Einbeziehung des Bewerbers oder Bieters in die Vorbereitung des Vergabeverfahrens ausgetauscht wurden oder daraus resultieren und die Festlegung angemessener Fristen für den Eingang der Angebote."

Die erste Möglichkeit zur Kompensation des Wettbewerbsvorteils besteht also darin, allen an dem Vergabeverfahren beteiligten Bietern die **Informationen zu verschaffen,** die der Projektant im Rahmen seiner vorherigen Beratung gewonnen hat.[69] Bekanntzugeben sind hierbei **alle für eine Angebotserstellung erforderlichen Information,** welche den übrigen Bietern einen ähnlichen Wissensstand vermitteln wie dem vorbefassten Bieter und sie in die Lage versetzen, ihre Angebote unter gleichen Wettbewerbsbedingungen abzugeben.[70] Hierbei kann es sich um die vom Projektanten erstellten **Pläne** handeln,[71] auch eine **Ortsbesichtigung** ist ein denkbares Mittel zum Ausgleich von Informationsvorsprüngen.[72] Andererseits besteht keine unlimitierte Informationspflicht des Auftraggebers. Nicht offengelegt werden müssen der Name des Projektanten[73] sowie nicht kalkulationsrelevante Unterlagen, wie zB Besprechungsprotokolle.[74] **78**

Ein weiteres Instrument zum Ausgleich von Informationsvorsprüngen besteht darin, die **Angebotsfrist** so zu **verlängern,** dass die Wettbewerber diese Informationen im Rahmen ihrer Angebots- **79**

---

[63] OLG München Beschl. v. 25.7.2013 – Verg 7/13, BeckRS 2014, 490; OLG Celle Beschl. v. 14.4.2016 – 13 Verg 11/15, BeckRS 2016, 121640 Rn. 38.
[64] OLG Celle Beschl. v. 14.4.2016 – 13 Verg 11/15, BeckRS 2016, 121640 Rn. 38; VK Niedersachsen Beschl. v. 23.11.2015 – VgK-46/2015, IBRRS 2016, 2939; VK Westfalen Beschl. v. 23.1.2018 – VK 1-29/17, IBRRS 2018, 0904; *Müller/Brauser-Jung* NVwZ 2007, 884 (889).
[65] OLG Düsseldorf Beschl. v. 16.10.2003 – Verg 57/03, BeckRS 2004, 2042.
[66] EuGH Urt. v. 3.3.2005 – verb. Rs. C-21/03 und C-34/03, Slg. I 2005, 1577 Rn. 36 = NZBau 2005, 351 ff. – Fabricom SA/Belgischer Staat.
[67] HK-VergabeR/*Pape* Rn. 19.
[68] OLG München Beschl. v. 10.2.2011 – Verg 24/10, NZBau 2011, 507 (512); VK Lüneburg Beschl. v. 22.2.2016 – VgK-01/2016, BeckRS 2016, 11056.
[69] VK Bund Beschl. v. 16.7.2013 – VK 3-47/13, ZfBR 2014, 98 (101); VK Bad.-Württ. Beschl. v. 14.7.2014 – 1 VK 25/14, VPRRS 2014, 0511; *Kupcyk* NZBau 2010, 21 (24); *Opitz* ZWeR 2005, 440 (446).
[70] IdS OLG München Beschl. v. 25.7.2013 – Verg 7/13, BeckRS 2014, 490; VK Bund Beschl. v. 21.11.2013 – VK 2-102/13, ZfBR 2014, 302 (306).
[71] OLG München Beschl. v. 25.7.2013 – Verg 7/13, BeckRS 2014, 490; ähnlich VK Nordbayern Beschl v. 1.12.2010 – 21.VK-3194-38/10, IBRRS 2011, 0224 (Überlassung des Planfeststellungsbeschlusses, der die Essenz der Genehmigungsplanung enthält).
[72] OLG Koblenz Beschl. v. 6.11.2008 – 1 Verg 3/08, ZfBR 2009, 93 (95).
[73] *Voigt* in Müller-Wrede VgV § 7 Rn. 43.
[74] OLG München Beschl. v. 25.7.2013 – Verg 7/13, BeckRS 2014, 490.

erstellung berücksichtigen können.[75] Insbesondere wenn zugleich Maßnahmen zum Informationsausgleich ergriffen wurde, muss den anderen Bewerbern oder Bietern ermöglicht werden, sich hiermit auseinanderzusetzen, was bei knapp bemessenen Angebotsfristen problematisch wäre.

80 Die Festlegung der zu treffenden Maßnahme muss wegen der Abhängigkeit von den konkreten Umständen dem Einzelfall vorbehalten bleiben. Dem öffentlichen Auftraggeber steht ein weiter **Ermessens- und Beurteilungsspielraum** bei seiner Entscheidung zu, ob und ggf. welche Maßnahmen zu ergreifen sind.[76]

81 Die Gefahr einer Wettbewerbsverzerrung ist dann besonders groß, wenn der Projektant an den Vorarbeiten für die Ausschreibung, insbesondere bei der Erstellung der Vergabeunterlagen mitgewirkt hat.[77] Abgesehen davon, dass hierbei der Wettbewerb mit Rücksicht auf die spätere Bieterstellung beeinflusst worden sein kann[78] (zB durch die Vorgabe von Produktanforderungen) führt dies zu einer breiten Detailkenntnis des Projektanten über die auszuführenden Leistungen. Hier dürften an die Kompensation des wettbewerbsverzerrenden Informationsvorsprungs hohe Anforderungen zu stellen sein. Im Falle von Planungs- und Entwurfsarbeiten oder Machbarkeitsstudien im Vorfeld der eigentlichen Vergabe, dürfte der Wissensvorsprung einfacher zu kompensieren sein, nämlich durch Offenlegung der entsprechenden Unterlagen, zu kompensieren sein.

82 **d) Ausschluss des Projektanten vom Wettbewerb als ultima ratio.** Ein Ausschluss vom Wettbewerb ist aber – als **ultima ratio** – dann zulässig und auch verpflichtend, wenn keine angemessenen Maßnahmen zur Verfügung stehen, um den Wettbewerbsvorteil des Projektanten zu eliminieren oder zu kompensieren.[79] Der Ausschluss erfolgt auf der Grundlage des **§ 124 Abs. 1 Nr. 6 GWB.**

83 Kommt der öffentliche Auftraggeber zu dem Ergebnis, dass der aus der Vorbefassung des Unternehmens resultierende Wettbewerbsvorteil nicht egalisiert werden kann, dann muss nach Abs. 3 Nr. 4 S. 3 dem betreffenden Unternehmen vor seinem Ausschluss die **Möglichkeit zum Beweis eingeräumt werden, dass der Wettbewerb durch seine Beteiligung nicht verzerrt werden kann.**[80]

84 Sofern der Auftraggeber seiner Darlegungs- und Beweislast nachgekommen ist und greifbare, hinreichend konkrete Anhaltspunkte für einen Wettbewerbsvorteil dargelegt hat,[81] liegt es am Bieter nachzuweisen, dass seine Beteiligung nicht zu einer Wettbewerbsverzerrung führt.[82]

85 Der Bieter kann hierbei entweder **widerlegen, dass ein Informationsaustausch mit dem Projektanten stattgefunden hat** und Zugriff auf die Erkenntnisse des Projektanten bestand oder nachweisen, dass der **Vorsprung seines Angebotes auf anderen Gründen als der Vorbefassung beruhte.**[83] Ersteres kann zB durch Darlegung von organisatorischen und/oder technischen Vorkehrungen zur Verhinderung eines Informationsaustausches erfolgen („chinese walls").[84] Voraussetzung hierfür ist insbesondere, dass mit der Unterstützungsleistung vor Beginn des Vergabeverfahrens andere Personen befasst waren als mit der Angebotslegung; erforderlich ist darüber hinaus aber auch eine räumliche Trennung und ein Schutz der Daten der beiden Projektteams.[85]

86 Sofern der Auftraggeber der ihm obliegenden Darlegungs- und Beweislast nachgekommen ist und der Bieter nicht eindeutig nachweisen konnte, dass der Vorteil seines Angebotes nicht auf einem

---

[75] VK Lüneburg Beschl. v. 2.3.2016 – VgK-01/2016, IBRRS 2016, 1566; Ziekow/Völlink/*Völlink* VgV § 20 Rn. 8.
[76] OLG Celle Beschl. v. 14.4.2016 – 13 Verg 11/15, BeckRS 2016, 121640 Rn. 41; VK Südbayern Beschl. v. 21.10.2013 – Z3-3-3194-1-29-08/13, IBRRS 2014, 2992.
[77] *Horn* NZBau 2005, 28 (31); Kapellmann/Messerschmidt/*Glahs* Rn. 15.
[78] OLG Celle Beschl. v. 14.4.2016 – 13 Verg 11/15, BeckRS 2016, 121640 Rn. 38.
[79] VK Bund Beschl. v. 24.5.2012 – VK 3-45/12, IBRRS 2012, 2420; VK Sachsen Beschl. v. 15.2.2011 – 1/SVK/052-10, ZfBR 2011, 718 (725).
[80] Grundlegend EuGH Urt. v. 3.3.2005 – C 34/03, Slg. I 2005, 1577 Rn. 36 = EuZW 2005, 349 ff.; ebenso OLG Celle Beschl. v. 14.4.2016 – 13 Verg 11/15, BeckRS 2016, 121640 Rn. 38.
[81] IdS VK Sachsen Beschl. v. 15.2.2011 – 1/SVK/052-10, ZfBR 2011, 718 (725); VK Nordbayern Beschl. 4.4.2009 – 21.VK-3194-06/09, BeckRS 2009, 100009 Rn. 81–83; ebenso *Diringer* VergabeR 2010, 361 (367).
[82] OLG München Beschl. v. 25.7.2013 – Verg 7/13, BeckRS 2014, 490; OLG Brandenburg Beschl. v. 19.12.2011 – Verg W 17/11, ZfBR 2012, 182 (187).
[83] *Voigt* in Müller-Wrede VgV § 7 Rn. 60.
[84] Zu 124 Abs. 1 Nr. 9 lit. c GWB: OLG Karlsruhe Beschl. v. 30.10.2018 – Verg 6/18, ZfBR 2019, 505 (510); zu § 16 Abs. 1 Nr. 3b VgV aF: VK Bund Beschl. v. 24.4.2012 – VK2-169/1, IBRRS 2012, 4053; zu § 6 VgV: *Röwekamp* in KKMP VgV § 6 Rn. 35; bündig *Voigt* in Müller-Wrede VgV § 7 Rn. 60.
[85] OLG Düsseldorf Beschl. v. 11.5.2011 – VII-Verg 8/11, BeckRS 2011, 18633 (zu: § 25 Nr. 1 Abs. 1 lit. f VOL/A 2006); OLG Düsseldorf Beschl. v. 13.4.2011 – VII-Verg 4/11, BeckRS 2011, 8603 (zu § 19 Abs. 3 lit. f VOL/A-EG); *Voigt* in Müller-Wrede VgV § 7 Rn. 60.

Wissensvorsprung beruhte, **gehen verbleibende Zweifel zulasten des Bewerbers bzw. Bieters**, weil bei der vorzunehmenden Abwägung dem Wettbewerbsgrundsatz und dem Gleichbehandlungsgebot (§ 2) mehr Gewicht zukommt, als der Beteiligung eines in der Regel freiwillig mit dem Gegenstand des Vergabeverfahrens vorbefassten Unternehmens.[86]

e) **Dokumentationsplicht. Abs. 3 Nr. 4 S. 4** verpflichtet den Auftraggeber, die zur Behebung einer Wettbewerbsverzerrung ergriffenen Maßnahmen im Vergabevermerk zu dokumentieren. Wegen der allgemeinen Dokumentationspflicht nach § 20 EU iVm § 8 VgV, die nach § 8 Abs. 2 Nr. 10 VgV auch Angaben zu aufgedeckten Interessenkonflikten und getroffenen Abhilfemaßnahmen umfasst, hat die Vorschrift in § 6 EU Abs. 3 Nr. 4 eher Hinweischarakter. Das der Normgeber in § 6 EU Abs. 3 Nr. 4 S. 4 das Dokumentationserfordernis wiederholt, zeigt jedoch die Wichtigkeit der Dokumentation im Falle einer Vorbefassung. Eine gründliche Dokumentation ist dem Auftraggeber auch wegen der möglichen Überprüfung im Falle eines Nachprüfungsverfahrens zu empfehlen.[87] 87

V. Drittschützende Wirkung

Dass bei der Vergabe des Auftrags gem. **Abs. 1** nur solche Bewerber und Bieter berücksichtigt werden, die geeignet sind und in dessen Person kein Ausschlussgrund vorliegt, bewahrt zunächst den Auftraggeber vor Bietern, die keine hinreichende Gewähr dafür bieten, dass die vertraglichen Verpflichtungen erfüllt werden. Es ließe sich allerdings mit dem vergaberechtlichen Gleichbehandlungsgrundsatz (§ 2 EU Abs. 2) nicht vereinbaren, wenn ein Unternehmer, der ungeeignet ist oder in dessen Person ein Ausschlussgrund vorliegt, nicht vom Verfahren ausgeschlossen wird oder – umgekehrt – ein Unternehmer, der geeignet ist und in dessen Person kein Ausschlussgrund vorliegt, vom Vergabeverfahren ausgeschlossen würde. Mithin hat Abs. 1 bieterschützende Wirkung. 88

Die Vorgabe von Eignungskategorien, in dessen Rahmen sich öffentliche Auftraggeber bei der Festlegung von Eignungskriterien halten müssen, dient der Transparenz des Verfahrens und der Gleichbehandlung der Bieter. **Abs. 2 S. 2** ist mithin bieterschützend. Die Vorgabe, dass die im konkreten Fall festgelegten Eignungskriterien *„zur ordnungsgemäßen Ausführung des Auftrags"* notwendig" sind **(Abs. 2 S. 1)** und die Anforderung, dass die Eignungskriterien mit dem Auftragsgegenstand in Verbindung und zu diesem in einem angemessen Verhältnis stehen müssen **(Abs. 2 S. 3)** sind Ausprägungen des vergaberechtlichen Verhältnismäßigkeitsgrundsatzes (§ 2 EU Abs. 2), der ebenfalls dem Schutze der Rechte der Bewerber und Bieter dient. Bei der Geltendmachung eines Verstoßes gegen Abs. 2 ist allerdings zu beachten, dass dem öffentlichen Auftraggeber bei der Festlegung der Eignungskriterien ein Beurteilungsspielraum zusteht, der nur einer beschränkten gerichtlichen Kontrolle unterliegt. 89

Das Gebot der Gleichbehandlung von Bewerber- und Bietergemeinschaften und Einzelbewerbern und -bietern **(Abs. 3 Nr. 2)** stellt ebenfalls eine Ausprägung des vergaberechtlichen Gleichbehandlungsgrundsatzes bzw. des Diskriminierungsverbotes (§ 2 EU Abs. 1) dar. Eine Benachteiligung von Bewerber- und Bietergemeinschaften würde die Möglichkeiten einer Wettbewerbsteilnahme, insbesondere von kleinen und mittelständischen Unternehmen, beeinträchtigen. Mithin hat Abs. 3 Nr. 2 bieterschützenden Charakter. 90

Das Verbot regionaler Beschränkungen nach **Abs. 3 Nr. 3** konkretisiert den vergaberechtlichen Gleichbehandlungsgrundsatz bzw. das Diskriminierungsverbotes (§ 2 EU Abs. 1). Eine Nichtbeachtung beeinträchtigt die Wettbewerbschancen auswärtiger Bieter, sodass die Anforderung des Abs. 3 Nr. 3 ebenfalls bieterschützende Wirkung hat. 91

Die Anforderungen an die Wettbewerbsteilnahme von vorbefassten Unternehmen gem. **Abs. 3 Nr. 4** dienen der Sicherstellung des Wettbewerbsgrundsatzes (§ 2 EU Abs. 1). Die Zulassung eines vorbefassten Unternehmens ohne Kompensationsmaßnahmen, wie zB dem Ausgleich von Wissensvorsprüngen, würde zu einer Wettbewerbsverzerrung führen und die Wettbewerbschancen der anderen Bewerber beeinträchtigen. Wird ein vorbefasstes Unternehmen ausgeschlossen, obgleich geeignete Kompensationsmaßnahmen denkbar wären, so läge darin andererseits eine nicht gerechtfertigte Beeinträchtigung der Wettbewerbsstellung des vorbefassten Unternehmens. Die Vorgaben des Abs. 3 Nr. 4 schützen also Mitbewerber und – zumindest auch – das vorbefasste Unternehmen. Daher handelt es sich auch bei **Abs. 3 Nr. 4** um eine bieterschützende Vorschrift. 92

Ein Anspruch auf Beschränkung der Teilnahme nach **§ 6 Abs. 3 Nr. 3 iVm § 118 GWB** besteht nicht. Sofern der Auftraggeber von der Möglichkeit einer Wettbewerbsbeschränkung nach § 6 Abs. 3 Nr. 3 iVm § 118 GWB Gebrauch macht, obgleich die Voraussetzungen des § 118 GWB 93

---

[86] Ingenstau/Korbion/*Schranner* § 6 Rn. 50.
[87] VK Südbayern Beschl. v. 21.1.2019 – Z3-3-3194-1-38-11/18, IBRRS 2019, 0433; Beck VergabeR/*Mager* Rn. 28.

nicht vorliegen, so liegt darin allerdings eine nicht gerechtfertigte Wettbewerbsbeeinträchtigung, die von ausgeschlossenen Bewerbern oder Bietern gerügt werden könnte.

§ 6a EU Eignungsnachweise

Der öffentliche Auftraggeber kann Unternehmen nur die in den Nummern 1 bis 3 genannten Anforderungen an die Teilnahme auferlegen.
1. Zum Nachweis der Befähigung und Erlaubnis zur Berufsausübung kann der öffentliche Auftraggeber die Eintragung in das Berufs- oder Handelsregister oder der Handwerksrolle ihres Sitzes oder Wohnsitzes verlangen.
2. [1]Zum Nachweis der wirtschaftlichen und finanziellen Leistungsfähigkeit kann der öffentliche Auftraggeber verlangen:
    a) die Vorlage entsprechender Bankerklärungen oder gegebenenfalls den Nachweis einer entsprechenden Berufshaftpflichtversicherung.
    b) die Vorlage von Jahresabschlüssen, falls deren Veröffentlichung in dem Land, in dem das Unternehmen ansässig ist, gesetzlich vorgeschrieben ist.
    Zusätzlich können weitere Informationen, zum Beispiel über das Verhältnis zwischen Vermögen und Verbindlichkeiten in den Jahresabschlüssen, verlangt werden. Die Methoden und Kriterien für die Berücksichtigung weiterer Informationen müssen in den Vergabeunterlagen spezifiziert werden; sie müssen transparent, objektiv und nichtdiskriminierend sein.
    c) eine Erklärung über den Umsatz des Unternehmens jeweils bezogen auf die letzten drei abgeschlossenen Geschäftsjahre, soweit er Bauleistungen und andere Leistungen betrifft, die mit der zu vergebenden Leistung vergleichbar sind, unter Einschluss des Anteils bei gemeinsam mit anderen Unternehmen ausgeführten Aufträgen.
    Der öffentliche Auftraggeber kann von den Unternehmen insbesondere verlangen, einen bestimmten Mindestjahresumsatz, einschließlich eines Mindestumsatzes in dem vom Auftrag abgedeckten Bereich nachzuweisen. Der geforderte Mindestjahresumsatz darf das Zweifache des geschätzten Auftragswerts nur in hinreichend begründeten Fällen übersteigen. Die Gründe sind in den Vergabeunterlagen oder in dem Vergabevermerk gemäß § 20 EU anzugeben.
    Ist ein Auftrag in Lose unterteilt, finden diese Regelungen auf jedes einzelne Los Anwendung. Der öffentliche Auftraggeber kann jedoch den Mindestjahresumsatz, der von Unternehmen verlangt wird, unter Bezugnahme auf eine Gruppe von Losen in dem Fall festlegen, dass der erfolgreiche Bieter den Zuschlag für mehrere Lose erhält, die gleichzeitig auszuführen sind.
    Sind auf einer Rahmenvereinbarung basierende Aufträge infolge eines erneuten Aufrufs zum Wettbewerb zu vergeben, wird der Höchstjahresumsatz aufgrund des erwarteten maximalen Umfangs spezifischer Aufträge berechnet, die gleichzeitig ausgeführt werden, oder – wenn dieser nicht bekannt ist – aufgrund des geschätzten Werts der Rahmenvereinbarung. Bei dynamischen Beschaffungssystemen wird der Höchstjahresumsatz auf der Basis des erwarteten Höchstumfangs konkreter Aufträge berechnet, die nach diesem System vergeben werden sollen.
    [2]Der öffentliche Auftraggeber wird andere ihm geeignet erscheinende Nachweise der wirtschaftlichen und finanziellen Leistungsfähigkeit zulassen, wenn er feststellt, dass stichhaltige Gründe dafür bestehen.
3. Zum Nachweis der beruflichen und technischen Leistungsfähigkeit kann der öffentliche Auftraggeber je nach Art, Menge oder Umfang oder Verwendungszweck der ausgeschriebenen Leistung verlangen:
    a) Angaben über die Ausführung von Leistungen in den letzten bis zu fünf abgeschlossenen Kalenderjahren, die mit der zu vergebenden Leistung vergleichbar sind, wobei für die wichtigsten Bauleistungen Bescheinigungen über die ordnungsgemäße Ausführung und das Ergebnis beizufügen sind. Um einen ausreichenden Wettbewerb sicherzustellen, kann der öffentliche Auftraggeber darauf hinweisen, dass er auch einschlägige Bauleistungen berücksichtigen werde, die mehr als fünf Jahre zurückliegen;
    b) Angabe der technischen Fachkräfte oder der technischen Stellen, unabhängig davon, ob sie seinem Unternehmen angehören oder nicht, und zwar insbesondere derjenigen, die mit der Qualitätskontrolle beauftragt sind, und derjenigen, über die der Unternehmer für die Errichtung des Bauwerks verfügt;

c) die Beschreibung der technischen Ausrüstung und Maßnahmen des Unternehmens zur Qualitätssicherung und seiner Untersuchungs- und Forschungsmöglichkeiten;
d) Angabe des Lieferkettenmanagement- und -überwachungssystems, das dem Unternehmen zur Vertragserfüllung zur Verfügung steht;
e) Studiennachweise und Bescheinigungen über die berufliche Befähigung des Dienstleisters oder Unternehmers und/oder der Führungskräfte des Unternehmens, sofern sie nicht als Zuschlagskriterium bewertet werden;
f) Angabe der Umweltmanagementmaßnahmen, die der Unternehmer während der Auftragsausführung anwenden kann;
g) Angaben über die Zahl der in den letzten drei abgeschlossenen Kalenderjahren jahresdurchschnittlich beschäftigten Arbeitskräfte, gegliedert nach Lohngruppen mit gesondert ausgewiesenem technischen Leitungspersonal;
h) eine Erklärung, aus der hervorgeht, über welche Ausstattung, welche Geräte und welche technische Ausrüstung das Unternehmen für die Ausführung des Auftrags verfügt;
i) Angabe, welche Teile des Auftrags der Unternehmer unter Umständen als Unteraufträge zu vergeben beabsichtigt.

Schrifttum: *Bonack*, Kennzahlen und Kennzahlensysteme in der modernen Unternehmung mit Hauptaugenmerk auf Balanced Scorecard und Six Sigma, 2010; *Figgen/Lenz*, Altes Thema, neue Fallstricke: Die Eignungsprüfung bleibt spannend, NZBau 2019, 699; *Dittmann*, Qualität durch Eignungs- und/oder Zuschlagskriterien?, NZBau 2013, 746; *Hattenhauer/Butzert*, Die Etablierung ökologischer, sozialer, innovativer und qualitativer Aspekte im Vergabeverfahren, ZfBR 2017, 129; *Otting*, Eignungs- und Zuschlagskriterien im neuen Vergaberecht, VergabeR 2016, 316; *Pünder/Prieß*, Vergaberecht im Umbruch II – Die neunen EU-Vergaberichtlinien und Ihre Umsetzung, 2014; *Reichling/Scheumann*: Durchführung von Vergabeverfahren (Teil 2): Die Bedeutung der Eignungskriterien – Neuerungen durch die Vergaberechtsreform, GewArch 2016, 228; *Reichling/Scheumann*, Durchführung von Vergabeverfahren (Teil 3): Zuschlagskriterien und Ausführungsbedingungen, GewArch 2016, 332; *Schmidlin*, Unternehmensbewertung & Kennzahlenanalyse, 2020.

Übersicht

	Rn.			Rn.
I. **Allgemeines**	1	1.	Referenzen (Nr. 3 lit. a)	30
1. Normzweck	1	2.	Technische Fachkräfte und Stellen (Nr. 3 lit. b)	32
2. Entstehungsgeschichte	2	3.	Technische Ausrüstung; Maßnahmen zur Qualitätssicherung (Nr. 3 lit. c)	38
3. Vergleichbare Vorschriften	3			
4. Gemeinschaftsrechtliche Grundlagen	8	4.	Lieferkettenmanagement- und -überwachungssystem (Nr. 3 lit. d)	42
II. **Nachweis der Befähigung und Erlaubnis zur Berufsausübung (Nr. 1)**	9	5.	Studiennachweise bzw. Bescheinigung über berufliche Befähigung (Nr. 3 lit. e)	46
III. **Nachweis der wirtschaftlichen und finanziellen Leistungsfähigkeit (Nr. 2)**	13	6.	Umweltmanagementmaßnahmen (Nr. 3 lit. f)	50
1. Bankerklärung; Nachweis einer Berufshaftpflichtversicherung (Nr. 2 S. 1 lit. a)	16	7.	Personal (Nr. 3 lit. g)	55
2. Jahresabschlüsse; Information über Verhältnis zwischen Vermögen und Verbindlichkeiten (Nr. 2 S. 1 lit. b)	19	8.	Geräte; technische Ausrüstung (Nr. 3 lit. h)	56
3. Umsatz (Nr. 2 S. 1 lit. c)	22	9.	Unterauftragnehmer (Nr. 3 lit. i)	63
4. Andere Nachweise der wirtschaftlichen finanziellen Leistungsfähigkeit (Nr. 2 S. 2)	26	**V.**	**Datenschutzrechtliche Grenzen der Anforderung von Eignungsnachweisen**	66
IV. **Nachweis der technischen und beruflichen Leistungsfähigkeit (Nr. 3)**	27			

I. Allgemeines

1. Normzweck. Die Vorschrift des § 6a EU knüpft an die Definition des Eignungsbegriffes und die Benennung der Eignungskategorien in § 6 EU Abs. 2 an und regelt sowohl die materiellen Anforderungen an die Befähigung und Erlaubnis zur Berufsausübung, an die wirtschaftliche und finanzielle Leistungsfähigkeit sowie an die berufliche und technische Leistungsfähigkeit, die die öffentlichen Auftraggeber in Gestalt konkreter Eignungskriterien aufstellen können, als auch die als Belege für die Erfüllung der Eignungskriterien zu erbringenden Nachweise.

2 **2. Entstehungsgeschichte.** § 6a EU wurde durch die VOB/A 2016 eingeführt. Die Vorgängerregelung des § 6 EG Abs. 3 weicht zunächst im Aufbau von der Neuregelung des § 6a EU ab. Letztere enthält eine nach den neuen Eignungskategorien des § 6 EU Abs. 2 (Befähigung und Erlaubnis zur Berufsausübung, wirtschaftliche und finanzielle Leistungsfähigkeit, technische und berufliche Leistungsfähigkeit) gegliederte Auflistung möglicher Eignungsanforderungen bzw. – nachweise. Im Übrigen enthielt § 6 EG Abs. 3 auch die Kriterien, von denen die Zuverlässigkeit der Bieter abhängig gemacht wurde. Die Eignungskategorie der Zuverlässigkeit ist mit Einführung der VOB/A 2016 entfallen. Stattdessen sind nunmehr Ausschlussgründe zu prüfen, welche in § 6e EU gesondert geregelt sind. Abgesehen davon ist die Regelungsdichte des § 6a EU – entsprechend der diesbezüglichen Vorgaben der RL 2014/24/EU höher als die des § 6 EG Abs. 3. Exemplarisch können die Regelungen der Zulässigkeit und der Grenzen der Vorgabe eines Mindestumsatzes (Nr. 2c Abs. 2–4) genannt werden, die in § 6 EG Abs. 3 Nr. 2 lit. a nicht enthalten waren. Auch die Möglichkeit, die Vorlage von Bankerklärungen, Nachweisen über das Bestehen einer Berufshaftpflichtversicherung (Nr. 2 lit. a) oder von Jahresabschlüssen (Nr. 2 lit. b) war in § 6 EG Abs. 3 nicht vorgesehen.

3 **3. Vergleichbare Vorschriften.** Mit **§ 6a EU Nr. 1** zum Teil vergleichbare Regelungen enthält **§ 44 Abs. 1 VgV.** Allerdings lässt § 44 VgV – anders als § 6a EU Nr. 1 – zu, dass der Bieter auch *„auf andere Weise die erlaubte Berufsausübung"* nachweisen kann und verweist explizit auf die Auflistung der Berufs- und Handelsregister und Bescheinigungen oder Erklärungen über die Berufsausübung in Anhang XI RL 2014/24/EU. Auch die in § 44 Abs. 2 VgV speziell für Dienstleistungsaufträge vorgesehene Möglichkeit, sich eine für die Ausübung der Tätigkeit erforderliche Berechtigung oder Mitgliedschaft in einer Organisation nachweisen zu lassen, enthält § 6a EU Nr. 1 nicht. Ähnliches gilt für **§ 25 VSVgV.** Auch diese Vorschrift lässt als *„Nachweis der Erlaubnis der Berufsausübung"* einen Auszug aus dem Berufs- und Handelsregister zu und verweist insoweit auf einen Anhang zur RL 2009/81/EG (Vergabe-RL Verteidigung und Sicherheit). Ähnlich § 44 Abs. 1 VgV – und abweichend von § 6a EU Nr. 1 – werden auch andere Belege, zB eine *„Erklärung unter Eid"*, eine *„sonstige Bescheinigung"* (§ 25 Abs. 1 Nr. 2, 3 VSVgV) und ggf. ein Nachweis über eine Berechtigung oder die Mitgliedschaft in einer Organisation zugelassen (§ 25 Abs. 2 VSVgV).

4 Eine mit **§ 6a EU Nr. 2** vergleichbare Struktur weist insbesondere **§ 45 VgV** auf. Allerdings hat sich der Normgeber des § 45 VgV stärker an den zugrundeliegenden Richtlinienvorschriften der Art. 58 Abs. 3, Art. 60 Abs. 3 RL 2014/24/EU orientiert. Die in § 45 Abs. 1 S. 1 VgV wiedergegebenen materiellen Anforderung an die wirtschaftliche und finanzielle Leistungsfähigkeit (Art. 58 Abs. 3 UAbs. 1 S. 1 RL 2014/24/EU) wurden in § 6a EU Nr. 2 nicht übernommen. In § 6a EU Nr. 2c) wird zB nicht geregelt, dass die Gründe, die es rechtfertigen, dass der geforderte Mindestjahresumsatz das Zweifache des geschätzten Auftragswertes übersteigt *„spezielle, mit der Wesensart der Bauleistungen, Dienstleistungen oder Lieferungen einhergehende Risiken betreffen"* (Art. 58 Abs. 3 UAbs. 2 S. 1 RL 2014/24/EU). In etwa vergleichbar ist zudem die Regelung des **§ 26 VSVgV,** die jedoch – bedingt durch die abweichenden Vorgaben des Art. 41 Vergabe-RL Verteidigung und Sicherheit – weniger detailliert ist und auch nicht alle in § 6a EU Nr. 2 aufgelisteten Nachweise nennt (zB Jahresabschlüsse, Informationen über das Verhältnis zwischen Vermögen und Verbindlichkeiten).

5 Parallelen zu **§ 6a EU Nr. 3** weist insbesondere **§ 46 VgV** auf. Anders als § 6a EU Nr. 3, stellt diese Vorschrift jedoch der Auflistung möglicher Nachweise der beruflichen und technischen Leistungsfähigkeit in § 46 Abs. 1 VgV die – aus Art. 58 Abs. 4 UAbs. 1 RL 2014/24/EU übernommenen – materiellen Anforderungen an die berufliche und technische Leistungsfähigkeit voran, die in § 6a EU Nr. 3 nicht übernommen wurden. § 6a EU Nr. 3 benennt lediglich die gem. Anhang XII RL 2014/24/EU zulässigen Nachweise. Mit § 6a EU Nr. 3 vergleichbar ist auch die Vorschrift des **§ 27 VSVgV,** die ebenfalls lediglich eine Auflistung von Belegen und Nachweisen enthält, die freilich – basierend auf den Vorgaben des Art. 41 Vergabe-RL Verteidigung und Sicherheit – im Detail von den in § 6a EU Nr. 3 beschriebenen Nachweisanforderungen abweichen.

6 Die **SektVO** enthält keine mit § 6a EU vergleichbare Regelung. Gemäß § 46 Abs. 1 SektVO gilt lediglich, dass die Unternehmen vom Auftraggeber anhand objektiver Kriterien ausgewählt werden. Im Sektorenbereich kommt dem Sektorenauftraggeber daher hinsichtlich der Eignungsnachweise ein größerer Spielraum zugute, als in der VgV oder in Abschnitt 2 der VOB/A; es ist durchaus möglich, Eignungsnachweise zu fordern, die den §§ 44 ff. VgV bzw. dem § 6a EU fremd sind.[1] Sehr knapp ist auch die Regelung des § 26 Abs. 2 S. 1 **KonzVgV,** nach der in der Konzessionsbekanntmachung anzugeben ist, *„mit welchen Unterlagen Unternehmen die Eignung und das Nichtvorliegen von*

---

[1] Beck VergabeR/*Mager* SektVO § 46 Rn. 8.

Ausschlussgründen" zu belegen haben. Mithin ist auch der Konzessionsgeber hinsichtlich der Eignungsnachweise weitestgehend frei.[2]

Parallelen bestehen auch zur Basisregelung des **§ 6a.** Die Vorschrift des § 6a EU entspricht in etwa § 6a Abs. 2 Nr. 1–4 und Abs. 4. Anders als § 6a EU, unterscheidet § 6a Abs. 2 nicht zwischen den einzelnen Eignungskategorien. Im Übrigen ist der Katalog der möglichen Eignungsnachweise nicht so umfangreich, wie der des § 6a EU Abs. 2. Dafür enthält § 6a jedoch – anders als § 6a EU Abs. 2 – mit seinem Abs. 3 eine generalklauselartige Vorschrift, die weitere Nachweise zulässt. Im Übrigen definiert § 6a in Abs. 1 auch den Begriff der Eignung und erläutert die Eignungskategorien, welche sich in Abschnitt 2 der VOB/A in § 6 EU Abs. 1 und 2 wiederfinden. Zusätzlich sind in § 6a Abs. 2 Nr. 5 Nachweise aufgeführt, welche die Zuverlässigkeit der Bieter belegen sollen. Diese finden sich in § 6a EU freilich nicht wieder, weil es die Eignungskategorie der „Zuverlässigkeit" im Oberschwellenbereich nicht ergibt. Stattdessen sind in § 6f EU Ausschlussgründe geregelt (im Einzelnen → § 6a Rn. 8).

4. Gemeinschaftsrechtliche Grundlagen. Die Regelung der **Nr. 1** entspricht der Systematik der RL 2014/24/EU, die in **Art. 58 Abs. 2 RL 2014/24/EU** die möglichen Nachweise zur Berufsausübung festlegt und in Art. 60 RL 2014/24/EU – anders als zu den anderen beiden Eignungskriterien – keine ergänzende Regelung hierzu enthält. Durch **Nr. 2 S. 1** werden **Art. 58 Abs. 3 RL 2014/24/EU iVm Art. 60 Abs. 3 UAbs. 1 RL 2014/24/EU iVm Anhang XII Teil I RL 2014/24/EU** in nationales Recht transformiert, die regeln, welche Belege zum Nachweis der wirtschaftlichen und finanziellen Leistungsfähigkeit öffentliche Auftraggeber zulässigerweise fordern dürfen. Die Vorgabe des § 60 Abs. 3 UAbs. 2 RL 2014/24/EU, dass der öffentliche Auftraggeber zum Nachweis der wirtschaftlichen und finanziellen Leistungsfähigkeit gegebenenfalls auch, als die geforderten Nachweise akzeptiert, findet sich sinngemäß in **Nr. 2 S. 2** wieder. Die Regelung der denkbaren Nachweise zur beruflichen und technischen Leistungsfähigkeit in **Nr. 3** entsprechen den unionsrechtlichen Vorgaben des **Art. 58 Abs. 4 RL 2014/24/EU iVm Art. 60 Abs. 4 RL 2014/24/EU iVm Anhang XII Teil II RL 2014/24/EU.** Die Möglichkeit, sich angeben zu lassen, welche Teile des Auftrags der Unternehmer unter Umständen als Unteraufträge zu vergeben beabsichtigt (Nr. 3 lit. i), folgt im Übrigen außer aus Art. 58 Abs. 4 RL 2014/24/EU iVm Art. 60 Abs. 4 RL 2014/24/EU iVm Anhang XII Teil II lit. j. RL 2014/24/EU auch aus Art. 71 Abs. 2 RL 2014/24/EU.

II. Nachweis der Befähigung und Erlaubnis zur Berufsausübung (Nr. 1)

Zwecks Nachweis der Befähigung und Erlaubnis zur Berufsausübung kann der öffentliche Auftraggeber von den Bietern gem. Nr. 1 die **Eintragung in das Berufs- oder Handelsregister oder die Handwerksrolle** ihres Sitzes oder Wohnsitzes verlangen.

Die Regelung entspricht der Nachweisanforderung des § 6a Abs. 2 Nr. 4, welche dem Auftraggeber gestattet, einen Nachweis über *„die Eintragung in das Berufsregister ihres Sitzes oder Wohnsitzes"* zu verlangen. Ungeachtet des abweichenden Wortlauts, wird auch diese Regelung dahingehend ausgelegt, dass ein Nachweis über die Eintragung in das Handelsregister, in die Handwerksrolle oder in das entsprechende Berufsregister – in Deutschland in der Regel das Mitgliederverzeichnis der Industrie- und Handelskammer – verlangt werden kann.[3] Inhaltlich ergeben sich somit keine Abweichungen zu Nr. 1, sodass grundsätzlich auf die Erläuterung des § 6a Abs. 2 Nr. 4 verwiesen werden kann (→ § 6a Rn. 65 ff.).

Von besonderer Bedeutung bei Vergabeverfahren nach Abschnitt 2 der VOB/A sind die Nachweise, welche **Bewerber bzw. Bieter aus einem anderen EU-Mitgliedstaat** vorlegen müssen. Diese müssen, wie sich aus dem Wortlaut der Nr. 1 („... *ihres Sitzes oder Wohnsitzes...*") ergibt, einen Nachweis über die Eintragung in das Register erbringen, in das sie nach dem Recht des Sitzstaates eingetragen sein müssen. Die einschlägigen Verzeichnisse können **Anhang XI RL 2014/24/EU** entnommen werden, auch wenn Nr. 1 – anders als die Parallelnorm des § 44 Abs. 1 VgV – nicht ausdrücklich darauf verweist. Als solche werden beispielsweise für Belgien das „Registre du Commerce" bzw. das „Handelsregister", für Spanien bei Bau- und Dienstleistungsaufträgen das „Registro Oficial de Licitadores y Empresas Clasificadas del Estado", für Italien das „Registro della Camera di commercio, industria, agricoltura e artigianato" sowie das „Albo nazionale dei gestori ambientali" und für die Niederlande das „Handelsregister" genannt. Besteht Unsicherheit darüber, ob es sich bei dem vorgelegten Nachweis um einen der in Anhang XI RL 2014/24/EU aufgelisteten Registerauszüge handelt, ist im Zweifel ein Abgleich mit **e-Certis** zu empfehlen. Bei e-Certis handelt es

---

[2] Beck VergabeR/*Hübner* KonzVgV § 26 Rn. 15.
[3] Ingenstau/Korbion/*Schranner* § 6a Rn. 20; HK-VergabeR/*Pape* Rn. 10.

sich um ein frei zugängliches Online-Dokumentenarchiv der Europäischen Kommission,[4] mit dem sowohl öffentliche Auftraggeber als auch in der EU tätige Unternehmen in Erfahrung bringen können, welche Bescheinigungen und andere Arten von Nachweisen bei öffentlichen Ausschreibungen in den EU-Mitgliedstaaten und den EWR-Ländern (Island, Liechtenstein und Norwegen) verlangt werden. Die hinterlegten Informationen umfassen Musterdokumente sowie eine Beschreibung der Dokumente (→ § 6b EU Rn. 46 ff.).

12 Der öffentliche Auftraggeber prüft zwar grundsätzlich nicht inhaltlich nach, ob der Bieter oder Bewerber die in seinem Niederlassungsstaat geltenden Rechtsvorschriften für die erlaubte Ausübung eines Berufs oder für die Erbringung einer bestimmten Dienstleistung erfüllt.[5] Dass entbindet den Auftraggeber aber nicht von jeglicher rechtlicher Überprüfung. Wird etwa eine Handwerksrolleneintragung für das Handwerk gefordert, dem die auftragsgegenständliche Leistung zuzuordnen ist, ist zu prüfen, ob der Bieter den entsprechenden Handwerksrolleneintrag nachweisen kann. Gibt ein Unternehmen an, über keine Handwerkrolleneintragung zu verfügen, ist zu überprüfen, ob die entsprechende Tätigkeit zwingend einer Handwerksrolleneintragung bedarf.

III. Nachweis der wirtschaftlichen und finanziellen Leistungsfähigkeit (Nr. 2)

13 Im Hinblick auf die wirtschaftliche und finanzielle Leistungsfähigkeit können die öffentlichen Auftraggeber Anforderungen stellen, die sicherstellen, dass die Bieter über die **erforderlichen wirtschaftlichen und finanziellen Kapazitäten für die Ausführung des Auftrags** verfügen.[6] Wie sich der Regelung der Nr. 2 S. 2 sowie der zugrundeliegenden Richtlinienvorschrift des art. 58 Abs. 3 UAbs. 1 S. 1 RL/2014/24/EU entnehmen lässt, handelt es sich bei den aufgeführten Anforderungen um eine nicht abschließende, beispielhafte Auflistung möglicher Anforderungen,[7] die der öffentliche Auftraggeber einzeln oder auch kumulativ verlangen kann.

14 Ebenso wie bei den anderen beiden Eignungskategorien ist es auch im Hinblick auf die wirtschaftliche und finanzielle Leistungsfähigkeit dem öffentlichen Auftraggeber freigestellt, ob er bestimmte Eignungskriterien festlegt und, wenn ja, welches Anforderungsniveau er dabei für erforderlich hält. Die Vorschriften bestimmen den Rahmen und die Obergrenze der zulässigen Eignungskriterien, aber keinen Mindestumfang.[8] Zu beachten ist allerdings, dass der öffentliche Auftraggeber zur Eignungsprüfung verpflichtet ist und hierfür einer Grundlage bedarf, an der es bei jeglichem Verzicht auf Eignungsanforderungen und -nachweisen fehlen kann (→ § 6 EU Rn. 26).

15 Die Festlegung der Eignungskriterien unterliegt dem vergaberechtlichen **Verhältnismäßigkeitsgrundsatz** (§ 2 EU Abs. 1 S. 2). Der öffentliche Auftraggeber kann je nach Art und Umfang der zu beschaffenden Leistung die im Einzelfall erforderlichen Eignungskriterien festlegen, wobei er gleichzeitig zu berücksichtigen hat, dass unnötig hohe Anforderungen eine Teilnahme potenzieller Bewerber oder Bieter am Vergabeverfahren verhindern könnten.

16 **1. Bankerklärung; Nachweis einer Berufshaftpflichtversicherung (Nr. 2 S. 1 lit. a).** Zur Vergewisserung der wirtschaftlichen und finanziellen Leistungsfähigkeit des Bieters kann der Auftraggeber gem. Nr. 2 S. 1 lit. a – entsprechend Anlage XII Teil I lit. a RL 2014/24/EU – die Vorlage entsprechender Bankerklärungen und bzw. oder gegebenenfalls den Nachweis einer entsprechenden Berufshaftpflichtversicherung verlangen.

17 Eine **Bankerklärung** verschafft dem Auftraggeber Information über die Finanz- und Liquiditätslage des Bieters. Deren Kenntnis ist erforderlich, um feststellen zu können, ob der Bieter über ausreichende Eigenmittel verfügt.[9] Bedenkt man, dass der Auftragnehmer trotz des Anspruchs auf Abschlagszahlungen in angemessenen Zeitabständen (§ 16 Abs. 1 Nr. 1 VOB/B) die Kosten des Materials aber auch seine eigene Arbeitsleistung vorfinanzieren muss, erscheint es naheliegend, dass der Auftraggeber Gewissheit über die Solvenz des Bieters haben will. Im Hinblick auf diesen Zweck aber auch aufgrund des Erfordernisses der Vorlage einer „entsprechenden" Bankerklärung ist es erforderlich aber auch ausreichend, wenn der Bieter jedenfalls über die Mittel zur Durchführung des konkreten Auftrags verfügt. Eine darüberhinausgehende Liquidität ist nicht erforderlich. In Anbetracht des Umstandes, dass die wirtschaftlichen Verhältnisse des Unternehmens einem raschen Wandel unterliegen, bedarf es einer aktuellen Bankerklärung – in der Regel der unternehmerischen Hausbank – mit einem hinreichend konkreten Aussagegehalt.[10] Bonitätsauskünfte von Wirtschaftsaus-

---

[4] https://ec.europa.eu/tools/ecertis/#/search (zuletzt abgerufen am 31.5.2021).
[5] Ingenstau/Korbion/*Schranner* Rn. 2.
[6] Vgl. Art. 58 Abs. 3 UAbs. 1 S. 1 RL 2014/24/EU.
[7] Franke/Kemper/Zanner/Grünhagen/Mertens/*Mertens* Rn. 8; Ingenstau/Korbion/*Schranner* Rn. 3.
[8] Vgl. Verordnungsbegründung zu § 42 VgV, BR-Drs. 87/16, 198.
[9] Beck VergabeR/*Mager* Rn. 11.
[10] Beck VergabeR/*Mager* Rn. 11; Franke/Kemper/Zanner/Grünhagen/Mertens/*Mertens* Rn. 7.

kunftsdateien, wie „schwache Bonität" lassen keinen sicheren Schluss zu, dass der Bewerber die Leistung nicht erfüllen und den Auftrag nicht einwandfrei ausführen wird.[11] Da der Begriff Bankerklärung durchaus unterschiedlich verstanden werden kann und viel Spielraum dafür lässt, welche Umstände in welcher inhaltlichen Tiefe geschildert werden müssen, bedarf es entsprechender Vorgaben des Auftraggebers, was in der Bankerklärung aufgeführt werden soll.[12] Fehlt es an einer hinreichenden Konkretisierung, können die Bieter davon ausgehen, dass allgemeine Aussagen zur wirtschaftlichen Leistungsfähigkeit ausreichen. Bei der Prüfung der vorgelegten Erklärung, muss der Auftraggeber darauf achten, ob die Aussagen des Ausstellers der Erklärung einen Ausschluss mangels wirtschaftlicher und finanzieller Leistungsfähigkeit rechtfertigen. Äußert zB eine kreditgebende Bank Zweifel an der finanziellen Leistungsfähigkeit eines Unternehmens genügt dies noch nicht für einen Ausschluss.[13]

Als **Berufshaftpflichtversicherung** wird in Deutschland eine Haftpflichtversicherung freier 18 Berufe, wie Rechtsanwälte, Steuerberater, Architekten etc verstanden. Gewerbliche Unternehmen, wie Bauunternehmen, verfügen dagegen über eine Betriebshaftpflichtversicherung. Da es im Rahmen von Anlage XII Teil I lit. a RL 2014/24/EU sowie Nr. 2 S. 1 lit. a erkennbar um die Absicherung des Risikos der Verursachung von Schäden bei Ausführung der vertragsgegenständlichen Leistung geht, dürfte die Forderung der Vorlage eines Nachweises für das Bestehen einer Betriebshaftpflichtversicherung durch die Vorschriften der Anlage XII Teil I lit. a RL 2014/24/EU sowie Nr. 2 S. 1 lit. a gedeckt sein.[14] Der Wortlaut „*Nachweis einer entsprechenden Berufshaftpflichtversicherung*" könnte dahingehend interpretiert werden, dass der Auftraggeber eine (zum Zeitpunkt der Einreichung des Teilnahmeantrags oder der Abgabe des Angebots) bereits bestehende Versicherung verlangen kann.[15] Aus Gründen der Verhältnismäßigkeit (§ 2 EU Abs. 1 S. 2) sollte klargestellt werden, dass – für den Fall des Nichtbestehens der Versicherung – ein Nachweis ausreicht, dass im Falle der Zuschlagserteilung eine entsprechende Versicherung mit Deckungsschutz ab Leistungsbeginn abgeschlossen wird.[16] Verfügt der Bieter nur über eine Versicherung mit niedrigerer Haftungssumme, genügt im Zeitpunkt der Abgabe des Teilnahmeantrags bzw. Angebots ein Nachweis, dass die Versicherung für den Fall der Auftragserteilung entsprechend erhöht wird.[17] Die Höhe der Versicherungssumme ist zwar – anders als zB der Mindestjahresumsatz gem. Nr. 2c – nicht ausdrücklich an den Auftragswert gekoppelt.[18] Dass die geforderte Höhe der Versicherung dennoch in Relation zum Auftrag stehen muss und außerdem nur der Deckung auftragsspezifischer Risiken dienen muss, lässt aber schon die Wendung „*entsprechend*" erkennen[19] und ergibt sich außerdem aus dem vergaberechtlichen Verhältnismäßigkeitsgrundsatz (§ 2 EU Abs. 1 S. 2).[20] Ungeachtet dessen, steht es dem Bieter frei, den Nachweis durch eine allgemeine, für das gesamte Unternehmen geltende Versicherungspolice bzw. Versicherungsbestätigung nachzuweisen.

2. Jahresabschlüsse; Information über Verhältnis zwischen Vermögen und Verbind- 19 **lichkeiten (Nr. 2 S. 1 lit. b).** Um prognostizieren zu können, ob der Bieter über eine hinreichende wirtschaftliche und finanzielle Leistungsfähigkeit verfügt, kann der öffentliche Auftraggeber gemäß der – auf Anlage XII Teil I lit. a RL 2014/24/EU beruhenden – Vorschrift der Nr. 2 S. 1 lit. b S. 1 die Vorlage von Jahresabschlüssen verlangen, falls deren Veröffentlichung in dem Land, in dem das Unternehmen ansässig ist, gesetzlich vorgeschrieben ist.

Als **Jahresabschluss** wird der rechnerische Abschluss eines kaufmännischen Geschäftsjahres 20 bezeichnet.[21] Er stellt den wirtschaftlichen Erfolg und die finanzielle Lage eines Unternehmens dar und ist der Abschluss der Buchhaltung. Der Jahresabschluss stellt Dokumente zur Rechnungslegung zusammen, die geprüft, bestätigt und veröffentlicht werden.[22] Gemäß der für Kapitalgesellschaften

---

[11] VK Baden-Württemberg Beschl. v. 2.9.2013 – 1 VK 27/13, BeckRS 2014, 16035; VK Hessen Beschl. v. 24.2.2014 – 69d-VK-05/2014, VPRRS 2014, 0563; Beck VergabeR/*Mager* Rn. 11.
[12] EuGH Urt. v. 18.10.2012 – C.218/11 ECLI:EU:C:2012:643 Rn. 27f. = NZBau 2013, 58 ff.; jurisPK-VergabeR/*Summa* Rn. 19; Franke/Kemper/Zanner/Grünhagen/Mertens/*Mertens* Rn. 7; Beck VergabeR/*Mager* Rn. 12.
[13] Franke/Kemper/Zanner/Grünhagen/Mertens/*Mertens* Rn. 7.
[14] Ähnlich *Seeger* in Müller-Wrede VgV § 45 Rn. 39 (mit der Annahme einer zulässigen Verschärfung der unionsrechtlichen Vorgaben).
[15] IdS wohl Kapellmann/Messerschmidt/*Glahs* Rn. 11.
[16] Franke/Kemper/Zanner/Grünhagen/Mertens/*Mertens* Rn. 8.
[17] VK Bund Beschl. v. 13.6.2019 – VK 2-26/19, IBRRS 2019, 2146; VK Saarbrücken Beschl. v. 28.10.2010 – 1 VK 12/10, BeckRS 2011, 12072.
[18] *Seegers* in Müller-Wrede VgV § 45 Rn. 41.
[19] Beck VergabeR/*Mager* Rn. 14; Kapellmann/Messerschmidt/*Glahs* Rn. 11.
[20] IErg auch Franke/Kemper/Zanner/Grünhagen/Mertens/*Mertens* Rn. 8.
[21] *Groh* in Creifelds Recht-WB Stichwort „Jahresabschluss".
[22] *Groh* in Creifelds Recht-WB Stichwort „Rechnungslegung".

geltenden Regelung des § 242 Abs. 3 HGB bilden die Bilanz sowie die Gewinn- und Verlustrechnung den Jahresabschluss.²³ Hinzu kommen gegebenenfalls ein Anhang und ein Lagebericht als Hauptbestandteile zum Jahresabschluss. Die Schlussfolgerung einer mangelnden wirtschaftlichen und finanziellen Leistungsfähigkeit des Bieters aus dem Jahresabschluss muss sachlich begründet sein. So soll zB ein Fehlbetrag in der Bilanz nicht zwingend gegen die finanzielle Leistungsfähigkeit eines Bewerbers sprechen.²⁴

21   Zusätzlich können nach Nr. 2 S. 1 lit. b Abs. 2 von den Bietern **weitere Informationen, zum Beispiel über das Verhältnis zwischen Vermögen und Verbindlichkeiten,** verlangt werden. Wie sich aus der zugrundeliegenden Richtlinienvorschrift des Art. 58 Abs. 3 UAbs. 1 S. 3 RL 2014/24/EU schließen lässt, geht es um eine Erläuterung und Aufklärung zu den Jahresabschlüssen. Zum Beispiel könnte ein positives Verhältnis, bei dem die Höhe des Vermögens die der Verbindlichkeiten übersteigt, einen zusätzlichen Nachweis für eine ausreichende finanzielle Leistungsfähigkeit der Wirtschaftsteilnehmer darstellen (Erwägungsgrund 83 RL 2014/24/EU). Die Forderung entsprechender Angaben unterliegt jedoch einer weiteren Einschränkung. Wie in Art. 58 Abs. 3 UAbs. 3 RL 2014/24/EU vorgesehen, gibt Nr. 2 S. 1 lit. b Abs. 2 S. 2 vor: *„Die Methoden und Kriterien für die Berücksichtigung weiterer Informationen müssen in den Vergabeunterlagen spezifiziert werden; sie müssen transparent, objektiv und nichtdiskriminierend sein."* Mithin muss sich bereits aus der Vergabebekanntmachung ergeben, anhand welcher Verfahrensweisen bzw. Merkmale diese Information in die Prognoseentscheidung des Auftraggebers eingehen soll. Hiermit wird wohl auf die betriebswirtschaftliche Kennzahlenanalyse rekurriert. Betriebswirtschaftliche Kennzahlen stellen eine Zusammenfassung von quantitativen, dh in Zahlen ausdrückbaren Informationen dar, die Auskunft über wichtige betriebliche oder außerbetriebliche Tatbestände geben.²⁵ Differenziert wird zwischen den absoluten Kennzahlen (zB Umsatz, Gewinn, Bilanzsumme) und Verhältniskennzahlen (etwa Lohn- und Gehaltskosten im Verhältnis zu den Gesamtkosten, ausgedrückt in Prozent).²⁶ Gängige betriebswirtschaftliche Kennzahlen sind beispielsweise das Verhältnis von Eigenkapital und Bilanzsumme (Eigenkapitalquote), die Relation zwischen Fremdkapital und Bilanzsumme (Fremdkapitalquote), das Verhältnis des Produktionsergebnisses im Verhältnis zum Einsatz (Produktivität), der Mittelzufluss- bzw. Abfluss (Cash-Flow), die Verwaltungsaufwendungen bzw. -kosten in Relation zu den operativen Erträgen (Cost-Income-Ratio) oder das Verhältnis von Auftragseingängen zu den Umsätzen (Book-to-Bill-Ratio).²⁷ Die Beurteilung von Unternehmenskennzahlen setzt voraus, dass ein Maßstab vorliegt, gegen den die Kennzahl abgeglichen werden kann.²⁸ Dazu zählen etwa Vergleiche mit (Spitzen-)Unternehmen derselben Branche (sog. Benchmarking), mit früheren Perioden (Vorjahresvergleiche) oder Vergleiche mit Soll- oder Planvorgaben (Soll-Ist-Vergleiche). Unabhängig davon, welche Informationen der Auftraggeber fordert, muss diese – hieran sei nochmals erinnert – stets für die Prüfung der Eignung zur Erbringung des konkreten Bauauftrags erforderlich sein (→ Rn. 15).

22   **3. Umsatz (Nr. 2 S. 1 lit. c).** Gemäß Nr. 2 S. 1 lit. c Abs. 1 kann der Auftraggeber als Eignungsnachweis eine **Umsatzerklärung** der Bewerber bzw. Bieter verlangen. Die Parallelregelung in Abschnitt 1 (§ 6a Abs. 2 Nr. 1) stimmt – seit Einführung der VOB/A 2019 – wörtlich mit der Vorgabe des Nr. 2 S. 1 lit. c Abs. 1 überein, sodass auf die Kommentierung des § 6a Abs. 2 Nr. 1 Bezug genommen wird (→ § 6a Rn. 37 ff.).

23   Die in Nr. 2 S. 1 lit. c Abs. 2 S. 1 vorgesehene Möglichkeit, einen **Mindestjahresumsatz** zu verlangen, ergibt sich zwar aus § 6a Abs. 2 Nr. 1 nicht explizit, allerdings belässt auch nach hier vertretenen Auffassung dem Auftraggeber den Spielraum einen bestimmten Mindestjahresumsatz als Mindestbedingung der Eignung zu fordern, sodass auch hinsichtlich dieser Option grundsätzlich auf die Ausführungen zu § 6a Abs. 2 Nr. 1 verwiesen werden kann (→ § 6a Rn. 42 f.).

24   Hinzuweisen ist darüber hinaus darauf, dass der geforderte Mindestjahresumsatz nach Nr. 2 S. 1 lit. c Abs. 2 S. 2 das **Zweifache des geschätzten Auftragswertes grundsätzlich nicht überschreiten** darf. Ein höherer Mindestjahresumsatz darf lediglich in *„begründeten Ausnahmefällen"* ver-

---

[23] Baumbach/Hopt/*Merkt* HGB § 264 Rn. 3.
[24] So OLG Celle Beschl. v. 11.6.2015 – 13 Verg 4/15 BeckRS 2015, 11003 Rn. 42; VK Lüneburg Beschl. v. 1.2.2016 – VgK-51/2015, BeckRS 2016, 5403 [jeweils zur VOL].
[25] *Bonack,* Kennzahlen und Kennzahlensysteme in der modernen Unternehmung mit Hauptaugenmerk auf Balanced Scorecard und Six Sigma, 2010, 2; Gabler Wirtschaftslexikon/*Weber,* Kennzahlen, https://wirtschaftslexikon.gabler.de/definition/kennzahlen-41897/version-265253 (zuletzt abgerufen am 31.5.2021).
[26] *Bonack,* Kennzahlen und Kennzahlensysteme in der modernen Unternehmung mit Hauptaugenmerk auf Balanced Scorecard und Six Sigma, 2010, 5; Gabler Wirtschaftslexikon/*Weber,* Kennzahlen, https://wirtschaftslexikon.gabler.de/definition/kennzahlen-41897/version-265253 (zuletzt abgerufen am 31.5.2021).
[27] Ausführlich *Schmidlin,* Unternehmensbewertung & Kennzahlenanalyse, 2020, 41 ff.
[28] *Bonack,* Kennzahlen und Kennzahlensysteme in der modernen Unternehmung mit Hauptaugenmerk auf Balanced Scorecard und Six Sigma, 2010, 3.

langt werden. Diese betreffen „*spezielle, mit der Wesensart der Bauleistungen, Dienstleistungen oder Lieferungen einhergehende Risiken*" (vgl. Art. 58 Abs. 3 UAbs. 3 S. 1 RL 2014/24/EU). Dies gilt beispielsweise für Situationen, in denen die Ausführung des Auftrags mit hohen Risiken verbunden ist oder in denen eine rechtzeitige und ordnungsgemäße Auftragsausführung von entscheidender Bedeutung ist, weil sie beispielsweise eine notwendige Voraussetzung für die Ausführung anderer Aufträge darstellt.[29] Aber auch in einem solchen Fall muss der Mindestjahresumsatz stets mit dem Gegenstand des Auftrags zusammenhängen und in einem angemessenen Verhältnis hierzu stehen.[30] Mit Blick auf einen Dienstleistungsauftrag mit unbestimmter Laufzeit hat es das OLG Jena für zulässig erachtet, wenn der 48-fache Monatswert als Grundlage für die Festlegung des zu fordernden Mindestjahresumsatzes herangezogen wird.[31] Entscheidet sich der öffentliche Auftraggeber dafür, dass der vorgeschriebene Mindestumsatz höher sein soll, als das Zweifache des geschätzten Auftragswerts, so sind die Gründe gem. Nr. 2 S. 1 lit. c Abs. 2 S. 3 in den Vergabeunterlagen oder in dem Vergabevermerk anzugeben.

Nr. 2 S. 1 lit. c S. 3 und 4 enthalten spezielle Vorgaben für die Festlegung des Mindestumsatzes 25 im Falle der **Losbildung** und bei **Rahmenverträgen.** Bei Ersteren ist grundsätzlich für jedes Los ein gesonderter Mindestumsatz vorzugeben. Der Auftraggeber kann jedoch einen Mindestumsatz für eine bestimmte Losgruppe vorgeben (bei einem Auftrag über den Bau eines kompletten Gebäudes zB bestimmte Ausbauwerke) und festlegen, dass dieser Wert maßgeblich sein soll, wenn ein Bieter den Zuschlag für sämtliche zu dieser Losgruppe gehörenden Einzellose erhält und diese gleichzeitig auszuführen sind. Besteht eine Rahmenvereinbarung mit mehreren Auftragnehmern und sollen (Einzel-)Aufträge auf der Grundlage eines erneuten Aufrufs zum Wettbewerb vergeben werden (vgl. § 4a EU Abs. 4 Nr. 3), so ist der Mindestumsatz unter Zugrundelegung des erwarteten maximalen Umsatzes der spezifischen (Einzel-)Aufträge zu berechnen, die gleichzeitig ausgeführt werden sollen. Ist der erwartete maximale Umsatz der spezifischen (Einzel-)Aufträge nicht bekannt, ist der höchstzulässige Mindestumsatz aufgrund der geschätzten Grundlage der Rahmenvereinbarung selbst zu bemessen. Im Falle von dynamischen Beschaffungssystemen iSd § 4b EU Abs. 1, bemisst sich der maximal zulässige Mindestumsatz auf der Grundlage des erwarteten Höchstumfanges der mittels dieses Systems vergebenen Aufträge.

4. Andere Nachweise der wirtschaftlichen finanziellen Leistungsfähigkeit (Nr. 2 S. 2). 26
Die Vorschrift der Nr. 2 S. 2 regelt, dass der Auftraggeber andere ihm geeignet erscheinende Nachweise der wirtschaftlichen und finanziellen Leistungsfähigkeit zulässt, wenn hierfür stichhaltige Gründe bestehen und ist mit § 6a Abs. 4 vollständig deckungsgleich. Mithin wird auf die Erläuterung des § 6a Abs. 4 verwiesen werden (→ § 6a Rn. 141 ff.).

IV. Nachweis der technischen und beruflichen Leistungsfähigkeit (Nr. 3)

Während die Regelung der wirtschaftlichen und finanziellen Leistungsfähigkeit sowie der 27 dafür zu erbringenden Nachweise nicht abschließend ist, handelt es sich sowohl bei den materiellen Anforderungen an die technische und berufliche Leistungsfähigkeit als auch bei den dafür zu erbringenden Nachweisen um **abschließende Regelungen.**[32] Die öffentlichen Auftraggeber dürfen im Rahmen der Eignungsprüfung keine anderen materiellen Anforderungen an die technische und berufliche Leistungsfähigkeit der Bewerber oder Bieter stellen, als Anforderungen an die erforderlichen personellen und technischen Mittel sowie an die erforderlichen Erfahrungen. Weder darf ein öffentlicher Auftraggeber von den Bewerbern oder Bietern als Nachweis für ihre technische und berufliche Leistungsfähigkeit andere Nachweise als die aufgelisteten Nachweise verlangen, noch kann ein Bewerber oder Bieter seine technische und berufliche Leistungsfähigkeit durch andere Nachweise belegen. Eine Regelung zur Zulässigkeit von gleichwertigen Nachweisen, wie sie in Art. 60 Abs. 3 UAbs. 2 RL 2014/24/EU für die wirtschaftliche und finanzielle Leistungsfähigkeit enthalten ist, gibt es in der RL 2014/24/EU für die technische und berufliche Leistungsfähigkeit nicht.

Im Hinblick auf die technische und berufliche Leistungsfähigkeit können die öffentlichen Auf- 28 traggeber solche Anforderungen stellen, die sicherstellen, dass die Wirtschaftsteilnehmer über die **erforderlichen personellen und technischen Ressourcen sowie Erfahrungen** verfügen, um den Auftrag in angemessener Qualität ausführen zu können.[33]

---

[29] So wörtlich Erwägungsgrund 83 RL 2014/24/EU.
[30] Erwägungsgrund 83 RL 2014/24/EU; zu § 7a VOL/A 2006 bereits VK Sachsen-Anhalt Beschl. v. 10.6.2009 – VK 2 LVwA LSA-13/09, BeckRS 2013, 53765.
[31] OLG Jena Beschl. v. 2.8.2017 – 2 Verg 2/17, NZBau 2018, 176 Rn. 16.
[32] Kapellmann/Messerschmidt/*Glahs* Rn. 14; Beck VergabeR/*Mager* Rn. 27.
[33] Vgl. Art. 58 Abs. 4 UAbs. 1 RL 2014/24/EU.

29   Auch die Anforderungen an die technische und berufliche Leistungsfähigkeit unterliegen dem vergaberechtlichen **Verhältnismäßigkeitsgrundsatz** (§ 2 EU Abs. 1 S. 2) und sind daher auf das zu beschränken, was im Hinblick auf die konkrete Bauaufgabe erforderlich ist.

30   **1. Referenzen (Nr. 3 lit. a).** Nach Nr. 3 lit. a kann der öffentliche Auftraggeber – in Übereinstimmung mit Anlage XII Teil II lit. a ii RL 2014/24/EU – die Vorlage von Nachweisen über die Ausführung von Leistungen, die mit der zu vergebenden Leistung vergleichbar sind (sog. Referenzen), verlangen. Die Regelung ist im Wesentlichen deckungsgleich mit § 6a Abs. 2 Nr. 2, sodass auf die diesbezüglichen Erläuterungen verwiesen wird (→ § 6a Rn. 47 ff.).

31   Abweichend von § 6a Abs. 2 Nr. 2 wird in Nr. 3 lit. a klargestellt, dass *"für die wichtigsten Bauleistungen Bescheinigungen über die ordnungsgemäße Ausführung und das Ergebnis beizufügen sind"*. Hiermit sind Bescheinigung des Referenzgebers gemeint, etwa mittels des Formblatts 444 aus dem Vergabehandbuch des Bundes.[34]

32   **2. Technische Fachkräfte und Stellen (Nr. 3 lit. b).** Die Regelung der Nr. 3 lit. b setzt Art. 58 Abs. 4 RL 2014/24/EU iVm Art. 60 Abs. 4 iVm Anlage XII Teil II lit. b RL 2014/24/EU um und gestattet dem Auftraggeber zum Nachweis der Eignung des Bieters die Angabe der technischen Fachkräfte oder der technischen Stellen zu verlangen, unabhängig davon, ob sie seinem Unternehmen angehören oder nicht, und zwar insbesondere derjenigen, die mit der Qualitätskontrolle beauftragt sind, und derjenigen, über die der Unternehmer für die Errichtung des Bauwerks verfügt. Das diesbezügliche Informationsinteresse des Auftraggebers resultiert daraus, dass nicht zuletzt von den verantwortlichen Personen abhängt, ob der Bieter die notwendige Sicherheit für die Erfüllung der vertraglichen Verpflichtungen bietet (§ 16b EU Abs. 1 S. 2).

33   Mit dem Begriff **Stellen** dürften die entsprechenden Funktionen bzw. Rollen gemeint sein. Der Begriff **Fachkräfte** knüpft wohl an die Funktions- oder Rolleninhaber an.

34   Ob die (abstrakte) Angabe der Stellen oder die Benennung der konkreten Fachkräfte gefordert wird, liegt im Ermessen des Auftraggebers. Er kann sich durchaus die jeweiligen **Stelleninhaber namentlich benennen** lassen.[35] Der öffentliche Auftraggeber darf zusätzlich von dem Bewerber die verbindliche Erklärung verlangen, dass die **Personen im Auftragsfall auch verfügbar sind.**[36] Die vergaberechtliche Zulässigkeit einer solchen Bestätigung folgt unmittelbar aus Nr. 3 lit. b, weil hiernach gerade die Angabe derjenigen Fachkräfte gefordert werden darf, *"die im Zusammenhang mit der Leistungserbringung eingesetzt werden sollen"*, was in der Sache nichts anderes ist, als eine Verfügbarkeitserklärung. Denn eine Verfügbarkeitserklärung, mit der der Bewerber erklärt, bestimmte Personen bei der Leistungserbringung tatsächlich einzusetzen, steht in einem Komplementärverhältnis zur bloßen Angabe von technischen Fachkräften, die bei der Leistungserbringung eingesetzt werden sollen. Nur durch eine derartige Erklärung kann sich ein Auftraggeber die für seine Eignungsprognose erforderliche Gewissheit verschaffen, dass das beim Bewerber grundsätzlich vorhandene Fachpersonal auch tatsächlich eingesetzt wird.[37] Zu bedenken ist allerdings, dass dem Bieter nichts Unmögliches abverlangt werden darf. Mithin muss ihm zugestanden werden, dass Personal zu ersetzen, wenn dem Einsatz des ursprünglich vorgesehenen Personals tatsächliche oder rechtliche Hindernisse entgegenstehen. Die Vorgabe, einen Wechsel der angegebenen Fachkräfte anzuzeigen und für einen adäquaten Ersatz zu sorgen, erscheint zumutbar.[38]

35   In der Sache geht es, wie sich aus dem Wortlaut ergibt, insbesondere um technische Fachkräfte oder Stellen, die **mit der Qualitätskontrolle betraut** sind. Mit der Qualitätskontrolle befasst sein können Qualitätsmanagementbeauftragte, eine Fachkraft für Arbeitssicherheit, jedoch auch der Bauleiter oder der Polier bzw. Schachtmeister. Um Übrigen kann die Angabe all derjenigen technische Fachkräfte oder Stellen verlangt werden, *"über die der Unternehmer für die Errichtung des Bauwerks verfügt"*. Hierzu zählt insbesondere aber nicht ausschließlich das technische Leitungspersonal, also neben dem (interdisziplinär zuständigen) Projektleiter, den verantwortlichen Teilprojektleitern oder technischen Koordinatoren des Auftragnehmers für einzelne Gewerke (zB Maschinentechnik, Traggerüst), dem Verantwortlichen des Auftragnehmers für die Verkehrssicherung namentlich der Bauleiter oder der Polier bzw. Schachtmeister. Umfasst sein können jedoch auch für die Erbringung der konkreten Bauleistung benötigte Spezialisten, wie zB Berufstaucher im Falle der Ausführung von Unterwasserschweißarbeiten.[39]

---

[34] Vgl. VHB Bund Ausgabe 2017 – Stand 2019, Teil 4, Musterformular 444 (Referenzbescheinigung).
[35] VK Bund Beschl. v. 24.1.2020 – VK 1-97/19, IBRRS 2020, 0997.
[36] VK Bund Beschl. v. 24.1.2020 – VK 1-97/19, IBRRS 2020, 0997; *Seeger* in Müller-Wrede VgV § 46 Rn. 48.
[37] VK Bund Beschl. v. 24.1.2020 – VK 1-97/19, IBRRS 2020, 0997.
[38] IdS *Seeger* in Müller-Wrede VgV § 46 Rn. 48.
[39] OLG Düsseldorf Beschl. v. 12.6.2019 – Verg 52/18, NZBau 2020, 258 Rn. 42.

IV. Nachweis der technischen und beruflichen Leistungsfähigkeit (Nr. 3)

Wie sich aus der Wendung „*unabhängig davon, ob sie seinem Unternehmen angehören oder nicht*" **36** unzweifelhaft ergibt, können nicht nur die **im Unternehmen des Bieters** beschäftigten technischen Fachkräfte bzw. im Unternehmen des Bieters vorhandenen technischen Stellen abgefragt werden, sondern alle im Rahmen der Auftragsausführung eingesetzten technischen Fachkräfte bzw. involvierten technischen Stellen, also **auch die der Unterauftragnehmer bzw. Drittunternehmen,** auf deren Kapazitäten der Bieter im Falle der Eignungsleihe zurückgreift.[40]

Der Begriff „**Angabe**" der technischen Fachkräfte oder der technischen Stellen in Nr. 3 lit. b **37** dürfte dem Auftraggeber Spielraum hinsichtlich der Darstellungsform lassen. In Betracht kommt eine schlichte **Auflistung,** jedoch auch ein **Organigramm.**

3. Technische Ausrüstung; Maßnahmen zur Qualitätssicherung (Nr. 3 lit. c). Gegen- **38** stand des Eignungsnachweises kann gemäß der Vorschrift der Nr. 3 lit. c, die sich mit Anlage XII Teil II lit. c RL 2014/24/EU deckt, ferner die Beschreibung der technischen Ausrüstung und Maßnahmen des Unternehmens zur Qualitätssicherung und seiner Untersuchungs- und Forschungsmöglichkeiten sein.

Ob die verfahrensgegenständliche Bauleistung mit Erfolg erbracht werden kann, hängt nicht **39** zuletzt von den sachlichen Ressourcen des Bieters ab. Unter der „**technische Ausrüstung**" dürften alle Geräte, Maschinen und Werkzeuge fallen, die unmittelbar für die Ausführung der Bauleistung benötigt werden (im Einzelnen → Rn. 56 ff.).

Verlangt werden kann auch eine Beschreibung der Maßnahmen des Bieters zur **Qualitätssiche- 40 rung.** Ziel der Qualitätssicherung ist es, potenziell negative Einflüsse auf die Qualität eines Endproduktes zu erkennen und zu beseitigen. Die Qualitätssicherung gewährleistet also, dass die Vorgaben des Qualitätsmanagements eingehalten und korrekt umgesetzt werden. Im Rahmen der Qualitätssicherung sind alle Tätigkeiten und Abläufe innerhalb des Unternehmens in den Blick zu nehmen und daraufhin zu überprüfen, inwiefern sie den selbstgesetzten Qualitätszielen entsprechen (→ § 6c EU Rn. 7).[41] Das diesbezügliche Informationsinteresse des Auftraggebers ergibt sich daraus, dass die Wahrscheinlichkeit einer mangelfreien Herstellung des Werkes mit der Einhaltung allgemeiner und spezieller Maßnahme zur Sicherung der Qualität steigt. Als Beleg für die Umsetzung von Maßnahmen des Bieters zur Qualitätssicherung während der Auftragsausführung kommt insbesondere der Nachweis der Einhaltung bestimmter Qualitätsstandards, etwa der DIN EN ISO 9001, in Betracht (→ § 6c EU Rn. 8 ff.). Sofern der öffentliche Auftraggeber zum Nachweis dafür, dass der Bewerber oder Bieter bestimmte Normen der Qualitätssicherung erfüllt, weitergehende Nachweise als Eigenerklärungen verlangt, insbesondere Bescheinigungen unabhängiger Stellen, sind zudem die Vorgaben des § 6c EU Abs. 1 zu beachten. § 6c EU Abs. 1 regelt, welche Anforderungen der öffentliche Auftraggeber an **Nachweise** für die Erfüllung von **Systemen oder Normen des Qualitätsmanagements** stellen kann. Im Zusammenspiel mit § 6a EU Nr. 3c enthält § 6c EU lediglich nähere Vorgaben zu den Nachweisen für entsprechende Eignungsanforderungen, während die Festlegung entsprechender Eignungskriterien selbst auf der Grundlage von § 6a EU Nr. 3c) erfolgt (→ § 6c EU Rn. 1).[42]

Darüber hinaus kann der Auftraggeber die Angabe bzw. eine Beschreibung der **Untersu- 41 chungs- und Forschungsmöglichkeiten** verlangen. In Betracht kommt beispielsweise eine Kooperation mit wissenschaftlichen Einrichtungen, etwa in Gestalt der Betreuung von Diplomarbeiten oder eine sonstige Beteiligung an Forschungsprojekten.[43] Auch eigene Aktivitäten bzw. Ressourcen des Bieters sind ggf. zu berücksichtigen (zB Vorhandensein oder Kooperation mit Labor für Bodenuntersuchung, Befassung mit der Entwicklung bzw. Weiterentwicklung von Baugeräten oder Baumaschinen). Da die Forderung von Eignungsnachweisen stets angemessen sein muss, kommt die Abfrage oder der Nachweis von Forschungsmöglichkeiten nicht bei jedem Bauauftrag in Betracht, sondern nur, wenn die Bauaufgabe ein Potenzial für Forschung und Untersuchung bietet. Zu denken ist an Aufträge, die eine innovative Lösung erfordern.[44]

---

[40] VK Bund Beschl. v. 24.1.2020 – VK 1-97/19, IBRRS 2020, 0997.
[41] Concept Pro, Artikel „QM Vs. QS – Welcher Unterschied besteht zwischen Qualitätsmanagement und Qualitätssicherung?" im Internet abrufbar unter https://www.concept-pro.de/blog/qm-vs-qs-welcher-unterschied-besteht-zwischen-qualitaetsmanagement-und qualitaetssicherung/ (zuletzt abgerufen am 31.5.2021).
[42] IdS (zu § 49 VgV) VK Bund Beschl. v. 19.7.2019 – VK 1-39/19, BeckRS 2019, 19883 Rn. 444 f.; *Schimanek* jurisPR-VergR 11/2019 Anm. 5; zu § 46 Abs. 3 Nr. 7 VgV: *Hattenhauer/Butzert* ZfBR 2017, 129 (131); allgemein zur Unterscheidung von Eignungskriterien und Eignungsnachweisen: Beck VergabeR/*Opitz* GWB § 122 Rn. 56.
[43] *Seeger* in Müller-Wrede VgV § 46 Rn. 52; HK-VergabeR/*Tomerius* VgV § 46 Rn. 9.
[44] *Seeger* in Müller-Wrede VgV § 46 Rn. 52.

42 **4. Lieferkettenmanagement- und -überwachungssystem (Nr. 3 lit. d).** Durch Nr. 3 lit. d wird dem Auftraggeber – wie in Anlage XII Teil II lit. d RL 2014/24/EU vorgesehen – die Möglichkeit eingeräumt, zum Nachweis der beruflichen und technischen Leistungsfähigkeit die „*Angabe des Lieferkettenmanagement- und -überwachungssystems, das dem Unternehmen zur Vertragserfüllung zur Verfügung steht*", zu fordern.

43 Unter einem **Lieferkettenmanagement** (Supply Chain Management – SCM) ist der Aufbau und die Verwaltung einer prozessorientierten Steuerung der Material- und Informationsflüsse über den gesamten Wertschöpfungsprozess, beginnend bei der Rohstoffgewinnung über die Veredelungsstufen bis hin zum Endverbraucher zu verstehen. Der Begriff des Lieferkettenmanagements beschreibt mithin die aktive Gestaltung aller Prozesse, um Kunden oder Märkte wirtschaftlich mit Produkten, Gütern und Dienstleistungen zu versorgen. Zu unterscheiden ist das Lieferkettenmanagements vom Topos „Logistik". Während die Logistik die physischen Aktivitäten (Lagerhaltung, Transport, Distribution) beschreibt, umfasst das Lieferkettenmanagement neben diesen physischen Komponenten auch die begleitenden Auftragsabwicklungs- und Geldflussprozesse. Durch den Austausch von planungsrelevanten Daten können die Beschaffungs-, Produktions- und Vertriebsplanungen auf den verschiedenen Stufen aufeinander abgestimmt werden und die Unternehmen können auf Störungen unmittelbar mit Planänderungen reagieren.[45]

44 Der Begriff des **Lieferkettenüberwachungssystems** (Supply Chain Monitoring) bezeichnet alle operative Aktivitäten zur Steuerung und Kontrolle der Lieferkette. Das Lieferkettenüberwachungssystem ist Teil des Lieferkettenmanagements. Ziel der Lieferkettenüberwachung ist das frühzeitige Erkennen von möglichen Störquellen der Lieferkette und das Ergreifen von Gegenmaßnahmen zur Verhinderung einer Unterbrechung der Lieferkette.[46]

45 Diese Nachweisanforderung ist vorrangig bei Lieferaufträgen von Relevanz. Im Baubereich dürfte sich die Forderung des Nachweises eines Lieferkettenmanagement- und -überwachungssystems nur dann rechtfertigen lassen, wenn ein besonderer Grund hierfür gegeben ist, etwa bei der Verwendung von speziellen, schwer zu beschaffenden Baustoffen[47] oder im Falle der Verwendung von Materialien, die erfahrungsgemäß in Regionen außerhalb des EU-Wirtschaftsraums beschafft werden und bei deren Import es zu Schwierigkeiten kommen kann.

46 **5. Studiennachweise bzw. Bescheinigung über berufliche Befähigung (Nr. 3 lit. e).** Gemäß Nr. 3 lit. e können, wie auch in Anlage XII Teil II lit. f RL 2014/24/EU vorgesehen, als Beleg der beruflichen und technischen Leistungsfähigkeit Studiennachweise und Bescheinigungen über die berufliche Befähigung des Dienstleisters oder Unternehmers und/oder der Führungskräfte des Unternehmens gefordert werden, sofern sie nicht als Zuschlagskriterium bewertet werden. Das diesbezügliche Informationsinteresse des Auftraggebers folgt daraus, dass nicht zuletzt von der Qualifikation der Entscheidungsträger im Unternehmen abhängt, ob der Bieter die notwendige Sicherheit für die Erfüllung der vertraglichen Verpflichtungen bietet (§ 16b EU Abs. 1 S. 2).

47 Unter **Studiennachweisen** sind Zeugnisse von Hochschulen und Fachhochschulen über das Absolvieren eines Erststudium (insbes. Magister bzw. Bachelor, Diplom bzw. Master, Staatsexamen)[48] oder eines Postgraduiertenstudiums (zB Diplom-Wirtschaftsingenieur) zu begreifen. Der Begriff **Bescheinigungen über die berufliche Befähigung** ist weit zu interpretieren und umfasst alle in Betracht kommenden beruflichen Qualifikationen, also zB Meisterbrief, Gesellenbrief, Fortbildungszertifikate, Nachweise über Herstellerschulungen etc. Verlangt werden können diese Nachweise allerdings nicht für alle Mitarbeiter, sondern nur für den **„Dienstleister"** bzw. **„Unternehmer"**. Hierunter dürften der bzw. die Geschäftsinhaber oder Gesellschafter des Bieters zu verstehen sein. Außerdem können entsprechende Nachweise für Führungskräfte verlangt werden. **Führungskräfte** sind die vertretungsberechtigten Organe einer juristischen Person oder dessen Mitglieder (zB Geschäftsführer), der Vorstand eines nicht rechtsfähigen Vereins oder dessen Mitglieder sowie der vertretungsberechtigte Gesellschafter einer rechtsfähigen Personengesellschaft und die Verantwortlichen der „zweiten Leitungsebene" (Generalbevollmächtigte, Prokuristen, Handlungsbevollmächtigte). Auch das technische Leitungspersonal iSv Nr. 3 lit. g, insbes. Projekt- und Bauleiter, wird

---

[45] *Arnold*, Handbuch Logistik, 2008, B.6.1, 459; Gabler Wirtschaftslexikon/*Voigt*, Supply Chain Management (SCM), https://wirtschaftslexikon.gabler.de/definition/supply-chain-management-scm-49361 (zuletzt abgerufen am 31.5.2021); MMLogistik. Das Portal für Industrie und Handel, https://www.mm-logistik.vogel.de/was-ist-supply-chain-management-definition-beispiel-ziele-a-614558/ (zuletzt abgerufen am 16.1.2021).

[46] *Betge*, Koordination in Advanced Planning and Scheduling-Systemen, 2006, 63 ff.; *Werner*, Supply Chain Management, 2020, 393 ff.

[47] IdS jurisPK VergabeR/*Summa* Rn. 87; Beck VergabeR/*Mager* Rn. 37.

[48] Ähnlich *Seeger* in Müller-Wrede VgV § 46 Rn. 60.

man zu den projektbezogenen Führungskräften rechnen können, für die die Vorlage von Studiennachweisen und Bescheinigungen über die berufliche Befähigung verlangt werden kann.

48 Wie für alle Eignungsnachweise, gilt auch für Studiennachweise bzw. Bescheinigungen über berufliche Befähigung, dass diese **angemessen** sein müssen, dh im Hinblick auf den Auftragsgegenstand erforderlich sein müssen. In einem Fall, in dem es um die Erbringung von Gebäudereinigungsleistungen ging, hat das OLG Düsseldorf zB die Auffassung vertreten, dass unter Berücksichtigung des konkreten Leistungsgegenstandes, der vom Auftraggeber geforderte Nachweis einer Meisterprüfung unverhältnismäßig hoch ist, weil für die Leistungserbringung die Kenntnisse eines Gesellen ausreichend sind.[49]

49 Voraussetzung dafür, dass der Auftraggeber als Eignungsnachweis Studiennachweise und Bescheinigungen über die berufliche Befähigung des Dienstleisters oder Unternehmers und/oder der Führungskräfte des Unternehmens fordern darf, ist gem. Nr. 3 lit. e schließlich, dass diese **nicht im Rahmen der Zuschlagskriterien bewertet** werden. Hintergrund dieser Einschränkung ist, dass mit der VOB/A 2016 die Möglichkeit geschaffen wurde, als Zuschlagskriterium auch auf die Qualifikation und Erfahrung des mit der Ausführung des Auftrags betrauten Personals abzustellen, wenn die Qualität des eingesetzten Personals erheblichen Einfluss auf das Niveau der Auftragsausführung haben kann (vgl. § 16d EU Abs. 2 Nr. 2 lit. b). Diese Option des Auftraggebers ändert jedoch anerkanntermaßen nichts an dem Grundsatz der strikten Trennung von Eignungs- und Zuschlagskriterien.[50] Hiernach ist prinzipiell von dem Verbot eines „Mehr an Eignung" auszugehen. Dh konkret, dass die Kriterien, anhand derer der öffentliche Auftraggeber die Eignung eines Bieters beurteilt (sog. „zweite Wertungsstufe"), nicht noch einmal bei der Entscheidung darüber herangezogen werden dürfen, welches Angebot das wirtschaftlichste ist (sog „vierte Wertungsstufe"), indem zum Beispiel derjenige Bieter den Zuschlag erhält, der über besser qualifizierte Mitarbeiter verfügt.[51] Mithin gilt weiterhin ein Doppelverwertungsverbot, dh der Auftraggeber muss sich entscheiden, ob er bieterbezogene Anforderungen – klassisch – im Rahmen der Eignungskriterien oder nach Maßgabe des neuen § 16d EU Abs. 2 Nr. 2 lit. b ausnahmsweise als Zuschlagskriterium berücksichtigt.[52]

50 **6. Umweltmanagementmaßnahmen (Nr. 3 lit. f).** Auf der Grundlage der Nr. 3 lit. f, deren unionsrechtliche Grundlage in Anlage XII Teil II lit. c RL 2014/24/EU zu finden ist, kann die Eignung von der *„Angabe der Umweltmanagementmaßnahmen, die der Unternehmer während der Auftragsausführung anwenden kann"*, abhängig gemacht werden.

51 Ein entsprechendes Informationsinteresse des Auftraggebers kann sich daraus ergeben, dass Bauleistungen zu erbringen sind, die eine Umweltrelevanz haben, dh bei deren Ausführung es zu (schädlichen) Einwirkungen auf Umweltgüter kommen kann. In diesem Fall besteht aus Sicht des öffentlichen Auftraggebers Anlass, sich damit zu befassen, ob die Umweltverträglichkeit der betrieblichen Produkte und Prozesse nachhaltig gesichert ist.[53]

52 Nicht nur diese Zielsetzung, sondern auch die Wendung *„während der Auftragsausführung"* verdeutlicht, dass die Anforderung entsprechender Angaben – wie bei allen Eignungsnachweisen – nur zulässig ist, wenn sich dies mit Blick auf den Auftragsgegenstand rechtfertigen lässt. Ob dies der Fall ist, hängt davon ab, ob und inwieweit mit der Auftragsausführung Auswirkungen auf Boden, Luft, Gewässer oder Klima einhergehen oder Gefahren für Umweltgüter entstehen. Denkbar ist dies insbesondere, wenn Bauverfahren zum Einsatz kommen, die nicht unerhebliche Umweltauswirkungen haben, etwa Baumischverfahren (zB sog. Mixed-In-Place- oder Soil-Mixing-Verfahren), bei denen zur Stabilisierung des Bodens oder zur Herstellung von (Beton-)Abdichtungen in den vorhandenen Boden Bindemittel, erforderliches Wasser und evtl. zusätzliche Stoffe eingebracht werden (→ § 6c EU Rn. 25).

53 Unter **Umweltmanagement** iSd Nr. 3 lit. f ist der Teil des Gesamtmanagements einer Organisation zu begreifen, der die Umweltschutzbelange betrifft.[54] Das Umweltmanagement umfasst alles Erforderliche zur Festlegung, Durchführung, Verwirklichung und Überprüfung der Einhaltung der

---

[49] OLG Düsseldorf Beschl. v. 21.12.2011 – Verg 74/11, NZBau 2012, 321 (322); HK-VergabeR/*Tomerius* VgV § 46 Rn. 12.
[50] EuGH Urt. v. 24.1.2008 – C-532/06 ECLI:EU:C:2008:40 Rn. 26 = NZBau 2008, 262 ff. – Lianakis; OLG Frankfurt a. M. Beschl. v. 28.5.2013 – 11 Verg 6/13, BeckRS 2013, 10982; OLG Frankfurt a. M. ZfBR 2006, 383 (386); OLG Düsseldorf Beschl. v. 7.11.2012 – VII-Verg 24/12, NZBau 2013, 184 (186).
[51] *Dittmann* NZBau 2013, 746 (747 f.).
[52] *Reidt/Stickler/Glahs/Hövelberndt* GWB § 127 Rn. 54; *Otting* VergabeR 2016, 316 (325); *Reichling/Scheumann* GewArch 2016, 332 (336).
[53] *Franke/Kemper/Zanner/Grünhagen/Mertens/Mertens* § 6a Rn. 29.
[54] VK Schleswig-Holstein Beschl. v. 22.4.2008 – VK SH 03/08; *Umweltbundesamt*, Artikel „Umwelt- und Energiemanagement" im Internet abrufbar unter https://www.umweltbundesamt.de/themen/wirtschaft-konsum/wirtschaft-umwelt/umwelt-energiemanagement (zuletzt abgerufen am 31.5.2021).

Umweltpolitik bzw. der selbst gesetzten oder (zB durch Gesetze) vorgegebenen Umweltziele der Organisation, also Planungstätigkeiten, Festlegung der zur Zielerreichung erforderlichen Organisationsstruktur, der Zuständigkeiten sowie der bei Durchführung und Überwachung der jeweiligen Ziele einzusetzenden Verfahren und Instrumente (→ § 6c EU Rn. 25).[55]

54 Als Beleg für die Anwendung von Umweltmanagementmaßnahmen während der Auftragsausführung kommt insbesondere der Nachweis der Einhaltung bestimmter Umweltstandards, etwa EMAS oder der DIN EN ISO 14001, in Betracht (→ § 6c EU Rn. 27 ff.). Sofern der öffentliche Auftraggeber zum Nachweis dafür, dass Bewerber oder Bieter bestimmte Systeme oder Normen des Umweltmanagements erfüllen, weitergehende Nachweise als Eigenerklärungen verlangt, insbesondere Bescheinigungen unabhängiger Stellen, sind zudem die Vorgaben des § 6c EU Abs. 2 zu beachten. § 6c EU Abs. 2 regelt, welche Anforderungen der öffentliche Auftraggeber an **Nachweise** für die Erfüllung von **Systemen oder Normen des Umweltmanagements** stellen kann. Im Zusammenspiel mit § 6a EU Nr. 3 lit. f enthält § 6c EU Abs. 2 lediglich nähere Vorgaben zu den Nachweisen für entsprechende Eignungsanforderungen, während die Festlegung entsprechender Eignungskriterien selber sedes materiae des § 6a EU Nr. 3 lit. c ist (→ § 6c EU Rn. 1).[56]

55 **7. Personal (Nr. 3 lit. g).** Nr. 3 lit. g nennt als weitere denkbare Nachweise der beruflichen und technischen Leistungsfähigkeit *"Angaben über die Zahl der in den letzten drei abgeschlossenen Kalenderjahren jahresdurchschnittlich beschäftigten Arbeitskräfte, gegliedert nach Lohngruppen mit gesondert ausgewiesenem technischen Leitungspersonal"* und deckt sich damit vollständig mit dem unter § 6a Abs. 2 Nr. 3 beschriebenen Eignungsnachweis, sodass auf die diesbezüglichen Erläuterungen verwiesen wird (→ § 6a Rn. 59).

56 **8. Geräte; technische Ausrüstung (Nr. 3 lit. h).** Gemäß der – auf Anlage XII Teil II lit. i RL 2014/24/EU basierenden – Vorschrift der Nr. 3 lit. h kann der Auftraggeber als Beleg für die Eignung *"eine Erklärung, aus der hervorgeht, über welche Ausstattung, welche Geräte und welche technische Ausrüstung das Unternehmen für die Ausführung des Auftrags verfügt"*, verlangen.

57 In Anbetracht dessen, dass Bauaufträge in der Regel nur mithilfe der entsprechenden sachlichen Mittel ausgeführt und abgewickelt werden können, liegt das Informationsinteresse des Auftraggebers auf der Hand.

58 In der Literatur wird in der Regelung zum Teil eine überflüssige **Doppelung** gesehen, weil bereits nach **Nr. 3 lit. c** eine Beschreibung der technischen Ausrüstung gefordert werden kann.[57] Zumindest für den Begriff der technischen Ausrüstung erscheint dies nachvollziehbar. Diese Frage bedarf aber keiner Entscheidung, da es nicht darauf ankommt, ob der Auftraggeber die Aufforderung zur Vorlage entsprechender Belege auf Nr. 3 lit. c oder Nr. 3 lit. h zu stützen hat. Von Bedeutung ist lediglich, dass er entsprechende Nachweise zu fordern berechtigt ist.

59 Der Begriff der **"Ausstattung"** kann – in Abgrenzung zum Topos der "technischen Ausrüstung" – dahingehend ausgelegt werden, dass er die grundlegenden Mittel des Unternehmens umfasst, welche im Rahmen der Auftragsbearbeitung benötigt werden, zB eine Software zur Verarbeitung von GAEB-Dateien, eine Projektmanagement(PMS)-Software oder die Kolonnenfahrzeuge des Unternehmens.

60 Der Begriff **"Geräte"** dürfte keine eigenständige Bedeutung haben, sondern von der Begrifflichkeit der "technischen Ausrüstung" umfasst sein. Unter der **"technischen Ausrüstung"** sind alle Gerätschaften, Maschinen und Werkzeuge zu fassen, die unmittelbar für die Ausführung der Bauleistung benötigt werden, zB eine Vortriebsmaschine bei Kanalbauarbeiten mit Rohrvortrieb, Asphaltfertiger und Straßenwalzen bei Straßenbauarbeiten, Bagger, Baugrubenverbau sowie Gaswarngeräte bei der Herstellung von Baugruben und Schächten.

61 Als Nachweis der technischen Ausrüstung kann ggf. die Vorlage einer erforderlichen **Genehmigung** verlangt werden; bedarf der Bieter einer solchen für den Betrieb seiner technischen Ausrüstung kann die Leistungsfähigkeit nur dann sicher festgestellt werden, wenn Gewissheit über das Vorliegen der Genehmigung oder wenigstens über die Genehmigungsfähigkeit besteht.[58] Auch eine **Herstel-**

---

[55] IdS Ingenstau/Korbion/*Schranner* § 6c EU Rn. 3; Art. 2 Nr. 13 VO (EG) 1221/2009.
[56] IdS (zu § 49 VgV) VK Bund Beschl. v. 19.7.2019 – VK 1-39/19, BeckRS 2019, 19883 Rn. 444 f.; *Schimanek* jurisPR-VergR 11/2019 Anm. 5; zu § 46 Abs. 3 Nr. 7 VgV: *Hattenhauer/Butzert* ZfBR 2017, 129 (131); allgemein zur Unterscheidung von Eignungskriterien und Eignungsnachweisen: Beck VergabeR/*Opitz* GWB § 122 Rn. 56.
[57] Zum Verhältnis von § 6a EU Nr. 3 lit. c und h: Beck VergabeR/*Mager* Rn. 44; zum Verhältnis von § 46 Abs. 3 Nr. 3 und 9 VgV: *Hausmann/Kern* in KKMPP VgV § 46 Rn. 30; Ziekow/Völlink/*Goldbrunner* VgV § 46 Rn. 35.
[58] OLG Düsseldorf Beschl. v. 9.7.2003 – Verg 26/03, BeckRS 2006, 01806 (zu § 7EG VOL/A); OLG Frankfurt a. M. Beschl. v. 18.9.2015 – 11 Verg 9/15, ZfBR 2016, 296 (299).

IV. Nachweis der technischen und beruflichen Leistungsfähigkeit (Nr. 3)   62–65   § 6a EU VOB/A

lerbescheinigung kommt als Nachweis für das Vorhandensein einer bestimmten technischen Ausrüstung in Betracht.[59]

Der Bieter muss im Zeitpunkt der Eignungsprüfung noch nicht zwingend über die erforderliche **62** Ausstattung oder technische Ausrüstung verfügen. Es reicht in der Regel aus, wenn die im Einzelfall erforderliche Ausstattung oder technische Ausrüstung **im Zeitpunkt der Durchführung der Bauleistung mit hinreichender Sicherheit zur Verfügung stehen wird.**[60] Hierzu muss der Auftraggeber im Rahmen seines Beurteilungsspielraums eine Prognose treffen.[61] Sofern begründete Zweifel an der Beschaffung bis zum Leistungsbeginn bestehen, kann – sofern dies in der Vergabebekanntmachung angegeben wird – auch auf einen anderen, früheren Zeitpunkt, zB den Zeitpunkt der Angebotsabgabe oder Zuschlagserteilung, abgestellt werden[62] oder zumindest die Vorlage von Nachweisen verlangt werden, welche Aufschluss über das Vorhandensein der technischen Ausstattung oder Ausrüstung zum Zeitpunkt des Ausführungsbeginns geben, wie zB Miet- oder Leasingverträge.[63]

9. Unterauftragnehmer (Nr. 3 lit. i). Die Option des Auftraggebers, sich die Teile des Auf- **63** trags benennen zu lassen, die er durch Unterauftragnehmer erfüllen lassen will, geht auf **Art. 58 Abs. 4 RL 2014/24/EU iVm Art. 60 Abs. 4 RL 2014/24/EU iVm Anhang XII Teil II lit. j. RL 2014/24/EU sowie auf Art. 71 Abs. 2 RL 2014/24/EU** zurück.

Angesichts dessen, dass – sofern kein Fall der Eignungsleihe iSv § 6d EU vorliegt – der Bieter grundsätzlich selbst über die erforderliche Eignung verfügen muss, ist auf den ersten Blick nicht einsichtig, weshalb die Nachunternehmer(-leistungen) benannt werden sollen.[64] Es besteht gleichwohl ein Interesse des Auftraggebers an der Klärung der Frage, ob bzw. inwieweit Nachunternehmer in die Leistungserbringung einbezogen werden sollen, weil es Auswirkungen auf die Qualität der Leistung haben kann, wenn die Leistungen in nicht unerheblichem Umfang von Dritten erbracht werden.[65] Mithin müssen auch die Unterauftragnehmer in die Eignungsprüfung einbezogen werden.

Mit Angebotsabgabe kann der öffentliche Auftraggeber, wie in Nr. 3 lit. i vorgesehen, zunächst **64** auffordern, die Teile des Auftrags zu benennen, die der Bieter unter Umständen als Unteraufträge zu vergeben beabsichtigt. Im Nachgang können jedoch weitere Angaben verlangt werden. Die **Bekanntgabe der Nachunternehmer und deren Nachunternehmer mit Namen, gesetzlichen Vertretern und Kontaktdaten** gegenüber dem Auftraggeber hat laut der Vorschrift des § 4 Abs. 8 Nr. 3 VOB/B – die gem. § 8a EU Abs. 1 S. 1 notwendiger Bestandteil der Vergabeunterlagen ist – spätestens bis zum Leistungsbeginn des Nachunternehmers zu erfolgen. Ferner sind nach **§ 4 Abs. 8 Nr. 3 VOB/B** auf Verlangen des Auftraggebers für die Nachunternehmer Erklärungen und Nachweise zur Eignung vorzulegen. Es dürfte jedoch im Regelfall zulässig sein, die Bekanntgabe des Namens der Nachunternehmer und die Vorlage von Eignungsnachweisen für diese – ähnlich, wie in § 36 Abs. 1 S. 2 und Abs. 5 VgV vorgesehen –[66] jedenfalls von den Bietern, deren Angebote in die engere Auswahl kommen, bereits **vor der Zuschlagserteilung** zu fordern, es sei denn, entsprechende Angaben sind den Bietern unter Berücksichtigung der Besonderheiten des Auftragsgegenstandes nicht zumutbar. Hierfür spricht der Wortlaut des § 4 Abs. 8 Nr. 3 VOB/B („*spätestens*") sowie eine Auslegung im Lichte der Vorschrift des Art. 71 Abs. 2 RL 2014/24/EU, die diese Möglichkeit ebenfalls vorsieht.[67] Diese Vorgehensweise entspricht auch gängiger Praxis.[68]

Die Vorgabe der Benennung von **„Teilen des Auftrags"**, die an Unterauftragnehmer vergeben **65** werden soll, dürfte die **Forderung einer exakten Angabe der Position oder Ordnungszahl des Leistungsverzeichnisses** rechtfertigen, bei deren Ausführung ein Unterauftragnehmer eingesetzt

---

[59] 30; OLG München Beschl. v. 17.1.2013 – Verg 30/12, BeckRS 2013, 1364; OLG Frankfurt a. M. Beschl. v. 18.9.2015 – 11 Verg 9/15, ZfBR 2016, 296 (299).
[60] IdS OLG Düsseldorf Beschl. v 26.7.2017 – VII-Verg. 11/17 BeckRS 2017, 128802 Rn. 30; OLG München Beschl. v. 17.1.2013 – Verg 30/12, BeckRS 2013, 1364; OLG Brandenburg Beschl. v. 5.1.2006 – Verg W 12/05, ZfBR 2006, 503 (506).
[61] OLG Düsseldorf Beschl. v. 23.5.2012 – VII Verg 4/12, BeckRS 2012, 18207.
[62] IdS OLG Düsseldorf Beschl. v. 23.5.2012 – VII Verg 4/12, BeckRS 2012, 18207; Ziekow/Völlink/*Goldbrunner* VgV § 46 Rn. 25.
[63] HK-VergabeR/*Tomerius* VgV § 46 Rn. 9.
[64] IdS wohl jurisPK VergabeR/*Summa* Rn. 98 ff.
[65] OLG München Beschl. v. 28.4.2006 – Verg 6/06, BeckRS 2006, 07979; *Seeger* in Müller-Wrede VgV § 46 Rn. 76.
[66] § 36 Abs. 5 VgV ermöglich dem Auftraggeber im Übrigen – entgegen dem etwas missverständlichen Wortlaut – nicht nur eine Prüfung auf das Vorliegen von Ausschlussgründen iSd §§ 123, 124 GWB, sondern auch eine Überprüfung der Eignung; vgl. hierzu *Plauth* in Müller-Wrede VgV § 36 Rn. 71 f.
[67] § 4 Abs. 8 Nr. 3 VOB/B wurde im Hinblick auf die Vorgaben des Art. 71 Abs. 5 RL 2014/24/EU erweitert. Vgl. hierzu: *Plauth* in Müller-Wrede VgV UVgO VgV § 36 Rn. 13.
[68] Vgl. VHB Bund Ausgabe 2017 – Stand 2019, Teil 2, Musterformular 233 (Verzeichnis der Nachunternehmerleistungen).

V. Datenschutzrechtliche Grenzen der Anforderung von Eignungsnachweisen

66   Wenn der öffentliche Auftraggeber Nachweise bzw. Angaben nach Nr. 1–3 fordert, enthalten diese vielfach personenbezogene Daten im Sinne datenschutzrechtlicher Vorschriften, namentlich des Art. 1 Abs. 1 DS-GVO. Mithin muss die Anforderung der Nachweise bzw. Angaben bzw. der Umgang mit ihnen datenschutzrechtlichen Anforderungen genügen. Das – nach datenschutzrechtlichen Vorgaben erforderliche – **berechtigte Interesse des öffentlichen Auftraggebers** an der Verarbeitung der Daten der Bewerber/Bieter dürfte sich daraus ergeben, dass der öffentliche Auftraggeber nach § 16b EU zur Prüfung der Eignung verpflichtet ist und hierzu die entsprechenden Nachweise bzw. Angaben benötigt.[71] Als Rechtsgrundlage kommen daher für den öffentlichen Auftraggeber Art. 6 Abs. 1 S. 1 lit. c DS-GVO iVm Art. 6 Abs. 3 DS-GVO iVm §§ 97 ff. GWB in Betracht.[72] Da sich die weitere Rechtslage nicht von derjenigen in Abschnitt 1 unterscheidet, wird im Übrigen auf die Ausführungen zu § 6a Bezug genommen (→ § 6a Rn. 137 ff.).

§ 6b EU Mittel der Nachweisführung, Verfahren

(1) ¹Der Nachweis, auch über das Nichtvorliegen von Ausschlussgründen nach § 6eEU, kann wie folgt geführt werden:
1. durch die vom öffentlichen Auftraggeber direkt abrufbare Eintragung in die allgemein zugängliche Liste des Vereins für die Präqualifikation von Bauunternehmen e.V. (Präqualifikationsverzeichnis). Die im Präqualifikationsverzeichnis hinterlegten Angaben werden nicht ohne Begründung in Zweifel gezogen. Hinsichtlich der Zahlung von Steuern und Abgaben sowie der Sozialversicherungsbeiträge kann grundsätzlich eine zusätzliche Bescheinigung verlangt werden.
Die Eintragung in ein gleichwertiges Verzeichnis anderer Mitgliedstaaten ist als Nachweis ebenso zugelassen.
2. durch Vorlage von Einzelnachweisen. Der öffentliche Auftraggeber kann vorsehen, dass für einzelne Angaben Eigenerklärungen ausreichend sind. Eigenerklärungen, die als vorläufiger Nachweis dienen, sind von den Bietern, deren Angebote in die engere Wahl kommen, durch entsprechende Bescheinigungen der zuständigen Stellen zu bestätigen.
²Der öffentliche Auftraggeber akzeptiert als vorläufigen Nachweis auch eine Einheitliche Europäische Eigenerklärung (EEE).

(2)
1. Wenn dies zur angemessenen Durchführung des Verfahrens erforderlich ist, kann der öffentliche Auftraggeber Bewerber und Bieter, die eine Eigenerklärung abgegeben haben, jederzeit während des Verfahrens auffordern, sämtliche oder einen Teil der Nachweise beizubringen.
2. Beim offenen Verfahren fordert der öffentliche Auftraggeber vor Zuschlagserteilung den Bieter, an den er den Auftrag vergeben will und der bislang nur eine Eigenerklärung als vorläufigen Nachweis vorgelegt hat, auf, die einschlägigen Nachweise unverzüglich beizubringen und prüft diese.
3. ¹Beim nicht offenen Verfahren, beim Verhandlungsverfahren sowie beim wettbewerblichen Dialog und bei der Innovationspartnerschaft fordert der öffentliche Auftraggeber die in Frage kommenden Bewerber auf, ihre Eigenerklärungen durch einschlägige Nachweise unverzüglich zu belegen und prüft diese. ²Dabei sind die Bewerber auszuwählen, deren Eignung die für die Erfüllung der vertraglichen Verpflichtungen notwendige Sicherheit bietet.
4. Der öffentliche Auftraggeber greift auf das Informationssystem e-Certis zurück und verlangt in erster Linie jene Arten von Bescheinigungen und dokumentarischen Nachweisen, die von e-Certis abgedeckt sind.

---

[69] Franke/Kemper/Zanner/Grünhagen/Mertens/*Mertens* § 6a Rn. 35.
[70] Vgl. VHB Bund Ausgabe 2017 – Stand 2019, Teil 2, Musterformular 233 (Verzeichnis der Nachunternehmerleistungen).
[71] OLG München Beschl. v. 13.3.2017 – Verg 15/16, NZBau 2017, 371 (375).
[72] *Hattig/Oest* VergabeNavigator 1/2019, 8 (9).

(3) Unternehmen müssen keine Nachweise vorlegen,
– sofern und soweit die Zuschlag erteilende Stelle diese direkt über eine gebührenfreie nationale Datenbank in einem Mitgliedstaat erhalten kann, oder
– wenn die Zuschlag erteilende Stelle bereits im Besitz dieser Nachweise ist.

Schrifttum: *Birk,* Die einheitliche europäische Eigenerklärung als Eignungsnachweis im Vergaberecht, VR 2020, 84; *Meißner,* „Wann ist der Bieter geeignet?", VergabeR 2017, 270; *Otting,* Eignungs- und Zuschlagskriterien im neuen Vergaberecht, VergabeR 2016, 320; *Pauka,* Entbürokratisierung oder Mehraufwand? – Die Regelungen der Einheitlichen Europäischen Eigenerklärung (EEE) in der VKR, VergabeR 2015, 505; *Prieß/Hölzl,* Kein Wunder: Architektenwettbewerb „Berliner Schloss" vergaberechtskonform, NZBau 2010, 354; *Schaller,* Die Einheitliche Europäische Eigenerklärung, NZBau 2020, 19; *Scharen,* Patentschutz und öffentliche Vergabe, GRUR 2009, 345; *Stolz,* Die Einheitliche Europäische Eigenerklärung, VergabeR 2016, 155.

Übersicht

	Rn.			Rn.
I. Allgemeines	1	2.	Vorlage der Nachweise (Abs. 2 Nr. 1–3)	40
1. Normzweck; Entstehungsgeschichte	1	3.	Online-Dokumentenarchiv e-Certis (Abs. 2 Nr. 4)	46
2. Gemeinschaftsrechtliche Grundlagen	2			
3. Vergleichbare Regelungen	3	4.	Verzicht auf Vorlage von Nachweisen (Abs. 3)	53
II. Einzelerläuterungen	9		a) Möglichkeit des Erhalts über Datenbank in einem Mitgliedstaat (Abs. 3 Alt. 1)	54
1. Nachweisarten	9			
a) Eignungsnachweis durch Präqualifikation (Abs. 1 S. 1 Nr. 1)	10			
b) Einzelnachweise; Eigenerklärungen (Abs. 1 S. 1 Nr. 2)	15		b) Verzicht auf Vorlage von vorhandenen Nachweisen (Abs. 3 Alt. 2)	59
c) Einheitliche Europäische Eigenerklärung (Abs. 1 S. 2)	23	5.	Drittschützende Wirkung	61

I. Allgemeines

1. Normzweck; Entstehungsgeschichte. Mit der VOB 2016 wurden die Regelungen über **1** die Eignung in Abschnitt 2 grundlegend neu geordnet. § 6b EU regelt, mit welchen Belegen bzw. Instrumenten von Bewerbern bzw. Bietern die Eignungsanforderungen und das Nichtvorliegen von Ausschlussgründen nachgewiesen werden können, welche Nachweise der Auftraggeber anerkennen muss und welche Belege er in welchem Verfahrensstadium fordern darf. Mit § 6b EU werden die **Regelungen des § 6 EG Abs. 3 Nr. 2, 5 f. VOB/A 2012 fortgeführt,** allerdings ohne die Auflistung möglicher Eignungsangaben, welche sich in § 6a EU wiederfinden. Entsprechend der Vorgaben der Art. 59, 61 RL 2014/24/EU wurde die Vorschriften im Übrigen ergänzt, insbes. um das Instrument der Einheitlichen Europäischen Eignungserklärung (EEE) und den Verweis auf e-Certis.

2. Gemeinschaftsrechtliche Grundlagen. Abs. 1 Nr. 1 enthält Regelungen über das Prä- **2** qualifizierungsverzeichnis und findet seine Grundlage in **Art. 64 RL 2014/24/EU.** Die in **Abs. 1 Nr. 2 S. 1** vorgesehene Option, die Eignung und das Nichtvorliegen von Ausschlussgründen mittels Einzelnachweisen darzulegen, wird in der RL 2014/24/EU zwar nicht ausdrücklich geregelt, jedoch lässt sich **Art. 60 RL 2014/24/EU iVm Anhang XII RL 2014/24/EU** entnehmen, dass diese Möglichkeit besteht. Auch die in **Abs. 1 Nr. 2 S. 2** erwähnte (einfache) Eigenerklärung wird in der RL 2014/24/EU nicht explizit erwähnt, jedoch setzt § 6b EU deren Existenz voraus (vgl. **Erwägungsgrund 40 RL 2014/24/EU sowie Anhang V Teil C Ziff. 11 lit. c RL 2014/24/ EU).** Durch die Vorschrift des **Abs. 1 S. 2,** die den Bewerbern oder Bietern gestattet, die Eignung und das Nichtvorliegen von Ausschlussgründen durch eine Einheitliche Europäische Eigenerklärung (EEE) zu belegen, wird **Art. 59 Abs. 1 RL 2014/24/EU** umgesetzt. Die in **Abs. 2 Nr. 1** vorgesehene Befugnis des Auftraggebers, jederzeit Nachweise anstelle von Eigenerklärungen fordern zu können, sofern dies zur angemessenen Durchführung des Verfahrens erforderlich ist, beruht auf **Art. 59 Abs. 4 UAbs. 1 RL 2014/24/EU.** Dass bei einem offenen Verfahren von dem für die Zuschlagserteilung vorgesehenen Bieter, welcher die Eignung zunächst mittels Eigenerklärung nachgewiesen hat, verlangt werden kann, sämtliche oder einen Teil der vorgesehenen Eignungsnachweise beizubringen **(Abs. 2 Nr. 2)** ergibt sich aus **Art. 59 Abs. 4 UAbs. 2 RL 2014/24/EU.** Dass bei Vergabeverfahren mit Teilnahmewettbewerb alle Bieter, die zur Angebotsabgabe aufgefordert werden und die ihre Eignung im ersten Schritt durch eine Eigenerklärung nachgewiesen haben, aufgefordert werden können, die einschlägigen Nachweise vorzulegen **(Abs. 2 Nr. 3)** folgt aus **Erwägungs-**

VOB/A § 6b EU   3–10

grund 84 RL 2014/24/EU. **Abs. 2 Nr. 4** (Online-Dokumentenarchiv e-Certis) dient der Umsetzung des **Art. 61 RL 24/2014/EU.** Die Ausnahmeregelung nach **Abs. 3** dient der Umsetzung des **Art. 59 Abs. 5 RL 2014/24/EU.**

3   **3. Vergleichbare Regelungen.** Zu den Übereinstimmungen mit **§ 6b** → § 6b Rn. 5.

4   Vergleichbare Regelungen finden sich darüber hinaus in § 6b VS, § 48 VgV, § 50 VgV, § 22 VSVgV, § 48 SektVO, weichen jedoch zum Teil erheblich von § 6b EU ab.

5   **§ 6bVS Abs. 1** regelt den Eignungsnachweis mittels Präqualifikation und entspricht damit Abs. 1 S. 1 Nr. 1. Die Vorschrift des § 6b VS Abs. 2 S. 1 sieht ebenso wie Abs. 1 S. 1 Nr. 2 S. 1 Einzelnachweise als weitere Nachweisart vor. Eigenerklärungen sind gem. § 6b VS Abs. 2 S. 2 und Abs. 1 S. 1 Nr. 2 S. 2 übereinstimmend nur dann ein zulässiges Nachweismittel, wenn der Auftraggeber dies zugelassen hat. § 6b VS Abs. 3–5 regelt den Zeitpunkt der Vorlage von Eignungsnachweisen unter Berücksichtigung der nach Abschnitt 3 der VOB/A zugelassenen Verfahrensarten und findet in § 6b EU keine Entsprechung. E-Certis, die Einheitliche Europäische Eigenerklärung (EEE) sowie der Verzicht auf die Vorlage von Eignungsnachweisen bei der Möglichkeit des Erhalts über eine Datenbank oder bei Vorliegen der Nachweise werden in § 6b VS nicht erwähnt.

6   Ein hohes Maß an Vergleichbarkeit besteht gegenüber den Vorschriften der **§§ 48, 50 VgV**. Ähnlich Abs. 1 S. 1 Nr. 1 sieht § 48 Abs. 8 VgV die Möglichkeit eines Eignungsnachweises mittels Präqualifikation vor. Ebenso wie nach Abs. 1 S. 1 Nr. 2 S. 1, können Bewerber oder Bieter ihre Eignung mittels Einzelnachweisen belegen. Ein wesentlicher Unterschied gegenüber § 6b EU besteht aber darin, dass Eigenerklärungen – anders als nach Abs. 1 S. 1 Nr. 2 S. 2 – die vorrangige Nachweisart sind, die auch keiner gesonderten Zulassung durch den Auftraggeber bedarf. In Bezug auf die Einheitliche Europäische Eigenerklärung (EEE) entspricht § 48 Abs. 3 VgV der Regelung in § Abs. 1 S. 2. Allerdings hat das Instrument der Eigenerklärung in § 50 VgV eine nähere Ausgestaltung erfahren. Die in Abs. 2 vorgesehene Befugnis des Auftraggebers, Nachweise anstelle von Eigenerklärung zu fordern, findet sich in § 50 Abs. 2 VgV wieder, allerdings bezieht sich diese Regelung nur auf die Einheitliche Europäische Eigenerklärung (EEE) und nicht auf die „einfache" Eigenerklärung. Die mit § 48 Abs. 2 S. 2 VgV zum Ausdruck gebrachte Vorgabe, sich hinsichtlich der Eignungsnachweise möglichst auf die im Informationssystem e-Certis hinterlegten Arten von Bescheinigungen zu konzentrieren, deckt sich mit der Vorschrift des Abs. 2 Nr. 4. Die Entbehrlichkeit der Vorlagen von Nachweisen wird in § 50 Abs. 3 VgV und in Abs. 3 nahezu identisch geregelt. § 50 Abs. 3 VgV bezieht sich allerdings auf die Einheitliche Europäische Eigenerklärung (EEE) und nicht auf die „gewöhnliche" Eigenerklärung.

7   Allenfalls ansatzweise vergleichbare Regelungen finden sich in der **VSVgV** und in der **KonzVgV.** In Übereinstimmung mit Abs. 1 S. 1 Nr. 2 S. 1 benennen § 22 Abs. 1 VSVgV sowie § 26 Abs. 1 KonzVgV Einzelnachweise als zulässige Nachweisart. Ebenso wie in Abs. 1 S. 1 Nr. 2 S. 2 sieht § 22 Abs. 2 VSVgV vor, dass der Auftraggeber die Vorlage von Eigenerklärungen zulassen kann. § 26 Abs. 1 KonzVgV erwähnt immerhin die Eigenerklärung als zulässige Nachweisart. Durch § 22 Abs. 4 S. 1 wird klargestellt, dass Eignungsnachweise nicht vorgelegt werden müssen, wenn diese elektronisch verfügbar sind, womit die Regelung Abs. 3 Alt. 1 ähnelt. Weitere Parallelen finden sich in der VSVgV und in der KonzVgV nicht. Präqualifikation, EEE und e-Certis finden in der VSVgV und in der KonzVgV keine Erwähnung.

8   In **§ 48 Sekt VO** werden sehr ausführlich Qualifizierungssysteme geregelt. Ähnlich wie bei der Präqualifikation (§ 6b EU Abs. 1 S. 1 Nr. 1) werden hier Eignungsanforderungen vorab geprüft. Während die Präqualifikation iSv § 6b EU Abs. 1 S. 1 Nr. 1 durch eine externe Stelle erfolgt, wird die Qualifizierung iSv § 48 Sekt VO durch den Auftraggeber durchgeführt, weshalb die Regelungen nicht miteinander verglichen werden können. Weitere Parallelen zur SektVO bestehen nicht.

II. Einzelerläuterungen

9   **1. Nachweisarten.** In Abs. 1 werden 4 Kategorien von Nachweisen benannt, mit denen das Vorliegen der Eignungskriterien sowie das Nichtvorliegen von Ausschlussgründen nachgewiesen werden kann, nämlich mittels Präqualifikation (Abs. 1 S. 1 Nr. 1), durch Einzelnachweise (Abs. 1 S. 1 Nr. 2 Hs. 1), durch Eigenerklärungen (Abs. 1 S. 1 Nr. 2 Hs. 2) oder mithilfe der Einheitlichen Europäischen Eigenerklärung (Abs. 1 S. 2).

10   **a) Eignungsnachweis durch Präqualifikation (Abs. 1 S. 1 Nr. 1).** Abs. 1 S. 1 Nr. 1 beschreibt die Möglichkeit des Bewerbers oder Bieters, den Nachweis der Eignung durch Eintragung in die allgemein zugängliche Liste des Vereins für die Präqualifikation von Bauunternehmen e.V. **(Präqualifikationsverzeichnis)** zu führen. Dass in Abschnitt 2 der VOB/A auf ein nationales Präqualifikationsverzeichnis verwiesen wird, ist unkritisch, da Art. 64 Abs. 1 RL 2014/24/EU den Mitgliedstaaten ausdrücklich gestattet, *„eine Zertifizierung durch Zertifizierungsstellen ein- oder fortführen,*

die den Europäischen Zertifizierungsstandards im Sinne des Anhangs VII genügen". Mithin konnte es bei dem Verweis auf den bereits vor Schaffung der RL 2014/24/EU existierenden Verein für die Präqualifikation von Bauunternehmen e.V. bleiben.

Aufgrund der inhaltlichen Überstimmung wird auf die Kommentierung zu § 6b Abs. 1 verwiesen (→ § 6b Rn. 7 ff.). **11**

Abweichend von der Vorschrift des § 6b Abs. 1 wird in Abs. 1 S. 1 Nr. 1 – in Umsetzung von Art. 64 Abs. 5 S. 1 RL 2014/24/EU – explizit darauf hingewiesen, dass die im Präqualifikationsverzeichnis hinterlegten **Angaben nicht ohne Begründung in Zweifel gezogen werden.** Wegen der vorgelagerten Prüfung der Nachweise durch die Präqualifikationsstelle und unter Berücksichtigung des Sinns und Zwecks der Präqualifikation, eine immer wiederkehrende Prüfung von Nachweisen zu vermeiden, die bereits von einer Präqualifikationsstelle geprüft wurden, gilt dieser Grundsatz auch im Unterschwellenbereich (→ § 6b Rn. 23). Bei Abs. 1 S. 1 Nr. 1 S. 2 handelt es sich mithin lediglich um einen klarstellenden Hinweis; inhaltliche Abweichung gegenüber § 6b Abs. 1 ergeben sich daraus nicht. **12**

Ein weiteres Spezifikum der Regelung der Präqualifikation im Oberschwellenbereich ist, dass gem. Abs. 1 S. 1 Nr. 1 S. 3 **hinsichtlich der Zahlung von Steuern und Abgaben sowie der Sozialversicherungsbeiträge** grundsätzlich eine **zusätzliche Bescheinigung** verlangt werden kann. Diese Ausnahme beruht auf Art. 64 Abs. 5 S. 2 RL 2014/24/EU und hat den Hintergrund, dass sich bei diesen Erklärungen kurzfristig Änderungen ergeben können, welche einen Ausschluss rechtfertigen.[1] Wie sich aus der Formulierung „kann" ergibt, liegt es **im Ermessen des Auftraggebers,** ob er hinsichtlich der Zahlung von Steuern und Abgaben sowie der Sozialversicherungsbeiträgen eine zusätzliche Bescheinigung verlangt. **13**

Der Hinweis, dass die Eintragung in **gleichwertige Verzeichnisse anderer Mitgliedstaaten** als Nachweis ebenso zugelassen ist, ist der Tatsache geschuldet, dass Bewerber oder Bieter aus anderen EU-Mitgliedstaaten häufig nicht durch die zum Zeitpunkt der Schaffung der RL 2014/24/EU bereits existierenden Zertifizierungsstellen, welche nach Art. 64 Abs. 1 RL 2014/24/EU fortgeführt werden durften (in Deutschland also durch den Verein für die Präqualifikation von Bauunternehmen e.V.) zertifiziert sind. Zur Vermeidung einer Diskriminierung von Bewerbern oder Bietern aus anderen EU-Mitgliedstaaten ist daher gem. Abs. 1 S. 1 Nr. 1 der Rückgriff auf Eintragungen in **gleichwertige Verzeichnisse anderer Mitgliedstaaten** zulässig, womit auch der Forderung des Art. 64 Abs. 7 RL 2014/24/EU nach gleichwertigen Bescheinigungen von Stellen in anderen Mitgliedstaaten Rechnung getragen wird. „Gleichwertig" im vorgenannten Sinne sind freilich nur solche Verzeichnisse, die auf einer Zertifizierung durch eine Stelle beruhen, die den **Europäischen Zertifizierungsstandards iSd Art. 64 Abs. 1 RL 2014/24/EU iVm Anhang VII der RL 2014/24/EU** entsprechen. Da die Zertifizierungsstandards durch Art. 64 Abs. 1 RL 2014/24/EU iVm Anhang VII RL 2014/24/EU europarechtlich geregelt sind, kann diesen Verzeichnissen auch vertraut werden. Gleichgestellt sind aber ausdrücklich nur Verzeichnisse anderer Mitgliedstaaten, dh dass ein **Verweis auf die Eintragung in Präqualifizierungsverzeichnisse von Drittstaaten nicht möglich** ist. **14**

b) Einzelnachweise; Eigenerklärungen (Abs. 1 S. 1 Nr. 2). Gemäß Abs. 1 S. 1 Nr. 2 S. 1 können Bewerber oder Bieter die seitens des Auftraggebers geforderten Angaben auch durch **Einzelnachweise** erbringen, selbst wenn sie präqualifiziert sind.[2] Welche Einzelnachweise beizubringen sind, hängt von den in der Auftragsbekanntmachung bzw. – bei Verfahren ohne Teilnahmewettbewerb – in der Aufforderung zur Angebotsabgabe bekanntgemachten Eignungsnachweisen ab. Es kann sich hierbei um **Bescheinigungen Dritter** (zB Bankerklärungen gem. § 6a EU Nr. 2 lit. a) oder **andere Unterlagen** (beispielsweise Handelsregisterauszug nach § 6a Nr. 1 oder Studiennachweise gem. § 6a EU Nr. 3 lit. e) handeln. **15**

Sofern der Auftraggeber keine besondere Form vorgibt, sind **Fotokopien** grundsätzlich ausreichend.[3] Als Eignungsnachweise vorgelegte Kopien, etwa die eines Handelsregisterblattes, müssen jedoch lesbar sein; mangelt es an der Lesbarkeit, ist die Kopie als rechtlich nicht existent anzusehen.[4] Ferner wird man den **Ausdruck einer elektronischen** Datei, etwa eines Handelsregisterauszugs, als einen ausreichenden Beleg ansehen können.[5] Obgleich nicht zwingend erforderlich, wird man **16**

---

[1] Ziekow/Völlink/*Goldbrunner* Rn. 2.
[2] VK Bund Besch. v. 3.2.2016 – VK 1-126/15, ZfBR 2016, 406 (411).
[3] OLG München Beschl. v. 10.9.2009 – Verg 10/09, BeckRS 2009, 27004; VK Sachsen-Anhalt Beschl. 17.12.2015 – 3 VK LSA 73/15, IBRRS 2016, 0603.
[4] OLG Düsseldorf Beschl. v. 16.1.2006 – VII-Verg 92/05, BeckRS 2006, 2916; VK Sachsen-Anhalt Beschl. 17.12.2015 – 3 VK LSA 73/15, IBRRS 2016, 0603.
[5] OLG Düsseldorf Beschl. v. 16.1.2006 – VII-Verg 92/05, BeckRS 2006, 2916; OLG Düsseldorf Beschl. v. 9.6.2004 – VII-Verg 11/04, BeckRS 2007, 15460.

es dem Auftraggeber indes nicht absprechen können, im Interesse einer gesteigerten Verifizierung auch die Vorlage in **beglaubigter Form** zu verlangen.[6] Da Unklarheiten über die Qualität von geforderten Nachweisen zulasten des Auftraggebers gehen,[7] ist dem Auftraggeber zu empfehlen, klare Vorgaben hinsichtlich der Form zu machen, wenn es ihm darauf ankommt.

17 Als weiteres Nachweisinstrument kommen gem. Abs. 1 S. 1 Nr. 2 S. 2 **Eigenerklärungen** in Betracht. Während Eigenerklärungen nach der VgV ein grundsätzliches zulässiges Nachweisinstrument sind (vgl. § 48 Abs. 2 S. VgV), können sich Bewerber bzw. Bieter dieser nach Abs. 1 S. 1 Nr. 2 **nur** bedienen, **wenn der Auftraggeber diese zugelassen** hat. Mithin sind Eigenerklärungen bei Vergabeverfahren nach Abschnitt 2 der VOB/A keine vorrangige Nachweisform. Darin liegt ein erheblicher Unterschied gegenüber dem Nachweissystem der VgV.

18 Der **Begriff der Eigenerklärung** wird in Abschnitt 2 der VOB/A nicht erläutert. Allerdings enthält **§ 22 Abs. 2 S. 1 VSVgV** eine **Legaldefinition.** Hiernach handelt es sich um eine Eigenerklärung, wenn Bewerber oder Bieter erklären, dass sie die vom Auftraggeber verlangten Eignungskriterien erfüllen und die festgelegten Nachweise auf Aufforderung unverzüglich vorlegen werden.

19 Auch wenn die Formulierung, der öffentliche Auftraggeber könne vorsehen, dass für „einzelne Angaben" Eigenerklärungen ausreichend seien, eher darauf hindeutet, dass Eigenerklärungen die Ausnahme sind, dürfte es im Ermessen des Auftraggebers liegen, auch **für alle oder eine überwiegende Anzahl der Angaben** Eigenerklärungen zuzulassen.[8]

20 Abs. 1 S. 1 Nr. 2 S. 2 und 3 wird im Übrigen dahingehend interpretiert, dass es dem Auftraggeber überlassen ist, zu entscheiden, ob die Eigenerklärung im konkreten Vergabeverfahren **als endgültiger Nachweis** dienen soll oder ob es sich nur um einen **vorläufiger Nachweis** handeln soll.[9] Für diese Auslegung spricht, dass in Abs. 1 S. 1 Nr. 2 S. 2 von Eigenerklärungen die Rede ist und in Abs. 1 S. 1 Nr. 2 S. 3 von „Eigenerklärungen, die als vorläufiger Nachweis dienen". Es wird also zwischen „Eigenerklärungen" und „Eigenerklärungen, die als vorläufiger Nachweis dienen" unterschieden.

21 Sind die Eigenerklärungen nach den Vorgaben des Auftraggebers nur vorläufiger Natur, muss der Auftraggeber die zugehörigen Nachweise nach Maßgabe von Abs. 2 Nr. 2, 3 – im offenen Verfahren – vor Zuschlagserteilung oder – bei Verfahren mit Teilnahmewettbewerb – vor Aufforderung zur Abgabe von Angeboten anfordern. Der Vorteil dieses Procederes liegt – ebenso wie bei der Präqualifikation – darin, den Unternehmen Kosten und Aufwand bei der Angebotserstellung zu ersparen. Darüber hinaus soll der **Verfahrensaufwand** des öffentlichen Auftraggebers bei der Eignungsprüfung **reduziert** werden.[10]

22 Für die Entscheidung, ob Bewerber oder Bieter aufgrund von Eigenerklärungen und beigebrachten Einzelnachweisen als geeignet bzw. ungeeignet zu beurteilen sind, ist nicht erforderlich, dass der öffentliche Auftraggeber sämtliche in Betracht kommenden Erkenntnisquellen ausschöpft, um die gemachten Angaben zu verifizieren.[11] Vielmehr darf er seine Entscheidung auf eine **methodisch vertretbar erarbeitete, befriedigende Erkenntnislage** stützen und von einer Überprüfung von Eigenerklärungen absehen, wenn und soweit sich keine objektiv begründeten, konkreten Zweifel an der Richtigkeit ergeben. Nur in diesem Fall ist er gehalten, weitere Nachforschungen anzustellen und gegebenenfalls von neuem in die Eignungsprüfung einzutreten. Ansonsten ist die Entscheidung des öffentlichen Auftraggebers über die Eignung eines Bewerbers oder Bieters bereits dann hinzunehmen, wenn sie unter Berücksichtigung der bei Aufstellung der Prognose aufgrund zumutbarer Aufklärung gewonnenen Erkenntnisse (noch) **vertretbar** erscheint.[12]

23 c) **Einheitliche Europäische Eigenerklärung (Abs. 1 S. 2).** Nach Abs. 1 S. 2 akzeptiert der öffentliche Auftraggeber als vorläufigen Nachweis auch eine Einheitliche Europäische Eigenerklärung (EEE).

24 aa) **Rechtlicher Hintergrund und Zweck der EEE.** Die EEE ist in Art. 59 RL 2014/24/EU als Nachweis vorgesehen und wurde durch die VOB/A 2016 in Abschnitt 2 eingeführt.

25 Die EEE stellt einen Nachweis vorläufiger Art dar (→ Rn. 35), mit dem das Vorliegen der Eignungskriterien sowie das Nichtvorliegen von Ausschlussgründen iSd §§ 123 und 124 GWB in Gestalt einer standardisierten Eigenerklärung belegt werden kann.

---

[6] VK Bund Beschl. v. 4.4.2007 – VK 1-23/07, BeckRS 2007, 142850 Rn. 32.
[7] OLG Düsseldorf Beschl. v. 9.6.2004 – VII-Verg 11/04, BeckRS 2007, 15960.
[8] Kapellmann/Messerschmidt/*Glahs* Rn. 6.
[9] *Otting* VergabeR 2016, 316 (320); Kapellmann/Messerschmidt/*Glahs* Rn. 7; Ziekow/Völlink/*Goldbrunner* Rn. 1.
[10] *Birk* VR 2020, 84; HK-VergabeR/*Pape* § 6b Rn. 123.
[11] Vgl. OLG Düsseldorf Beschl. v. 2.12.2009 – VII-Verg 39/09, NZBau 2010, 393 (398).
[12] Vgl. OLG Düsseldorf Beschl. v. 2.12.2009 – VII-Verg 39/09, NZBau 2010, 393 (398); *Scharen* GRUR 2009, 345 (348); *Prieß/Hölzl* NZBau 2010, 354 (357).

Nach der Intention des Richtliniengebers soll das Instrument der EEE den **Aufwand für** 26
Bewerber bzw. Bieter verringern und zugleich zur **Verwaltungsvereinfachung** beitragen.
Bewerber bzw. Bieter sollen dadurch entlastet werden, dass mit der Einreichung eines Teilnahmeantrags bzw. eines Angebots nicht bereits sämtliche Eignungsnachweise vorgelegt werden müssen.[13]
Für die öffentlichen Auftraggeber stellt sich die EEE nach den Überlegungen des Richtliniengebers
als Vereinfachung dar, weil sie nicht sämtliche Einzelnachweise bei einer Vielzahl von Bewerbern
bzw. Bietern überprüfen müssen.[14] Überdies soll die EEE dadurch zu einer Vereinfachung des
Vergabeverfahrens beitragen, dass unterschiedliche und teilweise voneinander abweichende nationale
Eigenerklärungen durch ein europaweit einheitliches Standardformular ersetzt werden.[15]

bb) Inhalt und Ausstellung der EEE. Die Parallelnorm des § 50 Abs. 1 S. 1 VgV verpflichtet 27
Bewerber und Bieter für die Erstellung der EEE das **in VO (EU) 2016/7 in Anhang 2 enthaltene
Standardformular** zu verwenden. Eine entsprechende Regelung findet sich weder in § 6b EU
noch in einer anderen Vorschrift des Abschnitts 2 der VOB/A. Das ist aber unschädlich, weil die
VO (EU) 2016/7 unmittelbare Anwendung findet.[16] Entscheidet sich der Bewerber bzw. Bieter die
Eignungsanforderungen durch eine EEE nachzuweisen, ist die EEE auch im Anwendungsbereich
des Abschnitts 2 der VOB/A in Form des Standardformulars gem. Anhang 2 VO (EU) 2016/7 zu
erbringen.

Es gab ursprünglich eine vollelektronische und eine papierbasierte Version der EEE. Nach dem 28
18.10.2018 bzw. für zentrale Beschaffungsstellen nach dem 18.4.2017 ist für Vergaben oberhalb
der EU-Schwellenwerte ausschließlich die **vollelektronische Eigenerklärung** zu verwenden. Das
hierfür notwendige Online-Formular wurde in der Pilotphase durch den EEE-Dienst der Europäischen Kommission zur Verfügung gestellt. Nach der Anfang Mai 2019 erfolgten Abschaltung des
EU-Services zur Erstellung der EEE muss auf bereits vorhandene nationale EEE-Dienste der EU-Mitgliedstaaten zurückgegriffen werden.[17]

Sofern der öffentliche Auftraggeber eine elektronische EEE vorausgefüllt und den Vergabeunter- 29
lagen als Datei beigefügt hat, kann der Bewerber oder Bieter diese in das durch den EEE-Dienst
zur Verfügung gestellte Online-Formular importieren. Hat der öffentliche Auftraggeber keine elektronische EEE vorausgefüllt, haben die Bewerber oder Bieter die Möglichkeit diese mittels des
Online-Formulars selbst zu erstellen. Nach Ausfüllen aller vorgesehenen Antwortfelder kann eine
Datei erzeugt werden, welche dem Teilnahmeantrag bzw. dem Angebot beigefügt werden kann.
Das Standardformular der EEE umfasst die folgenden Teile und Abschnitte:[18]

Teil I: Angaben zum Vergabeverfahren und zum öffentlichen Auftraggeber oder Sektorenauf- 30
traggeber
Teil II: Angaben zum Wirtschaftsteilnehmer
Abschnitt A: Angaben zum Wirtschaftsteilnehmer
Abschnitt B: Angaben zu Vertretern des Wirtschaftsteilnehmers
Abschnitt C: Angaben zur Inanspruchnahme der Kapazitäten anderer Unternehmen
Abschnitt D: Angaben zu Unterauftragnehmern, deren Kapazität der Wirtschaftsteilnehmer
nicht in Anspruch nimmt
Teil III: Ausschlussgründe
Abschnitt A: Gründe im Zusammenhang mit einer strafrechtlichen Verurteilung
Abschnitt B: Gründe im Zusammenhang mit der Entrichtung von Steuern oder Sozialversicherungsbeiträgen
Abschnitt C: Gründe im Zusammenhang mit Insolvenz, Interessenskonflikten oder beruflichem
Fehlverhalten
Abschnitt D: Rein innerstaatliche Ausschlussgründe (Sonstige Ausschlussgründe, die in den für
den öffentlichen Auftraggeber oder Sektorenauftraggeber maßgeblichen nationalen Rechtsvorschriften vorgesehen sein können)
Teil IV: Eignungskriterien
Abschnitt A: Befähigung zur Berufsausübung
Abschnitt B: Wirtschaftliche und finanzielle Leistungsfähigkeit
Abschnitt C: Technische und berufliche Leistungsfähigkeit

---

[13] *Pauka* VergabeR 2015, 505; *Birk* VR 2020, 84.
[14] Beck VergabeR/*Mager* Rn. 17; *Birk* VR 2020, 84 (86 ff.); kritisch dagegen: *Pauka* VergabeR 2015, 505 (506).
[15] Vgl. Erwägungsgrund 4 VO (EU) 2016/7.
[16] *Hettich* in Müller-Wrede VgV § 50 Rn. 20.
[17] Vgl. die Links zu deutschsprachigen EEE-Services unter https://eee.evergabe-online.de (zuletzt abgerufen am 31.5.2021).
[18] Vgl. zB das Formular unter https://uea.publicprocurement.be (zuletzt abgerufen am 31.5.2021).

Abschnitt D: Qualitätssicherungssysteme und Umweltmanagementnormen
Teil V: Verringerung der Zahl geeigneter Bewerber
Teil VI: Abschlusserklärungen (Erklärung der Bewerber oder Bieter, dass die in den Teilen II–V angegebenen Informationen genau und korrekt sind und sie sich der Konsequenzen einer schwerwiegenden Täuschung bewusst sind sowie dass sie in der Lage sind, auf Anfrage unverzüglich die Bescheinigungen und andere genannte dokumentarische Nachweise beizubringen)

31 **cc) Beim Gebrauch der EEE zu beachtende Punkte.** Will der Bewerber- oder Bieter Kapazitäten anderer Unternehmen im Wege der **Eignungsleihe** in Anspruch nehmen, muss er für jedes der in Anspruch genommenen Unternehmen eine separate EEE vorlegen.[19]

32 Wenn eine **Bewerber- oder Bietergemeinschaft** die EEE verwenden will, muss jedes einzelne Mitglied der Bewerber- oder Bietergemeinschaft eine gesonderte EEE mit den in Teil II–V verlangten Informationen vorlegen.[20]

33 Sofern der Bewerber bzw. Bieter den **Einsatz eines Nachunternehmers** vorsehen, muss für den oder die Nachunternehmer keine gesonderte EEE eingereicht werden. Das ergibt sich aus Teil 2 Abschnitt D und Teil IV Abschnitt C des Formulars, wonach der Bewerber oder Bieter in seiner EEE entsprechende Angaben zum Nachunternehmer machen muss.

34 Sofern eine **losweise Vergabe** erfolgt und für die einzelnen Lose unterschiedliche Eignungskriterien festgelegt werden, ist es erforderlich für jedes Los eine eigene EEE auszufüllen.[21] Diese Situation wird bei Bauaufträgen häufiger auftreten. Sofern zB eine Erschließungsmaßnahme mit entsprechenden Fachlosen, wie Tiefbauarbeiten, Straßenbauarbeiten, Errichtung der Straßenbeleuchtung etc ausgeschrieben wird, ist es durchaus naheliegend, unterschiedliche Eignungsanforderungen zu stellen, etwa. hinsichtlich der Referenzen oder der – am Auftragsumfang auszurichtenden – Höhe der Betriebshaftpflichtversicherung. Da die Abgabe unterschiedlicher EEE allerdings nur der Tatsache geschuldet ist, dass für die Lose voneinander abweichende Eignungsanforderungen gestellt werden und die Ausstellung einer eigenständigen EEE kein Selbstzweck ist, wäre die Ausstellung einer EEE ausreichend, wenn für alle Lose die gleichen Anforderungen gelten; besteht die Ausschreibung aus einer Vielzahl von Losen und legt der Auftraggeber für eine Gruppen von Losen dieselben Eignungsanforderungen fest, so muss eine EEE je Gruppe abgegeben werden. Sofern die Eignungskriterien nicht voneinander abweichen, genügt auch bei losweiser Vergabe die Abgabe einer EEE".[22]

35 **dd) Vorläufiger Nachweis.** Wie sich aus dem Wortlaut von Abs. 1 S. 2 ergibt, handelt es sich bei der EEE lediglich um einen vorläufigen Nachweis. Zum Teil wird zwar die Ansicht vertreten, dass der öffentliche Auftraggeber auch eine EEE oder Teile der EEE als endgültige Nachweise akzeptieren kann; aus Abs. 1 Nr. 2 am Ende folge nur, dass der öffentliche Auftraggeber keine Wahl habe, eine einheitliche europäische Eigenerklärung jedenfalls als vorläufigen Nachweis zu akzeptieren.[23] Diese Auffassung lässt sich aber nur schwer mit der **Ausgestaltung der EEE als vorläufiger Nachweis durch Art 59 RL 2014/24/EU** in Einklang bringen. Das ergibt sich insbesondere aus Art 59 Abs. 4 UAbs. 2 RL 2014/24/EU, wonach die Angaben in der Eigenerklärung des Bieters, dem der Auftrag erteilt werden soll, zwingend durch Vorlage der einschlägigen Unterlagen zu verifizieren sind. Für eine Pflicht zur Überprüfung der Eignungsnachweise des für die Zuschlagserteilung vorgesehenen Bieters spricht auch die in Abs. 2 Nr. 1 – in Übereinstimmung mit Art. 59 Abs. 4 UAbs. 1 RL 2014/24/EU – vorgesehene Regelung, dass es im Ermessen des öffentlichen Auftraggebers liegt, bereits während des Vergabeverfahrens von jedem Bewerber oder Bieter die Vorlage sämtlicher oder eines Teils der geforderten Unterlagen zu verlangen, wenn dies zur angemessenen Durchführung des Verfahrens erforderlich ist. Eine solche (Ausnahme-)Regelung wäre obsolet, wenn nicht der Regelfall darin bestehen würde, dass der Zuschlagsprätendent die Unterlagen am Ende des Verfahrens, vor Zuschlagserteilung, vorzulegen hätte.[24] Könnte der Auftraggeber auch die EEE generell als endgültigen Nachweis ansehen, würde im Übrigen die Koexistenz der klassischen Eigenerklärung und der EEE keinen Sinn ergeben. Der Richtliniengeber wollte mit der EEE ein neues, vorläufiges Nachweissystem etablieren, freilich ohne dem Auftraggeber die Möglichkeit des Rückgriffs auf die klassische Eigenerklärung zu nehmen.[25]

---

[19] S. Anhang 1 Abs. 18 VO (EU) 2016/7; ebenso *Hettich* in Müller-Wrede VgV § 50 Rn. 33.
[20] IdS Anhang 1 Abs. 19 VO (EU) 2016/7; ebenso *Schaller* NZBau 2020, 19 (20).
[21] Vgl. Anhang 1 Abs. 11 VO (EU) 2016/7; *Schaller* NZBau 2020, 19 (20).
[22] *Hettich* in Müller-Wrede VgV § 50 Rn. 32.
[23] Kapellmann/Messerschmidt/*Glahs* Rn. 9.
[24] Ähnlich zu § 50 VgV: *Hettich* in Müller-Wrede VgV § 50 Rn. 179; iErg ebenso: *Otting* VergabeR 2016, 316 (319); *Birk* VR 2020, 84 (85 f.); *Soudry* in Hettich/Soudry VergabeR. 58.
[25] IdS *Hettich* in Müller-Wrede VgV § 50 Rn. 13.

Legt der Bewerber oder Bieter eine EEE vor, so kann der öffentliche Auftraggeber die Bewerber 36
oder Bieter aufgrund des Charakters der EEE als vorläufiger Nachweis nach Abs. 2 Nr. 1 bei entsprechender Erforderlichkeit jederzeit während des Verfahrens auffordern, die geforderten Belege und Nachweise vorzulegen (→ Rn. 41). Besteht keine entsprechende Notwendigkeit, sind die Belege und Nachweise jedenfalls nach Maßgabe von Abs. 2 Nr. 2 und 3 zu fordern (→ Rn. 42–45).

ee) Keine besondere Zulassung durch den Auftraggeber. Wie aus der Formulierung „*Der* 37
öffentliche Auftraggeber akzeptiert …" gefolgert werden kann, ist der Auftraggeber verpflichtet, eine EEE als Nachweis für das Vorliegen von Eignungskriterien und das Nichtvorliegen von Ausschlussgründen anzuerkennen, auch wenn sie in der Bekanntmachung oder den Vergabeunterlagen nicht erwähnt hat.[26] Anders als bei sonstigen Eigenerklärungen (vgl. Abs. 2 Nr. 2 S. 1), hat der öffentliche Auftraggeber mithin kein Ermessen hinsichtlich der Anerkennung der EEE. Es dürfte andererseits – umgekehrt – in seinem Ermessen liegen, die Verwendung der EEE verpflichteten vorzugeben,[27] allerdings nur neben der ebenfalls zwingend anzuerkennenden Präqualifikation. Für eine solche Befugnis spricht nicht nur, dass es grundsätzlich dem öffentlichen Auftraggeber obliegt zu entscheiden, welche Eignungsanforderungen er stellt, sondern auch die Intention des Richtliniengebers, dem Nachweisinstrument der EEE zum Durchsatz zu verhelfen. Angesichts dessen, dass die (klassische) Eigenerklärungen in Abschnitt 2 der VOB/A – im Gegensatz zur VgV – kein grundsätzlich zulässiges Nachweismittel ist (→ Rn. 6), kommt der EEE in Abschnitt 2 der VOB/A größere Bedeutung zu als in der VgV.

Die Wendung „*Der öffentliche Auftraggeber akzeptiert …*" verdeutlicht zudem, dass – sofern die 38
Verwendung der EEE nicht zwingend vorgegeben ist – die Bewerber bzw. Bieter entscheiden können, ob sie von der Möglichkeit der Verwendung einer EEE Gebrauch machen. In Anbetracht dessen, dass Bewerber bzw. Bieter von der „einfachen" Eigenerklärung nach Abs. 1 S. 1 Nr. 2 S. 1 nur Gebrauch machen können, wenn der Auftraggeber dies zugelassen hat, handelt es sich **aus Sicht der Bewerber bzw. Bieter** um eine **Erweiterung der Nachweismöglichkeiten.**[28] Sofern der öffentliche Auftraggeber die Verwendung der EEE nicht explizit vorgibt, besteht andererseits **keine Verpflichtung der Bewerber bzw. Bieter,** ihre Eignung sowie das Nichtvorliegen von Ausschlussgründen mittels der EEE nachzuweisen. Zwar heißt es in der Anleitung zum Ausfüllen des Standardformulars, die der Durchführungsverordnung VO (EU) 2016/7 als Anhang 1 beigefügt ist:
„*Einem Angebot in offenen Verfahren oder einem Teilnahmeantrag in nicht offenen Verfahren, Verhandlungsverfahren, wettbewerblichen Dialogen oder Innovationspartnerschaften müssen die Wirtschaftsteilnehmer eine ausgefüllte EEE beifügen, […].*"

Abgesehen, davon dass diesem Dokument kein Regelungscharakter zukommt,[29] spricht der 39
Wortlaut des Abs. 1 S. 2 bzw. der zugrundeliegenden Richtlinienvorschrift des Art. 59 Abs. 1 RL 2014/24/EU gegen eine entsprechende Pflicht des Bewerbers bzw. Bieters. Die darin statuierte Akzeptanz durch den öffentlichen Auftraggeber impliziert, dass es grundsätzlich dem Bewerber bzw. Bieter obliegt, zu entscheiden, ob er von dem Instrument der EEE Gebrauch machen will.[30]

2. Vorlage der Nachweise (Abs. 2 Nr. 1–3). Abs. 2 Nr. 1–3 trifft Aussagen darüber, zu 40
welchem **Zeitpunkt** der Auftraggeber die **Vorlage von Bescheinigungen und Erklärungen** Dritter anfordern muss, wenn die Bewerber oder Bieter in einem ersten Schritt lediglich Eigenerklärungen – gemeint ist sowohl die einfach Eigenerklärung iSv Abs. 1 Nr. 2 S. 2 als auch die EEE iSd Abs. 1 S. 2 – vorgelegt haben. Damit stellt sich Abs. 2 als logische Ergänzung der Regelungen des Abs. 2 S. 1 Nr. 2 S. 2 und des Abs. 1 S. 2 dar, die bestimmen, dass die Eigenerklärung sowie die EEE lediglich vorläufiger Natur sind.

Abs. 2 Nr. 1 gilt für alle Vergabeverfahren und ermächtigt den Auftraggeber jederzeit, also in 41
allen Verfahrensstadien, von Bewerbern oder Bietern, welche zunächst nur Eigenerklärungen vorgelegt haben, die **Vorlage von Nachweisen** zu verlangen, wenn dies **zur angemessenen Durchführung des Verfahrens erforderlich** ist. Zur angemessenen Durchführung des Verfahrens erforderlich ist eine Anforderung zusätzlicher Nachweise insbesondere dann, wenn der Auftraggeber Anhaltspunkte für die Annahme hat, dass die Eigenerklärung unzutreffende Angaben enthält.[31] Entsprechende Erkenntnisse können zB aus anderen Vergabeverfahren resultieren. Da Abs. 2 Nr. 1 eine anlassbezogene Beibringung von Belegen regelt, ist ein Beibringungsverlangen selbst dann zulässig,

---

[26] *Meißner* VergabeR 2017, 270 (272); Ingenstau/Korbion/*Schranner* Rn. 4.
[27] *Schaller* NZBau 2020, 19 (20); aA *Overbuschmann* in Müller-Wrede VgV § 48 Rn. 28 (mit Blick auf § 48 Abs. 3 VgV).
[28] *Hettich* in Müller-Wrede VgV § 50 Rn. 14.
[29] IdS *Stolz* VergabeR 2016, 155 (156); *Hettich* in Müller-Wrede VgV § 50 Rn. 9.
[30] Beck VergabeR/*Mager* Rn. 21.
[31] Vgl. die Begründung zur gleichlautenden Vorschrift des § 50 Abs. 2 VgV: BR-Drs. 87/16, 203.

wenn die Eigenerklärung ursprünglich als endgültiger Nachweis vorgesehen war. Ausweilich des Wortlauts von Abs. 2 Nr. 1 kann der Auftraggeber die Vorlage **sämtlicher oder eines Teils der Eignungsnachweise** verlangen. Auch der Umfang der nachgeforderten Unterlagen muss indes angemessen sein, dh dem Anlass des Beibringungsverlangens entsprechen. Ist dem Auftraggeber etwa aus einem anderen Vergabeverfahren bekannt, dass der Bewerber oder Bieter – entgegen der Angabe in seiner Eigenerklärung – derzeit über keinen gültigen Nachweis einer Berufshaftpflichtversicherung verfügt, so ist zunächst nur die Nachforderung dieses Nachweises gerechtfertigt. Nach Abs. 2 Nr. 1 „kann" der Auftraggeber zusätzliche Nachweise fordern. Es liegt also in seinem Ermessen, ob bzw. in welchem Umfang er von dieser Befugnis Gebrauch macht. Auch wenn dies in Abs. 2 Nr. 1 nicht geregelt ist, dürfte es zur Vermeidung von Verzögerungen des Vergabeverfahrens erforderlich sein, dass den Bewerbern und Bietern in den Fällen des Abs. 2 Nr. 1–3 eine angemessene **Frist für die Beibringung der erforderlichen Nachweise** gesetzt wird. Wie lange die Frist bemessen sein sollte, hängt von der Art und dem Umfang der geforderten Nachweise ab. In entsprechender Anwendung des § 16a EU Abs. 4 sollte die Frist in der Regel sechs Kalendertage nicht unterschreiten.[32]

42 Während es sich bei Abs. 2 Nr. 1 eher um einen Ausnahmefall handelt, benennen Abs. 2 Nr. 2 und 3 – in Abhängigkeit von der Art des Vergabeverfahrens – den Zeitpunkt, zu dem die Eigenerklärung regulär durch die geforderten (Dritt-)Bescheinigungen und sonstigen Nachweise zu ersetzen ist.

43 Bei einem **offenen Verfahren** hat der Auftraggeber gem. **Abs. 2 Nr. 2 die einschlägigen Nachweise lediglich von dem Bieter zu fordern, dem der Auftrag erteilt werden soll** und der bislang lediglich eine Eigenerklärung als Nachweis vorgelegt hat. Diese Verfahrensweise entlastet den Auftraggeber davon, sich die Eignungsnachweise sämtlicher Bieter vorlegen zu lassen und zu prüfen. Kommt der Auftraggeber bei Überprüfung der Nachweise zu dem Ergebnis, dass der Zuschlagsprätendent – entgegen der Prüfung auf der Grundlage der Eigenerklärung – doch ungeeignet ist, kann auch der nächstplatzierte Bieter nach Abs. 2 Nr. 2 zur Beibringung der geforderten Nachweise aufgefordert werden.

44 Mit den „**einschlägigen Nachweisen**" sind sämtliche Belege gemeint, die laut Auftragsbekanntmachung zum Nachweis der Eignung erforderlich sind. Je nach Art der Angabe scheiden (Dritt-)Erklärungen aus; in diesem Falle kann als endgültiger Nachweis die „klassische" Eigenerklärung iSd Abs. 1 S. 1 Nr. 2 S. 2 dienen.[33] Der betroffene Bieter soll nach Abs. 2 Nr. 2 aufgefordert werden, die entsprechenden **Nachweise unverzüglich vorzulegen.** Ist ein „unverzügliches" Handeln erforderlich, so erfordert dies in der Regel eine Reaktion „**ohne schuldhaftes Zögern**".[34] Aus Gründen der Rechtsklarheit ist dem Auftraggeber jedoch – wie im Falle des Abs. 2 Nr. 1 (→ Rn. 41) – eine konkrete Fristsetzung zu empfehlen. Mit Rücksicht auf die Vorgabe „ohne schuldhaftes Zögern" kann die Frist eventuell auch kürzer als sechs Tage sein. Wie aus der Formulierung „... fordert der öffentliche Auftraggeber ..." folgt, hat der Auftraggeber bei Abs. 2 Nr. 2 **kein Ermessen.** Die einschlägigen Nachweise sind also von dem Zuschlagsprätendenten zwingend zu fordern. Das gilt jedoch, wie sich bereits aus dem Wortlaut der Norm ergibt, nur für den Fall, dass die Eigenerklärung vorläufiger Natur sein sollte. Hat der Auftraggeber dagegen festgelegt, dass die Eigenerklärung als endgültiger Nachweis dienen sollte, wozu er nach Abs. 1 S. 2 Nr. 2 S. 2 zumindest im Falle der einfachen Eigenerklärung – nicht jedoch bei der EEE – befugt ist (→ Rn. 20, 35), folgt aus Abs. 2 Nr. 2 keine Pflicht, die entsprechenden Nachweise zu fordern.

45 **Abs. 2 Nr. 3** betrifft die Aufforderung zur Vorlage der geforderten Eignungsnachweise im Falle der sonstigen nach Abschnitt 2 der VOB/A in Betracht kommenden Verfahrensarten (**nicht offenes Verfahren, Verhandlungsverfahren, wettbewerblicher Dialog, Innovationspartnerschaft**). Bei diesen Verfahren hat der Auftraggeber **sämtliche Bewerber,** die bislang lediglich eine Eigenerklärung vorgelegt haben und „*deren Eignung die für die Erfüllung der vertraglichen Verpflichtungen notwendige Sicherheit bietet*", dh **alle geeigneten Bieter, die zur Angebotsabgabe aufgefordert werden sollen, aufzufordern, die einschlägigen Eignungsnachweise beizubringen.** Dies ist konsequent, weil bei diesen Verfahrensarten die Auswahl der Unternehmen, die zur Angebotsabgabe aufgefordert werden, durch die Auswertung des Teilnahmewettbewerbs anhand der vom Auftraggeber festgelegten Eignungskriterien erfolgt, dh über die Eignung am Ende des Teilnahmewettbewerbs Gewissheit bestehen muss. Im Übrigen gelten die Ausführungen zu Abs. 2 Nr. 2 (→ Rn. 43 f.). Insbesondere bedarf es auch hier – obgleich dies im Wortlaut von Abs. 2 Nr. 3 weniger deutlich zum Ausdruck kommt, als in Abs. 2 Nr. 2 – keiner Aufforderung zur Ersetzung der (einfachen)

---

[32] Franke/Kemper/Zanner/Grünhagen/*Mertens* Rn. 8.
[33] *Birk* VR 2020, 84 (86).
[34] Vgl. zB BGH Urt. v. 28.6.2012 – VII ZR 130/11, NJW 2012, 3305 (3306); MüKoBGB/*Armbrüster* BGB § 121 Rn. 7 (zum Begriff „unverzüglich" in § 121 BGB); BT-Drs. 7/910, 58; Stelkens/Bonk/Sachs/*Stelkens* VwVfG § 37 Rn. 84 (zur Auslegung des Merkmals „unverzüglich § 37 VwVfG).

Eigenerklärung durch die einschlägigen Nachweise, wenn und soweit die Eigenerklärung nach den Festlegungen des Auftraggebers endgültigen Charakter haben sollte.[35]

3. Online-Dokumentenarchiv e-Certis (Abs. 2 Nr. 4). Wenn bzw. soweit die Bewerber oder Bieter ihre Eignung nicht lediglich durch Eigenerklärungen nachzuweisen haben, sondern durch (Dritt-)Bescheinigungen und sonstige Nachweise, so hat der öffentliche Auftraggeber gem. Abs. 2 Nr. 4 auf jene Arten von Bescheinigungen und dokumentarischen Nachweisen zurückzugreifen, die durch e-Certis abgedeckt sind. 46

Bei e-Certis handelt es sich um ein **frei zugängliches Online-Dokumentenarchiv der Europäischen Kommission,**[36] mit dem sowohl öffentliche Auftraggeber als auch in der EU tätige Unternehmen in Erfahrung bringen können, welche Bescheinigungen und andere Arten von Nachweisen bei öffentlichen Ausschreibungen in den EU-Mitgliedstaaten und den EWR-Ländern (Island, Liechtenstein und Norwegen) verlangt werden. 47

Die Schaffung von e-Certis beruht auf dem Gedanken, dass **in verschiedenen Ländern unterschiedlichste Eignungsdokumente** vorzulegen sind, was trotz Regelung des öffentlichen Auftragswesens durch EU-Richtlinien zu Ungewissheiten führt. Das System e-Certis soll in dieser Situation zu mehr Klarheit bezüglich der Unterschiede beitragen, die sowohl auf der Ebene der öffentlichen Auftraggeber als auch der Wirtschaftsteilnehmer bestehen.[37] 48

Das Online-Dokumentenarchiv wird von der Europäischen Kommission verwaltet und von den nationalen Behörden auf freiwilliger Basis aktualisiert und überprüft.[38] Hierzu wird das System laufend von einem Redaktionsteam aktualisiert, dem Vertreter der zuständigen Behörden aus den Teilnehmerländern angehören. Das Redaktionsteam sorgt dafür, dass Informationen über die Bescheinigungen in den eingeschränkt zugänglichen Teil des e-Certis-Portals eingetragen und dort aktualisiert werden. Nach ihrer Veröffentlichung sind diese Informationen auf der öffentlichen Website allgemein zugänglich.[39] Die hinterlegten Informationen umfassen **Musterdokumente** sowie eine **Beschreibung der Dokumente.** Im Online-Dokumentenarchiv kann nach unterschiedlichen Kriterien recherchiert werden (Land, Art des Kriteriums, Art des Nachweises etc). Dies ermöglicht dem öffentlichen Auftraggeber die Feststellung, welche im jeweiligen Herkunftsstaat des Bewerbers bzw. Bieters gebräuchlichen Nachweise den Belegen entsprechen, die inländische Bieter vorzulegen haben. 49

Es besteht auch eine **Verknüpfung zwischen der Einheitlichen Europäischen Eigenerklärung (EEE) und e-Certis.** Sofern ein in e-Certis hinterlegter Nachweis gefordert wird, stellt die elektronische EEE automatisch die Verknüpfung zu dem in e-Certis hinterlegten Dokumentenmuster her. Antwortet der Bewerber bzw. Bieter hier mit „Ja", muss er Teil IV der EE nicht ausfüllen. Sofern der Auftraggeber auftragsspezifische Eignungskriterien vorgibt, deren Erfüllung auch nicht über eine Eintragung in das PQ-System bzw. mittels des amtlichen Verzeichnisses nachgewiesen werden kann, muss das Unternehmen in der EEE die Antwort „Nein" auswählen und in Teil IV der EEE Angaben zu den Nachweisen machen.[40] 50

Die Formulierung „*verlangt … jene Arten von Bescheinigungen und … Nachweisen, die von e-Certis abgedeckt sind*", deuten auf den ersten Blick darauf hin, dass der öffentliche Auftraggeber diesbezüglich kein Ermessen hat. Relativiert wird diese Vorgabe allerdings durch die Vorgabe, der öffentliche Auftraggeber solle „*in erster Linie*" Bescheinigungen und Nachweise verlangen, die von e-Certis abgedeckt sind. Gegen einen verpflichtenden Charakter spricht auch Erwägungsgrund 87 RL 2014/24/EU, der wie folgt lautet: 51

„*Die bisherigen Erfahrungen zeigen, dass eine freiwillige Aktualisierung und Überprüfung unzureichend ist, wenn sichergestellt werden soll, dass e-Certis sein Potenzial für eine Vereinfachung und Erleichterung des Dokumentenaustauschs zum Nutzen insbesondere KMU voll ausschöpfen kann. In einem ersten Schritt sollte daher die Pflege von e-Certis obligatorisch gemacht werden, bevor dann in einem späteren Schritt die Verwendung von e-Certis vorgeschrieben wird.*"

Im Ergebnis besteht daher **keine Verpflichtung des Auftraggebers** lediglich solche Bescheinigungen und Nachweise zu verlangen, die in e-Certis hinterlegt sind.[41] 52

---

[35] *Otting* VergabeR 2016, 316 (320).
[36] https://ec.europa.eu/tools/ecertis/#/search (zuletzt abgerufen am 30.12.2020).
[37] Ingenstau/Korbion/*Schranner* Rn. 6.
[38] Erwägungsgrund 87 RL 24/2014/EU.
[39] eCertis – Bescheinigungen für EU-Ausschreibungen KURZLEITFADEN Version 2018.05-02 v. 6.6.2018, im Internet abrufbar unter https://ec.europa.eu/tools/ecertis/assets/eCertisQuickGuidePublic_de.pdf (zuletzt abgerufen am 31.5.2021).
[40] *Schaller* NZBau 2020, 19 (20).
[41] *Schaller* NZBau 2020, 19 (20); ähnlich Ingenstau/Korbion/*Schaller* Rn. 6 („Programmsatz").

53 **4. Verzicht auf Vorlage von Nachweisen (Abs. 3).** Zum Zwecke der Entlastung der Bewerber und Bieter hat der Normgeber in Abs. 3 – in Umsetzung von Art. 59 Abs. 5 RL 2014/24/EU – zwei Fälle geregelt, in denen der Bewerber bzw. Bieter von der Pflicht zur Vorlage von Eignungsnachweisen befreit ist.

54 **a) Möglichkeit des Erhalts über Datenbank in einem Mitgliedstaat (Abs. 3 Alt. 1).** Gemäß Abs. 3 Alt. 1 entfällt die Vorlagepflicht des Bewerbers bzw. Bieters, sofern und soweit es sich um Unterlagen handelt, die der öffentliche Auftraggeber über eine **Datenbank in einem EU-Mitgliedstaat** erlangen kann. Hiermit trägt der Richtliniengeber dem Umstand Rechnung, dass im Zeitalter der Digitalisierung Unterlagen vermehrt elektronisch vorgehalten werden. In der Sache kann es sich um ein anderes, als das in Abs. 1 genannte **Präqualifikationssystem** handeln, ein nationales Vergaberegister, eine virtuelle Unternehmensakte (Virtual Company Dossier) oder ein elektronisches Dokumentenablagesystem.[42]

55 Da im Rahmen des Abs. 3 Alt. 2 anerkannt ist, dass der Auftraggeber keine aufwendige Suche nach vorliegenden Nachweisen betreiben muss (→ Rn. 59 sowie → § 6b Rn. 40), dürfte der Auftraggeber auch im Rahmen von Abs. 3 Alt. 1 nicht zu einer Recherche verpflichtet sein. Insbesondere besteht **keine Verpflichtung des Auftraggebers, Datenbanken ohne konkreten Anlass zu durchsuchen.**[43] Der Bewerber bzw. Bieter muss daher ausdrücklich auf die Abrufbarkeit der Nachweise über die Datenbank Bezug nehmen und dem Auftraggeber den Zugriff auf die Datenbank verschaffen. In Teil II A der EEE können übrigens die Internet-Adressen von Datenbanken, bei denen erforderliche Informationen abrufbar sind, angegeben werden.

56 Nach § 6b EU Abs. 3 Alt. 1 muss ein **„direkter" Zugriff** auf die Unterlagen gegeben sein. Ähnlich wie im Rahmen der Vorschrift des § 11 EU Abs. 3, der die direkte Abrufbarkeit der Vergabeunterlagen fordert, muss gewährleistet sein, dass sich der Auftraggeber nicht registrieren muss und das auf die betreffenden Belege unmittelbar, dh ohne aufwendige Recherche, zugegriffen werden kann.[44] Unkritisch dürfte es hingegen im Rahmen von § 6b EU Abs. 3 Alt. 1 sein, wenn der Zugriff nur mittels Passwort möglich ist, welches der Bieter dem öffentlichen Auftraggeber mit dem Teilnahmeantrag bzw. Angebot mitteilt. Nach § 6b EU Abs. 3 Alt. 1 muss die Nutzung der Datenbank für den öffentlichen Auftraggeber zudem **gebührenfrei** frei sein, darf also mit keinen Kosten für den Auftraggeber verbunden sein.

57 Die **Vorlagepflicht entfällt** nur, *„soweit die den Zuschlag erteilende Stelle diese ... über eine Datenbank ... erhalten kann"*, dh **lediglich soweit die vorzulegenden Unterlagen in der Datenbank verfügbar sind.** Ist dort nur ein Teil der im konkreten Verfahren vorzulegenden Nachweise hinterlegt, sind die sonstigen Nachweise vorzulegen bzw. – soweit der Auftraggeber dies zugelassen hat – im Wege der Eigenerklärung zu erbringen.

58 Wie sich aus dem Wortlaut der Vorschrift ergibt (*„Unternehmen müssen keine Nachweise vorlegen, ..."*) kommt dem Auftraggeber hinsichtlich des Rückgriffs auf die Datenbank **kein Ermessen** zu. Wenn die Bewerber bzw. Bieter auf eine entsprechende Datenbank verweisen und die entsprechenden Unterlagen dort hinterlegt sind, muss der Auftraggeber diese akzeptieren.

59 **b) Verzicht auf Vorlage von vorhandenen Nachweisen (Abs. 3 Alt. 2).** Nach Abs. 3 Alt. 2 ist die Vorlage von Nachweisen auch dann obsolet, wenn **die den Zuschlag erteilende Stelle** bereits im **Besitz** dieser Nachweise ist. Da sich Abs. 3 Alt. 2 mit § 6b Abs. 3 deckt, wird auf die Erläuterung dieser Vorschrift verwiesen (→ § 6b Rn. 38 ff.).

60 Ergänzend ist anzumerken, dass von der Möglichkeit eines Verzichts auf die erneute Vorlage von vorhandenen Nachweisen auch dann Gebrauch gemacht werden kann, wenn Eigenerklärungen in den Fällen des Abs. 2 Nr. 1–3 zu verifizieren sind oder Nachforderungen nach § 16a EU erforderlich wären.[45]

61 **5. Drittschützende Wirkung.** Die Vorgaben des § 6b EU Abs. 1 zu den Nachweisarten, zB der Präqualifizierung oder der EEE, erleichtern den Bietern den Nachweis der Eignung und sind daher drittschützend. Auch die Regelungen des Abs. 2 Nr. 1–3 schützen zumindest auch Bewerber oder Bieter, indem sie die Zulässigkeit der Aufforderungen zur Beibringung von Nachweisen, gegenüber Bietern, die zunächst eine Eigenerklärung vorgelegt haben, einschränken bzw. an bestimmte Bedingungen knüpfen. Die Vorgabe des Abs. 2 Nr. 4, dass der Auftraggeber möglichst nur solche Nachweise verlangen soll, die im Informationssystem e-Certis hinterlegt sind, schränkt den Ermessensspielraum des Auftraggebers hinsichtlich der Auswahl von Nachweisen ebenfalls im

---

[42] Vgl. Art. 59 Abs. 5 RL 2014/14/EU.
[43] Beck VergabeR/*Mager* Rn. 32; aA wohl *Birk* VR 2020, 84 (85).
[44] Zur vergleichbaren Regelung des § 41 Abs. 1 VgV: OLG Düsseldorf Beschl. v. 13.5.2019 – VII-Verg 47/18, NZBau 2019, 665 (667).
[45] jurisPK-VergabeR/*Summa* § 6b EU Rn. 65.

Bieterinteresse ein. Die Regelung des Abs. 3 erleichtert den Bewerbern ebenfalls den Nachweis der Eignung. Mithin handelt es sich bei § 6b EU grundsätzlich um eine justiziable Vorschrift. Sofern dem Auftraggeber ein Ermessenspielraum eingeräumt ist (§ 6b EU Abs. 1 S. 1 Nr. 2 S. 1, § 6b EU Abs. 2 Nr. 1), kann sich der Anspruch des Bewerbers bzw. Bieters allerdings nur auf eine Überprüfung der rechtlichen Grenzen des Ermessensspielraums richten.

§ 6c EU Qualitätssicherung und Umweltmanagement

(1) ¹Verlangt der öffentliche Auftraggeber zum Nachweis dafür, dass Bewerber oder Bieter bestimmte Normen der Qualitätssicherung erfüllen, die Vorlage von Bescheinigungen unabhängiger Stellen, so bezieht sich der öffentliche Auftraggeber auf Qualitätssicherungssysteme, die
1. den einschlägigen europäischen Normen genügen und
2. von akkreditierten Stellen zertifiziert sind.

²Der öffentliche Auftraggeber erkennt auch gleichwertige Bescheinigungen von akkreditierten Stellen aus anderen Staaten an. ³Konnte ein Unternehmen aus Gründen, die es nicht zu vertreten hat, die betreffenden Bescheinigungen nicht innerhalb der einschlägigen Fristen einholen, so muss der öffentliche Auftraggeber auch andere Unterlagen über gleichwertige Qualitätssicherungssysteme anerkennen, sofern das Unternehmen nachweist, dass die vorgeschlagenen Qualitätssicherungsmaßnahmen den geforderten Qualitätssicherungsnormen entsprechen.

(2) ¹Verlangt der öffentliche Auftraggeber zum Nachweis dafür, dass Bewerber oder Bieter bestimmte Systeme oder Normen des Umweltmanagements erfüllen, die Vorlage von Bescheinigungen unabhängiger Stellen, so bezieht sich der öffentliche Auftraggeber
1. entweder auf das Gemeinschaftssystem für das Umweltmanagement und die Umweltbetriebsprüfung (EMAS) der Europäischen Union oder
2. auf andere nach Artikel 45 der Verordnung (EG) 1221/2009 anerkannte Umweltmanagementsysteme oder
3. auf andere Normen für das Umweltmanagement, die auf den einschlägigen europäischen oder internationalen Normen beruhen und von akkreditierten Stellen zertifiziert sind.

²Der öffentliche Auftraggeber erkennt auch gleichwertige Bescheinigungen von Stellen in anderen Staaten an. ³Hatte ein Unternehmen aus Gründen, die ihm nicht zugerechnet werden können, nachweislich keinen Zugang zu den betreffenden Bescheinigungen oder aus Gründen, die es nicht zu vertreten hat, keine Möglichkeit, diese innerhalb der einschlägigen Fristen zu erlangen, so muss der öffentliche Auftraggeber auch andere Nachweise über gleichwertige Umweltmanagementmaßnahmen anerkennen, sofern das Unternehmen nachweist, dass diese Maßnahmen mit denen, die nach dem geltenden System oder den geltenden Normen für das Umweltmanagement erforderlich sind, gleichwertig sind.

Schrifttum: *Funk/Tomerius*, Aktuelle Ansatzpunkte umwelt- und klimaschützender Beschaffung in Kommunen – Überblick und Wege im Dschungel des Vergaberechts (Teil 2), KommJur 2016, 47; *Halstenberg/Klein*, Neues zu den Anforderungen bei der Verwendung von Normen, Zertifikaten und Gütezeichen, NZBau 2017, 469; *Hattenhauer/Butzert*, Die Etablierung ökologischer, sozialer, innovativer und qualitativer Aspekte im Vergabeverfahren, ZfBR 2017, 129; *Lendermann*, Der neue Rechtsrahmen für Energieaudits in Unternehmen, EnWZ 2015, 291; *Zinger*, Zertifikate sind unternehmensgebunden!, IBR 2020, 477.

Übersicht

	Rn.		Rn.
I. Allgemeines	1	a) Bescheinigung unabhängiger Stellen (S. 1)	8
1. Normzweck	1	b) Gleichwertige Bescheinigungen von akkreditierten Stellen aus anderen Staaten (S. 2)	14
2. Gemeinschaftsrechtliche Grundlagen	2		
3. Entstehungsgeschichte	3	c) Andere Unterlagen über gleichwertige Qualitätssicherungssysteme (S. 3)	18
4. Vergleichbare Regelungen	6		
II. Einzelerläuterung	7	2. Nachweise hinsichtlich eines Umweltmanagements (Abs. 2)	24
1. Nachweise hinsichtlich des Qualitätssicherung (Abs. 1)	7	a) EMAS-Zertifizierung (S. 1 Nr. 1)	27

		Rn.			Rn.
b)	Andere Umweltmanagementsysteme entsprechend Art. 45 VO (EG) 1221/2009 (S. 1 Nr. 2)	28	e)	Andere Unterlagen über gleichwertige Umweltmanagementmaßnahmen (S. 3)	37
c)	Andere europäische Umweltnormen (S. 1 Nr. 3)	29	3.	Transparenz	45
d)	Gleichwertige Bescheinigungen von Stellen in anderen Staaten (S. 2)	33	4.	Drittschützender Charakter	46

I. Allgemeines

1   **1. Normzweck.** § 6c EU regelt, welche Anforderungen der öffentliche Auftraggeber an **Nachweise** für die Erfüllung von **Normen der Qualitätssicherung** (Abs. 1) sowie die Erfüllung von **Systemen oder Normen des Umweltmanagements** (Abs. 2) stellen kann. Damit ergänzt die Regelung die Vorschrift des § 6a EU Nr. 3, die dem öffentlichen Auftraggeber die Möglichkeit eröffnet, zum Nachweis der beruflichen und technischen Leistungsfähigkeit der Bewerber oder Bieter je nach Art und Menge oder Umfang oder Verwendungszweck der ausgeschriebenen Leistung „*die Beschreibung der ... Maßnahmen des Unternehmens zur Qualitätssicherung ...*" (vgl. § 6a EU Nr. 3 lit. c) und die „*Angabe der Umweltmanagementmaßnahmen, die der Unternehmer während der Auftragsausführung anwenden kann*" (vgl. § 6a EU Nr. 3 lit. f) zu verlangen. Im Zusammenspiel mit § 6a EU Nr. 3 enthält § 6c EU lediglich nähere Vorgaben zu den Nachweisen für entsprechende Eignungsanforderungen, während die Festlegung entsprechender Eignungskriterien selbst sedes materiae des § 6a EU Nr. 3 ist.[1]

2   **2. Gemeinschaftsrechtliche Grundlagen.** Die durch die VOB/A 2016 eingefügte Regelung des § 6c EU dient der Umsetzung des **Art. 62 RL 2014/24/EU**. Dabei regelt Abs. 1 – in Übereinstimmung mit Art. 62 Abs. 1 RL 2014/24/EU – die Anforderungen an die Erbringung von Nachweisen für die Erfüllung von Normen der Qualitätssicherung. Durch Abs. 2 werden die Vorgaben des Art. 62 Abs. 2 UAbs. 1 und 2 RL 2014/24/EU hinsichtlich der Nachweise für die Erfüllung von Systemen oder Normen des Umweltmanagements umgesetzt.

3   **3. Entstehungsgeschichte.** Die – auf Art. 49 und 50 der aufgehobenen Richtlinie 2004/18/EG beruhende – Vorgängerregelung des § 6c EU fand sich in **§ 6 EG Abs. 9 VOB/A 2012**. Mit § 6c EU wurden verschiedene Änderungen eingefügt.

4   **§ 6 EG Abs. 9 Nr. 2 VOB/A 2012** entsprach im Wesentlichen **§ 6c EU Abs. 1**. Anders als § 6c EU Abs. 1 S. 1 setzte § 6 EG Abs. 9 Nr. 2 S. 1 VOB/A 2012 allerdings nicht voraus, dass die zertifizierenden Stellen akkreditiert waren. Während durch § 6c EU Abs. 1 S. 2 Bescheinigungen über die Qualitätssicherungssysteme von akkreditierten Stellen „*aus anderen Staaten*" den Bescheinigungen iSd § 6c EU Abs. 1 S. 1 gleichgestellt werden, waren nach § 6 EG Abs. 9 Nr. 2 S. 3 VOB/A 2012 im Übrigen Bescheinigungen von Stellen „*aus anderen Mitgliedstaaten*" als gleichwertig anzusehen. Schließlich wurde der Spielraum für die Anerkennung gleichwertiger Nachweise für Qualitätssicherungsmaßnahmen verkleinert. Während § 6 EG Abs. 9 Nr. 2 S. 4 VOB/A 2012 die Anerkennung derartiger Nachweise pauschal vorschrieb, kommen diese nach § 6c EU Abs. 1 S. 3 nur noch dann als Beleg in Betracht, wenn ein Unternehmen aus von ihm nicht zu vertretenden Gründen „*die betreffenden Bescheinigungen nicht innerhalb der einschlägigen Fristen*" einholen konnte und überdies die Gleichwertigkeit nachweist.

5   Bei **§ 6 EG Abs. 9 Nr. 1 VOB/A 2012** handelte es sich um die Vorgängerregelung des **§ 6c EU Abs. 2**. § 6 EG Abs. 9 Nr. 1 VOB/A 2012 regelte den Fall, dass der Auftraggeber Nachweise dafür verlangte, dass der Bewerber „*Normen des Umweltmanagements*" erfüllte. § 6c EU Abs. 2 spricht von „*Systemen oder Normen des Umweltmanagements*". In Übereinstimmung mit § 6c EU Abs. 2 Nr. 1 und 3 konnte der Auftraggeber hierbei auf das Gemeinschaftssystem für das Umweltmanagement und die Umweltbetriebsprüfung (EMAS) der Europäischen Union (§ 6 EG Abs. 9 Nr. 1 S. 3 lit. a) oder auf Normen, die auf den einschlägigen europäischen oder internationalen Normen beruhen (§ 6 EG Abs. 9 Nr. 1 S. 3 lit. b) Bezug nehmen. In letzterem Falle mussten die Zertifizierungsstellen jedoch – anders als nach dem aktuellen § 6c EU Abs. 2 Nr. 3 – nicht akkreditiert sein. In § 6 EG Abs. 9 Nr. 1 VOB/A 2012 noch nicht enthalten war zudem die nunmehr in 6c EU Abs. 2 Nr. 2 vorgesehene Option, auf andere nach Art. 45 VO (EG) 1221/2009 anerkannte Umweltmanagementsysteme

---

[1] IdS (zu § 49 VgV) VK Bund Beschl. v. 19.7.2019 – VK 1-39/19, BeckRS 2019, 19883 Rn. 444 f.; *Schimanek* jurisPR-VergR 11/2019 Anm. 5; zu § 46 Abs. 3 Nr. 7 VgV: *Hattenhauer/Butzert* ZfBR 2017, 129 (131); allgemein zur Unterscheidung von Eignungskriterien und Eignungsnachweisen: Beck VergabeR/*Opitz* GWB § 122 Rn. 56.

Bezug zu nehmen. Schließlich waren nach § 6 EG Abs. 9 Nr. 1 S. 5 VOB/A 2012 – ohne weitere Voraussetzungen – andere Nachweise für gleichwertige Umweltmanagementsystem-Maßnahmen anzuerkennen. Gemäß § 6c EU Abs. 2 S. 3 kann auf entsprechende Nachweise nur zurückgegriffen werden, wenn ein Unternehmen aus Gründen, die ihm nicht zugerechnet werden können, *„nachweislich keinen Zugang zu den betreffenden Bescheinigungen"* hatte oder es dem Unternehmen aus Gründen, die es nicht zu vertreten hat, an der Möglichkeit fehlt, diese *„innerhalb der einschlägigen Fristen zu erlangen"*.

4. Vergleichbare Regelungen. Eine mit § 6c EU nahezu wörtlich übereinstimmende Regelung findet sich – außer in der Parallelnorm des **§ 6c VS** – in **§ 49 VgV** und **§ 49 SektVO**. Eine vergleichbare Bestimmung zu Nachweisen hinsichtlich eines Qualitäts- oder Umweltmanagementsystems enthält auch **§ 28 VSVgV**. Diese Vorschrift eröffnet den Bietern jedoch einen etwas weiteren Spielraum, weil andere Nachweise über gleichwertige Qualitätsmanagementsysteme oder Umweltmanagementmaßnahmen generell anerkannt werden (vgl. § 28 Abs. 1 S. 2 und Abs. 2 S. 2 VSVgV) und nicht nur – wie in § 6c EU Abs. 1 S. 3 und Abs. 2 S. 3 – für den Fall, dass der Bewerber oder Bieter aus Gründen die ihm nicht zurechenbar sind, keinen Zugang zu den betreffenden Bescheinigungen hat. Die **KonzVgV** enthält keine vergleichbare Bestimmung.

II. Einzelerläuterung

1. Nachweise hinsichtlich des Qualitätssicherung (Abs. 1). Die Regelung des Abs. 1 greift ein, wenn der Auftraggeber – als Eignungsanforderung – vorgibt, dass die Bewerber oder Bieter Nachweise vorzulegen haben, aus denen sich ergibt, dass sie bestimmte **Normen der Qualitätssicherung** erfüllen. Ziel der Qualitätssicherung ist es, potenziell negative Einflüsse auf die Qualität eines Endproduktes zu erkennen und zu beseitigen. Die Qualitätssicherung gewährleistet also, dass die Vorgaben des Qualitätsmanagements eingehalten und korrekt umgesetzt werden. Im Gegensatz zur Qualitätskontrolle, bei der die Qualität des Produkts im Mittelpunkt steht, werden bei der Qualitätssicherung alle Tätigkeiten und Abläufe innerhalb des Unternehmens in den Blick genommen und dahingehend geprüft, inwiefern sie den selbstgesetzten Qualitätszielen entsprechen.[2] Sofern der Auftraggeber Nachweise verlangt, die Auskunft darüber geben, dass seitens der Bewerber oder Bieter bestimmte Normen der Qualitätssicherung erfüllt werden, so sieht Abs. 1 drei Nachweismöglichkeiten vor.

a) Bescheinigung unabhängiger Stellen (S. 1). Abs. 1 S. 1 erlaubt dem Auftraggeber Bescheinigungen unabhängiger Stellen zu verlangen, wobei er sich auf Qualitätssicherungssysteme zu beziehen hat, die den einschlägigen europäischen Normen genügen und von akkreditierten Stellen zertifiziert sind.

Unter **Europäischen Normen** (EN) sind die Regelwerke zu verstehen, die von einem der drei europäischen Komitees für Standardisierung (Europäisches Komitee für Normung CEN, Europäisches Komitee für elektrotechnische Normung CENELEC und Europäisches Institut für Telekommunikationsnormen ETSI) ratifiziert und in Deutschland als DIN EN Normen veröffentlicht wurden.[3] Bei CEN, CENELEC und ETSI handelt es sich um privatrechtliche Organisationen (Vereine nach belgischem Recht), deren Mitglieder die nationalen Normungsinstitute der EU- sowie der EFTA-Staaten sind und die die in Anhang I der Verordnung (EU) Nr. 1025/2012 (sog. EU-Normungsverordnung)[4] als die europäischen Normungsorganisationen anerkannt sind.[5] In Betracht kommt im vorliegenden Zusammenhang vor allem die Normreihe DIN EN ISO 9000 ff., insbes. die DIN EN ISO 9001 (Qualitätsmanagementsysteme).[6] Zu beachten ist, dass Gegenstand einer Zertifizierung nach der DIN EN ISO 9001 nicht die Qualität des Unternehmens ist, sondern nur

---

[2] Concept Pro, Artikel „QM Vs. QS – Welcher Unterschied besteht zwischen Qualitätsmanagement und Qualitätssicherung? im Internet abrufbar unter https://www.concept-pro.de/blog/qm-vs-qs-welcher-unterschied-besteht-zwischen-qualitaetsmanagement-und qualitaetssicherung/ (zuletzt abgerufen am 31.5.2021).
[3] jurisPK-VergabeR/*Summa* VgV § 49 Rn. 7.
[4] Verordnung (EU) Nr. 1025/2012 des europäischen Parlaments und des Rates v. 25.10.2012 zur europäischen Normung, zur Änderung der Richtlinien 89/686/EWG und 93/15/EWG des Rates sowie der Richtlinien 94/9/EG, 94/25/EG, 95/16/EG, 97/23/EG, 98/34/EG, 2004/22/EG, 2007/23/EG, 2009/23/EG und 2009/105/EG des Europäischen Parlaments und des Rates und zur Aufhebung des Beschlusses 87/95/EWG des Rates und des Beschlusses Nr. 1673/2006/EG des Europäischen Parlaments und des Rates (ABl. 2012 EU L 316, 12).
[5] *Langner/Klindt/Schucht* in Dauses/Ludwigs EU-WirtschaftsR-HdB Abschn. C VI. 3. Rn. 26 f.
[6] Zu § 49 Abs. 1 S. 1 VgV: VK Bund Beschl. v. 28.5.2020 – VK 2-29/20, BeckRS 2020, 19528 Rn. 58; allgemein: Beck VergabeR/*Opitz* GWB § 122 Rn. 87.

die Vollständigkeit des Qualitätssicherungssystems entsprechend der einschlägigen Norm und die Einhaltung der durch das Unternehmen selbst vorgegebenen Standards und Verfahren, weshalb die Aussagekraft begrenzt ist.[7] In Betracht kommen im Übrigen nicht nur die allgemeine Qualitätssicherung betreffende Normen, wie die der Normreihe DIN EN ISO 9000 ff., sondern auch solche Regelwerke, die die Qualität bestimmter Arbeitsabläufe bei der Ausführung des Auftrags regeln, etwa die DIN EN ISO 27001 (Informationstechnik – Sicherheitsverfahren – Informationssicherheitsmanagementsysteme – Anforderungen).[8]

10 Die Bewerber oder Bieter müssen nach der in Bezug genommenen europäischen Norm zertifiziert sein. Durch die **Zertifizierung** wird dokumentiert, dass das Unternehmen den Aufbau eines Qualitätsmanagementsystems erfolgreich abgeschlossen hat und dass die geprüften Abläufe mit der zugrundeliegenden Norm konform sind.[9] Zertifikate sind grundsätzlich unternehmensgebunden. Wird ein Gesellschaftsteil im Wege der Ausgliederung nach § 123 Abs. 3 UmwG auf ein anderes Unternehmen übertragen, das andere Gesellschafter hat, so geht das Zertifikat, dass auf das fortbestehende übertragende Unternehmen ausgestellt ist, nicht im Wege der Gesamtrechtsnachfolge auf das neue Unternehmen über.[10] Ausnahmen sind denkbar, wenn die AGB der Zertifizierungsstelle explizit Regelungen zur Übertragbarkeit enthalten. Allerdings obliegt es dem Bewerber oder Bieter, dies innerhalb der für die Vorlage der Nachweise gesetzten Fristen darzulegen.[11] Wenn der Auftraggeber das Vorhandensein einer Zertifizierung verlangt, ist dies im Übrigen dahin gehend auszulegen, dass die Gültigkeitsdauer zum Zeitpunkt des Ablaufs der Vorlagefrist, in der Regel der Teilnahme- oder Angebotsfrist, noch nicht abgelaufen sein darf.[12] Das gilt jedoch nicht, wenn der Auftraggeber in der Auftragsbekanntmachung lediglich verlangt, dass ein *„auditiertes Qualitätsmanagementsystem eingeführt"* wurde.[13]

11 Die Forderung der Vorlage eines Zertifikats steht auch im Einklang mit der Vorschrift des § 6b EU, welche die Mittel der Nachweisführung regelt. Zwar sieht § 6b EU Abs. 1 S. 1 Nr. 2 S. 2 vor, dass der öffentliche Auftraggeber vorgeben kann, dass **Eigenerklärungen** ausreichend sind. Mittel der Nachweisführung sind jedoch gem. § 6b EU Abs. 1 S. 1 Nr. 2 S. 1 zumindest auch Einzelnachweise.[14]

12 Die Zertifizierung muss zudem von einer externen Stelle vorgenommen worden sein, welche akkreditiert ist. Bei der – nach der Vorgängernorm des § 6 EG Abs. 9 (aF) noch nicht zwingend vorgeschriebene – **Akkreditierung** handelt es sich um eine gesteigerte Nachweisanforderung, welche die Kompetenz der Zertifizierungsstellen zur Vornahme einer Konformitätsbewertung, im vorliegenden Zusammenhang der Übereinstimmung des Qualitätssicherungssystems der Bewerber oder Bieter mit den einschlägigen Normen, sicherstellen soll.[15] Die Akkreditierung wird von der Deutschen Akkreditierungsstelle auf der Grundlage der Verordnung (EG) 765/2008[16] und nationaler Ausführungsvorschriften, wie dem Akkreditierungsstellengesetz (AkkStelleG) sowie die AkkStelleG-Beleihungsverordnung (AkkStelleGBV), durchgeführt.

13 Wie sich aus dem Wort *„kann"* ergibt, steht im **Ermessen** des öffentlichen Auftraggebers, ob bzw. welche Bescheinigungen unabhängiger Stellen iSv Abs. 1 S. 1 er verlangt. Das Ermessen hinsichtlich der Anforderungen an die Nachweise unterliegt denselben Grenzen, wie die Eignungsanforderung des Vorhandenseins eines Qualitätsmanagements selbst, nämlich denen des § 6 EU Abs. 1 S. 3. Mithin muss eine **Verbindung zum Auftragsgegenstand** bestehen und die Nachweisanforderung muss zu diesem in einem **angemessenen Verhältnis** stehen.[17] Dies wird bei komplexen Bauaufträgen und bei Bauaufträgen, die entweder ein hohes Maß an Abstimmung bzw. eine Abstim-

---

[7] OLG Jena Beschl. v. 5.12.2001 – 6 VerG 3/01, BeckRS 9998, 4629; jurisPK-VergabeR/*Summa* VgV § 49 Rn. 10.
[8] Zu § 49 VgV: VK Bund Beschl. v. 19.7.2019 – VK 1-39/19, BeckRS 2019, 19883 Rn. 45; zustimmend *Schimanek* jurisPR-VergR 11/2019 Anm. 5.
[9] VK Schleswig-Holstein Beschl. v. 12.7.2016 – VK-SH 9/16, VPRRS 2016, 0353.
[10] VK Bund Beschl. v. 28.5.2020 – VK 2-29/20, BeckRS 2020, 19528 Rn. 69.
[11] VK Bund Beschl. v. 28.5.2020 – VK 2-29/20, BeckRS 2020, 19528 Rn. 71; *Zinger* IBR 2020, 477.
[12] OLG Naumburg Beschl. v. 2.8.2012 – 2 Verg 3/12, IBRRS 2012, 3847.
[13] VK Südbayern Besch. v. 22.5.2015 – Z3-3-3194-1-13-02/15, NZBau 2016, 126.
[14] Vgl. VK Bund Beschl. v. 28.5.2020 – VK 2-29/20, BeckRS 2020, 19528 Rn. 61 ff. wonach die Forderung der Vorlage eines Zertifikats selbst mit der Vorschrift des § 48 Abs. 2 S. 1 VgV in Einklang steht, nach der – anders als nach § 6b EU – Eigenerklärungen grundsätzlich vorrangig sind.
[15] Beck VergabeR/*Opitz* GWB § 122 Rn. 88.
[16] Verordnung (EG) Nr. 765/2008 des europäischen Parlaments und des Rates v. 9.7.2008 über die Vorschriften für die Akkreditierung und Marktüberwachung im Zusammenhang mit der Vermarktung von Produkten und zur Aufhebung der Verordnung (EWG) Nr. 339/93 des Rates (ABl. 2008 EU L 218, 30).
[17] Mit Blick auf § 49 VgV: OLG München Beschl. v. 21.4.2017 – Verg 2/17, BeckRS 2017, 107792 Rn. 92; VK Bund Beschl. v. 19.7.2019 – VK 1-39/19, BeckRS 2019, 19883 Rn. 40 f.

mung mit einer Vielzahl anderer Unternehmer bzw. Baubeteiligter erfordern (zB mit Nachunternehmern bzw. mit Unternehmen, die vom Auftraggeber mit der Erstellung der Nachfolgegewerke beauftragt sind) eher der Fall sein, als bei weniger komplexen Bauvorhaben, die zudem keine größere Abstimmung mit anderen Unternehmen bzw. Baubeteiligten erfordern. In die Prüfung, welche Anforderungen an die Eignung dem Auftragsgegenstand angemessen sind, hat der öffentliche Auftraggeber die Auswirkungen der Eignungsanforderungen auf den Wettbewerb mit einzubeziehen. Im Hinblick auf den in § 97 Abs. 1 GWB verankerten Wettbewerbsgrundsatz hat der öffentliche Auftraggeber zwischen einer möglichst großen Auswahl von Angeboten, einhergehend mit einer höheren Wahrscheinlichkeit für ein wirtschaftlich günstiges Angebot, und dem Risiko einer nicht ordnungsgemäßen Ausführung des Auftrags im konkreten Fall abzuwägen. Besonders hohe Eignungsanforderungen können vor diesem Hintergrund insbesondere dann unangemessen sein, wenn sie wettbewerbsbeschränkende Wirkung entfalten, weil nur ein oder wenige Unternehmen diese Anforderungen erfüllen. Erforderlich ist in diesem Fall, dass derartige Anforderungen durch gewichtige Gründe gerechtfertigt sind.[18] Das gilt auch bei der Festlegung der Anforderungen an Nachweise für die Erfüllung von Normen der Qualitätssicherung.

b) Gleichwertige Bescheinigungen von akkreditierten Stellen aus anderen Staaten (S. 2).

Abs. 1 S. 2 legt fest, dass der Auftraggeber auch gleichwertige Bescheinigungen von akkreditierten Stellen aus anderen Staaten anerkennt. Diese Erklärungen stellen gewissermaßen ein **Surrogat für Nachweise unabhängiger Stellen iSv S. 1** dar. Die Regelung trägt dem Umstand Rechnung, dass ausländische Bewerber oder Bieter in der Regel nicht von Stellen iSd S. 1 zertifiziert sein werden und stellt die Gleichbehandlung inländischer und ausländischer Bewerber oder Bieter sicher.[19]

Unter „**Staaten**" iSd Abs. 1 S. 2 sind nach hM lediglich EU-Mitgliedstaaten zu verstehen.[20] Die Abweichung vom Wortlaut des Art. 62 Abs. 1 RL 2014/24 EU („*Mitgliedstaaten*") könnte dafür sprechen, dass es sich um eine bewusste Abweichung vom Richtlinientext handelt und nach dem Willen des nationalen Normgebers auch gleichwertige Bescheinigungen aus Drittstaaten erfasst sein sollen. Da in der Vorgängerregelung des § 6c EU Abs. 1 S. 2 noch von Mitgliedstaaten die Rede war, deutet auch die Historie auf einen entsprechenden Willen des Gesetzgebers hin. Gegen eine Ausdehnung der Norm auf Drittstaaten spricht aber der Sinn und Zweck des Abs. 1 S. 2 bzw. der zugrundeliegenden Richtlinienvorschrift. Dieser liegt letztlich in der Stärkung des Europäischen Binnenmarktes durch Anerkennung von Zertifikaten aus anderen EU-Mitgliedstaaten.[21] Bescheinigungen aus Drittstaaten können im Übrigen nach Abs. 1 S. 3 anerkannt werden.[22] Diese Vorschrift stellt zwar strengere Anforderungen als Abs. 1 S. 2. Die darin liegende Schlechterstellung von Bescheinigungen aus Drittstatten ist jedoch rechtlich unbedenklich. Zum einen streitet für deren Anerkennung nicht der Normzweck der Stärkung des Europäischen Binnenmarktes. Zum anderen sind geringere Anforderungen bei Bescheinigungen aus EU-Mitgliedstaaten eher vertretbar, weil technische Normen, nach deren Kriterien die Bescheinigung erteilt werden, auf europäischer Ebene harmonisiert sind.

Die eingereichten Bescheinigungen müssen „*gleichwertig*" sein, was zunächst voraussetzt, dass die Norm deren Erfüllung bestätigt wird, vergleichbare Standards setzt, wie die geforderte Norm iSd S. 1.[23] Ferner muss der Bewerber oder Bieter nach der vergleichbaren Norm zertifiziert sein.[24] An das Zertifikat sind dieselben Anforderungen zu stellen, wie an Zertifikate gem. Abs. 1 S. 1 (→ Rn. 10). Schließlich muss das Zertifikat – wie sich unmittelbar aus dem Wortlaut des Abs. 1 S. 2 ergibt – von einer Stelle ausgestellt sein, die im betreffenden Staat akkreditiert ist, wodurch sichergestellt wird, dass es sich um eine den Stellen iSd S. 1 vergleichbare Stelle handelt. Angesichts dessen, dass die Akkreditierung ebenfalls auf europäischen Normen beruht, werden hier häufig ähnliche Strukturen vorzufinden sein, wie hierzulande (→ Rn. 12). Die Darlegungs- und Beweislast hinsichtlich der Gleichwertigkeit obliegt dem Bewerber bzw. Bieter.[25]

Wie der Wortlaut impliziert („... *erkennt auch ... an*"), hat der öffentliche Auftraggeber bei Vorliegen der vorgenannten Tatbestandsvoraussetzungen, insbesondere des Merkmals der Gleichwertigkeit, **kein Ermessen** bezüglich der Anerkennung der Bescheinigungen von ausländischen Stellen, dh er muss diese anerkennen.

---

[18] OLG Düsseldorf Beschl. v. 11.7.2018 – Verg 24/18, ZfBR 2019, 292 (295 f.); OLG Düsseldorf Beschl. v. 27.6.2018 – VII-Verg 4/18, NZBau 2018, 707 (709 f.).
[19] Beck VOB/B/*Mager* VgV § 49 Rn. 11.
[20] *Gnittke/Hattig* in Müller-Wrede VgV § 49 Rn. 26 ff.; HK-VergabeR/*Tomerius* VgV § 42 Rn. 4; Beck VOB/B/*Mager* VgV § 49 Rn. 11; aA *Röwekamp* in KKMPP VgV § 42 Rn. 4.
[21] *Gnittke/Hattig* in Müller-Wrede VgV § 49 Rn. 30.
[22] *Gnittke/Hattig* in Müller-Wrede VgV § 49 Rn. 31.
[23] Zu § 49 Abs. 1 S. 2 VgV: VK Bund Beschl. v. 28.5.2020 – VK 2-29/20, BeckRS 2020, 19528 Rn. 77.
[24] Zu § 49 Abs. 1 S. 2 VgV: VK Bund Beschl. v. 28.5.2020 – VK 2-29/20, BeckRS 2020, 19528 Rn. 77.
[25] Ingenstau/Korbion/*Schrunner* Rn. 2.

18 c) **Andere Unterlagen über gleichwertige Qualitätssicherungssysteme (S. 3).** Abs. 1 S. 3 beschreibt eine weitere Möglichkeit die vom Auftraggeber benannten Qualitätssicherungsstandards nachzuweisen, nämlich durch „andere Unterlagen über gleichwertige Qualitätssicherungssysteme".

19 Erste Voraussetzung ist, dass die Einholung der *„betreffenden Bescheinigung",* dh, von Bescheinigungen iSd S. 1 oder 2, innerhalb der einschlägigen Fristen nicht möglich ist. Mit der *„einschlägigen Frist"* ist die Frist gemeint, bis zu welcher der Auftraggeber die Vorlage der Bescheinigung fordert, in der Regel also die Teilnahme- oder Angebotsfrist.[26] Der Fall, dass die Einholung einer Bescheinigung iSd S. 1 oder 2 innerhalb der einschlägigen Fristen **nicht möglich** ist, liegt zB vor, wenn ein Bewerber oder Bieter sich am Vergabeverfahren beteiligen will, der zwar ein Qualitätsmanagementsystem installiert hat, welches den einschlägigen europäischen Normen genügt, etwa der DIN EN ISO 9001, jedoch bisweilen nicht zertifiziert ist und eine Zertifizierung bis zum Ablauf der Bewerbungs- bzw. Angebotsfrist nicht erfolgen kann.[27]

20 Letzteres darf vom Bewerber oder Bieter **nicht zu vertreten** sein. Der Begriff des Vertretenmüssens kann in Anlehnung an §§ 276 ff. BGB definiert werden, sodass der Bieter die Unmöglichkeit der Einholung einer Bescheinigung iSv S. 1 oder 2 weder vorsätzlich noch fahrlässig herbeigeführt haben darf. Ein solcher Fall läge beispielsweise bei überlanger Bearbeitungsdauer der Zertifizierungsstelle vor.[28] Ein Gegenbeispiel für eine durch den Bewerber bzw. Bieter zu vertretende Verzögerung könnte die Konstellation sein, dass der Bewerber oder Bieter im Rahmen eines ersten Audits nicht alle Voraussetzungen für die Zertifizierung erfüllt hat und deshalb ein Nachaudit erforderlich geworden ist. Ob ein Vertretenmüssen des Bewerbers oder Bieters gegeben ist, hängt jedoch letztlich von den Umständen des Einzelfalles ab.

21 Die Voraussetzung, dass die vorgeschlagenen **Qualitätssicherungsmaßnahmen den geforderten Qualitätssicherungsnormen entsprechen,** erfordert zunächst den Nachweis, dass die von den Unternehmen getroffenen **Vorkehrungen zur Qualitätssicherung** den Maßnahmen der einschlägigen europäischen Normen nach Art und Umfang entsprechen.[29] Fraglich ist, mit welchen **Unterlagen** die inhaltliche Gleichwertigkeit belegt werden muss. Unstreitig ist, dass Nachweise, die von unabhängigen, neutralen Dritten ausgestellt sind und bzw. oder auf Fremdüberwachung beruhen, als Nachweisunterlagen in Betracht kommen.[30] Mithin dürften branchenspezifische Zertifikate (zB nach der Entsorgungsfachbetriebsverordnung – EfBV[31]), RAL-Gütezeichen[32] oder Gutachten unabhängiger Prüforganisationen herangezogen werden können.[33] Strittig ist, ob auch Belege herangezogen werden können, die nicht **von Dritten** herrühren bzw. nicht das **Ergebnis einer Fremdüberwachung** sind, wie zB Privatgutachten oder – noch weitergehend – von Selbstauskünften bzw. -beschreibungen des Bewerbers oder Bieters. Mit dem Argument, die Gleichwertigkeit gegenüber Zertifikaten iSd Abs. 1 S. 1 und 2 erfordere auch gleichwertige Nachweise, wird dies von der hM abgelehnt.[34] Für die Möglichkeit, den Nachweis auch mit Unterlagen führen zu können, die nicht von neutralen Dritten erstellt wurden, insbesondere mit **Selbstauskünften bzw. eigenen Beschreibungen** des Bewerbers oder Bieters, spricht der Sinn und Zweck der Vorschrift. Es handelt sich um eine Alternative, die lediglich eingreift, wenn ein Unternehmen aus Gründen, die es nicht zu vertreten hat, Zertifikate iSv Abs. 1 S. 1 und 2 nicht innerhalb der Teilnahme- oder Angebotsfrist einholen konnte (→ Rn. 19). Wenn die Einholung von Zertifikaten gem. Abs. 1 S. 1 und 2 an der Zeit scheitert, dürfte häufig auch nicht genügend Zeit für die Einholung von Bescheinigungen unabhängiger Dritter bzw. von Belegen, die auf einer Fremdüberwachung beruhen, bestehen. Denn um entsprechende Bescheinigungen ausstellen zu können, werden Dritte zunächst eine eingehende Prüfung der betrieblichen Organisation des Bewerbers/Bieters vornehmen müssen. Angesicht dessen, dass die Möglichkeit, den Nachweis mit anderen Unterlagen zu führen, auf den (keinesfalls leicht nachweisbaren) Fall beschränkt ist, dass die Einholung von Zertifikaten gem. Abs. 1 S. 1 und 2 an der Zeit scheitert, ist überdies nicht zu befürchten, dass die Nachweisanforderungen des Abs. 1 S. 1 und 2 bewusst unterlaufen werden. Dafür, dass Privatgutachten von Selbstauskünften bzw.

---

[26] *Gnittke/Hattig* in Müller-Wrede VgV § 49 Rn. 33.
[27] *Röwekamp* in KKMPP VgV § 49 Rn. 5.
[28] IdS Beck VergabeR/*Opitz* GWB § 122 Rn. 35 aE.
[29] HK-VergabeR/*Tomerius* VgV § 49 Rn. 4.
[30] Beck VOB/B/*Mager* VgV § 49 Rn. 14; *Gnittke/Hattig* in Müller-Wrede VgV § 49 Rn. 38.
[31] Vgl. OLG München Beschl. v. 21.4.2017 – Verg 2/17, BeckRS 2017, 107792 Rn. 83 zur Forderung eines EfB-Zertifikats bei einer Baumaßnahme, bei der kontaminierter Bauschutt anfällt (jedoch ohne Zuordnung zu einer der in § 6c EU Abs. 1 genannten Nachweismittel).
[32] Zum Gütezeichen Kanalbau als Nachweis iSd § 8 Nr. 3 Abs. 1g VOB/A 2000: VK Baden-Württemberg Beschl. v. 5.7.2010 – 1 VK 29/10, IBRRS 2011, 1793.
[33] Vgl. zB *Gnittke/Hattig* in Müller-Wrede VgV § 49 Rn. 38.
[34] Jeweils zu § 49 Abs. 1 S. 3 VgV: Beck VOB/B/*Mager* VgV § 49 Rn. 14; HK-VergabeR/*Tomerius* VgV § 49 Rn. 4; *Röwekamp* in KKMPP VgV § 49 Rn. 5; aA jurisPK-VergabeR/*Summa* VgV § 49 Rn. 21.

-beschreibungen des Bewerbers oder Bieters grundsätzlich ausreichend sind, spricht auch der dem Erwägungsgrund 74 RL 2014/24/EU zugrundeliegende Rechtsgedanke. In dieser Regelung wird im Hinblick auf die Forderung von Gütezeichen innerhalb von technischen Spezifikationen ausgeführt: *„Zum Nachweis der Gleichwertigkeit sollte von den Bietern die Vorlage von Belegen verlangt werden können, deren Korrektheit von Dritten bestätigt wurde. Es sollten jedoch auch andere geeignete Nachweise, wie etwa eine technische Dokumentation des Herstellers, zugelassen sein, wenn der betreffende Wirtschaftsteilnehmer ... keine Möglichkeit hat, diese fristgerecht zu beschaffen ...".* Erwägungsgrund 74 RL 2014/24/EU bezieht sich zwar unmittelbar nur auf „technischen Spezifikationen in Form von Funktions- und Leistungsanforderungen". Nichts Anderes dürfte aber für Eignungsanforderung gelten, da auch zu strenge Eignungsanforderungen in Gestalt von Qualitätsmanagementzertifizierungen geeignet sind eine *„künstliche Einengung des Wettbewerbs"* hervorzurufen (so Erwägungsgrund 74 RL 2014/24/EU zu technischen Spezifikationen). Voraussetzungen dürfte aber sein, dass die (Selbst-)Auskunft **hinreichend detailliert** ist, damit der öffentliche Auftraggeber die Gleichwertigkeit der Qualitätssicherungsmaßnahmen gegenüber den Qualitätsmanagementsystemen iSv Abs. 1 S. 1, 2 feststellen kann.³⁵ Unzureichend wäre jedenfalls die Erklärung des Bewerbers oder Bieters, erst im Falle der Auftragserteilung ein Qualitätsmanagementsystem einzuführen.³⁶

Eine Verpflichtung für den Auftraggeber zur **Konkretisierung der Anforderungen an eine** 22 **Gleichwertigkeit** bei alternativ vorgelegten Bescheinigungen besteht nicht. Vielmehr liegt es am Bewerber oder Bieter mit Vorlage der Nachweise zu belegen, dass mit den entsprechenden Umweltmanagementmaßnahmen das gleiche Niveau erreicht wird.³⁷ Allerdings kann es im Einzelfall sinnvoll sein, wenn der Auftraggeber – wie zB im Rahmen der Referenzanforderungen –³⁸ vorab festlegt, anhand welcher Merkmale die Gleichwertigkeit beurteilt wird.³⁹

Der **Bewerber bzw. Bieter** ist hinsichtlich sämtlicher Tatbestandsmerkmale des Abs. 2 S. 3, 23 dh sowohl hinsichtlich des Umstandes, dass er nachweislich keinen Zugang zu Bescheinigungen nach Abs. 2 S. 1 oder 2 hatte bzw. diese nicht innerhalb der einschlägigen Fristen einholen konnte als auch hinsichtlich des Merkmals der Gleichwertigkeit **darlegungs- und beweisbelastet.**

2. Nachweise hinsichtlich eines Umweltmanagements (Abs. 2). Die Vorschrift des Abs. 2 24 betrifft den Fall, dass der Auftraggeber die Eignung von Nachweisen abhängig macht, aus denen sich ergibt, dass seitens der Bewerber oder Bieter bestimmte Systeme oder Normen des Umweltmanagements erfüllt werden.

Das **Umweltmanagement** ist der Teil des Gesamtmanagements einer Organisation, der die 25 Umweltschutzbelange betrifft.⁴⁰ Es umfasst alles Erforderliche zu Festlegung, Durchführung, Verwirklichung und Überprüfung der Einhaltung der Umweltpolitik bzw. der selbst gesetzten oder (zB durch Gesetze) vorgegebenen Umweltziele der Organisation, also Planungstätigkeiten, Festlegung der zur Zielerreichung erforderlichen Organisationsstruktur, der Zuständigkeiten sowie der bei Durchführung und Überwachung der jeweiligen Ziele einzusetzenden Verfahren und Instrumente.⁴¹ Ziel eines Umweltmanagements ist letztlich die Sicherung einer nachhaltigen Umweltverträglichkeit der betrieblichen Produkte und Prozesse.⁴² Die hierbei erfassten Umweltaspekte können beispielsweise Energie- und Materialverbrauch, Emissionen, Flächennutzung, Abfall oder Abwasser sein. Allerdings können auch indirekte Aspekte, wie zB das Verhalten von Lieferanten und Auftragnehmern angesichts ihrer ökologischen Relevanz Gegenstand eines Umweltmanagements sein.⁴³

Sofern der Auftraggeber Nachweise verlangt, die Auskunft darüber geben, dass seitens der 26 Bewerber oder Bieter bestimmte Systeme oder Normen des Umweltmanagements erfüllt werden, so sieht Abs. 2 S. 1 **drei Nachweismöglichkeiten** vor. Da sich aus Abs. 2 S. 1 kein Vorrang eines Systems bzw. einer Norm ergibt, liegt es im **Ermessen** des öffentlichen Auftraggebers, auf welches System bzw. welche Norm er sich bezieht. Die Ermessensausübung unterliegt den üblichen Grenzen,

---

[35] Ebenso (zu § 49 Abs. 2 S. 3 VgV): jurisPK-VergabeR/*Summa* VgV § 49 Rn. 21.
[36] VK Sachsen Beschl. v. 31.7.2015 – 1/SVK/025-15, VPRRS 2015, 0374.
[37] VK Bund Beschl. v. 31.10.2016 – VK 1-90/16, BeckRS 2016, 122053.
[38] Zur Erforderlichkeit der Konkretisierung der Gleichwertigkeit bei den Referenzanforderungen vgl. zB LG Frankfurt a. M. Beschl. v. 24.10.2006 – 11 Verg 8/06 und 9/06, NZBau 2007, 468 (69 f.).
[39] *Gnittke/Hattig* in Müller-Wrede VgV § 49 Rn. 39.
[40] VK Schleswig-Holstein Beschl. v. 22.4.2008 – VK SH 03/08; *Umweltbundesamt*, Artikel „Umwelt- und Energiemanagement" im Internet abrufbar unter https://www.umweltbundesamt.de/themen/wirtschaft-konsum/wirtschaft-umwelt/umwelt-energiemanagement (zuletzt abgerufen am: 31.5.2021).
[41] IdS Ingenstau/Korbion/*Schranner* Rn. 3; Art. 2 Nr. 13 VO (EG) 1221/2009.
[42] VK Schleswig-Holstein Beschl. v. 22.4.2008 – VK SH 03/08.
[43] Ähnlich *Umweltbundesamt*, Artikel „Umwelt- und Energiemanagement" im Internet abrufbar unter https://www.umweltbundesamt.de/themen/wirtschaft-konsum/wirtschaft-umwelt/umwelt-energiemanagement (zuletzt abgerufen am 31.5.2021).

insbesondere dem Verhältnismäßigkeitsgrundsatz (→ Rn. 13). Ob die Forderung einer EMAS-Zertifizierung oder Bescheinigungen über vergleichbare Umweltmanagementmaßnahmen angemessen ist, hängt davon ab, ob und inwieweit mit der Auftragsausführung Auswirkungen auf Boden, Luft, Gewässer oder Klima verbunden sind oder Gefahren für Umweltgüter drohen.[44] Denkbar ist dies insbesondere, wenn Bauverfahren zum Einsatz kommen, die nicht unerhebliche Umweltauswirkungen haben, etwa Baumischverfahren (zB sog. Mixed-In-Place- oder Soil-Mixing-Verfahren), bei denen zur Stabilisierung des Bodens oder zur Herstellung von (Beton-)Abdichtungen in den vorhandenen Boden Bindemittel, erforderliches Wasser und evtl. zusätzliche Stoffe eingebracht werden.[45]

27   **a) EMAS-Zertifizierung (S. 1 Nr. 1).** Sofern der Auftraggeber Nachweise unabhängiger Stellen verlangt, die Auskunft darüber geben, dass seitens der Bewerber oder Bieter bestimmte Systeme oder Normen des Umweltmanagements erfüllt werden, kann er sich nach Abs. 2 S. 1 Nr. 1 auf das Gemeinschaftssystem für das Umweltmanagement und die Umweltbetriebsprüfung (EMAS) der Europäischen Union beziehen. Das Gemeinschaftssystem für das Umweltmanagement und die Umweltbetriebsprüfung – die Abkürzung „*EMAS*" ergibt sich aus dem englischsprachigen Originaltitel „*Eco-Management and Audit Scheme*" – ist ein europäisches Umweltmanagementsystem auf Grundlage der VO (EG) 1221/2009.[46] In Deutschland ist EMAS im **Umweltauditgesetz (UAG)** geregelt. Inhaltlich basiert EMAS auf den Vorgaben der DIN EN ISO 14001, stellt jedoch weitergehende Anforderungen.[47] Unternehmen, welche die entsprechenden Anforderungen erfüllen, werden auf Antrag bei der regional zuständigen, registerführenden Stelle registriert. Die Führung des EMAS-Registers ist in Deutschland den Industrie- und Handelskammern und den Handwerkskammern überantwortet (vgl. § 32 UAG). Voraussetzung für eine Registrierung ist die Abgabe einer Umwelterklärung hinsichtlich der umweltrelevanten Tätigkeiten und Daten des Unternehmens, die Durchführung einer internen Umweltprüfung sowie eine Umweltbetriebsprüfung anhand bestimmter Vorgaben. Nach erfolgreich abgeschlossener EMAS-Verifizierung und -Validierung durch einen unabhängigen, staatlich zugelassenen Umweltgutachter, gibt dieser die in Anhang VII zur VO (EG) Nr. 1221/2009 vorgegebene Erklärung ab (§ 33 UAG).[48]

28   **b) Andere Umweltmanagementsysteme entsprechend Art. 45 VO (EG) 1221/2009 (S. 1 Nr. 2).** Nach Abs. 2 S. 1 Nr. 2 ist auch eine Bezugnahme auf andere Umweltmanagementsysteme entsprechend des Art. 45 VO (EG) 1221/2009. Diese Vorschrift eröffnete den EU-Mitgliedstaaten die Möglichkeit, bestehende Umweltmanagementsysteme, denen durch geeignete auf nationaler oder regionaler Ebene anerkannten Zertifizierungsverfahren bescheinigt wurde, dass sie die Anforderungen der VO (EG) 1221/2009 erfüllen, von der Europäischen Kommission anerkennen zu lassen. Nach Prüfung des Antrags der Mitgliedstaaten erkennt die Europäische Kommission sowohl die maßgeblichen Teile des Umweltmanagementsystems als auch die von den Zertifizierungsstellen zu erfüllenden Anforderungen zur Akkreditierung und Erteilung von Zulassungen an und veröffentlicht die Angaben zu den anerkannten Umweltmanagementsystemen und den anerkannten Anforderungen zur Akkreditierung und Erteilung von Zulassungen im Amtsblatt der Europäischen Union. Auf der Grundlage des Art. 45 VO (EG) 1221/2009 erfolgte eine Anerkennung – des norwegischen Umweltmanagementsystems Eco-Lighthouse.[49]
Die Anerkennung verschiedener sonstiger nationaler Umweltmanagementsysteme basiert jedoch noch auf der Grundlage der Vorgängerregelungen des Art. 45 VO (EG) 1221/2009.[50] Auf der Basis von Art. 12, 19 VO (EWG) 1836/93 wurden zB anerkannt:

---

[44] *Funk/Tomerius* KommJur 2016, 47 (48); Beck VergabeR/*Opitz* GWB § 122 Rn. 101.
[45] *Wenzl/Klima* in Heimerl/Meyer, Vorsorgender und nachsorgender Hochwasserschutz, 2014, 415 (416); *Kolymbas*, Geotechnik: Bodenmechanik, Grundbau und Tunnelbau, 5. Aufl. 2019, 380.
[46] Verordnung (EG) 1221/2009 des Europäischen Parlaments und des Rates v. 25.11.2009 über die freiwillige Teilnahme von Organisationen an einem Gemeinschaftssystem für Umweltmanagement und Umweltbetriebsprüfung und zur Aufhebung der Verordnung (EG) Nr. 761/2001, sowie der Beschlüsse der Kommission 2001/681/EG und 2006/193/EG (ABl. 2009 EG L 342, 1) (EMAS III).
[47] *Hakenberg* in Creifelds Recht-WB Stichwort „Umweltmanagement (Umweltbetriebsprüfung)".
[48] Vgl. iE: Geschäftsstelle des Umweltgutachterausschusses, Von ISO 14001 zu EMAS: Was zu beachten ist, Stand Aug. 2014, im Internet abrufbar unter https://www.emas.de/fileadmin/user_upload/4-pub/UGA_Infoblatt-von_14001_zu_EMAS.pdf (zuletzt abgerufen am 31.5.2021).
[49] Durchführungsbeschluss (EU) 2017/2286 der Kommission vom 6.12.2017 über die Anerkennung der Übereinstimmung der Anforderungen des Umweltmanagementsystems Eco-Lighthouse mit den entsprechenden Anforderungen des Gemeinschaftssystems für Umweltmanagement und Umweltbetriebsprüfung (EMAS) gemäß Artikel 45 der Verordnung (EG) Nr. 1221/2009 des Europäischen Parlaments und des Rates über die freiwillige Teilnahme von Organisationen an einem Gemeinschaftssystem für Umweltmanagement und Umweltbetriebsprüfung (ABl. 2017 EU L 328, 27).
[50] Instruktiv die Übersicht bei *Gnittke/Hattig* in Müller-Wrede VgV § 49 Rn. 45 ff.

II. Einzelerläuterung

– die irische Norm IS310,[51]
– die britische Norm BS 7750,[52]
– die spanische Norm UNE 77-801(2).94,[53]
– und die ISO 14001:1996 bzw. die EN ISO 14001:1996.[54]

Auf der Grundlage von Art. 9 VO (EG) 761/2001[55] anerkannt wurden:
– das österreichische Umweltmanagementgesetzt, die deutsche UAG-Zertifizierungsrichtlinie,[56]
– sowie die die Leitlinien der Europäischen Akkreditierungsstelle (EA) für ISO-14001:2004-Zertifizierungsstellen.[57]

c) Andere europäische Umweltnormen (S. 1 Nr. 3). Gemäß Abs. 2 S. 1 Nr. 3 hat der öffentliche Auftraggeber schließlich die Möglichkeit auf andere europäische Umweltmanagementnormen Bezug zu nehmen. 29

Als eine solche Umweltnorm wird insbesondere die **DIN EN ISO 14001** angesehen.[58] Die Subsumtion dieser Norm unter Abs. 2 S. 1 Nr. 3 statt unter Abs. 2 S. 1 Nr. 2 ist nachvollziehbar, da die DIN EN ISO 14001 nicht nach Art. 45 VO (EG) 1221/2009, sondern auf der Grundlage der Vorgängernorm des Art. 12, 19 VO (EWG) 1836/93 erfolgt ist (→ Rn. 28). Im Gegensatz zu EMAS verlangt die DIN EN ISO 14001 keine Einbindung öffentlicher Stellen in die Zertifizierung.[59] Da die Bezugnahme auf andere europäische Umweltmanagementnormen bewusst offen formuliert ist, können zukünftig auch andere Normen erfasst werden.[60] 30

Sofern der öffentliche Auftraggeber **Energiemanagementmaßnahmen** verlangt, welche nur einen Unterfall der Umweltmanagementmaßnahmen darstellen,[61] kann als andere europäische Norm iSd Abs. 2 S. 1 Nr. 3 auch die **ISO 50001** angesehen werden,[62] die in Deutschland als DIN EN ISO 50001 erlassen wurde und die die Voraussetzungen eines Energiemanagements beschreibt. Elementar für ein Energiemanagement ist eine Erfassung der Energieflüsse in einem Unternehmen (Energiequellen, Energieeinsatz, Energieverbraucher) und eine Bewertung des Standes der Energieeffizienz, insbesondere der für den Energieverbrauch bedeutsamen Anlagen und Tätigkeiten sowie technische und organisatorische Maßnahmen zur Optimierung der Energieeffizienz.[63] 31

---

[51] Entscheidung der Kommission v. 2.2.1996 zur Anerkennung der Irischen Norm IS310: First Edition zur Festlegung von Vorschriften für Umweltmanagementsysteme nach Artikel 12 der Verordnung (EWG) Nr. 1836/93 des Rates (ABl. 1996 EU L 34, 42).

[52] Entscheidung der Kommission v. 2.2.1996 zur Anerkennung der Britischen Norm BS7750: 1994 zur Festlegung von Vorschriften für Umweltmanagementsysteme nach Artikel 12 der Verordnung (EWG) Nr. 1836/93 des Rates (ABl. 1996 EU L 34, 44).

[53] Entscheidung der Kommission v. 2.2.1996 zur Anerkennung der Spanischen Norm UNE 77-801 (2)-94 zur Festlegung von Vorschriften für Umweltmanagementsysteme nach Artikel 12 der Verordnung (EWG) Nr. 1836/93 des Rates (ABl. 1996 EU L 34, 46).

[54] Entscheidung der Kommission v. 16.4.1997 zur Anerkennung der Internationalen Norm ISO 14001:1996 und der Europäischen Norm EN ISO 14001:1996 für Umweltmanagementsysteme gemäß Artikel 12 der Verordnung (EWG) Nr. 1836/93 des Rates über die freiwillige Beteiligung gewerblicher Unternehmen an einem Gemeinschaftssystem für das Umweltmanagement und die Umweltbetriebsprüfung (ABl. 1997 EU L 104, 37).

[55] Verordnung (EG) Nr. 196/2006 der Kommission v. 3.2.2006 zur Änderung des Anhangs I der Verordnung (EG) Nr. 761/2001 des Europäischen Parlaments und des Rates aufgrund der Europäischen Norm EN ISO 14001:2004 sowie zur Aufhebung der Entscheidung 97/265/EG der Kommission (ABl. 2006 EU L 32, 4) (EMAS II).

[56] Richtlinie des Umweltgutachterausschusses nach dem Umweltauditgesetz für die Akkreditierung von Zertifizierungsstellen für Umweltmanagementsysteme und entsprechende Zertifizierungsverfahren v. 8.12.1997, bekanntgemacht im Bundesanzeiger Nr. 105 v. 10.6.1998.

[57] Entscheidung der Kommission v. 19.11.2007 zur Anerkennung von Zertifizierungsverfahren gemäß Artikel 9 der Verordnung (EG) Nr. 761/2001 des Europäischen Parlaments und des Rates über die freiwillige Beteiligung von Organisationen an einem Gemeinschaftssystem für das Umweltmanagement und die Umweltbetriebsprüfung (EMAS) und zur Aufhebung der Entscheidung 97/264/EG (Bekannt gegeben unter Aktenzeichen K (2007) 5291) (ABl. 2007 EU L 303, 37).

[58] Ingenstau/Korbion/*Schranner* Rn. 3.
[59] IdS Beck VergabeR/*Opitz* GWB § 122 Rn. 91 f.
[60] *Gnittke/Hattig* in Müller-Wrede VgV § 49 Rn. 52.
[61] *Gnittke/Hattig* in Müller-Wrede VgV § 49 Rn. 52.
[62] Vgl. Ziff. 2.3 der Anlage zu Allgemeinen Verwaltungsvorschrift zur Beschaffung energieeffizienter Leistungen (AVV-EnEff) v. 18.5.2020, BAnz AT 26.5.2020 B1; ebenso *Funk/Tomerius* KommJur 2016, 47 (48).
[63] Vgl. zB *Reimann*, Erfolgreiches Energiemanagement nach DIN EN ISO 50001: Lösungen zur praktischen Umsetzung, 3. Aufl. 2017, 11; *Hubbuch/Jäschke/Brülhart*, Energiemanagement, 2003, 17.

32 Auch Abs. 2 S. 1 Nr. 3 fordert im Übrigen eine **Zertifizierung durch eine akkreditierte Stelle** (zur Akkreditierung → Rn. 12). In Betracht kommende Zertifizierungsstellen in Deutschland sind beispielsweise der TÜV oder die DEKRA.[64]

33 **d) Gleichwertige Bescheinigungen von Stellen in anderen Staaten (S. 2).** Die Vorschrift des Abs. 2 S. 2 legt fest, dass der öffentliche Auftraggeber gleichwertige Bescheinigungen über die Einhaltung bestimmter Systeme oder Normen des Umweltmanagements von Stellen in anderen Staaten anerkennt und entspricht damit im Wesentlichen der Regelung des Abs. 1 S. 2, die eine ähnliche Regelung hinsichtlich der Nachweise über das Qualitätsmanagement enthält. Auch Abs. 2 S. 2 **sichert die Gleichbehandlung ausländischer Bieter**, die häufig keine Nachweise inländischer Stellen vorlegen können, welche die Erfüllung der Anforderungen von Systemen bzw. welche Normen des Umweltmanagements iSv Abs. 2 S. 1 Nr. 1–3 belegen.

34 Mit „*Staaten*" dürften ebenso wie in Abs. 1 S. 2 lediglich EU-Mitgliedstaaten gemeint sein (→ Rn. 15).

35 Eine Parallele zu Abs. 1 S. 2 ergibt sich auch insoweit, wie die eingereichten Bescheinigungen der Stellen aus anderen Staaten „*gleichwertig*" sein müssen, dh den Bescheinigungen iSv Abs. 2 S. 1 Nr. 1–3 inhaltlich entsprechen müssen. Das ist auch hier nur der Fall, wenn die Normen, deren Erfüllung bestätigt wird, dem Standard der Normen im Sinne des Abs. 2 S. 1 Nr. 1–3 entsprechen und die Bewerber oder Bieter über eine Zertifizierung nach der gleichwertigen Norm verfügen.[65] Darüber hinaus müssen die erklärenden Stellen – anders als nach Abs. 1 S. 2 – nicht akkreditiert sein; es muss sich um die im jeweiligen EU-Mitgliedstaat zur Abgabe der vergleichbaren Erklärung autorisierte Stelle handeln.[66] Die Darlegungs- und Beweislast hinsichtlich der Gleichwertigkeit obliegt dem Bewerber bzw. Bieter (→ Rn. 16).

36 Wie aus dem Wortlaut folgt („*... erkennt auch ... an*"), hat der öffentliche Auftraggeber bei Vorliegen der vorgenannten Voraussetzungen **kein Ermessen** hinsichtlich der Anerkennung der gleichwertigen Bescheinigungen von Stellen in anderen Staaten, dh er muss diese anerkennen.

37 **e) Andere Unterlagen über gleichwertige Umweltmanagementmaßnahmen (S. 3).** Abs. 2 S. 3 regelt, dass der öffentliche Auftraggeber auch andere Unterlagen über gleichwertige Umweltmaßnahmen anerkennt, wenn ein Bewerber oder Bieter aus Gründen, die ihm nicht zugerechnet werden können, nachweislich keinen Zugang zu den betreffenden Bescheinigungen hat oder aus Gründen, die er nicht zu vertreten hat, keine Möglichkeit hatte, diese innerhalb der einschlägigen Fristen zu erlangen.

38 Anders als bei den Nachweisen über Qualitätsmanagementsystemen nach Abs. 1 S. 3 kann der geforderten Nachweis über gleichwertige Umweltmanagementmaßnahmen nicht nur dann mittels anderer Unterlagen erbracht werden, wenn die Bewerber/Bieter diese aus von ihnen nicht zu vertretenen Gründen **nicht innerhalb der einschlägigen Fristen erlangen konnten** (→ Rn. 19), sondern auch dann, wenn die Bewerber/Bieter aus von ihnen nicht zu vertretenden Gründen nachweislich **keinen Zugang zu den betreffenden Bescheinigungen** – gemeint sind Bescheinigungen nach Abs. 2 S. 1 oder 2 – hatten. Das könnte zB der Fall sein, wenn es im Herkunftsstaat des Bewerbers oder Bieters keine Zertifizierungsstellen iSd in Abs. 2 S. 2 angesprochenen europäischen Umweltnormen gibt oder es sich um ein Unternehmen aus einem Drittstaat handelt, in dessen Herkunftsstaat die vom Auftraggeber benannte europäische Umweltmanagementnorm keine Anwendung findet.

39 Während Abs. 1 S. 3 Nachweise über gleichwertige Systeme der Qualitätssicherung fordert, sind nach Abs. 2 S. 3 lediglich Nachweise über „*gleichwertige Umweltmanagementmaßnahmen*" gefordert. Belegt sein muss, dass sich die getroffenen Umweltmanagementmaßnahmen des Unternehmens im Wesentlichen mit den Maßnahmen decken, die im Rahmen eines Umweltmanagementsystems zB nach der DIN EN 14001 zu ergreifen sind. Elementar hierfür ist zB die Ermittlung von Umweltaspekten der Tätigkeiten, Produkte und Dienstleistungen des Unternehmens (zB Emission, Abfälle, biologische Vielfalt, Ressourcen-, Wasser- und Energieverbräuche) anhand eines festgelegten Verfahrens und – auf dieser Grundlage – die Festlegung von umweltbezogenen Zielsetzungen für alle relevanten Funktionen und Ebenen innerhalb des Unternehmens sowie deren Einführung und Aufrechterhaltung.[67] Maßgeblich ist letztlich, ob ein **gleichwertiges**

---

[64] Beck VOB/B/*Mager* VgV § 49 Rn. 20.
[65] Zu § 49 Abs. 2 S. 2 VgV: VK Bund Beschl. v. 28.5.2020 – VK 2-29/20, BeckRS 2020, 19528, Rn. 77.
[66] HK-VergabeR/*Tomerius* VgV § 49 Rn. 7.
[67] Vgl. iE Anhang II der Verordnung (EG) 1221/2009 des Europäischen Parlaments und des Rates v. 25.11.2009 über die freiwillige Teilnahme von Organisationen an einem Gemeinschaftssystem für Umweltmanagement und Umweltbetriebsprüfung und zur Aufhebung der Verordnung (EG) Nr. 761/2001, sowie der Beschlüsse der Kommission 2001/681/EG und 2006/193/EG (ABl. 2009 EG L 342, 1) (EMAS III).

II. Einzelerläuterung

Schutzniveau erreicht wird, wie bei einem Umweltmanagement nach EMAS oder DIN EN 14001.[68] Fraglich ist, welche **Anforderungen an die Nachweise** zu stellen sind. Ausreichend dürften jedenfalls – wie im Falle von anderen Nachweisen für Qualitätssicherungssysteme nach Abs. 1 S. 3 – Bescheinigungen von unabhängigen, neutralen Stellen sein (→ Rn. 21). Dies könnte im Falle von Abs. 2 S. 3 zB ein durch eine neutrale Stelle erstellter Umweltbericht, eine externe Compliance-Bestätigung oder die Bestätigung der zuständigen Umweltbehörde über die Nichtkenntnis von Umweltrechtsverstößen sein.[69] Fraglich ist, ob grundsätzlich auch Belege, die sich nicht durch die Unabhängigkeit bzw. Neutralität des Urhebers auszeichnen, namentlich Eigenerklärungen bzw. -beschreibungen des Bewerbers, ausreichen können. Anders als bei Abs. 1 S. 3 (→ Rn. 21) geht die hM mit Blick auf Erwägungsgrund 88 RL 2014/24/EU davon aus, dass es eine Bestätigung von neutralen, unabhängigen Dritten nicht zwingend erforderlich ist. Ausreichend sein können danach selbst Eigenerklärungen bzw. -beschreibungen des Bewerbers,[70] jedenfalls sofern diese hinreichend detailliert sind und der Auftraggeber auf der Grundlage dieser Erklärungen die inhaltliche Gleichwertigkeit der Umweltmanagementmaßnahmen feststellen kann.[71] Im Rahmen des Abs. 2 S. 3 ließe sich die Ausklammerung von Unterlagen, welche nicht von unabhängigen Dritten erstellt wurden, wie zB Privatgutachten bzw. von Selbstauskünften bzw. -beschreibungen noch schwerer rechtfertigen, als iRv Abs. 1 S. 3. Dagegen spricht der ursprüngliche Zweck der Schaffung dieser Alternative, sicherzustellen, dass Aufträge nicht für Inhaber bestimmter Bescheinigungen reserviert werden.[72] Im Übrigen ließe sich die ausschließliche Anerkennung von Erklärungen neutraler Dritter nur schwer mit Erwägungsgrund 88 RL 2014/24/EU vereinbaren, der die Möglichkeit des Nachweises durch eigene Beschreibungen des Bewerbers/Bieters explizit erwähnt. Dass die Nachweisanforderungen des Abs. 2 S. 1 und 2 unterlaufen werden, ist nicht zu befürchten, da die Anwendbarkeit des Abs. 1 S. 3 von der einschränkenden Voraussetzung abhängig ist, dass der Bewerber/Bieter nachweislich keinen Zugang zu Bescheinigungen nach Abs. 2 S. 1 und 2 hatte bzw. diese nicht innerhalb der einschlägigen Fristen einholen konnte. Dass die Qualität der Eigenerklärung bzw. -beschreibung nicht hinter der Qualität von Bescheinigungen Dritter zurückbleibt, kann durch die Anforderungen an die Detailliertheit der Eigenerklärung bzw. -beschreibung sichergestellt werden. Ob es sich um gleichwertige Nachweise handelt, hängt jedoch stets auch von den konkreten Anforderungen ab, die der öffentliche Auftraggeber nach Abs. 2 S. 1 stellt und kann nur im Einzelfall beantwortet werden.

Bei KMU-Unternehmen können als gleichwertige Nachweise, die deren besondere Situation berücksichtigen, zB **Energieaudits** angesehen werden, welche den Anforderungen der DIN EN 16247-1 (Merkmale und Anforderungen an ein Energieaudit) entsprechen.[73] Die Anforderungen der DIN EN 16247-1 decken sich mit denen der DIN EN 50001 (→ Rn. 31), die jedoch zusätzlich die Umsetzung und Überprüfung von Maßnahmen und ggf. von Verbesserungsmaßnahmen fordert und damit weitreichender ist, als die DIN EN 16247-1. **40**

Zwar kann das Umweltmanagement Teil eines Qualitätsmanagementsystems sein, ist jedoch hiervon nicht notwendig erfasst, weshalb **aus der Qualitätsmanagementzertifizierung keine Rückschlüsse auf ein Umweltmanagement** gezogen werden können.[74] **41**

Auch wenn der öffentliche Auftraggeber nicht zur **Konkretisierung** der Anforderungen an die Gleichwertigkeit der Umweltmanagementmaßnahme verpflichtet ist, kann es aufgrund der Weite des Begriffs „gleichwertige Umweltmaßnahmen" im Einzelfall ratsam sein, vorab festzulegen unter welchen Voraussetzungen von einer Gleichwertigkeit auszugehen ist (→ Rn. 22). **42**

Der **Bewerber bzw. Bieter** ist hinsichtlich sämtlicher Tatbestandsmerkmale des Abs. 2 S. 3, dh sowohl hinsichtlich des Umstandes, dass er nachweislich keinen Zugang zu Bescheinigungen **43**

---

[68] VK Bund Beschl. v. 31.10.2016 – VK 1-90/16, BeckRS 2016, 122053.
[69] Hinweise des Bundesministeriums für Umwelt, Naturschutz und Reaktorsicherheit zu den rechtlichen Möglichkeiten der Berücksichtigung der Teilnahme von Organisationen am Europäischen Gemeinschaftssystem für das Umweltmanagement und die Umweltbetriebsprüfung (EMAS) bei der öffentlichen Vergabe v. 17.8.2004, S. 3f., im Internet abrufbar unter https://www.bmu.de/fileadmin/bmu-import/files/pdfs/allgemein/application/pdf/emas_auftraege_rundschreiben.pdf (zuletzt abgerufen am 31.5.2021).
[70] *Gnittke/Hattig* in Müller-Wrede VgV § 49 Rn. 71 f.; *Röwekamp* in KKMPP VgV § 49 Rn. 8; jurisPK-VergabeR/*Summa* VgV § 49 Rn. 21; aA Beck VOB/B/*Mager* VgV § 49 Rn. 23.
[71] jurisPK-VergabeR/*Summa* VgV § 49 Rn. 21.
[72] So bereits Geänderter Vorschlag für eine Richtlinie des Europäischen Parlaments und des Rates über die Koordinierung der Verfahren zur Vergabe öffentlicher Lieferaufträge, Dienstleistungsaufträge und Bauaufträge, KOM (2002) 236 (ABl. 2002 EG C 203 E, 2).
[73] Vgl. Ziff. 2.3 Allgemeine Verwaltungsvorschrift zur Beschaffung energieeffizienter Leistungen (AVV-EnEff) v. 18.5.2020, BAnz AT 26.5.2020 B1; allgemein zum Energieaudit: *Lendermann* EnWZ 2015, 291 ff.
[74] VK Schleswig-Holstein Beschl. v. 22.4.2008 – VK SH 03/08; Beck VOB/B/*Mager* VgV § 49 Rn. 49.

nach Abs. 2 S. 1 oder 2 hatte bzw. diese nicht innerhalb der einschlägigen Fristen einholen konnte, als auch hinsichtlich des Merkmals der Gleichwertigkeit, **darlegungs- und beweisbelastet.**

44 Sofern das Vorliegen der vorstehend erläuterten Voraussetzungen des Abs. 2 S. 3 bejaht wurde, hat der Auftraggeber hinsichtlich der Anerkennung der ersatzweise vorgelegten Unterlagen **kein Ermessen** („*...so muss der öffentliche Auftraggeber ... anerkennen ...*").

45 **3. Transparenz.** Die durch den Auftraggeber festgelegten Eignungskriterien sind gem. § 122 Abs. 4 S. 2 GWB wegen des Transparenzprinzips (§ 97 Abs. 1 S. 1 GWB) allen interessierten Wirtschaftsteilnehmern rechtzeitig bekanntzugeben, indem sie in der Auftragsbekanntmachung, der Vorinformation oder in der Aufforderung zur Interessenbestätigung aufzuführen sind.[75] Ausgehend vom Sinn und Zweck dieser Regelung, dass es potenziellen Bewerbern oder Bietern ermöglicht werden soll, bereits aus der Auftragsbekanntmachung die an sie gestellten Anforderungen zu ersehen und anhand dieser Angaben entscheiden zu können, ob sie sich an der Ausschreibung beteiligen können und wollen,[76] dürfte dies über den Wortlaut des § 122 Abs. 4 S. 2 GWB hinaus auch für die Eignungsnachweise gelten.[77] Mithin sind auch die Anforderungen an Nachweise für die Erfüllung von Normen der Qualitätssicherung sowie für die Erfüllung von Systemen oder Normen des Umweltmanagements iSv § 6c EU in der **Auftragsbekanntmachung,** der **Vorinformation** oder der **Aufforderung zur Interessenbestätigung** aufzuführen.[78] Wie bei der Bekanntmachung der Eignungskriterien ist auch bei der Bekanntmachung der geforderten Eignungsnachweise zu beachten, dass ein bloßer Verweis der Auftragsbekanntmachung auf die Vergabeunterlagen als Ganzes den Transparenzanforderungen des § 122 Abs. 4 S. 2 GWB nicht genügt.[79] Zur Erfüllung der Anforderungen des § 122 Abs. 4 S. 2 GWB ebenfalls nicht ausreichend ist es, wenn in der Auftragsbekanntmachung lediglich ein elektronischer Link zu einer Vergabeplattform des öffentlichen Auftraggebers eingefügt ist, auf der Bewerber/Bieter zunächst die entsprechenden Vergabeunterlagen recherchieren und dann das betreffende Dokument heraussuchen müssen.[80] Auch die Verlinkung auf die kompletten Vergabeunterlagen ist nicht hinreichend; erforderlich ist vielmehr eine Verlinkung auf ein Dokument, aus dem sich konkret die Eignungsanforderungen ergeben.[81] Die Forderung der Erfüllung von Normen der Qualitätssicherung sowie von Systemen oder Normen des Umweltmanagements muss auch inhaltlich hinreichend konkret sein. Es muss präzise bezeichnet sein, welche Norm bzw. welches Verfahren zur Anwendung gelangen soll.[82]

46 **4. Drittschützender Charakter.** Die vom Auftraggeber gestellten Anforderungen an Nachweise für die Erfüllung von Normen der Qualitätssicherung oder für die Erfüllung von Systemen oder Normen des Umweltmanagements können den Wettbewerb verengen. Etwaige Wettbewerbsbeeinträchtigungen sind jedoch nur insoweit zulässig, wie sie sich in den Grenzen des § 6c EU halten, ein Bezug zum Auftragsgegenstand gegeben ist, der Verhältnismäßigkeitsgrundsatz gewahrt ist und der Wettbewerb nicht mehr als – im Hinblick auf die Aufgabenerfüllung – erforderlich beeinträchtig wird. Dies wirkt sich auch zugunsten potenzieller Bewerber und Bieter aus, sodass § 6c EU als **drittschützende Vorschrift** anzusehen ist.[83] Soweit die Vorschrift des § 6c EU dem öffentlichen Auftraggeber Ermessen einräumt (vgl. Abs. 1 S. 1 und Abs. 2 S. 1) kann sich der Anspruch des Bewerbers allerdings nur auf die Prüfung richten, ob das vorgeschriebene Verfahren eingehalten wurde, ob die vom Auftraggeber selbst aufgestellten Bewertungsvorgaben eingehalten wurden, ob von einem unzutreffenden oder unzureichend ermittelten Sachverhalt ausgegangen wurde und ob sachwidrige Erwägungen angestellt wurden.[84]

---

[75] Allgemein zur Bekanntmachung der Eignungskriterien: Reidt/Stickler/Glahs/*Kadenbach* GWB § 122 Rn. 62.
[76] VK Sachsen Beschl. v. 5.7.2019 – 1/SVK/011-19, BeckRS 2019, 17281 Rn. 65.
[77] IdS HK-VergabeR/*Fehling* GWB § 122 Rn. 33.
[78] Sehr streng Halsstenberg/Klein NZBau 2017, 469 („*Vielmehr müssen die hinter dem Zertifikat stehenden Anforderungen selbst den Bietern in den Vergabeunterlagen bekannt gegeben werden.*"); aA jurisPK-VergabeR/*Summa* VgV § 49 Rn. 24 („*Somit sollte man ... eine Bezugnahme ausreichen lassen*").
[79] OLG Düsseldorf Beschl. v. 11.7.2018 – VII Verg 24/18, NZBau 2019, 64 Rn. 38; Ziekow/Völlink/*Ziekow* GWB § 122 Rn. 22.
[80] OLG Düsseldorf Beschl. v. 11.7.2018 – VII Verg 24/18, NZBau 2019, 64 Rn. 38; OLG München Beschl. v. 25.2.2019 – Verg 11/18, NZBau 2019, 471 Rn. 51; VK Bund Beschl. v. 4.10.2019 – VK 1-73/19, BeckRS 2019, 26349 Rn. 33 ff.
[81] VK Sachsen Beschl. v. 5.7.2019 – 1/SVK/011-19, BeckRS 2019, 17281 Rn. 65.
[82] VK Südbayern Beschl. v. 25.5.2015 – Z3-3-3194-1-13-02/15, NZBau 2016, 126.
[83] Vgl. zB zur Parallelvorschrift des § 49 VgV: HK-VergabeR/*Tomerius* VgV § 49 Rn. 8.
[84] Allgemein zum Ermessen hinsichtlich der Eignungskriterien: VK Rheinland Beschl. v. 20.3.2018 – VK K 61/17-B, BeckRS 2018, 24889 Rn. 52 ff.; *Gnittke/Hattig* in Müller-Wrede/GWB § 122 Rn. 13.

§ 6d EU Kapazitäten anderer Unternehmen

(1) ¹Ein Bewerber oder Bieter kann sich zum Nachweis seiner Eignung auf andere Unternehmen stützen – ungeachtet des rechtlichen Charakters der zwischen ihm und diesen Unternehmen bestehenden Verbindungen (Eignungsleihe). ²In diesem Fall weist er dem öffentlichen Auftraggeber gegenüber nach, dass ihm die erforderlichen Kapazitäten zur Verfügung stehen werden, indem er beispielsweise die diesbezüglichen verpflichtenden Zusagen dieser Unternehmen vorlegt. ³Eine Inanspruchnahme der Kapazitäten anderer Unternehmen für die berufliche Befähigung (§ 6aEU Absatz 1 Nummer 3 Buchstabe e) oder die berufliche Erfahrung (§ 6aEU Absatz 1 Nummer 3 Buchstaben a und b) ist nur möglich, wenn diese Unternehmen die Arbeiten ausführen, für die diese Kapazitäten benötigt werden. ⁴Der öffentliche Auftraggeber hat zu überprüfen, ob diese Unternehmen die entsprechenden Anforderungen an die Eignung gemäß § 6aEU erfüllen und ob Ausschlussgründe gemäß § 6eEU vorliegen. ⁵Der öffentliche Auftraggeber schreibt vor, dass der Bieter ein Unternehmen, das eine einschlägige Eignungsanforderung nicht erfüllt oder bei dem Ausschlussgründe gemäß § 6eEU Absatz 1 bis 5 vorliegen, zu ersetzen hat. ⁶Der öffentliche Auftraggeber kann vorschreiben, dass der Bieter ein Unternehmen, bei dem Ausschlussgründe gemäß § 6eEU Absatz 6 vorliegen, ersetzt.

(2) Nimmt ein Bewerber oder Bieter im Hinblick auf die Kriterien für die wirtschaftliche und finanzielle Leistungsfähigkeit die Kapazitäten anderer Unternehmen in Anspruch, so kann der öffentliche Auftraggeber vorschreiben, dass Bewerber oder Bieter und diese Unternehmen gemeinsam für die Auftragsausführung haften.

(3) Werden die Kapazitäten anderer Unternehmen gemäß Absatz 1 in Anspruch genommen, so muss die Nachweisführung entsprechend § 6bEU auch für diese Unternehmen erfolgen.

(4) Der öffentliche Auftraggeber kann vorschreiben, dass bestimmte kritische Aufgaben direkt vom Bieter selbst oder – wenn der Bieter einer Bietergemeinschaft angehört – von einem Mitglied der Bietergemeinschaft ausgeführt werden.

Schrifttum: *Aschoff,* Vergaberechtliche Kooperation und Konkurrenz im Konzern, 2010; *Conrad,* Die vergaberechtliche Unterscheidung zwischen Nachunternehmereinsatz und Eignungsleihe, VergabeR 2012, 15; *Fock/Geuenich-Schmitt,* Die Eignungsleihe: same but different – oder doch ganz anders? VergabeR 2017, 422; *Rosenkötter/Bary,* Eignungsleihe doch nur als Nachunternehmer, NZBau 2012, 486; *Stickler,* Ersetzen ungeeigneter Nachunternehmer im Fall der Eignungsleihe, NZBau 2019, 153.

Übersicht

	Rn.			Rn.
I. Allgemeines	1	3.	Abgrenzung zu Unterauftragnehmern	18
1. Normzweck, Entstehungsgeschichte	1	**III. Nachweisanforderungen (Abs. 1 S. 2, Abs. 3)**		22
2. Gemeinschaftsrechtlicher Hintergrund	2	1.	Verfügbarkeitsnachweis (Abs. 1 S. 2)	23
3. Vergleichbare Regelungen	3	2.	Eignungsnachweise (Abs. 3)	30
II. Eignungsleihe (Abs. 1 S. 1 und 3, Abs. 2)	4	**IV. Eignungsprüfung bei der Eignungsleihe (Abs. 1 S. 4)**		31
1. Grundsätzliche Zulässigkeit der Eignungsleihe (Abs. 1 S. 1)	4	**V. Ersetzungsverlangen (Abs. 1 S. 5 und 6)**		35
2. Besondere Anforderungen (Abs. 1 S. 3, Abs. 2)	10	**VI. Grenzen der Eignungsleihe (Abs. 4)**		42
a) Anforderungen bei Eignungsleihe im Hinblick auf die berufliche Befähigung oder Erfahrung (Abs. 1 S. 3)	10	1.	Zulässigkeit der Vorgabe der Selbstausführung bei kritischen Aufgaben	42
b) Anforderungen bei Eignungsleihe zum Nachweis der wirtschaftlichen und finanziellen Leistungsfähigkeit (Abs. 2)	14	2.	Aus der EuGH-Rechtsprechung folgende Grenzen	44
		VII. Drittschützender Charakter		45

I. Allgemeines

1. Normzweck, Entstehungsgeschichte. Das Institut der Eignungsleihe geht auf die **Rechtsprechung des EuGH** zurück, der schon **1994** klargestellt hat, dass ein Unternehmen seine technische, finanzielle und wirtschaftliche Leistungsfähigkeit durch Verweis auf die Referenzen eines verbundenen Unternehmens belegen kann, wenn es nachweise, dass es zur Ausführung der Aufträge tatsächlich über die diesem Unternehmen zustehenden Mittel verfügen kann.[1] Als Konsequenz dieser Rechtsprechung wurden in die **Vergabe-RL 2004 (RL 2004/18/EG)** die **Art. 47 Abs. 2 Vergabe-RL 2004** und **Art. 48 Abs. 3 Vergabe-RL 2004** aufgenommen, die erstmals die Einbeziehung von Drittunternehmen normierten, freilich noch weitaus weniger detailliert als in der betreffenden Nachfolgeregelung der RL 2014/24/EU. In das nationale Recht umgesetzt wurden diese Regelungen zunächst mit dem ÖPP-Beschleunigungsgesetzt in Gestalt der damaligen Vorschrift des § 6 Abs. 2 Nr. 2 VgV aF. Mit der VOB 2006 wurde die Eignungsleihe erstmals in die VOB/A aufgenommen (§ 8a Nr. 10 aF). Vor Inkrafttreten der VOB/A 2016 war die Eignungsleihe zuletzt in **§ 6 EG Abs. 8** geregelt.

2. Gemeinschaftsrechtlicher Hintergrund. Die RL 2014/24/EU regelt die Inanspruchnahme der Kapazitäten anderer Unternehmen in **Art. 63 RL,** deren Umsetzung § 6a EU dient. Mit **§ 6d EU Abs. 1 S. 1–3** wird die Vorgabe des **Art. 63 Abs. 1 UAbs. 1 RL 2014/24/EU** in nationales Rechts transformiert. **§ 6d EU Abs. 1 S. 4–6** dient der Umsetzung der Vorschrift des **Art. 63 Abs. 1 UAbs. 2 RL 2014/24/EU** und regelt die Überprüfung der Eignung des anderen Unternehmens. Die Regelung der Vorgabe einer gemeinsamen Haftung in **§ 6d EU Abs. 2** korrespondiert mit der Bestimmung des **Art. 63 Abs. 1 UAbs. 3 der RL 2014/24/EU.** Die Vorschrift des **§ 6d EU Abs. 3** dient der Umsetzung der Anforderungen des **Art. 59 Abs. 1 RL 2014/24/EU** und **Art. 64 RL 2014/24/EU. § 6d EU Abs. 4** gestattet in Übereinstimmung mit **Art. 63 Abs. 2 der RL 2014/24/EU** die Vorgabe der Selbstausführung bei kritischen Aufgaben.

3. Vergleichbare Regelungen. Es existieren diverse mit § 6d EU vergleichbare Regelungen. **§ 6d VS** regelt ebenfalls die Eignungsleihe, jedoch nicht so ausführlich, wie § 6d EU; der Regelungsgehalt des § 6d VS entspricht im Wesentlichen § 6d EU Abs. 1 S. 1 und 2. Nicht geregelt ist die Eignungsleihe in **Abschnitt 1 der VOB/A.** Im Wortlaut geringfügig abweichende, jedoch inhaltlich im Wesentlichen mit § 6d EU übereinstimmende Regelungen finden sich hingegen in **§ 47 VgV** und **§ 47 SektVO.** Allerdings enthalten § 47 VgV und § 47 SektVO noch einige Klarstellungen, welche sich in § 6d EU nicht wiederfinden, nämlich den Hinweis, dass die Regelungen der Eignungsleihe auch für Bewerber- oder Bietergemeinschaften gelten (§ 47 Abs. 4 VgV, § 47 Abs. 4 SektVO), dass bei Vorlage einer Einheitlichen Europäischen Eigenerklärung diese auch die Angaben enthalten muss, ob das Unternehmen, deren Kapazität der Bewerber bzw. Bieter in Anspruch nehmen will, die Eignungskriterien erfüllt bzw. bezüglich dieser Unternehmen Ausschlussgründe vorliegen (§ 47 Abs. 2 S. 2 VgV) und dass der Auftraggeber dem Bewerber oder Bieter eine Frist für die Ersetzung eines Drittunternehmens setzen kann (§ 47 Abs. 2 S. 5 VgV, § 47 Abs. S. 4 SektVO). Eine wiederum mit § 47 VgV nahezu übereinstimmende Regelung enthält darüber hinaus **§ 34 UVgO**, allerdings ohne eine Regelung zur Vorgabe eines Selbstausführungsgebotes bei kritischen Aufgaben, was konsequent ist, weil § 26 Abs. 6 UVgO ein weiterreichendes Selbstausführungsgebot vorsieht. Eine zumindest rudimentäre Regelung der Eignungsleihe enthalten auch **§ 25 Abs. 3 KonzVgV** und **§ 26 Abs. 3 VSVgV** aus denen sich ergibt, dass sich Unternehmen bzw. Bewerber oder Bieter auf die Kapazitäten bzw. die Leistungsfähigkeit anderer Unternehmen stützen können.

II. Eignungsleihe (Abs. 1 S. 1 und 3, Abs. 2)

1. Grundsätzliche Zulässigkeit der Eignungsleihe (Abs. 1 S. 1). Abs. 1 stellt klar, dass sich Bewerber oder Bieter zwecks Nachweis ihrer Eignung auf die Kapazitäten anderer Unternehmen stützen können. Erfüllen die Bewerber oder Bieter selbst nicht alle Eignungsanforderungen und mangelt es deshalb an der Leistungsfähigkeit, können sie dieses Defizit ausgleichen, indem sie die Ressourcen eines Dritten in Anspruch nehmen.

Die Möglichkeit einer Inanspruchnahme der Kapazitäten anderer Unternehmen besteht grundsätzlich **im Hinblick auf alle Aspekte der Leistungsfähigkeit.** Die Bewerber bzw. Bieter können also etwaige Defizite sowohl hinsichtlich der wirtschaftlichen und finanziellen Leistungsfähigkeit (§ 6a EU Nr. 2) als auch im Bereich der beruflichen und technischen Leistungsfähigkeit (§ 6a EU Nr. 3) kompensieren.

---

[1] EuGH Urt. v. 14.4.1994 – C-389/92 ECLI:EU:C:1994:133 Rn. 12 = BeckR 2004, 76951 – Ballast Nedam Groep I.

II. Eignungsleihe (Abs. 1 S. 1 und 3, Abs. 2)

Durch fremde Kapazitäten **nicht ausgeglichen werden können allerdings Ausschlussgründe** (§ 6e EU). Formal lässt sich das damit begründen, dass seit der Einführung der VOB/A 2016 im zweiten Abschnitt der VOB/A terminologisch zwischen Eignungskriterien und Ausschlussgründen unterschieden wird. Im Übrigen stellt das Nichtvorliegen von Ausschlussgründen eine höchstpersönliche Anforderung dar, sodass sich ein Rückgriff auf Dritte dem Sinn und Zweck nach verbietet.[2]

Auch die **Befähigung und Erlaubnis zur Berufsausübung** (§ 6a EU Nr. 1), die zB durch die Eintragung in die Handwerksrolle oder andere Register nachgewiesen werden kann, stellt eine Eignungsvoraussetzung dar, die durch den Bewerber bzw. Bieter in Person zu erbringen ist und nicht im Wege der Eignungsleihe durch die Eintragung eines anderen Unternehmens in dem fraglichen Register ersetzt werden kann.[3] Dies ergibt sich schon aus Art. 63 Abs. 1 RL 2014/24/EU, der eine Eignungsleihe explizit nur im Hinblick auf die wirtschaftliche und finanziellen sowie die technische und beruflichen Leistungsfähigkeit zulässt.

Keine Einschränkungen ergeben sich aus § 6d EU auch **hinsichtlich der Art der Rechtsbeziehung zwischen Bewerber bzw. Bieter und dem Drittunternehmen,** dessen Kapazitäten sich der Bewerber bzw. Bieter „ausleiht". Es kann sich bei dem Drittunternehmen zB auch um **konzernverbundene Unternehmen** handeln. Denn auch beherrschte oder abhängige Konzerngesellschaften sind, solange sie rechtlich selbstständig sind, „andere Unternehmen" iSv Abs. 1 S. 1.[4]

Auch die Anzahl der Drittunternehmen, deren Kapazitäten der Bewerber bzw. Bieter in Anspruch zu nehmen gedenkt, ist nicht beschränkt. Mithin ist auch **eine Eignungsleihe durch mehrere Unternehmen zulässig**.[5]

2. Besondere Anforderungen (Abs. 1 S. 3, Abs. 2). a) Anforderungen bei Eignungsleihe im Hinblick auf die berufliche Befähigung oder Erfahrung (Abs. 1 S. 3). Eine Inanspruchnahme der Kapazitäten anderer Unternehmen für die berufliche Befähigung (§ 6a EU Abs. 1 Nr. 3 lit. e) oder die berufliche Erfahrung (§ 6a EU Abs. 1 Nr. 3 lit. a und b) ist gem. Abs. 1 S. 3 nur möglich, wenn diese Unternehmen die Arbeiten ausführen, für die diese Kapazitäten benötigt werden.

Ein Fall des Abs. 1 S. 3 liegt vor, wenn der Bewerber oder Bieter sich eines anderen Unternehmens bedient, um Defizite hinsichtlich von **Studiennachweisen und Bescheinigungen über die berufliche Befähigung des Unternehmers der Führungskräfte** auszugleichen (§ 6a EU Abs. 1 Nr. 3 lit. e) oder um fehlende **Referenzen** (§ 6a EU Abs. 1 Nr. 3 lit. a) bzw. nicht vorhandene **technische Fachkräfte oder technische Stellen,** insbesondere diejenigen, die mit der Qualitätskontrolle beauftragt sind (§ 6a EU Abs. 1 Nr. 3 lit. b), zu kompensieren.

Zulässig ist eine Eignungsleihe hinsichtlich der beruflichen Befähigung oder der beruflichen Erfahrung lediglich dann, wenn das Drittunternehmen die Arbeiten ausführt, also wenn es **an der operativen Auftragsausführung mitwirkt.**[6] Da derjenige, der unmittelbar an der Auftragsausführung mitwirkt, in der Regel Nachunternehmer ist (→ Rn. 19), führt das Erfordernis des Abs. 1 S. 3 zu einer **Überschneidung von Eignungsleihe und Unterbeauftragung.**[7]

Bedenkt man, dass die Inanspruchnahme der Kapazitäten Dritter zum Ausgleich fehlender Referenzen in der Praxis der **Hauptanwendungsfall der Eignungsleihe** ist, wird deutlich, dass mit dieser durch die VOB/A 2016 eingefügten Voraussetzung eine erhebliche Verschärfung der rechtlichen Anforderungen an die Eignungsleihe verbunden ist.

b) Anforderungen bei Eignungsleihe zum Nachweis der wirtschaftlichen und finanziellen Leistungsfähigkeit (Abs. 2). Sollte sich ein Bewerber oder Bieter zum Nachweis seiner wirtschaftlichen und finanziellen Leistungsfähigkeit (§ 6a EU Nr. 2) auf die Kapazitäten anderer Unternehmen stützen, kann der Auftraggeber nach Abs. 2 vorschreiben, dass der Bewerber oder Bieter und diese Unternehmen gemeinsam für die Auftragsausführung haften.

Sub spezie der Eignungskategorie der „wirtschaftlichen und finanziellen Leistungsfähigkeit" (§ 6a EU Nr. 2) kann der Auftraggeber insbesondere Nachweise über eine **Berufshaftpflichtversicherung,** die **Darlegung des Gesamtumsatzes** sowie des **auftragsspezifischen Umsatzes** und ggf. **Mindestumsatzes** verlangen. Sofern eine oder mehrere diesbezügliche Eignungsanforderungen

---

[2] *Stoye/Brugger* in Müller-Wrede VgV § 47 Rn. 7; iErg ebenso Ingenstau/Korbion/*Schranner* Rn. 5.
[3] VK Bund Beschl. v. 309.2016 – VK 1/86/16, BeckRS 2016, 122006.
[4] OLG Düsseldorf Beschl. v. 17.4.2019 – VII-Verg 36/18, NZBau 2019, 737 (740); iErg ebenso *Burgi* VergabeR, 3. Aufl. 2021, § 9 Rn. 12.
[5] EuGH Urt. v. 10.10.2013 – C-94/12 ECLI:EU:C:2013:646 Rn. 30 = NZBau 2014, 114 ff. – Swm Costrizioni.
[6] BeckOK VergabeR/*Mager* VgV § 47 Rn. 21.
[7] IdS *Fock/Geuenich-Schmitt* VergabeR 2017, 422 (433).

mittels Eignungsleihe erfüllt werden sollen, müssen für das Drittunternehmen – neben der durch Abs. 2 geforderten Haftungserklärung – auch diese Nachweise vorgelegt werden.

16 Eine gemeinsame Haftung ist gegeben, wenn Bewerber bzw. Bieter und Drittunternehmen **gesamtschuldnerisch haften** iSv § 421 BGB haften.[8]

17 **Auf die Art und Weise der Begründung der gemeinsamen Haftung kommt es nicht an.** Ausreichend ist eine entsprechende **Verpflichtungserklärung** des Drittunternehmens. Die Anforderungen an die Verfügbarkeitserklärung iSd Abs. 1 S. 2 gelten entsprechend (→ Rn. 25 ff.). In der Praxis werden den Vergabeunterlagen in der Regel Muster-Verpflichtungserklärungen beigefügt.[9] Da die Form nicht vorgegeben ist, müssen jedoch auch **anderer Nachweise** akzeptiert werden, die belegen, dass das Drittunternehmen bezüglich des konkreten Auftrags oder pauschal mit dem Bewerber oder Bieter als Gesamtschuldner haftet, etwa ein **Schuldbeitritt** oder eine – häufig gegenüber konzernverbundenen Unternehmen abgegebene – **Patronatserklärung**.

18 **3. Abgrenzung zu Unterauftragnehmern.** Unternehmen können in verschiedenen Rollen an einem Vergabeverfahren teilnehmen: Als Bietergemeinschaft oder Einzelbieter, als Nachunternehmer mit oder ohne Eignungsrelevanz, als bloßer Lieferant oder im Rahmen bloßer Eignungsleihe. **Keine Lösung** ist es, die **Einordnung dem Auftraggeber zu überlassen** und Partner vorsichtshalber sowohl als Mitglied einer Bietergemeinschaft, als auch als Nachunternehmer zu bezeichnen.[10] Auch wenn sich **Eignungsleihe und Unterbeauftragung in der Praxis häufig überschneiden**,[11] bedarf es schon im Hinblick auf die Anforderungen, die § 6d EU an die Eignungsleihe stellt (zB Vorgabe der gemeinsamen Haftung gem. Abs. 2) bzw. die der Auftraggeber nach § 6 EU Abs. 3 Nr. 2 an Bietergemeinschaften stellen kann (insbes. Annahme einer bestimmten Rechtsform im Falle der Auftragserteilung) einer Unterscheidung zwischen Eignungsleihe und Unterauftragsvergabe.[12]

19 Charakteristisch für die **Unterbeauftragung** ist, dass ein Teil des Auftrags durch den Bewerber oder Bieter auf einen Dritten übertragen wird, der diesen Teil zwingend ausführt, wenn der Bieter den Zuschlag erhält.[13] Meist handelt es sich bei den Nachunternehmern um selbständige Unternehmen, die auf der Grundlage eines Vertrages für den Bewerber bzw. Bieter als dessen Auftragnehmer tätig werden.

20 Hingegen beruft sich bei der **Eignungsleihe** der Bewerber oder Bieter für die Eignungsprüfung auf die Kapazitäten eines Dritten, ohne dass dieser notwendigerweise mit der Ausführung eines Teils des Auftrags beauftragen sein muss. Die Verbindung zum Dritten dient dem Bewerber oder Bieter dazu, sich dessen Know-how bzw. personelle oder sachliche Ressourcen zu sichern, während die auftragsgegenständliche Leistung durch den Bieter erbracht wird.[14] Wie sich aus Abs. 1 S. 1 ergibt („*ungeachtet des rechtlichen Charakters der zwischen ihm und diesen Unternehmen bestehenden Verbindungen*"), setzt die Eignungsleihe auch kein spezifisches Rechtsverhältnis voraus.

21 Die Differenzierung zwischen der Unterbeauftragung und dem Rechtsinstitut der Eignungsleihe kommt auch in der Verordnungsbegründung zu der – mit § 6d EU vergleichbaren – Regelung des § 47 VgV zum Ausdruck, die ausführt:

„ *...Während im Rahmen der Vergabe von Unteraufträgen ein Teil des Auftrags durch den Bewerber oder Bieter auf eine dritte Person übertragen wird, die dann diesen Teil ausführt, beruft sich bei der Eignungsleihe der Bewerber oder Bieter für die Eignungsprüfung auf die Kapazitäten eines Dritten, ohne dass er zwingend zugleich diesen mit der Ausführung eines Teils des Auftrags beauftragen muss.*"[15]

III. Nachweisanforderungen (Abs. 1 S. 2, Abs. 3)

22 Die bloße Benennung von Drittunternehmen genügt den Anforderungen der Eignungsleihe nicht. Will ein Bewerber oder Bieter etwaige Lücken im Bereich der Eignung durch Drittunternehmen schließen, so löst dies Nachweispflichten des Bewerbers oder Bieters gegenüber dem öffentli-

---

[8] Ziekow/Völlink/*Goldbrunner* VgV § 47 Rn. 15.
[9] Vgl. zB VHB Bund Ausgabe 2017 – Stand 2019, Teil 2, Musterformular 236 (Verpflichtungserklärung anderer Unternehmen).
[10] OLG Hamburg Beschl. v. 31.3.2014 – 1 Verg 4/13, BeckRS 2014, 08733.
[11] OLG Düsseldorf Beschl. v. 30.6.2010 – VII-Verg 13/10, NZBau 2011, 54 (55); *Rosenkötter/Bary* NZBau 2012, 486 (487).
[12] IErg ebenso *Conrad* VergabeR 2012, 15 (17).
[13] OLG Düsseldorf Beschl. v. 25.6.2014 – Verg 38/13, VPRRS 2014, 0472; HK-VergabeR/*Tomerius* VgV § 47 Rn. 4.
[14] OLG Düsseldorf Beschl. v. 30.6.2010 – VII-Verg 13/10, NZBau 2011, 54 (55); OLG Düsseldorf Beschl. v. 28.9.2016 – VII-Verg 9/16, BeckRS 2016, 119586 Rn. 22, *Rosenkötter/Bary* NZBau 2012, 486 (487); *Burgi* VergabeR, 3. Aufl. 2021, § 9 Rn. 12.
[15] BR Drs. 87/16, 200.

III. Nachweisanforderungen (Abs. 1 S. 2, Abs. 3)

1. Verfügbarkeitsnachweis (Abs. 1 S. 2). Nach Abs. 1 S. 2 muss der Bewerber oder Bieter, 23 der seine Eignung unter Rückgriff auf die Kapazitäten von Drittunternehmen nachweisen will, dem öffentlichen Auftraggeber gegenüber nachweisen, dass ihm die erforderlichen Kapazitäten des Dritten zur Verfügung stehen werden. „Zur Verfügung stehen" bedeutet, dass der Bewerber oder Bieter **uneingeschränkten Zugriff** auf die – im Wege der Eignungsleihe beanspruchten – Mittel des Drittunternehmens haben muss.[16] Wie sich bereits aus der Verwendung des Futurs („zur Verfügung stehen werden") ergibt, kommt es im Übrigen darauf an, ob die **Kapazitäten im Falle der Auftragserteilung bereitstehen.** Während des Vergabeverfahrens muss noch kein Zugriff auf die Ressourcen des Drittunternehmens gegeben sein.

Eine besondere Form für diese Nachweisführung sieht § 6d EU ebenso wenig vor, wie der 24 zugrundeliegende Art. 63 Abs. 1 UAbs. 1 RL 2014/24/EU. Beispielhaft genannt werden **„verpflichtende Zusagen".** Die Bewerber bzw. Bieter sind insbesondere nicht zum Abschluss eines Kooperations- oder Gesellschaftsvertrages verpflichtet.[17]

Als hinlänglich akzeptiert werden regelmäßig sog. **Verfügbarkeitserklärungen** der Drittunter- 25 nehmen. Diese enthalten die Erklärung der jeweiligen Drittunternehmen, dass sie ihre Ressourcen dem sich bewerbenden Unternehmen zur Verfügung stellen werden.

Die Erklärung muss aber einen rechtlich bindenden Charakter haben. Für eine Verfügbarkeitser- 26 klärung **nicht ausreichend** sind bloße **Absichtserklärungen** oder ein „gentlements agreement".[18] Auch die Benennung von Nachunternehmern kann nicht als Verfügbarkeitsnachweis ausgelegt werden.[19] Ebenso wenig ist der Verweis auf eine Konzernverbundenheit ausreichend,[20] weshalb es auch im Falle der Inanspruchnahme der Kapazitäten von Konzernunternehmen mindestens einer Verfügbarkeitserklärung bedarf.

Der Nachweis kann **singulär für den jeweiligen Auftrag** oder **pauschal** – im Falle des 27 Rückgriffs auf die Kapazitäten konzernverbundener Unternehmen zB im Rahmen eines Konzernvertrags, der entsprechende Zusicherungen enthält – ausgestellt werden.

Aus der beispielhaften Benennung einer verpflichtenden Zusage folgt, dass es dem Bewerber 28 oder Bieter überlassen bleibt, wie er den Verfügbarkeitsnachweis führt. Der **Auftraggeber** ist auch **nicht berechtigt, eine konkrete Form vorzugeben.**[21] Selbst wenn der Auftraggeber den Vergabeunterlagen – wie vielfach praktiziert – Musterformulare mit vorgefertigten Verfügbarkeitserklärungen beifügt,[22] müssen folglich alternative Verfügbarkeitsunterlagen akzeptiert werden.

Problematisch ist, zu welchem **Zeitpunkt** der durch Abs. 1 S. 2 geforderte **Verfügbarkeits-** 29 **nachweis** vorliegen muss. Nach der früheren Regelung des § 6 EG Abs. 8 S. 3 (aF) war der Verfügbarkeitsnachweis erst einzureichen, wenn der Auftraggeber die Vorlage forderte. Die Regelung des **§ 6d EU Abs. 1 S. 2** enthält insoweit **keine näheren Vorgaben.** Bedenkt man, dass die Verpflichtung zur Benennung eines Nachunternehmers schon mit Abgabe eines Teilnahmeantrags oder Angebots uU eine außer Verhältnis zu den Vorteilen für die Vergabestelle stehende Belastung des Bewerbers bzw. Bieters darstellen kann,[23] könnte sich die Forderung der Vorlage eines Verfügbarkeitsnachweises mit Abgabe eines Teilnahmeantrags oder Angebots im Rahmen der Eignungsleihe ebenfalls als unangemessene Erschwernis erweisen. Denn hier wie dort müsste sich der Bewerber bzw. Bieter um eine bindende Zusage des möglichen Kooperationspartners bemühen, obgleich zu diesem Zeitpunkt noch gar nicht absehbar ist, ob er den Auftrag erhält oder zumindest in die engere Auswahl kommt. Eine Einreichung mit dem Teilnahmeantrag bzw. dem Angebot erscheint daher grundsätzlich nicht erforderlich. Solange kein begründeter Ausnahmefall vorliegt, sollten offene Verfahren daher möglichst so gestaltet werden, dass ein Verfügbar-

---

[16] Ingenstau/Korbion/*Schranner* Rn. 7.
[17] EuGH Urt. v. 14.1.2016 – C-234/14 ECLI:EU:C:2016:6 Rn. 34 = NZBau 2016, 227 ff. – Ostas celtnieks; Beck VergabeR/*Mager* VgV § 47 Rn. 17.
[18] OLG Düsseldorf Beschl. v. 28.3.2018 – Verg 42/17, NZBau 2018, 491 Rn. 27; Ingenstau/Korbion/*Schranner* § 6 Rn. 8.
[19] OLG Saarbrücken Beschl. v. 21.4.2004 – 1 Verg 1/04, NZBau 2004, 691 (692).
[20] VK Bund Beschl. v. 29.12.2006 – VK 2-128/06; BeckRS 2006, 135391 Rn. 86; *Hausmann/Kern* in KKMPP VgV § 47 Rn. 8.
[21] IdS EuGH Urt. v. 14.1.2016 – C-234/14 ECLI:EU:C:2016:6 Rn. 34 = NZBau 2016, 227 ff. – Ostas celtnieks.
[22] Vgl. zB VHB Bund Ausgabe 2017 – Stand 2019, Teil 2, Musterformular 236 (Verpflichtungserklärung anderer Unternehmen).
[23] BGH Urt. v. 10.6.2008 – X ZR 78/07, ZfBR 2008, 702 (703); BGH Urt. v. 3.4.2012 – X ZR 130/10, ZfBR 2012, 600 (602); OLG Düsseldorf Beschl. v. 25.6.2014 – Verg 38/13, BeckRS 2014, 15908 Rn. 29 ff.

keitsnachweis **lediglich von dem Bieter** gefordert wird, **der den Zuschlag erhalten soll.**[24] Bei Vergabeverfahren mit vorgeschalteten Teilnahmewettbewerb wird die Eignung der Bewerber vorab geprüft, jedoch bleibt in diesem Verfahrensstadium offen, welcher Bewerber sich in der Angebotsphase durchsetzt. Auch hier muss die Vorlage des Verfügbarkeitsnachweises noch nicht zwingend mit Einreichung des Teilnahmeantrags erfolgen. Allerdings ist es unumgänglich, den Verfügbarkeitsnachweis **bis zum Abschluss des Teilnahmewettbewerbs** von allen Bewerbern zu fordern, die zur Angebotsabgabe aufgefordert werden sollen.[25] Zu unterscheiden von dem Verfügbarkeitsnachweis ist allerdings die Angabe der **Leistungsbereiche,** für die sich der Bieter der Kapazitäten anderer Unternehmen bedienen will und die Art und Weise der „geliehenen" Kapazität. Diese sind bereits **mit Abgabe des Teilnahmeantrags oder des Angebotes** anzugeben.

30 **2. Eignungsnachweise (Abs. 3).** Abs. 3 bestimmt, dass im Falle einer Eignungsleihe die Nachweisführung entsprechend § 6b EU auch für die Unternehmen erfolgen muss, deren Kapazitäten in Anspruch genommen werden sollen. Um die gem. Abs. 1 S. 4 vorgeschriebene Eignungsprüfung durchführen zu können, müssen die im konkreten Vergabeverfahren geforderten Eignungsnachweise auch **hinsichtlich des Drittunternehmens** vorgelegt werden, also zB entsprechende Bankerklärungen, Nachweise über das Bestehen einer Berufshaftpflichterklärung (§ 6a Nr. 2) oder Referenzangaben, Auflistung der technischen Fachkräfte (§ 6a Nr. 3) etc. Wie in Abs. 3 explizit klargestellt wird, erfolgt die **Nachweisführung nach § 6b EU.** Dh, der Nachweis der Eignung des Drittunternehmens kann – wie beim Bewerber oder Bieter selbst – anhand der **Eintragung in das Präqualifikationsverzeichnis** geführt werden (§ 6b EU Abs. 1 S. 1 Nr. 1) oder durch Vorlage von **Einzelnachweisen** bzw. – gemäß Vorgabe der Vergabeunterlagen – durch **Eigenerklärungen** (§ 6b EU Abs. 1 S. 1 Nr. 2). Ferner hat der Auftraggeber gem. § 6b Abs. 1 S. 2 **eine Einheitliche Europäische Eigenerklärung (EEE)** zu akzeptieren, die Auskunft über die Eignung des Drittunternehmens gibt. Die Einreichung von Eignungsnachweisen, deren Vorlage sich der Auftraggeber vorbehalten hat, kann gem. **§ 16 EU Nr. 4** auch im Rahmen der Prüfung der Eignung des Drittunternehmens gefordert werden. Ebenso können gem. **§ 16a EU Abs. 1** fehlende, unvollständige oder fehlerhafte Erklärungen des Drittunternehmens nachgefordert werden.

IV. Eignungsprüfung bei der Eignungsleihe (Abs. 1 S. 4)

31 Macht der Bewerber oder Bieter von der Möglichkeit des Abs. 1 S. 1 Gebrauch, sich zum Ausgleich einer mangelnden Leistungsfähigkeit auf Ressourcen von Dritten zu stützen, so hat der öffentliche Auftraggeber gem. Abs. 1 S. 4 zu überprüfen, ob diese Unternehmen die entsprechenden Anforderungen an die Eignung gem. § 6a EU erfüllen und ob in Bezug auf die Drittunternehmen Ausschlussgründe gem. § 6e EU vorliegen.

32 Mit dieser Vorgabe bringt Abs. 1 S. 4 eine Selbstverständlichkeit zum Ausdruck. Wenn der Bewerber oder Bieter nicht über die erforderliche Eignung verfügt und dieses Defizit durch Bezugnahme auf Kapazitäten Dritter ausgleichen will, versteht sich von selbst, dass zumindest der Dritte die erforderliche Eignung besitzen muss. Denn dessen Eignung ist gewissermaßen ein Surrogat der Eignung des Bewerbers bzw. Bieters.

33 Die **Eignungsprüfung** richtet sich, wie beim Bewerber oder Bieter selbst, nach **§ 16b EU** und ist darauf gerichtet festzustellen, ob die Drittunternehmen die für die Erfüllung der vertraglichen Verpflichtung erforderliche Sicherheit bieten, was davon abhängt, ob sie in ihrer Person die Eignungsanforderungen nach § 6a EU erfüllen und keine Ausschlussgründe gem. § 6e EU gegeben sind. Da die Eignungsleihe lediglich der Schließung von Eignungslücken des Bewerbers bzw. Bieters dient, müssen die Drittunternehmen **nur insoweit geeignet sein, wie sich der Bewerber bzw. Bieter auf ihre Kapazitäten stützt.** Stützt sich der Bewerber zB nur hinsichtlich der beruflichen und technischen Leistungsfähigkeit auf Dritte, ist nicht zu prüfen, ob der Dritte auch die für die Auftragsausführung erforderliche wirtschaftliche und finanzielle Leistungsfähigkeit besitzt. Anknüpfungspunkt der Prüfung der Eignung des Eignungsverleihers sind die für diesen nach Abs. 3 vorgelegten Eignungsnachweise.

34 Kommt der Auftraggeber im Rahmen der Eignungsprüfung des Drittunternehmens zu dem Ergebnis, dass dieses ungeeignet ist, verlangt er nach Abs. 1 S. 5 und 6 zunächst eine **Ersetzung** des „Eignungsverleihers" (→ Rn. 35 ff.).

V. Ersetzungsverlangen (Abs. 1 S. 5 und 6)

35 Nach Diktion des **Abs. 1 S. 5** schreibt der öffentliche Auftraggeber vor, dass der Bieter ein Drittunternehmen, dessen Kapazitäten er sich „ausleihen" will, welches jedoch eine einschlägige

---

[24] Beck VergabeR/*Mager* VgV § 47 Rn. 14; Ingenstau/Korbion/*Schranner* § 6 Rn. 8.
[25] Beck VergabeR/*Mager* VgV § 47 Rn. 13.

V. Ersetzungsverlangen (Abs. 1 S. 5 und 6)

Eignungsanforderung nicht erfüllt oder bei dem **Ausschlussgründe gem. § 6e EU Abs. 1–5** vorliegen, zu ersetzen hat.

Zu den wesentlichen Bestandteilen des Angebotes gehört – über die angebotene Leistung hinaus – auch die Person des Bieters.[26] Ebenso wie zB die angebotenen Preise unterliegt daher auch die Person des Bieters dem Nachverhandlungsverbot des § 15 EU Abs. 3. Wenn Abs. 1 S. 5 und 6 eine Ersetzung ungeeigneter „Eignungsverleiher" zulassen, welche der Auffüllung der „Eignungslücken" der Bewerber oder Bieter dienen, so kann man in dieser Regelung durchaus eine **Durchbrechung des Nachverhandlungsverbotes** sehen.[27] Auch entspricht es einer verbreiteten Meinung, dass inhaltlich unzulängliche Erklärungen, zB Referenzangaben, nicht im Wege einer Nachforderung nach § 16a EU Abs. 1 nachgebessert werden dürfen.[28] Wenn eine Ersetzung des Drittunternehmens vorgenommen wird, müssen auch die Eignungsnachweise für das Drittunternehmen nachgereicht werden. Mithin kann Abs. 1 S. 5 und 6 auch als **Ausnahme zu § 16a EU Abs. 1** angesehen werden.[29] Die Ausnahmen zu § 15 EU, § 16a EU Abs. 1 dürften jedoch in Anbetracht der Wirkungen der Eignungsleihe, nämlich der Erleichterung des Zugangs zum Wettbewerb für klein- und mittelständische Unternehmen[30] und der Vergrößerung des Wettbewerbs[31] gerechtfertigt sein. 36

Damit die Ersetzung vorgenommen werden kann, muss der Auftraggeber den Bewerbern bzw. Bietern mitteilen, dass die Eignungsprüfung des Drittunternehmers negativ ausgefallen ist und die **Ersetzung fordern.**[32] Damit die Bewerber oder Bietern adäquate Eignungsverleiher nachbenennen können, muss der öffentliche Auftraggeber die **Gründe des Ersetzungsverlangens** – insbesondere wenn sich die Bewerber bzw. Bieter zum Ausgleich verschiedener Eignungsdefizite auf Kapazitäten Dritter stützen – zudem **hinreichend erläutern.**[33] 37

§ 6d EU lässt offen, ob der Auftraggeber den Bewerbern oder Bietern für die Ersetzung des Drittunternehmens eine Frist setzen darf. Aus verfahrensökonomischen Gründen ist **die Möglichkeit einer Fristsetzung** allerdings zu bejahen. Die gesetzte Frist muss, wie auch im Falle einer Fristsetzung nach 16 EU Nr. 4, **angemessen** sein. Da der Bewerber bzw. Bieter mit den Drittunternehmen Absprachen über die Durchführung des Auftrags treffen muss, sollte die Frist nicht zu kurz bemessen sein. Die Frist für die Nachforderung von Unterlagen von 6 Kalendertagen (vgl. § 16a EU Abs. 4 S. 2) dürfte häufig zu knapp sein. Als in der Regel angemessene Frist wird in der Literatur eine Frist von 14 Kalendertagen genannt.[34] 38

Ausweislich des Wortlauts steht dem Auftraggeber **kein Ermessen** dahingehend zu, ob er die Ersetzung eines Drittunternehmens verlangt, welches die Eignungsanforderungen nicht erfüllt oder bei dem zwingende Ausschlussgründe vorliegen. Das ist eine logische Folge daraus, dass die Eignung und das Nichtvorliegen von zwingenden Ausschlussgründen eine unabdingbare Voraussetzung der Zuschlagserteilung sind. 39

Sofern Gründe vorliegen, die einen Ausschluss des Drittunternehmens gem. **§ 6e EU Abs. 6** rechtfertigen, „kann" der öffentliche Auftraggeber gem. **Abs. 1 S. 6** vorgeben, dass das Drittunternehmen zu ersetzen ist. Das Ersetzungsverlangen steht in diesem Falle also im Ermessen des Auftraggebers. Da es sich bei den Ausschlussgründen des § 6e EU Abs. 6 um **fakultative Ausschlussgründe** handelt, ist es nur konsequent, auch das **Ersetzungsverlangen** in das **Ermessen des Auftraggebers** zu stellen. Es wäre nicht einsichtig, weshalb bei nicht zwingenden Ausschlussgründen das Drittunternehmen notwendigerweise ausgetauscht werden muss. Zur Ausübung des Ersetzungsverlangens gilt im Übrigen das zu Abs. 1 S. 5 Gesagte (→ Rn. 37–38). 40

Ist auch das „nachgeschobene" Drittunternehmen ungeeignet, hat dies zwangsläufig die Annahme der Ungeeignetheit des Bewerbers oder Bieters zur Konsequenz.[35] Für eine Möglichkeit zur nochmaligen Ersetzung des Drittunternehmens ergeben sich aus dem Wortlaut keine Anhalts- 41

---

[26] OLG Düsseldorf Beschl. v. 24.5.2005 – VIII-Verg 28/05, NZBau 2005, 710 (711).
[27] Ingenstau/Korbion/*Schranner* Rn. 6; Kapellmann/Messerschmidt/*Glahs* § 6d Rn. 7.
[28] BKartA Beschl. v. 17.10.2017 – VK 2-112/17, BeckRS 2017, 143585 Rn. 43; Kapellmann/Messerschmidt/*Frister* § 16a Rn. 20; mit einer großzügigeren Interpretation des § 16a dagegen: BMI, Vergabe- und Vertragsordnung für Bauleistungen Teil A, hier: Auslegung von einzelnen Regelungen, 26.2.2020 – 70421/2#1 ff.
[29] Ähnlich *Stickler* NZBau 2019, 153 (156 f.), die hierin jedoch einen Wertungswiderspruch sieht.
[30] EuGH Urt. v. 14.1.2016 – C-234/14 ECLI:EU:C:2016:6 Rn. 24 = NZBau 2016, 227 ff. – Ostas celtnieks; EuGH Urt. v. 7.4.2016 – C-324/14 ECLI:EU:C:2016:214 Rn. 34 = NZBau 2016, 373 ff. – Partner Apelski Dariusz.
[31] EuGH Urt. v. 14.1.2016 – C-234/14 ECLI:EU:C:2016:6 Rn. 24 = NZBau 2016, 227 ff. – Ostas celtnieks; EuGH Urt. v. 7.4.2016 – C-324/14 ECLI:EU:C:2016:214 Rn. 34 = NZBau 2016, 373 ff. – Partner Apelski Dariusz.
[32] *Stickler* NZBau 2019, 153 (156); Ziekow/Völlink/*Goldbrunner* VgV § 47 Rn. 12.
[33] Beck VergabeR/*Mager* VgV § 47 Rn. 35.
[34] *Stickler* NZBau 2019, 153 (156).
[35] Beck VergabeR/*Mager* VgV § 47 Rn. 36; aA wohl *Stoye-Brugger* in Müller-Wrede VgV § 47 Rn. 41.

punkte. Dagegen spricht auch, dass es sich bei der Ersetzung bereits um eine Ausnahme von dem Grundsatz handelt, dass inhaltlich unzureichende Erklärungen nicht nachgebessert werden können (→ Rn. 36). Als Ausnahmevorschrift sind die Regelungen des Abs. 1 S. 5 und 6 eng auszulegen.

VI. Grenzen der Eignungsleihe (Abs. 4)

42 **1. Zulässigkeit der Vorgabe der Selbstausführung bei kritischen Aufgaben.** Mit der Umsetzung der Art. 47 Abs. 2 Vergabe-RL 2004 und Art. 48 Abs. 3 Vergabe-RL 2004 durch § 6 EG im Jahre 2006 wurde festgelegt, dass sich der Bieter „zur Erfüllung eines Auftrages der Fähigkeiten anderer Unternehmen bedienen kann". Heute findet sich diese Regelung im Wesentlichen in § 6d EU Abs. 1 S. 1 wieder. Die in dieser Vorschrift statuierte sog. Eignungsleihe gibt dem Bieter die Möglichkeit, sich der Fähigkeiten anderer Unternehmen zu bedienen, wenn er selbst Defizite bei der Erfüllung von Eignungsanforderungen hat. Hieraus sowie aus § 6 (→ § 6 Rn. 53 ff.) kann man folgern, dass der öffentliche Auftraggeber grundsätzlich nicht verlangen kann, dass der Bieter die Leistung selbst erbringt.[36] Hier hat die Vergaberechtsreform 2016 zu einer entscheidenden Änderung geführt. In Umsetzung des Art. 63 Abs. 2 RL 2014/24/EU kann der öffentliche Auftraggeber nach Abs. 4 heute vorschreiben, dass zumindest bestimmte kritische Aufgaben direkt vom Bieter selbst oder im Fall einer Bietergemeinschaft von einem Teilnehmer der Bietergemeinschaft ausgeführt werden müssen, worin eine teilweise **Durchbrechung des Grundsatzes der Unzulässigkeit eines Selbstausführungsgebotes** gesehen werden kann.[37]

43 Es ist allerdings nicht geklärt, wann konkret eine „bestimmte kritische Aufgabe" gegeben ist, die zur Forderung einer Eigenausführung berechtigen könnte. Die Begrifflichkeit der „bestimmten kritischen Aufgaben" wurde wortgleich aus der EU-Richtlinie übernommen. Weder die dortigen Erwägungsgründe noch die Begründung zur VgV enthalten eine Erläuterung. Eine **„kritische Aufgabe"** erfordert jedenfalls ein konkretes nicht gänzlich unberechtigtes Interesse des Auftraggebers an der Ausführung durch den Bieter.[38] Die Erwähnung von „kritischen Verlege- oder Installationsarbeiten im Zusammenhang mit einem Lieferauftrag" in der Parallelvorschrift des 47 Abs. 4 VgV bzw. in Art. 63 Abs. 2 RL 2014/24/EU, lässt vermuten, dass es insbesondere um Arbeiten geht, die besondere technische Anforderungen mit sich bringen. Die Vorgabe, dass es sich um **„bestimmte"** kritische Aufgaben handeln muss, impliziert, dass einzelfallunabhängige, prozentuale Selbstausführungsquoten nicht mit Abs. 4 vereinbar sind.[39] Nach verbreiteter Auffassung in der Literatur steht dem Auftraggeber hinsichtlich der Bestimmung des Begriffs der „kritischen Aufgabe" ein – **nur eingeschränkt überprüfbarer – Beurteilungsspielraum** zu.[40] Da aber selbst bei Annahme eines Beurteilungsspielraums nachgewiesen werden muss, dass die Entscheidung für ein Selbstausführungsgebot nicht willkürlich oder sachwidrig erfolgt ist, ist dem Auftraggeber zu empfehlen, die Entscheidung **sorgfältig zu begründen** und in **der Vergabeakte zu dokumentieren**.[41]

44 **2. Aus der EuGH-Rechtsprechung folgende Grenzen.** Dass der Berufung auf Kapazitäten Dritter im Rahmen der Eignungsleihe Grenzen gesetzt sind, war bereits unter Geltung des Art. 47 Abs. 2 Vergabe-RL 2004 und Art. 48 Abs. 3 Vergabe-RL 2004 anerkannt. Mit Blick auf einen noch nach der Vergabe-RL 2004 zu beurteilenden Sachverhalt – zu klären war, ob sich ein Unternehmen, welches sich um Winterdienstleistungen bewarb, auf die Eignung eines anderen Unternehmens berufen konnte, das ca. 230 km entfernt von der Stadt ansässig war, in der die Leistung auszuführen war – befand der **EuGH,** dass bei Vorliegen besonderer Umstände das Recht des Bieters auf die Inanspruchnahme der Eignungsleihe eingeschränkt werden kann.[42] Das soll nach Auffassung des EuGH insbesondere der Fall sein, wenn Leistungen aufgrund ihrer Besonderheit eine bestimmte **Kapazität** erfordern, **die sich durch die Zusammenfassung kleinerer Kapazitäten mehrerer Betriebe** möglicherweise **nicht erlangen lassen**.[43] In einer solchen Konstellation sei eine Eignungsleihe nur möglich, wenn sich das betreffende Drittunternehmen unmittelbar und persönlich an der Ausführung des Auftrags als Nachunternehmer beteilige. Da sich die Argumentation des EuGH zu Art. 47 Abs. 2 Vergabe-RL 2004 und Art. 48 Abs. 3 Vergabe-RL 2004 durchaus auf

---

[36] IErg ebenso Ingenstau/Korbion/*Schranner* § 6 Rn. 5.
[37] Ähnlich *Stoye/Brugger* VergabeR 2015, 647 („Renaissance des Selbstausführungsgebotes").
[38] *Stoye/Brugger* in Müller-Wrede VgV § 47 Rn. 18.
[39] IErg *Stoye/Brugger* in Müller-Wrede VgV § 47 Rn. 18.
[40] Ingenstau/Korbion/*Schranner* § 6 Rn. 11; HK-VergabeR/*Tomerius* VgV § 47 Rn. 16; wohl auch *Stoye/Brugger* in Müller-Wrede VgV § 47 Rn. 17, aA Ziekow/Völlink/*Goldbrunner* VgV § 47 Rn. 19.
[41] Beck VergabeR/*Mager* VgV § 47 Rn. 48; Ziekow/Völlink/*Goldbrunner* VgV § 47 Rn. 19.
[42] EuGH Urt. v. 7.4.2016 – C-324/14 ECLI:EU:C:2016:214 Rn. 49 = NZBau 2016, 373 ff. – Partner Apelski Dariusz.
[43] EuGH Urt. v. 7.4.2016 – C-324/14 ECLI:EU:C:2016:214 Rn. 40 = NZBau 2016, 373 ff. – Partner Apelski Dariusz.

Art. 63 der RL 2014/24/EU übertragen lässt, ist der Begriff der „kritischen Aufgaben" dahingehend auszulegen, dass auch dieser Fall darunterfällt.

VII. Drittschützender Charakter

Das Rechtsinstitut der Eignungsleihe erweitert die Möglichkeiten der Bewerber bzw. Bieter, 45 sich an Vergabeverfahren beteiligen zu können und trägt damit zugleich zu einer Verbreiterung des Wettbewerbs bei (→ Rn. 32). Mithin hat § 6d EU insgesamt drittschützende Wirkung.[44] Soweit dem Auftraggeber Ermessen eingeräumt ist (vgl. Abs. 1 S. 6, Abs. 2, Abs. 4), ist die Entscheidung des Auftraggebers jedoch nur auf eine Überschreitung des Ermessensspielraums hin zu überprüfen.

§ 6e EU Ausschlussgründe

(1) Der öffentliche Auftraggeber schließt ein Unternehmen zu jedem Zeitpunkt des Vergabeverfahrens von der Teilnahme aus, wenn er Kenntnis davon hat, dass eine Person, deren Verhalten nach Absatz 3 dem Unternehmen zuzurechnen ist, rechtskräftig verurteilt oder gegen das Unternehmen eine Geldbuße nach § 30 des Gesetzes über Ordnungswidrigkeiten rechtskräftig festgesetzt worden ist wegen einer Straftat nach:
1. § 129 des Strafgesetzbuchs (StGB) (Bildung krimineller Vereinigungen), § 129a StGB (Bildung terroristischer Vereinigungen) oder § 129b StGB (kriminelle und terroristische Vereinigungen im Ausland),
2. § 89c StGB (Terrorismusfinanzierung) oder wegen der Teilnahme an einer solchen Tat oder wegen der Bereitstellung oder Sammlung finanzieller Mittel in Kenntnis dessen, dass diese finanziellen Mittel ganz oder teilweise dazu verwendet werden oder verwendet werden sollen, eine Tat nach § 89a Absatz 2 Nummer 2 StGB zu begehen,
3. § 261 StGB (Geldwäsche; Verschleierung unrechtmäßig erlangter Vermögenswerte),
4. § 263 StGB (Betrug), soweit sich die Straftat gegen den Haushalt der Europäischen Union oder gegen Haushalte richtet, die von der Europäischen Union oder in ihrem Auftrag verwaltet werden,
5. § 264 StGB (Subventionsbetrug), soweit sich die Straftat gegen den Haushalt der Europäischen Union oder gegen Haushalte richtet, die von der Europäischen Union oder in ihrem Auftrag verwaltet werden,
6. § 299 StGB (Bestechlichkeit und Bestechung im geschäftlichen Verkehr), §§ 299a und 299b des StGB (Bestechlichkeit und Bestechung im Gesundheitswesen),
7. § 108e StGB (Bestechlichkeit und Bestechung von Mandatsträgern),
8. den §§ 333 und 334 StGB (Vorteilsgewährung und Bestechung), jeweils auch in Verbindung mit § 335a StGB (Ausländische und internationale Bedienstete),
9. Artikel 2 § 2 des Gesetzes zur Bekämpfung internationaler Bestechung (Bestechung ausländischer Abgeordneter im Zusammenhang mit internationalem Geschäftsverkehr) oder
10. den §§ 232, 232a Absatz 1 bis 5, den §§ 232b bis 233a StGB (Menschenhandel, Zwangsprostitution, Zwangsarbeit, Ausbeutung der Arbeitskraft, Ausbeutung unter Ausnutzung einer Freiheitsberaubung).

(2) Einer Verurteilung oder der Festsetzung einer Geldbuße im Sinne des Absatzes 1 stehen eine Verurteilung oder die Festsetzung einer Geldbuße nach den vergleichbaren Vorschriften anderer Staaten gleich.

(3) Das Verhalten einer rechtskräftig verurteilten Person ist einem Unternehmen zuzurechnen, wenn diese Person als für die Leitung des Unternehmens Verantwortlicher gehandelt hat; dazu gehört auch die Überwachung der Geschäftsführung oder die sonstige Ausübung von Kontrollbefugnissen in leitender Stellung.

(4) ¹Der öffentliche Auftraggeber schließt ein Unternehmen von der Teilnahme an einem Vergabeverfahren aus, wenn
1. das Unternehmen seinen Verpflichtungen zur Zahlung von Steuern, Abgaben und Beiträgen zur Sozialversicherung nicht nachgekommen ist und dies durch eine rechtskräftige Gerichts- oder bestandskräftige Verwaltungsentscheidung festgestellt wurde, oder
2. der öffentliche Auftraggeber auf sonstige geeignete Weise die Verletzung einer Verpflichtung nach Nummer 1 nachweisen kann.

---
[44] IErg ebenso mit Blick auf § 47 VgV HK-VergabeR/*Tomerius* VGV § 47 Rn. 17.

²Satz 1 findet keine Anwendung, wenn das Unternehmen seinen Verpflichtungen dadurch nachgekommen ist, dass es die Zahlung vorgenommen oder sich zur Zahlung der Steuern, Abgaben und Beiträge zur Sozialversicherung einschließlich Zinsen, Säumnis- und Strafzuschlägen verpflichtet hat.

(5) ¹Von einem Ausschluss nach Absatz 1 kann abgesehen werden, wenn dies aus zwingenden Gründen des öffentlichen Interesses geboten ist. ²Von einem Ausschluss nach Absatz 4 Satz 1 kann abgesehen werden, wenn dies aus zwingenden Gründen des öffentlichen Interesses geboten ist oder ein Ausschluss offensichtlich unverhältnismäßig wäre. ³§ 6f EU Absatz 1 und 2 bleiben unberührt.

(6) Der öffentliche Auftraggeber kann unter Berücksichtigung des Grundsatzes der Verhältnismäßigkeit ein Unternehmen zu jedem Zeitpunkt des Vergabeverfahrens von der Teilnahme an einem Vergabeverfahren ausschließen, wenn
1. das Unternehmen bei der Ausführung öffentlicher Aufträge nachweislich gegen geltende umwelt-, sozial- und arbeitsrechtliche Verpflichtungen verstoßen hat,
2. das Unternehmen zahlungsunfähig ist, über das Vermögen des Unternehmens ein Insolvenzverfahren oder ein vergleichbares Verfahren beantragt oder eröffnet worden ist, die Eröffnung eines solchen Verfahrens mangels Masse abgelehnt worden ist, sich das Unternehmen im Verfahren der Liquidation befindet oder seine Tätigkeit eingestellt hat,
3. das Unternehmen im Rahmen der beruflichen Tätigkeit nachweislich eine schwere Verfehlung begangen hat, durch die die Integrität des Unternehmens infrage gestellt wird; § 6e EU Absatz 3 ist entsprechend anzuwenden,
4. der öffentliche Auftraggeber über hinreichende Anhaltspunkte dafür verfügt, dass das Unternehmen mit anderen Unternehmen Vereinbarungen getroffen oder Verhaltensweisen aufeinander abgestimmt hat, die eine Verhinderung, Einschränkung oder Verfälschung des Wettbewerbs bezwecken oder bewirken,
5. ein Interessenkonflikt bei der Durchführung des Vergabeverfahrens besteht, der die Unparteilichkeit und Unabhängigkeit einer für den öffentlichen Auftraggeber tätigen Person bei der Durchführung des Vergabeverfahrens beeinträchtigen könnte und der durch andere, weniger einschneidende Maßnahmen nicht wirksam beseitigt werden kann,
6. eine Wettbewerbsverzerrung daraus resultiert, dass das Unternehmen bereits in die Vorbereitung des Vergabeverfahrens einbezogen war, und diese Wettbewerbsverzerrung nicht durch andere, weniger einschneidende Maßnahmen beseitigt werden kann,
7. das Unternehmen eine wesentliche Anforderung bei der Ausführung eines früheren öffentlichen Auftrags erheblich oder fortdauernd mangelhaft erfüllt hat und dies zu einer vorzeitigen Beendigung, zu Schadensersatz oder zu einer vergleichbaren Rechtsfolge geführt hat,
8. das Unternehmen in Bezug auf Ausschlussgründe oder Eignungskriterien eine schwerwiegende Täuschung begangen, Auskünfte zurückgehalten hat oder nicht in der Lage ist, die erforderlichen Nachweise zu übermitteln oder
9. das Unternehmen
   a) versucht hat, die Entscheidungsfindung des öffentlichen Auftraggebers in unzulässiger Weise zu beeinflussen,
   b) versucht hat, vertrauliche Informationen zu erhalten, durch die es unzulässige Vorteile beim Vergabeverfahren erlangen könnte, oder
   c) fahrlässig oder vorsätzlich irreführende Informationen übermittelt hat, die die Vergabeentscheidung des öffentlichen Auftraggebers erheblich beeinflussen könnten oder versucht hat, solche Informationen zu übermitteln.

I. Regelungsgehalt und Überblick

1   § 6e EU regelt die Ausschlussgründe, aufgrund derer ein Unternehmen von der Teilnahme an einem Vergabeverfahren ausschließen muss bzw. ausschließen kann. Abs. 1–5 regeln die **zwingenden Ausschlussgründe,** nach denen der Auftraggeber den Ausschluss grundsätzlich ohne Ermessen vorzunehmen hat. Abs. 6 regelt die **fakultativen Ausschlussgründe.**

II. Systematische Stellung und Zweck der Norm

2   Abs. 1–5 entsprechen weitgehend der Regelung des § 123 GWB, Abs. 6 entspricht weitgehend § 124 GWB. Die **Abweichungen** sind gering und **überwiegend sprachlicher Natur:** Anstelle

der Plurals („Öffentliche Auftraggeber") der §§ 123, 124 GWB verwendet § 6e EU zB den Singular. Abs. 4 S. 2 Hs. 1 („findet keine Anwendung") ist gegenüber § 123 Abs. 4 S. 2 GWB („ist nicht anzuwenden") geringfügig abweichend formuliert.

Mit der VOB/A 2019 wurden die vormals bestehenden wenigen **inhaltlichen Abweichungen** 3 weitgehend beseitigt. Allein die in § 124 Abs. 1 GWB enthaltenen Verweise auf § 21 AEntG (Arbeitnehmer-Entsendegesetz), § 98c AufenthG (Aufenthaltsgesetz), § 19 MiLoG (Mindestlohngesetz) und § 21 SchwarzArbG (Schwarzarbeitsbekämpfungsgesetz) wurden nicht in § 6e EU übernommen.

Diese inhaltlichen Abweichungen der Regelungen der VOB/A **treten vor den vorrangigen** 4 **Normen der §§ 123, 124 GWB zurück.**[1] Auf die dortige Kommentierung wird daher verwiesen (→ GWB § 123 Rn. 1 ff., → GWB § 124 Rn. 1 ff.).

§ 6f EU Selbstreinigung

(1) ¹Öffentliche Auftraggeber schließen ein Unternehmen, bei dem ein Ausschlussgrund nach § 6e EU vorliegt, nicht von der Teilnahme an dem Vergabeverfahren aus, wenn das Unternehmen dem öffentlichen Auftraggeber oder nach § 8 des Wettbewerbsregistergesetzes dem Bundeskartellamt nachgewiesen hat, dass es
1. für jeden durch eine Straftat oder ein Fehlverhalten verursachten Schaden einen Ausgleich gezahlt oder sich zur Zahlung eines Ausgleichs verpflichtet hat,
2. die Tatsachen und Umstände, die mit der Straftat oder dem Fehlverhalten und dem dadurch verursachten Schaden in Zusammenhang stehen, durch eine aktive Zusammenarbeit mit den Ermittlungsbehörden und dem öffentlichen Auftraggeber umfassend geklärt hat und
3. konkrete technische, organisatorische und personelle Maßnahmen ergriffen hat, die geeignet sind, weitere Straftaten oder weiteres Fehlverhalten zu vermeiden.
²§ 6e EU Absatz 4 Satz 2 bleibt unberührt.

(2) ¹Bei der Bewertung der von dem Unternehmen ergriffenen Selbstreinigungsmaßnahmen sind die Schwere und die besonderen Umstände der Straftat oder des Fehlverhaltens zu berücksichtigen. ²Die Entscheidung, dass die Selbstreinigungsmaßnahmen des Unternehmens als unzureichend bewertet werden, ist gegenüber dem Unternehmen zu begründen.

(3) Wenn ein Unternehmen, bei dem ein Ausschlussgrund vorliegt, keine oder keine ausreichenden Selbstreinigungsmaßnahmen nach Absatz 1 ergreift, darf es
1. bei Vorliegen eines Ausschlussgrundes nach § 6e EU Absatz 1 bis 4 höchstens für einen Zeitraum von fünf Jahren ab dem Tag der rechtskräftigen Verurteilung von der Teilnahme an Vergabeverfahren ausgeschlossen werden,
2. bei Vorliegen eines Ausschlussgrundes nach § 6e EU Absatz 6 höchstens für einen Zeitraum von drei Jahren ab dem betreffenden Ereignis von der Teilnahme an Vergabeverfahren ausgeschlossen werden.

Übersicht

		Rn.			Rn.
I.	Regelungsgehalt und Überblick	1	3.	Vermeidungsmaßnahmen für künftige Verstöße	12
II.	Systematische Stellung und Zweck der Norm	2	IV.	Prüfung durch den öffentlichen Auftraggeber	15
III.	Selbstreinigungsmaßnahmen	6			
1.	Schadensausgleich	7	V.	Rechtsfolge der erfolgreichen Selbstreinigung	16
2.	Kooperation mit Ermittlungsbehörden und dem öffentlichen Auftraggeber	9	VI.	Sperrfristen	17

I. Regelungsgehalt und Überblick

§ 6f EU regelt die Möglichkeit zur Selbstreinigung bezüglich der Ausschlussgründe nach § 6e 1 EU und zugleich die „Sperrdauer" bei einer fehlgeschlagenen oder nicht vorgenommenen Selbstreinigung. Nach Wortlaut und Regelungsgehalt knüpft diese Regelung an die §§ 125 und 126 GWB an. Eine entsprechende Norm findet sich in den Basisparagrafen nicht. Zum einen werden die möglichen Selbstreinigungsmaßnahmen aufgezählt (Abs. 1). Zum anderen wird die Überprüfung

---

[1] S. auch Kapellmann/Messerschmidt/*Glahs* Rn. 47; Ziekow/Völlink/*Stolz* VOB/A Rn. 2.

der Selbstreinigungsmaßnahmen durch den öffentlichen Auftraggeber geregelt (Abs. 2). Schließlich erfolgt die Regelung zur Sperrdauer im Falle einer fehlenden oder fehlgeschlagenen Selbstreinigung bezüglich der zwingenden Ausschlussgründe nach § 6e EU Abs. 1–4 (Abs. 3 Nr. 1) und der fakultativen Ausschlussgründe nach § 6e EU Abs. 6 (Abs. 3 Nr. 2).

II. Systematische Stellung und Zweck der Norm

2   Die Regelung des § 6f EU steht im unmittelbaren Zusammenhang mit den Ausschlussgründen nach § 6e EU. Für beide Fälle fehlen entsprechende Regelungen in den Basisparagrafen. Dagegen finden sich ähnliche Regelungen in den Tariftreuegesetzten der Länder. Der Paragraf wurde im Rahmen der Vergaberechtsnovelle 2016 in Anlehnung an die §§ 125 und 126 GWB übernommen.[1]

3   Auf europäischer Ebene findet sich die Selbstreinigung in Art. 50 Abs. 6 RL 2014/24/EU. Diese Regelung setzt der deutsche Gesetzgeber in § 125 GWB um. Mit der Übernahme des § 125 GWB bzw. § 6f EU Abs. 1 und 2 kodifiziert der Normgeber erstmals das bislang allein in der Rechtsprechung seit langem anerkannte Institut der Selbstreinigung.[2]

4   Das Institut der Selbstreinigung und der maximalen Begrenzung der Ausschlussdauer in Folge einer fehlenden oder fehlgeschlagenen Selbstreinigung folgt dem Verhältnismäßigkeitsgrundsatz aus dem Verwaltungsrecht. Zugleich wird ein weiter Spielraum eröffnet, um etwa bei den fakultativen Ausschlussgründen nach § 6e EU Abs. 6 den öffentlichen Auftraggeber die Möglichkeit zu belassen, in Abhängigkeit von eventuellen Selbstreinigungsmaßnahmen von dem Ausschluss von einem Vergabeverfahren abzusehen. In Verbindung mit den Vergaberegistern bzw. Antikorruptionsregistern auf Landesebene, die in Zukunft auch auf Bundesebene Platz finden sollen, geht es ferner um die Möglichkeit, von der „schwarzen Liste" wieder entfernt werden zu können. Der Verhältnismäßigkeitsgrundsatz findet sich jedoch nicht nur in der Möglichkeit, die Zuverlässigkeit durch Selbstreinigungsmaßnahmen wieder herzustellen, sondern auch in der Kodifizierung einer maximalen Sperrdauer in § 6f EU Abs. 3 (→ Rn. 17).

5   In § 6f EU Abs. 2 wird das Verfahren geregelt, wie der öffentliche Auftraggeber die Selbstreinigungsmaßnahmen zu bewerten hat bzw. welcher Ermessensspielraum ihm zukommt. Es folgt der Logik, dass der öffentliche Auftraggeber selbst auch prüfen muss, ob Ausschlussgründe vorliegen, somit muss er auch prüfen, ob die Zuverlässigkeit dennoch besteht. In praxi steht er damit vor erheblichen Herausforderungen (→ Rn. 15).

III. Selbstreinigungsmaßnahmen

6   In § 6f EU Abs. 1 werden die Selbstreinigungsmaßnahmen definiert, die den jeweiligen Unternehmen zur Verfügung stehen, um einen Ausschluss von der Teilnahme am Vergabeverfahren zu verhindern. Hierbei handelt es sich um den Schadensausgleich (Nr. 1), die Kooperation mit Ermittlungsbehörden und dem öffentlichen Auftraggeber (Nr. 2) sowie Vermeidungsmaßnahmen für künftige Verstöße (Nr. 3). Ausweislich des Wortes „und" am Ende des Abs. 1 Nr. 2, ist offensichtlich, dass sämtliche drei Selbstreinigungsmaßnahmen kumulativ ergriffen worden sein müssen und entsprechend kumulativ von dem öffentlichen Auftraggeber überprüft werden müssen.

7   **1. Schadensausgleich.** Um den Ausschluss von der Teilnahme zu verhindern muss nach § 6f EU Abs. 1 Nr. 1 der Unternehmer nachweisen, dass er für jeden durch eine Straftat oder ein Fehlverhalten verursachten Schaden einen Ausgleich gezahlt oder sich zur Zahlung eines Ausgleichs verpflichtet hat. Ein solcher Schadensausgleich war bereits nach der vor der Vergaberechtsreform herrschenden Rechtsprechung erforderlich.[3] Der Schadensausgleich folgt dem Prinzip der Läuterung. Der Unternehmer soll nachweisen, dass er sich seines Fehlverhaltens bewusst ist und entsprechend die Konsequenzen trägt. In der Regel wird es sich um monetäre Schäden handeln, die entsprechend durch Zahlungen auszugleichen sind. Aufgrund der Alt. 2 ist klar, dass der Bieter nicht bereits im Momente des Nachweises den Schadensausgleich tatsächlich gezahlt haben muss. Er muss sich jedoch auf schuldrechtlicher Ebene hinreichend verpflichtet haben. So genügt etwa, dass der Unternehmer den Schadensersatzanspruch des früheren Auftraggebers dem Grunde nach anerkannt hat und sich zugleich verpflichtet hat, den Schaden auszugleichen.[4] Somit ist ein Schadensausgleich nach der Definition selbst dann möglich, wenn der Schadensersatz der Höhe nach streitig bleibt,

---

[1] Einführungserlass zur Vergabe- und Vertragsordnung für Bauleistungen (VOB) 2016, BI 7-81063-6/1 v. 7.4.2016, 3.
[2] KG Urt. v. 13.3.2008 – 2 Verg 18/07, IBR 2008, 532; *Prieß* in Pünder/Prieß/Arrowsmith, Self-Cleaning in Public Procurement Law (SCPPL), 2009, 74; EuGH Urt. v. 14.1.2021 – Rs. C-387/19, NzBau 2021, 337.
[3] *Prieß/Stein* NZV 2008, 230; Ziekow/Völlink GWB § 125 Rn. 5.
[4] BT-Drs. 18/6281, 107 ff.

wie es wohl häufig bei Kartellrechtsverstößen der Fall ist.[5] Unproblematisch ist ein Schadensausgleich bzw. eine Verpflichtung zu einem solchen gegeben, wenn ein gerichtsfester Vergleich geschlossen wurde bzw. ein Vergleich mit Vollstreckungsunterwerfungsklauseln.

Ähnlich wie der Schadensausgleich wirkt der Hinweis in § 6f EU Abs. 1 S. 2 auf § 6e EU Abs. 4 S. 2. Nach dieser Regelung findet ein Ausschluss wegen Nichtzahlung von Sozialversicherungsbeiträgen, Steuern und Abgaben etc nicht statt, wenn der Unternehmer die Zahlung unverzüglich vorgenommen hat oder sich dazu verpflichtet hat, die Zahlung zu leisten. 8

2. Kooperation mit Ermittlungsbehörden und dem öffentlichen Auftraggeber. Kumulativ zum Schadensausgleich muss der Unternehmer nachgewiesen haben, dass er mit den Ermittlungsbehörden und dem öffentlichen Auftraggeber aktiv zusammengearbeitet hat, um die Tatsachen und Umstände, die mit dem durch die Straftat oder das Fehlverhalten verursachten Schaden im Zusammenhang stehen, umfassend aufzuklären (§ 6f EU Abs. 1 Nr. 2). Somit wird vom Unternehmer verlangt, dass er die Tatsachen und Umstände darlegt und in Kooperation mit den Ermittlungsbehörden wie dem öffentlichen Auftraggeber detailliert aufklärt. Hierfür fraglich ist der Maßstab, wann eine Klärung vorliegt. Die aktive Zusammenarbeit setzt voraus, dass der Unternehmer mit eigenen Angestellten und gegebenenfalls umfassenden personellen Maßnahmen iSd § 6f EU Abs. 1 Nr. 3 Beiträge zur Aufklärung geliefert hat. Abweichend von der RL 2014/24/EU fordert der deutsche Normgeber, dass der Unternehmer nicht nur mit den Behörden, sondern auch mit dem jeweiligen öffentlichen Auftraggeber zusammenarbeitet. Dies geht darauf zurück, dass der Unternehmer bei Ausschlussgründen, die ein Fehlverhalten bzw. eine Schlechtleistung betreffen, umfänglich darlegen und durch Tatkraft nachweisen soll, dass er künftig gewillt ist, mit dem Auftraggeber zu kooperieren und das Fehlverhalten nicht zu wiederholen; dies gilt umso mehr, wenn es um Fehlverhalten geht, bei dem keine Ermittlungsbehörden tätig wurden. 9

Die aktive Zusammenarbeit setzt weiterhin voraus, dass der Unternehmer eine eigene Initiative zu Tage legt, um die Ermittlungen positiv zu beeinflussen und vor allen Dingen auch nicht nur seine eigenen Tatbeiträge, sondern auch anderer aufklärt. Als Beispiele für die Aufklärungspflicht können angesehen werden: Interviews mit eigenen Angestellten, Durchsicht der E-Mail-Accounts oder die Erstellung eines unternehmensinternen Audit-Report.[6] 10

Die Zusammenarbeit mit dem öffentlichen Auftraggeber hat vor allem darin zu bestehen, dass dem öffentlichen Auftraggeber das Ermittlungsergebnis umfassend dargelegt wird. Weiterhin bedeutet dies, dass der Unternehmer die Selbstreinigungsmaßnahmen glaubhaft darlegt, durch die künftige Verstöße unterbunden werden sollen. Die Zusammenarbeit mit dem öffentlichen Auftraggeber ist insbesondere dann von gesteigertem Wert, wenn etwa im Falle eines fakultativen Ausschlussgrundes nach § 6e EU Abs. 6 überhaupt gar keine Ermittlungen von Ermittlungsbehörden stattgefunden haben. Dann kommt es darauf an, dass der Unternehmer die entsprechenden Unterlagen, Auskünfte und Umstände zur Verfügung stellt, die für die Prognoseentscheidung über die Wiedererlangung der Zuverlässigkeit für den zu vergebenden Auftrag nach § 6f EU Abs. 2 erforderlich sind. 11

3. Vermeidungsmaßnahmen für künftige Verstöße. Kumulativ zum Schadensausgleich unter der aktiven Zusammenarbeit mit den Ermittlungsbehörden, wie dem örtlichen Auftraggeber, muss der Unternehmer nachweisen, dass er geeignete konkrete technische, organisatorische und personelle Maßnahme getroffen hat, um weitere Straftaten oder weiteres Fehlverhalten zu vermeiden (§ 6f EU Abs. 1 Nr. 3). Insgesamt können diese Maßnahme auch als „Compliance-Maßnahme" benannt werden.[7] Denknotwendig setzt die Darstellung der Maßnahmen voraus, dass zuvor der öffentliche Auftraggeber umfassend über das Fehlverhalten informiert wurde bzw. dass der Ausschlussgrund hinreichend konkret erfasst werden konnte. Anhand des konkreten Sachverhalts ist dann ein Maßnahmenprogramm vorzustellen, dass sich nach seinem Umfang und der Intensität an der Schwere und den besonderen Umständen des Einzelfalls des gerügten Fehlverhaltens orientieren muss. So sind etwa Faktoren entscheidend wie der Verschuldensgrad, die Dauer des Fehlverhaltens, die Häufigkeit und die finanziellen Auswirkungen des Verhaltens.[8] Über die Geeignetheit der Maßnahmen entscheidet der öffentliche Auftraggeber.[9] 12

Die Maßnahmen werden unterschieden in technische und organisatorische Maßnahmen, die etwa im Sinne eines Qualitätsmanagementsystems zu verstehen sind sowie personelle Maßnahme, 13

---

[5] *Mutschler-Siebert/Dorschfeldt* BB 2015, 642 (646).
[6] *Stein/Friton/Huttenlach* WuW 2012, 38 (48).
[7] Erwägungsgrund 102 RL 2014/24/EU.
[8] *Schnitzler* WB 2016, 215 (221).
[9] Vgl. 6f EU Abs. 2 sowie OLG Frankfurt a. M. Beschl. v. 20.7.2004 – 11 Verg 6/04, VergabeR 2004, 642 (647 f.); OLG Brandenburg Beschl. v. 14.12.2007 – VergW 21/07, NZBau 2008, 277 (279 f.); Jaeger → 2. Aufl. 2018, GWB § 125 Rn. 27.

die eher repressiver Natur sein werden. Nach Erwägungsgrund 102 RL 2014/24/EU sind technisch organisatorische Maßnahmen zB der Abbruch aller Verbindungen zu den am Fehlverhalten beteiligten Personen oder Organisationen (Kündigung), geeignete Personalorganisationsmaßnahmen, die Einführung von Kontrollsystemen, die Schaffung einer internen Auditstruktur zur Überwachung der Compliance oder die Einführung interner Haftungs- und Entschädigungsregeln. Alle müssen, gemessen am konkret gerügten Fehlverhalten, geeignet sein, dieses künftig zu verhindern. Über die Geeignetheit der Maßnahmen entscheidet nach den Umständen des Einzelfalls der öffentliche Auftraggeber selbst (§ 6f Abs. 2 EU). Hält der öffentliche Auftraggeber die Maßnahmen nicht für geeignet, so obliegt es dem Unternehmer, neue, geeignete Maßnahmen vorzuschlagen. Auch wenn die Maßnahmen an sich selbst bereits geeignet sein muss, so kommt es für die Beurteilung, ob sie geeignet sind, die Zuverlässigkeit des Unternehmers wiederherzustellen, auf die Gesamtheit an.

14   Eine personelle Maßnahme ist weniger die Schulung des Personals zu Compliance-Maßnahmen, als die Umstrukturierung der Personalia, wie etwa die Entlassung der entsprechend für das Fehlverhalten Verantwortlichen. Es soll sichergestellt werden, dass die für das Fehlverhalten Verantwortlichen, bei dem zu vergebenden Auftrag zu keiner Zeit an der Durchführung mitwirken können. Dennoch muss das Personal dahingehend geschult werden, dass entsprechende Verstöße, die zu einem Ausschluss aus dem Vergabeverfahren wie zur Kündigung führen können, nicht geschehen.

IV. Prüfung durch den öffentlichen Auftraggeber

15   Nach § 6f EU Abs. 2 hat der öffentliche Auftraggeber selbst zu prüfen, ob er eine Selbstreinigungsmaßnahme für hinreichend hält, sodass der Unternehmer seine Zuverlässigkeit für den zu vergebenden Auftrag trotz früheren Fehlverhaltens wiedererlangt. Diese stellt den öffentlichen Auftraggeber vor erhebliche Probleme. Bei den eng getakteten Terminplänen für die Vergabe ist eine umfängliche Prüfung – auch aus Personalmangel – zuweilen nicht möglich. Andererseits trifft ihn eine Obliegenheit, dem Unternehmer, die Selbstreinigungsmöglichkeiten zu eröffnen. Es wird sich zeigen, inwieweit sich in Zukunft etwa durch Zertifizierungen für Selbstreinigungsmaßnahmen oder sonstige Dienstleistungen eine Rationalisierung des Verfahrens einstellt, die der öffentlichen Hand eine schnelle Reaktion ermöglichen. Ungeachtet dessen wird es natürlich für den Unternehmer vorteilhaft sein, wenn er etwa durch Bestätigungen oder Gutachten von Rechtsanwälten oder anderen Dienstleistern aus dem Finanz- oder Rechtssektor die erfolgreiche Durchführung einer Selbstreinigung belegen kann. Im Rahmen der Überprüfungen kommt dem öffentlichen Auftraggeber ein Beurteilungsspielraum zu, der durch die Nachprüfungsinstanz nur eingeschränkt überprüfbar ist.[10] Die Überprüfung der Nachprüfungsinstanz beschränkt sich dabei darauf, ob der öffentliche Auftraggeber die Tatsachen zutreffend ermittelt und entsprechend abgewogen hat; es wird keine gerichtliche Kontrolle des Ergebnisses an sich vorgenommen. Diesem liegt eine Abwägungsentscheidung zugrunde, ob gemessen an der Schwere und den Umständen der gerügten Straftat bzw. des Fehlverhaltens eine hinreichende Selbstreinigung durchgeführt wurde. Maßstab ist bei allem, ob die Zuverlässigkeit des Unternehmers in einer Prognoseentscheidung für den konkreten Auftrag zu bejahen ist.[11] Geschieht die Zertifizierung erst nach Angebotsabgabe, muss sie unberücksichtigt bleiben.[12]

V. Rechtsfolge der erfolgreichen Selbstreinigung

16   Wurde die Selbstreinigung erfolgreich nach Beurteilung des öffentlichen Auftraggebers gem. § 6f EU Abs. 2 durchgeführt, so darf der öffentliche Auftraggeber den Unternehmer nicht ausschließen. Ist der Nachweis für die Selbstreinigung erfolgreich, so hat der Unternehmer einen Anspruch auf Teilnahme am vergaberechtlichen Wettbewerb. Das Ermessen des öffentlichen Auftraggebers ist in diesem Fall auf null reduziert.

VI. Sperrfristen

17   Die Sperre für einen Ausschluss von (künftigen) Vergabeverfahren bei fehlgeschlagener oder gar nicht unternommener Selbstreinigung wird danach differenziert, ob ein zwingender Ausschlussgrund nach § 6e EU Abs. 1–4 (§ 6f EU Abs. 3 Nr. 1) oder ein fakultativer Ausschlussgrund nach § 6e EU Abs. 6 (§ 6f EU Abs. 3 Nr. 2) vorliegt. Wurde der Unternehmer aufgrund eines zwingenden Ausschlussgrundes nach § 6e EU Abs. 1–4 ausgeschlossen, und hat er keine Selbstreinigung vorgenommen oder sind solche fehlgeschlagen, so darf er bis zu einem Zeitraum von fünf Jahren ab dem Tag der rechtskräftigen Verurteilung von der Teilnahme an weiteren Vergabeverfahren ausgeschlossen

---

[10] *Prieß/Stein* NZBau 2008, 231.
[11] *Dreher/Hoffmann* NZBau 2014, 67 (70).
[12] OLG München Beschl. v. 21.4.2017 – Verg 2/17, VPR 2017, 140.

werden. Liegt lediglich ein fakultativer Ausschlussgrund nach § 6e EU Abs. 6 vor, so beträgt die Sperrfrist für die Teilnahme an weiteren Vergabeverfahren drei Jahre ab dem Bestehen des Ausschlussgrundes. Weil sich der Zeitpunkt in diesem Fall nicht immer eindeutig bestimmen lässt, besteht gewisser Interpretationsspielraum. In der Regel wird man wohl auf die Kenntniserlangung vom Ausschlussgrund des Auftraggebers abstellen müssen, dessen Auftrag das Fehlverhalten betraf.

Der gesamte Vorgang über den Nachweis von Selbstreinigungsmaßnahmen und ihre Beurteilung ist entsprechend zu dokumentieren. **18**

§ 7 EU Leistungsbeschreibung

(1)
1. Die Leistung ist eindeutig und so erschöpfend zu beschreiben, dass alle Bewerber die Beschreibung im gleichen Sinne verstehen müssen und ihre Preise sicher und ohne umfangreiche Vorarbeiten berechnen können.
2. Um eine einwandfreie Preisermittlung zu ermöglichen, sind alle sie beeinflussenden Umstände festzustellen und in den Vergabeunterlagen anzugeben.
3. Dem Auftragnehmer darf kein ungewöhnliches Wagnis aufgebürdet werden für Umstände und Ereignisse, auf die er keinen Einfluss hat und deren Einwirkung auf die Preise und Fristen er nicht im Voraus schätzen kann.
4. Bedarfspositionen sind grundsätzlich nicht in die Leistungsbeschreibung aufzunehmen. Angehängte Stundenlohnarbeiten dürfen nur in dem unbedingt erforderlichen Umfang in die Leistungsbeschreibung aufgenommen werden.
5. Erforderlichenfalls sind auch der Zweck und die vorgesehene Beanspruchung der fertigen Leistung anzugeben.
6. Die für die Ausführung der Leistung wesentlichen Verhältnisse der Baustelle, z.B. Boden- und Wasserverhältnisse, sind so zu beschreiben, dass der Bewerber ihre Auswirkungen auf die bauliche Anlage und die Bauausführung hinreichend beurteilen kann.
7. Die „Hinweise für das Aufstellen der Leistungsbeschreibung" in Abschnitt 0 der Allgemeinen Technischen Vertragsbedingungen für Bauleistungen, DIN 18299 ff., sind zu beachten.

(2) ¹Soweit es nicht durch den Auftragsgegenstand gerechtfertigt ist, darf in technischen Spezifikationen nicht auf eine bestimmte Produktion oder Herkunft oder ein besonderes Verfahren, das die von einem bestimmten Unternehmen bereitgestellten Produkte charakterisiert, oder auf Marken, Patente, Typen oder einen bestimmten Ursprung oder eine bestimmte Produktion verwiesen werden, wenn dadurch bestimmte Unternehmen oder bestimmte Produkte begünstigt oder ausgeschlossen werden. ²Solche Verweise sind jedoch ausnahmsweise zulässig, wenn der Auftragsgegenstand nicht hinreichend genau und allgemein verständlich beschrieben werden kann; solche Verweise sind mit dem Zusatz „oder gleichwertig" zu versehen.

(3) Bei der Beschreibung der Leistung sind die verkehrsüblichen Bezeichnungen zu beachten.

Übersicht

		Rn.			Rn.
I.	Regelungsgehalt und Überblick	1	5.	Angabe von Zweck und vorgesehener Beanspruchung	24
II.	Systematische Stellung und Zweck der Norm	3	6.	Beschreibung der wesentlichen Verhältnisse der Baustelle	25
III.	Grundlagen (§ 7 EU Abs. 1)	6			
1.	Eindeutige und erschöpfende Leistungsbeschreibung	7	7.	Beachtung der „Hinweise für das Aufstellen von Leistungsbeschreibungen" iSd ATV DIN 18299 ff., Abschnitt 0	26
2.	Feststellung und Angabe von Umständen für die Preisermittlung	12	IV.	Gebot der Produktneutralität	27
3.	Verbot der Aufbürdung eines ungewöhnlichen Wagnisses	14	V.	Gebot der verkehrsüblichen Bezeichnungen	32
4.	Unzulässigkeit von Bedarfspositionen und angehängten Stundenlohnarbeiten	17	VI.	Dokumentation	34

I. Regelungsgehalt und Überblick

1 § 7 EU regelt die Anforderung an die Leistungsbeschreibung. Mit der Vergaberechtsreform und der Novellierung der VOB/A im Jahr 2016 wurde § 7 EU maßgeblich neu gestaltet. Zur besseren Verständlichkeit wurde § 7 EG VOB/A 2012 in vier Paragrafen aufgeteilt, nämlich §§ 7 EU–7c EU. Hierbei wurden die Besonderheiten für die technischen Spezifikationen, Testberichte, Zertifizierungen, Gütezeichen (§ 7a EU), die Leistungsbeschreibung mit Leistungsverzeichnis (§ 7b EU) und die Leistungsbeschreibung mit Leistungsprogramm (§ 7c EU) jeweils in gesonderten Normen dargelegt. Während es bezüglich der technischen Spezifikationen, dargelegt in den Anmerkungen zu § 7a EU wesentliche Modifizierungen in der Umsetzung der RL 2014/24/EU gab, blieb der Inhalt des § 7 EU im Vergleich zu Ursprungsregelung des § 7 EG Abs. 1–3 VOB/A 2012 im Wesentlichen unverändert.

2 Wie bereits nach altem Recht ergibt sich daher folgende Gliederungen der inhaltlichen Anforderungen an die Leistungsbeschreibung: Eindeutige und erschöpfende Beschreibung der Leistung (Abs. 1 Nr. 1); Ermöglichung einwandfreier Preisermittlung (Abs. 1 Nr. 2); Verbot ungewöhnlicher Wagnisse (Abs. 1 Nr. 3); Bedarfsposition und Stundenlohnarbeiten (Abs. 1 Nr. 4); Angabe von Zweck und Beanspruchung der fertigen Leistung (Abs. 1 Nr. 5); Beschreibung wesentlicher Verhältnisse der Baustelle (Abs. 1 Nr. 6); Beachtung der DIN 18299 ff. (Abs. 1 Nr. 7); Gebot der produktneutralen Ausschreibung (Abs. 2); Verwendung verkehrsüblicher Bezeichnungen (Abs. 3).

II. Systematische Stellung und Zweck der Norm

3 Die inhaltlichen Grundanforderungen an eine Leistungsbeschreibung, unabhängig davon, ob sie mit Leistungsverzeichnis oder Leistungsprogramm getätigt wurde, soll sicherstellen, dass der öffentliche Auftraggeber lediglich solche Ausschreibungen tätigt, die von jeglichen – fachkundigen – Bietern gleich verstanden werden. Dies soll zugleich sicherstellen, dass von den Bietern vergleichbare Angebote abgegeben werden und insbesondere spätere Vergütungsstreitigkeiten aufgrund unklarer Leistungsbeschreibungen vermieden werden.

4 Die Grundnorm des § 7 EU steht in engem Zusammenhang mit den Reglungen für die besonderen Tatbestände für die technischen Spezifikationen, Testberichte, Zertifizierungen und Gütezeichen in der Leistungsbeschreibung (§ 7a EU), der Leistungsbeschreibung mit Leistungsverzeichnis (§ 7b EU) und der Leistungsbeschreibung mit Leistungsprogramm (§ 7c EU).

5 Die Anforderungen nach § 7 EU gelten für sämtliche Vergabeverfahren, auch wenn sich in den Einzelheiten etwa für den wettbewerblichen Dialog oder die Innovationspartnerschaft Besonderheiten ergeben können.

III. Grundlagen (§ 7 EU Abs. 1)

6 Die Grundlagen für jegliche Leistungsbeschreibung sind in § 7 EU Abs. 1 geregelt; die folgenden Reglungen können weitgehend als Konkretisierungen dieser grundlegenden Anforderung gelten. Die Norm ist Ausfluss des Transparenzgebots.[1] Ihr kommt sowohl eine die Bieter als auch eine den öffentlichen Auftraggeber schützende Funktion zu. Die Bieter sollen davor geschützt werden, dass sie eine möglichst präzise und belastbare Leistungsbeschreibung erhalten, sodass sie ein möglichst geringes Wagnis und Kalkulationsrisiko beim Angebot eingehen und einen möglichst geringen Aufwand für die Angebotsausarbeitung betreiben müssen.[2] Der öffentliche Auftraggeber dagegen soll davor geschützt werden, dass späterhin Streit über das Bausoll entsteht bzw. das Nachtragsrisiko gering gehalten wird. Denn die Leistungsbeschreibung wird stets Vertragsbestandteil und ist daher Grundlage der Ermittlung der zu vergütenden Leistung.

7 **1. Eindeutige und erschöpfende Leistungsbeschreibung.** Nach § 7 EU Abs. 1 Nr. 1 ist die Beschreibung der Leistung eindeutig, erschöpfend und technisch richtig zu erstellen. Dies folgt zum einen aus dem Ziel, dass der öffentliche Auftraggeber möglichst präzise Angebote und Kalkulationen erhalten soll. Zum anderen soll jedem Bieter ohne größere Nachforschung klar sein, welche Leistung verlangt wird. Andernfalls wächst die Gefahr, dass keine vergleichbaren Angebote abgegeben werden.[3]

8 Nach den Ausführungen im VHB ist eine Leistungsbeschreibung eindeutig, wenn die Art und der Umfang der geforderten Leistung mit allen dafür maßgeblichen Bedingungen, zB hinsichtlich Qualität, Beanspruchungsgrad, technischer bauphysikalischer Bedingungen, zu erwartender Erschwernisse, besonders der Bedingungen der Ausführung und etwa notwendiger Regelungen zur

---

[1] Vgl. VK Südbayern Beschl. v. 26.6.2008 – Z3-3-3194-1-16-04/08, IBRRS 2008, 3213.
[2] VK Südbayern Beschl. v. 8.6.2006 – Z3-3-3194-1-14-05/06, IBRRS 2007, 4938.
[3] VK Bund Beschl. v. 20.10.2010 – VK 1-233/09, BeckRS 2010, 143609.

Ermittlung des Leistungsumfangs zweifelsfrei erkennen lässt und keine Widersprüche in sich, zu den Plänen oder zu einer vertraglichen Regelung enthält. Besonderer Wert ist daher auf die sprachlich einwandfreie Gestaltung der Leistungsbeschreibung zu legen, da bei Zweifel in der späteren vergaberechtlichen Angebotswertung und Auslegung dem VOB/A-konformen Wortlaut der Vorzug zu geben ist.[4] Bestehen trotz der VOB-konformen Auslegung weiterhin Zweifel, so gehen diese zulasten des öffentlichen Auftraggebers, weil ihm die Pflicht zur ordnungsgemäßen Leistungsbeschreibung obliegt.[5] Somit ist die Leistungsbeschreibung eindeutig, wenn sie sowohl nach ihrem äußeren Bild, als auch nach ihrem Inhalt und der zu ihrer Beschreibung gewählten Sprache so gestaltet ist, dass sie einfach von den Bewerbern in gleicher Weise verstanden werden muss.[6] Treten Widersprüche zwischen der Leistungsbeschreibung und den Plänen auf, so besteht bereits ein Verstoß gegen das Gebot der eindeutigen Leistungsbeschreibung.[7] Sinn und Zweck dieser Regelung ist, dass die Bieter ihre Preise sicher und ohne umfangreiche Vorarbeiten berechnen können[8] und dass sie keinen unverhältnismäßigen Aufwand für die Kalkulation und Abgabe eines angemessenen Angebots betreiben müssen.[9] Somit muss der öffentliche Auftraggeber gegebenenfalls unter Hinzuziehung von Fachleuten das ihm Mögliche tun, um das Ziel der eindeutigen Leistungsbeschreibung zu erreichen.[10] Bestehen komplizierte Einzelumstände vor Ort, so hat sich der öffentliche Auftraggeber auch über diese zu äußern.[11] Zwar ist es nicht notwendig, alle technischen Einzelheiten der auszuführenden Leistungen insbesondere bezüglich der Bauverfahren vorzugeben, jedoch müssen die notwendigen technischen Einzelheiten beschrieben werden, um die verlangte Beschaffenheit der Leistung hinreichend und für alle mit Fachkenntnis ausgestatteten Bieter verständlich zu machen.[12]

Das Gebot der erschöpfenden Leistungsbeschreibung untergliedert sich in die Merkmale der „vollständigen" und „technisch richtigen" Leistungsbeschreibung. Nach dem VHB ist Leistungsbeschreibung „vollständig", wenn die Art und der Zweck des Bauwerks bzw. der Leistung, Art und Umfang aller zur Herstellung des Werkes erforderlichen Teilleistungen alle für die Erstellung des Werkes spezifischen Bedingungen und Anforderungen darstellt.[13] Eine Leistungsbeschreibung ist „erschöpfend", wenn keine Restbereiche verbleiben, die durch den Auftraggeber nicht klar umrissen sind.[14] Nach dem VHB ist eine Leistungsbeschreibung „technisch richtig", wenn die Art, Qualität und Modalitäten der Ausführung der geforderten Leistung entsprechend den anerkannten Regeln der Technik, den Allgemeinen technischen Vertragsbedingungen oder etwaigen leistungs- und produktspezifischen Vorgaben zutreffend festgelegt sind.[15] Das Gebot der erschöpfenden Leistungsbeschreibung steht also diametral zur kompletten Klausel gegenüber. Es ist dem öffentlichen Auftraggeber verwehrt, lediglich Allgemeinpositionen oder unbestimmte Vorbehalte für Leistungen auszugeben.[16] 9

Schließlich muss die Leistungsbeschreibung endgültig sein. Diese Anforderung folgt aus der Annahme, dass der Bieter grundsätzlich darauf vertrauen können muss, dass der Auftraggeber die vollständige Leistung ausschreibt und diese abschließend mit sämtlichen Eigenschaften derart beschreibt, dass der Bieter auch abschließend kalkulieren kann. Gerade die Anforderung der endgültigen Leistungsbeschreibung ist auf das Verhandlungsverfahren, den wettbewerblichen Dialog und bei der Innovationspartnerschaft nur eingeschränkt möglich.[17] Das Gebot der endgültigen Leistungsbeschreibung hängt auch mit der Anforderung zusammen, dass die Vergabereife erst dann besteht, wenn der Auftraggeber sich tatsächlich darüber klar ist, gegebenenfalls auch unter Hinzuziehung von externem Sachverstand, was er beschaffen will (§ 2 EU Abs. 8). Wie auch den Anforderungen an die Aufhebung eines Vergabeverfahrens wegen grundlegender Änderungen der Vergabeunterlagen und damit auch der Leistungsbeschreibung nach § 17 EU Abs. 1 Nr. 2 zu entnehmen ist, ist es zwar 10

---

4   VHB, allgemeine Richtlinien Vergabeverfahren (Bl. 100), 4.2.1.1; KG Beschl. v. 21.12.2009 – 2 Verg 11/09, IBRRS 2010, 0543.
5   OLG Frankfurt a. M. Beschl. v. 12.7.2016 – 11 Verg 9/16, BeckRS 2016, 13287.
6   *Prieß* in KMPP VOB/A § 7 Rn. 13.
7   VÜA Bayern Beschl. v. 3.3.1999 – VÜA 4/98, IBR 199, 352.
8   OLG Düsseldorf Beschl. v. 12.10.2011 – Verg 46/11, IBRRS 2011, 4607.
9   VK Bund Beschl. v. 8.11.2012 – VK 1-115/12, IBRRS 2013, 0320.
10 Ingenstau/Korbion/v. *Wietersheim/Kratzenberg* § 7 Rn. 8.
11 Vgl. hierzu § 7b EU Abs. 3.
12 BGH Urt. v. 22.4.1993 – VII ZR 118/92, BauR 1993, 595; VK Südbayern Beschl. v. 28.1.2019 – Z3-3-3194-1-35-10/18, VPR 2019, 138.
13 VHB, allgemeine Richtlinien Vergabeverfahren (Bl. 100), 4.2.1.2.
14 OLG Karlsruhe Beschl. v. 25.7.2014 – 15 Verg 4/14, VPR 2015, 134; VK Nordbayern Beschl. v. 16.9.2020 – RMF-SG21-3194-5-34, IBRRS 2020, 2980.
15 VHB, allgemeine Richtlinien Vergabeverfahren (Bl. 100), 4.2.1.3.
16 OLG Celle Beschl. v. 12.5.2005 – 35Verg 6/05, IBR 2005, 400.
17 Vgl. OLG München Beschl. v. 28.4.2006 – Verg 6/06, NZBau 2007, 59.

dem öffentlichen Auftraggeber unbenommen, die zu beschaffende Leistung für sich zu bestimmen. Jedoch soll diese nicht zulasten der Bieter gehen, die möglicherweise im Vertrauen auf die Abgeschlossenheit einer Leistungsbeschreibung schon Angebote abgegeben haben. Folglich sehen auch die Regelungen in § 17 EU vor, dass im Fall der Aufhebung wegen wesentlicher Änderungen des Beschaffungsgegenstandes durch den öffentlichen Auftraggeber dann Schadenersatz von ihm zu leisten ist, wenn ihm bei ordnungsgemäßer Vorbereitung des Vergabeverfahrens bereits hätte bekannt sein müssen, dass die Änderungen erforderlich werden. Die Bieter sollen davor geschützt werden, unnötigen Aufwand zu betreiben. Dies steht auch im Zusammenhang mit dem Verbot des Betreibens eines Vergabeverfahrens zur Markterkundung. Ungeachtet dessen verbleibt dem Auftraggeber die Möglichkeit, Nebenangebote zuzulassen (§ 16 EU Abs. 8), um etwa vergaberechtlich zulässige Handlungsalternativen zu erhalten. So stellt auch der EuGH fest, dass wegen des Gleichheitsgrundsatzes und Transparenzgebotes zwar Klarstellungen während des Vergabeverfahrens etwa durch zusätzliche Unterlagen vorgenommen und Informationen erteilt werden dürfen, nicht aber der Umfang der wesentlichen Bedingungen eines Auftrags verändert werden darf.[18]

11   Als Maßstab für die eindeutige, erschöpfende und endgültige Leistungsbeschreibung ist der objektive Empfängerhorizont anzusetzen, der gegebenenfalls durch die Umstände des Einzelfalls zu ergänzen ist.[19] Dies bedeutet jedoch nicht, dass ein Laienverständnis anzusetzen ist. Vielmehr wird auf den üblichen Bieter mit den für den Auftrag vorauszusetzenden Fachkenntnissen abgestellt und wie ein solcher in einem objektiv gleichen Sinne die Leistungsbeschreibung verstehen kann.[20] Hieraus ergibt sich, dass der öffentliche Auftraggeber verkehrsübliche Bezeichnungen für die Leistungsbeschreibung verwenden soll, die der Fachwelt als gängig bekannt sind.[21] Der Bieter darf dagegen aufgrund seiner Fachkenntnis bei einer erkannten Mehrdeutigkeit nicht unterstellen, die Vergabestelle habe die ihm günstigste Auslegungsmöglichkeit gewollt, sondern muss den tatsächlich Willen des öffentlichen Auftraggebers hinterfragen; dabei ist es ihm auch zumutbar, bei verbleibenden Zweifeln eine Frage an die Vergabestelle zu richten, welche dann die entsprechende Frage und Antwort an sämtliche übrigen Bieter mitzuteilen hat.[22] Abzugrenzen ist diese Obliegenheit zur Aufklärung von Mehrdeutigkeiten, von offensichtlichen Fehlern bzw. einem Missverständnis des öffentlichen Auftraggebers in der Leistungsbeschreibung, welche zulasten des öffentlichen Auftraggebers gehen. Eine grundsätzliche Pflicht des Bieters, die ausgeschriebene Leistung in Frage zu stellen, besteht gerade nicht.[23] Auch eine Pflicht des Bieters, eventuelle sachliche Missverständnisse bei Konkurrenten dem öffentlichen Auftraggeber offenzulegen besteht nicht.[24]

12   **2. Feststellung und Angabe von Umständen für die Preisermittlung.** Gemäß § 7 EU Abs. 1 Nr. 2 hat der öffentliche Auftraggeber zunächst sämtliche die Preisermittlung beeinflussenden Umstände durch eigene Ermittlungen festzustellen. Die Preisermittlung betreffende Umstände sind insbesondere Besonderheiten nach Bauart und Bauverfahren. Anhaltspunkte hierfür können die jeweiligen Unterteilungen in der VOB/C ATV DIN 18299 ff. und hier insbesondere die Abrechnungsregelungen bzw. die Unterscheidungen in Neben- und besondere Leistungen geben. Denn hierbei handelt es sich insbesondere um Umstände, die etwa wegen schwer zugänglicher Flächen unmittelbar Einfluss auf die Kalkulation von Preisen haben.[25] Allgemeine, die Preisbildung beeinflussende Elemente, wie etwa die Dynamik der Preisverhältnisse, sind dagegen nicht anzugeben. Solche sind allenfalls durch eine Preisgleitklausel aufzufangen (→ § 9d Rn. 7 ff.). Bereits aufgrund der Anforderung an die Vergabereife ist die eindeutige und erschöpfende Leistungsbeschreibung ist der öffentliche Auftraggeber gehalten, im Rahmen des zumutbaren Aufwandes, das ihm Mögliche ebenfalls unter Hinzuziehung von externen Sachverstand zu tun, um die maßgeblichen Umstände zu ermitteln.[26] Allein in Ausnahmefällen kann es zulässig sein, den Bietern Feststellungen etwa vor Ort zu ermöglichen. Hierfür sind jedoch erhebliche Anforderungen an die Durchführung von Ortsterminen mit Hinblick auf das Geheimhaltungsgebot und Gleichbehandlungsgebot zu berücksichtigen;[27] zusätzlich muss der öffentliche Auftraggeber einen entsprechenden Hinweis auf das Unterlassen der Angabe von maßgeblichen Umständen gem. §§ 8 EU ff. in die Vergabeunterlagen

---

[18] EuGH Urt. v. 10.5.2012 – C-368/10, NVwZ 2012, 867.
[19] OLG Köln Beschl. v. 23.12.2009 – 11 U 173/09, BauR 2010, 1076.
[20] Ingenstau/Korbion/*v. Wietersheim/Katzenberger* § 7 Rn. 8.
[21] Ingenstau/Korbion/*v. Wietersheim/Katzenberger* § 7 Rn. 8.
[22] OLG Düsseldorf Beschl. v. 14.4.2010 – Verg 60/09, VergabeR 2011, 78.
[23] VK Mecklenburg-Vorpommern Beschl. v. 21.12.2012 – 1 VK 07/11, IBR 2012, 597.
[24] OLG München Beschl. v. 12.10.2012 – Ver 16/12, IBR 2012, 725.
[25] OLG München Urt. v. 26.3.1996 – 9 U 1819/95, Baur 1998, 561; VK Lüneburg Beschl. v. 9.9.2020 – VgK-32/2020, IBRRS 2021, 0040.
[26] VK Bund Beschl. v. 24.6.2003 – VK 2-46/03, BeckRS 2003, 152802.
[27] BVerwG Beschl. v. 29.1.2014 – 8 B 26.13, VPR 2014, 1041 mAnm *Kemper* VPR 2014, 1041.

aufnehmen.[28] Eine Klausel, nach denen Bieter mit ihrer Unterschrift anerkennen, die örtlichen Verhältnisse zu kennen, verstößt gegen das gesetzliche Verbot der Beweislastumkehr gem. § 309 Nr. 12b BGB, § 307 BGB und ist somit unwirksam.[29] Die Pflicht zur Aufklärung der Umstände ist jedoch nicht grenzenlos, sondern besteht nur in den Grenzen des Zumutbaren, also insbesondere eines verhältnismäßigen Kostenaufwandes.[30] Die Grenze des Kostenaufwandes hängt insbesondere mit dem Gedanken der Sitzungsvolumen für eine Baumaßnahme zusammen. Ist der Auftraggeber der Auffassung, die Grenze erreicht zu haben, so ist er im Streitfall dafür vollumfänglich beweis- und darlegungsverpflichtet. Zusätzlich besteht ein Risiko für Nachträge mit § 2 Abs. 5 und 6 VOB/B sowie für entsprechende Probleme bei der Gewährleistung (vgl. § 4 Abs. 2 VOB/B oder § 13 Abs. 3 VOB/B).

Die festgestellten, die Preisermittlung beeinflussenden Umstände sind an geeigneter Stelle anzugeben. Die Angabe hat nach den Anforderungen des § 7 EU Abs. 1 S. 2 Nr. 1 sowie ausweislich des Wortes „aller" in § 7 EU Abs. 1 Nr. 2 vollständig und endgültig zu erfolgen. 13

3. Verbot der Aufbürdung eines ungewöhnlichen Wagnisses. § 7 EU Abs. 1 Nr. 3 stellt 14 klar, dass dem jeweiligen Bieter bzw. späterem Auftragnehmer vom öffentlichen Auftraggeber kein ungewöhnliches Wagnis aufgebürdet werden darf, das der üblichen Risikoverteilung, wie sie auch in der VOB/B niedergelegt ist, widerspricht. Dies sind insbesondere solche Risiken, die nicht vom Auftragnehmer beherrscht werden können und daher in die Risikosphäre des Auftraggebers fallen. Wagnisse im Sinne der Norm können sowohl im rechtlichen wie auch im tatsächlichen Sinn bestehen.[31] Dies betrifft etwa die typische Gefährdungslage bei Baugrund- oder Baubestandsrisiken, aber auch bei Kampfmittelrisiken sowie versteckten Problemen der technischen Ausführung. Die Regelung des § 7 EU Abs. 1 Nr. 3 dient somit dem Schutz des Bieters und späteren Auftragnehmers vor unangemessenen Vertragsbedingungen und ist daher weit auszulegen.[32] Aus dem Adjektiv „ungewöhnlich" geht hervor, dass die Norm nicht die „üblichen" Wagnisse bzw. eindeutig definierbaren Wagnisse betrifft, sondern lediglich diejenigen Umstände und Ereignisse, auf die der Bieter keinen Einfluss hat und deren Einwirkung auf die Preise und Fristen er nicht im Voraus einschätzen kann.[33] Zusammenfassend kann also festgehalten werden, dass der öffentliche Auftraggeber solche Wagnisse nicht übertragen darf, die entweder lediglich von ihm selbst oder weder von ihm noch dem Auftragnehmer beherrschbar sind.[34]

Umstritten ist in der Rechtsprechung, ob der öffentliche Auftraggeber ein nicht kalkulierbares 15 Wagnis auf den Auftragnehmer übertragen darf, wenn dies explizit mit einem Hinweis in den Vergabeunterlagen herausgestellt wird. Teilweise wird angenommen, dass auch ein eindeutig benanntes Wagnis nicht auf den Auftragnehmer übertragen werden darf.[35] Die zu befürwortende Gegenansicht lässt die Übertragung zu.[36] Der Gegenansicht ist deshalb zuzustimmen, weil ein wesentliches Kriterium für das Verbot der Überbürdung des ungewöhnlichen Wagnisses auf den Umstand abzielt, dass bei einer solchen „verdeckten Übertragung" dem Bieter die Möglichkeit genommen würde, dieses Wagnis in seine Preise und Fristen einzukalulieren. Wird jedoch ein ungewöhnliches Wagnis mit einem expliziten Hinweis übertragen, so bleibt dem Bieter die Möglichkeit, eine Teilnahme an dem Vergabeverfahren ggf. mit einem entsprechenden Risikozuschlag in seine Preiskalkulation aufzunehmen. Somit wird es dem Bieter zumutbar, das Risiko zu nehmen.[37] Dies ist umso mehr der Fall, als dass bei einem gesonderten Hinweis von einer bewussten Entscheidung des Bieters ausgegangen werden kann, das Risiko eingehen zu wollen.

Meist findet die Übertragung solcher Wagnisse in der Leistungsbeschreibung bzw. den Vorbemerkungen statt. Diese unterliegen der Inhaltskontrolle für Allgemeine Geschäftsbedingungen gem. §§ 305 ff. BGB. Die Vergabeunterlagen nach § 8 unterliegen stets der Kontrolle der Allgemeinen Geschäftsbedingungen im Hinblick auf die Übertragung eines ungewöhnlichen Wagnisses. Verstößt insofern eine Regelung in der Leistungsbeschreibung der Vergabeunterlagen gegen § 307 BGB, ist 16

---

[28] Franke/Kemper/Zanner/Grünhagen/Mertens/*Franke/Kaiser*, 6. Aufl. 2016, Rn. 34.
[29] OLG Frankfurt a. M. Urt. v. 7.6.1985 – 6 U 148/84, NJW-RR 1986, 245.
[30] VK Brandenburg Beschl. v. 11.5.2020 – VK 4/20, VPR 2020, 140.
[31] OLG Düsseldorf Beschl. v. 29.9.2008 – VII-Verg 50/08, IBRRS 2009, 3800.
[32] VK Hamburg Beschl. v. 25.7.2002 – VgK FB 1/02, IBRRS 2002, 1082; 2. VK Bund Beschl. v. 13.7.2005 – VK 2-69/5, IBRRS 2005, 2710.
[33] Vgl. OLG Düsseldorf Beschl. v. 18.11.2009 – VII-Verg 19/09, BeckRS 2010, 03610.
[34] VK Brandenburg Beschl. v. 30.9.2008 – VK 30/08, IBRRS 2008, 2978.
[35] Vgl. OLG Dresden Beschl. v. 2.8.2011 – WVerg 4/11, IBRRS 2011, 3668.
[36] OLG Düsseldorf Beschl. v. 19.10.2011 – VII-Verg 54/11, NZBau 2011, 762; OLG Naumburg Urt. v. 15.12.2005 –, 1 U 15/05, NZBau 2006, 267.
[37] Vgl. auch Franke/Kemper/Zanner/Grünhagen/Mertens/*Franke/Kaiser*, 6. Aufl. 2016, Rn. 44.

grundsätzlich von einem ungewöhnlichen Wagnis iSd § 7 EU Abs. 1 Nr. 3 auszugehen.[38] Einem die Wirksamkeit einer solchen Abrede ergebenden Verstoß steht jedoch entgegen, wenn für die Übernahme des ungewöhnlichen Wagnisses eine Ausgleichsmöglichkeit insbesondere im Risikozuschlag möglich ist. Der Bieter kann dann das Angebot abgeben und das Risiko bewusst hinnehmen und ist folglich in seinem Vertrauen nicht enttäuscht.[39] Ein besonderes ungewöhnliches Wagnis ist auch die Übertragung des Risikos der Vollständigkeit und Widerspruchsfreiheit der Vergabeunterlagen; eine solche Regelung ist unzulässig.[40]

17 **4. Unzulässigkeit von Bedarfspositionen und angehängten Stundenlohnarbeiten.** Gemäß § 7 EU Abs. 1 Nr. 4 S. 1 darf der öffentliche Auftraggeber in die Leistungsbeschreibung grundsätzlich keine Bedarfspositionen aufnehmen; gemäß S. 2 dürfen angehängte Stundenlohnarbeiten nur dann und insoweit aufgenommen werden, wie dies unbedingt erforderlich sind.

18 Bedarfs- oder Eventualpositionen sind Positionen in der Leistungsbeschreibung, deren Ausführung bei Erstellung der Ausschreibungsunterlage noch nicht feststeht oder lediglich bei Bedarf bzw. entsprechenden Entscheidungen des öffentlichen Auftraggebers erfolgen soll.[41] Evidenter steht eine solche Leistungsbeschreibung bereits dem Gebot der erschöpfenden, eindeutigen und endgültigen Leistungsbeschreibung gem. § 7 EU Abs. 1 Nr. 1 entgegen. Sie sollen daher nur dann zulässig sein, wenn trotz Ausschöpfung aller örtlichen und technischen Erkenntnismöglichkeiten im Zeitpunkt der Ausschreibung für den öffentlichen Auftraggeber objektiv nicht feststellbar ist, ob und in welchem Umfang die Leistungen zur Ausführung gelangen.[42] Zusätzlich eröffnen solche Bedarfs- und Eventualpositionen die Möglichkeit und Gefahr von Angebotsmanipulationen, intransparenten Wettbewerb und der Erstellung von mangelhaften Ausschreibungen.[43] Folglich wird auch im VHB 2008 dargelegt, dass Bedarfs- und Eventualpositionen weder in das Leistungsverzeichnis noch in die übrigen Vergabeunterlagen aufgenommen werden dürfen.[44]

19 Wahl- oder Alternativpositionen sollen Alternativen zu den Grundpositionen im Leistungsverzeichnis darstellen, die im Falle ihrer Anwendung die Grundposition verdrängen. Dadurch wird die Transparenz der Leistungsbeschreibung und somit auch das Gebot der eindeutigen, erschöpfenden und endgültigen Leistungsbeschreibung nach § 7 EU Abs. 1 Nr. 1 beeinträchtigt. Dennoch sind sie vergaberechtlich nicht per se unzulässig.[45] Jedoch sollen sie zugleich die Ausnahme darstellen und stehen daher unter strengen Voraussetzungen: So muss der öffentliche Auftraggeber ein berechtigtes Interesse haben, die zu beauftragende Leistungsbeschreibung offenzuhalten, die Entscheidung über die Wahl der Variante mit der Zuschlagsentscheidung treffen, transparente Mitteilungen an die Bieter geben sowie Informationen über die Gründe der Aufnahme in den Vergabeunterlagen und darüber welche Ausführungsart bevorzugt wird sowie die Mitteilung, nach welchen Kriterien die Auswahlentscheidung getroffen wird. All dies ist entsprechend in der Dokumentation des Vergabeverfahrens darzulegen.

20 Eine ähnliche Kategorie stellen Zulagen oder Zulagepositionen dar, die unter bestimmten Voraussetzungen zusätzlich zur Grundposition gezahlt werden sollen, etwa wenn bestimmte Entsorgungsklassen zusätzlich zur Grundposition anfallen.[46]

21 Entsprechend der bisherigen Rechtsprechung sollen Bedarfs- bzw. Eventualpositionen möglich sein, wenn:
– trotz objektiver Ausschöpfung aller örtlichen und technischen Erkenntnismöglichkeiten zum Zeitpunkt der Ausschreibung durch den öffentlichen Auftraggeber nicht feststellbar ist, ob und in welchem Umfang Leistungen dieser oder jener Art weiter ausgeführt werden müssen.[47] Sie dürfen nicht lediglich dazu dienen, Menge oder Lücken in einer unzureichenden Planung auszugleichen;[48]

---

[38] KG Beschl. v. 22.8.2001 – KartVerg 3/01, NZBau 2002, 402.
[39] BGH Urt. v. 25.2.1988 – VII ZR 310/86, NJW-RR 1988, 785.
[40] VK Bund Beschl. v. 28.1.2008 – VK 3-154/07, BeckRS 2008, 140938.
[41] KG Beschl. v. 15.2.2004 – 2 Verg 17/03, IBRRS 2004, 0591.
[42] VG Neustadt Beschl. v. 6.4.2006 – 4 L 544/06, BeckRS 2006, 22647; OLG Düsseldorf Beschl. v. 13.4.2011 – Verg 58/10, ZfBR 2011, 508.
[43] OLG Saarbrücken Beschl. v. 24.6.2008 – 4 U 478/07, NZBau 2009, 265; VK Lüneburg Beschl. v. 10.3.2003 – 203-VgK-01/2003, IBRRS 2003, 751; OLG Saarbrücken Beschl. v. 13.11.2000 2 – 5 Verg 1/2, NZBau 2003, 625.
[44] VHB, allgemeine Richtlinien Vergabeverfahren (Bl. 100), 4.6.
[45] OLG Düsseldorf Beschl. v. 13.4.2011 – Verg 58/10, ZfBR 2011, 508.
[46] Ingenstau/Korbion/*v. Wietersheim/Katzenberger* § 7 Rn. 46.
[47] VK Bund Beschl. v. 19.5.2003 – VK 1-33/03, IBRRS 2003, 1607; VK Schleswig-Holstein Beschl. v. 3.11.2004 – VK-SH 28/04, IBRRS 2004, 3440.
[48] OLG Saarbrücken Beschl. v. 13.11.2002 –5 Verg 1/02, NZBau 2003, 625.

- der Wert der Bedarfs- und Eventualpositionen geringfügig ist.[49] In Ausnahmefällen wird ein prozentualer Anteil von 7–15 % für zulässig erachtet;
- wenn der öffentliche Auftraggeber zugleich nachweisen kann, dass das Kalkulationsrisiko für den Bieter gering und zumutbar ist;
- die Eventualpositionen ebenfalls mit Mengenangaben versehen sind;[50]
- sie nicht lediglich auf Verdacht ausgeschrieben wurden und unrealisierbar sind (vgl. auch Verbot der Markterforschung).[51]

Wird gegen diese Grundsätze verstoßen, so kann dies im äußersten Fall zur Aufhebung der Ausschreibung durch die Nachprüfungsinstanz führen. Wurden die Positionen lediglich auf Verdacht ausgeschrieben, so dürfen sie nicht gewertet werden.[52] Werden Bedarfspositionen in der Ausführungsphase ohne Anordnung des öffentlichen Auftraggebers ausgeführt, so gilt § 2 Abs. 8 Nr. 1 VOB/B, sofern die VOB als Ganzes vereinbart wurde; andernfalls können Vergütungsansprüche über § 677 BGB bzw. § 812 BGB entstehen.[53] Wurden die Bedarfs- oder Eventualpositionen zulässigerweise in der Leistungsbeschreibung aufgenommen, so sind sie zwingend bei der Bewertung zu berücksichtigen.[54] 22

Gemäß § 7 EU Abs. 1 Nr. 4 S. 2 dürfen angehängte Stundenlohnarbeiten nur dann und insoweit in die Leistungsbeschreibung aufgenommen werden, wie sie unbedingt erforderlich sind. Die Gründe für die eingeschränkte Zulässigkeit entsprechen denen für die Frage der Bedarfs- und Eventualpositionen.[55] 23

5. Angabe von Zweck und vorgesehener Beanspruchung. § 7 EU Abs. 1 Nr. 5 sieht vor, dass, sofern es für das Angebot und die Preiskalkulation erforderlich ist, auch der Zweck und die vorgesehene Beanspruchung der fertigen Leistung anzugeben ist. Bezüglich der Erforderlichkeit kommt dem öffentlichen Auftraggeber ein gewisser Beurteilungsspielraum zu, der nur bedingt gerichtlich überprüfbar ist. Bejaht er aber die Erforderlichkeit, steht ihm kein Ermessen mehr zu. Erforderlich sind solche Angaben insbesondere dann, wenn sich aufgrund in der etwa zu erwartenden erheblichen Beanspruchung oder eines besonderen Zwecks der fertigen Leistung neue Gewährleistungsrisiken bzw. Haftungen für den späteren Auftragnehmer ergeben, der mit Risikozuschlägen in der Kalkulation zu versehen ist.[56] Im Einklang mit den Anforderungen an eine erschöpfende und eindeutige Leistungsbeschreibung nach § 7 EU Abs. 1 Nr. 1 soll daher in der Leistungsbeschreibung ausgeführt werden, wenn besondere Anforderungen beispielsweise an die Widerstandsfähigkeit oder an die Wartungszyklen geknüpft werden.[57] 24

6. Beschreibung der wesentlichen Verhältnisse der Baustelle. In § 7 EU Abs. 1 Nr. 6 wird die Pflicht des öffentlichen Auftraggebers normiert, in der Leistungsbeschreibung auch die wesentlichen Verhältnisse der Baustelle darzulegen, die für die Ausführung der Leistung und die Kalkulation des Angebotes von Belang und deren Kenntnis erforderlich ist, damit der Bewerber ihre Auswirkung auf die bauliche Anlage und Ausführung hinreichend beurteilen kann. Auch dieses Prinzip ist lediglich Ausfluss aus dem Gebot zur erschöpfenden Leistungsbeschreibung. Unter den wesentlichen Verhältnissen der Baustelle sind Umstände zu verstehen, die vom Bieter bei der Kalkulation der Gesamtleistung berücksichtigt werden müssen. Anhaltspunkte, was wesentliche Umstände sind, geben auch die ATV DIN 18299 ff. Aufgrund der Pflicht aus § 7 EU Abs. 1 Nr. 6 soll insbesondere der öffentliche Auftraggeber bei Baumaßnahmen im laufenden Betrieb vor Aufstellung der Leistungsbeschreibung mit der den Betrieb verursachenden Verwaltung abstimmen, welche Vorkehrungen bei der Ausführung getroffen werden müssen.[58] Andere typische Anwendungsfälle sind das Baugrundrisiko, das Bestandsrisiko[59] sowie die konkreten Angaben für die Entsorgung von mit Schadstoffen belasteten Abfällen und Abwässer nach dem Kreislaufwirtschaftsgesetz.[60] 25

7. Beachtung der „Hinweise für das Aufstellen von Leistungsbeschreibungen" iSd ATV DIN 18299 ff., Abschnitt 0. Nach § 7 EU Abs. 1 Nr. 7 wird vom örtlichen Auftraggeber verlangt, dass er bei der Gestaltung der Leistungsbeschreibung Hinweise aus der VOB/C ATV DIN 26

---

[49] VÜA Nordrhein-Westfalen Beschl. v. 5.6.1998 – 424-54-47-2/97, IBR 1998, 467.
[50] OLG Saarbrücken Beschl. v. 24.6.2008 – 4 U 478/07, NZBau 2009, 265.
[51] VK Schleswig-Holstein Beschl. v. 3.11.2004 – VK-SH 28/04, IBRRS 2004, 3440.
[52] OLG Dresden Beschl. v. 10.1.2000 – 4 Verg 1/99, IBRRS 2013, 2385.
[53] OLG Karlsruhe Urt. v. 9.10.1992 – 7 U 98/90, NJW-RR 1993, 567.
[54] OLG Saarbrücken Beschl. v. 24.6.2008 – 4 U 487/07, NZBau 2009, 265.
[55] Vgl. auch VHB 2008, allgemeine Richtlinien Vergabeverfahren (Bl. 100), 4.7.
[56] Ziekow/Völlink/*Turtzler* Rn. 9.
[57] VK Nordbayern Beschl. v. 16.9.2020 – RMF-SG21-3194-5-34, IBRRS 2020, 2980.
[58] VHB, allgemeine Richtlinien Vergabeverfahren (Bl. 100), 4.8.1.
[59] BGH Urt. v. 11.11.1993 – VII ZR 47/93, NJW 1994, 850.
[60] *Lange* BauR 1994, 91.

18299 ff. berücksichtigt. Diese enthalten wiederum Hinweise zum Aufstellen der Leistungsbeschreibung, wie sie branchenüblich sind und die erforderlich sind, um dem Bieter eine schnelle Erarbeitung eines Angebotes zu ermöglichen. Sie stellt die allgemein geltenden Grundsätze für technische Vertragsbedingungen heraus und verdeutlicht ihre Übereinstimmung mit den „Allgemeinen Vertragsbedingungen für die Ausführung von Bauleistungen" – VOB Teil B.[61] Während die DIN 18299 sämtliche allgemeine Bauleistungen sowie solche Bauleistungen abdeckt, für die keine gewerksspezifische DIN vorhanden ist, decken die ATV DIN 18300 ff. gewerksspezifische Parameter ab. Nach ständiger Rechtsprechung spiegeln sie zugleich den objektiven Empfängerhorizont, wie er sich im jeweiligen Fachbereich ausgestaltet, sowie die Verkehrssitte wider, die bei der Auslegung von Leistungsbeschreibungen maßgeblich ist. Bei Beachtung dieser Vorschriften wird somit eine gewisse Gewähr dafür geboten, dass jeder die Formulierung gleichermaßen versteht.[62]

IV. Gebot der Produktneutralität

27 In § 7 EU Abs. 2 findet das Gebot der produktneutralen Ausschreibung seinen Platz. Dieses wiederum folgt der Idee, dass die jeweils fachkundigen Bewerber im Einklang auch mit § 4 Abs. 3 Nr. 1 VOB/B in eigener Verantwortung die passenden Bauprodukte etc auswählen und anbieten sollen.[63] Nach der Vergaberechtsnovelle wurde die Regelung noch ausgeweitet auf sämtliche technischen Spezifikationen für eine bestimmte Produktion oder Herkunft oder besondere Verfahren sowie auf Marken, Patente, Typen oder auf einen bestimmten Ursprung bestimmter Produkte. Dies ist dem Leitgedanken des EU-Binnenmarktes geschuldet, dass ein möglichst breiter Wettbewerb stattfinden soll. Eine Einschränkung auf ein bestimmtes Verfahren, eine bestimmte Produktion, Marke etc ist daher dem Grunde nach unzulässig. Ausnahmsweise sind jedoch solche Verweise zulässig, wenn andernfalls der Auftragsgegenstand nicht hinreichend genau und allgemeinverständlich beschrieben werden kann (§ 7 EU Abs. 2 S. 2) oder aber sich sachliche Gründe dafür ergeben, dass ein bestimmtes Produkt tatsächlich vom öffentlichen Auftraggeber zulässigerweise verlangt werden kann. Ist eine Beschreibung mittels Bezeichnung eines bestimmten Produktes etc erforderlich, lediglich um eine Leistung abschließend zu beschreiben, so ist stets der Vermerk „oder gleichwertig" in die Leistungsbeschreibung aufzunehmen; der Auftraggeber muss aber auch angeben, was vergleichbar ist.[64] Weiterhin wird als Voraussetzung angenommen, dass der öffentliche Auftraggeber nur dann eine bestimmte Produktion oder Herkunft etc benennen darf, wenn dies durch den Auftragsgegenstand gerechtfertigt ist.[65] Hierfür entwarf wiederum das OLG Düsseldorf folgenden Anforderungskatalog: Die Benennung eines bestimmten Produktes etc ist durch den Auftragsgegenstand sachlich gerechtfertigt; es bestehen seitens des Auftraggebers nachvollziehbar objektive sowie auftragsbezogene Gründe, die auch dokumentiert wurden und die Bestimmung des Produktes ist willkürfrei; die Gründe sind tatsächlich vorhanden, feststellbar und nachweisbar; und die Bestimmungen anderer Wirtschaftsteilnehmer sind nicht diskriminiert.[66]

28 Ein Verweis auf eine bestimmte Produktion etc ist nur dann gegeben, wenn bestimmte Stoffe oder Bauteile benannt werden. Die Herkunft stellt sowohl auf den Ort als auch die Bezugsquelle im Sinne eines Lieferanten ab. Ein bestimmtes Verfahren meint die Art und Weise der Herstellung der Bauleistung sowie die Verfahrenstechnik. Marken, Patente und Typen eines bestimmten Ursprungs oder einer bestimmten Produktion sind dann gegeben, wenn Bezeichnungen verwendet werden, die tatsächlich nicht ein Produkt oder Verfahren charakterisieren, sondern ein dahinter stehendes Unternehmen.

29 Abzugrenzen ist das Gebot der produktneutralen Ausschreibung von dem weitreichenden Leistungsbestimmungsrecht des öffentlichen Auftraggebers über den tatsächlich gewollten Auftragsgegenstand.[67] Zur Wahrung dieses Bestimmungsrechts wurde auch der Ausnahmetatbestand geschaffen, dass das Verbot der Produktausschreibung dann nicht vorrangig ist, wenn sie nach den Gegebenheiten der geforderten Bauleistung erforderlich ist. Entscheidend hierbei ist, ob die geplante Bauleistung rechtfertigt, eine bestimmte Produktion oder Herkunft oder ein besonderes Verfahren etc zu verlangen, weil etwa bereits das Bestandssystem wie etwa das Bestandsbauwerk eine entsprechende Umge-

---

[61] *Franke* ZfBR 1988, 204.
[62] *Mandelkow* BauR 1996, 38.
[63] *Leinemann* Vergabe öff. Aufträge R.n. 550.
[64] § 7 EU Abs. 2 S. 2 Hs. 2; vgl. auch Art. 72 Abs. 3 lit. b RL 2014/24/EU; OLG Frankfurt a. M. Beschl. v. 12.11.2020 – 11 Verg 13/20, NZBau 2021, 349; VK Thüringen Beschl. v. 21.11.2019 – 250-4003-15123/2019-E-021-EF, VPR 2020, 150.
[65] VK Bund Beschl. v. 9.12.2009 – VK 2-192/09, IBRRS 2013, 4816.
[66] Vgl. OLG Düsseldorf Beschl. v. 13.4.2016 – Verg 47/15, ZfBR 2017, 93.
[67] OLG Düsseldorf Beschl. v. 27.6.2012 – Verg 7/12, ZfBR 2012, 723; VK Rheinland Beschl. v. 8.7.2019 – VK-18/19, IBRRS 2019, 2676.

bung darstellt und die Kompatibilität der Produkte nur mit einem bestimmten Produkt zu erreichen ist.[68]

Kann der öffentliche Auftraggeber die Leistung nicht anders vollständig, endgültig und eindeutig beschreiben, als ein Vergleichsprodukt zu benennen, so hat er den Zusatz „oder gleichwertig" zwingend hinzuzusetzen (vgl. § 7 EU Abs. 2 S. 2 Hs. 2). Der Zusatz „oder gleichwertig" an sich kann jedoch nicht per se die Angabe eines Konkurrenzproduktes rechtfertigen.[69] Vielmehr trägt der Zwang zum Zusatz dem Gebot eines fairen Wettbewerbs Rechnung und soll sicherstellen, dass möglichst viele Bieter jeweils ein Angebot bringen und die Gleichwertigkeit darlegen können. Der öffentliche Auftraggeber muss sich mit der angebotenen Gleichwertigkeit auseinandersetzen und im Wege der Angebotsaufklärung nach § 15 die geeigneten Nachweise wie etwa die Erklärung der Herstellerfirma[70] oder ein gültiges Prüfzertifikat[71] prüfen. Gleichwertigkeit liegt vor, wenn die Ausführungen mit dem geforderten Schutzniveau in Bezug auf Sicherheit, Gesundheit und Gebrauchstauglichkeit gleichwertig sind und der öffentliche Auftraggeber funktional das gleiche Ergebnis wie mit der ausgeschriebenen Leistung erhält.[72] 30

Liegt ein gleichwertiges Produkt oder Verfahren vor, so kann der Bieter bis zum Beginn der Ausführung entscheiden, ob er die ausgeschriebene oder die gleichwertige Leistung erbringt. Das Wahlrecht gilt uneingeschränkt.[73] 31

V. Gebot der verkehrsüblichen Bezeichnungen

Als weiterer Ausfluss des Transparenz- und Gleichbehandlungsgebotes sowie des Gebots zur eindeutigen Leistungsbeschreibung iSd § 7 EU Abs. 1 Nr. 1 gibt § 7 EU Abs. 3 dem öffentlichen Auftraggeber auf, bei der Leistungsbeschreibung die verkehrsüblichen, also branchenüblichen Bezeichnungen zu verwenden. Dies soll sowohl eine rasche Erstellung der Angebote ermöglichen, als auch die Wahrscheinlichkeit von Missverständnissen reduzieren.[74] Die verkehrsüblichen Bezeichnungen bestehen insbesondere in Fachausdrücken, die von dem durch die Ausschreibung angesprochenen einzelnen Gewerbezweig in der Regel verwendet werden und der Verkehrssitte entsprechen.[75] 32

Sind neue Bauweisen oder neue Materialien, für die keine verkehrsüblichen Bezeichnungen vorliegen, Teil der Leistungsbeschreibung, muss der öffentliche Auftraggeber die Leistung möglichst erschöpfend mit eigenen Worten beschreiben, die dem fachkundigen Empfängerhorizont möglichst nahekommt. 33

VI. Dokumentation

In den Vergabevermerk ist insbesondere aufzunehmen, auf welche Begründung der öffentliche Auftraggeber sein Leistungsbestimmungsrecht, die Aufnahme von Wahl- oder Bedarfspositionen sowie die Abweichung von der Produktneutralität stützt. 34

§ 7a EU Technische Spezifikationen, Testberichte, Zertifizierungen, Gütezeichen

(1)
1. Die technischen Anforderungen (Spezifikationen – siehe Anhang TS Nummer 1) an den Auftragsgegenstand müssen allen Unternehmen gleichermaßen zugänglich sein.
2. Die geforderten Merkmale können sich auch auf den spezifischen Prozess oder die spezifische Methode zur Produktion beziehungsweise Erbringung der angeforderten Leistungen oder auf einen spezifischen Prozess eines anderen Lebenszyklus-Stadiums davon beziehen, auch wenn derartige Faktoren nicht materielle Bestandteile von ihnen

---

[68] OLG Düsseldorf Beschl. v. 1.8.2012 – Verg 10/12, ZfBR 2013, 63; VK Nordbayern Beschl. v. 13.2.2007 IBRRS 2007, 0673 – 21. VK-3194-02/07, IBRRS 2007, 0673; VK Hessen Beschl. v. 13.10.2005 – 69d-VK-69/2005, IBRRS 2006, 0931.
[69] VK Sachsen Beschl. v. 13.9.2002 – 1/SVK/080-02, IBRRS 2006, 1801; EuGH Urt. v. 12.7.2018 – C-14/17, NZBau 2018, 545.
[70] OLG Jena Beschl. 26.6.2006 – 9 Verg 2/06, NZBau 2006, 735.
[71] VK Südbayern Beschl. v. 21.5.2010 – Z3-3-3194-1-21-04/10, IBRRS 2010, 4231; EuGH Urt. v. 12.7.2018 – C-14/17, NZBau 2018, 545.
[72] OLG Düsseldorf Beschl. v. 9.1.2013 – Verg 33/12, IBRRS 2013, 0977; VK Sachsen-Anhalt Beschl. v. 11.7.2017 – 1 VK LSA 26/16, IBRRS 2017, 3610.
[73] *Dausner* BauR 1999, 719.
[74] VK Bund Beschl. v. 8.11.2012 – VK 1-115/12, IBRRS 2013, 0320.
[75] Heiermann/Riedl/Rusam/*Heiermann/Baur* § 7 Rn. 44.

sind, sofern sie in Verbindung mit dem Auftragsgegenstand stehen und zu dessen Wert und Zielen verhältnismäßig sind.
3. In den technischen Spezifikationen kann angegeben werden, ob Rechte des geistigen Eigentums übertragen werden müssen.
4. Bei jeglicher Beschaffung, die zur Nutzung durch natürliche Personen – ganz gleich, ob durch die Allgemeinheit oder das Personal des öffentlichen Auftraggebers – vorgesehen ist, werden die technischen Spezifikationen – außer in ordnungsgemäß begründeten Fällen – so erstellt, dass die Kriterien der Zugänglichkeit für Personen mit Behinderungen oder der Konzeption für alle Nutzer berücksichtigt werden.
5. Werden verpflichtende Zugänglichkeitserfordernisse mit einem Rechtsakt der Europäischen Union erlassen, so müssen die technischen Spezifikationen, soweit die Kriterien der Zugänglichkeit für Personen mit Behinderungen oder der Konzeption für alle Nutzer betroffen sind, darauf Bezug nehmen.

(2) Die technischen Spezifikationen sind in den Vergabeunterlagen zu formulieren:
1. entweder unter Bezugnahme auf die in Anhang TS definierten technischen Spezifikationen in der Rangfolge
   a) nationale Normen, mit denen europäische Normen umgesetzt werden,
   b) europäische technische Bewertungen,
   c) gemeinsame technische Spezifikationen,
   d) internationale Normen und andere technische Bezugssysteme, die von den europäischen Normungsgremien erarbeitet wurden oder,
   e) falls solche Normen und Spezifikationen fehlen, nationale Normen, nationale technische Zulassungen oder nationale technische Spezifikationen für die Planung, Berechnung und Ausführung von Bauleistungen und den Einsatz von Produkten.
   Jede Bezugnahme ist mit dem Zusatz „oder gleichwertig" zu versehen;
2. oder in Form von Leistungs- oder Funktionsanforderungen, die so genau zu fassen sind, dass sie den Unternehmen ein klares Bild vom Auftragsgegenstand vermitteln und dem Auftraggeber die Erteilung des Zuschlags ermöglichen;
3. oder in Kombination der Nummern 1 und 2, das heißt
   a) in Form von Leistungs- oder Funktionsanforderungen unter Bezugnahme auf die Spezifikationen gemäß Nummer 1 als Mittel zur Vermutung der Konformität mit diesen Leistungs- oder Funktionsanforderungen,
   b) oder mit Bezugnahme auf die Spezifikationen gemäß Nummer 1 hinsichtlich bestimmter Merkmale und mit Bezugnahme auf die Leistungs- oder Funktionsanforderungen gemäß Nummer 2 hinsichtlich anderer Merkmale.

(3)
1. Verweist der öffentliche Auftraggeber in der Leistungsbeschreibung auf die in Absatz 2 Nummer 1 genannten Spezifikationen, so darf er ein Angebot nicht mit der Begründung ablehnen, die angebotene Leistung entspräche nicht den herangezogenen Spezifikationen, sofern der Bieter in seinem Angebot dem öffentlichen Auftraggeber nachweist, dass die von ihm vorgeschlagenen Lösungen den Anforderungen der technischen Spezifikation, auf die Bezug genommen wurde, gleichermaßen entsprechen. Als geeignetes Mittel kann ein Prüfbericht oder eine Zertifizierung einer akkreditierten Konformitätsbewertungsstelle gelten.
2. Eine Konformitätsbewertungsstelle im Sinne dieses Absatzes muss gemäß der Verordnung (EG) Nr. 765/2008 des Europäischen Parlaments und des Rates akkreditiert sein.
3. Der öffentliche Auftraggeber akzeptiert auch andere geeignete Nachweise, wie beispielsweise eine technische Beschreibung des Herstellers, wenn
   a) das betreffende Unternehmen keinen Zugang zu den genannten Zertifikaten oder Prüfberichten hatte oder
   b) das betreffende Unternehmen keine Möglichkeit hatte, diese Zertifikate oder Prüfberichte innerhalb der einschlägigen Fristen einzuholen, sofern das betreffende Unternehmen den fehlenden Zugang nicht zu verantworten hat
   c) und sofern es anhand dieser Nachweise die Erfüllung der festgelegten Anforderungen belegt.

(4) [1]Legt der öffentliche Auftraggeber die technischen Spezifikationen in Form von Leistungs- oder Funktionsanforderungen fest, so darf er ein Angebot, das einer nationalen Norm entspricht, mit der eine europäische Norm umgesetzt wird, oder einer europäischen technischen Bewertung, einer gemeinsamen technischen Spezifikation, einer internationa-

len Norm oder einem technischen Bezugssystem, das von den europäischen Normungsgremien erarbeitet wurde, entspricht, nicht zurückweisen, wenn diese Spezifikationen die geforderten Leistungs- oder Funktionsanforderungen betreffen. ²Der Bieter muss in seinem Angebot mit geeigneten Mitteln dem öffentlichen Auftraggeber nachweisen, dass die der Norm entsprechende jeweilige Leistung den Leistungs- oder Funktionsanforderungen des öffentlichen Auftraggebers entspricht. ³Als geeignetes Mittel kann eine technische Beschreibung des Herstellers oder ein Prüfbericht einer Konformitätsbewertungsstelle gelten.

(5)
1. ¹Zum Nachweis dafür, dass eine Bauleistung bestimmten, in der Leistungsbeschreibung geforderten Merkmalen entspricht, kann der öffentliche Auftraggeber die Vorlage von Bescheinigungen, insbesondere Testberichten oder Zertifizierungen, einer Konformitätsbewertungsstelle verlangen. ²Wird die Vorlage einer Bescheinigung einer bestimmten Konformitätsbewertungsstelle verlangt, hat der öffentliche Auftraggeber auch Bescheinigungen gleichwertiger anderer Konformitätsbewertungsstellen zu akzeptieren.
2. ¹Der öffentliche Auftraggeber akzeptiert auch andere als die in Nummer 1 genannten geeigneten Nachweise, insbesondere ein technisches Dossier des Herstellers, wenn das Unternehmen keinen Zugang zu den in Nummer 1 genannten Bescheinigungen oder keine Möglichkeit hatte, diese innerhalb der einschlägigen Fristen einzuholen, sofern das Unternehmen den fehlenden Zugang nicht zu vertreten hat. ²In diesen Fällen hat das Unternehmen durch die vorgelegten Nachweise zu belegen, dass die von ihm zu erbringende Leistung die vom öffentlichen Auftraggeber angegebenen spezifischen Anforderungen erfüllt.
3. Eine Konformitätsbewertungsstelle ist eine Stelle, die gemäß der Verordnung (EG) Nr. 765/2008 des Europäischen Parlaments und des Rates vom 9. Juli 2008 über die Vorschriften für die Akkreditierung und Marktüberwachung im Zusammenhang mit der Vermarktung von Produkten und zur Aufhebung der Verordnung (EWG) Nr. 339/93 des Rates (ABl. L 218 vom 13.8.2008, S. 30) akkreditiert ist und Konformitätsbewertungstätigkeiten durchführt.

(6)
1. Der öffentliche Auftraggeber kann für Leistungen mit spezifischen umweltbezogenen, sozialen oder sonstigen Merkmalen in den technischen Spezifikationen, den Zuschlagskriterien oder den Ausführungsbedingungen ein bestimmtes Gütezeichen als Nachweis dafür verlangen, dass die Leistungen den geforderten Merkmalen entsprechen, sofern alle nachfolgend genannten Bedingungen erfüllt sind:
   a) die Gütezeichen-Anforderungen betreffen lediglich Kriterien, die mit dem Auftragsgegenstand in Verbindung stehen und für die Bestimmung der Merkmale des Auftragsgegenstandes geeignet sind;
   b) die Gütezeichen-Anforderungen basieren auf objektiv nachprüfbaren und nichtdiskriminierenden Kriterien;
   c) die Gütezeichen werden im Rahmen eines offenen und transparenten Verfahrens eingeführt, an dem alle relevanten interessierten Kreise – wie z.B. staatliche Stellen, Verbraucher, Sozialpartner, Hersteller, Händler und Nichtregierungsorganisationen – teilnehmen können;
   d) die Gütezeichen sind für alle Betroffenen zugänglich;
   e) die Anforderungen an die Gütezeichen werden von einem Dritten festgelegt, auf den der Unternehmer, der das Gütezeichen beantragt, keinen maßgeblichen Einfluss ausüben kann.
2. Für den Fall, dass die Leistung nicht allen Anforderungen des Gütezeichens entsprechen muss, hat der öffentliche Auftraggeber die betreffenden Anforderungen anzugeben.
3. Der öffentliche Auftraggeber akzeptiert andere Gütezeichen, die gleichwertige Anforderungen an die Leistung stellen.
4. Hatte ein Unternehmen aus Gründen, die ihm nicht zugerechnet werden können, nachweislich keine Möglichkeit, das vom öffentlichen Auftraggeber angegebene oder ein gleichwertiges Gütezeichen innerhalb der einschlägigen Fristen zu erlangen, so muss der öffentliche Auftraggeber andere geeignete Nachweise akzeptieren, sofern das Unternehmen nachweist, dass die von ihm zu erbringende Leistung die Anforderungen des geforderten Gütezeichens oder die vom öffentlichen Auftraggeber angegebenen spezifischen Anforderungen erfüllt.

Übersicht

		Rn.			Rn.
I.	Regelungsgehalt und Überblick	1	2.	Leistung- und Funktionsanforderungen (Nr. 2)	22
II.	Systematische Stellung und Zweck der Norm	2	3.	Kombination der beiden vorgenannten Lösung (Nr. 3)	24
III.	Grundlagen (§ 7a EU Abs. 1)	5	V.	Nachweismöglichkeiten bezüglich der Einhaltung technischer Spezifikationen	25
1.	Zugänglichkeit der technischen Anforderungen (Nr. 1)	5			
2.	Bezug zu Leistungserbringung und Lebenszyklus (Nr. 2)	7	1.	Von § 7a EU Abs. 2 Nr. 1 abweichende Angebote (Abs. 3)	25
3.	Rechte an geistigem Eigentum (Nr. 3)	13	2.	Angebote die von § 7a EU Abs. 2 Nr. 2 abweichen	30
4.	Barrierefreiheit und Design für alle (Nr. 4, 5)	15	3.	Übereinstimmungsnachweis für sonstige Merkmale (Abs. 5)	31
IV.	Inhaltliche Anforderungen an die Angaben in den Vergabeunterlagen (Abs. 2)	19	4.	Leistungs- und Funktionsanforderungen durch Gütezeichen (Abs. 6)	33
1.	Verweis auf Anhang TS (Nr. 1)	20	VI.	Dokumentation	40

I. Regelungsgehalt und Überblick

1 § 7a EU regelt die Anforderungen an die Verwendung von technischen Spezifikationen, Testberichten, Zertifizierungen und Gütezeichen in der Leistungsbeschreibung durch den öffentlichen Auftraggeber. Es soll sichergestellt werden, dass möglichst kein Wettbewerber diskriminiert wird, sondern vielmehr ein möglichst breiter Wettbewerb stattfinden kann. Mit der Vergaberechtsreform 2016 wurden die ehemals in § 7 EG Abs. 3–6 VOB/A 2012 befindlichen Regelungen umfänglich geändert bzw. ergänzt, was der Umsetzung der Vergaberechtrichtlinie 2014/24/EU geschuldet war.

II. Systematische Stellung und Zweck der Norm

2 § 7a EU steht in direktem Zusammenhang mit den grundsätzlichen Anforderungen an eine ordnungsgemäße Leistungsbeschreibung nach § 7 EU.

3 Die Anforderungen sollen sicherstellen, dass durch die Verwendung von besonderen technischen Spezifikationen, Gütezeichen etc kein unzulässiger Ausschluss von Wettbewerbern stattfindet.

4 Die Anforderungen nach § 7a EU gelten für sämtliche Vergabeverfahren, auch wenn sich den Einzelheiten etwa für das Verhandlungsverfahren, den wettbewerblichen Dialog oder die Innovationspartnerschaft Besonderheiten ergeben können.

III. Grundlagen (§ 7a EU Abs. 1)

5 **1. Zugänglichkeit der technischen Anforderungen (Nr. 1).** Gemäß § 7a EU Abs. 1 Nr. 1 ist Grundvoraussetzung für das berechtigte Verlangen von technischen Anforderungen, dass sie grundsätzlich allen bietenden Unternehmen gleichermaßen zugänglich sein müssen. Dies ist der Fall, wenn alle interessierten Unternehmen unter den gleichen Voraussetzungen Zugriff auf die technische Anforderung haben. Mit der Vergaberechtsreform wurde von der Bezeichnung „Bewerber" auf „Unternehmer" gewechselt. Damit wird deutlich, dass die Anforderung auch im einstufigen offenen Verfahren Anwendung findet.

6 Die technischen Anforderungen werden in Anhang TS Nr. 1 definiert. Der Anhang TS Nr. 2–5 enthält weitere Definitionen für die termini technici wie die „Norm", „europäische technische Bewertung", „gemeinsame technische Spezifikationen" und „technische Bezugsgröße".

7 **2. Bezug zu Leistungserbringung und Lebenszyklus (Nr. 2).** § 7 EU Abs. 1 Nr. 2 setzt die Anforderung aus Art. 20 Abs. 1 UAbs. 2 RL 2014/24/EU um, dass der öffentliche Auftraggeber auch solche Merkmale von Bauleistungen verlangen kann, die sich in allen Stadien des Lebenszyklus der zu beschaffenden Leistung beziehen als die reine Nutzungsphase. Hierdurch soll dem öffentlichen Auftraggeber die Möglichkeit eröffnet werden, auch soziale und ökologische Aspekte aus der gesamten Wertschöpfungskette für den Beschaffungsgegenstand zu berücksichtigen. Für die Definition des Lebenszyklus wird auf Art. 2 Abs. 1 Nr. 20 RL 2014/24/EU verwiesen. Die Definition erfasst sämtliche Stadien einschließlich der durchzuführenden Forschung und Entwicklung, der Produktion, des Handels und der späteren Nutzung und Wartung des Beschaffungsgegen-

standes. Nach § 7a EU Abs. 1 Nr. 2,[1] der die Reglung des § 127 Abs. 3 GWB konkretisiert, sind solche Lebenszyklus relevanten Merkmale auch als Zuschlagskriterien zulässig.

8 Voraussetzung für die Abforderung bestimmter Merkmale, die sich auf den Lebenszyklus beziehen, ist, dass die Merkmale in eindeutigem Bezug zum Auftragsgegenstand stehen und in Werten und Zielen verhältnismäßig zur zu beschaffenden Leistung stehen.

9 Das Merkmal muss sich somit auf einen spezifischen Prozess oder eine spezifische Methode des Auftragsgegenstandes beziehen und ist explizit zu benennen. Dem Grunde nach kann der öffentliche Auftraggeber beliebig viele Merkmale fordern, sofern allgemein die Verhältnismäßigkeit zu Wert und Zweck bzw. Ziel des Auftragsgegenstandes gewahrt ist.[2]

10 Diese Einschränkungen setzen voraus, dass der öffentliche Auftraggeber in sorgfältiger Auswahl die Merkmale definiert, die tatsächlich für den Auftragsgegenstand von Belang sind. Dies gilt umso mehr, wie Komponenten der zu beschaffenden Leistung aus Drittländern außerhalb der EU stammen.

11 Die Erfüllung der Merkmale obliegt der Nachweispflicht des Bieters.[3]

12 Andererseits soll der öffentliche Auftraggeber nur solche Merkmale abfordern, die auch tatsächlich nachprüfbar sind.

3. Rechte an geistigem Eigentum (Nr. 3). Die Regelung des § 7a EU Abs. 1 Nr. 3 geht 13 zurück auf Art. 42 Abs. 1 UAbs. 3 RL 2014/24/EU. Der öffentliche Auftraggeber hat in den technischen Spezifikationen anzugeben, ob Rechte des geistigen Eigentums übertragen werden müssen.

14 Im Rahmen der Bauvergabe ist diese Regelung von nur untergeordnetem Charakter, weil in der Regel kein geistiges Eigentum im Sinne eines Urheberrechtes an Bauleistungen besteht. Dies ist lediglich dann der Fall, wenn mit der Bauleistung zugleich Planungsleistungen übertragen werden.

4. Barrierefreiheit und Design für alle (Nr. 4, 5). In Umsetzung des Art. 42 Abs. 1 UAbs. 4 15 RL 2014/24/EU regelt § 7a EU Abs. 1 Nr. 4, dass der zu vergebende Auftrag stets dem Aspekt der Barrierefreiheit und des „Designs für alle" genüge tun muss. Zum Teil wird dies ohnehin auf Länderebene zB in den Landesbauordnungen etc vorgegeben. Jedoch ist die Regel des § 7a EU Abs. 1 Nr. 4 wesentlich weiter gefasst und findet auf alle Beschaffungen Anwendung. Die „Konzeptionen für alle Nutzer" oder das „Design für alle" wird nicht nur für in ihrer Mobilität oder Sensorik eingeschränkte Personen verstanden, sondern etwa auch für Links- und Rechtshänder.[4]

16 Eine Legaldefinition für die Begriffe des „Designs für alle" oder die „Konzeption für alle Nutzer" gibt es nicht. Somit muss der öffentliche Auftraggeber selbst in der Leistungsbeschreibung definieren, was er darunter versteht bzw. welche Merkmale er erfüllt haben will.

17 Lediglich in begründeten Fällen darf der öffentliche Auftraggeber von der Anforderung des „Designs für alle" bzw. der Barrierefreiheit ablassen. Solche begründeten Fälle liegen etwa vor, wenn nicht anders lösbare Sachzwänge eine „Lösung für alle" verbieten.

18 In den gleichen Kontext fällt auch die Regelung des § 7a EU Abs. 1 Nr. 5. Dieser verlangt vom öffentlichen Auftraggeber, dass er die technischen Spezifikationen so ausgestaltet, dass Regelungen auf europäischer Ebene zu den verpflichtenden Zugänglichkeitserfordernissen aufgenommen werden.

IV. Inhaltliche Anforderungen an die Angaben in den Vergabeunterlagen (Abs. 2)

19 § 7a EU Abs. 2 enthält konkrete Anforderungen an die Formulierung von technischen Anforderungen in der Leistungsbeschreibung. Zum einen kann der öffentliche Auftraggeber schlicht auf den Anhang TS verweisen (§ 7a EU Abs. 2 Nr. 1), zum anderen kann er die Festlegung von Leistungs- und Funktionsanforderungen (§ 7a EU Abs. 2 Nr. 2) oder eine Kombination der beiden Alternativen vornehmen (§ 7a EU Abs. 2 Nr. 3).

1. Verweis auf Anhang TS (Nr. 1). § 7a EU Abs. 2 Nr. 1 regelt eine Rangfolge für den Fall, 20 dass der öffentliche Auftraggeber zur Formulierung der technischen Spezifikationen auf den Anhang TS verweist. Diese ist:
– nationale Normen, mit denen europäische Normen umgesetzt werden;
– europäische technische Bewertungen;
– gemeinsam technische Spezifikationen;

---

[1] Franke/Kemper/Zanner/Grünhagen/Mertens/*Franke/Kaiser*, 6. Aufl. 2017, Rn. 21.
[2] Vgl. Erwägungsgrund 97 RL 2014/24/EU.
[3] BayObLG, Beschl. v. 29.4.2002 – Verg 10/02, BauR 2002, 1755; VK Lüneburg Beschl. v. 11.2.2021 – VgK-53/2020, IBRRS 2021, 1721.
[4] Franke/Kemper/Zanner/Grünhagen/Mertens/*Franke/Kaiser*, 6. Aufl. 2017, Rn. 31.

– internationale Normen und andere technische Bezugssysteme, die von den europäischen Normungsgremien erarbeitet wurden;
– sofern keine Normen oder Spezifikationen erlassen wurden, nationale Normen, nationale technische Zulassungen und nationale technische Spezifikationen für die Planung, Berechnung und Ausführung von Bauleistungen und den Einsatz von Produkten.

21 Ihre Bezugnahmen sind mit dem Zusatz „oder gleichwertig" zu versehen. Denn dem Anbieter bleibt es stets unbenommen, nachzuweisen, dass seine angebotene Leistung, obgleich sie nicht über die entsprechende technische Spezifikation verfügt, dennoch für die Erfüllung des Auftrages geeignet ist. Dies folgt aus dem Gebot eines fairen Wettbewerbs.

22 **2. Leistung- und Funktionsanforderungen (Nr. 2).** Sofern der öffentliche Auftraggeber auf die Möglichkeit aus § 7a EU Abs. 2 Nr. 2 zurückgreift und die technische Spezifikation in Form von Leistungs- und Funktionsanforderungen formuliert, ist diese so genau zu fassen, dass jeder Bieter ohne Weiteres verstehen kann, welche Leistung verlangt wird. Für die Formulierung kann der öffentliche Auftraggeber auf innerstaatliche Normen, mit denen vom Land des Auftraggebers akzeptierten internationalen Normen umgesetzt werden, sonstige innerstaatliche Normen, innerstaatliche technische Zulassungen des Landes des Auftraggebers sowie alle weiteren Normen zurückgreifen.

23 Wegen des Grundsatzes der eindeutigen Leistungsbeschreibung nach § 7 EU Abs. 1 sind alle Leistungs- und Funktionsanforderungen so genau zu fassen, dass der Bieter ein klares Bild vom Auftragsgegenstand erhält und dem Auftraggeber die Erteilung des Zuschlags möglich ist, weil vergleichbare Angebote vorliegen.

24 **3. Kombination der beiden vorgenannten Lösung (Nr. 3).** Gemäß § 7a EU Abs. 2 Nr. 3 kann der öffentliche Auftraggeber auch beide Möglichkeiten, also den bloßen Verweis auf den Anhang TS sowie die Formulierung von Leistung-und Funktionsbeschreibungen, frei wählen. Stets wird er jedoch an der Anforderung gemessen, eine eindeutige und erschöpfende Leistungsbeschreibung zu geben.

V. Nachweismöglichkeiten bezüglich der Einhaltung technischer Spezifikationen

25 **1. Von § 7a EU Abs. 2 Nr. 1 abweichende Angebote (Abs. 3).** Soweit der öffentliche Auftraggeber in der Leistungsbeschreibung auf technische Spezifikationen im Anhang TS verweist, darf er ein Angebot nicht deshalb ablehnen, weil es diesen Spezifikationen nicht entspricht. Vielmehr ist dem Bieter der Nachweis nachgelassen, dass die von ihm angebotene Leistung den Anforderungen dennoch entspricht. Die Darlegungs- und Beweislast hierfür liegt beim Bieter.[5] Mit dem Angebot muss er die Abweichung in Bezug genommenen technischen Spezifikation eindeutig bezeichnen. Darauf abgestellt muss er nachweisen, dass er eine gleichwertige Lösung anbietet.[6]

26 Die Nachprüfung der Gleichwertigkeit erfolgt dann in der Regel im Rahmen der Angebotsaufklärung gem. § 15. Somit ist auch ein nachträglicher Nachweis der Gleichwertigkeit möglich.[7] Die Nachweismöglichkeiten bestehen etwa in Prüfzertifikaten oder Angaben der Hersteller (vgl. § 7a EU Abs. 3 Nr. 1 S. 2).

27 In Umsetzung des Art. 44 Abs. 1 UAbs. 3 RL 2014/24/EU regelt § 7a EU Abs. 3 Nr. 2, dass maßgeblich für eine Übereinstimmungserklärung mit den Vorgaben des europäischen Rechts die Erklärung einer Konformitätsbewertungsstelle im Sinne der Norm ist. Dies sind akkreditierte Konformitätsbewertungsstellen, welche etwa die Übereinstimmung mit Harmonisierungsvorschriften (insbesondere CE-Kennzeichnung) attestiert.[8] In Deutschland sind dies insbesondere Stellen nach dem Akkreditierungsstellengesetz und nach entsprechender Beleihung durch das Bundesministerium für Wirtschaft und Technologie. Mögliche Akkreditierungsstellen können Laboratorien, Zertifizierungsstellen und sonstige Dienstleister sein.

28 § 7a EU Abs. 3 Nr. 3 eröffnet die Möglichkeit, auch alternative Nachweise für die Übereinstimmung der angebotenen Leistung mit den technischen Spezifika vorzulegen. Dies gilt insbesondere für jene Fälle, in denen der Bieter überhaupt keinen Zugang zu den genannten Zertifikaten und Gütezeichen hat. Ein anderer Anwendungsfall besteht darin, dass der öffentliche Auftraggeber eine neuartige Ausführungstechnik fordert, für die noch keine Standards bestehen.

---

[5] OLG Koblenz Beschl. v. 2.2.2011 – 1 Verg 1/11, NZBau 2011, 316.
[6] BayObLG Beschl. v. 12.4.2002 – Verg 10/02, IBRRS 2002, 1074; OLG Frankfurt Beschl. v. 12.11.2020 – 11 Verg 13/20, NZBau 2021, 349.
[7] OLG Zweibrücken Urt. v. 7.11.2003 – 4 U 184/02, IBRRS 2004, 0094; VK Bund Beschl. v. 28.9.2020 – VK 2-75/20, NZBau 2021, 349.
[8] EuGH Urt. 16.10.2014 – C-100/13, NVwZ 2015, 49.

Es wird jedoch auch klargestellt, dass der öffentlich Auftraggeber Alternativen von Nachweisen nur dann akzeptieren muss, wenn mit den Nachweisen die Einhaltung der geforderten technischen Spezifika positiv belegt wird.

2. Angebote die von § 7a EU Abs. 2 Nr. 2 abweichen. Formuliert der öffentliche Auftraggeber Leistungs- und Funktionsanforderungen nach § 7a EU Abs. 2 Nr. 2, darf er Angebote nicht deshalb ablehnen, weil sie nicht diesen Leistungsfunktionsanforderungen entsprechen, wenn der Bieter nachweist, dass die Leistung dennoch gleichwertig ist. Das zuvor dargestellte gilt entsprechend.

3. Übereinstimmungsnachweis für sonstige Merkmale (Abs. 5). In § 7a EU Abs. 5 Nr. 1 regelt der Normgeber, dass auch für sonstige Merkmale, die nicht den technischen Spezifikationen im Anhang TS entsprechen, der Bieter auch sonstige Nachweise bringen kann, wie etwa Testberichte bzw. Zertifizierungen von nicht anerkannten Akkreditierungsstellen etc. Jedoch muss der Nachweis geführt werden, dass sie der Zertifizierung von akkreditierten Konformitätsbewertungsstellen gleichwertig sind.

Gleiches gilt für die Nachweisführung durch etwa technische Dosiers der Hersteller (vgl. § 7a EU Abs. 5 Nr. 2).

4. Leistungs- und Funktionsanforderungen durch Gütezeichen (Abs. 6). Nach § 7a EU Abs. 6 ist dem öffentlichen Auftraggeber auch erlaubt, die Einhaltung von Leistungs- und Funktionsanforderungen durch Vorlage eines Gütezeichens zu verlangen. Dies stellt eine Weiterung des bis zur Vergaberechtsreform 2016 allein zugelassenen Umweltzeichens dar.

Somit können neben Umwelteigenschaften auch sonstige, insbesondere soziale Merkmale von Leistungen abgefordert werden, für die Gütezeichen vergeben werden. Der Terminus „Gütezeichen" ist weder im deutschen noch im europäischen Recht legal definiert. Es ist ein übergeordneter Begriff, der weitreichender ist als Umweltzeichen.[9] Hierbei kommt es nicht darauf an, ob das Gütezeichen durch Vereine oder privatwirtschaftliche Unternehmen vergeben wird. Bewusst wurde die Vielfalt der Gütezeichen offengehalten.

Entscheidend ist, dass das Gütezeichen grundsätzlich für jeden Bieter zugänglich ist. Damit ist nicht gemeint, dass jeder Bieter tatsächlich das Gütezeichen unabhängig von den technischen Gegebenheiten enthalten kann. Auch ist weder erforderlich noch schädlich, dass das Gütezeichen von einer Mitgliedschaft in dem Unternehmensnetzwerk oder dem Verein unabhängig ist.

Entscheidend dagegen ist, dass der jeweilige Antragsteller bzw. Bieter keinen maßgeblichen Einfluss auf den Ersteller der Anforderungen für das Gütezeichen haben darf. Andernfalls wäre die Neutralität des Gütezeichens fraglich.

In § 7a EU Abs. 6 Nr. 2 wird geregelt, dass der öffentliche Auftraggeber auch nur eine teilweise Berücksichtigung der Anforderungen vom Gütezeichen abfordern kann. Dies ist besonders dann der Fall, wenn für die optimale Lösung für den Beschaffungsgegenstand nur einzelne Aspekte eines Gütezeichens erforderlich sind. Der Anbieter muss dann nachweisen, dass er genau diese Anforderung auch erfüllt.

Nach § 7a EU Abs. 6 Nr. 3 bleibt es den Bietern unbenommen, wenn er über das Gütezeichen nicht verfügt, den Nachweis zu bringen, dass er ein gleichwertiges Gütezeichen erhalten hat. Die Prüfung kann wiederum im Rahmen der Angebotsaufklärung nach § 15 EU erfolgen. Dabei ist jedoch nicht von der Hand zu weisen, dass der Aufwand auch erheblich sein kann.

Entsprechend wird im § 7a EU Abs. 6 Nr. 4 geregelt, dass der öffentliche Auftraggeber unter bestimmten Voraussetzungen auch akzeptieren muss, wenn der Bieter weder das geforderte noch ein gleichwertiges Gütezeichen binnen der gesetzten Frist beibringt, aber die Gleichwertigkeit nachweist. Dann muss jedoch der Unternehmer auch nachweisen, dass er nachweislich keine Möglichkeit hatte, das geforderte Gütezeichen zu erhalten. Schließlich muss der Unternehmer nachweisen, dass die Erlangung eines Gütezeichens nicht möglich war.

VI. Dokumentation

In dem Vergabevermerk sollte insbesondere aufgenommen werden, wenn Angaben zu europäischen/nationalen technischen Spezifikationen gänzlich fehlen. Auch sollte die Begründung aufgenommen werden, warum nur bestimmte Merkmale aus einem Gütezeichen verlangt werden und dass diese verhältnismäßig zu den Anforderungen, Werten, Zielen und Zwecken des Auftragsgegenstandes sind. Evidenter ist eine Dokumentation darüber zu führen, ob der Nachweis zur Gleichwertigkeit eines Gütezeichens durch einen Bieter geführt werden konnte.

---

[9] Vgl. Erwägungsgrund 75 RL 2014/24/EU.

§ 7b EU Leistungsbeschreibung mit Leistungsverzeichnis

(1) Die Leistung ist in der Regel durch eine allgemeine Darstellung der Bauaufgabe (Baubeschreibung) und ein in Teilleistungen gegliedertes Leistungsverzeichnis zu beschreiben.

(2) ¹Erforderlichenfalls ist die Leistung auch zeichnerisch oder durch Probestücke darzustellen oder anders zu erklären, z.B. durch Hinweise auf ähnliche Leistungen, durch Mengen- oder statische Berechnungen. ²Zeichnungen und Proben, die für die Ausführung maßgebend sein sollen, sind eindeutig zu bezeichnen.

(3) Leistungen, die nach den Vertragsbedingungen, den Technischen Vertragsbedingungen oder der gewerblichen Verkehrssitte zu der geforderten Leistung gehören (§ 2 Absatz 1 VOB/B), brauchen nicht besonders aufgeführt zu werden.

(4) ¹Im Leistungsverzeichnis ist die Leistung derart aufzugliedern, dass unter einer Ordnungszahl (Position) nur solche Leistungen aufgenommen werden, die nach ihrer technischen Beschaffenheit und für die Preisbildung als in sich gleichartig anzusehen sind. ²Ungleichartige Leistungen sollen unter einer Ordnungszahl (Sammelposition) nur zusammengefasst werden, wenn eine Teilleistung gegenüber einer anderen für die Bildung eines Durchschnittspreises ohne nennenswerten Einfluss ist.

Übersicht

		Rn.			Rn.
I.	Regelungsgehalt und Überblick	1	3.	Verhältnis zu den übrigen Vergabeunterlagen (Abs. 3)	17
II.	Systematische Stellung und Zweck der Norm	2	4.	Aufgliederung des Leistungsverzeichnisses (Abs. 4)	19
III.	Leistungsbeschreibung mit Leistungsverzeichnis	5	5.	Angabe von Zweck und vorgesehener Beanspruchung (Abs. 5)	27
1.	Baubeschreibung und Leistungsverzeichnis (Abs. 1)	6			
2.	Darstellung mit Zeichnungen und anderen Mitteln (Abs. 2)	13	IV.	Dokumentation	28

I. Regelungsgehalt und Überblick

1 § 7b EU regelt ergänzend zu den allgemeinen Anforderungen einer ordnungsgemäßen Leistungsbeschreibung in § 7 EU die besonderen Anforderungen an die Leistungsbeschreibung mit Leistungsverzeichnis. Die Leistungsbeschreibung mit Leistungsverzeichnis ist gekennzeichnet durch die detaillierte Beschreibung der zu erbringenden Bauleistung mittels einzelner Leistungspositionen mit Vordersätzen und Maßeinheiten und – sofern erforderlich – mit Plänen und Probestücken. Diese Art der Ausschreibung stellt die Standardvariante bei der Ausschreibung von Bauleistungen dar.

II. Systematische Stellung und Zweck der Norm

2 § 7b EU steht in engem Zusammenhang mit § 7 EU (Leistungsbeschreibung) und § 7a EU (Technische Spezifikationen, Testberichte, Zertifizierungen, Gütezeichen) und findet sein Gegenstück in § 7c EU (Leistungsbeschreibung mit Leistungsprogramm). Die Anforderungen aus § 7b EU haben zudem maßgeblichen Einfluss auf die konkreten Anforderungen an die Vergabeunterlagen (§ 8 EU).

3 Bis auf wenige redaktionelle Änderungen entspricht § 7b EU dem bisherigen ehemaligen § 7 EG Abs. 9–12 VOB/A 2012. Die Ausgliederung in einen gesonderten Paragrafen sollte der Übersichtlichkeit dienen.[1]

4 § 7b EU regelt die Standardart der Leistungsbeschreibung, die in einer allgemeinen Baubeschreibung und einen in Teilleistungen gegliederten Leistungsverzeichnis (LV) besteht (vgl. § 7b EU Abs. 1). Die maßgebliche Norm für die Darstellung der Vergütung findet sich in § 4 EU.

III. Leistungsbeschreibung mit Leistungsverzeichnis

5 § 7b EU benennt in Abs. 1 die Grundstruktur und in Abs. 2–4 die Modifizierungen für die Grundsätze aus § 7 EU, insbesondere für die erschöpfende Leistungsbeschreibung, den Ausschluss

---

[1] Einführungserlass zur Vergabe- und Vertragsordnung für Bauleistungen (VOB) 2016, Bl 7-81063-6/1 v. 7.4.2016, 3.

ungewöhnlicher Wagnisse und eine Klarstellung zu den Maßstäben nach der Verkehrssitte und der VOB/C.

1. Baubeschreibung und Leistungsverzeichnis (Abs. 1). § 7b EU Abs. 1 stellt klar, dass die dort beschriebene Art der Leistungsbeschreibung der Regelfall ist. Dieser Regelfall besteht aus einer allgemeinen Darstellung der Bauaufgabe, was zugleich die Legaldefinition der Baubeschreibung ist, und einem in Teilleistungen gegliedertes Leistungsverzeichnis. Der Regelfall impliziert, dass nur dann von ihm abgewichen werden sollte, wenn Besonderheiten etwa im Beschaffungsgegenstand oder in der Verwaltungsstruktur des öffentlichen Auftraggebers begründet sind. Wird zB nur ein Gewerk vergeben, so kann unter Umständen die allgemeine Darstellung in einer einfachen Vorbemerkung abgehandelt werden.

Zweck der Baubeschreibung ist, den Bewerbern einen Überblick über den Beschaffungsgegenstand, den technischen Rahmen und die Örtlichkeiten zu geben und damit die Entscheidung über die Teilnahme am Vergabeverfahren zu erleichtern. Somit soll sie auch den Rahmen bieten, das in Teilleistungen bestehende Leistungsverzeichnis als sinnvolles Ganzes zu verstehen. Zugleich solle die Baubeschreibung auch dem Bewerber ermöglichen, die vergütungspflichtigen Leistungen und die vergütungsfreien Nebenleistungen voneinander abzugrenzen. Somit ist es erforderlich, unter Berücksichtigung der DIN 18299 ff. den technischen und qualitativen Rahmen, die Örtlichkeiten und die Zweckbestimmung zu definieren.[2]

Das VHB fordert daher, Angaben zu Zweck, Art und Nutzung des Bauwerks, ausgeführten Vorarbeiten und Leistungen, parallel laufenden Arbeiten, örtlichen Gegebenheiten sowie Verkehrsverhältnissen und schließlich zur Baukonstruktion.[3]

Maßstab für die Angaben ist der Empfängerhorizont eines Fachmanns des betreffenden Gewerks. Es müssen daher nur Erklärungen gegeben werden, die für den Fachmann bezogen auf die Gesamtleistung nicht selbstverständlich sind.[4]

Das Leistungsverzeichnis stellt die geforderten Einzelleistungen detailliert dar und ist quasi eine Liste der Arbeitsschritte und Bauprodukte. Die maßgeblichen Vorgaben sind in § 7b EU Abs. 4 enthalten. Es bildet quasi die Grundlage für die Schlussrechnung nach § 14 VOB/B. Nach dem VHB sind Art und Umfang der zu erbringenden Leistungen sowie alle die Ausführung der Leistung beeinflussenden Umstände zu beschreiben, welche in Form einer Tabelle mit Spalten zu gliedern ist.[5]

Der „Liste" vorgeschaltet soll eine Vorbemerkung sein, die nach VHB technische Vorgaben erhält, die für alle folgenden Leistungen gelten.[6] Wiederholungen aus den Allgemeinen und Zusätzlichen Technischen Vertragsbedingungen sind ebenso zu vermeiden wie Widersprüche zu diesen.

Teilleistungen im Sinne der Norm sind solche Einzelleistungen oder Leistungsteile die gemäß § 7b EU Abs. 4 unter einer Ordnungszahl (Position) mit dem entsprechenden, die geforderte Menge enthaltenden Vordersatz beschrieben werden.[7]

2. Darstellung mit Zeichnungen und anderen Mitteln (Abs. 2). Weil Worte nicht immer genügen, um die Leistungen wie nach § 7 EU Abs. 1 Nr. 1 erschöpfend und eindeutig zu beschreiben, sieht § 7b EU Abs. 2 die Möglichkeit bzw. Pflicht des öffentlichen Auftraggebers vor, in diesen Fällen Zeichnungen, Probestücke oder andere Hilfsmittel zu verwenden. Andere Hilfsmittel sind zum Beispiel Hinweise auf ähnliche Leistungen und durch Mengen- oder statische Berechnungen. All diese Mittel können aber nur ergänzend zur verbalen Beschreibung herangezogen werden.[8]

Zeichnungen müssen selbst wiederum eindeutig sein, ebenso wie übersichtlich und für einen Fachmann verständlich. § 7b EU Abs. 2 S. 2 fordert außerdem, dass sie eindeutig bezeichnet sein müssen und die Zuordnung über Verweise in den jeweiligen Positionen im LV zugeordnet sein müssen.

Muster und Probestücke sind tatsächlich Materialproben oder sonstige „Prototypen". Sie eröffnen den Bietern die Möglichkeit, das wörtlich Beschriebene haptisch und optisch nachzuvollziehen, was etwa bei Oberflächenbeschaffenheiten und besonderen Farben angezeigt sein kann.

Die Aufzählung der Hilfsmittel ist nicht abschließend; der öffentliche Auftraggeber solle eine breite Palette von Möglichkeiten haben, dem Erfordernis der eindeutigen und erschöpfenden Leistungsbeschreibung zu genügen.

---

[2] BGH Urt. v. 22.4.1993 – VII ZR 118/92, NJW-RR 1993, 1109.
[3] VHB, allgemeine Richtlinien Vergabeverfahren (Blatt 100), Ziff. 4.3.2.1.
[4] Ingenstau/Korbion/*v. Wietersheim/Kratzenberg* § 7 Rn. 89.
[5] VHB, allgemeine Richtlinien Vergabeverfahren (Blatt 100), Ziff. 4.3.2.2.
[6] VHB, allgemeine Richtlinien Vergabeverfahren (Blatt 100), Ziff. 4.3.3.
[7] Franke/Kemper/Zanner/Grünhagen/Mertens/*Franke/Kaiser* Rn. 12.
[8] Ingenstau/Korbion/*v. Wietersheim/Kratzenberg* § 7 Rn. 96.

17 **3. Verhältnis zu den übrigen Vergabeunterlagen (Abs. 3).** Da sowohl Wiederholungen als auch Widersprüche in den Vergabeunterlagen dem Bestreben nach einer eindeutigen und erschöpfenden Leistungsbeschreibung abträglich sind, wird in § 7b EU Abs. 3 explizit klargestellt, dass Leistungen, die bereits in Vertragsbedingungen, den Allgemeinen oder Zusätzlichen Technischen Vertragsbedingungen oder nach der gewerblichen Verkehrssitte zu der geforderten Leistung (§ 2 Abs. 1 VOB/B) gehören, nicht besonders in der Leistungsbeschreibung aufgeführt werden müssen. Die Nennung von § 2 Abs. 1 VOB/B stellt klar, dass es sich um Nebenleistungen handelt, die auch ohne gesonderte Vergütung geschuldet sind. Es handelt sich zugleich um Nebenleistungen iSd VOB/C ATV DIN 18299 ff. Auch das VHB stellt klar, dass eine saubere Abgrenzung von Neben- und besonderen Leistungen zu machen ist, da für letztere eine gesonderte Vergütung geschuldet ist und sie daher auch in LV aufgenommen werden sollen.[9]

18 Die gewerbliche Verkehrssitte ist die in dem betreffenden, baugewerblichen Fachzweig herrschende Übung im Sinne einer gelebten Gewohnheit, die im Zweifelsfall auch gutachterlich ermittelt werden kann. Sie spiegelt sich zu Teilen auch in den VOB/C ATV DIN 18299 ff. wider.

19 **4. Aufgliederung des Leistungsverzeichnisses (Abs. 4).** § 7b EU Abs. 4 enthält ergänzend zu § 7b EU Abs. 1 Reglungen zur inhaltlichen Struktur des Leistungsverzeichnisses. Es ist in einer Tabelle aufzugliedern, geordnet nach Ordnungszahlen (Positionen). Als weitere Spalten sind aufzuführen die Vordersätze für die angesetzten Mengen, die Beschreibung der Teilleistung, der Einheitspreis und der Gesamtpreis. Die Spalten müssen somit Angaben enthalten zu den aufgrund der Planungen ermittelten Mengen, dem einzuhaltenden Maße, den technischen und bauphysikalischen Anforderungen, den besonderen örtlichen Gegebenheiten, den besonderen Anforderungen an die Qualitätssicherung, den besonderen, von der VOB/C abweichenden Abrechnungsbestimmungen und anderes mehr.[10]

20 Inhaltlich sind die Leistungspositionen weiter zu unterscheiden in: Normal- oder Grundpositionen, Bedarfs- oder Eventualpositionen, Wahl- oder Alternativpositionen, Zuschlagspositionen und Pauschalpositionen. Mit Ausnahme der Normalpositionen sind die übrigen Positionsarten auch als solche zu bezeichnen, weil sie unmittelbar Einfluss auf die Angebotskalkulation haben können und dies dem Bieter deutlich gemacht werden soll.

21 Bei Normal- oder Grundpositionen sind keine weiteren spezifischen Angaben notwendig. Sie sind mit einem festen Einheits- und Gesamtpreis zu versehen.

22 Bedarfs- oder Eventualpositionen sind nur ausnahmsweise zulässig und beinhalten Leistungen, bei denen sich der Auftraggeber trotz sorgfältiger Ermittlung der Umstände und Planung der Leistung nicht sicher ist, ob sie abgerufen wird (→ § 7 EU Rn. 25).

23 Wahl- oder Alternativpositionen betreffen Leistungen, für die mit gewisser Abweichung bereits eine Grundpositionen besteht und bei deren Umsetzung eben diese Grundposition entfällt.[11]

24 Zuschlagspositionen beinhalten Leistungen, die unter bestimmten, in der Position zu definierenden Bedingungen zusätzlich zu einer Leistung aus einer Grundposition anfallen. Für diese fällt dann auch eine zusätzliche Vergütung an. Sie sind zulässig, wenn bei Aufstellung des Leistungsverzeichnisses noch nicht abschließend feststellbar ist, welche Anforderungen bei der Ausführung an die Leistung entstehen.[12] Typisch sind etwa die Entsorgungsleistungen für Bodenaushub, für den die Bodenklasse noch nicht abschließend bestimmt werden konnte.

25 Schließlich gibt es Sammelpositionen. In diesen dürfen unter engen Voraussetzungen auch ihre technischen Beschaffenheiten nach ungleichartigen Teilleistungen zusammengefasst werden (§ 7b EU Abs. 4 S. 2). Dies ist jedoch nur zulässig, wenn ein Durchschnittspreis gebildet werden kann und dieser gegenüber der anderen Position ohne nennenswerten Einfluss ist. Die Ausweisung einer Sammelposition birgt zugleich die Gefahr, nicht vergleichbare Angebote zu erhalten, da sie auch für den Bieter schwer zu kalkulieren sind.[13]

26 Im Übrigen dürfen in einer Position nach § 7b EU Abs. 4 S. 1 nur nach ihrer technischen Beschaffenheit gleichartige (Teil-)Leistungen zusammengefasst werden. Dies dient dazu, dass für Bieter eine hinreichende Transparenz für die zu beschaffende Leistung besteht und die Preiskalkulation ohne größeren Aufwand erfolgen kann.[14]

27 **5. Angabe von Zweck und vorgesehener Beanspruchung (Abs. 5).** § 7 EU Abs. 1 Nr. 5 sieht vor, dass, sofern es für das Angebot und die Preiskalkulation erforderlich ist, auch der Zweck und die vorgesehene Beanspruchung der fertigen Leistung anzugeben sind. Bezüglich der Erforderlichkeit

---

[9] VHB 2008, allgemeine Richtlinien Vergabeverfahren (Blatt 100), Ziff. 4.5.1 und 4.5.2.
[10] VHB 2008, allgemeine Richtlinien Vergabeverfahren (Blatt 100), Ziff. 4.3.5.
[11] Heiermann/Riedl/Rusam/*Heiermann/Bauer* § 7 Rn. 77 f.
[12] Franke/Kemper/Zanner/Grünhagen/Mertens/*Franke/Kaiser*, 6. Aufl. 2016, Rn. 29.
[13] Heiermann/Riedl/Rusam/*Heiermann/Bauer* § 7 Rn. 78.
[14] Ingenstau/Korbion/*v. Wietersheim/Kratzenberg* § 7 Rn. 106.

kommt dem öffentlichen Auftraggeber ein gewisser Beurteilungsspielraum zu, der nur bedingt gerichtlich überprüfbar ist. Bejaht er allerdings die Erforderlichkeit, steht ihm kein Ermessen mehr zu. Erforderlich sind Angaben zu Zweck und Beanspruchung der fertigen Leistung insbesondere dann, wenn sich aufgrund etwa der erheblichen Beanspruchung oder eines besonderen Zwecks der fertigen Leistung neue Gewährleistungsrisiken bzw. Haftungen für den späteren Auftragnehmer ergeben, der mit Risikozuschlägen in der Kalkulation zu versehen ist.[15] Im Einklang mit den Anforderungen der erschöpfenden eindeutigen Leistungsbeschreibung § 7 EU Abs. 1 Nr. 2 soll daher in der Leistungsbeschreibung ausgeführt werden, ob besonderen Anforderungen beispielsweise an die Widerstandsfähigkeit oder an die Wartungszyklen geknüpft werden.

IV. Dokumentation

Besonders zu dokumentieren sind insbesondere die Entscheidungsgrundlagen für die Aufnahme anderer Positionen als Grundpositionen sowie die Prüfung der Gleichwertigkeit der angebotenen Lösungen.[16] 28

§ 7c EU Leistungsbeschreibung mit Leistungsprogramm

(1) Wenn es nach Abwägen aller Umstände zweckmäßig ist, abweichend von § 7b EU Absatz 1 zusammen mit der Bauausführung auch den Entwurf für die Leistung dem Wettbewerb zu unterstellen, um die technisch, wirtschaftlich und gestalterisch beste sowie funktionsgerechteste Lösung der Bauaufgabe zu ermitteln, kann die Leistung durch ein Leistungsprogramm dargestellt werden.

(2)
1. Das Leistungsprogramm umfasst eine Beschreibung der Bauaufgabe, aus der die Unternehmen alle für die Entwurfsbearbeitung und ihr Angebot maßgebenden Bedingungen und Umstände erkennen können und in der sowohl der Zweck der fertigen Leistung als auch die an sie gestellten technischen, wirtschaftlichen, gestalterischen und funktionsbedingten Anforderungen angegeben sind, sowie gegebenenfalls ein Musterleistungsverzeichnis, in dem die Mengenangaben ganz oder teilweise offengelassen sind.
2. § 7b EU Absatz 2 bis 4 gilt sinngemäß.

(3)
1. Von dem Bieter ist ein Angebot zu verlangen, das außer der Ausführung der Leistung den Entwurf nebst eingehender Erläuterung und eine Darstellung der Bauausführung sowie eine eingehende und zweckmäßig gegliederte Beschreibung der Leistung – gegebenenfalls mit Mengen- und Preisangaben für Teile der Leistung – umfasst. Bei Beschreibung der Leistung mit Mengen- und Preisangaben ist vom Bieter zu verlangen, dass er
2. die Vollständigkeit seiner Angaben, insbesondere die von ihm selbst ermittelten Mengen, entweder ohne Einschränkung oder im Rahmen einer in den Vergabeunterlagen anzugebenden Mengentoleranz vertritt, und
3. etwaige Annahmen, zu denen er in besonderen Fällen gezwungen ist, weil zum Zeitpunkt der Angebotsabgabe einzelne Teilleistungen nach Art und Menge noch nicht bestimmt werden können (z.B. Aushub-, Abbruch- oder Wasserhaltungsarbeiten) – erforderlichenfalls anhand von Plänen und Mengenermittlungen – begründet.

Übersicht

	Rn.			Rn.
I. Regelungsgehalt und Überblick	1	1.	Anwendungsbereich der Leistungsbeschreibung mit Leistungsprogramm (Abs. 1)	7
II. Systematische Stellung und Zweck der Norm	2	2.	Inhalt des Leistungsprogramms (Abs. 2)	13
III. Leistungsbeschreibung mit Leistungsprogramm	6	3.	Anforderungen an die Angebote (Abs. 3)	17
		IV.	Dokumentation	20

---

[15] Ziekow/Völlink/*Trutzel* § 7 EU Rn. 7.
[16] VK Bund Beschl. v. 19.8.2019 – VK 1-55/19, IBRRS 2019, 2840; VK Westfalen Beschl. v. 14.2.2019 – VK 1-44/18, IBRRS 2019, 1073.

I. Regelungsgehalt und Überblick

1 § 7c EU regelt ergänzend zu den allgemeinen Anforderungen einer ordnungsgemäßen Leistungsbeschreibung in § 7 EU die besonderen Anforderungen an die Leistungsbeschreibung mit Leistungsprogramm (funktionale Leistungsbeschreibung). Die Leistungsbeschreibung mit Leistungsprogramm ist dadurch gekennzeichnet, dass der öffentliche Auftraggeber die Bauaufgabe grob beschreibt, die (Entwurfs-)Planung aber zusätzlich zur Bauausführung dem Bieter bzw. späteren Auftragnehmer obliegt.

II. Systematische Stellung und Zweck der Norm

2 § 7c EU steht in engem Zusammenhang mit § 7 EU (Leistungsbeschreibung) und § 7a EU (Technische Spezifikationen, Testberichte, Zertifizierungen, Gütezeichen) und findet sein Gegenstück in § 7b EU (Leistungsbeschreibung mit Leistungsverzeichnis). Die Anforderungen aus § 7c EU haben zudem maßgeblichen Einfluss auf die konkreten Anforderungen an die Vergabeunterlagen (§ 8 EU).

3 Bis auf wenige redaktionelle Änderungen entspricht § 7c EU dem bisherigen ehemaligen § 7 EG Abs. 13–15 VOB/A 2012. Die Ausgliederung in einen gesonderten Paragrafen sollte der Übersichtlichkeit dienen.[1]

4 Während § 7a EU (Leistungsbeschreibung mit Leistungsverzeichnis) die Standardart der Leistungsbeschreibung regelt, sollte die Möglichkeit der Leistungsbeschreibung mit Leistungsprogramm nach § 7c EU nur dann gewählt werden, wenn dies nach Abwägung aller Umstände zweckmäßig ist (vgl. § 7c EU Abs. 1). Dies ist auch dem Umstand geschuldet, dass in einer solchen Ausschreibung die Angebote schwerer vergleichbar sind. Dass sie funktioniert, ist auch § 4 Abs. 2 Nr. 1 VOB/B geschuldet, wonach die Bieter und Auftragnehmer eigenverantwortlich die anerkannten Regeln der Technik sowie gesetzlichen und behördlichen Bestimmungen bei der Ausführung zu beachten haben.

5 Schließlich ist die Leistungsbeschreibung mit Leistungsprogramm eng mit § 4 EU Abs. 1 Nr. 1 verbunden, da meist für die funktional ausgeschriebene Leistung eine Pauschalvergütung angeboten werden soll und beauftragt wird. Da § 4 EU Abs. 1 Nr. 1 bestimmt, dass eine Pauschalvergütung nur dann vereinbart werden soll, wenn mit Änderungen bei der Ausführung nicht zu rechnen ist, ergibt sich auch für die funktionale Leistungsbeschreibung das Erfordernis, der eindeutigen und erschöpfenden, abschließenden Leistungsbeschreibung.

III. Leistungsbeschreibung mit Leistungsprogramm

6 § 7c EU regelt in Abs. 1 den Anwendungsbereich der Leistungsbeschreibung mit Leistungsprogramm, in Abs. 2 und 3 die inhaltlichen Anforderungen an das Leistungsprogramm sowie die Risikoverteilung, was sicherstellen soll, dass den Bietern die geforderte Leistung mit den Risiken hinreichend klar wird und vergleichbare Angebote erstellt werden.

7 **1. Anwendungsbereich der Leistungsbeschreibung mit Leistungsprogramm (Abs. 1).** § 7c EU Abs. 1 stellt klar, dass die Leistungsbeschreibung mit Leistungsprogramm lediglich der Ausnahmefall zur Leistungsbeschreibung mit Leistungsverzeichnis nach § 7b EU sein soll. Denn nach § 7c Abs. 1 soll diese Möglichkeit der Leistungsbeschreibung nur dann gewählt werden, wenn es sich nach Abwägung aller Umstände als zweckmäßig erweist, nicht nur die Bauausführung sondern auch den Entwurf der Leistung dem Wettbewerb zu unterstellen, um die technisch, wirtschaftlich und gestalterisch beste sowie funktionsgerechteste Lösung der Bauaufgabe zu ermitteln.

8 Aus der Definition des Anwendungsbereichs ergibt sich, dass eine funktionale Leistungsbeschreibung insbesondere dann in Betracht kommt, wenn es für eine bestimmte Bauaufgabe unterschiedliche technische Systeme gibt und sich anbietet, eines dieser Systeme der Ausschreibung zugrunde zu legen.[2]

9 Die Frage der Zweckmäßigkeit ist vor allem am Maßstab des Wettbewerbsgebots iSd § 2 EU Abs. 1. S. 1 und dem Diskriminierungsverbot aus § 2 EU Abs. 2 zu beantworten. Die funktionale Leistungsbeschreibung soll den Wettbewerb verstärken, sodass sicherzustellen ist, dass eine hinreichende Anzahl von Bewerbern zu erwarten ist, die in der Lage und gewillt sind, die besondere, dem technischen und wirtschaftlichen Fortschritt dienende Bauaufgabe, welche bzgl. der Planung und Ausführung besondere Kenntnisse erfordert, selbst zu planen und auszuführen.[3]

---

[1] Einführungserlass zur Vergabe- und Vertragsordnung für Bauleistungen (VOB) 2016, BI 7-81063-6/1 vom 7.4.2016, 9.
[2] BeckOK VergabeR/*von dem Knesebeck*, 20. Ed. 30.4.2021, Rn. 3.
[3] Ingenstau/Korbion/*v. Wietersheim/Kratzenberg* § 7 Rn. 128.

III. Leistungsbeschreibung mit Leistungsprogramm

Nach VHB ist eine funktionale Leistungsbeschreibung zweckmäßig, wenn aus Gründen der fertigungsgerechten Planung erforderlich ist, wegen der Verschiedenartigkeit von Systemen den Bietern freizustellen, die Gesamtleistung passend zu ihrem eigenen System (im Leistungsverzeichnis) aufzugliedern und anzubieten oder mehrere technische Lösungen möglich sind, die im Einzelnen nicht neutral beschrieben werden können und die Angebote die Grundlage für die Entscheidung des Auftraggebers nach Wirtschaftlichkeit und Funktionsgerechtigkeit sein sollen.[4]

Typische Anwendungsfälle sind Einheiten von Gebäuden, die in der bestimmten Ausführung mehrfach beschafft werden soll, wie Schulgebäude, Krankhäuser etc. Zusätzlich bietet sich die funktionale Leistungsbeschreibung bei innovativen Lösungen an.[5]

Es genügt nicht, die Zweckmäßigkeit allein auf die gestalterisch beste Lösung zu stützen,[6] vielmehr müssen die Zweckmäßigkeitskriterien der technischen, wirtschaftlichen, gestalterischen und funktionellen Anforderungen kumulativ vorliegen. Hinzukommen müssen Wirtschaftlichkeitsuntersuchungen des Auftraggebers, die insbesondere die Angemessenheit der Planungskosten zu dem Nutzen der Bauaufgabe beurteilen müssen.[7]

2. Inhalt des Leistungsprogramms (Abs. 2). § 7c EU Abs. 2 Nr. 1 definiert die inhaltlichen Anforderungen an die Beschreibung der Bauaufgabe. Grundsätzlich kann sie verbal erfolgen. Außerdem kommt ein Rahmenentwurf oder auch ein Musterleistungsverzeichnis in Betracht, im dem die jeweiligen Bieter Abmessungen selbst festlegen und Materialien bestimmen müssen.[8]

§ 7c EU Abs. 2 Nr. 2 bestimmt, dass § 7b EU Abs. 2–4 sinngemäß gelten. Für die dort definierten Anforderungen wird auf die entsprechende Kommentierung verwiesen.

Aus der Bauaufgabenbeschreibung müssen für die Bieter alle Umstände ersichtlich werden, die für die Entwurfsbearbeitung für die Angebote von Relevanz sind. Ihr muss der Zweck der fertigen Leistung und die technischen, wirtschaftlichen, gestalterischen und funktionsbedingten Anforderungen sowie die örtlichen Gegebenheiten zu entnehmen sein, was ggf. durch Zeichnungen und Probestücke oder Muster zu ermöglichen ist; die DIN 18299 ff. Teil O sind zu beachten.

Der öffentliche Auftraggeber muss bei der Erstellung des Leistungsprogramms besondere Sorgfalt walten lassen, denn die Beschreibung muss alle für den zu erstellenden Entwurf und das Angebot maßgeblichen Angaben enthalten, welche so eindeutig und erschöpfend beschrieben werden müssen, dass vergleichbare Angebote zu erwarten sind.[9] Somit ist entscheidend, dass der öffentliche Auftraggeber – ggf. unter Hinzuziehung externen Sachverstands – eindeutig definiert, welche Planungsleistung vom Bieter zu erbringen ist und anstatt der einzelnen Leistungen, die Kriterien für die Angebotserteilung so genau definiert, dass von den Bietern erkannt werden kann, auf welche Parameter der öffentliche Auftraggeber die Zuschlagsentscheidung stützt. Zu den hierfür notwendigen Angaben vergleiche VHB 2008.[10]

3. Anforderungen an die Angebote (Abs. 3). § 7c EU Abs. 3 Nr. 1 stellt klar, dass die Bieter die Planung und Ausführung nach den Maßstäben der §§ 7, 7a EU ausführlich beschreiben müssen.[11] Folglich wird die sonst dem öffentlichen Auftraggeber obliegende Aufgabe auf den Bieter übertragen. Das VHB sieht vor, dass der öffentliche Auftraggeber in der Aufforderung zur Angebotsabgabe (§ 8 EU Abs. 1 Nr. 1) verlangen kann, dass der Bieter das Angebot so abgibt, dass Art und Umfang der Leistung eindeutig bestimmt sind, die Erfüllungen der Forderungen des Leistungsprogramms nachgewiesen sind, die Angemessenheit der geforderten Preise beurteilt und nach Abschluss der Arbeiten die vertragsgemäße Erfüllung zweifelsfrei geprüft werden kann.[12]

§ 7c EU Abs. 3 Nr. 2 normiert die Pflicht der Bieter und späteren Auftragnehmer für die selbst ermittelten Mengenangaben einzustehen. Jedoch hat der Auftraggeber eine Mengentoleranz hinzunehmen.[13]

§ 7c EU Abs. 3 Nr. 3 reguliert die Möglichkeit, von den Bietern zu verlangen, dass sie begründen müssen, wie sie ihre Annahmen für die Erstellung des Leistungsverzeichnisses getroffen haben.

---

[4] VHB, allgemeine Richtlinien Vergabeverfahren (Blatt 100), Ziff. 4.4.1.1.
[5] VK Sachsen Beschl. v. 29.8.2018 – 1/SVK/027-18, IBRRS 2018, 3733.
[6] VHB, allgemeine Richtlinien Vergabeverfahren (Blatt 100), Ziff. 4.4.1.3.
[7] OLG Brandenburg Beschl. v. 19.9.2003 – Verg W 4/03, VergabeR 2004, 69.
[8] OLG Brandenburg Beschl. v. 19.9.2003 – Verg W 4/03, VergabeR 2004, 69.
[9] VHB allgemeine Richtlinien Vergabeverfahren (Blatt 100), Ziff. 4.4.1.4.
[10] VHB allgemeine Richtlinien Vergabeverfahren (Blatt 100), Anhang 9 (Leistungsbeschreibung mit Leistungsprogramm), Nr. 1 f.
[11] BeckOK VergabeR/*von dem Knesebeck*, 20. Ed. 30.4.2021, Rn. 21 f.
[12] VHB Anhang 9 (Leistungsbeschreibung mit Leistungsprogramm), Nr. 5.
[13] BeckOK VergabeR/*von dem Knesebeck*, 20. Ed. 30.4.2021, Rn. 21 f.

So soll sichergestellt werden, dass die Bieter in ihren Planungsansätzen nicht weitergehen, als es einem Auftraggeber erlaubt wäre.

IV. Dokumentation

20   Besonders zu dokumentieren ist die Wahl der Leistungsbeschreibung mit Leistungsprogramm statt der Leistungsbeschreibung mit Leistungsverzeichnis.

§ 8 EU Vergabeunterlagen

(1) Die Vergabeunterlagen bestehen aus
1. dem Anschreiben (Aufforderung zur Angebotsabgabe gemäß Absatz 2 Nummer 1 bis 3), gegebenenfalls Teilnahmebedingungen (Absatz 2 Nummer 6) und
2. den Vertragsunterlagen (§ 8a EU und §§ 7 EU bis 7c EU).

(2)
1. Das Anschreiben muss die nach Anhang V Teil C der Richtlinie 2014/24/EU geforderten Informationen enthalten, die außer den Vertragsunterlagen für den Entschluss zur Abgabe eines Angebots notwendig sind, sofern sie nicht bereits veröffentlicht wurden.
2. In den Vergabeunterlagen kann der öffentliche Auftraggeber den Bieter auffordern, in seinem Angebot die Leistungen, die er im Wege von Unteraufträgen an Dritte zu vergeben gedenkt, sowie die gegebenenfalls vorgeschlagenen Unterauftragnehmer mit Namen, gesetzlichen Vertretern und Kontaktdaten anzugeben.
3. [1]Der öffentliche Auftraggeber kann Nebenangebote in der Auftragsbekanntmachung oder in der Aufforderung zur Interessensbestätigung zulassen oder vorschreiben. [2]Fehlt eine entsprechende Angabe, sind keine Nebenangebote zugelassen. [3]Nebenangebote müssen mit dem Auftragsgegenstand in Verbindung stehen. [4]Hat der öffentliche Auftraggeber in der Auftragsbekanntmachung oder in der Aufforderung zur Interessensbestätigung Nebenangebote zugelassen oder vorgeschrieben, hat er anzugeben,
   a) in welcher Art und Weise Nebenangebote einzureichen sind, insbesondere, ob er Nebenangebote ausnahmsweise nur in Verbindung mit einem Hauptangebot zulässt,
   b) die Mindestanforderungen an Nebenangebote.
[5]Die Zuschlagskriterien sind so festzulegen, dass sie sowohl auf Hauptangebote als auch auf Nebenangebote anwendbar sind. [6]Es ist auch zulässig, dass der Preis das einzige Zuschlagskriterium ist.
[7]Von Bietern, die eine Leistung anbieten, deren Ausführung nicht in Allgemeinen Technischen Vertragsbedingungen oder in den Vergabeunterlagen geregelt ist, sind im Angebot entsprechende Angaben über Ausführung und Beschaffenheit dieser Leistung zu verlangen.
4. Der öffentliche Auftraggeber kann in der Auftragsbekanntmachung oder in der Aufforderung zur Interessensbestätigung angeben, dass er die Abgabe mehrerer Hauptangebote nicht zulässt.
5. Der öffentliche Auftraggeber hat an zentraler Stelle in den Vergabeunterlagen abschließend alle Unterlagen im Sinne von § 16a EU Absatz 1 mit Ausnahme von Produktangaben anzugeben.
6. Öffentliche Auftraggeber, die ständig Bauaufträge vergeben, sollen die Erfordernisse, die die Unternehmen bei der Bearbeitung ihrer Angebote beachten müssen, in den Teilnahmebedingungen zusammenfassen und dem Anschreiben beifügen.

I. Allgemeines

1   § 8 EU ist weitestgehend identisch mit § 8. Teilweise sind die Unterschiede nur sprachlicher Art. So spricht § 8 beispielsweise von „Auftraggebern", während es in § 8 EU „öffentliche Auftraggeber" heißt. § 8 verwendet den Begriff des „Nachunternehmers", während es in § 8 EU „Unterauftragnehmer" heißt. Inhaltliche Unterschiede sind damit nicht verbunden. Im Folgenden werden nur die Besonderheiten und Abweichungen gegenüber § 8 dargestellt. Im Übrigen wird auf die Kommentierung zu § 8 verwiesen (→ § 8 Rn. 1 ff.).

II. Anschreiben

2   Während die VOB/A – unterhalb der EU-Schwellenwerte – keine ausdrückliche Verpflichtung zur Angabe der **Zuschlagkriterien** enthält – weder für die Bekanntmachung noch für das Anschrei-

ben –, ist der Auftraggeber oberhalb der EU-Schwellenwerte verpflichtet, die Zuschlagskriterien und deren Gewichtung bekannt zu machen. Die Verpflichtung zur Aufnahme der Zuschlagskriterien und deren Gewichtung in die Bekanntmachung ergibt sich aus § 8 EU Abs. 2 Nr. 1 iVm Anhang V Teil C Richtlinie 2014/24/EU.

Auch soweit die Benennung der Zuschlagskriterien und deren Gewichtung bereits in der Bekanntmachung erfolgt sind, sollte der Auftraggeber diese nochmals in den Vergabeunterlagen (dort im Anschreiben) wiederholen.[1] Zu den Einzelheiten der Zuschlagskriterien und deren Gewichtung wird auf die Kommentierung zu § 16d EU verwiesen (→ § 16d EU Rn. 1 ff.). 3

III. Nebenangebote

1. Zulassung von Nebenangeboten. Bei EU-Vergaben, dh bei Erreichen oder Überschreiten 4 der EU-Schwellenwerte, sind Nebenangebote nur zulässig, wenn sie vom Auftraggeber ausdrücklich zugelassen wurden. Oberhalb der EU-Schwellenwerte ist also eine positive Zulassung erforderlich.[2] Dies gilt auch für isolierte Nebenangebote. Die Zulassung muss bereits in der Bekanntmachung erfolgen und zwar ausdrücklich; eine nachträgliche Zulassung in den Vergabeunterlagen ist nicht möglich.[3]

Der Auftraggeber kann – jedenfalls im Oberschwellenbereich – **ausdrücklich Nebenangebote** 5 **verlangen.** Dies ergibt sich im EU-Vergaberecht aus § 35 Abs. 1 VgV und § 8 EU Abs. 2 Nr. 3. Wenngleich dies für den Unterschwellenbereich bislang weder geregelt noch ausdrücklich entschieden ist, wurde dies auch bislang schon für den Unterschwellenbereich vertreten.[4]

Nach § 13 EU Abs. 3 S. 1 hat der Bieter die Anzahl der von ihm abgegebenen Angebote 6 anzugeben und zwar an einer in den Vergabeunterlagen vom Auftraggeber vorgegebenen Stelle. Zutreffend wird darauf hingewiesen, dass der Auftraggeber dazu eine solche Stelle in den Vergabeunterlagen vorzusehen hat.[5] Nach § 13 EU Abs. 3 S. 2 müssen die Nebenangebote auf einer besonderen Anlage erstellt und als solche deutlich gekennzeichnet werden. Nebenangebote die den Vorgaben des § 13 EU Abs. 3 S. 2 nicht entsprechen, sind gem. § 16 EU Nr. 6 auszuschließen.

Gemäß § 13 EU Abs. 6 hat der Auftraggeber unter anderen auf die beiden Formerfordernisse 7 des § 13 EU Abs. 3 S. 1 und 2 hinzuweisen.

2. Mindestanforderungen an Nebenangebote. Bei Vergaben oberhalb der EU-Schwellen- 8 werte hat der Auftraggeber gem. § 8 EU Abs. 3 Nr. 3 lit. b die Mindestanforderungen für Nebenangebote (in der Bekanntmachung oder der Aufforderung zur Interessensbestätigung) anzugeben. Der allgemeine Hinweis des Auftraggebers auf das Erfordernis der Gleichwertigkeit des Nebenangebots mit dem Hauptangebot genügt nicht.[6] Die VOB/A enthält eine solche Vorgabe für nationale Vergaben nicht. Wenngleich die Aussage, dass Nebenangebote nur wertbar sind, wenn der öffentliche Auftraggeber in den Vergabeunterlagen insoweit Mindestanforderungen festgelegt hat,[7] gleichwohl für Vergaben unterhalb der EU-Schwellenwerte Geltung beanspruchen kann, wird die Angabe von Mindestanforderungen hier gemeinhin abgelehnt.[8]

§ 8a EU Allgemeine, Besondere und Zusätzliche Vertragsbedingungen

(1) [1]In den Vergabeunterlagen ist vorzuschreiben, dass die Allgemeinen Vertragsbedingungen für die Ausführung von Bauleistungen (VOB/B) und die Allgemeinen Technischen Vertragsbedingungen für Bauleistungen (VOB/C) Bestandteile des Vertrags werden. [2]Das gilt auch für etwaige Zusätzliche Vertragsbedingungen und etwaige Zusätzliche Technische Vertragsbedingungen, soweit sie Bestandteile des Vertrags werden sollen.

(2)
1. [1]Die Allgemeinen Vertragsbedingungen bleiben grundsätzlich unverändert. [2]Sie können von öffentlichen Auftraggebern, die ständig Bauaufträge vergeben, für die bei ihnen allgemein gegebenen Verhältnisse durch Zusätzliche Vertragsbedingungen

---

[1] Ohlerich in Gabriel/Krohn/Neun VergabeR-HdB § 20 Rn. 10, 14.
[2] Kapellmann/Messerschmidt/Frister § 16 EU Rn. 5.
[3] Ohlerich in Gabriel/Krohn/Neun VergabeR-HdB § 20 Rn. 19.
[4] Beck VOB/A/Brinker/Ohler, 1. Aufl. 2001, § 25 Rn. 135 (zu der entsprechenden Vorschrift der VOB/A in der Fassung vom Mai 2000).
[5] Ohlerich in Gabriel/Krohn/Neun VergabeR-HdB § 20 Rn. 22.
[6] OLG Düsseldorf Beschl. v. 23.12.2009 – Verg 30/09, BeckRS 2010, 4614.
[7] EuGH Urt. v. 16.10.2003 – C-241/01, VergabeR 2004, 50 – Traunfeller.
[8] BGH Urt. v. 30.8.2011 – X ZR 55/10, NZBau 2012, 46; Ingenstau/Korbion/von Wietersheim § 8 Rn. 12 („Formalismus"); aA OLG Zweibrücken Beschl. v. 24.1.2008 – 6 U 25/06, ZfBR 2009, 202.

ergänzt werden. ³Diese dürfen den Allgemeinen Vertragsbedingungen nicht widersprechen.

2. ¹Für die Erfordernisse des Einzelfalles sind die Allgemeinen Vertragsbedingungen und etwaige Zusätzliche Vertragsbedingungen durch Besondere Vertragsbedingungen zu ergänzen. ²In diesen sollen sich Abweichungen von den Allgemeinen Vertragsbedingungen auf die Fälle beschränken, in denen dort besondere Vereinbarungen ausdrücklich vorgesehen sind und auch nur soweit es die Eigenart der Leistung und ihre Ausführung erfordern.

(3) ¹Die Allgemeinen Technischen Vertragsbedingungen bleiben grundsätzlich unverändert. ²Sie können von öffentlichen Auftraggebern, die ständig Bauaufträge vergeben, für die bei ihnen allgemein gegebenen Verhältnisse durch Zusätzliche Technische Vertragsbedingungen ergänzt werden. ³Für die Erfordernisse des Einzelfalles sind Ergänzungen und Änderungen in der Leistungsbeschreibung festzulegen.

(4)
1. In den Zusätzlichen Vertragsbedingungen oder in den Besonderen Vertragsbedingungen sollen, soweit erforderlich, folgende Punkte geregelt werden:
    a) Unterlagen (§ 8b EU Absatz 2; § 3 Absatz 5 und 6 VOB/B),
    b) Benutzung von Lager- und Arbeitsplätzen, Zufahrtswegen, Anschlussgleisen, Wasser- und Energieanschlüssen (§ 4 Absatz 4 VOB/B),
    c) Weitervergabe an Nachunternehmen (§ 4 Absatz 8 VOB/B),
    d) Ausführungsfristen (§ 9 EU; § 5 VOB/B),
    e) Haftung (§ 10 Absatz 2 VOB/B),
    f) Vertragsstrafen und Beschleunigungsvergütungen (§ 9a EU; § 11 VOB/B),
    g) Abnahme (§ 12 VOB/B),
    h) Vertragsart (§§ 4 EU, 4a EU), Abrechnung (§ 14 VOB/B),
    i) Stundenlohnarbeiten (§ 15 VOB/B),
    j) Zahlungen, Vorauszahlungen (§ 16 VOB/B),
    k) Sicherheitsleistung (§ 9c EU; § 17 VOB/B),
    l) Gerichtsstand (§ 18 Absatz 1 VOB/B),
    m) Lohn- und Gehaltsnebenkosten,
    n) Änderung der Vertragspreise (§ 9d EU).
2. ¹Im Einzelfall erforderliche besondere Vereinbarungen über die Mängelansprüche sowie deren Verjährung (§ 9b EU; § 13 Absatz 1, 4 und 7 VOB/B) und über die Verteilung der Gefahr bei Schäden, die durch Hochwasser, Sturmfluten, Grundwasser, Wind, Schnee, Eis und dergleichen entstehen können (§ 7 VOB/B), sind in den Besonderen Vertragsbedingungen zu treffen. ²Sind für bestimmte Bauleistungen gleichgelagerte Voraussetzungen im Sinne von § 9b EU gegeben, so dürfen die besonderen Vereinbarungen auch in Zusätzlichen Technischen Vertragsbedingungen vorgesehen werden.

1 § 8a EU entspricht § 8a, sodass auf die dortige Kommentierung verwiesen werden kann (→ § 8a Rn. 1 ff.).

§ 8b EU Kosten- und Vertrauensregelung, Schiedsverfahren

(1)
1. ¹Für die Bearbeitung des Angebotes wird keine Entschädigung gewährt. ²Verlangt jedoch der öffentliche Auftraggeber, dass das Unternehmen Entwürfe, Pläne, Zeichnungen, statische Berechnungen, Mengenberechnungen oder andere Unterlagen ausarbeitet, insbesondere in den Fällen des § 7c EU, so ist einheitlich für alle Bieter in der Ausschreibung eine angemessene Entschädigung festzusetzen. ³Diese Entschädigung steht jedem Bieter zu, der ein der Ausschreibung entsprechendes Angebot mit den geforderten Unterlagen rechtzeitig eingereicht hat.
2. Diese Grundsätze gelten für Verhandlungsverfahren, wettbewerbliche Dialoge und Innovationspartnerschaften entsprechend.

(2) ¹Der öffentliche Auftraggeber darf Angebotsunterlagen und die in den Angeboten enthaltenen eigenen Vorschläge eines Bieters nur für die Prüfung und Wertung der Angebote (§§ 16c EU und 16d EU) verwenden. ²Eine darüber hinausgehende Verwendung bedarf der vorherigen schriftlichen Vereinbarung.

(3) Sollen Streitigkeiten aus dem Vertrag unter Ausschluss des ordentlichen Rechtsweges im schiedsrichterlichen Verfahren ausgetragen werden, so ist es in besonderer, nur das Schiedsverfahren betreffender Urkunde zu vereinbaren, soweit nicht § 1031 Absatz 2 ZPO auch eine andere Form der Vereinbarung zulässt.

§ 8b EU entspricht § 8b, sodass auf die dortige Kommentierung verwiesen werden kann (→ § 8b Rn. 1 ff.). 1

§ 8c EU Anforderungen an energieverbrauchsrelevante Waren, technische Geräte oder Ausrüstungen

(1) Wenn die Lieferung von energieverbrauchsrelevanten Waren, technischen Geräten oder Ausrüstungen wesentlicher Bestandteil einer Bauleistung ist, müssen die Anforderungen der Absätze 2 bis 4 beachtet werden.

(2) In der Leistungsbeschreibung sollen im Hinblick auf die Energieeffizienz insbesondere folgende Anforderungen gestellt werden:
1. das höchste Leistungsniveau an Energieeffizienz und
2. soweit vorhanden, die höchste Energieeffizienzklasse im Sinne der Energieverbrauchskennzeichnungsverordnung.

(3) In der Leistungsbeschreibung oder an anderer geeigneter Stelle in den Vergabeunterlagen sind von den Bietern folgende Informationen zu fordern:
1. konkrete Angaben zum Energieverbrauch, es sei denn, die auf dem Markt angebotenen Waren, technischen Geräte oder Ausrüstungen unterscheiden sich im zulässigen Energieverbrauch nur geringfügig, und
2. in geeigneten Fällen,
   a) eine Analyse minimierter Lebenszykluskosten oder
   b) die Ergebnisse einer Buchstabe a vergleichbaren Methode zur Überprüfung der Wirtschaftlichkeit.

(4) Sind energieverbrauchende Waren, technische Geräte oder Ausrüstungen wesentlicher Bestandteil einer Bauleistung und sind über die in der Leistungsbeschreibung gestellten Mindestanforderungen hinsichtlich der Energieeffizienz hinaus nicht nur geringfügige Unterschiede im Energieverbrauch zu erwarten, ist das Zuschlagskriterium „Energieeffizienz" zu berücksichtigen.

Ist die Lieferung von energieverbrauchsrelevanten Waren, technischen Geräten oder Ausrüstungen wesentlicher Bestandteil einer Bauleistung, müssen gem. § 8c EU die Anforderungen der Abs. 2–4 beachtet werden. Die VOB/A kennt keine § 8c EU entsprechende Vorschrift. § 8c EU entspricht aber im Wesentlichen § 67 VgV, sodass auf die dortige Kommentierung verwiesen werden kann (→ VgV § 67 Rn. 1 ff.).[1] 1

§ 8c EU enthält keine § 67 Abs. 4 VgV entsprechende Regelung, dass der Auftraggeber von den Bietern übermittelte Informationen überprüfen und hierzu ergänzende Erläuterungen fordern darf. Die Vorschrift ist ohnehin überflüssig, da dieses Recht – auch ohne entsprechende Regelung – besteht.[2] 2

Im Ergebnis hat § 8c EU folglich keinen anderen Regelungsgehalt als § 67 VgV.[3] 3

§ 9 EU Ausführungsfristen, Einzelfristen, Verzug

(1)
1. ¹Die Ausführungsfristen sind ausreichend zu bemessen; Jahreszeit, Arbeitsbedingungen und etwaige besondere Schwierigkeiten sind zu berücksichtigen. ²Für die Bauvorbereitung ist dem Auftragnehmer genügend Zeit zu gewähren.
2. Außergewöhnlich kurze Fristen sind nur bei besonderer Dringlichkeit vorzusehen.
3. Soll vereinbart werden, dass mit der Ausführung erst nach Aufforderung zu beginnen ist (§ 5 Absatz 2 VOB/B), so muss die Frist, innerhalb derer die Aufforderung ausge-

---
[1] Ziekow/Völlink/Greb Rn. 1.
[2] Ziekow/Völlink/Greb Rn. 2.
[3] Ziekow/Völlink/Greb Rn. 2.

sprochen werden kann, unter billiger Berücksichtigung der für die Ausführung maßgebenden Verhältnisse zumutbar sein; sie ist in den Vergabeunterlagen festzulegen.

(2)
1. Wenn es ein erhebliches Interesse des öffentlichen Auftraggebers erfordert, sind Einzelfristen für in sich abgeschlossene Teile der Leistung zu bestimmen.
2. Wird ein Bauzeitenplan aufgestellt, damit die Leistungen aller Unternehmen sicher ineinandergreifen, so sollen nur die für den Fortgang der Gesamtarbeit besonders wichtigen Einzelfristen als vertraglich verbindliche Fristen (Vertragsfristen) bezeichnet werden.

(3) Ist für die Einhaltung von Ausführungsfristen die Übergabe von Zeichnungen oder anderen Unterlagen wichtig, so soll hierfür ebenfalls eine Frist festgelegt werden.

(4) [1]Der öffentliche Auftraggeber darf in den Vertragsunterlagen eine Pauschalierung des Verzugsschadens (§ 5 Absatz 4 VOB/B) vorsehen; sie soll fünf Prozent der Auftragssumme nicht überschreiten. [2]Der Nachweis eines geringeren Schadens ist zuzulassen.

1 Fraglich ist, welche Rechtsfolgen ein Verstoß gegen die Vorgaben des § 9 hat. Die hängt von der – umstrittenen – Frage ab, ob **§ 9 EU bieterschützende Wirkung zukommt**.[1] Nach **Ansicht von Schneider**[2] enthält jedenfalls § 9 EU Abs. 1 und Abs. 2 Nr. 1 zwingendes Recht. Der Öffentliche Auftraggeber muss also, um eine ordnungsgemäße Vergabe durchzuführen, an die vergaberechtlichen Vorgaben halten.[3] Demgegenüber handelt es sich bei Abs. 2 Nr. 2 und Abs. 3 um „Soll"-Vorschriften, von den (nur) im Ausnahmefall abgewichen werden darf.[4] Der Abs. 4 S. 1 Hs. 1 enthält eine „Kann"-Vorschrift, während Abs. 4 S. 1 Hs. 2 wiederum eine „Soll"-Vorschrift und Abs. 4 S. 2 eine „Muss"-Vorschrift enthält.[5] Nach **Ansicht von Motzke**[6] hat § 9 EU keinen prozeduralen Charakter. Es handle sich bei § 9 EU nicht um eine Verfahrensvorschrift, die im Falle ihrer Verletzung eine Rechtsschutzmöglichkeit zugunsten des Bieters eröffne (§ 97 Abs. 6 GWB). Die Vorschrift versuche zwar durch die Verwendung der Worte „sind zu" und „sollen" den Eindruck einer zwingenden Vorschrift zu vermittelt, jedoch handle es sich letztlich nur um eine Empfehlung an den Auftraggeber. § 9 listet – wie eine Checkliste – nur „Erinnerungsposten" auf, die jedoch keinesfalls dem Schutz des Bieters zu dienen bestimmt seien. Sinn und Zweck ist, dem Auftraggeber Regelungsbedürfnisse aufzuzeigen.[7] Darin erschöpfe sich die Bedeutung des § 9.

2 § 9 EU entspricht § 9, sodass im Übrigen auf die Kommentierung zu § 9 verwiesen werden kann (→ § 9 Rn. 1 ff.).

§ 9a EU Vertragsstrafen, Beschleunigungsvergütung

[1]Vertragsstrafen für die Überschreitung von Vertragsfristen sind nur zu vereinbaren, wenn die Überschreitung erhebliche Nachteile verursachen kann. [2]Die Strafe ist in angemessenen Grenzen zu halten. [3]Beschleunigungsvergütungen (Prämien) sind nur vorzusehen, wenn die Fertigstellung vor Ablauf der Vertragsfristen erhebliche Vorteile bringt.

1 Der vergaberechtlich (unstreitig) zwingende Charakter[1] von § 9a EU S. 1–3 und führt nicht automatisch dazu, dass der Vorschrift bieterschützender Charakter iSv § 97 Abs. 7 GWB zukommt und ein Bieter den Verstoß gegen § 9a EU geltend machen kann. Daher ist umstritten, ob § 9a EU bieterschützende Charakter hat. Nach **Ansicht von Motzke** handelt es sich bei § 9a EU nur um eine „materiell-rechtliche Ordnungsvorschrift", der auch bei EU-Vergaben keine bieterschützende Wirkung zukomme.[2]

---

[1] Bejahend: Kapellmann/Messerschmidt/*Schneider* § 9 Rn. 14; ablehnend Beck VOB/A/*Motzke*, 1. Aufl. 2001, § 11 Rn. 4 (zu der entsprechenden Vorschrift der VOB/A in der Fassung vom Mai 2000).
[2] Kapellmann/Messerschmidt/*Schneider* § 9 Rn. 10.
[3] Kapellmann/Messerschmidt/*Schneider* § 9 Rn. 10.
[4] Kapellmann/Messerschmidt/*Schneider* § 9 Rn. 11.
[5] Kapellmann/Messerschmidt/*Schneider* § 9 Rn. 12.
[6] Beck VOB/A/*Motzke*, 1. Aufl. 2001, § 11 Rn. 4 (zu der entsprechenden Vorschrift der VOB/A in der Fassung vom Mai 2000).
[7] Beck VOB/A/*Motzke* § 11 Rn. 27.

[1] Kapellmann/Messerschmidt/*Langen*, 5. Aufl. 2015, § 9 Rn. 73; ebenso in der 7. Aufl. 2020 Kapellmann/Messerschmidt/*Schneider* § 9 Rn. 1.
[2] Beck VOB/A/*Motzke*, 1. Aufl. 2001, § 12 Rn. 8 (zu der entsprechenden Vorschrift der VOB/A in der Fassung vom Mai 2000).

Nach **Auffassung von Langen**[3] sei zu differenzieren. Im Unterschwellenbereich könne der Bieter den Verstoß gegen § 9a (oder gegen andere Vorschriften des Vergaberechts) grundsätzlich nicht gerichtlich überprüfen lassen, da § 9a – wie auch den anderen Bestimmungen der VOB/A – nur der Charakter einer innerdienstlichen Verwaltungsvorschrift zukomme, die keine unmittelbaren Rechtwirkungen im Außenverhältnis begründen könne.[4] Bei europaweiten Vergaben komme den Bestimmungen der VOB/A über § 113 GWB in Verbindung mit den Vorschriften der VgV hingegen Gesetzescharakter zu, sodass sich gemäß § 97 Abs. 6 GWB ein subjektives Recht des Bieters auf Einhaltung ergebe und zwar nicht nur auf Einhaltung der Verfahrensbestimmungen der VOB/A, sondern auch der materiell-rechtlichen Vergabebestimmungen.[5] Bei europaweiten Vergaben könne der Bieter also nicht nur den Verstoß gegen § 7 EU oder gegen § 9 EU im Nachprüfungsverfahren beanstanden, sondern auch einen Verstoß gegen § 9a EU–9d EU.[6] § 9a EU hat damit bei Vergaben oberhalb der Schwellenwerte bieterschützenden Charakter.[7]

§ 9a EU entspricht § 9a, sodass im Übrigen auf die Kommentierung zu § 9a verwiesen werden kann (→ § 9a Rn. 1 ff.).

§ 9b EU Verjährung der Mängelansprüche

¹Andere Verjährungsfristen als nach § 13 Absatz 4 VOB/B sollen nur vorgesehen werden, wenn dies wegen der Eigenart der Leistung erforderlich ist. ²In solchen Fällen sind alle Umstände gegeneinander abzuwägen, insbesondere, wann etwaige Mängel wahrscheinlich erkennbar werden und wieweit die Mängelursachen noch nachgewiesen werden können, aber auch die Wirkung auf die Preise und die Notwendigkeit einer billigen Bemessung der Verjährungsfristen für Mängelansprüche.

§ 9b EU entspricht § 9b, sodass auf die Kommentierung zu § 9b verwiesen werden kann (→ § 9b Rn. 1 ff.).

§ 9c EU Sicherheitsleistung

(1) ¹Auf Sicherheitsleistung soll ganz oder teilweise verzichtet werden, wenn Mängel der Leistung voraussichtlich nicht eintreten. ²Unterschreitet die Auftragssumme 250 000 Euro ohne Umsatzsteuer, ist auf Sicherheitsleistung für die Vertragserfüllung und in der Regel auf Sicherheitsleistung für die Mängelansprüche zu verzichten. ³Bei nicht offenen Verfahren sowie bei Verhandlungsverfahren und wettbewerblichen Dialogen sollen Sicherheitsleistungen in der Regel nicht verlangt werden.

(2) ¹Die Sicherheit soll nicht höher bemessen und ihre Rückgabe nicht für einen späteren Zeitpunkt vorgesehen werden, als nötig ist, um den öffentlichen Auftraggeber vor Schaden zu bewahren. ²Die Sicherheit für die Erfüllung sämtlicher Verpflichtungen aus dem Vertrag soll fünf Prozent der Auftragssumme nicht überschreiten. ³Die Sicherheit für Mängelansprüche soll drei Prozent der Abrechnungssumme nicht überschreiten.

§ 9c EU entspricht § 9c, sodass auf die Kommentierung zu § 9c verwiesen werden kann (→ § 9c Rn. 1 ff.).

§ 9d EU Änderung der Vergütung

¹Sind wesentliche Änderungen der Preisermittlungsgrundlagen zu erwarten, deren Eintritt oder Ausmaß ungewiss ist, so kann eine angemessene Änderung der Vergütung in den Vertragsunterlagen vorgesehen werden. ²Die Einzelheiten der Preisänderungen sind festzulegen.

§ 9d EU entspricht § 9d, sodass auf die Kommentierung zu § 9d verwiesen werden kann (→ § 9d Rn. 1 ff.).

---

[3] Kapellmann/Messerschmidt/*Langen*, 5. Aufl. 2015, § 9 Rn. 74.
[4] Kapellmann/Messerschmidt/*Langen*, 5. Aufl. 2015, § 9 Rn. 74.
[5] Kapellmann/Messerschmidt/*Langen*, 5. Aufl. 2015, § 9 Rn. 74.
[6] Kapellmann/Messerschmidt/*Langen*, 5. Aufl. 2015, § 9 Rn. 74.
[7] Kapellmann/Messerschmidt/*Langen*, 5. Aufl. 2015, § 9 Rn. 74; iErg auch Kapellmann/Messerschmidt/*Schneider* Rn. 5 in der 7. Aufl. 2020.

§ 10 EU Fristen

(1) ¹Bei der Festsetzung der Fristen für den Eingang der Angebote (Angebotsfrist) und der Anträge auf Teilnahme (Teilnahmefrist) berücksichtigt der öffentliche Auftraggeber die Komplexität des Auftrags und die Zeit, die für die Ausarbeitung der Angebote erforderlich ist (Angemessenheit). ²Die Angemessenheit der Frist prüft der öffentliche Auftraggeber in jedem Einzelfall gesondert. ³Die nachstehend genannten Mindestfristen stehen unter dem Vorbehalt der Angemessenheit.

(2) Falls die Angebote nur nach einer Ortsbesichtigung oder Einsichtnahme in nicht übersandte Unterlagen erstellt werden können, sind längere Fristen als die Mindestfristen festzulegen, damit alle Unternehmen von allen Informationen, die für die Erstellung des Angebotes erforderlich sind, Kenntnis nehmen können.

I. Normzweck

1   § 10 EU verpflichtet den öffentlichen Auftraggeber, Bewerbern und Bietern für die Ausarbeitung ihrer Teilnahmeanträge und Angebote angemessene Fristen einzuräumen. Die Bestimmung stellt den Regelungen zu den Fristen im Vergabeverfahren einen allgemeinen Grundsatz voran, der für alle Verfahrensarten gilt. § 10 EU nennt für die Bemessung der Fristen keine konkreten Zeitvorgaben. Solche finden sich erst in den nachfolgenden §§ 10a EU ff. in Form von Mindestfristen. Der Normtext betont, dass die Mindestfristen zu verlängern sind, wenn sie sich im Einzelfall nach Maßgabe von § 10 EU als nicht angemessen erweisen. Das Gebot, angemessene Fristen festzulegen, ist Ausdruck des vergaberechtlichen **Verhältnismäßigkeitsgrundsatzes.** Auch der **Grundsatz, öffentliche Aufträge im Wettbewerb zu vergeben,** wird durch die Regelung konkretisiert. Angemessene Fristen ermöglichen es Bietern, vollständige und wertungsfähige Angebote einzureichen. Unter Zeitdruck angefertigte Angebote leiden unter Fehleranfälligkeit, müssen ggf. ausgeschlossen werden und der Kreis an wertungsfähigen Angeboten verringert sich. Unangemessen knapp bemessene Fristen schränken den Wettbewerb von vornherein unnötig ein, wenn sie Unternehmen davon abhalten, sich am Vergabeverfahren zu beteiligen.

II. Entstehungsgeschichte

2   Anlässlich der Umsetzung der RL 2014/24/EU wurden die Vorschriften zu den Fristen im zweiten Abschnitt der VOB/A **umstrukturiert.** Die VOB 2012 bündelte die Vorschriften zu den Fristen in einer Bestimmung (§ 10 EG). Sonderregelungen zu den einzelnen Verfahrensarten wurden innerhalb der Norm durch Zwischenüberschriften kenntlich gemacht. Mit der VOB 2016 wurde die Bestimmung entzerrt und für jede Verfahrensart ein eigener Paragraph geschaffen. Die Bedeutung des neu gefassten § 10 EU beschränkt sich seither darauf, einen allgemeinen Grundsatz voranzustellen. Die Regelungen zu den einzelnen Verfahrensarten finden sich in den folgenden §§ 10a EU– 10d EU. Die Neuregelung folgte damit teilweise der Struktur, wie sie durch die RL 2014/24/EU vorgegeben wird. Die Richtlinie legt in Art. 47 RL 2014/24/EU allgemeine Grundsätze zur Festlegung der Fristen fest. Verfahrensspezifische Regelungen finden sich in den Art. 27–31 RL 2014/24/EU. Anders als in der Richtlinie und in der VgV finden sich in den verfahrensspezifischen Paragraphen ausschließlich Bestimmungen zu den Fristen, während die §§ 15–19 VgV nach Vorbild der Richtlinie die Regelungen zum Ablauf der Verfahren und die Regelungen zu den verfahrensspezifischen Fristen in jeweils einer Vorschrift zusammenfassen.

III. Einzelerläuterungen

3   **1. Angemessenheit der Fristsetzung (Abs. 1).** Abs. 1 S. 1 verpflichtet den öffentlichen Auftraggeber, bei der Festsetzung der Fristen für den Eingang der Angebote und der Anträge auf Teilnahme, die Komplexität des Auftrags und die erforderliche Zeit für die Ausarbeitung der Angebote zu berücksichtigen. Diese Vorgabe definiert der Ordnungsgeber als „**Angemessenheit**". Daneben führt Abs. 1 S. 1 zwei weitere **Legaldefinitionen** durch Klammerzusätze ein. Die Frist für den Eingang der Angebote wird als „**Angebotsfrist**" und die Frist für den Eingang der Anträge auf Teilnahme als „**Teilnahmefrist**" bezeichnet. Die S. 2 und 3 unterstreichen die Pflicht des öffentlichen Auftraggebers die Angemessenheit anhand der konkreten Umstände des Einzelfalls für jedes Vergabeverfahren gesondert zu prüfen. S. 3 stellt klar, dass die in den folgenden Vorschriften niedergelegten Mindestfristen nicht ungeprüft übernommen werden dürfen, sondern jeweils gesondert auf ihre Angemessenheit im Einzelfall zu überprüfen und ggf. zu verlängern sind.

4   Die Angemessenheit der Fristen ist am Maßstab der **Komplexität des Auftrags** und des **Zeitaufwands, der für die Ausarbeitung der Angebote erforderlich ist,** zu prüfen. Bedingt durch den

sekundärrechtlichen Ursprung der Regelung, weicht der Wortlaut der Norm von den Vorgaben ab, die § 10 Abs. 1 für Vergaben im Anwendungsbereich des ersten Abschnitts aufstellt. Im Kern sind allerdings ähnliche Erwägungen anzustellen. Zu berücksichtigen sind zum einen **Art** und **Umfang** des zu vergebenden Bauauftrags und zum anderen der **Umfang** und die **Anforderungen der Vergabeunterlagen.** Die beiden Kriterien sind nicht eindeutig voneinander abgrenzbar, sondern bedingen sich regelmäßig gegenseitig. Eine besonders komplexe Bauleistung wird sich in einer detaillierten und umfangreichen Leistungsbeschreibung widerspiegeln, die wiederum einen entsprechend hohen Aufwand bei der Angebotserstellung nach sich zieht.[1] Soweit der Wortlaut nur den Zeitaufwand für die Angebotserstellung und nicht auch den für die Erstellung der Teilnahmeanträge in Bezug nimmt, handelt es sich um eine sprachliche Ungenauigkeit, die ihren Ursprung bereits in der zugrunde liegenden Richtlinienbestimmung hat. Die Angemessenheit der Fristsetzung bezieht sich sowohl auf die Angebots- als auch auf die Teilnahmefrist. Deshalb erscheint es geboten, auch den Aufwand für die Erstellung der Teilnahmeanträge bei der Bemessung der Teilnahmefrist zu berücksichtigen.

2. Fristverlängerung nach Ortsbesichtigung oder Einsicht in nicht übersandte Unterlagen (Abs. 2). Abs. 2 regelt zwei besondere Tatbestände, die eine zwingende Verlängerung der Mindestfristen nach sich ziehen. Mit der Regelung kommt zum Ausdruck, dass die Mindestfristen von vornherein nicht mehr angemessen sind, wenn die Angebote erst nach einer Ortsbesichtigung oder nach Einsichtnahme in nicht übersandte Unterlagen erstellt werden können. Tritt einer der beiden Fälle ein, ist der öffentliche Auftraggeber gebunden, die Mindestfristen zu verlängern. Über den Umfang der Fristverlängerung trifft die Vorschrift keine konkrete Vorgabe. Dem öffentlichen Auftraggeber steht insoweit ein Ermessen zu. Bei der Durchführung von Ortsbesichtigungen ist sich zu vergegenwärtigen, dass ein **gemeinsamer Termin für alle Bieter aus Gründen des Geheimwettbewerbs ausscheidet.**[2] Allein die abstrakte Möglichkeit unzulässiger wettbewerbsverzerrender Absprachen zwischen Bietern, die sich anlässlich gemeinsamer Ortsbesichtigung bietet, erfordert es, für jeden einzelnen Bieter einen eigens durchzuführenden Termin anzubieten. Unter der Einsichtnahme in nicht übersandte Unterlagen sind nur solche Unterlagen zu verstehen, die in Räumlichkeiten beim öffentlichen Auftraggeber zur Einsicht ausgelegt sind. Dies zeigt ein Vergleich mit Art. 47 Abs. 2 RL 2014/24/EU, der von der „Einsichtnahme in die Anlagen zu den Auftragsunterlagen vor Ort" spricht und dessen Umsetzung die Vorschrift dient. Denkbare Anwendungsfälle sind die Einsichtnahme in **großformatige Pläne** oder die **Ausstellung von Modellen.** Sowohl nach der Ortsbesichtigung als auch nach der Einsichtnahme in Unterlagen ist eine Zeitspanne zu veranschlagen, die erforderlich ist, um die erlangten Erkenntnisse in die Angebotserstellung einfließen zu lassen. Diese Zeitspanne muss insbesondere auch demjenigen Bieter eingeräumt werden, der als letzter die Möglichkeit zur Einsichtnahme oder Ortbesichtigung wahrnimmt.[3] Den öffentlichen Auftraggeber stellt dies vor die Herausforderung, aus Gründen der Gleichbehandlung der Bieter die Einsichtnahme oder Ortsbesichtigungen möglichst straff zu organisieren, um zu verhindern, dass die Bearbeitungszeit im Anschluss im Vergleich unter den Bietern zu weit variiert.

§ 10a EU Fristen im offenen Verfahren

(1) Beim offenen Verfahren beträgt die Angebotsfrist mindestens 35 Kalendertage, gerechnet vom Tag nach Absendung der Auftragsbekanntmachung.

(2) [1]Die Angebotsfrist kann auf 15 Kalendertage, gerechnet vom Tag nach Absendung der Auftragsbekanntmachung, verkürzt werden. [2]Voraussetzung dafür ist, dass eine Vorinformation nach dem vorgeschriebenen Muster gemäß § 12 EU Absatz 1 Nummer 3 mindestens 35 Kalendertage, höchstens aber zwölf Monate vor dem Tag der Absendung der Auftragsbekanntmachung an das Amt für Veröffentlichungen der Europäischen Union abgesandt wurde. [3]Diese Vorinformation muss mindestens die im Muster einer Auftragsbekanntmachung nach Anhang V Teil C der Richtlinie 2014/24/EU für das offene Verfahren geforderten Angaben enthalten, soweit diese Informationen zum Zeitpunkt der Absendung der Vorinformation vorlagen.

(3) Für den Fall, dass eine vom öffentlichen Auftraggeber hinreichend begründete Dringlichkeit die Einhaltung der Frist nach Absatz 1 unmöglich macht, kann der öffentliche Auftraggeber eine Frist festlegen, die 15 Kalendertage, gerechnet vom Tag nach Absendung der Auftragsbekanntmachung, nicht unterschreiten darf.

---

[1] Ingenstau/Korbion/*von Wietersheim* Rn. 8.
[2] VK Bund ZfBR 2013, 71 (73).
[3] Ingenstau/Korbion/*von Wietersheim* Rn. 14.

(4) Die Angebotsfrist nach Absatz 1 kann um fünf Kalendertage verkürzt werden, wenn die elektronische Übermittlung der Angebote gemäß § 11 EU Absatz 4 akzeptiert wird.

(5) ¹Kann ein unentgeltlicher, uneingeschränkter und vollständiger direkter Zugang aus den in § 11b EU genannten Gründen zu bestimmten Vergabeunterlagen nicht angeboten werden, so kann in der Auftragsbekanntmachung angegeben werden, dass die betreffenden Vergabeunterlagen im Einklang mit § 11b EU Absatz 1 nicht elektronisch, sondern durch andere Mittel übermittelt werden, bzw. welche Maßnahmen zum Schutz der Vertraulichkeit der Informationen gefordert werden und wie auf die betreffenden Dokumente zugegriffen werden kann. ²In einem derartigen Fall wird die Angebotsfrist um fünf Kalendertage verlängert, außer im Fall einer hinreichend begründeten Dringlichkeit gemäß Absatz 3.

(6) ¹In den folgenden Fällen verlängert der öffentliche Auftraggeber die Fristen für den Eingang der Angebote, sodass alle betroffenen Unternehmen Kenntnis aller Informationen haben können, die für die Erstellung des Angebots erforderlich sind:
1. wenn rechtzeitig angeforderte Zusatzinformationen nicht spätestens sechs Kalendertage vor Ablauf der Angebotsfrist allen Unternehmen in gleicher Weise zur Verfügung gestellt werden können. Bei beschleunigten Verfahren (Dringlichkeit) im Sinne von Absatz 3 beträgt dieser Zeitraum vier Kalendertage;
2. wenn an den Vergabeunterlagen wesentliche Änderungen vorgenommen werden.

²Die Fristverlängerung muss in einem angemessenen Verhältnis zur Bedeutung der Informationen oder Änderungen stehen. ³Wurden die Zusatzinformationen entweder nicht rechtzeitig angefordert oder ist ihre Bedeutung für die Erstellung zulässiger Angebote unerheblich, so ist der öffentlichen Auftraggeber nicht verpflichtet, die Fristen zu verlängern.

(7) Bis zum Ablauf der Angebotsfrist können Angebote in Textform zurückgezogen werden.

(8) ¹Der öffentliche Auftraggeber bestimmt eine angemessene Frist, innerhalb der die Bieter an ihre Angebote gebunden sind (Bindefrist). ²Diese soll so kurz wie möglich und nicht länger bemessen werden, als der öffentliche Auftraggeber für eine zügige Prüfung und Wertung der Angebote (§§ 16 EU bis 16d EU) benötigt. ³Die Bindefrist beträgt regelmäßig 60 Kalendertage. ⁴In begründeten Fällen kann der öffentliche Auftraggeber eine längere Frist festlegen. ⁵Das Ende der Bindefrist ist durch Angabe des Kalendertages zu bezeichnen.

(9) Die Bindefrist beginnt mit dem Ablauf der Angebotsfrist.

Übersicht

	Rn.		Rn.
I. Normzweck	1	c) Verlängerung der Angebotsfrist	9
II. Einzelerläuterungen	3	2. Zurückziehen von Angeboten (Abs. 7)	14
1. Angebotsfrist (Abs. 1)	3	3. Bindung des Bieters an das Angebot nach	
a) Bemessung der Angebotsfrist	3	Ablauf der Angebotsfrist, Bindefrist	
b) Verkürzung der Mindestfrist	5	(Abs. 8 und 9)	15

I. Normzweck

1 In § 10a EU findet sich die erste der im Anschluss folgenden Regelungen mit **verfahrensspezifischen Vorschriften zu den Fristen** im Vergabeverfahren. In der Vorschrift sind die für die Verfahrensart des offenen Verfahrens maßgeblichen Regelungen gebündelt. Dies betrifft zunächst die Bemessung und Berechnung der Angebotsfrist. Daran anknüpfend sieht die Vorschrift Tatbestände zur Verlängerung und Verkürzung der Angebotsfrist vor. Die Vorschrift behandelt ferner die mit der Angebotsfrist verbundene Frage, bis wann und in welcher Form der Bieter sein Angebot zurückziehen kann. Schließlich bestimmt die Regelung mittels Einführung des Begriffs der Bindefrist, wie lange der Bieter an sein Angebot gebunden ist. Auch hierzu sieht die Vorschrift Vorgaben zur Bemessung und Berechnung der Frist vor.

2 Die unionsrechtliche Grundlage findet sich in Art. 27 RL 2014/24/EU. Der Unionsgesetzgeber hat die Fristen gegenüber der Vorgängerrichtlinie erheblich verkürzt. Ausweislich der Erwägungs-

grunde verfolgte der Unionsgesetzgeber das Ziel, die Verfahren zu beschleunigen und effizienter zu machen.[1]

II. Einzelerläuterungen

1. Angebotsfrist (Abs. 1). a) Bemessung der Angebotsfrist. aa) Mindestfrist von 35 Tagen. Abs. 1 bestimmt, dass die Angebotsfrist bei einem offenen Verfahren auf mindestens **35 Kalendertage** festzusetzen ist. Aus der Bestimmung als Mindestfrist folgt, dass die Frist grundsätzlich nicht weiter verkürzt werden darf. Ausnahmen bestehen nur dann, wenn die Verkürzung durch eine einschlägige Rechtsgrundlage (Abs. 2 und 3) ausdrücklich gestattet ist. Aus der Festlegung auf 35 Kalendertage ist nicht abzuleiten, dass es sich um eine Regelfrist handelt, die ohne weitere Prüfung zugrunde gelegt werden darf. Dies wird bereits durch § 10 EU Abs. 1 S. 3 deutlich, wonach die Mindestfristen unter dem Vorbehalt der Angemessenheit stehen.

bb) Fristenberechnung. Nach Abs. 1 beginnt der Lauf der Angebotsfrist am Tag nach der Absendung der Auftragsbekanntmachung. Nach welchen Vorschriften sich die Berechnung der Frist im Übrigen richtet, wird von der VOB/A offengelassen. Die VgV bestimmt in § 82 VgV, dass sich die Berechnung nach der Verordnung (EWG, EURATOM) Nr. 1182/71 des Rates vom 3.6.1971 zur Festlegung der Regeln für die Fristen, Daten und Termine richtet. An einem entsprechenden Anwendungsbefehl fehlt es im zweiten Abschnitt der VOB/A. Die Anwendung der VO (EWG) 1182/71 ergibt sich auch nicht unmittelbar aus dessen Art. 1 VO (EWG) 1182/71.[2] Nach dieser Bestimmung unterfallen zwar alle Rechtsakte der Union der Verordnung. Nationale Umsetzungsakte sind indes nicht erfasst.[3] Die Fristenberechnung erfolgt mithin nach den **§§ 187 ff. BGB**.

b) Verkürzung der Mindestfrist. Die Abs. 2–4 sehen Ausnahmetatbestände vor, nach denen die Mindestfrist nach Abs. 1 verkürzt werden kann. Die Liste der Verkürzungsmöglichkeiten ist abschließend. Die weitreichendste Verkürzungsmöglichkeit sehen die Abs. 2 und 3 mit einer **Verkürzung auf bis 15 Kalendertage** vor. Hiermit wird für das offene Verfahren eine **Untergrenze** definiert. Für eine weitergehende Verkürzung besteht keine Rechtsgrundlage. Eine Unterschreitung von 15 Kalendertagen kann auch nicht durch eine Kombination der Verkürzungstatbestände erreicht werden. Die Verkürzungsmöglichkeiten beziehen sich jeweils allein auf die Mindestangebotsfrist nach Abs. 1.

aa) Verkürzung bei Vorinformation (Abs. 2). Abs. 2 verschafft dem öffentlichen Auftraggeber die Möglichkeit mittels Veröffentlichung einer Vorinformation die Angebotsfrist auf bis zu 15 Kalendertage zu verkürzen. Voraussetzung ist, dass die Vorinformation über die Anforderungen des § 12 EU Abs. 1 Nr. 3 hinaus Angaben nach Anhang V Teil C RL 2014/24/EU enthält. In dieser Anlage sind die Angaben aufgelistet, die eine Auftragsbekanntmachung enthalten muss. Die dort verlangten Angaben sind aber nur dann in die Vorinformation aufzunehmen, wenn sie zum Zeitpunkt der Absendung der Vorinformation vorliegen. Im Ergebnis handelt es sich um eine **qualifizierte Vorinformation,** die je nach Informationsstand interessierten Unternehmen deutlich mehr Angaben zum beabsichtigten Bauauftrag zur Verfügung stellt als es § 12 EU Abs. 1 Nr. 3 verlangt. Damit geht die Vorschrift über die Vorgaben der Richtlinie in Art. 27 Abs. 2 lit. a RL 2014/24/EU hinaus. Ob es sich hierbei um ein Redaktionsversehen des Ordnungsgebers handelt,[4] erscheint angesichts des klaren Wortlauts zweifelhaft. Die Vorinformation muss mindestens 35 Kalendertage, höchstens aber zwölf Monate vor Absendung der Auftragsbekanntmachung an das Amt für Veröffentlichungen der Europäischen Union abgesandt werden. Mit Blick auf diesen vorgelagerten Zeitraum erklärt sich der Gedanke hinter der Verkürzungsmöglichkeit. Durch die Vorinformation wird das beabsichtigte Bauvorhaben frühzeitig publik gemacht. Als Ausfluss des Transparenzgebots dient es der Unterrichtung potenzieller Bieter über den Bedarf des öffentlichen Auftraggebers, der mit der anschließenden Auftragsbekanntmachung weiter konkretisiert wird. Damit wird interessierten Unternehmen bereits vor der Veröffentlichung der Auftragsbekanntmachung **zusätzliche Zeit gewährt, sich mit den Eckdaten frühzeitig vertraut zu machen** und Vorbereitungen für die Angebotserstellung zu treffen. Der zeitliche Mindestabstand von 35 Kalendertagen zwischen Vorinformation und Auftragsbekanntmachung soll gewährleisten, dass für die beschriebenen Vorarbeiten auch ausreichend Zeit besteht, in der der Arbeitsaufwand für die spätere Angebotserstellung auch tatsächlich verringert werden kann.

bb) Verkürzung bei Dringlichkeit (Abs. 3). Abs. 3 gestattet es, bei hinreichend begründeter Dringlichkeit die Angebotsfrist nach Abs. 1 auf bis zu 15 Kalendertage zu verkürzen. Voraussetzung

---
[1] Erwägungsgrund 80 RL 2014/24/EU.
[2] AA Beck VOB/A/*Reidt* Rn. 6; Kapellmann/Messerschmidt/*Planker* Rn. 3.
[3] MüKoBGB/*Grothe* BGB § 186 Rn. 2.
[4] Ziekow/Völlink/*Völlink* Rn. 5; Beck VergabeR/*Osseforth* Rn. 20.

ist, dass die Dringlichkeit die Einhaltung der Mindestfrist von 35 Kalendertagen für die Angebotsfrist unmöglich macht. Die Norm verlangt eine „hinreichend begründete" Dringlichkeit. Der materiellrechtliche Gehalt dieses Zusatzes ist begrenzt. Es wird klargestellt, dass sich der öffentliche Auftraggeber auf eine belastbare Tatsachengrundlage stützen muss. Eine vage Prognoseentscheidung ist vor diesem Hintergrund nicht ausreichend. Der Verweis auf eine „begründete" Dringlichkeit ist als Hinweis auf die Dokumentationspflicht nach § 8 Abs. 1 VgV zu verstehen. Nach dieser Vorschrift ist der öffentliche Auftraggeber verpflichtet, die Gründe für die Verkürzung der Angebotsfrist zu dokumentieren. Trotz des Zusatzes einer „hinreichend begründeten" Dringlichkeit handelt es sich um keine Verschärfung gegenüber der auch im ersten Abschnitt in § 10 Abs. 1 S. 1 verankerten Dringlichkeit. Auf die dortige Kommentierung kann verwiesen werden (→ § 10 Rn. 12).

8 **cc) Verkürzung bei elektronischer Übermittlung der Angebote (Abs. 4).** Als weiteren Verkürzungstatbestand sieht Abs. 4 die Möglichkeit vor, die Angebotsfrist nach Abs. 1 um 5 Kalendertage zu verkürzen, wenn der öffentliche Auftraggeber die elektronische Übermittlung der Angebote gem. § 11 EU Abs. 4 akzeptiert hat. Der Grund für die Verkürzung liegt darin, dass bei elektronischer Übermittlung der Angebote keine Postlaufzeit für die Einreichung des Angebotes berücksichtigt werden muss. Gegenüber der postalischen Versendung steht dem Bieter mehr Zeit für die Angebotserstellung zur Verfügung. Seit dem 19.11.2018 sind die Übergangsfristen (§ 23 EU aF) zur Einführung der elektronischen Kommunikation im Anwendungsbereich des zweiten Abschnitts der VOB/A abgelaufen. Die elektronische Übermittlung der Angebote ist seitdem der Regelfall. In der Konsequenz steht dem öffentlichen Auftraggeber der Rückgriff auf die Verkürzungsmöglichkeit grundsätzlich offen. Die Verkürzungsmöglichkeit greift nur dann nicht mehr ein, wenn die elektronische Übermittlung der Angebote unter Verweis auf die in § 11b EU Abs. 3 und 4 geregelten Ausnahmetatbestände ausgeschlossen wird.

9 **c) Verlängerung der Angebotsfrist. aa) Verlängerung bei fehlender elektronischer Bereitstellung der Vergabeunterlagen (Abs. 5).** Abs. 5 betrifft die Pflicht des öffentlichen Auftraggebers, die Angebotsfrist um fünf Kalendertage zu verlängern, wenn die Vergabeunterlagen nicht elektronisch bereitgestellt werden. Der Sinn und Zweck der Regelung besteht darin, den Zeitverlust, der mit dem postalischen Versand der Vergabeunterlagen einhergeht, zu kompensieren. Grundsätzlich ist der öffentliche Auftraggeber nach § 11 EU Abs. 3 verpflichtet, eine elektronische Adresse anzugeben, unter der die Vergabeunterlagen unentgeltlich, uneingeschränkt, vollständig und direkt abgerufen werden können. Davon kann nur abgewichen werden, wenn ein Ausnahmetatbestand nach § 11b EU vorliegt. Stützt sich der öffentliche Auftraggeber auf einen solchen Tatbestand, ist die Frist zu verlängern. Gleiches gilt, wenn der öffentliche Auftraggeber zwar die Vergabeunterlagen elektronisch bereitstellt, dabei aber die Anforderungen des § 11 EU Abs. 3 missachtet.[5]

10 Nach dem Wortlaut muss die fehlende Bereitstellung „bestimmte Vergabeunterlagen" betreffen. Daraus ist zu schließen, dass eine Verlängerung um fünf Kalendertage auch dann zwingend ist, wenn nur Teile der Vergabeunterlagen nicht elektronisch bereitgestellt werden. Ausgenommen von der Pflicht zur Verlängerung ist nach S. 2 Hs. 2 der Fall, dass die Angebotsfrist wegen hinreichend begründeter Dringlichkeit verkürzt werden kann. Im Umkehrschluss bedeutet dies, dass die übrigen Verkürzungsmöglichkeiten die Pflicht zur Fristverlängerung nicht entfallen lassen. Demnach ist eine Angebotsfrist, die wegen der Veröffentlichung einer Vorinformation nach Abs. 2 verkürzt wurde, wiederum um fünf Kalendertage zu verlängern, wenn die Vergabeunterlagen nicht gem. § 11 EU Abs. 3 elektronisch bereitgestellt werden.

11 **bb) Weitere Verpflichtungen zur Verlängerung der Angebotsfrist (Abs. 6).** Abs. 6 sieht zwei weitere Konstellationen vor, in denen die Frist zum Eingang der Angebote verlängert wird. Es handelt sich um Fälle, in denen der öffentliche Auftraggeber nachträglich, dh während des bereits laufenden Vergabeverfahrens die Frist verlängert. Die Verlängerung wird dadurch ausgelöst, dass zusätzliche Informationen zur Verfügung gestellt werden oder bereits mit den Vergabeunterlagen übermittelte Informationen nachträglich geändert werden. Die Norm selbst benennt den Zweck der Verlängerung. Ziel ist es, allen Unternehmen über den neuen Informationsstand Kenntnis zu verschaffen. Damit dient die Bestimmung gleichermaßen dem Transparenzgebot wie auch dem Gleichbehandlungsgebot. Liegt eine der beiden geregelten Konstellationen vor, ist der öffentliche Auftraggeber grundsätzlich zur Fristverlängerung verpflichtet. Wie lang die Frist verlängert wird, steht sodann im Ermessen des öffentlichen Auftraggebers. Die Norm nennt keinen in Kalendertagen bemessenen Mindestzeitraum. Wie auch bei der Bemessung der Angebotsfrist gilt allerdings der Grundsatz, dass die Verlängerung „angemessen" sein muss (→ § 10 EU Rn. 3 f.). Als Maßstab nennt S. 2 die Bedeutung der Information oder Änderung. Bei der Zurverfügungstellung zusätzlicher Informationen entfällt die Pflicht zur Frist-

---

[5] VK Südbayern BeckRS 2018, 382 Rn. 146.

verlängerung insgesamt, wenn die Informationen für die Erstellung zulässiger Angebote unerheblich sind. Eine solche Befreiung ist für den Fall der nachträglichen Änderungen an den Vergabeunterlagen nicht vorgesehen, da die Norm von vornherein nur „wesentliche" Änderungen erfasst.

Nach Abs. 6 Nr. 1 hat der öffentliche Auftraggeber die Angebotsfrist zu verlängern, wenn **12** zusätzliche Informationen trotz rechtzeitiger Anforderung durch ein Unternehmen nicht spätestens sechs Tage vor Ablauf der Angebotsfrist zur Verfügung gestellt werden können. Die Zeitspanne reduziert sich auf vier Kalendertage, wenn der öffentliche Auftraggeber die Angebotsfrist bereits wegen Dringlichkeit (→ Rn. 7) verkürzt hat. Die 6- bzw. 4-Tagesfrist gibt keine Auskunft, wie lange die Fristverlängerung zu erfolgen hat. Sie gibt nur darüber Auskunft, ab welchem Zeitpunkt die Zurverfügungstellung zusätzlicher Informationen sich fristverlängernd auswirkt. Unter Zusatzinformationen sind Klarstellungen und Stellungnahmen des öffentlichen Auftraggebers auf Bieteranfragen zu verstehen. Der entsprechende Auskunftsanspruch der Bieter ergibt sich aus § 12a EU Abs. 3. Zur Frage, wann die Anforderung rechtzeitig erfolgt, wird auf die dortige Kommentierung verwiesen (→ § 12a EU Rn. 11 ff.). Nach der Rechtsprechung ist die Angebotsfrist über den Wortlaut hinaus auch dann zu verlängern, wenn die Bieterfrage zwar nicht rechtzeitig erfolgte, aber sich der öffentliche Auftraggeber auf die Anfrage hin zu einer Korrektur oder Klarstellung zur Herstellung eines rechtskonformen Vergabeverfahrens veranlasst sieht.[6]

Abs. 6 Nr. 2 verlangt eine Verlängerung der Angebotsfrist, wenn der öffentliche Auftraggeber **13** wesentliche Änderungen an den Vergabeunterlagen vornimmt. Unerheblich ist es, ob der öffentliche Auftraggeber die Änderungen aus eigener Initiative vornimmt oder eine Bieterfrage zum Anlass für die Änderungen genommen wird. Ab wann eine Änderung wesentlich ist, ist eine Frage des Einzelfalls. Als Richtschnur kann zwischen rein formalen und inhaltlichen Änderungen unterschieden werden.[7] Bei letzteren wird man schneller davon ausgehen können, dass die Änderung wesentlich ist. Der öffentliche Auftraggeber hat zu prüfen, ob ein durchschnittlicher Bieter für die Erfassung der Änderung und eine entsprechende Reaktion zusätzliche Zeit benötigt.[8] Dies wird insbesondere dann der Fall sein, wenn die Änderung die Kalkulationsgrundlage des Bieters berührt.

2. Zurückziehen von Angeboten (Abs. 7). Die Vorschrift entspricht der Regelung im ersten **14** Abschnitt in § 10 Abs. 2. Auf die dortige Kommentierung wird verwiesen (→ § 10 Rn. 14 ff.).

3. Bindung des Bieters an das Angebot nach Ablauf der Angebotsfrist, Bindefrist **15** **(Abs. 8 und 9).** Abs. 8 S. 1 und 2 entsprechen wortgleich § 10 Abs. 4 S. 1 und 2, weshalb auf die dortige Kommentierung verwiesen wird (→ § 10 Rn. 21).

Die Bindefrist beträgt gem. Abs. 8 S. 3 regelmäßig 60 Kalendertage. Durch die Verwendung **16** des Begriffes „regelmäßig" soll dem öffentlichen Auftraggeber eine Orientierung an die Hand gegeben werden. Ausdruck der Regelung ist, dass nach allgemeinen Erfahrungssätzen im offenen Verfahren eine Bindefrist von 60 Kalendertagen ausreichend ist. Gegenüber der VOB/A 2012 wurde die Regelfrist verdoppelt. Mit der Verlängerung trug der Ordnungsgeber dem Umstand Rechnung, dass seit der Einführung des Primärrechtsschutzes im Jahr 1999 und der verpflichteten Nachforderung von Unterlagen durch die VOB 2009 keine Anpassung der Regelfrist erfolgte und sich die Prüfung und Wertung der Angebote durch diese Änderungen seitdem erheblich verlängert haben. Auch der zusätzliche Zeitbedarf durch die neu geschaffene Regelung zum Austausch eines Nachunternehmers nach § 6d EU Abs. 1 wurde bei der Verlängerung berücksichtigt. Gleichwohl entbindet eine Orientierung an 60 Kalendertagen nicht von der Einzelfallprüfung, ob auch eine kürzere Frist angemessen ist. Will der öffentliche Auftraggeber eine längere Frist als 60 Kalendertage festlegen, muss ein begründeter Fall vorliegen. Der Wortlaut zeigt deutlich auf, dass es sich um Ausnahmefälle handelt. Der Begriff des begründeten Falls ist damit eng auszulegen.

Die Bindefrist kann unter den zu § 10 Abs. 4 näher erläuterten Voraussetzungen verlängert **17** werden. Auf die dortige Kommentierung wird verwiesen (→ § 10 Rn. 23). Ergänzend ist auf das Erfordernis einer Bindefristverlängerung im Zusammenhang mit der Einleitung eines Nachprüfungsverfahrens hinzuweisen. Im Anwendungsbereich des vierten Teils des GWB unterliegt die Vergabe öffentlicher Aufträge der Nachprüfung durch die Vergabekammern (§ 155 GWB). Durch die Einleitung eines Nachprüfungsverfahrens wird die Entscheidung des öffentlichen Auftraggebers über die Erteilung des Zuschlags suspendiert (§ 169 Abs. 1 GWB). Die Suspendierung des Zuschlags hat keinen Einfluss auf den Lauf der Bindefrist,[9] sondern die Frist läuft ungehindert weiter. Die Aussetzung des Vergabeverfahrens überdauert regelmäßig die ursprünglich festgesetzte Bindefrist. Zur Verlängerung der Bindefrist bedarf es daher der Zustimmung der einzelnen Bieter. Die Zustimmung

---

[6] VK Bund IBRRS 2017, 0793.
[7] *Rechten* in KKMPP VgV § 20 Rn. 35.
[8] VK Bund BeckRS 2019, 4595 Rn. 55 ff.
[9] VK Lüneburg IBRRS 2006, 1679.

muss nicht ausdrücklich erteilt werden, sondern kann auch durch konkludentes Verhalten erklärt werden. Nach der Rechtsprechung erklärt jedenfalls der Antragssteller des Nachprüfungsverfahrens mit seinem Antrag konkludent die Zustimmung zur Verlängerung der Bindefrist.[10]

§ 10b EU Fristen im nicht offenen Verfahren

(1) Beim nicht offenen Verfahren beträgt die Teilnahmefrist mindestens 30 Kalendertage, gerechnet vom Tag nach Absendung der Auftragsbekanntmachung oder der Aufforderung zur Interessensbestätigung.

(2) Die Angebotsfrist beträgt mindestens 30 Kalendertage, gerechnet vom Tag nach Absendung der Aufforderung zur Angebotsabgabe.

(3) ¹Die Angebotsfrist nach Absatz 2 kann auf zehn Kalendertage, gerechnet vom Tag nach Absendung der Aufforderung zur Angebotsabgabe, verkürzt werden. ²Voraussetzung dafür ist, dass eine Vorinformation nach dem vorgeschriebenen Muster gemäß § 12 EU Absatz 1 Nummer 3 mindestens 35 Kalendertage, höchstens aber zwölf Monate vor dem Tag der Absendung der Auftragsbekanntmachung an das Amt für Veröffentlichungen der Europäischen Union abgesandt wurde. ³Diese Vorinformation muss mindestens die im Muster einer Auftragsbekanntmachung nach Anhang V Teil C der Richtlinie 2014/24/EU für das nicht offene Verfahren geforderten Angaben enthalten, soweit diese Informationen zum Zeitpunkt der Absendung der Vorinformation vorlagen.

(4) Die Angebotsfrist nach Absatz 2 kann um fünf Kalendertage verkürzt werden, wenn die elektronische Übermittlung der Angebote gemäß § 11 EU Absatz 4 akzeptiert wird.

(5) Aus Gründen der Dringlichkeit kann
1. die Teilnahmefrist auf mindestens 15 Kalendertage, gerechnet vom Tag nach Absendung der Auftragsbekanntmachung,
2. die Angebotsfrist auf mindestens zehn Kalendertage, gerechnet vom Tag nach Absendung der Aufforderung zur Angebotsabgabe
verkürzt werden.

(6) ¹In den folgenden Fällen verlängert der öffentliche Auftraggeber die Angebotsfrist, sodass alle betroffenen Unternehmen Kenntnis aller Informationen haben können, die für die Erstellung des Angebots erforderlich sind:
1. wenn rechtzeitig angeforderte Zusatzinformationen nicht spätestens sechs Kalendertage vor Ablauf der Angebotsfrist allen Unternehmen in gleicher Weise zur Verfügung gestellt werden können. Bei beschleunigten Verfahren im Sinne von Absatz 5 beträgt dieser Zeitraum vier Kalendertage;
2. wenn an den Vergabeunterlagen wesentliche Änderungen vorgenommen werden.
²Die Fristverlängerung muss in einem angemessenen Verhältnis zur Bedeutung der Informationen oder Änderungen stehen.
³Wurden die Zusatzinformationen entweder nicht rechtzeitig angefordert oder ist ihre Bedeutung für die Erstellung zulässiger Angebote unerheblich, so ist der öffentliche Auftraggeber nicht verpflichtet, die Fristen zu verlängern.

(7) Bis zum Ablauf der Angebotsfrist können Angebote in Textform zurückgezogen werden.

(8) ¹Der öffentliche Auftraggeber bestimmt eine angemessene Frist, innerhalb der die Bieter an ihre Angebote gebunden sind (Bindefrist). ²Diese soll so kurz wie möglich und nicht länger bemessen werden, als der öffentliche Auftraggeber für eine zügige Prüfung und Wertung der Angebote (§§ 16 EU bis 16d EU) benötigt. ³Die Bindefrist beträgt regelmäßig 60 Kalendertage. ⁴In begründeten Fällen kann der öffentliche Auftraggeber eine längere Frist festlegen. ⁵Das Ende der Bindefrist ist durch Angabe des Kalendertages zu bezeichnen.

(9) Die Bindefrist beginnt mit dem Ablauf der Angebotsfrist.

I. Normzweck

1   Nach Vorbild der Regelung in § 10a EU behandelt die Norm alle für den gesamten Verfahrensablauf eines nicht offenen Verfahrens relevanten Fristen. Daraus ergibt sich, dass Regelungen aus

---
[10] OLG Schleswig IBR 2007, 388.

§ 10a EU weitgehend wortgleich übernommen wurden. Ergänzend zur Regelung in § 10a EU sieht § 10b EU Regelungen zur Teilnahmefrist vor. Die Norm dient der Umsetzung von Art. 28 RL 2014/24/EU. Die Parallelregelung für den Liefer- und Dienstleistungsbereich findet sich in § 16 Abs. 2, 3, 5, 7 und 8 VgV.

II. Einzelerläuterung

1. Teilnahmefrist (Abs. 1). Nach Abs. 1 beträgt die Teilnahmefrist im nicht offenen Verfahren mindestens 30 Kalendertage. Unter der Teilnahmefrist ist die Frist für den Eingang der Teilnahmeanträge zu verstehen (§ 10 EU Abs. 1). Es handelt sich um eine Mindestfrist. Daraus folgt, dass sich die Festlegung einer kürzeren Frist verbietet, es sei denn, es liegt eine ausdrücklich geregelte Verkürzungsmöglichkeit vor. Für die Teilnahmefrist sieht allein Abs. 5 Nr. 1 eine Verkürzungsmöglichkeit aus Gründen der Dringlichkeit vor (→ Rn. 7). Im Übrigen gilt auch für die Bemessung der Teilnahmefrist, dass sie gem. des Grundsatzes aus § 10 EU Abs. 1 angemessen zu bestimmen ist.

2. Angebotsfrist (Abs. 2). Die Angebotsfrist im nicht offenen Verfahren beträgt gem. Abs. 2 mindestens 30 Kalendertage. Gegenüber dem offenen Verfahren wird die Mindestfrist um fünf Kalendertage kürzer gefasst. Die Festsetzung einer kürzeren Mindestfrist rechtfertigt sich durch den Umstand, dass im nicht offenen Verfahren die Eignungsprüfung bereits mit dem Teilnahmewettbewerb abgeschlossen wird. Der Zeitaufwand für die Erstellung der Angebote reduziert sich dadurch im nicht offenen Verfahren.

3. Verkürzung der Mindestfristen. § 10b EU sieht auch für das nicht offene Verfahren Verkürzungsmöglichkeiten vor, die vom offenen Verfahren bekannt sind. Namentlich besteht die Möglichkeit mittels Veröffentlichung einer Vorinformation, bei Dringlichkeit und bei elektronischer Übermittlung der Angebote Fristen kürzer zu bemessen. Alle drei Möglichkeiten beziehen sich auf die Angebotsfrist. Lediglich für den Fall der Dringlichkeit sieht die Regelung vor, dass auch die Teilnahmefrist verkürzt werden kann. Als Untergrenze wird für die Angebotsfrist eine Mindestfrist von zehn Kalendertagen vorgesehen. Kürzer bemessene Angebotsfristen sind im nicht offenen Verfahren ausgeschlossen.

a) Verkürzung bei Vorinformation (Abs. 3). Abgesehen von der Verkürzungsmöglichkeit auf bis zu zehn Kalendertage entspricht die Verkürzungsmöglichkeit der Regelung in § 10a EU Abs. 2 zum offenen Verfahren. Auf die dortige Kommentierung kann verwiesen (→ § 10a EU Rn. 6) werden.

b) Verkürzung bei elektronischer Übermittlung der Angebote (Abs. 4). Die Angebotsfrist gem. Abs. 2 kann nach Abs. 4 um fünf Kalendertage verkürzt werden, wenn die elektronische Übermittlung der Angebote gem. § 11 EU Abs. 4 akzeptiert wird. Die Regelung entspricht der Verkürzungsmöglichkeit aus dem offenen Verfahren gem. § 10a EU Abs. 4. Die Verkürzungsmöglichkeit rechtfertigt sich durch den nicht mehr zu berücksichtigenden Postlauf bei der elektronischen Übermittlung. Diese Wertung ist grundsätzlich auch auf die Übermittlung der Teilnahmeanträge übertragbar, zumal § 11 EU Abs. 4 neben der Übermittlung der Angebote auch die Übermittlung der Teilnahmeanträge, Interessensbekundungen und Interessensbestätigungen regelt. Gleichwohl sieht der insoweit klare Wortlaut der Norm keine Verkürzungsmöglichkeit der Teilnahmefrist vor. Dieser Befund deckt sich mit der zugrundeliegenden Richtlinienbestimmung. Auch Art. 28 Abs. 5 RL 2014/24/EU sieht ausschließlich eine Verkürzung der Angebotsfrist vor.

c) Verkürzung bei Dringlichkeit (Abs. 5). Abs. 5 sieht eine Verkürzungsmöglichkeit vor, die sowohl auf die Teilnahme- als auch auf die Angebotsfrist anwendbar ist. Der öffentliche Auftraggeber kann die Teilnahmefrist auf bis zu 15 Kalendertage und die Angebotsfrist auf bis zu zehn Kalendertage verkürzen. Dem Wortlaut ist zu entnehmen, dass es sich bei den verkürzten Fristen ebenfalls um Mindestfristen handelt. Demnach stehen auch diese Fristen unter dem Vorbehalt der Angemessenheit nach § 10 EU Abs. 1 S. 3. Voraussetzung für die Verkürzung ist das Vorliegen von Dringlichkeit. Der Wortlaut weicht von der Fassung der Parallelvorschrift für das offene Verfahren in § 10a EU Abs. 3 leicht ab. Im offenen Verfahren ist eine „hinreichend begründete Dringlichkeit" erforderlich, während die Bestimmung für das nicht offene Verfahren lediglich Dringlichkeit verlangt. Gleichwohl unterscheiden sich die Voraussetzungen nicht. Die den Vorschriften zugrundeliegenden Richtlinienbestimmungen (Art. 27 Abs. 3 RL 2014/24/EU und Art. 28 Abs. 6 RL 2014/24/EU) sehen für beide Verfahrensarten identisch formulierte Voraussetzungen für das Vorliegen von Dringlichkeit vor. Aufgrund der gebotenen richtlinienkonformen Auslegung des § 10a Abs. 3 und § 10b EU Abs. 5 ist von identischen Voraussetzungen auszugehen.[1] Demzufolge kann auf die Kommentie-

---

[1] Ingenstau/Korbion/*von Wietersheim* Rn. 11; jurisPK-VergabeR/*Lausen* Rn. 11.

rung zu § 10a EU Abs. 3 und § 10 Abs. 1 verwiesen werden (→ § 10a EU Rn. 7 und → § 10 Rn. 12).

8   **4. Verlängerung der Angebotsfrist (Abs. 6).** Die Vorschrift wurde wortgleich aus § 10a EU Abs. 6 übernommen. Auf die dortige Kommentierung wird verwiesen (→ § 10a EU Rn. 11 ff.). Eine Ausweitung der Verlängerungsverpflichtung auf die Teilnahmefrist ist von der Norm nicht vorgesehen. Die Regelung in Abs. 6 trifft Sorge dafür, dass die Bieter ua bei wesentlichen Änderungen an den Vergabeunterlagen einen angemessenen Zeitaufschub gewährt bekommen, um die Änderungen bei der Erstellung des Angebots noch berücksichtigen zu können. Diese Interessenlage kann in Einzelfällen auch im Teilnahmewettbewerb gegeben sein. Im Teilnahmewettbewerb wird die Eignung (und das Nichtvorliegen von Ausschlussgründen) geprüft (§ 3b EU Abs. 2 Nr. 1 und 2). Die Angabe der Eignungskriterien ist Bestandteil der Vergabeunterlagen (§ 8 EU Abs. 2 iVm Anhang V Teil C RL 2014/24/EU). Nimmt der öffentliche Auftraggeber während der laufenden Teilnahmefristen Änderungen an den Eignungskriterien vor, ist es vereinzelt denkbar, dass sich die ursprünglich veranschlagte Teilnahmefrist für die Bewerber als nicht mehr ausreichend erweist. Konkret könnte es sich um Fälle handeln, in denen etwa die Eignungskriterien während der laufenden Teilnahmefrist um die Anforderung ergänzt werden, komplexe Referenzen einzureichen, die der Bewerber nur mit einigem Aufwand einholen kann. Wenngleich in einigen Konstellationen folglich von einer vergleichbaren Interessenlage ausgegangen werden kann, scheidet eine analoge Anwendung der Verlängerungspflicht auf die Teilnahmefrist aus, da es an einer planwidrigen Regelungslücke fehlt.[2] Ausgangspunkt für diesen Befund ist das der Norm zugrundeliegende Unionsrecht. Abs. 6 dient der Umsetzung von Art. 47 Abs. 3 RL 2014/24/EU. Bereits der Unionsgesetzgeber nahm keine Erstreckung der Verlängerungspflicht auf die Teilnahmefrist vor. Es ist nicht davon auszugehen, dass der Verweis auf die Teilnahmefrist übersehen wurde, da sich in Art. 47 Abs. 1 RL 2014/24/EU grundlegende Regelungen sowohl zur Angebots- als auch Teilnahmefrist finden. Bereits in der Vorgängerrichtlinie war die Teilnahmefrist von der Verlängerungspflicht explizit ausgenommen (Art. 38 Abs. 6 RL 2004/18/EG). Die Neufassung der RL 2014/24/EU änderte die Rechtslage nicht. Eine Pflicht des öffentlichen Auftraggebers zur Verlängerung der Teilnahmefrist kann sich allenfalls aus den vergaberechtlichen Grundsätzen ergeben.[3]

9   **5. Zurückziehen von Angeboten und Bindung an das Angebot nach Ablauf der Bindefrist (Abs. 7–9).** Auch die folgenden Absätze wurden wortgleich aus den §§ 10, 10a EU übernommen, weshalb auf die Kommentierung zu § 10 Abs. 2, 4 und 5 verwiesen wird (→ § 10 Rn. 14 ff.).

§ 10c EU Fristen im Verhandlungsverfahren

(1) Beim Verhandlungsverfahren mit Teilnahmewettbewerb ist entsprechend § 10 EU und § 10b EU zu verfahren.

(2) ¹Beim Verhandlungsverfahren ohne Teilnahmewettbewerb ist auch bei Dringlichkeit für die Bearbeitung und Einreichung der Angebote eine ausreichende Angebotsfrist nicht unter zehn Kalendertagen vorzusehen. ²Dabei ist insbesondere der zusätzliche Aufwand für die Besichtigung von Baustellen oder die Beschaffung von Unterlagen für die Angebotsbearbeitung zu berücksichtigen. ³Es ist entsprechend § 10b EU Absatz 7 bis 9 zu verfahren.

I. Normzweck

1   In § 10c EU finden sich die Bestimmungen zu den Fristen im Verhandlungsverfahren. Abs. 1 betrifft das Verhandlungsverfahren mit Teilnahmewettbewerb. Abs. 2 enthält eine Sonderregelung für das Verhandlungsverfahren ohne Teilnahmewettbewerb. Lediglich die Regelung in Abs. 1 ist durch das Unionsrecht vorgegeben. Für das Verhandlungsverfahren ohne Teilnahmewettbewerb sieht die RL 2014/24/EU keine eigenständige Regelung zur Bemessung der Fristen vor. Die Parallelregelungen für den Liefer- und Dienstleistungsbereich finden sich in § 17 Abs. 6, 8, 9 VgV.

II. Einzelerläuterung

2   **1. Fristen im Verhandlungsverfahren mit Teilnahmewettbewerb (Abs. 1).** Für das Verhandlungsverfahren mit Teilnahmewettbewerb wird darauf verwiesen, die §§ 10 EU und 10b EU

---

[2] VK Bund VPRRS 2017, 0255; jurisPK-VergabeR/*Ortner* VgV § 20 Rn. 46; *Rechten* in KKMPP VgV § 20 Rn. 40; aA HK-VergabeR/*Franzius* Rn. 10.
[3] *Rechten* in KKMPP VgV § 20 Rn. 40.

entsprechend anzuwenden. Weitergehende eigenständige Regelungen zum Verhandlungsverfahren mit Teilnahmewettbewerb sieht der Absatz nicht vor. Der Verweis auf § 10 EU ist nur klarstellender Natur, da § 10 EU ohnehin unmittelbar für alle Verfahrensarten zu beachten ist. Der Verweis auf § 10b EU zeigt auf, dass sich **das nicht offene Verfahren und das Verhandlungsverfahren mit Teilnahmewettbewerb hinsichtlich der zu beachtenden Fristen nicht unterscheiden.** Die unionsrechtliche Grundlage für Abs. 1 findet sich in Art. 29 Abs. 1 UAbs. 4 RL 2014/24/EU.

2. Fristen im Verhandlungsverfahren ohne Teilnahmewettbewerb (Abs. 2). Die Norm 3 legt fest, dass **selbst bei Dringlichkeit die Angebotsfrist nicht 10 Kalendertage unterschreiten darf.** Der Begriff der Dringlichkeit ist wie in § 10a EU Abs. 3 und § 10b EU Abs. 5 zu verstehen. Auf die dortigen Erläuterungen wird verwiesen (→ § 10a EU Rn. 7 und → § 10b EU Rn. 7). Eine weitergehende Verkürzung ist angesichts des klaren Wortlauts ausgeschlossen. Das gilt auch für die Fälle, in denen ein Verhandlungsverfahren ohne Teilnahmewettbewerb wegen äußerster Dringlichkeit gem. § 3a EU Abs. 3 Nr. 4 zulässig ist.[1] Nach dieser Vorschrift ist das Verhandlungsverfahren ohne Teilnahmewettbewerb zulässig, wenn wegen der äußersten Dringlichkeit der Leistung aus zwingenden Gründen infolge von Ereignissen, die der öffentliche Auftraggeber nicht verursacht hat und nicht voraussehen konnte, die in § 10a EU, § 10b EU und § 10c EU Abs. 1 vorgeschriebenen Fristen nicht eingehalten werden können. Äußerste Dringlichkeit ist erkennbar enger gefasst als die (einfache) Dringlichkeit. Hiervon geht auch der Unionsgesetzgeber aus.[2] Dies betrifft indes die Gründe und bedrohten Rechtsgüter, die für das Vorliegen äußerster Dringlichkeit berücksichtigt werden können und nicht die zeitliche Komponente. Maßstab für die zeitliche Komponente der äußersten Dringlichkeit iSd § 3a EU Abs. 3 Nr. 4 sind die im offenen Verfahren, nicht offenen Verfahren und im Verhandlungsverfahren mit Teilnahmewettbewerb unter Ausnutzung aller Verkürzungsmöglichkeiten einzuhaltenden Fristen. Auf die im Verhandlungsverfahren ohne Teilnahmewettbewerb einzuhaltenden Fristen wird ausdrücklich nicht Bezug genommen. Für das offene Verfahren kann die Angebotsfrist auf maximal 15 Kalendertage verkürzt werden. Im nicht offenen Verfahren und im Verhandlungsverfahren mit Teilnahmewettbewerb können die Teilnahmefrist auf maximal 15 Kalendertage und die Angebotsfrist auf maximal 10 Kalendertage verkürzt werden. Diese zeitlichen Vorgaben werden bei einem Verhandlungsverfahren ohne Teilnahmewettbewerb mit einer Angebotsfrist von zehn Kalendertagen bereits deutlich unterschritten. Äußerste Dringlichkeit verlangt demnach in zeitlicher Hinsicht keine weitere Verkürzung der Angebotsfrist auf unter zehn Kalendertage.

S. 2 konkretisiert für die Festsetzung der Angebotsfrist den allgemeinen Grundsatz aus § 10 EU 4 Abs. 2 für das Verhandlungsverfahren ohne Teilnahmewettbewerb. Einen über die Vorgaben des § 10 EU Abs. 2 hinausgehenden Regelungsgehalt ist der Vorschrift nicht zu entnehmen.

§ 10d EU Fristen im wettbewerblichen Dialog bei der Innovationspartnerschaft

[1]Beim wettbewerblichen Dialog und bei einer Innovationspartnerschaft beträgt die Teilnahmefrist mindestens 30 Kalendertage, gerechnet vom Tag nach Absendung der Auftragsbekanntmachung. [2]§ 10b EU Absatz 7 bis 9 gilt entsprechend.

I. Normzweck

§ 10d EU behandelt die für die Verfahrensarten des wettbewerblichen Dialogs und der Innovationspartnerschaft maßgeblichen Fristen. Die Norm dient der Umsetzung der Vorgaben aus Art. 30 Abs. 1 UAbs. 2 RL 2014/24/EU und Art. 31 Abs. 1 UAbs. 4 RL 2014/24/EU. Beim wettbewerblichen Dialog und der Innovationspartnerschaft handelt es sich um Verfahrensarten, die erst bei besonders komplexen und individuellen Bauaufträgen in Frage kommen. Vor diesem Hintergrund erklärt sich die geringe Regelungsdichte der Norm. Folglich kommt bei einem wettbewerblichen Dialog oder einer Innovationspartnerschaft dem Grundsatz gem. § 10 EU Abs. 1, angemessene Fristen festzulegen im Vergleich zu den übrigen Verfahrensarten eine gesteigerte Bedeutung zu.

II. Einzelerläuterung

Die Teilnahmefrist beträgt mindestens 30 Kalendertage. Die Festsetzung einer kürzeren Frist 2 ist mangels ausdrücklich geregelter Verkürzungsmöglichkeiten ausgeschlossen. Für die Festlegung von Angebotsfristen stellt die Vorschrift keine Vorgaben auf. Demnach gilt der für alle Verfahrensarten gültige Grundsatz aus § 10 EU Abs. 1. Bei der Festsetzung der Angebotsfrist berücksichtigt der öffentliche Auftraggeber die Komplexität des Auftrags und die Zeit, die für die Ausarbeitung der

---
[1] AA Ingenstau/Korbion/von Wietersheim Rn. 6; HK-VergabeR/Franzius Rn. 4.
[2] Erwägungsgrund 46 RL 2014/24/EU.

Angebote erforderlich ist. Die Rücknahme von Angeboten vor Ablauf der Angebotsfrist ist in entsprechender Anwendung des § 10b EU Abs. 7 möglich. Die Regelungen zur Festsetzung und Berechnung der Bindefrist aus § 10b EU Abs. 8 und 9 sind ebenfalls entsprechend anwendbar. Auf die die dortige Kommentierung wird jeweils verwiesen (→ § 10b EU Rn. 1 ff.).

§ 11 EU Grundsätze der Informationsübermittlung

(1) Für das Senden, Empfangen, Weiterleiten und Speichern von Daten in einem Vergabeverfahren verwenden der öffentliche Auftraggeber und die Unternehmen grundsätzlich Geräte und Programme für die elektronische Datenübermittlung (elektronische Mittel).

(2) [1]Auftragsbekanntmachungen, Vorinformationen nach § 12 EU Absatz 1 oder Absatz 2, Vergabebekanntmachungen und Bekanntmachungen über Auftragsänderungen (Bekanntmachungen) sind dem Amt für Veröffentlichungen der Europäischen Union mit elektronischen Mitteln zu übermitteln. [2]Der öffentliche Auftraggeber muss den Tag der Absendung nachweisen können.

(3) Der öffentliche Auftraggeber gibt in der Auftragsbekanntmachung oder der Aufforderung zur Interessensbestätigung eine elektronische Adresse an, unter der die Vergabeunterlagen unentgeltlich, uneingeschränkt, vollständig und direkt abgerufen werden können.

(4) Die Unternehmen übermitteln ihre Angebote, Teilnahmeanträge, Interessensbekundungen und Interessensbestätigungen in Textform mithilfe elektronischer Mittel.

(5) [1]Der öffentliche Auftraggeber prüft im Einzelfall, ob zu übermittelnde Daten erhöhte Anforderungen an die Sicherheit stellen. [2]Soweit es erforderlich ist, kann der öffentliche Auftraggeber verlangen, dass Angebote, Teilnahmeanträge, Interessensbestätigungen und Interessensbekundungen zu versehen sind mit:
1. einer fortgeschrittenen elektronischen Signatur,
2. einer qualifizierten elektronischen Signatur,
3. einem fortgeschrittenen elektronischen Siegel oder
4. einem qualifizierten elektronischen Siegel.

(6) [1]Der öffentliche Auftraggeber kann von jedem Unternehmen die Angabe einer eindeutigen Unternehmensbezeichnung sowie einer elektronischen Adresse verlangen (Registrierung). [2]Für den Zugang zur Auftragsbekanntmachung und zu den Vergabeunterlagen darf der öffentliche Auftraggeber keine Registrierung verlangen. [3]Eine freiwillige Registrierung ist zulässig.

(7) Die Kommunikation in einem Vergabeverfahren kann mündlich erfolgen, wenn sie nicht die Vergabeunterlagen, die Teilnahmeanträge, die Interessensbestätigungen oder die Angebote betrifft und wenn sie ausreichend und in geeigneter Weise dokumentiert wird.

Übersicht

		Rn.			Rn.
I.	Regelungsgehalt und Überblick	1	VI.	Elektronische Versendung von Angeboten, Teilnahmeanträgen, Interessensbekundungen und Interessensbestätigungen (Abs. 4)	18
II.	Systematische Stellung und Zweck der Norm	2			
III.	Verwendungspflicht und Definition elektronischer Mittel (Abs. 1)	3	VII.	Anforderungen an die Sicherheit (Abs. 5)	20
IV.	Bekanntmachungen über SIMAP (Abs. 2)	8	VIII.	Registrierung (Abs. 6)	23
V.	Veröffentlichung der Vergabeunterlagen im Internet (Abs. 3)	11	IX.	Mündliche Kommunikation (Abs. 7)	25

I. Regelungsgehalt und Überblick

1   Die Regelung des § 11 EU enthält für den Bereich des zweiten Abschnitts der VOB/A die wesentlichen **Grundsätze der Informationsübermittlung**. In Abs. 1 ist der Begriff der elektronischen Mittel definiert. Abs. 2 enthält die Pflicht, Bekanntmachungen an das Amt für Veröffentlichungen der Europäischen Union zu übermitteln. Eine Pflicht, die Vergabeunterlagen mit Zeitpunkt der Bekanntmachung im Internet frei zugänglich zu machen, enthält Abs. 3. Die Verpflichtung zur

Abgabe von Angeboten, Teilnahmeanträgen, Interessensbekundungen und Interessensbestätigungen durch die Unternehmen ist in Abs. 4 geregelt. Abs. 5 bestimmt, wie mit Anforderungen an die Sicherheit der Übermittlung umzugehen ist. Der Umfang der Registrierung für ein Vergabeverfahren ist in Abs. 6 geregelt. Die nach wie vor zulässige mündliche Kommunikation ist in Abs. 7 geregelt.

II. Systematische Stellung und Zweck der Norm

§ 11 EU regelt im Wesentlichen gemeinsam mit §§ 11a EU und 11b EU (→ § 11a EU Rn. 1 ff., → § 11b EU Rn. 1 ff.) die **Grundlagen der E-Vergabe** im zweiten Abschnitt der VOB/A. Sie ergänzen und konkretisieren die allgemeine Verpflichtung aus § 97 Abs. 5 GWB (→ GWB § 97 Rn. 292 ff.), nach der Auftraggeber und Unternehmen für das Senden, Empfangen, Weiterleiten und Speichern von Daten in einem Vergabeverfahren grundsätzlich elektronische Mittel verwenden. Zum Hintergrund und zur Entwicklung der E-Vergabe wird auf die Kommentierung zu § 97 GWB (→ GWB § 97 Rn. 292 ff.) verwiesen. Vergleichbare Regelungen für Liefer- und Dienstleistungen enthalten die §§ 9 ff. VgV sowie § 41 VgV.

III. Verwendungspflicht und Definition elektronischer Mittel (Abs. 1)

Abs. 1 wiederholt die Pflicht für Auftraggeber und Unternehmen nach § 97 Abs. 5 GWB (→ GWB § 97 Rn. 292 ff.), für das Senden, Empfangen, Weiterleiten und Speichern von Daten in einem Vergabeverfahren **grundsätzlich elektronische Mittel zu verwenden.** Der Begriff der „elektronischen Mittel" wird in Abs. 1 hinausgehend über die gesetzliche Regelung definiert als Geräte und Programme für die elektronische Datenübermittlung. Art. 2 Nr. 19 RL 2014/24/EU geht mit seiner Begriffsbestimmung darüber hinaus und definiert **„elektronische Mittel"** als elektronische Geräte für die Verarbeitung (einschließlich digitaler Kompression) und Speicherung von Daten, die über Kabel, per Funk, mit optischen Verfahren oder mit anderen elektromagnetischen Verfahren übertragen, weitergeleitet und empfangen werden. Maßgeblich ist wegen der gebotenen europarechtskonformen Auslegung des § 11 EU die Definition der RL 2014/24/EU.

Weder in der RL 2014/24/EU noch in der VOB/A sind die **weiteren Begriffe** näher definiert wie die der „Verarbeitung" oder „Speicherung", der „Daten" oder der „Übertragung", „Weiterleitung" oder des „Empfangs" von Daten. Hier kann zum Teil ergänzend zB auf die Begriffsbestimmungen des Art. 4 Datenschutz-Grundverordnung[1] oder das Bundesdatenschutzgesetz (BDSG) zurückgegriffen werden. Maßgeblich für die vergaberechtlichen Bestimmungen ist der Wille des Gesetzgebers, dass sowohl die Auftraggeber als auch die Unternehmen in jedem Stadium eines Vergabeverfahrens grundsätzlich elektronische Mittel nutzen sollen. Die elektronische Kommunikation betrifft insbesondere die elektronische Erstellung und Bereitstellung der Bekanntmachung und der Vergabeunterlagen, die elektronische Angebotsabgabe sowie die elektronische Vorbereitung des Zuschlags,[2] der wegen seiner Außengerichtetheit ebenfalls elektronisch erteilt werden muss.[3]

Der Gesetzgeber hat klargestellt, dass mit der allgemeinen Pflicht, auf den Einsatz von elektronischen Mitteln im Vergabeverfahren umzustellen, nicht die Pflicht zur Verwendung **spezifischer Programme oder Hilfsmittel** wie zum Beispiel Programmen zur Gebäudedatenmodellierung (sog. BIM-Systeme) verbunden ist. Die Entscheidung über den Einsatz solcher spezifischen Programme treffen allein die Auftraggeber.[4]

Die elektronische Kommunikation setzt zunächst **elektronische Geräte,** die „Hardware" voraus. Dabei handelt es sich um die ITK-Infrastruktur der öffentlichen Auftraggeber und Unternehmen, die in der Regel aus handelsüblichen PC und entsprechenden Servern mit Internetanbindung bestehen. Als **Software** kommen neben den Standardprogrammen vor allem **Vergabemanagementsysteme oder Vergabeplattformen** in Betracht. Vergabemanagementsysteme sind spezielle Programme, für die die Auftraggeber Lizenzen erwerben und die dann auf ihrer Hardware installiert werden. Die Programme bilden die Prozesse der öffentlichen Beschaffung, wenigstens von der Bekanntmachung des Vergabeverfahrens bis zur Zuschlagserteilung – einschließlich der Dokumentation des Verfahrens –, ab. Daneben werden im Internet als sog. Software as a Service-Lösungen („SaaS") die Vergabeplattformen angeboten, die ebenfalls die Vergabeverfahren von der Bekanntmachung bis zur Zuschlagserteilung abbilden, aber keine Installation voraussetzen, sondern durch handelsübliche Browser über das Internet verfügbar sind.

---

[1] Verordnung (EU) 2016/679 (Datenschutz-Grundverordnung, DS-GVO).
[2] Gesetzesbegründung zum GWB, BT-Drs. 18/6281, 68.
[3] Vgl. auch *Noch* VergabeR kompakt Rn. 594.
[4] Gesetzesbegründung zum GWB, BT-Drs. 18/6281, 69.

7 Das Gebot der Verwendung elektronischer Mittel in Vergabeverfahren ist auf das nach außen gerichtete Handeln des öffentlichen Auftraggebers beschränkt.[5] Die **auftraggeberinterne Kommunikation** wird mithin **nicht** erfasst.[6] Gleiches gilt für die Kommunikation zwischen dem Auftraggeber und diesen im Vergabeverfahren unterstützenden Beratern, etwa Ingenieurbüros und Rechtsanwälte. Auch der Vergabevermerk in Papierform kann im Zeitalter der E-Vergabe fortgeführt werden.[7] Gleichwohl besteht auch die vorzugswürdige Möglichkeit, die Dokumente mithilfe eines Vergabemanagementsystems elektronisch zu erstellen.[8]

IV. Bekanntmachungen über SIMAP (Abs. 2)

8 Nach Abs. 2 sind **Bekanntmachungen** dem Amt für Veröffentlichungen der Europäischen Union mit elektronischen Mitteln zu übermitteln. Der Begriff der Bekanntmachung in diesem Sinne umfasst nach der Definition des Abs. 2 die Auftragsbekanntmachungen, Vorinformationen nach § 12 EU (→ § 12 EU Rn. 10), Vergabebekanntmachungen und Bekanntmachungen über Auftragsänderungen. Nähere Bestimmungen zur Form und zu den Modalitäten der Bekanntmachung enthält Art. 51 RL 2014/24/EU. Es sind die Standardformulare der EU zu verwenden, die mit der Durchführungsverordnung (EU) 2015/1986 der Kommission eingeführt wurden.[9]

9 Die Übermittlung an das Amt für Veröffentlichungen der Europäischen Union erfolgt über online verfügbare **elektronische Informationssystem für das öffentliche Auftragswesen** der EU „SIMAP". SIMAP ist ein Akronym für *„système d'infomartion pour les marchés publics"*. Dieses kann einerseits über die Web-Seite von SIMAP erfolgen[10] oder über eine Vergabesoftware (sowohl Vergabemanagementsystem wie Vergabeplattform), sofern der Hersteller der Software als eSender über eine Schnittstelle zu SIMAP verfügt. Auf der SIMAP-Web-Seite kann ein öffentlicher Auftraggeber sich bei „eNotice" registrieren,[11] über seinen Browser auf alle Standardformulare zugreifen und online ausfüllen; alternativ kann ein TED eSender[12] verwendet werden. Die Bekanntmachungen werden dann im eService *„tenders electronic daily"* (TED)[13] veröffentlicht, über den alle interessierten Unternehmen Zugang zum veröffentlichten Formular haben. Das Amt für Veröffentlichungen der EU[14] nimmt eine Publikation innerhalb von fünf Tagen vor.

10 Der öffentliche Auftraggeber muss den Tag der Absendung der Bekanntmachung an SIMAP nachweisen können. Der **Nachweis** geschieht durch eine E-Mail des eServices TED, dass der Entwurf der Bekanntmachung erhalten wurde (*„Notice Recieved"*). Alle wesentlichen Informationen zum Empfang der Bekanntmachung sind in dieser E-Mail enthalten.

V. Veröffentlichung der Vergabeunterlagen im Internet (Abs. 3)

11 Der öffentliche Auftraggeber ist nach Abs. 3 verpflichtet, in der Auftragsbekanntmachung oder der Aufforderung zur Interessensbestätigung eine **elektronische Adresse**, also eine Internetadresse,[15] anzugeben, unter der die **Vergabeunterlagen unentgeltlich, uneingeschränkt, vollständig und direkt** abgerufen werden können. Im Standardformular 02 der Durchführungsverordnung (EU) 2015/1986 („Auftragsbekanntmachung") ist dafür zB in Nr. I.3) ein Pflichtfeld vorgesehen, in dem eine http:-Adresse anzugeben ist.

12 Der Begriff der **„Vergabeunterlagen"** ist in § 8 EU definiert (→ § 8 EU Rn. 1 ff.). Diese bestehen aus dem Anschreiben (Aufforderung zur Angebotsabgabe), ggf. Teilnahmebedingungen und den Vertragsunterlagen (§ 8a EU und §§ 7 EU–7c EU). Eine einschränkende Auslegung des Begriffs, nach der nur für das offene Verfahren sämtliche Vergabeunterlagen umfasst sein sollen, für alle anderen Vergabeverfahren mit „Vergabeunterlagen" im Sinne der Norm jedoch nur die EU-Bekanntmachung gemeint sein solle, kommt in Anbetracht des Wortlauts der Norm nicht in Betracht.

---

[5] Beck VergabeR/*Wanderwitz* VgV § 9 Rn. 19.
[6] BT-Drucks. 18/7318, 153.
[7] Beck VergabeR/*Wanderwitz* VgV § 9 Rn. 19.
[8] *Wanderwitz* VergabeR 2019, 26; zur Verwendung von Blockchains *Wanderwitz* VergabeR 2019, 26 (29 f.).
[9] Durchführungsverordnung (EU) 2015/1986 der Kom. vom 11.11.2015 zur Einführung von Standardformularen für die Veröffentlichung von Vergabebekanntmachungen für öffentliche Aufträge und zur Aufhebung der Durchführungsverordnung (EU) Nr. 842/2011 (ABl. 2015 L 296, 1).
[10] S. http://simap.ted.europa.eu (zuletzt abgerufen am 9.8.2021).
[11] S. https://enotices.ted.europa.eu (zuletzt abgerufen am 9.8.2021).
[12] Eine Liste zugelassener TED eSender ist unter https://simap.ted.europa.eu/web/simap/list-of-ted-esenders zugänglich (zuletzt abgerufen am 9.8.2021).
[13] S. http://ted.europa.eu (zuletzt abgerufen am 9.8.2021).
[14] S. https://op.europa.eu (zuletzt abgerufen am 9.8.2021).
[15] *Vogt*, E-Vergabe, 2019, 201 f.

V. Veröffentlichung der Vergabeunterlagen im Internet (Abs. 3)

Unentgeltlich abrufbar sind die Vergabeunterlagen dann, wenn sie kostenlos sind, dh wenn kein an den Vergabeunterlagen interessiertes Unternehmen für das Auffinden, den Empfang und das Anzeigen von Vergabeunterlagen einem öffentlichen Auftraggeber oder einem Unternehmen ein Entgelt entrichten muss.[16] Von dem Merkmal der Unentgeltlichkeit sind sämtliche Funktionen elektronischer Mittel, die nach dem jeweils aktuellen Stand der Technik erforderlich sind, um auf Vergabeunterlagen zuzugreifen, umfasst. 13

Der **uneingeschränkte** und **direkte** Abruf der Vergabeunterlagen setzt voraus, dass die Bekanntmachung mit der anzugebenden Internetadresse einen eindeutig und vollständig beschriebenen medienbruchfreien elektronischen Weg zu den Vergabeunterlagen enthält. In der Bekanntmachung sind deshalb alle Informationen anzugeben, die es einem interessierten Unternehmen ohne wesentliche Zwischenschritte und ohne wesentlichen Zeitverlust ermöglichen, mit elektronischen Mitteln an die Vergabeunterlagen zu gelangen. Die angegebene Internetadresse muss potenziell erreichbar sein und sämtliche Vergabeunterlagen enthalten.[17] Nicht abschließend geklärt ist bislang, wann die Informationszugänglichkeit nicht mehr direkt gegeben ist. Während Einigkeit darüber besteht, dass pauschale Verweisungen auf die Homepage des Auftraggebers („Surface Links") nicht ausreichen,[18] sondern es spezifischer „Deep Links" bedarf, ist deren Zahl und die Möglichkeit ihrer Verschachtelung umstritten. So hat die VK München es für ausreichend erachtet, wenn „eine Verlinkung in der Bekanntmachung auf die Auftragsunterlagen [erfolgt], welche die Eignungskriterien enthalten ..., um diese wirksam bekanntzumachen. Dies gilt auch dann, wenn die Verlinkung nicht direkt unter den Eignungsanforderungen in Ziffer III des Bekanntmachungsformulars steht ..., sondern lediglich aus der ohnehin ... erforderlichen Verlinkung auf die (vollständigen) Vergabeunterlagen besteht".[19] Dagegen hat es das OLG Düsseldorf als rechtswidrig angesehen, wenn „ein Teil der Vergabeunterlagen nur über eine zweite elektronische Adresse abrufbar" ist.[20] Wenngleich das vergaberechtliche Transparenzgebot für eine möglichst einfache Auffindbarkeit aller relevanten Angaben spricht und ihrem „Verstecken" entgegensteht, erscheint eine Übersimplifizierung vor dem Hintergrund der bei den Unternehmen heute vorauszusetzenden Fähigkeiten zur Nutzung des Internets allerdings nicht geboten.[21] 14

Eine Praxis, die Vergabeunterlagen der öffentlichen Auftraggeber für unregistrierte Nutzer **nur in einer PDF-„Leseversion"** und die Original-Dateiformate, wie insbesondere Excel- oder GAEB-Dateien nur registrierten Benutzern zugänglich zu machen, ist vor dem Hintergrund des Zwecks der Regelung, dem interessierten Unternehmen eine Entscheidung zur Teilnahme am Vergabeverfahren zu ermöglichen,[22] als Verstoß gegen § 11 EU abzulehnen. Die Umwandlung der kalkulationsfähigen Dateiformate in ein PDF-Dokument erschwert den Unternehmen diese Entscheidung und stellt damit eine unzulässige Einschränkung dar. 15

Vollständig sind die Vergabeunterlagen, wenn über die Internetadresse in der Bekanntmachung sämtliche Vergabeunterlagen und nicht nur Teile derselben abgerufen werden können. Das Gebot der Vollständigkeit „umfasst auch etwaige Kalkulationsvorgaben, die der Auftraggeber den Bietern verbindlich vorgeben will. Ein bloßer Verweis auf externe Quellen für etwaige Vorgaben ist damit nicht vereinbar".[23] 16

Umstritten ist, ob das Gebot der Vollständigkeit sich auf die gesamten Vergabeunterlagen im Zeitpunkt der Auftragsbekanntmachung[24] oder auf den zu diesem Zeitpunkt bestehenden Stand der verfügbaren Vergabeunterlagen[25] bezieht, da bei den mit Teilnahmewettbewerben verbundenen Verfahrensarten herkömmlich eine Fertigstellung der Leistungsbeschreibung in allen Details für dessen Durchführung nicht erforderlich war. Im Hinblick auf die europarechtlichen Hintergründe der 17

---

[16] Vgl. zur entsprechenden Regelung des § 41 VgV: Begründung zur VgV, BR-Drs. 87/16, 195.
[17] Vgl. zur entsprechenden Regelung des § 41 VgV: Begründung zur VgV, BR-Drs. 87/16, 195 f.
[18] VK München Beschl. v. 5.6.2018 – Z3-3-3194-1-12-04/18, BeckRS 2018, 13532.
[19] VK München Beschl. v. 15.9.2017 – Z3-3-3194-1-30-06/17, BeckRS 2018, 1 Rn. 99.
[20] OLG Düsseldorf Beschl. v. 13.5.2019 – VII-Verg 47/18, NZBau 2019, 665 (667); ebenso VK Bund Beschl. v. 19.7.2018 – VK 2 – 58/18, IBR 2018, 641.
[21] Vgl. VK München Beschl. v. 19.3.2018 – Z3-3-3194-1-54-11/17, BeckRS 2018, 4960, wonach „inzwischen von einem allgemeinen Kenntnisstand von Unternehmen, die an EU-weiten Vergabeverfahren teilnehmen, ausgegangen werden [kann], dass das Unterlassen von durchzuführenden Updates an der im Unternehmen verwendeten Software zu Funktionseinbußen bei Computerprogrammen führen kann".
[22] Vgl. zur entsprechenden Regelung des § 41 VgV: Begründung zur VgV, BR-Drs. 87/16, 195.
[23] VK Bund Beschl. v. 11.11.2017 – VK 2 – 128/17, BeckRS 2017, 144713.
[24] OLG München Beschl. v. 13.3.2017 – Verg 15/16, NZBau 2017, 371 (375 f.); VK München Beschl. v. 5.12.2017 – Z3-3-3194-1-47-08/17, ZfBR 2018, 310; nach VK Thüringen Beschl. v. 9.1.2017 – 250-4004-7985/2016-E-013-SM, BeckRS 2017, 160120, ist entscheidend, ob das Unternehmen nicht in der Lage ist, die Entscheidung über die Teilnahme oder Nichtteilnahme am Vergabeverfahren treffen zu können.
[25] OLG Düsseldorf Beschl. v. 17.10.2018 – Verg 26/18, ZfBR 2019, 404 (406 f.).

Regelung liegt Ersteres nahe.[26] Gegen die Ansicht, in zweistufigen Verfahren genüge die Auftragsbekanntmachung den Erfordernissen des § 11 EU, spricht schon dessen Wortlaut, der eindeutig auf den Begriff der „Vergabeunterlagen" nach § 8 EU (→ § 8 EU Rn. 1 ff.) und damit insbesondere auf die Vertragsunterlagen (§ 8a EU und §§ 7 EU–7c EU) verweist. Darüber hinaus ist es gerade Zweck der Norm, dem Unternehmen die Möglichkeit zu geben, sich über die konkret ausgeschriebene Leistung zu informieren und zu entscheiden, ob es an dem Verfahren teilnehmen möchte. Dies ist letztlich nicht mit der Kurzbeschreibung in der Bekanntmachung, sondern im Grunde erst mit der Einsicht in die Leistungsbeschreibung und die sonstigen vertraglichen Leistungspflichten wirksam möglich.[27]

VI. Elektronische Versendung von Angeboten, Teilnahmeanträgen, Interessensbekundungen und Interessensbestätigungen (Abs. 4)

18   Die Unternehmen, die mit den Grundlagen der elektronischen Vergabe vertraut sein müssen,[28] übermitteln nach Abs. 4 ihre Angebote, Teilnahmeanträge, Interessensbekundungen und Interessensbestätigungen **grundsätzlich in Textform** mithilfe elektronischer Mittel iSv Abs. 1. Die Textform richtet sich nach § 126b BGB. In Ausnahmefällen darf der Auftraggeber nach den Maßgaben des Abs. 5 auch eine strengere Form vorgeben. Den Vorgaben nicht entsprechende Angebote sind als nicht formgerecht vom Vergabewettbewerb auszuschließen.[29] Gleiches gilt für das Angebot einer Bietergemeinschaft, wenn der öffentliche Auftraggeber als formelle Anforderung stellt, dass das Angebot elektronisch über ein auf den Bieter registriertes Benutzerkonto hochgeladen werden muss, sofern es von der Muttergesellschaft eines Mitglieds der Bietergemeinschaft hochgeladen wurde.[30]

19   Ob **Übermittlungsrisiken** vom öffentlichen Auftraggeber oder dem Unternehmen zu tragen sind, richtet sich nach den allgemeinen Regeln und damit nach Risikosphären.[31] Dementsprechend darf ein Angebot in dem Fall, dass „die Vergabestelle die Einreichung von Angeboten ausschließlich über eine an das Internet angebundene Plattform zu[lässt] (E-Vergabe) und … es einem Bieter – aus Gründen die allein aus der Sphäre der Vergabestelle stammen – unmöglich und unzumutbar [ist], sein Angebot nur der Form nach rechtzeitig abzugeben, … deswegen nicht ausgeschlossen werden".[32] Im Falle des Auftretens technischer Probleme bei der Abgabe von elektronisch abgegebenen Angeboten muss der öffentliche Auftraggeber überdies „zumindest prüfen, ob eigenes Organisationsverschulden vorliegt".[33] Außerdem ist in dem Fall, dass „die Bekanntmachung der Auftragsausschreibung für die ‚Kommunikation' im Vergabeverfahren ausschließlich Angaben zur Nutzung der eVergabe-Plattform [enthält], … der Auftraggeber den Weg der von ihm ausgehenden Kommunikation auf die eVergabe-Plattform beschränkt. Daran muss er sich jedenfalls solange festhalten lassen, bis er für alle Bieter transparent eine anders lautende Regelung trifft".[34]

VII. Anforderungen an die Sicherheit (Abs. 5)

20   Der öffentliche Auftraggeber prüft nach Abs. 5 im Einzelfall, ob von den Unternehmen nach Abs. 4 zu übermittelnde Daten **erhöhte Anforderungen an die Sicherheit** stellen. Soweit es erforderlich ist, kann der öffentliche Auftraggeber verlangen, dass Angebote, Teilnahmeanträge, Interessensbestätigungen und Interessensbekundungen mit den abschließend aufgeführten elektronischen Signaturen oder Siegeln versehen sein müssen. Grundsätzlich ist dies aber nicht erforderlich.[35]

21   Eine strengere Formvorgabe als die bloße Textform setzt die **Erforderlichkeit** dieser Maßnahme voraus. Erforderlich ist eine strengere Formvorschrift, wenn ohne den Nachweis der Identität des übermittelnden Unternehmens der Eintritt von Schäden nicht auszuschließen ist. Die zulässige Strenge der Formschriften hängt von der Wahrscheinlichkeit und der Schwere des zu befürchtenden Schadens ab. Der Auftraggeber muss dokumentieren und ggf. nachweisen können, dass objektive Gründe vorliegen, die diese Maßnahme als Abweichung von der Regel rechtfertigen. Hierbei kommt ihm ein nur eingeschränkt überprüfbarer Beurteilungsspielraum zu.

---

[26] *Vogt*, E-Vergabe, 2019, 215 ff.
[27] IErg ebenso: Auslegung des reformierten Vergaberechts für die Vergabe von Bauleistungen, Hinweise des Bundesministeriums für Umwelt, Naturschutz, Bau und Reaktorsicherheit v. 16.5.2017 – BI 7-81063-6/1, 9.
[28] VK Sachsen-Anhalt Beschl. v. 15.10.2019 – 2 VK LSA 39/19, BeckRS 2019, 40253 Rn. 62.
[29] Vgl. VK München Beschl. v. 2.4.2019 – Z3-3-3194-1-43-11/18, IR 2009, 261.
[30] VK Bund Beschl. v. 31.1.2020 – VK 2 – 102/19, BeckRS 2020, 9870.
[31] Näher *Vogt*, E-Vergabe, 2019, 223 ff.
[32] VK Karlsruhe Beschl. v. 30.12.2016 – 1 VK 51/16, VPR 2017, 49.
[33] VK Münster Beschl. v. 20.2.2019 – VK 1-40/18, IBRRS 2019, 1071.
[34] VK Bund Beschl. v. 20.12.2017 – VK 2 – 142/17, BeckRS 2017, 143604.
[35] *Siegel* LKV 2017, 385 (389).

Die in Bezug genommenen Formen zulässiger Signaturen sind solche der Verordnung (EU) Nr. 910/2014 (**eIDAS-VO**),[36] die durch das Vertrauensdienstegesetz (VDG) ergänzt wird. Zulässig sind eine fortgeschrittene elektronische Signatur nach § 3 Nr. 11 eIDAS-VO, eine qualifizierte elektronische Signatur nach § 3 Nr. 12 eIDAS-VO, ein fortgeschrittenes elektronisches Siegel nach § 3 Nr. 26 eIDAS-VO oder ein qualifiziertes elektronisches Siegel nach § 3 Nr. 27 eIDAS-VO.

VIII. Registrierung (Abs. 6)

Der öffentliche Auftraggeber kann nach Abs. 6 von jedem Unternehmen, das sich am Vergabeverfahren aktiv beteiligt, eine **Registrierung** verlangen. Dabei handelt es sich nach der Definition der Bestimmung um die Angabe einer eindeutigen Unternehmensbezeichnung sowie einer elektronischen Adresse. Dies gilt aber – entsprechend der Wertung in Abs. 3 – nicht für den Zugang zur Auftragsbekanntmachung und zu den Vergabeunterlagen. Für diesen Zugang kommt allenfalls eine freiwillige Registrierung in Betracht. Die Registrierung kann aber zB zur Voraussetzung für die elektronische Versendung von Angeboten, Teilnahmeanträgen, Interessensbekundungen und Interessensbestätigungen gemacht werden.

Unternehmen, die eine Registrierung vorgenommen haben, sind „über Änderungen an den Vergabeunterlagen zumindest dann gesondert ... **zu informieren,** wenn die konkrete Gefahr besteht, dass sie Änderungen, die lediglich auf die Plattform eingestellt werden, nicht zur Kenntnis nehmen, weil sie beispielsweise bereits ihren Teilnahmeantrag oder ihr Angebot hochgeladen haben oder die Änderungsmitteilung irreführend war. Lediglich Unternehmen, die von der Möglichkeit der freiwilligen Registrierung keinen Gebrauch machen, müssen sich selbstständig informieren, ob Vergabeunterlagen zwischenzeitlich geändert wurden oder ob die öffentlichen Auftraggeber Fragen zum Vergabeverfahren beantwortet haben".[37] Zudem liegt es nicht in der Verantwortung des öffentlichen Auftraggebers, dass entsprechende Informationen tatsächlich zur Kenntnis genommen werden.[38]

IX. Mündliche Kommunikation (Abs. 7)

Abs. 7 stellt klar, dass die Kommunikation in einem Vergabeverfahren **mündlich** erfolgen kann, wenn sie nicht die Vergabeunterlagen, die Teilnahmeanträge, die Interessensbestätigungen oder die Angebote betrifft und wenn sie ausreichend und in geeigneter Weise dokumentiert wird. Aus dem Ausschluss von Angeboten folgt, dass „[d]ie Wertung rein mündlich vorgetragener Angebotsbestandteile ohne Grundlage in Textform ... unzulässig" ist,[39] ohne dass es auf die Verfahrensart ankäme.[40] Hauptanwendungsfall der mündlichen Kommunikation ist in der Praxis das Verhandlungsgespräch im Rahmen eines Verhandlungsverfahrens nach § 3 EU Abs. 3 (→ § 3 EU Rn. 9).[41] Stets sind die Vorgaben zur Dokumentation nach § 20 EU zu beachten (→ § 20 EU Rn. 1 ff.).

§ 11a EU Anforderungen an elektronische Mittel

(1) ¹Elektronische Mittel und deren technische Merkmale müssen allgemein verfügbar, nichtdiskriminierend und mit allgemein verbreiteten Geräten und Programmen der Informations- und Kommunikationstechnologie kompatibel sein. ²Sie dürfen den Zugang von Unternehmen zum Vergabeverfahren nicht einschränken. ³Der öffentliche Auftraggeber gewährleistet die barrierefreie Ausgestaltung der elektronischen Mittel nach den §§ 4, 12a und 12b des Behindertengleichstellungsgesetzes vom 27. April 2002 (BGBl. I S. 1467, 1468) in der jeweils geltenden Fassung.

(2) Der öffentliche Auftraggeber verwendet für das Senden, Empfangen, Weiterleiten und Speichern von Daten in einem Vergabeverfahren ausschließlich solche elektronischen Mittel, die die Unversehrtheit, die Vertraulichkeit und die Echtheit der Daten gewährleisten.

(3) Der öffentliche Auftraggeber muss den Unternehmen alle notwendigen Informationen zur Verfügung stellen über

---

[36] Verordnung (EU) Nr. 910/2014 des Europäischen Parlaments und des Rates v. 23.7.2014 über elektronische Identifizierung und Vertrauensdienste für elektronische Transaktionen im Binnenmarkt und zur Aufhebung der Richtlinie 1999/93/EG (ABl. 2014 L 257, 73).
[37] VK Südbayern Beschl. v. 17.10.2016 – Z3-3-3194-1-36-09/16, BeckRS 2016, 55878.
[38] Vgl. zur entsprechenden Regelung des § 41 VgV: Begründung zur VgV, BR-Drs. 87/16, 196.
[39] VK München Beschl. v. 2.4.2019 – Z3-3-3194-1-43-11/18.
[40] VK Rheinland Köln Beschl. v. 19.11.2019 – VK 40/19 – L, BeckRS 2019, 31186.
[41] S. nur HK-VergabeR/*Franzius* VgV § 9 Rn. 14; Dieckmann/Scharf/Wagner-Cardenal/*Jauch* VgV § 9 Rn. 27; *Vogt,* E-Vergabe, 2019, 286 ff.

1. die in einem Vergabeverfahren verwendeten elektronischen Mittel,
2. die technischen Parameter zur Einreichung von Teilnahmeanträgen, Angeboten und Interessensbestätigungen mithilfe elektronischer Mittel und
3. verwendete Verschlüsselungs- und Zeiterfassungsverfahren.

(4) ¹Der öffentliche Auftraggeber legt das erforderliche Sicherheitsniveau für die elektronischen Mittel fest. ²Elektronische Mittel, die vom öffentlichen Auftraggeber für den Empfang von Angeboten, Teilnahmeanträgen und Interessensbestätigungen sowie von Plänen und Entwürfen für Planungswettbewerbe verwendet werden, müssen gewährleisten, dass
1. die Uhrzeit und der Tag des Datenempfanges genau zu bestimmen sind,
2. kein vorfristiger Zugriff auf die empfangenen Daten möglich ist,
3. der Termin für den erstmaligen Zugriff auf die empfangenen Daten nur von den Berechtigten festgelegt oder geändert werden kann,
4. nur die Berechtigten Zugriff auf die empfangenen Daten oder auf einen Teil derselben haben,
5. nur die Berechtigten nach dem festgesetzten Zeitpunkt Dritten Zugriff auf die empfangenen Daten oder auf einen Teil derselben einräumen dürfen,
6. empfangene Daten nicht an Unberechtigte übermittelt werden und
7. Verstöße oder versuchte Verstöße gegen die Anforderungen gemäß Nummern 1 bis 6 eindeutig festgestellt werden können.

(5) ¹Die elektronischen Mittel, die von dem öffentlichen Auftraggeber für den Empfang von Angeboten, Teilnahmeanträgen und Interessensbestätigungen sowie von Plänen und Entwürfen für Planungswettbewerbe genutzt werden, müssen über eine einheitliche Datenaustauschschnittstelle verfügen. ²Es sind die jeweils geltenden Interoperabilitäts- und Sicherheitsstandards der Informationstechnik gemäß § 3 Absatz 1 des Vertrags über die Errichtung des IT-Planungsrats und über die Grundlagen der Zusammenarbeit beim Einsatz der Informationstechnologie in den Verwaltungen von Bund und Ländern vom 1. April 2010 zu verwenden.

(6) Der öffentliche Auftraggeber kann im Vergabeverfahren die Verwendung elektronischer Mittel, die nicht allgemein verfügbar sind (alternative elektronische Mittel), verlangen, wenn er
1. Unternehmen während des gesamten Vergabeverfahrens unter einer Internetadresse einen unentgeltlichen, uneingeschränkten, vollständigen und direkten Zugang zu diesen alternativen elektronischen Mitteln gewährt,
2. diese alternativen elektronischen Mittel selbst verwendet.

(7) ¹Der öffentliche Auftraggeber kann für die Vergabe von Bauleistungen und für Wettbewerbe die Nutzung elektronischer Mittel im Rahmen der Bauwerksdatenmodellierung verlangen. ²Sofern die verlangten elektronischen Mittel für die Bauwerksdatenmodellierung nicht allgemein verfügbar sind, bietet der öffentliche Auftraggeber einen alternativen Zugang zu ihnen gemäß Absatz 6 an.

Übersicht

	Rn.		Rn.
I. Regelungsgehalt und Überblick	1	VI. Mindestanforderungen an das erforderliche Sicherheitsniveau (Abs. 4)	10
II. Systematische Stellung und Zweck der Norm	2	VII. Einheitliche Datenaustauschschnittstelle (Abs. 5)	12
III. Allgemeine Verfügbarkeit der technischen Mittel (Abs. 1)	3	VIII. Alternative elektronische Mittel (Abs. 6)	13
IV. Unversehrtheit, die Vertraulichkeit und die Echtheit der Daten (Abs. 2)	7		
V. Informationen über die elektronische Kommunikation (Abs. 3)	9	IX. Elektronische Mittel im Rahmen der Bauwerksdatenmodellierung (Abs. 7)	15

I. Regelungsgehalt und Überblick

1 § 11a EU regelt die Anforderungen an elektronische Mittel. Abs. 1 schreibt die allgemeine Verfügbarkeit der technischen Mittel und deren technische Merkmale vor. Abs. 2 verpflichtet auf die Unversehrtheit, die Vertraulichkeit und die Echtheit der Daten in der elektronischen Kommuni-

IV. Unversehrtheit, die Vertraulichkeit und die Echtheit der Daten (Abs. 2) 2–8 § 11a EU VOB/A

kation. Abs. 3 gibt vor, welche Informationen Auftraggeber den interessierten Unternehmen über die elektronische Kommunikation zur Verfügung stellen müssen. Mindestanforderungen an das erforderliche Sicherheitsniveau für die elektronischen Mittel sind in Abs. 4 geregelt. Abs. 5 macht Vorgaben zu einer einheitlichen Datenaustauschschnittstelle. Alternative elektronische Mittel sind in Abs. 6 geregelt. Spezielle Vorgaben für die elektronischen Mittel im Rahmen der Bauwerksdatenmodellierung finden sich in Abs. 7.

II. Systematische Stellung und Zweck der Norm

§ 11 EU konkretisiert die Anforderung der in § 97 Abs. 5 GWB (→ GWB § 97 Rn. 292) und § 11 EU (→ § 11 EU Rn. 1 ff.) geregelten elektronischen Mittel. Ausnahmen von der Verwendung elektronischer Mittel sind in § 11b (→ § 11b Rn. 1 ff.) geregelt. Abs. 1–3 entsprechen § 12 VgV (→ VgV § 12 Rn. 1 ff.), Abs. 4 und 5 entsprechen § 10 VgV (→ VgV § 10 Rn. 1 ff.), Abs. 6 und 7 entsprechen § 12 VgV (→ VgV § 12 Rn. 1 ff.). 2

III. Allgemeine Verfügbarkeit der technischen Mittel (Abs. 1)

Elektronische Mittel und deren technische Merkmale müssen nach Abs. 1 **allgemein verfügbar, nichtdiskriminierend** und mit allgemein verbreiteten Geräten und Programmen der Informations- und Kommunikationstechnologie **kompatibel** sein. Die Klarstellung aus S. 2, dass elektronische Mittel den Zugang von Unternehmen zum Vergabeverfahren nicht einschränken dürfen, ergibt sich bereits aus dem Merkmal „nichtdiskriminierend". 3

Allgemein verfügbar sind elektronische Mittel dann, wenn sie für alle Menschen ohne Einschränkung verfügbar sind und bei Bedarf, gegebenenfalls gegen ein marktübliches Entgelt, erworben werden können.[1] Das ist bei handelsüblichen PC und den gängigen Vergabeplattformen, die über Standardbrowser zu erreichen sind, der Fall. 4

Nicht diskriminierend sind elektronische Mittel dann, wenn sie für alle Menschen, auch für Menschen mit Behinderungen, ohne besondere Erschwernis und grundsätzlich ohne fremde Hilfe zugänglich und nutzbar sind.[2] Ferner gehört zu diesem Merkmal die Vorgabe aus S. 2, dass elektronische Mittel den Zugang von Unternehmen zum Vergabeverfahren nicht einschränken dürfen. Der öffentliche Auftraggeber hat insbesondere nach Abs. 1 S. 3 die barrierefreie Ausgestaltung der elektronischen Mittel nach den §§ 4, 12a und 12b BGG zu gewährleisten. Dazu müssen beispielsweise die besonderen Belange Gehörloser oder Blinder bei der Gestaltung elektronischer Vergabeplattformen berücksichtigt werden.[3] 5

Mit allgemein verbreiteten Geräten und Programmen der Informations- und Kommunikationstechnologie **kompatibel** sind elektronische Mittel dann, wenn jeder Bürger und jedes Unternehmen die in privaten Haushalten oder in Unternehmen üblicherweise verwendeten Geräte und Programme der Informations- und Kommunikationstechnologie nutzen kann, um sich über öffentliche Vergabeverfahren zu informieren oder an öffentlichen Vergabeverfahren teilzunehmen.[4] In der Regel muss die vorinstallierte Standardsoftware auf handelsüblichen PC verwendbar sein, welche die gängigen Dateiformate wie zB pdf, doc, ppt oder jpec nutzen können. 6

IV. Unversehrtheit, die Vertraulichkeit und die Echtheit der Daten (Abs. 2)

Der öffentliche Auftraggeber verwendet nach Abs. 2 für das Senden, Empfangen, Weiterleiten und Speichern von Daten in einem Vergabeverfahren ausschließlich solche elektronischen Mittel, die die **Unversehrtheit,** die **Vertraulichkeit** und die **Echtheit der Daten** gewährleisten. **Echtheit** bezeichnet dabei die Authentizität der Daten. Die Datenquelle beziehungsweise der Sender muss zweifelsfrei nachgewiesen werden können.[5] **Unversehrtheit** der Daten bedeutet, dass die Daten vollständig und ohne Änderungen so beim Empfänger ankommen, wie sie vom Versender abgesendet wurden. **Vertraulichkeit** bedeutet, dass kein Unbefugter von dem Inhalt der Daten Kenntnis nehmen kann. 7

Echtheit, Unversehrtheit und Vertraulichkeit der Daten setzen auch voraus, dass die verwendete Informations- und Kommunikationstechnologie **vor fremden Zugriffen geschützt** ist. Dazu sind durch die öffentlichen Auftraggeber geeignete organisatorische und technische Maßnahmen nach dem aktuellen Stand der Technik zu ergreifen.[6] Geboten sind dabei insbesondere technische Zeit- 8

---

[1] Vgl. Begründung zum gleichlautenden § 1 VgV in: Begründung zur VgV, BR-Drs. 87/16, 165.
[2] Vgl. Begründung zur VgV, BR-Drs. 87/16, 165.
[3] Vgl. Begründung zur VgV, BR-Drs. 87/16, 165.
[4] Vgl. Begründung zur VgV, BR-Drs. 87/16, 165.
[5] Vgl. Begründung zur VgV, BR-Drs. 87/16, 166.
[6] Vgl. Begründung zur VgV, BR-Drs. 87/16, 166.

stempel, eine zeit- und personenbezogene Verschlüsselung, zugriffsbezogene Dokumentationsfunktionen sowie Fähigkeiten zum Datenaustausch, zur Datensicherheit und zum Datenschutz.[7] Infolge dessen ist ein unverschlüsselt eingereichtes Angebot zwingend auszuschließen, ohne dass es auf die Frage des Verschuldens oder Vertretenmüssens ankäme; auch kann der Mangel nicht durch nochmalige verschlüsselte Übermittlung des Angebots geheilt werden.[8]

V. Informationen über die elektronische Kommunikation (Abs. 3)

9   Der öffentliche Auftraggeber muss den Unternehmen alle notwendigen Informationen zur Verfügung stellen über die in einem Vergabeverfahren verwendeten elektronischen Mittel, die technischen Parameter zur Einreichung von Teilnahmeanträgen, Angeboten und Interessensbestätigungen mithilfe elektronischer Mittel und verwendete Verschlüsselungs- und Zeiterfassungsverfahren. Wie der gleichlautende § 11 Abs. 3 VgV setzt Abs. 3 Art. 22 Abs. 6 UAbs. 1 lit. a RL 2014/24/EU um, wonach die öffentlichen Auftraggeber den Unternehmen alle notwendigen Daten über die verwendeten elektronischen Mittel, für die Einreichung von Teilnahmeanträgen und Angeboten mithilfe elektronischer Mittel, einschließlich Verschlüsselung und Zeitstempelung, zugänglich machen müssen.[9] **Zweck der Norm** ist es, die Unternehmen überhaupt in die Lage zu versetzen, die elektronischen Mittel zu verwenden, ihre Unterlagen einzureichen und ggf. zu verschlüsseln.[10] Die Zurverfügungstellung dieser Informationen muss allerdings nicht zwingend in der Bekanntmachung oder den Vergabeunterlagen erfolgen.[11]

VI. Mindestanforderungen an das erforderliche Sicherheitsniveau (Abs. 4)

10 Der öffentliche Auftraggeber legt nach Abs. 4 das erforderliche Sicherheitsniveau für die elektronischen Mittel fest. Es ist daher **Verantwortung des Auftraggebers,** sich stets darüber ein Bild zu machen, welche konkreten Gefahren im Rahmen der elektronischen Kommunikation im jeweiligen Vergabeverfahren drohen und entsprechende Maßnahmen zu ergreifen. Dazu sollen die öffentlichen Auftraggeber auch die **Verhältnismäßigkeit** zwischen den Anforderungen an die Sicherstellung einer sachlich richtigen, zuverlässigen Identifizierung eines Senders von Daten sowie an die Unversehrtheit der Daten einerseits und andererseits den Gefahren abwägen, die zum Beispiel von Daten ausgehen, die aus einer nicht sicher identifizierbaren Quelle stammen oder die während der Übermittlung verändert wurden. Von Unternehmen mit Sitz in Deutschland kann zB eine DE-Mail-Adresse verlangt werden.[12]

11 Für den Empfang von Angeboten, Teilnahmeanträgen und Interessensbestätigungen sowie von Plänen und Entwürfen für Planungswettbewerbe definiert Abs. 4 ein **Mindestsicherheitsniveau.** Die elektronischen Mittel, die zu diesem Zweck verwendet werden, müssen die enumerativ aufgezählten Aspekte der Regelung als Mindeststandard an Datenschutz und Datensicherheit gewährleisten. Darüber hinaus dienen die Anforderungen auch dem Geheimwettbewerb.

VII. Einheitliche Datenaustauschschnittstelle (Abs. 5)

12 Die elektronischen Mittel, die von dem öffentlichen Auftraggeber für den Empfang von Angeboten, Teilnahmeanträgen und Interessensbestätigungen sowie von Plänen und Entwürfen für Planungswettbewerbe genutzt werden, müssen nach Abs. 5 über eine **einheitliche Datenaustauschschnittstelle** verfügen. Dabei sind die jeweils geltenden Interoperabilitäts- und Sicherheitsstandards der Informationstechnik gem. § 3 Abs. 1 des Vertrags über die Errichtung des IT-Planungsrats und über die Grundlagen der Zusammenarbeit beim Einsatz der Informationstechnologie in den Verwaltungen von Bund und Ländern zu verwenden. Die Norm verweist diesbezüglich auf die ursprüngliche Fassung des Vertrags, dessen Neufassung[13] insoweit jedoch keine Abweichungen enthält. Zweck der Regelung ist es, die verschiedenen E-Vergabe- und Bedienkonzeptsysteme mit einem Mindestmaß an Kompatibilität und Interoperabilität auszustatten. Es soll auf **Unternehmensseite eine einzige elektronische Anwendung** genügen, um mit allen von öffentlichen Auftraggebern für die Durchführung von Vergabeverfahren genutzten elektronischen Mitteln erfolgreich zu kommunizieren.[14]

---

[7] Ausführlich *Vogt,* E-Vergabe, 2019, 143 ff.; spezifisch zu Datenschutzaspekten *Brüggemann/Voigt/Reuter* NZBau 2019, 226 ff.
[8] OLG Karlsruhe Beschl. v. 17.3.2017 – 15 Verg 2/17, BeckRS 2017, 111933; gleichsinnig VK München Beschl. v. 19.3.2018 – Z3-3-3194-1-54-11/17, BeckRS 2018, 4960.
[9] Vgl. Begründung zur VgV, BR-Drs. 87/16, 166.
[10] *Grünhagen* in Müller-Wrede VgV § 11 Rn. 77.
[11] VK München Beschl. v. 19.3.2018 – Z3-3-3194-1-54-11/17, BeckRS 2018, 4960.
[12] Vgl. Begründung zur VgV, BR-Drs. 87/16, 164.
[13] BGBl. 2019 I 2852.
[14] Vgl. Begründung zur VgV, BR-Drs. 87/16, 165.

VIII. Alternative elektronische Mittel (Abs. 6)

Abweichend von der Vorgabe nach Abs. 1, allgemein verfügbare elektronische Mittel zu verwenden, kann der öffentliche Auftraggeber **alternative elektronische Mittel** nutzen. Dabei handelt es sich nach der Definition in S. 1 um elektronische Mittel, die nicht allgemein verfügbar sind. Ein Beispiel sind Datenmanagementprogramme, die von speziellen Vergabemanagementsystemen verwendet werden, um den sicheren Datenaustausch nach Abs. 4 zu gewährleisten. Diese Ausnahme von der Regel des Abs. 1 ist jedoch nur unter zwei **Voraussetzungen** zulässig. Der öffentliche Auftraggeber muss den Unternehmen während des gesamten Vergabeverfahrens unter einer Internetadresse einen unentgeltlichen, uneingeschränkten, vollständigen und direkten **Zugang zu diesen alternativen elektronischen Mitteln gewähren** und diese alternativen elektronischen Mittel **selbst verwenden**. 13

Die Entscheidung, ob und welche alternativen Mittel der Auftraggeber nutzt, stellt eine **Ermessensentscheidung** dar. **Zweck der Regelung** ist es, die Verwendung elektronischer Mittel selbst dann zu ermöglichen, wenn allgemein verfügbare Mittel nicht ausreichend für die elektronische Kommunikation sind. Die Regelung ist daher im Zweifel weit auszulegen.[15] 14

IX. Elektronische Mittel im Rahmen der Bauwerksdatenmodellierung (Abs. 7)

Gerade bei Bauleistungen stellt sich vor dem Hintergrund der in der Praxis zunehmend Verwendung findenden „**bulding information modeling**"-Systeme (**BIM**)[16] die Frage, wie diese im Rahmen einer Ausschreibung verwendet werden dürfen. Bei diesen Systemen handelt es sich um eine Methode zur Erstellung und Nutzung intelligenter digitaler Bauwerksmodelle, die es sämtlichen Projektbeteiligten ermöglichen, bei Planung und Realisierung auf eine gemeinsame Datenbasis zurückzugreifen.[17] Projektbeteiligte können zum Beispiel Architekten, Ingenieure, Bauherren oder Bauausführende sein.[18] 15

Abs. 7 regelt dazu, dass der öffentliche Auftraggeber für die Vergabe von Bauleistungen und für Wettbewerbe die Nutzung elektronischer Mittel im Rahmen der Bauwerksdatenmodellierung verlangen darf. Voraussetzung für den Einsatz solcher digitaler Bauwerksdatenmodellierungssysteme sind damit **allgemein zugängliche offene Schnittstellen,** die produktneutrale Ausschreibungen ermöglichen.[19] Sind die verlangten elektronischen Mittel für die Bauwerksdatenmodellierung nicht allgemein verfügbar, ist der öffentliche Auftraggeber verpflichtet, einen alternativen Zugang zu ihnen nach Maßgabe der Regelung in Abs. 6 anzubieten. 16

§ 11b EU Ausnahmen von der Verwendung elektronischer Mittel

(1) ¹Der öffentliche Auftraggeber kann die Vergabeunterlagen auf einem anderen geeigneten Weg übermitteln, wenn die erforderlichen elektronischen Mittel zum Abruf der Vergabeunterlagen
1. aufgrund der besonderen Art der Auftragsvergabe nicht mit allgemein verfügbaren oder verbreiteten Geräten und Programmen der Informations- und Kommunikationstechnologie kompatibel sind,
2. Dateiformate zur Beschreibung der Angebote verwenden, die nicht mit allgemein verfügbaren oder verbreiteten Programmen verarbeitet werden können oder die durch andere als kostenlose und allgemein verfügbare Lizenzen geschützt sind, oder
3. die Verwendung von Bürogeräten voraussetzen, die öffentlichen Auftraggebern nicht allgemein zur Verfügung stehen.

²Die Angebotsfrist wird in diesen Fällen um fünf Kalendertage verlängert, sofern nicht ein Fall hinreichend begründeter Dringlichkeit gemäß § 10a EU Absatz 3 oder § 10b EU Absatz 5 vorliegt.

(2) ¹In den Fällen des § 5 Absatz 3 VgV gibt der öffentliche Auftraggeber in der Auftragsbekanntmachung oder in der Aufforderung zur Interessensbestätigung an, welche Maßnahmen zum Schutz der Vertraulichkeit von Informationen er anwendet und wie auf die Vergabeunterlagen zugegriffen werden kann. ²Die Angebotsfrist wird um fünf Kalendertage verlängert, sofern nicht ein Fall hinreichend begründeter Dringlichkeit gemäß § 10a EU Absatz 3 oder § 10b EU Absatz 5 vorliegt.

---

[15] *Müller* in KKMPP VgV § 12 Rn. 10.
[16] Zu BIM: *Eschenbruch/Grüner* NZBau 2014, 402.
[17] Ausf. dazu *Vogt,* E-Vergabe, 2019, 139 ff.
[18] Vgl. Begründung zur VgV, BR-Drs. 87/16, 167.
[19] Vgl. Begründung zur VgV, BR-Drs. 87/16, 167.

(3) ¹Der öffentliche Auftraggeber ist nicht verpflichtet, die Einreichung von Angeboten mithilfe elektronischer Mittel zu verlangen, wenn auf die zur Einreichung erforderlichen elektronischen Mittel einer der in Absatz 1 Nummer 1 bis 3 genannten Gründe zutrifft oder wenn zugleich physische oder maßstabsgetreue Modelle einzureichen sind, die nicht elektronisch übermittelt werden können. ²In diesen Fällen erfolgt die Kommunikation auf dem Postweg oder auf einem anderen geeigneten Weg oder in Kombination von postalischem oder einem anderen geeigneten Weg und Verwendung elektronischer Mittel. ³Der öffentliche Auftraggeber gibt im Vergabevermerk die Gründe an, warum die Angebote mithilfe anderer als elektronischer Mittel eingereicht werden können.

(4) ¹Der öffentliche Auftraggeber kann festlegen, dass Angebote mithilfe anderer als elektronischer Mittel einzureichen sind, wenn sie besonders schutzwürdige Daten enthalten, die bei Verwendung allgemein verfügbarer oder alternativer elektronischer Mittel nicht angemessen geschützt werden können, oder wenn die Sicherheit der elektronischen Mittel nicht gewährleistet werden kann. ²Der öffentliche Auftraggeber gibt im Vergabevermerk die Gründe an, warum er die Einreichung der Angebote mithilfe anderer als elektronischer Mittel für erforderlich hält.

Übersicht

		Rn.			Rn.
I.	Regelungsgehalt und Überblick	1	4.	Verlängerung der Angebotsfrist	7
II.	Systematische Stellung und Zweck der Norm	2	IV.	Maßnahmen zum Schutz der Vertraulichkeit bei Übermittlung der Vergabeunterlagen (Abs. 2)	8
III.	Übermittlung der Vergabeunterlagen auf einem anderen geeigneten Weg (Abs. 1)	3	V.	Einreichung von Angeboten mithilfe anderer als elektronischer Mittel (Abs. 3)	10
1.	Fehlende Komptabilität	4	VI.	Besonders schutzwürdige Daten bei der Einreichung von Angeboten (Abs. 4)	11
2.	Besondere Dateiformate	5			
3.	Verwendung besonderer Bürogeräte	6			

I. Regelungsgehalt und Überblick

1   § 11b EU regelt die Ausnahmen von der Verwendung elektronischer Mittel. Abs. 1 und 2 betreffen die Zurverfügungstellung der Vergabeunterlagen, Abs. 3 und 4 die Einreichung von Angeboten. Demnach bestimmt Abs. 1, unter welchen Umständen die Vergabeunterlagen auf einem anderen geeigneten Weg als elektronisch zu übermitteln sind. Abs. 2 regelt den Zugriff auf die Vergabeunterlagen im Falle von erforderlichen Maßnahmen zum Schutz der Vertraulichkeit von Informationen. Abs. 3 betrifft die Einreichung von Angeboten mit anderen als elektronischen Mitteln. Abs. 4 regelt den Sonderfall, dass die Angebote besonders schutzwürdige Daten enthalten.

II. Systematische Stellung und Zweck der Norm

2   § 11b EU ist die Ausnahme zu den in § 11 EU niedergelegten Grundsätzen. Gleichlautende Regelungen zu Abs. 1 und 2 sind in § 41 Abs. 2 und 3 VgV, zu Abs. 3 und 4 in § 52 Abs. 2 und 4 VgV enthalten.

III. Übermittlung der Vergabeunterlagen auf einem anderen geeigneten Weg (Abs. 1)

3   Für das Senden, Empfangen, Weiterleiten und Speichern von Daten in einem Vergabeverfahren verwenden der öffentliche Auftraggeber und die Unternehmen nach § 11 EU (→ § 11 EU Rn. 4) **grundsätzlich** Geräte und Programme für die elektronische Datenübermittlung, die nach § 11a EU allgemein verfügbar, nichtdiskriminierend und mit allgemein verbreiteten Geräten und Programmen der Informations- und Kommunikationstechnologie kompatibel sind. **Ausnahmsweise** kann der öffentliche Auftraggeber nach pflichtgemäßem Ermessen die Vergabeunterlagen auf einem **anderen geeigneten Weg** übermitteln, wenn besondere Fallgruppen vorliegen. Ein anderer geeigneter Weg ist zB die Übermittlung per Post.[1] Auch eine speziell gesicherte Datenübermittlung wie die durch die Verschlüsselungssoftware CHIAMUS des BSI können ein anderer geeigneter Weg sein.

---

[1] So ausdrücklich: Art. 22 Abs. 1 UAbs. 3 RL 2014/24/EU.

1. Fehlende Komptabilität. Anstelle der elektronischen Übermittlung der Vergabeunterlagen 4
nach Maßgabe des § 11 EU Abs. 3 kann der Auftraggeber von einem anderen geeigneten Weg
Gebrauch machen, wenn die erforderlichen elektronischen Mittel zum Abruf der Vergabeunterlagen
aufgrund der besonderen Art der Auftragsvergabe nicht mit allgemein verfügbaren oder verbreiteten
Geräten und Programmen der Informations- und Kommunikationstechnologie kompatibel sind.
Das kann zB der Fall sein, wenn der Auftraggeber nur einen sicheren **Zugriff über VPN** zulassen
will und das interessierte Unternehmen hierfür spezielle Hardware benötigt.[2]

2. Besondere Dateiformate. Ein anderer geeigneter Weg zur Übermittlung der Vergabeun- 5
terlagen ist ferner zulässig, wenn die erforderlichen elektronischen Mittel zum Abruf der Vergabeunterlagen
Dateiformate zur Beschreibung der Angebote verwenden, die nicht mit allgemein verfügbaren oder verbreiteten Programmen verarbeitet werden können oder die durch andere als kostenlose
und allgemein verfügbare Lizenzen geschützt sind. Hier kommt zB in Betracht, dass der Auftraggeber
besondere Software für Konstruktionspläne wie **CAD-Programme** verwendet.[3]

3. Verwendung besonderer Bürogeräte. Sofern die erforderlichen elektronischen Mittel 6
zum Abruf der Vergabeunterlagen die Verwendung von Bürogeräten voraussetzen, die öffentlichen
Auftraggebern nicht allgemein zur Verfügung stehen, kann ebenfalls ein anderer geeigneter Weg zur
Übermittlung der Vergabeunterlagen gewählt werden. Von dieser Fallgruppe erfasst sind beispielsweise Bürogeräte wie **Großformatdrucker oder Plotter.**[4]

4. Verlängerung der Angebotsfrist. Macht der Auftraggeber von dieser Ausnahmeregelung 7
im Rahmen seines Ermessens Gebrauch, ist die **Angebotsfrist** zwingend um **fünf Kalendertage
zu verlängern,** sofern nicht ein Fall hinreichend begründeter Dringlichkeit gem. § 10a EU Abs. 3
(→ § 10a EU Rn. 7) oder § 10b EU Abs. 5 (→ § 10b EU Rn. 7) vorliegt.

IV. Maßnahmen zum Schutz der Vertraulichkeit bei Übermittlung der Vergabeunterlagen (Abs. 2)

Der öffentliche Auftraggeber kann Unternehmen Anforderungen vorschreiben, die auf den Schutz 8
der Vertraulichkeit der Informationen im Rahmen des Vergabeverfahrens abzielen. Hierzu gehört
insbesondere die Abgabe einer **Verschwiegenheitserklärung** (§ 5 Abs. 3 VgV). Macht der öffentliche
Auftraggeber hiervon in einem Verfahren nach §§ 1 EU ff. Gebrauch, gibt er nach Abs. 2 in der
Auftragsbekanntmachung oder in der Aufforderung zur Interessensbestätigung an, welche Maßnahmen
zum Schutz der Vertraulichkeit von Informationen er anwendet und wie auf die Vergabeunterlagen
zugegriffen werden kann. In Betracht kommt hier beispielsweise die Forderung, eine Verschwiegenheitserklärung zu unterzeichnen und dann nur über eine gesicherte Datenverbindung auf die Unterlagen zuzugreifen. Der Auftraggeber ist nach Maßgabe des § 20 EU verpflichtet, das Vorliegen der
Gründe zu dokumentieren, die eine entsprechende Vertraulichkeit erforderlich machen.

Auch in diesem Fall wird die **Angebotsfrist** um fünf Kalendertage verlängert, sofern nicht ein 9
Fall hinreichend begründeter Dringlichkeit gem. § 10a EU Abs. 3 oder § 10b EU Abs. 5 vorliegt.

V. Einreichung von Angeboten mithilfe anderer als elektronischer Mittel (Abs. 3)

Der öffentliche Auftraggeber ist nicht verpflichtet, die Einreichung von Angeboten mithilfe 10
elektronischer Mittel zu verlangen, wenn auf die zur Einreichung erforderlichen elektronischen
Mittel einer der in Abs. 1 Nr. 1–3 genannten **Gründe** zutrifft oder wenn zugleich physische oder
maßstabsgetreue Modelle einzureichen sind, die nicht elektronisch übermittelt werden können. In
diesen Fällen erfolgt die Kommunikation auf dem Postweg oder auf einem anderen geeigneten Weg
oder in Kombination von postalischem oder einem anderen geeigneten Weg und Verwendung
elektronischer Mittel. Der öffentliche Auftraggeber gibt im Vergabevermerk die Gründe an, warum
die Angebote mithilfe anderer als elektronischer Mittel eingereicht werden können.

VI. Besonders schutzwürdige Daten bei der Einreichung von Angeboten (Abs. 4)

Der öffentliche Auftraggeber kann nach Abs. 4 festlegen, dass Angebote mithilfe anderer als 11
elektronischer Mittel einzureichen sind, wenn sie besonders schutzwürdige Daten enthalten, die bei
Verwendung allgemein verfügbarer oder alternativer elektronischer Mittel nicht angemessen
geschützt werden können, oder wenn die **Sicherheit** der elektronischen Mittel nicht gewährleistet
werden kann. Die Sicherheit der elektronischen Mittel ist zB nicht gewährleistet, wenn der Auftrag-

---

[2] *Rechten* in KKMPP VgV § 41 Rn. 43.
[3] *Horn* in Müller-Wrede VgV § 41 Rn. 24.
[4] Vgl. Begründung zur VgV, BR-Drs. 87/16, 196.

12 Aus Gründen der **Transparenz** ist der öffentliche Auftraggeber verpflichtet, im Vergabevermerk die Gründe anzugeben, warum er die Einreichung der Angebote mithilfe anderer als elektronischer Mittel für erforderlich hält.

§ 12 EU Vorinformation, Auftragsbekanntmachung

(1)
1. Die Absicht einer geplanten Auftragsvergabe kann mittels einer Vorinformation bekannt gegeben werden, die die wesentlichen Merkmale des beabsichtigten Bauauftrags enthält.
2. Eine Vorinformation ist nur dann verpflichtend, wenn der öffentliche Auftraggeber von der Möglichkeit einer Verkürzung der Angebotsfrist gemäß § 10a EU Absatz 2 oder § 10b EU Absatz 3 Gebrauch machen möchte.
3. Die Vorinformation ist nach den von der Europäischen Kommission festgelegten Standardformularen zu erstellen und enthält die Informationen nach Anhang V Teil B der Richtlinie 2014/24/EU.
4. Nach Genehmigung der Planung ist die Vorinformation sobald wie möglich dem Amt für Veröffentlichungen der Europäischen Union zu übermitteln oder im Beschafferprofil zu veröffentlichen; in diesem Fall ist dem Amt für Veröffentlichungen der Europäischen Union zuvor auf elektronischem Weg die Ankündigung dieser Veröffentlichung mit den von der Europäischen Kommission festgelegten Standardformularen zu melden. Dabei ist der Tag der Übermittlung anzugeben. Die Vorinformation kann außerdem in Tageszeitungen, amtlichen Veröffentlichungsblättern oder Internetportalen veröffentlicht werden.

(2)
1. Bei nicht offenen Verfahren und Verhandlungsverfahren kann ein subzentraler öffentlicher Auftraggeber eine Vorinformation als Aufruf zum Wettbewerb bekannt geben, sofern die Vorinformation sämtliche folgenden Bedingungen erfüllt:
   a) sie bezieht sich eigens auf den Gegenstand des zu vergebenden Auftrags;
   b) sie muss den Hinweis enthalten, dass dieser Auftrag im nicht offenen Verfahren oder im Verhandlungsverfahren ohne spätere Veröffentlichung eines Aufrufs zum Wettbewerb vergeben wird, sowie die Aufforderung an die interessierten Unternehmen, ihr Interesse mitzuteilen;
   c) sie muss darüber hinaus die Informationen nach Anhang V Teil B Abschnitt I und die Informationen nach Anhang V Teil B Abschnitt II der Richtlinie 2014/24/EU enthalten;
   d) sie muss spätestens 35 Kalendertage und frühestens zwölf Monate vor dem Zeitpunkt der Absendung der Aufforderung zur Interessensbestätigung an das Amt für Veröffentlichungen der Europäischen Union zur Veröffentlichung übermittelt worden sein.
   Derartige Vorinformationen werden nicht in einem Beschafferprofil veröffentlicht. Allerdings kann gegebenenfalls die zusätzliche Veröffentlichung auf nationaler Ebene gemäß Absatz 3 Nummer 5 in einem Beschafferprofil erfolgen.
2. Die Regelungen des Absatzes 3 Nummer 3 bis 5 gelten entsprechend.
3. Subzentrale öffentliche Auftraggeber sind alle öffentlichen Auftraggeber mit Ausnahme der obersten Bundesbehörden.

(3)
1. Die Unternehmen sind durch Auftragsbekanntmachung aufzufordern, am Wettbewerb teilzunehmen. Dies gilt für alle Arten der Vergabe nach § 3 EU, ausgenommen Verhandlungsverfahren ohne Teilnahmewettbewerb und Verfahren, bei denen eine Vorinformation als Aufruf zum Wettbewerb nach Absatz 2 durchgeführt wurde.
2. Die Auftragsbekanntmachung erfolgt mit den von der Europäischen Kommission festgelegten Standardformularen und enthält die Informationen nach Anhang V Teil C der Richtlinie 2014/24/EU. Dabei sind zu allen Nummern Angaben zu machen; die Texte des Formulars sind nicht zu wiederholen. Die Auftragsbekanntmachung ist dem Amt für Veröffentlichungen der Europäischen Union elektronisch[1] zu übermitteln.

---

[5] *Verfürth* in KKMPP VgV § 53 Rn. 45; *Vogt*, E-Vergabe, 2019, 278.
[1] [Amtl. Anm.:] http://simap.europa.eu/

3. Die Auftragsbekanntmachung wird unentgeltlich fünf Kalendertage nach ihrer Übermittlung in der Originalsprache veröffentlicht. Eine Zusammenfassung der wichtigsten Angaben wird in den übrigen Amtssprachen der Europäischen Union veröffentlicht; der Wortlaut der Originalsprache ist verbindlich.
4. Der öffentliche Auftraggeber muss den Tag der Absendung der Auftragsbekanntmachung nachweisen können. Das Amt für Veröffentlichungen der Europäischen Union stellt dem öffentlichen Auftraggeber eine Bestätigung des Erhalts der Auftragsbekanntmachung und der Veröffentlichung der übermittelten Informationen aus, in denen der Tag dieser Veröffentlichung angegeben ist. Diese Bestätigung dient als Nachweis der Veröffentlichung.
5. Die Auftragsbekanntmachung kann zusätzlich im Inland veröffentlicht werden, beispielsweise in Tageszeitungen, amtlichen Veröffentlichungsblättern oder Internetportalen; sie kann auch auf www.service.bund.de veröffentlicht werden. Sie darf nur die Angaben enthalten, die dem Amt für Veröffentlichungen der Europäischen Union übermittelt wurden und muss auf den Tag der Übermittlung hinweisen. Sie darf nicht vor der Veröffentlichung durch dieses Amt veröffentlicht werden. Die Veröffentlichung auf nationaler Ebene kann jedoch in jedem Fall erfolgen, wenn der öffentliche Auftraggeber nicht innerhalb von 48 Stunden nach Bestätigung des Eingangs der Auftragsbekanntmachung gemäß Nummer 4 über die Veröffentlichung unterrichtet wurde.

Übersicht

		Rn.			Rn.
I.	Normzweck	1		c) Zusätzliche Anforderungen an die Vorinformation als Aufruf zum Wettbewerb (§ 12 EU Abs. 2 Nr. 2, Abs. 3 Nr. 3–5)	19
II.	Die Vorinformation (§ 12 EU Abs. 1, 2)	2			
1.	Erforderlichkeit der Vorinformation (§ 12 EU Abs. 1 Nr. 1, 2)	2	III.	Die Auftragsbekanntmachung (§ 12 EU Abs. 3 Nr. 1–5)	22
2.	Bekanntmachung der Vorinformation (§ 12 EU Abs. 1 Nr. 3)	5	1.	Erforderlichkeit der Auftragsbekanntmachung (§ 12 EU Abs. 3 Nr. 1)	23
3.	Veröffentlichung der Vorinformation (§ 12 EU Abs. 1 Nr. 4)	6	2.	Form und Art der Auftragsbekanntmachung (§ 12 EU Abs. 3 Nr. 2)	24
4.	Aufruf zum Wettbewerb durch Vorinformation (§ 12 EU Abs. 2 Nr. 1, 2)	9	3.	Veröffentlichungszeitpunkt (§ 12 EU Abs. 3 Nr. 3)	25
	a) Subzentrale öffentliche Auftraggeber (§ 12 EU Abs. 2 Nr. 3)	11	4.	Nachweispflichten des öffentlichen Auftraggebers (§ 12 EU Abs. 3 Nr. 4)	26
	b) Bedingungen für die Bekanntmachung der Vorinformation als Aufruf zum Wettbewerb (§ 12 EU Abs. 2 Nr. 1 lit. a–d)	13	5.	Fakultative zusätzliche Inlandsveröffentlichung (§ 12 EU Abs. 3 Nr. 5)	27

I. Normzweck

Die Vorinformation gem. § 12 EU Abs. 1 ist eine **zeitlich vorgelagerte Bekanntmachungsart**. Sie soll die Chancen ausländischer Bieter den Chancen inländischer Bieter soweit wie möglich angleichen und sicherstellen, dass potenzielle Bieter aus anderen Mitgliedstaaten unter vergleichbaren Bedingungen wie nationale Bieter auf Bauausschreibungen reagieren können.[2] Bieter sollen ferner so früh wie möglich von einer beabsichtigten Bauauftragsvergabe in groben Zügen informiert werden, um die eigene Angebotsplanung und die eigenen Angebotskapazitäten hierauf einstellen zu können.[3] Die Auftragsbekanntmachung gem. § 12 EU Abs. 3 regelt die Bekanntmachungspflicht für alle Vergabearten gem. § 3 EU Nr. 1–5. Die zwingenden Vorgaben der Norm stellen die **Publizität der Vergabeverfahren** sicher. Damit wird gewährleistet, dass potenzielle Bieter von der bevorstehenden Auftragsvergabe erfahren und ihr Interesse bekunden können. Außerdem wird sichergestellt, dass alle Interessenten die gleichen Informationen erhalten.[4] Die Regelungen dienen dem ordnungsgemäßen Wettbewerb und haben bieterschützende Funktion. § 12 EU dient dazu, einem möglichst breiten Markt potenzieller Bieter eine Bauausschreibung zur Kenntnis zu bringen und damit deren Teilnahme zu ermöglichen. Die vorgege-

---

[2] EuGH Urt. v. 14.3.2000 – C-225/98 Rn. 34 – Nord Pas de Calais.
[3] Kapellmann/Messerschmidt/*Planker* § 12 EG Rn. 1.
[4] OLG Jena Beschl. v. 9.9.2010 – 9 Verg 4/10.

nen, **standardisierten Informationen** sollen die Gleichbehandlung aller potenziellen Bieter sicherstellen und Diskriminierungen verhindern.[5]

II. Die Vorinformation (§ 12 EU Abs. 1, 2)

2 **1. Erforderlichkeit der Vorinformation (§ 12 EU Abs. 1 Nr. 1, 2).** Die Bekanntmachung einer Vorinformation über eine geplante Bauauftragsvergabe ist **freiwillig**. Die Bekanntgabe einer Vorinformation ist für den öffentlichen Auftraggeber gem. § 12 EU Abs. 1 Nr. 2 allein **dann zwingend erforderlich**, wenn er gem. § 10a EU Abs. 2 S. 1 oder gem. § 10b EU Abs. 3 S. 1 die Angebotsfrist verkürzen möchte. Gemäß § 10a EU Abs. 2 S. 1–3 kann beim offenen Verfahren die mindestens 35 Kalendertage betragende Angebotsfrist auf 15 Kalendertage, beginnend ab dem Tag nach Absendung der Auftragsbekanntmachung, verkürzt werden. Voraussetzung dafür ist, dass der öffentliche Auftraggeber mindestens 35 Kalendertage, höchstens aber 12 Monate vor dem Tag der Absendung der Auftragsbekanntmachung eine Vorinformation gem. § 12 EU Abs. 1 Nr. 3 an das Amt für Veröffentlichungen der Europäischen Union abgesandt hat. Gleichermaßen kann der öffentliche Auftraggeber im nicht offenen Verfahren die gem. § 10b EU Abs. 2 mindestens 30 Kalendertage betragende Angebotsfrist unter den Voraussetzungen des § 10b EU Abs. 3 S. 1–3 auf zehn Kalendertage ab dem Tag nach Absendung der Aufforderung zur Angebotsabgabe verkürzen. Voraussetzung hierfür ist gleichfalls, dass der öffentliche Auftraggeber mindestens 35 Kalendertage, höchstens aber 12 Monate vor dem Tag der Absendung der Auftragsbekanntmachung eine Vorinformation gem. § 12 EU Abs. 1 Nr. 3 an das Amt für Veröffentlichungen der Europäischen Union abgesandt hat.

3 Die **freiwillige** und die **obligatorische** Veröffentlichung einer Vorinformation haben durch die von der Europäischen Kommission festgelegten **Standardformulare** zu erfolgen. Die Vorinformation selbst hat alle Informationen zu enthalten, die in Anhang V Teil B I Nr. 1–11 RL 2014/24/EU und – bei Verwendung der Vorinformation als Aufruf zum Wettbewerb durch subzentrale öffentlicher Auftraggeber gem. § 12 EU Abs. 2 Nr. 1 – in Teil B II. Nr. 1–13 RL 2014/24/EU vom 26.2.2014 aufgeführt sind. Wird die Vorinformation gem. § 12 EU Abs. 1 Nr. 4 S. 1 im **Beschafferprofil des öffentlichen Auftraggebers** veröffentlicht, sind zusätzlich die Vorgaben von Teil A Nr. 1–6 Anhang V RL 2014/24/EU vom 26.2.2014 zu beachten.

4 Gemäß Teil B I Nr. 1–11 Anhang V RL 2014/24/EU vom 26.2.2014 hat die Vorinformation folgende **obligatorische Angaben** zu enthalten:
– Name, Identifikationsnummer (soweit nach nationalem Recht vorgesehen), Anschrift einschließlich NUTS-Code, Telefon- und Fax-Nummer, E-Mail- und Internetadresse des öffentlichen Auftraggebers.
– E-Mail- oder Internetadresse, über die die Auftragsunterlagen unentgeltlich, uneingeschränkt, vollständig und unmittelbar abgerufen werden können.
– Art und Haupttätigkeit des öffentlichen Auftraggebers.
– Ist der öffentliche Auftraggeber eine zentrale Beschaffungsstelle gem. § 120 Abs. 4 S. 1 GWB und liegt eine andere Form gemeinsamer Beschaffung vor, ein Hinweis darauf.
– Die CPV-Codes, bei Losunterteilung unter Angabe dieser Informationen für jedes Los.
– Den NUTS-Code für den Haupterfüllungsort der Bauarbeiten, bei Unterteilung in mehrere Lose sind diese Informationen für jedes Los anzugeben.
– Die Kurzbeschreibung der Beschaffung, durch Benennung von Art und Umfang der Bauarbeiten.
– Den voraussichtlichen Zeitpunkt der Veröffentlichung der Vergabebekanntmachung für den in der Vorinformation genannten Bauauftrag.
– Den Tag der Absendung der Bekanntmachung.
– Sonstige einschlägige Auskünfte.
– Hinweise darauf, ob der Auftrag unter das GPA fällt oder nicht.

5 **2. Bekanntmachung der Vorinformation (§ 12 EU Abs. 1 Nr. 3).** Die Vorinformation ist nach den **EU-Standardformularen** zu erstellen. Sie hat die Angaben in Teil B I Nr. 1–11 und – wenn die Vorinformation gem. § 12 EU Abs. 2 Nr. 1 als Aufruf zum Wettbewerb durch subzentrale öffentliche Auftraggeber dient – die Angaben in Teil B II Nr. 1–13 Anhang V RL 2014/24/EU vom 26.2.2014 zu enthalten.

6 **3. Veröffentlichung der Vorinformation (§ 12 EU Abs. 1 Nr. 4).** Gemäß § 12 EU Abs. 1 Nr. 4 S. 1 ist die Vorinformation nach Genehmigung der Planung so bald wie möglich dem Amt für Veröffentlichungen der Europäischen Union zu übermitteln oder im Beschafferprofil zu veröffentlichen. **Genehmigte Planung** beinhaltet, dass die auszuschreibende Baumaßnahme nach öffentlich-rechtlichen Vorschriften genehmigt ist. Die lediglich Fertigstellung der Genehmigungsplanung

---

[5] OLG Jena Beschl. v. 9.9.2010 – 9 Verg 4/10; jurisPK-VergabeR/*Lausen* § 12 EG Rn. 5.

II. Die Vorinformation (§ 12 EU Abs. 1, 2)

genügt nicht. Sämtliche für das Projekt erforderlichen bauordnungs- und bauplanungsrechtlichen öffentlich-rechtlichen Genehmigungen müssen **bestandskräftig** erteilt sein.[6] Die Vorinformation hat hiernach so bald wie möglich dem Amt für Veröffentlichungen der Europäischen Union übermittelt oder im Beschafferprofil des öffentlichen Auftraggebers veröffentlicht zu werden. Gemäß § 12 EU Abs. 1 Nr. 4 S. 3 kann die Vorinformation **fakultativ** zusätzlich in Tageszeitungen, amtlichen Veröffentlichungsblättern oder Internetportalen veröffentlicht werden.

Der öffentliche Auftraggeber ist gem. § 12 EU Abs. 1 Nr. 4 S. 2 verpflichtet, bei der Veröffentlichung den **Tag der Übermittlung** der Vorinformation an das Veröffentlichungsorgan anzugeben. 7

Veröffentlicht der öffentliche Auftraggeber die Vorinformation im **Beschafferprofil,** hat er gem. § 12 EU Abs. 1 Nr. 4 S. 1 Hs. 2 zuvor auf elektronischem Weg dem Amt für Veröffentlichungen der Europäischen Union die Vorinformation mitzuteilen. Diese Mitteilung an das Amt für Veröffentlichungen der Europäischen Union hat ebenfalls unter Verwendung eines ausgefüllten Standardformulars zu erfolgen.[7] 8

4. Aufruf zum Wettbewerb durch Vorinformation (§ 12 EU Abs. 2 Nr. 1, 2). Subzentrale öffentliche Auftraggeber iSd § 12 EU Abs. 2 Nr. 3 können im nicht offenen Verfahren gem. § 3 EU Nr. 2 und im Verhandlungsverfahren gem. § 3 EU Nr. 3 die Vorinformation als Aufruf zum Wettbewerb, dh als **auftragsbezogene Bekanntmachung** nutzen. Dies setzt voraus, dass die Vorinformation die Bedingungen des § 12 EU Abs. 2 Nr. 1 lit. a–d und des § 12 EU Abs. 2 Nr. 2, Abs. 3 Nr. 1–5 erfüllt. Dies begründet für den öffentlichen Auftraggeber die Vorteile der Möglichkeit der Fristverkürzung, die auch bei einer Vorinformation ohne Aufruf zum Wettbewerb statthaft ist. Ferner begründet dies die Vorteile des Verzichts auf eine weitere auftragsbezogene Bekanntmachung sowie den Entfall des Zuwartenmüssens auf den Ablauf einer dadurch ausgelösten Frist. Des Weiteren begründet eine als Aufruf zum Wettbewerb bekanntgegebene Vorinformation gem. § 12 EU Abs. 2 Nr. 1, 2 gem. § 12a EU Abs. 1 Nr. 1 S. 1, 2 den Vorteil einer Bekanntgabemöglichkeit der **Internet-Adresse** des öffentlichen Auftraggebers.[8] 9

Für die übrigen Vergabearten gem. § 3 EU Nr. 1, 4 und 5 besteht die Möglichkeit der Bekanntgabe einer Vorinformation als Aufruf zum Wettbewerb gem. § 12 EU Abs. 2 Nr. 1, 2 nicht. 10

a) Subzentrale öffentliche Auftraggeber (§ 12 EU Abs. 2 Nr. 3). Der Begriff der „subzentralen öffentlichen Auftraggeber" in § 12 EU Abs. 2 Nr. 3 geht auf die Begriffsbestimmung in Art. 2 Abs. 1 Nr. 3 RL 2014/24/EU vom 26.2.2014 zurück. Subzentrale öffentliche Auftraggeber sind hiernach alle öffentlichen Auftraggeber, die keine zentralen Regierungsbehörden sind. In § 12 EU Abs. 2 Nr. 3 werden subzentrale öffentliche Auftraggeber als alle öffentlichen Auftraggeber mit Ausnahme der obersten Bundesbehörden definiert. Oberste Bundesbehörden sind die für die **bundeseigene Verwaltung iSd Art. 86 GG** errichteten Behörden. 11

Zu ihnen zählen das Bundespräsidialamt, der Präsident des Deutschen Bundestages, die Bundestagsverwaltung, das Sekretariat des Bundesrates, der Bundesrechnungshof, das Bundeskanzleramt, der Beauftragte der Bundesregierung für Kultur und Medien, das Presse- und Informationsamt der Bundesregierung, der Bundesbeauftragte für den Datenschutz und die Informationsfreiheit, die Zentrale der Deutschen Bundesbank sowie alle Bundesministerien. Alle sonstigen Bundesober-, Bundesmittel- und Bundesunterbehörden sowie alle Behörden der Länder sind neben allen sonstigen Körperschaften, Anstalten, Stiftungen und allen sonstigen öffentlichen Auftraggebern gem. § 99 Nr. 1–4 GWB subzentrale öffentliche Auftraggeber iSd § 12 EU Abs. 2 Nr. 3. Der Anwendungsbereich des § 12 EU Abs. 2 Nr. 1, 2 zur Bekanntgabemöglichkeit einer Vorinformation als Aufruf zum Wettbewerb ist dementsprechend breit. Dies entspricht der Regelung in Art. 2 Abs. 1 Nr. 3 iVm Art. 48 Abs. 2 RL 2014/24/EU vom 26.2.2014. 12

b) Bedingungen für die Bekanntmachung der Vorinformation als Aufruf zum Wettbewerb (§ 12 EU Abs. 2 Nr. 1 lit. a–d). Die Voraussetzungen des § 12 EU Abs. 2 Nr. 1 lit. a–d müssen **kumulativ** erfüllt sein, um eine Vorinformation als Aufruf zum Wettbewerb bekanntgeben zu können. Daneben müssen vom öffentlichen Auftraggeber gem. § 12 EU Abs. 2 Nr. 2 – **gleichfalls kumulativ** – die Vorgaben des § 12 EU Abs. 3 Nr. 3–5 eingehalten werden. 13

Gemäß § 12 EU Abs. 2 Nr. 1 lit. a hat sich die Vorinformation als Aufruf zum Wettbewerb eigens auf den Gegenstand des zu vergebenden Auftrags zu beziehen. Der Auftragsgegenstand ist dabei exakt zu bezeichnen. Art. 48 Abs. 2 lit. a RL 2014/24/EU vom 26.2.2014 spricht insoweit von einer Bekanntmachung, die sich eigens auf die Bauleistungen bezieht, „die Gegenstand des zu vergebenden Auftrags sein werden". Die Voraussetzung des § 12 EU Abs. 2 Nr. 1 lit. a zur Angabe 14

---

[6] Kapellmann/Messerschmidt/*Planker* § 12 EG Rn. 7; Ingenstau/Korbion/*von Wietersheim* Rn. 4.
[7] Ingenstau/Korbion/*von Wietersheim* Rn. 4.
[8] Ingenstau/Korbion/*von Wietersheim* Rn. 6.

des genauen Auftragsgegenstandes überschneidet sich mit den gem. § 12 EU Abs. 2 Nr. 1 lit. c einzuhaltenden Anforderungen der gem. Anhang V Teil B Abschnitt I Nr. 5–7 und Abschnitt II Nr. 7 RL 2014/24/EU vom 26.2.2014 zu machenden Angaben.[9]

15 Des Weiteren hat die Vorinformation bei ihrer Bekanntmachung als Aufruf zum Wettbewerb gem. § 12 EU Abs. 2 Nr. 1 lit. b den Hinweis zu enthalten, dass dieser Auftrag im nicht offenen Verfahren oder im Verhandlungsverfahren ohne spätere Veröffentlichung eines Aufrufs zum Wettbewerb vergeben wird, sowie die Aufforderung an die interessierten Unternehmen zu enthalten, ihr Interesse mitzuteilen. Diese Vorgaben sind für den öffentlichen Auftraggeber **zwingend.** Sie folgen aus Art. 48 Abs. 2 lit. b RL 2014/24/EU vom 26.2.2014.

16 Gemäß § 12 EU Abs. 2 Nr. 1 lit. c hat die Vorinformation als Aufruf zum Wettbewerb ferner die Informationen nach Anhang V Teil B Abschnitt I und die Informationen nach Anhang V Teil B Abschnitt II RL 2014/24/EU vom 26.2.2014 zu enthalten. Diese Angaben sind im EU-Standardformular „Vorinformation zur Verwendung der Bekanntmachung der Vorinformation als Aufruf zum Wettbewerb" in Form der dort benannten zusätzlich zu erteilenden Auskünfte und Informationen enthalten.

17 Der öffentliche Auftraggeber hat gem. § 12 EU Abs. 2 Nr. 1 lit. d die als Aufruf zum Wettbewerb bekannt zu gebende Vorinformation spätestens 35 Kalendertage und frühestens 12 Monate vor dem Zeitpunkt der Absendung der Aufforderung zur Interessensbestätigung an das **Amt für Veröffentlichungen der Europäischen Union** zu übermitteln. Auch die Einhaltung dieser Fristen ist für den öffentlichen Auftraggeber zwingend. Für die Wahrung dieser Frist der Übermittlung zur Veröffentlichung an das Amt für Veröffentlichungen der Europäischen Union gem. § 12 EU Abs. 2 Nr. 1 lit. d kommt es auf den Zugang beim Empfänger an.[10] Der öffentliche Auftraggeber ist für die Einhaltung dieser Fristen allein verantwortlich. Er selbst kann das Fristende durch die von ihm zu bewerkstelligende Absendung der Aufforderung zur Interessensbestätigung steuern. Bei der gem. § 12 EU Abs. 2 Nr. 2, Abs. 3 Nr. 2 S. 3 vorgeschriebenen elektronischen Übermittlung werden Versendung und Zugang im Regelfall unmittelbar aneinander anschließen und praktisch zeitgleich sein.[10]

18 Die Bekanntgabe einer Vorinformation als Aufruf zum Wettbewerb wird gem. § 12 EU Abs. 2 Nr. 1 S. 2 nicht in einem Beschafferprofil des öffentlichen Auftraggebers veröffentlicht. Sie ist zwingend unter Verwendung des **EU-Standardformulars** an das Amt für Veröffentlichungen der Europäischen Union zur Bekanntgabe zu übermitteln. Gemäß § 12 EU Abs. 2 Nr. 1 S. 3 kann **fakultativ eine zusätzliche Veröffentlichung** der Vorinformation als Aufruf zum Wettbewerb durch den öffentlichen Auftraggeber auf nationaler Ebene **in einem Beschafferprofil** erfolgen. Die Vorgaben des § 12 EU Abs. 3 Nr. 5 S. 1–3, insbesondere die dort normierte **zeitliche Reihenfolge** der Veröffentlichungen, sind durch den öffentlichen Auftraggeber einzuhalten.

19 **c) Zusätzliche Anforderungen an die Vorinformation als Aufruf zum Wettbewerb (§ 12 EU Abs. 2 Nr. 2, Abs. 3 Nr. 3–5).** Zusätzlich gelten für den öffentlichen Auftraggeber die – gleichfalls kumulativ – gem. § 12 EU Abs. 2 Nr. 2 zu erfüllenden Anforderungen an die Veröffentlichung der Auftragsbekanntmachung gem. § 12 EU Abs. 3 Nr. 3–5.

20 Der öffentliche Auftraggeber hat gem. § 12 EU Abs. 3 Nr. 4 S. 1 in seiner Vergabedokumentation den **Tag der Absendung der Vorinformation** als Aufruf zum Wettbewerb zu dokumentieren, um diesen nachweisen zu können. Dieser Nachweis erfolgt durch die Bestätigung des Erhalts der Vorinformation als Aufruf zum Wettbewerb und der Veröffentlichung der übermittelten Informationen einschließlich des Tages der Veröffentlichung durch das **Amt für Veröffentlichungen der Europäischen Union** (§ 12 EU Abs. 3 Nr. 4 S. 3). Zusätzlich kann die Vorinformation als Aufruf zum Wettbewerb gem. § 12 EU Abs. 3 Nr. 5 S. 1 im Inland in **Tageszeitungen, amtlichen Veröffentlichungsblättern** oder **Internetportalen,** so auch auf www.bund.de veröffentlicht werden. Die fakultativ zusätzlich ermöglichte Inlandsveröffentlichungen darf gem. § 12 EU Abs. 3 Nr. 5 S. 2 allein die Angaben enthalten, die dem Amt für Veröffentlichungen der Europäischen Union übermittelt wurden und muss auf den Tag der Übermittlung hinweisen.

21 Die zusätzliche fakultative Inlandsveröffentlichung darf gem. § 12 EU Abs. 3 Nr. 5 S. 3 zeitlich **nicht** vor der Veröffentlichung durch das Amt für Veröffentlichungen der Europäischen Union veröffentlicht werden. Von dieser zwingenden Vorgabe der **zeitlich prioritären EU-weiten Erstveröffentlichung** macht § 12 EU Abs. 3 Nr. 5 S. 4 eine **Ausnahme:** Die nationale Veröffentlichung kann ausnahmsweise auch zeitlich vor der EU-weiten Veröffentlichung erfolgen, wenn der öffentliche Auftraggeber durch das Amt für Veröffentlichungen der EU nicht innerhalb von 48 Stunden nach Bestätigung des Eingangs der Vorinformation als Aufruf zum Wettbewerb durch das Amt für Veröffentlichungen der Europäischen Union über die erfolgte Veröffentlichung unterrichtet wurde. Über

---

[9] Ingenstau/Korbion/*von Wietersheim* Rn. 8.
[10] Ingenstau/Korbion/*von Wietersheim* Rn. 8.

48 Stunden hinausgehende **Veröffentlichungsverzögerungen** durch das Amt für Veröffentlichungen der Europäischen Union nach Erhalt der Eingangsbestätigung berechtigen den öffentlichen Auftraggeber insoweit, eine Inlandsveröffentlichung in Tageszeitungen, amtlichen Veröffentlichungsblättern oder Internetportalen, so auch auf www.bund.de, zu tätigen.

III. Die Auftragsbekanntmachung (§ 12 EU Abs. 3 Nr. 1–5)

Die Auftragsbekanntmachung hat eine wichtige Publizitätsfunktion für das Vergabeverfahren. Sinn der Bekanntmachungspflicht besteht in der Anstoßfunktion der Bekanntmachung für potenzielle Bieter. Diese sollen informiert werden, welche Aufträge auf dem öffentlichen Beschaffungsmarkt angeboten werden und aufgrund der Angaben in der jeweiligen Bekanntmachung entscheiden, ob der konkrete Auftrag für sie in Betracht kommt.[11]

1. Erforderlichkeit der Auftragsbekanntmachung (§ 12 EU Abs. 3 Nr. 1). Die Pflicht des öffentlichen Auftraggebers, Unternehmen durch Veröffentlichung einer Auftragsbekanntmachung aufzufordern, am Wettbewerb teilzunehmen gem. § 12 EU Abs. 3 Nr. 1 S. 1, ist **zwingend** und unter Verwendung des **EU-Standardformulars** zu erfüllen. Diese Pflicht gilt gem. § 12 EU Abs. 3 Nr. 1 S. 2 für alle Vergabearten gem. § 3 EU Nr. 1–5 unter Ausnahme des – seltenen Ausnahmefalls – des Verhandlungsverfahrens ohne Teilnehmerwettbewerb gem. § 3a EU Abs. 3 Nr. 1–5 oder in Fällen der Bekanntmachung einer Vorinformation als Aufruf zum Wettbewerb nach Maßgabe des § 12 EU Abs. 2 Nr. 1, 2. Erfüllt eine Vorinformation als Aufruf zum Wettbewerb nicht die Anforderungen des § 12 EU Abs. 2 Nr. 1, 2 iVm § 12 EU Abs. 3 Nr. 3–5, verbleibt es bei der Bekanntmachungspflicht gem. § 12 EU Abs. 3 Nr. 1 S. 1.[12] Diese ist dann unverändert vom öffentlichen Auftraggeber zu erfüllen.

2. Form und Art der Auftragsbekanntmachung (§ 12 EU Abs. 3 Nr. 2). Die Auftragsbekanntmachung hat durch den öffentlichen Auftraggeber durch das hierfür vorgesehene **EU-Standardformular** zu erfolgen. Sie hat dabei die Informationen nach Anhang V Teil C Nr. 1–30 RL 2014/24/EU vom 26.2.2014 zu enthalten. Die hierdurch sichergestellte, **umfassende Publizitätsfunktion der Auftragsbekanntmachung** beruht auf Art. 49 und 51 Abs. 1–6 RL 2014/24/EU vom 26.2.2014. Gemäß § 12 EU Abs. 3 Nr. 2 S. 2 Hs. 1 sind zu allen Nummern des Anhangs V Teil C Nr. 1–30 RL 2014/24/EU vom 26.2.2014 Angaben zu machen. Die Formulartexte sind dabei nicht zu wiederholen. Das VHB Bund, Ausgabe 2017, Stand 2019, enthält für seinen Geltungsbereich zum Formblatt 123 EU, Musterbekanntmachung EU, die Anleitung 123 EU, Ausfüllhinweise zum EU-Standardformular der Auftragsbekanntmachung. Die Auftragsbekanntmachung ist – gleichfalls zwingend – gem. § 12 EU Abs. 3 S. 2, 3 dem Amt für Veröffentlichungen der Europäischen Union elektronisch zu übermitteln.

3. Veröffentlichungszeitpunkt (§ 12 EU Abs. 3 Nr. 3). Das Amt für Veröffentlichungen der Europäischen Union hat die Auftragsbekanntmachung unentgeltlich fünf Kalendertage nach ihrer Übermittlung in der Originalsprache des eingereichten Standardformulars zu veröffentlichen. Die Fünf-Tages-Frist für die Veröffentlichung ist gem. § 187 Abs. 1 BGB ab dem Tag nach der Übermittlung der Auftragsbekanntmachung zu berechnen, wobei es sich hierbei um Kalendertage handelt.[13] Gemäß § 12 EU Abs. 3 Nr. 3 S. 2 wird durch das Amt für Veröffentlichungen der Europäischen Union zusätzlich zur Veröffentlichung der Auftragsbekanntmachung in der eingereichten Originalsprache eine Zusammenfassung der wichtigsten Angaben in allen übrigen Amtssprachen der Europäischen Union veröffentlicht. Der Wortlaut der eingereichten Auftragsbekanntmachung in der Originalsprache ist dabei **allein verbindlich** (§ 12 EU Abs. 3 Nr. 3 S. 2 Hs. 2).

4. Nachweispflichten des öffentlichen Auftraggebers (§ 12 EU Abs. 3 Nr. 4). Anhand der Vergabedokumentation muss der öffentliche Auftraggeber den Tag der Absendung der Auftragsbekanntmachung nachweisen können. Dieser zu dokumentierende Nachweis kann gem. § 12 EU Abs. 3 Nr. 4 S. 3 durch die Bestätigung des Erhalts der Auftragsbekanntmachung und der Veröffentlichung der übermittelten Informationen, in denen der Tag der Veröffentlichung angegeben ist, durch das Amt für Veröffentlichungen der Europäischen Union geführt werden. Die von dem öffentlichen Auftraggeber gem. § 20 EU iVm § 8 Abs. 1–5 VgV zu führende **Vergabedokumentation** sollte darüber hinaus die **elektronisch übermittelten EU-Standardformulare** nebst **Nachweis des**

---

[11] VK Düsseldorf Beschl. v. 24.10.2003 – VK-31/2003L; VK Brandenburg Beschl. v. 22.5.2008 – VK 11/08; jurisPK-VergabeR/*Lausen* § 12 EG Rn. 25.
[12] Ingenstau/Korbion/*von Wietersheim* Rn. 10.
[13] HHKW/*Schneider* § 12a Rn. 15.

27 **5. Fakultative zusätzliche Inlandsveröffentlichung (§ 12 EU Abs. 3 Nr. 5).** Zusätzlich kann der öffentliche Auftraggeber gem. § 12 EU Abs. 3 Nr. 5 S. 1 die Auftragsbekanntmachung **fakultativ im Inland** veröffentlichen. Dies kann in Tageszeitungen, amtlichen Veröffentlichungsblättern oder Internetportalen, so auch auf www.service.bund.de erfolgen. Die fakultativ zusätzliche Inlandsveröffentlichung darf gem. § 12 EU Abs. 3 Nr. 5 S. 2 allein die Angaben enthalten, die dem Amt für Veröffentlichungen der Europäischen Union übermittelt wurden, und muss auf den Tag der Übermittlung hinweisen.

28 Die fakultativ zusätzliche Inlandsveröffentlichung darf im Regelfall gem. § 12 EU Abs. 3 Nr. 5 S. 3 zeitlich **nicht** vor der Veröffentlichung durch das Amt für Veröffentlichungen der Europäischen Union erfolgen. Eine Veröffentlichung auf nationaler Ebene unter Außerachtlassung dieser zeitlichen Prioritätsvorgabe ist gem. § 12 EU Abs. 3 Nr. 5 S. 4 hingegen **ausnahmsweise** dann statthaft, wenn der öffentliche Auftraggeber nicht innerhalb von 48 Stunden nach der Bestätigung des Eingangs der Auftragsbekanntmachung durch das Amt für Veröffentlichungen der Europäischen Union über die Veröffentlichung unterrichtet wurde. Der Lauf dieser Frist setzt voraus, dass der öffentliche Auftraggeber vom Amt für Veröffentlichungen der Europäischen Union getrennte Bestätigungen über den Erhalt des Eingangs der Auftragsbekanntmachung (Beginn der 48-Stunden-Frist) und über die erfolgte Veröffentlichung der Auftragsbekanntmachung erhält.[16]

§ 12a EU Versand der Vergabeunterlagen

(1)
1. Die Vergabeunterlagen werden ab dem Tag der Veröffentlichung einer Auftragsbekanntmachung gemäß § 12 EU Absatz 3 oder dem Tag der Aufforderung zur Interessensbestätigung gemäß Nummer 3 unentgeltlich mit uneingeschränktem und vollständigem direkten Zugang anhand elektronischer Mittel angeboten. Die Auftragsbekanntmachung oder die Aufforderung zur Interessensbestätigung muss die Internet-Adresse, über die diese Vergabeunterlagen abrufbar sind, enthalten.
2. Diese Verpflichtung entfällt in den in Fällen nach § 11b EU Absatz 1.
3. Bei nicht offenen Verfahren, Verhandlungsverfahren, wettbewerblichen Dialogen und Innovationspartnerschaften werden alle ausgewählten Bewerber gleichzeitig in Textform aufgefordert, am Wettbewerb teilzunehmen oder wenn eine Vorinformation als Aufruf zum Wettbewerb gemäß § 12 EU Absatz 2 genutzt wurde, zu einer Interessensbestätigung aufgefordert.

Die Aufforderungen enthalten einen Verweis auf die elektronische Adresse, über die die Vergabeunterlagen direkt elektronisch zur Verfügung gestellt werden.

Bei den in Nummer 2 genannten Gründen sind den Aufforderungen die Vergabeunterlagen beizufügen, soweit sie nicht bereits auf andere Art und Weise zur Verfügung gestellt wurden.

(2) Die Namen der Unternehmen, die Vergabeunterlagen erhalten oder eingesehen haben, sind geheim zu halten.

(3) Rechtzeitig beantragte Auskünfte über die Vergabeunterlagen sind spätestens sechs Kalendertage vor Ablauf der Angebotsfrist allen Unternehmen in gleicher Weise zu erteilen. Bei beschleunigten Verfahren nach § 10a EU Absatz 2, sowie § 10b EU Absatz 5 beträgt diese Frist vier Kalendertage.

Übersicht

		Rn.			Rn.
I.	Normzweck	1	III.	Geheimhaltungsverpflichtung des öffentlichen Auftraggebers (§ 12a EU Abs. 2)	10
II.	Versand der Vergabeunterlagen (§ 12a EU Abs. 1 Nr. 1–3)	2	IV.	Auskünfte an Unternehmen (§ 12a EU Abs. 3)	11

---
[14] Ingenstau/Korbion/*von Wietersheim* Rn. 14.
[15] Ingenstau/Korbion/*von Wietersheim* Rn. 14.
[16] Ingenstau/Korbion/*von Wietersheim* Rn. 15.

I. Normzweck

§ 12a EU bezweckt die **Sicherstellung der Gleichbehandlung der Bieter** durch Gewährung eines einheitlichen und diskriminierungsfrei gehandhabten Zugangs zu den Vergabeunterlagen (§ 12a EU Abs. 1). Des Weiteren wird der **ordnungsgemäße Wettbewerb** in Form des Geheimwettbewerbs sichergestellt (§ 12a EU Abs. 2) und die Möglichkeit zur **ordnungsgemäßen Angebotskalkulation** der Bieter durch vollständige Information aller Bieter gewährleistet (§ 12a EU Abs. 3). Die Regelungen des § 12a EU Abs. 1 Nr. 1–3 beruhen auf Art. 53 Abs. 1 S. 1 und 2 RL 2014/24/EU und auf Art. 54 Abs. 1 und 2 RL 2014/24/EU vom 26.2.2014.

II. Versand der Vergabeunterlagen (§ 12a EU Abs. 1 Nr. 1–3)

Gemäß § 12a EU Abs. 1 Nr. 1 S. 1 ist der öffentliche Auftraggeber verpflichtet, ab dem Tag der Veröffentlichung einer Auftragsbekanntmachung gem. § 12 EU Abs. 3 oder ab dem Tag der Aufforderung zur Interessensbestätigung gem. § 12a EU Abs. 1 Nr. 3 die **Vergabeunterlagen unentgeltlich zur Verfügung zu stellen.** Dies hat **elektronisch** mit uneingeschränktem und vollständigem direktem Zugang zu erfolgen. Elektronisch bereitzustellen sind die in den § 8 EU Abs. 1, § 8a EU Abs. 1 und §§ 7 EU–7c EU bezeichneten Unterlagen. Die Auftragsbekanntmachung des öffentlichen Auftraggebers gem. § 12 EU Abs. 3 hat – ebenso wie die Aufforderung zur Interessensbestätigung in den Fällen des § 12a EU Abs. 1 Nr. 3 – die Internet-Adresse des öffentlichen Auftraggebers, über die diese Vergabeunterlagen elektronisch abrufbar sind, zu enthalten. Dies ist für den öffentlichen Auftraggeber bei allen Vergabearten gem. § 3 EU Nr. 1–5 verbindlich.

Vollständige Bereitstellung der Vergabeunterlagen iSd § 12a EU Abs. 1 Nr. 1 S. 1 bedeutet die Bereitstellung der **gesamten Vergabeunterlagen** ohne Auslassungen. Eine nur auszugsweise Bereitstellung oder die lediglich Bereitstellung zusammenfassender Darstellungen ist unzulässig.[1] Der **Erlass** des Bundesministeriums für Umwelt, Naturschutz, Bau und Reaktorsicherheit zur Auslegung des reformierten Vergaberechts für die Vergaben von Bauleistungen **vom 16.5.2017** stellt dies für die anwendungsverpflichteten Behörden unter VIII auch nochmals für zweistufige Vergabeverfahren klar. Die vollständigen Vergabeunterlagen sind unentgeltlich mit uneingeschränktem und direktem Zugang ohne vorherige Registrierung im Internet elektronisch zum Abruf bereitzustellen. Dies gilt hiernach ausdrücklich **auch bei zweistufigen Vergabeverfahren.** Interne Verwaltungsabläufe des Auftraggebers sind gegebenenfalls anzupassen.[2] Die Bieter werden hierdurch in die Lage versetzt, sofort mit der Angebotskalkulation zu beginnen.

Die Verpflichtung des öffentlichen Auftraggebers zur Informationsübermittlung durch elektronische Mittel folgt aus § 11 EU Abs. 1–3; die Anforderungen an die vom öffentlichen Auftraggeber zu verwendenden elektronischen Mittel folgen aus § 11a EU Abs. 1–7. Die Verwendung **elektronischer Mittel zur Informationsübermittlung** ist für öffentliche Auftraggeber gem. § 81 S. 2 letzter Hs. GWB seit Inkrafttreten der Vergabereform 2016, dem 18.4.2016, zwingend vorgeschrieben. Soweit es nicht die bereits ab dem 18.4.2016 zwingend elektronisch zu übermittelnden Bekanntmachungen und die seitdem zwingend elektronisch bereitzustellenden Vergabeunterlagen betrifft, konnten zentrale Beschaffungsstellen iSd § 120 Abs. 4 S. 1 GWB gem. § 81 S. 1 GWB bis zum 18.4.2017 die Übermittlung der Angebote, Teilnahmeanträge und Interessensbestätigungen auch auf dem Postweg, per Fax oder anderem geeigneten Weg verlangen. Gleiches gilt für die sonstige Kommunikation im Vergabeverfahren. Öffentliche Auftraggeber, die nicht zentrale Beschaffungsstellen iSd § 120 Abs. 4 S. 1 GWB sind, können von dieser Übergangsregelung bis zum 18.10.2018 Gebrauch machen (§ 81 S. 1 GWB). Sie müssen dies bei europaweiter Bauvergabe aber nicht.

Gemäß § 12a EU Abs. 1 Nr. 1 S. 2 haben die Auftragsbekanntmachung gem. § 12 EU Abs. 3 oder die Aufforderung zur Interessensbestätigung in den Fällen des § 12a EU Abs. 1 Nr. 3 obligatorisch die **Internet-Adresse,** über die die Vergabeunterlagen abrufbar sind, zu enthalten. Will ein öffentlicher Auftraggeber diese Internet-Adresse nicht allgemein zugänglich in die Auftragsbekanntmachung gem. § 12 EU Abs. 3 aufnehmen, ist dies bei Bekanntgabe einer Vorinformation als Aufruf zum Wettbewerb gem. § 12 EU Abs. 2 Nr. 1–3 statthaft.[3]

Der Zugang zu den elektronisch angebotenen Vergabeunterlagen ist „uneingeschränkt" iSd § 12a EU Abs. 1 Nr. 1 S. 1, wenn er **ohne Registrierung** möglich ist. Gemäß § 11 EU Abs. 6 S. 2 darf der öffentliche Auftraggeber für den Zugang zur Auftragsbekanntmachung und zu den Vergabeunterlagen keine Registrierung des Unterlagen abrufenden Unternehmens verlangen. Die

---
[1] OLG München Beschl. v. 13.3.2017 – Verg 15/16; Ingenstau/Korbion/*von Wietersheim* Rn. 6.
[2] Erlass des Bundesministeriums für Umwelt, Naturschutz, Bau und Reaktorsicherheit zur Auslegung des reformierten Vergaberechts für die Vergabe von Bauleistungen v. 16.15.2017 Ziff. 8; *Amelung* VergabeR 2017, 294 ff.
[3] Ingenstau/Korbion/*von Wietersheim* Rn. 7.

Einräumung einer **freiwilligen Registrierungsmöglichkeit** für das die Unterlagen abrufende Unternehmen ist gem. § 11 EU Abs. 6 S. 3 hingegen möglich. Der Zugang zu der elektronisch veröffentlichten Auftragsbekanntmachung oder der elektronisch veröffentlichten Aufforderung zur Interessensbestätigung ist „direkt" iSd § 12a EU Abs. 1 Nr. 1 S. 1, wenn die vollständigen Vergabeunterlagen **ohne weitere Zwischenschritte** auffindbar sind. Die Verlinkung auf eine allgemeine Seite, die eine Mehrzahl von Vergabeverfahren des öffentlichen Auftraggebers enthält, ist hierzu nicht ausreichend. Dies gilt insbesondere dann, wenn dort die Vergabeunterlagen des jeweiligen Vergabeverfahrens nur durch Verwendung einer Suchfunktion auffindbar sind.[4]

7   Elektronisch bereitgestellte Vergabeunterlagen sind vom öffentlichen Auftraggeber bis zum Ende der Angebotsfrist **zu aktualisieren.** Liegen die Gründe für die Aktualisierungen der Vergabeunterlagen in den Antworten auf Bieterfragen, so unterliegen diese Aktualisierungen der Vergabeunterlagen zusätzlich den Fristen des § 12a EU Abs. 3 S. 1, 2.[5]

8   Gemäß § 12a EU Abs. 1 Nr. 2 entfällt die Verpflichtung zur elektronischen Bereitstellung der Vergabeunterlagen ab dem Tag der Veröffentlichung der Auftragsbekanntmachung oder ab dem Tag der Aufforderung zur Interessensbestätigung gem. § 12a EU Abs. 1 Nr. 1 S. 1 in den Fällen des § 11b EU Abs. 1 Nr. 1–3. Die Ausnahmetatbestände des § 11b EU Abs. 1 Nr. 1–3 sind eng auszulegen.[6]

9   Die elektronische Bereitstellung der Vergabeunterlagen unentgeltlich mit uneingeschränktem und vollständigem direkten Zugang gem. § 12a EU Abs. 1 Nr. 1 S. 1 **hat ab dem Tag der Veröffentlichung** der Auftragsbekanntmachung oder ab dem Tag der Aufforderung zur Interessensbestätigung zu erfolgen. Ausnahmen hiervon sind – außerhalb der Fälle des § 11b EU Abs. 1 Nr. 1–3 – nicht zulässig. Soweit gem. § 12a EU Abs. 1 Nr. 2 – in den Fällen des § 11b EU Abs. 1 Nr. 1–3 – die Verpflichtung des öffentlichen Auftraggebers zur unentgeltlichen Bereitstellung der Vergabeunterlagen mit uneingeschränktem und vollständigem direkten Zugang gem. § 12a EU Abs. 1 Nr. 1 S. 1 entfällt, sind den Aufforderungen zur Interessensbestätigung gem. § 12a EU Abs. 1 S. 6 die **Vergabeunterlagen beizufügen.** Diese zeitgleiche Übermittlung der Vergabeunterlagen erfolgt dann auf einem anderen „geeigneten Weg" iSd § 11b EU Abs. 1 S. 1.

III. Geheimhaltungsverpflichtung des öffentlichen Auftraggebers (§ 12a EU Abs. 2)

10   Der öffentliche Auftraggeber hat gem. § 12a EU Abs. 2 die Namen der Unternehmen, die Vergabeunterlagen erhalten oder eingesehen haben, geheim zu halten. Wesentliches und unverzichtbares Kennzeichen der Auftragsvergabe im Wettbewerb ist die Gewährleistung des **Geheimwettbewerbs zwischen den Bietern.** Allein dann, wenn jeder Bieter die ausgeschriebene Leistung in Unkenntnis der Angebote, Angebotsgrundlagen und der Angebotskalkulation seiner Mitbieter anbietet, ist ein echter Vergabewettbewerb möglich.[7] Diese Geheimhaltungsverpflichtung des öffentlichen Auftraggebers ist vor dem Hintergrund des Schutzzwecks des § 12a EU Abs. 2, der Sicherung des ordnungsgemäßen Wettbewerbs in Form des Geheimwettbewerbs, umfassend. Der öffentliche Auftraggeber hat über den Namen der Unternehmen, die Vergabeunterlagen erhalten oder eingesehen haben, hinaus auch jegliche andere Details unter Verschluss zu halten, mit denen eine Identifizierung der Einsicht nehmenden Unternehmen möglich wäre. Wettbewerbsbeschränkende Absprachen zwischen Bietern und Bewerbern sollen hierdurch soweit wie möglich im Ansatz unterbunden werden.

IV. Auskünfte an Unternehmen (§ 12a EU Abs. 3)

11   Die Auskunftspflicht des öffentlichen Auftraggebers über die Vergabeunterlagen dient der Einhaltung eines fairen, mit möglichst großer Beteiligung geführten Wettbewerbs und damit der Gleichbehandlung der Bewerber.[8] § 12a EU Abs. 3 trägt gleichzeitig dem berechtigten Interesse des öffentlichen Auftraggebers am Bestehen eines **Enddatums für den Eingang von Fragen** zu den Vergabeunterlagen Rechnung. Auskünfte sind vom öffentlichen Auftraggeber an die Bewerber zu erteilen, soweit sie „rechtzeitig beantragt" iSd § 12a EU Abs. 3 S. 1 sind. Eine Auskunft eines Bewerbers ist rechtzeitig beantragt, wenn der öffentliche Auftraggeber die Fristen des § 12a EU Abs. 3 S. 1 und 2 wahren kann.[9] Dies bedeutet, dass die Bitte um Auskunft eines Bewerbers spätestens einen Tag vor dem Fristbeginn der sechs bzw. vier Kalendertage betragenden Antwortfristen des

---

[4] Ingenstau/Korbion/*von Wietersheim* Rn. 10.
[5] Ingenstau/Korbion/*von Wietersheim* Rn. 14.
[6] Ingenstau/Korbion/*von Wietersheim* Rn. 3.
[7] OLG Düsseldorf Beschl. v. 16.9.2003 – Verg 52/03; OLG Düsseldorf Beschl. v. 4.2.2013 – Verg 31/12.
[8] VK Sachsen Beschl. v. 24.4.2008 – 1/SVK/015-08; OLG Naumburg Beschl. v. 23.7.2001 – 1 Verg 2/01; VK Bremen Beschl. v. 20.3.2014 – 16 VK 1/14.
[9] jurisPK-VergabeR/*Lausen* § 12 EG Rn. 73.

IV. Auskünfte an Unternehmen (§ 12a EU Abs. 3)

§ 12a EU Abs. 3 zugehen muss und der öffentliche Auftraggeber die Möglichkeit besitzen muss, dem Auskunftsersuchen nachzugehen.[10]

Ausgangspunkt für die Berechnung der Auskunftsfristen – und damit der Bemessung der Rechtzeitigkeit einer Anfrage – ist der Tag, der dem Ablauf der Angebotsfrist vorhergeht. Gemäß § 187 Abs. 1 BGB wird der Tag des Endes der Angebotsfrist für die Berechnung des Ablaufs der Auskunftsfristen nicht mitgerechnet. Für die Berechnung des Fristbeginns der Auskunftsfristen ist daher der Tag des Ablaufs der Angebotsfrist nicht mitzurechnen. Die Rückrechnung hat vielmehr von dem Tag an zu erfolgen, der dem Tag des Ablaufs der Angebotsfrist vorhergeht.[11]

Der spätestmögliche Eingang einer Bewerberfrage zu den Vergabeunterlagen ist mithin in Fällen des § 12a EU Abs. 3 S. 1 sieben Kalendertage, beginnend mit dem Tag vor Ablauf der Angebotsfrist, und in Fällen des § 12a EU Abs. 3 S. 2 fünf Kalendertage, gleichfalls beginnend mit dem Tag vor Ablauf der Angebotsfrist. Gleichzeitig muss dem öffentlichen Auftraggeber für die Rechtzeitigkeit des Auskunftsersuchens eine Auskunftserteilung praktisch möglich sein. Dies ist anhand des Einzelfalls, insbesondere anhand von Art und Umfang des Auskunftsersuchens und anhand der Relevanz der Beantwortung des Auskunftsersuchens für das Informationsinteresse aller Bewerber zu beurteilen. Die Umstände des Einzelfalls können es hiernach gebieten, den spätestmöglichen Zeitpunkt einer noch rechtzeitigen Bewerberfrage **weiter vorzuverlegen.** Das Vorliegen dieses Ausnahmefalls sollte in der Vergabedokumentation gem. den § 20 EU, § 8 Abs. 1 VgV benannt werden. Angesichts des den Wettbewerb und die Gleichbehandlung der Bewerber schützenden Zwecks des § 12a EU Abs. 3 ist vom öffentlichen Auftraggeber bei der Vorverlegung des Ablaufdatums von Fragefristen besondere Vorsicht geboten. Wegen der erforderlichen Möglichkeit des öffentlichen Auftraggebers, dem Auskunftsersuchen nachgehen zu können, dürfte der Eingang einer Bieterfrage am Tag vor Beginn der Antwortfristen des § 12a EU Abs. 3 S. 1 und 2 regelmäßig nicht rechtzeitig iSd § 12a EU Abs. 3 S. 1 sein.[12]

In jedem Fall hat der öffentliche Auftraggeber zu prüfen, ob er die **Angebotsfrist verlängert.**[13] § 10a EU Abs. 6 Nr. 1 schreibt für das offene Verfahren und § 10b EU Abs. 6 Nr. 1 für das nicht offene Verfahren die Verlängerung der Angebotsfristen bei Nichteinhaltbarkeit der sechs bzw. vier Kalendertage-Fristen für die Zurverfügungstellung rechtzeitig angeforderter Zusatzinformationen durch den öffentlichen Auftraggeber vor. Eine Verlängerung der Angebotsfrist kann insbesondere dann notwendig und geboten sein, wenn aus dem Inhalt der Beantwortung von Auskunftsersuchen **Änderungen der Kalkulationsgrundlagen** folgen und die ursprünglich ausreichende Angebotsfrist durch die nachträglich zu beachtenden Änderungen nicht mehr angemessen ist.[14] Auch wenn eine Bewerberfrage kurz vor Ablauf der Angebotsfrist berechtigterweise relevante **Defizite oder Unklarheiten der Vergabeunterlagen** aufdeckt, muss der öffentliche Auftraggeber Klarstellungen für alle Bewerber herbeiführen. Dies gilt unabhängig davon, wie kurzfristig die Frage vor dem Ablauf der Angebotsfrist eingeht. Auch hierfür steht das Korrektiv einer Verlängerung der Angebotsfrist zur Verfügung, falls es die Klarstellung oder die Korrektur bedingt, dass die Wettbewerbsteilnehmer mehr Zeit benötigen, um ihre Angebotsstellung auf die neuen Informationen auszurichten.[15] Werden erst kurz vor Ablauf der Angebotsfrist berechtigterweise Defizite der Vergabeunterlagen aufgedeckt, kann der Auftraggeber die Beantwortung des Auskunftsersuchens und dessen Veröffentlichung im Bewerberkreis nicht einfach mit dem Argument ablehnen, die Frage sei nicht mindestens sechs Kalendertage vor Ablauf der Angebotsfrist gestellt worden. Auch hier steht dem öffentlichen Auftraggeber das **Korrektiv einer Verlängerung der Angebotsfrist** zur Verfügung.[16]

Die Auskunftserteilung durch den öffentlichen Auftraggeber auf rechtzeitig eingegangene Bewerberfragen zu den Vergabeunterlagen ist gem. § 12a EU Abs. 3 obligatorisch. Die Bewerberfrage muss aber ein Auskunftsersuchen „über die Vergabeunterlagen" iSd § 12a EU Abs. 3 S. 1 beinhalten. Dies ist dann der Fall, wenn die Bewerberanfrage bei objektiver Betrachtung mit den Vergabeunterlagen im Zusammenhang steht, insbesondere bezweckt, Verständnis- oder Auslegungsfragen in den Vergabeunterlagen auszuräumen oder wenn die Bewerberfrage die Preiskalkulation betrifft.[17] Zur **Erteilung von Rechtsauskünften** oder gar einer rechtlichen Beratung eines Wettbewerbsteilneh-

---

[10] Ingenstau/Korbion/*von Wietersheim* Rn. 20.
[11] *Weyand* ibrOK VergabeR § 12 EG Rn. 65.
[12] Ingenstau/Korbion/*von Wietersheim* Rn. 20.
[13] VK Bund Beschl. v. 28.1.2017 – VK 2-129/16; VK Bund Beschl. v. 27.1.2017 – VK 2-131/16; Ingenstau/Korbion/*von Wietersheim* Rn. 21.
[14] Ingenstau/Korbion/*von Wietersheim* Rn. 23; weitergehend Kapellmann/Messerschmidt/*Planker* § 12 EG Rn. 23.
[15] VK Bund Beschl. v. 27.1.2017 – VK 2-113/16.
[16] VK Bund Beschl. v. 28.1.2017 – VK 2-129/16.
[17] OLG Naumburg Beschl. v. 23.7.2001 – 1 Verg. 2/01.

mers ist der öffentliche Auftraggeber gem. § 12a EU Abs. 3 S. 1 nicht verpflichtet.[18] Werden derartige Auskünfte vom öffentlichen Auftraggeber dennoch erteilt, müssen diese aber in der Sache zutreffend sein. Eine fehlerhafte Rechtsauskunft gegenüber einem Bewerber begründet die Intransparenz des Vergabeverfahrens und damit einen Verstoß gegen § 97 Abs. 1 S. 1 GWB.[19]

16   Die Auskünfte des öffentlichen Auftraggebers sind gem. § 12a EU Abs. 3 S. 1, 2 spätestens sechs bzw. vier Kalendertage vor Ablauf der Angebotsfrist „allen Unternehmen in gleicher Weise zu erteilen". Dies sichert die Gleichbehandlung der Bewerber. Der Adressatenkreis der Bewerber, denen die Auskünfte zu erteilen sind, erfasst dabei nur diejenigen Bewerber, die dem öffentlichen Auftraggeber bekannt sind.[20]

17   Das Gebot der Gleichbehandlung aller Bewerber setzt regelmäßig voraus, dass der öffentliche Auftraggeber bei Beantwortung einer Bewerberfrage und Übermittlung dieser Antwort an alle Bewerbe die konkrete **Bewerberfrage zu wiederholen** hat. Denn nur dann können alle Bewerber den Sinnzusammenhang der Antwort des öffentlichen Auftraggebers erfassen.[21]

18   Zur Fristwahrung der sechs bzw. vier Kalendertage-Fristen des § 12a EU Abs. 3 ist es ausreichend, wenn der öffentliche Auftraggeber die durch eine Bewerberfrage beantragte Auskunft **rechtzeitig absendet**. Auf den Eingang der Auskunft des öffentlichen Auftraggebers bei den übrigen Bewerbern kommt es nicht an.[22] Die Auskunft des öffentlichen Auftraggebers ist nicht formgebunden. Gemäß § 11 EU Abs. 1 hat die Auskunftserteilung grundsätzlich durch elektronische Mittel zu erfolgen. Die Vergabedokumentation des öffentlichen Auftraggebers gem. § 20 EU, § 8 Abs. 1 VgV hat sämtliche Bewerberfragen zu den Vergabeunterlagen, die hierauf erteilten Auskünfte des öffentlichen Auftraggebers und den Nachweis der Erteilung dieser Auskünfte gegenüber allen, dem öffentlichen Auftraggeber bekannten Bewerbern zu enthalten.

§ 13 EU Form und Inhalt der Angebote

(1)
1. Der öffentliche Auftraggeber legt unter Berücksichtigung von § 11 EU fest, in welcher Form die Angebote einzureichen sind. Schriftliche Angebote müssen unterzeichnet sein. Elektronisch übermittelte Angebote sind nach Wahl des Auftraggebers zu versehen mit
   a) einer fortgeschrittenen elektronischen Signatur,
   b) einer qualifizierten elektronischen Signatur,
   c) einem fortgeschrittenen elektronischen Siegel oder
   d) einem qualifizierten elektronischen Siegel,
   sofern der öffentliche Auftraggeber dies in Einzelfällen entsprechend § 11 EU verlangt hat.
2. Der öffentliche Auftraggeber hat die Datenintegrität und die Vertraulichkeit der Angebote gemäß § 11a EU Absatz 2 zu gewährleisten.
   Per Post oder direkt übermittelte Angebote sind in einem verschlossenen Umschlag einzureichen, als solche zu kennzeichnen und bis zum Ablauf der für die Einreichung vorgesehenen Frist unter Verschluss zu halten. Bei elektronisch übermittelten Angeboten ist dies durch entsprechende technische Lösungen nach den Anforderungen des öffentlichen Auftraggebers und durch Verschlüsselung sicherzustellen. Die Verschlüsselung muss bis zur Öffnung des ersten Angebots aufrechterhalten bleiben.
3. Die Angebote müssen die geforderten Preise enthalten.
4. Die Angebote müssen die geforderten Erklärungen und Nachweise enthalten.
5. Das Angebot ist auf der Grundlage der Vergabeunterlagen zu erstellen. Änderungen an den Vergabeunterlagen sind unzulässig. Änderungen des Bieters an seinen Eintragungen müssen zweifelsfrei sein.
6. Bieter können für die Angebotsabgabe eine selbstgefertigte Abschrift oder Kurzfassung des Leistungsverzeichnisses benutzen, wenn sie den vom öffentlichen Auftraggeber verfassten Wortlaut des Leistungsverzeichnisses im Angebot als allein verbindlich anerkennen; Kurzfassungen müssen jedoch die Ordnungszahlen (Positionen) vollzählig, in

---

[18] OLG Düsseldorf Beschl. v. 17.2.2014 – VII-Verg 2/14; VK Bund Beschl. v. 11.10.2010 – VK 3-96/10.
[19] VK Bund Beschl. v. 11.10.2010 – VK 3-69/10.
[20] jurisPK-VergabeR/*Lausen* § 12 EG Rn. 76.
[21] jurisPK-VergabeR/*Lausen* § 12 EG Rn. 76.
[22] Ingenstau/Korbion/*von Wietersheim* Rn. 21; jurisPK-VergabeR/*Lausen* § 12 EG Rn. 72; aA Kapellmann/Messerschmidt/*Planker* § 12 EG Rn. 22.

Form und Inhalt der Angebote § 13 EU VOB/A

der gleichen Reihenfolge und mit den gleichen Nummern wie in dem vom öffentlichen Auftraggeber verfassten Leistungsverzeichnis, wiedergeben.
7. Muster und Proben der Bieter müssen als zum Angebot gehörig gekennzeichnet sein.

(2) Eine Leistung, die von den vorgesehenen technischen Spezifikationen nach § 7a EU Absatz 1 Nummer 1 abweicht, kann angeboten werden, wenn sie mit dem geforderten Schutzniveau in Bezug auf Sicherheit, Gesundheit und Gebrauchstauglichkeit gleichwertig ist. Die Abweichung muss im Angebot eindeutig bezeichnet sein. Die Gleichwertigkeit ist mit dem Angebot nachzuweisen.

(3) Die Anzahl von Nebenangeboten ist an einer vom öffentlichen Auftraggeber in den Vergabeunterlagen bezeichneten Stelle aufzuführen. Etwaige Nebenangebote müssen auf besonderer Anlage erstellt und als solche deutlich gekennzeichnet werden. Werden mehrere Hauptangebote abgegeben, muss jedes aus sich heraus zuschlagsfähig sein. Absatz 1 Nummer 2 Satz 2 gilt für jedes Hauptangebot entsprechend.

(4) Soweit Preisnachlässe ohne Bedingungen gewährt werden, sind diese an einer vom öffentlichen Auftraggeber in den Vergabeunterlagen bezeichneten Stelle aufzuführen.

(5) Bietergemeinschaften haben die Mitglieder zu benennen sowie eines ihrer Mitglieder als bevollmächtigten Vertreter für den Abschluss und die Durchführung des Vertrags zu bezeichnen. Fehlt die Bezeichnung des bevollmächtigten Vertreters im Angebot, so ist sie vor der Zuschlagserteilung beizubringen.

(6) Der öffentliche Auftraggeber hat die Anforderungen an den Inhalt der Angebote nach den Absätzen 1 bis 5 in die Vergabeunterlagen aufzunehmen.

Übersicht

		Rn.
I.	Normzweck	1
II.	Grundlagen	6
1.	Zivilrechtliches Angebot	6
2.	Angebotsauslegung	8
III.	Elektronische Angebote gem. § 13 EU Abs. 1 Nr. 1–7	13
1.	Angebotsform nach Vorgabe des Auftraggebers (§ 13 EU Abs. 1 Nr. 1 S. 1)	13
2.	Angebotsform im Einzelnen (§ 13 EU Abs. 1 Nr. 1 S. 2–3)	18
	a) Schriftliche Angebote (§ 13 EU Abs. 1 Nr. 1 S. 2)	18
	b) Elektronische Angebote (§ 13 EU Abs. 1 Nr. 1 S. 3)	30
3.	Datenintegrität und Vertraulichkeit bei der Angebotsbehandlung (§ 13 EU Abs. 1 Nr. 2)	37
	a) Grundlagen der Angebotsbehandlung	37
	b) Verschluss und Kennzeichnung schriftlicher Angebote	39
	c) Verschlüsselung elektronischer Angebote	44
4.	Angebotsanforderungen in Bezug auf die Preise (§ 13 EU Abs. 1 Nr. 3)	48
	a) Normkontext und -zweck	48
	b) Geforderte Preisangaben	52
5.	Angebotsanforderungen in Bezug auf Erklärungen und Nachweise (§ 13 EU Abs. 1 Nr. 4)	60
	a) Normkontext und -zweck	60
	b) Geforderte Erklärungen und Nachweise	63

		Rn.
6.	Bieterseitige Änderungen an den Vergabeunterlagen und an seinen Eintragungen (§ 13 EU Abs. 1 Nr. 5)	69
	a) Angebotserstellung auf Grundlage der Vergabeunterlagen	69
	b) Änderungen an den Vergabeunterlagen	70
	c) Änderungen an eigenen Eintragungen	77
7.	Bieterseitige Kurzfassungen des Leistungsverzeichnisses (§ 13 EU Abs. 1 Nr. 6)	82
8.	Muster und Proben der Bieter (§ 13 EU Abs. 1 Nr. 7)	85
IV.	Abweichung von technischen Spezifikationen in den Vergabeunterlagen (§ 13 EU Abs. 2)	88
1.	Norminhalt und -kontext	88
2.	Technische Spezifikationen	93
3.	Zulässigkeitsanforderungen der Abweichung	95
4.	Nachweis der Gleichwertigkeit	98
V.	Nebenangebote und mehrere Hauptangebote (§ 13 EU Abs. 3)	100
1.	Norminhalt und Normkontext	100
2.	Aufführung der Anzahl und Kennzeichnung von Nebenangeboten	106
3.	Mehrere Hauptangebote	110
VI.	Preisnachlässe ohne Bedingungen (§ 13 EU Abs. 4)	111
1.	Begrifflichkeiten und Voraussetzungen	111
2.	Behandlung und Rechtsfolgen	115
VII.	Angebote von Bietergemeinschaften (§ 13 Abs. 5)	116

Stollhoff

	Rn.		Rn.
1. Begrifflichkeiten und Voraussetzungen ...	116	VIII. **Aufnahme der Anforderungen gem. § 13 EU Abs. 1–5 in die Vergabeunterlagen (§ 13 EU Abs. 6)**	124
2. Bezeichnung des bevollmächtigten Vertreters	121		

I. Normzweck

1 Die §§ 13 EU ff. bilden den **Kern des Vergabeverfahrens**.[1] Dieser besteht aus den förmlichen und inhaltlichen Vorgaben bei der Abgabe der Angebote (§ 13 EU), den Regelungen für die Eröffnung, die förmliche Angebotsbehandlung und den Öffnungstermin (§ 14 EU) sowie die Aufklärung des Angebotsinhalts (§ 15 EU), insbesondere der Möglichkeit der Durchführung von Aufklärungsgesprächen mit den Bietern. Mit den Vorgaben der §§ 13 EU–15 EU wird die Angebotsphase des Vergabeverfahrens einschließlich der formellen Behandlung der Angebote im Öffnungstermin und die Aufklärung des Angebotsinhalts geregelt. Weitere Kernpunkte des Vergabeverfahrens sind die formelle Prüfung der Angebote auf zwingende Ausschlussgründe (§ 16 EU Nr. 1–6), die Prüfung der bieterbezogenen Eignungskriterien (§ 16b EU Abs. 1–3) und schließlich die materielle Angebotswertung (§ 16d EU Abs. 1–5).

2 § 13 EU entspricht – unter Ausnahme des § 13 EU Abs. 1 Nr. 1 S. 1, 2 – den Regelungen der Angebotseinreichung bei nationaler Bauvergabe des Abschnitts 1 in § 13 Abs. 1–6. Zur Kommentierung der Regelungen des § 13 EU Abs. 1–6 wird ergänzend auf die Kommentierung des § 13 Abs. 1–6 verwiesen. → Abschnitt 1 § 13 Rn. 19 ff.

3 § 13 EU ermöglicht die Durchführung eines ordnungsgemäßen Wettbewerbs durch Sicherstellung des formal korrekten Ablaufs des Vergabeverfahrens in der Angebotsphase. Die Vorschrift bezweckt dabei insbesondere die **Sicherstellung der Vergleichbarkeit der Angebote** für die auf die Angebotsphase folgende Wertungsphase.[2] Die Vorschrift ist bieterschützend.[3] Diese Sicherstellung einer möglichst weitgehenden Vergleichbarkeit der Angebote in der Angebotsphase ermöglicht es erst in der darauf folgenden Wertungsphase, das annehmbarste und wirtschaftlichste Angebot gem. § 16d EU Abs. 2 S. 1–3 zu ermitteln. Hierdurch wird den Vorgaben des öffentlichen Haushaltsrechts durch Einhaltung der Gebote der Sparsamkeit und Wirtschaftlichkeit Rechnung getragen.[4] Die von § 13 EU geforderte **Vollständigkeit der Bieterangaben** zu den bieterseits unveränderten Vergabeunterlagen dient ferner nach Zuschlagserteilung der Vertragssicherheit.[5]

4 Die formellen und inhaltlichen Anforderungen des § 13 EU an die Angebote der Bieter sind **nicht abschließend**. Die Bieter sind ferner bei der Angebotsabgabe allein dann zur Einhaltung der Vorgaben in § 13 EU Abs. 1–5 verpflichtet, wenn der Auftraggeber gem. § 13 EU Abs. 6 die Anforderungen an den Inhalt der Angebote nach § 13 EU Abs. 1–5 in den Vergabeunterlagen vorgegeben hat.[6] Hierzu ist die **wörtliche Wiederholung** der Bestimmungen des § 13 EU Abs. 1–5 in den Vergabeunterlagen erforderlich.[7]

5 Die Regelungsstruktur des § 13 EU Abs. 1 umfasst auch die vom Auftraggeber unter Berücksichtigung des § 11 EU vorzugebende Angebotsform. Angebote sind grundsätzlich unter Verwendung **elektronischer Mittel** gem. § 11 EU Abs. 1–5, § 11a EU Abs. 1–7 **nach Vorgabe des Auftraggebers** einzureichen (§ 13 EU Abs. 1 Nr. 1). Des Weiteren enthält § 13 EU Abs. 1 die Grundlagen der Angebotsbehandlung und des Angebotsinhalts (§ 13 EU Abs. 1 Nr. 2–7). Besondere Anforderungen an den Angebotsinhalt in Bezug auf die Abweichung von technischen Spezifikationen, der Abgabe von Nebenangeboten, von Preisnachlässen ohne Bedingungen sowie der gemeinsamen Angebotsabgabe von Bietergemeinschaften enthalten die Regelungen in § 13 EU Abs. 2–5.

II. Grundlagen

6 **1. Zivilrechtliches Angebot.** Das Bieterangebot im Vergabeverfahren ist Angebot gem. § 145 BGB. Es ist eine einseitige, empfangsbedürftige Willenserklärung, welche gem. § 130 Abs. 1 S. 1 BGB mit Zugang beim öffentlichen Auftraggeber wirksam wird. Das Bieterangebot ist Teil des zweiseitigen Rechtsgeschäfts „Bauauftrag" oder „Bauvertrag", welches durch Zuschlagserteilung (Annahme des Angebots) geschlossen wird. Das Bieterangebot erfolgt auf Grundlage der Vergabeun-

---

[1] Ingenstau/Korbion/*von Wietersheim* Vor §§ 13 ff. Rn. 2.
[2] Ingenstau/Korbion/*von Wietersheim* § 13 Rn. 1.
[3] 1. VK Sachsen Beschl. v. 5.9.2002 – 1/SVK/073-02; Kapellmann/Messerschmidt/*Planker* § 13 Rn. 1.
[4] Kapellmann/Messerschmidt/*Planker* § 13 Rn. 1.
[5] Kapellmann/Messerschmidt/*Planker* § 13 Rn. 1.
[6] Ingenstau/Korbion/*von Wietersheim* § 13 Rn. 1; jurisPK-VergabeR/*Dippel* § 13 Rn. 55.
[7] Ingenstau/Korbion/*von Wietersheim* § 13 Rn. 40.

terlagen iSd § 8 EU Abs. 1 Nr. 1, 2, Abs. 2 Nr. 1–4. Durch die Angebotsabgabe des Bieters auf Grundlage der Vergabeunterlagen wird die Bestimmtheit bzw. die Bestimmbarkeit des Angebots als einseitige, empfangsbedürftige Willenserklärung, die auf den Abschluss eines Bauvertrages mit definiertem Inhalt gerichtet ist, herbeigeführt. Gegenstand und Inhalt des Vertrages müssen durch Bezugnahme des Angebots auf die Vergabeunterlagen so bestimmt bzw. so bestimmbar gem. den §§ 133, 157, 315 ff. BGB sein, dass die Annahme des Angebots durch ein einfaches Ja erfolgen kann. Gegenstand und Inhalt des Angebots einschließlich der notwendigen Bestimmtheit sind **aus Sicht des Empfängerhorizonts** zu beurteilen. Die zivilrechtlichen Vorschriften der Rechtsgeschäftslehre (§§ 145 ff. BGB) sind auf das Bieterangebot uneingeschränkt heranzuziehen. Gleiches gilt für die zivilrechtlichen Vorgaben zur Auslegung des Angebots gem. den §§ 133, 157, 315 ff. BGB.

Die Bindefrist, die der Auftraggeber gem. § 10a EU Abs. 8 S. 1, § 18 EU Abs. 1 in den Vergabe- **7** unterlagen setzt, beinhaltet die Bestimmung einer Annahmefrist für das auf Grundlage der Vergabeunterlagen abgegebene Angebot gem. § 148 BGB. Daher ist gem. § 18 EU Abs. 1 der Zuschlag möglichst bald, mindestens aber so rechtzeitig zu erteilen, dass dem Bieter die Erklärung des Zuschlags **noch vor Ablauf der Bindefrist** (§ 10a EU Abs. 8 S. 1–5) zugeht. Zuschlagserteilungen unter Erweiterungen, Einschränkungen oder Änderungen sind ebenso wie verspätete Zuschlagserteilungen abändernde bzw. verspätete Annahmen des Angebots gem. § 150 Abs. 1 und 2 BGB. Abändernde oder verspätete Zuschlagserteilungen des öffentlichen Auftraggebers beinhalten eine Ablehnung des Angebots des Bieters, verbunden mit einem neuen Angebot des öffentlichen Auftraggebers. Dementsprechend ist der Bieter gem. § 18 EU Abs. 2 bei Zuschlagserteilung unter Erweiterungen, Einschränkungen oder Änderungen des Angebots sowie bei verspäteten Zuschlagserteilungen nach Ablauf der Bindefrist aufzufordern, sich unverzüglich über die Annahme (des neuen Angebots des Auftraggebers) zu erklären.

2. Angebotsauslegung. Ist das Angebot des Bieters aus Sicht des Empfängerhorizonts unklar **8** oder sonst auslegungsbedürftig, sind die zivilrechtlichen Grundsätze zur Auslegung einseitiger empfangsbedürftiger Willenserklärungen gem. den §§ 133, 157 BGB heranzuziehen.[8] Eine Auslegungsbedürftigkeit und -möglichkeit besteht dann nicht, wenn die einseitige empfangsbedürftige Willenserklärung nach Wortlaut und Zweck **einen eindeutigen Inhalt** hat und für eine Auslegung daher kein Raum ist.[9] So kommt keine Auslegung des Angebots des Bieters den §§ 133, 157 BGB in Betracht, wenn die Eintragung des Bieters in der maßgeblichen Position für sich genommen eindeutig ist und keinen Rechen- oder Schreibfehler erkennen lässt.[10]

Bei bestehender Auslegungsmöglichkeit und -bedürftigkeit ist die **Auslegung des Angebots** **9** des Bieters gegenüber dessen Ausschluss **vorrangig**.[11] Der öffentliche Auftraggeber ist bei Auslegungsbedürftigkeit des Angebots zur Auslegung verpflichtet.[12]

Bei Ermittlung des Erklärungsinhalts der auslegungsbedürftigen einseitigen empfangsbedürftigen **10** Willenserklärung ist nicht am Wortlaut zu haften. Empfangsbedürftige Willenserklärungen sind vielmehr so auszulegen, wie sie der Erklärungsempfänger nach Treu und Glauben unter Berücksichtigung der Verkehrssitte verstehen musste. Zu berücksichtigen sind bei der Auslegung dabei allein solche Umstände, die bei Zugang der Erklärung dem Empfänger bekannt oder für ihn erkennbar waren. Maßgeblich ist der Empfängerhorizont, und zwar auch dann, wenn der Erklärende die Erklärung anders verstanden hat und auch anders verstehen durfte.[13] Der Erklärungsempfänger darf das Angebot allerdings nicht einfach in einem für ihn günstigsten Sinn verstehen. Er ist vielmehr nach Treu und Glauben verpflichtet, unter Berücksichtigung aller ihm erkennbaren Umstände mit gehöriger Aufmerksamkeit zu prüfen, was der Erklärende gemeint hat. Entscheidend ist danach der durch normative Auslegung zu ermittelnde **objektive Erklärungswert der Erklärung** aus Sicht des Erklärungsempfängers.[14] Für die Auslegung von Angeboten und sonstigen Bietererklärungen im Vergabeverfahren sind dabei ergänzend auch die in § 97 Abs. 1, 2 GWB aufgestellten Vergabeprin-

---

[8] OLG Celle Beschl. v. 19.2.2015 – 13 Verg 12/14; VK Südbayern Beschl. v. 10.9.2013 – Z3-3-3194-1-24-08/13.
[9] *Weyand* ibrOK VergabeR § 13 Rn. 13.
[10] VK Schleswig-Holstein Beschl. v. 20.10.2010 – VK-SH 16/10; VK Bund Beschl. v. 28.7.2006 – VK 2-50/06; VK Schleswig-Holstein Beschl. v. 28.3.2007 – VK-SH 4/07; VK Schleswig-Holstein Beschl. v. 15.5.2006 – VK-SH 10/06; OLG Frankfurt a. M. Beschl. v. 8.2.2005 – 11 Verg 24/04; VK Münster Beschl. v. 15.8.2007 – VK 13/07.
[11] VK Bund Beschl. v. 17.2.2017 – VK 2-14/17; *Weyand* ibrOK VergabeR § 13 Rn. 14.
[12] OLG Düsseldorf Beschl. v. 19.6.2013 – Verg 8/13; OLG Düsseldorf Beschl. v. 12.12.2012 – Verg 38/12.
[13] OLG Celle Beschl. v. 19.2.2015 – 13 Verg 12/14; VK Südbayern Beschl. v. 10.9.2013 – Z3-3-3194-1-24-08/13; VK Schleswig-Holstein Beschl. v. 20.10.2010 – VK-SH 16/10.
[14] VK Westfalen Beschl. v. 7.4.2017 – VK 1-07/07; Palandt/*Ellenberger* BGB § 133 Rn. 9.

11 zipien der Auftragsvergabe im Rahmen eines transparenten Wettbewerbs unter Gleichbehandlung aller Bieter zu beachten.[15]

11 Bei der Angebotsauslegung können auch **nachträglich abgegebene Erklärungen** eines Bieters darüber, wie er sein Angebot im Zeitpunkt der Angebotsabgabe verstanden wissen wollte und welchem Inhalt er diesem Angebot beimaß, berücksichtigt werden. Zur Feststellung, welchen Inhalt der Erklärende seinem Angebot selbst zukommen lassen wollte, sind daher auch zeitlich später entstandene Erläuterungen des Bieters heranzuziehen, soweit sie einen Rückschluss auf den Willen des Bieters im Zeitpunkt der Angebotsabgabe zulassen.[16] Auch **spätere Vorgänge,** insbesondere das nachträgliche Verhalten des Bieters sind ebenso wie nachträgliche Erklärungen des Bieters insoweit zu berücksichtigen, als sie Rückschlüsse auf seinen tatsächlichen Willen und das tatsächliche Verständnis des Erklärungsempfängers zulassen können.[17] Nachträgliche Bietererklärungen sind bei Auslegung des Angebots des Bieters aber dann nicht zu berücksichtigen, wenn sie den Angebotsinhalt nachträglich ändern und im Ergebnis dazu führen, dass diesem Bieter eine längere Angebotsfrist eingeräumt wird als den übrigen Bietern.[18] Im Zweifel hat dabei auch eine **vergaberechtskonforme Auslegung** des Angebots zu erfolgen. Die Auslegungsregel, der zufolge die Parteien im Zweifel vernünftige Ziele und redliche Absichten verfolgen, gilt auch im Vergaberecht.[19] Im Zweifel will der Bieter ein ausschreibungskonformes Angebot abgeben und der Auftraggeber die Vergaberechtsbestimmungen einhalten.[20] Bei der Beurteilung des Verständnisses des für die Auslegung maßgeblichen Empfängerhorizonts sind dabei auch die Vergabegrundsätze zu berücksichtigen. Im Zweifel kann nicht angenommen werden, dass der öffentliche Auftraggeber hiergegen verstoßen will.[21]

12 Eine „Berichtigung" eines unklaren Angebotsinhalts im Wege der technischen Angebotsaufklärung gem. § 15 EU Abs. 1 Nr. 1 ist unstatthaft. Dies überschreitet die Grenzen des Nachverhandlungsverbotes gem. § 15 EU Abs. 3.[22]

III. Elektronische Angebote gem. § 13 EU Abs. 1 Nr. 1–7

13 **1. Angebotsform nach Vorgabe des Auftraggebers (§ 13 EU Abs. 1 Nr. 1 S. 1).** Gemäß § 13 EU Abs. 1 Nr. 1 S. 1 legt der Auftraggeber unter Berücksichtigung von § 11 EU fest, in welcher Form die Angebote der Bieter einzureichen sind.

14 Im Bereich der **oberschwelligen Bauvergabe** ist für die Form der Angebotseinreichung und die Kommunikation im Vergabeverfahren gem. § 11 EU Abs. 1 die Übergangsregelung des § 23 EU maßgeblich. Zentrale Beschaffungsstellen iSd § 120 Abs. 4 S. 1 GWB konnten hiernach bis zum 18.4.2017, andere öffentliche Auftraggeber konnten bis zum 18.10.2018 abweichend von § 11 EU Abs. 4 die Übermittlung der Angebote, Teilnahmeanträge und Interessensbestätigungen auch auf dem Postweg, anderem geeignetem Weg, Telefax oder durch die Kommunikation dieser Mittel verlangen. Dasselbe gilt für sonstige Kommunikation im Vergabeverfahren iSd § 11 EU Abs. 1, soweit sie nicht die Übermittlung von Bekanntmachungen und die Bereitstellung der Vergabeunterlagen betrifft.

15 Nach Ablauf der Übergangsfristen des § 23 EU S. 1, 2 hat die Angebotseinreichung im Bereich der oberschwelligen Bauvergabe gem. § 13 EU Abs. 1 Nr. 1 S. 1, 2 **allein durch elektronische Mittel** gem. § 11 EU Abs. 1–6, § 11a EU Abs. 1–7 zu erfolgen. Enge Ausnahmetatbestände hierzu enthält allein § 11b EU Abs. 1–4.

16 Die Regelung der **nationalen Bauvergabe** in Abschnitt 1, der zufolge gem. § 13 Abs. 1 Nr. 1 S. 2 schriftliche Angebote bis zum 18.10.2018 immer zuzulassen waren, galt im Bereich der europaweiten Bauvergabe des Abschnitts 2 **nicht.**[23] Auch vor Ablauf der Übergangsfristen des § 23 EU S. 1, 2 konnte daher vom Auftraggeber bei Bauvergaben im Oberschwellenbereich die Angebotseinreichung in ausschließlich elektronischer Form vorgegeben werden.[24]

17 Unabhängig davon, wie der öffentliche Auftraggeber das ihm durch § 13 EU Abs. 1 Nr. 1 S. 1 eingeräumte Wahlrecht ausübt, ist er verpflichtet, den Bietern über die Formvorgabe hinaus **weitere**

---

[15] OLG Frankfurt a. M. Beschl. v. 14.10.2008 – 11 Verg 11/08; BayObLG Beschl. v. 16.9.2002 – Verg 19/02.
[16] *Weyand* ibrOK VergabeR § 13 Rn. 16.
[17] OLG Düsseldorf Beschl. v. 14.10.2009 – Verg 9/09; VK Südbayern Beschl. v. 15.5.2015 – Z3-3-3194-1-05-01/15.
[18] VK Bund Beschl. v. 6.2.2014 – VK 1 125/13.
[19] OLG Düsseldorf Beschl. v. 27.9.2006 – Verg 36/06; OLG Rostock Beschl. v. 9.10.2013 – 17 Verg 6/13.
[20] BGH Urt. v. 22.7.2010 – VII ZR 213/08.
[21] *Weyand* ibrOK VergabeR § 13 Rn. 17.
[22] VK Schleswig-Holstein Beschl. 20.10.2010 – VK-SH 16/10; *Weyand* ibrOK VergabeR § 13 Rn. 18.
[23] Ingenstau/Korbion/*von Wietersheim* Rn. 2.
[24] Ingenstau/Korbion/*von Wietersheim* Rn. 2.

Details zur gewählten Angebotsform und zur Angebotsabgabe zu unterbreiten.[25] Diese notwendigen Informationen sind gem. § 11a EU Abs. 3 Nr. 1–3 den Unternehmen zur Verfügung zu stellen. Für die elektronisch einzureichenden Angebote hat der öffentliche Auftraggeber insbesondere gem. § 13 EU Abs. 1 Nr. 1 S. 3 die **Signaturanforderungen** gem. § 2 Nr. 2 SigG aF (fortgeschrittene elektronische Signatur) oder gem. § 2 Nr. 3 SigG aF (qualifizierte elektronische Signatur) anzugeben, sofern der öffentliche Auftraggeber dies in Einzelfällen gem. § 11 EU Abs. 5 verlangt hat. Vom Bieter ist hier besondere Aufmerksamkeit und Gründlichkeit bei der Umsetzung der Vorgaben des öffentlichen Auftraggebers gem. § 13 EU Abs. 1 Nr. 1 S. 1–3 gefordert. Zweifel am Angebotsinhalt und Defizite der Angebotsform gehen zulasten des Bieters.[26]

2. Angebotsform im Einzelnen (§ 13 EU Abs. 1 Nr. 1 S. 2–3). a) Schriftliche Angebote 18
(§ 13 EU Abs. 1 Nr. 1 S. 2). § 13 EU Abs. 1 Nr. 1 S. 2, 3 regelt die Angebotsformen der schriftlichen und der elektronischen Angebote. Der Auftraggeber legt gem. § 13 EU Abs. 1 Nr. 1 S. 1 unter Berücksichtigung von § 11 EU fest, in welcher Form die Angebote einzureichen sind. In Vergabeverfahren oberhalb der Schwellenwerte gem. § 106 Abs. 1, 2 Nr. 1–4 GWB haben Auftraggeber und Bieter gem. § 97 Abs. 5 GWB für das Senden, Empfangen, Weiterleiten und Speichern von Daten in einem Vergabeverfahren **grundsätzlich elektronische Mittel** zu verwenden. Dies folgt dem Umsetzungsgebot des Art. 23 Abs. 1 S. 1, 2 RL 2014/24/EU vom 26.2.2014. Hiernach haben die Mitgliedstaaten zu gewährleisten, dass die gesamte Kommunikation und der gesamte Informationsaustausch im Anwendungsbereich der Richtlinie, insbesondere die elektronische Einreichung von Angeboten unter Anwendung elektronischer Kommunikationsmittel erfolgen.

Dementsprechend sieht § 11 EU Abs. 1–5 für die Kommunikation und Informationsübermitt- 19
lung im Vergabeverfahren die grundsätzliche Verwendung elektronischer Mittel vor. Die Anforderungen an die zu verwendenden elektronischen Mittel werden von § 11a Abs. 1–7 bestimmt. Eng umgrenzte Ausnahmetatbestände von der grundsätzlich gebotenen Verwendung elektronischer Mittel für die Kommunikation und die Informationsübermittlung im Vergabeverfahren enthält § 11b EU Abs. 1–4. Die Wahl schriftlicher Angebote als statthafte Angebotsform bei oberschwelligen Bauvergaben ist für den Auftraggeber allein nach den Ausnahmetatbeständen des § 11b EU Abs. 1–4 statthaft. Das dem öffentlichen Auftraggeber gem. § 13 EU Abs. 1 Nr. 1 S. 1 eröffnete Wahlrecht zur Festlegung der Angebotsform ist unter Berücksichtigung der §§ 11 EU ff. in aller Regel dahingehend eingeschränkt, **dass allein elektronische Angebote** gem. § 13 EU Abs. 1 Nr. 1 S. 3 vorzulegen sind. Dies entspricht den Vorgaben des Art. 22 Abs. 1 RL 2014/24/EU vom 26.2.2014. Nach den Übergangsvorschriften in § 81 S. 1 VgV, § 23 EU konnten zentrale Beschaffungsstellen iSd § 120 Abs. 4 S. 1 GWB bis zum 18.4.2017 und konnten andere öffentliche Auftraggeber bis zum 18.10.2018 abweichend von § 11 EU Abs. 4 die Übermittlung der Angebote, Teilnahmeanträge und Interessensbestätigungen auch auf dem Postweg, anderem geeigneten Weg, Telefax oder durch die Kombination dieser Mittel verlangen. Dasselbe galt für die sonstige Kommunikation im Vergabeverfahren gem. § 11 EU Abs. 1, soweit sie nicht die Übermittlung von Bekanntmachungen und die Bereitstellung der Vergabeunterlagen betrifft.

Die Vorlage schriftlicher Angebote kann bei oberschwelligen Bauvergaben allein unter diesen 20
Maßgaben in den beschriebenen engen Ausnahmefällen verlangt werden.

Die **Schriftform** schriftlicher Angebote iSd § 13 Abs. 1 Nr. 1 S. 2, 3 beinhaltet eine durch 21
Rechtsgeschäft bestimmte Schriftform gem. § 127 Abs. 1 BGB, § 126 Abs. 1 BGB.[27] Der Verstoß hiergegen begründet Nichtigkeit gem. § 125 S. 2 BGB.[28]

Die Schriftlichkeit der Schriftform erfüllen sowohl handschriftliche Eintragungen in die Verdin- 22
gungsunterlagen als auch deren maschinelles Ausfüllen. Die verwandten Schreib- und Druckmittel haben dabei **dokumentenecht** zu sein.[29]

Wesentlich für die Wahrung der Schriftform ist die – stets handschriftliche – **Unterzeichnung** 23
der Angebote gem. § 13 EU Abs. 1 Nr. 1 S. 2. Die handschriftliche Unterschrift erfüllt eine Identitäts-, Verifikations- und Echtheitsfunktion, indem sie die Identität des Bieters erkennbar macht und das Angebot eindeutig und nachprüfbar diesem zuordnet. Durch die Verbindung von Angebotstext und Unterschrift wird gleichzeitig die Integrität und Vollständigkeit des Angebots in inhaltlicher Hinsicht gewährleistet.[30] Schriftlich eingereichte Angebote sind unterzeichnet iSd

---

[25] jurisPK-VergabeR/*Dippel* § 13 Rn. 8; Ingenstau/Korbion/*von Wietersheim* § 13 Rn. 2.
[26] VK Westfalen Beschl. v. 7.4.2017 – VK 1-07/17; Ingenstau/Korbion/*von Wietersheim* § 13 Rn. 2; jurisPK-VergabeR/*Dippel* § 13 Rn. 15.
[27] Kapellmann/Messerschmidt/*Planker* § 13 Rn. 4.
[28] VK Südbayern Beschl. v. 17.4.2013 – Z3-3-3194-1-07-03/13; VK Südbayern Beschl. v. 21.5.2015 – Z3-3-3194-1-08-02/15; VK Brandenburg Beschl. v. 17.1.2012 – VK 55/11.
[29] Kapellmann/Messerschmidt/*Planker* § 13 Rn. 4.
[30] VK Südbayern Beschl. v. 21.5.2015 – Z3-3-3194-1-08-02/15; VK Südbayern Beschl. 17.4.2013 – Z3-3-3194-1-07-03/13.

§ 13 EU Abs. 1 Nr. 1 S. 2, wenn das Angebot als Urkunde von dem Aussteller eigenhändig durch Namensunterschrift gem. § 126 Abs. 1 S. 1 BGB unterzeichnet wurde. Die Unterschrift hat dabei die Erklärung **räumlich abzuschließen.** Dieser räumliche Abschluss der Unterschrift unter das Angebot ist dann erbracht, wenn aus der Platzierung der Unterschrift zweifelsfrei folgt, dass sie ersichtlich den gesamten Inhalt des Angebots abdeckt.[31] Ohne räumlichen Abschluss der Unterschrift unter das schriftliche Angebot sind die Anforderungen der § 13 EU Abs. 1 Nr. 1 S. 2, § 126 Abs. 1 BGB nicht erfüllt.

24 Wesentlich ist ferner die **eigenhändige Unterzeichnung** des Angebots durch den Erklärenden. Mechanische oder elektromechanische Mittel zur Wiedergabe der Unterschrift, wie Farbdruck, Stempel, digitale Signatur, etc., erfüllen nicht das Erfordernis der eigenhändigen Namensunterschrift iSd § 13 EU Abs. 1 Nr. 1 S. 2, § 126 Abs. 1 BGB.[32] Gleiches gilt für die Unterschriftskopie oder den Unterschriftsausdruck, zB auf einem Telefax.[33] Die Wiedergabe des Namens des Unterzeichnenden in Textform als Kopie, Stempel oder Telefax-Unterschrift begründen den zwingenden Ausschlusstatbestand des § 16 EU Nr. 2. Die Wiedergabe des Namens des Unterzeichnenden in Textform auf einem Telefaxschreiben kann das Erfordernis der Eigenhändigkeit der Unterschrift gem. § 13 EU Abs. 1 Nr. 1 S. 2, § 126 Abs. 1 BGB allein dann erfüllen, wenn ein eigenhändig unterzeichnetes schriftliches Bestätigungsschreiben, welches auf das Telefaxschreiben eindeutig Bezug nimmt, postalisch nachgesandt wird. Dieses eigenhändig unterzeichnete Bestätigungsschreiben hat dann aber vor Ablauf der Angebotsfrist dem Auftraggeber zuzugehen.[34]

25 Des Weiteren ist die **Vertretungsmacht des Unterzeichnenden** zur formwirksamen Schriftlichkeit des Angebots erforderlich. Diese Vertretungsmacht folgt im Zweifel aus dem Vorliegen einer Anscheinsvollmacht des Unterzeichnenden. Das Tatbestandsmerkmal der „Rechtsverbindlichkeit" der Unterschrift wurde ab der VOB/A 2000 aufgegeben. Eine Nachprüfungspflicht des Auftraggebers für das Vorliegen der Vertretungsmacht des Unterzeichnenden besteht – bei Wahrung der Grundsätze der **Anscheinsvollmacht** – nicht.[35] Daher ist es auch nicht erforderlich, dass der Bieter die Rechtsverbindlichkeit seiner Unterschrift, dh seine Vertretungsmacht zur Unterzeichnung des Angebots, durch Nachweise belegt.[36]

26 Der Auftraggeber ist nicht gehindert, die früher geltenden Anforderungen der Rechtsverbindlichkeit der Unterschrift zusätzlich von den Bietern abzuverlangen.[37] Wird vom öffentlichen Auftraggeber die rechtsverbindliche Unterschrift der Bieter unter das Angebot verlangt, so genügt dieser Anforderung jede Unterschrift eines Erklärenden, der tatsächlich rechtsgeschäftlich bevollmächtigt ist.[38] Die zivil-, handelsrechtlichen- und gesellschaftsrechtlichen Vertretungsvorschriften, dh die §§ 164 ff. BGB, § 48 ff. HGB, § 35 Abs. 1 GmbHG, § 78 Abs. 1 S. 1 AktG, gelten unmittelbar. **Bietergemeinschaften** sind Gesellschaften bürgerlichen Rechts gem. §§ 705 ff. BGB. Die Gesellschaft bürgerlichen Rechts wird gem. § 709 Abs. 1 BGB, § 714 BGB grundsätzlich von allen Gesellschaftern gemeinschaftlich vertreten. Daher hat das Angebot einer Bietergemeinschaft grundsätzlich von allen Mitgliedern der Bietergemeinschaft eigenhändig unterzeichnet zu sein.[39]

27 Hat **nur ein Mitglied der Bietergemeinschaft** als Bevollmächtigter für die Bietergemeinschaft unterzeichnet und ist dem schriftlichen Angebot keine Vollmachtsurkunde der anderen Mitglieder der Bietergemeinschaft beigefügt, so ist das Angebot **nicht rechtswirksam unterschrieben.** Ausnahmsweise kann die Vertretungsmacht eines das Angebot einer Bietergemeinschaft allein unterzeichnenden Mitglieds ohne beigefügte Vollmachtsurkunde der anderen Mitglieder der Bietergemeinschaft dann die Vertretungsmacht des Unterzeichnenden hinreichend ausweisen, wenn im Angebot alle Mitglieder der Bietergemeinschaft benannt sind, der Unterzeichnende als federführender Gesellschafter alleinige Geschäftsführungsbefugnis hat, und dies aus einer von allen Mitgliedern rechtsverbindlich unterschriebenen Erklärung hervorgeht.[40]

---

[31] VK Bund Beschl. v. 6.6.2005 – VK 3-43/05; OLG Celle Beschl. v. 19.8.2003 – 13 Verg 20/03; Ingenstau/Korbion/*von Wietersheim* § 13 Rn. 2.
[32] Kapellmann/Messerschmidt/*Planker* § 13 Rn. 5.
[33] Kapellmann/Messerschmidt/*Planker* § 13 Rn. 5.
[34] jurisPK-VergabeR/*Dippel* § 13 Rn. 10.
[35] VK Sachsen Beschl. v. 31.1.2005 – 1/SVK/144-04; VK Bund Beschl. v. 3.7.2007 – VK 3-64/07; VK Hessen Beschl. v. 27.2.2003 – 69d VK 70/2002.
[36] VK Bund Beschl. v. 3.7.2007 – VK 3-64/07; *Weyand* ibrOK VergabeR § 13 Rn. 30.
[37] OLG Düsseldorf Beschl. v. 22.12.2004 – VII Verg 81/04; VK Hessen Beschl. v. 13.3.2012 – 69d VK-06/12; OLG Frankfurt a. M. Beschl. v. 26.8.2008 – 11 Verg 8/08; OLG Karlsruhe Beschl. v. 24.7.2007 – 17 Verg 6/07; OLG Naumburg Beschl. v. 29.1.2009 – 1 Verg 10/08; *Weyand* ibrOK VergabeR § 13 Rn. 33.
[38] *Weyand* ibrOK VergabeR § 13 Rn. 34.
[39] VK Hessen Beschl. v. 13.3.2012 – 69d VK 06/12; VK Brandenburg Beschl. v. 26.3.2002 – VK 3/02.
[40] VK Brandenburg Beschl. v. 16.10.2007 – VK 38/07; Kapellmann/Messerschmidt/*Planker* § 13 Rn. 46, 47; HHKW/*Koenigsmann-Hölken* § 13 Rn. 9.

28 Für den Auftraggeber muss der Umstand, dass eine Bietergemeinschaft das Angebot abgibt, die **Zusammensetzung dieser Bietergemeinschaft** und deren **Identität der Mitglieder,** klar und eindeutig aus dem Angebot entnehmbar sein. Alle, aus dem Angebot eindeutig und klar als Mitglieder der Bietergemeinschaft hervorgehenden Unternehmen haben das Angebot eigenhändig zu unterzeichnen. Hat allein ein Mitglied der Bietergemeinschaft als Bevollmächtigter der übrigen Mitglieder der Bietergemeinschaft unterzeichnet, müssen schriftliche, dh eigenhändig unterzeichnete Vollmachtserklärungen der übrigen Mitglieder dem Angebot beigefügt sein. Andernfalls ist das Angebot gem. § 16 EU Nr. 2 auszuschließen.[41] Die lediglich fehlende Benennung eines federführenden Gesellschafters als bevollmächtigtem Vertreter kann gem. § 13 EU Abs. 5 S. 2 vor Ablauf der Zuschlagsfrist nachgeholt werden. Die Bezeichnung des Federführenden – und allein diese – ist insoweit nachholbar. Das Nachholen einer erforderlichen Unterschrift eines Mitglieds der Bietergemeinschaft oder das Nachreichen einer eigenhändig unterzeichneten Vollmachtsurkunde ist durch § 13 Abs. 5 S. 2 nicht gedeckt.[42] Unterschriftsmängel der Mitglieder einer Bietergemeinschaft, die nach Ablauf der Angebotsfrist noch fortbestehen, führen gem. § 16 Abs. 1 Nr. 2 zwingend zum Angebotsausschluss.

29 Die eigenhändige Unterschrift der Erklärenden unter dem Angebot muss ferner als **Schriftzeichen erkennbar** zu sein. Die Lesbarkeit des Namens ist nicht erforderlich. Es müssen hingegen zumindest Andeutungen von Buchstaben erkennbar sein. Die Unterzeichnung nur mit einem Handzeichen oder einer lediglichen Paraphe genügen nicht.[43]

b) Elektronische Angebote (§ 13 EU Abs. 1 Nr. 1 S. 3). Gemäß § 13 EU Abs. 1 Nr. 1 S. 3 **30** sind elektronische Angebote nach Wahl des Auftraggebers unter Berücksichtigung der Vorgaben des § 11 EU Abs. 1–4 in **Textform** oder mit einer **fortgeschrittenen elektronischen Signatur** oder mit einer **qualifizierten elektronischen Signatur** zu übermitteln. § 13 EU Abs. 1 Nr. 1 S. 3 eröffnet dem Auftraggeber damit bei elektronischen Angeboten das Wahlrecht zur Vorgabe der bieterseitigen Angebotsabgabe in Textform oder mit fortgeschrittener elektronischer Signatur oder schließlich mit qualifizierter elektronischer Signatur.[44] Die Übersendung der Angebote in Textform mit Hilfe elektronischer Mittel und die dementsprechende Vorgabe des Auftraggebers ist grundsätzlich gem. § 11 EU Abs. 4 statthaft. Fortgeschrittene elektronische Signaturen oder qualifizierte elektronische Signaturen sind unter den Voraussetzungen des § 11 EU Abs. 5 S. 2 als auftraggeberseitig vorzugebende Angebotsform elektronischer Angebote erforderlich und zu verlangen.

31 Die Begrifflichkeiten „elektronisches Angebot" und „elektronische Übertragung" sind scharf zu trennen. Ob ein Angebot elektronisch ist oder nicht, richtet sich nicht nach der Art der Übermittlung. Elektronisch übermittelte Angebote können hingegen denknotwendig allein elektronische Angebote sein, sonst wäre eine elektronische Übermittlung nicht möglich.[45] Bei elektronischen Dokumenten besteht die Möglichkeit, diese entweder „körperlos" auf rein elektronischem Wege oder „körperlich" auf einem Datenträger (wie bei einem Papierdokument unter Anwesenden durch Übergabe oder unter Abwesenden mit der Post oder durch Boten) zu übermitteln. Im erstgenannten Fall ist sowohl die Frage der Form als auch des Übermittlungsweges, im zweitgenannten Fall lediglich die Frage der Form angeschnitten.[46] Elektronische Angebote liegen damit auch dann vor, wenn elektronische Datenträger, auf denen sich elektronische Angebotsunterlagen befinden, physisch übermittelt werden.[47] Die Übergabe oder postalische Übersendung eines elektronischen Datenträgers ist aber keine elektronische Übermittlung gem. § 11 EU Abs. 4.

32 Das nach Vorgabe des Auftraggebers elektronisch in **Textform** gem. § 13 EU Abs. 1 Nr. 1 S. 3, § 11 EU Abs. 4 abgegebene Angebot hat die Anforderungen der Textform gem. § 126b BGB zu erfüllen. Hiernach muss die Erklärung des Angebots „in einer Urkunde oder auf andere zur dauerhaften Wiedergabe in Schriftzeichen geeignete Weise abgegeben" werden, „die Person des Erklärenden genannt und der Abschluss der Erklärung durch Nachbildung der Namensunterschrift oder anders erkennbar gemacht werden".

33 Ferner sind durch den Auftraggeber die weiteren Grundsätze der Informationsübermittlung unter Verwendung elektronischer Mittel gem. § 11 EU Abs. 1–7 und für die vom Auftraggeber eingesetzten Geräte die Anforderungen an elektronische Mittel gem. § 11a EU Abs. 1–7 einzuhalten.

---

[41] Ingenstau/Korbion/*von Wietersheim* § 13 Rn. 36; Kapellmann/Messerschmidt/*Planker* § 13 Rn. 47.
[42] AA VK Baden-Württemberg Beschl. v. 20.9.2001 – 1 VK 26/01: Vollmachtsnachweis kann bis Zuschlagserteilung vorgelegt werden.
[43] Kapellmann/Messerschmidt/*Planker* § 13 Rn. 5.
[44] OLG Düsseldorf Beschl. v. 9.5.2011 – Verg 42/11; OLG Düsseldorf Beschl. v. 9.5.2011 – VII-Verg 40/11.
[45] *Weyand* ibrOK VergabeR § 13 Rn. 61.
[46] OLG Düsseldorf Beschl. v. 9.5.2011 – VII-Verg 40/11; VK Bund Beschl. v. 21.4.2011 – VK 3-41/11.
[47] VK Bund Beschl. v. 21.4.2011 – VK 3-41/11.

34 Soweit der Auftraggeber die Abgabe elektronischer Angebote nicht in Textform, sondern mit einer **fortgeschrittenen elektronischen Signatur** oder einer **qualifizierten elektronischen Signatur** vorgibt, wird damit auf die Legaldefinitionen in § 2 Nr. 1, 2 lit. a–d sowie § 2 Nr. 3 lit. a–b SigG aF verwiesen. Diese Legaldefinitionen des zwischenzeitlich außer Kraft getretenen Signaturgesetzes sind weiter heranziehbar.[48] Die fortgeschrittene elektronische Signatur gem. § 2 Nr. 2 lit. a–d SigG aF wie auch die qualifizierte elektronische Signatur gem. § 2 Nr. 3 lit. a, b SigG aF dienen als Äquivalent der Unterschrift der Authentifizierung der elektronischen Angebotserklärungen des Bieters. Die nach Vorgabe des Auftraggebers gem. § 13 EU Abs. 1 Nr. 1 S. 3, § 11 EU Abs. 5 S. 2 vom Bieter einzuhaltenden Anforderungen der jeweiligen Signaturstufe folgen aus § 2 Nr. 2 lit. a–d SigG aF (fortgeschrittene elektronische Signatur) und aus § 2 Nr. 3 lit. a, b SigG aF (qualifizierte elektronische Signatur).

35 Für die Frage der Einhaltung dieser Anforderungen ist allein entscheidend, mit welcher Art von Signatur das Angebot beim öffentlichen Auftraggeber eingegangen ist. Die Umstände des Signiervorgangs selbst liegen dabei allein in der **Risikosphäre des Bieters.** Erstellt der Bieter bei vorgegebener qualifizierter elektronischer Signatur durch Fehlbedienung der Bietersoftware lediglich eine fortgeschrittene elektronische Signatur, so ist die vorgegebene elektronische Form nicht gewahrt. Dies gilt unabhängig davon, welche Form der elektronischen Signatur der Bieter seiner Ansicht nach verwandt hat.[49] Die Nachforderung einer wirksamen elektronischen Signatur gem. § 16a EU S. 1 nach Abgabe eines mit einer ungültigen elektronischen Signatur versehenen Angebotes kommt nicht in Betracht.[50] Die auftraggeberseitige Vorgabe einer qualifizierten elektronischen Signatur iSd § 13 EU Abs. 1 Nr. 1 S. 3, § 126a Abs. 1 BGB ist keine ungewöhnliche Anforderung gegenüber dem Bieter.[51]

36 Durch beide Signaturstufen, dh durch die fortgeschrittene und die qualifizierte elektronische Signatur, soll der Auftraggeber als Empfänger der Daten im elektronischen Geschäftsverkehr ausreichende Sicherheit über die Identität des Bieters als Absender sowie darüber erlangen, dass die Daten während des elektronischen Transports **nicht inhaltlich verändert wurden.**[52] Die fortgeschrittene elektronische Signatur, die auf Basis von Softwarezertifikaten erstellt wird, beinhaltet eine deutlich geringere Sicherheit als die qualifizierte elektronische Signatur. Daher stellt § 126a Abs. 1 BGB die elektronische Form allein dann der Schriftform gleich, wenn der Aussteller dieser Erklärung seinen Namen hinzufügt und das elektronische Dokument mit einer qualifizierten elektronischen Signatur versehen ist. Gleichermaßen stellt § 371a Abs. 1 S. 1 ZPO allein solche elektronischen Dokumente der Beweiskraft von Privaturkunden gem. § 416 ZPO gleich, die mit einer qualifizierten elektronischen Signatur versehen sind.

37 **3. Datenintegrität und Vertraulichkeit bei der Angebotsbehandlung (§ 13 EU Abs. 1 Nr. 2). a) Grundlagen der Angebotsbehandlung.** § 13 EU Abs. 1 Nr. 2 bezweckt sowohl den Schutz des Wettbewerbs durch Sicherstellung der ordnungsgemäßen Durchführung des Vergabeverfahrens als auch den Schutz von know-how und Betriebsgeheimnissen aus den Angebotsunterlagen der Bieter. Um Manipulationen entgegenzuwirken, die Gleichbehandlung der Angebote sowie den Geheimwettbewerb sicherzustellen und die Angebotsinhalte zum Schutz von know-how und Betriebsgeheimnissen allein den Personen zugänglich zu machen, die die Vergabeentscheidung treffen, sind die Angebote bis Ablauf der Angebotsfrist **strikt unter Verschluss** zu halten. Die Postulate des § 13 EU Abs. 1 Nr. 2 S. 1 zur Gewährleistung der Integrität der Daten und der Vertraulichkeit der Angebote gem. § 11a EU Abs. 2 gelten sowohl für schriftlich eingereichte Angebote als auch für elektronische Angebote der Bieter.

38 Bei beiden Angebotsformen ist in jedem Fall sicherzustellen, dass vor dem Öffnungstermin eine Einsichtnahme in die Angebote unmöglich ist. Gemäß § 14 EU Abs. 2 Nr. 1 hat der Verhandlungsleiter im Öffnungstermin festzustellen, ob der Verschluss der schriftlichen Angebote unversehrt ist und die elektronischen Angebote verschlüsselt sind. Angebote, die den Bestimmungen des § 13 EU Abs. 1 Nr. 2 nicht entsprechen, sind gem. § 16 EU Nr. 2 zwingend auszuschließen. Aufgrund ihres Schutzzwecks wird die Vorschrift strikt gehandhabt. Ein hinreichender Verschluss, der die Unversehrtheit eines schriftlichen Angebots begründet, liegt bereits dann nicht mehr vor, wenn die lediglich **abstrakte Gefahr** einer **unbemerkten Einsichtnahme** besteht oder zumindest nicht ausgeschlossen ist.[53]

---

[48] Kapellmann/Messerschmidt/*Planker* § 13 Rn. 9.
[49] VK Südbayern Beschl. v. 17.4.2013 – Z3-3-3194-1-07-03/13; VK Südbayern Beschl. v. 21.5.2015 – Z3-3-3194-1-08-02/15; *Weyand* ibrOK VergabeR § 13 Rn. 73/1.
[50] VK Südbayern Beschl. v. 21.5.2015 – Z3-3-3194-1-08-02/15.
[51] VK Bund Beschl. v. 21.4.2011 – VK 3-41/11; VK Bund Beschl. v. 21.4.2011 – VK 3-38/11; *Weyand* ibrOK VergabeR § 13 Rn. 73.
[52] HHKW/*Koenigsmann-Hölken* § 13 Rn. 11.
[53] VK Bund Beschl. v. 13.5.2003 – VK 1-31/03; jurisPK-VergabeR/*Dippel* § 13 Rn. 18.

b) Verschluss und Kennzeichnung schriftlicher Angebote. Gemäß § 13 EU Abs. 1 Nr. 2 **39**
S. 2 sind per Post oder direkt übermittelte Angebote in einem verschlossenen Umschlag einzureichen, als solche zu kennzeichnen und bis zum Ablauf der für die Einreichung vorgesehenen Frist unter Verschluss zu halten. Verschlossen ist ein Umschlag oder – bei umfangreicheren Angebotsunterlagen – ein Behältnis dann, wenn es mit Vorkehrungen versehen ist, die der Kenntnisnahme ein deutliches Hindernis bereiten.[54]

Briefumschläge haben dementsprechend verklebt zu sein, Kartons und Pakete mit Paketklebe- **40**
band verschlossen oder mit Paketband fest eingebunden zu sein. Ein Verkleben mit Tesafilm, welcher leicht und ohne Hinterlassung von Spuren zu entfernen ist, führt **nicht** dazu, dass das Angebot als verschlossen angesehen werden kann. Ein verschlossenes Paket, das in seiner Wirkung einem verschlossenen Umschlag gleich kommt und das den Angebotsordner des Bieters enthält, setzt ein vollständiges Verpacken des Ordners in einen Karton oder in Packpapier und dessen Verkleben mit Paketklebeband voraus.[55] Das lediglich Zusammenfalten von Umschlägen oder das bloße Zusammenstecken von Kartondeckeln, etc., reicht für den gem. § 13 EU Abs. 1 Nr. 2 S. 2 erforderlichen Verschluss schriftlicher Angebote **nicht** aus.[56]

Stets ist ein Verkleben des Umschlags oder ein vollständiges Verpacken des Angebots in Packpa- **41**
pier, einem Karton oder Paket und dessen Kleben mit Paketklebeband oder feste Verschnürung mit Paketband erforderlich. Es muss ferner stets überprüfbar sein, dass das Angebot tatsächlich nicht geöffnet wurde. Die Art der Verpackung muss demgemäß so gewählt und ausgeführt sein, dass sofort bemerkt wird, ob das Angebot bereits vorzeitig geöffnet wurde.[57] Der hinreichende Verschluss des Angebots liegt in der **Sphäre des Bieters.** Erforderlich ist ferner, dass das Angebot verschlossen beim Auftraggeber eingeht. Wenn ein an sich ausreichend verschlossenes Angebot beim Transport durch Verschulden des Postdienstleisters vor Eingang beim Auftraggeber so beschädigt wurde, dass es als offen anzusehen ist, führt dies nicht dazu, dass das Angebot zuzulassen ist. Der Bieter trägt auch das **Versendungsrisiko.**[58]

Gemäß § 13 EU Abs. 1 Nr. 2 S. 2 ist das verschlossene schriftliche Angebot vom Auftraggeber **42**
als solches zu kennzeichnen und von ihm bis zum Ablauf der Angebotsfrist unter Verschluss zu halten. Die Kennzeichnung des verschlossenen schriftlichen Angebots erfolgt durch den Eingangs- und Kennzeichnungsvermerk des Auftraggebers. Dieser muss den Aussteller, dh das Namenszeichen desjenigen erkennen lassen, der die Sendung entgegengenommen und verwahrt hat. Des Weiteren hat der **Eingangs- und Kennzeichnungsvermerk** das Datum und die Uhrzeit[59] des Eingangs auszuweisen. Die Unterschrift[60] der annehmenden Person ist nicht erforderlich. Die Identität des Ausstellers des Eingangs- und Kennzeichnungsvermerks hat durch das Namenszeichen jedoch zweifelsfrei zu sein. Das Namenszeichen hat die konkrete Person wiederzugeben, die für die inhaltliche Richtigkeit des gefertigten Eingangs- und Kennzeichnungsvermerks und die Authentizität der Posteingänge verantwortlich ist und die im Bedarfsfall hierfür auch in Verantwortung genommen werden kann.

Dies ist bei einer **äußerlich anonymen Aufschrift** als Eingangs- und Kennzeichnungsvermerk **43**
nicht gewährleistet.[61] Der Eingangs- und Kennzeichnungsvermerk ist auf dem unversehrten Umschlag anzubringen. Der Eingangs- und Kennzeichnungsvermerk hat das Angebot körperlich zu kennzeichnen. Empfangsbekenntnisse, gesonderte Schreiben etc, erfüllen diese Unmittelbarkeit der Kennzeichnung des ungeöffneten Angebots nicht. Dies gilt selbst dann nicht, wenn diese Empfangsbekenntnisse die Eingangszeit, den Stempel und die Unterschrift des die Sendung entgegen nehmenden Mitarbeiters des Auftraggebers ausweisen und eine Eintragung in ein Posteingangsbuch erfolgt.[62] Der Eingangs- und Kennzeichnungsvermerk hat auch unschwer die **Identität des Ausstellers** des Vermerks auszuweisen. Ist die Feststellung der Ausstelleridentität nicht unschwer möglich oder gar von einer Beweisaufnahme abhängig, so genügt dies den Anforderungen des § 13 EU Abs. 1 Nr. 2 S. 2 nicht.[63]

---

[54] VK Lüneburg Beschl. v. 20.8.2002 – 203 VgK-12/2002; VK Lüneburg Beschl. v. 23.3.2012 – VgK-06/12.
[55] VK Bund Beschl. v. 13.5.2003 – VK 1-31/03; VK Lüneburg Beschl. v. 23.3.2012 – VgK-06/12.
[56] VK Lüneburg Beschl. v. 23.3.2012 – VgK-06/12; jurisPK-VergabeR/*Dippel* § 13 Rn. 18; *Weyand* ibrOK VergabeR § 13 Rn. 79.
[57] VK Lüneburg Beschl. v. 23.3.2012 – VgK-06/12; VK Bund Beschl. v. 13.5.2003 – VK 1-31/03; *Weyand* ibrOK VergabeR § 13 Rn. 81.
[58] VK Baden-Württemberg Beschl. v. 4.9.2014 – 1 VK 40/14; OLG Düsseldorf Beschl. v. 7.1.2002 – Verg 36/01.
[59] VK Thüringen Beschl. v. 12.11.2010 – Verg 74/10.
[60] OLG Frankfurt a. M. Beschl. v. 9.5.2017 – 11 Verg 5/17.
[61] OLG Naumburg Beschl. v. 31.3.2008 – 1 Verg 1/08; VK Sachsen-Anhalt Beschl. v. 4.9.2014 – 1 VK LSA 12/14; *Weyand* ibrOK VergabeR § 13 Rn. 84.
[62] *Weyand* ibrOK VergabeR § 13 Rn. 84.
[63] *Weyand* ibrOK VergabeR § 13 Rn. 86.

44 c) **Verschlüsselung elektronischer Angebote.** Entsprechend zum Verschluss, der Kennzeichnung und der bis Ablauf der Angebotsfrist zu gewährleistenden Unterverschlusshaltung schriftlicher Angebote ist gem. § 13 EU Abs. 1 Nr. 2 S. 3 mit **elektronischen Angeboten** zu verfahren. Bei elektronisch übermittelten Angeboten ist durch den Bieter der Verschluss und durch den Auftraggeber die Kennzeichnung und das Unterverschlusshalten bis zum Ablauf der Angebotsfrist durch technische Lösungen nach Anforderungen des Auftraggebers und durch Verschlüsselung sicherzustellen. Die Verschlüsselung der elektronisch eingereichten Angebote muss gem. § 13 EU Abs. 1 Nr. 2 S. 4 bis zur Öffnung des ersten Angebots aufrechterhalten bleiben.

45 Die Anforderungen an die hierfür einzusetzenden technischen Lösungen und die Verschlüsselung sind gleichermaßen am Zweck der Norm auszurichten: Es sollen Manipulationen dadurch verhindert werden, dass einzelne Bieter das eigene oder der Auftraggeber selbst oder ein bestimmtes Angebot verändern, nachdem sie die Inhalte anderer Angebote vorzeitig erfahren haben. Die Sicherstellung des ordnungsgemäßen Wettbewerbs durch Geheimhaltung des Angebotsinhalts elektronischer Angebote bis zum Submissionstermin ist an diesen Anforderungen auszurichten. Diesen Anforderungen wird bei elektronischen Angeboten regelmäßig dadurch Rechnung getragen, dass diese mit fortgeschrittener oder qualifizierter elektronischer Signatur versehen sind. Die Verschlüsselung ist der **virtuelle Umschlag** des elektronischen Angebots.[64]

46 Gemäß den § 14 EU Abs. 1 S. 3, Abs. 2 Nr. 1 sind die verschlüsselt eingereichten elektronischen Angebote zu kennzeichnen und die Verschlüsselung bis zum Beginn des Öffnungstermins aufrechtzuerhalten. Die Pflicht zur Verschlüsselung nach Vorgabe des Auftraggebers trifft bis zur Einreichung der Angebote den Bieter. Danach ist der Auftraggeber dafür verantwortlich, dass die verschlüsselten Angebote gekennzeichnet werden und deren Verschlüsselung bis zum Beginn des Eröffnungstermins aufrechterhalten bleibt.[65] Die Grundsätze der Informationsübermittlung im Vergabeverfahren gem. § 11 EU Abs. 1–7 wie auch die Anforderungen an die einzusetzenden technischen Geräte gem. § 11a EU Abs. 1–7 sind **strikt zu beachten**.

47 Dies gilt insbesondere auch, wenn der Auftraggeber den Bietern als Angebotsform elektronisch einzureichender Angebote die **Textform** gem. § 13 EU Abs. 1 Nr. 1 S. 3, § 11 EU Abs. 4 vorgibt. Insbesondere hier muss sichergestellt sein, dass diese Angebote **verschlüsselt beim Auftraggeber eingehen,** von diesem nicht vorzeitig entschlüsselt und eingesehen werden können und dass diese Verschlüsselung bis zum Beginn der Submission aufrechterhalten bleibt. Von Bietern eingereichte elektronische Angebote in offener E-Mail-Form erfüllen – ebenso wenig wie ein in Telefaxform eingereichtes schriftliches Angebot – nicht die Anforderungen des § 13 EU Abs. 1 Nr. 2 S. 2–4. So ist insbesondere die Übermittlung von **eingescannten Angeboten per Fax** oder **einfachem E-Mail** unzulässig. Dieser Mangel der Angebotsform kann auch nicht durch die nochmalige verschlüsselte Übermittlung des Angebots geheilt werden.[66] Der öffentliche Auftraggeber ist auch nicht berechtigt, die Abgabe von Angeboten per Fax oder einfaches E-Mail zuzulassen.[67]

48 **4. Angebotsanforderungen in Bezug auf die Preise (§ 13 EU Abs. 1 Nr. 3). a) Normkontext und -zweck.** Gemäß § 13 EU Abs. 1 Nr. 3 müssen die Angebote die geforderten Preise enthalten. § 21 Nr. 1 Abs. 2 S. 5 VOB/A 2006 enthielt noch die Angebotsanforderung: „die Angebote sollen nur die Preise und die geforderten Erklärungen enthalten." Seit der VOB Ausgabe 2009 wurde diese Formulierung, nunmehr geregelt in § 13 EU Abs. 1 Nr. 3, in: „müssen die geforderten Preise enthalten." verschärft. Dies deshalb, da die Vergleichbarkeit der Angebote allein durch **eindeutige und zweifelsfreie Preisangaben** gewährleistet werden kann.[68] Allein so ist die Gleichbehandlung der Angebote und der ordnungsgemäße Wettbewerb sicherzustellen. Angebote, die diesen Anforderungen nicht entsprechen, sind unvollständig und in aller Regel gem. § 16 EU Nr. 3 Hs. 1 auszuschließen. Der Ausschlusstatbestand des § 16 EU Nr. 3 Hs. 1 greift dabei bereits dann, wenn eine Preisangabe im Angebot nicht enthalten ist. Diese Unvollständigkeit des Angebots als solche begründet bereits den Ausschlusstatbestand. Eine weitergehende Prüfung, ob das unvollständige Angebot auch im Ergebnis nicht mit anderen Angeboten vergleichbar ist, hat zur Bejahung der Ausschlussvoraussetzungen nicht zu erfolgen.[69]

---

[64] Kapellmann/Messerschmidt/*Planker* § 13 Rn. 10.
[65] Ingenstau/Korbion/*von Wietersheim* § 13 Rn. 8.
[66] OLG Karlsruhe Beschl. v. 17.3.2017 – 15 Verg 2/17.
[67] VK Baden-Württemberg Beschl. v. 19.4.2005 – 1 VK 11/05; *Weyand* ibrOK VergabeR § 13 Rn. 95.
[68] VK Südbayern Beschl. v. 5.9.2003 – 37-08/03; VK Lüneburg Beschl. v. 25.11.2002 – 203-VgK-27/2002; OLG Düsseldorf Beschl. v. 21.12.2005 – Verg 69/05; VK Südbayern Beschl. v. 15.6.2001 – 18-05/01; HHKW/*Koenigsmann-Hölken* § 13 Rn. 13.
[69] BGH Urt. v. 7.1.2003 – X ZR 50/01; OLG Düsseldorf Beschl. v. 26.11.2003 – Verg 53/03; HHKW/*Koenigsmann-Hölken* § 13 Rn. 14.

Diese streng formale Betrachtungsweise wird allein durch § 16 EU Nr. 3 Hs. 2 durchbrochen. 49
Lediglich in Fällen, in denen in einer **einzelnen unwesentlichen Position** die Preisangabe fehlt
und durch Außerachtlassung dieser Position der Wettbewerb und die Wertungsreihenfolge, auch bei
Wertung dieser Position mit dem höchsten Wettbewerbspreis nicht beeinträchtigt wird, ist das insoweit unvollständige Angebot nicht auszuschließen. In allen anderen Fällen unvollständiger Preisangaben des Angebots hat zwingend der Ausschluss gem. § 16 EU Nr. 3 Hs. 1 zu erfolgen.[70]

Die zwingende Angebotsanforderung gem. § 13 EU Abs. 1 Nr. 3 steht in engem Normkontext 50
zu § 4 EU Abs. 3. § 4 EU Abs. 3 postuliert für beide Vertragsarten des Leistungsvertrages gem. § 4
EU Abs. 1 Nr. 1, 2 und für den Stundenlohnvertrag gem. § 4 EU Abs. 2 die Ausrichtung des
Angebotsverfahrens zur Vergabe von Bauleistungen darauf, dass der Bieter die Preise, die er für seine
Leistungen fordert, in die Leistungsbeschreibung einzusetzen oder in anderer Weise im Angebot
anzugeben hat.

Im **Einheitspreisvertrag** des § 4 EU Abs. 1 Nr. 1 hat der Bieter dann alle Einheitspreise 51
einzutragen. Im **Pauschalpreisverhältnis** gem. § 4 EU Abs. 1 Nr. 2 einzutragen sind – je nach
Ausgestaltung – die Gesamtpauschale oder die vorgegebenen Einzelpauschalen.[71] Gleiches gilt im
Stundenlohnvertrag gem. § 4 EU Abs. 2. Hier sind – entsprechend der jeweiligen Anforderung
im Leistungsverzeichnis – für Bauleistungen geringeren Umfangs, die überwiegend Lohnkosten
verursachen, vom Bieter sämtliche angebotenen Stundenlöhne – wenn vorgegeben, differenziert
nach der jeweiligen Qualifikation des Arbeiters – anzugeben. Auch durch die Regelung des § 4 EU
Abs. 3 wird die zentrale Bedeutung vollständiger Preisangaben im Angebot gem. § 13 EU Abs. 1
Nr. 3 und für die Wertbarkeit des Angebots gem. § 16 EU Nr. 3 Hs. 1 unterstrichen.

b) Geforderte Preisangaben. Jede angebotsmäßige Biererklärung, die nicht alle vom Bieter 52
für seine jeweiligen Leistungen geforderten Preise enthält, ist grundsätzlich auszuschließen.[72] Einzige
und eng auszulegende Ausnahme hiervon sind die Fälle des § 16 EU Nr. 3 Hs. 2. Für die Preisangaben des Bieters im ausgeschriebenen Einheitspreisvertrag für Bauleistungen bedeutet dies, dass grundsätzlich **jeder Einzelpreis für jede Einzelleistung** vom Bieter im Angebot einzutragen oder
einzusetzen ist. Alle, in der Leistungsbeschreibung geforderten Preise sind vom Bieter vollständig
und mit dem Betrag anzugeben, der für die betreffende Einzelleistung vom Bieter gefordert wird.[73]

Mischkalkulierte Preisangaben sind für den Bieter unzulässig und begründen den Angebots- 53
ausschluss gem. § 16 EU Nr. 3 Hs. 1. Gibt der Bieter aufgrund einer Mischkalkulation einzelne,
geforderte Preise nicht an, weil er diese in andere Leistungspositionen hineingerechnet hat, begründet
dies einen zwingenden Ausschlusstatbestand.[74] Mischkalkuliert sind solche Angebote, in denen der
Bieter die von ihm tatsächlich für einzelne Leistungspositionen kalkulierten Preise nicht offenlegt,
sondern – nicht selten zur Manipulationszwecken – Kostenfaktoren ganz oder teilweise in anderen
Positionen versteckt. Dieses **Auf- und Abpreisen** hat zur Folge, dass die für die jeweiligen Leistungen geforderten tatsächlichen Preise weder vollständig noch zutreffend wiedergegeben werden. Die
Vergleichbarkeit der Angebote ist dann nicht mehr gegeben.[75]

Ist im Leistungsverzeichnis vom Auftraggeber weitergehend für Einzelleistungen eine Aufglie- 54
derung der Einheitspreise, zB in Lohn- und Materialkostenanteile, vorgesehen, so hat der Bieter auch
dies im Angebot vorzunehmen und nicht allein den – unaufgegliederten – Einheitspreis anzugeben.[76]
Erfolgt eine Mischkalkulation des Bieters dadurch, dass er Einzelpositionspreise nicht gänzlich weglässt, sondern in **geringerer Höhe** angibt, weil diese von ihm in andere Positionen hineingerechnet
wurden, ist das Angebot zwar nicht unvollständig, aber gleichfalls auszuschließen.[77] Die Umlage
einzelner Preisbestandteile auf andere Leistungspositionen durch Mischkalkulation des Bieters hat

---

[70] BGH Urt. v. 7.1.2003 – X ZR 50/01; OLG Düsseldorf Beschl. v. 26.11.2003 – Verg 53/03; OLG München Urt. v. 23.6.2009 – Verg 8/09; OLG Düsseldorf Beschl. v. 24.9.2014 – Verg 19/14; VK Südbayern Beschl. v. 15.6.2001 – 18-05/01.

[71] Kapellmann/Messerschmidt/*Planker* § 13 Rn. 12.

[72] BGH Urt. v. 7.1.2003 – X ZR 50/01; OLG Düsseldorf Beschl. v. 26.11.2003 – Verg 53/03; OLG München Urt. v. 23.6.2009 – Verg 8/09; OLG Düsseldorf Beschl. v. 24.9.2014 – Verg 19/14; VK Südbayern Beschl. v. 15.6.2001 – 18-05/01.

[73] BGH Urt. v. 7.1.2003 – X ZR 50/01; OLG München Urt. v. 23.6.2009 – Verg 8/09; OLG Düsseldorf Beschl. v. 26.11.2003 – Verg 53/03; OLG Düsseldorf Beschl. v. 24.9.2014 – Verg 19/14.

[74] BGH Urt. v. 24.5.2005 – X ZR 243/02; OLG Brandenburg Beschl. v. 24.5.2011 – Verg W 8/11; Ingenstau/Korbion/*von Wietersheim* § 13 Rn. 10.

[75] OLG Koblenz Beschl. v. 18.9.2013 – 1 Verg 6/13; VK Bund Beschl. v. 26.7.2013 – VK 2-46/13.

[76] VK Nordbayern Beschl. v. 8.5.2007 – 21. VK-3194-20/07; VK Bund Beschl. v.19.2.2002 – VK 2-02/02; Ingenstau/Korbion/*von Wietersheim* § 13 Rn. 10.

[77] BGH Urt. v. 7.6.2005 – X ZR 19/02; BGH Urt. v. 18.5.2004 – X ZB 7/04; HHKW/*Koenigsmann-Hölken* § 13 Rn. 15.

der Auftraggeber darzulegen und zu beweisen.[78] Hat der Auftraggeber Zweifel, ob ein vom Bieter angegebener Preis den Vorgaben des § 13 EU Abs. 1 Nr. 3 entspricht, ist er gehalten, die Aufklärung des Angebotsinhalts gem. § 15 EU Abs. 1 Nr. 1 herbeizuführen.[79]

55 Enthält das Leistungsverzeichnis eine Einzelposition und ergibt sich aus der Leistungsbeschreibung eindeutig, welche Kostenbestandteile in diesen Positionen vom Bieter einzurechnen sind, so hat der Bieter auch dies in seinem Angebot zu befolgen. Andernfalls liegt eine unzulässige Mischkalkulation vor. Enthält das Angebot des Bieters **widersprüchliche Preisangaben** für die gleiche Leistung, sodass für diese Leistung der tatsächlich geforderte Preis nicht erkennbar wird, ist dies dem Fehlen von Preisangaben gleichzustellen.[80] In Fällen widersprüchlicher Preisangaben im Angebot des Bieters für dieselbe Leistung ist eine Aufklärung des Angebotsinhalts gem. § 15 EU Abs. 1 Nr. 1 nicht statthaft. Es läge dann eine unzulässige Nachverhandlung über die Preise gem. § 15 EU Abs. 3 vor.[81]

56 Gleichfalls auszuschließen sind Angebote, in denen der Bieter Einzelpreise mit einem Fantasiebetrag (zB 1 Euro oder 1 Cent) bepreist, welcher in keinem Zusammenhang mit der geforderten Einzelleistung steht.[82] Bei derart offensichtlich ohne Zusammenhang mit den vom Bieter geforderten Einzelleistungen angegebenen Niedrigpreisen (zB **1 Euro oder 1 Cent**) liegt zwar eine Preisangabe vor, sodass das Angebot per se nicht unvollständig ist. Der Auftraggeber ist aber gehalten, die Niedrigpreisangabe des Bieters im Rahmen der Aufklärung gem. § 15 EU Abs. 1 Nr. 1 zu hinterfragen.[83] Niedrigpreise des Bieters für Einzelpositionen sind ein Indiz für eine vom Bieter vorgenommene unzulässige Mischkalkulation. Bei Niedrigpreisangaben kann nämlich vermutet werden, dass die tatsächlichen Preisanteile vom Bieter in anderen Preispositionen versteckt werden. In diesen Fällen von offensichtlich ohne Zusammenhang zum Leistungsinhalt der Einzelpositionen gemachten Niedrigpreisangaben trägt der Bieter die Beweislast für das Nichtvorliegen einer unzulässigen Mischkalkulation.[84] Der Auftraggeber ist auch hier gem. § 15 EU Abs. 1 Nr. 1 gehalten, offensichtliche Niedrigpreisangaben aufzuklären. Im Rahmen der Angebotswertung ist der Auftraggeber ferner bei Vorliegen eines unangemessen niedrigen Angebotspreises gem. § 16d EU Abs. 1 Nr. 2 S. 1 verpflichtet, den Bieter um Aufklärung über die Ermittlung seiner Preise für die Gesamtleistung oder für Teilleistungen zu ersuchen.

57 Eine korrekte Preisangabe liegt demgegenüber vor, wenn der Bieter im Rahmen seiner Kalkulationsfreiheit in einer Einzelposition einen **Preisnachlass** berücksichtigt. Die prozentuale oder in einer konkreten Summe ausgedrückte unbedingte Kürzung des Vertragspreises bei unverändert bleibender Leistung des Bieters bietet kein Anhaltspunkt für das Vorliegen einer Mischkalkulation oder ein unzulässiges Verschieben von Preisangaben.[85] Eine Verpflichtung des Bieters, für Einzelpreise mindestens den Preis zu fordern, den sein Nachunternehmer für diese Leistung verlangt, besteht gleichfalls nicht.[86] Bepreist der Bieter eine Einzelposition mit 0 oder weist er für diese einen negativen Preis aus, ist gleichfalls das Angebot nicht unvollständig. Die **Preisangabe 0** stellt eine Preisangabe dar und macht das Angebot nicht unvollständig.[87] Auch begründet die Preisangabe 0 als solche keine unzulässige Mischkalkulation, vorausgesetzt, dass die mit 0 bepreiste Leistung auch **tatsächlich kostenlos angeboten** wird.[88] Der Auftraggeber hat dies gem. § 15 EU Abs. 1 Nr. 1 aufzuklären und das Vorliegen einer unzulässigen Mischkalkulation auszuschließen.

58 **Negative Preisangaben** sind nicht per se fehlende Preisangaben. Auch negative Preise stellen Preisangaben dar. Anhaltspunkte für eine unzulässige Mischkalkulation bei Angabe negativer Preise liegen jedenfalls dann nicht vor, wenn negative Preise bei Leistungsposition angeboten werden, infolge derer die Erbringung anderer ausgeschriebener Leistungen entfallen, wobei die entfallenen Leistungen aufgrund der Übermessungsregeln der VOB/C abzurechnen sind.[89] Der Auftraggeber

---

[78] OLG Frankfurt a. M. Beschl. v. 17.10.2005 – 11 Verg 8/05; HHKW/*Koenigsmann-Hölken* § 13 Rn. 15.
[79] OLG Karlsruhe Beschl. v. 11.11.2011 – 15 Verg 11/11; OLG Frankfurt a. M. Beschl. v. 17.10.2005 – 11 Verg 8/05; OLG Jena Beschl. v. 23.1.2006 – 9 Verg 8/05.
[80] OLG Brandenburg Beschl. v. 6.11.2007 – Verg W 12/07; VK Arnsberg Beschl. v. 2.9.2010 – VK 16/10; VK Nordbayern Beschl. v. 2.7.2010 – 21.VK-3194-21/10.
[81] VK Nordbayern Beschl. v. 2.7.2010 – 21.VK-3194-21/10; VK Sachsen Beschl. v. 22.6.2011 – 1/SVK/024-11.
[82] OLG Brandenburg Beschl. v. 30.11.2004 – Verg W 10/04; HHKW/*Koenigsmann-Hölken* § 13 Rn. 17.
[83] Kapellmann/Messerschmidt/*Planker* § 13 Rn. 14.
[84] VK Niedersachsen Beschl. v. 22.11.2011 – VgK 51/2011; jurisPK-VergabeR/*Dippel* § 13 Rn. 23.
[85] VK Lüneburg Beschl. v. 11.7.2013 – VgK 21/2013; VK Baden-Württemberg Beschl v. 16.3.2006 – 1 VK 8/06.
[86] HHKW/*Koenigsmann-Hölken* § 13 Rn. 18.
[87] OLG Düsseldorf Beschl. v. 7.11.2012 – Verg 12/12; VK Bund Beschl. v. 13.12.2013 – VK 1-111/13.
[88] VK Schleswig-Holstein Beschl. v. 26.5.2009 – VK-SH 04/09.
[89] OLG Düsseldorf Beschl. v. 8.6.2011 – Verg 11/11.

ist auch hier gehalten, den Bieter gem. § 15 EU Abs. 1 Nr. 1 um Aufklärung über seine Preiskalkulation zu ersuchen.[90] Ein Indiz einer vom Bieter vorgenommenen unzulässigen Mischkalkulation liegt bei angegebenen Einzelpositionen mit der Preisangabe 0 oder einem negativen Preis gleichfalls vor. Die Beweislast für das Nichtvorliegen einer Mischkalkulation in diesen Fällen trifft gleichfalls den Bieter. Der Bieter hat im Rahmen der ersuchten Aufklärung gem. § 15 EU Abs. 1 Nr. 1 dann nötigenfalls durch Vorlage entsprechender Nachweise und Kalkulationslagen zu belegen, dass er keine unzulässige Mischkalkulation vorgenommen hat.

Der öffentliche Auftraggeber kann durch möglichst **genaue und fachlich einwandfreie Definitionen der Leistungspositionen** in der Leistungsbeschreibung sowie durch möglichst präzise inhaltliche Vorgaben zur Kalkulation in der Leistungsbeschreibung Mischkalkulationen effektiv vermeiden.[91]

5. Angebotsanforderungen in Bezug auf Erklärungen und Nachweise (§ 13 EU Abs. 1 Nr. 4). a) Normkontext und -zweck. § 13 EU Abs. 1 Nr. 4 zwingt den Bieter, mit seiner Angebotsabgabe alle geforderten Erklärungen und Nachweise vorzulegen. Diese Erklärungen und Nachweise können sowohl **leistungsbezogen** als auch **eignungsbezogen** sein. Dem Auftraggeber steht grundsätzlich ein Beurteilungsspielraum zu, welche angebots- oder eignungsbezogenen Erklärungen oder Nachweise er zweckmäßigerweise mit der Angebotsabgabe vom Bieter abverlangt.[92] Soweit leistungsbezogene Erklärungen und Nachweise abverlangt werden, können diese sowohl den technischen Inhalt als auch die rechtlichen oder sonstigen Rahmenbedingungen der angebotenen Leistung umfassen.

§ 13 EU Abs. 1 Nr. 4 soll sicherstellen, dass die von den Bietern vorgelegten Angebote bereits bei rein formaler Betrachtung **unschwer vergleichbar sind** und dass die Angebote so vollständig sind, dass sie alle vom Auftraggeber für die Angebotswertung erforderlichen Informationen enthalten.[93]

Ob eine mit Angebotsvorlage geforderte Erklärung oder ein Nachweis vorliegt oder nicht, ist rein **formal zu betrachten.** § 16a EU S. 1 verpflichtet den Auftraggeber, die fehlenden geforderten Erklärungen oder Nachweise beim Bieter nachzufordern. Dieser hat diese dann gem. § 16a EU S. 2 spätestens innerhalb von sechs Kalendertagen nach Aufforderung durch den Auftraggeber vorzulegen. Diese Frist beginnt gem. § 16a EU S. 3 am Tag nach der Absendung der Aufforderung durch den Auftraggeber. Werden sodann die Erklärungen oder Nachweise vom Bieter nicht innerhalb dieser Frist vorgelegt, so ist das Angebot gem. § 16a EU S. 4 zwingend auszuschließen.[94]

b) Geforderte Erklärungen und Nachweise. Der Begriff der Erklärungen und Nachweise ist – ebenso wie der Begriff der Erklärungen und Nachweise in § 16a EU S. 1 – weit auszulegen. Er umfasst sowohl **bieterbezogene Eigen- und Fremderklärungen** als auch **leistungsbezogene Angaben** und Unterlagen. Durch vorzulegende Erklärungen und Nachweise nach den Vorgaben des Auftraggebers wird in Bezug auf Form und Inhalt die Angebote die Voraussetzung dafür geschaffen, dass die eingehenden Angebote bereits bei rein formaler Betrachtung leicht vergleichbar sind und so vollständig sind, dass sie alle vom Auftraggeber für die spätere Wertung erforderlichen Informationen enthalten.[95]

Die vom Bieter mit Angebotsabgabe nach Vorgabe des Auftraggebers gem. § 13 EU Abs. 1 Nr. 4 vorzulegenden Erklärungen und Nachweise können Fabrikatsangaben, kalkulatorische Erläuterungen, die Urkalkulation, Ausführungsbeschreibungen, Auszüge aus Gewerberegistern oder Nachunternehmererklärungen sein.[96] Für die Frage des Fehlens der Erklärung oder des Nachweises ist allein entscheidend, ob diese Erklärung oder dieser Nachweis nach Vorgabe des Auftraggebers vorzulegen war.[97] Ob die fehlende Erklärung oder der fehlende Nachweis einen Einfluss auf den Wettbewerb hat, ist nicht relevant.[98] Welche Erklärung oder welcher Nachweis vom Bieter vorzulegen ist, ist durch Auslegung der Vergabeunterlagen zu ermitteln. Maßgeblich für diese Auslegung ist der

---

[90] Kapellmann/Messerschmidt/*Planker* § 13 Rn. 14.
[91] VK-Baden-Württemberg Beschl. v. 22.8.2013 – 1 VK 29/13; *Weyand* ibrOK VergabeR § 16 Rn. 232/1.
[92] OLG Frankfurt a. M. Beschl. v. 13.12.2011 – 11 Verg 8/11; VK Lüneburg Beschl. v. 13.12.2013 – VgK 42/2013; jurisPK-VergabeR/*Dippel* § 13 Rn. 24.
[93] OLG Naumburg Beschl. v. 23.2.2012 – 2 Verg 15/11; OLG Düsseldorf Beschl. v. 21.12.2005 – Verg 69/05; jurisPK-VergabeR/*Dippel* § 13 Rn. 26.
[94] VK Brandenburg Beschl. v. 20.10.2016 – VK 19/16.
[95] OLG Naumburg Beschl. v. 23.2.2012 – 2 Verg 15/11; VK Nordbayern Beschl. v. 25.6.2014 – 21.VK-3194-15/14; VK Sachsen-Anhalt Beschl. v. 20.5.2015 – 2 VK LSA 2/15; VK Baden-Württemberg Beschl. v. 12.6.2014 – 1 VK 24/14.
[96] jurisPK-VergabeR/*Dippel* § 13 Rn. 26.
[97] VK Südbayern Beschl. v. 16.7.2007 – Z3-3-3194-1-28-06/07.
[98] OLG Karlsruhe Beschl. v. 23.3.2011 – 15 Verg 2/11; jurisPK-VergabeR/*Dippel* § 13 Rn. 26.

objektive Empfängerhorizont des potenziellen Bieters.[99] Den Auftraggeber trifft die Pflicht, die Vergabeunterlagen **inhaltlich so präzise zu formulieren,** dass die Bieter den Unterlagen zuverlässig entnehmen können, welche Erklärungen und welche Nachweise sie genau vorzulegen haben und wann dies zu erfolgen hat.[100]

65 Von der Nichtvorlage einzelner geforderter Erklärungen und Nachweise durch den Bieter mit Angebotsabgabe ist der Fall des **unvollständigen Angebots** zu unterscheiden. Angaben, die nicht mehr Erklärungen oder Nachweise zum Angebot, sondern notwendige **integrale Kernbestandteile des Angebots** selbst sind (fehlende Seiten des auszufüllenden Leistungsverzeichnisses etc), führen dazu, dass gar kein wirksames Angebot abgegeben wurde. Das **Fehlen** solcher **integraler Kernbestandteile des Angebots** ist nicht heilbar und führt zum Angebotsausschluss.[101] Ein lediglicher Fehlen von Erklärungen oder Nachweisen liegt dann nicht vor.[102] Wenn wegen einer inhaltlichen Unvollständigkeit des Angebots schon gar kein wirksames Angebot vom Bieter abgegeben worden ist, ist das Angebot auszuschließen, ohne dass dem Bieter gem. § 16a EU Gelegenheit gegeben werden darf, die Unvollständigkeit nachzubessern.[103]

66 Eine Erklärung oder ein Nachweis fehlt gem. § 13 EU Abs. 1 Nr. 4, wenn er körperlich nicht vorhanden ist oder nicht formgerecht, unlesbar oder unvollständig abgegeben wurde.[104] Eine Erklärung oder ein Nachweis fehlt nicht, wenn diese mit einem anderen Inhalt als gefordert abgegeben werden und damit materiell unzureichend sind.[105] Von der nicht formgerechten, unlesbaren oder unvollständigen Erklärung, die deshalb unbrauchbar ist und der fehlenden Erklärung oder dem fehlenden Nachweis gleichsteht,[106] ist der Fall zu unterscheiden, dass eine geforderte Erklärung formgerecht, lesbar und vollständig abgegeben wird, hingegen aber **inhaltlich unzureichend,** dh „zu schwach" ist, um die Angebotsanforderungen zu erfüllen. Formal ordnungsgemäß abgegebene, aber inhaltlich unzureichende Erklärungen und Nachweise können und dürfen nicht gem. § 16a EU nachgefordert werden.[107] Erfolgt bei inhaltlich abweichenden oder inhaltlich unzureichenden Erklärungen und Nachweisen dennoch eine Nachforderung des Auftraggebers, verstößt der Auftraggeber regelmäßig gegen das Nachverhandlungsverbot des § 15 EU Abs. 3.

67 Die Abgabe der vom Bieter geforderten Erklärungen und die Erbringung der verlangten Nachweise müssen dabei stets dem **Gebot der Zumutbarkeit** entsprechen.[108] Die Forderung des Auftraggebers an die Bieter, bereits mit Angebotsabgabe Verpflichtungserklärungen der Nachunternehmer vorzulegen, kann für die Bieter unzumutbar sein.[109] Die Zumutbarkeit oder Unzumutbarkeit derartiger Anforderungen in den Vergabeunterlagen ist unter Berücksichtigung der Beteiligteninteressen zu beurteilen. Der Bieter, der die Unzumutbarkeit geltend macht, muss die hierfür maßgeblichen Umstände dartun.[110] Das Verlangen zur Vorlage von Verpflichtungserklärungen zu benennender Nachunternehmer bereits mit Angebotsabgabe kann dabei aus dem Interesse des Auftraggebers, frühzeitige Gewissheit über die Identität, Verfügbarkeit und Eignung der einzusetzenden Nachunternehmer zu erlangen, folgen.[111]

68 § 13 EU Abs. 1 Nr. 4 verbietet es dem Bieter nicht, zusätzliche Erklärungen und Nachweise vorzulegen, deren Vorlage seitens des Auftraggebers nicht gefordert worden war.[112] Derartige, **nicht geforderte Erklärungen und Nachweise** dürfen hingegen keine Änderungen an den Vergabeunterlagen gem. § 13 EU Abs. 1 Nr. 5 S. 2 begründen. In diesem Fall wäre das Angebot gem. § 16 EU Nr. 2 zwingend auszuschließen.

---

[99] Kapellmann/Messerschmidt/*Planker* § 13 Rn. 15.
[100] BGH Urt. v. 10.6.2008 – X ZR 78/07; BGH Urt. v. 3.4.2012 – X ZR 130/10; BGH Urt. v. 15.1.2013 – X ZR 155/10; Kapellmann/Messerschmidt/*Planker* § 13 Rn. 15.
[101] VK Thüringen Beschl. v. 12.4.2013 – 250-4002-2400/2013-E-008-SOK; OLG Dresden Beschl. v. 21.2.2012 – Verg 1/12; OLG Koblenz Beschl. v. 30.3.2012 – 1 Verg 1/12.
[102] Ingenstau/Korbion/*von Wietersheim* § 16a Rn. 2.
[103] VK Thüringen Beschl. v. 12.4.2013 – 250-4002-2400/2013-E-008-SOK; OLG Dresden Beschl. v. 21.2.2012 – Verg 1/12; VK Brandenburg Beschl. v. 6.8.2013 – VK 11/13; jurisPK-VergabeR/*Dippel* § 13 Rn. 26.
[104] OLG Brandenburg Beschl. v. 30.1.2014 – Verg W 2/14; OLG Düsseldorf Beschl. v. 17.12.2012 – Verg 47/12; Ingenstau/Korbion/*von Wietersheim* § 16a Rn. 2; jurisPK-VergabeR/*Summa* § 16 Rn. 198.
[105] OLG Brandenburg Beschl. v. 30.1.2014 – Verg W 2/14.
[106] jurisPK-VergabeR/*Summa* § 16 Rn. 198.
[107] jurisPK-VergabeR/*Summa* § 16 Rn. 193.
[108] HHKW/*Koenigsmann-Hölken* § 13 Rn. 20.
[109] BGH Urt. v. 3.4.2012 – X ZR 130/10; BGH Urt. v. 10.6.2008 – X ZR 78/07.
[110] BGH Urt. v. 3.4.2012 – X ZR 130/10.
[111] OLG Düsseldorf Beschl. v. 5.5.2004 – Verg 10/04; VK Rheinland-Pfalz Beschl. v. 24.2.2005 – VK 28/04; VK Sachsen Beschl. v. 10.3.2010 – 1/SVK/001-10; abweichend für eine Benennung schon im Teilnahmewettbewerb: VK Sachsen Beschl. v. 4.2.2013 – 1/SVK/039-12.
[112] HHKW/*Koenigsmann-Hölken* § 13 Rn. 21.

**6. Bieterseitige Änderungen an den Vergabeunterlagen und an seinen Eintragungen 69
(§ 13 EU Abs. 1 Nr. 5). a) Angebotserstellung auf Grundlage der Vergabeunterlagen.**
Gemäß § 13 EU Abs. 1 Nr. 5 S. 1 ist das Angebot auf Grundlage der Vergabeunterlagen zu erstellen. Dieser, in der VOB/A 2016 eingefügte Satz findet sich in § 13 Abs. 1 Nr. 5 nicht. § 13 EU Abs. 1 Nr. 5 S. 1 hat dabei für den Bereich der Europäischen Bauvergabe eine **lediglich klarstellende Bedeutung.** Es wird durch § 13 EU Abs. 1 Nr. 5 S. 1 nochmals betont, dass Angebote der Bieter exakt den Vorgaben der Vergabeunterlagen zu entsprechen haben.[113] Eine weitergehende Bedeutung besitzt § 13 EU Abs. 1 Nr. 5 S. 1 nicht. Auch ist kein Umkehrschluss dahingehend statthaft, dass im Bereich der nationalen Bauvergabe aufgrund des dortigen Fehlens einer dem § 13 EU Abs. 1 Nr. 5 S. 1 entsprechenden Regelung bei nationalen Angeboten Abweichungen von den Vergabeunterlagen statthaft wären.

b) Änderungen an den Vergabeunterlagen. Gemäß § 13 EU Abs. 1 Nr. 5 S. 2 sind Ände- 70
rungen des Bieters an den Vergabeunterlagen unzulässig. Verstößt der Bieter hiergegen, ist sein Angebot gem. § 16 EU Nr. 2 **zwingend auszuschließen.** Die strikte Regelung in § 13 EU Abs. 1 Nr. 5 S. 2 stellt iVm § 16 EU Nr. 2 sicher, dass allein solche Angebote gewertet werden, die exakt den ausgeschriebenen Leistungen und den Vergabeunterlagen entsprechen. Allein dann ist ein ordnungsgemäßer Wettbewerb von vergleichbaren Angeboten gleichbehandelter Bieter möglich.[114] Der Auftraggeber, der zur Einhaltung der öffentlich-rechtlichen Bestimmungen des Haushalts- und des Vergaberechts verpflichtet ist, soll ferner durch § 13 EU Abs. 1 Nr. 5 S. 2 davor geschützt werden, den Zuschlag auf ein – unbemerkt geändertes – Angebot in der irrigen Annahme zu erteilen, dies sei das Wirtschaftlichste.[115]

Ein Angebot, dass unter Änderungen der Verdingungsunterlagen abgegeben wird, entspricht 71
ferner nicht dem mit der Zuschlagserteilung manifestierten Vertragswillen des Auftraggebers. Es kann dann wegen der **nicht übereinstimmenden Willenserklärungen** des Bieters bei Angebotsabgabe und des Auftraggebers bei Zuschlagserteilung nicht zu dem beabsichtigten Vertragsschluss führen.[116]

Der Begriff der Änderung an den Vergabeunterlagen ist weit auszulegen.[117] Vergabeunterlagen 72
iSd § 13 EU Abs. 1 Nr. 5 S. 1, 2 sind die in § 8 EU Abs. 1 Nr. 1 und 2, § 8 EU Abs. 2 Nr. 1–4 benannten Unterlagen. Von einer Änderung an den Vergabeunterlagen iSd § 13 EU Abs. 1 Nr. 5 S. 2 ist immer dann auszugehen, wenn das vom Bieter abgegebene Angebot – wenn auch nur geringfügig – von den Vergabeunterlagen abweicht, dh wenn sich **Angebot und Nachfrage nicht decken.**[118] Dies ist durch Vergleich des Inhalts des Angebots mit den Verdingungsunterlagen festzustellen.[119] Jeder unmittelbare Eingriff des Bieters in die Vergabeunterlagen mit verfälschendem Ergebnis (Streichung, Hinzufügung oÄ) stellt – unabhängig davon, ob der Eingriff in manipulativer Absicht erfolgt oder nicht – eine Änderung an den Vergabeunterlagen dar.[120]

Neben **Streichungen** oder **Hinzufügungen** des Bieters an den Vergabeunterlagen stellt die 73
Entnahme von Seiten aus Formblättern, der **Austausch von Vertragsbedingungen** oder das Anbieten **nicht der Leistungsbeschreibung entsprechender Produkte** eine Änderung der Vergabeunterlagen dar.[121] Die Angabe der Anzahl von Nebenangeboten gem. § 13 EU Abs. 3 S. 1 stellt keine Änderung an den Vergabeunterlagen gem. § 13 EU Abs. 1 Nr. 5 S. 2 dar.[122] Die Vornahme einer Änderung an den Vergabeunterlagen ist auch durch ein **Begleitschreiben zum Ange-**

---

[113] Ingenstau/Korbion/*von Wietersheim* Rn. 3.
[114] BGH Urt. v. 16.4.2002 – X ZR 67/00; OLG Köln Urt. v. 31.1.2012 – 3 U 17/11; OLG Koblenz Beschl. v. 6.6.2013 – 2 U 522/12; KG Beschl. v. 20.4.2011 – Verg 2/11; VK Lüneburg Beschl. v. 1.2.2008 – VgK 48/2007.
[115] VK Nordbayern Beschl. v. 4.8.2004 – 320 VK-3194-28/04; OLG Jena Beschl. v. 16.9.2013 – 9 Verg 3/13; HHKW/*Koenigsmann-Hölken* § 13 Rn. 22.
[116] OLG Frankfurt a. M. Beschl. v. 2.12.2014 – 11 Verg 7/14; OLG München Beschl. v. 25.11.2013 – Verg 13/13; jurisPK-VergabeR/*Dippel* § 13 Rn. 27.
[117] OLG Frankfurt a. M. Beschl. v. 21.2.2012 – 11 Verg 11/11; OLG Frankfurt a. M. Beschl. v. 26.6.2012 – 11 Verg 12/11; OLG Jena Beschl. v. 16.9.2013 – 9 Verg 3/13; jurisPK-VergabeR/*Dippel* § 13 Rn. 29.
[118] OLG Frankfurt a. M. Beschl. v. 26.6.2012 – 11 Verg 12/11; OLG Rostock Beschl. v. 9.10.2013 – 17 Verg 6/13; jurisPK-VergabeR/*Dippel* § 13 Rn. 29.
[119] OLG Rostock Beschl. v. 9.10.2013 – 17 Verg 6/13; OLG Frankfurt a. M. Beschl. v. 26.6.2012 – 11 Verg 12/11.
[120] OLG Frankfurt a. M. Beschl. v. 21.2.2012 – 11 Verg 11/11; OLG Koblenz Beschl. v. 6.6.2013 – 2 U 522/12; OLG Frankfurt a. M. Beschl. v. 26.6.2012 – 11 Verg 12/11; Kapellmann/Messerschmidt/*Planker* § 13 Rn. 29.
[121] KG Beschl. v. 20.4.2011 – Verg 2/11; jurisPK-VergabeR/*Dippel* § 13 Rn. 29.
[122] Kapellmann/Messerschmidt/*Planker* § 13 Rn. 18.

bot möglich.¹²³ Dieses Begleitschreiben ist regelmäßig Bestandteil des Angebots. Sofern das Schreiben nicht allein rechtlich unbeachtliche Höflichkeitsfloskeln, sondern rechtserhebliche Erklärungen zum Angebotspreis, zu Lieferfristen, etc. oder die Allgemeinen Geschäftsbedingungen des Bieters auf der Rückseite aufweist, stellt dies eine Änderung an den Vergabeunterlagen dar.¹²⁴ Aufgrund des weitreichenden Begriffs der Änderung an den Vergabeunterlagen ist grundsätzlich jede Änderung gem. § 13 EU Abs. 1 Nr. 5 S. 2 unzulässig.

74 Die wirtschaftliche Bedeutung dieser Änderung ist unbeachtlich.¹²⁵ Unerheblich ist, ob eine Änderung **zentrale oder unwesentliche Leistungspositionen** betrifft und ob die Abweichung **Einfluss auf das Wettbewerbsergebnis** haben kann oder nicht.¹²⁶ So liegt beispielsweise eine Änderung der Vergabeunterlagen auch dann vor, wenn der Bieter seine Angebotspreise nicht in Euro und vollen Cent, sondern mit drei oder mehr Stellen hinter dem Komma abgibt.¹²⁷ Die Motivationslage des Bieters für seine Änderungen ist irrelevant. Auch wenn ein Bieter Vorgaben der Vergabeunterlagen für falsch oder unzweckmäßig hält, ist dies unbeachtlich und berechtigt ihn nicht, von den Vergabeunterlagen abzuweichen.¹²⁸ Aufgrund des weitreichenden Begriffs der Änderung an den Vergabeunterlagen gem. § 13 EU Abs. 1 Nr. 5 S. 2 hat der Bieter allein die Wahl die Leistung wie gefordert anzubieten oder nicht. Will er ein abweichendes Angebot unterbreiten, muss er – soweit zugelassen – ein Nebenangebot abgeben.¹²⁹ Dieses Nebenangebot hat jedoch die zwingenden Vorgaben des Hauptangebots zu beachten. Werden diese Vorgaben im Nebenangebot abgeändert, ist das Nebenangebot ebenfalls auszuschließen.¹³⁰ Durch § 13 EU Abs. 1 Nr. 5 S. 2 wird der Bieter allerdings nicht gehindert, dem Auftraggeber mitzuteilen, dass die Vergabeunterlagen aus seiner Sicht auslegungs- oder ergänzungsbedürftig sind.¹³¹

75 Diese Mitteilung kann in Form von **Bieterfragen oder isolierten Hinweisen** an den Auftraggeber erfolgen. Der Auftraggeber hat dann diese Bieterfragen gem. § 12a EU Abs. 3 gegenüber allen Bietern in gleicher Weise zu beantworten. Diese Möglichkeit steht den Bietern bei jeglichen Unklarheiten in den Vergabeunterlagen offen. Nach Angebotsvorlage darf dem Bieter ferner nicht die Möglichkeit gegeben werden, die unvollständig oder sonst abgeändert angebotene Leistung doch noch uneingeschränkt entsprechend den Anforderungen der Vergabeunterlagen anzubieten. Dies verstößt gegen das Nachverhandlungsverbot des § 15 EU Abs. 3.¹³²

76 Bleibt im Vergabeverfahren eine gem. § 13 EU Abs. 1 Nr. 5 S. 2 unzulässige Änderung des Bieters an den Vergabeunterlagen unbemerkt und wird sie mit Zuschlagserteilung des Auftraggebers Vertragsinhalt, kann dem Auftraggeber ein Schadensersatzanspruch gem. den §§ 282, 241 Abs. 2 BGB, § 311 Abs. 2 Nr. 1 BGB zustehen. Dies dann, wenn der Bieter durch die Änderung an den Vergabeunterlagen schuldhaft gegen seine vorvertraglichen Pflichten verstoßen hat.¹³³

77 **c) Änderungen an eigenen Eintragungen.** Gemäß § 13 EU Abs. 1 Nr. 5 S. 3 müssen **Änderungen des Bieters an seinen Eintragungen zweifelsfrei** sein. Der Bieter kann grundsätzlich seine eigenen Angaben ändern. Diese Änderungen des Bieters an seinen eigenen Eintragungen haben aber in jeder Hinsicht unmissverständlich und zweifelsfrei zu sein. Zeitlich besteht diese Änderungsmöglichkeit des Bieters an seinen eigenen Eintragungen nur bis zum Ablauf der Angebotsfrist.¹³⁴ Abänderungen nach diesem Zeitpunkt sind ausgeschlossen.¹³⁵ Die Regelung des § 13 EU Abs. 1 Nr. 5 S. 3 soll die Vergleichbarkeit der Angebote gewährleisten sowie verhindern, dass sich ein Bieter nach Zuschlagserteilung darauf berufen kann, er habe etwas anderes in Bezug auf die Leistung oder den Preis angeboten.¹³⁶

---

[123] OLG München Beschl. v. 21.2.2008 – Verg 01/08; VK Bund Beschl. v. 6.2.2014 – VK 1-125/13; OLG Köln Urt. v. 31.1.2012 – 3 U 17/11.
[124] OLG München Beschl. v. 21.2.2008 – Verg 01/08; VK Nordbayern Beschl. v. 19.3.2009 – 21.VK-3194-08/09; jurisPK-VergabeR/*Dippel* § 13 Rn. 29.
[125] OLG Frankfurt a. M. Beschl. v. 26.6.2012 – 11 Verg 12/11; HHKW/*Koenigsmann-Hölken* § 13 Rn. 27.
[126] OLG Celle Beschl. v. 19.2.2015 – 13 Verg 12/14; OLG Düsseldorf Beschl. v. 15.12.2004 – VII-Verg 47/04.
[127] HHKW/*Koenigsmann-Hölken* § 13 Rn. 24.
[128] OLG Celle Beschl. v. 19.2.2015 – 13 Verg 12/14; OLG Frankfurt a. M. Beschl. v. 26.6.2012 – 11 Verg 12/11.
[129] OLG Celle Beschl. v. 19.2.2015 – 13 Verg 12/14; OLG Koblenz Beschl. v. 6.6.2013 – 2 U 522/12.
[130] jurisPK-VergabeR/*Dippel* § 13 Rn. 30.
[131] Kapellmann/Messerschmidt/*Planker* § 13 Rn. 20.
[132] HHKW/*Koenigsmann-Hölken* § 13 Rn. 27.
[133] Kapellmann/Messerschmidt/*Planker* § 13 Rn. 21.
[134] VK Thüringen Beschl. v. 19.1.2011 – 250-4002.20-5163/2010-014-J; OLG Düsseldorf Beschl. v. 13.8.2008 – Verg 42/07.
[135] Kapellmann/Messerschmidt/*Planker* § 13 Rn. 22.
[136] OLG München Beschl. v. 23.6.2009 – Verg 8/09.

Der Begriff der Änderungen des Bieters an seinen Eintragungen ist weit zu verstehen. Als **78** Änderungen des Bieters an seinen Eintragungen sind jegliche Korrekturen und/oder Ergänzungen am Angebotsinhalt anzusehen. Dabei ist der gesamte Inhalt des Angebots mit allen Bestandteilen zu betrachten.[137] § 13 EU Abs. 1 Nr. 5 S. 3 erfasst **Durchstreichungen, Überschreibungen, textliche Ergänzungen** oder die **Korrektur von Zahlenangaben**.[138] Um jeglichen Missbrauch und jegliche Wettbewerbsverfälschung durch – unklare – Änderungen von eigenen Eintragungen auszuschließen, ist der Bieter gem. § 13 EU Abs. 1 Nr. 5 S. 3 gezwungen, diese Änderungen an seinen Eintragungen **eindeutig und zweifelsfrei** zu tätigen.

Auch wenn der Bieter eigene Eintragungen unter Verwendung von Korrekturflüssigkeit oder **79** einem Korrekturband vornimmt, können zweifelhafte, mehrdeutige Angaben und Änderungen vorliegen.[139] **Korrekturlack-Eintragungen** sind in aller Regel nicht zweifelsfrei, weil sich der Korrekturlack bereits bei normalem Gebrauch ablösen kann und damit der überschriebene (ebenfalls dokumentenechte) Einheitspreis zur Wertung kommt. Der mit Korrekturlack überdeckte Einheitspreis ist damit hinsichtlich der Änderung des Antragstellers durch Überdecken und Eintrag eines neuen dokumentenechten Einheitspreises nicht mehr zweifelsfrei.[140] Die Benutzung von **Korrekturband** ist gleichfalls problematisch. Zwar lässt sich Korrekturband regelmäßig nicht ablösen, ohne dass darunter befindliche Papier mit zu entfernen. Dennoch besteht bei der Verwendung von Korrekturband die Situation, dass die Änderungen an den Eintragungen des Bieters nicht als von ihm, dem Bieter, stammend erkennbar sind.[141] Daher ist in solchen Fällen der unklaren Authentizität der unter Verwendung von Korrekturband vorgenommenen Änderungen das Angebot unter Manipulations- und Korruptionsgesichtspunkten gem. § 16 EU Nr. 2 auszuschließen.[142]

Stets setzt die Eindeutigkeit einer Änderung des Bieters an seinen Eintragungen voraus, dass **80** sie den Ändernden unzweifelhaft erkennen lässt sowie den Zeitpunkt der Änderung deutlich macht. Daher müssen Änderungen des Bieters an seinen Eintragungen zusätzlich zumindest mit einem **Signum** oder einer **Paraphe der ändernden Person** versehen sein und sollten weiterhin eine **Datumsangabe** enthalten.[143] Das Fehlen der Datumsangabe schadet nicht, wenn es keine Hinweise auf Manipulationen gibt, sodass ausgeschlossen werden kann, dass die Änderung erst nach Abgabe der Angebote vorgenommen wurde.[144] Im Zweifel ist ein **strenger Maßstab** anzulegen.

Änderungen, die durch **Durchstreichen und Neueintragung** erfolgen, sind am ehesten zwei- **81** felsfrei, wenn die nicht mehr gültigen Eintragungen vom Bieter deutlich durchgestrichen werden und die verbindlichen neuen Eintragungen daneben geschrieben werden.[145] Auch diese Änderungen des Bieters an seinen Eintragungen müssen zumindest mit dem Signum bzw. der Paraphe der ändernden Person und sollten zusätzlich noch mit einer Datumsangabe versehen sein.[146] Der Bieter ist durch § 13 EU Abs. 1 Nr. 5 S. 3 gehalten, bei Änderungen seiner Erklärungen streng darauf zu achten, dass sie eindeutig und klar erfolgen. Jede Mehrdeutigkeit führt zum Angebotsausschluss gem. § 16 EU Nr. 2.

7. Bieterseitige Kurzfassungen des Leistungsverzeichnisses (§ 13 EU Abs. 1 Nr. 6). Die **82** Angebotsbearbeitung durch die Bieter soll rationell und effizient vonstattengehen.[147] Insbesondere soll es dem Bieter möglich sein, die Angebote EDV-gestützt zu bearbeiten. Gemäß § 13 EU Abs. 1 Nr. 6 Hs. 1 können die Bieter daher für die Angebotsabgabe eine selbst gefertigte Abschrift oder Kurzfassung des Leistungsverzeichnisses benutzen. Dies dann, wenn sie den vom Auftraggeber verfassten Wortlaut der Urfassung des Leistungsverzeichnisses im Angebot als allein für sich verbindlich anerkennen. Die vom Bieter für die Angebotsabgabe selbst gefertigte Abschrift oder Kurzfassung des Leistungsverzeichnisses muss dabei gem. § 13 EU Abs. 1 Nr. 6 Hs. 2 die **Ordnungszahlen**

---

[137] OLG Düsseldorf Beschl. v. 13.8.2008 – Verg 42/07.
[138] jurisPK-VergabeR/*Dippel* § 13 Rn. 34.
[139] Kapellmann/Messerschmidt/*Planker* § 13 Rn. 23.
[140] VK Südbayern Beschl. v. 14.12.2004 – 69-10/2004; *Weyand* ibrOK VergabeR § 16 Rn. 186.
[141] vgl. hierzu OLG München Beschl. v. 23.6.2009 – Verg 8/09; OLG Schleswig Beschl. v. 11.8.2006 – 1 Verg 1/06.
[142] VK Schleswig-Holstein Beschl. v. 5.1.2006 – VK-SH 31/05; OLG Schleswig Beschl. v. 11.8.2006 – 1 Verg 1/06; VK Baden-Württemberg Beschl. v. 29.6.2009 – 1 VK 27/09; *Weyand* ibrOK VergabeR § 16 Rn. 188.
[143] VK Schleswig-Holstein Beschl. v. 5.1.2006 – VK-SH 31/05; *Weyand* ibrOK VergabeR § 16 Rn. 184.
[144] VK Rheinland-Pfalz Beschl. v. 3.2.2012 – VK 2-44/11.
[145] VK Rheinland-Pfalz Beschl. v. 3.2.2012 – VK 2-44/11.
[146] VK Schleswig-Holstein Beschl. v. 5.1.2006 – VK-SH 31/05; VK Rheinland-Pfalz Beschl. v. 3.2.2012 – VK 2-44/11; *Weyand* ibrOK VergabeR § 16 Rn. 193.
[147] VK Südbayern Beschl. v. 20.4.2011 – Z3-3-3194-1-07-02/11; VK Südbayern Beschl. v. 17.6.2003 – 25-06/03.

(Positionen) vollzählig, in der gleichen Reihenfolge und mit den gleichen Nummern wie in dem vom Auftraggeber verfassten Leistungsverzeichnis wiedergeben.

83 Die Verwendung von bieterseits gefertigten Abschriften oder einer Kurzfassung des Leistungsverzeichnisses ist unter diesen Maßgaben gem. § 13 EU Abs. 1 Nr. 6 **stets gestattet**. Sie muss vom Auftraggeber nicht ausdrücklich zugelassen werden. Den Bietern wird durch § 13 EU Abs. 1 Nr. 6 ermöglicht, seine digital vorliegenden Angebotsdaten in eine von ihm selbst gefertigte Kurzfassung des Leistungsverzeichnisses zu übertragen. Er kann sich unter Einhaltung der Voraussetzungen des § 13 EU Abs. 1 Nr. 6 selbst einen Ausdruck des Leistungsverzeichnisses erstellen. Die Bieter werden damit von der mühsamen und fehlerträchtigen händischen Übertragung der Daten in die Leistungsverzeichnisse des Auftraggebers entbunden. Der Bieter, der selbst gefertigte Abschriften oder Kurzfassungen des Leistungsverzeichnisses verwendet, sollte strikt auf die Einhaltung der Anforderungen des § 13 EU Abs. 1 Nr. 6 achten. Insbesondere die im Leistungsverzeichnis geforderten Angaben von **Fabrikats- und Typenbezeichnungen** müssen in der Kurzfassung vollzählig, in der gleichen Reihenfolge und mit den gleichen Nummern wie in dem vom Auftraggeber verfassten Leistungsverzeichnis wiedergegeben werden.[148]

84 Ein Widerspruch einer selbst gefertigten Abschrift oder Kurzfassung zur Langfassung des Leistungsverzeichnisses des Auftraggebers birgt für den Bieter das Risiko, dass sein Angebot widersprüchlich wird und damit auszuschließen ist.[149] Deckt sich die vom Bieter selbst gefertigte Abschrift oder Kurzfassung des Leistungsverzeichnisses nicht mit der Langfassung des Leistungsverzeichnisses des Auftraggebers, so ist allein die Langfassung aufgrund der vom Bieter abgegebenen Verbindlichkeitserklärung gem. § 13 EU Abs. 1 Nr. 6 Hs. 1 maßgeblich. Trotz Anerkennung des Langtextleistungsverzeichnisses als allein verbindlich durch den Bieter können **Mengenänderungen im Vordersatz** des selbst gefertigten Kurztextleistungsverzeichnisses einen Ausschluss des Bieters begründen. Dies jedenfalls dann, wenn die vom Bieter eingefügten Mengenangaben im selbst gefertigten Kurztextleistungsverzeichnisses geringer sind als im Langtextleistungsverzeichnis des Auftraggebers. Der Bieter bietet dann auch bei Anerkennung des Langtextleistungsverzeichnisses als allein verbindlich nur das an, was er auch bepreist hat.[150] Das Angebot des Bieters ist dann preislich nicht mit den übrigen Angeboten vergleichbar und auszuschließen.[151] Eine Korrektur der geänderten Mengenansätze des Kurztextleistungsverzeichnisses auf die Mengenansätze des Langtextleistungsverzeichnisses ist regelmäßig ausgeschlossen.[152]

85 **8. Muster und Proben der Bieter (§ 13 EU Abs. 1 Nr. 7).** Gemäß § 7b EU Abs. 2 S. 1 kann die Leistungsbeschreibung vorgeben, die Leistung auch zeichnerisch oder durch Probestücke darzustellen oder anders zu erklären. Zeichnungen und Proben, die für die Ausführung maßgebend sein sollen, sind gem. § 7b EU Abs. 2 S. 2 eindeutig zu bezeichnen. Muster und Proben dienen dazu, die angebotene Leistung klarer und eindeutiger, als durch reine Wortbeschreibung möglich, zu verdeutlichen sowie etwaige Zweifelsfragen zu klären, um Missverständnissen zu begegnen.[153] Angeforderte Muster und Proben können ferner nähere Erklärungen des Bieters, wie die angebotene Leistung beschaffen ist, ersetzen.[154] Muster und Proben stellen – wenn sie mit Angebotsabgabe abgefordert wurden – **Angebotsbestandteile** dar. Bei Nichtvorlage oder unvollständiger Vorlage dieser abgeforderten Muster und Proben kann das Angebot unvollständig sein und damit gem. § 16 EU Nr. 2 dem Ausschluss unterliegen.[155]

86 Soweit der Auftraggeber die Vorlage von Mustern und Proben nicht schon mit der Angebotsabgabe verbindlich vorgibt, können vom Bieter Muster und Proben auch nachträglich, zB zur Vorbereitung eines technischen Aufklärungsgesprächs gem. § 15 EU Abs. 1 Nr. 1 vorgelegt oder vom Auftraggeber zu Aufklärungszwecken verlangt werden.[156] § 13 EU Abs. 1 Nr. 7 fordert von den Mustern und Proben, die mit dem Angebot vorgelegt werden, **deren eindeutige Kennzeichnung als zum Angebot gehörig**. Damit soll die zweifelsfreie Zuordnung von Mustern und Proben zu einem

---

[148] Kapellmann/Messerschmidt/*Planker* § 13 Rn. 24.
[149] Ingenstau/Korbion/*von Wietersheim* § 13 Rn. 21.
[150] VK Schleswig-Holstein Beschl. v. 20.10.2010 – VK-SH 16/10; VK Bund Beschl. v. 6.5.2008 – VK 3-53/08.
[151] VK Düsseldorf Beschl. v. 14.8.2006 – VK-32/2006 B; VK Bund Beschl. v. 6.5.2008 – VK 3-53/08; VK Schleswig-Holstein Beschl. v. 20.10.2010 – VK-SH 16/10.
[152] aA VK Thüringen Beschl. v. 9.9.2005 – 360-4002.20-009/05-SON; VK Sachsen Beschl. v. 21.4.2008 – 1/SVK/021-08-G.
[153] VK Baden-Württemberg Beschl. v. 4.12.2013 – 1 VK 64/03; *Weyand* ibrOK VergabeR § 13 Rn. 129.
[154] VK Düsseldorf Beschl. v. 21.1.2009 – VK-43/2008-L.
[155] OLG Düsseldorf Beschl. v. 14.11.2007 – VII Verg 23/07; VK Bund Beschl. v. 5.8.2009 – VK 1-128/09; *Weyand* ibrOK VergabeR § 13 Rn. 130; Kapellmann/Messerschmidt/*Planker* § 13 Rn. 26.
[156] *Weyand* ibrOK VergabeR § 13 Rn. 130; Kapellmann/Messerschmidt/*Planker* § 13 Rn. 26.

bestimmten Angebot eines Bieters und zu einem bestimmten Teil dieses Angebots ermöglicht werden.[157]

Ein Verstoß gegen diese Kennzeichnungspflicht von Mustern und Proben gem. § 13 EU Abs. 1 **87** Nr. 7 begründet keinen Ausschlusstatbestand gem. § 16 EU Nr. 1–6. Die Kennzeichnungspflicht von Mustern und Proben als zum Angebot gehörig gem. § 13 EU Abs. 1 Nr. 7 wird in § 16 EU Nr. 1–6 nicht erwähnt.

IV. Abweichung von technischen Spezifikationen in den Vergabeunterlagen (§ 13 EU Abs. 2)

1. Norminhalt und -kontext. Gemäß § 13 EU Abs. 2 S. 1 sind die Bieter berechtigt, eine **88** Leistung anzubieten, die von den in Vergabeunterlagen vorgesehenen technischen Spezifikationen gem. § 7a EU Abs. 1 iVm Anhang TS Nr. 1–5 abweicht, anzubieten, wenn die abweichende Leistung mit dem geforderten Schutzniveau in Bezug auf Sicherheit, Gesundheit und Gebrauchstauglichkeit **gleichwertig ist.** Gemäß § 13 EU Abs. 2 S. 2 hat der Bieter diese Abweichung im Angebot **eindeutig zu bezeichnen.** Ferner ist vom Bieter gem. § 13 EU Abs. 2 S. 3 die Gleichwertigkeit der Abweichung zusammen mit dem Angebot **nachzuweisen.**

Die Vorschrift bezweckt die öffentlichen Beschaffungsmärkte für den Wettbewerb zu öffnen. **89** Einerseits soll den Auftraggebern erlaubt sein, genormte technische Spezifikationen in Form von **bestimmten Leistungs- oder Funktionsanforderungen** vorzugeben. Andererseits soll den Bietern gestattet werden, Angebote einzureichen, die die Vielfalt der auf dem Markt gegebenen technischen Lösungsmöglichkeiten ausnutzen und dabei von den vorgegebenen technischen Spezifikationen abweichen. Solche Angebote sollen dann nicht ausgeschlossen werden können, sondern die Bieter die Möglichkeit haben, die Gleichwertigkeit der von ihnen angebotenen Lösung zu belegen. Der Auftraggeber soll gleichzeitig gezwungen werden, sich mit derartigen Angeboten auf der Grundlage gleichwertiger technischer Lösungen auseinanderzusetzen.[158]

§ 13 EU Abs. 2 steht in direktem Regelungszusammenhang zu § 16d EU Abs. 3. Gemäß § 16d **90** EU Abs. 3 ist das Angebot, mit welchem Leistungen angeboten werden, die eine zulässige Abweichung von technischen Spezifikationen gem. § 13 EU Abs. 2 S. 1–3 beinhalten, nicht wie ein Nebenangebot, sondern **wie ein Hauptangebot zu werten.** Das bieterseitige Angebot abweichender Leistungen gem. § 13 EU Abs. 2 kann daher vom öffentlichen Auftraggeber weder in der Bekanntmachung noch in der Aufforderung zur Angebotsabgabe ausgeschlossen werden. Liegen sämtliche Voraussetzungen des § 13 EU Abs. 2 S. 1–3 vor, muss der öffentliche Auftraggeber gem. § 16d Abs. 3 die angebotene, von den technischen Spezifikationen zulässigerweise abweichende Leistung wie ein Hauptangebot werten.[159]

§ 13 EU Abs. 2 regelt damit die bieterseitige Befugnis, in den genannten Fällen und unter **91** bieterseitigem Nachweis der Gleichwertigkeit bei seiner Angebotsabgabe Leistungen anzubieten, die von den technischen Spezifikationen gem. § 7a EU Abs. 1 iVm Anhang TS Nr. 1–5 abweichen. Für den Auftraggeber enthält § 13 EU Abs. 2 iVm § 16d Abs. 3 in diesen Fällen dann die Wertungsvorgabe zur Wertung der von den technischen Spezifikationen abweichenden Leistungen als Hauptangebot. Die Vorschrift ist zwingend.[160] Sie eröffnet insbesondere allein für Bieter die in § 13 EU Abs. 2 S. 1 benannte Befugnis. Für den öffentlichen Auftraggeber begründet die Vorschrift ferner eine Prüfungspflicht der formellen Voraussetzungen des § 13 EU Abs. 2 S. 2 und der materiellen Gleichwertigkeit sowie des Nachweises der Gleichwertigkeit gem. § 13 EU Abs. 2 S. 1, 3. Die Vorschrift begründet für den öffentlichen Auftraggeber keine Befugnis, von den Bietern Angebote zu fordern und entgegenzunehmen, die eine Abweichung von vorgesehenen technischen Spezifikationen beinhalten.[161] Das **Risiko der Nichteinhaltung** der von § 13 EU Abs. 2 S. 1 geforderten **Gleichwertigkeit des Schutzniveaus** in Bezug auf Sicherheit, Gesundheit und Gebrauchstauglichkeit und die Führung des Nachweises der Gleichwertigkeit gem. § 13 EU Abs. 2 S. 3 trägt allein der Bieter.[162] Aufgrund dieses bieterseitigen Risikos dürfte es für den Bieter regelmäßig opportun sein, keine Abweichungen von technischen Spezifikationen gem. § 13 EU Abs. 2 im Hauptangebot anzubieten, sondern sich insoweit auf die Abgabe von Nebenangeboten zu beschränken, wenn der öffentliche Auftraggeber diese zugelassen hat.

---

[157] HHKW/*Koenigsmann-Hölken* § 13 Rn. 31.
[158] VK Lüneburg Beschl. v. 23.7.2012 – VgK-23/2012; VK Bund Beschl. v. 10.4.2007 – VK 1-20/07.
[159] HHKW/*Koenigsmann-Hölken* § 13 Rn. 33.
[160] Ingenstau/Korbion/*von Wietersheim* § 13 Rn. 22.
[161] Ingenstau/Korbion/*von Wietersheim* § 13 Rn. 24.
[162] VK Bund Beschl. v. 10.4.2007 – VK 1-20/07; VK Sachsen Beschl. v. 7.10.2003 – 1/SVK/111/03; VK Brandenburg Beschl. v. 28.11.2006 – 2 VK 48/06; Ingenstau/Korbion/*von Wietersheim* § 13 Rn. 25.

92 Die **DIN 18299: 2019-09 VOB/C:** Allgemeine technische Vertragsbedingungen für Bauleistungen (ATV) – Allgemeine Regelungen für Bauarbeiten jeder Art sieht in Ziff. 2, Stoffe, Bauteile, unter Ziff. 2.3.4 S. 1 und 2 eine weitergehende Regelung zur Abweichung von technischen Spezifikationen vor. Gemäß Ziff. 2.3.4 S. 1 der DIN 18299: 2019-09 dürfen Stoffe und Bauteile, für die bestimmte technische Spezifikationen in der Leistungsbeschreibung nicht genannt sind, auch verwendet werden, wenn sie Normen, technischen Vorschriften oder sonstigen Bestimmungen anderer Staaten entsprechen, sofern das geforderte Schutzniveau in Bezug auf Sicherheit, Gesundheit und Gebrauchstauglichkeit gleichermaßen dauerhaft erreicht wird. Gemäß Ziff. 2.3.4 S. 2 DIN 18299: 2019-09 kann bei Stoffen und Bauteilen, für die eine Überwachungs- oder Prüfzeichenpflicht oder der Nachweis der Brauchbarkeit allgemein vorgesehen ist, von einer Gleichwertigkeit ferner nur ausgegangen werden, wenn die Stoffe oder Bauteile ein Überwachungs- oder Prüfzeichen tragen oder für sie der genannte Brauchbarkeitsnachweis erbracht ist.

93 **2. Technische Spezifikationen.** Die Definition der technischen Spezifikationen verweist § 13 EU Abs. 2 S. 1 auf § 7a EU Abs. 1 und damit auf Anhang TS Nr. 1 lit. a und b. Dies sind bei öffentlichen Bauaufträgen die Gesamtheit der insbesondere in den Vergabeunterlagen enthaltenen technischen Beschreibungen, die die erforderlichen Eigenschaften eines Werkstoffs, eines Produkts oder einer Lieferung definieren, damit diese den vom Auftraggeber beabsichtigten Zweck erfüllen. Der Begriff ist überaus weit gefasst. Hierunter sind ua auch die Vorschriften für Planung und die Berechnung von Bauwerken, die Bedingungen für die Prüfung, Inspektion und Abnahme von Bauwerken, die Konstruktionsmethoden oder -verfahren und alle anderen technischen Anforderungen, die der Auftraggeber für fertige Bauwerke oder dazu notwendige Materialien oder Teile davon durch allgemeine oder spezielle Vorschriften anzugeben in der Lage ist.[163]

94 Individuelle, auf das konkrete Vorhaben bezogene technische Vorgaben, wie zB die Haltekonstruktion bei Glaselementen, fallen nicht hierunter.[164] Dies deshalb, da § 13 EU Abs. 2 nicht die in einer für ein bestimmtes Vorhaben erstellten Leistungsbeschreibung konkret und individuell für die gewünschte Leistung aufgestellten technischen Anforderungen, geforderten Abmessungen oder Zulassungen etc zur Disposition der Bieter stellen soll.[165] Unter **technischen Spezifikationen** sind damit nur **technische Regelwerke, Normen,** ggf. auch **allgemeine Eigenschafts- und Funktionsbeschreibungen** zu verstehen. Nicht jedoch individuelle, auf das konkrete Bauvorhaben bezogene, technische Vorgaben. Von individuellen technischen Vorgaben, die auf das konkrete Bauvorhaben bezogen sind, abweichende technische Lösung dürfen nicht als Hauptangebot, sondern allenfalls als Nebenangebot gewertet werden.[166] Sonst hätte § 13 EU Abs. 3 neben § 13 EU Abs. 2 keinen eigenen Anwendungsbereich mehr.[167]

95 **3. Zulässigkeitsanforderungen der Abweichung.** Die angebotene Abweichung von den vorgesehenen technischen Spezifikationen **muss** vom Auftraggeber wie ein Hauptangebot **gewertet werden,** wenn sie gem. § 13 EU Abs. 2 S. 1 mit dem geforderten Schutzniveau in Bezug auf Sicherheit, Gesundheit und Gebrauchstauglichkeit gleichwertig ist. Zur Auslegung des Begriffs des Schutzniveaus sind die in der Leistungsverzeichnis vorgesehenen technischen Spezifikationen als Mindesterfordernisse zu betrachten.[168]

96 Der Begriff der **Sicherheit** umfasst die technische Sicherheit in Bezug auf Haltbarkeit, Standfestigkeit und Dauertauglichkeit nach allen technischen Erfahrungen der einschlägigen Fachbereiche am Ort der Bauausführung.[169] Der Begriff der **Gesundheit** umfasst jede nachteilige Einwirkung auf den Menschen sowie die erforderlichen Umweltverträglichkeitseigenschaften.[170] Der Begriff der **Gebrauchstauglichkeit** ist erfüllt, wenn die vorgesehene Nutzung der baulichen Maßnahme aus Sicht der Vorgaben des Auftraggebers uneingeschränkt gewährleistet ist.[171]

97 Die erforderliche **Gleichwertigkeit** liegt vor, wenn das Schutzniveau in Bezug auf Sicherheit, Gesundheit und Gebrauchstauglichkeit erreicht oder überschritten wird. Der Bieter ist gem. § 13 EU Abs. 2 S. 2 zwingend gehalten, die Abweichung in seinem Angebot eindeutig zu bezeichnen. Hierzu ist in der betreffenden Position des Angebotes, den betreffenden Positionsgruppen, dem

---

[163] VK Bund Beschl. v. 21.1.2011 – VK 2-146/10; Kapellmann/Messerschmidt/*Planker* § 13 Rn. 28.
[164] VK Bund Beschl. v. 21.1.2011 – VK 2-146/10; Kapellmann/Messerschmidt/*Planker* § 13 Rn. 28.
[165] VK Bund Beschl. v. 21.1.2011 – VK 2-146/10; OLG München Beschl. v. 28.7.2008 – Verg 10/08; OLG Düsseldorf Beschl. v. 6.10.2004 – Verg 56/04.
[166] HHKW/*Koenigsmann-Hölken* § 13 Rn. 33.
[167] HHKW/*Koenigsmann-Hölken* § 13 Rn. 33.
[168] Ingenstau/Korbion/*von Wietersheim* § 13 Rn. 26.
[169] Ingenstau/Korbion/*von Wietersheim* § 13 Rn. 27.
[170] Ingenstau/Korbion/*von Wietersheim* § 13 Rn. 27.
[171] Ingenstau/Korbion/*von Wietersheim* § 13 Rn. 27.

Abschnitt oder erforderlichenfalls im ganzen Angebot eindeutig und klar verständlich zu machen, dass eine Abweichung von den technischen Spezifikationen vorliegt und worin sie genau liegt.[172] Der Bieter muss nicht nur darlegen, dass er etwas anderes macht, sondern auch dartun, was genau er anders macht. Die **eindeutige Bezeichnung der Abweichung** ist Grundbedingung für die Prüfung des abweichenden Angebots durch den Auftraggeber.[173] Der Auftraggeber hat das Angebot mit den eindeutig bezeichneten Abweichungen von den geforderten technischen Spezifikationen auf seine Gleichwertigkeit zu überprüfen. Hierzu muss er keine eigenen Nachforschungen anstellen.[174]

4. Nachweis der Gleichwertigkeit. Gemäß § 13 EU Abs. 2 S. 3 hat der Bieter die Gleichwertigkeit der Abweichung von den vorgesehenen technischen Spezifikationen mit dem geforderten Schutzniveau in Bezug auf Sicherheit, Gesundheit und Gebrauchstauglichkeit mit dem Angebot nachzuweisen. Den Bieter trifft insoweit die uneingeschränkte **Darlegungs- und Beweislast,** verbunden mit dem **Risiko der Nichtwertbarkeit** des von den technischen Spezifikationen abweichenden Angebots gem. § 16d EU Abs. 3.[175] Da insoweit keine Nachforschungspflicht des Auftraggebers besteht, ist der Bieter gehalten, in Bezug auf diesen Nachweis der Gleichwertigkeit überaus gründlich vorzugehen. 98

Der Nachweis der Gleichwertigkeit hat in jedem Fall **zusammen mit der Vorlage des Angebots zu erfolgen.**[176] Wird die Gleichwertigkeit der Abweichung von den technischen Spezifikationen nach Angebotsvorlage nachgewiesen, kommt eine Wertung des Angebots als Hauptangebot gem. § 16d Abs. 3 nicht in Betracht.[177] Auch eine technische Aufklärung der Gleichwertigkeit im Rahmen einer Angebotsaufklärung gem. § 15 EU Abs. 1 Nr. 1 ist nicht statthaft.[178] Dies stellt eine unzulässige, nach Angebotsvorlage erfolgende Nachweisführung des Bieters dar.[179] 99

V. Nebenangebote und mehrere Hauptangebote (§ 13 EU Abs. 3)

1. Norminhalt und Normkontext. § 13 EU Abs. 3 S. 1, 2 regelt die Verfahrensweise des Auftraggebers zum Umgang mit Nebenangeboten. Neu ist die Regelung in § 13 EU Abs. 3 S. 3, 4. Gemäß § 13 EU Abs. 3 S. 3 muss bei Abgabe mehrerer Hauptangebote jedes Hauptangebot von sich heraus zuschlagsfähig sein. Gemäß § 13 EU Abs. 3 S. 4 gilt § 13 EU Abs. 1 Nr. 2 S. 2 für jedes Hauptangebot entsprechend. Jedes Hauptangebot muss daher bei Übermittlung per Post oder bei direkter Übermittlung in einem verschlossenen Umschlag eingereicht werden, ist als solches zu kennzeichnen und vom Auftraggeber bis zum Ablauf der für die Einreichung vorgesehenen Frist unter Verschluss zu halten. 100

Nebenangebote sind Abweichungen vom Hauptangebot, die der Bieter eigenständig anbietet, nachdem der öffentliche Auftraggeber sie in der Bekanntmachung gem. § 12 EU Abs. 3 Nr. 2 iVm § 8 EU Abs. 2 Nr. 3 zugelassen hat. Nebenangebote, die ein Bieter eigenständig nach Zulassung durch den Auftraggeber vorlegt, sind regelmäßig **Abweichungen von den individuellen Anforderungen** an das konkrete Bauvorhaben. Diese betreffen zB die Herstellungsart (Fertig- oder Ortbeton etc), Änderungen der Baustoff- und Materialvorgaben, Änderungen im Bauablaufplan oder Änderungen im Bauzeitenplan. Nicht allein technische Abweichungen, sondern auch Abweichungen wirtschaftlicher, rechtlicher oder rechnerischer Art können als Nebenangebot zu qualifizieren sein und in Form eines Nebenangebots abgegeben werden.[180] Das Nebenangebot ändert konkret individuelle Vorgaben des Hauptangebots, wobei Abweichungen unabhängig von ihrem Grad, ihrer Gewichtung oder ihrem Umfang Nebenangebote darstellen.[181] 101

Nebenangebote sind zu unterscheiden von einer **angebotenen Auftragserweiterung,** dh, wenn der Bieter anbietet, zusätzliche Leistungen zu übernehmen.[182] Nebenangebote sind ferner zu unterscheiden von Wahl- oder Alternativpositionen und den hierauf ergehenden Angeboten[183] 102

---

[172] Ingenstau/Korbion/*von Wietersheim* § 13 Rn. 28.
[173] VK Südbayern Beschl. v. 24.8.2010 – Z3-3-3194-1-31-05/10; OLG Saarbrücken Beschl. v. 27.4.2011 – 1 Verg 5/10.
[174] VK Sachsen-Anhalt Beschl. v. 16.4.2014 – 3 VK LSA 14/14; HHKW/*Koenigsmann-Hölken* § 13 Rn. 34.
[175] VK Bund Beschl. v. 10.4.2007 – VK 1-20/07; VK Sachsen Beschl. v. 7.10.2003 – 1/SVK/111/03.
[176] OLG Koblenz Beschl. v. 2.2.2011 – 1 Verg 1/11; VK Brandenburg Beschl. v. 28.11.2006 – 2 VK 48/06; VK Sachsen-Anhalt Beschl. v. 16.4.2014 – 3 VK LSA 14/14.
[177] VK Sachsen Beschl. v. 7.10.2003 – 1/SVK/111/03; HHKW/*Koenigsmann-Hölken* § 13 Rn. 34.
[178] VK Brandenburg Beschl. v. 28.11.2006 – 2 VK 48/06.
[179] HHKW/*Koenigsmann-Hölken* § 13 Rn. 34.
[180] VK Sachsen Beschl. v. 10.4.2014 – 1/SVK/007/14; VK Schleswig-Holstein Beschl. v. 11.2.2010 – VK-SH 29/09; VK Brandenburg Beschl. v. 1.3.2005 – VK 8/05.
[181] HHKW/*Koenigsmann-Hölken* § 13 Rn. 35.
[182] Ingenstau/Korbion/*von Wietersheim* § 8 Rn. 12.
[183] Kapellmann/Messerschmidt/*Planker* § 13 Rn. 35.

sowie von unzulässigen Änderungen der Vergabeunterlagen gem. § 13 EU Abs. 1 Nr. 5 S. 2. Solche Änderungen dürfen nicht als Nebenangebote eingestuft und behandelt werden.[184] Schließlich stellen **Preisnachlässe ohne Bedingungen** gem. § 13 EU Abs. 4 keine Nebenangebote dar.[185] Preisnachlässe, die an bestimmte Bedingungen geknüpft sind, können dagegen grundsätzlich als Nebenangebot angeboten werden.[186]

103   Nebenangebote bedürfen der Definition von vorher bekanntgegebenen Kriterien, anhand derer die **Gleichwertigkeitsprüfung** mit dem Hauptangebot durchgeführt wird und anhand derer der Bieter die Gleichwertigkeit seines Nebenangebots zum Zeitpunkt der Abgabe dieses Angebots nachzuweisen hat. Gemäß § 8 EU Abs. 2 Nr. 3 lit. a hat die Art und Weise der Einreichung der Nebenangebote in der Weise zu erfolgen, die der Auftraggeber in der Auftragsbekanntmachung oder in der Aufforderung zur Interessenbestätigung mit Zulassung der Nebenangebote angegeben hat.

104   Gemäß § 8 EU Abs. 2 Nr. 3 lit. b haben Nebenangebote **im Oberschwellenbereich** ferner den **vorher bekannt gegebenen Mindestanforderungen** zu entsprechen. Dies gilt im Unterschwellenbereich gem. § 8 Abs. 2 Nr. 3 nicht. Im Oberschwellenbereich sind Nebenangebote, die den Mindestanforderungen nicht entsprechen, gem. § 16 EU Nr. 5 Hs. 2 auszuschließen. **Im Unterschwellenbereich** enthält § 16 Abs. 1 Nr. 5 **keine** § 16 EU Nr. 5 Hs. 2 entsprechende Regelung. Eine analoge Anwendung des § 16 EU Nr. 5 Hs. 2 im Unterschwellenbereich kommt nicht in Betracht, weil insoweit keine ungewollte Regelungslücke vorliegt.[187]

105   Die Erfüllung von Mindestanforderungen für Nebenangebote ist kein Äquivalent der Gleichwertigkeitsprüfung.[188] Bei der Gleichwertigkeitsprüfung steht dem öffentlichen Auftraggeber ein **weiter Beurteilungs- und Ermessensspielraum** zu.[189] Der Nachweis der Gleichwertigkeit eines Nebenangebots ist dabei vom Bieter entsprechend den Anforderungen des Leistungsverzeichnisses zu erbringen.[190] Die Nachforderung eines Gleichwertigkeitsnachweises stellt eine unzulässige Nachbesserung des Angebots dar und ist damit dem Auftraggeber untersagt.[191]

106   **2. Aufführung der Anzahl und Kennzeichnung von Nebenangeboten.** Gemäß § 13 EU Abs. 3 S. 1 ist die Anzahl von Nebenangeboten durch den Bieter an einer vom Auftraggeber in den Vergabeunterlagen bezeichneten Stelle aufzuführen. § 13 EU Abs. 3 S. 2 schreibt ferner vor, dass Nebenangebote auf besondere Anlage erstellt und als solche deutlich gekennzeichnet werden. Dies dient der Transparenz des Vergabeverfahrens.

107   Angebotsbestandteil der Nebenangebote ist des Weiteren der vom Bieter zu führende Gleichwertigkeitsnachweis des Nebenangebots mit dem Hauptangebot anhand der vom Auftraggeber in den Vergabeunterlagen definierten Gleichwertigkeitskriterien. § 8 EU Abs. 2 Nr. 3 lit. a erlaubt es dem Auftraggeber ferner, Nebenangebote ausnahmsweise nur in Verbindung mit einem Hauptangebot zuzulassen. Ist dies erfolgt, sind **isoliert eingereichte Nebenangebote** des Bieters ohne Hauptangebot unzulässig und auszuschließen.[192]

108   Nebenangebote müssen physisch vom Hauptangebot **deutlich getrennt sein,** bei schriftlichen Angeboten zB durch einen eigenen Ordner oder Hefter. Die Angebotsunterlagen müssen klar zum Ausdruck bringen, was das geforderte Hauptangebot und was das auf Vorschlag des Bieters abgebene Nebenangebot beinhaltet. Es ist für das Nebenangebot die Überschrift „Nebenangebot" oder „Änderungsvorschlag" durch den Bieter anzubringen.[193] Nebenangebote sind vom Bieter zu unterschreiben.[194] Anderes gilt, wenn aus der Unterschrift des Bieters unter das Hauptangebot zweifelsfrei hervorgeht, dass diese Unterschrift auch für das miteingereichte Nebenangebot gilt.[195] Fehlt die gem. § 13 EU Abs. 3 S. 1 erforderliche Bieterangabe der abgegebenen Anzahl der Nebenangebote

---

[184] OLG Brandenburg Beschl. v. 17.5.2011 – Verg W 16/10; Kapellmann/Messerschmidt/*Planker* § 13 Rn. 35.
[185] teilw. abw. VK Sachsen Beschl. v. 10.4.2014 – 1/SVK/007-14.
[186] VK Brandenburg Beschl. v. 1.3.2005 – VK 8/05.
[187] BGH Urt. v. 30.8.2011 – X ZR 55/10 Rn. 19; VK Sachsen-Anhalt Beschl. v. 15.1.2010 – 3 VK LSA 77/15; zum Diskussionsstand ferner *Weyand* ibrOK VergabeR § 16 Rn. 843 ff.
[188] OLG Brandenburg Beschl. v. 17.5.2011 – Verg W 16/10; OLG Koblenz Beschl. v. 2.2.2011 – 1 Verg 1/11.
[189] OLG Brandenburg Beschl. v. 17.5.2011 – Verg W 16/10; OLG Koblenz Beschl. v. 2.2.2011 – 1 Verg 1/11.
[190] VK Sachsen-Anhalt Beschl. v. 30.11.2016 – 3 VK LSA 44/16; OLG Koblenz Beschl. v. 2.2.2011 – 1 Verg 1/11.
[191] VK Sachsen-Anhalt Beschl. v. 30.11.2016 – 3 VK LSA 44/16; Ingenstau/Korbion/*von Wietersheim* § 16d Rn. 30, 34.
[192] VK Hessen Beschl. v. 30.9.2009 – 69d VK-32/2009; VK Bund Beschl. v. 17.7.2003 – VK 1-55/03; Ingenstau/Korbion/*von Wietersheim* § 16d Rn. 31.
[193] jurisPK-VergabeR/*Dippel* § 13 Rn. 47.
[194] jurisPK-VergabeR/*Dippel* § 13 Rn. 47; Kapellmann/Messerschmidt/*Planker* § 13 Rn. 40.
[195] BGH Beschl. v. 23.3.2011 – X ZR 92/09.

an der vom Auftraggeber in den Vergabeunterlagen bezeichneten Stelle, so führt dies nicht zum Ausschluss des Nebenangebots.[196]

Unterlässt es der Bieter, sein Nebenangebot entgegen § 13 EU Abs. 3 S. 2 auf besonderer Anlage **109** zu erstellen und das Nebenangebot als solches deutlich kenntlich zu machen, ist das Nebenangebot gem. § 16 EU Nr. 6 auszuschließen.[197] **Bedingte Nebenangebote,** deren Wirksamkeit vom Eintritt einer aufschiebenden oder auflösenden Bedingung gem. § 158 Abs. 1, 2 BGB abhängig gemacht wird, sind dann unzulässig, wenn der Bedingungseintritt vom Verhalten des Bieters abhängig ist oder das bedingte Nebenangebot in den ordnungsgemäßen Wettbewerb eingreift (zB bei Erteilung eines Drittauftrags Geltung beanspruchen soll oÄ).[198]

3. Mehrere Hauptangebote. § 8 EU Abs. 2 Nr. 4 enthält seit der Neufassung der VOB/A **110** 2019 die Befugnis des Auftraggebers, in der Auftragsbekanntmachung oder in der Aufforderung zur Interessenbestätigung anzugeben, dass er die Abgabe mehrerer Hauptangebote nicht zulässt. Mehrere Hauptangebote vom gleichen Bieter sind daher immer dann zulässig, wenn der Auftraggeber von der Möglichkeit gem. § 8 EU Abs. 2 Nr. 4, mehrere Hauptangebote nicht zuzulassen, keinen Gebrauch macht.[199] § 13 EU Abs. 3 S. 3 schreibt nunmehr vor, dass bei Einreichung mehrerer Hauptangebote diese Hauptangebote jeweils isoliert aus sich heraus zuschlagsfähig sein müssen. Dies ist als Hinweis auf die vom Verordnungsgeber geforderte Vollständigkeit und Schlüssigkeit der einzelnen Hauptangebote zu verstehen.[200] § 13 EU Abs. 3 S. 4 stellt durch Verweis auf § 13 EU Abs. 1 Nr. 2 S. 2 nunmehr klar, dass bei Einreichung mehrerer schriftlicher Hauptangebote diese jeweils in einem verschlossenen Umschlag einzureichen, als solche vom Bieter zu kennzeichnen sind und vom Auftraggeber bis zum Ablauf der Angebotsfrist verschlossen gehalten werden müssen. Erforderlich ist daher, dass der Bieter für jedes von ihm eingereichte Hauptangebot einen gesonderten Umschlag verwendet und dieses Hauptangebot als solches bezeichnet.[201]

VI. Preisnachlässe ohne Bedingungen (§ 13 EU Abs. 4)

1. Begrifflichkeiten und Voraussetzungen. § 13 EU Abs. 4 zwingt die Bieter Preisnachlässe, **111** die ohne Bedingung gewährt werden, an der vom Auftraggeber in den Vergabeunterlagen bezeichneten Stelle aufzuführen. Wird dies unterlassen, so sind Preisnachlässe ohne Bedingung gem. § 16d EU Abs. 4 S. 1 nicht zu werten. Der Begriff des Preisnachlasses umschreibt einen prozentualen oder als Euro-Summe angebotenen Abzug von der Angebots- oder Abrechnungssumme des Bieters.[202] Es handelt sich um eine vertraglich eingeräumte, prozentual oder konkret bezifferte Kürzung des Vertragspreises bei unverändert bleibender Leistung des Bieters.[203]

§ 13 EU Abs. 4 erfasst allein solche Preisnachlässe, die **ohne Bedingungen** als Preisabschläge **auf 112 das Gesamtangebot** gewährt werden. Einzelne Nachlässe bei Einheitspreisen für einzelne Leistungspositionen im Angebot oder für Teile des Angebots werden von § 13 EU Abs. 4 nicht erfasst.[204] Des Weiteren werden von § 13 EU Abs. 4 allein solche Preisnachlässe erfasst, die an keine Bedingungen des Bieters geknüpft sind. **Preisnachlässe mit Bedingungen** können allenfalls als kaufmännisches Nebenangebot angeboten werden, soweit der Auftraggeber Nebenangebote zugelassen hat.[205]

Soweit Preisnachlässe mit Bedingungen angeboten werden, deren Eintritt oder Ausfall vom **113** Verhalten des Bieters abhängt, sind diese auch nicht im Rahmen eines Nebenangebotes zu werten. Derartig bedingte Preisnachlässe, deren Wirksamwerden vom Verhalten des Bieters abhängt, **verfälschen den Wettbewerb.** Ihre Wertung würde zu Wettbewerbsverzerrungen bei der Vergabeentscheidung führen.[206] Preisnachlässe mit Bedingungen, deren Eintritt oder Ausfall an das Verhalten des Auftraggebers anknüpfen (insbesondere **Skontogewährungen**) können gewertet werden, wenn der Auftraggeber diese Skonti verbunden mit der Aufforderung an die Bieter, derartige Preisnachlässe anzubieten, in die Vergabeunterlagen aufgenommen hatte. Nur dann ist für die Bieter erkennbar,

---

[196] HHKW/*Koenigsmann-Hölken* § 13 Rn. 36; Kapellmann/Messerschmidt/*Planker* § 13 Rn. 39.
[197] *Theißen/Stollhoff*, Die neue Bauvergabe, B. II. 1.7.
[198] VK Baden-Württemberg Beschl. v. 18.10.2002 – 1 VK 53/02; VK Saarland Beschl. v. 27.4.2004 – 1 VK 02/2004; Ingenstau/Korbion/*von Wietersheim* § 16d Rn. 35.
[199] Ingenstau/Korbion/*von Wietersheim* § 13 Rn. 31.
[200] Ingenstau/Korbion/*von Wietersheim* § 13 Rn. 32.
[201] Ingenstau/Korbion/*von Wietersheim* § 13 Rn. 33.
[202] VK Brandenburg Beschl. v. 21.10.2002 – VK 55/02; VK Lüneburg Beschl. v. 11.7.2003 – VgK 21/2013.
[203] VK Lüneburg Beschl. v. 11.7.2003 – VgK 21/2013; *Weyand* ibrOK VergabeR § 16 Rn. 918.
[204] OLG München Beschl. v. 24.5.2006 – Verg 10/06; Ingenstau/Korbion/*von Wietersheim* § 13 Rn. 32; HHKW/*Koenigsmann-Hölken* § 13 Rn. 37; jurisPK-VergabeR/*Dippel* § 13 Rn. 49.
[205] VK Brandenburg Beschl. v. 1.3.2005 – VK 8/05; *Weyand* ibrOK VergabeR § 16 Rn. 934.
[206] VK Baden-Württemberg Beschl. v. 18.10.2002 – 1 VK 53/02; VK Saarland Beschl. v. 27.4.2004 – 1 VK 02/2004; *Weyand* ibrOK VergabeR § 16 Rn. 934.

dass Skontoabzüge anzubieten sind und in die Wertung einbezogen werden sollen.[207] Wertbar sind allein solche Skontoabzüge, deren Voraussetzungen der Auftraggeber realistischerweise erfüllen kann.[208] Ohne Vorgabe des Auftraggebers in den Vergabeunterlagen von den Bietern unaufgefordert angebotene Preisnachlässe mit Bedingungen für die Zahlungsfrist (Skonti) dürfen gem. § 16d EU Abs. 4 S. 2 nicht gewertet werden. Dies gilt gem. § 16d EU Abs. 5 S. 2 auch beim Verhandlungsverfahren, beim wettbewerblichen Dialog und bei der Innovationspartnerschaft.

114 § 13 EU Abs. 4 dient mit der Vorgabe, Preisabschläge ohne Bedingungen für das Gesamtangebot ausschließlich an der vom Auftraggeber in den Vergabeunterlagen bezeichneten Stelle aufzuführen, der **Transparenz der Angebote** und der **Missbrauchsbekämpfung**.[209] Durch § 13 EU Abs. 4 soll sichergestellt werden, dass die Preistransparenz und die Vergleichbarkeit der Angebote gewährleistet ist. Ferner, dass der Verhandlungsleiter im Öffnungstermin die Preisnachlässe gem. § 14 EU Abs. 3 Nr. 1 lit. c in die Aufstellung zur Niederschrift über den Öffnungstermin aufnehmen kann.

115 **2. Behandlung und Rechtsfolgen.** Bietet der Bieter einen **zulässigen Preisabschlag für das Gesamtangebot** an der vom Auftraggeber in den Vergabeunterlagen hierfür vorgesehenen Stelle an, ist der Preisnachlass im Öffnungstermin zu protokollieren. Dieser Preisnachlass ohne Bedingungen kann dann gem. § 16d EU Abs. 1 im Rahmen der Angebotswertung berücksichtigt werden. Wird der unbedingte und auf den Angebotsgesamtbetrag gewährte prozentuale oder summenmäßig bestimmte Preisabschlag nicht an der in den Vergabeunterlagen vom Auftraggeber vorgesehenen Stelle aufgeführt, ist dieser Preisnachlass gleichfalls zu dokumentieren. Gemäß § 16d EU Abs. 4 S. 1 ist dieser Preisnachlass nicht zu werten.[210] Die Vorschrift ist zwingend.[211]

VII. Angebote von Bietergemeinschaften (§ 13 Abs. 5)

116 **1. Begrifflichkeiten und Voraussetzungen.** Bietergemeinschaften sind Zusammenschlüsse von Unternehmen, die sich als Zweckgemeinschaften oder Gelegenheitsgesellschaften gemeinschaftlich um den ausgeschriebenen Bauauftrag bewerben und bei Zuschlagserteilung gemeinschaftlich – regelmäßig als Arbeitsgemeinschaft – abwickeln.[212] Bietergemeinschaften können als **vertikale Bietergemeinschaften**, dh als Zusammenschlüsse zwischen Unternehmen verschiedener Fachrichtungen zum gemeinschaftlichen Angebot auf verschiedene Fachlose, oder als **horizontale Bietergemeinschaften**, dh als Zusammenschlüsse von Unternehmen gleicher Fachlose zur Abarbeitung verschiedener Teillose auftreten.[213]

117 Je nach inhaltlicher Ausgestaltung des Rechtsverhältnisses der Mitglieder der Bietergemeinschaften stellen Bietergemeinschaften BGB-Gesellschaften (§§ 705 ff. BGB) oder offene Handelsgesellschaften (§§ 105 ff. HGB) dar. Kennzeichnend für die Bietergemeinschaft ist der **projektbezogene Unternehmenszusammenschluss** von mindestens zwei Unternehmen, als temporäre Arbeitsgemeinschaft, regelmäßig in Rechtsform der BGB-Gesellschaft,[214] um bei erfolgreichem Angebot arbeitsteilig unter gesamtschuldnerischer Haftung die ausgeschriebenen Bauleistungen zu erbringen.[215] Die Beteiligung von Bietergemeinschaften im Vergabeverfahren ist ausdrücklich zulässig und aus Gründen des Mittelstandsschutzes erwünscht.

118 Vor gemeinschaftlicher Angebotsabgabe sind die Bildung von Bietergemeinschaften sowie der Wechsel ihrer Mitglieder grundsätzlich zulässig.[216] Zwischen Angebotsabgabe und Zuschlagserteilung sind Änderungen im Mitgliederkreis der Bietergemeinschaft grundsätzlich unzulässig.[217] Veränderungen der Bietergemeinschaft zwischen Angebotsabgabe bis Zuschlagserteilung sind ausnahmsweise statthaft, wenn die **rechtliche Identität der Bietergemeinschaft** und ihrer Mitglieder erhalten bleibt. Dies ist zB bei einem Gesellschafterwechsels eines Mitglieds der Bietergemeinschaft der Fall. Dann obliegt es der Vergabestelle zu prüfen, ob die Bietergemeinschaft weiterhin für

---

[207] BGH Urt. v. 11.3.2008 – X ZR 134/05 Rn. 12; jurisPK-VergabeR/*Summa* § 16 Rn. 511.
[208] BGH Urt. v. 11.3.2008 – X ZR 134/05 Rn. 12; OLG Düsseldorf Beschl. v. 1.10.2003 – II Verg 45/03.
[209] BGH Urt. v. 20.1.2009 – X ZR 113/07 Rn. 13; OLG Saarbrücken Urt. v. 13.6.2012 – 1 U 357/11; VK Sachsen Beschl. v. 13.5.2002 – 1/SVK/043-02.
[210] jurisPK-VergabeR/*Dippel* § 13 Rn. 49.
[211] Kapellmann/Messerschmidt/*Planker* § 13 Rn. 42.
[212] KG Urt. v. 7.5.2007 – 23 U 31/06; VK Sachen Beschl. v. 20.9.2006 – 1/SVK/085-06; VK Arnsberg Beschl. v. 2.2.2006 – VK 30/05.
[213] jurisPK-VergabeR/*Dippel* § 13 Rn. 51.
[214] KG Urt. v. 7.5.2007 – 23 U 31/06.
[215] *Noch* VergabeR-HdB B Rn. 249.
[216] OLG Düsseldorf Beschl. v. 24.5.2005 – Verg 28/05; zu Ausnahmefällen *Weyand* ibrOK VergabeR § 6 Rn. 17, 18.
[217] VK Hessen Beschl. v. 28.6.2005 – 69d-VK-07/2005; OLG Düsseldorf Beschl. v. 24.5.2005 – Verg 28/05; *Weyand* ibrOK VergabeR § 6 Rn. 19; jurisPK-VergabeR/*Dippel* § 13 Rn. 52.

den Auftrag geeignet ist.[218] Wird über das Vermögen eines Mitglieds der Bietergemeinschaft nach Angebotsabgabe das Insolvenzverfahren eröffnet, wird die Bietergemeinschaft gem. § 728 Abs. 2 S. 1 BGB aufgelöst. Diese Änderung in der Person der Bietergemeinschaft nach Angebotsabgabe und vor Zuschlagserteilung führt zum zwingenden Angebotsausschluss.[219]

Gemäß § 13 EU Abs. 5 S. 1 haben Bietergemeinschaften bei Angebotsabgabe ihre Mitglieder zu benennen sowie eines ihrer Mitglieder als bevollmächtigten Vertreter für den Abschluss und die Durchführung des Vertrages zu bezeichnen. Die Benennung der Mitglieder der Bietergemeinschaft bei Angebotsabgabe ist unverzichtbar. Aus dem Angebot der Bietergemeinschaft muss klar und eindeutig entnehmbar sein, dass es sich um ein Angebot einer Bietergemeinschaft handelt. Die erkennbare **Identität dieser Bietergemeinschaft** und ihrer **einzelnen Mitglieder** ist essenzieller Bestandteil des Angebots.[220]

Die Abgabe eines eigenen Angebots eines Bieters neben der Abgabe eines Angebots durch diesen Bieter im Rahmen einer Bietergemeinschaft verletzt den Geheimwettbewerb, was den Ausschluss beider Angebote nach sich zieht.[221]

2. Bezeichnung des bevollmächtigten Vertreters. Gemäß § 13 EU Abs. 5 S. 1 haben Bietergemeinschaften eines ihrer Mitglieder als bevollmächtigten Vertreter für den Abschluss und die Durchführung des Vertrages zu bezeichnen. Der Auftraggeber soll im Rechtsverkehr nicht gezwungen sein, stets mit allen gem. § 709 Abs. 1 BGB, § 714 BGB gemeinschaftlich vertretungsbefugten Mitgliedern der Bietergemeinschaft zu kommunizieren. Die Bietergemeinschaft hat gem. § 13 EU Abs. 5 S. 1 dem Auftraggeber zwingend einen von ihr **bevollmächtigten Vertreter der Bietergemeinschaft** zu benennen. Dieser bevollmächtigte Vertreter der Bietergemeinschaft ist dann gem. § 714 BGB befugt, die gesamte Bietergemeinschaft gegenüber dem Auftraggeber rechtsgeschäftlich zu vertreten. § 13 EU Abs. 5 S. 1 sieht vor, dass dieser federführende Gesellschafter im Regelfall bereits mit Angebotsabgabe gegenüber dem Auftraggeber benannt wird.

Fehlt diese Benennung des bevollmächtigten Vertreters der Bietergemeinschaft im Angebot, so kann sie gem. § 13 EU Abs. 5 S. 2 bis vor der Zuschlagserteilung nachgeholt werden.[222] Das Fehlen der Benennung des bevollmächtigten Vertreters im Angebot stellt gem. § 13 EU Abs. 5 S. 2 iVm § 16 EU Nr. 1–6 keinen Ausschlussgrund dar.[223] Ein Angebotsausschluss wegen Nichtbenennung des bevollmächtigten Vertreters der Bietergemeinschaft vor Zuschlagserteilung ist allenfalls dann denkbar, wenn der **wiederholten Nichtbefolgung einer Aufforderung** des Auftraggebers an die Bietergemeinschaft zur Benennung des bevollmächtigten Vertreters Zuverlässigkeitsmängel der Bietergemeinschaft gem. § 16b EU Abs. 1 entnommen werden können. Des Weiteren kann analog § 15 EU Abs. 2 die Nichtbenennung des bevollmächtigten Vertreters binnen einer vom Auftraggeber gesetzten angemessenen Frist einen Ausschlussgrund begründen.[224]

Von der Bezeichnung des bevollmächtigten Vertreters der Bietergemeinschaft bei Angebotsabgabe oder deren Nachholung vor Zuschlagserteilung gem. § 13 EU Abs. 5 ist das zwingende **Erfordernis der Unterzeichnung des Angebots** der Bietergemeinschaft durch alle Mitglieder der Bietergemeinschaft strikt zu trennen.[225] Hat nur ein Mitglied der Bietergemeinschaft in eigenem Namen und gleichzeitig als Bevollmächtigter der anderen Mitglieder der Bietergemeinschaft das Angebot unterschrieben, müssen die schriftlichen Vollmachtserklärungen der anderen Mitglieder der Bietergemeinschaft dem Angebot beigefügt sein.[226] Eine Nachholung nach Angebotsabgabe ist hier ausgeschlossen.[227]

VIII. Aufnahme der Anforderungen gem. § 13 EU Abs. 1–5 in die Vergabeunterlagen (§ 13 EU Abs. 6)

Gemäß § 13 EU Abs. 6 hat der öffentliche Auftraggeber die Vorgaben des § 13 EU Abs. 1–5 in die Vergabeunterlagen aufzunehmen. Hierzu sind die Bestimmungen des § 13 EU Abs. 5 ausdrücklich in den Vergabeunterlagen aufzuführen, dh **wörtlich zu wiederholen.** Ein bloßer Hinweis

---

[218] VK Hessen Beschl. v. 28.6.2005 – 69d-VK-07/2005.
[219] OLG Düsseldorf Beschl. v. 24.5.2005 – Verg 28/05.
[220] jurisPK-VergabeR/*Dippel* § 13 Rn. 53; Ingenstau/Korbion/*von Wietersheim* § 13 Rn. 37.
[221] VK Arnsberg Beschl. v. 2.2.2006 – VK 30/05.
[222] OLG Karlsruhe Beschl. v. 24.7.2007 – 17 Verg 6/07.
[223] OLG Karlsruhe Beschl. v. 24.7.2007 – 17 Verg 6/07.
[224] Kapellmann/Messerschmidt/*Planker* § 13 Rn. 48.
[225] VK Brandenburg Beschl. v. 26.3.2002 – VK 3/02; jurisPK-VergabeR/*Dippel* § 13 Rn. 54; Kapellmann/Messerschmidt/*Planker* § 13 Rn. 47.
[226] jurisPK-VergabeR/*Dippel* § 13 Rn. 54; Kapellmann/Messerschmidt/*Planker* § 13 Rn. 47.
[227] teilw. abw. OLG Frankfurt a. M. Beschl. v. 9.7.2010 – 11 Verg 5/10; OLG Frankfurt a. M. Beschl. v. 20.7.2004 – 11 Verg 11/04.

auf § 13 EU Abs. 1–5 genügt nicht.[228] Die in § 13 EU Abs. 1–5 enthaltenen Vorgaben zur Angebotserstellung und -abgabe verpflichten die Bieter gem. § 13 EU Abs. 6 allein dann, wenn die Einhaltung dieser Vorgaben des § 13 EU Abs. 1–5 vom Auftraggeber ausdrücklich unter wörtlicher Wiedergabe der Tatbestände der Norm verlangt werden.[229]

§ 14 EU Öffnung der Angebote, Öffnungstermin

(1) Die Öffnung der Angebote wird von mindestens zwei Vertretern des öffentlichen Auftraggebers gemeinsam an einem Termin (Öffnungstermin) unverzüglich nach Ablauf der Angebotsfrist durchgeführt. Bis zu diesem Termin sind die elektronischen Angebote zu kennzeichnen und verschlüsselt aufzubewahren. Per Post oder direkt zugegangene Angebote sind auf dem ungeöffneten Umschlag mit Eingangsvermerk zu versehen und unter Verschluss zu halten.

(2)
1. Der Verhandlungsleiter stellt fest, ob der Verschluss der schriftlichen Angebote unversehrt ist und die elektronischen Angebote verschlüsselt sind.
2. Die Angebote werden geöffnet und in allen wesentlichen Teilen im Öffnungstermin gekennzeichnet.
3. Muster und Proben der Bieter müssen im Termin zur Stelle sein.

(3) Über den Öffnungstermin ist eine Niederschrift in Textform zu fertigen, in der die beiden Vertreter des öffentlichen Auftraggebers zu benennen sind. Der Niederschrift ist eine Aufstellung mit folgenden Angaben beizufügen:
a) Name und Anschrift der Bieter,
b) die Endbeträge der Angebote oder einzelner Lose,
c) Preisnachlässe ohne Bedingungen,
d) Anzahl der jeweiligen Nebenangebote.

(4) Angebote, die nach Ablauf der Angebotsfrist eingegangen sind, sind in der Niederschrift oder in einem Nachtrag besonders aufzuführen. Die Eingangszeiten und die etwa bekannten Gründe, aus denen die Angebote nicht vorgelegen haben, sind zu vermerken. Der Umschlag und andere Beweismittel sind aufzubewahren.

(5) Ein Angebot, das nachweislich vor Ablauf der Angebotsfrist dem öffentlichen Auftraggeber zugegangen war, aber dem Verhandlungsleiter nicht vorgelegen hat, ist mit allen Angaben in die Niederschrift oder in einen Nachtrag aufzunehmen. Den Bietern ist dieser Sachverhalt unverzüglich in Textform mitzuteilen. In die Mitteilung sind die Feststellung, ob bei schriftlichen Angeboten der Verschluss unversehrt war oder bei elektronischen Angeboten diese verschlüsselt waren und die Angaben nach Absatz 3 Buchstabe a bis d aufzunehmen. Im Übrigen gilt Absatz 4 Satz 2 und 3.

(6) In offenen und nicht offenen Verfahren stellt der öffentliche Auftraggeber den Bietern die in Absatz 3 Buchstabe a bis d genannten Informationen unverzüglich elektronisch zur Verfügung. Den Bietern und ihren Bevollmächtigten ist die Einsicht in die Niederschrift und ihre Nachträge (Absätze 4 und 5 sowie § 16c EU Absatz 3) zu gestatten.

(7) Die Niederschrift darf nicht veröffentlicht werden.

(8) Die Angebote und ihre Anlagen sind sorgfältig zu verwahren und geheim zu halten.

Übersicht

	Rn.		Rn.
I. Normzweck	1	2. Muster und Proben (§ 14 EU Abs. 2 Nr. 3)	19
II. Vor dem Öffnungstermin (§ 14 EU Abs. 1)	4	3. Niederschrift (§ 14 EU Abs. 3 S. 1, 2, Abs. 6, 7)	20
III. Öffnungstermin (§ 14 EU Abs. 2 Nr. 1–3, Abs. 3 Nr. 1, 2)	12	IV. Verspätete Angebote (§ 14 EU Abs. 4, 5 S. 1–3)	24
1. Angebotsöffnung und -kennzeichnung (§ 14 EU Abs. 2 Nr. 1, 2)	12	1. Formelle Behandlung (§ 14 EU Abs. 4 S. 1, 2)	24

---
[228] jurisPK-VergabeR/*Dippel* § 13 Rn. 55; Ingenstau/Korbion/*von Wietersheim* § 13 Rn. 40.
[229] Ingenstau/Korbion/*von Wietersheim* § 13 Rn. 40; Kapellmann/Messerschmidt/*Planker* § 13 Rn. 49.

	Rn.			Rn.
2. Rechtzeitig eingegangene, aber nicht im Öffnungstermin vorliegende Angebote (§ 14 EU Abs. 5 S. 1–3)	25	V.	Verwahrung und Geheimhaltung der Angebote (§ 14 EU Abs. 8)	35

I. Normzweck

Die Regelungen des § 14 EU zur Durchführung des Öffnungstermins bei Zulassung elektronischer oder schriftlicher Angebote wurden mit der Neufassung der VOB/A 2016 aufgenommen. § 14 EU regelt seitdem die Verfahrensweise zur Durchführung des Öffnungstermins bei Zulassung elektronischer oder schriftlicher Angebote durch den öffentlichen Auftraggeber. Gemäß § 13 EU Abs. 1 Nr. 1 S. 1 legt der Auftraggeber unter Berücksichtigung von § 11 EU fest, in welcher Form die Angebote einzureichen sind. Gemäß § 11 EU Abs. 1 hat die Informationsübermittlung im europaweiten Bauvergabeverfahren grundsätzlich **elektronisch unter Verwendung elektronischer Mittel** nach den Anforderungen des § 11a EU Abs. 1–7 zu erfolgen. Gemäß § 11 EU Abs. 4 haben die Bieter ihre Angebote wie auch Teilnahmeanträge, Interessenbekundungen und Interessensbestätigungen in Textform elektronisch mit Hilfe elektronischer Mittel dem Auftraggeber zu übermitteln. 1

Nach der Übergangsregelung des § 23 EU S. 1 konnten zentrale Beschaffungsstellen gem. § 120 Abs. 4 S. 1 GWB bis zum 18.4.2017 und können andere öffentliche Auftraggeber bis zum 18.10.2018 abweichend von § 11 EU Abs. 4 die Übermittlung der Angebote, Teilnahmeanträge und Interessensbestätigungen auch schriftlich auf dem Postweg, anderem geeigneten Weg, Telefax oder durch eine Kombination dieser Mittel verlangen. Seit dem 18.10.2018 hat die Kommunikation im europaweiten Bauvergabeverfahren gem. § 11 EU Abs. 1, 4 **elektronisch unter Verwendung elektronischer Mittel** zu erfolgen. 2

Die Verhaltensanforderungen an den Auftraggeber vor und bei Durchführung des Eröffnungstermins gem. § 14 EU bilden einen Kernbereich, „ein Herzstück", im Vergabeverfahren.[1] § 14 EU gewährleistet die Grundsätze der Transparenz (§ 97 Abs. 1 S. 1 GWB) und der Gleichbehandlung (§ 97 Abs. 2 GWB). Die Einhaltung der Verfahrensregelungen zum Öffnungstermin in §§ 14 EU bildet die Grundlage eines ordnungsgemäßen Wettbewerbs. Die Vorschrift des § 14 EU ist bieterschützend.[2] 3

II. Vor dem Öffnungstermin (§ 14 EU Abs. 1)

Gemäß § 14 EU Abs. 1 S. 1 ist die Öffnung der elektronischen oder schriftlichen Angebote von mindestens zwei Vertretern des Auftraggebers gemeinsam in einem Öffnungstermin durchzuführen. Dieser Öffnungstermin hat unverzüglich nach Ablauf der Angebotsfrist zu erfolgen. **Bieter sind zu diesem Öffnungstermin nicht zugelassen.** § 14 EU VOB/A 2019 gibt den Grundsatz der Bieteröffentlichkeit der Angebotsöffnung auf.[3] Der damit einhergehenden Verminderung der Transparenz des Vergabeverfahrens steht der Vorteil einer effizienteren Handhabbarkeit des Öffnungstermins durch den Auftraggeber gegenüber. 4

§ 14 EU Abs. 1 S. 1 VOB/A 2019 entkoppelt ebenso wie § 14 EU Abs. 1 S. 1 VOB/A 2016 den Ablauf der Angebotsfrist von dem Beginn der Öffnung des ersten Angebots. Während die Angebotsfrist gemäß der Altregelung in § 14 EG Abs. 1, 2 VOB/A 2012 mit dem Zeitpunkt des Beginns der Öffnung des ersten Angebots endete, ist das Ende der Angebotsfrist gem. § 14 EU Abs. 1 **das Ablaufdatum der Angebotsfrist.** Der Termin zur Öffnung der Öffnung der Angebote gem. § 14 EU Abs. 1 S. 1 ist nunmehr unverzüglich nach Ablauf der Angebotsfrist durchzuführen. Diese **Entkopplung des Ablaufs der Angebotsfrist** von dem Öffnungstermin nimmt diesem Termin weitere Bedeutung.[4] 5

Die Richtlinien zu 313 des VHB, Ausgabe 2017, Stand 2019, Ziff. 2.2, Abs. 2 und 3 stellen hierzu für den Geltungsbereich des Vergabehandbuchs klar, dass beide im Öffnungstermin anwesenden Vertreter des Auftraggebers weder an der Bearbeitung der Vergabeunterlagen, noch an der Vergabe oder der Vertragsabwicklung beteiligt sein sollen. Einer der beteiligten Vertreter des Auftraggebers hat den Öffnungstermin als **Verhandlungsleiter** zu leiten. Zur Unterstützung der Verhandlungsleitung ist gem. Ziff. 2.2 Abs. 3 der Richtlinien zu 313 des VHB, Ausgabe 2017, Stand 2019, 6

---

[1] jurisPK-VergabeR/*Haug/Panzer* § 14 Rn. 1.
[2] VK Sachsen Beschl. v. 13.2.2002 – 1/SVK/2-02; VK Sachsen Beschl. v. 1.2.2002 – 1/SVK/131-01; *Weyand* ibrOK VergabeR § 14 Rn. 7.
[3] Ingenstau/Korbion/*von Wietersheim* Rn. 1.
[4] Ingenstau/Korbion/*von Wietersheim* Rn. 1.

eine **Schriftführung** hinzuziehen, die eine Niederschrift über den Öffnungstermin nach Formblatt 313 des VHB, Ausgabe 2017, Stand 2019, anzufertigen hat.

7   Die in **elektronischer Form** gem. § 13 EU Abs. 1 S. 1, § 11 EU Abs. 1, 4 vorliegenden Angebote sind gem. § 14 EU Abs. 1 S. 2 vor dem Öffnungstermin **zu kennzeichnen und verschlüsselt aufzubewahren.** Dies entspricht den Vorgaben des § 13 EU Abs. 1 Nr. 2 S. 3, 4. Hiernach ist durch entsprechende technische Lösungen nach den Anforderungen des Auftraggebers die Datenintegrität und die Vertraulichkeit der Angebote zu gewährleisten und durch Verschlüsselung sicherzustellen. Gemäß § 13 EU Abs. 1 Nr. 2 S. 4 hat die Verschlüsselung bis zur Öffnung des ersten Angebots aufrecht zu erhalten bleiben. Durch die Verschlüsselung der Angebote vom Zeitpunkt der Absendung durch den Bieter bis zur Öffnung des ersten elektronischen Angebots wird dem Vertraulichkeitsgebot im Vergabeverfahren Rechnung getragen.[5] Der im Vergabeverfahren anzustrebende, lückenlose Geheimwettbewerb wird dadurch sichergestellt.

8   **Schriftliche Angebote** hat der Auftraggeber gem. § 14 EU Abs. 1 S. 3 nach Eingang und vor dem Öffnungstermin auf dem ungeöffneten Umschlag **mit Eingangsvermerk** zu versehen und **unter Verschluss** zu halten. Die gem. § 14 EU Abs. 1 S. 3 normierte Pflicht, die ungeöffneten Angebote mit Eingangsvermerk zu versehen und verschlossen zu verwahren, ist eine wesentliche vergaberechtliche Verpflichtung des Auftraggebers.[6] Der Eingangsvermerk auf dem ungeöffneten Umschlag und der Verschluss der Angebote bis zum Eröffnungstermin sollen sicherstellen, dass der Wettbewerb unter den Bietern unter gleichen Voraussetzungen stattfindet. Es soll ausgeschlossen werden, dass einzelne Bieter oder Dritte die Angebote nachträglich verändern. Die äußerliche Kennzeichnung der ungeöffneten Angebote durch Eingangsvermerk soll ferner den Eingangszeitpunkt der Angebote und damit deren Rechtzeitigkeit dokumentieren.[7]

9   Die äußerliche Kennzeichnung durch Eingangsvermerk erfolgt in aller Regel durch **Eingangsstempel, Notierung der Uhrzeit des Eingangs, des Namenszeichen des Entgegennehmenden und fortlaufender Nummerierung** der Angebote in der Reihenfolge des Eingangs.[8] Zweckmäßigerweise werden die ungeöffneten Angebote hierzu mit einem Stempel oder Aufkleber versehen, auf dem zusätzlich die Vergabemaßnahme, die Ausschreibungs-Nummer sowie das Submissionsdatum nebst Uhrzeit vermerkt sind.[9]

10 Wurde ein Angebot vom Auftraggeber **versehentlich** nach Eingang und vor dem Eröffnungstermin **geöffnet,** so ist dieses Angebot sofort wieder zu verschließen und zu verwahren. Der Auftraggeber hat einen entsprechenden Vermerk auf dem Umschlag anzubringen, der im Öffnungstermin zu verlesen und in die Niederschrift aufzunehmen ist.[10] Es muss seitens des Auftraggebers sichergestellt werden, dass vor Öffnung der Angebote im Öffnungstermin Bieter oder Dritte keine Kenntnis vom Angebotsinhalt erlangen können, um diese für ein eigenes Angebot zu verwenden oder an Dritte zu manipulativen Zwecken weiterzugeben.[11]

11 Die verschlossenen Angebote sind nach äußerlicher Kennzeichnung des Auftraggebers durch Eingangsvermerk gem. § 14 EU Abs. 1 S. 3 **sicher zu verwahren.** Die schuldhafte Verletzung der Verwahrungspflichten des Auftraggebers kann seine Schadensersatzpflicht gem. § 311 Abs. 2 Nr. 1, 2 BGB, § 241 Abs. 2 BGB nach sich ziehen. Die Haftungserleichterung der §§ 690, 277 BGB ist zugunsten des Auftraggebers nicht anwendbar.[12]

III. Öffnungstermin (§ 14 EU Abs. 2 Nr. 1–3, Abs. 3 Nr. 1, 2)

12 **1. Angebotsöffnung und -kennzeichnung (§ 14 EU Abs. 2 Nr. 1, 2).** Unmittelbar zu Beginn des Öffnungstermins hat der Verhandlungsleiter gem. § 14 EU Abs. 2 Nr. 1 zu prüfen und in der gem. § 14 EU Abs. 3 Nr. 1 S. 1 in elektronischer Form zu fertigenden Niederschrift festzustellen, dass der Verschluss der schriftlichen Angebote unversehrt ist und dass die elektronischen Angebote nach wie vor verschlüsselt sind. Dies ist zu protokollieren. Verletzung der Verfahrensvorschriften zur Angebotsöffnung stellen regelmäßig schwerwiegende Verfahrensfehler im Vergabeverfahren dar.

13 Gemäß § 14 EU Abs. 2 Nr. 2 sind elektronische Angebote nach Feststellung der vorliegenden ordnungsgemäßen Verschlüsselung zu öffnen, dh zu entschlüsseln und zu sichten. Die geöffneten elektronischen Angebote sind gem. § 14 EU Abs. 2 Nr. 2 Hs. 2 sodann in **allen wesentlichen**

---

[5] Ingenstau/Korbion/*von Wietersheim* § 13 Rn. 8.
[6] Ingenstau/Korbion/*von Wietersheim* § 14a Rn. 8.
[7] HHKW/*Koenigsmann-Hölken* § 14 Rn. 3.
[8] VK Thüringen Beschl. v. 12.11.2010 – 250-4003.20-4299/2010-018-SM; VK Lüneburg Beschl. v. 20.8.2002 – 203-VgK-12/2002; HHKW/*Koenigsmann-Hölken* § 14 Rn. 3.
[9] Kapellmann/Messerschmidt/*Planker* § 14 Rn. 8.
[10] Kapellmann/Messerschmidt/*Planker* § 14 Rn. 8.
[11] Ingenstau/Korbion/*von Wietersheim* § 14a Rn. 11.
[12] Ingenstau/Korbion/*von Wietersheim* § 14a Rn. 11.

Teilen im Öffnungstermin zu kennzeichnen. Sinn der Kennzeichnung ist es, die Identität des Angebotsinhalts zu wahren und den Austausch oder Verwechslungen mit günstigeren Angeboten oder Angebotsbestandteilen zu vermeiden.[13] Die Kennzeichnung dient damit der Gewährleistung der Authentizität der Angebote und ist unabdingbare Grundvoraussetzung zur Sicherung eines transparenten und fairen Wettbewerbs.[14]

Sinn der Kennzeichnung ist weiterhin, nachzuweisen, dass das betreffende Angebot bei Ablauf **14** der Angebotsfrist vorgelegen hat und gem. § 16 EU Nr. 1 für das weitere Verfahren zugelassen ist.[15] Der Begriff der wesentlichen Teile des Angebots, die zu kennzeichnen sind, umfasst sämtliche Angebotsbestandteile, die für den späteren Vertragsinhalt von Bedeutung sind. Hierzu gehören Preise, geforderte Erklärungen, die Unterschrift, Nebenangebote sowie regelmäßig auch Referenzen, Eignungsnachweise und Anlagen wie Angaben zur Preisermittlung. Im Zweifel hat eine Kennzeichnung des gesamten Angebots zu erfolgen.[16] Die Kennzeichnung hat so zu erfolgen, dass nachträgliche Änderungen oder Ergänzungen des Angebots verhindert werden.[17] Ziff. 2.2 Abs. 5 der Richtlinien zu 313 des VHB, Ausgabe 2017, Stand 2019, sieht hierzu die Verwendung geeigneter Verschlüsselungsverfahren durch den öffentlichen Auftraggeber vor. Die **Angaben zur Kennzeichnung** sind dabei vom Auftraggeber dem **elektronischen Angebot** hinzuzufügen, zusammen mit diesem abzuspeichern und dieses wieder zu verschlüsseln.

Die Kennzeichnung der **schriftlichen Angebote** und Angebotsbestandteile erfolgt regelmäßig **15** durch Lochstempel mit Datumsanzeige.[18] Die Lochung und Datierung der Angebote soll verhindern, dass nachträglich einzelne Bestandteile ausgetauscht, entfernt oder die Angebote sonst manipuliert werden.[19] Die Kennzeichnung dient so der Gewährleistung der Authentizität der Angebote und soll einen ordnungsgemäßen, fairen Wettbewerb sicherstellen.[20] Die Kennzeichnung soll nachweisen, dass das Angebot bei Ablauf der Angebotsfrist vorgelegen hat und für das weitere Verfahren zuzulassen ist.[21] Die Kennzeichnung hat **dokumentenecht** zu erfolgen. Eine mit Bleistift aufgetragene eingekreiste Ziffer auf den geöffneten Angeboten erfüllt die Kennzeichnungspflicht nicht.[22]

Zu kennzeichnen sind gem. § 14 EU Abs. 2 Nr. 2 **alle wesentlichen Teile** der schriftlichen **16** Angebote. Dies umfasst auch alle wesentlichen Angebotsbestandteile, wie zB die Urkalkulation,[23] das Leistungsverzeichnis und alle Unterlagen, in denen sich vom Bieter geforderte Erklärungen befinden,[24] und schließlich die Unterschrift des Bieters. Nebenangebote sind gleichfalls wesentliche Angebotsbestandteile.[25] Sie sind ebenfalls zu kennzeichnen und vorzugsweise – dies ist nicht zwingend – mit dem Hauptangebot zu verbinden.[26] Die Anlage, auf der die Bieter gem. § 13 EU Abs. 3 S. 2 Nebenangebote unter deutlicher Kennzeichnung der Nebenangebote als solche erstellt haben, ist gleichfalls wesentlicher Angebotsbestandteil und damit durch den Verhandlungsleiter kennzeichnungspflichtig gem. § 14 EU Abs. 2 Nr. 2.[27]

Gleichfalls kennzeichnungspflichtig sind alle Erklärungen, die für den später durchzuführenden **17** Vertrag von maßgeblicher Bedeutung sind. Hierzu zählen Vertragsbedingungen wie AVB, ZVB etc und das unterzeichnete Angebotsformblatt.

Da die Kennzeichnung verhindern soll, dass nachträglich einzelne Angebotsbestandteile ausge- **18** tauscht, entfernt oder manipuliert werden,[28] stellt die unterlassene oder unzureichende Kennzeich-

---

[13] Ingenstau/Korbion/*von Wietersheim* § 14 Rn. 22.
[14] VK Sachsen-Anhalt Beschl. v. 14.2.2014 – 3 VK LSA 01/14; VK Sachsen-Anhalt Beschl. v. 28.1.2009 – 1 VK LVwA 29/08; VK Sachsen Beschl. v. 10.4.2014 – 1/SVK/007-14.
[15] Ingenstau/Korbion/*von Wietersheim* § 14a Rn. 22.
[16] Ingenstau/Korbion/*von Wietersheim* § 14a Rn. 22.
[17] OLG Naumburg Beschl. v. 31.3.2008 – 1 Verg 1/08; VK Sachsen-Anhalt Beschl. v. 14.2.2014 – 3 VK LSA 01/14; VK Sachsen Beschl. v. 10.4.2014 – 1/SVK/007-14; VK Sachsen Beschl. v. 24.5.2007 – 1/SVK/029-07; VK Sachsen Beschl. v. 24.2.2005 – 1/SVK/005-05.
[18] VK Sachsen Beschl. v. 24.2.2005 – 1/SVK/005-05; VK Sachsen-Anhalt Beschl. v. 14.2.2014 – 3 VK LSA 01/14; VK Sachsen Beschl. v. 10.4.2014 – 1/SVK/007-14; HHKW/*Koenigsmann-Hölken* § 14 Rn. 11.
[19] VK Sachsen Beschl. v. 24.2.2005 – 1/SVK/005-05; VK Arnsberg Beschl. v. 3.6.2013 – VK 9/13; VK Sachsen Beschl. v. 24.2.2005 – 1/SVK/005-05; *Weyand* ibrOK VergabeR § 14 Rn. 32.
[20] VK Sachsen-Anhalt Beschl. v. 14.2.2014 – 3 VK LSA 01/14; VK Sachsen Beschl. v. 24.5.2007 – 1/SVK/029-07; *Weyand* ibrOK VergabeR § 14 Rn. 32.
[21] HHKW/*Koenigsmann-Hölken* § 14 Rn. 11.
[22] VK Sachsen Beschl. v. 24.5.2007 – 1/SVK/029-07; VK Sachsen Beschl. v. 24.2.2005 – 1/SVK/005-05; *Weyand* ibrOK VergabeR § 14 Rn. 32.
[23] OLG Naumburg Beschl. v. 31.3.2008 – 1 Verg 1/08; *Weyand* ibrOK VergabeR § 14 Rn. 34.
[24] Kapellmann/Messerschmidt/*Planker* § 14 Rn. 17.
[25] VK Sachsen Beschl. v. 10.4.2014 – 1/SVK/007-14; *Weyand* ibrOK VergabeR § 14 Rn. 34/1.
[26] VK Sachsen Beschl. v. 10.4.2014 – 1/SVK/007-14; *Weyand* ibrOK VergabeR § 14 Rn. 34/1.
[27] *Weyand* ibrOK VergabeR § 14 Rn. 34/1.
[28] HHKW/*Koenigsmann-Hölken* § 14 Rn. 11.

nung der Angebote einen schweren Vergabeverstoß dar. Dieser Vergabeverstoß kann auch durch Rückversetzung des Vergabeverfahrens auf den Zeitpunkt der Angebotsöffnung **nicht mehr beseitigt werden.** Denn selbst bei Rückversetzung auf den Zeitpunkt der Angebotsöffnung können die erforderlichen Feststellungen nicht mehr zweifelsfrei getroffen werden. Der Auftraggeber hat keine Möglichkeit, bei einer erneuten Prüfung der Angebote diesen Kennzeichnungsmangel zu heilen.[29] Ein rechtmäßiges Vergabeverfahren ist bei unterlassener oder unzureichender Kennzeichnung nicht mehr durchführbar.[30] Die Ausschreibung ist in aller Regel aufzuheben.[31]

19   **2. Muster und Proben (§ 14 EU Abs. 2 Nr. 3).** Gemäß § 14 EU Abs. 2 Nr. 3 müssen im Öffnungstermin die Muster und Proben der Bieter **zur Stelle sein.** Dies deshalb, da die Angebote, die zur Wertung zugelassen werden, vollständig zu sein haben. Eine spätere Einreichung von Mustern oder Proben könnte die Wettbewerbssituation verändern bzw. die Unvollständigkeit von Angeboten begründen.[32] Muster und Proben sind insbesondere dann Angebotsinhalt, soweit diese gem. § 13 Abs. 2 S. 1 VOB/B als vereinbarte Beschaffenheit der Werkleistung gelten. Gemäß § 13 Abs. 2 S. 1 VOB/B gelten bei Leistungen nach Probe die Eigenschaften der Probe als vereinbarte Beschaffenheit, soweit nicht Abweichungen nach der Verkehrssitte als bedeutungslos anzusehen sind.

20   **3. Niederschrift (§ 14 EU Abs. 3 S. 1, 2, Abs. 6, 7).** Über den Öffnungstermin der Angebote ist gem. § 14 EU Abs. 3 S. 1 eine Niederschrift in Textform zu fertigen, in der beide Vertreter des Auftraggebers zu benennen sind. Gemäß Ziff. 2.2 Abs. 3 S. 2 der Richtlinien zu 313 des VHB, Ausgabe 2017, Stand 2019, hat der Schriftführer, der zur Unterstützung des Verhandlungsleiters hinzuzuziehen ist, die Niederschrift nach Formblatt 313 des VHB, Ausgabe 2017, Stand 2019, zu erstellen. Dies hat gem. § 14 EU Abs. 3 S. 1 in Textform zu erfolgen.

21   Da die Niederschrift über den Öffnungstermin die ordnungsgemäße, verfahrenskonforme Durchführung dieses Termins dokumentiert,[33] ist auf die vollständige und sorgfältige Anfertigung dieser Niederschrift besonderes Augenmerk zu legen.[34] Es sind hierin alle **wesentlichen Vorkommnisse** des Öffnungstermins genau zu vermerken.[35] Das Formblatt 313 des VHB, Ausgabe 2017, Stand 2019, bietet hierzu eine wichtige Hilfestellung. Gemäß § 14 EU Abs. 3 S. 2 lit. a–d ist der Niederschrift eine Aufstellung mit folgenden Pflichtangaben beizufügen: (a) Name und Anschrift der Bieter, (b) die Endbeträge der Angebote oder einzelner Lose, (c) Preisnachlässe ohne Bedingungen sowie (d) Anzahl der jeweiligen Nebenangebote. Die Niederschrift hat ferner das Datum, die Uhrzeit von Beginn und Ende des Öffnungstermins, den Ort des Öffnungstermins und die anwesenden Vertreter des Auftraggebers, differenziert nach Verhandlungsleiter und Schriftführer, aufzuführen. Zu dokumentieren ist der **gesamte Verlauf des Öffnungstermins,** die Anzahl der elektronischen Angebote, die Unversehrtheit der Verschlüsselung der elektronischen Angebote, die Eingangszeit der Angebote, die Kennzeichnung der Angebote, die Anzahl der Nebenangebote sowie alle sonstigen Besonderheiten des Ablaufs des Öffnungstermins.[36]

22   Eine **Verlesung der Niederschrift** findet **nicht** statt.[37] Da der Öffnungstermin in Abwesenheit der Bieter stattfindet, sind diese auch nicht zu ersuchen, den Inhalt der Niederschrift als richtig anzuerkennen und dies in der Niederschrift zu vermerken. Gemäß § 14 EU Abs. 4 S. 1 sind ferner Angebote, die nach Ablauf der Angebotsfrist eingegangen sind, in der Niederschrift oder in einem Nachtrag hierzu besonders aufzuführen. Gemäß § 14 EU Abs. 4 S. 2 sind die Eingangszeiten und die etwa bekannten Gründe, aus denen die Angebote nicht vorgelegen haben, gleichfalls zu vermerken. Der Umschlag und andere Beweismittel sind gem. § 14 EU Abs. 4 S. 3 aufzubewahren. Schließlich hat die Niederschrift gem. § 14 EU Abs. 5 S. 1 rechtzeitige, aber iSd § 14 EU Abs. 5 S. 1 nicht vorgelegte Angebote, zu enthalten.

23   Die elektronische Niederschrift in Textform ist gem. § 14 EU Abs. 3 S. 1 in der Neufassung 2019 **nicht** mehr von beiden Vertretern des Auftraggebers **zu unterschreiben** bzw. **nicht** mehr mit **fortgeschrittener oder qualifizierter elektronischer Signatur** gem. § 13 EU Abs. 1 Nr. 1 zu versehen. Gemäß § 14 EU Abs. 6 S. 1 stellt der Auftraggeber bei Ausschreibungen gem. § 3 EU

---

[29] VK Sachsen Beschl. v. 24.5.2007 – 1/SVK/029-07; VK Sachsen Beschl. v. 24.2.2005 – 1/SVK/005-05; VK Münster Beschl. v. 13.2.2008 – VK 29/07.
[30] HHKW/*Koenigsmann-Hölken* § 14 Rn. 12.
[31] VK Arnsberg Beschl. v. 10.3.2008 – VK 05/08; OLG Naumburg Urt. v. 1.8.2013 – 2 U 151/12; anders in Ausnahmefällen VK Arnsberg Beschl. v. 3.6.2013 – VK 9/013; OLG Schleswig Beschl. v. 8.1.2013 – 1 W 51/12.
[32] HHKW/*Koenigsmann-Hölken* § 14 Rn. 17; Ingenstau/Korbion/*von Wietersheim* § 14a Rn. 29.
[33] BGH Urt. v. 26.10.1999 – X ZR 30/98; VK Thüringen Beschl. v. 26.6.2001 – 216-4003.20-027/01-J-S.
[34] Ingenstau/Korbion/*von Wietersheim* § 14a Rn. 30.
[35] BGH Urt. v. 26.10.1999 – X ZR 30/98.
[36] HHKW/*Koenigsmann-Hölken* § 14 Rn. 19.
[37] Ingenstau/Korbion/*von Wietersheim* Rn. 5.

Nr. 1, 2 (offenes und nicht offenes Verfahren) den Bietern die gem. § 14 EU Abs. 3 lit. a–d genannten Informationen unverzüglich elektronisch zur Verfügung. Den Bietern und ihren Bevollmächtigten ist gem. § 14 EU Abs. 6 S. 2 die Einsicht in die Niederschrift und ihre Nachträge zu gestatten. Die Niederschrift selbst darf gem. § 14 EU Abs. 7 nicht veröffentlicht werden.

IV. Verspätete Angebote (§ 14 EU Abs. 4, 5 S. 1–3)

1. Formelle Behandlung (§ 14 EU Abs. 4 S. 1, 2). Gemäß § 14 EU Abs. 4 S. 1 sind **verspä-** 24 **tete Angebote** in der in Textform zu fertigenden Niederschrift oder in einem Nachtrag hierzu besonders aufzuführen. Hierzu sind gem. § 14 EU Abs. 4 S. 2 in der Niederschrift oder einem Nachtrag hierzu die Eingangszeiten und die etwa bekannten Gründe, aus denen die Angebote nicht vor Ablauf der Angebotsfrist eingegangen sind, zu vermerken. Verspätet sind solche Angebote, die zum Zeitpunkt des Ablaufs der Angebotsfrist bei dem Auftraggeber nicht fristgerecht iSd § 16 EU S. 1 eingegangen sind. Verspätete Angebote, die nach diesem Zeitpunkt, aber noch während des Öffnungstermins eintreffen, werden in die Niederschrift aufgenommen. Die erst nach Ablauf der Angebotsfrist und nach dem Öffnungstermin eingehenden Angebote werden in einem Nachtrag zur Niederschrift aufgeführt.[38] Die Aufführung derartiger verspäteter Angebote in der Niederschrift hat „besonders" zu erfolgen. Gleiches gilt für die Aufführung dieser Angebote in einem Nachtrag zur Niederschrift. Die „besonders" durchzuführende Erfassung dieser verspäteten Angebote erfolgt dadurch, dass sie von den übrigen Angeboten **getrennt aufgeführt** werden.[39] Dies dient der Übersicht und der Vermeidung von Missverständnissen.[40]

2. Rechtzeitig eingegangene, aber nicht im Öffnungstermin vorliegende Angebote 25 **(§ 14 EU Abs. 5 S. 1–3).** Elektronische und schriftliche Angebote, die bei Ablauf der Angebotsfrist nicht eingegangen sind, sind für das weitere Verfahren nicht zugelassen und dürfen auch nicht gewertet werden. Derartige verspätete Angebote sind gem. § 16 EU Nr. 1 zwingend auszuschließen.

Rechtzeitig, dh nachweislich vor Ablauf der Angebotsfrist dem Auftraggeber zugegangene 26 Angebote, die im Öffnungstermin aber nicht vorliegen, sind gem. § 14 EU Abs. 5 S. 1 mit allen Angaben in die Niederschrift oder in einen Nachtrag aufzunehmen. Sie sind gem. § 14 EU Abs. 5 S. 1 als rechtzeitig eingereichtes Angebot zu behandeln. § 14 EU Abs. 5 Nr. 1 setzt voraus, dass dem Auftraggeber das Angebot vor Ablauf der Angebotsfrist zugegangen ist. Ein Angebot, das später zugeht, muss unberücksichtigt bleiben, unabhängig davon, ob der Bieter die Verspätung zu vertreten hat.[41]

Ob ein Angebot vor oder nach Ablauf der Angebotsfrist dem Auftraggeber zugeht, beurteilt 27 sich nach dem BGB. **Elektronische Willenserklärungen,** dh in einer Datei gespeicherte Willenserklärungen, die per Internet und E-Mail übermittelt werden, können nach der Rechtsgeschäftslehre des BGB Erklärungen unter Anwesenden oder Erklärungen unter Abwesenden darstellen. Sofern elektronische Erklärungen nicht in einem unmittelbaren Dialog zwischen Erklärenden und Adressat abgegeben werden, sondern an ein E-Mail-Postfach versendet werden, handelt es sich um Willenserklärungen unter Abwesenden gem. § 130 Abs. 1 S. 1 BGB. Zugang erfolgt bei **elektronischen Willenserklärungen** unter Abwesenden dann, wenn die elektronische Erklärung in die **Mailbox des Empfängers** gelangt ist und dieser unter gewöhnlichen Umständen die **Möglichkeit der Kenntnisnahme** hat.[42]

Ob ein **verspätetes elektronisches Angebot** nachweislich vor Ablauf der Angebotsfrist dem 28 Auftraggeber zugegangen war, ist nach diesen Grundsätzen zu beurteilen. Derartige Fälle sind bei elektronischen Angeboten beispielsweise bei rechtzeitigem Eingang des elektronischen Angebots in das richtige E-Mail-Postfach (Mailbox) des Auftraggebers und gleichzeitiger Störung der automatischen Abruffunktion denkbar.

Auch bei **schriftlichen Angeboten** ist Zugang gem. § 130 Abs. 1 S. 1 BGB gegeben, wenn 29 das Angebot in den **Machtbereich des Empfängers** gelangt ist und dieser unter normalen Umständen die **Möglichkeit der Kenntnisnahme** hat. Zum Machtbereich des Empfängers gehören auch die von ihm zur Entgegennahme von Erklärungen bereit gehaltenen Einrichtungen.[43] Hier ist maßgeblich, welche Eingangsstelle oder welche zur Empfangnahme von Erklärun-

---

[38] Ingenstau/Korbion/*von Wietersheim* § 14a Rn. 36.
[39] Ingenstau/Korbion/*von Wietersheim* § 14a Rn. 36.
[40] Ingenstau/Korbion/*von Wietersheim* § 14a Rn. 36.
[41] HHKW/*Koenigsmann-Hölken* § 14 Rn. 25.
[42] MüKoBGB/*Einsele* BGB § 130 Rn. 18 f.
[43] OLG Celle Beschl. v. 7.6.2007 – 13 Verg 5/07; VK Südbayern Beschl. v. 7.4.2006 – 07-03/06; VK Baden-Württemberg Beschl. v. 7.8.2009 – 1 VK 35/09.

gen bereitgehaltene Einrichtungen der Auftraggeber vorhält. Wird in den Ausschreibungsbedingungen eine bestimmte Stelle oder eine bestimmte Person zur Entgegennahme von Angeboten bezeichnet, so ist diese Stelle oder diese Person Empfangsvertreter des Auftraggebers. Wird das Angebot demgegenüber einer anderen Stelle oder einem anderen Mitarbeiter des Auftraggebers ausgehändigt, so ist diese Stelle oder diese Person lediglich Empfangsbote des Auftraggebers.[44]

30 **Erklärungen an den Empfangsboten** gehen dem Auftraggeber erst in dem Zeitpunkt zu, in dem nach regelmäßigem Verlauf der Dinge die Weiterleitung an den richtigen Adressaten des Auftraggebers zu erwarten ist.[45] Hat der Auftraggeber in den Vergabeunterlagen einen **bestimmten Raum** zur Abgabe des Angebots bezeichnet, muss das Angebot dort auch abgegeben werden.[46] Die beim **Pförtner erfolgte Angebotsabgabe** ist als verspätet zurückzuweisen. Pförtner sind keine Empfangsvertreter und regelmäßig auch keine Empfangsboten.[47] Ist in den Vergabeunterlagen keine Raumnummer zur Angebotsabgabe benannt, ist die Aushändigung des Angebots an einen Empfangsgehilfen der Vergabestelle für den Zugang maßgeblich.[48]

31 Sind keine besonderen Hinweise zur Adressierung des Angebots an eine bestimmte Einrichtung, Stelle oder Person des Auftraggebers in den Vergabeunterlagen benannt, ist der Einwurf in den Postbriefkasten des Auftraggebers für das Gelangen des Angebots in den Machtbereich des Empfängers ausreichend.[49] Der Bieter trägt das **Risiko für die Rechtzeitigkeit des Zugangs.**[50] Ein verspäteter Zugang des Angebots ist nur dann dem Bieter nicht zuzurechnen, wenn die Verspätung entweder allein vom Auftraggeber oder weder vom Bieter noch vom Auftraggeber zu vertreten ist.[51]

32 Den Umstand, dass das Angebot vollständig und rechtzeitig gem. § 14 EU Abs. 5 S. 1 beim Auftraggeber eingereicht wurde, hat grundsätzlich **der Bieter zu beweisen.**[52] Den Auftraggeber trifft ausnahmsweise dann die Beweislast für die Rechtzeitigkeit oder Nicht-Rechtzeitigkeit der Angebotseinreichung, wenn es allein im Verantwortungsbereich des Auftraggebers liegt, dass sich die für einen Ausschluss gem. § 16 EU Abs. 1 Nr. 1 erforderlichen Tatsachen nicht nachweisen lassen.[53] Dies folgt aus der Dokumentationspflicht des Auftraggebers, die ihm auch gebietet, dokumentarisch die geeigneten Vorkehrungen zu treffen, um im Zweifel die Verspätung eines Angebots nachweisen zu können.[54] Wenn der Auftraggeber ein verspätetes Angebot, das ihm bei Ablauf der Angebotsfrist nicht vorlag, gem. § 14 EU Abs. 5 S. 1 werten will, hat gleichfalls er zu beweisen, dass ihm das Angebot rechtzeitig iSd § 14 EU Abs. 5 S. 1 zugegangen war.[55]

33 Gemäß § 14 EU Abs. 5 S. 2 ist den Bietern der Sachverhalt eines vor Ablauf der Angebotsfrist zugegangenen, aber nicht vorgelegten Angebots gem. § 14 EU Abs. 5 S. 1 unverzüglich **in Textform** gem. § 126b BGB **mitzuteilen.** In diese Mitteilung sind gem. § 14 EU Abs. 5 S. 3 die Feststellung gem. § 14 EU Abs. 2 Nr. 1, ob die Angebote verschlüsselt waren und die Angaben gem. § 14 EU Abs. 3 S. 2 lit. a–d mit aufzunehmen. Hiermit soll Transparenz über den Öffnungstermin geschaffen sowie Manipulationen entgegengewirkt werden.

34 Das nicht vorgelegte, aber rechtzeitig zugegangene Angebot gem. § 14 EU Abs. 5 S. 1 ist gem. § 14 EU Abs. 5 S. 1 **in die Niederschrift** oder **in einen Nachtrag zu dieser Niederschrift** aufzunehmen. Die Eingangszeiten und die etwa bekannten Gründe, aus denen das Angebot nicht bei Ablauf der Angebotsfrist vorgelegen hat, sind in dieser Niederschrift oder dem Nachtrag hierzu gem. § 14 EU Abs. 5 S. 2, Abs. 4 S. 2 zu vermerken. Auch diese Regelung dient der Transparenz des ohne Anwesenheit der Bieter durchgeführten Öffnungstermins und beugt Manipulationen vor.

---

[44] VK Baden-Württemberg Beschl. v. 7.8.2009 – 1 VK 35/09; VK Brandenburg Beschl. v. 11.11.2010 – VK 57/10.
[45] *Weyand* ibrOK VergabeR § 14 Rn. 62.
[46] VK Brandenburg Beschl. v. 11.11.2010 – VK 57/10; VK Brandenburg Beschl. v. 26.1.2005 – VK 81/04.
[47] VK Brandenburg Beschl. v. 26.1.2005 – VK 81/04; *Weyand* ibrOK VergabeR § 14 Rn. 64.
[48] VK Südbayern Beschl. v.7.4.2006 – 07-03/06; *Weyand* ibrOK VergabeR § 14 Rn. 65.
[49] VK Sachsen-Anhalt Beschl. v. 8.4.2014 – 3 VK LSA 13/14; *Weyand* ibrOK VergabeR § 14 Rn. 66.
[50] VK Bund Beschl. v. 1.9.2006 – VK 3-105/06; VK Nordbayern Beschl. v. 1.4.2008 – 21.VK-3194-09/08; VK Sachsen Beschl. v. 29.12.2004 – 1/SVK/123-04.
[51] VK Sachsen Beschl. v. 29.12.2004 – 1/SVK/123-04; VK Sachsen-Anhalt Beschl. v. 8.4.2014 – 3 VK LSA 13/14; VK Brandenburg Beschl. v. 26.1.2005 – VK 81/04; *Weyand* ibrOK VergabeR § 14 Rn. 74.
[52] OLG Celle Beschl. v. 7.6.2007 – 13 Verg 5/07; VK Sachsen-Anhalt Beschl. v. 2.8.2013 – 3 VK LSA 33/13; VK Bund Beschl. v. 8.9.2008 – VK 3-116/08; HHKW/*Koenigsmann-Hölken* § 14 Rn. 26.
[53] OLG Celle Beschl. v. 7.6.2007 – 13 Verg 5/07; VK Sachsen-Anhalt Beschl. v. 2.8.2013 – 3 VK LSA 33/13.
[54] OLG Celle Beschl. v. 7.6.2007 – 13 Verg 5/07; HHKW/*Koenigsmann-Hölken* § 14 Rn. 26.
[55] HHKW/*Koenigsmann-Hölken* § 14 Rn. 26.

V. Verwahrung und Geheimhaltung der Angebote (§ 14 EU Abs. 8)

Angebote und ihre Anlagen sind nach Öffnung gem. § 14 EU Abs. 8 vom Auftraggeber sorgfältig zu verwahren und geheim zu halten. Die Verwahrungs- und Geheimhaltungspflicht besteht sowohl für die beim späteren Zuschlag **nicht berücksichtigten Angebote** als auch für das später **bezuschlagte Angebot**. § 14 EU Abs. 8 bezweckt den Schutz des Geheimwettbewerbs[56] wie auch die Sicherung von Beweismitteln für etwaige Einsprüche der Bieter oder Rückfragen von Fördermittelgeber. Auch gilt es, spätere unzulässige Manipulationen von Bietern oder Dritten an den Angeboten zu vermeiden.[57] Die Geheimhaltungspflicht des Auftraggebers für die Angebote und ihre Anlagen reicht dabei auch über den Zeitraum nach Zuschlagserteilung hinaus.[58] 35

Die Richtlinien zu Formblatt 313 des VHB, Ausgabe 2017, Stand 2019, sehen unter Ziff. 4 ebenfalls eine Geheimhaltungspflicht für die Angebote mit allen Anlagen vor. Diese Geheimhaltungspflicht gilt für **alle Verfahrensarten im Anwendungsbereich des VHB**. Angebote mit ihren Anlagen dürfen gem. Ziff. 4 S. 2, 3 der Richtlinien zu Formblatt 313 des VHB, Ausgabe 2017, Stand 2019, nur den unmittelbar mit der Bearbeitung beauftragten Personen zugänglich gemacht werden. Dies hiernach auch, wenn freiberuflich Tätige an der Prüfung und Wertung der Angebote beteiligt sind. 36

Bei schwerwiegendem Verstoß gegen die Verwahrungs- und Geheimhaltungspflicht kommt eine Aufhebung der Ausschreibung in Betracht. Dies insbesondere dann, wenn infolge des durch Verstoß gegen die Verwahrungs- und Geheimhaltungspflicht ermöglichten Eingriffs Dritter nicht mehr zuzuordnen ist, **welche Bestandteile zu welchem Angebot** gehören.[59] Entwürfe, Ausarbeitungen, Muster und Proben von nicht berücksichtigten Angeboten sind zurückzugeben, wenn dies im Angebot oder innerhalb von 30 Kalendertagen nach Ablehnung des Angebots verlangt wird (§ 19 EU Abs. 6). 37

Das Geheimhaltungsgebot beinhaltet ferner, dass die Vergabeentscheidung des Auftraggebers selbst in **nicht öffentlicher Sitzung** getroffen wird. Hiervon zu trennen ist die Information über das Ergebnis der getroffenen Entscheidung. Dies kann der Öffentlichkeit mitgeteilt werden.[60] 38

§ 15 EU Aufklärung des Angebotsinhalts

(1)
1. Im offenen und nicht offenen Verfahren darf der öffentliche Auftraggeber nach Öffnung der Angebote bis zur Zuschlagserteilung von einem Bieter nur Aufklärung verlangen, um sich über seine Eignung, insbesondere seine technische und wirtschaftliche Leistungsfähigkeit, das Angebot selbst, etwaige Nebenangebote, die geplante Art der Durchführung, etwaige Ursprungsorte oder Bezugsquellen von Stoffen oder Bauteilen und über die Angemessenheit der Preise, wenn nötig durch Einsicht in die vorzulegenden Preisermittlungen (Kalkulationen) zu unterrichten.
2. Die Ergebnisse solcher Aufklärungen sind geheim zu halten. Sie sollen in Textform niedergelegt werden.

(2) Verweigert ein Bieter die geforderten Aufklärungen und Angaben oder lässt er die ihm gesetzte angemessene Frist unbeantwortet verstreichen, so ist sein Angebot auszuschließen.

(3) Verhandlungen in offenen und nicht offenen Verfahren, besonders über Änderung der Angebote oder Preise, sind unstatthaft, außer, wenn sie bei Nebenangeboten oder Angeboten aufgrund eines Leistungsprogramms nötig sind, um unumgängliche technische Änderungen geringen Umfangs und daraus sich ergebende Änderungen der Preise zu vereinbaren.

(4) Der öffentliche Auftraggeber darf nach § 8c EU Absatz 3 übermittelte Informationen überprüfen und hierzu ergänzende Erläuterungen von den Bietern fordern.

---

[56] VK Lüneburg Beschl. v. 4.10.2011 – VgK-26/2011; VK Brandenburg Beschl. v. 26.2.2013 – VK 46/12.
[57] VK Lüneburg Beschl. v. 4.10.2011 – VgK-26/2011; VK Brandenburg Beschl. v. 26.2.2013 – VK 46/12; Ingenstau/Korbion/*von Wietersheim* § 14a Rn. 52.
[58] VK Lüneburg Beschl. v. 4.10.2011 – VgK-26/2011.
[59] HHKW/*Koenigsmann-Hölken* § 14 Rn. 34.
[60] Ingenstau/Korbion/*von Wietersheim* § 14a Rn. 53.

VOB/A § 15 EU 1–3

Übersicht

		Rn.			Rn.
I.	Normzweck	1	7.	Angemessenheit der Preise	31
II.	Kein Anspruch des Bieters auf Angebotsaufklärung (§ 15 EU Abs. 1 Nr. 1, Abs. 2)	5	IV.	Geheimhaltung und Niederlegung in Textform (§ 15 EU Abs. 1 Nr. 2)	39
III.	Aufklärungsbedarf und allein zulässige Aufklärungsgründe (§ 15 EU Abs. 1 Nr. 1)	8	V.	Aufklärungsverweigerung (§ 15 EU Abs. 2)	44
1.	Allgemeines	8	VI.	Nachverhandlungsverbot (§ 15 EU Abs. 3)	48
2.	Eignung, technische und wirtschaftliche Leistungsfähigkeit	11	1.	Änderung der Angebote oder der Preise	50
3.	Das Angebot selbst	16	2.	Ausnahme bei Nebenangeboten	52
4.	Nebenangebote	20	VII.	Überprüfung von Angaben zum Energieverbrauch und vorgelegter Lebenszykluskostenanalyse (§ 15 EU Abs. 4)	55
5.	Geplante Art der Durchführung	23			
6.	Ursprungsorte oder Bezugsquellen	28			

I. Normzweck

1 § 15 EU Abs. 1–4 regelt die Zulässigkeit der Aufklärung des Angebotsinhalts nach Angebotsöffnung bei europaweiter Bauvergabe im offenen und im nicht offenen Verfahren gem. § 3 EU Nr. 1, 2. Der Wortlaut der Bestimmungen des § 15 EU Abs. 1–3 im Bereich der europaweiten Bauvergabe des Abschnitts 2 ist unter Ausnahme der Verfahrensbezeichnungen offenes und nicht offenes Verfahren mit dem Normtext parallelen Bestimmungen der nationalen Bauvergabe des Abschnitts 1 in § 15 Abs. 1–3 identisch. Einzige inhaltliche Abweichung ist die in § 15 EU Abs. 4 normierte Überprüfungsmöglichkeit der **Angaben zum Energieverbrauch** und den **Lebenszykluskosten** bei den im Rahmen der europaweiten Bauvergabe zu beschaffenden energieverbrauchsrelevanten Waren, technischen Geräten oder Ausrüstungen, die jeweils wesentlicher Bestandteil der ausgeschriebenen Bauleistung sind. Diese Regelung des § 15 EU Abs. 4 in Abschnitt 2 findet keine Entsprechung in der Parallelvorschrift des § 15 Abs. 1–3 in Abschnitt 1.

2 § 15 EU begrenzt den **zulässigen Inhalt der Bieterkommunikation** im Zeitraum zwischen der Angebotsöffnung gem. den § 14 EU Abs. 2 Nr. 2 und der Zuschlagserteilung gem. § 18 EU Abs. 1.[1] Die Vorschrift hat durch das in § 15 EU Abs. 3 normierte Verhandlungsverbot und durch die enumerative Aufzählung der allein zulässigen Aufklärungsgründe bei Ausschreibungen gem. § 15 EU Abs. 1 Nr. 1 eine besonders wichtige Funktion zur Sicherung eines fairen Verfahrensablaufs und der Durchführung eines ordnungsgemäßen Wettbewerbs. Denn der Bieterwettbewerb ist in diesem zeitlichen Stadium durch die Angebotsöffnung zum Ruhen gekommen und darf nicht durch einseitige weitere Verhandlungen des Auftraggebers mit einem Bieter verfälscht werden. Nach der Angebotsöffnung besteht für den Auftraggeber bei den förmlichen Vergabearten des offenen Verfahrens und des nicht offenen Verfahrens gem. § 3 EU Nr. 1, 2 ein **striktes Verhandlungsverbot.** Jegliche (Nach-)Verhandlungen der bieterseits abgegebenen und geöffneten Angebote sind bei Ausschreibungen gem. § 15 EU Abs. 3 unzulässig und verboten. Allein eine Angebotsaufklärung aus den in § 15 EU Abs. 1 Nr. 1 benannten Gründen ist für den Auftraggeber nach Angebotsöffnung statthaft. Bieterkommunikation, die über den von § 15 EU Abs. 1 Nr. 1 zur inhaltlichen Angebotsaufklärung eröffneten Rahmen hinausgeht, unterfällt dem Verhandlungsverbot des § 15 EU Abs. 3.

3 § 15 EU ist bieterschützend.[2] Ein Verstoß gegen § 15 EU Abs. 1 Nr. 1, 2, Abs. 3 durch Überschreitung des zulässigen Gegenstands der Angebotsaufklärung oder durch (Nach-)Verhandlungen mit einem Bieter bei Ausschreibungen stellt einen Vergaberechtsverstoß dar. Dieser Vergaberechtsverstoß beinhaltet gleichzeitig eine Verletzung vorvertraglicher Pflichten und vermag einen **Schadensersatzanspruch** des durch eine unzulässige Aufklärung oder einen auftraggeberseitigen Verstoß gegen das Nachverhandlungsverbot benachteiligten Bieter begründen.[3] Die bieterschützende Vorschrift des § 15 EU schützt dagegen **nicht den Bieter,** mit dem unstatthafte Verhandlungen gem. § 15 EU Abs. 3 geführt werden. Denn Sinn und Zweck des Nachverhandlungsverbots des § 15

---

[1] Ingenstau/Korbion/*von Wietersheim* § 15 Rn. 1.
[2] OLG Düsseldorf Beschl. v. 14.3.2001 – Verg 30/00; VK Hessen Beschl. v. 23.5.2013 – 69d-VK-5/2013; VK Bund Beschl. v. 22.7.2002 – VK 1-59/02; VK Nordbayern Beschl. v. 14.1.2010 – 21.VK-3194-64/09.
[3] VK Bund Beschl. v. 22.7.2002 – VK 1-59/02; jurisPK-VergabeR/*Horn* § 15 Rn. 3.

EU Abs. 3 ist es, den Wettbewerb unter gleichen Bedingungen für alle Bieter aufrechtzuerhalten.[4] Anderenfalls würde der Bieter, mit dem entgegen § 15 EU Abs. 3 vergaberechtlich unzulässige Nachverhandlungen geführt werden, eine wettbewerbsverfälschende Bevorzugung erlangen, die § 15 EU Abs. 3 gerade unterbinden will.[5] Das Transparenzgebot des § 97 Abs. 1 S. 1 GWB und das Gleichbehandlungsgebot gem. § 97 Abs. 2 GWB verbieten jegliche nachträgliche Änderung der in den Ausschreibungsverfahren gem. § 3 EU Nr. 1, 2 abgegebenen Angebote. Auf die Unabänderbarkeit der abgegebenen Angebote muss sich jeder Bieter verlassen können, ansonsten ist kein ordnungsgemäßer Wettbewerb gewährleistet.[6]

§ 15 EU ist allein auf **Ausschreibungsverfahren** gem. § 3 EU Nr. 1, 2 anwendbar. Für das Verhandlungsverfahren, den wettbewerblichen Dialog und die Innovationspartnerschaft gem. § 3 EU Nr. 3–5 gelten die Verbote des § 15 EU nicht.[7] Demgegenüber sind die **Geheimhaltungspflicht** der Ergebnisse von Angebotsaufklärungen gem. § 15 EU Abs. 1 Nr. 2 S. 1 wie auch die **Dokumentationspflicht** dieser Angebotsaufklärungen gem. § 15 EU Abs. 1 Nr. 2 S. 2 auch bei den Verfahren gem. § 3 EU Nr. 3–5 entsprechend anwendbar.[8] Das Gebot der Vertraulichkeit von Aufklärungsgesprächen und deren hinreichende Dokumentation auch im Rahmen dieser Verfahren folgen zudem aus dem Wettbewerbsgrundsatz und dem Diskriminierungsverbot gem. § 2 EU Abs. 1, 2.[9]

II. Kein Anspruch des Bieters auf Angebotsaufklärung (§ 15 EU Abs. 1 Nr. 1, Abs. 2)

§ 15 EU Abs. 1 Nr. 1, Abs. 2 begründet keinen bieterseitigen Anspruch auf Aufklärung seines Angebots.[10] Ob und bejahendenfalls welche Maßnahmen zur Aufklärung von Angebotsinhalten ergriffen werden, steht grundsätzlich im **Ermessen des Auftraggebers.**[11] Hierbei unterliegt der Auftraggeber der Einschränkung, dass er bei der Ausübung seines Ermessens verschiedene Bewerber gleich und fair zu behandeln hat.[12] Dieses Ermessen kann reduziert sein. Die ausschließliche Verantwortung des Bieters, ein vollständiges und zweifelsfreies Angebot abzugeben, welches bei Unklarheit nicht zwingend, sondern allein nach pflichtgemäßem Ermessen des Auftraggebers aufzuklären ist, kann sich auf den Auftraggeber verlagern und eine Aufklärung gebieten. Dies insbesondere dann, wenn die Unklarheit des Angebots des Bieters vom Auftraggeber verursacht wurde oder das Gebot zur fairen und gleichen Behandlung der Bieter dies fordert.[13]

So kann sich das Aufklärungsermessen des Auftraggebers zu einer **Aufklärungspflicht** reduzieren, wenn die Vergabeunterlagen unklar sind und ein Bieter sie in vertretbarer Weise anders auslegt als der Auftraggeber ihnen vorgesehen hat.[14] Desgleichen kann eine Ermessensreduzierung zur Durchführung eines Aufklärungsgesprächs erfolgen, wenn der Auftraggeber diesbezüglich einen konkreten Vertrauenstatbestand gesetzt hat. Dieser Vertrauenstatbestand kann aus der Durchführung von gleichartigen Aufklärungsgesprächen in der Vergangenheit folgen.[15] Schließlich können ungewöhnlich hohe oder niedrige Preise eine Aufklärung gebieten. § 16d EU Abs. 1 Nr. 2 begründet eine Aufklärungspflicht, wenn der Angebotspreis unangemessen niedrig erscheint und anhand vorliegender Unterlagen über die Preisermittlung die Angemessenheit des Preises nicht zu beurteilen ist. Auch der Verdacht einer **Mischkalkulation** oder eines **Spekulationsangebots** gebieten eine Aufklä-

---

[4] VK Bund Beschl. v. 18.10.1999 – VK 1-25/99; VK Bund Beschl. v. 22.7.2002 – VK 1-59/02; VK Nordbayern Beschl. v. 14.1.2010 – 21.VK-3194-64/09; *Weyand* ibrOK VergabeR § 15 Rn. 6; jurisPK-VergabeR/*Horn* § 15 Rn. 3.
[5] VK Nordbayern Beschl. v. 14.1.2010 – 21.VK-3194-64/09; VK Hessen Beschl. v. 23.5.2013 – 69d-VK-5/2013; *Weyand* ibrOK VergabeR § 15 Rn. 6.
[6] VK Nordbayern Beschl. v. 14.1.2010 – 21.VK-3194-64/09; *Weyand* ibrOK VergabeR § 15 Rn. 9.
[7] Ingenstau/Korbion/*von Wietersheim* § 15 Rn. 2.
[8] Ingenstau/Korbion/*von Wietersheim* § 15 Rn. 2; jurisPK-VergabeR/*Horn* § 15 Rn. 7.
[9] jurisPK-VergabeR/*Horn* § 15 Rn. 7.
[10] VK Bund Beschl. v. 29.1.2014 – VK 1-123/13; OLG Brandenburg Urt. v. 6.9.2011 – 6 U 2/11; Ingenstau/Korbion/*von Wietersheim* § 15 Rn. 2.
[11] EuGH Urt. v. 29.3.2012 – Rs. C-599/10 Rn. 41 – SAG ELV Slovensko; VK Nordbayern Beschl. v. 10.2.2015 – 21.VK-3194-38/14; jurisPK-VergabeR/*Horn* § 15 Rn. 5.
[12] EuGH Urt. v. 29.3.2012 – Rs. C-599/10 Rn. 41 – SAG ELV Slovensko; VK Nordbayern Beschl. v. 10.2.2015 – 21.VK-3194-38/14.
[13] OLG Brandenburg Urt. v. 6.9.2011 – 6 U 2/11; VK Bund Beschl. v. 4.2.2010 – VK 3-3/10; VK Bund Beschl. v. 12.1.2005 – VK 3-218/04; VK Niedersachsen Beschl. v. 24.10.2008 – VgK-35/2008; *Weyand* ibrOK VergabeR § 15 Rn. 20; Ingenstau/Korbion/*von Wietersheim* § 15 Rn. 2; HHKW/*Steiff* § 15 Rn. 6.
[14] VK Südbayern Beschl. v. 8.2.2011 – Z3-3-3194-1-01-01/11; VK Lüneburg Beschl. v. 24.10.2008 – VgK-35/2008; *Weyand* ibrOK VergabeR § 15 Rn. 21.
[15] OLG Dresden Beschl. v. 10.7.2003 – WVerg 0015/02; OLG Frankfurt a. M. Beschl. v. 26.5.2009 – 11 Verg 2/09; VK Saarland Beschl. v. 23.4.2007 – 3 VK 2/07; *Weyand* ibrOK VergabeR § 15 Rn. 15.

rung.[16] Ein Angebotsausschluss ohne gewährte Erläuterungsmöglichkeit des Bieters wäre dann unstatthaft.[17]

7 Das Aufklärungsermessen des Auftraggebers kann auch dann reduziert und eine Aufklärung geboten sein, wenn durch eine geringfügige Nachfrage des Auftraggebers Zweifel am Angebotsinhalt ausräumbar sind und so der Angebotsschluss vermieden werden kann.[18] Durch entsprechende Hinweise des Auftraggebers auf Lücken im Angebot im Rahmen der Aufklärung darf ein Angebot hingegen nicht gleichheitswidrig optimiert werden.[19]

III. Aufklärungsbedarf und allein zulässige Aufklärungsgründe (§ 15 EU Abs. 1 Nr. 1)

8 **1. Allgemeines.** Die Gründe zulässiger Angebotsaufklärungen sind abschließend in § 15 Abs. 1 Nr. 1 bestimmt. Hierbei handelt es sich um eng auszulegende Ausnahmetatbestände.[20] Aufklärungsbedarf des öffentlichen Auftraggebers besteht dann, wenn ein erhebliches, für die Vergabeentscheidung relevantes Informationsbedürfnis vorliegt. Dieses Informationsbedürfnis hat dabei im Zusammenhang mit einem Ausschlussgrund oder der Prüfung der Zuschlagskriterien zu stehen. Die gewählten Aufklärungsmaßnahmen müssen ferner geeignet sein, den Informationsbedarf des Auftraggebers zu erfüllen und die benötigten Informationen dürfen nicht auf andere und einfachere Weise zu beschaffen sein.[21] Der Aufklärungsbedarf des Auftraggebers muss sich auf derart **erhebliche Zweifel** über den Inhalt des Angebots oder die Person des Bieters gründen, sodass ohne Aufklärung eine abschließende inhaltliche Bewertung des Angebots nicht möglich ist. Der Aufklärung des Angebots geht stets die **Auslegung des Angebots** voraus.[22] Der Auftraggeber hat für die ordnungsgemäße Wertung des Angebots trotz Auslegung auf die nachgereichten Angaben bzw. Unterlagen in der Aufklärung angewiesen zu sein.[23]

9 Aufklärungsersuchen sind vom Auftraggeber an den Bieter, dessen Angebot aufklärungsbedürftig ist, zu richten.[24] Der Auftraggeber muss sich auf sein Aufklärungsersuchen hin nicht vom Bieter darauf verweisen lassen, dass er sich die Informationen selbst beschaffen könne.[25] Verweigert ein Bieter die geforderten Aufklärungen und Angaben, so ist sein Angebot gem. § 15 EU Abs. 2 auszuschließen.[26] Der Auftraggeber ist nicht auf die Aufklärung beim Bieter beschränkt, sondern kann **auch anderweitig Informationen einholen.**[27] Der Auftraggeber darf sich bei der Aufklärung auch der Hilfe von Gutachtern bedienen.[28] Wenn aus dem gleichen Gesichtspunkt mehrere Angebote aufklärungsbedürftig sind, ist aufgrund des Gleichbehandlungsgrundsatzes eine Aufklärung aller aufklärungsbedürftigen Angebote geboten.[29] Dabei ist es zulässig und wirtschaftlich geboten, die Aufklärung der Angebotsinhalte auf solche Angebote zu beschränken, die in der Wertung an erster, zweiter und ggf. an dritter Stelle stehen, dh **konkrete Zuschlagsaussicht** haben.[30]

10 Aufgrund des Ausnahmecharakters der Angebotsaufklärung gem. § 15 EU sind die Ausnahmetatbestände zulässiger Aufklärungsgründe gem. § 15 EU Abs. 1 Nr. 1 **restriktiv zu handhaben.**[31] Eine erweiternde Interpretation dieser Ausnahmetatbestände ist nicht statthaft.[32] Die Aufzählung der zulässigen Aufklärungsgründe in § 15 EU Abs. 1 Nr. 1 ist abschließend. Die Aufklärungsgründe beschreiben abschließend dasjenige, was vom Auftraggeber ausnahmsweise beim Bieter nach Angebotseinreichung noch erfragt werden darf.[33]

---

16 HHKW/*Steiff* § 15 Rn. 7.
17 HHKW/*Steiff* § 15 Rn. 7; Kapellmann/Messerschmidt/*Planker* § 15 Rn. 13.
18 VK Bund Beschl. v. 25.9.2002 – VK-1-71/02; HHKW/*Steiff* § 15 Rn. 18.
19 VK Südbayern Beschl. v. 8.2.2011 – Z3-3-3194-1-0-01/11; VK Hessen Beschl. v. 18.3.2002 – 69d-VK-3/2002.
20 OLG Celle Beschl. v. 14.1.2014 – 13 Verg 11/13; OLG München Beschl. v. 17.9.2007 – Verg 10/07; jurisPK-VergabeR/*Horn* § 15 Rn. 16.
21 jurisPK-VergabeR/*Horn* § 15 Rn. 16.
22 HHKW/*Steiff* § 15 Rn. 5.
23 *Weyand* ibrOK VergabeR § 15 Rn. 26; jurisPK-VergabeR/*Horn* § 15 Rn. 16.
24 OLG Frankfurt a. M. Beschl. v. 12.11.2013 – 11 Verg 14/13; HHKW/*Steiff* § 15 Rn. 9.
25 HHKW/*Steiff* § 15 Rn. 5.
26 hierzu OLG Jena Beschl. v. 14.11.2002 – 6 Verg 7/02.
27 VK Hessen Beschl. v. 7.10.2004 – 69d-VK-60/2004.
28 OLG München Beschl. v. 31.1.2013 – Verg 31/12; OLG München Beschl. v. 17.1.2013 – Verg 30/12.
29 OLG Saarbrücken Beschl. v. 29.5.2002 – 5 Verg 1/01; VK Nordbayern Beschl. v. 10.2.2015 – 21-VK-3194-38/14; HHKW/*Steiff* § 15 Rn. 10.
30 VK Baden-Württemberg Beschl. v. 7.8.2003 – 1 VK 33/03; OLG München Beschl. v. 17.9.2007 – Verg 10/07.
31 OLG Celle Beschl. v. 14.1.2014 – 13 Verg 11/13; OLG München Beschl. v. 17.9.2007 – Verg 10/07.
32 jurisPK-VergabeR/*Horn* § 15 Rn. 16.
33 jurisPK-VergabeR/*Horn* § 15 Rn. 18.

2. Eignung, technische und wirtschaftliche Leistungsfähigkeit. Gemäß § 15 EU Abs. 1 **11** Nr. 1 Alt. 1 kann ausnahmsweise eine Unterrichtung des Auftraggebers über die Eignung, insbesondere die technische und wirtschaftliche Leistungsfähigkeit des Bieters im Rahmen eines Aufklärungsgesprächs erfolgen. Diese Aufklärung hat sich darauf zu beschränken, was der Bieter im Hinblick auf die ausgeschriebene Bauaufgabe technisch und wirtschaftlich zu leisten vermag.[34] Die Aufklärung über die Bietereignung gem. § 2 EU Abs. 3 ist dabei auf die Informationen zu beschränken, deren Erlangung im berechtigten Interesse des Auftraggebers liegt.[35] Berechtigte Auftraggeberinteressen bestehen vor allem bei bisher **unbekannten Bietern** oder bei solchen Bietern, deren bekannte Verhältnisse sich **geändert** haben. Aufklärungsmaßnahmen zur Eignung sind auf die Erläuterung bereits abgegebener Erklärungen und auf die **Ausräumung von Restzweifeln** gerichtet.[36] Durch die Ausräumung dieser Restzweifel soll sichergestellt werden, dass Bauleistungen gem. § 2 EU Abs. 3 allein an fachkundige und leistungsfähige Unternehmen vergeben werden.[37]

Im Geltungsbereich des VHB, Ausgabe 2017, Stand 2019 sind die Richtlinien zu Formblatt **12** 321 zu berücksichtigen. Maßnahmen zur Angebotsaufklärung bezüglich der Eignung, insbesondere der technischen und wirtschaftlichen Leistungsfähigkeit können durch Anforderung von ergänzenden Nachweisen oder durch Einholung von Auskünften, **auch bei Dritten,** durchgeführt werden. Die Einholung von Drittauskünften kann eine vorherige Unterrichtung des betroffenen Bieters voraussetzen. Dies ist dann nicht der Fall, wenn der Bieter bei Abgabe seiner Referenzen Kontaktpersonen benannt hat. In diesem Fall entspricht es seiner Intention oder er muss zumindest damit rechnen, dass der Auftraggeber bei den angegebenen Kontaktpersonen Erkundigungen einzieht.[38] Die Aufklärung über die Eignung, insbesondere die technische und wirtschaftliche Leistungsfähigkeit des Bieters hat sich dabei allein auf Zweifelsfragen an den vorliegenden Eignungsnachweisen zu erstrecken.

Von den vorliegenden, inhaltlich aufklärungsbedürftigen Eignungsnachweisen sind **fehlende** **13** **Eignungsnachweise** des Bieters abzugrenzen. Fehlende Eignungsnachweise sind vom Auftraggeber im Verfahren gem. § 16a EU S. 1 nachzufordern und vom Bieter gem. § 16a EU S. 2 spätestens innerhalb von sechs Kalendertagen nach Aufforderung durch den Auftraggeber vorzulegen. Unterbleibt die fristgerechte Vorlage durch den Bieter, ist sein Angebot gem. § 16a EU S. 4 auszuschließen. Unklarheiten, die aus fehlenden Eignungsnachweisen resultieren, dürfen nicht durch Nachverhandlungen im Rahmen eines Aufklärungsgesprächs gem. § 15 EU Abs. 1 Nr. 1 Alt. 1 geklärt werden.[39]

Auch die Ergänzung eines bis dahin **unvollständigen Angebots** im Rahmen einer Angebots- **14** aufklärung gem. § 15 EU Abs. 1 Nr. 1 stellt eine unzulässige Nachverhandlung dar.[40] Eine Aufklärung gem. § 15 EU Abs. 1 Nr. 1 Alt. 1 kommt demgegenüber dann in Betracht, wenn der Bieter einen ursprünglich nicht vorgelegten Nachweis im Rahmen einer Nachforderung des Auftraggebers gem. § 16a EU S. 1 fristgerecht, gem. § 16a EU S. 2 nachgereicht hat und an diesem nachgereichten Eignungsnachweis Zweifel bestehen.[41] Eine Aufklärung gem. § 15 EU Abs. 1 Nr. 1 Alt. 1 kommt auch in Betracht, wenn dem Auftraggeber Hinweise auf **besondere Umstände** vorliegen, die einen bestimmten Bieter als ungeeignet erscheinen lassen.[42]

Spätestens im Rahmen eines Aufklärungsgesprächs hat der Bieter ferner von sich aus Auskunft **15** über wesentliche, seine Eignung, insbesondere die technische und wirtschaftliche Leistungsfähigkeit, betreffende Gesichtspunkte zu informieren. Eine **Informationspflicht des Bieters** ist insbesondere dann zu bejahen, wenn er in wirtschaftliche Bedrängnis geraten ist, wodurch die Erreichung des Vertragsziels vereitelt oder wesentlich erschwert würde. Desgleichen hat der Bieter von sich aus spätestens im Aufklärungsgespräch den Auftraggeber über Umstände aufzuklären, die dem Auftraggeber nach Vertragsschluss ein Anfechtungsrecht gem. § 123 Abs. 1 BGB geben würden.[43]

3. Das Angebot selbst. Einen berechtigten Aufklärungsgrund gem. § 15 EU Abs. 1 Nr. 1 **16** kann auch das Angebot selbst liefern. Aufklärungsgespräche über das Angebot selbst sind dabei

---

[34] OLG Saarbrücken Beschl. v. 14.5.2004 – 1 Verg 4/04; OLG Frankfurt a. M. Beschl. v. 9.7.2010 – 11 Verg 5/10.
[35] Ingenstau/Korbion/*von Wietersheim* § 15 Rn. 5; jurisPK-VergabeR/*Horn* § 15 Rn. 19.
[36] VK Schleswig-Holstein Beschl. v. 28.1.2008 – VK-SH 27/07; VK Südbayern Beschl. v. 7.12.2007 – Z3-3194-1-49-10/07; OLG Saarbrücken Beschl. v. 12.5.2004 – 1 Verg 4/04.
[37] jurisPK-VergabeR/*Horn* § 15 Rn. 20.
[38] jurisPK-VergabeR/*Horn* § 15 Rn. 22.
[39] OLG Frankfurt a. M. Beschl. v. 9.7.2010 – 11 Verg 5/10; VK Bund Beschl. v. 13.6.2007 – VK 2-51/07; VK Schleswig-Holstein Beschl. v. 28.1.2008 – VK-SH 27/07; VK Südbayern Beschl. v. 7.12.2007 – Z3-3-3194-1-49-10/07; Ingenstau/Korbion/*von Wietersheim* § 15 Rn. 5.
[40] Ingenstau/Korbion/*von Wietersheim* § 15 Rn. 5.
[41] HHKW/*Steiff* § 15 Rn. 12.
[42] HHKW/*Steiff* § 15 Rn. 12.
[43] Ingenstau/Korbion/*von Wietersheim* § 15 Rn. 6.

allein dann statthaft, wenn Zweifelsfragen in Bezug auf den seit Angebotsabgabe **feststehenden Angebotsinhalt** vorliegen und das Aufklärungsgespräch auf die Ausräumung dieser Zweifelsfragen beschränkt bleibt.[44] Der Zweck des Bietergesprächs darf dabei allein die Klärung und Ausräumung von Restzweifeln an dem feststehenden Angebotsinhalt sein. Desgleichen ist die Aufklärung bestimmter technischer Ausdrucksweisen und Vorschläge (zB bei Nebenangeboten im Hinblick auf das angebotene Material oder die beabsichtigte Verfahrenstechnik) statthaft.[45] Gleiches gilt bei missverständlichen Äußerungen des Bieters oder wenn bei einem lediglich allgemeinem Leistungsbeschrieb zusätzliche Angaben des Bieters zu den von dem Bieter gewählten Erzeugnissen oder Fabrikaten im Rahmen der Angebotsaufklärung gem. § 15 EU Abs. 1 Nr. 1 ergänzt werden müssen.[46]

17 Hiervon zu unterscheiden ist der Fall, dass gewählte Erzeugnisse oder Fabrikate im Leistungsverzeichnis konkret abgefragt wurden und der Bieter diese Angaben unterlassen hat. Geforderte Erzeugnis-, Fabrikats- und Typangaben sind dann **integraler Angebotsbestandteil**. Werden diese Angaben unterlassen, ist das Angebot unvollständig. Eine Angebotsaufklärung über Zweifel des Angebots selbst gem. § 15 EU Abs. 1 Nr. 1 ist dann nicht statthaft.[47] Die Nachreichung von Material-, Erzeugnis- und Fabrikatsangaben im Aufklärungsgespräch liefe dann nämlich zwangsläufig auf eine Angebotsänderung hinaus.[48] Auch eine Nachforderung fehlender integraler Angebotsbestandteile gem. § 16a EU S. 1, 2 ist unzulässig. Das Angebot ist vielmehr gem. § 16 EU Nr. 2 auszuschließen.[49]

18 Aufklärungsmaßnahmen über das Angebot selbst sind stets unzulässig, wenn der objektive Erklärungsgehalt des Angebots im Wege der Auslegung eindeutig ermittelt werden kann.[50] Besondere Vorsicht ist geboten, wenn durch Aufklärungsmaßnahmen zum Angebot selbst auch die **Preise tangiert** werden. Der Auftraggeber bewegt sich dann an der Grenze zur **unzulässigen Preisverhandlung**.[51] So ist es unzulässig, im Aufklärungsgespräch gem. § 15 EU Abs. 1 Nr. 1 zu erfragen, ob sich ein angebotener Nachlass (Skonto) jeweils auf die fristgerechte Zahlung einzelner (Abschlags-)Rechnungen oder aller Rechnungen bezieht. Der Bieter könnte dann seine Auskunft an dem ihm bereits bekannten Submissionsergebnis orientieren und so den Angebotspreis nachträglich manipulieren.[52] Im Aufklärungsgespräch nachgeschobene Erklärungen des Bieters, die den **Angebotsinhalt modifizieren**, dürfen vom Auftraggeber gleichfalls nicht berücksichtigt werden. Bei Angebotsabgabe vorliegende **unzulässige Änderungen** des Bieters an den Verdingungsunterlagen bleiben unzulässig. Eine Aufklärung hierüber darf nicht erfolgen.[53]

19 Kommen dagegen nach dem Leistungsverzeichnis mehrere **gleichwertige Varianten** der Leistungserbringung in Frage, kann der Auftraggeber die beabsichtigte Art der Ausführung beim Bieter gem. § 15 EU Abs. 1 Nr. 1 aufklären und sich über das Angebot selbst und die geplante Art der Durchführung unterrichten.[54] Gleichfalls darf die Klärung von **widersprüchlichen Preisangaben** nicht Gegenstand einer Aufklärung gem. § 15 EU Abs. 1 Nr. 1 sein. Würde man die Modifikation von Preisangaben eines Angebots im Rahmen eines Aufklärungsgesprächs gestatten, so wäre dem Bieter, der das Submissionsergebnis zu diesem Zeitpunkt kennt, eine nachträgliche Manipulation seines Angebots möglich.[55] Demgegenüber kann vom Bieter die Aufklärung eines unangemessen hohen oder unangemessen niedrig erscheinenden Preises iSd § 16d EU Abs. 1 Nr. 1 verlangt werden, wenn anhand der vorliegenden Unterlagen die Angemessenheit nicht anders zu beurteilen ist.[56]

20 **4. Nebenangebote.** Nebenangebote sind gem. § 16 EU Nr. 5 zu werten, wenn der Auftraggeber sie in der Bekanntmachung oder in der Aufforderung zur Interessensbestätigung gem. § 8 EU Abs. 2 Nr. 3 S. 1, 2 zugelassen hat. Aufklärungsmaßnahmen in Bezug auf Nebenangebote gem. § 15

---

44 Ingenstau/Korbion/*von Wietersheim* § 15 Rn. 7.
45 OLG München Beschl. v. 17.9.2007 – Verg 10/07; HHKW/*Steiff* § 15 Rn. 13.
46 OLG München Beschl. v. 10.4.2014 – Verg 1/14; OLG München Beschl. v. 25.11.2013 – Verg 13/13; VK Nordbayern Beschl. v. 28.6.2005 – 320.VK-3194-21/05; HHKW/*Steiff* § 15 Rn. 13.
47 VK Münster Beschl. v. 15.10.2004 – VK 28/04; VK Thüringen Beschl. v. 12.4.2013 – 250-4002-2400/ 2013-E-008-SOK; VK Hessen Beschl. v. 7.10.2004 –69d-VK-60/2004.
48 Ingenstau/Korbion/*von Wietersheim* § 15 Rn. 7.
49 VK Thüringen Beschl. v. 12.4.2013 – 250-4002-2400/2013-E-008-SOK; VK Hessen Beschl. v. 7.10.2004 – 69d-VK-60/2004; VK Münster Beschl. v. 15.10.2004 – VK 28/04.
50 jurisPK-VergabeR/*Horn* § 15 Rn. 27.
51 jurisPK-VergabeR/*Horn* § 15 Rn. 29.
52 Kapellmann/Messerschmidt/*Planker* § 15 Rn. 6.
53 VK Südbayern Beschl. v. 11.3.2015 – Z3-3-3194-1-65-12/14; Kapellmann/Messerschmidt/*Planker* § 15 Rn. 6; jurisPK-VergabeR/*Horn* § 15 Rn. 30.
54 VK Bund Beschl. v. 9.6.2010 – VK 2-38/10; jurisPK-VergabeR/*Horn* § 15 Rn. 31.
55 VK Brandenburg Beschl. v. 22.8.2008 – VK 3/08; VK Niedersachsen Beschl. v. 6.6.2006 – VgK 11/06; *Weyand* ibrOK VergabeR § 15 Rn. 45.
56 VK Hessen Beschl. v. 8.1.2014 – 69d VK 48/13; *Weyand* ibrOK VergabeR § 15 Rn. 45/1.

EU Abs. 1 Nr. 1 kommen dann in Betracht, wenn Zweifel bestehen, ob das Nebenangebot die vom Auftraggeber verlangten **Anforderungen und den Vergabezweck** erfüllt.[57]

Nebenangebote sind häufiger Gegenstand von Aufklärungsgesprächen. Dies deshalb, da der 21 technische Inhalt des Nebenangebots vom Bieter formuliert wird und deswegen nicht zwingend der Leistungsbeschreibung entspricht, sodass häufig Unklarheiten und damit Aufklärungsbedarf über das Nebenangebot besteht.[58] Dann kann im Rahmen des Aufklärungsgesprächs in Bezug auf Nebenangebote gem. § 15 EU Abs. 1 Nr. 1 geklärt werden, ob diese Nebenangebote dem Auftraggeberwillen in allen technischen und wirtschaftlichen Einzelheiten gerecht werden.[59] Gleiches gilt, wenn Nebenangebote nur skizzenhaft zusätzlich zum Hauptangebot gem. § 13 EU Abs. 3 S. 2 angeboten werden.[60] Des Weiteren kann in Bezug auf Nebenangebote gem. § 15 EU Abs. 1 Nr. 1 eine vertiefte Erläuterung einer dem Auftraggeber **nicht bekannten Alternativlösung** im Rahmen eines Aufklärungsgesprächs erfolgen. Dies ist auch statthaft, wenn zweifelhaft ist, ob ein Nebenangebot die vom Auftraggeber festgelegten Gleichwertigkeitskriterien oder die gem. § 8 EU Abs. 2 Nr. 3 lit. b anzugebenden Mindestanforderungen einhält.[61]

Bei Nebenangeboten kann ferner ausnahmsweise eine Änderung des Nebenangebots oder dessen 22 Bepreisung gem. § 15 EU Abs. 3 nachverhandelt werden, wenn diese Nachverhandlungen nötig sind, um **unumgängliche technische Änderungen geringen Umfangs** und daraus sich ergebende Änderungen der Preise zu vereinbaren. Hier ist für den Auftraggeber **besondere Vorsicht** geboten, um die Grenzen des Nachverhandlungsverbots gem. § 15 EU Abs. 3 nicht zu überschreiten.[62] Fehlende Angaben des Bieters, die zum Nachweis der Gleichwertigkeit eines Nebenangebots erforderlich sind, können im Aufklärungsgespräch nicht nachgeholt werden.[63] Gleiches gilt, wenn Präzisierungen und Konkretisierungen von Änderungsvorschlägen und Nebenangeboten dazu führen, dass der Bieter den angebotenen Leistungsumfang ändern und im Rahmen der Aufklärung dann eine in seinem Angebot nicht enthaltene Leistung anbieten kann.[64]

5. Geplante Art der Durchführung. Eine Aufklärung des Angebotsinhalts ist gem. § 15 EU 23 Abs. 1 Nr. 1 auch in Bezug auf die geplante Art der Durchführung statthaft. Dies dann, wenn **wertungsrelevante Unklarheiten** oder Zweifel hinsichtlich der Art und Weise der Leistungserbringung bestehen. Der von § 15 EU Abs. 1 Nr. 1 für zulässig erklärte Aufklärungsgrund der Art der Durchführung ist begrifflich weit zu verstehen.[65] Zulässige Aufklärungsmaßnahmen können sich hiernach auf die rein technische Art der Bauausführung und deren Ergebnis sowie auch auf kaufmännische und wirtschaftliche Gesichtspunkte beziehen. Personaleinsatzfragen, Geräteeinsatz und -zeiten, Baustraßen, Anlieferung von Baustoffen und Bauteilen und sonstige Aspekte des Baustellenbetriebes in Relation zur Einhaltung vorgesehener Bauzeiten können hier Aufklärungsgegenstand sein.[66]

Dies gilt insbesondere für den Fall der Verwendung einer **Leistungsbeschreibung mit Leis-** 24 **tungsprogramm** gem. § 7c EU Abs. 1–3. Wird vom Auftraggeber eine Leistungsbeschreibung mit Leistungsprogramm verwandt und ist es in zulässiger Weise dem Bieter überlassen, die technisch, wirtschaftlich und gestalterisch beste sowie funktionsgerechteste Lösung nach den Anforderungen des Leistungsprogramms zu ermitteln, so sind Aufklärungsgespräche in Bezug auf die geplante Art der Durchführung gem. § 15 EU Abs. 1 Nr. 1 häufig unverzichtbar. Soweit die Bieter in der Art und Weise der Einhaltung der Anforderungen des Leistungsprogramms frei sind, kann sich der Auftraggeber durch Aufklärungsgespräche über die geplante Art der Durchführung gem. § 15 EU Abs. 1 Nr. 1 die vom Bieter vorgesehene Bauausführung erläutern lassen.[67] Die Erörterungen in einem Aufklärungsgespräch über die geplante Art der Durchführung müssen sich dabei stets **im Rahmen des Angebotsinhalts** bewegen. Der Inhalt des vorliegenden Angebots des Bieters begrenzt die Erörterungsmöglichkeiten gem. § 15 EU Abs. 1 Nr. 1 über die geplante Art der Durchführung. Im Aufklärungsgespräch vorgestellte Alternativen der Art der Durchführung dürfen **nicht** dazu führen, dass der Inhalt eines Angebots nachträglich verändert wird.[68]

---

[57] jurisPK-VergabeR/*Horn* § 15 Rn. 32.
[58] VK Arnsberg Beschl. v. 4.11.2002 – VK-1-23/02; jurisPK-VergabeR/*Horn* § 15 Rn. 32.
[59] Ingenstau/Korbion/*von Wietersheim* § 15 Rn. 8.
[60] Ingenstau/Korbion/*von Wietersheim* § 15 Rn. 8.
[61] HHKW/*Steiff* § 15 Rn. 15.
[62] VK Brandenburg Beschl. v. 23.8.2001 – 2 VK 82/01; Kapellmann/Messerschmidt/*Planker* § 15 Rn. 7.
[63] OLG Frankfurt a. M. Beschl. v. 26.3.2002 – 11 Verg 3/01.
[64] VK Baden-Württemberg Beschl. v. 7.4.2004 – 1 VK 13/04.
[65] jurisPK-VergabeR/*Horn* § 15 Rn. 35; Ingenstau/Korbion/*von Wietersheim* § 15 Rn. 9.
[66] Ingenstau/Korbion/*von Wietersheim* § 15 Rn. 9.
[67] OLG Saarbrücken Beschl. v. 23.11.2005 – 1 Verg 3/05.
[68] VK Bund Beschl. v. 9.6.2010 – VK 2-38/10; VK Münster Beschl. v. 15.1.2003 – VK 22/02; VK Baden-Württemberg Beschl. 7.4.2004 – 1 VK 13/04; Ingenstau/Korbion/*von Wietersheim* § 15 Rn. 9; *Weyand* ibrOK VergabeR § 15 Rn. 74.

25 Sofern alle im Aufklärungsgespräch erörterten Ausführungsarten nicht der Ausschreibung entsprechen, ist das Angebot gem. § 16 EU Nr. 2 iVm § 13 EU Abs. 1 Nr. 5 S. 1 auszuschließen.[69] Das Nachverhandlungsverbot gem. § 15 EU Abs. 3 untersagt ferner Erörterungen über die geplante Art der Durchführung, die den Inhalt des vorliegenden Angebots nachträglich abändern. So liegt eine unzulässige Nachverhandlung gem. § 15 EU Abs. 3 bei jeder nachträglichen Veränderung von Art und Umfang der angebotenen Leistungen vor. Darunter fallen auch Ergänzungen oder Konkretisierungen, durch die eine ordnungsgemäße Wertung erst möglich wird.[70] Angebote, die den Verdingungsunterlagen nicht entsprechen, können nachträglich nicht mehr im Rahmen einer Aufklärung gem. § 15 EU Abs. 1 Nr. 1 berichtigt werden.[71]

26 Aufklärungsbedarf über die geplante Art der Durchführung kann sich auch im Rahmen der Aufklärung eines unangemessen niedrigen Angebotspreises gem. § 16d EU Abs. 1 Nr. 2 ergeben. Die Überprüfung der **Angemessenheit eines Angebotspreises** gem. § 16d EU Abs. 1 Nr. 2 ist häufig allein in Zusammenhang mit der vom Bieter geplanten Art der Durchführung möglich.[72] Auch hier ist für den Auftraggeber **besondere Vorsicht** geboten. Eine Änderung, die zu einem gegenüber dem Leistungsverzeichnis veränderten Leistungsumfang führen würde, insbesondere eine solche, die eine Qualitätsänderung zum Leistungsverzeichnis darstellt, stellt eine unzulässige Nachverhandlung gem. § 15 EU Abs. 3 dar.[73]

27 Eine unzulässige Nachverhandlung gem. § 15 EU Abs. 3 stellt es gleichfalls dar, wenn dem Auftraggeber auf Nachfrage im Rahmen einer Angebotsaufklärung über die geplante Art der Durchführung **kostenneutrale Leistungsergänzungen** des bisherigen Angebotsinhalts zugestanden werden.[74] Gleichfalls sind **technische Änderungen,** dh Änderungen an den technischen Vorgaben des Leistungsverzeichnisses im Rahmen der Aufklärung gem. § 15 EU Abs. 1 über die geplante Art der Durchführung unzulässig. Dann wird nicht das ursprüngliche Angebot des Bieters erläutert, sondern nach Ablauf der Angebotsfrist vom Bieter etwas anderes angeboten.[75] Ist im Rahmen einer produktneutralen Ausschreibung **keine Produktbenennung** durch den Bieter erforderlich gewesen, kann im Rahmen der Angebotsaufklärung über die geplante Art der Durchführung gem. § 15 EU Abs. 1 Nr. 1 erfragt werden, welches Produkt seitens des Bieters Verwendung findet.[76] Die im Rahmen einer Aufklärung nach Angebotsabgabe abgefragten Produkte haben dabei den Anforderungen des Leistungsverzeichnisses **in allen Details** zu entsprechen. Anderenfalls liegt eine unzulässige Nachverhandlung gem. § 15 EU Abs. 3 vor.[77]

28 **6. Ursprungsorte oder Bezugsquellen.** Zulässiger Gegenstand von Aufklärungsgesprächen gem. § 15 EU Abs. 1 Nr. 1 sind auch Nachfragen zu den Ursprungsorten oder Bezugsquellen von Stoffen oder Bauteilen. Hiermit soll sich der Auftraggeber die für seine Vergabeentscheidung erforderlichen Informationen über die **Qualität** des vorgesehenen Materials sowie über die **Zuverlässigkeit** von Herstellern und Lieferanten beschaffen können.[78] So kann der Auftraggeber ein Interesse daran haben, bestimmte Ursprungsorte oder Bezugsquellen von der Verwendung auszuschließen, weil sich diese in der Vergangenheit nicht bewährt haben.[79]

29 Auch hier darf die Grenze zur inhaltlichen Nachbesserung des Angebots nicht überschritten werden. Eine Ergänzung bisher nicht benannter Produkte, Stoffe und Bauteile **über den Angebotsinhalt hinaus** darf nicht erfolgen. Auch dürfen es sich Bieter nicht offenhalten, erst in der Aufklärung den Angebotsinhalt festzulegen.[80] Zulässig ist eine Aufklärungsmaßnahme über Ursprungsorte oder Bezugsquellen von Stoffen oder Bauteilen dann, wenn der Rahmen des Angebotsinhalts nicht über-

---

[69] VK Bund Beschl. v. 9.6.2010 – VK 2-38/10.
[70] VK Lüneburg Beschl. v. 11.3.2009 – VgK-04/2009.
[71] VK Sachsen Beschl. v. 16.10.2012 – 1/SVK/031-12, VK Lüneburg Beschl. v. 11.3.2009 – VgK-04/2009; VK Arnsberg Beschl. v. 4.11.2002 – VK 1-23/02; VK Bund Beschl. v. 9.6.2010 – VK 2-38/10; VK Südbayern Beschl. v. 11.3.2015 – Z3-3-3194-1-65-12/14.
[72] jurisPK-VergabeR/*Horn* § 15 Rn. 37.
[73] VK Niedersachsen Beschl. v. 13.8.2002 – VgK 09/2002; jurisPK-VergabeR/*Horn* § 15 Rn. 39; *Weyand* ibrOK VergabeR § 15 Rn. 48.
[74] VK Sachsen Beschl. v. 13.12.2002 – 1/SVK/105-02; jurisPK-VergabeR/*Horn* § 15 Rn. 39; *Weyand* ibrOK VergabeR § 15 Rn. 49.
[75] VK Münster Beschl. v. 29.3.2012 – VK 3/12; *Weyand* ibrOK VergabeR § 15 Rn. 52.
[76] OLG München Beschl. v. 10.4.2014 – Verg 1/14; OLG München Beschl. v. 25.11.2013 – Verg 13/13; OLG Düsseldorf Beschl. v. 19.12.2012 – Verg 37/12; *Weyand* ibrOK VergabeR § 15 Rn. 60/1.1.
[77] VK Arnsberg Beschl. v. 3.6.2013 – VK 9/13; *Weyand* ibrOK VergabeR § 15 Rn. 60/2.
[78] jurisPK-VergabeR/*Horn* § 15 Rn. 40.
[79] jurisPK-VergabeR/*Horn* § 15 Rn. 41.
[80] Ingenstau/Korbion/*von Wietersheim* § 15 Rn. 10.

schritten wird oder ein feststehendes Angebot inhaltlich nicht verändert wird. Liegt ein Angebot mit einer **Vielzahl von unzureichenden Fabrikatsangaben** vor, werden keine Zweifelsfragen geklärt, sondern fehlende, zwingend mit der Angebotsabgabe zu machende Angaben nachgeholt. Dies ist eine unzulässige Nachverhandlung gem. § 15 EU Abs. 3.[81] Werden zwei Fabrikate im Leistungsverzeichnis abgefragt und im Angebot angeboten, kann in einem Aufklärungsgespräch ohne Änderungen des Angebots bestimmt werden, welches von den angebotenen Fabrikaten eingebaut werden soll.[82]

Werden im Aufklärungsgespräch gem. § 15 EU Abs. 1 Nr. 1 vom Bieter Produkte benannt, welche nicht den Anforderungen des Leistungsverzeichnisses entsprechen, ist das Angebot vom weiteren Verfahren auszuschließen.[83] Bestimmte Stoff- und Bauteilvorgaben können aus den **Bauordnungen der Länder** folgen, für deren Einhaltung der Auftraggeber als Bauherr verantwortlich ist. Hieraus kann der Auftraggeber zur Aufklärung des Angebotsinhalts gem. § 15 EU Abs. 1 Nr. 1 über Ursprungsorte oder Bezugsquellen von Stoffen oder Bauteilen berechtigt und verpflichtet sein.[84]

7. Angemessenheit der Preise. Gemäß § 15 EU Abs. 1 Nr. 1 kann der Auftraggeber Aufklärungsmaßnahmen über die Angemessenheit der Preise tätigen und hierzu, wenn nötig, Einsicht in **vorzulegende Preisermittlungen (Kalkulationen)** der Bieter nehmen.[85] Die Aufklärungsbefugnis des Auftraggebers über die Angemessenheit der Preise resultiert aus den Vergabepostulaten des § 2 EU Abs. 1, 3. Bauleistungen sind an fachkundige und leistungsfähige Unternehmen zu angemessenen Preisen in transparenten Vergabeverfahren zu vergeben. Daher muss sich der Auftraggeber über die Angemessenheit der Preise im Rahmen der Angebotsaufklärung gem. § 15 EU Abs. 1 Nr. 1 vergewissern können. Während die Angebotsaufklärung gem. § 16d EU Abs. 1 Nr. 2 S. 1, 2 die Angemessenheit des Angebotspreises in Bezug auf den Gesamtpreis erfasst, fokussiert § 15 EU Abs. 1 Nr. 1 die Angemessenheit der Preise (Plural), dh auch **aller Einzelpreise**.[86]

Auch bei diesem Tatbestand der ausnahmsweise zulässigen Angebotsaufklärung gem. § 15 EU Abs. 1 Nr. 1 ist für den Auftraggeber **besondere Vorsicht** geboten. Der Auftraggeber darf verbleibende Zweifel in Bezug auf die Preisangaben des Angebots abklären oder sich gem. § 15 EU Abs. 1 Nr. 1 über die Angemessenheit der Preise informieren. Das Aufklärungsgespräch gem. § 15 EU Abs. 1 Nr. 1 über die Angemessenheit der Preise darf hingegen nicht den eindeutigen **Inhalt des Angebots** verändern.[87] Das Nachverhandlungsverbot gem. § 15 EU Abs. 3 wird verletzt, wenn nachträgliche Preisangaben im Rahmen der Angebotsaufklärung gem. § 15 EU Abs. 1 Nr. 1 gemacht werden oder gemachte Preisangaben nachträglich modifiziert werden.[88]

Von der Unterrichtung über die Angemessenheit der Preise gem. § 15 EU Abs. 1 Nr. 1 ist die Prüfung der Preise und die Ermittlung des wirtschaftlichsten Angebots gem. § 16d EU Abs. 1 Nr. 2, 3 zu unterscheiden. Gemäß § 15 EU Abs. 1 Nr. 1 hat sich der Auftraggeber im Rahmen seiner Aufklärungsmaßnahmen über die Angemessenheit der Preise auf die angebotsbezogene, rein sachliche Aufklärungsmaßnahmen, die die Kalkulation des Bieters im konkreten Bauvergabeverfahren betreffen, zu beschränken. Gemäß § 15 EU Abs. 1 Nr. 1 darf sich der Auftraggeber hingegen **kein allgemeines Bild** über geschäftsinterne Vorgänge beim Bieter verschaffen.[89] Der Auftraggeber kann Aufklärung über die Grundlagen der Preisansätze der Bieter tätigen, auf denen die Angebotspreise basieren. Dies betrifft zB die Ansätze für Lohn-, Material-, Baustellen- und allgemeinen Geschäftskosten.[90] Auch die Aufklärung über die Angemessenheit der Preise gem. § 15 EU Abs. 1 Nr. 1 ist ein eng auszulegender Ausnahmetatbestand. So hat es bei einer bloßen Unterrichtung des Auftraggebers über die Angemessenheit der Preise gem. § 15 EU Abs. 1 Nr. 1 durch den Bieter zu verbleiben, wenn hierdurch die notwendige Aufklärung erzielt werden kann.

---

[81] VK Düsseldorf Beschl. v. 7.6.2001 – VK-13/2001-B; jurisPK-VergabeR/*Horn* § 15 Rn. 43; *Weyand* ibrOK VergabeR § 15 Rn. 55.
[82] VK Nordbayern Beschl. v. 25.6.2014 – 21.VK-3194-15/14; *Weyand* ibrOK VergabeR § 15 Rn. 60/3.
[83] jurisPK-VergabeR/*Horn* § 15 Rn. 44.
[84] jurisPK-VergabeR/*Horn* § 15 Rn. 45; Kapellmann/Messerschmidt/*Planker* § 15 Rn. 9.
[85] VK Bund Beschl. v. 3.5.2005 – VK 3-19/05; VK Brandenburg Beschl. v. 26.3.2002 – VK 4/02.
[86] VK Hessen Beschl. v. 8.1.2014 – 69d VK 46/13; VK Hessen Beschl. v. 8.1.2014 – 69d-VK 48/2013; HHKW/*Steiff* § 15 Rn. 18.
[87] VK Bund Beschl. v. 16.5.2015 – VK 2-27/15; OLG Düsseldorf Beschl. v. 24.9.2014 – VII-Verg 19/14; *Weyand* ibrOK VergabeR § 15 Rn. 44.
[88] VK Südbayern Beschl. v. 11.3.2015 – Z3-3-3194-1-65-12/14; VK Hessen Beschl. v. 23.5.2013 –69d-VK-5/2013; jurisPK-VergabeR/*Horn* § 15 Rn. 52.
[89] Ingenstau/Korbion/*von Wietersheim* § 15 Rn. 12.
[90] Ingenstau/Korbion/*von Wietersheim* § 15 Rn. 12; jurisPK-VergabeR/*Horn* § 15 Rn. 47.

34   Die **Vorlage der Kalkulationen** durch den Bieter ist nur in Ausnahmefällen statthaft.[91] Grundsätzlich unzulässig ist es, von allen Bietern die Vorlage ihrer Kalkulationen zu verlangen.[92] Ist eine bloße Unterrichtung über die Angemessenheit der Preise durch den Bieter nicht ausreichend, so kann die Kalkulationsvorlage bei angezeigter Überprüfung der Angemessenheit der Preise allein von den Bietern verlangt werden, die in die engere Wahl kommen.[93] Grundsätzlich bemisst sich ferner die preisliche Angemessenheit des Angebots allein anhand der Gesamtsumme. Diese ist im Rahmen der Angemessenheitsprüfung des (gesamten) Angebotspreises gem. § 16d EU Abs. 1 Nr. 1, 2 zu prüfen.[94] Eine Einzel- bzw. Einheitspreisprüfung sollte nur ausnahmsweise und nur dann erfolgen, wenn die Einzel- bzw. Einheitspreise nicht nur vereinzelt, sondern in **größerer Anzahl** von Marktüblichkeit und Erfahrung abweichen.[95]

35   Wenn es dann nötig ist, kann der Auftraggeber dann auch Einsicht in die Preisermittlungsgrundlagen nehmen. Der Bieter ist dann verpflichtet, die Einsichtnahme des Auftraggebers in die von ihm vorzulegenden Preisgrundlagen zu gestatten.[96] Die Gründe, die der Auftraggeber hat, vom Bieter die Vorlage der Kalkulation zu fordern, sollten dabei dem Bieter benannt werden. Gründe, die den Auftraggeber gegenüber dem Bieter zur Anforderung und Erläuterung der Kalkulation berechtigen, sind **Verdachtstatbestände** auf vorliegenden Kalkulationsirrtum, spekulative Preise, Mischkalkulationen, oder wettbewerbsbeschränkende Preisabsprachen.[97] Der diesbezügliche Verdacht des Auftraggebers hat **konkret** zu sein, lediglich vage Vermutungen oder geringe Verdachtsmomente reichen nicht aus.[98]

36   Besteht der konkrete Verdacht des Vorliegens wettbewerbsbeschränkender Preisansprachen oder sonstiger Manipulationen, so erfolgt der Sache nach nicht allein eine Aufklärung des Auftraggebers über die Angemessenheit der Preise, sondern eine Aufklärung zur **Wahrung des Wettbewerbsgrundsatzes**, was durch § 15 EU Abs. 1 Nr. 1 gleichfalls gedeckt ist.[99] Wird der Verdacht einer unzulässigen wettbewerbsbeschränkenden Preisabsprache im Rahmen der Aufklärung gem. § 15 EU Abs. 1 Nr. 1 bestätigt, kann das Angebot gem. § 6e EU Abs. 6 Nr. 4 ausgeschlossen werden.[100]

37   Berechtigt ist das Aufklärungsverlangen des Auftraggebers über die Angemessenheit der Preise gem. § 15 EU Abs. 1 Nr. 1 auch dann, wenn Anhaltspunkte für einen offensichtlichen Kalkulationsirrtum[101] oder einen Spekulationspreis vorliegen. Unzulässig ist es, im Rahmen von Aufklärungsgesprächen über die Angemessenheit der Preise gem. § 15 EU Abs. 1 Nr. 1 **gemeinschaftliche Kalkulationsirrtümer** oder **Kalkulationsfehler** des Bieters zu beseitigen.[102] Weder dürfen „Fehlkalkulationen" der Bieter ausgeräumt werden, noch darf eine „Klarstellung" von Preisen Gegenstand von Aufklärungsgesprächen sein, die im Ergebnis zu einer Preisreduzierung führen würden.[103]

38   Aufklärungsfähig im Rahmen des § 15 EU Abs. 1 Nr. 1 sind auch die **Preise der Nachunternehmer,** die mit Angebotsabgabe vom Bieter bereits benannt wurden. Dies ist streitig.[104] Wenn der Nachunternehmer zum Angebotszeitpunkt – wie regelmäßig – noch nicht beauftragt ist, sondern lediglich eine Verpflichtungserklärung vorliegt, sind Auskünfte über die Preise und das Angebot eines Nachunternehmers für den Auftraggeber wertlos.[105] Ist der Nachunternehmer zum Angebotszeitpunkt bereits gegenüber dem Bieter preislich gebunden, ist auch die Aufklärung über die Angemessenheit der Nachunternehmerpreise statthaft. Allein, wenn es sich um geringfügige Nachunternehmerleistungen handelt, kann im Einzelfall für den Nachunternehmer die Aufklärung der Nachunternehmerpreise unzumutbar sein.[106] Zulässig ist stets das Aufklärungsverlangen des Auftraggebers gegenüber dem

---

[91] VK Brandenburg Beschl. v. 26.3.2002 – VK 4/02; VK Bund Beschl. v. 3.5.2005 – VK 3-19/05; Ingenstau/Korbion/*von Wietersheim* § 15 Rn. 14; jurisPK-VergabeR/*Horn* § 15 Rn. 47.
[92] jurisPK-VergabeR/*Horn* § 15 Rn. 48.
[93] jurisPK-VergabeR/*Horn* § 15 Rn. 48; Kapellmann/Messerschmidt/*Planker* § 15 Rn. 10.
[94] OLG München Beschl. v. 6.12.2012 – Verg 29/12; OLG Bremen Beschl. v. 9.10.2012 – Verg 1/12; OLG Düsseldorf Beschl. v. 9.2.2009 – Verg 66/08.
[95] Kapellmann/Messerschmidt/*Planker* § 15 Rn. 10.
[96] Kapellmann/Messerschmidt/*Planker* § 15 Rn. 11.
[97] jurisPK-VergabeR/*Horn* § 15 Rn. 51; Kapellmann/Messerschmidt/*Planker* § 15 Rn. 11.
[98] jurisPK-VergabeR/*Horn* § 15 Rn. 51.
[99] Ingenstau/Korbion/*von Wietersheim* § 15 Rn. 15.
[100] jurisPK-VergabeR/*Horn* § 15 Rn. 51.
[101] BGH Urt. v. 7.7.1998 – X ZR 17/97, BGHZ 139, 177, 187; OLG Koblenz Urt. v. 5.12.2001 – 1 U 2046/98.
[102] OLG Düsseldorf Beschl. v. 30.4.2002 – Verg 3/02; VK Sachsen Beschl. v. 21.7.2004 – 1/SVK/050-04, Ingenstau/Korbion/*von Wietersheim* § 15 Rn. 14.
[103] jurisPK-VergabeR/*Horn* § 15 Rn. 53.
[104] aA Kapellmann/Messerschmidt/*Planker* § 15 Rn. 12; jurisPK-VergabeR/*Horn* § 15 Rn. 56.
[105] jurisPK-VergabeR/*Horn* § 15 Rn. 56; Kapellmann/Messerschmidt/*Planker* § 15 Rn. 22.
[106] HHKW/*Steiff* § 15 Rn. 20.

Bieter zur Öffnung der in sein Angebot übernommenen Nachunternehmerpreise. Hierzu kann um Vorlage des Nachunterangebots ersucht werden.[107] Zulässig ist zudem stets die Unterrichtung des Auftraggebers im Rahmen eines Aufklärungsgesprächs gem. § 15 EU Abs. 1 Nr. 1 über die Zusammensetzung des **Hauptunternehmer- oder Generalunternehmerzuschlags.**[108]

IV. Geheimhaltung und Niederlegung in Textform (§ 15 EU Abs. 1 Nr. 2)

§ 15 EU Abs. 1 Nr. 2 S. 1 konkretisiert die Geheimhaltungspflicht des Auftraggebers für den Angebotsinhalt gem. § 14 EU Abs. 8. Notwendiges Korrelat zum Unterrichtungsrecht des Auftraggebers gem. § 15 EU Abs. 1 Nr. 1 ist die Geheimhaltungspflicht des Auftraggebers auch über die Ergebnisse von Aufklärungsmaßnahmen gem. § 15 EU Abs. 1 Nr. 2 S. 1. § 15 EU Abs. 1 Nr. 2 S. 1 verpflichtet Auftraggeber zur **strikten Geheimhaltung** der im Rahmen von Aufklärungsmaßnahmen erlangten Informationen und Unterlagen. Dies schützt die berechtigten Interessen der Bieter, in deren geschäftlichen Belange insbesondere bei der Aufklärung über die Angemessenheit der Preise gem. § 15 EU Abs. 1 Nr. 1 eingegriffen wird.[109] Des Weiteren schützt § 15 EU Abs. 1 Nr. 2 S. 1 den ordnungsgemäßen Wettbewerb. Die strikte Geheimhaltungspflicht der Ergebnisse von Aufklärungsmaßnahmen soll auch verhindern, dass unbefugte Dritte Kenntnis des Inhalts oder der Ergebnisse von Aufklärungsgesprächen erlangen und damit die Möglichkeit erhalten, das **Wettbewerbsergebnis zu manipulieren.**[110] 39

Die Geheimhaltungspflicht des Inhalts und der Ergebnisse von Aufklärungsmaßnahmen gem. § 15 EU Abs. 1 Nr. 2 S. 1 verbietet es, Aufklärungsgespräche mit mehreren Bietern gleichzeitig abzuhalten. Es haben stets **Einzelgespräche** mit Bietern geführt zu werden, ansonsten ist § 15 EU Abs. 1 Nr. 2 S. 1 verletzt.[111] Verstößt der Auftraggeber gegen die Geheimhaltungspflicht des § 15 EU Abs. 1 Nr. 2 S. 1 kann er sich wegen Verschuldens bei Vertragsverhandlungen gem. § 311 Abs. 2 Nr. 1, 2 BGB, § 241 Abs. 2 BGB, § 280 Abs. 1 S. 1 BGB schadensersatzpflichtig machen.[112] 40

Die Geheimhaltungspflicht des § 15 EU Abs. 1 Nr. 2 S. 1 verpflichtet den Auftraggeber nicht zur Unterlassung behördlicher oder gerichtlicher Maßnahmen, wenn sich im Rahmen der Angebotsaufklärung gem. § 15 EU Abs. 1 Nr. 1 herausstellt, dass der Bieter gegen gesetzliche Vorschriften, so zB durch wettbewerbsbeschränkende Preisabsprachen gegen § 1 GWB, verstoßen hat.[113] Im Nachprüfungsverfahren gem. §§ 160 ff. GWB wird das **Akteneinsichtsrecht** der Beteiligten gem. § 165 Abs. 1 GWB durch § 165 Abs. 2 GWB begrenzt. Die Vergabekammer hat hiernach die Einsicht in die ihr vorliegenden Unterlagen, dh die Vergabeakte, zu versagen, soweit dies aus wichtigen Gründen, insbesondere des Geheimschutzes oder zur Wahrung von Betriebs- oder Geschäftsgeheimnissen, geboten ist.[114] Die Geheimhaltungspflicht für die Ergebnisse von Aufklärungsmaßnahmen gem. § 15 EU Abs. 1 Nr. 2 S. 1 setzt sich gegenüber dem Akteneinsichtsrecht im Nachprüfungsverfahren allein im Rahmen des § 165 Abs. 2 GWB durch. § 15 EU Abs. 1 Nr. 2 S. 1 hat dann allein in den Grenzen des Akteneinsichtsrechts gem. § 165 Abs. 2 GWB Bestand.[115] 41

Die Inhalte und Ergebnisse von Aufklärungsmaßnahme gem. § 15 EU Abs. 1 Nr. 1 sollen gem. § 15 EU Abs. 1 Nr. 2 S. 2 in Textform niedergelegt werden. Das **Dokumentationsgebot** des § 15 EU Abs. 1 Nr. 2 S. 2 dient der Transparenz des Vergabeverfahrens.[116] Der vom Auftraggeber im Rahmen der Sollbestimmung des § 15 EU Abs. 1 Nr. 2 S. 2 anzufertigende Gesprächsvermerk dokumentiert, dass die Aufklärungsgespräche ordnungsgemäß verlaufen sind.[117] Durch diesen Gesprächsvermerk ist es ferner möglich, nach Zuschlagserteilung bei Auslegungsschwierigkeiten festzustellen, mit welchem genauen Inhalt der Vertrag zustande gekommen ist.[118] 42

Die Dokumentation des Inhalts und der Ergebnisse von Aufklärungsgesprächen und Aufklärungsmaßnahmen und hieraus folgende verfahrensrelevante Feststellungen haben gemäß der Sollvorschrift des § 15 EU Abs. 1 Nr. 2 S. 2 in Textform gem. § 126b BGB zu erfolgen. Lediglich allgemeine Informationen zur Unterrichtung des Auftraggebers durch den Bieter ohne ausschlaggebende 43

---

[107] OLG Frankfurt a. M. Beschl. v. 18.6.2005 – 11 Verg 7/05; VK Hessen Beschl. v. 21.4.2005 – 69d VK 20/2005.
[108] jurisPK-VergabeR/*Horn* § 15 Rn. 56.
[109] Ingenstau/Korbion/*von Wietersheim* § 15 Rn. 17.
[110] Ingenstau/Korbion/*von Wietersheim* § 15 Rn. 17.
[111] Kapellmann/Messerschmidt/*Planker* § 15 Rn. 14; jurisPK-VergabeR/*Horn* § 15 Rn. 62.
[112] Ingenstau/Korbion/*von Wietersheim* § 15 Rn. 17.
[113] Ingenstau/Korbion/*von Wietersheim* § 15 Rn. 17; jurisPK-VergabeR/*Horn* § 15 Rn. 63.
[114] hierzu *Kus* in KKPP GWB § 165 Rn. 45 ff.
[115] BGH Beschl. v. 31.3.2017 – X ZB 10/16 Rn. 37 ff.; Ingenstau/Korbion/*von Wietersheim* § 15 Rn. 17.
[116] HHKW/*Steiff* § 15 Rn. 24.
[117] HHKW/*Steiff* § 15 Rn. 24.
[118] HHKW/*Steiff* § 15 Rn. 24.

Bedeutung für das Vergabeverfahren gestatten es, von der Sollvorschrift des § 15 EU Abs. 1 Nr. 2 S. 2 abzuweichen.[119] Aus Beweisgründen sollte der Auftraggeber von der Sollvorschrift des § 15 EU Abs. 1 Nr. 2 S. 2 nicht abweichen und den Inhalt wie auch die Ergebnisse von Aufklärungsgesprächen umfassend in Textform dokumentieren. Zu Beweiszwecken ist es sachdienlich, dass Protokoll des Aufklärungsgesprächs **vom Bieter gegenzeichnen** zu lassen.[120] Das Protokoll des Aufklärungsgesprächs ist Bestandteil der Vergabedokumentation gem. § 20 EU. Es ist der Vergabeakte beizufügen.[121] Es ist grundsätzlich nicht zu beanstanden, dass der Bieter keine Abschrift dieses Protokolls über den Inhalt und die Ergebnisse eines Aufklärungsgesprächs erhält.[122]

V. Aufklärungsverweigerung (§ 15 EU Abs. 2)

44 Verweigert ein Bieter die geforderten Aufklärungen und Angaben oder lässt er eine ihm hierzu gesetzte angemessene Frist unbeantwortet verstreichen, so ist gem. § 15 EU Abs. 2 **sein Angebot auszuschließen.** Dies deshalb, da ein unklares oder sonst aufklärungsbedürftiges Angebot nicht bezuschlagt werden darf. Der Auftraggeber würde, wenn er bei einem Bieter Unklarheiten und damit mögliche Abweichungen vom Leistungsverzeichnis hinnimmt, gegen den Gleichbehandlungsgrundsatz des § 97 Abs. 2 GWB und den Wettbewerbsgrundsatz des § 97 Abs. 1 S. 1 GWB verstoßen.[123] Die Ausschlussmöglichkeit eines Angebots gem. § 15 EU Abs. 2 ergänzt die Ausschlussgründe des § 16 EU Nr. 1–6, § 6e EU Abs. 1–6.

45 § 15 EU Abs. 2 stellt seit der Neufassung der VOB/A 2016 einen **zwingenden Ausschlusstatbestand** dar. Die Ausschlussentscheidung gem. § 15 EU Abs. 2 wegen verweigerter Mitwirkung eines Bieters an der Aufklärung setzt ein ordnungsgemäßes, **berechtigtes Aufklärungsverlangen**, dh das Vorliegen aller Voraussetzungen des § 15 EU Abs. 1 Nr. 1 voraus.[124] Das Angebot ist gem. § 15 EU Abs. 2 Alt. 2 gleichfalls auszuschließen, wenn der Bieter eine ihm gesetzte angemessene Frist zur Erfüllung eines ordnungsgemäßen, berechtigten Aufklärungsverlangens gem. § 15 EU Abs. 1 Nr. 1 voraus. unbeantwortet verstreichen lässt. Ein Angebotsausschluss gem. § 15 EU Abs. 2 Alt. 2 setzt voraus, dass die dem Bieter gesetzte Frist für die Beantwortung des Aufklärungsverlangens des Auftraggebers eindeutig als **Ausschlussfrist erkennbar** ist.[125] Gegenüber dem Bieter ist unmissverständlich darauf hinzuweisen oder sonst kenntlich zu machen, dass die Einhaltung der ihm gesetzten Frist die letzte und abschließende Möglichkeit zur Beantwortung eines – berechtigten – Aufklärungsersuchens des Auftraggebers darstellt.[126]

46 Die **Angemessenheit** der dem Bieter gem. § 15 EU Abs. 2 Alt. 2 gesetzten Frist beurteilt sich nach den Umständen des Einzelfalls, insbesondere nach Inhalt und Umfang der vom Auftraggeber ersuchten Aufklärung.[127] Ist die Beantwortung eines zulässigen Aufklärungsersuchens gem. § 15 EU Abs. 1 Nr. 1 nicht aufgrund von Inhalt und Umfang des Aufklärungsersuchens übermäßig aufwendig, so ist die Angemessenheit der Frist des § 15 EU Abs. 2 Alt. 2 an der Frist zur Nachforderung von Unterlagen gem. § 16a EU S. 2 zu orientieren.[128] Bei besonders aufwendiger Beantwortung komplexer Aufklärungsersuchen ist die Frist von sechs Kalendertagen des § 16a EU S. 2 iRd § 15 EU Abs. 2 Alt. 2 zu kurz bemessen.[129]

47 Die verweigerte Mitwirkung des Bieters gem. § 15 EU Abs. 2 an einem berechtigen Aufklärungsersuchen des Auftraggebers gem. § 15 EU Abs. 1 Nr. 1 kann ferner **negative Rückschlüsse auf seine Eignung** gem. § 16b EU Abs. 1 zulassen.[130]

VI. Nachverhandlungsverbot (§ 15 EU Abs. 3)

48 Das Nachverhandlungsverbot des § 15 EU Abs. 3 schützt den **ordnungsgemäßen Wettbewerb** gem. § 97 Abs. 1 S. 1 GWB und die **Gleichbehandlung aller Bieter** gem. § 97 Abs. 2

---

[119] jurisPK-VergabeR/*Horn* § 15 Rn. 65.
[120] jurisPK-VergabeR/*Horn* § 15 Rn. 65.
[121] jurisPK-VergabeR/*Horn* § 15 Rn. 65.
[122] VK Lüneburg Beschl. v. 11.6.2001 – 203-VgK-08/01; *Weyand* ibrOK VergabeR § 15 Rn. 77.
[123] Ingenstau/Korbion/*von Wietersheim* § 15 Rn. 18.
[124] Ingenstau/Korbion/*von Wietersheim* § 15 Rn. 18.
[125] OLG Jena Beschl. v. 14.11.2002 – 6 Verg 7/02; jurisPK-VergabeR/*Horn* § 15 Rn. 71.
[126] VK Nordbayern Beschl. v. 4.12.2012 – 21.VK-3194-29/12; jurisPK-VergabeR/*Horn* § 15 Rn. 71.
[127] VK Nordbayern Beschl. v. 4.12.2006– 21.VK-3194-39/06; Nordbayern Beschl. v. 4.12.2012 – 21.VK-3194-29/12; jurisPK-VergabeR/*Horn* § 15 Rn. 71.
[128] VK Nordbayern Beschl. v. 27.6.2013 – 21.VK-3194-28/13; Ingenstau/Korbion/*von Wietersheim* § 15 Rn. 19.
[129] VK Münster Beschl. v. 21.7.2001 – VK 9/11; VK Nordbayern v. 27.6.2013 – 21.VK-3194-28/13; jurisPK-VergabeR/*Horn* § 15 Rn. 71; Kapellmann/Messerschmidt/*Planker* § 15 Rn. 17.
[130] Kapellmann/Messerschmidt/*Planker* § 15 Rn. 17; jurisPK-VergabeR/*Horn* § 15 Rn. 72.

VI. Nachverhandlungsverbot (§ 15 EU Abs. 3)   49–51   § 15 EU VOB/A

GWB.[131] Der ordnungsgemäße Vergabewettbewerb gem. § 97 Abs. 1 S. 1 GWB unter gleichen Bedingungen für alle Bieter gem. § 97 Abs. 2 GWB ist nicht mehr gewährleistet, wenn einzelne Bieter ihre Angebote nachverhandeln und durch nachträgliche Abänderung ihrer Angebote einen Vorteil erlangen können.[132] Dementsprechend sind gem. § 15 EU Abs. 3 Verhandlungen nach Angebotseröffnung, besonders über die Änderung der Angebote oder der Preise gem. § 15 EU Abs. 3 unzulässig und verboten. Das Nachverhandlungsverbot des § 15 EU Abs. 3 ist bieterschützend.[133] Auf seine Verletzung kann ein Nachprüfungsantrag gem. § 160 ff. GWB gestützt werden.[134]

Gleichgültig für die Unzulässigkeit von Nachverhandlungen der Angebote gem. § 15 EU Abs. 3 **49** ist es, von wem die **Nachverhandlungsinitiative** ausgeht. Auch wenn der Bieter von sich aus anbietet, sein Angebot zu ändern oder Preisnachlässe zu gewähren, darf der Auftraggeber darauf nicht eingehen.[135] Das Nachverhandlungsverbot des § 15 EU Abs. 3 verbietet nicht nur das Ersuchen des Auftraggebers zur nachträglichen Verhandlung des Angebots oder von Angebotsbestandteilen, sondern soll Angebotsänderungen insgesamt unterbinden, sofern nicht ein Ausnahmetatbestand des § 15 EU Abs. 3 eingreift.[136] Rechtsfolge eines Verstoßes gegen das Nachverhandlungsverbots ist der Ausschluss des nachverhandelten Angebots.[137] Ein Ausschluss des Bieters, der nachverhandelt hat, ist ebenso wenig geboten, wie ein Ausschluss des ursprünglichen – nicht nachverhandelten – Angebots. Dieses ursprüngliche Angebot kann bei einer erneuten Entscheidung über den Zuschlag berücksichtigt werden.[138]

1. Änderung der Angebote oder der Preise. § 15 EU Abs. 3 untersagt zunächst jegliche **50** Verhandlungen über die Änderung der Leistungsinhalte des Angebots. Verboten sind damit Verhandlungen über Änderungen der Leistungsbeschreibung, der Qualitäts- und Ausführungsvorgaben, der Bauzeiten sowie der geforderten Erklärungen und Nachweise.[139] Vom Nachverhandlungsverbot erfasst sind darüber hinaus Verhandlungen über eine Änderung des Angebots durch **Änderung der Rechtspersönlichkeit** des Bieters, zB bei nachträglicher Bildung einer Bietergemeinschaft, nachträglicher Gestattung eines ursprünglich nicht erlaubten Nachunternehmereinsatzes, nachträglicher Änderung eines ursprünglich vorgesehenen Nachunternehmereinsatzes, Änderung eines Skontoangebots, etc.[140] Des Weiteren stellen Aufklärungsgespräche, die bezwecken, Änderungen des Bieters an den Vergabeunterlagen nach Ablauf der Angebotsfrist zu korrigieren, einen Verstoß gegen § 15 EU Abs. 3 dar.[141] Auch kann die Klärung **widersprüchlicher Preisangaben** nicht Gegenstand einer zulässigen Nachverhandlung sein. Dies würde einen unkontrollierbaren Spielraum nachträglicher Manipulation ermöglichen.[142] Des Weiteren können fehlende Angaben zum **beabsichtigten Nachunternehmereinsatz** nicht durch Nachverhandlungen gem. § 15 EU Abs. 1 Nr. 1 nachgeholt werden.[143]

Das Nachverhandlungsverbot des § 15 EU Abs. 3 gilt des Weiteren besonders für Verhandlungen **51** über eine Änderung der Preise.[144] Mit erfolgter Angebotsabgabe gem. § 13 EU Abs. 1 Nr. 1 stehen die Preise zum Ablauf der Angebotsfrist bei Ausschreibungen gem. § 3 EU Nr. 1, 2 unveränderlich fest. Diese, mit Ablauf der Angebotsfrist unveränderlich feststehenden Preise sind Grundlage des Vergabewettbewerbs.[145] **Unzulässige Preisänderungen** gem. § 15 EU Abs. 3 liegen zB vor, wenn Preise zur Verbesserung der Angebote nachträglich heruntergehandelt werden,[146] fehlende Preisanga-

---

[131] VK Nordbayern Beschl. v. 27.1.2011 – 21.VK-3194-46/10; VK Südbayern Beschl. v. 19.3.2015 – Z3-3-3194-1-61-12/14; jurisPK-VergabeR/*Horn* § 15 Rn. 75; *Weyand* ibrOK VergabeR § 15 Rn. 92.
[132] jurisPK-VergabeR/*Horn* § 15 Rn. 75.
[133] OLG Düsseldorf Beschl. v. 14.3.2001 – Verg 30/00; VK Hessen Beschl. v. 23.5.2013 – 69d-VK-5/2013.
[134] OLG Düsseldorf Beschl. v. 14.3.2001 – Verg 30/00; VK Hessen Beschl. v. 23.5.2013 – 69d-VK-5/2013; HHKW/*Steiff* § 15 Rn. 29.
[135] VK Südbayern Beschl. v. 25.7.2002 – Verg 21/02; *Weyand* ibrOK VergabeR § 15 Rn. 93.
[136] *Weyand* ibrOK VergabeR § 15 Rn. 93.
[137] BGH Urt. v. 6.2.2002 – X Z 185/99; OLG Frankfurt a. M. Beschl. v. 16.6.2015 – 11 Verg 3/15; *Weyand* ibrOK VergabeR § 15 Rn. 95.
[138] VK Bund Beschl. v. 22.7.2002 – VK 1-59/02; *Weyand* ibrOK VergabeR § 15 Rn. 95; jurisPK-VergabeR/*Horn* § 15 Rn. 78.
[139] VK Niedersachen Beschl. v. 13.8.2002 – VgK-09/2002; VK Schleswig-Holstein Beschl. v. 20.10.2010 – VK-SH 16/10; VK Bund Beschl. v. 16.4.2015 – VK 2-2715; VK Sachsen-Anhalt Beschl. v. 24.4.2014 – 3 VK LSA 02/14; HHKW/*Steiff* § 15 Rn. 30; jurisPK-VergabeR/*Horn* § 15 Rn. 79.
[140] jurisPK-VergabeR/*Horn* § 15 Rn. 79.
[141] OLG Celle Beschl. v. 19.2.2015 – 13 Verg 12/14; *Weyand* ibrOK VergabeR § 15 Rn. 94.
[142] VK Bund Beschl. v. 21.7.2005 – VK 3-61/05; VK Sachsen Beschl. v. 16.12.2009 – 1/SVK/057-09; *Weyand* ibrOK VergabeR § 15 Rn. 94.
[143] OLG Düsseldorf Beschl. v. 30.7.2003 – Verg 32/03; *Weyand* ibrOK VergabeR § 15 Rn. 94.
[144] VK Bund Beschl. v. 16.4.2015 – VK 2-27/15; VK Schleswig-Holstein Beschl. v. 20.10.2010 – VK-SH 16/10; VK Niedersachsen Beschl. v. 13.8.2002 – VgK 09/2002.
[145] jurisPK-VergabeR/*Horn* § 15 Rn. 80; HHKW/*Steiff* § 15 Rn. 31.
[146] HHKW/*Steiff* § 15 Rn. 31.

ben ergänzt,[147] Einheitspreise pauschaliert, nachträglich die Umsatzsteuer hinzugefügt, oder nachträglich die Parameter einer Lohngleit- oder Materialpreisgleitklausel verhandelt werden.[148]

52 **2. Ausnahme bei Nebenangeboten.** Ausnahmsweise sind gem. § 15 EU Abs. 3 Hs. 2 Verhandlungen gestattet, wenn sie bei Nebenangeboten oder Angeboten aufgrund eines Leistungsprogramms nötig sind, um **unumgängliche technische Änderungen geringen Umfangs** und sich daraus ergebende Änderungen der Preise zu vereinbaren. Dies ist eine eng auszulegende Ausnahme vom Nachverhandlungsverbot des § 15 EU Abs. 3, die sich aus der Notwendigkeit ergibt, bei Nebenangeboten oder Angeboten aufgrund eines Leistungsprogramms technische Änderungen geringen Umfangs und daraus folgende Preisanpassungen vorzunehmen. Damit werden ansonsten erforderliche Aufhebungen von Ausschreibungen vermieden.[149] Voraussetzungen hierfür sind das Vorliegen von aufklärungsbedürftigen Zweifeln bei Nebenangeboten sowie bei Angeboten aufgrund eines Leistungsprogramms. Weitere Voraussetzung ist das Vorliegen unumgänglich notwendiger technischer Änderungen geringen Umfangs, ohne die eine sachgerechte Ausführung nicht möglich wäre.[150] Unumgängliche technische Änderungen geringen Umfangs sind allein solche, die im Vergleich zur Bedeutung und zur Ausgestaltung des Gesamtauftrages eine nur **unwesentliche Bedeutung** haben.[151] Das Vorliegen einer unwesentlichen Bedeutung der technischen Änderung geringen Umfangs in diesem Sinne ist durch Vergleich der geänderten Ausführung zur bisherigen Ausführungsart und zum bisherigen Ausführungsumfang zu ermitteln.[152] Die Grenzen der Zulässigkeit sind dabei an den Auswirkungen auf die Preise und an der Menge der Änderungen insgesamt zu messen.[153]

53 Die ausnahmsweise Zulassung von Nachverhandlungen gem. § 15 EU Abs. 3 Hs. 2 ist **restriktiv** auszulegen. Die ausnahmsweise Zulassung einer Nachverhandlung gem. § 15 EU Abs. 3 Hs. 2 darf nur dazu dienen, ein für sich genommen bereits **zuschlagsfähiges Angebot** zu präzisieren und zu optimieren.[154] Keinesfalls ist es gem. § 15 EU Abs. 3 Hs. 2 statthaft, ein nicht zuschlagsfähiges (Neben-)Angebot durch Nachverhandlung erst zuschlagsfähig zu machen.[155] Unstatthaft ist es auch, im Rahmen von Aufklärungsverhandlungen Angaben abzufordern, die zum Nachweis der Gleichwertigkeit eines Nebenangebots erforderlich sind.[156] Der Auftraggeber hat in diesem Zusammenhang **besondere Vorsicht** walten zu lassen und das von ihm erachtete Vorliegen des Ausnahmetatbestandes des § 15 EU Abs. 3 Hs. 2 sorgsam zu **dokumentieren.** Anderenfalls setzt er sich dem Vorwurf einer unzulässigen Nachverhandlung mit Preismanipulation aus.[157]

54 Das im Rahmen des Ausnahmetatbestandes des § 15 EU Abs. 3 Hs. 2 nachverhandelte Nebenangebot muss schließlich gem. § 8 EU Abs. 2 Nr. 3 S. 1, 2 in der Bekanntmachung oder in der Aufforderung zur Interessensbestätigung zugelassen worden sein und den formellen Anforderungen des § 13 EU Abs. 3 entsprechen. Angebote aufgrund eines Leistungsprogramms müssen gem. § 7c EU Abs. 1–3 zulässigerweise im Rahmen der Ausschreibung verlangt worden sein.[158] Für die Einhaltung der Voraussetzung des § 15 EU Abs. 3 Hs. 2 ist der **Auftraggeber im Nachprüfungsverfahren beweispflichtig.**[159]

VII. Überprüfung von Angaben zum Energieverbrauch und vorgelegter Lebenszykluskostenanalyse (§ 15 EU Abs. 4)

55 Gemäß § 15 EU Abs. 4 darf der Auftraggeber ihm nach § 8c EU Abs. 3 übermittelte Informationen überprüfen und hierzu ergänzende Erläuterungen von den Bietern fordern. Gemäß § 8c EU Abs. 1 sind bei der Lieferung von energieverbrauchsrelevanten Waren, technischen Geräten oder Ausrüstungen, die **wesentlicher Bestandteil einer Bauleistung** sind, die Anforderungen des § 8c EU Abs. 2–4 zwingend zu beachten.

---

[147] VK Brandenburg Beschl. v. 18.6.2003 – VK 31/03; jurisPK-VergabeR/*Horn* § 15 Rn. 80.
[148] jurisPK-VergabeR/*Horn* § 15 Rn. 80; Kapellmann/Messerschmidt/*Planker* § 15 Rn. 20, 22; HHKW/*Steiff* § 15 Rn. 32.
[149] KG Beschluss v. 13.10.1999 – KartVerg 31/99; VK Arnsberg Beschl. v. 4.11.2002 – VK 1-23/02; jurisPK-VergabeR/*Horn* § 15 Rn. 82; Ingenstau/Korbion/*von Wietersheim* § 15 Rn. 22.
[150] Ingenstau/Korbion/*von Wietersheim* § 15 Rn. 24; HHKW/*Steiff* § 15 Rn. 35.
[151] HHKW/*Steiff* § 15 Rn. 35.
[152] VK Saarland Beschl. v. 27.5.2005 – 3 VK 02/05; *Weyand* ibrOK VergabeR § 15 Rn. 103.
[153] VK Saarland Beschl. v. 27.5.2005 – 3 VK 02/05; *Weyand* ibrOK VergabeR § 15 Rn. 103.
[154] HHKW/*Steiff* § 15 Rn. 36; *Weyand* ibrOK VergabeR § 15 Rn. 103/1.
[155] HHKW/*Steiff* § 15 Rn. 36.
[156] OLG Frankfurt a. M. Beschl. v. 26.3.2002 – 11 Verg 3/01; VK Baden-Württemberg Beschl. v. 27.4.2004 – 1 VK 13/04.
[157] Ingenstau/Korbion/*von Wietersheim* § 15 Rn. 26.
[158] Ingenstau/Korbion/*von Wietersheim* § 15 Rn. 27.
[159] Ingenstau/Korbion/*von Wietersheim* § 15 Rn. 28.

Gemäß § 8c EU Abs. 2 Nr. 1, 2 sollen im Hinblick auf die Energieeffizienz dabei insbesondere **56** folgende Anforderungen gestellt werden: (1) das höchste Leistungsniveau an Energieeffizienz und (2) soweit vorhanden, die höchste Energieeffizienzklasse im Sinne der Energieverbrauchskennzeichnungsverordnung. Gemäß § 8c EU Abs. 3 sind in der Leistungsbeschreibung oder an anderer geeigneter Stelle in den Vergabeunterlagen von den Bietern (1) konkrete Angaben zum Energieverbrauch sowie (2) in geeigneten Fällen eine Analyse minimierter Lebenszykluskosten oder die Ergebnisse einer vergleichbaren Methode zur Überprüfung der Wirtschaftlichkeit zu fordern. Gemäß § 8c EU Abs. 4 ist in diesen Fällen schließlich in aller Regel das Zuschlagskriterium „Energieeffizienz" aufzustellen, bekanntzugeben und zu berücksichtigen.[160]

§ 15 EU Abs. 4 gestattet es dem Auftraggeber, nach Ablauf der Angebotsfrist bei bestehendem **57** Aufklärungsbedarf die ihm vom Bieter gem. § 8c EU Abs. 3 Nr. 1, 2 gemachten Angaben durch Aufklärungsmaßnahmen zu überprüfen. Dies sind die Informationen zum **Energieverbrauch** gem. § 8c EU Abs. 3 Nr. 1 und die **Analyse minimierter Lebenszykluskosten** bzw. die Ergebnisse einer vergleichbaren Methode zur Überprüfung der Wirtschaftlichkeit gem. § 8c EU Abs. 3 Nr. 2 lit. a, b. Die Vorschrift hat klarstellenden Charakter und gibt dem Auftraggeber für diese Information eine besonders ausgestaltete Aufklärungsmöglichkeit durch das Nachfordern ergänzender Erklärungen.[161]

Fehlen Erklärungen und Nachweise gem. § 8c EU Abs. 3 Nr. 1, 2 **ganz**, sind diese gem. § 16a **58** EU S. 1 nachzufordern, soweit es sich nicht um fehlende **wertungsrelevante Informationen** handelt.[162] Gemäß § 15 EU Abs. 4 darf dem Bieter nicht die Möglichkeit einer unzulässigen nachträglichen Vervollständigung bzw. Nachbesserung eines unvollständigen Angebots eingeräumt werden. Das Nachfordern ergänzender Erläuterungen gem. § 15 EU Abs. 4 ist insoweit eng zu verstehen.[163]

§ 16 EU Ausschluss von Angeboten

Auszuschließen sind
1. Angebote, die nicht fristgerecht eingegangen sind,
2. Angebote, die den Bestimmungen des § 13 EU Absatz 1 Nummer 1, 2 und 5 nicht entsprechen,
3. [1]Angebote, die die geforderten Unterlagen im Sinne von § 8 EU Absatz 2 Nummer 5 nicht enthalten, wenn der öffentliche Auftraggeber gemäß § 16a EU Absatz 3 festgelegt hat, dass er keine Unterlagen nachfordern wird. [2]Satz 1 gilt für Teilnahmeanträge entsprechend,
4. Angebote, bei denen der Bieter Erklärungen oder Nachweise, deren Vorlage sich der öffentliche Auftraggeber vorbehalten hat, auf Anforderung nicht innerhalb einer angemessenen, nach dem Kalender bestimmten Frist vorgelegt hat. Satz 1 gilt für Teilnahmeanträge entsprechend,
5. nicht zugelassene Nebenangebote sowie Nebenangebote, die den Mindestanforderungen nicht entsprechen,
6. Hauptangebote von Bietern, die mehrere Hauptangebote abgegeben haben, wenn der öffentliche Auftraggeber die Abgabe mehrerer Hauptangebote in der Auftragsbekanntmachung oder in der Aufforderung zur Interessensbestätigung nicht zugelassen hat,
7. Nebenangebote, die dem § 13 EU Absatz 3 Satz 2 nicht entsprechen,
8. Hauptangebote, die dem § 13 EU Absatz 3 Satz 3 nicht entsprechen.

Schrifttum: *Gröning*, Grenzen des Angebotsausschlusses wegen Änderungen an den Vergabeunterlagen, NZBau 2020, 275; *Hettich*, Kein Angebotsausschluss trotz Beifügung von Bieter-AGB, NZBau 2020, 80; *Stanko*, AGB und die Änderung der Vergabeunterlagen – Wertungswandel in der Rechtsprechung?, NZBau 2020, 632.

Übersicht

	Rn.		Rn.
I. Allgemeiner Überblick	1	a) Zugang eines Angebots	8
II. Regelungsgehalt	4	b) Niederschrift und Aufbewahrung	10
1. Angebote, die nicht fristgerecht eingegangen sind (Nr. 1)	4	2. Angebote, die den Bestimmungen des § 13 EU Abs. 1 Nr. 1, 2 und 5 nicht entsprechen (Nr. 2)	11

---
[160] Hierzu: *Theißen/Stollhoff* SektVO Erl. zu § 58.
[161] Ingenstau/Korbion/*von Wietersheim* Rn. 2.
[162] Ingenstau/Korbion/*von Wietersheim* Rn. 2.
[163] Ingenstau/Korbion/*von Wietersheim* Rn. 2.

		Rn.			Rn.
	a) Unterzeichnung/Signatur des Angebots	12	5.	Nicht zugelassene Nebenangebote sowie Nebenangebote, die den Mindestanforderungen nicht entsprechen (Nr. 5)	26
	b) Angebote, die im unverschlossenen Umschlag oder unverschlüsselt sind	14			
	c) Änderungen an den Vergabeunterlagen	15	6.	Nicht zugelassene Hauptangebote von Bietern, die mehrere Hauptangebote abgegeben haben (Nr. 6)	28
3.	Angebote, die nicht die geforderten Unterlagen enthalten (Nr. 3, § 8 EU Abs. 2 Nr. 5)	23	7.	Nebenangebote, die dem § 13 EU Abs. 3 S. 2 nicht entsprechen (Nr. 7)	29
4.	Angebote, bei denen nachträglich geforderte Erklärungen oder Nachweise nicht vorgelegt werden (Nr. 4)	24	8.	Hauptangebote, die dem § 13 EU Abs. 3 S. 3 nicht entsprechen (Nr. 8)	30

I. Allgemeiner Überblick

1   Struktur und Inhalt der §§ 16 EU–16d EU – vormals § 16 EG – haben zunächst durch die Vergaberechtsreform 2016 und zuletzt durch die am 19.2.2019 im Bundesanzeiger veröffentlichten und durch den Deutschen Vergabe- und Vertragsausschuss für Bauleistungen (DVA) am 13.11.2018 beschlossenen Änderungen der VOB/A immer wieder Anpassungen erfahren. Die zuvor in § 16 EG in einem Paragrafen unter den Zwischenüberschriften *„Ausschluss", „Eignung", „Prüfung"* und *„Wertung"* enthaltenen Regelungen, finden sich nunmehr in fünf Paragrafen – den §§ 16 EU–16d EU. Die VOB/A 2019 stellt an verschiedenen Stellen einen Gleichlauf zwischen den Regelungen im Unter- und Oberschwellenbereich her und übernimmt punktuell für den Bereich der Liefer- und Dienstleistungsvergaben geltende Regelungen. Insbesondere wurde der strenge Grundsatz in § 16a, wonach eine Pflicht zur Nachforderung fehlender oder unvollständiger Unterlagen bestand, in Anlehnung an § 56 Abs. 2 VgV insoweit aufgelockert, als der öffentliche Auftraggeber nunmehr nach § 16a EU Abs. 3 die Möglichkeit hat, das Nachfordern in der Auftragsbekanntmachung oder den Vergabeunterlagen von vornherein auszuschließen. § 16 EU stellt den Einstieg in die Angebotsprüfung dar und legt fest, welche **Angebote** ausgeschlossen werden müssen, enthält im Gegensatz zur Vorgängernorm aber keine Regelung mehr zu den fakultativen Ausschlussgründen. Vom Anwendungsbereich des § 16 EU erfasst werden somit allein die **zwingenden Ausschlussgründe.** Dem Auftraggeber steht bei Vorliegen eines in § 16 EU aufgezählten Ausschlussgrundes kein Ermessen zur Seite. Es handelt sich um eine abschließende Aufzählung von Ausschlussgründen, die einer Erweiterung grundsätzlich nicht zugänglich ist.[1] Der Auftraggeber kann durch seine Vorgaben lediglich mittelbar Ausschlussgründe schaffen.[2]

2   Die **fakultativen Ausschlussgründe** sind nunmehr abschließend in § 6e EU Abs. 6 enthalten und entsprechen inhaltlich § 124 Abs. 1 GWB. Auch im Hinblick auf die zwingenden Ausschlussgründe wurden mit der VOB/A 2016 und der VOB/A 2019 inhaltliche Änderungen vorgenommen. So handelt es sich ua bei der Nichtentrichtung von Steuern, Abgaben sowie der Beiträge zur gesetzlichen Sozialversicherung – zuvor ein fakultativer Ausschlussgrund – nunmehr nach § 6e EU Abs. 4 Nr. 1 um einen zwingenden Ausschlussgrund.[3] Als Ausschlussgrund neu aufgenommen wurde ua die Nichtvorlage vom Auftraggeber nachträglich geforderter Unterlagen in § 16 EU Nr. 4 sowie die Nichtvorlage von bereits bei Angebotsabgabe vorzulegenden Unterlagen, wenn der Auftraggeber eine Nachforderung ausgeschlossen hat.

3   Die Prüfung des § 16 EU stellt den **Einstieg in die Angebotsprüfung dar.** Bei Vorliegen einer der dort normierten Ausschlussgründe ist eine weitere inhaltliche Befassung mit den Angeboten nicht erforderlich.

II. Regelungsgehalt

4   **1. Angebote, die nicht fristgerecht eingegangen sind (Nr. 1).** Allein aus den Geboten der **Gleichbehandlung** (§ 97 Abs. 2 GWB) und **Transparenz** (§ 97 Abs. 1 GWB) folgt zwingend, dass nicht fristgerecht vorgelegte Angebote von der Wertung auszuschließen sind.[4] Abzustellen ist auf den Ablauf der nach der VOB/A kalendermäßig und unabhängig vom Beginn des Eröffnungstermins vom Auftraggeber festzulegenden Angebotsfrist.[5] Das Angebot muss vor Ablauf der Angebotsfrist beim Auftraggeber **eingegangen** sein. Der Bieter darf keine Möglichkeit mehr haben, den

---

[1] Ingenstau/Korbion/*von Wietersheim* § 16 Rn. 7.
[2] OLG Düsseldorf Beschl. v. 22.12.2010 – Verg 33/10, ZfBR 2011, 204.
[3] Zu beachten ist allerdings der spezielle Selbstreinigungstatbestand des § 6e EU Abs. 4 S. 2.
[4] VK Sachsen Beschl. v. 4.9.2014 – 1/SVK/026-14, IBRRS 2015, 0324.
[5] Ingenstau/Korbion/*von Wietersheim* § 16 Rn. 8.

Inhalt seines Angebotes nach Ablauf der Angebotsfrist und unter Kenntnis der Angebotsinhalte anderer Bieter zu verändern, deshalb führen bereits geringfügige Verspätungen zum Ausschluss.[6] Es soll auch verhindert werden, dass Informationen aus der Vergabestelle über den Inhalt eines Angebots nach dessen Öffnung unberechtigterweise an einen anderen Bieter kommuniziert werden können.[7]

Der Bieter trägt das **Risiko der Übermittlung** und des rechtzeitigen Eingangs seines Angebots.[8] § 16 EU Nr. 1 stellt dem Wortlaut nach nur auf die Rechtzeitigkeit des Angebotseingangs ab; Bezugspunkt der Vorschrift ist mithin allein die Verspätung. Der Grund für den verspäteten Zugang beim Auftraggeber ist unerheblich. Insbesondere kommt es auf ein Verschulden des Bieters nicht an. So muss sich der Bieter ein Verschulden des mit der Übermittlung des Angebots beauftragten Botendienstes als eigenes Verschulden gem. §§ 276, 278 BGB zurechnen lassen.[9] Grundsätzlich trägt der Bieter die **Beweislast** dafür, dass sein vollständiges Angebot rechtzeitig eingereicht worden ist. Von diesem Grundsatz wird dann eine Ausnahme gemacht, wenn es allein im Verantwortungsbereich des Auftraggebers liegt, dass sich die für den Ausschlusstatbestand nach § 16 EU Nr. 1 erforderlichen Tatbestandsvoraussetzungen nicht erweisen lassen.[10]

Gemäß § 57 Abs. 1 Nr. 1 VgV sind Angebote von der Wertung auszuschließen, die nicht form- oder fristgerecht eingegangen sind, es sei denn, der Bieter hat dies nicht zu vertreten. § 16 EU Nr. 1 enthält dem Wortlaut nach keine vergleichbare Regelung. Der zuvor in § 16 EU Nr. 1 enthaltene Verweis auf § 14 EU Abs. 5 Nr. 1 aF ist in der VOB/A 2019 nicht mehr enthalten. Danach war ein Angebot, das dem Auftraggeber nachweislich vor Ablauf der Angebotsfrist zugegangen war, aber aus vom Bieter nicht zu vertretenden Gründen dem Verhandlungsleiter nicht vorgelegen hat, wie ein rechtzeitig vorliegendes Angebot zu behandeln.

Diese Regelung wurde aus § 14 EG Abs. 6 Nr. 1 VOB/A 2012 übernommen. Erfasst werden sollten danach Fälle, bei denen das Angebot trotz rechtzeitigen Zugangs aufgrund Organisationsverschuldens des Auftraggebers nicht rechtzeitig zur Submission vorlag. Anders als noch in § 10 EG Abs. 2 Nr. 7 VOB/A 2012 geregelt, läuft die Angebotsfrist aber nicht mehr mit Öffnung des ersten Angebots im Eröffnungstermin ab. Nach § 14 EU Abs. 1 S. 1 wird die Öffnung der Angebote unverzüglich nach Ablauf der Angebotsfrist durchgeführt. Der Eröffnungstermin und das Ende der Angebotsfrist fallen nunmehr zeitlich auseinander. Ein Angebot, dass vor Ablauf der Angebotsfrist eingegangen ist, ist immer als ein fristgerecht vorliegendes Angebot zu behandeln. Darauf, ob das Angebot dem Verhandlungsleiter vorgelegen hat oder nicht, kam es für einen Ausschluss nach § 16 EU Nr. 1 bereits nach der VOB/A 2016 nicht an.[11] Die Streichung des Verweises auf § 14 EU Abs. 5 ist insoweit zu begrüßen.

a) Zugang eines Angebots. Maßgebend ist allein der Zugang des Angebots vor Ablauf der Angebotsfrist und – in Anlehnung an **§ 130 BGB** – folglich der Übergang in den Machtbereich des Auftraggebers, sodass dieser unter normalen Umständen Kenntnis von dem Angebot erlangen kann.[12] Dabei ist zwischen schriftlich und **elektronisch einzureichenden Angeboten** zu differenzieren. Seit dem 19.10.2018 sind öffentliche Auftraggeber verpflichtet, Vergabeverfahren im Oberschwellenbereich durchweg elektronisch durchzuführen und folglich Angebote, Teilnahmeanträge, Interessensbekundungen und Interessensbestätigungen nur noch in elektronischer Form entgegenzunehmen (§ 11 EU Abs. 4). Ein Wahlrecht zur Festlegung der Angebotsform (§ 13 EU Abs. 1 Nr. 1 S. 1) steht dem öffentlichen Auftraggeber grundsätzlich nicht mehr zu. Von der zwingend vorgegebenen elektronischen Übermittlung kann der Auftraggeber nur unter den in § 11b EU Abs. 3 und Abs. 4 genannten Voraussetzungen abweichen. Inwieweit der Auftraggeber durch das Ergreifen organisatorischer Maßnahmen Kenntnis von eingehenden Angeboten erlangen können muss, hängt entscheidend von den Vorgaben zum Eingang der Angebote in der Bekanntmachung bzw. den Vergabeunterlagen ab. Bei ausnahmsweise schriftlich einzureichenden Angeboten sind, abhängig von der Größe des öffentlichen Auftraggebers, konkrete Festlegungen zur Angebotsabgabe – beispielsweise in einem bestimmten Raum oder einem eigens eingerichteten Briefkasten – sinnvoll. Auf diese Weise kann sichergestellt werden, dass die Angebote ohne Verzögerung im Öffnungstermin zur Verfügung stehen. Gleichzeitig muss der öffentliche Auftrag-

---

[6] *Haupt* in Gabriel/Krohn/Neun VergabeR-HdB § 29 Rn. 6 und 10.
[7] VK Bund Beschluss v. 15.8.2017 – VK 2-84/17, IBRRS 2017, 3208.
[8] VK Brandenburg Beschluss. v. 16.6.2015 – VK 9/15, VPR 2016, 1021.
[9] OLG Frankfurt a. M. Beschl. v. 11.5.2004 – 11 Verg 8 u. 09/04, ZfBR 2004, 610.
[10] OLG Celle Beschl. v. 7.6.2007 – 13 Verg 5/07, ZfBR 2007, 611; VK Sachsen-Anhalt Beschl. v. 12.10.2017 – 3 VK LSA Beschl. v. 12.10.2017 – 3 VK LSA 81/17, VPRRS 2018, 0026.
[11] Kapellmann/Messerschmidt/*Frister* § 16 Rn. 9; Ingenstau/Korbion/*von Wietersheim* § 14a Rn. 41.
[12] VK Bund Beschl. v. 28.8.2006 – VK 3-99/06, VPRRS 2014, 0118; OLG Celle Beschl. v. 7.6.2007 – 13 Verg 5/07, ZfBR 2007, 611; VK Sachsen-Anhalt Beschl. v. 12.10.2017 – 3 VK LSA 81/17, VPRRS 2018, 0026.

geber durch organisatorische Maßnahmen (zB Leeren des Briefkastens) sicherstellen, dass die Rechtzeitigkeit des Angebotseingangs überwacht werden kann. Hat der Auftraggeber keine bestimmte Stelle für die Abgabe der Angebote bekannt gemacht, kommt es darauf an, ob der Bieter das Angebot bei einer für das jeweilige Verfahren eröffneten Empfangsvorrichtung abgegeben hat. Ist eine Zusendung des Angebots per Post zulässig und wird in der Bekanntmachung lediglich eine Anschrift des Auftraggebers genannt, kann der Auftraggeber mit Einwerfen des Angebots in den Briefkasten Kenntnis von diesem erlangen.[13] Hat der Auftraggeber dagegen eine bestimmte Stelle für die Abgabe der Angebote benannt, ist für den Zeitpunkt des Zugangs allein die Abgabe bei der bezeichneten Stelle relevant.[14] Benennt der Auftraggeber in der Bekanntmachung zusätzlich eine Person, zu Händen welcher die Angebote abzugeben sind, bewirkt die Abgabe eines Angebots an einen anderen Mitarbeiter in einem anderen Gebäude nicht den zeitgleichen Zugang bei der Submissionsstelle.[15] Widersprüchliche Angaben gehen dabei zulasten des Auftraggebers.

9   Elektronische Angebote müssen auf der Vergabeplattform für den Auftraggeber abrufbar gespeichert sein, sodass dieser das Angebot nach Ablauf der Angebotsfrist herunterladen kann.[16] Treten technische Schwierigkeiten beim Betrieb der verwendeten elektronischen Mittel auf, so sind die Folgen danach zu beurteilen, wessen Sphäre sie zuzuordnen sind.[17] Fehler beim Hochladen des Angebotes, die zu einer zeitlichen Verzögerung und zum Versäumnis der Angebotsfrist führen, fallen grundsätzlich in die Sphäre des Bieters.[18] Auch hier liegt das Übermittlungsrisiko beim Bieter; technische Probleme sind nur dann relevant, wenn sie auf Auftraggeberseite auftreten. Um Übertragungsrisiken zu minimieren, sollte deshalb mit dem Hochladevorgang rechtzeitig begonnen werden. Verstöße des Auftraggebers gegen § 11a EU Abs. 1 (Zurverfügungstellung allgemein verfügbarer, nichtdiskriminierender und kompatibler elektronischer Mittel) und § 11 EU Abs. 3 (Zurverfügungstellung aller notwendigen Informationen über die verwendeten elektronischen Mittel, deren technischen Parameter und verwendete Verschlüsselungs- und Zeiterfassungsverfahren) gehen zu seinen Lasten.[19] Dem Auftraggeber obliegt es auch eine funktionierende Vergabeplattform zur Verfügung zu stellen. Der Bieter ist demgegenüber für die Kommunikation mit der Vergabeplattform verantwortlich, dh Hard- und Software müssen ordnungsgemäß installiert sein und aktuell gehalten werden und die vorhandene Infrastruktur muss die Übermittlung des Angebotes in der erforderlichen Datenmenge ermöglichen.[20]

10   **b) Niederschrift und Aufbewahrung.** Der Auftraggeber hat Angebote, die zum Ablauf der Angebotsfrist nicht vorgelegen haben, in der Niederschrift oder in einem Nachtrag besonders aufzuführen (§ 14 EU Abs. 4 S. 1). Die **Eingangszeiten** und die möglicherweise bekannten Gründe, aus denen die Angebote nicht vorgelegen haben, sind zu vermerken. Gemäß § 14 EU Abs. 5 hat der Auftraggeber weiter diejenigen Angebote mit allen Angaben in die Niederschrift oder in einen Nachtrag aufzunehmen, die vor Ablauf der Angebotsfrist dem öffentlichen Auftraggeber zugegangen sind, aber dem Verhandlungsleiter nicht vorgelegen haben. Somit spielt die Frage der rechtzeitigen Vorlage beim Verhandlungsleiter im Rahmen des Submissionstermins nur noch in Bezug auf die Dokumentation eine Rolle.

11   **2. Angebote, die den Bestimmungen des § 13 EU Abs. 1 Nr. 1, 2 und 5 nicht entsprechen (Nr. 2).** Auszuschließen sind weiter Angebote, die den Bestimmungen des § 13 EU Abs. 1 Nr. 1, 2 und 5 und damit den vom Auftraggeber vorgegebenen **Formalien** nicht entsprechen. Ein Ausschluss hat demnach in folgenden Fällen zwingend zu erfolgen:

---

[13] VK Sachsen-Anhalt Beschl. v. 8.4.2014 – 3 VK LSA 13/14, VPR 2015, 66; VK Brandenburg Beschl. v. 11.11.2010 – VK 57/10, VPRRS 2011, 0052; VK Sachsen Beschl. v. 4.9.2014 – 1/SVK/026-14, ZfBR 2015, 413.
[14] VK Brandenburg Beschl. v. 11.11.2010 – VK 57/10, VPRRS 2011, 0052; VK Sachsen Beschl. v. 4.9.2014 – 1/SVK/026-14, ZfBR 2015, 413: Lässt der Auftraggeber eine Zusendung der Angebote per Post zu, gibt aber gleichzeitig im Falle der persönlichen Abgabe des Angebots einen Raum vor und benennt eine Person, an die das Angebot zu übergeben ist, liegt bei Einwurf des Angebots in einem Vergabeverfahren nach der VOF in einen Briefkasten mit der Beschriftung „XXXXXX, Angebote VOL/VOB" kein Zugang vor. Der Briefkasten ist in diesem Fall nicht als allgemeine Empfangsvorrichtung des Auftraggebers anzusehen, da für einen objektiven Empfänger hinreichend deutlich erkennbar ist, dass dieser nicht für allgemeine Post genutzt werden kann.
[15] VK Brandenburg Beschl. v. 11.11.2010 – VK 57/10, VPRRS 2011, 0052.
[16] Ziekow/Völlink/*Herrmann* § 14 EU Rn. 32.
[17] VK Südbayern Beschl. v. 14.10.2019 – Z3-3-3194-1-15-05/19, VPRRS 2019, 0353.
[18] VK Bund Beschl. v. 29.5.2020 – VK 2-19/20, VPR 2020, 170.
[19] VK Südbayern Beschl. v. 14.10.2019 – Z3-3-3194-1-15-05/19, VPRRS 2019, 0353.
[20] VK Sachsen Beschl. v. 27.2.2020 – 1/SVK/041-19, VPRRS 2020, 0100.

II. Regelungsgehalt

- Das Angebot entspricht nicht der vom Auftraggeber festgelegten Form (§ 13 EU Abs. 1 Nr. 1 S. 1);
- Ein schriftliches Angebot ist nicht unterzeichnet bzw. ein elektronisches Angebot ist nicht mit der vom Auftraggeber geforderten elektronischen Signatur versehen (§ 13 EU Abs. 1 Nr. 1 S. 2, 3);
- Per Post oder direkt übermittelte Angebote wurden nicht in einem verschlossenen Umschlag eingereicht (§ 13 EU Abs. 1 Nr. 2 S. 2);
- Elektronisch übermittelte Angebote verfügen nicht über eine Verschlüsselung oder die Verschlüsselung wurde zwischen Eingang des Angebots und Öffnung des ersten Angebots aufgehoben (§ 13 EU Abs. 1 Nr. 2 S. 3);
- Änderungen an den Vergabeunterlagen (§ 13 EU Abs. 1 Nr. 5).

a) Unterzeichnung/Signatur des Angebots. Schriftlich eingereichte Angebote müssen nach § 13 EU Abs. 1 Nr. 1 S. 2 unterzeichnet sein. Die Anforderungen an die Schriftform richten sich nach § 126 Abs. 1 BGB, wonach das Angebot **eigenhändig durch Namensunterschrift unterzeichnet** werden muss. Eine eingescannte Unterschrift erfüllt nicht die Schriftform.[21] Obwohl eine rechtsverbindliche Unterschrift nicht mehr vorgeschrieben ist, ist der Auftraggeber dennoch berechtigt eine solche in den Vergabeunterlagen zu fordern. In diesem Fall kommt der gestellten Bedingung nach Auslegung gem. §§ 133, 157 BGB der Erklärungsgehalt zu, dass der Unterzeichner bei Angebotsabgabe über die erforderliche Vertretungsmacht verfügt haben muss.[22] Nicht erforderlich ist, dass der Bieter den Nachweis der Vertretungsmacht des Unterzeichners bei Abgabe des Angebots führt (→ § 13 EU Rn. 25). Elektronische Angebote werden nach § 11 EU Abs. 4 in Textform gem. § 126b BGB übermittelt. In Ausnahmefällen darf der Auftraggeber nach Maßgabe des Abs. 5 auch eine strengere Form vorgeben (→ § 11 EU Rn. 20 f.). In diesem Fall sind die Angebote gem. § 13 EU Abs. 1 Nr. 1 S. 3 nach Wahl des Auftraggebers mit einer fortgeschrittenen elektronischen Signatur, einer qualifizierten elektronischen Signatur, einem fortgeschrittenen elektronischen Siegel oder einem qualifizierten elektronischen Siegel zu versehen (→ § 13 EU Rn. 30 ff.).

Ist das Angebot zwar unterschrieben oder mit einer den Anforderungen entsprechenden Signatur versehen, weicht aber beispielsweise durch eine nicht den Vorgaben des Auftraggebers entsprechende Platzierung formal von den Vorgaben ab, führt dies nicht zwangsläufig zum Angebotsausschluss.[23] Ein solcher ist aber dann zwingend, wenn die Auslegung nach §§ 133, 157 BGB nicht zu dem zweifelsfreien Ergebnis führt, dass die Unterschrift den gesamten Angebotsinhalt abdeckt.[24] Dies gilt insbesondere dann, wenn der Auftraggeber die Unterzeichnung an einer bestimmten Stelle fordert und die Unterschrift tatsächlich an einer anderen Stelle des Angebots oder in einem Begleitschreiben erfolgt.[25] Inwieweit die Unterschrift zweifelsfrei den **gesamten Angebotsinhalt** abdeckt, ist durch Auslegung zu ermitteln.[26] *„Die Unterschrift bzw. Signatur erfüllt eine Identitäts-, Verifikations- und Echtheitsfunktion, indem sie die Identität des Bieters erkennbar macht, das Angebot eindeutig und nachprüfbar diesem zuordnet (Authentifizierung) und durch die Verbindung von Angebotstext und Unterschrift die Integrität und Vollständigkeit seines Angebotes in inhaltlicher Hinsicht gewährleistet".*[27] Zu prüfen ist insbesondere der **Bindungswille** des Bieters (§ 145 BGB) und konkret die Frage, ob sich dieser auf von ihm nicht unterzeichnete Erklärungen erstreckt. Reicht der Bieter zusammen mit einem unterzeichneten Hauptangebot, welches in formaler Hinsicht alle vom Auftraggeber gestellten Anforderungen erfüllt, ein nicht unterschriebenes Nebenangebot ein, besteht zunächst kein Anlass, am Bindungswillen des Bieters auch hinsichtlich des Nebenangebotes zu zweifeln.[28] Gleiches gilt, wenn eine formgerechte elektronische Signatur an einer anderen als der hierfür vorgesehenen Stelle angebracht wird (zB Anschreiben zum Angebot, Preisblatt), auf dem Angebotsvordruck selbst aber fehlt.[29] Dies gilt

---

[21] VK Bund Beschl. v. 17.1.2018 – VK 2-154/17, VPR 2018, 98.
[22] BGH Urt. v. 20.11.2012 – X ZR 108/10, NZBau 2013, 180.
[23] Kapellmann/Messerschmidt/*Frister* § 16 Rn. 23.
[24] OLG Düsseldorf Beschl. v. 13.4.2016 – VII-Verg 52/15, BeckRS 2016, 13185.
[25] Ingenstau/Korbion/*von Wietersheim* § 16 Rn. 11.
[26] OLG Düsseldorf Beschl. v. 13.4.2016 – VII-Verg 52/15; BeckRS 2016, 13185.
[27] OLG Düsseldorf Beschl. v. 13.4.2016 – VII-Verg 52/15; BeckRS 2016, 13185.
[28] BGH Beschl. v. 23.3.2011 – X ZR 92/09, BeckRS 2011, 13880.
[29] In dem vom OLG Düsseldorf (Beschl. v. 13.4.2016 – VII-Verg 52/15, BeckRS 2016, 13185) entschiedenen Fall erfolgte die formgerechte Signatur nicht, wie vorgegeben, im Angebotsvordruck, sondern im Angebotsschreiben. Das Angebotsschreiben hat der Bieter mit einer eigenen fortgeschrittenen Signatur versehen, aber nicht den hierfür vom Auftraggeber zur Verfügung gestellten Signatur-Client genutzt. Im formgerecht signierten Anschreiben zum Angebot hat der Bieter aber ausdrücklich auf das Angebot Bezug genommen und somit deutlich und zweifelsfrei zu erkennen gegeben, dass der gesamte Angebotsinhalt von ihm stammt und rechtsverbindlich erklärt werden soll.

jedenfalls dann, wenn sich alle etwaig bestehenden Zweifel dahingehend durch Auslegung beseitigen lassen, dass das Angebot eindeutig und nachprüfbar dem Bieter zuzuordnen ist und dieser Bieter **den gesamten Angebotsinhalt rechtsverbindlich erklären** wollte. Bei **Bietergemeinschaften** ist die Unterschrift von allen am Angebot beteiligten Unternehmen zu leisten. Fordert der Auftraggeber eine rechtsverbindliche Unterschrift, erfüllt das Angebot einer Bietergemeinschaft diese Vorgabe nur, wenn die Bevollmächtigung desjenigen, der das Angebot unterschrieben hat, durch die übrigen Mitglieder nachgewiesen wird[30] (→ § 13 EU Rn. 27).

14 **b) Angebote, die im unverschlossenen Umschlag oder unverschlüsselt sind.** Gemäß § 13 EU Abs. 1 Nr. 2 sind per Post oder direkt übermittelte Angebote in einem verschlossenen Umschlag einzureichen, als solche zu kennzeichnen und bis zum Ablauf der für die Einreichung vorgesehenen Frist unter Verschluss zu halten. Auch hier trägt der Bieter das Übermittlungsrisiko. Das Angebot muss verschlossen beim Auftraggeber eingehen. Wird der Versandkarton, in dem sich das Angebot befindet, **beim Transport beschädigt,** ist das Angebot nicht mehr verschlossen und damit auszuschließen.[31] Ein Angebot ist auch dann auszuschließen, wenn es unverschlossen eingereicht, durch den Auftraggeber allerdings unverzüglich verschlossen wird.[32] Etwas anderes gilt nur dann, wenn das Angebot zwar verschlossen eingereicht, **vom Auftraggeber aber versehentlich geöffnet** wird. Hier ist dem Auftraggeber zunächst ein verschlossenes Angebot zugegangen, welches folglich den Machtbereich des Bieters verlassen hat. Die Pflichtverletzung liegt in diesem Fall auf Seiten des Auftraggebers, der das Angebot nicht – wie vorgeschrieben – ungeöffnet bis zum Öffnungstermin verwahrt hat. Dieses Fehlverhalten des Auftraggebers darf dann nicht zulasten des Bieters gehen, wenn das Angebot unverzüglich verschlossen und mit einem Vermerk versehen wird.[33] Das versehentliche Öffnen, Datum und Uhrzeit des erneuten Verschließens sowie die Namen der Beteiligten sind zu dokumentieren.[34] Das Angebot ist dann bei der Wertung zu berücksichtigen. Trifft der Auftraggeber nach einer versehentlichen Öffnung eines Angebots keine geeigneten Maßnahmen, um die Vertraulichkeit und Datenintegrität zu gewährleisten, ist das Vergabeverfahren nur dann zu wiederholen, wenn die Angaben nach § 14 EU Abs. 3 Nr. 1, insbesondere die Endbeträge der Angebote oder einzelner Lose, den anderen Bietern noch nicht zugegangen sind (vgl. § 14 EU Abs. 6).[35] Bei elektronisch übermittelten Angeboten ist die Vertraulichkeit durch Verschlüsselung sicherzustellen (→ § 13 EU Rn. 44). Wird das Angebot unverschlüsselt übertragen, kann dieser Mangel nicht mehr geheilt werden.[36] Dabei spielt es auch keine Rolle, inwieweit der Bieter den Verstoß gegen die vorgeschriebene Datensicherheit – etwa aufgrund technischer Probleme – zu vertreten hat.[37] Gemäß § 14 EU Abs. 2 Nr. 1 stellt der Verhandlungsleiter bei Öffnung der Angebote fest, ob der Verschluss der schriftlichen Angebote unversehrt ist und die elektronischen Angebote verschlüsselt sind.

15 **c) Änderungen an den Vergabeunterlagen.** Gemäß § 13 EU Abs. 1 Nr. 5 ist das Angebot auf der Grundlage der Vergabeunterlagen zu erstellen. Der Auftraggeber hat die Leistung auf Grundlage des zuvor ermittelten Beschaffungsbedarfes so eindeutig und erschöpfend zu beschreiben, dass alle Bieter die Beschreibung im gleichen Sinne verstehen müssen und ihre Preise sicher und ohne umfangreiche Vorarbeiten berechnen können (§ 7 EU Abs. 1 Nr. 1). Zur Erlangung **vergleichbarer**

---

[30] VK Hessen Beschl. v. 13.3.2012 – 69d-VK-06/2012, BeckRS 2012, 13800.
[31] VK-Baden-Württemberg Beschl. v. 4.9.2014 – 1 VK 40/14, IBRRS 2015, 2979.
[32] AA OLG Naumburg Urt. v. 18.11.1999 – 3 U 169/98, BeckRS 1999, 31024561 sowie OLG Schleswig Beschl. v. 8.1.2013 – 1 W 51/12, ZfBR 2013, 308: Eine Ausnahme soll dann gelten, wenn ein unverschlossen eingereichtes Angebot unverzüglich verschlossen wird, sodass nachträgliche Manipulationen aufgrund der Umstände ohne vernünftige Zweifel ausgeschlossen werden können. Die Abgrenzung dürfte im Einzelfall schwer zu ziehen sein. Kommt das Angebot unverschlossen beim Auftraggeber an, sind Manipulationen gerade nicht ausgeschlossen. Auch ist eine andere Behandlung im Vergleich zu verfristet eingegangenen Angeboten nicht angezeigt. Der Bieter allein trägt das Übermittlungs- und Übersendungsrisiko. Geht das Angebot nicht vor Ablauf der Angebotsfrist und/oder unverschlossen ein, ist es auszuschließen.
[33] Ingenstau/Korbion/*von Wietersheim* § 14a Rn. 12; VK-Baden-Württemberg Beschl. v. 4.9.2014 – 1 VK 40/14, IBRRS 2015, 2979.
[34] Ingenstau/Korbion/*von Wietersheim* § 14a Rn. 12.
[35] VK-Baden-Württemberg Beschl. v. 4.9.2014 – 1 VK 40/14, IBRRS 2015, 2979.
[36] AA OLG Frankfurt a. M. Beschl. v. 18.2.2020 – 11 Verg 7/19, VPR 2020, 131: Wird ein Angebot über die in den Ausschreibungsbedingungen angegebene Vergabeplattform verschlüsselt und fristgerecht eingereicht, ist es nicht allein deshalb vom Verfahren auszuschließen, weil es zuvor formwidrig per E-Mail an die Vergabestelle übermittelt wurde. Der Grundsatz des Geheimwettbewerbs sei nicht losgelöst von anderen vergaberechtlichen Zwecken zu betrachten. Der Ausschluss ist jedenfalls unverhältnismäßig, wenn die Realisierung der Gefahr (Beeinträchtigung des Geheimwettbewerbs) nahezu ausgeschlossen ist.
[37] OLG Karlsruhe Beschl. v. 17.3.2017 – 15 Verg 2/17, VPRRS 2017, 0163.

II. Regelungsgehalt

Angebote ist es unerlässlich, dass sich Art und Umfang der ausgeschriebenen Leistung, insbesondere alle zum Zwecke der Kalkulation wesentlichen Umstände, den Vergabeunterlagen entnehmen lassen.[38] **Änderungen** an den Vergabeunterlagen sind grundsätzlich unzulässig. Dieser Grundsatz ist in der VOB/A, konkret in § 13 EU Abs. 1 Nr. 5 normiert, wobei Ergänzungen und Streichungen, die zwingend zu einer Änderung führen, auch umfasst sind. Das Angebot ist ausschließlich auf Grundlage der Vergabeunterlagen zu erstellen, da die Vergleichbarkeit der Angebote ansonsten nicht gewährleistet ist. Nur so kann ein transparentes und die Gleichbehandlung der Bieter respektierendes Vergabeverfahren erreicht werden.[39] Jeder Bieter darf folglich nur das anbieten, was der öffentliche Auftraggeber nachgefragt hat.[40] Er darf sich durch das Abweichen von den Ausschreibungsunterlagen keinen Wettbewerbsvorteil verschaffen. Selbst geringfügige Abweichungen von den Vorgaben der Vergabestelle müssen deshalb grundsätzlich zum Ausschluss des entsprechenden Angebotes führen[41] (→ § 13 EU Rn. 73).

Eine Änderung an den Vergabeunterlagen liegt immer dann vor, wenn sich Angebot und Nachfrage nicht decken, dh, wenn das Angebot in irgendeinem Punkt von den Vergabeunterlagen abweicht, sei es in technischer, rechtlicher oder kaufmännischer Hinsicht[42] Gibt der Auftraggeber beispielsweise bei einer ausgeschriebenen elektroakustischen Einbruchmeldeanlage eine Betriebsspannung von 48-V vor, weicht das Angebot einer 24-V-Anlage von den Vergabeunterlagen ab, unabhängig von der Frage, ob eine 24-V-Anlage dieselbe Funktionalität wie eine 48-V-Anlage erfüllt.[43] Es spielt keine Rolle, ob die Abweichung durch Streichungen und/oder Hinzufügungen in den Vergabeunterlagen oder der Vorlage nicht geforderter Unterlagen entsteht. Entscheidend ist allein, dass der seitens des Bieters vorgenommene Eingriff zu einer **Diskrepanz** zwischen der nachgefragten und der angebotenen Leistung führt. Das Bieterangebot ist ein zivilrechtliches Angebot iSv § 145 BGB, was genau der in den Vergabeunterlagen zum Ausdruck kommenden Nachfrage entsprechen muss, damit der Vertrag zwischen öffentlichem Auftraggeber und Bieter durch ein einfaches „Ja" (Zuschlag) des Auftraggebers begründet werden kann.[44] Änderungen seitens des Bieters führen letztlich dazu, dass die vom Bieter und Auftraggeber abgegebenen Willenserklärungen nicht übereinstimmen. Auf ein Angebot, welches den Vorgaben des Leistungsverzeichnisses nicht in allen Punkten entspricht, darf der Zuschlag mangels sich deckender und entsprechender Willenserklärung aber nicht erteilt werden.[45] Es ist darüber hinaus ein anerkennenswertes Auftraggeberinteresse zu verhindern, dass über die Geltung von Vertragsbedingungen nachträglich Streit entsteht und den Prüfungsumfang im Vergabeverfahren im Interesse einer schnellen und reibungslosen Umsetzung des Vorhabens nicht ausufern zu lassen.[46]

Im Zusammenhang mit dem **Beifügen eigener Allgemeiner Geschäftsbedingungen** durch den Bieter hat die Handhabung des Ausschlusstatbestandes durch die Rechtsprechung des BGH mit Urteil vom 18.6.2019 einen Wertungswandel erfahren. Bis zu dieser Entscheidung stellte das Beifügen eigener Allgemeiner Geschäftsbedingungen, die von den inhaltlichen Vorgaben des Auftraggebers abwichen, einen zum Ausschluss des Angebots führenden Eingriff dar.[47] Im Lichte der Neurege-

---

[38] OLG Brandenburg Beschl. v. 29.1.2013 – Verg W 8/12, BeckRS 2013, 03142.
[39] Kapellmann/Messerschmidt/*Frister* § 16 Rn. 26; BGH Urt. v. 20.1.2009 – X ZR 113/07, BeckRS 2009, 06499; VK Hessen Beschl. v. 5.2.2013 – 69d-VK-54/12, IBRRS 2013, 3902.
[40] OLG Naumburg Beschl. v. 12.9.2016 – 7 Verg 5/16, IBR 2017, 32; OLG Düsseldorf Beschl. v. 9.6.2010 – Verg 5/10, ZfBR 2010, 826.
[41] VK Sachsen-Anhalt Beschl. v. 28.9.2016 – 1 VK LSA 12/16, VPRRS 2016, 0419.
[42] BGH Urt. v. 1.8.2006 – X ZR 115/04, NZBau 2006,797.
[43] VK Bund Beschl. v. 27.1.2017 – VK 2-145/16, VPR 2017, 238.
[44] *Hettich* NZBau 2020, 81.
[45] OLG München Beschl. v. 25.11.2013 – Verg 13/13, VPRRS 2014, 0077.
[46] OLG München Beschl. v. 21.2.2008 – Verg 1/08, BeckRS 2008, 6154; VK Brandenburg Beschl. v. 3.4.2007 – 1 VK 9/07, IBRRS 2007, 3681.
[47] VK Südbayern Beschl. v. 24.11.2015 – Z3-3-3194-1-51-09/15, IBRRS 2016, 1003: Nach der Rspr. des OLG München stellte bereits die formelle Einbeziehung von Allgemeinen Geschäftsbedingungen eine unzulässige Abweichung von den Vergabeunterlagen dar. OLG München Beschl. v. 21.2.2008 – Verg 1/08, BauR 2008, 1198: Druckt der Bieter seine AGB auf die Rückseite des Begleitschreibens zum Angebot ab, führe die Auslegung nach den §§ 133, 157 BGB zu dem Ergebnis, dass, ohne entsprechenden Hinweis des Bieters, dass die AGB nicht Bestandteil des Angebots sein sollen, die Vergabestelle davon ausgehen musste, dass die AGB des Bieters Bestandteil des Angebots sein sollen. Kritisch OLG Celle Beschl. v. 22.5.2008 – 13 Verg 1/08, BeckRS 2008,10353: Werden die AGB des Bieters im Angebotsschreiben nicht mit aufgeführt und findet sich auch sonst kein Hinweis darauf, dass die auf der Rückseite des Begleitschreibens abgedruckten AGB gelten sollen, sei deren Einbeziehung fraglich. Zu beachten ist, dass die Auslegung zu einem zweifelsfreien Ergebnis führen muss. Verbleibende Zweifel gehen zulasten des Bieters. Fügt der Bieter – in welcher Form auch immer – seinem Angebot Allgemeine Geschäftsbedingungen bei, kann der Auftraggeber nicht ohne Weiteres davon ausgehen, dass diese nicht mit einbezogen werden sollen.

lungen im Rahmen der VOB/A 2009 sei, so der BGH, der Ausschlusstatbestand insoweit einschränkend auszulegen, als im Interesse der Erhaltung eines möglichst umfassenden Wettbewerbs, die Anzahl der am Wettbewerb teilnehmenden Angebote wegen an sich vermeidbarer, nicht gravierender formaler Mängel nicht unnötig reduziert werden soll.[48] Aus Sicht eines potentiellen Bieters liege die Annahme fern, dass dieser durch eigene Klauseln vom Auftraggeber vorgegebene Bestimmungen wie etwa die Allgemeinen, Besonderen und Zusätzlichen Vertragsbedingungen ersetzen oder abwandeln wolle. Anknüpfend an diese **teleologische Reduktion** des Auslegungstatbestandes und der vorstehenden Auslegung des Bieterwillens hat der BGH Fallgruppen entwickelt, in denen abweichende Bietererklärungen nicht zum Angebotsausschluss führen.

18 Enthalten die Vergabeunterlagen des Auftraggebers eine **Abwehrklausel,** welche die Bietererklärung erfasst, so könne diese keine Wirkung entfalten. Eine spätere Berufung des Bieters auf seine eigenen Geschäftsbedingungen/Erklärungen ist ausgeschlossen, da der Auftraggeber an die von ihm gestellten Vertragsbedingungen gebunden ist. Je nachdem, wie die konkrete Abwehrklausel formuliert ist, kann sie auch solche Bietererklärungen erfassen, die rechtlich nicht als Allgemeine Geschäftsbedingungen einzuordnen sind. Betrachtet man allein diese Fallgruppe, sind Änderungen durch Bietererklärungen in rechtlicher und kaufmännischer Hinsicht jedenfalls solange unschädlich, wie sie von einer Abwehrklausel erfasst werden. Der Bieter hat durch das Beifügen abweichender Erklärungen/Vertragsbedingungen aber nicht viel gewonnen, weil diese letztlich mit Blick auf die Abwehrklausel und die Gebundenheit des Auftraggebers unerheblich sind.[49] Fehlt es an einer Abwehrklausel wäre das Angebot zunächst grundsätzlich nach § 16 EU Nr. 2 auszuschließen.

19 Der BGH geht aber noch einen Schritt weiter, indem er ausführt, dass ein Angebot, welches abweichende Regelungen in den beigefügten Unterlagen wie namentlich Liefer-, Vertrags- und Zahlungsbedingungen enthält, auch bei fehlender Abwehrklausel in der Wertung verbleiben kann. Das gilt jedenfalls dann, wenn sich dem Auftraggeber die Möglichkeit aufdrängen muss, dass die Verwendung der abweichenden Regelung seitens des Bieters auf einem **Missverständnis** über die in Vergabeverfahren einseitige Maßgeblichkeit der vom Auftraggeber vorgegebenen Vergabe- und Vertragsbedingungen beruht und bei **Abstandnahme des Bieters** von seinen Allgemeinen Geschäftsbedingungen ohne Weiteres ein vollständig den Vergabeunterlagen entsprechendes Angebot vorliegt. Das Angebot könne dann ohne Verstoß gegen das Nachverhandlungsverbot durch Aufklärung auf den maßgeblichen Inhalt der Vergabeunterlagen zurückgeführt werden. Der BGH grenzt diese Fallgestaltung von **manipulativen Eingriffen in die Vergabeunterlagen** ab, die dadurch gekennzeichnet sind, dass bei Hinwegdenken der Abweichungen gerade kein vollständiges, sondern ein lückenhaftes Angebot vorliegt. Bietet ein Unternehmen eine andere als die ausgeschriebene Leistung an, indem beispielsweise die vorgegebenen Leistungsmengen oder -beschreibungen verändert werden,[50] lässt sich diese Abweichung nicht wegdenken ohne, dass ein lückenhaftes Angebot verbleibt. Fraglich ist, ob die postulierte Angebotsaufklärung bei abweichenden Bietererklärungen auch dann zu erfolgen hat, wenn es sich nicht um Allgemeine Geschäftsbedingungen iSv § 305 Abs. 1 S. 1 BGB, sondern um individuelle Regelungen handelt. Diese Frage lässt der BGH unbeantwortet. Das OLG Düsseldorf geht insoweit zutreffend davon aus, dass das Vorliegen Allgemeiner Geschäftsbedingungen Voraussetzung für die zuvor geschilderte Angebotsrückführung ist.[51] Auch wenn eine teleologische Reduktion des Ausschlussgrundes der Änderungen an den Vergabeunterlagen mit Blick auf den Grundsatz der Verhältnismäßigkeit gerechtfertigt sein mag,[52] führt sie doch zumindest im Fall der Angebotsrückführung bei fehlender Abwehrklausel zu erheblicher Unsicherheit in der Praxis. Der öffentliche Auftraggeber wird künftig besser beraten sein, abweichende Regelungen im Angebot zunächst aufzuklären. Eine solche Aufklärung wird nur nach umfassender Prüfung der vom Bieter beigefügten Bedingungen, die gewisse Rechtskenntnisse der Vergabestelle voraussetzt, möglich sein. Unklar ist auch der Prüfungsmaßstab im Rahmen einer solchen Aufklärung, konkret, ob beim Vorliegen eines „Missverständnisses" auf die innere Willensrichtung des Bieters – versehentliches Beifügen eigener Bedingungen? – abzustellen[53] oder vielmehr eine normativ geprägte Betrachtung dergestalt geboten ist, dass der Bieter im Zweifel ein Angebot einreichen will, mit dem er in der Wertung verbleiben kann.[54] In diesem Fall könnte aber nahezu jede Abwei-

---

[48] BGH Urt. v. 18.6.2019 – X ZR 86/17, NZBau 2019, 661.
[49] *Stanko* NZBau 2020, 635.
[50] OLG Schleswig Beschl. v. 12.11.2020 – 54 Verg 2/20, VPRRS 2020, 0350.
[51] OLG Düsseldorf Beschl. v. 12.2.2020 – VII-Verg 24/19, NZBau 2020, 403.
[52] so *Gröning* NZBau 2020, 277.
[53] bejahend *Hettich* NZBau 2020, 82.
[54] *Gröning* NZBau 2020, 277.

chung, die nicht auf einer Abweichung vom Leistungsverzeichnis beruht, geheilt werden, weil bei ihrem Hinwegdenken ein vollständiges Angebot verbleibt.

Vorsicht ist auch dann geboten, wenn der Bieter im Angebot – zumindest ohne weitere **20** Klarstellungen – mehr Angaben macht, als tatsächlich vom Auftraggeber gefordert. Auch bei **zusätzlichen, nicht angeforderten und somit freiwilligen Angaben** kann eine den Bieter bindende Erklärung angenommen werden, wenn diese aus Sicht eines sachkundigen, mit der konkreten Ausschreibung vertrauten Empfängers nur so ausgelegt werden kann. Einen Rechtssatz, dass der Empfänger einer Willenserklärung freiwillige Äußerungen nicht zur Kenntnis nehmen braucht, gibt es nicht.[55] Legt zB ein Bieter im Rahmen einer produktneutralen Ausschreibung zu einzelnen technischen Merkmalen ein Produktdatenblatt des konkreten Produkts vor, in dem neben den geforderten auch weitere, von den Vorgaben des Auftraggebers abweichende technische Merkmale enthalten sind, ist dies so zu verstehen, dass der Bieter dieses Produkt mit sämtlichen darin genannten Daten anbietet.[56]

Ob eine Änderung der Vergabeunterlagen vorliegt, ist durch **Auslegung** der Vergabeunter- **21** lagen und des Angebots festzustellen.[57] Bei der Auslegung ist ein objektiver Maßstab anzulegen und auf den Empfängerhorizont eines **fachkundigen Bieters** abzustellen, der mit der Leistung vertraut ist.[58] Die Auslegung muss jedoch zu einem eindeutigen Ergebnis führen, es dürfen keine Zweifel verbleiben. Kann der Inhalt des Angebots im Wege der Auslegung nicht eindeutig ermittelt und somit die Frage, ob eine Änderung der Vergabeunterlagen vorliegt, nicht eindeutig beantwortet werden, muss sich der Bieter diese Unklarheiten in seinem Angebot zurechnen lassen. Angebote, die keinen eindeutigen Erklärungsinhalt haben, können nicht zueinander in Vergleich gesetzt werden. Andersherum gehen Unklarheiten und Widersprüche in den Vergabeunterlagen zulasten des Auftraggebers, da wesentliche Ausprägung des Transparenzgebotes die Pflicht der Vergabestelle ist, klare und eindeutige Angaben zu machen.[59] Der Auftraggeber muss sich Unklarheiten in den Vergabeunterlagen jedenfalls dann zurechnen lassen, wenn diese für den Bieter nicht ohne Weiteres erkennbar waren und er sie subjektiv auch nicht erkannt hat, da in einer solchen Konstellation aus der Sicht des Bieters kein Anlass für eine Nachfrage bei der Vergabestelle besteht.[60] Es kann folglich keine „*Erkundigungslast*" beim Bieter entstehen.[61] Hält der Bieter aber Angaben/Forderungen in den Vergabeunterlagen für unklar oder auslegungsbedürftig und erkennt die Unklarheiten folglich, muss er durch entsprechende Bieterfragen eine Klärung durch den Auftraggeber herbeiführen.[62] Er darf die aus seiner Sicht widersprüchlichen Angaben nicht selbstständig abändern.

Gemäß § 13 EU Abs. 1 Nr. 5 S. 3 müssen Änderungen des Bieters an seinen Eintragungen **22** zweifelsfrei sein. Auch hier gilt, dass nur eindeutige Angebote miteinander vergleichbar sind (→ § 13 EU Rn. 77).

3. Angebote, die nicht die geforderten Unterlagen enthalten (Nr. 3, § 8 EU Abs. 2 **23** **Nr. 5).** Gemäß § 16 EU Nr. 3 sind nunmehr Angebote auszuschließen, die die geforderten Unterlagen iSd § 8 EU Abs. 2 Nr. 5 nicht enthalten, wenn der öffentliche Auftraggeber gem. § 16a EU Abs. 3 festgelegt hat, dass er keine Unterlagen nachfordern wird. Mit der VOB/A 2019 wurde dem Auftraggeber erstmals die Möglichkeit eingeräumt, in der Auftragsbekanntmachung oder den Vergabeunterlagen festzulegen, dass er keine Unterlagen oder Preisangaben nachfordern wird (§ 16a EU Abs. 3). Damit relativiert sich die Nachforderungspflicht des Auftraggebers. Hat sich der Auftraggeber in der Auftragsbekanntmachung oder in den Vergabeunterlagen dahingehend festgelegt, dass er nicht nachfordern wird, ist der Ausschluss bei fehlenden Unterlagen zwingend. Der Auftraggeber sollte folglich im Vorfeld genau überlegen, ob diese strenge Sanktionierung gewollt ist. Der Begriff der Unterlagen entspricht dem bisher verwandten Begriff der Erklärungen und Nachweise[63] und

---

[55] VK Bund Beschl. v. 24.6.2019 – VK 1-31/19, VPR 2020, 166.
[56] VK Bund Beschl. v. 24.6.2019 – VK 1-31/19, VPR 2020, 166.
[57] VK Bund Beschl. v. 27.1.2017 – VK 2-145/16, VPR 2017, 238.
[58] VK Baden-Württemberg Beschl. v. 14.7.2017 – 1 VK 20/17, IBRRS 2017, 3153; OLG Naumburg Beschl. v. 12.9.2016 – 7 Verg 5/16, IBR 2017, 32.
[59] OLG Frankfurt a. M. Urt. v. 2.7.2012 – 11 Verg 6/12, BeckRS 2012, 17821; VK Sachsen-Anhalt Beschl. v. 21.12.2017 – 3VK LSA 93/17, VPRRS 2018, 0129: Nimmt der Auftraggeber selbst Ergänzungen oder Korrekturen im Leistungsverzeichnis vor, muss er allen Bietern durch entsprechende Mitteilungen die Möglichkeit eröffnen, diese bei Bestellung des Angebots zu berücksichtigen. Wird das Angebot dann auf Grundlage des ursprünglichen Leistungsverzeichnisses erstellt, liegt eine Änderung an den Vergabeunterlagen vor.
[60] OLG Frankfurt a. M. Urt. v. 2.7.2012 – 11 Verg 6/12, BeckRS 2012, 17821.
[61] VK Bund Beschl. v. 4.7.2011 – VK 2-61/11, IBRRS 2013, 2452.
[62] Kapellmann/Messerschmidt/*Frister* § 16 Rn. 28.
[63] Kapellmann/Messerschmidt/*Frister* § 16 Rn. 32.

ist weit auszulegen (→ § 16a EU Rn. 5). Der zuvor in § 16 EU Abs. 3 geregelte Ausschluss wegen fehlender Preisangaben findet sich jetzt in § 16a EU Abs. 2.

24 **4. Angebote, bei denen nachträglich geforderte Erklärungen oder Nachweise nicht vorgelegt werden (Nr. 4).** Auszuschließen sind nach § 16 EU Nr. 4 Angebote oder Teilnahmeanträge, bei denen der Bieter Erklärungen oder Nachweise, deren Vorlage sich der öffentliche Auftraggeber vorbehalten hat, auf Anforderung nicht innerhalb einer angemessenen, nach dem Kalender bestimmten Frist vorgelegt hat. Im Gegensatz zu § 16a EU, welcher die Nachforderung von Unterlagen regelt, die bereits mit Angebotsabgabe vorgelegt werden sollen, betrifft § 16 EU Nr. 4 nachträglich geforderte Unterlagen. Dem Auftraggeber wird in § 6b EU Abs. 1 S. 1 Nr. 2 die Möglichkeit eingeräumt, vorzusehen, dass für einzelne Angaben Eigenerklärungen ausreichend sind. Die als vorläufiger Nachweis dienenden Eigenerklärungen sind dann nur von den Bietern durch entsprechende Bescheinigungen der zuständigen Stellen zu bestätigen, deren Angebote in die **engere Wahl** kommen. Bei Vorlage einer EEE muss der öffentliche Auftraggeber die einschlägigen Nachweise im offenen Verfahren von dem Bieter, an den er den Auftrag vergeben will, spätestens vor Zuschlagserteilung anfordern. Bei zweistufigen Verfahren fordert der öffentliche Auftraggeber die infrage kommenden Bewerber im Teilnahmewettbewerb auf, ihre Eigenerklärungen durch einschlägige Nachweise unverzüglich zu belegen. Die Verwendung von Eigenerklärungen soll helfen, den Verwaltungsaufwand im Vergabeverfahren zu reduzieren und damit sowohl dem Auftraggeber als auch den einzelnen Wirtschaftsteilnehmer, insbesondere kleineren Unternehmen, dienlich sein (Erwägungsgrund 84 RL 2014/24/EU). Andererseits muss der Auftraggeber die Möglichkeit haben, sich bei Bedarf die für die Eignungs- und Wertungsentscheidung erforderlichen Informationen zu beschaffen.[64]

25 Bei nachträglich geforderten Erklärungen und Nachweisen führt bereits die **erstmalige Fristversäumnis** zum Angebotsausschluss. Ein Nachfordern kommt nicht mehr in Betracht. Der Auftraggeber hat die für die Prüfung und Wertung der Angebote erforderlichen Unterlagen unter Fristsetzung abzufordern.[65] Dazu hat er dem Bieter eine angemessene, nach dem Kalender bestimmte Frist zu setzen. Die Angemessenheit ist, abhängig von den vorzulegenden Erklärungen/Nachweisen, im Einzelfall zu prüfen. Der Auftraggeber muss berücksichtigen, welchen **Beschaffungsaufwand** die einzelnen Unterlagen erfordern und in welchem Umfang er von der nachträglichen Vorlage von Erklärungen/Nachweisen Gebrauch machen will/muss. Die in § 16a EU als Richtwert genannte Frist von 6 Kalendertagen kann dabei als Orientierung herangezogen werden. Allerdings kann sie im Einzelfall, abhängig vom Nachforderungsumfang, auch zu kurz bemessen sein.[66] Der Auftraggeber hat seine Überlegungen zur Angemessenheit der gesetzten Frist zu dokumentieren. Werden die Kapazitäten anderer Unternehmen in Anspruch genommen, so muss die Nachweisführung gem. § 6d EU Abs. 3 auch für diese Unternehmen erfolgen.

26 **5. Nicht zugelassene Nebenangebote sowie Nebenangebote, die den Mindestanforderungen nicht entsprechen (Nr. 5).** Der öffentliche Auftraggeber kann Nebenangebote nach § 8 EU Abs. 2 Nr. 3 S. 1 in der Auftragsbekanntmachung oder in der Aufforderung zur Interessensbestätigung zulassen oder vorschreiben. Fehlt eine entsprechende Angabe, sind keine Nebenangebote zugelassen (§ 8 EU Abs. 2 Nr. 3 S. 2). Reicht ein Bieter ein Nebenangebot ein, obwohl ein solches nicht zugelassen ist, führt dies zwingend zum Ausschluss des Nebenangebotes.

27 Hat der öffentliche Auftraggeber in der Auftragsbekanntmachung oder in der Aufforderung zur Interessenbestätigung Nebenangebote zugelassen oder vorgeschrieben, hat er zum einen anzugeben, in welcher **Art und Weise** Nebenangebote einzureichen sind und zum anderen die **Mindestanforderungen** an die Nebenangebote vorzugeben (§ 8 EU Abs. 2 Nr. 3 S. 4). Fehlen Angaben zu den Mindestanforderungen, kann ein Nebenangebot selbst dann nicht berücksichtigt werden, wenn Nebenangebote in den Vergabeunterlagen zugelassen wurden.[67] Der Auftraggeber muss den Bietern bestimmte Vorgaben an die Hand geben, um ein transparentes sowie das Gebot der Gleichbehandlung berücksichtigendes Vergabeverfahren durchzuführen.[68] Der Zuschlag darf nur auf ein Angebot erteilt werden, dass den Mindestanforderungen auch entspricht.

28 **6. Nicht zugelassene Hauptangebote von Bietern, die mehrere Hauptangebote abgegeben haben (Nr. 6).** Mit der VOB/A 2019 neu aufgenommen wurde der Ausschlusstatbestand gem. § 16 EU Nr. 6 wonach Hauptangebote von Bietern auszuschließen sind, die mehrere Hauptan-

---

[64] Ingenstau/Korbion/*von Wietersheim* § 16 Rn. 15.
[65] Ingenstau/Korbion/*von Wietersheim* § 16 Rn. 15.
[66] Kapellmann/Messerschmidt/*Frister* § 16 Rn. 33; Ingenstau/Korbion/*von Wietersheim* § 16 Rn. 15.
[67] EuGH Urt. v. 16.10.2003 – C-421/01, NZBau 2004, 279; VK Südbayern Beschl. v. 29.4.2009 – Z3-3-3194-1-11-03/09, BeckRS 2009, 45767. Ingenstau/Korbion/*von Wietersheim* Rn. 3.
[68] VK Südbayern Beschl. v. 29.4.2009 – Z3-3-3194-1-11-03/09, BeckRS 2009, 45767.

gebote abgegeben haben, wenn der öffentliche Auftraggeber die Abgabe mehrerer Hauptangebote in der Auftragsbekanntmachung oder in der Anforderung zur Interessensbestätigung nicht zugelassen hat. Solange der Auftraggeber keine abweichende Bestimmung trifft, kann der Bieter folglich mehrere Hauptangebote abgeben. Diese Regelung deckt sich mit der einschlägigen Rechtsprechung, nach der die Abgabe mehr als eines Angebots jedenfalls dann als unproblematisch angesehen wird, wenn sich mehrere Angebote eines Bieters nicht nur im Preis, sondern darüber hinaus in der **sachlich-technischen Ausführung** unterscheiden, ohne dass die Abweichungen die Einordnung als Nebenangebot gestatten.[69] Mehrfachangebote, die sich allein in preislichen Kriterien unterscheiden, können insbesondere durch die Erzeugung eines künstlichen Bieterfeldes zu einer Wettbewerbsverzerrung führen und sind daher als **unzulässiges Doppelangebot** vom Wettbewerb auszuschließen.[70] Vorsicht ist geboten, wenn der Bieter die – zugelassenen – Hauptangebote nicht zeitgleich, sondern nacheinander übermittelt. Entfällt die Einheitlichkeit des Sendevorgans als verbindender und auf den Willen zur Unterbreitung mehrerer Hauptangebote deutender Umstand, ist die Übermittlung eines weiteren Angebots aus Sicht des Auftraggebers als Empfänger regelmäßig so zu verstehen, dass das spätere das frühere Angebot ersetzen soll, vorausgesetzt beide Angebote sind innerhalb der Angebotsfrist eingegangen.[71]

7. Nebenangebote, die dem § 13 EU Abs. 3 S. 2 nicht entsprechen (Nr. 7). Gemäß § 16 EU Nr. 7 sind Nebenangebote auszuschließen, die § 13 EU Abs. 3 S. 2 nicht entsprechen und folglich nicht auf **besonderer Anlage** erstellt und als solche **deutlich gekennzeichnet** worden sind (→ § 13 EU Rn. 106). 29

8. Hauptangebote, die dem § 13 EU Abs. 3 S. 3 nicht entsprechen (Nr. 8). Werden mehrere Hauptangebote abgegeben, muss nach § 13 EU Abs. 3 S. 3 jedes aus sich heraus zuschlagsfähig sein, ansonsten sind sie nach § 16 EU Nr. 8 auszuschließen. 30

§ 16a EU Nachforderung von Unterlagen

(1) ¹Der öffentliche Auftraggeber muss Bieter, die für den Zuschlag in Betracht kommen, unter Einhaltung der Grundsätze der Transparenz und Gleichbehandlung auffordern, fehlende, unvollständige oder fehlerhafte unternehmensbezogene Unterlagen – insbesondere Erklärungen, Angaben oder Nachweise – nachzureichen, zu vervollständigen oder zu korrigieren, oder fehlende oder unvollständige leistungsbezogene Unterlagen – insbesondere Erklärungen, Produkt- und sonstige Angaben oder Nachweise – nachzureichen oder zu vervollständigen (Nachforderung), es sei denn, er hat von seinem Recht aus Absatz 3 Gebrauch gemacht. ²Es sind nur Unterlagen nachzufordern, die bereits mit dem Angebot vorzulegen waren.

(2) ¹Fehlende Preisangaben dürfen nicht nachgefordert werden. ²Angebote, die den Bestimmungen des § 13 EU Absatz 1 Nummer 3 nicht entsprechen, sind auszuschließen. ³Dies gilt nicht für Angebote, bei denen lediglich in unwesentlichen Positionen die Angabe des Preises fehlt und sowohl durch die Außerachtlassung dieser Positionen der Wettbewerb und die Wertungsreihenfolge nicht beeinträchtigt werden als auch bei der Wertung dieser Positionen mit dem jeweils höchsten Wettbewerbspreis. ⁴Hierbei wird nur auf den Preis ohne Berücksichtigung etwaiger Nebenangebote abgestellt. ⁵Der öffentliche Auftraggeber fordert den Bieter nach Maßgabe von Absatz 1 auf, die fehlenden Preispositionen zu ergänzen. ⁶Die Sätze 3 bis 5 gelten nicht, wenn der öffentliche Auftraggeber das Nachfordern von Preisangaben gemäß Absatz 3 ausgeschlossen hat.

(3) Der öffentliche Auftraggeber kann in der Auftragsbekanntmachung oder den Vergabeunterlagen festlegen, dass er keine Unterlagen oder Preisangaben nachfordern wird.

(4) ¹Die Unterlagen oder fehlenden Preisangaben sind vom Bewerber oder Bieter nach Aufforderung durch den öffentlichen Auftraggeber innerhalb einer angemessenen, nach dem Kalender bestimmten Frist vorzulegen. ²Die Frist soll sechs Kalendertage nicht übersteigen.

(5) Werden die nachgeforderten Unterlagen nicht innerhalb dieser Frist vorgelegt, ist das Angebot auszuschließen.

(6) Die Absätze 1, 3, 4 und 5 gelten für den Teilnahmewettbewerb entsprechend.

---

[69] MwN BGH Urt. v. 29.11.2016 – X ZR 122/14, ZfBR 2017, 247.
[70] VK Sachsen Beschl. v. 23.7.2019 – 1/SVK/016-19, IBRRS 2019, 3301.
[71] BGH Urt. v. 29.11.2016 – X ZR 122/14, ZfBR 2017, 247.

Schrifttum: *Dittmann,* Nur keine Langeweile: Neues zum Nachfordern fehlender Unterlagen, VergabeR 2a 2017, 285; *Ganske/Rafii,* Neuer Ausschlusstatbestand vom Vergabeverfahren für sog. Spekulationsangebote – Besprechung der Entscheidung des BGH vom 19.6.2018 – X ZR 100/16, ZfBR 2019, 651; *Gerlach/Manzke,* Auslegung und Schicksal des Bieterangebots im Vergabeverfahren, VergabeR 1 2017, 11; *Herrmann,* Notwendige Bieterangaben ohne Nachforderungsmöglichkeit, VergabeR 2a 2013, 315; *Mantler,* Zur (zweifelhaften) Europarechtskonformität der Nachforderungsbegehren in VOB/A, VOL/A, VOF und SektVO, VergabeR 2 2013, 166.

Übersicht

	Rn.		Rn.
I. Überblick	1	2. Umgang mit fehlenden Preisangaben	14
II. Regelungsgehalt	5	a) Fehlende Preisangaben	14
1. Nachforderung von Unterlagen	5	b) Nachforderung von fehlenden Preisangaben	16
a) Unterlagen	5		
b) Fehlende, unvollständige oder fehlerhafte Unterlagen	7	3. Rechtsfolge	21

I. Überblick

1 Die Regelung in § 16a EU hat im Rahmen der VOB/A 2019 erhebliche Änderungen erfahren und stellt im Vergleich zur Vorgängernorm eine Neuregelung zum Umgang mit fehlenden Unterlagen und Preisangaben dar. Der Auftraggeber bleibt zwar grundsätzlich verpflichtet, fehlende Unterlagen nachzufordern, eine Annäherung an § 56 VgV hat aber insoweit stattgefunden, als der Auftraggeber nach § 16a EU Abs. 3 in der Auftragsbekanntmachung oder den Vergabeunterlagen festlegen kann, dass er keine Unterlagen oder Preisangaben nachfordern wird. Trifft der öffentliche Auftraggeber keine entsprechende Festlegung, hat er fehlende Unterlagen – **zwingend** – nachzufordern. Ein Ermessen steht ihm nicht zur Seite. Insoweit unterscheidet sich § 16a EU von § 56 Abs. 2 VgV nach wie vor, welcher dem Auftraggeber bei der Entscheidung, ob er den Bewerber oder Bieter auffordert, fehlende, unvollständige oder fehlerhafte unternehmensbezogene Unterlagen nachzureichen, zu vervollständigen oder zu korrigieren oder fehlende oder unvollständige leistungsbezogene Unterlagen nachzureichen oder zu vervollständigen, ein Ermessen einräumt. Der Auftraggeber sollte sorgfältig prüfen, ob er die Nachforderungsmöglichkeit von vornherein ausschließt. Legt er sich in der Auftragsbekanntmachung oder den Vergabeunterlagen einmal fest, ist er an diese Entscheidung gebunden. Insbesondere bei komplexen Ausschreibungsverfahren, an denen sich aufgrund der ausgeschriebenen Leistung nur ein eingeschränkter Bieterkreis beteiligen kann, sollte vom Nachforderungsausschluss abgesehen werden.

2 § 16a EU findet – in Abgrenzung zu § 16 EU Nr. 4 – Anwendung, wenn der öffentliche Auftraggeber die Vorlage von Erklärungen und Nachweisen zusammen mit dem Angebot in der Bekanntmachung und/oder den Vergabeunterlagen fordert. Bei Erklärungen und Nachweisen, deren Vorlage sich der öffentliche Auftraggeber vorbehalten hat, findet ausschließlich § 16 EU Nr. 4 Anwendung. Dies ist nunmehr ausdrücklich in § 16a EU Abs. 1 S. 2 normiert. § 16a EU bezieht sich sowohl auf Haupt- als auch auf Nebenangebote.[1]

3 Ein wesentlicher Unterschied zwischen § 16a EU und § 56 VgV ist weiter darin zu sehen, dass die Nachforderung von leistungsbezogenen Unterlagen, welche die Wirtschaftlichkeitsbewertung der Angebote anhand der Zuschlagskriterien betreffen, gem. § 56 Abs. 3 S. 1 VgV ausgeschlossen ist. In § 16a EU fehlt es an einer entsprechenden Regelung.

4 Die Anwendung der Abs. 1, 3, 4 und 5 auf den Teilnahmewettbewerb ist in § 16a EU Abs. 6 nunmehr ausdrücklich vorgesehen.

II. Regelungsgehalt

5 **1. Nachforderung von Unterlagen. a) Unterlagen.** Gemäß § 16a EU umfasst die Nachforderungspflicht fehlende, unvollständige oder fehlerhafte **unternehmensbezogene Unterlagen** – insbesondere Erklärungen, Angaben oder Nachweise – sowie fehlende oder unvollständige **leistungsbezogene Unterlagen** – insbesondere Erklärungen, Produkt- und sonstige Angaben oder Nachweise –. Der Begriff der Unterlagen entspricht dem in der Vorgängernorm enthaltenen Begriff der Erklärungen und Nachweise. Der Wortlaut wurde in Anlehnung an Art. 56 Abs. 3 RL 2014/24/EU angepasst und deckt sich nunmehr mit § 56 VgV und § 51 SektVO.[2] Bereits die Begriffe

---

[1] OLG Naumburg Beschl. v. 23.2.2012 – 2 Verg 15/11, VPRRS 2012, 0105.
[2] Ziekow/Völlink/*Herrmann* Rn. 2.

Erklärungen und Nachweise waren **weit auszulegen** und haben sowohl unternehmens- als auch leistungsbezogene Eigen- und Fremderklärungen oder Bestätigungen erfasst.³

Unternehmensbezogene Unterlagen betreffen die Eignung des Bieters und sind Grundlage **6** für die materielle Eignungsprüfung, die anhand der nach § 6a EU durch den Bewerber/Bieter vorzulegenden Unterlagen erfolgt. Die abschließend in § 6a EU aufgezählten Unterlagen sollen belegen, dass der Bieter in der Lage ist, die durch den Auftraggeber nachgefragte Leistung aufgrund seiner personellen, finanziellen und technischen Ausstattung zu erbringen. Unternehmensbezogene Unterlagen betreffen folglich allein Situation, Leistungsfähigkeit und Qualifikation des Bieters, nicht hingegen die ausgeschriebene Leistung selbst. Als leistungsbezogene Unterlagen werden dem Wortlaut nach insbesondere Erklärungen, Produkt- und sonstige Angaben oder Nachweise genannt. Gegenstand der leistungsbezogenen Unterlagen ist die durchzuführende, konkret ausgeschriebene Leistung, die durch im Angebot des Bieters enthaltene Angaben, wie zB Produkt- und Herstellerangaben, konkretisiert wird. Aufgrund der ausdrücklichen Nennung von Produktangaben in Abs. 1 fallen nunmehr auch fehlende Fabrikats-, Produkt- und Typangaben unter die Nachforderungspflicht.⁴ Die auf Grundlage der Vorgängernorm ergangene Rechtsprechung, die eine Nachforderung fehlender Fabrikats-, Produkt- und Typangaben abgelehnt hat, fußte auf der Annahme, dass es sich bei solchen Angaben um integrale Angebotsbestandteile handelt, deren Nichtvorhandensein nicht durch eine Nachforderung geheilt werden könne.⁵ Nicht erfasst von § 16a EU Abs. 1 werden fehlende Preisangaben, die bzw. der Umgang mit ihnen Abs. 2 vorbehalten bleibt.

b) Fehlende, unvollständige oder fehlerhafte Unterlagen. Nachzufordern sind fehlende, **7** unvollständige oder fehlerhafte unternehmensbezogene sowie fehlende oder unvollständige leistungsbezogene Unterlagen. Unterlagen fehlen nur dann, wenn sie überhaupt nicht vorgelegt wurden und damit körperlich nicht vorhanden sind, oder den gestellten Anforderungen in formeller Hinsicht nicht entsprechen.⁶ Bei nur teilweiser Vorlage sind sie unvollständig. Werden Unterlagen in unleserlicher Form vorgelegt, sind sie als fehlend zu behandeln.⁷ Voraussetzung ist, dass der Auftraggeber die Unterlagen wirksam gefordert hat. Die Forderung des Auftraggebers, bestimmte Unterlagen/Erklärungen mit dem Angebot vorzulegen, muss in den Vergabeunterlagen oder in der Bekanntmachung deutlich und unmissverständlich zum Ausdruck gebracht worden sein.⁸ Gemäß § 8 EU Abs. 2 Nr. 5 hat der öffentliche Auftraggeber an **zentraler Stelle** in den Vergabeunterlagen abschließend alle Unterlagen iSv § 16a EU Abs. 1 mit Ausnahme von Produktangaben anzugeben. Der Katalog der vorzulegenden Erklärungen/Nachweise/Angaben muss folglich an einer Stelle in den Vergabeunterlagen erfolgen, die nicht überraschend ist, dh – anlehnend an die Wertung des § 305c BGB – an einer Stelle, an der der Bieter mit einer entsprechenden Forderung rechnen muss. Insoweit ist es – je nach Umfang der Vergabeunterlage – auch geboten, die vorzulegenden Unterlagen im Zusammenhang darzustellen oder diese, bei Aufzählung an verschiedenen Stellen, noch einmal an zentraler Stelle zusammenzufassen.⁹ Der Auftraggeber hat die Vergabeunterlagen so eindeutig zu formulieren, dass die Bieter diesen deutlich und sicher entnehmen können, welche Erklärungen von ihnen wann abzugeben sind.¹⁰ Die Anforderung von Unterlagen darf auch nicht gegen gesetzliche

---

3   VK Sachsen-Anhalt Beschl. v. 19.10.2015 – 3 VK LSA 70/15, IBRRS 2015, 3183; OLG Naumburg Beschl. v. 23.2.2012 – 2 Verg 15/11, VPRRS 2012, 0105; *Gerlach/Manzke* VergabeR 1 2017, 11 (23); VK Bund Beschl. v. 19.3.2018 – VK 1-13/18, VPRRS 2018, 0158.
4   Kapellmann/Messerschmidt/*Frister* § 16a Rn. 6; Ziekow/Völlink/*Herrmann* Rn. 5.
5   VK Sachsen-Anhalt Beschl. v. 29.6.2018 – 3 VK LSA 36/18, BeckRS 2018, 38587; VK Thüringen Beschl. v. 12.4.2013 – 250-4002-2400/2013-E-008-SOK, BeckRS 2013, 52148; VK Sachsen-Anhalt Beschl. v. 9.7.2014 – 3 VK LSA 67/14, IBRS 2015, 0235; aA VK Südbayern Beschl. v. 15.5.2015 – Z3-3-3194-1-05-01/15, VPR 2015, 171.
6   VK Bund Beschl. v. 17.10.2017 – VK 2-112/17, VPR 2018, 2011; *Herrmann* VergabeR 2a 2013, 315 (319); OLG Düsseldorf Beschl. v. 12.9.2012 – Verg 1/12, NZBau 2013, 61.
7   OLG Düsseldorf Beschl. v. 16.1.2006 – Verg 92/05, BeckRS 2006, 2916.
8   VK Sachsen-Anhalt Beschl. v. 27.4.2015 – 3 VK LSA 12/15, IBRRS 2016, 0212.
9   Kapellmann/Messerschmidt/*Frister* § 16 Rn. 32.
10 OLG Celle Beschl. v. 24.4.2014 – 13 Verg 2/14, ZfBR 2014, 618. BGH Urt. v. 3.4.2012 – X ZR 130/10, NZBau 2012, 513: Der BGH befand die Formulierung „Vorlage von Nachweisen/Unterlagen durch den Bieter und ggf. Nachunternehmer" aufgrund der sprachlichen Verkürzung als missverständlich und mehrdeutig. Dem Wortsinn nach müssten aufgrund der Verwendung der Präposition „durch" und der Konjunktion „und" die Nachunternehmer selbst die sie betreffenden Eignungsnachweise beibringen. Das Formular können auch dahingehend verstanden werden, dass sich die eigenen Pflichten des Bieters darin erschöpfen, die Nachunternehmer aufzufordern, die geforderten Eignungsnachweise einzureichen. Dem Verständnis der Vergabestelle, dass jeder Bieter für jeden einzelnen vorgesehenen Nachunternehmer die Eignungsnachweise mit dem Angebot einreichen sollte, stehe schließlich die Verwendung des Adverbs „gegebenenfalls" entgegen.

Vorgaben verstoßen, willkürlich, diskriminierend oder vergabefremd sein.[11] Schließlich dürfen die Vergabeunterlagen keine unzumutbaren Vorgaben enthalten. Eine Vorgabe ist dann unzumutbar, wenn der öffentliche Auftraggeber in den Ausschreibungsunterlagen eine Vorgabe macht, die für die Bieter objektiv nicht erfüllbar ist.[12] Bezogen auf die Eignung regelt § 6a EU Nr. 1–3 abschließend, welche Anforderungen der öffentliche Auftraggeber an Unternehmen stellen kann.

8 Eine materiell-rechtliche Prüfung der mit dem Angebot vorgelegten Unterlagen findet nicht statt.[13] Körperlich vorliegende, aber **inhaltlich** von den Vorgaben des Auftraggebers **abweichende Unterlagen,** fehlen nicht.[14] Werden von einem Bieter zwar die erforderlichen Referenzen vorgelegt, entsprechen diese aber in qualitativer Hinsicht nicht den Vorgaben des Auftraggebers, so kommt keine Nachforderung in Betracht.[15] Die Nachforderung von Erklärungen und Nachweisen darf nicht zu einer **Nachbesserung des Angebotes** führen. § 15 EU Abs. 3 normiert das bereits aus dem Transparenz- und Gleichbehandlungsgebot folgende **Verbot von Nachverhandlungen.** Der Auftraggeber darf einen Bieter nicht bevorzugen, indem er ihm gestattet, inhaltliche Defizite des Angebots nach Angebotsabgabe noch nachzubessern.[16] Ein unzulässiges Verhandeln stellt beispielsweise die nachträgliche Aufteilung in Lose[17] sowie die Änderung der Gewährleistungs- oder Ausführungsfristen dar.[18]

9 Der Tatbestand des Fehlens bzw. der Unvollständigkeit ist dann nicht erfüllt, wenn der Bieter die geforderten Unterlagen nicht vorlegt, weil er die Vorgaben des Auftraggebers nicht erfüllen kann.[19] Hat der Auftraggeber beispielsweise verlangt, dass die Bieter bei Angebotsabgabe über eine bestimmte Zertifizierung verfügen müssen, muss dem Bieter diese bei Angebotsabgabe bereits vorliegen.[20] Ist dies nicht der Fall, stellt die nachträgliche Vorlage einer dann vorhandenen Zertifizierung eine inhaltliche Änderung dar. Der Bieter darf seine Leistungsfähigkeit nicht erst nachträglich, dh nach Ablauf der Angebotsfrist, herstellen.[21] Auch nach der Rechtsprechung des EuGH können die Bieter beschreibende Unterlagen, wie die veröffentlichte Bilanz, nur dann nachgefordert werden, wenn nachprüfbar ist, dass sie vor Ablauf der Bewerbungsfrist existierten.[22]

10 § 16a EU Abs. 1 erlaubt in Bezug auf fehlerhafte **unternehmensbezogene Unterlagen** nunmehr auch eine **Korrektur** durch den Bieter. In Abgrenzung zu den Fallgruppen der fehlenden oder unvollständigen Unterlagen, betrifft die Fehlerhaftigkeit nicht formale, sondern inhaltliche Abweichungen von den Vorgaben des Auftraggebers. Der Begriff „Korrektur" ist in Art. 56 Abs. 3 RL 2014/24/EU selbst nicht vorgesehen. Gemäß Art. 56 Abs. 3 RL 2014/24/EU können die Wirtschaftsteilnehmer aufgefordert werden, fehlende, unvollständige oder fehlerhafte Unterlagen zu übermitteln, zu ergänzen, zu erläutern oder zu vervollständigen, sofern diese Aufforderung unter voller Einhaltung der Grundsätze der Transparenz und der Gleichbehandlung erfolgt. Fehlende und unvollständige Unterlagen können folglich übermittelt, ergänzt oder vervollständigt werden. Für inhaltliche Abweichungen bleibt insbesondere der Begriff der Erläuterung, der inhaltliche Nachbesserungen des Angebotes – mithin die Abgabe neuer Erklärungen bei Vorliegen einer formal den

---

11 Kapellmann/Messerschmidt/*Frister* § 16 Rn. 35.
12 BGH Urt. v. 1.8.2006 – X ZR 115/04, NZBau 2006, 797; Kapellmann/Messerschmidt/*Frister* § 16a Rn. 6.
13 OLG Düsseldorf Beschl. v. 28.3.2018 – VII-Verg 42/17, NZBau 2018, 491.
14 VK Bund Beschl. v. 17.10.2017 – VK 2-112/17 (nicht bestandskräftig); OLG Düsseldorf Beschl. v. 12.9.2012 – Verg 1/12, NZBau 2013, 61; *Herrmann* VergabeR 2a 2013, 315 (319).
15 VK Bund Beschl. v. 17.10.2017 – VK 2-112/17 (nicht bestandskräftig); OLG Düsseldorf Beschl. v. 12.9.2012 – Verg 1/12, NZBau 2013, 61: Der Auftraggeber hat eine der vom Bieter vorgelegten Referenzen als nicht vergleichbar gewertet und auf die Möglichkeit des Nachreichens einer „Ersatzreferenz" hingewiesen, die den Vorgaben der Ausschreibungsunterlagen entspricht. Die zuerst vorgelegte Referenz entsprach formal den Vorgaben in den Ausschreibungsunterlagen, war aber im Rahmen der materiellen Eignungsprüfung zu beanstanden, weil sie nicht mit der ausgeschriebenen Leistung vergleichbar war. Ein Austausch mit einem „besseren" Nachweis ist grundsätzlich nicht möglich.
16 VK Sachsen Beschl. v. 5.5.2014 – 1/SVK/010-14, BeckRS 2014, 21204: Zutreffend führt die VK Sachsen aus, dass, wird die Erklärung zum Nichtvorliegen von Ausschlussgründen nicht für den Bewerber selbst, sondern für dessen Geschäftsführer abgegeben, ein formeller Mangel vorliegt. Wird im Formblatt der Name des Geschäftsführers eingetragen, liegt eine eigene Erklärung des Bewerbers bereits nicht vor. Eine solche fehlt folglich körperlich.
17 EuGH (Erste Kammer) Urt. v. 7.4.2016 – C.324/14, NZBau 2016, 373: Der Wirtschaftsteilnehmer hat den öffentlichen Auftraggeber im konkreten Fall nach Öffnung der Angebote ersucht, sein Angebot nur für die Zuteilung bestimmter Teile des Auftrages zu berücksichtigen. Abgegeben wurde ein Angebot für den gesamten in Rede stehenden Auftrag.
18 Ingenstau/Korbion/*von Wietersheim* § 15 Rn. 20.
19 Kapellmann/Messerschmidt/*Frister* § 16a Rn. 19.
20 OLG München Beschl. v. 21.4.2017 – Verg 2/17, IBR 2017, 393.
21 OLG München Beschl. v. 21.4.2017 – Verg 2/17, IBR 2017, 393.
22 EuGH Urt. v. 10.10.2013 – C-336/12, BeckRS 2013, 81942.

Anforderungen entsprechenden, aber inhaltlich mangelhaften Erklärung – aber nicht umfasst. § **16a EU** Abs. 1 ist dahingehend richtlinienkonform auszulegen, dass einem Bieter im Zusammenhang mit der Nachforderungspflicht des Auftraggebers nicht die Gelegenheit gegeben werden kann, inhaltlich nachgebesserte Unterlagen einzureichen.[23] Das Bundesministerium des Innern, für Bau und Heimat (BMI) hat in seinem Auslegungserlass zur VOB/A 2019 vom 26.2.2020 (Az: 70421/2#1 ff.) Hinweise zur Auslegung gegeben und ua dargelegt, dass eine Nachforderung fehlerhafter unternehmensbezogener Unterlagen nicht nur bei formellen Fehlern in Betracht kommt. Als Begründung wird angeführt, dass die materielle Eignung des Bieters unabhängig von der Frage ihres formell ordnungsgemäßen Nachweises entweder gegeben ist oder nicht. Eine Verzerrung des Wettbewerbs könne bei einer Korrektur nicht eintreten, weil kein objektiv ungeeigneter Bieter geeignet wird und umgekehrt. Die Anzahl der am Wettbewerb teilnehmenden Angebote soll nicht unnötig wegen formaler Mängel reduziert werden. Dieses sehr weite Verständnis ist insoweit bedenklich, als bei der Gestaltung des Vergabeverfahrens, die innerhalb der vorgegebenen rechtlichen Rahmenbedingungen erfolgen muss, stets die vergaberechtlichen Grundsätze der Gleichbehandlung und der Nichtdiskriminierung zu beachten sind. Insbesondere müssen die Angebote aller Bieter den gleichen Bedingungen unterworfen sein.[24] Gleichermaßen muss die Durchführung des Vergabeverfahrens für die Vergabestellen handhabbar bleiben. Lässt man eine Korrektur der unternehmensbezogenen Unterlagen bei inhaltlichen Abweichungen von den Vorgaben des Auftraggebers grundsätzlich zu, müsste dieser den Bieter/Bewerber bei jeder inhaltlich unzureichenden unternehmensbezogenen Unterlage – beispielsweise Referenzen – zur Korrektur auffordern.[25] Legt ein Bieter/Bewerber innerhalb der gesetzten Frist Unterlagen vor, die zwar vollständig sind, aber inhaltlich nicht den Mindestanforderungen des Auftraggebers entsprechen und auf deren Grundlage die Eignung nicht bejaht werden kann, lässt sich eine Nachforderung mit den vergaberechtlichen Grundsätzen von Transparenz und Gleichbehandlung schwer vereinbaren. Ausgenommen – und dieses Verständnis deckt sich mit der richtlinienkonformen Auslegung – sind offensichtliche Unrichtigkeiten und solche Fehler, die sich schnell einschleichen können, aber nicht sofort zum Ausschluss eines Bewerbers/Bieters führen sollen.[26] Gemeint sind zB Zahlendreher und Schreibfehler, die auch zu inhaltlich unzureichenden Erklärungen führen, die sich aber ohne Vorlage einer neuen Erklärung/eines neuen Nachweises korrigieren lassen.[27]

Im Gegensatz zu unternehmensbezogenen Unterlagen ist eine Korrektur fehlerhafter **leistungsbezogener Unterlagen** nicht möglich. Fehlende oder unvollständige leistungsbezogene Unterlagen können nur nachgereicht oder vervollständigt werden. Das Nachfordern wettbewerbsrelevanter Unterlagen wird in der VOB/A nach wie vor anders gehandhabt als in der VgV. § 16a EU enthält keine § 56 Abs. 3 S. 1 VgV entsprechende Regelung, wonach die Nachforderung von leistungsbezogenen Unterlagen, die die Wirtschaftlichkeitsbewertung der Angebote anhand der Zuschlagskriterien betreffen, ausgeschlossen ist. Folglich können im Anwendungsbereich der VOB/A grundsätzlich auch solche Unterlagen nachgefordert werden, die in die Angebotswertung einfließen, wie zB Produkt- und Typenangaben. Ein Gleichlauf zwischen den Regelungen der VgV und VOB/A wäre wünschenswert gewesen und hätte für die Vergabestellen eine einfachere Handhabung bedeutet. Eine § 56 Abs. 3 VgV entsprechende Regelung wurde in der VOB/A 2019 bewusst nicht verankert, um – wiederum vor dem Hintergrund des Erhalts eines möglichst umfassenden Wettbewerbs – das wirtschaftlichste Angebot im Sinne des optimalen Preis-Leistungs-Verhältnisses zu ermitteln.[28] Die Nachforderung muss allerdings **unter voller Einhaltung der Grundsätze der Transparenz und der Gleichbehandlung** erfolgen. Dies ergibt sich bereits unmittelbar aus § 16a EU Abs. 1 S. 1 sowie aus Art. 56 Abs. 3 RL 2014/24/EU. Ausdruck dieser Grundsätze ist ua das Verhandlungsverbot, welches beinhaltet, dass ein eingereichtes Angebot grundsätzlich nicht mehr geändert werden kann, weder auf Betreiben des öffentlichen Auftraggebers noch auf Betreiben des Bieters.[29] Bei der Nachforderung leistungsbezogener Unterlagen ist die Manipulationsgefahr grundsätzlich höher als

---

[23] Zu § 56 VgV: OLG Karlsruhe Beschl. v. 14.8.2019 – 15 Verg 10/19, NZBau 2020, 267; OLG Düsseldorf Beschl. v. 28.3.2018 – VII-Verg 42/17, NZBau 2018,491; Ziekow/Völlink/*Herrmann* Rn. 15.
[24] EuGH Urt. v. 7.4.2016 – C-324/14, NZBau 2016, 373 – (Partner Apelski Dariusz/Zarzd Oczyszczania Miasta).
[25] Ziekow/Völlink/*Herrmann* § 16a EU Rn. 15.
[26] EuGH Urt. v. 7.4.2016 – C-324/14, NZBau 2016, 373 – Partner Apelski Dariusz/Zarzd Oczyszczania Miasta.
[27] Kapellmann/Messerschmidt/*Frister* § 16a Rn. 20.
[28] BMI, Vergabe- und Vertragsordnung für Bauleistungen Teil A, Auslegung von einzelnen Regelungen, 70421/2#1 ff.
[29] EuGH Urt. v. 10.10.2013 – C-336/12, BeckRS 2013, 81942; EuGH Ent. v. 29.3.2012 – C-599/10, BeckRS 2012, 80681; EuGH Urt. v. 7.4.2016 – C-324/14, NZBau 2016, 373 – Partner Apelski Dariusz/Zarzd Oczyszczania Miasta.

bei unternehmensbezogenen Unterlagen, die sich allein auf die Eignung des Bieters beziehen.[30] Auch kann die Abgrenzung zwischen einem unvollständigen und einem inhaltlich mangelhaften Angebot im Einzelfall schwierig sein.[31]

12 Die Nachforderungspflicht gem. § 16a EU Abs. 1 S. 1 bedarf aus den vorgenannten Gründen einer einschränkenden Auslegung.[32] Dies gilt umso mehr, als § 16a EU – anders als Art. 56 Abs. 3 RL 2014/24/EU – eine Nachforderungspflicht begründet und somit für eine Berücksichtigung der vergaberechtlichen Grundsätze im Rahmen einer Ermessensausübung kein Raum bleibt. Der öffentliche Auftraggeber hat nur die Möglichkeit gem. § 16a EU Abs. 3 festzulegen, dass er analog § 56 Abs. 3 VgV die Nachforderung leistungsbezogener Unterlagen, die die Wirtschaftlichkeitsbewertung der Angebote anhand der Zuschlagskriterien betreffen, ausschließt. Um die **Grenzen der Nachforderungspflicht** im Einzelfall festzustellen, wird zunächst zu prüfen sein, ob der Bieter sein Angebot inhaltlich ausbessert oder eine bereits vorhandene Angabe/Erklärung lediglich klarstellt oder ergänzt. Auch nach der Rechtsprechung des EuGH können technische Spezifikationen – und damit Vertragsbestandteile – ausnahmsweise nachträglich berichtigt oder ergänzt werden; insbesondere wegen einer offensichtlich gebotenen Klarstellung oder zur Behebung offensichtlicher sachlicher Fehler – vorausgesetzt diese Änderung läuft nicht darauf hinaus, dass in Wirklichkeit ein neues Angebot eingereicht wird.[33] Bei einer **inhaltlichen Änderung** kommt eine Nachforderung grundsätzlich nicht in Betracht. Eine Änderung ist immer dann gegeben, wenn sich die nachträgliche Erklärung nicht lediglich auf die inhaltliche Erläuterung eines an sich festgelegten Gebotes beschränkt.[34] So kann beispielsweise bei fehlenden Fabrikats- und Typenangaben die Nachforderung im Einzelfall dazu führen, dass bei einem abstrakt beschriebenen Gegenstand, ein zunächst zugunsten des Auftragnehmers bestehendes Leistungsbestimmungsrecht wegfällt.[35] Die Möglichkeit der inhaltlichen Änderung des Angebots wird dem Bieter dagegen bei der Nachforderung lediglich kalkulatorischer Erläuterungen, bei im Angebot eindeutig festgelegtem Leistungssoll, nicht eröffnet.[36] Ein Verstoß gegen die Grundsätze von Gleichbehandlung und Transparenz ist auch dann nicht zu befürchten, wenn eine Beeinträchtigung der Wertungsreihenfolge der Bieter ausgeschlossen ist.[37]

13 Die Nachforderung hat in der Weise zu erfolgen, dass der Bieter tatsächlich zur Nachbesserung in der Lage ist. Für einen verständigen Bieter muss sich dem Nachforderungsverlangen entnehmen lassen, dass einer körperlich vorhandenen und dem Angebot beigefügten Erklärung bzw. einem Nachweis eine geforderte formal-inhaltliche Qualität fehlt. Ein bloßer Verweis auf den Wortlaut der Bekanntmachung reicht nicht, da beim Bieter so die Fehlvorstellung erzeugt werden könnte, dass die nachgeforderten Unterlagen dem Angebot versehentlich doch nicht beilagen. Es bedarf deshalb einer präzisen und konkreten Aufklärung darüber, woran es im Hinblick auf eine tatsächlich vorhandene Erklärung fehlt.[38]

14 **2. Umgang mit fehlenden Preisangaben. a) Fehlende Preisangaben.** Gemäß § 13 EU Abs. 1 Nr. 3 **müssen** Angebote die geforderten Preise enthalten. Tun sie dies nicht, sind sie zunächst grundsätzlich nach § 16a EU Abs. 2 S. 2 auszuschließen. Fehlende Preisangaben dürfen nach § 16a EU Abs. 2 S. 1 auch grundsätzlich nicht nachgefordert werden. Hinsichtlich der Vertragsarten ist zu differenzieren zwischen einem Einheitspreisvertrag und einem Pauschalpreisvertrag. Bauaufträge sind

---

[30] *Dittmann* in KKMPP VgV § 56 Rn. 36.
[31] *Ziekow/Völlink/Herrmann* Rn. 19.
[32] VK Bund Beschl. v. 19.3.2018 – VK 1-13/18, VPRRS 2018, 0158.
[33] EuGH Ent. v. 29.3.2012 – C-599/10, BeckRS 2012, 80681; *Dittmann* VergabeR 2a 2017, 285 (293). *Mantler* VergabeR 2 2013, 166 (170) mit dem Hinweis, dass der EuGH nicht dieselben Begrifflichkeiten verwendet, die das deutsche Recht verwendet und insbesondere keine Unterscheidung zwischen einer Aufklärung und einer Ergänzung/Vervollständigung von Angeboten vornimmt.
[34] BGH Urt. v. 18.9.2007 – X ZR 89/04, VergabeR 2008, 69.
[35] *Gerlach/Manzke* VergabeR 1 2017, 11 (23); *Mantler* VergabeR 2 2013, 166 (172).
[36] OLG Naumburg Beschl. v. 23.2.2012 – 2 Verg 15/11, VPRS 2012, 0105. Verlangt der Auftraggeber, dass bei der Abgabe zugelassener technischer Nebenangebote die sich aus den Abweichungen zum Leistungsverzeichnis ergebenden Änderungen der Baustoffmengen nachvollziehbar erläutert werden, zählen diese zum Nebenangebote geforderten Angaben zu den Erklärungen iSv § 16 Abs. 1 Nr. 3 VOB/A 2009.
[37] VK Bund Beschl. v. 19.3.2018 – VK 1-13/18, VPRRS 2018, 0158: Der Auftraggeber hat die Einreichung der im Angebot „kalkulierten bauzeitabhängigen Kosten" als zusätzliche „Nachweise/Angabe/Unterlage" gefordert. Die Angabe war wertungsrelevant. Die Antragstellerin machte keine Angaben zu den bauzeitabhängigen Kosten, woraufhin ihr Angebot ausgeschlossen wurde. Eine Nachforderungspflicht bestand vorliegend nach den Ausführungen der VK Bund, weil auch unter Berücksichtigung der im Verfahren höchsten Kostenangabe eines Bieters im Hinblick auf die bauzeitabhängigen Kosten bei der Wertung des Angebotspreises der Antragstellerin eine Veränderung der Wertungsreihenfolge ausgeschlossen ist.
[38] OLG Düsseldorf Beschl. v. 17.3.2011 – VII-Verg 56/10, BeckRS 2013, 12285.

so zu vergeben, dass die Vergütung nach Leistung bemessen wird, entweder zu **Einheitspreisen** für technisch und wirtschaftlich einheitliche Teilleistungen oder in geeigneten Fällen für eine **Pauschalsumme,** wenn die Leistung nach Ausführungsart und Umfang genau bestimmt ist und mit einer Änderung bei der Ausführung nicht zu rechnen ist (§ 4 EU Abs. 1). Beim Einheitspreisvertrag sind alle Einheitspreise einzutragen, beim Pauschalvertrag je nach Ausgestaltung die Gesamtpauschale und/oder Einzelpauschalen.

Eine Preisangabe fehlt jedenfalls dann, wenn der Preis überhaupt nicht oder nicht an der dafür in den Vergabeunterlagen **vorgesehenen Stelle** eingetragen ist. Handelt es sich allerdings um geringfügige Verschiebungen im Preisblatt, ohne dass dadurch ein abweichender Sinnzusammenhang und damit Erklärungsinhalt auch nur möglich erscheint, „fehlt" die Preisangabe nicht.[39] Der Erklärungsinhalt des Angebots lässt sich dann zweifelsfrei ermitteln. Der Bieter hat auch für Eventualpositionen im Leistungsverzeichnis die geforderten Preise anzugeben.[40] Ein Verstoß gegen § 13 EU Abs. 1 Nr. 3 liegt auch dann vor, wenn der **angegebene Preis unzutreffend** ist. Sowohl fehlende als auch unzutreffende Preisangaben führen zum Angebotsausschluss.[41] Zur Gewährleistung eines transparenten und auf Gleichbehandlung aller Bieter beruhenden Vergabeverfahrens ist es erforderlich, dass in jeder sich aus den Vergabeunterlagen ergebender Hinsicht ohne Weiteres vergleichbare Angebote abgegeben werden.[42] Der Bieter muss für die jeweilige Leistungsposition die nach seiner Kalkulation zutreffende Preisangabe machen. Eine Preisangabe ist unzutreffend, wenn auch nur für eine Position nicht der Betrag angegeben wird, der für die betreffende Leistung auf der Grundlage der Urkalkulation tatsächlich beansprucht wird.[43] Bei dieser Prüfung einzustellen ist allerdings die Kalkulationsfreiheit der Bieter und somit die Befugnis festzulegen, zu welchen Einzelpreisen die Positionen des Leistungsverzeichnisses ausgeführt werden. Dem Bieter ist es grundsätzlich nicht verwehrt, Preise anzubieten, die unterhalb der ihm entstehenden Kosten liegen (Unterkostenangebot).[44] Folgende Fallgruppen sind näher zu betrachten:

- **Mischkalkulationen:** Eine Erscheinungsform der unzutreffenden Preisangaben stellt die sogenannte Mischkalkulation oder Preisverlagerung dar.[45] Dabei handelt es sich um eine Kalkulation, bei der im Hinblick auf einzelne Positionen des Angebots **Abpreisungen** erfolgen, um an anderer Stelle des Angebots **Aufpreisungen** vorzunehmen. Es werden somit Preise benannt, die die für die jeweiligen Leistungen geforderten tatsächlichen Preise weder vollständig noch zutreffend wiedergeben, indem Kostenfaktoren auf andere Positionen verlagert werden. Der Auftraggeber hat indes ein durch § 13 EU Abs. 1 Nr. 3 geschütztes Interesse an der Angabe korrekter Preise und insbesondere daran, dass seine Zahlungspflichten durch die Verlagerung einzelner Preisbestandteile nicht manipuliert werden können.[46] Ein Bieter, der in seinem Angebot die von ihm tatsächlich für einzelne Leistungspositionen geforderten Einheitspreise auf verschiedene Einheitspreise anderer Leistungspositionen verteilt, benennt nicht die von ihm geforderten Preise.[47] Der **Nachweis** der unzutreffenden Preisangabe ist vom Auftraggeber zu führen.[48] Er muss vom Bieter zu den einzelnen Preispositionen Aufklärung verlangen. Entscheidend ist, ob der Bieter plausible Erklärungen samt ggf. geforderter Unterlagen beibringt und den Verdacht einer Mischkalkulation, zB durch Vorlage einer Urkalkulation, zerstört.[49] Voraussetzung für einen Ausschluss ist, dass die Mischkalkulation entweder bereits auf Grundlage des Angebots selbst oder aufgrund einer vom Auftraggeber wegen bestehender Zweifel durchgeführten Aufklärung nach § 15 EU feststeht.[50]

- **Spekulationsangebote:** In seinem Urteil vom 19.6.2018 hat der Bundesgerichtshof zusätzlich zur Fallgruppe der Preisverlagerungen mit den sog. Spekulationsangeboten eine weitere Fallgruppe anerkannt, die zum Angebotsausschluss führt. Diskutiert werden bei dieser Fallgruppe allerdings sowohl die dogmatische Herleitung als auch die aufgrund der fehlenden Präzision der entwickelten Tatbestandsmerkmale praktische Handhabung des Ausschlusstatbestandes.[51] Der Bieter verhalte

---

[39] OLG Dresden Beschl. v. 16.3.2010 – WVerg 2/10, BeckRS 2010, 07154.
[40] OLG München Beschl. v. 30.7.2018 – Verg 05/18, BeckRS 2018, 20384.
[41] BGH Beschl. v. 18.5.2004 – X ZB 7/04, NJW-RR 2004, 1626; BGH Urt. v. 24.5.2005 – X ZR 243/02.
[42] BGH Beschl. v. 18.5.2004 – X ZB 7/04, NJW-RR 2004, 1626.
[43] BGH Beschl. v. 18.5.2004 – X ZB 7/04, NJW-RR 2004, 1626; BGH Urt. v. 24.5.2005 – X ZR 243/02, NZBau 2005, 594; OLG Düsseldorf Beschl. v. 16.3.2016 – VII-Verg 48/15, BeckRS 2016, 09166.
[44] BGH Urt. v. 19.6.2018 – X ZR 100/16, NZBau 2018,776.
[45] Kapellmann/Messerschmidt/*Frister* § 16a Rn. 31.
[46] BGH Urt. v. 19.6.2018 – X ZR 100/16, NZBau 2018,776.
[47] BGH Beschl. v. 18.5.2004 – X ZB 7/04, NJW-RR 2004, 1626.
[48] Ingenstau/Korbion/*von Wietersheim* § 16a Rn. 32.
[49] VK Sachsen Beschl. v. 3.3.2008 – 1/SVK/002-08, BeckRS 2008, 10073.
[50] Ingenstau/Korbion/*von Wietersheim* § 16a Rn. 32.
[51] *Ganske/Rafii* ZfBR 2019, 651 (655 ff.).

sich – so der BGH zutreffend – „*vergaberechtswidrig, wenn er den Preis für einzelne Positionen – etwa in der Erwartung, dass die dafür im Leistungsverzeichnis angesetzten Mengen bei der Leistungsausführung überschritten werden – drastisch erhöht und den daraus resultierenden höheren Gesamtpreis zur Wahrung der Wettbewerbsfähigkeit seines Angebots im Wege der Mischkalkulation dadurch kompensiert, dass er andere Positionen – vorzugsweise solche, bei denen gegebenenfalls Mindermengen zu erwarten sind – mehr oder minder deutlich verbilligt*".[52] Der Tatbestand des § 13 EU Abs. 1 Nr. 3 sei zwar nicht erfüllt, weil sowohl der überhöhte als auch der korrespondierend heruntergesetzte Preis dem eigentlich gewollten entsprächen. Auch sei es grundsätzlich Aufgabe des Auftraggebers, etwaige Spielräume und Unschärfen im Leistungsverzeichnis, die der Bieter grundsätzlich zu seinem Vorteil nutzen darf, zu vermeiden. Der Bieter dürfe die Ausgestaltung des Leistungsverzeichnisses aber aufgrund seiner **Rücksichtnahmepflicht gem. § 241 Abs. 2 BGB** nicht zu unredlicher Spekulation ausnutzen. Eine solch unredliche Spekulation ist gegeben, wenn der Bieter für eine bestimmte Position einen Preis in der Erwartung ansetzt, dass aufgrund des Anfalls nicht unerheblicher Mehrmengen überhöhte Nachforderungen geltend gemacht werden können. Aus Sicht eines verständigen Teilnehmers am Vergabeverfahren werde so das Ziel verfehlt, im Wettbewerb das günstigste Angebot hervorzubringen und einen verantwortungsvollen Einsatz der Haushaltsmittel zu erreichen. Ein Angebot, das spekulativ so ausgestaltet ist, dass dem Auftraggeber bei Eintritt bestimmter, zumindest nicht gänzlich fernliegender Umstände **erhebliche Übervorteilungen** drohen, ist nicht zuschlagsfähig. Anders als bei der Fallgruppe der Preisverlagerungen werden beim Spekulationsangebot keine Kostenfaktoren in andere Positionen verlagert, sondern der Bieter erhöht einen oder mehrere Preise in der spekulativen Absicht einer Mengenmehrung drastisch. Beide Fallgruppen gleichen sich aber insoweit, als der Bieter zur Gewinnmaximierung einzelne Preise aufpreist und zur Wahrung der Zuschlagschancen diejenigen Preise abpreist, bei denen er die geringsten Verluste erwartet.[53]

– **Null-Preise/negativer Preis:** Der Bieter muss die geforderten Preise grundsätzlich mit dem Betrag angeben, den er für die entsprechende Leistung auch beansprucht. Er darf die für eine Leistung anfallenden Kosten nicht umverteilen und in anderen Preispositionen „verstecken". Eine Preisangabe mit 0,00 EUR ist jedenfalls dann keine fehlende Preisangabe, wenn der Bieter damit zum Ausdruck bringt, dass er für die ausgeschriebene Leistung kein Entgelt verlangt[54] und wenn ihm nach seiner Kalkulation für die Erbringung der konkreten Leistung auch tatsächlich keine Kosten entstehen.[55] Auch negative Preise stellen Preisangaben dar. Bei Arbeiten, bei deren Durchführung der Auftragnehmer vermögenswerte Güter erhält, beispielsweise Verträge über die Einsammlung von Altpapier, darf der Bieter dies in seiner Kalkulation berücksichtigen.[56] Negativpreise erlauben einen Vergleich der Angebote.[57] Der öffentliche Auftraggeber hat die Angebote aber zunächst mit Blick auf etwaige Kostenverlagerungen sorgfältig zu prüfen.

16   **b) Nachforderung von fehlenden Preisangaben.** Unter folgenden Voraussetzungen ist ein Angebot nach § 16a EU Abs. 2 trotz fehlender Preisangabe nicht auszuschließen:
– Die Angabe des Preises fehlt lediglich in **unwesentlichen Positionen;**
– Durch die Außerachtlassung dieser Position/en werden der **Wettbewerb und die Wertungsreihenfolge,** auch bei Wertung dieser Position/en mit dem jeweils höchsten Wettbewerbspreis, nicht **beeinträchtigt;**
– Der öffentliche Auftraggeber hat das **Nachfordern von Preisangaben** in der Auftragsbekanntmachung oder den Vergabeunterlagen nicht **ausgeschlossen.**

17   Anders als zuvor in § 16 EU Nr. 3 ist die Ausnahmeregelung zum grundsätzlichen Angebotsausschluss nicht mehr auf eine einzelne fehlende oder unzutreffende Preisangabe beschränkt. Eine Nachforde-

---

[52] BGH Urt. v. 19.6.2018 – X ZR 100/16, NZBau 2018,776.
[53] *Ganske/Rafii* ZfBR 2019, 651 (655 ff.).
[54] OLG München Beschl. v. 23.12.2010 – Verg 21/10, BeckRS 2011, 00890; OLG Naumburg Beschl. v. 29.1.2009 – 1 Verg 10/08, BauR 2009, 1344; VK Schleswig-Holstein Beschl. v. 3.12.2008 – VK-SH 12/08, IBR 2009, 105.
[55] Kapellmann/Messerschmidt/*Frister* § 16a Rn. 29.
[56] OLG Düsseldorf Beschl. v. 22.12.2010 – Verg 33/11, ZfBR 2011, 204.
[57] OLG Düsseldorf Beschl. v. 8.6.2011 – Verg 11/11, BeckRS 2011, 23749: Die Angabe negativer Preise stellt auch keine Mischkalkulation dar, wenn diese bei Leistungspositionen angeboten werden, deren Ausführung zur teilweisen Nichterbringung anderer Leistungen führt, die wiederum aufgrund von Übermessungsregeln in der VOB/C bei der Abrechnung zu berücksichtigen sind. Gibt der Auftraggeber nicht vor, wie durch Übermessungsregelungen hervorgerufene Einsparungen zu berücksichtigen sind, ist es jedenfalls vertretbar, die Einsparungen bei denjenigen Leistungspositionen zu berücksichtigen, die gerade die auszusparenden, aber zu übermessenden Flächen betreffen.

rungsmöglichkeit besteht vielmehr unter den oben genannten Voraussetzungen auch bei mehreren fehlenden Preisangaben, die aber insgesamt unwesentlich sein müssen.

Eine Nachforderung kommt nur in Betracht, wenn die Preisangabe lediglich in unwesentlichen 18 Positionen fehlt. Die fehlende Position muss für die Leistungserbringung von untergeordneter Bedeutung sein. Ob dies der Fall ist, kann nur im Einzelfall unter Berücksichtigung des betroffenen Leistungsgegenstandes und seiner Bedeutung, seines wertmäßigen Anteils für die Gesamtleistung sowie für den Gesamtpreis im Einzelfall beurteilt werden.[58] Dabei steht dem öffentlichen Auftraggeber ein **Beurteilungsspielraum** zu.[59] Zutreffend hat das OLG Brandenburg das Vorliegen einer wesentlichen Preisposition angenommen, wenn sich bei einer rechnerischen Korrektur der Angebotspreis um etwa 1/5 erhöht[60] sowie bei einem Anteil von 10% des Gesamtauftragsvolumens.[61] Ferner ist von einer wesentlichen Position auszugehen, wenn die fehlende Preisposition als eine von insgesamt 10 Einzelpositionen in den Gesamtpreis mit eingeht und – mangels Gewichtung – eine Preislücke von 1/10 sämtlicher anzugebender Einzelpreise entsteht.[62] Bei einer fehlenden Preisaufschlüsselung, die 0,001% der Gesamtsumme ausmacht, ist die Wesentlichkeit dagegen zu verneinen.[63] Als Richtwert für den Beurteilungsspielraum kann die Begrenzung einer unwesentlichen Position auf höchstens 1% der ausgeschriebenen Gesamtleistung ggf. in Kombination mit einer absoluten Obergrenze von 500–10.000 EUR erwogen werden.[64]

Eine Nachforderung kommt weiter nur dann in Betracht, wenn sowohl durch die Außerachtlas- 19 sung derjenigen Positionen mit fehlender Preisangabe als auch bei Wertung dieser Positionen mit dem jeweils höchsten Wettbewerbspreis der **Wettbewerb** und die **Wertungsreihenfolge** nicht beeinträchtigt werden (§ 16a EU Abs. 2 S. 3). Dazu wird zunächst der Rang des betroffenen Angebots ermittelt, indem die fehlende Position mit 0 EUR gewertet wird. In einem zweiten Rechenschritt wird sodann der höchste von anderen Bietern angebotene Preis in die Position mit dem fehlenden Preis eingesetzt und geprüft, ob sich unter Berücksichtigung der fiktiven Angebotssumme der Rang des Angebots ändert. Ist dies nicht der Fall, bleibt der Wettbewerb unbeeinträchtigt. Ergibt sich dagegen eine andere Bieterreihenfolge, muss das Angebot ausgeschlossen werden.[65] Bei dieser Berechnung wird nur auf den Preis ohne Berücksichtigung etwaiger Nebenangebote abgestellt. Verbleibt das betroffene Angebot nach vorstehender Prüfung in der Wertung, fordert der öffentliche Auftraggeber den Bieter auf, die fehlenden Preisangaben zu ergänzen.

Schließlich kommt eine Nachforderung dann nicht in Betracht, wenn der öffentliche Auftragge- 20 ber gem. § 16a EU Abs. 2 S. 6 das **Nachfordern von Preisangaben** in der Auftragsbekanntmachung oder den Vergabeunterlagen **ausgeschlossen** hat. Gemäß § 16a EU Abs. 2 S. 6 gelten die S. 3–5 im Falle des Ausschlusses der Nachforderung von Preisangaben nicht, sodass es beim Grundsatz bleibt, dass fehlende Preisangaben nicht nachgefordert werden dürfen und jede fehlende oder unzutreffende Preisangabe zum Ausschluss führt.

3. Rechtsfolge. Fehlen geforderte Unterlagen und hat der öffentliche Auftraggeber nicht von 21 § 16a EU Abs. 3 Gebrauch gemacht, so hat er die fehlenden Unterlagen zwingend nachzufordern. Im Gegensatz zur Vorgängernorm fehlt es an einer starren Frist für die Vorlage der Unterlagen oder fehlenden Preisangaben. Gemäß § 16a EU Abs. 4 S. 1 sind diese vom Bewerber oder Bieter nach Aufforderung durch den öffentlichen Auftraggeber innerhalb einer angemessenen, nach dem Kalender bestimmten Frist vorzulegen. Bei der Prüfung der Angemessenheit der Frist hat der öffentliche Auftraggeber zu berücksichtigen, welcher Zeitaufwand voraussichtlich erforderlich ist, um die Unterlagen zu vervollständigen. § 16a EU Abs. 4 S. 2 regelt, dass die Frist **sechs Kalendertage** nicht überschreiten soll. Die bereits in der Vorgängernorm enthaltene, dort allerdings als zwingende Vorgabe ausgestaltete Frist von sechs Kalendertagen trägt dem Umstand Rechnung, dass es sich bei den nachzufordernden Unterlagen um solche Unterlagen handelt, die bereits mit dem Angebot vorzulegen waren. Der Auftraggeber kann unter Berücksichtigung des Angemessenheitsgrundsatzes auch eine kürzere Frist als sechs Kalendertage vorgeben. Die Verwendung einer Frist von sechs Kalendertagen wird im Regelfall aber angemessen sein. Auch eine Überschreitung der in § 16a EU Abs. 4 S. 2 genannten Frist ist in Einzelfällen – beispielsweise aufgrund bevorstehender Feiertage oder besonderen Aufwands – denkbar, erfordert aber eine entsprechende Begründung und Doku-

---

[58] OLG München Beschl. v. 7.11.2017 – Verg 8/17, IBRRS 2017, 3926.
[59] Kapellmann/Messerschmidt/*Frister* § 16a Rn. 42.
[60] OLG Brandenburg Beschl. v. 24.5.2011 – Verg W 8/11, BeckRS 2011, 20589.
[61] OLG Brandenburg Beschl. v. 1.11.2011 – Verg W 12/11, IBR 2012, 105.
[62] OLG München Beschl. v. 7.11.2017 – Verg 8/17, IBRRS 2017, 3926.
[63] OLG Celle Beschl. v. 2.10.2008 – 13 Verg 4/08, NZBau 2009, 58.
[64] Ingenstau/Korbion/*von Wietersheim* § 16a Rn. 37.
[65] BMI, Vergabe- und Vertragsordnung für Bauleistungen Teil A, Auslegung von einzelnen Regelungen, 70421/2#1 ff.

mentation.⁶⁶ Fällt das Fristende der vom Auftraggeber gesetzten Frist auf einen Samstag, Sonntag oder Feiertag, so tritt in entsprechender Anwendung von § 193 BGB an die Stelle eines solchen Tages der nächste Werktag.⁶⁷

22 Werden die Erklärungen nicht innerhalb der Frist vorgelegt, so ist das Angebot auszuschließen. Auch hier hat der Auftraggeber kein Ermessen. Der Nachforderungsvorgang ist nach § 20 EU zu dokumentieren.

§ 16b EU Eignung

(1) ¹Beim offenen Verfahren ist die Eignung der Bieter zu prüfen. ²Dabei sind anhand der vorgelegten Nachweise die Angebote der Bieter auszuwählen, deren Eignung die für die Erfüllung der vertraglichen Verpflichtungen notwendigen Sicherheiten bietet; dies bedeutet, dass sie die erforderliche Fachkunde und Leistungsfähigkeit besitzen, keine Ausschlussgründe gemäß § 6e EU vorliegen und sie über ausreichende technische und wirtschaftliche Mittel verfügen.

(2) Abweichend von Absatz 1 können die Angebote zuerst geprüft werden, sofern sichergestellt ist, dass die anschließende Prüfung des Nichtvorliegens von Ausschlussgründen und der Einhaltung der Eignungsanforderungen unparteiisch und transparent erfolgt.

(3) Beim nicht offenen Verfahren, Verhandlungsverfahren, beim wettbewerblichen Dialog und bei einer Innovationspartnerschaft sind nur Umstände zu berücksichtigen, die nach Aufforderung zur Angebotsabgabe Zweifel an der Eignung des Bieters begründen (vgl. § 6b EU Absatz 2 Nummer 3).

I. Regelungsgehalt und Überblick

1 Nach § 122 Abs. 1 GWB und § 2 EU Abs. 3 werden öffentliche Aufträge an fachkundige und leistungsfähige (geeignete) Unternehmen vergeben, die nicht nach den §§ 123, 124 GWB ausgeschlossen worden sind. Mit der Prüfung der Eignung wird die **persönliche und sachliche Befähigung** eines Bieters zur Erfüllung der im Rahmen des zu vergebenden Auftrags zu übernehmenden Verpflichtungen geprüft¹ – es handelt sich mithin um eine **unternehmensbezogene** Prüfung. Es sollen diejenigen Unternehmen ermittelt werden, die zur Erbringung der konkret nachgefragten Leistung nach Fachkunde und Leistungsfähigkeit generell in Betracht kommen.² Die Eignungsprüfung, die zunächst grundsätzlich vor der Angebotsprüfung (§ 16c EU) und -wertung (§ 16d EU) durchzuführen ist, ist in § 16b EU geregelt. In § 16b EU Abs. 1 wird auf die in § 6e EU normierten zwingenden und fakultativen Ausschlussgründe, die aus den §§ 123, 124 GWB übernommen worden sind, verwiesen. Im Vergleich zur Vorgängernorm – § 16 EG Abs. 2 – gewährt § 16b EU Abs. 2, in Umsetzung von Art. 56 Abs. 2 RL 2014/24/EU, den öffentlichen Auftraggebern erstmals die Möglichkeit die Angebotsprüfung vor der Eignungsprüfung durchzuführen, sofern sichergestellt ist, dass die anschließende Prüfung des Nichtvorliegens von Ausschlussgründen und der Einhaltung der Eignungsanforderungen unparteiisch und transparent erfolgt. Die Eignungsprüfung erfolgt zweistufig, wobei die Vollständigkeit der einzureichenden Eignungsnachweise und der erforderlichen Erklärungen bereits im Rahmen des § 16 EU bei der Frage des Vorliegens von Ausschlussgründen zu prüfen ist. Die materielle Eignungsprüfung dient dazu, anhand der eingereichten Unterlagen diejenigen Unternehmen zu ermitteln, die zu Erbringung der konkret nachgefragten Leistungen aufgrund ihrer personellen, finanziellen und technischen Ausstattung generell in Betracht kommen und die unzureichend qualifizierten Bieter auszusondern.³

II. Eignungsprüfung

2 Ein Unternehmen ist nach § 6 EU Abs. 2 geeignet, wenn es die durch den öffentlichen Auftraggeber im Einzelnen zur ordnungsgemäßen Ausführung des öffentlichen Auftrags festgelegten Kriterien (Eignungskriterien) erfüllt. Die Eignungskriterien dürfen ausschließlich
– die Befähigung und Erlaubnis zur Berufsausübung,
– die wirtschaftliche und finanzielle sowie

---

⁶⁶ Ziekow/Völlink/*Herrmann* Rn. 30.
⁶⁷ Ziekow/Völlink/*Herrmann* Rn. 31; Kapellmann/Messerschmidt/*Frister* § 16a Rn. 24.
¹ HK-VergabeR/*Tomerius/Ruhland* § 16 Rn. 52.
² OLG Düsseldorf Beschl. v. 6.5.2011 – Verg 26/11, BeckRS 2011, 18447.
³ OLG Düsseldorf Beschl. v. 6.5.2011 – Verg 26/11, BeckRS 2011, 18447.

II. Eignungsprüfung 3–5 § 16b EU VOB/A

– die technische und berufliche Leistungsfähigkeit
betreffen und müssen mit dem Auftragsgegenstand in Verbindung und zu diesem in einem angemessenen Verhältnis stehen. Voraussetzung ist weiter, dass die Unternehmen nicht **nach § 6e EU ausgeschlossen** worden sind (§ 6 EU Abs. 1). Hinsichtlich der einzelnen Ausschlussgründe wird an dieser Stelle auf die Kommentierung zu § 6e EU verwiesen (→ § 6e EU Rn. 1 ff.).

Die Eignungsprüfung erfolgt auf Grundlage der nach § 6a EU durch den Bieter vorzulegenden Unterlagen. Zu beachten ist dabei, dass § 6a EU eine **abschließende Aufzählung** von Angaben enthält, die der öffentliche Auftraggeber vom Unternehmer zum Nachweis der Eignung verlangen darf. Im Rahmen der materiellen Eignungsprüfung wird die **inhaltliche Übereinstimmung** der Erklärungen und Nachweise mit den Vorgaben des Auftraggebers überprüft.[4] Daneben muss der Auftraggeber auch solche Anhaltspunkte berücksichtigen, die ihm außerhalb des konkreten Vergabeverfahrens zur Kenntnis gelangen, solange sie auf einer gesicherten Erkenntnis beruhen.[5] Dh, es steht dem öffentlichen Auftraggeber grundsätzlich frei, wie er sich die für die Beurteilung der Eignung erforderlichen Kenntnisse beschafft,[6] er darf von den beteiligten Unternehmen aber grundsätzlich nur die in § 6a EU genannten Eignungsnachweise verlangen. Dabei kann der Auftraggeber selbst festlegen, welche der Eignungsnachweise er für die spezifische Ausschreibung fordert und inwieweit er Mindestanforderungen festlegt. Entscheidet sich der Auftraggeber **Mindestanforderungen** zu stellen, ist er an diese gebunden. Zwar steht dem öffentlichen Auftraggeber bei der Festlegung und Gewichtung der Eignungskriterien ein weiter Beurteilungsspielraum zu, dieser wird aber durch den Auftraggeber bei der Vorgabe von Mindestanforderungen wieder deutlich eingeengt.[7] Wie bereits vorstehend ausgeführt, müssen die Eignungskriterien gem. § 6 EU Abs. 2 S. 3 mit dem Auftragsgegenstand in Verbindung und zu diesem in einem angemessenen Verhältnis stehen. Der Beurteilungsspielraum des Auftraggebers ist somit begrenzt durch einen zutreffend und vollständig ermittelten Sachverhalt, die allgemeinen vergaberechtlichen Wertungsgrundsätze und das Nichtvorliegen sachfremder Erwägungen.[8] Die vom Auftraggeber an den Nachweis der Eignung gestellten Anforderungen dürfen nicht von vornherein zum Ausschluss von Newcomern führen, es sei denn, der öffentliche Auftraggeber kann dies mit den besonderen Anforderungen des Auftragsgegenstandes begründen, beispielsweise wenn aufgrund der Komplexität und Schwierigkeit der Leistung eine längerfristige Tätigkeit am Markt und insbesondere die gleich mehrmalige erfolgreiche Ausführung vergleichbarer Leistungen erforderlich ist.[9]

Die Mittel der Nachweisführung sind in § 6b EU dargestellt. Der geforderte Nachweis kann – neben der Vorlage von Einzelnachweisen (§ 6b EU Abs. 1 S. 1 Nr. 2) – auch durch die vom Auftraggeber direkt abrufbare Eintragung in die allgemein zugängliche Liste des Vereins für die Präqualifikation von Bauunternehmen eV (**Präqualifizierungsverzeichnis**) sowie durch die Vorlage von **Eigenerklärungen** oder einer **EEE** geführt werden. Bei Eigenerklärungen und der EEE sind die entsprechenden Bescheinigungen und Nachweise nicht von allen Bietern/Bewerbern vorzulegen, sondern beim offenen Verfahren nur von dem Bieter, auf dessen Angebot der Zuschlag erteilt werden soll und in den zweistufigen Verfahren von den infrage kommenden Bewerbern. Dies ermöglicht eine Reduzierung des Umfangs der Eignungsprüfung. Die Teilnahme an Präqualifizierungssystemen erlaubt es Unternehmen, ihre Eignung für eine bestimmte Art von Aufträgen bereits vorab und somit losgelöst von einem konkreten Vergabeverfahren nachzuweisen. Die Präqualifizierungsstelle prüft die durch das Unternehmen eingestellten Nachweise. Da die Nachweise auftragsunabhängig geprüft werden, kann die Präqualifizierung lediglich die Vorstufe der Eignungsprüfung darstellen – die Prüfung der Eignung des Bieters für den konkreten Auftrag ist alleinige Aufgabe des Auftraggebers.[10]

Anhand der vorgelegten Nachweise sind die Angebote derjenigen Bieter auszuwählen, die aufgrund ihrer Fachkunde und Leistungsfähigkeit für die Erfüllung der vertraglichen Verpflichtungen die notwendige Gewähr bieten.[11] Zusätzlich zur Prüfung der Fachkunde und Leistungsfähigkeit muss der Auftraggeber prüfen, inwieweit **Ausschlussgründe nach § 6e EU** vorliegen. In Bezug

---

[4] Ingenstau/Korbion/*von Wietersheim* § 16b Rn. 3.
[5] HK-VergabeR/*Tomerius/Ruhland* § 16 Rn. 55.
[6] OLG Frankfurt a. M. Beschl. v. 24.2.2009 – 11 Verg 19/08, ZfBR 2009, 394.
[7] OLG Koblenz Beschl. v. 13.6.2012 – 1 Verg 2/12, NZBau 2012, 724; Kapellmann/Messerschmidt/*Frister* § 16b Rn. 6.
[8] OLG Düsseldorf Beschl. v. 21.12.2011 – VII-Verg 74/11, NZBau 2012, 321.
[9] VK Lüneburg Beschl. v. 18.5.2020 – VgK-06/2020, VPR 2020, 168.
[10] VK Sachsen Beschl. v. 1.3.2017 – 1/SVK/037-16, BeckRS 2017, 114534: Eine vertiefte Auseinandersetzung mit der Eignung des Bieters soll jedenfalls dann stattfinden, wenn sich aus besonderen Umständen oder Erkenntnissen aus der Vergangenheit ergibt, dass Anlass besteht, die Eignung des Bieters infrage zu stellen.
[11] OLG Düsseldorf Beschl. v. 15.12.2004 – VII-Verg 48/04, VergabeR 2005, 208.

auf Erfahrungen des Auftraggebers aus früheren Vertragsverhältnissen, konkret Schlechtleistungen des Bieters bei einem früheren Auftrag, normiert § 6e EU Abs. 6 Nr. 7 nunmehr einen fakultativen Ausschlussgrund. Diesbezüglich enthält § 6e EU Abs. 6 Nr. 7 eine abschließende Regelung. Der Auftraggeber trifft im Rahmen der Eignungsprüfung eine **Prognoseentscheidung,** ob vom künftigen Auftragnehmer die ordnungsgemäße Erfüllung seiner vertraglichen Verbindlichkeiten erwartet werden kann. Liegen die Voraussetzungen eines fakultativen Ausschlussgrundes vor, hat der Auftraggeber eine **Prognoseentscheidung** dahingehend vorzunehmen, ob von dem Unternehmen trotz des Vorliegens eines fakultativen Ausschlussgrundes zu erwarten ist, dass es den öffentlichen Auftrag gesetzestreu, ordnungsgemäß und sorgfältig ausführt.[12] So heißt es in der Gesetzesbegründung zu § 124 Nr. 7 GWB wie folgt:

„Es handelt sich hier nicht nur um ein Beurteilungsermessen des öffentlichen Auftraggebers hinsichtlich des Vorliegens des Ausschlussgrundes, sondern auch um einen Ermessensspielraum hinsichtlich des ‚Ob' des Ausschlusses, dann wenn der fakultative Ausschlussgrund nachweislich vorliegt. Es steht im Ermessen des öffentlichen Auftraggebers zu entscheiden, ob aufgrund des Fehlverhaltens des Unternehmens, das einen fakultativen Ausschlussgrund nach § 124 begründet, die Zuverlässigkeit des Unternehmens zu verneinen ist. Dabei handelt es sich um eine Prognoseentscheidung dahingehend, ob von dem Unternehmen trotz des Vorliegens eines fakultativen Ausschlussgrundes im Hinblick auf die Zukunft zu erwarten ist, dass es den öffentlichen Auftrag gesetzestreu, ordnungsgemäß und sorgfältig ausführt."[13]

6　Dem Auftraggeber steht bei der Eignungsprüfung ein **Beurteilungsspielraum** zu, der im Nachprüfungsverfahren nur daraufhin überprüft werden kann, ob Beurteilungsfehler vorliegen.[14] Die Prüfung der Eignung eines Unternehmens ist ein wertender Vorgang, der die Bewertung zahlreicher Einzelumstände zum Gegenstand hat, für die die Verwaltungsbehörde in aller Regel fachlich besser geeignet und erfahrener ist als die Nachprüfungsinstanz und die darüber hinaus eine subjektive Einschätzung des Auftraggebers hinsichtlich der zu erwartenden Auftragserfüllung beinhaltet.[15] Der Auftraggeber muss bei seiner Entscheidung aber von einem **zutreffend und vollständig ermittelten Sachverhalt** ausgegangen sein und darf in diese **keine sachfremden und willkürlichen Erwägungen** mit einbezogen haben.[16] Der Beurteilungsspielraum ist ferner dann überschritten, wenn **das vorgeschriebene Verfahren nicht eingehalten** wurde und die vom Auftraggeber selbst aufgestellten **Bewertungsvorgaben nicht beachtet** worden sind.[17] So ist der Auftraggeber an die von ihm definierten Anforderungen gebunden und darf nicht nachträglich von Mindestanforderungen abweichen oder nicht bekannt gemachte Eignungskriterien zur Prüfung heranziehen.[18] Schließlich muss der Auftraggeber den **Beurteilungsmaßstab zutreffend angewendet** haben.[19]

7　Die Prognoseentscheidung muss auf **gesicherten Erkenntnissen** beruhen.[20] Die Anforderungen an den Grad der Erkenntnissicherheit dürfen dabei nicht überspannt werden.[21] Dem öffentlichen Auftraggeber stehen bei Durchführung des Verfahrens regelmäßig keine unbegrenzten personellen und finanziellen Ressourcen zur Verfügung. Des Weiteren verfügt der Auftraggeber auch nur über einen begrenzten zeitlichen Rahmen zur Prüfung und Wertung der Angebote. Aus diesen Gründen ist der Prüfungsaufwand, den der Auftraggeber investieren muss, auf ein **zumutbares Maß** zu beschränken.[22] Es ist folglich nicht erforderlich, dass der öffentliche Auftraggeber sämtliche in Betracht kommenden Erkenntnisquellen ausschöpft, um die gemachten Anga-

---

[12] VK Sachsen Beschl. v. 1.3.2017 – 1/SVK/037-16, BeckRS 2017, 114534; VK Nordbayern Beschl. v. 13.1.2017 – 21.VK-3194-38/16, BeckRS 2017, 109954.
[13] Begründung zum Gesetzesentwurf der Bundesregierung VergRModG, BT-Drs. 18/6281, 104.
[14] OLG Celle Beschl. v. 11.3.2004 – 13 Verg 3/04, ZfBR 2004, 602; OLG München Beschl. v. 5.10.2012 – Verg 15/12, BeckRS 2012, 21412; OLG Düsseldorf Beschl. v. 6.5.2011 – Verg 26/11, BeckRS 2011, 18447: So ist allein die Tatsache, dass ein Bieter eine um 40% kürzere Ausführungsfrist als die Mehrheit der Bieter vorgesehen hat, nicht geeignet, Zweifel in Hinblick auf Leistungsfähigkeit des Bieters zu begründen. Zum einen habe noch ein anderer Bieter – somit insgesamt 2 von 10 – eine vergleichbar kurze Ausführungsfrist angeboten. Darüber hinaus handele es sich um eine Vertragsfrist, deren schuldhafte Überschreitung eine Vertragsstrafe zur Folge haben sollte, sodass den Bieter auch ein erhebliches wirtschaftliches Risiko traf. Die Eignung wurde somit zutreffend bejaht.
[15] VK Sachsen Beschl. v. 9.5.2017 – 1/SVK/005-17, VPR 2018,1005.
[16] OLG Celle Beschl. v. 11.3.2004 – 13 Verg 3/04, ZfBR 2004, 602.
[17] OLG Düsseldorf Beschl. v. 6.5.2011 – Verg 26/11, BeckRS 2011, 18447.
[18] Kapellmann/Messerschmidt/*Frister* § 16b Rn. 18.
[19] OLG München Beschl. v. 5.10.2012 – Verg 15/12, BeckRS 2012, 21412.
[20] OLG München Beschl. v. 5.10.2012 – Verg 15/12, BeckRS 2012, 21412.
[21] Kapellmann/Messerschmidt/*Frister* § 16b Rn. 19.
[22] OLG Düsseldorf Beschl. v. 17.2.2016 – Verg 28/15, BeckRS 2016, 09777; OLG Düsseldorf Beschl. v. 2.12.2009 – VII Verg 39/09, BeckRS 2010, 04716.

ben zu verifizieren. Er darf seine Entscheidung auf eine methodisch vertretbar erarbeitete, befriedigende Erkenntnislage stützen und von einer Überprüfung der Eigenerklärungen absehen, wenn und soweit sich keine objektiv begründeten, konkreten Zweifel an der Richtigkeit ergeben.[23] Ergeben sich indes Zweifel, ist der Auftraggeber gehalten, diesen nachzugehen. Dies folgt zum einen aus § 122 Abs. 1 GWB und § 2 EU Abs. 3, wonach öffentliche Aufträge an fachkundige und leistungsfähige (geeignete) Unternehmen zu vergeben sind. Zum anderen folgt aus dem Gebot der Gleichbehandlung (§ 97 Abs. 2 GWB), dass der öffentliche Auftraggeber die Überprüfung eines Bieters auf seine Eignung auch im Interesse der anderen Bieter vornehmen muss.[24] Eine Ausschlussentscheidung, die ausschließlich auf ungeprüfte Gerüchte gestützt ist, ist dementsprechend vergaberechtswidrig.[25]

III. Reihenfolge der Prüfung und maßgeblicher Zeitpunkt

Im offenen Verfahren erfolgt die Prüfung der Eignung – bereits nach der Systematik – grundsätzlich vor der Angebotsprüfung. **§ 16b EU Abs. 2** erlaubt dem Auftraggeber jedoch, die Prüfung der Angebote vor der Eignungsprüfung nach Abs. 1 vorzunehmen. Die geänderte Prüfungsreihenfolge kann beispielsweise dann sinnvoll sein, wenn die Eignungsprüfung aufgrund einer Vielzahl vorzulegender Unterlagen sehr aufwendig ist. 8

Bei den zweistufigen Verfahren erfolgt die Eignungsprüfung im Rahmen des Teilnahmewettbewerbs und damit vor Aufforderung zur Angebotsabgabe. Zur Angebotsabgabe werden nur geeignete Unternehmen aufgefordert. Die Prüfung der Eignung der Bewerber im Rahmen des Teilnahmewettbewerbs wird in § 16b EU nicht geregelt. Gemäß § 16b EU Abs. 3 werden beim nicht offenen Verfahren, Verhandlungsverfahren, beim wettbewerblichen Dialog und bei einer Innovationspartnerschaft **nach abgeschlossenem Teilnahmewettbewerb und Aufforderung zur Angebotsabgabe** nur Umstände berücksichtigt, die Zweifel an der Eignung des Bieters begründen. Bei den vorgenannten Verfahren hat der Auftraggeber im Teilnahmewettbewerb bereits eine Auswahl getroffen, sodass nur noch solche Umstände zu berücksichtigen sind, die dem Auftraggeber nach Aufforderung zur Angebotsabgabe bekannt geworden oder neu entstanden sind und aus denen sich Zweifel an der Richtigkeit der Eignungsfeststellung ergeben.[26] Durch die Entscheidung des Auftraggebers wird ein **Vertrauenstatbestand** für die Bieter dahingehend begründet, dass sie nicht damit rechnen müssen, der ihnen durch die Erstellung der Angebote und Teilnahme am Wettbewerb entstandene Aufwand könnte dadurch nutzlos werden, dass der Auftraggeber die Eignung auf gleichbleibender Beurteilungsgrundlage abweichend beurteilt.[27] Auf eine veränderte Beurteilungsgrundlage muss der Auftraggeber hingegen reagieren können, weil Aufträge nach § 2 EU Abs. 3 nur an fachkundige und leistungsfähige (geeignete) Unternehmen zu vergeben sind. 9

Im offenen Verfahren ist der Auftraggeber dagegen an seine erste Beurteilung der Eignung eines Bieters nicht gebunden.[28] 10

§ 16c EU Prüfung

(1) ¹Die nicht ausgeschlossenen Angebote geeigneter Bieter sind auf die Einhaltung der gestellten Anforderungen, insbesondere in rechnerischer, technischer und wirtschaftlicher Hinsicht zu prüfen. ²Als Nachweis für die Erfüllung spezifischer umweltbezogener, sozialer oder sonstiger Merkmale der zu vergebenden Leistung sind Bescheinigungen, insbesondere Gütezeichen, Testberichte, Konformitätserklärungen und Zertifizierungen, welche die in § 7a EU genannten Bedingungen erfüllen, zugelassen.

---

[23] OLG Düsseldorf Beschl. v. 2.12.2009 – VII Verg 39/09, BeckRS 2010, 04716.
[24] OLG Düsseldorf Beschl. v. 2.12.2009 – VII Verg 39/09, BeckRS 2010, 04716.
[25] OLG Düsseldorf Beschl. v. 6.5.2011 – Verg 26/11, BeckRS 2011, 18447.
[26] Kapellmann/Messerschmidt/*Frister* Rn. 5.
[27] BGH Beschl. v. 7.1.2014 – X ZB 15/13, BeckRS 2014, 02188.
[28] BGH Beschl. v. 7.1.2014 – X ZB 15/13, BeckRS 2014, 02188: Im Gegensatz zu den zweistufigen Verfahren besteht beim offenen Verfahren keine entsprechende Regelung für den Schutz des Vertrauens der Bieter auf den Bestand der Beurteilung ihrer Eignung. Hat der Auftraggeber die Eignung indes zunächst bejaht und revidiert später seine Entscheidung, kann dies Anlass zu einer besonders kritischen Prüfung geben, ob diese Entscheidung die im Interesse eines verantwortungsvollen Einsatzes öffentlicher Mittel gebotene Korrektur einer Fehleinschätzung darstellt oder von sachfremden Erwägungen getragen sein könnte; aA OLG Frankfurt a. M. Beschl. v. 24.2.2009 – 11 Verg 19/08, ZfBR 2009, 394: Hat der Auftraggeber nach abgeschlossener Eignungsprüfung die Eignung des Bieters bejaht, kann er bei unveränderter Sachlage nicht mehr von seiner Entscheidung abweichen. An die Entscheidung ist der Auftraggeber somit gebunden, solange keine neuen Umstände auftreten, die Anlass für eine Korrektur geben.

(2)
1. Entspricht der Gesamtbetrag einer Ordnungszahl (Position) nicht dem Ergebnis der Multiplikation von Mengenansatz und Einheitspreis, so ist der Einheitspreis maßgebend.
2. Bei Vergabe für eine Pauschalsumme gilt diese ohne Rücksicht auf etwa angegebene Einzelpreise.

(3) Die aufgrund der Prüfung festgestellten Angebotsendsummen sind in der Niederschrift über den Öffnungstermin zu vermerken.

Übersicht

	Rn.			Rn.
I. Überblick	1	3.	Wirtschaftliche Prüfung	11
II. Sachliche Prüfung	2	4.	Nachweis für die Erfüllung spezifischer umweltbezogener, sozialer oder sonstiger Merkmale der zu vergebenden Leistung (Abs. 1 S. 2)	12
1. Rechnerische Prüfung	2			
a) Einheitspreisvertrag	3			
b) Pauschalpreisvertrag	8			
c) Kalkulationsirrtum	9			
2. Technische Prüfung	10	III.	Niederschrift	13

I. Überblick

1 § 16c EU regelt die sachliche Prüfung der Angebote insbesondere im Hinblick auf deren **rechnerische, technische und wirtschaftliche Richtigkeit.** Stellt der Auftraggeber spezifische umweltbezogene, soziale oder sonstige Anforderungen, ist auch deren Einhaltung zu prüfen. Die Prüfung solcher Angebote, die nicht zuvor nach §§ 16 EU und 16a EU ausgeschlossen wurden, dient der Vorbereitung der Angebotswertung nach § 16d EU. Die sachliche Prüfung gem. § 16c EU erfolgt somit, bevor in die Wertung der Angebote eingetreten wird (3. Prüfungsstufe). Erst die aufgrund der rechnerischen Prüfung festgestellten Angebotsendsummen stellen die für die Wertung der Angebote (§ 16d EU) maßgebenden verbindlichen Preise dar. Bei bestehenden Zweifeln, die sich aus Bietererklärungen ergeben, ist zur Feststellung des Angebotsinhalts an § 15 EU zu denken.

II. Sachliche Prüfung

2 **1. Rechnerische Prüfung.** Mit der rechnerischen Prüfung soll die korrekte Angebotssumme ermittelt werden. Der öffentliche Auftraggeber hat zu prüfen, ob die vom Bieter in das Angebot eingetragen Zahlen rechnerisch richtig sind. Stellt der Auftraggeber bei seiner Prüfung **Rechenfehler** – zB in Form von Additions- oder Multiplikationsfehlern fest – ist zu prüfen, wie er mit diesen umzugehen hat. Trotz bestehender Widersprüchlichkeit (Gewerkesumme und Gesamtpreis stimmen beispielsweise aufgrund eines Additionsfehlers nicht überein) führen Rechenfehler grundsätzlich nicht zum Ausschluss des Angebots.[1] Neben der in § 16c EU Abs. 1 normierten Pflicht zur rechnerischen Prüfung, enthält § 16c EU Abs. 2 eine Auslegungsregel für den Umgang mit **Rechenfehlern** im Angebot, wobei sich § 16c EU Abs. 2 Nr. 1 mit Einheitspreisangeboten und § 16c EU Abs. 2 Nr. 2 mit Pauschalangeboten befasst. Mithilfe dieser Auslegungsregel lassen sich Rechen- und Übertragungsfehler und somit widersprüchliche Preisangaben, die in der Praxis nicht selten auftreten, auflösen.

3 **a) Einheitspreisvertrag.** Entspricht der Gesamtbetrag einer Ordnungszahl (Position) nicht dem Ergebnis der Multiplikation von Mengenansatz und Einheitspreis, so ist nach § 16c EU Abs. 2 Nr. 1 der **Einheitspreis maßgebend.** Bei einem Einheitspreisvertrag wird die Vergütung nach § 2 Abs. 2 VOB/B nach den vertraglichen Einheitspreisen und den tatsächlich ausgeführten Leistungen berechnet. Der Einheitspreis ist Grundlage für die Berechnung des Positionspreises (Menge oder Vordersatz x Einheitspreis) und folglich Ausgangspunkt der Auslegung bei **Unstimmigkeiten** zwischen dem Positionspreis und dem Ergebnis der Multiplikation von Mengenansatz und Einheitspreis. § 16c EU Abs. 2 Nr. 1 enthält dabei **nur eine Korrekturregel** bei einem besonderen Rechenfehler, bei dem sonst nicht klar wäre, welcher Preis der maßgebliche sein soll.[2] Aus der ausdrücklichen Regelung des Umgangs mit diesem Rechenfehler folgt nicht, dass in anderen Fällen keine rechnerische Korrektur möglich ist.[3] § 16c EU Abs. 2 Nr. 1 regelt die Möglichkeit rechnerischer Korrekturen somit nicht

---

[1] Ingenstau/Korbion/*von Wietersheim* § 16c Rn. 3.
[2] VK Sachsen Beschl. v. 10.3.2015 – 1/SVK/044-14, VPR 2015, 205.
[3] VK Sachsen Beschl. v. 10.3.2015 – 1/SVK/044-14, VPR 2015, 205.

II. Sachliche Prüfung

abschließend. Auch Additionsfehler zB müssen im Rahmen der rechnerischen Prüfung korrigiert werden.

Da der Einheitspreis bei der Auslegung nach § 16c EU Abs. 2 Nr. 1 immer maßgeblich ist, stellt sich die Frage, wie mit **„falschen" und offensichtlich unzutreffenden Einheitspreisen** umzugehen ist. In Literatur und Rechtsprechung gibt es hierauf keine einheitliche Antwort. Fraglich ist, inwieweit die spezielle Auslegungsregel des § 16c EU Abs. 2 Nr. 1 noch Raum für eine darüber hinausgehende Anwendung des § 133 BGB lässt, wenn zwar einerseits der Einheitspreis maßgeblich bei Abweichungen, dieser aber offensichtlich falsch ist. Lässt man eine Korrektur über § 133 BGB nicht zu, wäre der Positionspreis ausgehend von dem falschen Einheitswert zu korrigieren.[4] Ein solcher Fehler kann darin liegen, dass der Einheitspreis aufgrund eines Schreibfehlers offensichtlich zu hoch oder zu niedrig angegeben wurde. Das ist Beispielsweise dann der Fall, wenn der Bieter für die Position Betonstabstahl statt einem Einheitspreis von 1.010,00 EUR/t einen Einheitspreis von 1,01 EUR/t angeboten hat. In Literatur und Rechtsprechung wird vertreten, dass eine Korrektur des Einheitspreises selbst bei offensichtlicher, sofort erkennbarer Fehlerhaftigkeit nicht möglich sein soll.[5] Da der Einheitspreis maßgeblich für eventuelle rechnerische Korrekturen ist, dürfe er unter keinen Umständen vom Auftraggeber verändert werden.[6] Einzig zulässige Korrekturen, welche der Auftraggeber bei der rechnerischen Bewertung der Angebote vornehmen kann, seien **Additions- und Multiplikationsfehler.**[7] Nur durch eine konsequente Anwendung von § 16c EU Abs. 2 Nr. 1 könne Manipulationsversuchen wirksam begegnet werden.[8] Sei der Einheitspreis falsch, müsse der Auftraggeber folglich ausgehend vom falschen Einheitspreis den Positionspreis berechnen. Damit verbleibt das Angebot in der Wertung und kann, sofern es nicht unangemessen niedrig oder hoch ist, den Zuschlag erhalten.[9] Im Rahmen der rechnerischen Prüfung nach § 16c EU Abs. 2 Nr. 1 scheidet eine Korrektur des Einheitspreises somit aus. Dies gilt für den Fall, dass der Gesamtbetrag einer Ordnungszahl (Position) nicht dem Ergebnis von Mengenansatz und Einheitspreis entspricht, da die Auslegungsregel des § 16c EU Abs. 2 Nr. 1 insoweit abschließend auf den Einheitspreis abstellt. Eine Korrektur im Rahmen der rechnerischen Prüfung scheidet auch dann aus, wenn der Gesamtbetrag der Position, ausgehend von dem falschen Einheitspreis, richtig berechnet wurde.[10] In diesem Fall ist der Anwendungsbereich des § 16c EU Abs. 2 Nr. 1 bereits nicht eröffnet, weil keine rechnerische Unstimmigkeit vorliegt. Bei der rechnerischen Prüfung der Angebote bleibt über die Auslegungsregel des § 16c EU Abs. 2 Nr. 1 hinaus kein Raum für eine Auslegung des Angebots nach § 133 BGB, da für Rechenfehler eine Korrekturregel vorgegeben ist. Daraus folgt aber kein grundsätzliches Verbot der Korrektur eines offensichtlich falschen Einheitspreises. § 16c EU Abs. 2 Nr. 1, der den Umgang mit Unstimmigkeiten als Ergebnis einer **Rechenoperation** regelt, lässt sich nicht entnehmen, dass eine Korrektur des Einheitspreises in jedem Fall ausgeschlossen ist.[11]

Nach der Rechtsprechung des OLG Düsseldorf kommt es bei der Frage der Korrektur eines versehentlich falsch angegebenen Preises entscheidend darauf an, ob es sich um eine zulässige nachträgliche Klarstellung des Angebotsinhalts oder eine unstatthafte nachträgliche Änderung des Angebotes handelt.[12] Die Grenze bildet das **Nachverhandlungsverbot.** Ergibt sich aus den Angebotsunterlagen bei Auslegung nach §§ 133, 157 BGB **zweifelsfrei,** dass ein ganz bestimmter Einheitspreis gewollt war, so sei die Korrektur einer offensichtlich preislichen Falschangabe möglich. Sobald Nachforschungen beim Bieter über das wirklich Gewollte erforderlich sind, sollen diese Voraussetzungen aber nicht vorliegen.[13] Das OLG Düsseldorf hat – zutreffend – das Vorliegen eines Ausschluss-

---

[4] Kapellmann/Messerschmidt/*Frister* § 16c Rn. 9.
[5] So VK Sachsen Beschl. v. 29.7.2002 -1/SVK/069-02, IBRRS 2002, 1035; VK Bund Beschl. v. 13.8.2007 – VK 1-86/07; OLG Saarland Beschl. v. 27.5.2009 – Verg 2/09, IBRRS 70500; grds. auch Kapellmann/Messerschmidt/*Frister* § 16c Rn. 10 f.
[6] VK Sachsen Beschl. v.29.7.2002 – 1/SVK/069-02, IBRRS 2002, 1035.
[7] So VK Sachsen Beschl. v. 29.7.2002 – 1/SVK/069-02, IBRRS 2002, 1035; VK Bund Beschl. v. 13.8.2007 – VK 1-86/07; OLG Saarland Beschl. v. 27.5.2009 – Verg 2/09, IBRRS 70500; VK Hessen Beschl. v. 18.3.2002 – 69d-VK§/2002, IBRRS 2002, 1035.
[8] VK Bund Beschl. v. 13.8.2007 – VK 1-86/07; Kapellmann/Messerschmidt/*Frister* § 16c Rn. 10 f.
[9] OLG Saarland Beschl. v. 27.5.2009 – Verg 2/09, IBRRS 70500.
[10] VK Sachsen Beschl. v. 29.7.2002 – 1/SVK/069-02, IBRRS 2002, 1035; VK Hessen Beschl. v. 18.3.2002 – 69d-VK§/2002, IBRRS 2002, 1035.
[11] So auch Ingenstau/Korbion/*von Wietersheim* § 16c Rn. 4.
[12] OLG Düsseldorf Beschl. v. 16.3.2016 – Verg 48/15, BeckRS 2016, 09166.
[13] OLG Düsseldorf Beschl. v. 16.3.2016 – Verg 48/15, BeckRS 2016, 09166: Der Einheitspreis lässt sich durch Auslegung nicht zweifelsfrei feststellen, wenn der Bieter auf einen Vergleich mit für andere Positionen angebotene Einheitspreise verweist, wenn diese nicht bereits von der Leistungsbeschreibung her identisch sind. Dies gilt erst recht, wenn der Bieter bei diesen Positionen jeweils unterschiedliche Preise kalkuliert hat. Ein Vergleich mit den Einheitspreisen der anderen Positionen ergibt folglich nur, dass der streitige Preis deutlich nach unten abweicht und wahrscheinlich falsch ist. Welcher Preis angeboten werden sollte, ergibt sich indes nicht.

grundes nach § 16 EG Abs. 1 Nr. 1 lit. c aF geprüft, weil der vom Bieter eingetragene Einheitspreis mit 1,01 EUR/t, statt den kalkulierten 1.010,00 EUR/t, unzutreffend war.

6   Richtigerweise ist die Frage der Möglichkeit der **Korrektur unzutreffender Preisangaben** somit bei der Prüfung des § 16a EU Abs. 2 zu stellen. Hat ein Bieter – für den Auftraggeber erkennbar – versehentlich einen falschen Einheitspreis angeboten, weil er seiner Kalkulation nicht entspricht, so ist im Rahmen der § 16a EU Abs. 2, § 13 EU Abs. 1 Nr. 3 zu prüfen, ob das Angebot auszuschließen ist. Ein Angebot kann nur dann gewertet werden, wenn jeder in der Leistungsbeschreibung vorgesehene Preis so wie gefordert vollständig mit dem Betrag angegeben wird, der für die betreffende Leistung tatsächlich beansprucht wird.[14] Zutreffend führt das OLG Düsseldorf aus, dass eine Korrektur jedenfalls dann möglich ist, wenn sich den Angebotsunterlagen zweifelsfrei entnehmen lässt, dass ein bestimmter Einheitspreis gewollt war. Sinn des Vergabeverfahrens ist es, das wirtschaftlichste Angebot zu wählen.[15] Außerdem sieht die VOB/A bei offensichtlichen Rechenfehlern eine Korrekturmöglichkeit vor, weil eine Manipulation durch den Auftraggeber ausgeschlossen ist. Dies gilt gleichermaßen für andere offensichtliche Eintragungsfehler. Der gewollte Einheitspreis ergibt sich beispielsweise zweifelsfrei aus den Angebotsunterlagen, wenn der Auftraggeber (bei Ausschreibung eines Wärmelieferungsvertrages) in verschiedenen Formblättern die gleichen Preise, einmal allerdings in Euro/MWh und einmal in Euro/kWh, abfragt und der Bieter in allen Formularen jeweils identische Preise angibt und sich somit offensichtlich bei Abfrage der Werte für Euro/kWh um drei Dezimalstellen vertan hat.[16] Der für eine Kilowattstunde angegebene Preis ist in diesem Fall 1000-fach überhöht. Aufgrund der richtigen Eintragung des Preises in den entsprechenden Formblättern an anderen Stellen des Angebots, lässt sich der tatsächliche Wille anhand objektiver Kriterien feststellen. Etwas anderes würde dann gelten, wenn sich dem Angebot nicht entnehmen lässt, welcher Preis tatsächlich angeboten werden sollte, weil der tatsächlich gewollte Preis an keiner Stelle im Angebot eingetragen wurde. In diesem Fall gibt es keinen Anhaltspunkt dafür, welcher Preis tatsächlich angeboten werden soll.[17] Dem Bieter steht es insbesondere frei, einen Preis anzubieten, der deutlich unter dem üblichen Marktpreis liegt.

7   Weicht das vom Bieter Gewollte und somit auch Kalkulierte beispielsweise aufgrund eines Eingabe- oder Softwarefehlers vom tatsächlich Erklärten ab, liegt auf Seiten des Bieters auch ein **Erklärungsirrtum** vor, der nach § 119 Abs. 1 BGB zur Anfechtung berechtigt. Der Bieter kann sich innerhalb der Frist des § 121 BGB von seiner Erklärung lösen. Bei Vorliegen eines Erklärungsirrtums ist das Angebot nach § 16 EU Nr. 3 auch auszuschließen, weil der Angebotspreis aufgrund der Anfechtbarkeit der Willenserklärung noch nicht endgültig feststeht.[18] Ein anfechtbarer Erklärungsirrtum liegt zB bei einem Schreibfehler vor. Dies gilt auch dann, wenn der Bieter noch im laufenden Vergabeverfahren auf die Anfechtung verzichtet, da es sich um einen nachträglichen Willensentschluss des Bieters handelt und er es folglich in der Hand hätte, seine Position durch eine Erklärung nach Angebotsabgabe zu beeinflussen.[19]

8   **b) Pauschalpreisvertrag.** Bei Vergabe für eine Pauschalsumme gilt diese gem. § 16c EU Abs. 2 Nr. 2 ohne Rücksicht auf etwa angegebene Einzelpreise. Bei einem Pauschalpreisvertrag wird die **gesamte Bauleistung** mit einem Pauschalpreis vergütet. Für den Auftraggeber lässt sich grundsätzlich nicht ermitteln, wie der Bieter den Pauschalpreis festgelegt hat. Eine Überprüfung anhand der Einzelpreise findet folglich nicht statt.

9   **c) Kalkulationsirrtum.** Unterläuft dem Bieter bei der Kalkulation ein Fehler, in dem er beispielsweise bei der Berechnung des Einheitspreises statt der Abrechnungseinheit „Tonne" die Abrechnungseinheit „m2" und als Massenansatz 150 kg/m2 zugrunde legt, so berechtigt dieser zunächst nicht zur Anfechtung nach § 119 Abs. 1 BGB. Hier weicht die Erklärung des Bieters nicht von seiner Kalkulation ab. Die Erteilung des Zuschlags auf ein von einem Kalkulationsirrtum beeinflusstes Angebot kann aber einen Verstoß gegen die Pflicht zur Rücksichtnahme gem. § 241 Abs. 2 BGB auf die Interessen des betreffenden Bieters darstellen. Die Schwelle zu einem solchen Pflichtenverstoß ist überschritten, wenn dem Bieter aus Sicht eines verständigen öffentlichen Auftraggebers bei wirtschaftlicher Betrachtung schlechterdings nicht mehr angesonnen werden kann, sich mit dem irrig kalkulierten Preis als einer auch nur annähernd äquivalenten Gegenleistung für die zu erbringende Bau-, Liefer- oder Dienstleistung zu begnügen.[20]

---

[14] BGH Urt. v. 24.5.2005 – X ZR 243/02, ZfBR 2005, 703.
[15] OLG München Beschl. v. 29.7.2010 – Verg 9/10, BauR 2011, 309.
[16] OLG München Beschl. v. 29.7.2010 – Verg 9/10, BauR 2011, 309.
[17] OLG Düsseldorf Beschl. v. 16.3.2016 – Verg 48/15, BeckRS 2016, 09166; OLG Karlsruhe Beschl. v. 11.11.2011 – 15 Verg 11/11, BeckRS 2014, 14634.
[18] OLG Karlsruhe Beschl. v. 11.11.2011 – 15 Verg 11/11, BeckRS 2014, 14634.
[19] Zutreffend OLG Karlsruhe Beschl. v. 11.11.2011 – 15 Verg 11/11, BeckRS 2014, 14634.
[20] BGH Urt. v. 11.11.2014 – X ZR 32/14, NJW 2015, 1513.

2. Technische Prüfung. Gegenstand der technischen Prüfung ist die Erfüllung der in der **10** Leistungsbeschreibung gestellten technischen Anforderungen. Ein Angebot, welches die technischen Anforderungen nicht erfüllt, ist auszuschließen. Die Prüfung hat nach den Grundsätzen der **allgemein anerkannten Regeln der Technik,** ggf. unter Hinzuziehung eines Sachverständigen, zu erfolgen.[21] Die technische Prüfung ist nach VHB 2017 (Stand 2019, Richtlinien zu 321, 3.2.) wie folgt durchzuführen:

„3.2. Technische Prüfung der Angebote
Es ist zu prüfen, ob das Angebot die in der Leistungsbeschreibung gestellten technischen Anforderungen – insbesondere mit den angebotenen Produkten und Verfahren – erfüllt.
Der Nachweis, dass eine angebotene Leistung den geforderten Merkmalen entspricht, kann durch geeignete Bescheinigungen wie die Vorlage eines Prüfberichts, eines Testberichts oder eines Zertifikates einer akkreditierten Konformitätsbewertungsstelle vom Bieter geführt werden.
Konformitätsbewertungsstellen bescheinigen die Übereinstimmung eines Produktes (Konformität) mit den festgelegten Anforderungen, zB CE-Kennzeichnungen oder GS-Zeichen.
Bekannte private Konformitätsbewertungsstellen in Deutschland sind zB die Technischen Überwachungsvereine (TÜV) und der Deutsche Kraftfahrzeug-Überwachungsverein (DEKRA).
Staatliche Stellen sind zB die Physikalisch-Technische Bundesanstalt (PTB) und die Bundesanstalt für Materialforschung und -prüfung (BAM).
Angebote über Leistungen mit von der Leistungsbeschreibung abweichenden Spezifikationen sind als Hauptangebot daraufhin zu prüfen, ob sie mit dem geforderten Schutzniveau in Bezug auf Sicherheit, Gesundheit und Gebrauchstauglichkeit gleichwertig sind und die Gleichwertigkeit zB durch die Vorlage von Zertifikaten einer akkreditierten Konformitätsbewertungsstelle nachgewiesen ist.
Sofern die Vorlage von bestimmten Gütezeichen gefordert ist und der Bieter sich erfolgreich darauf beruft, dass er keine Möglichkeit hatte, diese vorzulegen, ist zu prüfen, ob die Erfüllung der gestellten Anforderungen in anderer Weise nachgewiesen ist.
Bei Vergabeverfahren nach dem 2. Abschnitt ist außerdem die Erfüllung spezifischer umweltbezogener, sozialer oder sonstiger Merkmale zu prüfen.
Bei Nebenangeboten ist zu prüfen, ob der angebotene Leistungsinhalt qualitativ und quantitativ den Anforderungen der Leistungsbeschreibung entspricht bzw. in EU-Verfahren die Mindestanforderungen erfüllt.
Angebote, die den gestellten Anforderungen nicht genügen, sind auszuschließen."

3. Wirtschaftliche Prüfung. Nach § 127 Abs. 1 S. 1 GWB ist der Zuschlag auf das wirtschaft- **11** lichste Angebot zu erteilen, wobei sich das wirtschaftlichste Angebot nach dem besten **Preis-Leistungs-Verhältnis** bestimmt (§ 127 Abs. 1 S. 3 GWB). Ins Verhältnis gesetzt werden demnach die Mittel (Preis und Kosten), die der Auftraggeber zur Umsetzung des konkreten Beschaffungsvorhabens einsetzen möchte und der mit der Ausschreibung verfolgte Zweck.[22] Die Prüfung der Wirtschaftlichkeit der Angebote dient der Feststellung, ob die Angebote – auch die Nebenangebote – in Bezug auf die zu vergebende Leistung sachgerecht erstellt worden sind.[23] Zu prüfen ist, zumindest überschlägig, ob die im Angebot enthaltenen Preise und Kosten mit Blick auf die ausgeschriebene Leistung angemessen sind.[24] Dabei sind beispielhaft mögliche Vorteile bei Nebenangeboten,[25] Hinweise auf eine Mischkalkulation, Spekulationspreise sowie Auswirkungen von Alternativ- und Eventualpositionen,[26] Preisnachlässe und Skontoangebote, Preise, die in einem auffälligen Missverhältnis zur Bauleistung stehen,[27] usw. einzubeziehen. Der Auftraggeber kann bei der wirtschaftlichen Prüfung der Angebote, wie bei der technischen Prüfung, einen Sachverständigen mit einbeziehen.

4. Nachweis für die Erfüllung spezifischer umweltbezogener, sozialer oder sonstiger **12**
Merkmale der zu vergebenden Leistung (Abs. 1 S. 2). Der Auftraggeber kann spezifische umweltbezogene, soziale oder sonstige Anforderungen stellen. Nach § 97 Abs. 3 GWB werden bei der Vergabe auch Aspekte der Qualität und der Innovation sowie soziale und umweltbezogene Aspekte berücksichtigt. Stellt der Auftraggeber entsprechende Anforderungen, ist auch deren Einhaltung nach § 16c EU zu prüfen. § 16c EU Abs. 1 S. 2 betrifft dabei die Nachweisführung der Bieter. Konkret ist geregelt, dass als Nachweise für die Erfüllung spezifischer umweltbezogener, sozialer oder sonstiger Merkmale der zu vergebenden Leistung Bescheinigungen, insbesondere Gütezeichen, Testberichte, Konformitätserklärungen und Zertifizierungen, welche die in § 7a EU genannten

---
[21] Kapellmann/Messerschmidt/*Frister* § 16c Rn. 13; Ingenstau/Korbion/*von Wietersheim* § 16c Rn. 12.
[22] *Wiedemann* in KKPP GWB § 127 Rn. 24.
[23] VHB 2017 Stand 2019 Formblatt 321 Ziff. 3.3.
[24] Ingenstau/Korbion/*von Wietersheim* § 16c Rn. 15.
[25] VHB 2017 Stand 2019 Formblatt 321 Ziff. 3.3.
[26] Kapellmann/Messerschmidt/*Frister* § 16c Rn. 17; Ingenstau/Korbion/*von Wietersheim* § 16c Rn. 15.
[27] VHB 2017 Stand 2019 Formblatt 321 Ziff. 3.3.

Bedingungen erfüllen, zugelassen sind. Hinsichtlich der zu erfüllenden Bedingungen ist auf die Kommentierung zu § 7a EU (→ § 7a EU Rn. 1 ff.) zu verweisen.

III. Niederschrift

13 Gemäß § 16c EU Abs. 3 sind die aufgrund der Prüfung festgestellten **Angebotsendsummen** in der Niederschrift über den Öffnungstermin zu vermerken. Es handelt sich dabei um eine nachträgliche Eintragung in die Niederschrift, da der Öffnungstermin bereits abgeschlossen ist. Die Niederschrift muss nach § 14 EU Abs. 3 Nr. 1 lit. b ua die Endbeträge der Angebote oder einzelner Lose enthalten. Hierbei handelt es sich um die noch ungeprüften Endbeträge. Die geprüften und ggf. korrigierten Endbeträge müssen getrennt ausgewiesen werden, um Unterschiede transparent nachvollziehen zu können. Den Bietern ist nach § 14 EU Abs. 6 S. 2 die Einsicht in die Niederschrift und ihre Nachträge zu gestatten.

§ 16d EU Wertung

(1)
1. ¹Auf ein Angebot mit einem unangemessen hohen oder niedrigen Preis oder mit unangemessen hohen oder niedrigen Kosten darf der Zuschlag nicht erteilt werden. ²Insbesondere lehnt der öffentliche Auftraggeber ein Angebot ab, das unangemessen niedrig ist, weil es den geltenden umwelt-, sozial- und arbeitsrechtlichen Anforderungen nicht genügt.
2. ¹Erscheint ein Angebotspreis unangemessen niedrig und ist anhand vorliegender Unterlagen über die Preisermittlung die Angemessenheit nicht zu beurteilen, ist vor Ablehnung des Angebots vom Bieter in Textform Aufklärung über die Ermittlung der Preise oder Kosten für die Gesamtleistung oder für Teilleistungen zu verlangen, gegebenenfalls unter Festlegung einer zumutbaren Antwortfrist. ²Bei der Beurteilung der Angemessenheit prüft der öffentliche Auftraggeber – in Rücksprache mit dem Bieter – die betreffende Zusammensetzung und berücksichtigt dabei die gelieferten Nachweise.
3. ¹Sind Angebote auf Grund einer staatlichen Beihilfe ungewöhnlich niedrig, ist dies nur dann ein Grund sie zurückzuweisen, wenn der Bieter nicht nachweisen kann, dass die betreffende Beihilfe rechtmäßig gewährt wurde. ²Für diesen Nachweis hat der öffentliche Auftraggeber dem Bieter eine ausreichende Frist zu gewähren. ³Öffentliche Auftraggeber, die trotz entsprechender Nachweise des Bieters ein Angebot zurückweisen, müssen die Kommission der Europäischen Union darüber unterrichten.
4. In die engere Wahl kommen nur solche Angebote, die unter Berücksichtigung rationellen Baubetriebs und sparsamer Wirtschaftsführung eine einwandfreie Ausführung einschließlich Haftung für Mängelansprüche erwarten lassen.

(2)
1. ¹Der Zuschlag wird auf das wirtschaftlichste Angebot erteilt. ²Grundlage dafür ist eine Bewertung des öffentlichen Auftraggebers, ob und inwieweit das Angebot die vorgegebenen Zuschlagskriterien erfüllt. ³Das wirtschaftlichste Angebot bestimmt sich nach dem besten Preis-Leistungs-Verhältnis. ⁴Zu dessen Ermittlung können neben dem Preis oder den Kosten auch qualitative, umweltbezogene oder soziale Aspekte berücksichtigt werden.
2. ¹Es dürfen nur Zuschlagskriterien und deren Gewichtung berücksichtigt werden, die in der Auftragsbekanntmachung oder in den Vergabeunterlagen genannt sind.
²Zuschlagskriterien können insbesondere sein:
   a) Qualität einschließlich technischer Wert, Ästhetik, Zweckmäßigkeit, Zugänglichkeit, „Design für alle", soziale, umweltbezogene und innovative Eigenschaften;
   b) Organisation, Qualifikation und Erfahrung des mit der Ausführung des Auftrags betrauten Personals, wenn die Qualität des eingesetzten Personals erheblichen Einfluss auf das Niveau der Auftragsausführung haben kann, oder
   c) Kundendienst und technische Hilfe sowie Ausführungsfrist.
³Die Zuschlagskriterien müssen mit dem Auftragsgegenstand in Verbindung stehen. ⁴Zuschlagskriterien stehen mit dem Auftragsgegenstand in Verbindung, wenn sie sich in irgendeiner Hinsicht und in irgendeinem Lebenszyklus-Stadium auf diesen beziehen, auch wenn derartige Faktoren sich nicht auf die materiellen Eigenschaften des Auftragsgegenstandes auswirken.
3. Die Zuschlagskriterien müssen so festgelegt und bestimmt sein, dass die Möglichkeit eines wirksamen Wettbewerbs gewährleistet wird, der Zuschlag nicht willkürlich erteilt

werden kann und eine wirksame Überprüfung möglich ist, ob und inwieweit die Angebote die Zuschlagskriterien erfüllen.
4. Es können auch Festpreise oder Festkosten vorgegeben werden, sodass der Wettbewerb nur über die Qualität stattfindet.
5. Die Lebenszykluskostenrechnung umfasst die folgenden Kosten ganz oder teilweise:
   a) von dem öffentlichen Auftraggeber oder anderen Nutzern getragene Kosten, insbesondere Anschaffungskosten, Nutzungskosten, Wartungskosten, sowie Kosten am Ende der Nutzungsdauer (wie Abholungs- und Recyclingkosten);
   b) Kosten, die durch die externen Effekte der Umweltbelastung entstehen, die mit der Leistung während ihres Lebenszyklus in Verbindung stehen, sofern ihr Geldwert bestimmt und geprüft werden kann; solche Kosten können Kosten der Emission von Treibhausgasen und anderen Schadstoffen sowie sonstige Kosten für die Eindämmung des Klimawandels umfassen.
6. [1]Bewertet der öffentliche Auftraggeber den Lebenszykluskostenansatz, hat er in der Auftragsbekanntmachung oder in den Vergabeunterlagen die vom Unternehmer bereitzustellenden Daten und die Methode zur Ermittlung der Lebenszykluskosten zu benennen. [2]Die Methode zur Bewertung der externen Umweltkosten muss
   a) auf objektiv nachprüfbaren und nichtdiskriminierenden Kriterien beruhen,
   b) für alle interessierten Parteien zugänglich sein und
   c) gewährleisten, dass sich die geforderten Daten von den Unternehmen mit vertretbarem Aufwand bereitstellen lassen.
7. Für den Fall, dass eine gemeinsame Methode zur Berechnung der Lebenszykluskosten durch einen Rechtsakt der Europäischen Union verbindlich vorgeschrieben wird, findet diese gemeinsame Methode bei der Bewertung der Lebenszykluskosten Anwendung.

(3) Ein Angebot nach § 13 EU Absatz 2 ist wie ein Hauptangebot zu werten.

(4) [1]Preisnachlässe ohne Bedingung sind nicht zu werten, wenn sie nicht an der vom öffentlichen Auftraggeber nach § 13 EU Absatz 4 bezeichneten Stelle aufgeführt sind. [2]Unaufgefordert angebotene Preisnachlässe mit Bedingungen für die Zahlungsfrist (Skonti) werden bei der Wertung der Angebote nicht berücksichtigt.

(5) [1]Die Bestimmungen der Absätze 1 und 2 sowie der §§ 16b EU, 16c EU Absatz 2 gelten auch bei Verhandlungsverfahren, wettbewerblichen Dialogen und Innovationspartnerschaften. [2]Die Absätze 3 und 4 sowie §§ 16 EU, 16c EU Absatz 1 sind entsprechend auch bei Verhandlungsverfahren, wettbewerblichen Dialogen und Innovationspartnerschaften anzuwenden.

Schrifttum: *Bartsch/von Gehlen,* Keine zutreffende Ermittlung des besten Preis-Leistungs-Verhältnisses mit Interpolationsformeln, NZBau 2015, 523; *Bartsch/von Gehlen/Hirsch,* Mit Preisgewichtung vorbei am wirtschaftlichsten Angebot, NZBau 2012, 393; *Braun/Kappenmann,* Die Bestimmung des wirtschaftlichsten Bieters nach den Zuschlagskriterien der RL 2004/18/EG, NZBau 2006, 544; *Brieskorn/Stamm,* Die vergaberechtliche Wertung von Angeboten mit negativen Preisen, NZBau 2013, 347; *Burgi,* Vergabefremde Zwecke und Verfassungsrecht, NZBau 2001, 64; *Burgi,* Die Förderung sozialer und technischer Innovationen durch das Vergaberecht, NZBau 2011, 577; *Conrad,* Der Anspruch des Bieters auf den Ausschluss ungewöhnlich niedriger Konkurrenzangebote nach neuem Vergaberecht, ZfBR 2017, 40; *Delcuvé,* Schulbenotung von Angeboten – Roma locuta, causa finita? NZBau 2017, 646; *Freise,* Berücksichtigung von Eignungsmerkmalen bei der Ermittlung des wirtschaftlichsten Angebots?, NZBau 2009, 225; *Gabriel,* Die vergaberechtliche Preisprüfung auf dritter Angebotswertungsstufe und die (Un-)Zulässigkeit von sog. Unterkostenangeboten, VergabeR 2013, 300; *Gaus,* Abschaffung der Schulnoten in der Angebotswertung? NZBau 2017, 134; *Hattenhauer/Butzert,* Die Etablierung ökologischer, sozialer, innovativer und qualitativer Aspekte im Vergabeverfahren, ZfBR 2017, 129; *Hölzl,* Volle Überprüfbarkeit ungewöhnlich niedriger Angebote, NZBau 2018, 18; *Hölzl/Friton,* Entweder – Oder: Eignungs- sind keine Zuschlagskriterien, NZBau 2008, 307; *Lausen,* Angebote mit unangemessen niedrigen Preisen, NZBau 2018, 585; *Müller-Wrede,* Die Wertung von Unterpreisangeboten – Das Ende einer Legende, VergabeR 2011, 46; *Otting,* Eignungs- und Zuschlagskriterien im neuen Vergaberecht, VergabeR 2016, 316.

Übersicht

	Rn.		Rn.
I. Überblick	1	3. Prüfung des Preis-/Leistungsverhältnisses	4
II. Preisprüfung	2	4. Unangemessen hoher Preis	7
1. Grundsatz	2	5. Aufgreifschwelle bei unangemessen niedrigem Angebotspreis	9
2. Schutzzweck	3		

		Rn.			Rn.
6.	Aufklärung bei unangemessen niedrigem Angebotspreis	10	h)	Organisation, Qualifikation und Erfahrung des mit der Ausführung des Auftrags betrauten Personals	39
7.	Ungewöhnlich niedriger Angebotspreis aufgrund einer staatlichen Beihilfe (Abs. 1 Nr. 3)	15	i)	Kundendienst und technische Hilfe sowie Ausführungsfrist	41
			j)	Rentabilität	43
8.	Engere Wahl (Abs. 1 Nr. 4)	19	4.	Verbindung zum Auftragsgegenstand	44
III.	**Ermittlung des wirtschaftlichsten Angebots (Abs. 2)**	20	5.	Weitere Transparenzanforderungen (Nr. 3)	46
1.	Grundsatz und unionsrechtlicher Hintergrund (Nr. 1)	20	6.	Vorgabe von Festpreisen oder -kosten (Nr. 4)	47
2.	Bekanntgabe der Zuschlagskriterien (Nr. 2)	23	7.	Lebenszykluskosten (Nr. 5–7)	49
			IV.	**Wertung von Angeboten mit abweichenden technischen Spezifikationen nach § 13 EU Abs. 2**	55
3.	Zulässige Zuschlags- bzw. Unterkriterien	27	**V.**	**Wertung von Nebenangeboten**	58
	a) Zuschlagskriterium Preis	30	1.	Grundsatz	58
	b) Kosten	32	2.	Mindestanforderungen	60
	c) Qualität	33	3.	Gleichwertigkeitsprüfung	63
	d) Ästhetik	34	**VI.**	**Wertung von Preisnachlässen**	64
	e) Zweckmäßigkeit	35	**VII.**	**Geltung bei bestimmten Verfahrensarten**	66
	f) Zugänglichkeit und „Design für alle"	36			
	g) Soziale, umweltbezogene und innovative Eigenschaften	38			

I. Überblick

1   16d EU entspricht dem früheren § 16 EG Abs. 6–11. Regelungsgegenstand ist die **Wertung** derjenigen Angebote, die nicht nach den §§ 16 EU, 16a EU S. 4 auszuschließen sind und bei denen die Eignungsprüfung zugunsten der jeweiligen Bieter ausgefallen ist. Während § 16c EU die sachliche Angebotsprüfung in eher „handwerklicher" Hinsicht ausgestaltet, geht § 16d EU **weit über eine bloße Verfahrensanweisung hinaus.** Die Vorschrift befasst sich zunächst in Abs. 1 mit der **Preisprüfung**, einschließlich umfangreicher Vorgaben zur Behandlung von Angeboten mit unangemessen hohen oder niedrigen Preisen. Abs. 2 stellt gegenüber § 16 EG zum Teil eine Neuerung dar: In teilweiser Doppelung zu § 127 GWB, der zentralen Vorschrift im Zusammenhang mit der Zuschlagserteilung, wird nicht nur **die Zuschlagserteilung auf das wirtschaftlichste Angebot auf Basis der Zuschlagskriterien** als Ziel und Zweck des Wertungsvorgangs in den Vordergrund gerückt. Abs. 2 stellt darüber hinaus umfassende **Anforderungen** an die **Auswahl, Gestaltung und Bekanntgabe der Zuschlagskriterien.** § 16d EU betrifft damit den „entscheidenden Kern" der Angebotswertung und ist zugleich, zusammen mit den die Eignung betreffenden §§ 6 EU–6f EU eine der zentralen Vorschriften des materiellen Vergaberechts.[1] Die Abs. 3–5 regeln abschließend Einzelfragen zur Behandlung von Angeboten, die in den **technischen Spezifikationen** von der Leistungsbeschreibung abweichen, zur Wertung von Preisnachlässen sowie zur **Anwendbarkeit** der §§ 16 EU–16d EU auf die besonderen Verfahrensarten des **Verhandlungsverfahrens,** des **wettbewerblichen Dialogs** und der **Innovationspartnerschaft.**

II. Preisprüfung

2   **1. Grundsatz.** Nach § 16d EU Abs. 1 Nr. 1 darf auf ein Angebot mit einem **unangemessen hohen oder niedrigen Preis oder mit unangemessen hohen oder niedrigen Kosten** der Zuschlag nicht erteilt werden. Insbesondere hat der Auftraggeber ein Angebot abzulehnen, das unangemessen niedrig ist, weil es den geltenden umwelt-, sozial- und arbeitsrechtlichen Anforderungen nicht genügt. Lässt sich anhand der vorliegenden Unterlagen über die Preisermittlung die Angemessenheit nicht beurteilen und erscheint ein Angebotspreis unangemessen niedrig, ist vor Ablehnung des Angebots vom Bieter in Textform **Aufklärung** über die Ermittlung der Preise und Kosten für die Gesamtleistung oder für Teilleistungen zu verlangen (§ 16d EU Abs. 1 Nr. 2). Ein Angebotsausschluss ist bei Angeboten mit einem unangemessen niedrigen Preis somit erst nach erfolgter Aufklärung möglich. § 16d EU Abs. 1 knüpft an die Regelung in Art. 69 RL 2014/24/EU zur Behandlung ungewöhnlich niedriger Angebote an. Der Begriff der Kosten umfasst, in

---

[1] Ingenstau/Korbion/*von Wietersheim* § 16d Rn. 1; → GWB § 127 Rn. 4.

Abgrenzung zum Preis, der das unmittelbar für eine Leistung zu entrichtende Entgelt bezeichnet, dabei sowohl die beim Auftraggeber anfallenden Kosten (bspw. finanzieller Aufwand für Betrieb und Wartung der Leistung) als auch die nicht unmittelbar dem Auftraggeber entstehenden Kosten, zB in Gestalt von Kosten für Umweltbelastungen.[2] Art. 67 Abs. 2 RL 2014/24/EU sieht ausdrücklich eine Bewertung der Kosten neben dem Preis oder an seiner Stelle vor. In Erwägungsgrund 92 RL 2014/24/EU heißt es dazu, dass den qualitativen Kriterien ein Kostenkriterium an die Seite gestellt werden soll, das – je nach Wahl des öffentlichen Auftraggebers – entweder der Preis oder ein Kosten-Wirksamkeits-Ansatz wie der Lebenszyklus-Kostenansatz sein könnte.

2. Schutzzweck. § 16d EU Abs. 1 dient in erster Linie dem **Schutz des Auftraggebers,** der bei Zuschlagserteilung auf ein Angebot mit einem unangemessen niedrigen Preis Gefahr läuft, dass der Bieter die Leistung entweder **qualitativ schlecht** ausführt oder aber in **unberechtigte Nachforderungen** auszuweichen versucht.[3] Leistungen, die zu einem unangemessen niedrigen Preis angeboten werden, bergen das Risiko einer im Ergebnis unwirtschaftlichen Beschaffung.[4] Der Auftraggeber ist aber grundsätzlich nicht daran gehindert, einem niedrigen, nicht kostendeckenden Angebot den Zuschlag zu erteilen, da es nicht seine Sache ist dafür zu sorgen, dass der Auftragnehmer in jeder Hinsicht kostendeckende Aufträge erhält.[5] Der BGH hat allerdings in seiner Entscheidung vom 31.1.2017 dargelegt, dass die Vorschrift des § 16d EU Abs. 1 auch **drittschützend** ist, weil die Zuschlagserteilung auf ein Angebot mit einem unangemessen niedrigen Preis zu einer Auftragserteilung unter Verstoß gegen den Wettbewerbsgrundsatz konkretisierende Regelungen führt.[6] Folglich haben Mitbewerber einen Anspruch darauf, dass der Auftraggeber in die Prüfung gem. § 16d EU Abs. 1 Nr. 2 einsteigt, sofern der Angebotspreis eines Mitbewerbers unangemessen niedrig erscheint. Ferner besteht ein Anspruch darauf, dass ein Angebot mit einem unangemessen niedrigen Preis nicht bezuschlagt wird, sodass von einem umfassenden Drittschutz auszugehen ist.[7] Sowohl die Entscheidung des Auftraggebers ein Angebot vom Vergabeverfahren auszuschließen, als auch die Entscheidung von einem solchen Ausschluss abzusehen, beeinflusst die **Position der Mitbewerber.** Nach der Rechtsprechung des EuGH soll durch die Preisprüfung, insbesondere die Aufklärung von Angeboten mit einem unangemessen niedrigen Angebotspreis und die damit verbundene Möglichkeit des Bieters, den Nachweis der Seriosität seines Angebotes zu erbringen, eine willkürliche Entscheidung des Auftraggebers verhindert und ein gesunder Wettbewerb zwischen den Unternehmen gewährleistet werden.[8] Ist der Schutzzweck der Preisprüfung nach § 16d EU Abs. 1 aber auch in der Gewährleistung eines gesunden Wettbewerbs zu sehen, so ist es nur konsequent von einem generellen Drittschutz dieser Regelung auszugehen.[9]

3. Prüfung des Preis-/Leistungsverhältnisses. Bei der Beurteilung der Unangemessenheit eines Preises oder der Kosten sind als Anhaltspunkt neben dem üblichen Marktpreis[10] oder Erfahrungswerten des Auftraggebers aus früheren Beschaffungen,[11] die vertretbare Kostenschätzung des Auftraggebers sowie die Angebotssummen der anderen Bieter[12] heranzuziehen. Von einem unange-

---

[2] Kapellmann/Messerschmidt/*Frister* § 16d Rn. 5; Ingenstau/Korbion/*von Wietersheim* Rn. 2.
[3] VK Südbayern Beschl. v. 10.2.2006 – 57-12/05, IBRRS 2006, 4078.
[4] BGH Beschl. v. 31.1.2017 – X ZB 10/16, NZBau 2017, 230.
[5] OLG Düsseldorf Beschl. v. 29.9.2008 – Verg 50/08, BeckRS 2009, 4982.
[6] BGH Beschl. v. 31.1.2017 – X ZB 10/16, NZBau 2017, 230; so auch: VK Lüneburg Beschl. v. 13.7.2017 – VgK-17/2017, IBRRS 2017, 3401; VK Bund Beschl. v. 12.1.2018 – VK 2-148/17, IBRRS 2018, 0727.
[7] Ziekow/Völlink/*Steck* Rn. 6; *Hölzl* NZBau 2018, 18 (22). Zur Rechtslage vor Bekanntwerden von BGH Beschl. v. 31.1.2017 – X ZB 10/16 vgl. *Conrad* ZfBR 2017, 40.
[8] EuGH Urt. v. 29.3.2012 – C-599/10, IBRRS 2012, 1222.
[9] Der Umfang des Drittschutzes war lange Zeit umstritten. Nach einer vermittelnden Ansicht war die Regelung über den Ausschluss von Angeboten mit einem unangemessen hohen oder niedrigen Preis nur einschränkend bieterschützend. Einen Bieterschutz sollte die Bestimmung nur entfalten, wenn Angebote mit unangemessen niedrigem Preis in der zielgerichteten Absicht der Marktverdrängung abgegeben worden sind oder die Gefahr begründen, dass bestimmte Wettbewerber vom Markt ganz verdrängt werden. Ein Bieterschutz sollte ferner bei Angeboten vorliegen, bei denen die (niedrige) Preisgestaltung den Auftragnehmer voraussichtlich in so erhebliche Schwierigkeiten bringen wird, dass er den Auftrag nicht zu Ende ausführen kann, sondern die Ausführung abbrechen muss. Die wettbewerbsbeschränkende Wirkung liege in diesen Fällen darin, dass die am Vergabeverfahren beteiligten Wettbewerbe, die die ausgeschriebene Leistung zu angemessenen Preisen angeboten haben, nicht mehr in die Ausführung des Auftrags eintreten können. Vgl dazu statt vieler: OLG Düsseldorf Beschl. v. 9.5.2011 – Verg 45/11, BeckRS 2011, 18630.
[10] OLG Karlsruhe Beschl. v. 27.7.2009 – 15 Verg 3/09, ZfBR 2010, 196.
[11] Kapellmann/Messerschmidt/*Frister* § 16d Rn. 7; VK Sachsen Beschl. v. 14.8.2020 – 1 SVK/022-20, VPRRS 2020, 0317.
[12] VK Südbayern Beschl. v. 10.2.2006 – 57-12/05, IBRRS 2006, 4078, VK Bund Beschl. v. 12.1.2018 – VK 2-148/17, IBRRS 2018, 0727.

messen hohen oder niedrigen Preis ist auszugehen, wenn der angebotene Preis eklatant von dem – zuvor zu ermittelnden – angemessenen Preis abweicht und die Unangemessenheit des Angebotspreises sofort ins Auge fällt.[13] Allein ein beträchtlicher Preisabstand zwischen dem niedrigsten und dem nachfolgenden Angebot ist noch kein hinreichendes Merkmal für einen ungewöhnlich niedrigen Preis, da ein Niedrigpreis wettbewerblich auch begründet sein kann.[14] Die Beurteilung muss immer in Bezug auf den **Gesamtpreis** erfolgen.[15] Sind dagegen einzelne Preispositionen auffällig niedrig, fehlt es aber an einer Auswirkung auf den Gesamtpreis, hat eine Prüfung dahingehend zu erfolgen, ob eine unzulässige Mischkalkulation iSd § 16a EU vorliegt.[16]

5   Der **Kostenschätzung** des Auftraggebers kann nur dann Bedeutung zukommen, wenn diese aufgrund der bei ihrer Aufstellung vorliegenden und erkennbaren Daten als **vertretbar** erscheint.[17] Sie muss auf sämtlichen Positionen beruhen, die auch im Leistungsverzeichnis der konkret durchgeführten Ausschreibung aufgeführt sind, wobei das Schätzungsergebnis gegebenenfalls anzupassen ist, soweit die der Schätzung zugrunde gelegten Preise oder Preisbemessungsfaktoren im Zeitpunkt der Bekanntmachung des Vergabeverfahrens nicht mehr aktuell waren und sich nicht unerheblich verändert haben.[18]

6   Der Auftraggeber prüft die Angemessenheit der Angebote zunächst anhand der mit dem Angebot eingereichten Unterlagen über die Preisermittlung. Er kann sich dazu von den Bietern die im VHB enthaltenen **Formblätter 221, 222 und 223** (Preisermittlung bei Zuschlagskalkulation, Preisermittlung bei Kalkulation über die Endsumme sowie Aufgliederung der Einheitspreise) vorlegen lassen.[19] Formblatt 223 enthält bspw. eine Aufgliederung der Einheitspreise, die eine Plausibilitätsprüfung erlaubt. So können sich bei Prüfung der Teilkosten Anhaltspunkte finden, die Zweifel an der Zahlung des gesetzlichen Mindestlohnes begründen oder Unstimmigkeiten in Bezug die kalkulierten Zeitansätze pro Leistungseinheit. Die Formblätter stellen für die Auftraggeber somit ein wichtiges Hilfsmittel bei der Preisprüfung dar. Dies gilt nicht nur in Bezug auf die Angemessenheitsprüfung, sondern auch im Hinblick auf eine mögliche Mischkalkulation und die Frage, ob das Angebot die geforderten Preise enthält. Ein weiteres Hilfsmittel ist der **Preisspiegel,** der eine Gegenüberstellung der Preise enthält.

7   **4. Unangemessen hoher Preis.** Bei Angeboten mit einem **unangemessen hohen Preis** oder mit **unangemessen hohen Kosten** ist der Auftraggeber nicht zur Prüfung gem. § 16d EU Abs. 1 Nr. 2 verpflichtet. § 16d EU Abs. 1 Nr. 2 bezieht sich dem Wortlaut nach ausdrücklich nur auf solche Angebote, deren Angebotspreis unangemessen niedrig erscheint. Kommt der Auftraggeber aufgrund der mit dem Angebot eingereichten Unterlagen folglich zu dem Ergebnis, dass ein Angebot mit einem unangemessen hohen Preis vorliegt, darf der Zuschlag auf dieses Angebot nicht erteilt werden. Das Vorliegen von Angeboten mit unangemessen hohen Angebotspreisen gewinnt dann an Relevanz, wenn günstigere Angebote vom Vergabeverfahren auszuschließen sind oder alle Angebote einen unangemessen hohen Angebotspreis aufweisen. In diesen Fällen kann der Auftraggeber die Ausschreibung nach **§ 17 EU Abs. 1 Nr. 3** aufheben, da die Beschaffung nicht mehr wirtschaftlich ist.

8   Inwieweit ein Preis **unangemessen hoch** ist, lässt sich nicht durch einen festen Prozentsatz der Abweichung vom üblichen Marktpreis, einem aus vorangegangenen Ausschreibungen bekannten Preis, der vertretbaren Kostenschätzung des Auftraggebers oder der Angebote anderer Bieter bestimmen, sondern ist aufgrund einer **Abwägung im Einzelfall** zu entscheiden.[20] In den Abwägungsvorgang einzustellen ist zum einen, dass dem Auftraggeber nicht das Risiko einer deutlich überhöhten Preisbildung weit jenseits einer vertretbaren Schätzung der Auftragswerte zugewiesen werden darf. Zum anderen stellt die Aufhebung aber kein latent verfügbares Instrument zur Korrektur von Sub-

---

[13] VK Südbayern Beschl. v. 10.2.2006 – 57-12/05, IBRRS 2006, 4078.
[14] VK Südbayern Beschl. v. 10.2.2014 – Z3-3-3194-1-42-11/13, IBRRS 2014, 0990.
[15] Vgl. statt vieler: VK Bund Beschl. v. 12.1.2018 – VK 2-148/17, IBRRS 2018, 0727; VK Sachsen-Anhalt Beschl. v. 5.9.2016 – 3 VK LSA 26/16, IBRRS 2017, 0165.
[16] *Lausen* NZBau 2018, 585 (586).
[17] BGH Beschl. v. 20.11.2012 – X ZR 108/10, NZBau 2013, 180.
[18] VK Mecklenburg-Vorpommern Beschl. v. 18.9.2014 – 2 VK 8/14, IBRRS 2015, 0221.
[19] VK Bund Beschl. v. 25.5.2020 – VK 1-24/20, VPRRS 2020, 0272: Der Auftraggeber darf sich auch unterhalb der Aufgreifschwelle im Rahmen der Preisprüfung die Kalkulation der Einheitspreise anhand des Formblattes 223 VHB erläutern lassen. Es ist im Rahmen der Ermessensausübung nicht zu beanstanden, wenn ein öffentlicher Auftraggeber vom Bieter eine nähere Aufschlüsselung der Preisermittlung und nähere Ausführungen zu seinen Kosten verlangt.
[20] BGH Urt. v. 20.11.2012 – X ZR 108/10, BeckRS 2012, 25606; VK Bund Beschl. v. 25.1.2013 – VK 3-2/13; OLG Karlsruhe Beschl. v. 27.7.2009 – 15 Verg 3/09, ZfBR 2010, 196.

missionsergebnissen dar, wenn diese nicht der Erwartungshaltung des Auftraggebers entsprechen.[21] Bei der **Kostenschätzung des Auftraggebers** handelt es sich letztlich um eine Prognoseentscheidung, sodass mitunter nicht unerhebliche Abweichungen auftreten können. Auf die Ergebnisse dieser Prognose kann zurückgegriffen werden, wenn sie auf einer Methode beruht, die ein wirklichkeitsnahes Schätzergebnis ernsthaft erwarten lässt und sie aufgrund der bei ihrer Aufstellung objektiv vorliegenden und erkennbaren Daten als vertretbar erscheint.[22] Von einer **vertretbaren Prognose** ist indes nicht auszugehen, wenn eine vorhersehbare Kostenentwicklung unberücksichtigt bleibt oder ungeprüft und pauschal auf anderen Kalkulationsgrundlagen beruhende Werte übernommen werden.[23] Auf die Kostenschätzung kann bei der Ermittlung eines angemessenen Preises auch dann nicht abgestellt werden, wenn zwischen Kostenschätzung und Angebotsabgabe eine erhebliche Steigerung der Baupreise stattgefunden hat und/oder es zu Massenmehrungen gekommen ist.[24] Ein unangemessen hoher Preis kann auch bei einem erheblichen Abstand zu den Angebotspreisen der anderen Bieter vorliegen. Der Angebotspreis anderer Bieter kann aber dann nicht herangezogen werden, wenn es sich um einen „Kampfpreis" handelt, der dem Bieter Zugang zum Markt verschaffen soll.[25] Um von einer Unangemessenheit ausgehen zu können, muss eine erhebliche Abweichung vorliegen.[26] Im Hinblick auf die Beurteilung, wann ein Angebotspreis unangemessen niedrig erscheint, hat sich in der Rechtsprechung eine Aufgreifschwelle von 20% herausgebildet. An dieser kann sich der Auftraggeber auch bei der Beurteilung der Frage, wann ein Angebot unangemessen hoch ist orientieren.[27]

5. Aufgreifschwelle bei unangemessen niedrigem Angebotspreis. In der Rechtsprechung haben sich im Zusammenhang mit der Prüfung eines unangemessen niedrigen Preises prozentuale Aufgreifschwellen herausgebildet, deren Erreichen ein **unangemessen niedriges Erscheinen** indiziert und den Auftraggeber zur Aufklärung verpflichtet. Mehrheitlich wird von einer Aufgreifschwelle von mindestens 20% zwischen dem günstigsten und zweitgünstigsten Angebot ausgegangen.[28] Der BGH hat in seiner Entscheidung vom 31.1.2017 allerdings offen gelassen, ob eine Schwelle von 20% als unverrückbare Untergrenze anzusehen ist oder eine Pflicht zur Aufklärung auch bei einem geringeren prozentualen Abstand angenommen werden kann.[29] Angebote, die das nächstgünstige Angebot um lediglich 10% unterschreiten sind jedenfalls noch nicht ungewöhnlich oder unangemessen niedrig.[30] Bewegt sich der Abstand zwischen dem günstigsten und dem zweitgünstigsten Angebot dagegen zwischen 10% und 20%, ist der Auftraggeber nicht daran gehindert, Aufklärung vom Bieter zu verlangen. Voraussetzung ist, dass ihm das Angebot aufgrund von sachlichen und nachvollziehbaren Erwägungen als unangemessen niedrig erscheint.[31] Daneben sehen einige Landesgesetze eine Aufgreifschwelle bei mindestens 10% Abweichung zum nächsthöheren Angebot vor.[32] Mit dem Erreichen oder Überschreiten der Aufgreifschwelle ist der Angebotspreis noch nicht automatisch als unangemessen niedrig anzusehen. Vielmehr hat der Auftraggeber dann in die Prüfung nach § 16d EU Abs. 1 Nr. 2 einzutreten und insbesondere Aufklärung vom betroffenen Bieter zu verlangen.

6. Aufklärung bei unangemessen niedrigem Angebotspreis. Erscheint ein Angebotspreis unangemessen niedrig und ist anhand vorliegender Unterlagen über die Preisermittlung die Ange-

---

[21] BGH Urt. v. 20.11.2012 – X ZR 108/10, BeckRS 2012, 25606.
[22] OLG Düsseldorf Beschl. v. 13.3.2019 – Verg 42/18, BeckRS 2019, 14762: Die Gegenstände der Schätzung und der ausgeschriebenen Leistung müssen deckungsgleich sein. Ausgangspunkt sind die Positionen im Leistungsverzeichnis; VK Sachsen-Anhalt Beschl. v. 17.10.2019 – 3 VK LSA 38/19, VPRS 2020, 0068: Die Kostenschätzung muss eine Identifikation mit den Positionen des Leistungsverzeichnisses zulassen.
[23] OLG Düsseldorf Beschl. v. 13.3.2019 – Verg 42/18, BeckRS 2019, 14762.
[24] OLG Düsseldorf Beschl. v. 6.6.2007 – Verg 8/07, NZBau 2008, 141.
[25] OLG Düsseldorf Beschl. v. 6.6.2007 – Verg 8/07, NZBau 2008, 141.
[26] BGH Urt. v. 20.11.2012 – X ZR 108/10, BeckRS 2012, 25606.
[27] Kapellmann/Messerschmidt/*Frister* § 16d Rn. 4; VK Bund Beschl. v. 25.1.2013 – VK 3-2/13; VK Baden-Württemberg Beschl. v. 10.5.2013 – 1 VK 10/13, VPR 2014, 1008.
[28] VK Bund Beschl. v. 12.1.2018 – VK 2-148/17, IBRRS 2018, 0727; OLG Düsseldorf Beschl. v. 2.8.2017 – Verg 17/17, BeckRS 2017, 135706; VK Lüneburg Beschl. v. 13.7.2017 – VgK-17/2017, IBRRS 2017, 3401; VK Sachsen Beschl. v. 14.8.2020 – 1 SVK/022-20, VPRRS 2020, 0317.
[29] BGH Beschl. v. 31.1.2017 – X ZB 10/16, NZBau 2017, 230.
[30] OLG Düsseldorf Beschl. v. 30.4.2014 – VII-Verg 41/13, BeckRS 2014, 09478. VK Sachsen-Anhalt Beschl. v. 5.9.2016 – 3 VK LSA 26/16, IBRRS 2017, 0165: Weicht ein Angebotspreis 9,5% vom nächst höheren Angebot ab, liegt kein Angebot mit einem unangemessen niedrigen Preis vor.
[31] OLG Düsseldorf Beschl. v. 30.4.2014 – VII-Verg 41/13, BeckRS 2014, 09478; VK Lüneburg Beschl. v. 2.5.2017 – VgK-08/2017, BeckRS 2017,119958; Kapellmann/Messerschmidt/*Frister* § 16d Rn. 9.
[32] So bspw. § 3 S. 2 BerlAVG und § 6 S. 1 HmbVgG.

messenheit nicht zu beurteilen, ist vor Ablehnung des Angebots nach § 16d EU Abs. 1 Nr. 2 S. 1 vom Bieter in Textform **Aufklärung** über die Ermittlung der Preise oder Kosten für die Gesamtleistung oder für Teilleistungen zu verlangen. Dem Auftraggeber darf es somit in einem ersten Schritt nicht möglich sein, die Angemessenheit des Angebotspreises anhand der ihm mit dem Angebot vorgelegten Unterlagen zu beurteilen. § 16d EU Abs. 1 Nr. 2 stellt bereits dem Wortlaut nach klar, dass der Ausschluss eines Angebots – bzw. die Ablehnung – erst nach erfolgter Aufklärung über die Ermittlung der Preise und Kosten für die Gesamtleistung oder für Teilleistungen möglich ist. Der EuGH hat in Bezug auf Art. 55 RL 2004/18/EG (Vergabe-RL 2004)[33] sowie Art. 30 Abs. 4 RL 93/37/EWG[34] klargestellt, dass den Bietern vor Angebotsausschluss wegen eines ungewöhnlich niedrigen Angebotspreises die **Möglichkeit zur weiteren Erläuterung** der Seriosität ihres Angebots gegeben werden muss. Art. 69 Abs. 1 RL 2014/24/EU, der durch § 16d Abs. 1 umgesetzt wurde, regelt, dass öffentliche Auftraggeber den Wirtschaftsteilnehmern vorschreiben, die im Angebot vorgeschlagenen Preise oder Kosten zu erläutern, wenn diese im Verhältnis zu den angebotenen Bauleistungen, Lieferungen oder Dienstleistungen ungewöhnlich niedrig erscheinen. Eine Ablehnung des Angebots ist nach Art. 69 Abs. 3 S. 2 RL 2014/24/EU aber erst dann möglich, wenn die im Rahmen der Aufklärung/Erläuterung beigebrachten Nachweise das niedrige Niveau des vorgeschlagenen Preises beziehungsweise der vorgeschlagenen Kosten nicht zufriedenstellend erklären.[35]

11   Die Gründe für die Abgabe eines **Unterkostenangebotes** werden sich oft nicht aus den mit dem Angebot vorgelegten Unterlagen ergeben, sodass dem Auftraggeber eine Prüfung und Würdigung des Angebotspreises überhaupt erst nach Aufklärung möglich ist. Bei einem grundsätzlich leistungsfähigen Bieter kann es verschiedenste Gründe geben, im Einzelfall auch ein nichtauskömmliches oder sehr knapp kalkuliertes Angebot abzugeben.[36] Das ist bspw. der Fall, wenn Bieter über besondere technische Kenntnisse verfügen oder sich als **Newcomer** einen Zugang zum Markt verschaffen möchten.[37] In Bezug auf den Inhalt der Erläuterung kann auch auf Art. 69 Abs. 2 RL 2014/24/EU verwiesen werden. Diese kann sich zB auf die gewählten technischen Lösungen oder alle außergewöhnlich günstigen Bedingungen, über die der Bieter bei der Durchführung von Bauleistungen verfügt (Art. 69 Abs. 2 lit. b RL 2014/24/EU) sowie die Wirtschaftlichkeit des Bauverfahrens (Art. 69 Abs. 2 lit. a RL 2014/24/EU) beziehen.[38] Die Prüfung und Würdigung der vom Bieter vorgelegten Nachweise und die entsprechenden Erläuterungen hat vom Auftraggeber nach § 16d EU Abs. 1 Nr. 2 S. 2 in Rücksprache mit diesem zu erfolgen.

12   Maßgeblich für die Entscheidung, ob ein Angebotspreis tatsächlich unangemessen niedrig ist, ist dabei, ob der Auftraggeber nach Überprüfung der eingeholten Auskünfte so **erhebliche Zweifel an einer ordnungsgemäßen Vertragserfüllung** haben darf, dass ihm bei objektiver Betrachtung ein Zuschlag wegen der damit verbundenen Risiken nicht zugemutet werden kann.[39] Der Auftraggeber berücksichtigt bei der Prüfung Art und Umfang der im konkreten Fall drohenden Gefahren für eine wettbewerbskonforme Ausschreibung.[40] Die Erteilung des Zuschlags auf ein Unterkostenangebot ist nicht per se unzulässig, solange die **Prognose** gerechtfertigt ist, dass der Bieter zum angebotenen Preis zuverlässig und vertragsgerecht leisten wird. Kommt der Auftraggeber aber im Rahmen der Prognoseentscheidung zu dem Ergebnis, dass eine ordnungsgemäße Vertragsausführung nicht zu erwarten steht oder der angebotene, ungewöhnlich niedrige Preis zur Marktverdrängung von Konkurrenten führt, darf er den Zuschlag nicht auf das Unterkostenangebot erteilen.[41] Bei der Prognoseentscheidung steht dem Auftraggeber dabei ein **Ermessen** zu, welches nur auf rechtsfehlerfreie Ausübung kontrolliert werden kann.[42] Dem Bieter obliegt es im Wege der sekundären Darlegungslast diejenigen Kalkulationsgrundlagen vorzutragen, welche die Unangemessenheit des angebotenen Preises entkräften.[43] Art. 69 Abs. 3 S. 2 RL 2014/24/EU regelt, dass der Auftraggeber das

---

[33] So auch: EuGH Urt. v. 29.3.2012 – C-599/10, NZBau 2012, 376.
[34] EuGH Urt. v. 27.11.2001 – C-285/99 und C-286/99, NZBau 2002, 101.
[35] Ziekow/Völlink/*Steck* Rn. 6.
[36] VK Lüneburg Beschl. v. 2.5.2017 – VgK-08/2017, BeckRS 2017,119958.
[37] Kapellmann/Messerschmidt/*Frister* § 16d Rn. 9; VK Bund Beschl. v. 22.11.2017 – VK 1-129/17, VPR 2018, 106: Ein besonderes Interesse am Erhalt des Auftrages kann darin liegen, dass ein Bieter wegen der Aufhebung einer vergleichbaren Ausschreibung ohnehin bereitstehende und nicht anderweitig nutzbare Kapazitäten auslasten will.
[38] BGH Beschl. v. 31.1.2017 – X ZB 10/16, NZBau 2017, 230.
[39] VK Südbayern Beschl. v. 10.2.2014 – Z3-3-3194-1-42-11/13, IBRRS 2014, 0990.
[40] BGH Beschl. v. 31.1.2017 – X ZB 10/16, NZBau 2017, 230.
[41] VK Südbayern Beschl. v. 10.2.2014 – Z3-3-3194-1-42-11/13, IBRRS 2014, 0990.
[42] VK Lüneburg Beschl. v. 2.5.2017 – VgK-08/2017, BeckRS 2017,119958; VK Sachsen Beschl. v. 14.8.2020 – 1 SVK/022-20, VPRRS 2020, 0317.
[43] Kapellmann/Messerschmidt/*Frister* § 16d Rn. 9.

Angebot nur dann ablehnen kann, wenn die beigebrachten Nachweise das niedrige Niveau des vorgeschlagenen Preises bzw. der vorgeschlagenen Kosten unter Berücksichtigung der in Absatz 2 genannten Faktoren nicht zufriedenstellend erklären können. Aus Art. 69 Abs. 3 S. 2 RL 2014/24/EU ergibt sich im Umkehrschluss aber auch, dass Ungereimtheiten in Bezug auf die Preisbildung, die sich im Wege der Aufklärung nicht zufriedenstellend aufklären lassen, zulasten der Bieter gehen. In diesem Fall ist das Angebot nach der Rechtsprechung des BGH auszuschließen.[44]

Stellt sich im Rahmen der Aufklärung heraus, dass das Angebot deshalb unangemessen niedrig ist, weil es den geltenden **umwelt-, sozial- und arbeitsrechtlichen** Anforderungen nicht genügt, so hat der Auftraggeber das Angebot auszuschließen. 13

§ 16d EU Abs. 1 Nr. 2 S. 1 sieht weiter vor, dass der Auftraggeber zur Erläuterung der Preisermittlung oder Kosten gegebenenfalls eine **zumutbare Antwortfrist** festlegt. Eine entsprechende Fristsetzung ist allein im Hinblick auf die laufende Zuschlagsfrist und das Transparenz- sowie Gleichbehandlungsgebot angezeigt. Ohne eine Fristsetzung kann der Auftraggeber auch kaum Rechtsfolgen an eine – bis dahin – unterbliebene Mitwirkung des Bieters knüpfen. Die Frist muss zumutbar sein, d.h. es muss dem Bieter möglich sein, die geforderten Informationen vorzulegen. Hier ist eine Abwägung im Einzelfall erforderlich, die entsprechend zu dokumentieren ist. Soweit § 16d EU Abs. 1 Nr. 2 S. 1 eine Aufklärung in Textform verlangt, ist die Textform iSv § 126b BGB gemeint. 14

7. Ungewöhnlich niedriger Angebotspreis aufgrund einer staatlichen Beihilfe (Abs. 1 Nr. 3). § 16d EU Abs. 1 Nr. 3 regelt den Umgang mit solchen Angeboten, die aufgrund einer staatlichen Beihilfe „ungewöhnlich niedrig" sind. Ist das der Fall, kann das Angebot nur dann ausgeschlossen werden, wenn der Bieter nicht nachweisen kann, dass die betreffende **Beihilfe rechtmäßig gewährt** wurde. Im Gegensatz zu § 16d EU Abs. 1 Nr. 1 und 2, wurde in Nr. 3 die Formulierung „ungewöhnlich niedrig" aus Art. 69 Abs. 4 RL 2014/24/EU übernommen. Die Begriffe „unangemessen" und „ungewöhnlich" sind dabei inhaltsgleich.[45] Kommt der Auftraggeber im Rahmen seiner Prüfung zu dem Ergebnis, dass ein Angebot mit einem ungewöhnlich niedrigen Preis vorliegt und die Ursache hierfür allein in einer staatlichen Beihilfe zu sehen ist, muss er dem Bieter die Möglichkeit geben, nachzuweisen, dass die betreffende Beihilfe rechtmäßig gewährt wurde. Unter Beihilfe sind alle dem Bieter gewährten geldwerten Vergünstigungen aus öffentlichen Mitteln nach EU-, Bundes- oder Landesrecht zu verstehen, die diesem aus den unterschiedlichsten Gründen und ohne adäquate Gegenleistung gewährt werden.[46] Dazu zählen bspw. sog. verlorene Zuschüsse, verbilligte Darlehen, Befreiung und Ermäßigung von Abgaben und Steuervergünstigungen. 15

Der Bieter muss dem Wortlaut nach nachweisen, dass die betreffende Beihilfe rechtmäßig gewährt wurde. Ihm obliegt die **Darlegungs- und Beweislast** dafür, dass die Beihilfe mit dem Binnenmarkt iSd Art. 107 AEUV vereinbar war. Art. 107 Abs. 2 und Abs. 3 AEUV regeln, welche, vom Tatbestand des Art. 107 Abs. 1 AEUV umfassten, Beihilfen mit dem Binnenmarkt vereinbar sind und welche Beihilfen als mit dem Binnenmarkt vereinbar angesehen werden können. Nach Art. 108 Abs. 3 AEUV müssen die Mitgliedstaaten die Kommission von jeder beabsichtigten Einführung oder Umgestaltung von Beihilfen rechtzeitig unterrichten. Die Kommission prüft die Vereinbarkeit der Beihilfe nach Art 107 AEUV mit dem Binnenmarkt. Der Bieter kann auf entsprechende Anforderung des Auftraggebers den Nachweis ua durch Vorlage einer Bestätigung der Kommission führen.[47] Er kann ebenso auf eine Veröffentlichung der Beihilfegewährung in einschlägigen Amtsblättern verweisen.[48] Zur Vorlage des Nachweises ist ihm eine ausreichende Frist zu gewähren. 16

Gelingt dem Bieter der Nachweis nicht, ist das Angebot auszuschließen. Ein Ermessen steht dem Auftraggeber dabei nicht zur Seite, weil auf ein Angebot mit einem unangemessen hohen oder niedrigen Preis oder mit unangemessen hohen oder niedrigen Kosten der Zuschlag nach § 16d EU Abs. 1 Nr. 1 nicht erteilt werden darf. Systematisch nimmt § 16d EU Abs. 1 Nr. 3 diejenigen Fälle aus dem Anwendungsbereich des § 16d EU Abs. 1 Nr. 1 aus, in denen die Unangemessenheit/Ungewöhnlichkeit des Angebotspreises auf die rechtmäßige Gewährung staatlicher Beihilfen zurückzuführen ist, da diese den Zweck hat, bestehende Wettbewerbsnachteile des Bieters auszugleichen oder diesen erst wettbewerbsfähig zu machen.[49] Kann der Bieter dagegen den Nachweis der Rechtmäßigkeit der Gewährung der Beihilfe nicht erbringen, kann er sich auf diesen Ausnahmetatbestand nicht berufen. 17

---

[44] So auch BGH Beschl. v. 31.1.2017 – X ZB 10/16, NZBau 2017, 230.
[45] Ingenstau/Korbion/*von Wietersheim* Rn. 9; Kapellmann/Messerschmidt/*Frister* Rn. 8.
[46] Ingenstau/Korbion/*von Wietersheim* Rn. 9; Kapellmann/Messerschmidt/*Frister* Rn. 9; *Dicks* in KKMPP VgV § 60 Rn. 40.
[47] Kapellmann/Messerschmidt/*Frister* Rn. 10.
[48] *Dicks* in KKMPP VgV § 60 Rn. 42.
[49] *Dicks* in KKMPP VgV § 60 Rn. 39.

18 Gelingt dem Bieter die Nachweisführung, dass die Beihilfe rechtmäßig gewährt wurde, kann das Angebot nicht ausgeschlossen werden.[50] § 16d EU Abs. 1 Nr. 3 S. 4, wonach öffentliche Auftraggeber, die trotz entsprechender Nachweise des Bieters ein Angebot zurückweisen, die **Kommission der Europäischen Union** darüber unterrichten müssen, ist insoweit unglücklich formuliert. In Art. 69 Abs. 4 S. 1 RL 2014/24/EU wird zunächst ausgeführt, dass der öffentliche Auftraggeber ein Angebot mit einem ungewöhnlich niedrigen Angebotspreis, welcher auf den Erhalt einer staatlichen Beihilfe zurückzuführen ist, nur ablehnen darf, sofern der Bieter nicht nachweisen kann, dass die betreffende Beihilfe mit dem Binnenmarkt iSd Art. 107 AEUV vereinbar war. In Art. 69 Abs. 4 S. 2 RL 2014/24/EU heißt es weiter, dass, sofern der Auftraggeber ein Angebot unter diesen Umständen ablehnt, er die Ablehnung der Kommission mitteilen muss. Die Ablehnung des Angebots und die geforderte Unterrichtung der Kommission beziehen sich auf die Nichterbringung des Nachweises durch den Bieter. Diese Regelung wurde entsprechend in § 60 Abs. 4 VgV umgesetzt. Nach § 60 Abs. 4 VgV lehnt der Auftraggeber das Angebot ab, wenn er festgestellt hat, dass das Angebot ungewöhnlich niedrig ist, weil der Bieter eine staatliche Beihilfe erhalten hat und er nicht fristgemäß nachweisen kann, dass diese rechtmäßig gewährt wurde. Die Ablehnung hat der öffentliche Auftraggeber der europäischen Kommission mitzuteilen. Es ist nicht ersichtlich, weshalb ein Angebot mit einem ungewöhnlich niedrigen Angebotspreis, der allein auf eine rechtmäßig gewährte Beihilfe zurückzuführen ist, vom Vergabeverfahren ausgeschlossen werden soll. Durch die Beihilfe erhält der Bieter eine geldwerte Vergünstigung, für die er keine Gegenleistung erbringen muss. Diese wirtschaftliche Förderung schlägt sich im Angebotspreis nieder. Sowohl der Wortlaut in Art. 69 Abs. 4 RL 2014/24/EU, wonach das Angebot nur abgelehnt werden kann, wenn dem Bieter der Nachweis nicht gelingt, als auch Sinn und Zweck der Vorschrift, nämlich solche Angebote im Vergabeverfahren zu berücksichtigen, die aufgrund einer – zur Wirtschaftsförderung – zulässig gewährten Beihilfe, einen ungewöhnlich niedrigen Angebotspreis aufweisen, sprechen gegen einen Ausschluss bei erbrachtem Nachweis. § 16d EU Abs. 1 Nr. 3 S. 4 ist insoweit richtlinienkonform auszulegen.

19 **8. Engere Wahl (Abs. 1 Nr. 4).** Nach § 16d EU Abs. 1 Nr. 4 kommen nur solche Angebote in die engere Wahl, die unter Berücksichtigung rationeller Baubetriebs und sparsamer Wirtschaftsführung eine **einwandfreie Ausführung** einschließlich Haftung für Mängelansprüche erwarten lassen. Dieser Regelung kommt keine eigenständige Bedeutung zu. Vielmehr dient die Prüfung nach § 16d EU Abs. 1 Nr. 1–3 gerade der Auswahl solcher Angebote. So ist bei der Angemessenheitsprüfung der Angebotspreise im Rahmen einer Prognoseentscheidung darauf abzustellen, ob eine ordnungsgemäße Ausführung des Auftrages zu erwarten steht. § 16d EU Abs. 1 Nr. 4 formuliert folglich einen Bewertungsmaßstab für die Angemessenheitsprüfung. Eine weitergehende Bedeutung ist der Vorschrift nicht beizumessen.

III. Ermittlung des wirtschaftlichsten Angebots (Abs. 2)

20 **1. Grundsatz und unionsrechtlicher Hintergrund (Nr. 1).** Gemäß Abs. 2 und in Übereinstimmung mit § 127 Abs. 1 S. 1 GWB ist der Zuschlag auf das **wirtschaftlichste Angebot** zu erteilen. Ebenfalls im Einklang mit § 127 Abs. 1 GWB bestimmt sich die Wirtschaftlichkeit nach dem **besten Preis-Leistungs-Verhältnis.** Zu dessen Ermittlung können neben dem Preis oder den Kosten auch qualitative, umweltbezogene oder soziale Aspekte berücksichtigt werden (zu allem Nachstehenden grundlegend → GWB § 127 Rn. 1 ff.).

21 § 16d EU hat damit gegenüber der Vorgängernorm des § 16 EG Abs. 6 eine erhebliche **Aufweitung** erfahren. Hintergrund ist die Neuregelung der Zuschlagserteilung in der RL 2014/24/EU, konkret der Art. 67–69 RL 2014/24/EU, die ihrerseits wesentlich umfangreicher ausgefallen ist als in der Vergabe-RL 2004. Da Abs. 2 die Art. 67 ff. RL 2014/24/EU umsetzt, bilden die entsprechenden Erwägungsgründe 90 ff. RL 2014/24/EU wertvolle Auslegungshilfen.[51] Mit den Veränderungen gegenüber § 16 EG ist durchaus ein **Paradigmenwechsel** verbunden, indem klargestellt wird, dass – wiewohl nach wie vor zulässig – die Vergabe allein nach dem Kriterium des günstigsten Preises nicht länger den Regelfall darstellt. Ob bzw. welche Zuschlagskriterien neben dem Preis herangezogen werden sollen, darf der öffentliche Auftraggeber im Grundsatz frei bestimmen.[52] Er **kann**, ohne dazu verpflichtet zu sein, neben dem Preis auch die weiteren ihm

---

50 So auch Ziekow/Völlink/*Steck* Rn. 15.
51 Vgl. Ingenstau/Korbion/*von Wietersheim* Rn. 12.
52 Aus Erwägungsgrund 90 RL 2014/24/EU: „Es sollte ausdrücklich festgehalten werden, dass das wirtschaftlich günstigste Angebot auf der Grundlage des besten Preis-Leistungs-Verhältnisses ermittelt werden sollte, welches stets eine Preis- oder Kostenkomponente beinhalten sollte. Es sollte ferner klargestellt werden, dass eine solche Bewertung des wirtschaftlich günstigsten Angebots auch allein auf der Grundlage entweder des Preises oder der Kostenwirksamkeit durchgeführt werden könnte".

entstehenden **Kosten** (einschließlich der sog. Lebenszykluskosten) berücksichtigen, darüber hinaus aber auch neben qualitativen Kriterien **umweltbezogene oder soziale Aspekte.**[53] Damit eröffnen auch Bauvergaben die Möglichkeit, jenseits der reinen, auf den öffentlichen Auftraggeber selbst bezogenen Wirtschaftlichkeitsbetrachtung gesamtwirtschaftliche oder gesellschaftspolitische Zielsetzungen zu verfolgen.[54]

Abseits dieser eher rechtspolitischen Erwägungen steht Abs. 2 klar im Zeichen der vergaberechtlichen Grundprinzipien der **Transparenz, Gleichbehandlung und Diskriminierungsfreiheit.** Dies verdeutlicht ua Erwägungsgrund 90 RL 2014/24/EU, der diesen Aspekt vollkommen zu Recht an den Anfang der zum Thema Zuschlagserteilung mitgeteilten Erwägungen stellt.[55]

2. Bekanntgabe der Zuschlagskriterien (Nr. 2). Unmittelbarer Ausfluss des Transparenzprinzips ist die in Abs. 2 Nr. 2 statuierte Pflicht des öffentlichen Auftraggebers, nur diejenigen Zuschlagskriterien und deren Gewichtung zu berücksichtigen, die in der Auftragsbekanntmachung **oder** in den Vergabeunterlagen **genannt** sind.[56] Werden die Zuschlagskriterien bereits in der Bekanntmachung benannt, dürfen sie in den Vergabeunterlagen weiter präzisiert werden.[57]

Das spätere **Nachschieben** von Zuschlagskriterien oder Gewichtungen ist **unzulässig.**[58] Zumindest empfehlenswert, wenn nicht doch rechtlich geboten erscheint es, auch die vom öffentlichen Auftraggeber zur Verwendung vorgesehenen **Bewertungsmethoden,** Bewertungsformeln, Umrechnungsformeln oder Matrices vorab bekannt zu geben.[59] Gemäß der Entscheidung „**TNS Dimarso**" des EuGH soll der öffentliche Auftraggeber zwar nicht verpflichtet sein, seine Bewertungsmethode vorab bekannt zu geben.[60] In der Konsequenz heißt das allerdings nach den zutreffenden Erwägungen des OLG Düsseldorf, dass die Zuschlagskriterien und ihre Gewichtung umso klarer gefasst sein müssen, damit die Bieter erkennen können, was der Auftraggeber von ihnen erwartet.[61] Die Entscheidung „TNS Dimarso" sollte daher nicht als Freibrief missverstanden werden, ebenso wenig wie die „**Schulnoten-Entscheidung**" des BGH.[62] Darin hat der BGH zwar – entgegen der Auffassung des OLG Düsseldorf[63] – die Bewertung von Konzepten anhand eines Schulnotensystems für grundsätzlich zulässig erklärt.[64] Allerdings weist der BGH ausdrücklich darauf hin, dass der Gefahr eines nicht hinreichend transparenten Vergabeverfahrens durch „eingehende Dokumentation des Wertungsprozesses" zu begegnen sei. Insbesondere dann, wenn sich der Auftraggeber dafür eines aus Preis und qualitativen Aspekten zusammengesetzten Kriterienkatalogs bedient, bei dem die Angebote hinsichtlich der Qualitätskriterien mittels eines Benotungssystems bewertet werden und die Bewertungsmethode des Preises nur enge Kompensationsmöglichkeiten für qualitative Abzüge erwarten lässt, müsse der Auftraggeber seine für die Zuschlagserteilung maßgeblichen Erwägungen in allen Schritten so eingehend dokumentieren, dass nachvollziehbar ist, welche konkreten qualitativen Eigenschaften der Angebote mit welchem Gewicht in die Benotung eingegangen sind.[65] Die daraus resultierenden Anforderungen sollten öffentliche Auftraggeber

---

[53] Vgl. dazu *Hattenhauer/Butzert* ZfBR 2017, 129.
[54] Kapellmann/Messerschmidt/*Frister* Rn. 7; Ingenstau/Korbion/*von Wietersheim* Rn. 13.
[55] Erwägungsgrund 90 RL 2014/24/EU beginnt wie folgt: „Aufträge sollten auf der Grundlage objektiver Kriterien vergeben werden, die die Einhaltung der Grundsätze der Transparenz, der Nichtdiskriminierung und der Gleichbehandlung gewährleisten, um einen objektiven Vergleich des relativen Werts der Angebote sicherzustellen, damit unter den Bedingungen eines effektiven Wettbewerbs ermittelt werden kann, welches das wirtschaftlich günstigste Angebot ist".
[56] Vgl. dazu auch die Gesetzesbegründung zu § 127 Abs. 5 GWB, BT-Drs. 18/6281, 110; ferner die Entscheidung des EuGH Urt. v. 14.7.2016 – C-6/15, NZBau 2016, 772 – TNS Dimarso NV noch zur Vergabe-RL 2004.
[57] Ingenstau/Korbion/*von Wietersheim* Rn. 14.
[58] OLG Düsseldorf Beschl. v. 17.1.2018 – Verg 39/17, BeckRS 2018, 680 = IBR 2018, 2538; VK Bund Beschl. v. 31.7.2017 – VK 2-68/17, VPRRS 2017, 0277 = IBRRS 2017, 3103.
[59] Von einer entsprechenden Verpflichtung gingen – allerdings vor Erlass des Urteils des EuGH in der Rs. TNS Dimarso, EuGH Urt. v. 14.7.2016 – C-6/15, NZBau 2016, 772 – aus: OLG München Beschl. v. 21.5.2010 – Verg 2/10, BeckRS 2010, 13748; 1. VK Bund Beschl. v. 6.12.2013 – VK 1-103/13, IBRRS 2014, 1183; 1. VK Bund Beschl. v. 9.9.2011 – VK 1-114/11, IBRRS 2012, 1568.
[60] EuGH Urt. v. 14.7.2016 – C-6/15, NZBau 2016, 772 – TNS Dimarso NV.
[61] OLG Düsseldorf Beschl. v. 17.1.2018 – Verg 39/17, BeckRS 2018, 680 = IBR 2018, 2538 unter Verweis auf frühere Beschlüsse v. 27.9.2017 – VII-Verg 12.9.2017, v. 8.3.2017 – VII-Verg 39/16, v. 28.1.2015 – VII-Verg 31/14, v. 17.7.2013 – VII-Verg 10/13 und v. 15.6.2010 – VII-Verg 10/10.
[62] BGH Beschl. v. 4.4.2017 – X ZB 3/17, NZBau 2017, 366 = ZfBR 2017, 607, vgl. dazu auch *Gaus* NZBau 2017, 134 und *Delcuvé* NZBau 2017, 646.
[63] Zuletzt OLG Düsseldorf Beschl. v. 15.6.2016 – VII-Verg 49/15, NZBau 2016, 253.
[64] Dies auf Vorlage des OLG Dresden Beschl. v. 2.2.2017 – Verg 7/16, BeckRS 2017, 105306.
[65] BGH Beschl. v. 4.4.2017 – X ZB 3/17 Rn. 53, NZBau 2017, 366 (371) = ZfBR 2017, 607 (612).

keinesfalls unterschätzen.⁶⁶ Andererseits sind an die Dokumentations- und Begründungspflicht auch keine überzogenen Anforderungen zu stellen. Insbesondere kann der öffentliche Auftraggeber einen „Normalfall" definieren, bei dessen Erfüllung die Vergabe der dem „Normalfall" zugeordneten Punkte keiner besonderen, über die reine Punktebenotung hinausgehenden Begründung im Vergabevermerk bedarf.⁶⁷

25 Die Veröffentlichungspflicht erstreckt sich auch auf etwaige **Unterkriterien** und deren Gewichtung.⁶⁸ Der EuGH gestattet die Verwendung von **nicht vorab** mitgeteilten Unterkriterien oder Gewichtungsregeln nur unter der Voraussetzung, dass (1) die bekannt gemachten Zuschlagskriterien für den Auftrag nicht geändert werden, (2) die Unterkriterien nichts enthalten, was, wenn es bei der Vorbereitung der Angebote bekannt gewesen wäre, diese Vorbereitung hätte beeinflussen können, und (3) die Unterkriterien nicht unter Berücksichtigung von Umständen gewählt wurden, die einen der Bieter diskriminieren konnten.⁶⁹ Auftraggeber sind gut beraten, wenn sie sich diesem Test nicht stellen wollen. Die absolute zeitliche Grenze für eine nachträgliche Einführung von Unterkriterien ist mit der Angebotsöffnung erreicht.⁷⁰

26 Dessen ungeachtet sind öffentliche Auftraggeber auch zur **Veröffentlichung** solcher **nachträglich** erstellter Unterkriterien verpflichtet, was häufig übersehen wird.⁷¹ Eine Verpflichtung, überhaupt Unterkriterien aufzustellen, besteht hingegen nicht.⁷² Allerdings ist es in vielen Fällen – etwa in Bezug auf ein Zuschlagskriterium „Qualität" – gar nicht möglich, eine transparente Zuschlagsentscheidung ohne die Bildung und Bekanntgabe von Unterkriterien zu gewährleisten.⁷³

27 **3. Zulässige Zuschlags- bzw. Unterkriterien.** Hinsichtlich der zulässigen Zuschlagskriterien ist § 16d EU zwar nicht als Ergänzung zu § 16d in Abschnitt 1, dafür aber im Zusammenhang mit § 127 GWB zu betrachten. Maßgeblich ist sowohl nach Abs. 2 Nr. 1 als auch gem. § 127 Abs. 1 S. 2 GWB das beste Preis-Leistungs-Verhältnis. Dieses ist zwingend und ausschließlich (Abs. 2 Nr. 2 S. 1) anhand der vom öffentlichen Auftraggeber genannten Zuschlagskriterien zu bemessen.

28 Welche Zuschlagskriterien in Betracht kommen, bestimmt § 16d Abs. 2 nicht abschließend („…können insbesondere sein…").⁷⁴ Bei ihrer Festlegung kommt dem öffentlichen Auftraggeber ein weiter Ermessensspielraum zu.⁷⁵ In Ausübung seines Ermessens hat der Auftraggeber allerdings die Vorgaben des Abs. 2 Nr. 2 S. 3 sowie der Nr. 3 zu beachten (→ Rn. 44 ff.). Wichtig ist zudem, dass es sich bei den Kriterien der Sache nach überhaupt um Zuschlagskriterien handeln muss, dh um Kriterien, die die Bestimmung des wirtschaftlichsten Angebots bezwecken. Entscheidend ist in diesem Kontext die **Abgrenzung** zu den **Eignungskriterien.**⁷⁶ Diese bezwecken gerade keine Bewertung des Angebots, sondern eine **unternehmensbezogene** Prüfung. Die Vermischung von Eignungs- und Zuschlagskriterien ist unzulässig, ebenso wie die Heranziehung von Eignungskriterien bei der Bewertung von Angeboten.⁷⁷ Bemerkenswert ist in diesem Kontext, dass Abs. 2 Nr. 2 in Übereinstimmung mit Art. 67 Abs. 2 lit. b. RL 2014/24/EU die „Organisation, Qualifikation und Erfahrung des mit der Ausführung betrauten Personals" als Zuschlagskriterium benennt, obwohl es sich dabei grundsätzlich um unternehmensbezogene Merkmale handelt (→ Rn. 39).

---

66 Vgl. im Übrigen zu unterschiedlichen Wertungsmodellen, die das Kriterium „Preis" mit Qualitätsmodellen kombinieren, *Bartsch/von Gehlen* NZBau 2015, 523 sowie *Bartsch/von Gehlen/Hirsch* NZBau 2012, 393.
67 VK Bund Beschl. v. 31.7.2019 – VK 2-50/19, VPRRS 2019, 0266.
68 EuGH Urt. v. 24.1.2008 – C 532/06, NZBau 2008, 262 – Lianakis.
69 EuGH Urt. v. 24.1.2008 – C 532/06 Rn. 43, NZBau 2008, 262 (264) – Lianakis.
70 OLG Frankfurt a. M. Beschl. v. 28.5.2013 – 11 Verg 6/13, BeckRS 2013, 10982.
71 EuGH Urt. v. 24.1.2008 – C 532/06 Rn. 43, NZBau 2008, 262 – Lianakis; vgl. ferner Kapellmann/Messerschmidt/*Frister* Rn. 17.
72 OLG Brandenburg Beschl. v. 28.9.2010 – W 7/10, IBRRS 2010, 4164; 1. VK Bund Beschl. v. 29.7.2008 – VK 1-81/08, VPRRS 2013, 0717; 2. VK Bund Beschl. v. 15.6.2012 – VK 1-44/12.
73 Vgl. zur Notwendigkeit, das Kriterium „Qualität" durch Unterkriterien zu präzisieren, VK Südbayern Beschl. v. 21.4.2004 – 24-04/04, IBRRS 2004, 1697; VK Baden-Württemberg Beschl. v. 21.11.2001 – 1 VK 37/01, IBRRS 2004, 3633.
74 Ziekow/Völlink/*Steck* Rn. 25; Beck VergabeR/*Opitz* Rn. 58.
75 So bereits EuGH Ent. v. 23.11.1978 – 56/77 Rn. 20, BeckRS 2004, 73338 – Agenceuropéenne'intérims/Kom.; EuG Urt. v. 26.2.2002 – T-169/00, Slg. 2002, II-609 Rn. 95 = IBRRS 2014, 0431 – Esedra/Kom.
76 Vgl. dazu grundlegend Beck VergabeR/*Opitz* GWB § 122 Rn. 20 ff.; *Otting* VergabeR 2016, 316; → GWB § 122 Rn. 37 ff.; aus der Rspr. EuGH Urt. v. 20.9.1988 – 31/87, Slg. 1988, 4635 Rn. 15 f. – Beentjes; EuGH Urt. v. 19.6.2003 – C-315/01, Slg. 2003, I-635 = NZBau 2003, 511 = ZfBR 2003, 710 – GAT; EuGH Urt. v. 24.1.2008 – C 532/06, NZBau 2008, 262 – Lianakis; EuGH Urt. v. 12.11.2009 – C-199/07, IBRRS 2009, 3719; BGH Beschl. v. 15.4.2008 – X ZR 129/06, NZBau 2009, 505.
77 EuGH Urt. v. 24.1.2008 – C-532/06, NZBau 2008, 262 – Lianakis; OLG Düsseldorf Beschl. v. 2.5.2008 – VII-Verg 26/08, BeckRS 2009, 07366.

Abs. 2 Nr. 2 benennt als zulässige Kriterien: 29
– Qualität einschließlich technischer Wert, Ästhetik, Zweckmäßigkeit, Zugänglichkeit, Design für alle, soziale, umweltbezogene und innovative Eigenschaften;
– Organisation, Qualifikation und Erfahrung des mit der Ausführung des Auftrags betrauten Personals, wenn die Qualität des eingesetzten Personals erheblichen Einfluss auf das Niveau der Auftragsausführung haben kann, oder
– Kundendienst und technische Hilfe sowie Ausführungsfrist
als mögliche Zuschlagskriterien. Daneben ergibt sich aus Abs. 2 Nr. 1, dass selbstverständlich auch der Preis zu den zulässigen Zuschlagskriterien zählt.

a) Zuschlagskriterium Preis. Das in der Bauvergabepraxis wichtigste und in vielen Fällen 30 einzige Zuschlagskriterium ist nach wie vor der Preis. Der **reine Preiswettbewerb** ist sowohl in Ansehung des Abs. 2 Nr. 1 als auch bemessen an den unionsrechtlichen Vorgaben unverändert **zulässig**.[78] Die VOB/A setzt dies zum einen – auch in Abschnitt 2 – als selbstverständlich voraus, wie etwa § 8 EU Abs. 2 Nr. 3 S. 6 belegt. Zum anderen gestattet auch die RL 2014/24/EU die Vergabe öffentlicher Aufträge einzig auf Grundlage des niedrigsten Preises. Dies ergibt sich *e contrario* unter anderem aus der den Mitgliedstaaten in Art. 67 Abs. 2 S. 4 RL 2014/24/EU eingeräumten Möglichkeit, den Preis als alleiniges Zuschlagskriterium auszuschließen. Diese Regelung ergäbe keinen Sinn, würde ein entsprechender Ausschluss bereits aus Art. 67 Abs. 2 S. 1 RL 2014/24/EU folgen. Zusätzlich stellt Erwägungsgrund 90 RL 2014/24/EU klar, dass die „Bewertung des wirtschaftlich günstigsten Angebots auch allein auf der Grundlage entweder des Preises oder der Kostenwirksamkeit" vorgenommen werden kann.[79]

Auf der gegenüberliegenden Seite des Spektrums steht die Frage, ob der Preis (oder die „Kos- 31 ten", → Rn. 32) unter dem Primat der Ermittlung des besten Preis-Leistungs-Verhältnisses **zwingend** - und zudem zu einem Mindestprozentsatz – als Zuschlagskriterium vorgesehen werden muss. Nach bisheriger Rechtsauffassung ist ersteres der Fall,[80] ebenso nach der Formulierung des Abs. 2 Nr. 1 S. 4 („neben dem Preis oder den Kosten"), während eine „Mindestquote" abzulehnen ist.[81] Nach der Rechtsprechung des OLG Düsseldorf darf der Preis vielmehr „weder unter- noch überbewertet werden. Er stellt ein gewichtiges Merkmal dar, das beim Zuschlagskriterium des wirtschaftlichsten Angebots **nicht am Rande der Wertung stehen darf,** sondern vom Auftraggeber in ein angemessenes Verhältnis zu den übrigen Wertungskriterien zu bringen ist".[82] **Neu** ist allerdings, dass gem. Abs. 2. Nr. 4 **Festpreise oder Festkosten** vorgegeben werden können, sodass der Wettbewerb nur über die Qualität stattfindet (→ Rn. 47).

b) Kosten. Abs. 2 Nr. 1 sieht ferner eine Berücksichtigung der „Kosten" neben dem Preis 32 oder sogar an seiner Stelle vor. Während mit dem „Preis" das unmittelbar für die beschaffte Leistung zu entrichtende Entgelt bezeichnet wird, erfasst der Begriff der Kosten zunächst die darüber hinaus vom Auftraggeber zu übernehmenden oder bei ihm anfallenden Belastungen.[83] Darunter fallen die dem Auftraggeber in Folge des Betriebs oder der Wartung entstehenden Kosten, einschließlich der Kosten für Energie (→ GWB § 127 Rn. 46). Darüber hinaus können aber auch Kosten Berücksichtigung finden, die nicht unmittelbar dem Auftraggeber entstehen, zB in Gestalt von Kosten für Umweltbelastungen (→ Rn. 38).[84] Um sich das Kostenkriterium nutzbar machen zu können, muss der öffentliche Auftraggeber in aller Regel Unterkriterien bilden; im Übrigen bedarf es in Beachtung des Transparenzgebots klarer Vorgaben in Bezug auf den betrachteten Zeitraum und die Methodik der Kostenerfassung.[85]

c) Qualität. „Qualität" beschreibt die Güte oder die Beschaffenheit der zu erbringenden Bau- 33 leistung.[86] Die Qualität darf – wie alle nicht-monetären Zuschlagskriterien – nur dann für die

---

[78] AllgM; vgl. statt vieler Kapellmann/Messerschmidt/*Frister* Rn. 9. Zur Rechtslage vor Umsetzung der Vergaberechtsreform vgl. OLG Naumburg Beschl. v. 5.12.2008 – 1 Verg 9/08, BeckRS 2009, 02589; BayObLG Beschl. v. 9.9.2004 – Verg 18/04, BeckRS 2004, 100016; OLG Düsseldorf Beschl. v. 2.5.2007 – VII-Verg 1/07, NZBau 2007, 600.
[79] Kapellmann/Messerschmidt/*Frister* Rn. 9.
[80] Kapellmann/Messerschmidt/*Frister* Rn. 10 mit zutreffendem Hinweis auf die Gesetzesmaterialien, BR-Drs. 367/15, 132, wonach Preis oder Kosten bei der Angebotswertung zwingend berücksichtigt werden müssen.
[81] Anders noch das OLG Dresden Beschl. v. 5.1.2001 – WVerg 11 u. 12/00, NZBau 2001, 459, wonach eine Gewichtung von 30% nicht unterschritten werden dürfe.
[82] OLG Düsseldorf Beschl. v 22.11.2017 – Verg 16/17, IBRRS 2018, 0426 = VPRRS 2018, 0040, unter Verweis auf OLG Düsseldorf Beschl. v. 21.5.2012, VII-Verg 3/12 mwN.
[83] Kapellmann/Messerschmidt/*Frister* Rn. 4; Ingenstau/Korbion/*von Wietersheim* Rn. 3.
[84] Kapellmann/Messerschmidt/*Frister* Rn. 4.
[85] OLG Naumburg Beschl. v. 25.9.2008 – 1 Verg 3/08, BeckRS 2008, 23014.
[86] Ingenstau/Korbion/*von Wietersheim* § 16d Rn. 15.

Bewertung der Angebote herangezogen werden, wenn sich die Angebote inhaltlich überhaupt unterscheiden (können). Das muss der Auftraggeber bei seinen Leistungsvorgaben beachten.[87] So kann das Qualitätskriterium etwa als Übererfüllung von mit der Leistungsbeschreibung – nicht selten über den Verweis auf DIN-Normen – vorgegebenen Mindeststandards zum Einsatz gebracht werden.[88] In aller Regel ist das das Zuschlagskriterium „Qualität" durch Unterkriterien zu konkretisieren, da es für sich allein nicht mehr als eine Leerformel darstellt.[89]

34   **d) Ästhetik.** Die „Ästhetik" betrifft diejenigen Eigenschaften einer Sache, die ihre sinnliche Wahrnehmung betreffen. Als ästhetisch wird empfunden, was die Sinne des Betrachters bewegt. Es gelten Kategorien wie „schön" oder „hässlich", „angenehm" oder „unangenehm" etc. Im Zusammenhang mit Bauleistungen kann die Ästhetik vornehmlich bei solchen Leistungen eine Rolle spielen, die den Bietern gestalterische oder künstlerische Vorschläge abverlangen. Das Kriterium wird daher in erster Linie bei Vergaben zur Anwendung gelangen, denen eine **Leistungsbeschreibung mit Leistungsprogramm** (§ 7c EU) zugrunde liegt.[90] Kennzeichnend für das Kriterium „Ästhetik" ist, dass es naturgemäß von subjektiven Eindrücken und Maßstäben geprägt ist, was besonders hohe Anforderungen an die Dokumentation des Wertungsvorgangs stellt.

35   **e) Zweckmäßigkeit.** Auf Grundlage einer Definition des OLG Düsseldorf, wonach die Zweckmäßigkeit in einem umfassenden Sinne zur Geltung bringt, inwieweit die angebotene Leistung sowohl den Interessen des Auftraggebers als auch den Belangen derjenigen Personen entgegenkommt, in deren Interesse der Auftraggeber die Leistung nutzen will,[91] legt dies Kriterium das Augenmerk auf die spätere Nutzung der zu errichtenden baulichen Anlage. Dabei können auch „subjektive, von den objektiven Beschaffenheitskriterien der Bauleistung losgelöste" (Unter-)Kriterien zum Tragen kommen.[92]

36   **f) Zugänglichkeit und „Design für alle".** Die Zugänglichkeit und das „Design für alle" sind 2016 neu in die VOB/A aufgenommene Kriterien.[93] „Zugänglichkeit" ist gleichzusetzen mit der „Barrierefreiheit" iSd Behindertengleichstellungsgesetzes (BGG). Gemäß Art. 9 Abs. 1 UN-Behindertenrechtskonvention, die unmittelbar in der EU gilt, haben die Vertragsstaaten geeignete Maßnahmen zu treffen, um für Menschen mit Behinderungen gleichberechtigten Zugang zu Wohngebäuden und öffentlichen Räumen zu gewährleisten.[94] Daraus (bzw. aus den sonstigen gesetzlichen Vorgaben etwa aus dem BGG) ergeben sich vielfach bereits Mindestanforderungen, deren Übererfüllung zusätzlich honoriert werden kann.

37   **„Design für alle"** (auch: „DfA") ist ein Konzept für die Planung und Gestaltung von Produkten, Dienstleistungen und Infrastrukturen, mit dem Ziel, allen Menschen deren Nutzung ohne individuelle Anpassung oder besondere Assistenz zu ermöglichen.[95] Im Gegensatz zu den zum Teil als stigmatisierend empfundenen Maßnahmen zur Herstellung der Barrierefreiheit sollen die gebaute Umwelt, Produkte und Dienstleistungen so gestaltet sein, dass sie die Bandbreite menschlicher Fähigkeiten, Fertigkeiten, Bedürfnisse und Vorlieben berücksichtigen, ohne Nutzer durch Speziallösungen zu stigmatisieren.

---

[87] Beck VergabeR/*Opitz* Rn. 60.
[88] Ein Bsp. wäre die Übererfüllung von Vorgaben aus den DIN 1801 und 18202 „Toleranzen im Hochbau"; vgl. auch Ingenstau/Korbion/*von Wietersheim* § 16d Rn. 16.
[89] Als Beispiele zu nennen sind der technische Wert der eingesetzten Bauprodukte, das Risikomanagementkonzept des Bauunternehmens im Fall von Bauablaufstörungen, die Terminplanung des Bauunternehmens im Hinblick auf Kapazitäts- und Zeitpuffer oder Optimierungsvorschläge zur Projektumsetzung, ferner auch das Nachtragsrisiko, vgl. Beck VergabeR/*Opitz* Rn. 61; VK Südbayern Beschl. v. 21.4.2004 – 24-04/04, IBRRS 2004, 1697; VK Baden-Württemberg Beschl. v. 21.11.2001 – 1 VK 37/01, IBRRS 2004, 3633.
[90] Ingenstau/Korbion/*von Wietersheim* § 16d Rn. 21; allerdings ist bei öffentlichen Auftraggebern die von den Bauleistungen getrennte Vergabe von Planungsleistungen gem. Abschnitt 6 der VgV nach wie vor der Normalfall, sodass ästhetische Gesichtspunkte in erster Linie bei der Auswahl des Architekten zum Tragen kommen.
[91] OLG Düsseldorf Beschl. v. 30.4.2003 – Verg 64/02, ZfBR 2003, 721.
[92] Ingenstau/Korbion/*von Wietersheim* § 16d Rn. 22.
[93] Kapellmann/Messerschmidt/*Frister* Rn. 21.
[94] Kapellmann/Messerschmidt/*Frister* Rn. 22.
[95] Vgl. dazu ua Bundesministerium für Arbeit und Soziales BMAS, Unser Weg in eine inklusive Gesellschaft. Der Nationale Aktionsplan der Bundesregierung zur Umsetzung der UN-Behindertenrechtskonvention, 2011 sowie *Leidner/Neumann/Rebstock*, Von Barrierefreiheit zum Design für Alle – Eine Einführung, in: Leidner/Neumann/Rebstock, Von Barrierefreiheit zum Design für Alle – Erfahrungen aus Forschung und Praxis, Arbeitsberichte der Arbeitsgemeinschaft Angewandte Geographie Münster e.V., Heft 38 2009 bzw. die Website des Vereins „EDAD – Design für Alle – Deutschland e. V" http://www.design-fuer-alle.de/.

III. Ermittlung des wirtschaftlichsten Angebots (Abs. 2) 38–41 § 16d EU VOB/A

g) Soziale, umweltbezogene und innovative Eigenschaften. Bei dieser Aufzählung handelt es sich nicht um Zuschlagskriterien im eigentlichen Sinne, sondern um Oberkategorien, die vom öffentlichen Auftraggeber in geeigneter Weise zu konkretisieren sind. Sie erfüllen damit die Rolle eines Auffangtatbestands. Daher bestehen Überschneidungen, wie etwa zwischen den sozialen Eigenschaften und der Zugänglichkeit bzw. dem „Design für alle" oder zwischen den umweltbezogenen Eigenschaften und den Betriebskosten.[96] Der wesentliche Gesichtspunkt bei der Benennung der sozialen, umweltbezogenen und innovativen Eigenschaften besteht in der gesetzgeberischen Klarstellung, dass auch solche Aspekte bei der Auswahl und Gestaltung von Zuschlagskriterien berücksichtigt werden dürfen, aus denen sich kein unmittelbarer (wirtschaftlicher) Nutzen für den öffentlichen Auftraggeber ergibt.[97] Hingegen ist es sowohl zulässig, unter dem Gesichtspunkt der **sozialen Eigenschaften** die Interessen spezieller Nutzergruppen in den Vordergrund zu stellen als auch – etwa in Bezug auf die **umweltbezogenen Eigenschaften** – eine besondere Ausrichtung oder Zweckbestimmung des öffentlichen Auftraggebers zu betonen. Hierbei können beispielsweise Aspekte der Nachhaltigkeit, des Klimaschutzes oder die Verwendung recycelter oder wiederverwendbarer Materialien bei der Errichtung oder späteren Nutzung der baulichen Anlage eine Rolle spielen.[98] 38

h) Organisation, Qualifikation und Erfahrung des mit der Ausführung des Auftrags betrauten Personals. Abs. 2 Nr. 2 lit. b ist eine Neuregelung gegenüber der VOB/A-EG, die auf die Umsetzung von Art. 67 Abs. 2 lit. b RL 2014/24/EU zurückgeht. Sie findet sich mit identischem Wortlaut auch in § 58 Abs. 2 Nr. 2 VgV. Die Regelung bedeutet eine bewusste **Durchbrechung** des vergaberechtlichen „Dogmas" der notwendigen **Trennung** zwischen **Eignungs-,** dh unternehmensbezogenen und **Zuschlags-,** also leistungsbezogenen Kriterien (→ Rn. 28).[99] Die hierfür maßgebliche Erwägung, die als tatbestandliche Voraussetzung ebenfalls Bestandteil des Abs. 2 Nr. lit. b geworden ist, benennt Erwägungsgrund 94 RL 2014/24/EU: Die Qualität des eingesetzten Personals muss für das Niveau der Auftragsausführung relevant sein. Da dies in dieser Allgemeinheit letztlich für jeden Auftrag gelten dürfte, verlangt Abs. 2 Nr. lit. b einen nach Einschätzung des öffentlichen Auftraggebers **„erheblichen Einfluss"** des eingesetzten Personals auf die Auftragsausführung. Dies ist dahingehend zu verstehen, dass der auszuführende Bauauftrag in einem mehr als lediglich durchschnittlichen Maße „personengeprägt" sein muss. Erwägungsgrund 94 RL 2014/24/EU verweist beispielhaft auf Aufträge für geistig-schöpferische Dienstleistungen, wie Beratungstätigkeiten oder Architektenleistungen.[100] Der Rückgriff auf die Organisation, Qualifikation und Erfahrung des mit der Ausführung des Auftrags betrauten Personals kommt daher in erster Linie bei Bauaufträgen in Betracht, die vom späteren Auftragnehmer auch die Erbringung von **Planungsleistungen** verlangen. Notwendig ist dies allerdings nicht: Etwa im Bereich handwerklicher Tätigkeiten mit **denkmalschutzrechtlichen** Anforderungen erscheint es sehr gut vertretbar, von dieser Möglichkeit Gebrauch zu machen. 39

Entscheidet sich der öffentliche Auftraggeber dafür, bedarf es nicht nur der sorgfältigen Konkretisierung. Darüber hinaus ist mithilfe geeigneter **vertraglicher Mittel sicherzustellen,** dass die zur Auftragsausführung eingesetzten Mitarbeiter die angegebenen Qualitätsnormen effektiv erfüllen und dass diese Mitarbeiter **nur mit Zustimmung des öffentlichen Auftraggebers ersetzt** werden können, wenn dieser sich davon überzeugt hat, dass das Ersatzpersonal ein gleichwertiges Qualitätsniveau hat.[101] 40

i) Kundendienst und technische Hilfe sowie Ausführungsfrist. „Kundendienst" bzw. „technische Hilfe" spielen im Bereich der Bauleistungen eine erhebliche Rolle, insbesondere in den haustechnischen Gewerken. **§ 13 Abs. 4 Nr. 2 VOB/B** knüpft die Dauer der Gewährleistungszeit an die Übertragung der Wartungsleistungen an den Auftragnehmer. In zahlreichen typischerweise von öffentlichen Auftraggebern betriebenen Gebäuden wie Krankenhäusern, Laboratorien oder sonstigen Bauwerken aus dem Bereich der Infrastruktur ist die nach Möglichkeit ununterbrochene störungsfreie Nutzung der Leistung von großer Bedeutung. Es ist daher häufig nicht nur sachgerecht, sondern nachgerade geboten, die Erbringung von Wartungsleistungen nicht nur zum Gegenstand der 41

---

[96] Kapellmann/Messerschmidt/*Frister* Rn. 24.
[97] Kapellmann/Messerschmidt/*Frister* Rn. 24.
[98] Vgl. ergänzend Erwägungsgrund 93 RL 2014/24/EU.
[99] Vgl. dazu *Hölzl/Friton* NZBau 2008, 307; *Freise* NZBau 2009, 225.
[100] Fraglich daher Ingenstau/Korbion/*von Wietersheim* § 16d Rn. 15, dem zufolge die Voraussetzung nicht erfüllt sein soll, wenn die angestrebte Qualität als Bestandteil einer Ausbildung stets verlangt wird und daher unterschiedslos von allen ausreichend ausgebildeten Personen erreicht wird. Damit würden zB Architekten – entgegen der RL 2014/24/EU – gerade aus dem Anwendungsbereich des Abs. 2 Nr. 2 lit. b herausfallen.
[101] Vgl. Erwägungsgrund 94 RL 2014/24/EU.

42 Vergabe zu machen, sondern bei der Zuschlagserteilung mit einem ihrer Bedeutung entsprechenden Gewicht zu versehen.

42 Die **Ausführungsfrist** gem. § 5 Abs. 1 VOB/B wird üblicherweise in den Vertragsunterlagen festgelegt. Sie soll aus Sicht des Auftraggebers regelmäßig in keiner Weise zur Disposition des Auftragnehmers stehen. Möchte der Auftraggeber jedoch ausnahmsweise die gegenüber seiner Planung vorfristige Fertigstellung bereits bei der Angebotswertung honorieren, muss er dies entsprechend deutlich machen.[102] Denkbar erscheint es ferner, eine kürzere Ausführungsfrist im Zusammenhang mit der Verwendung spezieller, zeitsparender, aber ggf. kostenintensiverer Technologien zu berücksichtigen, etwa im Rahmen eines Nebenangebots.

43 **j) Rentabilität.** Anders als § 16d Abs. 1 Nr. 3 in Abschnitt 1 benennt Abs. 2 die Rentabilität nicht als mögliches Zuschlagskriterium. Aufgrund des nicht abschließenden Charakters der Aufzählung in Abs. 2 kann aber zweifelsfrei auch im Rahmen eines Vergabeverfahrens oberhalb der Schwellenwerte die Rentabilität ein zulässiges Zuschlagskriterium sein. Im Rahmen des Kriteriums Rentabilität sollen die Auswirkungen der Baumaßnahme auf die Ertragslage des Unternehmens einerseits bzw. die Haushaltslage des öffentlichen Auftraggebers andererseits oder auf die „künftige Wirtschaftlichkeit" der Baumaßnahme für den Auftraggeber Berücksichtigung finden können.[103] Wie diese wenig trennscharfen Formulierungen belegen, harrt das Kriterium der Rentabilität noch der vergaberechtlichen Ausformung.[104]

44 **4. Verbindung zum Auftragsgegenstand.** Dem öffentlichen Auftraggeber kommt bei der Auswahl, Festlegung und Ausgestaltung grundsätzlich ein weiter Ermessensspielraum zu. Er ist auch nicht an die in Nr. 2 S. 2 lit a–c aufgeführten Kriterien gebunden. Abs. 2 Nr. 2 S. 3 stellt jedoch die bei der Ausübung seines Ermessens zu beachtende Grenze dar. So müssen die Zuschlagskriterien mit dem Auftragsgegenstand in Verbindung stehen. Diese Vorgabe fand sich bereits in Art. 53 Abs. 2 Vergabe-RL 2004, dem Art. 67 Abs. 2 RL 2014/24/EU entspricht. Sie ist Ausdruck des vergaberechtlichen Transparenzprinzips.[105] Werden Zuschlagskriterien gebildet, die keine hinreichende Verbindung zum Auftragsgegenstand aufweisen, besteht die Gefahr einer von sachfremden Erwägungen getragenen oder zumindest beeinflussten Vergabeentscheidung.[106]

45 Nicht im Einklang mit der RL 2014/24/EU stünde allerdings die Forderung, die Zuschlagskriterien müssten sich unmittelbar aus dem Auftragsgegenstand ergeben bzw. aus ihm ableiten lassen.[107] Dies hat das OLG Düsseldorf bereits in seiner „Patientenprogramm"-Entscheidung zur Vorwirkung der RL 2014/24/EU vom 19.11.2014 richtig entschieden.[108] Abs. 2 Nr. 2 S. 4 lässt vielmehr eine sehr weit gefasste Verbindung zu. So genügt es, wenn sich die Zuschlagskriterien **„in irgendeiner Hinsicht"** und **„in irgendeinem Lebenszyklus-Stadium"** auf den Gegenstand des Auftrags beziehen. Dies gilt ausdrücklich auch für den Fall, dass sich diese Faktoren „nicht auf die materiellen Eigenschaften des Auftragsgegenstandes auswirken". Ergänzend ist auf § 127 Abs. 3 GWB zu verweisen, der die Anforderungen ein wenig schärfer konturiert. Demnach kann die hinreichende Verbindung bejaht werden, wenn sich ein Zuschlagskriterium auf Prozesse im Zusammenhang mit der **Herstellung, Bereitstellung oder Entsorgung** der Leistung, auf den **Handel** mit der Leistung oder auf ein anderes Stadium im Lebenszyklus der Leistung bezieht (→ GWB § 127 Rn. 67 ff.).

46 **5. Weitere Transparenzanforderungen (Nr. 3).** Gemäß Abs. 2 Nr. 3 müssen die Zuschlagskriterien so festgelegt und bestimmt sein, dass die Möglichkeit eines wirksamen Wettbewerbs gewährleistet wird, der Zuschlag nicht willkürlich erteilt werden kann und eine wirksame Überprüfung möglich ist, ob und inwieweit die Angebote die Zuschlagskriterien erfüllen. Damit werden im Grunde die allgemeinen und insoweit auch selbstverständlichen Anforderungen wiederholt, die ohnehin an jedes Vergabeverfahren gestellt werden.[109] Es wird daher auf die Ausführungen zu Abs. 2 Nr. 1 verwiesen (→ Rn. 21 f.). In Ergänzung dazu ist klarzustellen, dass die „wirksame Überprüfung" durch die Nachprüfungsinstanzen in Bezug auf die Erfüllung der Zuschlagskriterien

---

[102] Vgl. EuGH Urt. v. 4.12.2003 – C-448/01, Slg. 2003, I-14527 Rn. 58 = NZBau 2004, 105 – EVN und Wienstrom; Kapellmann/Messerschmidt/*Frister* § 16d Rn. 45.

[103] Ingenstau/Korbion/*von Wietersheim* § 16d Rn. 25; *Wiedemann* in KMPP § 16 Rn. 283; *Noch* in Müller-Wrede Kompendium VergabeR § 25 Rn. 358.

[104] So auch Ingenstau/Korbion/*von Wietersheim* § 16d Rn. 25.

[105] EuGH Urt. v. 10.5.2012 – C-368/10 Rn. 86 ff., NZBau 2012, 445 (453) – Max Havelaar.

[106] Vgl. noch zu Art. 53 Vergabe-RL 2004 EuGH Urt. v. 4.12.2003 – C-448/01, Slg. 2003, I-14527 = NZBau 2004, 105; 1. VK Sachsen Beschl. v. 30.4.2008 – 1/SVK/020-08, IBRRS 2008, 1623; VK Südbayern Beschl. v. 29.6.2010 – Z3-3-3194-1-35-05-10, IBRRS 2010, 4229.

[107] So aber die VK Bund Beschl. v. 10.9.2014 – VK 1-66/14, IBRRS 2014, 3061.

[108] OLG Düsseldorf Beschl. v. 19.11.2014 – VII-Verg 30/14, NZBau 2015, 43.

[109] So auch Ingenstau/Korbion/*von Wietersheim* § 16d Rn. 20.

nur in reduzierter Form stattfindet. Im Rahmen eines Vergabenachprüfungsverfahrens wird lediglich die Rechtmäßigkeit der Vergabeentscheidung darauf hin überprüft, ob die Vergabestelle bei ihrer Wertung der Angebote die Grenzen des ihr eingeräumten Beurteilungsspielraums überschritten hat. Dies ist nur anzunehmen, wenn das vorgeschriebene Verfahren nicht eingehalten wird, die Vergabestelle von einem nicht zutreffenden oder nicht richtig ermittelten Sachverhalt ausgegangen ist, die Wertung willkürlich vorgenommen hat oder der Beurteilungsmaßstab nicht zutreffend angewendet wurde.[110]

6. Vorgabe von Festpreisen oder -kosten (Nr. 4). **Abweichend** von dem Grundsatz, wonach die Leistung in Ansehung des **besten Preis-Leistungs-Verhältnisses** zu vergeben ist, gestattet Abs. 2 Nr. 4 die Zuschlagserteilung **allein** anhand von **qualitativen** Gesichtspunkten. Dabei werden die Preise oder die Kosten vom öffentlichen Auftraggeber fest vorgegeben. Diese Möglichkeit wurde durch Art. 67 Abs. 2 RL 2014/24/EU eröffnet.

In Betracht kommt eine Vergabe unter Vorgabe von Festkosten in etwa dann, wenn dem öffentlichen Auftraggeber für eine ganz bestimmte Bauleistung ein **fixes Budget** zur Verfügung steht, etwa im Zusammenhang mit der Gewährung von Drittmitteln.[111] Im Rahmen der klassischen Einzelgewerkevergabe dürfte die Vorgabe von Festpreisen indessen schwerlich umzusetzen sein.

7. Lebenszykluskosten (Nr. 5–7). Während bei der „klassischen" Bauvergabe nach wie vor die Investitionskosten das Denken und Handeln der meisten öffentlichen Auftraggeber dominieren, legt das Unionsrecht einen deutlichen Schwerpunkt auf eine **umfassendere Kostenbetrachtung.** Öffentliche Auftraggeber sollen die zu vergebende Leistung nach Möglichkeit so beschreiben und bewerten, dass Nachhaltigkeitsziele erreicht werden können. Zu diesem Zweck soll es möglich sein, Angebote einzureichen, die die Diversität der technischen Lösungen, Normen und technischen Spezifikationen auf dem Markt widerspiegeln, einschließlich solcher, die auf der Grundlage von Leistungskriterien im Zusammenhang mit dem Lebenszyklus und der Nachhaltigkeit des Produktionsprozesses der Bauleistungen, Lieferungen und Dienstleistungen erstellt wurden.[112] Mit Art. 68 RL 2014/24/EU widmet die RL 2014/24/EU dem Thema Lebenszyklusberechnung eine eigene Vorschrift, wie auch die VgV in § 59 VgV (→ VgV § 59 Rn. 1 ff.). Die damit sicher intendierte Gewichtung spiegelt sich in der etwas anonymen Verortung in § 16d EU Abs. 2 Nr. 5 und 6 nicht unbedingt wider.

Art. 2 Abs. 1 Nr. 20 RL 2014/24/EU bietet zudem eine **Begriffsdefinition.** „Lebenszyklus" meint demnach „alle aufeinander folgenden und/oder miteinander verbundenen Stadien, einschließlich der durchzuführenden Forschung und Entwicklung, der Produktion, des Handels und der damit verbundenen Bedingungen, des Transports, der Nutzung und Wartung, während der Lebensdauer einer Ware oder eines Bauwerks oder während der Erbringung einer Dienstleistung, angefangen von der Beschaffung der Rohstoffe oder Erzeugung von Ressourcen bis hin zu Entsorgung, Aufräumarbeiten und Beendigung der Dienstleistung oder Nutzung". Diese sehr ausgreifende Definition umfasst damit sowohl „offensichtliche" als auch „versteckte Kosten", etwa für die Erzeugung von Rohstoffen oder die Entsorgung.[113]

Abs. 2 Nr. 5 gliedert die Kosten zusätzlich danach auf, ob sie dem **Auftraggeber selbst** oder aber Dritten bzw. der **Allgemeinheit** entstehen. Auch letztere können in die Berechnung einbezogen werden, sofern sich ihr **Geldwert** bestimmen lässt, wie etwa bei den Kosten der Emission von Treibhausgasen und anderen Schadstoffen sowie sonstigen Kosten für die Eindämmung des Klimawandels.[114] Die Methode zur Bestimmung des Geldwerts muss Abs. 2 Nr. 6 S. 2 genügen. Die beim Auftraggeber selbst anfallenden (und ggf. gegenüber anderen Nutzern in Rechnung gestellten Kosten) umfassen den Preis, dh die Kosten des eigentlichen Bauwerks, ferner Nutzungskosten, Wartungskosten sowie die Kosten, die dem öffentlichen Auftraggeber im Zusammenhang mit der Beseitigung der baulichen Anlage entstehen.

Abs. 2 Nr. 6 regelt das bei der Bewertung des Lebenszyklusansatzes zu beachtende **Verfahren,** wobei sich die Anforderungen letztlich bereits aus dem Gebot zur Wahrung der Transparenz des Vergabeverfahrens nach § 97 Abs. 1 GWB ergeben. So hat der öffentliche Auftraggeber in der Auftragsbekanntmachung oder in den Vergabeunterlagen die vom Unternehmer bereitzustellenden Daten und die Methode zur Ermittlung der Lebenszykluskosten zu benennen.

---

[110] BGH Beschl. v. 23.3.2011 – X ZR 92/09, NZBau 2011, 438; VK Sachsen Beschl. v. 13.5.2016 – 1/SVK/004-16, VPRRS 2016, 0457.
[111] Ingenstau/Korbion/*von Wietersheim* Rn. 23.
[112] Erwägungsgrund 74 RL 2014/24/EU; vgl. ferner die Erwägungsgründe 92, 95, 96, 97, 129 RL 2014/24/EU.
[113] Ziekow/Völlink/*Herrmann* VgV § 59 Rn. 14.
[114] Beck VergabeR/*Opitz* Rn. 64–66.

53 Will der öffentliche Auftraggeber die in Abs. 2 Nr. 5 genannten **externen Umweltkosten** berücksichtigen, muss die Methode zu deren Bewertung den Anforderungen des Transparenzgebots und des Diskriminierungsverbots genügen, dh sie muss auf objektiv nachprüfbaren und nichtdiskriminierenden Kriterien beruhen, für alle interessierten Parteien zugänglich sein und gewährleisten, dass sich die geforderten Daten von den Unternehmen mit vertretbarem Aufwand bereitstellen lassen.[115]

54 Abs. 2 Nr. 7 enthält abschließend eine Sonderregelung für den Fall, dass eine gemeinsame Methode zur Berechnung der Lebenszykluskosten durch einen **Rechtsakt** der **Europäischen Union** verbindlich vorgeschrieben wird. Ist dies erfolgt, findet diese gemeinsame Methode bei der Bewertung der Lebenszykluskosten Anwendung. Zum Zeitpunkt der Veröffentlichung dieser Kommentierung existiert ein solcher Rechtsakt – in Betracht kommen der Erlass von Verordnungen, Richtlinien und Entscheidungen der Kommission –[116] allerdings nach wie vor noch nicht. Es liegen lediglich unverbindliche Mitteilungen oder Empfehlungen vor, die zum Teil Niederschlag in einschlägigen Normwerken gefunden haben, die allerdings nicht die Qualität eines Rechtsakts besitzen.[117]

IV. Wertung von Angeboten mit abweichenden technischen Spezifikationen nach § 13 EU Abs. 2

55 Anders als Abs. 2 betrifft Abs. 3 wieder den konkreten Wertungsvorgang. Die Vorschrift ist als Ergänzung zu § 13 EU Abs. 2 S. 1 einerseits und zu § 16 EU andererseits zu sehen. Gemäß Abs. 3 ist ein Angebot nach § 13 EU Abs. 2 S. 1, also ein Angebot, das in zulässiger Weise von den technischen Spezifikationen der Leistungsbeschreibung abweicht, als Hauptangebot zu werten. Dies bedeutet, dass es nicht als Nebenangebot behandelt und entsprechend gewertet werden darf. Gemäß § 13 EU Abs. 2 darf eine solche Leistung angeboten werden, wenn sie mit dem geforderten Schutzniveau in Bezug auf Sicherheit, Gesundheit und Gebrauchstauglichkeit gleichwertig ist. Die Abweichung muss im Angebot eindeutig bezeichnet sein. Die Gleichwertigkeit ist mit dem Angebot nachzuweisen (→ § 13 EU Rn. 98 f.).

56 Abs. 3 stellt gleichsam vorsorglich nochmals klar, dass es falsch wäre, ein derartiges Angebot als Nebenangebot zu behandeln, wobei die theoretische Unterscheidung leichter fällt als die praktische. Bei § 13 EU Abs. 2 S. 1 geht es darum, dass die Leistung anhand von allgemein formulierten, standardisierten technischen Vorgaben beschrieben ist und der Bieter sie ausdrücklich nicht einhalten will.[118] Nicht gem. § 13 EU Abs. 2 S. 1 zulässig ist die Abweichung von individuellen, auf das konkrete Bauvorhaben bezogene Funktions- oder Leistungsanforderungen.[119] Enthalten Angebote derartige Abweichungen, sind sie zwingend auszuschließen.[120] Die Umdeutung in ein Nebenangebot kommt nicht in Betracht, da Nebenangebote, wenn sie nicht auf gesonderter Anlage erstellt und als solche gekennzeichnet sind, zwingend vom Vergabeverfahren ausgeschlossen werden müssen (vgl. § 16 EU Nr. 6 iVm § 13 EU Abs. 3 S. 2.[121]

57 Bei der Wertung muss der Auftraggeber zusätzlich prüfen, ob die angebotene Leistung trotz der Abweichung gem. § 13 EU Abs. 2 mit dem geforderten Schutzniveau in Bezug auf Sicherheit, Gesundheit und Gebrauchstauglichkeit gleichwertig ist. Ist dies nicht der Fall, muss das Angebot

---

[115] Art. 67 Abs. 2 RL 2014/24/EU legt fest, dass sich diese Anforderung im Speziellen auf Wirtschaftsteilnehmer bezieht, die ihrer Sorgfaltspflicht in normalem Maße nachkommen, einschließlich Wirtschaftsteilnehmern aus Drittstaaten, die dem GPA oder anderen, für die Union bindenden internationalen Übereinkommen beigetreten sind.
[116] Ziekow/Völlink/*Herrmann* VgV § 59 Rn. 28.
[117] Zu nennen wäre etwa die Lebenszykluskostenberechnung nach DIN 18960 oder die DIN EN 60300-3-3: 2004 – Anwendungsleitfaden Lebenszykluskosten des Deutschen Instituts für Normung, die Richtlinie VDI 2884: 2005 des VDI – Beschaffung, Betrieb und Instandhaltung von Produktionsmittel unter Anwendung von Life Cycle Costing (LCC) sowie die Richtlinie VDI 2067: 2012 des VDI – Wirtschaftlichkeit gebäudetechnischer Anlagen – Grundlagen- und Kostenberechnung, vgl. Ziekow/Völlink/*Herrmann* VgV § 59 Rn. 29 m. Fn. 16, ferner *Wiedemann* in KKMPP VgV § 59 Rn. 26.
[118] Kapellmann/Messerschmidt/*Planker* § 13 Rn. 30.
[119] Beck VergabeR/*Opitz* Rn. 72. § 13 EU Abs. 2, der Art. 42 Abs. 5 RL 2014/24/EU umsetzt, stellt nicht auf den in der Richtlinie 2014/24/EU im Übrigen und auch in Nr. 1 des Anhangs TS verwendeten weiten Begriff der Technischen Spezifikation ab. Dieser bezeichnet sämtliche technische Anforderungen der Leistungsbeschreibung als „technische Spezifikation". § 13 EU Abs. 2 meint indes den engeren Begriff der „Technischen Spezifikation" gem. Art. 42 Abs. 3 lit. b RL 2014/24/EU.
[120] Ziekow/Völlink/*Steck* Rn. 29.
[121] Beck VergabeR/*Opitz* Rn. 73.

zwingend ausgeschlossen werden, weil es den Anforderungen des Leistungsverzeichnisses nicht entspricht.[122]

V. Wertung von Nebenangeboten

1. Grundsatz. Anders als § 16d Abs. 3 in Abschnitt 1 enthält § 16d EU keine Regelung zur Wertung von Nebenangeboten. Diese findet sich letztlich in § 16 EU Nr. 5, sodass hier grundsätzlich auf die dortige Kommentierung verwiesen werden kann (→ § 16 EU Rn. 24 f.). 58

Die Wertung von Nebenangeboten bedingt, dass der öffentliche Auftraggeber sie überhaupt **zugelassen** hat. Dies hat ausdrücklich zu geschehen; äußert sich die Vergabestelle nicht zu Nebenangeboten, so sind sie gem. § 8 EU Abs. 2 Nr. 3 S. 2 – im Gegensatz zur Regelung in Abschnitt 1 – nicht zugelassen. Diese Regelung geht auf Art. 45 Abs. 1 RL 2014/24/EU zurück, wurde vom DVA aber offenbar nicht als grundsätzlich überzeugend angesehen und daher nicht in Abschnitt 1 übernommen. Nicht zugelassene Nebenangebote sind gem. § 16 EU Nr. 5 bereits auf der ersten Wertungsstufe auszuschließen. 59

2. Mindestanforderungen. Die rechtskonforme Wertung von Nebenangeboten setzt neben ihrer Zulassung voraus, dass der öffentliche Auftraggeber gem. § 8 EU Nr. 3 S. 4 lit. b Mindestanforderungen an die einzureichenden Angebote gestellt hat (→ § 8 EU Rn. 8).[123] Gemeint sind inhaltliche, nicht formale Mindestanforderungen; letztere ergeben sich aus § 13 EU Abs. 3.[124] Hat der Auftraggeber dies unterlassen, können gleichwohl eingereichte Nebenangebote nicht berücksichtigt werden.[125] 60

Sind Nebenangebote zugelassen und auch Mindestanforderungen aufgestellt worden, muss der Auftraggeber prüfen, ob die Nebenangebote diesen Mindestanforderungen entsprechen. Anderenfalls hat ebenfalls der Ausschluss gem. § 16 EU Nr. 5 zu erfolgen.[126] 61

Durch den Gesetz- bzw. Richtliniengeber zwischenzeitlich entschieden ist die lange streitige Frage, ob Nebenangebote eingereicht und gewertet werden dürfen, wenn der **Preis das einzige Zuschlagskriterium** ist.[127] Der BGH hatte diesen Streit mit seiner „Stadtbahn Gera"-Entscheidung vom 15.1.2014 dahin entschieden, dass sowohl bei Vergaben oberhalb als auch bei Unterschwellenvergaben die Wertung von Nebenangeboten ausscheide, wenn der Preis das alleinige Zuschlagskriterium darstellt.[128] § 8 EU Abs. 2 Nr. 3 S. 6 stellt nunmehr jedoch ausdrücklich klar, dass Nebenangebote auch dann zuzulassen werden können, wenn der Preis das einzige Zuschlagskriterium ist (→ § 8 EU Rn. 8). 62

3. Gleichwertigkeitsprüfung. Ein zentraler Streitpunkt im Zusammenhang mit der Wertung von Nebenangeboten war lange die Frage, ob Nebenangebote „gleichwertig" zu den Hauptangeboten sein müssen.[129] Der BGH hat diese Frage – ebenfalls in der „Stadtbahn-Gera"-Entscheidung – so beantwortet, dass im Rahmen von Vergaben oberhalb der EU-Schwellenwerte keine Gleichwertigkeitsprüfung erfolgen dürfe.[130] Zur Begründung führt er aus, dass derartige (ungeschriebenen) Gleichwertigkeitsprüfungen zwar im Einzelfall geeignet sein könnten, den Wert von Nebenangeboten im Verhältnis zu den abgegebenen Hauptangeboten zu beurteilen. Generell genüge eine Gleichwertigkeitsprüfung jedoch nicht den Anforderungen an transparente Wertungskriterien, da für die 63

---

[122] OLG München Beschl. v. 28.7.2008 – Verg 10/08, BeckRS 2008, 17225 = NZBau 2008, 794 (Ls.); Ingenstau/Korbion/*von Wietersheim* § 16d Rn. 28; Ziekow/Völlink/*Steck* Rn. 23.
[123] Bereits in seiner „ASFINAG"-Entscheidung hat der EuGH Urt. v. 16.10.2003 – C-421/01, NZBau 2004, 279, die Verpflichtung des Auftraggebers, Mindestbedingungen vorzugeben, statuiert.
[124] Kapellmann/Messerschmidt/*Frister* Rn. 27.
[125] Kapellmann/Messerschmidt/*Frister* Rn. 27.
[126] Kapellmann/Messerschmidt/*Frister* Rn. 27.
[127] Dagegen sprach sich aus das OLG Düsseldorf Beschl. v. 18.10.2010 – VII-Verg 39/10, NZBau 2011, 57; OLG Düsseldorf Beschl. v. 7.1.2010, 23.3.2010 – VII-Verg 61/09 und Beschl. v. 9.3.2011 – VII-Verg 52/10, BeckRS 2011, 08605; dafür das OLG Schleswig Beschl. v. 15.4.2011 – 1 Verg 10/10, NZBau 2011, 375. Die Vorlage zum BGH erfolgte durch das OLG Jena Beschl. v. 16.9.2013 – 9 Verg 3/13, BeckRS 2013, 16683.
[128] BGH Beschl. v. 7.1.2014 – X ZB 15/13, NZBau 2014, 185 = ZfBR 2014, 278 = BeckRS 2014, 02188.
[129] Vgl. OLG Schleswig Beschl. v. 15.4.2011 – 1 Verg 10/10, NZBau 2011, 375 (378) = VergabeR 2011, 586 (591) – säulenförmige Gründung; OLG München Beschl. v. 9.9.2010 – Verg 16/10, NZBau 2010, 720 Ls. = BeckRS 2010, 22055; OLG Brandenburg Beschl. v. 29.7.2008 – Verg W 10/08, BeckRS 2008, 15856 = VergabeR 2009, 222; OLG Brandenburg Beschl. v. 17.5.2010 – Verg W 16/10, BeckRS 2011, 22444 = VergabeR 2012, 124; OLG Frankfurt a. M. Beschl. v. 26.6.2012 – 11 Verg 12/11, BeckRS 2012, 18676 = VergabeR 2012, 884 (894); vgl. auch *Kues/Kirch* NZBau 2011, 335; *Dittmann* in KKPP GWB § 16 Rn. 293 ff.; vgl. auch Ziekow/Völlink/*Vavra*, 2. Aufl. 2013, § 16 Rn. 62.
[130] BGH Beschl. v. 7.1.2014 – X ZB 15/13, NZBau 2014, 185 = ZfBR 2014, 278 = BeckRS 2014, 02188.

Bieter bei Angebotsabgabe nicht mehr mit angemessenem Sicherheitsgrad voraussehbar sei, welche Varianten die Vergabestelle bei der Wertung noch als gleichwertig anerkennen wird und welche nicht mehr. Zudem drohe eine Gleichwertigkeitsprüfung mit den Mindestanforderungen in Konflikt zu geraten.[131]

VI. Wertung von Preisnachlässen

64 Nach § 16d EU Abs. 4 sind Preisnachlässe ohne Bedingung nicht zu werten, wenn sie nicht an der vom öffentlichen Auftraggeber nach § 13 EU Abs. 4 **bezeichneten Stelle** aufgeführt sind. Unaufgefordert angebotene Preisnachlässe mit Bedingungen für die Zahlungsfrist (Skonti) werden bei der Wertung der Angebote nicht berücksichtigt. **Unbedingte Preisnachlässe** sind grundsätzlich zulässig. Ein unbedingter Preisnachlass liegt vor, wenn der Auftraggeber gegen einen geringeren Preis genau das erhalten soll, was er nach dem Inhalt seiner Ausschreibung erwartet.[132] Folglich führen unbedingte Preisnachlässe nicht zu einer Änderung der Vergabeunterlagen. Sie können aber nur dann gewertet werden, wenn sie an einer vom Auftraggeber in den Vergabeunterlagen bezeichneten Stelle aufgeführt sind. Ein den Geboten von Transparenz und Gleichbehandlung entsprechendes Vergabeverfahren setzt voraus, dass die geforderten Erklärungen an denjenigen Stellen abgegeben werden, an denen sie den Ausschreibungsunterlagen zufolge abzugeben sind. Hält sich der Bieter nicht an diese Vorgaben, so ist sein Angebot zwingend auszuschließen (§ 16 EU Nr. 2).[133] Unerheblich ist dabei, ob die Erklärungen den inhaltlich gestellten Anforderungen entsprechen.

65 Preisnachlässe mit Bedingungen für die Zahlungsfrist **(Skonti)** können bei der Wertung nur dann berücksichtigt werden, wenn sie als Zuschlagskriterium in der Bekanntmachung oder den Vergabeunterlagen bekannt gemacht worden sind.[134] Zur Wahrung der Transparenz und Vermeidung von Manipulationen, müssen die Voraussetzungen für die Berücksichtigung des Skontos in den Vergabeunterlagen oder der Bekanntmachung klar und eindeutig umschrieben sein.[135] Die Aufforderung, Skontoabzüge anzubieten, ist aus Sicht der Bieter dahin zu verstehen, dass nur solche Skonti berücksichtigungsfähig sind, deren Voraussetzungen der Auftraggeber realistischer Weise auch erfüllen kann.[136] Der Nachlass darf dabei nur von Handlungen des Auftraggebers abhängig gemacht werden.[137]

VII. Geltung bei bestimmten Verfahrensarten

66 Abs. 5 trifft Bestimmungen für die Geltung der Abs. 1–4 sowie der §§ 16 EU, 16b EU und 16c EU bei Verhandlungsverfahren, wettbewerblichen Dialogen und Innovationspartnerschaften. Während die Bestimmungen der Abs. 1 und 2 sowie der §§ 16b EU, 16c EU Abs. 2 in diesen Vergabearten uneingeschränkt gelten, sind die Abs. 3 und 4 sowie §§ 16 EU, 16c EU Abs. 1 lediglich entsprechend anzuwenden. Das trägt dem Umstand Rechnung, dass die Ausschlussbestimmungen sowie die Regelungen zur Behandlung von Angeboten nach § 13 Abs. 2 bei den genannten Verfahrensarten nur modifiziert gelten können, insbesondere in Hinsicht auf die **Erstangebote.**

67 § 16 EU Nr. 1 wird dabei auch auf Erstangebote anzuwenden sein, während Angebote, die § 13 EU Abs. 1 Nr. 1, 2 und 5 nicht entsprechen, im Zweifel nicht auszuschließen sind, soweit fehlende Preis und Erklärungen im Laufe des Verfahrens noch eingeholt bzw. Zweifel an den Eintragungen des Bieters ausgeräumt werden können.[138] Es empfiehlt sich, dass der Auftraggeber die geltenden Regelungen zur Wahrung des Transparenzgebots möglichst eindeutig vorgibt.

§ 17 EU Aufhebung der Ausschreibung

(1) Die Ausschreibung kann aufgehoben werden, wenn:
1. kein Angebot eingegangen ist, das den Ausschreibungsbedingungen entspricht,
2. die Vergabeunterlagen grundlegend geändert werden müssen,
3. andere schwerwiegende Gründe bestehen.

---

[131] BGH Beschl. v. 14.1.2014 – X ZB 15/13, NZBau 2014, 185, 187.
[132] VK Sachsen Beschl. v. 10.11.2006 – 1/SVK/96-06, IBRRS 2007, 0533.
[133] BGH Urt. v. 20.1.2009 – X ZR 113/07, NZBau 2009, 262.
[134] Ingenstau/Korbion/*von Wietersheim* § 13 Rn. 32; BayObLG Beschl. v. 9.9.2004 – Verg 18/04, BeckRS 2004, 100016.
[135] BGH Urt. v. 11.3.2008 – X ZR 134/05, NZBau 2008, 459.
[136] BGH Urt. v. 11.3.2008 – X ZR 134/05, NZBau 2008, 459.
[137] Kapellmann/Messerschmidt/*Frister* § 16d Rn. 70.
[138] Ingenstau/Korbion/*von Wietersheim* § 16d Rn. 44; vgl. ferner OLG Düsseldorf Beschl. v. 29.6.2017 – Verg 7/17, IBRRS 2017, 3489 = VPRRS 2017, 0315.

(2)
1. Die Bewerber und Bieter sind von der Aufhebung der Ausschreibung unter Angabe der Gründe, gegebenenfalls über die Absicht, ein neues Vergabeverfahren einzuleiten, unverzüglich in Textform zu unterrichten.
2. Dabei kann der öffentliche Auftraggeber bestimmte Informationen zurückhalten, wenn die Weitergabe
   a) den Gesetzesvollzug behindern,
   b) dem öffentlichen Interesse zuwiderlaufen,
   c) die berechtigten geschäftlichen Interessen von öffentlichen oder privaten Unternehmen schädigen oder
   d) den fairen Wettbewerb beeinträchtigen würde.

Schrifttum: *Burbulla*, Aufhebung der Ausschreibung und Vergabenachprüfungsverfahren, ZfBR 2009, 134; *Dieck-Bogatzke*, Probleme der Aufhebung der Aufhebung, VergabeR 2008, 392; *Gnittke/Michels*, Aufhebung der Aufhebung einer Ausschreibung durch die Vergabekammer, VergabeR 2002, 571; *Jasper/Pooth*, Rechtsschutz gegen die Aufhebung einer Ausschreibung, NZBau 2003, 261; *Jürschik*, „Aufhebung der Aufhebung" und Kontrahierungszwang bei der öffentlichen Auftragsvergabe, VergabeR 2013, 663; *Kaelble*, Anspruch auf Zuschlag und Kontrahierungszwang im Vergabeverfahren, ZfBR 2003, 657; *Summa*, § 28 VOB/A – Notwendigkeit einer vergaberechtsspezifischen Auslegung und Anwendung im Nachprüfungsverfahren?, VergabeR 2007, 734.

Übersicht

		Rn.			Rn.
I.	Regelungsgehalt und Überblick	1	V.	Mitteilungspflicht (Abs. 2)	27
II.	Grundsatz: Kein Kontrahierungszwang	5	1.	Grundsatz (S. 1)	27
			2.	Ausnahme von der Mitteilungspflicht (S. 2)	31
III.	Aufhebungsgründe (Abs. 1)	10	VI.	Rechtsschutz	33
1.	Kein ordnungsgemäßes Angebot eingegangen (Nr. 1)	11	1.	Primärrechtsschutz	33
2.	Vergabeunterlagen müssen grundlegend geändert werden (Nr. 2)	14	2.	Schadensersatz	34
				a) Rechtsgrundlagen	35
3.	Andere schwerwiegende Gründe (Nr. 3)	18		b) Voraussetzungen	36
				c) Anspruchsinhalt	38
IV.	Ermessen	23		d) Rechtmäßiges Alternativverhalten	40

I. Regelungsgehalt und Überblick

§ 17 EU legt fest, unter welchen Voraussetzungen der öffentliche Auftraggeber Ausschreibungen oberhalb der EU-Schwellenwerte auf andere Weise als durch die Erteilung des Zuschlags (§ 18 EU) rechtmäßig beenden kann.[1] Sie findet ihre Entsprechung in § 63 VgV, auf dessen Kommentierung daher ergänzend verwiesen werden kann (*Pauka* in Band 3 → VgV § 63 Rn. 1 ff.). Zwar betrifft § 17 EU seinem Wortlaut nach lediglich **„Ausschreibungen"**, dh in Übertragung der Begrifflichkeit aus dem ersten Abschnitt der VOB/A lediglich das offene und das nicht offene Verfahren (quasi als EU-Version der öffentlichen bzw. beschränkten Ausschreibung). Es kann jedoch als inzwischen anerkannt gelten, dass grundsätzlich **einheitliche Anforderungen** an die Aufhebung gelten müssen.[2] Es ist auch

1

---

[1] Ein sog. „stilles Auslaufen", dh eine Beendigung des Verfahrens weder durch Zuschlagserteilung noch durch Aufhebung ist im Vergaberecht nicht vorgesehen und würde im Zweifel als „stillschweigende" Aufhebung angesehen, *Pauka* in Band 3 → VgV § 63 Rn. 4; ferner *Kaelble* ZfBR 2003, 657 (663). Allerdings kann das Vergabeverfahren auch durch die Fiktion gem. § 177 GWB beendet werden, dann nämlich, wenn der Auftraggeber mit einem Antrag auf vorzeitige Zuschlagserteilung gescheitert ist und in der Folge nicht die Maßnahmen zur Herstellung der Rechtmäßigkeit ergreift, die sich aus der Entscheidung des Beschwerdegerichts ergeben. Allerdings handelt es sich hier nicht um eine Beendigung durch den Auftraggeber, sondern lediglich um einen Rechtsreflex aus seinem Verhalten.

[2] Ingenstau/Korbion/*Portz* Rn. 12; Kapellmann/Messerschmidt/*Glahs* Rn. 26, vgl. ferner *Hölzl/Friton* Anm. zu OLG Celle Beschl. v. 13.11.2011 – 13 Verg 15/10, VergabeR 2011, 531 (536); aA allerdings, unter Verweis auf die nicht erfolgte Anpassung des Wortlauts in der VOB/A 2019, Beck VergabeR/*Mehlitz* Rn. 7. Demnach sollen für Verhandlungsverfahren und wettbewerbliche Dialoge weniger strenge Anforderungen an eine Aufhebung als in offenen und nicht offenen Verfahren gestellt werden. Für den wettbewerblichen Dialog ist aber in erster Linie an § 3b EU Abs. 4 Nr. 6 lit. b als *lex specialis* für die vorzeitige Beendigung des Dialogs zu denken, für die Beendigung der Innovationspartnerschaft an § 3b EU Abs. 5 Nr. 8, s. Ziekow/Völlink/*Herrmann* Rn. 7 f.

in keiner Weise ersichtlich, weshalb für die Vergabe von Liefer- oder Dienstleistungen ein strengerer Maßstab gelten soll als für Bauvergaben. Zudem greift spätestens seit der detailreichen Neufassung des § 3b EU Abs. 3 das Argument nicht mehr, wonach es sich bei einem Verhandlungsverfahren um ein im Wesentlichen formfreies Verfahren handelt, dessen Teilnehmer weniger schutzbedürftig sind.[3] Überdies verlangt zumindest Abs. 2 die Information auch von „Bewerbern", und erfasst damit potenziell alle zweistufigen Verfahren, sofern für diese keine Sonderregelungen greifen.[4] Andererseits muss es auch gem. § 17 EU – wie wiederum in § 63 VgV ausdrücklich vorgesehen – schon aus Gründen der **Verhältnismäßigkeit** (§ 97 Abs. 1 S. 2 GWB) möglich sein, Verfahren lediglich **zum Teil**, etwa losweise, aufzuheben.[5] Generell ist die Aufhebung als ultima ratio des Auftraggebers anzusehen, der stets eine umfassende Interessenabwägung unter Berücksichtigung möglicher Alternativen (wie etwa der Zurückversetzung oder eben einer Teilaufhebung) vorauszugehen hat.[6]

2 Wichtig für das Verständnis des § 17 EU ist die Notwendigkeit, zwischen der **Zulässigkeit** der Aufhebung und deren **Wirksamkeit** zu unterscheiden. Eine zulässige Aufhebung setzt voraus, dass einer der Aufhebungsgründe gem. Abs. 1 Nr. 1–3 vorliegt. Allerdings ist die Aufhebung **auch dann in aller Regel wirksam**, wenn sie **unzulässig** ist (zur Frage der „Aufhebung der Aufhebung" → Rn. 8), dh ein Vertragsschluss gegen den Willen des Auftraggebers kann nicht erzwungen werden. Darüber hinaus ist es möglich, dass die Aufhebung **zwar zulässig** ist (dh ein Aufhebungsgrund liegt vor), ihr aber ein **rechtswidriges Verhalten** des Auftraggebers **vorangig.** In diesen Fällen haben die betroffenen Bieter ebenso wie bei der unzulässigen Aufhebung unter Umständen Anspruch auf **Schadensersatz** gegen den öffentlichen Auftraggeber.[7]

3 Nach Abs. 2 der Vorschrift sind die Bewerber und Bieter von der Aufhebung zu **unterrichten;** die Gründe sind anzugeben. Allerdings erlaubt Abs. 2 S. 2 unter bestimmten Voraussetzungen, „bestimmte Informationen" zurückzuhalten. Diese an die Regelung in § 134 Abs. 3 S. 2 GWB angelehnte Bestimmung ist sowohl der Parallelvorschrift im ersten Abschnitt als auch § 63 VgV fremd, entspricht jedoch der allgemeinen Bestimmung in Art. 55 Abs. 3 RL 2014/24/EU.

4 § 17 EU hat im Übrigen – wie auch § 63 VgV – keine direkte Entsprechung in der RL 2014/24/EU. In Art. 55 Abs. 1 RL 2014/24/EU findet die Aufhebung lediglich indirekte Erwähnung, ohne dass hierfür jedoch konkrete Voraussetzungen benannt werden. Die Formulierung abschließender Aufhebungsgründe steht jedoch im Einklang mit der Richtlinie und dem Primärrecht und kann als Ausformung des Transparenzgebots, des Gleichbehandlungsgrundsatzes sowie des Diskriminierungsverbots angesehen werden.[8]

II. Grundsatz: Kein Kontrahierungszwang

5 Anders als § 63 Abs. 1 S. 2 VgV sieht § 17 EU nicht ausdrücklich vor, dass der öffentliche Auftraggeber grundsätzlich **nicht verpflichtet** ist, den **Zuschlag zu erteilen.** Der Grundsatz gilt nach ständiger Rechtsprechung gleichwohl auch im Bereich der Bauvergaben, da § 63 Abs. 1 S. 2 VgV nach allgemeiner Ansicht keine neue Rechtslage geschaffen, sondern die bestehende lediglich aufgegriffen hat.[9] Ein Kontrahierungszwang lässt sich weder aus dem Gemeinschaftsrecht noch aus dem nationalen Vergaberecht ableiten.[10]

---

[3] So noch Willenbruch/Wieddekind/*Fett*, 2. Aufl. 2011, 8. Los Rn. 4.
[4] Ingenstau/Korbion/*Portz* Rn. 12. Für den wettbewerblichen Dialog ist in erster Linie an § 3b EU Abs. 4 Nr. 6 lit. b als *lex specialis* für die vorzeitige Beendigung des Dialogs zu denken, für die Beendigung der Innovationspartnerschaft an § 3b EU Abs. 5 Nr. 8, s. Ziekow/Völlink/*Herrmann* Rn. 7 f. So noch Willenbruch/Wieddekind/*Fett*, 2. Aufl. 2011, 8. Los Rn. 4.
[5] OLG Düsseldorf Beschl. v. 12.1.2015 – VII-Verg 29/14, ZfBR 2015, 502; Ingenstau/Korbion/*Portz* Rn. 16.
[6] VK Sachsen Beschl. v. 21.8.2018 – 1/SVK/016-18, VPR 2019, 68; VK Baden-Württemberg Beschl. v. 25.10.2016 – 1 VK 45/16, ZfBR 2017, 287 mwN; demnach hat uU auch noch eine Angebotsaufklärung zu erfolgen; Ingenstau/Korbion/*Portz* § 17 Rn. 20 ff.
[7] VK Südbayern Beschl. v. 15.5.2020 – Z3-3-3194-1-37-10/19, VPRRS 2020, 0187; VK Sachsen Beschl. v. 10.7.2019 – 1/SVK/018-19, VPR 2020, 13; VK Sachsen-Anhalt Beschl. v. 9.2.2018 – VPR 2018, 3178; ausf. zum Ganzen *Jürschik* VergabeR 2013, 663 ff.
[8] Vgl. *Dieck-Bogatzke* VergabeR 2008, 392.
[9] Beck VergabeR/*Mehlitz* Rn. 13; VgV-Begründung BR-Drs. 87/16, 217; *Portz* in KKMPP VgV § 63 Rn. 18; in Bezug auf Bauvergaben s. BGH Beschl. v. 20.3.2014 – X ZB 18/13, NZBau 2014, 310 (312); BGH Beschl. v. 18.2.2003 – X ZB 43/02, NVwZ 2003, 1149; BGH Urt. v. 5.11.2002 – X ZR 232/00, NZBau 2003, 168; OLG Brandenburg Beschl. v. 12.1.2016 – Verg W 4/15, IBR 2016, 229; OLG Düsseldorf Beschl. v. 12.1.2015 – VII-Verg 29/14, BeckRS 2015, 06397; jeweils mwN der Rspr.
[10] EuGH Urt. v. 18.6.2002 – C-92/00, ZfBR 2002, 604; BGH Beschl. v. 20.3.2014 – X ZB 18/13, NZBau 2014, 310. Zu den praktisch eher fernliegenden Fällen eines Kontrahierungszwangs auf der Basis des allgemeinen Wettbewerbsrechts *Kaelble* ZfBR 2003, 657 (659 f.).

Dazu nicht im Widerspruch steht, dass Bieter gem. § 97 Abs. 7 GWB einen Anspruch darauf **6** haben, dass der Auftraggeber die Bestimmungen über das Vergabeverfahren einhält. Daraus folgt gerade nicht der Anspruch, dass der Auftraggeber den Auftrag auch erteilt und demgemäß die Vergabestelle das Vergabeverfahren mit der Erteilung des Zuschlags abschließt.[11]

In einem weiteren Schritt gilt dies **auch dann, wenn keiner** der **Aufhebungsgründe** gem. **7** Abs. 1 Nr. 1–3 vorliegt. Vielmehr müssen laut dem Bundesgerichtshof „Bieter die Aufhebung des Vergabeverfahrens ... nicht nur dann **hinnehmen,** wenn sie von einem der in den einschlägigen Bestimmungen ... aufgeführten Gründen gedeckt und deshalb von vornherein rechtmäßig ist. Aus den genannten Bestimmungen der Vergabe- und Vertragsordnungen folgt nicht im Gegenschluss, dass ein öffentlicher Auftraggeber gezwungen wäre, ein Vergabeverfahren mit der Zuschlagserteilung abzuschließen, wenn keiner der zur Aufhebung berechtigenden Tatbestände erfüllt ist".[12]

Ein **Kontrahierungszwang** folgt auch **nicht** daraus, dass sich Bieter im Wege des Primärrechts- **8** schutzes mit dem Ziel der „**Aufhebung der Aufhebung**" an die Vergabekammer wenden können. Diese Möglichkeit ist zwar grundsätzlich eröffnet.[13] Dies folgt ganz allgemein aus der bereits im Jahre 2002 für die Richtlinie 89/665/EWG aufgestellten Erwägung des EuGH, dass die „praktische Wirksamkeit" des Primärrechtsschutzes beeinträchtigt ist, wenn in einem Nachprüfungsverfahren nicht alle Verstöße gegen das Unionsrecht im Bereich des öffentlichen Auftragswesens oder gegen die einzelstaatlichen Vorschriften, die dieses Recht umsetzen, überprüft und gegebenenfalls aufgehoben werden könnten.[14] Dies bedeutet allerdings **nicht,** dass in denjenigen Fällen, in denen die Vergabekammer die Rechtswidrigkeit der Aufhebung feststellt, entgegen der Regel eine (vollstreckbare) **Pflicht** zur **Zuschlagserteilung** besteht.[15]

Diese Auffassung wird zum Teil bestritten.[16] Demnach soll als „geeignete Maßnahme" der **9** Vergabekammer iSd § 168 Abs. 1 GWB ausnahmsweise die Entscheidung in Betracht kommen, dass der Zuschlag nunmehr dem Antragsteller zu erteilen wäre. Dies soll dann der Fall sein, wenn von einer weiterhin bestehenden Vergabeabsicht des Auftraggebers auszugehen ist und sich diese Maßnahme als die einzig rechtmäßige Vergabeentscheidung darstellt, weil sich das **Ermessen** des Auftraggebers „**auf Null**" reduziert hat. **Einschränkend** wird vertreten, dass nur dann von einem Kontrahierungszwang auszugehen sei, wenn (neben dem Fehlen eines Aufhebungsgrunds nach Abs. 1) noch nicht einmal (irgendein) **sachlicher Grund** für die Aufhebung vorliegt bzw. wenn es sich lediglich um eine „Scheinaufhebung" handelt und die Aufhebung lediglich der Diskriminierung einzelner Bieter dient.[17] Dem kann **nicht** gefolgt werden. Zwar kann, wie bereits dargestellt, ein Vergabenachprüfungsverfahren mit dem Ziel der Aufhebung der Aufhebung initiiert und auch erfolgreich bestritten werden. Daraus folgt jedoch keineswegs notwendig die im Wege der Verwaltungsvollstreckung erzwingbare Verpflichtung, den Zuschlag nunmehr zu erteilen.[18] Vielmehr steht es dem Auftraggeber nach wie vor offen, den Zuschlag überhaupt nicht zu erteilen und auf eine Vergabe zu verzichten.[19] Dies kann nicht im Zwangswege verhindert werden, was nicht bedeutet, dass ein Begehren nach Aufhebung der Aufhebung stets sinnlos wäre: Denn einerseits ist durchaus zu erwarten, dass ein gem. Art 20 GG an Recht und Gesetz gebundener öffentlicher Auftraggeber

---

[11] BGH Beschl. v. 20.3.2014 – X ZB 18/13, NZBau 2014, 310 (312); BGH Urt. v. 5.11.2002 – X ZR 232/00, NZBau 2003, 168.
[12] BGH Beschl. v. 20.3.2014 – X ZB 18/13, NZBau 2014, 310 (312), vgl. auch VK Sachsen-Anhalt Beschl. v. 9.2.2018 – VPR 2018, 3178; zu den Zweifeln an dieser Rspr. Kapellmann/Messerschmidt/*Glahs* § 17 Rn. 11 ff.
[13] EuGH Urt. v. 18.6.2002 – C-92/00, NZBau 2002, 458; bestätigt durch EuGH Urt. v. 2.6.2005 – C-15/04, NZBau 2005, 472; BGH Urt. v. 18.2.2003 – X ZB 43/02, NVwZ 2003; KG 17.10.2013 – Verg 9/13, BeckRS 2014, 04712; OLG München 4.4.2013 – Verg 4/13, NZBau 2013, 524; VK Bund Beschl. v. 15.6.2018 – VK 1-47, IBRRS 2018, 2161; VK Westfalen Beschl. v. 15.3.2018 – VK 1-46/17, IBRRS 2018, 1087; VK Sachsen Beschl. v. 10.7.2019 – 1/SVK/018-19, VPR 2020, 13; VK Südbayern Beschl. v. 15.5.2020 – Z3-3-3194-1-37-10/19, VPRRS 2020, 0187.
[14] EuGH Urt. v. 18.6.2002 – C-92/00, NZBau 2002, 458 (462). *Antweiler* verweist zudem mit Recht auf Art. 19 Abs. 4 GG, der eine vollständige Überprüfungsmöglichkeit verlangt, Beck VergabeR/*Antweiler* GWB § 168 Rn. 41.
[15] *Pauka* in Band 3 → VgV § 63 Rn. 7 ff.; Beck VergabeR/*Antweiler* GWB § 168 Rn. 42; Ziekow/Völlink/*Brauer* GWB § 114 aF Rn. 21.
[16] *Portz* in KKMPP VgV § 63 Rn. 23, und dementsprechend Ingenstau/Korbion/*Portz* Rn. 6; HK-VergabeR/*Nowak* GWB § 114 aF Rn. 15; jeweils mwN.
[17] Ingenstau/Korbion/*Portz* Rn. 6; *Thiele* in KKPP GWB § 168 Rn. 68.
[18] Daher zu Recht *Jürschik* VergabeR 2013, 663 (667): „Dogmatisch häufig verkannt wird, dass der Kontrahierungszwang nicht mit der Aufhebung der Aufhebung gleichzusetzen ist".
[19] Beck VergabeR/*Antweiler* GWB § 168 Rn. 42; Kapellmann/Messerschmidt/*Glahs* Rn. 26; *Jasper/Pooth* NZBau 2003, 261 (264); *Gnittke/Michels* VergabeR 2002, 571 (580).

nach erfolgter Aufhebung der Aufhebung rechtskonform den Zuschlag erteilt. Und andererseits kann die Entscheidung als Grundlage für die spätere Geltendmachung von Schadensersatzansprüchen des durch die Aufhebungsentscheidung benachteiligten Bieters dienen.[20] Dabei kann der Schadensersatz in den zuvor beschriebenen Ausnahmefällen ausnahmsweise auch auf Ersatz des positiven Interesses gerichtet sein (zu Schadensersatzansprüchen im Weiteren → Rn. 34 ff.).[21]

III. Aufhebungsgründe (Abs. 1)

10 Abs. 1 erklärt die Aufhebung „der Ausschreibung" in den drei unter den Nr. 1–3 genannten Fällen für zulässig. Wie bereits ausgeführt (→ Rn. 1) gilt Abs. 1 nicht lediglich für das offene und das nicht offene Verfahren, sondern für alle Verfahrensarten.

11 **1. Kein ordnungsgemäßes Angebot eingegangen (Nr. 1).** Die Aufhebung ist gem. Abs. 1 Nr. 1 zulässig, wenn kein Angebot eingegangen ist, das den Ausschreibungsbedingungen entspricht. Dies ist dann der Fall, wenn jedes der eingereichten Angebote auf einer der Prüfungs- bzw. Wertungsstufen gem. §§ 16, 16a–16d **ausgeschlossen** werden muss. Folglich sind mit den „Ausschreibungsbedingungen" nicht etwa nur die vom Auftraggeber ausgereichten Vergabeunterlagen oder die Bekanntmachung gemeint, sondern alle zwingenden Vorgaben, welche sich unmittelbar aus der VOB/A ergeben.[22] Dabei ist **nicht erforderlich,** dass der Ausschluss der Angebote jeweils **auf derselben Stufe** erfolgt – entscheidend ist nur, dass am Ende des Prüfungs- und Wertungsvorgangs kein zuschlagsfähiges Angebot verbleibt. Es ist also möglich, die Aufhebung darauf zu stützen, dass einige Angebote gem. § 16 EU Abs. 1 aus formalen Gründen, andere Bieter wegen fehlender Eignung (§ 16b EU) und weitere Angebote wegen unangemessener Preise (§ 16d EU Abs. 1) auszuschließen sind.[23] Unterschiede ergeben sich erst im Rahmen des § 3a EU Abs. 3 Nr. 1 und 2, wo es entscheidend auf die genauen Ausschlussgründe ankommt (→ § 3a EU Rn. 22 ff.).

12 Auftraggeber müssen beachten, dass die Aufhebung nicht immer auf Abs. 1 Nr. 1 gestützt werden kann, wenn keine ordnungsgemäßen Angebote eingehen. Dies gilt insbesondere dann, wenn der Auftraggeber die Angebotsmängel durch **eigene Fehler** in den Vergabeunterlagen herbeigeführt hat.[24] In diesen Fällen entspricht es der **Verhältnismäßigkeit,** vorrangig gegenüber einer Aufhebung den Fehler in den Vergabeunterlagen zu **korrigieren** und ggf. das Verfahren in ein früheres Stadium zurückzuversetzen.[25]

13 Eine gewisse **Vorsicht** ist ferner dann geboten, wenn Angebote aufgrund unangemessen hoher oder niedriger **Preise** (§ 16d EU Abs. 1 Nr. 1) ausgeschlossen werden sollen.[26] Dies setzt stets voraus, dass der Auftraggeber ordnungsgemäß kalkuliert und diese Kalkulation insbesondere auch ordnungsgemäß dokumentiert hat (→ § 16d EU Rn. 5).[27] Fehlende Haushaltsmittel sind keine Berechtigung für eine Aufhebung nach Abs. 1 Nr. 1, sondern allenfalls gem. Abs. 1 Nr. 2 oder 3, dann aber häufig (bei nicht gewährleisteter Finanzierungssicherheit bei Einleitung des Vergabeverfahrens) mit der Folge, dass sich der Auftraggeber schadensersatzpflichtig macht (→ Rn. 34 ff.).[28]

14 **2. Vergabeunterlagen müssen grundlegend geändert werden (Nr. 2).** Die Aufhebung kann ferner darauf gestützt werden, dass die Vergabeunterlagen grundlegend geändert werden müssen. Die Notwendigkeit für die Änderung muss auf **äußere Umstände** zurückgehen, die erst nach

---

[20] Beck VergabeR/*Antweiler* GWB § 168 Rn. 42; *Pauka* in Band 3 → VgV § 63 Rn. 8.
[21] BGH Beschl. v. 20.3.2014 – X ZB 18/13, NZBau 2014, 310 (313); Beck VergabeR/*Antweiler* GWB § 168 Rn. 42.
[22] Kapellmann/Messerschmidt/*Glahs* § 17 Rn. 14.
[23] Einzelbeispiele bei Ingenstau/Korbion/*Portz* § 17 Rn. 25.
[24] OLG Düsseldorf Beschl. v. 12.1.2015 – VII-Verg 29/14, ZfBR 2015, 502; VK Bund Beschl. v. 11.6.2013 – VK1-33/13, ZfBR 2014, 83.
[25] OLG Koblenz Beschl. v. 30.4.2014 – 1 Verg W 2/14, ZfBR 2014, 705; OLG Brandenburg Beschl. v. 21.1.2016 – Verg W 4/15, IBR 2016, 229.
[26] Beispiele aus der jüngeren Rspr. sind VK Sachsen Beschl. v. 10.7.2019 – 1/SVK/018-19, VPR 2020, 13; VK Sachsen-Anhalt Beschl. v. 6.6.2019 – 3 VK LSA 18/19, VPR 2020, 57.
[27] Vgl. zu den Dokumentationspflichten VK Sachsen-Anhalt Beschl. v. 19.1.2017 – 3 VK LSA 54/16, ZfBR 2017, 306 (Ls.) = IBRRS 2017, 0387. Hat der Auftraggeber nicht ausreichend dokumentiert, wie er die Finanzierung kalkuliert hat, führt dies zu einem Ermessensausfall. Vgl. ferner VK Sachsen-Anhalt Beschl. v. 6.6.2019 – 3 VK LSA 18/19, VPR 2020, 57 sowie VK Bund Beschl. v. 21.12.2016 – VK 2-127/16, ZfBR 2017, 396, wonach eine Aufhebung jedenfalls dann gerechtfertigt ist, wenn die Angebote um 42% bzw. 60% über der (ordnungsgemäßen und entsprechend dokumentierten) Kostenschätzung liegen.
[28] BGH Urt. v. 5.11.2002 – X ZR 232/00, NZBau 2003, 168; BGH Urt. v. 8.9.1998 – X ZR 48/97, NJW 1998, 3636 (363)7; Kapellmann/Messerschmidt/*Glahs* § 17 Rn. 14.

Einleitung des Vergabeverfahrens aufgetreten sind.[29] Der Auftraggeber soll in die Lage versetzt werden, mit der Aufhebung auf für ihn **nicht vorhersehbare Entwicklungen** zu reagieren.[30]

Bereits aus Wortlaut, im Übrigen aber auch aus dem Verhältnismäßigkeitsgrundsatz folgt, dass **15** die notwendigen Änderungen aufgrund der veränderten Umstände von **erheblichem Gewicht** sein müssen, um die Aufhebung zu rechtfertigen.[31] Dies ist insbesondere dann gegeben, wenn die Durchführung des Auftrags entweder gar **nicht mehr möglich** oder für den Auftraggeber bzw. Auftragnehmer mit **unzumutbaren** und/oder **rechtswidrigen** Bedingungen verbunden ist.[32] Davon ist etwa dann nicht auszugehen, wenn die Problematik nach Zuschlagserteilung über eine Anordnung gem. § 1 Abs. 3 bzw. Abs. 4 S. 1 VOB/B zu klären wäre (die vergaberechtliche Zulässigkeit nach § 22 EU vorausgesetzt).[33] Kleinere Änderungen ließen sich schlicht im laufenden Verfahren (und über die nunmehr obligatorische E-Vergabe besonders einfach) mitteilen; ggf. sind die Angebotsfristen zu verlängern. Wäre hingegen zivilrechtlich von einer Störung oder dem Wegfall der Geschäftsgrundlage (§ 313 BGB) auszugehen, kann auch auf eine Veränderung von hinreichender Erheblichkeit geschlossen werden.[34]

Die Notwendigkeit der grundlegenden Änderung muss auf äußere Einflüsse zurückgehen, und **16** nicht lediglich auf eine geänderte Motivlage aufseiten des Auftraggebers.[35] Die Gründe können mannigfaltig und sowohl **rechtlicher** als auch **technischer, zeitlicher** oder **wirtschaftlicher** Art sein. Beispiele sind die für den Auftraggeber unvorhersehbare Kürzung der Finanzierungsmittel oder -grundlagen (zB Abrechnungsparameter im Krankenhausbereich), nicht vorhersehbare Bauverbote oder öffentlich-rechtliche Auflagen in den Bereichen Brand- Wärme- oder Immissionsschutz, Änderungen der anerkannten Regeln der Technik oder der Gesetzeslage oder die nicht zu erwartende Erhöhung des Verkehrsaufkommens.[36]

In allen Fällen ist Bedingung für eine rechtmäßige Aufhebung, dass der öffentliche Auftraggeber **17** die Notwendigkeit der Änderung **nicht selbst herbeigeführt** und darüber hinaus auch nicht aufgrund bloßer Nachlässigkeit nicht vorhergesehen hat. Hat der Auftraggeber die Ausschreibung veröffentlicht, obwohl noch **keine Vergabereife** bestand, kann er sich nicht auf Abs. 1 Nr. 2 berufen.[37] Die gleichwohl vorgenommene Aufhebung ist im Zweifel zwar wirksam (und zwar, da ein sachlicher Grund besteht, nach allen Auffassungen), aber rechtswidrig, mit der Folge, dass sich der Auftraggeber schadensersatzpflichtig macht.[38]

3. Andere schwerwiegende Gründe (Nr. 3). Abs. 1 Nr. 3 dient als Auffangtatbestand. Auch **18** wenn weder die Voraussetzungen der Nr. 1 noch die der Nr. 2 erfüllt sind, kann das Verfahren bei Vorliegen schwerwiegender Gründe aufgehoben werden. Gesetzlich ist der Begriff ebenso wenig definiert wie eine anerkannte Definition durch die Rechtsprechung existiert. Nach der Rechtsprechung des OLG Düsseldorf kann ein schwerwiegender Grund nur dann bejaht werden, wenn er die **bisherige Vergabeabsicht des Auftraggebers entscheidend beeinflusst.** Berücksichtigungsfähig sind grundsätzlich nur solche Mängel, die die Durchführung des Verfahrens und die Vergabe des Auftrags selbst ausschließen. Die Feststellung eines schwerwiegenden Grundes erfordert eine Interessenabwägung, für die die jeweiligen Verhältnisse des Einzelfalls maßgeblich sind.[39]

Trotz dieser eher vagen Vorgaben und der starken Einzelfallprägung dieses Aufhebungsgrunds **19** lassen sich **Fallgruppen** bilden.[40] Neben den zumindest derzeit eher seltenen Fällen, in denen

---

[29] OLG München Beschl. v. 4.4.2013 – Verg 4/13, NZBau 2013, 524; OLG Düsseldorf Beschl. v. 26.1.2005 – VII-Verg 45/04, ZfBR 2005, 410; VK Sachsen-Anhalt Beschl. v. 30.7.2019 – 3 VK LSA 23/19, VPR 2020, 2.
[30] *Dieck-Bogatzke* VergabeR 2008, 392 (393).
[31] BayObLG Beschl. v. 17.2.2005 – Verg 27/04, VergabeR 2005, 349 (354).
[32] OLG München Beschl. v. 4.4.2013 – Verg 4/13, NZBau 2013, 524; Kapellmann/Messerschmidt/*Glahs* Rn. 16.
[33] OLG Köln Urt. v. 18.6.2010 – 19 U 98/09, IBR 2011, 355.
[34] Ingenstau/Korbion/*Portz* Rn. 27.
[35] VK Südbayern Beschl. v. 16.9.2015 – Z3-3-3194-1-27-04/15, ZfBR 2016, 415 (Ls.) = VPRRS 2016, 0020: Demnach ist die unterbliebene Beteiligung des Gemeinderats im Rahmen einer Bemusterung eine bloße, unbeachtliche Motivationsänderung; *Portz* in KKMPP VgV § 63 Rn. 45.
[36] Einzelne Beispiele bei Ingenstau/Korbion/*Portz* Rn. 29.
[37] Vgl. VK Sachsen-Anhalt Beschl. v. 30.7.2019 – 3 VK LSA 23/19, VPR 2020, 2: keine Unvorhersehbarkeit, wenn die notwendigen Änderungen auf mangelnde Sorgfalt bei der Erstellung der Planungsunterlagen bzw. bei der Planung der zeitlichen Abläufe zurückzuführen sind; s. ferner OLG Köln Urt. v. 18.6.2010 – 19 U 98/09, IBR 2011, 355; *Pauka* in Band 3 → VgV § 63 Rn. 19; Kapellmann/Messerschmidt/*Glahs* Rn. 16.
[38] Treffend insoweit die „Catchphrase" in IBR 2019, 19 zu VK Sachsen Beschl. v. 17.1.2019 – 1/SVK/033-18: „Aufhebung ohne anerkannten Aufhebungsgrund ist wirksam, aber teuer!".
[39] OLG Düsseldorf Beschl. v. 3.1.2005 – Verg 72/04, NZBau 2005, 415.
[40] Zahlreiche Einzelbeispiele nennt *Portz* in KKMPP VgV § 63 Rn. 36.

gravierende Änderungen der **allgemeinen politischen, militärischen und wirtschaftlichen Verhältnisse**[41] den Auftraggeber zur Aufhebung des Verfahrens zwingen könnten, bleiben im Wesentlichen drei Hauptanwendungsgebiete für die Nr. 3:

20 Zum einen sind dies Gründe, die **in der Person des Auftraggebers selbst** liegen, also Tod, schwere Krankheit oder Insolvenz. Dies ist in Bezug auf Auftraggeber nach § 99 Nr. 2 GWB oder natürliche Personen, die Zuwendungen erhalten und daher die VOB/A anwenden müssen, keinesfalls fernliegend.[42]

21 Der zweite Hauptanwendungsfall ist die Aufhebung wegen **mangelnder Wirtschaftlichkeit**, die – anders als in § 63 VgV – im Rahmen des § 17 keinen gesonderten Tatbestand bildet. In Abgrenzung zu Abs. 1 Nr. 1 sind hier diejenigen Situationen erfasst, in denen die Angebotspreise nicht schlechthin unangemessen sind, dem Auftraggeber die Annahme eines der in der Wertung verbleibenden Angebote jedoch nicht zugemutet werden kann. Dazu kann es etwa dann kommen, wenn Bieter eine Leistung in einer vom Auftraggeber nicht vorgesehenen, besonders hochwertigen Ausführung anbieten, weshalb der verlangte Preis im Verhältnis zur angebotenen Leistung nicht als unangemessen angesehen werden kann, gleichwohl aber die (ordnungsgemäß erstellte) **Kostenschätzung** erheblich übersteigt.[43] Die Anforderung an die ordnungsgemäße Kostenschätzung und deren Dokumentation sind hoch.[44] Bei der Beurteilung, ob die Ausschreibung kein wirtschaftliches Ergebnis hatte, sind allein objektive Beurteilungsmaßstäbe maßgeblich.[45] Der Bundesgerichtshof fordert in seiner Grundsatzentscheidung vom 20.11.2012 („Friedhofserweiterung"), dass der Auftraggeber oder der von ihr gegebenenfalls beauftragte Planer „Methoden wählt, die ein **wirklichkeitsnahes** Schätzungsergebnis ernsthaft erwarten lassen", was in der Regel verlangt, dass die Schätzung deckungsgleiche Leistungen zum Gegenstand hat.[46] Darüber hinaus müssen sämtliche Angebote **deutlich oberhalb der Kostenschätzung** liegen, ohne dass bei Überschreitung eines bestimmten Prozentsatzes stets von einer deutlichen Abweichung ausgegangen werden kann.[47]

22 Schließlich kommt die Aufhebung gem. Nr. 3 als Folge **schwerwiegender Rechtsverstöße des Auftraggebers** in Betracht. Hier zeigt sich die Notwendigkeit, strikt zwischen der Frage, ob ein schwerwiegender Grund vorliegt, und der Frage nach einem Verschulden des Auftraggebers zu unterscheiden (→ Rn. 2): **Auch wenn der Auftraggeber den schwerwiegenden Grund verschuldet hat, kann die Aufhebung gerechtfertigt sein.** Dies ändert nichts daran, dass er sich dann gegenüber den Bietern schadensersatzpflichtig gemacht hat.[48] Beispiele für eine selbstverschuldete, aber zulässige Aufhebung sind die Wahl der falschen Vergabeart,[49] das Aufstellen (vergabe-)rechtswidriger Anforderungen an die Bieter,[50] das Nichterstellen oder die fehlende Bekanntgabe einer Bewertungsmatrix[51] oder weitere, nicht im Verfahren selbst korrigierbare Fehler des Vergabeverfahrens. Die erforderliche Trennung zwischen Verursachung und Schweregrad des für die Aufhebung herangezogenen Grunds darf indes nicht missverstanden werden: Nach der Rechtsprechung des Bundesgerichtshofs kann ein zur Aufhebung der Ausschreibung Anlass gebendes Fehlver-

---

[41] Vgl. dazu *Pauka* in Band 3 → VgV § 63 Rn. 23 mwN. Einer dieser Fälle betraf die Aufhebung eines im Jahr 1988 begonnenen Ausschreibungsverfahrens zum Bau von Schutzbunkern für die US-Streitkräfte, das als Folge der deutschen Einheit im Jahr 1990 aufgehoben wurde, OLG Zweibrücken Urt. v. 1.2.1994 – 8 U 96/93, IBR 1995, 150; BGH Beschl. v. 27.10.1994 – VII ZR 48/94 (Revision nicht angenommen). Die Vergabestelle führte aus, dass die US-Streitkräfte an den Örtlichkeiten, die in der Ausschreibung aufgeführt sind, keine Personenschutzbauten mehr benötigten. Die allgemeine politische und militärische Situation habe seinerzeit ein Umdenken im militärischen Bereich erfordert, was ein in der Öffentlichkeit vielfach diskutiertes Problem gewesen sei. Daher hätten auch die Klägerinnen ohne Weiteres erkennen müssen, welche Motive für die getroffene Entscheidung maßgeblich waren.

[42] So auch Ingenstau/Korbion/*Portz* Rn. 40 und *Portz* in KKMPP VgV § 63 Rn. 55.

[43] So etwa bei OLG Düsseldorf Beschl. v. 13.12.2006 – VII-Verg 54/06, NZBau 2007, 462 – Lärmschutzwall BAB 4.

[44] Vgl. hierzu aus jüngster Zeit etwa VK Südbayern Beschl. v. 15.5.2020 – Z3-3-3194-1-37-10/19, VPRRS 2020, 0187, wonach die Vergabestelle zur ordnungsgemäßen Ermittlung des Finanzierungsbedarfs gehalten sein soll, einen Sicherheitsaufschlag auf das Ergebnis der sorgfältig geschätzten Kosten vorzunehmen.

[45] OLG Frankfurt a. M. Beschl. v. 14.5.2013 – 11 Verg 4/13, IBRRS 2013, 2677.

[46] BGH Urt. v. 20.11.2012 – X ZR 108/10, ZfBR 2013, 154 (156).

[47] OLG Karlsruhe Beschl. v. 27.9.2013 – 15 Verg 3/13, IBRRS 2013, 4084 = VergabeR 2014, 237. Dies kann auch dann gegeben sein, wenn von vornherein nur ein Angebot vorliegt, OLG Frankfurt a. M. Beschl. v. 14.5.2013 – 11 Verg 4/13, IBRRS 2013, 2677; gemäß OLG München Urt. v. 12.12.2013 – 1 U 498/13, IBRRS 2014, 2653, ist eine Differenz von ca. 17% zwischen dem Angebot des Bestbieters und den geschätzten Kosten nicht zwingend als beträchtliche Abweichung anzusehen.

[48] *Summa* VergabeR 2007, 734, passim.

[49] BGH Beschl. v. 10.11.2009 – X ZB 8/09, NZBau 2010, 124.

[50] OLG Frankfurt a. M. Beschl. v. 2.3.2007 – 11 Verg 14/06, NZBau 2007, 466.

[51] OLG München Beschl. v. 27.1.2006 – Verg 1/06, BeckRS 2006, 02401 = ZfBR 2006, 301 (Ls.).

halten der Vergabestelle „schon deshalb nicht ohne Weiteres genügen, weil diese es andernfalls in der Hand hätte, nach freier Entscheidung durch Verstöße gegen das Vergaberecht den bei der Vergabe öffentlicher Aufträge bestehenden Bindungen zu entgehen. Das wäre mit Sinn und Zweck des Vergabeverfahrens nicht zu vereinbaren. Berücksichtigungsfähig sind grundsätzlich nur Mängel, die die Durchführung des Verfahrens und die Vergabe des Auftrags selbst ausschließen .... Im Einzelnen bedarf es für die Feststellung eines schwerwiegenden Grundes einer Interessenabwägung, für die die Verhältnisse des jeweiligen Einzelfalls maßgeblich sind".[52]

IV. Ermessen

23 Gemäß der Formulierung des Abs. 1 („kann aufheben") ist der öffentliche Auftraggeber zur Aufhebung **berechtigt, nicht aber verpflichtet,** wenn einer der Aufhebungsgründe vorliegt.[53] Die Aufhebungsentscheidung steht folglich in seinem **Ermessen,** wobei sich das Ermessen gerade nicht auf die Beurteilung der Frage erstreckt, ob ein Aufhebungsgrund gegeben ist. Dies ist, wie bereits ausgeführt, allein anhand objektiver Kriterien zu bestimmen (→ Rn. 21). Ob die tatsächlichen Voraussetzungen vorliegen, ist von den Nachprüfungsinstanzen uneingeschränkt überprüfbar. Dies gilt auch insoweit, als diese unbestimmte Rechtsbegriffe enthalten. Dem Auftraggeber steht daher allein ein Entschließungsermessen zu.[54]

24 Demnach steht es öffentlichen Auftraggebern bei Vorliegen eines Aufhebungsgrunds grundsätzlich frei, das Verfahren gleichwohl fortzusetzen oder lediglich in Teilen (→ Rn. 26) aufzuheben. Stets erforderlich ist eine umfassende **Interessenabwägung** unter Berücksichtigung möglicher Alternativen. Der Verhältnismäßigkeitsgrundsatz gem. § 97 Abs. 1 S. 2 GWB gebietet, die Aufhebung als **„ultima ratio"** grundsätzlich nur dann vorzunehmen, wenn keine anderweitige Handlungsmöglichkeit im laufenden Verfahren besteht.[55]

25 Das **Ermessen** des öffentlichen Auftraggebers kann im Einzelfall **auf Null reduziert** sein, wenn sich die Aufhebung als die einzige rechtmäßige Vorgehensweise darstellt. Dies ist etwa dann anzunehmen, wenn der öffentliche Auftraggeber die falsche Verfahrensart gewählt hat,[56] wenn auf Basis der Leistungsbeschreibung entgegen § 121 GWB keine vergleichbaren Angebote zu erwarten sind,[57] bei Verstößen gegen das Diskriminierungsverbot[58] oder wenn ein Bieter über einen den Wettbewerb verzerrenden Informationsvorsprung verfügt.[59]

26 Eine **Teilaufhebung** sieht § 17 EU, anders als § 63 VgV, nicht ausdrücklich vor. Sie ist jedoch nach allgemeiner Meinung in denselben Grenzen, die auch bei § 63 VgV zu beachten sind, zulässig.[60] Demnach ist die Aufhebung **einzelner Lose** gegenüber einer vollständigen Aufhebung jedenfalls dann möglich und im gegenüber der vollständigen Aufhebung auch geboten, wenn sich der öffentliche Auftraggeber die losweise Vergabe vorbehalten hat (*Pauka* in Band 3 → VgV § 63 Rn. 28). Die Teilaufhebung außerhalb einer Losvergabe ist hingegen nicht möglich, da damit unzulässig in die auf die Gesamtvergabe bezogene Kalkulation der Bieter eingegriffen würde.[61]

V. Mitteilungspflicht (Abs. 2)

27 **1. Grundsatz (S. 1).** Nach Abs. 2 ist der öffentliche Auftraggeber verpflichtet, Bewerber und Bieter von der Aufhebung der Ausschreibung unter Angabe der Gründe, sowie gegebenenfalls über die Absicht, ein neues Vergabeverfahren einzuleiten, **unverzüglich in Textform zu unterrichten.** Abs. 2 setzt Art. 55 Abs. 1 RL 2014/24/EU um, geht aber (wie § 17 EU generell) über diesen hinaus, da die Richtlinie Vergaben im Verhandlungsverfahren ohne Teilnahmewettbewerb nicht erfasst. Wie auch der Verordnungsgeber in § 63 VgV erachtet der DVA Teilnehmer an einem solchen Verfahren jedoch für im gleichen Maße schutzbedürftig.[62] Dessen ungeachtet entspricht die Informa-

---

[52] BGH Beschl. v. 20.3.2014 – X ZB 18/13, NZBau 2014, 310 (313).
[53] So auch nochmals ausdrücklich BGH Beschl. v. 20.3.2014 – X ZB 18/13, NZBau 2014, 310 (313).
[54] OLG München Beschl. v. 4.4.2013 – Verg 4/13, IBRRS 2013, 1576.
[55] BGH Beschl. v. 20.3.2014 – X ZB 18/13, NZBau 2014, 310 (313).
[56] VK Schleswig-Holstein Beschl. v. 26.11.2009 – VK-SH 22/09, BeckRS 2011, 05282.
[57] OLG Karlsruhe Beschl. v. 4.12.2013 – 15 Verg 9/13, IBRRS 2013, 07327.
[58] KG Beschl. v. 18.3.2010 – 2 Verg 12/09, BeckRS 2010, 13124.
[59] OLG Jena Vorlagebeschl. v. 20.6.2005 – 9 Verg 3/05, NZBau 2005, 476.
[60] OLG Düsseldorf Beschl. v. 12.1.2015 – VII-Verg 29/14, ZfBR 2015, 502; Ingenstau/Korbion/*Portz* Rn. 16.
[61] OLG Dresden Beschl. v. 3.12.2003 – WVerg 15/03, NZBau 2005, 118; VK Lüneburg Beschl. v. 27.8.2010 – VgK-38/2010, BeckRS 2011, 05282; VK Baden-Württemberg Beschl. v. 28.10.2008 – 1 VK 39/08, IBRRS 2009, 2731; Ingenstau/Korbion/*Portz* § 17 Rn. 16 mwN.
[62] Vgl. VgV-Begründung BR-Drs. 87/16, 217.

tion der Bewerber und Bieter ohnehin dem Geist der auf wechselseitige Rücksichtnahme und Kooperation ausgerichteten VOB.[63]

28 Die Mitteilung hat unverzüglich (§ 121 BGB) und in Textform (§ 126b BGB) zu erfolgen. **Eines Antrags oder einer anderweitigen Aufforderung durch die Bewerber oder Bieter bedarf es nicht,** auch nicht – anders als gem. § 63 Abs. 2 S. 2 VgV – für die Einhaltung der Textform.

29 Fraglich ist, ob die **Wirksamkeit** der Aufhebungsentscheidung gegenüber den Bewerbern und Bietern **erst zu dem Zeitpunkt** gegeben ist, an dem die Mitteilung nach Abs. 2 allen betroffenen Bewerbern oder Bietern **zugegangen** ist. Dieser Ansicht ist das OLG Düsseldorf mit dem Argument, „dass das (vorvertragliche) Rechtsverhältnis, welches durch die Ausschreibung zwischen dem öffentlichen Auftraggeber und den Bietern entsteht, nicht durch eine bloß behördeninterne Willensbildung, sondern nur dadurch beendet werden kann, dass die Entscheidung zur Aufhebung des Vergabeverfahrens den Bietern bekannt gemacht wird".[64] Dem ist entgegenzuhalten, dass Abs. 2 **lediglich als Rechtsfolge** der (internen) Aufhebungsentscheidung formuliert ist, weshalb deren Wirksamkeit nicht von der Mitteilung an die Bewerber und Bieter abhängen kann.

30 In der Mitteilung sind die „Gründe" für die Aufhebung konkret anzugeben; es genügt daher nicht, lediglich den Wortlaut der Nr. 1, 2 oder 3 wiederzugeben.[65] Vielmehr muss es dem Bewerber oder Bieter durch die zumindest stichwortartige Angabe des Auftraggebers möglich sein einzuschätzen, ob die Voraussetzungen für eine rechtmäßige Aufhebung erfüllt sind.

31 **2. Ausnahme von der Mitteilungspflicht (S. 2).** Es steht im Ermessen des Auftraggebers, die nach Abs. 1 zu leistende Angaben ganz oder teilweise zurückzuhalten, wenn eine der Voraussetzungen des Abs. 2 S. 2 lit. a–d erfüllt ist. Auch hier kommt eine Ermessenreduzierung auf Null in Betracht, wenn zB die Weitergabe bestimmter Informationen gesetzlich schlechthin unzulässig wäre. Der Auftraggeber muss in jedem Fall abwägen, welche Interessen berührt sein könnten.

32 Die Behinderung des Gesetzesvollzugs gem. lit. a kommt in Betracht, wenn Gesetze (wie § 17 UWG) den öffentlichen Auftraggeber die Informationsweitergabe untersagen. Wenn im weiteren Sinne das Gemeinwohl betroffen ist (lit. b), kommt der fehlerfreien Ermessenausübung besonderes Gewicht zu. Am praktisch häufigsten wird gem. lit. c zu erwägen sein, ob die Weitergabe bestimmter Informationen die berechtigten geschäftlichen Interessen von öffentlichen oder privaten Unternehmen schädigen kann, etwa wenn **Betriebs- oder Geschäftsgeheimnisse** anderer Unternehmen berührt sind, wobei es zu Überschneidungen mit lit. a kommen kann.[66] Der faire Wettbewerb (lit. d) ist schon dann beeinträchtigt, wenn die Weitergabe der Information die Wettbewerbssituation überhaupt berührt; ein Gesetzesverstoß ist hingegen nicht erforderlich.[67]

VI. Rechtsschutz

33 **1. Primärrechtsschutz.** Seit der Leitentscheidung des EuGH in Sachen „Hospital Ingenieure" aus dem Jahr 2002 ist anerkannt, dass ein Nachprüfungsverfahren auch mit dem Ziel geführt werden kann, die Rechtmäßigkeit der Aufhebungsentscheidung überprüfen zu lassen.[68] Dies kann grundsätzlich sowohl über einen letztlich auf die Geltendmachung von Schadensersatz gerichteten Feststellungsantrag als auch mit dem Ziel der „Aufhebung der Aufhebung" geschehen. Ein Kontrahierungszwang folgt daraus nicht; der Auftraggeber kann auch nach einer von der Vergabekammer verfügten Aufhebung der Aufhebung auf die Vergabe verzichten (→ Rn. 8 f.). Erklärt daher der Auftraggeber noch im Verfahren, auf die Auftragsvergabe endgültig verzichten zu wollen, ist ein auf die Aufhebung der Aufhebung gerichteter Antrag unzulässig.[69]

34 **2. Schadensersatz.** Da die Aufhebung in den meisten Fällen selbst dann wirksam ist, wenn sie unzulässig war, ist für die Bewerber und Bieter in erster Linie die Möglichkeit von Interesse, Schadensersatz vom öffentlichen Auftraggeber fordern zu können.

35 **a) Rechtsgrundlagen.** Nach § 97 Abs. 6 GWB haben Unternehmen, die sich an einem Vergabeverfahren beteiligen, Anspruch darauf, dass die Bestimmungen über das Vergabeverfahren eingehalten werden. Zwischen den Bewerbern bzw. Bietern und dem öffentlichen Auftraggeber entsteht

---

63 Ingenstau/Korbion/*Portz* § 17 Rn. 42: „Die VOB missbilligt aber ein Schweigen des Auftraggebers".
64 OLG Düsseldorf Beschl. v. 6.2.2002 – VII-Verg 37/02, VergabeR 2002, 378 (379).
65 Kapellmann/Messerschmidt/*Glahs* § 17 Rn. 32.
66 Kapellmann/Messerschmidt/*Glahs* Rn. 2.
67 Ingenstau/Korbion/*Portz* Rn. 6.
68 EuGH Urt. v. 18.6.2002 – C-92/00, NZBau 2002, 458 (462).
69 Kapellmann/Messerschmidt/*Glahs* § 17 Rn. 26.

ein **vorvertragliches Schuldverhältnis,** aus dessen schuldhafter Verletzung Schadensersatzansprüche gem. **§ 241 Abs. 2 BGB, § 311 Abs. 2 Nr. 1 BGB, § 280 Abs. 1 BGB** sowie uU auch **§ 282 BGB** entstehen können. Dabei ist nicht erforderlich, dass der Bieter auf die Einhaltung dieser Bestimmungen vertraut hat.[70] Daneben tritt **§ 181 GWB,** der kein Vertretenmüssen aufseiten des Auftraggebers voraussetzt; auf die entsprechende Kommentierung wird ergänzend verwiesen (*Gröning* in Band 3 → GWB § 181 Rn. 1 ff.).

b) Voraussetzungen. Ein Anspruch auf Schadensersatz gem. **§ 241 Abs. 2 BGB, § 311 Abs. 2 Nr. 1 BGB, § 280 Abs. 1 BGB** setzt eine **schuldhafte Pflichtverletzung** des Auftraggebers voraus. Diese kann entweder darin liegen, dass die **Aufhebung rechtswidrig** vorgenommen wurde, da kein Aufhebungsgrund gem. Abs. 1 Nr. 1–3 vorliegt. Der Auftraggeber handelt aber **auch dann schuldhaft und pflichtwidrig,** wenn insbesondere in Fällen des Abs. 1 Nr. 3 der schwerwiegende **Grund zwar vorliegt,** dieser aber gerade in einem schwerwiegenden **Rechtsverstoß** des Auftraggebers **begründet** ist. Dann ist zwar die Aufhebung für sich betrachtet rechtmäßig, das Verhalten des Auftraggebers im Rahmen einer Gesamtbetrachtung hingegen nicht (→ Rn. 22).[71]

Der nur bei Vergaben oberhalb der EU-Schwellenwerte bestehende Anspruch gem. **§ 181 S. 1 GWB** setzt demgegenüber einen Verstoß gegen eine bieterschützende Vorschrift voraus sowie ferner, dass der Anspruchsteller ohne diesen Verstoß bei der Wertung der Angebote eine echte Chance gehabt hätte, den Zuschlag zu erhalten, die aber durch den Rechtsverstoß beeinträchtigt wurde. Im Zusammenhang mit einer Aufhebung kommt auch hier ein Verstoß gegen Abs. 1 bzw. 2 oder aber gegen eine andere Bestimmung im Vorfeld der – als solche rechtmäßigen – Aufhebung in Betracht. Während Verschulden aufseiten des Auftraggebers keine Tatbestandsvoraussetzung ist, kann nur derjenige Bieter den Anspruch geltend machen, der eine **„echte Chance"** auf die Erteilung des Zuschlags gehabt hätte. Nach der bisherigen Rechtsprechung des Bundesgerichtshofs zum früheren § 126 GWB aF gilt hier ein strenger Maßstab:[72] Einerseits wird verlangt, dass das Angebot „besonders qualifizierte Aussichten auf die Zuschlagserteilung hätte haben müssen". Andererseits soll Voraussetzung sein, dass überhaupt ein zuschlagsfähiges Angebot vorliege. Dies sei nicht gegeben, wenn bereits die Wertungsmöglichkeit nicht bestehe, weil die Angebote als Folge von Mängeln der Leistungsbeschreibung nicht vergleichbar seien. Nur über einen solchen Vergleich sei das Bestehen einer „echten Chance" festzustellen.[73]

c) Anspruchsinhalt. Beim Inhalt des Schadensersatzanspruchs ist zu differenzieren: Im Regelfall ist er nur der Ersatz des **negativen Interesses,** also auf Ausgleich der Kosten der Vorbereitung des Angebots gerichtet.[74] Der Berechtigte ist folglich so zu stellen, als habe er nicht an der Ausschreibung teilgenommen und sich so alle damit verbundenen Aufwendungen erspart. Die Praxis zeigt allerdings, dass die Darlegung eines Vermögensschadens häufig daran scheitert, dass auf Grundlage der **Differenzhypothese** gar kein Schaden entstanden ist: Die (internen) Kalkulatoren und übrigen mit der Erstellung von Angeboten beschäftigten Mitarbeiter eines durchschnittlichen Bauunternehmens hätten ihr Gehalt auch erhalten, wenn sie das infolge der Aufhebung nutzlos gewordene Angebot nicht erstellt hätten.[75] Ersatzfähig sind daher im Regelfall in erster Linie die Kosten externer Berater wie Planer oder Rechtsanwälte.[76] Nach einer Entscheidung des OLG Schleswig soll allerdings im Fall einer „funktiona-

---

[70] BGH Urt. v. 9.6.2011 – X ZR 143/10, NZBau 2011, 498 = ZfBR 2012, 61 – Rettungsdienstleistungen II.
[71] Vgl. Kapellmann/Messerschmidt/*Glahs* § 17 Rn. 32: „In beiden Fällen hat der Auftraggeber eine Pflichtverletzung begangen; diese ist aber nicht identisch. Im ersten Fall liegt die Pflichtverletzung in der Aufhebung selbst, im zweiten Fall liegt die Pflichtverletzung nicht in der Aufhebung, sondern in einem früheren Verfahrensstadium".
[72] Insbes. BGH Urt. v. 1.8.2006 – X ZR 146/03, NZBau 2007, 58 und BGH Urt. v. 27.11.2007 – X ZR 18/07, ZfBR 2008, 299.
[73] Zur Kritik an dieser Sichtweise s. Beck VergabeR/*Antweiler* GWB § 181 Rn. 14 f.
[74] Der Anspruch nach § 181 S. 1 GWB („Anspruch auf Ersatz des Vertrauensschadens") ist darauf von Gesetzes wegen beschränkt. In Ansehung der Entscheidung des BGH Urt. v. 9.6.2011 – X ZR 143/10, NZBau 2011, 498 = ZfBR 2012, 61 – Rettungsdienstleistungen II, wonach es auf ein enttäuschtes Vertrauen des Anspruchstellers gerade nicht ankommt, sollte allerdings zumindest für den Anspruch nach §§ 241, 311, 280 BGB der überkommene Begriff des „Vertrauensschadens" in diesem Zusammenhang nicht länger verwendet werden.
[75] Vgl. OLG Schleswig Urt. v. 19.12.2017 – 3 U 15/17, NZBau 2018, 431.
[76] Vgl. dazu OLG Köln Urt. v. 23.7.2014 – 11 U 104/13, ZfBR 2015, 101. Demnach setzt als Vertrauensschaden ersatzfähiger Schaden für Personalkosten die Darlegung und den Nachweis voraus, dass die betroffenen Mitarbeiter alternativ für einen anderen Zweck hätten eingesetzt werden können und in diesem Fall Gewinne erzielt worden wären. Auch in dem der Entscheidung BGH Urt. v. 9.6.2011 – X ZR 143/10, ZfBR 2012, 61 – Rettungsdienstleistungen II, zugrunde liegenden Sachverhalt ging es allein um den Ersatz von Rechtsanwaltskosten.

len" Ausschreibung anderes gelten.[77] Sofern der Bieter innerhalb des vorgegebenen Rahmens eine Lösung zu erarbeiten und ein Angebot für die Realisierung zu unterbreiten habe, seien die hierfür erbrachten eigenen Leistungen zu entschädigen. Das mag zwar im Ergebnis „fair" sein, lässt sich aber mit der das Schadensrecht dominierenden Differenzhypothese nur schwer in Einklang bringen.

39 Nur ausnahmsweise kann der Anspruchsteller gem. **§ 241 Abs. 2 BGB, § 311 Abs. 2 Nr. 1 BGB, § 280 Abs. 1 BGB** auch Schadensersatz statt der Leistung, also auch das positive Interesse einschließlich des entgangenen Gewinns ersetzt verlangen. Dies setzt nach der Rechtsprechung des Bundesgerichtshofs nicht nur voraus, dass der Schadensersatz begehrende Bieter das **wirtschaftlichste Angebot** gelegt hat, sondern darüber hinaus auch, dass der ausgeschriebene **Auftrag auch tatsächlich erteilt und ausgeführt worden** ist.[78] Daraus folgt, dass der Ersatz des positiven Interesses in denjenigen Fällen ausscheidet, in denen die Aufhebung nicht nur wirksam, sondern auch zulässig ist, und das den Schadensersatzanspruch begründende Fehlverhalten des öffentlichen Auftraggebers der Aufhebung vorgelagert ist. Selbst wenn es in einem neuen Verfahren zur Erteilung eines Auftrags kommt, so ist dieser nicht identisch mit demjenigen, der Gegenstand des aufgehobenen Verfahrens war.[79] Dasselbe gilt, wenn die Aufhebung zwar unzulässig, aber dennoch wirksam ist.[80]

40 **d) Rechtmäßiges Alternativverhalten.** Der Auftraggeber kann grundsätzlich einwenden, dass der Schaden auch eingetreten wäre, wenn er sich ordnungsgemäß verhalten hätte. Nach der einschlägigen und bis heute zitierten Rechtsprechung des Bundesgerichtshofs aus den neunziger Jahren des 20. Jahrhunderts ist die **Berufung auf ein rechtmäßiges Alternativverhalten** jedoch nur beachtlich, wenn der Schädiger bei pflichtgemäßem Verhalten denselben Erfolg herbeigeführt hätte; dass er ihn lediglich hätte herbeiführen können, reicht regelmäßig nicht aus.[81] Auch darf der Einwand nicht dem Schutzzweck der verletzten Norm widersprechen. Aus diesem Grund konnte der Auftraggeber in der Entscheidung „Rettungsdienstleistungen II" des BGH auch nicht einwenden, die geltend gemachten Rechtsanwaltskosten wären auch dann entstanden, wenn die Prüfung der Vergabeunterlagen keinen Fehler zutage gebracht hätte.[82]

§ 18 EU Zuschlag

(1) Der Zuschlag ist möglichst bald, mindestens aber so rechtzeitig zu erteilen, dass dem Bieter die Erklärung noch vor Ablauf der Bindefrist zugeht.

(2) Werden Erweiterungen, Einschränkungen oder Änderungen vorgenommen oder wird der Zuschlag verspätet erteilt, so ist der Bieter bei Erteilung des Zuschlags aufzufordern, sich unverzüglich über die Annahme zu erklären.

(3)
1. Die Erteilung eines Bauauftrages ist bekannt zu machen.
2. Die Vergabebekanntmachung erfolgt mit den von der Europäischen Kommission festgelegten Standardformularen und enthält die Informationen nach Anhang V Teil D der Richtlinie 2014/24/EU.
3. Aufgrund einer Rahmenvereinbarung vergebene Einzelaufträge werden nicht bekannt gemacht.
4. Erfolgte eine Vorinformation als Aufruf zum Wettbewerb nach § 12 EU Absatz 2 und soll keine weitere Auftragsvergabe während des Zeitraums, der von der Vorinformation abgedeckt ist, vorgenommen werden, so enthält die Vergabebekanntmachung einen entsprechenden Hinweis.

---

[77] Vgl. OLG Schleswig Urt. v. 19.12.2017 – 3 U 15/17, NZBau 2018, 431.
[78] BGH Urt. v. 16.12.2003 – X ZR 282/02, VergabeR 2004, 480 (481 f.); BGH Urt. v. 8.9.1998 – X ZR 48/97, NJW 1998, 3636 (Ls. 2); diese Rspr. in jüngerer Zeit bestätigend OLG Schleswig Urt. v. 19.12.2017 – 3 U 15/17, NZBau 2018, 431.
[79] Derselbe Auftrag liegt hingegen vor, wenn der Auftraggeber nach rechtswidriger Aufhebung gem. § 3a EU Abs. 3 Nr. 1 oder 2 in das Verhandlungsverfahren ohne Teilnahmewettbewerb übergeht.
[80] So auch Kapellmann/Messerschmidt/*Glahs* § 17 Rn. 37. Kritisch hingegen Ingenstau/Korbion/*Portz* Rn. 85 ff., wonach differenziert werden müsse: Könne der Bieter ein missbräuchliches Verhalten des Auftraggebers nachweisen, so müsse er auch dann das positive Interesse verlangen können, wenn der Auftrag am Ende überhaupt nicht erteilt wird (Scheinaufhebung). Insoweit komme auch ein Anspruch nach § 826 Abs. 1 BGB in Betracht. Dies lässt sich beipflichten; allerdings erscheint fraglich, ob der Nachweis eines rein schikanösen und nicht einmal in Ansatz von Sachgründen getragenen Verhaltens dann, wenn der Auftraggeber auf die Auftragsvergabe endgültig verzichtet, praktisch gelingen kann.
[81] BGH Urt. v. 25.11.1992 – VIII ZR 170/91, NJW 1993, 520 und BGH Urt. v. 24.5.1997 – VII ZR 106/95, NJW-RR 1997, 1106.
[82] BGH Urt. v. 9.6.2011 – X ZR 143/10, ZfBR 2012, 61.

5. Nicht in die Vergabebekanntmachung aufzunehmen sind Angaben, deren Veröffentlichung
   a) den Gesetzesvollzug behindern,
   b) dem öffentlichen Interesse zuwiderlaufen,
   c) die berechtigten geschäftlichen Interessen öffentlicher oder privater Unternehmen schädigen oder
   d) den fairen Wettbewerb beeinträchtigen würde.

(4) Die Vergabebekanntmachung ist dem Amt für Veröffentlichungen der Europäischen Union in kürzester Frist – spätestens 30 Kalendertage nach Auftragserteilung – elektronisch zu übermitteln.

Übersicht

	Rn.		Rn.
I. Überblick	1	c) Sonstige Wirksamkeitshindernisse	17
II. Normzweck	2	IV. Zuschlagserteilung unter Abänderungen (Abs. 2 Alt. 1)	20
III. Zuschlagserteilung ohne Abänderung (Abs. 1)	5	V. Verspätete Zuschlagserteilung (Abs. 2 Alt. 2)	25
1. Zuschlagserteilung und Vertragsschluss	6	VI. Vergabebekanntmachung (Abs. 3)	29
2. Rechtzeitige Zuschlagserteilung	7	VII. Frist (Abs. 4)	35
3. Wirksame Zuschlagserteilung	11	VIII. Pflicht zur Vergabebekanntmachung nicht bieterschützend	36
a) Form	11		
b) Gesetzliche Vertretung und rechtsgeschäftliche Stellvertretung	15		

I. Überblick

§ 18 EU kombiniert zwei im Grunde separate Regelungsgebiete: Während die Abs. 1 und 2 wortgleich zu § 18 Bestimmungen zur Erteilung des Zuschlags enthalten, betreffen die Abs. 3 und 4 – vergleichbar zu § 20 Abs. 3 in Abschnitt 1 – die Herstellung der **ex-post-Transparenz** nach Zuschlagserteilung. Mit den Abs. 3 und 4 wird Art 50 RL 2014/24/EU umgesetzt, während die Abs. 1 und 2 keine direkte Entsprechung in der RL 2014/24/EU haben. Gegenüber § 18 EG sind die Abs. 1 und 2 unverändert geblieben, während die Abs. 3 und 4 an die RL 2014/24/EU angepasst wurden. Neu hinzugekommen sind die Nr. 3 und 4 in Abs. 3. Mit der VOB/A 2019 blieb § 18 EU unverändert.

II. Normzweck

Entsprechend dem bereits angesprochenen „Zwittercharakter" des § 18 EU lässt sich kein einheitlicher Normzweck ermitteln.

Die Abs. 1 und 2 legen fest, wie der **Zuschlag wirksam** erteilt wird, was insbesondere vor dem Hintergrund des **§ 168 Abs. 2 GWB** von Bedeutung ist, wonach ein wirksam erteilter Zuschlag von der Vergabekammer nicht aufgehoben werden kann. Dies wird kombiniert mit einer Verfahrensanweisung an den öffentlichen Auftraggeber, den Zuschlag „möglichst bald" zu erteilen, was im Regelfall allerdings ohnehin dem eigenen Interesse des Auftraggebers entspricht.

Die Abs. 3 und 4 sind Ausfluss des Transparenzprinzips. Abschnitt 2 der RL 2014/24/EU, zu dem Art. 50 RL 2014/24/EU gehört, trägt entsprechend die Überschrift „Veröffentlichung und Transparenz".[1] Sie dienen allerdings nicht dem Bieterschutz, sondern dem öffentlichen Interesse an der transparenten Vergabe von Bauaufträgen.[2] Bieter- bzw. Drittschutz iSd § 97 Abs. 6 GWB kommt jedoch der Pflicht zur Rücksichtnahme auf berechtigte geschäftliche Interessen gem. Abs. 3 Nr. 5 zu. Darüber dient die Bekanntmachung auch dem Zweck, der Kommission Untersuchungen dahingehend zu ermöglichen, ob die in den Bekanntmachungen enthaltenen Informationen qualitativ ausreichend und umfangreich genug sind, um die statistischen Angaben zu entnehmen, die ansonsten von den Mitgliedstaaten übermittelt werden müssten.[3]

---

[1] Mit Recht kritisch merkt *Reichling* an, dass durch die in § 18 EU Abs. 3 und 4 geregelte ex-post-Transparenz leider wohl in der erster Linie „der weiteren Bürokratisierung Vorschub geleistet wird", Ingenstau/Korbion/*Reichling* Rn. 5.
[2] Kapellmann/Messerschmidt/*Stickler* Rn. 20; Ingenstau/Korbion/*Reichling* Rn. 35.
[3] Vgl. Erwägungsgrund 127 RL 2014/24/EU.

III. Zuschlagserteilung ohne Abänderung (Abs. 1)

5   Abs. 1 regelt den Normalfall, dh die Zuschlagserteilung ohne Erweiterungen, Einschränkungen oder Änderungen. Mit dem (wirksamen) Zuschlag endet das Vergabeverfahren. Ein wirksam erteilter Zuschlag kann gem. § 168 Abs. 2 GWB nicht von der Vergabekammer aufgehoben werden. Darüber hinaus liegt in der Zuschlagserteilung auch die zivilrechtliche Annahme des wirtschaftlichsten Angebots, durch die der Bauvertrag zustande kommt.

6   **1. Zuschlagserteilung und Vertragsschluss.** Entsprechend der ganz hM fallen im deutschen Vergaberecht Zuschlagserteilung und **Angebotsannahme** zusammen.[4] Zwar wird (bzw. wurde) vereinzelt die Ansicht vertreten, das sogenannte „dualistische System", wonach Zuschlag und Annahme sowohl begrifflich als auch inhaltlich zu unterscheiden sind, gelte auch im Recht der Bundesrepublik.[5] Diese Auffassung kann jedoch inzwischen als überholt angesehen werden – einer derartigen Trennung bedarf es weder in zivil- noch in vergaberechtlicher Hinsicht. Dies gilt auch in Ansehung des verfassungsrechtlichen Gebots der Gewährung effektiven (Primär-)Rechtsschutzes: Im Oberschwellenbereich sorgen die §§ 134 und 135 GWB dafür, dass der öffentliche Auftraggeber nicht durch die schlichte Zuschlagserteilung irreversible Fakten schafft. Unterhalb der Schwellenwerte steht den Bietern die Möglichkeit zugebote, durch die Beantragung einstweiliger Verfügungen die Erteilung des Zuschlags zu verhindern.[6] Und nicht zuletzt spricht die Formulierung des Abs. 1 selbst dafür, dass Zuschlag und Annahme als ein und dasselbe anzusehen sind: Die vergaberechtliche Pflicht des Auftraggebers, den Zuschlag bis zum Ablauf der Bindefrist zu erteilen, wäre sinnentleert, wenn dadurch nicht auch die Annahme des Angebots erklärt würde.

7   **2. Rechtzeitige Zuschlagserteilung.** Abs. 1 verpflichtet den öffentlichen Auftraggeber, den Zuschlag möglichst bald, jedenfalls aber vor Ablauf der Angebotsbindefrist (vgl. § 10a EU Abs. 8) zu erteilen. Trotz der Formulierung „ist zu erteilen" besteht kein Anspruch auf Erteilung des Zuschlags.[7]

8   Abs. 1 verpflichtet den öffentlichen Auftraggeber in zweierlei Hinsicht. Gerade vor dem Hintergrund der Angebotsannahme *uno actu* mit der Zuschlagserteilung ist es im Grunde selbstverständlich, dass der Zuschlag **innerhalb der Bindefrist** erteilt werden muss. Dies folgt bereits aus § 148 BGB, wonach ein Angebot nur innerhalb der hierfür festgelegten Frist angenommen werden kann. Den Zuschlag auf ein nicht mehr annahmefähiges Angebot zu erteilen wäre für den Auftraggeber ohne Interesse (inwieweit der Zuschlag unter Erweiterungen, Einschränkungen oder Änderungen das Verfahren wirksam beenden kann, ist im Übrigen Gegenstand des Abs. 2).[8] Die Länge der Bindefrist ergibt sich aus den Vergabeunterlagen; gem. § 10a EU Abs. 8 S. 3 beträgt sie in der Regel **60 Tage**, beginnend mit dem Ablauf der Angebotsfrist (§ 10a EU Abs. 9).

9   Abs. 1 verlangt darüber hinaus, dass der Zuschlag „möglichst bald", dh ohne schuldhaftes Zögern erteilt wird. Dies ist Ausdruck des vergaberechtlichen **Beschleunigungsgebots**; der Zuschlagsbieter soll möglichst frühzeitig mit den Vorbereitungen beginnen können.[9]

10 Der Zuschlag bzw. die Annahme ist eine empfangsbedürftige **Willenserklärung**; der Zugang und die Zugangsvoraussetzungen richten sich nach § 130 BGB. Die **Beweislast** für den rechtzeitigen, dh insbesondere vor Ablauf der Bindefrist erfolgten Zugang der Zuschlags-/Annahmeerklärung liegt, den allgemeinen zivilrechtlichen Regelungen folgend, beim Auftraggeber.[10] Gemäß der immer noch herrschenden Ansicht in der Rechtsprechung stellt der „OK-Vermerk" eines Sendeberichts lediglich ein Indiz für den Zugang eines Telefaxes dar und erbringt insoweit keinen Anscheinsbeweis.[11] Der

---

[4]   Vgl. nur Ziekow/Völlink/*Völlink* Rn. 2; Kapellmann/Messerschmidt/*Stickler* § 18 Rn. 5–9; Ingenstau/Korbion/*Reichling* § 18 Rn. 1 und 2 mwN; ferner OLG Dresden Beschl. v. 12.10.2016 – 16 U 91/16, BeckRS 2016, 135957; BVerwG Beschl. v. 2.5.2007 – 6 B 10/07, NJW 2007, 2275.
[5]   Vgl. iE die Darstellung und Nachweise bei Kapellmann/Messerschmidt/*Stickler* § 18 Rn. 5–9.
[6]   Kapellmann/Messerschmidt/*Stickler* § 18 Rn. 8 f.; vgl. zum Verbotsgesetzcharakter landesrechtlicher Vorschriften → § 18 Rn. 5.
[7]   AllgM; → § 17 EU Rn. 5 ff.
[8]   Kapellmann/Messerschmidt/*Stickler* § 18 Rn. 13.
[9]   Kapellmann/Messerschmidt/*Stickler* § 18 Rn. 12; Ingenstau/Korbion/*Reichling* § 18 Rn. 11.
[10] Vgl. nur BGH Urt. v. 24.2.2016 – XII ZR 5/15, NJW 2016, 1441.
[11] StRspr des BGH Beschl. v. 6.7.2017 – IX ZB 73/16, NZI 2017, 950 Rn. 11; BGH Beschl. v. 8.10.2013 – VIII ZB 13/13, NJW-RR 2014, 179 Rn. 12; BGH Beschl. v. 14.5.2013 – III ZR 289/12, NJW 2013, 2514 Rn. 11; BGH Beschl. v. 21.7.2011 – IX ZR 148/10, BeckRS 2011, 21743 Rn. 3. Dasselbe gilt im Grundsatz für das Sendeprotokoll einer E-Mail. Anders wird dies bei der Aktivierung der Funktionen Eingangsbestätigung oder Lesebestätigung gesehen, welche die Ablage im E-Mail-Postfach des Empfängers oder das Öffnen der E-Mail auf der Seite des Empfängers dokumentieren, vgl. *Laumen* in Baumgärtel/Laumen/Prütting Beweislast-HdB Rn. 248; *Ahrens*, Der Beweis im Zivilprozess, 2014, Kapitel 16 Rn. 71 ff.; *Geipel*, Handbuch der Beweiswürdigung, 3. Aufl. 2016, § 29 Rn. 275, jeweils mwN.

III. Zuschlagserteilung ohne Abänderung (Abs. 1)

Auftraggeber sollte sich die Eingang des Zuschlags daher bestätigen lassen (vgl. insoweit auch das Formblatt 338, 2, des VHB 2017).

3. Wirksame Zuschlagserteilung. a) Form. Die Zuschlagserteilung unterliegt **keinen ver- 11 gaberechtlichen Formvorschriften.**[12] Da ein Bauwerkvertrag auch ansonsten keiner besonderen Form bedarf, kann er daher grundsätzlich auch mündlich erteilt werden, etwa im Anschluss an die Rücknahme eines Antrags auf Vergabenachprüfung. Im Normalfall ist aber aus **Beweisgründen** zumindest die Textform zu wahren.

Anderweitige gesetzliche Vorschriften, welche die Wahrung der Schriftform zwingend verlan- 12 gen (wie etwa die **Gemeindeordnungen** der Länder für die Abgabe verpflichtender Erklärungen), bleiben unberührt. Allerdings ist die in den Gemeindeordnungen vorgeschriebene Schriftform aufgrund der fehlenden Gesetzgebungskompetenz der Länder nicht konstitutiv. Die mangelnde Schriftform führt daher nicht gem. § 125 BGB zur Nichtigkeit des Rechtsgeschäfts, sondern gem. § 177 BGB aufgrund fehlender Vertretungsmacht lediglich zur schwebenden Unwirksamkeit, sodass eine nachträgliche Genehmigung möglich ist.[13]

Ist mit der Zuschlagserteilung die Vereinbarung über einen Grundstückserwerb im Sinne einer 13 rechtlichen Einheit verbunden, bedarf sie gem. § 311b BGB der **notariellen Form.**[14] Dasselbe gilt für den Fall des Erwerbs von Erbbaurechten gem. § 11 Abs. 2 ErbbauVO oder die Übertragung von GmbH-Anteilen gem. § 15 Abs. 3 und 4 GmbHG.

Im Falle der **gewillkürten**, dh in den Vergabeunterlagen selbst vorgesehenen Schriftform führt 14 deren Nichtbeachtung regelmäßig **nicht** zur **Nichtigkeit** gem. § 125 BGB. Gemäß § 125 S. 2 BGB hat der Mangel der durch Rechtsgeschäft bestimmten Form nur im Zweifel Nichtigkeit zur Folge. Ein solcher Zweifel ist indes typischerweise nicht gegeben, da die in den Vergabeunterlagen vereinbarte Schriftform nicht als Wirksamkeitsvoraussetzung anzusehen ist, sondern lediglich Beweis- und Dokumentationszwecken dient.[15] Im Übrigen lässt § 127 BGB die Wahrung der Schriftform – abweichend von § 126 BGB – durch die telekommunikative Übermittlung oder den Briefwechsel zu.

b) Gesetzliche Vertretung und rechtsgeschäftliche Stellvertretung. Weitere Vorausset- 15 zung für die wirksame Zuschlagserteilung ist die Einhaltung der für den jeweiligen öffentlichen Auftraggeber gültigen gesetzlichen **Vertretungsregelungen.**[16] Diese ergeben sich aus den einschlägigen gesetzlichen Grundlagen, die öffentlich-rechtlicher oder privatrechtlicher Natur sein können.

Stellvertretung ist grundsätzlich nach Maßgabe der §§ 164 ff. BGB möglich. Zu beachten ist, 16 dass der vom öffentlichen Auftraggeber beauftragte **Architekt nicht** allein aufgrund seiner Stellung rechtsgeschäftliche Vertretungsmacht besitzt.[17] Anders als ggf. bei der Vereinbarung von Nachtragsbeauftragungen wird in Bezug auf die Erteilung des Zuschlags regelmäßig auch nicht von einer Anscheins- oder Duldungsvollmacht auszugehen sein.

c) Sonstige Wirksamkeitshindernisse. Der Zuschlagserteilung dürfen auch keine sonstigen 17 Wirksamkeitshindernisse entgegenstehen.

Diese können sich bereits aus vergaberechtlichen Bestimmungen ergeben. So ist die Zuschlags- 18 erteilung gem. § 135 Abs. 1 GWB von Anfang an unwirksam, wenn der öffentliche Auftraggeber gegen § 134 GWB verstoßen oder den Auftrag unberechtigt direkt vergeben hat und dieser Verstoß gem. § 135 Abs. 2 GWB festgestellt wurde.

Der Vertrag und damit auch der Zuschlag sind ferner nichtig, wenn der Vertragsgegenstand zu 19 unbestimmt ist, was allerdings bei Bauaufträgen nur selten der Fall sein dürfte, oder wenn ein Verstoß gegen ein **gesetzliches Verbot** iSd § 134 BGB vorliegt. Zu diesen zählen auch die Zuschlagsverbote gem. § 169 Abs. 1 GWB, § 173 Abs. 1 S. 1 GWB und § 173 Abs. 3 GWB.[18] In Betracht kommt ferner die Nichtigkeit nach 138 Abs. 1 BGB im Falle eines **kollusiven Zusammenwirkens** von Auftraggeber und Bieter, insbesondere in Bezug auf die beidseitig bewusste Umgehung eines ordnungsgemäßen Vergabeverfahrens.[19]

---

[12] BGH Beschl. v. 9.2.2004 – X ZB 44/03, BeckRS 2004, 01815 = NJW 2004, 2092. Dies gilt iÜ auch für die VOB/A-VS, die, anders als § 34 Abs. 1 VSVgV, keine Form für die Zuschlagserteilung bestimmt.
[13] OLG Frankfurt a. M. Urt. v. 25.6.2013 – 11 U 94/12, BeckRS 2013, 16295; OLG Schleswig Beschl. v. 1.6.1999 – 6 Verg 1/99, NZBau 2000, 96.
[14] Ingenstau/Korbion/*Reichling* § 18 Rn. 34.
[15] Kapellmann/Messerschmidt/*Stickler* § 18 Rn. 26; Ingenstau/Korbion/*Reichling* § 18 Rn. 32.
[16] Zu diesen zählen auch die jeweils kommunalrechtlich vorgeschriebenen Schriftformerfordernisse, → Rn. 12.
[17] StRspr seit BGH Urt. v. 15.2.1960 – VII ZR 10/59, NJW 1960, 859.
[18] Kapellmann/Messerschmidt/*Stickler* § 18 Rn. 34.
[19] Vgl. hier insbes. OLG Saarbrücken Urt. v. 17.8.2016 – 1 U 159/14, BeckRS 2016, 16273 (Nichtigkeit bejaht); ferner OLG Düsseldorf Beschl. v.18.6.2008 – VII Verg 23/08, ZfBR 2009, 197 (verneint); OLG Hamburg Beschl. v. 25.1.2007 – 1 Verg 5/06, NZBau 2007, 801 (verneint).

IV. Zuschlagserteilung unter Abänderungen (Abs. 2 Alt. 1)

20 Abs. 2 trifft Bestimmungen für den in der Praxis gar nicht so seltenen Fall, dass der Zuschlag unter **Erweiterungen, Einschränkungen oder sonstigen Änderungen** erteilt wird. Durchaus häufig sind insbesondere Fälle, in denen der Auftraggeber aufgrund vorausgehender Verzögerungen einen gegenüber den Vergabeunterlagen **geänderten Zeitplan** vorgeben möchte.[20] Ebenfalls eine Änderung liegt vor, wenn die Vergabeunterlagen gar keine Ausführungsfristen bestimmen, der Auftraggeber solche Fristen aber bei Zuschlagserteilung vorschreibt.[21]

21 Gemäß Abs. 2 ist ein unter Erweiterungen, Einschränkungen oder sonstigen Änderungen erteilter Zuschlag **nicht per se unwirksam oder unzulässig.**

22 In vergaberechtlicher Hinsicht bilden das **Nachverhandlungsverbot** gem. § 15 EU Abs. 3, die Gebote der **Gleichbehandlung** und der **Transparenz** die **Grenze** für eine noch zulässige Abänderung im Rahmen der Zuschlagserteilung.[22] Auch sind **Änderungen,** die als iSd § 23 EU bzw. § 132 GWB **wesentlich** anzusehen wären, von vornherein unzulässig.[23] Dadurch ergibt sich letztlich ein nur schmaler Anwendungsbereich für Abs. 2, der keinesfalls dahingehend verstanden werden darf, dass eine Zuschlagserteilung unter Erweiterungen, Einschränkungen oder sonstigen Änderungen gleichsam in das Belieben des Auftraggebers gestellt wäre.[24]

23 Im Übrigen passt sich das Vergaberecht den **zivilrechtlichen** Bestimmungen an, indem der Bieter gem. Abs. 2 bei Erteilung des Zuschlags aufzufordern ist, sich **unverzüglich** über die Annahme zu erklären. Dies entspricht dem Umstand, dass gem. § 150 Abs. 2 BGB eine Annahme unter Erweiterungen, Einschränkungen oder sonstigen Änderungen als Ablehnung gilt, verbunden mit einem **neuen Antrag,** den der Erklärungsempfänger annehmen muss. Die Annahme muss gem. § 147 BGB bis zu dem Zeitpunkt angenommen werden, in welchem der Antragende den Eingang der Antwort unter regelmäßigen Umständen erwarten darf; Abs. 2 konkretisiert dies dahingehend, dass die Annahmeerklärung **unverzüglich** nach Eingang des Zuschlagsschreibens abzugeben ist. Schweigt der Bieter, kommt kein Vertrag zustande, es sei denn, die äußeren Umstände lassen den Schluss zu, dass der Bieter mit dem Vertragsschluss zu den geänderten Bedingungen einverstanden ist. Dies kann etwa aus der Aufnahme der Arbeiten gefolgert werden.[25]

24 Da der Auftraggeber im Fall eines Zuschlags unter Erweiterungen, Einschränkungen oder sonstigen Änderungen einerseits häufig gegen das Nachverhandlungsverbot verstößt und sich andererseits auch vom erfolgreichen Bieter abhängig macht, ist ihm hiervon generell abzuraten. Soweit nach § 23 EU zulässig ist die Erteilung des Zuschlags zu unveränderten Bedingungen und die nachträgliche Änderung des Vertrags vorzugswürdig.[26] **Stimmt** im Übrigen der **Bieter** der Änderung endgültig **nicht zu,** ist das Verfahren gem. § 17 EU Abs. 1 Nr. 3 aus schwerwiegendem Grund **aufzuheben.**[27]

V. Verspätete Zuschlagserteilung (Abs. 2 Alt. 2)

25 Abs. 2 regelt ebenfalls die verspätete, dh nach Ablauf der Bindefrist erfolgte Zuschlagserteilung. Die Rechtsfolgen entsprechen denen einer Zuschlagserteilung unter Erweiterungen, Einschränkungen oder sonstigen Änderungen. Gemäß § 150 Abs. 1 BGB gilt die verspätete Annahme des ursprünglichen Angebots als neuer Antrag; das Angebot erlischt gem. § 146 BGB. Der Bieter ist aufzufordern, sich unverzüglich über die Annahme zu erklären.

26 Für die Rechtzeitigkeit des Zuschlags kommt es auf den Zugang beim Bieter an (→ Rn. 7 ff.). Ist das Zuschlagsschreiben so abgesendet worden, dass es bei **regelmäßiger Beförderung** rechtzeitig zugegangen wäre, und musste der Bieter dies erkennen (etwa infolge eines vorausgegangenen Telefonats), so hat er dem Auftraggeber die Verspätung unverzüglich nach Empfang (oder vorher) anzuzeigen. Verzögert er die Absendung der Anzeige, so **gilt** die Annahme gem. § 149 S. 2 BGB **als nicht verspätet.** Diese Regelung kann zu der etwas paradoxen Situation führen, dass ein Bieter, der ein

---

[20] Nach der Rspr. des BGH muss der Auftraggeber allerdings unmissverständlich klarstellen, dass er den Vertrag nur zu den geänderten zeitlichen Konditionen schließen will; ein bloßes „Ansprechen" genügt nicht, BGH Urt. v. 6.9.2012 – VII ZR 193/10, NJW 2012, 3505.
[21] Kapellmann/Messerschmidt/*Stickler* § 18 Rn. 39; OLG München Urt. v. 6.7.1993 – 13 U 6930/92, IBR 1995, 369.
[22] Vgl. BayObLG Beschl. v. 15.7.2002 – Verg 15/02 NZBau 2002, 689.
[23] Ähnlich zur Rechtslage vor Einführung des § 23 EU Beck VOB/A/*Diehr/Reidt* § 18 Rn. 47; ggf. kommt bei wesentlichen Abweichungen auch eine Unwirksamkeit gem. § 135 Abs. 1 GWB (de-facto-Vergabe) in Betracht, Ingenstau/Korbion/*Reichling* § 18 Rn. 28.
[24] Ingenstau/Korbion/*Reichling* § 18 Rn. 28.
[25] Ingenstau/Korbion/*Reichling* § 18 Rn. 30.
[26] Ähnlich Beck VOB/A/*Diehr/Reidt* § 18 Rn. 45.
[27] Ingenstau/Korbion/*Reichling* § 18 Rn. 22.

eigenes Interesse an einer wirksamen Zuschlagserteilung hat, die Anzeige tunlichst unterlässt, wodurch die Fiktion des § 149 S. 2 BGB eintritt.

Konsequenz der Bestimmung gem. Abs. 2 Alt. 2 ist, dass das Vergabeverfahren nicht mit Ablauf 27 der Bindefrist endet.[28] Die Beendigung tritt erst ein, wenn der Auftraggeber nach verweigerter Zustimmung des erfolgreichen Bieters das Verfahren aufhebt (→ Rn. 24 aE).

Zu den **zivilrechtlichen Folgen** einer verspäteten Zuschlagserteilung hat sich der BGH in 28 einer Reihe von Entscheidungen, beginnend mit dem **Urteil vom 11.5.2009,** geäußert.[29] Demnach kommt der Vertrag auch bei einem verzögerten Zuschlag grundsätzlich **zu den ausgeschriebenen Fristen und Terminen** zustande, selbst wenn diese nicht mehr eingehalten werden können. Der so zu Stande gekommene Bauvertrag ist **ergänzend dahin auszulegen,** dass die Bauzeit unter Berücksichtigung der Umstände des Einzelfalls und der vertragliche Vergütungsanspruch **in Anlehnung an die Grundsätze des § 2 Nr. 5 VOB/B anzupassen** sind.[30] Dies folge daraus, dass die Auslegung des Vertrags im Einklang mit den vergaberechtlichen Vorschriften einschließlich des Nachverhandlungsverbots zu erfolgen habe. Auch dürfe die berechtigte Inanspruchnahme vergaberechtlichen Primärrechtsschutzes nicht zu einer Verschlechterung der Situation des Bieters führen. Etwas anderes gelte nur dann, wenn es sich bei dem infrage stehenden Verfahren um ein Verhandlungsverfahren handle. Die von einem Bieter in einem Verhandlungsverfahren erklärte Ankündigung von verzögerungsbedingten Mehrvergütungsansprüchen könne so ausgelegt werden, dass darin lediglich der Vorbehalt der Durchsetzung möglicher vertraglicher Ansprüche, nicht jedoch eine Abstandnahme von dem abgegebenen Angebot zu sehen sei. Vertragliche Ansprüche könnten aber bei einer solchen Auslegung ausgeschlossen sein, wenn der Bieter die Möglichkeit nicht genutzt habe, den Abschluss des Vertrages von einer Anpassung des Preises für die durch die Bauzeitverschiebung entstandenen Mehrkosten abhängig zu machen.[31]

VI. Vergabebekanntmachung (Abs. 3)

Abs. 3 regelt, im Umsetzung von Art. 50 RL 2014/24/EU, die Erfüllung von Informations- 29 pflichten nach Zuschlagserteilung. Er dient daher der Herstellung einer ex-post-Transparenz (→ Rn. 4).

Gemäß Abs. 3 Nr. 1 ist die Erteilung eines Bauauftrags **bekannt zu machen.** Dies gilt für 30 Bauaufträge aller Art, also (und gerade!) für solche, die im Wege eines **Verhandlungsverfahrens ohne Teilnahmewettbewerb** zustande gekommen sind.[32] Ebenfalls bekannt zu machen ist, auch wenn Abs. 3 Nr. 1 nur von „Bauaufträgen" spricht, der Abschluss einer **Rahmenvereinbarung** – dies im Gegensatz zu den aufgrund der Rahmenvereinbarung vergebenen Einzelaufträgen (Abs. 3 Nr. 3).[33] Nicht unter Abs. 3 fällt hingegen die Aufhebung des Verfahrens; hier sind gem. § 17 EU Abs. 2 Nr. 1 nur die Bewerber und Bieter zu informieren.

Abs. 3 Nr. 2 legt die **Form und Inhalt** der Bekanntmachung fest; sie haben den von der 31 Kommission festgelegten Standardformularen mit den Informationen gem. Anhang V Teil D RL 2014/24/EU zu entsprechen.[34] Diese können elektronisch über das Portal TED abgerufen werden.

Gemäß Abs. 3 Nr. 3 ist die Vergabe von **Einzelaufträgen** aufgrund einer bestehenden Rah- 32 menvereinbarung **nicht** bekanntzumachen. Nr. 3 wurde neu in die VOB/A 2016 eingefügt, und zwar als Folge des Umstands, dass mit der Fassung von 2016 erstmals Bestimmungen über Rahmenvereinbarungen in die VOB/A aufgenommen wurden (§§ 4a bzw. 4a EU). Die Bestimmung stimmt mit Art 50 RL 2014/24/EU überein und ist, da bereits der Abschluss der Rahmenvereinbarung bekannt zu machen ist, konsequent (→ Rn. 30 aE). Die in Art. 50 Abs. 2 UAbs. 2 S. 2 RL 2014/ 24/EU fakultativ vorgesehene Möglichkeit einer gesetzlichen Vorgabe, die öffentliche Auftraggeber

---

[28] OLG Düsseldorf Beschl. v. 20.2.2007 – VII Verg 3/07, IBRRS 2007, 4334; BayObLG Beschl. v. 1.10.2001 – Verg 6/01, VergabeR 2002, 63; Kapellmann/Messerschmidt/*Stickler* § 18 Rn. 43; Beck VOB/A/*Diehr/Reidt* § 18 Rn. 39.
[29] BGH Urt. v. 11.5.2009 – VII ZR 11/08, NJW 2009, 2443; BGH Urt. v. 10.9.2009 – VII ZR 152/08, NZBau 2009, 771; BGH Urt. v. 22.7.2010 – VII ZR 129/09, NJW 2010, 3436; BGH Urt. v. 6.9.2012 – VII ZR 193/10, NJW 2012, 3505; BGH Urt. v. 18.12.2014 – VII ZR 60/14, NJW-RR 2015, 472.
[30] BGH Urt. v. 11.5.2009 – VII ZR 11/08, NJW 2009, 2443, Ls. 1 und 2.
[31] BGH Urt. v. 10.9.2009 – VII ZR 152/08, NZBau 2009, 771; vgl. zum Ganzen umfassend Beck VOB/B/*Jansen* VOB/B § 2 Abs. 5 Rn. 69 ff.
[32] Kapellmann/Messerschmidt/*Stickler* Rn. 6.
[33] Dies folgt aus der richtlinienkonformen Auslegung von § 18 EU Abs. 3 im Lichte des Art. 50 Abs. 1 RL 2014/24/EU; Kapellmann/Messerschmidt/*Stickler* Rn. 9; Ingenstau/Korbion/*Reichling/von Wietersheim* Rn. 4.
[34] Die im Zeitpunkt dieser Kommentierung gültigen Formulare beruhen auf der VO (EU) 2015/1986 v. 11.11.2015.

verpflichtet, Vergabebekanntmachungen zu Einzelaufträgen aus Rahmenvereinbarungen vierteljährlich gebündelt zu veröffentlichen, wurde in § 18 EU nicht umgesetzt.[35]

33   Abs. 3 Nr. 4 betrifft den Fall, dass der öffentlichen Auftraggeber einen Auftrag im nicht offenen Verfahren oder im Verhandlungsverfahren vergibt, nachdem eine **Vorinformation als Aufruf zum Wettbewerb** nach § 12 EU Abs. 2 erfolgte und folglich kein zusätzlicher Teilnahmewettbewerb durchgeführt wurde. Da die Vorinformation eine Geltungsdauer von maximal zwölf Monaten besitzt (§ 12 EU Abs. 2 Nr. 1 lit. d), reicht sie potenziell über den Zeitpunkt der Auftragsvergabe hinaus, die ihrerseits nicht notwendig abschließend sein muss. Abs. 3 Nr. 4 verpflichtet den öffentlichen Auftragnehmer, insoweit Klarheit zu schaffen. Dies soll der Planungssicherheit der interessierten Unternehmen dienen.[36]

34   Abs. 3 Nr. 5 stellt schließlich klar, welche Angaben gerade **nicht** in die Vergabebekanntmachung **aufzunehmen** sind. Es handelt sich um dieselben Gründe, die den Auftraggeber gem. § 17 EU Abs. 2 Nr. 2 berechtigen, bestimmte Informationen im Zusammenhang mit der Aufhebung eines Vergabeverfahrens zurückzuhalten (→ § 17 EU Rn. 31 ff.). Die Behinderung des Gesetzesvollzugs gem. lit. a kommt in Betracht, wenn Gesetze (wie § 17 UWG) den öffentlichen Auftraggeber die Informationsweitergabe untersagen. Wenn im weiteren Sinne das Gemeinwohl betroffen ist (lit. b), kommt der fehlerfreien Ermessensausübung besonderes Gewicht zu. Am praktisch häufigsten wird gem. lit. c zu erwägen sein, ob die Weitergabe bestimmter Informationen die berechtigten geschäftlichen Interessen von öffentlichen oder privaten Unternehmen schädigen kann, etwa wenn **Betriebs- oder Geschäftsgeheimnisse** anderer Unternehmen berührt sind, wobei es zu Überschneidungen mit lit. a kommen kann.[37] Der faire Wettbewerb (lit. d) ist schon dann beeinträchtigt, wenn die Weitergabe der Information die Wettbewerbssituation überhaupt berührt; ein Gesetzesverstoß ist hingegen nicht erforderlich.[38]

VII. Frist (Abs. 4)

35   Abs. 4 verpflichtet den öffentlichen Auftraggeber, die Vergabebekanntmachung dem Amt für Veröffentlichungen der Europäischen Union in **kürzester Frist** – spätestens 30 Kalendertage nach Auftragserteilung – **elektronisch** zu übermitteln. Dies bedeutet eine gegenüber der Vorgängernorm um 18 Tage verkürzte Frist, wobei die zuvor lediglich fakultative elektronische Übermittlung nunmehr verpflichtend ist. Gemäß der VO (EU) 2015/1986 sind dabei die Online-Anwendungen „eNOTICES" oder „TED-eSENDER" zu verwenden.

VIII. Pflicht zur Vergabebekanntmachung nicht bieterschützend

36   Obwohl die Pflicht zur Veröffentlichung einer Vergabebekanntmachung Ausfluss des Transparenzgebots ist, wird der **bieterschützende** Charakter der Abs. 3 Nr. 1 **verneint;** ihre Verletzung **kann auch keinen Schadenersatzanspruch begründen.**[39]

37   Ob ein Antrag auf Vergabenachprüfung auf die Verletzung von Abs. 3 Nr. 5 gestützt werden kann, ist umstritten. Dagegen wird vorgebracht, dass ein Vergabenachprüfungsverfahren effektiven Rechtsschutz nur bis zur Zuschlagserteilung gewähren könne und solle.[40] Dies kann aber dann nicht gelten, wenn eine Vorschrift wie Abs. 3 Nr. 5 explizit Pflichten des öffentlichen Auftraggebers statuiert, die überhaupt erst nach Zuschlagserteilung entstehen können, und mit Antrag nicht die Fortsetzung des Vergabeverfahrens, sondern allein die Unterlassung der auf den Zuschlag folgenden Veröffentlichung begehrt wird.[41]

---

[35] Art. 50 Abs. 2 UAbs. 2 S. 2 RL 2014/24/EU lautet: „Die Mitgliedstaaten können vorsehen, dass öffentliche Auftraggeber Vergabebekanntmachungen mit den Ergebnissen des Vergabeverfahrens vierteljährlich auf der Grundlage der Rahmenvereinbarung gebündelt veröffentlichen. In diesem Fall versenden die öffentlichen Auftraggeber die Zusammenstellung spätestens 30 Tage nach Quartalsende".

[36] Vgl. Begr. VergRModVO, BT Drs. 87/16, 193 zur Parallelvorschrift in § 39 Abs. 3 VgV. Auch diese reichlich elaborierte Regelung ist in erster Linie ein Beispiel für die mit Abs. 3 verbundene „weitere Bürokratisierung" des Vergabewesens; vgl. Ingenstau/Korbion/*Reichling* Rn. 5.

[37] Kapellmann/Messerschmidt/*Stickler* Rn. 19.

[38] Kapellmann/Messerschmidt/*Stickler* Rn. 19; Ingenstau/Korbion/*Reichling* Rn. 26.

[39] Kapellmann/Messerschmidt/*Stickler* Rn. 20; Ingenstau/Korbion/*Reichling* Rn. 36. Durch die Verletzung des Abs. 3 Nr. 1 schadet sich der öffentliche Auftraggeber mit Blick auf die gem. § 135 Abs. 2 S. 2 GWB eintretende Fristverkürzung für einen Antrag auf Feststellung der Nichtigkeit uU eher selbst.

[40] Ingenstau/Korbion/*Reichling* Rn. 36; dahingehend auch BGH Beschl. v. 19.12.2000 – X ZB 14/00, NJW 2001, 1492.

[41] So Kapellmann/Messerschmidt/*Stickler* Rn. 20.

Im Übrigen kann der in seinen Rechten verletzte erfolgreiche Bieter ggf. gem. § 280 Abs. 1 BGB, § 241 Abs. 2 BGB Schadensersatz verlangen, sofern ihm der Nachweis eines Schadens gelingt.[42]   **38**

§ 19 EU Nicht berücksichtigte Bewerbungen und Angebote

(1) Bewerber, deren Bewerbung abgelehnt wurde, sowie Bieter, deren Angebote ausgeschlossen worden sind (§ 16 EU), und solche, deren Angebote nicht in die engere Wahl kommen, sollen unverzüglich unterrichtet werden.

(2) [1]Der öffentliche Auftraggeber hat die betroffenen Bieter, deren Angebote nicht berücksichtigt werden sollen,
1. über den Namen des Unternehmens, dessen Angebot angenommen werden soll,
2. über die Gründe der vorgesehenen Nichtberücksichtigung ihres Angebots und
3. über den frühesten Zeitpunkt des Vertragsschlusses
unverzüglich in Textform zu informieren. [2]Dies gilt auch für Bewerber, denen keine Information nach Absatz 1 über die Ablehnung ihrer Bewerbung zur Verfügung gestellt wurde, bevor die Mitteilung über die Zuschlagsentscheidung an die betroffenen Bieter ergangen ist. [3]Ein Vertrag darf erst 15 Kalendertage nach Absendung der Information nach den Sätzen 1 und 2 geschlossen werden. [4]Wird die Information per Telefax oder auf elektronischem Weg versendet, verkürzt sich die Frist auf zehn Kalendertage. [5]Die Frist beginnt am Tag nach Absendung der Information durch den öffentlichen Auftraggeber; auf den Tag des Zugangs beim betroffenen Bewerber oder Bieter kommt es nicht an.

(3) Die Informationspflicht nach Absatz 2 entfällt in den Fällen, in denen das Verhandlungsverfahren ohne Teilnahmewettbewerb wegen besonderer Dringlichkeit gerechtfertigt ist.

(4) [1]Auf Verlangen des Bewerbers oder Bieters unterrichtet der öffentliche Auftraggeber in Textform so schnell wie möglich, spätestens jedoch innerhalb einer Frist von 15 Kalendertagen nach Eingang des Antrags,
1. jeden nicht erfolgreichen Bewerber über die Gründe für die Ablehnung seines Teilnahmeantrags,
2. jeden Bieter, der ein ordnungsgemäßes Angebot eingereicht hat, über die Merkmale und relativen Vorteile des ausgewählten Angebots sowie über den Namen des erfolgreichen Bieters oder der Parteien der Rahmenvereinbarung;
3. jeden Bieter, der ein ordnungsgemäßes Angebot eingereicht hat, über den Verlauf und die Fortschritte der Verhandlungen und des Dialogs mit den Bietern.
[2]§ 17 EU Absatz 2 Nummer 2 gilt entsprechend.

(5) Nicht berücksichtigte Angebote und Ausarbeitungen der Bieter dürfen nicht für eine neue Vergabe oder für andere Zwecke benutzt werden.

(6) Entwürfe, Ausarbeitungen, Muster und Proben zu nicht berücksichtigten Angeboten sind zurückzugeben, wenn dies im Angebot oder innerhalb von 30 Kalendertagen nach Ablehnung des Angebots verlangt wird.

Schrifttum: *Macht/Städler*, Die Informationspflichten des öffentlichen Auftraggebers für ausgeschiedene Bewerber – Sinn oder Unsinn?, NZBau 2012, 143; *Zirkel*, Schadensersatz aufgrund der Übernahme einer „guten Idee"?, VergabeR 2006, 321.

Übersicht

	Rn.			Rn.
I. Bedeutung der Norm	1	3.	Bieterinformation über weiteren Verfahrensverlauf (S. 1 Nr. 3)	19
II. Informationspflicht nach Abs. 1–3	6	4.	Form und Frist der Information	20
III. Zusätzliche Information nach Abs. 4	11	5.	Zurückhalten von Informationen gem.	
1. Bewerberinformation (S. 1 Nr. 1)	15		§ 17 EU Abs. 2 (S. 2)	21
2. Ergänzende Bieterinformation (S. 1 Nr. 2)	16	6.	Vollständige Umsetzung der Richtlinie?	22

---
[42] Einschlägig dürfte nicht § 311 Abs. 2 BGB sein (so aber Kapellmann/Messerschmidt/*Stickler* Rn. 21), da der Vertrag ja bereits zustande gekommen ist.

	Rn.		Rn.
IV. Umgang mit nicht berücksichtigten Angeboten und Ausarbeitungen	23	V. Rückgabe nicht berücksichtigter Angebotsunterlagen	28

I. Bedeutung der Norm

1 § 19 EU regelt die Pflicht des öffentlichen Auftraggebers, die im Verfahren nicht erfolgreichen Bewerber und Bieter zu informieren. Diese **Vorabinformation** ist für die unterlegenen Bewerber und Bieter oftmals Ausgangspunkt und Grundlage für spätere Vergabenachprüfungsverfahren, die Informationsverpflichtung damit eine wesentlicher Ausprägung des Transparenzgebots.[1] Darüber hinaus bietet § 19 EU mit den aus dem Basisparagraphen übernommenen Abs. 4–6 ein „umfassendes Regelungswerk über den Umgang mit nicht berücksichtigten Bewerbungen und Angeboten".[2]

2 Dennoch ist die praktische Relevanz von § 19 EU – wie bereits die seiner Vorgängernorm, § 19 EG – gering.[3] So geben die Abs. 2 und 3 im Wesentlichen nur den Gesetzeswortlaut des § 134 GWB wieder, den öffentliche Auftraggeber bei Vergaben oberhalb der EU-Schwellenwerte ohnehin zu beachten haben. Insoweit kann auf die dortige Kommentierung verwiesen werden (*Fett* in Band 3 → GWB § 134 Rn. 5 ff.).

3 Die Regelung gem. Abs. 4 findet sich zwar hingegen in leicht modifizierter Form bereits seit Jahrzehnten in der VOB/A. Ein nur auf Verlangen zu erfüllendes, echtes **Informationsbedürfnis nach Zuschlagserteilung** ist aber nur schwer auszumachen, auch nicht bezüglich der Gründe für die Nichtberücksichtigung der Angebote oder Teilnahmeanträge: diese Informationspflicht folgt bereits aus Abs. 2 S. 2 bzw. aus § 134 Abs. 1 S. 2 GWB.[4]

4 Die Regelung nach Abs. 5 ist der Sache nach wenig mehr als eine ergänzende Klarstellung zu den Bestimmungen des Urheberrechts einerseits und zu § 8b EU Abs. 2 andererseits. Letztere Bestimmung sieht bereits vor, dass der öffentliche Auftraggeber Angebotsunterlagen und die in den Angeboten enthaltenen eigenen Vorschläge eines Bieters nur für die Prüfung und Wertung der Angebote verwenden darf.

5 Abs. 6 schließlich, der eine Herausgabepflicht in Bezug auf eingereichte Entwürfe, Ausarbeitungen, Muster und Proben statuiert, dürfte im Zusammenhang mit der E-Vergabe weiter an Bedeutung verlieren, jedenfalls soweit er Entwürfe und Ausarbeitungen betrifft.

II. Informationspflicht nach Abs. 1–3

6 Die Abs. 1–3 dienen, wie auch § 134 GWB, der Umsetzung der EU-Rechtsmittelrichtlinie (RL 2007/66/EG). Da diese nach wie vor in Kraft ist, blieben sie im Zuge der Vergaberechtsreform von 2016 im Vergleich zur Vorgängervorschrift des § 19 EG und auch in der VOB/A 2019 nahezu unverändert.

7 Die im Detail durch die Fassung des Abs. 1 auch noch abweichende Aufnahme der gesetzlichen Regelung des § 134 GWB in die VOB/A wird zu Recht kritisiert.[5] Auch wenn dem Rechtsanwender mit der VOB/A aus Sicht des DVA eine möglichst vollständige Unterlage für die rechtssichere Durchführung (europaweiter) Vergaben an die Hand gegeben werden soll, lösen die Abs. 1–3 dies Versprechen einmal mehr nicht bzw. nur unvollständig ein: Der Blick in das GWB bleibt unumgänglich, da erst die in § 135 GWB unter Verweis auf § 134 GWB geregelten Folgen eines Verstoßes gegen die Vorabinformationspflicht dieser ihren eigentlichen Sinn geben.[6]

8 § 19 EU Abs. 1–3 und § 134 Abs. 1 und 2 GWB unterscheiden sich nur darin, dass Abs. 1 der VOB-Norm keine gesetzliche Entsprechung hat, auch nicht in der VgV. Er verpflichtet den öffentlichen Auftraggeber zur **unverzüglichen** (§ 121 BGB) Information der Bewerber, deren Bewerbung abgelehnt wurde, sowie derjenigen Bieter, deren Angebote ausgeschlossen wurden oder nicht in die

---

[1] BeckOK VergabeR/*Dreher/Hoffmann* GWB § 134 Rn. 12; Ingenstau/Korbion/*Reichling* Rn. 1.
[2] Ingenstau/Korbion/*Reichling* Rn. 1.
[3] So etwa auch *Weyand* ibrOK VergabeR, 17. Akt. 14.9.2015, § 19 EG Rn. 7.
[4] Ingenstau/Korbion/*Reichling* Rn. 36: „Die Bedeutung der nur auf Verlangen der Bewerber und Bieter bestehenden Unterrichtungspflicht des Auftraggebers ist gegenüber der allgemeinen Informations- und Wartepflicht des § 134 GWB bzw. § 19 Abs. 2 VOB/A in der Praxis gering".
[5] Vgl. Kapellmann/Messerschmidt/*Stickler* Rn. 1: „Zu bevorzugen wäre, auf Wiederholungen von Gesetzestexten in der VOB/A zu verzichten".
[6] Vgl. BeckOK VergabeR/*Dreher/Hoffmann* GWB § 134 Rn. 89: „Indessen fehlt es an einer Rechtsfolge, wie sie § 135 Abs. 1 Nr. 1 für den Fall statuiert, dass der Auftraggeber gegen die Informations- und Wartepflicht verstößt. Sieht man von der ‚Erinnerungsfunktion' ab, kommt der Wiederholung der Informations- und Wartepflicht in § 19 EU und § 19 VS VOB/A 2016 *sub specie* des effektiven Primärrechtsschutzes keine Bedeutung zu".

engere Wahl kamen. Seinem Wortlaut nach verlangt Abs. 1 im Gegensatz zu Abs. 2 und § 134 GWB weder die Wahrung einer bestimmten Form noch die Angabe von Gründen. Allerdings ist schon aus Gründen der ordnungsgemäßen Dokumentation die Wahrung der Textform – wie in Abs. 2 vorgeschrieben – dringend anzuempfehlen. Darüber hinaus erzwingen sowohl Abs. 2 bzw. § 134 GWB als auch das Transparenzgebot ohnehin die **Angabe von Gründen** für die Nichtberücksichtigung. Diese – entgegen dem Wortlaut des Abs. 1 – insbesondere ausscheidenden Bewerbern bereits mit der Information über die Erfolglosigkeit des Teilnahmeantrags mitzuteilen, ist auch ohne gesonderte Verpflichtung ein Gebot der Klugheit und der **Verfahrensökonomie.** So gestattet § 134 Abs. 1 S. 2 GWB dem öffentlichen Auftraggeber, die (nochmalige) Information zwischenzeitlich ausgeschiedener Bewerber über den beabsichtigten Vertragsschluss zu unterlassen, sofern diesen schon zu einem früheren Zeitpunkt eine Information über die Ablehnung ihrer Bewerbung zur Verfügung gestellt wurde. Dies gilt allerdings nur dann, wenn diese frühere Information dem Informationsbedürfnis des Bewerbers entspricht, was eine **Angabe der Gründe** für die Nichtberücksichtigung **zwingend voraussetzt.**[7]

Auch wenn in Ansehung der ohnehin bestehenden Informationspflicht nach Abs. 2 und § 134 GWB kein wirklicher Bedarf an einer gesonderten Information nach Abs. 1 besteht, ist der öffentliche Auftraggeber im Regelfall dazu verpflichtet. Nach der ständigen Rechtsprechung des BVerwG ist ein „Sollen" wie in Abs. 1 als so genanntes **„intendiertes Ermessen"** anzusehen, das ein Abweichen nur in sachlich begründeten Ausnahmefällen zulässt.[8] Konkrete vergaberechtliche Konsequenzen ergeben sich aus einem Verstoß gegen die Pflicht zu unverzüglichen Information nicht. Gegebenenfalls machen sich öffentliche Auftraggeber aber nach den Grundsätzen der culpa in contrahendo (§ 311 BGB) schadenersatzpflichtig, wenn sie insbesondere Bewerber zu spät darüber informieren, dass sie über ihre für die Teilnahme am Verfahren bzw. die spätere Ausführung des Auftrags vorgesehenen Sach- und Personalmittel wieder frei disponieren können.[9] 9

Im Übrigen ist in Bezug auf Adressat, Form, Frist, Umfang und Inhalt der Information nach den Abs. 2 und 3 sowie die Rechtsfolgen eines Verstoßes zu verweisen auf die Kommentierung zu den §§ 134 und 135 GWB (*Fett* in Band 3 → GWB § 134 Rn. 5 ff. und → GWB § 135 Rn. 9 ff.). 10

III. Zusätzliche Information nach Abs. 4

Abs. 4 statuiert zusätzliche, im Gegensatz zu denen nach Abs. 1 und 2 erst auf Antrag eines Bewerbers oder Bieters zu erfüllende Informationspflichten des öffentlichen Auftraggebers. Die Vorschrift setzt Art. 55 RL 2014/24/EU um. Sie findet ihre Entsprechung in § 62 VgV, wobei Abs. 4 – anders als § 62 Abs. 1 S. 2 VgV – keine Verpflichtung enthält, auch über die Entscheidung zu informieren, ein Vergabeverfahren aufzuheben oder erneut einzuleiten.[10] Ihre **Bedeutung** ist – mit Ausnahme der neuen Nr. 3 – in Theorie und Praxis **gering,** insbesondere in Hinblick auf die Gewährung eines effektiven **Primärrechtsschutzes,** für den die voraussetzungslose Vorabinformationspflicht gem. § 134 GWB bzw. Abs. 2 ein zentrales Element darstellt.[11] 11

Anders als noch bei § 19 EG setzt Abs. 4 nicht länger einen „schriftlichen" Antrag voraus. Eine Formvoraussetzung wird nicht genannt, auch nicht in Bezug auf eine zu wahrende Textform. Daher ist auch die telefonische oder mündliche Antragstellung grundsätzlich zulässig, wenn auch aus Bietersicht aus Beweisgründen schwerlich ratsam.[12] 12

Ein weiterer, begrüßenswerter Unterschied zu § 19 EG besteht darin, dass die Unterrichtung der Bewerber und Bieter einheitlich in **Textform** (§ 126b BGB) zu erfolgen hat, während die ältere Norm eine schriftliche Mitteilung verlangte, dies aber nur auf Bieter erstreckte, die ein 13

---

[7] So auch BeckOK VergabeR/*Dreher/Hoffmann* GWB § 134 Rn. 12; Müller-Wrede/*Kriener* GWB § 101a aF Rn. 5; Hattig/Maibaum/*Hattig* GWB § 101a aF Rn. 51.
[8] BVerwG Urt. v. 5.7.1985 – 8 C 22/83, NJW 1986, 738.
[9] BayObLG Beschl. v. 19.12.2000 – Verg 7/00, NZBau 2002, 294 (Ls.). Auf ein Vertrauen des Bieters in die Einhaltung des Vergaberechts kommt es dabei, entgegen der früheren Rechtslage, nicht länger an, BGH Urt. v. 9.6.2011 – X ZR 143/10, NZBau 2011, 498 „Rettungsdienstleistungen II". Zum Zweck der Bieterinformation nach § 19 Abs. 1 S. 1 im Abschnitt 1 → § 19 Rn. 5 f.
[10] Vgl. aber § 17 EU Abs. 2 Nr. 1 sowie ergänzend die Kommentierung zu § 62 VgV (Pauka in Band 3 → VgV § 62 Rn. 1 ff.).
[11] Zutreffend daher die Ansicht von *Prieß* in KKMPP VgV § 62 Rn. 3 mwN, wonach ein Vergabenachprüfungsverfahren mangels Rechtsschutzbedürfnisses nicht isoliert auf die Verletzung der nachträglichen Informationspflichten gestützt werden kann.
[12] AA Ingenstau/Korbion/*Reichling* Rn. 37: zumindest elektronische oder Textform. Allerdings überzeugt die Begründung nicht, wonach der „Eingang des Antrags" die Frist in Gang setze, was eine mündliche oder telefonische Antragstellung ausschließe: Nach dem Recht der Bundesrepublik Deutschland können Anträge dann, wenn keine Form vorgegeben ist, auch mündlich gestellt werden.

ordnungsgemäßes Angebot eingereicht hatten. Auch muss die Information nicht mehr unverzüglich, sondern vielmehr „**so schnell wie möglich**" übermittelt werden.

14 Neu hinzugekommen ist schließlich die Verpflichtung des Auftraggebers, Bieter, die ein ordnungsgemäßes Angebot abgegeben haben, aber nicht länger am Verfahren teilnehmen, über den Verlauf und die Fortschritte der Verhandlungen und des Dialogs mit den verbliebenen Bietern zu informieren.

15 **1. Bewerberinformation (S. 1 Nr. 1).** Gemäß Abs. 4 S. 1 Nr. 1 sind jedem nicht erfolgreichen Bewerber die Gründe für die Ablehnung seines Teilnahmeantrags mitzuteilen. Eine entsprechende Verpflichtung ergibt sich allerdings der Sache nach schon aus § 134 GWB bzw. aus Abs. 2 S. 2 (→ Rn. 8), sodass Abs. 4 S. 1 Nr. 1 im Ergebnis als **redundant** zu betrachten ist.

16 **2. Ergänzende Bieterinformation (S. 1 Nr. 2).** Ein über § 134 GWB und Abs. 2 hinausgehender Informationsanspruch folgt hingegen aus Abs. 4 S. 1 Nr. 2. So sind auf ihren entsprechenden Antrag hin Bietern, die ein ordnungsgemäßes Angebot eingereicht haben, die **Merkmale und relativen Vorteile** des ausgewählten Angebots sowie die Namen des erfolgreichen Bieters oder der Parteien der Rahmenvereinbarung mitzuteilen. Während der Name des erfolgreichen Bieters vor Zuschlagserteilung ohnehin anzugeben ist, gilt dies nicht – oder nur eingeschränkt – für die „Merkmale und relativen Vorteile des ausgewählten Angebots". Zwar erscheint an dieser Stelle eine Überschneidung zur nach § 134 GWB und Abs. 2 erforderlichen Angabe der „Gründe für die Nichtberücksichtigung" denkbar. Eine solche Überschneidung ergibt sich aber nicht zwingend, da sich die Gründe für die Nichtberücksichtigung in den Fällen des Angebotsausschlusses, der mangelnden Eignung oder unangemessener Preise bereits aus dem nicht berücksichtigten Angebot selbst ergeben. Demgegenüber verlangt Abs. 4 S. 1 Nr. 2 ein Eingehen auf die „positiven Eigenschaften und Merkmale" des ausgewählten Angebots.[13] Dies erfordert eine konkrete Darlegung anhand der vom öffentlichen Auftraggeber vorgegebenen Zuschlagskriterien (vgl. § 16d EU Abs. 2).

17 Auskunftsberechtigt ist jeder Bieter, der ein ordnungsgemäßes Angebot abgegeben hat. Die Angebote müssen folglich den sich aus § 13 EU ergebenden Anforderungen in Bezug auf Form und Inhalt genügen (→ § 13 EU Rn. 13 ff.). Ergänzend kann auf die Kommentierung zu § 3a EU Abs. 3 Nr. 1 verwiesen werden (→ § 3a EU Rn. 22 ff.).

18 Jederzeit zu beachten sind allerdings die allgemeinen, sich aus dem **Vertraulichkeitsgrundsatz** ergebenden **Grenzen** der Informationsmöglichkeiten, die den Anspruch des Bieters beschränken. In diesem Zuge ist insbesondere auf § 14 EU Abs. 8 (→ § 14 EU Rn. 36 ff.) und (den gem. § 2 VgV ebenfalls zu beachtenden) § 5 VgV (*Thiele* in Band 3 → VgV § 5 Rn. 1 ff.) zu verweisen. § 14 EU Abs. 8 erlegt öffentlichen Auftraggebern die Pflicht auf, Angebote und ihre Anlagen sorgfältig zu verwahren und **geheim zu halten.** Gemäß § 5 Abs. 1 VgV dürfen Auftraggeber die von den Unternehmen übermittelten und von diesen als vertraulich gekennzeichneten Informationen nicht weitergeben. Auch die Erfüllung von Informationsansprüchen gem. Abs. 4 S. 1 Nr. 2 berechtigt die Vergabestelle nicht dazu, auch nach Zuschlagserteilung noch geheimhaltungsbedürftige Inhalte zu offenbaren; dies beweist schon der Umstand, dass § 17 EU Abs. 2 für anwendbar erklärt wird (→ Rn. 21).

19 **3. Bieterinformation über weiteren Verfahrensverlauf (S. 1 Nr. 3).** In der Umsetzung von Art. 55 Abs. 2 lit. d RL 2014/24/EU neu in die VOB/A aufgenommen wurde die Verpflichtung des Auftraggebers, jeden Bieter, der ein ordnungsgemäßes Angebot eingereicht hat (→ Rn. 17), auf seinen Antrag hin „**über den Verlauf und die Fortschritte der Verhandlungen und des Dialogs mit den Bietern**" zu informieren. Ihrem Wortlaut sowie ihrem Sinn und Zweck nach betrifft diese Vorschrift nur solche Verfahrensarten, die Verhandlungen oder einen Dialog erlauben und bei denen einzelne Bieter vor Zuschlagserteilung ausscheiden können. Dies sind einerseits **Verhandlungsverfahren,** die gem. § 3b EU Abs. 3 Nr. 8 in verschiedenen aufeinanderfolgenden Phasen abgewickelt werden, und andererseits der gem. § 3b EU Abs. 4 S. 1 Nr. 5 in aufeinander folgenden Phasen durchgeführte **wettbewerbliche Dialog.** Vor dem Hintergrund der Regelung in § 3b EU Abs. 5 Nr. 8 wird man auch die **Innovationspartnerschaft** zu diesen Verfahren rechnen müssen.[14] Abs. 4 S. 1 Nr. 1 stellt im Rahmen des Abs. 4 ersichtlich eine Ausnahme dar, da die Nr. 1 und 2 im Normalfall erst nach Zuschlagserteilung greifen, während die Nr. 3 das noch andauernde Verfahren gerade voraussetzt.[15] Öffentliche Auftraggeber sollten daher auf Abs. 4 S. 1 Nr. 3 gestützte Anträge ernst nehmen und entsprechend gewissenhaft Auskunft erteilen. Anders als bei den Nr. 1 und 2 erscheint es durchaus denkbar, dass ein **Antrag auf Vergabenachprüfung** auf die Verletzung

---

[13] Ingenstau/Korbion/*Reichling* § 19 Rn. 18.
[14] So auch Ingenstau/Korbion/*Reichling* Rn. 43.
[15] Vgl. *Marx* in KKMPP VgV § 62 Rn. 4.

III. Zusätzliche Information nach Abs. 4

des Informationsanspruchs gem. Nr. 3 gestützt werden kann – ganz zu schweigen davon, dass auch der Inhalt der Auskunft dazu führen kann, dass sich ein ausgeschiedener Bieter in seinen Rechten nach § 97 Abs. 6 GWB verletzt sieht.

4. Form und Frist der Information. Gemäß Abs. 4 S. 1 hat die Information in Textform (§ 126b BGB) und „so schnell wie möglich", spätestens jedoch innerhalb einer Frist von 15 Kalendertagen nach Eingang des Antrags zu erfolgen. Die ungewöhnliche Formulierung **„so schnell wie möglich"**, die anstelle des früheren „unverzüglich" in § 19 EG gewählt wurde, geht auf Art. 55 Abs. 2 RL 2014/24/EU zurück. Der **Sinn** der geänderten Formulierung **erschließt sich indes nicht.** Die Legaldefinition des § 121 BGB, wonach unverzüglich „ohne schuldhaftes Zögern" bedeutet, bietet wenig Raum für ein davon abweichendes Verständnis von „so schnell wie möglich". Ferner ist zu konstatieren, dass die Umsetzung der Richtlinie in § 62 Abs. 2 VgV von § 19 EU Abs. 4 S. 1 abweicht. In der VgV wird nach wie vor die „unverzügliche" Information verlangt. Zusätzlich sind die Pflichten nach Abs. 1 und 2 ebenfalls „unverzüglich" zu erfüllen (die Formulierung im diesbezüglich umgesetzten Richtlinientext: „schnellstmöglich", was dasselbe bedeutet wie „so schnell wie möglich"). Auftraggeber werden daher gut daran tun, sich auch bei der Erfüllung ihrer Pflichten nach Abs. 4 **an § 121 BGB zu orientieren.** Daraus folgt im Weiteren, dass die Ausnutzung der **vollen 15 Tage** in der Regel unzulässig sein dürfte. Dabei handelt es sich um eine **Höchstgrenze**, bei deren Überschreitung jedenfalls von einem pflichtwidrigen Verhalten auszugehen sein wird, während ein pflichtgemäßes Handeln nach der Rechtsprechung des EuGH es dem öffentlichen Auftraggeber abverlangt, sorgfältig, umfassend und mit Blick auf die Bieterinteressen zu agieren.[16] Insbesondere in Beachtung des zuletzt genannten Punkts wird sich die Ausschöpfung der 15 Tage regelmäßig verbieten.[17] Dies dürfte erst recht dann gelten, wenn ein Antrag im laufenden Verfahren gem. Abs. 4 S. 1 Nr. 3 gestellt wird.

5. Zurückhalten von Informationen gem. § 17 EU Abs. 2 (S. 2). Wie bereits § 19 EG gestattet es § 19 EU den öffentlichen Auftraggebern über den Verweis auf § 17 EU Abs. 2, die eigentlich nach Abs. 4 geschuldeten Informationen zurückzuhalten, wenn vorrangige Interessen betroffen sind. Konkret kann das Zurückhalten erfolgen, wenn die Weitergabe a) den Gesetzesvollzug behindern, b) dem öffentlichen Interesse zuwiderlaufen, c) die berechtigten geschäftlichen Interessen von öffentlichen oder privaten Unternehmen schädigen oder d) den fairen Wettbewerb beeinträchtigen würde. Zum Vorliegen dieser nur in seltenen Fällen einschlägigen Ausnahmen kann auf die Kommentierung zu § 17 EU verwiesen werden (→ § 17 EU Rn. 31 f.).

6. Vollständige Umsetzung der Richtlinie? Gemäß Art. 55 Abs. 2 lit. b RL 2014/24/EU muss jeder nicht erfolgreiche Bieter auf seinen Antrag hin über die Gründe für die Ablehnung seines Angebots informiert werden. Exakt so fand die Umsetzung in § 62 Abs. 2 Nr. 2 VgV statt, während die Entsprechung in Abs. 4 fehlt. Dies ließe sich wegen der Doppelung zu Abs. 2 bzw. § 134 GWB verschmerzen und bedeutet nach der hier vertretenen Ansicht kein Umsetzungsdefizit. Gemäß der Richtlinie gehört zur ordnungsgemäßen Information der Bieter jedoch auch eine spezifische Unterrichtung dahingehend, dass „in den Fällen nach Artikel 42 Absätze 5 und 6 … keine Gleichwertigkeit vorliegt oder dass die Bauleistungen … nicht den Leistungs- oder Funktionsanforderungen entsprechen". Bezogen auf die VOB/A betrifft dies die Regelung in § 7a EU Abs. 3 Nr. 1. Wird demnach in der Leistungsbeschreibung auf die in § 7a EU Abs. 2 Nr. 1 genannten Spezifikationen verwiesen, darf ein Angebot nicht mit der Begründung abgelehnt werden, die angebotene Leistung entspräche nicht den herangezogenen Spezifikationen, wenn der Bieter die Übereinstimmung seines Angebots mit den fraglichen technischen Spezifikationen nachweist. Vergleichbares regelt § 7a EU Abs. 4 in Bezug auf die Festlegung von technischen Spezifikationen in Form von Leistungs- oder Funktionsanforderungen. Will der Auftraggeber das Angebot dennoch ausschließen, so wäre der Auftraggeber gem. Art. 55 Abs. 2 lit. b RL 2014/24/EU verpflichtet, im Besonderen darauf zu verweisen, dass er den Übereinstimmungsnachweis nicht akzeptiert. Da die vollständige Umsetzung der Richtlinie in § 19 EU Abs. 4 unterblieb, müsste die entsprechende „spezifische" Information dann eben im Rahmen der Information nach Abs. 2 bzw. § 134 GWB erfolgen. Das ließe sich

---

[16] Vgl. EuGH Urt. v. 4.6.2009 – C-250/07, NZBau 2009, 602 – Kraftwerk Kreta. Demgegenüber scheint etwa *Marx* in KKMPP VgV § 62 Rn. 10 davon auszugehen, dass der Auftraggeber immer dann „unverzüglich" handelt, wenn er die Frist von 15 Tagen wahrt. Dann bliebe allerdings unklar, warum nicht schlechthin – wie etwa in Abschnitt 1 bei § 19 Abs. 2 – eine Frist von 15 Tagen festgelegt wurde, ohne den Zusatz „unverzüglich" oder „so schnell wie möglich".

[17] So auch Ingenstau/Korbion/*Portz*, 19 Aufl. 2015, § 19 EG Rn. 24. In der aktuellen, 21. Aufl. 2020 vertritt Ingenstau/Korbion/*Reichling* Rn. 39 allerdings die Ansicht, dass die neue Formulierung „so schnell wie möglich" einen weniger strengen Maßstab anlege, wobei eine „gänzliche Abkehr von der zur früheren Vorschrift vertretenen Auffassung" gleichwohl nicht anzunehmen sei.

bewerkstelligen und versteht sich möglicherweise auch von selbst; dennoch stellt sich an dieser Stelle einmal mehr die Frage nach dem Sinn unterschiedlicher Umsetzungen ein und derselben Richtlinie in zwei nationale Normwerke. Der Rechtsklarheit und dem mit der Vergaberechtsreform angestrebten Vereinfachungszweck wird so ein Bärendienst erwiesen.

IV. Umgang mit nicht berücksichtigten Angeboten und Ausarbeitungen

23   Abs. 5 verbietet es dem öffentlichen Auftraggeber, nicht berücksichtigte Angebote und Ausarbeitungen für eine neue Vergabe oder für andere Zwecke zu benutzen, insbesondere die Weitergabe an andere Bieter. In der Sache bedeutet Abs. 5 wenig mehr als eine **ergänzende Klarstellung** zu **§ 8b EU Abs. 2,** der bestimmt, dass der öffentliche Auftraggeber Angebotsunterlagen und die in den Angeboten enthaltenen eigenen Vorschläge eines Bieters nur für die Prüfung und Wertung der Angebote verwenden darf. Eine darüberhinausgehende Verwendung bedarf der vorherigen schriftlichen Vereinbarung. Auf die Kommentierung zu § 8b EU kann daher verwiesen werden (→ § 8b Rn. 10).

24   Beide Bestimmungen, Abs. 5 und § 8b EU Abs. 2, sind letztlich Ausdruck des Umstands, dass sowohl das **Eigentum** als auch das **Urheberrecht** an den eingereichten Angebotsunterlagen grundsätzlich beim Bieter **verbleiben.** Die Nutzung an diesen Unterlagen gestattet der Bieter, sofern nichts Abweichendes vereinbart ist, dem Auftraggeber nur für die Zwecke des laufenden Vergabeverfahrens. Einschränkend ist dabei festzuhalten, dass ein Urheberrecht nicht uneingeschränkt an allen Unterlagen besteht, die der Bieter angefertigt hat, oder an allen seinen Vorschlägen.[18] „Urheberrechtlich geschützte Verhältnisse" liegen nur dann vor, wenn mit den Angeboten oder Ausarbeitungen eine persönliche geistige Schöpfung einhergeht (§ 2 Abs. 2 UrhG), was dann, wenn ein Bieter lediglich Leistungsverzeichnisse oder ähnlicher Unterlagen verpreist, nicht der Fall sein wird.[19] Dessen ungeachtet bestehen die Beschränkungen gem. Abs. 5, § 8b EU Abs. 2 oder auch § 14 EU Abs. 8 unabhängig davon, ob die Angebotsunterlagen urheberrechtlich geschützt sind oder nicht. Kein Schutz kann jedoch in Bezug auf solche Unterlagen beansprucht werden, die lediglich **technisches Allgemeinwissen** widergeben.[20]

25   Das Verbot der anderweitigen Verwendung der vom Bieter eingereichten Unterlagen gilt uneingeschränkt für alle Verfahrensarten und darüber hinaus auch für (ggf. sogar unerlaubt eingereichte) Nebenangebote.[21]

26   Gemäß § 8b EU Abs. 2 sind abweichende Vereinbarungen zwar möglich. Nach zutreffender herrschender Ansicht genügt es aber nicht, wenn der Auftraggeber in den Vergabeunterlagen formularmäßig vorgibt, dass die Angebotsunterlagen in sein Eigentum übergehen bzw. dass er sie anderweitig verwenden darf.[22]

27   Eine Verletzung der Pflichten nach Abs. 5 bzw. § 8b EU Abs. 2 kann neben Herausgabe- (vgl. auch Abs. 6) in erster Linie zu **Schadenersatzansprüchen** der betroffenen Bieter führen. Diese können auf ein Verschulden bei Vertragsanbahnung (§ 311 Abs. 2 BGB, § 241 Abs. 2 BGB, § 280 Abs. 1 BGB) ebenso gestützt werden wie (bei entsprechendem Vorsatz) auch auf § 826 BGB bzw. § 823 Abs. 2 BGB iVm mit § 17 Abs. 2 Nr. 2 UWG. Bei Vorliegen urheberrechtlich geschützter Unterlagen kommt auch § 97 Abs. 2 UrhG in Betracht. Soweit die rechtswidrige Verwendung von Angeboten oder Ausarbeitungen die Voraussetzungen des § 17 Abs. 2 Nr. 2 UWG erfüllen, kommt auch eine **strafrechtliche Ahndung** in Betracht.

V. Rückgabe nicht berücksichtigter Angebotsunterlagen

28   Abs. 6 verpflichtet den öffentlichen Auftraggeber, Entwürfe, Ausarbeitungen, Muster und Proben zu nicht berücksichtigten Angeboten zurückzugeben, wenn dies im Angebot oder innerhalb von 30 Kalendertagen nach Ablehnung des Angebots verlangt wird. Von der Herausgabepflicht umfasst sind alle eingereichten Entwürfe, Pläne, Zeichnungen, statischen Berechnungen, Mengenberechnungen oder andere Unterlagen, die der Auftraggeber gem. § 8b EU Abs. 1 Nr. 1 verlangen durfte und die der Bieter mit seinem Angebot eingereicht hat.

---

[18] OLG München Urt. v. 4.8.2005 – 8 U 1540/05, IBR 2006, 578 = VergabeR 2006, 423.
[19] Ingenstau/Korbion/*Reichling* § 19 Rn. 212 unter Bezugnahme auf das vorstehend zitierte OLG München (OLG München Urt. v. 4.8.2005 – 8 U 1540/05, IBR 2006, 578 = VergabeR 2006, 423), das seinerseits auf die 15. Aufl. 2004 des Ingenstau/Korbion referenziert.
[20] Zirkel VergabeR 2006, 321 (325 f.): „Anderenfalls würde durch die VOB/A ein Ersatzschutzrecht statuiert."; Ingenstau/Korbion/*Reichling* § 19 Rn. 22.
[21] Ziekow/Völlink/*Völlink* Rn. 17; Ingenstau/Korbion/*Reichling* § 19 Rn. 22.
[22] Ziekow/Völlink/*Völlink* Rn. 18; Kapellmann/Messerschmidt/*Stickler* § 19 Rn. 27; Ingenstau/Korbion/*Reichling* § 19 Rn. 23 jeweils mwN.

I. Normzweck

Der Anspruch setzt voraus, dass die Rückgabe entweder bereits mit dem Angebot oder aber 29
binnen 30 Tagen nach Ablehnung des Angebots verlangt wird, wobei eine bestimmte Form für das
Verlangen nicht vorgesehen ist. Zieht der Bieter sein Angebot gem. § 10 EU Abs. 2 zurück, gilt
Abs. 6 entsprechend.[23]

Da das Eigentum an den Angebotsunterlagen ohnedies beim Bieter verbleibt (→ Rn. 24), 30
bestehen unabhängig von Abs. 6 zivilrechtliche Herausgabeansprüche gem. § 985 BGB oder auch
§ 695 BGB – diese wohlgemerkt auch noch nach Ablauf der Frist von 30 Kalendertagen.[24]

Aus diesem Grund ist der öffentliche Auftraggeber zum Fristende nicht berechtigt, die Unterla- 31
gen nach Belieben zu vernichten oder sie gar – unter Verstoß gegen Abs. 5 – an andere Bieter
weiterzugeben.[25] Daher fragt sich, welche Rechtsfolgen überhaupt an den Fristablauf geknüpft
werden bzw. welchen Sinn der in Abs. 6 normierte Herausgabeanspruch ergibt. Zutreffend wird
hier davon ausgegangen, dass der Ablauf der Frist „lediglich zu einem Sinken der Sorgfaltsanforderun-
gen an die Verwahrung nach § 690 BGB [führt], da der Auftraggeber mit einer Rückforderung der
Entwürfe und Ausarbeitungen nicht mehr rechnen muss".[26] Entsprechendes wird in Bezug auf die
Sorgfaltspflichten aus dem Eigentümer-Besitzer-Verhältnis (§§ 987 ff. BGB) gelten.[27]

§ 20 EU Dokumentation

Das Vergabeverfahren ist gemäß § 8 VgV zu dokumentieren.

I. Überblick

§ 20 EU ist innerhalb der VOB/A als bloße Verweisungsnorm ein Novum. Während § 22 EU 1
auf § 132 GWB nicht verweist, sondern ihn wortwörtlich wiederholt, wird auf eine Wiedergabe
des eigentlichen Normtexts verzichtet, was gleichzeitig einen Systembruch darstellt, da die VOB/A
nach dem Willen des DVA als vollständige Unterlage zur Durchführung von Vergabeverfahren dienen
soll. Im Weiteren bedeutet die Regelung in § 20 EU, dass sich die Vorgaben an die Dokumentation
im ersten und zweiten Abschnitt deutlich unterscheiden; dies insbesondere darin, dass § 8 VgV,
anders als § 20, zwischen der „Dokumentation" und dem „Vergabevermerk" differenziert. Auf die
Kommentierung zu § 8 VgV wird verwiesen (*Müller* in Band 3 → VgV § 8 Rn. 1 ff.).

II. VHB

In der Praxis orientieren sich viele Anwender, auch solche, die nicht Angehörige einer Bundes- 2
behörde sind, am Vergabehandbuch des Bundes (VHB). Hier ist künftig insoweit Vorsicht geboten,
als die „Allgemeinen Richtlinien Vergabeverfahren und Zuständigkeiten", anders als § 8 VgV, den
Begriff „Vergabevermerk" nach wie vor als Synonym zur Dokumentation verwenden.[1] Auch Ver-
wender des VHB müssen stets prüfen, ob die Dokumentation den Anforderungen des § 8 VgV
genügt.

§ 21 EU Nachprüfungsbehörden

**In der Bekanntmachung und den Vergabeunterlagen ist die Nachprüfungsbehörde mit
Anschrift anzugeben, an die sich der Bewerber oder Bieter zur Nachprüfung behaupteter
Verstöße gegen die Vergabebestimmungen wenden kann.**

I. Normzweck

§ 21 EU hat, von minimalen Anpassungen abgesehen, weder im Zuge der Vergaberechtsreform 1
von 2016 noch in der Fassung von 2019 eine Änderung erfahren. Die Vorschrift dient der **Gewäh-**

---

[23] Kapellmann/Messerschmidt/*Stickler* § 19 Rn. 27 mwN.
[24] Ziekow/Völlink/*Völlink* Rn. 19; Kapellmann/Messerschmidt/*Stickler* § 19 Rn. 27; Ingenstau/Korbion/ *Reichling/Portz* § 19 Rn. 23.
[25] Zutreffend Ziekow/Völlink/*Völlink* Rn. 20: „Wird innerhalb der Frist keine Rückgabe verlangt, bedeutet das nicht, dass der Bieter mit der Verwendung der Angebotsunterlagen durch den Auftraggeber für eine neue Vergabe nach Abs. 5 einverstanden ist".
[26] Kapellmann/Messerschmidt/*Stickler* § 19 Rn. 28.
[27] Ziekow/Völlink/*Völlink* Rn. 20; Ingenstau/Korbion/*Reichling* § 19 Rn. 24.
[1] Vgl. Ziff. 5.1 der „Allgemeinen Richtlinien Vergabeverfahren und Zuständigkeiten" des VHB, Formblatt Nr. 100: „Die einzelnen Stufen des Verfahrens, die maßgebenden Feststellungen, einzelnen Maßnahmen sowie die Begründung der einzelnen Entscheidungen sind in einem Vermerk zu dokumentieren".

rung effektiven Primärrechtsschutzes.[1] Gemäß § 168 Abs. 2 GWB kann ein wirksam erteilter Zuschlag von der Vergabekammer nicht mehr aufgehoben werden. Gemäß § 134 Abs. 2 GWB beträgt die Wartefrist vor Zuschlagserteilung lediglich 15 oder – im praktischen Regelfall – auch nur zehn Kalendertage. Nach § 160 Abs. 3 Nr. 4 GWB ist ein Antrag auf Vergabenachprüfung unzulässig, der später als 15 Kalendertage nach Eingang der Nichtabhilfeentscheidung des öffentlichen Auftraggebers gestellt wird. Damit verbleiben Bewerbern und Bietern häufig nur wenige Tage, um einen behaupteten Verstoß gegen das Vergaberecht zu rügen und dann im Falle der Nichtabhilfe die Vergabekammer anzurufen. Die verpflichtende Angabe der Nachprüfungsbehörde soll eine zeitaufwendige Recherche nach der zuständigen Vergabekammer unnötig machen. Deren **Bestimmung gem. § 159 GWB** kann im Einzelfall kompliziert sein, vor allem bei Vergaben öffentlicher Auftraggebern gem. § 99 Nr. 2 GWB, deren Gesellschafter bzw. Träger teils dem Bund und teils den Ländern oder Kommunen zuzuordnen sind, oder bei Auftraggebern gem. § 99 Nr. 4 GWB.[2]

II. Nachprüfungsbehörde

2   Die gem. § 21 EU anzugebende Nachprüfungsbehörde ist, wie aus §§ 155, 156 GWB folgt, die jeweils zuständige Vergabekammer.[3]

III. Erforderliche Angaben

3   Die Angabe muss neben der korrekten Bezeichnung der Vergabekammer deren Anschrift mitteilen und **sowohl in der Bekanntmachung als auch in den Vergabeunterlagen** enthalten sein.

4   Welche Vergabekammer zuständig ist, ergibt sich grundsätzlich aus § 159 GWB (*Reider* in Band 3 → GWB § 159 Rn. 1 ff.). § 159 Abs. 1 Nr. 1–6 GWB regelt die Zuständigkeit der Vergabekammern des Bundes, Abs. 2 die Auftragsverwaltung für den Bund. In allen übrigen Fällen wird gem. § 159 Abs. 3 GWB die Zuständigkeit nach dem Sitz des Auftraggebers bestimmt. Die insoweit ergänzenden einschlägigen Landesverordnungen sind wenig übersichtlich und die Zuständigkeiten teils zersplittert.

5   Mitzuteilen ist ferner die Anschrift der Vergabekammer. Weitere Angaben wie etwa Telefon- oder Faxverbindung, URL und E-Mail-Adresse verlangt § 21 EU nicht; wird das Bekanntmachungsformular gem. § 12 EU Abs. 3 Nr. 2 jedoch korrekt ausgefüllt, sind auch diese Angaben erforderlich.

6   Die Bezeichnungen und Adressen der Vergabekammern lauten derzeit (die Angaben erfolgen nach bestem Wissen mit Stand vom Dezember 2020, aber ohne Gewähr auf vollständige Richtigkeit):[4]

Bund
1. und 2. Vergabekammer des Bundes, eingerichtet beim Bundeskartellamt in Bonn
Villemombler Str. 76, 53123 Bonn
Tel.: 0228/9499-0, Fax: 0228/9499-163
URL: http://www.bundeskartellamt.de/SharedDocs/Kontaktdaten/DE/Vergabekammern.html
E-Mail: vk@bundeskartellamt.bund.de

Baden-Württemberg
Vergabekammer Baden-Württemberg beim Regierungspräsidium Karlsruhe
Postanschrift: Vergabekammer Baden-Württemberg, Regierungspräsidium Karlsruhe, 76247 Karlsruhe
Hausanschrift: Durlacher Allee 100, 76137 Karlsruhe
Tel.: 0721/926-8730, Fax: 0721/926-3985
URL: https://rp.baden-wuerttemberg.de/rpk/Abt1/Ref15/Seiten/default.aspx
E-Mail: vergabekammer@rpk.bwl.de

---

[1] Kapellmann/Messerschmidt/*Glahs* Rn. 1.
[2] Zu denken ist hier etwa an Einrichtungen wie die Versorgungsanstalt des Bundes und der Länder (VBL) oder auch die Jobcenter. Ein Bieter müsste hier gem. § 159 Abs. 1 Nr. 1 GWB wissen, ob der öffentliche Auftraggeber die Beteiligung überwiegend verwaltet oder die sonstige Finanzierung überwiegend gewährt hat oder über die Leitung überwiegend die Aufsicht ausübt oder die Mitglieder des zur Geschäftsführung oder zur Aufsicht berufenen Organs überwiegend bestimmt hat bzw., ob sich die an dem Auftraggeber Beteiligten sich auf die Zuständigkeit einer anderen Vergabekammer geeinigt haben. Nach § 159 Abs. 1 Nr. 4 GWB müsste der Bieter Kenntnis darüber haben, ob der Bund die Mittel überwiegend gewährt hat. Dies wird, wenn überhaupt, nur über langwierige Recherchen zu ermitteln sein.
[3] Die Titelüberschrift zu Abschnitt 1, Kapitel 2 des vierten Teils des GWB lautet entsprechend: „Nachprüfungsbehörden".
[4] Eine – allerdings nicht immer aktuelle – Übersicht bietet die Seite www.vergabekammer.de. Gegenüber der Vorauflage geändert haben sich die Daten der VK Baden-Württemberg. Generell wird dringend empfohlen, sich eigenständig über die Kontaktdaten zu informieren.

III. Erforderliche Angaben

Bayern
Vergabekammer Südbayern bei der Regierung Oberbayern
Postanschrift: Regierung von Oberbayern, Sachgebiet – Vergabekammer Südbayern, 80534 München
Hausanschrift: Maximilianstraße 39, 80538 München
Tel.: 089/2176-2411, Fax: 089/2176-2847
URL: https://www.regierung.oberbayern.bayern.de/behoerde/mittelinstanz/vergabekammer/
E-Mail: vergabekammer.suedbayern@reg-ob.bayern.de

Zuständig für die Regierungsbezirke Oberbayern, Niederbayern und Schwaben

Vergabekammer Nordbayern bei der Regierung von Mittelfranken
Postanschrift: Postfach 606, 91511 Ansbach
Hausanschrift: Promenade 27, 91522 Ansbach
Tel.: 0981/531277; Fax: 0981/531837
URL: http://www.regierung.mittelfranken.bayern.de/aufg_abt/abt2/abt3Sg2101.htm
E-Mail: vergabekammer.nordbayern@reg-mfr.bayern.de

Zuständig für die Regierungsbezirke Oberpfalz, Oberfranken, Mittelfranken und Unterfranken

Berlin
Vergabekammer des Landes Berlin
Martin-Luther-Straße 105, 10825 Berlin
Tel.: 030/9013-8316, Fax: 030/9013-7613
URL: https://www.berlin.de/sen/wirtschaft/wirtschaft/wirtschaftsrecht/vergabekammer/
E-Mail: vergabekammer@senweb.berlin.de

Brandenburg
Vergabekammer des Landes Brandenburg beim Ministerium für Wirtschaft
Heinrich-Mann-Allee 107, 14473 Potsdam
Tel.: 0331/866-1719, Fax: 0331/866-1652
URL: http://mwe.brandenburg.de/sixcms/detail.php/bb1.c.188562.de

Bremen
Vergabekammer der Freien Hansestadt Bremen beim Senator für Bau, Umwelt und Verkehr
Contrescarpe 72, 28195 Bremen
Tel.: 0421/361-6704, Fax: 0421/496-6704
URL: https://www.bauumwelt.bremen.de/ressort/vergabekammer-3529
E-Mail: vergabekammer@bau.bremen.de

Hamburg
Vergabekammer der Behörde für Stadtentwicklung und Wohnen Hamburg
Neuenfelder Straße 19, 21109 Hamburg
Tel.: +49 40 42840-3230, Fax: +49 40 42731-0499
URL: https://www.hamburg.de/behoerdenfinder/hamburg/11335239/
E-Mail: vergabekammer@bsw.hamburg.de

Zuständig für Nachprüfungsverfahren nach der VOB und VgV, soweit die Auftragsvergabe an Architekten, Ingenieure, Stadtplaner und Bausachverständige betroffen ist, und für Baukonzessionen nach der KonzVgV.

Vergabekammer bei der Finanzbehörde Hamburg
Postanschrift: Postfach 301741, 20306 Hamburg
Hausanschrift: Rödingsmarkt 2, 20459 Hamburg
Tel.: +49 40 42840-3230, Fax: +49 40 42731-0499
URL: https://www.hamburg.de/behoerdenfinder/hamburg/11354549/
E-Mail: vergabekammer@fb.hamburg.de

Zuständig für Nachprüfungsverfahren nach der VgV und KonzVgV ohne Baukonzessionen.

Hessen
Vergabekammer des Landes Hessen bei dem Regierungspräsidium Darmstadt
Postanschrift: 64278 Darmstadt
Hausanschrift: Wilhelminenstraße 1–3, 64283 Darmstadt
Telefon: 06151 / 12 -6601, Telefax: 06151/ 12 -5816
URL: https://rp-darmstadt.hessen.de/planung/%C3%B6ffentliches-auftraswesen/vergabekammer
E-Mail: gabriele.keil@rpda.hessen.de

Mecklenburg-Vorpommern
Vergabekammer bei dem Wirtschaftsministerium Mecklenburg-Vorpommern
Postanschrift: 19048 Schwerin
Hausanschrift: Johannes-Stelling-Straße 14, 19053 Schwerin
Telefon: 0385 / 588 -5160, Telefax: 0385 / 588 -4855817
URL: http://https://www.regierung-mv.de/Landesregierung/wm/Das-Ministerium/Vergabekammern/
E-Mail: vergabekammer@wm.mv-regierung.de

Niedersachsen
Vergabekammer beim Niedersächsischen Ministerium für Wirtschaft, Arbeit und Verkehr, Regierungsvertretung Lüneburg
Auf der Hude 2, 21339 Lüneburg
Telefon: 04131 / 15 -1334, -1335, -1336, Telefax: 04131 / 15 -2943
URL: https://www.mw.niedersachsen.de/startseite/themen/aufsicht_und_recht/vergabekammer/vergabekammer-niedersachsen-144803.html
E-Mail: vergabekammer@mw.niedersachsen.de

Nordrhein-Westfalen
Vergabekammer Westfalen
Albrecht-Thaer-Straße 9, 48147 Münster
Telefon: 0251 / 411 -, Telefax: 0251 / 411 -2165
URL: http://www.bezreg-muenster.nrw.de/de/wirtschaft_finanzen_kommunalaufsicht/vergabekammer_westfalen/index.html
E-Mail: vergabekammer@brms.nrw.de

Zuständig für: Regierungsbezirke Münster, Detmold, Arnsberg

Vergabekammer Rheinland bei der Bezirksregierung Köln
Spruchkörper Köln (zuständig für den Regierungsbezirk Köln)
Postanschrift: Vergabekammer Rheinland, Spruchkörper Köln, c/o Bezirksregierung Köln, 50606 Köln
Telefon: 0221 / 147 -3045 (Geschäftsstelle), Telefax: 0221 / 147 -2889
Spruchkörper Düsseldorf (zuständig für den Regierungsbezirk Düsseldorf)
Vergabekammer Rheinland, Spruchkörper Düsseldorf, c/o Bezirksregierung Düsseldorf, Am Bonneshof 35, 40474 Düsseldorf
Tel. 0221 / 147 -3055 (Geschäftsstelle), Fax 0221 / 147 2891
URL: https://www.bezreg-koeln.nrw.de/brk_internet/vergabekammer/index.html

Rheinland-Pfalz
Vergabekammern Rheinland-Pfalz beim Ministerium für Wirtschaft, Verkehr, Landwirtschaft und Weinbau
Postanschrift: Postfach 3269, 55022 Mainz
Hausanschrift: Stiftsstraße 9, 55116 Mainz
Telefon: 06131 / 16 -2234 (Geschäftsstelle), Telefax: 06131 / 16 -2113
URL: https://mwvlw.rlp.de/de/ministerium/zugeordnete-institutionen/vergabekammer/
E-Mail: vergabekammer.rlp@mwkel.rlp.de

Saarland
Vergabekammer des Saarlandes beim Ministerium für Wirtschaft und Wissenschaft des Saarlandes
Franz-Josef-Röder-Straße 17, 66119 Saarbrücken
Telefon: 0681 / 501 -4994, Telefax: 0681 / 501 -3506
URL: https://www.saarland.de/3339.htm
E-Mail: vergabekammern@wirtschaft.saarland.de

Sachsen
1. Vergabekammer des Freistaates Sachsen bei der Landesdirektion Sachsen
Postanschrift: Postfach 10 13 64, 04013 Leipzig
Hausanschrift: Braustraße 2, 04107 Leipzig
Telefon: 0341 / 977 -3800, Telefax: 0341 / 977 -1049
URL: https://www.lds.sachsen.de/index.asp?ID=4421&art_param=363
E-Mail: wiltrud.kadenbach@lds.sachsen.de

Sachsen-Anhalt
Vergabekammern beim Landesverwaltungsamt (1. und 2. Vergabekammer)
Ernst-Kamieth-Straße 2
06112 Halle (Saale)
Telefon: 0345 / 514 -1529 bzw. -1536, Telefax: 0345 / 514 -1115
E-Mail: Angela.Schaefer@lvwa.sachsen-anhalt.de (1. VK) bzw. gundula.piekarek@lvwa.sachsen-anhalt.de
URL: https://lvwa.sachsen-anhalt.de/das-lvwa/wirtschaft-verkehr/wirtschaft/vergabekammern/1-und-2-vergabekammer/

Schleswig-Holstein
Vergabekammer Schleswig-Holstein im Ministerium für Wissenschaft, Wirtschaft und Verkehr
Düsternbrooker Weg 94
24105 Kiel
Telefon: 0431 / 988 -4640, Telefax: 0431 / 988 -4702
URL: https://www.schleswig-holstein.de/DE/Themen/V/vergabekammer.html
E-Mail: vergabekammer@wimi.landsh.de

Thüringen
Vergabekammer Thüringen beim Thüringer Landesverwaltungsamt
Postanschrift: Postfach 2249, 99403 Weimar
Hausanschrift: Weimarplatz 4, 99423 Weimar
Telefon: 0361 / 3773 -7276, Telefax: 0361 / 3773 -9354
URL: https://www.thueringen.de/th3/tlvwa/vergabekammer/index.aspx
E-Mail: vergabekammer@tlvwa.thueringen.de

IV. Rechtsfolgen bei Falschangaben

§ 21 EU ist als Verfahrensvorschrift bieterschützend.[5] Erkennt ein Bieter daher, dass die falsche Vergabekammer angegeben wurde oder die Angabe vollständig unterblieben ist, so kann er dies rügen.[6] 7

Dennoch führt die fehlende oder falsche Angabe **weder zur Begründung der Zuständigkeit** einer an sich unzuständigen Vergabekammer **noch** dazu, dass die einschlägigen **Fristen** gem. § 134 Abs. 2 GWB, § 135 Abs. 2 GWB oder § 160 Abs. 3 Nr. GWB **verlängert** würden.[7] Wird ein Nachprüfungsantrag daher als Folge der unzutreffenden Bezeichnung durch den öffentlichen Auftraggeber bei der unzuständigen Vergabekammer eingeleitet, so müsste dieser Antrag als **unzulässig** verworfen werden.[8] Nach zutreffender Ansicht ist die **Vergabekammer** jedoch eigenständig **gehalten**, ihre **Zuständigkeit** im Rahmen eines bei ihr eingegangenen Nachprüfungsantrags zu **prüfen** und bei Zuständigkeit einer anderen Vergabekammer den Nachprüfungsantrag **von Amts wegen** in entsprechender Anwendung des § 83 VwGO, § 17a GVG an die zuständige Kammer **zu verweisen**.[9] 8

Als weitere Folge eines Verstoßes gegen § 21 EU kommen Schadenersatzansprüche in Betracht, wobei sich der Anspruch auf den Ersatz des negativen Interesses beschränkt.[10] 9

§ 22 EU Auftragsänderungen während der Vertragslaufzeit

(1) [1]Wesentliche Änderungen eines öffentlichen Auftrags während der Vertragslaufzeit erfordern ein neues Vergabeverfahren. [2]Wesentlich sind Änderungen, die dazu führen, dass sich der öffentliche Auftrag erheblich von dem ursprünglich vergebenen öffentlichen Auftrag unterscheidet. [3]Eine wesentliche Änderung liegt insbesondere vor, wenn
1. mit der Änderung Bedingungen eingeführt werden, die, wenn sie für das ursprüngliche Vergabeverfahren gegolten hätten,
   a) die Zulassung anderer Bewerber oder Bieter ermöglicht hätten,
   b) die Annahme eines anderen Angebots ermöglicht hätten oder
   c) das Interesse weiterer Teilnehmer am Vergabeverfahren geweckt hätten,
2. mit der Änderung das wirtschaftliche Gleichgewicht des öffentlichen Auftrags zugunsten des Auftragnehmers in einer Weise verschoben wird, die im ursprünglichen Auftrag nicht vorgesehen war,
3. mit der Änderung der Umfang des öffentlichen Auftrags erheblich ausgeweitet wird oder

---

[5] Ingenstau/Korbion/*Portz/Reichling* Rn. 8.
[6] Ingenstau/Korbion/*Portz/Reichling* Rn. 8. Ob allerdings ein rechtliches Interesse daran besteht, diesen Verstoß in einem Verfahren vor der zuständigen Vergabekammer feststellen zu lassen, erscheint zweifelhaft.
[7] Kapellmann/Messerschmidt/*Glahs* Rn. 7; HK-VergabeR/*Franzius*, 2. Aufl. 2015, § 21 EG Rn. 6.
[8] HK-VergabeR/*Franzius*, 2. Aufl. 2015, § 21 EG Rn. 6.
[9] VK Baden-Württemberg Beschl. v. 16.5.2013 – 1 VK 12/13, ZfBR 2013, 600 unter Verweis auf OLG Celle Beschl. v. 5.9.2002 – 13 Verg 9/02, VergabeR 2003, 91 und VK Bund Beschl. v. 8.6.2006 – VK 2-114/05, VergabeR 2007, 106 ff; OLG Dresden Beschl. v. 26.6.2012 – Verg 3/12 und 4/12, BeckRS 2012, 20904. Zustimmend Kapellmann/Messerschmidt/*Glahs* Rn. 7 und Ziekow/Völlink/*Völlink* Rn. 3; aA HK-VergabeR/*Franzius*, 2. Aufl. 2015, § 21 EG Rn. 6.
[10] Ingenstau/Korbion/*Portz/Reichling* Rn. 9; Kapellmann/Messerschmidt/*Glahs* Rn. 7.

4. ein neuer Auftragnehmer den Auftragnehmer in anderen als den in Absatz 2 Nummer 4 vorgesehenen Fällen ersetzt.

(2) ¹Unbeschadet des Absatzes 1 ist die Änderung eines öffentlichen Auftrags ohne Durchführung eines neuen Vergabeverfahrens zulässig, wenn
1. in den ursprünglichen Vergabeunterlagen klare, genaue und eindeutig formulierte Überprüfungsklauseln oder Optionen vorgesehen sind, die Angaben zu Art, Umfang und Voraussetzungen möglicher Auftragsänderungen enthalten, und sich aufgrund der Änderung der Gesamtcharakter des Auftrags nicht verändert,
2. zusätzliche Liefer-, Bau- oder Dienstleistungen erforderlich geworden sind, die nicht in den ursprünglichen Vergabeunterlagen vorgesehen waren, und ein Wechsel des Auftragnehmers
   a) aus wirtschaftlichen oder technischen Gründen nicht erfolgen kann und
   b) mit erheblichen Schwierigkeiten oder beträchtlichen Zusatzkosten für den öffentlichen Auftraggeber verbunden wäre,
3. die Änderung aufgrund von Umständen erforderlich geworden ist, die der öffentliche Auftraggeber im Rahmen seiner Sorgfaltspflicht nicht vorhersehen konnte und sich aufgrund der Änderung der Gesamtcharakter des Auftrags nicht verändert oder
4. ein neuer Auftragnehmer den bisherigen Auftragnehmer ersetzt
   a) aufgrund einer Überprüfungsklausel im Sinne von Nummer 1,
   b) aufgrund der Tatsache, dass ein anderes Unternehmen, das die ursprünglich festgelegten Anforderungen an die Eignung erfüllt, im Zuge einer Unternehmensumstrukturierung, wie zum Beispiel durch Übernahme, Zusammenschluss, Erwerb oder Insolvenz, ganz oder teilweise an die Stelle des ursprünglichen Auftragnehmers tritt, sofern dies keine weiteren wesentlichen Änderungen im Sinne des Absatzes 1 zur Folge hat, oder
   c) aufgrund der Tatsache, dass der öffentliche Auftraggeber selbst die Verpflichtungen des Hauptauftragnehmers gegenüber seinen Unterauftragnehmern übernimmt.
In den Fällen der Nummer 2 und 3 darf der Preis um nicht mehr als 50 Prozent des Werts des ursprünglichen Auftrags erhöht werden. Bei mehreren aufeinander folgenden Änderungen des Auftrags gilt diese Beschränkung für den Wert jeder einzelnen Änderung, sofern die Änderungen nicht mit dem Ziel vorgenommen werden, die Vorschriften dieses Teils zu umgehen.

(3) ¹Die Änderung eines öffentlichen Auftrags ohne Durchführung eines neuen Vergabeverfahrens ist ferner zulässig, wenn sich der Gesamtcharakter des Auftrags nicht ändert und der Wert der Änderung
1. die jeweiligen Schwellenwerte nach § 106 GWB nicht übersteigt und
2. bei Liefer- und Dienstleistungsaufträgen nicht mehr als zehn Prozent und bei Bauaufträgen nicht mehr als 15 Prozent des ursprünglichen Auftragswertes beträgt.
²Bei mehreren aufeinander folgenden Änderungen ist der Gesamtwert der Änderungen maßgeblich.

(4) Enthält der Vertrag eine Indexierungsklausel, wird für die Wertberechnung gemäß Absatz 2 Satz 2 und 3 sowie gemäß Absatz 3 der höhere Preis als Referenzwert herangezogen.

(5) Änderungen nach Absatz 2 Nummer 2 und 3 sind im Amtsblatt der Europäischen Union bekannt zu machen.

1 § 22 EU ist identisch mit § 132 GWB, der seinerseits Art. 72 RL 2014/24/EU weitgehend ohne Änderungen übernimmt. Auf die Kommentierung zu § 132 GWB ist daher im vollen Umfang zu verweisen (*Jaeger* in Band 3 → GWB § 132 Rn. 1 ff.).

2 Zur für Bauverträge im besonderen Maße relevanten Frage, ob § 1 Abs. 3 und Abs. 4 S. 1 VOB/B als „genaue und eindeutig formulierte Überprüfungsklauseln" iSd Abs. 2 Nr. 1 anzusehen sind, wird im Speziellen auf *Jaeger* in Band 3 → GWB § 132 Rn. 29 ff. verwiesen; ferner in diesem Band → § 22 Rn. 2. Zu konstatieren bleibt die **Abweichung** zwischen erstem und zweitem Abschnitt in diesem Punkt, der auch innerhalb des DVA lange umstritten war. Der Umstand der unterschiedlichen Regelungen belegt, dass aus Sicht des DVA eine Übernahme der Formulierung aus dem ersten Abschnitt in § 22 EU keine ordnungsgemäße Umsetzung von

Art. 72 RL 2014/24/EU dargestellt hätte und daher nicht in Frage kam.[1] Im Klartext bedeutet dies, dass **sich § 22 und § 22 EU inhaltlich widersprechen,** ohne dass dies durch den Text deutlich wird und beim häufig nicht rechtskundigen Anwender der VOB/A nur zu Missverständnissen führen kann.[2]

Anhang TS

Technische Spezifikationen
1. „Technische Spezifikation" hat eine der folgenden Bedeutungen:
   a) bei öffentlichen Bauaufträgen die Gesamtheit der insbesondere in den Vergabeunterlagen enthaltenen technischen Beschreibungen, in denen die erforderlichen Eigenschaften eines Werkstoffs, eines Produkts oder einer Lieferung definiert sind, damit dieser/diese den vom öffentlichen Auftraggeber beabsichtigten Zweck erfüllt; zu diesen Eigenschaften gehören Umwelt- und Klimaleistungsstufen, „Design für alle" (einschließlich des Zugangs von Menschen mit Behinderungen) und Konformitätsbewertung, Leistung, Vorgaben für Gebrauchstauglichkeit, Sicherheit oder Abmessungen, einschließlich der Qualitätssicherungsverfahren, der Terminologie, der Symbole, der Versuchs- und Prüfmethoden, der Verpackung, der Kennzeichnung und Beschriftung, der Gebrauchsanleitungen sowie der Produktionsprozesse und -methoden in jeder Phase des Lebenszyklus der Bauleistungen; außerdem gehören dazu auch die Vorschriften für die Planung und die Kostenrechnung, die Bedingungen für die Prüfung, Inspektion und Abnahme von Bauwerken, die Konstruktionsmethoden oder -verfahren und alle anderen technischen Anforderungen, die der öffentliche Auftraggeber für fertige Bauwerke oder dazu notwendige Materialien oder Teile durch allgemeine und spezielle Vorschriften anzugeben in der Lage ist;
   b) bei öffentlichen Dienstleistungs- oder Lieferaufträgen eine Spezifikation, die in einem Schriftstück enthalten ist, das Merkmale für ein Produkt oder eine Dienstleistung vorschreibt, wie Qualitätsstufen, Umwelt- und Klimaleistungsstufen, „Design für alle" (einschließlich des Zugangs von Menschen mit Behinderungen) und Konformitätsbewertung, Leistung, Vorgaben für Gebrauchstauglichkeit, Sicherheit oder Abmessungen des Produkts, einschließlich der Vorschriften über Verkaufsbezeichnung, Terminologie, Symbole, Prüfungen und Prüfverfahren, Verpackung, Kennzeichnung und Beschriftung, Gebrauchsanleitungen, Produktionsprozesse und -methoden in jeder Phase des Lebenszyklus der Lieferung oder der Dienstleistung sowie über Konformitätsbewertungsverfahren;
2. „Norm" bezeichnet eine technische Spezifikation, die von einer anerkannten Normungsorganisation zur wiederholten oder ständigen Anwendung angenommen wurde, deren Einhaltung nicht zwingend ist und die unter eine der nachstehenden Kategorien fällt:
   a) internationale Norm: Norm, die von einer internationalen Normungsorganisation angenommen wurde und der Öffentlichkeit zugänglich ist;
   b) europäische Norm: Norm, die von einer europäischen Normungsorganisation angenommen wurde und der Öffentlichkeit zugänglich ist;
   c) nationale Norm: Norm, die von einer nationalen Normungsorganisation angenommen wurde und der Öffentlichkeit zugänglich ist;

---

[1] So auch Ingenstau/Korbion/*Stolz* Rn. 27; aA *Eschenbruch* in KKPP GWB § 132 Rn. 89. In der Lit. war vor Inkrafttreten der Vergaberechtsreform von 2016 umstritten, ob § 1 Abs. 3 und Abs. 4 S. 1 als „sicherer Hafen für nachträgliche Änderungen" bezeichnet werden könne, so *Eschenbruch* in KKP GWB § 99 Rn. 104, ferner *Kulartz/Duikers* VergabeR 2008, 728 (735 f.), Beck VOB/A/*Schotten/Hüttinger* GWB § 99 Rn. 39; aA *Krohn* NZBau 2008, 619 ff. und *Reider* in Band 1 → 1. Aufl. 2011, GWB § 99 Rn. 22.

[2] Wenig hilfreich ist in diesem Kontext der Einführungserlass zur VOB/A 2016 (Az. BI 7-81063-6/1), der hervorhebt, der DVA habe „sich bewusst dagegen entschieden, die deutlich umfangreichere Regelung der EU-Vergaberechtlinie auch im ersten Abschnitt der VOB/A umzusetzen". Dies ist bereits vom äußeren Bild her offensichtlich, während der Erlass nichts darüber besagt, ob die Regelung des ersten Abschnitts auch im Rahmen des § 22 EU Geltung beanspruchen kann. Hier die Klärung den Gerichten zu überlassen ist insbesondere vor dem Hintergrund, dass Verwendungsnachweise regelmäßig erst Jahre nach dem Abschluss einer Baumaßnahme zu führen sind, fahrlässig. Der Zuwendungsempfänger kann nicht rückwirkend reagieren, sondern hoffen, dass ihm das im Falle der Zuwendungskürzung wegen einer zu Unrecht auf § 22 EU iVm § 1 Abs. 3 VOB/B gestützten Nachtragsvergabe angerufene Verwaltungsgericht den „benefit of doubt" aufgrund der „seinerzeit", dh heute ungeklärten Rechtslage gewährt.

3. „Europäische technische Bewertung" bezeichnet eine dokumentierte Bewertung der Leistung eines Bauprodukts in Bezug auf seine wesentlichen Merkmale im Einklang mit dem betreffenden Europäischen Bewertungsdokument gemäß der Begriffsbestimmung in Artikel 2 Nummer 12 der Verordnung (EU) Nr. 305/2011 des Europäischen Parlaments und des Rates;
4. „gemeinsame technische Spezifikationen" sind technische Spezifikationen im IKT-Bereich, die gemäß den Artikeln 13 und 14 der Verordnung (EU) Nr. 1025/2012 festgelegt wurden;
5. „technische Bezugsgröße" bezeichnet jeden Bezugsrahmen, der keine europäische Norm ist und von den europäischen Normungsorganisationen nach den an die Bedürfnisse des Marktes angepassten Verfahren erarbeitet wurde.

Abschnitt 3 Vergabebestimmungen im Anwendungsbereich der Richtlinie 2009/81/EG (VOB/A – VS)

§ 1 VS Anwendungsbereich

(1) ¹Bauaufträge sind Verträge über die Ausführung oder die gleichzeitige Planung und Ausführung
1. eines Bauvorhabens oder eines Bauwerks für den Auftraggeber, das
   a) Ergebnis von Tief- oder Hochbauarbeiten ist und
   b) eine wirtschaftliche oder technische Funktion erfüllen soll, oder
2. einer dem Auftraggeber unmittelbar wirtschaftlich zugutekommenden Bauleistung durch Dritte gemäß den vom Auftraggeber genannten Erfordernissen.

²Im Bereich Verteidigung und Sicherheit haben Bauaufträge Bauleistungen zum Gegenstand, die in allen Phasen ihres Lebenszyklus im unmittelbaren Zusammenhang mit den in § 104 Absatz 1 GWB genannten Ausrüstungen stehen, sowie Bauleistungen speziell für militärische Zwecke oder Bauleistungen im Rahmen eines Verschlusssachenauftrages. ³Bauleistungen im Rahmen eines Verschlusssachenauftrages sind Bauleistungen, bei deren Erbringung Verschlusssachen nach § 4 des Gesetzes über die Voraussetzungen und das Verfahren von Sicherheitsüberprüfungen des Bundes oder nach den entsprechenden Bestimmungen der Länder verwendet werden oder die solche Verschlusssachen erfordern oder beinhalten.

(2)
1. Die Bestimmungen dieses Abschnitts sind von Auftraggebern im Sinne von § 99 GWB und Sektorenauftraggebern im Sinne von § 100 GWB für Bauaufträge nach Absatz 1 anzuwenden, bei denen der geschätzte Gesamtauftragswert der Baumaßnahme oder des Bauwerkes (alle Bauaufträge für eine bauliche Anlage) mindestens dem sich aus § 106 Absatz 2 Nummer 3 GWB ergebenden Schwellenwert ohne Umsatzsteuer entspricht.
2. Die Schätzung des Auftragswerts richtet sich nach § 3 der Vergabeverordnung Verteidigung und Sicherheit (VSVgV).

(3) Ist bei einem Bauauftrag ein Teil der Leistung verteidigungs- oder sicherheitsspezifisch, gelten die Bestimmungen des § 111 GWB.

Schrifttum: *Byok,* Reformierter Regelungsrahmen für Beschaffungen im Sicherheits- und Verteidigungssektor, NVwZ 2012, 70; *Haak/Koch,* Geheimvergabe im Lichte der Vergaberechtsreform, NZBau 2016, 204; *Höfler,* Beschaffung und Betrieb von Waffensystemen im Spannungsfeld von Vergabe- und Beihilfenrecht, NZBau 2015, 736; *Otting,* Die Umsetzung der Richtlinie 2009/81/EG in das deutsche Recht: Systematik und erste Erfahrungen, FS Marx, 2013, 527; *Mössinger/Thomas,* Verteidigungs- und Sicherheitsvergabe, 2014; *Scherer-Leydecker,* Verteidigungs- und sicherheitsrelevante Aufträge, NZBau 2012, 533; *Voll,* Der novellierte Regelungsrahmen zur Vergabe verteidigungs- und sicherheitsrelevanter öffentlicher Aufträge: Wertungswidersprüche und Zirkelschlüsse, NVwZ 2013, 120 ff.; *von Wietersheim,* Vergaben im Bereich Verteidigung und Sicherheit, Schriftenreihe forum vergabe e.V.

Übersicht

	Rn.			Rn.
I. Überblick	1		2. Schwellenwerte	11
1. Regelungsgegenstand	1		3. Schätzung des Auftragswertes	13
2. Anwendungsbereich	5	**IV.**	**Teilweise verteidigungs- oder sicherheitsspezifische Leistungen (Abs. 3)**	16
II. Bestimmung von Bauaufträgen (Abs. 1)	6		1. Objektiv abtrennbare Teile und Gesamtauftrag	16
1. Definitionen und Abgrenzung	6			
2. Vorrang der GWB-Vorschriften	8		2. „Objektive Gründe" zur Nichtanwendung	18
III. Verweise über den Anwendungsbereich (Abs. 2)	9		3. Überlagerung durch verteidigungs- und sicherheitsspezifische Leistungen	20
1. Auftraggeber und Sektorenauftraggeber	10			

I. Überblick

1 **1. Regelungsgegenstand.** § 1 VS regelt ausweislich seiner Überschrift den **Anwendungsbereich für die nachfolgenden Bestimmungen.** Dabei ist § 1 VS Bestandteil einer abgestuften Kaskade von Regelungen, die insgesamt der **Umsetzung der Vergabe-RL Verteidigung und Sicherheit**[1] in nationales Recht dient. Aufgrund der dabei aufgetretenen Überschneidungen, Wiederholungen und Widersprüchen wurde im Schrifttum schon früher erkannt, dass dem Bundesgesetzgeber die Umsetzung der Richtlinie in deutsches Recht schwergefallen sei.[2] Anhand der einschlägigen Regelungen zeigt sich zum wiederholten Mal, dass das in Teilen des deutschen Vergaberechts unverändert bestehende **Kaskadenprinzip** weder den vergaberechtlichen Wettbewerb noch die Effektivität des öffentlichen Beschaffungswesens oder den individuellen Rechtsschutz stärkt.[3] Letztlich gehen mehrdeutige Regelungen und komplexe Regelungsgefüge typischerweise zulasten von öffentlichen Auftraggebern, Bietern und Bewerbern. Je komplexer das vergaberechtliche Verfahren ist, desto größer ist die Gefahr, dass nach Umgehungen und Vermeidungsstrategien gesucht wird.

2 Soweit an den Vorschriften der VOB/A-VS Kritik geäußert wird, liegt das daran, dass die Vergabe-RL Verteidigung und Sicherheit nicht vornehmlich durch die VOB/A-VS, sondern in erster Linie durch die **höherrangigen §§ 99 und 104 GWB** bzw. durch die Vorschriften der **Vergabeverordnung für die Bereiche Verteidigung und Sicherheit** (VSVgV)[4] umgesetzt wird.[5] Die Bestimmungen des 3. Abschnitts der VOB/A über den Verteidigungs- und Sicherheitsbereich sind weitgehend an den 2. Abschnitt der VOB/A angelehnt, was nicht nur zu einer beträchtlichen Ausweitung der Anzahl der geltenden Paragraphen geführt hat (von 21 auf 48), sondern nun vor allem den nicht vollständig zutreffenden Eindruck erweckt, die dort enthaltenen Bestimmungen kämen tatsächlich alle zur Anwendung.

3 Grundsätzlich ergibt sich die **verbindliche Rechtsgeltung** der VOB/A-VS als 3. Abschnitt der VOB/A aus **§ 2 Abs. 2 S. 2 VSVgV**.[6] Hierdurch wird den Vorschriften der VOB/A-VS nur ergänzend und insoweit Geltung verschafft, als die §§ 1–4, 6–9, 38–42 und 44–46 VSVgV nicht einschlägig sind. Dies führt dazu, dass sich die rechtliche Beurteilung von Liefer- und Dienstleistungsaufträgen im Sicherheits- und Verteidigungsbereich vollständig nach den Vorschriften der VSVgV richtet,[7] während die Vorschriften der VOB/A-VS **bei Bauaufträgen subsidiär** zur Anwendung gelangen, sofern nicht höherrangiges Recht anwendbar ist.[8] Dieser Befund bestätigt sich auch bei Anwendung von § 1 VS.

4 Die Vorschriften des § 1 VS wurden im Rahmen der Vergaberechtsreform des Jahres 2016 nur in **geringem Umfang inhaltlich geändert.** Der Schwerpunkt der an § 1 VS und den folgenden Vorschriften vorgenommenen Änderungen lag vor allem in redaktionellen und inhaltlichen Anpassungen im Hinblick auf die weitreichenden Änderungen des GWB.[9]

5 **2. Anwendungsbereich.** § 1 VS Abs. 1 sieht umfangreiche Regelungen mit **Definitionen des Bauauftrags** im Verteidigungs- und Sicherheitsbereich vor. Nach Abs. 2 Nr. 1 wird für den Anwendungsbereich des 3. Abschnitts der VOB/A auf den öffentlichen Auftraggeber und den Sektorenauftraggeber sowie auf die Schwellenwerte des GWB verwiesen. In Abs. 3 wird für den Fall, dass ein Bauauftrag nur zum Teil Leistungen aus dem Bereich Verteidigung und Sicherheit umfasst, wiederum auf das GWB verwiesen. Die genannten Verweise zeigen die grundlegende Abhängigkeit der VOB/A-VS von den höherrangigen Vorschriften des GWB und der VSVgV.

II. Bestimmung von Bauaufträgen (Abs. 1)

6 **1. Definitionen und Abgrenzung.** § 1 VS Abs. 1 S. 1 enthält eine allgemeine **Definition des Begriffs „Bauauftrag"**, die weitgehend mit der Definition in § 1EU Abs. 1 übereinstimmt.[10] Vorrang vor diesen begrifflichen Prägungen kommt jedoch den in § 103 Abs. 3 GWB genannten

---

[1] ABl. 2009 EU L 216, 76.
[2] Vgl. *Conrad* in Gabriel/Krohn/Neun VergabeR-HdB § 56 Rn. 7.
[3] Hierzu schon früher: *Kau* EuZW 2005, 492 (496); *Meyer* FS Marx, 2013, 409 (418); aA *Knauff* NZBau 2010, 657 (659); HK-VergabeR/*Winnes* Rn. 1.
[4] Vergabeverordnung Verteidigung und Sicherheit (VSVgV) v. 12.7.2012, BGBl. 2012 I 1509, zuletzt geändert durch Art. 2 des Gesetzes v. 25.3.2020, BGBl. 2020 I 674, 675.
[5] IE hierzu: *Byok* NVwZ 2012, 70; *Höfler* NZBau 2015, 736; *Eßig* ZfBR 2016, 33.
[6] *Conrad* in Gabriel/Krohn/Neun VergabeR-HdB § 56 Rn. 7; Beck VergabeR/*Otting* Rn. 16.
[7] Beck VergabeR/*Otting* VSVgV § 2 Rn. 6 f.
[8] HK-VergabeR/*Winnes* Rn. 1.
[9] Eingehend hierzu: Beck VergabeR/*Otting* Rn. 6 f.
[10] Vgl. Beck VergabeR/*Otting* Rn. 20; Ziekow/Völlink/*Herrmann* Rn. 2 f.

Definitionen zu.[11] Dasselbe gilt im Hinblick auf verteidigungs- und sicherheitsspezifische Aufträge nach § 105 GWB.

Eine Konkretisierung erfährt der Begriff des Bauauftrags in § 1 VS Abs. 1 S. 2 für den Bereich Verteidigung und Sicherheit, soweit hervorgehoben wird, dass davon Bauleistungen „in allen Phasen ihres Lebenszyklus" im Zusammenhang mit verteidigungs- und sicherheitsspezifischen Aufträgen iSv § 104 Abs. 1 GWB erfasst werden.[12] Damit knüpft § 1 VS Abs. 1 S. 2 nicht nur an das **„Lebenszyklus-Konzept"** des europäischen Vergaberechts an, wie es iÜ im deutschen Recht etwa in § 127 GWB seinen Niederschlag gefunden hat.[13] Die Definitionen stehen auch in Verbindung zu den „umweltbezogenen Aspekten" des § 97 Abs. 3 GWB, sodass bei Beschaffungsvorgängen im Verteidigungs- und Sicherheitsbereich beispielsweise auch Gesichtspunkte des Energieverbrauchs und der Ressourcen-Nachhaltigkeit berücksichtigt werden. Da umweltbezogenen Aspekte bei verteidigungs- und sicherheitsspezifischen Aufträgen naturgemäß nicht die einzigen relevanten Kriterien darstellen und umfangreiche Abwägungen erforderlich sind, bleibt der Sinn dieser ausdrücklichen Hervorhebung in § 1 VS Abs. 1 S. 2 insgesamt unklar. Dies gilt insbesondere auch deshalb, weil in der höherrangigen Vorschrift des § 104 GWB keinerlei Hinweise hierauf vorgesehen sind und der Begriff des Lebenszyklus' sich auch in der VSVgV nur an untergeordneter Stelle wiederfindet.[14]

2. Vorrang der GWB-Vorschriften. Im Hinblick auf die vergaberechtliche Normenhierarchie gehen die Definitionen des § 103 Abs. 3 GWB[15] (Bauauftrag) und § 104 GWB[16] (verteidigungs- und sicherheitsspezifische Aufträge) den Begriffsprägungen des § 1 VS Abs. 1 vor, welche daher **keine eigenständige Bedeutung** beanspruchen können.[17]

III. Verweise über den Anwendungsbereich (Abs. 2)

§ 1 VS Abs. 2 verweist auf verschiedene Vorschriften des 4. Teils des GWB und der VSVgV um den Anwendungsbereich für den 3. Abschnitt der VOB/A zu bezeichnen. Hieran zeigt sich nicht nur die **Abhängigkeit von höherrangigen Vorschriften,** durch die unmittelbare Verweisung auf die zentralen Vorschriften wird auch vermieden, dass es zu Normenunklarheiten und insgesamt zu missverständlichen Regelungen kommt. Grundsätzlich hängt die Anwendbarkeit des Kartellvergaberechts (§§ 97 ff. GWB – 4. Teil „Vergabe von öffentlichen Aufträgen und Konzessionen") von der **kumulativen Erfüllung dreier Merkmale** ab.[18] Dies gilt wegen der Verweisung des § 1 VS Abs. 2 auch für den 3. Abschnitt der VOB/A: Nachdem § 1 VS Abs. 1 S. 1 ohne ausdrückliche Nennung den Bezug zum **öffentlichen Bauauftrag** hergestellt hat (§ 103 Abs. 3 GWB), folgen in Abs. 2 Nr. 1 ausdrückliche Bezugnahmen auf die **Schwellenwerte für verteidigungs- und sicherheitsspezifische Aufträge** (§ 106 Abs. 2 Nr. 3 GWB) sowie auf das Vorliegen eines **öffentlichen Auftraggebers** (§ 99 GWB) bzw. eines **Sektorenauftraggebers** (§ 100 GWB).

1. Auftraggeber und Sektorenauftraggeber. Zunächst wird nach § 1 VS Abs. 2 Nr. 1 der persönliche Anwendungsbereich eröffnet, wenn ein **öffentlicher Auftraggeber** (§ 99 GWB) oder ein **Sektorenauftraggeber** (§ 100 GWB) vorliegt.[19] Obwohl der ausdrückliche Verweis auf letzteren in der Vorgängervorschrift noch nicht vorgesehen war, wird hiermit vor allem die redaktionelle Neuordnung der §§ 98 ff. GWB nachvollzogen. Zu den Einzelheiten ist auf die umfassenden Kommentierungen zu §§ 99, 100 GWB zu verweisen (→ GWB § 99 Rn. 5 ff.; → GWB § 100 Rn. 17 ff.).[20]

---

[11] HK-VergabeR/*Winnes* Rn. 4 („keine eigenständige Relevanz"); Beck VergabeR/*Otting* Rn. 22 und 29.
[12] Vgl. Leinemann/Kirch/*Büdenbender* VSVgV Rn. 8.
[13] Vgl. zum Ursprung: Art. 68 RL 2014/24/EU und Art. 83 RL 2014/25/EU; iE hierzu: Beck VergabeR/*Opitz* GWB § 127 Rn. 50 ff.; Byok/Jaeger/*Kau* GWB § 97 Rn. 133 u. 138.
[14] Unter § 34 VSVgV (Zuschlag) sollen bei der Annahme des Angebots unter § 34 Abs. 2 Nr. 5 VSVgV „Betriebskosten, Rentabilität, Lebenszykluskosten" berücksichtigt werden; unabhängig davon werden unter § 34 Abs. 2 Nr. 7 VSVgV „Umwelteigenschaften" genannt.
[15] Vgl. *Eschenbruch* in RKPP GWB § 103 Rn. 391 ff.; *von Engelhardt/Kaelble* in Müller-Wrede GWB § 103 Rn. 97 ff.; Beck VergabeR/*Hüttinger* GWB § 103 Abs. 1–4 Rn. 124 ff.
[16] ZB Beck VergabeR/*von Wietersheim* GWB § 104 Rn. 10 ff.; *von Dippel* in Müller-Wrede GWB § 104 Rn. 8 ff.
[17] So auch Beck VergabeR/*Otting* Rn. 22.
[18] So auch Immenga/Mestmäcker/*Dreher* GWB § 106 Rn. 1; Reidt/Stickler/Glahs/*Stickler* GWB § 106 Rn. 2 f.
[19] Ziekow/Völlink/*Herrmann* Rn. 5.
[20] ZB Beck VergabeR/*Dörr* GWB § 99 Rn. 6 ff. und Beck VergabeR/*Dörr* GWB § 100 Rn. 6 ff.; *Eschenbruch* in RKPP GWB § 99 Rn. 8 ff. und *Opitz* in RKPP GWB § 100 Rn. 14 ff.; Leinemann/Kirch/*Büdenbender* VSVgV Rn. 11 ff.

11 **2. Schwellenwerte.** Der Verweis in § 1 VS Abs. 2 Nr. 1 auf die **Schwellenwerte nach 106 Abs. 2 Nr. 3 GWB** zielt letztlich auf die zugrundeliegende Vorschrift des Art. 8 Vergabe-RL Verteidigung und Sicherheit ab. Obwohl die Schwellenwerte für verteidigungs- und sicherheitsspezifische Aufträge in § 106 Abs. 2 Nr. 3 GWB separat festgelegt werden, sind sie zugunsten vergaberechtlicher Konsistenz auf die Schwellenwerte für sonstige Liefer- und Dienstleistungsaufträge sowie für Bauaufträge abgestimmt worden. Allerdings liegen die Schwellenwerte für Liefer- und Dienstleistungsaufträge für verteidigungs- und sicherheitsspezifische Aufträge immer noch doppelt so hoch wie für sonstige Liefer- und Dienstleistungsaufträge.[21]

12 Bis zum 31.12.2019 beliefen sich die Schwellenwerte nach § 106 Abs. 2 Nr. 3 GWB auf 443.000 EUR (Liefer- und Dienstleistungsaufträge) bzw. auf 5.548.000 EUR (Bauaufträge).[22] Mit der **Delegierten Verordnung (EU) Nr. 2019/1830**[23] wurden die Schwellenwerte für verteidigungs- und sicherheitsspezifische Aufträge aufgrund zwischenzeitlicher Währungsverschiebungen für den Zeitraum **ab dem 1.1.2020** neuerlich angepasst: Im Verteidigungs- und Sicherheitsbereich beläuft sich der Schwellenwert für Liefer- und Dienstleistungsaufträge nunmehr auf **428.000 EUR** und der Schwellenwert für Bauaufträge auf **5.350.000 EUR**.

13 **3. Schätzung des Auftragswertes.** Schließlich verweist § 1 VS Abs. 2 Nr. 2 noch auf **§ 3 VSVgV** als Grundlage für die Schätzung eines Auftrags im Verteidigungs- und Sicherheitsbereich. § 3 VSVgV steht wie seine Korrespondenzvorschriften (§ 3 VgV, § 2 SektVO und § 2 KonzVgV) in engem **systematischem Zusammenhang mit § 106 GWB**. Für die Schätzung des Auftragswerts sieht § 3 VSVgV in insgesamt acht Absätzen detaillierte Regelungen vor, um verschiedene Gegebenheiten und Kombinationen unterschiedlicher Auftragsarten angemessen berücksichtigen zu können.[24] Neben einem Umgehungsverbot (§ 3 Abs. 2 VSVgV) und Regelungen über den maßgeblichen Zeitpunkt der Schätzung (§ 3 Abs. 8 VSVgV),[25] werden vor allem die Einzelheiten der Schätzung umfassend geregelt (§ 3 Abs. 3–7 VSVgV).

14 Die Schätzung des Auftragswerts ist vor allem deshalb von großer Bedeutung, weil es im Vergaberecht **nicht auf den tatsächlichen Wert** eines Auftrags ankommt, sondern auf den nach § 3 VSVgV bzw. seinen Korrespondenzvorschriften (§ 3 VgV, § 2 SektVO u. § 2 KonzVgV) ordnungsgemäß geschätzten Wert.[26] Eine erst rückwirkend erfolgende Festsetzung des verbindlichen Auftragswerts hätte hingegen zur Folge, dass viele Vergabeverfahren nachträglich korrigiert werden müssten. Die damit verbundene Unsicherheit soll durch die ordnungsgemäße Schätzung iSv § 3 VSVgV vermieden werden.[27]

15 Die Schätzung des Auftragswerts nach § 3 VSVgV beruht auf einer **Ex-ante-Prognose** des öffentlichen Auftraggebers, der die Verantwortung für den Beginn des Beschaffungsvorgangs trägt. Auf eine nachträglich festgestellte, tatsächliche Höhe des Auftragswerts kommt es daher ebenso wenig an wie auf einen von den Bietern aufgrund eigener Kalkulation ermittelten abweichenden Betrag.[28] Da weder § 3 VSVgV noch seine Korrespondenzvorschriften über die Grundlagen und Umstände der Schätzung Aussagen treffen, hat die Rechtsprechung die hierfür erforderlichen Konkretisierungen beigesteuert.[29] Danach ist die Schätzung vom Auftraggeber **nach objektiven Kriterien** durchzuführen, ausgehend von der zu beschaffenen Leistung und aktuellen Marktlage aufgrund einer sorgfältigen betriebswirtschaftlichen Finanzplanung.[30] Es muss sich also um eine „**ernsthafte Prognose**"[31] handeln, die auf der Grundlage der Vernunft sowie unter Heranziehung aller wesentlicher Erkenntnisquellen erfolgt ist und nicht mit dem Ziel verbunden sein darf, einen Auftrag der Anwendung der Vergabebestimmungen zu entziehen bzw. ihn trotz Unterschreitung des Schwellenwerts den Vergabebestimmungen zu unterwerfen.[32] Insgesamt steht dem Auftragge-

---

[21] *Krohn* in Gabriel/Krohn/Neun VergabeR-HdB § 57 Rn. 5.
[22] Beck VergabeR/*Kau* GWB § 106 Rn. 13 u. 42.
[23] ABl. EU 2019 L 279, 29.
[24] Ziekow/Völlink/*Busz* VSVgV § 3 Rn. 1 unter Verw. auf Ziekow/Völlink/*Greb* VgV § 3 Rn. 1 f.
[25] Hierzu eingehend: Leinemann/Kirch/*Büdenbender* VSVgV Rn. 48 f.
[26] *Marx* in KKMPP VgV § 3 Rn. 3; Beck VergabeR/*Kau* VgV § 3 Rn. 10 ff.
[27] So auch Beck VergabeR/*Kau* VgV § 3 Rn. 11; *Marx* in KKMPP VgV § 3 Rn. 27.
[28] OLG Koblenz Beschl. v. 24.3.2015 – Verg 1/15 Rn. 16, NZBau 2015, 386; HK-VergabeR/*Alexander* VgV § 3 Rn. 4.
[29] Eingehend: Beck VergabeR/*Kau* VgV § 3 Rn. 13.
[30] ZB OLG Celle Beschl. v. 29.6.2017 – 13 Verg 1/17 Rn. 43 f., NZBau 2017, 687; OLG Celle Beschl. v. 12.7.2007 – 13 Verg 6/07, VergabeR 2007, 808; OLG München Beschl. v. 28.9.2005 – Verg 19/05, IBRRS 2005, 2963; OLG Koblenz Beschl. v. 6.7.2000 – 1 Verg 1/99, BeckRS 2000, 30470604; hierzu auch Ziekow/Völlink/*Greb* VgV § 3 Rn. 11 f.
[31] Vgl. OLG Celle Beschl. v. 29.6.2017 – 13 Verg 1/17 Rn. 42, NZBau 2017, 687; ähnlich *Marx* in KKMPP VgV § 3 Rn. 2 f.; Leinemann/Kirch/*Büdenbender* VSVgV Rn. 41 ff.
[32] Vgl. HK-VergabeR/*Alexander* VgV § 3 Rn. 4 f.

IV. Teilweise verteidigungs- oder sicherheitsspezifische Leistungen (Abs. 3)

1. Objektiv abtrennbare Teile und Gesamtauftrag. Für die rechtliche Beurteilung der 16 Situation, dass lediglich ein Teil eines Bauauftrags dem Bereich der Verteidigung und Sicherheit zugeordnet werden kann, verweist § 1 VS Abs. 3 auf § 111 GWB. Danach kann bei einem öffentlichen Auftrag, der aus **objektiv abtrennbaren Teilen** besteht, zunächst ein Wahlrecht ausgeübt werden, ob getrennte Aufträge erteilt werden oder ob es zu einem Gesamtauftrag kommt. Im Zusammenhang hiermit ist auch noch ein allgemeines Umgehungsverbot zu beachten (§ 111 Abs. 5 GWB). Wird ein Auftrag, der neben anderen auch aus verteidigungs- und sicherheitsspezifischen Leistungen besteht, aufgeteilt, ergeben sich im Hinblick auf das anwendbare Recht keine größeren Schwierigkeiten. Detaillierte Bestimmungen sind jedoch erforderlich, wenn ein Gesamtauftrag vergeben werden soll, der aus unterschiedlichen Leistungen besteht. Im Kern von § 111 GWB stehen daher die Bestimmungen in § 111 Abs. 3 Nr. 1–5 GWB.

Zunächst gilt nach **§ 111 Abs. 3 Nr. 1 GWB,** dass ein Auftrag ohne Anwendung des Kartellvergaberechts vergeben werden kann, wenn ein Teil des Auftrags die Voraussetzungen des § 107 Abs. 2 Nr. 1 oder Nr. 2 GWB erfüllt und die Vergabe als Gesamtauftrag aus **„objektiven Gründen"** gerechtfertigt ist.[34] Dabei spielt es grundsätzlich keine Rolle, welchen Umfang der verteidigungs- und sicherheitsspezifische Anteil hat, da das anwendbare Vergaberechtsregime unter Anwendung von § 111 Abs. 3 Nr. 1 GWB nicht nach dem Hauptgegenstand des Auftrags bestimmt wird.[35] Die allgemeinen Ausnahmen nach § 107 Abs. 2 GWB sind erfüllt, wenn dies zum **Schutz wesentlicher Sicherheitsinteressen** der Bundesrepublik Deutschland erforderlich ist[36] und die daher entweder der **Preisgabe wesentlicher Auskünfte** entgegenstehen (§ 107 Abs. 2 Nr. 1 GWB und Art. 346 Abs. 1 lit. a AEUV) oder bei denen es sich generell um **Verteidigungsaufträge** handelt (§ 107 Abs. 2 Nr. 2 GWB und Art. 346 Abs. 1 lit. b AEUV).[37]

2. „Objektive Gründe" zur Nichtanwendung. Die Anforderungen an die „objektiven 18 Gründe" nach § 111 Abs. 3 Nr. 1 und Nr. 2 GWB sind grundsätzlich hoch, da im Falle ihrer Bejahung ein Gesamtauftrag vergeben wird, was zur Folge hat, dass die mit der **Vergabe-RL Verteidigung und Sicherheit verbundenen Regelungen** möglicherweise außer Acht gelassen werden.[38] Anstelle einer unterschiedlichen Geheimhaltungsanforderungen entsprechenden Vergabe, kann – wenn dies durch „objektive Gründe" gerechtfertigt ist – auch eine Vergabe außerhalb des Anwendungsbereichs des Vergaberechts erfolgen. Dies ist regelmäßig nur dann der Fall, wenn selbst die auf der Grundlage der Vergabe-RL Verteidigung und Sicherheit erlassenen nationalen Regelungen, zB der VSVgV und der 3. Abschnitt der VOB/A, den Anforderungen nicht entsprechen.[39] Da pauschale Hinweise auf Sicherheits- oder Verteidigungsinteressen nicht genügen, müssen konkrete Umstände nachgewiesen werden, die für ein wesentlich gesteigertes Geheimhaltungsinteresse oder ein sonstiges wichtiges Interessen sprechen.[40] Dies können typischerweise auch technische oder wirtschaftliche Gründe sein, die aus der Perspektive eines objektiven Dritten eine einheitliche Auftragsvergabe erforderlich erscheinen lassen.[41] Insgesamt ist jedoch zutreffend darauf verwiesen worden, dass diese Fragen mit Sensibilität zu behandeln sind und daraus keine erhöhten Substantiierungspflichten erwachsen.[42]

Für § 1 VS Abs. 3 bedeutet das, dass wenn nur **ein Teil des Auftrags** dem Bereich Verteidigung 19 und Sicherheit zugeordnet werden kann, dies zum vollständigen Außerachtlassen des Vergaberechts einschließlich der VOB/A-VS führen kann. Erforderlich sind hierfür jedoch **besondere Sicherheits- oder Geheimhaltungserwägungen bzw. andere wesentliche Gründe,** die über die in diesem Bereich ohnehin Üblichen substanziell hinausgehen. Soweit die Sicherheitsbehörden in die-

---

[33] Beck VergabeR/*Otting* VSVgV § 3 Rn. 5; Beck VergabeR/*Kau* VgV § 3 Rn. 18.
[34] Begründung der BReg., BT-Drs. 18/6281, 85; vgl. eingehend: Byok/Jaeger/*Kau* GWB § 111 Rn. 11; Ziekow/Völlink/*Ziekow* GWB § 111 Rn. 13 f.
[35] *Krohn* in Gabriel/Krohn/Neun VergabeR-HdB § 57 Rn. 42.
[36] Beck VergabeR/*Hüttinger* GWB § 111 Rn. 26 f.
[37] Vgl. *Csaki* in Müller-Wrede GWB § 111 Rn. 8; Beck VergabeR/*Hüttinger* GWB § 111 Rn. 27 f.
[38] Byok/Jaeger/*Kau* GWB § 111 Rn. 12; HK-VergabeR/*Wegener* GWB § 99 Rn. 117.
[39] Beck VergabeR/*Hüttinger* GWB § 111 Rn. 11.
[40] ZB Ziekow/Völlink/*Ziekow* GWB § 111 Rn. 14 („… in staatlichen Sicherheitsinteressen wurzelnde Gründe …"); zur Vorgängervorschrift des § 99 Abs. 13 S. 1 GWB aF, Immenga/Mestmäcker/*Dreher* GWB, 5. Aufl. 2014, § 99 Rn. 303.
[41] *Krohn* in Gabriel/Krohn/Neun VergabeR-HdB § 57 Rn. 43.
[42] HK-VergabeR/*Pünder*/Buchholtz GWB § 111 Rn. 10 f.

sem Bereich als Auftraggeber auftreten, kommt ihnen ein **großer Einschätzungsspielraum** zu. Letztlich können nur sie – auch anhand der Markt- und Angebotslage – sinnvoll einschätzen, ob der im Bereich Verteidigung und Sicherheit geplante Beschaffungsvorgang sich im Bereich des Üblichen bewegt oder ob er Leistungen zum Gegenstand hat, die ein besonderes Geheimhaltungs- oder Vertraulichkeitsinteresse auslösen bzw. weitere gewichtige Gründe hinter sich wissen.

20   **3. Überlagerung durch verteidigungs- und sicherheitsspezifische Leistungen.** Nach § 111 Abs. 3 Nr. 2 GWB unterfällt die Vergabe eines Gesamtauftrags den Vorschriften über eine **Vergabe im Verteidigungs- oder Sicherheitsbereich,** wenn bei einem Teil des Auftrags diese Vorschriften zur Anwendung kommen und eine Vergabe als Gesamtauftrag wiederum aus „objektiven Gründen" gerechtfertigt ist.[43] Damit besteht, wenn der öffentliche Auftraggeber seiner Beweispflicht nachkommt, die Möglichkeit, die im Vergleich zum sonstigen Vergaberechtsregime restriktiven Regelungen der VSVgV und der VOB/A-VS anzuwenden, obwohl die übrigen Teile bei einer getrennten Vergabe anderen Vergabebestimmungen unterfallen würden. Im Ergebnis eröffnet § 1 VS Abs. 3 iVm § 111 Abs. 3 Nr. 2 GWB die Möglichkeit bei gemischten Aufträgen, die auch verteidigungs- und sicherheitsspezifische Leistungen enthalten, die Vorschriften der VSVgV und der VOB/A-VS zur Anwendung zu bringen, wenn der betreffende Bauauftrag durch den verteidigungs- und sicherheitsspezifischen Anteil insgesamt geheimhaltungsbedürftig geworden ist. Während nach § 111 Abs. 3 Nr. 1 GWB ein gesamter Auftrag durch verteidigungs- und sicherheitsspezifische (Teil-)Leistungen dem Vergaberecht entzogen wird, hat § 111 Abs. 3 Nr. 2 GWB aufgrund der davon berührten Geheimhaltungsinteressen zur Folge, dass alle Leistungen den restriktiveren Anforderungen der VSVgV bzw. der VOB/A-VS unterfallen.

21   Da die Varianten des § 111 Abs. 3 Nr. 1–5 GWB nach einem **Vorrang-Schema** angeordnet sind,[44] kommen die unter § 111 Abs. 3 Nr. 3–5 GWB genannten Varianten nicht zur Anwendung, wenn Teile der Leistungen dem Verteidigungs- und Sicherheitsbereich zugeordnet werden könnten. In diesem Fall wären § 111 Abs. 3 Nr. 1 und 2 GWB vorrangig einschlägig. Die aus verschiedenen Teilen bestehenden Bauaufträge, die beispielsweise zur Anwendung der Vorschriften über die Vergabe **öffentlicher Sektorenaufträge** (§ 111 Abs. 3 Nr. 3 GWB) oder der Vorschriften über die **Vergabe öffentlicher Aufträge** (§ 111 Abs. 3 Nr. 4 GWB) führen, sind jedoch typischerweise dadurch gekennzeichnet, dass keine verteidigungs- oder sicherheitsspezifische Leistungen darin enthalten sind.[45]

§ 2 VS Grundsätze

(1) ¹Öffentliche Aufträge werden im Wettbewerb und im Wege transparenter Verfahren vergeben. ²Dabei werden die Grundsätze der Wirtschaftlichkeit und der Verhältnismäßigkeit gewahrt. ³Wettbewerbsbeschränkende und unlautere Verhaltensweisen sind zu bekämpfen.

(2) Die Teilnehmer an einem Vergabeverfahren sind gleich zu behandeln, es sei denn, eine Ungleichbehandlung ist aufgrund des GWB ausdrücklich geboten oder gestattet.

(3) Öffentliche Aufträge werden an fachkundige und leistungsfähige (geeignete) Unternehmen vergeben, die nicht nach § 6eVS ausgeschlossen worden sind.

(4) Die Regelungen darüber, wann natürliche Personen bei Entscheidungen in einem Vergabeverfahren für einen Auftraggeber als voreingenommen gelten und an einem Vergabeverfahren nicht mitwirken dürfen, richten sich nach § 42 VSVgV.

(5) Auftraggeber, Bewerber, Bieter und Auftragnehmer wahren die Vertraulichkeit aller Informationen und Unterlagen nach Maßgabe dieser Vergabeordnung oder anderen Rechtsvorschriften.

(6) ¹Vor der Einleitung eines Vergabeverfahrens kann der Auftraggeber Marktkonsultationen zur Vorbereitung der Auftragsvergabe und zur Unterrichtung der Unternehmer über seine Pläne zur Auftragsvergabe und die Anforderungen an den Auftrag durchführen. ²Die Durchführung von Vergabeverfahren zum Zwecke der Markterkundung ist unzulässig.

(7) ¹Der Auftraggeber kann Bewerbern und Bietern Auflagen zum Schutz von Verschlusssachen machen, die sie diesen im Zuge des Verfahrens zur Vergabe eines Auftrags übermitteln. ²Er kann von diesen Bewerbern und Bietern verlangen, die Einhaltung dieser Auflagen durch ihre Unterauftragnehmer sicherzustellen.

---

[43] *Krohn* in Gabriel/Krohn/Neun VergabeR-HdB § 57 Rn. 44.
[44] Byok/Jaeger/*Kau* GWB § 111 Rn. 10.
[45] *Röwekamp* in RKPP GWB § 111 Rn. 6; Byok/Jaeger/*Kau* GWB § 111 Rn. 16.

Übersicht

		Rn.			Rn.
I.	Überblick	1	III.	Gleichbehandlung (Abs. 2)	9
1.	Regelungsgegenstand	1	IV.	Eignung von Bietern und Bewerbern (Abs. 3)	12
2.	Anwendungsbereich	4	V.	Vorbefasstheit (Abs. 4)	14
II.	Wettbewerbs- und Transparenzgebot (Abs. 1)	5	VI.	Vertraulichkeitsgebot (Abs. 5)	16
1.	Wettbewerbsgrundsätze	6	VII.	Verbot der Markterkundung (Abs. 6)	18
2.	Transparentes Vergabeverfahren	7	VIII.	Umgang mit Verschlusssachen (Abs. 7)	20

I. Überblick

1. Regelungsgegenstand. Die Vorschrift des § 2 VS enthält weitgehend übereinstimmend die **allgemeinen Grundsätze des Vergaberechts,** wie sie vor allem in § 97 GWB sowie zum Teil auch in § 10 VSVgV geregelt sind. Inhaltlich kommt § 2 VS daher grundsätzlich nur eine geringe eigenständige Bedeutung zu.[1] Dies gilt unabhängig davon, ob sein Wortlaut mit dem höherrangiger Vorschriften des GWB, der VSVgV oder der VgV übereinstimmt oder nur sinngemäß daran anknüpft. Dies hängt in erster Linie mit der vergaberechtlichen Normenhierarchie zusammen, in deren Rahmen untergeordnete Bestimmungen nicht über höherrangige hinausgehen dürfen, diese lediglich im vorgegebenen Rahmen ausformen können.[2] Da die Bestimmungen von § 2 VS aber vielfach im Wortlaut bzw. inhaltlich mit den Vorschriften des § 97 GWB bzw. Regelungen der VSVgV übereinstimmt, kommt sie vor allem dann zur Anwendung, wenn im Verteidigungs- und Sicherheitsbereich kein förmliches Vergabeverfahren durchgeführt wird. 1

Soweit auf Vorschriften des GWB und der VSVgV Bezug genommen wird, soll durch § 2 VS sichergestellt werden, dass diese Grundsätze und Prinzipien **auch bei Bauaufträgen im Verteidigungs- und Sicherheitsbereich** Anwendung finden.[3] Soweit das Kartellvergaberecht zur Anwendung kommt, wäre dies an sich nicht erforderlich, sodass die Vorschrift des § 2 VS vor allem außerhalb des Vergabeverfahrens relevant ist. 2

Auch nach der **Vergaberechtsreform des Jahres 2016** entspricht § 2 VS in weiten Teilen der Vorgängerbestimmung. Allerdings ist der (unverbindliche) Förderauftrag zugunsten einer „ganzjährigen Bautätigkeit" weggefallen, der aufgrund seines „Appell-Charakters"[4] ohnehin nur über eine geringe praktische Bedeutung verfügte. Aufgehoben wurde auch eine Bestimmung, wonach eine Ausschreibung erst dann erfolgen darf, wenn alle Vergabeunterlagen fertiggestellt waren.[5] Dessen ungeachtet ist davon auszugehen, dass diese Anforderungen heute vom Transparenz- und Wettbewerbsgebot des § 97 Abs. 1 GWB umfasst werden.[6] 3

2. Anwendungsbereich. Die in § 2 VS genannten allgemeinen vergaberechtlichen Grundsätze umfassen insbesondere das Wettbewerbs- und Transparenzgebot (Abs. 1), die Gleichbehandlung (Abs. 2), die Eignung von Bietern und Bewerbern (Abs. 3), die Vorbefasstheit der Beteiligten (Abs. 4), das Vertraulichkeitsgebot (Abs. 5), Fragen der Marktkonsultation und Markterkundung (Abs. 6) sowie den Umgang mit Verschlusssachen (Abs. 7). Vielfach finden sich hierbei weitreichende Übereinstimmungen mit den in § 97 GWB vorgesehenen Regelungen, aber auch mit Vorschriften der VSVgV sowie – vereinzelt – der VgV. 4

II. Wettbewerbs- und Transparenzgebot (Abs. 1)

§ 2 VS Abs. 1 S. 1 und 2 entsprechen **wortgleich der Bestimmung des § 97 Abs. 1 GWB.** Damit knüpft die Vorschrift an ein weites Spektrum vergaberechtlicher Konkretisierungen im Hinblick auf das Wettbewerbs- und Transparenzgebot an,[7] wie sie vor allem von den Nachprüfungsinstanzen (§§ 155 ff. GWB) sowie im vergaberechtlichen Schrifttum entwickelt wurden. 5

---

[1] Leinemann/Kirch/*Kirch* VSVgV Rn. 1.
[2] Vgl. Beck VergabeR/*Losch* Rn. 2, 4 und 5 ff.
[3] Ziekow/Völlink/*Ziekow/Völlink* Rn. 1.
[4] Zur früheren Vorschrift: Leinemann/Kirch/*Kirch* VSVgV Rn. 8; zur gegenwärtigen Rechtslage: Beck VergabeR/*Losch* Rn. 3.
[5] Hierzu iE: Beck VergabeR/*Losch* Rn. 3.
[6] Byok/Jaeger/*Kau* GWB § 97 Rn. 34 ff. u. 95.
[7] Vgl. Beck VergabeR/*Dörr* GWB § 97 Rn. 5 ff. u. 30 ff.; Byok/Jaeger/*Kau* GWB § 97 Rn. 15 ff. u. 38 ff.; *Lux* in Müller-Wrede GWB § 97 Rn. 10 ff. u. 22 ff.; → GWB § 97 Rn. 6 ff. u. 17 ff.; Leinemann/Kirch/*Kirch* VSVgV Rn. 6.

6 **1. Wettbewerbsgrundsätze.** Nach § 97 Abs. 1 GWB müssen öffentliche Aufträge und Konzessionen **im Wettbewerb** und im Wege **transparenter Vergabeverfahren** beschafft werden. Dabei erfordert das Wettbewerbsgebot die „Organisation größtmöglichen Wettbewerbs" mit einem sparsamen, effizienten und effektiven Einsatz öffentlicher Mitteln.[8] Dem Wettbewerbsgrundsatz liegt dabei der Gedanke zugrunde, dass die sich üblicherweise entfaltenden Marktmechanismen zu **leistungs- und produktionsgerechter Preisgestaltung** führen, womit jedenfalls im Hinblick auf Effektivität und Effizienz wesentliche Anforderungen erfüllt sind. Diese Gewährleistung ist auch im Hinblick auf die in § 2 VS Abs. 1 S. 3 genannte Bekämpfung „wettbewerbsbeschränkender und unlauterer Verhaltensweisen" zu sehen. Grundsätzlich soll das Wettbewerbsgebot verhindern, dass sich Wettbewerber untereinander absprechen und daher gegen den Grundsatz des Geheimwettbewerbs verletzen.[9] Darüber hinaus kommt § 2 VS Abs. 1 S. 3 jedoch keine weitergehende Bedeutung zu.[10]

7 **2. Transparentes Vergabeverfahren.** Das **Transparenzgebot** nach § 2 VS Abs. 1 S. 1 ist zwar ein weiterer tragender Grundsatz des Vergaberechts.[11] Er steht jedoch in engem Zusammenhang mit dem Wettbewerbsgebot, sodass die Vergabe öffentlicher Aufträge im Rahmen eines transparenten Vergabeverfahrens unmittelbar der Verwirklichung des Wettbewerbs dient.[12] Grundsätzlich hat das vergaberechtliche Wettbewerbs- und Transparenzgebot zur Folge, dass die grundlegenden inhaltlichen und verfahrensmäßigen Anforderungen im Vergaberecht eingehalten werden müssen. Ihm kommt damit in gewissen Umfang ein **Auffangcharakter** zu, der unabhängig von den Gewährleistungen konkreter Einzelnormen des GWB oder der Vergabeverordnung Beanstandungen des Vergaberechts ermöglicht.[13] Damit eröffnen § 2 VS Abs. 1 S. 1 und 2 durch sein Anknüpfung an den unmittelbaren Wortlaut von § 97 Abs. 1 GWB dieselbe Möglichkeit auch für Bauleistungen im Verteidigungs- und Sicherheitsbereich.

8 Dies gilt auch im Hinblick auf der in § 2 VS Abs. 1 S. 2 enthaltenen wortgleichen Verweis auf die Grundsätze der **Wirtschaftlichkeit und Verhältnismäßigkeit.** Auf diese Weise knüpft die VOB/A-VS an die Auslegung und Anwendung der betreffenden Bestimmung in § 97 Abs. 1 S. 2 GWB an.[14] Da beide Grundsätze jedoch erst 2016 in das GWB eingefügt wurden, bleibt abzuwarten, welches Profil die Nachprüfungsinstanzen und das vergaberechtliche Schrifttum diesen beiden Grundsätzen verleihen werden.[15]

III. Gleichbehandlung (Abs. 2)

9 Nach § 2 VS Abs. 2 gilt der in § 97 Abs. 2 GWB vorgesehene **Grundsatz der Gleichbehandlung** auch für Vergaben im Verteidigungs- und Sicherheitsbereich. Dieser Zusammenhang wird durch den mit § 97 Abs. 2 GWB weitgehend identischen Wortlaut der Vorschrift unterstrichen. Im Ergebnis gilt daher auch im Geltungsbereich der VOB/A-VS, dass alle Bieter im Vergabeverfahren grundsätzlich gleich zu behandeln sind, was sich europarechtlich aus Art. 18 AEUV und verfassungsrechtlich aus Art. 3 GG ergibt. Der Gleichbehandlungsgrundsatz nach § 2 VS Abs. 2 sowie nach § 97 Abs. 2 GWB zählt damit zu den zentralen Grundsätzen des Vergaberechts.[16]

10 Vom Gleichheitsgrundsatz des § 2 VS Abs. 2 sind in Anschluss an § 97 Abs. 2 GWB grundsätzlich alle **Phasen der Vergabe** von der Ausschreibung bis zum Zuschlag sowie **alle Arten der Vergabe** erfasst.[17] Anerkanntermaßen bildet der Gleichbehandlungsgrundsatz nach § 2 VS Abs. 2 und § 97 Abs. 2 GWB zusammen mit dem Wettbewerbs- und Transparenz gebot (Abs. 1) die Grundlage für andere Bestimmungen über das Vergabeverfahren. Dies schließt beispielsweise auch die

---

[8] Vgl. Begründung BReg., BT-Drs. 18/6281, 67; *Müller* in RKPP GWB § 97 Rn. 22; *Lux* in Müller-Wrede GWB § 97 Rn. 10 ff.
[9] Vgl. OLG Düsseldorf Beschl. v. 9.4.2008 – Verg 2/08, VergabeR 2008, 865.
[10] So ähnlich auch Beck VergabeR/*Losch* Rn. 8.
[11] Vgl. EuGH Urt. v. 25.4.1996 – C-87/94, Slg. 1996, I-2043 Rn. 53 f. – Kom./Belgien; Bechtold/Bosch/*Otting* GWB § 97 Rn. 8; HK-VergabeR/*Fehling* GWB § 97 Rn. 67 ff.
[12] → GWB § 97 Rn. 17 ff.; hierzu schon Beck VOB/A/*Marx* GWB § 97 Rn. 16.
[13] Früher bereits: Leinemann/Kirch/*Kirch* VSVgV Rn. 6 („Nahezu jede Verfahrensvorgabe kann letztlich auf den Wettbewerbsgrundsatz zurückgeführt werden, …").
[14] Beck VergabeR/*Losch* Rn. 7.
[15] Vgl. zu den sich abzeichnenden Elementen: Byok/Jaeger/*Kau* GWB § 97 Rn. 59 ff. u. 70 ff.; Beck VergabeR/*Dörr* GWB § 97 Rn. 49 ff. u. 53 ff.; → GWB § 97 Rn. 33 ff. u. 38 ff.
[16] Entwurfsbegründung der BReg., BT-Drs. 18/6281, 68 („elementaren Grundsätzen"); vgl. auch HK-VergabeR/*Fehling* GWB § 97 Rn. 80 ff.; → GWB § 97 Rn. 54; Leinemann/Kirch/*Kirch* VSVgV Rn. 7; Beck VOB/A/*Marx* GWB § 97 Rn. 6 u. 20 („elementarstes Prinzip des Vergaberechts").
[17] → GWB § 97 Rn. 54; Byok/Jaeger/*Kau* GWB § 97 Rn. 89; Beck VergabeR/*Dörr* GWB § 97 Abs. 2 Rn. 12 („umfassende Chancengleichheit").

Bindung eines öffentlichen Auftraggebers an einheitliche Bewertungsmaßstäbe ein.[18] Insgesamt muss ein öffentlicher Auftraggeber nach § 2 VS Abs. 2 bei der Vorbereitung und Durchführung der Ausschreibung die von ihm beeinflussbaren Rahmenbedingungen des Vergabeverfahrens unter Berücksichtigung des Gleichbehandlungsgrundsatzes gestalten.[19]

Ähnlich wie bei § 97 Abs. 2 GWB sieht auch § 2 VS Abs. 2 die **Möglichkeit für Ungleichbe- 11 handlungen** vor, soweit „sie aufgrund des GWB ausdrücklich geboten oder gestattet" sind. Ähnlich wie bei § 97 Abs. 2 GWB sind mit dieser Ausnahme über den engeren Wortlaut hinaus auch Einschränkungen auf der Grundlage der Vergabeverordnungen möglich (vgl. VgV, VSVgV, KonzVgV).[20] Vor allem werden hiervon aber die ausdrücklichen Einschränkungsmöglichkeiten der „strategischen Vergabezwecke" nach § 97 Abs. 3 GWB erfasst, wie sie sich im Hinblick auf „Qualität" und „Innovation" sowie auf „soziale und umweltbezogene Aspekte" ergeben.[21] Darüber hinaus kommt auch die bevorzugte Berücksichtigung von mittelständischen Interessen sowie die direkte Mittelstandsförderung nach § 97 Abs. 4 GWB in Betracht, wie sie insbesondere in der Verpflichtung zur Vergabe in Fach- und Teillose zutage treten.[22] Gleichermaßen kann der Grundsatz der Gleichbehandlung nach § 2 VS Abs. 2 beispielsweise auch durch die in § 97 Abs. 1 GWB genannten Prinzipien der Wirtschaftlichkeit und Verhältnismäßigkeit eingeschränkt werden.

IV. Eignung von Bietern und Bewerbern (Abs. 3)

Nach § 2 VS Abs. 3 dürfen Aufträge im Verteidigungs- und Sicherheitsbereich grundsätzlich 12 nur an geeignete Bieter oder Bewerber vergeben werden. Allerdings ist anerkannt, dass § 2 VS Abs. 3 keinen eigenständigen Charakter hat, sondern vor allem an die zu §§ 122 ff. GWB entwickelten Grundsätze über die **Eignung von Bietern und Bewerbern** anknüpft.[23] Dies gilt gleichermaßen für die Verweisung auf § 6vS, der ebenfalls einen Bezug zu den Regelungen der §§ 122 ff. GWB herstellt. Von diesen Verweisungen umfasst sind gleichermaßen die Ausschlussgründe (§§ 123 und 124 GWB), die Bedingungen für eine sog. Selbstreinigung (§ 125 GWB) und die Festlegung zulässiger Zeiträume für Ausschlüsse und Selbstreinigungsmaßnahmen (§ 126 GWB).

Durch die Regelung des § 2 VS Abs. 3 gelten die zu §§ 122 ff. GWB entwickelten Grundsätze 13 auch für Vergaben, in denen kein formelles Vergabeverfahren durchgeführt worden ist. Im Übrigen kommen die Konkretisierungen der §§ 6VS ff. zur Anwendung.

V. Vorbefasstheit (Abs. 4)

Die Vorschrift des § 2 VS Abs. 4 verweist für Personen, die mit einer Auftragsvergabe bereits 14 befasst waren, auf § 42 VSVgV. Von § 42 VSVgV werden Personen erfasst, die aus verschiedenen Gründen nicht an einem Vergabeverfahren teilnehmen dürfen. Anders als in § 6 VgV, in dem es um das Bestehen eines unausräumbaren Interessenkonflikts geht,[24] besteht in den in § 42 VSVgV beschriebenen Fällen lediglich eine widerlegliche Vermutung für das Bestehen von Voreingenommenheit.[25] Wenn also ungeachtet der in § 42 VS Abs. 1 Nr. 1–3 VSVgV genannten möglichen Ausschlussgründen der Nachweis gelingt, dass daraus kein Interessenkonflikt resultiert oder sich die beschriebenen Tätigkeiten nicht auf das Vergabeverfahren auswirken, kann die betreffende Person am Verfahren mitwirken.[26]

Nach § 2 VS Abs. 4 sind Personen, die durch vorherige Befassung mit einem Auftrag, mögli- 15 cherweise voreingenommen oder befangen sind, grundsätzlich von der Mitwirkung an vergaberechtlich relevanten Entscheidungen ausgeschlossen. Hierfür sind sowohl die Vorschrift des § 97 Abs. 1 GWB als auch die Bestimmung des § 42 VSVgV heranzuziehen.

---

[18] BGH Beschl. v. 26.9.2006 – X ZB 14/06, BGHZ 169, 131 Rn. 27; vgl. auch OLG Düsseldorf Beschl. v. 7.3.2006 – VII-Verg 98/05, ZfBR 2006, 513 (514).
[19] Beck VergabeR/*Dörr* GWB § 97 Abs. 2 Rn. 21 ff.; Byok/Jaeger/*Kau* GWB § 97 Rn. 87 ff.
[20] Byok/Jaeger/*Kau* GWB § 97 Rn. 94; so auch Beck VergabeR/*Dörr* GWB § 97 Abs. 2 Rn. 15.
[21] Ziekow/Völlink/*Ziekow* GWB § 97 Rn. 60 ff.; Fehns-Böer in Müller-Wrede GWB § 97 Rn. 59 ff.; *Wiedemann* in RKPP GWB § 97 Rn. 79; Beck VergabeR/*Opitz* GWB § 97 Abs. 3 Rn. 9 ff.; Byok/Jaeger/*Kau* GWB § 97 Rn. 97 ff.
[22] Byok/Jaeger/*Kau* GWB § 97 Rn. 141 ff.; Ziekow/Völlink/*Ziekow* GWB § 97 Rn. 70 ff.; → GWB § 97 Rn. 217 ff.; *Schellenberg* FS Marx, 2013, 687 ff.; *Kus* in RKPP GWB § 97 Rn. 111 ff. u. 120 ff.
[23] Beck VergabeR/*Losch* Rn. 10; → GWB § 122 Rn. 14 ff. u. 43 ff.; zur früheren Rechtslage: Leinemann/Kirch/*Kirch* VSVgV Rn. 3.
[24] Beck VergabeR/*Dreher/Hoffmann* VgV § 6 Rn. 8 ff.
[25] Vgl. Ziekow/Völlink/*Busz* VSVgV § 42 Rn. 2.
[26] Vgl. Beck VergabeR/*Otting* VSVgV § 42 Rn. 5 unter Bezug auf VK Lüneburg Beschl. v. 2.3.2016 – VgK-01/2016, zu § 16 VgV aF; JBR 2016, 481.

VI. Vertraulichkeitsgebot (Abs. 5)

16 Nach § 2 VS Abs. 5 sind Auftraggeber, Bewerber, Bieter und Auftragnehmer zur **Wahrung der Vertraulichkeit** aller Informationen und Unterlagen verpflichtet. An dieser Stelle geht es – ähnlich wie bei § 6 VSVgV – um dem Schutz der Vertraulichkeit.[27] Wenn die Bestimmung auch sehr weitreichend formuliert ist, so kann sie sich doch sinnvollerweise nur auf solche Informationen und Unterlagen beziehen, die nichtöffentlich und in substanziellem Umfang geheimhaltungsbedürftig sind. Sofern es sich also um allgemein zugängliche Informationen handelt – zB Mitteilungen an Bieter und Bewerber, Ausschreibungsunterlagen – fallen diese selbstverständlich nicht unter § 2 VS Abs. 5. Vertraulichkeits- und sogar geheimhaltungsbedürftig sind demgegenüber **Geschäftsgeheimnisse,** die Bieter und Bewerber im Rahmen eines Vergabeverfahrens einreichen,[28] die aber im späteren Wettbewerb insbesondere ihren jeweiligen Konkurrenten nicht zugänglich gemacht werden dürfen. Auch bei Vergaben im Verteidigungs- und Sicherheitsbereich, die in der VOB/A-VS geregelt sind, müssen die öffentlichen Auftraggeber und Sektorenauftraggeber Vorkehrungen zum Geheimschutz im Hinblick auf die Informationen und Unterlagen der einzelnen Bieter und Bewerber treffen. Im Übrigen kommen die Regelungen des § 6 VSVgV zur Anwendung.

17 Wie dem in § 2 VS Abs. 5 enthaltenen Verweis auf die Vergabeverordnungen (VgV, VSVgV und KonzVgV) und vor allem auf „andere Rechtsvorschriften" zu entnehmen ist, obliegt es grundsätzlich dem Gesetzgeber den Vertraulichkeits- und Geheimschutz auszugestalten. Dabei soll der Geheimschutz bei Vergaben im Bereich Verteidigung und Sicherheit unter der Geltung der VOB/A-VS offenbar grundsätzlich extensiv ausgestaltet sein.

VII. Verbot der Markterkundung (Abs. 6)

18 Auch § 2 VS Abs. 6 bezieht sich mittelbar auf Konkretisierungen der in § 97 Abs. 1 GWB geregelten Vergaberechtsgrundsätze. So ist es im Rahmen von § 97 Abs. 1 und 2 GWB anerkannt, dass **Markterkundungen und Wirtschaftlichkeitsberechnungen** grundsätzlich unzulässig sind, da es sich um Verstöße gegen das Transparenzgebot und den Gleichbehandlungsgrundsatz handelt.[29] Auch nach § 2 VS Abs. 6 S. 2 ist die Durchführung von Vergabeverfahren allein zum Zwecke der Markterkundung unzulässig. Dies gilt vor allem deshalb, weil damit nicht nur der Beschaffungszweck verfehlt wird, sondern vor allem auch, weil das Vergabeverfahren dadurch insgesamt zweckentfremdet wird.[30] Im Weiteren sind mit der Bewerbung um einen öffentlichen Auftrag für Bieter und Bewerber regelmäßig Kosten und Aufwand verbunden, deren Aufbürdung unter der Voraussetzung, dass es tatsächlich nicht zur Auftragserteilung kommen kann, als unzumutbar anzusehen ist.[31] Wenn ein Auftraggeber lediglich Markterkundungen vornehmen möchte, so ist § 2 VS Abs. 6 zu entnehmen, muss er dies auf eigene Kosten veranlassen.

19 Gleichzeit werden in § 2 VS Abs. 6 S. 1 vor der Einleitung eines Vergabeverfahrens **Marktkonsultationen** als zulässig eingestuft. Die Abgrenzung zwischen unzulässiger Markt*erkundung* und zulässigen Markt*konsultationen* hängt von den **äußeren Umständen und der Einleitung eines förmlichen Vergabeverfahrens** ab. Bevor es überhaupt zu einer Ausschreibung kommt („Vor der Einleitung eines Vergabeverfahrens…"), besteht für den Auftraggeber – durchaus im Hinblick auf eine spätere Ausschreibung – die Möglichkeit zu Marktkonsultationen. Diese sind jedoch von einem Vergabeverfahren getrennt und als solche auch nach außen zu kennzeichnen, sodass sich alle beteiligten Bieter und Bewerber darüber im Klaren sind, dass nach den Marktkonsultationen ein öffentlicher Auftrag nicht unmittelbar erteilt wird. Bei der vollständigen Durchführung eines Vergabeverfahrens lediglich zum Zweck der Markterkundungen bleiben diese Motive des Auftraggebers verborgen und die Bieter bzw. Bewerber sind regelmäßig davon überzeugt, dass sie sich an einer ernsthaften und tatsächlichen öffentlichen Ausschreibung beteiligen.[32] Diese Zweckentfremdung des Vergabeverfahrens ist jedoch nach § 2 VS Abs. 6 S. 2 ebenso wie nach der Parallelbestimmung des § 10 Abs. 4 VSVgV für Liefer- und Dienstleistungsaufträge aus den oben beschriebenen Gründen unzulässig.

---

[27] Beck VergabeR/*Otting* VSVgV § 6 Rn. 10 f.
[28] Beck VergabeR/*Losch* Rn. 14.
[29] Byok/Jaeger/*Kau* GWB § 97 Rn. 48 unter Verweis auf OLG Celle Beschl. v. 8.11.2001 – 13 Verg 9/01, VergabeR 2002, 154 (156 f.); OLG Celle Beschl. v. 3.9.2001 – 13 Verg 9/01, NdsVBl. 2002, 221 (222 f.).
[30] Vgl. Leinemann/Kirch/*Kirch* VSVgV Rn. 9.
[31] Hierzu auch schon *Leinemann* Vergabe öff. Aufträge, 5. Aufl. 2011, Rn. 929; Leinemann/Kirch/*Kirch* VSVgV Rn. 9.
[32] Als Voraussetzungen werden ua genannt, dass der Finanzierungsbedarf für den Beschaffungsvorgang gesichert ist, vgl. Beck VergabeR/*Losch* Rn. 16.

VIII. Umgang mit Verschlusssachen (Abs. 7)

Da bei Beschaffungsvorgängen im Bereich Verteidigung und Sicherheit bereits in den Ausschreibungsunterlagen geheimhaltungsbedürftige Informationen mitgeteilt werden können, sieht § 2 VS Abs. 7 eigene **Vertraulichkeits- und Geheimhaltungsverpflichtungen** für Bieter und Bewerber vor. Diese besonderen Vorgaben für den Umgang mit Verschlusssachen nach § 2 VS Abs. 7 richten sich vor allem auf Bewerber und Bieter, sie sind jedoch ggf. auch auf Unterauftragnehmer auszuweiten.[33] Sofern Unterauftragnehmer eingeschaltet sind, werden regelmäßig Bewerber und Bieter verpflichtet die Gewährleistung dieser Pflichten sicherzustellen, da der Auftraggeber die Unterauftragnehmer in der Regel nicht kennen wird. 20

Welche Geheimschutzanforderungen im Einzelnen aufgestellt werden können, obliegt nach § 7 VSVgV dem öffentlichen Auftraggeber.[34] Nach § 2 VS Abs. 7 werden diese auch auf Situationen übertragen, in denen kein förmliches Vergabeverfahren durchgeführt wird und ggf. eine Weiterwirkung dieser Anforderungen auf Unterauftragnehmer sichergestellt werden muss (vgl. auch § 9 VSVgV). 21

§ 3 VS Arten der Vergabe

Bauaufträge im Sinne von § 1 VS werden von öffentlichen Auftraggebern nach § 99 GWB und Sektorenauftraggebern im Sinne von § 100 GWB vergeben:
1. **im nicht offenen Verfahren; bei einem nicht offenen Verfahren wird öffentlich zur Teilnahme, aus dem Bewerberkreis sodann eine beschränkte Anzahl von Unternehmen zur Angebotsabgabe aufgefordert,**
2. **im Verhandlungsverfahren; beim Verhandlungsverfahren mit oder ohne Teilnahmewettbewerb wendet sich der Auftraggeber an ausgewählte Unternehmen und verhandelt mit einem oder mehreren dieser Unternehmen über die von diesen unterbreiteten Angebote, um diese entsprechend den in der Auftragsbekanntmachung, den Vergabeunterlagen und etwaigen sonstigen Unterlagen angegebenen Anforderungen anzupassen,**
3. **im wettbewerblichen Dialog; ein wettbewerblicher Dialog ist ein Verfahren zur Vergabe öffentlicher Aufträge mit dem Ziel der Ermittlung und Festlegung der Mittel, mit denen die Bedürfnisse des öffentlichen Auftraggebers am besten erfüllt werden können.**

I. Überblick

1. Regelungsgegenstand. § 3 VS sieht für Bauaufträge, die von öffentlichen Auftraggebern und von Sektorenauftraggebern ausgeschrieben werden, **drei Verfahrensarten** vor, die unter Nr. 1–3 aufgezählt werden. Die zulässigen Verfahrensarten sind das nicht offene Verfahren (Nr. 1), das Verhandlungsverfahren (Nr. 2) sowie der wettbewerbliche Dialog (Nr. 3). Alle drei zulässigen Verfahrensarten finden sich ebenfalls in § 119 Abs. 4–6 GWB wieder; allerdings ist ihre Normierung dort zum Teil ausführlicher ausgefallen. Die Vorschriften des GWB gehen § 3 VS grundsätzlich vor, sodass ihm nur eine geringe eigenständige Bedeutung zukommt. 1

Vor der **Vergaberechtsreform des Jahres 2016** waren die Regelungen des ursprünglichen § 3 VS aF auf drei Vorschriften verteilt. Der heutige § 3 VS führt dabei die Inhalte von § 3 VS Abs. 1 aF fort.[1] 2

2. Anwendungsbereich. Die Vorschriften der VOB/A-VS sind nur aufgrund der Verweisung des § 2 Abs. 2 VSVgV rechtverbindlich. Da § 11 VSVgV über die „Arten der Vergabe von Liefer- und Dienstleistungsaufträgen" davon nicht umfasst ist und in den §§ 12 bzw. 13 VSVgV eigene Bestimmungen über das Verhandlungsverfahren und den wettbewerblichen Dialog getroffen wurden, gilt § 3 VS ausschließlich für Bauleistungen im Verteidigungs- und Sicherheitsbereich. 3

§ 3 VS dient insgesamt der Umsetzung von Art. 25 Vergabe-RL Verteidigung und Sicherheit, der zudem durch die Erwägungsgründe 40 und 50 Vergabe-RL Verteidigung und Sicherheit ergänzt wird. Der Hintergrund für die Anordnung des nicht offenen Verfahrens, des Verhandlungsverfahrens und des wettbewerblichen Dialogs liegt darin, dass die im Verteidigungs- und Sicherheitsbereich anstehenden Beschaffungsvorgänge nicht nur ungewöhnlich komplex sind,[2] sondern dass es vor allem um Vorhaben geht, deren konkrete Gestalt zu Beginn gar nicht immer feststeht und deren technische Umsetzung infolgedessen auch noch weithin unbestimmt ist. 4

---
[33] Ziekow/Völlink/*Ziekow*/*Völlink* Rn. 4; Leinemann/Kirch/*Kirch* VSVgV Rn. 15.
[34] Beck VergabeR/*Losch* Rn. 18; Ziekow/Völlink/*Ziekow*/*Völlink* Rn. 5.
[1] Vgl. Beck VergabeR/*Losch* Rn. 2.
[2] Diesen Aspekt hervorhebend: Beck VergabeR/*Losch* Rn. 7.

5   Bei den für Bauaufträge im Verteidigungs- und Sicherheitsbereich zur Verfügung stehenden Verfahren fällt auf, dass das offene Verfahren (§ 119 Abs. 3 GWB), das ansonsten gemeinsam mit dem nicht offenen Verfahren die Regel bildet, ausdrücklich nicht vorgesehen ist.[3] Dies ist naheliegender Weise den Geheimhaltungs- und Vertraulichkeitsbedürfnissen des Verteidigungs- und Sicherheitsbereichs geschuldet. Würde die Errichtung militärischer oder auf andere Weise sicherheitsrelevanter Gebäude durch eine öffentliche Ausschreibung bekannt gemacht, würde damit zwar für „größtmögliche Transparenz eines Beschaffungsvorgangs"[4] gesorgt, diese liefe jedoch den besonderen Anforderungen des Verteidigungs- und Sicherheitsbereichs zuwider.

II. Verfahrensarten (Nr. 1–3)

6   Was die in § 3 VS Nr. 1–3 genannten Verfahrensarten anbelangt, ist auf die umfangreichen Kommentierungen zu § 119 Abs. 4 GWB (nicht offenes Verfahren, → GWB § 119 Rn. 23 ff.), § 119 Abs. 5 GWB (Verhandlungsverfahren, → GWB § 119 Rn. 43 ff.) und § 119 Abs. 6 GWB (wettbewerblicher Dialog, → GWB § 119 Rn. 78 ff.) zu verweisen.[5] Es ergeben sich keine Abweichungen, da die Vorschriften des GWB vorrangig gelten. Dort wo diese nicht zur Anwendung kommen, ist § 3 VS Nr. 1–3 an den bisherigen Anwendungs- und Auslegungsgrundsätzen von § 119 GWB zu orientieren.

7   Hervorzuheben ist schließlich, dass das Verhandlungsverfahren (Nr. 2) und der wettbewerbliche Dialog (Nr. 3) grundsätzlich nur zulässig sind, wenn dies aufgrund eines Gesetzes ausdrücklich vorgesehen ist (§ 119 Abs. 2 S. 2 GWB). Dies ist durch die Verweisung von § 2 Abs. 2 VSVgV auf die VOB/A-VS geschehen.[6]

§ 3a VS Zulässigkeitsvoraussetzungen

(1) [1]Die Vergabe von Aufträgen erfolgt im nicht offenen Verfahren oder im Verhandlungsverfahren mit Teilnahmewettbewerb. [2]In begründeten Ausnahmefällen ist ein Verhandlungsverfahren ohne Teilnahmewettbewerb oder ein wettbewerblicher Dialog zulässig.

(2) Das Verhandlungsverfahren ohne Teilnahmewettbewerb ist zulässig,
1. wenn bei einem nicht offenen Verfahren, einem Verhandlungsverfahren mit Teilnahmewettbewerb oder einem wettbewerblichen Dialog
   a) keine wirtschaftlichen Angebote abgegeben worden sind und
   b) die ursprünglichen Vertragsunterlagen nicht grundlegend geändert werden und
   c) in das Verhandlungsverfahren alle Bieter aus dem vorausgegangenen Verfahren einbezogen werden, die fachkundig und leistungsfähig (geeignet) sind und die nicht nach § 6e VS ausgeschlossen worden sind,
2. wenn bei einem nicht offenen Verfahren, einem Verhandlungsverfahren mit Teilnahmewettbewerb oder einem wettbewerblichen Dialog
   a) keine Angebote oder keine Bewerbungen abgegeben worden sind oder
   b) nur solche Angebote abgegeben worden sind, die nach § 16 VS auszuschließen sind, und die ursprünglichen Vertragsunterlagen nicht grundlegend geändert werden,
3. wenn die Arbeiten aus technischen Gründen oder auf Grund des Schutzes von Ausschließlichkeitsrechten nur von einem bestimmten Unternehmen ausgeführt werden können,
4. wenn wegen der Dringlichkeit der Leistung aus zwingenden Gründen infolge von Ereignissen, die der Auftraggeber nicht verursacht hat und nicht voraussehen konnte, oder wegen dringlicher Gründe in Krisensituationen die in §§ 10b VS bis 10d VS vorgeschriebenen Fristen nicht eingehalten werden können,
5. wenn gleichartige Bauleistungen wiederholt werden, die durch denselben Auftraggeber an den Auftragnehmer vergeben werden, der den ursprünglichen Auftrag erhalten hat, und wenn sie einem Grundentwurf entsprechen und dieser Gegenstand des ursprünglichen Auftrags war, der nach einem nicht offenen Verfahren, einem Verhandlungsver-

---

[3] Ziekow/Völlink/*Völlink* Rn. 1; Leinemann/Kirch/*Kirch* VSVgV Rn. 2.
[4] Beck VergabeR/*Jasper* GWB § 119 Rn. 20; hierzu auch *Kulartz* in RKPP GWB § 119 Rn. 7 ff.; *Knauff* in Müller-Wrede GWB § 119 Rn. 17 ff.
[5] Vgl. HK-VergabeR/*Pünder* GWB § 119 Rn. 28 ff., 33 ff. u. 40 ff.; *Kulartz* in RKPP GWB, § 119 Rn. 11 ff., 21 ff. u. 42 ff.; *Knauff* in Müller-Wrede GWB § 119 Rn. 34 ff., 41 ff. u. 58 ff.; Beck VergabeR/*Jasper* GWB § 119 Rn. 22 ff., 24 ff. u. 27 ff.
[6] Vgl. zur Hierarchie der Verfahren eingehend: Beck VergabeR/*Jasper* GWB § 119 Rn. 15; Ziekow/Völlink/*Völlink* Rn. 2.

fahren mit Teilnahmewettbewerb oder im wettbewerblichen Dialog vergeben wurde. Die Möglichkeit, dieses Verfahren anzuwenden, muss bereits bei der Auftragsbekanntmachung für das erste Vorhaben angegeben werden; der für die Fortsetzung der Bauarbeiten in Aussicht gestellte Gesamtauftragswert wird vom Auftraggeber bei der Anwendung von § 1 VS berücksichtigt. Dieses Verfahren darf jedoch nur innerhalb von fünf Jahren nach Abschluss des ersten Auftrags angewandt werden.

(3) Der wettbewerbliche Dialog ist zulässig, wenn der Auftraggeber objektiv nicht in der Lage ist,
1. die technischen Mittel anzugeben, mit denen seine Bedürfnisse und Anforderungen erfüllt werden können, oder
2. die rechtlichen oder finanziellen Bedingungen des Vorhabens anzugeben.

Übersicht

		Rn.			Rn.
I.	Regelungsgehalt und Überblick	1	IV.	Zulässigkeit des Verhandlungsverfahrens ohne Teilnahmewettbewerb (Abs. 2)	5
II.	Systematische Stellung und Zweck der Norm	2	V.	Zulässigkeit des wettbewerblichen Dialogs (Abs. 3)	6
III.	Zulässigkeit des nicht offenen Verfahrens und des Verhandlungsverfahrens mit Teilnahmewettbewerb (Abs. 1)	3			

I. Regelungsgehalt und Überblick

§ 3a VS regelt die **Zulässigkeitsvoraussetzungen** der Verfahrensarten für Bauleistungen nach § 1 VS.[1] Das nicht offene Verfahren und das Verhandlungsverfahren mit Teilnahmewettbewerb sind in Abs. 1 geregelt. Das Verhandlungsverfahren ohne Teilnahmewettbewerb ist unter den Voraussetzungen nach Abs. 2 zulässig. Die Zulässigkeitsvoraussetzungen des wettbewerblichen Dialogs finden sich in Abs. 3. 1

II. Systematische Stellung und Zweck der Norm

Die Verfahrensarten selbst sind in § 3 VS geregelt (→ § 3 VS Rn. 1 ff.), ihr Ablauf in § 3b VS (→ § 3b VS Rn. 1 ff.). Abs. 1 legt als **Regelverfahren** das nicht offene Verfahren und das Verhandlungsverfahren mit Teilnahmewettbewerb fest. Diese sind stets zulässig und bedürfen keiner weiteren Begründung. Die Ausnahmen, nach denen das Verhandlungsverfahren ohne Teilnahmewettbewerb und der wettbewerbliche Dialog nur unter besonderen Voraussetzungen zulässig sind, sind in Abs. 2 und 3 geregelt. 2

III. Zulässigkeit des nicht offenen Verfahrens und des Verhandlungsverfahrens mit Teilnahmewettbewerb (Abs. 1)

Dem öffentlichen Auftraggeber stehen für Bauleistungen nach § 1 VS (→ § 1 VS Rn. 1 ff.) nach seiner Wahl **das nicht offene Verfahren** und das Verhandlungsverfahren mit Teilnahmewettbewerb zur Verfügung. Der öffentliche Auftraggeber hat die **freie Wahl** zwischen diesen Verfahren. 3

Die **anderen Verfahrensarten** stehen mit Ausnahme des für nach der VOB/A VS zu beschaffende Bauleistungen in Anknüpfung an § 146 GWB nicht vorgesehenen offenen Verfahrens nach Abs. 1 S. 2 nur in begründeten Ausnahmefällen zur Verfügung. Der öffentliche Auftraggeber hat das Vorliegen der Tatbestandsvoraussetzungen der Ausnahmen nach § 20 VS (→ § 20 VS Rn. 1 ff.) zu dokumentieren. 4

IV. Zulässigkeit des Verhandlungsverfahren ohne Teilnahmewettbewerb (Abs. 2)

Das **Verhandlungsverfahren ohne Teilnahmewettbewerb** ist nach Abs. 2 unter denselben Voraussetzungen zulässig wie nach § 3a EU Abs. 3 (→ § 3a EU Rn. 22 ff.). 5

V. Zulässigkeit des wettbewerblichen Dialogs (Abs. 3)

Der wettbewerbliche Dialog ist zulässig, wenn der Auftraggeber objektiv nicht in der Lage ist, die technischen Mittel anzugeben, mit denen seine Bedürfnisse und Anforderungen erfüllt werden 6

---

[1] Zu den europarechtlichen Hintergründen im Einzelnen Beck VergabeR/*Losch* Rn. 5 ff.

können, oder die rechtlichen oder finanziellen Bedingungen des Vorhabens anzugeben. Während für den wettbewerblichen Dialog im zweiten Abschnitt nach § 3a EU (→ § 3a EU Rn. 38) dieselben Voraussetzungen wie für das Verhandlungsverfahren mit Teilnahmewettbewerb gelten, sind im dritten Abschnitt die **engen Voraussetzungen** normiert. Hintergrund ist die fehlende Angleichung der RL 2009/81/EG (Vergabe-RL Verteidigung und Sicherheit) an die Neuausrichtung des wettbewerblichen Dialogs bei der Reform des EU-Vergaberechts im Jahr 2014.[2] Art. 27 Abs. 1 Vergabe-RL Verteidigung und Sicherheit erfordert als Anwendungsvoraussetzung eine besondere Auftragskomplexität, die nach Art. 1 Nr. 21 UAbs. 2 Vergabe-RL Verteidigung und Sicherheit gegeben ist, „wenn der Auftraggeber objektiv nicht in der Lage ist, die technischen Mittel ... anzugeben, mit denen seine Bedürfnisse und seine Ziele erfüllt werden können, und/oder die rechtlichen und/oder finanziellen Konditionen eines Vorhabens anzugeben". Hieran knüpfen die Vorgaben in Art. 27 Abs. 3 Vergabe-RL Verteidigung und Sicherheit – die ungeachtet der fehlenden expliziten Bezugnahme auf die besondere Auftragskomplexität mit § 13 Abs. 1 VSVgV übereinstimmen – an, sodass sie zugleich im Lichte der Richtlinienbestimmungen auszulegen und anzuwenden sind.

7   Allerdings stellt sich die Frage, unter welchen Voraussetzungen bei der wegen der Ausnahmestellung des Verfahrens gebotenen engen Auslegung die europarechtlich erforderliche **„besondere Komplexität"** eines Auftrags angenommen werden kann. Ein „besonders komplexer" Auftrag muss, schon um dem Verständnis der Formulierung im allgemeinen Sprachgebrauch zu entsprechen, über eine „einfache Komplexität" hinausgehende Schwierigkeiten aufweisen. Weder das europäische noch das deutsche Vergaberecht enthalten jedoch hinreichend deutliche Anhaltspunkte dafür, wie die Grenze zwischen „einfacher" und „besonderer" Komplexität zu ziehen ist. Als wichtiges Element einer „besonderen Auftragskomplexität" ist zunächst die Vielfalt potenzieller Lösungen anzusehen. Kann objektiv nur eine einzige Lösung das mit der Auftragsvergabe verfolgte Ziel der Vergabestelle befriedigen, mag diese auch mit besonderen Schwierigkeiten verbunden sein, fehlt es an der erforderlichen Lösungsoffenheit. Des Weiteren dürften die Lösungen für die Vergabestelle auch unter größtem Bemühen bestenfalls teilweise vorhersehbar und bewertbar sein. Sind sämtliche mögliche Lösungen einschließlich ihrer Auswirkungen bekannt, hat die Vergabestelle diese im Vorfeld eines Vergabeverfahrens zu bewerten und sich für eine dieser Lösungen zu entscheiden. Bezüglich derer bestehen dann jedoch gerade keine herausragenden Unsicherheiten, sodass das Vorliegen besonderer Schwierigkeiten nicht angenommen werden kann. Anders ist dies vor allem dann, wenn bekannte Lösungen nicht existieren und diese erst zur Befriedigung der spezifischen Bedürfnisse der Vergabestelle entwickelt werden müssen, mithin ein besonders hoher Innovationsbedarf besteht.

8   Der **wirtschaftlichen Bedeutung** eines Auftrags kann zur Bestimmung seines Komplexitätsgrades – immerhin aber auch nur – eine Indizfunktion zukommen. Eine allgemeine Aussage dahingehend, dass nur Großprojekte besondere Schwierigkeiten aufweisen können, lässt sich den normativen Vorgaben nicht entnehmen. Ungeachtet der genannten Aspekte kann insgesamt nicht von Interpretationssicherheit bezüglich des wichtigen normativen Merkmals der „besonderen Auftragskomplexität" die Rede sein.[3]

8a Der Auftraggeber darf nach Abs. 3 **objektiv** nicht in der Lage sein, die Leistung eindeutig und erschöpfend zu beschreiben. Daraus folgt zunächst, dass nicht in erster Linie oder gar allein die Vorstellungen und Fähigkeiten der jeweiligen Vergabestelle maßgeblich sind,[4] sodass die Einschätzung seitens des öffentlichen Auftraggebers auch in vollem Umfang einer Kontrolle im Nachprüfungsverfahren zugänglich ist.[5] Wann aber objektiv eine Vergabestelle nicht in der Lage ist, die technischen, rechtlichen oder finanziellen Aspekte anzugeben, bleibt offen. In jedem Fall ist ein **strenger Maßstab** anzulegen, der dem europarechtlich bedingten Ausnahmecharakter des Vergabeverfahrens gerecht wird. Daraus folgt insbesondere, dass die Vergabestelle nicht vorschnell von der Auftragskonzeptionierung unter Hinweis auf deren Schwierigkeiten Abstand nehmen darf. Nötigenfalls hat sie zunächst auf die Unterstützung von Sachverständigen zurückzugreifen.[6] Der wettbewerbliche Dialog dient nicht dem Zweck, die Erarbeitung beliebiger Aufträge unabhängig von ihrem tatsächlichen Schwierigkeitsgrad in das Vergabeverfahren und damit auf die an der Auftragserteilung interessierten

---

[2] Für das Verständnis der Kommission kann daher auf deren auf das Verfahren in seiner ursprünglichen Fassung generell bezogenen Erläuterungen im Dokument CC/2005/04_rev1 zurückgegriffen werden.

[3] Vertiefend *Knauff* NZBau 2005, 249 (253 f.).

[4] *Prieß* VergabeR-HdB 201; *Knauff* VergabeR 2004, 287 (290); weiter *Heiermann* ZfBR 2005, 766 (770); *Kolpatzik* VergabeR 2007, 279 (284).

[5] HK-VergabeR/*Pünder/Klafki* VSVgV § 13 Rn. 4; *Knauff* VergabeR 2004, 287 (290); *Leinemann/Maibaum* VergabeR 2004, 275 (278); vgl. *Reimnitz*, Der neue Wettbewerbliche Dialog, 2008, 90 ff.

[6] *Knauff* VergabeR 2004, 287 (290); *Leinemann/Maibaum* VergabeR 2004, 275 (278); aA *Heiermann* ZfBR 2005, 766 (770); *Müller/Veil* VergabeR 2007, 298 (300); *Fritz* VergabeR 2008, 379 (382); einschränkend auch *Pünder/Franzius* ZfBR 2006, 20 (22).

Unternehmen zu verlagern und die Vergabestelle von den mit der Auftragskonzeption verbundenen Belastungen freizustellen.[7] Auch die Definition ihres Bedarfs obliegt ihr allein.

Die Unmöglichkeit der Angabe technischer, rechtlicher oder finanzieller Aspekte muss stets auf **nachvollziehbaren Gründen** beruhen. In **technischer Hinsicht** betrifft dies grundsätzliche Leistungs- oder Funktionsanforderungen,[8] deren Darstellung in der Leistungsbeschreibung iSd §§ 147, 121 GWB nicht möglich ist. Dabei handelt es sich bei Bauvorhaben insbesondere um neuartige Konstruktionserfordernisse oder die Notwendigkeit der Erarbeitung von auf einen Sonderbedarf der Vergabestelle jenseits marktüblicher Angebote bezogenen Individuallösungen. Deutlich seltener als eine besondere Komplexität in technischer Hinsicht wird sich eine solche **wegen finanzieller** und insbesondere wegen **rechtlicher Unsicherheiten** bejahen lassen. Betroffen sind insoweit grundsätzliche Probleme bezüglich der Vertragsstruktur,[9] die sich etwa bei ÖPP-Projekten stellen können. Eine besondere finanzielle Komplexität kann mit einer besonderen rechtlichen einhergehen.[10] Mag ein öffentlicher Auftraggeber im Einzelfall auch tatsächlich außerstande sein, finanzielle Auswirkungen und Lösungen komplizierter Großprojekte zu überschauen, so darf die Kenntnis des Rechts grds. von ihm erwartet werden. Hierbei ist insbesondere auch auf die Möglichkeit der Anfrage bei Aufsichtsbehörden hinzuweisen. Als im Anwendungsbereich der VOB/A VS in Betracht kommende **Beispiele** für besonders komplexe Beschaffungsvorhaben gelten integrierte Infrastrukturprojekte, große Computernetzwerke, Hochtechnologievorhaben oder anspruchsvolle öffentlich-private Partnerschaften.[11] Auch insoweit bedarf es jedoch stets einer **Einzelfallprüfung**.

Für die Anwendbarkeit des wettbewerblichen Dialogs fordert Art. 27 Abs. 1 Vergabe-RL Verteidigung und Sicherheit neben dem Vorliegen einer besonderen Auftragskomplexität die Einschätzung des öffentlichen Auftraggebers, dass eine **Vergabe im Wege eines nicht-offenen Verfahrens oder im Verhandlungsverfahren mit Veröffentlichung einer Bekanntgabe nicht möglich** sei. Das deutsche VS-Vergaberecht übernimmt diese Anforderung nicht explizit. Ein sachlich übereinstimmendes und damit europarechtskonformes Ergebnis wird jedoch im Wege der Auslegung der vorhandenen Bestimmungen über die Anwendungsvoraussetzungen der Vergabeverfahrensarten erzielt.

§ 3b VS Ablauf der Verfahren

(1) ¹Beim nicht offenen Verfahren müssen mindestens drei geeignete Bewerber aufgefordert werden. ²Auf jeden Fall muss die Zahl der aufgeforderten Bewerber einen echten Wettbewerb sicherstellen. ³Die Eignung ist anhand der mit dem Teilnahmeantrag vorgelegten Nachweise zu prüfen.

(2)
1. Beim Verhandlungsverfahren mit Teilnahmewettbewerb und beim wettbewerblichen Dialog müssen bei einer hinreichenden Anzahl geeigneter Bewerber mindestens drei Bewerber zu Verhandlungen oder zum Dialog aufgefordert werden.
2. ¹Will der Auftraggeber die Zahl der Teilnehmer im Verhandlungsverfahren mit Teilnahmewettbewerb oder im wettbewerblichen Dialog begrenzen, so gibt er in der Auftragsbekanntmachung Folgendes an:
   a) die von ihm vorgesehenen objektiven, nicht diskriminierenden und auftragsbezogenen Kriterien und
   b) die vorgesehene Mindestzahl und gegebenenfalls auch die Höchstzahl der einzuladenden Bewerber.

²Sofern die Zahl von Bewerbern, die die Eignungskriterien und die Mindestanforderungen an die Leistungsfähigkeit erfüllen, unter der Mindestanzahl liegt, kann der Auftraggeber das Verfahren fortführen, indem er den oder die Bewerber einlädt, die über die geforderte Leistungsfähigkeit verfügen.
³Ist der Auftraggeber der Auffassung, dass die Zahl der geeigneten Bewerber zu gering ist, um einen echten Wettbewerb zu gewährleisten, so kann er das Verfahren aussetzen und die erste Auftragsbekanntmachung gemäß § 12 VS Absatz 2 zur Festsetzung einer neuen Frist für die Einreichung von Anträgen auf Teilnahme erneut veröffentlichen. ⁴In diesem Fall werden die nach der ersten sowie die nach der zweiten Veröffentlichung ausgewählten Bewerber eingeladen. ⁵Diese Möglichkeit besteht unbeschadet des Rechts

---

[7] Prieß VergabeR-HdB 202; Knauff VergabeR 2004, 287 (290).
[8] Müller-Wrede/Kaelble in Müller-Wrede Kompendium VergabeR Kap. 17 Rn. 35; Kolpatzik VergabeR 2007, 279 (287); vgl. auch Drömann NZBau 2007, 751 (751 f.); Schröder NZBau 2007, 216 (218 f.).
[9] Näher Drömann NZBau 2007, 751 (752 ff.); Schröder NZBau 2007, 216 (219 f.).
[10] Kolpatzik VergabeR 2007, 279 (287).
[11] S. Erwägungsgrund 31 RL 2004/18/EG; BT-Drs. 15/5668, 11.

des Auftraggebers, das laufende Vergabeverfahren einzustellen und ein neues Verfahren auszuschreiben.
3. ¹Der Auftraggeber trägt dafür Sorge, dass alle Bieter bei den Verhandlungen gleich behandelt werden. ²Insbesondere enthält er sich jeder diskriminierenden Weitergabe von Informationen, durch die bestimmte Bieter gegenüber anderen begünstigt werden könnten.
4. ¹Der Auftraggeber kann vorsehen, dass das Verhandlungsverfahren in verschiedenen aufeinander folgenden Phasen durchgeführt wird. ²In jeder Verhandlungsphase kann die Zahl der Angebote, über die verhandelt wird, auf der Grundlage der in der Auftragsbekanntmachung oder in den Vertragsunterlagen angegebenen Zuschlagskriterien verringert werden. ³In der Schlussphase müssen noch so viele Angebote vorliegen, dass ein Wettbewerb gewährleistet ist.

(3)
1. Beim wettbewerblichen Dialog hat der Auftraggeber seine Bedürfnisse und Anforderungen bekannt zu machen; die Erläuterung dieser Anforderungen erfolgt in der Auftragsbekanntmachung oder in einer Beschreibung.
2. ¹Mit den Unternehmen, die ausgewählt wurden, ist ein Dialog zu eröffnen. ²In dem Dialog legt der Auftraggeber fest, wie seine Bedürfnisse am besten erfüllt werden können; er kann mit den ausgewählten Unternehmen alle Einzelheiten des Auftrags erörtern.
3. ¹Der Auftraggeber hat dafür zu sorgen, dass alle Unternehmen bei dem Dialog gleich behandelt werden; insbesondere darf er Informationen nicht so weitergeben, dass bestimmte Unternehmen begünstigt werden könnten. ²Der Auftraggeber darf Lösungsvorschläge oder vertrauliche Informationen eines Unternehmens
    a) nicht ohne dessen Zustimmung an die anderen Unternehmen weitergeben und
    b) nur im Rahmen des Vergabeverfahrens verwenden.
4. ¹Der Auftraggeber kann vorsehen, dass der Dialog in verschiedenen aufeinander folgenden Phasen geführt wird. ²In jeder Dialogphase kann die Zahl der zu erörternden Lösungen auf Grundlage der in der Auftragsbekanntmachung oder in den Vergabeunterlagen angegebenen Zuschlagskriterien verringert werden. ³Der Auftraggeber hat die Unternehmen zu informieren, wenn deren Lösungen nicht für die nächstfolgende Dialogphase vorgesehen sind. ⁴In der Schlussphase müssen noch so viele Angebote vorliegen, dass ein Wettbewerb gewährleistet ist.
5. ¹Der Auftraggeber hat den Dialog für abgeschlossen zu erklären, wenn
    a) eine Lösung gefunden worden ist, die seine Bedürfnisse und Anforderungen erfüllt, oder
    b) erkennbar ist, dass keine Lösung gefunden werden kann.
   ²Der Auftraggeber hat die Unternehmen über den Abschluss des Dialogs zu informieren.
6. ¹Im Fall von Nummer 5 Buchstabe a hat der Auftraggeber die Unternehmen aufzufordern, auf der Grundlage der eingereichten und in der Dialogphase näher ausgeführten Lösungen ihr endgültiges Angebot vorzulegen. ²Die Angebote müssen alle Einzelheiten enthalten, die zur Ausführung des Projekts erforderlich sind. ³Der Auftraggeber kann verlangen, dass Präzisierungen, Klarstellungen und Ergänzungen zu diesen Angeboten gemacht werden. ⁴Diese Präzisierungen, Klarstellungen oder Ergänzungen dürfen jedoch nicht dazu führen, dass grundlegende Elemente des Angebotes oder der Ausschreibung geändert werden, dass der Wettbewerb verzerrt wird oder andere am Verfahren beteiligte Unternehmen diskriminiert werden.
7. ¹Der Auftraggeber hat die Angebote auf Grund der in der Auftragsbekanntmachung oder in den Vergabeunterlagen festgelegten Zuschlagskriterien zu bewerten und das wirtschaftlichste Angebot auszuwählen. ²Der Auftraggeber darf das Unternehmen, dessen Angebot als das wirtschaftlichste ermittelt wurde, auffordern, bestimmte Einzelheiten des Angebotes näher zu erläutern oder im Angebot enthaltene Zusagen zu bestätigen. ³Dies darf nicht dazu führen, dass wesentliche Aspekte des Angebotes oder der Ausschreibung geändert werden, und dass der Wettbewerb verzerrt wird oder andere am Verfahren beteiligte Unternehmen diskriminiert werden.
8. Verlangt der Auftraggeber, dass die am wettbewerblichen Dialog teilnehmenden Unternehmen Entwürfe, Pläne, Zeichnungen, Berechnungen oder andere Unterlagen ausarbeiten, muss er einheitlich allen Unternehmen, die die geforderten Unterlagen rechtzeitig vorgelegt haben, eine angemessene Kostenerstattung gewähren.

Übersicht

		Rn.			Rn.
I.	**Überblick**	1	1.	Das nicht offene Verfahren (Abs. 1)	4
1.	Regelungsgegenstand	1	2.	Verhandlungsverfahren mit Teilnahme-	
2.	Anwendungsbereich	3		wettbewerb (Abs. 2)	8
II.	**Ablauf der Verfahren**	4	3.	Wettbewerblicher Dialog (Abs. 3)	13

I. Überblick

1. Regelungsgegenstand. Die Vorschrift des § 3b VS sieht detaillierte Bestimmungen für den Ablauf der bereits in § 3VS genannten **Verfahrensarten** bei der Vergabe von Bauaufträgen im Verteidigungs- und Sicherheitsbereich vor. Dabei stimmen die einzelnen Regelungen des § 3b VS weitgehend mit den auch schon in der VOB/A (1. Abschnitt) vorgesehenen Regelungen überein. Im Übrigen gibt es auch zahlreiche Überschneidungen mit den in der VSVgV bzw. VgV sowie dem GWB enthaltenen Bestimmungen. Soweit im Rahmen von § 3b VS wesentliche Abweichungen bestehen, wird hierauf hingewiesen. 1

§ 3b VS übernimmt die bislang in § 3VS Abs. 4 aF vorgesehenen Regelungen und passt sie an 2
die gegenwärtigen Erfordernissen an.[1]

2. Anwendungsbereich. Die Vorschrift des § 3b VS dient insgesamt der Umsetzung von 3
Art. 26, 27 und 38 Vergabe-RL Verteidigung und Sicherheit. Beim Ablauf der einzelnen Verfahren – sowohl beim nicht offenen Verfahren als auch beim Verhandlungsverfahren oder dem wettbewerblichen Dialog – entstehen im Verteidigungs- und Sicherheitsbereich zusätzliche verfahrensmäßige Anforderungen, denen durch die Bestimmungen des § 3b VS begegnet werden soll. Dabei ist vorgesehen, dem im Verteidigung- und Sicherheitsbereich bestehenden großen **Geheimhaltungsbedürfnis** zu entsprechen und gleichzeitig dem Umstand Rechnung zu tragen, dass der Auftraggeber zu Beginn vielfach noch keine konkreten Vorstellungen hat, auf welche Weise seine Beschaffungsbedürfnisse erfüllt werden sollen.

II. Ablauf der Verfahren

1. Das nicht offene Verfahren (Abs. 1). Im Hinblick auf die Durchführung des nicht offenen 4
Verfahrens ist in § 3b VS Abs. 1 vorgesehen, dass **mindestens drei geeignete Bewerber** im Rahmen eines Teilnahmewettbewerbs aufgefordert werden müssen, ein Angebot abzugeben.[2] Um das damit verbundene Ziel eigens hervorzuheben, wird in § 3b VS Abs. 1 S. 2 ausdrücklich darauf hingewiesen, dass die Zahl der aufgeforderten Bewerber „auf jeden Fall" einen „echten Wettbewerb" sicherstellen muss.

Damit weist die VOB/A-VS darauf hin, dass im Verteidigungs- und Sicherheitsbereich für die 5
aufzufordernden Bewerber geringere Anforderungen gelten als bei sonstigen Beschaffungsvorgängen. Bei diesen müssen üblicherweise mindestens fünf geeignete Bewerber Angebote einreichen.[3] Dessen ungeachtet soll jedoch sichergestellt werden, dass entsprechend den Vorgaben der RL 2009/81/EG auch im Verteidigungs- und Sicherheitsbereich ein effektives Vergabeverfahren gewährleistet wird. Zwar ist es aufgrund der Besonderheiten des Verteidigungs- und Sicherheitsbereichs absehbar, dass die Anzahl der zur Abgabe eines Angebotes überhaupt infrage kommenden Bewerber und Bieter geringer ist als bei sonstigen Beschaffungsvorgängen. Gleichzeitig ist die Absicht erkennbar, beim Ablauf der Verfahren nach § 3b VS ungeachtet aller bereichsspezifischen Anpassungen die mit den vergaberechtlichen Vorschriften verbundenen Vorzüge im Hinblick auf **Kostenersparnis und Effizienz** dennoch zu erreichen.

Soweit für die Angebotsaufforderung mindestens drei geeignete Bewerber gefordert werden, ist 6
davon auszugehen, dass dies eine zwingende Voraussetzung ist. Wird die Zahl von drei geeigneten Bewerbern nicht erreicht, kann das Verfahren nicht weitergeführt werden. Die Einzelheiten ergeben sich aus den Kommentierungen zu § 3b[4] sowie zu § 119 Abs. 4 GWB[5] und § 16 VgV.[6]

---

[1] Beck VergabeR/*Losch* Rn. 2.
[2] Ziekow/Völlink/*Völlink/Huber* Rn. 1; Leinemann/Kirch/*Kirch* VSVgV Rn. 5.
[3] Vgl. Beck VergabeR/*Dörn* VgV § 16 Rn. 20.
[4] Kapellmann/Messerschmidt/*Glahs* § 6 Rn. 27; Ziekow/Völlink/*Völlink/Huber* Rn. 1 ff.; → 3b Rn. 20 ff.
[5] → GWB § 119 Rn. 23 ff.; *Kulartz* in RKPP GWB § 119 Rn. 7 ff.; *Knauff* in Müller-Wrede GWB § 119 Rn. 17 ff.; Beck VergabeR/*Jasper* GWB § 119 Rn. 20.
[6] Beck VergabeR/*Dörn* VgV § 16 Rn. 8 ff.; → VgV § 16 Rn. 5 ff.

7 Nach § 3b VS Abs. 1 S. 3 soll eine **Überprüfung der Eignung** von Bietern und Bewerbern anhand der zur Verfügung gestellten Nachweise erfolgen.[7] In diesem Zusammenhang ist einerseits auf die Eignungsanforderungen aus § 97 und §§ 122 ff. GWB[8] sowie auf die Ausführungen zu § 42 VgV[9] zu verweisen. Dabei kommt es erneut darauf an, dass insbesondere keine Ausschlussgründe nach §§ 123 und 124 GWB vorliegen dürfen, die gegen eine Eignung sprechen.[10] Außerdem ist auf die Möglichkeiten der Selbstreinigung nach § 125 GWB zu verweisen. Auch im Rahmen von § 3b VS wird Eignung vor allem durch das Nichtvorliegen von Ausschlussgründen nachgewiesen.

8 **2. Verhandlungsverfahren mit Teilnahmewettbewerb (Abs. 2).** Nach § 3b VS Abs. 2 ist für das Verhandlungsverfahren ein **Teilnahmewettbewerb** vorgesehen. Dieser soll, entsprechend den allgemeinen vergaberechtlichen Grundsätzen des § 97 GWB, nicht nur auftragsbezogen, sondern insbesondere auch diskriminierungsfrei ablaufen.[11] Generell ist davon auszugehen, dass für die Verfahren nach § 3b VS stets der Gleichbehandlungsgrundsatz des § 97 Abs. 2 GWB gilt.[12] Aufgrund des allgemeinen Vorrangs des GWB wären die Wiederholungen in den Bestimmungen der VOB/A-VS – zB auch § 3b VS Abs. 2 Nr. 3 – an sich nicht erforderlich. Sie haben auch keine eigenständige Bedeutung. Es handelt sich hierbei lediglich um **deklaratorische Hinweise** darauf, dass diese Grundsätze auch bei Bauaufträgen im Verteidigungs- und Sicherheitsbereich berücksichtigt werden müssen.

9 Neben den verschiedenen Überschneidungen mit und Wiederholungen von § 119 Abs. 5 GWB ist in § 3b VS Abs. 2 Nr. 2 UAbs. 3 eine Sonderregelung für Bauaufträge im Verteidigungs- und Sicherheitsbereich vorgesehen. Für den Fall, dass die Zahl der geeigneten Bewerber, die sich auf eine Auftragsbekanntmachung hin beteiligt haben, zu gering ist, um einen **„echten Wettbewerb"** iSv § 3b VS Abs. 1 S. 1 zu gewährleisten, besteht die Möglichkeit, eine neue Frist zur Einreichung von Anträgen auf Teilnahme für einen zusätzlichen Teilnahmewettbewerb zu setzen.[13] Das erste Verfahren wird hierfür ausgesetzt.

10 In der Folge werden die Angebote des ursprünglichen Teilnahmewettbewerbs und die des **zusätzlichen Teilnahmewettbewerbs** zusammengefasst. Etwaige Fehler, die lediglich den ursprünglichen Teilnahmewettbewerb betreffen, können auch noch später gerügt werden.[14]

11 Der Grund für die Ermöglichung des zusätzlichen Teilnahmewettbewerbs liegt vor allem darin, dass der Auftraggeber eventuell Sorge hat, dass die Bieter und Bewerber des ursprünglichen Wettbewerbs ihr Angebot im Verlauf der Verhandlungen vielleicht noch zurückziehen oder sich an einem vollständig neu angesetzten Teilnahmewettbewerb nicht mehr beteiligen würden.[15] In beiden Fällen wäre die Gewährleistung eines echten Wettbewerbs kaum mehr möglich. Die **Kumulierung zweier Teilnahmewettbewerbe** bietet demgegenüber den Vorteil, dass durch die Abdeckung eines längeren Zeitraums die meisten der tatsächlich infrage kommenden Teilnehmer einbezogen werden können. Vor diesem Hintergrund ist die in § 3b VS vorgesehene Möglichkeit zweier kumulativer Teilnahmewettbewerbe vor allem der begrenzten Anzahl potenzieller Wettbewerbsteilnehmer für Beschaffungsvorgänge im Bereich Verteidigung und Sicherheit geschuldet.

12 Ebenso wie bei anderen Vergabeverfahren können auch bei Verhandlungsverfahren mit Teilnahmewettbewerben nach § 3b VS Abs. 2 nur solche Teilnehmer zur Abgabe eines Angebots aufgefordert werden, die sich bereits zuvor als geeignet erwiesen haben. Im Hinblick hierauf ist auf die verschiedenen Kommentierungen von § 51 VgV zu verweisen.[16]

13 **3. Wettbewerblicher Dialog (Abs. 3).** Neben den Sonderbestimmungen über **zwei kumulative Teilnahmewettbewerbe** nach Abs. 2, die ebenfalls auf den wettbewerblichen Dialog Anwendung finden, entsprechen die übrigen in § 3b VS Abs. 3 vorgesehenen Bestimmungen zum wettbewerblichen Dialog den bereits in § 3b EU Abs. 4 vorgesehenen Regelungen.[17]

---

[7] Leinemann/Kirch/*Kirch* VSVgV Rn. 5.
[8] HK-VergabeR/*Fehling* GWB § 122 Rn. 12 ff.; *Gnittke/Hattig* in Müller-Wrede GWB § 122 Rn. 11 ff. u. 20 ff.; *Hausmann/von Hoff* in RKPP GWB § 122 Rn. 5 ff. u. 15 ff.
[9] *Dittmann* in KKMPP VgV § 42 Rn. 4 ff.; Beck VergabeR/*Mager* VgV § 42 Rn. 8 ff.; → VgV § 42 Rn. 7 ff.
[10] Byok/Jaeger/*Kau* GWB § 97 Rn. 124 ff.; Beck VergabeR/*Opitz* GWB § 122 Rn. 50 ff.
[11] Beck VergabeR/*Losch* Rn. 7 u. 12.
[12] Reidt/Stickler/Glahs/*Masing* GWB § 97 Rn. 56 ff.; Byok/Jaeger/*Kau* GWB § 97 Rn. 87 ff.
[13] Ziekow/Völlink/*Völlink/Huber* Rn. 3.
[14] Beck VergabeR/*Losch* Rn. 9.
[15] Vgl. hierzu Beck VergabeR/*Losch* Rn. 10.
[16] ZB Beck VergabeR/*Mager* VgV § 51 Rn. 7 ff.; *Röwekamp* in KKMPP VgV § 51 Rn. 2 ff.; → VgV § 51 Rn. 9 ff.
[17] *Conrad* in Gabriel/Krohn/Neun VergabeR-HdB § 56 Rn. 7 ff.; Kapellmann/Messerschmidt/*Glahs* § 6 Rn. 27 ff.

§ 4 VS Verfahrensarten

(1) Bauaufträge sind so zu vergeben, dass die Vergütung nach Leistung bemessen wird (Leistungsvertrag), und zwar:
1. in der Regel zu Einheitspreisen für technisch und wirtschaftlich einheitliche Teilleistungen, deren Menge nach Maß, Gewicht oder Stückzahl vom Auftraggeber in den Vertragsunterlagen anzugeben ist (Einheitspreisvertrag),
2. in geeigneten Fällen für eine Pauschalsumme, wenn die Leistung nach Ausführungsart und Umfang genau bestimmt ist und mit einer Änderung bei der Ausführung nicht zu rechnen ist (Pauschalvertrag).

(2) Abweichend von Absatz 1 können Bauaufträge geringeren Umfangs, die überwiegend Lohnkosten verursachen, im Stundenlohn vergeben werden (Stundenlohnvertrag).

(3) Das Angebotsverfahren ist darauf abzustellen, dass der Bieter die Preise, die er für seine Leistungen fordert, in die Leistungsbeschreibung einzusetzen oder in anderer Weise im Angebot anzugeben hat.

(4) Das Auf- und Abgebotsverfahren, bei dem vom Auftraggeber angegebene Preise dem Auf- und Abgebot der Bieter unterstellt werden, soll nur ausnahmsweise bei regelmäßig wiederkehrenden Unterhaltungsarbeiten, deren Umfang möglichst zu umgrenzen ist, angewandt werden.

Übersicht

	Rn.		Rn.
I. Überblick	1	a) Einheitspreisvertrag	6
1. Regelungsgegenstand	1	b) Pauschalvertrag	7
2. Anwendungsbereich	3	2. Stundenlohnvertrag (Abs. 2)	8
II. Bauvertragstypen	5	III. Angebotsverfahren (Abs. 3)	10
1. Leistungsvertrag (Abs. 1)	5	IV. Auf- und Abgebotsverfahren	11

I. Überblick

1. Regelungsgegenstand. § 4 VS befasst sich in erster Linie mit Fragen der **Vergütung von** 1
Bauaufträgen im Bereich Verteidigung und Sicherheit. Hierzu werden sog. Vergütungsgrundsätze aufgestellt, die abhängig von der Leistungsart und den äußeren Umständen des Auftrags variieren. In dieser vergütungsmäßigen Hinsicht werden zudem verschiedene Bauvertragstypen benannt.[1] Die Regelungen des § 4 VS entsprechen weitgehend den Bestimmungen des § 4.[2] Ferner wurde § 4 VS seit der Novellierung des Jahres 2016 nicht mehr wesentlich geändert.[3]

Soweit es um die verschiedenen Auftragsarten und ihre Einordnungen geht, sind die Regelungen 2 des § 1 VS einschlägig. Im Übrigen orientiert sich die Auslegung und Anwendung von § 4 VS weitgehend am **wortgleichen § 4**.[4]

2. Anwendungsbereich. Wie bereits in Zusammenhang mit § 1 VS dargelegt, hängt die Gel- 3
tung der VOB/A-VS insgesamt von § 2 Abs. 2 VSVgV ab, der sie ausdrücklich **nur für Bauaufträge**, nicht aber für Liefer- und Dienstleistungsaufträge verbindlich macht.[5]

Die Vorschrift des § 4 VS wird im Schrifttum dem „**tradierten deutschen Bauvertragsrecht**" 4
zugeordnet,[6] dient dabei jedoch – im Unterschied zu den meisten anderen Vorschriften der VOB/A-VS – nicht der Umsetzung der Vergabe-RL Verteidigung und Sicherheit. Eine solche „überschießende" Regelung[7] kann problematisch sein, sofern damit europarechtliche Vorgaben konterkariert werden. Auch wenn grundsätzlich davon auszugehen ist, dass das europäische Vergaberecht in den EU-Vergaberichtlinien abschließend kodifiziert wurde, läuft dies einer konkretisierenden Ausgestaltung im nationalen Recht jedenfalls dann nicht zuwider, wenn damit keine zusätzlichen Anforderun-

---

[1] Leinemann/Kirch/*Leinemann* VSVgV Rn. 1; Beck VergabeR/*Janssen* § 4 Rn. 5.
[2] Vgl. Kapellmann/Messerschmidt/*Kapellmann* § 4 Rn. 1 ff.; kritisch zu dieser Bezeichnung, da die Vergütungsberechnung allein den Vertragstyp nicht kennzeichne: Ziekow/Völlink/*Püstow* Rn. 1 (Fn. 1).
[3] Beck VergabeR/*Otting* Rn. 2.
[4] Kapellmann/Messerschmidt/*Kapellmann* § 4 Rn. 10 ff.
[5] Vgl. Beck VergabeR/*Janssen* § 4 Rn. 22.
[6] Hierzu iE auch: Beck VergabeR/*Otting* Rn. 6.
[7] Vgl. Beck VergabeR/*Otting* Rn. 5.

gen verbunden sind. Bei § 4 VS geht es vor allem um **Vergütungsmodalitäten**[8] für die entweder Einheitspreise, Pauschalsummen oder auch eine Vergütung auf Stundenlohnbasis vorgesehen ist. Folglich ist von einem unmittelbaren Verstoß gegen die europarechtlichen Vorgaben nicht auszugehen.

II. Bauvertragstypen

1. Leistungsvertrag (Abs. 1). Zunächst wird in § 4 VS Abs. 1 der Leistungsvertrag als Oberbegriff festgelegt, der sich in die Unterformen „Einheitspreisvertrag" und „Pauschalvertrag" gliedert.[9]

a) Einheitspreisvertrag. Nach § 4 VS Abs. 1 Nr. 1 gilt für sog. Einheitspreisverträge, dass die Vergütung „für technisch und wirtschaftlich einheitliche Teilleistungen" zu Einheitspreisen angegeben wird. Der wesentliche Unterschied zu Pauschalverträgen bleibt hierbei unerwähnt. Denn das Besondere an Einheitspreisverträgen liegt darin, dass nicht nach ausgeschriebener, sondern nach tatsächlich ausgeführter Menge, bemessen nach Maß, Gewicht oder Stückzahl, abgerechnet wird.[10] Im Verhältnis zum Pauschalvertrag ist der Einheitspreisvertrag vorrangig, was sich aus dem Wortlaut („1. in der Regel ... 2. in geeigneten Fällen ...") und seiner Reihung ergibt.[11] Zu den Einzelheiten etwa im Hinblick auf die einzelnen Positionsarten (Grund-, Alternativ-, Eventual-, Auswahl-, Zulage- und Sammelpositionen) wird auf die jeweiligen Kommentierungen zu § 4 verwiesen (→ § 4 Rn. 7 ff.).[12]

b) Pauschalvertrag. In § 4 VS Abs. 1 Nr. 2 wird der Pauschalvertrag geregelt, für den von Anfang an eine feste Pauschalsumme bestimmt ist. Geeignete Fälle hierfür liegen vor allem dann vor, wenn die Leistung „nach Ausführungsart und Umfang genau bestimmt" ist.[13] Typisch für einen solchen Pauschalvertrag ist die **detaillierte Aufnahme der Leistung** („Detail-Pauschalvertrag"), in der regelmäßig eine genaue Ausführungsplanung von Seiten des Auftraggebers vorgesehen ist.[14] Unabhängig von den tatsächlich anfallenden Kosten erfolgt eine Vergütung stets nach den Vorgaben des Pauschalvertrags. Ist die Leistungserfüllung leichter und preisgünstiger als ursprünglich berechnet, wirkt sich das zugunsten des Bieters aus, im umgekehrten Fall zugunsten des Auftraggebers.[15] Dem Pauschalvertrag liegt damit ein Zufallsmoment inne, da weder Auftraggeber noch Bieter vor Leistungserfüllung genau wissen können, für wen die gewählte Vergütungsart vorteilhafter sein wird. Auch der Rückgriff auf bisherige Erfahrungswerte ändert nichts daran, dass mit dem Pauschalvertrag auch immer ein wirtschaftliches Risiko verbunden sein kann.

2. Stundenlohnvertrag (Abs. 2). Eine weitere in § 4 VS Abs. 2 genannte Vertragsart ist der **Stundenlohnvertrag** als Aufwandvertrag. Typischerweise können die Lohnkosten bei Bauaufträgen von geringerem Umfang durch die Vergütung von Stundenlöhnen abgegolten werden. Es kommt also dabei nicht auf die erreichte Leistung an, sondern lediglich auf die aufgewendete Stundenzahl.[16]

Zwar ist anerkannt, dass der Leistungsvertrag als Einheits- oder Pauschalvertrag dem Stundenlohnvertrag gegenüber vorrangig ist („Abweichend von Absatz 1...").[17] Folglich kann es zur Vergütung auf Stundenlohnbasis nur unter besonderen Umständen kommen. Das wesentliche Merkmal für den Rückgriff auf eine Vergütung nach Stunden ist nach § 4 VS Abs. 2 der **„geringe Umfang"** des jeweiligen Bauauftrags. In Ermangelung einer Legaldefinition wird der Umfang eines Auftrags an den darin vorgesehenen **Hauptleistungen gemessen.**[18] Fällt also die in Frage stehende Leistung im Verhältnis zur Hauptleistung deutlich ab (bis zu 10%), so ist eine Vergütung im Rahmen eines Stundenlohnvertrags ausnahmsweise zulässig. Ein weiteres Kriterium zur Überprüfung der vorgenommenen Einstufung wird darin gesehen, dass die mit Stundenlohn zu vergütenden Leistungen

---

[8] Kapellmann/Messerschmidt/*Kapellmann* § 4 Rn. 1 ff. (Vergütungsgrundsätze).
[9] Beck VergabeR/*Janssen* § 4 Rn. 7; Ziekow/Völlink/*Püstow* § 4 EU Rn. 7 ff., insbes. 9 ff. u. 12 ff.; Kapellmann/Messerschmidt/*Kapellmann* § 4 Rn. 1.
[10] Hierzu iE: Kapellmann/Messerschmidt/*Kapellmann* § 4 Rn. 10; Ziekow/Völlink/*Püstow* § 4 EU Rn. 9; Beck VergabeR/*Janssen* § 4 Rn. 48 u. 66 ff.
[11] Leinemann/Kirch/*Leinemann* VSVgV Rn. 3 ff. u. 8; Beck VergabeR/*Janssen* § 4 Rn. 50; aA Ziekow/Völlink/*Püstow* § 4 EU Rn. 7 („alternativ"); Kapellmann/Messerschmidt/*Kapellmann* § 4 Rn. 8 f.
[12] ZB Beck VergabeR/*Janssen* § 4 Rn. 68 ff.
[13] Vgl. Kapellmann/Messerschmidt/*Kapellmann* § 4 Rn. 28; Ziekow/Völlink/*Püstow* § 4 EU Rn. 12.
[14] Beck VergabeR/*Janssen* § 4 Rn. 36, 49 ff. u. 137 ff.
[15] Leinemann/Kirch/*Leinemann* VSVgV Rn. 11.
[16] Ziekow/Völlink/*Püstow* § 4 EU Rn. 19.
[17] Vgl. auch Ziekow/Völlink/*Püstow* § 4 EU Rn. 19 („eng auszulegende Ausnahmevorschrift").
[18] Vgl. Kapellmann/Messerschmidt/*Kapellmann* § 4 Rn. 38.

allein zu geringfügig und damit wirtschaftlich weitgehend unattraktiv sind, um eine eigene Ausschreibung zu rechtfertigen.[19]

III. Angebotsverfahren (Abs. 3)

Das Angebotsverfahren nach § 4 VS Abs. 3 ist dadurch gekennzeichnet, dass der Auftraggeber 10 durch seine **Leistungsbeschreibung** den Inhalt der später zu erbringenden Leistung festlegt.[20] Dabei kann es sich sowohl um eine Leistungsbeschreibung mit Leistungsverzeichnis oder mit Leistungsprogramm handeln.[21] Grundsätzlich hat der Bieter beim Angebotsverfahren nach § 4 VS Abs. 3 in die ihm zugesandten Unterlagen über die benötigten Bauleistungen nur noch den Angebotspreis einzutragen.[22] Abhängig davon, ob es sich um Einheitspreisverträge, Pauschalverträge oder Stundenlohnverträge handelt, werden entsprechend Einheitspreise, Pauschalpreise oder Stundenlohnsätze eingetragen.

IV. Auf- und Abgebotsverfahren

Das Auf- und Abgebotsverfahren nach § 4 VS Abs. 4 kommt, wenn überhaupt, nur „ausnahms- 11 weise" bei wiederkehrenden Unterhaltungsarbeiten in Frage.[23] Eine weitere Voraussetzung ist die Möglichkeit zur sehr genauen Umgrenzung der erforderlichen Leistungen. Daraus wird geschlossen, dass in Fällen, in denen die Leistung nicht genau bestimmt werden kann, auch das Auf- und Abgebotsverfahren nicht in Betracht kommt.[24]

Der Ablauf des Auf- und Abgebotsverfahrens ist dadurch gekennzeichnet, dass der Auftraggeber 12 außer der Leistungsbeschreibung konkrete Entgelte angibt, die der Bieter entweder bestätigen, überbieten oder unterbieten kann.[25]

§ 5 VS Einheitliche Vergabe, Vergabe nach Losen

(1) Bauaufträge sollen so vergeben werden, dass eine einheitliche Ausführung und zweifelsfreie umfassende Haftung für Mängelansprüche erreicht wird; sie sollen daher in der Regel mit den zur Leistung gehörigen Lieferungen vergeben werden.

(2) ¹Mittelständische Interessen sind bei der Vergabe öffentlicher Aufträge vornehmlich zu berücksichtigen. ²Leistungen sind in der Menge aufgeteilt (Teillose) und getrennt nach Art oder Fachgebiet (Fachlose) zu vergeben. ³Mehrere Teil- oder Fachlose dürfen zusammen vergeben werden, wenn wirtschaftliche oder technische Gründe dies erfordern. ⁴Wird ein Unternehmen, das nicht öffentlicher Auftraggeber ist, mit der Wahrnehmung oder Durchführung einer öffentlichen Aufgabe betraut, verpflichtet der Auftraggeber das Unternehmen, sofern es Unteraufträge an Dritte vergibt, nach den Sätzen 1 bis 3 zu verfahren.

§ 5 VS Abs. 1 erinnert daran, dass Bauaufträge möglichst derart zu vergeben sind, dass eine 1 einheitliche Ausführung und zweifelsfreie Haftung für Mängelansprüche sichergestellt sind.

Zu § 5 VS Abs. 1 wird ansonsten auf die Kommentierung zu § 5 EU Abs. 1 verwiesen, der 2 wortgleich ist (→ § 5 EU Rn. 6 ff.).

§ 5 VS Abs. 2 ist wortgleich mit § 5 EU Abs. 2 Nr. 1 und spiegelt § 97 Abs. 4 GWB wider, 3 der den gesetzlichen Grundsatz der losweisen Vergabe enthält, mittels dessen insbesondere mittelständische Interessen gewahrt werden sollen. Dieser gilt auch im Bereich der Verteidigungs- und Sicherheitsvergabe. Hierbei handelt es sich um eine nationalrechtliche Anforderung. Die Vergabe-RL Verteidigung und Sicherheit kennt kein entsprechendes Gebot, geht aber an mehreren Stellen von der Möglichkeit einer Losvergabe aus; sie folgt damit dem Regelungsgedanken des Art. 46 RL 2014/24/EU, der die Losvergabe erlaubt.

---

[19] Hierzu auch Leinemann/Kirch/*Leinemann* VSVgV Rn. 13 („kleinere Restarbeiten …punktuelle Mängelbeseitigung").
[20] Leinemann/Kirch/*Leinemann* VSVgV Rn. 14 („Vorschrift zur Struktur der Leistungsbeschreibung"); Beck VergabeR/*Janssen* § 4 Rn. 240 ff.; Ziekow/Völlink/*Püstow* § 4 EU Rn. 28 ff.; Kapellmann/Messerschmidt/*Kapellmann* § 4 Rn. 42 u. 44.
[21] Hierzu iE: Beck VergabeR/*Janssen* § 4 Rn. 250.
[22] Ziekow/Völlink/*Püstow* § 4 EU Rn. 29; Beck VergabeR/*Otting* Rn. 8.
[23] Ziekow/Völlink/*Püstow* § 4 EU Rn. 36; Leinemann/Kirch/*Leinemann* VSVgV Rn. 15; Beck VergabeR/ *Janssen* § 4 Rn. 253; dies offen lassend: Kapellmann/Messerschmidt/*Kapellmann* § 4 Rn. 45.
[24] Kapellmann/Messerschmidt/*Kapellmann* § 4 Rn. 45; Ziekow/Völlink/*Püstow* § 4 EU Rn. 37.
[25] Beck VergabeR/*Janssen* § 4 Rn. 260 ff.

4   Zu § 5 VS Abs. 2 wird ansonsten auf die Kommentierung zu § 97 Abs. 4 GWB (→ GWB § 97 Rn. 217 ff.) und § 5 EU Abs. 2 Nr. 1 verwiesen (→ § 5 EU Rn. 12 ff.).

§ 6 VS Teilnehmer am Wettbewerb

(1) Öffentliche Aufträge werden an fachkundige und leistungsfähige (geeignete) Unternehmen vergeben, die nicht nach § 6e VS ausgeschlossen worden sind.

(2) ¹Ein Unternehmen ist geeignet, wenn es die durch den Auftraggeber im Einzelnen zur ordnungsgemäßen Ausführung des Auftrags festgelegten Kriterien (Eignungskriterien) erfüllt. ²Die Eignungskriterien dürfen ausschließlich Folgendes betreffen:
1. Befähigung und Erlaubnis zur Berufsausübung,
2. wirtschaftliche und finanzielle Leistungsfähigkeit,
3. technische und berufliche Leistungsfähigkeit.

³Die Eignungskriterien müssen mit dem Auftragsgegenstand in Verbindung und zu diesem in einem angemessenen Verhältnis stehen.

(3)
1. Der Wettbewerb darf nicht auf Unternehmen beschränkt werden, die in bestimmten Regionen oder Orten ansässig sind.
2. ¹Bietergemeinschaften sind Einzelbietern gleichzusetzen. ²Der Auftraggeber kann von Bietergemeinschaften die Annahme einer bestimmten Rechtsform verlangen, wenn dies für die ordnungsgemäße Durchführung des Auftrages notwendig ist. ³Die Annahme dieser Rechtsform kann von der Bietergemeinschaft nur verlangt werden, wenn ihr der Auftrag erteilt wird.
3. Hat ein Bewerber oder Bieter vor Einleitung des Vergabeverfahrens den Auftraggeber beraten oder sonst unterstützt, so hat der Auftraggeber sicherzustellen, dass der Wettbewerb durch die Teilnahme dieses Bewerbers oder Bieters nicht verfälscht wird.

I. Reglungssystematik

1   Die §§ 6–6f VS regeln die zulässigerweise an einen Bieter oder Bewerber zu stellenden Anforderungen und deren Nachweis.[1] Sie sollen absichern helfen, dass der öffentliche Auftraggeber seinen Beschaffungsbedarf in der entsprechenden Qualität und Quantität decken kann. Die Ausschlussgründe in § 6e VS, der inhaltlich Art. 21 Abs. 1 VSVgV entspricht, haben teilweise generalpräventive Zielsetzungen.[2]

II. Systematik der Eignungsprüfung

2   § 6 VS adressiert die Teilnehmer am Wettbewerb und regelt deren Eignung im Sinne von Fachkunde und Leistungsfähigkeit sowie deren Ausschluss vom Wettbewerb. § 6 VS Abs. 1, 2 entspricht hinsichtlich des Regelungsgehalts § 122 Abs. 1, 2 GWB und findet seine Entsprechung in § 6 EU Abs. 1, 2. § 6 VS Abs. 3 entspricht in Teilen § 6 EU Abs. 3. § 6 VS hat zudem den Anforderungen der Art. 38 ff. Vergabe-RL Verteidigung und Sicherheit zu genügen. Art. 38 Abs. 1 Vergabe-RL Verteidigung und Sicherheit enthält dabei die Systematik der Eignungsprüfung, die in drei Bereiche – Fachkunde, Leistungsfähigkeit und Ausschluss vom Wettbewerb – gegliedert ist und sich in § 6 VS Abs. 1 wiederfindet.

III. Fachkunde und Leistungsfähigkeit

3   § 6 VS Abs. 2 entspricht § 122 Abs. 2 GWB sowie § 6 EU Abs. 2. Es wird daher auf die Kommentierungen zu § 6 EU Abs. 2 (→ § 6 EU Rn. 9 ff.) und § 122 Abs. 2 GWB (→ GWB § 122 Rn. 45 ff.) verwiesen.

IV. Regionale Diskriminierung, Bietergemeinschaften, Beratung und Unterstützung

4   § 6 VS Abs. 3 Nr. 1 entspricht § 6 EU Abs. 3 Nr. 1. Eine Diskriminierung aufgrund der Ansässigkeit ist verboten; vgl. auch Art. 40 Vergabe-RL Verteidigung und Sicherheit. Es wird auf die Kommentierung zu § 6 EU verwiesen (→ § 6 EU Rn. 53 ff.).

---

[1] Beck VergabeR/*von Wietersheim* Rn. 5.
[2] Beck VergabeR/*von Wietersheim* Rn. 7.

II. Nachweise 1, 2 § 6a VS VOB/A

Der auf Art. 41 Vergabe-RL Verteidigung und Sicherheit zurückzuführende § 6 VS Abs. 3 5
Nr. 2 entspricht inhaltlich § 6 EU Abs. 3 Nr. 2, 3. Es wird auf die Kommentierung zu § 6 EU
verwiesen (→ § 6 EU Rn. 55 ff.).

§ 6 VS Abs. 3 Nr. 3 regelt den Umgang mit Bewerbern und Bietern, die den Auftraggeber vor 6
Einleitung des Vergabeverfahren unterstützt haben, etwa Projektanten. Die Vorschrift weicht zwar
vom Wortlaut des § EU 6 Abs. 3 Nr. 4 ab, führt aber im Rahmen der VS VOB/A zu keinem
anderen Ergebnis. Die fehlende ausdrückliche Erwähnung von durch den Auftraggeber zu treffenden
„angemessenen Maßnahmen" zur Vermeidung der Verzerrung des Wettbewerbs wird durch die
Heranziehung des allgemeinen Verhältnismäßigkeitsgrundsatzes aufgefangen. Die Möglichkeit einer
vorherigen Stellungnahme durch den betroffenen Bewerber oder Bieter ist im Lichte der Besonderheiten der Verteidigungs- und Sicherheitsvergabe – etwa der Schutz von Quellen – zu beurteilen.[3]
Der in § 6 VS Abs. 3 Nr. 3 zwar keine Entsprechung findende § 6 EU Abs. 3 Nr. 4 UAbs. 2, der
auf den Gleichbehandlungsgrundsatz verweist, findet in der VS VOB/A durch Rückgriff auf §§ 147,
124 Abs. 1 Nr. GWB Anwendung. § 6 VS Abs. 3 Nr. 3 schließt ausdrücklich Unternehmen, die
in Verbindung mit dem Bieter oder Bewerber stehen, in den Anwendungsbereich der Vorschrift ein
und zwingt den Auftraggeber zu angemessenen Maßnahmen zur Sicherung des Wettbewerbs.[4]

Es wird ergänzend auf die Kommentierung zu § 6 EU Abs. 3 Nr. 4 verwiesen (→ § 6 EU 7
Rn. 63 ff.).

§ 6a VS Eignungsnachweise

(1) Zum Nachweis ist die Eignung (Fachkunde und Leistungsfähigkeit) sowie das Nichtvorliegen von Ausschlussgründen gemäß § 6eVS der Bewerber oder Bieter zu prüfen.

(2)
1. Der Nachweis umfasst die folgenden Angaben:
   a) den Umsatz des Unternehmens jeweils bezogen auf die letzten drei abgeschlossenen Geschäftsjahre, soweit er Bauleistungen und andere Leistungen betrifft, die mit der zu vergebenden Leistung vergleichbar sind, unter Einschluss des Anteils bei gemeinsam mit anderen Unternehmen ausgeführten Aufträgen,
   b) die Ausführung von Leistungen in den letzten fünf abgeschlossenen Geschäftsjahren, die mit der zu vergebenden Leistung vergleichbar sind,
   c) die Zahl der in den letzten drei abgeschlossenen Geschäftsjahren jahresdurchschnittlich beschäftigten Arbeitskräfte, gegliedert nach Lohngruppen mit gesondert ausgewiesenem technischem Leitungspersonal,
   d) die Eintragung in das Berufsregister ihres Sitzes oder Wohnsitzes und
   e) die Anmeldung des Unternehmens bei der Berufsgenossenschaft.
2. Andere, auf den konkreten Auftrag bezogene zusätzliche geeignete Angaben können verlangt werden, insbesondere Angaben und Nachweise, die für den Umgang mit Verschlusssachen erforderlich sind oder die Versorgungssicherheit gewährleisten sollen, sowie Angaben, die für die Prüfung der Fachkunde geeignet sind.
3. Der Auftraggeber wird andere ihm geeignet erscheinende Nachweise der wirtschaftlichen und finanziellen Leistungsfähigkeit zulassen, wenn er feststellt, dass stichhaltige Gründe dafür bestehen.
4. Kann ein Unternehmen aus einem berechtigten Grund die geforderten Nachweise nicht beibringen, kann es den Nachweis seiner Eignung durch Vorlage anderer Belege erbringen, die der Auftraggeber für geeignet hält.

I. Regelungsgegenstand

§ 6a VS Abs. 1 enthält eine (Wiederholung der) Pflicht zur Prüfung der Eignung und des 1
Nichtvorliegens von Ausschlussgründen. § 6a VS Abs. 2 betrifft das Wie des Nachweises der Eignung
und des Nichtvorliegens von Ausschlussgründen.

II. Nachweise

Allgemeine nachweispflichtige Informationen des Bewerbers oder Bieters umfassen nach § 6a VS 2
Abs. 2 Nr. 1 den Umsatz des Unternehmens, Referenzleistungen, Fachkräfte, Eintragung im Berufsregister und Anmeldung bei der Berufsgenossenschaft. Diese entsprechen teilweise den nach § 6a EU

---
[3] Beck VergabeR/*von Wietersheim* Rn. 16.
[4] Vgl. auch VK Bund 24.5.2012 – VK 3-45/12, sowie HK-VergabeR/*Pape* Rn. 6 f.

Abs. 2 Nr. 2, 3 zu erbringenden Nachweisen der wirtschaftlichen und finanziellen, sowie teilweise der beruflichen und technischen Leistungsfähigkeit. § 6a VS Abs. 2 Nr. 1 lit. b entspricht dem § 6a EU Nr. 3 lit. a, § 6a VS Abs. 2 Nr. 1 lit. c dem § 6a EU Nr. 3 lit. g, § 6a VS Abs. 2 Nr. 1 lit. d den § 6a EU Nr. 1 und § 6a Abs. 2 Nr. 9. Es wird auf die entsprechenden Kommentierungen verwiesen.

3   Darüber hinaus können nach § 6a VS Abs. 2 Nr. 2 weitere auftragsbezogene Angaben verlangt werden, etwa den Umgang mit Verschlusssachen oder die Versorgungssicherheit betreffend. Während die Aufzählung der allgemeinen Angaben nach § 6a VS Abs. 2 Nr. 1 abschließend ist,[1] kann der Auftraggeber weitere projektbezogene Angaben nach § 6a VS Abs. 2 Nr. 2, soweit erforderlich, verlangen. Hierbei steht ihm ein Beurteilungsspielraum zu.

4   Im Unterschied zu § 6a EU Nr. 2c ist im Rahmen der VS VOB/A der Nachweis eines bestimmten Mindestumsatzes in Höhe von in der Regel des Zweifachen des geschätzten Auftragswertes nicht vorgesehen, kann jedoch auftragsbezogen zum Nachweis bisheriger Erfahrungen verlangt werden; begrenzt durch das Verhältnismäßigkeitsprinzip.[2]

5   § 6a VS Abs. 2 Nr. 3 erlaubt dem Auftraggeber andere Nachweise der wirtschaftlichen und finanziellen Leistungsfähigkeit zuzulassen, soweit stichhaltige Gründe vorliegen.

6   § 6a VS Abs. 2 Nr. 4 erlaubt dem Bieter oder Bewerber auch andere als die geforderten Nachweise vorzulegen; dies allerdings nur aus berechtigtem Grunde. Der Auftraggeber muss deren Geeignetheit prüfen.

7   Ansonsten wird auf die Kommentierung zu § 6a EU verwiesen (→ § 6a EU Rn. 1 ff.).

§ 6b VS Mittel der Nachweisführung, Verfahren

(1) ¹Der Nachweis, auch über das Nichtvorliegen von Ausschlussgründen nach § 6eVS, kann mit der vom Auftraggeber direkt abrufbaren Eintragung in die allgemein zugängliche Liste des Vereins für die Präqualifikation von Bauunternehmen e.V. (Präqualifikationsverzeichnis) erfolgen. ²Die Eintragung in ein gleichwertiges Verzeichnis anderer Mitgliedstaaten ist als Nachweis zugelassen.

(2) ¹Die Angaben können die Bewerber oder Bieter auch durch Einzelnachweise erbringen. ²Der Auftraggeber kann dabei vorsehen, dass für einzelne Angaben Eigenerklärungen ausreichend sind, soweit es mit Verteidigungs- und Sicherheitsinteressen vereinbar ist. ³Eigenerklärungen, die als vorläufiger Nachweis dienen, sind von den Bietern, deren Angebote in die engere Wahl kommen, durch entsprechende Bescheinigungen der zuständigen Stellen zu bestätigen.

(3) Der Auftraggeber verlangt, dass die Nachweise bereits mit dem Teilnahmeantrag vorgelegt werden.

(4) ¹Vor der Aufforderung zur Angebotsabgabe ist die Eignung der Unternehmen zu prüfen. ²Dabei sind die Unternehmen auszuwählen, deren Eignung die für die Erfüllung der vertraglichen Verpflichtungen notwendige Sicherheit bietet.

(5) ¹Muss einem Bewerber für das Erstellen eines Angebotes der Zugang zu Verschlusssachen des Grades „VS-VERTRAULICH" oder höher gewährt werden, muss der Bewerber bereits vor Gewährung des Zugangs die geforderten Angaben und Nachweise vorlegen. ²Kommt der Bewerber dem nicht nach, schließt der Auftraggeber ihn von der Teilnahme am Vergabeverfahren aus.

1   § 6b VS Abs. 1 S 1 entspricht § 6b EU Abs. 1 S. 1 Nr. 1, § 6b EU UAbs. 1 S. 1. Abweichend von § 6b EU Abs. 1 S. 2. ist in § 6b VS nicht der vorläufige Nachweis mittels der Einheitlichen Europäischen Eigenerklärung (EEE) erlaubt, was sich aus dem Inhalt des Beschaffungsgegenstandes erklärt. Einzelnachweise nach § 6b VS Abs. 2 S. 1 stehen – in Abweichung von § 6b EU Abs. 1 S. 1 Nr. 2 – unter dem Vorbehalt der Vereinbarkeit mit Verteidigungs- und Sicherheitsinteressen.

2   § 6b VS Abs. 3 bestimmt, dass Nachweise bereits mit dem Teilnahmeantrag vorgelegt werden müssen. Eine Eignungsprüfung ist vor Aufforderung zur Abgabe eines Angebots vorzunehmen; § 6b VS Abs. 4. Eine rechtzeitige Vorlage einer Berechtigung zum Zugang zu Verschlusssachen verlangt § 6b VS Abs. 5. All jene Regelungen erklären sich aus dem Inhalt des Beschaffungsgegenstandes.

3   Ansonsten wird auf die Kommentierung zu § 6b EU verwiesen (→ § 6b EU Rn. 1 ff.).

---

[1] Beck VergabeR/*von Wietersheim* Rn. 5.
[2] Beck VergabeR/*von Wietersheim* Rn. 7.

§ 6c VS Qualitätssicherung und Umweltmanagement

(1) ¹Der Auftraggeber kann zusätzlich Angaben über Umweltmanagementverfahren verlangen, die der Bewerber oder Bieter bei der Ausführung des Auftrags gegebenenfalls anwenden will. ²In diesem Fall kann der Auftraggeber zum Nachweis dafür, dass der Bewerber oder Bieter bestimmte Normen für das Umweltmanagement erfüllt, die Vorlage von Bescheinigungen unabhängiger Stellen verlangen. ³Der Auftraggeber nimmt dabei Bezug auf
1. das Gemeinschaftssystem für das Umweltmanagement und die Umweltbetriebsprüfung (EMAS) oder
2. ¹Normen für das Umweltmanagement, die
   a) auf den einschlägigen europäischen oder internationalen Normen beruhen und
   b) von entsprechenden Stellen zertifiziert sind, die dem Gemeinschaftsrecht oder einschlägigen europäischen oder internationalen Zertifizierungsnormen entsprechen.

²Gleichwertige Bescheinigungen von Stellen in anderen Mitgliedstaaten sind anzuerkennen. ³Der Auftraggeber erkennt auch andere Nachweise für gleichwertige Umweltmanagement-Maßnahmen an, die von Bewerbern oder Bietern vorgelegt werden.

(2) ¹Auftraggeber können zum Nachweis dafür, dass der Bewerber oder Bieter bestimmte Qualitätssicherungsnormen erfüllt, die Vorlage von Bescheinigungen unabhängiger Stellen verlangen. ²Der Auftraggeber nimmt dabei auf Qualitätssicherungsverfahren Bezug, die
1. den einschlägigen europäischen Normen genügen und
2. von entsprechenden Stellen zertifiziert sind, die den europäischen Zertifizierungsnormen entsprechen.

³Gleichwertige Bescheinigungen von Stellen aus anderen Mitgliedstaaten sind anzuerkennen. ⁴Der Auftraggeber erkennt auch andere gleichwertige Nachweise für Qualitätssicherungsmaßnahmen an.

Der Regelungsgehalt entspricht im Wesentlichen § 6c EU und dient der Umsetzung der Art. 44, 42 Abs. 1 lit. f) Vergabe-RL Verteidigung und Sicherheit. Nach § 6c VS Abs. 2 S. 4 erkennt der Auftraggeber auch andere Nachweise für gleichwertige Umweltmanagement-Maßnahmen an, die von Bewerbern oder Bietern vorgelegt werden. Die von § 6c EU etwas abweichende Formulierung führt jedoch zu keinen anderen Ergebnissen. 1

Im Übrigen wird auf die Kommentierung zu § 6c EU verwiesen (→ § 6c EU Rn. 1 ff.). 2

§ 6d VS Kapazitäten anderer Unternehmen

¹Ein Bewerber oder Bieter kann sich, gegebenenfalls auch als Mitglied einer Bietergemeinschaft, zur Erfüllung eines Auftrags der Fähigkeiten anderer Unternehmen bedienen. ²Dabei kommt es nicht auf den rechtlichen Charakter der Verbindung zwischen ihm und diesen Unternehmen an. ³In diesem Fall fordert der Auftraggeber von den in der engeren Wahl befindlichen Bewerbern oder Bietern den Nachweis darüber, dass ihnen die erforderlichen Mittel zur Verfügung stehen. ⁴Als Nachweise können beispielsweise entsprechende Verpflichtungserklärungen dieser Unternehmen vorgelegt werden.

Ein Eignungsnachweis kann auch durch Verweis auf die Fähigkeiten anderer Unternehmen 1 erfolgen („Eignungsleihe"). § 6d VS dient der Umsetzung der Art. 41 Abs. 2, 3 Vergabe-RL Verteidigung und Sicherheit und entspricht § 6d EU. Es wird daher auf die Kommentierung zu § 6d EU verwiesen (→ § 6d EU Rn. 1 ff.).

§ 6e VS Ausschlussgründe

(1) Der Auftraggeber schließt ein Unternehmen zu jedem Zeitpunkt des Vergabeverfahrens von der Teilnahme aus, wenn er Kenntnis davon hat, dass eine Person, deren Verhalten nach Absatz 3 dem Unternehmen zuzurechnen ist, rechtskräftig verurteilt oder gegen das Unternehmen eine Geldbuße nach § 30 des Gesetzes über Ordnungswidrigkeiten rechtskräftig festgesetzt worden ist wegen einer Straftat nach:
1. § 129 StGB (Bildung krimineller Vereinigungen), § 129a StGB (Bildung terroristischer Vereinigungen) oder § 129b StGB (kriminelle und terroristische Vereinigungen im Ausland),

2. § 89c StGB (Terrorismusfinanzierung) oder wegen der Teilnahme an einer solchen Tat oder wegen der Bereitstellung oder Sammlung finanzieller Mittel in Kenntnis dessen, dass diese finanziellen Mittel ganz oder teilweise dazu verwendet werden oder verwendet werden sollen, eine Tat nach § 89a Absatz 2 Nummer 2 StGB zu begehen,
3. § 261 StGB (Geldwäsche; Verschleierung unrechtmäßig erlangter Vermögenswerte),
4. § 263 StGB (Betrug), soweit sich die Straftat gegen den Haushalt der Europäischen Union oder gegen Haushalte richtet, die von der Europäischen Union oder in ihrem Auftrag verwaltet werden,
5. § 264 StGB (Subventionsbetrug), soweit sich die Straftat gegen den Haushalt der Europäischen Union oder gegen Haushalte richtet, die von der Europäischen Union oder in ihrem Auftrag verwaltet werden,
6. § 299 StGB (Bestechlichkeit und Bestechung im geschäftlichen Verkehr), §§ 299a und 299b StGB (Bestechlichkeit und Bestechung im Gesundheitswesen),
7. § 108e StGB (Bestechlichkeit und Bestechung von Mandatsträgern),
8. den §§ 333 und 334 StGB (Vorteilsgewährung und Bestechung), jeweils auch in Verbindung mit § 335a StGB (Ausländische und internationale Bedienstete),
9. Artikel 2 § 2 des Gesetzes zur Bekämpfung internationaler Bestechung (Bestechung ausländischer Abgeordneter im Zusammenhang mit internationalem Geschäftsverkehr),
10. den §§ 232, 232a Absatz 1 bis 5, den §§ 232b bis 233a StGB (Menschenhandel, Zwangsprostitution, Zwangsarbeit, Ausbeutung der Arbeitskraft, Ausbeutung unter Ausnutzung einer Freiheitsberaubung).

(2) Einer Verurteilung oder der Festsetzung einer Geldbuße im Sinne des Absatzes 1 stehen eine Verurteilung oder die Festsetzung einer Geldbuße nach den vergleichbaren Vorschriften anderer Staaten gleich.

(3) Das Verhalten einer rechtskräftig verurteilten Person ist einem Unternehmen zuzurechnen, wenn diese Person als für die Leitung des Unternehmens Verantwortlicher gehandelt hat; dazu gehört auch die Überwachung der Geschäftsführung oder die sonstige Ausübung von Kontrollbefugnissen in leitender Stellung.

(4) ^{1}Der Auftraggeber schließt ein Unternehmen von der Teilnahme an einem Vergabeverfahren aus, wenn
1. das Unternehmen seinen Verpflichtungen zur Zahlung von Steuern, Abgaben und Beiträgen zur Sozialversicherung nicht nachgekommen ist und dies durch eine rechtskräftige Gerichts- oder bestandskräftige Verwaltungsentscheidung festgestellt wurde, oder
2. der Auftraggeber auf sonstige geeignete Weise die Verletzung einer Verpflichtung nach Nummer 1 nachweisen kann.
^{2}Satz 1 findet keine Anwendung, wenn das Unternehmen seinen Verpflichtungen dadurch nachgekommen ist, dass es die Zahlung vorgenommen oder sich zur Zahlung der Steuern, Abgaben und Beiträge zur Sozialversicherung einschließlich Zinsen, Säumnis- und Strafzuschlägen verpflichtet hat.

(5) ^{1}Von einem Ausschluss nach Absatz 1 kann abgesehen werden, wenn dies aus zwingenden Gründen des öffentlichen Interesses geboten ist. ^{2}Von einem Ausschluss nach Absatz 4 Satz 1 kann abgesehen werden, wenn dies aus zwingenden Gründen des öffentlichen Interesses geboten ist oder ein Ausschluss offensichtlich unverhältnismäßig wäre. ^{3}§ 6fVS Absatz 1 und 2 bleiben unberührt.

(6) Der Auftraggeber kann unter Berücksichtigung des Grundsatzes der Verhältnismäßigkeit ein Unternehmen zu jedem Zeitpunkt des Vergabeverfahrens von der Teilnahme an einem Vergabeverfahren ausschließen, wenn
1. das Unternehmen bei der Ausführung öffentlicher Aufträge nachweislich gegen geltende umwelt-, sozial- und arbeitsrechtliche Verpflichtungen verstoßen hat,
2. das Unternehmen zahlungsunfähig ist, über das Vermögen des Unternehmens ein Insolvenzverfahren oder ein vergleichbares Verfahren beantragt oder eröffnet worden ist, die Eröffnung eines solchen Verfahrens mangels Masse abgelehnt worden ist, sich das Unternehmen im Verfahren der Liquidation befindet oder seine Tätigkeit eingestellt hat,
3. das Unternehmen im Rahmen der beruflichen Tätigkeit nachweislich eine schwere Verfehlung begangen hat, durch die die Integrität des Unternehmens infrage gestellt

wird insbesondere im Rahmen seiner beruflichen Tätigkeit seine Pflicht zur Gewährleistung der Informations- oder Versorgungssicherheit bei einem früheren Auftrag verletzt hat; Absatz 3 ist entsprechend anzuwenden,
4. der Auftraggeber über hinreichende Anhaltspunkte dafür verfügt, dass das Unternehmen mit anderen Unternehmen Vereinbarungen getroffen oder Verhaltensweisen aufeinander abgestimmt hat, die eine Verhinderung, Einschränkung oder Verfälschung des Wettbewerbs bezwecken oder bewirken,
5. ein Interessenkonflikt bei der Durchführung des Vergabeverfahrens besteht, der die Unparteilichkeit und Unabhängigkeit einer für den Auftraggeber tätigen Person bei der Durchführung des Vergabeverfahrens beeinträchtigen könnte und der durch andere, weniger einschneidende Maßnahmen nicht wirksam beseitigt werden kann,
6. eine Wettbewerbsverzerrung daraus resultiert, dass das Unternehmen bereits in die Vorbereitung des Vergabeverfahrens einbezogen war, und diese Wettbewerbsverzerrung nicht durch andere, weniger einschneidende Maßnahmen beseitigt werden kann,
7. das Unternehmen eine wesentliche Anforderung bei der Ausführung eines früheren öffentlichen Auftrags erheblich oder fortdauernd mangelhaft erfüllt hat und dies zu einer vorzeitigen Beendigung, zu Schadensersatz oder zu einer vergleichbaren Rechtsfolge geführt hat,
8. das Unternehmen in Bezug auf Ausschlussgründe oder Eignungskriterien eine schwerwiegende Täuschung begangen, Auskünfte zurückgehalten hat oder nicht in der Lage ist, die erforderlichen Nachweise zu übermitteln oder
9. das Unternehmen
   a) versucht hat, die Entscheidungsfindung des Auftraggebers in unzulässiger Weise zu beeinflussen,
   b) versucht hat, vertrauliche Informationen zu erhalten, durch die es unzulässige Vorteile beim Vergabeverfahren erlangen könnte,
   c) fahrlässig oder vorsätzlich irreführende Informationen übermittelt hat, die die Vergabeentscheidung des Auftraggebers erheblich beeinflussen könnten oder versucht hat, solche Informationen zu übermitteln, oder
10. das Unternehmen nachweislich nicht die erforderliche Vertrauenswürdigkeit aufweist, um Risiken für die nationale Sicherheit auszuschließen; als Beweismittel kommen auch geschützte Datenquellen in Betracht.

I. Regelungsgehalt und Überblick

§ 6e VS regelt die Ausschlussgründe, bei deren Vorliegen ein Auftraggeber ein Unternehmen 1 von der Teilnahme an einem Vergabeverfahren zur Vergabe von Bauleistungen nach § 1 VS ausschließen muss bzw. ausschließen kann. Abs. 1–5 regeln die **zwingenden Ausschlussgründe,** nach denen der Auftraggeber den Ausschluss grundsätzlich ohne Ermessen vorzunehmen hat. Abs. 6 normiert die **fakultativen Ausschlussgründe.**

II. Systematische Stellung und Zweck der Norm

Nach § 147 GWB sind ua §§ 123, 124 GWB auf VS-Aufträge entsprechend anzuwenden. Die 2 Regelung des § 6e VS entspricht fast gleichlautend diesen Regelungen. Auf die Kommentierung zu § 123 GWB (→ GWB § 123 Rn. 1 ff.) und § 124 GWB (→ GWB § 124 Rn. 1 ff.) wird daher insoweit verweisen.

Anders als die Regelung im zweiten Abschnitt enthält § 6e VS Abs. 6 Nr. 3 ein **Regelbeispiel** 3 für eine schwere Verfehlung, die im VS-Bereich eine besondere Rolle spielt (→ Rn. 4 ff.). Ferner enthält § 6e VS Abs. 6 anknüpfend an § 147 GWB eine **zusätzliche Nr. 10,** die auf eine besondere Vertrauenswürdigkeit erfordert (→ Rn. 7 ff.). Ebenso wie in § 6e EU fehlt jedoch eine Bezugnahme auf die in § 124 Abs. 2 GWB (→ § 6e EU Rn. 3 f.).

III. Nachweisliche schwere Verfehlung (Nr. 3)

Die Regelung der fakultativen Ausschlussgründe nach § 124 Abs. 1 Nr. 3 GWB enthält als 4 fakultativen Ausschlussgrund die **schwere Verfehlung.** Danach kann ein Unternehmen unter Berücksichtigung des Grundsatzes der Verhältnismäßigkeit ein Unternehmen zu jedem Zeitpunkt des Vergabeverfahrens von der Teilnahme an einem Vergabeverfahren ausgeschlossen werden, wenn das Unternehmen im Rahmen der beruflichen Tätigkeit nachweislich eine schwere Verfehlung begangen hat, durch die die Integrität des Unternehmens infrage gestellt wird. Für den Bereich der

Bauaufträge nach § 1 VS enthält § 6e VS Abs. 6 Nr. 3 auf Grundlage von § 113 S. 2 Nr. 7 GWB[1] ein **zusätzliches Regelbeispiel** für eine schwere Verfehlung. Danach ist eine solche gegeben, wenn das Unternehmen im Rahmen seiner beruflichen Tätigkeit seine Pflicht zur Gewährleistung der Informations- oder Versorgungssicherheit bei einem früheren Auftrag verletzt hat.

5   Im Rahmen seiner **beruflichen Tätigkeit** hat das Unternehmen die schwere Verfehlung begangen, wenn die Verfehlung im Zusammenhang mit der Erfüllung einer Tätigkeit stand, die nicht rein privater Natur war. Dabei muss es sich – im Gegensatz zu Nr. 7 – nicht zwingend um einen anderen öffentlichen Auftrag gehandelt haben.

6   Gewährleistung der **Informationssicherheit** ist verletzt, wenn das Unternehmen zB gegen eine vertragliche Verschwiegenheitsverpflichtung wie einem Non-disclosure-agreement (NDA) verstoßen hat, wie sie insbesondere der sog. No Spy-Erlass vorsieht.[2] Die **Versorgungssicherheit** ist verletzt, wenn der Auftragnehmer sich in einem anderen Auftrag nicht als leistungsfähig erwiesen hat.

IV. Vertrauenswürdigkeit des Bieters (Nr. 10)

7   Nach § 147 GWB (→ GWB § 147 Rn. 1 ff.) gelten für die Vergabe von verteidigungs- oder sicherheitsspezifischen öffentlichen Aufträgen die §§ 119, 120, 121 Abs. 1 und 3 GWB sowie die §§ 122–135 GWB mit der Maßgabe entsprechend, dass ein Unternehmen gem. § 124 Abs. 1 GWB auch dann von der Teilnahme an einem Vergabeverfahren ausgeschlossen werden kann, wenn das Unternehmen nicht die erforderliche **Vertrauenswürdigkeit** aufweist, um Risiken für die nationale Sicherheit auszuschließen. Der Nachweis, dass Risiken für die nationale Sicherheit nicht auszuschließen sind, kann nach dieser Bestimmung auch mithilfe geschützter Datenquellen erfolgen. Dementsprechend sieht § 6e VS Nr. 10 ausdrücklich vor, dass ein Bieter ausgeschlossen werden kann, wenn das Unternehmen nachweislich nicht die erforderliche Vertrauenswürdigkeit aufweist, um Risiken für die nationale Sicherheit auszuschließen; als Beweismittel kommen auch geschützte Datenquellen in Betracht. Wie bei den fakultativen Ausschlussgründen nach § 124 GWB ist stets der Grundsatz der Verhältnismäßigkeit zu berücksichtigen. Der Ausschluss kann zu jedem Zeitpunkt des Vergabeverfahrens erfolgen.

8   Der Hinweis, dass als **Beweismittel** auch geschützte Datenquellen in Betracht kommen, bezieht sich darauf, dass die Erkenntnisse von Geheimdiensten oder Sicherheitsbehörden in verwendet werden dürfen (→ GWB § 147 Rn. 7).

§ 6f VS Selbstreinigung

(1) ¹Auftraggeber schließen ein Unternehmen, bei dem ein Ausschlussgrund nach § 6e VS vorliegt, nicht von der Teilnahme an dem Vergabeverfahren aus, wenn das Unternehmen dem Auftraggeber oder nach § 8 des Wettbewerbsregistergesetzes dem Bundeskartellamt nachgewiesen hat, dass es
1. für jeden durch eine Straftat oder ein Fehlverhalten verursachten Schaden einen Ausgleich gezahlt oder sich zur Zahlung eines Ausgleichs verpflichtet hat,
2. die Tatsachen und Umstände, die mit der Straftat oder dem Fehlverhalten und dem dadurch verursachten Schaden in Zusammenhang stehen, durch eine aktive Zusammenarbeit mit den Ermittlungsbehörden und dem Auftraggeber umfassend geklärt hat und
3. konkrete technische, organisatorische und personelle Maßnahmen ergriffen hat, die geeignet sind, weitere Straftaten oder weiteres Fehlverhalten zu vermeiden.

²§ 6e VS Absatz 4 Satz 2 bleibt unberührt.

(2) ¹Bei der Bewertung der von dem Unternehmen ergriffenen Selbstreinigungsmaßnahmen sind die Schwere und die besonderen Umstände der Straftat oder des Fehlverhaltens zu berücksichtigen. ²Die Entscheidung, dass die Selbstreinigungsmaßnahmen des Unternehmens als unzureichend bewertet werden, ist gegenüber dem Unternehmen zu begründen.

(3) Wenn ein Unternehmen, bei dem ein Ausschlussgrund vorliegt, keine oder keine ausreichenden Selbstreinigungsmaßnahmen nach Absatz 1 ergreift, darf es
1. bei Vorliegen eines Ausschlussgrundes nach § 6e VS Absatz 1 bis 4 höchstens für einen Zeitraum von fünf Jahren ab dem Tag der rechtskräftigen Verurteilung von der Teilnahme an Vergabeverfahren ausgeschlossen werden,

---

[1] S. auch Beck VergabeR/*v. Wietersheim* Rn. 6.
[2] Zum No Spy Erlass: *Gabriel/Fritzemeyer/Bärenbrinker* NVwZ 2015, 13 ff.

2. bei Vorliegen eines Ausschlussgrundes nach § 6e VS Absatz 6 höchstens für einen Zeitraum von drei Jahren ab dem betreffenden Ereignis von der Teilnahme an Vergabeverfahren ausgeschlossen werden.

Mit der Vergaberechtsreform 2016 wurde § 6f VS dem § 6f EU angeglichen, die beide gleichermaßen auf §§ 125 und 126 GWB beruhen.[1] **1**

Es entspricht dem Willen des Normgebers, dass der für den VS-Bereich geltende § 6f VS in Wortlaut und inhaltlicher Reichweite § 6f EU entspricht.[2] **2**

Somit kann vollumfänglich auf die Kommentierungen zu § 6f EU verwiesen werden (→ § 6f EU Rn. 1 ff.). **3**

§ 7 VS Leistungsbeschreibung

(1)
1. Die Leistung ist eindeutig und so erschöpfend zu beschreiben, dass alle Unternehmen die Beschreibung im gleichen Sinne verstehen müssen und ihre Preise sicher und ohne umfangreiche Vorarbeiten berechnen können.
2. Um eine einwandfreie Preisermittlung zu ermöglichen, sind alle sie beeinflussenden Umstände festzustellen und in den Vergabeunterlagen anzugeben.
3. Dem Auftragnehmer darf kein ungewöhnliches Wagnis aufgebürdet werden für Umstände und Ereignisse, auf die er keinen Einfluss hat und deren Einwirkung auf die Preise und Fristen er nicht im Voraus schätzen kann.
4. [1]Bedarfspositionen sind grundsätzlich nicht in die Leistungsbeschreibung aufzunehmen. [2]Angehängte Stundenlohnarbeiten dürfen nur in dem unbedingt erforderlichen Umfang in die Leistungsbeschreibung aufgenommen werden.
5. Erforderlichenfalls sind auch der Zweck und die vorgesehene Beanspruchung der fertigen Leistung anzugeben.
6. Die für die Ausführung der Leistung wesentlichen Verhältnisse der Baustelle, z.B. Boden- und Wasserverhältnisse, sind so zu beschreiben, dass das Unternehmen ihre Auswirkungen auf die bauliche Anlage und die Bauausführung hinreichend beurteilen kann.
7. Die „Hinweise für das Aufstellen der Leistungsbeschreibung" in Abschnitt 0 der Allgemeinen Technischen Vertragsbedingungen für Bauleistungen, DIN 18299 ff., sind zu beachten.

(2) [1]Soweit es nicht durch den Auftragsgegenstand gerechtfertigt ist, darf in technischen Spezifikationen nicht auf eine bestimmte Produktion oder Herkunft oder ein besonderes Verfahren, das die von einem bestimmten Unternehmen bereitgestellten Produkte charakterisiert, oder auf Marken, Patente, Typen oder einen bestimmten Ursprung oder eine bestimmte Produktion verwiesen werden, wenn dadurch bestimmte Unternehmen oder bestimmte Produkte begünstigt oder ausgeschlossen werden. [2]Solche Verweise sind jedoch ausnahmsweise zulässig, wenn der Auftragsgegenstand nicht hinreichend genau und allgemein verständlich beschrieben werden kann; solche Verweise sind mit dem Zusatz „oder gleichwertig" zu versehen.

(3) Bei der Beschreibung der Leistung sind die verkehrsüblichen Bezeichnungen zu beachten.

Mit der Vergaberechtsreform 2016 wurde § 7 VS dem § 7 EU angeglichen und ebenfalls in vier Paragrafen aufgeteilt (§§ 7 VS, 7a VS, 7b VS, 7c VS). Dies sollte der Übersichtlichkeit dienen.[1] **1**

Es entspricht dem Willen des Normgebers, dass der für den Bereich der VS-Vergaben geltende § 7 VS in Wortlaut und inhaltlicher Reichweite § 7 EU entspricht.[2] **2**

Somit kann vollumfänglich auf die Kommentierungen zu § 7 EU verwiesen werden (→ § 7 EU Rn. 1 ff.). **3**

---

[1] Einführungserlass zur Vergabe- und Vertragsordnung für Bauleistungen (VOB) 2016, BI 7-81063-6/1 v. 7.4.2016, 3.
[2] Einführungserlass zur Vergabe- und Vertragsordnung für Bauleistungen (VOB) 2016, BI 7-81063-6/1 v. 7.4.2016, 3.
[1] Einführungserlass für Vergabe- und Vertragsordnung für Bauleistungen (VOB) 2016, BI 7-81063-6/1 v. 7.4.2016, 3.
[2] Einführungserlass für Vergabe- und Vertragsordnung für Bauleistungen (VOB) 2016, BI 7-81063-6/1 v. 7.4.2016, 3.

§ 7a VS Technische Spezifikationen

(1) Die technischen Anforderungen (Spezifikationen – siehe Anhang TS Nummer 1) an den Auftragsgegenstand müssen allen Unternehmen gleichermaßen zugänglich sein.

(2) Die technischen Spezifikationen sind in den Vergabeunterlagen zu formulieren:
1. ¹entweder unter Bezugnahme auf die in Anhang TS definierten technischen Spezifikationen in der Rangfolge
   a) nationale zivile Normen, mit denen europäische Normen umgesetzt werden,
   b) europäische technische Bewertungen,
   c) gemeinsame zivile technische Spezifikationen,
   d) nationale zivile Normen, mit denen internationale Normen umgesetzt werden,
   e) andere internationale zivile Normen,
   f) andere technische Bezugssysteme, die von den europäischen Normungsgremien erarbeitet wurden oder, falls solche Normen und Spezifikationen fehlen, nationale Normen, nationale technische Zulassungen oder nationale technische Spezifikationen für die Planung, Berechnung und Ausführung von Bauwerken und den Einsatz von Produkten,
   g) zivile technische Spezifikationen, die von der Industrie entwickelt wurden und von ihr allgemein anerkannt werden oder
   h) die in Anhang III Nummer 3 der Richtlinie 2009/81/EG definierten nationalen „Verteidigungsnormen" und Spezifikationen für Verteidigungsgüter, die diesen Normen entsprechen.
Jede Bezugnahme ist mit dem Zusatz „oder gleichwertig" zu versehen;
2. oder in Form von Leistungs- oder Funktionsanforderungen, die so genau zu fassen sind, dass sie den Unternehmen ein klares Bild vom Auftragsgegenstand vermitteln und dem Auftraggeber die Erteilung des Zuschlags ermöglichen;
3. oder in Kombination von Nummer 1 und Nummer 2, das heißt
   a) in Form von Leistungs- oder Funktionsanforderungen unter Bezugnahme auf die Spezifikationen gemäß Nummer 1 als Mittel zur Vermutung der Konformität mit diesen Leistungs- oder Funktionsanforderungen;
   b) oder mit Bezugnahme auf die Spezifikationen gemäß Nummer 1 hinsichtlich bestimmter Merkmale und mit Bezugnahme auf die Leistungs- oder Funktionsanforderungen gemäß Nummer 2 hinsichtlich anderer Merkmale.

(3) ¹Verweist der Auftraggeber in der Leistungsbeschreibung auf die in Absatz 2 Nummer 1 genannten Spezifikationen, so darf er ein Angebot nicht mit der Begründung ablehnen, die angebotene Leistung entspräche nicht den herangezogenen Spezifikationen, sofern der Bieter in seinem Angebot dem Auftraggeber nachweist, dass die von ihm vorgeschlagenen Lösungen den Anforderungen der technischen Spezifikation, auf die Bezug genommen wurde, gleichermaßen entsprechen. ²Als geeignetes Mittel kann eine technische Beschreibung des Herstellers oder ein Prüfbericht einer anerkannten Stelle gelten.

(4) ¹Legt der Auftraggeber die technischen Spezifikationen in Form von Leistungs- oder Funktionsanforderungen fest, so darf er ein Angebot, das einer nationalen Norm entspricht, mit der eine europäische Norm umgesetzt wird, oder einer europäischen technischen Zulassung, einer gemeinsamen technischen Spezifikation, einer internationalen Norm oder einem technischen Bezugssystem, das von den europäischen Normungsgremien erarbeitet wurde, entspricht, nicht zurückweisen, wenn diese Spezifikationen die geforderten Leistungs- oder Funktionsanforderungen betreffen. ²Der Bieter muss in seinem Angebot mit geeigneten Mitteln dem Auftraggeber nachweisen, dass die der Norm entsprechende jeweilige Leistung den Leistungs- oder Funktionsanforderungen des Auftraggebers entspricht. ³Als geeignetes Mittel kann eine technische Beschreibung des Herstellers oder ein Prüfbericht einer anerkannten Stelle gelten.

(5) ¹Schreibt der Auftraggeber Umwelteigenschaften in Form von Leistungs- oder Funktionsanforderungen vor, so kann er die Spezifikationen verwenden, die in europäischen, multinationalen oder anderen Umweltzeichen definiert sind, wenn
1. sie sich zur Definition der Merkmale des Auftragsgegenstands eignen,
2. die Anforderungen des Umweltzeichens auf Grundlage von wissenschaftlich abgesicherten Informationen ausgearbeitet werden,

3. die Umweltzeichen im Rahmen eines Verfahrens erlassen werden, an dem interessierte Kreise – wie z.B. staatliche Stellen, Verbraucher, Hersteller, Händler und Umweltorganisationen – teilnehmen können, und
4. das Umweltzeichen für alle Betroffenen zugänglich und verfügbar ist.

²Der Auftraggeber kann in den Vergabeunterlagen angeben, dass bei Leistungen, die mit einem Umweltzeichen ausgestattet sind, vermutet wird, dass sie den in der Leistungsbeschreibung festgelegten technischen Spezifikationen genügen. ³Der Auftraggeber muss jedoch auch jedes andere geeignete Beweismittel, wie technische Unterlagen des Herstellers oder Prüfberichte anerkannter Stellen, akzeptieren. ⁴Anerkannte Stellen sind die Prüf- und Eichlaboratorien sowie die Inspektions- und Zertifizierungsstellen, die mit den anwendbaren europäischen Normen übereinstimmen. ⁵Der Auftraggeber erkennt Bescheinigungen von in anderen Mitgliedstaaten ansässigen anerkannten Stellen an.

I. Regelungsgehalt und Überblick

Mit der Vergaberechtsreform 2016 wurde § 7a VS dem § 7a EU angeglichen, die beide gleichermaßen aus § 7 EU/VS zur besseren Übersichtlichkeit herausgetrennt wurden.[1] 1

Es entspricht dem Willen des Normgebers, dass der für den VS-Bereich geltende § 7a VS in Wortlaut und inhaltlicher Reichweite § 7a EU entspricht.[2] 2

Somit kann vollumfänglich auf die Kommentierungen zu § 7a EU verwiesen werden (→ § 7a EU Rn. 1 ff.). 3

II. Abweichung zur Oberschwellennorm

Die Regelung in § 7a VS Abs. 2 Nr. 1 weicht von § 7a EU ab. Dies folgt der europarechtlichen Vorgabe des Art. 18 Abs. 3 lit. a Vergabe-RL Verteidigung und Sicherheit. Hieraus ergeben sich zu § 7a EU Abweichungen in den möglichen technischen Spezifikationen und der Rangfolge. Diese ergeben sich aus der Abgrenzung spezieller technischer Normen im VS-Bereich zum zivilen Bereich. Es bleibt dennoch bei den Möglichkeiten, die technischen Spezifikationen durch Bezugnahme auf den Anhang TS, durch Beschreibung von Leistungs- und Funktionsanforderungen oder durch Kombination beider in der Leistungsbeschreibung festzulegen. 4

§ 7b VS Leistungsbeschreibung mit Leistungsverzeichnis

(1) Die Leistung ist in der Regel durch eine allgemeine Darstellung der Bauaufgabe (Baubeschreibung) und ein in Teilleistungen gegliedertes Leistungsverzeichnis zu beschreiben.

(2) ¹Erforderlichenfalls ist die Leistung auch zeichnerisch oder durch Probestücke darzustellen oder anders zu erklären, z.B. durch Hinweise auf ähnliche Leistungen, durch Mengen- oder statische Berechnungen. ²Zeichnungen und Proben, die für die Ausführung maßgebend sein sollen, sind eindeutig zu bezeichnen.

(3) Leistungen, die nach den Vertragsbedingungen, den Technischen Vertragsbedingungen oder der gewerblichen Verkehrssitte zu der geforderten Leistung gehören (§ 2 Absatz 1 VOB/B), brauchen nicht besonders aufgeführt zu werden.

(4) ¹Im Leistungsverzeichnis ist die Leistung derart aufzugliedern, dass unter einer Ordnungszahl (Position) nur solche Leistungen aufgenommen werden, die nach ihrer technischen Beschaffenheit und für die Preisbildung als in sich gleichartig anzusehen sind. ²Ungleichartige Leistungen sollen unter einer Ordnungszahl (Sammelposition) nur zusammengefasst werden, wenn eine Teilleistung gegenüber einer anderen für die Bildung eines Durchschnittspreises ohne nennenswerten Einfluss ist.

Mit der Vergaberechtsreform 2016 wurde § 7b VS dem § 7b EU angeglichen, die beide gleichermaßen aus § 7 EU/VS zur besseren Übersichtlichkeit herausgetrennt wurden.[1] 1

---

[1] Einführungserlass für Vergabe- und Vertragsordnung für Bauleistungen (VOB) 2016, BI 7-81063-6/1 v. 7.4.2016, 3.
[2] Einführungserlass für Vergabe- und Vertragsordnung für Bauleistungen (VOB) 2016, BI 7-81063-6/1 v. 7.4.2016, 3.
[3] Einführungserlass zur Vergabe- und Vertragsordnung für Bauleistungen (VOB) 2016, BI 7-81063-6/1 v. 7.4.2016, 3.

2   Es entspricht dem Willen des Normgebers, dass der für den VS-Bereich geltende § 7b VS in Wortlaut und inhaltlicher Reichweite § 7b EU entspricht.[2]
3   Somit kann vollumfänglich auf die Kommentierungen zu § 7b EU verwiesen werden (→ § 7b EU Rn. 1 ff.).

§ 7c VS Leistungsbeschreibung mit Leistungsprogramm

(1) Wenn es nach Abwägen aller Umstände zweckmäßig ist, abweichend von § 7b VS Absatz 1 zusammen mit der Bauausführung auch den Entwurf für die Leistung dem Wettbewerb zu unterstellen, um die technisch, wirtschaftlich und gestalterisch beste sowie funktionsgerechteste Lösung der Bauaufgabe zu ermitteln, kann die Leistung durch ein Leistungsprogramm dargestellt werden.

(2)
1. Das Leistungsprogramm umfasst eine Beschreibung der Bauaufgabe, aus der die Unternehmen alle für die Entwurfsbearbeitung und ihr Angebot maßgebenden Bedingungen und Umstände erkennen können und in der sowohl der Zweck der fertigen Leistung als auch die an sie gestellten technischen, wirtschaftlichen, gestalterischen und funktionsbedingten Anforderungen angegeben sind, sowie gegebenenfalls ein Musterleistungsverzeichnis, in dem die Mengenangaben ganz oder teilweise offengelassen sind.
2. § 7b VS Absätze 2 bis 4 gelten sinngemäß.

(3) ¹Von dem Bieter ist ein Angebot zu verlangen, das außer der Ausführung der Leistung den Entwurf nebst eingehender Erläuterung und eine Darstellung der Bauausführung sowie eine eingehende und zweckmäßig gegliederte Beschreibung der Leistung – gegebenenfalls mit Mengen- und Preisangaben für Teile der Leistung – umfasst. ²Bei Beschreibung der Leistung mit Mengen- und Preisangaben ist vom Bieter zu verlangen, dass er
1. die Vollständigkeit seiner Angaben, insbesondere die von ihm selbst ermittelten Mengen, entweder ohne Einschränkung oder im Rahmen einer in den Vergabeunterlagen anzugebenden Mengentoleranz vertritt, und
2. etwaige Annahmen, zu denen er in besonderen Fällen gezwungen ist, weil zum Zeitpunkt der Angebotsabgabe einzelne Teilleistungen nach Art und Menge noch nicht bestimmt werden können (z.B. Aushub-, Abbruch- oder Wasserhaltungsarbeiten) – erforderlichenfalls anhand von Plänen und Mengenermittlungen – begründet.

1   Mit der Vergaberechtsreform 2016 wurde § 7c VS dem § 7c EU angeglichen, die beide gleichermaßen aus § 7 EU/§ 7 VS VOB/A zur besseren Übersichtlichkeit herausgetrennt wurden.[1]
2   Es entspricht dem Willen des Normgebers, dass der für den VS-Bereich geltende § 7c VS in Wortlaut und inhaltlicher Reichweite § 7c EU entspricht.[2]
3   Somit kann vollumfänglich auf die Kommentierungen zu § 7c EU verwiesen werden (→ § 7c EU Rn. 1 ff.).

§ 8 VS Vergabeunterlagen

(1) Die Vergabeunterlagen bestehen aus
1. dem Anschreiben (Aufforderung zur Angebotsabgabe gemäß Absatz 2 Nummer 1 bis 3), gegebenenfalls Teilnahmebedingungen (Absatz 2 Nummer 6) und
2. den Vertragsunterlagen (Absatz 3 und §§ 7 VS bis 7c VS, § 8a VS Absatz 1 bis 3).

(2)
1. Das Anschreiben muss die in Anhang XV der Durchführungsverordnung (EU) Nr. 2015/1986 geforderten Informationen enthalten, die außer den Vertragsunterlagen für den Entschluss zur Abgabe eines Angebots notwendig sind, sofern sie nicht bereits veröffentlicht wurden.

---
[2] Einführungserlass zur Vergabe- und Vertragsordnung für Bauleistungen (VOB) 2016, BI 7-81063-6/1 v. 7.4.2016, 3.
[1] Einführungserlass zur Vergabe- und Vertragsordnung für Bauleistungen (VOB) 2016, BI 7-81063-6/1 v. 7.4.2016, 3.
[2] Einführungserlass zur Vergabe- und Vertragsordnung für Bauleistungen (VOB) 2016, BI 7-81063-6/1 v. 7.4.2016, 3.

2. In den Vergabeunterlagen kann der Auftraggeber die Bieter auffordern, in ihrem Angebot die Leistungen anzugeben, die sie an Nachunternehmen zu vergeben beabsichtigen.
3. ¹Hat der Auftraggeber in der Auftragsbekanntmachung Nebenangebote zugelassen, hat er anzugeben:
   a) ob er Nebenangebote ausnahmsweise nur in Verbindung mit einem Hauptangebot zulässt,
   b) die Mindestanforderungen für Nebenangebote.
   ²Von Bietern, die eine Leistung anbieten, deren Ausführung nicht in Allgemeinen Technischen Vertragsbedingungen oder in den Vergabeunterlagen geregelt ist, sind im Angebot entsprechende Angaben über Ausführung und Beschaffenheit dieser Leistung zu verlangen.
4. Der Auftraggeber kann in der Auftragsbekanntmachung angeben, dass er die Abgabe mehrerer Hauptangebote nicht zulässt.
5. Der Auftraggeber hat an zentraler Stelle in den Vergabeunterlagen abschließend alle Unterlagen im Sinne von § 16a VS Absatz 1 mit Ausnahme von Produktangaben anzugeben.
6. Auftraggeber, die ständig Bauaufträge vergeben, sollen die Erfordernisse, die die Unternehmen bei der Bearbeitung ihrer Angebote beachten müssen, in den Teilnahmebedingungen zusammenfassen und dem Anschreiben beifügen.

(3) Bei der Vergabe von Verschlusssachenaufträgen und Aufträgen, die Anforderungen an die Versorgungssicherheit beinhalten, benennt der Auftraggeber in der Auftragsbekanntmachung oder den Vergabeunterlagen alle Maßnahmen und Anforderungen, die erforderlich sind, um den Schutz solcher Verschlusssachen entsprechend der jeweiligen Sicherheitsstufe zu gewährleisten bzw. um die Versorgungssicherheit zu gewährleisten.

§ 8 VS enthält nur geringfügige Abweichungen und dementsprechend wenige Besonderheiten gegenüber § 8 bzw. § 8 EU. 1

Die Informationen, die das Anschreiben enthalten muss, ergeben sich aus Anhang XV der Durchführungsverordnung (EU) Nr. 2015/1986 bzw. den dort aufgeführten Formularen. 2

Eine weitere Besonderheit besteht darin, dass bei der Vergabe von Verschlusssachenaufträgen und Aufträgen, die Anforderungen an die Versorgungssicherheit beinhalten, alle Maßnahmen und Anforderungen, die erforderlich sind, um den Schutz solcher Verschlusssachen (entsprechend der jeweiligen Sicherheitsstufe) zu gewährleisten bzw. um die Versorgungssicherheit zu gewährleisten, in der Auftragsbekanntmachung oder den Vergabeunterlagen benannt werden müssen (§ 8 VS Abs. 3). Damit soll sichergestellt werden, dass potenzielle Bieter von vornherein feststellen können (sollen), ob sie – auch im Hinblick auf die besonderen Anforderungen – für die Durchführung des Auftrags geeignet sind[1] und ein – für beide Seiten – wirtschaftliches Angebot abgeben können. 3

Im Übrigen entspricht § 8 VS der Regelung des § 8, sodass auf die dortige Kommentierung verwiesen werden kann (→ § 8 Rn. 1 ff.). 4

§ 8a VS Allgemeine, Besondere und Zusätzliche Vertragsbedingungen

(1) ¹In den Vergabeunterlagen ist vorzuschreiben, dass die Allgemeinen Vertragsbedingungen für die Ausführung von Bauleistungen (VOB/B) und die Allgemeinen Technischen Vertragsbedingungen für Bauleistungen (VOB/C) Bestandteile des Vertrags werden. ²Das gilt auch für etwaige Zusätzliche Vertragsbedingungen und etwaige Zusätzliche Technische Vertragsbedingungen, soweit sie Bestandteile des Vertrags werden sollen.

(2)
1. ¹Die Allgemeinen Vertragsbedingungen bleiben grundsätzlich unverändert. ²Sie können von Auftraggebern, die ständig Bauaufträge vergeben, für die bei ihnen allgemein gegebenen Verhältnisse durch Zusätzliche Vertragsbedingungen ergänzt werden. ³Diese dürfen den Allgemeinen Vertragsbedingungen nicht widersprechen.
2. ¹Für die Erfordernisse des Einzelfalles sind die Allgemeinen Vertragsbedingungen und etwaige Zusätzliche Vertragsbedingungen durch Besondere Vertragsbedingungen zu ergänzen. ²In diesen sollen sich Abweichungen von den Allgemeinen Vertragsbedingungen auf die Fälle beschränken, in denen dort besondere Vereinbarungen ausdrück-

---
[1] Leinemann/Kirch/*Leinemann* Rn. 13.

lich vorgesehen sind und auch nur soweit es die Eigenart der Leistung und ihre Ausführung erfordern.

(3) ¹Die Allgemeinen Technischen Vertragsbedingungen bleiben grundsätzlich unverändert. ²Sie können von Auftraggebern, die ständig Bauaufträge vergeben, für die bei ihnen allgemein gegebenen Verhältnisse durch Zusätzliche Technische Vertragsbedingungen ergänzt werden. ³Für die Erfordernisse des Einzelfalles sind Ergänzungen und Änderungen in der Leistungsbeschreibung festzulegen.

(4)
1. In den Zusätzlichen Vertragsbedingungen oder in den Besonderen Vertragsbedingungen sollen, soweit erforderlich, folgende Punkte geregelt werden:
   a) Unterlagen (§ 8b VS Absatz 3; § 3 Absatz 5 und 6 VOB/B),
   b) Benutzung von Lager- und Arbeitsplätzen, Zufahrtswegen, Anschlussgleisen, Wasser- und Energieanschlüssen (§ 4 Absatz 4 VOB/B),
   c) Weitervergabe an Nachunternehmen (§ 4 Absatz 8 VOB/B),
   d) Ausführungsfristen (§ 9 VS; § 5 VOB/B),
   e) Haftung (§ 10 Absatz 2 VOB/B),
   f) Vertragsstrafen und Beschleunigungsvergütungen (§ 9a VS; § 11 VOB/B),
   g) Abnahme (§ 12 VOB/B),
   h) Vertragsart (§§ 4 VS, 4a VS), Abrechnung (§ 14 VOB/B),
   i) Stundenlohnarbeiten (§ 15 VOB/B),
   j) Zahlungen, Vorauszahlungen (§ 16 VOB/B),
   k) Sicherheitsleistung (§ 9c VS; § 17 VOB/B),
   l) Gerichtsstand (§ 18 Absatz 1 VOB/B),
   m) Lohn- und Gehaltsnebenkosten,
   n) Änderung der Vertragspreise (§ 9d VS).
2. ¹Im Einzelfall erforderliche besondere Vereinbarungen über die Mängelansprüche sowie deren Verjährung (§ 9b VS; § 13 Absatz 1, 4 und 7 VOB/B) und über die Verteilung der Gefahr bei Schäden, die durch Hochwasser, Sturmfluten, Grundwasser, Wind, Schnee, Eis und dergleichen entstehen können (§ 7 VOB/B), sind in den Besonderen Vertragsbedingungen zu treffen. ²Sind für bestimmte Bauleistungen gleichgelagerte Voraussetzungen im Sinne von § 9b VS gegeben, so dürfen die besonderen Vereinbarungen auch in Zusätzlichen Technischen Vertragsbedingungen vorgesehen werden.

1   § 8a VS entspricht § 8a, sodass auf die dortige Kommentierung verwiesen werden kann (→ § 8a Rn. 1 ff.).

§ 8b VS Kosten- und Vertrauensregelung, Schiedsverfahren

(1) Beim nicht offenen Verfahren, beim Verhandlungsverfahren und beim wettbewerblichen Dialog sind alle Unterlagen unentgeltlich abzugeben.

(2)
1. ¹Für die Bearbeitung des Angebotes wird keine Entschädigung gewährt. ²Verlangt jedoch der Auftraggeber, dass der Bieter Entwürfe, Pläne, Zeichnungen, statische Berechnungen, Mengenberechnungen oder andere Unterlagen ausarbeitet, insbesondere in den Fällen des § 7c VS, so ist einheitlich für alle Bieter in der Ausschreibung eine angemessene Entschädigung festzusetzen. ³Diese Entschädigung steht jedem Bieter zu, der ein der Ausschreibung entsprechendes Angebot mit den geforderten Unterlagen rechtzeitig eingereicht hat.
2. Diese Grundsätze gelten für Verhandlungsverfahren und wettbewerblichen Dialog entsprechend.

(3) ¹Der Auftraggeber darf Angebotsunterlagen und die in den Angeboten enthaltenen eigenen Vorschläge eines Bieters nur für die Prüfung und Wertung der Angebote (§§ 16c VS und 16d VS) verwenden. ²Eine darüber hinausgehende Verwendung bedarf der vorherigen schriftlichen Vereinbarung.

(4) Sollen Streitigkeiten aus dem Vertrag unter Ausschluss des ordentlichen Rechtsweges im schiedsrichterlichen Verfahren ausgetragen werden, so ist es in besonderer, nur das Schiedsverfahren betreffender Urkunde zu vereinbaren, soweit nicht § 1031 Absatz 2 ZPO auch eine andere Form der Vereinbarung zulässt.

§ 8b VS entspricht § 8b, sodass auf die dortige Kommentierung verwiesen werden kann (→ § 8b Rn. 1 ff.). 1

§ 9 VS Ausführungsfristen, Einzelfristen, Verzug

(1)
1. ¹Die Ausführungsfristen sind ausreichend zu bemessen; Jahreszeit, Arbeitsbedingungen und etwaige besondere Schwierigkeiten sind zu berücksichtigen. ²Für die Bauvorbereitung ist dem Auftragnehmer genügend Zeit zu gewähren.
2. Außergewöhnlich kurze Fristen sind nur bei besonderer Dringlichkeit vorzusehen.
3. Soll vereinbart werden, dass mit der Ausführung erst nach Aufforderung zu beginnen ist (§ 5 Absatz 2 VOB/B), so muss die Frist, innerhalb derer die Aufforderung ausgesprochen werden kann, unter billiger Berücksichtigung der für die Ausführung maßgebenden Verhältnisse zumutbar sein; sie ist in den Vergabeunterlagen festzulegen.

(2)
1. Wenn es ein erhebliches Interesse des Auftraggebers erfordert, sind Einzelfristen für in sich abgeschlossene Teile der Leistung zu bestimmen.
2. Wird ein Bauzeitenplan aufgestellt, damit die Leistungen aller Unternehmen sicher ineinandergreifen, so sollen nur die für den Fortgang der Gesamtarbeit besonders wichtigen Einzelfristen als vertraglich verbindliche Fristen (Vertragsfristen) bezeichnet werden.

(3) Ist für die Einhaltung von Ausführungsfristen die Übergabe von Zeichnungen oder anderen Unterlagen wichtig, so soll hierfür ebenfalls eine Frist festgelegt werden.

(4) ¹Der Auftraggeber darf in den Vertragsunterlagen eine Pauschalierung des Verzugsschadens (§ 5 Absatz 4 VOB/B) vorsehen; sie soll fünf Prozent der Auftragssumme nicht überschreiten. ²Der Nachweis eines geringeren Schadens ist zuzulassen.

§ 9 VS entspricht § 9, sodass auf die Kommentierung zu § 9 verwiesen werden kann (→ § 9 Rn. 1 ff.). 1

§ 9a VS Vertragsstrafen, Beschleunigungsvergütung

¹Vertragsstrafen für die Überschreitung von Vertragsfristen sind nur zu vereinbaren, wenn die Überschreitung erhebliche Nachteile verursachen kann. ²Die Strafe ist in angemessenen Grenzen zu halten. ³Beschleunigungsvergütungen (Prämien) sind nur vorzusehen, wenn die Fertigstellung vor Ablauf der Vertragsfristen erhebliche Vorteile bringt.

§ 9a VS entspricht § 9a, sodass auf die Kommentierung zu § 9a verwiesen werden kann (→ § 9a Rn. 1 ff.). 1

§ 9b VS Verjährung der Mängelansprüche

¹Andere Verjährungsfristen als nach § 13 Absatz 4 VOB/B sollen nur vorgesehen werden, wenn dies wegen der Eigenart der Leistung erforderlich ist. ²In solchen Fällen sind alle Umstände gegeneinander abzuwägen, insbesondere, wann etwaige Mängel wahrscheinlich erkennbar werden und wieweit die Mängelursachen noch nachgewiesen werden können, aber auch die Wirkung auf die Preise und die Notwendigkeit einer billigen Bemessung der Verjährungsfristen für Mängelansprüche.

§ 9b VS entspricht § 9b, sodass auf die Kommentierung zu § 9b verwiesen werden kann (→ § 9 Rn. 1 ff.). 1

§ 9c VS Sicherheitsleistung

(1) ¹Auf Sicherheitsleistung soll ganz oder teilweise verzichtet werden, wenn Mängel der Leistung voraussichtlich nicht eintreten. ²Unterschreitet die Auftragssumme 250 000 Euro ohne Umsatzsteuer, ist auf Sicherheitsleistung für die Vertragserfüllung und in der Regel

auf Sicherheitsleistung für die Mängelansprüche zu verzichten. ³Bei nicht offenen Verfahren sowie bei Verhandlungsverfahren und wettbewerblichem Dialog sollen Sicherheitsleistungen in der Regel nicht verlangt werden.

(2) ¹Die Sicherheit soll nicht höher bemessen und ihre Rückgabe nicht für einen späteren Zeitpunkt vorgesehen werden, als nötig ist, um den Auftraggeber vor Schaden zu bewahren. ²Die Sicherheit für die Erfüllung sämtlicher Verpflichtungen aus dem Vertrag soll fünf Prozent der Auftragssumme nicht überschreiten. ³Die Sicherheit für Mängelansprüche soll drei Prozent der Abrechnungssumme nicht überschreiten.

1 § 9c VS entspricht § 9c, sodass auf die Kommentierung zu § 9c verwiesen werden kann (→ § 9c Rn. 1 ff.).

§ 9d VS Änderung der Vergütung

¹Sind wesentliche Änderungen der Preisermittlungsgrundlagen zu erwarten, deren Eintritt oder Ausmaß ungewiss ist, so kann eine angemessene Änderung der Vergütung in den Vertragsunterlagen vorgesehen werden. ²Die Einzelheiten der Preisänderungen sind festzulegen.

1 § 9d VS entspricht § 9d, sodass auf die Kommentierung zu § 9d verwiesen werden kann (→ § 9d Rn. 1 ff.).

§ 10 VS Fristen

Falls die Angebote nur nach einer Ortsbesichtigung oder Einsichtnahme in nicht übersandte Unterlagen erstellt werden können, sind längere Fristen als die Mindestfristen festzulegen, damit alle Unternehmen von allen Informationen, die für die Erstellung des Angebotes erforderlich sind, Kenntnis nehmen können.

I. Normzweck

1 § 10 VS verpflichtet den Auftraggeber, bei der Vergabe von Bauaufträgen im Bereich Verteidigung und Sicherheit im Einzelfall längere Fristen als die Mindestfristen festzulegen. Es handelt sich um einen allgemeinen Grundsatz, den der Ordnungsgeber den folgenden verfahrensspezifischen Fristenregelungen vorangestellt hat. Der Grundsatz gilt für alle Verfahrensarten.

II. Entstehungsgeschichte

2 Die §§ 10 VS ff. setzen die Vorgaben aus Art. 33 RL 2009/81/EG (Vergabe-RL Verteidigung und Sicherheit) um. Der Bereich Verteidigung und Sicherheit war von der umfassenden Reform des EU-Vergaberechts im Jahr 2014 durch das Richtlinienpaket bestehend aus den Richtlinien 2014/23/EU, 2014/24/EU und 2014/25/EU nicht betroffen. Die Vorschriften zu den Fristen im dritten Abschnitt entsprechen daher inhaltlich weitgehend dem Stand der VOB 2012. Im Zuge der Überarbeitung der VOB/A im Jahr 2016 beschloss der Deutsche Vergabe- und Vertragsausschuss für Bauleistungen (DVA), **die Struktur des dritten Abschnitts an die des zweiten Abschnitts anzupassen.**[1] In Bezug auf die Regelungen zu den Fristen bedeutet dies, dass die Inhalte des § 10 VS aF auf mehrere Vorschriften aufgeteilt werden. Nach Vorbild des zweiten Abschnitts wird seither in § 10 VS nur noch ein verfahrensübergreifender Grundsatz formuliert. Konkrete Vorgaben zu den einzelnen Fristen finden sich in den folgenden Bestimmungen, sortiert nach den einzelnen Verfahrensarten.

III. Einzelerläuterung

3 Die Regelung entspricht dem Wortlaut des § 10 EU Abs. 2, weshalb auf die dortige Kommentierung verwiesen wird (→ § 10 EU Rn. 5). Eine § 10 EU Abs. 1 entsprechende Regelung, die den Auftraggeber allgemein zur Festlegung angemessener Fristen verpflichtet, fehlt in § 10 VS. Dieser Umstand ist durch die unterschiedliche Entstehungsgeschichte der beiden Normen zu erklären. § 10 EU Abs. 1 wurde erst im Zuge der Umsetzung der RL 2014/24/EU im zweiten Abschnitt

---

[1] Einführungserlass des Bundesministeriums für Umwelt, Naturschutz, Bau und Reaktorsicherheit zur Vergabe- und Vertragsordnung für Bauleistungen (VOB) 2016 v. 7.4.2016, BI 7-81063-6/1, GMBl. 2016, 400 (404).

aufgenommen. Gleichwohl gilt **auch im dritten Abschnitt der Grundsatz, wonach die konkrete Bemessung der Angebots- und Bewerbungsfristen im Einzelfall stets angemessen sein muss.** Bei § 10 VS handelt es sich im Wesentlichen um eine Konkretisierung dieses Grundsatzes. Im Übrigen ist § 10 VS im Lichte des Art. 33 Abs. 1 Vergabe-RL Verteidigung und Sicherheit auszulegen, in dem der Grundsatz ausdrücklich festgehalten ist.

§ 10a VS *frei*

§ 10b VS Fristen im nicht offenen Verfahren

(1) Beim nicht offenen Verfahren beträgt die Frist für den Eingang der Anträge auf Teilnahme (Bewerbungsfrist) mindestens 37 Kalendertage, gerechnet vom Tag nach Absendung der Auftragsbekanntmachung.

(2) Die Bewerbungsfrist kann bei Auftragsbekanntmachungen, die über das Internetportal des Amtes für Veröffentlichungen der Europäischen Union auf elektronischem Weg erstellt und übermittelt werden (elektronischen Auftragsbekanntmachungen), um sieben Kalendertage verkürzt werden.

(3) Die Angebotsfrist beträgt mindestens 40 Kalendertage, gerechnet vom Tag nach Absendung der Aufforderung zur Angebotsabgabe.

(4) ¹Die Angebotsfrist kann auf 36 Kalendertage, gerechnet vom Tag nach Absendung der Aufforderung zur Angebotsabgabe, verkürzt werden; sie darf 22 Kalendertage nicht unterschreiten. ²Voraussetzung dafür ist, dass eine Vorinformation nach dem vorgeschriebenen Muster gemäß § 12 VS Absatz 1 Nummer 3 mindestens 52 Kalendertage, höchstens aber zwölf Monate vor Absendung der Auftragsbekanntmachung des Auftrages an das Amt für Veröffentlichungen der Europäischen Union abgesandt wurde. ³Diese Vorinformation muss mindestens die im Muster einer Auftragsbekanntmachung nach § 12 VS Absatz 2 Nummer 2 für das nicht offene Verfahren geforderten Angaben enthalten, soweit diese Informationen zum Zeitpunkt der Absendung der Vorinformation vorlagen.

(5) Die Angebotsfrist kann um weitere fünf Kalendertage verkürzt werden, wenn ab der Veröffentlichung der Auftragsbekanntmachung die Vertragsunterlagen und alle zusätzlichen Unterlagen auf elektronischem Weg frei zugänglich, direkt und vollständig zur Verfügung gestellt werden; in der Auftragsbekanntmachung ist die Internetadresse anzugeben, unter der diese Unterlagen abgerufen werden können.

(6) Aus Gründen der Dringlichkeit kann
1. die Bewerbungsfrist auf mindestens 15 Kalendertage oder mindestens zehn Kalendertage bei elektronischer Auftragsbekanntmachung, wenn ab der Veröffentlichung der Auftragsbekanntmachung die Vertragsunterlagen und alle zusätzlichen Unterlagen auf elektronischem Weg frei zugänglich, direkt und vollständig zur Verfügung gestellt werden; in der Auftragsbekanntmachung ist die Internetadresse anzugeben, unter der diese Unterlagen abgerufen werden können,
2. die Angebotsfrist auf mindestens zehn Kalendertage
verkürzt werden.

(7) Bis zum Ablauf der Angebotsfrist können Angebote in Textform zurückgezogen werden.

(8) ¹Der Auftraggeber bestimmt eine angemessene Frist, innerhalb der die Bieter an ihre Angebote gebunden sind (Bindefrist). ²Diese soll so kurz wie möglich und nicht länger bemessen werden, als der Auftraggeber für eine zügige Prüfung und Wertung der Angebote (§§ 16 VS bis 16d VS) benötigt. ³Eine längere Bindefrist als 30 Kalendertage soll nur in begründeten Fällen festgelegt werden. ⁴Das Ende der Bindefrist ist durch Angabe des Kalendertages zu bezeichnen.

(9) Die Bindefrist beginnt mit dem Ablauf der Angebotsfrist.

I. Normzweck

§ 10b VS entspricht hinsichtlich Inhalt und Struktur im Wesentlichen § 10b EU. Auf die dortige Kommentierung kann weitgehend verwiesen werden (→ § 10b EU Rn. 1 ff.). Im Folgenden soll lediglich auf Abweichungen hingewiesen werden.

II. Einzelerläuterungen

2 **1. Bewerbungsfrist (Abs. 1).** Abweichend von § 10a EU Abs. 1 beträgt die im dritten Abschnitt als Bewerbungsfrist bezeichnete Frist für den Eingang der Teilnahmeanträge 37 anstatt 30 Kalendertage.

3 **2. Verkürzung der Bewerbungsfrist (Abs. 2).** Die Bewerbungsfrist kann **um sieben Kalendertage verkürzt** werden, wenn die Auftragsbekanntmachung über das Internetportal des Amtes für Veröffentlichungen der Europäischen Union auf elektronischem Weg erstellt und übermittelt wird. Die Verkürzungsmöglichkeit erklärt sich dadurch, dass die Frist nach Absendung der Auftragsbekanntmachung zu laufen beginnt. Bei der Mindestfrist von 37 Kalendertagen wird die Zeit für die Übermittlung auf nicht elektronischem Weg und die Einarbeitung der Daten in die TED-Datenbank berücksichtigt. Anders als im zweiten Abschnitt ist nach § 12 VS Abs. 2 Nr. 2 S. 2 die elektronische Übermittlung der Auftragsbekanntmachung nicht zwingend vorgesehen. Ungeachtet dessen dürfte die elektronische Erstellung und Übermittlung der Auftragsbekanntmachung in der Praxis der absolute Regelfall sein, da sich die Auftraggeber auf die Erfordernisse des zweiten Abschnitts eingestellt haben. Damit dürfte die Verkürzungsmöglichkeit regelmäßig gegeben sein. Im Ergebnis unterscheiden sich die Mindestfristen für die Teilnahmefrist in § 10b EU und die Bewerbungsfrist in § 10b VS unter diesem Gesichtspunkt nicht mehr.

4 **3. Angebotsfrist (Abs. 3). Die Angebotsfrist beträgt 40 Kalendertage.** Die Frist beginnt mit Absendung der Aufforderung zur Angebotsabgabe.

5 **4. Verkürzung der Angebotsfrist bei Vorinformation (Abs. 4).** Unter den Voraussetzungen des Abs. 4 kann die Angebotsfrist auf 36 Kalendertage verkürzt werden. Sie darf allerdings 22 Kalendertage nicht unterschreiten. **Die Frist von 36 Kalendertagen ist nicht als Mindestfrist, sondern als Regelfall zu verstehen,** an dem sich Auftraggeber orientieren können. Eine **Verkürzung auf 22 Kalendertage markiert die Untergrenze** und ist nur in Ausnahmefällen zulässig. Voraussetzung für die Verkürzung ist die Veröffentlichung einer Vorinformation, die mindesten 52 Kalendertage höchstens aber zwölf Monate vor Absendung der Auftragsbekanntmachung des Auftrags abgesandt worden sein muss. Die Fristverkürzung verlangt, dass in der Vorinformation bereits Angaben veröffentlicht werden, die für eine Auftragsbekanntmachung gem. § 12 VS Abs. 2 Nr. 2 erforderlich sind, soweit diese zum Zeitpunkt der Absendung der Vorinformation vorlagen. Damit ist sichergestellt, dass die Eckpunkte des zu vergebenden Bauauftrags bereits durch die Vorinformation bekannt sind. Interessierten Unternehmen wird dadurch ermöglicht, bereits vor dem Lauf der Angebotsfrist Vorarbeiten zur Angebotserstellung zu leisten, was die verkürzte Angebotsfrist rechtfertigt.

6 **5. Verkürzung der Angebotsfrist bei elektronischer Bereitstellung der Vergabeunterlagen (Abs. 5).** Abs. 5 sieht eine **Verkürzung der Angebotsfrist um weitere fünf Kalendertage** vor, wenn die Vergabeunterlagen und alle zusätzlichen Unterlagen ab dem Zeitpunkt der Veröffentlichung der Auftragsbekanntmachung auf elektronischem Weg frei zugänglich, direkt und vollständig zur Verfügung gestellt werden. Erforderlich ist, dass bereits in der Auftragsbekanntmachung eine Internetadresse angegeben ist, unter der die Unterlagen abgerufen werden können. Die Voraussetzungen für die elektronische Bereitstellung der Vergabeunterlagen entspricht den Vorgaben der § 11 Abs. 3, § 11 EU Abs. 3. Auf die dortige Kommentierung wird verwiesen (→ § 11 EU Rn. 11 ff.).

7 Der Wortlaut sieht vor, dass die Angebotsfrist „weiter" verkürzt werden kann, was zunächst darauf hindeutet, dass die Verkürzung nach Abs. 5 mit anderen Verkürzungsmöglichkeiten kombiniert werden kann. Die zugrundeliegende Richtlinienbestimmung schließt eine solche Kombination aus. Art. 33 Abs. 5 UAbs. 1 RL 2009/81/EG (Vergabe-RL Verteidigung und Sicherheit) sieht ausdrücklich nur eine Verkürzung der in Art. 33 Abs. 2 UAbs. 2 RL 2009/81/EG geregelten ungekürzten Mindestfrist für den Eingang der Angebote vor. Für den Begriff der „weiteren" Verkürzung findet sich in der Richtlinie keine Grundlage. **§ 10 VS Abs. 5 ist mithin richtlinienkonform dahingehend auszulegen, dass die Verkürzung nur auf die in Abs. 3 geregelte Mindestfrist von 40 Kalendertagen angewandt werden kann.**

8 **6. Verkürzung bei Dringlichkeit (Abs. 6).** Aus Gründen der **Dringlichkeit** können die Bewerbungs- und die Angebotsfrist **auf bis zu 15 bzw. zehn Kalendertage verkürzt werden.** Gegenüber dem Wortlaut des § 10b EU Abs. 5 sieht § 10b VS Abs. 5 eine Verkürzung der Bewerbungsfrist bei Dringlichkeit nur dann vor, wenn die Auftragsbekanntmachung elektronisch erfolgte und die Vergabeunterlagen wie von Abs. 5 gefordert elektronisch bereitgestellt werden. Zum Begriff der Dringlichkeit wird auf die Kommentierung zu § 10 Abs. 1 verwiesen (→ § 10 Rn. 12 ff.).

7. Rücknahme von Angeboten und Bindefrist (Abs. 7–9). Die Bestimmungen entsprechen der Regelung in den § 10 Abs. 2, 4 und 5, § 10a EU Abs. 7–9, § 10b EU 7–9. Es wird auf die Kommentierung zu § 10 verwiesen (→ § 10 Rn. 1 ff.). 9

§ 10c VS Fristen im Verhandlungsverfahren

(1) Beim Verhandlungsverfahren mit Teilnahmewettbewerb ist entsprechend §§ 10 VS und 10b VS Absatz 1, 2, 6 Nummer 1 und Absatz 8 bis 9 zu verfahren.

(2) ¹**Beim Verhandlungsverfahren ohne Teilnahmewettbewerb ist auch bei Dringlichkeit für die Bearbeitung und Einreichung der Angebote eine ausreichende Angebotsfrist nicht unter zehn Kalendertagen vorzusehen.** ²Dabei ist insbesondere der zusätzliche Aufwand für die Besichtigung von Baustellen oder die Beschaffung von Unterlagen für die Angebotsbearbeitung zu berücksichtigen. ³Es ist entsprechend § 10b VS Absatz 8 und 9 zu verfahren.

I. Fristen im Verhandlungsverfahren mit Teilnahmewettbewerb (Abs. 1)

Nach Vorbild der Regelung im zweiten Abschnitt verweist die Norm für die Fristen im Verhandlungsverfahren mit Teilnahmewettbewerb auf die § 10 VS und § 10b VS Abs. 1, 2, 6 Nr. 1 und Abs. 8–9. Das bedeutet, dass sich **die Regelungen zur Bemessung der Bewerbungsfristen nach den Regelungen des nichtoffenen Verfahrens richten.** Anders als im zweiten Abschnitt fehlt es an einer Verweisung auf die Vorschriften zur Bemessung der Angebotsfrist. Unionsrechtlich ist eine solche auch nicht vorgesehen. Art. 33 RL 2009/81/EG (Vergabe-RL Verteidigung und Sicherheit) enthält keine Regelung zur Angebotsfrist im Verhandlungsverfahren. 1

II. Fristen im Verhandlungsverfahren ohne Teilnahmewettbewerb (Abs. 2)

Abs. 2 entspricht der Regelung in § 10c EU. Auf die dortige Kommentierung wird verwiesen (→ § 10c EU Rn. 1 ff.). 2

§ 10d VS Fristen im wettbewerblichen Dialog

Beim wettbewerblichen Dialog ist entsprechend §§ 10 VS und 10b VS Absatz 1, 2 und 8 bis 9 zu verfahren.

In § 10d VS befinden sich Regelungen zu den Fristen im wettbewerblichen Dialog. Anders als § 10d EU behandelt die Norm die Innovationspartnerschaft nicht, da diese Verfahrensart im dritten Abschnitt nicht vorgesehen ist. Hinsichtlich des wettbewerblichen Dialogs entspricht die Regelung § 10d EU, sodass auf die dortige Kommentierung verwiesen wird (→ § 10d EU Rn. 1 ff.). 1

§ 11 VS Grundsätze der Informationsübermittlung

(1)
1. **Der Auftraggeber gibt in der Auftragsbekanntmachung oder den Vergabeunterlagen an, ob Informationen per Post, Telefax, direkt, elektronisch oder durch eine Kombination dieser Kommunikationsmittel übermittelt werden.**
2. ¹**Das für die elektronische Übermittlung gewählte Netz muss allgemein verfügbar sein und darf den Zugang der Bewerber und Bieter zu den Vergabeverfahren nicht beschränken.** ²**Die dafür zu verwendenden Programme und ihre technischen Merkmale müssen allgemein zugänglich, mit allgemein verbreiteten Erzeugnissen der Informations- und Kommunikationstechnologie kompatibel und nicht diskriminierend sein.**
3. ¹**Der Auftraggeber hat dafür Sorge zu tragen, dass den interessierten Unternehmen die Informationen über die Spezifikationen der Geräte, die für die elektronische Übermittlung der Anträge auf Teilnahme und der Angebote erforderlich sind, einschließlich Verschlüsselung zugänglich sind.** ²**Außerdem muss gewährleistet sein, dass die in § 11a VS genannten Anforderungen erfüllt sind.**

(2) Der Auftraggeber kann im Internet ein Beschafferprofil einrichten, in dem allgemeine Informationen wie Kontaktstelle, Telefon- und Telefaxnummer, Postanschrift und E-Mail-Adresse sowie Angaben über Ausschreibungen, geplante und vergebene Aufträge oder aufgehobene Verfahren veröffentlicht werden können.

(3) ¹Der Auftraggeber hat die Datenintegrität und die Vertraulichkeit der übermittelten Anträge auf Teilnahme am Vergabeverfahren auf geeignete Weise zu gewährleisten. ²Per Post oder direkt übermittelte Anträge sind
1. in einem verschlossenen Umschlag einzureichen,
2. als Anträge auf Teilnahme auf dem Umschlag zu kennzeichnen und
3. bis zum Ablauf der vorgesehenen Frist unter Verschluss zu halten.
³Bei elektronisch übermittelten Teilnahmeanträgen sind Datenintegrität und Vertraulichkeit durch entsprechende organisatorische und technische Lösungen nach den Anforderungen des Auftraggebers und durch Verschlüsselung sicherzustellen. ⁴Die Verschlüsselung muss bis zum Ablauf der Frist, die für die Einreichung der Anträge bestimmt ist, aufrechterhalten bleiben.

(4) Anträge auf Teilnahme am Vergabeverfahren können auch per Telefax oder telefonisch gestellt werden, müssen dann aber vom Unternehmen bis zum Ablauf der Frist für die Abgabe der Teilnahmeanträge durch Übermittlung per Post, direkt oder elektronisch bestätigt werden.

I. Regelungsgehalt und Überblick

1   Die inhaltlich weithin mit § 19 VSVgV übereinstimmende Regelung des § 11 VS enthält für den dritten Abschnitt der VOB/A die wesentlichen **Grundsätze der Informationsübermittlung.** Abs. 1 überlässt dem Auftraggeber die Wahl zwischen der elektronischen Informationsübermittlung und anderen Kommunikationswegen und regelt die wesentlichen Anforderungen an die elektronische Kommunikation. Abs. 2 regelt das Beschafferprofil. Anforderungen an die Datenintegrität und die Vertraulichkeit der übermittelten Anträge auf Teilnahme am Vergabeverfahren sind in Abs. 3 enthalten. Abs. 4 regelt, dass Anträge auf Teilnahme am Vergabeverfahren auch per Telefax oder telefonisch gestellt werden können.

II. Systematische Stellung und Zweck der Norm

2   § 11 VS entspricht § 11 EU aF. Die Anforderungen an die elektronische Kommunikation werden durch § 11a VS **konkretisiert** (→ § 11a VS Rn. 1 ff.).

III. Kommunikationsmittel (Abs. 1)

3   Nach Abs. 1 Nr. 1 gibt der Auftraggeber in der Auftragsbekanntmachung oder den Vergabeunterlagen an, ob Informationen per **Post, Telefax, direkt, elektronisch** oder durch eine Kombination dieser Kommunikationsmittel übermittelt werden. Neben den „klassischen" Kommunikationsmitteln per Post und Telefax ist die elektronische Kommunikation ausdrücklich zugelassen. Die Verpflichtung zur E-Vergabe aus dem zweiten Abschnitt der VOB/A wird aber nicht übernommen. Dies entspricht den aus Art. 36 Abs. 1 RL 2009/81/EG (Vergabe-RL Verteidigung und Sicherheit) folgenden europarechtlichen Anforderungen.

4   Entscheidet sich der Auftraggeber für die elektronische Kommunikation, hat er nach Nr. 2 sicherzustellen, dass das gewählte **Netz** allgemein verfügbar ist und den Zugang der Bewerber und Bieter zu den Vergabeverfahren nicht beschränkt. Allgemein verfügbar ist das gewählte Netz, wenn es für alle interessierte Unternehmen ohne Einschränkung verfügbar ist und der Zugang bei Bedarf, gegebenenfalls gegen ein marktübliches Entgelt, erworben werden kann. Die üblichen Netze sind daher das Telefonnetz oder das Internet.

5   Die für die elektronische Kommunikation zu verwendenden **Programme** und ihre technischen Merkmale müssen ebenfalls allgemein zugänglich sein und mit allgemein verbreiteten Erzeugnissen der Informations- und Kommunikationstechnologie kompatibel und nichtdiskriminierend sein. Nichtdiskriminierend sind die zu verwendenden Programme dann, wenn sie für alle Menschen, auch für Menschen mit Behinderungen, ohne besondere Erschwernis und grundsätzlich ohne fremde Hilfe zugänglich und nutzbar sind.¹ Der Zugang von Unternehmen zum Vergabeverfahren darf durch sie nicht eingeschränkt werden.

6   Der Auftraggeber hat nach Nr. 3 ferner dafür Sorge zu tragen, dass den interessierten Unternehmen die Informationen über die **Spezifikationen der Geräte,** die für die elektronische Übermittlung der Anträge auf Teilnahme und der Angebote erforderlich sind, einschließlich Verschlüsselung zugänglich sind. Außerdem muss gewährleistet sein, dass die in § 11a VS genannten Anforderungen erfüllt sind. Der Zweck der Norm ist es, die Unternehmen in die Lage zu versetzen, die elektronischen Mittel zu verwenden, ihre Unterlagen einzureichen und ggf. zu verschlüsseln.

---

¹ Vgl. Begründung zur VgV, BR-Drs. 87/16, 165.

IV. Beschafferprofil

Der Auftraggeber kann nach Abs. 2 im Internet ein Beschafferprofil einrichten, in dem allgemeine Informationen, wie Kontaktstelle, Telefon- und Telefaxnummer, Postanschrift und E-Mail-Adresse sowie Angaben über Ausschreibungen, geplante und vergebene Aufträge oder aufgehobene Verfahren veröffentlicht werden können. Dessen Verwendbarkeit wird zudem in § 12 VS Abs. 1 Nr. 4 angesprochen.

V. Datenintegrität und die Vertraulichkeit

Der Auftraggeber hat die Datenintegrität und die Vertraulichkeit der übermittelten Anträge auf Teilnahme am Vergabeverfahren auf geeignete Weise zu gewährleisten. **Datenintegrität meint** die Authentizität der Daten und dass diese vollständig sowie ohne Änderungen so beim Empfänger ankommen, wie sie vom Versender abgesendet wurden. **Vertraulichkeit** bedeutet, dass kein Unbefugter von dem Inhalt der Daten Kenntnis nehmen kann. Nach S. 3 sind bei elektronisch übermittelten Teilnahmeanträgen sind Datenintegrität und Vertraulichkeit durch **entsprechende organisatorische und technische Lösungen** nach den Anforderungen des Auftraggebers und durch Verschlüsselung sicherzustellen. Die Verschlüsselung muss bis zum Ablauf der Frist, die für die Einreichung der Anträge bestimmt ist, aufrechterhalten bleiben.

Per **Post oder direkt übermittelte Anträge** sind in einem verschlossenen Umschlag einzureichen, als Anträge auf Teilnahme auf dem Umschlag zu kennzeichnen und bis zum Ablauf der vorgesehenen Frist unter Verschluss zu halten.

VI. Teilnahmeantrag per Telefax oder telefonisch

Anträge auf Teilnahme am Vergabeverfahren können nach Abs. 4 auch **per Telefax oder telefonisch** gestellt werden. Sie sind aber nur zulässig, wenn sie vom Unternehmen bis zum Ablauf der Frist für die Abgabe der Teilnahmeanträge durch Übermittlung per Post, direkt oder elektronisch **bestätigt** werden.

§ 11a VS Anforderungen an elektronische Mittel

Die Geräte müssen gewährleisten, dass
1. für die Angebote eine elektronische Signatur oder ein elektronisches Siegel verwendet werden können,
2. Tag und Uhrzeit des Eingangs der Teilnahmeanträge oder Angebote genau bestimmbar sind,
3. ein Zugang zu den Daten nicht vor Ablauf des hierfür festgesetzten Termins erfolgt,
4. bei einem Verstoß gegen das Zugangsverbot der Verstoß sicher festgestellt werden kann,
5. ausschließlich die hierfür bestimmten Personen den Zeitpunkt der Öffnung der Daten festlegen oder ändern können,
6. der Zugang zu den übermittelten Daten nur möglich ist, wenn die hierfür bestimmten Personen gleichzeitig und erst nach dem festgesetzten Zeitpunkt tätig werden und
7. die übermittelten Daten ausschließlich den zur Kenntnisnahme bestimmten Personen zugänglich bleiben.

I. Regelungsgehalt und Überblick

Die Regelung des § 11a VS enthält ergänzend zu § 11 VS Anforderungen an elektronische Mittel. Die einzelnen Anforderungen sind in den Nr. 1–7 aufgezählt.

II. Systematische Stellung und Zweck der Norm

§ 11a VS konkretisiert § 11 VS Abs. 1 Nr. 3. Nach dieser Norm hat der Auftraggeber dafür Sorge zu tragen, dass den interessierten Unternehmen die Informationen über die Spezifikationen der Geräte, die für die elektronische Übermittlung der Anträge auf Teilnahme und der Angebote erforderlich sind, einschließlich Verschlüsselung zugänglich sind. Außerdem muss gewährleistet sein, dass die weiteren in § 11a VS genannten Anforderungen erfüllt sind.

III. Zusätzliche Anforderungen

Die zusätzlichen Anforderungen, welche die technischen Geräte für die elektronische Übermittlung der Teilnahmeanträge erfüllen müssen, sind in den Nr. 1–7 im Einzelnen aufgezählt. Diese

Anforderungen, die selbsterklärend sind, entsprechen zum Teil den Anforderungen nach § 11a EU, der jedoch noch weitergehende Anforderungen aufstellt. Auf die Kommentierung zu dieser Regelung wird verwiesen (→ § 11a EU Rn. 1 ff.).

§ 12 VS Vorinformation, Auftragsbekanntmachung

(1)
1. Als Vorinformation sind die wesentlichen Merkmale der beabsichtigten Bauaufträge oder Rahmenvereinbarungen mit mindestens einem geschätzten Gesamtauftragswert für Bauleistungen nach § 106 Absatz 2 Nummer 3 GWB ohne Umsatzsteuer bekannt zu machen.
2. Eine Vorinformation ist nur dann verpflichtend, wenn der Auftraggeber von der Möglichkeit einer Verkürzung der Angebotsfrist gemäß § 10b VS Absatz 4 Gebrauch machen möchte.
3. Die Vorinformation ist nach dem Muster gemäß Anhang XIII der Durchführungsverordnung (EU) Nr. 2015/1986 zu erstellen.
4. Nach Genehmigung der Planung ist die Vorinformation sobald wie möglich dem Amt für Veröffentlichungen der Europäischen Union[1] zu übermitteln oder im Beschafferprofil nach § 11 VS Absatz 2 zu veröffentlichen; in diesem Fall ist dem Amt für Veröffentlichungen der Europäischen Union zuvor auf elektronischem Weg die Veröffentlichung mit dem Muster gemäß Anhang VIII der Durchführungsverordnung (EU) Nr. 2015/1986 zu melden, Anhang VI der Richtlinie 2009/81/EG ist zu beachten. Die Vorinformation kann außerdem in Tageszeitungen, amtlichen Veröffentlichungsblättern oder Internetportalen veröffentlicht werden.

(2)
1. Die Unternehmen sind durch Auftragsbekanntmachungen aufzufordern, ihre Teilnahme am Wettbewerb zu beantragen, wenn Bauaufträge im Sinne von § 1 VS oder Rahmenvereinbarungen in einem nicht offenen Verfahren, in einem Verhandlungsverfahren mit Teilnahmewettbewerb oder in einem wettbewerblichen Dialog vergeben werden.
2. Die Auftragsbekanntmachungen müssen die in Anhang XV der Durchführungsverordnung (EU) Nr. 2015/1986 geforderten Informationen enthalten und sollen nicht mehr als 650 Wörter umfassen, wenn der Inhalt der Auftragsbekanntmachung nicht auf elektronischem Weg gemäß dem Muster und unter Beachtung der Verfahren bei der Übermittlung nach Anhang VI Nummer 3 der Richtlinie 2009/81/EG abgesendet wird. Auftragsbekanntmachungen sind im Amtsblatt der Europäischen Union zu veröffentlichen und dem Amt für Veröffentlichungen der Europäischen Union unverzüglich, in Fällen des beschleunigten Verfahrens per Telefax oder elektronisch[2] zu übermitteln.
3. Der Auftraggeber muss nachweisen können, an welchem Tag die Auftragsbekanntmachung an das Amt für Veröffentlichungen der Europäischen Union abgesendet wurde.
4. Die Auftragsbekanntmachung wird unentgeltlich, spätestens zwölf Kalendertage nach der Absendung im Supplement zum Amtsblatt der Europäischen Union in der Originalsprache veröffentlicht. Eine Zusammenfassung der wichtigsten Angaben wird in den übrigen Amtssprachen der Europäischen Union veröffentlicht; der Wortlaut der Originalsprache ist verbindlich.
5. Auftragsbekanntmachungen, die über das Internetportal des Amtes für Veröffentlichungen der Europäischen Union[3] auf elektronischem Weg erstellt und übermittelt wurden, werden abweichend von Nummer 4 spätestens fünf Kalendertage nach ihrer Absendung veröffentlicht.
6. Die Auftragsbekanntmachungen können zusätzlich im Inland veröffentlicht werden, beispielsweise in Tageszeitungen, amtlichen Veröffentlichungsblättern oder Internetportalen; sie können auch auf www.service.bund.de veröffentlicht werden. Sie dürfen nur die Angaben enthalten, die dem Amt für Veröffentlichungen der Europäischen Union übermittelt wurden, und dürfen nicht vor Absendung an dieses Amt veröffentlicht werden.

---

[1] Amt für Veröffentlichungen der Europäischen Union, 2, rue Mercier, L-2985 Luxemburg.
[2] http://simap.europa.eu/
[3] http://simap.europa.eu/

(3)
1. Die Auftragsbekanntmachung ist beim nicht offenen Verfahren, Verhandlungsverfahren und wettbewerblichen Dialog nach dem Muster gemäß Anhang XV der Durchführungsverordnung (EU) Nr. 2015/1986 zu erstellen.
2. Dabei sind zu allen Nummern Angaben zu machen; die Texte des Musters sind nicht zu wiederholen.

Übersicht

		Rn.			Rn.
I.	Normzweck	1	III.	Auftragsbekanntmachung (§ 12 VS Abs. 2 Nr. 1–6, Abs. 3)	6
II.	Vorinformation (§ 12 VS Abs. 1 Nr. 1–4)	2			

I. Normzweck

§ 12 VS bezweckt die **Publizität des Vergabeverfahrens** zur Sicherstellung des ordnungsgemäßen Wettbewerbs bei Baubeschaffungen in den Bereichen Verteidigung und Sicherheit. Die Vorschrift ist bieterschützend und Ausdruck des Diskriminierungsverbots, indem die Gleichbehandlung aller Bieter sichergestellt wird. Dies mit dem Ziel, einen möglichst breiten Wettbewerb mit einer möglichst hohen Anzahl von Bietern bei Baubeschaffungen in den Bereichen Verteidigung und Sicherheit zu eröffnen. Die Regelungen der Vorschrift entsprechen weitestgehend den Bestimmungen der Parallelnorm des § 12 EU in Abschnitt 2, auf dessen Kommentierung ergänzend verwiesen wird (→ § 12 EU Rn. 1 ff.).

II. Vorinformation (§ 12 VS Abs. 1 Nr. 1–4)

Oberhalb des Schwellenwerts der EU-weiten Vergabe für verteidigungs- oder sicherheitsspezifische öffentliche Aufträge gem. § 106 Abs. 2 Nr. 3 GWB kann der öffentliche Auftraggeber zur künftigen Vergabe von Bauaufträgen oder Rahmenvereinbarungen der Bereiche Verteidigung und Sicherheit gem. § 12 VS Abs. 1 Nr. 1 eine Vorinformation bekanntmachen. Diese Vorinformation umfasst die „**wesentlichen Merkmale**" des beabsichtigten Bauauftrages. Die dem eigentlichen Bauausschreibungsverfahren der Bereiche Verteidigung und Sicherheit vorweggenommene Information über eine künftig anstehende, beabsichtigte Ausschreibung, bezweckt – ebenso wie im Rahmen des § 12 EU Abs. 1 Nr. 1 – die Information und die Erhöhung der geschäftlichen Dispositionsfreiheit potenzieller Bieter. Diese sollen sich rechtzeitig auf kommende Bauausschreibungen der Bereiche Verteidigung und Sicherheit einstellen können.

Die Vorinformation ist für öffentliche Auftraggeber der Bereiche Verteidigung und Sicherheit **allein dann zwingend** vorgeschrieben, wenn der öffentliche Auftraggeber gem. § 10b VS Abs. 4 S. 1 die **Angebotsfrist verkürzen** möchte. Die Regelung des § 12 VS Abs. 1 Nr. 2 ist identisch mit der Regelung des § 12 EU Abs. 1 Nr. 2. Auf die dortige Kommentierung wird verwiesen (→ § 12 EU Rn. 2 ff.).

Die fakultative und die obligatorische Vorinformation sind gem. § 12 VS Abs. 1 Nr. 3 nach den **EU-Standardformularen** der Durchführungsverordnung (EU) 2015/1986 der Kommission vom 11.11.2015, Standardformular 16 „Vorinformation – Verteidigung und Sicherheit", Anhang VIII, zu erstellen. Sie ist beim Amt für Veröffentlichungen der Europäischen Union zur Bekanntgabe einzureichen. Nach Genehmigung der Planung (Vorliegen einer **bestandskräftigen Baugenehmigung**) hat der öffentliche Auftraggeber der Bereiche Verteidigung und Sicherheit gem. § 12 VS Abs. 1 Nr. 4 S. 1 Hs. 1 die Vorinformation sobald wie möglich dem Amt für Veröffentlichungen der Europäischen Union zu übermitteln oder in seinem Beschafferprofil zu veröffentlichen.

Bei Veröffentlichung der Vorinformation im Beschafferprofil gem. § 11 VS Abs. 2 ist der öffentliche Auftraggeber gem. § 12 VS Abs. 2 Nr. 4 S. 1 Hs. 2 gehalten, dem **Amt für Veröffentlichungen der Europäischen Union** zuvor auf elektronischem Weg die Veröffentlichung mit dem Muster gem. Anhang VIII Durchführungsverordnung (EU) 2015/1986 „Bekanntmachung eines Beschafferprofils" zu melden. Die Merkmale für die Veröffentlichung gem. Anhang VI RL 2009/81/EG vom 13.7.2009 sind gem. § 12 VS Abs. 1 Nr. 4 S. 1 Hs. 2 zu beachten. Zusätzlich ist es dem öffentlichen Auftraggeber der Bereiche Verteidigung und Sicherheit gem. § 12 VS Abs. 1 Nr. 4 S. 2 gestattet, die Vorinformation **außerdem in Tageszeitungen, amtlichen Veröffentlichungsblättern oder Internetportalen** zu veröffentlichen. Auf die Kommentierung des inhaltsgleichen § 12 EU Abs. 1 Nr. 4 wird ergänzend verwiesen (→ § 12 EU Rn. 4 ff.).

III. Auftragsbekanntmachung (§ 12 VS Abs. 2 Nr. 1–6, Abs. 3)

6   Die Bestimmungen zu Inhalt und Form der Auftragsbekanntmachungen für oberschwellige Bauaufträge oder Rahmenvereinbarungen der Bereiche Verteidigung und Sicherheit gem. § 12 VS Abs. 2 Nr. 1–6, Abs. 3 Nr. 1, 2 gelten für alle Vergabearten gem. § 3 VS Nr. 1–3 unter Ausnahme des Verhandlungsverfahrens ohne Teilnahmewettbewerb. Die Auftragsbekanntmachungen sind nach den EU-Standardformularen „Auftragsbekanntmachung – Verteidigung und Sicherheit", Standardformular 17, Anhang XIV Durchführungsverordnung (EU) 2015/1986 der Kommission vom 11.11.2015 zu erstellen. Die **standardisierte Bekanntmachungspflicht** bezweckt die Eröffnung eines größtmöglichen Marktes mit möglichst vielen Bietern. Deren diskriminierungsfreie Gleichbehandlung und damit der ordnungsgemäße Wettbewerb sollen gleichfalls sichergestellt werden.

7   Die Auftragsbekanntmachungen sollen gem. § 12 VS Abs. 2 Nr. 2 S. 1 nicht mehr als 650 Wörter umfassen, wenn der Inhalt der Auftragsbekanntmachung nicht auf elektronischem Weg abgesendet wird. Gemäß § 12 VS Abs. 2 Nr. 2 S. 2 sind die Auftragsbekanntmachungen im Amtsblatt der Europäischen Union zu veröffentlichen und dem Amt für Veröffentlichungen der Europäischen Union unverzüglich, in Fällen des beschleunigten Verfahrens per Telefax oder elektronisch, zu übermitteln.

8   Der öffentliche Auftraggeber von oberschwelligen Bauaufträgen im Bereich Verteidigung und Sicherheit muss gem. § 12 VS Abs. 2 Nr. 3 den **Tag der Absendung der Auftragsbekanntmachung** an das Amt für Veröffentlichungen der Europäischen Union nachweisen können. Die Vergabedokumentation gem. § 20 VS Abs. 1 Nr. 1–10, Abs. 2 hat diesen Nachweis zu enthalten. Die Vorschrift ist inhaltsgleich mit der Regelung des § 12 EU Abs. 3 Nr. 4 S. 1. Auf die dortige Kommentierung wird verwiesen (→ § 12 EU Rn. 26).

9   Die Veröffentlichung der Auftragsbekanntmachung erfolgt unentgeltlich spätestens zwölf Kalendertage nach Absendung im Supplement zum Amtsblatt der Europäischen Union in ihrer Originalsprache (§ 12 VS Abs. 2 Nr. 4 S. 1). Die Zusammenfassung der wichtigsten Angaben der Auftragsbekanntmachung wird gem. § 12 VS Abs. 2 Nr. 4 S. 2 Hs. 1 in den übrigen Amtssprachen der Europäischen Union veröffentlicht. Der **Wortlaut der Originalsprache** ist dabei gem. § 12 VS Abs. 2 Nr. 4 S. 2 Hs. **allein verbindlich.** Unter Ausnahme der Veröffentlichungsfrist von zwölf Kalendertagen ist die Vorschrift mit der Regelung des § 12 EU Abs. 3 Nr. 3 identisch. Auf die dortige Kommentierung wird verwiesen (→ § 12 EU Rn. 25).

10 Soweit Auftragsbekanntmachungen über das Internetportal des Amtes für Veröffentlichen der Europäischen Union auf elektronischem Weg erstellt und übermittelt wurden, werden diese gem. § 12 VS Abs. 2 Nr. 5 spätestens fünf Kalendertage nach Absendung veröffentlicht.

11 Dem öffentlichen Auftraggeber ist es gem. § 12 VS Abs. 2 Nr. 6 gestattet, **Auftragsbekanntmachungen zusätzlich im Inland,** beispielsweise in Tageszeitungen, amtlichen Veröffentlichungsblättern oder Internetportalen, so zB auf www.service.bund.de, zu veröffentlichen. Diese parallel veröffentlichten inländischen Auftragsbekanntmachungen dürfen gem. § 12 VS Abs. 2 Nr. 6 S. 2 allein die Angaben enthalten, die dem Amt für Veröffentlichungen der Europäischen Union übermittelt wurden. Sie dürfen zeitlich nicht vor Absendung an das Amt für Veröffentlichungen der Europäischen Union im Inland veröffentlicht werden. Dies entspricht der Regelung des § 12 EU Abs. 3 Nr. 5 S. 1–3. Auf die dortige Kommentierung wird verwiesen (→ § 12 EU Rn. 27 f.).

12 Im nicht offenen Verfahren, im Verhandlungsverfahren und im wettbewerblichen Dialog ist die Auftragsbekanntmachung nach den **EU-Standardformularen** des Anhang XV Durchführungsverordnung (EU) 2015/1986 der Kommission vom 11.11.2015, dort Standardformular 17 „Auftragsbekanntmachung – Verteidigung und Sicherheit", zu erstellen. Gemäß § 12 VS Abs. 3 Nr. 2 sind zu allen Nummern des Standardformulars Angaben zu machen, wobei die Texte des Musters nicht zu wiederholen sind. Diese Regelung entspricht der Vorschrift des § 12 EU Abs. 3 Nr. 2 S. 1, 2. Auf die dortige Kommentierung wird verwiesen (→ § 12 EU Rn. 24).

§ 12a VS Versand der Vergabeunterlagen

(1)
1. Die Vergabeunterlagen sind den Unternehmen unverzüglich in geeigneter Weise zu übermitteln.
2. Die Vergabeunterlagen sind bei nicht offenen Verfahren sowie bei Verhandlungsverfahren und wettbewerblichem Dialog an alle ausgewählten Bewerber am selben Tag abzusenden.

(2) Wenn von den für die Preisermittlung wesentlichen Unterlagen keine Vervielfältigungen abgegeben werden können, sind diese in ausreichender Weise zur Einsicht auszulegen.

(3) Die Namen der Unternehmen, die Vergabeunterlagen erhalten oder eingesehen haben, sind geheim zu halten.

(4) Rechtzeitig beantragte Auskünfte über die Vergabeunterlagen sind spätestens sechs Kalendertage vor Ablauf der Angebotsfrist allen Unternehmen in gleicher Weise zu erteilen. Bei nicht offenen Verfahren und beschleunigten Verhandlungsverfahren nach § 10b VS Absatz 6 beträgt diese Frist vier Kalendertage.

I. Normzweck

Die Regelungen in § 12a VS Abs. 1–4 VOB/A 2016 wurden identisch aus den Altregelungen in § 12 VS Abs. 4–7 VOB/A 2012 übernommen. In Abschnitt 2 findet die Vorschrift ihre Entsprechung in der Parallelvorschrift des § 12a EU Abs. 1–3 und in Abschnitt 1 in der nahezu wortgleichen Parallelvorschrift des § 12a Abs. 1–4. Auf die dortigen Kommentierungen wird ergänzend verwiesen (→ § 12a Rn. 2 ff.). 1

Die Norm sichert die **Gleichbehandlung der Bewerber** und die **Durchführung eines ordnungsgemäßen Wettbewerbs.** Neben der Chancengleichheit der Bewerber, insbesondere durch Sicherstellung einer einheitlichen Frist zur Angebotsbearbeitung für alle Bewerber, schützt § 12a VS Abs. 3 auch den Geheimwettbewerb. Absprachen unter den Bietern sollen möglichst frühzeitig verhindert werden. Der Bieterkreis soll für die Bieter **anonym und geheim** bleiben. 2

II. Versand und Einsicht in die Vergabeunterlagen (§ 12a VS Abs. 1–3)

Gemäß § 12a VS Abs. 1 Nr. 1 sind die Vergabeunterlagen den Unternehmen unverzüglich in geeigneter Weise zu übermitteln. Die Übermittlung der Vergabeunterlagen setzt **einen Antrag der Bewerber** voraus, der dem Auftraggeber noch rechtzeitig vor Ablauf der Angebotsfrist zugegangen sein muss.[1] 3

Die Übermittlung der Vergabeunterlagen in „geeigneter Weise" gem. § 12a VS Abs. 2 Nr. 1 meint regelmäßig die elektronische Übermittlung. Gemäß § 11 VS Abs. 1 Nr. 1 sind nach Wahl des Auftraggebers auch andere Kommunikationsmittel oder eine Kombination verschiedener Kommunikationsmittel statthaft. Soweit elektronische Mittel verwandt werden, sind vom Auftraggeber die Anforderungen des § 11a VS Nr. 1–7 zu erfüllen. 4

Das offene Verfahren ist als Vergabeart bei Bauvergaben der Bereiche Verteidigung und Sicherheit gem. § 3 VS Nr. 1–3 nicht vorgesehen. Beim nicht offenen Verfahren sowie beim Verhandlungsverfahren und beim wettbewerblichen Dialog sind die Vergabeunterlagen gem. § 12a VS Abs. 1 Nr. 2 an alle ausgewählten Bewerber **am selben Tag abzusenden.** Den Bewerbern wird damit eine gleiche Frist zur Bearbeitung der Angebote eingeräumt. Dies sichert die Gleichbehandlung und Chancengleichheit der Bewerber, was Voraussetzung für einen ordnungsgemäßen Wettbewerb ist. § 12a VS Abs. 1 Nr. 2 stellt dabei allein auf den **gleichen Tag der Absendung** der Vergabeunterlagen an alle Bewerber durch den Auftraggeber ab. Dieser Absendetag ist in der vom Auftraggeber gem. § 20 VS zu erstellenden Vergabedokumentation nachweisbar aufzunehmen. Der Tag des Zugangs der Vergabeunterlagen bei den Bewerbern ist nicht relevant. 5

Gemäß § 12a VS Abs. 2 sind die für die Preisermittlung wesentlichen Unterlagen in ausreichender Weise ausnahmsweise dann zur Einsicht auszulegen, wenn von diesen Unterlagen keine Vervielfältigungen abgegeben werden können. Unterlagen, die für die Preisermittlung wesentlich iSd § 12a VS Abs. 2 sind, sind die Vergabeunterlagen iSd § 8 VS Abs. 1 Nr. 1, 2.[2] Die Regelung des § 12a VS Abs. 2 entspricht in Abschnitt 1 der Vorschrift des § 12a Abs. 2 und stellt wie diese Regelung eine **Ausnahmevorschrift** dar. Wegen der Einzelheiten wird auf die Kommentierung des § 12a Abs. 2 in Abschnitt 1 verwiesen (→ § 12a Rn. 7 ff.). 6

Gemäß § 12a VS Abs. 3 sind die **Namen der Unternehmen,** die Vergabeunterlagen erhalten oder eingesehen haben, **geheim zu halten.** Dies ist zur Sicherung des Geheimwettbewerbs vom Auftraggeber strikt zu beachten. Der Auftraggeber sollte die von ihm ergriffenen Maßnahmen zur Wahrung des Geheimhaltungsgebotes gem. § 12a VS Abs. 3 in der von ihm gem. § 20 VS zu erstellenden Vergabedokumentation im Einzelnen dokumentieren. Die Regelung des § 12a VS Abs. 3 entspricht wörtlich den Bestimmungen der § 12a Abs. 3, § 12a EU Abs. 2 in Abschnitt 1 und Abschnitt 2. Auf deren Kommentierung wird verwiesen (→ § 12a Rn. 9 ff., → § 12a EU Rn. 2). 7

III. Auskünfte über die Vergabeunterlagen (§ 12a VS Abs. 4)

Gemäß § 12a VS Abs. 4 S. 1 hat der Auftraggeber rechtzeitig beantragte Auskünfte über die Vergabeunterlagen spätestens **sechs Kalendertage vor Ablauf der Angebotsfrist** allen Unterneh- 8

---

[1] jurisPK-VergabeR/*Lausen* § 12 VS Rn. 52.
[2] jurisPK-VergabeR/*Lausen* § 12 VS Rn. 59.

men in gleicher Weise zu erteilen. Bei nicht offenen Verfahren und beschleunigten Verhandlungsverfahren aus Dringlichkeitsgründen gem. § 10b VS Abs. 6 verkürzt sich die Auskunftsfrist auf **vier Kalendertage.** Die Vorschrift ist identisch zu der Regelung des § 12a EU Abs. 3 in Abschnitt 2. Auf die dortige Kommentierung wird verwiesen (→ § 12a EU Rn. 11 ff.).

§ 13 VS Form und Inhalt der Angebote

(1)
1. Der Auftraggeber legt fest, in welcher Form die Angebote einzureichen sind. Sie müssen unterzeichnet sein. Elektronisch übermittelte Angebote sind nach Wahl des Auftraggebers zu versehen mit
    a) einer fortgeschrittenen elektronischen Signatur,
    b) einer qualifizierten elektronischen Signatur,
    c) einem fortgeschrittenen elektronischen Siegel oder
    d) einem qualifizierten elektronischen Siegel.
2. Der Auftraggeber hat die Datenintegrität und die Vertraulichkeit der Angebote auf geeignete Weise zu gewährleisten. Per Post oder direkt übermittelte Angebote sind in einem verschlossenen Umschlag einzureichen, als solche zu kennzeichnen und bis zum Ablauf der für die Einreichung vorgesehenen Frist unter Verschluss zu halten. Bei elektronisch übermittelten Angeboten ist dies durch entsprechende technische Lösungen nach den Anforderungen des Auftraggebers und durch Verschlüsselung sicherzustellen. Die Verschlüsselung muss bis zur Öffnung des ersten Angebots aufrechterhalten bleiben.
3. Die Angebote müssen die geforderten Preise enthalten.
4. Die Angebote müssen die geforderten Erklärungen und Nachweise enthalten.
5. Änderungen an den Vergabeunterlagen sind unzulässig. Änderungen des Bie ers an seinen Eintragungen müssen zweifelsfrei sein.
6. Bieter können für die Angebotsabgabe eine selbstgefertigte Abschrift oder Kurzfassung des Leistungsverzeichnisses benutzen, wenn sie den vom Auftraggeber verfassten Wortlaut des Leistungsverzeichnisses im Angebot als allein verbindlich anerkennen; Kurzfassungen müssen jedoch die Ordnungszahlen (Positionen) vollzählig, in der gleichen Reihenfolge und mit den gleichen Nummern wie in dem vom Auftraggeber verfassten Leistungsverzeichnis wiedergeben.
7. Muster und Proben der Bieter müssen als zum Angebot gehörig gekennzeichnet sein.

(2) Eine Leistung, die von den vorgesehenen technischen Spezifikationen nach § 7a VS Absatz 1 abweicht, kann angeboten werden, wenn sie mit dem geforderten Schutzniveau in Bezug auf Sicherheit, Gesundheit und Gebrauchstauglichkeit gleichwertig ist. Die Abweichung muss im Angebot eindeutig bezeichnet sein. Die Gleichwertigkeit ist mit dem Angebot nachzuweisen.

(3) Die Anzahl von Nebenangeboten ist an einer vom Auftraggeber in den Vergabeunterlagen bezeichneten Stelle aufzuführen. Etwaige Nebenangebote müssen auf besonderer Anlage erstellt und als solche deutlich gekennzeichnet werden. Werden mehrere Hauptangebote abgegeben, muss jedes aus sich heraus zuschlagsfähig sein. Absatz 1 Nummer 2 Satz 2 gilt für jedes Hauptangebot entsprechend.

(4) Soweit Preisnachlässe ohne Bedingungen gewährt werden, sind diese an einer vom Auftraggeber in den Vergabeunterlagen bezeichneten Stelle aufzuführen.

(5) Bietergemeinschaften haben die Mitglieder zu benennen sowie eines ihrer Mitglieder als bevollmächtigten Vertreter für den Abschluss und die Durchführung des Vertrags zu bezeichnen. Fehlt die Bezeichnung des bevollmächtigten Vertreters im Angebot, so ist sie vor der Zuschlagserteilung beizubringen.

(6) Der Auftraggeber hat die Anforderungen an den Inhalt der Angebote nach den Absätzen 1 bis 5 in die Vergabeunterlagen aufzunehmen.

I. Normzweck

1   Die Bestimmungen des § 13 VS Abs. 1–6 entsprechen unter Ausnahme von § 13 VS Abs. 1 Nr. 1 S. 2, 3 wörtlich den Regelungen zu Angebotsform und -inhalt bei der nationalen Bauvergabe gem. § 13 Abs. 1–6 in Abschnitt 1. Nachstehend werden die Abweichungen des § 13 VS Abs. 1

Nr. 1 S. 2, 3 zu § 13 Abs. 1 Nr. 1 S. 1–4 erörtert. Ergänzend wird auf die Kommentierung des § 13 Abs. 1–6 in Abschnitt 1 verwiesen (→ § 13 Rn. 13 ff.).

§ 13 VS ermöglicht die Durchführung eines ordnungsgemäßen Wettbewerbs durch Sicherstellung des formell korrekten Ablaufs des Vergabeverfahrens in der Angebotsphase. Die Vorschrift bezweckt insbesondere die **Sicherstellung der Vergleichbarkeit der Angebote** für die auf die Angebotsphase folgende Wertungsphase.[1] Die Vorschrift ist bieterschützend. Die Sicherstellung einer möglichst weitgehenden Vergleichbarkeit der Angebote in der Angebotsphase ermöglicht es erst in der darauf folgenden Wertungsphase, das annehmbarste und wirtschaftlichste Angebot gem. § 16d VS Abs. 1 Nr. 3 zu ermitteln. Hierdurch wird den Vorgaben des öffentlichen Haushaltsrechts durch Einhaltung der Gebote der Sparsamkeit und Wirtschaftlichkeit Rechnung getragen.[2] Die von § 13 VS geforderte Vollständigkeit der Bieterangaben zu den bieterseits unveränderten Vergabeunterlagen dient ferner nach Zuschlagserteilung der Vertragssicherheit.[3] 2

II. Anforderungen an die Angebote gem. § 13 VS Abs. 1 Nr. 1–7

1. Angebotsform nach Vorgabe des Auftraggebers (§ 13 VS Abs. 1 Nr. 1 S. 1). Die Grundsätze der Informationsübermittlung bei oberschwelligen Bauvergaben in den Bereichen Verteidigung und Sicherheit (Anwendungsbereich der RL 2009/81/EG) gem. § 11 VS Abs. 1–4 geben dem öffentlichen Auftraggeber einen **größeren Spielraum** bei der Festlegung der Kommunikationsmittel in der Auftragsbekanntmachung und den Vergabeunterlagen. Gemäß § 13 VS Abs. 1 Nr. 1 hat der Auftraggeber für die Bauvergaben der Bereiche Verteidigung und Sicherheit auch eine Wahlfreiheit dahingehend, nach wie vor **postalische oder Telefax-Kommunikation** zuzulassen. Die Übergangsfristen des Abschnitts 2 in § 23 EU S. 1, 2 für oberschwellige Bauvergaben galten in Abschnitt 3 nicht. Dementsprechend gestattet § 13 VS Abs. 1 Nr. 1 S. 1 nach wie vor auch die Vorgabe des Auftraggebers zur Einreichung schriftlicher Angebote. Ergänzend wird auf die Kommentierung des § 13 Abs. 1 Nr. 1 S. 1 verwiesen (→ § 13 Rn. 13). 3

2. Angebotsform im Einzelnen (§ 13 VS Abs. 1 Nr. 1 S. 2, 3). Die Regelungen des § 13 VS Abs. 1 Nr. 1 S. 2, 3 entsprechen nahezu wörtlich den Bestimmungen der Parallelvorschriften der nationalen Bauvergabe gem. § 13 Abs. 1 Nr. 1 S. 3, 4 in Abschnitt 1 und der europaweiten Bauvergabe gem. § 13 EU Abs. 1 Nr. 1 S. 2, 3 Hs. 1 in Abschnitt 2. 4

Anders als im Bereich der nationalen Bauvergabe gem. § 13 Abs. 1 Nr. 1 S. 3 erster Gedankenstrich in Abschnitt 1 und im Bereich der europaweiten Bauvergabe gem. § 13 EU Abs. 1 Nr. 1 S. 3 Hs. 2 in Abschnitt 2 sind gem. § 13 VS Abs. 1 Nr. 1 S. 2 elektronisch übermittelte Angebote nach Wahl des Auftraggebers **stets** mit einer **fortgeschrittenen elektronischen Signatur** oder mit einer **qualifizierten elektronischen Signatur** zu versehen. 5

Eine Einreichung **elektronischer Angebote in Textform** entsprechend § 13 Abs. 1 Nr. 1 S. 3 erster Gedankenstrich ist gem. § 13 VS Abs. 1 Nr. 1 S. 2 **nicht statthaft.** Das Vorliegen erhöhter Anforderungen an die Sicherheit gem. § 11 EU Abs. 5 S. 1, 2, § 13 EU Abs. 1 Nr. 1 S. 3 Hs. 2 ist zur Vorgabe der fortgeschrittenen elektronischen Signatur gem. § 2 Nr. 2 lit. a–d SigG aF oder der qualifizierten elektronischen Signatur gem. § 2 Nr. 3 lit. a, b SigG aF bei Angebotseinreichung nicht erforderlich. 6

Im Übrigen entspricht § 13 VS Abs. 1 Nr. 1 S. 2 wörtlich den Parallelvorschriften der nationalen Bauvergabe in Abschnitt 1 gem. § 13 Abs. 1 Nr. 1 S. 4 zweiter und dritter Gedankenstrich sowie der europaweiten Bauvergabe in Abschnitt 2 gem. § 13 EU Abs. 1 Nr. 1 S. 3. Auf deren Kommentierungen wird verwiesen (→ § 13 Rn. 28 ff., → § 13 EU Rn. 30 ff.). 7

III. Weitere Angebotsanforderungen (§ 13 VS Abs. 1 Nr. 2–7, Abs. 2–6)

Wegen der weiteren Angebotsanforderungen und der Angebotsbehandlung gem. § 13 VS Abs. 1 Nr. 2–7, Abs. 2–6 wird auf die Kommentierung der identischen Bestimmungen in Abschnitt 1 gem. § 13 Abs. 1 Nr. 2–7, Abs. 2–6 verwiesen (→ § 13 Rn. 35 ff., 85 ff.). 8

§ 14 VS Öffnung der Angebote, Öffnungstermin

(1) Die Öffnung der Angebote wird von mindestens zwei Vertretern des Auftraggebers gemeinsam an einem Termin (Öffnungstermin) unverzüglich nach Ablauf der Angebotsfrist durchgeführt. Bis zu diesem Termin sind die elektronischen Angebote zu kennzeich-

---
[1] Ingenstau/Korbion/*von Wietersheim* § 13 Rn. 1.
[2] Kapellmann/Messerschmidt/*Planker* § 13 Rn. 1.
[3] Kapellmann/Messerschmidt/*Planker* § 13 Rn. 1.

nen und verschlüsselt aufzubewahren. Per Post oder direkt zugegangene Angebote sind auf dem ungeöffneten Umschlag mit Eingangsvermerk zu versehen und unter Verschluss zu halten.

(2)
1. Der Verhandlungsleiter stellt fest, ob der Verschluss der schriftlichen Angebote unversehrt ist und die elektronischen Angebote verschlüsselt sind.
2. Die Angebote werden geöffnet und in allen wesentlichen Teilen im Öffnungstermin gekennzeichnet.
3. Muster und Proben der Bieter müssen im Termin zur Stelle sein.

(3) Über den Öffnungstermin ist eine Niederschrift in Textform zu fertigen, in der die beiden Vertreter des Auftraggebers zu benennen sind. Der Niederschrift ist eine Aufstellung mit folgenden Angaben beizufügen:
Name und Anschrift der Bieter,
die Endbeträge der Angebote oder einzelner Lose,
Preisnachlässe ohne Bedingungen,
Anzahl der jeweiligen Nebenangebote.

(4) Angebote, die nach Ablauf der Angebotsfrist eingegangen sind, sind in der Niederschrift oder in einem Nachtrag besonders aufzuführen. Die Eingangszeiten und die etwa bekannten Gründe, aus denen die Angebote nicht vorgelegen haben, sind zu vermerken. Der Umschlag und andere Beweismittel sind aufzubewahren.

(5) Ein Angebot, das nachweislich vor Ablauf der Angebotsfrist dem Auftraggeber zugegangen war, aber dem Verhandlungsleiter nicht vorgelegen hat, ist mit allen Angaben in die Niederschrift oder in einen Nachtrag aufzunehmen. Den Bietern ist dieser Sachverhalt unverzüglich in Textform mitzuteilen. In die Mitteilung sind die Feststellung, ob bei schriftlichen Angeboten der Verschluss unversehrt war und bei elektronischen Angeboten diese verschlüsselt waren, sowie die Angaben nach Absatz 3 Buchstabe a bis d aufzunehmen. Im Übrigen gilt Absatz 4 Satz 2 und 3.

(6) In nicht offenen Verfahren stellt der Auftraggeber den Bietern die in Absatz 3 Buchstabe a bis d genannten Informationen unverzüglich elektronisch zur Verfügung. Den Bietern und ihren Bevollmächtigten ist die Einsicht in die Niederschrift und ihre Nachträge (Absätze 4 und 5 sowie § 16c VS Absatz 3) zu gestatten.

(7) Die Niederschrift darf nicht veröffentlicht werden.

(8) Die Angebote und ihre Anlagen sind sorgfältig zu verwahren und geheim zu halten.

I. Normzweck

1 § 14 VS Abs. 1–8 entspricht den parallelen Regelungen der § 14 Abs. 1–8, § 14a Abs. 1–8 im Bereich der nationalen Bauvergabe in Abschnitt 1 und § 14 EU Abs. 1–8 im Bereich der europaweiten Bauvergabe in Abschnitt 2.

2 In Abweichung zur Regelung der Durchführung des Eröffnungstermins bei Zulassung schriftlicher Angebote im Bereich der nationalen Bauvergabe gem. § 14a Abs. 1 S. 1 des Abschnitts 1 besteht im Öffnungstermin bei Bauvergaben der Bereiche Verteidigung und Sicherheit und der Zulassung schriftlicher Angebote gem. § 14 VS Abs. 1 **kein Anwesenheitsrecht der Bieter und ihrer Bevollmächtigten.** Im Übrigen sind die Regelungsstruktur und der Regelungsgehalt des § 14 VS Abs. 1–8 zu den Parallelvorschriften der § 14 Abs. 1–8, § 14a Abs. 1–8 in Abschnitt 1 und § 14 EU Abs. 1–8 in Abschnitt 2 identisch. Auf deren Kommentierungen wird verwiesen (→ § 14 Rn. 4 ff., → § 14a Rn. 5 ff., → § 14 EU Rn. 4 ff.).

3 § 14 VS Abs. 1–8 **strukturiert den Öffnungstermin** bei oberschwelligen Bauvergaben der Bereiche Verteidigung und Sicherheit. Die Vorschrift gewährleistet mit ihren formellen Vorgaben für die Durchführung des Öffnungstermins, die Angebotsbehandlung, die Rechtzeitigkeit der Angebotsabgabe und durch die statuierten Geheimhaltungs- und Dokumentationspflichten die Wettbewerbsgrundsätze der Gleichbehandlung und der Transparenz gem. § 97 Abs. 2, Abs. 1 S. 1 GWB.[1] Die Einhaltung der Verfahrensregelungen zur Durchführung des Öffnungstermins durch den Auftraggeber gem. § 14 VS Abs. 1–8 bildet die **Grundlage eines ordnungsgemäßen Wettbewerbs.** Die Vorschrift ist bieterschützend.

---
[1] jurisPK-VergabeR/*Haug/Panzer* Rn. 2.

II. Vor dem Öffnungstermin (§ 14 VS Abs. 1)

Der Auftraggeber hat elektronische Angebote nach Eingang gem. § 14 VS Abs. 1 S. 2 **zu kennzeichnen** und bis zum Öffnungstermin **verschlüsselt aufzubewahren**. Per Post oder direkt zugegangene schriftliche Angebote sind gem. § 14 VS Abs. 1 S. 3 auf dem ungeöffneten Umschlag **mit Eingangsvermerk zu versehen** und **unter Verschluss** zu halten. 4

Die Bestimmungen in § 14 VS Abs. 1 S. 1–3 entsprechen wörtlich den Parallelvorschriften des § 14 Abs. 1, S. 1, 2, § 14a Abs. 1 S. 2, 3, Abs. 3 Nr. 1 in Abschnitt 1 sowie der Parallelvorschrift des § 14 EU Abs. 1 S. 1–3 in Abschnitt 2. Auf die dortigen Kommentierungen wird verwiesen (→ § 14 Rn. 4ff., → § 14a Rn. 5ff., → § 14 EU Rn. 4ff.). 5

III. Öffnungstermin, verspätete Angebote, Verwahrung und Geheimhaltung der Angebote (§ 14 VS Abs. 2–8)

Unmittelbar zu Beginn des von mindestens zwei Vertretern des Auftraggebers gemeinsam durchzuführenden Öffnungstermins hat der Verhandlungsleiter gem. § 14 VS Abs. 2 Nr. 1 festzustellen, ob der Verschluss der schriftlichen Angebote unversehrt ist und die elektronischen Angebote verschlüsselt sind. 6

Die Vorgaben des § 14 VS Abs. 2–8 zur Öffnung und Kennzeichnung der Angebote, zur Anfertigung und Inhalt der Niederschrift, zur Behandlung verspäteter Angebote, zur Information der Bieter über die Feststellungen im Öffnungstermin sowie zur Verwahrungs- und Geheimhaltungspflicht der Angebote entsprechen wörtlich den Parallelvorschriften des § 14 Abs. 2–8, § 14a Abs. 3–8 in Abschnitt 1 und des § 14 EU Abs. 2–8 in Abschnitt 2. Auf die dortigen Kommentierungen wird verwiesen (→ § 14 Rn. 7ff., → § 14a Rn. 11ff., → § 14 EU Rn. 12ff.). 7

§ 15 VS Aufklärung des Angebotsinhalts

(1)
1. Im nicht offenen Verfahren darf der Auftraggeber nach Öffnung der Angebote bis zur Zuschlagserteilung von einem Bieter nur Aufklärung verlangen, um sich über seine Eignung, insbesondere seine technische und wirtschaftliche Leistungsfähigkeit, das Angebot selbst, etwaige Nebenangebote, die geplante Art der Durchführung, etwaige Ursprungsorte oder Bezugsquellen von Stoffen oder Bauteilen und über die Angemessenheit der Preise, wenn nötig durch Einsicht in die vorzulegenden Preisermittlungen (Kalkulationen) zu unterrichten.
2. Die Ergebnisse solcher Aufklärungen sind geheim zu halten. Sie sollen in Textform niedergelegt werden.

(2) Verweigert ein Bieter die geforderten Aufklärungen und Angaben oder lässt er die ihm gesetzte angemessene Frist unbeantwortet verstreichen, so ist sein Angebot auszuschließen.

(3) Verhandlungen in nicht offenen Verfahren, besonders über Änderung der Angebote oder Preise, sind unstatthaft, außer, wenn sie bei Nebenangeboten oder Angeboten aufgrund eines Leistungsprogramms nötig sind, um unumgängliche technische Änderungen geringen Umfangs und daraus sich ergebende Änderungen der Preise zu vereinbaren.

I. Normzweck

Die Vergabe von oberschwelligen Bauaufträgen gem. § 1 VS Abs. 1–3 in den Bereichen Verteidigung und Sicherheit sieht das offene Verfahren als Vergabeart nicht vor. Gemäß § 3 VS Nr. 1–3 ist die Vergabe von Bauaufträgen gem. § 1 VS Abs. 1–3 in den Bereichen Verteidigung und Sicherheit allein im nicht offenen Verfahren, im Verhandlungsverfahren oder im wettbewerblichen Dialog statthaft. Dementsprechend enthält § 15 VS Abs. 1 Nr. 1 zur Regelung der **allein zulässigen Bieterkommunikation** nach Angebotsöffnung ausschließlich Aufklärungstatbestände zur Aufklärung des Angebotsinhalts **im nicht offenen Verfahren**. 1

Im Übrigen entsprechen die Regelungen des § 15 VS Abs. 1–3 zur zulässigen Angebotsaufklärung bei Bauvergaben der Bereiche Verteidigung und Sicherheit wörtlich den Parallelvorschriften des § 15 Abs. 1–3 bei der nationalen Bauvergabe in Abschnitt 1 sowie des § 15 EU Abs. 1–3 bei der europaweiten Bauvergabe in Abschnitt 2. Auf deren Kommentierungen wird ergänzend verwiesen (→ § 15 Rn. 4ff., → § 15 EU Rn. 5ff.). 2

§ 15 VS Abs. 1–3 begrenzt den zulässigen Inhalt der Bieterkommunikation im Zeitraum zwischen der Angebotsöffnung gem. § 14 VS Abs. 2 Nr. 2 und der Zuschlagserteilung gem. § 18 VS 3

Abs. 1. Die Vorschrift hat durch das in § 15 VS Abs. 3 normierte Verhandlungsverbot und durch die enumerative Aufzählung der allein zulässigen Aufklärungsgründe in § 15 VS Abs. 1 Nr. 1 eine besonders wichtige Funktion zur **Sicherung des fairen Verfahrensablaufs** und der **Durchführung eines ordnungsgemäßen Wettbewerbs.** Der in diesem zeitlichen Stadium durch die Angebotsöffnung zum Ruhen gekommene Bieterwettbewerb darf nicht durch weitere einseitige Verhandlungen des Auftraggebers mit den Bietern verfälscht werden. Nach Angebotsöffnung besteht in Entsprechung zu den Parallelnormen des § 15 Abs. 3 im Bereich der nationalen Bauvergabe in Abschnitt 1 und des § 15 EU Abs. 3 im Bereich der europaweiten Bauvergabe in Abschnitt 2 auch bei Bauvergaben in den Bereichen Verteidigung und Sicherheit gem. § 15 VS Abs. 3 ein **striktes Verhandlungsverbot.** Jegliche (Nach-)Verhandlungen der bieterseits abgegebenen und geöffneten Angebote sind auch für den Auftraggeber von oberschwelligen Bauleistungen der Bereiche Verteidigung und Sicherheit unzulässig und verboten. Allein Angebotsaufklärungen aus den in § 15 VS Abs. 1 Nr. 1 benannten Gründen sind für den Auftraggeber nach Angebotsöffnung statthaft. Bieterkommunikation, die über den von § 15 VS Abs. 1 Nr. 1 zur inhaltlichen Angebotsaufklärung eröffneten Rahmen hinausgeht, unterfällt dem Verhandlungsverbot des § 15 VS Abs. 3. § 15 VS ist bieterschützend.

II. Kein Anspruch des Bieters auf Angebotsaufklärung (§ 15 VS Abs. 1 Nr. 1, Abs. 2)

4   § 15 VS Abs. 1 Nr. 1, Abs. 2 begründet **keinen bieterseitigen Anspruch auf Aufklärung** seines Angebots. Ob und bejahendenfalls welche Maßnahmen zur Aufklärung von Angebotsinhalten vom Auftraggeber ergriffen werden, steht grundsätzlich **im Ermessen des Auftraggebers.** Hierbei unterliegt der Auftraggeber der Einschränkung, dass er bei der Ausübung seines Ermessens verschiedene Bewerber gleich und fair zu behandeln hat. Dieses **Ermessen kann reduziert sein.** Die ausschließliche Verantwortung des Bieters, ein vollständiges und zweifelsfreies Angebot abzugeben, welches bei Unklarheit nicht zwingend, sondern allein nach pflichtgemäßen Ermessen des Auftraggebers aufzuklären ist, kann sich auf den Auftraggeber verlagern und eine **Angebotsaufklärung gebieten.** Dies insbesondere dann, wenn die Unklarheit des Angebots des Bieters vom Auftraggeber verursacht wurde oder das Gebot zu einer fairen und gleichen Behandlung der Bieter dies fordert. Auf die Kommentierungen der identisch gefassten Parallelvorschriften der §§ 15, 15 EU in Abschnitt 1 und Abschnitt 2 wird verwiesen (→ § 15 Rn. 4 ff., → § 15 EU Rn. 5 ff.)

III. Aufklärungsbedarf und allein zulässige Aufklärungsgründe (§ 15 VS Abs. 1 Nr. 1)

5   Die Regelung der nach Angebotsöffnung allein zulässigen Aufklärungsgründe gem. § 15 VS Abs. 1 Nr. 1 entspricht wörtlich den Parallelvorschriften gem. § 15 Abs. 1 Nr. 1 im Bereich der nationalen Bauvergabe in Abschnitt 1 und gem. § 15 EU Abs. 1 Nr. 1 im Bereich der europaweiten Bauvergabe in Abschnitt 2.

6   Zur Kommentierung des § 15 VS Abs. 1 Nr. 1 wird auf die Kommentierungen des § 15 Abs. 1 Nr. 1 in Abschnitt 1 und des § 15 EU Abs. 1 Nr. 1 in Abschnitt 2 verwiesen (→ § 15 Rn. 7 ff., → § 15 EU Rn. 8 ff.).

IV. Geheimhaltung und Dokumentation, Aufklärungsverweigerung und Nachverhandlungsverbot (§ 15 VS Abs. 1 Nr. 2, Abs. 2, 3)

7   Die Regelungen der **Geheimhaltungsverpflichtung** des Auftraggebers bei Baumaßnahmen in den Bereichen Verteidigung und Sicherheit gem. § 15 VS Abs. 1 Nr. 2 S. 1, der **Dokumentation erfolgter Aufklärungen in Textform** gem. § 15 VS Abs. 1 Nr. 2 S. 2, der **Rechtsfolgen der Aufklärungsverweigerung** gem. § 15 VS Abs. 2 und der Regelung des **Nachverhandlungsverbots** in § 15 VS Abs. 3 sind inhaltlich und wörtlich mit den Parallelvorschriften des § 15 Abs. 1 Nr. 2, Abs. 2, 3 und § 15 EU Abs. 1 Nr. 2, Abs. 2, 3 in Abschnitt 1 und Abschnitt 2 identisch.

8   Zur Kommentierung des § 15 VS Abs. 1 Nr. 2, Abs. 2, 3 wird auf die dortigen Kommentierungen verwiesen (→ § 15 Rn. 43 ff., → § 15 EU Rn. 44 ff.).

§ 16 VS Ausschluss von Angeboten

Auszuschließen sind
1. Angebote, die nicht fristgerecht eingegangen sind,
2. Angebote, die den Bestimmungen des § 13 VS Absatz 1 Nummer 1, 2 und 5 nicht entsprechen,

3. Angebote, die die geforderten Unterlagen im Sinne von § 8 VS Absatz 2 Nummer 5 nicht enthalten, wenn der Auftraggeber gemäß § 16a VS Absatz 3 festgelegt hat, dass er keine Unterlagen nachfordern wird. Satz 1 gilt für Teilnahmeanträge entsprechend.,
4. Angebote, bei denen der Bieter Erklärungen oder Nachweise, deren Vorlage sich der öffentliche Auftraggeber vorbehalten hat, auf Anforderung nicht innerhalb einer angemessenen, nach dem Kalender bestimmten Frist vorgelegt hat. Satz 1 gilt für Teilnahmeanträge entsprechend,
5. nicht zugelassene Nebenangebote sowie Nebenangebote, die den Mindestanforderungen nicht entsprechen,
6. Hauptangebote von Bietern, die mehrere Hauptangebote abgegeben haben, wenn der Auftraggeber die Abgabe mehrerer Hauptangebote in der Auftragsbekanntmachung nicht zugelassen hat,
7. Nebenangebote, die dem § 13 VS Absatz 3 Satz 2 nicht entsprechen,
8. Hauptangebote, die dem § 13 VS Absatz 3 Satz 3 nicht entsprechen.

§ 16 VS ist dem Wortlaut nach identisch mit § 16 EU, sodass auf die dortige Kommentierung vollumfänglich verwiesen wird (→ § 16 EU Rn. 1 ff). **1**

§ 16a VS Nachforderung von Unterlagen

(1) ¹Der Auftraggeber muss Bieter, die für den Zuschlag in Betracht kommen, unter Einhaltung der Grundsätze der Transparenz und Gleichbehandlung auffordern, fehlende, unvollständige oder fehlerhafte unternehmensbezogene Unterlagen – insbesondere Erklärungen, Angaben oder Nachweise – nachzureichen, zu vervollständigen oder zu korrigieren, oder fehlende oder unvollständige leistungsbezogene Unterlagen – insbesondere Erklärungen, Produkt- und sonstige Angaben oder Nachweise – nachzureichen oder zu vervollständigen (Nachforderung), es sei denn, er hat von seinem Recht aus Absatz 3 Gebrauch gemacht. ²Es sind nur Unterlagen nachzufordern, die bereits mit dem Angebot vorzulegen waren.

(2) ¹Fehlende Preisangaben dürfen nicht nachgefordert werden. ²Angebote, die den Bestimmungen des § 13 VS Absatz 1 Nummer 3 nicht entsprechen, sind auszuschließen. ³Dies gilt nicht für Angebote, bei denen lediglich in unwesentlichen Positionen die Angabe des Preises fehlt und sowohl durch die Außerachtlassung dieser Positionen der Wettbewerb und die Wertungsreihenfolge nicht beeinträchtigt werden als auch bei Wertung dieser Positionen mit dem jeweils höchsten Wettbewerbspreis. ⁴Hierbei wird nur auf den Preis ohne Berücksichtigung etwaiger Nebenangebote abgestellt. ⁵Der Auftraggeber fordert den Bieter nach Maßgabe von Absatz 1 auf, die fehlenden Preispositionen zu ergänzen. ⁶Die Sätze 3 bis 5 gelten nicht, wenn der öffentliche Auftraggeber das Nachfordern von Preisangaben gemäß Absatz 3 ausgeschlossen hat.

(3) Der Auftraggeber kann in der Auftragsbekanntmachung oder den Vergabeunterlagen festlegen, dass er keine Unterlagen oder Preisangaben nachfordern wird.

(4) ¹Die Unterlagen oder fehlenden Preisangaben sind vom Bewerber oder Bieter nach Aufforderung durch den Auftraggeber innerhalb einer angemessenen, nach dem Kalender bestimmten Frist vorzulegen. ²Die Frist soll sechs Kalendertage nicht übersteigen.

(5) Werden die nachgeforderten Unterlagen nicht innerhalb der Frist vorgelegt, ist das Angebot auszuschließen.

(6) Die Absätze 1, 3, 4 und 5 gelten für den Teilnahmewettbewerb entsprechend.

§ 16a VS ist nahezu identisch mit § 16a EU; auf die dortige Kommentierung wird verwiesen **1** (→ § 16a EU Rn. 1 ff.). Anstatt der Bezeichnung öffentlicher Auftraggeber wird die Bezeichnung Auftraggeber verwendet.

§ 16b VS Eignung

Beim nicht offenen Verfahren, Verhandlungsverfahren und beim wettbewerblichen Dialog sind nur Umstände zu berücksichtigen, die nach Aufforderung zur Angebotsabgabe Zweifel an der Eignung des Bieters begründen (vgl. § 6b VS Absatz 4).

VOB/A § 16d VS

1 § 16b VS entspricht § 16b EU Abs. 3, sodass auf die Kommentierung in § 16b EU verwiesen wird (→ § 16b EU Rn. 9).

§ 16c VS Prüfung

(1) Die nicht ausgeschlossenen Angebote geeigneter Bieter sind auf die Einhaltung der gestellten Anforderungen, insbesondere in rechnerischer, technischer und wirtschaftlicher Hinsicht zu prüfen.
1. Entspricht der Gesamtbetrag einer Ordnungszahl (Position) nicht dem Ergebnis der Multiplikation von Mengenansatz und Einheitspreis, so ist der Einheitspreis maßgebend.
2. Bei Vergabe für eine Pauschalsumme gilt diese ohne Rücksicht auf etwa angegebene Einzelpreise.

(2) Die aufgrund der Prüfung festgestellten Angebotsendsummen sind in der Niederschrift über den Öffnungstermin zu vermerken.

1 § 16c VS ist im Wesentlichen identisch mit § 16c EU, weshalb auf die dortige Kommentierung verwiesen wird (→ § 16c EU Rn. 1. ff.). Die in § 16c EU Abs. 1 S. 2 enthaltene Regelung zur Nachweisführung in Bezug auf die Einhaltung spezifischer umweltbezogener, sozialer und sonstiger Merkmale findet sich in § 16c VS Abs. 1 nicht.

§ 16d VS Wertung

(1)
1. Auf ein Angebot mit einem unangemessen hohen oder niedrigen Preis darf der Zuschlag nicht erteilt werden.
2. ¹Erscheint ein Angebotspreis unangemessen niedrig und ist anhand vorliegender Unterlagen über die Preisermittlung die Angemessenheit nicht zu beurteilen, ist vor Ablehnung des Angebots vom Bieter in Textform Aufklärung über die Ermittlung der Preise für die Gesamtleistung oder für Teilleistungen zu verlangen, gegebenenfalls unter Festlegung einer zumutbaren Antwortfrist. ²Bei der Beurteilung der Angemessenheit prüft der Auftraggeber – in Rücksprache mit dem Bieter – die betreffende Zusammensetzung und berücksichtigt dabei die gelieferten Nachweise.
3. In die engere Wahl kommen nur solche Angebote, die unter Berücksichtigung rationellen Baubetriebs und sparsamer Wirtschaftsführung eine einwandfreie Ausführung einschließlich Haftung für Mängelansprüche erwarten lassen.

(2) ¹Bei der Wertung der Angebote dürfen nur Zuschlagskriterien und deren Gewichtung berücksichtigt werden, die in der Auftragsbekanntmachung oder in den Vergabeunterlagen genannt sind. ²Die Zuschlagskriterien müssen mit dem Auftragsgegenstand zusammenhängen und können beispielsweise sein: Qualität, Preis, technischer Wert, Ästhetik, Zweckmäßigkeit, Umwelteigenschaften, Betriebs- und Folgekosten, Rentabilität, Kundendienst, Versorgungssicherheit, Interoperabilität und Eigenschaft beim Einsatz und technische Hilfe oder Ausführungsfrist.

(3) ¹Sind Angebote auf Grund einer staatlichen Beihilfe ungewöhnlich niedrig, ist dies nur dann ein Grund sie zurückzuweisen, wenn der Bieter nicht nachweisen kann, dass die betreffende Beihilfe rechtmäßig gewährt wurde. ²Für diesen Nachweis hat der Auftraggeber dem Bieter eine ausreichende Frist zu gewähren. ³Auftraggeber, die trotz entsprechender Nachweise des Bieters ein Angebot zurückweisen, müssen die Kommission der Europäischen Union darüber unterrichten.

(4) Ein Angebot nach § 13 VS Absatz 2 ist wie ein Hauptangebot zu werten.

(5) ¹Preisnachlässe ohne Bedingung sind nicht zu werten, wenn sie nicht an der vom Auftraggeber nach § 13 VS Absatz 4 bezeichneten Stelle aufgeführt sind. ²Unaufgefordert angebotene Preisnachlässe mit Bedingungen für die Zahlungsfrist (Skonti) werden bei der Wertung der Angebote nicht berücksichtigt.

(6) ¹Die Bestimmungen der Absätze 1 bis 3, § 16b VS, § 16c VS Absatz 2 gelten auch bei Verhandlungsverfahren und wettbewerblichem Dialog. ²Die Absätze 4 und 5, § 16 VS

sowie § 16c VS Absatz 1 sind entsprechend auch bei Verhandlungsverfahren und wettbewerblichem Dialog anzuwenden.

Schrifttum: Vgl. die Angaben bei § 16d EU.

I. Überblick

§ 16d VS setzt die Regelungen in Art. 47 und 49 RL 2009/81/EG um. Die Richtlinie über die Koordinierung der Verfahren zur Vergabe bestimmter Bau-, Liefer- und Dienstleistungsaufträge in den Bereichen Verteidigung und Sicherheit (Vergabe-RL Verteidigung und Sicherheit) ist im Rahmen der Modernisierung des europäischen Vergaberechts im Jahr 2014 unberücksichtigt geblieben. Die VOB/A – VS konnte deshalb weder im Zuge der nationalen Vergaberechtsreform 2016 reformiert noch im Rahmen der Änderungen der VOB/A im Jahr 2019 mit den Abschnitten 1 und 2 harmonisiert werden.

Aufgrund der weitgehenden Übereinstimmung zwischen § 16d VS und § 16d EU bzw. § 16d lässt sich ein eigenständiger Regelungsgehalt des § 16d VS nicht erkennen. Daher wird an dieser Stelle grundsätzlich auf die Kommentierungen der § 16d EU und § 16d verwiesen (→ § 16d EU Rn. 1 ff. und → § 16d Rn. 1 ff.). Nachstehend erfolgt eine Erläuterung nur insoweit, als sich § 16d VS von § 16d EU bzw. § 16d inhaltlich unterscheidet.

II. Preisprüfung

Die Regelungen in § 16d VS Abs. 1 und Abs. 3 entsprechen weitgehend § 16d EU Abs. 1. Im Unterschied zu § 16d EU Abs. 1 Nr. 1 ist die Prüfung der Angemessenheit allerdings auf den **Angebotspreis** beschränkt. Die Angemessenheit der **Kosten** ist bei der Preisprüfung **nicht zu berücksichtigen**. Des Weiteren hat die Regelung in § 16d EU Abs. 1 Nr. 1 S. 2, wonach der Auftraggeber ein Angebot ablehnt, das unangemessen niedrig ist, weil es den geltenden **umwelt-, sozial- und arbeitsrechtlichen Anforderungen** nicht genügt, keine Entsprechung in § 16d VS Abs. 1 Nr. 1.

III. Wertung/Zuschlagskriterien (Abs. 2)

Abs. 2 stellt sich als eine Art „Mischvariante" zwischen § 16d EU Abs. 2 Nr. 1 und 2 und § 16d Abs. 1 Nr. 3, 4 und 5 dar. An der Stelle des sehr umfangreichen § 16d EU Abs. 2 steht in Abschnitt 3 die weitaus knappere Bestimmung des § 16d VS Abs. 2. Bei der Wertung der Angebote dürfen nur Zuschlagskriterien und deren Gewichtung berücksichtigt werden, die in der Auftragsbekanntmachung oder in den Vergabeunterlagen genannt sind. Als beispielhafte Zuschlagskriterien werden neben Qualität, Preis, technischer Wert, Ästhetik, Zweckmäßigkeit, Umwelteigenschaften, Betriebs- und Folgekosten, Rentabilität, Kundendienst und Ausführungsfrist die Kriterien Versorgungssicherheit, Interoperabilität und Eigenschaft beim Einsatz sowie technische Hilfe genannt. Gegenüber § 16d EU und § 16d eigenständig sind die Kriterien „**Interoperabilität**", „**Versorgungssicherheit**" und „**Eigenschaft beim Einsatz**". Gerade das zuletzt genannte Kriterium zielt auf die besonderen Bedürfnisse des öffentlichen Auftraggebers im Bereich Verteidigung und Sicherheit ab.[1] Ein verteidigungsrelevanter Auftrag kann sowohl die äußere als auch die innere Sicherheit betreffen und ist damit in erhöhtem Maße gemeinwohlrelevant.[2] So heißt es in den Erwägungsgründen 8 und 9 Vergabe-RL Verteidigung und Sicherheit, dass öffentliche Liefer- und Dienstleistungsaufträge in den Bereichen der Verteidigung und Sicherheit aufgrund der zentralen Bedeutung von Verteidigungs- und Sicherheitsausrüstungen sowohl für die Sicherheit und Souveränität der Mitgliedstaaten als auch für die Autonomie der Union häufig sensibel sind und deshalb besonderen Anforderungen unterliegen. Nicht benannt ist die Möglichkeit, analog zur § 16d EU Abs. 2 Nr. 2 lit. b die Organisation, Qualifikation und Erfahrung des mit der Ausführung des Auftrags betrauten Personals als Zuschlagskriterium zu verwenden, wenn die Qualität des eingesetzten Personals erheblichen Einfluss auf das Niveau der Auftragsausführung haben kann. Nach der Rechtsprechung des EuGH dürfte diese Möglichkeit dennoch bestehen.[3] Methodisch bestehen daher auch insoweit keinerlei Besonderheiten gegenüber den in § 16d EU Abs. 2 genannten Kriterien.

Die Abs. 4–6 finden sich wortgleich oder sinngemäß in § 16d EU wieder.

---

[1] Ingenstau/Korbion/*Korbion* Rn. 35 unter Verweis auf die unionsrechtlichen Vorgaben gem. Art. 47 Abs. 1 Vergabe-RL Verteidigung und Sicherheit.
[2] Beck VergabeR/*Horn/Hofmann* Rn. 10 ff.
[3] EuGH Urt. v. 26.3.2015 – C-601/13, IBRRS 2015, 0691. Dass das Urteil einen Dienstleistungsauftrag betrifft, steht einer Übertragung auch auf den Baubereich nicht im Weg. Es genügt, dass die Vergabe einen Auftrag „mit intellektuellem Charakter" zum Gegenstand hat, vgl. auch Ziekow/Völlink/*Steck* Rn. 7.

§ 17 VS Aufhebung der Ausschreibung

(1) Die Ausschreibung kann aufgehoben werden, wenn:
1. kein Angebot eingegangen ist, das den Ausschreibungsbedingungen entspricht,
2. die Vergabeunterlagen grundlegend geändert werden müssen,
3. andere schwerwiegende Gründe bestehen.

(2)
1. Die Bewerber und Bieter sind von der Aufhebung der Ausschreibung unter Angabe der Gründe, gegebenenfalls über die Absicht, ein neues Vergabeverfahren einzuleiten, unverzüglich in Textform zu unterrichten.
2. Dabei kann der öffentliche Auftraggeber bestimmte Informationen zurückhalten, wenn die Weitergabe
   a) den Gesetzesvollzug behindern,
   b) dem öffentlichen Interesse zuwiderlaufen,
   c) die berechtigten geschäftlichen Interessen von öffentlichen oder privaten Unternehmen schädigen oder
   d) den fairen Wettbewerb beeinträchtigen würde.

1 § 17 VS entspricht vollständig § 17 EU. Es kann daher auf die Kommentierung zu § 17 EU verwiesen werden (→ § 17 EU Rn. 1 ff.), mit Ausnahme der Ausführungen zur Innovationspartnerschaft, die keine zulässige Verfahrensart gem. § 3 VS ist. Die nach Abs. 2 Nr. 2 lit. b eröffnete Berechtigung, aus Gründen des öffentlichen Interesses bestimmte Informationen zurückzuhalten, hat im Rahmen des § 17 VS besondere Bedeutung. So unterliegen naturgemäß insbesondere Beschaffungen mit militärischem Hintergrund oftmals dem Geheimnisschutz.[1] Zu denken ist hier insbesondere an die Vergabe von Bauleistungen für strategisch wichtige Objekte der Streitkräfte.[2]

§ 18 VS Zuschlag

(1) Der Zuschlag ist möglichst bald, mindestens aber so rechtzeitig zu erteilen, dass dem Bieter die Erklärung noch vor Ablauf der Bindefrist zugeht.

(2) Werden Erweiterungen, Einschränkungen oder Änderungen vorgenommen oder wird der Zuschlag verspätet erteilt, so ist der Bieter bei Erteilung des Zuschlags aufzufordern, sich unverzüglich über die Annahme zu erklären.

(3)
1. Die Erteilung eines Bauauftrages ist bekannt zu machen. Diese Pflicht besteht nicht für die Vergabe von Einzelaufträgen, die aufgrund einer Rahmenvereinbarung erfolgen.
2. Die Vergabebekanntmachung ist nach dem Muster gemäß Anhang XIV der Durchführungsverordnung (EU) Nr. 2015/1986 zu erstellen. Beim Verhandlungsverfahren ohne Teilnahmewettbewerb hat der Auftraggeber die Gründe, die die Wahl dieses Verfahrens rechtfertigen, in der Vergabebekanntmachung mitzuteilen.
3. Nicht in die Vergabebekanntmachung aufzunehmen sind Angaben, deren Veröffentlichung
   a) den Gesetzesvollzug behindern,
   b) dem öffentlichen Interesse zuwiderlaufen,
   c) die berechtigten geschäftlichen Interessen öffentlicher oder privater Unternehmen schädigen oder
   d) den fairen Wettbewerb beeinträchtigen würde.

(4) Die Vergabebekanntmachung ist dem Amt für Veröffentlichungen der Europäischen Union in kürzester Frist – spätestens 48 Kalendertage nach Auftragserteilung – zu übermitteln.

1 § 18 VS ist im Wesentlichen wortgleich zu § 18 EU. Auf die Kommentierung zu § 18 EU kann daher im Grundsatz verwiesen werden (→ § 18 EU Rn. 1 ff.). Neu als § 18 VS Abs. 3 Nr. 1 S. 2 aufgenommen wurde die Klarstellung, dass keine Bekanntmachungspflicht für die Vergabe von

---

[1] Vgl. Ziekow/Völlink/*Völlink* VgV § 39 Rn. 10; vgl. insoweit auch Erwägungsgrund 56 Vergabe-RL Verteidigung und Sicherheit.
[2] Leinemann/Kirch/*Kues* VSVgV § 18 VS Rn. 47.

Einzelaufträgen besteht, die aufgrund einer Rahmenvereinbarung erfolgt.[1] Diese Regelung korrespondiert zum einen zu § 18 EU Abs. 3 Nr. 3, der dies ebenso vorsieht, und vor allem zum neu geschaffenen § 4a VS, der erstmals die Möglichkeit ausdrücklich benennt, auch für Vergaben in den Bereichen Verteidigung und Sicherheit Rahmenvereinbarungen zu schließen (→ § 4a VS Rn. 1 ff.).[2] Schließlich wird mit Abs. 3 Nr. 1 S. 2 erstmalig Art. 30 Abs. 3 UAbs. 2 RL 2009/81/EG (Vergabe-RL Verteidigung und Sicherheit) umgesetzt.[3]

Bei Abs. 1 ist die unterschiedliche Regelung in Bezug auf die **Länge der Bindefrist** zu beachten: Gemäß § 10b VS Abs. 8 S. 3 soll eine längere Bindefrist als **30 Kalendertage** nur in begründeten Fällen festgelegt werden, während sie nach § 10a EU Abs. 8 im Regelfall 60 Tage beträgt. 2

Abs. 3 Nr. 2 S. 2 verlangt vom Auftraggeber die Angabe der Gründe, aus denen ein Bauauftrag im Verhandlungsverfahren ohne Teilnahmewettbewerb vergeben wurde. Nach Ziff. IV 1 des Standardformulars sind hierzu unter Verwendung des Anhangs D3 ausführliche Angaben zu machen. Konkret ist „klar und ausführlich zu erläutern, warum die Auftragsvergabe ohne vorherige Auftragsbekanntmachung im Amtsblatt der Europäischen Union rechtmäßig ist", wobei „die einschlägigen Fakten und ggf. rechtlichen Schlussfolgerungen gemäß Richtlinie 2009/81/EG anzuführen" sind. Diese Vorgabe fehlt in § 18 EU. 3

Ferner hat **§ 18 EU Abs. 3 Nr. 4 keine Entsprechung im Abschnitt 3,** was sich daraus erklärt, dass mit § 18 VS nicht die RL 2014/24/EU umgesetzt wird, die Grundlage dieser Regelungen ist, sondern nach wie vor die Vergabe-RL Verteidigung und Sicherheit. Dafür ist der Anwendungsbereich des Abs. 3 Nr. 3, der § 18 EU Abs. 3 Nr. 5 entspricht, im Bereich Verteidigung und Sicherheit von besonderer Relevanz und daher auch mit entsprechender Sorgfalt zu prüfen (→ § 17 VS Rn. 2). 4

Auch Abs. 4 wurde entsprechend nicht der RL 2014/24/EU angepasst; anders als in § 18 EU ist der Auftraggeber daher **nicht verpflichtet,** die Bekanntmachung **elektronisch** zu übermitteln. Daher beträgt die Frist nach wie vor **48 Kalendertage**. 5

§ 19 VS Nicht berücksichtigte Bewerbungen und Angebote

(1) Bewerber, deren Bewerbung abgelehnt wurde, sowie Bieter, deren Angebote ausgeschlossen worden sind (§ 16VS), und solche, deren Angebote nicht in die engere Wahl kommen, sollen unverzüglich unterrichtet werden.

(2) ¹Der öffentliche Auftraggeber hat die betroffenen Bieter, deren Angebote nicht berücksichtigt werden sollen,
1. über den Namen des Unternehmens, dessen Angebot angenommen werden soll,
2. über die Gründe der vorgesehenen Nichtberücksichtigung ihres Angebots und
3. über den frühesten Zeitpunkt des Vertragsschlusses
unverzüglich in Textform zu informieren.
²Dies gilt auch für Bewerber, denen keine Information über die Ablehnung ihrer Bewerbung zur Verfügung gestellt wurde, bevor die Mitteilung über die Zuschlagserteilung an die betroffenen Bieter ergangen ist.
³Ein Vertrag darf erst 15 Kalendertage nach Absendung der Information nach den Sätzen 1 und 2 geschlossen werden. ⁴Wird die Information per Telefax oder auf elektronischem Weg versendet, verkürzt sich die Frist auf zehn Kalendertage. ⁵Die Frist beginnt am Tag nach Absendung der Information durch den öffentlichen Auftraggeber; auf den Tag des Zugangs beim betroffenen Bewerber oder Bieter kommt es nicht an.

(3) Die Informationspflicht nach Absatz 2 entfällt in den Fällen, in denen das Verhandlungsverfahren ohne Teilnahmewettbewerb wegen besonderer Dringlichkeit gerechtfertigt ist.

(4) ¹Auf Verlangen ist den nicht berücksichtigten Bewerbern unverzüglich, spätestens jedoch innerhalb einer Frist von 15 Kalendertagen nach Eingang ihres schriftlichen Antrags Folgendes mitzuteilen:

---

[1] Die Formulierung: „die aufgrund einer Rahmenvereinbarung erfolgen" dürfte ein sprachlicher Lapsus sein.
[2] Der Hauptunterschied zu § 4a EU besteht in der längeren zulässigen Laufzeit einer Rahmenvereinbarung. Gem. § 4a VS Abs. 6 darf sie höchstens sieben Jahre betragen; s. dazu auch den ebenfalls neuen § 20 VS Abs. 1 S. 2 Nr. 11, wonach die Gründe zu dokumentieren sind, die eine über sieben Jahre hinausgehende Laufzeit einer Rahmenvereinbarung rechtfertigen.
[3] Inhaltlich ändert sich hier gegenüber dem früheren Rechtszustand nichts, vgl. Beck VergabeR/*Horn/Hofmann* Rn. 5.

1. die Entscheidung über die Zuschlagserteilung sowie
2. die Gründe für die Ablehnung ihrer Bewerbung, einschließlich der nicht ausreichenden Erfüllung der Anforderungen in Bezug auf die Informations- und Versorgungssicherheit.

²Auf Verlangen sind den Bietern, die ein ordnungsgemäßes Angebot eingereicht haben, die Merkmale und Vorteile des Angebots des erfolgreichen Bieters schriftlich mitzuteilen. ³Sofern keine Gleichwertigkeit insbesondere in Bezug auf die erforderliche Informations- und Versorgungssicherheit vorliegt, teilt der Auftraggeber dem Bieter dies mit. ⁴§ 17 VS Absatz 2 Nummer 2 gilt entsprechend.

(5) Nicht berücksichtigte Angebote und Ausarbeitungen der Bieter dürfen nicht für eine neue Vergabe oder für andere Zwecke benutzt werden.

(6) Entwürfe, Ausarbeitungen, Muster und Proben zu nicht berücksichtigten Angeboten sind zurückzugeben, wenn dies im Angebot oder innerhalb von 30 Kalendertagen nach Ablehnung des Angebots verlangt wird.

1 § 19 VS Abs. 1–3 ist wortgleich zu § 19 EU Abs. 1–3. Auf die Kommentierung zu § 19 EU kann daher zunächst verwiesen werden (→ § 19 EU Rn. 1 ff.).

2 Anders als § 19 EU Abs. 4 verlangt Abs. 4 S. 2 und 3, dass der Auftraggeber auf Verlangen eines Bieters, der ein ordnungsgemäßes Angebot eingereicht hat, die Merkmale und Vorteile des Angebots des erfolgreichen Bieters schriftlich mitteilt. Sofern keine Gleichwertigkeit insbesondere in Bezug auf die erforderliche Informations- und Versorgungssicherheit vorliegt, teilt der Auftraggeber dem Bieter dies mit. Diese Forderung geht zurück auf Art. 35 Abs. 2 lit. b RL 2009/81/EG (Vergabe-RL Verteidigung und Sicherheit), der mithin in § 19 VS vollständig umgesetzt wurde als Art. 55 Abs. 2 lit. b RL 2014/24/EU in Abschnitt 2 (→ § 19 EU Rn. 22). Die in § 17 VS Abs. 2 Nr. 2 genannten Gründe, bei deren Vorliegen auf die Veröffentlichung von Informationen verzichtet werden kann, gelten gem. Abs. 4 S. 4 entsprechend.

§ 20 VS Dokumentation

(1) ¹Das Vergabeverfahren ist zeitnah so zu dokumentieren, dass die einzelnen Stufen des Verfahrens, die einzelnen Maßnahmen, die maßgebenden Feststellungen sowie die Begründung der einzelnen Entscheidungen in Textform festgehalten werden. ²Diese Dokumentation muss mindestens enthalten:
1. Name und Anschrift des Auftraggebers,
2. Art und Umfang der Leistung,
3. Wert des Auftrages,
4. Namen der berücksichtigten Bewerber oder Bieter und Gründe für ihre Auswahl,
5. Namen der nicht berücksichtigten Bewerber oder Bieter und die Gründe für die Ablehnung,
6. Gründe für die Ablehnung von ungewöhnlich niedrigen Angeboten,
7. Name des Auftragnehmers und Gründe für die Erteilung des Zuschlags auf sein Angebot,
8. Anteil der beabsichtigten Weitergabe an Nachunternehmen, soweit bekannt,
9. bei nicht offenen Verfahren, Verhandlungsverfahren und wettbewerblichem Dialog Gründe für die Wahl des jeweiligen Verfahrens sowie die Gründe für das Überschreiten der Fünfjahresfrist in § 3aVS Absatz 2 Nummer 5,
10. gegebenenfalls die Gründe, aus denen der Auftraggeber auf die Vergabe eines Auftrags oder einer Rahmenvereinbarung verzichtet hat,
11. gegebenenfalls die Gründe, die eine über sieben Jahre hinausgehende Laufzeit einer Rahmenvereinbarung rechtfertigen.

³Der Auftraggeber trifft geeignete Maßnahmen, um den Ablauf der mit elektronischen Mitteln durchgeführten Vergabeverfahren zu dokumentieren.

(2) Wird auf die Vorlage zusätzlich zum Angebot verlangter Unterlagen und Nachweise verzichtet, ist dies in der Dokumentation zu begründen.

1 § 20 VS ist – mit Ausnahme von Abs. 1 S. 2 Nr. 11, der im Zuge der VOB/A 2019 neu hinzugekommen ist, sowie der ebenfalls neuen Erwähnung der Rahmenvereinbarung in Abs. 1 S. 2

Auftragsänderungen während der Vertragslaufzeit § 22 VS VOB/A

Nr. 10 – wortgleich zu § 20 Abs. 1 und 2 in Abschnitt 1. Auf die dortige Kommentierung kann daher verwiesen werden (→ § 20 Rn. 1 ff.).

Der Verzicht auf die Übernahme auch von § 20 Abs. 3 erklärt sich daraus, dass Abschnitt 3 nur 2 für Vergaben oberhalb der EU-Schwellenwerte gilt und Beschränkte Ausschreibungen bzw. nicht offene Verfahren ohne Teilnahmewettbewerb nicht vorgesehen sind (vgl. § 3 VS Nr. 1).

Abs. 1 S. 2 Nr. 11 hat keine Entsprechung in den Abschnitten 1 und 2, ohne dass damit ein 3 inhaltlicher Unterschied verbunden wäre. Eine Abweichung von der jeweils zulässigen Höchstdauer einer Rahmenvereinbarung ist in jedem Falle dokumentationspflichtig.

§ 21 VS Nachprüfungsbehörden

In der Bekanntmachung und den Vergabeunterlagen ist die Nachprüfungsbehörde mit der Anschrift anzugeben, an die sich der Bewerber oder Bieter zur Nachprüfung behaupteter Verstöße gegen die Vergabebestimmungen wenden kann.

§ 21 VS ist identisch mit § 21 EU; auf die dortige Kommentierung wird verwiesen (→ § 21 1 EU → Rn. 1 ff.).

§ 22 VS Auftragsänderungen während der Vertragslaufzeit

(1) [1]Wesentliche Änderungen eines öffentlichen Auftrags während der Vertragslaufzeit erfordern ein neues Vergabeverfahren. [2]Wesentlich sind Änderungen, die dazu führen, dass sich der öffentliche Auftrag erheblich von dem ursprünglich vergebenen öffentlichen Auftrag unterscheidet. [3]Eine wesentliche Änderung liegt insbesondere vor, wenn
1. mit der Änderung Bedingungen eingeführt werden, die, wenn sie für das ursprüngliche Vergabeverfahren gegolten hätten,
   a) die Zulassung anderer Bewerber oder Bieter ermöglicht hätten,
   b) die Annahme eines anderen Angebots ermöglicht hätten oder
   c) das Interesse weiterer Teilnehmer am Vergabeverfahren geweckt hätten,
2. mit der Änderung das wirtschaftliche Gleichgewicht des öffentlichen Auftrags zugunsten des Auftragnehmers in einer Weise verschoben wird, die im ursprünglichen Auftrag nicht vorgesehen war,
3. mit der Änderung der Umfang des öffentlichen Auftrags erheblich ausgeweitet wird oder
4. ein neuer Auftragnehmer den Auftragnehmer in anderen als den in Absatz 2 Nummer 4 vorgesehenen Fällen ersetzt.

(2) [1]Unbeschadet des Absatzes 1 ist die Änderung eines öffentlichen Auftrags ohne Durchführung eines neuen Vergabeverfahrens zulässig, wenn
1. in den ursprünglichen Vergabeunterlagen klare, genaue und eindeutig formulierte Überprüfungsklauseln oder Optionen vorgesehen sind, die Angaben zu Art, Umfang und Voraussetzungen möglicher Auftragsänderungen enthalten, und sich aufgrund der Änderung der Gesamtcharakter des Auftrags nicht verändert,
2. zusätzliche Bauleistungen erforderlich geworden sind, die nicht in den ursprünglichen Vergabeunterlagen vorgesehen waren, und ein Wechsel des Auftragnehmers
   a) aus wirtschaftlichen oder technischen Gründen nicht erfolgen kann und
   b) mit erheblichen Schwierigkeiten oder beträchtlichen Zusatzkosten für den Auftraggeber verbunden wäre,
3. die Änderung aufgrund von Umständen erforderlich geworden ist, die der Auftraggeber im Rahmen seiner Sorgfaltspflicht nicht vorhersehen konnte und sich aufgrund der Änderung der Gesamtcharakter des Auftrags nicht verändert oder
4. ein neuer Auftragnehmer den bisherigen Auftragnehmer ersetzt
   a) aufgrund einer Überprüfungsklausel im Sinne von Nummer 1,
   b) aufgrund der Tatsache, dass ein anderes Unternehmen, das die ursprünglich festgelegten Anforderungen an die Eignung erfüllt, im Zuge einer Unternehmensumstrukturierung, wie zum Beispiel durch Übernahme, Zusammenschluss, Erwerb oder Insolvenz, ganz oder teilweise an die Stelle des ursprünglichen Auftragnehmers tritt, sofern dies keine weiteren wesentlichen Änderungen im Sinne des Absatzes 1 zur Folge hat, oder

c) aufgrund der Tatsache, dass der Auftraggeber selbst die Verpflichtungen des Hauptauftragnehmers gegenüber seinen Unterauftragnehmern übernimmt.
²In den Fällen der Nummer 2 und 3 darf der Preis um nicht mehr als 50 Prozent des Werts des ursprünglichen Auftrags erhöht werden. ³Bei mehreren aufeinander folgenden Änderungen des Auftrags gilt diese Beschränkung für den Wert jeder einzelnen Änderung, sofern die Änderungen nicht mit dem Ziel vorgenommen werden, die Vorschriften dieses Teils zu umgehen.

(3) ¹Die Änderung eines öffentlichen Auftrags ohne Durchführung eines neuen Vergabeverfahrens ist ferner zulässig, wenn sich der Gesamtcharakter des Auftrags nicht ändert und der Wert der Änderung
1. die jeweiligen Schwellenwerte nach § 106 GWB nicht übersteigt und
2. bei Liefer- und Dienstleistungsaufträgen nicht mehr als zehn Prozent und bei Bauaufträgen nicht mehr als 15 Prozent des ursprünglichen Auftragswertes beträgt.
²Bei mehreren aufeinander folgenden Änderungen ist der Gesamtwert der Änderungen maßgeblich.

(4) Enthält der Vertrag eine Indexierungsklausel, wird für die Wertberechnung gemäß Absatz 2 Satz 2 und 3 sowie gemäß Absatz 3 der höhere Preis als Referenzwert herangezogen.

(5) Änderungen nach Absatz 2 Nummer 2 und 3 sind im Amtsblatt der Europäischen Union bekannt zu machen.

1 § 22 VS ist identisch mit § 132 GWB, der gem. § 147 Abs. 1 GWB auch auf die Vergabe von verteidigungs- oder sicherheitsspezifischen öffentlichen Aufträgen Anwendung findet. Auf die Kommentierung zu § 132 GWB ist daher im vollen Umfang zu verweisen (*Jaeger* in Band 3 → GWB § 132 Rn. 1 ff.), ergänzend auf die Kommentierungen zu § 22 EU und § 22 (→ § 22 EU Rn. 1 ff.; → § 22 Rn. 1 ff.).

Anhang TS

Technische Spezifikationen
1. „Technische Spezifikation" hat eine der folgenden Bedeutungen:
   a) bei öffentlichen Bauaufträgen die Gesamtheit der insbesondere in den Vergabeunterlagen enthaltenen technischen Beschreibungen, in denen die erforderlichen Eigenschaften eines Werkstoffs, eines Produkts oder einer Lieferung definiert sind, damit dieser/diese den vom öffentlichen Auftraggeber beabsichtigten Zweck erfüllt; zu diesen Eigenschaften gehören Umwelt- und Klimaleistungsstufen, „Design für alle" (einschließlich des Zugangs von Menschen mit Behinderungen) und Konformitätsbewertung, Leistung, Vorgaben für Gebrauchstauglichkeit, Sicherheit oder Abmessungen, einschließlich der Qualitätssicherungsverfahren, der Terminologie, der Symbole, der Versuchs- und Prüfmethoden, der Verpackung, der Kennzeichnung und Beschriftung, der Gebrauchsanleitungen sowie der Produktionsprozesse und -methoden in jeder Phase des Lebenszyklus der Bauleistungen; außerdem gehören dazu auch die Vorschriften für die Planung und die Kostenrechnung, die Bedingungen für die Prüfung, Inspektion und Abnahme von Bauwerken, die Konstruktionsmethoden oder -verfahren und alle anderen technischen Anforderungen, die der Auftraggeber für fertige Bauwerke oder dazu notwendige Materialien oder Teile durch allgemeine und spezielle Vorschriften anzugeben in der Lage ist;
   b) bei öffentlichen Dienstleistungs- oder Lieferaufträgen eine Spezifikation, die in einem Schriftstück enthalten ist, das Merkmale für ein Produkt oder eine Dienstleistung vorschreibt, wie Qualitätsstufen, Umwelt- und Klimaleistungsstufen, „Design für alle" (einschließlich des Zugangs von Menschen mit Behinderungen) und Konformitätsbewertung, Leistung, Vorgaben für Gebrauchstauglichkeit, Sicherheit oder Abmessungen des Produkts, einschließlich der Vorschriften über Verkaufsbezeichnung, Terminologie, Symbole, Prüfungen und Prüfverfahren, Verpackung, Kennzeichnung und Beschriftung, Gebrauchsanleitungen, Produktionsprozesse und -methoden in jeder Phase des Lebenszyklus der Lieferung oder der Dienstleistung sowie über Konformitätsbewertungsverfahren;
2. „Norm" bezeichnet eine technische Spezifikation, die von einer anerkannten Normungsorganisation zur wiederholten oder ständigen Anwendung angenommen wurde,

deren Einhaltung nicht zwingend ist und die unter eine der nachstehenden Kategorien fällt:
   a) internationale Norm: Norm, die von einer internationalen Normungsorganisation angenommen wurde und der Öffentlichkeit zugänglich ist;
   b) europäische Norm: Norm, die von einer europäischen Normungsorganisation angenommen wurde und der Öffentlichkeit zugänglich ist;
   c) nationale Norm: Norm, die von einer nationalen Normungsorganisation angenommen wurde und der Öffentlichkeit zugänglich ist;
3. „Europäische technische Bewertung" bezeichnet eine dokumentierte Bewertung der Leistung eines Bauprodukts in Bezug auf seine wesentlichen Merkmale im Einklang mit dem betreffenden Europäischen Bewertungsdokument gemäß der Begriffsbestimmung in Artikel 2 Nummer 12 der Verordnung (EU) Nr. 305/2011 des Europäischen Parlaments und des Rates;
4. „gemeinsame technische Spezifikationen" sind technische Spezifikationen im IKT-Bereich, die gemäß den Artikeln 13 und 14 der Verordnung (EU) Nr. 1025/2012 festgelegt wurden;
5. „technische Bezugsgröße" bezeichnet jeden Bezugsrahmen, der keine europäische Norm ist und von den europäischen Normungsorganisationen nach den an die Bedürfnisse des Marktes angepassten Verfahren erarbeitet wurde.

6. Teil Grundzüge der VOB/B

Übersicht

		Rn.			Rn.
A.	Einleitung	1	2.	Rechtsgeschäftliche Abnahme	22
B.	Einbeziehung der VOB/B	4	3.	Fiktive Abnahme	25
I.	Überblick	4	VI.	Verjährung (§ 13 Abs. 4, 7 VOB/B)	26
II.	Inhaltskontrolle	6	VII.	Gefahrtragung (§ 12 Abs. 6 VOB/B)	28
C.	Einzelheiten zur VOB/B	8	VIII.	Kündigung	29
I.	Überblick	8	1.	Freie Kündigung (§ 8 Abs. 1 VOB/B)	29
II.	Vertragsinhalt (§ 1 VOB/B)	10	2.	Außerordentliche Kündigung (§ 8 Abs. 2–4 VOB/B)	30
III.	Mitwirkung des Auftraggebers (§§ 3, 4 Abs. 1 VOB/B)	12	IX.	Vergütung (§§ 2, 16 VOB/B)	32
IV.	Mängelhaftung (§ 13 VOB/B)	15	1.	Überblick	32
1.	Überblick	15	2.	Ermittlung der Vergütung	33
2.	Mängelbeseitigung (§ 13 Abs. 5 Nr. 1 S. 1 VOB/B), Selbstvornahme (§ 13 Abs. 5 Nr. 2 VOB/B), Minderung (§ 13 Abs. 6 VOB/B)	16		a) Einheitspreisvertrag	33
				b) Pauschalpreisvertrag	39
				c) Auftragslos erbrachte Leistungen (§ 2 Abs. 8 VOB/B)	41
				d) Stundenlohnvertrag (§ 2 Abs. 10 VOB/B, § 15 VOB/B)	42
3.	Schadensersatz (§ 13 Abs. 7 VOB/B)	17	3.	Zahlungsmodalitäten	45
4.	Ausschluss der Mängelhaftung (§ 13 Abs. 3 VOB/B)	18		a) Abschlagszahlungen (§ 16 Abs. 1 VOB/B)	45
V.	Abnahme (§ 12 VOB/B)	21		b) Vorauszahlungen (§ 16 Abs. 2 VOB/B)	48
1.	Überblick	21		c) Schlusszahlung (§ 16 Abs. 3 VOB/B)	49

A. Einleitung

Öffentliche Auftraggeber sind nach den vergaberechtlichen Vorschriften der §§ 97 ff. GWB verpflichtet, bei der Beschaffung von Waren, Bau- und Dienstleistungen ein **wettbewerblich geordnetes und transparentes Vergabeverfahren** durchzuführen. Das gilt immer dann, wenn das Auftragsvolumen bestimmte Schwellenwerte erreicht (§ 106 Abs. 1 GWB; sog. europaweite Publizität) und keine Ausnahmevorschriften eingreifen (§§ 107–109, 116–118 GWB). Unabhängig davon hält das Haushaltsrecht (§ 55 BHO bzw. landesrechtliche Bestimmungen) öffentliche Auftraggeber dazu an, Güter zu einem wirtschaftlich angemessenen Preis zu beschaffen, weshalb auch nach haushaltsrechtlichen Grundsätzen regelmäßig öffentliche Ausschreibungsverfahren durchzuführen sind. 1

Bauaufträge von öffentlichen Auftraggebern iSv § 99 GWB unterliegen den Regeln des Abschnittes 2 der Vergabe- und Vertragsordnung für Bauleistungen Teil A (§§ 1 EU–22 EU VOB/A), wenn der geschätzte Gesamtauftragswert der Baumaßnahme oder des Bauwerkes mindestens den in § 106 GWB enthaltenen Schwellenwert für Bauaufträge (ohne Umsatzsteuer) erreicht (§ 2 S. 2 VgV[1] iVm § 1 EU Abs. 2 S. 1 VOB/A). Die Schätzung des Auftragswerts hat dabei auf der Grundlage von § 3 VgV zu erfolgen. 2

Zu einem wettbewerblich geordneten und transparenten Vergabeverfahren gehört es, dass sowohl im Hinblick auf das förmliche Verfahren als auch im Hinblick auf die zu erbringende Leistung höchstmögliche Klarheit für die Bieter besteht. Die **VOB/A** gibt nicht nur das förmliche Vergabeverfahren vor, sondern konkretisiert auch die Anforderungen an die Beschreibung des Leistungsgegenstandes (§§ 7 EU–7c EU VOB/A). Zudem ist nach § 8a EU Abs. 1 S. 1 VOB/A in den Vergabeunterlagen vorzuschreiben, dass die **VOB/B und** die **VOB/C Bestandteile des Vertrages** werden. Damit wird das Werkvertragsrecht des BGB partiell verdrängt. Die Sinnhaftigkeit dieser Vorgabe mag bezogen auf die VOB/B seit dem Inkrafttreten des BGB-Bauvertragsrechts am 1.1.2018 zunächst zweifelhaft erscheinen. Sie lässt sich dadurch erklären, dass das für zuvor abgeschlossene Bauverträge geltende 3

---

[1] Vergabeverordnung idF v. 12.4.2016, BGBl. 2016 I 624, zul. geänd. BGBl. 2021 I 1691.

B. Einbeziehung der VOB/B

Werkvertragsrecht Lücken aufwies, die in der Praxis durch Vereinbarung der VOB/B geschlossen wurden. Das geltende Bau(werk)vertragsrecht schafft insoweit in manchen Punkten Abhilfe, bleibt aber in der Regelungsdichte hinter der VOB/B zurück, weshalb die vergaberechtliche Verpflichtung zur Einbeziehung der VOB/B in den Ausführungsvertrag auch weiterhin vertretbar ist.

I. Überblick

4 Die Vergabeunterlagen iSv § 8 EU VOB/A sollen **Transparenz** im Hinblick auf den Gegenstand der Vergabe herstellen. Das geschieht in erster Linie durch die Leistungsbeschreibung (§§ 7 EU–7c EU VOB/A), deren Aufgabe es ist, den Leistungsgegenstand und damit das Bau-Soll in tatsächlicher Hinsicht zu beschreiben. Daneben soll die in § 8a EU Abs. 1. S. 1 VOB/A festgeschriebene Einbeziehung der VOB/B und VOB/C den rechtlichen Rahmen für die **Kalkulation der Bauaufgabe** abstecken. Für den Bieter geht es letztendlich darum, die wirtschaftlichen und rechtlichen Risiken des Vergabegegenstandes möglichst exakt zu erfassen. Dafür muss der öffentliche Auftraggeber die hinreichenden Voraussetzungen durch Bereitstellung der Vergabeunterlagen schaffen. Soweit es um die rechtlichen Rahmenbedingungen der zu erbringenden Leistung geht, wird dem Auftraggeber die Aufgabe dadurch erleichtert, dass die VOB/B und VOB/C von der VOB/A zum Rechtsstandard erhoben werden. Das erleichtert die Kalkulation, weil Bieter, die sich an einem Vergabeverfahren beteiligen, mit stets gleichen rechtlichen Rahmenbedingungen rechnen können. Die Allgemeinen Vertragsbedingungen (VOB/B) bleiben nämlich grundsätzlich unverändert (§ 8a EU Abs. 2 Nr. 1 S. 1 VOB/A). Sie können durch Zusätzliche Vertragsbedingungen, soweit diese der VOB/B nicht widersprechen, ergänzt werden (§ 8a EU Abs. 2 Nr. 1 S. 2, 3 VOB/A). Besondere, nach den Erfordernissen des Einzelfalls von den Allgemeinen Vertragsbedingungen abweichende Vertragsbedingungen sind nur zulässig, soweit es die Eigenart der Leistung und ihre Ausführung erfordern (§ 8a EU Abs. 2 Nr. 2 S. 2 VOB/A). Entsprechendes gilt für die Allgemeinen Technischen Vertragsbedingungen der VOB/C (§ 8a EU Abs. 3 VOB/A).

5 Bei der VOB/B handelt es sich um **vorformulierte Bedingungen,** die für eine Vielzahl von Verträgen bestimmt sind, und damit um Allgemeine Geschäftsbedingungen iSv § 305 Abs. 1 S. 1 BGB.[2] Andererseits sind Zweifel angebracht, ob es sich bei der VOB/B gerade um Bedingungen handelt, die von einer Partei der anderen bei Vertragsschluss **einseitig gestellt** werden. Dagegen spricht, dass die VOB/B im Rahmen des Deutschen Verdingungsausschusses für Bauleistungen (DVA) unter maßgeblicher Beteiligung jener Interessenverbände ausgehandelt wird, die zum Teil antagonistische Interessen ihrer jeweiligen Mitglieder vertreten. Aus diesem Grunde lässt sich auch die Auffassung hören, bei der VOB/B handele es sich um ein insgesamt ausgewogenes Vertragswerk, das bei der speziellen Ausgestaltung des Bauvertrages die Grundsätze von Treu und Glauben im Rahmen des gesetzlichen Werkvertragsrechts verwirklicht.[3] In diesem Sinne hat der BGH[4] in einer älteren Entscheidung darauf hingewiesen, dass „die VOB nicht ohne weiteres mit einseitigen Allgemeinen Geschäftsbedingungen auf eine Stufe zu stellen ist". Gleichwohl wird die **Anwendbarkeit des AGB-Rechts** auf die VOB/B heute in Rechtsprechung und Schrifttum ganz überwiegend und zu Recht bejaht,[5] zumal der Gesetzgeber durch die Erwähnung der VOB/B in § 310 Abs. 1 S. 3 BGB zum Ausdruck bringt, dass er die VOB als AGB ansieht.

II. Inhaltskontrolle

6 Im Hinblick auf die **Inhaltskontrolle** der VOB/B bestehen gewisse Besonderheiten. Wie sich aus § 310 Abs. 1 S. 3 BGB ergibt, findet eine Inhaltskontrolle einzelner Bestimmungen der VOB/B nicht statt, wenn die VOB/B in einen mit einem Unternehmer, einer juristischen Person des öffentlichen Rechts oder einem öffentlich-rechtlichen Sondervermögen geschlossenen Vertrag einbezogen ist. Voraussetzung ist allerdings, dass die Geltung der VOB/B „ohne inhaltliche Abweichun-

---

[2] BGHZ 178, 1 Rn. 10 = NZBau 2008, 640 mwN.
[3] BGH LM BGB § 633 Nr. 3; OLG Köln BauR 1975, 351; Ingenstau/Korbion/*Leupertz/von Wietersheim* VOB Einl. Rn. 61.
[4] BGHZ 86, 135 (141) = NJW 1983, 816; so auch *Heimann-Trosien*, FS zum 25jährigen Bestehen des BGH, 1975, 116.
[5] BGHZ 178, 1 Rn. 10 = NZBau 2008, 640 mwN; BGHZ 101, 357 (359 ff.) = NJW 1988, 55; BGHZ 86, 135 (136 ff.) = NJW 1983, 816; BGH NJW 1999, 3261 (3261 f.); Staudinger/*Peters*, 2019, BGB § 650a Rn. 19; Ingenstau/Korbion/*Leupertz/von Wietersheim* VOB Einl. Rn. 59 Anh. 3; *Werner/Pastor*, Der Bauprozess, 17. Aufl. 2020, Rn. 1242.

gen insgesamt" vereinbart wurde, wie es im Grundsatz § 8a EU Abs. 1 S. 1, Abs. 2 Nr. 1 S. 1 VOB/A vorsieht. Nach Sinn und Zweck besteht eine Freistellung von der Inhaltskontrolle freilich nur dann, wenn das Vertragsverhältnis die Erbringung von Bauleistungen iSd VOB/B zum Gegenstand hat, also die Herstellung, Instandhaltung, Änderung oder Beseitigung baulicher Anlagen. Wird die VOB/B dagegen Verträgen mit andersartigen vertraglichen Hauptleistungspflichten wie etwa Architekten- und Ingenieurleistungen zugrunde gelegt, ist ein angemessener Interessenausgleich nicht gesichert und damit die Inhaltskontrolle eröffnet.[6]

Bei Verwendung der VOB/B „insgesamt" **gegenüber Unternehmern** iSv § 14 BGB findet keine Inhaltskontrolle einzelner VOB/B-Vorschriften statt (§ 310 Abs. 1 S. 3 BGB). Insoweit wird das Gesetz von der Annahme bestimmt, dass die Regelungen der VOB/B in ihrer Gesamtheit zu einem angemessenen Interessenausgleich zwischen Auftraggeber und Auftragnehmer führen.[7] Möglich bleibt freilich eine Kontrolle der VOB/B als Ganzes anhand von § 307 Abs. 1 und 2 BGB.[8] „Insgesamt" vereinbart ist die VOB/B nur dann, wenn sie vollständig ohne inhaltliche Abweichungen in den Vertrag einbezogen wird. Die Bestimmung in § 8a EU Abs. 2 Nr. 1 S. 2 VOB/A, wonach Zusätzliche Vertragsbedingungen den Allgemeinen Vertragsbedingungen der VOB/B nicht widersprechen dürfen, soll dies sicherstellen. Freilich hat dies, auch wenn davon in § 8a EU Abs. 2 Nr. 2 VOB/A nicht ausdrücklich die Rede ist, ebenso für etwaige Besondere Vertragsbedingungen zu gelten, die der Vergabe „ergänzend" zugrunde gelegt werden können. „Ergänzend" ist dabei in dem Sinne zu verstehen, dass bestimmte Leistungs- und Ausführungsmerkmale zwar konkretisiert werden können, nicht aber der durch die VOB/B bestimmte rechtliche Rahmen verändert werden darf. Jegliche inhaltliche Abweichung von der VOB/B führt, wie § 310 Abs. 1 S. 3 BGB zeigt, unmittelbar zur AGB-Kontrolle, auch wenn die Änderung nur geringfügig ist oder durch andere Regelungen im Vertragswerk ausgeglichen wird.[9]

C. Einzelheiten zur VOB/B

I. Überblick

Die Vergabe- und Vertragsordnung für Bauleistungen Teil B (Allgemeine Vertragsbedingungen für die Ausführung von Bauleistungen)[10] soll den Vertragsparteien einen **Rechtsrahmen** zur Verfügung stellen, der den speziellen **Belangen des Bauens** gerecht wird. Vor dem Inkrafttreten des Gesetzes zur Reform des Bauvertragsrechts v. 28.4.2017[11] am 1.1.2018 war dies für die Baupraxis insoweit von Bedeutung, als das BGB-Werkvertragsrecht nur wenige, spezifisch auf den Bauvertrag zugeschnittene Bestimmungen bereit hielt. Das hat sich mit dem Inkrafttreten des novellierten Werkvertragsrechts und der damit einhergehenden Etablierung von Vorschriften zum Bauvertrag (§§ 650a ff. BGB) zwar geändert. Auf der anderen Seite sind diese Bestimmungen nach wie vor unspezifisch und in Teilen zudem auf den Verbraucherschutz zugeschnitten. Aus diesem Grunde behält die VOB/B gerade für standardisierte Vergabeverfahren und Verträge zwischen Unternehmern ihre Berechtigung.

In der VOB/B sind ua der Inhalt der **Leistungsverpflichtung** (§§ 1, 3, 4 Abs. 1 Nr. 3, 4 Abs. 2 und 8 VOB/B) und die Ausführungszeit näher geregelt (§ 5 VOB/B). Die **Nebenpflichten des Auftragsnehmers,** insbesondere die der Obhut, Verwahrung und der Sicherung und Fürsorge

---

[6] S. BGHZ 101, 369 (374 ff.) = NJW 1988, 142; BGH NJW 1983, 453 (454); *Korbion* FS Locher, 1990, 127.
[7] So schon zum früheren Recht BReg, Begr. z. Entw. eines Gesetzes zur Regelung des Rechts der Allgemeinen Geschäftsbedingungen, BT-Drs. 7/3919, 42; Bericht des BT-Rechtsausschusses, BT-Drs. 7/5422, 14; KG NZBau 2007, 584 (585 f.); ferner BGHZ 86, 135 (140 ff.) = NJW 1983, 816; *Hesse* ZfBR 1980, 259 (261); *Weyer* BauR 2002, 857 (861); RGRK-BGB/*Glanzmann* BGB Vor § 631 Rn. 14; aA mit beachtlichen Gründen *Flach* NJW 1984, 156 (157); *Koch* BauR 2001, 162 (164, 171 f.); *Seifert* NZBau 2007, 563 (565 f.) – Für Begrenzung der Privilegierung auf die im Zeitpunkt des Inkrafttretens des SchuldRModG geltende Fassung der VOB/B *Voppel* NZBau 2003, 6 (8 f.); für eine statische Verweisung auch *Hoff* BauR 2001, 1654 (1655 f.); *Kraus* NJW 1998, 1126; *Kraus/Sienz* BauR 2000, 631 (636).
[8] S. auch Beschlussempfehlung und Bericht des BT-Rechtsausschusses, BT-Drs. 16/9787, 16, 18.
[9] BGHZ 157, 346 (348 f.) = NJW 2004, 1597; BGH NJW-RR 2007, 1317 (1318) (Verwendung durch öffentlichen Auftraggeber); BGH NJW-RR 2004, 957; KG ZfBR 2018, 52 Rn. 35 = MDR 2017, 392; BGH NZBau 2007, 583 (585); OLG Köln BeckRS 2015, 10723 Rn. 22.
[10] BAnz Nr. 155 v. 15.10.2009 (geänd. BAnz AT v. 13.7.2012 B3) idF der Bekanntmachung v. 7.1.2016, BAnz AT v. 19.1.2016 B3.
[11] Gesetz zur Reform des Bauvertragsrechts, zur Änderung der kaufrechtlichen Mängelhaftung, zur Stärkung des zivilprozessualen Rechtsschutzes und zum maschinellen Siegel im Grundbuch und Schiffsregisterverfahren v. 28.4.2017, BGBl. 2017 I 969 (dazu RegE, BT-Drs. 18/8486; Schlussempfehlung und Bericht des BT-Ausschusses für Recht und Verbraucherschutz, BT-Drs. 18/11437).

ergeben sich aus § 4 Abs. 5 VOB/B. Weitere Bestimmungen beziehen sich etwa auf die **Haftung** (§ 10 VOB/B), die **Abnahme** (§ 12 VOB/B), die **Vergütung** (§ 2 VOB/B) sowie auf die **Abrechnungs- und Zahlungsmodalitäten** (§ 14 VOB/B/§§ 15 ff. VOB/B). Nach § 8a EU VOB/A sollen zu den dort aufgezählten Bestimmungen der VOB/B gegebenenfalls ergänzende Regelungen in den Zusätzlichen Vertragsbedingungen oder Besonderen Vertragsbedingungen getroffen werden. Die nachfolgenden Ausführungen beschränken sich auf die Erläuterung einzelner Vorschriften der VOB/B, die für die Anwendung des Vergaberechts von Interesse sind und vom Regelungsansatz des BGB-Werkvertragsrechts abweichen.

II. Vertragsinhalt (§ 1 VOB/B)

10   **Art und Umfang der Leistung,** die Gegenstand des Vergabeverfahrens sind, müssen für alle Teilnehmer an einem Vergabeverfahren transparent sein (§ 2 EU Abs. 1 S. 1 VOB/A). Zentraler Verfahrensbestandteil ist insoweit die **Leistungsbeschreibung,** in der die geforderte Leistung eindeutig und erschöpfend zu beschreiben ist (§ 7 EU Abs. 1 Nr. 1 VOB/A). Einzelheiten dazu, was diesbezüglich gefordert ist, ergeben sich aus §§ 7 EU, 7b EU, 7c EU VOB/A. Der Vergabegegenstand wird mithin zuvorderst durch die jeweilige Leistungsbeschreibung konkretisiert. Das zeigt auch § 1 Abs. 2 VOB/B, wonach bei Widersprüchen vornehmlich auf die Leistungsbeschreibung und erst nachrangig (in der Reihenfolge der Aufzählung) auf die Besonderen Vertragsbedingungen, etwaige Zusätzliche Vertragsbedingungen, etwaige Zusätzliche Technische Vertragsbedingungen, die Allgemeinen Technischen Vertragsbedingungen für Bauleistungen und erst dann auf die Allgemeinen Vertragsbedingungen für die Ausführung von Bauleistungen zurückzugreifen ist.

11   Für die **Auslegung** von Leistungsbeschreibungen, die im Rahmen von Vergabeverfahren nach der VOB/A Verwendung finden, kommt deren Wortlaut besondere Bedeutung zu,[12] da der aus potenziellen Bietern bestehende Empfängerkreis der Erklärung, dessen Sicht für die Auslegung maßgeblich ist,[13] nur abstrakt bestimmt ist.[14] Daneben sind die Umstände des Einzelfalls, also insbesondere die konkreten Verhältnisse des Vergabegegenstands, die Verkehrssitte sowie Treu und Glauben zu berücksichtigen.[15] Ist der Wortlaut der Vergabeunterlagen unter Berücksichtigung der in → Rn. 10 genannten Auslegungsgegenstände **mehrdeutig,** so kann der Bieter ihn im Zweifel so verstehen, dass den Anforderungen der VOB/A und anderer vergaberechtlicher Vorschriften Genüge getan werden soll.[16]

III. Mitwirkung des Auftraggebers (§§ 3, 4 Abs. 1 VOB/B)

12   Der Auftraggeber hat dem Auftragnehmer, also demjenigen Unternehmer, der aufgrund des Vergabeverfahrens den Zuschlag erhalten hat, gem. § 3 Abs. 1 VOB/B die **für die Ausführung nötigen Unterlagen** unentgeltlich und rechtzeitig zur Verfügung zu stellen, es sei denn, der Auftragnehmer ist nach dem Vertrag verpflichtet, selbst bestimmte Unterlagen wie Zeichnungen oder Berechnungen zu erstellen oder zu beschaffen. Diese sind dann seitens des Auftragnehmers dem Auftraggeber nach entsprechender Aufforderung vorzulegen (§ 3 Abs. 5 VOB/B). Ferner hat der Auftraggeber für die **Aufrechterhaltung der allgemeinen Ordnung** auf der Baustelle zu sorgen, das **Zusammenwirken der** verschiedenen **Unternehmer** zu regeln und die erforderlichen öffentlich-rechtlichen **Genehmigungen und Erlaubnisse herbeizuführen** (§ 4 Abs. 1 VOB/B). Inwieweit es sich dabei um bloße Gläubigerobliegenheiten[17] oder klagbare Pflichten[18] handelt, ist umstritten. Letzten Endes ist dies eine Frage des Vertragsinhalts, der durch Auslegung der vertraglichen Vereinbarung zu ermitteln ist.[19]

13   Der Auftragnehmer ist zur **Kündigung** des Vertrages berechtigt, wenn der Auftraggeber eine ihn nach der VOB/B treffende Mitwirkungshandlung unterlässt und dadurch den Auftragnehmer außer Stande setzt, die Leistung auszuführen (§ 9 Abs. 1 Nr. 1 VOB/B). Voraussetzung dafür ist,

---

[12]   BGHZ 192, 172 Rn. 14 = NJW 2012, 518; BGHZ 134, 245 (247) = NJW 1997, 1577; BGH NJW-RR 1993, 1109 (1110).
[13]   BGHZ 182, 218 Rn. 30 = NJW 2010, 519; BGHZ 124, 64 (67) = NJW 1994, 850; BGH NJW 1999, 2432 (2433); NJW-RR 1994, 1108 (1109); NJW-RR 1993, 1109 (1110); OLG Braunschweig BauR 2010, 87; OLG Saarbrücken NJW-RR 2012, 400 (401).
[14]   BGHZ 124, 64 (67) = NJW 1994, 850; BGH NJW 1999, 2432 (2433); NJW-RR 1994, 1108 (1109).
[15]   BGHZ 124, 64 (67) = NJW 1994, 850; BGH NJW-RR 1995, 914 (915); NJW-RR 1994, 108 (1109).
[16]   BGHZ 192, 172 Rn. 15 = NJW 2012, 518; BGHZ 182, 218 Rn. 30 = NJW 2010, 519; BGHZ 134, 245 (248) = NJW 1997, 1577; BGH NJW 2013, 1957 Rn. 16; NZBau 2011, 97 Rn. 18; NJW 1999, 2432 (2433).
[17]   Dafür etwa Ingenstau/Korbion/*Joussen/Vygen* VOB/B § 9 Abs. 1 Rn. 27.
[18]   Dafür *Kapellmann* NZBau 2011, 193 (198).
[19]   BGHZ 142, 32 (39) = NJW 2000, 1336; dazu näher MüKoBGB/*Busche* BGB § 642 Rn. 22.

dass der Auftragnehmer dem Auftraggeber eine angemessene Frist zur Vornahme der Mitwirkungshandlung setzt und zugleich erklärt, dass er nach fruchtlosem Ablauf der Frist den Vertrag kündigen werde. Die Kündigung bedarf sodann der Schriftform (§ 9 Abs. 2 S. 1 VOB/B). Sie ist Wirksamkeitserfordernis.[20] Im Falle der wirksamen Kündigung des Vertragsverhältnisses sind die bisher erbrachten Leistungen des Auftragnehmers nach den Vertragspreisen abzurechnen (§ 9 Abs. 3 S. 1 VOB/B). Darüber hinaus ist dem Auftragnehmer nach § 642 BGB eine angemessene Entschädigung zu gewähren (§ 9 Abs. 3 S. 2 Hs. 1 VOB/B). Weitergehende Ansprüche des Auftragnehmers sind nicht ausgeschlossen (§ 9 Abs. 3 S. 2 Hs. 2 VOB/B).

Hält der Auftragnehmer dagegen trotz der unterbliebenen Mitwirkung durch den Auftraggeber und der dadurch eingetretenen Verzögerung **am Vertrag fest,** steht ihm nach § 6 Abs. 6 S. 1 VOB/B wegen der „hindernden Umstände" ein Anspruch auf Ersatz des nachweislich entstandenen Schadens und des entgangenen Gewinns zu, wenn und soweit die maßgeblichen Umstände vom Auftraggeber zu vertreten sind. In Bezug auf die Geltendmachung entgangenen Gewinns ist zudem ein vorsätzliches oder grob fahrlässiges Verhalten des Auftraggebers erforderlich. Der Anspruch auf eine angemessene Entschädigung nach § 642 BGB wird freilich durch die Vereinbarung der VOB/B nicht verdrängt. Er kann neben dem Schadensersatzanspruch aus § 6 Abs. 6 S. 1 VOB/B geltend gemacht werden (§ 6 Abs. 6 S. 2 VOB/B). 14

IV. Mängelhaftung (§ 13 VOB/B)

1. Überblick. Die Bestimmung des § 13 VOB/B enthält spezielle Mängelhaftungsregeln für VOB/B-Verträge, die zwar in vielen Punkten mit den Werkvertragsregeln des BGB übereinstimmen, aber zum Teil auch davon abweichen. Systematisch trennt die VOB/B klar zwischen den Ansprüchen auf Erfüllung des Vertrages und den Mängelansprüchen. Die unter der Überschrift „Mängelansprüche" in § 13 VOB/B getroffene Regelung bezieht sich nur auf die Zeit **nach der Abnahme.**[21] Die Mängelansprüche des § 13 VOB/B schließen sich gegenseitig nicht aus, sie bestehen vielmehr nebeneinander.[22] Zeigen sich im Stadium der Ausführung **vor der Abnahme** Mängel, steht dem Besteller ein Mängelbeseitigungsanspruch nach § 4 Abs. 7 S. 1 VOB/B zu; dabei handelt es sich um einen reinen Erfüllungsanspruch.[23] Darüber hinaus kann der Auftraggeber gegebenenfalls einen Schadensersatzanspruch zum Ausgleich etwaiger, durch die Vertragswidrigkeit der Leistung entstandener Mangelfolgeschäden geltend machen (§ 4 Abs. 7 S. 2 VOB/B); beseitigt der Auftragnehmer den Mangel trotz Fristsetzung nicht, kann ihm der Auftrag entzogen werden (§ 4 Abs. 7 S. 3 VOB/B).[24] 15

2. Mängelbeseitigung (§ 13 Abs. 5 Nr. 1 S. 1 VOB/B), Selbstvornahme (§ 13 Abs. 5 Nr. 2 VOB/B), Minderung (§ 13 Abs. 6 VOB/B). Der **Mängelbeseitigungsanspruch** nach § 13 Abs. 5 Nr. 1 S. 1 VOB/B stimmt seinem Wesen, seinem Inhalt und seinem Umfang nach mit dem Anspruch auf Nacherfüllung nach § 635 Abs. 1 BGB überein.[25] Der für das Mängelbeseitigungsverlangen vorgeschriebenen Schriftform kommt keine konstitutive Bedeutung zu.[26] Auch das **Selbstvornahmerecht** des Auftraggebers und der sich hieraus ergebende Aufwendungsersatzanspruch sind weitgehend deckungsgleich mit § 637 BGB. Ein Recht zur **Minderung** der Vergütung gem. § 638 BGB besteht für den Auftraggeber nach § 13 Abs. 6 VOB/B nur, wenn die Beseitigung des Mangels für den Auftraggeber unzumutbar ist; darüber hinaus für den Fall, dass die Mangelbeseitigung unmöglich ist bzw. einen unverhältnismäßig hohen Aufwand erfordert und deshalb vom Unternehmer verweigert wird. Damit wird das Minderungsrecht im Vergleich zu § 638 BGB erheblich eingeschränkt. Im Hinblick auf die Unzumutbarkeit der Mängelbeseitigung kommt es nicht darauf an, ob die Mängelbeseitigung gerade durch den Auftragnehmer dem Auftraggeber nicht zugemutet werden kann, sondern darauf, ob die Mängelbeseitigung ganz generell, ganz gleich, von wem sie ausgeführt wird, unzumutbar erscheint. Es ist also ein strenger Maßstab anzulegen.[27] Von einem 16

---

[20] BGH NJW 1973, 1463.
[21] BGH NJW-RR 2004, 305 (306); Kapellmann/Messerschmidt/*Langen* VOB/B § 13 Rn. 5.
[22] Ingenstau/Korbion/*Wirth* VOB/B § 13 Abs. 7 Rn. 24.
[23] BGHZ 55, 354 (356 f.) = NJW 1971, 838; BGHZ 51, 275 (277) = NJW 1969, 653; Kapellmann/Messerschmidt/*Merkens* VOB/B § 4 Rn. 166; *Leinemann* in Leinemann, VOB/B-Kommentar, 7. Aufl. 2019, VOB/B § 4 Rn. 127.
[24] Zu Einzelheiten MüKoBGB/*Busche* BGB § 634 Rn. 103, 112 ff.
[25] BGHZ 96, 111 (117 ff., 121) = BGH NJW 1986, 711; OLG Koblenz NJW-RR 2003, 1671 (zum Mängelbeseitigungsaufwand); Kapellmann/Messerschmidt/*Langen* VOB/B § 13 Rn. 253; zu einzelnen Unterschieden im Detail Kapellmann/Messerschmidt/*Langen* VOB/B § 13 Rn. 368 ff.
[26] BGHZ 58, 332 (334) = NJW 1972, 1280; BGHZ 53, 122 ff. = NJW 1970, 561; BGH NJW-RR 2006, 597 Rn. 20; Kapellmann/Messerschmidt/*Langen* VOB/B § 13 Rn. 261.
[27] Ingenstau/Korbion/*Wirth* VOB/B § 13 Abs. 6 Rn. 18 f.; Kapellmann/Messerschmidt/*Langen* VOB/B § 13 Rn. 381.

unverhältnismäßigen Mängelbeseitigungsaufwand ist auszugehen, wenn der damit in Richtung auf die Beseitigung des Mangels erzielte (Teil-)Erfolg bei Abwägung aller Umstände des Einzelfalls in keinem vernünftigen Verhältnis zur Höhe des dafür geltend gemachten Geldaufwands steht.[28]

17 **3. Schadensersatz (§ 13 Abs. 7 VOB/B).** Im Gegensatz zur Regelung des BGB-Werkvertragsrechts, das für den Inhalt des Schadensersatzanspruchs nicht zwischen den „eigentlichen" Mangelschäden und den sog. „Mangelfolgeschäden" unterscheidet, trennt § 13 Abs. 7 VOB/B dem Wortlaut nach zwischen dem **„Schaden an der baulichen Anlage"** (§ 13 Abs. 7 Nr. 3 S. 1 VOB/B)[29] und dem **„darüber hinausgehenden Schaden"** (§ 13 Abs. 7 Nr. 3 S. 2 VOB/B). Das VOB/B-Schadensersatzrecht orientiert sich damit nach wie vor an der früheren Entscheidungspraxis zu § 635 BGB aF.[30] Auf der anderen Seite besteht eine Haftung auf Schadensersatz nur für „wesentliche" Mängel, welche die Gebrauchsfähigkeit erheblich beeinträchtigen.[31] Die Haftung für „darüber hinausgehende" Schäden wird durch § 13 Abs. 7 Nr. 3 S. 2 lit. a–c VOB/B im Übrigen weiter eingeschränkt, nämlich dahin gehend, dass der Mangel entweder auf einem Verstoß gegen die anerkannten Regeln der Technik (lit. a) oder auf dem Fehlen einer vertraglich vereinbarten Beschaffenheit beruhen muss (lit. b) bzw. der Schaden versicherbar sein muss (lit. c). Da sich die Mängelansprüche nach § 13 VOB/B gegenseitig nicht ausschließen, kann Schadensersatz nach § 13 Abs. 7 VOB/B neben den Ansprüchen auf Mängelbeseitigung, Ersatzvornahme und Minderung geltend gemacht werden.

18 **4. Ausschluss der Mängelhaftung (§ 13 Abs. 3 VOB/B).** Nach § 13 Abs. 3 VOB/B haftet der Auftragnehmer auch für solche Mängel, die auf die **Leistungsbeschreibung** oder auf **Anordnungen des Auftraggebers,** auf die von diesem gelieferten oder vorgeschriebenen Stoffe oder Bauteile oder auf die Beschaffenheit der **Vorleistung eines anderen Unternehmers** zurückzuführen sind, es sei denn, der Auftragnehmer hat dem Auftraggeber etwaige Bedenken hinsichtlich diesbezüglich zu erwartender Mängel gem. § 4 Abs. 3 VOB/B unverzüglich, möglichst schon vor Beginn der Arbeiten, schriftlich mitgeteilt.[32] Die Prüfungs- und Mitteilungsverpflichtung des Auftragnehmers iSv § 13 Abs. 3 VOB/B bezieht sich damit im Kern darauf, die eigene Leistung frei von Mängeln erstellen zu können. Sie besteht sowohl vor als auch nach der Abnahme. Die Regelung versteht sich vor dem Hintergrund, dass beim Bauvertrag besonders zweifelhaft sein kann, ob Mängel der Werkleistung dem Bauunternehmer zugerechnet werden können.

19 Soweit eine Mitteilungsverpflichtung nach § 13 Abs. 3 VOB/B iVm § 4 Abs. 3 VOB/B besteht, wonach der Auftragnehmer den Auftraggeber auf Mängelursachen hinzuweisen hat, die nicht aus seiner Sphäre stammen, ist dem notwendigerweise eine **Prüfungsverpflichtung** des Auftragnehmers vorgelagert. Der Umfang der Prüfungspflicht bemisst sich dabei nach der Sach- und Fachkunde des Auftragnehmers[33] und kann im Einzelfall durch weitere Umstände aus der Sphäre des Auftraggebers eingeschränkt sein oder ausnahmsweise auch ganz entfallen, wenn der Auftragnehmer sich darauf verlassen kann, dass der fachkundige oder fachkundig beratene Auftraggeber ein bestimmtes Risiko erkannt und bewusst in Kauf genommen hat.[34]

20 Verletzt der Auftragnehmer seine Prüfungs- und Mitteilungsverpflichtung, weil er die zu erwartende Prüfung nicht vorgenommen und sich daher Bedenken gegen die Bauausführung verschlossen hat und unterlässt er deshalb oder trotz Prüfung gleichwohl die Mitteilung etwaiger Bedenken, ist er für Mängel seiner Leistung verantwortlich und den Mängelansprüchen des Auftraggebers ausgesetzt, auch wenn die Mangelursache in den Anordnungen des Auftraggebers oder in der Untauglichkeit der Vorleistung eines anderen Unternehmers zu suchen ist. Der **Auftraggeber** muss sich jedoch, wenn die Ursache des Mangels aus seinem Verantwortungsbereich herrührt, ein **mitwirkendes Verschulden** gem. § 254 BGB entgegenhalten lassen.

V. Abnahme (§ 12 VOB/B)

21 **1. Überblick.** Die in § 12 VOB/B geregelte Abnahme unterscheidet sich trotz gewisser Abweichungen nicht grundsätzlich von § 640 BGB. Wie in § 640 BGB wird der Sache nach zwischen der

---

[28] BGHZ 59, 365 (367) = NJW 1973, 138; BGH NJW 1995, 1836 (1836 f.); OLG Hamm NJW-RR 2003, 965.
[29] Zum Begriff der baulichen Anlage näher Kapellmann/Messerschmidt/*Langen* VOB/B § 13 Rn. 436 f.
[30] Kapellmann/Messerschmidt/*Langen* VOB/B § 13 Rn. 422.
[31] Vgl. hierzu BGHZ 55, 198 (199 f.) = NJW 1971, 615; OLG Hamm NJW-RR 2003, 965; Ingenstau/Korbion/*Wirth* VOB/B § 13 Abs. 7 Rn. 80 ff.; Kapellmann/Messerschmidt/*Langen* VOB/B § 13 Rn. 425.
[32] Zu Einzelheiten MüKoBGB/*Busche* BGB § 634 Rn. 129 ff.
[33] OLG München NZBau 2007, 781 (782); NZBau 2011, 683 (685).
[34] OLG Köln NJW-RR 2007, 821 (822); OLG Stuttgart NJW-RR 2007, 1617 (1618); *Werner/Pastor,* Der Bauprozess, 17. Aufl. 2020, Rn. 2042; vgl. auch OLG München NZBau 2007, 781 (782).

rechtsgeschäftlichen und der **fiktiven** Abnahme unterschieden. Von den vorbenannten Formen der rechtlichen Abnahme ist die technische Abnahme iSv § 4 Abs. 10 VOB/B zu unterscheiden. Die dort geregelte Feststellung des Zustandes von Teilen der Leistung dient allein der Beweissicherung.

2. Rechtsgeschäftliche Abnahme. Der Auftraggeber ist auf Verlangen des Auftragnehmers 22 zur rechtsgeschäftlichen Abnahme **verpflichtet** (§ 12 Abs. 1 VOB/B), und zwar innerhalb von zwölf Werktagen nach Zugang der entsprechenden Aufforderung. Denkbar ist **auch** eine **Teilabnahme**, soweit sie sich auf „in sich abgeschlossene Teile" der Leistung bezieht, also solche, die selbstständig und für sich allein funktionsfähig sind.[35] Die rechtsgeschäftliche (ausdrückliche) Abnahme durch den Auftraggeber hat nach § 12 Abs. 4 VOB/B im **Regelfall** als **förmliche** (schriftliche) **Abnahme** stattzufinden, wenn eine Vertragspartei dies verlangt. Das Schriftformerfordernis ist freilich nicht Wirksamkeitserfordernis, sodass etwaige Vorbehalte wegen bekannter Mängel oder Vertragsstrafen auch mündlich erklärt werden können.

Verzögert der Auftraggeber die Abnahme unbillig entgegen den Geboten von Treu und 23 Glauben, kann sie zu den nach § 12 Abs. 5 VOB/B zu bestimmenden Zeitpunkten als vorgenommen gelten.[36] Die Abnahmewirkungen sind im Einzelfall auch dann nach Treu und Glauben als gegeben anzusehen, wenn die im Bauvertrag vereinbarte förmliche Abnahme bei beiden Vertragsparteien in Vergessenheit geraten ist (sog. vergessene förmliche Abnahme),[37] das Bauwerk jedoch hergestellt ist und in Benutzung genommen wurde.[38] Freilich muss eine konkludente Abnahme – unter Verzicht auf die förmliche Abnahme – im Verhalten des Bestellers deutlich zum Ausdruck kommen. Die Entgegennahme der Schlussrechnung reicht insoweit nicht aus,[39] uU aber deren (weitgehende) Bezahlung.[40]

Ein **Abnahmeverweigerungsrecht** steht dem Auftraggeber nur **bei wesentlichen Mängeln** 24 zu (§ 12 Abs. 3 VOB/B). Wesentlich sind solche Mängel, welche die Funktionstauglichkeit der Leistung beeinträchtigen oder die Wertschätzung der Leistung merklich beeinflussen. Es wird hier letztlich auf den Gesichtspunkt der Zumutbarkeit abgehoben. Maßgeblicher Zeitpunkt für die Beurteilung der Wesentlichkeit des Mangels ist der **Abnahmetermin**.[41]

3. Fiktive Abnahme. Eine Abnahmefiktion greift nach der VOB/B ein, wenn entweder nach 25 einer schriftlichen **Mitteilung** des Auftragnehmers an den Auftraggeber **über** die **Fertigstellung** der Leistung zwölf Werktage vergangen sind (§ 12 Abs. 5 Nr. 1 VOB/B) oder wenn der Auftraggeber, ohne dass eine Abnahme verlangt wird, die Leistung oder einen Teil davon in **Benutzung** genommen hat und vom Beginn der Benutzung an sechs Werktage verstrichen sind (§ 12 Abs. 5 Nr. 2 S. 1 VOB/B). Voraussetzung für die Fiktionswirkung ist allerdings, dass das Werk abnahmereif ist[42] und nicht an wesentlichen Mängeln leidet. Der Mitteilung iSv § 12 Abs. 5 Nr. 1 VOB/B steht nach Sinn und Zweck die Übersendung der Schlussrechnung gleich, da damit konkludent erklärt wird, dass die Leistung erbracht ist.[43] Anders als im BGB-Werkvertragsrecht ist von einer Benutzung im Übrigen immer nur dann auszugehen, wenn die vom Auftragnehmer erbrachte Leistung vom Auftraggeber entsprechend ihrem Endzweck – und nicht nur zur Weiterarbeit – in Benutzung genommen wird.[44] **Vorbehalte** wegen bekannter Mängel oder wegen Vertragsstrafen müssen grundsätzlich innerhalb der in § 12 Abs. 5 Nr. 1 und Nr. 2 S. 1 VOB/B genannten Fristen geltend gemacht werden (§ 12 Abs. 5 Nr. 3 VOB/B).

VI. Verjährung (§ 13 Abs. 4, 7 VOB/B)

Die Regel-Verjährungsfristen des § 13 Abs. 4 VOB/B für die von § 13 Abs. 5–7 VOB/B erfass- 26 ten Mängelansprüche beginnen **mit der rechtlichen Abnahme** (§ 12 VOB/B) zu laufen,[45] und zwar unabhängig davon, ob sie vor oder nach der Abnahme entstanden sind.[46] Die **Verjährungsfrist**

---

[35] BGHZ 50, 160 (162 f.) = NJW 1968, 1524; BGH BauR 1975, 423; OLG Schleswig NJW-RR 2017, 591 Rn. 51; Ingenstau/Korbion/*Oppler* VOB/B § 12 Abs. 2 Rn. 6.
[36] BGH NJW 1990, 43 f.; BeckOK BGB/*Voit* BGB § 640 Rn. 13.
[37] Dazu etwa *Brügmann* BauR 1979, 277 ff.; *Dähne* BauR 1980, 223 ff.; *Hochstein* BauR 1975, 221 ff.
[38] KG BauR 1988, 230; OLG Düsseldorf BauR 1981, 294; *Hochstein* BauR 1975, 221 (226); Ingenstau/ Korbion/*Oppler* VOB/B § 12 Abs. 4 Rn. 5; aA OLG Koblenz NJW-RR 2018, 725 Rn. 10.
[39] OLG Schleswig NJW-RR 2017, 591 Rn. 52.
[40] OLG Hamm NJW 2019, 3240 Rn. 64.
[41] BGH NJW 1992, 2481 (2482).
[42] OLG Stuttgart BeckRS 2011, 10028; BeckOGK BGB/*Kögl*, 1.10.2020, BGB § 640 Rn. 316; aA Kapellmann/Messerschmidt/*Havers* VOB/B § 12 Rn. 90.
[43] BGHZ 55, 354 (356) = NJW 1971, 838; BGH NJW-RR 1989, 979.
[44] BGH NJW 1975, 1701 (1702); KG BauR 1973, 244.
[45] BGHZ 192, 190 Rn. 14, 16 = NJW 2012, 1137; BGH NJW-RR 2013, 969 Rn. 11.
[46] BGHZ 192, 190 Rn. 14, 16 = NJW 2012, 1137 (zu § 13 Nr. 4 VOB/B aF).

Grundzüge der VOB/B 27–29   C. Einzelheiten zur VOB/B

für Bauwerke beträgt gem. § 13 Abs. 4 Nr. 1 S. 1 VOB/B statt der in § 634a Abs. 1 Nr. 2 BGB vorgesehenen fünf Jahre nur vier Jahre. Für Werke, deren Erfolg in der Herstellung, Wartung oder Veränderung einer Sache besteht und für Ansprüche wegen der vom Feuer berührten Teile von Feuerungsanlagen gilt eine zweijährige Verjährung (§ 13 Abs. 4 Nr. 1 S. 1 VOB/B), für feuerberührte und abgasdämmende Teile von industriellen Feuerungsanlagen eine einjährige Verjährungsfrist (§ 13 Abs. 4 Nr. 1 S. 2 VOB/B). Die Parteien können jedoch im Hinblick auf die Verjährung der Mängelansprüche eine von § 13 Abs. 4 VOB/B abweichende Bestimmung treffen. **Nicht anwendbar** ist § 13 Abs. 4 VOB/B im Falle des **arglistigen Verschweigens von Mängeln** seitens des Auftragnehmers.[47] Es greift dann die BGB-Regelverjährung (§ 634a Abs. 3 BGB) ein.[48] Für **Rücktritt** und **Minderung** gelten mangels anderweitiger Bestimmungen in der VOB/B ohnehin die BGB-Regeln (§ 218 BGB).

27   **Schadensersatzansprüche** nach § 13 Abs. 7 Nr. 1–3 VOB/B unterfallen nicht § 13 Abs. 4 VOB/B, sondern § 13 Abs. 7 Nr. 4 VOB/B. Nach dieser Bestimmung gelten abweichend von § 13 Abs. 4 VOB/B die gesetzlichen Verjährungsfristen des § 634a BGB, soweit sich der Auftragnehmer im Falle von § 13 Abs. 7 Nr. 3 VOB/B durch **Versicherungen** geschützt hat oder hätte schützen können oder soweit im Übrigen ein besonderer Versicherungsschutz vereinbart ist. Über die Versicherbarkeit bestimmter Leistungen sagt die VOB/B selbst nichts; diese ergibt sich vielmehr anhand der Vorschriften des VVG und der AHB. Da sich die VOB/B in § 13 VOB/B nur mit Werkmängeln befasst, gelten im Übrigen für Schadensersatzansprüche aus § 280 Abs. 1 BGB und aus Delikt wegen anderer Schäden ohne Weiteres die allgemeinen Verjährungsregeln der §§ 195 ff. BGB.[49]

VII. Gefahrtragung (§ 12 Abs. 6 VOB/B)

28   Im Grundsatz trägt der Auftraggeber ab dem Zeitpunkt der Abnahme die Vergütungsgefahr (§ 12 Abs. 6 VOB/B). Das entspricht der Regelung in § 644 BGB. Allerdings kann die Vergütungsgefahr nach § 7 VOB/B schon zuvor auf den Auftraggeber übergehen. Dies ist der Fall, wenn die ganz oder teilweise ausgeführte Leistung durch höhere Gewalt, Krieg, Aufruhr oder andere unabwendbare, vom Auftragnehmer nicht zu vertretende Umstände beschädigt oder zerstört wird (§ 7 Abs. 1 Hs. 1 VOB/B).[50] Damit soll auf die **besonderen Gegebenheiten des Bauvertrages** Rücksicht genommen werden. Diese bestehen darin, dass der Auftragnehmer seine Leistungen nicht ganz oder überwiegend im eigenen Betrieb, also in seinem Herrschaftsbereich, erbringt, sondern im Regelfall auf fremdem Grund und Boden. Dies bedeutet für die Werkherstellung ein höheres Risiko, das der Unternehmer nur bedingt steuern kann. Aus diesem Grunde soll der Auftraggeber in den Fällen des § 7 Abs. 1 Hs. 1 VOB/B schon vor der Abnahme an diesem Risiko beteiligt werden. Dabei handelt es sich um eine insgesamt interessengerechte Regelung, die auch vor § 307 BGB Bestand hat.[51] Der Auftraggeber kann sich insoweit durch eine Bauwesenversicherung absichern. Die **(vorzeitige) Verlagerung der Vergütungsgefahr** nach § 7 VOB/B führt dazu, dass der Auftraggeber die geschuldete (Teil-) Vergütung zu entrichten hat, ohne hierfür einen Gegenwert zu erhalten (§ 7 Abs. 1 VOB/B iVm § 6 Abs. 5 VOB/B).[52] Da die **Leistungsgefahr** bis zur Abnahme beim Auftragnehmer verbleibt, kann der Auftraggeber allerdings verlangen, dass die Leistung nochmals erbracht wird;[53] er muss diese dann jedoch auch erneut vergüten.[54]

VIII. Kündigung

29   **1. Freie Kündigung (§ 8 Abs. 1 VOB/B).** Der Tatbestand der freien Kündigung in § 8 Abs. 1 VOB/B stimmt mit § 648 BGB (= § 649 BGB aF) überein. Wie beim BGB-Bauvertrag (§ 650h BGB) bedarf die Kündigung der **Schriftform** (§ 8 Abs. 6 VOB/B). Sie ist Wirksamkeitsvo-

---

[47] Kapellmann/Messerschmidt/*Langen* VOB/B § 13 Rn. 179; vgl. zum früheren Recht BGH BauR 1970, 244 (245) = WM 1970, 964; OLG Düsseldorf *Schäfer/Finnern* Z 2400, 2; OLG Stuttgart BauR 1972, 315.

[48] Kapellmann/Messerschmidt/*Langen* VOB/B § 13 Rn. 179; vgl. zum früheren Recht BGH BauR 1970, 244 (245) = WM 1970, 964; OLG Jena BauR 2001, 1124.

[49] Vgl. zum früheren Recht BGHZ 61, 203 (207) = NJW 1973, 1752 (zu § 852 BGB aF); BGH VersR 1966, 1154 (1155 ff.).

[50] Zu Einzelheiten MüKoBGB/*Busche* BGB § 644 Rn. 16.

[51] Ingenstau/Korbion/*Oppler* VOB/B § 7 Abs. 1–3 Rn. 2; zweifelnd Staudinger/*Peters*, 2019, BGB § 644 Rn. 33; einschränkend auch *Christensen* in Ulmer/Brandner/Hensen, AGB-Recht, 12. Aufl. 2016, VOB/B Rn. 11 (nur bei öffentl. Auftraggebern).

[52] BGHZ 61, 144 (146) = NJW 1973, 1698; BGH VersR 1962, 159.

[53] Ingenstau/Korbion/*Oppler* VOB/B § 7 Rn. 3.

[54] BGHZ 61, 144 (146) = NJW 1973, 1698; Soergel/*Teichmann* BGB § 644 Rn. 15; Staudinger/*Peters*, 2019, BGB § 644 Rn. 31, 39.

raussetzung.⁵⁵ Eine konkludente freie Kündigung ist daher nicht möglich. Der durch die Kündigung entstehende Vergütungsanspruch des Auftragnehmers (§ 8 Abs. 1 Nr. 2 VOB/B) ist von der **Vorlage einer prüffähigen Schlussrechnung** abhängig (§ 8 Abs. 1 Nr. 2 VOB/B iVm § 8 Abs. 7 Hs. 2 VOB/B).⁵⁶

2. Außerordentliche Kündigung (§ 8 Abs. 2–4 VOB/B). Das Recht zur außerordentlichen 30 Kündigung ist in der VOB/B im Gegensatz zu § 648a BGB nicht generalklauselartig geregelt, sondern einzelfallbezogen (§ 8 Abs. 2–4 VOB/B). Die in § 8 Abs. 2–4 VOB/B erwähnten **Kündigungstatbestände** stimmen darin überein, dass die Kündigung jeweils vom Auftragnehmer veranlasst ist und dem Auftragnehmer für die von ihm bis zur Kündigung geleistete Arbeit ein Vergütungsanspruch zuerkannt wird.⁵⁷ Im Einzelnen gewährt § 8 **Abs. 2** VOB/B dem Auftraggeber ein Recht zur fristlosen Kündigung, wenn seitens des Auftragnehmers eine Zahlungseinstellung iSv § 17 Abs. 2 S. 2 InsO vorliegt; Entsprechendes gilt für den Fall der Beantragung oder Eröffnung des Insolvenz- oder eines vergleichbaren gesetzlichen Verfahrens oder der Ablehnung des Verfahrens mangels Masse.⁵⁸ Darüber hinaus sieht § 8 **Abs. 3** Nr. 1 VOB/B ein Kündigungsrecht vor, wenn in den Fällen des § 4 Abs. 7 VOB/B (Nichtbeseitigung eines Mangels vor der Abnahme), des § 4 Abs. 8 Nr. 1 VOB/B (nicht genehmigte Weitervergabe) und des § 5 Abs. 4 VOB/B (nicht rechtzeitige Bauausführung)⁵⁹ die nach diesen Bestimmungen zu setzende Frist trotz einer damit verbundenen Androhung der Kündigung fruchtlos abgelaufen ist;⁶⁰ denkbar ist auch eine Teilkündigung, soweit diese sich auf einen in sich abgeschlossenen (selbstständigen) Teil einer Leistung bezieht.⁶¹ Nach § 8 **Abs. 4** VOB/B hat der Auftraggeber zudem ein Kündigungsrecht, wenn der Auftragnehmer aus Anlass der Vergabe eine Abrede getroffen hat, die eine unzulässige Wettbewerbsbeschränkung darstellt.

Liegen die **Kündigungsvoraussetzungen nach § 8 Abs. 2–4 VOB/B nicht vor,** schließt 31 dies eine außerordentliche Kündigung auf der Grundlage von § 648a BGB bzw. in analoger Anwendung von § 314 BGB, soweit der Vertrag vor Inkrafttreten des Gesetzes zur Reform des Bauvertragsrechts perfektioniert wurde, nicht aus.⁶² Denkbar ist dies etwa, wenn der Unternehmer seine Kooperationspflichten verletzt⁶³ oder mit Arbeitseinstellung droht, um eine ihm nicht zustehende Abschlagszahlung zu erwirken.⁶⁴ Freilich dürfen durch die außerordentliche Kündigung auf der Grundlage des BGB die Schutzmechanismen der VOB/B (§ 5 Abs. 4 VOB/B, § 4 Abs. 7 und Abs. 8 Nr. 1 VOB/B) nicht umgangen werden, weshalb bei einer Kündigung analog § 314 BGB zu fordern ist, dass der Kündigung eine Fristsetzung mit Kündigungsandrohung vorauszugehen hat.⁶⁵ Fehlt es überhaupt an den Voraussetzungen einer außerordentlichen Kündigung, ist durch Auslegung zu ermitteln, ob die außerordentliche Kündigung des Bauvertrages auch als freie Kündigung nach § 8 Abs. 1 Nr. 1 VOB/B bzw. § 648 S. 1 BGB (= § 649 S. 1 aF) verstanden werden kann.

IX. Vergütung (§§ 2, 16 VOB/B)

1. Überblick. Regeln zur Vergütung der vereinbarten Leistung enthalten §§ 2, 16 VOB/B. 32 Während § 2 VOB/B die Frage klärt, wie der **Vergütungsanspruch** des Auftragnehmers **zu ermitteln** ist, regelt § 16 VOB/B die **Zahlungsmodalitäten.** Wenn nichts anderes vereinbart ist, wird die Vergütung im Anwendungsbereich der VOB/B nach Einheitspreisen berechnet (§ 2 Abs. 2 VOB/B). Denkbar sind aber etwa auch Pauschalpreisvereinbarungen, eine Abrechnung nach Stundenlohnsätzen oder Selbstkosten. Als Zahlungsmodalität kommt neben der Gesamtvergütung die Leistung von Abschlagszahlungen (§ 16 Abs. 1 VOB/B) in Betracht. Darüber hinaus enthält die

---

⁵⁵ OLG Celle MDR 1973, 136 = BauR 1973, 49 (50); OLG Frankfurt a. M. BauR 1991, 612 (613); Ingenstau/Korbion/Joussen/Vygen VOB/B § 8 Abs. 5 Rn. 3; aA OLG Celle BauR 2006, 2069.
⁵⁶ BGHZ 140, 365 (368) = NJW 1999, 1867; BGH BauR 2006, 519 (520); NJW 2003, 581 (582); 1987, 382 (383).
⁵⁷ Vgl. dazu BGHZ 31, 224 (229) = NJW 1960, 341; BGHZ 156, 82 (86) = NJW 2003, 3474; BGH NJW-RR 2003, 738 (739).
⁵⁸ Dazu BGHZ 96, 34 (36 ff.) = NJW 1986, 255; OLG Düsseldorf NJW 2015, 355 Rn. 27; BauR 2006, 2054 (2058 f.); *Timmermanns* BauR 2001, 321; Staudinger/*Peters*, 2019, BGB § 648a Rn. 16.
⁵⁹ S. dazu OLG Düsseldorf BauR 2009, 1445 (1446 ff.) (Überschreitung der Fristen in einem Bauzeitenplan).
⁶⁰ OLG Zweibrücken NJW-RR 2017, 338 Rn. 44.
⁶¹ BGH NJW 2009, 3717 Rn. 16 ff. (verneint für Leistungsteile innerhalb eines Gewerks): krit. *Leidig/Hürter* NZBau 2010, 417 (418 f.); *Leidig/Hürter* NZBau 2009, 106 (108 ff.).
⁶² OLG Düsseldorf NZBau 2018, 667 Rn. 133.
⁶³ OLG Düsseldorf NJW 2015, 3663 Rn. 78.
⁶⁴ OLG Düsseldorf NJW-RR 2015, 535 Rn. 74; OLG Stuttgart NJW-RR 2016, 470 Rn. 21.
⁶⁵ OLG Düsseldorf NJW 2015, 3663 Rn. 116–119; OLG Stuttgart NJW-RR 2016, 470 Rn. 18.

VOB/B Bestimmungen zur Vorauszahlung (§ 16 Abs. 2 VOB/B) und zur Schlusszahlung (§ 16 Abs. 3 VOB/B). Die Regelung des § 16 VOB/B tritt an die Stelle von § 641 BGB.

33   **2. Ermittlung der Vergütung. a) Einheitspreisvertrag. aa) Allgemeines.** Für den Einheitspreisvertrag ist es charakteristisch, dass bei der Vergabe einer Gesamtleistung die Angebotssumme in eine Vielzahl von Einheitspreisen aufgegliedert wird, die jeweils auf technisch und wirtschaftlich einheitliche Teilleistungen bezogen sind. Der im Angebot ausgeworfene **Gesamtpreis** bildet nur einen gewissen Anhalt dafür, mit welchen Kosten der Auftraggeber in etwa zu rechnen hat. Die wirkliche Vergütung des Auftragnehmers lässt sich regelmäßig erst nach Fertigstellung der Leistung und nach detaillierter Abrechnung aufgrund eines Aufmaßes bestimmen. Wie die Abrechnung zu erfolgen hat, bestimmt § 14 VOB/B. Danach hat der Unternehmer dem Auftraggeber eine **prüffähige Rechnung** zu erteilen. Die für die Abrechnung notwendigen Feststellungen hat der Auftragnehmer gem. § 14 Abs. 2 VOB/B dem Fortgang der Ausführung entsprechend möglichst gemeinsam mit dem Auftraggeber unter Beachtung der Abrechnungsbestimmungen der ATV in der VOB/C durch **Aufmaß** zu treffen. Insoweit besteht für beide Parteien eine Pflicht zur Kooperation.[66]

34   **bb) Mengenänderungen (§ 2 Abs. 3, 5 VOB/B).** Während der Bauabwicklung kann es zu kalkulationsbedingten Mengenänderungen kommen. Die Bestimmung des **§ 2 Abs. 3 VOB/B** regelt den Fall, wie sich solche, auf tatsächlichen Gegebenheiten beruhenden Mengenänderungen beim Einheitspreisvertrag auf die Ermittlung der Vergütung auswirken.[67] Eine Mengenänderung im weiteren Sinne kann dabei auch vorliegen, wenn die Einheitspreisvereinbarung im Vordersatz eine **Zeiteinheit** beinhaltet und diese überschritten wird.[68] Für die über 10 vH hinausgehende Überschreitung oder Unterschreitung des Mengenansatzes ist auf Verlangen einer Vertragspartei ein neuer Einheitspreis zu bilden. Bei einer **Überschreitung des Mengenansatzes** ist für den den Mengenansatz übersteigenden Teil[69] auf dem Boden der für den Einheitspreis maßgebenden Preisermittlungsgrundlage[70] unter Berücksichtigung der Mehr- oder Minderkosten ein neuer Preis zu vereinbaren (§ 2 Abs. 3 Nr. 2 VOB/B). Die Regelung begründet damit einen vertraglichen Anspruch auf Einwilligung in einen neuen Preis.[71] Bei einer **Mengenunterschreitung** ist für die tatsächlich ausgeführte Menge der Einheitspreis zu erhöhen, soweit der Auftragnehmer nicht durch Erhöhung der Mengen bei anderen Positionen oder in anderer Weise einen Ausgleich erhält (§ 2 Abs. 3 Nr. 3 S. 1 VOB/B). Diese Preisanpassungsregelung gilt nur für die Fälle, bei denen nicht mehr geschieht, als dass sich die ausgeführten Mengen gegenüber den ausgeschriebenen ändern, weil die Vorausschätzung unrichtig gewesen ist.[72] Eine zeitliche Schranke zur Geltendmachung des Rechts auf Preisanpassung besteht nach § 2 Abs. 3 Nr. 3 VOB/B nicht; eine solche folgt auch nicht aus einer Fristversäumung iSv § 16 Abs. 3 VOB/B, da diese Vorschrift das Preisanpassungsverlangen nicht regelt.[73] Nicht anwendbar ist § 2 Abs. 3 VOB/B dem Wortlaut nach, wenn einzelne **Leistungspositionen vollständig entfallen** (sog. Nullpositionen).[74] Da auch andere Vorschriften der VOB/B diesen Sachverhalt nicht erfassen, liegt eine planwidrige Regelungslücke vor, die durch ergänzende Vertragsauslegung des VOB/B-Vertrages zu schließen ist.[75] Die Interessenlage spricht insoweit dafür, dass die Parteien bei Kenntnis der Sachlage eine Regelung entsprechend § 2 Abs. 3 Nr. 3 VOB/B vereinbart hätten.[76] **Keine Preisanpassung** findet statt, wenn die Menge der von einem Einheitspreis erfassten Leistung oder Teilleistung nicht um mehr als 10 vH von dem im Vertrag vorgesehenen Umfange abweicht. Leistungsschwankungen in diesem Rahmen sind von den Vertragspartnern hinzunehmen.

35   Greift § 2 Abs. 3 VOB/B ein, ist es regelmäßig ausgeschlossen, eine Preisanpassung nach den Grundsätzen über den **Wegfall der Geschäftsgrundlage (§ 313 BGB)** vorzunehmen,[77] soweit die

---

[66]   BGHZ 143, 89 (93) = NJW 2000, 807; BGH NJW 2003, 2678.
[67]   BGHZ NJW 2018, 2564 Rn. 20; 2018, 296 Rn. 34.
[68]   BGH NJW 2018, 2564 Rn. 13 f.; 2013, 1070 Rn. 18.
[69]   Hierzu BGH NJW 1966, 971.
[70]   Dazu BGH LM VOB/B Nr. 36; *Piel* BauR 1974, 226; Heiermann/Riedl/Rusam/*Kuffer* VOB/B § 2 Rn. 95; Ingenstau/Korbion/*Keldungs* VOB/B § 2 Abs. 3 Rn. 17; aA *Heiermann* BauR 1974, 73; OLG München BauR 1993, 726 (Preisanpassung nur bei vorgelegter Kalkulation oder Schätzungsmöglichkeit).
[71]   BGH NJW 2018, 296 Rn. 28; NJW-RR 2005, 1041 (1042).
[72]   Ingenstau/Korbion/*Keldungs* VOB/B § 2 Abs. 3 Rn. 5, 15; zur Neuberechnung des Einheitspreises OLG Hamm BauR 1984, 297.
[73]   BGH NJW-RR 2005, 1041 (1042).
[74]   BGHZ 192, 252 Rn. 20 = NJW 2012, 1348.
[75]   BGHZ 192, 252 Rn. 21 = NJW 2012, 1348.
[76]   BGHZ 192, 252 Rn. 21 = NJW 2012, 1348; *Klaft/Nossek* NZBau 2009, 286 (290 f.); aA für Heranziehung des Rechtsgedankens aus § 648 S. 2 BGB Ingenstau/Korbion/*Keldungs* VOB/B § 2 Abs. 3 Rn. 39 f.
[77]   BGHZ 179, 213 Rn. 35 = NJW 2009, 835; BGH NJW-RR 2011, 886 Rn. 6.

Parteien für den Fall von Mengenänderungen durch Einbeziehung der VOB/B eine abschließende vertragliche Regelung getroffen haben. Der Sachverhalt der Mengenänderung kann unter diesen Umständen nicht zugleich Geschäftsgrundlage sein. Fehlt es dagegen an einer abschließenden Vereinbarung und haben die Parteien den Vertrag zudem in der Annahme geschlossen, ein bestimmter Mengenrahmen werde eingehalten, kann bei dessen Überschreitung ergänzend auch § 313 BGB eingreifen.[78] Zulässig ist es überdies, eine von § 2 Abs. 3 VOB/B **abweichende Vereinbarung** dahingehend zu treffen, dass es auch bei einer Mengenänderung von mehr als 10% beim vereinbarten Einheitspreis schlechthin verbleibt. Dies kann nicht nur individuell vereinbart werden, sondern auch durch AGB bestimmt werden. Eine dahingehende Klausel verstößt nicht gegen §§ 307 ff. BGB, sie trifft aber den Kernbereich der Ausgewogenheit der VOB/B und führt dazu, dass die VOB/B „als Ganzes" nicht mehr vereinbart ist (→ Rn. 7). Steht ein nach § 2 Abs. 3 Nr. 2 VOB/B oder § 2 Abs. 5 VOB/B neu zu vereinbarender Einheitspreis für Mehrmengen in einem auffälligen, **wucherähnlichen Missverhältnis** zur Bauleistung, kann die dieser Preisbildung zugrunde liegende Vereinbarung sittenwidrig und damit nichtig sein.[79] An die Stelle des nichtig vereinbarten Einheitspreises tritt dann der übliche Preis.[80]

Bei Mengenänderungen, die auf **Änderungen des Bauentwurfs** (§ 1 Abs. 3 VOB/B) **oder** **andere Anordnungen des Auftraggebers** zurückgehen, folgt der Anspruch auf Preisanpassung nicht aus § 2 Abs. 3 VOB/B, sondern aus § 2 Abs. 5 VOB/B.[81] Anknüpfungspunkt für den sog. „Nachtragswerklohn" kann der vereinbarte Vertragspreis sein, der insoweit fortzuschreiben wäre.[82] Denkbar ist aber auch eine Anknüpfung an ortsübliche Preise oder eine andere Art der Preisfindung. Insoweit kommt es auf den Willen der Vertragsparteien an.[83] Maßgebender Gedanke muss insoweit sein, dass das ursprüngliche **Preisgefüge** möglichst **erhalten bleibt**.[84] Die Vereinbarung iSv § 2 Abs. 5 VOB/B soll vor der Ausführung getroffen werden. Das gibt dem Auftragnehmer aber nicht das Recht, seine Arbeiten zwischenzeitlich einzustellen (vgl. § 1 Abs. 3 VOB/B).[85] Kommt die Vorhinein eine Vereinbarung nicht zustande, steht dem Auftragnehmer unter den Voraussetzungen des § 2 Abs. 5 VOB/B vielmehr ein klagbarer Anspruch auf eine Mehrvergütung zu, die gegebenenfalls gerichtlich festzusetzen ist.[86] Die Vorschrift des § 2 Abs. 5 VOB/B ist im Gegensatz zu § 2 Abs. 3 VOB/B auch bei nur unwesentlichen preislichen Abweichungen anwendbar.[87]

Für § 2 Abs. 5 VOB/B sind alle **Anordnungen** des Auftraggebers von Bedeutung, die durch die Änderung der Leistung auf die Preisermittlungsgrundlagen durchschlagen. Die Anordnungen, die keiner bestimmten Form bedürfen, können vom Auftraggeber während des gesamten Erfüllungsstadiums[88] auch **stillschweigend erteilt** werden.[89] Der Anordnungsbegriff ist grundsätzlich weit zu verstehen.[90] Anordnungen iSv § 2 Abs. 5 VOB/B können daher sowohl die **Ausführungsart** als auch die **Ausführungszeit**[91] betreffen, unabhängig davon, ob sie vom Auftraggeber ausgehen oder durch Dritte veranlasst sind.[92] In Betracht kommen jedoch nur Anordnungen, die selbst vertragsgemäß sind oder auf der Grundlage eines vertraglich eingeräumten Leistungsbestimmungsrechts beruhen.[93] Vertragswidrige

---

[78] BGH NJW-RR 2011, 886 Rn. 8 f.; OLG Schleswig NZBau 2011, 756 (758).
[79] BGHZ 196, 355 Rn. 18, 35 = NJW 2013, 1953; BGHZ 196, 299 Rn. 21 f. = NJW 2013, 1950; BGHZ 179, 213 Rn. 9 = NJW 2009, 835; zur Widerlegung der Sittenwidrigkeitsvermutung bei bloß marginaler Position: OLG Jena NZBau 2010, 376 (379).
[80] BGHZ 196, 355 Rn. 38 = NJW 2013, 1953; OLG Dresden NZBau 2010, 373.
[81] Zu Einzelheiten vgl. *Kues/Steffen* BauR 2010, 10 (16 ff.); Kapellmann/Messerschmidt/*Kapellmann* VOB/B § 2 Rn. 252; zu einem eventuell gegebenen Leistungsverweigerungsrecht OLG Zweibrücken BauR 1995, 251.
[82] Dazu BGHZ 196, 355 Rn. 33 = NJW 2013, 1953.
[83] BGHZ 197, 52 Rn. 14 = NJW 2013, 2423.
[84] *von Hayn-Habermann* NJW-Spezial 2013, 300 (301).
[85] OLG Hamm NJW-RR 2019, 14 Rn. 46; OLG Düsseldorf BauR 2006, 531.
[86] OLG Saarbrücken NZBau 2011, 422.
[87] BGH NJW-RR 2003, 14.
[88] OLG Hamm NZBau 2019, 298 Rn. 79.
[89] BGHZ 95, 123 (135) = NJW 1985, 2475; BGH NJW 1968, 1324; OLG Jena NZBau 2006, 510 (514).
[90] OLG Jena NZBau 2006, 510 (514).
[91] Dazu BGHZ 95, 128 (135) = NJW 1985, 2475; OLG Düsseldorf NJW-RR 1996, 730 (731); OLG Hamm NZBau 2006, 180; OLG Jena NZBau 2005, 341 (344); OLG Naumburg NJW-RR 2011, 1389 (1392); aA Kapellmann/Messerschmidt/*Kapellmann* VOB/B § 2 Rn. 321.
[92] Vgl. BGH NJW 1968, 1234 (1235); *Schmidt*, Die Vergütung von Bauleistungen, 1969, 29; Ingenstau/Korbion/*Keldungs* VOB/B § 2 Abs. 5 Rn. 15 ff.
[93] OLG Hamm NZBau 2006, 180 (181); *Thode* ZfBR 2004, 214 (225); aA Kapellmann/Messerschmidt/*v. Rintelen* VOB/B § 1 Rn. 55; Kapellmann/Messerschmidt/*Kapellmann* VOB/B § 2 Rn. 320; Kapellmann/Messerschmidt/*Markus* VOB/B § 6 Rn. 55.

Anordnungen des Auftraggebers können allein Ansprüche des Unternehmers gem. § 6 Abs. 6 VOB/B oder § 642 BGB auslösen.[94]

38   **cc) Zusatzleistungen (§ 2 Abs. 6 VOB/B).** Verlangt der Auftraggeber aufgrund eines ihm eingeräumten einseitigen Leistungsbestimmungsrechts[95] vom Auftragnehmer zusätzliche, im Vertrag nicht vorgesehene Leistungen, hat der Auftragnehmer einen **Anspruch auf besondere Vergütung**.[96] Diese bestimmt sich nach den Grundlagen der Preisermittlung für die Vertragsleistung und den besonderen Kosten der geforderten zusätzlichen Leistung. Die Regelung trägt dem Umstand Rechnung, dass sich oftmals erst **während der Ausführung von Bauleistungen** die **Notwendigkeit zusätzlicher im Vertrag nicht vorgesehener Leistungen** herausstellt. Dies impliziert freilich auch, dass die zusätzliche Leistung, um von § 2 Abs. 6 VOB/B erfasst zu werden, jedenfalls in irgendeiner Beziehung zur ursprünglich vereinbarten Leistung stehen muss.[97] Ob eine Leistung vom ursprünglichen Bauvertrag erfasst war oder im vorbenannten Sinne eine zusätzliche Leistung iSv § 2 Abs. 6 VOB/B darstellt, ist durch Auslegung des Bauvertrags zu ermitteln.[98] Die besondere Vergütung ist möglichst vor Beginn der Ausführung zu vereinbaren. Auf alle Fälle aber hat der Auftragnehmer dann, wenn er eine besondere Vergütung für zusätzliche Leistungen verlangen will, den Anspruch vor Beginn der Ausführung anzukündigen. Die Ankündigung ist regelmäßig Anspruchsvoraussetzung.[99]

39   **b) Pauschalpreisvertrag. aa) Allgemeines.** Der Pauschalpreisvertrag ist in der VOB/B **nicht positiv definiert.**[100] In der Praxis werden zwei Typen des Pauschalvertrages unterschieden: Der „Detail-Pauschalvertrag" und der „Global-Pauschalvertrag".[101] Beim VOB-konformen **Detail-Pauschalvertrag** schuldet der Unternehmer für den vereinbarten Pauschalpreis nur die Leistungen, die in der detaillierten Leistungsbeschreibung niedergelegt sind, und nicht mehr. Nach dem **Global-Pauschalvertrag,** bei dem eine detaillierte Leistungsbeschreibung fehlt, ist der Unternehmer verpflichtet, das versprochene Leistungsziel zu erreichen.[102] Mit dem Pauschalpreisvertrag soll die **Abrechnung vereinfacht** werden; im Unterschied zum Einheitspreisvertrag erübrigt sich die Mengenermittlung. Mehr- oder Minderleistungen führen im Grundsatz weder zu einer Erhöhung noch zu einer Kürzung des Pauschalpreises.

40   **bb) Preisanpassungen (§ 2 Abs. 7 VOB/B).** Auf der anderen Seite sind aber auch beim (Detail-)Pauschalpreisvertrag einzelne Preisanpassungen nicht von vornherein ausgeschlossen. In § 2 Abs. 7 VOB/B sind **zwei Ausnahmefälle** geregelt, die es rechtfertigen, unbeschadet der Pauschalvereinbarung einen finanziellen Ausgleich zwischen den Parteien herbeizuführen. Zum einen geht es um den Fall, dass sich die vertraglich vereinbarten **Leistungen nachträglich ändern** (§ 2 Abs. 7 Nr. 2 VOB/B iVm § 2 Nr. 4, 5 und 6 VOB/B); zum anderen um den Fall, dass die **tatsächlich ausgeführte Leistung von der vertraglich vorgesehenen erheblich abweicht** und ein Festhalten an der Pauschalsumme nicht mehr zumutbar ist (§ 2 Abs. 7 Nr. 1 S. 2 und 3 VOB/B). Im letztgenannten Fall erfolgt eine Preisanpassung nach den Regeln über den Wegfall der Geschäftsgrundlage (§ 313 BGB).[103] Dies zeigt, dass die Opfergrenze zwischen Auftragnehmer und Auftraggeber in erheblichem Umfang verschoben sein muss.[104] Liegen die Voraussetzungen von § 2 Abs. 7 VOB/B vor, hat die **Preisanpassung** in der Weise zu erfolgen, dass die Pauschalsumme für die tatsächlich ausgeführte Leistung unter Beachtung der Mehr- und Minderkosten der Pauschalsumme für die vertraglich vorgesehene Leistung gegenüberzustellen ist. Anders ist vorzugehen, wenn es sich um einen Ausgleich für Mehrleistungen handelt. Diese sind nach Einheitspreisen zu erfassen.[105]

---

[94] OLG Hamm NZBau 2006, 180 (181); *Thode* ZfBR 2004, 214 (225).
[95] Dazu Ingenstau/Korbion/*Keldungs* VOB/B § 2 Abs. 6 Rn. 4f.; Kapellmann/Messerschmidt/*Kapellmann* VOB/B § 2 Rn. 320.
[96] Zu Einzelheiten MüKoBGB/Busche BGB § 650a Rn. 64 ff.
[97] Ingenstau/Korbion/*Keldungs* VOB/B § 2 Abs. 6 Rn. 12; *Werner/Pastor,* Der Bauprozess, 17. Aufl. 2020, Rn. 1477.
[98] OLG Naumburg NZBau 2010, 436.
[99] BGH LM VOB/B Nr. 36; OLG Düsseldorf *Schäfer/Finnern* Z 2302, 15; *Schäfer/Finnern* Z 2300, 14; Ingenstau/Korbion/*Keldungs* VOB/B § 2 Abs. 6 Rn. 17; *Locher,* Das private Baurecht, 8. Aufl. 2012, Rn. 316; *Schmidt,* Die Vergütung von Bauleistungen, 1969, 32; aA *Fahrenschon* BauR 1977, 172 (179); zu Ausnahmen BGHZ 133, 44 (47 f.) = NJW 1996, 2158 = LM VOB/B 1973 § 2 Nr. 15.
[100] Dazu Kapellmann/Messerschmidt/*Kapellmann* VOB/B § 2 Rn. 445 ff.
[101] Zu Einzelheiten MüKoBGB/Busche BGB § 631 Rn. 93 ff.
[102] OLG Brandenburg NJW-RR 2012, 655 (657); OLG Düsseldorf NJW-RR 2004, 1540; OLG Hamm BauR 2006, 1899 (1901); *Werner/Pastor,* Der Bauprozess, 17. Aufl. 2020, Rn. 1525; vgl. auch *Pietschmann* BauR 2006, 1895 f.
[103] BGHZ 190, 212 Rn. 20 = NJW 2011, 3287.
[104] Zu Einzelheiten MüKoBGB/*Busche* BGB § 650a Rn. 74 ff.
[105] BGH BB 1971, 290; 1961, 989; Ingenstau/Korbion/*Keldungs* VOB/B § 2 Abs. 7 Rn. 33.

c) Auftragslos erbrachte Leistungen (§ 2 Abs. 8 VOB/B). Leistungen, die der Auftrag- 41
nehmer auftragslos erbringt, also ohne vertragliche Verpflichtung oder unter eigenmächtiger
Abweichung vom Vertrag, sind **nicht zu vergüten, es sei denn, der Auftraggeber erkennt
die Leistung nachträglich an** (§ 2 Abs. 8 Nr. 2 S. 1 VOB/B) **oder die Leistung ist für die
Erfüllung des Vertrages notwendig,** entspricht dem mutmaßlichen Willen des Auftraggebers
und wird ihm unverzüglich (§ 121 BGB) angezeigt (§ 2 Abs. 8 Nr. 2 S. 2 VOB/B). Die Voraussetzungen
des § 2 Abs. 8 Nr. 2 S. 2 VOB/B decken sich im Wesentlichen mit denen für den Vergütungsanspruch
bei Geschäftsführung ohne Auftrag gem. §§ 677 ff. BGB. Mutmaßlich ist insoweit
derjenige Wille des Auftraggebers, der bei objektiver Beurteilung aller gegebenen Umstände von
einem verständigen Betrachter vorauszusetzen ist.[106] Ein entgegenstehender Wille des Auftraggebers
ist unbeachtlich, wenn die vom Auftragnehmer ausgeführte Leistung eine Pflicht erfüllt, die
im öffentlichen Interesse liegt (§ 679 BGB).[107] Ist ein Vergütungsanspruch nach § 2 Abs. 8 VOB/B
nicht gegeben, kann ggf. aus dem Gesichtspunkt ersparter Aufwendungen ein **Bereicherungsanspruch**
nach §§ 812 ff. BGB gegeben sein.[108] Liegen die Voraussetzungen für einen Vergütungsanspruch
nicht vor, hat der Auftragnehmer die Leistung auf Verlangen innerhalb angemessener Frist
zu beseitigen; außerdem hat er den hierdurch entstandenen Schaden zu ersetzen (§ 2 Abs. 8 Nr. 1
VOB/B).

d) Stundenlohnvertrag (§ 2 Abs. 10 VOB/B, § 15 VOB/B). aa) Allgemeines. Bei der 42
Erfassung und Vergütung von Stundenlohnarbeiten ist danach zu unterscheiden, ob es sich um
sog. „angehängte" oder „selbstständige" Stundenlohnarbeiten handelt. Von „angehängten"
Stundenlohnarbeiten spricht man dann, wenn bei einer zu Festpreisen – Vergütung nach Einheitspreisen
oder zu einer Pauschalsumme – vergebenen Hauptarbeit zusätzlich im Vertrag nicht vorgesehene
Leistungen vom gleichen Auftragnehmer in räumlichem und zeitlichem Zusammenhang
zusammen mit der Hauptarbeit ausgeführt werden. Als „selbstständige" Stundenlohnarbeiten sind
solche anzusehen, die ohne jeden Zusammenhang mit einer Hauptleistung zu erbringen sind.

bb) Angehängte Stundenlohnarbeiten. Angehängte Stundenlohnarbeiten sind vom Auf- 43
traggeber **nur zu vergüten, wenn** sie als solche vor Beginn der Ausführung **ausdrücklich vereinbart**
worden sind (§ 2 Abs. 10 VOB/B). Diesem Erfordernis wird nicht schon dadurch Genüge
getan, dass im Vertrag lediglich die Möglichkeit der Ausführung von Stundenlohnarbeiten erwähnt
und hierfür Stundenlohnsätze festgelegt werden.[109] Freilich kann sich der Auftraggeber nachträglich
bereit finden, durchgeführte Arbeiten als nach Stundenlohnsätzen zu vergütende anzuerkennen.[110]
Fehlt es an der Vereinbarung der Parteien oder der nachträglichen Genehmigung durch den Auftraggeber,
scheidet auch ein Anspruch des Auftragnehmers nach § 812 BGB aus. Eine Vergütung nach
Einheitspreisen ist nur in den Ausnahmefällen des § 2 Abs. 5, 6 und 8 VOB/B möglich.

cc) Selbstständige Stundenlohnarbeiten. Die Vergütung selbstständiger Stundenlohnarbei- 44
ten regelt § 15 VOB/B. Diese sind unter den Voraussetzungen des § 15 Abs. 3 VOB/B (Anzeige-
und Nachweispflicht) **nach ortsüblichen Sätzen** zu vergüten, soweit über die Vergütung keine
Vereinbarung getroffen worden ist. Kommt der Auftragnehmer seiner Verpflichtung zur Führung
und **Vorlage von Stundenlohnzetteln** nicht nach, führt dies nicht zum Verlust des Vergütungsanspruchs,
sondern bei schuldhaftem Verstoß gegen die Anzeigepflicht lediglich zu einem Schadensersatzanspruch
des Auftraggebers.[111]

3. Zahlungsmodalitäten. a) Abschlagszahlungen (§ 16 Abs. 1 VOB/B). Dem Unterneh- 45
mer steht nach § 16 Abs. 1 Nr. 1 VOB/B ein selbstständiger schuldrechtlicher Anspruch auf
Abschlagszahlung **entsprechend tatsächlich erbrachter Teilleistungen** bzw. für Bauteile und
Stoffe zu, wenn diese Leistungen vertragsgemäß erbracht wurden und durch eine prüfbare Aufstellung
belegt werden.[112] **Sinn und Zweck** der Regelung ist es, den Auftragnehmer, der seine Bauleistungen
häufig vorfinanzieren muss, wirtschaftlich zu entlasten.[113] Die erbrachten Leistungen sind
durch eine **prüfbare Aufstellung** nachzuweisen.[114]

---

[106] BGH NJW-RR 2004, 449 (451); ähnlich Ingenstau/Korbion/*Keldungs* VOB/B § 2 Abs. 8 Rn. 36.
[107] OLG Celle BB 1963, 1037; Ingenstau/Korbion/*Keldungs* VOB/B § 2 Abs. 8 Rn. 36.
[108] BGH *Schäfer/Finnern* Z 2301, 46 (49).
[109] OLG Nürnberg BeckRS 2014, 21598 Rn. 45 = BauR 2015, 509.
[110] Zu Einzelheiten MüKoBGB/*Busche* BGB § 650a Rn. 83.
[111] OLG Saarbrücken NZBau 2011, 422 (423).
[112] Zur Berechnung der Abschlagszahlung s. BGHZ 182, 158 Rn. 59 = NJW 2010, 227.
[113] BGHZ 182, 158 Rn. 44 = NJW 2010, 217.
[114] BGH NJW 1967, 342; vgl. auch OLG Köln BauR 1973, 324; *Schmidt* MDR 1965, 621 ff.; *Hochstein* BauR 1971, 7.

46 Die **Höhe** der Abschlagszahlung bemisst sich nach dem Wert der nachgewiesenen vertragsgemäßen Leistungen. Dabei ist wie im Rahmen von § 632a BGB ein objektiver Maßstab anzulegen.[115] Auf einen Wertzuwachs beim Besteller kommt es nicht an. Der Anspruch wird 21 Tage nach Zugang der Aufstellung beim Besteller fällig (§ 16 Abs. 1 Nr. 3 VOB/B). Der Besteller hat das Recht, **Gegenforderungen** einzubehalten und auch andere Einbehalte vorzunehmen, wenn sie im Vertrag vorgesehen sind oder wenn sich ein Leistungsverweigerungsrecht aus gesetzlichen Bestimmungen ergibt (§ 16 Abs. 1 Nr. 2 VOB/B). Nicht erforderlich ist es, dass die Gegenforderungen aus dem Bauvertragsverhältnis stammen; sie können auch auf anderen Vertrags- oder sonstigen Rechtsverhältnissen beruhen.[116] Jedoch müssen die Voraussetzungen der Aufrechnung gegeben sein.[117] **Andere Einbehalte** kommen insbesondere dann in Betracht, wenn dem Besteller wegen Mängeln der Leistung Mängelbeseitigungsansprüche auf der Grundlage des § 4 Abs. 7 S. 1 VOB/B zustehen. Der Einbehalt beschränkt sich dabei nicht auf einen dem mangelbedingten Minderwert der Leistung entsprechenden Betrag; er kann diesen Betrag vielmehr erheblich übersteigen, um den Unternehmer zur Mängelbeseitigung anzuhalten. Das gilt selbst dann, wenn ein Sicherheitseinbehalt vereinbart ist.[118] Verlangt der Auftragnehmer im Klagewege trotz Mangelhaftigkeit seiner Leistung Abschlagszahlungen, sind ihm diese Zug um Zug gegen Mängelbeseitigung zuzusprechen.[119]

47 **Leistet der Auftraggeber nicht,** hat der Auftragnehmer gem. § 9 Abs. 1 Nr. 2, Abs. 2 VOB/B nach Ablauf einer angemessenen Frist mit Kündigungsandrohung ein Kündigungsrecht.[120] Der Anspruch auf Abschlagszahlung ist nicht mehr durchsetzbar, wenn der Auftraggeber das Bauwerk abgenommen hat und der Auftragnehmer eine Schlussrechnung gestellt hat.[121] Entsprechendes gilt, wenn das fertiggestellte Werk abgenommen wurde und die Frist zur Einreichung der Schlussrechnung (§ 14 Abs. 3 VOB/B) verstrichen ist.[122]

48 **b) Vorauszahlungen (§ 16 Abs. 2 VOB/B).** Von Abschlagszahlungen für vertragsgemäße Leistungen (§ 16 Abs. 1 VOB/B) abzugrenzen sind Vorauszahlungen (§ 16 Abs. 2 VOB/B). Da es sich dabei um **Zahlungen auf noch nicht erbrachte Leistungen** handelt, hat der Auftragnehmer darauf nur dann einen Anspruch, wenn die Vorauszahlung entweder schon bei Vertragsschluss oder auch zu einem späteren Zeitpunkt ausdrücklich vereinbart wird. Der Auftraggeber kann insoweit Sicherheit verlangen (§ 16 Abs. 2 Nr. 1 S. 1 Hs. 2 VOB/B). Vorauszahlungen sind, soweit nichts anderes vereinbart ist, überdies mit 3% über dem Basiszinssatz des § 247 BGB zu verzinsen (§ 16 Abs. 2 Nr. 1 S. 2 VOB/B) und auf nächstfällige Zahlungen anzurechnen (§ 16 Abs. 2 Nr. 2 VOB/B).

49 **c) Schlusszahlung (§ 16 Abs. 3 VOB/B). aa) Allgemeines.** Die Schlusszahlung, mit der die nach Abzug von etwaigen Voraus- und Abschlagszahlungen noch verbleibende **Restschuld** beglichen wird, hat bei Verträgen, die der VOB/B unterliegen, besondere Bedeutung. Nimmt der Auftragnehmer die Schlusszahlung vorbehaltlos an, ist er mit Nachforderungen ausgeschlossen. Die der Schlusszahlung zugrunde liegende **Schlussrechnung** berührt zudem die Fälligkeit und Verjährung des Vergütungsanspruches.

50 **bb) Fälligkeit.** Die Schlusszahlung wird nach § 16 Abs. 3 Nr. 1 VOB/B **nach Vorliegen der Schlussrechnung** fällig, die als solche **prüffähig** sein muss (vgl. § 14 Abs. 1 VOB/B).[123] Auch wenn § 16 Abs. 3 VOB/B explizit nichts darüber aussagt, setzt die Fälligkeit der Unternehmervergütung darüber hinaus zusätzlich voraus, dass die **Leistung des Unternehmers abgenommen** worden ist.[124] Dies folgt aus § 650g Abs. 4 BGB, der durch die VOB/B nicht verdrängt wird.[125] Nicht

---

[115] MüKoBGB/*Busche* BGB § 632a Rn. 11; anders iSe Rückgriffs auf den vereinbarten Preis wohl Ingenstau/Korbion/*Locher* VOB/B § 16 Abs. 1 Rn. 8; Kapellmann/Messerschmidt/*Messerschmidt* VOB/B § 16 Rn. 205.
[116] Zur Rechtsmissbräuchlichkeit eines Einbehalts BGHZ 54, 244 (246 f.) = NJW 1970, 2019.
[117] *Heyers* BauR 1973, 60; BeckOK VOB/B/*Kandel*, 43. Ed. 31.10.2020, § 16 Abs. 1 Rn. 47.
[118] BGHZ 73, 140 (145) = NJW 1979, 650; BGH NJW 1981, 2801; Ingenstau/Korbion/*Locher* VOB/B § 16 Abs. 1 Rn. 37 f.
[119] BGHZ 73, 140 (145) = NJW 1979, 650; BGH NJW 1991, 565 (566); *Fischer* BauR 1973, 210; *Hochstein* BauR 1971, 7; Ingenstau/Korbion/*Locher* VOB/B § 16 Abs. 1 Rn. 39.
[120] OLG Celle NJW-RR 2000, 234; *Schmitz* BauR 2000, 1126 f.; Palandt/*Retzlaff* BGB § 643 Rn. 3.
[121] BGHZ 182, 158 Rn. 42 = NJW 2010, 227; BGH NJW-RR 2004, 957 (958); *Werner/Pastor,* Der Bauprozess, 17. Aufl. 2020, Rn. 1607.
[122] BGHZ 182, 158 Rn. 43 = NJW 2010, 227.
[123] Zu den Anforderungen an die Abrechnung Kapellmann/Messerschmidt/*Messerschmidt* VOB/B § 14 Rn. 5 ff.
[124] BGHZ 182, 158 Rn. 55 = NJW 2010, 227; BGHZ 79, 180 (181) = NJW 1981, 822; BGH NJW 1979, 650; 1973, 1792; *Locher,* Das private Baurecht, 8. Aufl. 2012, Rn. 338; BeckOK VOB/B/*Kandel*, 43. Ed. 31.10.2020, § 16 Abs. 3 Rn. 24; Ingenstau/Korbion/*Locher* VOB/B § 16 Abs. 3 Rn. 8; aA *Duffek* BauR 1976, 164; *Fischer* BauR 1973, 210; *Schmidt* MDR 1965, 621 (624 f.); *Schulz* JZ 1973, 718 (719).
[125] Kapellmann/Messerschmidt/*Messerschmidt* VOB/B § 16 Rn. 322.

erforderlich ist dagegen ein gemeinsames Aufmaß.[126] Das Erfordernis der Abnahme, nicht jedoch der prüffähigen Schlussrechnung, entfällt bei vorzeitiger Beendigung des Vertrages[127] sowie im Falle endgültiger Leistungsverweigerung durch den Auftraggeber.[128]

Um eine **Schlussrechnung** handelt es sich, wenn der Auftragnehmer durch die Rechnungslegung zu erkennen gibt, welche Vergütung er wegen seiner Leistungen endgültig gegen den Auftraggeber beansprucht.[129] Dazu muss die Schlussrechnung alle Ansprüche enthalten, die sich aus dem zugrundeliegenden Vertrag ergeben. Abzurechnen sind insoweit auch alle erbrachten Voraus- und Abschlagszahlungen.[130] **Prüffähigkeit** ist gegeben, wenn die Schlussrechnung einen Nachweis über Art und Umfang der erbrachten Leistung enthält, insbesondere durch Vorlage eines Aufmaßes, von Mengenberechnungen, Zeichnungen und anderer geeigneter Belege. Der Auftraggeber muss dadurch entsprechend seinem Informations- und Kontrollinteresse in die Lage versetzt werden, die Forderung des Unternehmers am Maßstab der vertraglichen Vereinbarung zu überprüfen.[131] Ist die Schlussrechnung nur teilweise prüffähig, tritt Fälligkeit in Bezug auf den prüfbar abgerechneten Teil der Werklohnforderung ein.[132] Erstellt der Auftragnehmer trotz angemessener Fristsetzung keine prüfbare Schlussrechnung, kann der **Auftraggeber** im Falle der Schlussrechnungsreife selbst die **Schlussrechnung aufstellen** (§ 14 Abs. 4 VOB/B). 51

Die **Schlusszahlung** ist alsbald nach Prüfung und Feststellung der vom Auftragnehmer vorgelegten Schlussrechnung zu leisten, spätestens **innerhalb von 30 Tagen** nach Zugang der Schlussrechnung (§ 16 Abs. 3 Nr. 1 S. 1 VOB/B). Hierbei wird vom Auftraggeber verlangt, dass er die Prüfung der Schlussrechnung nach Möglichkeit beschleunigt (§ 16 Abs. 3 Nr. 1 S. 4 VOB/B). Die 30-Tage-Frist verlängert sich auf **höchstens 60 Tage,** wenn dies aufgrund der besonderen Natur oder Merkmale der Vereinbarung sachlich gerechtfertigt ist und ausdrücklich vereinbart wurde (§ 16 Abs. 3 Nr. 1 S. 2 VOB/B). Daraus ergibt sich, dass die Schlusszahlung spätestens nach Ablauf von 60 Tagen nach Zugang der Schlussrechnung **fällig** wird. Von dieser Fälligkeitsregelung wird schlechthin jede geschuldete Vergütung erfasst.[133] Beendet der Auftraggeber die Prüfung der Schlussrechnung freilich schon vor Ablauf der Prüfungsfrist, wird der Anspruch auf die Schlusszahlung bereits mit der Mitteilung des Prüfungsergebnisses fällig.[134] **Verzögert** sich die **Prüfung der Schlussrechnung,** kann der Auftragnehmer das unbestrittene Guthaben als Abschlagszahlung sofort fordern (§ 16 Abs. 3 Nr. 1 S. 5 VOB/B), soweit dieses etwaige bisherige Abschlagszahlungen übersteigt.[135] Fällig ist nämlich der Teil der Forderung, der prüfbar abgerechnet ist und der nach Abzug der Abschlags- und Vorauszahlungen verbleibt.[136] 52

Eine Verzögerung der Rechnungsprüfung führt für sich genommen nicht zur Verwirkung von **Einwendungen.**[137] Inhaltliche Einwendungen gegen die Richtigkeit der Schlussrechnung können vom Besteller auch noch nach Ablauf der in § 16 Abs. 3 Nr. 1 S. 3 VOB/B genannten Ausschlussfrist erhoben werden.[138] Die Ausschlussfrist bezieht sich allein auf den Einwand der fehlenden Prüfbarkeit der Schlussrechnung. Nur dieser Einwand ist dem Auftraggeber nach Treu und Glauben abgeschnitten, wenn er ihn erst nach Ablauf der jeweiligen, mit Zugang der Schlussrechnung in Gang gesetzten Frist erhebt (§ 16 Abs. 3 Nr. 1 S. 3 VOB/B).[139] 53

Die bloße Prüfung einer Rechnung, deren Bezahlung oder auch die Bezahlung nach Prüfung erlauben für sich genommen nicht den Rückschluss auf ein deklaratorisches („bestätigendes") **Schuldanerkenntnis.**[140] Insoweit wäre nämlich eine Einigung der Parteien erforderlich, das Schuld- 54

---

[126] BGH NJW-RR 1999, 1180; Palandt/*Retzlaff* BGB § 641 Rn. 23; aA wohl *Werner/Pastor,* Der Bauprozess, 17. Aufl. 2020, Rn. 1394.
[127] Vgl. BGHZ 105, 290 (293) = NJW 1989, 836 (für Pauschalpreisvereinbarung); BGH NJW 1987, 382.
[128] BGH NJW 2000, 3716.
[129] Vgl. BGH NJW 1982, 1594; 1975, 1701; 1975, 1833; WM 1975, 453; OLG Hamm NJW-RR 1996, 593; 1992, 1375; Kapellmann/Messerschmidt/*Messerschmidt* VOB/B § 16 Rn. 278.
[130] OLG Stuttgart NZBau 2017, 412 Rn. 69.
[131] BGH NJW-RR 2005, 1103 mwN; OLG Saarbrücken NJW 2010, 3662.
[132] OLG Brandenburg NJW-RR 2015, 1360 (1362).
[133] BGH *Schäfer/Finnern* Z 2. 311, 39; OLG Düsseldorf NJW 1977, 1298; Ingenstau/Korbion/*Locher* VOB/B § 16 Abs. 3 Rn. 8.
[134] BGHZ 83, 382 (384 f.) = NJW 1982, 1815; BGH NJW 1986, 1681; 1968, 1962.
[135] BGH NJW 1997, 1444.
[136] BGHZ 157, 118 (130) = NJW-RR 2004, 445; BGH NJW-RR 2006, 455 Rn. 17; OLG Braunschweig NJW-RR 2015, 1360 (1362).
[137] BGH NJW-RR 2005, 167 (168); 2001, 1649; OLG Koblenz BeckRS 2013, 01350; *Zanner* BauR 2001, 1186; unklar Palandt/*Retzlaff* BGB § 641 Rn. 23.
[138] OLG Brandenburg NJW-RR 2010, 898.
[139] S. BGH NJW 2011, 918 Rn. 16; NJW-RR 2006, 454 Rn. 19; 2006, 455 Rn. 10; 2005, 167 (168).
[140] BGH NZBau 2007, 242 Rn. 8; OLG Düsseldorf NJW-RR 2015, 587 Rn. 19; OLG Koblenz BeckRS 2013, 01350.

Grundzüge der VOB/B 55–59

verhältnis ganz oder teilweise dem Streit oder der Ungewissheit zu entziehen.[141] Rügt der Auftraggeber die fehlende Prüfbarkeit der Rechnung nicht, findet eine endgültige Klärung der Werklohnforderung in einem später anhängig gemachten Prozess statt.[142]

55 Bei **fehlender Prüffähigkeit der Schlussrechnung** ist eine **Werklohnklage** als **derzeit unbegründet** abzuweisen.[143] Etwas anderes gilt freilich dann, wenn der Auftraggeber innerhalb der jeweiligen, mit Zugang der Schlussrechnung in Gang gesetzten Frist keine Einwendungen gegen deren Prüfbarkeit erhoben hat.[144]

56 Hat der **Auftraggeber** die **Schlussrechnung aufgestellt** (→ Rn. 51), wird die Rechnung mit dem Zugang beim Auftragnehmer fällig.[145] Auf die Prüffrist des § 16 Abs. 3 Nr. 1 VOB/B kommt es nicht an, weil diese nur den Auftraggeber schützen soll, der freilich im Falle der Selbsterstellung der Schlussrechnung keines Schutzes bedarf.[146]

57 cc) **Verjährung.** Wie in → Rn. 50 ausgeführt, tritt die Fälligkeit der Schlusszahlung unter den Voraussetzungen des § 16 Abs. 3 Nr. 1 VOB/B – unbeschadet der Abnahme der Leistung – nur dann ein, wenn dem Auftraggeber eine prüffähige Schlussrechnung vorliegt. Die Verjährung der Forderung richtet sich nach **§ 199 Abs. 1 BGB.** Der Auftraggeber kann sich bei verspäteter Erstellung der Schlussrechnung gegenüber der Werklohnforderung des Auftragnehmers nicht mit der Begründung auf Verjährung berufen, die Verjährung wäre bereits eingetreten, wenn der Auftragnehmer pflichtgemäß die Schlussrechnung rechtzeitig erstellt hätte.[147] Sollte der Auftraggeber daran interessiert sein, die Schlussrechnung alsbald nach der Abnahme der Leistung zu erhalten und kommt der Auftragnehmer einem dahin gehenden Verlangen nicht nach, gibt § 14 Abs. 4 VOB/B dem Auftraggeber die Möglichkeit, die Schlussrechnung auf Kosten des Auftragnehmers zu erstellen (→ Rn. 51). An eine einmal erteilte Schlussrechnung ist der Auftragnehmer im Übrigen nur dann gebunden, wenn er die daraufhin geleistete Schlusszahlung des Auftraggebers vorbehaltlos annimmt (→ Rn. 58).

58 dd) **Vorbehaltlose Annahme (§ 16 Abs. 3 Nr. 2, 3, 5 VOB/B).** Die Annahme der Schlusszahlung durch den Auftragnehmer **schließt Nachforderungen aus,**[148] die nicht von der Schlussrechnung erfasst werden,[149] wenn der Auftragnehmer über die Schlusszahlung schriftlich unterrichtet und auf die Ausschlusswirkung hingewiesen wurde (§ 16 Abs. 3 Nr. 2 VOB/B) und seinerseits keinen Vorbehalt erklärt (§ 16 Abs. 3 Nr. 5 VOB/B). Dies gilt auch für Zusatz- und Nachtragsaufträge im Rahmen desselben Bauvorhabens[150] und für früher gestellte, aber unerledigte Forderungen, wenn sie nicht nochmals vorbehalten werden (§ 16 Abs. 3 Nr. 4 VOB/B). Dem Auftragnehmer ist es unter diesen Umständen auch nicht möglich, einen bereicherungsrechtlichen Anspruch nach § 812 BGB geltend zu machen.[151] Von dem Nachforderungsausschluss **unberührt bleiben** jedoch **Fehlbeträge,** die dadurch entstanden sind, dass dem Auftraggeber in der Schlussrechnung irrtümlich Abschlagszahlungen gutgebracht wurden.[152]

59 Grundvoraussetzung für den Rechtsverlust des Auftragnehmers ist, dass dieser nach Übermittlung der Schlussrechnung eine vom Auftraggeber als **Schlusszahlung** gekennzeichnete Zahlung **annimmt.**[153] Der Auftraggeber entscheidet also darüber, ob er eine Zahlung als Schlusszahlung ansieht.[154] Wie die Kennzeichnung geschieht, ist bedeutungslos. Aus den Umständen muss sich aber entnehmen lassen, dass der Auftraggeber nicht mehr als die geleistete Schlusszahlung zu zahlen bereit ist.[155] Eine Schlusszahlung kann auch durch Aufrechnung mit Gegenforderungen erfolgen.[156] Einer

---

[141] BGH NJW 1995, 960 (961); 1995, 3311 (3312); 1999, 2661; NZBau 2002, 338 (339); 2007, 242 Rn. 8.
[142] BGH NJW-RR 2007, 1393 Rn. 7.
[143] BGHZ 140, 365 (368) = NJW 1999, 1867; BGH NJW 2011, 918 Rn. 16; NJW-RR 2005, 1103.
[144] BGH NJW 2011, 918 Rn. 16.
[145] BGH NJW 2002, 676 (677).
[146] BGH NJW 2002, 676 (677).
[147] Vgl. auch BGH NJW 1977, 2075 = BauR 1977, 354; BGH NJW 1971, 1455.
[148] Dazu BGHZ 102, 392 (395) = NJW 1988, 910.
[149] BGH NJW-RR 1998, 954.
[150] OLG Hamm NJW-RR 1987, 599 (600); OLG Oldenburg NJW 2014, 3252 (3254).
[151] BGHZ 62, 15 (18) = NJW 1974, 236; BGH NJW 1982, 2250 (2251).
[152] BGH NJW 1986, 2050 (2051) = NJW-RR 1986, 960.
[153] Vgl. dazu BGH *Schäfer/Finnern/Hochstein* VOB/B 1973 § 16 Nr. 3 Nr. 1; NJW 1970, 1185 (1186); 1970, 706; BauR 1975, 282; Kapellmann/Messerschmidt/*Messerschmidt* VOB/B § 16 Rn. 365.
[154] Vgl. BGH NJW 1982, 2250 (2251); 1965, 534; Ingenstau/Korbion/*Locher* VOB/B § 16 Abs. 3 Rn. 31.
[155] BGH NJW 1977, 531 = BauR 1977, 135; BGH BauR 1975, 282; NJW 1975, 1833; 1972, 51; 1970, 1185; KG BauR 1973, 321; OLG Köln BauR 1975, 351; OLG Stuttgart BauR 1976, 60.
[156] OLG Hamburg BauR 1979, 163; OLG Stuttgart NJW 2014, 3249 (3250).

Schlusszahlung steht es zudem gleich, wenn der Auftraggeber unter Hinweis auf geleistete Zahlungen weitere Zahlungen endgültig und schriftlich ablehnt (§ 16 Abs. 3 Nr. 3 VOB/B).[157]

Die **Frist** für die Geltendmachung eines Vorbehaltes seitens des Auftragnehmers beträgt 28 Werktage (§ 16 Abs. 3 Nr. 5 S. 1 VOB/B), gerechnet ab dem Zeitpunkt des Zugangs der Mitteilung iSv § 16 Abs. 3 Nr. 2 und 3 VOB/B. Ausreichend ist eine **Vorbehaltserklärung** des Auftragnehmers des Inhalts, er halte vorbehaltlich einer weiteren Prüfung an der Forderung fest.[158] Der **Vorbehalt** wird **hinfällig,** wenn der Auftragnehmer nicht binnen weiterer 28 Werktage eine prüffähige Rechnung vorlegt oder, falls dies unmöglich sein sollte, zumindest den Vorbehalt eingehend begründet (§ 16 Abs. 3 Nr. 5 S. 2 VOB/B). Dessen bedarf es allerdings dann nicht, wenn sich die streitige Forderung aus einer prüfbaren Rechnung ergibt und der Auftraggeber ihr entnehmen kann, in welchem Umfang er über die Schlusszahlung hinaus noch Ansprüche zu gewärtigen hat.[159] Die **Ausschlussfristen gelten nicht** für ein Verlangen nach Richtigstellung der Schlussrechnung- und -zahlung wegen Aufmaß-, Rechen- und Übertragungsfehlern (§ 16 Abs. 3 Nr. 6 VOB/B). Dadurch wird kein neuer Fristlauf ausgelöst.[160]

Die unwidersprochen gebliebene **Schlusszahlung** bewirkt nicht das Erlöschen einer etwaigen Mehrforderung, **nimmt** dieser vielmehr nur die **Durchsetzbarkeit.**[161] Das auf eine Mehrforderung bereits Geleistete kann der Auftraggeber jedoch nicht mehr zurückfordern.[162] In einem Verzicht auf die Verjährungseinrede kann auch ein Verzicht auf die verjährungsähnliche Einrede der vorbehaltlosen Annahme der Schlusszahlung erblickt werden.[163]

---

[157] Dazu BGH NJW 1972, 51.
[158] BGH NJW 2002, 2952; OLG Oldenburg NJW 2014, 3252 (3253).
[159] BGHZ 209, 278 Rn. 21 = NJW 2016, 2944.
[160] OLG Oldenburg NJW 2014, 3252 (3254).
[161] BGH BauR 1979, 63.
[162] BGHZ 62, 15 (18) = NJW 1974, 236.
[163] BGH NJW 1978, 1485.

7. Teil PersonenverkehrsVO – VO (EG) 1370/2007

Verordnung (EG) Nr. 1370/2007 des Europäischen Parlaments und des Rates vom 23. Oktober 2007 über öffentliche Personenverkehrsdienste auf Schiene und Straße und zur Aufhebung der Verordnungen (EWG) Nr. 1191/69 und (EWG) Nr. 1107/70 des Rates

Vom 23. Oktober 2007
(ABl. 2007 L 315, 1)
geändert durch Art. 1 ÄndVO (EU) 2016/2338 vom 14.12.2016 (ABl. 2016 L 354, 22)

DAS EUROPÄISCHE PARLAMENT UND DER RAT DER EUROPÄISCHEN UNION –
gestützt auf den Vertrag zur Gründung der Europäischen Gemeinschaft, insbesondere auf die Artikel 71 und 89,
auf Vorschlag der Kommission,
nach Stellungnahme des Europäischen Wirtschafts- und Sozialausschusses,[1]
nach Stellungnahme des Ausschusses der Regionen,[2]
gemäß dem Verfahren des Artikels 251 des Vertrags,[3]
in Erwägung nachstehender Gründe:

(1) Artikel 16 des Vertrags bestätigt den Stellenwert, den Dienste von allgemeinem wirtschaftlichem Interesse innerhalb der gemeinsamen Werte der Union einnehmen.

(2) Artikel 86 Absatz 2 des Vertrags bestimmt, dass für Unternehmen, die mit Dienstleistungen von allgemeinem wirtschaftlichem Interesse betraut sind, die Vorschriften des Vertrags, insbesondere die Wettbewerbsregeln, gelten, soweit die Anwendung dieser Vorschriften nicht die Erfüllung der ihnen übertragenen besonderen Aufgaben rechtlich oder tatsächlich verhindert.

(3) Artikel 73 des Vertrags stellt eine Sondervorschrift zu Artikel 86 Absatz 2 dar. Darin sind Regeln für die Abgeltung von gemeinwirtschaftlichen Verpflichtungen im Bereich des Landverkehrs festgelegt.

(4) Die Hauptziele des Weißbuchs der Kommission vom 12. September 2001 „Die Europäische Verkehrspolitik bis 2010: Weichenstellungen für die Zukunft" sind die Gewährleistung sicherer, effizienter und hochwertiger Personenverkehrsdienste durch einen regulierten Wettbewerb, der auch die Transparenz und Leistungsfähigkeit öffentlicher Personenverkehrsdienste garantiert, und zwar unter Berücksichtigung sozialer, umweltpolitischer und raumplanerischer Faktoren, oder das Angebot spezieller Tarifbedingungen zugunsten bestimmter Gruppen von Reisenden, wie etwa/Rentner, und die Beseitigung von Ungleichheiten zwischen Verkehrsunternehmen aus verschiedenen Mitgliedstaaten, die den Wettbewerb wesentlich verfälschen könnten.

(5) Viele Personenlandverkehrsdienste, die im allgemeinen wirtschaftlichen Interesse erforderlich sind, können derzeit nicht kommerziell betrieben werden. Die zuständigen Behörden der Mitgliedstaaten müssen Maßnahmen ergreifen können, um die Erbringung dieser Dienste sicherzustellen. Zu den Mechanismen, die sie nutzen können, um die Erbringung öffentlicher Personenverkehrsdienste sicherzustellen, zählen unter anderem die Gewährung ausschließlicher Rechte an die Betreiber eines öffentlichen Dienstes, die Gewährung einer finanziellen Ausgleichsleistung für Betreiber eines öffentlichen Dienstes sowie die Festlegung allgemeiner Vorschriften für den Betrieb öffentlicher Verkehrsdienste, die für alle Betreiber gelten. Entscheidet ein Mitgliedstaat sich im Einklang mit dieser Verordnung dafür, bestimmte allgemeine Regeln aus ihrem Anwendungsbereich herauszunehmen, so sollte die allgemeine Regelung für staatliche Beihilfen zur Anwendung kommen.

(6) Viele Mitgliedstaaten haben Rechtsvorschriften erlassen, die zumindest für einen Teilbereich ihres öffentlichen Verkehrsmarktes die Gewährung ausschließlicher Rechte und die Vergabe öffentlicher Dienstleistungsaufträge im Rahmen transparenter und fairer Vergabeverfahren vorsehen. Dies hat eine erhebliche Zunahme des Handels zwischen den Mitgliedstaaten bewirkt und dazu geführt, dass inzwischen mehrere Betreiber eines öffentlichen Dienstes Personenverkehrsdienste in mehr als

---
[1] [Amtl. Anm.:] ABl. C 195 vom 18.8.2006, S. 20.
[2] [Amtl. Anm.:] ABl. C 192 vom 16.8.2006, S. 1.
[3] [Amtl. Anm.:] Stellungnahme des Europäischen Parlaments vom 14. November 2001 (ABl. C 140 E vom 13.6.2002, S. 262), Gemeinsamer Standpunkt des Rates vom 11. Dezember 2006 (ABl. C 70 E vom 27.3.2007, S. 1) und Standpunkt des Europäischen Parlaments vom 10. Mai 2007. Beschluss des Rates vom 18. September 2007.

einem Mitgliedstaat erbringen. Die Entwicklung der nationalen Rechtsvorschriften hat jedoch zu uneinheitlichen Verfahren und Rechtsunsicherheit hinsichtlich der Rechte der Betreiber eines öffentlichen Dienstes und der Pflichten der zuständigen Behörden geführt. Die Verordnung (EWG) Nr. 1191/69 des Rates vom 26. Juni 1969 über das Vorgehen der Mitgliedstaaten bei mit dem Begriff des öffentlichen Dienstes verbundenen Verpflichtungen auf dem Gebiet des Eisenbahn-, Straßen- und Binnenschiffsverkehrs[4] regelt nicht die Art und Weise, in der in der Gemeinschaft öffentliche Dienstleistungsaufträge vergeben werden müssen, und insbesondere nicht die Bedingungen, unter denen diese ausgeschrieben werden sollten. Eine Aktualisierung des gemeinschaftlichen Rechtsrahmens ist daher angebracht.

(7) Studien und die Erfahrungen der Mitgliedstaaten, in denen es schon seit einigen Jahren Wettbewerb im öffentlichen Verkehr gibt, zeigen, dass, sofern angemessene Schutzmaßnahmen vorgesehen werden, die Einführung des regulierten Wettbewerbs zwischen Betreibern zu einem attraktiveren und innovativeren Dienstleistungsangebot zu niedrigeren Kosten führt, ohne dass die Betreiber eines öffentlichen Dienstes bei der Erfüllung der ihnen übertragenen besonderen Aufgaben behindert werden. Dieser Ansatz wurde vom Europäischen Rat im Rahmen des so genannten Lissabon-Prozesses vom 28. März 2000 gebilligt, der die Kommission, den Rat und die Mitgliedstaaten aufgefordert hat, im Rahmen ihrer jeweiligen Befugnisse die Liberalisierung in Bereichen wie dem Verkehr zu beschleunigen.

(8) Personenverkehrsmärkte, die dereguliert sind und in denen keine ausschließlichen Rechte gewährt werden, sollten ihre Merkmale und ihre Funktionsweise beibehalten dürfen, soweit diese mit den Anforderungen des Vertrags vereinbar sind.

(9) Um die öffentlichen Personenverkehrsdienste optimal nach den Bedürfnissen der Bevölkerung gestalten zu können, müssen alle zuständigen Behörden die Möglichkeit haben, die Betreiber eines öffentlichen Dienstes gemäß den Bedingungen dieser Verordnung frei auszuwählen und dabei die Interessen von kleinen und mittleren Unternehmen zu berücksichtigen. Um die Anwendung der Grundsätze der Transparenz, der Gleichbehandlung konkurrierender Betreiber und der Verhältnismäßigkeit zu gewährleisten, wenn Ausgleichsleistungen oder ausschließliche Rechte gewährt werden, müssen in einem öffentlichen Dienstleistungsauftrag der zuständigen Behörde an den ausgewählten Betreiber eines öffentlichen Dienstes die Art der gemeinwirtschaftlichen Verpflichtungen und die vereinbarten Gegenleistungen festgelegt werden. Die Form oder Benennung dieses Vertrags kann je nach den Rechtssystemen der Mitgliedstaaten variieren.

(10) Im Gegensatz zu der Verordnung (EWG) Nr. 1191/69, deren Geltungsbereich sich auch auf die öffentlichen Personenverkehrsdienste auf Binnenschifffahrtswegen erstreckt, wird es nicht als angezeigt erachtet, in der vorliegenden Verordnung die Frage der Vergabe öffentlicher Dienstleistungsaufträge in diesem besonderen Sektor zu regeln. Für die Organisation öffentlicher Personenverkehrsdienste auf Binnenschifffahrtswegen und, soweit sie nicht unter besonderes Gemeinschaftsrecht fallen, auf dem Meer innerhalb der Hoheitsgewässer gelten daher die allgemeinen Grundsätze des Vertrags, sofern die Mitgliedstaaten nicht beschließen, die vorliegende Verordnung auf diese besonderen Sektoren anzuwenden. Diese Verordnung steht der Einbeziehung von Verkehrsdiensten auf Binnenschifffahrtswegen und auf dem Meer innerhalb der Hoheitsgewässer in weiter gefasste Stadt-, Vorort- oder Regionalnetze des öffentlichen Personenverkehrs nicht entgegen.

(11) Im Gegensatz zu der Verordnung (EWG) Nr. 1191/69, deren Geltungsbereich sich auch auf Güterbeförderungsdienste erstreckt, wird es nicht als angezeigt erachtet, in der vorliegenden Verordnung die Frage der Vergabe öffentlicher Dienstleistungsaufträge in diesem besonderen Sektor zu regeln. Drei Jahre nach dem Inkrafttreten der vorliegenden Verordnung sollten für die Organisation von Güterbeförderungsdiensten daher die allgemeinen Grundsätze des Vertrags gelten.

(12) Aus gemeinschaftsrechtlicher Sicht ist es unerheblich, ob öffentliche Personenverkehrsdienste von öffentlichen oder privaten Unternehmen erbracht werden. Die vorliegende Verordnung stützt sich auf den Grundsatz der Neutralität im Hinblick auf die Eigentumsordnung gemäß Artikel 295 des Vertrags sowie den Grundsatz der freien Gestaltung der Dienste von allgemeinem wirtschaftlichem Interesse durch die Mitgliedstaaten gemäß Artikel 16 des Vertrags und die Grundsätze der Subsidiarität und der Verhältnismäßigkeit gemäß Artikel 5 des Vertrags.

(13) Einige Verkehrsdienste, häufig in Verbindung mit einer speziellen Infrastruktur, werden hauptsächlich aufgrund ihres historischen Interesses oder zu touristischen Zwecken betrieben. Da ihr Betrieb offensichtlich anderen Zwecken dient als der Erbringung öffentlicher Personenverkehrsdienste, müssen die für die Erfüllung von gemeinwirtschaftlichen Anforderungen geltenden Vorschriften und Verfahren hier keine Anwendung finden.

---

[4] [Amtl. Anm.:] ABl. L 156 vom 28.6.1969, S. 1. Zuletzt geändert durch die Verordnung (EWG) Nr. 1893/91 (ABl. L 169 vom 29.6.1991, S. 1).

(14) Wenn die zuständigen Behörden für die Organisation des öffentlichen Verkehrsnetzes verantwortlich sind, können hierzu neben dem eigentlichen Betrieb des Verkehrsdienstes eine Reihe von anderen Tätigkeiten und Funktionen zählen, bei denen es den zuständigen Behörden freigestellt sein muss, sie selbst auszuführen oder ganz oder teilweise einem Dritten anzuvertrauen.

(15) Langzeitverträge können bewirken, dass der Markt länger als erforderlich geschlossen bleibt, wodurch sich die Vorteile des Wettbewerbsdrucks verringern. Um den Wettbewerb möglichst wenig zu verzerren und gleichzeitig die Qualität der Dienste sicherzustellen, sollten öffentliche Dienstleistungsaufträge befristet sein. Eine Auftragsverlängerung könnte davon abhängig gemacht werden, dass die Verkehrsteilnehmer die Dienstleistung positiv aufnehmen. Die Möglichkeit, öffentliche Dienstleistungsaufträge um maximal die Hälfte ihrer ursprünglichen Laufzeit zu verlängern, sollte in diesem Rahmen dann vorgesehen werden, wenn der Betreiber eines öffentlichen Diensts Investitionen in Wirtschaftsgüter tätigen muss, deren Amortisierungsdauer außergewöhnlich lang ist, und – aufgrund ihrer besonderen Merkmale und Zwänge – bei den in Artikel 299 des Vertrags genannten Gebieten in äußerster Randlage. Außerdem sollte eine noch weiter gehende Verlängerung möglich sein, wenn ein Betreiber eines öffentlichen Diensts Investitionen in Infrastrukturen oder Rollmaterial und Fahrzeuge tätigt, die insofern außergewöhnlich sind, als es dabei jeweils um hohe Mittelbeträge geht, und unter der Voraussetzung, dass der Vertrag im Rahmen eines fairen wettbewerblichen Vergabeverfahrens vergeben wird.

(16) Kann der Abschluss eines öffentlichen Dienstleistungsauftrags zu einem Wechsel des Betreibers eines öffentlichen Dienstes führen, so sollten die zuständigen Behörden den ausgewählten Betreiber eines öffentlichen Dienstes verpflichten können, die Bestimmungen der Richtlinie 2001/23/EG des Rates vom 12. März 2001 zur Angleichung der Rechtsvorschriften der Mitgliedstaaten über die Wahrung von Ansprüchen der Arbeitnehmer beim Übergang von Unternehmen, Betrieben oder Unternehmens- oder Betriebsteilen[5] anzuwenden. Diese Richtlinie hindert die Mitgliedstaaten nicht daran, die Bedingungen für die Übertragung anderer Ansprüche der Arbeitnehmer als der durch die Richtlinie 2001/23/EG abgedeckten zu wahren und dabei gegebenenfalls die durch nationale Rechts- und Verwaltungsvorschriften oder zwischen den Sozialpartnern geschlossene Tarifverträge oder Vereinbarungen festgelegten Sozialstandards zu berücksichtigen.

(17) Gemäß dem Subsidiaritätsprinzip steht es den zuständigen Behörden frei, soziale Kriterien und Qualitätskriterien festzulegen, um Qualitätsstandards für gemeinwirtschaftliche Verpflichtungen aufrechtzuerhalten und zu erhöhen, beispielsweise bezüglich der Mindestarbeitsbedingungen, der Fahrgastrechte, der Bedürfnisse von Personen mit eingeschränkter Mobilität, des Umweltschutzes, der Sicherheit von Fahrgästen und Angestellten sowie bezüglich der sich aus Kollektivvereinbarungen ergebenden Verpflichtungen und anderen Vorschriften und Vereinbarungen in Bezug auf den Arbeitsplatz und den Sozialschutz an dem Ort, an dem der Dienst erbracht wird. Zur Gewährleistung transparenter und vergleichbarer Wettbewerbsbedingungen zwischen den Betreibern und um das Risiko des Sozialdumpings zu verhindern, sollten die zuständigen Behörden besondere soziale Normen und Dienstleistungsqualitätsnormen vorschreiben können.

(18) Vorbehaltlich der einschlägigen Bestimmungen des nationalen Rechts können örtliche Behörden oder – falls diese nicht vorhanden sind – nationale Behörden öffentliche Personenverkehrsdienste in ihrem Gebiet entweder selbst erbringen oder einen internen Betreiber ohne wettbewerbliches Vergabeverfahren damit beauftragen. Zur Gewährleistung gleicher Wettbewerbsbedingungen muss die Möglichkeit der Eigenerbringung jedoch streng kontrolliert werden. Die zuständige Behörde oder die Gruppe zuständiger Behörden, die – kollektiv oder durch ihre Mitglieder – integrierte öffentliche Personenverkehrsdienste erbringt, sollte die erforderliche Kontrolle ausüben. Ferner sollte es einer zuständigen Behörde, die ihre Verkehrsdienste selbst erbringt, oder einem internen Betreiber untersagt sein, an wettbewerblichen Vergabeverfahren außerhalb des Zuständigkeitsgebiets dieser Behörde teilzunehmen. Die Behörde, die die Kontrolle über den internen Betreiber ausübt, sollte ferner die Möglichkeit haben, diesem Betreiber die Teilnahme an wettbewerblichen Vergabeverfahren innerhalb ihres Zuständigkeitsgebiets zu untersagen. Die Beschränkung der Tätigkeit interner Betreiber berührt nicht die Möglichkeit der Direktvergabe öffentlicher Dienstleistungsaufträge, die den Eisenbahnverkehr betreffen, mit Ausnahme anderer schienengestützter Verkehrsträger wie Untergrund- und Straßenbahnen. Außerdem berührt die Direktvergabe öffentlicher Dienstleistungsaufträge für Eisenbahnverkehrsdienste nicht die Möglichkeit der zuständigen Behörden, öffentliche Dienstleistungsaufträge für öffentliche Personenverkehrsdienste mit anderen schienengestützten Verkehrsträgern wie Untergrund- oder Straßenbahnen an einen internen Betreiber zu vergeben.

(19) Die Vergabe von Unteraufträgen kann zu einem effizienteren öffentlichen Personenverkehr beitragen und ermöglicht die Beteiligung weiterer Unternehmen neben dem Betreiber eines öffentli-

---

[5] [Amtl. Anm.:] ABl. L 82 vom 22.3.2001, S. 16.

chen Dienstes, der den öffentlichen Dienstleistungsauftrag erhalten hat. Im Hinblick auf eine bestmögliche Nutzung öffentlicher Gelder sollten die zuständigen Behörden jedoch die Bedingungen für die Vergabe von Unteraufträgen bezüglich ihrer öffentlichen Personenverkehrsdienste festlegen können, insbesondere im Falle von Diensten, die von einem internen Betreiber erbracht werden. Ferner sollte es einem Unterauftragnehmer erlaubt sein, an wettbewerblichen Vergabeverfahren im Zuständigkeitsgebiet aller zuständigen Behörden teilzunehmen. Die Auswahl eines Unterauftragnehmers durch die zuständige Behörde oder ihren internen Betreiber muss im Einklang mit dem Gemeinschaftsrecht erfolgen.

(20) Entscheidet eine Behörde, eine Dienstleistung von allgemeinem Interesse einem Dritten zu übertragen, so muss die Auswahl des Betreibers eines öffentlichen Dienstes unter Einhaltung des für das öffentliche Auftragswesen und Konzessionen geltenden Gemeinschaftsrechts, das sich aus den Artikeln 43 bis 49 des Vertrags ergibt, sowie der Grundsätze der Transparenz und der Gleichbehandlung erfolgen. Insbesondere bleiben die Pflichten der Behörden, die sich aus den Richtlinien über die Vergabe öffentlicher Aufträge ergeben, bei unter jene Richtlinien fallenden öffentlichen Dienstleistungsaufträgen von den Bestimmungen dieser Verordnung unberührt.

(21) Ein wirksamer Rechtsschutz sollte nicht nur für Aufträge gelten, die unter die Richtlinie 2004/17/EG des Europäischen Parlaments und des Rates vom 31. März 2004 zur Koordinierung der Zuschlagserteilung durch Auftraggeber im Bereich der Wasser-, Energie- und Verkehrsversorgung sowie der Postdienste[6] und die Richtlinie 2004/18/EG des Europäischen Parlaments und des Rates vom 31. März 2004 über die Koordinierung der Verfahren zur Vergabe öffentlicher Bauaufträge, Lieferaufträge und Dienstleistungsaufträge[7] fallen, sondern auch für andere gemäß der vorliegenden Verordnung abgeschlossene Verträge gelten. Es ist ein wirksames Nachprüfungsverfahren erforderlich, das mit den entsprechenden Verfahren gemäß der Richtlinie 89/665/EWG des Rates vom 21. Dezember 1989 zur Koordinierung der Rechts- und Verwaltungsvorschriften für die Anwendung der Nachprüfungsverfahren im Rahmen der Vergabe öffentlicher Liefer- und Bauaufträge[8] bzw. der Richtlinie 92/13/EWG des Rates vom 25. Februar 1992 zur Koordinierung der Rechts- und Verwaltungsvorschriften für die Anwendung der Gemeinschaftsvorschriften über die Auftragsvergabe durch Auftraggeber im Bereich der Wasser-, Energie- und Verkehrsversorgung sowie im Telekommunikationssektor[9] vergleichbar sein sollte.

(22) Für einige wettbewerbliche Vergabeverfahren müssen die zuständigen Behörden komplexe Systeme festlegen und erläutern. Daher sollten diese Behörden ermächtigt werden, bei der Vergabe von Aufträgen in solchen Fällen die Einzelheiten des Auftrags mit einigen oder allen potenziellen Betreibern eines öffentlichen Dienstes nach Abgabe der Angebote auszuhandeln.

(23) Ein wettbewerbliches Vergabeverfahren für öffentliche Dienstleistungsaufträge sollte nicht zwingend vorgeschrieben sein, wenn der Auftrag sich auf geringe Summen oder Entfernungen bezieht. In diesem Zusammenhang sollten die zuständigen Behörden in die Lage versetzt werden, bei größeren Summen oder Entfernungen die besonderen Interessen von kleinen und mittleren Unternehmen zu berücksichtigen. Den zuständigen Behörden sollte es nicht gestattet sein, Aufträge oder Netze aufzuteilen, um so ein wettbewerbliches Vergabeverfahren zu vermeiden.

(24) Besteht die Gefahr einer Unterbrechung bei der Erbringung von Diensten, sollten die zuständigen Behörden befugt sein, kurzfristig Notmaßnahmen zu ergreifen, bis ein neuer öffentlicher Dienstleistungsauftrag nach den in dieser Verordnung festgelegten Bedingungen vergeben wurde.

(25) Der öffentliche Schienenpersonenverkehr wirft spezielle Fragen in Bezug auf die Investitionslast und die Infrastrukturkosten auf. Die Kommission hat im März 2004 eine Änderung der Richtlinie 91/440/EWG des Rates vom 29. Juli 1991 zur Entwicklung der Eisenbahnunternehmen der Gemeinschaft[10] vorgeschlagen, damit alle Eisenbahnunternehmen der Gemeinschaft zur Durchführung grenzüberschreitender Personenverkehrsdienste Zugang zur Infrastruktur aller Mitgliedstaaten erhalten. Mit der vorliegenden Verordnung soll ein Rechtsrahmen für die Gewährung einer Ausgleichsleistung und/oder ausschließlicher Rechte für öffentliche Dienstleistungsaufträge geschaffen werden; eine weitere Öffnung des Marktes für Schienenverkehrsdienste ist nicht beabsichtigt.

(26) Diese Verordnung gibt den zuständigen Behörden im Falle öffentlicher Dienstleistungen die Möglichkeit, auf der Grundlage eines öffentlichen Dienstleistungsauftrags einen Betreiber für

---

[6] [Amtl. Anm.:] ABl. L 134 vom 30.4.2004, S. 1. Zuletzt geändert durch die Richtlinie 2006/97/EG des Rates (ABl. L 363 vom 20.12.2006, S. 107).

[7] [Amtl. Anm.:] ABl. L 134 vom 30.4.2004, S. 114. Zuletzt geändert durch die Richtlinie 2006/97/EG.

[8] [Amtl. Anm.:] ABl. L 395 vom 30.12.1989, S. 33. Geändert durch die Richtlinie 92/50/EWG (ABl. L 209 vom 24.7.1992, S. 1).

[9] [Amtl. Anm.:] ABl. L 76 vom 23.3.1992, S. 14. Zuletzt geändert durch die Richtlinie 2006/97/EG (ABl. L 363 vom 20.12.2006, S. 107).

[10] [Amtl. Anm.:] ABl. L 237 vom 24.8.1991, S. 25. Zuletzt geändert durch die Richtlinie 2006/103/EG (ABl. L 363 vom 20.12.2006, S. 344).

die Erbringung öffentlicher Personenverkehrsdienste auszuwählen. Angesichts der unterschiedlichen territorialen Organisation der Mitgliedstaaten in dieser Hinsicht ist es gerechtfertigt, den zuständigen Behörden zu gestatten, öffentliche Dienstleistungsaufträge im Eisenbahnverkehr direkt zu vergeben.

(27) Die von den zuständigen Behörden gewährten Ausgleichsleistungen zur Deckung der Kosten, die durch die Erfüllung gemeinwirtschaftlicher Verpflichtungen verursacht werden, sollten so berechnet werden, dass übermäßige Ausgleichsleistungen vermieden werden. Beabsichtigt eine zuständige Behörde die Vergabe eines öffentlichen Dienstleistungsauftrags ohne wettbewerbliches Vergabeverfahren, so sollte sie auch detaillierte Bestimmungen einhalten, mit denen die Angemessenheit der Ausgleichsleistung gewährleistet wird und die der angestrebten Effizienz und Qualität der Dienste Rechnung tragen.

(28) Die zuständige Behörde und der Betreiber eines öffentlichen Dienstes können beweisen, dass die übermäßige Ausgleichsleistung vermieden wurde, indem sie allen Auswirkungen der Erfüllung der gemeinwirtschaftlichen Verpflichtungen auf die Nachfrage nach öffentlichen Personenverkehrsdiensten in dem im Anhang enthaltenen Berechnungsmodell gebührend Rechnung tragen.

(29) Hinsichtlich der Vergabe öffentlicher Dienstleistungsaufträge sollten die zuständigen Behörden – außer bei Notmaßnahmen und Aufträgen für geringe Entfernungen – die notwendigen Maßnahmen ergreifen, um mindestens ein Jahr im Voraus bekannt zu geben, dass sie solche Aufträge zu vergeben beabsichtigen, so dass potenzielle Betreiber eines öffentlichen Dienstes darauf reagieren können.

(30) Bei direkt vergebenen öffentlichen Dienstleistungsaufträgen sollte für größere Transparenz gesorgt werden.

(31) Da die zuständigen Behörden und die Betreiber eines öffentlichen Dienstes Zeit benötigen, um den Bestimmungen dieser Verordnung nachzukommen, sollten Übergangsregelungen vorgesehen werden. Im Hinblick auf eine schrittweise Vergabe öffentlicher Dienstleistungsaufträge gemäß dieser Verordnung sollten die Mitgliedstaaten der Kommission binnen sechs Monaten nach der ersten Hälfte des Übergangszeitraums einen Fortschrittsbericht vorlegen. Die Kommission kann auf der Grundlage dieser Berichte geeignete Maßnahmen vorschlagen.

(32) Während des Übergangszeitraums werden die zuständigen Behörden die Bestimmungen dieser Verordnung möglicherweise zu unterschiedlichen Zeitpunkten erstmals anwenden. Daher könnten während dieses Zeitraums Betreiber eines öffentlichen Dienstes aus Märkten, die noch nicht von den Bestimmungen dieser Verordnung betroffen sind, Angebote für öffentliche Dienstleistungsaufträge in Märkten einreichen, die bereits zu einem früheren Zeitpunkt für den kontrollierten Wettbewerb geöffnet wurden. Um mit Hilfe angemessener Maßnahmen eine Unausgewogenheit bei der Öffnung des öffentlichen Verkehrsmarktes zu vermeiden, sollten die zuständigen Behörden in der zweiten Hälfte des Übergangszeitraums die Möglichkeit haben, Angebote von Unternehmen abzulehnen, bei denen mehr als die Hälfte des Wertes der von ihnen erbrachten öffentlichen Verkehrsdienste auf Aufträgen beruht, die nicht im Einklang mit dieser Verordnung vergeben wurden, sofern dies ohne Diskriminierung geschieht und vor Veröffentlichung des wettbewerblichen Vergabeverfahrens beschlossen wird.

(33) In seinem Urteil vom 24. Juli 2003 in der Rechtssache C-280/00, Altmark Trans GmbH,[11] hat der Gerichtshof der Europäischen Gemeinschaften in den Randnummern 87 bis 95 festgestellt, dass Ausgleichsleistungen für gemeinwirtschaftliche Verpflichtungen keine Begünstigung im Sinne von Artikel 87 des Vertrags darstellen, sofern vier kumulative Voraussetzungen erfüllt sind. Werden diese Voraussetzungen nicht erfüllt, jedoch die allgemeinen Voraussetzungen für die Anwendung von Artikel 87 Absatz 1 des Vertrags, stellen die Ausgleichsleistungen für gemeinwirtschaftliche Verpflichtungen staatliche Beihilfen dar, und es gelten die Artikel 73, 86, 87 und 88 des Vertrags.

(34) Ausgleichsleistungen für gemeinwirtschaftliche Verpflichtungen können sich im Bereich des Personenlandverkehrs als erforderlich erweisen, damit die mit öffentlichen Dienstleistungen betrauten Unternehmen gemäß festgelegten Grundsätzen und unter Bedingungen tätig sein können, die ihnen die Erfüllung ihrer Aufgaben ermöglichen. Diese Ausgleichsleistungen können unter bestimmten Voraussetzungen gemäß Artikel 73 des Vertrags mit dem Vertrag vereinbar sein. Zum einen müssen sie gewährt werden, um die Erbringung von Diensten sicherzustellen, die Dienste von allgemeinem Interesse im Sinne des Vertrags sind. Um ungerechtfertigte Wettbewerbsverfälschungen zu vermeiden, darf die Ausgleichsleistung zum anderen nicht den Betrag übersteigen, der notwendig ist, um die Nettokosten zu decken, die durch die Erfüllung der gemeinwirtschaftlichen Verpflichtungen verursacht werden, wobei den dabei erzielten Einnahmen sowie einem angemessenen Gewinn Rechnung zu tragen ist.

(35) Die von den zuständigen Behörden in Übereinstimmung mit dieser Verordnung gewährten Ausgleichsleistungen können daher von der Pflicht zur vorherigen Unterrichtung nach Artikel 88 Absatz 3 des Vertrags ausgenommen werden.

---

[11] [Amtl. Anm.:] Slg. 2003, I-7747.

(36) Da die vorliegende Verordnung die Verordnung (EWG) Nr. 1191/69 ersetzt, sollte die genannte Verordnung aufgehoben werden. Die schrittweise Einstellung der von der Kommission nicht genehmigten Ausgleichsleistungen für öffentliche Güterbeförderungsdienste wird durch einen Übergangszeitraum von drei Jahren im Einklang mit den Artikeln 73, 86, 87 und 88 des Vertrags erleichtert werden. Alle anderen durch diese Verordnung nicht erfassten Ausgleichsleistungen für die Erbringung öffentlicher Personenverkehrsdienste, die staatliche Beihilfen im Sinne des Artikels 87 Absatz 1 des Vertrags beinhalten könnten, sollten den Bestimmungen der Artikel 73, 86, 87 und 88 des Vertrags entsprechen, einschließlich aller einschlägigen Auslegungen durch den Gerichtshof der Europäischen Gemeinschaften und insbesondere dessen Entscheidung in der Rechtssache C-280/00, Altmark Trans GmbH. Bei der Prüfung solcher Fälle sollte die Kommission daher ähnliche Grundsätze anwenden wie die, die in dieser Verordnung oder gegebenenfalls in anderen Rechtsvorschriften für den Bereich der Dienstleistungen von allgemeinem wirtschaftlichem Interesse enthalten sind.

(37) Der Anwendungsbereich der Verordnung (EWG) Nr. 1107/70 des Rates vom 4. Juni 1970 über Beihilfen im Eisenbahn-, Straßen- und Binnenschiffsverkehr[12] wird von der vorliegenden Verordnung abgedeckt. Jene Verordnung gilt heute als überholt, da sie die Anwendung von Artikel 73 des Vertrags einschränkt, ohne eine angemessene Rechtsgrundlage für die Zulassung derzeitiger Investitionsregelungen, insbesondere im Hinblick auf Investitionen in Verkehrsinfrastrukturen im Rahmen einer öffentlich-privaten Partnerschaft, zu bieten. Sie sollte daher aufgehoben werden, damit Artikel 73 des Vertrags unbeschadet der vorliegenden Verordnung und der Verordnung (EWG) Nr. 1192/69 des Rates vom 26. Juni 1969 über gemeinsame Regeln für die Normalisierung der Konten der Eisenbahnunternehmen[13] entsprechend dem ständigen Wandel in dem Sektor angewendet werden kann. Um die Anwendung der einschlägigen gemeinschaftlichen Rechtsvorschriften weiter zu erleichtern, wird die Kommission im Jahr 2007 Leitlinien für staatliche Beihilfen für Eisenbahninvestitionen, einschließlich Infrastrukturinvestitionen, vorschlagen.

(38) Zur Bewertung der Durchführung dieser Verordnung und der Entwicklungen im öffentlichen Personenverkehr in der Gemeinschaft, insbesondere der Qualität der öffentlichen Personenverkehrsdienste und der Auswirkungen der Direktvergabe von öffentlichen Dienstleistungsaufträgen, sollte die Kommission einen Bericht erstellen. Diesem Bericht können erforderlichenfalls geeignete Vorschläge zur Änderung dieser Verordnung beigefügt werden –

HABEN FOLGENDE VERORDNUNG ERLASSEN:

Erwägungsgründe der Verordnung (EU) 2016/2338 des europäischen Parlaments und des Rates vom 14. Dezember 2016 zur Änderung der Verordnung (EG) Nr. 1370/2007 hinsichtlich der Öffnung des Marktes für inländische Schienenpersonenverkehrsdienste

(1) Der Schienenverkehr hat das Potenzial, zu wachsen und seinen Anteil am Gesamtverkehrsaufkommen zu steigern und eine wichtige Rolle in einem nachhaltigen Verkehrs- und Mobilitätssystem zu spielen, wobei auch neue Investitionsmöglichkeiten und Arbeitsplätze geschaffen werden. Das Wachstum der Schienenpersonenverkehrsdienste hat jedoch mit der Entwicklung anderer Verkehrsträger nicht Schritt gehalten.

(2) Der Unionsmarkt für internationale Schienenpersonenverkehrsdienste ist seit 2010 für den Wettbewerb geöffnet. Darüber hinaus haben einige Mitgliedstaaten ihre inländischen Personenverkehrsdienste für den Wettbewerb geöffnet, entweder durch die Einführung von Rechten auf freien Zugang oder durch die Vergabe öffentlicher Dienstleistungsaufträge oder durch beides. Die Öffnung des Marktes für inländische Schienenpersonenverkehrsdienste sollte sich positiv auf das Funktionieren des einheitlichen europäischen Eisenbahnraums auswirken und zu besseren Diensten für die Nutzer führen.

(3) In ihrem Weißbuch über die Verkehrspolitik vom 28. März 2011 kündigte die Kommission ihre Absicht an, den Binnenmarkt für Schienenverkehrsdienste zu vollenden und hierfür technische, administrative und rechtliche Hindernisse für den Zugang zum Eisenbahnmarkt auszuräumen.

(4) Die Vollendung des einheitlichen europäischen Eisenbahnraums sollte die Entwicklung des Schienenverkehrs als glaubhafter Alternative zu anderen Verkehrsträgern – unter anderem in Bezug auf Preis und Qualität – fördern.

---

[12] [Amtl. Anm.:] ABl. L 130 vom 15.6.1970, S. 1. Zuletzt geändert durch die Verordnung (EG) Nr. 543/97 (ABl. L 84 vom 26.3.1997, S. 6).

[13] [Amtl. Anm.:] ABl. L 156 vom 28.6.1969, S. 8. Zuletzt geändert durch die Verordnung (EG) Nr. 1791/2006 (ABl. L 363 vom 20.12.2006, S. 1).

(5) Ein spezifisches Ziel dieser Verordnung besteht darin, die Qualität, Transparenz, Effizienz und Leistungsfähigkeit von öffentlichen Schienenpersonenverkehrsdiensten zu verbessern.

(6) Dienstleistungen auf grenzüberschreitender Ebene, die im Rahmen öffentlicher Dienstleistungsaufträge erbracht werden, einschließlich öffentlicher Verkehrsdienste zur Erfüllung örtlicher und regionaler Verkehrsbedürfnisse, sollten der Zustimmung der zuständigen Behörden der Mitgliedstaaten, in deren Hoheitsgebiet die Dienstleistungen erbracht werden, unterliegen.

(7) Die zuständigen Behörden sollten Spezifikationen für gemeinwirtschaftliche Verpflichtungen im öffentlichen Personenverkehr festlegen. Diese Spezifikationen sollten kohärent zu den politischen Zielen sein, wie sie in den Mitgliedstaaten in den Strategiepapieren zur Politik für den öffentlichen Verkehr niedergelegt sind.

(8) Spezifikationen für gemeinwirtschaftliche Verpflichtungen im öffentlichen Personenverkehr sollten, soweit möglich, positive Netzwerkeffekte herbeiführen, unter anderem in Bezug auf eine Verbesserung der Dienstleistungsqualität, des sozialen und territorialen Zusammenhalts oder der Gesamteffizienz des öffentlichen Verkehrssystems.

(9) Gemeinwirtschaftliche Verpflichtungen sollten mit der Politik für den öffentlichen Verkehr im Einklang stehen. Dies verleiht den zuständigen Behörden jedoch keinen Anspruch auf eine bestimmte finanzielle Ausstattung.

(10) Bei der Ausarbeitung von Strategiepapieren zur Politik für den öffentlichen Verkehr sollten die einschlägigen Interessengruppen entsprechend den nationalen Rechtsvorschriften konsultiert werden. Diese Interessengruppen könnten Verkehrsunternehmen, Infrastrukturbetreiber, Arbeitnehmerorganisationen und Vertreter der Nutzer von öffentlichen Verkehrsdiensten umfassen.

(11) Bei öffentlichen Dienstleistungsaufträgen, die nicht nach einem wettbewerblichen Vergabeverfahren vergeben werden, sollte die Erfüllung der gemeinwirtschaftlichen Verpflichtungen durch den Betreiber eines öffentlichen Dienstes in geeigneter Weise ausgeglichen werden, um die langfristige finanzielle Tragfähigkeit der öffentlichen Personenverkehrsdienste entsprechend den Anforderungen zu gewährleisten, die in der Politik für den öffentlichen Verkehr festgelegt sind. Insbesondere sollte eine solche Ausgleichsleistung die Aufrechterhaltung oder Entwicklung eines effizienten Managements durch den Betreiber eines öffentlichen Dienstes und die Erbringung von Personenverkehrsdiensten von ausreichend hoher Qualität sicherstellen.

(12) Im Rahmen der Schaffung des einheitlichen europäischen Eisenbahnraums sollten die Mitgliedstaaten ein angemessenes Niveau des sozialen Schutzes für das Personal der Betreiber eines öffentlichen Dienstes gewährleisten.

(13) Im Hinblick auf die angemessene Einbeziehung sozialer und arbeitsrechtlicher Erfordernisse in die Verfahren zur Vergabe öffentlicher Dienstleistungsaufträge für öffentliche Personenverkehrsdienste sollten die Betreiber eines öffentlichen Dienstes bei der Ausführung öffentlicher Dienstleistungsaufträge die Anforderungen des Sozial- und Arbeitsrechts erfüllen, die in dem Mitgliedstaat gelten, in dem der öffentliche Dienstleistungsauftrag erteilt wurde, und die sich aus den auf nationaler und auf Unionsebene geltenden Rechts- und Verwaltungsvorschriften und Beschlüssen sowie aus geltenden Tarifverträgen ergeben, sofern diese nationalen Regelungen und ihre Anwendung mit dem Unionsrecht vereinbar sind.

(14) Verlangt ein Mitgliedstaat, dass vom vorherigen Betreiber eingestelltes Personal vom neu ausgewählten Betreiber eines öffentlichen Dienstes übernommen wird, so sollten diesen Arbeitnehmern die Rechte gewährt werden, auf die sie Anspruch gehabt hätten, wenn ein Übergang im Sinne der Richtlinie 2001/23/EG des Rates erfolgt wäre. Es sollte den Mitgliedstaaten freistehen, derartige Vorschriften zu erlassen.

(15) Die zuständigen Behörden sollten allen interessierten Parteien relevante Informationen für die Vorbereitung eines Angebots im Rahmen eines wettbewerblichen Vergabeverfahrens zur Verfügung stellen und dabei den legitimen Schutz vertraulicher Geschäftsinformationen gewährleisten.

(16) Die Verpflichtung einer zuständigen Behörde, allen interessierten Parteien wesentliche Informationen für die Vorbereitung eines Angebots im Rahmen eines wettbewerblichen Vergabeverfahrens zur Verfügung zu stellen, sollte sich nicht auf die Erstellung zusätzlicher Informationen erstrecken, wenn es solche Informationen nicht gibt.

(17) Um den unterschiedlichen Gegebenheiten der territorialen und der politischen Organisation der Mitgliedstaaten Rechnung zu tragen, können öffentliche Dienstleistungsaufträge von einer

zuständigen Behörde vergeben werden, die aus einer Gruppe von Behörden besteht. In solchen Fällen sollten klare Vorgaben existieren, die die jeweiligen Funktionen dieser Behörden bei der Vergabe öffentlicher Dienstleistungsaufträge bestimmen.

(18) In Anbetracht der unterschiedlichen Verwaltungsstrukturen in den Mitgliedstaaten liegt im Falle von Aufträgen für die Erbringung öffentlicher Schienenpersonenverkehrsdienste, die von einer Gruppe von zuständigen örtlichen Behörden direkt vergeben werden, die Entscheidung, welche örtlichen Behörden für „städtische Ballungsräume" und „ländliche Gebiete" zuständig sind, nach wie vor im Ermessen der Mitgliedstaaten.

(19) Öffentliche Dienstleistungsaufträge für öffentliche Schienenpersonenverkehrsdienste sollten – außer in den in dieser Verordnung dargelegten Fällen – auf der Grundlage eines wettbewerblichen Vergabeverfahrens vergeben werden.

(20) Die Verfahren für die wettbewerbliche Vergabe öffentlicher Dienstleistungsaufträge sollten allen Betreibern offenstehen, fair sein und den Grundsätzen der Transparenz und Nichtdiskriminierung genügen.

(21) Im Falle außergewöhnlicher Umstände kann bei öffentlichen Dienstleistungsaufträgen für öffentliche Schienenpersonenverkehrsdienste, die im Wege eines wettbewerblichen Vergabeverfahrens vergeben werden, vorübergehend eine direkte Vergabe neuer Aufträge erfolgen, um eine möglichst kostenwirksame Erbringung der Dienstleistungen sicherzustellen. Derartige Aufträge, die sich auf dieselben oder ähnliche gemeinwirtschaftliche Verpflichtungen erstrecken, sollten nicht verlängert werden.

(22) Wenn auf die Bekanntmachung der Absicht, ein wettbewerbliches Vergabeverfahren durchzuführen, nur ein Betreiber sein Interesse bekundet, können die zuständigen Behörden mit diesem Betreiber Verhandlungen aufnehmen, um den Auftrag ohne weitere Bekanntmachung eines offenen Verfahrens zu vergeben.

(23) Die Mindestschwellen für direkt vergebene öffentliche Dienstleistungsaufträge sollten angepasst werden, um die bei öffentlichen Schienenpersonenverkehrsdiensten – im Vergleich zu den anderen unter Verordnung (EG) Nr. 1370/2007 des Europäischen Parlaments und des Rates fallenden Verkehrsträgern – höheren Volumen und Stückkosten zu berücksichtigen. Höhere Schwellen sollten auch für öffentliche Schienenpersonenverkehrsdienste gelten, bei denen der Schienenverkehrsanteil mehr als 50 % des Werts der betreffenden Dienste entspricht.

(24) Die Schaffung des einheitlichen europäischen Eisenbahnraums erfordert gemeinsame Regeln für die Vergabe öffentlicher Dienstleistungsaufträge in diesem Sektor, wobei die spezifischen Gegebenheiten jedes Mitgliedstaats zu berücksichtigen sind.

(25) Wenn bestimmte Voraussetzungen in Bezug auf Art und Struktur des betreffenden Eisenbahnmarkts oder Schienennetzes erfüllt sind, sollten die zuständigen Behörden befugt sein, öffentliche Dienstleistungsaufträge für öffentliche Schienenpersonenverkehrsdienste direkt zu vergeben, wenn ein derartiger Auftrag zu einer Verbesserung der Qualität der Dienste oder der Kosteneffizienz oder beidem führen würde.

(26) Die zuständigen Behörden können Maßnahmen ergreifen, um den Wettbewerb zwischen den Eisenbahnunternehmen zu steigern, indem sie die Zahl der Aufträge, die sie an ein einzelnes Eisenbahnunternehmen vergeben, beschränken.

(27) Die Mitgliedstaaten sollten dafür Sorge tragen, dass ihr Rechtssystem die Möglichkeit vorsieht, die Entscheidungen der zuständigen Behörde über die Direktvergabe öffentlicher Dienstleistungsaufträge für öffentliche Schienenpersonenverkehrsdienste nach einem leistungsgestützten Ansatz durch eine unabhängige Stelle bewerten zu lassen. Dies könnte im Rahmen einer gerichtlichen Überprüfung erfolgen.

(28) Bei der Vorbereitung wettbewerblicher Vergabeverfahren sollten die zuständigen Behörden prüfen, ob Maßnahmen getroffen werden müssen, um einen effektiven und diskriminierungsfreien Zugang zu geeignetem Rollmaterial zu gewährleisten. Die zuständigen Behörden sollten den Prüfungsbericht öffentlich zugänglich machen.

(29) Bestimmte zentrale Merkmale anstehender wettbewerblicher Vergabeverfahren für öffentliche Dienstleistungsaufträge müssen vollständig transparent sein, damit sich der Markt besser darauf einstellen kann.

(30) Die Verordnung (EG) Nr. 1370/2007 sollte daher entsprechend geändert werden.

Schrifttum: *Albrecht/Gabriel*, Die geplante neue EU-Verordnung zum ÖPNV, DÖV 2007; 907; *Antweiler*, Neue Entwicklung bei der Vergabe und Finanzierung von Verkehrsverträgen, VergabeR 2018, 211; *Antweiler*, Allgemeines Vergaberecht und sektorspezifisches Ondervergaberecht im ÖPNV, NZBau 2019, 289; *Barth*, Ausschreibungswettbewerb im ÖPNV, NZBau 2007, 159; *Barth*, Neue Organisation kommunalen Nahverkehrs nach der EU-VO 1370?, DER NAHVERKEHR 11/2009, 11; *Baumeister*, Das Ausgleichssystem nach § 45a PBefG als Hemmnis für einen effizienten ÖPNV, Verkehr und Technik 2016, 101; *Baumeister/Klinge*, Perspektiven des Vergaberechts im straßengebundenen ÖPNV durch die Novellierung der Verordnung (EWG) Nr. 1191/69, NZBau 2005, 601; *Bayer/Jäger/Hafenrichte/Zuck*, EU-Konform, Finanzierungssystem des Verkehrsverbund Rhein-Ruhr, DER NAHVERKEHR 5/2011, 26; *Bayreuther*, Konzessionsvergabe im öffentlichen Personenverkehr – Betriebsübergang durch betriebliche Anordnung, NZA 2009, 582; *Bayreuther*, Die Anordnung des Betriebsübergangs bei Vergabe von Verkehrsdienstleistungen nach § 131 III GWB, NZBau 2016, 459; *Berschin*, Europarecht für Finanzierung und Genehmigung des öffentlichen Nahverkehrs, WiVerw 2004, 1; *Berschin*, Die VO 1370 im Spiegel der Literatur, Verkehr und Technik 2010, 257; *Berschin/Fehling*, Beihilfenrecht und Grundrechte als Motor für den Wettbewerb im ÖPNV?, EuZW 2007, 263; *Berschin/Fiedler*, Die Zukunft der Einnahmenaufteilung – effiziente wettbewerbskonforme Systeme, Verkehr und Technik 2011, 255 und 299; *Berschin/Karl*, Zur Zukunft des Genehmigungswettbewerbs, Verkehr und Technik, 2012, 413; *Binder/Jürschik*, Vergaberecht und Direktvergabe – Was bedeutet das Vergaberechtsmodernisierungsgesetz für die Direktvergabe nach VO 1370/2007, DER NAHVERKEHR 4/2016, 37; *Bremer Straßenbahn AG*, Leitfaden zur Anwendung des Anhangs der VO (EG) Nr. 1370/2007 im kommunalen ÖPNV, 2013; *Bühner/Siemer*, Linienbündelung im ÖPNV, DÖV 2015, 21; *Bundschuh/Jurschick*, Eigenerbringungsquote nach VO 1370, DER NAHVERKEHR 9/2014, 46; *Dannenbaum*, Besonderheiten bei der Prüfung des Anhangs der VO 1370, DER NAHVERKEHR 10/2015, 45; *Deuster*, Endspurt zur VO (EG) Nr. 1370/2007: Neue Regeln für beihilfenrechtskonforme Ausgleichsleistungen, IR 2009, 209 und 346; *Deuster*, Vom Auskunftsanspruch zur Veröffentlichungspflicht, DÖV 2010, 591; *Deuster/Michels*, Direktvergabe nach der Verordnung (EG) Nr. 1370/2007 an eigenes kommunales Verkehrsunternehmen, NZBau 2011, 340; *Deuster/Ristelhuber*, Direktvergabe an kommunale Aktiengesellschaften, VergabeR 2018, 99; *van Engelshoven/Hoopmann*, Möglichkeiten und Grenzen für die Ausschreibung von S-Bahn-Systemen in Deutschland, IR 2011, 279; *Fandey*, Rechtsschutz bei Direktvergaben, Verkehr und Technik 2010, 345; *Faross*, Der geänderte Vorschlag für Europäischen Kommission für eine Verordnung über öffentliche Personenverkehrsdienste auf Schiene und Straße, IR 2006, 129; *Fehling/Niehnus*, Der europäische Fahrplan für einen kontrollierten Ausschreibungswettbewerb im ÖPNV, DÖV 2008, 662; *Fromm/Sellmann/Zuck*, Personenbeförderungsgesetz, 4. Aufl. 2013; *Fry*, Leitlinien auf dem Prüfstand, DER NAHVERKEHR 11/2010, 31; *Grischkat/Karl/Berschin/Schaaffkamp*, Allgemeine Vorschriften gemäß Art. 3 Abs. 2 der VO (EG) Nr. 1370/2007 – Rechtsgrundlagen und Hinweise für die Praxis, Verkehr und Technik 2010, 466; *Heinze*, Wettbewerb um Busliniengenehmigungen unter der VO (EG) 1370/2007, DVBl. 2011, 534; *Heinze*, Der Entwurf eines Gesetzes zur Änderung personenbeförderungsrechtlicher Vorschriften, ZRP 2012, 84; *Heiß*, Die neue EG-Verordnung für den öffentlichen Personennahverkehr – ein Überblick unter Berücksichtigung der Situation in Deutschland, VerwArch 2009, 113; *Hoopmann/Daubertshäuser/Wogatzki*, Wiedereinsetzungsgarantien gegen die Fahrzeug-Finanzkrise, DER NAHVERKEHR 7-8/2010, 4; *Holler*, Der gemeinsame Standpunkt des Rates zum geänderten Vorschlag der Kommission für eine Verordnung über öffentliche Personenverkehrsdienste auf Schiene und Straße, IR 2006, 152; *Hübner/Frosch*, Die Vergabe öffentlicher Personenverkehrsdienste mit Bussen und Straßenbahnen gem. VO 1370/2007 im Übergangszeitraum bis 3.9.2019, VergabeR 2011, 811; *IHK Stuttgart*, Der neue Rechtsrahmen im Busverkehr, Februar 2013; *Ingold*, Gelegenheitsverkehr oder neue Verkehrsgelegenheit? NJW 2014, 3334; *Ipsen*, Die EU-Verordnung 1370/07 und das Personenbeförderungsgesetzt, DER NAHVERKEHR 6/2008, 20; *Jung/Deuster*, Europäische Kommission genehmigt ÖPNV Finanzierungssystem des Verkehrsverbunds Rhein-Ruhr, IR 2011, 149; *Jürschik*, Betriebsrisiko im Fokus – Neues zum Anwendungsbereich der VO 1370/2007 im Bereich von Busse und Straßenbahnen, DER NAHVERKEHR 9/2015, 52; *Jürschik*, Keine Anwendung §§ 134 f. GWB auf Direktvergabe – Urteilsanmerkung, NZBau 2020, 59; *Jürschik*, Verordnung über öffentliche Personenverkehrsdienste, 2. Aufl. 2020; *Karl/Fiedler*, Moderne Mythen – kommt eigenwirtschaftlichen Verkehren ein absoluter Vorrang vor eigenwirtschaftlichen Verkehren zu? Verkehr und Technik, 2015, 223; *Karl/Knies*, Überblick über die neue Fassung VO 1370/2007, Verkehr und Technik 2017, 247; *Karl/Petersen/Schaaffkamp*, Anforderung an die Ermittlung eines „angemessenen Gewinns", DER NAHVERKEHR 2015, 59; *Karl/Schaaffkamp*, Finanzierungsmöglichkeiten des ÖPNV außerhalb von Verträgen – das Beispiel allgemeine Vorschrift, IR 2011, 275; *Karl/Schaaffkamp*, Streit um „angemessenen Gewinn" entschieden, DER NAHVERKEHR 7-8/2016, 32; *Karl/Wirths*, Vorgabe der überwiegenden Selbstbringung – Anwendung auf konzernverbundene Unternehmen? Verkehr und Technik 2015, 59; *Karnop*, Gestaltungsrahmen für den öffentlichen Personennahverkehr nach der Altmark-Entscheidung des EuGH, VerwArch 2005, 111; *Kekelekis*, „Driving" Altmark in Land Transport, EStAL 2012, 73; *Kiepe/Mietzsch*, Die neue ÖPNV-Verordnung und die Auswirkungen auf das Personenbeförderungsgesetz, IR 2008, 58; *Klinger*, Das Kontrollkriterium bei der Direktvergabe an den internen Betreiber, DER NAHVERKEHR 3/2009, 46; *Knauff*, Ausschreibungspflicht bei Auftragsvergabe für Busverkehre – Urteilsanmerkung, EuZW 2019, 391; *Knauff*, Der Kommissionsvorschlag für eine Novelle der VO (EWG) Nr. 1191/69, DVBl. 2006, 339; *Knauff*, Möglichkeiten der Direktvergabe im ÖPNV (Schiene und Straße), NZBau 2012, 65; *Knauff*, Der Vorrang eigenwirtschaftlicher Verkehre im ÖPNV auf der Grundlage des novellierten Personenbeförderungsgesetzes, GewArch 2013, 283; *Knauff*, Die Beauftragung von Verkehrsleistungen im ÖPNV: Direktvergabe versus wettbewerbliches Vergabeverfahren, DVBl. 2014, 692; *Knauff*, Defizitausgleich und das öffentliche Verkehrsinteresse im ÖPNV, GewArch 2014, 157; *Knauff*, Bürgerbusse im Lichte des Personenbeförderungsgesetzes, Verkehr und Technik 2015, 29; *Knauff*, Neuerungen im EU-Verkehrsmarktrecht, N&R 2018, 26; *Knauff*, Vorrang der Eigenwirtschaftlichkeit im ÖPNV, 2017; *Kühling*, Ausschreibungspflicht im SPNV nach dem BGH-Beschluss vom 8.2.2011, IR 2011, 101; *Lenz*, Neue PBefG-Genehmigungen bei bestehenden Betrauungen – wie bekommt man die?, DER NAHVERKEHR 3/2013, 28; *Lenz/Jürschik*, Anwendbarkeit der VO 1370/2007 im Bereich der Busse und Straßenbahnen bei Inhouse-Geschäften, NZBau 2016, 544; *Lenz/Jürschik,* Vorrang der VO 1370/2007 vor den Vergaberichtlinien, NZBau 2017, 205; *Lenz/Jürschik,* Wie der EuGH entscheiden sollte, DER NAHVERKEHR 3/2018, 44; *Lenz/Jürschik,* Voraussetzung für die Bildung einer Gruppe von Behörden i.S.d. VO (EG) Nr. 1370/2007, NZBau 2018, 519; *Lenz/Jürschik*, Erleichterung wettbewerbsfreier ÖPNV-Vergaben durch EuGH-Grundsatzentscheidung, NZBau 2019, 629, *Lenz/Jürschik*, Zulässigkeit der Inhousevergabe im ÖPNV – Urteilsanmerkung, NVwZ 2020, 330; *Lenz/Rademacher*, Busliniengenehmigungen für 22,5 Jahre möglich, DER NAHVERKEHR 11/2015, 35; *Linke*, Die Gewährleistung des Daseinsvorsorgeauftrags in öffentlichen Personennahverkehr, 2010; *Linke,* Altaufträge im Personenbeförderungsrecht und die Übergangsregelungen der neuen Verordnung 1370/2007/EG, NZBau 2010, 207; *Linke,* Abschied vom Quersubventionierungsverbot im ÖPNV? – Auswirkungen der Verordnung (EG) Nr. 1370/2007 auf den kommunalen Querverbund, Verkehr und Technik 2010, 429; *Linke,* Die Zukunft reiner städtischer Konzessionsgesellschaften im ÖPNV – Eigenproduktionspflichten nach der Verordnung (EG) Nr. 1370/2007, Verkehr und Technik 2010, 463; *Linke,* Der Begriff des angemessenen Gewinn bei Ausgleichsleistungen für DAWI im europäischen Beihilferecht am Beispiel des öffentlichen Personenverkehrs, EWS, 2011, 456; *Linke,* Die Gewährleistung des Daseinsvorsorgeauftrags im ÖPNV, 2010; *Linke,* Die Direktvergabe öffentlicher Dienstleistungsaufträge im ÖPNV unterhalb bestimmter Schwellenwert, Verkehr und Technik 2012, 223; *Linke,* die Notfalldirektvergabe nach Art. 5 Abs. 5 VO (EG) Nr. 1370/2007 im ÖPNV – oder: vergaberechtliche Grenzen von Ausnahmetatbeständen, VergabeR 2019, 739; *Linke,* Die Vergabe von Subunternehmerleistungen im öffentlichen Personenverkehr, NZBau 2012, 338; *Linke,* Die staatliche Finanzierung öffentlicher Personenverkehrsdienste, EuZW 2014, 766; *Linke,* VO (EG) 1370/2007 über öffentliche Personenverkehrsdienste, 2. Aufl. 2019; *Losch/Wittig,* Gestaltungsmöglichkeiten und aktuelle Entwicklungen bei der Vergabe von Dienstleistungen im Bereich öffentlicher Personennahverkehr, VergabeR 2011, 561; *Marboe/Pavram*, Die Änderung der PSO-Verordnung durch die VO (EU) 2016/2338 zur Öffnung des Marktes für inländische Schienenpersonenverkehrsdienste, VergabeR 2017, 70; *Manka/Prechtl*, Keine Selbstbringungsquote für öffentliche Verkehrsmanagementgesellschaften?, DER NAHVERKEHR 1-2/2011, 22; *Mietzsch,* Der Beschl. des EU-Verkehrsministerrats für eine neue ÖPNV-Verordnung, ZöGU 2007, 196; *Mietzsch/Stockmann/Sporbeck,* Fahrzeugbereitstellung in Dieselnetz Nordwestsachsen, Verkehr und Technik 2016, 133; *Müller/Saxinger,* Die Personalübernahme bei Auftragsvergaben im öffentlichen Personennahverkehr, Verkehr und Technik 2016, 463; *Müller-Wrede*, Rechtliche Aspekte bezüglich des Anwendungsverhältnisses des Art. 5 VO 1370/2007 zum allgemeinen nationalen Vergaberecht bei der Beschaffung von Verkehrsleistungen im SPNV, FS Marx, 2013, 461; *Nettesheim,* Das neue Dienstleistungsrecht des ÖPNV – Die Verordnung (EG) Nr. 1370/2007, NVwZ 2009, 1449; *Oebbecke,* Der öffentliche Dienstleistungsauftrag nach VO (EG) Nr. 1370/2007, NVwZ 2019, 1724; *Opitz/Wittemann,* Die Vergabe von öffentlichen Personenverkehrsdiensten mit Bussen nach dem novellierten Personenbeförderungsrecht, in v. Wietesheim, Vergaben im ÖPNV, 2013, 135; *Otting/Olegmöller,* Verbundtarife und EU-Recht, DER NAHVERKEHR 9/2009, 34; *Otting/Olegmöller*, Ausgleich gemeinwirtschaftlicher Verpflichtungen durch allgemeine Vorschriften, GewArch 2012, 436; *Otting/Olegmöller,* Strategien für mittelstandsfreundliche Vergaben von Busverkehrsdienstleistungen, VBlBW 2013, 291; *Otting/Scheps,* Direktvergabe von Eisenbahnverkehrsdienstleistungen nach der neuen Verordnung (EG) Nr. 1370/2007, NVwZ 2008, 499; *Otting/Soltèsz/Melcher,* Verkehrsverträge vor dem Hintergrund europäischen Beihilferechts, EuZW 2009, 444; *Pünder,* Die Vergabe von Personendienstleistungen in Europa und völkerrechtliche Vorgaben des WTO-Beschaffungsübereinkommens, EuR 2007, 564; *Pünder,* Beschränkung der Inhouse-Vergabe im öffentlichen Personennahverkehr, NJW 2010, 263; *Rechten/Röbke*, Sozialstandards bei der Vergabe öffentlicher Aufträge in Berlin und Brandenburg, LKV 2011, 337; *Recker,* Konsequenzen einer ausbleibenden Anpassung des Personenbeförderungsgesetz an die VO (EG) Nr. 1370/2007, ZKF 2009, 49; *Resch,* Direktvergabe an kommunale ÖPNV-Unternehmen effektiver als Ausschreibung, IR 2008, 271; *Riese/Schimanek,* Die Vereinbarkeit von Direktvergabeleistungen im Schienenpersonennahverkehr mit den Grundrechten, DVBl. 2009, 1486; *Röbke*, Neue Beschaffungsmodelle im SPNV auf dem Prüfstand des Vergaberechts, NZBau 2015, 216; *Roling*, Der Vorrang unternehmerischer Initiative im öffentlichen Personennahverkehr, DVBl. 2010, 1213; *Rusche/Schmidt,* The post Altmark Era has startet: 15 Months of Application of Regulation (EC) No. 1370/2007 to Public Transport Service, EStAL 2011, 249; *Saxinger,* Genehmigungen und Ausgleichsleistungen im Personenbeförderungsrecht vor dem Hintergrund der neuen Verordnung (EG) Nr. 1370/2007, DVBl. 2008, 688; *Saxinger*, Übergangsregelungen, Legisvakanz und Vorwirkungen der Verordnung (EG) Nr. 1370/2007, EuZW 2009, 449; *Saxinger,* Das Verhältnis des Verordnung (EG) Nr. 1370/2007 zum nicht an sie angepassten deutschen Personenbeförderungsrecht, GewArch. 2009, 350; *Saxinger*, Die Novellierung der VO (EG) Nr. 1370/2007 und ihre Auswirkungen auf den straßengebundenen ÖPNV, GewArch 2017, 463; *Saxinger/Fischer,* Die Verordnung (EG) Nr. 1370/2007 – Der neue Rechtsrahmen für den öffentlichen Personennahverkehr, Verkehr und Technik 2008, 75; *Saxinger/Winner*, Recht des Öffentlichen Personenverkehrs, Losebl. Stand 2/2020; *Schaaffkamp/Karl/Oertel,* Wie wird die Überkompensationskontrolle in der Praxis durchgeführt?, Verkehr und Technik 2014, 21; *Schäfer,* Das novellierte Personenbeförderungsgesetz, IR 2012, 340; *Schieferdecker,* Die Rechtsgrundlagen zum Erlass allgemeiner Vorschriften iSv. Art. 3 Abs. 3 der Verordnung (EG) 1370/2007, GewArch 2014, 6; *Schmitz/Winkelhüsener,* Der öffentliche Personennahverkehr im Übergang zur VO 1370/2007: Vergaberechtliche Handlungsoptionen und deren beihilferechtliche Konsequenzen, EuZW 2011, 52; *Schröder,* Die Direktvergabe im straßengebundenen ÖPNV – Selbstbringung und interner Betreiberschaft, NVwZ 2010, 862; *Schröder,* Rechtlich privilegierte Sektorenauftraggeber nach § 98 Nr. 4 GWB, NZBau 2012, 541; *Schwandt/Neumüller,* Art. 5 II der VO (EG) Nr. 1370/2007 auf Direktvergabe von Verträgen über öffentliche Personenverkehrsdienste mit Bussen, die nicht die Form von Dienstleistungskonzessionen i. S. d. RL 2004/17/EG und 2004/18/EG annehmen, nicht anwendbar, IR 2019, 233; *Sennekamp/Fehling,* Der öffentliche Dienstleistungsauftrag nach der neuen EG-Verordnung über Personenverkehrsdienste im System des deutschen Verwaltungsprozessrechts, N&R 2009, 95; *Siederer/Denzin,* Tariftreueerklärungen noch möglich?, DER NAHVERKEHR 3/2009, 50; *Sitsen,* Der Begriff des ausschließlichen Rechts und seine Bedeutung für den ÖPNV, IR 2011, 76; *Stockmann/Röbke,* Tariftreueerklärungen im ÖPNV und SPNV wirklich noch möglich?, DER NAHVERKEHR 7-8/2009, 48; *Strauß,* Die Beschaffung von Fahrzeugen für den ÖPNV, VergabeR 2016, 23; *Tegner/Wachinger,* Ausgleichsberechnung und Überkompensationskontrolle nach dem Anhang zur VO 1370/2007 – Eine juristisch-ökonomische Beleuchtung (nicht nur) für den SPNV, IR 2010, 264; *Tödtmann/Schauer,* Aktuelle Rechtsfragen zum öffentlichen Personennahverkehr – Nationale und europäische Rechtsentwicklungen: Konsequenzen für die Praxis, NVwZ 2008, 1; *VDV,* Mitteilung 9046: Verkehrsmanagementgesellschaft und VO (EG) Nr. 1370/2007, Oktober 2009; *Wachinger,* Direktvergabe und Wettbewerb im Busverkehr durch die novelliert EU-Marktöffnungsverordnung, IR 2007, 265; *Wachinger/Zimmer,* Neue beihilferechtlichen Vorgaben für Direktvergaben im SPNV, DER NAHVERKEHR 7-8/2010, 30; *Wagner-Cardenal/Dierkes,* Die Direktvergabe von öffentlichen Personenverkehrsdiensten, NZBau 2014, 738; *Werner,* Der Zugang zum Personenbeförderungsgewerbe im Lichte aktueller Entwicklung in der Rechtsprechung, GewArch 2004, 89; *Werner/Karl,* Anwendungsbereich der Vergaberegeln der VO (EG) 1370/2007 im Gefolge der EuGH-Rechtsprechung, Verkehr und Technik 2019, 286; *Werres/Schäfer,* Die Auswirkungen des Tariftreuegesetztes auf den ÖPNV, DER NAHVERKEHR 3/2013, 52; *Winnes,* Legenden und Irrtümer – Plädoyer für eine grundlegende Reform des PBefG, DER NAHVERKEHR 7-8/2008, 15; *Winnes,* Der Begriff der gemeinwirtschaftlichen Verpflichtungen im Rahmen der Verordnung 1370/07, DÖV 2009, 1135; *Winnes,* Gemeinwirtschaftliche Verpflichtungen im Rahmen der personenbeförderungsrechtlichen Liniengenehmigung, VBlBW 2009, 378; *Winnes,* Die öffentliche Finanzierung von Tarifen in Verkehrsverbünden, DER NAHVERKEHR 6/2009, 27; *Winnes,* Die allgemeine Vorschrift als Steuerungs- und Finanzierungsinstrument im ÖPNV, KomPraxis Spezial 2/2013, 96; *Winnes,* Personalübernahme im Rahmen der Vergabe öffentlicher Dienstleistungsaufträge im Nahverkehr, Der Landkreis 2016, 207; *Winnes/ Schwarz/Mietzsch,* Zu den Auswirkungen der VO 1370/07 für den öffentlichen Nahverkehr in Deutschland, EuR 2009, 290; *Winter/Woll/Gleichner,* EU-Kommission veröffentlicht Leitlinien zur Verordnung 1370, DER NAHVERKEHR 5/2014, 7; *Wittig/Schimenek,* Sondervergaberecht für Verkehrsdienstleistungen – die neue EU-Verordnung über öffentliche Personenverkehrsdienste auf Schiene und Straße, NZBau 2008, 222; *Wollenschläger,* Verteilungsverfahren: Die staatliche Verteilung knapper Güter, 2010; *Würtenberger,* Eigenwirtschaftlichkeit und Teilbereichsausnahme, DER NAHVERKEHR 6/2010, 62; *Ziekow,* Die Direktvergabe von Personenverkehrsdiensten nach der VO (EG) Nr. 1370/2007 und die Zukunft eigenwirtschaftlicher Verkehre, NVwZ 2009, 865; *Ziekow,* Der Vorrang kommerzieller Verkehre in Deutschland – Gutachten für den Bundesverband deutscher Omnibusunternehmen (BDO), 2008.

Vorbemerkung

Übersicht

		Rn.			Rn.
A.	Überblick	1	1.	Umfassende Niederlassungsfreiheit im Verkehr	38
I.	Zentraler Regelungsansatz der PersonenverkehrsVO	1	2.	Niederlassungserfordernis	41
II.	Bedeutung in der Rechtsanwendung	6	3.	PersonenverkehrsVO harmonisiert Marktzugang	42
B.	Erscheinungsformen des Landverkehrs	11	IV.	Harmonisierter Marktzugang durch Vergaberecht	44
I.	Modalität	11	V.	Die Äquivalenzfinanzierung des Beihilferechts	45
II.	Kollektivität und Diskriminierungsfreiheit	16	D.	Werdegang der PersonenverkehrsVO	46
III.	Das öffentliche Interesse	19	I.	Harmonisierungsentscheidung des Rates und Harmonisierungsverordnungen	46
IV.	Gewerbsmäßigkeit	20			
V.	Personenbeförderung als Hauptzweck	23	1.	Harmonierungsentscheidung 65/271	46
C.	Service Public und öffentlicher Verkehr im Unionsrecht	27	2.	VO (EWG) Nr. 1191/69	47
I.	Subjektiver Berufszugang	27	3.	VO (EWG) Nr. 1107/70	48
II.	Begrenzte Dienstleistungsfreiheit	29	4.	VO (EWG) Nr. 1893/91	49
1.	Ausnahmebereich Verkehr	29	II.	Die Kommissionsvorschläge zur PersonenverkehrsVO	50
2.	Marktzugang im internationalen Straßenpersonenverkehr	30	1.	Erster Entwurf KOM(2000) 7 endg	50
3.	Kabotage im Straßenpersonenverkehr	36	2.	Zweiter Entwurf KOM(2002) 107 endg	51
4.	Eisenbahnverkehr	37	3.	Dritter Entwurf KOM(2005) 319 endg	52
III.	Niederlassungsfreiheit und harmonisierter Marktzugang	38	III.	Das Altmark Trans-Urteil	53

	Rn.			Rn.
IV. Trilateraler Kompromiss Rat – Parlament – Kommission	55	III.	Koordinierungsfunktion im Verkehr	73
V. Änderungs-VO (EU) 2016/2338	57	IV.	Wettbewerbsabsicherung	74
VI. Auslegungsleitlinien der Kommission	58	F.	Öffentliche Unternehmen und Marktfreiheiten	75
E. Die Funktion der PersonenverkehrsVO	59	I.	Freie Wahl eines internen Betreibers?	75
I. Bekenntnis zu Markteingriffen	59	II.	Monopole und das Beschränkungsverbot	79
II. Harmonisierter Marktzugang	71	III.	Monopole und Marktmachtmissbrauch	83

A. Überblick

I. Zentraler Regelungsansatz der PersonenverkehrsVO

1   Die unmittelbar und ohne weiteren Umsetzungsakt geltende VO (EG) Nr. 1370/2007 (= PersonenverkehrsVO) **harmonisiert** seit ihrem Inkrafttreten zum 3.12.2009 in hohem Umfang den **Marktzugang im öffentlichen Personenverkehr in der EU** (→ Rn. 71 f.). Notwendigerweise hat sie damit auch **gewisse liberalisierende Wirkung,** da bislang national abgeschottete Märkte auf ein unionsrechtlich einheitliches Niveau hin durchgeregelt werden. Gleichzeitig dient aber die Verordnung auch der **Sicherstellung von Dienstleistungen im allgemeinen wirtschaftlichen Interesse** – vulgo Daseinsvorsorge. Die VO steht in der Tradition wettbewerbsrechtlicher Rechtsakte der Gemeinschaft im Verkehrssektor (→ Rn. 29 ff.). Ihre Vorgängerin, VO (EWG) Nr. 1191/69, regelte zunächst die finanzielle Unabhängigkeit der Staatsbahnen gegenüber ihren Eigentümern und erweiterte dies später um die Anwendung auf möglichst alle Verkehrsunternehmen: VO (EWG) Nr. 1893/91. Gemeinwirtschaftliche Pflichten waren vollständig abzugelten, aber gleichzeitig sollte auch eine **Überkompensation vermieden** werden. Ziel war es zu verhindern, dass die geschützten Verkehrsunternehmen aus ihrem Monopol heraus zu Wettbewerbsverzerrungen in den geöffneten Märkten durch Querfinanzierungen beitragen. Diese Konzeption wird durch die PersonenverkehrsVO beibehalten und auf alle Verkehre ausgeweitet mit entsprechender Aufhebung bisheriger Ausnahmebereiche.

2   Gleichzeitig **regelt die PersonenverkehrsVO zum ersten Mal die Markteingriffe im öffentlichen Verkehr unionsweit,** soweit es um gemeinwirtschaftliche Verkehrsleistungen geht (Art. 5, → Rn. 59 ff.). Gab es vor ihrem Inkrafttreten einen gewissen Wettlauf zwischen den Regelungen aus der Niederlassungsfreiheit, dem Beihilferecht und dem Vergaberecht, führt die PersonenverkehrsVO diese Regelungen zusammen. Nach dem **Vorbild des Vergaberechts** schreibt sie wettbewerbliche Verfahren (Ausschreibungen) als Regelfall vor, regelt aber zahlreiche Ausnahmen für Direktvergabe im Bereich Eisenbahnen und Kleinaufträge (→ Art. 5 Rn. 52 ff.). Besonders weitreichend ist die Ausnahme zugunsten der internen Betreiber (Inhouse), die nach Lesart vieler, den **Kommunen** ein **freies Recht** gebe, sich zugunsten der eigenen Kommunalunternehmen zu entscheiden und insoweit den Wettbewerb auszuschließen (→ Art. 5 Rn. 27 f.). Diese Auffassung ist aber unter Geltung der Berufsfreiheit nach Art. 12 Abs. 1 GG zweifelhaft, da sie eine weitgehende Monopolisierung im Nahverkehr erlaubt, ohne den Begründungserfordernissen dieser objektiven Berufszugangsschranken Rechnung zu tragen.

3   Die Regulierung des Marktzugangs hat **höherwertige,** wie quantitäts- und qualitätsvollere, sowie preisgünstigere **Dienstleistungen im öffentlichen Verkehr** für die Allgemeinheit **zu garantieren** (Art. 1 Abs. 1, → Rn. 59 ff.). Diese werden entweder in einem öffentlichen Dienstleistungsauftrag nach Art. 3 Abs. 1 vereinbart bzw. hoheitlich festgelegt oder sie werden durch eine allgemeine Vorschrift für Höchsttarife für alle Fahrgäste oder bestimmte Gruppen von Fahrgästen nach Art. 3 Abs. 2 bestimmt (→ Art. 3 Rn. 1 ff.). Öffentliche Dienstleistungsaufträge dürfen Ausschließlichkeitsrechte und/oder Ausgleichsleistungen beinhalten, während allgemeine Vorschriften nur Ausgleichsregelungen gewähren dürfen, aber einen offenen Markt ohne Ausschließlichkeitsrechte voraussetzen (→ Art. 3 Rn. 8 ff.). Für diese Maßnahmen ist die jeweils **zuständige Behörde** berufen, die von den Mitgliedstaaten festgelegt werden; in Deutschland für den straßengebundenen Verkehr in der Regel Landkreise und kreisfreie Städte und für den Schienenpersonennahverkehr die Länder oder die von ihnen festgelegten Pflichtzweckverbände (Nordrhein-Westfalen, Rheinland-Pfalz, Sachsen), Regionen (tlw. Niedersachsen und Baden-Württemberg) bzw. Verkehrsverbünde (Hessen) (→ Art. 2 Rn. 13 ff.).

Die **Markteingriffsmittel** (Intervention) sind **abschließend** in der PersonenverkehrsVO fest- 4 gelegt, da sie insoweit harmonisierend wirkt (→ Rn. 60). Als unmittelbar geltendes Gemeinschaftsrecht aufgrund Art. 288 S. 3 AEUV genießt die PersonenverkehrsVO **Anwendungsvorrang** und verdrängt auch entgegenstehendes nationales Recht. Dies hat **in Deutschland zwei Auswirkungen:** Zum einen sind die **Schutzrechte** des PBefG bezüglich **Liniengenehmigungen** außerhalb verliehener ausschließlicher Rechte durch den Aufgabenträger nach § 8a Abs. 8 PBefG **restriktiv** zu interpretieren (→ Art. 2 Rn. 24 f., → Art. 2a Rn. 6 ff.). Das Recht zur Abwehr konkurrierender Verkehre vor allem durch die Übernahme fremder Ideen im Rahmen eines Erstzugriffsrechts („Ausgestaltung nach § 13 Abs. 2 Nr. 3 lit. c PBefG) und die Auswahl des besten Antrags im Rahmen eines Bewerberüberhangs unter Berücksichtigung eines Besitzstandsschutzes nach § 13 Abs. 2b und 3 PBefG verstoßen gegen das Gebot, Ausschließlichkeitsrechte ausschließlich in öffentlichen Dienstleistungsaufträgen zu regeln. Da Liniengenehmigungen nach PBefG nach dem Willen des deutschen Gesetzgebers kein Ausschließlichkeitsrecht umfassen und keinen öffentlichen Dienstleistungsauftrag nach sich ziehen sollen, muss jede ausschließende Wirkung einer Liniengenehmigung unterbleiben und darf nicht mehr angewandt werden.

Zum anderen umfasst die PersonenverkehrsVO **auch jeglichen Verkehr mit Kraftfahrzeugen,** 5 der fortlaufend und diskriminierungsfrei gem. Art. 2 lit. a angeboten wird. Entgegen eines weit verbreitenden Verständnisses muss dieses Anbieten keinen bestimmten Fahrplan enthalten und ist nicht auf den Linienverkehr beschränkt. Vielmehr ist die **PersonenverkehrsVO verkehrsformneutral** ausgestaltet und ihr Anwendungsbereich ergibt sich aus ihr ohne Rückgriff auf das nationale Recht (→ Art. 2 Rn. 1 ff.). Da die **Regulierung des Taxenverkehrs** insbesondere in Bezug auf den Marktzugang (Kontingentierung) mit der Tarif- und Betriebspflicht sowie dem vom Mietwagenverkehr und gebündelt am Bedarfsverkehr zu wahrenden Abstand (Abstandsgebot) nach der Rechtsprechung genau den beschriebenen Zweck verfolgt, nämlich die Funktionsfähigkeit im Taxiverkehr genauso wie im Linienverkehr zu sichern und damit kontinuierlich, fortlaufend und diskriminierungsfrei Diensterbringung sicherzustellen, und ebenfalls der Begriffsdefinition des öffentlichen Verkehrs nach Art. 2 lit. a. unterfällt, sind die dortigen Vorzugsrechte am Maßstab der PersonenverkehrsVO zu messen (→ Art 2 Rn. 26 ff.). Dies hat zur Folge, dass **Marktzugangsbeschränkungen** und **Abstandsgebote** zu anderen Verkehrsformen durch die jeweils zuständigen Behörden nach Art. 2 lit. b festzulegen sind. Die Marktzugangsbeschränkungen des § 13 Abs. 4 und 5 PBefG durch Kontingentierung sowie das pauschale Abstandsgebot zwischen Taxi- und Mietwagenverkehr in der Ausprägung des § 49 Abs. 4, §§ 50, 51a PBefG mit Verbot des Einzelplatzverkaufs und restriktiver Rückkehrpflicht und dem Verbot des Anwerbens auf der Straße verstoßen gegen den **Anwendungsvorrang der PersonenverkehrsVO,** da sie keine differenzierte Regelung der notwendigen Ausschließlichkeit regeln und auch kein Gegenleistungsverhältnis für die eingeräumte Vorzugstellung bestimmen.

II. Bedeutung in der Rechtsanwendung

Die größte praktische Bedeutung hat die PersonenverkehrsVO bei der **Prüfung kommunaler** 6 **Direktvergaben an Eigengesellschaften** nach Art. 5 Abs. 2 (→ Art 5 Rn. 27 f. und → Art. 7 Rn. 14). Vor allem die Fragen der hinreichenden und umfassenden **Beherrschung** – „wie eine eigene Dienststelle" nach Art. 5 Abs. 2 lit. a (→ Art. 5 Rn. 29 ff.) – beschäftigen die Gerichte; dabei sind die Fragen der hinreichenden Beherrschung und die Beherrschung in der Konstellation einer Direktvergabe durch eine Gruppe von Behörden nach Art. 2 lit. b und m von Interesse. Genauso ist das **Tätigkeitskriterium** (Gebietsbezogenheit nach Art. 5 Abs. 2 lit. b, → Art. 5 Rn. 39 ff.) im Fokus der Rechtsprechung, vor allem die nicht zugelassene Tätigkeit von Tochter- und Schwestergesellschaften außerhalb des Zuständigkeitsgebiets der betrauenden Behörde. Schließlich ist die Forderung nach **überwiegender Eigenerbringung** aus Art. 5 Abs. 2 lit. e (→ Art. 5 Rn. 44 ff.) streitbehaftet. Die verfassungsrechtlichen Fragen der Direktvergabe spielen dagegen bislang noch kaum eine Rolle (→ Art. 5 Rn. 29 ff.).

Direktvergaben für Kleinaufträge nach Art. 5 Abs. 4 (→ Art. 5 Rn. 52 ff.) haben entgegen 7 in die sie gesetzten politischen Erwartungen bislang **kaum eine Bedeutung** erlangt, zum einen, weil sie eine **Dienstleistungskonzession** (→ Art. 5 Rn. 4 ff.) voraussetzen. Diese wird im öffentlichen Nahverkehr selten vorliegen, da die Verkehrsunternehmen meist eine gesicherte Nachfragen haben und kaum einem substanziellem Nachfragerisiko ausgesetzt sind; vor allem in Verkehrsverbünden werden die Einnahmen oft noch historisch oder zumindest für eine gewisse Zeit nach früheren Einnahmen verteilen. Zum anderen wohnt einer Direktvergabe an Privatunternehmen eine Ungleichbehandlung inne und sie geraten in Konflikt mit den **Vergabepflichten nach Haushaltsrecht,** insbesondere § 30 GemHVO (→ Art. 5 Rn. 55 ff.).

Eine nicht zu unterschätzende Bedeutung haben **allgemeine Vorschriften nach Art. 3 Abs. 2** 8 (→ Art. 2 Rn. 41 ff., → Art. 3 Rn. 8 ff.). Diese werden vor allem von privaten Verkehrsunternehmen eingefordert,[1] um zu verhindern, dass Verkehre wegen bestimmter, überschaubarer Zuschüsse ihre Eigenwirtschaftlichkeit iSd § 8 Abs. 4 PBefG verlieren und deswegen ein ausschreibungspflichtiger öffentlicher Dienstleistungsauftrag notwendig wird. **Allgemeine Vorschriften im Ausbildungsverkehr** werden zum Teil durch Landesgesetze vorgeschrieben (§ 11a ÖPNVG NRW, § 16 BWÖPNVG), zudem ist nach Auffassung des Bundes der noch in Bay. und Thür. geltende Subventionsregelung nach § 45a PBefG für ermäßigte Zeitfahrausweise im Ausbildungsverkehr eine allgemeine Vorschrift nach Art. 3 Abs. 3 (→ Art. 3 Rn. 21 ff.). Ferner sind allgemeine Vorschriften zur Finanzierung von **Verbundtarifen** recht populär. Wichtig ist allerdings dabei, dass die allgemeine Vorschrift **keine bestimmten Verkehrsleistungen finanziert** und nur die **Tarifdifferenz** zwischen ermäßigten Tarif und sonst angewandten Tarif unter **Berücksichtigung der Mehrnachfrage** (Preiselastizität) ausgleicht (→ Art. 3 Rn. 10 und → Anh. Rn. 7 f.).

9 Zum Inkrafttreten der PersonenverkehrsVO und im Rahmen des neuen PBefG 2011 wurde intensiv diskutiert, ob und inwieweit aus der Betriebs-, Beförderungs- und Tarifpflicht umfasst, eine gemeinwirtschaftliche Pflicht iSd PersonenverkehrsVO entsteht und deswegen die Liniengenehmigung bereits ein öffentlicher Dienstleistungsauftrag ist (→ Rn. 68). Diese Diskussion ist weitgehend verstummt, weil der Gesetzgeber sich für die Beibehaltung der **eigenwirtschaftlichen Liniengenehmigungen** nach § 8 Abs. 4 PBefG **außerhalb der PersonenverkehrsVO** entschieden hat. Gleichwohl bleibt ein Unbehagen wegen der **weiterhin bestehenden Schutzrechte** der Liniengenehmigungen, die das BVerwG geläufig mit dem Schlagwort „Verbot der Doppelbedienung" zusammenfasst. Daher wird wegen der ausschließenden Wirkung der Liniengenehmigung vertreten, dass diese **Vorzugsrechte im Rahmen einer VO-konformen Auslegung nicht mehr angewandt** werden dürfen oder alternativ, Liniengenehmigungen einen öffentlichen Dienstleistungsauftrag darstellen und deswegen nach den Vergaberegeln der Art. 5 vergeben werden müssten. Die größte Änderung wäre dabei die Zuweisung der Zuständigkeit an die Genehmigungsbehörde statt wie bisher an die Aufgabenträger, die Pflicht zur Aufstellung vorheriger Bewertungskriterien durch die Genehmigungsbehörde und der Wegfall des Besitzstandsschutzes nach § 13 Abs. 3 PBefG. Ob und wieweit die **Taxenregulierung** im Rahmen der PersonenverkehrsVO noch aufrechterhalten werden kann, wird dagegen (noch) **nicht diskutiert**.

10 Dagegen ist die Bedeutung der PersonenverkehrsVO im **Schienenverkehr gering,** nachdem **§ 131 Abs. 1 GWB** die **Direktvergabeoptionen** der **PersonenverkehrsVO** weitgehend sperrt (→ GWB § 131 Rn. 7 ff.; → Art. 5 Rn. 60 ff.). Am ehesten ist hier die PersonenverkehrsVO noch zum Erlass allgemeiner Vorschriften von Bedeutung, damit kommerzielle Fernverkehrsangebote für den Nahverkehrstarif geöffnet werden können. Allerdings darf damit keine Bestellung, also fahrplanmäßige Sicherung von bestimmten Zugleistungen erfolgen.[2]

B. Erscheinungsformen des Landverkehrs

I. Modalität

11 Der Landverkehr wird als **Sammelbegriff** für die Personenbeförderung mit verschiedensten **Verkehrsmodi** verwandt. Gemein ist ihnen, dass die Beförderung auf dem „Land" im Gegensatz zur See- und Luftbeförderung stattfindet. Daher wird allgemein auch der Binnenschiffverkehr dem Landverkehr zugerechnet.

12 Eingebürgert haben sich die Verkehrsarten:
– Personenbeförderung mit Kraftwagen (bis max. neun Plätze inkl. Fahrer und max. bis 3,5 t),
– Personenbeförderung mit Kraftomnibussen (größere Fahrzeuge),
– Personenbeförderung mit Straßenbahnen, Stadtbahnen und U-Bahnen,
– Personenbeförderung mit Eisenbahnen,
– Personenbeförderung mit Bergbahnen, Hängebahnen, Magnetschwebebahnen und Bahnen besonderer Bauart,
– Personenbeförderung mit Binnenschiff und Fähren.

---

[1] Zum Fehlen eines Rechtsanspruchs zum Erlass allgemeiner Vorschriften nach dem deutschen Recht s. nur BVerwG Urt. v. 10.10.2019 – 10 L3.19 BeckRS 2020; 4530; OVG Münster Urt. v. 25.8.2016 – 13 A 788/15, BeckRS 2016, 52143 Rn. 73 ff.; VG Augsburg Urt. v. 24.3.2015 – Au 3 K 15.79, BeckRS 2015, 117426 Rn. 32 ff.; VG Stade Urt. v. 30.6.2016 – 1 A 1432/14, BeckRS 2016, 50326 Rn. 55 ff.; VG Saarlouis Urt. v. 27.9.2017 – 5 K 1233/16; sowie zusammenfassend: *Knauff* GewArch 2014, 157 (158).

[2] Zu einer derartigen Umgehung s. VK Münster Beschl. v. 25.1.2017 – VK 1-47/16, BeckRS 2017, 111294.

Die PersonenverkehrsVO nähert sich dieser unterschiedlichsten Modalitäten durch den Begriff 13
der Personenlandverkehrsdienste[3] (Erwägungsgrund 5). Im Weiteren spricht die PersonenverkehrsVO nur allgemein von „öffentlichen Diensten" oder „Verkehr" bzw. „Personenverkehrsmärkte". Sie impliziert damit, dass es um die Gewährung **hinreichender Mobilität mit allen Arten des Landverkehrs** für Menschen geht und der Verkehrsmodus zweitrangig ist. Zunächst prägend ist der Oberbegriff „Landverkehr". Die weitere Abgrenzung der Verordnung erfolgt durch die Herausnahme des Binnenschiffsverkehrs und der Anwendungsoption für diesen gem. Erwägungsgrund 10 und Art. 1 Abs. 2 S. 3. Zum anderen findet sich aber eine Positivdefinition in Art. 1 Abs. 2 S. 1 durch die Bezugnahme auf „Eisenbahn, andere Arten des Schienenverkehrs und Personenverkehr auf der Straße". Während also die Straße denkbar weit als Verkehrsweg gefasst ist und zB daher auch Beförderung per Trolleybus oder autonom fahrenden Bus mitumfasst, ist der Begriff „Schiene" eher einschränkend und umfasst nicht per se alle spurgeführten Verkehrsmittel, insbesondere nicht Seilbahnen und möglicherweise auch andere Bahnen besonderer Bauart.

Wie sich aus den Erwägungsgründen 5 ff. ergibt, zielt die VO vor allem auf die Harmonisierung 14
von Marktzugangsregelungen und Beseitigung von Wettbewerbsverfälschungen durch unterschiedliche Abgeltungsregime. Dabei wird auf den unterschiedlichen Marktöffnungsgrad der einzelnen Mitgliedstaaten und damit unterschiedliche ausgeprägten Wettbewerb und damit gemeinschaftlichen Handel der Verkehrsmodi Bezug genommen. Dies verdeutlicht, dass die VO vor allem die gängigen Transportsysteme des hoch standardisierten Straßenverkehrs, des zunehmend zu harmonisierenden Eisenbahnverkehr und sonstige **schienengebundene Massenverkehrsmittel** im Blick hat. Umgekehrt sind besondere, kaum verbreitete technologische Systeme, die zudem hauptsächlich aus einer ortsfesten Infrastruktur bestehen, kein Objekt des Gemeinsamen Marktes.

Hervorzuheben ist, dass die VO die Verkehrsmodi eher technisch und nicht aus vorgefertigten 15
oder gar regulatorisch entstandenen **Berufsbildern** wie zB Taxi- vs. Mietwagenverkehr entwickelt. Diese spielen zunächst keine Rolle, sondern können dann von Bedeutung sein, wenn es um die Verwirklichung bestimmter öffentlicher Interessen geht. Zunächst reguliert die VO aber bewusst technologieneutral und ist insoweit offen konstruiert.

II. Kollektivität und Diskriminierungsfreiheit

Zweite zentrale Säule der Regelungen der PersonenverkehrsVO ist die Kollektivität der Beför- 16
derung. Die Beförderung erfolgt unter der **Sicherstellung eines öffentlichen Daseinsvorsorgeauftrags,** der die Mobilität aller für das Angebot infrage kommenden Bürger befördern soll. Damit ist nicht zwingend verbunden, dass die Beförderung selbst kollektiv ist. Sie kann – wie es bei Ruftaxis (Taxifahrten als Ergänzung zum Linienverkehr auf Anforderung des Fahrgastes) durchaus üblich ist – auch individualisiert erfolgen. Entscheidend ist, dass die Beförderung Ausdruck eines öffentlichen Sicherstellungsauftrags ist. Sie kann daher nicht ausschließlich aus der autonomen Entscheidung des Fahrgastes bestehen, sondern diese Nachfrage muss mit einem öffentlich vorstrukturierten und garantierten Angebot in Deckung gebracht werden. Dabei bleibt es nicht aus, dass Nachfragen im Einzelfall unbedient bleibt. So gewährt § 22 PBefG zB einen Beförderungsanspruch nur im Rahmen der regelmäßig bereitgestellten Kapazitäten. Der Taxifahrgast in der Silvesternacht kennt diesen Umstand nur zu gut.

Abgrenzungskriterium ist daher das allgemeine Interesse, wie es in Art. 1 Abs. 1 formuliert ist, 17
welches Markteingriffe erfordert, damit Angebote entstehen, die der heteronomen Verteilung durch Marktkräfte überlegen ist. Dies wird gemeinhin durch **Bündelung der Nachfrage** mittels Kollektivverkehre erfolgen, weil das Effizienzgebot dies nahelegt; zwingend ist dies aber nicht. So ist auf der Grundlage der PersonenverkehrsVO auch denkbar, Höchstpreissatzungen für Taxidienste einzuführen, wie sie zB im Rahmen der Fifty-Fifty oder Frauennacht-Taxiregelungen häufiger schon angewandt werden. Hier subventioniert die öffentliche Hand für bestimmte Zielgruppen wie Frauen, Jugendliche etc den Taxipreis.

Eng verwandt mit diesem Verständnis der kollektiven Ausrichtung des zu regulierenden Verkehrs 18
ist die Forderung des Art. 2 lit. a, der die diskriminierungsfreie und fortdauernde Erbringung als wesentliches Begriffsmerkmal des *öffentlichen* Personenverkehrs festlegt, wohl in Abgrenzung zum privaten Personenverkehr. Hierbei stechen zwei Zielrichtungen hervor: Der Verkehr muss der **Öffentlichkeit angeboten** werden und er muss **öffentliche Zwecke verfolgen.** Dauerhaftigkeit und Diskriminierungsfreiheit im Sinne von Offenheit sind dabei notwendige Bedingungen. Diese Bedingungen verdeutlichen, dass das Angebot nicht jeweils ein zufälliges Marktergebnis wiedergibt,

---

[3] Die Formulierung ist verunglückt. Sie ist eine wörtliche Übersetzung von „inland passanger transport service".

sondern Erfolg planmäßiger Unternehmerinitiative sein muss oder bei entsprechenden unzureichenden Angeboten dann Erfolg der staatlichen Intervention ist.

III. Das öffentliche Interesse

19   Öffentliche Interessen können vielfältig sein und sind im EU-Rechtskontext nicht selten von großer Bandbreite. Auch in Art. 1 Abs. 1 UAbs. 1 entsteht der Eindruck, dass die öffentliche Interessen denkbar weit und unbestimmt sind, weil in der deutschen und englischen Sprachfassung die Aufzählung der Einzelaspekte mit „unter anderem" einleitet. Allerdings zeigen vor allem die romanischen Sprachfassungen hier ein „insbesondere", was wesentlich besser dem Regulierungszweck der VO wiedergibt. Denn hier sollen Markteingriffsinstrumente als Gegenleistungen für ganz spezifische gemeinwirtschaftliche Verpflichtungen bereitgestellt und im Gemeinsamen Markt harmonisiert werden. Es spricht daher vieles dafür, dass die öffentlichen Interessen vor allem aus dem Katalog von Art. 1 Abs. 1 UAbs. 1 (= **aus Sicht der Kunden zahlreichere, sicherere, höherwertige und preisgünstigere Dienste**) zu bestimmen sind. Dabei lässt der Begriff „höherwertig" zahlreiche Ausdifferenzierungen zu. Neben Angebotssicherheit, Fahrzeug-, Stations- und Informationsqualitäten können hierunter alle Dienstleistungsqualitäten verstanden werden, die sich vor allem in der Personalqualifikation und -auftreten niederschlagen. Genauso können aber auch hierunter Umweltqualitäten oder das soziale Renommee und Image des Dienstes gefasst werden.

IV. Gewerbsmäßigkeit

20   Beihilferecht und Grundfreiheiten sind einschlägig, wenn eine **wirtschaftliche Betätigung vorliegt.** Diese ist abzugrenzen von einerseits hoheitlichen, andererseits auch von privaten oder sozialen „nicht wirtschaftlichen" Tätigkeiten. Beides hat auch bei der Personenbeförderung Relevanz. Staatliche Tätigkeit wird allgemein als Ausübung von Hoheitsrechten gesehen, die ein Ordnungsverhältnis Staat – Bürger voraussetzen; besonders deutlich wird dies für die Niederlassungs- und Dienstleistungsfreiheit in Art. 51 AEUV iVm Art. 62 AEUV geregelt. Derartige staatliche Beförderungsvorbehalte sind im Katastrophenfall von Bedeutung, werden aber auch für das Rettungswesen in Anspruch genommen.[4] Schwieriger ist die Abgrenzung zu privaten, sozialen oder karitativen Tätigkeiten. Aus beihilferechtlicher Sicht reicht bereits das Anbieten von Dienstleistungen auf einen Markt aus, um eine wirtschaftliche Betätigung festzustellen. Eine Gewinnerzielungsabsicht ist nicht notwendig. Eine wirtschaftliche Betätigung und damit ein gedachter Markt werden vielmehr erst dann verneint, wenn die Leistung aus dem Prinzip der Solidarität und Nichtwirtschaftlichkeit erbracht wird. Die Grundfreiheiten sind auf die Erwerbsgrundlagen gerichtet, sodass neben der Einnahmenerzielung auch eine wirtschaftliche Grundlage für persönliche Einkünfte aus Kapital und Arbeit für die Zuordnung zur wirtschaftlichen Betätigung festgestellt werden.

21   Vor diesem Hintergrund ist es auch Aufgabe des Sekundärrechts, eine entsprechende Trennlinie zwischen wirtschaftlicher und nicht wirtschaftlicher Betätigung zu ziehen. In der Personenbeförderung betrifft dies vor allem die Abgrenzung gegenüber Beförderungen die aus **Gefälligkeit** (Mitfahrsysteme) oder auch aus **ehrenamtlichem Engagement**[5] (Bürgerbus, Bürgerauto, karitativer Fahrdienst) durchgeführt werden. Diese Fragen sind bislang wenig untersucht, gewinnen aber vor dem Hintergrund des Aufkommens von Dienstleistungsvermittlern durch die Digitalisierung an großer Brisanz. Das bisherige Sekundärrecht enthält zu dieser Trennlinie nur wenig Aufschlussreiches. Die VO Nr. (EG) 1073/2009[6] kennt in Art. 1 Abs. 1 UAbs. 1 VO Nr. (EG) 1073/2009 nur die Unterscheidung zwischen **gewerblichem** Verkehr einschließlich des Werkverkehrs und als Gegenstück den nicht gewerblichen Verkehr. Eine nähere Definition findet sich in der VO (EG) Nr. 1073/2009 nicht. Die parallele Berufszugangs-VO (EG) Nr. 1071/2009[7] verwendet als Grenze für ihre Anwendung das Gegenstück des nichtgewerblichen Betriebs (Art. 1 Abs. 4 lit. b VO (EG) Nr. 1071/2009), wobei dies um solche Berufe ergänzt wird, deren Haupttätigkeit nicht die Ausübung des Berufs des Personenkraftunternehmers ist.

---

[4]   S. allerdings zur Zurückweisung der diesbezüglichen deutschen Argumentation durch EuGH Urt. v. 29.4.2010 – C-160/08, Slg. 2010, I-3713 Rn. 80 ff. = ECLI:EU:C:2010:230 = NVwZ 2010, 949.

[5]   S. dazu *Knauff* Verkehr und Technik 2015, 29 ff. Zum Umschlagen in eine kommerzielle Tätigkeit s. instruktiv BVerwG Urt. v. 26.10.2016 – BVerwG 10 C 3.15, ECLI:DE:BVerwG:2016:211016U10C3.15.0 = NVwZ 2017, 974 Rn. 40 ff. – Kletterhalle.

[6]   VO (EG) Nr. 1073/2009 des EP und des ER v. 21.10.2009 über gemeinsame Regeln für den Zugang zum grenzüberschreitenden Personenkraftverkehrsmarkt und zur Änderung der Verordnung (EG) Nr. 561/2006, ABl. 2009 L 300, 88.

[7]   VO (EG) Nr. 1071/2009 des EP und ER v. 21.10.2009 zur Festlegung gemeinsamer Regeln für die Zulassung zum Beruf des Kraftverkehrsunternehmers und zur Aufhebung der RL 96/26/EG des Rates, ABl. 2009 L 300, 51.

Daher muss die Trennlinie anhand allgemeiner Grundsätze aus dem Unionsrecht die gezogen 22 werden: Eine nicht wirtschaftliche Personenbeförderung liegt dann vor, wenn die Motivation für ihre Erbringung ganz überwiegend nicht wirtschaftlich ist, sondern diese aus sozialen und karitativen Bestrebungen erfolgt. Das Bestreiten von Lebensgrundlagen ist dagegen Erwerbstätigkeit. Von daher dürfen etwaige **Aufwandsentschädigungen** nur so angelegt sein, dass hieraus keine Erwerbstätigkeit möglich ist. Entsprechende Hinweise kann hier das Gemeinnützigkeitsrecht liefern. Ebenfalls möglich sind **Kostenerstattungen,** wobei diese so ausgelegt sein müssen, dass ein Verdienst hieraus nicht möglich ist. Insofern gibt § 1 Abs. 2 Nr. 1 PBefG hierzu erste – richtige – Hinweise. Allerdings darf aus Sicht des Unionsrecht nicht die Betrachtung des Gesamtbetriebsentgelts der Fahrt nicht die Frage der anteiligen Fixkosten im Vordergrund stehen,[8] sondern es ist festzustellen, ob und inwieweit durch die Fahrt die auf jeden Fall beim Mitnehmenden anfallenden Kosten nun auf den Mitfahrer komplett abgewälzt werden oder gar die Fahrt doch ausschließlich im Interesse des Finanzierenden erfolgt.[9] Denn in diesen Fall würde aus der Übernahme der anfallenden Kosten durch den Dritten letztlich eine verdeckte Vergütung für die Fahrt bedeuten, was ein Indiz für die Gewerbsmäßigkeit darstellt.

V. Personenbeförderung als Hauptzweck

Schließlich muss in der Logik der VO die zu regelnde Leistung der **Personenbeförderung** 23 **der Hauptzweck** sein. Wie sich bereits aus der Ausnahme von touristischen und historischen Verkehren nach Art. 1 Abs. 2 S. 1 ergibt, muss die Beförderung zum Zwecke der Ortsveränderung durchgeführt werden, während bei Beförderungen, die nur zum Zwecke ihrer selbst stattfinden der touristische Gedanke dominiert.

Ebenfalls hiernach sind **gemischte Personen- und Güterbeförderungen** zu beurteilen, wie 24 sie zB bei Autoreisezügen vorkommen. Hier steht die Personenbeförderung im Vordergrund, während das Kraftfahrzeug als notwendiges Gepäck angesehen werden kann. Anders dagegen bei der Rollenden Landstraße im LKW-Verkehr. Hier steht eindeutig die Güterbeförderung im Vordergrund. Die Mitnahme von LKW-Fahrern ist dagegen notwendiges Beiwerk für diese Beförderungsart, die leicht abgewandelt genauso als unbegleiteter LKW-Transport durchgeführt wird.

Dagegen sind **Franchisekonzepte** und **Vermittlungen** keine Personenbeförderung. Bei Fran- 25 chisekonzepten fehlt es allein schon an der Vertragsbeziehung zwischen dem Markengestalter und dem Fahrgast. Vielmehr bleibt es bei der Beförderung durch das jeweilige Unternehmen, entscheidend ist, dass dieses erkennbar bleibt. Sofern vorgetragen wird,[10] dass ein Markengestalter die Fahrgäste in einer schutzlosen Position lassen würde und die Regulierung des Marktes untergräbt, ist nicht ersichtlich, warum gegenüber einem Code-Sharing im Luftverkehr oder dem Lebensmitteleinzelhandel in der Rechtsstellung des Verbrauchers als Vertragspartner ein Unterschied besteht. Dementsprechend sind **Verkehrsverbünde** und Tarifgemeinschaften mit teilweise starkem Marktauftritt wie „Tarif der Deutschen Bahn", „Hamburger Verkehrsverbund" etc längst eingeführt und anerkannt. Die tatbestandlich angeführte Einflussnahme auf die Preisgestaltung, zentralisierte Abrechnung und einheitlicher Markenauftritt machen den Franchisegeber nicht zum Beförderungsunternehmen.[11] Eine „enge Verknüpfung"[12] der Leistung eines Franchisegebers mit den erbrachten Leistun-

---

[8] So aber die aktuelle, divergierende Rechtsprechung: Für Einbeziehung VGH München Urt. v. 2.5.2016 – 11 BV 15.1895, BeckRS 2016, 46957 Rn. 30 ff.; dagegen OVG Hamburg Beschl. v. 24.9.2014 – 3 Bs. 175/14, NVwZ 2014, 1528 und OVG Berlin Beschl. v. 10.4.2015 – OVG 1 S 96.14, BeckRS 2015, 44779. Siehe aber nun § 1 Abs. 2 Nr. 1 lit. b. PBefG.

[9] Diese Art der Beförderung allein im Interesse und durch Kostenübernahme des Fahrgastes sieht VG München Urt. v. 29.4.2015 – M 23 K 13.1162, BeckRS 2015, 52381 gleichwohl von der Freistellung nach § 1 Abs. 2 Nr. 1 PBefG gedeckt, da die Betriebskosten der Fahrt nicht überschritten werden. Insoweit aber widersprochen durch VGH München Urt. v. 2.5.2016 – 11 BV 15.1895, BeckRS 2016, 46957 Rn. 24 ff.

[10] OVG Hamburg Beschl. v. 24.9.2014 – 3 Bs 175/14 Rn. 19, BeckRS 2014, 56791; *Ingold* NJW 2014, 3334 (3336); implizit auch BGH Vorlagebeschl. v. 18.5.2017 – I ZR 3/16, GRUR 2017, 743 Rn. 36.

[11] So BGH Vorlagebeschl. v. 18.5.2017 – I ZR 3/16, GRUR 2017, 743 Rn. 38.

[12] BGH Vorlagebeschl. v. 18.5.2017 – I ZR 3/16, GRUR 2017, 743, Vorlagefrage 1 „Erbringt ein Unternehmen, das in Kooperation mit zur Personenbeförderung zugelassenen Mietwagenunternehmen eine Smartphone-Applikation bereitstellt, über die Nutzer Mietwagen mit Fahrern bestellen können, selbst eine Verkehrsdienstleistung im Sinne von Art. 58 I AEUV und Art. 2 II Buchst. d RL 2006/123/EG, wenn die Organisationsleistungen dieses Unternehmens eng mit der Beförderungsleistung verbunden sind, insbesondere wenn es
 – die Preisgestaltung, die Abwicklung des Zahlungsverkehrs und die Beförderungsbedingungen für die Fahraufträge bestimmt und
 – für die von ihm vermittelten Fahrzeuge unter seiner Unternehmensbezeichnung sowie mit einheitlichen Rabattaktionen wirbt?".
 – Wenig überzeugend daher EuGH Urt. v. 20.12.2017 – C 434/15, ECLI:EU:C:2017:981=EuZW 2018, 131 – Elite Taxi. Hauptmotiv dürfte die Förderung von Rechtsbrüchen durch „nicht professionelle" und damit nicht regulierte Fahrer gewesen sein.

gen des Franchisenehmers macht diesen nicht zum Leistungserbringer.[13] Dieser Grundsatz ist zB selbst bei Apotheken, für die eine strenge Berufszugangsreglementierung gilt, unbestritten. Gleichermaßen gilt dies für **Vermittler**, wie Reisebüros, Mitfahrzentralen oder auch neue Formen der Nachfragedisposition. Wo sie eine eigene Vermittlungs- oder Buchungsgebühr erheben, liegt ein klassischer Dienst- bzw. Maklervertrag vor. Dies ist auch im Einklang mit einer etwaig bestehenden Tarifpflicht zu sehen, solange es ausreichende Möglichkeiten gibt, die Transportdienstleistung ohne Vermittlung zu beziehen und es sich nicht um einen verkappten Tarifaufschlag handelt. Erfolgt dagegen die Vermittlung auf Provisionsbasis durch das Verkehrsunternehmen, so wird der Vertreiber im Interesse des Verkehrsunternehmens tätig. In jedem Fall sind die entgeltliche Vermittlung und der Vertrieb als **eigene Dienstleistung** anzusehen. Vermittlung und Vertrieb unterfallen der uneingeschränkten Dienstleistungsfreiheit. Soll die Vermittlung reguliert werden, sind eigene Regelungen notwendig, wie dies zB im Glückspielbereich[14] gegeben ist.

26 Franchisegeberleistungen oder Vertriebsleistungen durch eigenständige Unternehmen sind daher nicht Verkehrsdienstleistungen, sondern unterfallen der **Dienstleistungsrichtlinie** 2006/123/EG.[15] Erwägungsgrund 33 RL 2006/123/EG nennt ausdrücklich Reisebüros. Selber Erwägungsgrund weist auch darauf hin, dass die der Dienstleistungsfreiheit unterliegenden Tätigkeiten einem stetigen Wandel unterworfen sind und sich daher ein Vergleich mit althergebrachten Berufsbildern sich verbietet. Eine Beschränkung dieser Dienstleistungsfreiheit kommt nur unter den engen Grenzen des Art. 16 Abs. 1 UAbs. 3 RL 2006/123/EG zB wegen Gefährdung der öffentlichen Ordnung in Betracht. Dies muss durch die Mitgliedstaaten aktiv in entsprechenden Vermittlungsgesetzen geregelt werden, wenn wegen der besonderen Gefahren der Bewerbung und Vertrieb von Leistungen ein zusätzlicher Schutzbedarf der Allgemeinheit besteht. Davon unberührt bleibt gem. Art. 16 Abs. 3 RL 2006/123/EG die Option, Vermittlungen, die auf verbotene Leistungen abzielen, zu untersagen,[16] sofern das Verbot gemeinschaftskonform ist.

C. Service Public und öffentlicher Verkehr im Unionsrecht

I. Subjektiver Berufszugang

27 Bereits früh hat sich die Gemeinschaft der Harmonisierung der Regelungen zum subjektiven Berufszugang angenommen, um hier sowohl die Freizügigkeit von niederlassungswilligen Unternehmen als auch die gegenseitige Dienstleistungsfreiheit[17] zu fördern und nicht zuletzt auch die Arbeitnehmerfreizügigkeit zu unterstützen. Im Kontext zur PersonenverkehrsVO sind die Regelungen zu Berufskraftfahrern[18] und zur Genehmigung von Eisenbahnunternehmen[19] zu nennen.

28 Während im **Eisenbahnsektor** der Zugang zur Genehmigung jedwede Beförderung von Personen- und Gütern geregelt wird, beschränkt sich die Harmonisierung im Berufszugang für Kraftver-

---

[13] Auch in der Mit. der Kom. Europäische Agende für die kollaborative Wirtschaft v. 2.6.2016, COM(2016) 356 final, 6 f. stellt die Kom. fest, dass der Vermittler die Leistung erst dann faktisch erbringt, wenn drei Voraussetzungen **kumulativ** vorliegen:
– Preisfestlegung,
– Vertragsbedingungen,
– Eigentum an wesentlichen Gütern.
Als weitere Kriterien nennt die Kom.
– Übernahme von Kosten und allen Risiken und
– Beschäftigungsverhältnis.
Dies übersieht BGH Vorlagebeschl. v. 18.5.2017 – I ZR 3/16, GRUR 2017, 743 Rn. 39, soweit er sich auf die Mitteilung bezieht.
[14] S. dazu BVerwG Beschl. v. 25.2.2015 – 8 B 36/14, ZfWG 2015, 227 und OVG Hamburg Urt. v. 22.6.2017 – 4 Bf 160/14, BeckRS 2017, 120686.
[15] RL 2006/123/EG des EP und des ER v. 12.12.2006 über Dienstleistungen im Binnenmarkt, ABl. 2006 L 376, 36.
[16] S. hierzu BGH Vorlagebeschl. v. 18.5.2017 – I ZR 3/16, GRUR 2017, 743 Rn. 41 ff.
[17] Zur Notwendigkeit von Sekundärrechtsakten im Rahmen der Dienstleistungsfreiheit das grundlegende Urteil des EuGH Urt. v. 22.5.1985 – 13/83, Slg. 1985, 1513 Rn. 62 ff. = ECLI:EU:C:1985:220 = NJW 1985, 2080 – EP/Rat und zuletzt EuGH Urt. v. 6.2.2003 – C-92/01, Slg I 12003, 1291 Rn. 21 f. = ECLI:EU:C:2003:72 = BeckRS 2004, 77901 – Stylianakis.
[18] VO (EG) Nr. 1071/2009 des EP und ER v. 21.10.2009 zur Festlegung gemeinsamer Regeln für die Zulassung zum Beruf des Kraftverkehrsunternehmers und zur Aufhebung der Richtlinie 96/26/EG des Rates, ABl. 2009 L 300, 51.
[19] Die ursprüngliche RL 95/18/EG wurde in die Eisenbahnraum-RL 2012/34/EU, Abschnitt 2, Art. 17 ff. Eisenbahnraum-RL integriert.

kehrsunternehmen nach der VO (EG) Nr. 1071/2007 auf die Beförderung von Personen (und Gütern) mit **Kraftomnibussen.** In diesem Rahmen ist sie sehr offen formuliert und beschreibt den Beruf des Kraftverkehrsunternehmens tautologisch: „...gilt ferner für Unternehmen, die beabsichtigen, den Beruf des Kraftverkehrsunternehmens auszuüben". Die Abgrenzung des Berufs des Personenkraftverkehrsunternehmers erfolgt technisch durch Beschränkung auf Beförderung mit Kraftomnibussen[20] (Art. 2 Nr. 2 VO (EG) Nr. 1071/2007) und zum anderen durch Abgrenzung zu nichtgewerblichen Beförderung bzw. Beförderung als Nebentätigkeit nach Art. 1 Abs. 4 lit. b VO (EG) Nr. 1071/2007. Dagegen ist die Personenbeförderung **mit Personenkraftwagen nicht harmonisiert.** Dies bestätigt Erwägungsgrund 21 RL 2006/123/EG. Dies ist insoweit bemerkenswert, als die zentralen Regelungen des Personenkraftverkehrs durch die EU-Führerscheinrichtlinie bereits harmonisiert sind.[21]

II. Begrenzte Dienstleistungsfreiheit

1. Ausnahmebereich Verkehr. Die Dienstleistungsfreiheit nach Art. 56 UAbs. 1 AEUV ist gem. Art. 58 Abs. 1 AEUV nicht unmittelbar anwendbar. Dies bestätigt auch Erwägungsgrund 21 Dienstleistungs-RL und Art. 2 Abs. 2 lit. d Dienstleistungs-RL. Hier wird ausdrücklich klargestellt, dass auch Personennahverkehr, Taxen und Krankenwagen kein Gegenstand der Liberalisierung durch die Richtlinie sind. **29**

2. Marktzugang im internationalen Straßenpersonenverkehr. Der internationale Verkehr zur Personenbeförderung auf der Straße mit Kraftomnibussen ist durch die VO (EG) Nr. 1073/2009 weitgehend liberalisiert. Allerdings enthält diese Liberalisierung immer noch erhebliche Einschränkungen, indem sie sich an Verkehrsarten orientiert und hierbei auf tradierte Berufsbilder zurückgreift. Im Einzelnen kennt die VO (Art. 2 Nr. 2 ff. VO (EG) Nr. 1073/2009): **30**
- den Linienverkehr und Sonderformen des Linienverkehrs,
- den Gelegenheitsverkehr und
- den Werksverkehr.

Im Ergebnis ist aber diese Unterscheidung bedeutungslos, da die VO insgesamt weitgehend freien Dienstleistungsverkehr gewährt (Art. 3 VO (EG) Nr. 1073/2009). Allerdings ist der Linienverkehr selbst genehmigungspflichtig (Art. 5 Abs. 1 UAbs. 2 VO (EG) Nr. 1073/2009), während die anderen Verkehrsformen selbst keine weitere Genehmigung bedürfen. Im Linienverkehr können dabei für die Versagung der Genehmigung ausnahmsweise auch Marktausschlussgründe geltend gemacht werden. Art. 8 Abs. 4 lit. d VO (EG) Nr. 1073/2009 bestimmt: „[Die Genehmigung wird erteilt, es sei denn ...] ein Mitgliedstaat entscheidet aufgrund einer eingehenden Analyse, dass der betreffende Verkehrsdienst ernsthaft die Funktionsfähigkeit eines vergleichbaren Dienstes, der im Rahmen eines oder mehrerer öffentlicher Dienstleistungsaufträge mit gemeinwirtschaftlichen Verpflichtungen im Einklang mit dem geltenden Gemeinschaftsrecht durchgeführt wird, auf den betreffenden direkten Teilstrecken beeinträchtigen würde. In einem solchen Fall legt der Mitgliedstaat nicht diskriminierende Kriterien fest, mit denen ermittelt wird, ob der betreffende Verkehrsdienst die Funktionsfähigkeit des oben genannten vergleichbaren Dienstes ernsthaft beeinträchtigen würde, und teilt sie der Kommission auf Anforderung mit". **31**

Eine ernsthafte Beeinträchtigung kann allerdings nur dann infrage kommen, wenn der öffentliche Dienstleistungsauftrag durch ein **ausschließliches Recht** geschützt ist.[22] Denn in diesem Fall ist dieser als Gegenleistung für die gemeinwirtschaftliche Verpflichtung erforderlich, weil ansonsten das Gleichgewicht aus Anforderungen und Gegenleistungen nicht mehr eingehalten würde. Hat dagegen die zuständige Behörde kein ausschließliches Recht verliehen, so ist ein Konkurrenzschutz für die Erfüllung der gemeinwirtschaftlichen Verpflichtungen nicht erforderlich und daher kann der Dienst in der Funktionsfähigkeit nicht ernsthaft beeinträchtigt sein. Aus diesem Zusammenhang wird deutlich, dass der Zweck des Genehmigungsverfahrens im Linienverkehr darin besteht sicherzustellen, dass gemeinwirtschaftliche Verpflichtungen und ihre hierfür gewährten Ausschließlichkeitsrechte nicht verletzt werden. Daher ist hieraus unmittelbar ein Konnex und entsprechende Konvergenz zwischen Linienverkehr iSd VO (EG) Nr. 1073/2009 und der PersonenverkehrsVO zu schließen. **32**

Obwohl die VO einen weitgehend freien grenzüberschreitenden Dienstleistungsverkehr jenseits des Linienverkehrs festlegt, beschränkt sie diesen durch die **Positivdefinition** in Art. 2 Nr. 4 VO (EG) Nr. 1073/2009: „**Gelegenheitsverkehr** [bezeichnet...] den Verkehrsdienst, der nicht der **33**

---

[20] Ohne jedoch den Begriff zu verwenden, sondern: Beförderungen „... mit Kraftfahrzeugen, welche nach ihrer Bauart und ihrer Ausstattung geeignet und dazu bestimmt sind, einschließlich des Fahrers mehr als neun Personen zu befördern".
[21] RL 2006/16/EG des EP und des ER v. 20.12.2006 über den Führerschein, ABl. 2006 L 403, 18.
[22] *Berschin* in Baumeister Recht des ÖPNV-HdB A1 Rn. 157 f.

Begriffsbestimmung des Linienverkehrs, einschließlich der Sonderformen des Linienverkehrs, entspricht und dessen Hauptmerkmal die Beförderung vorab gebildeter Fahrgastgruppen auf Initiative eines Auftraggebers oder des Verkehrsunternehmers selbst ist". Damit werden zum einen ersichtlich spontane Gruppenbildungen auf Initiative von Fahrgästen und zum anderen auch wechselnde Zusammensetzungen ausgeschlossen. Dies steht im offenen Widerspruch zur Überschrift des Art. 3 VO (EG) Nr. 1073/2009 und auch Erwägungsgrund 3 VO (EG) Nr. 1073/2009, die den freien Dienstleistungsverkehr für alle grenzüberschreitende Personenbeförderung erwarten lassen.

34 Dieser **Widerspruch** ist im Sinne des **Vorrangs der Grundfreiheiten** aufzulösen, da die Herstellung der Dienstleistungsfreiheit im internationalen Verkehr Kernanliegen der VO ist und der grenzüberschreitende Verkehr auch als Herzstück der Dienstleistungsfreiheit gelten kann. Der Linienverkehr selbst wird nicht etwa durch ein Abstandsgebot der Verkehrsformen im Sinne von
– Linie: Fahrplan, Strecke, Haltestellen, für jedermann zugänglich (nicht Sonderformen),
– Gelegenheitsverkehr: Vorab gebildete, geschlossene Gruppe
bestimmt, sondern der **Linienverkehr** selbst wird durch die **Näheklausel** in Art. 5 Abs. 3 UAbs. 2 VO (EG) Nr. 1073/2009 geschützt. Erst wenn der Gelegenheitsverkehr vergleichbar zu einem Linienverkehr wird und auf deren Benutzer ausgerichtet ist, wird er genehmigungspflichtig. Diese Voraussetzungen müssen kumulativ vorliegen. Dies bedeutet, dass aus Sicht der Fahrgäste eine gewisse **Austauschbarkeit** gegeben sein muss und zudem der Gelegenheitsverkehr auf die Kundschaft des bestehenden Linienverkehrs ausgerichtet sein muss. So wird zB ein bei guter Schneelage verkehrender Skibus nicht ein vergleichbares Angebot gegenüber einer Umsteigeverbindung mit Linienbussen, die nicht auf die Betriebszeiten des Skilifts ausgerichtet ist und ganz unabhängig hiervon verkehrt.

35 Die restriktive Schutzklausel bestehender Verkehre auf Basis einer oder mehrerer öffentlicher Dienstleistungsaufträge in Art. 8 Abs. 4 lit. d VO (EG) Nr. 1073/2009 hat zur Folge, dass ein etwaiger per-se Schutz des Linienverkehrs aufgrund eines denkbaren Abstandsgebot nicht gegeben ist, sondern vielmehr erst eine konkrete Gefährdung vorliegen muss (→ Art. 4 Rn. 10 f.). Praktisch ist dies letztlich nur durch ein im Rahmen eines öffentlichen Dienstleistungsauftrags nach Art. 3 Abs. 1 mit verliehenen **Ausschließlichkeitsrechten** umzusetzen, da hier konkret festgelegt werden kann, ab welcher Schwelle eine entsprechende Beeinträchtigung vorliegt.

36 **3. Kabotage im Straßenpersonenverkehr.** Die mit dem internationalen Verkehr zusammenhängende Kabotage ist seit 2009 ebenfalls in der VO Nr. (EG) 1073/2009 geregelt. Während sie im Gelegenheitsverkehr und bei den Sonderformen des Linienverkehrs vollständig freigegeben ist (Art. 15 lit. a und b VO (EG) Nr. 1073/2009), beschränkt sie sich im Linienverkehr auf unmittelbar im Rahmen der grenzüberschreitenden Linien durchgeführte Beförderungen mit Ausnahme des Nahverkehrs (Art. 15 lit. c VO (EG) Nr. 1073/2009, Erwägungsgrund 12 VO (EG) Nr. 1073/2009). Zudem darf die Kabotage nicht die Mehrheit der Beförderungen ausmachen, da dann ein Mitgliedstaat den Status als internationale Linie infrage stellen kann (Art. 8 Abs. 4 lit. e VO (EG) Nr. 1073/2009: „fehlender Hauptzweck internationale Beförderung").

37 **4. Eisenbahnverkehr.** Der Eisenbahnverkehr ist seit 2012 im grenzüberschreitenden Verkehr und im begrenzten Umfang hierbei auch für Kabotagebeförderungen liberalisiert (Art. 10 Abs. 2 Eisenbahnraum-RL).[23] Die weitere Liberalisierung erfolgt aufgrund der ÄndVO bis 2023. Eine Einschränkung der Kabotage ist nur noch möglich, wenn das wirtschaftliche Gleichgewicht eines öffentlichen Dienstleistungsauftrag gefährdet ist (Art. 11 Abs. 1 Eisenbahnraum-RL). Hingegen zielte der Schutz nach Art. 11 Abs. 5 Eisenbahnraum-RL aF auf Ausschließlichkeitsrechte im Rahmen öffentlicher Dienstleistungsaufträge, die vor dem 4.12.2007 in einem fairen Verfahren wettbewerblich vergeben wurden. Dies lässt die Frage unbeantwortet, wie ausschließliche Rechte von öffentlichen Dienstleistungsaufträgen gemäß der PersonenverkehrsVO nun berücksichtigt werden sollen. Da diese unter dem strengen Primat der Verhältnismäßigkeit stehen, ist es angezeigt, dass das wirtschaftliche Gleichgewicht nach Art. 11 Abs. 1 Eisenbahnraum-RL nF bei Verletzung eines Ausschließlichkeitsrechts immer als gefährdet anzusehen ist.

III. Niederlassungsfreiheit und harmonisierter Marktzugang

38 **1. Umfassende Niederlassungsfreiheit im Verkehr.** Im Gegensatz zur Dienstleistungsfreiheit gilt die Niederlassungsfreiheit nach Art. 49 AEUV **uneingeschränkt im Verkehr.** Für eine Nichtgeltung hätte es ausdrücklicher Rechtsakte nach Art. 51 UAbs. 2 AEUV bedurft. Geschützt ist jedes dauerhafte, mit einer festen Niederlassung verbundenes Tätigwerden als Grundlage der

---

[23] RL 2012/34/EU des EP und des ER v. 21.11.2012 zur Schaffung eines einheitlichen europäischen Eisenbahnraums (Eisenbahnraum-RL, ABl. 2012 L 343, 32), zuletzt geändert durch RL (EU) 2016/2370, ABl. 2016 L 352, 1.

Erwerbstätigkeit („Beruf"). Es ist auch jede neue Berufsform geschützt, sie muss nicht anerkannt sein, sie muss lediglich weisungsfreie und eigenverantwortlich sein in Abgrenzung zur Arbeitnehmerfreizügigkeit. Die Niederlassungsfreiheit wird inzwischen als **weitreichendes Beschränkungsverbot** entsprechend der Konvergenz aller Grundfreiheiten angesehen,[24] wobei aufgrund des „sich Einfügens in die mitgliedstaatliche Ordnung" gemäß der Keck- und Gebhard -Rechtsprechung zwischen Marktzugang und damit Begründung der Niederlassung einerseits und der Ausübung der Niederlassung im Sinne von Absatzmodalitäten zu unterscheiden sind.[25] Von daher sind alle Beschränkungen im **Marktzugang** unzulässig, die nicht durch zwingende Gründe des Allgemeininteresses gerechtfertigt ist. Dabei kommt zunächst dem gemeinschaftlichen Sekundärrecht ein weiter Gestaltungsspielraum zu. Jedoch kann dieser nicht grundlegende Prinzipien des AEUV außer Kraft setzen. Daher sind vorbehaltslose Direktvergaben als Marktzugangsbeschränkung zu sehen und primärrechtlich wohl kaum zu rechtfertigen.[26] Der EuGH hat den Mitgliedstaaten einen breiten Beurteilungsspielraum bei Marktzugangsbeschränkungen zugebilligt, verlangt gleichwohl, dass die Maßnahmen geeignet, erforderlich und angemessen sind. Dieser Verhältnismäßigkeitsmaßstab wurde insbesondere im Rahmen des Wettbewerbsrechts aus Art. 106 Abs. 2 AEUV ausgeurteilt,[27] gilt aber in gleichem Maße für die Rechtfertigung von Beschränkungen der Niederlassungsfreiheit. Dies findet sich in Art. 2 lit. f wieder, der einen strengen Verhältnismäßigkeitsgrundsatz bei der Verleihung ausschließlicher Rechte formuliert. Ausschließliche Rechte wirken in besonders hohem Maße auf die Niederlassungsfreiheit, da von ihnen tendenziell insbesondere neue, marktzugangswillige Unternehmen betroffen sind.[28] Von daher ist zu fordern, dass die Vergabe von Ausschließlichkeitsrechten nach einem kohärenten System verfolgt, was zB den angestrebten Versorgungsauftrag tatsächlich sicherstellt.[29]

Noch nicht ansatzweise ist geklärt, inwieweit ein System **geschlossener Finanzierungen** als Beschränkung der Niederlassungsfreiheit gilt. Die Kommission deutet in ihrem ersten Vorschlag zur PersonenverkehrsVO dies an: „Im öffentlichen Verkehr ist die Finanzierung aus staatlichen Mitteln nichts Ungewöhnliches, da die Gesellschaft ein höheres Maß an Dienstleistungen benötigt, als der Markt zur Verfügung stellt. Ein wesentlicher Teil des öffentlichen Verkehrsmarkts ist nur aufgrund von Beihilfen für die Erbringung öffentlicher Verkehrsdienste lebensfähig. Sind die Beihilfen für die Erbringung öffentlicher Verkehrsdienste praktisch auf Betreiber beschränkt, die nicht nur in demselben Mitgliedstaat wie die beihilfegewährende Behörde niedergelassen sind, sondern auch aus diesem Land stammen, besteht Anlass zur Frage, ob die Niederlassungsfreiheit nicht im Sinne von Artikel 44 Absatz 2 Buchstabe h) des EG-Vertrags eingeschränkt wurde".[30]

Es gibt gute Gründe, auch die dargestellte **Marktorganisation als Beschränkung der Niederlassungsfreiheit** anzusehen. Denn sonst wäre es jedem Mitgliedstaat möglich, durch Steuern

---

[24] S. zuletzt EuGH Urt. v. 21.4.2005 – C 140/03, Slg. 2005, I-3177 = ECLI:EU:C:2005:242 = BeckRS 2005, 70302 Rn. 27 – Kom./Griechenland; EuGH Urt. v. 26.9.2013 – C 539/11, ECLI:EU:C:2013:591 = BeckRS 2013, 81872 Rn. 25 f. – Ottica und EuGH Urt. v. 21.9.2017 – C 125/16, ECLI:EU:C:2017:707 = BeckRS 2017, 125366 Rn. 56 – Malta Dental Technologist Associations. Insgesamt mit Bezug zur PersonenverkehrsVO *Berschin in* Baumeister Recht des ÖPNV-HdB A1 Rn. 104 ff.

[25] EuGH Urt. v. 24.11.1993 – C 267/91, Slg 1993, I 6097 = ECLI:EU:C:1993:905 = NJW 1994, 121 Rn. 16 – Keck und EuGH Urt. v. 30.11.1995 – C-55/94, Slg. 1995, I-4165 = ECLI:EU:C:1995:411 = NJW 1996, 579 Rn. 37 – Gebhard.

[26] AA *Otting/Olegmöller* NVwZ 2008, 499 (502); *Riese/Schimanek* DER NAHVERKEHR 11/2008, 32 f.; *Werres* DER NAHVERKEHR 10/2008, 14; *Hölzl* → 1. Aufl. 2011, Art. 5 Rn. 115 ff. in Bezug auf den „regulierten Wettbewerb" der Eisenbahn.

[27] „Es muss die Erfüllung der ihnen übertragenen besonderen Aufgabe rechtlich oder tatsächlich verhindert werden": EuGH Urt. v. 11.7.1996 – C 39/94, Slg. 1996, 3547 Rn. 178 = ECLI:EU:C:1996:285 = BeckRS 2004, 76964 – SFEI; EuGH Urt. v. 19.5.1993 – C 320/91, Slg. 1993, 2533 Rn. 17 f.= ECLI:EU:C:1993:198 = BeckRS 2004, 76342 – Paul Corbeau; EuGH Urt. v. 23.5.2000 – C-209/98, Slg. 2000, I-3743 Rn. 74 = ECLI:EU:C:2000:279 = NVwZ 2000, 1151 – Sydhavnens Sten & Grus; EuGH Urt. v. 25.10.2001 – C 475/99, Slg. 2001, I-8089 Rn. 39 = ECLI:EU:C:2001:577 = BeckRS 2004, 77428 – Ambulanz Glöckner und EuGH Urt. v. 30.3.2006 – C-451/03, Slg. 2006, I-2941 Rn. 23 = ECLI:EU:C:2006:208 = BeckRS 2006, 70279 – Servizi Ausiliari Dottori Commercialisti. Zudem müssen gemeinwirtschaftliche Verpflichtung konkret bestehen und festgelegt sein: EuGH Urt. v. 11.4.1989 – 66/86, Slg. 1989, 803 Rn. 56 = NJW 1989, 2192 – Ahmed Saeed. Zur Anwendung im Verkehrsbereich in Band 1 → SB Verkehr Rn. 1 ff.

[28] So auch im ersten Vorschlag PersonenverkehrsVO Kom., KOM(2000) 7 endg. Nr. 2.3.

[29] So hatte der EuGH Urt. v. 23.12.2015 – C 293/14, ECLI:EU:C:2015:843 = BeckRS 2015, 82045 Rn. 67 f. – Hielber Zweifel, ob ein Zusprechen von Schornsteinkehrbezirken tatsächlich zu einer gleichmäßigen und verlässlichen Versorgung der Bevölkerung mit Kehrdienstleistungen führt, wenn die Bemessung allein nach dem Bedarf der Tätigkeit aus der Feuerpolizei erfolgt, aber dies nur eine unbedeutender Teil der Lebensgrundlagen ist.

[30] KOM(2000) 7 endg., unter Nr. 2.3.2.

und Abgaben jeden eigentlich lebensfähigen Wirtschaftszweig in die Gemeinwirtschaftlichkeit zu treiben und ihn von entsprechenden Subventionen bzw. von diese ersetzende öffentliche Aufträge abhängig zu machen. Letztlich liegt dem derselbe Gedanke zugrunde wie bei der Erstreckung der Niederlassungsfreiheit auch auf die chancengleiche Teilhabe an der Vergabe öffentlicher Aufträge.

41 **2. Niederlassungserfordernis.** Die PersonenverkehrsVO nimmt wie selbstverständlich nur auf die Niederlassungsfreiheit Bezug und könnte als implizite Versagung der Dienstleistungsfreiheit verstanden werden. Tatsächlich ist mit dem Begriff eines dauerhaften, verlässlichen Verkehrs für die Allgemeinheit verbunden, dass das Verkehrsunternehmen vor Ort mindestens eine Niederlassung vorhält, da der Verkehr von hier aus disponiert und organisiert werden muss. Allenfalls ist im direkten grenzüberschreitenden Verkehr einschließlich integrierter Kabotagen die Ausübung der Dienstleistungsfreiheit von Bedeutung, und entsprechend in der VO (EG) Nr. 1073/2009 geregelt. Im Umkehrschluss kann daher gefolgert werden, dass Verkehre mit Kraftomnibussen jenseits der in VO (EG) Nr. 1073/2009 geregelten internationalen Beförderung einschließlich der dort zugelassenen Kabotage stets nur im Rahmen der Niederlassungsfreiheit möglich sind und das Erfordernis einer Niederlassung an sich verhältnismäßig ist, da es immanent mit der Ausübung entsprechender verlässlicher Verkehre verbunden ist. Für den Verkehr mit Personenkraftwagen fehlt dagegen eine entsprechende Abgrenzung im Sekundärrecht, gleichwohl ist auch hierfür die Abgrenzung nach dem Leitbild der VO (EG) Nr. 1073/2009 sachgerecht.

42 **3. PersonenverkehrsVO harmonisiert Marktzugang.** Weder die VO selbst noch ihre Erwägungsgründe nennen die Niederlassungsfreiheit als ihren Regulierungsgegenstand.[31] Jedoch betreffen sowohl die Vergabe öffentlicher Aufträge im Rahmen des in Bezug genommenen Vergaberechts als auch die Vergabe ausschließlicher Rechte unmittelbar die Niederlassungsfreiheit. In den Kommissionsvorschlägen zur PersonenverkehrsVO wurde immer wieder als Regulierungshintergrund die zunehmende Bedeutung des Gemeinsamen Marktes im öffentlichen Personenverkehr betont. Ebenfalls große Bedeutung hatte die Altmark Trans-Rechtsprechung, die jegliche rein örtliche Bedeutung von Beihilfen im öffentlichen Verkehr und damit die Nichtberührung für den gemeinsamen Handel und den unverfälschten Wettbewerb verneinte. Hierbei war auch von Bedeutung, dass der Verkehrsmarkt in Deutschland prinzipiell geöffnet war und internationale Konzerne an diesen in Ausübung der Niederlassungsfreiheit Interessen hatten. In der Änderungs-VO (EU) 2016/2338 wird schließlich die Herstellung des gemeinsamen Verkehrsmarktes betont (Erwägungsgründe 1–4 VO (EU) 2016/2338). In der Einleitung zu den Auslegungsmitteilung zur PersonenverkehrsVO[32] schließlich betont die Kommission die große Bedeutung des Öffentlichen Personenverkehrs für den gemeinsamen Markt mit einem Anteil von 1% am Bruttoinlandsprodukt.

43 Die PersonenverkehrsVO muss daher als Kernstück der Regelung zur Niederlassungsfreiheit im Rahmen des öffentlichen Verkehrs gesehen werden. Dabei definiert die PersonenverkehrsVO den öffentlichen Verkehr denkbar weit, indem sie alle Personenverkehr zu Lande erfasst, die Gegenstand von Markteingriffen sind, um etwa umfangreichere, qualitätsvollere, sicherere und billigere Verkehrsdienstleistungen bereitzustellen (Art. 1 Abs. 1). Die Bezugnahme auf Markteingriffe von Behörden gegenüber einem freien Markt unterstreicht, dass die PersonenverkehrsVO in den Kategorien der freien Niederlassung und deren zugelassenen Beschränkung strukturiert ist. Daher ist die PersonenverkehrsVO unzweifelhaft eine **Regelungsordnung zur Ausübung der Niederlassungsfreiheit** bei Personenverkehren mit den in Art. 1 Abs. 1 beschriebenen Zielen der Kontinuität, Verlässlichkeit, Zugänglichkeit und Erschwinglichkeit.

IV. Harmonisierter Marktzugang durch Vergaberecht

44 Ebenfalls Bestandteil der Niederlassungsfreiheit ist ein **harmonisierter Zugang zu öffentlichen Aufträgen** im Rahmen des Vergaberechts. Die Verbindung zum Vergaberecht war ursprünglich durch das Äquivalenzprinzip des Beihilferechts entstanden, welches gemäß der Altmark Trans-Rechtsprechung wettbewerblich vergebenen Ausgleichsleistungen keine Beihilfeneigenschaft erkennt. Gleichwohl hat das **Vergaberecht selbst keine direkte marktöffnende Wirkung,** da es den Mitgliedstaaten sowohl die Option der Eigenerstellung und Inhouse-Beauftragung belässt als auch den Weg über die Verneinung eines öffentlichen Auftrags und Sicherstellung von erwünschten Leistungen durch Subventionierungen ermöglicht. Dies wird aber im Rahmen von Dienstleistungen

---

[31] Allerdings wurde im zugrunde liegenden Kommissionsvorschlag KOM(2000) 7 endg., Nr. 2.3.2 f. ausf. dargelegt, dass die Niederlassungsfreiheit auch für die öffentliche Personenbeförderung gilt, aber durch Finanzierung und ausschließliche Rechte beschränkt ist.

[32] Mit. d. Kom. über die Auslegungsleitlinien zu der Verordnung (EG) Nr. 1370/2007 über öffentliche Personenverkehrsdienste auf Schiene und Straße, ABl. 2014 C 92, 1 (nachfolgend „Auslegungsmitteilung PersonenverkehrsVO").

von allgemeinem wirtschaftlichem Interesses kaum mehr möglich sein, da eine konkrete Betrauung mit konkreten Leistungsangaben notwendig ist und die Erbringung der Listungen sorgfältig zu überwachen ist. Dies schafft eine Verbindlichkeit von Leistung und Gegenleistung, die zwingend zur Anwendbarkeit des Vergaberechts führt. Insofern führt die Sicherstellung ausreichender Verkehrsleistungen durch Ausgleichsleistungen in das Vergaberecht, soweit nicht die Tatbestände der Eigenerstellung oder eines Inhouse-Geschäfts vorliegen. Wenn dagegen eine Dienstleistungskonzession vorliegt, galten bis zur Umsetzungsfrist der RL 2014/23/EU zum am 18.4.2016 die entsprechenden primärrechtlichen Anforderungen, die aber nun weitgehend gegenstandslos geworden sind und im Bereich der PersonenverkehrsVO letztlich durch diese vor allem in Art. 5 Abs. 3 antizipiert wurden.

V. Die Äquivalenzfinanzierung des Beihilferechts

Das **Beihilferecht** selbst hat **keine direkte marktöffnende Wirkung.** Erst durch den Schutzzweck des unverfälschten Wettbewerbs wirkt es gegen marktschließende Praktiken der Mitgliedstaaten und somit indirekt zur Marktöffnung. Allerdings hat das in der Altmark Trans-Rechtsprechung aufgestellte Äquivalenzprinzip für Dienstleistungen von allgemeinen wirtschaftlichen Interessen diese handelsbefördernde Wirkung im Beihilferecht weitgehend zunichte gemacht. Lediglich im Falle eines seltenen Beweises von Überkompensationen durch Wettbewerber kann eine gewisse marktöffnende Wirkung eintreten. Allerdings dürfen indirekte Effekte aus der Pflicht zur Bestimmung von Leistung und Gegenleistung und damit erhöhte Transparenz nicht unterschätzt werden. Auch hat im Rahmen der Entstehung der PersonenverkehrsVO das im Altmark Trans-Urteil aufgestellte Äquivalenzprinzip insoweit marktöffnende Wirkung gezeigt, als es mit vergaberechtlichen Grundsätzen für Fälle außerhalb der Direktvergabe verknüpft wird und nur die Nutzung des Vergabewettbewerbs eine Überkompensation und damit einen Beihilfetatbestand ausschließt.

D. Werdegang der PersonenverkehrsVO

I. Harmonisierungsentscheidung des Rates und Harmonisierungsverordnungen

1. Harmonierungsentscheidung 65/271. Bereits früh setzte sich die Gemeinschaft mit Beihilfezahlungen im Verkehr auseinander. In Art. 5 der Harmonisierungsentscheidung 65/271 des Rates[33] wurde bestimmt, dass Ausgleichsleistungen für Verkehrsleistungen des „öffentlichen Dienstes", nur zulässig sind, soweit sie zur Sicherstellung der Verkehrsbedienung unerlässlich sind. Gleichzeitig sollten hierzu gemeinsame Methoden der Ausgleichsfestlegung gefunden werden. Art. 6 bestimmt dies sinngemäß für gemeinwirtschaftliche Tarifverpflichtungen. Schließlich wurde vereinbart, dass die Kommission Vorschläge zur Anwendung des Art. 77 EWG (jetzt Art. 93 AEUV) unterbreitet und bekräftigt, dass die Beihilferegeln auch im Landverkehr uneingeschränkt gelten.

2. VO (EWG) Nr. 1191/69. Die Umsetzung der Harmonisierungsentscheidung erfolgte mit leichter Verzögerung durch die VO (EWG) Nr. 1191/69.[34] Allerdings befasste diese VO sich ausschließlich mit den gemeinwirtschaftlichen Verpflichtungen der **Staatsbahnen,** sowie weitere Unternehmen des Personenverkehrs, die nicht hauptsächlich Beförderungen mit örtlichen oder regionalen Charakter durchführten (Art. 19 Abs. 1 und 2 VO (EWG) Nr. 1191/69 in der Ursprungsfassung). Da der Busfernverkehr seinerzeit ebenfalls weitgehend bei den Staatsbahnen monopolisiert war, beschränkte sich die VO faktisch nur auf die Staatsbahnen. Allerdings sah Art. 19 Abs. 3 VO (EWG) Nr. 1191/69 der Ursprungsfassung vor, dass der Rat binnen drei Jahre sich der nicht der VO unterfallenden Beförderungen annehmen würde. Tatsächlich dauerte es dann 22 Jahre (→ Rn. 49).

3. VO (EWG) Nr. 1107/70. Komplementär zur VO (EWG) Nr. 1191/69 und ebenfalls in Umsetzung der Harmonisierungsentscheidung erging wenig später die VO (EWG) Nr. 1107/70.[35] Mit dieser VO war Präzisierung der Anwendung des Art. 77 EWG (jetzt Art. 93 AEUV) verbunden. Neben der Festlegung diverse Regelungen zu Koordinierungsbeihilfen in Art. 3 Nr. 1 VO (EWG) Nr. 1107/70 mit den Zielrichtungen Sanierung der Eisenbahnen, Angleichung der Wegekosten, Förderung kombinierter Verkehr und Binnenschifffahrt, Beseitigung von Überkapazitäten sowie

---

[33] E des ER v. 13.5.1965 über die Harmonisierung bestimmter Vorschriften, die den Wettbewerb im Eisenbahn-, Straßen- und Binnenschiffsverkehr beeinflussen (65/271/EWG), ABl. 196 Nr. 88, 1500.

[34] VO (EWG) Nr. 1191/69 des ER v. 26.6.1969 über das Vorgehen der Mitgliedstaaten bei mit dem Begriff des öffentlichen Dienstes verbundenen Verpflichtungen auf dem Gebiet des Eisenbahn-, Straßen- und Binnenschiffsverkehrs, ABl. 1969 L 156, 1.

[35] VO (EWG) Nr. 1107/70 des ER v. 4.6.1970 über Beihilfen im Eisenbahn-, Straßen- und Binnenschiffsverkehr, ABl. 1970 L 130, 1.

Forschung und Entwicklung bestimmte Art. 3 Nr. 2 VO (EWG) Nr. 1107/70 die Zulässigkeit von Abgeltungsbeihilfen für weitere Tarifverpflichtungen außerhalb des Art. 2 Abs. 5 VO (EWG) Nr. 1191/69 und allgemein für Verkehrsunternehmen oder -tätigkeiten, die nicht vom Anwendungsbereich der VO (EWG) Nr. 1191/69 umfasst waren. Allerdings hielt Art. 5 Abs. 1 VO (EWG) Nr. 1107/70 das Anmeldeerfordernis nach Art. 93 Abs. 3 EWG (jetzt 108 Abs. 3 AEUV) für Abgeltungsbeihilfen außerhalb der VO (EWG) Nr. 1191/69 aufrecht. Damit bestimmte die VO (EWG) Nr. 1107/70 ein umfassendes **Notifizierungsgebot von Abgeltungsbeihilfen**.

49   **4. VO (EWG) Nr. 1893/91.** Erst im Jahre 1991 wurde schließlich der Arbeitsauftrag aus der Harmonisierungsentscheidung abgearbeitet und die VO (EWG) Nr. 1191/69 durch die ÄndVO 1893/91[36] um alle Arten der Landverkehre erweitert. Gleichzeitig wurde mit Art. 14 VO (EWG) Nr. 1893/91 neu die **vertragliche Abgeltung** als Alternative zur hoheitlichen Verpflichtung eingeführt. Die vertragliche Vereinbarung war nach Art. 1 Abs. 4 VO (EWG) Nr. 1191/69 idF 1893/91 der Weg, um eine ausreichende Verkehrsbedienung vor allem im Fernverkehr sicherzustellen. Lediglich für den Stadt-, Vorort- und Regionalverkehr und Tarife für bestimmte Nutzergruppen sollten auferlegte Verpflichtungen beibehalten oder neubegründet werden können (Art. 1 Abs. 5 und 6 VO (EWG) Nr. 1191/69 idF 1893/91). Mit Rücksicht auf innerstaatliche Befindlichkeiten, wurde den Mitgliedstaaten die Option eingeräumt, Unternehmen, die ausschließlich im Stadt-, Vorort- und Regionalverkehr tätig sind, vom Anwendungsbereich der VO weiterhin auszunehmen (**Bereichsausnahme,** Art. 1 Abs. 1 UAbs. 2 VO (EWG) Nr. 1191/69 idF VO 1839/91). Dies erfolgte zB aufgrund einer deutschen Forderung. Dort sah man den steuersparenden kommunalen Querverbund gefährdet, wenn die Verkehrsunternehmen der VO (EWG) Nr. 1191/69 unterfallen und somit nach Art. 10 f. einen Ausgleichsanspruch hätten. Das Konzept zur Freistellung vom Anmeldeerfordernis nach Art. 93 Abs. 3 EWG (nun Art. 108 Abs. 3 AEUV) blieb unverändert. Soweit also Mitgliedstaaten von der Bereichsausnahme nach Art. 1 Abs. 1 UAbs. 2 VO (EWG) Nr. 1191/69 idF 1893/91 Gebrauch machen, galt weiterhin die in der VO (EWG) Nr. 1107/70 bekräftigte Notifizierungspflicht.

II. Die Kommissionsvorschläge zur PersonenverkehrsVO

50   **1. Erster Entwurf KOM(2000) 7 endg.** Ende 2000[37] wurde nach fünfjähriger Vorarbeit der erste Kommissionsentwurf[38] für eine neue Regulierung zu Beihilfen und Marktzugang im öffentlichen Personenverkehr vorgelegt. Die Kommission machte deutlich, dass insbesondere durch das EG-Wettbewerbsrechts eine **kalte Liberalisierung** des Sektors drohe. Insbesondere ausschließliche Rechte könnten so infrage gestellt werden, daher sei ein **Tätigwerden der Gemeinschaft** notwendig. Der Vorschlag enthielt in Art. 4 einen umfangreichen Katalog an zu regelnden Mindeststandards, wenngleich keine konkreten Standards vorgegeben waren. Als Regellaufzeit öffentlicher Dienstleistungsaufträge waren fünf Jahre vorgesehen (Art. 6 lit. c des Vorschlags). Die Direktvergaben von öffentlichen Dienstleistungsaufträgen sollten neben Eisenbahnverkehrsdiensten nur für Metro und Stadtbahnsysteme einschließlich angrenzender Bussysteme sowie auf Kleinaufträge bis zu einem jährlichen Wert von 400.000 EUR möglich sein (Art. 7 Abs. 2–5 des Vorschlags). Zudem sollte für neue Verkehrsdienste einmalig ein ausschließliches Recht direkt vergeben werden können, wenn das Verkehrsunternehmen den neuen Dienst vorgeschlagen hat (Art. 7 Abs. 6 des Vorschlags). Weiterhin sollten ausschließliche Rechte ohne Ausschreibung nach Qualitätsvergleich vergeben werden können, wenn keine Ausgleichsleistungen fließen sollten (Art. 8 des Vorschlags). Für die Übergangszeit sollten für in Kraft bleibende öffentliche Dienstleistungsaufträge die Vorschriften der VO (EWG) Nr. 1191/69 fortgelten (Art. 17 Abs. 3 des Vorschlags). Die parallele VO (EWG) Nr. 1107/70 sollte damals noch nicht aufgehoben werden, sondern durch einen eigenen Vorschlag[39] modernisiert werden.

---

[36] VO (EWG) Nr. 1893/91 des ER v. 20.6.1991 zur Änderung der Verordnung (EWG) Nr. 1191/69 über das Vorgehen der Mitgliedstaaten bei dem mit dem Begriff des öffentlichen Dienstes verbundenen Verpflichtungen auf dem Gebiet des Eisenbahn-, Straßen- und Binnenschiffsverkehrs, ABl. 1991 L 169, 1.

[37] Zum Werdegang der PersonenverkehrsVO ausf. Linke/*Fehling* Einl. Rn. 48 ff.; Saxinger/Winnes/*Kiepe*/*Mietzsch* Einf. Rn. 5 ff.; *Holler* IR 2006, 152 ff.; *Fehling*/*Niebuhr* DÖV 2008, 662 ff.; *Knauff* DVBl. 2006, 339 f.; *Heiß* VerwArch 2009, 113 (115 f.); *Albrecht*/*Gabriel* DVÖ 2007, 907 (911 f.) und *Berschin* in Baumeister Recht des ÖPNV-HdB A1 Rn. 1 f.

[38] Kom.: Vorschlag für eine VO des EP und des ER über Maßnahmen der Mitgliedstaaten im Zusammenhang mit Anforderungen des öffentlichen Dienstes und der Vergabe öffentlicher Dienstleistungsaufträge für den Personenverkehr auf der Schiene, der Straße und auf Binnenschifffahrtswegen: KOM(2000) 7 endg. = ABl. 2000 C 365, E169.

[39] Kom.: Vorschlag für eine VO des EP und des ER über die Gewährung von Beihilfen für die Koordinierung des Eisenbahnverkehrs, des Straßenverkehrs und der Binnenschifffahrt, KOM(2000) 5 endg. = ABL. 2000 C 365, E179.

2. Zweiter Entwurf KOM(2002) 107 endg. Der erste Entwurf wurde seitens des Parlaments 51 in erster Lesung vom November 2001 in Bezug auf zu kurze Laufzeiten, zu geringe Schwellenwerte, zu wenig Möglichkeiten der Direktvergaben und zu kurze Übergangsfristen kritisiert.[40] Vielfach wurde auch bemängelt, dass die Kommission den Vorrang des allgemeinen Vergaberechts festschrieb. In einem zweiten Entwurf[41] nahm die Kommission viele der Kritikpunkte auf.[42] Die Möglichkeit der Direktvergabe sollte allen „integrierten Diensten" eröffnet und die Schwellenwerte für Kleinaufträge erhöht werden. Die Laufzeiten sollten auf acht Jahre für Busverkehrsdienste und 15 Jahre für Schiene erhöht werden. Zudem wurde ein umfangreicher Katalog von Schutzmaßnahmen gegen Direktvergaben eingefügt (Art 7a des geänderten Vorschlags). Hiernach sollten Direktvergaben rechtzeitig angekündigt werden und Wettbewerber die Möglichkeit erhalten, innerhalb von sechs Monaten konkurrierende Angebote einzureichen. Zudem sollten die Nachweise und Untersuchungen über Notwendigkeit und Möglichkeit der Direktvergabe veröffentlicht werden und die Behörden verpflichtet sein, nach Vergabe in regelmäßigen Abständen die Effizienz zu überprüfen und ggf. die Direktvergabe zu beenden. Interessanterweise enthielt der zweite Vorschlag in Art. 3 lit. i eine Begriffsdefinition zu „öffentliche Dienstleistungskonzessionen". Hier war gefordert, dass „der größte Teil der Einnahmen" des Betreibers von den Fahrgästen stammen und der Betreiber den Großteil der finanziellen Auswirkungen von Fahrgastzahlschwankungen und Tarifänderungen tragen müsse. Letztlich konnte sich aber dieser Versuch der Definition der Dienstleistungskonzession außerhalb der Rechtsprechung nicht durchsetzen, da mit den dritten Vorschlag viele Regelungen entfallen sollten.

3. Dritter Entwurf KOM(2005) 319 endg. Durch den Altmark Trans-Prozess[43] kam das 52 Gesetzgebungsvorhaben zunächst zum Erliegen und wurde erst nach Urteilsverkündung wieder aufgenommen.[44] Die Mitgliedstaaten hatten deutlich gemacht, dass der bisherige Kommissionsvorschlag überregulierend sei und daher auf die wesentlichen Bestimmungen beschränkt werden solle. Daher strich die Kommission in ihrem dritten Vorschlag alle Bestimmung zu inhaltlichen Kriterien öffentlicher Dienstleistungsaufträge einschließlich der Vorgaben zu etwaigen Reportings und zur Information der Fahrgäste mit dem Argument der Subsidiarität. Die Kommission kommentiert diese Änderungen in ihrem dritten Vorschlag als eine gewisse Reaktion auf die **Blockade** ihres Vorschlags **im Rat**.[45] Weitere zentrale Änderung war die Übernahme der vom Parlament geforderten Abänderung Nr. 61 in Art. 5 Abs. 2, nämlich die **freie Entscheidung zwischen Direktvergabe** an einen internen Betreiber **oder Nachfrage im Markt.** Daher wurden die Einschränkungen zur Direktvergabe gestrichen und lediglich eine vorherige Ankündigung von zwölf Monaten verlangt. Ebenfalls der Vereinfachung geschuldet waren der Wegfall des „komplizierten Qualitätsvergleichs" und die Zuordnung der Vergabe eines Ausschließlichkeitsrechts im Rahmen der Vergabe eines öffentlichen Dienstleistungsauftrags.

III. Das Altmark Trans-Urteil

Inhaltlich hatte das Altmark Trans-Urteil[46] selbst kaum noch Bedeutung für den Entstehungs- 53 prozess der PersonenverkehrsVO. Allenfalls diente es wie die Kommission ausführt als Vorwand für das Aufhalten des Gesetzgebungsprozesses. Da der EuGH in dem Urteil die abschließende Ausfüllung des Art. 93 AEUV durch die VO (EWG) Nr. 1191/69 und VO (EWG) Nr. 1107/70 feststellte und die Bereichsausnahme nach Art. 1 Abs. 1 UAbs. 2 eher unsicheres Terrain bot, bestand eine recht umfassende Beihilferegulierung im öffentlichen Verkehr. Wollte man auf die vier Altmark Trans-

---

[40] EP-Dok A5-0364/2001 endg. mit insgesamt 96 Änderungsanträgen.
[41] Kom.: Geänderter Vorschlag für eine VO des EP und des ER über Maßnahmen der Mitgliedstaaten im Zusammenhang mit Anforderungen des öffentlichen Dienstes und der Vergabe öffentlicher Dienstleistungsaufträge für den Personenverkehr auf der Schiene, der Straße und auf Binnenschifffahrtswegen, KOM(2002) 107 endg.
[42] Kom.: Geänderter Vorschlag für eine VO des EP und des ER über Maßnahmen der Mitgliedstaaten im Zusammenhang mit Anforderungen des öffentlichen Dienstes und der Vergabe öffentlicher Dienstleistungsaufträge für den Personenverkehr auf der Schiene, der Straße und auf Binnenschifffahrtswegen, KOM(2002) 107 endg. = ABl. 2002 C 151, E146.
[43] EuGH Urt. v. 24.7.2003 – C-280/00, Slg. 2003, I-7747 = ECLI:EU:C:2003:415 = NJW 2003, 2515 – Altmark Trans.
[44] Geänderter Vorschlag für eine VO des EP und des ER über öffentliche Personenverkehrsdienste auf Schiene und Straße v. 20.7.2005, KOM(2005) 319 endg. = ABl. 2006 C 195, 6; s. dazu seitens der Kom. *Faross* IR 2006, 129 ff.
[45] KOM(2005) 319 endg., 4.
[46] EuGH Urt. v. 24.7.2003 – C-280/00, Slg. 2003, I-7747 = ECLI:EU:C:2003:415 = NJW 2003, 2515 – Altmark Trans.

Kriterien zurückgreifen, so hätte es einer Aufhebung der vorgenannten Verordnungen bedurft. Selbst in einem solchen Fall wäre unklar gewesen, welche Rolle dann Art. 93 AEUV gespielt hätte – mangels direkter Anwendbarkeit und vollständiger Ausfüllung durch das Sekundärrecht hatte der EuGH keinen Anlass, hierüber zu entscheiden.

54　Im Ergebnis war das Altmark Trans-Urteil eine grundlegende Entscheidung für die Finanzierung von Dienstleistungen von allgemeinem wirtschaftlichen Interesses, seine **Auswirkung aber im öffentlichen Personenverkehr** war dagegen **gering**, wenngleich die Altmark Trans-Entscheidung ausgerechnet zum öffentlichen Personennahverkehr erging. Rückblickend wirkt es fast so, als habe der EuGH geradezu auf ein Vorlageverfahren zu den Fragen des Beihilfebegriffs bei Abgeltungsbeihilfen gewartet.

IV. Trilateraler Kompromiss Rat – Parlament – Kommission

55　Seitens des Rates wurden schließlich folgende Elemente im Rahmen des trilateralen Kompromissfindungsprozesses[47] durchgesetzt:
– Verlängerung der Laufzeiten für öffentliche Dienstleistungsaufträge auf zehn Jahre (Bus),
– Verlängerte Übergangszeit von zehn Jahren,
– Unschädlichkeit privater Kapitalbeteiligung bei Direktvergaben,
– Einführung des Begriffs von Gruppe von Behörden bei Direktvergaben,
– Zulassen von Tarifausgleichsleistungen außerhalb der Regelung der PersonenverkehrsVO zu allgemeinen Vorschriften in Art. 3 Abs. 3.

56　Nicht durchsetzen konnte sich das Parlament mit der Forderung nach einem Vorrang des Verordnungsvergaberechts vor dem allgemeinen EU-Vergaberecht. Die Kommission konnte dies mit dem Hinweis auf die Bindungen im Rahmen des GATS-Abkommen abwehren.[48]

V. Änderungs-VO (EU) 2016/2338

57　Die VO (EU) 2016/2338 ändert die PersonenverkehrsVO mit Wirkung ab 24.12.2017 im Zuge des vierten Eisenbahnpakets.[49] Ursprünglich enthielt der Kommissionsvorschlag[50] umfangreiche Vorgaben zu Aufstellungsverfahren und Inhalten von Plänen für öffentliche Verkehrsleistungen und gemeinwirtschaftlicher Verpflichtungen (Art. 2a) sowie eine Pflicht für einen effektiven und diskriminierungsfreien Zugang zu Rollmaterial zu sorgen (Art. 5a). Diese Vorschläge wurden vor allem vom Rat auf Vorgaben zum Vorhandensein von strategischen Zielen und einer Prüfpflicht zum Zugang zu Rollmaterial zusammengestrichen. Dagegen waren die Optionen für vorübergehend neue Direktvergaben im Schienenpersonenverkehr nach Art. 5 Abs. 3a sowie die komplizierten Regelungen für dauerhafte Direktvergaben bei Komplexität in Abs. 4a und 4b nicht im Kommissionsvorschlag enthalten. Genauso waren die Übergangsfristen im Kommissionsvorschlag kürzer und die Schwellenwerte für Direktvergaben niedriger als letztlich konsentiert. Schließlich enthielt der Kommissionsvorschlag ein Ausschussverfahren „einheitlicher europäischer Eisenbahnraum", welches aber nicht übernommen wurde. Dagegen wurden in der endgültigen Fassung der Änderungs-VO die Bestimmungen zu den Möglichkeiten des Anordnens von Betriebsübergängen durch zuständige Behörden verbal ausgeweitet (Art. 4 Abs. 4a und 4b).

---

[47] S. dazu Mit. d. Kom. an das EP gem. Art. 251 Abs. 2 UAbs. 2 EG-Vertrag zum Gemeinsamen Standpunkt des ER im Hinblick auf den Erlass einer VO des EP und des ER über öffentliche Personenverkehrsdienste auf Schiene und Straße v. 12.12.2006, KOM(2006) 805 endg.; Beschl. des EP v. 10.5.2007 – P6-TA(2007)0174 = C6/0131/2007 und Stn. d. Kom. gem. Art. 251 Abs. 2 UAbs. 3 lit. c EG-Vertrag zu den Abänderungen des EP am Gemeinsamen Standpunkt des ER zu einem Vorschlag für eine VO des EP und des ER über öffentliche Personenverkehrsdienste auf Schiene und Straße zur Änd. D. Vorschlags der Kom. gem. Art. 250 Abs. 2 EG-Vertrag v. 25.7.2007, KOM(2007) 460 endg. Ferner: Saxinger/Winnes/*Kiepe*/*Mietzsch* Einf. Rn. 82 ff.; *Mietzsch* ZögU 2007, 196 ff.; und *Holler* IR 2006, 152.

[48] KOM(2006) 805 endg., Nr. 4.2; dazu Saxinger/Winnes/*Schröder* Art. 5 Abs. 1 Rn. 3 ff.

[49] Kom.: Vorschlag v. 30.1.2013 zu insgesamt sechs Richtlinien und Verordnungen: Neue Weichenstellungen für die europäischen Eisenbahnen: Kom. unterbreitet Vorschläge für ein viertes Eisenbahnpaket, Pressememo/13/34.

[50] Kom.: Vorschlag für eine VO des EP und des ER z. Änd. der VO (EG) Nr. 1370/2007 hinsichtlich der Öffnung des Marktes für inländische Schienenpersonenverkehrsdienste, KOM(2013) 028 endg., sowie das informative Arbeitspapier der Kom. „IMPACT ASSESSMENT Accompanying the documents Proposal for a Regulation of the European Parliament and of the Council amending Regulation (EC) No 1370/2007 concerning the opening of the market for domestic passenger transport services by rail Proposal for a Directive of the European Parliament and of the Council amending Directive 2012/34/EU of the European Parliament and of the Council of 21 November 2012 establishing a single European railway area, as regards the opening of the market for domestic passenger transport services by rail and the governance of the railway infrastructure", SWD/2013/10 final.

VI. Auslegungsleitlinien der Kommission

Die Kommission veröffentlichte am 29.3.2014 die Auslegungsmitteilung zur PersonenverkehrsVO, die die einheitliche Anwendung der VO in den Mitgliedstaaten fördern soll.[51]   58

E. Die Funktion der PersonenverkehrsVO

I. Bekenntnis zu Markteingriffen

Zentraler Regelungsgegenstand der VO ist das **Bekenntnis zu Markteingriffen** durch allgemeine Vorschriften sowie durch finanzielle Ausgleichsleistungen und/oder ausschließliche Rechte im Rahmen öffentlicher Dienstleistungsaufträge. Damit werden allgemeine Ziele nicht wirtschaftlicher Art gem. Art. 14 AEUV erreicht, die sowohl im Rahmen der Niederlassungsfreiheit als auch der Äquivalenzfinanzierung im Beihilferecht als anerkannter Anlass für Eingriffe gelten. Damit hat die VO eine klare Ausrichtung als Marktregulativ in der klassischen Tradition der Markt öffnenden und Markt regulierenden Dimension des europäischen Rechts. Dies ist sehr bemerkenswert, sah doch Art. 1 Abs. 1 des zweiten Kommissionentwurfs KOM(2002) 107 endg. auf Drängen des Parlaments die Gewährleistung eines umfangreichen öffentlichen Personenverkehr bei Herstellung von Rechtssicherheit vor.[52]   59

Die Befugnis zu Markteingriffen im Verkehr zu Erzielung quantitativ umfangreicher, qualitativer, sicherer und erschwinglicherer Verkehrsleistungen ist dabei im Kontext des Personenlandverkehrs **äußerst weit bezüglich des Ziels aber eng in Bezug auf die eingesetzten Mittel** zu sehen. Oder umgekehrt ausgedrückt: Alles was die VO nicht als Ziel-Mittel-Relation benennt, steht zunächst außerhalb der Verordnung. Maßstab für die Unterscheidung zwischen Regelungen, die außerhalb der VO stehen, und solchen Regelungen, die die VO schlicht umgehen, ist die Zielrichtung. Soweit zB Fahrzeuge sicherer oder auch besser handelbar in der EU werden, geht es hier nicht unmittelbar um Verkehrsdienstleistungen. Gleiches gilt für Sozialregelungen in Bezug auf Lenk und Pausenzeiten. Auch hier geht es primär um die Verkehrssicherheit allgemein und allenfalls im Reflex um Verkehrsdienstleistungen. Werden dagegen Verkehrsdienstleistungen mit den Zielen des Art. 1 Abs. 1 reguliert, so ist auf die dort geregelten Markteingriffe aufzubauen. Insofern kann von einem **abschließenden Katalog der Markteingriffe**[53] in der PersonenverkehrsVO gesprochen werden. Die vielfache Betonung der Herstellung der Rechtssicherheit im Gesetzgebungsprozess macht deutlich, dass die VO bezweckt, abschließend die europarechtlich zulässigen Mittel der Markteingriffe für höherwertige Dienste zu definieren. Dabei geht es um Markteingriffe, die typisches Marktversagen durch Behebung von Angebotsdefiziten kompensieren sollen. Der Verordnungsgeber umschreibt dies in Erwägungsgrund 7 als die Einführung des regulierten Wettbewerbs.[54] Dies geht deutlich über die Herstellung eines funktionsfähigen Marktes durch Standardisierung, Regelungen des Verbraucherschutzes oder Bestimmung eines Sicherheitsniveaus hinaus.   60

Entgegen manch anderen Vorstellungen vor allem im europäischen Parlament **verpflichtet** aber die VO **nicht zur Umsetzung der Ziele,** sie stellt lediglich die zulässigen Instrumente hierfür bereit. In Erwägungsgrund 8 wird ausdrücklich betont, dass die Mitgliedstaaten auch eine vollständige Deregulierung einführen oder beibehalten können.   61

Als **Markteingriffe** regelt die VO   62
– die **Vergabe ausschließlicher** Rechte (Art. 2 lit. f und Art. 3 Abs. 1),
– die **Gewährung von Ausgleichsleistungen** (Art. 2 lit. g und Art. 3 Abs. 1),

---

[51] Dazu *Marboe/Avram* VergabeR 2017, 70 ff.; *Winter/Woll/Gleichner* DER NAHVERKEHR 5/2014, 7 ff.; *Karl/Knies* Verkehr und Technik 2017, 247; *Saxinger* GewArch 2017, 464 ff. und *Knauff* N&R 2018, 26 ff.

[52] Art. 1 Abs. 1 lautete: „Zweck dieser Verordnung ist es, unter Berücksichtigung von Stadtplanung, Regionalentwicklung und Umweltschutz den öffentlichen Personenverkehr in der Gemeinschaft als Teil einer integrierten, der nachhaltigen Mobilität verpflichteten Verkehrspolitik effizienter und attraktiver zu gestalten und die Rechtssicherheit in Bezug auf Maßnahmen der zuständigen Behörden im öffentlichen Personenverkehr zu fördern".

[53] HM: *Hölzl* → 1. Aufl. 2011, Rn. 7; Linke/*Kaufmann* Art. 1 Rn. 31; Saxinger/Winnes/*Saxinger* Art. 1 Rn. 56; *Berschin* in Baumeister Recht des ÖPNV-HdB A1 Rn. 24 mit Hinweis auf Sprachfassung und Entstehungsgeschichte; aA nur *Ziekow* NVwZ 2009, 865 (867) im Hinblick auf Ausgleichsleistungen ohne gemeinwirtschaftliche Verpflichtungen.

[54] Dass hiermit vor allem Direktvergaben im Schienenpersonennahverkehr als regulierter Wettbewerb gelten sollten, ist abwegig. So aber *Hölzl* → 1. Aufl. 2011, Vor Art. 1 Rn. 1; *Pünder* EuR 2007, 564. Der einzige Grund für die Existenz des Art. 5 Abs. 6 lag damals in der Nichtdurchsetzbarkeit gegenüber den Mitgliedstaaten, wie die zwischenzeitlich ergangene ÄnderungsVO illustriert.

– die **Festlegung allgemeiner Vorschriften durch die zuständige Behörde** (Art. 2 lit. l), wobei nur allgemeine Vorschriften für Höchsttarife mit einer Ausgleichsleistung verbunden werden dürfen (Art. 3 Abs. 2). Der Erlass allgemeiner Vorschriften ist in Art. 1 Abs. 1 UAbs. 2 nicht mehr gegenüber den ursprünglichen Vorschlägen der Kommission ausdrücklich als Regulierungsinstrument genannt. Dies bedeutet aber nicht, dass die VO diese als Regulierungsinstrument gestrichen hätte. Vielmehr sind sie in Art. 2 lit. l als allgemeine Maßnahmen benannt. Der weitere Regelungsgehalt der VO beschränkt sich dann aber auf allgemeine Vorschriften, die mit Ausgleichsleistungen für die Festsetzung der Höchsttarife verbunden sind. Daraus folgt, dass weitere Kompensationen im Rahmen von allgemeinen Vorschriften nicht statthaft sind, sondern einen öffentlichen Dienstleistungsauftrag erfordern (Art. 3 Abs. 1). In Art. 10 der beiden Entwürfe zur VO aus KOM(2000) 7 endg. und KOM(2002) 107 endg. war dies noch ausdrücklich dargestellt. So sollten allgemeine Vorschriften allgemeine Anforderungen für die Fahrzeugqualität, Umwelteigenschaften, Zugänglichk1eit, Erscheinungsbild, integrierte Tarif- und Vertriebssysteme oder gar Beschränkungen der Gesamtzahl von Fahrzeugen in einem bestimmten Streckenabschnitt regeln. Die Streichung dieser Erläuterungen begründete die Kommission in ihrem dritten und insoweit auch maßgebenden Vorschlag[55] mit der Beschränkung der VO auf das absolut Notwendige, sprich der Regelung der Zulässigkeit von Ausgleichsleistungen für allgemeine Vorschriften.

63 Nicht genannt werden dagegen andere insbesondere im Personenverkehr typische Regulierungsmaßnahmen wie
– Verleihung von besonderen Rechten oder
– Begründung und Aufrechterhaltung von Verwaltungsmonopolen.

64 Diese beiden Maßnahmen stehen im engen Kontext zu den explizit aufgeführten Marktregulierungs-Regimen. Das **Verwaltungsmonopol** ist ein dauerhaftes Ausschließlichkeitsrecht. Es liegt daher auf der Hand, dass ein derartiges Monopol die Regelung zur Vergabe und zeitlichen Begrenzung von Ausschließlichkeitsrechten aushebeln würde. Doch bereits die VO (EWG) Nr. 1191/69 stärkte die Unabhängigkeit der im Verwaltungsmonopol geführten Staatsbahnen und vermittelte ihnen einen Ausgleichsanspruch. Die PersonenverkehrsVO führt zwar Aufhebungsanspruch und Ausgleichsanspruch der VO (EWG) Nr. 1191/69 nicht direkt fort, fußt aber auf dem Verständnis der Vereinbarung gemeinwirtschaftlicher Verpflichtungen im Rahmen des öffentlichen Dienstleistungsauftrags mit entsprechender Abgeltung. Neu regelt die PersonenverkehrsVO die Vergabe und die zeitliche Begrenzung dieser zugesprochenen Monopole. Dabei wird explizit die Option der Eigenerstellung oder Inhousevergabe geregelt, die sich laut Kommission als Zeichen der Flexibilität und Subsidiarität deuten lässt.[56]

65 Nicht auf Anhieb lässt sich dagegen das Verhältnis der ausschließlichen Rechts zu den **besonderen Rechten** klären. Beide Begriffe sind Gegenstand des Art. 106 Abs. 1 AEUV. Sie scheinen daher nebeneinander zu stehen. Die besonderen Rechte waren und sind Gegenstand einerseits besonderer Vergabebestimmungen nach Sektorenvergaberecht, zum anderen sind sie auch Gegenstand der Beihilfekontrolle nach der RL 2006/111/EG. Erwägungsgrund 20 RL 2014/25/EU (Sektoren-RL) enthält nur eine negative Abgrenzung der besonderen Rechte: „Daher ist es angezeigt klarzustellen, dass Rechte, die im Wege eines Verfahrens gewährt wurden, das auf objektiven Kriterien beruht, die sich insbesondere aus Rechtsvorschriften der Union herleiten, und bei dem eine angemessene Publizität gewährleistet wurde, keine besonderen oder ausschließlichen Rechte im Sinne dieser Richtlinie darstellen. Zu den einschlägigen Rechtsvorschriften sollten zählen: [...] und die Verordnung (EG) Nr. 1370/2007 des Europäischen Parlaments und des Rates".

66 Art. 4 Abs. 3 UAbs. 1 und 2 Sektoren-RL umfasst nur eine knappe Positivdefinition für ausschließliche und besondere Rechte, sie lautet: „...Rechte, die eine zuständige Behörde eines Mitgliedstaats im Wege einer Rechts- oder Verwaltungsvorschrift gewährt hat, um die Ausübung von in den Artikeln 8 bis 14 aufgeführten Tätigkeiten auf eine oder mehrere Stellen zu beschränken, wodurch die Möglichkeit anderer Stellen zur Ausübung dieser Tätigkeit wesentlich eingeschränkt wird. Rechte, die in einem angemessen bekanntgegebenen und auf objektiven Kriterien beruhenden Verfahren gewährt wurden, sind keine besonderen oder ausschließlichen Rechte im Sinne des Absatz 1". Da explizit die PersonenverkehrsVO in den Erwägungsgründen und auch im Anhang II genannt ist, tritt die kuriose Situation ein, dass ausschließliche Rechte, die in einem offenen und fairen Verfahren nach Art. 5 Abs. 1 oder 3 vergeben wurden, dadurch keine ausschließlichen Rechte im Sinne des Sektorenvergaberechts mehr sind.

67 Art. 2 lit. g RL 2006/111/EG[57] enthält dagegen eine umfassendere Definition und unterscheidet auch nach ausschließlichen und besonderen Rechten: „**besondere Rechte**" [sind...] Rechte,

---

[55] KOM(2005) 319 endg., 13 zu Art. 3.
[56] KOM(2005) 319 endg., 12.
[57] Richtlinie 2006/111/EG der Kommission v. 16.11.2006 über die Transparenz der finanziellen Beziehungen zwischen den Mitgliedstaaten und den öffentlichen Unternehmen sowie über die finanzielle Transparenz innerhalb bestimmter Unternehmen, ABl. 2006 L 318, 17.

die ein Mitgliedstaat durch Rechts- oder Verwaltungsvorschriften einer begrenzten Zahl von Unternehmen in einem bestimmten Gebiet gewährt, wenn der Staat: i) die Zahl dieser Unternehmen auf zwei oder mehrere Unternehmen begrenzt, ohne sich dabei an objektive, angemessene und nicht diskriminierende Kriterien zu halten, um eine Leistung zu erbringen oder eine Tätigkeit zu betreiben, oder ii) mehrere konkurrierende Unternehmen nach anderen als solchen Kriterien bestimmt, um eine Leistung zu erbringen oder eine Tätigkeit zu betreiben, oder iii) einem oder mehreren Unternehmen nach anderen als solchen Kriterien durch Rechts- oder Verwaltungsvorschriften besondere Vorteile einräumt, die die Fähigkeit anderer Unternehmen, die gleiche Tätigkeit in demselben Gebiet unter gleichen Bedingungen zu leisten, wesentlich beeinträchtigen".

Hieraus wird deutlich, dass die besonderen Rechte dadurch gekennzeichnet sind, dass sie den Marktzugang jenseits objektiver und transparenter Kriterien beschränken, aber meist wohl den Marktzugang mehrerer Unternehmen zulassen. Kennzeichnend ist hier eine **limitierte Konkurrenz**.[58] Klassisches Beispiel hierfür war die Kontingentierung von Güterfernverkehrsgenehmigungen zum Schutz des Schienengüterverkehrs oder sind aktuell die Beschränkungen der Taxigenehmigungen zur Verhinderung eines „ruinösen Wettbewerbs". Somit sind die überkommenen **Bedürfnisprüfungen** des § 13 Abs. 2–5 PBefG besondere Rechte, denn der Marktzugang hängt von einem vom Antragsteller nicht beeinflussbaren objektiven Bedürfnis – als „öffentliches Verkehrsinteresse" bezeichnet – ab. Dieses Kriterium ist zwar bei hinreichender Ausgestaltung transparent darstellbar, aber nicht diskriminierungsfrei. Denn das Bedürfnis für neue Marktteilnahme drückt immer im Umkehrschluss aus, dass die Marktsassen das Bedürfnis hinreichend befriedigen und der Newcomer die Beweislast für (neue) Bedürfnisse trägt. Zudem werden dabei die Marktsassen im Linienverkehr vorab mit der Perspektive „belohnt", dass zum Schutz seiner Wirtschaftlichkeit einer Mehrfachgenehmigung unter normalem Lauf der Dinge nicht infrage kommt.[59] Obwohl in Taxiverkehr nach § 13 Abs. 5 PBefG Alt- und Neubewerber „angemessen zu berücksichtigen sind", führt das System der automatischen Wiedererteilung der Genehmigung[60] und die Warteliste für Neubewerber faktisch zu einem geschlossenen Markt mit Marktzutritt nur bei Austritt von Unternehmen, was im Ergebnis bei lukrativen Märkten zu einen Schwarzmarkt für Taxikonzessionen geführt hat, die mit rund 50.000 EUR je Konzession gehandelt werden. Ähnlich auch im **Linienverkehr**. Hier findet zwar nach Ablauf der Liniengenehmigung ein **Wettbewerb** um das **beste Verkehrsangebot** nach den im Nahverkehrsplan niedergelegten Anforderungen statt (§ 13 Abs. 2b PBefG), jedoch wird dieser durch den Besitzstandsschutz nach § 13 Abs. 3 PBefG **nicht** vollständig **objektiv ausgetragen.**[61] Hinzu kommt, dass der Linienverkehr durch das vor allem von der Rechtsprechung überhöhte „**Doppelbedienungsverbot**"[62] im **Hinblick auf**

---

[58] Hierzu instruktiv zum PBefG *Wollenschläger*, Verteilungsverfahren: Die staatliche Verteilung knapper Güter, 2010, 386 ff.

[59] Instruktiv hierzu Heinze/Fehling/Fiedler/*Heinze* PBefG § 13 Rn. 49.

[60] S. die Verwaltungspraxis in Bund-Länder-Fachausschuss Straßenpersonenverkehr: Grundsätze zur Durchführung des Taxen und Mietwagenverkehrs v. 15.7.1987 und VGH Baden-Württemberg Urt. v. 28.9.1994 – 3 S 1443/93 Rn. 22. Gewisse Lockerung VGH Baden-Württemberg Urt. 5.7.2017 – 9 S 8/16, BeckRS 2015, 122240 Rn. 61 f. in sog. Fällen der Nachrangigkeit aufgrund verpachteter Genehmigungen.

[61] Die neue Rspr. betont die Maßgeblichkeit des § 13 Abs. 2b PBefG als Maßstab für das beste Angebot, hebt aber weiterhin den Besitzstandsschutz hervor: OVG Koblenz Urt. 15.4.2015 – 7 A 10718.14, BeckRS 2015, 45205 „gewisser Rückstand des Angebots kann durch den Besitzstandsschutz ausgeglichen werden". Unter Berufung auf BVerwGE 148, 321 Rn. 43 f. In einer früheren Rspr. ließ dagegen das BVerwG bereits das bessere Angebot ausreichen: BVerwGE 118, 270 Rn. 17 und explizit darauf berufend: OVG Magdeburg Beschl. v. 9.2.2007 – 1 M 267/06, BeckRS 2008, 32749; VG Ansbach Urt. v. 22.2.2010 – AN 10 K 08.1303; ferner VG Minden Beschl. v. 27.5.2014 – 7 L 8215/13 Rn. 55 ff.; VG Würzburg Urt. v. 29.10.2014 – W 6 K 14.216, BeckRS 2015, 40240; VG Trier Urt. v. 3.6.2014 – 1 K 388/14.TR, BeckRS 2014, 54054 Rn. 46 f. und VG Koblenz Urt. v. 22.8.2014 – 5 K 31/14.KO, BeckRS 2014, 55357 Rn. 55 f. die hieraus ein „wesentliches besseres" bzw. ein „überzeugend besseres" Angebot folgern.

[62] VK Münster Beschl. v. 29.5.2013- VK 5/13, VPRRS 2013, 0789, unter II 2.1 b) sieht ein Doppelbedienungsverbot als ausschließliches Recht iS Art. 2 lit. f an. Tendenziell auch VG Augsburg Urt. v. 24.3.2015 – Au 3 K 13.2063, BeckRS 2015, 100053 Rn. 112; BayVGH Beschl. v. 16.8.2012 – 11 CS 12.1607, BeckRS 2012, 57076 Rn. 63 und VG Halle Urt. v. 2.9.2010 – 7 A 1/10, BeckRS 2011, 50693. *Saxinger* DVBl. 2008, 688 (689 ff.); *Fehling/Niehus* DÖV 2008, 662 (667 f.); *Wittig/Schimane* NZBau 2008, 222 (224); *Kiepe/Mietzsch* IR 2008, 56 (57); *Saxinger* GewArch 2009, 350 (354); *Winnes/Schwarz/Mietzsch* EuR 2009, 290 (297); *Nettesheim* NVwZ 2009, 1449 (1450); *Deuster* IR 2009, 202 (203 f.), *Winnes* DVBl 2019, 969 (970); *Wollenschläger*, Verteilungsverfahren: Die staatliche Verteilung knapper Güter, 2010, 397 f. und Saxinger/Winnes/*Saxinger* Art. 2 lit. e Rn. 31 sehen auch in diesem exklusiven Recht den eigentlichen Grund, warum die Liniengenehmigung ausgleichende Rechte im Gegenzug für die Übernahme gemeinwirtschaftlicher Pflichten gewährt. Die Begrenzung dieser Pflichten auf die wirtschaftliche Zumutbarkeit lässt er aber außer Acht. Zum Begriff und der Rechtfertigung zuletzt BVerwG Urt. v. 24.6.2010 – 3 C 14/09, ECLI:DE:BVerwG:2010:240610U3C14.09.0 = NVwZ-RR 2010, 897 Rn. 27.

Entdeckung und Befriedigung neuer Verkehrsbedürfnisse erheblich eingeschränkt ist. Selbst wenn im Sinne des Gesetzes eine Lücke im Verkehrsangebot immer dann zu sehen ist, wenn der neue Unternehmer mehr oder direkteren Verkehr anbietet oder auch günstigere Fahrpreise in Aussicht stellt[63] und deswegen der bisherige Verkehr nicht mehr befriedigend ist (§ 13 Abs. 2 Nr. 3 lit. a und b PBefG), steht gleichwohl dem vorhanden Verkehrsunternehmer ein Ausgestaltungsrecht nach § 13 Abs. 2 Nr. 3 lit. c PBefG zu, was nichts anderes als ein Markteintrittsrecht durch Übernahme fremder Ideen unter besonderer Beratung durch die Genehmigungsbehörde[64] darstellt. Es liegt auf der Hand, dass diese Einschränkungen als besonderes Recht einzustufen sind. Das OLG Düsseldorf stuft entsprechend die PBefG-Genehmigungen auch als gewährte „Vorrechte" ein.[65]

69 Aber auch der Zwang, den Verkehr in vorgegebenen Typen von Berufen **(= Typenzwang)**[66] abzubilden, ist mit besonderen Rechten verbunden, da mit dem Typenzwang typischerweise bestimmte Berufe gegenüber „nahe gelegenen" Berufen abgegrenzt und geschützt werden. Diese könnten sonst verwechselt oder verwässert werden. Dies gilt vor allem dann, wenn dabei der zu schützende Beruf in seinem Zugang beschränkt ist oder der Typenzwang die wirtschaftliche Grundlage für einen eigentlich naheliegenden Beruf entwertet. Relevant ist dies zB für das Verbot des Einzelplatzverkaufs bei Mietwagen sowie die restriktiven Anforderungen zur Entgegennahme von Beförderungsaufträgen am Betriebssitz bei Mietwagen jeweils zum Schutz des Taxi- und Linienverkehrs oder auch das Verbot bei Taxen Richtzeiten zum Sammeltransport aufzustellen zum Schutz des Linienverkehrs.

70 Zwecke derartiger Beschränkungen des Marktzugangs sind die **Vermeidung ruinöser Konkurrenz** und die Sicherstellung der **Beförderungspflicht und Verlässlichkeit des Angebots.** Während Ersteres eher schillernd ist und insbesondere im europäischen Kontext als Grundfreiheiten-widrige Marktschließung unter Generalverdacht der unzulässigen Beschränkung steht, ist das Argument der verlässlichen und garantierten Beförderung ein zentraler Regulierungsgegenstand der Personenverkehrs VO. Allerdings sieht die PersonenverkehrsVO die Vergabe besonderer Rechte nicht vor; vielmehr wird für die Gewährung ausschließlicher Rechte ein strenges Regime im Hinblick auf Spezifität, Verhältnismäßigkeit, räumliche Eingrenzung und zeitliche Befristung unterworfen (→ Art. 2 Rn. 24). Es ist daher nicht möglich, den relativ unspezifischen Begriff der besonderen Rechte im Kontext mit der Sicherstellung vorgenannten Ziels in Erwägung zu ziehen. Dies würde allen Bemühungen der PersonenverkehrsVO um Klarheit, Objektivität und Transparenz zuwiderlaufen. Es ist daher festzuhalten, dass **besondere Rechte** zur Erreichung der in Art. 1 Abs. 1 niedergelegten Ziele vom Gemeinschaftsgesetzgeber bewusst nicht zur Verfügung gestellt werden und daher der PersonenverkehrsVO zuwiderlaufen und somit **gemeinschaftswidrig** sind.

II. Harmonisierter Marktzugang

71 Die VO schafft im Zusammenhang mit den zumindest für den Eisenbahn- und Straßenomnibusverkehr vereinheitlichen subjektiven Marktzugangsregelungen (→ Rn. 27 f.) einen weitgehend harmonisierten Marktzugang, der im Anwendungsbereich der VO entweder über die Vergabe öffentlicher Dienstleistungsaufträge inkl. des Bewerben um Direktvergaben oder über deregulierte Märkte mit offenem Markein- oder -austritt erfolgt. Bei Letzterem können umfassende allgemeine Vorschriften der zuständigen Behörden gelten, die jeweilige nationalspezifische oder gar europäische Regelungen wie zB Fahrzeugstandards für die jeweilige Region spezifizieren (→ Art. 2 Rn. 41). Soweit Höchsttarife angewandt werden können zusätzliche Ausgleichsleistungen geleistet werden.

---

[63] So zB BVerwG Urt. v. 24.6.2010 – 3 C 14/09, NVwZ 2011, 115 = BVerwGE 137, 199 Rn. 15 (zum Fernbus); BVerwG Urt. v. 16.7.1980 – 7 C 25/78, BeckRS 1980, 31298827 Rn. 12 (Umsteigezwang); VGH München Beschl. v. 8.3.2016 – 11 ZB 15.1901, BeckRS 2016, 44334 Rn. 25 f. (zeitgerechtere Bedienung); VGH München Urt. v. 15.3.2012 – 11 B 09.1100, BeckRS 2012, 25773 Rn. 56 ff.; OVG Koblenz Urt. v. 24.5.2012 -7 A 10246.12, NVwZ-RR 2012, 645; Hiergegen Heinze/Fehling/Fiedler/Heinze PBefG § 8 Rn. 81, der sogar Lücken als zwingend ansieht, um die Wirtschaftlichkeit im Rahmen des „Mehrfachgenehmigungsvebots" abzusichern, zudem müsse es sich nach lit. b um **wesentliche** Verbesserungen handeln, die gegen den Verlust der Wirtschaftlichkeit abzuwägen seien.

[64] Denn dort muss sie den Umfang der notwendigen Ausgestaltung festlegen, was eine weitere Abschwächung des Innovationswettbewerbs durch Newcomer bewirkt, da sie damit rechnen müssen, dass ihre Ideen als irrelevant eingestuft werden „keine wesentliche Verbesserung".

[65] OLG Düsseldorf Beschl. v. 2.3.2011 – VII-Verg 48/10, NZBau 2011, 244 Rn. 53 = ECLI:DE:OLGD: 2011:0302.VII.VERG48.10.00 im Anschluss an *Ziekow* NVwZ 2009, 865. Auch Heinze/Fehling/Fiedler/*Heinze* PBefG § 13 Rn. 128 sieht einen eindeutigen Ausschlusstatbestand, der sich mit der gesetzlichen Korrektur von Angebot und Nachfrage begründet.

[66] Zum PBefG BVerfGE 17, 306, 312; BVerwGE 20, 16, 18 und zuletzt BVerwG Urt. v. 27.8.2015 – 3 C 14.14, ECLI:DE:BVerwG:2015:270815U3C14.14.0 = NVwZ 2016, 695 Rn. 13. Dazu krit. Heinze/Fehling/Fiedler/*Heinze* PBefG § 2 Rn. 49 ff.

Damit verwirklicht die VO im hohen Maße die **Niederlassungsfreiheit** in den Mitgliedstaa- 72 ten. Sie beseitigt Hürden durch etwaige (unbefristete) besondere oder gar ausschließliche Rechte und öffnet den Zugang zum Markt, wenngleich der Zugang bei ausschließlichen Rechten und Ausgleichsleistungen außerhalb von Höchsttarifen auf die periodische Teilnahme an Vergabeverfahren beschränkt ist. Ein Widerspruch verbleibt allenfalls bei der Option der Direktvergabe an den internen Betreiber nach Art. 5 Abs. 2, die weitgehend dem Vergaberecht und der Rechtsprechung hierzu entnommen wurde. In dem ursprünglichen Vorschlag der Kommission KOM(2000) 7 endg. wurde die Herstellung der Niederlassungsfreiheit sowohl im Vorspann Nr. 2.3.2 f. als auch in den Erwägungsgründen 5 und 10 breiter Raum gegeben, in der endgültigen VO findet sich dagegen der Begriff überhaupt nicht mehr. Dies ist dem Umstand geschuldet, dass der Widerspruch aus der vergaberechtlich eingeführten Option der „Eigenerbringung" zur Niederlassungsfreiheit zu keinem Zeitpunkt offen aufgelöst wurde. Vielmehr ist offensichtlich, dass diese Option ein Zugeständnis an den Europäischen Rat und das Europäische Parlament war. Vor diesem Hintergrund ist bei einer **fast kompletten Schließung des deutschen Marktes im Stadtverkehrs** und bei einem Anteil dieses Stadtverkehr am gesamten Markt von Bus- und Straßenbahnverkehrsleistungen von rund 80% der beförderten Personen[67] von einer nicht stattgefunden Problembewältigung Verwirklichung der Niederlassungsfreiheit auszugehen (→ Rn. 76 ff., Art 5 Rn. 29 ff.).

III. Koordinierungsfunktion im Verkehr

Weiterer Zweck der PersonenverkehrsVO ist in Kontinuität zur VO (EWG) Nr. 1191/69 und 73 VO (EWG) Nr. 1107/70 die Freigabe etwaiger koordinierender Wirkungen iSd Art. 93 AUEV durch die Förderung des öffentlichen Personenverkehrs mit Reflexwirkungen zulasten anderer Verkehrsträger. Die PersonenverkehrsVO gewährt dabei den Behörden ein weites Ermessen zur Feststellung der Notwendigkeit öffentlicher Angebote. Die Grenze wäre erst dort erreicht, wo die vereinbarten Angebote keinerlei Allgemeininteressen („öffentlicher Zweck") erfüllen. Die Freistellung der Abgeltungszahlungen nach Art. 9 Abs. 1 vom Anmeldeerfordernis nach Art. 108 Abs. 3 AEUV umfasst daher auch jedwede koordinierende Wirkung der Ausgleichsleistungen (→ Art. 9 Rn. 2).

IV. Wettbewerbsabsicherung

Vierte Funktion der VO ist die Absicherung des **Wettbewerbs.** Hierzu gehört zum einen die 74 Möglichkeit bestimmte Anbieter, die selbst aus dem Monopol heraus agieren, von Wettbewerbsverfahren auszuschließen (Art 8 Abs. 4), wobei dieses Mittel wegen seiner auch wettbewerbnachteiligen Folgen nur sehr zurückhaltend vorgesehen ist[68] und das **Quersubventionsverbot** (→ Anh. Rn. 18 ff.). Dieses ist in Nr. 5 des Anhangs ausdrücklich genannt und steht im Mittelpunkt der Verhinderung von Überkompensationen bei direkt vergebenen öffentlichen Dienstleistungsaufträgen oder allgemeinen Vorschriften. Dagegen sind insbesondere Wettbewerbsabsicherungen gegenübermäßige Marktschließungen durch flächendeckendes Gebrauchmachen von Direktvergaben auf der Strecke geblieben. So hatte die Kommission insbesondere im zweiten Vorschlag KOM(2002) 107 endg. explizit einen Art. 7a „Schutzmaßnahmen" (für direkt vergebene Aufträge] vorgeschlagen. Danach sollten die Pläne zu Direktvergaben veröffentlicht werden, damit eine Debatte möglich ist und (private) Konkurrenten hier eigene Angebote vorlegen können. Zudem sollte die Effizienz der Direktvergabe mindestens alle fünf Jahre überprüft werden. Diese Vorstellungen fielen der Forderungen von Rat und Parlament nach „freie Optierbarkeit zu Gunsten des internen Betreibers" zum Opfer.

F. Öffentliche Unternehmen und Marktfreiheiten

I. Freie Wahl eines internen Betreibers?

Ungeachtet der Forderungen aus Art. 14 und 295 AEUV sowie dem Protokoll Nr. 29 zum 75 EGV/AEUV, öffentliche (Monopol)Unternehmen als besonderes Instrument des Europarechts anzu-

---

[67] Der VDV weist in der Statistik 2015, 22 einen Marktanteil von 90,9% nach Personenfahrten seiner Mitglieder gegenüber dem Gesamtmarkt auf. Allerdings ist vor allem auch die Deutsche Bahn AG und weitere Landesgesellschaften Mitglied des VDV. Diese profitieren in der Regel nicht von einer Direktvergabe an einen internen Betreiber.

[68] Der ursprüngliche Kommissionsentwurf KOM(2000) 7 endg. enthielt unter Art. 9 Maßnahmen wie verpflichtende Subunternehmervergabe, Begrenzung der Marktanteile auf bis zu 25% hinab, und Niederlassungserfordernis. Aufgrund der Subsidiarität und Vereinfachung wurden diese Vorschläge schließlich verworfen.

sehen, bestimmt Erwägungsgrund 12 lediglich, dass es aus europarechtlicher Sicht unerheblich ist, ob Verkehrsleistungen durch private und/oder öffentliche Unternehmen erbracht werden. Insofern gibt es aus der PersonenverkehrsVO **keinen Privatisierungsdruck,** der zum Teil befürchtet war. Allerdings würden öffentliche Unternehmen oftmals ihre Rechtfertigung verlieren, wenn sie sich (nur noch) dem Wettbewerb stellen würde. Gerade nach deutschem Verständnis liegt die Rechtfertigung öffentlicher Unternehmen in einen öffentlichen Zweck, der naturgemäß außerhalb der Marktteilnahme liegt. Insofern ist es folgerichtig, dass die VO aus gemeinschaftsrechtlicher Sicht klarstellt, dass Art. 345 AEUV weder für noch gegen öffentliche Unternehmen und ihnen ggf. zu gewährende Sonderrechte steht.

76 Gleichwohl ist auffällig, dass in Art. 5 Abs. 2 ohne weitere Problematisierung der **Auswirkungen auf die Niederlassungsfreiheit** ein unbeschränktes Recht zur direkten Beauftragung eines internen Betreibers bestimmt wird, das weitgehend dem Vergaberecht entliehen ist. Dieses geht auf die Abänderung Nr. 61 des europäischen Parlaments[69] zurück, die ein freies Recht für die Beauftragung eines internen Betreibers forderte. Die Kommission stellt sich diesem Anliegen ursprünglich wie folgt entgegen: KOM(2002) 107 endg. Art. 17: „Die weitreichendste Änderung des Parlaments ist Abänderung 61, durch die ein neuer Artikel 8 geschaffen wird. Dadurch würden die öffentlichen Personennahverkehrsdienste vor Wettbewerb geschützt, wenn die zuständige Behörde entscheidet, dass sie die Dienste selbst erbringen will. In ihrem Bericht an den Europäischen Rat von Laeken über Leistungen der Daseinsvorsorge [KOM(2001) 598 endg] erkennt die Kommission an, dass „generell (…) es das Gemeinschaftsrecht den Mitgliedstaaten (überlässt), festzulegen, ob sie öffentliche Dienstleistungen direkt oder indirekt (durch andere öffentliche Einrichtungen) selbst erbringen oder die Leistungserbringung einem Dritten überlassen wollen". Die vom Parlament verabschiedete Abänderung geht jedoch darüber hinaus. Sie würde es den zuständigen Behörden erlauben, ausschließliche Rechte für die Erbringung von Diensten im öffentlichen Personennahverkehr an sich selbst zu vergeben. Solche ausschließlichen Rechte verzerren den Wettbewerb und könnten nach den Bestimmungen des EG-Vertrags zum Wettbewerb angefochten werden".

77 Nachdem die Kommission hiermit im Parlament und bei den Mitgliedstaaten nicht durchdringen konnte, begründet sie ihren „Sinneswandel" in drittem Entwurf mit dem **Konzept von mehr Flexibilität,** ohne aber die Rechtsbedenken aufzulösen:[70] „Was die Zielsetzung der größeren Flexibilisierung angeht, so zeigt sie sich vor allem darin, dass die zuständigen Behörden öffentliche Verkehrsdienste entweder selbst erbringen oder ohne Wettbewerb direkt an einen internen Betreiber vergeben können. Diese Möglichkeit unterliegt allerdings der Einhaltung des Grundsatzes einer verstärkten Transparenz und der Festlegung genauer Kriterien, die für den Ausgleich gemeinwirtschaftlicher Verpflichtungen gelten. Sie unterliegt auch einer Bedingung hinsichtlich der geographischen Eingrenzung der Tätigkeit, die durch die zuständige Behörde oder ihren internen Betreiber einzuhalten ist (siehe Artikel 5 Absatz 5). Begleitet wird die Anerkennung dieser Möglichkeit zur Eigenproduktion (Eigenbetrieb) von Verkehrsdienstleistungen unabhängig vom Verkehrsträger (Bus, Straßenbahn, U-Bahn, Eisenbahn, integrierte Dienste usw.) von einer Verringerung der Ausnahmen…".

78 Auch wenn europäisches Sekundärrecht aufgrund der drei beteiligten Institutionen Rat, Parlament und Kommission sowie der Vielzahl der Mitgliedstaaten notwendigerweise Kompromissrecht ist, ist der eklatante gesetzgeberische Begründungsausfall nicht hinnehmbar. Der Rechtsanwender ist nun verpflichtet, die fehlenden **Rechtfertigung** für etwaige Beschränkungen der Niederlassungsfreiheiten aus den **allgemeinen Regelungen des Unionsrecht** zu entwickeln, da die VO selbst hier weiter keine Rechtfertigungen enthält. Die freie Wahl zugunsten eines internen Betreibers jedenfalls ist keine hinreichende Rechtfertigung.

II. Monopole und das Beschränkungsverbot

79 Wie die Kommission zu Recht hingewiesen hatte (→ Rn. 72), schafft die Direktvergabe an den internen Betreiber ein regionales Monopol, da in der Regel mit der Direktvergabe ausschließlicher Rechte verbunden sind. Aber selbst wenn keine ausschließlichen Rechte gewährt würden, schafft die **exklusive Finanzierung** eine Vorzugstellung, die vor allem bei flächendeckender Anwendung der Etablierung von Ausschließlichkeitsrechten ebenbürtig ist. Diese Ausschließlichkeitsrechte und exklusiven Finanzierungen sind aus Sicht der Niederlassungsfreiheit die maximale Beschränkung, denn sie bewirken die Verweigerung der Niederlassungsfreiheit. Folglich sind diese Beschränkungen im hohen Maße rechtfertigungsbedürftig. Dabei ist es unerheblich, dass derartige Beschränkungen formal auf In- und Ausländer gleichermaßen wirken. Die Grundfreiheiten des

---

[69] Dokument A5/2001/364.
[70] Dritter Vorschlag der Kom., KOM(2005) 319 endg. unter Ziff. 5, 13.

Europarechts sind auf gegenseitige Marktdurchdringung angelegt und müssen gerade damit umgehen, dass Sektoren in einigen Mitgliedstaaten monopolisiert sind, in anderen dagegen nicht.

Typischerweise werden für die Rechtfertigung der direkten Beauftragung öffentlicher Verkehrsunternehmen Rechtfertigungen wie 80
- Sicherstellung eines umfangreichen Angebots und günstiger Tarife,
- Verhindern von Rosinenpicken, Ausgleich von guten und schlechten Risiken,
- hohe Standards (Technologie, Umweltschutz, Fahrgastqualität, Sicherheit),
- Angebotskontinuität,
- Versorgungssicherheit, fehlende Insolvenzfähigkeit,
- hohe sozialer Besitzstand der Belegschaft und entsprechende Absicherung
genannt.[71] Allerdings sind alle diese Faktoren im Rahmen der PersonenverkehrsVO durch Indienstnahme allgemeiner Vorschriften und öffentlicher Dienstleistungsaufträge herstellbar, sie können daher schlechterdings nicht als Rechtfertigung von Beschränkungen durch öffentliche Monopole herhalten.

Vielmehr muss die **Rechtfertigung** im spezifischen Einsatz des internen Betreibers liegen. 81
Infrage kommen:
- **Direkte Steuerungsmöglichkeiten,** da eine Herrschaft wie über eine eigene Dienststelle bestehen muss (→ Art. 5 Rn. 33 f.). Diese Steuerungen stehen dabei aber im Spannungsfeld mit der nach Nr. 7 Anhang umzusetzenden Anreizen für wirtschaftliche Effizienz und qualitative Verbesserungen. Diese sind letztlich nur möglich, wenn die Unternehmensleitung auf Basis verlässlicher Vorgaben arbeiten kann. Auch vertragliche Regelungen mit fremden Unternehmen erlauben umfangreiche Steuerungsmöglichkeiten, vor allem Leistungsänderungen/Nachbestellungen.
- Mit „Fremdbeauftragung" ist der **Transaktionskostenaufwand** für Vergabeverfahren und Vertragsvollzug verbunden. Durch die Steuerungsmöglichkeiten beim internen Betreiber können dagegen öffentliche Dienstleistungsaufträge „schlank" gehalten werden. Gleichzeitig entfiele aber damit auch die zunehmende und notwendige Präzisierung für die in Anhang Nr. 7 geforderte Effizienz und Qualitätsverbesserung. Auch kann damit möglicherweise die gemeinwirtschaftliche Pflicht nicht mehr hinreichend konkret bestimmt werden, was die Bestimmung eines angemessenen Ausgleichs erschwert oder gar verunmöglicht.
- Auch das **Ausfallrisiko** von privaten Betreibern kann ein Grund für die Beauftragung öffentlicher Unternehmen sein. Aber auch hier ist abzuwägen, dass sich selbstverständlich auch öffentliche Unternehmen verkalkulieren können und sich gegenüber privaten Unternehmen Schutzmaßnahmen wie Zugriffsrechte auf Fahrzeuge, Betriebshöfe und sonstige Einrichtungen durchsetzen lassen.
- **Fehlender Kapitalverzinsungsanspruch:** Öffentliche Unternehmen können aufgrund geringerer oder fehlender Gewinnansprüche des Eigentümers vor allem bei kapitalintensiven Tätigkeiten günstiger produzieren. Dem stehen aber oft höhere Löhne und eine gewisse Mitarbeiter- und Managementrendite und allgemein eine vermutete Unwirtschaftlichkeit wegen fehlenden Wettbewerbsdrucks gegenüber. Problematisch an dem Argument ist die Verweigerung gegenüber eines Wettbewerbs angesichts der Tatsache, dass sich günstigere Produktionskosten im Wettbewerb durchsetzen müssten.
- **Verhinderung privater Monopole:** Es dürfte schon zweifelhaft sein, ob private Monopole am besten durch öffentliche Monopole bekämpfen lassen. Es ist auch hier Differenzierung gefragt. Zum einen ist die Monopolisierungsgefahr im öffentlichen Verkehr genau zu analysieren, zum anderen stellen das Vergaberecht durch Loslimitierung und das Wettbewerbsrecht durch Fusionskontrolle und Verbot des Missbrauchs marktbeherrschender Stellungen geeignete Mittel bereit.

Insgesamt zeigt sich, dass die durch die PersonenverkehrsVO bereitgestellten Instrumente für Marktinterventionen die Direktvergabe an einen internen Betreiber mit den damit verbundenen Monopolisierungen nicht „tragen". Vielmehr sind diese zusätzlich zu gewinnen und tatsächlich oft sehr differenziert im Einzelfall zu betrachten. 82

III. Monopole und Marktmachtmissbrauch

Neben den Monopolisierungsschranken aus der Niederlassungsfreiheit setzt auch das Wettbewerbsrecht Grenzen. Es verbietet den Missbrauch einer marktbeherrschenden Stellung. Missbräuche können auch dadurch entstehen, dass ein Mitgliedstaat mittels eines mit ausschließlichen/besonderen Rechten ausgestatteten Unternehmens dessen marktbeherrschende Stellung auf einem wesentlichen Teil des gemeinsamen Marktes diese in die Lage versetzt, zwingend gegen Art. 102 AEUV zu verstoßen. Typische Missbräuche nach Art. 102 AEUV wären 83

---

[71] S. zB *Resch* IR 2008, 271 ff.; *Mietzsch* ZögU 2007, 196 (200).

- Nichterbringungen von Leistungen, obwohl es dafür eine entsprechende Nachfrage gibt;
- Ausbeutungsmissbrauch durch Durchsetzen überhöhter Preise/unangemessene Bedingungen;
- Behinderung von Wettbewerbern in angrenzenden Märkte durch Verweigerung des Zugang zu sential facilities;
- Quersubventionen in Wettbewerbsbereiche und dortige Verdrängung von Wettbewerbern durch Dumpingpreise.

84 Im Zusammenhang mit der Regulierung der PersonenverkehrsVO dürfte vor allem die Frage der **Unterdrückung von Angeboten** zu beachten sein. Ist doch mit der Vergabe von Ausschließlichkeitsrechten auch immer die Situation verbunden, dass eine bestimmte hohe Nachfrage nicht vollständig oder unzureichend bedient wird, um schwächere Nachfragen quer zu subventionieren. Daher ist genau zu ermitteln, ob dieses Nichtbedienen von Nachfragesegmenten noch hinzunehmen ist oder eine Übermonopolisierung darstellt. Aber auch der Schutz bestimmter Verkehrsformen mittels eines „Abstandsgebots" kann dazu führen, dass die die genau in diesem Zwischenraum liegende Nachfrage unbefriedigt bleibt. Die zuständigen Behörden müssen daher ihre Regulierung so ausüben, dass keine derartigen Missbräuche entstehen.

Art. 1 Zweck und Anwendungsbereich

(1) Zweck dieser Verordnung ist es, festzulegen, wie die zuständigen Behörden unter Einhaltung des Gemeinschaftsrechts im Bereich des öffentlichen Personenverkehrs tätig werden können, um die Erbringung von Dienstleistungen von allgemeinem Interesse zu gewährleisten, die unter anderem zahlreicher, sicherer, höherwertig oder preisgünstiger sind als diejenigen, die das freie Spiel des Marktes ermöglicht hätte.
Hierzu wird in dieser Verordnung festgelegt, unter welchen Bedingungen die zuständigen Behörden den Betreibern eines öffentlichen Dienstes eine Ausgleichsleistung für die ihnen durch die Erfüllung der gemeinwirtschaftlichen Verpflichtungen verursachten Kosten und/oder ausschließliche Rechte im Gegenzug für die Erfüllung solcher Verpflichtungen gewähren, wenn sie ihnen gemeinwirtschaftliche Verpflichtungen auferlegen oder entsprechende Aufträge vergeben.

(2) [1]Diese Verordnung gilt für den innerstaatlichen und grenzüberschreitenden Personenverkehr mit der Eisenbahn und andere Arten des Schienenverkehrs sowie auf der Straße, mit Ausnahme von Verkehrsdiensten, die hauptsächlich aus Gründen historischen Interesses oder zu touristischen Zwecken betrieben werden. [2]Die Mitgliedstaaten können diese Verordnung auf den öffentlichen Personenverkehr auf Binnenschifffahrtswegen und, unbeschadet der Verordnung (EWG) Nr. 3577/92 des Rates vom 7. Dezember 1992 zur Anwendung des Grundsatzes des freien Dienstleistungsverkehrs auf den Seeverkehr zwischen den Mitgliedstaaten (Seekabotage),[1] auf das Meer innerhalb der Hoheitsgewässer anwenden. Vorbehaltlich der Zustimmung der zuständigen Behörden der Mitgliedstaaten, in deren Hoheitsgebiet die Dienstleistungen erbracht werden, dürfen sich gemeinwirtschaftliche Verpflichtungen auf öffentliche Verkehrsdienste auf grenzüberschreitender Ebene erstrecken, einschließlich jener, die örtliche und regionale Verkehrsbedürfnisse erfüllen.

(3) Diese Verordnung gilt nicht für öffentliche Baukonzessionen im Sinne von Artikel 1 Absatz 3 Buchstabe a der Richtlinie 2004/17/EG oder im Sinne von Artikel 1 Absatz 3 der Richtlinie 2004/18/EG.

Übersicht

		Rn.			Rn.
I.	Normzweck	1	4.	Verkehr auf der Straße	18
II.	Rechtssichere Markteingriffe (Abs. 1 UAbs. 1)	2	5.	Ausnahme historisches/touristisches Interesse	19
III.	Beschränkung der Interventionsmittel (Abs. 1 UAbs. 2)	6	6.	Anwendungsoption Schiffsverkehr	20
IV.	Erfasste Verkehrsdienste (Abs. 2)	11	7.	Nah- und Fernverkehr	21
1.	Personenverkehr	11	8.	Hilfsleistungen im Verkehr	22
2.	Eisenbahnverkehr	14	V.	Keine Anwendung Baukonzessionen	23
3.	Andere Arten des Schienenverkehrs	16	VI.	Konkurrenzen und Abgrenzung	24

[1] [Amtl. Anm.:] ABl. L 364 vom 12.12.1992, S. 7.

	Rn.		Rn.
1. Ausgleichszahlungen nach Altmark Trans	24	4. Rahmen für Dienstleistungen von allgemeinen wirtschaftlichem Interesse	29
2. Abgeltungsbeihilfen nach Art. 93 AEUV	27		
3. Koordinierungsbeihilfen nach Art. 93 AEUV	28	5. EG-Transparenz-Richtlinie RL 2006/111/EG	30

I. Normzweck

Art. 1 regelt an der Spitze der VO die Zulässigkeit von Markteingriffen in den öffentlichen Personenverkehr aus europäischer Sicht. Durch dessen Normierung im Kontext der Grundfreiheiten, des Beihilfe- und Vergaberechts wird ein höheres Maß an Rechtssicherheit erreicht und die bisherigen Rechtsunsicherheiten bei staatlichen Interventionen zugunsten des öffentlichen Verkehrs überwunden (→ Rn. 2 ff.). Mit diesen Regelungen ist auch eine Beschränkung der Eingriffsmittel auf Ausgleichszahlungen und ausschließliche Rechte verbunden (→ Rn. 6 ff.), da nur mit diesen die Ziele erreicht werden, die in der VO mit höherwertigen Diensten, als es das freie Spiel der Marktkräfte erlauben würde, umschrieben sind. Weiterer Regelungsgegenstand ist der Anwendungsbereich mit den umfassten Diensten der Personenlandverkehrs (→ Rn. 11 ff.). 1

II. Rechtssichere Markteingriffe (Abs. 1 UAbs. 1)

Der Regelungszweck der VO ist sehr klar bestimmt. Es geht um die Gewährleistungen von Dienstleistungen von allgemeinem wirtschaftlichem Interesse im Bereich der Personenlandverkehr. Dabei soll die Gewährleistung dieser Dienstleistungen durch **Markteingriffe** erfolgen, die in einem ansonsten unregulierten Markt – „freies Spiel des Marktes" – nicht zustande kämen.[2] Die Klarheit der Regulierung wird auch dadurch gefördert, dass die Dienstleistungen von allgemeinen wirtschaftlichen Interesse näher definiert sind, nämlich als solche, die „unter anderem" zahlreicher (= quantitativ) umfangreicher, persönlich sicherer, höherwertiger (= qualitätsvoller) und preisgünstiger sind. Die Formulierung kann dabei als Prototyp der Definition von Dienstleistungen von allgemeinem wirtschaftlichem Interesse (DAWI) gesehen werden.[3] Die Instrumente zur Sicherstellung derartiger Dienstleistungen werden in der VO so ausgestaltet, dass sie mit den gemeinschaftlichen Prinzipien des **unverfälschten Wettbewerbs**, des **Gemeinsamen Marktes** und der **Sicherstellung der Dienstleistungen des allgemeinem wirtschaftlichem Interesse** in Einklang stehen. 2

Die VO legt als unmittelbar geltendes Gemeinschaftsrecht die Spielregeln für derartige Marktinterventionen fest und schafft so mehr **Rechtssicherheit.** Andernfalls gäbe es ein unübersehbares Spektrum von Verfahren und Begründungen der Mitgliedstaaten für die Gewährung von Ausgleichsleistungen und die Vergabe von Ausschließlichkeitsrechten. Dabei würden sie Gefahr laufen, im Einzelfall die Grenzen des Gemeinschaftsrechts zu überdehnen, auch wenn bei der Definition von DAWI die Mitgliedstaaten zunächst einen breiten Einschätzungsspielraum haben.[4] Da nun durch das Sekundärrecht das Ermessen einerseits in Hinblick auf den harmonisierten Markt umfassend gelenkt ist und die zur Erreichung dieser Interessen vorgesehenen Instrumente durchreguliert sind, haben die Mitgliedstaaten bei der Anwendung der VO ein Höchstmaß an Rechtssicherheit die durch das Primärrecht gesetzten abstrakten Vorgaben auch konkret einzuhalten. Erwägungsgrund 6 illustriert diesen Zusammenhang eindrücklich. 3

---

[2] Zur hohen Konvergenz der Regulierungsziele mit dem PBefG bereits *Berschin* in Baumeister Recht des ÖPNV-HdB A1 Rn. 6 ff. und Saxinger/Winnes/*Winnes* Art. 1 Abs. 1 Rn. 21.

[3] Die Arbeitsunterlage der Kom.: Leitfaden zur Anwendung der Vorschriften der Europäischen Union über staatliche Beihilfen, öffentliche Aufträge und den Binnenmarkt auf Dienstleistungen von allgemeinem wirtschaftlichem Interesse und insbesondere auf Sozialdienstleistungen von allgemeinem Interesse v. 29.4.2013, SWD(2013) 53/final2, 20 nennt als weitere Kriterien die Sicherung der Gleichbehandlung und des universellen Zugangs, ansonsten sieht sie genau diese Ziele von Markteingriffen als Definitionskern von DAWI an; dazu auch in Band 5 *Arhold* → 2. Aufl. 2018, AEUV Art. 107 Rn. 230 und *Wolf* → 2. Aufl. 2018, AEUV Art. 107 Rn. 809 ff. mwN.

[4] EuG Urt. v. 15.6.2005 – T-17/02, Slg. 2005, II-2031 Rn. 216 = ECLI:EU:T:2005:218 = BeckRS 2005, 70448 – Olsen/Kom.; EuG 12.2.2008 – T-289/03, Slg. 2008, II-81 Rn. 166–169 = ECLI:EU:T:2008:29 = BeckRS 2008, 70248 – BUPA ua/Kom.; EuG Urt. v.22.10.2008 – T-309/04, Slg. 2008, II-2935 Rn. 113 ff. = ECLI:EU:T:2008:457 = BeckRS 2008, 71120 – TV 2/Danmark A/S ua/Kom.; Kom., Mitteilung der Kom. über die Anwendung der Beihilfevorschriften der Europäischen Union auf Ausgleichsleistungen für die Erbringung von Dienstleistungen von allgemeinem wirtschaftlichem Interesse, ABl. 2012 C 8, 44 Rn. 23 (DAWI Mitteilung).

4 Aus diesem Zusammenhang ergibt sich, dass die mit den Markteingriffen verfolgten **Ziele** eher **weit** auszulegen sind,[5] zumal die VO selbst nur einen beispielhaften Katalog nennt. Sie müssen selbst nur den Begriff der Dienstleistungen von allgemeinen wirtschaftlichen Interesse nach Art. 14, 106 AEUV und Protokoll Nr. 26 AEUV entsprechen. Umgekehrt sind die zu Erreichung der Ziele vorgesehenen **Marktinterventionen** dagegen **eng** auszulegen, da nur so ihr Ziel der gemeinschaftlichen Harmonisierung und der Schaffung von Rechtssicherheit erreicht werden. Daher ist es zu weitgehend, jegliche gemeinwirtschaftliche Pflicht als Anwendungsfall der PersonenverkehrsVO zu sehen.[6] Der Begriff „gemeinwirtschaftliche Pflicht" ist schillernd und mag von der jeweiligen subjektiven Einschätzung des Betreibers abhängen. Die VorgängerVO (EWG) Nr. 1191/69 hatten diesen insoweit rationalisiert, als dass das Verkehrsunternehmen aufgerufen war, die Aufhebung zu beantragen und darzulegen, inwieweit die gemeinwirtschaftliche Pflicht eine betriebswirtschaftliche Belastung darstellt. Dieser Zusammenhang fehlt nun vollständig, vielmehr normiert die PersonenverkehrsVO nur noch zielgerichtete Marktinterventionen mit Ausgleichsleistungen und Ausschließlichkeitsrechten.

5 Referenzmaßstab für die Zielerreichung muss ein unregulierter Markt sein, den die VO als „**freies Spiel des Marktes**" bezeichnet. Dies erfordert, dass Tatsachen oder wenigstens Vorstellungen darüber vorliegen, wie das Ergebnis eines unregulierten Marktes aussehen würde. Daraus ist dann abzuleiten, welche Defizite bestehen würden und mit welchen Markteingriffen diese beseitigt werden können. Dies ist allerdings in der Branche des öffentlichen Verkehrs nicht selbstverständlich. Vielmehr werden unregulierte Märkte gerne pauschal als indiskutabel und inakzeptabel bezeichnet.[7] Dies birgt die Gefahr, dass Regulierung eher aus Tradition und Gewöhnung fortgeführt wird und die Zielrichtung und Hinterfragung ihrer Notwendigkeit verloren geht. Dies kann sich dann in unverhältnismäßigen Ausschließlichkeitsrechten oder überhöhten Ausgleichszahlungen bei unspezifischen gemeinwirtschaftlichen Pflichten niederschlagen.

III. Beschränkung der Interventionsmittel (Abs. 1 UAbs. 2)

6 UAbs. 2 des Art. 1 Abs. 1 bestimmt die zur Zweckerreichung des UAbs. 1 erforderlichen Marktinterventionen und Verfahren, nämlich die Vergabe von Ausschließlichkeitsrechten und/oder Ausgleichsleistungen im **Gegenzug** für die Übernahme gemeinwirtschaftlicher Pflichten. Die Formulierung „im Gegenzug" bedeutet ein strikte Verbindung[8] zwischen auferlegten bzw. vereinbarten Pflichten und deren Kompensation. Eine Kompensation durch eine dritte Seite ist denklogisch unmöglich.

7 Allerdings könnte „im Gegenzug" so verstanden werden, dass die VO nur einen beispielhaften Katalog von Marktinventionsmitteln auflistet, und zB die Vergabe von ausschließlichen Rechten oder Ausgleichsleistung ohne Gegenseitigkeitsverhältnis zu gemeinwirtschaftlichen Pflichten genauso möglich sind, wie die Vergabe besonderer Rechte oder die Aufrechterhaltung von Verwaltungsmonopolen. Diese Beispielhaftigkeit wird auch gestützt durch die Auflistung von **allgemeinen Vorschriften** in Art. 2 lit. l. Wie sich aus der Entstehungsgeschichte ergibt, können allgemeine Vorschriften auch umfassend zur Durchsetzung gemeinwirtschaftlicher Verpflichtungen eingesetzt werden (→ Vor Rn. 50). In der Gesetz gewordenen VO wird dies nicht mehr dargestellt, sondern die allgemeine Vorschrift nur noch im Rahmen der Gegenseitigkeit zum Ausgleich von Höchsttarifen nach Art. 3 Abs. 2 geregelt. Damit sollten allgemeine Vorschriften aber nicht unzulässig zur Durchsetzung von Dienstleistungen von allgemeinen wirtschaftlichem Interesses werden, aber es fehlt die Notwendigkeit der weiteren Regelung, da die damit verbundene Marktintervention den Wettbewerbsteilnehmern keine Vorteile gewährt, da hierüber weder finanzielle Vorteile noch Ausschließlichkeitsrechte vermittelt werden können.

8 Vor diesem Hintergrund sind diese **Interventionsmittel** zu sehen, die der Sicherstellung gemeinwirtschaftlicher Verpflichtungen dienen und dem Betreiber eine Vorzugstellung einräumen. Denn diese kann mit den europäischen Regelungen zu den Grundfreiheiten, zum Beihilferecht und zum Wettbewerbsrecht in Konflikt geraten. Das Ziel der Herstellung von Rechtssicherheit kann aber nur erreicht werden, wenn eine eindeutige Zweck-Mittel-Relation aufgestellt wird. Wie in → Vor Rn. 79 ff. dargelegt, sind die **Vergabe besonderer Rechte** oder auch das Aufrechterhalten

---

[5] *Fehling/Niehnus* DÖV 2008, 662 (667 f.); *Heiß* VerwArch 2008, 113 (118); *Berschin* in Baumeister Recht des ÖPNV-HdB A1 Rn. 10.

[6] So *Winnes* DVBl. 2010, 791 (792); Saxinger/Winnes/*Winnes* Art. 1 Abs. 1 Rn. 30 ff. Wie hier die hM: *Linke*, Die Gewährleistung des Daseinsvorsorgeauftrags im öffentlichen Personennahverkehr, 2010, 153; *Deuster* DER NAHVERKEHR 4/2008, 38; Linke/*Kaufmann* Rn. 14; *Hölzl* → 1. Aufl. 2011, Rn. 7; *Berschin* in Baumeister Recht des ÖPNV-HdB A1 Rn. 20 ff.

[7] *Hass-Kau/Haubitz/Crampton* DER NAHVERKEHR 5/2001, 71 ff.

[8] *Saxinger/Fischer* Verkehr und Technik 2008, 78; Saxinger/Winnes/*Winnes* Art. 1 Abs. 1 Rn. 43 f.

bzw. Neubegründen von **Verwaltungsmonopolen** durchaus Regelungen, die eine Vorzugstellung zur Absicherung von gemeinwirtschaftlichen Pflichten gewähren. Allerdings sind diese Regelungen bewusst nicht in der die VO aufgenommen worden, weil Verwaltungsmonopole an sich den Markt verschließen und dem Ziel zuwiderlaufen würden, die Selbständigkeit und Unabhängigkeit der mit der Erbringung gemeinwirtschaftlicher Dienste betrauten öffentlichen Unternehmen, insbesondere der ehemaligen und aktuellen Staatsbahnen, zu fördern. Sie würden aber auch jeden Marktzugang vollständig ausschließen, welcher selbst bei Direktvergaben an einen internen Betreiber noch zumindest im Wege von Initiativangeboten möglich wäre.

Aber auch die Vergabe besonderer Rechte würde dem Regelungsgedanke der VO zuwiderlaufen. **Besondere Rechte** müssten als Gegenleistung für die Erfüllung gemeinwirtschaftlicher Pflichten Schutz vor Wettbewerb bieten. Dies ist aber bereits mit den Ausschließlichkeitsrechten verbunden. Denn diese müssen in ihrem Inhalt genau definiert sein und insgesamt verhältnismäßig sein. Ausschließlichkeitsrechte bieten daher keinen vollständigen Schutz vor Konkurrenz, sondern notwendigerweise nur einen begrenzten Schutz vor Konkurrenz. Daher könnten besondere Rechte nichts anderes regeln, als bereits mit der Vergabe ausschließlicher Rechte gewährleistet wird: Die Gewährleistungen von Verkehrsdienstleistungen im allgemeinen wirtschaftlichen Interesse im Gegenzug für einen partiellen Konkurrenzschutz. Es spricht daher viel dafür, dass besondere Rechte mit der Zielrichtung der Sicherstellung von Verkehrsangeboten nach der PersonenverkehrsVO nicht vorgesehen sind und ihnen der **Anwendungsvorrang der PersonenverkehrsVO entgegensteht**. 9

Andernfalls könnten die Mitgliedstaaten einen Konkurrenzschutz zB durch zahlenmäßige Begrenzung von Genehmigungen oder einer Bedürfnisprüfung für einen Marktzutritt einführen, mit denen die Wirkung ausschließlicher Rechte verbunden ist, ohne dass diese aber als ausschließliches Recht bezeichnet würden. Diese besonderen Rechte könnten dann außerhalb der von Art. 5 aufgestellten Regeln vergeben, unbefristet erteilt werden, die Bevorzugung bei Wiedererteilung, die Vergabe einem Qualitätsvergleich, Prioritätsgrundsatz oder gar den Maßstäben „bekannt und bewährt". Es leuchtet ein, dass dies eine **offensichtliche Umgehung** der PersonenverkehrsVO darstellen und der Regelungszweck der Herstellung europäischer rechtssicherer und transparenter Verfahren für Marktinterventionen zur Sicherstellung angemessener Verkehrsangebote vereitelt würde. 10

IV. Erfasste Verkehrsdienste (Abs. 2)

1. Personenverkehr. Die VO regelt nur den Personenverkehr. Regelungen zum Güterverkehr sind im Gegensatz zur VorgängerVO (EWG) Nr. 1191/69 nicht mehr enthalten, wie Erwägungsgrund 11 hervorhebt. Der Personenverkehr ist nach dem **Hauptzweck der Beförderung** im Gegensatz zum Nebenzweck wie etwa bei Rettungstransporte, Umzügen etc zu bestimmen. Nicht dagegen wird die Personenbeförderung dadurch ausgeschlossen, dass sie zu einem ganz bestimmten Zweck oder für einen ganz bestimmten Kreis erfolgt. So ist auch zunächst die Beförderung von Truppen, Polizei, Feuerwehr, Arbeitnehmern, Studenten, Schülern, Heimbewohnern oder gar Gefangenen mitumfasst, entscheidend ist letztlich, dass Personen zum **Zwecke der gewollten Ortsveränderung** bewegt werden. Ist dagegen die Fahrt selbst das Ziel, was vor allem bei touristischen oder historischen Verkehren infrage kommt, so ist die Personenbeförderung nicht mehr der Hauptzweck, sondern notwendiger Nebenzweck der Fahrt. 11

Neben dem Zweck der Ortsveränderung muss aber zusätzlich das Kriterium der **wirtschaftlichen Art** erfüllt werden, was letztlich erfordert, dass die Dienstleistung zum **Zwecke des Erwerbs** erbracht wird. Damit ist verbunden, dass die Leistungen im Rahmen der Ausübung eines Berufs erbracht werden, der zur Sicherung von Lebensgrundlagen tauglich ist. Ausgeschlossen sind somit Tätigkeiten der Gefälligkeit (auch gegen Kostenbeteiligung), Tätigkeiten rein karitativer Art oder Tätigkeiten, die ausschließlich gegen Aufwandsentschädigung erfolgen. Dieser **soziale Bereich** ist strikt von wirtschaftlichen Tätigkeiten abzugrenzen und ist nicht Regelungsgegenstand der VO, die sich auf die Regulierung von Dienstleistungen von allgemeinem wirtschaftlichem Interesse bezieht (→ Vor 20 f.). 12

Schließlich muss bei **gemischten Leistungen,** zB Autobeförderung im Reisezug, auf das Hauptmerkmal der Leistung abgestellt werden. Während die Beförderung des LKW-Fahrers im Rahmen einer rollenden Landstraße nur Nebenzweck der LKW-Beförderung ist und weitgehend mit einer unbegleiteten Beförderung von Containern oder Sattelaufliegern vergleichbar ist, verhält es sich der Beförderung von Kfz in Zügen genau umgekehrt. Hier werden im Wesentlichen die Personen befördert und das Kfz ist lediglich „Gepäck" der Reisenden. Die Austauschbarkeit der Leistung und damit der Vergleich ist hier eher mit der Beförderung von Reisenden per Bahn, Bus oder auch Flugzeug, ggf. in Kombination mit einem Mietwagen gegeben als mit einem Gütertransport (→ Vor Rn. 22 f.). 13

14 **2. Eisenbahnverkehr.** Eisenbahnverkehre sind auch in der maßgebenden Eisenbahnraum-RL nicht definiert, vielmehr wird der Begriff „Eisenbahn" als überkommener Rechtsbegriff im europäischen Unionsrecht übernommen. Allerdings nennt die VO auch „andere Arten des Schienenverkehrs" in Art. 1 Abs. 2. Erwägungsgrund 18 sowie Art. 2 lit. aa ÄndVO stellen klar, dass unter den **anderen Arten des Schienenverkehrs** Straßenbahnen und Untergrundbahnen zu verstehen sind. Auch wenn in der VO in der ursprünglichen Fassung nur von Straßenbahnen gesprochen wird, wird durch die ÄndVO klar, dass es sich hierbei um einen Oberbegriff „andere Bahnen als Eisenbahnen" handelt. Vor dem Hintergrund der diversen Ausnahmen zugunsten von Eisenbahnen muss der Begriff „Eisenbahn" **eng ausgelegt** werden. Aus dem europäischen Kontext folgt, dass Eisenbahnen vor allem solche Systeme sind, die auf **Einheitlichkeit und Interoperabilität** angelegt sind und damit einen großräumigen Austausch von Personen und Gütern ermöglichen.[9] Besondere Bahnen sind dagegen isolierte Systeme, die lediglich auf vergleichsweise kleinräumige Transporte ausgelegt sind.

15 Die in diesem Begriff der Eisenbahn liegende Unschärfe löst die RL 2012/34/EU (Eisenbahnraum-RL) vor allem dadurch, dass bestimmte Verkehre per se von der RL ausgenommen sind und andere Verkehre von den Mitgliedstaaten von der RL ausgenommen werden können. Daher haben die **Mitgliedstaaten eine begrenzte Befugnis** den Begriff „Eisenbahn" im Kontext der europäischen Regelungen zu definieren. Es spricht viel dafür, dass dies auch für die Zuordnung zum Eisenbahnbegriff der PersonenverkehrsVO maßgebend sein soll, zumal die letzten Änderungen in der VO aus den Änderungen aus dem vierten Eisenbahnpaket stammen, die wiederum die im Eisenbahnrecht seit dem Recast (= Formulierung der Eisenbahnraum-RL) gefundenen Rechtsbegriffe fortsetzt. Infrage für die **Nichtzuordnung zum Begriff „Eisenbahn"** kommen somit:
– Stadt-, Vorort- und Regionalverkehre mit eigenen Netzen (Art. 2 Abs. 1 und Abs. 2 lit. a und b Eisenbahnraum-RL),
– Verkehr auf Infrastrukturen im Privateigentum, die nur der Nutzung für eigenen Güterverkehr dienen (Art. 2 Abs. 2 lit. d Eisenbahnraum-RL bzw. Art. 2 Abs. 3 lit. d Eisenbahnraum-RL),
– Örtliche oder regionale Infrastrukturen, die strategisch unbedeutend sind (Art. 2 Abs. 4 Eisenbahnraum-RL). Allerdings ist diese Ausnahme eher als Übergangsvorschrift gedacht und steht unter besonderer Beobachtung der Kommission.

16 **3. Andere Arten des Schienenverkehrs.** Komplementär zum eher engen Begriff der Eisenbahnen ist der Begriff **„andere Arten des Schienenverkehrs" weit** zu verstehen. Denn Regelungszweck der VO ist die abschließende Regelung von Marktinterventionen im Landverkehr. Daher ist es sachgerecht, alle Formen des schienengebundenen Verkehrs einzubeziehen. Neben Straßenbahnen oder Stadtbahnen sind dies vor allem Untergrundbahnen, Hängebahnen, Hochbahnen, Standseilbahnen, Grubenbahnen, Feldbahnen, automatische People-Mover-Systeme, Systeme mit mechanischer, optischer oder elektronischer Spurführung und Magnetschwebbahnen. Entscheidend ist die Spurführung durch ein Gleis oder ein vergleichbares System, welches eine Zwangsführung der Verkehrsmittel bewirkt.

17 Dagegen können **Seilbahnen oder Aufzüge** nicht mehr den Begriff des Schienenverkehrs zugeordnet werden. Zwar werden sie ebenfalls spurgeführt, jedoch ist das spurführende Element keine Schiene mehr. Zudem fehlt ihnen die Vergleichbarkeit zum Straßenverkehr, die die anderen Arten des Schienenverkehrs auszeichnet, die zwischen den vollständig unabhängig vom Straßenverkehr operierenden Eisenbahnen und bis hin zu den vollständigen in den Straßenverkehr integrierten Straßenbahn anzusiedeln sind und diesen in seiner horizontalen Dimension folgen.

18 **4. Verkehr auf der Straße.** Der Personenverkehr auf der Straße umfasst **jede Personenbeförderung** auf **öffentlichen Straßen.** Zwar spricht die VO in den Vergaberegeln gleich vier Mal von Busverkehr in Abgrenzung zum Eisenbahnverkehr bzw. auch anderen schienengestützten Verkehren (Art. 4 Abs. 2, Art. 5 Abs. 1, Art. 7 Abs. 1 und 8 Abs. 1), jedoch wird der Begriff hier nur in Abgrenzung zum Eisenbahnverkehr und anderen schienengestützten Verkehren gebraucht. Zum Beispiel wird in den Vergaberegeln auch nicht das Binnenschiff erwähnt, obwohl es auch optional einbezogen werden kann. Daher ist Art. 5 kein Hinweis auf den Anwendungsbereich der VO, sondern er bezeichnet nur soweit die Trennlinien vor allem im Bereich der spurgeführten Verkehrsmittel. Der Anwendungsbereich ist daher ausschließlich auf den insoweit maßgeblichen Art. 1 und 2 zu genieren. Es gibt keine Hinweise, dass die VO nur auf öffentlichen Personenverkehr mit Kraftomnibussen beschränkt sein soll, vielmehr umfasst sie vollständig **jedwede Personenbeförderung auf der Straße,** also auch solche mit **Personenkraftwagen.** Einzige Einschränkung ist der öffentliche Bezug dieser Beförderung, was sie von einer reinen privaten Beförderung abgrenzt. Es ist zwar nachvollziehbar, dass in der Entstehung der VO va die Regelung des Marktes im öffentlichen Linienverkehr mit Bussen diskutiert wurde und auch hier der internationale Handel entdeckt

---

[9] Auslegungsmitteilung PersonenverkehrsVO Nr. 2.3.5.

wurde,[10] gleichwohl kann dies nicht die Einschränkung des in allen Sprachfassungen identischen Wortlauts rechtfertigen, der nur eine Personenbeförderung auf der Straße als Anwendungsvoraussetzungen sieht, aber nicht die Anwendung auf die Personenbeförderung mit Kraftomnibussen beschränkt. Darin liegt auch ein wesentlicher Unterschied zur VO 1073/2000, die explizit den Berufszugang nur hinsichtlich Personenbeförderung mit Kraftomnibussen regelt (→ Vor Rn. 30 ff.).

5. Ausnahme historisches/touristisches Interesse. Die Ausnahme für historische und touristische Verkehr ist vor allem deklaratorisch zu sehen, da hier nicht die Personenbeförderung im Sinne der Ortsveränderung Hauptzweck ist, sondern die **Fahrt als Ziel an sich.** Dies bedeutet, dass der Begriff „touristischer Zweck" eng zu verstehen ist, und der Verkehr selbst Gegenstand des touristischen Interesses sein muss. Es reicht nicht aus, dass der Verkehr überwiegend oder ganz ausschließlich von Touristen genutzt wird. Es ist nicht ausgeschlossen, dass der Verkehr auch zum Zwecke der Ortsveränderung genutzt wird, wie zB bei Hop-on-Hop-off Bussen üblich, gleichwohl muss der Verkehr selbst zB aufgrund der historischen Fahrzeuge, historischen Betriebsverfahren oder den touristischen Erläuterungen während der Fahrt im Mittelpunkt stehen. 19

6. Anwendungsoption Schiffsverkehr. Schließlich bestimmt Art. 1 Abs. 2 S. 3 die Option für die Mitgliedstaaten, die VO auch auf den Binnenschiffsverkehr[11] anzuwenden. Dies bietet den Vorteil, dass sowohl Ausschließlichkeitsrechte als auch Ausgleichsleistungen auf klarer rechtssicherer gemeinschaftsrechtlicher Grundlage vergeben werden. Dabei besteht nur die Option der Vollanwendung, eine Teilanwendung ist nicht zulässig.[12] **Deutschland** hat allerdings bisher von der **Anwendungsoption keinen Gebrauch** gemacht. Daher gelten für Ausschließlichkeitsrechte und Ausgleichsleistungen die Regelungen des AEUV, insbesondere auch die Altmark Trans-Kriterien unmittelbar. 20

7. Nah- und Fernverkehr. Die VO ist ohne Rücksicht auf etwaige Unterscheidung nach der Entfernung für Nah- und Fernverkehr gleichermaßen anwendbar. Entsprechende Differenzierungen nach deutschem Recht aus § 2 RegG, § 2 Abs. 4 AEG, § 8 Abs. 1 PBefG sind insoweit **bedeutungslos.** Allerdings steht es den Mitgliedstaaten frei, die Instrumentarien der VO wie ausschließliche Rechte, öffentliche Dienstleistungsaufträge oder allgemeine Vorschriften nur für bestimmte Verkehrsarten zuzulassen. 21

8. Hilfsleistungen im Verkehr. Spiegelbildlich zur Kerndefinition eines Betreibers und der Möglichkeit, diverse Funktionen unabhängig vom Betreiber zu organisieren (→ Art. 2 Rn. 18 f.), **beschränkt** sich die **Anwendung** der PersonenverkehrsVO auf die **Sicherstellung von Verkehrsleistungen** durch einen Betreiber im öffentlichen Verkehr. Dies bedeutet, dass alle **Hilfsleistungen** bzw. vor- und nachgelagerten Leistungen nicht Anwendungsgegenstand der PersonenverkehrsVO sind. Dies gilt zB für die getrennte Vergabe von Vertriebsleistungen,[13] Vergabe von Fahrzeugpools,[14] Marketingleistungen, Leistungen des Kundendiensts, Werkstattförderung,[15] Fahrzeugförderung etc, auch wenn damit indirekt verbunden ist, dass öffentliche Verkehrsleistungen gefördert werden sollen. 22

V. Keine Anwendung Baukonzessionen

Die Nichtgeltung für Baukonzessionen nach Art. 1 Abs. 3 ist in der Praxis weitgehend bedeutungslos, da abgesehen von den in Art. 4 Abs. 7 S. 3 angesprochenen integrierten Projekten aus 23

---

[10] S. KOM(2000) 7 endg. unter 2.2.
[11] Zu den grundlegenden Anforderungen im Gemeinschaftsrecht zählen hier VO (EWG) Nr. 3291/91 des Rates v. 16.12.1991 über die Bedingungen für die Zulassung von Verkehrsunternehmen zum Binnenschiffsgüter- und -personenverkehr innerhalb eines Mitgliedstaats, in dem sie nicht ansässig sind, ABl. 1991 L 373, 1 und die VO (EG) Nr. 1356/96 des Rates v. 8.7.1996 über gemeinsame Regeln zur Verwirklichung der Dienstleistungsfreiheit im Binnenschiffsgüter- und personenverkehr zwischen Mitgliedstaaten, ABl. 1997 L 175, 7.
[12] S. dazu Schlussantrag GA *Wahl* beim EuGH v. 27.3.2014 – C 207/13, ECLI:EU:C:2014:198 = BeckRS 2014, 80640 – Wagenborg. Zum Urteil kam es aufgrund Klagerücknahme nicht mehr.
[13] Zur getrennten Vergabe von Vertriebsdienstleistungen s. zB *Kern/Noé* Verkehr und Technik 2016, 295 sowie den Fallbericht des BKartA v. 24.5.2016, B9-136/13 „Verpflichtungszusagen Vertrieb DB Fernverkehr".
[14] Zu Rechtsstreitigkeiten hieraus im Spannungsfeld zwischen Vergabe von Verkehrsleistungen und gesonderte Vergabe von Fahrzeugpools s. OLG Celle Beschl. v. 2.9.2004 – 13 Verg 11/04, NZBau 2005, 52; VK Sachsen Beschl. v. 4.2.2013 – 1/SVK/039-12, BeckRS 2013, 04345 und VK Münster Beschl. v. 2.10.2014 – VK 13/14, NZBau 2014, 721. Am Rande auch OLG Karlsruhe Beschl. v. 29.4.2016 – 15 Verg 1/16, NZBau 2016, 449 ff. sowie *Röbke* NZBau 2015, 216 ff.; *Strauß* VergabeR 2016, 23. Zur Notwendigkeit der Unterstützung bei Fahrzeugbeschaffung: *Engelshoven/Hoopmann* IR 2011, 279 ff.; *Hoopmann/Daubertshäuser/Wogatzki* DER NAHVERKEHR 7-8/2010, 4 ff.; *Mietzsch/Stockmann/Sporbeck* Verkehr und Technik 2016, 133.
[15] In der E der Kom. C(2017) 5740final v. 23.8.2017, Subject: SA.42525 (2017/N) – Slovakia – Workshops for light maintenance of trains, Rn. 37 stellt die Kom. fest, dass auf die Förderung von Werkstätten die PersonenverkehrsVO nicht anwendbar ist.

Planung, Aufbau und Betrieb von Nahverkehrssystemen (→ Art. 4 Rn. 39) Ausbau oder gar Bau keine Rolle spielt. Vielmehr werden Bauaufträge von Infrastrukturbetreibern oder integrierten Betreibern meist gesondert vergeben.

VI. Konkurrenzen und Abgrenzung

24   **1. Ausgleichszahlungen nach Altmark Trans.** Die Abgeltungsfinanzierung im Rahmen von Altmark Trans-Kriterien ist im Anwendungsbereich der PersonenverkehrsVO **bedeutungslos.** Dies hat seine Ursache im Anwendungsvorrang des Sekundärrechts. Bereits zur VO (EWG) Nr. 1191/69 hat der EuGH festgestellt, dass dies aufgrund ihrer Spezifizität und der Notwendigkeit Art. 93 AEUV durch Sekundärrecht auszugestalten, vorrangig ist. Die Altmark Trans-Kriterien wurden nur für den Fall entwickelt, dass die Mitgliedstaaten von der Bereichsausnahme in der VO (EWG) Nr. 1191/69 Gebrauch machen (→ Vor Rn. 53 f.). Wenn diese Feststellung bereits im Verhältnis zwischen Art. 93 AUEV und den diesen ausregelnde VO (EWG) Nr. 1191/69 und ferner VO (EWG) Nr. 1107/70 galt, so gilt diese nun erst recht in Bezug auf die PersonenverkehrsVO, die neben Art. 93 AEUV nun umfassende die Niederlassungsfreiheit in öffentlichen Verkehr regelt.

25   Daher ist es irreführend, wenn die **Kommission** im Rahmen von Beihilfebeschwerdeverfahren die Anwendbarkeit der **Altmark Trans-Kriterien** prüft[16] und meist dann feststellt, dass diese nicht eingehalten sind, um so dann in eine Beihilfeprüfung einzusteigen und dann meistens die Beihilfen doch genehmigt. Ab dem Geltungsbeginn der PersonenverkehrsVO wäre es dagegen richtig, die Einhaltung der Abgeltungsvorschriften zu überprüfen und bei deren Verletzung die Beihilfeneigenschaft und gleichzeitig auch die Nichtgenehmigungsfähigkeit nach Gemeinschaftsrecht festzustellen. Denn das Sekundärrecht formt das Beihilfeverbot entsprechend aus und die Kommission wäre im Rahmen der Beihilfeaufsicht befugt, dieses ausgeformte Beihilfenverbot anzuwenden.

26   Abgeltungsbeihilfen nach **Altmark Trans** haben daher **nur** Bedeutung für nach **Art. 3 Abs. 3** von der VO ausgenommene allgemeine Vorschriften (→ Art. 3 Rn. 21 ff.) und für den **Binnenschiffsverkehr,** soweit er nicht der Anwendung der VO unterliegt, für der VO nicht unterfallenden Beförderungen zu touristischen und historischen Zwecken, sowie für Seilbahnen und dergleichen.

27   **2. Abgeltungsbeihilfen nach Art. 93 AEUV.** Ebenfalls wird der direkte Rückgriff auf Art. 93 AEUV im Rahmen der Anwendbarkeit der VO gesperrt. Die PersonenverkehrsVO füllt insoweit Art. 93 AEUV vollständig aus, sodass – wie im Rahmen der Altmark Trans-Rechtsprechung unter Geltung der VO (EWG) Nr. 1191/69 – ein unmittelbarer **Rückgriff auf Art. 93 AEUV gesperrt** ist. Dort, wo die Altmark Trans-Kriterien zur Feststellung einer Beihilfeeigenschaft mangels Anwendbarkeit PersonenverkehrsVO festgestellt werden können, ist zur Rechtfertigung Art. 93 AEUV denkbar. Dies dürfte vor allem Fälle betreffen, in denen das vierte Kriterium nicht eingehalten wird. Auf dieser Linie liegt der DAWI-Beschl. der KOM, der Ausgleichszahlungen auch bei nicht effizient geführten Unternehmen mit Verletzung des vierten Altmark Trans-Kriterium zulässt, sofern kein unangemessener Gewinn entsteht.[17]

28   **3. Koordinierungsbeihilfen nach Art. 93 AEUV.** Dagegen regelt die PersonenverkehrsVO die Koordinierungsfunktion von Abgeltungsbeihilfen im Personenlandverkehr nur im Reflex[18] und hat keinen eigenen Regelungsgehalt zu Koordinierungsbeihilfen. Daher ist der unmittelbare Rückgriff auf den Rechtfertigungsgrund koordinierender Beihilfen im Verkehr weiterhin möglich.

---

[16]   E der Kom. K(2011)632 endg. v. 23.2.2011, über die staatliche Beihilfe C 58/2006 (ex NN 98/2005) Deutschlands für Bahnen der Stadt Monheim (BSM) und Rheinische Bahngesellschaft (RBG) im Verkehrsverbund Rhein-Ruhr, ABl. 2011 L 210, 1, Rn. 143 ff.; E der Kom. C(2013)6251 final v. 2.10.2013, State aid Measure SA.33037 (C/2012) – Italy Compensation of Simet SpA for public transport services provided between 1987 and 2003, Rn. 90 f.; E der Kom. C(2014)133 corr. v. 22.1.2014, Staatliche SA.34155 (2013/N) (ex 2011/PN) – Deutschland; Landesgesetz des Landes Rheinland-Pfalz über den Ausgleich von gemeinwirtschaftlichen Verpflichtungen im Ausbildungsverkehr Rn. 28 ff.; zuletzt noch E der Kom., C(2015)3657 final v. 4.6.2015 – State Aid SA.34403 (2015/NN) (ex 2012/CP) – United Kingdom – Alleged unlawful State aid granted by Nottinghamshire und Derbyshire County Councils to community transport organisations Rn. 37. Diese E wurde mit E der Kom. (EU) 2016/2084 fin. v. 10.6.2016, State aid SA.38132 (2015/C) (ex 2014/NN) – additional PSO compensation for Arfea Rn. 93 offenbar aufgegeben.

[17]   Kom., Gemeinschaftsrahmen für staatliche Beihilfen, die als Ausgleich für die Erbringung öffentlicher Dienstleistungen gewährt werden, ABl. 2005 C 297, 4, Ziff 1.3; Beschl. d. Kom. v. 12.12.2011 über die Anwendung von Art. 106 Abs. 2 AEUV auf staatliche Beihilfen in Form von Ausgleichsleistungen zugunsten bestimmter Unternehmen, die mit der Erbringung von Dienstleistungen von allgemeinem wirtschaftlichem Interesse betraut sind, ABl. 2012 L 7, 3.

[18]   *Berschin* in Baumeister Recht des ÖPNV-HdB A1 Rn. 211.

4. Rahmen für Dienstleistungen von allgemeinen wirtschaftlichem Interesse. 29
Ursprünglich waren auch die PersonenverkehrsVO sowie die Regelungen im DAWI-Paket der EU 2011 strikt voneinander getrennt. So gelten die entsprechenden Regelungen nicht im Bereich des Personenlandverkehrs.[19] Allerdings wurde im Rahmen der **DAWI-De-Minimis-VO** für Dienstleistungen von allgemeinem wirtschaftlichem Interesse hiervon abgewichen. Gemäß Erwägungsgrund 4 DAWI-De-Minimis-VO gelten im Personenkraftverkehr Ausgleichsleistungen bis zu 500.000 EUR in drei Jahren als nicht handelsberührend und wettbewerbsverfälschend. Art. 1 Abs. 2 DAWI-De-Minimis-VO nennt verschiedene Nichtanwendungsfälle, insbesondere auch den Straßengüterverkehr. Der Personenverkehr selbst wird nicht genannt, obwohl in anderen Rechtsakten im Bereich der Dienstleistungen von allgemeinen wirtschaftlichen Interessen der Anwendungsvorrang der PersonenverkehrsVO benannt wird. Der spätere Erlass der Kommissionsentscheidung sowie die explizite Benennung im Erwägungsgrund 4 DAWI-De-Minimis-VO sprechen eher für einen Vorrang dieser,[20] die eher spezielleren Regelungen in der PersonenverkehrsVO sowie der höhere Gesetzesrang streiten dagegen eher für eine abschließende Regelung der PersonenverkehrsVO.[21] Der Widerspruch ist daher so aufzulösen, dass auch im Anwendungsbereich der PersonenverkehrsVO für **Abgeltungsbeihilfen parallel die DAWI-De-Minimis-VO anwendbar ist.**[22] Allerdings erschöpft sich ihr Regelungsgehalt in der Zulässigkeit von Abgeltungsbeihilfen. Sofern ausschließliche Rechte oder vergleichbare den Marktzugang regelnde Rechte vergeben werden sollen, ist dagegen die PersonenverkehrsVO alleine maßgebend. Ausgeschlossen ist ein Aufsplitten in mehrere gemeinwirtschaftliche Leistungen oder eine Kombination mit den Ausgleichszahlungen nach PersonenverkehrsVO.

5. EG-Transparenz-Richtlinie RL 2006/111/EG. Die RL 2006/111/EG ist gem. Art. 1 30
Abs. 2 RL 2006/111/EG unbeschadet weiterer Gemeinschaftsregelungen auf alle von ihr umfassten Unternehmen anzuwenden. Wenngleich der Anhang der VO gesonderte Abrechnungsregelungen einschließlich der Vorgaben zu getrennten Büchern vorhält und die Mitgliedstaaten gegenüber der Kommission nach Art. 6 Abs. 2 umfassend auskunftspflichtig sind, steht die RL 2006/111/EG zunächst neben der PersonenverkehrsVO. Die Richtlinie ist zunächst nicht anzuwenden, soweit der Jahresumsatz unter 40 Mio. EUR liegt (Art. 5 Abs. 1 lit. d RL 2006/111/EG). Sie gilt auch nicht, soweit Ausgleichsleistung und/oder ausschließliche Rechte im Rahmen eines offenen, transparenten und nicht diskriminierenden Verfahren erlangt wurden (Art. 5 Abs. 2 lit. c RL 2006/111/EG). Schließlich ist positive Voraussetzung, dass die zur Führung getrennter Bücher verpflichteten Unternehmen auf Basis von Ausschließlichkeitsrechten tätig sind, einen Ausgleich für die Erbringung gemeinwirtschaftlicher Leistungen erhalten und zudem noch andere Tätigkeiten ausüben (Art. 2 lit. d RL 2006/111/EG). Im Ergebnis dürfte die RL 2006/111/EG nur Anwendung auf öffentliche Verkehrsunternehmen als Begünstigte von Direktvergaben finden, soweit sie noch andere Geschäftsbereiche außerhalb der Betrauung mit gemeinwirtschaftlichen Pflichten aufweisen. Dies dürfte die **parallele** und nicht systematisch mit PersonenverkehrsVO abgestimmte **Anwendbarkeit** der RL 2006/111/EG erheblich einschränken.

Art. 2 Begriffsbestimmungen

Im Sinne dieser Verordnung bezeichnet der Ausdruck
a) „öffentlicher Personenverkehr" Personenbeförderungsleistungen von allgemeinem wirtschaftlichem Interesse, die für die Allgemeinheit diskriminierungsfrei und fortlaufend erbracht werden;
  aa) „öffentliche Schienenpersonenverkehrsdienste" den öffentlichen Schienenpersonenverkehr mit Ausnahme des Personenverkehrs auf anderen schienengestützten Verkehrsträgern wie Untergrund- oder Straßenbahnen;
b) „zuständige Behörde" jede Behörde oder Gruppe von Behörden eines oder mehrerer Mitgliedstaaten, die zur Intervention im öffentlichen Personenverkehr in einem bestimmten geografischen Gebiet befugt ist, oder jede mit einer derartigen Befugnis ausgestattete Einrichtung;

---

[19] Art. 2 Abs. 5 Beschl. d. Kom. v. 12.12.2011 über die Anwendung von Art. 106 Abs. 2 AEUV auf staatliche Beihilfen in Form von Ausgleichsleistungen zugunsten bestimmter Unternehmen, die mit der Erbringung von Dienstleistungen von allgemeinem wirtschaftlichem Interesse betraut sind, ABl. 2012 L 7, 3.
[20] So auch Saxinger/Winnes/*Faber* Art. 9 Rn. 33 f.
[21] S. dazu *Heiß* VerwArch 2009, 113 (129); *Winnes/Schwarz/Mietzsch* EuR 2009, 290 (291 f.) und in Band 5 *Núñez Müller* → Sektoren Rn. 539 ff.
[22] So auch Auslegungsmitteilung PersonenverkehrsVO Nr. 2.4.1.

c) „zuständige örtliche Behörde" jede zuständige Behörde, deren geografischer Zuständigkeitsbereich sich nicht auf das gesamte Staatsgebiet erstreckt;
d) „Betreiber eines öffentlichen Dienstes" jedes privat- oder öffentlich-rechtliche Unternehmen oder jede Gruppe von privat- oder öffentlich-rechtlichen Unternehmen, das/die öffentliche Personenverkehrsdienste betreibt, oder eine öffentliche Einrichtung, die öffentliche Personenverkehrsdienste durchführt;
e) „gemeinwirtschaftliche Verpflichtung" eine von der zuständigen Behörde festgelegte oder bestimmte Anforderung im Hinblick auf die Sicherstellung von im allgemeinen Interesse liegenden öffentlichen Personenverkehrsdiensten, die der Betreiber unter Berücksichtigung seines eigenen wirtschaftlichen Interesses nicht oder nicht im gleichen Umfang oder nicht zu den gleichen Bedingungen ohne Gegenleistung übernommen hätte;
f) „ausschließliches Recht" ein Recht, das einen Betreiber eines öffentlichen Dienstes berechtigt, bestimmte öffentliche Personenverkehrsdienste auf einer bestimmten Strecke oder in einem bestimmten Streckennetz oder Gebiet unter Ausschluss aller anderen solchen Betreiber zu erbringen;
g) „Ausgleichsleistung für gemeinwirtschaftliche Verpflichtungen" jeden Vorteil, insbesondere finanzieller Art, der mittelbar oder unmittelbar von einer zuständigen Behörde aus öffentlichen Mitteln während des Zeitraums der Erfüllung einer gemeinwirtschaftlichen Verpflichtung oder in Verbindung mit diesem Zeitraum gewährt wird;
h) „Direktvergabe" die Vergabe eines öffentlichen Dienstleistungsauftrags an einen bestimmten Betreiber eines öffentlichen Dienstes ohne Durchführung eines vorherigen wettbewerblichen Vergabeverfahrens;
i) „öffentlicher Dienstleistungsauftrag" einen oder mehrere rechtsverbindliche Akte, die die Übereinkunft zwischen einer zuständigen Behörde und einem Betreiber eines öffentlichen Dienstes bekunden, diesen Betreiber eines öffentlichen Dienstes mit der Verwaltung und Erbringung von öffentlichen Personenverkehrsdiensten zu betrauen, die gemeinwirtschaftlichen Verpflichtungen unterliegen; gemäß der jeweiligen Rechtsordnung der Mitgliedstaaten können diese rechtsverbindlichen Akte auch in einer Entscheidung der zuständigen Behörde bestehen:
   – die die Form eines Gesetzes oder einer Verwaltungsregelung für den Einzelfall haben kann oder
   – die Bedingungen enthält, unter denen die zuständige Behörde diese Dienstleistungen selbst erbringt oder einen internen Betreiber mit der Erbringung dieser Dienstleistungen betraut;
j) „interner Betreiber" eine rechtlich getrennte Einheit, über die eine zuständige örtliche Behörde – oder im Falle einer Gruppe von Behörden wenigstens eine zuständige örtliche Behörde – eine Kontrolle ausübt, die der Kontrolle über ihre eigenen Dienststellen entspricht;
k) „Wert" den Wert eines Verkehrsdienstes, einer Strecke, eines öffentlichen Dienstleistungsauftrags oder einer Ausgleichsregelung des öffentlichen Personenverkehrs, der den Gesamteinnahmen – ohne Mehrwertsteuer – des Betreibers oder der Betreiber eines öffentlichen Dienstes entspricht, einschließlich der Ausgleichsleistung der Behörden gleich welcher Art und aller Einnahmen aus dem Fahrscheinverkauf, die nicht an die betroffene zuständige Behörde abgeführt werden;
l) „allgemeine Vorschrift" eine Maßnahme, die diskriminierungsfrei für alle öffentlichen Personenverkehrsdienste derselben Art in einem bestimmten geografischen Gebiet, das im Zuständigkeitsbereich einer zuständigen Behörde liegt, gilt;
m) „integrierte öffentliche Personenverkehrsdienste" Beförderungsleistungen, die innerhalb eines festgelegten geografischen Gebiets im Verbund erbracht werden und für die ein einziger Informationsdienst, eine einzige Fahrausweisregelung und ein einziger Fahrplan besteht.

Übersicht

	Rn.		Rn.
I. Öffentlicher Personenverkehr	1	3. Konsequenzen für Sonderformen des Linienverkehrs	10
1. Allgemein (lit. a)	1	4. Konsequenzen für freigestellten Schülerverkehr	11
2. Konsequenzen für Taxi- und Mietwagenverkehre	9	5. Schienenpersonenverkehrsdienst (lit. aa)	12

	Rn.		Rn.
II. Zuständige Behörden	13	a) Altunternehmer	29
1. Sachlich zuständige Behörde (lit. b)	13	b) Schutz gegen Marktzutritt	30
		c) Verhältnis Linien- zu Taxenverkehr	32
2. Örtlich zuständige Behörde (lit. c)	15	d) Taxikontigentierung	33
III. Betreiber (lit. d)	17	e) Liberalisierung im Mietwagenverkehr	36
IV. Gemeinwirtschaftliche Verpflichtung (lit. e)	20	VII. Finanzielle Kompensation	39
		1. Ausgleichsleistung (lit. g)	39
V. Öffentlicher Dienstleistungsauftrag (lit. i)	23	2. Wert des Verkehrsdienstes oder Ausgleichsleistung (lit. k)	40
VI. Ausschließliches Recht (lit. f)	24	VIII. Allgemeine Vorschrift (lit. l)	41
1. Verhältnismäßiges ausschließliches Recht	24	IX. Direktvergaben	44
2. Abgrenzung zum besonderen Recht	25	1. Interner Betreiber (lit. j)	44
3. Folgen für die deutsche Regulierungsordnung im PBefG	26	2. Integrierter Verkehrsdienst (lit. m)	45

I. Öffentlicher Personenverkehr

1. Allgemein (lit. a). Die Verordnung erfasst nur Markteingriffe in den **öffentlichen Perso- 1 nenverkehr,** der in den anderen Sprachfassungen durchweg als „public transport" bzw. die jeweiligen Übersetzungen bezeichnet wird. Dies ist semantisch vom **privaten Personenverkehr** abzugrenzen. Als privat gelten unzweifelhaft die selbst gesteuerten Verkehrsmittel des Individualverkehrs wie Personenkraftwagen, Kraftrad oder auch Fahrrad. Dies umfasst auch etwaige Mitnahme und Gefälligkeitsfahrten, die nicht das Niveau der berufsmäßigen Personenbeförderung erreichen (→ Vor Rn. 20 f.). Auf der anderen Seite steht der **Linienverkehr,** der nach gemeinschaftlicher Auffassung unbestritten als öffentlicher Verkehr gilt. Zwischen diesen Polen gibt es **verschiedenste Spielarten** zwischen Privatverkehr einerseits und öffentlichen Linienverkehr andererseits, die vor allem im Zeitalter der Digitalisierung durch die Möglichkeiten des Zusammenstellens von spontanen Fahrgemeinschaften ganz neue Perspektiven eröffnen. Die Kommission ist der Auffassung, dass Verkehre, die nur auf Bestellung und damit nicht nach einem festen Fahrplan und nur für einen Teil der Bevölkerung wie zB Ältere, behinderte Menschen angeboten werden, nicht der PersonenverkehrsVO unterfallen.[1] Tatsächlich ist dies aber vom Wortlaut der PersonenverkehrsVO nicht gedeckt, da die von der Kommission genannten Merkmale wie Fahrplangebundenheit oder Mitnahme von Jedermann so nicht in der VO vorkommen. Vielmehr verwendet Art. 2 lit. a die Merkmale „allgemeines wirtschaftliches Interesse", „ für die Allgemeinheit"; „fortlaufend" und „diskriminierungsfrei".

Entstehungsgeschichtlich ersetzt die PersonenverkehrsVO die **VO (EWG) Nr. 1191/69,** die 2 ebenfalls in ihrer letzten Fassung der VO (EWG) Nr. 1893/91 für sich einen sehr weiteren Anwendungsbereich reklamierte. Auch hier waren alle Verkehrsdienste eingeschlossen, also auch solche mit Personenkraftwagen. Lediglich durch die Ausnahmemöglichkeit nach Art. 1 Abs. 1 UAbs. 2 VO (EWG) Nr. 1191/69 idF 1893/91 für Verkehrsunternehmen mit nur örtlicher und regionaler Tätigkeit hatte die VO letztlich für viele Bereiche im öffentlichen Verkehr zunächst keine praktische Relevanz. Gleichwohl war von der Konzeption der Aufhebungs- bzw. Abgeltungsanspruch für Verpflichtungen des öffentlichen Dienstes sehr weit gefasst. Definiert in Art. 2 Abs. 2 VO (EWG) Nr. 1191/69 umfasste dies die Betriebs-, Beförderungs- und Tarifpflicht. Die Betriebspflicht nach Art. 2 Abs. 3 VO (EWG) Nr. 1191/69 mit ihren Vorgaben zu Kontinuität, Regelmäßigkeit und Kapazität bezog sich nicht nur auf Strecken, sondern auch auf den Betrieb von per Konzession übertragenen Einrichtungen, was zB der Pflichtfahrbereich im Taxenverkehr sein konnte. Die Beförderungspflicht nach Art. 2 Abs. 4 VO (EWG) Nr. 1191/69 war jedwede Beförderung zu festgesetzten Tarifen und gemäß Tarifpflicht nach Art. 2 Abs. 5 VO (EWG) Nr. 1191/69 waren von zuständigen Behörden festgesetzte nicht kostendeckende und damit nicht marktadäquate Tarife umfasst. Dabei war es ausreichend, wenn bestimmte einzelne Tarife, zB für eine Kurzstreckenfahrt im Taxenverkehr, bereits nicht auskömmlich waren. Aus der VO (EWG) Nr. 1191/69 gibt es daher keine Anhaltspunkte, dass die Personenverkehrsdienstleistungen des allgemeinen wirtschaftlichen Interesses – vormals Verpflichtungen des öffentlichen Dienstes („service public") – im Sinne von „Fahrplaneinhaltung" und „für Jedermann zugänglich" auszulegen waren. Allerdings sind keine Fälle bekannt, in denen sich etwa Taxiunternehmen die Befreiung von

---

[1] Zuletzt noch E der KOM, C(2015)3657 final v. 4.6.2015 – State Aid SA.34403 (2015/NN) (ex 2012/CP) – United Kingdom -Alleged unlawful State aid granted by Nottinghamshire and Derbyshire County Councils to community transport organisations Rn. 55.

VO (EG) 1370/2007 Art. 2   3–5   Begriffsbestimmungen

Pflichten beantragt hätten oder in denen Mitgliedstaaten solche Verkehre vom Anwendungsbereich der VO (EWG) Nr. 1191/69 ausgenommen hätten. Vielmehr **reichte** es aus, dass eine **Betriebspflicht-, Beförderungs- oder Tarifpflicht** bestand. Wie das Beispiel der Tarifpflicht eindrücklich zeigt, konnte dabei die Regulierung auch zugunsten einzelner Fahrgastgruppen erfolgen (Ankunft in fremder Stadt, Kurzstreckenfahrten etc).

3   Die parallelen europäischen Regelungen des Marktzugangs nach **VO (EG) Nr. 1071/2009 und VO (EG) Nr. 1073/2009** geben hingegen keinen weiteren Aufschluss zum Begriff „öffentliche Personenverkehrsdienste". Art. 2 Nr. 2 VO (EG) Nr. 1071/2009 zum subjektiven Berufszugang definiert lediglich den Beruf des Personenkraftverkehrsunternehmers. Dies ist die entgeltliche Personenbeförderung für die Öffentlichkeit oder für bestimmte Benutzergruppen mit Kraftomnibussen. In Art. 3 Abs. 1 VO (EG) Nr. 1073/2009 wird der freie Dienstleistungsverkehr für alle gewerblichen Kraftverkehrsunternehmen festgestellt. Lediglich in Bezug auf die Verkehrsform des grenzüberschreitenden Linienverkehrs wird ein Prüfungsverfahren festgelegt, um insbesondere öffentliche Dienstleistungsaufträge zu schützen (Art. 8 Abs. 4 VO (EG) Nr. 1073/2009). Weiterhin enthält die VO Einschränkungen des Gelegenheitsverkehrs durch das Merkmal der vorab gebildeten Gruppe (Art. 2 Nr. 4 VO (EG) Nr. 1073/2009). Damit ist aber nicht verbunden, dass die Dienstleistungsfreiheit auf diesen Typ festgelegt ist (→ Vor Rn. 33), vielmehr enthält Art. 5 Abs. 3 VO (EG) 1073/2009 eine Auffangklausel in Bezug auf Gelegenheitsverkehre, die Linienverkehren vergleichbar sind und auf dessen Benutzer ausgerichtet sind. Diese wäre überflüssig, wenn es abschließend festgelegte Verkehrsformen gäbe. Insofern kann aus der VO der öffentliche Personenverkehrsdienst allenfalls aus den Schutzklauseln zugunsten von Linienverkehr als Reflex gewonnen werden. Auch die **Busgastrechte-VO**[2] verwendet nur die Begriffe „Linienverkehr" für nicht näher bestimmte Gruppen von Fahrgästen in Abgrenzung zu Sonderformen des Linienverkehrs und den Gelegenheitsverkehr (Art. 2 Abs. 1 und 3 Busgastrechte-VO). Die **RL 2001/85/EG**[3] schließlich enthält bei den Fahrzeuganforderungen überhaupt keine Differenzierungen, auch nicht im Hinblick auf Linien oder Gelegenheitsverkehr. Sie stellt vielmehr im Anhang I unter 2.1.1.1 darauf ab, ob das Fahrzeug für Strecken mit zahlreichen Haltestellen ausgelegt ist und ob stehende Fahrgäste vorgesehen sind. Insgesamt ist festzustellen, dass der Begriff „öffentlicher Personenverkehr" im Gemeinschaftsrecht nicht vorgeprägt ist und am ehesten in der Tradition der Verpflichtungen des öffentlichen Dienstes steht. Diese Tradition wird durch den Begriff der Dienstleistungen von allgemeinem wirtschaftlichem Interesse fortgeführt und spricht für einen Ansatz der eher von den **einwirkenden öffentlichen Interessen** ausgeht und weniger von den jeweils national vorgefundenen und notwendigerweise divergierenden Bezeichnungen, die vor allem aus der Historie des Typenzwangs der Personenbeförderung resultieren.

4   In den Erwägungsgründen der **PersonenverkehrsVO** werden die Begriffe „**öffentlicher Personenverkehr(sdienst)**" (zB in Erwägungsgründen 4, 5, oder 10, Art. 2 lit. a) und „**Personenverkehr des öffentlichen Dienstes**" (zB Erwägungsgründe 5, 6, 7, 9 oder 10, Art. 1 Abs. 1) **synonym** verwandt. Art. 2 lit. d bestätigt dieses Verständnis. Über den Begriff des öffentlichen Dienstes als service public wird auch unmittelbar die **Kontinuität** zur VorgängerVO (EWG) Nr. 1191/69 hergestellt. Daher sind die Begriffe „Allgemeinheit", „diskriminierungsfrei" und „fortlaufend" in diesem Zusammenhang auszulegen.

5   **Allgemeinheit** bedeutet demnach entgegen der landläufigen Auffassung,[4] die dies mit Öffentlichkeit gleichsetzt, gerade nicht, dass „Jedermann" Zugang zu diesen Diensten haben muss. Vielmehr müssen diese **Dienste der Öffentlichkeit** in dem Sinne **gewidmet** sein, dass sie einen **öffentlichen Zweck** erfüllen. Die Beschränkung auf **bestimmte Nutzergruppen** kann Ausdruck eines besonderen Zwecks sein, weil die Beförderung, zB für Behinderte oder Schüler, auf die entsprechenden Anforderungen der Nutzer zugeschnitten sind.[5] Dies beseitigt aber nicht den Charakter von Dienstleistungen von allgemeinem wirtschaftlichem Interesse. Es liegt in der Natur der Sache, dass Dienstleistungen von allgemeinem wirtschaftlichem Interesse auf bestimmte Benutzergruppen ausgerichtet sind. So sind Krankenhäusern kranken Menschen vorbehalten, Schulen schulpflichtigen und schulfähigen Kindern usw. Schließlich wäre es auch innerhalb der PersonenverkehrsVO ein Wertungswiderspruch, wenn nach Art. 3 Abs. 3 Tarife für bestimmte Fahrgastgruppen vorgegeben werden können, aber die

---

[2] VO (EU) Nr. 181/2011 des EP und des ER v. 16.2.2011 über die Fahrgastrechte im Kraftomnibusverkehr und zur Änderung der Verordnung (EG) Nr. 2006/2004, ABl. 2011 L 55, 1.
[3] RL 2001/85/EG des EP und des ER v. 20.11.2001 über besondere Vorschriften für Fahrzeuge zur Personenbeförderung mit mehr als acht Sitzplätzen außer dem Fahrersitz und zur Änderung der Richtlinien 70/156/EWG und 97/27/EG, ABl. 2002 L 42, 1.
[4] Saxinger/Winnes/*Winnes* Art. 2 lit. a Rn. 4.
[5] So schon *Berschin* in Baumeister Recht des ÖPNV-HdB A1 Rn. 17. Zu der Erfüllung öffentlicher Verkehrsinteressen und damit ein „Dienen für die Allgemeinheit" durch einen Seniorenbus OVG Koblenz Urt. v. 24.5.2012 – 7 A 10246/12, NVwZ-RR 2012, 645 Rn. 28 f.

PersonenverkehrsVO nicht ermöglicht, Dienstleistungen zu finanzieren, die zur Personenbeförderung im öffentlichen Interesse notwendig sind. Daneben ist die Abgrenzung zwischen Verkehren, die **formal nur einer Nutzergruppe** vorbehalten sind und Verkehren, die **faktisch** nur von einer Nutzergruppe genutzt werden können, geradezu unmöglich. Dies ergibt sich beispielsweise dann, wenn die Busse im Schülerverkehr nur die Schule als Ziel ansteuern und zudem ein Einstieg aufgrund von Kapazitätsproblemen für weitere Fahrgäste faktisch nicht möglich wäre. Ebenso würden Fahrdienste für Rollstuhlfahrer zu einem besonderen Preis von weiteren Fahrgästen nicht genutzt, wenn klar ist, dass die Fahrzeuge auf eine besondere Nutzergruppe ausgerichtet sind sowie im Vergleich Fahrpreise und Anmeldeerfordernis diesen Spezialverkehr für andere Nutzer uninteressant machen. Gleichwohl bleibt dieser Verkehr von größtem öffentlichem Interesse.

Die **Diskriminierungsfreiheit** ist ein typischer Regelungsgegenstand von Dienstleistungen 6 von allgemeinem wirtschaftlichem Interesse.[6] Damit ist gemeint, dass ein **gleichbehandelnder und universeller Zugang** gewährleistet wird. Er soll sicherstellen, dass nicht bestimmter Nutzer aufgrund geringer Kaufkraft, geringer Nutzung, Herkunft, Religion, Rasse, Geschlechts, Behinderung und vergleichbarer Merkmale diskriminiert werden. Die Forderung nach Diskriminierungsfreiheit ist somit Ausdruck des öffentlichen Zwecks, der immer erfordert, dass der Bevölkerung Leistungen zugutekommen, die unter dem strikten Gebot der Gleichbehandlung konzipiert werden. Hier stellen sich zahlreiche sachliche Fragen, wie insbesondere der Zugang für behinderte oder kranke Menschen zeigt. Nicht kann aber aus der Vorgabe „diskriminierungsfrei" gefolgert werden, dass jeder in Genuss der Dienstleistungen kommen können muss. Denn Differenzierungen, die sich aus der Natur der Sache ergeben, sind auch unter Geltung des europäischen Diskriminierungsverbots aufgrund der Staatsangehörigkeit nach Art. 18 AEUV zulässig. Letztlich sind für etwaige Ungleichbehandlungen entsprechende sachliche Gründe, die verhältnismäßig sein müssen, darzustellen.

Am stärksten wird die – vermeintliche – Beschränkung der PersonenverkehrsVO auf Linienver- 7 kehre oder vergleichbare Verkehre aus dem Wort „**fortlaufend**" herausgelesen.[7] Die anderen Sprachfassungen verwenden dabei eher die Begriffe mit der Bedeutung „kontinuierlich" oder „dauerhaft". Daraus wird deutlich, dass die Dienste **verlässlich und stabil** sein müssen. Nicht erforderlich ist, dass der Dienst in einem bestimmten Intervall (= Fahrplan) verkehrt. Dies kann aus dem Begriff „fortlaufend" nicht herausgelesen werden. Daher grenzt das Wort „fortlaufend" nur solche Dienste ab, die nur einmalig oder zufällig verkehren. Auch ggf. erst in der Zukunft sich ergebende oder bereitstehende Dienste[8] sind noch nicht verlässlich und in diesem Sinne fortlaufend.

Zusammenfassend gelten daher alle Personenverkehrsdienste als öffentlich, wenn sie im öffentli- 8 chen Interesse so reguliert werden müssen, dass ein **Zugang aller** oder **zumindest einer abgegrenzten Zielgruppe ohne Weiteres** zu den festgelegten Bedingungen möglich ist und die **Dienstleistung in ihrem Bestand zumindest mittelfristig gesichert** ist. Der Zugang muss festgelegten Bedingungen der Kontinuität und Verlässlichkeit entsprechen, die durch die zuständige Behörde im öffentlichen Interesse festgelegt sind. Diese Definition knüpft damit an die vorangegangene Definition aus der VO (EWG) Nr. 1191/69 von auferlegten oder vereinbarten Betriebs-, Beförderungs- und Tarifpflichten an.

2. Konsequenzen für Taxi- und Mietwagenverkehre. Von daher **unterfallen auch Taxi-** 9 **verkehre** der PersonenverkehrsVO, wenn mit der Regulierung von Betriebs-, Beförderungs- und Tarifpflicht bezweckt wird, ein allgemein zugängliches sowie fortlaufend und kontinuierlich bereitgestelltes Verkehrsmittel anzubieten.[9] § 8 Abs. 2 PBefG unterstreicht auch, dass insoweit der Taxenverkehr Bestandteil des ÖPNV ist.

3. Konsequenzen für Sonderformen des Linienverkehrs. Die gleiche Folge gilt auch für 10 **Sonderformen des Linienverkehrs** nach § 43 PBefG: Die Begrenzung auf bestimmte Nutzergruppen schließt nicht die Anwendung der PersonenverkehrsVO a priori aus. Vielmehr ist ent-

---

[6] Arbeitsunterlage der Kommissionsdienststellen: Leitfaden zur Anwendung der Vorschriften der Europäischen Union über staatliche Beihilfen, öffentliche Aufträge und den Binnenmarkt auf Dienstleistungen von allgemeinem wirtschaftlichem Interesse und insbesondere auf Sozialdienstleistungen von allgemeinem Interesse, SWD(2013) 53 fin2, 20.

[7] *Hölzl* → 1. Aufl. 2011, Rn. 6; Saxinger/Winnes/*Winnes* Art. 2 lit. a Rn. 6. Dagegen definiert Linke/*Linke* Rn. 8 fortlaufend nur als Gegenstück zu „unbeständig".

[8] Arbeitsunterlage der Kommissionsdienststellen: Leitfaden zur Anwendung der Vorschriften der Europäischen Union über staatliche Beihilfen, öffentliche Aufträge und den Binnenmarkt auf Dienstleistungen von allgemeinem wirtschaftlichem Interesse und insbesondere auf Sozialdienstleistungen von allgemeinem Interesse, SWD(2013) 53 fin2, 26 f. zur Frage, ob eine Dienstleistung als DAWI definiert werden darf, wenn der Markt in der Zukunft voraussichtlich in der Lage ist, diese zu erbringen.

[9] Wie hier *Linke*, Die Gewährleistung des Daseinsvorsorgeauftrags im ÖPNV, 2010, 157. AA Saxinger/Winnes/*Saxinger* Art. 2 lit. a Rn. 6.

scheidend die Zweckbestimmung. Werden die Verkehre im öffentlichen Interesse zur Sicherstellung einer ausreichenden Bedienung vorgehalten und sei es zB nur für Schüler, so unterfallen diese der PersonenverkehrsVO. Sind die Verkehre dagegen Gegenstand eines ausschließlich marktlichen Verhaltens, beispielsweise soweit Arbeitgeber für ihre Beschäftigten derartige Verkehre nachfragen, sind sie nicht Teil eines kontinuierlich und allgemein zugänglich bereitgestellten Personenverkehrs.

11   **4. Konsequenzen für freigestellten Schülerverkehr.** Schließlich sind **auch freigestellte Schülerverkehr in der Regel Gegenstand der PersonenverkehrsVO,**[10] da hiermit meist öffentliche Hoheitsträger im Interesse des Gemeinwohls die Mobilität bestimmter Bevölkerungsgruppen – hier Schüler – gewährleisten. Dies erfolgt im öffentlichen Interesse und ist kein Gegenstand eines normalen Marktgeschehens. Dass diese Verkehre gem. § 1 Abs. 4 lit. d FreistllVO[11] von den Bestimmungen des PBefG freigestellt sind, ist insoweit unschädlich. Die weit verbreitete Gegenauffassung beruht auf dem Irrtum, dass allgemein zugängliche Personenverkehre nach PersonenverkehrsVO mit dem deutschen Begriff des öffentlichen Personen(nah)verkehrs identisch seien.[12]

12   **5. Schienenpersonenverkehrsdienst (lit. aa).** Der mit der ÄndVO neu eingefügte Art. 2 lit. aa definiert den öffentlichen Schienenpersonenverkehrsdienst als öffentlichen Personenverkehr mit Eisenbahnen. Eine inhaltliche Neuerung ist damit nicht verbunden. Motivation für die Definition sind die neu eingeführten Direktvergabemöglichkeiten in Art. 5, deren Anwendung sich ausschließlich auf öffentliche Schienenpersonenverkehrsdienste beschränkt. Die Definition ermöglicht es, entsprechend in Art. 5 auf die sonst jeweils erforderliche umständliche Klarstellung, welche Verkehrsdienste erfasst sind (keine Untergrund- oder Straßenbahnen oÄ), verzichten zu können.

II. Zuständige Behörden

13   **1. Sachlich zuständige Behörde (lit. b). Sachlich** ist für die Rechtsausübung der PersonenverkehrsVO jede Behörde oder auch eine Gruppe von Behörden **zuständig,** die mit entsprechender **Interventionsbefugnis** ausgestattet ist. Es ist jeweils **Sache der Mitgliedstaaten,** festzulegen, welche Behörde über welche Interventionsbefugnis verfügen soll. In Deutschland wird dies regelmäßig aufgrund des Gesetzesvorbehalts für die Regelung der Berufsfreiheit durch Gesetz geschehen müssen. Die Inhaberschaft über die zuständige Behörde ist dabei Rechtmäßigkeitsvoraussetzung für eine angekündigte Vergabe eines öffentlichen Dienstleistungsauftrags.[13] Die Bundesgesetze RegG und PBefG verweisen im ÖPNV bezüglich der zuständigen Behörde an den Landesgesetzgeber (§ 4 RegG und § 8a Abs. 1 S. 3 PBefG). Die Länder haben durchweg den Aufgabenträger zur zuständigen Behörden erklärt, wobei noch verschiedene Landesgesetze auf die VorgängerVO (EWG) Nr. 1191/69 Bezug nehmen, allerdings sind derartige Verweise dynamisch zu interpretieren und wirken nun auf die PersonenverkehrsVO.[14] Eine Ausnahme bildet Baden-Württemberg: Hier sind auch kreisangehörige Gemeinden zusätzlich zu den Landkreisen zuständige Behörde, wenn sie einen Stadtverkehr fördern, werden aber dadurch nicht Aufgabenträger (§ 6 Abs. 3 BWÖPNVG).

14   Die PersonenverkehrsVO zielt darauf, dass die Intervention jeweils in einem bestimmten geografischen Gebiet, ggf. sogar **auch grenzüberschreitend** ausgeübt wird. Dies weist darauf hin, dass die Befugnisse jeweils regional wahrgenommen werden sollen. Da aber die Mitgliedstaaten sehr unterschiedlich strukturiert sind, kann aus der Formulierung „bestimmtes geografisches Gebiet" nicht geschlossen werden, dass dies nicht einen gesamten Mitgliedstaat umfassen darf. Aus der VO folgt lediglich, dass Mitgliedstaat und zuständige Behörde getrennt betrachtet werden. Die Erwägungsgründe 17 und 18 ÄndVO unterstreichen dies.

15   **2. Örtlich zuständige Behörde (lit. c).** Die Festlegung des **örtlichen Zuständigkeitsbereichs** ist **Sache der Mitgliedstaaten.** Die PersonenverkehrsVO enthält lediglich zwei Maßgaben: Zum einen darf eine zuständige örtliche Behörde in Fällen des internen Betreibers nicht das gesamte Staatsgebiet umfassen. Damit soll verhindert werden, dass sich Direktvergaben an interne

---

[10] So bereits *Berschin* in Baumeister Recht des ÖPNV-HdB A1 Rn. 17.
[11] Verordnung über die Befreiung bestimmter Beförderungsfälle von den Vorschriften des PBefG v. 30.8.1962, BGBl. 1962 III 9240-1-1.
[12] VK Lüneburg Beschl. v. 15.5.2015 – VgK 09/2015, ZfBR 2015, 610. Wie hier *Bayreuther* → GWB § 131 Rn. 54.
[13] VK Südbayern Beschl. v. 15.10.2015 – Z3-3-3194-1-36-05/15, BeckRS 2016, 44456, unter II 1.2; VK Rheinland Beschl. v. 9.9.2017, VK VOL 13/2017, unter III; VK Westfalen Beschl. v. 19.6.2018 – 1 VK 10/18 unter II 2.2; aA *Lenz/Jürschik* NZBau 2019, 519 (520 f.); *Linke/Kaufmann/Linke* Rn. 10a.
[14] Zur Übersicht nach Ländern s. Saxinger/Winnes/*Winnes* Art. 2 lit. b Rn. 34 ff.

Betreiber auf das gesamte Staatsgebiet erstrecken und damit den Markt vollständig verschließen. Im durch die ÄndVO eingefügtem Art. 5 Abs. 2 UAbs. 2 wird dies für den Schienenverkehr dahingehend verschärft, dass in einer Gruppe von Behörden kein Mitgliedstaat beteiligt sein darf. Die Kommission ist dabei der Auffassung, dass eine örtlich zuständige Behörde oder eine Gruppe von Behörden **den Verkehrsbedarf eines Verbundes oder Landkreis** abdecken muss.[15] Diese Einschränkung findet sich nicht im Verordnungstext und es ist auch sonst nicht erkennbar, warum eine Direktvergabe nach Art. 5 Abs. 2 sich auf den gesamten Zuständigkeitsbereich einer zuständigen Behörde erstrecken muss. Nach dem Ziel der VO Direktvergaben als Ausnahmefall anzusehen, ist jede Wettbewerbsvergabe – und betrifft sie auch nur ein Teil des Zuständigkeitsgebiets – eine bessere Erfüllung der Ziele der VO. Die einzige Voraussetzung nach Art. 5 Abs. 2 bleibt, dass bei einer Gruppe von Behörden zusätzlich die Integration der Verkehrsdienste in einem Verbund erforderlich ist. Dies bedingt allerdings nicht, dass die Direktvergabe sich deswegen auf den gesamten Verbund erstrecken muss.

16 Zum anderen ist durch die ÄndVO in Art. 1 Abs. 2 S. 2 an durchaus unpassender Stelle in die PersonenverkehrsVO eingefügt worden. Demnach soll sich die örtliche Zuständigkeit auch um **grenzüberschreitende Elemente** eines Verkehrs erstrecken. Allerdings steht dies unter der Voraussetzung der Zustimmung der anderen zuständigen Behörde. Sachlich hat sich durch diese Ergänzung keine Änderung ergeben

III. Betreiber (lit. d)

17 Die Definition des Betreibers ist der der zuständigen Behörde gegenübergestellt. Da es sich um Dienstleistungen von **wirtschaftlichem** Interesse handelt, hat muss der Regulierung ein Unternehmen gegenüberstehen. Dabei kann im Rahmen der Eigenerstellung der Betreiber wiederum rechtlich selbst ein Teil der Körperschaft sein, die die zuständige Behörde stellt. Die Begriffsdefinition des lit. d erweitert dies um die Merkmale „betreibt" bzw. „durchführt". Damit soll zum Ausdruck gebracht werden, dass ein Betreiber sich dadurch qualifiziert, dass er **wesentliche Beiträge zur Sicherstellung der gemeinwirtschaftlichen Verpflichtung leistet.** Er ist also der **Verpflichtete** und kann niemals der Verpflichtende sein. Er muss die Vorgaben zur Selbstbringung aus Art. 4 Abs. 7 und Art. 5 Abs. 2 lit. e sicherstellen können.

18 Dabei ist durchaus offen, wie umfassend die vom Betreiber zu betreibenden **Wertschöpfungsstufen** sind. So wird bereits in Erwägungsgrund 14 klargestellt, dass die zuständige Behörde eine Reihe von weiteren Tätigkeiten und Funktionen neben dem Betrieb selbst vorhalten kann oder damit auch Dritte beauftragen kann. Damit wird deutlich, dass die PersonenverkehrsVO keinen festen Begriff eines Betreibers mit ihm mindestens zu verantwortenden Wertschöpfungsstufen kennt, lediglich das Verwalten und Erbringen der Leistung in einem charakteristischem Kern ist ihm vorbehalten.[16] Daher können Tätigkeiten wie zB Vertrieb, Information, Kundendienst, Marketing, Infrastrukturvorhaltung, Fahrzeuggestellung, Werkstattleistungen oder gar Personalvorhaltung/Personalgestellung von den zuständigen Behörden als Bestandteil eines öffentlichen Dienstleistungsauftrags gegenüber einem Betreiber gesehen werden oder anderweitig vorgehalten werden. Allerdings muss ein Betreiber letztlich die **Kernleistung der Sicherstellung von Verkehrsleistungen** im Sinne der Ziele des Art. 1 Abs. 1 erbringen können. Diese Sicherstellung ist wesentlich näher mit dem Wort „Betrieb" als mit dem Verwalten verwandt. Erbringt er diese Erstellungsfunktion nicht, ist er kein Betreiber.[17] Daher sind die verschiedensten vorgenannten Hilfstätigkeiten selbst kein Gegenstand der PersonenverkehrsVO,[18] sondern bei Bedarf von den zuständigen Behörden nach allgemeinem Vergaberecht zu vergeben.

19 Diese wirtschaftliche Betrachtungsweise der PersonenverkehrsVO **strikt zu trennen** von der juristischen Einstufung des **Unternehmens** nach deutschem PBefG. Dort ist der Unternehmer, welcher im eigenen Namen und unter eigener juristischer Verantwortung den Verkehr durchführt, kurz Vertragspartner der Fahrgäste werden will.[19] Dazu stellt er Fahrpläne auf und setzt Tarife fest. Die gesamte Durchführung kann dagegen vollständig Subunternehmer übertragen werden.

---

[15] Auslegungsmitteilung PersonenverkehrsVO Nr. 2.3.1 i).
[16] *Barth* DER NAHVERKEHR 10/2010, 24; *Berschin* in Baumeister Recht des ÖPNV-HdB A1 Rn. 31 f.
[17] Die Gegenauffassung – *Linke* Verkehr und Technik 2010, 463; Linke/*Kaufmann/Linke* Rn. 16; Saxinger/Winnes/*Saxinger* Art. 2 lit. f Rn. 13; *Hölzl* → 1. Aufl. 2011, Rn. 11 – beruft sich vor allem auf den Begriff des Verwaltens, kann aber nicht erläutern, was der Unterschied zum Sicherstellen ist.
[18] Wie hier Ziekow/Völlink/*Zuck* Art. 1 Rn. 2; Saxinger/Winnes/*Saxinger* Art. 1 Abs. 2 Rn. 9. AA mit der deutschrechtlichen Begründung des weiten Begriffs öffentlicher Personennahverkehr: *Otting/Olegmöller/Tresselt* in Gabriel/Krohn/Neun VergabeR-HdB § 70 Rn. 18 f.
[19] StRspr, zuletzt BVerwG Urt. v. 27.8.2015 – 3 C 14.14, ECLI:DE:BVerwG:2015:270815U3C14.14.0 = NVwZ 2016, 695 Rn. 16 ff. mwN.

Dieser Betreiber hat allenfalls das Verwalten der Leistungen in seinem Zuständigkeitsbereich, wobei sich dieses Verwalten nicht von den Tätigkeiten einer zuständigen Behörde unterscheiden würde, nämlich Festlegen von Fahrplänen, Tarifen, Qualitätsstandards und Kontrolle derselben. Daher kann hier von einer **funktional zuständigen Behörde** gesprochen werden. Dies wäre auch der einzige Anwendungsvoll, in dem eine zuständige Behörde Sektorenauftraggeber wäre, was in Art. 5 Abs. 1 als Möglichkeit gesehen wird.[20] Daher verbietet sich den europarechtlichen Begriff des Betreibers mit dem Unternehmensbegriff des PBefG zu vermischen. Aus dieser Vermischung rühren zahlreiche Fehleinschätzungen im Rahmen der Möglichkeiten zur Nutzung des steuerlichen Querverbunds.[21]

IV. Gemeinwirtschaftliche Verpflichtung (lit. e)

20 Der Begriff der gemeinwirtschaftlichen Verpflichtung führt den aus der VO (EWG) Nr. 1191/69 bekannten Begriff der Verpflichtung des öffentlichen Dienstes fort. Die Verpflichtung wird weiterhin negativ formuliert und umfasst all das, was der Betreiber nicht im eigenen kommerziellen Interesses von sich aus anbieten und übernehmen würde. Der Begriff ist dementsprechend wie das Allgemeininteresse **denkbar weit** und kann **alle zulässigen Regulierungsziele** umfassen. In diesem Rahmen verfügen die zuständigen Behörden über ein weites Ermessen.[22] Hierbei wird es in der Regel schwierig sein, für jede einzelne Pflicht zu ermitteln, ob und inwieweit hieraus wirtschaftliche Nachteile erwachsen, da meistens ein **Bündel gemeinwirtschaftlicher Pflichten** vergeben wird. Dies ist solange unkritisch, wie die Abrechnung über die gesamten Leistungen erfolgt (Bruttoansatz). Da hier alle Kosten und Erlöse berücksichtigt werden, kann darauf verzichtet werden, isoliert die jeweiligen Nachteile zu ermitteln (→ Anh. Rn. 3).

21 Anders verhält es sich, wenn nur eine **isolierte gemeinwirtschaftliche Pflicht,** zB Höchstpreise nach Art. 3 Abs. 2 oder auch nur einzelne Fahrten, vereinbart oder auferlegt wird. In diesem Fall muss die gemeinwirtschaftliche Pflicht genau feststehen und von dem kommerziellen Interesse abgegrenzt werden, da sich nur so genau der Umfang der Pflicht als Abweichung vom eigenen wirtschaftlichen Interesse feststellen und finanziell bewerten lässt.

22 Die gemeinwirtschaftliche Verpflichtung ist schließlich immer Spiegel der gewährten Vorzugstellung und steht so im **Gegenseitigkeitsverhältnis.** Sie entsteht also erst in Ansehung konkret vergebener Ausschließlichkeitsrechte und/oder Finanzierung. Werden dagegen nur allgemeine Anforderungen, wie zB allgemeine Vorschriften oder gar allgemeine Marktregulierungen aufgestellt, so entsteht hieraus keine gemeinwirtschaftliche Verpflichtung.

V. Öffentlicher Dienstleistungsauftrag (lit. i)

23 Der öffentliche Dienstleistungsauftrag (ÖDA) ist gem. Art. 3 Abs. das mit Abstand **wichtigste Interventionsinstrument** der VO. Er dokumentiert die gemeinwirtschaftlichen Pflichten und schafft einen Bezug und damit Berechnungsgrundlage für die entsprechenden Kompensationen durch Ausgleichsleistungen und/oder ausschließliche Rechte. Zweck des lit. i ist darzustellen, dass der öffentliche Dienstleistungsauftrag nicht nur eine Übereinkunft (= Vertrag[23]) zwischen zuständiger Behörde und Betreiber ist, sondern auch durch einseitige Verpflichtung aus Gesetz oder Verwaltungs-

---

[20] Barth DER NAHVERKEHR 10/2010, 24 (25 f.); Berschin in Baumeister Recht des ÖPNV-HdB A1 Rn. 30 f., 33; aA Linke Verkehr und Technik 2010, 463 (465); Wittig/Schimanek DER NAHVERKEHR 8/2008, 22 (25); Knauff NZBau 2012, 63 (70); Saxinger/Winnes/Saxinger Art. 2 lit. d Rn. 13 f.

[21] In dieser Konstruktion kann der ausgewählte Erbringer des Verkehrs Empfänger eines öffentlichen Dienstleistungsauftrags als Betreiber sein, während gleichzeitig das kommunale Verkehrsunternehmen Inhaber einer Linienverkehrsgenehmigung nach PBefG oder von Betriebsführungsrechten ist. Da nach deutschem Recht der Vergabe eines öffentlichen Dienstleistungsauftrags der Aufruf zu eigenwirtschaftlichen Genehmigungen nach § 8a Abs. 2 PBefG vorausgehen muss, bietet sich an, dass der Empfänger des öffentlichen Dienstleistungsauftrags die Linienverkehrsgenehmigungen beantragt und anschließend dem kommunalen Verkehrsunternehmen die Betriebsführungsrechte zum Zwecke der Nutzung des steuerlichen Querverbunds überträgt und gleichzeitig die Subunternehmerbeauftragung ersatzweise formidentisch zum öffentlichen Dienstleistungsauftrag erhält; dazu Barth DER NAHVERKEHR 10/2010, 24 (25).

[22] Knauff DVBl. 2006, 339 (341); Heiß VerwArch 2009, 113 (118); Berschin in Baumeister Recht des ÖPNV-HdB A1 Rn. 21; Saxinger/Winnes/Saxinger Art. 2 lit. e Rn. 13; Otting/Olegmöller/Tresselt in Gabriel/Krohn/Neun VergabeR-HdB § 70 Rn. 21.

[23] Die Qualifizierung als privatrechtlich oder öffentlich-rechtlich ist durchaus im Fluss. Die Verwaltungsgerichte haben ihnen vorgelegte Verkehrsverträge als öffentlich-rechtlich eingestuft: VG Gelsenkirchen Urt. v. 19.12.2008 – 14 K 2147/07, BeckRS 2009, 30968 Rn. 95 und VG Neustadt Urt. v. 20.2.2017 – 3 K 772.15.NW bzw. 3 K 1160.15.NW. Für grundsätzlich öffentlich-rechtlich sprechen sich Sennekamp/Fehling N&R 2009, 96 ff. und Hölzl → 1. Aufl. 2011, Art. 5 Rn. 131 aus.

akt begründet werden kann.²⁴ Insofern wird dort keine Übereinkunft im Sinne der Vertragsautonomie bekundet, sondern die anzuwendende Regelung unmissverständlich dargestellt. Weiterhin stellt lit. i klar, dass es auch gerade gegenüber einem internen Betreiber keiner Übereinkunft oder Vertrags bedarf. Vielmehr können die dortigen Bedingungen einseitig von der zuständigen Behörde per Weisung festgelegt werden.²⁵ Dies ist auch einsichtig, da bei einem internen Betreiber die zuständige Behörde ein hinreichendes Durchgriffsrecht haben muss (→ Art. 5 Rn. 33).

VI. Ausschließliches Recht (lit. f)

1. Verhältnismäßiges ausschließliches Recht. Die ausschließlichen Rechte werden in Art. 2 **24** lit. f gemäß der gemeinschaftsrechtlichen Tradition als Exklusivrecht der Ausbeutung einer bestimmten Strecke, Netzes oder gar Gebiet definiert.²⁶ Dabei müssen aber ausschließliche Rechte nach den gemeinschaftsrechtlichen Grundsätzen **verhältnismäßig und genau bestimmt** sein, so müssen sie zB auf die Amortisationsdauer der Wirtschaftsgüter und den erforderlichen Raum begrenzt sein.²⁷ Daraus folgt, dass ausschließliche Rechte nur in bestimmen Merkmalen absolut sind, zB Uhrzeiten, Strecken, Verkehrsarten, Fahrpreise, Fahrplangebundenheit etc, dagegen werden sie in anderen Merkmalen eher offen oder undifferenziert sein.²⁸ Von daher sind ausschließliche Rechte letztlich nur **relative Rechte des partiellen Konkurrenzschutzes**, der einen Verkehr in seiner Auskömmlichkeit durch Abgrenzung gegenüber anderen Verkehren absichert. Diese Absicherung dient dem **Gegenleistungscharakter** der Verleihung eines ausschließlichen Rechts. Aus diesem Grunde umfassen ausschließliche Rechte auch ein etwaiges **Abstandsgebot** zu **anderen Verkehrsformen**, zB Bus zu Zugverkehr oder Linienverkehr zu einem Sammeltaxiverkehr. Denn diese müssen individuell unter besonderer Berücksichtigung der jeweiligen örtlichen Lage, den Merkmalen des geschützten Verkehrs und der Bedrohungslage durch etwaige konkurrierende Verkehre festgelegt werden. Ein pauschales Abstandsgebot aufgrund eines **Typenzwangs** ist dagegen **prima facie unverhältnismäßig.** Die Bezugnahme auf die Urheberschaft für ein ausschließliches Recht macht deutlich, dass die zuständige Behörde ein **individuelle Interventionsentscheidung** zu treffen hat, die jeweils in Ansehung der konkreten Umstände der Herstellung einer gemeinwirtschaftlichen Pflicht im Gegenzug für die Ausschließlichkeit.

2. Abgrenzung zum besonderen Recht. Wie in → Vor Art. 1 Rn. 60 ff. dargestellt, regelt **25** die PersonenverkehrsVO abschließend die für gemeinwirtschaftliche Verpflichtungen notwendigen Markteingriffe und beschränkt diese auf Ausgleichsleistungen und ausschließliche Rechte. Wie zuvor dargestellt, sind dabei ausschließliche Rechte durchaus relativ zu sehen und geben der Marktinterventionsbehörde ein flexibles Instrument an die Hand, den **erforderlichen Konkurrenzschutz herzustellen.** Einer Abstufung der PBefG-Liniengenehmigung im Sinne eines nur **besonderen Rechtes**²⁹ als Minus zum ausschließlichen Recht **bedarf es daher nicht** zur Herstellung der genannten Ziele von höherwertigeren, verlässlicheren und preisgünstigeren Dienstleistungen. Vielmehr dürfen sie wegen des Anwendungsvorrangs nach Art. 288 S. 2 AEUV nicht (mehr) angewandt werden.³⁰ Soweit das nationale Recht zuständige Behörden für die Umsetzung der PersonenverkehrsVO benennt und deren Marktinterventionen nicht einschränkt, sind diese zuständigen Behörden aufgerufen, die Instrumente der PersonenverkehrsVO anzuwenden.

3. Folgen für die deutsche Regulierungsordnung im PBefG. Vorstehendes hat **weitrei- 26 chende Konsequenzen** für die deutsche Regulierungsordnung im PBefG. Zwar ist die Liniengen-

---

²⁴ AllgM Saxinger/Winnes/*Saxinger* Art. 2 lit. i Rn. 16; *Hölzl* → 2. Aufl. 2019, Rn. 20.
²⁵ Für die Eigenerbringung ist dies unbestritten: OLG Jena Beschl. v. 12.6.2019 – 2 Verg 1/18, NZBau 2020, 59 unter II 1; *Knauff* DVBl. 2006, 339 (340); Saxinger/Winnes/*Saxinger* Art. 2 lit. i Rn. 14; *Jürschik*, Verordnung über öffentliche Personenverkehrsdienste, 2. Aufl. 2020, Rn. 17. Berschin in Baumeister Recht des ÖPNV-HdB A1 Rn. 121. Dagegen zu weitgehend *Oebbecke* NVwZ 2019, 1724 (1727), wenn aus der Beherrschung per se ein Vertragsverhältnis und damit vergaberechtliche Begrifflichkeiten als unzutreffend eingestuft werden. Zurückweisend BGH Beschl. v. 12.11.2019 – XIII ZB 120/19, ECLI:DE:BGH:2019: 121119BXIIIZB120.19.0 = NVwZ 2020, 330 Rn. 29 f.
²⁶ *Knauff* DVBl. 2006, 339 (348); *Sitsen* IR 2011, 76 (80); *Deuster* DÖV 2010, 591 (596) mwN.
²⁷ EuGH Urt. v. 23.5.2000 – C 209/98 – Slg. 2000, I-3743 Rn. 79 = ECLI:EU:C:2000:279 = JuS 2001, 87 – Sydhavnens Sten & Grus.
²⁸ Auf diesen relativen Charakter weisen auch *Linke*, Die Gewährleistung des Daseinsvorsorgeauftrags im ÖVPN, 2010, 174 f. und Saxinger/Winnes/*Saxinger* Art. 2 lit. f Rn. 10 hin.
²⁹ So *Werner* GewArch 2004, 89 (94 f.); *Ipsen* DER NAHVERKEHR 6/2008, 20 (21) jeweils noch zum alten Recht. In neuem Recht: *Werner* in Baumeister Recht des ÖPNV-HdB A3 Rn. 68 f. mit der Zuordnung zum Verbot der besonderen Rechte nach PersonenverkehrsVO.
³⁰ *Berschin* in Baumeister Recht des ÖPNV-HdB A1 Rn. 28; iE auch *Saxinger* DVBl. 2008, 488 (494) und *Knauff* DVBl. 2006, 348.

nehmigung seit der Novellierung des PBefG zum 1.1.2013 nicht an sich ein ausschließliches Recht,[31] aber sie darf **nicht mehr so angewandt** werden, dass ihr eine **ausschließende Wirkung** zukommt. Die Rechtsfolge ist somit nicht die Unterwerfung der Genehmigungsbehörden als zuständige Behörden unter die PersonenverkehrsVO,[32] sondern eine durchweg **PersonenverkehrsVO konforme Anwendung der Schutzrechte** nach § 13 Abs. 2 Nr. 3 und Abs. 2b–5 PBefG,[33] die im Ergebnis den **gewohnten Schutz einer Liniengenehmigung weitgehend beseitigen** würde. Konsequenz ist ferner, dass das Gebilde des Genehmigungswettbewerbs insbesondere in der Form der Zusicherungen nach § 12 Abs. 1a PBefG und Auswahl des besten Antrags unter Berücksichtigung des Nahverkehrsplans durch die Genehmigungsbehörde nach § 13 Abs. 2b PBefG in sich zusammenbricht, weil mangels Konkurrenzschutz gar keine Auswahl zulässig ist.[34]

27   Die Regulierungsordnung des PBefG wurde im Rahmen der Anpassung des PBefG an die PersonenverkehrsVO mit Wirkung seit 1.1.2013 nur geringfügig angepasst. Zum einen wurde die Definition eigenwirtschaftlicher Verkehre nach § 8 Abs. 4 PBefG der Regelung der PersonenverkehrsVO angeglichen, zum anderen das Verfahren nach Art. 5 Abs. 3 durch § 8b PBefG ausgestaltet und der geforderte Rechtsschutz aus Art. 5 Abs. 7 in § 8 Abs. 7 PBefG umgesetzt. Die weitreichendste Änderung war die Verzahnung der Vergabe öffentlicher Dienstleistungsaufträge durch zuständige Behörden mit der Möglichkeit, eigenwirtschaftliche Anträge vorab zu stellen (§ 8a Abs. 2 PBefG und § 13 Abs. 2a PBefG). Dagegen wurde das Marktzugangssystem für kommerzielle (= eigenwirtschaftliche) Verkehre nicht angetastet. Mit der Schöpfung des Begriffs kommerzieller Verkehr sollte der Eindruck erweckt werden, Deutschland befinde sich hier gem. Erwägungsgrund 5 in einem deregulierten Marktumfeld.[35]

28   So gibt es für Linienverkehre **weiterhin die Bedürfnisprüfung für den Marktzutritt** bei laufenden Liniengenehmigungen im Nahverkehr einschließlich eines Ausgestaltungsrecht nach § 13 Abs. 2 Nr. 3 PBefG und bei Wiederteilungen von Liniengenehmigungen den **Besitzstandsschutz** nach § 13 Abs. 3 PBefG. Im Taxenverkehr gibt es weiterhin die **Kontingentierung** nach § 13 Abs. 4 und 5 PBefG, die den Marktzugang für Neubewerber stark einschränkt, da Bestandsunternehmen einen automatischen Erneuerungsanspruch haben (→ Vor Rn. 68). Über allem steht der **Typenzwang** nach § 2 Abs. 1 PBefG, der allerdings eine Öffnungsklausel nach § 2 Abs. 6 PBefG aufweist, soweit öffentliche Verkehrsinteressen nicht entgegenstehen. Der Typenzwang wird dabei vor allem in der Rechtsprechung umfassend vom Schutz des Linienverkehrs über den Taxenverkehr durchdekliniert. Im Wesentlichen lässt sich folgende Kaskade aufstellen:

29   a) **Altunternehmer.** Der **Altunternehmer** soll im Linienverkehr eine gewisse **Vorzustellung** erhalten (Besitzstandsschutz nach § 13 Abs. 3 PBefG), um das Vertrauen in getätigte Investitionen nicht zu entwerten. Abgesehen davon, dass in der Praxis sehr unklar ist, wie weit dieser Schutz überhaupt reicht, ob also ein bereits besseres oder nur wesentlich besseres Angebot erforderlich ist, ist bereits der Regulierungsgegenstand unklar.[36] Denn nach Erwägungsgrund 8 und der deutschen

---

[31] *Knauff* NZBau 2012, 65 (67); Ipsen DER NAHVERKEHR 2008, 2008, 20 (21); *Werner* in Baumeister Recht des ÖPNV-HdB A3 Rn. 215 ff. Saxinger/Winnes/*Saxinger* Art. 2 lit. f Rn. 32 Fn. 35 bezeichnen dies sogar als „hM". Die Nachweise resultieren aber alle aus der Zeit vor der Novellierung des PBefG. In vergaberechtlicher Hinsicht bereits gegen eine Ausschließlichkeitsfunktion VK Baden-Württemberg Beschl. v. 14.3.2005 – 1 VK 05/05, IBRRS 2005, 2189 und VK Düsseldorf Beschl. v. 14.5.2004 – VK-7/2004 L, NZBau 2005, 62.

[32] Das ist die Rechtskonsequenz der Auffassung Betriebs-, Beförderungs- und Tarifpflichten sind per se gemeinwirtschaftliche Pflichten und dürfen nur noch den zuständigen Behörden ausgesprochen werden: *Winnes* DÖV 2009, 1139 ff.; *Deuster* DÖV 2010, 591 (596); *Sitsen* IR 2011, 76 (77); *Linke*, Die Gewährleistung des Daseinsvorsorgeauftrags im öffentlichen Personennahverkehr, 2010, 188; Saxinger/Winnes/*Saxinger* Art. 2 lit. f Rn. 39 f. Andeutend bereits *Saxinger* DVBl. 2008, 688 (692 ff.).

[33] Dezidiert: *Werner* in Baumeister Recht des ÖPNV-HdB A3 Rn. 70; ebenso iErg „Es spricht einiges dafür, den Konzessionsschutz zu lockern": Saxinger/Winnes/*Saxinger* Art. 2 lit. f Rn. 52.

[34] Hieran wird deutlich, dass die Schutzrechte sehr wohl im Gegenzug für vermeintlich gemeinwirtschaftliche Pflichten übernommen werden. Zur entsprechenden Auffassung der mangelnden Gegenseitigkeit: *Fehling/Niehaus* DÖV 2008, 662 (667); *Ipsen* DER NAHVERKEHR 6/2008, 20 (21); *Roling* DVBl. 1210, 1213 (1217 f.); *Schaaffkamp/Oertel* Verkehr- und Technik 2010, 141 (144).

[35] Prägend hierfür vor allem ein Rechtsgutachten und der darauf fußende Beitrag von *Ziekow* NVwZ 2009, 865 (866). Dies ist vor allem als wirtschaftspolitisch intendiert *Knauff* NZBau 2012, 65 (67); Saxinger/Winnes/*Saxinger* Art. 2 lit. f Rn. 50. Die Deregulierung auf Basis des alten Rechts bereits bestreitend: *Linke*, Die Gewährleistung des Daseinsvorsorgeauftrags im öffentlichen Personennahverkehr, 2010, 289 f.; *Winnes* DER NAHVERKEHR 7-8/2008, 25 (27); *Deuster* DÖV 2010, 591 (596); *Sitsen* IR 2011, 76 (80).

[36] Zur Regulierungsordnung insgesamt: Schutz vor „allzu harter Konkurrenz": BVerwG Urt. v. 25.10.1968 – VII C 12/67, BVerwGE 30, 352 Rn. 30 (im Kontext mit dem Marktzutrittsverbot), ergänzend hierzu dann auch „Grenze, soweit ein gesunder Wettbewerb greif": „nur vorhandene leistungsfähige Unternehmen

Einlassung dazu befindet sich der eigenwirtschaftliche Verkehr in einem vollständig deregulierten Zustand und hat keine ausschließlichen Rechte inne. Dies bedeutet, dass es keine Vorzugstellung im Sinne der Marktschließung im Gegenzug für die Übernahme gemeinwirtschaftliche Pflichten gibt. Damit übernimmt der eigenwirtschaftliche Verkehrsunternehmen keinerlei im öffentlichen Interesse liegende Aufgaben, sondern verfolgt ausschließlich sein kommerzielles Interesse. Ob und inwieweit er investiert, obliegt allein seinem Interesse. Da der Verkehrsunternehmen bereits während der Laufzeit seiner Genehmigung keinerlei Wettbewerbsschutz genießen kann, ist erst recht nicht einleuchtend wie er nach Ablauf einen Wettbewerbsschutz erhalten soll. Hinter all dem steht ein deutscher Verwaltungsrechtsgrundsatz „bekannt und bewährt", welcher aber in keiner Weise in Deckung mit den Marktfreiheiten des AEUV und der Marktregulierung der PersonenverkehrsVO zu bringen ist. Wegen **Anwendungsvorrang der PersonenverkehrsVO** kann daher der **Besitzstandsschutz** nach § 13 Abs. 3 PBefG **nicht angewandt** werden. Er kann auch nicht im Rahmen öffentlicher Dienstleistungsaufträge vermittelt werden,[37] weil diese befristet sind und zum Zeitpunkt der Neuvergabe ein unverfälschter und diskriminierungsfreier Wettbewerb herrschen muss.

b) Schutz gegen Marktzutritt. Der **Schutz gegen Marktzutritt für laufende Liniengenehmigung** ist der Rechtsprechung aus dem tradierten, aber seit der Geltung des PBefG unzutreffenden Grundsatzes der Linienbedienung aus einer Hand entwickelt (§ 13 Abs. 2 Nr. 3 PBefG).[38] Tatsächlich gewährt das PBefG einerseits Schutz gegenüber neuen Verkehren, die keinerlei Verbesserungen bewirken (§ 13 Abs. 2 Nr. 3 lit. a PBefG), wobei bereits allein die Angebotsauswahl meist eine Verbesserung darstellt. Dagegen gibt es keinen Zugangsanspruch bei der Übernahme des gesamten Verkehrs ohne einer Verkehrsverbesserung (§ 13 Abs. 2 Nr. 3 lit. b PBefG), des Herauspickens einzelner Leistungen aus einem Verkehrsnetz (§ 13 Abs. 2 Nr. 3 lit. d PBefG)[39] und gegen bessere und neue Verkehre, die der Unternehmer im Wege der Ausgestaltung seinem Angebot hinzufügen kann und diese Ausgestaltung auch wahrnimmt (§ 13 Abs. 2 Nr. 3 lit. c PBefG).

Abgesehen davon, dass bereits der Umstand einer **Bedürfnisprüfung nicht in Einklang** mit einem offenen und freizügigen Marktzugang deregulierter Märkte zu bringen ist, ist besonders der Umstand des Ausgestaltungsrechts ein besonders starker Eingriff in den freien Wettbewerb, weil der die Übernahme fremder Ideen erlaubt und befördert. Hierbei soll die Genehmigungsrolle eine aktive Rolle einnehmen und genau festlegen, in welchem Umfange eine Ausgestaltung notwendig ist. Offenbar ist damit die gesetzgeberische Vermutung verbunden, dass der neue Verkehr durchaus auch „unnötige" Leistungen enthalten kann und daher gar nicht erforderlich ist, diesen im Wege der Ausgestaltung zu begegnen. Das Ausgestaltungsrecht setzt damit elementare Grundsätze eines freien Markts mit freiem Spiel aus Angebot und Nachfrage außer Kraft.[40] Derartige Vorzustellung **wirken wie ein ausschließliches Recht** und unterfallen daher dem Anwendungsvorrang der PersonenverkehrsVO. Daher bliebe nur eine **VO-konforme Anwendung,** die im **Regelfall den Marktzutritt zulässt,** da ein neues alternatives Angebot in der Regel darauf hinweist, dass eine Lücke besteht, das Ausgestaltungsrecht unangewandt lässt und nur in ganz außergewöhnlichen Fällen eingreift, bei denen die Kontinuität und Verlässlichkeit der Verkehrsbedienung akut gefährdet werden und daher ein Eingreifen aus Verbraucherschutzgründen notwendig ist. Dieser Weg ist auch der einzige Weg, der im Einklang mit der Intention des PBefG 2013-Gesetzgebers steht, der explizit an der Anwen-

---

sichern eine geordnete und zuverlässige Verkehrsbedienung": BVerwG Urt. v. 11.10.1968 – VII C 16/66, BVerwGE 30, 242, 247 und aufgreifend BVerwG Urt. v. 9.10.2006 – 3 C 33/05, BVerwGE 127, 42 Rn. 54; „Investitionen sollen ohne Not nicht entwertet werden": BVerwG Urt. v. 9.10.2006 – 3 C 33/05, BVerwGE 127, 42 Rn. 47 „der bewiesen hat, dass er den fraglichen Verkehr ordnungsgemäß bedient": BVerwG Urt. v. 9.10.2006 – 3 C 33/05, BVerwGE 127, 42 Rn. 47; „gewerberechtlich anerkannt bekannt und bewährt": BVerwG Urt. v. 9.10.2006 – 3 C 33/05, BVerwGE 127, 42 Rn. 47. Zusammenfassend „bewährte Leistung" eines „bewährten Unternehmers" Heinze/Fehling/Fiedler/*Heinze* PBefG § 13 Rn. 109. Das bedeutet aber nichts anderes, dass jeder Newcomer mit Misstrauen zu begegnen ist, was unter Geltung von Art. 12 Abs. 1 GG und den europäischen Grundfreiheiten ausgeschlossen ist.

[37] AllgM *Saxinger* GewArch 2009, 250 (253 f.); *Schröder* NVwZ 2008, 1288 (1294); *Otting/Olegmöller/Tresselt* in Gabriel/Krohn/Neun VergabeR-HdB § 71 Rn. 24.

[38] Sog. Rspr. „Linienbedienung aus einer Hand" seit BVerwG Urt. v. 25.10.1968 – VII C 12/67, BVerwGE 30, 352 (356) = BeckRS 1968 30423209; BVerwG Urt. v. 24.6.2010 – 3 C 14/09, ECLI:DE:BVerwG:2010: 24610U3C14.09.0; BVerwGE 137, 199 = NVwZ 2011, 115 Rn. 27.

[39] Allerdings ist dieser Versagungsgrund systemwidrig, da der Marktzutritt neuer Leistungen immer nur partiell erfolgen kann und die Übernahme eines Linienbündels nur bei Wiedererteilung nach § 13 Abs. 2a PBefG möglich ist. Daher wird zu Recht angenommen, dass der Versagungsgrund eher im Rahmen des Genehmigungswettbewerbs anzuwenden ist, nicht aber im Bereich der Marktzutrittskontrolle: *Werner* in Baumeister Recht des ÖPNV-HdB A3 Rn. 222.

[40] Dieser Zusammenhang wird auch bei Saxinger/Winnes/*Saxinger* Art. 2 lit. f Rn. 15 ff. anschaulich dargestellt.

dung eigenwirtschaftlicher Genehmigungen außerhalb von öffentlichen Dienstleistungsaufträgen festhalten wollte.

32 **c) Verhältnis Linien- zu Taxenverkehr.** Ein Schutz des **Linienverkehrs gegenüber dem Taxenverkehr** wurde bisher nicht thematisiert. Vielmehr hatte das BVerfG in seiner großen PBefG Entscheidung den Taxenverkehr als geradezu homogene Weiterentwicklung des Linienverkehrs eingestuft.[41] Ein Schutzbedarf mag wegen des enormen Preisgefälles bislang nicht bestehen. Dies könnte sich aber schnell ändern. So dürfen offenbar Taxen auch Sammelfahrten durchführen, solange die Fahrpreise (Fahrpreis für Strecke) entrichtet werden, es wäre sogar denkbar, dass die Taxen-Tarifordnungen Fahrpreise je Fahrgast festlegen und aufgrund der Digitalisierung zu wesentlich höheren Auslastungen kommen und dadurch die Fahrpreise sich erheblich senken lassen, was in den Taxi-Tarifordnungen nachzuvollziehen wäre, da nur kostendeckende Fahrpreise inkl. angemessenen Gewinn festgelegt werden dürfen. Schließlich wäre auch denkbar, dass zur Förderung des Sammelns von Fahrgästen die Unternehmen Richtzeiten oder Sammelplätze kommunizieren. Dieses Geschäftsmodell weist darauf hin, dass die Taxi-Regulierung im Kern aus überkommenen Entwicklungen herrührt. Sie wird aber den Anforderungen der PersonenverkehrsVO, den jeweils konkreten Schutzbedarf über verhältnismäßige Ausschließlichkeitsrechte festzulegen, nicht gerecht. Es wäre daher Aufgabe der **zuständigen Behörden,** gegenüber derartigen Geschäftsmodellen eine Grenze zu ziehen und die notwendige **Ausschließlichkeit** des öffentlichen Linienverkehrs nach § 8a Abs. 8 PBefG durch verhältnismäßige Ausschließlichkeitsrechte festzulegen. Dabei können sie auch den Taxi- und Mietwagenverkehr einbeziehen, wie § 8 Abs. 2 PBefG klarstellt. Dagegen kann der gebündelte Bedarfsverkehr nach § 50 PBefG kein ÖPNV sein. Vielmehr muss dann auf den Linienbedarfsverkehr nach § 44 PBefG zurückgegriffen werden. Der Taxi- und Mietwagenverkehr kann ebenfalls Bestandteil des öffentlichen Personennahverkehrs sein, wenn er diesen ergänzt, verdichtet oder ersetzt. Es obliegt daher den Aufgabenträgern festzulegen, wieweit der Taxen- und Mietwagenverkehr öffentliche Zwecke verfolgen und Gegenstand einer allgemein zugänglichen Beförderung nach § 8 Abs. 1 PBefG sein soll.

33 **d) Taxikontigentierung.** Der **Taxenverkehr** wird dagegen in sich wiederum stark reguliert durch die Betriebspflicht und **Kontingentierung** der Genehmigungen. Nach der zusammenfassenden Rechtsprechung des BGH soll dies sicherstellen,[42] dass trotz regulierter Tarife, eine umfassende Verfügbarkeit besteht und auch Fahrten auf unattraktiven Kurzstrecken insbesondere für alte, behinderte und kranke Personen durchgeführt werden. Die regulierten Tarife sind wiederum notwendig, um vor allem ortsunkundige Verbraucher zu schützen. Dies sollen sich darauf verlassen können, dass an den bevorzugten Plätzen (Bereithaltungsplätze vor allem vor Bahnhöfen und Flughafen) nur staatlich besonders beaufsichtigte Transportunternehmen ihre Dienste anbieten und umgekehrt auch jederzeit verfügbar sind.

34 Abgesehen davon, dass wichtige Taxenmärkte wie Berlin, Hamburg oder Wiesbaden ohne Marktzugangskontrolle durchgeführt werden und damit faktisch dereguliert sind, bestehen an der **Wirksamkeit der verfolgten Zwecke und eingesetzten Mittel erhebliche Zweifel.** In vielen ländlichen Räumen stehen längst keine Taxen bereits und falls sie bereitstehen, ziehen sie feste Beförderungsaufträge vor allem von Krankenkassen vor. Ob uninteressante Fahraufträge schützenswerter Personen unzulässig abgelehnt werden, lässt sich kaum feststellen. Die Beförderungspflicht steht vielfach nur auf dem Papier und liegt im Ermessen der Verkehrsunternehmen, wie sie ihre Bereithaltungszeiten organisieren. Den Aufsichtsbehörden fehlen wirksame Mittel die Beförderungspflicht umzusetzen, zumal sie letztlich keine Bereithaltungszeiten vorschreiben können und keinen Überblick haben, inwieweit Taxen durch andere Aufträge bereits gebunden. Umgekehrt kommt es in den Städten vor allem zu Messezeiten oder auch Silvestern/großen Festen zu Engpässen, weil die Genehmigungen beschränkt sind.

35 Aber selbst, wenn die perfekte Regulierung mit ausreichendem Angebot und ständig garantierter Verfügbarkeit an wichtigen Plätzen gelingen würde, ist die **Taxikontingentierung ein Verstoß gegen die PersonenverkehrsVO.** Denn wie in → Rn. 5 ff. dargelegt, unterfällt auch der Verkehr mit Personenkraftwagen der PersonenverkehrsVO und die mit der Taxenregulierung verfolgten Ziele – die Durchsetzung einer Beförderungspflicht zu vorgegebenen Tarifen – erfüllen die Merkmale eines für die Allgemeinheit zugänglichen Verkehrs, der fortlaufend erbracht wird. Daher muss die **zuständige Behörde** bei einer Regulierung des Taxenverkehrs die Maßnahmen wie eine **beschränkte Ausschließlichkeit zB durch Kontingentierung** der zugelassenen Fahrzeuge steuern, die jeweils ortsspezifisch auch unter Ansehung der anderen Dienste wie vor allem Linienverkehr erforderlich ist. In diesem Rahmen kann und muss sie Tarife und die notwendige Bereithaltung von

---

[41] BVerfGE 11, 168 Rn. 71 f.
[42] BGH Vorlagebeschl. v. 18.5.2017 – I ZR 3/16, GRUR 2017, 743 Rn. 44 – Uber Black.

Fahrzeugen vorgeben. Dabei kann auch ein **Abstandsgebot** zu anderen Personenverkehrsdienstleistung festgelegt werden, zB das Verbot von anderen Dienstleistern sich auf der Straße bereitzuhalten oder bestimmte Kennzeichen zu benutzen, wenn erhebliche Verwechselungs- und Ausbeutungsgefahr besteht. Zuständig hierfür ist die jeweils **örtlich und auch sachlich zuständige Behörde**. Es ist fast ausgeschlossen, dass der Mitgliedstaat hierfür einheitliche Regelungen vorgibt. Zwar könnte er auch hierfür sich selbst zur zuständigen Behörde erklären; jedoch ist es aufgrund der örtlich sehr unterschiedlichen Verhältnisse nahezu ausgeschlossen, dass damit eine verhältnismäßige Definition des Ausschließlichkeitsrechts entsteht. Die zuvor dargestellten massiven Probleme in der Anwendung und die erheblichen Unterschiede zwischen Stadt und ländlichen Raum illustrieren dies eindrücklich. Die **Rechtsgrundlage** für eigenständige Bestimmungen der zuständigen Behörde findet sich in **§ 8a Abs. 8 PBefG**. Nach seiner Stellung sind Ausschließlichkeitsrechte nicht auf den Linienverkehr bestimmt, sondern können auch für Taxen- und Mietwagenverkehr eingesetzt werden, wenn diese einen öffentlichen Dienstleistungsauftrag erhalten und dem Begriff des öffentlichen Personennahverkehrs nach § 8 Abs. 2 PBefG zugeordnet werden.

e) Liberalisierung im Mietwagenverkehr. Der **Mietwagenverkehr** wird gleich zweifach 36 gegenüber dem Linienverkehr und dem Taxenverkehr reglementiert, wobei die deutsche Rechtsprechung dazu tendiert, den Schutzbereich von Linien- und Taxenverkehr weit zu sehen. **Gegenüber dem Linienverkehr** hat das BVerwG zuletzt festgestellt,[43] dass das Verbot des Einzelsitzplatzverkaufs beim Mietwagen nach § 49 Abs. 4 PBefG dem Schutz des Linienverkehrs diene. Dies sperre auch die Anwendung des § 2 Abs. 6 PBefG auf Angebote mit Einzelsitzplatzverkauf, die eigentlich eher dem Mietwagenverkehr zuzuordnen sind, da die Merkmale des Linienverkehrs wie feste Strecke und zeitliche Ordnung der Fahrten fehlen. Aber der Schutz des Linienverkehrs sei letztlich vorrangig und daher müsse der Verkehr über § 2 Abs. 6 PBefG in einer Verkehrsform genehmigt werden, die den Schutz des Linienverkehrs Rechnung trägt.[44]

Auch hier wird wiederum eine **Absolutregelung** aufgestellt, die ohne Rücksicht auf den 37 jeweils konkreten Schutzbedarf des für die Allgemeininteressen gebundenen Linienverkehrs erfolgt. Zum einen erfüllen eigenwirtschaftliche Linienverkehre keine gemeinwirtschaftlichen Verpflichtungen, sondern bewegen sich in deregulierten Markt. Sie dürfen daher keinen Wettbewerbsschutz entfalten, auch nicht über den Typenzwang. Allenfalls wären unter dem Aspekt des Verbraucherschutzes klare **Abstandsregeln** per Gesetz denkbar, die zB die Verwechselung mit einer der Beförderungs- und Fahrplanpflicht unterliegenden Linienverkehrs ausschließen. Das **Verhindern** von Konkurrenzierung und **wirtschaftlicher Aushöhlung** kann dagegen nur durch Verleihung von Ausschließlichkeitsrechten durch die **zuständigen Behörden** bei entsprechender Notwendigkeit mit der Formulierung eines **individuellen Abstandsgebots** erfolgen. Dieses Abstandsgebot muss geeignet, erforderlich und angemessen sein. So müssen eine konkrete Konkurrenzsituation und eine konkrete Gefahr der wirtschaftlichen Auszehrung bestehen. Auf dieser Basis könnte zB festgelegt werden, dass Mietwagensysteme, insbesondere auch im Rahmen des Einzelsitzplatzverkaufs erst ab dem doppelten Fahrpreis des Linienverkehrs zulässig sind (vgl. nun § 51a PBefG) und entsprechende Mehrwertdienste wie vor allem Haustürbedienung, Rollstuhlbeförderung bieten müssen. Genauso ist denkbar, auch derartige **Mietwagensysteme mit einen öffentlichen Dienstleistungsauftrag** zu versehen und diese Systeme wiederum mit Ausschließlichkeitsrechten zu versehen. Entsprechend seiner Stellung für alle Verkehrsarten können ausschließliche Rechte nach § 8a Abs. 8 PBefG auch für Mietwagenverkehre hergegeben werden, soweit sie den ÖPNV ergänzen, verdichten oder ersetzen.

Genauso ist der Schutz des **Taxenverkehrs gegenüber den Mietwagenverkehr** unbestimmt 38 und unverhältnismäßig. Im Vorlagebeschluss des BGH zu Uber Black sieht das Gericht das entscheidende Abgrenzungsmerkmal zwischen Mietwagen und Taxen im Bereithalten von Taxen auf der Straße, sowohl an zugelassenen Ständen als auch durch Herbeiwinken von der Straße. Dies muss dem Taxenverkehr vorbehalten bleiben, damit im Sinne des Verbraucherschutzes eine hinreichend klare Abgrenzung zum Taxenverkehr möglich ist und keine Verwechselungsgefahr besteht.[45] Hieraus leitet der BGH dann ab, dass das Verbot des Bestellens auf der Straße sehr weit auszulegen ist und Applikationen verbietet, die die direkte Buchung beim Fahrer eines Mietwagen – auch unter Ein-

---

[43] BVerwG Urt. v. 27.8.2015 – 3 C 14.14, ECLI:DE:BVerwG:2015:270815U3C14.14.0 = NVwZ 2016, 695 Rn. 33.

[44] BVerwG Urt. v. 27.8.2015 – 3 C 14.14, ECLI:DE:BVerwG:2015:270815U3C14.14.0 = NVwZ 2016, 695 Rn. 39.

[45] BGH Vorlagebeschl. v. 18.5.2017 – I ZR 3/16, GRUR 2017, 743 Rn. 20 – Uber Black I, unter Bezugnahme auf die Gesetzesbegründung BT-Drs. 9/2128, 9. Der EuGH hat sich letztlich dazu nicht geäußert, sondern nur allgemein festgestellt, dass in der Abgrenzung zwischen Verkehrsdienstleistung und der Dienstleistung der Information im Zweifel der Verkehrsbegriff weiter auszulegen ist. EuGH Urt. v. 20.12.2017 – C-434/15, ECLI:EU:C:2017:981 Rn. 39 ff.

schluss der Zentrale verbieten, weil dies letztlich einem Heranwinken von der Straße gleichkäme.[46] Zur Rechtfertigung einer möglichen **Beschränkung** der europäischen **Dienstleistungsfreiheit** nennt der BGH unter Berufung auf das BVerfG dann aber nicht den zuvor angeführten Verbraucherschutz, sondern einen **notwendigen Konkurrenzschutz** des Taxenverkehrs wegen seiner schwer wiegenden Tarif- und Beförderungspflichten[47] vor – zu viel? – Konkurrenz durch den Mietwagenverkehr. Damit werden in aller Klarheit die wahren Motive offengelegt. Beim Abstandsgebot geht es häufig gar nicht so sehr um den Verbraucherschutz, der sich oft mit einfachen Maßnahmen wie Tarifobergrenzen oder Pflichtinformationen herstellen ließ, sondern um die **Erschwerung der Konkurrenz durch Aufbauen wirtschaftlicher Hürden**. Auch hier wird deutlich, dass der für erforderlich gehaltene **Konkurrenzschutz** des Taxenverkehrs **nur durch ein individuell ausgestaltetes Ausschließlichkeitsrecht** einschließlich eines entsprechend formuliertes **Abstandsgebot durch die zuständigen Behörden** möglich ist. Dabei dürften Maßnahmen, die den Kollektivtransport zB über Sammeltaxis unattraktiv machen oder erschweren eher kontraproduktiv sein, da sie die Fähigkeit gegenüber dem motorisierten Individualverkehr zu bestehen eher bescheiden und insgesamt die Entwicklung des Sektors hemmen. Auch hier besteht die Möglichkeit, den Mietwagenverkehr als Bestandteil eines öffentlichen Dienstleistungsauftrags anzusehen und ihn so in ein insgesamt abgestimmtes Mobilitätsangebot aus verschiedenen aufeinander abgestimmten Verkehrsformen zu integrieren.

VII. Finanzielle Kompensation

39   **1. Ausgleichsleistung (lit. g).** Die Ausgleichsleistung umfasst neben jedweden Zahlungen für die Übernahme gemeinwirtschaftlicher Verpflichtungen auch sonst **jedweden monetarisierbaren Vorteil.** Dies sind insbesondere ausschließliche Rechte in jeder denkbaren Ausprägung. Deren kommerzieller Wert im Sinne dadurch vermiedener Ausgleichsleistung muss daher dem Wert einer Ausgleichsleistung hinzugerechnet werden. Daneben ist denkbar, dass die zuständige Behörde weitere Vorteile für die Übernahme gemeinwirtschaftliche Verpflichtungen bereitstellen, wie Bürgschaften, zinsverbilligte Kredite, die kostenlose oder verbilligte Übernahme von hierzu notwendigen Wirtschaftsgütern, die Unterstützung durch Marketingmaßnahmen und dergleichen, soweit sie in einem Zusammenhang mit der Erbringung der gemeinwirtschaftlichen Leistungen gestellt werden.

40   **2. Wert des Verkehrsdienstes oder Ausgleichsleistung (lit. k).** Soweit Werte zu berechnen sind (wie zB im Rahmen des Art. 5 Abs. 3), ergeben sich diese aus der Addition der **Ausgleichsleistung und** der **Tarifeinnahmen** ohne Mehrwertsteuer. Eine reine Zuschussbetrachtung ist nicht zulässig.[48]

VIII. Allgemeine Vorschrift (lit. l)

41   Die allgemeine Vorschrift ist in Art. 2 lit. l nur noch rudimentär geregelt. Als umfassendes Regulierungsinstrument für Ausgleichszahlungen in deregulierten Märkten konnte sie sich nicht in den Entwürfen halten. Übrig geblieben ist nur noch die **Ausgleichsleistungen für bestimmte Höchsttarife** nach Art. 3 Abs. 2. Gleichwohl entstammt die Definition der allgemeinen Vorschrift einen umfassenden Ansatz, die **allgemeine Marktausübungsbestimmungen** zur Sicherstellung der Ziele der VO vorsah (→ Vor Art. 1 Rn. 62), wie Verpflichtungen zu gewisser Kontinuität im Angebot, Verpflichtung zum Einsatz bestimmter Fahrzeuge im Hinblick auf Umwelteigenschaften oder Barrierefreiheit, Informationspflichten oder auch Integrationspflichten der Betreiber. All dies ist mit dem Begriff der allgemeinen Vorschriften europarechtlich weiterhin umfasst,[49] jedoch richtet sich die konkrete Zulässigkeit zuvorderst nach nationalem Recht. Lediglich für allgemeine Vorschriften in Bezug auf Höchsttarife stellt die PersonenverkehrsVO ein abgeschlossenes Eingriffsinstrument bereit, welches aufgrund der unmittelbaren Wirkung von allen zuständigen nationalen Behörden angewandt werden kann.

---

[46] BGH Vorlagebeschl. v. 18.5.2017 – I ZR 3/16, GRUR 2017, 743 Rn. 21 – Uber Black I und BGH Urt. v. 13.12.2018, ECLI:DE:BGH:2018:131218UIZR3.16.0 Rn. 34– Uber Black II.

[47] BGH Vorlagebeschl. v. 18.5.2017 – I ZR 3/16, GRUR 2017, 743 Rn. 43 f. – Uber Black I und BGH Urt. v. 13.12.2018, ECLI:DE:BGH:2018:131218UIZR3.16.0 Rn. 37 ff. – Uber Black II unter Berufung auf BVerfGE 81, 70 (84 ff.).

[48] VK Rheinland-Pfalz Beschl. v. 17.11.2014 – VK-1 28/14, II 11, BeckRS 2015, 15351; Saxinger/Winnes/ *Niemann* Art. 2 lit. k Rn. 2.

[49] *Grischkat/Karl/Berschin/Schaaffkamp* Verkehr und Technik 2010, 466, 469; *Berschin* in Baumeister Recht des ÖPNV-HdB A1 Rn. 25; *Karl/Schaaffkamp* IR 2011, 275 (276) und Saxinger/Winnes/*Saxinger* Art. 2 lit. e Rn. 15.

Die Merkmale einer allgemeinen Vorschrift sind demnach, dass die Marktregulierung sich auf eine oder mehrere **zuständige Behörden** zurückführen lassen und ihre Anwendung auf ein **bestimmtes Gebiet oder Personenverkehrsdienste** derselben Art beschränkt. In diesem Rahmen muss aber die allgemeine Vorschrift diskriminierungsfrei ausgestaltet sein. Dies bedeutet, dass jede **Ungleichbehandlung umfassend begründet** werden muss. Dies gilt auch im Verhältnis zwischen Schienen- und Busverkehr, wenngleich Art. 2 lit. l nur die Anwendung auf die Dienste „derselben" Art fordert.[50] Dies ist aber nicht technisch im Sinne der Abgrenzung der verschiedenen Verkehrsformen zu interpretieren, sondern „dieselbe Art" bedeutet, für alle Verkehrsdienste, die gegeneinander austauschbar oder hinreichend verbunden sind. Soweit differenziert wird, muss es hinreichende und eindeutige Abgrenzungsmerkmale geben. 42

Eine allgemeine Vorschrift muss weiterhin **verbindlich** sein,[51] denn sie muss für Jedermann gelten. Damit unvereinbar sind Systeme, die nur finanzielle Anreize setzen und es im Ermessen des jeweiligen Betreibers stellen, ob er sich diesen unterwirft. Abgesehen davon, dass damit die Geltung nicht hergestellt wird, dürften derartige Anreizsysteme als Art „Honigtöpfe" im Ergebnis auf eine Überkompensation hinauslaufen, da nur Betreiber dieses System wählen werden, denen hieraus ein zusätzlicher Gewinn winkt. Schließlich müssen die allgemeinen Vorschriften hinreichend **transparent** sein, damit sie diskriminierungsfrei wirken. Dies bedeutet, dass sich jeder Marktteilnehmer umfassend und abschließend vorab über die entsprechenden Regelungen informieren kann und diese eigenständig und zB ohne Zuhilfenahme von unveröffentlichten Beschlüssen, Richtlinien und dergleichen anwenden kann.[52] 43

IX. Direktvergaben

1. Interner Betreiber (lit. j). Für die Direktvergaben nach Art. 5 Abs. 2 werden verschiedene Begriffe eingeführt. Der interne Betreiber wird als Zielobjekt einer Direktvergabe definiert als jede rechtlich getrennte Einheit im Unterschied zur Eigenerstellung. Bereits an dieser Stelle wird definiert, dass die örtlich zuständige Behörde, also nicht der Mitgliedstaat oder eine Gruppe aus zuständigen Behörden, eine Kontrolle wie über eine eigene Dienststelle ausüben können **muss**. Dabei soll es ausreichen, wenn wenigstens eine zuständige Behörde eine derartige Kontrolle ausüben kann, sofern eine Gruppe von Behörden agiert. Der Begriff **„wenigstens eine zuständige Behörde"** – dies wird in Art. 5 Abs. 2 sogar nochmals wiederholt – bedeutet, dass nur eine Steigerung möglich ist. Nicht darf die Kontrolle von zuständigen Behörden dazu führen, dass im Ergebnis keiner eine entsprechende wirksamer Kontrolle ausüben kann. 44

2. Integrierter Verkehrsdienst (lit. m). Ebenfalls nur für Zwecke der Direktvergabe werden die integrierten Verkehrsdienste definiert. Diese müssen im **Verbund** mit einheitlicher Außendarstellung durch Fahrplan, Gemeinschaftstarif und gemeinsames Informationssystem erbracht werden. Diese integrierten Verkehrsdienste sind Voraussetzung, dass eine **Gruppe von Behörden** entsprechend Art. 5 Abs. 2 S. 1 handeln kann. Neben der vorgenannten Voraussetzung, dass in einer Gruppe von Behörden, wenigstens eine zuständige Behörde das erforderliche Durchgriffsrecht besitzt, bestimmt Erwägungsgrund 17, dass in einer Gruppe von Behörden klare Vorgaben bestehen sollten, welche Funktionen die jeweiligen Behörden hier ausüben. Dies korrespondiert wiederum mit dem Erfordernis der sachlichen Zuständigkeit der Gruppe als intervenierende Stelle.[53] 45

Art. 2a Spezifikation der gemeinwirtschaftlichen Verpflichtungen

(1) ¹Die zuständige Behörde legt Spezifikationen der gemeinwirtschaftlichen Verpflichtungen für die Erbringung öffentlicher Personenverkehrsdienste und den Anwendungsbereich dieser gemeinwirtschaftlichen Verpflichtungen gemäß Artikel 2 Buchstabe e fest.

---

[50] Großzügiger dagegen: Saxinger/Winnes/*Winnes* Art. 2 lit. l Rn. 4 f.
[51] *Linke,* Die Gewährleistung des Daseinsvorsorgeauftrags im ÖPNV, 2010, 269; *Winnes* DER NAHVERKEHR 6/2009, 27 (29); *Berschin* in Baumeister Recht des ÖPNV-HdB A1 Rn. 57; *Schiefdecker* GewArch 2014, 6 (9); Saxinger/Winnes/*Winnes* Art. 2 lit. l Rn. 9; Ziekow/Völlink/*Zuck* Art. 4 Rn. 6; *Hölzl* → 1. Aufl. 2011, Rn. 5. *Otting/Olegmöller* DER NAHVERKEHR 9/2009, 34 (35) sehen dagegen zivilrechtliche Verbundverträge als einen ausreichenden Grad der Verbindlichkeit an, was wegen der Wirkung inter partes nicht überzeugen kann. Eine Allgemeinverfügung sehen als ausreichend an: VG Stade Urt. v. 30.6.2016 – 1 A 1432/14, BeckRS 2016, 50326; *Schiederdecker* GewArch 2014, 6.
[52] *Grischkat/Karl/Berschin/Schaaffkamp* Verkehr und Technik 2010, 466 (467); *Berschin* in Baumeister Recht des ÖPNV-HdB A1 Rn. 5 f.; Saxinger/Winnes/*Winnes* Art. 2 lit. l Rn. 22.
[53] Dazu VK Westfalen Beschl. v. 19.6.2018 – 1 VK 10/18 unter II 2.2 und *Antweiler* NZBau 2016, 521 (522). Dezidiert hiergegen Linke/*Kaufmann*/Linke Rn. 10a und Linke/*Jürschik* NZBau 2018, 519 (520).

²Dies schließt die Möglichkeit ein, kostendeckende Dienste mit nicht kostendeckenden Diensten zusammenzufassen.
Bei der Festlegung dieser Spezifikationen und ihres Anwendungsbereichs trägt die zuständige Behörde dem Grundsatz der Verhältnismäßigkeit im Einklang mit dem Unionsrecht gebührend Rechnung.
Diese Spezifikationen müssen mit den politischen Zielen, die in den Strategiepapieren für den öffentlichen Verkehr in den Mitgliedstaaten aufgeführt sind, im Einklang stehen. Inhalt und Format der Strategiepapiere für den öffentlichen Verkehr und die Verfahren für die Konsultation der einschlägigen Interessengruppen werden nach Maßgabe der nationalen Rechtsvorschriften festgelegt.

(2) Mit den Spezifikationen gemeinwirtschaftlicher Verpflichtungen und der entsprechenden Ausgleichsleistung für finanzielle Nettoauswirkungen gemeinwirtschaftlicher Verpflichtungen sollen[1]
a) die Ziele der Politik für den öffentlichen Verkehr auf kostenwirksame Weise erreicht werden und
b) die finanzielle Nachhaltigkeit der Erbringung öffentlicher Personenverkehrsdienste gemäß den in der Politik für den öffentlichen Verkehr festgelegten Anforderungen langfristig gesichert werden.

I. Normzweck

1   Der Art. 2a ist erst durch die ÄndVO eingefügt worden. Sein **Regelungsgehalt** ist eher **überschaubar** und wird am ehesten im Kontext der Entstehung der PersonenverkehrsVO verständlich. Dort versuchten sowohl EP als auch Kommission, die Mitgliedstaaten dazu zu drängen, die gemeinwirtschaftlichen Pflichten aus stringenten Verkehrsplänen abzuleiten und möglichst präzise zu regeln. Auch sollte es einen Katalog der zu regelnden Standards geben. Art. 2a Abs. 1 UAbs. 1 nimmt diese Diskussion zumindest bezüglich der Spezifikationen gemeinwirtschaftlicher Pflichten wieder auf. Doch auch bisher mussten gemeinwirtschaftliche Pflichten spezifiziert werden, da nur so ein entsprechender Ausgleich berechnet werden kann. Auch der ausdrückliche Hinweis auf die Zusammenfassung von kostendeckenden mit nicht kostendeckenden Diensten[2] ist nicht neu, da Kern des Ausschließlichkeitsrechts genau dieser Regelung ist. Ebenso obliegen die Definition der erforderlichen gemeinwirtschaftlichen Pflichten und deren Abgrenzung den zuständigen Behörden und sie haben hierzu einen breiten Einschätzungsspielraum im Rahmen der Verhältnismäßigkeit.[3]

II. Ausgleich guter und schlechter Risiken (Abs. 1 UAbs. 1 und 2)

2   Der Grundsatz der **Verhältnismäßigkeit** gebietet es, dass gemeinwirtschaftliche Pflichten und dafür gewährte Ausgleichsleistungen und/oder ausschließliche Rechte nur so weit reichen, wie es unumgänglich ist. Das heißt sie müssen erforderlich, geeignete und angemessen sein, um die politischen Ziele gem. Art. 1 Abs. 1 zu erreichen. Sie müssen also beitragen, damit Verkehrsdienste höherwertiger, umfangreicher, sicherer und qualitätsvoller sind als in einem einregulierten Markt. Dabei gibt es **keine Rangfolge der Eingriffsmittel.** Wie das Verhältnis von öffentlichen Dienstleistungsauftrag und ausgleichsfähigen allgemeinen Vorschriften in Art. 3 Abs. 1 und 2 zeigt, sieht die VO sogar eher die weitergehenden öffentlichen Dienstleistungsaufträge als Regelfall an. Daneben besteht aber auch die Möglichkeit der **Marktregulierung** durch **nicht ausgleichsfähige allgemeine Vorschriften.** In diesem Rahmen können aber keine finanziellen Leistungen oder Vorzugsrechte gewährt werden. Dabei bleibt es dabei, dass die zuständigen Behörden einen weiten Einschätzungsspielraum haben, inwieweit sie gute und schlechte Risiken – auch über mehrere Betreiber hinweg[4] – zusammenfassen und wie weit die Marktregulierung reichen muss.[5]

---

[1]   Die englische Fassung lautet „shall" und die franz. Fassung ist im Indikativ formuliert. Daher ist hier von einem Übersetzungsfehler auszugehen: Linke/*Linke* Rn. 22.
[2]   Bereits ausdrücklich F. der Kom. v. 24.2.2010 über die öffentlichen Verkehrsdienstleistungsverträge zwischen dem dänischen Verkehrsministerium und Danske Statsbaner (Staatliche Beihilfe C 41/08 (ex NN 35/08)), ABl. 2011 L 7, 1 Rn. 317. Hierzu Saxinger/Winnes/*Schmitz* Art. 4 Abs. 1 Rn. 30 ff.
[3]   *Saxinger* GewArch 2017, 463 (464); *Fiedler/Wachinger* N&R 2017, 218; krit. Mangels expliziter Regelung *Knauff* N&R 2018, 26 (30); Linke/*Linke* Rn. 19.
[4]   AA Ziekow/Völlink/*Zuck* Rn. 19.
[5]   Zur vergleichbaren Lage im deutschen PBefG die Gesetzesbegründung BT-Drs. 17/8233, 13 „...muss es aus Gründen der Wirtschaftlichkeit möglich sein, die Verkehrsleistung als Ganzes zu vergeben".

III. Politische Strategie (Abs. 1 UAbs. 3 und 4)

Mehr Auswirkungen hat die Anforderung der Übereinstimmung der Spezifikationen mit **3** den politischen Strategiepapieren in den Mitgliedstaaten. Hierdurch wird zumindest eine gewisse Ableitung gefolgert, sodass die Standards nicht mehr unabhängig von Gesamtstrategien festgelegt werden können. Allgemein wird der Nahverkehrsplan als geeigneter Ort der Dokumentation der Strategie angesehen.[6] Dies hat nun Bedeutung für das Verhältnis **Vorabbekanntmachung** nach § 8a Abs. 2 PBefG im Verhältnis zu den **Nahverkehrsplänen** nach § 8 Abs. 3 PBefG. Bestand bisher Einvernehmen, dass es keine Verpflichtung der Aufgabenträger gibt, die gemeinwirtschaftlichen Pflichten aus dem Nahverkehrsplan abzuleiten und konnte der die zu Vereinbarung vorgesehenen gemeinwirtschaftlichen Pflichten und damit auch die Messlatte für eigenwirtschaftliche Anträge nach § 13 Abs. 2a PBefG nach freiem Ermessen im Rahmen der ausreichenden Bedienung festlegen,[7] so spricht die Änderung in Art. 2a nun dafür, dass zur Abschätzbarkeit und Berechenbarkeit drohender Marktinterventionen seitens der zuständigen Behörden, diese nun ein **Entwicklungsgebot aus dem Nahverkehrsplan**[8] haben. Dieses Entwicklungsgebot fordert, dass die einzelnen gemeinwirtschaftlichen Pflichten sich logisch aus dem Nahverkehrsplan ableiten lassen und nicht im Widerspruch zu ihm stehen. Soweit Widersprüche auftreten müssen diese sachlich gerechtfertigt sein, zB aufgrund neuer Erkenntnisse oder Entwicklungen, die zum Zeitpunkt des Beschl.es des Nahverkehrsplans noch nicht erkennbar waren. Gemäß Erwägungsgrund 10 ÄndVO sollen bei der Ausarbeitung der Strategien Stakeholder wie Verkehrsunternehmen, Arbeitnehmervertreter und Nutzer konsultiert werden. Ein konkreter Verfahrensanspruch erwächst aber hieraus nicht.

IV. Effizienz und Langfristigkeit (Abs. 2)

Der neue Art. 2a Abs. 2 enthält neben dem globalen Zielkatalog in Art. 1 Abs. 1 nun weitere **4** Ziele für die zuständigen Behörden. Zum einen das bereits auch in Nr. 7 Anhang niedergelegte Ziel der Effizienzsteigerung, zum anderen auch das neue Ziel der finanziellen Nachhaltigkeit. Erwägungsgrund 11 ÄndVO liefert dazu näherer Erklärung: „Bei öffentlichen Dienstleistungsaufträgen, die nicht nach einem wettbewerblichen Vergabeverfahren vergeben werden, sollte die Erfüllung der gemeinwirtschaftlichen Verpflichtungen durch den Betreiber eines öffentlichen Dienstes in geeigneter Weise ausgeglichen werden, um die langfristige finanzielle Tragfähigkeit der öffentlichen Personenverkehrsdienste entsprechend den Anforderungen zu gewährleisten, die in der Politik für den öffentlichen Verkehr festgelegt sind. Insbesondere sollte eine solche Ausgleichsleistung die Aufrechterhaltung oder Entwicklung eines effizienten Managements durch den Betreiber eines öffentlichen Dienstes und die Erbringung von Personenverkehrsdiensten von ausreichend hoher Qualität sicherstellen".

Offenbar geht es hier um die finanzielle Stabilität der Leistungserbringung. Dies folgt der **5** Regelungstradition aus der VO (EWG) Nr. 1191/69, die noch ein konkretes **Unterkompensationsverbot** formulierte. Eine solches kann trotz diverser Forderung sowohl im Rahmen der Entstehung der PersonenverkehrsVO auch als bei der ÄndVO aus diesem Abs. nicht herausgelesen werden.[9] Die finanzielle Stabilität ist lediglich als Ziel formuliert und verlangt letztlich eine hinreichende Wirksamkeit der gemeinwirtschaftlichen Verpflichtungen auch in zeitlicher Hinsicht. Vorgenannte Anforderung der finanziellen Stabilität ist aber auch schon in der bisherigen PersonenverkehrsVO enthalten, da gemeinwirtschaftliche Verpflichtungen, die nicht dauerhaft erfüllt werden können und daher bereits eine Sollbruchstelle erhalten, keine dauerhaften, belastbaren gemeinwirtschaftlichen Pflichten darstellen können. Sie wären also eher spekulativ und daher eine Ausgleichsberechnung kaum möglich.

---

[6] *Knauff* N&R 2018, 26 (29); *Linke* NZBau 2017, 331 (332 f.); *Saxinger* GewArch 2017, 463 (466); *Jürschik*, Verordnung über öffentliche Personenverkehrsdienste Rn. 3; Ziekow/Völlink/*Zuck* Rn. 22. Dagegen geht OLG Jena Beschl. v. 12.6.2019 – 2 Verg 1/18, NZBau 2020, 59 mit dem Verweis auf die nationalstaatliche Ausprägung der Strategien und daher Unbeachtlichkeit des Nahverkehrsplans fehl, da die VO im Plural von Strategien spricht und diese als Strategien der jeweils zuständigen Behörden verstanden werden können.

[7] *Wachinger* in Knauff, Vorrang der Eigenwirtschaftlichkeit im ÖPNV, 2017, 102 f.; *Barth* in Baumeister Recht des ÖPNV-HdB A2 Rn. 72 f.; Saxinger/Winnes/*Winnes* PBefG § 8a Abs. 2 Rn. 30. Für direkte Anwendung des Nahverkehrsplans wohl Ziekow/Völlink/*Zuck* Rn. 22 mit dem Verweis auf die Verbindlichkeit von Zusicherungen im Rahmen eigenwirtschaftlicher Verkehre. Diese können aber seitens eines Aufgabenträgers nur durch Vorabbekanntmachungen und nicht durch den Nahverkehrsplan erzwungen werden.

[8] „Kommen vorrangig die Nahverkehrspläne in Betracht": *Bühner/Siemer* DÖV 2015, 21 (24 f.); *Karl/Knies* Verkehr und Technik 2017, 247 (248); *Otting/Olegmöller/Tresselt* in Gabriel/Krohn/Neun VergabeR-HdB § 70 Rn. 21.

[9] *Saxinger* GewArch 2017, 463 (465); Saxinger/Winnes/*Winnes* Art. 1 Abs. 1 Rn. 37; Linke/*Linke* Rn. 26.

V. Exkurs: Gemeinwirtschaftliche Pflicht von Liniengenehmigungen nach dem PBefG

6 **Liniengenehmigungen** nach dem deutschen Personenbeförderungsgesetz **enthalten keine gemeinwirtschaftlichen Pflichten**.[10] Dies ergibt sich aber nicht schon daraus, dass die Genehmigung kein Gegenleistungsverhältnis beinhaltet.[11] Denn gerade besondere Schutzrechte des Marktzugangs könnten als Gegenleistung zur Übernahme gemeinwirtschaftlicher Verpflichtungen angesehen werden.[12] Vielmehr folgt dies aus den PBefG-Bestimmungen zur Betrieb-, Beförderungs- und Tarifpflicht selbst, die nur einen **Marktrahmen** festlegen, ohne damit spezifische gemeinwirtschaftliche Pflichten zu begründen: Die Liniengenehmigung wird nur auf Antrag erteilt und ist zunächst in ihrem Umfang nach auf den Antrag beschränkt. Der Antrag kann allenfalls durch Auflagen entsprechend § 15 Abs. 3 PBefG nur teilweise entsprochen werden, anstatt ihm abzulehnen: Dies kommt vor allem für Bedienungsverbote in Betracht. Insofern gibt es zunächst keine Anhaltspunkte für gemeinwirtschaftliche Verpflichtungen, da ein Verkehrsunternehmen derartige Verpflichtungen gegenüber der Genehmigungsbehörde erst übernehmen wird, wenn seine Finanzierung gesichert ist. Dies kann durch eine allgemeine Vorschrift und/oder durch einen öffentlichen Dienstleistungsauftrag unterstützt werden. In diesem Fall ist aber die gemeinwirtschaftliche Pflicht nicht Ausfluss der Genehmigung, sondern Gegenstand des öffentlichen Dienstleistungsauftrag und/oder der allgemeinen Vorschrift.

7 Auch die **Tarifregulierung** gibt keinen Hinweis auf gemeinwirtschaftliche Pflichten. Zwar ist nach der Rechtsprechung bei der Tariffestlegung das Gemeinwohl mit zu berücksichtigen, jedoch müssen Tarife immer zu einer Kostendeckung inkl. angemessenen Gewinn führen (§ 39 Abs. 2 S. 1 PBefG). Das Verkehrsunternehmen hat insoweit einen Anspruch auf Tarifzustimmung. Man wird sogar so weit gehen, festzustellen, dass die Tarifgenehmigungsbehörde zur Sicherstellung eines leistungsfähigen Betriebs die Tarife dahingehend zu überwachen hat, dass sie insgesamt ergiebig sind und müsste ggf. unergiebigen Tarifen die Zustimmung nach § 39 Abs. 4 PBefG widerrufen.

8 Gleiches gilt für die **Beförderungspflicht** nach § 22 PBefG. Denn diese steht unter dem Vorbehalt der regelmäßig eingesetzten Betriebsmittel. Aus der Beförderungspflicht erwächst keine Verpflichtung, zB für besondere Nachfragespitzen, umfangreiche Vorsorge zu treiben. Nicht einmal erwächst eine Pflicht zB im Schülerverkehr ausreichende Kapazitäten zeitnah bereitzustellen, wenn die Schüler die Möglichkeit haben, auf frühere bzw. spätere Fahrten auszuweichen und dem Verkehrsunternehmen die zusätzlichen Fahrten wirtschaftlich nicht zugemutet werden können. Ebenfalls begründen die Möglichkeiten der Genehmigungsbehörde eine **Ausgestaltung des Verkehrs** durch Fahrplanänderungen nach § 40 Abs. 3 PBefG und durch Betriebsänderung nach § 21 Abs. 3 PBefG zu verlangen, keine gemeinwirtschaftliche Pflicht. Denn beide Möglichkeiten stehen auch hier unter dem Vorbehalt der Deckung von Kosten inkl. angemessenen Gewinn (§ 21 Abs. 3 PBefG und § 40 Abs. 3 S. 2 PBefG). Eine Anwendung der PersonenverkehrsVO auf das Genehmigungsverfahren für eigenwirtschaftliche Verkehre ist somit wegen etwaiger gemeinwirtschaftlicher Pflichten nicht erforderlich.[13] Etwas anderes ergibt sich aus der ausschließlichen Wirkung der Liniengenehmigung, die nur bei EU-konformer Handhabung eine Anwendung der PersonenverkehrsVO auf das Liniengenehmigungsverfahren vermeidet (→ Art. 2 Rn. 28 ff.).

---

[10] Dies wurde umfassend im Rahmen der Novellierung des PBefG diskutiert. Gemeinwirtschaftliche Verpflichtungen in Liniengenehmigungen sahen: *Sitsen* IR 2001, 76 (77); *Wittig/Schimanek* NZBau 2008, 222 (224); *Winnes* DÖV 2009, 1135 ff.; *Winnes* DVBl. 2010, 790 (792); *Saxinger* DVBl. 2008, 688 (692 ff.); *Saxinger* GewArch 2009, 350 (353); *Winnes/Schwarz/Mietzsch* EuR 2009, 290 (296 ff.); *Schwarz/Winnes* Verkehr und Technik 2008, 299 (300); *Deuster* DÖV 2010, 591 (596); *Sitsen* IR 2011, 76 (77). Unter Geltung des neuen PBefG ab 1.1.2013 aufrechterhaltend: *Saxinger/Winnes/Saxinger* Art. 2 lit. e Rn. 29 ff. Wie hier: OLG Jena Aussetzungsbeschl. v. 18.10.2018 – 2 Verg 1/18; BayVGH Urt. v. 16.8.2012 – 11 CS 12.1607, BeckRS 2012, 57076; VK Münster Beschl. v. 29.5.2013 – VK 5/13, VPRRS 2013, 0789; *Pünder* EuR 2007, 564 (566); *Fehling/Niehnus* DÖV 2008, 662 (667); *Ziekow* NVwZ 2009, 865 (866 ff.); *Nettesheim* NVwZ 2009, 1449 (1450); *Knauff* NZBau 2012, 65; *Roling* DVBl. 2010, 1213 (1217); *Berschin* in Baumeister Recht des ÖPNV-HdB A1 Rn. 23; *Hölzl* → 1. Aufl. 2011, Art. 1 Rn. 7; *Otting/Olegmöller/Tresselt* in Gabriel/Krohn/Neun VergabeR-HdB § 70 Rn. 23. Zusammenfassend Wissenschaftlicher Dienst des Bundestags, Linienverkehrsgenehmigungen nach PBefG im Lichte der VO (EG) Nr. 1370/2007, WD 5 – 3000 – 003/17.

[11] So aber die gängige Argumentation im Rahmen der PBefG-Novelle, bspw. *Otting/Olegmöller/Tresselt* in Gabriel/Krohn/Neun VergabeR-HdB § 70 Rn. 23 und die Nw. bei → Art. 2 Rn. 26 f.

[12] Als zentrales Argument der Befürworter dieser Auffassung, *Saxinger/Winnes/Winnes* Art. 1 Abs. 1 Rn. 45 ff.

[13] Dies war die Forderung der Vertreter der extensiven Auffassung: *Winnes/Saxinger/Mietzsch* EuR 2009, 290 (296 ff.), *Winnes* DER NAHVERKEHR 7-8/2008, 25 (26); es wird aber eingeräumt, dass der Gesetzgeber dies ausdrücklich anders beurteilt hatte: *Saxinger/Winnes/Saxinger* Art. 2 lit. e Rn. 32.

Art. 3 Öffentliche Dienstleistungsaufträge und allgemeine Vorschriften

(1) Gewährt eine zuständige Behörde dem ausgewählten Betreiber ausschließliche Rechte und/oder Ausgleichsleistungen gleich welcher Art für die Erfüllung gemeinwirtschaftlicher Verpflichtungen, so erfolgt dies im Rahmen eines öffentlichen Dienstleistungsauftrags.

(2) ¹Abweichend von Absatz 1 können gemeinwirtschaftliche Verpflichtungen zur Festsetzung von Höchsttarifen für alle Fahrgäste oder bestimmte Gruppen von Fahrgästen auch Gegenstand allgemeiner Vorschriften sein. ²Die zuständige Behörde gewährt den Betreibern eines öffentlichen Dienstes gemäß den in den Artikeln 4 und 6 und im Anhang festgelegten Grundsätzen eine Ausgleichsleistung für die – positiven oder negativen – finanziellen Auswirkungen auf die Kosten und Einnahmen, die auf die Erfüllung der in den allgemeinen Vorschriften festgelegten tariflichen Verpflichtungen zurückzuführen sind; dabei vermeidet sie eine übermäßige Ausgleichsleistung. ³Dies gilt ungeachtet des Rechts der zuständigen Behörden, gemeinwirtschaftliche Verpflichtungen zur Festsetzung von Höchsttarifen in öffentliche Dienstleistungsaufträge aufzunehmen.

(3) ¹Unbeschadet der Artikel 73, 86, 87 und 88 des Vertrags können die Mitgliedstaaten allgemeine Vorschriften über die finanzielle Abgeltung von gemeinwirtschaftlichen Verpflichtungen, die dazu dienen, Höchsttarife für Schüler, Studenten, Auszubildende und Personen mit eingeschränkter Mobilität festzulegen, aus dem Anwendungsbereich dieser Verordnung ausnehmen. ²Diese allgemeinen Vorschriften sind nach Artikel 88 des Vertrags mitzuteilen. ³Jede Mitteilung enthält vollständige Informationen über die Maßnahme, insbesondere Einzelheiten zur Berechnungsmethode.

Übersicht

	Rn.			Rn.
I. Normzweck	1	4.	Diskriminierungsfreiheit	12
II. Abschließende Regelung der Markteingriffe	2	5.	Unterschreitung des Tarifs	15
		6.	Vorgaben außerhalb des Tarifs	16
III. Regelfall öffentlicher Dienstleistungsauftrag (Abs. 1)	4	V.	Herausnahme bestimmter allgemeiner Vorschriften aus dem Anwendungsbereich der VO (Abs. 3)	17
1. Gegenseitigkeit	4			
2. Kompensationswirkung	6	1.	Hintergrund	17
3. Dokumentation und Transparenz	7	2.	Anwendungsbereich	18
IV. Ausnahmefall allgemeine Vorschrift (Abs. 2)	8	3.	Notifikation	21
1. Deregulierter Markt	8	4.	Beurteilung des § 45a PBefG und § 228 SGB IX	23
2. Begrenzung auf Höchsttarife	9			
3. Vorgabe durch die zuständige Behörde	11	5.	Kombination von öffentlichen Dienstleistungsauftrag und allgemeiner Vorschrift	26

I. Normzweck

Art. 3 in Kombination mit entsprechend ausgestaltenden Art. 4 kann sicherlich als Herzstück **1** der VO bezeichnet werden. Hier wird festgelegt, dass gemeinwirtschaftliche Pflichten, die einer besonderen Kompensation bedürfen, im Regelfall in einem öffentlichen Dienstleistungsauftrag niedergelegt werden und in einem strengen Gegenseitigkeitsverhältnis stehen (→ Rn. 4 ff.). Ausnahmsweise kann in offenen Märkten gemeinwirtschaftliche Tarifpflichten auch in einer allgemeinen Vorschrift niedergelegt werden, die spezifische Kompensationen erhält (→ Rn. 8 ff.). Den Mitgliedstaaten ist zudem gestattet, nach Notifikation allgemeine Vorschriften für Tarife zugunsten bestimmter Fahrgastgruppen aufrechtzuerhalten oder einzuführen (→ Rn. 17 ff.), wobei aufgrund des abschließenden Charakters der Eingriffsmittel (→ Rn. 2 f.) fraglich ist, in welchem Umfange überhaupt Spielräume für eine Genehmigungsfähigkeit bestehen.

II. Abschließende Regelung der Markteingriffe

Art. 3 nennt die zentralen **Markteingriffsinstrumente**, die als Gegenleistung für die Übernahme gemeinwirtschaftlicher Pflichten in der VO vorgesehen sind. Wie in → Vor Rn. 60 f. **2** dargelegt, sind diese Eingriffsinstrumente **abschließend** in Bezug auf die Erreichung der Ziele von umfangreicheren, höherwertigeren, sichereren oder preisgünstigeren Angeboten gem. Art. 1 Abs. 1 durch gezielte Markteingriffe. Unberührt ist die Marktregulation durch weitere Vorgaben wie allgemeine Vorschriften nach Art. 2 lit. l (→ Art. 2 Rn. 41 f.). Allerdings darf für deren Erfüllung kein Ausgleich geleistet werden, sodass durch diese auch keine gemeinwirtschaftliche Pflicht entsteht.

3 Von der abschließenden Regelung unberührt sind einerseits **De Minimis**-Beihilfen (→ Art. 1 Rn. 29). Zum anderen können finanzielle Leistungen außerhalb der Zielrichtung der Sicherstellung gemeinwirtschaftlicher Leistungen geleistet werden.[1] Denkbar ist dies für Erneuerungs- oder Innovationsbeihilfen bezüglich des Fuhrparks und anderer technischer Einrichtungen, Sanierungsbeihilfen, Forschungs- und Entwicklungsbeihilfen oder Umweltbeihilfen (→ Art. 9 Rn. 6 f.). Alle diese Leistungen wären nach dem jeweilig einschlägigen Beihilferegime zu beurteilen. Bezüglich der überkommenen Fahrzeugförderung wird allerdings die Begründung einer Förderung nach den bisherigen Maßstäben nahezu unmöglich. Denn die Förderung zielte auf eine Produktionskostenentlastung im öffentlichen Linienverkehr und schrieb daher als Verwendungszweck eine Mindestkilometer- oder -jahresleistung im öffentlichen Linienverkehr vor. Damit war die Erwartung verbunden, dass durch die Kostensenkung Leistungen erbracht werden, die sich bei vollständiger Kostenberechnung nicht rentiert hätten, somit gemeinwirtschaftlich sind.

III. Regelfall öffentlicher Dienstleistungsauftrag (Abs. 1)

4 **1. Gegenseitigkeit.** Wie sich aus der Formulierung des Art. 3 Abs. 2 „abweichend" ergibt, ist der öffentliche Dienstleistungsauftrag (public service contract) der Regelfall zur Festlegung von gemeinwirtschaftlichen Pflichten als Gegenleistung für zu gewährende ausschließliche Rechte und/oder Ausgleichsleistung. Regelungskern ist daher das **Gegenleistungsverhältnis**. Dieses ist **unvereinbar** mit den Gedanken des **Subventionsrechts**, welches allgemein nur ein Anreiz für ein gewünschtes Verhalten liefert, aber der öffentlichen Hand keinen Anspruch auf die Durchführung des Verhaltens gibt. Die Sicherstellung gemeinwirtschaftlicher Leistungen ist aber mit einem derartigen Anreizsystem unvereinbar, da es dann im Belieben des Subventionsempfängers stünde, ob und wie er die gemeinwirtschaftliche Leistung erbringt. Damit würde der Sicherstellungsauftrag verfehlt und letztlich nicht gewährleistet, dass die erforderlich gehaltenen Dienstleistungen tatsächlich angeboten werden.

5 Dieser vorgenannte Erfüllungsanspruch der zuständigen Behörden aus dem Begriff „gewährt für die Erfüllung" schafft **umsatzsteuerliche Probleme**, da die VO ein klares Austauschverhältnis regelt. Allerdings hat sich die deutsche Finanzverwaltung bereits 1996[2] darauf verständigt, diesen Fragestellungen nicht nachzugehen. Solange Verkehrsleistungen als Sicherstellung für die Allgemeinheit vereinbart werden, seien diese Leistungen umsatzsteuerfreier Zuschuss, unabhängig vom Verbindlichkeitsgrad der jeweiligen Vereinbarungen.

6 **2. Kompensationswirkung.** Neben der Gegenseitigkeit ist zweites zentrales Kriterium, dass die Leistungen **zielgerichtet als Kompensation** für die Erfüllung der gemeinwirtschaftlichen Verpflichtungen geleistet werden. Dies dürfte bei finanziellen Ausgleichsleistungen unschwer zu erkennen sein. Schwieriger sind gewährte Ausschließlichkeitsrechte einzuordnen. Denn üblicherweise werden diese aus Gewohnheit gewährt und weniger aus konkretem Kalkül. Gleichwohl erfordert die Kompensationswirkung, dass das **Ausschließlichkeitsrecht als wirtschaftliche Stütze** der gemeinwirtschaftlichen Verpflichtungen eingestellt wird und einen finanziellen Wert erhält. Entfiele diese kompensierende Wirkung, so wäre das Ausschließlichkeitsrecht gar nicht notwendig und damit unverhältnismäßig. Daher muss im Rahmen der Verhältnismäßigkeit eine genaue Abwägung zur Notwendigkeit und Wirkung eines Ausschließlichkeitsrechts stattfinden, sodass es als Gegenleistung für die Übernahme gemeinwirtschaftlicher Verpflichtungen taxiert werden kann.

7 **3. Dokumentation und Transparenz.** Die Funktion der Gegenseitigkeit und Kompensation können Ausgleichsleistungen und Ausschließlichkeitsrechte nur wahrnehmen, wenn die gemeinwirtschaftlichen Pflichten genau beschrieben und entsprechend für alle Beteiligten in gleichem Sinne verständlich sind. Daher ist eine hinreichende **Dokumentation und Transparenz** erforderlich, damit von unabhängiger Seite – zB der Kommission oder einem befasstem Gericht – nachvollzogen werden kann, in welchem Umfang gemeinwirtschaftliche Verpflichtungen bestehen und wie sich dazu die spezifischen Marktinterventionen verhalten.

---

[1] Denkbar ist dies für diverse Förderungen, die zumindest mittelbar der Sicherstellung einer ausreichenden Verkehrsbedienung dienen. Diese sind strikt von etwaigen Umgehungsstrategien zur Vermeidung eines öffentlichen Dienstleistungsauftrags abzugrenzen: dazu *Berschin* in Baumeister Recht des ÖPNV-HdB A1 Rn. 45 ff.

[2] Beschl. d. Finanzministerkonferenz v. 18.5.1995 und der Verkehrsministerkonferenz v. 16/17.11.1995.

IV. Ausnahmefall allgemeine Vorschrift (Abs. 2)

1. Deregulierter Markt. Als **Ausnahme**[3] von der Regel des öffentlichen Dienstleistungsauftrags stellt Art. 3 Abs. 2 das Instrument der allgemeinen Vorschrift bereit. Die Ausnahme ergibt sich nicht nur aus der Einführung „abweichend", sondern auch aus dem beschränkten Anwendungsbereich, nämlich der ausschließlichen Festlegung von Höchsttarifen und der Beschränkung auf hierzu kompensierende Ausgleichsleistungen. Mit dem Verbot der Festlegungen von Ausschließlichkeitsrechten nimmt Art. 3 Abs. 2 auf die in Erwägungsgrund 9 in Bezug genommenen deregulierten Märkte, das bedeutet Märkte ohne nennenswerte Marktzutritts- und -austrittsschranken. Allgemeine Vorschriften für Höchsttarife sind damit die einzige Möglichkeit jenseits allgemeiner steuer- oder abgabenrechtlicher Lösungen **durch finanzielle Ausgleichsleistung kommerzielle Verkehre zu stützen.** Als Ausnahmevorschrift ist dabei Art. 3 Abs. 2 restriktiv auszulegen. Es geht bei diesen allgemeinen Vorschriften um das Hineinweben von tarifpolitischem öffentlichem Interesse in ein ansonsten ausgeglichenes Spiel von Angebot und Nachfrage, welches zu einem ausreichenden Verkehrsangebot führt. Der EuGH hat hierzu bereits unter Geltung der VorgängerVO (EWG) Nr. 1191/69 festgestellt, dass eine Tarifpflicht, also das Interesse an bestimmten Tarifen „nicht allein durch die behördliche Festsetzung oder Genehmigung der Beförderungstarife [entsteht], sondern darüber hinaus durch die zwei weiteren kumulativ geforderten Voraussetzungen gekennzeichnet [ist], [so] dass es sich um „besondere" Tarifmaßnahmen, die bestimmte Gruppen von Reisenden, bestimmte Güterarten oder bestimmte Verkehrswege betreffen, und ferner um dem kaufmännischen Interesse des Unternehmens zuwiderlaufende Maßnahmen handelt. Diese Auslegung wird durch Art. 2 Abs. 5 UAbs. 2 [VO (EWG) Nr. 1191/69] bestätigt, wonach die „allgemeinen preispolitischen Maßnahmen" ebenso wenig wie die „Maßnahmen, die auf dem Gebiet der allgemeinen Beförderungsentgelte und -bedingungen im Hinblick auf die Organisation des Verkehrsmarkts oder eines Teils des Verkehrsmarkts beschlossen werden, Tarifpflichten begründen".[4] Hieraus wird deutlich, dass der Höchsttarif ein ganz spezifisches Interesse an konkreten Tarifen begründen muss und **nicht** etwa die **Festlegung insgesamt angemessener Tarife** eines an sich bereits unauskömmlichen Verkehrs umfassen kann.

2. Begrenzung auf Höchsttarife. Ausgleichsleistungen im Rahmen allgemeiner Vorschriften nach Art. 3 Abs. 2 sind auf die Kompensation von Höchsttarifen beschränkt. Diese Höchsttarife können dabei für **alle Fahrgäste** oder auch nur für **bestimmte Gruppen** festgelegt werden. Die Höchsttarife dienen dagegen nicht zur Finanzierung eines an sich nicht kostendeckenden Verkehrs.[5] Die Höchsttarife müssen sich dabei vom kommerziellen Interesse an entsprechenden ergiebigen Tarifen unterscheiden, sie müssen eine entsprechende **soziale** oder auch **integrierende Komponente** zur Tarifbegrenzung enthalten. Insoweit muss eine konkrete Vorstellung über die damit verbundene gemeinwirtschaftliche Verpflichtung bestehen, da nur so eine entsprechend kompensierende und angemessene Ausgleichsleistung entstehen kann. Integrierend bedeutet dabei, dass auch Verbundtarife einschließlich der gegenseitigen Anerkennung und Hinnahme von Durchtarifierungen vorgegeben werden können.[6]

Dem Höchsttarif muss insgesamt eine **Verkehrsleistung** gegenüberstehen, die **kommerziell tragfähig** ist. Es muss also feststehen, mit wie vielen Fahrgästen und Erträgen die Verkehrsleistung bei Geltung des unternehmerisch kalkulierten Tarifs rechnen darf.[7] Kann dagegen bei einem unternehmerischen Tarif aufgrund der Abwanderung bei entsprechenden Preissteigerungen gar keine Kostendeckung erreicht werden, handelt es sich nicht um einen Höchsttarif, sondern in Wahrheit

---

[3] Bereits die Stellung als „abweichend von Absatz 1" macht diese Auslegung zwingend; s. auch VG Münster Urt. v. 24.10.2014 – 10 K 2076/12, BeckRS 2014, 57873; VG Augsburg Urt. v. 24.3.2015 – Au 3 K 15.79, BeckRS 2015, 117426 Rn. 33 f. und zust. VG Stade Urt. v. 30.6.2016 – 1 A 1432/14, BeckRS 2016, 50326 Rn. 74.

[4] EuGH Urt. v. 27.11.1973 – 36/73, Slg.1973, 1299 = BeckRS 2004, 70974 Rn. 11 ff. = EU:C:1973:130 – Nederlandse Spoorwegen.

[5] *Grischkat/Karl/Berschin/Schaaffkamp* Verkehr und Technik 2010, 466 (467 f.); *Berschin* in Baumeister Recht des ÖPNV-HdB A1 Rn. 53, 58; *Saxinger/Winnes/Winnes* Art. 3 Abs. 2 Rn. 4 f. auch zu einer entsprechenden Gegenansicht.

[6] *Saxinger/Winnes/Winnes* Art. 2 lit. l Rn. 5 ff. Entgegen der früheren mitvertretenen Ansicht unter *Grischkat/Karl/Berschin/Schaaffkamp* Verkehr und Technik 2010, 466 (469) sind auch Durchtarifierungsverluste ausgleichsfähig. Das Problem liegt aber auf der tatsächlichen Ebene, da sie kaum nachgewiesen sind und idR fiktiv berechnet werden. Dass Fahrgäste heute in Verbundtarifen umsteigen, ist kein Beleg dafür, dass sie das auch bei einem notwendigen Lösen einer zweiten Fahrkarte getan hätten. Gerade in diesem Segment ist die Preisempfindlichkeit besonders hoch.

[7] *Grischkat/Karl/Berschin/Schaaffkamp* Verkehr und Technik 2010, 466 (468); *Saxinger/Winnes/Schmitz* Art. 4 Abs. 1 Rn. 80; *Berschin* in Baumeister Recht des ÖPNV-HdB A1 Rn. 58.

um die Vereinbarung gemeinwirtschaftlicher Verkehrsleistungen, die nur im Rahmen des Art. 3 Abs. 1 als öffentlicher Dienstleistungsauftrag zulässig ist. Wird zB mit einem in der Literatur bezüglich des ÖPNV häufig genannten Wertes einer **Preiselastizität** von -0,3 gerechnet, was eine Fahrgastabwanderung bei einer Tarifverdopplung von 30% bedeuten würde, so ergibt sich mathematisch, dass ein Referenztarif[8] maximal nominell 117% über dem ermäßigten Tarif mit einer Gesamtergiebigkeit von maximal 41% höher als der Referenztarif liegen darf, da ansonsten die Tarifeinnahmen aufgrund der Nachfrageabwanderung wieder sinken.

11 **3. Vorgabe durch die zuständige Behörde.** Der Höchsttarif muss Gegenstand der gemeinwirtschaftlichen Festlegung sein. Daher müssen die zur Marktintervention berufenen, **zuständigen Behörden diesen beschließen** und festlegen.[9] Beschließen dagegen die **Verkehrsunternehmen** den Höchsttarif, so liegt hierin bereits eine **unzulässige Selbstbetrauung.** Die Festlegung gemeinwirtschaftlicher Pflichten ist ebenso wie die Festlegung wirtschaftlicher Allgemeininteressen den zuständigen Behörden vorbehalten.

12 **4. Diskriminierungsfreiheit.** Die Festlegung der Höchsttarife muss gegenüber den Unternehmen diskriminierungsfrei erfolgen, wie sich bereits aus Art. 2 lit. l ergibt. Gerade bei offenen Märkten und sehr unterschiedlichen Produkten und Zielgruppen muss hohe **Sorgfalt auf die Abgrenzung** des betroffenen Gebietes, der vergleichbaren Dienste und auch der einzubeziehenden Gruppen erfolgen; zu groß ist die Gefahr, dass ein Zuschnitt auf bestimmte Verkehrsunternehmen erfolgt. Daher muss die Abgrenzung anhand hinreichender Erkenntnisse über bislang angewandt Tarife oder hypothetisch anzuwendende Tarife und die Nutzerbedürfnisse erfolgen. Dies umfasst insbesondere auch die Loslösung von **Haustarifen,** sofern sie gar nicht (mehr) angewandt werden.[10] Ist in einem offenen Markt nur ein **punktueller** Tarifeingriff vorgesehen, wie zB die Freifahrt schwerbehinderter Menschen, so kann auf die sonstigen Durchschnittserlöse abgestellt werden. Gleiches gilt bei der Schaffung neuer Tarifangebote. Wird dagegen der **Tarif insgesamt abgesenkt** (beispielsweise durch Harmonisierung im Rahmen eines Verbunds), kann zum Zeitpunkt der Anwendung der Haustarif in Bezug auf die Marktreaktion noch Bezugspunkt sein, aber im Lauf der Zeit gibt ein – ggf. fiktiv – fortgeschriebener Haustarif keine Information über die am Markt durchsetzbaren Tarifeinnahmen.

13 Ebenfalls ein nicht zu unterschätzendes Problem der Gleichbehandlung sind Fragen der **Einnahmenaufteilung.** Zwar ist diese nicht primär Gegenstand einer allgemeinen Vorschrift, aber da der Ausgleich an zugeschiedenen Einnahmen anknüpft und möglicherweise auch einen Ausgleich für Durchtarifierungsverluste leisten will, ist es unerlässlich, dass die Einnahmenaufteilungsregelung vorab feststehen, diskriminierungsfrei, klar und transparent sind und von jedem Marktteilnehmer in gleicher Weise verstanden werden können. Sie müssen zudem dem Gebot der Objektivität und Betrugsfestigkeit Rechnung tragen und insgesamt sachgerecht sein. Insgesamt müssen sie den bei allgemeinen Vorschriften unterstellten freien Marktzugang umfassend Rechnung tragen.[11]

14 In Konflikt mit der Diskriminierungsfreiheit kommen tendenziell auch Systeme, die eine **Deckelung** der Ausgleichsleistungen auf ein bestimmtes (im Haushalt veranschlagtes) **Budget** vorsehen.[12] Diese Budgetansätze kommen meist mit dem Kalkül zustande, dass dieser Betrag benötigt werde und am Markt sich ansonsten nichts Hinreichendes ergebe. Dies wirkt gegenüber Newcomern diskriminierend. Zwar könnte der Budgetansatz durch lineare Kürzung aller Ausgleichsansprüche eingehalten werden, jedoch wird damit vor allem für neu hinzutretende Marktteilnehmer die allgemeine Vorschrift unkalkulierbar, während die Marktsassen eher mit diesen Unwägbarkeiten umgehen können. Zudem stellt sich die grundsätzliche Frage, warum sich Unternehmen auf allgemeine Vorschriften einlassen sollten, die in ihrem Ausgleich variabel sind. Wenn sie unterkompensierend sind, werden die Verkehrsunternehmen auf dieser Basis kein Angebot erbringen bzw. vermeiden in Anwendungsbereich der Vorschrift zu gelangen. Ist dagegen ein niedrigerer Ausgleich noch ausreichend, beweist dies, dass ein etwaig höherer (ungedeckelter) Ausgleich eine Überkompensation darstellen würde.

---

[8] S. zu den Problemen überhaupt einen Referenztarif zu finden: *Grischkat/Karl/Berschin/Schaaffkamp* Verkehr und Technik 2010, 466 (468); *Deuster* IR 2009, 346 (349); *Winnes* DER NAHVERKEHR 6/2009, 29; *Otting/Olegmöller* DER NAHVERKEHR 9/2009, 34 (36).

[9] *Grischkat/Karl/Berschin/Schaaffkamp* Verkehr und Technik 2010, 466 (467); *Berschin* in Baumeister Recht des ÖPNV-HdB A1 Rn. 56; Saxinger/Winnes/*Winnes* Art. 3 Abs. 2 Rn. 15 ff.

[10] Dazu auch Saxinger/Winnes/*Winnes* Art. 3 Abs. 2 Rn. 30 f.

[11] *Grischkat/Karl/Berschin/Schaaffkamp* Verkehr und Technik 2010, 466 (468 f.) und vertiefend: Saxinger/Winnes/*Winnes/Schmitz* Art. 4 Abs. 2 Rn. 18 ff.; *Berschin/Fiedler* Verkehr und Technik 2001, 255 ff. und 299 ff.

[12] S. *Grischkat/Karl/Berschin/Schaaffkamp* Verkehr und Technik 2010, 466 (469); *Berschin* in Baumeister Recht des ÖPNV A1 Rn. 54.

5. Unterschreitung des Tarifs. Die Formulierung „Höchsttarif" bringt es mit sich, dass der 15
Tarif **unterschritten** werden darf, da mit der gemeinwirtschaftlichen Pflicht nur Tarif nach oben
hin begrenzt werden soll, nicht aber der Tarifwettbewerb beseitigt werden kann. Allerdings wäre
auch eine Unterschreitung eines Höchsttarifs ein untrügliches Zeichen dafür, dass es der **Höchsttarifvorgabe nicht bedarf,** da der (funktionsfähige) Markt günstigere Fahrpreise bereitstellt.[13]

6. Vorgaben außerhalb des Tarifs. Allgemeine Vorschriften nach Art. 3 Abs. dürfen nur 16
Vorgaben zu Höchsttarifen haben, da nur diese ausgleichsfähig sind. Allerdings ist es denkbar,
diese Vorgaben mit weiteren Vorgaben einer allgemeinen Vorschrift nach Art. 2 lit. l zu kombinieren. Deren Zulässigkeit beurteilt sich dabei nach nationalem Recht, da Art. 2 lit. l nur die **Möglichkeit** der allgemeinen Vorschriften erwähnt, jedoch selbst keine hinreichend bestimmte Eingriffsgrundlage für allgemeine Marktzugangsregelungen bereithält. § 8a Abs. 1 S. 2 PBefG scheidet
hierfür aus, da dort explizit nur allgemeine Vorschriften nach Art. 3 Abs. 2 und 3 zugelassen
werden. Allerdings enthält **§ 8a Abs. 2 PBefG iVm § 13 Abs. 2a PBefG** die entsprechende
Eingriffsgrundlage, für Aufgabenträger im Rahmen von zu erteilender Genehmigungen Anforderungen für eigenwirtschaftliche Verkehre für Quantität und Qualität festzulegen, deren Einhaltung die Verkehrsunternehmen zusichern müssen und bei deren Nichteinhaltung bzw. Nichterreichen der Aufgabenträger sein Einvernehmen zur Erteilung eigenwirtschaftlicher Genehmigungen
verweigern kann.

V. Herausnahme bestimmter allgemeiner Vorschriften aus dem Anwendungsbereich der VO (Abs. 3)

1. Hintergrund. Die Regelungen des Art. 3 Abs. 3 sind erst sehr spät in den Gesetzgebungs- 17
prozess gelangt. Hintergrund war die **Befürchtung,** dass insbesondere der deutsche § 45a PBefG
mit den Anforderungen des Art. 6 Abs. 1 und Anhangs **nicht vereinbar** sein könnte. Art. 3 Abs. 3
gestattet somit Beihilfeleistungen zu genehmigen, die sonst wegen des Anwendungsvorrangs der
PersonenverkehrsVO normalerweise nicht genehmigungsfähig wären.[14]

2. Anwendungsbereich. Im Gegensatz zu Art. 3 Abs. 2 ist die Anwendung auf Höchsttarife 18
für Schüler, Auszubildende, Studierende und Menschen mit Behinderungen beschränkt. Eine
Herausnahme von der PersonenverkehrsVO ist nur erforderlich, wenn Abweichungen gegenüber
Art. 3 Abs. 2 bestehen. Bezüglich der Höchsttarife und deren Bestimmungen kann es keine Abweichungen geben, da definitionsgemäß es sich hier auch um Höchsttarife handeln muss. Insoweit
bezieht sich die Ausnahmemöglichkeit nur auf das **Ausgleichsverfahren** oder die Anforderungen
der **Diskriminierungsfreiheit.**

Ausnahmen in Bezug auf das Gebot der Diskriminierungsfreiheit sind schwer vorstellbar, da 19
die **Diskriminierungsfreiheit** und auch **Transparenz** ein Grundprinzip des Unionsrechts ist und
die PersonenverkehrsVO der Herstellung der Niederlassungsfreiheit dient. Somit steht das **Ausgleichsverfahren** im Fokus etwaiger Abweichungen von der PersonenverkehrsVO. Wie sich aus
der Kommissionsentscheidung Rheinland-Pfalz[15] ergibt, muss hierbei die Kommission ein Ermessen
ausüben, das sich aus den allgemeinen Beihilfegrundsätzen im Unionsrecht ergibt. Dies hebt auch
die Kommission ausdrücklich in Erwägungsgrund 36 hervor. Die Kommission hat folglich aus
den vier Altmark Trans-Kriterien, dem Art. 93 AEUV als Abgeltungsvorschrift an sich und den
Genehmigungskriterien für Beihilfezahlungen von Dienstleistungen von allgemeinem wirtschaftlichem Interesse folgende **Kriterien** entwickelt:
– genaue Bestimmungen der gemeinwirtschaftlichen Verpflichtungen,
– Betrauungsakt mit klarer Vorabparametrisierung des Ausgleichs,
– keine Überkompensation,
– Nichtdiskriminierung,
– keine unverhältnismäßige Wettbewerbsverzerrung.

---

[13] So auch Saxinger/Winnes/*Winnes* Art. 3 Abs. 2 Rn. 13a.
[14] E der Kom., Staatliche Beihilfe SA.34155 (2013/N) (ex 2011/PN) – Deutschland – Landesgesetz des Landes Rheinland-Pfalz über den Ausgleich von gemeinwirtschaftlichen Verpflichtungen im Ausbildungsverkehr v. 22.1.2014, C(2014) 133 corr. Rn. 35 unter Berufung auf Altmark Trans Rn. 53 und EuGH Urt. v. 7.5.2009 – C-504/07, Slg. 2009, I-3867 Rn. 23 = ECLI:EU:C:2009:290 = BeckRS 2009, 70482- Antrop. S. auch zum Hintergrund *Berschin* in Baumeister Recht des ÖPNV-HdB A1 Rn. 34.
[15] E der KOM, Staatliche Beihilfe SA.34155 (2013/N) (ex 2011/PN) – Deutschland – Landesgesetz des Landes Rheinland-Pfalz über den Ausgleich von gemeinwirtschaftlichen Verpflichtungen im Ausbildungsverkehr v. 22.1.2014, C(2014) 133 corr. Rn. 37 ff.

20 Im Rahmen dieser Kriterien können gewisse Abweichungen zugelassen werden, insbesondere könnte die Überkompensationskontrolle bei einfachen Sachverhalten vereinfacht werden. Auch ist denkbar, dass im Preisausgleich der Nachfrageeffekt vernachlässigt wird.[16]

21 **3. Notifikation.** Voraussetzung der Anwendung der Ausnahmemöglichkeit ist eine **vorherige Notifikation** bei der Kommission. Hierbei wird der gesamte Art. 108 AEUV in Bezug genommen, dies bedeutet ein Durchführungsverbot nach Art. 108 Abs. 3 S. 3 AEUV vor einer entsprechenden Entscheidung. Da Art. 3 Abs. 1 und 2 den Anwendungsvorrang der VO für jedwede Ausgleichsleistungen als Gegenleistung für gemeinwirtschaftliche Pflichten bestimmt und Abs. 3 hiervon Dispens gewähren soll, gilt der Anwendungsvorrang der VO. Daher ist nicht erforderlich, dass es sich bei den Ausgleichsleistungen tatbestandlich um Beihilfen handeln muss.[17]

22 Zwar hat Deutschland nach § 8 Abs. 4 S. 2 PBefG den § 45a PBefG nach Art. 3 Abs. 3 von der VO per Gesetz ausgenommen, jedoch ist über eine etwaige Notifikation oder gar Genehmigung durch die Kommission offiziell nichts bekannt.[18] Daher unterliegt § 45a PBefG einem **Durchführungsverbot** nach Art. 108 Abs. 3 S. 3 AEUV,[19] welches von jedem Konkurrenten eingefordert werden kann. Gleichsam ist nach § 228 Abs. 3 SGB IX der Ausgleich für die Schwerbehindertenbeförderung vom Anwendungsbereich der PersonenverkehrsVO ausgenommen mit denselben Konsequenzen.

23 **4. Beurteilung des § 45a PBefG und § 228 SGB IX.** In der Eröffnungsentscheidung Emsländische Eisenbahn[20] hat die Kommission die Regelung des § 45a PBefG als Nichtbeihilfe eingestuft. So seien alle Altmark Trans-Kriterien erfüllt. Es seien Schüler zu nicht kosteneffizienten von der Genehmigungsbehörde festgelegten Tarifen zu befördern und daher eine gemeinwirtschaftliche Pflicht vorliegend. Schon dieser Ansatz geht fehl, da § 45a PBefG keinerlei Verpflichtung zum Vorhalten ermäßigter Tarife bewirkt.[21] Der Ausgleich wird allein dann gewährt, wenn Schüler befördert werden, deren Erträge nicht die Sollkosten decken. Weiterhin sei das dritte Kriterium erfüllt, da die Ausgleichsparameter auf die nicht gedeckten Kosten Bezug nehmen und sogar nur 50% Ausgleich gewähren. Auch dieses Argument überzeugt nicht, da unglaubwürdig ist, dass bei einem Ausgleich von nur 44% (12% Abzug von den 50%) Verkehrsunternehmen die anderweitig nicht gedeckten Kosten bei den übrigen Fahrgästen einspielen können, zumal viele Schülerverkehre 80–90% der Fahrgeldeinnahmen ausmachen.[22] Auch dies ist ein starkes Indiz, dass die Kostenparameter überhöht sind. Zudem führen die Kostenparamater dazu, dass im Schülerverkehr die Unternehmen wesentlich höhere Erträge (Fahrkarte + Ausgleich) einnahmen als im Jedermannverkehr. Von einem Ausgleich eines Tarifrabatts kann daher keine Rede sein. Zudem wirkt vor allem die Berücksichtigung unternehmensspezifischer statistischer Werte in hohem Maß wettbewerbsverfälschend, sodass bei gleichem Marktzugang sich unterschiedliche Ausgleichsbeträge ergeben.[23]

24 § 45a PBefG ist daher nach Art. 3 Abs. 3 **nicht genehmigungsfähig**,[24] soweit er einen Ausgleich zur Verfügung stellt, der in keiner Relation zum gewährten Tarifrabatt steht. Dies ist strukturell bei § 45a PBefG der Fall. Insofern ist es folgerichtig, dass bis auf Bayern, Thüringen,

---

[16] So in der E der Kom., Staatliche Beihilfe SA.34155 (2013/N) (ex 2011/PN) – Deutschland – Landesgesetz des Landes Rheinland-Pfalz über den Ausgleich von gemeinwirtschaftlichen Verpflichtungen im Ausbildungsverkehr v. 22.1.2014, C(2014) 133 corr. Rn. 13 f.

[17] So aber *Hölzl* → 1. Aufl. 2011, Rn. 7. Wie hier *Heiß* VerwArch 2009, 113 (123); Saxinger/Winnes/*Linke* Art. 3 Abs. 3 Rn. 16.

[18] An verschiedenen Stellen wird auf ein Notifikationsschreiben des Bundes v. 18.3.2009 Bezug genommen, in den Verzeichnissen der Kom. findet sich dazu jedoch kein Aktenzeichen. Saxinger/Winnes/*Linke* Art. 3 Abs. 3 Rn. 3, 30, 52 berichtet von einer Rücknahme der Notifikation.

[19] So auch Saxinger/Winnes/*Linke* Art. 3 Abs. 3 Rn. 3, 16, 18 und Saxinger/Winnes/*Linke* PBefG § 45a Rn. 72; Heinze/Fehling/Fiedler/*Fiedler* PBefG § 45a Rn. 9.

[20] Kom., Staatliche Beihilfe C 54/07 (ex NN 55/07) – Staatliche Beihilfe für die Emsländische Eisenbahn GmbH, Aufforderung zur Abgabe einer Stellungnahme gemäß Artikel 88 Absatz 2 des EG-Vertrags, ABl. 2008 C 174v13 Rn. 110 ff.

[21] Wenn *Deuster* DER NAHVERKEHR 4/2008, 38 (39) und Saxinger/Winnes/*Linke* Art. 3 Abs. 3 Rn. 33 § 39 PBefG als Grundlage für Höchsttarife sehen, geht dies fehl, da die Genehmigungsbehörde nur im Rahmen der Auskömmlichkeit Tarifvorgaben machen kann. Damit ist ihr die Festlegung gemeinwirtschaftlicher Pflichten verwehrt. Wie hier *Grischkat/Karl/Berschin/Schaaffkamp* Verkehr und Technik 2010, 466 (469); Heinze/Fehling/Fiedler/*Fiedler* PBefG § 45a Rn. 19 ff.

[22] Krit. bezüglich des dritten Kriteriums ebenfalls *Baumeister* Verkehr und Technik 2016, 101 (102 f.); Saxinger/Winnes/*Linke* Art. 3 Abs. 3 Rn. 35. Zur Pflicht der internen Quersubvention zulasten anderer Fahrgäste BVerfG Beschl. v. 8.12.2009 – 2 BvR 758/07, BVerfGE 125, 104 Rn. 81 = NVwZ 2010, 634.

[23] *Baumeister* Verkehr und Technik 2016, 101 (103); Saxinger/Winnes/*Linke* Art. 3 Abs. 3 Rn. 38.

[24] So auch *Baumeister* Verkehr und Technik 2016, 101 (103 f.); Saxinger/Winnes/*Linke* Art. 3 Abs. 3 Rn. 30 ff. und Heinze/Fehling/*Fiedler* PBefG § 45a Rn. 5 ff.

Saarland und Bremen alle Bundesländer von der Öffnungsklausel nach § 64a PBefG Gebrauch gemacht haben und § 45a PBefG durch **Landesrecht ersetzt** haben.[25]

Anders ist dagegen der Ausgleich für die **Freifahrt schwerbehinderter Menschen nach** 25 **§§ 228 ff. SGB IX zu beurteilen.** Hier werden die Fahrgeldausfälle nach § 228 SGB IX anhand des durchschnittlichen Ertrags der Fahrgäste ermittelt. Damit wird darauf Bezug genommen, dass auch schwerbehinderte Menschen mit selber Wahrscheinlichkeit Einzelfahrausweise, Kinderfahrausweise, Zeitkarten etc in Anspruch genommen hätten. Der Anteil der schwerbehinderten Menschen am Fahrgastaufkommen wird vereinfachend mit dem Anteil der freifahrberechtigten Menschen an der Bevölkerung im jeweiligen Bundesland gleichgesetzt. Auf Nachweis nach § 228 Abs. 5 SGB IX kann ein betriebsindividueller Wert angewandt werden, wobei nur der Anteil berücksichtigt wird, der mehr als ein Drittel vom Durchschnittswert abweicht. Bei diesem Verfahren könnte man kritisieren, dass die Preiselastizität, dh häufigere Nutzung durch geringere Preise aufgrund der Freifahrt bzw. der für 80 EUR pro Jahr zu erwerbenden Wertmarke nicht berücksichtigt ist. Jedoch ist auch auszustellen, dass schwerbehinderte Menschen besondere Zugangsbarrieren zum öffentlichen Verkehr haben und oft auch sonst in der Mobilität eingeschränkt sind, sodass sich diese Effekte gegenseitig ausgleichen. Daher ist der Ausgleich nach §§ 228 ff. SGB IX **ohne Weiteres genehmigungsfähig**[26] nach Art. 3 Abs. 3. Es stellt sich sogar die Frage, warum dieser Ausgleich nicht als allgemeine Vorschrift nach Art. 3 Abs. 2 angesehen wird.

5. Kombination von öffentlichen Dienstleistungsauftrag und allgemeiner Vorschrift. 26 Beide Instrumente lassen sich kombinieren. Da aber der öffentliche Dienstleistungsauftrag umfassender ist, wird eine allgemeine Vorschrift in diesem aufgehen oder entsprechend eingebettet sein. Sofern Zahlungen aus allgemeinen Vorschriften auf den öffentlichen Dienstleistungsauftrag angerechnet werden, ist es ausreichend die Überkompensationskontrolle nach den Vorschriften über den öffentlichen Dienstleistungsauftrag durchzuführen.[27]

Art. 4 Obligatorischer Inhalt öffentlicher Dienstleistungsaufträge und allgemeiner Vorschriften

(1) In den öffentlichen Dienstleistungsaufträgen und den allgemeinen Vorschriften
a) sind die vom Betreiber eines öffentlichen Dienstes zu erfüllenden gemeinwirtschaftlichen Verpflichtungen, die in dieser Verordnung definiert und gemäß Artikel 2a dieser Verordnung spezifiziert sind, und die betreffenden geografischen Geltungsbereiche klar festzulegen;
b) sind zuvor in objektiver und transparenter Weise aufzustellen:
   i) die Parameter, anhand deren gegebenenfalls die Ausgleichsleistung berechnet wird, und
   ii) die Art und der Umfang der gegebenenfalls gewährten Ausschließlichkeit; dabei ist eine übermäßige Ausgleichsleistung zu vermeiden.
Bei öffentlichen Dienstleistungsaufträgen, die nicht gemäß Artikel 5 Absatz 1, Absatz 3 oder Absatz 3b vergeben werden, werden diese Parameter so bestimmt, dass die Ausgleichsleistung den Betrag nicht übersteigen kann, der erforderlich ist, um die finanziellen Nettoauswirkungen auf die Kosten und Einnahmen zu decken, die auf die Erfüllung der gemeinwirtschaftlichen Verpflichtungen zurückzuführen sind, wobei die vom Betreiber eines öffentlichen Dienstes erzielten und einbehaltenen Einnahmen und ein angemessener Gewinn berücksichtigt werden;
c) sind die Durchführungsvorschriften für die Aufteilung der Kosten, die mit der Erbringung von Dienstleistungen in Verbindung stehen, festzulegen. Diese Kosten können insbesondere Personalkosten, Energiekosten, Infrastrukturkosten, Wartungs- und Instandsetzungskosten für Fahrzeuge des öffentlichen Personenverkehrs, das Rollmaterial und für den Betrieb der Personenverkehrsdienste erforderliche Anlagen sowie die Fixkosten und eine angemessene Kapitalrendite umfassen.

(2) In den öffentlichen Dienstleistungsaufträgen und den allgemeinen Vorschriften sind die Durchführungsvorschriften für die Aufteilung der Einnahmen aus dem Fahrscheinverkauf

---

[25] Überblick bei Saxinger/Winnes/*Linke* Art. 3 Abs. 3 Rn. 45 ff.
[26] Tendenziell positiv Saxinger/Winnes/*Linke* Art. 3 Abs. 3 Rn. 40 ff., allerdings kritisiert er die Nichteinhaltung des vierten Altmark Trans-Kriteriums, wobei dies zweifelhaft erscheint, da eine Überkompensation allein schon durch Bezugnahme auf am Markt erzielte Erlöse rechentechnisch ausgeschlossen ist.
[27] E der Kom., Staatliche Beihilfe SA.34155 (2013/N) (ex 2011/PN) – Deutschland Landesgesetz des Landes Rheinland-Pfalz über den Ausgleich von gemeinwirtschaftlichen Verpflichtungen im Ausbildungsverkehr v. 22.1.2014, C(2014) 133 corr. Rn. 68.

festzulegen, die entweder beim Betreiber eines öffentlichen Dienstes verbleiben, an die zuständige Behörde übergehen oder unter ihnen aufgeteilt werden.

(3) ¹Die öffentlichen Dienstleistungsaufträge sind befristet und haben eine Laufzeit von höchstens zehn Jahren für Busverkehrsdienste und von höchstens 15 Jahren für Personenverkehrsdienste mit der Eisenbahn oder anderen schienengestützten Verkehrsträgern. ²Die Laufzeit von öffentlichen Dienstleistungsaufträgen, die mehrere Verkehrsträger umfassen, ist auf 15 Jahre beschränkt, wenn der Verkehr mit der Eisenbahn oder anderen schienengestützten Verkehrsträgern mehr als 50 % des Werts der betreffenden Verkehrsdienste ausmacht.

(4) Falls erforderlich kann die Laufzeit des öffentlichen Dienstleistungsauftrags unter Berücksichtigung der Amortisierungsdauer der Wirtschaftsgüter um höchstens 50 % verlängert werden, wenn der Betreiber eines öffentlichen Dienstes einen wesentlichen Anteil der für die Erbringung der Personenverkehrsdienste, die Gegenstand des öffentlichen Dienstleistungsauftrags sind, insgesamt erforderlichen Wirtschaftsgüter bereitstellt und diese vorwiegend an die Personenverkehrsdienste gebunden sind, die von dem Auftrag erfasst werden.
¹Falls dies durch Kosten, die aus der besonderen geografischen Lage entstehen, gerechtfertigt ist, kann die Laufzeit der in Absatz 3 beschriebenen öffentlichen Dienstleistungsaufträge in den Gebieten in äußerster Randlage um höchstens 50 % verlängert werden. ²Falls dies durch die Abschreibung von Kapital in Verbindung mit außergewöhnlichen Investitionen in Infrastruktur, Rollmaterial oder Fahrzeuge gerechtfertigt ist und der öffentliche Dienstleistungsauftrag in einem fairen wettbewerblichen Vergabeverfahren vergeben wurde, kann ein öffentlicher Dienstleistungsauftrag eine längere Laufzeit haben. ³Zur Gewährleistung der Transparenz in diesem Fall muss die zuständige Behörde der Kommission innerhalb von einem Jahr nach Abschluss des Vertrags den öffentlichen Dienstleistungsauftrag und die Elemente, die seine längere Laufzeit rechtfertigen, übermitteln.

(4a) Bei der Ausführung von öffentlichen Dienstleistungsaufträgen halten Betreiber eines öffentlichen Dienstes die nach dem Unionsrecht, dem nationalen Recht oder Tarifverträgen geltenden sozial- und arbeitsrechtlichen Verpflichtungen ein.

(4b) Die Richtlinie 2001/23/EG findet Anwendung auf den Wechsel des Betreibers eines öffentlichen Dienstes, wenn ein solcher Wechsel einen Unternehmensübergang im Sinne jener Richtlinie darstellt.

(5) ¹Unbeschadet des nationalen Rechts und des Gemeinschaftsrechts, einschließlich Tarifverträge zwischen den Sozialpartnern, kann die zuständige Behörde den ausgewählten Betreiber eines öffentlichen Dienstes verpflichten, den Arbeitnehmern, die zuvor zur Erbringung der Dienste eingestellt wurden, die Rechte zu gewähren, auf die sie Anspruch hätten, wenn ein Übergang im Sinne der Richtlinie 2001/23/EG erfolgt wäre. ²Verpflichtet die zuständige Behörde die Betreiber eines öffentlichen Dienstes, bestimmte Sozialstandards einzuhalten, so werden in den Unterlagen des wettbewerblichen Vergabeverfahrens und den öffentlichen Dienstleistungsaufträgen die betreffenden Arbeitnehmer aufgeführt und transparente Angaben zu ihren vertraglichen Rechten und zu den Bedingungen gemacht, unter denen sie als in einem Verhältnis zu den betreffenden Diensten stehend gelten.

(6) ¹Verpflichtet die zuständige Behörde die Betreiber eines öffentlichen Dienstes im Einklang mit nationalem Recht dazu, bestimmte Qualitäts- und Sozialstandards einzuhalten, oder stellt sie soziale und qualitative Kriterien auf, so werden diese Standards und Kriterien in die Unterlagen des wettbewerblichen Vergabeverfahrens und die öffentlichen Dienstleistungsaufträge aufgenommen. ²Derartige Unterlagen des wettbewerblichen Vergabeverfahrens und öffentliche Dienstleistungsaufträge müssen gegebenenfalls auch Angaben zu den Rechten und Pflichten in Bezug auf die Übernahme von Personal, das vom vorherigen Betreiber eingestellt worden war, enthalten, unter gleichzeitiger Wahrung der Richtlinie 2001/23/EG.

(7) ¹In den Unterlagen des wettbewerblichen Vergabeverfahrens und den öffentlichen Dienstleistungsaufträgen ist transparent anzugeben, ob und in welchem Umfang eine Vergabe von Unteraufträgen in Frage kommt. ²Werden Unteraufträge vergeben, so ist der mit der Verwaltung und Erbringung von öffentlichen Personenverkehrsdiensten nach Maßgabe dieser Verordnung betraute Betreiber verpflichtet, einen bedeutenden Teil der

öffentlichen Personenverkehrsdienste selbst zu erbringen. ³Ein öffentlicher Dienstleistungsauftrag, der gleichzeitig Planung, Aufbau und Betrieb öffentlicher Personenverkehrsdienste umfasst, kann eine vollständige Übertragung des Betriebs dieser Dienste an Unterauftragnehmer vorsehen. ⁴Im öffentlichen Dienstleistungsauftrag werden entsprechend dem nationalen Recht und dem Gemeinschaftsrecht die für eine Vergabe von Unteraufträgen geltenden Bedingungen festgelegt.

(8) ¹Öffentliche Dienstleistungsaufträge müssen den Betreiber verpflichten, der zuständigen Behörde alle für die Vergabe der öffentlichen Dienstleistungsaufträge wesentlichen Informationen zur Verfügung zu stellen; hierbei ist der legitime Schutz vertraulicher Geschäftsinformationen zu gewährleisten. ²Die zuständigen Behörden stellen allen interessierten Parteien relevante Informationen für die Vorbereitung eines Angebots im Rahmen eines wettbewerblichen Vergabeverfahrens zur Verfügung und gewährleisten dabei den legitimen Schutz vertraulicher Geschäftsinformationen. ³Dazu gehören Informationen über Fahrgastnachfrage, Tarife, Kosten und Einnahmen im Zusammenhang mit den öffentlichen Personenverkehrsdiensten, die Gegenstand des wettbewerblichen Vergabeverfahrens sind, sowie Einzelheiten der Infrastrukturspezifikationen, die für den Betrieb der erforderlichen Fahrzeuge bzw. des erforderlichen Rollmaterials relevant sind, um interessierten Parteien die Abfassung fundierter Geschäftspläne zu ermöglichen. ⁴Die Schieneninfrastrukturbetreiber unterstützen die zuständigen Behörden bei der Bereitstellung aller einschlägigen Infrastrukturspezifikationen. ⁵Die Nichteinhaltung der oben genannten Bestimmungen ist Gegenstand einer rechtlichen Überprüfung im Sinne von Artikel 5 Absatz 7.

Übersicht

		Rn.			Rn.
I.	Normzweck	1	1.	Regellaufzeit (Abs. 3)	19
II.	Spezifikation (Abs. 1)	2	2.	Höhere Laufzeiten (Abs. 4)	21
1.	Gemeinwirtschaftliche Verpflichtungen	2	IV.	Sozialstandards	26
2.	Vorherige Festlegung der gemeinwirtschaftlichen Leistungen	6	1.	Einhaltung der Standards (Abs. 4a und 4b)	26
3.	Ex ante Festlegung Ausgleichsleistung	7	2.	Anordnung der Rechtsfolgen eines Betriebsübergangs (Abs. 5)	28
4.	Art und Umfang ausschließlicher Recht	10	V.	Informationen	32
5.	Keine ex-ante Überkompensation bei wettbewerbsfreien Vergaben	14	1.	Qualitäts- und Sozialstandards (Abs. 6)	32
6.	Kosten- und Erlösrisiken (Abs. 1 lit. c und Abs. 2)	15	2.	Sicherung der Folgevergabe (Abs. 8)	34
III.	Laufzeit	19	VI.	Unteraufträge (Abs. 7)	37

I. Normzweck

Zusammen mit Art. 3 bestimmt Art. 4 die wesentlichen Inhalte von allgemeinen Vorschriften **1** und öffentlichen Dienstleistungsaufträgen. Dabei regelt die VO nur aus europäischer, wettbewerblicher Sicht zentrale Regelungsgegenstände einer hinreichend transparenten und überprüfbaren gemeinwirtschaftlichen Pflicht nebst ihren Kompensationen (→ Rn. 2 ff.). Besonderes Augenmerk wird hierbei entsprechend der Altmark Trans-Doktrin darauf gelegt, dass die gemeinwirtschaftlichen Pflichten genau spezifiziert sind und der Ausgleich entsprechend dieser Pflichten vorab parametrisiert und damit in direkter Abhängigkeit der Erfüllung gesetzt wird. Wegen der Marktschließungsgefahren werden für öffentliche Dienstleistungsaufträge zusätzlich die höchst zulässigen Laufzeiten (→ Rn. 19 ff.) und die Pflicht zur teilweisen Selbsterbringung (→ Rn. 37 ff.) festgelegt. Die Hinweise auf die Möglichkeit der Anordnung eines Betriebsübergangs und Festlegung weiterer Sozialstandards (→ Rn. 26 ff.) sowie zur Bereitstellung ausreichender Informationen in Wettbewerbsverfahren (→ Rn. 32 ff.) haben dagegen keine besonderen eigenständigen Regelungscharakter, sondern sind eher dem Gesetzgebungsverfahren geschuldet.

II. Spezifikation (Abs. 1)

1. Gemeinwirtschaftliche Verpflichtungen. Die **Gegenseitigkeitsfunktion** zwischen den **2** aus den Markteingriffen gewährten Vorzugsrechten und der Sicherstellung gemeinwirtschaftlicher

Verpflichtung kann nur durch eine klare und unzweifelhafte Definition gemeinwirtschaftlicher Verpflichtungen seitens der zuständigen Behörde erfolgen. Dies bedingt bei öffentlichen Dienstleistungsaufträgen mindestens den **Fahrplan** und den Tarif. Dabei kann der Fahrplan durchaus auch funktional wie Bedienungszeit von – bis, maximale Taktfolge, Mindestschließung der Einwohner etc beschrieben werden. Jedoch muss sich das Bedienungsniveau feststellen lassen. Ohne Fahrplan oder Bedienungsvorgaben fehlt eine essenzielle Grundlage der gemeinwirtschaftlichen Pflicht in einem öffentlichen Dienstleistungsauftrag.[1] Es ist zwar denkbar, dass nur eine einzelne isolierte gemeinwirtschaftliche Pflicht als „Add-on" zu einem an sich kommerziellen Verkehr formuliert wird, zB das Vorhalten barrierefreier Busse, jedoch ist damit kaum ein öffentlicher Zweck erfüllbar, da nur fahrende Busse einen öffentlichen Zweck erfüllen können. Ohne Fahrplanvorgabe wäre nicht gesichert, dass diese Busse überhaupt eingesetzt werden. Gleiches gilt auch für den **Tarif**, der auch ein Höchsttarif sein kann. Denn ein Bedienungsangebot zu einem beliebigen Tarif würde keine öffentlichen Zwecke erfüllen können. § 39 PBefG ist insoweit keine Tarifgrenze, da er nur die eigenwirtschaftlichen Tarifpflichten bestimmt, aber keine gemeinwirtschaftlichen Pflichten enthalten kann.[2] **Weitere gemeinwirtschaftliche Verpflichtungen** wie zu Kapazität, Kontinuität, Verlässlichkeit vor allem bei Störungen, Fahrzeugqualität, Personalqualität, Bedienungsqualität und Betriebssteuerung, Information und Kommunikation, Vertrieb, Kundendienst sind denkbar, aber gehören nicht zum Minimalstandard. Werden keine diesbezüglichen Merkmale festgelegt, so ist davon auszugehen, dass das Verkehrsunternehmen nur den eigenwirtschaftlichen Minimalstandards erbringen wird. Daher wären dann dort etwaige sich nicht rechnenden Übererfüllungen mangels konkreter Festlegung nicht ausgleichsfähig.

3   Ausgleichsfähige **allgemeine Vorschriften** nach Art. 3 Abs. 2 enthalten dagegen **nur Tarifpflichten** der vorgegebenen Höchsttarife. Damit zusammenhängende Verpflichtungen wie Teilnahme an einem Verbundsystem einschließlich sich daraus ergebenden Vertriebsregelungen können als Annex enthalten sein. Weitere Pflichten können in ergänzenden allgemeinen Vorschriften gem. Art. 2 lit. l auf nationaler Rechtsgrundlage festgelegt sein, sind aber nicht ausgleichsfähig. Daher ist sorgfältig darauf zu achten, dass die jeweiligen Pflichten den Rechtsgrundlagen exakt zugeordnet werden.

4   Die Festlegung der gemeinwirtschaftlichen Pflichten durch die zuständige Behörde(n) ist zu trennen von **Selbstbetrauungen.** Dies ist immer dann der Fall, wenn Umfang und Reichweite gemeinwirtschaftlicher Pflichten durch das Verkehrsunternehmen selbst bestimmt werden. Dies kann auch durch Öffnungsklauseln oder auch Delegation an Unternehmensgremien erfolgen, die nicht mehr der Beherrschung „wie eine eigene Dienststelle" zugerechnet werden können. **Unkritisch** ist dagegen ein **Vorschlagsrecht** seitens des Verkehrsunternehmens, welches durch die zuständige(n) Behörde(n) bestätigt werden muss, was auch in der Form eines eingeräumten Widerspruchsrechts erfolgen kann. Auch im Fall unzulässiger Selbstbetrauung führt eine **unzureichende Leistungskontrolle** oder auch unwirksame Sanktionen, die zu einer nachhaltigen Nichterfüllung der gemeinwirtschaftlichen Pflicht führt, sodass diese nur noch auf dem Papier besteht.

5   Der Begriff des **mehrpoligen Betrauungsakts**[3] führt dagegen in die Irre.[4] Selbstredend können gemeinwirtschaftliche Verpflichtungen auch aus mehreren Akten zusammengesetzt vereinbart oder auferlegt werden. Allerdings muss genau analysiert werden, aus welchem Kontext sich die jeweiligen Verpflichtungen ergeben. So legt eine **Genehmigungsbehörde** niemals gemeinwirtschaftliche Pflichten auf. Sowohl die Änderung der Betriebspflicht nach § 21 Abs. 3 PBefG als auch der Tarifpflicht § 39 Abs. 2 und 4 PBefG stehen unter dem Vorbehalt der Kostendeckung zuzüglich angemessenen Gewinn. Allenfalls kann es hier zu Abschöpfung von Monopolrenditen kommen, was aber aufgrund des Verbots der ausschließlichen Wirkung von Liniengenehmigungen (→ Vor

---

[1] Daher ist nicht überzeugend, wenn sich der Fahrplan aus der Entscheidung der Genehmigungsbehörde ergeben soll und nur grundlegende Entscheidungen durch den zuständigen Kreistag getroffen werden sollen: OLG Düsseldorf Beschl. v. 2.3.2011 – VII-Verg 48/10, NZBau 2011, 244 Rn. 97.
[2] Hierzu Heinze/Fehling/Fiedler/*Heinze/Fiedler* PBefG § 39 Rn. 35 ff.
[3] Infolge der insoweit unzureichend begründeten und nicht den tatsächlichen Ausprägungen einer personenbeförderungsrechtlichen Genehmigungen gerecht werdenden E der Kom., Staatliche Beihilfe C 58/2006 – Deutschland für die Bahnen der Stadt Monheim (BSM) und Rheinisch-Bergische Bahngesellschaft (RBG) im Verkehrsverbund Rhein-Ruhr, K(2011) 632 endg. v. 23.11.2011 ABl. 2011 L 210, 1 Rn. 144 und 233 f.; s. auch die Begr. zum PBefG-Entwurf, BR-Drs. 462/11, 26. Insgesamt: *Linke*, Die Gewährleistung des Daseinsvorsorgeauftrags im öffentlichen Personennahverkehr, 2010, 280 f.; *Nettesheim* NVwZ 2009, 1449 (1450 f.); *Otting/Olegmöller/Tresselt* in Gabriel/Krohn/Neun VergabeR-HdB § 70 Rn. 16.
[4] Saxinger/Winnes/*Winnes* Art. 2 lit. b Rn. 15 ff. Das Auseinanderfallen von Verpflichtungen und Finanzierung illustriert der Fall VRR/Ruhrbahn: VK Münster Beschl. v. 19.6.2018 – VK 10/18 unter 2.2.4. Entgegen der VK ist dies aber kein Problem der Gruppe zuständiger Behörden, sondern Ausdruck mangelnder Verpflichtungen.

Rn. 68 ff.) nicht vorkommen dürfte. Daneben kann und muss die Genehmigungsbehörde Anträgen auf Fahrpläne und Tarifen zustimmen, die Ausfluss gemeinwirtschaftlicher Pflichten sind, sofern die entsprechende **Auskömmlichkeit** gesichert ist.[5] Hier ist aber nicht die Genehmigungsbehörde Urheber der gemeinwirtschaftlichen Verpflichtungen, sondern sanktioniert diese lediglich. Im Gegenteil: Sie müssten bei fehlender Auskömmlich nach § 39 Abs. 2 PBefG entsprechende Anträge ablehnen, da die Aufrechterhaltung der finanziellen Sicherheit im PBefG ein starkes öffentliches Gut ist und von der Genehmigungsbehörde fortlaufend überwacht werden muss. Dass sie damit in der Praxis überfordert ist, steht dabei auf einem anderen Blatt. Von daher gibt es starke Indizien, dass es sich bei einem mehrpoligen Betrauungsakt meist um unzulässige Selbstbetrauungen handeln wird, da die Genehmigungsbehörde selbst keine gemeinwirtschaftlichen Pflichten festlegen kann.

2. Vorherige Festlegung der gemeinwirtschaftlichen Leistungen. Das Gebot der vorherigen Festlegung nach Art. 4 Abs. 1 lit. b bezieht sich zunächst auf die Gegenleistungen für gemeinwirtschaftliche Pflichten. Gleichwohl gilt dieses Erfordernis auch für die **gemeinwirtschaftlichen Pflichten** selbst. Es entstammt dem ersten Kriterium der Altmark Trans-Rechtsprechung.[6] Hiermit soll verhindert werden, dass in Nachhinein versucht wird, geleistete Zahlungen mit irgendwelchen gemeinwirtschaftlichen Pflichten begründet werden. Es sichert damit Transparenz und Objektivität der Zahlungen. Soweit Leistungen wettbewerblich vergeben werden, ist dieses Kriterium problemlos einzuhalten, da nicht geforderte gemeinwirtschaftliche Verpflichtungen auch nicht kalkuliert und nicht eingehalten werden. Schwieriger sind dagegen Direktvergaben zu beurteilen. Hier besteht die Gefahr, dass überhöhte Ausgleichsleistungen oder auch zu weitgehende ausschließliche Rechte posthum mit vermeintlichen gemeinwirtschaftlichen Pflichten begründet werden sollen.

3. Ex ante Festlegung Ausgleichsleistung. Korrespondierenden zu den gemeinwirtschaftlichen Pflichten müssen die gewährten Ausgleichsleistungen vorab feststehen und entsprechend parametrisiert werden; dies entstammt dem zweiten Altmark Trans-Kriterium.[7] Nur durch eine vorherige Bestimmung der Ausgleichsleistung einschließlich ihrer leistungsbezogenen Ausprägungen (= Parameter) ist es überhaupt möglich, das geforderte **Gegenleistungsverhältnis** herzustellen und transparent zu machen. Dabei sind zwei Funktionen relevant:

Zum einen beschränkt die **Festlegung des Gesamtausgleichs** das Risiko für die zuständige Behörde in finanzieller Hinsicht. Aber es wird ihr auch verdeutlicht, mit welchem Preis für die gemeinwirtschaftlichen Leistungen zu rechnen ist und so kann auf sie auf objektiver Grundlage den Wert und die Notwendigkeit der Markteingriffe beurteilen. Diese Rationalität trägt dazu bei, dass übermäßige Markteingriffe unterbleiben.

Zum anderen zwingt die **Parametrisierung** zu einem Leistungsbezug. So liegt auf der Hand, dass ausgefallene Züge oder Busse keine gemeinwirtschaftliche Leistung erbringen und daher im Parameter erbrachte Leistung zu berücksichtigen sind. Genauso sind Leistungsänderungen wie Ausweitungen oder Kürzungen zu berücksichtigen, wobei der oft in der Praxis angewandte Indikator Zug- oder Buskilometer wenig geeignet ist, da sowohl die Produktionsrahmenbedingungen sehr variabel sein können als auch die durchschnittlichen Erlöse meist nicht zutreffen. Bei den Produktionskosten ist zu unterscheiden, ob nur Grenzkosten zB für zusätzlichen Kraftstoff anfallen, oder auch zusätzliches Personal benötigt wird oder gar zusätzliche Fahrzeuge. Aus diesem Grund wird regelmäßig ein **differenziertes Kosten- und Erlösschema** für die Parametrisierung angezeigt sein. In den Parametern können und sollen aber noch nicht nur die direkten Leistungsmengen Eingang finden, sondern es kann der gesamte Katalog der vereinbarten gemeinwirtschaftlichen Pflichten vor allem Qualitäten entsprechend mit Messgrößen und korrespondierenden Ausgleichsleistungen für Veränderungen hinterlegt werden.

4. Art und Umfang ausschließlicher Recht. Eine besonders anspruchsvolle und in der Praxis unterschätze Aufgabe ist die Festlegung von Art und Umfang des ausschließlichen Rechts. Wie in → Vor Rn. 62 ff. herausgearbeitet, ist es Auftrag der zuständigen Behörden nicht nur **zeitlichen und räumlichen Umfang des Ausschließlichkeitsrechts** festzulegen, sondern auch die Art, also insbesondere die **Ausgestaltung des Abstandsgebots** zu anderen Formen der gewerblichen Personenbeförderung. Die Ausschließlichkeit muss dabei verhältnismäßig sein, da sie ebenfalls

---

[5] Aus diesem Grunde sehen bei Verkehrsleistungen aufgrund eines öffentlichen Dienstleistungsauftrags § 39 Abs. 1 S. 2 und § 40 Abs. 2 S. 6 PBefG für Tarif- bzw. Fahrplanänderungen nur noch Anzeigepflichten und keine Zustimmungsvorbehalte mehr vor.
[6] EuGH Urt. v. 24.7.2003 C–280/00, Slg. 2003, I-7747 = ECLI:EU:C:2003:415 = NJW 2003, 2515 Rn. 89 – Altmark Trans.
[7] EuGH Urt. v. 24.7.2003 C–280/00, Slg. 2003, I-7747 = ECLI:EU:C:2003:415 = NJW 2003, 2515 Rn. 90 f. – Altmark Trans.

monetarisierende Ausgleichsfunktion hat; sie kann daher nur soweit gehen, wie das erforderlich ist, die gemeinwirtschaftlichen Leistungen abzusichern.[8]

11 Im Anwendungsbereich des PBefG (= **Personenbeförderung auf der Straße**) erlaubt § 8a Abs. 8 PBefG die Vergabe von **ausschließlichen Rechten im Rahmen eines öffentlichen Dienstleistungsauftrags**. Allerdings sind der Ausgestaltung enge Grenzen gesetzt. So ist der zeitliche und räumliche Umfang genau zu bestimmen und es darf sich nur auf Verkehrsleistungen beziehen die Gegenstand des öffentlichen Dienstleistungsauftrags sind. Weiterhin ist die „Art der Personenverkehrsdienste" genau festzulegen, die vorbehalten sind. Dies impliziert zwingend die Ausgestaltung des **Abstandsgebots** durch die jeweils zuständige Behörde. Dies ist der ÖPNV-Aufgabenträger und zuständige Behörde, da er auch insoweit zuständig ist, wie Taxen- und Mietwagenverkehr, den Linienverkehr ergänzt, verdichtet oder ersetzt (§ 8 Abs. 2 PBefG). Als weitere Bedingungen formuliert § 8a Abs. 8 S. 4 PBefG das strenge Verhältnismäßigkeitsprinzip dahingehend aus, dass Verkehre, die nur unerheblich das Fahrgastpotenzial beeinträchtigen, nicht ausgeschlossen werden dürfen.

12 Dies hat weitreichende Konsequenzen: Ein Ausschließlichkeitsrecht darf nicht per se und pauschal festgelegt werden, sondern es muss eine **konkrete Gefährdung des Verkehrs** vorliegen. Die Beweislast tritt insoweit die zuständige Behörde. Es muss daher mit hoher Wahrscheinlichkeit feststehen, dass ein bestimmter Verkehr **Fahrgastpotenzial** vom zu schützenden Verkehr abziehen würde und dadurch die Ziele der zuständigen Behörde beeinträchtigt werden. So können diese Ziele wie Umweltschutz und finanzielle Ausgewogenheit zB durch neu akquiriertes Potenzial kompensiert werden. So kann beispielsweise die Beeinträchtigung des Fahrgastpotenzials für einen Linienverkehr von 100.000 Fahrten durch einen neuen innovativen Sammeltransportdienst kompensiert werden, wenn dieser gleichzeitig 300.000 neue Fahrten vom Individualverkehr abzieht und durch den Straßenverkehr entsprechend entlastet. Insofern wird nicht nur ausreichend sein, eine finanzielle Bilanz zu ziehen, sondern es müssen alle **Ziele der gemeinwirtschaftlichen Pflichten** in Bezug und genommen und **insgesamt abgewogen** werden. Hierbei kommt der übergeordneten Strategie der zuständigen Behörde nach Art. 2a eine überragende Bedeutung zu.

13 Im **Eisenbahnverkehr** ist dagegen ein freier Netzzugang gegeben. Es ist einhellige Auffassung,[9] dass **ausschließliche Rechte nicht vergeben werden können** und insoweit das nationale Recht diese Option sperrt.

14 **5. Keine ex-ante Überkompensation bei wettbewerbsfreien Vergaben.** Ebenfalls direkter Ausfluss der Altmark Trans-Kriterien – hier des zweiten und dritten Kriteriums – ist das Verbot der Überkompensation von Anfang an.[10] Die Parameter und deren Bewertung müssen außerhalb wettbewerblicher Vergabe so festgelegt werden, dass es **unter normalen Verlauf ausgeschlossen** erscheint, dass sie **überkompensierend** wirken. Zwar findet nach Art. 6 Abs. 2 zusätzlich eine Überkompensationskontrolle ex post statt,[11] jedoch dient dieser der zusätzlichen Absicherung gegen Wettbewerbsverfälschungen im Sinne einer zweiten Obergrenze. Die ex ante-Kontrolle soll vermeiden, dass bereits strukturell Überkompensationen eintreten und zB durch Liquiditätsvorteile, bessere Bonität und dergleichen die betrauten Unternehmen ungerechtfertigte Wettbewerbsvorteile erhalten. Um diese von Anfang zu vermeiden, empfiehlt es sich, die Leistungsparameter so festzulegen, dass sie sehr gut mit entsprechenden Kosten und Ertragswerten korrelieren. Auch können dadurch ungeplante Ereignisse, wie zB Streik oder Ausfall einer Linie, sachgerecht abgebildet werden. Dadurch wird die Gefahr gebannt, dass eine strukturelle Divergenz zwischen Leistungen und deren finanzieller Bewertung eintritt.

15 **6. Kosten- und Erlösrisiken (Abs. 1 lit. c und Abs. 2).** Art. 4 Abs. 1 lit. c verdeutlicht, dass die Parameter auf die Kosten Bezug nehmen, wobei die **Kostenrisiken** von der zuständigen Behörde, vom Verkehrsunternehmen oder von beiden genommen werden können; dies verdeutlicht das Wort „Aufteilung der Kosten". Den Kosten ist ein angemessener Gewinn hinzuzuschlagen,

---

[8] *Berschin* Verkehr und Technik 2010, 257 (260); *Berschin* in Baumeister Recht des ÖPNV-HdB A1 Rn. 78. AA mit dem Argument der fehlenden Praktikabilität und Berechenbarkeit: Saxinger/Winnes/*Schmitz* Art. 4 Abs. 1 Rn. 69.

[9] S. nur Beck AEG/*Fehling* AEG § 15 Rn. 8. Zur Ablehnung eines entsprechenden Antrags der Bundesländer zur Verleihung ausschließlicher Rechte im SPNV s. BT-Drs. 17/8233, 32.

[10] EuGH Urt. v. 24.7.2003 C-280/00, Slg. 2003, I-7747 = ECLI:EU:C:2003:415 Rn. 90 ff. = NJW 2003, 2515 – Altmark Trans.

[11] AllgM: Auslegungsmitteilung PersonenverkehrsVO Nr. 2.4.2; *Wachinger/Zimmer* DER NAHVERKEHR 2010, 30 (32); *Schmitz/Winkelhüsener* EuZW 2011, 52 (57); Saxinger/Winnes/*Schmitz* Art. 4 Abs. 1 Rn. 60; *Berschin* in Baumeister Recht des ÖPNV-HdB A1 Rn. 61; aA *Otting/Olegmöller* GewArch 2012, 436 (440); Linke/*Lübbig*/Linke Anh. Rn. 20b mit ihm folgend Heinze/Fehling/Fiedler/*Fehling* PBefG Vorbem. III Rn. 51„maßgeblich ist ausschließlich die ex-ante Kalkulation". Diese Forderung ist aber rein rechtspolitischer Natur und hat keinen Anknüpfungspunkt im geltenden Recht (→ Anh. Rn. 6 ff.).

wobei in einer wettbewerblichen Vergabe der angemessene Gewinn typischerweise in den angebotenen Preisen enthalten ist. Irritierend ist dagegen die Bezugnahme der Aufteilung der Kosten auch auf **allgemeine Vorschriften.** Hier können Kosten nur im Sinne von **entgangenen Tarifeinnahmen** verstanden werden, denn die gemeinwirtschaftliche Pflicht umfasst hier zunächst nur Maßnahmen mit Erlösauswirkungen. Kostenveränderungen können sich allenfalls im Annex, zB für Vertriebsvorgaben, auswirken.

Spiegelbildlich zu den Kosten müssen bei öffentlichen Dienstleistungsaufträgen auch die **Erlöse** 16 eine der beiden Parteien eines öffentlichen Dienstleistungsauftrags zugesprochen werden oder zwischen diesen geteilt werden. Üblicherweise wird dies als Bruttovertrag (Erlösrisiko zuständige Behörde), Nettovertrag (Erlösrisiko beim Verkehrsunternehmen) oder Anreizvertrag (geteiltes Risiko) bezeichnet. In der Praxis sind dabei die Formen weiter ausdifferenziert. Zum Beispiel ist es durchaus üblich, dass die Erlöse zu Start eines öffentlichen Dienstleistungsauftrags von der zuständigen Behörde ganz oder zum großen Teil garantiert werden. Auch ist es durchaus üblich, dass die kleineren Erlösrisiken eher beim Verkehrsunternehmen als Anreiz verbleiben, während die großen Risiken vor allem aus strukturellen Änderungen eher von den zuständigen Behörden getragen werden. Auch trifft man nicht selten die Übernahme der Einnahmeaufteilungsrisiken aus Verkehrsverbünden durch die zuständigen Behörden, in dem zB bestimmte Ergiebigkeitsgarantien in Bezug auf die beförderte Fahrgastmenge gegeben werden. Im Hinblick auf die Einordnung eines öffentlichen Dienstleistungsauftrags als **Dienstleistungskonzession** (→ Art. 5 Rn. 4 ff.) ist die präzise Beschreibung der Erlösrisiken von größter Bedeutung.[12]

Dagegen ist bei **allgemeinen Vorschriften eine Teilung der Erlöse ausgeschlossen;** die 17 Erlöse verbleiben vollständig beim Verkehrsunternehmen. Denn hier dürfen nur die Mindereinnahmen aus einem ermäßigten Tarif ausgeglichen werden. Dies impliziert, dass damit die Mehrnachfrage aus den ermäßigten Tarif saldiert wird (Wirkung der Preiselastizität). Es ist daher denklogisch ausgeschlossen, dass weitere Erlöse abgeschöpft werden. Allenfalls könnten solche Erlössteigerung abgeschöpft werden, die jenseits dieser Preiselastizität liegen: Damit wäre aber die Preissenkung selbst finanzierend und es bedarf dann gar keiner allgemeinen Vorschrift, da keine gemeinwirtschaftliche Pflicht (mehr) besteht.

Mit Artikel 4 Abs. 2 ist **nicht verbunden,** dass die zuständige Behörde auf **Aufteilung** von 18 Fahrgeldeinnahmen zB in einem **Verkehrsverbund** oder Tarifgemeinschaft regelt. Es mag zahlreiche Ansatzpunkte geben, warum ein Aufgabenträger auch für eine transparente und diskriminierungsfreie Einnahmenaufteilung in einem Verkehrsverbund mitverantwortlich ist, zB weil er Träger des Verbunds ist, weil er den Verbund entsprechend finanziert etc; jedoch ist Art. 4 Abs. 2 nicht als Vorschrift zur Regelung aller Aufteilungsfragen von Erlösen zu verstehen. Vielmehr bezieht der Absatz sich ausschließlich auf das Verhältnis zwischen zuständigen Behörden und Verkehrsunternehmen im Rahmen eines öffentlichen Dienstleistungsauftrags oder allgemeiner Vorschrift. **Aufteilungen von Fahrgeldeinnahmen in Verkehrsverbünden** und Tarifgemeinschaften haben allerdings Reflexwirkungen auf die Behandlung der Erlösrisikos, beispielsweise weil Aufteilungsergebnisse erst mit erheblicher zeitlicher Verzögerung zur Verfügung stehen oder weil die Aufteilung auch Aspekte jenseits der Fahrgastnachfrage berücksichtigt. Auf dies kann jeweils in einem öffentlichen Dienstleistungsauftrag Bezug genommen werden bzw. der Ausgleich in einer allgemeinen Vorschrift muss auch auf das Aufteilungsergebnis eines Verkehrsverbunds Bezug nehmen, nicht jedoch kann daraus geschlossen werden, dass die zuständige Behörde sich nun die Stelle des Verkehrsverbunds/Tarifgemeinschaft setzt.

III. Laufzeit

1. Regellaufzeit (Abs. 3). Die VO regelt Höchstlaufzeiten, da übermäßig **lange Laufzeiten** 19 den **Markt verschließen** und eine Anpassung des Angebots an den tatsächlichen Bedarf erschweren. Zudem wächst mit zunehmender Laufzeit die Gefahr, dass die Anpassungen des Vertrags, die mit der Laufzeit unumgänglich werden, in Konflikt mit den Vergabepflichten aufgrund wesentlicher Vertragsänderungen geraten. Obwohl das Kartellvergaberecht keine Höchstlaufzeit von Dienstleistungsaufträgen kennt, gilt Art. 4 und damit auch die Höchstlaufzeit hierfür.[13]

Die **Regelhöchstlaufzeit** für Busverkehre beträgt zehn, für Eisenbahn und andere schienenge- 20 stützte Verkehre 15 Jahre. Bei gemischten Aufträgen kommt die Grenze desjenigen Verkehrsträgers zur Anwendung, der mehr als die Hälfte des Wertes entsprechend Art. 2 lit. k bestimmt (→ Art. 2 Rn. 40).

---

[12] S. auch Saxinger/Winnes/*Winnes/Schmitz* Art. 4 Abs. 2 Rn. 6 f.
[13] AllgM: Saxinger/Winnes/*Faber* Art. 4 Abs. 3 Rn. 6; Saxinger/Winnes/*Schröder* Art. 5 Abs. 1 Rn. 10; *Otting/Olegmöller/Tresselt* in Gabriel/Krohn/Neun VergabeR-HdB § 70 Rn. 48; *Hölzl* → 1. Aufl. 2011, Rn. 18.

21 **2. Höhere Laufzeiten (Abs. 4).** Eine Verlängerung nach Art. 4 Abs. 4 UAbs. 1 um die Hälfte auf 15 bzw. 22,5 Jahre ist dann möglich, wenn das Verkehrsunternehmen einen **wesentlichen Teil der Wirtschaftsgüter**[14] bereitstellt und deren Amortisation[15] dies erfordern (Art. 4 Abs. 4 UAbs. 1). Für handelsübliche **Busse** wird dies **nicht infrage** kommen, da deren Abschreibungszeitraum gemäß Afa-Tabelle neun Jahre beträgt.[16] Auch die Bereitstellung von Betriebshöfen und dergleichen dürfte nicht ausreichen, auch wenn deren Abschreibungsdauern länger ist. Zum einen ist bereits fraglich, ob sie tatsächlich einen wesentlichen Teil der erforderlichen Wirtschaftsgüter ausmachen; zum anderen sind sie nicht unmittelbar an die Erbringung der gemeinwirtschaftlichen Verkehrsleistung, sondern regelmäßig für alle Verkehrsleistungen im Einzugsbereich gebunden. Daher wird im Busbereich eine Verlängerung vor allem für Trolley-, Elektro-, Wasserstoff-, Hybridbusse und Busse mit Anhängern, sowie Busse besonderer Bauarten infrage kommen. Diese Fahrzeuge haben wesentlich längere Nutzungs- und Abschreibungsdauern.

22 Im **Eisenbahnbereich** sowie bei schienengebundenen Verkehrsmitteln wird allgemein ein Vertragsdauer bis zu 22,5 Jahren infrage kommen, wenn das Verkehrsunternehmen für diesen Auftrag neue Fahrzeuge beschafft, da die Nutzungsdauer hier gemäß Afa-Tabelle bereits bei 25 Jahren liegt. Nicht infrage kommen dürfte dagegen die Verlängerung bei Einsatz von gebrauchten Fahrzeugen oder von neuen Fahrzeugen, für die kein Verwertungsrisiko besteht, da die zuständige Behörde einen Restwert und/oder die Weiterverwendung garantiert.

23 Eine gleichgerichtete Verlängerungsmöglichkeiten enthält Art. 4 Abs. 4 UAbs. 2 für Gebiete **äußerster Randlage.** Diese Ausnahme ist aber aufgrund Art. 349 und 355 AEUV für Kontinentaleuropa irrelevant.

24 Bei **außergewöhnlichen Investitionen** für Infrastruktur und Fahrzeuge im Rahmen wettbewerblicher Verfahren gewährt Art. 4 Abs. 4 UAbs. 3 eine flexible Laufzeit, sofern diese gegenüber der Kommission begründet wird. Entstehungsgeschichtlich soll diese flexible Laufzeit nur in außergewöhnlichen Fällen greifen.[17] Die Laufzeitverlängerung für Fahrzeuge ist bereits im UAbs. 1 enthalten. Wie der Zusammenhang mit der Infrastruktur zeigt, muss es sich bei außergewöhnlichen Investitionen um nicht übliche Vergabeverfahren handeln. Auch wenn Erwägungsgrund 15 von besonders hohen Investitionen spricht, so dürfte dies an sich keine längeren Laufzeiten rechtfertigen, denn für die Amortisation ist entscheidend, in welchem Verhältnis Investitionen selbst zum Gesamtumsatz stehen und hier ggf. längere Laufzeiten notwendig machen. Die absolute Höhe der Investitionen ist dagegen irrelevant. So dürften Investitionen in Infrastruktur, neue oder ausgebaute Strecken für sich bereits außergewöhnlich sein, da üblicherweise die (Schienen-)**Infrastruktur** von den zuständigen Behörden oder einem Dritten wie nationale Eisenbahninfrastrukturgesellschaft bereitgestellt werden.[18] Hier sind durchaus Laufzeiten von **50 Jahren** denkbar, sofern diese mit dem Amortisationsgedanken vereinbar sind. Eine natürliche Grenze wird sich aus der Kalkulierbarkeit ergeben, denn je weiter die Zeitpunkte in der Zukunft liegen, desto höher das Kalkulationsrisiko. Daher wird es ab einen gewissen Zeitpunkt insgesamt günstiger sein, die Infrastruktur zu einem vereinbarten Wert zu übernehmen und somit die Amortisation sicherzustellen.

25 Dagegen sind Investitionen in **Fahrzeuge** und Rollmaterial bereits durch die allgemeine Verlängerungsklausel nach UAbs. 2 abgedeckt. Nur bei ganz außergewöhnlichen Investitionen wie innovative Fahrzeuge, neue Verkehrssysteme und dergleichen kann eine längere Laufzeit in Frage kommen.

IV. Sozialstandards

26 **1. Einhaltung der Standards (Abs. 4a und 4b).** Der im Zuge der ÄndVO eingefügte Art. 4 Abs. 4a **regelt Selbstverständliches,** nämlich die Einhaltung der sozial- und arbeitsvertraglichen Regelungen. Mit dieser Bestimmung ist nicht verbunden, dass Tarifverträge einzuhalten sind, deren Anwendung sich weder aus Tariftreueverpflichtungen, der Gültigkeit des Tarifvertrags auf dem jeweiligen Betrieb oder aus Allgemeinverbindlichkeitserklärungen ergeben. Tariftreueverpflichtungen können vor allem durch die jeweiligen Landesgesetze ausgelöst werden (→ GWB § 131 Rn. 125 ff.).

---

[14] Für 20–30% plädierend: Linke/Linke/Kaufmann Art. 4 Rn. 44; Saxinger/Winnes/Faber Art. 4 Abs. 4 Rn. 6.
[15] In KOM(2000) 7 endg., 25 sah die Kom. bereits eine Amortisation als gegeben an, wenn der erzielbare Wiederverkaufswert über dem Restwert liegt. Dies dürfte zu einschränkend sein, da dies meist ex ante nicht beurteilt werden kann.
[16] BMF, Afa-Tabelle für allgemein verwendbare Anlagengüter v. 15.12.2000, IV D 2-S 1551-188/00.
[17] Gemeinsamer Standpunkt des Rates (EG) Nr. 2/2007 v. 11.12.2006, ABl. 207 C70, E/1. Die restriktive Interpretation ist allgM: Saxinger/Winnes/Faber Art. 4 Abs. 7 Rn. 12; Otting/Olegmöller/Tresselt in Gabriel/Krohn/Neun VergabeR-HdB § 70 Rn. 46.
[18] So auch Saxinger/Winnes/Faber Art. 4 Abs. 4 Rn. 14.

Ebenso ist Art. 4 Abs. 4b zur Anwendung der RL 2001/23/EG zum **Betriebsübergang** eine 27
Selbstverständlichkeit und **ohne** weiteren **Regelungsgehalt.** Das Unionsrecht fordert nach wie vor
keinen regelmäßigen Betriebsübergang.[19] Ein Betriebsübergang wird immer dann im Rahmen einer
Funktionsnachfolge vorliegen, wenn die wirtschaftliche Einheit **identitätswahrend** weitergegeben wird, was im Kern am Übergang von Betriebsmitteln und zum deutlich geringeren Teil auch
aus der Weiterbeschäftigung von Personal (→ GWB § 131 Rn. 32 ff.)[20] festgemacht wird. Denn
Verkehrsleistungen sind betriebsmittelgeprägt. Daher wird bei weitgehender Weiterverwendung von
Fahrzeugen aus einem Fahrzeugpool oder einer Wiedereinsatzgarantie ein Betriebsübergang vorliegen. Dagegen reicht zB die Weiternutzung einzelner Räume, einer Werkstatt[21] oder von Fahrausweisautomaten nicht aus, da sie nicht wesentlich für die Organisation des Betriebs „Bereitstellung
von öffentlichen Personenverkehrsleistungen" sind.

2. Anordnung der Rechtsfolgen eines Betriebsübergangs (Abs. 5). Wie alle Bestimmun- 28
gen des Art. 4 gilt auch die Anordnungsmöglichkeit eines **Betriebsübergangs** für alle öffentlichen
Dienstleistungsaufträge – auch solche nach Art. 5 Abs. 1.[22] Sie gilt sogar auch für Direktvergaben
nach Art. 5 Abs. 2 und 3, wenngleich hier ein tieferer Sinn nicht gegeben sein dürfte, das es bei
Direktvergaben meist nicht zu einem Betreiberwechsel kommt und die diese meist mit der Vermeidung eines Betreiberwechsel begründet werden.

Art. 4 Abs. 5 verweist weiterhin auf die **Möglichkeit,** die Rechtsfolgen eines Betriebsübergangs 29
anzuordnen. Auch wenn Erwägungsgrund 16 formuliert, „die Mitgliedstaaten sollten einen
Betriebsübergang anordnen", so ist maßgeblich der VO-Text selbst, der ein freies **Ermessen** der
zuständigen Behörden festlegt (→ GWB § 131 Rn. 32).[23] Erwägungsgrund 14 ÄndVO stellt dies
auch ausdrücklich klar. Allerdings können nationale Regelungen darüber hinausgehen. Im Schienenpersonennahverkehr hat dies **§ 131 Abs. 3 GWB** zu einer **Sollvorschrift** für die betroffenen Aufgabenträger gemacht. § 1 Abs. 4 RhPfLTTG (Landestariftreuegesetz Rheinland-Pfalz) verpflichtet die
zuständigen Aufgabenträger ohne Ausnahme zur Anordnung eines Betriebsübergangs.

Der angeordnete Betriebsübergang führt zu den **Rechtsfolgen eines gesetzlichen Betriebs-** 30
übergangs und zwar für jeden individualisierten Arbeitnehmer selbst. Nicht führt aber der angeordnete Betriebsübergang und dadurch ausgelöste Übergang der meisten oder gar aller Beschäftigten
dann selbst zu einen gesetzlichen Betriebsübergang, zB aufgrund des Kriteriums Übergang wesentlicher Teile des Personals (→ GWB § 131 Rn. 42). Dies wäre ein unzulässiger Zirkelschluss. Mit der
Anordnung eines Betriebsübergangs kann der **soziale Besitzstand** der Beschäftigten gewahrt werden, unabhängig von der zeitlichen Befristung der öffentlichen Dienstleistungsaufträge.[24] Gleichzeitig werden damit die Möglichkeit des Neubetreibers **eingeschränkt** durch neues Personal **Kostensenkungs- und Effizienzpotenziale** zu heben und auch die **Dienstleistungsqualität** durch
bessere Ausbildung und Motivation zu heben. Auch dürfen die Integrationsprobleme der übernommenen Belegschaft in die Belegschaft des Unternehmens nicht unterschätzt werden.[25] Auf der
anderen Seite steht der Vorteil der geringer notwendigen Einarbeitung der Belegschaft und damit
meistens geringere Risiken beim Betreiberwechsel. Die Bedeutung eines Betriebsübergangs hängt
insbesondere von der **Beschäftigungssituation** in der jeweiligen Region ab. Im Schienenpersonennahverkehr gibt es deutliche Anzeichen, dass bei bestehendem Personalmangel, vor allem Lokführern
die Anordnung eines Betriebsübergangs weitgehend bedeutungslos ist bzw. für den Wettbewerb vor
allem eine Negativauswahl bedeuten kann, da es keine Verpflichtung des Personals gibt, auf den
neuen Auftragnehmer zu wechseln, sondern nur ein Recht. Unbestritten ist dagegen in Bereichen

---

[19] S. auch LAG Rheinland-Pfalz Urt. v. 1.2.2016, 3 Sa 257/15, ECLI:DE:LAGRLP:2016:0201.3SA257.15.
0A = BeckRS 2016, 68973 Rn. 91 ff.
[20] Dagegen sieht LAG Rheinland-Pfalz Urt. v. 1.2.2016 – 3 Sa 257/15, ECLI:DE:LAGRLP:2016:0201.
3SA257.15.0A = BeckRS 2016, 68973 Rn. 108 ff. die Personalübernahme sogar ganz als bedeutungslos an,
was aber nicht überzeugt, da immer eine Gesamtabwägung vorzunehmen ist. Allerdings war in diesem
Rechtsstreit die Übernahme von Personal durch einen angeordneten Betriebsübergang vorgegeben.
[21] LAG Rheinland-Pfalz Urt. v. 1.2.2016 – 3 Sa 257/15, ECLI:DE:LAGRLP:2016:0201.3SA257.15.0A =
BeckRS 2016, 68973 Rn. 111 und LAG Hessen Urt. v. 19.2.2013 – 13 Sa 1029/12, BeckRS 2013, 67506.
[22] *Bayreuther* NZA 2009, 582; *Siederer/Denzin* DER NAHVERKEHR 3/2009, 50 (51); *Müller/Saxinger* Verkehr und Technik 2016, 463; *Saxinger/Winnes/Dörnenweg* Art. 4 Abs. 5 Rn. 6; *Otting/Olegmöller/Tresselt* in
Gabriel/Krohn/Neun VergabeR-IIdB § 70 Rn. 49; aA *Rechten/Röbke* LKV 2011, 337 (342).
[23] AllgM: *Winnes* Der Landkreis 2016, 207; *Bayreuther* NZBau 2016, 459 f.; *Saxinger/Winnes/Dönneweg* Art. 4
Abs. 5 Rn. 7; *Hölzl* → 1. Aufl. 2011, Rn. 30; *Otting/Olegmöller/Tresselt* in Gabriel/Krohn/Neun VergabeR-
HdB § 70 Rn. 51.
[24] Zu diesen Aspekten vor allem *Fehling/Niehnus* DÖV 2008, 662 (666); *Bayreuther* NZA 2009, 582 (583);
Saxinger/Winnes/Dönneweg Art. 4 Abs. 5 Rn. 20.
[25] S. *Saxinger/Winnes/Dönneweg* Art. 4 Abs. 5 Rn. 33a.

von Arbeitsplatzmangel oder auch im Bereich geringer qualifizierter Berufe der Betriebsübergang eine große soziale Sicherheit und für den Bewerber, um einen öffentlichen Dienstleistungsauftrag eher leichter zu kalkulieren.

31   In jedem Fall ist **einzustellen,** dass die **Anordnung des Betriebsübergangs** aufgrund der Bereitstellung einer Fülle der für eine Kalkulation erforderlichen Daten für die zuständige Behörde mit einem **erheblichen Aufwand** verbunden ist.[26] Eine weitere Schwierigkeit besteht darin, dass mit der Fortgeltung wohlerworbener Rechte im neuen Betrieb es möglicherweise zwei verschiedene Gruppen von Beschäftigten gibt. Im Eisenbahnbereich wird versucht, durch die Verhandlung von Branchentarifverträgen und Wechseltarifverträgen diesem entgegenzuwirken, wenngleich auch hier Unterschiede, vor allem im Bereich der Altersversorgung, noch lange bestehen werden. Im Straßenverkehr sind diese Versuche allein aufgrund der historisch unterschiedlichen Tarifverträgen zwischen öffentlichen Verkehrsunternehmen, die nun hauptsächlich durch einen Tarifvertrag Nahverkehr (TV-N) gebunden sind und den privaten Verkehrsunternehmen, kaum erfolgversprechend. Wegen der weiteren Einzelheiten wird auf die Kommentierung von § 131 Abs. 3 GWB verwiesen (→ GWB § 131 Rn. 41 ff.).

V. Informationen

32   **1. Qualitäts- und Sozialstandards (Abs. 6).** Art. 4 Abs. 6 **regelt** ebenfalls **Selbstverständliches,** nämlich transparente Grundlagen bei Wettbewerbsverfahren. Er ist Relikt eines ursprünglich umfassenden Katalogs an Qualitäts-, Umwelt- und Sozialaspekten, welche der zuständigen Behörden abarbeiten sollten;[27] Reste hiervon finden sich noch in Erwägungsgrund 17. Die Verpflichtung zu transparenten, widerspruchsfreien und vollständigen Grundlagen für die Kalkulation wettbewerblicher Vergaben ist vergaberechtlicher Besitzstand (→ GWB § 97 Rn. 17 ff., 118 ff.) und hätte keiner weiteren Regelung bedurft. Aber auch für Direktvergaben ist selbstverständlich, dass der Auftrag eine hinreichende Gegenleistung zwischen gemeinwirtschaftlichen Pflichten einerseits und Ausgleichsleistungen und/oder ausschließlichen Rechten andererseits nur bei vollständigen Kalkulationsgrundlagen möglich ist. Inhaltlich besteht eine **hohe Freiheit,** den **erforderlichen Standard** festzulegen. Definitionen zu Qualitätskriterien finden sich in entsprechenden europäischen Normungen.[28] Fahrgastrechte sind im Bereich der Eisenbahn- und des Omnibusfernverkehrs oder Anforderungen an Busse unionsrechtlich geregelt (→ Art. 2 Rn. 3). Eine besondere Vorgabe besteht in Bezug auf die Beschaffung effizienter Kraftfahrzeuge also auch von Bussen gemäß RL 2009/33/EG.[29]

33   Inwieweit insbesondere **Sozialstandards** wie **Tariftreuerklärungen, Mindestlohnvergütung,** Einhaltung der Regeln zum Arbeitsschutz, Vermeidung von Kinderarbeit und so weiter als soziale Kriterien einbezogen werden können, richtet sich nach dem nationalen Recht, zuvorderst dem Vergaberecht. Hierzu haben fast alle Bundesländer mit Ausnahme von Bayern und Thüringen entsprechend Landesvergabegesetze mit entsprechenden Regelungen zum ÖPNV erlassen, auf die hier verwiesen sei (→ GWB § 97 Rn. 181 ff., 199 ff.).

34   **2. Sicherung der Folgevergabe (Abs. 8).** Art. 4 Abs. 8 ist erst durch die ÄndVO eingefügt worden und ist vor allem dem Umstand geschuldet, dass die zuständigen Behörden bei der **erstmaligen Vergabe von Eisenbahnverkehrsleistungen** im Wettbewerb meist nicht über die für ein Wettbewerbsverfahren erforderlichen Informationen zu Zugang zur Infrastruktur, Zustand des Rollmaterials oder auch zu Einnahmen verfügen. Allerdings ist der neue Abs. 8 nicht auf wettbewerbliche Vergaben beschränkt, sondern bezieht sich auf alle Vergaben. Daher sind auch im Hinblick auf Direktvergaben alle Informationen bereitzustellen, die für eine wirksame und nachhaltige Direktvergabe erforderlich sind. Dies umfasst zB Erlösdaten, um überhaupt feststellen zu können, ob eine Dienstleistungskonzession vorliegt. Der **Schutz vertraulicher Geschäftsinformationen** ist im Verhältnis Betreiber zu zuständiger Behörde eher eng zu sehen, da eine zuständige Behörde als Behörde agiert und nicht im Wettbewerb zum Betreiber. Insofern gibt es regelmäßig keine Geschäftsgeheimnisse gegenüber einer zuständigen Behörde. Auf einem anderen Blatt steht die Frage, ob und wie die zuständige Behörde die Informationen bei der Durchführung eines Wettbewerbsverfahrens nutzen darf oder entsprechende Geschäftsgeheimnisse gegenüber Mitbewerbern schützen muss.

---

[26] Vgl. Saxinger/Winnes/*Dönneweg* Art. 4 Abs. 5 Rn. 52; *Bayreuther* NZA 2014, 171 ff.
[27] S. dazu Saxinger/Winnes/*Faber* Art. 4 Abs. 6 Rn. 3 f., 8.
[28] DIN EN 13816:2002 und DIN EN 15140:2006 über Qualitätskriterien im öffentlichen Personenverkehr.
[29] RL 2009/33/EG des EP und des ER v. 23.4.2009 über die Förderung sauberer und energieeffizienter Straßenfahrzeuge; ABl. 2009 L 120, 12, geändert durch RL (EU) 2019/1161 des EP und des ER v. 20.6.2019, Abl. 2019 L 188, 116.

Es spricht viel dafür, dass Geschäftsinformationen, die im Kern aus der Ausübung von **35** **Monopolrechten** im Rahmen geschlossener Märkte oder aus einer Direktvergabe stammen, **nicht schutzwürdig** sind, da sie nicht aus eigener Leistung erlangt wurden. Hat dagegen der Betreiber bislang bereits ein Wettbewerbsverfahren gewonnen, so unterliegen alle wettbewerbsrelevanten Informationen, die nicht allgemein zugänglich sind, zunächst den Geschäftsgeheimnissen des Betreibers und sichern seine Wettbewerbsstellung. Hier ist es Aufgaben der zuständigen Behörde zu regeln, welche Daten ihr wie zu liefern sind und wie sie diese Daten vor allem auch im Hinblick auf die Durchführung des nächsten Wettbewerbsverfahrens verwenden darf. Von daher stellt Art. 4 Abs. 8 keine erweiterte Grundlage da, Informationen von Betreibern wettbewerblich vergebener öffentlicher Dienstleistungsaufträgen zu verlangen. Wurde **vertraglich** keine **Vorsorge** getroffen, so spricht das Schutzinteresse an Geschäftsgeheimnissen für den Betreiber, zumal dieser Wissensvorsprung für eine Folgevergabe bereits im Preis der ersten wettbewerblichen Vergabe eingepreist sein kann. Sibyllinisch bleibt aber Erwägungsgrund 16: „Die Verpflichtung einer zuständigen Behörde, allen interessierten Parteien wesentliche Informationen für die Vorbereitung eines Angebots im Rahmen eines wettbewerblichen Vergabeverfahrens zur Verfügung zu stellen, sollte sich nicht auf die Erstellung zusätzlicher Informationen erstrecken, wenn es solche Informationen nicht gibt". Hiermit sollte wohl zum Ausdruck gebracht werden, dass die zuständigen Behörden keinen unvertretbaren Aufwand betreiben müssen, um **nicht vorhandene und nicht lieferbare Informationen** bereitzustellen. Allerdings ist dies so nicht ganz zutreffend. Denn nach vergaberechtlichen Grundsätzen muss die Leistung so vollständig und abschließend beschrieben sein, dass die Bieter hierauf umfassend kalkulieren können und keine spekulativen Angebote einreichen müssen, dies gebietet bereits der Objektivitäts- und Transparenzgrundsatz (*Knauf* → GWB § 97 Rn. 17 ff.). Soweit bestimmte Informationen nicht beschaffbar sind und gleichwohl für die Kalkulation relevant sind, muss durch entsprechende Ausgestaltung der Anforderungen hierauf Rücksicht genommen werden. So können bestimmte Kostenpositionen als durchlaufend gestaltet werden, wie es zB bei den Trassen – und Stationspreisen in Deutschland durchweg der Fall bei SPNV-Vergaben ist. Auch kann für bestimmte Leistungsbestandteile die zuständige Behörde das Risiko der anderen Beschaffenheit oder Veränderung vornehmen.

Die Pflicht zur Bereitstellung hinreichender Kalkulationsgrundlagen bezieht sich nur auf **wett-** **36** **bewerbliche Vergabeverfahren.** Insofern ist der Absatz keine Grundlage, um Informationen für Initiativangebote im Rahmen von Direktvergaben einzufordern. Es verbleibt hier im Kern bei Art. 7 Abs. 4 (→ Art. 7 Rn. 14 ff.).

VI. Unteraufträge (Abs. 7)

Art. 4 Abs. 7 trifft weitreichende Regelungen zur Untervergabe. Diese **gelten** wiederum für **37** **alle öffentlichen Dienstleistungsaufträge,** unabhängig ob wettbewerblich, ob nach Kartellvergaberecht[30] oder schließlich ob direkt vergeben. Während bei Direktvergaben an einen internen Betreiber dieser den überwiegenden Teil selbst erbringen muss (Art. 5. Abs. 2 lit. e), fordert in den sonstigen Fällen die VO, dass der Betreiber **einen bedeutenden Teil selbst erbringen muss.** Dieser bedeutende Teil lässt sich aber nur bemessen, wenn der Begriff „Unterauftrag" klar feststeht. Im Rahmen der PersonenverkehrsVO muss dieser **Begriff eigenständig** interpretiert werden.[31] Die VO zielt auf eine substanzielle Eigenerbringung. Dies kann dabei nicht im Sinne von reinen Wertgrenzen gesehen werden, sondern muss den Regelungsgehalt der VO aufgreifen. Geregelt wird die Sicherstellung öffentlicher Verkehrsdienste. Daher umfassen die VO-spezifisch geregelten Unteraufträge nur Leistungen, **die selbst die Sicherstellung** öffentlicher Verkehrsdienste gewährleisten, wie das **Fahren von Bussen und Bahnen.**[32] Dies erfordert eine Betriebsorganisation, die diese Leistungen sicherstellen kann. Alle weiteren Leistungen sind dagegen nur ergänzend und als sonstige Unteraufträge einzustufen. Dies kann zB das Bereitstellen von Fahrzeugen umfassen, die Überlassung von Arbeitnehmern, die Bereitstellung von Werkstattleistungen, von Vertriebsleistungen etc.[33]

---

[30] Dies hat OLG Frankfurt a. M. Beschl. v. 30.1.2014 – 11 Verg 15/13, NZBau 2014, 386 übersehen.
[31] Saxinger/Winnes/*Saxinger* Art. 4 Abs. 7 Rn. 24 f.; Linke/*Linke*/Prieß Rn. 83.
[32] AA lediglich Ziekow/*Völlink*/Zuck Rn. 47, der bereits Planung und Organisation als bedeutenden Teil ansieht.
[33] Dagegen will Saxinger/Winnes/*Saxinger* Art. 4 Abs. 7 Rn. 25 „alle Tätigkeiten, die erforderlich sind, damit Kunden die Leistung in Anspruch nehmen können" dem Begriff zuordnen. Jedoch ist dieses Kriterium reichlich unscharf. In Saxinger/Winnes/*Saxinger* Art. 4 Abs. 7 Rn. 34 wird dagegen als entscheidendes Kriterium die Erbringung mit Fahrzeugen und Personal herangezogen.

38 Dieser **bedeutende Teil** der Eigenerbringung wird bei **20–30%** der Betriebsleistung[34] liegen. Umgekehrt hat die zuständige Behörde ein breites Ermessen zur Konzeption der Vergabe und kann die Untervergabe erheblich beschränken (zB auf 30%)[35] oder gar ganz ausschließen. Umgekehrt ist aber auch eine Pflicht zur anteiligen Untervergabe denkbar, wenngleich die PersonenverkehrsVO selbst dafür keine Rechtsgrundlage bereitstellt.[36] Vergaberechtlich ist dies jedenfalls entsprechend begründbar und begründungsbedürftig. Zur Berechnung der Anteile → Art. 5 Rn. 11 f.

39 Die Vorgabe eines bedeutenden Teils zur Eigenerbringung soll sicherstellen, dass der Betreiber tatsächlich auch den Verkehr im angemessenen Umfang durchführt und **nicht** lediglich **Zwischenhändler** ist.[37] Davon macht Art. 4 Abs. 7 S. 3 insoweit eine Ausnahme, als ein öffentlicher Dienstleistungsauftrag nicht nur den Betrieb, sondern auch Planung und Aufbau umfasst. Hiermit sind Systeme gemeint, die **vollständig neu oder ausgebaut etabliert** werden[38] und eine außergewöhnlichen Aufwand an Planung und Aufbau aufweisen. Typischerweise sind diese BOT-Projekte, die im Rahmen große Konsortien abgewickelt werden. Hier soll es gestattet sein, dass der Betrieb von einem Unterauftragnehmer durchgeführt wird. Dies ist sachgerecht, weil bei Planungs- und Bauausschreibungen oft noch gar nicht feststehen kann, welches Unternehmen sachgerecht den Betrieb übernahmen soll.

40 Die **Pflicht zur Informationsbereitstellung zulässiger Unteraufträge** vorab gilt nur für wettbewerbliche Verfahren, da Art. 5 Abs. 2 lit. h vorrangig ist und auch dies bei Direktvergaben keinen Sinn ergibt.[39] Allerdings muss bei Direktvergaben an einen internen Betreiber sichergestellt sein, dass die Bedingungen in Art. 5 Abs. 2 lit. h dauerhaft eingehalten werden (→ Art 5 Rn. 48).

Art. 5 Vergabe öffentlicher Dienstleistungsaufträge

(1) ¹Öffentliche Dienstleistungsaufträge werden nach Maßgabe dieser Verordnung vergeben. ²Dienstleistungsaufträge oder öffentliche Dienstleistungsaufträge gemäß der Definition in den Richtlinien 2004/17/EG oder 2004/18/EG für öffentliche Personenverkehrsdienste mit Bussen und Straßenbahnen werden jedoch gemäß den in jenen Richtlinien vorgesehenen Verfahren vergeben, sofern die Aufträge nicht die Form von Dienstleistungskonzessionen im Sinne jener Richtlinien annehmen. ³Werden Aufträge nach den Richtlinien 2004/17/EG oder 2004/18/EG vergeben, so sind die Absätze 2 bis 6 des vorliegenden Artikels nicht anwendbar.

(2) Sofern dies nicht nach nationalem Recht untersagt ist, kann jede zuständige örtliche Behörde – unabhängig davon, ob es sich dabei um eine einzelne Behörde oder eine Gruppe von Behörden handelt, die integrierte öffentliche Personenverkehrsdienste anbietet – entscheiden, selbst öffentliche Personenverkehrsdienste zu erbringen oder öffentliche Dienstleistungsaufträge direkt an eine rechtlich getrennte Einheit zu vergeben, über die die zuständige örtliche Behörde – oder im Falle einer Gruppe von Behörden wenigstens eine zuständige örtliche Behörde – eine Kontrolle ausübt, die der Kontrolle über ihre eigenen Dienststellen entspricht.
¹Im Falle öffentlicher Schienenpersonenverkehrsdienste kann die im ersten Unterabsatz genannte Gruppe von Behörden ausschließlich aus zuständigen örtlichen Behörden bestehen, deren geografischer Zuständigkeitsbereich sich nicht auf das gesamte Staatsgebiet erstreckt. ²Der in Absatz 1 genannte öffentliche Personenverkehrsdienst oder öffentliche

---

[34] VK Rheinland Beschl. v. 19.9.2017 – VK VOL 12/17 unter III.; *Linke* NZBau 2012, 338; *Linke/Linke/Prieß* Rn. 93; *Hölzl* → 1. Aufl. 2011, Rn. 41; *Otting/Olegmöller/Tresselt* in Gabriel/Krohn/Neun VergabeR-HdB § 70 Rn. 65. Für 25% *Berschin* in Baumeister Recht des ÖPNV Art. A1 Rn. 74. Für 25–30% *Saxinger/Winnes/Saxinger* Art. 4 Abs. 7 Rn. 37 und 25–40%: *Schmitz/Winkelhüsener* EuZW, 2011, 52 (56). Wenig hilfreich dagegen Auslegungsmitteilung PersonenverkehrsVO Nr. 2.2.9 „Für Untervergaben für mehr als einen Drittel bedarf es guter Gründe". Dies lässt noch keine Rückschlüsse auf die Auslegung des Begriffs „bedeutenden Teil" zu.

[35] EuGH Urt. v. 27.10.2016 – C-292/15, ECLI:EU:C:2016:817 = NZBau 2017, 48 Rn. 51 ff. – Hörmann Reisen.

[36] *Linke* NZBau 2012, 338, 340; *Saxinger/Winnes/Saxinger* Art. 4 Abs. 7 Rn. 48; *Otting/Olegmöller/Tresselt* in Gabriel/Krohn/Neun VergabeR-HdB § 70 Rn. 64.

[37] Zu den entsprechenden Motiven vor allem des EP aber auch den nicht angepassten Erwägungsgrund 19: *Saxinger/Winnes/Saxinger* Art. 4 Abs. 7 Rn. 6.

[38] *Heiß* VerwArch 2009, 113 (123); *Linke* Verkehr und Technik 2010, 463 (465); *Linke/Linke/Prieß* Rn. 97; *Saxinger/Winnes/Saxinger* Art. 4 Abs. 7 Rn. 14 f.

[39] OLG Rostock Beschl. v. 4.7.2012 – 17 Verg 3/12, BeckRS 2013, 01570 Rn. 83; *Linke/Linke/Prieß* Rn. 76; aA *Saxinger/Winnes/Saxinger* Art. 4 Abs. 7 Rn. 12; Ziekow/Völlink/*Zuck* Rn. 45; VK Thüringen Beschl. v. 9.7.2018 – 250-4003-4018/2018-E-P-004/IK unter II 2 b cc).

Dienstleistungsauftrag darf nur den Verkehrsbedarf städtischer Ballungsräume und ländlicher Gebiete oder beides decken.
Fasst eine zuständige örtliche Behörde diesen Beschluss, so gilt Folgendes:
a) ¹Um festzustellen, ob die zuständige örtliche Behörde diese Kontrolle ausübt, sind Faktoren zu berücksichtigen, wie der Umfang der Vertretung in Verwaltungs-, Leitungs- oder Aufsichtsgremien, diesbezügliche Bestimmungen in der Satzung, Eigentumsrechte, tatsächlicher Einfluss auf und tatsächliche Kontrolle über strategische Entscheidungen und einzelne Managemententscheidungen. ²Im Einklang mit dem Gemeinschaftsrecht ist zur Feststellung, dass eine Kontrolle im Sinne dieses Absatzes gegeben ist, – insbesondere bei öffentlich-privaten Partnerschaften – nicht zwingend erforderlich, dass die zuständige Behörde zu 100 % Eigentümer ist, sofern ein beherrschender öffentlicher Einfluss besteht und aufgrund anderer Kriterien festgestellt werden kann, dass eine Kontrolle ausgeübt wird.
b) Die Voraussetzung für die Anwendung dieses Absatzes ist, dass der interne Betreiber und jede andere Einheit, auf die dieser Betreiber einen auch nur geringfügigen Einfluss ausübt, ihre öffentlichen Personenverkehrsdienste innerhalb des Zuständigkeitsgebiets der zuständigen örtlichen Behörde ausführen – ungeachtet der abgehenden Linien oder sonstiger Teildienste, die in das Zuständigkeitsgebiet benachbarter zuständiger örtlicher Behörden führen – und nicht an außerhalb des Zuständigkeitsgebiets der zuständigen örtlichen Behörde organisierten wettbewerblichen Vergabeverfahren für die Erbringung von öffentlichen Personenverkehrsdiensten teilnehmen.
c) Ungeachtet des Buchstabens b kann ein interner Betreiber frühestens zwei Jahre vor Ablauf des direkt an ihn vergebenen Auftrags an fairen wettbewerblichen Vergabeverfahren teilnehmen, sofern endgültig beschlossen wurde, die öffentlichen Personenverkehrsdienste, die Gegenstand des Auftrags des internen Betreibers sind, im Rahmen eines fairen wettbewerblichen Vergabeverfahrens zu vergeben und der interne Betreiber nicht Auftragnehmer anderer direkt vergebener öffentlicher Dienstleistungsaufträge ist.
d) Gibt es keine zuständige örtliche Behörde, so gelten die Buchstaben a, b und c für die nationalen Behörden in Bezug auf ein geografisches Gebiet, das sich nicht auf das gesamte Staatsgebiet erstreckt, sofern der interne Betreiber nicht an wettbewerblichen Vergabeverfahren für die Erbringung von öffentlichen Personenverkehrsdiensten teilnimmt, die außerhalb des Gebiets, für das der öffentliche Dienstleistungsauftrag erteilt wurde, organisiert werden.
e) Kommt eine Unterauftragsvergabe nach Artikel 4 Absatz 7 in Frage, so ist der interne Betreiber verpflichtet, den überwiegenden Teil des öffentlichen Personenverkehrsdienstes selbst zu erbringen.

(3) ¹Werden die Dienste Dritter, die keine internen Betreiber sind, in Anspruch genommen, so müssen die zuständigen Behörden die öffentlichen Dienstleistungsaufträge außer in den in den Absätzen 3a, 4, 4a, 4b, 5 und 6 vorgesehenen Fällen im Wege eines wettbewerblichen Vergabeverfahrens vergeben. ²Das für die wettbewerbliche Vergabe angewandte Verfahren muss allen Betreibern offenstehen, fair sein und den Grundsätzen der Transparenz und Nichtdiskriminierung genügen. ³Nach Abgabe der Angebote und einer eventuellen Vorauswahl können in diesem Verfahren unter Einhaltung dieser Grundsätze Verhandlungen geführt werden, um festzulegen, wie der Besonderheit oder Komplexität der Anforderungen am besten Rechnung zu tragen ist.

(3a) ¹Sofern dies nicht nach nationalem Recht untersagt ist, kann bei öffentlichen Dienstleistungsaufträgen für öffentliche Schienenpersonenverkehrsdienste, die im Wege eines wettbewerblichen Vergabeverfahrens vergeben werden, die zuständige Behörde entscheiden, vorübergehend neue Aufträge direkt zu vergeben, wenn sie der Auffassung ist, dass die direkte Vergabe durch außergewöhnliche Umstände gerechtfertigt ist. ²Derartige außergewöhnliche Umstände umfassen auch Fälle, in denen
– eine Reihe wettbewerblicher Vergabeverfahren bereits von der zuständigen Behörde oder anderen zuständigen Behörden durchgeführt werden, die die Zahl und die Qualität der Angebote beeinträchtigen könnten, welche voraussichtlich eingehen, wenn der Auftrag im Wege eines wettbewerblichen Vergabeverfahrens vergeben würde, oder
– Änderungen am Umfang eines oder mehrerer öffentlicher Dienstleistungsaufträge erforderlich sind, um die Erbringung öffentlicher Dienste zu optimieren.

Die zuständige Behörde erlässt eine mit Gründen versehene Entscheidung und unterrichtet die Kommission unverzüglich hiervon.
Die Laufzeit der gemäß diesem Absatz vergebenen Aufträge muss in einem angemessenen Verhältnis zu dem jeweiligen außergewöhnlichen Umstand stehen und darf in keinem Fall fünf Jahre überschreiten.
Die zuständige Behörde veröffentlicht solche Aufträge, wobei sie den legitimen Schutz vertraulicher Geschäftsinformationen und geschäftlicher Interessen berücksichtigt.
Der nachfolgende Auftrag für dieselben gemeinwirtschaftlichen Verpflichtungen wird nicht auf der Grundlage dieser Bestimmung vergeben.

(3b) Bei der Anwendung von Absatz 3 können die zuständigen Behörden die Anwendung des folgenden Verfahrens beschließen:
Die zuständigen Behörden können die von ihnen beabsichtigte Vergabe eines öffentlichen Dienstleistungsauftrags für öffentliche Schienenpersonenverkehrsdienste durch Veröffentlichung einer Bekanntmachung im *Amtsblatt der Europäischen Union* bekannt geben.
Diese Bekanntmachung muss eine ausführliche Beschreibung der Dienstleistungen, die Gegenstand des zu vergebenden Auftrags sind, sowie Angaben zur Art und Laufzeit des Auftrags enthalten.
Die Betreiber können ihr Interesse innerhalb einer von der zuständigen Behörde festgesetzten Frist bekunden, die mindestens 60 Tage ab Veröffentlichung der Bekanntmachung betragen muss.
Wenn nach Ablauf dieser Frist
a) nur ein Betreiber Interesse bekundet hat, an dem Verfahren zur Vergabe des öffentlichen Dienstleistungsauftrags teilzunehmen,
b) dieser Betreiber ordnungsgemäß nachgewiesen hat, dass er tatsächlich in der Lage sein wird, die Verkehrsdienstleistung unter Einhaltung der im öffentlichen Dienstleistungsauftrag festgelegten Verpflichtungen zu erbringen,
c) der mangelnde Wettbewerb nicht das Ergebnis einer künstlichen Einschränkung der Parameter der Auftragsvergabe ist und
d) keine vernünftige Alternative besteht,
können die zuständigen Behörden mit diesem Betreiber Verhandlungen aufnehmen, um den Auftrag ohne weitere Veröffentlichung eines offenen Verfahrens zu vergeben.

(4) Sofern dies nicht nach nationalem Recht untersagt ist, kann die zuständige Behörde entscheiden, öffentliche Dienstleistungsaufträge direkt zu vergeben, wenn
a) ihr Jahresdurchschnittswert auf weniger als 1 000 000 EUR bzw. – im Fall eines öffentlichen Dienstleistungsauftrags, der öffentliche Schienenpersonenverkehrsdienste beinhaltet – weniger als 7 500 000 EUR geschätzt wird oder
b) sie eine jährliche öffentliche Personenverkehrsleistung von weniger als 300 000 km bzw. – im Fall eines öffentlichen Dienstleistungsauftrags, der öffentliche Schienenpersonenverkehrsdienste beinhaltet – von weniger als 500 000 km aufweisen.
Im Falle von öffentlichen Dienstleistungsaufträgen, die direkt an kleine oder mittlere Unternehmen vergeben werden, die nicht mehr als 23 Straßenfahrzeuge betreiben, können diese Schwellen entweder auf einen geschätzten Jahresdurchschnittswert von weniger als 2 000 000 EUR oder auf eine jährliche öffentliche Personenverkehrsleistung von weniger als 600 000 km erhöht werden.

(4a) Sofern dies nicht nach nationalem Recht untersagt ist, kann die zuständige Behörde entscheiden, öffentliche Dienstleistungsaufträge für öffentliche Schienenpersonenverkehrsdienste direkt zu vergeben, wenn
a) ihres Erachtens die Direktvergabe aufgrund der jeweiligen strukturellen und geografischen Merkmale des Marktes und des betreffenden Netzes, und insbesondere der Größe, Nachfragemerkmale, Netzkomplexität, technischen und geografischen Abgeschnitten- bzw. Abgeschiedenheit sowie der von dem Auftrag abgedeckten Dienste gerechtfertigt ist und
b) ein derartiger Auftrag zu einer Verbesserung der Qualität der Dienste oder der Kosteneffizienz oder beidem im Vergleich zu dem zuvor vergebenen öffentlichen Dienstleistungsauftrag führen würde.
[1]Auf dieser Grundlage veröffentlicht die zuständige Behörde eine mit Gründen versehene Entscheidung und unterrichtet die Kommission innerhalb eines Monats nach der Veröffentlichung hiervon. [2]Die zuständige Behörde kann die Vergabe des Auftrags fortsetzen.

¹Bei den Mitgliedstaaten, bei denen am 24. Dezember 2017 das maximale jährliche Verkehrsaufkommen weniger als 23 Mio. Zugkilometer beträgt und auf nationaler Ebene nur eine zuständige Behörde und nur ein Dienstleistungsauftrag für öffentliche Personenverkehrsdienste besteht, der das gesamte Netz umfasst, wird davon ausgegangen, dass sie die Bedingungen gemäß Buchstabe a erfüllen. ²Wenn eine zuständige Behörde aus einem dieser Mitgliedstaaten beschließt, einen öffentlichen Dienstleistungsauftrag direkt zu vergeben, so unterrichtet der betreffende Mitgliedstaat die Kommission hiervon. ³Das Vereinigte Königreich kann beschließen, diesen Unterabsatz auf Nordirland anzuwenden.
¹Wenn die zuständige Behörde beschließt, einen öffentlichen Dienstleistungsauftrag direkt zu vergeben, legt sie messbare, transparente und überprüfbare Leistungsanforderungen fest. ²Diese Anforderungen werden in den Auftrag aufgenommen.
Die Leistungsanforderungen erstrecken sich insbesondere auf folgende Aspekte: Pünktlichkeit der Dienste, Frequenz des Zugbetriebs, Qualität des Rollmaterials und Personenbeförderungskapazität.
¹Der Auftrag muss spezifische Leistungsindikatoren beinhalten, die der zuständigen Behörde regelmäßige Bewertungen ermöglichen. ²Der Auftrag muss außerdem wirksame und abschreckende Maßnahmen beinhalten, die zu verhängen sind, wenn das Eisenbahnunternehmen die Leistungsanforderungen nicht erfüllt.
¹Die zuständige Behörde führt regelmäßig Bewertungen durch, ob das Eisenbahnunternehmen seine Ziele hinsichtlich der Erfüllung der im Auftrag festgelegten Leistungsanforderungen erreicht hat, und gibt ihre Erkenntnisse öffentlich bekannt. ²Diese regelmäßigen Bewertungen finden mindestens alle fünf Jahre statt. ³Die zuständige Behörde ergreift rechtzeitig angemessene Maßnahmen, einschließlich der Verhängung wirksamer und abschreckender Vertragsstrafen, falls die erforderlichen Verbesserungen bei der Qualität der Dienste oder der Kosteneffizienz oder beidem nicht verwirklicht werden. ⁴Die zuständige Behörde kann den nach dieser Bestimmung vergebenen Auftrag jederzeit ganz oder teilweise aussetzen oder kündigen, wenn der Betreiber die Leistungsanforderungen nicht erfüllt.

(4b) Sofern dies nicht nach nationalem Recht untersagt ist, kann die zuständige Behörde entscheiden, öffentliche Dienstleistungsaufträge für öffentliche Schienenpersonenverkehrsdienste direkt zu vergeben, wenn diese nur den Betrieb von Schienenpersonenverkehrsdiensten durch einen Betreiber betreffen, der gleichzeitig die gesamte Eisenbahninfrastruktur, auf der die Dienstleistungen erbracht werden, oder den größten Teil davon verwaltet, wenn diese Eisenbahninfrastruktur gemäß Artikel 2 Absatz 3 Buchstabe a oder b der Richtlinie 2012/34/EU des Europäischen Parlaments und des Rates[1] von der Anwendung der Artikel 7, 7a, 7b, 7c, 7d, 8 und 13 sowie des Kapitels IV jener Richtlinie ausgenommen ist.
Abweichend von Artikel 4 Absatz 3 darf die Laufzeit der gemäß diesem Absatz und gemäß Absatz 4a direkt vergebenen Aufträge zehn Jahre nicht überschreiten, es sei denn, Artikel 4 Absatz 4 findet Anwendung.
Die gemäß diesem Absatz und gemäß Absatz 4a vergebenen Aufträge werden veröffentlicht, wobei der legitime Schutz vertraulicher Geschäftsinformationen und geschäftlicher Interessen zu berücksichtigen ist.

(5) Die zuständige Behörde kann im Fall einer Unterbrechung des Verkehrsdienstes oder bei unmittelbarer Gefahr des Eintretens einer solchen Situation Notmaßnahmen ergreifen.
¹Die Notmaßnahmen bestehen in der Direktvergabe oder einer förmlichen Vereinbarung über die Ausweitung eines öffentlichen Dienstleistungsauftrags oder einer Auflage, bestimmte gemeinwirtschaftliche Verpflichtungen zu übernehmen. ²Der Betreiber eines öffentlichen Dienstes hat das Recht, gegen den Beschluss zur Auferlegung der Übernahme bestimmter gemeinwirtschaftlicher Verpflichtungen Widerspruch einzulegen. ³Der Zeitraum, für den ein öffentlicher Dienstleistungsauftrag als Notmaßnahme vergeben, ausgeweitet oder dessen Übernahme auferlegt wird, darf zwei Jahre nicht überschreiten.

(6) ¹Sofern dies nicht nach nationalem Recht untersagt ist, können die zuständigen Behörden entscheiden, öffentliche Dienstleistungsaufträge im Eisenbahnverkehr – mit Ausnahme anderer schienengestützter Verkehrsträger wie Untergrund- oder Straßenbahnen –

---

[1] [Amtl. Anm.:] Richtlinie 2012/34/EU des Europäischen Parlaments und des Rates vom 21. November 2012 zur Schaffung eines einheitlichen europäischen Eisenbahnraums (ABl. L 343 vom 14.12.2012, S. 32).

direkt zu vergeben. ²Abweichend von Artikel 4 Absatz 3 haben diese Aufträge eine Höchstlaufzeit von zehn Jahren, soweit nicht Artikel 4 Absatz 4 anzuwenden ist.

(6a) ¹Um den Wettbewerb zwischen den Eisenbahnunternehmen zu steigern, können die zuständigen Behörden entscheiden, dass Aufträge für öffentliche Schienenpersonenverkehrsdienste, die Teile desselben Netzes oder Streckenpakets betreffen, an unterschiedliche Eisenbahnunternehmen zu vergeben sind. ²Zu diesem Zweck können die zuständigen Behörden vor Beginn des wettbewerblichen Vergabeverfahrens entscheiden, die Zahl der Aufträge zu begrenzen, die an ein und dasselbe Eisenbahnunternehmen vergeben werden.

(7) Die Mitgliedstaaten treffen die erforderlichen Maßnahmen, um sicherzustellen, dass die gemäß den Absätzen 2 bis 6 getroffenen Entscheidungen wirksam und rasch auf Antrag einer Person überprüft werden können, die ein Interesse daran hat bzw. hatte, einen bestimmten Auftrag zu erhalten, und die angibt, durch einen Verstoß dieser Entscheidungen gegen Gemeinschaftsrecht oder nationale Vorschriften zur Durchführung des Gemeinschaftsrechts geschädigt zu sein oder geschädigt werden zu können.
¹Für Fälle gemäß den Absätzen 4a und 4b beinhalten diese Maßnahmen die Möglichkeit, eine Bewertung der von der zuständigen Behörde getroffenen und mit Gründen versehenen Entscheidung durch eine von dem betreffenden Mitgliedstaat benannte unabhängige Stelle zu verlangen. ²Das Ergebnis dieser Bewertung wird im Einklang mit nationalem Recht öffentlich zugänglich gemacht.
¹Sind die für die Nachprüfungsverfahren zuständigen Stellen keine Gerichte, so sind ihre Entscheidungen stets schriftlich zu begründen. ²In einem solchem Fall ist ferner zu gewährleisten, dass Beschwerden aufgrund rechtswidriger Handlungen der Nachprüfungsstellen oder aufgrund fehlerhafter Ausübung der diesen übertragenen Befugnisse der gerichtlichen Überprüfung oder der Überprüfung durch andere Stellen, die Gerichte im Sinne von Artikel 234 des Vertrags und unabhängig von der vertragsschließenden Behörde und der Nachprüfungsstellen sind, unterzogen werden können.

Übersicht

		Rn.			Rn.
I.	Überblick und Normzweck	1	2.	Zulassung nationales Recht	29
II.	Vorrang der Vergaberichtlinien (Abs. 1)	2	3.	Eigenerstellung	32
			4.	Kontrollkriterium interner Betreiber	33
1.	Anwendung der RL 2014/24/EU und Sektoren-RL	2	5.	Tätigkeitskriterium	39
				a) Wettbewerbsverbot	39
2.	Keine Anwendung für Dienstleistungskonzessionen	4		b) Abgehende Linien	41
				c) Zurechnung anderer Einheiten	42
3.	Keine Anwendung für Eisenbahnen und Untergrundbahnen	10		d) Möglichkeiten der exterritorialen Tätigkeit	43
4.	Anwendung auf Kraftfahrzeugverkehr	12	6.	Selbstbringung	44
5.	Keine Anwendung auf internen Betreiber	13	7.	Maßgebliche Zeitpunkte	48
			8.	Gruppe von Behörden	49
6.	Keine Anwendung auf hoheitliche Beschaffung	16	V.	Kleinaufträge (Abs. 4)	52
			1.	Im Busverkehr	52
7.	Keine Anwendung auf Unterschwellenvergabe	17	2.	Im Schienenpersonenverkehr	59
III.	Wettbewerbliches Verfahren nach VO (Abs. 3)	18	VI.	Gesonderte Direktvergabeoptionen im Schienenpersonenverkehr	60
1.	Das wettbewerbliche Verfahren als Regelfall	18	1.	Anwendbarkeit nach nationalem Recht	60
			2.	Komplexität und Abgeschiedenheit (Abs. 4a)	61
2.	Anforderungen aus der VO	20			
3.	Anforderungen nach Konzessionsvergaberecht und § 8b PBefG	22	3.	Integrierter Betreiber (Abs. 4b)	62
			4.	Loslimitierung (Abs. 6a)	63
4.	Besondere Anforderungen im Schienenpersonenverkehr (Abs. 3b)	24	VII.	Not- und Überbrückungsvergaben	64
			1.	Notsituation (Abs. 5)	64
IV.	Interner Betreiber (Abs. 2)	27	2.	Übergangsvergaben im Schienenpersonenverkehr (Abs. 3a)	68
1.	Ziele und Auslegungsgrundsätze	27			

	Rn.			Rn.
VIII. Wesentliche Änderung während der Laufzeit	69	2.	Umsetzung durch das allgemein vergaberechtliche Kontrollsystem	71
IX. Effektiver Rechtsschutz (Abs. 7)	70			
1. Schutzniveau nach der VO	70	3.	Umsetzung § 8 Abs. 7 PBefG	73

I. Überblick und Normzweck

Art. 5 war in der Entstehungsgeschichte der mit Abstand umstrittenste Artikel. Denn dieser regelt den Umfang der Marktöffnung. Durch die ÄndVO wurde dieser Artikel um diverse Sonderregelungen für den Eisenbahnbereich angereichert, da dieser in der UsprungsVO weitgehend noch ausgeklammert war. Eine erste Grundentscheidung trifft Abs. 1 zugunsten des **Vorrang des allgemeinen Vergaberechts** – bzw. im bisherigen deutschen Sprachgebrauch auch als Kartellvergaberecht bezeichnet – für Bus- und Straßenbahnverkehrsdienstleistungen, wozu auch sonstige Verkehre mit Kraftfahrzeuge zählen dürften (→ Rn. 2 f.). Dagegen verbleibt es für **Dienstleistungskonzessionen** bei eigenständigen Regelungen der PersonenverkehrsVO (→ Rn. 4 ff.), die in Abs. 3 für ein wettbewerbliches Verfahren zusammengefasst werden (→ Rn. 18 ff.). Diese entsprechen weitgehend den primärrechtlichen Standard. Die später gemeinschaftsrechtlich in der RL 2014/23/EU geregelten detaillierten Vorschriften sind dagegen für den Personenverkehr unbeachtlich, wobei der deutsche Gesetzgeber – möglicherweise unbeabsichtigt – diese Regelungen für Eisenbahn neben den Regelungen der PersonenverkehrsVO zur Anwendung bringt. Der zweite Regelungskonzept ist der Vorrang der PersonenverkehrsVO zugunsten der Eigenerstellung und des internen Betreibers (→ Rn. 13 f.), welche Abs. 2 weitgehende Sonderregelungen für ein **Inhouse nach PersonenverkehrsVO** gefunden haben (→ Rn. 27 ff.), dass das damals als zu streng empfundene Inhouse nach Primärrecht lockern sollte. Jenes ist aber inzwischen durch Art. 12 RL 2014/24/EU und entsprechend § 108 GWB (→ GWB § 108 Rn. 13 ff.) auch im Kartellvergaberecht geregelt, sodass hier ein Spannungsfeld bestehen bleiben muss. Auch der Vorbehalt des Europarechts zugunsten einer „nationalen Untersagung" erweist sich in Deutschland als nicht unkritisch, da öffentliches Wirtschaften grundrechtsbeeinträchtigend sein kann (→ Rn. 29 ff.). Dritter Komplex sind verschiedene **Direktvergabeoptionen.** Die für die **Eisenbahnen** eingeräumten Optionen (→ Rn. 10 f., 60 ff.) sind aufgrund der deutschen Regelungen in § 131 Abs. 1 GWB und § 154 GWB nicht anwendbar. Schwierigkeiten bereitet ebenfalls die nur bei Dienstleistungskonzessionen anwendbare Direktvergabeoption für **Kleinaufträge,** da sie mit den nationalen Rechtsbindungen in Deutschland nicht vereinbar ist (→ Rn. 48 ff.). Dagegen regelt die Direktvergabeoption zugunsten von **Not- und Überbrückungsvergaben** (→ Rn. 52 ff.) den Vorrang der durchgängigen Verkehrsbedienung vor der Einhaltung von langwierigen Verfahrensvorschriften. Abschließend wird in Abs. 7 der **Rechtsschutz** geregelt, der vergaberechtlichen Standards entsprechen muss, sodass es im häufig strittigen Feld zwischen Kartellvergaberecht, Dienstleistungskonzessionen und interner Betreiber keine Rechtsschutzlücken geben kann (→ Rn. 64 ff.). Keine Regelungen enthält der Artikel zu ggf. vergabepflichtigen **Änderungen von Aufträgen,** sodass hier auf die allgemeinen aus dem Primärrecht entwickelten Standards zurückzugreifen ist (→ Rn. 69).

II. Vorrang der Vergaberichtlinien (Abs. 1)

1. Anwendung der RL 2014/24/EU und Sektoren-RL. Der prominent am Anfang des zentralen Vergabeartikels begründete und geregelte **Vorrang des Kartellvergaberechts** lässt sich vor allem historisch begründen. Die Kommission sah sich durch das GATS-Abkommen gebunden (→ Vor Art. 1 Rn. 50 f.) und widersetzte sich entsprechenden Bestrebungen in Rat und Parlament in der PersonenverkehrsVO, das Vergaberegime für den öffentlichen Personenverkehr vollständig und abschließend zu regeln. Vor diesem Hintergrund ist die komplexe Regelung in Art. 5 Abs. 1 zu sehen. Im Kern besagt Abs. 1, dass Vergaben aufgrund von Dienstleistungskonzessionen entsprechend Abs. 3–5, Vergaben im Bereich der Eisenbahn entsprechend Abs. 6 sowie die Vergaben an interne Betreiber oder Eigendurchführung gem. Abs. 2 für das Verfahren selbst der PersonenverkehrsVO unterliegen, **während Vergaben von Dienstleistungsaufträgen** im Bereich von **Bus und Straßenbahn** nach dem allgemeinen Vergaberecht erfolgen. Dies bedeutet, dass hier die gesamten Verfahrensvorschriften der **RL 2014/24/EU** anwendbar werden und insoweit Art. 5 verdrängen. Daneben bleibt aber die PersonenverkehrsVO vollständig anwendbar.[2]

---

[2] EuGH Urt. v. 27.10.2016 – C-292/15, ECLI:EU:C:2016:817 = NZBau 2017, 48 Rn. 41 ff. – Hörmann Reisen.

3   In Art. 5 Abs. 1 wird zwar auch auf das Sektorenvergaberecht, die **Sektoren-RL** verwiesen, diese ist aber im Regelfall nicht anwendbar, da die zuständige Behörde keinen Verkehr betreibt.[3] Bei den hierzu ergangenen Entscheidungen der VK Lüneburg und des OLG Karlsruhe[4] handelt es sich um einmalige Fehlentscheidungen, die auch keine Nachahmung gefunden haben. Ein Anwendungsfall der Sektorenrichtlinie ergibt sich somit nur im Bereich der Betriebsführungsmodelle (→ Art. 2 Rn. 19).

4   **2. Keine Anwendung für Dienstleistungskonzessionen.** Der Anwendungsvorrang des allgemeinen Vergaberechts nach Art. 5 Abs. 1 entfällt bei Dienstleistungskonzessionen, obwohl es inzwischen nun eine **Konzessionsrichtlinie, die RL 2014/23/EU**, gibt. Art. 10 Abs. 3 RL 2014/23/EU und Anhang III lit. e RL 2014/23/EU bestätigt dies nochmals. Allerdings gab es zum Zeitpunkt der Entstehung der PersonenverkehrsVO nur die primärrechtliche Rechtsprechung zu Dienstleistungskonzessionen und deren Ausgestaltung (→ GWB § 105 Rn. 24 ff.), sodass ein Bedarf zur sektoralen Ausgestaltung bestand, zumal die PersonenverkehrsVO neben der Vergabe von Finanzmitteln auch die Vergabe von ausschließlichen Rechten regelt und damit über den Regelungsgegenstand der Konzessionsvergabe hinausreicht. Denn Konzessionsvergaben erstrecken sich typischerweise auf Bereiche, die der Verwertung der öffentlichen Hand zustehender Rechte dienen, aber nicht selbst den Berufszugang regeln (→ GWB § 105 Rn. 57 ff.).

5   Die europarechtliche Definition von Konzessionen ist dynamisch, da sie zunächst aus der **Rechtsprechung zum Primärrecht** entwickelt wurde und nun durch die **RL 2014/23/EU** mit einem gewissen Stand dieser Rechtsprechung kodifiziert wurde. Allerdings ist zu beachten, dass speziell das Betriebsrisiko nun stärker herausgestellt wurde und die bisher eher schwammigen Formulierungen der „wertende Betrachtung, die ein wesentliches Risiko – nicht zwingend das überwiegende Risiko beim Bieter sehen"[5] zurückgedrängt werden.[6] Für die Auslegung des Begriffs „Risiko" ist nun bestimmend Erwägungsgrund 18 und Art. 5 Nr. 1 UAbs. 2 RL 2014/23/EU. Hiernach muss ein **echtes Betriebsrisiko** bestehen, dies darf nicht nur nominell oder vernachlässigbar sein (Art. 5 Nr. 1 UAbs. 2 S. 3 RL 2014/23/EU, *Mohr* → GWB § 105 Rn. 83 ff.). Dies bedeutet, es muss ein nicht ausgeschlossenes Risiko bestehen, dass die investierten Kosten einschließlich der Betriebskosten **nicht verdient werden** und dadurch die Konzession auch mit Verlust abgeschlossen wird. Ein Risiko der Gewinnschmälerung oder Gewinnausfall an sich ist nicht ausreichend. Genauso ist ein etwaiges Kalkulationsrisiko auf der Kostenseite nicht ausreichend, da dies bei jeder Vergabe immanent ist (Erwägungsgrund 20 RL 2014/23/EU).[7] Daher ist die **Nachfragevariabilität** zentraler Schalthebel für die Scheidung zwischen Dienstleistungsauftrag und Dienstleistungskonzession.

6   Im öffentlichen Straßenpersonenverkehr ist das **Betriebsrisiko erheblich eingeschränkt**,[8] da § 39 Abs. 2 S. 1 PBefG Anspruch auf kostendeckende Tarife einschließlich angemessener Gewinner verschafft; zudem wird teilweise den Unternehmen eingeräumt, den Verkehr nach wirtschaftlichen Erwägungen nachzusteuern.[9] Nach der RL 2014/23/EU soll aber eine **branchenspezifische Einschränkung** der Risiken noch nicht die Verneinung des Risikos erfordern (Erwägungsgrund 19 RL 2014/23/EU). Von daher könnten derartige strukturell eingeschränkte Risiken bereits ausreichend sein. So besteht trotz der Regulierung im PBefG ein Risiko allein schon aus dem Zeitbedarf

---

[3] OLG Düsseldorf Beschl. v. 7.11.2012 – VII-Verg 11/12 -ECLI:DE:OLGD:2012:1107.VII.VERG11.12.-00 = NZBau 2013, 187 Rn. 20.

[4] VK Lüneburg Beschl. v. 28.2.2014 – Vgk 1/2014 Rn. 41 und OLG Karlsruhe Beschl. v. 19.10.2012 – 15 Verg 11/12, VergabeR 2013, 570 = GewA 2013, 325 Rn. 74.

[5] So noch OLG Koblenz Beschl. v. 25.3.2015 – Verg 11/14, NZBau 2015, 577, unter III 3 a) unter Berufung auf BGH Beschl. v. 8.2.2011 – X ZB 4/10, BGHZ 188, 200 = NZBau 2011, 175 Rn. 32 – Abellio und EuGH Urt. v. 10.11.2011 – C-348/10, ECLI:EU:C:2011:721 = NVwZ 2012, 236 Rn. 59 – Norma A und Dekon, auch noch *Hölzl* → 1. Aufl. 2011, Rn. 16. Hierzu und dem entsprechenden überholten Stand *Winnes* VergabeR 2009, 712 (713 f.); Linke/*Linke*/*Prieß* Rn. 48 ff.; Saxinger/*Winnes*/*Schröder* Art. 5 Abs. 1 Rn. 30 ff.

[6] Für die Maßgeblichkeit der Definition in der RL 2014/23/EU auch Auslegungsmitteilung PersonenverkehrsVO Nr. 2.1.1 und Saxinger/*Winnes*/*Schröder* Art. 5 Abs. 1 Rn. 28a.

[7] EuGH Urt. v. 10.3.2011 – C 274/09, Slg. 2011, I-1350 Rn. 38 = ECLI:EU:C:2011:130 = NZBau 2011, 239 – Stadler; OLG Koblenz Beschl. v. 25.3.2015 – Verg 11/14, ECLI:DE:OLGKOBL:2015:0325.VERG11.14.0A = NZBau 2015, 577 Rn. 51.

[8] Die Einschränkung durch hohe starke Zuschüsse und Regulierung muss berücksichtigt werden: BGH Beschl. v. 8.2.2011 – X ZB 4/10, BGHZ 188, 200 Rn. 40 = NZBau 2011, 175 – Abellio. Dagegen sieht OLG Düsseldorf Beschl. v. 2.3.2011 – VII-Verg 48/10 = NZBau 2011, 244 Rn. 89 die geringen Fahrgastzahlschwankungen im ÖPNV als „außerhalb des Auftrags liegende Umstände" und damit nicht als relevant an.

[9] Zu dieser Konstellation VK Münster Beschl. v. 7.10.2010 – VK 6/10, BeckRS 2010, 26095 unter 2.5 a) bb) (1).

für ein Genehmigungsverfahren und auch dem Risiko, dass es um die Gesamtlage des Unternehmens geht[10] und nicht die Kostendeckung eines einzelnen Dienstes. In Tarifgenehmigungsverfahren nach § 39 PBefG ist dies durchaus ein relevantes Thema.

Aber gerade wegen der bereits starken Einschränkung im öffentlichen Straßenpersonenverkehr muss das Risiko aus **Fahrgastzahlentwicklung ein ganz besonderes** sein. Dieses Risiko ist zB in folgenden Situationen zu verneinen: [7]
- Verkehrsverbund teilt weitgehend Erlöse nach Alteinnahmen/Besitzstand auf;
- Fahrgäste bestehen überwiegend aus fest zu kalkulierenden Größen wie Schülerverkehr und Abwanderungsrisiken sind im ÖPNV vor allem Richtung Individualverkehr auch strukturell eher gering.[11]

In der **Praxis** dominieren dennoch feste Weltbilder oder **Wertgrenzen**. So wird gerne der Nettovertrag mit einer Dienstleistungskonzession gleichgesetzt[12] oder eine feste Grenze von 50% maximaler Zuschussanteil aufgestellt.[13] Etwas differenzierter wird ein Nettovertrag als Dienstleistungskonzession gesehen, wenn zusätzliche **Ausgleichszahlungen ein solches Gewicht haben, dass ihr ein bloßer Zuschusscharakter** nicht mehr beigemessen werden kann. Eine feste Grenze bestehe aber nicht, maßgeblich bleibe das Risiko des Verkehrsunternehmens,[14] es sei letztlich eine wertende Betrachtung vorzunehmen,[15] wobei diese dann schnell wieder bei bestimmten Prozentsätzen ankommen. [8]

Letztlich sind die bisherigen Anwendungen mit Ausnahme der 50% Grenze wenig geeignet, **Rechtssicherheit** zu schaffen. Deswegen hat auch die Rechtsprechung „im Zweifel" den Vorrang eines Dienstleistungsauftrags gesehen.[16] Es ist sachgerecht, im öffentlichen Straßenpersonenverkehr das Betriebsrisiko als direkte Beziehung zum **Risiko der zeitverzögerten Angebots- und/oder Tarifanpassung** anzusetzen. Diese Zeitspanne kann mit sechs Monaten angesetzt werden. Unter der weiteren Prämisse einer durchschnittlichen Umsatzrendite von 5% ergibt sich hieraus ein Risiko von mindestens 10% Fahrgastabwanderungen in einem Jahr. Bei diesem Risiko würde der Betreiber Gefahr laufen, nicht mehr seine Investitionen und Betriebskosten überhaupt zu verdienen und damit wäre die **Rentabilität** des übernommenen Vertrags **strukturell gefährdet**. [9]

3. Keine Anwendung für Eisenbahnen und Untergrundbahnen. Obwohl die PersonenverkehrsVO durchgängig das Begriffspaar Eisenbahn oder anderer schienengestützter Verkehr wie Straßenbahn oder Untergrundbahn verwendet (Erwägungsgrund 18, Art. 4 Abs. 3, Art. 4 Abs. 6 und Art. 8 Abs. 2 lit. i), knüpft Art. 5 Abs. 1 nicht an diese Unterscheidung an. Vielmehr wird der sonst **einheitlich gebrauchte Begriff „anderer schienengestützter Verkehr"** in **Straßenbahn** einerseits mit vorrangiger Anwendung des Vergaberechts und **Untergrundbahn** mit Anwendung des VO-Vergaberechts andererseits **zerlegt**. Dieser Befund bestätigt sich nun in Art. 10 lit. i RL 2014/24/EU, der Personenverkehr per Schiene oder Untergrundbahnen vom Anwendungsbereich der RL 2014/24/EU ausnimmt. Gemäß Erwägungsgrund 27 RL 2014/24/EU soll dies klarstellend sein und keine Änderung der PersonenverkehrsVO bewirken, sodass mit Schiene letztlich Eisenbahn [10]

---

[10] Hierzu Heinze/Fehling/Fiedler/*Heinze* PBefG § 21 Rn. 17 f.; Heinze/Fehling/Fiedler/*Heinze* PBefG § 39 Rn. 36 sowie VG Neustadt Urt. v. 30.1.1998 – K 3477/96.NW.

[11] BGH Beschl. v. 8.2.2011 – X ZB 4/10, BGHZ 188, 200 Rn. 43 = NZBau 2011, 175 – Abellio.

[12] *Wittig/Schimanek* NZBau 2008, 222 (225); *Wagner-Cardenal/Dierkes* NZBau 2014, 738 (739); *Hölzl* → 1. Aufl. 2011, Rn. 17; Saxinger/Winnes/*Winnes* PBefG § 8a Abs. 2 Rn. 8; *Otting/Olegmöller/Tresselt* in Gabriel/Krohn/Neun VergabeR-HdB § 71 Rn. 13 f.

[13] OLG Düsseldorf Beschl. v. 21.7.2010 – Verg 19/10, ECLI:DE:OLGD:2010:0721.VII.VERG19.10.00 = NZBau 2010, 582 Rn. 74; OLG Düsseldorf Beschl. v. 2.3.2011 – VII-Verg 48/10, NZBau 2011, 244 Rn. 87; OLG Bremen Beschl. v. 4.7.2014 – 2 Verg 1/14 unter II 2. VK Thüringen Beschl. v. 9.7.2018 – 250-4003-4018/2018-E-P-004/IK unter II 2 b) aa); ferner: *Pünder* EuR 2007, 564 (574 f.); *Tödtmann/Schauer* NVwZ 2008, 1 (6.) und *Wittig/Schimanek* NZBau 2008, 222 (224). Krit. hierzu bereits *Berschin* in Baumeister Recht des ÖPNV-HdB A1 Rn. 101 f.; dagegen plädieren für eine Grenze von max. 10% Saxinger/Winnes/*Schröder* Art. 5 Abs. 6 Rn. 27 und *Kühling* IR 2011, 101 (103).

[14] OLG Düsseldorf Beschl. v. 21.7.2010 – Verg 19/10, ECLI:DE:OLGD:2010:0721.VII.VERG19.10.00 = NZBau 2010, 582 Rn. 69 ff.; OLG München Urt. v. 21.5.2008 – Verg 5/08, NZBau 2008, 668 Rn. 43; OLG Frankfurt a. M. Beschl. v. 10.11.2015 – 11 Verg 8/15, ECLI:DE:OLGHE:2015:1110.11VERG8.15. 0A = BeckRS 2016, 04261 unter II 1 a) aa).

[15] EuGH Urt. v. 10.9.2009 – C-206/08, ECLI:EU:C:2009:540 Rn. 78 – WAZV Gotha; BGH Beschl. v. 8.2.2011 – X ZB 4/10, BGHZ 188, 200 Rn. 34, 37 = NZBau 2011, 175 – Abellio.

[16] OLG München Beschl. v. 21.5.2008 – Verg 5/08, NZBau 2008, 668 Rn. 44; VK Rheinland-Pfalz Beschl. v. 17.11.2014 – VK 1-28/14, BeckRS 2015, 15351. Tatsächlich sind soweit bekannt alle Vergabeverfahren im SPNV als Dienstleistungsaufträge eingestuft und im straßengebundenen ÖPNV die große Mehrheit.

gemeint ist.[17] Aufgrund dieser klaren rechtlichen Anordnung ist hinzunehmen, dass Art. 5 Abs. 1 für Untergrundbahnen abweichend vom sonstigen schienengestützten Verkehr das VO-Vergaberecht für anwendbar erklärt, aber gleichzeitig diesen nicht in die Privilegierung der Direktvergaben des Eisenbahnverkehrs nach Art. 5 Abs. 4a und 6 miteinbezieht.

11 Diese Sonderregelungen haben zur Folge, dass der Begriff „Untergrundbahnen" eng auszulegen ist.[18] Hier sind tatsächlich nur **Metrosysteme** mit vollständig eigener Infrastruktur zu verstehen, die eine hohe Leistungsfähigkeit und eine hohe Abschirmung gegen äußere Störeinflüsse aufweisen. Nicht damit vereinbar sind Mischverkehre sowohl mit dem Straßenverkehr als auch mit einem Eisenbahnverkehr.

12 **4. Anwendung auf Kraftfahrzeugverkehr.** Zwar könnte aus der Begrenzung in Art. 5 Abs. 1 S. 2 auf Busverkehr den Ausschluss des Kraftfahrzeugverkehrs auf der Straße herausgelesen werden,[19] jedoch wird dies der Regelungslogik der PersonenverkehrsVO nicht gerecht. Denn diese verwendet durchgängig den Begriff **„Busverkehr"** als **Oberbegriff** für alle Verkehrsformen auf der Straße, soweit sie nicht schienengestützt sind. Vergleichbar den anderen europäischen Regelungen blendet sie die Personenbeförderung mit Kraftfahrzeugen aus, obwohl diese eindeutig Regelungsgenstand der PersonenverkehrsVO ist (→ Art. 1 Rn. 18). Da auch die RL 2014/24/EU sowohl zum Inkrafttreten der PersonenverkehrsVO als auch aktuell keine Ausnahme für Personenbeförderung mit Kraftfahrzeugen vorsehen, ist davon auszugehen, dass Art. 5 Abs. 1 S. 2 den **Anwendungsvorrang des Vergaberechts auch für die Personenbeförderung mit Kraftfahrzeugen** umfasst.

13 **5. Keine Anwendung auf internen Betreiber.** Als weiteres zentrales Problem des Abs. 1 erweist sich das Verhältnis des Vorrangs des Kartellvergaberechts für Dienstleistungsaufträge bei Bus und Straßenbahnen zu der Anwendung der PersonenverkehrsVO auf **interne Betreiber.** Der EuGH hat diese Streitfrage nun endgültig entschieden[20] und sich gegen die bisherige überwiegende Meinung gestellt. Dienstleistungsaufträge an interne Betreiber für Busse und Straßenbahnen sind nur nach den Inhouse-Regelungen zulässig, die die Rechtsprechung aus dem Primärrecht im Rahmen der teleologischen Reduktion des Auftragsbegriffs gewonnen hat, wenn **keine Dienstleistungskonzession** vorliegt. Nur in Kombination mit einer Dienstleistungskonzession kommt Art. 5 Abs. 2 zur Anwendung. Das Vergaberecht sei insoweit entstehungsgeschichtlich abschließend[21] und spezieller.[22] Die überwiegende Meinung sieht dagegen in Art. 5 Abs. 2 eine vorrangige sektorale Regelung, die alle Fallgestaltungen des internen Betreibers erfassen sollen.[23]

14 Dieser extensiven Auffassung ist beizupflichten. Art. 5 Abs. 2 ist gegenüber dem damaligen Stand der Rechtsprechung aus dem Primärrecht weitergehend, insbesondere was die Zulassung des

---

[17] Die französische Sprachfassung verwendet auch insoweit den korrekten Begriff „chemin de fer", während der englische Begriff „rail" tendenziell Eisenbahn meint, aber auch mit Schiene übersetzt werden kann.

[18] S. auch die eingrenzenden Definitionen bei Saxinger/Winnes/*Schröder* Art. 5 Abs. 1 Rn. 18 und Linke/*Prieß* Rn. 38.

[19] So Saxinger/Winnes/*Schröder* Art. 5 Abs. 1 Rn. 20.

[20] EuGH Urt. v. 21.3.2019 – C-266/17, ECLI:EU:C:2019:241 = NZBau 2019, 319 Rn. 71 ff. – Hüttebräucker.

[21] EuGH Urt. v. 21.3.2019 – C-266/17, ECLI:EU:C:2019:241 = NZBau 2019, 319 Rn. 72 f. – Hüttebräucker; aA speziell zur Entstehungsgeschichte: *Pünder* EuR 2010, 774 (776); Linke/*Linke*/*Prieß* Rn. 14 und 20; Saxinger/Winnes/*Schröder* Art. 5 Abs. 1 Rn. 1; *Hölzl* → 1. Aufl. 2011, Rn. 8.

[22] OLG Frankfurt a. M. Beschl. v. 30.1.2014 – 11 Verg 15/13, NZBau 2014, 386 Rn. 41 ff.; VK Münster Beschl. v. 7.10.2010 – VK 6/10, BeckRS 2010, 26095, 2.5.a) aa) (1); *Antweiler* VergabeR 2018, 211 (216 f.).

[23] OLG Düsseldorf Beschl. v. 2.3.2011 – VII-Verg 48/10, NZBau 2011, 244 Rn. 62; OLG Düsseldorf Beschl. v. 12.10.2016 – VI-U (Kart) 2/16, NZKart 2016, 528 Rn. 63 sowie OLG Düsseldorf Vorlagebeschl. v. 3.5.2017 – Verg 17/16, 18/16, NZBau 2017, 756 und OLG Düsseldorf Vorlagebeschl. v. 3.5.2017 – Verg 51/16, NZBau 2017, 759 Rn. 12; OLG München Beschl. v. 22.6.2011 – Verg 6/11 = NZBau 2011, 701 Rn. 48; OLG München Beschl. v. 31.3.2016 – Verg 14/15, NZBau 2016, 583 Rn. 131 ff.; OLG Rostock Beschl. v. 4.7.2012 – 17 Verg 3/12, BeckRS 2013, 01570 Rn. 58 f.; OLG Schleswig Urt. v. 17.3.2017 – 3 U 54/16, BeckRS 2017, 127713, unter II 2 a) bb); VK Saarland Beschl. v. 18.7.2017 – 3 VK 03/17, VPRRS 2017, 0294, unter I 1; VK Thüringen Beschl. v. 9.7.2018 – 250-4003-4018/2018-E-P-004/IK unter II 2 b) aa); VK Bremen Beschl. v. 30.9.2016 – 16 VK 5/16 unter II 1 c); *Linke*, Die Gewährleistung des Daseinsvorsorgeauftrags im öffentlichen Personennahverkehr, 2010, 249; Saxinger/*Fischer* Verkehr und Technik 2008, 75 (77); *Klinger* DER NAHVERKEHR 3/2009, 49 f.; *Hübner* VergabeR 2009, 363 (367); *Winnes* VergabeR, 2009, 712 (716); *Schmitz/Winkelhüsener* EuZW 2011, 52 (53); *Knauff* NZBau 2012, 65 (68 f.); *Lenz/Jürschak* NZBau 2016, 544 (546); *Berschin* in Baumeister Recht des ÖPNV-HdB A1 Rn. 94 f.; *Hölzl* → 1. Aufl. 2011, Rn. 13; Saxinger/Winnes/*Schröder* Art. 5 Abs. 1 Rn. 1, 38 f.; Linke/*Linke*/*Pünder* Rn. 29e; noch offen: *Albrecht/Gabriel* DÖV 1997, 907 (912).

privaten Kapitals angeht. Auch ist er spezifischer im Hinblick auf das Tätigkeitskriterium, wie das Beispiel abgehende Linien zeigt. Auch wäre wenig einsichtig, dass nach Kartellvergaberecht 100% Subdelegation möglich wären, nach Art. 5 Abs. 2 lit. e nur maximal 49%. Erkennbar wollte der Gemeinschaftsgesetzgeber einen auf den öffentlichen Verkehr **angepassten Regelungsstandard** schaffen. Es wäre schwer erklärlich, wenn dieser nur ganz ausnahmsweise wirken würde, da Dienstleistungskonzessionen bereits empirisch bei direkt beauftragten öffentlichen Verkehrsunternehmen kaum vorkommen.[24] Erschwerend kommt hinzu, dass bei einen im öffentlichen Eigentum stehenden Unternehmen eine Dienstleistungskonzession eine reine Fiktion wäre, denn das dort zu übernehmende Betriebsrisiko muss eine echte Insolvenzgefahr mit sich bringen und genau diese muss aber durch öffentliche Dienstleistungsaufträge, insbesondere bei einem internen Betreiber, möglichst wirkungsvollausgeschlossen werden.[25] Zudem zahlen am Ende alle Betriebsrisiken die Steuerzahler, im Regelfall durch unbegrenzte Nachschüsse, im Extremfall durch Vernichtung von öffentlichem Eigentum. Schließlich würden mit dieser spezifischen Lösung auch die unüberwindbaren dogmatischen Schwierigkeiten der Verneinung eines Vertrags aufgrund von – bei Inhousevergaben immer erforderliche – Weisungen einerseits und den für das Inhousevergaberecht zu fingierenden Vertrag andererseits vermieden.[26]

Die weitgehend formalen Argumente des EuGH der ausschließlichen „Resteregelung" der **15** PersonenverkehrsVO überzeugen im Übrigen auch nicht. Denn auch in den anderen Art. stellt die VO speziellere und durchaus auch abweichende Regelungen zum allgemeinen Vergaberecht auf, siehe nur die weitergehende Pflicht zur Vorabbekanntmachung (→ Art. 7 Rn. 6).

6. Keine Anwendung auf hoheitliche Beschaffung. Schließlich setzt das Vergaberecht **16** voraus, dass ein entgeltlicher Vertrag geschlossen wird. Daher sind Art. 5 Abs. 2–6 auch bei allen Formen der hoheitlichen Leistungsbeschaffung, insbesondere durch Auferlegung per Verwaltungsakt, anwendbar.[27] Mangels entsprechender Rechtsgrundlage wird dies aber nur in den seltenen Fällen des § 21 Abs. 3 PBefG infrage kommen. Ansonsten ist die öffentliche Hand darauf verwiesen, zB marktmächtige Anbieter per kartellrechtlichen Kontrahierungszwang zu einer Leistungserfüllung zu bewegen. Dies kann insbesondere bei angedrohter kurzfristiger Einstellung des Verkehrs ohne hinreichende Alternativen infrage kommen.[28]

7. Keine Anwendung auf Unterschwellenvergabe. Ebenso **scheidet** eine **Anwendung** **17** **des Kartellvergaberechts aus,** wenn die dortigen **Schwellenwerte nicht erreicht** werden.[29] Da diese zentraler Bestandteil der Begriffsdefinition des dortigen Dienstleistungsauftrags sind, muss es bei Nichterreichen bei Anwendung der Art. 5 Abs. 2–6 verbleiben, zumal es zB beim wettbewerblichen Verfahren nach Art. 5 Abs. 3 im Rahmen von Dienstleistungskonzessionen keine Mindestwert für die Anwendung der europäischen Vorschriften gibt. Ganz anders dagegen bei der allgemeinen Regelungen der RL 2014/23/EU, diese fordert für ihre Anwendung einen Mindestauftragswert von rund 5,2 Mio. EUR gem. Art. 8 Abs. 1 RL 2014/23/EU.

III. Wettbewerbliches Verfahren nach VO (Abs. 3)

1. Das wettbewerbliche Verfahren als Regelfall. Das wettbewerbliche Verfahren nach Abs. 3 **18** sieht die PersonenverkehrsVO als **Regelfall** vor, wenn nicht das Kartellvergaberecht vorrangig anwend-

---

[24] Unverständlich daher BGH, der den Umstand eines Gewinnabführungsvertrags und damit die Pflicht zur vollständigen Defizittragung als unbeachtlich einstuft: BGH Beschl. v. 12.11.2019 – XIII ZB 120/19 Rn. 40 f. = NVwZ 2020, 330.

[25] Diese Schwierigkeit illustriert auch gut die Entscheidung OLG Karlsruhe Beschl. v. 19.10.2012 – 15 Verg 11/12, VergabeR 2013, 570 = GewA 2013, 325 Rn. 65 ff. Im Falle des Querverbunds aufgrund eines Ergebnisabführungsvertrags: OLG Düsseldorf Beschl. v. 7.3.2018 – VII-Verg 26/17 Rn. 21, ECLI:DE:OLGD:2018:U307:VERG26:17:00 = NZBau 2018, 425 und BGH Beschl. v. 12.11.2019 – XIII ZB 120/19, ECLI:DE:BGH:2019:121119BXIIIZB120.19.0 = NVwZ 2020, 330 Rn. 40 f.

[26] Zu diesen unauflöslichen Schwierigkeiten einerseits abschließend der BGH auf die Divergenzvorlage hin BGH Beschl. v. 12.11.2019 – XIII ZB 120/19, ECLI:DE:BGH:2019:121119BXIIIZB120.19.0 = NVwZ 2020, 330 Rn. 29 ff. und andererseits die diese Vorlage auslösende Entscheidung des OLG Jena Beschl. v. 12.6.2019 – 2 Verg 1/18, NZBau 2020, 59.

[27] *Werner/Karl* Verkehr und Technik 2019, 286 (288 f.); Saxinger/Winnes/*Schröder* Art. 5 Abs. 1 Rn. 26.

[28] In einem Eilverfahren hatte das OVG Münster auf der Grundlage der VO (EWG) Nr. 1191/69 die Auferlegung gegenüber der Deutschen Bahn vor allem mit Sicherheitsaspekten bei Fußballspielen gestützt. OVG Münster Beschl. v. 10.8.2007 – 16 B 986/07, BeckRS 2007, 26586. Allerdings enthält die PersonenverkehrsVO im Gegensatz zu ihrer VorgängerVO (EWG) Nr. 1191/69 keine Anknüpfungspunkte mehr für eine hoheitliche Auferlegung, zumal der nicht an die PersonenverkehrsVO angepasste § 15 AEG reichlich unbestimmt ist.

[29] Saxinger/Winnes/*Schröder* Art. 5 Abs. 1 Rn. 37.

bar ist (Art. 5 Abs. 1). Gegenüber den Direktvergaben ist es vorrangig, weil diese jeweils gesondert rechtfertigungsbedürftig sind.[30] Voraussetzung ist das Vorliegen einer **Dienstleistungskonzession** oder Vergaben im Bereich **Eisenbahn und Metro,** ferner im Bereich der Unterschwellenvergabe.[31] In allen Fällen bleibt es bei der ausschließlichen Anwendung des Art. 5 Abs. 3 wie Art. 10 Abs. 3 RL 2014/23/EU und entsprechend umsetzend § 149 Nr. 12 GWB für Bus-/Straßenbahnkonzessionen regelt (*Mohr* → GWB § 149 Rn. 66 ff.). Allerdings hat Art. 10 lit. d ii RL 2014/24/EU (**Nichtgeltung für öffentliche Personenverkehrsdienste auf Schiene** und per Untergrundbahn) **keine direkte Entsprechung im** deutschen **GWB** gefunden. Vielmehr regelt dort für den Bereich das Kartellvergaberecht § 131 Abs. 1 GWB spezielle Verfahrensvorschriften für die Verfahrenswahl im Schienenverkehr, **unterwirft** aber ansonsten den Bereich Eisenbahnverkehr vollständig freiwillig und ohne europarechtliche **Vorgaben dem Kartellvergaberecht** (*Bremer/Wünschmann* → GWB § 131 Rn. 1). Im Bereich der Dienstleistungskonzessionen für Eisenbahnen wird aus nicht geklärten Gründen[32] der Vorrang der PersonenverkehrsVO nach Art. 10 Abs. 3 RL 2014/23/EU nicht übernommen und somit die Anwendung des Konzessionsvergaberechts nach GWB statuiert (*Mohr* → GWB § 154 Rn. 23). Zusätzlich werden die aus dem Kartellvergaberecht stammenden Regelungen für Direktvergaben an interne Betreiber nach § 131 Abs. 2 GWB und die Sollbestimmungen zum Betriebsübergang nach § 131 Abs. 3 GWB in Bezug genommen (§ 154 Abs. 3 GWB, *Mohr* → GWB § 154 Rn. 25 ff.).

19 Damit entsteht die paradoxe Situation, dass im **Eisenbahnbereich** eine **vollständige Anwendung der RL 2014/23/EU** auch im Bereich der Wettbewerbsvergaben nach Art. 5 Abs. 3 stattfindet, während in der **Personenbeförderung auf der Straße** es bei der **ausschließlichen** Geltung des **Art. 5 Abs. 3** verbleibt. Im Ergebnis dürften allerdings die Unterschiede überschaubar sein, da auch das Verfahren nach Art. 5 Abs. 3 weitgehende Entsprechung mit den Regelungen des Konzessionsvergaberechts aufweist (→ Rn. 22 f.).

20 **2. Anforderungen aus der VO.** Die PersonenverkehrsVO fordert ein offenes, faires, transparentes und nichtdiskriminierendes Wettbewerbsverfahren zur Vergabe der mit dem öffentlichen Dienstleistungsauftrag verbundenen Ausgleichsleistungen und/oder ausschließlichen Rechte. Die VO regelt nur Mindestanforderungen, der nationaler Gesetzgeber kann weitergehende Anforderungen aufstellen, wie zB im Rahmen des SPNV (→ GWB § 131 Rn. 5) und durch den § 8b PBefG geschehen ist. Ein **offenes** Verfahren wird mindestens eine allgemein zugängliche Bekanntmachung erfordern. Auch muss regelmäßig ein Verfahren mit offenem Zugang, entweder als offenes Verfahren oder mit Teilnehmerwettbewerb und anschließender Verhandlung, erfolgen. Die zugelassene Vorauswahl nach ersten Angeboten und anschließenden Verhandlungen (S. 2) deutet darauf hin, dass zunächst Zugang jedem geeigneten Bieter offen steht.[33] Dabei ist die Verringerung der Teilnehmerzahl eher die Ausnahme und kommt vor allem bei besonders innovativen Lösungen in Betracht.[34] Unter den Aspekten des hinreichenden Wettbewerbs wird man vor allem einen **Geheimwettbewerb**[35] und Verhinderung **wettbewerbsbeschränkender Absprachen** verstehen können.

21 **Transparent** ist ein Verfahren, wenn alle Verfahrensschritte klar und logisch aufbauend sind und entsprechend dokumentiert werden. Ein wichtiger Baustein der Transparenz sind die Wertungskriterien. Diese müssen vorab feststehen und veröffentlicht werden.[36] Ein **faires und diskriminierungsfreies** Verfahren erfordert hinreichend gleiche Chance für die Bieter und angemessene Kalkulationssicherheit. Dies wirkt zB auf eine angemessene Angebotsfrist und Rüstzeit.[37] Große Bedeutung haben auch angemessene Kriterien der fachlichen Eignung, der finanziellen Leistungsfähigkeit und der Zuverlässigkeit. Diese müssen objektiv und ohne Verdacht der Voreingenommenheit angewandt werden.

---

[30] *Knauff* DVBl. 2014, 692 (695); Saxinger/Winnes/*Schröder* Art. 5 Abs. 3 Rn. 4.
[31] AA *Knauff* NZBau 2012, 65 (71) mit dem Verweis, dass es sich weiterhin um Aufträge nach RL 2014/24/EU und Kartellvergaberecht handele, nur deren Anwendung suspendiert sei. Angesichts des klaren Wortlauts in Art. 5 Abs. 1 ist das nicht überzeugend, da dort auf die vollständige Anwendung der RL 2014/24/EU abgestellt wird.
[32] BR-Drs. 367/15, 154 schweigt sich hierzu aus. → GWB § 149 Rn. 70 und → GWB § 154 Rn. 24. Die Erläuterung von *Mohr* greift dies nicht auf. Zur Möglichkeit Art. 5 Abs. 3 nationalrechtlich auszugestalten bereits *Hölzl* → 1. Aufl. 2011, Rn. 10.
[33] Hierzu und zum Folgenden Saxinger/Winnes/*Schröder* Art. 5 Abs. 3 Rn. 10 ff.; Linke/*Linke*/Prieß Rn. 153 ff.; *Hölzl* → 1. Aufl. 2011, Rn. 60 ff.; Heinze/Fehling/Fiedler/*Fehling* PBefG § 8b Rn. 33 ff.
[34] Auslegungsmitteilung PersonenverkehrsVO Nr. 2.3.2; *Schröder* NVwZ 2008, 1288 (1291); Linke/*Linke*/Prieß Rn. 176; *Hölzl* → 1. Aufl. 2011, Rn. 72. Großzügiger wegen Besonderheiten im Verkehr *Nettesheim* NVwZ 1449, (1452); Sennekamp/*Fehling* N&R 2009, 95 (96).
[35] *Schröder* NVwZ 2008, 1288 (1290); *Linke*, Die Gewährleistung des Daseinsvorsorgeauftrags im ÖPNV, 2010, 238; Saxinger/Winnes/*Schröder* Art. 5 Abs. 3 Rn. 11.
[36] Auslegungsmitteilung PersonenverkehrsVO Nr. 2.3.2.
[37] Auslegungsmitteilung PersonenverkehrsVO Nr. 2.3.2.

3. Anforderungen nach Konzessionsvergaberecht und § 8b PBefG. Wie unter 22
→ Rn. 20 f. dargelegt ist die Konzessionsvergaberecht nur im Eisenbahnsektor direkt anwendbar,
für die Beförderung per Straße stellt § 8b PBefG entsprechende Kriterien auf. Dabei weisen die
jeweiligen Kriterien eine hohe gegenseitige Kongruenz auf:[38]
– **Konzessionsbekanntmachung** nach Art. 31 Abs. 2 RL 2014/23/EU, Art. 33 Abs. 2 RL 2014/23/EU und Anhang V RL 2014/23/EU und § 19 KonzVgV EU-weit. Das PBefG fordert dagegen nur eine allgemeine Bekanntmachung, zB über www.bund.de (§ 8b Abs. 2 S. 2 PBefG).
– Verfahren steht **allen offen,** es sei denn nicht vorhandener Wettbewerb aus technischen Gründen oder ausschließliches Recht (Art. 31 Abs. 4 RL 2014/23/EU, § 20 KonzVgV); Verfahren muss allen in Betracht kommenden Bietern zugänglich sein (§ 8b Abs. 2 S. 1 PBefG).
– Verhältnismäßige Anforderungen an wirtschaftlicher, technischer und finanzieller Leistungsfähigkeit (Art. 38 Abs. 1 RL 2014/23/EU und § 152 Abs. 1 GWB iVm § 122 Abs. 1 GWB). Anforderungen an **Eignungsnachweise** sind zu benennen (§ 8b Abs. 2 Nr. 2 PBefG), alle Bieter sind gleich zu behandeln (§ 8b Abs. 4 S. 2 PBefG).
– **Informationsgleichstand aller Bewerber** (Art. 30 Abs. 2 RL 2014/23/EU; § 152 Abs. 1 GWB iVm § 121 Abs. 1 GWB und § 16 KonzVgV). Im PBefG noch weitergehender: „Die Dienstleistungen sind eindeutig und umfassend zu beschreiben, sodass alle in Betracht kommenden Bieter die Beschreibung im gleichen Sinne verstehen müssen und miteinander vergleichbare Angebote zu erwarten sind" (§ 8b Abs. 3 PBefG).
– **Vollständiger und kostenfreier elektronischer Zugang** zu Konzessionsunterlagen (Art. 34 Abs. 1 RL 2014/23/EU; § 8b Abs. 2 S. 2 PBefG: „Sie kann auf der Internetseite www.bund.de veröffentlicht werden.").
– **Mindestfristen** 30 Tage bzw. für erste Angebote 22 Tage (Art. 39 Abs. 3 und 4 RL 2014/23/EU); angemessene Fristen nach § 8b Abs. 3 S. 2 PBefG.
– **Dokumentationspflicht** (Art 37 Abs. 4 RL 2014/23/EU, § 6 KonzVgV; § 8b Abs. 6 PBefG).
– Vergabepflicht bei **wesentlichen Änderungen** der Konzession (Art. 43 RL 2014/23/EU, § 154 Nr. 3 GWB iVm § 132 GWB). Keine Entsprechung im PBefG.
– Zuschlag auf das **wirtschaftlichste Angebot** (Art. 41 RL 2014/23/EU; § 152 Abs. 3 GWB und § 8b Abs. 4 S. 2 PBefG).
– **Informationspflicht vor Zuschlagsentscheidung** zur Wahrung des wirksamen Rechtsschutz (Art. 40 RL 2014/23/EU, § 154 Nr. 4 GWB iVm § 134 GWB, § 28 Abs. 1 KonzVgV und § 8b Abs. 7 PBefG).
– Die Losaufteilung ist nach § 46 RL 2014/23/EU freigestellt, aber § 97 Abs. 4 GWB verlangt die Berücksichtigung mittelständischer Interessen, ist aber für Konzessionen kaum anwendbar (→ GWB § 97 Rn. 239 f.). Dagegen normiert § 8a Abs. 4 S. 2 PBefG ein Gebot zur **Losaufteilung.**
– § 8b Abs. 5 PBefG sieht die **wettbewerbliche Vergabe von Unteraufträgen** in der Tradition des Vergaberechts vor. Art. 42 RL 2014/23/EU und § 33 KonzVgV enthalten diese Vorgaben dagegen nicht.

Aus dieser Aufstellung ergibt sich, dass die wesentlichen Anforderungen aus der RL 2014/23/EU, 23
der deutschen Umsetzung in GWB und KonzVgV für den **Eisenbahnverkehr** einerseits und aus
§ 8b PBefG für den **Bus- und Straßenbahnverkehr** andererseits **weitgehend deckungsgleich**
sind und daher jeweils gegenseitig in ihre Auslegung einbezogen werden können. Keiner Erläuterung
braucht die Rechtstatsache, dass nicht wettbewerbliche Zuschlagskriterien, wie zB der **Besitzstandsschutz** nach § 13 Abs. 3 PBefG im Rahmen einer wettbewerblichen Vergabe **unzulässig** sind.[39]

4. Besondere Anforderungen im Schienenpersonenverkehr (Abs. 3b). Art. 5 Abs. 3b 24
enthält unter dem Teil wettbewerblicher Vergaben die Option im Schienenpersonenverkehr auf eine
Direktvergabe im Form der **Exklusivverhandlung überzugehen,** wenn nach Veröffentlichung im
EU-Amtsblatt mit einer Frist von mindestens 60 Tagen sich nur ein Bewerber meldet. Als Ausgestaltung des wettbewerblichen Verfahrens ist der Abs. in Deutschland anwendbar.[40]

Voraussetzung ist, dass der beabsichtigte öffentliche Dienstleistungsauftrag umfassend beschrie- 25
ben ist und der mangelnde Wettbewerb nicht Ergebnis einer künstlichen Einschränkung durch die
gewählten Auftragsparameter ist (lit. c) und keine vernünftige Alternative (lit. d) besteht. Diese beiden

---

[38] S. hierzu auch Heinze/Fehling/Fiedler/*Fehling* PBefG § 8b Rn. 10 ff. und Saxinger/Winnes/*Schröder* PBefG § 8b Rn. 4 ff. und Saxinger/Winnes/*Schröder* PBefG § 8a Abs. 4 Rn. 4 ff.
[39] AllgM *Saxinger* GewArch 2009, 250 (253 f.); *Schröder* NVwZ 2008, 1288 (1294); Saxinger/Winnes/*Schröder* Art. 5 Abs. 3 Rn. 42; Linke/*Prieß* Rn. 175; Heinze/Fehling/Fiedler/*Fehling* PBefG § 8b Rn. 36; Otting/Olegmöller/*Tresselt* in Gabriel/Krohn/Neun VergabeR-HdB § 71 Rn. 24; aA ohne nachvollziehbare Begründung Heinze/Fehling/Fiedler/*Heinze* PBefG § 13 Rn. 107.
[40] *Knauff* N&R 2018, 26 (29); Linke/*Linke* Rn. 182t.

Punkte laufen auf eine **strenge Verhältnismäßigkeitsprüfung** auf, da fast immer die Zahl der Anbieter sich aus dem Zuschnitt eines Auftrags ableitet. Sie muss die zuständige Behörde intensiv prüfen, ob
- durch Losbildung,
- Streckung der zeitlichen Erwartungen (Lieferfrist, Ausführungsfrist) oder
- (vorübergehende) Senkung des Standards

letztlich mehr Wettbewerb möglich ist. Auch ist darauf hinzuweisen, dass die Behörden bei der Fahrzeugverfügbarkeit eine erhöhte Untersuchungslast trifft (→ Art. 5a Rn. 1). Daher muss es zwingende Gründe geben, von diesen Optionen keinen Gebrauch zu machen. In entwickelten Wettbewerbsmärkten wird dagegen ein **Übergang auf ein Verhandlungsverfahren erst dann zulässig** sein, wenn die Ausschreibung wegen Unwirtschaftlichkeit aufgehoben werden kann (§ 14 Abs. 4 Nr. 1 VgV, → GWB § 131 Rn. 8 und → VgV § 14 Rn. 55 ff.).

26 Unzutreffend ist dagegen die Auffassung, dass jeder im Rahmen von Verfahren nach Art. 5 Abs. 3b gezahlte Preis keine Beihilfe darstellt.[41] Vielmehr befreit die PersonenverkehrsVO auch die hiernach zu Stande gekommenen öffentlichen Dienstleistungsaufträge von der Notifizierungspflicht und sieht auch keine Notwendigkeit für eine fortlaufende Überkompensationskontrolle. Dennoch kann im Einzelfall ein überhöhter Preis und damit eine versteckte Beihilfe vorliegen.[42]

IV. Interner Betreiber (Abs. 2)

27 **1. Ziele und Auslegungsgrundsätze.** Über die Ausrichtung des Art. 5 Abs. 2 besteht weitgehend Konsens,[43] wenngleich hieraus sehr unterschiedliche Schlussfolgerungen gezogen werden. Zum einen sollte seitens des EU-Gesetzgebers ein freies **Wahlrecht der Gebietskörperschaften** zugunsten eines internen Betreibers geschaffen werden. Die Kommission hatte diesem Ansinnen lange Widerstand mit Hinwis auf die Grundfreiheiten des EG-Vertrags geleistet, aber diesen letztlich aufgegeben (→ Vor Art. 1 Rn. 50 ff.). Zum anderen sollte mit den Regelungen eine vorsichtige **Korrektur** der zum damaligen Zeitpunkt als zu streng empfundenen Rechtsprechung des EuGH in Bezug auf die **Inhousekriterien.** Auch besteht Einigkeit des die Regelung des Art. 5 Abs. 2 Ausnahmecharakter haben und daher eng auszulegen sind.[44]

28 Die Regelungen des internen Betreibers wurden in **Deutschland** einerseits für den straßengebundenen Verkehr in § 8a Abs. 3 PBefG und für den Schienenverkehr in § 131 Abs. 2 GWB (→ GWB § 131 Rn. 10) aufgegriffen. Hieraus wird unzutreffender Weise geschlossen, dass es keiner weiteren Rechtfertigung dieser Art von Direktvergaben bedürfe, da der Gesetzgeber die entsprechenden Grundentscheidungen getroffen habe. Dazu weiteres im Folgenden.

29 **2. Zulassung nationales Recht.** Insbesondere § 8 Abs. 3 PBefG, aber auch § 131 Abs. 2 GWB wird als ausdrückliche Erlaubnis des deutschen Gesetzgebers für Direktvergaben unter der Voraussetzung des Art. 5 Abs. 2 gesehen.[45] Jedoch werden die verfassungsrechtlichen Dimensionen des weitgehenden **Ausschluss von Wettbewerb** und damit **Berufszugang** aufgrund der exklusiven Finanzierung kommunaler Unternehmen und Gewährung von Ausschließlichkeitsrechten an diese nur oberflächlich beleuchtet.[46] Meist wird mit dem insoweit falschen Argument „kein Schutz vor Konkurrenz" das Berühren des Schutzbereichs von Art. 12 Abs. 1 GG verneint.[47] Auch könne dort,

---

[41] Linke/*Linke* Rn. 182d ff. Die Vorstellung, die Behörde könne im gesamten Verfahren Wettbewerb vorspielen und so potenziellen Wettbewerb erhalten, dürfte realitätsfern sein.
[42] Band 5 *Arhold* → 2. Aufl. 2018, AEUV Art. 107 Rn. 291.
[43] S. nur *Pünder* EuR 2007, 564 (567); *Fehling/Niehus* DÖV 2008, 662 (664); *Saxinger* GewArch 2009, 350, (352); Linke/*Linke*/*Prieß* Rn. 66 ff., 81 ff.; *Hölzl* → 1. Aufl. 2011, Rn. 20; Saxinger/Winnes/*Eichhorn* Art. 5 Abs. 2 Rn. 5 ff. Zum politischen Hintergrund des freien Wahlrechts *Resch* IR 2008, 271 f.
[44] VK Rheinland Beschl. v. 19.9.2017 – VK VOL 12/17, unter II; *Knauff* DVBl. 2014, 692 (695).
[45] Heinze/Fehling/Fiedler/*Fehling* PBefG § 8a Rn. 46 f.; *Hölzl* → 1. Aufl. 2011, Rn. 24; Linke/*Linke*/*Pünder* Rn. 63, 138 ff.; *Jürschik*, Verordnung über öffentliche Personenverkehrsdienste, 2. Aufl. 2020, Rn. 11. Zu einem Fall der expliziten Verstaatlichung VK Thüringen Beschl. v. 9.7.2018 – 250-4003-4018/2018-E-8-004/IK unter II. e), II 2 b) bb) und nachfolgend OLG Jena Beschl. v. 12.6.2019 – 2 Verg 1/18, NZBau 2020, 59 mAnm *Jürschik*; s. dazu bereits *Antweiler* VergabeR 2018, 211 (214 ff.).
[46] Kritische Stimmen *Ziekow* NVwZ 2009, 865 (870); *Knauff* DVBl. 2006, 339 (346 f.); Zweifel bei *Nettesheim* NVwZ 2009, 1449 (1455) entstammen vor allem aus der Entstehungsgeschichte der Beschneidung von eigenwirtschaftlich möglichen Verkehren und dadurch erleichterte Optionen der Direktvergaben an Kommunalunternehmen. Wie hier aber ohne weitere Begründung: Ziekow/Völlink/*Zuck* Rn. 9.
[47] VK Thüringen Beschl. v. 9.7.2018 – 250-4003-4018/2018-E-P-004/IK unter II 2 b) bb), mit einer restriktiven Anwendung von Grundrechten; *Werres* DER NAHVERKEHR 10/2008, 14; *Riese/Schimanek* DVBl. 2009, 1486; *Otting/Olegmöller* DÖV 2009, 364 (365); *Hölzl* → 1. Aufl. 2011, Rn. 43; Saxinger/Winnes/*Eichhorn* Art. 5 Abs. 2 Rn. 20. Krit. bereits *Knauff* DVBl. 2009, 339 (346); Linke/*Linke*/*Prieß* Rn. 138.

wo bisher schon kommunale Unternehmen tätig seien, von einer Schutzbereichsberührung keine Rede sein, da gar kein (effektiver) Marktzugang bzw. Markt bestehe.[48] Vertiefend lautet dann das Argument, dass eigenwirtschaftliche Verkehre weiterhin möglich seien, zudem würden kommunale Unternehmen keinen Verdrängungswettbewerb führen, da sie der Wahrnehmung öffentlicher Zwecke verpflichtet sind.[49] Zudem wäre ein etwaiger Eingriff gesetzlich gerechtfertigt.[50] Das OLG Düsseldorf sieht immerhin flächendeckende Monopolisierung durch Gruppen von Behörden kritisch, was aber ggf. durch Untervergaben abgemildert werden könne, jedenfalls müsse der Gesetzgeber entscheiden.[51]

Tatsächlich handelt es sich bei einer **unkonditionierten Direktvergabe** an Kommunalunternehmen um eine grundrechtswidrige **Monopolisierung der ÖPNV-Branche.** Der Staat betätigt sich hier nicht als Nachfrager im Rahmen eines funktionierenden Anbieterwettbewerbs,[52] sondern er steuert diesen massiv und bringt ihn auch zu großen Teilen zum Erliegen. Je nach Berechnung (Fahrgastzahl, Umsätze Angebotskilometer) werden hiermit 80–90% des deutschen Marktes im öffentlichen Linienverkehr auf der Straße monopolisiert. Es steht daher außer Frage, dass dies objektive Berufszugangsschranken im Sinne von Kontingenten aufstellt. Dabei erfolgt dieser Eingriff auch seitens der Kommunen gezielt, denn es soll aufgrund der Direktvergaben jegliche konkurrierende Tätigkeit unterbunden werden. Dabei ist ohne Bedeutung, dass der größte Teil des Verkehrs subventionsbedürftig ist. Denn über den Berufszugang kann nicht die Tatsache entscheiden, ob und inwieweit der Staat die Rahmenbedingungen durch Steuern, Abgaben, Förderung konkurrierender Verkehrsträger etc so setzt, dass eine kommerzielle Betätigung nicht mehr möglich ist.[53] Denn gleichermaßen könnte der Staat eine Brotsteuer einführen und dann mit dem Argument der Subventionsbedürftigkeit des Bäckereihandwerks dieses ins staatliche Monopol überführen, zweifelsohne unter dem schillernden Begriff der Daseinsvorsorge. Der Verweis auf weiterhin mögliche Nischenangebote („kommerzielle Brote") wäre mit Sicherheit keine adäquate Gewährung der Berufsfreiheit. Neben der Subventionsbedürftigkeit ist aber zudem noch zu sehen, dass mit den kommunalen Monopolen in der Regel auch Ausschließlichkeitsrechte verbunden sind und daher Jedermann hier von entsprechenden gewerblichen Tätigkeiten im Anwendungsbereich ausgeschlossen wird. Es liegt auf der Hand, dass der Verweis auf nahegelegene Berufe, zB Taxifahrer statt Busunternehmer, ebenfalls keine hinreichende Bewältigung der Fragestellungen aus dem Grundrecht auf freie Berufswahl ist.

Es ist daher festzuhalten, dass unter Geltung des Art. 12 Abs. 1 GG das **nationale Recht** einer vorbehaltslosen Direktvergabe **entgegensteht.** Insoweit ist das Verfassungsrecht als „Untersagung" zu verstehen, es bedarf keiner expliziten Festlegung in einem formellen Gesetz.[54] Vielmehr ist die Monopolisierung umfassend zu begründen[55] und kann entsprechend der Monopol- und Kontin-

---

[48] Heinze/Fehling/Fiedler/*Fehling* PBefG § 8a Rn. 47; Saxinger/Winnes/*Eichhorn* Art. 5 Abs. 2 Rn. 21. Allenfalls bei Übernahme bisher von privaten Unternehmen durchgeführten Verkehren könne sich das Problem stellen.

[49] OLG München Beschl. v. 31.3.2016 – Verg 14/15, NZBau 2016, 583 Rn. 227; VK Thüringen Beschl. v. 9.7.2018 – 250-4003-4018/2018-E-P-004/IK unter II 2 b) bb); *Bühner/Siemer* DÖV 2015, 21, (25); *Knauff* in Knauff, Vorrang der Eigenwirtschaftlichkeit im ÖPNV, 2017, 11 (13 f.).

[50] OLG München Beschl. v. 31.3.2016 – Verg 14/15, NZBau 2016, 583 Rn. 228; OLG Jena Aussetzungsbeschl. v. 18.10.2018 – 2 Verg 1/18; Heinze/Fehling/Fiedler/*Fehling* PBefG § 8a Rn. 47; Saxinger/Winnes/ *Eichhorn* Art. 5 Abs. 2 Rn. 22. Alle jeweils ohne Angabe von Rechtfertigungsgründen.

[51] OLG Düsseldorf Beschl. v. 2.3.2011 – VII-Verg 48/10, NZBau 2011, 244 Rn. 139. Immerhin sehen auch *Hölzl* → 1. Aufl. 2011, Rn. 24; Saxinger/Winnes/*Eichhorn* Art. 5 Abs. 2 Rn. 23 bei einer flächendeckenden Subventionierung kommunaler Unternehmen das Problem einer „berufsregelnden Tendenz" der Subventionen. Dies greife aber erst bei nahezu vollständig geschlossenen Märkten.

[52] Dies wird seitens des BVerfG Beschl. v. 13.6.2006 – 1 BvR 1160/03, BVerfGE 116, 135 = NVwZ 2006, 1396 Rn. 70 f. als zentrales Argument für die fehlende Schutzbereichsberührung Art. 12 Abs. 1 GG bei Vergabe öffentlicher Aufträge herangezogen, wobei nach Rn. 72 das BVerfG „besondere Umstände" für eine anderweitige Beurteilung als Hintertür offenhält.

[53] Zur Grundrechtsrelevanz von zielgerichteten Subventionen → Rn. 55 Fn. 110.

[54] So aber *Otting/Scheps* NVwZ 2008, 499 (505); *Saxinger* GewArch 2009, 350 (353); *Heiß* VerwArch 2009, 113 (130); Linke/*Linke/Prieß* Rn. 245; *Hölzl* → 1. Aufl. 2011, Rn. 20; Saxinger/Winnes/*Eichhorn* Art. 5 Abs. 2 Rn. 15, 26. Bemerkenswerterweise wird die Untersagung durch die Auslegung des BGH zum Vorrang des Kartellvergaberechts gegen § 15 AEG als unkritisch angesehen, zB Saxinger/Winnes/*Schröder* Art. 5 Abs. 6 Rn. 16.

[55] So auch *Ziekow* NVwZ 2009, 865 (870); *Knauff* DVBl. 2009, 339 (347). Jedoch sehen beide Autoren letztlich in der Beschneidung eigenwirtschaftlich möglicher Betätigung den Eingriff, was auf dem unzutreffenden Verständnis beruht, es gäbe im Rahmen der Subventionswirtschaft ein staatliches Vorrecht. Zur Begründungspflicht unter Geltung des EU-Primärrechts bereits *Berschin* in Baumeister Recht des ÖPNV-HdB A1 Rn. 114 ff.

gentrechtsprechung des BVerfG[56] nur aufgrund schwerer nachweisbarer oder höchstwahrscheinlicher **Gefahren zum Schutz eines überragend wichtigen Gemeinschaftsgutes legitimiert werden.** Damit weisen die erforderlichen Rechtfertigungen eine hohe Übereinstimmung mit der aus dem europäischen Recht bekannten Rechtfertigung staatlicher Monopole auf (→ Vor Rn. 79 ff.). Beliebt, aber gleichsam abwegig ist in diesem Zusammenhang der Hinweis auf den angeblichen Schutz der kommunalen Daseinsvorsorge nach Art. 28 Abs. 2 GG,[57] da diese niemals einen Eingriff in den Schutzbereich des Art. 12 Abs. 1 GG legitimieren kann.

32   **3. Eigenerstellung.** Die ebenfalls in Art. 5 Abs. 2 S. 1 enthaltene Eigenerstellung wird allgemein nicht weiter problematisiert. So sei jede zuständige Behörde oder auch Gruppen von Behörden berechtigt, die Verkehrsleistung selbst durch eigene Rechtspersönlichkeit, zB Eigenbetrieb, Regiebetrieb zu erbringen. Hier sei lediglich ein entsprechender Beschluss zu fassen. Diese Auffassung ist nicht ganz zutreffend, da auch die Eigenerstellung gleichfalls wie die Beauftragung eines internen Betreibers in den Schutzbereich des Art. 12 Abs. 1 GG erheblich einwirkt und daher **rechtfertigungsbedürftig** ist. Die vergaberechtlich geprägte Sichtweise, die Eigenerstellung sei eine Art Eigenbedarfsbedeckung berühre daher die Marktfreiheiten nicht, ist wie dargestellt unzutreffend.[58]

33   **4. Kontrollkriterium interner Betreiber.** Kerngedanke des Kontrollkriteriums „Beherrschung wie eine eigene Dienststelle" ist die **Zuordnung** des **Betreibers sowohl wirtschaftlich als auch materiell zum Kreis der zuständigen Behörde.**[59] Insofern kann sich der gern benutzte Begriff „kommunales Unternehmen" nur darauf beziehen, dass mit wirtschaftlichen Methoden gearbeitet wird, ein Wirtschaften an sich findet aber nicht statt, vielmehr setzt das kommunale Unternehmen entsprechende politische Vorgaben um. Dabei geht es im Kontext um Bestimmung des erforderlichen Angebots[60] und der fortlaufenden Beherrschung um jederzeitige politische Steuerung, dies steht in einem **kaum auflösbaren Spannungsverhältnis** mit einem öffentlichen Dienstleistungsauftrag, welcher dem Kommunalunternehmen **Planungssicherheit** verleihen, sie auf Kostenobergrenzen verpflichten und der überdies nach Nr. 7 des Anhangs entsprechende **Anreize** für Effizienz und Qualität bieten soll. Dies ist nur bei verlässlichen Grundlagen sinnvoll umsetzbar. Dennoch verbindet sich mit der Beherrschung wie über eine eigene Dienststelle die **Möglichkeit jederzeit auf neue Anforderungen oder politische Veränderungen reagieren** zu können und entsprechende (neue) politische Vorgaben umzusetzen.[61] Gerade diese **Flexibilität** kann auch ein zentrales Argument für die **Rechtfertigung** des **Eingriffs** in die **Berufsfreiheit** aufgrund der Monopolisierung im ÖPNV-Markt sein.

34   Rechtsfolge dieser Beherrschung mit der tatsächlichen Kontrolle und tatsächlichen Einfluss ist ein **jederzeitiges Durchgriffsrecht** für alle wichtigen und strategischen Entscheidungen im Unternehmen,[62] insbesondere solchen die sich auf die Quantität und Qualität des bereitzustellenden öffentlichen Verkehrs auswirken.[63]

35   Aus dem Umkehrschluss, dass nicht unbedingt eine 100% Eigentümerstellung vorhanden sein muss, wird gerne gefolgert, dass auf jeden Fall eine **100% Eigentümerstellung** immer das Kontroll-

---

[56] BVerfGE 7, 377 Rn. 56 ff.; 21, 245 Rn. 22 ff.; 102, 197 Rn. 66 ff. Zum Verkehr BVerfGE 11, 168 Rn. 67 ff.; 40, 196 Rn. 88 ff. und BVerwGE 80, 270 Rn. 27 = NJW 1989, 1749.

[57] Linke/*Linke*/*Prieß* Rn. 72; Saxinger/Winnes/*Eichhorn* Art. 5 Abs. 2 Rn. 26.

[58] Auf die Bedeutung der VO als Beihilfe- und MachtVO weist auch VK Münster Beschl. v. 19.6.2018 – VK 10/18 unter 2.1b hin.

[59] *Berschin* in Baumeister Recht des ÖPNV-HdB A1 Rn. 70, 122 ff.; Saxinger/Winnes/*Eichhorn* Art. 5 Abs. 2 Rn. 45.

[60] Insofern verbieten sich „Verhandlungen" über einen öffentlichen Dienstleistungsauftrag mit dem eigenen Unternehmen, vielmehr wird es dabei darum gehen, entsprechende fachliche Hinweise und Ratschläge aufzunehmen: *Berschin* in Baumeister Recht des ÖPNV-HdB A1 Rn. 124; Saxinger/Winnes/*Eichhorn* Art. 5 Abs. 2 Rn. 58.

[61] Zu dieser zwingenden Beherrschung durch jederzeitiges Weisungsrecht auch gegen bestehende „Verträge" bereits *Berschin* in Baumeister Recht des ÖPNV-HdB A1 Rn. 70, 122 ff.

[62] OLG München Beschl. v. 31.3.2016 – Verg 14/15, NZBau 2016, 583 Rn. 198 unter Berufung auf EuGH Urt. v. 18.11.1999 – C-107/98, Slg. 1999, I-8121 Rn. 50 = ECLI:EU:C:1999:562 = NZBau 2000, 90 – Teckal; EuGH Urt. v. 13.10.2005 – C-458/03, Slg. 2005, I-8585 Rn. 65 = ECLI:EU:C:2005:605 = NVwZ 2005, 1407 – Parking Brixen; EuGH Urt. v. 11.5.2006 – C-340/04, Slg. 2006, I 4137 Rn. 36 = ECLI:EU:C:2006:308 = NJW 2006, 2679 – Carbotermo; Linke, Die Gewährleistung des Daseinsvorsorgeauftrags im öffentlichen Personennahverkehr, 2010, 208; *Berschin* in Baumeister Recht des ÖPNV-HdB A1 Rn. 124; Saxinger/Winnes/*Eichhorn* Art. 5 Abs. 2 Rn. 54.

[63] Dagegen reicht es aber nicht aus, wenn sich das Durchgriffsrecht nur auf Sachverhalte bezieht, die ausschließlich den zur Herrschaft verpflichteten Gesellschafter betreffen: VK Bremen Beschl. v. 30.4.2016 – 16 VK 5/16 unter II 2 c).

kriterium erfüllt.[64] Jedoch greift dies zu kurz, da **Aktiengesellschaften** nicht auf den Durchgriff ihrer Aktionäre angelegt sind.[65] Genauso kann das Argument nicht überzeugen, dass ein **obligatorischer GmbH-Aufsichtsrat**, zB aus dem Mitbestimmungsrecht, unkritisch wäre, da die Gesellschafterversammlung das maßgebliche Organ sei.[66] Dies ist nicht zweifelsfrei, da der obligatorische Aufsichtsrat tendenziell aktienrechtliche Strukturen in die GmbH trägt, daher wird sich hier ein Beherrschungsvertrag über eine Holding empfehlen.[67]

Dagegen wird man das **gestufte Durchgriffsrecht** über mehre Gesellschaften zulassen können, **36** wenn es ohne Schlupf wirkt. In der Regel wird es entsprechende **Konzernstrukturen** mit Beherrschungsverträgen bedürfen.[68] Hier ist zu gewährleisten, dass die getroffenen Entscheidungen ohne nennenswerten zeitlichen Verzug oder inhaltliche Abschwächungen nach unten durchgereicht werden können. Da die Entscheidungen jeweils gesellschaftsrechtlich gesehen durchaus nachteilig sein können, müssen sie durch einen Ergebnisabführungsvertrag mit entsprechenden Ausgleichsansprüchen auf der abhängigen Gesellschaft hinterlegt sein.

Soweit kein vollständiges Eigentum vorhanden ist, muss ein **entsprechendes Durchgriffs-** **37** **recht**, vor allem bei Ansprechen von **qualifizierten Minderheitenrechten**, sichergestellt werden. Mittel der Wahl sind üblicherweise **Konsortialverträge**.[69] **Kritisch** wird dagegen eine **gemeinsame Beherrschung** zu sehen sein, da sie meistens auf Neutralisierung der jeweiligen Partner hinausläuft und keine aktive Steuerung erlaubt (→ Rn. 49 f.).

Soweit auf die mögliche **Beteiligung von Privaten** in Abkehr der bisherigen Rechtsprechung **38** des EuGH verwiesen wird,[70] ist genau zu untersuchen, **mit welcher Gegenleistung** ein Privater sich an öffentlichen Unternehmen beteiligt. Ist zB die strategische Partnerschaft im Rahmen einer Ausschreibung erfolgt, wird ein privater Partner seine Vorteile vor allem aus den Geschäftsbeziehungen zum Unternehmen generieren. Da deren Wert im Wettbewerb ermittelt wurde, liegen keine unzulässigen Beihilfen vor und ebenfalls keine unzulässige Teilhabe an öffentlichen Aufträgen. Allerdings hätte es für diese Variante keine Lockerung gegenüber der Rechtsprechung des EuGH bedurft. Ist dagegen die strategische Partnerschaft überkommen oder ohne Wettbewerb zustande gekommen, wird man annehmen müssen, dass die **Vorteile aus Entscheidungsspielräumen** im Unternehmen – und sei es nur das Ausüben von Minderheitenrechten – generiert werden. Daher steht eine derartige Beteiligung der Herrschaft wie über eine eigene Dienststelle entgegen. Mangels Rechtssicherheit werden daher Beteiligungen für Private unattraktiv sein.[71]

5. Tätigkeitskriterium. a) Wettbewerbsverbot. Neben dem Kontrollkriterium ist das **39** Tätigkeitskriterium das zweite entscheidende Kriterium für die Feststellung eines zulässigen internen Betreibers. Dieses Tätigkeitskriterium ist in lit. b zunächst **strenger** als im **allgemeinen Vergaberecht**, da eine **ausschließliche**[72] und nicht nur eine **Im-Wesentlichen**-Tätigkeit im Bereich der zuständigen Behörde gefordert wird. Hiermit soll bewiesen werden, dass der interne Betreiber **keine Marktausrichtung** hat, also weder wettbewerblich als Betreiber noch als Unterauftragnehmer[73] aktiv ist. Unschädlich ist dabei eine Wettbewerbsteilnahme innerhalb der zuständigen Behörde.[74]

---

[64] OLG München Beschl. v. 22.6.2011 – Verg 6/11, NZBau 2011,701 Rn. 72 f.: VK Rheinland Beschl. v. 16.5.2017 – VK VOL 58/16 unter II 3; Linke/*Linke/Prieß* Rn. 90.
[65] *Hölzl* → 1. Aufl. 2011, Rn. 37; *Deuster/Ristelhuber* VegabeR 2018, 99 f.; Linke/*Linke/Prieß* Rn. 93 f. mit Hinweis auf die möglichen Beherrschungsvertrag (Rn. 96).
[66] OLG München Beschl. v. 31.3.2016 – Verg 14/15, NZBau 2016, 583 Rn. 204 f.
[67] *Klinger* DER NAHVERKEHR 3/2009, 46 (48 f.); Saxinger/Winnes/*Eichhorn* Art. 5 Abs. 2 Rn. 56.
[68] OLG München Beschl. v. 31.3.2016 – Verg 14/15, NZBau 2016, 583 Rn. 199 f.; VK Thüringen Beschl. v. 9.7.2018 – 250-4003-4018/2018-E-P-004/IK unter II 2 b) cc). Auf den vollständigen Durchgriff heben auch Linke/*Prieß* Rn. 98 ff.; Saxinger/Winnes/*Eichhorn* Art. 5 Abs. 2 Rn. 55 ab.
[69] Hierauf zielt auch die vergaberechtliche Rspr. des EuGH, zB EuGH Urt. v.29.11.2012 – C-182/11 und 183/11, ECLI:EU:C:2012:758 = IBRRS 2012, 4439 Rn. 32 – Ecornord. Diese Gefahr der Mediatisierung gemeinsamer Beherrschung sieht auch Linke/*Linke/Prieß* Rn. 106.
[70] Auslegungsmitteilung PersonenverkehrsVO Nr. 2.3.1 ii): Verwiesen wird auf EuGH Urt. v. 13.11.2008 – C-324/07, Slg. 2008, I- 8457 Rn. 30 = ECLI:EU:C:2008:621 = NZBau 2009, 54 – Coditel Brabant.
[71] Zu dieser Einschätzung gelangte auch Linke/*Linke/Prieß* Rn. 110 f. Ebenfalls krit. wegen fehlender Einflussmöglichkeiten: *Berschin* in Baumeister Recht des ÖPNV-HdB A1 Rn. 124. Entsprechende ÖPP-Vorhaben auf Grundlage dieser Klausel sind auch nicht bekannt geworden.
[72] Zur Frage ob Direktvergaben vor Inkrafttreten der VO schaden – hier RATP: Vorlageverfahren EuGH C-322/18 Schiaffini Travel und Vorlageverfahren EuGH C-350/17 – Mobit.
[73] Auslegungsmitteilung PersonenverkehrsVO Nr. 2.3.1 iv). Dagegen sehen *Wittig/Schimanek* NZBau 2008, 222 (227); *Hölzl* → 1. Aufl. 2011, Rn. 44; Linke/Linke/*Prieß* Rn. 118 diese Aufträge als unschädlich sein, da sie keine Personenverkehrsdienste iSd PersonenverkehrsVO sind.
[74] OLG Düsseldorf Beschl. v. 7.11.2012 – VII-Verg 11/12, ECLI:DE:OLGD:2012:1107.VII.VERG11.12.00 = NZBau 2013, 187 Rn. 24.

Weiterhin ist daneben eine Nachfragetätigkeit unschädlich, allein schon die zugelassene Untervergabe setzt zwingend eine aktive Marktrolle voraus.

40   Grundsätzlich wird eine **maximale Deckungsgleichheit** zwischen beauftragtem Betreiber einschließlich der ihm zugeordneten Einheiten und zuständiger Behörde sinnvoll sein,[75] zwingend ist dies nicht. So kann ohne Weiteres nur ein Teilgebiet befahren werden. Genauso sind abgehende Linien möglich. Dagegen ist eine Tätigkeit für weitere örtliche zuständige Behörden[76] nur im Rahmen einer Gruppe von Behörden möglich[77] (→ Rn. 49 ff.).

41   **b) Abgehende Linien.** Als Kompensation der Beschränkung auf das Gebiet der zuständigen Behörde erlaubt lit. b die Bedienung auf abgehenden Linien. Der Begriff „abgehend" legt fest, dass die Linien zum eigentlichen Betrauungsgebiet eine enge Verbindung haben müssen. Es können daher folgende **Kriterien** aufgestellt werden:
– Sie müssen Verbindung der Zuständigkeitsgebiete zu benachbarten zuständigen Behörden herstellen,
– Sie müssen für sich jeweils abgehend oder aufnehmend sein und ihr Schwerpunkt darf nicht überwiegend im fremden Zuständigkeitsgebiet liegen, sie müssen insoweit Hilfsfunktion zum eigentlichen Netz der zuständigen Behörde haben[78] und
– Sie dürfen nicht Hauptgegenstand sein gemessen nach Kilometern.[79]

42   **c) Zurechnung anderer Einheiten.** Mit der Erfassung aller Einheiten, auf die der Betreiber auch nur einen geringfügigen Einfluss hat, soll sicherstellen, dass das **gesamte Monopol erfasst** wird[80] und keine Umgehung durch Tochter- oder Schwesterfirmen erfolgt. Einen mehr als geringen Einfluss ist bereits bei wesentlicher Gesellschaftsbeteiligung ab 2,5% Gesellschafteranteil[81] zu sehen. Ebenfalls schafft eine personale Identität entsprechende Einflussmöglichkeiten,[82] wie überhaupt gemeinsame Leitungen[83] oder Konzernstrukturen letztlich als Gesamteinheit zu sehen sind.[84] Wie zuvor → Rn. 39 müssen auch Subunternehmerleistungen in das Tätigkeitsverbot miteinbezogen werden.[85]

43   **d) Möglichkeiten der exterritorialen Tätigkeit.** Maßgeblich ist nur tatsächliches Verhalten, eine Möglichkeit, tätig zu werden, reicht nicht.[86] Allerdings haben in Bezug Untervergabe die Gerichte dagegen gefordert, dass bereits vorab sichergestellt ist, dass dies gewährleistet ist.[87] Im Sinne der Rechtssicherheit ist zu fordern, dass die Einhaltung der Direktvergabekriterien von Anfang an und dauerhaft gewährleistet ist.

---

[75] VK Rheinland Beschl. v. 29.4.2016 – VK VOL 30/2015 und Beschl. v. 16.5.2017 – VK VOL 58/16, unter II.

[76] OLG Düsseldorf Vorlagebeschl. v. 3.5.2017 – VII Verg 17/16 und 18/16, NZBau 2017, 756. Dagegen ausdrücklich nochmals VK Rheinland Beschl. v. 16.5.2017 – VK VOL 58/16, unter II. Letztlich bleibt unklar auf welcher Grundlage die Tätigkeit für weitere örtlich zuständige Behörden erfolgen soll.

[77] VK Rheinland Beschl. v. 16.5.2017 – VK VOL 58/16, unter II.; OLG Düsseldorf Vorlagebeschl. v. 3.5.2017 – VII Verg 51/16, NZBau 2017, 759 Rn. 13. Eine Tätigkeit für eine weitere örtlich zuständige Behörde ist im Rahmen einer Direktvergabe denkbar – so VK Bremen Beschl. v. 30.9.2016 – 16 VK 5/16 unter II 2 d) – wird aber meist an der fehlenden Beherrschung scheitern. So auch im Fall der VK Bremen.

[78] Hierauf hebt Saxinger/Winnes/*Eichhorn* Art. 5 Abs. 2 Rn. 60 ab. Eine strikte Grenze von 10% dürfte aber zu weitgehend sein: VK Thüringen Beschl. 9.7.2018 – 250-4003-4018/2018-E-P-004/IK unter II 2 b) cc).

[79] Auslegungsmitteilung PersonenverkehrsVO Nr. 2.3.1 v). Diesen folgend VK Darmstadt Beschl v. 23.2.2017 – 69d VK 33/2016, VPRRS 2017, 0261, II 2.

[80] OLG Düsseldorf Beschl. v. 2.3.2011 – VII-Verg 48/10, NZBau 2011, 244 Rn. 115; *Knauff* DVBl. 2006. 339 (344); *Wittig/Schimanek* NZBau 2008, 222 (227); *Nettesheim* NVwZ 2009, 1449 (1452); *Schroeder* NVwZ 2010, 862 (865). Krit. *Schmitz/Winkelhüsener* EuZW 2011, 52 (54).

[81] VK Rheinland Beschl. v. 16.5.2017 – VK VOL 58/16, unter II.

[82] VK Darmstadt Beschl. v. 23.2.2017 – 69d VK 33/2016, VPRRS 2017, 0261, II 2; Ziekow/Völlink/*Zuck* Rn. 27.

[83] Linke/*Linke/Prieß* Rn. 128. Von daher ist die a priori Nichterfassung von Schwesterunternehmen nicht zulässig, so aber: *Wittig/Schimanek* NZBau 2008, 222 (227) und *Schröder* NVwZ 2010, 862 (865). Umgekehrt ist aber deren Einbeziehung ohne jedweden Einfluss nicht möglich, da über den Wortlaut hinaus, so aber rechtspolitisch: Saxinger/Winnes/*Eichhorn* Art. 5 Abs. 2 Rn. 65 f.

[84] OLG Düsseldorf Beschl. v. 2.3.2011 – VII-Verg 48/10, NZBau 2011, 244 Rn. 112 ff.

[85] *Knauff* NVwZ 2012, 65 (70); Saxinger/Winnes/*Eichhorn* Art. 5 Abs. 2 Rn. 68; *Berschin* in Baumeister Recht des ÖPNV-HdB A1 Rn. 128; aA *Wittig/Schimanek* NZBau 2008, 222 (227); *Heiß* VerwArch 2009, 113 (114); Linke/*Linke/Prieß* Rn. 128.

[86] OLG München Beschl. v. 31.3.2016 – Verg 14/15, NZBau 2016, 583 Rn. 211 ff.

[87] OLG München Beschl. v. 22.6.2011 – Verg 6/11, NZBau 2011, 701 Rn. 75. Dagegen großzügiger „keine Anhaltspunkte" OLG Rostock Beschl. v. 4.7.2012 – 17 Verg 3/12, BeckRS 2013, 01570 Rn. 81 ff.

6. Selbsterbringung. Gemäß lit. e muss der überwiegende Teil der Leistung selbst erbracht werden. Obwohl Erwägungsgrund 19 von Effizienzvorteilen bei der Nutzung von Unterauftragnehmern spricht und dies auch als Wettbewerbsförderinstrument sieht, wird im Rahmen der Direktvergaben diese Option eingeschränkt. Dahinter steckt die Vorstellung, dass sich hinter kommunalen **Direktvergaben private Verkehrsunternehmen verstecken** könnten, die so ein Exklusivaufträge kommen und damit das Wettbewerbsprinzip aushebeln.[88] Auch gab es die Vorstellung „wenn schon Staat – dann richtig". Die VO spricht eindeutig von überwiegend, was 51% bedeutet, wie die Kommission auf letztlich 2/3 kommt,[89] ist nicht nachvollziehbar. 44

Zur Berechnung der notwendigen Anteile werden vertreten: 45
– nach Wert der Leistung,[90]
– nach Platzkilometern der Leistung[91] oder
– nach Kilometern der Leistung.[92]

Insgesamt erscheint wegen der Objektivität des **km-Werts** und des Abstellens bei der Untervergabe auf den Betrieb die km-Leistung am sachgerechtesten, da dies rechtssicher den Gegenwert der Leistungserbringung repräsentiert. 46

Wird dagegen in einer **Konzernstruktur** die Leistung weitergereicht und sind alle Ebenen wie eine eigene Dienststelle beherrscht, wird man von einer funktionalen Einheit des Betreibers ausgehen können, sodass hier eine Untervergabe und damit deren Beschränkung nicht einschlägig ist.[93] Dagegen ist Art. 4 Abs. 7 S. 3 mit den Regelung zu einer „Projektgesellschaft" nicht anwendbar, da Art. 5 Abs. 2 lit. e spezieller ist und hier das überwiegende Erbringen des Betriebs einfordert.[94] 47

7. Maßgebliche Zeitpunkte. Die Einhaltung der Direktvergabekriterien muss **ab Wirksamwerden des Auftrags** sichergestellt sein[95] und für Dauer aufrechterhalten werden. Allerdings muss erkennbar sein, dass die Voraussetzungen hergestellt und nicht nur behauptet werden, sofern zum Veröffentlichungszeitpunkt sie noch nicht vorliegend. Dagegen wurde gefordert, dass die Eigenerbringung von Anfang an sichergestellt sein muss, da sie „Verpflichtung" sei.[96] Allerdings gelten auch hierfür die allgemeinen Grundsätze, dass die Eigenerbringung für die Laufzeit sichergestellt und dies letztlich (nur hierfür) nachweisbar sein muss. 48

8. Gruppe von Behörden. Gruppen von Behörden sind in Art. 2 lit. m (→ Art. 2 Rn. 45) im Zusammenhang mit der Bereitstellung integrierter Dienste geregelt. Damit soll ausweislich Erwägungsgrund 18 S. 2 eine strenge Kontrolle der Eigenerbringung gesichert werden. Dies erfolgt zum einen über das Beherrschungskriterium, welches in Erwägungsgrund 18 nur mit der „erforderlichen Kontrolle" bezeichnet wird. Zweitens muss aber diese Gruppe tatsächlich einen inhaltlichen Zusammenhalt aufweisen, welcher mit dem Erbringen von integrierten Verkehrsdiensten beschrieben wird. Im Schienenpersonenverkehr greift dabei die Ergänzung des neuen UAbs. 2, der verhindern soll, dass großräumig Gruppen von Behörden gebildet werden (*Bremer/Wünschmann* → GWB § 131 49

---

[88] Es dürfen sich keine reinen Regiegesellschaften bilden, die dann die Aufträge nur weiterreichten: OLG Düsseldorf Beschl. v. 2.3.2011 – VII-Verg 48/10, NZBau 2011, 244 Rn. 77; Saxinger/Winnes/*Eichhorn* Art. 5 Abs. 2 Rn. 71.

[89] Auslegungsmitteilung PersonenverkehrsVO Nr. 2.2.9; ihr folgend: VK Thüringen Beschl. v. 9.7.2018 – 250-4003-4018/2018-E-P-004/IK unter II 2 b) cc). Hiergegen auch Saxinger/Winnes/*Eichhorn* Art. 5 Abs. 2 Rn. 77 und *Bundschuh/Jürschik* DER NAHVERKEHR 9/2014, 48.

[90] Auslegungsmitteilung PersonenverkehrsVO Nr. 2.2.9; *Linke* NZBau 2012, 338; Linke/Linke/*Prieß* Art. 4 Rn. 92; *Hölzl* → 1. Aufl. 2011, Art. 4 Rn. 42; Ziekow/Völlink/*Zuck* Art. 4 Rn. 28.

[91] OLG Düsseldorf Beschl. v. 2.3.2011 – VII-Verg 48/10, NZBau 2011, 244 Rn. 118.

[92] Saxinger/Winnes/*Saxinger* Art. 4 Abs. 7 Rn. 41 und Saxinger/Winnes/*Eichhorn* Art. 5 Abs. 2 Rn. 75.

[93] OLG Düsseldorf Vorlagebeschluss v. 3.5.2017 – VII Verg 51/16, NZBau 2017, 759 Rn. 14; *Karl/Wirths* Verkehr und Technik 2015, 59 ff.; Saxinger/Winnes/*Saxinger* Art. 4 Abs. 7 Rn. 28 ff. Allerdings wird man die Einbeziehung in einen Konzern bezweifeln müssen, wenn nur 25% der Geschäftsanteile gehalten werden. Eine wirkliche Beherrschung wird so nicht möglich sein. S. dazu Vorlagebeschl. OLG Düsseldorf v. 7.3.2018 – Verg. 26/17 Rn. 24 f., ECLI:DE:OLGD:2018:0307:VERG26.17.OU = NZBau 2018, 425.

[94] VK Rheinland Beschl. v. 19.9.2017 – VK VOL 12/17, III; aA *Hölzl* → 1. Aufl. 2011, Rn. 57.

[95] OLG Düsseldorf Vorlagebeschluss v. 3.5.2017 – VII Verg 51/16, NZBau 2017, 759 Rn. 15; VK Rheinland Beschl. v. 6.5.2017 – VK VOL 58/16, unter II. und Beschl. v. 19.9.2017 – VK VOL 12/17, unter III.; VK Thüringen Beschl. v. 9.7.2018 – 250-4003-4018/2018-E-P-004/IK unter II 2 b) cc); aA OLG Frankfurt a. M. Beschl. v. 10.11.2015 – 11 Verg 8/15, ECLI:DE:OLGHE:2015:1110.11VERG8.15.0A und ihm folgend VK Darmstadt Beschl. v. 23.2.2017 – 69d VK 33/2016, VPRRS 2017, 0261, unter II 1 b) und II 2; OLG Jena Beschl. v. 12.6.2019 – 2 Verg 1/18, NZBau 2020, 59; *Lenz/Jürschik* DER NAHVERKEHR 3/2018, 44 (45).

[96] OLG München Beschl. v. 22.6.2011 – Verg 6/11, NZBau 2011, 701 Rn. 72 ff.; OLG Rostock Beschl. v. 4.7.2012 – 17 Verg 3/12, BeckRS 2013, 01570.

Rn. 19 f.). In Deutschland wird man die im Rahmen eines **Verkehrsverbundes** liegenden zuständigen Behörden jeweils als gruppenbildungsfähig ansehen können.[97]

50   Die entscheidende Herausforderung ist aber hierbei die Anforderung aus Art. 2 lit. j (→ Art. 2 Rn. 44 f.). Dieser erfordert, dass **mindestens eine Behörde über eine Kontrolle** verfügt wie über eine eigene Dienststelle. Dieser sehr klare Sachverhalt wird allerdings in der Rechtspraxis einem kaum zu durchschauenden Dickicht an verschleierter Beherrschung zugeführt, wie die Kommentierungen,[98] aber auch die zweite Vorlagefrage des OLG Düsseldorf[99] illustriert. Im Kern ermöglicht das Gebilde von Gruppen von Behörden, dass unabhängig von abgehenden Linien eine zuständige Behörde die weiteren Mitglieder dieser Gruppe mitbedienen kann. Damit wird letztlich der aus der Stadtreinigung Hamburg-Entscheidung[100] bekannte Rechtsgrundsatz auch in der PersonenverkehrsVO ausgestaltet, die kommunale Zusammenarbeit außerhalb des Vergaberechts durch Zurverfügungstellung der von einem Partner beherrschten Inhousekapazität an weitere Partner zur Wahrnehmung von Aufgaben im Rahmen der Dienstleistungen von allgemeinem wirtschaftlichem Interesse. Daher ist entscheidendes Kriterium einer Gruppe von Behörde, dass **eine zuständige Behörde eine Kontrolle** wie über eine eigene Dienstelle ausübt und diese **Kontrolle im Rahmen der interkommunalen Zusammenarbeit** auch im Interesse der weiteren Partner **zur Verfügung stellt.** Dies schließt nicht aus, dass weitere Mitglieder der Gruppe von Behörden ebenfalls dieselben Steuerungsbefugnisse aufweisen. Jedoch erscheint ausgeschlossen, dass ein Zweckverbandsmitglied über einen Zweckverband den weiteren zuständigen Behörden seine entsprechende Kontrolle mit zur Verfügung stellt.[101] Meist wird es daher so sein, dass unter den Deckmantel der gemeinschaftlichen Kontrolle gar keine Kontrolle ausgeübt wird.[102] Vielmehr wird der Betreiber ermöglicht, die einzelnen Mitglieder der Gruppe gegeneinander auszuspielen. Gerade fehlende Mehrheiten in Aufsichtsgremien und entsprechende Uneinigkeiten sind üblicherweise die Sternstunde der Geschäftsführungen.

51   Dagegen kann aus dem Gebilde der Gruppe von Behörden und ihre inhaltliche Begrenzung auf Verkehrsverbünde nicht gefolgert werden, dass die zuständigen Behörden und die **Betreiber in einen einzigen öffentlichen Dienstleistungsauftrag zusammengeführt** werden sollten und dieser sich verkehrstechnisch, geografisch und tariflich mit diesen decken sollte.[103] Es bleibt den zuständigen Behörden unbenommen, sowohl selbst direkt zu vergeben als auch über Gruppen von Behörden. Auch können mehrere öffentliche Dienstleistungsaufträge an denselben Betreiber gegeben werden, wenn sie klar voneinander abgrenzbar sind und jeweils einen transparenten Ausgleichsmechanismus haben.

V. Kleinaufträge (Abs. 4)

52   **1. Im Busverkehr.** Die Direktvergabe für Kleinaufträge ist als wettbewerbspolitisches Instrument zur Förderung von **Klein- und Mittelunternehmen** gedacht und ist ihrer Entstehungsgeschichte eng an die Privilegien für den internen Betreiber gekoppelt.[104] Auch waren die Kleinaufträge als Korrelat zu den **vergaberechtlichen Schwellenwerten** konzipiert, da nicht jeder kleiner Auftrag einen Binnenmarktbezug aufweist. Nachdem aber die Schwellenwerte zwanzigmal so hoch sind, ist dieses Motiv weitgehend in den Hintergrund getreten. Der jährliche Wert von 1 Mio. EUR respektive 300.000 km ist bereits ein Vielfaches des vergaberechtlichen Schwellenwertes von 209.000 EUR, wobei Letzterer für die Gesamtlaufzeit oder bei Fehlen einer Laufzeit auf vier Jahre gilt (§ 3 Abs. 3 und 11 VgV), im Ergebnis nur 52.000 EUR pro Jahr.

53   Wie bei allen Grenzwerten gilt auch hier das **Verbot der künstlichen Aufspaltung.** Dies betont Erwägungsgrund 23. So wird man diese zB in einer Aufteilung innerhalb eines festgelegten Linienbündels nach § 13 Abs. 2 Nr. 3 lit. d PBefG oder einer festgelegten Gesamtleistung nach § 8a

---

[97] VK Bremen Besch. v. 30.9.2016 – 16 VK 5/16 unter II 2 b); Saxinger/Winnes/*Eichhorn* Art. 5 Abs. 2 Rn. 35; Linke/*Kaufmann* Art. 2 Rn. 64.
[98] Saxinger/Winnes/*Eichhorn* Art. 5 Abs. 2 Rn. 34 ff.; *Berschin* in Baumeister Recht des ÖPNV-HdB A1 Rn. 126.
[99] OLG Düsseldorf Vorlagebeschluss v. 3.5.2017 – VII Verg 51/16, NZBau 2017, 759 Rn. 13.
[100] EuGH Urt. v. 9.6.2009 – C-480/06, Slg. 2009, I-4747 Rn. 37 ff. = ECLI:EU:C:2009:357 = NVwZ 2009, 898 – Kom./Deutschland.
[101] So aber VK Bremen Besch. v. 30.9.2016 – 16 VK 4/16 und 5/16.
[102] *Berschin* in Baumeister Recht des ÖPNV-HdB A1 Rn. 126.
[103] So aber Auslegungsmitteilung PersonenverkehrsVO Nr. 2.3.1 und VK Rheinland Beschl. v. 16.5.2017 – VK VOL 58/16, II. Hierauf rekurriert auch die Vorlagefrage 2 des OLG Düsseldorf Vorlagebeschl. v. 3.5.2017 – VII Verg 51/16, NZBau 2017, 759 Rn. 13. Krit. Saxinger/Winnes/*Eichhorn* Art. 5 Abs. 2 Rn. 36a.
[104] S. hierzu *Berschin* in Baumeister Recht des ÖPNV-HdB A1 Rn. 110; Saxinger/Winnes/*Saxinger* Art. 5 Abs. 4 Rn. 2 ff.

Abs. 2 S. PBefG sehen müssen.[105] Eine teilweise Vergabe innerhalb eines festgelegten Bündels wird allenfalls dann gerechtfertigt sein, um dieses Bündel herzustellen und für die Übergangslaufzeit die Genehmigungslaufzeiten zu harmonisieren.[106] Es trifft zwar zu, dass das Vergaberecht eine Aufteilung in Lose fordert und daher zB eine zeitliche Unterteilung der Leistungserbringung denkbar ist, jedoch lässt gerade eine zeitliche Unterteilung auf hohe Unwirtschaftlichkeit dieser Aufteilung schließen und es spricht vieles dafür, dass diese Aufteilung nur zum Zwecke der Umgehung der vergaberechtlichen Schwellenwerte geschaffen wurde.[107]

Voraussetzung für die Anwendung des Absatzes ist das Vorliegen einer **Dienstleistungskonzession** oder Unterschwellenwertvergabe wegen Nichterreichen der kartellvergaberechtlichen Schwellenwerte. Wie in → Rn. 6 f. ausgeführt, ist diese nur schwer zu realisieren. Vor allem wird bei Kleinaufträgen meist das bearbeitete Gebiet so klein und die Abhängigkeiten von anderen Verkehren und von der Einbindung in den Verbund so groß sein, dass es hier besonders schwierig sein wird, die Voraussetzungen der Dienstleistungskonzession zu realisieren. Unabhängig davon muss eine umfassende Vorabschätzung zur Dienstleistungskonzession vorliegen und diese entsprechend dokumentiert sein. Es reicht nicht, wenn die Vertragsparteien verabreden, „die Kriterien der Dienstleistungskonzession einzuhalten", ohne irgendwelche Berechnung zu Kosten, Erlöse und Risiken zu haben.[108] 54

Weiterhin ist zu beachten, dass vergleichbar der Situation beim internen Betreiber (→ Rn. 29 ff.) zusätzliche **nationalrechtliche Schranken gelten,** die ebenfalls die Direktvergabe untersagen. In der Regel wird das **Gleichbehandlungsgebot**[109] nach Art. 3 Abs. 1 GG iVm 12 Abs. 1 GG[110] bereits einer Direktvergabe entgegenstehen. Denn auch hier erfolgt ein zielgerichteter Eingriff in die **Berufswahlfreiheit** der Verkehrsunternehmen.[111] Zudem ist schlechterdings kaum begründbar, warum der eine private Betreiber einen öffentlichen Auftrag exklusiv erhält, dem anderen Betreiber dieser verwehrt wird. In die gleiche Richtung wirkt das **kommunale Haushaltrecht** nach § 31 GemHVO, der für alle öffentlichen Aufträge – auch bei Dienstleistungskonzessionen und auch bei Nichterreichen des Schwellenwertes – mindestens eine freihändige Vergabe mit drei Vergleichsangeboten erfordert, es sei denn es liegen ganz besondere Umstände vor.[112] 55

---

[105] Saxinger/Winnes/*Saxinger* Art. 5 Abs. 4 Rn. 21 stellt auf den Produktionsverbund des Verkehrsunternehmens ab.
[106] OLG Bremen Beschl. v. 4.7.2014 – 2 Verg 1/14, unter II 1 b) (2).
[107] Insoweit ist VK Rheinland-Pfalz Beschl. v. 17.11.2014 – VK 1-28/14, BeckRS 2015, 15351, unter II 1.2 unzutreffend. Der dortige Stadtverkehr wird als ein Bündel planerisch gesehen und es gibt keine Hinweise, dass die Leistung planerisch in verschiedene Bausteine aufgeteilt sein soll. Im Gegenteil, der Verdacht des künstlichen Aufsplittens ist wegen der anderweitig überschrittenen Grenzwerte nicht von der Hand zu weisen. Die vorgesehenen km-Werte für den Schwachverkehr lagen nur knapp unter der zulässigen Grenze.
[108] OLG Frankfurt a. M. Beschl. v. 10.11.2015 – 11 Verg 8/15, ECLI:DE:OLGHE:2015:1110.11VERG8.15. 0A = BeckRS 2016, 04261 unter II.1a); VK Rheinland-Pfalz Beschl. v. 17.11.2014 – VK 1-28/14, BeckRS 2015, 15351, unter II 1.3. Dagegen hat sich OLG Bremen Beschl. v. 4.7.2014 – 2 Verg 1/14, unter II 2 a) vollständig auf das beabsichtigte Ziel, eine Dienstleistungskonzession zu vereinbaren, verlassen.
[109] Dieses sehen für die zu treffende Auswahlentscheidung als zentral an: *Wachinger* IR 2007, 265 (267); *Linke* Verkehr und Technik 2012, 223 (226); Saxinger/Winnes/*Saxinger* Art. 5 Abs. 4 Rn. 32. Lediglich einen „sachlichen Grund" wie eine einheitliche Betriebsleitung im Lichte Art. 3 GG fordert Ziekow/Völlink/ *Zuck* Rn. 86; aA *Nettesheim* NVwZ 2009, 1449 (1452); Linke/*Linke/Prieß* Rn. 194 und *Hölzl* → 1. Aufl. 2011, Rn. 83, die jeweils auf ein freies, ungebundenes Ermessen abstellen und insoweit die Ungleichbehandlung nicht weiter thematisieren.
[110] Die exklusive Förderung von Sozialstationen verstieß gegen Art. 12 Abs. 1 GG, da den Anbietern keine weiteren Betätigungsfelder verblieben: BVerwG Urt. v. 13.5.2004 – 3 C 45.03 bzw. 3 C 2.04, BVerwGE 121, 23 = ECLI:DE:BVerwG:2004:130504U3C45.03.0 = NJW 2004, 3134 unter 3.2. Zur Krankenhausfinanzierung: BVerfG 82, 209 (223); BVerfG Beschl. v. 14.1.2004 – 1 BvR 506/03, NVwZ 2004, 718 Rn. 22 ff. und BVerfG Beschl. v. 4.3.2004 – 1 BvR 88/00, NJW 2004, 1648 Rn. 31. ff. Auf den reellen Anspruch auf Förderung hebt BGH Urt. v. 16.3.2014 – 1 ZR 263/14, NJW 2016, 3176 Rn. 66 – Kreisklinik Calw ab. Insgesamt dazu für den Nahverkehr: Heinze/Fehling/Fiedler/*Heinze* PBefG Vorbem. II Rn. 14 ff.
[111] Dagegen wird vertreten, dass aufgrund der Vorinformation jeder Interessent ein Angebot abgeben könne und deswegen eine Schutzbereichsberührung von Art. 12 Abs. 1 GG nicht vorliegt: Saxinger/Winnes/ *Saxinger* Art. 5 Abs. 4 Rn. 34 überzeugt nicht. Denn in der Vorinformation wird nicht zum Wettbewerb aufgerufen, sondern die Direktvergabeabsicht bekanntgegeben.
[112] Im Erlass Az. IIE2-3621.4-1-1 v. 16.2.2017 der obersten Baubehörde Bayern heißt es: „Eine direkte Vergabe unterhalb der Schwellenwerte des Art. 5 Abs. 4 PersverkVO wird jedoch durch nationales Recht untersagt. Die Landkreis und kreisfreien Gemeinden müssen bei Vergabe von öffentlichen Dienstleistungsaufträgen des ÖPNV auf der Straße die Vorschriften des bayerischen Haushaltsrechts beachten Nach § 31 Abs. 1 KommHV-Kameralistik bzw. § 30 Abs. 1 KommHV-Doppik muss der Vergabe von Aufträgen eine öffentliche Ausschreibung vorausgehen, sofern nicht die Natur des Geschäfts oder besondere Umstände eine beschränkte Ausschreibung oder freihändige Vergabe rechtfertigen. [Es] müssen ferner bei der Vergabe von Aufträgen und dem Abschluss von Verträgen die Vergabegrundsätze angewendet werden".

56 Das Bestehen einer **Liniengenehmigung** nach PBefG rechtfertigt diese Ungleichbehandlung nicht, da sie allenfalls zur Ausgestaltung nach § 13 Abs. 2 Nr. 3 lit. c PBefG ohne Finanzierungsbedarf berechtigt, aber nicht ein Vorrecht auf öffentliche Zuschüsse schafft. Zudem darf das Ausgestaltungsrecht nicht so ausgelegt werden, dass es den Marktzugang beschränkt und somit der Liniengenehmigung eine ausschließende Funktion zukommen lässt (→ Art. 2 Rn. 30 f.). Der Umstand, dass ein vorhandener Betreiber die **Zusatzdienste kostengünstiger** erbringen könne, **rechtfertigt keine Direktvergabe,** da es genau Aufgabe eines Wettbewerbs ist, herauszufinden, ob diese Vermutung überhaupt zutrifft. Gleichermaßen können etwaige entstehende **Schwierigkeiten** wegen einer erforderlichen **Einnahmenaufteilung** nicht als Rechtfertigung dienen, da sich nach den Anforderungen des PersonenverkehrsVO der kommerzielle Linienverkehr in Deutschland in einem freien deregulierten Markt befinden muss und daher die Vorstellungen zur „Linienbedienung aus einer Hand" mit der PersonenverkehrsVO nicht vereinbar sind. Aus Rechtsgründen muss eine Einnahmeaufteilung zwischen den einzelnen Fahrten bei Vorgabe von Verbundtarifen implementiert sein. Entsprechend auch der Verwaltungsaufwand für ein Vergabeverfahren kein Rechtfertigungsgrund, da dieser bereits in den Schwellenwerten der Erlasse zu § 31 GemHVO bereits berücksichtigt sind. Daher kommt ein Absehen von Vergleichsangeboten in der Regel nicht in Betracht.

57 Eine **Rechtfertigung** der Ungleichbehandlung kann in Betracht kommen, wenn nur ein Anbieter über entsprechende Technologien oder zB erforderliche Überfahrrechte verfügt. Ein weiterer Grund wird in wettbewerbspolitischen Maßnahmen[113] zu sehen sein, wenn vor Ort konkret eine Anbieterarmut droht und daher die Auswahlfreiheit der zuständigen Behörden gefährdet dies. Allerdings ist auch hier vorrangig das Instrument der Loslimitierung einzusetzen und erst als ultima ratio die Direktvergabe.

58 Für **Kleinunternehmen** mit der Grenze von 23 Fahrzeugen für den Betrieb sieht Art. 5 Abs. 4 eine **doppelte Wertgrenze** vor. Dabei handelt es sich um eine eigenständige und auch abschließende Regelung,[114] sodass der Begriff „KMU" (= Klein- und Mittelunternehmen) irreführend ist. Aus der Bezugnahme auf den Betrieb folgt, dass dies im Sinne der Rechtssicherheit diese Anzahl aus der für den Fahrplan erforderlichen Anzahl von Fahrzeugen (Bus, PKW) generiert wird[115] und variable Fahrzeugzahlen wie Werkstattwagen, Einsatzleiterwagen, Reservewagen unberücksichtigt sein müssen. Da es sich hier um eine Ausnahmevorschrift handelt, muss diese eng ausgelegt werden. Daher sind Tochterunternehmen[116] oder Gemeinschaftsunternehmen,[117] die vor allem zum Zwecke der Einhaltung dieser Grenze gegründet werden, nicht privilegiert. Vielmehr ist hier auf die jeweiligen Mütter abzustellen.

59 **2. Im Schienenpersonenverkehr.** Im Schienenpersonenverkehr gelten als **Grenzwerte 500.000 km** oder ein Auftragswert von 7,5 Mio. EUR pro Jahr. Eine Sonderregelung für kleine Eisenbahnunternehmen gibt es nicht.[118] Dieser Schwellenwert der möglichen Direktvergabe hatte früher eine gewisse Entsprechung in § 4 Abs. 3 Nr. 1 VgV 2003, die eine Direktvergabe von einzelnen Linien bis zu drei Jahre vorsah. Diese ist zum 18.4.2016 ausgelaufen. Zudem schreibt § 97 Abs. 1 GWB, der auch für Eisenbahnkonzessionen in Deutschland uneingeschränkt gilt (→ Rn. 10 f.), den Wettbewerbsgrundsatz im **Eisenbahnbereich** sowohl für Dienstleistungsaufträge, aber auch für Dienstleistungskonzessionen vor, sodass Art. 5 Abs. 4 im Eisenbahnverkehr **nicht (mehr) anwendbar** ist.

VI. Gesonderte Direktvergabeoptionen im Schienenpersonenverkehr

60 **1. Anwendbarkeit nach nationalem Recht.** Neben der zuvor in → Rn. 52 ff. geschilderten Direktvergabeoption für Kleinaufträge sieht die PersonenverkehrsVO im Zuge des vierten

---

[113] Zur möglichen Marktpflege *Berschin* in Baumeister Recht des ÖPNV-HdB A1 Rn. 130 aufgr. Erwägungsgrund 23.

[114] *Winnes* VergabeR 2009, 712 (717); *Knauff* NZBau 2012, 65 (71); *Linke* Verkehr und Technik 2012, 32 (35); Linke/*Linke*//*Prieß* Rn. 190; Saxinger/Winnes/*Saxinger* Art. 5 Abs. 4 Rn. 14. Der Verweis von *Heiß* VerwArch 2009, 113 (132) auf die KMU-Mitteilung ist dagegen unzutreffend.

[115] *Knauff* NZBau 2012, 65 (71); *Linke* Verkehr und Technik 2012, 223 (225); aA – alle Fahrzeuge: Ziekow/Völlink/*Zuck* Rn. 83.

[116] Saxinger/Winnes/*Saxinger* Art. 5 Abs. 4 Rn. 19; tendenziell auch *Knauff* NZBau 2012, 65 (71). Dagegen rein formal *Winnes* VergabeR 2009, 712 (717) und Linke/*Linke*/*Prieß* Rn. 190.

[117] So auch OLG Frankfurt a. M. Beschl. v. 10.11.2015 – 11 Verg 8/15, ECLI:DE:OLGHE:2015:1110. 11VERG8.15.0A = BeckRS 2016, 04261 unter II 1 a) bb).

[118] Zwar wären Fahrzeuge auch Eisenbahnfahrzeuge, s. zB Saxinger/Winnes/*Saxinger* Art. 5 Abs. 4 Rn. 14; *Hölzl* → 1. Aufl. 2011, Rn. 80; *Jürschik,* Verordnung über öffentliche Personenverkehrsdienste, 2. Aufl. 2020, Rn. 183, jedoch ist spätestens mit der Änderung und den für den Schienenpersonenverkehr angepassten Schwellenwerten klar, dass die erhöhten Schwellenwerte nicht im Schienenpersonenverkehr gelten sollen.

Eisenbahnpakets und der Öffnung der nationalen Schienenpersonenverkehrsmärkte **Direktvergabeoptionen für komplexe Netze** (Abs. 4a) und für **integrierter Betreiber** (Abs. 4b) im Schienenpersonenverkehr vor. Diese **Optionen sind in Deutschland nicht anwendbar,**[119] da für Dienstleistungsaufträge § 131 Abs. 1 S. 2 GWB nun ausnahmslos wettbewerbliche Vergaben vorgesehen sind (→ GWB § 131 Rn. 7 f.). Auch die Option der Übergangsverträge nach § 4 Abs. 3 Nr. 2 VgV 2002 ist zum 18.4.2016 ausgelaufen, dies war noch am ehesten mit dem Modell der Übergangsverträge nach Art. 5 Abs. 3a vergleichbar (→ GWB § 131 Rn. 24). Genauso gilt bei Dienstleistungskonzessionen nun ausnahmslos der Wettbewerbsgrundsatz nach § 97 Abs. 1 GWB und die entsprechenden Anforderungen für ein offenes Verfahren. Zwar nimmt § 154 Nr. 3 GWB nur § 131 Abs. 2 und 3 GWB in Bezug und lässt die Vorschriften zur Verfahrensart nach § 131 Abs. 1 GWB außen vor, jedoch gilt aufgrund der fehlenden Ausnahmenorm zugunsten von Eisenbahnverkehren im Bereich der Dienstleistungskonzessionen das GWB-Konzessionsvergaberecht uneingeschränkt. Die einzige Öffnung ist die Bezugnahme auf § 131 Abs. 2 GWB mit der dort geregelten Direktvergabe an einen internen Betreiber nach Art. 5 Abs. 2.

2. Komplexität und Abgeschiedenheit (Abs. 4a). Für jeweils maximal zehn Jahre nach Art. 5 Abs. 4b UAbs. 2 sollen Direktvergaben für komplexe oder abgeschiedene Netze möglich sein. Der Art. 5 Abs. 4a ist dabei eine Ansammlung unbestimmter Rechtsbegriffe und Ausdruck eines **politischen Kompromisses für eine abgefederte Marktöffnung.** Verfahrenstechnisch ist von Bedeutung, dass die Kommission informiert werden muss und daher auch eine gewisse Überwachungsfunktion vornimmt. Andererseits unterfallen diesem Absatz ohne nähere Prüfung der Komplexität nach lit. a alle kleinen Mitgliedstaaten bis 23 Mio. Zugkilometer, was als „Lex Luxemburg und Nordirland" subsumiert werden kann. Gleichwohl sind auch diese nicht von lit. b zur Verbesserung von Qualität und/oder Kosteneffizienz befreit. Bemerkenswert ist schließlich die Forderung nach **„wirksamen und abschreckenden Vertragsstrafen".** Zum einen sollte die Qualitätssteuerung schon aus der Aufstellung von Nichtleistungen und Minderungen funktionieren, zum anderen sollen Vertragsstrafen die Erfüllung des Vertrags fordern, sind also durchaus abschreckend und wirksam. Aber sie sollten gleichzeitig nur sparsam eingesetzt werden, dort wo sie unbedingt notwendig sind. Auch das jederzeitige Kündigungsrecht wegen unzureichender Performance ist außergewöhnlich. Insofern wird hieraus deutlich, dass der Gesetzgeber den Anwendern dieses Absatzes offenbar wenig zutraut. 61

3. Integrierter Betreiber (Abs. 4b). Die ebenfalls in Deutschland nicht anwendbare Ausnahme des integrierten Betreibers zielt auf nicht zu öffnende Netze nach Art. 2 Abs. 3 lit. a und b Eisenbahnraum-RL. Dies könnte vor allem für geschlossene S-Bahn-Systeme wie die Gleichstrom S-Bahn Hamburg oder Berlin oder auch Schmalspurbahnen infrage kommen. Jedoch hat Deutschland von den Nichtöffnungsoptionen in § 2 ERegG (Eisenbahnregulierungsgesetz) keinen Gebrauch gemacht.[120] 62

4. Loslimitierung (Abs. 6a). Abs. 6a erwähnt die **Loslimitierung** für den Schienenpersonenverkehr. Allerdings ist dieses Instrument auch ohne Erwähnung in der PersonenverkehrsVO grundsätzlich zulässig, wenn die wettbewerblichen Intentionen gewahrt werden (→ GWB § 97 Rn. 249; § 30 Abs. 1 VgV).[121] Dabei können auch die allgemein anerkannten Grundsätze wie Vermeidung der Konzentration bei einem Unternehmen oder Streuung der wirtschaftlichen und technischen Risiken auch als Wettbewerbssteigerung angesehen werden.[122] 63

VII. Not- und Überbrückungsvergaben

1. Notsituation (Abs. 5). Bei drohender Unterbrechung gestattet Art. 5 Abs. 5 Notvergaben bis zu 24 Monate. Auch wenn sachlich nur für Dienstleistungskonzessionen und für den Schienenpersonenverkehr[123] anwendbar, illustriert Abs. 5 einen **tragenden Grundsatz der Vergaben** im öffentlichen Verkehr, nämlich **Gewährleistung der Kontinuität.** Daher sind Notvergaben immer 64

---

[119] *Knauff* N&R 2018, 26 (29); *Jürschik*, Verordnung über öffentliche Personenverkehrsdienste, Rn. 38 f.; Linke/Linke Rn. 203y und 204i.
[120] Selbes Ergebnis auch bei Linke/*Linke* Rn. 204 f.
[121] Zu einem Fall aus der Schülerbeförderung: OLG Karlsruhe Beschl. v. 25.7.2014 – 15 Verg 4/14, ZfBR 2015 395 Rn. 49; grundlegend OLG Düsseldorf Besch. v. 15.6.2000 – Verg 6/00, NZBau 2000, 440; OLG Düsseldorf Beschl. v. 17.1.2013 – VII-Verg 99/11 Rn. 7, ECLI:DE:OLGD:2011:1207.VII.VERG99.11. 00 = ZfBR 2012, 310 und OLG Düsseldorf Beschl. v. 14.11.2012 – VII-Verg 28/12, ECLI:DE:OLGD: 2012:1114.VII.VERG28.12.00 = 31 ff.
[122] Eine Einschränkung des Vergaberechts sieht dagegen *Linke* NZBau 2017, 331 (338).
[123] OLG Düsseldorf Beschl. v. 23.12.2015 – VII-Verg 34/15, BeckRS 2016, 02949; aufgrund § 131 Abs. 2 S. 2 GWB ist Art. 5 Abs. 5 ausdrücklich auch im Schienenpersonennahverkehr anwendbar; → GWB § 131 Rn. 22.

zulässig, wenn eine **Unterbrechung** des Verkehrsdienstes droht. Dabei ist anders als im Vergaberecht, wo verschuldete Verzögerungen keine Dringlichkeit begründen (→ VgV § 14 Rn. 97, 104), die Unterbrechung ein ausreichender Grund. **Auf die Ursache** der Verzögerungen eines rechtzeitigen Vergabeverfahrens **kommt es nicht an.**[124] Diese Wertentscheidung des Gemeinschaftsgesetzgebers muss auch auf das Vergaberecht ausstrahlen.[125]

65 Neben der Unterbrechung eines bereits betriebenen Verkehrsdienstes genügt auch ein **dringendes Verkehrsbedürfnis.** Denn hier droht zumindest in Bezug auf den gewünschten Verkehr eine entsprechende Lücke, was einer Unterbrechung gleichkommt. Allerdings wird man hier zur Vermeidung von Missbräuchen fordern, dass diese Dringlichkeit tatsächlich unverschuldet ist, dh der **Bedarf nicht voraussehbar** war.

66 Zur **Begrenzung der Wettbewerbsauswirkungen** ist die Notvergabe **auf längsten 24 Monate** begrenzt. Der zulässige Zeitbedarf ergibt sich letztlich aus dem erforderlichen Zeitbedarf für ein Vergabeverfahren, wobei dieses allein durch eine etwaige Ankündigungsfrist nach Art. 7 Abs. 2 (= Zwölfmonatsfrist und § 8a Abs. 2 PBefG) schnell die vollen zwei Jahre ausschöpft. Kann das Verfahren nicht in dieser Zeit abgeschlossen werden, so ist auch eine erneute Notvergabe möglich, dies wird vor allem bei komplexen Verfahren mit entsprechendem Vorlauf vorkommen.[126]

67 Art. 5 Abs. 5 erwähnt nur an dieser Stelle auch die **Auferlegung,** die aus der VorgängerVO (EWG) Nr. 1191/69 bekannt ist. Eine hoheitliche Auferlegung ist eine Möglichkeit der Notmaßnahme neben Direktvergabe im Verhandlungswege. S. 3 betont das Widerspruchsrecht eines Betreibers gegen eine Auflage, enthält aber sonst keine weiteren Voraussetzungen. Das PBefG kennt in § 21 Abs. 3 PBefG die Auferlegung. Diese ist aber auf Erweiterung oder Änderung eines bestehenden Betriebs berichtet. Damit knüpft dies an die Genehmigungslaufzeiten an. Eine Verpflichtung über die Genehmigungslaufzeit hinaus zu fahren, kann hieraus nicht abgeleitet werden.[127] Im Eisenbahnbereich gibt es dagegen gar keinen Anknüpfungspunkt für Auferlegung mehr.

68 **2. Übergangsvergaben im Schienenpersonenverkehr (Abs. 3a).** Der aufgrund der Vorgaben zum Kartellvergaberecht und Dienstleistungskonzessionen im GWB in Deutschland nicht anwendbare (→ GWB § 131 Rn. 7 f.)[128] Art. 5 Abs. 3a erlaubt die **einmalige Direktvergabe** auf maximal fünf Jahre, um einerseits **Netze zu harmonisieren,** damit sie ausschreibungsfähig werden, zum anderen der **Wettbewerblich nicht genug Angebote** erwarten lässt. Auch hier ist die Kommission zu unterrichten und kann die korrekte Anwendung dieses Absatzes überprüfen.

VIII. Wesentliche Änderung während der Laufzeit

69 Zwar enthält die PersonenverkehrsVO, insbesondere hier auch der Art. 5, keine Vorgaben zur Vergabepflicht bei **wesentlichen Änderungen** während der Laufzeit, jedoch wird man hier die im allgemeinen Vergaberecht entwickelten Grundsätze[129] (→ GWB § 132 Rn. 4 ff.) gleichermaßen anwenden können; für den Bereich der Eisenbahnen schreibt § 154 Nr. 3 lit. b GWB sogar ausdrücklich die Anwendung vor (→ GWB § 154 Rn. 28 ff.). Denn hier geht es um die Frage, wann die Pflicht zur Eröffnung des Wettbewerbs greifen soll, weil die ursprünglichen Bedingungen nicht mehr gelten. Diese Überlegungen gelten **auch für Direktvergaben,** da Direktvergaben zumindest in einen potenziellen Wettbewerb zu Initiativangeboten stehen und auch hier die Schutzfunktion eines neuen

---

[124] AllgM: *Hölzl* → 1. Aufl. 2011, Rn. 92; Linke/*Linke/Prieß* Rn. 216; Saxinger/Winnes/*Saxinger* Art. 5 Abs. 5 Rn. 8; *Berschin* in Baumeister Recht des ÖPNV-HdB A1 Rn. 134; Ziekow/Völlink/*Zuck* Rn. 102. Krit. dagegen *Linke* VergabeR 2019, 739 ff.

[125] Zu einem Fall der freigestellten Schülerbeförderung „Keine Unterbrechung" als zwingender Grund: VK Baden-Württemberg Beschl. v. 17.7.2014 – 1 VK 30/14, VPRRS 2014, 0557 Rn. 39. In diesem Duktus für einen Sektorenauftraggeber OLG Frankfurt a. M. Beschl. v. 30.1.2014 – 11 Verg 15/13, NZBau 2014, 386, C 1 c).

[126] *Nettesheim* NVwZ 2009, 1449 (1452); *Berschin* in Baumeister Recht des ÖPNV-HdB A1 Rn. 134. Krit. *Knauff* NZBau 2012, 65 (71).

[127] Saxinger/Winnes/*Saxinger* Art. 5 Abs. 4 Rn. 16 sieht dagegen in § 8a Abs. 1 S. 2 PBefG eine hinreichende Eingriffsgrundlage. Da aber dort weder Art, Zweck noch Umfang genannt sind, ist dies zu unbestimmt. Linke/*Linke/Prieß* Rn. 218 und *Hölzl* → 1. Aufl. 2011, Rn. 90 scheinen ebenfalls von einer Auferlegungsmöglichkeit unter einem strengen Verhältnismäßigkeitsgrundsatz auszugehen, klären aber die Eingriffsgrundlage nicht auf.

[128] *Linke* NZBau 2017, 331 (337); *Jürschik,* Verordnung über öffentliche Personenverkehrsdienste, Rn. 29. Ausnahmen kann sich dagegen vorstellen *Knauff* N&R 2018, 26 (29).

[129] S. vor allem zu Dienstleistungskonzessionen EuGH Urt. v. 13.4.2010 – C-91/08, ECLI:EU:C:2010:182 Rn. 37 f. = NZBau 2010, 382 = Wall, Auslegungsmitteilung Personenverkehrsdienste-VO Nr. 2.3.6; VK Saarland Beschl. v. 18.7.2017 – 3 VK 03/17, VPRRS 2017, 0294, unter II 1; *Hölzl* → 1. Aufl. 2011, Rn. 112; Saxinger/Winnes/*Schröder* Art. 5 Abs. 6 Rn. 37.

Verfahrens mit Aufstellen der Gründe für eine Direktvergabe und entsprechender Überprüfungsmöglichkeit gegeben sein muss. Dagegen fordert die VK Saarland eine Änderung im „großen Umfang", im Beschluss selbst ist aber wegen Schwärzung nicht nachvollziehbar was (k)ein großer Umfang ist, zumal der Antragsteller dort behauptet, dass der Auftrag bei dem nun reduzierten Volumen für ihn von besonderem Interesse ist.[130] Dies kann nicht überzeugen, da inzwischen § 132 GWB eine maßgebliche Trennlinie zwischen Vertragsänderung und Vertragsfortschreibung aufzeigt und die unionsrechtlichen Rechtsgrundsätze kodifiziert. Auch nicht überzeugend ist das Argument der VK Saarland, dass vorangegangene Reduzierungen bereits bestandskräftig und daher nicht mehr zu betrachten seien.[131] Das Gegenteil ist der Fall. Das Kriterium der wesentlichen Vertragsänderung ist gerade dann erfüllt, wenn die Schwelle – sei es auch durch mehrere Änderungen – nun erreicht wird.

IX. Effektiver Rechtsschutz (Abs. 7)

1. Schutzniveau nach der VO. Abs. 7 fordert einen **raschen und wirksamen Rechts-** 70 **schutz** gegenüber Entscheidungen im Rahmen von Vergabeverfahren nach Abs. 2–6, also außerhalb des Kartellvergaberechts. Dabei stammen diese Wörter „rasch" und „wirksam" in UAbs. 1 und die Ausführungen in UAbs. 3 zur Gerichtsqualität der Rechtsmittelrichtlinie 89/665/EWG. Erwägungsgrund 21 formuliert auch, dass der Rechtsschutz der Rechtsmittellinie vergleichbar sein muss. Damit macht Art. 5 Abs. 7 deutlich, dass ein dem Kartellvergaberecht vergleichbares Schutzniveau durch einen **effektiven Rechtsschutz** erreicht werden muss. Neben den Entscheidungen in Vergabeverfahren erweitert Art. 4 Abs. 8 S. 5 den Rechtsschutz dabei ausdrücklich auf umfassende Bereitstellung von Kalkulationsgrundlagen für öffentliche Dienstleistungsaufträge. Dies unterstreicht das Anliegen der PersonenverkehrsVO, den Rechtsschutz bereits in jeder Phase des Verfahrens greifen zu lassen und nicht zuzuwarten, bis das Kind in den Brunnen gefallen ist.

2. Umsetzung durch das allgemein vergaberechtliche Kontrollsystem. Die Umsetzung 71 dieses Regelungsauftrags kann **effektiv nur durch das vergaberechtliche Kontrollsystem** erfolgen. Daher wurde bereits vor Umsetzung durch § 8a Abs. 7 PBefG die Zuständigkeiten nach Vergaberechtsweg bejaht.[132] Mit Inkrafttreten des § 8a Abs. 7 PBefG hat sich die Diskussion erledigt. Allerdings wurde eine vergleichbare Regelung im **Eisenbahnbereich** nicht getroffen, trotz entsprechender Vorschläge kam es nicht zur Änderung des AEG im Zuge der PBefG-Novelle. Dies hatte wohl den Hintergrund, dass im Schienenbereich Dienstleistungskonzessionen durchweg verneint wurden[133] und sich die Vergabegerichte insoweit zuständig zeigten. Schließlich ist inzwischen auch der Vergaberechtsschutz für alle Dienstleistungskonzessionen möglich.[134] Somit ist der Vergaberechtsweg auch für alle Vergaben zum Schienenpersonenverkehr[135] und de facto-Vergaben[136] eröffnet. Ebenso sind für Vergabe unterhalb des Schwellenwert nach Art. 5 Abs. 3 die Vergabekammern zuständig, da der Schwellenwert keine Zuständigkeitsvoraussetzung in § 8a Abs. 7 PBefG ist.[137]

Bereits die **Absicht der Direktvergabe**[138] oder der **Vergabe an sich**[139] ist nachprüfbar. Denn 72 hier werden bereits wesentliche Entscheidungen getroffen, die unter dem Aspekt des raschen und

---

[130] VK Saarland Beschl. v. 18.7.2017 – 3 VK 03/17, VPRRS 2017, 0294, unter II.2 unter Berufung auf EuGH Urt. v. 19.6.2008 – C-454/06, Slg. 2008, I-4401 = ECLI:EU:C:2008:351 = NJW 2008, 3341 – Pressetext.
[131] VK Saarland Beschl. v. 18.7.2017 – 3 VK 03/17, VPRRS 2017, 0294 unter II 2.
[132] OLG Düsseldorf Beschl. v. 2.3.2011 – VII-Verg 48/10, NZBau 2011, 244 Rn. 31 ff.; OLG München Beschl. v. 22.6.2011 – Verg 6/11, NZBau 2011, 701 Rn. 54 ff.; OLG Rostock Beschl. v. 4.7.2012 – 17 Verg 3/12, BeckRS 2013, 01570, II 1 a) bb); aA damals Losch/Wittig VergabeR 2011, 561 (567).
[133] Zuletzt BGH Beschl. v. 8.2.2011 – X ZB 4/10, BGHZ 188, 200 = NVwZ 2011, 1024 – Abellio in einer Grundsatzentscheidung, dort vor allem Rn. 40 ff.
[134] Ein Beispiel ist nun VK Münster Beschl. v. 25.1.2017 – VK 1 47/16, BeckRS 2017, 111294, unter II 1.1.
[135] VK Brandenburg Beschl. v. 28.1.2013 – VK 43/12, BeckRS 2013, 07311, unter II.; Saxinger/Winnes/ Schröder Art. 5 Abs. 7 Rn. 14.
[136] OLG Rostock Beschl. v. 25.9.2013 – 17 Verg 3/13, BeckRS 2013, 17782; II 1 a); VK Südbayern Beschl. v. 24.7.2014 – Z3-3-3194-1-22-05/14, VPRRS 2014, 0468, unter 2.
[137] VK Rheinland-Pfalz Beschl. v. 17.11.2014 – VK 1-28/14, II 2, BeckRS 2015, 15351; VK Saarland Beschl. v.18.7.2017 – 3 VK 03/17, VPRRS 2017, 0294, unter II 1 b).
[138] OLG Düsseldorf Beschl. v. 2.3.2011 – VII-Verg 48/10, NZBau 2011, 244 Rn. 58; OLG München Beschl. v. 22.6.2011 – Verg 6/11, NZBau 2011,701 Rn. 48; OLG Frankfurt a. M. Beschl. v. 10.11.2015 – 11 Verg 8/15, ECLI:DE:OLGHE:2015:1110.11VERG8.15.0A = BeckRS 2016, 04261, unter A 1b; OLG Bremen Beschl. v. 4.7.2014 – 2 Verg 1/14, unter II 1.;VK Rheinland-Pfalz Beschl. v. 17.11.2014 – VK 1-28/14, II 4, BeckRS 2015, 15351; VK Rheinland Beschl. v.16.5.2017 – VK VOL 58/16, unter II. und VK Rheinland Beschl. v. 19.9.2017 – VK VOL 12/17, II; VK Darmstadt Beschl. v. 23.2.2017 – 69d VK 33/ 2016, VPRRS 2017, 0261 unter II 1 b); VK Südbayern Beschl. v.15.10.2015, Z3-3-3194-1-37-06/15, IBRRS 2015, 2976, unter II; VK Thüringen Beschl. v. 9.7.2018 – 250-4003-4018/2018-E-P-004/IK unter II 1 b); VK Bremen Beschl. v. 30.9.2016 – 16 VK 5/16, unter II 1 c).
[139] VK Rheinland Beschl. v. 19.9.2017 – VK VOL 13/17, unter II.

wirksamen Rechtsschutzes sofort überprüfbar sein müssen. Ein Zuwarten würde diesem Ziel zuwiderlaufen und letztlich eine kontinuierliche Verkehrserbringung im öffentlichen Verkehr gefährden.

73 **3. Umsetzung § 8 Abs. 7 PBefG.** § 8a Abs. 7 PBefG verweist auf die **Verfahrensvorschriften** im Kapitel II[140] des vierten Teil GWB, er umfasst **nicht die materiellen Normen des Vergaberechts.**[141] Damit sind insbesondere nicht die Regelungen zur Nichtigkeit von Zuschlägen nach §§ 134 f. GWB und auch nicht die Regelungen zu Auftragsänderungen nach § 132 GWB unmittelbar erfasst. Jedoch ist der Begriff der Auftragsänderung und damit verbundenen de facto-Vergabe ein grundsätzlicher Begriff des unionsrechtlichen Vergaberechts und daher auch im Rahmen des Art. 5 anwendbar (→ Rn. 69). Bezüglich der Absicherung eines wirksamen Rechtsschutzes durch Vermeidung nicht mehr angreifbarer Zuschlagsentscheidung fordert § 8b Abs. 7 PBefG eine Vorinformation und erklärt §§ 101a und 101b GWB (jetzt §§ 134 und 135 GWB) für anwendbar. Zur Vermeidung von Rechtsschutzlücken gilt dies aber nicht nur im Rahmen des in § 8b PBefG geregelten wettbewerblichen Verfahrens, sondern auch bei Direktvergaben, soweit hier auch mit Interessenten verhandelt wurde.[142]

Art. 5a Eisenbahn-Rollmaterial

(1) ¹Im Hinblick auf die Einleitung eines wettbewerblichen Vergabeverfahrens prüfen die zuständigen Behörden, ob Maßnahmen getroffen werden müssen, um einen effektiven und diskriminierungsfreien Zugang zu geeignetem Rollmaterial zu gewährleisten. ²Bei dieser Prüfung wird berücksichtigt, ob es auf dem betreffenden Markt Leasing-Unternehmen für Rollmaterial oder sonstige Marktteilnehmer, die das Leasing von Rollmaterial anbieten, gibt. ³Der Prüfungsbericht wird öffentlich zugänglich gemacht.

(2) ¹Die zuständigen Behörden können im Einklang mit dem nationalen Recht und unter Einhaltung der Vorschriften über staatliche Beihilfen entscheiden, angemessene Maßnahmen zur Gewährleistung eines effektiven und diskriminierungsfreien Zugangs zu geeignetem Rollmaterial zu ergreifen. ²Diese Maßnahmen können Folgendes umfassen:
a) den Erwerb des für die Ausführung des öffentlichen Dienstleistungsauftrags zu verwendenden Rollmaterials durch die zuständige Behörde im Hinblick auf die Bereitstellung für den ausgewählten Betreiber des öffentlichen Dienstes zu Marktpreisen oder als Teil des öffentlichen Dienstleistungsauftrags gemäß Artikel 4 Absatz 1 Buchstabe b, Artikel 6 und gegebenenfalls dem Anhang,
b) die Übernahme einer Bürgschaft durch die zuständige Behörde für die Finanzierung des für die Ausführung des öffentlichen Dienstleistungsauftrags zu verwendenden Rollmaterials zu Marktpreisen oder als Teil des öffentlichen Dienstleistungsauftrags gemäß Artikel 4 Absatz 1 Buchstabe b, Artikel 6 und, soweit er anzuwenden ist, dem Anhang, einschließlich einer Bürgschaft zur Abdeckung des Restwertrisikos,
c) das Eingehen einer Verpflichtung der zuständigen Behörde in dem öffentlichen Dienstleistungsauftrag, das Rollmaterial zu vorab definierten finanziellen Konditionen am Ende der Laufzeit des Auftrags zu Marktpreisen zu übernehmen, oder
d) die Zusammenarbeit mit anderen zuständigen Behörden, um einen größeren Rollmaterialpark zu schaffen.

(3) Wenn einem neuen Betreiber eines öffentlichen Verkehrsdienstes Rollmaterial zur Verfügung gestellt wird, nimmt die zuständige Behörde alle verfügbaren Informationen über die Kosten für die Instandhaltung des Rollmaterials und seinen physischen Zustand in die Vergabeunterlagen auf.

1 Der Artikel ist durch die ÄndVO neu geschaffen worden. Der **Regelungsgehalt** ist für geöffnete Märkte wie Deutschland **überschaubar,** denn die Instrumente der Wettbewerbsförderung des Abs. 2¹ durch Fahrzeugpools der öffentlichen Hand, durch Gewähren von Wiedereinsatz-, Restwert-, Kapitaldienstgarantien sind bereits vielfältig untersucht und auch im Einsatz. Bemerkenswert

---
[140] Der ursprüngliche Verweis zweiter und dritter Abschnitt des vierten Teils GWB umfasste die §§ 102–129b GWB 2009. Diese Regelungen finden sich nun in Kapitel 2 (= §§ 155–184 GWB 2016).
[141] VK Saarland Beschl. v. 18.7.2017 – 3 VK 03/17, VPRRS 2017, 0294, unter II 1.
[142] Saxinger/Winnes/*Schröder* Art. 5 Abs. 7 Rn. 19. AA Linke/*Linke/Prieß* Rn. 300.
1 S. dazu bereits aus der Diskussion in Deutschland seit der Finanzkrise: *Engelshoven/Hoopmann* IR 2011, 279 ff. *Hoopmann/Daubertshäuser/Wogatzki* DER NAHVERKEHR 7-8/2010, 4 ff. und aktueller *Röbke* NZBau 2015, 216 ff.

ist den Regelungen der Ansatz über Transparenz zu Marktöffnungen zu gelangen. So haben die Eisenbahnverkehrsunternehmen einen Anspruch auf Veröffentlichung der entsprechenden Untersuchungen der Aufgabenträger zu Rollmaterialverfügbarkeit (Abs. 1 S. 3). Allerdings gilt die Untersuchungspflicht nur bei der erstmaligen Einführung wettbewerblicher Vergabeverfahren.[2] Bei Wiedervergaben entfällt diese.

Auch die Bestimmungen des Abs. 3 zu Angaben über den Zustand und Wartung von **beigestellten bzw. zu beziehenden Fahrzeugen,** enthalten keine neuen Vorschriften. Denn die Verpflichtung zur Herstellung von Kalkulationssicherheit galt auch schon bislang unmittelbar aus dem Vergaberecht unter dem Stichwort „Vermeidung ungewöhnlicher Wagnisse" ($\rightarrow$ GWB § 121 Rn. 13 ff.). Hieraus ergibt sich, dass die Vergabestelle alle erforderlichen Informationen bereitstellen muss, wenn ein Wirtschaftsgut zu übernehmen bzw. dieses anzumieten ist. Neben Informationen über den Zustand umfasst dies auch die bisherigen Erkenntnisse über Wartung und die entsprechenden Herstellerdokumentationen. Ist eine hinreichende Beschreibung nicht möglich, so muss den Bietern die Gelegenheit gegeben werden, das Gut in Augenschein zu nehmen und entsprechend zu begutachten. 2

Art. 6 Ausgleichsleistung für gemeinwirtschaftliche Verpflichtungen

(1) ¹Jede Ausgleichsleistung im Zusammenhang mit einer allgemeinen Vorschrift oder einem öffentlichen Dienstleistungsauftrag entspricht unabhängig von den Vergabemodalitäten dem Artikel 4. ²Jede wie auch immer beschaffene Ausgleichsleistung im Zusammenhang mit einem öffentlichen Dienstleistungsauftrag, der nicht gemäß Artikel 5 Absatz 1, Absatz 3 oder Absatz 3b vergeben wurde oder im Zusammenhang mit einer allgemeinen Vorschrift steht, unterliegt darüber hinaus den Bestimmungen des Anhangs.

(2) Die Mitgliedstaaten übermitteln der Kommission auf deren schriftliche Aufforderung binnen drei Monaten oder einer anderen in der Aufforderung gesetzten längeren Frist alle Informationen, die diese für erforderlich hält, um festzustellen, ob eine gewährte Ausgleichsleistung mit dieser Verordnung vereinbar ist.

I. Normzwecke

Art. 6 ist im Kern eine Verweisungsnorm. Er bestimmt die Maßgeblichkeit der Abrechnungsvorschriften des Anhangs bei Direktvergaben und allgemeinen Vorschriften. Dagegen gelten ordnungsgemäß durchgeführte wettbewerbliche Vergaben per se als angemessen. Mit den Regelungen kann nachgewiesen werden, dass die Beihilfevorschriften eingehalten werden und damit die Freistellung vom Notifizierungsgebot nach Art. 9 Abs. 1 gerechtfertigt ist. Ansonsten kann die Kommission auch eigene Prüfungen vornehmen und erhält gegenüber den Mitgliedstaaten entsprechende Auskunftsrechte. 1

II. Angemessenheit

Art. 6 Abs. 1 bestimmt als grundlegendes Prinzip die Angemessenheit der Ausgleichsleistung. Dabei bezieht sie sich dieser **Verhältnismäßigkeitsgrundsatz** nicht nur auf finanzielle Leistungen der Abgeltungen, sondern auch auf die Ausschließlichkeitsrechte. Auch diese müssen zielgerichtet zur Kompensation gemeinwirtschaftliche Verpflichtungen eingesetzt werden und dürfen nur soweit reichen, wie dies unbedingt erforderlich ist ($\rightarrow$ Art. 2 Rn. 24). 2

III. Verhinderung Überkompensation/Anwendung Anhang (Abs. 1)

Alle **Direktvergaben** und zusätzlich auch die **allgemeinen Vorschriften** unterliegen zudem der strengeren und standardisierten **Verhältnismäßigkeitskontrolle nach dem Anhang.** Umgekehrt unterliegen **die wettbewerblichen Vergaben** einschließlich aller Vergaben nach Kartellvergaberecht keiner weiteren Kontrolle, da der Markt für angemessene Preise spricht und daher eine Gefahr der Wettbewerbsverzerrung nicht besteht.[1] Die besondere Kontrolle der Direktvergaben ist auf der Hand liegend, hier stellen ex ante-Parametrisierung und Festlegungen entsprechender 3

---

[2] Dies folgt va aus der französischen Sprachfassung „*En prévision du lancement d'une procédure de mise en concurrence.*" und dem entstehungsgeschichtlichen Zusammenhang, der diesen Artikel im Kontext der nun zu regelnden Marktöffnung stellte. AA Linke/*Linke* Rn. 10.
[1] *Fehling/Niehnus* DÖV 2008, 662 (665); *Schmitz/Winkelhüsener* EuZW 2011, 52 (54); *Winter/Wolf/Gleichner* DER NAHVERKEHR 5/2014, 7 (9); Linke/*Linke/Lübbig* Anh. Rn. 1; *Berschin* in Baumeister Recht des ÖPNV-HdB A1 Rn. 81; *Otting/Olegmöller/Tresselt* in Gabriel/Krohn/Neun VergabeR-HdB § 70 Rn. 43; Saxinger/Winnes/*Schmitz* Art. 4 Abs. 1 Rn. 46, 56.

Ausgleichsbeträge im Kontext der vorab festgelegten Parameter sowie darüber hinaus die ex post durchzuführende Gesamtkontrolle gleich ein doppeltes Sicherheitsnetz bereit (→ Anh. Rn. 15 ff.).

4 Dabei erschließt sich die **Einbeziehung der allgemeinen Vorschriften** in diese besondere Kontrolle nicht ohne Weiteres.[2] Denn allgemeine Vorschriften werden in einem offenen Markt gewährt (→ Art. 3 Rn. 8). Selbst wenn dort im Einzelfall Überkompensationen vorliegen würden, sorgt der offene Markt für eine marktadäquate Abschöpfung dieser Überzahlungen. Bei einem funktionierenden Markt ist die Marktreaktion für zu hohe Zahlungen ein entsprechendes Überangebot in quantitativer bzw. qualitativer Hinsicht, sodass die Übergewinne wieder reinvestiert werden. **Entstehungsgeschichtlich** lässt sich die **Einbeziehung der allgemeinen Vorschriften** vor allem mit der Sorge begründen, dass diese in abgeschotteten Märkten angewandt werden, um öffentliche Dienstleistungsaufträge und deren Vergabebestimmungen zu umgehen und zuschussbedürftige Verkehre kommerziell zu halten. Hier standen vor allem Deutschland und Österreich im Fokus, da von dort stark für die Beibehaltung der bisherigen „bewährten" nationalen Systeme der kommerziellen Verkehre geworben wurde, die aber nur eine geringe Wettbewerbsintensität aufwiesen. Mit den hierdurch erzielbaren Überrenditen könnten entsprechende Quersubventionen in andere wettbewerbliche Bereiche entstehen.[3] Dieser **systematische Widerspruch** zwischen **Marktoffenheit** allgemeiner Vorschriften und dem **strengen Überkompensationsregime des Anhangs,** das auf Vermeidung von Quersubventionen ausgelegt ist, hat entsprechende Bedeutung für die Auslegung des Anhangs. Während bei Direktvergaben insbesondere bei Tätigkeiten in anderen Bereichen und damit das Risiko von Quersubventionen einen strengen Maßstab erfordert, kann die Verhältnismäßigkeit der Ausgleichsleistungen bei allgemeinen Vorschriften auch vereinfachend an entfallenen Tarifeinnahmen, Berücksichtigung von Nachfragereaktionen und einer vereinfachten Gewinnkontrolle, zB aus dem Margen des Regeltarifs erfolgen (→ Anh. Rn. 26).

IV. Unterkompensation

5 In der Entstehung der VO war **umstritten** (→ Vor Rn. 50), ob die VO auch einen **Anspruch auf angemessenen Ausgleich gewährt.** Aus dem Zweck der VO, angemessene Dienstleistungen dauerhaft sicherzustellen, folgert die Kommission, dass der Ausgleich auch so festgelegt sein soll, dass er dauerhaft tragfähig ist, damit eine hohe Dienstleistungsqualität erreicht und aufrechterhalten werden kann.[4] Vom Ziel ist dies durchaus einsichtig, jedoch enthalten die Formulierungen der VO **keinerlei** Hinweis auf einen **Mindestanspruch des Betreibers.** Vielmehr schützt diese zunächst die Freiheit, öffentliche Dienstleistungsaufträge nicht anzunehmen bzw. auch nicht anzustreben. Im Gegensatz zur VorgängerVO (EWG) Nr. 1191/69 enthält die PersonenverkehrsVO keine Verpflichtungen mehr, gemeinwirtschaftliche Leistungen zu übernehmen. Etwas anderes gilt nur bei **allgemeinen Vorschriften,**[5] da ein Zwang zur Beachtung des festgesetzten Höchsttarif bestehen muss. Dieser kann nach den mitgliedstaatlichen Grundsätzen, vor allem auch dem deutschen Aufopferungsgrundsätzen nur gegen angemessenen Ausgleich festgelegt werden. Aber Art. 6 Abs. 1 selbst enthält **kein Unterkompensationsverbot,**[6] genauso wenig wie Art. 2a (→ Art. 2a Rn. 7).

V. Prüfungsrecht der Kommission (Abs. 2)

6 Das Recht zur nachträglichen Prüfung durch die Kommission entspricht dem Standard der **ex post-Beihilfenkontrolle,** der bei zahlreichen freigestellten Beihilfengruppen Anwendung findet. Es kann insoweit auf die dortige Regelungen verwiesen werden, da trotz primärrechtlicher Grundlage der Beihilfenfreistellung in Art. 93 AEUV es letztlich Aufgabe der Kommission ist, zu überwachen, ob und inwieweit die Beihilferegelungen eingehalten werden und damit eine gerechtfertigte Abgeltungsbeihilfe vorliegt oder vielmehr eine nicht zu rechtfertigende überkompensierende Abgeltungsbeihilfe im Raum steht.

Art. 7 Veröffentlichung

(1) ¹Jede zuständige Behörde macht einmal jährlich einen Gesamtbericht über die in ihren Zuständigkeitsbereich fallenden gemeinwirtschaftlichen Verpflichtungen öffent-

---

[2] Dazu *Berschin* in Baumeister Recht des ÖPNV-HdB A1 Rn. 60 f.
[3] Art. 15 Abs. 3 des ursprünglichen Kommissionsvorschlags KOM(2000) 7 endg. formulierte ein explizites Verbot, Überzahlungen aus allgemeinen Vorschriften in andere Bereiche einzusetzen.
[4] Auslegungsmitteilung PersonenverkehrsVO Nr. 2.4.8.
[5] S. hierzu OVG Münster Urt. v. 24.11.2015 – 13 A 2227/14, BeckRS 2016, 44017 Rn. 59 – kein Unterkompensationsverbot nach PersonenverkehrsVO, sehr wohl aber ein Ausgleichsgebot nach nationalem Recht.
[6] VG Augsburg Urt. v. 24.3.2015 – Au K 3 K 13.2063, BeckRS 2015, 100053 Rn. 108; OVG Münster Urt. v. 24.11.2015 – 13 A 2227/14, BeckRS 2016, 44017 Rn. 59.

lich zugänglich. ²Dieser Bericht beinhaltet den Beginn und die Laufzeit der öffentlichen Dienstleistungsaufträge, die ausgewählten Betreiber öffentlicher Dienste sowie die diesen Betreibern zur Abgeltung gewährten Ausgleichsleistungen und ausschließlichen Rechte. ³Der Bericht unterscheidet nach Busverkehr und schienengebundenem Verkehr, er muss eine Kontrolle und Beurteilung der Leistungen, der Qualität und der Finanzierung des öffentlichen Verkehrsnetzes ermöglichen und gegebenenfalls Informationen über Art und Umfang der gewährten Ausschließlichkeit enthalten. ⁴Der Bericht muss ferner die politischen Ziele, wie sie in den Strategiepapieren für den öffentlichen Verkehr in dem betreffenden Mitgliedstaat aufgeführt sind, berücksichtigen. ⁵Die Mitgliedstaaten erleichtern den Zugang zu diesen Berichten, zum Beispiel über ein gemeinsames Internet-Portal.

(2) Jede zuständige Behörde ergreift die erforderlichen Maßnahmen, um sicherzustellen, dass spätestens ein Jahr vor Einleitung des wettbewerblichen Vergabeverfahrens oder ein Jahr vor der Direktvergabe mindestens die folgenden Informationen im Amtsblatt der Europäischen Union veröffentlicht werden:
a) der Name und die Anschrift der zuständigen Behörde;
b) die Art des geplanten Vergabeverfahrens;
c) die von der Vergabe möglicherweise betroffenen Dienste und Gebiete;
d) der geplante Beginn und die geplante Laufzeit des öffentlichen Dienstleistungsauftrags.

Die zuständigen Behörden können beschließen, diese Informationen nicht zu veröffentlichen, wenn der öffentliche Dienstleistungsauftrag eine jährliche öffentliche Personenverkehrsleistung von weniger als 50 000 km aufweist.
¹Sollten sich diese Informationen nach ihrer Veröffentlichung ändern, so hat die zuständige Behörde so rasch wie möglich eine Berichtigung zu veröffentlichen. ²Diese Berichtigung erfolgt unbeschadet des Zeitpunkts der Einleitung der Direktvergabe oder des wettbewerblichen Vergabeverfahrens.
Dieser Absatz findet keine Anwendung auf Artikel 5 Absatz 5.

(3) Bei der Direktvergabe von öffentlichen Dienstleistungsaufträgen im Eisenbahnverkehr nach Artikel 5 Absatz 6 macht die zuständige Behörde innerhalb eines Jahres nach der Auftragsvergabe folgende Informationen öffentlich zugänglich:
a) den Namen des Auftraggebers, seine Eigentümer sowie gegebenenfalls den/die Namen der Partei oder Parteien, die eine rechtliche Kontrolle ausübt/ausüben;
b) die Dauer des öffentlichen Dienstleistungsauftrags;
c) eine Beschreibung der zu erbringenden Personenverkehrsdienste;
d) eine Beschreibung der Parameter für die finanzielle Ausgleichsleistung;
e) Qualitätsziele wie beispielsweise in Bezug auf Pünktlichkeit und Zuverlässigkeit und anwendbare Prämien und Sanktionen;
f) Bedingungen in Bezug auf die wichtigsten Wirtschaftsgüter.

(4) Die zuständige Behörde übermittelt jeder interessierten Partei auf entsprechenden Antrag ihre Gründe für die Entscheidung über die Direktvergabe eines öffentlichen Dienstleistungsauftrags.

Übersicht

		Rn.			Rn.
I.	Normzweck	1	IV.	Direktvergaben im Eisenbahnverkehr (Abs. 3)	12
II.	Gesamtbericht (Abs. 1)	2	V.	Begründung von Direktvergaben	
III.	Vorabinformation (Abs. 2)	6		(Abs. 4)	13

I. Normzweck

Art. 7 ist die zentrale Vorschrift zur Herstellung der Transparenz. Die Verpflichtung zur 1
Erstellung eines Gesamtberichts (→ Rn. 2 ff.) soll der Öffentlichkeit eine grobe Beurteilung des Umfangs der Markteingriffe, aber auch deren Effektivität erlauben. Auch für Marktteilnehmer ist er eine wichtige Informationsquelle zur Entwicklung des Marktes im Gebiet der jeweils zuständigen Behörde. Die Verpflichtung zur Vorabbekanntmachung öffentlicher Dienstleistungsaufträge (→ Rn. 6 ff.) ist vor allem bei beabsichtigten Direktvergabe die einzige Chance für Mitbewerber

durch Initiativangebote „ins Spiel zu kommen".[1] Daneben ist diese auch Anknüpfungspunkt für eine mögliche rechtliche Überprüfung der Zulässigkeit einer Direktvergabe. Hierfür regelt dann auch Abs. 4 eine besondere Begründungspflicht gegenüber jedem interessierten Unternehmen (→ Rn. 13 ff.).

II. Gesamtbericht (Abs. 1)

2   Die Verpflichtung zu einem Gesamtbericht der zuständigen Behörden ist ein Mittel zur **Steigerung der Transparenz** und damit auch indirekt Förderung von Effizienz und Qualität. Mit der ÄndVO hat der Katalog des Art 7 Abs. 1 einige Erweiterungen erfahren, die aber nun mehr auch den Gegenschluss zulassen, dass ansonsten keine weiteren Angaben erforderlich sind. Geklärt ist nun, dass jeder öffentlicher **Dienstleistungsauftrag einzeln**[2] aufzuführen ist und den jeweiligen Betreibern zuzuordnen ist. Dies gilt auch für die Wiedergabe von etwaigen Ausschließlichkeitsrechten und Ausgleichszahlungen. Zwar lässt die deutsche Sprachfassung auch die Interpretation zu, dass nur die Summe der Ausgleichsleistungen zu nennen ist, jedoch machen die anderen Sprachfassungen – englisch „those", franz. „les compensations" – deutlich, dass hier die jeweils **einzelnen Angaben über Ausgleichsleistungen**[3] und etwaige ausschließliche Rechte gefordert sind. Auch das Ziel der Beurteilung von Leistungen, Qualität und Effizienz lässt sich nur so erreichen.

3   Insgesamt muss die **Detaillierung** einen Umfang erlauben, der dem **Ziel der Beurteilung von Leistungen, Qualität und finanzielle Effizienz** dient. Damit sind insbesondere die gemeinwirtschaftlichen Pflichten zu benennen. Neben dem meist ermittelbaren Fahrplanumfang sind dies zumindest die **wesentlichen Qualitätsanforderungen.** Gleichzeitig muss aber auch ein Abbild über die erreichte Performance anhand von Qualitätskennziffern bereitgestellt werden, da nur aus der Zusammenschau von Soll- und Istleistung mit den hierfür aufgewandten finanziellen Leistungen ein entsprechend zutreffendes Bild möglich ist. Der pauschale Hinweis[4] auf „nicht zu detailliert" und Schutz von „personenbezogenen Daten" und „Geschäftsgeheimnissen" mag zwar den Interessen der Unternehmen dienen, die vor allem Ausgleichsleistungen außerhalb von Wettbewerb und Transparenz erhalten haben, werden aber nicht den Anforderungen dieses Absatzes gerecht. Richtig ist zwar, dass die Kommission ursprünglich einen detaillierten Bericht mit Einzelangaben als VO vorschlug,[5] jedoch ist mit der Straffung im Sinne der Vereinfachung nicht zwingend verbunden, dass Abstriche an der Wirksamkeit des Gesamtberichts vorgenommen werden sollten.

4   Zum **Zeitpunkt** macht die VO keine Vorgabe, sondern bestimmt nur den Turnus mit **einmal jährlich.** An die Mitgliedstaaten ergeht aufgrund der ÄndVO neu der Umsetzungsauftrag durch ein gemeinsames Internetportal für jeweils ihren Bereich den zuständigen Behörden eine Informationsplattform bereitzustellen.

5   Von großer Bedeutung ist die Berichtspflicht im Hinblick auf Direktvergaben nach Art. 5 Abs. 2. Denn hier besteht eine reelle Chance für private Marktteilnehmer nur durch **Initiativangebote.** Solche sollen nach den Transparenzideen des Abs. 1 und 4 ermöglicht werden.[6] Daher muss es einem Initiativbewerber möglich sein, aus den bisherigen gemeinwirtschaftlichen Anforderungen, deren Umsetzung und den hierfür aufgewandten finanziellen Mitteln sowie gewährten ausschließlichen Rechte einen eigenen Vorschlag für die zukünftige Bedienung zu entwickeln, zumal die Vorabbekanntmachung nach Abs. 2 keine weitergehenden Angaben, insbesondere auch nicht über den finanziellen Rahmen enthält, und auch die zuständigen Behörden bei beabsichtigten Inhouse nicht verpflichtet sind Verdingungsunterlagen zu erstellen und vorzuhalten, die für derartige Initiativangebote eine Grundlage sein könnten.

---

[1] Wenig Klärung bringt dazu leider das EuGH Urt. v. 24.10.2019 – C-515/18, ECLI:EU:C2019:891 = NVwZ 2019, 1825 – AGCM/Sardegna. Einerseits wird das Recht auf „prinzipielle Einwände zu erheben" betont (Rn. 33), gleichzeitig wird aber festgehalten, dass mit der VO keine allgemeine Marktöffnung beabsichtigt wird (Rn. 31, 35 f.) und daher die Transparenzpflichten es nicht erlauben müssen, ein Gegenangebot zu erstellen.

[2] So schon zur aF *Schwarz/Winnes* Verkehr und Technik 2009, 299 (301).

[3] So auch Auslegungsmitteilung PersonenverkehrsVO Nr. 2.5.1. Warum damit zwingend die Preisgabe von personenbezogenen Daten verbunden sein soll und daher keine Einzelaufstellung möglich sein soll, bleibt unerklärt bei Saxinger/Winnes/*Eichhorn/Sarikaya* Art. 7 Abs. 1 Rn. 23 f., 55. Ähnlich restriktiv Linke/*Fehling/Linke* Rn. 25.

[4] *Winter/Woll/Gleichner* DER NAHVERKEHR 5/2014, 7 (11 f.).

[5] Hierauf heben Saxinger/Winnes/*Eichhorn/Sarikaya* Art. 7 Abs. 1 Rn. 2 ff.; *Otting/Olegmöller/Tresselt* in Gabriel/Krohn/Neun VergabeR-HdB § 70 Rn. 70 maßgeblich ab.

[6] Zu diesem Konzept bereits *Schwarz/Winnes* Verkehr und Technik 2009, 299 f.; *Linke*, Die Gewährleistung des Daseinsvorsorgeauftrags im öffentlichen Personennahverkehr, 2010, 229; *Pünder* EuR 2010, 774 (779). Wie hier Saxinger/Winnes/*Schroeder* Art. 7 Abs. 4 Rn. 1. Skeptisch ob der Wirkung: *Fehling/Niehnus* DÖV 2008, 662 (665); Linke/*Linke/Prieß* Art. 5 Rn. 74. Dezidiert aA *Hölzl* → 1. Aufl. 2011, Rn. 2.

III. Vorabinformation (Abs. 2)

Die Vorankündigung von Ausschreibungsverfahren ist im Vergaberecht nicht üblich. Allenfalls im Zusammenhang mit kürzeren Angebotsfristen sind Vorankündigungen von Nutzen (→ VgV § 38 Rn. 4 ff.). Jedoch sieht die VO zahlreiche Ausnahmen von Verfahren vor. Insbesondere die Direktvergaben können im hohen Maße marktschließend wirken. Daher hat der Verordnungsgeber eine spezifische Pflicht zur Vorankündigung geregelt. Erwägungsgrund 29 postuliert über das Vergaberecht hinaus die Pflicht zur Vorankündigung als spezielle Marktorganisationsregel im Bereich des öffentlichen Verkehrs. Nach der Entscheidung durch den EuGH wird die gegenteilige Ansicht aufgegeben (→ 2. Aufl. 2019, Rn. 6 f.).[7]

Der **Inhalt** der Vorabbekanntmachung ist in Art. 7 Abs. 2 vollständig bestimmt.[8] Ergänzt wurde er in der ÄndVO um Beginn und Laufzeit.[9] Allerdings muss der Inhalt der Vorabbekanntmachung so aussagekräftig sein, dass Art. 7 Abs. 2 seinen **Zweck** nachkommen kann, **Transparenz** über vor allem beabsichtigte Direktvergaben herzustellen, sodass die Unternehmen eine Chance haben, eigene Initiativangebote zu erstellen.[10] Die möglicherweise betroffenen Dienste müssen so genau beschrieben werden, dass der Markt die Relevanz des zu vergebenden öffentlichen Dienstleistungsauftrags einschätzen kann, insbesondere die Betroffenheit zu parallelen oder mit Anschluss versehenen Linien. Daher ist es erforderlich, dass die „möglicherweise betroffenen Dienste" genau beschrieben werden. Dies ist zB durch eine Linienaufstellung[11] notwendig.[12]

Das **Formular für Vorabbekanntmachung** nach Art. 7 Abs. 2[13] enthält allerdings zahlreiche Angaben die nur optional sind:
– Angabe von Unteraufträgen (II.1.5),
– Menge oder Wert der Dienstleistung (II.2),
– Kostenparameter für den Ausgleich (III.1.1),
– Ausschließliche Rechte (III.1.2),
– Erlösrisiko (III.1.3),
– Soziale Standards (III.1.4),
– Gemeinwirtschaftliche Verpflichtungen (III.1.5),
– Teilnahmebedingungen wirtschaftliche Leistungsfähigkeit (III.2.1),
– Teilnahmebedingungen technische Leistungsfähigkeit (III.2.2),
– Qualitätsziele Dienstleistungsauftrag (III.3),
– Zuschlagskriterien (IV.2),
– Aktenzeichen Verwaltungsverfahren (IV.3.1),
– Anforderung Unterlagen (IV.3.2),
– Schlusstermin für Teilnahmeantrag (IV.3.3),
– Sprache (IV.3.4),
– Bindefrist (IV.3.5),
– Angebotsöffnung (IV.3.6),
– Rechtsbehelfe (VI.2),
– Voraussichtliche Bekanntgabe erteilter Auftrag (VI.3).

Der Abschnitt V – vorgesehener Empfänger des öffentlichen Dienstleistungsauftrags – ist nur bei Direktvergaben anzugeben. Fast alle möglichen Angaben sind für eine konkrete Vergabebekanntma-

---

[7] EuGH Urt. v. 20.9.2018 – C-518/17, ECLI:EU:C:2018:757 Rn. 46 ff. NZBau 2018, 773 – Rudigier; zur aufgegebenen Ansicht: *Berschin* in Baumeister Recht des ÖPNV-HdB A1 Rn. 141; Saxinger/Winnes/*Schröder* Art. 5 Abs. 1 Rn. 8; Saxinger/Winnes/*Fandrey* Art. 7 Abs. 2 Rn. 5a. Dagegen schon von Anfang an: *Hölzl* → 1. Aufl. 2011, Rn. 9.
[8] Linke *Fehling/Linke* Rn. 43; Saxinger/Winnes/*Fandrey* Art. 7 Abs. 2 Rn. 6.
[9] Daher ist die Auffassung OLG München Beschl. v. 31.3.2016 – Verg 14/15, NZBau 2016, 583 Rn. 161 überholt, dass es keine Pflicht zu Angaben von (korrekten) Laufzeiten gäbe.
[10] OLG Rostock Beschl. v. 4.7.2012 – 17 Verg 3/12, BeckRS 2013, 01570 Rn. 64; OLG München Beschl. v. 31.3.2016 – Verg 14/15, NZBau 2016, 583 Rn. 155; Saxinger/Winnes/*Fandrey* Art. 7 Abs. 2 Rn. 22 f. Widersprüchlich dagegen EuGH Urt. v. 24.10.2019 – C-515/18, ECLI:EU:C2019:891 = NVwZ 2019, 1825 – AGCM/Sardegna. Einerseits wird ein Recht auf ein für Initiativangebote erforderlichen Detaillierungsgrad der Vorabbekanntmachung verneint (Rn. 23 ff.), andererseits betont der EuGH, dass es auch Zweck der Regelung sein soll, dass jeder Wirtschaftsteilnehmer sachgerecht „prinzipielle Einwände" erheben können müsse. Dazu sei es nicht erforderlich, alle Informationen für ein ernst zu nehmendes und angemessenes Angebot zu erhalten (Rn. 33).
[11] Saxinger/Winnes/*Fandrey* Art. 7 Abs. 2 Rn. 6.
[12] Soweit nur Linienbezeichnungen geändert werden, ist keine Berichtigung erforderlich: OLG München Beschl. v. 31.3.2016 – Verg 14/15, NZBau 2016, 583 Rn. 158.
[13] Maßgebend ist das Formular T1 welches unter www.ted.simap.europa.eu bereitgestellt wird.

chung zwingende Angaben. Teilweise sind sie aber bei einer Vorabbekanntmachung zu früh, wie insbesondere die konkreten Fristen des Vergabeverfahrens.

10 Vorabbekanntmachungen können berichtigt werden. Dies regelt UAbs. 3. Eine **Berichtigung** führt daher nicht zum Neuauslösen der einjährigen Wartefrist.[14] Allerdings muss es sich tatsächlich um eine Berichtigung handeln, sprich Bereinigung von Fehlern oder tatsächlichen Änderungen von Einzelaspekten. Dabei ist der Zweck der Vorabbekanntmachung in Blick zu nehmen, der vor allem die Option von Initiativangeboten bei Direktvergaben offen halten soll: Daher wird die **Änderung des Vergabeverfahrens** von einem wettbewerblichen Vergabeverfahren in eine Direktvergabe kein Einzelaspekt sein, sondern berührt grundsätzlich den Zweck der Vorabbekanntmachung, während der Übergang von einer Direktvergabe in ein wettbewerbliches Verfahren keine schutzwürdigen Belange von Interessenten betrifft, da das Wettbewerbsverfahren noch folgt und im Wettbewerbsverfahren es keinen Anspruch gibt, frühzeitig vorgewarnt zu werden. Gleiches gilt beim Zuschnitt der Leistung. Wird eine Direktvergabe angekündigt und der Zuschnitt der Leistungen deutlich geändert, so dürfte die einjährige Wartefrist neu ausgelöst werden, während beim wettbewerblichen Verfahren hier weniger schutzwürdige Belange berührt sind. Es gibt nämlich keinen Vergabegrundsatz, dass die Marktteilnehmer frühzeitig über Art und Umfang von auf dem Markt kommenden Ausschreibungen informiert werden und entsprechend disponieren können.

11 Die Vorankündigungen einschließlich ihrer Berichtigungen müssen zutreffend sein, damit die Marktteilnehmer sich auf diese einstellen können. Insbesondere Vorankündigungen von **unzuständigen Behörden** können im **Rechtsschutz** mit dem Argument der Chancenverletzung durch ein nicht ordnungsgemäßes Verfahren angegriffen werden[15] oder **entsprechende Begründungen** für Direktvergaben überprüft werden, die sich im Rahmen der **Dokumentationspflicht** in den Akten finden müssen.[16] Dies gilt auch für mögliche **Missachtung der Zwölfmonatsfrist** bzw. der im Zusammenwirken mit § 8a Abs. 2 PBefG ausgelösten Dreimonatsfrist für eigenwirtschaftliche Anträge.[17]

IV. Direktvergaben im Eisenbahnverkehr (Abs. 3)

12 Art. 7 Abs. 3 enthält besondere **Transparenzpflichten** im Kontext der Direktvergabe nach Art. 5 Abs. 6 für Eisenbahnen. Entsprechend ist auch seine Geltung durch den neuen Art. 8 Abs. 2 lit. iii bis 24.12.2023 beschränkt. Für die neu geschaffenen Direktvergabetatbestände im Eisenbahnverkehr nach Art. 5 Abs. 3a, 4 und 4a wird dagegen diese Transparenz nicht (mehr) gefordert. Allerdings behält Abs. 3 als Auslegungsleitlinie im Hinblick auf hinreichende Transparenz seine Bedeutung.

V. Begründung von Direktvergaben (Abs. 4)

13 Die Verpflichtung zur Begründung von Direktvergaben[18] und des Zugänglichmachens an jeden Interessenten ist ein weiterer Baustein des Konzepts, **Direktvergaben** durch die Möglichkeit von Initiativangeboten **einzudämmen.** Hierzu ist die – ggf. auch politische – Begründung von Direktvergaben und die Aufnahme derartiger Gründe oder Befürchtungen in ein eigenes Konzept von großer praktischer Relevanz. Daher müssen die Gründe für eine beabsichtigte Direktvergabe unmittelbar nach Mitteilung der Absicht **preisgegeben werden können.** Wie die Kommission zu Recht feststellt,[19] fordert Erwägungsgrund 29, dass potenzielle Interessenten auf die Direktvergabeabsicht reagieren können müssen. Daher gilt die Begründungspflicht nach Art. 7 Abs. 4 ab Kommunikation der Direktvergabeabsicht und ist in § 8a Abs. 5 S. 2 PBefG innerhalb sechs Monate ab Ankündigung der Direktvergabe einzufordern.[20] Mit dieser Einschränkung soll vermieden werden, dass etwaige

---

[14] OLG Jena Beschl. v. 12.6.2019 – 2 Verg 1/18, NZBau 2020, 59; Linke/*Fehling*/Linke Rn. 56; *Hölzl* → 1. Aufl. 2011, Rn. 17; diff. Saxinger/Winnes/*Fandrey* Art. 7 Abs. 2 Rn. 18 f.
[15] VK Südbayern Beschl. v.15.10.2015 – Z3-3-3194-1-37-06/15, IBRRS 2015, 2976, unter II 1.2; VK Rheinland Beschl. v. 19.9.2017 – VK VOL 13/17, unter II.
[16] OLG Frankfurt a. M. Beschl. v. 10.11.2015 – 11 Verg 8/15, ECLI:DE:OLGHE:2015:1110.11VERG8.15. 0A = BeckRS 2016, 04261 unter II 1. a). Das OLG forderte insbes. konkrete Vertragsentwürfe, nach denen nachvollziehbar ist, warum eine Dienstleistungskonzession vorliege.
[17] Dazu OLG Frankfurt a. M. Beschl. v. 24.1.2017 – 11 Verg 1/16 und 2/16, BeckRS 2017, 102282.
[18] Hierbei ist die Direktvergabe an sich zu begründen, wie unzweifelhaft aus der englischen Sprachfassung hervorgeht – „... the reasons for its decision for directly awarding ...". Da aber sich die Direktvergabe auch meist in der Person des Begünstigten rechtfertigt, werden die Begründungen dies in Bezug nehmen müssen.
[19] Auslegungsmitteilung PersonenverkehrsVO Nr. 2.5.3.
[20] Krit. in Bezug auf die Regelung einer europarechtlich nicht vorgesehenen Ausschlussfrist Heinze/Fehling/Fiedler/*Fehling* PBefG § 8a Rn. 58 f. und Saxinger/Winnes/*Schröder* PBefG § 8a Abs. 5 Rn. 14.

Angriffe gegen Direktvergaben zu spät erfolgen und damit die Verkehrsweiterführung bzw. -aufnahme gefährdet wird.

Die Begründung umfasst allerdings nicht den kompletten öffentlichen Dienstleistungsauftrag,[21] sondern nur die **maßgeblichen Beweggründe für die Direktvergabe** einschließlich der damit verbundenen Vor- und Nachteile und die getroffene Auswahl.[22] Eine Beschränkung auf die tragende Gründe[23] oder gar Beschränkung auf die Voraussetzungen[24] ist dagegen nicht ausreichend, denn Art. 7 Abs. 4 spricht von **Gründen der Direktvergabe.** Unter dem Ziel der Wirksamkeit und Transparenz ist das **Begründungsgebot weit** auszulegen. Wie in → Art. 5 Rn. 31, 55 f. dargestellt, unterliegt die zuständige Behörde einer umfassenden Abwägungs- und Begründungspflicht, die gerade von Art. 7 Abs. 4 erfasst wird. Die Tatbestände für die Rechtmäßigkeit einer Direktvergabe müssen objektiv nachvollziehbar sein.[25] Es geht daher fehl, wenn den zuständigen Behörden „sehr weitreichere politische Einschätzungs- und Gestaltungsspielraum"[26] oder gar eine mangelnde inhaltliche Überzeugungskraft[27] zugebilligt wird. Dies verdeckt die rechtlichen Anforderungen an Gestaltungen mit Auswirkungen auf die europäischen Grundfreiheiten und die deutsche Berufsfreiheit.

Diese Begründung muss sich dabei entsprechend des **Dokumentationsgebots** aus den Akten nachvollziehen lassen. Bei derartigen Direktvergaben dient sie der Nachvollziehbarkeit, ob die zuständige Behörde von ihrem Wahlrecht bewusst Gebrauch gemacht sowie die rechtlichen Voraussetzungen für die Direktvergabe sorgfältig geprüft und intensiv abgewogen hat, ob im konkreten Fall ein wettbewerbliches Vergabeverfahren möglicherweise doch sinnvoll sein kann (→ Vor Rn. 81).[28]

Mit dieser Transparenz ist auch die Möglichkeit verbunden, **unzulässige Direktvergaben anzugreifen.** Nach dem zivilrechtlichen Verständnis des Vergaberechts können aber geschlossene Verträge nicht aufgehoben werden, sondern allenfalls Schadensersatz gefordert werden. Auch eine Nichtigkeit wegen Verletzung zentraler Vergabevorschriften, wie § 135 GWB festlegt, ist kein naheliegender Weg, da eine Transparenz durch die Vorabbekanntmachung nach Art. 7 Abs. 2 rudimentär geschaffen wird und ansonsten keine Bieter im Verfahren zu informieren sind. Von daher wird eine nicht hinreichend gerechtfertigte Direktvergabe nach Art. 5 Abs. 3a, 4, 4a, 5 oder 6 in ihrer Bestandskraft zu akzeptieren sein. Hier haben die Mitbewerber durch Angabe des begünstigten Verkehrsunternehmens und des Dienstumfangs regelmäßig bereits ausreichende Informationen, um im Rahmen der **Vorabbekanntmachungsfrist die vorgesehene Direktvergabe zu überprüfen** und ggf. Rechtsschutz nachzusuchen bzw. durch Initiativangebote eigene Verfahrensbeteiligte zu werden.

Anders verhält es sich bei Direktvergaben nach Art. 5 Abs. 2 durch **Eigenerstellung bzw. Inhouse.** In diesen Fällen ist für die Mitbewerber nicht ersichtlich ob und in welchem Umfange die Gründe der Beherrschung und damit das Vorliegen von Verwaltungshandeln nicht nur formell, sondern auch politisch vorliegen. Denn nur bei uneingeschränktem Beherrschungswillen ist eine Direktvergabe nach Art. 5 Abs. 2 gerechtfertigt. Es sprechen daher gute Gründe dafür, dass aus dem Gedanken des Art. 7 Abs. 4 heraus die Gründe für eine **Direktvergabe nach Art. 5 Abs. 2 justiziabel** sind und im Nachhinein überprüft werden können. Da der öffentliche Eigentümer über sein Unternehmen herrscht, ist dies auch kein typischer Vertragsbruch, sondern Ausdruck des Legalitätsprinzips der öffentlichen Verwaltung. Selbstredend können auch grundrechtliche Positionen des begünstigten Verkehrsunternehmen nicht betroffen sein, da eine Beteiligung privater Grundrechtsträger an dieser Form der öffentlichen Verwaltung ausgeschlossen ist. Ergebnis wäre daher die **Beendigung eines unzulässigen internen Betreibers** ex nunc.

---

[21] OLG München Beschl. v. 31.3.2016 – Verg 14/15, NZBau 2016, 583 Rn. 183; OLG Jena Beschl. v. 12.6.2019 – 2 Verg 1/18, NZBau 2020, 59 mAnm *Jürschik*; Heinze/Fiedler/Fehling/*Fehling* PBefG § 8a Rn. 62; Linke/*Fehling* Rn. 94.
[22] Speziell hierzu: *Otting/Olegmöller* DÖV 2009, 364 (371 f.) Für eine weite Auslegung im Rahmen des 8a Abs. 5 PBefG: *Fehling/Niehnus* DÖV 2008, 662 (665); Heinze/Fehling/Fiedler/*Fehling* PBefG § 8a Rn. 64.
[23] So aber OLG München Beschl. v. 31.3.2016 – Verg 14/15, NZBau 2016, 583 Rn. 187; Linke/*Fehling*/ *Linke* Rn. 20; Dagegen OLG Frankfurt a. M. Beschl. v. 10.11.2015 – 11 Verg 8/15, ECLI:DE:OLGHE: 2015:1110.11VERG8.15.0A = BeckRS 2016, 04261 unter II 1. a). Die Gründe müssen alle konkreten Erwägungen beinhalten, die die Entscheidung (rechtlich) nachvollziehbar machen.
[24] So aber Saxinger/Winnes/*Schräder* Art. 7 Abs. 4 Rn. 9; *Hölzl* → 1. Aufl. 2011, Rn. 28.
[25] OLG Frankfurt a. M. Beschl. v. 10.11.2015 – 11 Verg 8/15, ECLI:DE:OLGHE:2015:1110.11VERG8.15. 0A = BeckRS 2016, 04261 unter II 1. a); *Hölzl* → 1. Aufl. 2011, Rn. 28 f.; Ziekow/Völlink/*Zuck* Rn. 18.
[26] OLG München Beschl. v. 31.3.2016 – Verg 14/15, NZBau 2016, 583 Rn. 188 und VK Thüringen Beschl. v. 9.7.2018 – 250-4003-4018/2018-E-P-004/IK unter II 2 b) aa); *Otting/Olegmöller* DÖV 2009, 364 (371 f.).
[27] So Linke/*Linke Prieß* Art. 5 Rn. 75.
[28] VK Darmstadt Beschl. v. 23.2.2017 – 69d VK 33/2016, VPRRS 2017, 0261, II 2 b).

Art. 8 Übergangsregelung

(1) ¹Öffentliche Dienstleistungsaufträge werden nach Maßgabe dieser Verordnung vergeben. ²Dienstleistungsaufträge oder öffentliche Dienstleistungsaufträge gemäß der Definition in den Richtlinien 2004/17/EG oder 2004/18/EG für öffentliche Personenverkehrsdienste mit Bussen und Straßenbahnen werden jedoch gemäß den in jenen Richtlinien vorgesehenen Verfahren vergeben, sofern die Aufträge nicht die Form von Dienstleistungskonzessionen im Sinne jener Richtlinien annehmen. ³Werden Aufträge nach den Richtlinien 2004/17/EG oder 2004/18/EG vergeben, so sind die Absätze 2 bis 4 des vorliegenden Artikels nicht anwendbar.

(2) Unbeschadet des Absatzes 3
i) gilt Artikel 5 ab dem 3. Dezember 2019 für die Vergabe öffentlicher Dienstleistungsaufträge für Personenverkehrsdienste auf der Straße und auf anderen schienengestützten Verkehrsträgern als der Eisenbahn, wie Untergrund- oder Straßenbahnen;
ii) gilt Artikel 5 ab dem 3. Dezember 2019 für öffentliche Schienenpersonenverkehrsdienste;
iii) finden Artikel 5 Absatz 6 und Artikel 7 Absatz 3 ab dem 25. Dezember 2023 keine Anwendung mehr.
Die Laufzeit von Aufträgen, die gemäß Artikel 5 Absatz 6 zwischen dem 3. Dezember 2019 und dem 24. Dezember 2023 vergeben werden, beträgt höchstens zehn Jahre.
Bis zum 2. Dezember 2019 treffen die Mitgliedstaaten Maßnahmen, um Artikel 5 schrittweise anzuwenden und ernste strukturelle Probleme insbesondere hinsichtlich der Transportkapazität zu vermeiden.
¹Binnen sechs Monaten nach dem 25. Dezember 2020 legen die Mitgliedstaaten der Kommission einen Fortschrittsbericht vor, in dem die Umsetzung der Vergabe von öffentlichen Dienstleistungsaufträgen, die mit Artikel 5 im Einklang stehen, dargelegt wird. ²Die Kommission führt auf der Grundlage der Fortschrittsberichte der Mitgliedstaaten eine Überprüfung durch und unterbreitet gegebenenfalls Gesetzgebungsvorschläge.

(2a) ¹Öffentliche Dienstleistungsaufträge für öffentliche Schienenpersonenverkehrsdienste, die auf der Grundlage eines anderen als eines fairen wettbewerblichen Vergabeverfahrens ab dem 24. Dezember 2017 bis zum 2. Dezember 2019 direkt vergeben werden, können für ihre vorgesehene Laufzeit gültig bleiben. ²Abweichend von Artikel 4 Absatz 3 darf die Laufzeit dieser Aufträge zehn Jahre nicht überschreiten, es sei denn, Artikel 4 Absatz 4 findet Anwendung.

(3) Von Absatz 2 ausgenommen sind öffentliche Dienstleistungsaufträge, die gemäß dem Gemeinschaftsrecht und nationalem Recht wie folgt vergeben wurden:
a) vor dem 26. Juli 2000 nach einem fairen wettbewerblichen Vergabeverfahren;
b) vor dem 26. Juli 2000 nach einem anderen Verfahren als einem fairen wettbewerblichen Vergabeverfahren;
c) ab dem 26. Juli 2000 und vor dem 3. Dezember 2009 nach einem fairen wettbewerblichen Vergabeverfahren;
d) ab dem 26. Juli 2000 und vor dem 24. Dezember 2017 nach einem anderen Verfahren als einem fairen wettbewerblichen Vergabeverfahren.
¹Die unter Buchstabe a genannten Aufträge können für ihre vorgesehene Laufzeit gültig bleiben. ²Die unter den Buchstaben b und c genannten Aufträge können für ihre vorgesehene Laufzeit gültig bleiben, jedoch nicht länger als 30 Jahre. ³Die unter Buchstabe d genannten Aufträge können für ihre vorgesehene Laufzeit gültig bleiben, sofern ihre Laufzeit begrenzt und mit den Laufzeiten gemäß Artikel 4 vergleichbar ist.
Öffentliche Dienstleistungsaufträge können für ihre vorgesehene Laufzeit gültig bleiben, wenn ihre Beendigung unangemessene rechtliche oder wirtschaftliche Auswirkungen hätte, vorausgesetzt dass die Kommission der Weiterführung zugestimmt hat.

(4) ¹Unbeschadet des Absatzes 3 können die zuständigen Behörden während der zweiten Hälfte des in Absatz 2 genannten Übergangszeitraums diejenigen Betreiber eines öffentlichen Dienstes von der Teilnahme an wettbewerblichen Vergabeverfahren ausschließen, die nicht nachweisen können, dass der Wert der öffentlichen Verkehrsdienste, für die sie gemäß dieser Verordnung eine Ausgleichsleistung erhalten oder ausschließliche Rechte genießen, mindestens 50 % des Werts aller von ihnen erbrachten öffentlichen Verkehrsdienste, für die sie eine Ausgleichsleistung erhalten oder ausschließliche Rechte genießen, ausmacht. ²Betreiber eines öffentlichen Dienstes, die die auszuschreibenden Dienste erbringen, kön-

nen nicht ausgeschlossen werden. ³Dieses Kriterium gilt nicht für öffentliche Dienstleistungsaufträge, die als Notmaßnahme gemäß Artikel 5 Absatz 5 vergeben wurden.
Machen die zuständigen Behörden von der in Absatz 1 genannten Möglichkeit Gebrauch, so hat dies ohne Diskriminierung zu erfolgen; in diesem Fall schließen sie alle potenziellen Betreiber eines öffentlichen Dienstes aus, die dieses Kriterium erfüllen, und unterrichten potenzielle Betreiber zu Beginn des Vergabeverfahrens für öffentliche Dienstleistungsaufträge von ihrer Entscheidung.
Die betroffenen zuständigen Behörden teilen der Kommission ihre Absicht, diese Vorschrift anzuwenden, mindestens zwei Monate vor der Veröffentlichung des wettbewerblichen Vergabeverfahrens mit.

I. Normzweck und Bedeutung

Die Übergangsvorschriften waren und sind zwischen den Mitgliedstaaten stark umstritten, da 1 sie das **Tempo der Marktöffnung** bestimmen. Für den Straßenpersonenverkehr **in Deutschland** sind die Vorschriften **bedeutungslos**, da der Bundesgesetzgeber keinen Gebrauch von einer schrittweisen Öffnung gemacht hat, daher galt auch Art. 5 von Anfang an uneingeschränkt.[1] Vielmehr bestimmt § 62 Abs. 1 PBefG lediglich eine Übergangsfrist im Hinblick auf die Vergabe öffentlicher Dienstleistungsaufträge bis 31.12.2013 und unterstreicht nochmals den Bestandsschutz erteilter Liniengenehmigungen. Letzteres schloss und schließt allerdings nicht aus, dass Genehmigungen aufgrund unzulässiger und damit ungesicherter Finanzierung widerrufen werden.[2] Im Eisenbahnverkehr wurde die bereits 2003 mit § 4 VgV eingeleitete Marktöffnung letztlich durch die BGH-Rechtsprechung[3] zu SPNV-Verträgen im Jahr 2011 abgeschlossen.

Art. 8 Abs. 1 wiederholt wörtlich Art. 5 Abs. 1 und hatte damit die Funktion, deutlich zu 2 machen, dass für die vorrangig nach den RL 2014/24/EU zu vergebenden öffentlichen Dienstleistungsaufträgen keine Übergangszeit bestand. Für die verbleibenden Aufträge bestimmte der ursprüngliche Abs. 2 eine durch die Mitgliedstaaten vorzunehmende **schrittweise Anwendung** bis zum 3.12.2019 der Vergabe öffentlicher Dienstleistungsaufträge, wobei Abs. 3 den entsprechenden Bestandsschutz bisheriger öffentlicher Dienstleistungsverträge regelte. Durch die Ergänzungen im Rahmen des **vierten Eisenbahnpakets** ist nun der **Abs. 2 verunglückt**. Er regelt die Geltung des Art. 5 ab 3.12.2019, sowie das Außerkrafttreten der Direktvergabeoption im Schienenpersonenverkehr nach Art. 5 Abs. 6 zum 25.12.2023. Gemeint ist aber, dass ab diesem Datum der Art. 5 uneingeschränkt anzuwenden ist. Es ist nicht erkennbar, dass die ÄndVO die ursprünglich im Straßenpersonenverkehr gegebene Übergangsfrist außer Kraft setzen wollte. Denn auch weiterhin regelt Abs. 2 UAbs. 3, dass bis zu diesem Datum die VO schrittweise anzuwenden ist. Daher sind lit. i und ii so zu lesen, dass ab 3.12.2019 Art. 5 **uneingeschränkt** gilt.

Praktische Bedeutung hat Art. 8 Abs. 2 und 3 abgesehen vom Schienenpersonenverkehr vor 3 allem in Fragen der Gültigkeit von **Altverträgen bzw. Altbetrauungen.** Hierbei sind vor allem Altverträge, die nicht vor dem 3.12.2009 und einem nicht offenen und fairen Verfahren vergeben wurden (**sog. Betrauungen**), von Bedeutung. Diese wurden angewandt, da man vielfach der Auffassung war, den Vergaberegeln des Art. 5 Abs. 2 für Inhouse, aber auch den Abgeltungsregelungen gemäß Anhang nicht (sofort) nachkommen zu können. Die ÄndVO ändert diese Frist nun auf das Datum ihres Inkrafttretens, dem 25.12.2017. Allerdings ist damit nicht ein neues Fenster für Altverträge verbunden, denn aus Sinn und Zweck des neuen Datums ergibt sich im Vergleich zum bisherigen Datum, dass dieses für die nun einbezogenen öffentlichen Dienstleistungsaufträge im Schienenpersonenverkehr gelten soll.

Insgesamt ist die Bedeutung dieser Altverträge eher gering, da der **Bestandsschutz nur** im 4 Hinblick auf das **Vergabeverfahren** gilt. **Art. 8 regelt keine Erleichterungen vom Beihilfeverbot** und den sonstigen inhaltlichen Anforderungen vor allem aus Art. 4.[4] Dies hat das EuG insoweit

---

[1] OLG Düsseldorf Beschl. v. 2.3.2011 – VII-Verg 48/10, NZBau 2011, 244 Rn. 95.
[2] In der Rspr. sah das BVerwG keinen zwingenden Zusammenhang zwischen einer beihilferechtswidrigen Finanzierung und einer entsprechenden Prüfpflicht der Genehmigungsbehörde dahingehend: BVerwG Urt. v. 19.10.2006 – 3 C 33.05, BVerwGE 127, 42 = NVwZ 2007, 330 Rn. 37 ff. Diese Rspr. nahm aber das BVerwG zumindest teilweise zurück, indem sie die Genehmigungsbehörden verpflichtete, die Dauerhaftigkeit und Auskömmlichkeit des Verkehrs und damit die Frage gesicherter Finanzierungsgrundlagen zu prüfen: BVerwG Urt. v. 24.10.2013 – 3 C 26.12, BVerwGE 148, 175 = NVwZ-RR 2014, 224 Rn. 22 ff.
[3] BGH Beschl. v. 8.2.2011 – X ZB 4/10, BGHZ 188, 200 = NZBau 2011, 175 – Abellio.
[4] VG Augsburg Urt. v. 24.3.2015 – Au 3 K 14.34, BeckRS 2015, 100053 Rn. 135; *Saxinger* EuZW 2009, 449 (450); *Nettesheim* NVwZ 2009, 1449 (1454); *Saxinger/Niemann* DER NAHVERKEHR 6/2009, 32 (33); *Linke* NZBau 2010, 207 (208); *Wachinger/Zimmer* DER NAHVERKEHR 7-8/2010, 30; *Hölzl* → 1. Aufl. 2011, Rn. 1; Linke/*Kaufmann* Rn. 12; Saxinger/Winnes/*Eichhorn* Rn. 16 f., 35. AA mit Verweis auf die Formulierung „gültig bleiben": *Winnes/Schwarz/Mietzsch* EuR 2009, 290 (294).

eindeutig festgestellt.[5] Der EuGH ist allerdings der Auffassung, dass gegebenenfalls ein **Vertrauensschutz** in Betracht kommt: „Dagegen sind die Vorschriften des materiellen Unionsrechts im Interesse der Beachtung der Grundsätze der Rechtssicherheit und des Vertrauensschutzes so auszulegen, dass sie für vor ihrem Inkrafttreten abgeschlossene Sachverhalte nur gelten, soweit aus ihrem Wortlaut, ihrer Zielsetzung oder ihrem Aufbau eindeutig hervorgeht, dass ihnen eine solche Wirkung beizumessen ist".[6] Infolge dessen wurde die EuG-Entscheidung aufgehoben und zurückverwiesen. Jedoch ist dies wenig überzeugend. Denn soweit Verkehrsverträge im Wettbewerb vergeben wurden und daher ein vollständiger Kalkulationsvertrauensschutz besteht, enthält die PersonenverkehrsVO keine weitergehenden Regelungen als Art. 14 VO (EWG) Nr. 1191/69. Handelt es sich dagegen um Direktvergaben, so muss in deren Rahmen eine Überkompensation wirksam ausgeschlossen werden. Die VO (EWG) Nr. 1191/69 regelte insoweit, dass ein Ausgleich nur für auferlegte Beförderungs-, Betriebs- und Tarifpflichten geleistet werden durfte. Der Ausgleich hierfür war ebenfalls auf das Notwendige begrenzt und hatte eine zweckdienliche Geschäftsführung nach Art. 12 VO (EWG) Nr. 1191/69 zu beachten, was in der Sache den Regelungen des Anhangs PersonenverkehrsVO sehr nahe kommt. Da die Direktvergabe eine besondere Privilegierung des ausgewählten Betreibers darstellt, ist nicht erkennbar, warum ein Vertrauensschutz dahingehend bestehen soll, dass die Ausgleichsregelungen der VO (EWG) Nr. 1191/69 beibehalten werden, wenn auf der anderen Seite zentrale Regelungen der VO (EWG) Nr. 1191/69 wie der Aufhebungsanspruch gegenüber gemeinwirtschaftlichen Verpflichtungen beseitigt wurden. Daher müssen auch die Altverträge in beihilferechtlicher Hinsicht allen Anforderungen der VO entsprechen wie:
- Exakte Definition des gemeinwirtschaftlichen Auftrags,
- Überwachung der Leistungserbringung,
- Ex Ante Kalkulation des Ausgleichs mit Festlegung entsprechender Parameter und
- keine Überkompensation mit ex post-Kontrolle gemäß Anhang.

5 Soweit die bisherigen Verträge diesen Anforderungen nicht entsprechen, sind diese zu ändern. Dabei kann entsprechend den Regelungen des § 132 GWB sehr schnell ein neuer vergabepflichtiger Vorgang vorliegen, sodass unter diesem Aspekt der Bestandsschutz des Art. 8 leerläuft.

II. Direktvergaben im Schienenverkehr bis 25.12.2023 (Abs. 2 und 2a)

6 Neue Bedeutung wird der Art. 8 im Eisenbahnpersonenverkehr erhalten. Zwar wird die Regelung aufgrund der in § 131 GWB nun auch gesetzlich festgehaltenen Ausschreibungspflicht im deutschen Schienenpersonenverkehr für **Deutschland keine Bedeutung haben,** jedoch werden viele andere Mitgliedstaaten die Marktöffnung im Schienenpersonenverkehr nun an den Bestimmungen des Art. 8 Abs. 2 und 2a ausrichten. Zunächst ermöglicht Abs. 2 UAbs. 2 nochmalig letztmalige Direktvergaben im Schienenpersonenverkehr von bis zu zehn Jahren im Zeitraum vom 3.12.2019 bis 24.12.2023. Davor sind Direktvergaben nochmals möglich, wenn ihre Laufzeiten mit denen von Art. 4 Abs. 3 vergleichbar bleiben (Abs. 3 lit. d). Aber auch hier werden sich die gleichen Probleme wie bei den Altverträgen des Straßenpersonenverkehrs stellen. Denn auch für die Eisenbahnverträge gilt, dass diese beihilferechtlich den Vorgaben der VO entsprechen müssen und etwaige Anpassungen zu vergabepflichtigen Änderungen führen (→ Rn. 5).

III. Reziproker Wettbewerb (Abs. 4)

7 Art. 8 Abs. 4 erlaubt den zuständigen Behörden, **Bieter auszuschließen,** die ihrerseits aus einer Wettbewerbsposition heraus agieren, die noch nicht sicher einer Überkompensation gemeinwirtschaftlicher Pflichten ausschließt. Dagegen ist nicht erforderlich, dass die Bieter selbst ihre öffentlichen Dienstleistungsaufträge alle im Wettbewerb gewonnen haben. Damit sollen Verwerfungen der Marktöffnungen vermieden werden. Da in Abs. 2 die Übergangszeit durch das vierte Eisenbahnpaket mit einem weiteren Datum, dem 25.12.2023, angereichert wurde und die Regelung auch für die neue Marktöffnung im Eisenbahnverkehr von Bedeutung ist, muss die Übergangszeit nun getrennt nach Straßenpersonenverkehr (unverändert 3.12.2019) und Eisenbahnpersonenverkehr (neu 25.12.2023) betrachtet werden. Die Befugnis zum Ausschluss steht den zuständigen Behörden zu. In ihrer Hand soll die Gestaltung fairer Wettbewerbsbedingungen liegen. Auch nur vor Ort kann letztlich entschieden werden, ob es durch Marktasymmetrien zu unvertretbaren Wettbewerbskonstellationen kommt. Allerdings beschränkt sich die Ausschlussmöglichkeit nur auf solche Unternehmen, die noch die Mehrheit ihrer Ausgleichsleistungen aus Altverträgen mit Gültigkeitsbeginn vor Inkraft-

---

[5] EuG Urt. v. 20.3.2013 – T 92/11, ECLI:EU:T:2013:143 = BeckRS 2013, 80610 Rn. 50 – Kom./Jörgen Andersen.

[6] EuGH Beschl. v. 6.10.2015 – C-303/13 P, ECLI:EU:C:2015:647 = BeckRS 2015, 81260 – Kom./Jörgen Andersen. Dazu *Linke* IR 2016, 18 f.

treten der VO erhalten. Dagegen sind Unternehmen, die eine Direktvergabe nach Art. 5 Abs. 2–6 erhalten, nicht von einer wettbewerblichen Teilnahme ausgeschlossen. Zudem kann der Bestandsbetreiber niemals ausgeschlossen werden. Weitere Hürde für die Anwendung dieser Vorschrift ist die vorherige Informationspflicht gegenüber der Kommission nach UAbs. 3.

IV. Fortschrittsbericht (Abs. 3 UAbs. 4)

Der Fortschrittsbericht zur Marktöffnung ist neu bis zum 25.6.2021 durch die Mitgliedstaaten vorzulegen. Dieser kann sich auf die Marktöffnung im Schienenpersonenverkehr beschränken, da der erste Fortschrittsbericht nach der ursprünglichen Fassung bis zum 3.6.2016 vorzulegen war. 8

Art. 9 Vereinbarkeit mit dem Vertrag

(1) ¹Eine gemäß dieser Verordnung gewährte Ausgleichsleistung für gemeinwirtschaftliche Verpflichtungen beim Betrieb öffentlicher Personenverkehrsdienste oder für die Einhaltung von in allgemeinen Vorschriften festgelegten tariflichen Verpflichtungen muss mit dem Gemeinsamen Markt vereinbar sein. ²Diese Ausgleichsleistungen sind von der Pflicht zur vorherigen Unterrichtung nach Artikel 88 Absatz 3 des Vertrags befreit.

(2) Unbeschadet der Artikel 73, 86, 87 und 88 des Vertrags können die Mitgliedstaaten weiterhin andere als die von dieser Verordnung erfassten Beihilfen für den Verkehrssektor nach Artikel 73 des Vertrags gewähren, die den Erfordernissen der Koordinierung des Verkehrs oder der Abgeltung bestimmter, mit dem Begriff des öffentlichen Dienstes zusammenhängender Leistungen entsprechen, und zwar insbesondere

a) bis zum Inkrafttreten gemeinsamer Vorschriften über die Zuordnung der Infrastrukturkosten, wenn die Beihilfe Unternehmen gewährt wird, die Kosten für die von ihnen benutzte Infrastruktur zu tragen haben, während andere Unternehmen derartigen Belastungen nicht unterworfen sind. Bei der Festlegung des entsprechenden Beihilfebetrags werden die Infrastrukturkosten berücksichtigt, die konkurrierende Verkehrsträger nicht zu tragen haben;

b) wenn mit der Beihilfe die Erforschung oder die Entwicklung von für die Gemeinschaft insgesamt wirtschaftlicheren Verkehrssystemen und -technologien gefördert werden soll. Solche Beihilfen sind auf das Forschungs- und Entwicklungsstadium zu beschränken und dürfen nicht für die kommerzielle Nutzung dieser Verkehrssysteme und -technologien gewährt werden.

I. Notifizierungsfreiheit von Ausgleichsleistungen (Abs. 1)

Ausgleichsleistungen entsprechend der PersonenverkehrsVO sind vom **Notifizierungsgebot** nach Art. 108 Abs. 3 AEUV **freigestellt.** Irreführend ist dabei die in der deutschen Sprachfassung verwandte Formulierung „**muss mit dem Gemeinsamen Markt vereinbar**" sein. Die meisten Sprachfassungen verwenden das feststellende „ist vereinbar". Auch nur diese Aussage ergibt Sinn. Denn jegliche Ausgleichsleistung, die nach den Regelungen der VO vergeben wird, entspricht Art. 93 AEUV und ist dadurch mit dem Gemeinsamen Markt vereinbar.[1] Damit setzt die VO die Tradition ihrer VorgängerVO (EWG) Nr. 1191/69 fort und gibt der VO so die große praktische Bedeutung. Im Umkehrschluss bedeutet dies, dass jede Verletzung der Regelungen der VO, sei es Verfahrensvorschriften oder Vorgaben zu Inhalten allgemeine Vorschriften oder öffentlicher Dienstleistungsaufträge, dieses Privileg entfallen lässt. Das Notifizierungsgebot umfasst dann die gesamte Zahlung und im Genehmigungsverfahren müsste die vollständige PersonenverkehrsVO zugrunde gelegt werden. Nur ausnahmsweise kommt dann eine Genehmigung von Beihilfen aufgrund von Aspekten in Betracht, die in der VO keinen Niederschlag finden, aber gleichzeitig eine Genehmigung nach allgemeinen Beihilfegrundsätzen möglich erscheinen lassen. Infrage kommen hier Rettungs- und Sanierungsbeihilfen im Schnittfeld mit einer Sicherstellung gemeinwirtschaftlicher Pflichten, wenngleich es Ziel der VO ist, derartige verschiedene Aspekte getrennt zu betrachten. 1

Die Feststellung der Vereinbarkeit umfasst auch jedwede **koordinierende Funktion** von Beihilfen. Zwar regelt die VO nur Abgeltungsbeihilfen, jedoch ist mit jeder Abgeltung auch denklogisch ein Eingriff in das freie intermodale Spiel der Marktkräfte und damit eine Wechselwirkung zu anderen Verkehrsträgern verbunden. Gerade das weite Ermessen zur Festlegung der notwendigen 2

---

[1] So auch Linke/*Lübbig* Rn. 4; Saxinger/Winnes/*Faber* Rn. 6; *Núñez Müller* → 2. Aufl. 2018, Sektoren Rn. 526.

Angebote, welches den zuständigen Behörden eingeräumt wird (→ Art. 2 Rn. 20), zeigt, dass im Interesse der Absicherung von Mobilitätsbedürfnissen verschiedenster Bevölkerungskreise aber auch im Interesse der Attraktivität des öffentlichen Verkehrs und damit bezweckten Veränderungen des Modal Split umfangreiche Angebote zulasten anderer Verkehrsträger möglich sind.

II. Infrastrukturkostenbeihilfen (Abs. 2 lit. a)

3 Im Gegensatz zur VO (EWG) Nr. 1107/70 **öffnet die VO Art. 93 AEUV wieder** und ermöglicht der Kommission die Genehmigung von Beihilfen unmittelbar auf der Grundlage des Art. 93 AEUV. Genannt werden in Art. 9 Abs. 2 insbesondere Infrastrukturbeihilfen[2] sowie Beihilfen für Forschung und Entwicklung. Dagegen ist die VO nicht so zu verstehen, dass auch **andere Ausgleichsleistungen** als solche nach Art. 2 lit. g nun ermöglicht werden sollen.[3] Denn Ausgleichsleistungen für gemeinwirtschaftliche Leistungen im Personenlandverkehr werden in dieser VO weiterhin abschließend geregelt. Daher können andere geleistete Abgeltungsbeihilfen nur solche sein, die nicht gemeinwirtschaftliche Pflichten ausgleichen sollen. Dies dürfte denklogisch kaum möglich sein, da eine Abgeltung immer den Bezug zur gemeinwirtschaftlichen Pflicht voraussetzt.

4 Abs. 2 lit. a eröffnet die Möglichkeit, die Infrastrukturkostenanlastung zu kompensieren, solange und soweit entsprechende gemeinschaftliche Regelungen fehlen. Dies gilt grundsätzlich für alle Verkehrsträger und hat im Rahmen der VO vor allem Relevanz für die **Kompensation von Trassenpreisen im Schienenpersonenverkehr**. Hier fordert das Gemeinschaftsrecht in Art. 31 Abs. 3 Eisenbahnraum-RL lediglich zur Erhebung von Trassenpreisen in Höhe der unmittelbaren Kosten des Zugbetriebs (Grenzkosten). Weitere Aufschläge insbesondere aufgrund der Tragfähigkeit sind bis zur Deckung der Vollkosten möglich (Art. 32 Abs. 1 Eisenbahnraum-RL).

III. FuE-Beihilfen (Abs. 2 lit. b)

5 Einen weiteren möglichen Erlaubnistatbestand bestimmt Abs. 2 lit. b für etwaige Forschungs- und Entwicklungsbeihilfen. Die Begrenzung auf Forschung und Entwicklung entspricht dabei den üblichen FuE-Regelungen zu Zielgerichtetheit, Erforderlichkeit, Geeignetheit, Anreizeffekt, Angemessenheit, keine übermäßigen Wettbewerbs- und Handelsbeeinträchtigungseffekte und schließlich Transparenz, wie sie in der Mitteilung der Kommission zu FuEuI-Beihilfen[4] und in Art. 30–37 VO (EU) 651/2014 niedergelegt sind.

IV. Weitere Beihilfen nach Art. 93 AEUV

6 Die Formulierung „insbesondere" drückt aus, dass Art. 9 Abs. 2 nun keine abschließende Aufzählung von Abgeltungs- und Koordinierungsbeihilfen mehr beinhaltet.[5] Erwägungsgrund 34 nennt auch unter Bezugnahme auf das Altmark Trans-Urteil des EuGH Abgeltungsbeihilfen auf der Grundlage des Art. 93 AEUV, wenn eine klare Betrauung besteht und die Ausgleichsleistung die Nettomehrkosten der gemeinwirtschaftlichen Verpflichtung nicht übersteigt. Jedoch dürfte dieser Hinweis auf genehmigungsfähige **Abgeltungsbeihilfen** auf der Grundlage des Art. 93 AEUV eher irreführend sein, da die VO selbst für den Personenverkehr zu Lande **abschließend** den Bedarf an Abgeltungsbeihilfen regelt. Lediglich bei von der VO ausgenommenen Leistungen ist auf das allgemeine Beihilferecht zurückzugreifen, wie Erwägungsgrund 5 verdeutlicht.

7 Denkbar sind als weitere – jeweils aber notifizierungspflichtige – Beihilfen Förderungen für Fahrzeuge, Betriebshöfe, Werkstätten, Umweltschutzmaßnahmen,[6] Marketing, Vertrieb, Planung und Beratung oder auch Vorhaltekostenförderung.[7] Gleichwohl können diese Maßnahmen auch alle innerhalb von öffentlichen Dienstleistungsaufträgen mitabgedeckt werden[8] und eine objektive Notwendigkeit für gesonderte Förderungen wird selten bestehen.

---

[2] S. hierzu *Berschin* in Baumeister Recht des ÖPNV-HdB A1 Rn. 214 ff. zur Praxis der Kom. in Bezug auf Infrastrukturbeihilfen.
[3] *Berschin* in Baumeister Recht des ÖPNV-HdB A1 Rn. 180 ff.; s. auch Saxinger/Winnes/*Faber* Rn. 15.
[4] Kom., Mitteilung Unionsrahmen für staatliche Beihilfen zur Förderung von Forschung, Entwicklung und Innovation, ABl. 2014 C 198, 1.
[5] Mitteilung der Kom., Gemeinschaftliche Leitlinie für staatliche Beihilfen an Eisenbahnunternehmen v. 22.7.2008, ABl. 2008 C 184, 13 Rn. 20; *Roling* DER NAHVERKEHR 8/2009, 51 (52); Linke/*Linke*/Lübbig Rn. 9; Saxinger/Winnes/*Niemann* Anh. Rn. 23 ff.
[6] S. hierzu Kom., Leitlinien der gemeinschaftlichen staatlichen Umweltschutzbeihilfen, ABl. 2008 C 82, 1.
[7] S. dazu *Roling* DER NAHVERKEHR 8/2009, 51 (52 f.); Saxinger/Winnes/*Faber* Rn. 23.
[8] Mit. d. Kom., Gemeinschaftliche Leitlinien für staatliche Beihilfen an Eisenbahnunternehmen, ABl. 2008 C 184, 13.

Anders verhält es sich bei der Genehmigungsfähigkeit von **Koordinierungsbeihilfen.** Abgesehen vom zwingenden Reflex der Ausgleichsleistungen auf andere Verkehrsträger und damit verbundenen möglichen Koordinierungsbeihilfen enthält die VO keine Regelungen über Koordinierungsbeihilfen. Sie nennt lediglich im Bereich der Infrastrukturkostenanlastung und für FuE mögliche Beihilfegenehmigungstatbestände, ohne damit Koordinierungsbeihilfen regeln zu wollen. Es bleibt daher auch im Personenlandverkehr bei uneingeschränkter Anwendbarkeit des Art. 93 AEUV (Band 5 *Núñez Müller* → 2. Aufl. 2018, Sektoren Rn. 491 f.). 8

Art. 10 Aufhebung

(1) ¹Die Verordnung (EWG) Nr. 1191/69 wird aufgehoben. ²Sie gilt jedoch während eines Zeitraums von drei Jahren nach Inkrafttreten der vorliegenden Verordnung weiterhin für Güterbeförderungsdienste.

(2) Die Verordnung (EWG) Nr. 1107/70 wird aufgehoben.

Die **Aufhebung der VO (EWG) Nr. 1191/69** ist folgerichtig, da deren Zweck nun durch die nachfolgende PersonenverkehrsVO erfüllt wird. Die Abgeltung gemeinwirtschaftlicher Pflichten wird umfassend geregelt, wenngleich die PersonenverkehrsVO **keinen Abgeltungsanspruch** mehr bestimmt,[1] sondern lediglich Abgeltungen zulässt und dem Umfang nach begrenzt. Auch der in der VO (EWG) Nr. 1191/69 geregelte Aufhebungsanspruch – ursprünglich nur der Staatsbahnen, seit VO (EWG) Nr. 1893/91 auch aller Verkehrsunternehmen im öffentlichen Personenverkehr, soweit die Mitgliedstaaten nicht von der Ausnahmemöglichkeit Gebrauch gemacht hatten – hat sich erledigt. Denn dieser Aufhebungsanspruch war bewusst als Transformation bisher eher allgemein auferlegter gemeinwirtschaftlicher Pflichten in fortan konkrete Gegenleistungsverhältnisse gedacht. Dies geht Hand in Hand mit der in Art. 5 Abs. 1 UAbs. 2 Eisenbahnraum-RL geregelten **Unabhängigkeit** der Geschäftsführungen von **Eisenbahnunternehmen,** die in den verschiedenen Eisenbahnraum-RL immer weiter ausgefeilt wurde. Dies verbietet die Annahme von gemeinwirtschaftlichen Verpflichtungen, die nicht oder nur unvollständige kompensiert werden. Auch die gesetzliche Anordnung derartiger Pflichten ohne hinreichenden Ausgleich würde gegen vorgenannte Richtlinie verstoßen. 1

Ein vergleichbares **Unabhängigkeitsgebot** für **Straßenpersonenverkehrsunternehmen** findet sich im EU-Recht nicht. Während bei privaten Unternehmen schon denklogisch eine Unterkompensation ausgeschlossen werden kann, solange sie die gemeinwirtschaftlichen Verpflichtungen freiwillig[2] eingehen, ist dies bei den öffentlichen Unternehmen anders. Gerade das Topos der dem Gemeinwohl verpflichteten kommunalen Eigengesellschaft lebt von dauerhaft defizitärer Leistungserbringung. Verliehen Art 1 Abs. 4 VO (EWG) Nr. 1191/69 und Art. 4 VO (EWG) Nr. 1191/69 dem Verkehrsunternehmen einen Anspruch auf Aufhebung der gemeinwirtschaftlichen Pflichten, den die zuständigen Behörden nur durch eine Beibehaltungs- oder Neuauferlegungsentscheidung nach Art. 1 Abs. 5 mit gleichzeitiger Festsetzung eines angemessenen Ausgleichs abwehren konnten, so fehlt hier eine Nachfolgeregelung der PersonenverkehrsVO. Diese „Lücke" wurde bewusst gerissen, da ein gemeinschaftlicher Regelungsbedarf für ein Unterkompensationsverbot nicht gesehen wurde. Dies ist auch nachvollziehbar, da die Regelung eines Unterkompensationsverbot Hand in Hand mit dem geregelten Überkompensationsverbot (→ Art. 2a Rn. 7, → Art. 6 Rn. 2 ff.) dazu geführt hätte, dass denklogisch nur ein einziger Ausgleichsbetrag rechtskonform wäre und erhoffte Rechtsunsicherheit Makulatur gewesen wäre. 2

Es ist daher Aufgabe der Mitgliedstaaten insbesondere bei öffentlichen Unternehmen für eine hinreichende Unabhängigkeit der Geschäftsführung mit einer angemessenen Kompensation gemeinwirtschaftlicher Pflichten zu sorgen. Hilfreich in Deutschland ist dazu das Jahressteuergesetz 2009,[3] mit dem § 8 Abs. 7 KStG eingefügt wurde. Damit ist es nicht mehr erforderlich, dass im steuerlichen Querverbund kommunale Eigengesellschaft auf ihren Kompensationsanspruch für gemeinwirtschaftliche Pflichten verzichtet. Vielmehr kann diese Kompensation auch durch Defizitübernahme im kommunalen Querverbund erfolgen und muss nicht mehr umgangen werden.[4] 3

---

[1] Das insbes. im EU-Parlament geforderte Unterkompensationsgebot fand dagegen keinen Einzug in die PersonenverkehrsVO.
[2] S. auch Saxinger/Winnes/*Saxinger* Art. 2 lit. e Rn. 22 f.
[3] BGBl. 2008 I 2794.
[4] Zur Diskussion zur Schädlichkeit der Verlustausgleichsübernahme durch Ergebnisabführungsverträge s. *Linke* Verkehr und Technik, 2010, 429 (430 ff.); Saxinger/Winnes/*Saxinger* Art. 4 Abs. 1 Rn. 70 ff.

4 Weitere Schutzwirkungen gegen eine mögliche Unterkompensation liefert bei grundrechtsberechtigten, dh mindestens mittelbar privaten Unternehmen Art. 12 Abs. 1 GG unter dem Stichwort „**Indienstnahme Privater**". Hier ergeben sich Ausgleichsansprüche für auferlegte gemeinwirtschaftliche Pflichten. Allerdings gewährt die Rechtsprechung dem Gesetzgeber auch einen weiten Gestaltungsspielraum zur Festlegung des Ausgleichs, insbesondere auch unter dem Aspekt der Querfinanzierung aus anderen Nutzergruppen.[5] Auf europäischer Ebene findet sich dagegen kein vergleichbarer Schutzstandard, sodass auch hieraus der EU-Gesetzgeber nicht verpflichtet war, den Abgeltungsanspruch der VO (EWG) Nr. 1191/69 fortwirken zu lassen.

5 Wenige Landverkehre wie insbesondere die **Binnenschifffahrt** können von der VO ausgenommen werden. Für derartige **Abgeltungsbeihilfen** gilt mit Inkrafttreten der PersonenverkehrsVO wieder unmittelbar Art. 93 AEUV, wie Erwägungsgrund 36 auch hervorhebt. Allerdings ist irreführend, wenn die Kommission in diesem Zusammenhang auf EuGH Rs. C-280/00 „Altmark Trans" verweist, den tatbestandlich sind dortige Abgeltungen keine Beihilfen, für die Art. 93 AEUV einen Rechtfertigungsgrund darstellen könnte.

6 Die **Aufhebung der VO (EWG) Nr. 1107/70** ist dagegen **nicht** ohne Weiteres **zwingend**. Denn sie regelte ihrem Anspruch nach die Art. 93 AEUV umfassend. Im Hinblick auf alle erforderlichen Koordinierungs- und Abgeltungsbeihilfen in Art. 3 VO (EWG) Nr. 1107/70 waren geregelt:
– Abgeltungsbeihilfen auch für Unternehmen außerhalb der VO (EWG) Nr. 1191/69,
– Normalisierung der Konten, auch für Eisenbahnen außerhalb der VO (EWG) Nr. 1192/69,
– Ausgleich unterschiedlicher Wegekosten,
– Sanierung und Restrukturierung,
– Beihilfen für den kombinierten Verkehr, zuletzt befristet bis 31.12.1997,
– Entwicklung der Binnenschifffahrt, zuletzt befristet bis 31.12.1999.

7 Lediglich die Beihilfen für den kombinierten Verkehr waren gem. Art. 5 Abs. 2 VO (EWG) Nr. 1107/70 vom Notifizierungsgebot nach Art. 108 Abs. 3 AEUV befreit. Dies war auch der Grund, warum letztlich die VO (EWG) Nr. 1107/70 geringe Bedeutung behielt und allenfalls nochmals zusätzliche Unterstützung für die Entscheidungspraxis der Kommission im Bereich der Beihilfen für den Landverkehr hergab.

8 Weniger überzeugend ist dagegen der in Erwägungsgrund 37 wiedergegebene Aufhebungsgrund der unangemessenen Einschränkung des Art. 93 AEUV. So würde die PersonenverkehrsVO Investitionen vor allem Rahmen öffentlich-privater Partnerschaften behindern. Im Vordergrund steht daher offenbar mehr Flexibilität für die Kommission, die ohne weitere sekundärrechtliche Vorgaben, insgesamt freier wird, den Art. 93 AEUV flexibel anzuwenden. Im Kontext der im Wesentlichen auf die Freistellung vom Notifizierungsgebot ausgerichtete PersonenverkehrsVO ist es folgerichtig, nur die Beihilfen für unterschiedliche Anlastung von Wegekosten (Art. 9 Abs. 2 lit. a) aufzulisten und zusätzlich FuE-Beihilfen im lit. b zu erwähnen. Für diese wird zwar mangels näherer Eingrenzung keine Freistellung vom Notifizierungsgebot ausgesprochen, aber diese Beihilfen sind am ehesten noch im Zusammenhang mit Abgeltungsbeihilfen zu sehen. Die Nachfolgeregelungen für Eisenbahnen wurden wie in Erwägungsgrund 37 angekündigt im Beihilferahmen für Eisenbahnen[6] niedergelegt. Ansonsten ist eher zu beobachten, dass bestimmte allgemeine Beihilfenrahmen wie De Minimis,[7] Umweltschutz[8] oder FuE[9] nun auch konsequent für den bisher ausgeschlossenen Verkehrssektor geöffnet werden.

9 **Nationale Verweise** vor allem auf die VO (EWG) Nr. 1191/69 laufen ins Leere und werden in der Regel dynamisch auf die PersonenverkehrsVO zu interpretieren sein.[10] Die PersonenverkehrsVO regelt zwar auch die Zulässigkeit von Finanzierungen im öffentlichen Verkehr, ihr Regelungsansatz ist aber weiter und umfasst eine Harmonisierung im Gemeinsamen Markt der öffentlichen Verkehr im Hinblick auf durch Ausschließlichkeitsrechte und öffentliche Finanzierung abgeschottete Märkte. Dagegen hatte die VO (EWG) Nr. 1191/69 den Schwerpunkt bei der Stärkung der Autonomie der Verkehrsunternehmen, vor allem der Staatsbahnen bei der Indienstnahme

---

[5] Zum rechnerisch nur hälftigen Ausgleich unter Geltung des § 45a PBefG s. BVerfG Beschl. v. 8.12.2009 – 2 BvR 758/07, NVwZ 2010, 634 Rn. 81; BVerwGE 69, 104, 107 f. = DVBl. 1985, 285. Zum Abzug des Schwellenwertes beim betriebsindividuellen Ausgleich nach §§ 228 ff. SGB IX BVerwG Beschl. v. 17.1.2003 – 5 B 261.02 = NVwZ 2003, 866 (868).

[6] Mitteilung der Kom., Gemeinschaftliche Leitlinien für staatliche Beihilfen an Eisenbahnunternehmen, ABl. 2008 C 184, 13.

[7] S. Erwägungsgrund 5 VO (EU) Nr. 1407/2013.

[8] Art. 36 Abs. 4 VO (EU) Nr. 651/2014.

[9] Mitteilung der Kom., Unionsrahmen für staatliche Beihilfen zur Förderung von Forschung, Entwicklung und Innovation, ABl. 2014 C 198, 1.

[10] *Barth* in Baumeister Recht des ÖPNV-HdB A2 Rn. 203.

für gemeinwirtschaftliche Zwecke. Vor diesem Hintergrund muss der noch **in § 15 AEG verbliebene Verweis** auf die VO (EWG) Nr. 1191/69 als wirkungslos angesehen werden.[11] Die VO (EWG) Nr. 1191/69 ließ eine Auferlegung für gemeinwirtschaftliche Leistungen nur unter engen Bedingungen zu. Dieses Instrument wurde in der PersonenverkehrsVO nicht weitergeführt, sondern vielmehr der Begriff der öffentlichen Dienstleistungsaufträge eingeführt. Dieser kann zwar auch hoheitliche Leistungsverpflichtungen beinhalten, sie stehen aber nicht mehr im Vordergrund. Zudem regelt die PersonenverkehrsVO im Gegensatz zur VO (EWG) Nr. 1191/69 keinen Mindestabgeltungsanspruch, sondern legt nur noch den höchstzulässigen Ausgleich fest. Daher ist die PersonenverkehrsVO von ihrer Konzeption her nicht geeignet, Verweise aus dem nationalen Recht als dynamische Verweise zu interpretieren. Erst recht gilt dies für § 15 Abs. 2 AEG, der noch die Ausschreibung von SPNV-Leistungen in das Ermessen der zuständigen Behörden stellte. Zum einen hat der BGH[12] bereits aus den später ergangenen Normierungen des Vergaberechts die volle Anwendung des Vergaberechts bestimmt, was nun auch in § 131 GWB seinen Niederschlag gefunden hat, zum anderen hat die PersonenverkehrsVO nun eigenständige Regelungen zur Vergabe im SPNV, die einem derartigem freien Ermessen bereits entgegenstehen.

Art. 11 Berichte

Die Kommission legt nach Ende des in Artikel 8 Absatz 2 vorgesehenen Übergangszeitraums einen Bericht über die Durchführung dieser Verordnung und über die Entwicklung der Erbringung öffentlicher Personenverkehrsdienste in der Gemeinschaft vor, in dem insbesondere die Entwicklung der Qualität der öffentlichen Personenverkehrsdienste und die Auswirkungen der Direktvergabe bewertet werden und dem erforderlichenfalls geeignete Vorschläge zur Änderung dieser Verordnung beigefügt sind.

Der Kommissionsbericht ist nach dem Ende des **Übergangszeitraums** vorzulegen. War dieser **1** bislang mit dem 2.12.2019 klar bestimmt, ist durch die ÄndVO nun ein weiteres Datum, der 24.12.2023, ins Spiel gekommen. Da nun die Mitgliedstaaten ihren Fortschrittsbericht bis zum 25.12.2020 vorlegen, spricht vieles dafür, dass der Kommissionsbericht erst nach Ablauf der Übergangszeit im Schienenverkehr vorzulegen ist. Ziel dieses Berichts ist es, insbesondere die rechtlichen und politischen umstrittenen Instrumente der Direktvergaben zu evaluieren.

Hiervon unberührt ist die Befugnis der Kommission, sich zur Anwendung der VO zu äußern, **2** insbesondere Unterstützung bei Auslegungsfragen. Dies erfolgte zB durch die Mitteilung der Kommission zu Auslegungsfragen im Jahr 2014.[1]

Art. 12 Inkrafttreten

Diese Verordnung tritt am 3. Dezember 2009 in Kraft.

Das ursprüngliche Inkrafttreten zum 3.12.2009 ist inzwischen bedeutungslos. Die ÄndVO trat **1** zum 24.12.2017 in Kraft. Ein Außerkrafttreten ist in Art. 8 Abs. 3 lit. iii bezüglich Art. 5 Abs. 6 und 7 Abs. 3 ab 25.12.2023, dem Ablaufdatum der Übergangszeit, geregelt.

Anhang: Regeln für die Gewährung einer Ausgleichsleistung in den Artikel 6 Absatz 1 genannten Fällen

1. **Ausgleichsleistungen im Zusammenhang mit direkt vergebenen öffentlichen Dienstleistungsaufträgen gemäß Artikel 5 Absätze 2, 4, 5 oder 6 oder Ausgleichsleistungen im Zusammenhang mit einer allgemeinen Vorschrift sind nach den Regeln dieses Anhangs zu berechnen.**
2. **Die Ausgleichsleistung darf den Betrag nicht überschreiten, der dem finanziellen Nettoeffekt der Summe aller (positiven oder negativen) Auswirkungen der Erfüllung gemeinwirtschaftlicher Verpflichtungen auf die Kosten und Einnahmen des Betreibers eines öffentlichen Dienstes entspricht. Die Auswirkungen werden beurteilt anhand des Vergleichs der Situation bei Erfüllung der gemeinwirtschaftlichen Verpflichtung mit**

---

[11] Beck AEG/*Fehling* AEG § 15 Rn. 18; *Barth* in Baumeister Recht des ÖPNV-HdB A2 Rn. 82.
[12] BGH Beschl. v. 8.2.2011 – X ZB 4/10, BGHZ 188, 200 = NZBau 2011, 175 – Abellio.
[1] Mitteilung der Kom. über die Auslegungsleitlinien zu der VO (EG) Nr. 1370/2007 über öffentliche Personenverkehrsdienste auf Schiene und Straße, ABl. 2014 C 92, 1 (= „Auslegungsmitteilung PersonenverkehrsVO").

der Situation, die vorläge, wenn die gemeinwirtschaftliche Verpflichtung nicht erfüllt worden wäre. Für die Berechnung des finanziellen Nettoeffekts geht die zuständige Behörde nach dem folgenden Modell vor:
Kosten, die in Verbindung mit einer gemeinwirtschaftlichen Verpflichtung oder einem Paket gemeinwirtschaftlicher Verpflichtungen entstehen, die von einer oder mehreren zuständigen Behörden auferlegt wurden und die in einem öffentlichen Dienstleistungsauftrag und/oder in einer allgemeinen Vorschrift enthalten sind,
abzüglich aller positiven finanziellen Auswirkungen, die innerhalb des Netzes entstehen, das im Rahmen der betreffenden gemeinwirtschaftlichen Verpflichtung(en) betrieben wird,
abzüglich Einnahmen aus Tarifentgelten oder aller anderen Einnahmen, die in Erfüllung der betreffenden gemeinwirtschaftlichen Verpflichtung(en) erzielt werden, zuzüglich eines angemessenen Gewinns,
ergeben den finanziellen Nettoeffekt.
3. Die Erfüllung der gemeinwirtschaftlichen Verpflichtung kann Auswirkungen auf mögliche Beförderungstätigkeiten eines Betreibers haben, die über die betreffende(n) gemeinwirtschaftliche(n) Verpflichtung(en) hinausgehen. Zur Vermeidung von übermäßigen oder unzureichenden Ausgleichsleistungen werden daher bei der Berechnung des finanziellen Nettoeffekts alle quantifizierbaren finanziellen Auswirkungen auf die betroffenen Netze des Betreibers berücksichtigt.
4. Die Berechnung der Kosten und Einnahmen erfolgt anhand der geltenden Rechnungslegungs- und Steuervorschriften.
5. Führt ein Betreiber eines öffentlichen Dienstes neben den Diensten, die Gegenstand einer Ausgleichsleistung sind und gemeinwirtschaftlichen Verpflichtungen unterliegen, auch andere Tätigkeiten aus, so muss die Rechnungslegung für diese öffentlichen Dienste zur Erhöhung der Transparenz und zur Vermeidung von Quersubventionen getrennt erfolgen, wobei zumindest die folgenden Voraussetzungen erfüllt sein müssen:
   – Die Konten für jede dieser betrieblichen Tätigkeiten werden getrennt geführt, und der Anteil der zugehörigen Aktiva sowie die Fixkosten werden gemäß den geltenden Rechnungslegungs- und Steuervorschriften umgelegt.
   – Alle variablen Kosten, ein angemessener Beitrag zu den Fixkosten und ein angemessener Gewinn im Zusammenhang mit allen anderen Tätigkeiten des Betreibers eines öffentlichen Dienstes dürfen auf keinen Fall der betreffenden öffentlichen Dienstleistung zugerechnet werden.
   – Die Kosten für die öffentliche Dienstleistung werden durch die Betriebseinnahmen und die Zahlungen staatlicher Behörden ausgeglichen, ohne dass eine Übertragung der Einnahmen in einen anderen Tätigkeitsbereich des Betreibers eines öffentlichen Dienstes möglich ist.
6. Unter angemessenem Gewinn ist eine in dem betreffenden Sektor in einem bestimmten Mitgliedstaat übliche angemessene Kapitalrendite zu verstehen, wobei das aufgrund des Eingreifens der Behörde vom Betreiber eines öffentlichen Dienstes eingegangene Risiko oder für ihn entfallende Risiko zu berücksichtigen ist.
7. Das Verfahren zur Gewährung der Ausgleichsleistung muss einen Anreiz geben zur Aufrechterhaltung oder Entwicklung
   – einer wirtschaftlichen Geschäftsführung des Betreibers eines öffentlichen Dienstes, die objektiv nachprüfbar ist, und
   – der Erbringung von Personenverkehrsdiensten ausreichend hoher Qualität.

Übersicht

		Rn.			Rn.
I.	Bedeutung des Anhangs	1	5.	Zeitliche Aspekte	11
II.	Nettoeffekt (Nr. 2)	3	III.	Rechnungslegung	15
1.	Vergleich Ist mit hypothetischer Situation	3	1.	Verweis auf nationale Vorschriften (Nr. 4)	15
2.	Identifikation der gemeinwirtschaftlichen Pflicht	5	2.	Trennungsrechnung (Nr. 5)	18
3.	Kosten, Erlöse und Gewinn	6	IV.	Angemessener Gewinn (Nr. 6)	21
4.	Auswirkungen auf andere Tätigkeiten (Nr. 3)	10	V.	Wirtschaftlichkeits- und Qualitätsanreiz (Nr. 7)	27
			VI.	Nachweisführung	30

I. Bedeutung des Anhangs

Der Anhang enthält gesonderte Abrechnungsvorschriften für nicht wettbewerbliche Vergaben, wobei auch die allgemeinen Vorschriften nach Art. 3 Abs. 2 umfasst werden, obwohl es hier dank offenen Marktzugangs (→ Art. 3 Rn. 8) nicht an aktuellen und potenziellen Wettbewerb mangeln sollte. Die Abrechnungsvorschriften sollen eine Überkompensation verhindern. Gemäß Erwägungsgrund 27 muss es daher detaillierte Bestimmungen geben, wie dies nachgewiesen kann. Erwägungsgrund 28 formuliert eine **Beweisfunktion** des Anhangs im Hinblick auf die Einhaltung des Überkompensationsverbots. Allerdings würde im Fall des Falles immer noch die jeweils zuständige Behörde auch das Gericht die Beweislast dafür haben, dass keine übermäßige Ausgleichsleistung vorliegt und daher die Freistellung vom Notifizierungsgebot in Art. 9 Abs. 1 nicht greifen würde. Daher muss es eine breitere Erklärung für die vertieften Abrechnungsregelungen des Anhangs geben:

Zum einen geht es um **Operationalisierung** des in Art. 4 Abs. 1 eingeführten Begriffs „übermäßige Ausgleichsleistung" und „finanziellen Nettoauswirkungen auf Kosten und Erlöse durch die gemeinwirtschaftliche Verpflichtungen". Zum anderen regelt der Anhang die wirksame **Verhinderung eines Mitteltransfers** aus nicht wettbewerblichen Bereichen in Wettbewerbsbereiche. Damit unterscheidet sich der Anhang nicht grundlegend von der Zielrichtung der RL 2006/111/EG und den dort niedergelegten Erwägungen (Erwägungsgründe 15 und 16 RL 2006/111/EG). Allerdings beschränkt Art. 2 lit. d RL 2006/111/EG die Verpflichtung, getrennte Bücher zu führen, auf Unternehmen, die sowohl Dienstleistungen von allgemeinem wirtschaftlichem Interesse als auch andere Tätigkeiten erbringen. Diese Beschränkung auf Tätigkeit auch in anderen Bereichen enthält der Anhang nicht. Dahinter steckt die Erwartung, dass durch die genauere Rechnungslegung, auch **Effizienz und Qualität** der Dienstleistung sichtbar werden, insbesondere anhand von Kennziffern Vergleichsmöglichkeiten mit wettbewerblichen Vergabeverfahren entstehen und so die Einsicht zugunsten des Wettbewerbs wachsen könnte. So ist letztlich zu erklären, dass der Anhang, der eigentlich nur Abrechnungsvorschriften enthalten sollte, an unerwarteter Stelle unter Nr. 7 Qualitäts- und Wirtschaftlichkeitsanreizen postuliert.

II. Nettoeffekt (Nr. 2)

1. Vergleich Ist mit hypothetischer Situation. Kern des Anhangs ist die Definition des wirtschaftlichen Nettoeffekts. Der Nettoeffekt ist das Saldo[1] aller positiven und negativen Effekte der gemeinwirtschaftlichen Pflicht in finanzieller Hinsicht. Dabei ist ein Vergleich mit einem hypothetischen Zustand ohne des Bestehens der gemeinwirtschaftlichen Pflicht(en) zu wählen. Mit diesem Vergleich zu einem hypothetischen Zustand befindet sich die VO in guter **Tradition** zu ihrer **VorgängerVO (EWG) Nr. 1191/69.** Auch dort war in Art. 11 Abs. 1 lit. a VO (EWG) Nr. 1191/69 geregelt, dass bei einer Tarifpflicht als Referenz der ohne Tarifpflicht bestehende Tarif oder mangels dessen der bei kaufmännischer Geschäftsführung unter Berücksichtigung von Kosten und Marktlage fiktiv gedachte Tarif heranzuziehen war. Zudem waren die bei den gedachten Tarif anzunehmenden Fahrgastmengen anzusetzen. Genauso bestimmte Art. 10 Abs. 1 UAbs. 1 VO (EWG) Nr. 1191/69 diese Differenzhypothese ganz allgemein: Es war ein Vergleich des Zustands mit gemeinwirtschaftlichen Pflichten zu einem Zustand ohne gemeinwirtschaftliche Pflichten vorzunehmen. Ist dieser Zustand aber nicht beschreibbar, weil ein **Ausgleich von Angebot und Nachfrage** kommerziell gar **nicht möglich** ist, ist die Hypothese leer. Das bedeutet, dass die **Differenz zu** einem ansonsten **nicht stattfindenden Verkehr** zu berechnen ist; dh alle Kosten und Einnahmen des der gemeinwirtschaftlichen Pflicht Verkehrs sind abrechnungsfähig. Dieser Zusammenhang war in Art. 11 Abs. 2 VO (EWG) Nr. 1191/69 explizit geregelt: „Wenn der nach Absatz 1 errechnete Ausgleich wegen der Marktlage nicht ausreicht, die gesamten Kosten des der Tarifpflicht unterliegenden Verkehrs zu decken, so entspricht die Höhe des Ausgleichs nach Artikel 9 Absatz 1 dem Unterschied zwischen diesen Kosten und den Einnahmen dieses Verkehrs". Mit anderen Worten: Gab es zu einem fiktiven Tarif keine hinreichende Nachfrage aufgrund der Preiselastizitäten mehr, so wurde aus der Tarifpflicht automatisch eine Betriebspflicht, die vollumfänglich erstattungsfähig war.

In der Praxis wird sich aber meist nicht mit vertretbarem Aufwand feststellen lassen, was der **kommerzielle Kern** einer Leistung ist, die aus einer Vielzahl gemeinwirtschaftlicher Pflichten zu Fahrplan, Tarif und Qualität ergibt. Relativ schnell wird deutlich sein, dass das entsprechend umfangreiche Angebot zu den vorgegebenen Tarifen bei weitem nicht finanzierbar ist. Allerdings wäre vielfach ein **Rumpfangebot** mit hohen Tarifen als kommerzieller Kern bei entsprechendem

---

[1] Der bei Deuster IR 2009, 46 (49) und Saxinger/Winnes/Niemann Anh. Rn. 28 f. beschriebene Widerspruch zwischen Saldierungs- und Differenzierung ist theoretischer Natur. Soweit sich der Ohnefall gar nicht beschreiben lässt, wird man die gesamten Kosten und Erlöse der der gemeinwirtschaftlichen Pflicht unterfallenden Tätigkeit des Betreibers zurechnen können, da die jeweiligen Abzugspositionen 0 sind.

Aufwand identifizierbar. In Anbetracht des Zwecks der VO, Finanztransfer in kommerzielle, wettbewerbliche Bereiche zu verhindern und durch Transparenz über Leistung und Gegenleistung Qualität und Effizienz zu fördern, ist es nicht geboten, hier unter Geltung umfangreicher Eingriffe in den Markt durch gemeinwirtschaftliche Pflichten einen hypothetischen Zustand im Sinne eines eigenwirtschaftlichen Kerns zu identifizieren. Denn Art. 2a Abs. 1 UAbs. 1 verdeutlicht das äußerst weite Ermessen der zuständigen Behörden, gemeinwirtschaftliche Pakete zu definieren und dadurch einen Ausgleich von guten und schlechten Risiken herbeizuführen. Daher bietet sich an, den Gedanken der VO (EWG) Nr. 1191/69 weiterhin fruchtbar zu machen: Eine hypothetische Referenz ist dann herzustellen, wenn gezielt in einen kommerziellen Verkehr mit Einzelleistungen eingegriffen wird. Dies ist zum einen bei der **allgemeinen Vorschrift** der Fall, da hier ohne Vorgaben zu Fahrplan und Qualität (→ Art. 3 Rn. 9 f.) lediglich in die unter dem Ausgleich von Angebot und Nachfrage gebildeten Tarife eingegriffen wird. Auch bei zusätzlichen Fahrplanleistungen oder Qualitäten in einem offenen Markt, dh einem Markt ohne ausschließliche Rechte, kann von einem isolierten Markteingriff ausgegangen werden, der die Differenzbildung zu einem Zustand ohne diesen Eingriff erlaubt. Wird dagegen ein ausschließliches Recht nach Art. 2 lit. f vergeben, muss zwingend als Gegenleistung für das ausschließliche Recht ein ganzes Bündel aus Vorgaben zu Fahrplan, Tarif und ggf. auch Qualität geregelt werden. Unter dessen Geltung ist der Verkehr insgesamt höherwertig als sich unter Ausgleich von Angebot und Nachfrage ergeben würde. In diesem Fall erscheint es obsolet, einen hypothetischen Zustand mit hohem Aufwand zu ermitteln, der im Zweifel ergibt, dass bei einem Einbrechen der Erträge auf die Hälfte oder noch weniger ein Bruchteil des Angebots ggf. bestehen könnte.

5   **2. Identifikation der gemeinwirtschaftlichen Pflicht.** Bezugspunkt eines Ausgleichs ist eine gemeinwirtschaftliche Pflicht oder ein Bündel derartiger Pflichten. Diese müssen **klar und transparent** festgesetzt sein und Gegenstand des Verpflichtungsaktes sein. Jedwede Arten von Selbstfestlegungen oder einseitigen Befreiungsmöglichkeiten stehen im Zweifel einer tatsächlichen Pflicht entgegen und sind Indiz für Selbstbetrauungen (→ Art. 3 Rn. 11). Die zweifelsfreie Herausarbeitung der gemeinwirtschaftlichen Pflicht(en) ist auch als Größe des hypothetischen Bezugsfalls unerlässlich. Sind die Pflichten nur punktuelle Eingriffe in einen ansonsten freien Markt, so ist dieser hypothetische Fall von größter Bedeutung. Denn nur die Differenz zu diesem Fall ist ausgleichsfähig. Daher ist exakt zu identifizieren, mit welchen Pflichten in den ansonsten ungeregelten Markt eingegriffen wird.

6   **3. Kosten, Erlöse und Gewinn.** Nr. 2 legt die Berechnung des finanziellen Nettoeffekts aus dem **Saldo der Kosten- und Erlösveränderung zuzüglich eines angemessenen Gewinns** fest. Die Kosten sind auf die gemeinwirtschaftliche Verpflichtung oder ein Bündel hieraus zu beziehen. Soweit Verkehrsleistungen nach Umfang (Fahrplan) und Qualität vorgegeben werden, ist ein Kostenbezug ohne Weiteres herstellbar. Schwieriger wird es, soweit Pflichten vorgegeben werden, die vor allem der Ertragsseite betreffen, insbesondere Tarifpflichten. Auch hier können Kosten entstehen, soweit zB zusätzliche Vorgaben für den Vertrieb gemacht werden. Ein Beispiel wäre die Vorgabe, rabattierte Seniorenzeitkarten persönlich in Seniorenzentren verkaufen zu müssen. Dagegen sind zwangsläufig mit dem Vertrieb anfallende Kosten wie das Vorhalten von Vertriebstechnik, das Abrechnen von Erlösen oder auch Melden von Verbundeinnahmen keine Kosten der gemeinwirtschaftlichen Tarifverpflichtung, da sie auch in jeden anderen marktlichen Konstellation anfallen würden.

7   Kosten für **zusätzliche Kapazitäten** im Rahmen von **Tarifverpflichtungen** sind zunächst hierdurch ausgelöste Kosten. Jedoch gilt dies **nur für rentierliche Kosten**.[2] Das bedeutet, dass zusätzliche Kapazitäten nur in den Umfang bereitgestellt werden dürfen, wie sie durch zusätzliche Erträge aus dem rabattierten Tarif finanziert werden können. Werden weitere nicht rentierliche Kapazitäten bereitgestellt, so ist dies nicht mehr Ausfluss einer Tarifpflicht, sondern wäre nur im Rahmen einer Betriebspflicht, also Vorgaben zu Fahrplan und Kapazität ausgleichsfähig. Denn hier handelt es sich nicht mehr um einen Tarifeingriff eines ansonsten gegebenen Gleichgewichts von Angebot und Nachfrage, sondern vielmehr muss eine Angebotsquantität festgelegt werden, die sich daraus ergibt, dass die Tarife insgesamt nicht ausreichen, um das gewünschte Angebot zu finanzieren.

8   Die **Erlöse** sind alle auf die gemeinwirtschaftlichen Verpflichtungen entfallenden Erlöse. Dies sind auch ggf. zuzuscheidende Anteile aus Zeitkarten. Zwar sieht der Nettoeffekt nur die Betrachtung eines Saldos vor, jedoch ist gerade für den Kauf von Zeitkarten nicht unerheblich, wie umfangreich ein Angebot besteht. So kann der Entfall von bestellten Nachmittagsfahrten bedeuten, dass insgesamt

---

[2] *Grischkat/Karl/Berschin/Schaaffkamp* Verkehr und Technik 2010, 466 (468); *Berschin* in Baumeister Recht des ÖPNV-HdB A1 Rn. 58.

die Zeitkarten unattraktiv werden. Dies kann selbst im Schülerverkehr eine Rolle spielen, in dem in der Regel die öffentliche Hand die Nachfrage durch Übernahme der notwendigen Schülerbeförderungskosten disponiert. So kann das Nichtbedienen von Rückfahrten im hypothetischen Fall dazu führen, dass Einzel-/Mehrfahrten-/Punktekarten für die verbleibenden Fahrten günstiger sind als eine Zeitkarte. Neben den Tarifeinnahmen sind alle **weiteren Einnahmen** abzusetzen, die im Rahmen der gemeinwirtschaftlichen Tätigkeit erzielt werden. Neben anderen öffentlichen Ausgleichsleistungen wie anteiligen § 45a PBefG oder §§ 225 ff. SGB IX sind hier (anteilige) Werbeeinnahmen aus Fahrzeugen zu nennen.

Weiterhin sind sonst alle **positiven Effekte** innerhalb des Netzes zu berücksichtigen. Bei den Erlösen können dies nur die Erlöse der gemeinwirtschaftlichen Pflicht sein. Weitere Effekte wie Zubringereffekte auf kommerzielle Dienste unterfallen der Nr. 3. Bei den Kosten verdeutlich dagegen dieser Hinweis, dass die Kosten angemessen zugeschieden werden. So verbessern zB zusätzliche Fahrten die Auslastung von Fahrzeugen und Personal, sodass daher nicht sachgerecht wäre, die mit dem bisherigen Gemeinkostenzuschlag zu versehen. Im Ergebnis unterstreicht aber die Erwähnung der positiven Effekte, dass eine strenge Vergleichsrechnung mit und ohne gemeinwirtschaftliche Verpflichtung anzustellen ist, und eine Extrapolation aufgrund durchschnittlicher Ansätze, zB Kosten je Nutzwagenkilometer unzulässig ist. Zur Beaufschlagung mit einem angemessenen Gewinn → Rn. 21 ff. 9

4. Auswirkungen auf andere Tätigkeiten (Nr. 3). Während nach Nr. 2 nur die positiven Auswirkungen innerhalb des Netzes gemeinwirtschaftlicher Verpflichtungen zu berücksichtigen sind, bestimmt Nr. 3 die Berücksichtigung von Überwirkungen auf sonstige, dh kommerzielle Beförderungstätigkeiten. Dabei können sowohl **Vor- als auch Nachteile** berücksichtigt werden. Einschränkend wird aber gefordert, dass die Auswirkungen quantifizierbar sind, dies bedeutet mit vertretbarem Aufwand abgeschätzt werden können. **Vorteile** sind typischerweise Zubringer- und Marktgrößeneffekte, die sich in höherer Nachfrage auch im kommerziellen Verkehr niederschlagen. Auch gerade die Kundenbindung durch ein größeres Angebot und bessere Gewöhnung der Kunden an einen Betreiber können für das kommerzielle Angebot einen erheblichen Beitrag leisten.[3] **Nachteile** wären denkbar durch Veränderung der Zahlungsbereitschaften der Kunden. So kann ein dauerhaft subventioniertes Tarifniveau insgesamt das Gefühl für die Wertigkeit kommerzieller Leistungen beeinflussen. Allerdings müssen derartige Effekte quantifizierbar sein. An dieser Hürde wird ein Ansatz regelmäßig scheitern, da hierzu umfangreiche Marktforschungen angestellt werden müssten. 10

5. Zeitliche Aspekte. Das Verbot der Überkompensation kann nur anhand einer **rückblickenden Betrachtung** („ex post") festgestellt werden (→ Art. 4 Rn. 14). Wie sich bereits aus Nr. 2 ergibt, müssen die Effekte den Veränderungen entsprechen. Dies ergibt sich aus dem verwendeten Indikativ Präsens, auch in anderen Sprachfassungen. Es gibt keinen Hinweis darauf, dass hier eine Prognose oder Vorabkalkulation ausreichend wäre. Lediglich der hypothetische Zustand ist notwendigerweise eine Prognose, dagegen ist der Zustand mit der gemeinwirtschaftlichen Verpflichtung die tatsächlichen sich ergebenden Verhältnisse zugrunde zu legen. Dies zeigt sich zB in der Gegenposition „abzüglich aller Erträge [...], die [...] erzielt werden". Unzweifelhaft kann auch die Bezugnahme in Nr. 4 auf die Bilanzierungs- und Steuervorschriften der Mitgliedstaaten nur ein Istergebnis beinhalten, da diese Verweise keinerlei Regelungsgehalt für geplante Ergebnisse haben. 11

Dagegen ist der Abrechnungsrhythmus nicht geregelt. In der Tradition der VO (EWG) Nr. 1191/69 und auch unter Bezugnahme auf Rechnungslegungs- und Steuervorschriften sprich viel für eine **jährliche Abrechnung,** allerdings ist dies nicht zwingend.[4] Sichergestellt werden muss, dass am Ende gewährleistet sein muss, dass keine Überzahlung vorliegt. Aber auch das Belassen von Überzahlungen vorübergehend wirkt wie Eigenkapital und kann daher eine (weitere) Überkompensation bewirken. Es spricht daher viel dafür, dass eine Abrechnung und Bereinigung zumindest in überschaubaren Zeiträumen von zwei bis drei Jahren erfolgen muss. 12

Eng damit hängt die **Zeitnähe** zusammen. Insbesondere Abrechnungen über Einnahmen im Verbund oder auch staatliche Ausgleichsleistungen können teilweise erst mit mehrjährigem Verzug erfolgen. Gleichwohl hat das für die Rechnungslegung und auch Besteuerung nur geringe Folgen, da hier zu Recht das Schwergewicht auf Zeitnähe gelegt wird. Forderungen und Verbindlichkeiten sind daher abzuschätzen und einzustellen. Die jeweilige Bereinigung erfolgt in der nächsten Bilanz unter außerordentlichen Erträgen und Aufwendungen. Dieses Vorgehen hat 13

---

[3] So auch Auslegungsmitteilung PersonenverkehrsVO Nr. 2.4.2 und 2.4.7.; s. auch Saxinger/Winnes/*Niemann* Anh. Rn. 38; *Tegner/Wachinger* IR 2010, 264 (266).
[4] So aber Saxinger/Winnes/*Niemann* Anh. Rn. 32.

sich sowohl unter bilanz- als auch steuerrechtlichen Aspekten bewährt. Zwar will die PersonenverkehrsVO Überkompensationen verhindern und zielt auf eine möglichst genaue Abrechnung. Jedoch darf der Aspekt Zeit und Zeitnähe nicht unterschätzt werden. **Zu langes Zuwarten kann zu erheblichen Überzahlungen** und damit ungerechtfertigtem Liquiditätsvorteilen führen, wie es umgekehrt auch zu entsprechenden Unterzahlungen führen kann.[5] Daher ist unter Verweis der Nr. 4 auf Bilanz- und Steuerrecht, die Abrechnung aus dem Rückblick auf das kürzlich abgeschlossene Geschäftsjahr (bzw. ggf. mehrere Jahre) unter Einstellung der bis dahin bekannten Sachverhalte und deren finanziellen Bewertungen vorzunehmen. Erst recht gilt dies, soweit das Verkehrsunternehmen eine Einnahmeüberschussrechnung durchführt, denn hier sind bereits nur die jeweiligen Zahlungstermine maßgebend.

14   Keinen expliziten Eingang in den Anhang fanden die Vorstellungen der Kommission zur **Rückführung übermäßiger Ausgleichsleistungen.** Allerdings hat die Kommission festgestellt, dass ein öffentlicher Dienstleistungsauftrag zur Absicherung des Überkompensationsverbot über einen Rückführungsmechanismus von Überzahlungen aufweisen kann, wenn eine derartige Überzahlung ex ante nicht vollständig ausgeschlossen werden kann.[6] In Anlehnung an die Almunia Reform, welche in Art. 6 Abs. 2 Freistellungsbeschluss[7] eine Übertragung von 10% der Ausgleichsleistungen auf das nächstes Jahr zulässt, wird man auch dies im Bereich der PersonenverkehrsVO zulassen können.[8]

III. Rechnungslegung

15   **1. Verweis auf nationale Vorschriften (Nr. 4).** Der Verweis auf die jeweils nationalen Vorschriften zu Rechnungslegung und Besteuerung eröffnen einen entsprechenden Spielraum der wirtschaftlichen Bewertung von Sachverhalten, die damit im Ergebnis in der Europäischen Union divergieren können. Dies ist ein Zugeständnis an die jeweiligen Mitgliedstaaten, um die Überkompensationskontrolle einfach zu halten. Damit wird vermieden, dass die Verkehrsunternehmen abweichende Kontierungen und Bilanzierungen einführen müssen, um die fehlende Überkompensation nachzuweisen.

16   Dies bedeutet aber nicht, dass auf **Kostenstellen- oder Kostenträgerrechnungen** verzichtet werden können. Denn unterhalb der Bilanzierung sind diese erprobtes betriebswirtschaftliches Instrument, um den Erfolg einer bestimmten Tätigkeit oder eines Unternehmensbereichs zu überwachen. Da die gemeinwirtschaftlichen Pflichten selten das gesamte bilanzierende Unternehmen umfassen, ist entsprechend Nr. 3 eine sorgfältige Zuordnung der Kosten und Erlöse erforderlich.[9]

17   Weiterhin ist die bilanzielle und steuerrechtliche Freiheit bei **Konzernverrechnungspreisen**[10] einzuschränken. Denn Zweck des Anhangs ist die Überleitung von öffentlichen Ausgleichsleistungen in Wettbewerbsbereiche zu vermeiden. Dies könnte auch über zu hohe Konzernverrechnungspreise für Leistungen erfolgen. Daher ist zu fordern, dass Konzernverrechnungspreise einem Fremdvergleich standhalten müssen. Hierbei dürfen anders als im Konzernsteuerrecht Konzerninteresse nicht berücksichtigt werden, da der Anhang die spezifischen Kosten und Erlöse der gemeinwirtschaftlichen Pflichten zu erfassen versucht und nicht das Interesse im Konzern. Davon ist selbstverständlich unberührt, dass die positiven und negativen Effekte auf andere, nicht gemeinwirtschaftliche Pflichten monetarisiert und saldiert werden.

---

[5] Die Kom. betont ebenfalls in ihrer Auslegungsmitteilung PersonenverkehrsVO Nr. 2.4.2, dass regelmäßige Kontrollen der Einhaltung des Nettoeffekts notwendig sind, um „klare Fälle von übermäßigen Ausgleichszahlungen" frühzeitig zu erkennen, insbes. bei langfristigen Verträgen entgegensteuern zu können.

[6] Kom., E v. 24.2.2010 über die öffentlichen Verkehrsdienstleistungsverträge zwischen dem dänischen Verkehrsministerium und Danske Statsbaner (Staatliche Beihilfe C 41/08 (ex NN 35/08)), ABl. 2011 L 7, 1, Rn. 222 ff. Zuvor bereits auf Grundlage Altmark Trans: E der Kom. K(2011)632 endg. v. 23.2.2011 über die staatliche Beihilfe C 58/2006 (ex NN 98/2005) Deutschlands für Bahnen der Stadt Monheim (BSM) und Rheinische Bahngesellschaft (RBG) im Verkehrsverbund Rhein-Ruhr, ABl. 2011 L 210, 1, Rn. 189 f.

[7] Freistellungs-Beschl. der Kom. 2012/21/EU v 20.12.2011 über die Anwendung von Art. 106 Abs. 2 AEUV auf staatliche Beihilfen in Form von Ausgleichsleistungen zugunsten bestimmter Unternehmen, die mit der Erbringung von Dienstleistungen von allgemeinem wirtschaftlichem Interesse betraut sind, ABl. 2012 L 7, 3.

[8] Saxinger/Winnes/*Schmitz* Art. 4 Abs. 1 Rn. 65.

[9] Allerdings ist die Heranziehung der Gesamtbilanz nicht ausgeschlossen, sofern das gesamte Unternehmen nur gemeinwirtschaftliche Pflichten erbringt. *Heiß* VerwArch 2009, 109 (122); *Wachinger/Zimmer* DER NAHVERKEHR 7-9/2010, 30 (31); *Berschin* in Baumeister Recht des ÖPNV-HdBA1 Rn. 84.

[10] S. dazu aus steuerrechtlicher Sicht vor allem unter dem Aspekt unzulässiger Gewinnverlagerungen die Verwaltungsgrundsätze des BMF v. 23.2.1983, BStBl. I 1983 218 und BMF, Glossar Verrechnungspreise v. 19.5.2014, BStBl. I 2014 838.

2. Trennungsrechnung (Nr. 5). Das vorgenannte Ziel der Transparenz der Ausgleichsleistung 18
im Kontext zur gemeinwirtschaftlichen Verpflichtung wird durch das im EU-Recht schon lange
bekannte Instrument der Trennungsrechnung unterlegt. Insoweit werden auch die in Nr. 4 eingeräumten Freiheiten zum Rückgriff auf die nationalen Bilanzierungs- und Steuervorschriften eingeschränkt. Nach dem Vorbild der RL 2006/111/EG fordert Nr. 5:
- Getrennte Rechnungswerke für die Leistungen mit der gemeinwirtschaftlichen Verpflichtung und sonstige Tätigkeiten.
- Dabei müssen Kosten und Erlöse vollständig aufgeteilt. Es ist eine eindeutige Zuordnung vorzunehmen oder hilfsweise zu schlüsseln.[11]
- Die Konten sind getrennt zu führen. Dies erfordert mindestens eine Wiedergabe in einer Kostenstellenrechnung und impliziert eine fortlaufende Führung. Eine nachträgliche (pauschale) Splittung steht dem Ziel der Transparenz und Nachvollziehbarkeit entgegen. Die explizite Nennung der Konten spricht für eine kontinuierliche Erfassung.
- Die nicht gemeinwirtschaftlichen Leistungen müssen alle ihre variablen Kosten, einen angemessenen Beitrag zum Gewinn und einen angemessenen Beitrag zu den Fixkosten tragen.
- Das Gewinntransferverbot meint nicht nur direkte Zahlungen, sondern auch jegliche Vorteile insbesondere aus Liquidität und Bonität, die aus der gemeinwirtschaftlichen Dienstleistung resultieren. Soweit diese nicht durch direkte Zahlungen ausgeglichen werden, ist für eine Berücksichtigung zB im Rahmen von internen Zinsen bei einem Cashpooling zu sorgen.

Insgesamt sind mit der Trennungsrechnung viele Bewertungsfragen der **sachgerechten Zuordnung** 19
verbunden. Die Betriebswirtschaft stellt hierfür verschiedenste Instrumente, wie
- quantitative Anteile von Leistungen,
- Tragfähigkeit/Kostendeckungsfähigkeit einzelner Bereiche,
- Abbildung von getrennter Erfüllung und anteiliger Zurechnung.

Schwieriger sind dagegen **Gemeinkosten** – gerne auch Overhead genannt – angemessen zuzu- 20
rechnen. Denn diese sind nicht variabel und selten vollständig fix. Hier ist zunächst in einer
Kostenstellenanalyse eine möglichst genaue Zuordnung notwendig. So lassen sich zB in der
Lohnbuchhaltung meist schon sehr genaue Aussagen treffen, in welchen Anteilen die Mitarbeiter
für die jeweiligen einzelnen Geschäftsbereiche tätig werden, zB ob aufgrund von Überstunden,
Zeitabrechnung etc bei Busfahrern ein entsprechend erhöhter Aufwand anfällt. Soweit dagegen
eine weitere Zuordnung nur noch mit unverhältnismäßigem Aufwand möglich ist, spricht nichts
dagegen derartige Gemeinkosten den Fixkosten zuzurechnen und nach den dortigen Maßstäben
zu verteilen.

IV. Angemessener Gewinn (Nr. 6)

Kaum ein Thema in der VO wird so leidenschaftlich diskutiert, wie des zustehenden Gewinns.[12] 21
Dabei steht diese Diskussion in keinem Verhältnis zur praktischen Relevanz. Soweit die Unternehmen im **Monopol** agieren und von öffentlicher Kontrolle leben, ist die Frage der zustehende Gewinn
meist nur eine Frage der Vergütung des Managements und der Freiheit „Gewinne" von einem in
das nächste Jahr zu transferieren. In Wahrheit steckt hier aber eher die Frage der Kosteneffizienz
dahinter. Auch kann im Einzelfall eine Gewinnverschiebung stattfinden, sodass mit einem ausgewiesenen Gewinn aus dem öffentlichen Dienstleistungsauftrag Defizite von wettbewerblichen Tätigkeiten finanziert werden. Allerdings dürfte hier das wirksamste Mittel das Tätigkeitsverbot in Art. 5
Abs. 2 lit. b sein. Der **Anwendungskern** des angemessenen Gewinns dürfte daher bei den **Direktvergaben außerhalb öffentlicher Unternehmen** und vor allem bei Finanzierungen **allgemeiner
Vorschriften** liegen. In beiden Fällen ist evident, dass hier Überzahlungen zu Quersubventionierungen anderer Tätigkeit führen können.

Nr. 6 trifft zwei zentrale Festlegungen. Zum einen ist der Gewinn als **Kapitalrendite** zu 22
ermitteln.[13] Damit sind Modelle der **Umsatzrenditen ausgeschlossen,** auch wenn sie in der Praxis

---

[11] Zur Problematik der sachgerechten Schlüsselung s. auch *Wachinger/Zimmer* DER NAHVERKEHR 7-8/2010, 30, 32; Bremer Straßenbahn AG Leitfaden zur Anwendung des Anhangs VO (EG) Nr. 1370/2007 im kommunalen ÖPNV; Saxinger/Winnes/*Niemann* Anh. Rn. 58.
[12] *Deuster* IR 2009, 346 (350); *Wachinger/Zimmer* DER NAHVERKEHR, 7-8/2010, 30 (33); *Linke* EWS 2011, 456, (458); *Karl/Petersen/Schaafkamp* DER NAHVERKEHR 2015, 59; Linke/*Linke*/*Lübbig* Anh. Rn. 49 ff.; Saxinger/Winnes/*Niemann* Anh. Rn. 64 ff. und OVG Münster Urt. v. 24.11.2015 – 13 A 2227/14, ECLI:DE:OVGNRW:2015:1124.13A2227.14.00 = BeckRS 2016, 44017.
[13] So auch Auslegungsmitteilung PersonenverkehrsVO Nr. 2.4.3. Die Kom. benennt als Vorzugsverfahren IRR – Rendite auf das insgesamt investierte Kapital und alternativ Eigenkapitalrendite oder Rendite (ROE) auf das gebundene Kapital (ROCE).

ob ihrer Einfachheit sehr beliebt sind.[14] Die Kapitalrendite bemisst sich aus der erzielbaren Rendite aus dem eingesetzten Kapital. Nach deutschem Preisrecht, dem Regulierungsrecht und auch in vielen Unternehmenssteuerungsstrategien werden dabei die Gesamtkapitalrenditen herangezogen, da vielfach Eigen- und Fremdkapital gegeneinander austauschbar sind.[15] Allerdings bestimmt Nr. 6 weiterhin, dass die spezifische Risikostruktur der gemeinwirtschaftlichen Leistung zu berücksichtigen ist.[16] Dies ist ein deutlicher Hinweis darauf, dass das Kapital und die sich hieraus ableitende Rendite sich aus dem übernommenen Risiko bestimmen müssen. Dies ist ein deutlicher Hinweis auf einen Ansatz des **notwendigen Eigenkapitals.** Hiermit wird abgebildet, welche Kapitalanteile aufgrund der Risikostruktur nicht fremdfinanziert werden können, sondern notwendiger Eigenanteil der unternehmerischen Tätigkeit sein müssen (sog. branchenspezifisches bzw. betriebsnotwendiges Eigenkapital).[17] Dieser Ansatz hat den großen Vorteil, dass er allein auf die Risikostruktur des Geschäfts abstellt und nicht durch unternehmensindividuelle Entscheidungen zur Frage von Leasing von Investitionsgütern, Betriebsaufspaltungen und dergleichen beeinflusst wird, sondern objektiv ausschließlich auf die übernommene gemeinwirtschaftliche Pflicht und damit korrespondierende unternehmerische Pflichten Bezug nimmt. Die Bestimmung dieser internen Rendite als IRR liegt dabei auch auf der Linie, die für Dienstleistungen von allgemeinem wirtschaftlichem Interesse allgemein von der Kommission festgelegt wird. Dort wird für risikolose Geschäfte, dh Geschäfte mit vollständiger Kostenerstattung ein SWAP-Zinssatz zuzüglich eines Aufschlags von 1,0% für allgemeine Liquiditätskosten als angemessen angesehen.[18] Der Übergang auf durchschnittliche Eigenkapitalrendite (ROE), die Rendite des eingesetzten Kapitals (ROCE), die Gesamtkapitalrenditen (ROA) oder gar der Umsatzrendite (ROS) ist nur zulässig, wenn besondere Umstände das als „angebracht" erscheinen lassen.

23 Dabei nimmt der Anhang bewusst in Kauf, dass diese Daten **länderspezifisch** zu ermitteln sind, da die Unternehmensfinanzierung, -besteuerung und -haftung noch nicht komplett vergemeinschaftet ist, sodass Unternehmensrenditen notwendigerweise schwanken müssen. Der Hinweis auf die **üblicherweise zu erzielende Rendite im Sektor** deutet zunächst auf vereinfachende allgemeine Durchschnittsätze hin. Tatsächlich ist aber zentraler Stellhebel das **Risikoportfolio,** da nur dieses das erforderliche Eigenkapital bestimmt und daher vereinfache Durchschnittswerte nicht angezeigt sind. Es darf nicht übersehen werden, dass den meisten Risiken auch entsprechende **Chancen** gegenüberstehen. Tatsächlich führen diese Chancen aber nur zu einem Abschlag bei den Risiken, da Chancen nur zu deutlichen geringeren Anteilen finanzierungsrelevant sind als entsprechende Risiken. Im Ergebnis drückt den Saldo aus Risiken und Chancen das übernommene Wagnis aus.

24 Als Risiko wirkt bei allgemeinen Vorschriften zwingend das **Nachfragerisiko,** da allgemeine Vorschriften nachfrageoffen ausgestaltet sein müssen und einen offenen Markt als Voraussetzung haben. Auch Dienstleistungskonzessionen setzen ein erhebliches Nachfragerisiko voraus, sodass hier entsprechende Ansätze aus dem Nachfragerisiko angebracht sind. Dabei muss dieses Nachfragerisiko mindestens typisiert zB nach Nutzergruppen beschrieben werden, dann vor allem bestimmte Bevölkerungsschichten weisen eine geringe Angebots- und Preiselastizität auf und sind als Zwangskunden

---

[14] S. nur die Gegenüberstellung E der Kom. v. 22.1.2014, Staatliche SA.34155 (2013/N) (ex 2011/PN) – Deutschland Landesgesetz des Landes Rheinland-Pfalz über den Ausgleich von gemeinwirtschaftlichen Verpflichtungen im Ausbildungsverkehr Rn. 60 Fn. 16. Hier werden Umsatzrenditen ohne jedweden Hintergrund und Einordnung zitiert und damit der Eindruck erweckt, sie wären auch nur ansatzweise vergleichbar. Ferner *Linke* EWS 2011, 456 (458); Saxinger/Winnes/*Niemann* Anh. Rn. 75 und die Regelungen im den Satzungsüberprüfungsverfahren OVG Münster Urt. v. 24.11.2015 – 13 A 2227/14, BeckRS 2016, 44017 Rn. 75 ff. mit dem tragenden Argument, dass die Kom. Umsatzrenditen bei DAWI selbst vorsehe und auch sonst bislang nicht gerügt hat und auch sonst sachgerecht sei.

[15] Hierzu dann auch eine Kapitalrendite von 5–7% ableitend Saxinger/Winnes/*Niemann* Anh. Rn. 69.

[16] Der Hinweis in OVG Münster Urt. v. 24.11.2015 – 13 A 2227/14, ECLI:DE:OVGNRW:2015:1124. 13A2227.14.00 = BeckRS 2016, 44017 Rn. 96 auf eine im Linienverkehr homogene Risikostruktur ist nur vor dem Hintergrund der hohen Zuschussfinanzierung auch des dort betroffenen „eigenwirtschaftlichen Verkehrs" nachvollziehbar. Allgemein dürften tatsächlich kommerzielle Verkehre in einem offenen Markt wesentlich höhere Risiken und damit auch Erwartungen an Umsatzrenditen unterliegen.

[17] *Wachinger/Zimmer* DER NAHVERKEHR 7-8/2010, 30 (33); *Berschin* in Baumeister Recht des ÖPNV-HdB A1 Rn. 88; tendenziell auch *Heiß* VerwArch 2009, 113 (126). Die Kritik hieran *Linke* EWS 2011, 456 (458) und Saxinger/Winnes/*Niemann* Anh. Rn. 73 geht fehl, da gerade mit dem notwendigen Eigenkapital die Frage der Kapitalgestaltung wie Leasing etc neutralisiert wird.

[18] Art. 5 Abs. 5 und 7 Beschl. d. Kom. v. 12.12.2011 über die Anwendung von Artikel 106 Absatz 2 des Vertrags über die Arbeitsweise der Europäischen Union auf staatliche Beihilfen in Form von Ausgleichsleistungen zugunsten bestimmter Unternehmen, die mit der Erbringung von Dienstleistungen von allgemeinem wirtschaftlichem Interesse betraut sind, ABl. 2012 L, 3. Ebenso Linke/*Linke*/*Lübbig* Anh. Rn. 50; Saxinger/ Winnes/*Niemann* Anh. Rn. 65 f.

anzusehen. Bei den meisten öffentlichen Dienstleistungsaufträgen fehlt dagegen das Nachfragerisiko ganz oder weitgehend. Das **Kostenentwicklungsrisiko** dürfte dagegen bei allen gemeinwirtschaftlichen Verpflichtungen gegeben sein, da selbst bei ausdifferenzierten Preisindizes das Risiko verbleibt, dass die Kostenentwicklung nicht genau getroffen wird. In der Nähe des Kostenrisikos liegt das technologische Entwicklungsrisiko, da gerade bei Laufzeiten von zehn und mehr Jahren nicht mit entsprechender Sicherheit vorhergesagt werden kann, dass die erforderliche Leistung mit den bekannten Technologien einschließlich ihrer Standards zu den kalkulierten Kosten erbracht werden kann. Weiterhin sind **kommerzielle und juristische Risiken** aus der Vertragsabwicklung wie Zahlung/Liquidität, Minderungen/Nichtleistungen, Vertragsstrafen und dergleichen zu bewerten. Dabei muss die Bewertung im Gleichklang mit den Qualitätsanreizen erfolgen. So darf nicht unterstellt werden, dass hohe Abzüge wegen Schlechtleistungen sicher anfallen, aber gleichzeitig der getroffene Qualitätsanreiz als **wirksam** eingestuft werden. Vielmehr müssen die angenommenen Abzüge als immanent aus dem Qualitätssteuerungssystem heraus verstanden werden.

Schließlich muss das strukturelle Risiko aus der Geschäftstätigkeit bei **öffentlichen Unternehmen** um die Einstandspflicht korrigiert werden. Soweit die Unternehmen im Ergebnisabführungsvertrag im Rahmen eines Querverbunds geführt werden, gibt es meist eine Einstandspflicht aus einer solventen Holdingstruktur bzw. Stadtwerken, sodass die Insolvenzfähigkeit deutlich gemindert ist. Dies bedeutet nun nicht, dass überhaupt kein Eigenkapital notwendig ist, aber es ist in diesem Fall auf die Finanzierungsstärke des Gesamtkonzerns mitabzustellen, sodass Risiken aus einem öffentlichen Dienstleistungsauftrag geringer ausfallen. Zudem muss bei öffentlichen Unternehmen mit eingestellt werden, dass die öffentliche Hand als Anteilseigner eher bereit ist, entstandene Verluste durch Nachschüsse auszugleichen – meist als Kapitalerhöhung tituliert, sodass hier eine weitere Risikominimierung eintritt, welche entsprechend zu bewerten ist.

Umgekehrt hierzu verhalten sich die Gewinnfragen bei **allgemeinen Vorschriften.** Hier ist sorgfältig darauf zu achten, dass sich die Begrenzung auf den angemessenen Gewinn, nur auf den Teil beziehen darf, der durch die allgemeine Vorschrift gesteuert wird. Dieses ergibt sich aus den vorgehend beschriebenen Nettoansatz allgemeine Vorschriften (→ Rn. 4). Dagegen gibt es für das unregulierte Geschäft des Unternehmenstarifs keine Gewinnbegrenzung. Allerdings kann dies nur zur Anwendung kommen, wenn sich zweifelsohne der unregulierte Tarif und seine Nachfragemenge feststellen lassen und eine klare Berechnung des Tarifausfalldelta möglich ist. Ist dagegen faktisch der größte Teil des Tarifs oder der gesamte Tarif reguliert, muss sich dies auch in der Gewinnbegrenzung wiederfinden.

V. Wirtschaftlichkeits- und Qualitätsanreiz (Nr. 7)

Die Forderung nach Wirtschaftlichkeits- und Qualitätsanreizen im Anhang ist systemfremd. Der Anhang selbst bestimmt nur Abrechnungsregelungen und keine inhaltlichen Anforderungen. Der Sache nach handelt es sich bei Nr. 7 um eine weitere Anforderung an nicht wettbewerblich vergebene öffentliche Dienstleistungsaufträge sowie allgemeine Vorschriften, die in Art. 4 oder Art. 6 hätten geregelt werden müssen. Nr. 7 beschränkt den Anreiz auf **finanzielle Belohnungen im Rahmen des gewährten Ausgleichs.** Andere Anreize wie zB Vertragsverlängerung bei Erreichen bestimmter Performance Ziele sind zwar nicht ausgeschlossen, aber auch im Rahmen der Laufzeiten nicht über die Höchstlaufzeiten hinaus zugelassen, sodass sie in den Hintergrund treten. Die finanziellen Anreize im Rahmen des Ausgleichs können nur darin liegen, dass ein höherer Ausgleich zugestanden wird. Methodisch ist dies nur im Rahmen des zulässigen Gewinns möglich, da der sonstige Ausgleich auf das Delta zwischen Istkosten und Isterlösen bezogen ist.[19] Wenn vermieden werden soll, dass nicht per se die Istkosten ausgeglichen[20] werden, muss das Unterbieten bestimmter Kosten sich positiv auswirken und kann nicht in dem Abschöpfen dieser Kosteneffizienz niederschlagen. Es ist kein Grund ersichtlich, warum diese strenge Bindung an Istkosten und Erlöse durch Nr. 7 aufgeben werden sollte. Nr. 7 nimmt Bezug auf die konkrete Ausgestaltung der Ausgleichsfestlegung und deren Abrechnung, will aber nicht alle vorher unter den Nr. 1–6 getroffenen Festlegungen kassieren. Eine kongruente Auslegung der Nr. 7 bedeutet daher, dass Nr. 7 nochmals einen besonderen Hinweis auf die Festlegung und Dimensionierung des zulässigen Gewinns gibt.

Konkret hat dies zur Folge, dass bei entsprechenden Effizienzentwicklungen aus höheren Nachfragen und geringeren Kosten, dh also bei Realisierung der Chancen, ein **höherer Gewinn zugestanden** werden kann und die realisierten Chancen nicht zwingend abgeschöpft werden müssen.

---

[19] So auch Saxinger/Winnes/*Niemann* Anh. Rn. 91 ff. Vgl. E der Kom. v. 24.2.2010, über die öffentlichen Verkehrsdienstleistungsverträg3e zwischen dem dänischen Verkehrsministerium und Danske Statsbaner (Staatliche Beihilfe C 41/08 (ex NN 35/08)), ABl. 2011 L 7, 1 Rn. 355 f.

[20] Dies nennt die Kom. in Auslegungsmitteilung PersonenverkehrsVO Nr. 2.4.3 als Motiv für die Nr. 7.

Gleiches gilt bei Erreichung guter Qualität und zB Auskehrung von Boni. Diese müssen nicht als Übererlös abgeschöpft werden. Aber auch das Ansetzen von Prämien und Boni gegenüber Mitarbeitern und damit die Übernahme in die Kostenmasse, kann ein entsprechender Anreiz für Effizienz und Qualität sein. Im jeden Fall müssen die so zugestandenen außerordentlichen Gewinn- und Ertragschancen für sich wiederum verhältnismäßig sein.[21]

29 Dagegen können bei **allgemeinen Vorschriften** die Qualitätssteigerungen und auch Effizienzverbesserungen meist bereits an steigenden Fahrgastzahlen festgemacht werden.[22] Diese vergrößern tendenziell die Umsätze und damit auch die Ertragslage und somit auch den zugelassenen Gewinn. Von daher spricht einiges dafür, dass ungedeckte allgemeine Vorschriften (→ Art. 3 Rn. 14) einen hinreichenden Anreiz nach Nr. 7 bieten.[23]

VI. Nachweisführung

30 Wie Nr. 1 bestimmt, sind die Ausgleichsleistungen nach den Regeln des Anhangs zu berechnen. Diese **Pflicht trifft** zunächst die **zuständigen Behörden,** da sie für angemessene Ausgleichsleistungen verantwortlich sind und nach dem Legalitätsprinzip für die Einhaltung der Beihilfevorschriften sicherzustellen haben. Dabei sind die zuständigen Behörden auf die **Mitwirkung der Betreiber** angewiesen, wobei es keine größeren Schwierigkeiten geben dürfte, derartige Regelungen bei Direktvergaben durchzusetzen. Schließlich ist eine Direktvergabe eine entsprechende Begünstigung im Markt und die Preisgabe entsprechender unternehmerischer Abrechnungsdaten das notwendige Äquivalent. Insofern sind die Hinweise auf etwaige Geschäftsgeheimnisse der Betreiber irreführend, da es vor einer zuständigen Behörde diesbezüglich keine gibt. Vielmehr hat die zuständige Behörde die erlangten Geschäftsgeheimnisse vor Mitbewerbern zu schützen, was aber bei einer den Rechtsstaatsprinzipien verpflichtenden Verwaltung keine größeren Schwierigkeiten aufweisen kann. Vor diesem Hintergrund sind Empfehlungen, die zuständigen Behörden mögen sich auf ein Testat von Wirtschaftsprüfern verlassen[24] und selbst keine Erkundigungen einzuholen, wenig hilfreich.

---

[21] Auslegungsmitteilung PersonenverkehrsVO Nr. 2.4.5.
[22] Zum Anreiz aus steigenden Fahrgastzahlen Ziekow/Völlink/*Zuck* Anh. Rn. 19 f.; Otting/Olegmöller DER NAHVERKEHR 9/2009, 34, 36; Saxinger/Winnes/*Niemann* Anh. Rn. 101 f.
[23] Saxinger/Winnes/*Winnes* Anh. allg. Vorschrift Rn. 19 f.
[24] Linke/*Linke*/*Lübbig* Anh. Rn. 21; Saxinger/Winnes/*Niemann* Anh. Rn. 41, 43, 112 f.

8. Teil VSVgV – Vergabeverordnung Verteidigung und Sicherheit[1]

Vergabeverordnung für die Bereiche Verteidigung und Sicherheit zur Umsetzung der Richtlinie 2009/81/EG des Europäischen Parlaments und des Rates vom 13. Juli 2009 über die Koordinierung der Verfahren zur Vergabe bestimmter Bau-, Liefer- und Dienstleistungsaufträge in den Bereichen Verteidigung und Sicherheit und zur Änderung der Richtlinien 2004/17/EG und 2004/18/EG

Vom 12. Juli 2012
(BGBl. 2012 I 1509)
Zuletzt geändert durch Art. 5 G zur Änd. des Gesetzes zur Regelung von Ingenieur- und Architektenleistungen und anderer Gesetze vom 12.11.2020 (BGBl. 2020 I 2392)

Teil 1 Allgemeine Bestimmungen

§ 1 Anwendungsbereich

Diese Verordnung gilt für die Vergabe von verteidigungs- oder sicherheitsspezifischen öffentlichen Aufträgen im Sinne des § 104 Absatz 1 des Gesetzes gegen Wettbewerbsbeschränkungen, die dem Teil 4 des Gesetzes gegen Wettbewerbsbeschränkungen unterfallen und durch öffentliche Auftraggeber im Sinne des § 99 und Sektorenauftraggeber im Sinne des § 100 des Gesetzes gegen Wettbewerbsbeschränkungen vergeben werden.

Übersicht

		Rn.				Rn.
I.	Einführung	1		b)	Sektorenauftraggeber gem. § 100 GWB	22
II.	Europarechtlicher Hintergrund	4	4.	Sachlicher Anwendungsbereich		26
III.	Vergleich zur vorigen Rechtslage	6		a)	Abgrenzung	27
IV.	Kommentierung	10			b) Verteidigungs- und sicherheitsspezifische öffentliche Aufträge gem. § 104 GWB	30
1.	Inhalt der Vorschrift	10				
2.	Schwellenwerte	11	5.	Gemischte Aufträge (§§ 110 f. GWB)	36
3.	Persönlicher Anwendungsbereich	13		a)	Mix aus Bau-, Liefer- und Dienstleistungen (§ 110 GWB)	37
	a) Öffentliche Auftraggeber gem. § 99 GWB	14		b)	Zugehörigkeit zu verschiedenen Verfahrensvorschriften (§ 111 GWB)	39

I. Einführung

Am 21.8.2009 trat die Richtlinie 2009/81/EG (Vergabe-RL Verteidigung und Sicherheit)[1] in Kraft. Ihr Ziel ist es, die Vergaben verteidigungs- und sicherheitsspezifischer Bau-, Liefer- und Dienstleistungsaufträge unter Beachtung deren Spezifika – insbesondere der Versorgungs- und Informationssicherheit der Mitgliedstaaten – besser zu koordinieren und somit einen europäischen Verteidigungsgütermarkt mit gleichen Wettbewerbsbedingungen für alle Anbieter aus den Mitgliedstaaten zu schaffen. Gleichzeitig soll die Richtlinie dazu beitragen, die nationalen Beschaffungsmärkte zu öffnen. 1

Die Richtlinie bietet hierzu modifizierte, speziell auf den Bedarf der Verteidigungs- und Sicherheitsbeschaffung zugeschnittene Vergabeverfahren an. Grundlage für die Anwendung der VSVgV[2] 2

---

[1] [Amtl. Anm.:] ABl. L 216 vom 20.8.2008, S. 76.
[1] Richtlinie 2009/81/EG des Europäischen Parlaments und des Rates v. 13.7.2009 über die Koordinierung der Verfahren zur Vergabe bestimmter Bau-, Liefer- und Dienstleistungsaufträge in den Bereichen Verteidigung und Sicherheit; ABl. 2009 L 216, 76.
[2] Vergabeverordnung für die Bereiche Verteidigung und Sicherheit v. 12.7.2012 (BGBl. 2012 I 1509), zuletzt geändert durch Artikel 5 des Gesetzes v. 12.11.2020 (BGBl. 2020 I 2392).

ist § 104 GWB (Verteidigungs- oder sicherheitsspezifische öffentliche Aufträge). Die Vergabe von öffentlichen Aufträgen, die nicht die Voraussetzungen des § 104 GWB erfüllen, erfolgt grundsätzlich nach den allgemeinen Vergaberegeln der §§ 97 ff. GWB.[3]

3   Im Rahmen der Umsetzung der neuen europäischen Vergaberichtlinien des Jahres 2014[4] wurde § 1 neu gestaltet und die VSVgV entsprechend der im GWB vorhandenen Ermächtigungsnorm des § 113 GWB[5] in die neue deutsche Vergaberechtsstruktur eingepasst. Es erfolgten keine grundsätzlichen Änderungen – die auch nicht möglich gewesen wären –, da die Vergabe-RL Verteidigung und Sicherheit unverändert geblieben ist. Es wurden die aufgrund der neuen „klassischen" Richtlinien von 2014 erforderlichen Folgeanpassungen vorgenommen.

II. Europarechtlicher Hintergrund

4   Die Mitgliedstaaten sowie die Europäische Kommission stimmten darüber überein, einen einheitlichen europäischen Rüstungsmarkt zu schaffen. Hierzu wurde mit der Vergabe-RL Verteidigung und Sicherheit ein spezieller Rechtsrahmen geschaffen. Damit wurde die Beschaffung im Bereich der Verteidigung und Sicherheit von der „klassischen" Beschaffung in einem gesonderten Vergaberegime abgegrenzt. Während die grundsätzlichen Elemente wie Anwendungsbereich, Definitionen und Ausnahmen im GWB-Teil 4 geregelt wurden, erfolgte die Umsetzung der verfahrensmäßigen Vorgaben der Richtlinie in der VSVgV.

5   Angesichts der Besonderheiten aber auch der Beschaffungsvolumina von Verteidigungs-/Sicherheitsbeschaffungen wurden die maßgeblichen Schwellenwerte für die Vergabe von Liefer- und Dienstleistungen,[6] ab denen die Verfahrensregelungen anzuwenden sind, höher festgelegt als im klassischen Bereich.[7] Sie entsprechen denen des Sektorenvergaberechts.

III. Vergleich zur vorigen Rechtslage

6   Zunächst ist anzumerken, dass die bisherige Bezeichnung „verteidigungs- und sicherheitsrelevante Aufträge" durch die Bezeichnung „verteidigungs- und sicherheitsspezifische öffentliche Aufträge" ersetzt wurde. Um eine bessere Abgrenzung zu der mit Art. 15–17 RL 2014/24/EU und Art. 24–26 Sektoren-RL geschaffenen Kategorie von Aufträgen, die Verteidigungs- und Sicherheitsaspekte umfassen, zu gewährleisten, sollen Aufträge im Anwendungsbereich der Vergabe-RL Verteidigung und Sicherheit als „verteidigungs- und sicherheitsspezifisch" bezeichnet werden.[8]

7   In der bisherigen Regelung erfolgte keine Unterscheidung zwischen „öffentlichen Auftraggebern" und „Sektorenauftraggebern". Die nunmehrige Unterscheidung ist der neuen Struktur des GWB Teil 4 geschuldet und führt zu einer verbesserten Übersichtlichkeit der Vorschriften über die Auftraggeber. Eine Änderung des persönlichen Anwendungsbereiches der VSVgV ist damit jedoch nicht verbunden.[9] § 98 GWB aF fasste ohne den Begriff inhaltlich zu differenzieren, lediglich in § 98 Nr. 1–6 GWB aF alle Auftraggeber als „öffentliche Auftraggeber" zusammen.

8   Der deklaratorische Hinweis im Abs. 1 aF, dass keine Ausnahme nach dem GWB Teil 4 vorliegen darf, ist entfallen. Es versteht sich von selbst, dass der Anwendungsbereich der VSVgV in den Fällen des Vorliegens eines Ausnahmetatbestands nach dem GWB Teil 4 nicht eröffnet ist.

9   Schließlich ist der Abs. 2, welcher den Bezug auf die maßgeblichen Schwellenwerte enthielt, entfallen. Die Regelung zu den Schwellenwerten, ab denen die jeweiligen Vergaberegime anzuwenden sind, sind für alle Rechtsverordnungen des nationalen EU-Vergaberegimes mit der Vergaberechtsreform 2016 in § 106 GWB überführt worden.

IV. Kommentierung

10   **1. Inhalt der Vorschrift.** § 1 bestimmt den persönlichen und sachlichen Anwendungsbereich. Es wird festgelegt, dass öffentliche Auftraggeber nach § 99 GWB und Sektorenauftraggeber nach

---

[3] Vgl. *Hölzl* in RKPP GWB § 104 Rn. 3.
[4] Richtlinie 2014/23/EU des Europäischen Parlaments und des Rates v. 16.2.2014 über die Konzessionsvergabe, ABl. 2014 L 94, 1; Richtlinie 2014/24/EU des Europäischen Parlaments und des Rates v. 26.2.2014 über die öffentliche Auftragsvergabe, ABl. 2017 L 94, 65; Richtlinie 2014/25/EU des Europäischen Parlaments und des Rates v. 26.2.2014 über die Vergabe von Aufträgen durch Auftraggeber im Bereich Wasser-, Energie- und Verkehrsversorgung sowie der Postdienste, ABl. 2014 L 94, 243.
[5] Gesetz gegen Wettbewerbsbeschränkungen in der Fassung der Bekanntmachung v. 26.6.2013 (BGBl. 2013 I 1750 (3245)), zuletzt geändert durch Artikel 6 des Gesetzes v. 27.8.2017 (BGBl. 2017 I 3295).
[6] S. hierzu § 106 Abs. 2 Nr. 3 GWB.
[7] Die Schwellenwerte werden alle zwei Jahre überprüft und durch die EU-Kommission in einem gesonderten Rechtsakt nach Art. 68 Vergabe-RL Verteidigung und Sicherheit festgesetzt und veröffentlicht.
[8] S. Begründung zu § 104 GWB, BR-Drs. 18/6281 v. 8.10.2015.
[9] S. zum Begriff des Auftraggebers die Begründung zu §§ 98 ff. GWB, BR-Drs. 18/6281 v. 8.10.2015.

§ 100 GWB bei der Vergabe von sicherheits- oder verteidigungsspezifischen öffentlichen Aufträgen iSv § 104 GWB die VSVgV anzuwenden haben. Damit ist § 104 GWB Ausgangspunkt für die Frage, ob der Anwendungsbereich der VSVgV eröffnet ist oder nicht.

2. Schwellenwerte. Nur wenn die einschlägigen europäischen Schwellenwerte[10] für die Vergabe verteidigungs- und sicherheitsspezifischer öffentlicher Aufträge erreicht oder überschritten werden, findet die VSVgV überhaupt Anwendung.

Die Regelung zu den Schwellenwerten (§ 1 Abs. 2 aF) wurde mit der Vergaberechtsmodernisierung 2016 aus der VSVgV herausgelöst und in das GWB Teil 4, dort § 106 GWB, integriert. Damit hat der Gesetzgeber für alle Vergaberegime (klassische Auftragsvergabe, Sektorenbereich, Verteidigung/Sicherheit sowie Konzessionen) eine verordnungsübergreifende Regelung eine unmittelbare gesetzliche Regelung geschaffen.

3. Persönlicher Anwendungsbereich. Die Pflicht zur Anwendung der VSVgV als Verfahrensvorschrift ist öffentlichen Auftraggebern (§ 99 GWB) und Sektorenauftraggebern (§ 100 GWB) auferlegt. Der Auftraggeberbegriff der Vergabe-RL Verteidigung und Sicherheit knüpft an der der klassischen und der Sektorenvergaberichtlinie an.[11] Zur inhaltlichen Festlegung ist folglich der Begriff „Auftraggeber" funktional auszulegen.[12] Auftraggeber können somit Einrichtungen in unterschiedlichsten Organisationsformen des privaten oder öffentlichen Rechts sein.[13]

a) Öffentliche Auftraggeber gem. § 99 GWB. Zunächst erfasst sind die Gebietskörperschaften und deren Sondervermögen.[14] Angesprochen sind die sog. klassischen Auftraggeber im institutionellen Sinne.[15] Gebietskörperschaften sind der Bund, die Länder, Landkreise, Städte und Gemeinden. Für den Bereich des Bundes als Gebietskörperschaft relevant im Bereich Verteidigung und Sicherheit sind das Bundesministerium der Verteidigung mit dem Bundesamt für Ausrüstung und Informationstechnik und Nutzung der Bundeswehr (BAAINBw) sowie das Bundesministerium des Innern ua mit dem Beschaffungsamt des Bundesministeriums des Innern (BeschA). Auf Landesebene spielen als öffentliche Auftraggeber vor allem die Landesinnenministerien als zuständig für die jeweils innere Sicherheit eine Rolle.

Sondervermögen sind nicht selbständige oder höchstens teilrechtsfähige Stellen (Vermögensteile) der Verwaltung, die haushaltsrechtlich – in der Regel mittels eines eigenen Wirtschaftsplans – und organisatorisch verselbständigt wurden. Vor ihrer Privatisierung waren auf Bundesebene die Deutsche Bundespost und die Deutsche Bahn Sondervermögen. Auf kommunaler Ebene können Eigenbetriebe als Sondervermögen geführt werden.

Im Rahmen der Bundesauftragsverwaltung war lange nicht geklärt, welche Person als öffentlicher Auftraggeber anzusehen ist, der Bund oder das jeweilige Land. Mittlerweile hat die Rechtsprechung entschieden, dass die beauftragte Landesbehörde alleinige Auftraggeberin ist.[16]

§ 99 Nr. 2 GWB erfasst andere juristische Personen des öffentlichen und des privaten Rechts, die zu dem besonderen Zweck gegründet wurden, im Allgemeininteresse liegende Aufgaben nicht gewerblicher Art zu erfüllen. Grund für deren Erfassung ist ihre unmittelbare Staatsnähe.

Bei den anderen juristischen Personen muss hinzukommen, dass
– sie überwiegend von Gebietskörperschaften oder Sondervermögen oder von Verbänden, deren Mitglieder Gebietskörperschaften, Sondervermögen oder andere juristische Personen des öffentlichen und privaten Rechts sind, einzeln oder gemeinsam durch Beteiligung oder auf sonstige Weise finanziert werden,
– ihre Leitung der Aufsicht durch Stellen von Gebietskörperschaften oder Sondervermögen oder durch deren Verbände unterliegen, oder
– mehr als die Hälfte der Mitglieder eines ihrer zur Geschäftsführung oder zur Aufsicht berufenen Organe durch Stellen von Gebietskörperschaften, Sondervermögen oder durch deren Verbände bestimmt worden sind.

---

[10] Seit dem 1.1.2020 betragen die Schwellenwerte für verteidigungs- und sicherheitsspezifische öffentliche Bauaufträge nach der Verordnung (EU) 2019/1830 der Kommission v. 30.10.2019 zur Änderung der Richtlinie 2009/81/EG des Europäischen Parlaments und des Rates im Hinblick auf die Schwellenwerte für Auftragsvergabeverfahren (ABl. 2019 L 279, 29) 5.350.000 EUR sowie für verteidigungs- und sicherheitsspezifische öffentliche Liefer- und Dienstleistungsaufträge 428.000 EUR.
[11] S. Erwägungsgrund 15 Vergabe-RL Verteidigung und Sicherheit.
[12] S. EuGH Urt. v. 20.1.1988 – 31/87, Slg. 1988, 4635 – Beentjes.
[13] *Reider* in Band 3 → GWB § 98 Rn. 5 f. mwN.
[14] Zum Auftraggeberbegriff *Reider* in Band 3 → GWB § 98 Rn. 1 ff.
[15] Leinemann/Kirch/*Büdenbender* Rn. 4.
[16] *Reider* in Band 3 → GWB § 98 Rn. 7 mwN.

19 Des Weiteren sind Verbände, deren Mitglieder Gebietskörperschaften oder deren Sondervermögen sowie andere juristische Personen des privaten oder öffentlichen Rechts als öffentliche Auftraggeber erfasst.

20 Schließlich sind nach § 99 Nr. 4 GWB diejenigen natürlichen Personen des privaten Rechts oder juristische Personen des öffentlichen Rechts öffentliche Auftraggeber („Gelegenheitsauftraggeber"), soweit sie nicht unter den in § 99 Nr. 2 GWB erfassten Kreis fallen. Und zwar in den Fällen, in denen sie für Tiefbaumaßnahmen, für die Errichtung von Krankenhäusern, Sport-, Erholungs- oder Freizeiteinrichtungen, Schul-, Hochschul- oder Verwaltungsgebäuden oder für damit in Verbindung stehende Dienstleistungen und Wettbewerbe von Stellen, die als öffentliche Auftraggeber nach § 99 Nr. 1–3 GWB erfasst sind, Subventionen erhalten, mit denen diese Vorhaben zu mehr als 50% subventioniert werden.

21 Diese Vorschrift verhindert, dass Aufträge durch die Verschiebung auf die genannten Personen dem Vergaberecht entzogen werden können. Werden die beschriebenen Vorhaben zu mehr als 50% durch einen öffentlichen Auftraggeber gegenüber einem Dritten subventioniert, so wird dieser Dritte für die Durchführung des subventionierten Projekts zum öffentlichen Auftraggeber.

22 **b) Sektorenauftraggeber gem. § 100 GWB.** Sektorenauftraggeber[17] sind zum einen öffentliche Auftraggeber gem. § 99 Nr. 1–3 GWB.[18] Auch im Sektorenbereich ist der Begriff des Auftraggebers funktional auszulegen.

23 Zum anderen können Sektorenauftraggeber natürliche oder juristische Personen des privaten Rechts sein,
– die auf der Grundlage besonderer oder ausschließlicher Rechte tätig werden (§ 100 Abs. 1 Nr. 2 lit. a GWB) oder
– auf die öffentlichen Auftraggeber gem. § 99 Nr. 1–3 GWB einzeln oder gemeinsam einen beherrschenden Einfluss ausüben können (§ 100 Abs. 1 Nr. 2 lit. b GWB).

24 Unverzichtbare Voraussetzung bei beiden Alternativen ist, dass nur derjenige Sektorenauftraggeber ist, der eine Sektorentätigkeit gem. § 102 GWB ausübt. Ohne die gleichzeitige Ausübung einer Sektorentätigkeit ist die Eigenschaft als Sektorenauftraggeber nicht gegeben.

25 Als Sektorentätigkeiten sind die Bereitstellung und das Betreiben fester Netze zur Versorgung der Allgemeinheit in den Bereichen (Sektoren) Wasser, Elektrizität, Gas und Wärme sowie Verkehrsleistungen definiert. Ebenso die Nutzung eines geografisch abgegrenzten Gebiets mit dem Zweck, Häfen und Flughäfen bereitzustellen sowie die Nutzung eines geografisch abgegrenzten Gebiets zum Zweck der Öl- oder Gasförderung oder der Exploration oder Förderung von Kohle oder anderen festen Brennstoffen.[19]

26 **4. Sachlicher Anwendungsbereich.** Der sachliche Anwendungsbereich ist eröffnet, wenn ein öffentlicher Auftraggeber oder ein Sektorenauftraggeber einen verteidigungs- oder sicherheitsspezifischen öffentlichen Auftrag vergibt.

27 **a) Abgrenzung.** Die VSVgV grenzt sich von der VgV dadurch ab, dass es bei letzterer um die Vergabe öffentlicher Aufträge geht, die nicht gleichzeitig verteidigungs- und sicherheitsspezifisch sind. Daher sind die verteidigungs- und sicherheitsspezifischen öffentlichen Aufträge von der Anwendbarkeit der VgV[20] ausgenommen.[21] Die VgV gilt auch nicht als „Auffangnorm" etwa in den Fällen, in denen verteidigungs- und sicherheitsspezifische Aufträge zwar den Schwellenwert für VgV-Vergaben, nicht aber die einschlägigen Schwellenwerte für VS-Vergaben erreichen.[22]

28 Da die VSVgV auch Sektorenauftraggeber erfasst, ist sie im Falle der Vergabe verteidigungs- und sicherheitsspezifischer öffentlicher Aufträge durch Sektorenauftraggeber als Spezialnorm gegenüber der SektVO vorrangig. Dies ergibt sich auch aus der SektVO selbst, die auf die Vergabe von verteidigungs- und sicherheitsspezifischen öffentlichen Aufträgen nicht anwendbar ist.[23]

29 Vom Wortlaut her nicht erfasst ist die Vergabe von Konzessionen.

30 **b) Verteidigungs- und sicherheitsspezifische öffentliche Aufträge gem. § 104 GWB.** Es handelt sich bei verteidigungs- und sicherheitsspezifischen öffentlichen Aufträgen nicht um einen

---

[17] Zum Sektorenauftraggeberbegriff *Gabriel* in Band 3 → GWB § 100 Rn. 17 ff.; Greb/Müller/*Dietrich* GWB § 100 Rn. 16 ff.
[18] Zum Auftraggeberbegriff *Reider* in Band 3 → GWB § 98 Rn. 1 ff.
[19] Zu Sektorentätigkeiten E. *Gabriel* in Band 3 → GWB § 102 Rn. 4 ff.
[20] Verordnung über die Vergabe öffentlicher Aufträge (Vergabeverordnung – VgV) v. 22.4.2016 (BGBl. 2016 I 624), zuletzt geändert durch Artikel 4 des Gesetzes v. 12.4.2020 (BGBl. 2020 I 2392).
[21] S. § 1 Abs. 2 Nr. 2 VgV.
[22] Vgl. *Müller* in KKMPP VgV § 1 Rn. 48.
[23] § 1 Abs. 2 SektVO.

neuen Typ eines öffentlichen Auftrags, sondern um einen Unterfall des § 103 Abs. 1 GWB.[24] Ihr besonderer Auftragsgegenstand verleiht ihnen ihre Eigenschaft als verteidigungs- und sicherheitsspezifischer Auftrag.[25]

Ein öffentlicher Auftrag ist verteidigungs- oder sicherheitsspezifisch, wenn dessen Auftragsgegenstand mindestens eine der folgenden Leistungen umfasst: 31
– die Lieferung von Militärausrüstung iSd § 104 Abs. 2 GWB, einschließlich dazugehöriger Teile, Bauteile oder Bausätze,
– die Lieferung von Ausrüstung, die im Rahmen eines Verschlusssachenauftrages vergeben wird, einschließlich der dazugehörigen Teile, Bauteile oder Bausätze,
– Liefer-, Bau- und Dienstleistungen in unmittelbarem Zusammenhang mit der genannten Militärausrüstung und Ausrüstung in allen Phasen des Lebenszyklus der Ausrüstung oder
– Bau- und Dienstleistungen speziell für militärische Zwecke oder Bau- und Dienstleistungen, die im Rahmen eines Verschlusssachenauftrages vergeben werden.

Es müssen nicht alle der aufgeführten Leistungen umfasst sein, um den Anwendungsbereich der VSVgV zu eröffnen. Es ist ausreichend, wenn nur eine der vier Leistungen („mindestens") vom Auftragsgegenstand erfasst ist. 32

Neben der Voraussetzung, dass der Auftragsgegenstand mindestens eine der vier genannten Leistungen umfassen muss, müssen die Kategorien „militärische Ausrüstung/militärische Zwecke" oder „Verschlusssachenauftrag" vorliegen. 33

Militärausrüstung ist eigens zu militärischen Zwecken konzipierte Ausrüstung oder für militärische Zwecke angepasste Ausrüstung. Sie ist bestimmt zum Einsatz als Waffen, Munition oder Kriegsmaterial.[26] 34

Ein Verschlusssachenauftrag ist ein Auftrag im speziellen Bereich der nicht-militärischen Sicherheit, der ähnliche Merkmale aufweist und ebenso schutzbedürftig ist wie ein Auftrag über die Lieferung von Militärausrüstung oder wie Bau- und Dienstleistungen speziell für militärische Zwecke.[27] 35

5. Gemischte Aufträge (§§ 110 f. GWB). Ein öffentlicher Auftrag kann aus unterschiedlichen Leistungen (Mix aus Bau-, Liefer- und Dienstleistungen) bestehen oder in seinen Elementen unterschiedlichen vergaberechtlichen Vorschriften unterfallen. Welche konkreten Verfahrensvorschriften in solchen Fällen letztlich Anwendung finden, regeln die §§ 110 und 111 GWB. Dabei regelt § 110 GWB den Fall, dass ein Auftrag aus verschiedenen Leistungen im Anwendungsbereich einer Verfahrensvorschrift besteht und § 111 GWB regelt die Fälle, in denen einzelne Elemente des Auftrags unter verschiedene Verfahrensvorschriften fallen. 36

a) Mix aus Bau-, Liefer- und Dienstleistungen (§ 110 GWB). Die Frage, ob es sich um eine Bau- oder Liefer- oder Dienstleistung handelt, ist relevant, wenn es bspw. darum geht, den Schwellenwert und damit die Anwendung des EU-Vergaberechts zu bestimmen. Da der Schwellenwert für Bauleistungen ungleich höher ist als für Liefer- und Dienstleistungen, ist dessen korrekte Bestimmung von einiger Bedeutung. Aufgrund der Besonderheiten des deutschen Vergaberechts ist zu bestimmen, ob die VSVgV (im Falle von Liefer-/Dienstleistungen) oder die VOB/A-VS (im Falle von Bauleistungen) als Verfahrensvorschrift anzuwenden ist (→ § 2 Rn. 4 f.). 37

§ 110 GWB regelt, dass im Fall eines solchen „Leistungsmixes" der Auftrag nach den Vorschriften vergeben wird, denen unabhängig von dessen Wert der Hauptgegenstand des Auftrags zuzuordnen ist. Dabei soll bei der Beurteilung des Hauptgegenstandes auf den wesentlichen Vertragszweck sowie auf die den Vertrag prägenden Verpflichtungen der Vertragsparteien abgestellt werden.[28] 38

b) Zugehörigkeit zu verschiedenen Verfahrensvorschriften (§ 111 GWB). Können verschiedene Teile eines öffentlichen Auftrags unterschiedlichen Verfahrensvorschriften (zB VgV und VSVgV) zugeordnet werden, regelt § 111 GWB alternative Möglichkeiten des öffentlichen Auftraggebers, den öffentlichen Auftrag zu vergeben. 39

Sind die verschiedenen Teile des öffentlichen Auftrags objektiv trennbar, so darf für jeden Teil des öffentlichen Auftrags ein getrennter Auftrag vergeben werden. In diesem Fall wird jeder getrennte Auftrag nach den Vorschriften vergeben, auf die seine Merkmale anzuwenden sind. Stellt bspw. ein verschiedener Teil einen nicht verteidigungs- und sicherheitsspezifischen Lieferauftrag dar, so ist dieser Teil als Lieferauftrag nach der VgV zu vergeben. 40

---

[24] S. Reidt/Stickler/Glahs/*Müller* GWB § 104 Rn. 21 mwN.
[25] *Scherer-Leydecker* NZBau 2012, 533.
[26] S. Art. 1 Nr. 6 Vergabe-RL Verteidigung und Sicherheit.
[27] S. iE zur Definition „Militärausrüstung/militärische Zwecke" sowie „Verschlusssachenauftrag" Reidt/Stickler/Glahs/*Müller* GWB § 104 Rn. 26 ff. mwN.
[28] Vgl. *Csaki* in Müller-Wrede GWB § 110 Rn. 12 mwN.

41 Ist der Auftrag objektiv trennbar, darf sich der öffentliche Auftraggeber auch dafür entscheiden, einen Gesamtauftrag zu vergeben. In diesen Fällen bestimmt § 111 Abs. 3 GWB die anwendbaren Verfahrensvorschriften. Für den Bereich Verteidigung und Sicherheit sind zwei Normen von Bedeutung:

42 Vorausgesetzt, die Vergabe eines Gesamtauftrages ist objektiv gerechtfertigt, darf der Gesamtauftrag ohne Anwendung des GWB Teil 4 vergeben werden, wenn wesentliche Interessen der Bundesrepublik betroffen sind und die Voraussetzungen des Ausnahmetatbestandes des § 107 Abs. 2 Nr. 1 oder 2 GWB erfüllt sind.

43 Ist die Vergabe eines Gesamtauftrages objektiv gerechtfertigt, darf der Gesamtauftrag nach den Bestimmungen der VSVgV vergeben werden, wenn ein Teil dieses Auftrages in deren Anwendungsbereich fällt.

44 Die objektive Rechtfertigung zur Vergabe eines Gesamtauftrages kann sich sowohl aus technischen als auch wirtschaftlichen Gründen ergeben.[29] Keinesfalls darf die Vorschrift des § 107 Abs. 2 Nr. 1 oder Nr. 2 GWB herangezogen werden, um die Auftragsvergabe entweder vollends dem europäischen Vergaberecht zu entziehen oder dem erleichterten Regime des Bereiches Verteidigung und Sicherheit zuzuführen.

§ 2 Anzuwendende Vorschriften für Liefer-, Dienstleistungs- und Bauaufträge

(1) Für die Vergabe von verteidigungs- oder sicherheitsspezifischen Liefer- und Dienstleistungsaufträgen sind die Vorschriften dieser Verordnung anzuwenden.

(2) ¹Für die Vergabe von verteidigungs- oder sicherheitsspezifischen Bauaufträgen sind die §§ 1 bis 4, 6 bis 9 und 38 bis 42 sowie 44 und 45 anzuwenden. ²Im Übrigen ist Abschnitt 3 der Vergabe- und Vertragsordnung für Bauleistungen VOB/A in der Fassung der Bekanntmachung vom 31. Januar 2019 (BAnz AT 19.2.2019 B2) anzuwenden.

Übersicht

	Rn.		Rn.
I. Einführung	1	a) Lieferleistungen	6
II. Kommentierung	3	b) Dienstleistungen	8
1. Inhalt der Regelung	3	3. VOB/A-3.Abschnitt (VOB/A-VS) – Bauleistungen	9
2. Lieferleistungen und Dienstleistungen	6		

I. Einführung

1 Anders als die Sektorenverordnung,[1] die die Vergabe von Bau-, Liefer- und Dienstleistungsaufträgen insgesamt regelt, ist die VSVgV uneingeschränkt nur anwendbar auf die Vergabe verteidigungs- und sicherheitsspezifischer öffentlicher Liefer- und Dienstleistungsaufträge. Die ursprüngliche Gestaltung der VSVgV in Anlehnung an das ganzheitliche Konzept der SektVO kam im seinerzeitigen Verordnungsgebungsprozess nicht zustande.

2 Für die Vergabe verteidigungs- und sicherheitsspezifischer öffentlicher Bauaufträge wurde eigens die Vergabe- und Vertragsordnung VOB/A-VS im Deutschen Vergabe- und Vertragsausschuss für Bauleistungen (DVA) geschaffen und beschlossen. Die VSVgV gilt für die Vergabe von Bauleistungen nur eingeschränkt.

II. Kommentierung

3 **1. Inhalt der Regelung.** § 2 regelt die uneingeschränkte Anwendbarkeit der Vorschriften zur Vergabe verteidigungs- und sicherheitsspezifischer öffentlicher Aufträge ausschließlich für Liefer- und Dienstleistungsaufträge. Zu den Dienstleistungen sind auch die freiberuflichen Leistungen zu rechnen, soweit sie verteidigungs- und sicherheitsspezifisch sind. Die VSVgV sieht hierfür keine Sonderregelungen vor.[2]

---

[29] S. Gesetzentwurf der Bundesregierung zur Modernisierung des Vergaberechts, BT-Drs. 18/6281 v. 8.10.2015, Begründung zu § 111 Abs. 3 GWB.

[1] Verordnung über die Vergabe von öffentlichen Aufträgen im Bereich des Verkehrs, der Trinkwasserversorgung und der Energieversorgung (Sektorenverordnung – SektVO) v. 12.4.2016 (BGBl. 2016 I 624 (657)), zuletzt geändert durch Artikel 3 des Gesetzes v. 9.6.2021 (BGBl. 2021 I 1691).

[2] Zu den „freiberuflichen" Sonderregelungen bei der klassischen Auftragsvergabe s. §§ 73 ff. VgV sowie § 50 UVgO.

4 Für die Vergabe von verteidigungs- und sicherheitsspezifischen Bauleistungen gelten nur bestimmte Normen der VSVgV. Es sind dies die Vorgaben des Teils 1 der der VSVgV (Allgemeine Bestimmungen) mit Ausnahme des § 5 „Dienstleistungsaufträge", die Bestimmungen des Teils 3 (Unteraufträge), § 42 (Ausgeschlossene Personen) sowie die Bestimmungen des Teils 5 (Übergangs- und Schlussbestimmungen).

5 Darüber hinaus bestimmt § 2 Abs. 2 S. 2, dass für die Vergabe verteidigungs- und sicherheitsspezifischer öffentlicher Bauaufträge im Übrigen Abschnitt 3 der VOB/A Anwendung findet. Hierzu wird mittels einer statischen Verweisung auf die VOB/A vom 31.1.2019 verwiesen.

2. Lieferleistungen und Dienstleistungen. a) Lieferleistungen. Die Vergabe einer Lieferleistung betrifft die Beschaffung von Waren.[3] Unter Waren sind bewegliche Sachen zu verstehen, die Gegenstand von Handelsgeschäften sein können. Der Begriff erfasst vergaberechtlich auch unkörperliche Gegenstände (zB Strom, Gas, Wärme) und ist weit auszulegen.[4] 6

7 Der Begriff Beschaffung erfasst insbesondere Kauf, Ratenkauf oder Leasing sowie Miet- oder Pachtverhältnisse mit oder ohne Kaufoption.

b) Dienstleistungen. Dienstleistungen im Sinne des Vergaberechts sind alle die Leistungen, die keiner der Kategorien Lieferleistungen Bauleistungen zugeordnet werden können.[5] Es handelt sich um eine Auffangkategorie, die es ermöglicht, dass alle Beschaffungsvorgänge jeglicher Kategorie vergaberechtlich erfasst werden können. 8

3. VOB/A-3.Abschnitt (VOB/A-VS) – Bauleistungen. Die VOB/A-VS ist aus sich heraus keine Vorschrift mit Rechtsnormcharakter.[6] Sie kann als „privates Regelwerk" bezeichnet werden.[7] Sie erhält erst durch die konkrete Verweisung als Voraussetzung für die Umsetzung von EU-Recht ihre verbindliche Außenrechtswirkung.[8] 9

10 Die Vergabe eines Bauauftrages betrifft die Ausführung oder die gleichzeitige Planung und Ausführung
– von Bauleistungen[9] oder
– einer Bauleistung durch Dritte gemäß den vom Auftraggeber genannten Erfordernissen.

11 Verteidigungs- und sicherheitsspezifische Bauaufträge haben Bauleistungen zum Gegenstand, die in allen Phasen ihres Lebenszyklus im unmittelbaren Zusammenhang mit den in § 104 Abs. 1 GWB genannten Ausrüstungen stehen, sowie Bauleistungen speziell für militärische Zwecke oder Bauleistungen im Rahmen eines Verschlusssachenauftrages.

12 Bauleistungen im Rahmen eines Verschlusssachenauftrags sind Bauleistungen, bei deren Erbringung Verschlusssachen nach § 4 Sicherheitsüberprüfungsgesetz[10] oder nach den entsprechenden Bestimmungen der Länder verwendet werden oder die solche Verschlusssachen erfordern oder beinhalten.

13 Vereinfacht lässt sich die Vergabe einer Bauleistung beschreiben als Beschaffung einer Mischung aus Liefer- und Dienstleistungen, die so gebündelt sind, dass am Ende ein Bau errichtet ist.[11]

§ 3 Schätzung des Auftragswertes

(1) ¹Bei der Schätzung des Auftragswertes ist von der voraussichtlichen Gesamtvergütung ohne Umsatzsteuer für die vorgesehene Leistung einschließlich etwaiger Prämien oder Zahlungen an Bewerber oder Bieter auszugehen. ²Dabei sind alle Optionen und etwaige Vertragsverlängerungen zu berücksichtigen.

(2) Der Wert eines beabsichtigten Auftrags darf nicht in der Absicht geschätzt oder aufgeteilt werden, den Auftrag der Anwendung dieser Verordnung zu entziehen.

(3) Bei regelmäßig wiederkehrenden Aufträgen oder Daueraufträgen über Liefer- oder Dienstleistungen ist der Auftragswert zu schätzen

---

[3] S. § 103 Abs. 2 GWB.
[4] Vgl. *Tugendreich* in Band 3 → GWB § 103 Rn. 39 mwN.
[5] S. § 103 Abs. 4 GWB.
[6] S. § 1 VS VOB/A.
[7] Vgl. Immenga/Mestmäcker/*Dreher* GWB, 5. Aufl. 2014, Vor §§ 97 ff. Rn. 73.
[8] S. BT-Drs. 321/12 v. 25.5.2012, Begründung zu § 2 Abs. 2.
[9] S. hierzu Anhang II RL 2014/24/EU.
[10] Gesetz über die Voraussetzungen und das Verfahren von Sicherheitsüberprüfungen des Bundes und den Schutz von Verschlusssachen (Sicherheitsüberprüfungsgesetz – SÜG) v. 20.4.1994 (BGBl. 1994 I 867), zuletzt geändert durch Artikel 20 der Verordnung v. 19.6.2020 (BGBl. 2020 I 1328).
[11] *Marx* in KKMPP VgV § 2 Rn. 28.

1. entweder auf der Grundlage des tatsächlichen Gesamtwertes entsprechender aufeinanderfolgender Aufträge aus dem vorangegangenen Haushaltsjahr; dabei sind voraussichtliche Änderungen bei Mengen oder Kosten möglichst zu berücksichtigen, die während der zwölf Monate zu erwarten sind, die auf den ursprünglichen Auftrag folgen, oder
2. auf der Grundlage des geschätzten Gesamtwertes aufeinanderfolgender Aufträge, die während der auf die erste Lieferung folgenden zwölf Monate oder während des auf die erste Lieferung folgenden Haushaltsjahres, wenn dieses länger als zwölf Monate ist, vergeben werden.

(4) Bei Aufträgen über Liefer- oder Dienstleistungen, für die kein Gesamtpreis angegeben wird, ist Berechnungsgrundlage für den geschätzten Auftragswert
1. bei zeitlich begrenzten Aufträgen mit einer Laufzeit von bis zu 48 Monaten der Gesamtwert für die Laufzeit dieser Aufträge;
2. bei Aufträgen mit unbestimmter Laufzeit oder mit einer Laufzeit von mehr als 48 Monaten der 48-fache Monatswert.

(5) Bei Bauleistungen ist neben dem Auftragswert der Bauaufträge der geschätzte Wert aller Lieferleistungen zu berücksichtigen, die für die Ausführungen der Bauleistungen erforderlich sind und von Auftraggebern zur Verfügung gestellt werden.

(6) Der Wert einer Rahmenvereinbarung wird auf der Grundlage des geschätzten Gesamtwertes aller Einzelaufträge berechnet, die während deren Laufzeit geplant sind.

(7) ¹Besteht die beabsichtigte Beschaffung aus mehreren Losen, für die jeweils ein gesonderter Auftrag vergeben wird, ist bei der Schätzung der Wert aller Lose zugrunde zu legen. ²Bei Lieferaufträgen gilt dies nur für Lose über gleichartige Lieferungen. ³Bei Planungsleistungen gilt nur für Lose über gleichartige Leistungen. ⁴Erreicht oder überschreitet der Gesamtwert den maßgeblichen EU-Schwellenwert, gilt diese Verordnung für die Vergabe jedes Loses. ⁵Dies gilt nicht bis zu einer Summe der Werte dieser Lose von 20 Prozent des Gesamtwertes ohne Umsatzsteuer für
1. Liefer- oder Dienstleistungsaufträge mit einem Wert unter 80 000 Euro und
2. Bauaufträge mit einem Wert unter 1 000 000 Euro.

(8) Maßgeblicher Zeitpunkt für die Schätzung des Auftragswertes ist der Tag, an dem die Bekanntmachung der beabsichtigten Auftragsvergabe abgesendet oder das Vergabeverfahren auf andere Weise eingeleitet wird.

Übersicht

	Rn.		Rn.
I. Normzweck	1	4. Keine Gesamtvergütung beim Auftrag (Abs. 4)	13
II. Entstehungsgeschichte	4	5. Besonderheiten für Bauleistungen (Abs. 5)	14
III. Einzelerläuterungen	5	6. Rahmenvereinbarung (Abs. 6)	15
1. Wesentliche Grundprinzipien (Abs. 1)	5	7. Lose (Abs. 7)	16
2. Umgehungsverbot (Abs. 2)	10	8. Zeitpunkt für die Schätzung (Abs. 8)	19
3. Wiederkehrende Aufträge/Daueraufträge (Abs. 3)	12	IV. Folgen von Rechtsverstößen	20

I. Normzweck

1   Vergleichbare Regelungen zur **Schätzung des Auftragswertes** gibt es insbesondere in § 3 VgV (→ VgV § 3 Rn. 1 ff.). Dabei wirken sich die Besonderheiten des Verteidigungs- und Sicherheitssektors hinsichtlich der Vorgaben für die Schätzung des Auftragswerts nicht in hohem Maße aus. Hierfür enthält auch der Teil 4 des GWB (§§ 144–147 GWB) keine Hinweise.

2   Die Norm beinhaltet diejenigen Vorgaben, nach denen der Auftragswert zu schätzen ist. Wichtigste Funktion der Bestimmung des Auftragswertes ist die Festlegung, ob der entscheidende Schwellenwert erreicht oder überschritten wird. Ist dies der Fall, muss die VSVgV nach § 1 herangezogen werden.[1] Gleichzeitig wird damit auch über die vergaberechtlichen Rechtsschutzmöglichkeiten entschieden. Daher dient die Norm für die Auftraggeberseite, aber auch für die Marktteilnehmer als

---
[1] Leinemann/Kirch/*Büdenbender* Rn. 1.

wichtiger Orientierungspunkt und Ausgangsbasis. Ziel ist, eine einheitliche Schätzgrundlage für die Ermittlung des Auftragswerts zu schaffen.[2] Sie gilt gem. § 2 nicht nur für **Liefer- und Dienstleistungsaufträge,** sondern auch für **verteidigungs- oder sicherheitsspezifische Bauaufträge.** § 3 ist Teil der Bestimmungen über das Vergabeverfahren nach § 97 Abs. 6 GWB.

Im Falle des Fehlens einer ordnungsgemäßen Schätzung des Auftragswertes wird dieser seitens des Vergabesenats geschätzt.[3]

II. Entstehungsgeschichte

§ 3 setzt Art. 9 RL 2009/81/EG (Vergabe-RL Verteidigung und Sicherheit) um.[4] Die Anpassung der VSVgV an das GWB in der Fassung des VergRModG hat § 3 in weiten Bereichen **unverändert** belassen. Es kann daher auf die bisherige Literatur und Rechtsprechung Bezug genommen werden. Neu gefasst wurde allein Abs. 7 S. 3 mit Wirkung zum 18.4.2016 durch die Verordnung vom 12.4.2016.[5] § 3 orientiert sich inhaltlich und strukturell größtenteils an § 3 VgV.[6]

III. Einzelerläuterungen

1. Wesentliche Grundprinzipien (Abs. 1). Abs. 1 bestimmt, dass Grundlage für die Schätzung des Auftragswertes die voraussichtliche, dh die geschätzte Gesamtvergütung für die vorgesehene Leistung darstellt. Ausschlaggebend soll dabei der Gesamtwert ohne Umsatzsteuer, also der Netto-Auftragswert sein. Grund hierfür ist der Wille, Vergleichbarkeit zu ermöglichen. So existieren gegenwärtig unterschiedlich hohe Umsatzsteuersätze in den EU-Staaten.

Eine **verantwortbare Prognose** stellt den Ausgangspunkt der geforderten Schätzung dar. Sie sollte stets realistisch, vollständig und objektiv sein und die wirtschaftlichen Interessen des Marktes im Blick behalten (→ VgV § 3 Rn. 6).[7] Dies kann etwa durch eine Analyse des Marktes geschehen oder durch die Einholung von Angeboten bei Marktteilnehmern und Dienstleistern der nachgefragten Leistung.[8] Die getroffene Prognoseentscheidung und die zugrundeliegende Begründung muss in einem anzufertigenden Vergabevermerk dokumentiert werden. Der Umfang der Dokumentationspflicht steigt mit der Annäherung an den Schwellenwert.[9]

Dazu sind je nach Auftrag die Werte für die Gesamtvergütung zu addieren. Fraglich ist jeweils, ob tatsächlich mehrere öffentliche Aufträge gegeben sind oder nicht doch ein Auftrag vorliegt. Demnach müssen etwa bei Lieferleistungen alle Werte der Lieferungen, die durch den Vertrag beschafft werden sollen, zusammengezogen werden. Dieser Grundsatz der Gesamtvergütung wird nachfolgend weiter spezifiziert. Im Mittelpunkt steht jeweils eine funktionale Betrachtungsweise.[10] So sind im Rahmen der Schätzung des Auftragswertes alle Leistungen einzubeziehen, die hinsichtlich ihrer wirtschaftlichen und technischen Funktion einen **einheitlichen Charakter** haben.[11] Eine Addition muss demnach immer dann erfolgen, wenn gleichartige Lieferungen vorliegen. Sollen unterschiedliche Lieferungen von unterschiedlichen Auftragnehmern ausgeführt werden, sind diese einzeln zu bewerten.[12] Gleiches gilt für Dienstleistungsaufträge. Da bei Bauaufträgen einzelne Bauleistungen im Mittelpunkt stehen, ist die Gesamtvergütung zu ermitteln, indem der Wert aller Leistungen, die durch einen Vertrag beschafft werden sollen, zusammengerechnet wird. So sind etwa auch mehrere Bauwerke zu addieren, wenn bei funktionaler Betrachtung zwischen den Aufträgen in technischer und wirtschaftlicher Hinsicht ein Zusammenhang besteht.

Einzuschließen sind jeweils etwaige Prämien oder Zahlungen als geldwerte Vorteile an die Bewerber oder Bieter, um eine Umgehung des Vergaberechts zu verhindern.

Gleiches gilt nach § 3 Abs. 1 S. 2 für Optionen und etwaige Vertragsverlängerungen, wobei also nicht nur einseitige Gestaltungsrechte, sondern jegliche mögliche Vertragsverlängerungen einzubeziehen sind.[13] Notwendig ist aber, dass diese einen vertraglichen **Anknüpfungspunkt** erhalten.[14]

---

[2] BGH Beschl. v. 18.3.2014 – X ZB 12/13, BeckRS 2014, 08155.
[3] OLG Celle Beschl. v. 19.8.2009 – 13 Verg 4/09, BeckRS 2009, 24117.
[4] Vergaberichtlinie für die Bereiche Verteidigung und Sicherheit.
[5] BGBl. 2016 I 624.
[6] Ziekow/Völlink/*Busz* Rn. 1.
[7] Vgl. dazu: OLG Düsseldorf Beschl. v. 8.5.2002 – Verg 5/02, NZBau 2002, 697.
[8] Leinemann/Kirch/*Büdenbender* Rn. 3 f.
[9] Leinemann/Kirch/*Büdenbender* Rn. 6 f.
[10] So auch BR-Drs. 321/12; OLG Düsseldorf Beschl. v. 25.11.2009 – VII-Verg 27/09 Rn. 54, BeckRS 2010, 02865.
[11] EuGH Urt. v. 15.3.2012 – C-574/10, NZBau 2012, 311 – Autalhalle Niedernhausen.
[12] Leinemann/Kirch/*Büdenbender* Rn. 8 ff.
[13] Vgl. Art. 9 Abs. 1 S. 2 Vergabe-RL Verteidigung und Sicherheit.
[14] VK Bund Beschl. v. 10.1.2014 – VK 1- 113/13, BeckRS 2014, 121339.

Dafür müssen die Leistungen, die einzubeziehen sind, nicht immer vom Auftraggeber kommen. Leistungen Dritter bzw. etwaige Rechte, etwa zum Einzug von Gebühren oder zur Verwertung, sind regelmäßig zu berücksichtigen. Auch hier gilt, dass das realistische Auftragsvolumen zu ermitteln ist.

10 **2. Umgehungsverbot (Abs. 2).** Ergänzend zu den Vorgaben nach Abs. 1 bestimmt Abs. 2 ausdrücklich, dass der Wert nicht derart mit der Absicht geschätzt werden darf, dass der Auftrag nicht der Anwendung des Vergaberechts unterfällt. Dieses sog. Umgehungsverbot soll also etwaige Stückelungen und andere Maßnahmen ausdrücklich unterbinden, die ggf. das Ziel verfolgen würden, den Auftrag dem Regime der VSVgV zu entziehen.[15] Sind keine sachlichen Gründe erkennbar, darf ein **einheitlicher Beschaffungsvorgang** also nicht aufgeteilt werden.[16] Ferner darf aber auch keine Methode bei der Schätzung herangezogen werden, um die Anwendung des Vergaberechts zu umgehen. Anders zu bewerten ist in diesem Zusammenhang die Entscheidung des Auftraggebers, eine zu beschaffende Leistung endgültig nicht mehr im ursprünglichen Maße beschaffen zu wollen. Dann gibt er sein Beschaffungsvorhaben in Teilen auf und handelt nicht mit einer missbräuchlichen Absicht. Dieses vorsätzliche Handeln (wissentlich und willentlich) ist aber für einen vorwerfbaren Verstoß erforderlich.

11 Anders als bei § 3 VgV wird kein ausdrücklicher Rückgriff auf die Rechtsprechung des EuGH „Autalhalle Niederhausen"[17] gemacht und bei objektiv nachvollziehbaren Gründen eine explizite Ausnahme vorgesehen. Dies dürfte jedoch auf § 3 übertragbar sein. So können auch hier aus internen Organisationsentscheidungen des Auftraggebers objektive Gründe für eine Aufteilung von Aufträgen ableitbar sein, etwa wenn Organisationseinheiten mit einem eigenen Budget zur Mittelbewirtschaftung ausgestattet wurden. Trotz des Schweigens des Verordnungsgebers drängt sich für diese Fälle keine andere Schlussfolgerung nach Sinn und Zweck der Regelung auf.

12 **3. Wiederkehrende Aufträge/Daueraufträge (Abs. 3).** Den Umgang mit regelmäßig wiederkehrenden Aufträgen bzw. Daueraufträgen legt § 3 Abs. 3 fest. Dabei sind wiederkehrende Aufträge solche, die stets von neu aufkommen oder Leistungen zum Gegenstand haben, die sich wiederholen. Daueraufträge sind Dauerschuldverhältnisse.[18] Bei solchen Aufträgen muss als Berechnungszeitraum das vorangegangene Haushaltsjahr (bzw. das Geschäftsjahr) oder die letzten zwölf Monate zugrunde gelegt werden, wobei voraussichtliche Änderungen bei Mengen bzw. Kosten möglichst zu berücksichtigen sind. Dabei kann entsprechend der Spiegelstriche eine rückblickende oder eine prognostische Betrachtung gewählt werden.[19]

13 **4. Keine Gesamtvergütung beim Auftrag (Abs. 4).** Bei Aufträgen über Liefer- und Dienstleistungen, für die kein Gesamtpreis angegeben wird, ist nach Abs. 4 Berechnungsgrundlage für den Auftragswert bei
– zeitlich begrenzten Aufträgen mit einer Laufzeit von bis zu 48 Monaten der Gesamtwert für die Laufzeit dieser Aufträge bzw.
– bei Aufträgen mit unbestimmter Laufzeit oder mit einer Laufzeit von mehr als 48 Monaten der 48-fache Monatswert. Dabei ist von der geschätzten monatlichen Zahlung auszugehen, die dann multipliziert wird. Der 48-fache Monatswert stellt hierfür die maximale Annahme dar.

14 **5. Besonderheiten für Bauleistungen (Abs. 5).** Gemäß § 3 Abs. 5 ist bei Bauleistungen nicht nur der Auftragswert der Bauaufträge, sondern auch der geschätzte Wert aller Lieferleistungen einzubeziehen, die für die Bauleistung erforderlich sind bzw. vom öffentlichen Auftraggeber zur Verfügung gestellt werden. Gleichzeitig ist stets zu Beginn zu prüfen, was eigentlich **Hauptgegenstand** des Auftrages ist (§ 110 GWB). Eine Einbeziehung von Dienstleistungen bei der Berechnung wurde vom Verordnungsgeber entgegen der Anpassung in der VgV (§ 3 VgV) nicht vollzogen.[20] Die marktüblichen Lieferungen für eine Bauvorhaben ohne individuelle Anfertigung, Bearbeitung oder Einbau sind keine Bauleistungen.[21]

15 **6. Rahmenvereinbarung (Abs. 6).** Abs. 6 stellt klar, dass der Wert einer Rahmenvereinbarung (§ 14 bzw. § 103 Abs. 5 S. 1 GWB) auf Basis des geschätzten Gesamtwertes aller Einzelaufträge zu beziffern ist, die während der Laufzeit der Rahmenvereinbarung vorgesehen sind. Dabei ist vom Höchstwert auszugehen. Regelmäßig dürfte der Auftraggeber die genaue Anzahl der (zukünftigen)

---

[15] Vgl. Leinemann/Kirch/*Büdenbender* Rn. 16.
[16] Zur Manipulation der Vertragsdauer: OLG Düsseldorf Beschl. v. 8.5.2002 – Verg 5/02, NZBau 2002, 697.
[17] EuGH Urt. v. 15.3.2012 – C-574/10, NZBau 2012, 311 – Autalhalle Niederhausen.
[18] Ziekow/Völlink/*Greb* VOB/A § 3 Rn. 30.
[19] Ebenso: Leinemann/Kirch/*Büdenbender* Rn. 17 ff.
[20] Leinemann/Kirch/*Büdenbender* Rn. 22.
[21] OLG München Beschl. v. 28.9.2005 – Verg 19/05, BeckRS 2005, 11622.

Aufträge nicht kennen. Daher ist das erwartete Auftragsvolumen so genau wie möglich prognostisch zu ermitteln.

7. Lose (Abs. 7). Auch bei einer Losvergabe soll nach § 3 Abs. 7 das Grundprinzip der Gesamtvergütung gelten. Es wird durch Abs. 7 noch weiter konkretisiert. Demnach gilt, dass an sich der Schätzung des Auftragswertes der Wert aller Lose zugrunde zu legen ist, selbst wenn jeweils gesonderte Aufträge vergeben werden sollen. Hintergrund hierfür ist der Wunsch, trotz der erwünschten Einbeziehung mittelständiger Interessen (§ 97 Abs. 4 GWB) kleiner und mittlerer Unternehmen, den Grundgedanken eines europäischen Wettbewerbs um die Aufträge nicht aus dem Blick zu verlieren. 16

Abzugrenzen ist dabei der öffentliche Auftrag vom jeweiligen Los. So stellen generell Leistungen, die in einem funktionalen, räumlichen und zeitlichen Zusammenhang stehen, einen Auftrag dar. Einzelne Teile eines Auftrags bilden Lose.[22] Für Lieferleistungen wird ausdrücklich bestimmt, dass eine **Zusammenrechnung** nur für gleichartige Lieferungen, die also einen inneren Zusammenhang[23] aufweisen müssen, zu erfolgen hat. Entgegen der vorherigen Fassung werden nunmehr freiberufliche Leistungen nicht mehr thematisiert. Hingegen wird nunmehr allein für Planungsleistungen eine Addition gefordert, wenn diese wiederum gleichartige Leistungen umfassen. 17

Überschreitet die Vergabe eines Auftrags den maßgeblichen Schwellenwert, ist die VSVgV generell bei jeder Losvergabe zu berücksichtigen. Ausgenommen von dieser Pflicht zur Gesamtberechnung werden nach Abs. 7 S. 5 Nr. 1 Liefer- oder Dienstleistungsaufträge mit einem Wert unter 80.000 EUR und nach Nr. 2 Bauaufträge mit einem Wert unter 1.000.000 EUR (sog. Bagatellklausel[24]), sofern deren Wert nur bis zu 20% des Gesamtauftragswertes beträgt. Wird diese 20%-Grenze (in Summe) überschritten, sind auch Lose unter den in Nr. 1 und 2 genannten Grenzen europaweit auszuschreiben. Die Entscheidung darüber, welche Lose unter die Bagatellklausel fallen sollen und welche nicht, ist sorgfältig zu dokumentieren, da hiervon auch der vergaberechtliche Rechtsschutz abhängt. 18

8. Zeitpunkt für die Schätzung (Abs. 8). Entscheidender Zeitpunkt für die Schätzung ist der Tag des Beginns des Vergabeverfahrens, also generell der Tag der Absendung der Auftragsbekanntmachung bzw. der Zeitpunkt (bei einem Verfahren ohne Bekanntmachung, → Rn. 12), der der förmlichen Einleitung eines Vergabeverfahrens funktional gleichsteht, wie etwa die Kontaktaufnahme mit den Unternehmen. Eine Dokumentation ist allein wegen des Transparenzgrundsatzes stets erforderlich. 19

IV. Folgen von Rechtsverstößen

Der Auftraggeber hat die ordnungsgemäße Durchführung des Vergabeverfahrens sicherzustellen und ist hierfür darlegungs- und beweispflichtig. Er muss dabei auch nachweisen können, dass die Schätzung des Auftragswertes mit der notwendigen Sorgfalt und unter Beachtung der Vorgaben des § 3 erfolgte. Dabei kommt der Schätzung des Auftragswertes wegen der direkten Auswirkung auf die Rechtsschutzmöglichkeiten im Nachprüfungsverfahren besondere Bedeutung zu. Die Grundlagen der Schätzung sind daher in einer genauen Dokumentation abzubilden. 20

§ 4 Begriffsbestimmungen

(1) ¹Krise ist jede Situation in einem Mitgliedstaat der Europäischen Union oder einem Drittland, in der ein Schadensereignis eingetreten ist, das deutlich über die Ausmaße von Schadensereignissen des täglichen Lebens hinausgeht und
1. dabei Leben und Gesundheit zahlreicher Menschen erheblich gefährdet oder einschränkt,
2. eine erhebliche Auswirkung auf Sachwerte hat oder
3. lebensnotwendige Versorgungsmaßnahmen für die Bevölkerung erforderlich macht.
²Eine Krise liegt auch vor, wenn konkrete Umstände dafür vorliegen, dass ein solches Schadensereignis unmittelbar bevorsteht. ³Bewaffnete Konflikte und Kriege sind Krisen im Sinne dieser Verordnung.

(2) Unterauftrag ist ein zwischen einem erfolgreichen Bieter und einem oder mehreren Unternehmen geschlossener entgeltlicher Vertrag über die Ausführung des betreffenden Auftrags oder von Teilen des Auftrags.

---

[22] Vgl. OLG Koblenz Beschl. v. 16.9.2013 – 1 Verg 5/13, BeckRS 2013, 16569.
[23] Vgl. OLG Frankfurt a. M. Beschl. v. 8.5.2012 – 11 Verg 2/12, BeckRS 2012, 10701.
[24] Vgl. Leinemann/Kirch/*Büdenbender* Rn. 28.

(3) ¹Forschung und Entwicklung sind alle Tätigkeiten, die Grundlagenforschung, angewandte Forschung und experimentelle Entwicklung umfassen, wobei letztere die Herstellung von technologischen Demonstrationssystemen einschließen kann. ²Technologische Demonstrationssysteme sind Vorrichtungen zur Demonstration der Leistungen eines neuen Konzepts oder einer neuen Technologie in einem relevanten oder repräsentativen Umfeld.

I. Normzweck

1   Die Norm enthält **Legaldefinitionen** für Begriffe der VSVgV. Die Erläuterungen ergeben sich größtenteils wortgleich aus den Definitionen in Art. 1 RL 2009/81/EG (Vergabe-RL Verteidigung und Sicherheit). Nach § 2 ist für die Vergabe von verteidigungs- oder sicherheitsspezifischen Dienst- und Lieferaufträgen sowie Bauaufträgen § 4 anzuwenden, wobei auch Abschnitt 3 der Vergabe- und Vertragsordnung für Bauleistungen (VOB/A) in der Fassung der Bekanntmachung vom 19.1.2016 (BAnz AT 19.1.2016 B3) gilt.

II. Einzelerläuterungen

2   **1. Krise (Abs. 1).** Die Definition der Krise stammt aus Art. 1 Nr. 10 Vergabe-RL Verteidigung und Sicherheit und hat für §§ 8, 12, 27 Bedeutung und ist in Abs. 1 legaldefiniert.[1] Umfasst davon sind auch Kriege und bewaffnete Konflikte.

3   **2. Unterauftrag (Abs. 3).** Auch hierzu diente die Definition in Art. 1 Nr. 22 Vergabe-RL Verteidigung und Sicherheit als Grundlage. Der Begriff wird in den §§ 7, 9, 38–41 verwendet.

4   **3. Forschung und Entwicklung (Abs. 3).** In Teilen wurde hierfür auf die Definition aus Art. 1 Nr. 27 Vergabe-RL Verteidigung und Sicherheit zurückgegriffen. Danach umfasst „Forschung und Entwicklung" alle Tätigkeiten, die Grundlagenforschung, angewandte Forschung und experimentelle Entwicklung beinhalten, wobei letztere die Herstellung von technologischen Demonstrationssystemen, dh von Vorrichtungen zur Demonstration der Leistungen eines neuen Konzepts oder einer neuen Technologie in einem relevanten oder repräsentativen Umfeld einschließen kann. Sie wird in § 12 verwendet. Forschung und Entwicklung umfassen somit sowohl Grundlagenforschung, angewandte Forschung als auch experimentelle Entwicklung. Nicht eingeschlossen sind aber die Herstellung und Qualifizierung von Vorläufern der Produktion wie Prototypen, Werkzeug- und Fertigungstechnik, Industriedesign oder Herstellung.[2]

§ 5 Dienstleistungsaufträge

(1) Aufträge über Dienstleistungen gemäß Anhang I der Richtlinie 2009/81/EG unterliegen den Vorschriften dieser Verordnung.

(2) Aufträge über Dienstleistungen gemäß Anhang II der Richtlinie 2009/81/EG unterliegen ausschließlich den §§ 15 und 35.

(3) ¹Aufträge, die sowohl Dienstleistungen gemäß Anhang I als auch solche des Anhangs II der Richtlinie 2009/81/EG umfassen, unterliegen den Vorschriften dieser Verordnung, wenn der Wert der Dienstleistungen nach Anhang I der Richtlinie 2009/81/EG überwiegt. ²Überwiegt der Wert der Dienstleistungen nach Anhang II der Richtlinie 2009/81/EG, unterliegen diese Aufträge ausschließlich den §§ 15 und 35.

I. Einführung

1   Die europäischen Vergaberichtlinien aus dem Jahr 2004 unterschieden im Dienstleistungsbereich zwischen sog. „vorrangigen/prioritären" und „nachrangigen/nicht-prioritären" Dienstleistungen. Hintergrund dieser Unterscheidung war, dass die Vergabe nur derjenigen Dienstleistungen vollumfänglich den Richtlinienvorschriften unterliegen sollte, bei denen ihre Bestimmungen dazu beitragen, alle Möglichkeiten für eine Zunahme des grenzüberschreitenden Handels voll auszunutzen.[1]

2   Mit der Verabschiedung der neuen Vergaberichtlinien im Jahr 2014 wurde die Unterscheidung aufgegeben. Entsprechend findet sich weder in der VgV noch in der SektVO deren Fortfüh-

---

[1] Leinemann/Kirch/*Büdenbender* Rn. 5.
[2] Vgl. Ziekow/Völlink/*Busz* Rn. 3.
[1] S. Erwägungsgrund 19 RL 2004/18/EG (Vergabe-RL 2004).

rung. Die Richtlinie 2009/81/EG (Vergabe-RL Verteidigung und Sicherheit) war von dem neuen EU-Richtlinienpaket 2014 nicht betroffen, sodass das Regime der „vorrangigen/nachrangigen" Dienstleistungen für den Bereich der verteidigungs- und sicherheitsspezifischen Dienstleistungen erhalten blieb.

Die vorrangigen Dienstleistungen sind in Anhang I Vergabe-RL Verteidigung und Sicherheit[2] abschließend aufgeführt. Die nachrangigen Dienstleistungen finden sich in Anhang II Vergabe-RL Verteidigung und Sicherheit. Zu den nachrangigen Dienstleistungen gehören ua Rechtsberatung und Dienstleistungen aus dem sozialen Bereich. Nr. 26 Anhang II Vergabe-RL Verteidigung und Sicherheit beinhaltet die Kategorie „Sonstige Dienstleistungen". Hierbei handelt es sich um einen Auffangtatbestand. Es kann sich dabei letztlich nur um solche Dienstleistungen handeln, die sich nicht in den übrigen Kategorien des Anhangs I oder II Vergabe-RL Verteidigung und Sicherheit befinden.[3]

II. Inhalt der Regelung

Auf die Vergabe von Aufträgen über vorrangige Dienstleistungen sind die Vorschriften der VSVgV in vollem Umfang anzuwenden. Bei der Vergabe von Aufträgen über nachrangige Dienstleistungen müssen Auftraggeber nur die Vorgaben zur Leistungsbeschreibung und die technischen Anforderungen sowie über Bekanntmachung über die Auftragserteilung (ex-post) beachten.[4] Damit entfällt die Pflicht des Auftraggebers, im Falle der Vergabe von Aufträgen über nachrangige Dienstleistungen ein europaweites Vergabeverfahren durchführen zu müssen.

Umfassen Aufträge sowohl vorrangige als auch nachrangige Dienstleistungen, kommt es bezüglich der vollumfänglichen Anwendung der Vorschriften der VSVgV darauf an, welcher Anteil wertmäßig überwiegt. Maßgeblich hierfür ist die Auftragswertschätzung. Es ist für solche gemischten Aufträge nur dann ein europaweites Vergabeverfahren unter Beachtung aller Regelungen der VSVgV durchzuführen, wenn sich aus der Auftragswertschätzung ein überwiegender Wert der vorrangigen Dienstleistungsanteile ergibt.

III. Beachtung der vergaberechtlichen Grundsätze bei der Vergabe von Aufträgen über nachrangige Dienstleistungen

Neben den Bestimmungen über die Leistungsbeschreibung und technischen Anforderungen sowie die ex post-Transparenz haben Auftraggeber bei der Vergabe nachrangiger Dienstleistungen die vergaberechtlichen Grundprinzipien des Wettbewerbs, der Transparenz und der Nichtdiskriminierung einzuhalten.[5] Der Umstand, dass eine nachrangige Dienstleistung betroffen ist, stellt ein diesbezügliches Vergabeverfahren nicht von einer Nachprüfung nach §§ 155 ff. GWB frei.[6]

IV. Beachtung haushaltsrechtlicher Vorschriften bei der Vergabe über nachrangige Dienstleistungen

Auf einen Hinweis zur Beachtung des haushaltsrechtlichen Unterschwellenvergaberechts, wie er sich in § 4 VgV aF fand, hat der Verordnungsgeber in § 5 seinerzeit verzichtet. Das änderte aber nichts daran, dass dessen Geltung im Falle einer Auftragsvergabe über nachrangige Dienstleistungen stets zu prüfen war und ist.

Mittlerweile gilt für öffentliche Auftraggeber des Bundes die Unterschwellenvergabeordnung.[7] Deren Anwendung ist nun grundsätzlich im Fall der Vergabe eines verteidigungs- und sicherheitsspezifischen öffentlichen Auftrags über nachrangige Dienstleistungen zu prüfen. Sie ist allgemein bei Nichterreichen der maßgeblichen Schwellenwerte für alle Auftragsvergaben von verteidigungs- und sicherheitsspezifischen Liefer- und Dienstleistungen anzuwenden. Es sei denn, der Anwendungsbereich der UVgO ist gem. § 1 Abs. 2 UVgO wegen Vorliegens von Ausnahmetatbeständen[8] nicht eröffnet.

---

[2] ABl. 2009 L 216, 76.
[3] Vgl. OLG Düsseldorf Beschl. v. 21.4.2010 – Verg 55/09, NZBau 2010, 390.
[4] Die Vorgaben sind in §§ 15, 35 geregelt.
[5] S. OLG Düsseldorf Beschl. v. 2.1.2012 – Verg 70/11, ZfBR 2012, 285.
[6] Leinemann/Kirch/*Leinemann* § 6 Rn. 4 mwN.
[7] Verfahrensordnung für die Vergabe öffentlicher Liefer- und Dienstleistungsaufträge unterhalb der EU-Schwellenwerte (Unterschwellenvergabeordnung – UVgO) v. 2.2.2017 (BAnz AT 7.2.2017 B1, ber. Nr. 170208, 1). Die UVgO wurde für den Bund ab dem 2.9.2017 in Kraft gesetzt, mit Rundschreiben des BMF v. 1.9.2017-IIA3-H 1012-6/16/10003:003.
[8] Die UVgO erklärt sich im Falle des Vorliegens der Ausnahmetatbestände gem. §§ 107, 108, 109, 116, 117 und 147 GWB für nicht anwendbar.

9   § 51 UVgO enthält eine Sonderregelung für die Vergabe von verteidigungs- oder sicherheitsspezifischen öffentlichen Aufträgen iSd § 104 GWB. Es stehen dem öffentlichen Auftraggeber die Verfahrensarten Beschränkte Ausschreibung oder die Verhandlungsvergabe jeweils mit oder ohne Teilnahmewettbewerb zur freien Wahl. Für den Fall eines Verschlusssachenauftrags wird § 7 (Anforderungen an den Schutz von Verschlusssachen) für anwendbar erklärt.

10   Schließlich enthält § 51 UVgO ergänzende Regelungen zur Versorgungssicherheit und zum Ausschluss von Unternehmen.

§ 6 Wahrung der Vertraulichkeit

(1) Auftraggeber, Bewerber, Bieter und Auftragnehmer wahren gegenseitig die Vertraulichkeit aller Angaben und Unterlagen. Für die Anforderungen an den Schutz von Verschlusssachen einschließlich ihrer Weitergabe an Unterauftragnehmer gilt § 7.

(2) Sofern in dieser Verordnung nicht anderes bestimmt ist, dürfen Auftraggeber nach anderen Rechtsvorschriften vorbehaltlich vertraglich erworbener Rechte keine von den Bewerbern, Bietern und Auftragnehmern übermittelte und von diesen als vertraulich eingestufte Information weitergeben. Dies gilt insbesondere für technische Geheimnisse und Betriebsgeheimnisse.

(3) Bewerber, Bieter und Auftragnehmer dürfen keine von den Auftraggebern als vertraulich eingestufte Information an Dritte weitergeben. Dies gilt nicht für die Unterauftragsvergabe, wenn die Weitergabe der als vertraulich eingestuften Information für den Teilnahmeantrag, das Angebot oder die Auftragsausführung erforderlich ist. Bewerber, Bieter und Auftragnehmer müssen die Wahrung der Vertraulichkeit mit den in Aussicht genommenen Unterauftragnehmern vereinbaren. Auftraggeber können an Bewerber, Bieter und Auftragnehmer weitere Anforderungen zur Wahrung der Vertraulichkeit stellen, die mit dem Auftragsgegenstand im sachlichen Zusammenhang stehen und durch ihn gerechtfertigt sind.

Übersicht

	Rn.		Rn.
I. Allgemeines	1	IV. Verpflichtung der Unternehmen zur vertraulichen Behandlung von Informationen (Abs. 3)	10
II. Gegenseitige Wahrung der Vertraulichkeit (Abs. 1)	4		
III. Keine Weitergabe vertraulicher Informationen (Abs. 2)	7		

I. Allgemeines

1   § 6 setzt Art. 6 RL 2009/81/EG (Vergabe-RL Verteidigung und Sicherheit) in deutsches Recht um, ergänzt um Abs. 3, der keine Grundlage in Art. 6 Vergabe-RL Verteidigung und Sicherheit hat. Die Norm verpflichtet alle Verfahrensbeteiligten, die Vertraulichkeit der zwischen ihnen ausgetauschten Informationen in jedem Stadium des Vergabeverfahrens zu wahren.[1] Mangelhafter Schutz vertraulicher Informationen war vor Verabschiedung der Vergabe-RL Verteidigung und Sicherheit einer der Hauptgründe, aus denen Mitgliedstaaten das Vergaberecht bei der Rüstungsbeschaffung oft unangewendet ließen. Mit den Vorschriften zur Vertraulichkeit in der Verteidigungsvergaberichtlinie sollte dieses Argument für eine freihändige Vergabe von Rüstungsaufträgen entkräftet werden.[2] Strafrechtlich und im engeren Anwendungsbereich wird die Vorschrift durch § 353b StGB (Verletzung von Dienstgeheimnissen) und §§ 3, 4 Geschäftsgeheimnisgesetz (Verletzung von Geschäftsgeheimnissen) flankiert.

2   Die Norm gilt für vertrauliche Informationen und beinhaltet diesbezüglich die wesentlichen typischen Regelungen, die im privatwirtschaftlichen Verkehr in der Regel in einer Vertraulichkeitsvereinbarung („NDA") vereinbart werden. Aufgrund der mit § 6 gesetzlich geregelten Vertraulichkeitsverpflichtung lehnt der öffentliche Auftraggeber im Verteidigungsbereich den Abschluss von privatrechtlichen Vertraulichkeitsvereinbarungen im Rahmen von Beschaffungsvorhaben in aller Regel ab.

3   Auf Informationen, die als Verschlusssachen eingestuft worden sind, kommt § 7 als speziellere Norm zur Anwendung.

---

[1] Vgl. Willenbruch/Wieddekind/*Schubert* Rn. 1; Beck VergabeR/*Otting* Rn. 10.
[2] Erwägungsgründe 42 und 43 Vergabe-RL Verteidigung und Sicherheit.

II. Gegenseitige Wahrung der Vertraulichkeit (Abs. 1)

§ 6 Abs. 1 S. 1 verpflichtet die Auftraggeber, die verfahrensbeteiligten Unternehmen und die Auftragnehmer zur Wahrung der Vertraulichkeit aller Angaben und Unterlagen, die im Vergabeverfahren ausgetauscht wurden. Der Begriff der Angaben ist denkbar weit zu fassen. **Angaben** können zB solche sein, die ein Bieter im Angebotsvordruck zu seinem eigenen Unternehmen, aber auch Angaben, die der öffentliche Auftraggeber in den Vergabeunterlagen zu dem zu vergebenden Auftrag macht. Ebenfalls weit zu fassen ist der Begriff der Unterlagen. Hierbei kann es sich um die Vergabeunterlagen ebenso handeln wie die vom Bieter seinem Angebot beigefügten Unterlagen. 4

Vertraulich sind die Informationen, wenn sie nach der Verkehrsanschauung nicht nach außen dringen dürfen und ihre Offenlegung nachteilige Auswirkungen hätte.[3] Man kann praktisch von einem Gleichlauf zum Begriff der „vertraulichen Informationen" im Rahmen üblicher privatrechtlicher Vertraulichkeitsvereinbarungen ausgehen. 5

S. 2 stellt klar, dass für den Schutz von Verschlusssachen § 7 gilt. 6

III. Keine Weitergabe vertraulicher Informationen (Abs. 2)

Die Vorschrift verpflichtet den Auftraggeber, keine von den Bewerbern, Bietern oder Auftragnehmern übermittelten und von diesen als vertraulich eingestufte Information weiterzugeben, es sei denn, dies ist aufgrund dieser Verordnung, anderer Rechtsvorschriften oder aufgrund von vertraglich erworbenen Rechten zugelassen. Dies soll insbesondere für technische Geheimnisse und Betriebsgeheimnisse gelten,[4] also etwa für technisches Know-how und technische Informationen (Leistungsdaten, Produktbeschreibungen, etc) sowie für Preisinformationen und andere kommerziell sensible Daten. 7

Eine Ausnahme vom grundsätzlichen Verbot der Weitergabe vertraulicher Informationen stellen die Bekanntmachung über die Auftragserteilung (§ 35) sowie die Unterrichtungspflicht unterlegener Bewerber und Bieter (§ 36) dar. Als **andere Rechtsvorschrift,** die eine Weitergabe vertraulicher Informationen durch den Auftraggeber zulässt, kommt § 163 Abs. 2 S. 1 GWB in Betracht. Danach hat der Auftraggeber der Vergabekammer die Vergabeakten nach Übermittlung des Nachprüfungsantrags sofort zur Verfügung zu stellen. Die Vergabekammer ihrerseits ist verpflichtet, die Vertraulichkeit von Verschlusssachen und anderen vertraulichen Informationen sicherzustellen (§ 164 Abs. 1 GWB). Zum Schutz von Betriebs- und Geschäftsgeheimnissen hat die Vergabekammer die Akteneinsicht in die betreffenden Unterlagen zu versagen (§ 165 Abs. 2 GWB). 8

Die Befugnis, vertrauliche Informationen weiterzugeben, kann sich ggf. auch aus einer vertraglichen Vereinbarung zwischen Auftraggeber und dem Unternehmen ergeben („vorbehaltlich vertraglich erworbener Rechte"). Dies ist insbesondere im Rahmen von internationalen Beschaffungsvorhaben notwendig und üblich, in denen eine Vergabestelle im Namen mehrerer staatlicher Auftraggeber beschafft und in denen sie die vertraulichen Informationen an die beteiligten Staaten weitergeben können muss. 9

IV. Verpflichtung der Unternehmen zur vertraulichen Behandlung von Informationen (Abs. 3)

Die am Vergabeverfahren beteiligten Unternehmen dürfen ebenso wie die Auftragnehmer keine Informationen, die der Auftraggeber als vertraulich gekennzeichnet hat, an Dritte weitergeben. Da von diesem grundsätzlichen Verbot auch die Weitergabe an einen Unterauftragnehmer betroffen wäre, lässt S. 2 die Informationsweitergabe an den Unterauftragnehmer zu, sofern dies für den Teilnahmeantrag, das Angebot oder die Auftragsausführung erforderlich sein sollte. Aus der Formulierung „sofern erforderlich" folgt, dass im Einzelfall zu prüfen sein wird, in welchem Umfang der Unterauftragnehmer Kenntnis vertraulicher Informationen benötigt. Einem Unterauftragnehmer, der nur für einen klar abgegrenzten Teil in die Leistungserbringung eingebunden werden soll, sind nur die hierzu erforderlichen Informationen zur Verfügung zu stellen. Jedenfalls ist gemäß S. 3 durch den Bewerber, Bieter, oder Auftragnehmer sicherzustellen, dass beim Unterauftragnehmer ein dem § 6 entsprechender Schutz der vertraulichen Informationen sichergestellt ist. Dies wird in aller Regel durch den Abschluss einer (privatrechtlichen) Vertraulichkeitsvereinbarung geschehen. 10

S. 4 lässt es zu, dass der Auftraggeber weitere Anforderungen an die Verfahrensbeteiligten und den Auftragnehmer zur Wahrung der Vertraulichkeit stellen kann. Voraussetzung ist, dass diese mit dem Auftragsgegenstand im sachlichen Zusammenhang stehen und durch ihn gerechtfertigt sind. 11

---

[3] OVG Nordrhein-Westfalen Beschl. v. 5.6.2012 – 13a F 17/11 Rn. 39.
[4] Vgl. zum Begriff der Betriebsgeheimnisse Kommentierung zu § 165 Abs. 2 GWB (→ GWB § 165 Rn. 24 ff.).

§ 7 Anforderungen an den Schutz von Verschlusssachen durch Unternehmen

(1) ¹Im Falle eines Verschlusssachenauftrags im Sinne des § 104 Absatz 3 des Gesetzes gegen Wettbewerbsbeschränkungen müssen Auftraggeber in der Bekanntmachung oder den Vergabeunterlagen die erforderlichen Maßnahmen, Anforderungen und Auflagen benennen, die ein Unternehmen als Bewerber, Bieter oder Auftragnehmer sicherstellen oder erfüllen muss, um den Schutz von Verschlusssachen entsprechend dem jeweiligen Geheimhaltungsgrad zu gewährleisten. ²Auftraggeber müssen in der Bekanntmachung oder den Vergabeunterlagen auch die erforderlichen Maßnahmen, Anforderungen und Auflagen benennen, die Unterauftragnehmer sicherstellen müssen, um den Schutz von Verschlusssachen entsprechend dem jeweiligen Geheimhaltungsgrad zu gewährleisten, und deren Einhaltung der Bewerber, Bieter oder Auftragnehmer mit dem Unterauftragnehmer vereinbaren muss.

(2) Auftraggeber müssen insbesondere verlangen, dass der Teilnahmeantrag oder das Angebot folgende Angaben enthält:
1. Wenn der Auftrag Verschlusssachen des Geheimhaltungsgrades „VS-VERTRAULICH" oder höher umfasst, Erklärungen des Bewerbers oder Bieters und der bereits in Aussicht genommenen Unterauftragnehmer,
    a) ob und in welchem Umfang für diese Sicherheitsbescheide des Bundesministeriums für Wirtschaft und Energie oder entsprechender Landesbehörden bestehen oder
    b) dass sie bereit sind, alle notwendigen Maßnahmen und Anforderungen zu erfüllen, die zum Erhalt eines Sicherheitsbescheids zum Zeitpunkt der Auftragsausführung vorausgesetzt werden;
2. Verpflichtungserklärungen
    a) des Bewerbers oder Bieters und
    b) der bereits in Aussicht genommenen Unterauftragnehmer
    während der gesamten Vertragsdauer sowie nach Kündigung, Auflösung oder Ablauf des Vertrags den Schutz aller in ihrem Besitz befindlichen oder ihnen zur Kenntnis gelangter Verschlusssachen gemäß den einschlägigen Rechts- und Verwaltungsvorschriften zu gewährleisten;
3. Verpflichtungserklärungen des Bewerbers oder Bieters, von Unterauftragnehmern, an die er im Zuge der Auftragsausführung Unteraufträge vergibt, Erklärungen und Verpflichtungserklärungen gemäß den Nummern 1 und 2 einzuholen und vor der Vergabe des Unterauftrags den Auftraggebern vorzulegen.

(3) ¹Muss einem Bewerber, Bieter oder bereits in Aussicht genommenen Unterauftragnehmern für den Teilnahmeantrag oder das Erstellen eines Angebots der Zugang zu Verschlusssachen des Geheimhaltungsgrades „VS-VERTRAULICH" oder höher gewährt werden, verlangen Auftraggeber bereits vor Gewährung dieses Zugangs einen Sicherheitsbescheid vom Bundesministerium für Wirtschaft und Energie oder von entsprechenden Landesbehörden und die Verpflichtungserklärungen nach Absatz 2 Nummer 2 und 3. ²Kann zu diesem Zeitpunkt noch kein Sicherheitsbescheid durch das Bundesministerium für Wirtschaft und Energie oder durch entsprechende Landesbehörden ausgestellt werden und machen Auftraggeber von der Möglichkeit Gebrauch, Zugang zu diesen Verschlusssachen zu gewähren, müssen Auftraggeber die zum Einsatz kommenden Mitarbeiter des Unternehmens überprüfen und ermächtigen, bevor diesen Zugang gewährt wird.

(4) Muss einem Bewerber, Bieter oder bereits in Aussicht genommenen Unterauftragnehmern für den Teilnahmeantrag oder das Erstellen eines Angebots der Zugang zu Verschlusssachen des Geheimhaltungsgrades „VS-NUR FÜR DEN DIENSTGEBRAUCH" gewährt werden, verlangen Auftraggeber bereits vor Gewährung dieses Zugangs die Verpflichtungserklärungen nach Absatz 2 Nummer 2 und 3.

(5) Kommt der Bewerber oder Bieter dem Verlangen des Auftraggebers nach den Absätzen 3 und 4 nicht nach, die Verpflichtungserklärungen vorzulegen, oder können auch im weiteren Verfahren weder ein Sicherheitsbescheid vom Bundesministerium für Wirtschaft und Energie oder von entsprechenden Landesbehörden ausgestellt noch Mitarbeiter zum Zugang ermächtigt werden, müssen Auftraggeber den Bewerber oder Bieter von der Teilnahme am Vergabeverfahren ausschließen.

(6) ¹Auftraggeber können Bewerbern, Bietern oder bereits in Aussicht genommenen Unterauftragnehmern, die noch nicht in der Geheimschutzbetreuung des Bundesministe-

riums für Wirtschaft und Energie oder entsprechender Landesbehörden sind oder deren Personal noch nicht überprüft und ermächtigt ist, zusätzliche Zeit gewähren, um diese Anforderungen zu erfüllen. ²In diesem Fall müssen Auftraggeber diese Möglichkeit und die Frist in der Bekanntmachung mitteilen.

(7) ¹Das Bundesministerium für Wirtschaft und Energie erkennt Sicherheitsbescheide und Ermächtigungen anderer Mitgliedstaaten an, wenn diese den nach den Bestimmungen des Sicherheitsüberprüfungsgesetzes und des § 21 Absatz 4 und 6 der Allgemeinen Verwaltungsvorschrift des Bundesministeriums des Innern zum materiellen und organisatorischen Schutz von Verschlusssachen[1] erforderlichen Sicherheitsbescheiden und Ermächtigungen gleichwertig sind. ²Auf begründetes Ersuchen der auftraggebenden Behörde hat das Bundesministerium für Wirtschaft und Energie weitere Untersuchungen zur Sicherstellung des Schutzes von Verschlusssachen zu veranlassen und deren Ergebnisse zu berücksichtigen. ³Das Bundesministerium für Wirtschaft und Energie kann im Einvernehmen mit der Nationalen Sicherheitsbehörde für den Geheimschutz von weiteren Ermittlungen absehen.

(8) Das Bundesministerium für Wirtschaft und Energie kann die Nationale Sicherheitsbehörde des Landes, in dem der Bewerber oder Bieter oder bereits in Aussicht genommene Unterauftragnehmer ansässig ist, oder die Designierte Sicherheitsbehörde dieses Landes ersuchen, zu überprüfen, ob die voraussichtlich genutzten Räumlichkeiten und Einrichtungen, die vorgesehenen Produktions- und Verwaltungsverfahren, die Verfahren zur Behandlung von Informationen oder die persönliche Lage des im Rahmen des Auftrags voraussichtlich eingesetzten Personals den einzuhaltenden Sicherheitsvorschriften entsprechen.

Übersicht

		Rn.			Rn.
I.	Allgemeines	1	VI.	Zwingender Ausschluss bei Nichtvorlage (Abs. 5)	18
II.	Schutz von Verschlusssachen (Abs. 1)	3	VII.	Gewährung zusätzlicher Zeit zur Erfüllung der Anforderungen (Abs. 6)	19
III.	Zugang zu Verschlusssachen während der Auftragsausführung (Abs. 2)	7	VIII.	Sicherheitsbescheide und Ermächtigungen anderer Mitgliedstaaten (Abs. 7)	21
IV.	Zugang zu Verschlusssachen während des Vergabeverfahrens (Abs. 3)	13			
V.	Zugang zu Verschlusssachen des Geheimhaltungsgrades VS-NUR FÜR DEN DIENSTGEBRAUCH (Abs. 4)	15	IX.	Beauftragung der Sicherheitsbehörde eines anderen Mitgliedstaats (Abs. 8)	23

I. Allgemeines

Mit der Vorschrift werden Art. 7 und 22 RL 2009/81/EG (Vergabe-RL Verteidigung und **1** Sicherheit) umgesetzt.[2] Angesichts der Sensibilität der Ausrüstungsgegenstände sind Anforderungen an die Informationssicherheit über die gesamte Lieferkette hinweg von besonders großer Bedeutung. Hierzu dienen die amtliche Einstufung der schützenswerten Informationen als sog. Verschlusssachen und entsprechende Auflagen zum Schutz dieser Verschlusssachen.[3] Die Auftraggeber können darüber hinaus verlangen, dass die Unternehmen auch mit ihren Subunternehmen Vereinbarungen zum Schutz von Verschlusssachen treffen.[4] Art. 22 Vergabe-RL Verteidigung und Sicherheit sieht vor, dass der Auftraggeber in der Bekanntmachung und den Vergabeunterlagen alle Maßnahmen aufführt, die zum Schutz der Verschlusssachen erforderlich sind. Ziel der Vorschrift ist es, den Geheimschutz von Verschlusssachen sicherzustellen. § 7 ergänzt den generellen Schutz vertraulicher Informationen gem. § 6 Abs. 1 und 3 um spezielle Regelungen für geheimschutzrelevante Informationen.

Nach Ansicht des Gesetzgebers handelt es sich bei der Einhaltung der Anforderungen an den **2** Schutz von Verschlusssachen um ein spezifisches Eignungskriterium.[5] Um dieses zu erfüllen, muss

---

[1] [Amtl. Anm.:] VS-Anweisung – VSA vom 31. März 2006 in der Fassung vom 26. April 2010 (GMBl. 2010 S. 846).
[2] BR-Drs. 321/12, 38 zu § 7.
[3] Erwägungsgrund 42 Vergabe-RL Verteidigung und Sicherheit.
[4] BR-Drs. 321/12, 40 zu § 7.
[5] BR-Drs. 321/12, 39 zu § 7.

das betreffende Unternehmen die einschlägigen gesetzlichen Bestimmungen, insbesondere die des Sicherheitsüberprüfungsgesetzes (SÜG) und des auf Grundlage von § 25 Abs. 1 SÜG erlassenen sog. Geheimschutzhandbuchs erfüllen. Das vom Bundeswirtschaftsministerium erstellte Geheimschutzhandbuch wird durch Abschluss eines öffentlich-rechtlichen Vertrages zwischen Bundeswirtschaftsministerium und dem betreffenden Unternehmen für dieses rechtsverbindlich. Bei internationalen Projekten sind zusätzlich auf zwischenstaatlicher Ebene vereinbarte Regelungen zu beachten.

II. Schutz von Verschlusssachen (Abs. 1)

3   Ein **Verschlusssachenauftrag** ist nach der Legaldefinition des § 104 Abs. 3 GWB ein Auftrag „im speziellen Bereich der *nicht-militärischen* Sicherheit" (→ Rn. 4), bei dessen Erfüllung oder Erbringung Verschlusssachen nach § 4 SÜG des Bundes oder nach den entsprechenden Bestimmungen der Länder verwendet werden (§ 104 Abs. 3 Nr. 1 GWB) oder der Verschlusssachen iSd Nr. 1 erfordert oder beinhaltet (§ 104 Abs. 3 Nr. 2 GWB). Wegen weiterer Einzelheiten wird auf die Kommentierung zu § 104 Abs. 3 GWB verwiesen (→ GWB § 104 Rn. 23 ff.).

4   Der Verweis allein auf § 104 Abs. 3 GWB stellt ein **Redaktionsversehen des Gesetzgebers** dar. Richtiger Weise gilt § 7 für jedwede **verteidigungs- oder sicherheitsspezifische öffentliche Aufträge iSd § 104 Abs. 1 GWB,** also auch etwa für die Beschaffung von Militärausrüstung (§ 104 Abs. 1 Nr. 1 GWB) sowie für Bau- und Dienstleistungen speziell für militärische Zwecke (§ 104 Abs. 1 Nr. 4 Alt. 1 GWB). § 104 Abs. 3 GWB in der aktuellen Fassung gilt nach seinem Wortlaut nur für *nicht-militärische* sicherheitsrelevante Aufträge. § 7 muss aber überall dort anwendbar sein, wo im Zusammenhang mit der Beschaffung Verschlusssachen im Sinne des Geheimschutzes (§ 4 SÜG) relevant sind. Ein Verweis allein auf § 104 Abs. 3 GWB würde den Anwendungsbereich auf geheimschutzrelevante Beschaffungen im Bereich der *nicht-militärischen* Sicherheit beschränken. Dies ist weder von Art. 7 und 22 Vergabe-RL Verteidigung und Sicherheit vorgegeben, noch entspricht es Sinn und Zweck der Regelung. Gerade Beschaffungen im militärischen Bereich haben in aller Regel Verschlusssachenrelevanz; in der Praxis beinhaltet die große Mehrheit der Beschaffungen des Bundesamtes für Ausrüstung, Informationstechnik und Nutzung der Bundeswehr eingestufte Informationen. Gerade in diesem Bereich muss § 7 daher gelten. Überzeugender wäre demnach ein Verweis in Abs. 1 pauschal auf § 104 GWB oder eine eigenständige Definition von Verschlusssachenauftrag in § 7 gewesen. Dies ergibt sich auch aus einem Vergleich mit dem Verweis von § 7 Abs. 1 aF auf § 99 Abs. 3 GWB aF, in dem der Begriff „Verschlusssachenauftrag" jedwede, auch militärische Verschlusssachen umfasste. In der Praxis der (militärischen) Vergabestellen wird diese Korrektur fortlaufend vorweggenommen.

5   § 7 Abs. 1 verpflichtet den Auftraggeber, bereits in der Bekanntmachung oder in den Vergabeunterlagen die Maßnahmen, Anforderungen und Auflagen zu benennen, die ein Unternehmen erfüllen muss, um den Schutz der Verschlusssachen entsprechend dem Geheimhaltungsgrad sicherzustellen. Hierdurch wird es den Interessenten oder Bietern ermöglicht, frühzeitig zu erkennen, ob sie sich mit Erfolg an der Ausschreibung beteiligen können. Die Vorschrift dient damit der Transparenz des Vergabeverfahrens.[6]

6   Als Ausfluss des Grundsatzes des Schutzes von Verschlusssachen über die gesamte Lieferkette hinweg, lässt S. 2 es zu, dass der Auftraggeber den Bewerber, Bieter oder Auftragnehmer verpflichtet, mit dem Unterauftragnehmer eine Vereinbarung zu treffen, um den Schutz der Verschlusssachen sicherzustellen. Auch hier ist es aus Gründen der Transparenz erforderlich, dass der Auftraggeber die erforderlichen Maßnahmen, Anforderungen und Auflagen in der Bekanntmachung oder in den Vergabeunterlagen benennt.

III. Zugang zu Verschlusssachen während der Auftragsausführung (Abs. 2)

7   Während § 7 Abs. 2 die Gewährung des Zugangs zu Verschlusssachen während der Auftragsausführung regelt,[7] trifft der nachfolgende Abs. 3 Regelungen über den Zugang zu Verschlusssachen während des Vergabeverfahrens.[8]

8   Macht die **Auftragsausführung** den Zugang zu Verschlusssachen der Geheimhaltungsgrade VS-VERTRAULICH, GEHEIM oder STRENG GEHEIM erforderlich, müssen Bewerber oder Bieter die Anforderungen nach § 7 Abs. 2 Nr. 1 und 2 erfüllen, um ihre Eignung nachweisen zu können. Danach muss der Auftraggeber zwingend insbesondere eine Erklärung des Bewerbers, Bieters oder Unterauftragnehmers verlangen, ob und in welchem Umfang Sicherheitsbescheide des Bundesministeriums für Wirtschaft und Energie bzw. entsprechender Landesbehörden bestehen

---

[6] Leinemann/Kirch/*Kaminsky* Vor § 7 Rn. 1; *Krohn* in von Wietersheim, Vergabe im Bereich Verteidigung und Sicherheit, 2013, 139; Beck VergabeR/*Otting* Rn. 8.

[7] BR-Drs. 321/12, 39 zu § 7.

[8] BR-Drs. 321/12, 40 zu § 7.

(Nr. 1 lit. a) oder dass diese Unternehmen bereit sind, alle notwendigen Maßnahmen und Anforderungen zu erfüllen, die Voraussetzung für den Erhalt des Sicherheitsbescheids zum Zeitpunkt der Auftragsausführung sind (Nr. 1 lit. b).

Einen **Sicherheitsbescheid** erteilt das Bundesministerium für Wirtschaft und Energie, wenn das betreffende Unternehmen das in Ziff. 2.4.1.1 des Geheimschutzhandbuchs beschriebene Verfahren zur Aufnahme in die Geheimschutzbetreuung erfolgreich abgeschlossen hat und die erforderlichen personellen und materiellen Geheimschutzmaßnahmen im Unternehmen umgesetzt hat.[9] Der Sicherheitsbescheid kann mit Einschränkungen oder einem Widerrufsvorbehalt versehen werden.

Im Falle eines Verschlusssachenauftrags der Geheimhaltungsstufe VS-VERTRAULICH oder höher muss der Auftraggeber darüber hinaus **Verpflichtungserklärungen** des Bewerbers oder Bieters sowie der Unterauftragnehmer verlangen, während der gesamten Vertragsdauer sowie darüber hinaus den Schutz aller in deren Besitz befindlichen oder zur Kenntnis gelangten Verschlusssachen gemäß den einschlägigen Rechts- und Verwaltungsvorschriften zu schützen (§ 7 Abs. 2 Nr. 2).

Handelt es sich um Verschlusssachen des Geheimhaltungsgrades VS-NUR FÜR DEN DIENSTGEBRAUCH, genügt es, wenn der Auftraggeber vom Bewerber oder Bieter die Vorlage der Verpflichtungserklärung nach § 7 Abs. 2 Nr. 2 verlangt. Nr. 1 ist nicht anwendbar.[10]

Aus § 7 Abs. 2 Nr. 3 folgt, dass der Auftraggeber vom Bewerber oder Bieter verlangen muss, dass dieser ihm Verpflichtungserklärungen von Unterauftragnehmern, an die im Zuge der Auftragsausführung Unteraufträge erteilt werden sollen, je nach dem Geheimhaltungsgrad Erklärungen nach Nr. 1 und Verpflichtungserklärungen nach Nr. 2 vorlegt.

IV. Zugang zu Verschlusssachen während des Vergabeverfahrens (Abs. 3)

Dem § 7 Abs. 3 ist zu entnehmen, unter welchen Voraussetzungen einem Bewerber, Bieter oder einem in Aussicht genommenen Unterauftragnehmer während eines Vergabeverfahrens Zugang zu Verschlusssachen des Geheimhaltungsgrades VS-VERTRAULICH oder höher gewährt werden darf. Danach verlangen Auftraggeber bereits vor der Zugangsgewährung einen **Sicherheitsbescheid** nach § 7 Abs. 2 Nr. 1 und **Verpflichtungserklärungen** nach § 7 Abs. 2 Nr. 2 und 3. Liegt zu diesem Zeitpunkt noch kein Sicherheitsbescheid des Bundesministeriums für Wirtschaft und Energie oder eines entsprechenden Landesministeriums vor, muss der Auftragnehmer, bevor er den Zugang gewährt, die zum Einsatz kommenden Mitarbeiter des Unternehmens einer Sicherheitsprüfung unterziehen und ermächtigen.

Die Frage, unter welchen Voraussetzungen den erst nach Zuschlagserteilung feststehenden Unterauftragnehmern der Zugang zu Verschlusssachen eröffnet werden darf, ist nicht Gegenstand der VSVgV, sondern des SÜG und der Verschlusssachenanweisung (VSA).[11]

V. Zugang zu Verschlusssachen des Geheimhaltungsgrades VS-NUR FÜR DEN DIENSTGEBRAUCH (Abs. 4)

Als VS-NUR FÜR DEN DIENSTGEBRAUCH (VS-NfD) werden als niedrigste Kategorie im Geheimschutz Verschlusssachen eingestuft, deren Kenntnisnahme durch Unbefugte für die Interessen der Bundesrepublik Deutschland oder eines ihrer Länder nachteilig sein kann. Für den Umgang mit VS-NfD-Verschlusssachen ist kein Geheimschutzverfahren im Sinne des Geheimschutzhandbuches Voraussetzung. Der Auftragnehmer muss sich aber zur Einhaltung des sog. VS-NfD-Merkblattes[12] verpflichten.

Muss einem Bewerber, Bieter oder Unterauftragnehmer bereits für das Vergabeverfahren Zugang zu solchen Verschlusssachen gewährt werden, müssen Auftraggeber vor der Zugangsgewährung die Vorlage von Verpflichtungserklärungen nach § 7 Abs. 2 Nr. 2 und 3 verlangen, jedoch keinen geheimschutzrechtlichen Sicherheitsbescheid im Sinne der Nr. 2.4.1.1 des Geheimschutzhandbuchs.

Die Frage, unter welchen Voraussetzungen den erst nach Zuschlagserteilung feststehenden Unterauftragnehmern der Zugang zu Verschlusssachen eröffnet werden darf, ist nicht Gegenstand der VSVgV, sondern des SÜG und der Verschlusssachenanweisung (VSA).[13]

---

[9] Zu finden unter https://bmwi-sicherheitsforum.de/handbuch/367,0,0,1,0.html?fk_menu=0, Stand: 23.8.2017 (zuletzt abgerufen am 5.8.2021); Dippel/Sterner/Zeiss/*Contag* Rn. 10 ff. weist in Rn. 11 darauf hin, dass eine Vorlagepflicht des Sicherheitsbescheids nach § 7 im Widerspruch zu Nr. 2.4.1.1 Geheimschutzhandbuch steht, der eine Kopie und die Zugänglichmachung des Sicherheitsbescheids Dritten verbietet. Hier geht die gesetzliche Regelung in § 7 vor.

[10] BR-Drs. 321/12, 39 zu § 7 Abs. 2.

[11] BR-Drs. 321/12, 40 zu § 7 Abs. 3.

[12] Anlage 4 Geheimschutzhandbuch, abrufbar unter: https://bmwi-sicherheitsforum.de/handbuch/text/?fk_menu=14 (zuletzt abgerufen am 5.8.2021).

[13] BR-Drs. 321/12, 40 f. zu § 7 Abs. 4.

VI. Zwingender Ausschluss bei Nichtvorlage (Abs. 5)

18 Die Vorschrift regelt die Rechtsfolgen für den Fall, dass der Bewerber oder Bieter die geforderten Sicherheitsbescheide oder Verpflichtungserklärungen nicht vorlegt. Solche Bewerber oder Bieter sind vom Auftraggeber zwingend von der Teilnahme am Vergabeverfahren auszuschließen. In der Gesetzesbegründung wird darauf hingewiesen, Erwägungsgrund 67 Vergabe-RL Verteidigung und Sicherheit stelle klar, dass die Richtlinie einen Auftraggeber nicht daran hindern solle, ein Unternehmen jederzeit während eines Vergabeverfahrens auszuschließen, wenn der Auftraggeber davon Kenntnis erhält, dass die Vergabe des gesamten oder eines Teils des Auftrags an dieses Unternehmen wesentliche Geheimschutzinteressen des Mitgliedstaates gefährden könnte.[14]

VII. Gewährung zusätzlicher Zeit zur Erfüllung der Anforderungen (Abs. 6)

19 Die Vorschrift setzt Art. 42 Abs. 1 lit. j UAbs. 3 Vergabe-RL Verteidigung und Sicherheit um.[15]

20 Befinden sich Bewerber, Bieter oder in Aussicht genommene Unterauftragnehmer noch nicht in der Geheimschutzbetreuung des Bundesministeriums für Wirtschaft und Energie oder entsprechender Behörden der Länder, oder ist deren Personal noch nicht überprüft oder ermächtigt, kann der Auftraggeber dem Unternehmen zusätzliche Zeit gewähren, um die Voraussetzungen zu erfüllen. Dem Auftraggeber steht insoweit ein Ermessen zu („kann"), das von den Nachprüfungsinstanzen nur auf Ermessensfehler zu überprüfen ist. Abzuwägen ist insbesondere das staatliche Interesse an möglichst viel Wettbewerb durch möglichst viele Bieter einerseits, gegen das Interesse an einer möglichst schnellen Beschaffung andererseits.[16] Voraussetzung für die Einräumung zusätzlicher Zeit ist aber, dass der Auftraggeber auf diese Möglichkeit und die Frist bereits in der Bekanntmachung hingewiesen hat. Die Bekanntmachung der Möglichkeit, einem Unternehmen zusätzliche Zeit einzuräumen, trägt dem Transparenz- und dem Gleichbehandlungsgebot Rechnung.

VIII. Sicherheitsbescheide und Ermächtigungen anderer Mitgliedstaaten (Abs. 7)

21 § 7 Abs. 7 setzt Art. 22 UAbs. 3 Vergabe-RL Verteidigung und Sicherheit um. Nach dieser Richtlinienbestimmung können die Mitgliedstaaten – solange die nationalen Regelungen über Sicherheitsüberprüfungen noch nicht auf Unionsebene harmonisiert sind – vorsehen, dass die in Art. 22 UAbs. 2 Vergabe-RL Verteidigung und Sicherheit genannten Maßnahmen und Anforderungen ihren nationalen Bestimmungen über Sicherheitsüberprüfungen entsprechen müssen. Es besteht also keine Pflicht zur Anerkennung entsprechender Sicherheitsfreigaben anderer Mitgliedstaaten. Die Mitgliedstaaten können ausländische Sicherheitsüberprüfungen aber anerkennen, wenn sie diese für gleichwertig erachten. Mit den meisten EU-Staaten (nicht hingegen mit Irland, Malta und Zypern)[17] bestehen bilaterale Abkommen zur gegenseitigen Anerkennung von Sicherheitsüberprüfungen. Erwägungsgrund 68 Vergabe-RL Verteidigung und Sicherheit stellt klar, dass die Gleichwertigkeit unter Beachtung der Grundsätze der Nichtdiskriminierung, der Gleichbehandlung und der Verhältnismäßigkeit auch geprüft werden kann, sollten bilaterale Geheimschutzabkommen mit Bestimmungen über die gegenseitige Anerkennung nationaler Sicherheitsbescheide und Ermächtigungen bestehen.

22 Für die Anerkennung der Sicherheitsbescheide anderer Mitgliedstaaten der EU ist innerstaatlich das Bundesministerium für Wirtschaft und Energie zuständig. Im Rahmen internationaler Kooperationen wird eine solche Anerkennung nationaler Sicherheitsüberprüfungen und Sicherheitseinstufungen von Informationen in einem projektspezifischen Vertrag zwischen den zuständigen nationalen Ministerien umgesetzt. Diese Vereinbarung wird dann über eine sog. „Project Security Instruction" an die beteiligten Auftragnehmer verpflichtend weitergegeben.

IX. Beauftragung der Sicherheitsbehörde eines anderen Mitgliedstats (Abs. 8)

23 § 7 Abs. 8, der den Art. 42 Abs. 1 lit. j UAbs. 4 Vergabe-RL Verteidigung und Sicherheit umsetzt, räumt dem Bundesministerium für Wirtschaft und Energie die Möglichkeit ein, die nationale oder designierte Sicherheitsbehörde desjenigen Mitgliedstats, in dem der Bewerber, Bieter oder Unterauftragnehmer ansässig ist, um eine Prüfung in diesem Mitgliedstaat zu ersuchen. Die Prüfung kann sich erstrecken auf die voraussichtlich genutzten Räumlichkeiten, Einrichtungen, die vorgesehenen Produktions- und Verwaltungsverfahren, die Verfahren zur Behandlung von Informationen oder die persönliche Lage des voraussichtlich eingesetzten Personals. Die praktische Bedeutung

---

[14] BR-Drs. 321/12, 41 zu § 7 Abs. 5.
[15] BR-Drs. 321/12, 41 zu § 7 Abs. 6.
[16] BR-Drs. 321/12, 41.
[17] BR-Drs. 321/12, 41 zu § 7.

dieser Vorschrift dürfte eher gering sein: Bestehen bilaterale Geheimschutzabkommen mit den Mitgliedstaaten, wird eine solche Vor-Ort-Kontrolle aus rechtlichen und tatsächlichen Gründen im Regelfall nicht erforderlich sein.[18] Sind hingegen bilaterale Verträge noch nicht vereinbart worden, dürfte der zu erwartende zeitliche Aufwand für ein solches Ersuchen und dessen Umsetzung so hoch sein, dass das Vergabeverfahren allzu sehr verzögert würde.

§ 8 Versorgungssicherheit

(1) Auftraggeber legen in der Bekanntmachung oder den Vergabeunterlagen ihre Anforderungen an die Versorgungssicherheit fest.

(2) Auftraggeber können insbesondere verlangen, dass der Teilnahmeantrag oder das Angebot folgende Angaben enthält:
1. eine Bescheinigung oder Unterlagen, die belegen, dass der Bewerber oder Bieter in Bezug auf Güterausfuhr, -verbringung und -durchfuhr die mit der Auftragsausführung verbundenen Verpflichtungen erfüllen kann, wozu auch unterstützende Unterlagen der zuständigen Behörden des oder der betreffenden Mitgliedstaaten zählen;
2. die Information über alle für den Auftraggeber aufgrund von Ausfuhrkontroll- oder Sicherheitsbeschränkungen geltenden Einschränkungen bezüglich der Angabepflicht, Verbringung oder Verwendung der Güter und Dienstleistungen oder über Festlegungen zu diesen Gütern und Dienstleistungen;
3. eine Bescheinigung oder Unterlagen, die belegen, dass Organisation und Standort der Lieferkette des Bewerbers oder Bieters ihm erlauben, die vom Auftraggeber in der Bekanntmachung oder den Vergabeunterlagen genannten Anforderungen an die Versorgungssicherheit zu erfüllen, und die Zusage des Bewerbers oder Bieters, sicherzustellen, dass mögliche Änderungen in seiner Lieferkette während der Auftragsausführung die Erfüllung dieser Anforderungen nicht beeinträchtigen werden;
4. die Zusage des Bewerbers oder Bieters, die zur Deckung möglicher Bedarfssteigerungen des Auftraggebers infolge einer Krise erforderlichen Kapazitäten unter zu vereinbarenden Bedingungen zu schaffen oder beizubehalten;
5. unterstützende Unterlagen bezüglich der Deckung des zusätzlichen Bedarfs des Auftraggebers infolge einer Krise, die durch die für den Bewerber oder Bieter zuständige nationale Behörde ausgestellt worden sind;
6. die Zusage des Bewerbers oder Bieters, für Wartung, Modernisierung oder Anpassung der im Rahmen des Auftrags gelieferten Güter zu sorgen;
7. die Zusage des Bewerbers oder Bieters, den Auftraggeber rechtzeitig über jede Änderung seiner Organisation, Lieferkette oder Unternehmensstrategie zu unterrichten, die seine Verpflichtungen dem Auftraggeber gegenüber berühren könnte;
8. die Zusage des Bewerbers oder Bieters, dem Auftraggeber unter zu vereinbarenden Bedingungen alle speziellen Mittel zur Verfügung zu stellen, die für die Herstellung von Ersatzteilen, Bauteilen, Bausätzen und speziellen Testgeräten erforderlich sind, einschließlich technischer Zeichnungen, Lizenzen und Bedienungsanleitungen, sofern er nicht mehr in der Lage sein sollte, diese Güter zu liefern.

(3) Von einem Bieter darf nicht verlangt werden, eine Zusage eines Mitgliedstaats einzuholen, welche die Freiheit dieses Mitgliedstaats einschränken würde, im Einklang mit internationalen Verträgen und europarechtlichen Rechtsvorschriften seine eigenen Kriterien für die Erteilung einer Ausfuhr-, Verbringungs- oder Durchfuhrgenehmigung unter den zum Zeitpunkt der Genehmigungsentscheidung geltenden Bedingungen anzuwenden.

Übersicht

	Rn.		Rn.
I. Normzweck	1	2. Charakter der Anforderung als Eignungs- oder Zuschlagskriterium	10
II. Europarechtlicher Hintergrund	3	a) Eignungskriterium	11
III. Kommentierung	6	b) Zuschlagskriterium	12
1. Inhalt der Vorschrift	6	c) Fazit	13

---

[18] BR-Drs. 321/12, 42 zu § 7.

I. Normzweck

1 Aufträge im Bereich Verteidigung und Sicherheit unterliegen einer hohen Sensibilität. Vor allem die Gewährleistung der Sicherstellung der Erbringung verteidigungs- und sicherheitsspezifischer Leistungen ist für den öffentlichen Auftraggeber von besonderer Bedeutung. Betroffen ist die gesamte Lieferkette.

2 Die Vorschrift regelt in einem nicht abschließenden Katalog, welche Anforderungen in Bezug auf die Versorgungssicherheit der öffentliche Auftraggeber verlangen kann. Die Anforderungen können beispielsweise konzerninterne Grundsätze des Umgangs mit gewerblichen Schutzrechten zwischen Tochter- und Muttergesellschaft oder auch kritische Wartungs-/Instandhaltungsverträge während des gesamten Lebenszyklus einer angeschafften verteidigungs-/sicherheitsspezifischen Ausrüstung umfassen.[1]

II. Europarechtlicher Hintergrund

3 Art. 23 RL 2009/81/EG (Vergabe-RL Verteidigung und Sicherheit) beschreibt nicht abschließend, welche Anforderungen der öffentliche Auftraggeber an die Gewährleistung der Versorgungssicherheit stellen kann. Diese hat er in den Auftragsunterlagen (va Bekanntmachung, „Verdingungsunterlagen") vorzugeben.

4 Der öffentliche Auftraggeber kann zB die Vorlage relevanter Bescheinigungen verlangen oder etwa Informationen und Zusagen des Bewerbers in Bezug auf die Gewährleistung einer ungestörten und ununterbrochenen Leistungserbringung.[2] Die Anforderungen dürfen jedoch nicht zu einer mittelbaren oder unmittelbaren Diskriminierung führen.[3]

5 Öffentliche Auftraggeber dürfen von einem Unternehmen nicht verlangen, eine Zusage eines Mitgliedstaates einzuholen, in der dieser Mitgliedstaat seine eigenen ua Ausfuhr- oder Transitbestimmungen zugunsten des Unternehmens einschränkt, soweit diese im Einklang mit den einschlägigen internationalen und gemeinschaftlichen Rechtsvorschriften stehen.[4]

III. Kommentierung

6 **1. Inhalt der Vorschrift.** Um die Versorgungssicherheit der jeweils zu beschaffenden verteidigungs- oder sicherheitsspezifischen Leistung zu gewährleisten, stehen dem öffentlichen Auftraggeber eine Bandbreite von Möglichkeiten zur Verfügung, die er als entsprechende Anforderungen in der Bekanntmachung oder den Vergabeunterlagen festlegt.

7 Es handelt sich dabei um einen beispielhaften Katalog mit einem weiten Spektrum von Beispielen zu Nachweisen oder Zusagen des Bieters, die der öffentliche Auftraggeber zur Sicherstellung seiner Versorgung verlangen kann.[5]

8 Der öffentliche Auftraggeber darf von einem Unternehmen nicht verlangen, von einem Mitgliedstaat eine Zusage einzuholen, durch die der Mitgliedstaat seine Freiheit zur Anwendung bestimmter Prüfkriterien im Rahmen der Erteilung etwa von Ausfuhr- oder Transitgenehmigungen einschränkt. Ziel der Vorschrift ist es, diese Freiheit der Mitgliedstaaten zur Anwendung eigener Prüfkriterien im Rahmen bestimmter Genehmigungsverfahren zu gewährleisten, soweit dies im Einklang mit den internationalen und gemeinschaftlichen Rechtsvorschriften steht.[6]

9 Damit wird der Vorrang diesbezüglicher mitgliedstaatlicher Regelungen klargestellt. Die Vorschrift vermag allerdings nicht die Anforderungen des § 8 Abs. 2 zu unterlaufen, da ansonsten das Kriterium der Versorgungssicherheit nicht gewährleistet würde.[7]

10 **2. Charakter der Anforderung als Eignungs- oder Zuschlagskriterium.** Die beispielhaft aufgeführten Anforderungen, die der öffentliche Auftraggeber entweder im Rahmen eines Teilnahmewettbewerbs oder als Bestandteil des Angebotes verlangen kann sind einerseits zur Feststellung der tatsächlichen Fähigkeit des Unternehmens einer ordnungsgemäßen Auftragsdurchführung geeignet. Damit würden sie Eignungskriterien darstellen. Andererseits ist es zulässig, Anforderungen an die Versorgungssicherheit als Zuschlagskriterien festzulegen.[8] Nach der Begründung zur VSVgV soll es eine Frage der Verhältnismäßigkeit sein, ob es sich um Eignungs- oder Zuschlagskriterien handelt.[9]

---

[1] S. Erwägungsgrund 44 Vergabe-RL Verteidigung und Sicherheit.
[2] S. Art. 23 Abs. 2 Vergabe-RL Verteidigung und Sicherheit.
[3] Vgl. Erwägungsgrund 41 Vergabe-RL Verteidigung und Sicherheit.
[4] S. Art. 23 Abs. 3 Vergabe-RL Verteidigung und Sicherheit.
[5] S. BR-Drs. 321/12, Begründung zu § 8.
[6] S. BR-Drs. 321/12, Begründung zu § 8 Abs. 3.
[7] Ziekow/Völlink/*Busz* Rn. 7.
[8] S. Art. 47 Abs. 1 lit. a Vergabe-RL Verteidigung und Sicherheit.
[9] S. BR-Drs. 321/12, Begründung zu § 8.

a) Eignungskriterium. Die Eignung des Bieters ist betroffen, wenn es um dessen Befähigung 11 zur Berufsausausübung, wirtschaftliche und finanzielle sowie technische und/oder berufliche Leistungsfähigkeit geht.[10] Entsprechend wird die Prüfung anhand der genannten Kriterien (Eignungskriterien) vorgenommen.[11] Zielen die festgelegten Anforderungen auf die Feststellung der tatsächlichen Fähigkeiten im Rahmen der genannten Kriterien, so stellen sie Eignungskriterien dar.

b) Zuschlagskriterium. Die Erteilung des Zuschlags erfolgt anhand der Kriterien entweder 12 auf das aus Sicht des öffentlichen Auftraggebers des wirtschaftlich günstigsten Angebots oder ausschließlich des niedrigsten Preises.[12] Ein Zuschlagskriterium liegt vor, wenn es der Ermittlung des günstigsten Angebots dient.[13] Solche Kriterien finden sich – nicht abschließend – in Art. 47 Abs. 1 lit. a Vergabe-RL Verteidigung und Sicherheit. Mit aufgeführt ist an dieser Stelle das Kriterium der Versorgungssicherheit.

c) Fazit. Der öffentliche Auftraggeber entscheidet letztlich, ob er die Anforderungen als Eig- 13 nungs- oder als Zuschlagskriterium gestalten will. Dabei hat er zu beachten, dass es sich um zwei verschiedene Vorgänge handelt, für die unterschiedliche Regeln gelten. Als Zuschlagskriterium ausgeschlossen sind solche, die nicht der Ermittlung des wirtschaftlich günstigsten Angebots dienen, sondern die im Wesentlichen mit der Beurteilung der fachlichen Eignung der Bieter für die Ausführung des betreffenden Auftrags zusammenhängen.[14]

Knüpfen die vom öffentlichen Auftraggeber festgelegten Kriterien bezüglich der Versorgungssi- 14 cherheit an die Person des Bieters und damit an seine fachliche Eignung an, so handelt es sich um Eignungskriterien. Beziehen sich die Kriterien auf die Leistungserbringung und dienen damit der Ermittlung des wirtschaftlichsten Angebots, handelt es sich um Zuschlagskriterien.

Im Ergebnis ist die Frage „Eignungs- oder Zuschlagskriterium?" keine der Verhältnismäßigkeit, 15 sondern es kommt darauf an, ob Anknüpfungspunkt die Person des Bieters oder die angebotene Leistungserbringung ist.[15]

§ 9 Unteraufträge

(1) ¹Auftraggeber können den Bieter auffordern, in seinem Angebot den Teil des Auftrags, den er im Wege von Unteraufträgen an Dritte zu vergeben beabsichtigt, und die bereits vorgeschlagenen Unterauftragnehmer sowie den Gegenstand der Unteraufträge bekannt zu geben. ²Sie können außerdem verlangen, dass der Auftragnehmer ihnen jede im Zuge der Ausführung des Auftrags eintretende Änderung auf Ebene der Unterauftragnehmer mitteilt.

(2) ¹Auftragnehmer dürfen ihre Unterauftragnehmer für alle Unteraufträge frei wählen, soweit Auftraggeber keine Anforderungen an die Erteilung der Unteraufträge im wettbewerblichen Verfahren gemäß Absatz 3 Nummer 1 und 2 stellen. ²Von Auftragnehmern darf insbesondere nicht verlangt werden, potenzielle Unterauftragnehmer anderer EU-Mitgliedstaaten aus Gründen der Staatsangehörigkeit zu diskriminieren.

(3) Folgende Anforderungen können Auftraggeber an die Erteilung von Unteraufträgen im wettbewerblichen Verfahren stellen:
1. ¹Auftraggeber können Auftragnehmer verpflichten, einen Teil des Auftrags an Dritte weiter zu vergeben. ²Dazu benennen Auftraggeber eine Wertspanne unter Einschluss eines Mindest- und Höchstprozentsatzes. ³Der Höchstprozentsatz darf 30 Prozent des Auftragswerts nicht übersteigen. ⁴Diese Spanne muss im angemessenen Verhältnis zum Gegenstand und zum Wert des Auftrags und zur Art des betroffenen Industriesektors stehen, einschließlich des auf diesem Markt herrschenden Wettbewerbsniveaus und der einschlägigen technischen Fähigkeiten der industriellen Basis. ⁵Jeder Prozentsatz der Unterauftragsvergabe, der in die angegebene Wertspanne fällt, gilt als Erfüllung der Verpflichtung zur Vergabe von Unteraufträgen. ⁶Auftragnehmer vergeben die Unteraufträge gemäß den §§ 38 bis 41. ⁷In ihrem Angebot geben die Bieter an, welchen Teil oder welche Teile ihres Angebots sie durch Unteraufträge zu vergeben beabsichtigen,

---

[10] S. Art. 40 ff. Vergabe-RL Verteidigung und Sicherheit.
[11] Vgl. EuGH Urt. v. 12.11.2009 – C-199/07, NZBau 2010, 120.
[12] S. Art. 47 Abs. 1 Vergabe-RL Verteidigung und Sicherheit.
[13] Vgl. EuGH Urt. v. 12.11.2009 – C-199/07, NZBau 2010, 120.
[14] Vgl. EuGH Urt. v. 12.11.2009 – C-199/07, NZBau 2010, 120.
[15] Vgl. *Roth/Lamm* NZBau 2012, 609 (613); so auch: Leinemann/Kirch/*Kaminsky* Rn. 6; aA: Ziekow/Völlink/ *Busz* Rn. 2 sieht es als Frage der Verhältnismäßigkeit.

um die Wertspanne zu erfüllen. ⁸Auftraggeber können die Bieter auffordern, den oder die Teile ihres Angebots, den sie über den geforderten Prozentsatz hinaus durch Unteraufträge zu vergeben beabsichtigen, sowie die bereits in Aussicht genommenen Unterauftragnehmer offenzulegen.

2. Auftraggeber können verlangen, dass Auftragnehmer die Bestimmungen der §§ 38 bis 41 auf alle oder bestimmte Unteraufträge anwenden, die diese an Dritte zu vergeben beabsichtigen.

(4) Die in den Absätzen 1 und 3 genannten Anforderungen geben die Auftraggeber in der Bekanntmachung oder den Vergabeunterlagen an.

(5) ¹Auftraggeber dürfen einen vom Bieter oder Auftragnehmer ausgewählten Unterauftragnehmer nur auf Grundlage der Kriterien ablehnen, die für den Hauptauftrag gelten und in der Bekanntmachung oder den Vergabeunterlagen angegeben wurden. ²Lehnen Auftraggeber einen Unterauftragnehmer ab, müssen sie dies gegenüber dem betroffenen Bieter oder dem Auftragnehmer in Textform nach § 126b des Bürgerlichen Gesetzbuchs begründen und darlegen, warum der Unterauftragnehmer ihres Erachtens die für den Hauptauftrag vorgegebenen Kriterien nicht erfüllt.

(6) Die Haftung des Auftragnehmers gegenüber dem Auftraggeber bleibt von den Vorschriften dieser Verordnung zur Unterauftragsvergabe unberührt.

Übersicht

		Rn.			Rn.
I.	Normzweck	1	b)	Grundsatz der freien Wahl des Unterauftragnehmers	16
II.	Europarechtlicher Hintergrund	4	c)	Verlangen zur Weitergabe von Teilen des Auftrages an Dritte	17
III.	Kommentierung	10	d)	Verlangen zur Anwendung des Unterauftragsregimes der §§ 38 ff.	21
1.	Bedeutung der Regelung	10	e)	Ablehnung von Unterauftragnehmern durch den Auftraggeber	23
2.	Inhalt der Regelung	14	f)	Veröffentlichung der gestellten Anforderungen	26
	a) Informationsverlangen des Auftraggebers	14	g)	Haftung des Hauptauftragnehmers	28

I. Normzweck

1 Die Verteidigungs- und Sicherheitsrichtlinie soll eine europäische rüstungstechnologische und industrielle Basis fördern, die kompetent und wettbewerbsfähig ist.[1] Zur Erreichung dieses Ziels stellt die Richtlinie den Auftraggebern unterschiedliche Instrumente zur Verfügung. Insbesondere um kleinen und mittleren Unternehmen innerhalb der gesamten Lieferkette großer Rüstungsunternehmen bessere Chancen für einen öffentlichen Rüstungsauftrag einzuräumen, erhält der Auftraggeber mit den Regelungen zur Unterauftragsvergabe ein dementsprechendes Steuerungsinstrument in die Hand.

2 Die Vorschrift erlaubt dem Auftraggeber vom Bewerber/Bieter bestimmte Informationen über beabsichtigte Unterauftragsvergaben zu verlangen, der Auftraggeber darf prozentuale Vorgaben zu einer verpflichtenden Unterauftragsvergabe machen und er darf unter bestimmten Voraussetzungen vom Hauptauftragnehmer vorgeschlagene Unterauftragnehmer ablehnen.[2]

3 Definiert ist der Unterauftrag[3] als ein zwischen den erfolgreichen Bieter und einem oder mehreren Unternehmen (Unterauftragnehmer)[4] geschlossener entgeltlicher Vertrag über die Ausführung des betreffenden Auftrags oder von Teilen desselben.

II. Europarechtlicher Hintergrund

4 Um die gesteckten Ziele eines wettbewerbsfähigen europäischen Rüstungsmarktes zu erreichen, umfasst die Verteidigungs- und Sicherheitsrichtlinie das Recht der Mitgliedstaaten, seinen Auftraggebern zu erlauben oder vorzuschreiben, dass Unteraufträge, die einem bestimmten Mindestanteil des

---

[1] Vgl. Erwägungsgrund 3 Vergabe-RL Verteidigung und Sicherheit.
[2] Vgl. BR-Drs. 321/12 v. 25.5.2012, Begründung zu § 9.
[3] S. § 4 Abs. 2; insoweit wird auf die dortige Kommentierung verwiesen (→ § 4 Rn. 3).
[4] Zum Begriff des „Unterauftragnehmers" s. Erläuterungen zu § 36 VgV (→ VgV § 36 Rn. 11 ff.).

Auftragswerts entsprechen, an Dritte vergeben werden.[5] Darüber hinaus regelt die Richtlinie in Art. 21 Vergabe-RL Verteidigung und Sicherheit Möglichkeiten des Auftraggebers wie auch der Mitgliedstaaten zur Steuerung der Unterauftragsauftragsvergabe. Grundsätzlich gilt jedoch, dass Auftragnehmer ihre Unterauftragnehmer frei wählen dürfen.

Die Verteidigungs- und Sicherheitsrichtlinie sieht vor, dass Mitgliedstaaten Auftraggeber verpflichten können,[6]
- in ihren Angeboten den Teil des Auftrags, den er an Dritte zu vergeben beabsichtigt sowie die vorgeschlagenen Unterauftragnehmer und den Gegenstand der Unteraufträge für die sie vorgeschlagen werden zu benennen,
- jede während der Auftragsausführung eintretende Änderung auf der Ebene der Unterauftragnehmer mitzuteilen,
- vom Auftragnehmer die Anwendung der Bestimmungen des Unterauftragsregimes des Titel III Vergabe-RL Verteidigung und Sicherheit anzuwenden,
- den Auftragnehmer aufzufordern, einen bestimmten Teil des Auftrages an Dritte zu vergeben.

Die Richtlinie überlässt es den Mitgliedstaaten, von der Verpflichtungsmöglichkeit Gebrauch zu machen oder die Regelungen in das Ermessen des Auftraggebers zu stellen. Deutschland hat im Rahmen der Richtlinienumsetzung von seiner Verpflichtungsmöglichkeit keinen Gebrauch gemacht, sondern überlässt den Auftraggebern die Entscheidung, Vorgaben zu machen oder nicht.

Für den Fall, dass Auftraggeber einen vorgeschlagenen Unterauftragnehmer ablehnen können, darf dies nur auf der Grundlage der Kriterien erfolgen, die bei der Auswahl der Bieter für den Hauptauftrag angewandt wurden.

Alle Anforderungen müssen in der Bekanntmachung angegeben werden.

Die Haftungsfrage des Hauptauftragnehmers gegenüber dem Auftraggeber bleibt unberührt.

III. Kommentierung

1. Bedeutung der Regelung. Die Vorschrift gibt den Auftraggebern verschiedene Instrumente in die Hand, die Vergabe von Unteraufträgen an Dritte steuern zu können. Insoweit ist der Grundsatz, dass Auftragnehmer ihre Unterauftragnehmer frei wählen dürfen, eingeschränkt. Dadurch wird die Auftragsvergabe nicht auf Systemanbieter beschränkt, sondern kleine und mittlere Unternehmen, die regelmäßig einen großen Anteil potenzieller Unterauftragnehmer darstellen, erhalten eine faire Chance, sich an Aufträgen beteiligen zu können. Damit wird ein Marktzugang kleinerer und mittlerer Unternehmen innerhalb der gesamten Lieferkette erreicht.[7]

Im Bereich von Rüstungsaufträgen kommen häufig Kompensationsgeschäfte (sog. Offsets) zum Tragen. Es handelt sich um Geschäfte, bei dem ein Mitgliedstaat Leistungen von einem nicht im Mitgliedstaat ansässigen Unternehmen einkauft, wobei die Auftragserteilung gleichzeitig von einer Kompensation abhängig gemacht wird. Dies kann geschehen durch eine direkte Beteiligung eines Unternehmens des Mitgliedstaates an der Leistungserstellung (direkte Offsets) oder indirekt durch die Zusage des Nichtmitgliedstaates im Mitgliedstaat Aufträge an Unternehmen zu vergeben (indirekte Offsets). Vergaberechtlich können die Kompensationsgeschäfte als Auftragsausführungsbedingungen eingeordnet werden.

Die Diskussion um solche Kompensationsgeschäfte prägte auch die Entstehung der Vorschriften zu Vergabe von Unteraufträgen.[8] Da Bedingungen für die Auftragsdurchführung die Ausführung selbst betreffen müssen,[9] sind indirekte Kompensationsgeschäfte nicht zulässig.[10] Direkte Kompensationsgeschäfte allerdings dürften, jedenfalls soweit sie unter Einhaltung der vergaberechtlichen Vorgaben, insbesondere der Einhaltung der Nichtdiskriminierung, vergeben werden, zulässig sein.[11]

Kompensationsgeschäfte sind im Bereich der Verteidigungs- und Sicherheitsvergaben international üblich. Ein Mindestmaß an Vorgaben findet sich hierzu in einem code of conduct.[12]

2. Inhalt der Regelung. a) Informationsverlangen des Auftraggebers. Auftraggeber haben das Recht, vom Bieter die Bekanntgabe der Auftragsteile zu verlangen, die dieser als Unteraufträge vergeben will. Gleiches gilt in Bezug auf bereits vorgeschlagene Unterauftragnehmer sowie

---

[5] S. Erwägungsgrund 41 Vergabe-RL Verteidigung und Sicherheit.
[6] S. Art. 21 Abs. 2-4 Vergabe-RL Verteidigung und Sicherheit.
[7] Vgl. BR-Drs. 321/12 v. 25.5.2012, Begründung zu § 9.
[8] Vgl. *Roth/Lamm* NZBau 2012, 609 (613); auch Leinemann/Kirch/*Kaminsky* Rn. 3.
[9] S. Erwägungsgrund 45 Vergabe-RL Verteidigung und Sicherheit.
[10] So auch Leinemann/Kirch/*Kaminsky* Rn. 4 mwN.
[11] Zur Zulässigkeit iE s. *Roth/Lamm* NZBau 2012, 609 (613) mwN; aA HK-VergabeR/*Schellenberg* Rn. 4.
[12] GDA, Code of conduct for Offsets v. 24.10.2008.

den Gegenstand der Unteraufträge.[13] Der Auftraggeber darf auch verlangen, dass der Auftragnehmer im Rahmen der Auftragsausführung jede eintretende Änderung auf Ebene der Unterauftragnehmer mitteilt.

15 Die Vorgaben regeln im Grunde genommen Selbstverständliches. Zudem ergeben sich diese Rechte des Auftraggebers aus den Allgemeinen Vertragsbedingungen für die Ausführung von Leistungen (VOL/B).[14] Diese ist gem. § 10 Abs. 3 ohnehin grundsätzlich zum Vertragsgegenstand zu machen.

16 **b) Grundsatz der freien Wahl des Unterauftragnehmers.** Der Auftragnehmer darf seine Unterauftragnehmer grundsätzlich frei wählen. Diese Freiheit wird insoweit eingeschränkt, als der Auftraggeber Vorgaben zur Unterauftragsvergabe machen darf. Die Vorgaben des Auftraggebers müssen sich allerdings im Rahmen der Regelungen des § 9 bewegen. Von Auftragnehmern darf nicht verlangt werden, potenzielle Unterauftragnehmer anderer EU-Mitgliedstaaten aus Gründen der Staatsangehörigkeit zu diskriminieren.

17 **c) Verlangen zur Weitergabe von Teilen des Auftrages an Dritte.** Wesentliches Element zur Steuerung der Einbeziehung kleiner und mittlerer Unternehmen der gesamten Lieferkette in verteidigungs- und sicherheitsspezifische Aufträge ist das Recht des Auftraggebers zu verlangen, dass Auftragnehmer einen Teil des Auftrags als Unteraufträge in einem wettbewerblichen Verfahren nach einer entsprechenden Bekanntmachung gem. §§ 38–41 zu vergeben haben.

18 Hierfür legt der Auftraggeber eine Wertspanne unter Einschluss eines Mindest- und Höchstprozentsatzes fest. Die Wertspanne umfasst den Leistungsanteil, den der Auftragnehmer mindestens an Dritte vergeben muss, bis hin zu dem Leistungsanteil, den der Auftragnehmer höchstens an Dritte vergeben darf. Beide Grenzen hat der Auftraggeber nach dem Wortlaut der Vorschrift anzugeben. Die Höchstbegrenzung bedeutet nicht, dass Generalübernehmer, die keinen Eigenleistungsanteil, sondern lediglich Koordinierungsleistungen erbringen, von der Auftragsvergabe ausgeschlossen wären.[15]

19 Die festgelegte Spanne muss in einem angemessenen Verhältnis zum Gegenstand und zum Wert des Auftrages stehen. Dabei muss der Auftraggeber im Wege einer Verhältnismäßigkeitsprüfung auch die Art des betroffenen Industriesektors sowie das auf dem relevanten Markt herrschende Wettbewerbsniveau einschließlich der einschlägigen technischen Fähigkeiten der industriellen Basis berücksichtigen. Zweckmäßigerweise führt der Auftraggeber hierzu eine entsprechende Marktuntersuchung durch. Ergibt die Verhältnismäßigkeitsprüfung, dass die Vorgabe unzumutbar ist oder zu keinem vernünftigen Ausschreibungsergebnis führen würde, ist sie unzulässig.[16]

20 Jeder angebotene Prozentsatz der Unterauftragsvergabe, der sich innerhalb der vorgegebenen Wertspanne befindet, gilt als Erfüllung der Vorgabe. Die Vorschrift verlangt zudem, dass der im Wege von Unteraufträgen zu vergebende Leistungsanteil nach den Vorschriften der §§ 38–41 zu vergeben ist.

21 **d) Verlangen zur Anwendung des Unterauftragsregimes der §§ 38 ff.** Die VSVgV sieht eigens ein Regime zur Unterauftragsvergabe vor. Danach darf der Auftraggeber den Hauptauftragnehmer verpflichten, dieses Regime einzuhalten, wenn er Unteraufträge zu vergeben beabsichtigt. Die Geltung der Verpflichtung kann der Auftraggeber für die Vergabe bestimmter oder aller Unteraufträge aussprechen.

22 Verlangt der Auftraggeber, Leistungsteile an Unterauftragnehmer zu vergeben, so gelten Bietergemeinschaften und mit dem Hauptauftragnehmer verbundene Unternehmen nicht als Unterauftragnehmer.[17] Der Wortlaut der Vorschrift schließt eine Unterauftragsvergabe an Bietergemeinschaften und verbundene Unternehmen nicht aus. Konsequenz der Vorschrift ist, dass an diese vergebene Teilleistungen nicht auf die Verpflichtung zur Unterauftragsvergabe angerechnet werden.[18]

23 **e) Ablehnung von Unterauftragnehmern durch den Auftraggeber.** Der Auftraggeber hat das Recht, vorgeschlagene Unterauftragnehmer abzulehnen. Ihm sind dazu jedoch klare Grenzen

---

[13] Zur Frage der Zumutbarkeit des Informationsverlangens wird auf die Erläuterungen zu § 36 VgV verwiesen (→ VgV § 36 Rn. 15 ff.).
[14] Vergabe- und Vertragsordnung für Leistungen-Teil B in der Fassung der Bekanntmachung v. 5.8.2003, BAnz Nr. 178a.
[15] S. iE HK-VergabeR/*Schellenberg* Rn. 11 mwN.
[16] Vgl. HK-VergabeR/*Schellenberg* Rn. 12.
[17] S. § 38 Abs. 2.
[18] AA: HK-VergabeR/*Schellenberg* Rn. 14, vertritt die Auffassung, dass Bietergemeinschaften und verbundene Unternehmen nicht berechtigt sind, an Verfahren zur Vergabe von Unteraufträgen teilzunehmen.

gesteckt. Einen vom Hauptauftragnehmer ausgewählten Unterauftragnehmer darf der Auftraggeber nur auf der Grundlage von Kriterien ablehnen, die auch für den Hauptauftrag gelten.

Die infrage kommenden Kriterien werden im Wesentlichen Anforderungen an den Schutz von Verschlusssachen sowie insgesamt an die Eignung sein.[19] 24

Der Auftraggeber ist verpflichtet, im Falle der Ablehnung eines Unterauftragnehmers die Gründe hierfür dem Hauptauftragnehmer anzugeben und schriftlich darzulegen, warum der Unterauftragnehmer seines Erachtens die vorgegebenen Kriterien nicht erfüllt. 25

f) Veröffentlichung der gestellten Anforderungen. Die Anforderungen, die der Auftraggeber bezüglich der Unterauftragsvergabe an die Bewerber/Bieter stellen will, muss er in der Bekanntmachung oder den Vergabeunterlagen angeben. Das gleiche gilt für die Kriterien, die für eine Ablehnung gelten sollen. Diese zwingend einzuhaltende Verpflichtung des Auftraggebers ergibt sich aus dem Transparenzgrundsatz.[20] 26

Die alternative Angabemöglichkeit der Anforderungen bedeutet, dass der Auftraggeber bei zweistufigen Vergabeverfahren, die bei der Vergabe von Verteidigungs- und Sicherheitsleistungen die Regel sind, in der Vergabebekanntmachung noch keine Anforderungen angeben muss. Ausreichend ist deren Angabe in den Vergabeunterlagen. 27

g) Haftung des Hauptauftragnehmers. Verantwortlich für die Erbringung der Gesamtleistung gegenüber dem Auftraggeber ist der Hauptauftragnehmer. Nur zwischen ihm und dem Auftraggeber besteht der öffentliche Auftrag und somit das relevante Vertragsverhältnis. Die Vorschrift stellt deshalb klar, dass die Haftung des dem Auftraggeber gegenüber verantwortlichen Hauptauftragnehmers von jeglicher Unterauftragskonstellation unberührt bleibt. 28

---

[19] S. §§ 7 und 21 ff.
[20] Bezüglich der Bekanntmachungspflichten und des Transparenzgrundsatzes wird auf die Kommentierung zu § 18 verwiesen (→ § 18 Rn. 5 f.).

Teil 2 Vergabeverfahren

§ 10 Grundsätze des Vergabeverfahrens

(1) Für die Berücksichtigung mittelständischer Interessen gilt § 97 Absatz 4 des Gesetzes gegen Wettbewerbsbeschränkungen. Mehrere Teil- oder Fachlose dürfen gemäß § 97 Absatz 4 Satz 3 des Gesetzes gegen Wettbewerbsbeschränkungen zusammen vergeben werden, wenn wirtschaftliche oder technische Gründe dies erfordern, insbesondere weil die Leistungsbeschreibung die Systemfähigkeit der Leistung verlangt und dies durch den Auftragsgegenstand gerechtfertigt ist.

(2) Hat ein Bieter oder Bewerber vor Einleitung des Vergabeverfahrens den Auftraggeber beraten oder sonst unterstützt, so hat der Auftraggeber sicherzustellen, dass der Wettbewerb durch die Teilnahme des Bieters oder Bewerbers nicht verfälscht wird.

(3) Die Allgemeinen Vertragsbedingungen für die Ausführung von Leistungen (VOL/B) sind grundsätzlich zum Vertragsgegenstand zu machen.

(4) Die Durchführung von Vergabeverfahren zur Markterkundung und zum Zwecke der Ertragsberechnung ist unzulässig.

(5) Bei der Vergabe sind die Vorschriften über die Preise bei öffentlichen Aufträgen zu beachten.

Übersicht

		Rn.			Rn.
I.	Normzweck	1	2.	Projektantenproblematik (Abs. 2)	6
II.	Einzelerläuterungen	2	3.	Einbeziehung der VOL/B (Abs. 3)	8
1.	Berücksichtigung Mittelständischer Interessen und Zulässigkeit der Gesamtvergabe (Abs. 1)	2	4.	Verbot des Vergabeverfahrens zwecks Markterkundung (Abs. 4)	11
			5.	Preisrecht (Abs. 5)	13

I. Normzweck

Die Norm beinhaltet eine Auswahl zentraler Vergabegrundsätze, die zum Teil nahezu inhaltsgleich in anderen vergaberechtlichen Rechtsgrundlagen zu finden sind. Sie gilt jedoch gem. § 2 lediglich für **Liefer- und Dienstleistungsaufträge**, nicht hingegen für die Vergabe verteidigungs- oder sicherheitsspezifischer Bauleistungen. Abs. 1 verweist auf § 97 Abs. 4 GWB und wiederholt dessen S. 3, ergänzt diesen jedoch durch ein Regelbeispiel (→ Rn. 4). Als höherrangiges Recht sind die Normen des GWB ohnehin auch bei Vergaben im Bereich Verteidigung und Sicherheit vorrangig anwendbar.[1] 1

II. Einzelerläuterungen

1. Berücksichtigung Mittelständischer Interessen und Zulässigkeit der Gesamtvergabe (Abs. 1). Abs. 1 verweist auf das Gebot des § 97 Abs. 4 GWB, mittelständische Interessen zu berücksichtigen. Er wiederholt das Gebot der **Losvergabe** und konkretisiert die Ausnahme der **wirtschaftlichen und technischen Gründe** um das Regelbeispiel der **Systemfähigkeit** der Leistung. Die Gesetzesbegründung hierzu betont, dass nach wie vor „Richtschnur" für eine solche Begründung der Gesamtvergabe im Einzelfall die Konkretisierung der wirtschaftlichen und technischen Gründe iSd § 97 GWB durch die **Rechtsprechung** sei, der zufolge es einer umfassenden **Abwägung** der widerstreitenden Belange durch den öffentlichen Auftraggeber bedürfe.[2] Demnach müssen die Gründe, die für eine Gesamtvergabe sprechen, überwiegen.[3] Diese Gründe dürfen jedoch nicht lediglich in der Vermeidung des mit der Fach- oder Teillosvergabe typischerweise verbundenen Mehraufwandes zu sehen sein.[4] Je umfangreicher und komplexer die Leistung ist, desto geringer 2

---

[1] Vgl. BR-Drs. 321/12.
[2] Vgl. BR-Drs. 321/12.
[3] Vgl. BR-Drs. 321/12 mit Verweis auf OLG Düsseldorf Beschl. v. 25.11.2009 – VII-Verg 27/09 Rn. 53 f., BeckRS 2010, 02863.
[4] Vgl. BR-Drs. 321/12 mit Verweis auf OLG Düsseldorf Beschl. v. 25.11.2009 – VII-Verg 27/09 Rn. 54, BeckRS 2010, 02863.

sind die Anforderungen an die für eine Gesamtvergabe sprechenden Gründe, da davon auszugehen ist, dass solche Vergaben ohnehin besonderen und erschwerenden Anforderungen unterliegen.[5]

3 Wegen der inhaltlichen Entsprechung kann auch auf die Kommentierung zu § 97 Abs. 4 GWB verwiesen werden (→ GWB § 97 Rn. 217 ff.). Der Aspekt der komplexen Leistung, welche in der Gesetzesbegründung angesprochen wird, findet sich auch in den neu formulierten Ausnahmetatbeständen für die Zulässigkeit eines Verhandlungsverfahrens mit Teilnahmewettbewerb im Anwendungsbereich der VgV wieder (§ 14 Abs. 3 Nr. 3 VgV). Da im Anwendungsbereich der VSVgV ein Verhandlungsverfahren mit Teilnahmewettbewerb grundsätzlich zulässig ist, findet sich dort dementsprechend keine vergleichbare Regelung.

4 Die Gesetzesbegründung führt aus, dass ein solcher Fall eines besonders komplexen Auftragsgegenstandes insbesondere dann in Betracht käme, wenn die Leistungsbeschreibung die **Systemfähigkeit der Leistung** verlangt und dies durch den Auftragsgegenstand gerechtfertigt ist, mithin der in Abs. 1 S. 2 definierte Ausnahmetatbestand erfüllt ist. Systemfähigkeit der Leistung bedeutet, dass der Auftragnehmer sicherzustellen hat, dass Subsysteme und Geräte verschiedener Technologien sowie unterschiedlicher Hersteller (Unterauftragnehmer), Anlagen, Personal und Material zu einer **funktionierenden Einheit** zusammengeführt werden können.[6] Es ist jedoch hervorzuheben, dass die Erfüllung dieser Voraussetzung nicht per se das Erfordernis einer Interessenabwägung entfallen lässt. Eine solche hat gleichwohl stattzufinden und ist entsprechend der vergaberechtlichen Vorgaben zu dokumentieren.

5 Einzelheiten zur **Dokumentationspflicht** für Vergaben im Bereich Verteidigung und Sicherheit ergeben sich aus § 43 (→ § 43 Rn. 13 ff.), die Begründung der Gesamtvergabe mehrerer Teil- und Fachlose aus § 43 Abs. 2 Nr. 8 (→ § 43 Rn. 58 ff.).

6 **2. Projektantenproblematik (Abs. 2).** Abs. 2 regelt die sog. Projektantenproblematik, mithin das Erfordernis des Ausgleichs etwaigen **Wissensvorsprungs** vorbefasster Unternehmen, die am Vergabeverfahren teilnehmen. Der Auftraggeber muss durch geeignete Maßnahmen sicherstellen, dass der Wettbewerb nicht durch die Teilnahme solcher Projektanten verfälscht wird.

7 Es ist damit nicht per se unzulässig, dass sich **vorbefasste Unternehmen** am Vergabeverfahren beteiligen.[7] Der Ausschluss des betreffenden Unternehmens kann jedoch auch als ultima ratio in Betracht kommen.[8] Der neu gefasste **§ 124 Abs. 1 Nr. 6 GWB** sieht einen Ausschluss eines Unternehmens vom Wettbewerb ausdrücklich für den Fall nicht anderweitig zu beseitigender Wettbewerbsverzerrungen durch Vorbefasstheit als **fakultativen Ausschlussgrund** vor. Siehe daher auch die Kommentierung zu § 124 Abs. 1 Nr. 6 GWB (→ GWB § 124 Rn. 36 f.). Eine dem § 10 Abs. 2 ähnliche, aber ausführlichere Regelung findet sich nunmehr in § 7 Abs. 1 VgV, der daher zu Auslegungszwecken herangezogen und auf dessen Kommentierung folglich verwiesen werden kann (→ VgV § 7 Rn. 6 ff.).

8 **3. Einbeziehung der VOL/B (Abs. 3).** Abs. 3 bestimmt, dass die VOL/B grundsätzlich zum **Vertragsgegenstand** zu machen ist. Dieser Absatz entspricht inhaltlich **§ 29 Abs. 2 S. 1 VgV**, welcher jedoch eine abweichende Formulierung („in der Regel in den Vertrag einzubeziehen") aufweist. Wegen der inhaltlichen Übereinstimmung kann auf die Kommentierung zu § 29 Abs. 2 S. 1 VgV verwiesen werden (→ VgV § 29 Rn. 42 ff.).

9 Die Gesetzesbegründung zu § 10 Abs. 3 weist im Zusammenhang mit dem formulierten Regel-Ausnahme-Verhältnis jedoch ausdrücklich darauf hin, dass Ausnahmen nur unter Wahrung des **Haushaltsrechts** möglich sind und bezieht sich dabei auf § 55 Abs. 2 BHO.[9]

10 Das **BAAINBw** – Bundesamt für Ausrüstung, Informationstechnik und Nutzung der Bundeswehr – hat im Rahmen seiner Zuständigkeit für die Erarbeitung, Einführung, Änderung und Außerkraftsetzung von Formularen für die Wehrtechnik und Beschaffung im BAAINBw auf seiner Internetseite diverse **Formulare** für die praktische Durchführung von Beschaffungs- und Auftragsprozessen zur Verfügung gestellt (https://www.bundeswehr.de/de/organisation/ausruestung-baainbw/vergabe/formulare).

11 **4. Verbot des Vergabeverfahrens zwecks Markterkundung (Abs. 4).** Das Verbot der Durchführung eines Vergabeverfahrens lediglich zur Markterkundung oder zum Zweck der Ertragswertberechnung statuiert Abs. 4. Er entspricht inhaltlich **§ 28 Abs. 2 VgV,** welcher jedoch wörtlich von „Kosten- oder Preisermittlung" statt „Ertragswertberechnung" spricht. Gleichwohl kann zu

---

[5] So auch BR-Drs. 321/12; OLG Düsseldorf Beschl. v. 25.11.2009 – VII-Verg 27/09 Rn. 54, BeckRS 2010, 02863.
[6] Vgl. BR-Drs. 321/12.
[7] Vgl. EuGH Urt. v. 3.3.2005 – C-21/03 und C-34/03, NZBau 2005, 351.
[8] Vgl. OLG Brandenburg Beschl. v. 22.5.2007 – Verg W 13/06, BeckRS 2008, 01089.
[9] Vgl. BR-Drs. 321/12.

Auslegungszwecken auf die Kommentierung zu § 28 Abs. 2 VgV zurückgegriffen werden (→ VgV § 28 Rn. 14 ff.).

Die Gesetzesbegründung erläutert hierzu, dass sich die öffentlichen Auftraggeber auch im **12** Bereich der verteidigungs- und sicherheitsrelevanten Beschaffung nicht der Obliegenheit entziehen dürfen, die Angebotsseite des Marktes zu ihrem Beschaffungsvorhaben zu erkunden, indem sie stattdessen lediglich vorgeben, ein Vergabeverfahren durchzuführen und damit die Erfüllung dieser Obliegenheit den Anbietern auferlegen.[10]

5. Preisrecht (Abs. 5). Abs. 5 enthält den **deklaratorischen Verweis** auf das ohnehin zu **13** beachtende Preisrecht.[11] Der Verweis bezieht sich mithin auf die Verordnung **PR Nr. 30/53** über die Preise bei öffentlichen Aufträgen vom 21.11.1953 (BAnz. 1953 Nr. 244), die zuletzt durch Artikel 70 des Gesetzes vom 8.12.2010 (BGBl. 2010 I 1864) geändert worden ist.[12] Eine entsprechende Vorschrift gibt es in der VgV – anders als in § 2 EG Abs. 4 VOL/A – nicht länger.

In diesem Zusammenhang ist auch auf die Verteidigungsbereich geltende **Ressortvereinba-** **14** **rung** zwischen dem Bundesministerium der Verteidigung und dem Bundesministerium für Wirtschaft und Technologie über vertragliche Preisprüfrechte des Bundesamtes für Wehrtechnik und Beschaffung vom 1.2.2010 hinzuweisen.[13]

§ 11 Arten der Vergabe von Liefer- und Dienstleistungsaufträgen

(1) ¹Die Vergabe von Liefer- und Dienstleistungsaufträgen erfolgt im nicht offenen Verfahren oder im Verhandlungsverfahren mit Teilnahmewettbewerb. ²In begründeten Ausnahmefällen ist ein Verhandlungsverfahren ohne Teilnahmewettbewerb oder ein wettbewerblicher Dialog zulässig.

(2) Verhandlungen im nicht offenen Verfahren sind unzulässig.

(3) ¹Auftraggeber können vorsehen, dass das Verhandlungsverfahren mit Teilnahmewettbewerb in verschiedenen aufeinanderfolgenden Phasen abgewickelt wird, um so die Zahl der Angebote, über die verhandelt wird, anhand der in der Bekanntmachung oder den Vergabeunterlagen angegebenen Zuschlagskriterien zu verringern. ²Wenn Auftraggeber dies vorsehen, geben sie dies in der Bekanntmachung oder den Vergabeunterlagen an. ³In der Schlussphase des Verfahrens müssen so viele Angebote vorliegen, dass ein echter Wettbewerb gewährleistet ist, sofern eine ausreichende Anzahl geeigneter Bewerber vorhanden ist.

I. Normzweck

Die Norm benennt die zulässigen Vergabeverfahrensarten für Vergaben von Liefer- und Dienst- **1** leistungsaufträgen im Bereich Verteidigung und Sicherheit. Der Wortlaut macht nochmals deutlich, dass diese Norm lediglich für **Liefer- und Dienstleistungsaufträge**, nicht hingegen für die Vergabe von verteidigungs- oder sicherheitsspezifischen Bauleistungen gilt (vgl. § 2, → § 2 Rn. 3). Der öffentliche Auftraggeber kann gem. Abs. 1 S. 1 zwischen dem nicht offenen Verfahren und dem Verhandlungsverfahren mit Teilnahmewettbewerb **frei wählen.** Daneben sind gem. Abs. 1 S. 2 das Verhandlungsverfahren ohne Teilnahmewettbewerb und der wettbewerbliche Dialog nur in begründeten **Ausnahmefällen** zulässig. Letztere sind in den §§ 12, 13 genauer definiert.

Das **offene Verfahren** ist hier bewusst ausgenommen worden. Dies liegt in der Sensibilität der **2** Bereiche Verteidigung und Sicherheit begründet[1] und entspricht auch den Vorgaben der europäischen Richtlinie (vgl. Art. 25 RL 2009/81/EG [Vergabe-RL Verteidigung und Sicherheit] sowie Erwägungsgrund 47 Vergabe-RL Verteidigung und Sicherheit).[2]

II. Einzelerläuterungen

1. Zulässige Vergabeverfahrensarten (Abs. 1). Dem öffentlichen Auftraggeber steht es gem. **3** Abs. 1 frei, das **nicht offene Verfahren** oder das **Verhandlungsverfahren mit Teilnahmewettbewerb** zu wählen. Für beide Verfahrensarten enthalten lediglich die nachfolgenden Abs. 2 und 3 weitere Vorgaben und werden im Übrigen nicht näher beschrieben. Zu Auslegungszwecken können

---

[10] Vgl. BR-Drs. 321/12.
[11] Vgl. BR-Drs. 321/12.
[12] Vgl. Leinemann/Kirch/*Kirch* Rn. 51.
[13] Vgl. HK-VergabeR/*Fehling* Rn. 21 mwN.
[1] Vgl. BR-Drs. 321/12.
[2] Vgl. ABl. EU 2016 L 216, 76.

daher die Beschreibungen dieser Verfahrensarten in den §§ 16, 17 VgV sowie in § 119 GWB, welcher aufgrund Verweisung gem. § 147 GWB auch im Bereich Verteidigung und Sicherheit gilt, herangezogen werden (für das nicht offene Verfahren § 16 VgV [→ VgV § 16 Rn. 5 ff.] sowie § 119 Abs. 4 GWB [→ GWB § 119 Rn. 23 ff.]; für das Verhandlungsverfahren § 17 VgV [→ VgV § 17 Rn. 29 ff.] sowie § 119 Abs. 5 GWB [→ GWB § 119 Rn. 43 ff.]). Hinsichtlich der **Fristen** ist jedoch § 20 vorrangig zu beachten (→ § 20 Rn. 1 ff.).

4 § 17 VgV hat im Zuge des Gesetzes zur Änderung des Gesetzes zur Regelung von Ingenieur- und Architektenleistungen und anderer Gesetze vom 12.11.2020 (BGBl. 2020 I 52, 2392) weitere **Ergänzungen** erhalten, die für mehr **Klarheit** bei Durchführung eines Verhandlungsverfahren ohne Teilnahmewettbewerb sorgen. So ist in § 17 Abs. 6 VgV nunmehr ausdrücklich vorgesehen, dass die 30-tägige Mindestangebotsfrist nur im Verhandlungsverfahren mit Teilnahmewettbewerb gilt. Nach dem neuen § 17 Abs. 15 VgV wird der Auftraggeber von den **formalen Verpflichtungen** der §§ 9–13 VgV, des § 53 Abs. 1 VgV sowie der §§ 54 und 55 VgV in einem Verhandlungsverfahren ohne Teilnahmewettbewerb nach § 14 Abs. 4 Nr. 3 VgV (mithin bei sog. Dringlichkeitsvergaben) befreit. Entsprechendes ist im ebenfalls neu eingefügten § 12 Abs. 3 klargestellt worden.

5 **2. Verhandlungsverbot im nicht offenen Verfahren (Abs. 2).** Abs. 2 besagt ausdrücklich, dass Verhandlungen im nicht offenen Verfahren **unzulässig** sind. Er entspricht damit inhaltlich dem § 15 Abs. 5 S. 2 VgV, welcher das Verhandlungsverbot im offenen Verfahren normiert und auf den für das nicht offene Verfahren § 16 Abs. 9 VgV verweist. Es kann daher auf die Kommentierung dieser Normen verwiesen werden (→ VgV § 16 Rn. 72 ff., → VgV § 15 Rn. 55 ff.).

6 **3. Sukzessive Verringerung der Teilnehmer im Verhandlungsverfahren (Abs. 3).** Abs. 3 formuliert die Zulässigkeit der Abwicklung des Verhandlungsverfahrens in verschiedenen aufeinanderfolgenden **Phasen** und ermöglicht damit die sukzessive Verringerung oder „**Abschichtung**" des Bewerber- bzw. Bieterkreises. Die Norm entspricht inhaltlich § 17 Abs. 12 VgV, auf dessen Kommentierung hier verwiesen werden kann (→ VgV § 17 Rn. 90 f.).

§ 12 Verhandlungsverfahren ohne Teilnahmewettbewerb

(1) Ein Verhandlungsverfahren ohne Teilnahmewettbewerb ist zulässig
1. bei Liefer- und Dienstleistungsaufträgen,
   a) wenn in einem nicht offenen Verfahren, in einem Verhandlungsverfahren mit Teilnahmewettbewerb oder in einem wettbewerblichen Dialog
      aa) keine oder keine geeigneten Angebote oder keine Bewerbungen abgegeben worden sind, sofern die ursprünglichen Bedingungen des Auftrags nicht grundlegend geändert werden;
      bb) keine ordnungsgemäßen Angebote oder nur Angebote abgegeben worden sind, die nach dem geltenden Vergaberecht oder nach den im Vergabeverfahren zu beachtenden Rechtsvorschriften unannehmbar sind, sofern die ursprünglichen Bedingungen des Auftrags nicht grundlegend geändert werden und wenn alle und nur die Bieter einbezogen werden, die die Eignungskriterien erfüllen und im Verlauf des vorangegangenen Vergabeverfahrens Angebote eingereicht haben, die den formalen Voraussetzungen für das Vergabeverfahren entsprechen;
   b) wenn die Fristen, auch die verkürzten Fristen gemäß § 20 Absatz 2 Satz 2 und Absatz 3 Satz 2, die für das nicht offene Verfahren und das Verhandlungsverfahren mit Teilnahmewettbewerb vorgeschrieben sind, nicht eingehalten werden können, weil
      aa) dringliche Gründe im Zusammenhang mit einer Krise es nicht zulassen; ein dringlicher Grund liegt in der Regel vor, wenn
         1. mandatierte Auslandseinsätze oder einsatzgleiche Verpflichtungen der Bundeswehr,
         2. friedenssichernde Maßnahmen,
         3. die Abwehr terroristischer Angriffe oder
         4. eingetretene oder unmittelbar drohende Großschadenslagen
         kurzfristig neue Beschaffungen erfordern oder bestehende Beschaffungsbedarfe steigern; oder
      bb) dringliche, zwingende Gründe im Zusammenhang mit Ereignissen, die die Auftraggeber nicht voraussehen konnten, dies nicht zulassen. Umstände, die die zwingende Dringlichkeit begründen, dürfen nicht dem Verhalten der Auftraggeber zuzuschreiben sein;

c) wenn zum Zeitpunkt der Aufforderung zur Abgabe von Angeboten der Auftrag wegen seiner technischen Besonderheiten oder aufgrund des Schutzes von Ausschließlichkeitsrechten wie zum Beispiel des Patent- oder Urheberrechts nur von einem bestimmten Unternehmen durchgeführt werden kann;
d) wenn es sich um Forschungs- und Entwicklungsleistungen handelt;
e) wenn es sich um Güter handelt, die ausschließlich zum Zwecke von Forschung und Entwicklung hergestellt werden; dies gilt nicht für Serienfertigungen zum Nachweis der Marktfähigkeit oder zur Deckung der Forschungs- und Entwicklungskosten;
2. bei Lieferaufträgen
a) über zusätzliche Lieferungen eines Auftragnehmers, die entweder zur teilweisen Erneuerung von gelieferten marktüblichen Gütern oder zur Erweiterung von Lieferungen oder bestehenden Einrichtungen bestimmt sind, wenn ein Wechsel des Unternehmers dazu führen würde, dass der Auftraggeber Güter mit unterschiedlichen technischen Merkmalen kaufen müsste und dies zu einer technischen Unvereinbarkeit oder unverhältnismäßigen technischen Schwierigkeiten bei Gebrauch und Wartung führen würde. Die Laufzeit solcher Aufträge oder Daueraufträge darf fünf Jahre nicht überschreiten, abgesehen von Ausnahmefällen, die unter Berücksichtigung der zu erwartenden Nutzungsdauer gelieferter Güter, Anlagen oder Systeme und den durch einen Wechsel des Unternehmens entstehenden technischen Schwierigkeiten bestimmt werden;
b) bei auf einer Warenbörse notierten und gekauften Ware;
c) wenn Güter zu besonders günstigen Bedingungen bei Lieferanten, die ihre Geschäftstätigkeit endgültig einstellen, oder bei Insolvenzverwaltern im Rahmen eines Insolvenzverfahrens oder eines in den Vorschriften eines anderen Mitgliedstaats vorgesehenen gleichartigen Verfahrens erworben werden;
3. bei Dienstleistungsaufträgen
a) für zusätzliche Dienstleistungen, die weder in dem der Vergabe zugrunde liegenden Entwurf noch im ursprünglich geschlossenen Vertrag vorgesehen sind, die aber wegen eines unvorhergesehenen Ereignisses zur Ausführung der darin beschriebenen Dienstleistung erforderlich sind, sofern der Auftrag an den Unternehmer vergeben wird, der diese Dienstleistung erbringt, wenn der Gesamtwert der Aufträge für die zusätzlichen Dienstleistungen 50 Prozent des Wertes des ursprünglichen Auftrags nicht überschreitet und
aa) sich diese zusätzlichen Dienstleistungen in technischer und wirtschaftlicher Hinsicht nicht ohne wesentlichen Nachteil für den Auftraggeber vom ursprünglichen Auftrag trennen lassen oder
bb) diese Dienstleistungen zwar von der Ausführung des ursprünglichen Auftrags getrennt werden können, aber für dessen Vollendung unbedingt erforderlich sind;
b) bei neuen Dienstleistungsaufträgen, welche Dienstleistungen wiederholen, die durch denselben Auftraggeber an denselben Auftragnehmer vergeben wurden, sofern sie einem Grundentwurf entsprechen und dieser Entwurf Gegenstand des ursprünglichen Auftrags war, der in einem nicht offenen Verfahren, einem Verhandlungsverfahren mit Teilnahmewettbewerb oder im wettbewerblichen Dialog vergeben wurde. Der Auftraggeber muss die Möglichkeit der Anwendung dieses Verfahrens bereits beim Aufruf zum Wettbewerb für das erste Vorhaben angeben; der für die Fortführung der Dienstleistungen in Aussicht genommene Gesamtauftragswert wird vom Auftraggeber bei der Anwendung des § 106 Absatz 2 Nummer 3 des Gesetzes gegen Wettbewerbsbeschränkungen berücksichtigt. Dieses Verfahren darf nur binnen fünf Jahren nach Abschluss des ursprünglichen Auftrags angewandt werden, abgesehen von Ausnahmefällen, die durch die Berücksichtigung der zu erwartenden Nutzungsdauer gelieferter Güter, Anlagen oder Systeme und den durch einen Wechsel des Unternehmens entstehenden technischen Schwierigkeiten bestimmt werden;
4. für Aufträge im Zusammenhang mit der Bereitstellung von Luft- und Seeverkehrsdienstleistungen für die Streit- oder Sicherheitskräfte, die im Ausland eingesetzt werden oder eingesetzt werden sollen, wenn der Auftraggeber diese Dienste bei Unternehmen beschaffen muss, die die Gültigkeit ihrer Angebote nur für so kurze Zeit garantieren, dass auch die verkürzte Frist für das nicht offene Verfahren oder das Verhandlungsverfahren mit Teilnahmewettbewerb einschließlich der verkürzten Fristen gemäß § 20 Absatz 2 Satz 2 und Absatz 3 Satz 2 nicht eingehalten werden kann.

(2) Die Auftraggeber müssen die Anwendung des Verhandlungsverfahrens ohne Teilnahmewettbewerb in der Bekanntmachung gemäß § 35 begründen.

(3) In den Fällen des Absatzes 1 Nummer 1 Buchstabe b ist der öffentliche Auftraggeber von den Verpflichtungen des § 30 Absatz 1 und 2 befreit.

Übersicht

	Rn.		Rn.
I. Normzweck	1	d) Forschungs- und Entwicklungsleistungen (Abs. 1 Nr. 1 lit. d)	24
II. Einzelerläuterungen	3	e) Güter zum Zwecke der Forschung und Entwicklung (Abs. 1 Nr. 1 lit. e)	25
1. Liefer- und Dienstleistungsaufträge (Abs. 1 Nr. 1)	3	2. Lieferaufträge (Abs. 1 Nr. 2)	26
a) Erfolglosigkeit eines vorausgehenden Verfahrens (Abs. 1 Nr. 1 lit. a)	3	3. Dienstleistungsaufträge (Abs. 1 Nr. 3)	28
b) Vorliegen dringlicher Gründe (Abs. 1 Nr. 1 lit. b)	11	4. Kurzfristige Luft- und Seeverkehrsdienstleistungsaufträge (Abs. 1 Nr. 4)	30
c) Durchführbarkeit nur durch ein bestimmtes Unternehmen (Abs. 1 Nr. 1 lit. c)	23	5. Begründungspflicht in Bekanntmachung (Abs. 2)	31
		6. Befreiung von den Verpflichtungen des § 30 (Abs. 3)	32

I. Normzweck

1   Die Norm beinhaltet die Ausnahmetatbestände, unter deren Voraussetzungen die Durchführung eines **Verhandlungsverfahrens ohne Teilnahmewettbewerb** zulässig ist. Es handelt sich dabei um **vier Kategorien** von Ausnahmetatbeständen, je nach Art des zu vergebenen Auftrages. Diese Kategorisierung ist bereits in der RL 2009/81/EG (Vergabe-RL Verteidigung und Sicherheit) zu finden. Abs. 1 Nr. 1 enthält Ausnahmetatbestände für **Liefer- und Dienstleistungsaufträge**. In Nr. 2 sind solche Ausnahmetatbestände genannt, die ausschließlich für **Lieferaufträge** gelten. Lediglich für **Dienstleistungsaufträge** gelten die in Nr. 3 genannten Ausnahmetatbestände. In Nr. 4 ist schließlich ein Ausnahmetatbestand genannt, der sich ausschließlich auf Aufträge im Zusammenhang mit der Bereitstellung von **Luft- und Seeverkehrsdienstleistungen** bezieht.

2   Da es sich um Ausnahmetatbestände handelt, die zu einer Einschränkung des Wettbewerbs und der Transparenz führen, gilt generell das Gebot der engen, **restriktiven Auslegung**.[1]

II. Einzelerläuterungen

3   **1. Liefer- und Dienstleistungsaufträge (Abs. 1 Nr. 1). a) Erfolglosigkeit eines vorausgehenden Verfahrens (Abs. 1 Nr. 1 lit. a).** Abs. 1 Nr. 1 lit. a enthält zwei ähnliche Ausnahmetatbestände für den Fall, dass vorausgehende Vergabeverfahren erfolglos waren und **aufgehoben** werden mussten. Es bestehen jedoch feine Unterschiede. Beiden gemein ist zunächst, dass vorher ein **nicht offenes Verfahren**, ein **Verhandlungsverfahren mit Teilnahmewettbewerb** oder ein **wettbewerblicher Dialog** durchgeführt worden sein muss. Ähnliche Ausnahmetatbestände existieren auch im Geltungsbereich der VgV und der VOB/A, jedoch besteht ein wesentlicher Unterschied in den **zulässigen Vorverfahren:** § 14 Abs. 4 Nr. 1 VgV und § 3a EU Abs. 3 Nr. 1 und 2 VOB/A erlauben ein Verhandlungsverfahren ohne Teilnahmewettbewerb nur, wenn zuvor ein offenes oder nicht offenes Verfahren durchgeführt worden ist. Da im Anwendungsbereich der VSVgV ohnehin kein offenes Verfahren zulässig wäre, ist diese Abweichung bereits aus diesem Gesichtspunkt notwendig. Zudem ist es auch aus praktischen und wirtschaftlichen Erwägungen sinnvoll, dass auch ein Verhandlungsverfahren mit Teilnahmewettbewerb ein zulässiges Vorverfahren darstellt. Denn auch bei solchen Vergabeverfahren kann es vorkommen, dass keine oder keine geeigneten Angebote oder Bewerbungen eingehen und ein weiterer Teilnahmewettbewerb keine besseren Aussichten verspricht.

4   **aa) Keine oder keine geeigneten Angebote oder keine Bewerbungen.** Der erste Tatbestand (lit. aa) betrifft solche Vorverfahren, bei denen keine oder keine „geeigneten" Angebote oder keine Bewerbungen eingegangen sind. Was unter „geeigneten Angeboten" zu verstehen ist, wird weder in der VSVgV noch in deren Gesetzesbegründung oder der zugrunde liegenden Vergabe-RL Verteidigung und Sicherheit definiert. Ausgehend von der Formulierung „geeignet" liegt

---

[1] Vgl. ua EuGH Urt. v. 15.10.2009 – C-275/08, BeckRS 2009, 71140; HK-VergabeR/*Pünder*/*Klafki* Rn. 1; Leinemann/Kirch/*Kirch* Rn. 1.

zunächst die Annahme nahe, dass damit Angebote von Bietern gemeint sind, die die **Eignungsanforderungen** nicht erfüllen.[2] Vergegenwärtigt man sich jedoch die Tatsache, dass bei den genannten zulässigen Vorverfahren stets ein Teilnahmewettbewerb voraus geht, in welchem die Eignungsprüfung durchgeführt wird und nach welchem lediglich geeignete Bewerber zur Angebotsabgabe aufgefordert werden, wird es praktisch selten bis kaum vorkommen, dass ein zunächst als geeignet befundener Bewerber nach Einreichung seines Angebotes im Rahmen der Angebotsprüfung als ungeeignet beurteilt wird. Dies spricht für die Ansicht, dass nicht lediglich die fehlende Eignung eines Bieters auf Grundlage seines Angebotes den Anwendungsbereich eröffnet, sondern vielmehr die **mangelnde Geeignetheit bzw. Zuschlagsfähigkeit des Angebotes** relevant ist (zB eine abweichende Leistung angeboten wurde).[3] Dem folgend ließe sich der Tatbestand jedoch kaum von dem des lit. bb unterscheiden, der von nicht „ordnungsgemäßen" oder „unannehmbaren" Angeboten spricht, an welchen jedoch engere Rechtsfolgen (die Einbeziehung geeigneter Bewerber, siehe nachfolgend) geknüpft sind.

Dies gebietet eine **Auslegung** des Normtextes: Sinn und Zweck der Norm ist es, im Falle eines 5 erfolglosen Vergabeverfahrens, welches aufgehoben werden musste, die Möglichkeit eines erneuten, schneller durchführbaren Verfahrens zu eröffnen, um weiteren Aufwand, Kosten und Zeitverzug beim öffentlichen Auftraggeber zu vermeiden.[4] Ein Vergabeverfahren kann freilich nicht nur dann als gescheitert betrachtet werden, wenn keine Angebote oder keine Bewerbungen eingehen, sondern auch dann, wenn die Unternehmen die Eignungsanforderungen nicht erfüllen. Hierfür muss es unerheblich sein, zu welchem Verfahrensstadium sie die Eignungsanforderungen nicht erfüllen, sei es bereits in ihrem Teilnahmeantrag oder (später) in ihrem Angebot. Daher kann der Anwendungsbereich nur so verstanden werden, dass er sich zum einen auf die Konstellationen bezieht, in denen keinerlei Unterlagen eingehen (keine Teilnahmeanträge im Teilnahmewettbewerb und keine Angebote in der Angebotsphase). Zum anderen werden aber auch die Konstellationen erfasst, in denen zwar Unterlagen eingereicht werden, diese jedoch die **Eignung des Bewerbers** nicht zu belegen vermögen – **unabhängig** davon, ob sich die Ungeeignetheit aus dem Teilnahmeantrag oder aus dem Angebot ergibt. Andernfalls wäre der Ausnahmetatbestand in einem Teilnahmewettbewerb nur dann erfüllt, wenn gar keine Teilnahmeanträge eingehen, nicht jedoch, wenn Teilnahmeanträge eingehen, die die Eignungsanforderungen nicht erfüllen und damit auszuschließend sind. In diesem Fall bestünde auch Diskrepanz zum ähnlichen Tatbestand des § 14 Abs. 4 Nr. 1 VgV, der ein Verhandlungsverfahren ohne Teilnahmewettbewerb ausdrücklich auch für den Fall nicht geeigneter Teilnahmeanträge vorsieht.

In der ähnlichen Norm der aktuellen VgV (**§ 14 Abs. 4 Nr. 1 VgV**) wird der Begriff des 6 geeigneten Angebotes nunmehr definiert. Die Norm enthält jedoch auch die Tatbestandsalternative „keine geeigneten Teilnahmeanträge" statt – wie hier – „keine Bewerbungen" sowie eine Definition ungeeigneter Teilnahmeanträge. Daher können die Definitionen hier **nicht** sinnvollerweise herangezogen werden.

Sind die vorgenannten Voraussetzungen erfüllt (→ Rn. 5), so darf der öffentliche Auftraggeber 7 auf ein Verhandlungsverfahren ohne Teilnahmewettbewerb zurückgreifen, muss dabei jedoch die **ursprünglichen Bedingungen** des Auftrages beibehalten und darf diese nicht grundlegend ändern. Unzulässig wäre insbesondere eine wesentliche Änderung des Auftragsgegenstandes bzw. des **Leistungsverzeichnisses**.[5] Im Grundsatz sind jegliche Änderungen, die einen größeren Bieterkreis oder die Chancen anderer Bieter zugelassen hätten, kritisch.[6]

bb) Nicht ordnungsgemäße oder unannehmbare Angebote. Lit. bb formuliert als erste 8 Tatbestandsvariante den Fall nicht „ordnungsgemäßer" Angebote. Was unter ordnungsgemäß zu verstehen ist, wird nicht definiert. Gemeinhin sind hierunter Angebote zu verstehen, die den **formalen Anforderungen** nicht genügen.[7]

Die zweite Variante betrifft Angebote, die aufgrund geltenden Vergaberechts oder den im 9 Vergabeverfahren zu beachtenden Rechtsvorschriften unannehmbar sind. In dem der Norm zugrundeliegenden Art. 28 Nr. 1 lit. b Vergabe-RL Verteidigung und Sicherheit ist diesbezüglich von „innerstaatlichen, mit den Artikeln 5, 19, 21 und 24 sowie mit Titel II Kapitel VII zu vereinbarenden Vorschriften" die Rede. Die genannten Normen wurden national in § 9, §§ 21–28 und § 32 umgesetzt.[8] Diese betreffen die Themen **Unteraufträge, Eignung** und **Nebenangebote.** Folglich kön-

---

[2] So iErg auch HK-VergabeR/*Pünder/Klafki* Rn. 7 mwN; ebenso *Weyand* ibrOK VergabeR Rn. 12.
[3] Vgl. Leinemann/Kirch/*Kirch* Rn. 4.
[4] Vgl. HK-VergabeR/*Pünder/Klafki* Rn. 6.
[5] Vgl. VK Sachsen Beschl. v. 27.9.2011 – 1/SVK/038-11, BeckRS 2011, 25476.
[6] Vgl. Leinemann/Kirch/*Kirch* Rn. 6.
[7] Vgl. Leinemann/Kirch/*Kirch* Rn. 5; HK-VergabeR/*Pünder/Klafki* Rn. 8 mwN.
[8] Vgl. BR-Drs. 321/12.

nen bei Konstellationen mangelnder Eignung Abgrenzungsprobleme zum Tatbestand des lit. aa kommen (→ Rn. 4 ff.).

10 In beiden Fällen ist ein Verhandlungsverfahren ohne Teilnahmewettbewerb nur zulässig, wenn – wie auch beim Tatbestand des lit. aa – die **Auftragsbedingungen** nicht grundlegend geändert werden und – anders als beim Tatbestand des lit. aa – alle und nur die **Bieter einbezogen** werden, die die Eignungskriterien erfüllen und die formal korrekte Angebote im Vorverfahren eingereicht hatten. Da die Einbeziehung lediglich von Bietern, die formgültige Angebote eingereicht haben, offensichtlich im **Widerspruch** zur ersten Tatbestandsalternative (keine ordnungsgemäßen Angebote) steht, ist eine Auslegung erforderlich.[9] Im Fall nicht ordnungsgemäßer Angebote ist die einzig logische Folge, dass sämtliche Bieter in das neue Verfahren einzubeziehen sind, die die Eignungskriterien erfüllen. Sind formgültige Angebote eingegangen, sind diese jedoch aus anderen, vorgenannten Gründen (→ Rn. 9) nicht annehmbar, sind in das neue Verfahren sämtliche Bieter einzubeziehen, die geeignet sind und vorher formal korrekte Angebote eingereicht hatten.[10]

11 **b) Vorliegen dringlicher Gründe (Abs. 1 Nr. 1 lit. b).** Weiterer Tatbestand für die Zulässigkeit eines Verhandlungsverfahrens ohne Teilnahmewettbewerb sind dringliche Gründe, aufgrund derer die Einhaltung der vorgeschriebenen **Mindestfristen** für das nicht offene Verfahren oder das Verhandlungsverfahren mit Teilnahmewettbewerb nicht eingehalten werden können. Dieser Tatbestand erinnert an ähnliche Vorschriften in der VgV und der VOB/A. Im Bereich Verteidigung und Sicherheit wird jedoch zwischen zwei Arten von dringlichen Gründen unterschieden. Zum einen die – VSVgV-spezifischen – dringlichen Gründe **im Zusammenhang mit einer Krise** (lit. aa) und zum anderen die – auch in der VgV und VOB/A genannten – dringlichen, zwingenden Gründe aufgrund **unvorhersehbarer Ereignisse** (lit. bb).

12 Der Begriff der **Krise** ist in **§ 4 Abs. 1** definiert. Es wird daher auf die Kommentierung zu § 4 verwiesen (→ § 4 Rn. 2). Liegt ein solcher Fall vor, bedarf es keiner weiteren Voraussetzungen, wie etwa der Unvorhersehbarkeit. Es muss allerdings „dringlich" sein, dh selbst die **verkürzten Fristen** könnten nicht eingehalten werden.

13 Mit dem Gesetz zur beschleunigten Beschaffung im Bereich der Verteidigung und Sicherheit und zur Optimierung der Vergabestatistik vom 25.3.2020 (BGBl. 2020 I 674) wurden dem Tatbestand der dringlichen Gründe im Zusammenhang mit einer Krise vier **Regelbeispiele** hinzugefügt: 1.) **mandatierte Auslandseinsätze** oder einsatzgleiche Verpflichtungen der Bundeswehr, 2.) **friedenssichernde Maßnahmen**, 3.) die **Abwehr terroristischer Angriffe** oder 4.) eingetretene oder unmittelbar drohende **Großschadenslagen**, die kurzfristig **neue** Beschaffungen erfordern oder bestehende Beschaffungsbedarfe **steigern.**

14 Die Ergänzungen sollen nach der Gesetzesbegründung der **Klarstellung** dienen.[11] Die Gesetzesbegründung führt recht ausführlich zu den Regelbeispielen aus, ua folgendes: Ein deutliches Indiz für das Vorliegen eines dringlichen Grundes sei es unter anderem, wenn sich aufgrund der speziellen Krisenlage Entwicklungen ergeben, die aufgrund ihres Gefährdungspotenzials eine unmittelbar bevorstehende Schädigung bedeutender Rechtsgüter bzw. bei bereits eingetretenen Schäden deren deutliche Intensivierung sehr wahrscheinlich erscheinen lassen. Eine solche Gefahrenlage sei den aufgezählten Regelbeispielen immanent.[12]

15 Für die Definition von mandatierten Auslandseinsätzen verweist die Gesetzesbegründung auf ihre Erläuterungen zur Änderung des § 169 GWB, der im selben Zuge eine Erweiterung erfahren hat, ua um das entsprechende Regelbeispiel des mandatierten Auslandseinsatzes. Danach sei ein mandatierter Einsatz ein Auslandseinsatz der Bundeswehr, der auf der Grundlage einer **Resolution des Sicherheitsrats der Vereinten Nationen** erfolge und für den ein entsprechendes **Mandat des Deutschen** Bundestags vorliege.[13]

16 Ein entsprechendes Gefährdungspotenzial sei in der Regel auch bei **friedenssichernden Maßnahmen**, der **Abwehr terroristischer Angriffe** und im Fall des Eintritts oder unmittelbaren Bevorstehens von **Großschadenslagen** anzunehmen. Der Erwägungsgrund 54 Vergabe-RL Verteidigung und Sicherheit benenne ausdrücklich die Durchführung friedenssichernder Maßnahmen und die Abwehr terroristischer Angriffe als mögliche Anwendungsfälle der europarechtlichen Norm des Art. 28 Nr. 1 lit. c Vergabe-RL Verteidigung und Sicherheit, die der deutschen Regelung zugrunde liegt. Als friedenssichernd seien regelmäßig primär **Maßnahmen der militärischen Sicherheitskräfte** zu qualifizieren, die mit dem Ziel durchgeführt werden, einen (Bürger-) Krieg oder einen

---

[9] Vgl. Leinemann/Kirch/*Kirch* Rn. 5.
[10] Vgl. Leinemann/Kirch/*Kirch* Rn. 5 mwN.
[11] Vgl. BT-Drs. 19/15603, 59 ff.
[12] Vgl. BT-Drs. 19/15603, 59 f.
[13] Vgl. BT-Drs. 19/15603, 60 mit Verweis auf 59.

zumindest kriegsähnlichen Zustand, der unmittelbar bevorsteht, zu verhindern, oder eine entsprechende, bereits eingetretene Kriegslage zu beenden.[14]

Sinn und Zweck dieses Ausnahmetatbestandes der dringenden Gründe im Zusammenhang mit einer Krise sei es, in besonders **eilbedürftigen Fällen** eine schnelle Beschaffung dessen zu ermöglichen, was zur Bewältigung der Krise erforderlich ist. Deshalb reiche es, auch wenn eine trennscharfe Definition des Begriffs des terroristischen Angriffs nur schwer möglich ist, aus, wenn auf Grundlage einer ex ante Betrachtung Hinweise vorliegen, die dafürsprechen, dass es sich im Einzelfall um eine Gefahrensituation handelt, die aus **terroristischen Motiven** herbeigeführt wird oder in Kürze herbeigeführt werden soll. Der Begriff der Abwehr sei in diesem Zusammenhang in der Weise zu verstehen, dass nicht nur Beschaffungen erfasst sind, die dem Ziel dienen, die **Durchführung terroristischer Angriffe zu verhindern,** sondern auch solche, die kurzfristig erforderlich werden, um **Gefährdungen oder Schädigungen von Rechtsgütern zu verhindern oder zu minimieren,** die aufgrund eines gerade erfolgten terroristischen Angriffs entstehen.[15] 17

Von dem Regelbeispiel der Großschadenslage sei in der Regel bei einem **unerwarteten Ereignis** auszugehen, bei dem eine **größere Anzahl von Menschen** getötet oder verletzt wird, beispielsweise infolge von Bombenattentaten, Eisenbahnunglücken, Flugzeugabstürzen oder (Natur-) Katastrophen. Zwar seien teilweise Überschneidungen zum Regelbeispiel des terroristischen Angriffs denkbar. Nach der Gesetzesbegründung sollten aber gerade auch die Fälle erfasst werden, in denen die Krise nicht aufgrund zielgerichteten menschlichen Handelns entsteht, sondern aufgrund **technischen oder menschlichen Versagens oder höherer Gewalt** bedeutende Rechtsgüter unmittelbar gefährdet oder bereits geschädigt wurden.[16] 18

Des Weiteren stellt die Gesetzesbegründung klar, dass der Beschaffungsbedarf, insbesondere im Falle eines terroristischen Angriffs oder bei Großschadenslagen, auch bei **nicht-militärischen Sicherheitskräften** entstehen, und die Ausnahmeregelung zu Beschaffungen für diese genutzt werden könne. Dies ist bereits durch den EU-Gesetzgeber vorgesehen worden, wie der Erwägungsgrund 54 Vergabe-RL Verteidigung und Sicherheit klarstellt, nach dem ein entsprechender Notfall auch bei nicht-militärischen Sicherheitskräften entstehen könne. Darüber hinaus könne ein entsprechender Notfall auch bei **Auslandsdienststellen** im Ausland oder einer inländischen Dienststelle, die im Ausland für einen dort zu deckenden Bedarf beschafft, gegeben sein und die Ausnahmeregelung für entsprechende Beschaffungen genutzt werden.[17] 19

In der Gesetzesbegründung wird abschließend betont, dass aus der aufgrund des Eintritts eines der Regelbeispiele erhöhten Gefährdung zur Anwendbarkeit der Ausnahmeregelung ein Bedarf resultieren muss, schnell Beschaffungen mit dem Ziel durchzuführen, die bedrohten oder bereits geschädigten Rechtsgüter schnellstmöglich gegen entstandene oder weitere Schädigungen zu schützen. Erfasst seien neben **neu entstehenden Beschaffungsbedarfen** jedoch auch die Fälle, in denen sich aufgrund der Gefahrenlage ein **bereits vorher** bestehender Beschaffungsbedarf mengenmäßig **erhöht**.[18] 20

Die Tatbestandsvariante der nicht **vorhersehbaren** und auch nicht vom Auftraggeber **verschuldeten, dringlichen, zwingenden Gründe** in lit. bb entspricht inhaltlich der des **§ 14 Abs. 4 Nr. 3 VgV.** Auf die entsprechende Kommentierung kann daher verwiesen werden (→ VgV § 14 Rn. 97 ff.). In diesem Zusammenhang sei insbesondere auf die Rundschreiben des BMWi hinzuweisen, die im Zusammenhang mit der **Flüchtlingskrise** und der **Corona-Pandemie** ergingen.[19] Danach könnten Leistungen im Zusammenhang mit der Corona-Pandemie insbesondere mittels Verhandlungsverfahren ohne Teilnahmewettbewerb nach den jeweiligen Dringlichkeitstatbeständen sehr schnell und verfahrenseffizient beschafft werden, im Bereich der VSVgV namentlich nach § 12 Abs. 1 Nr. 1 lit. b (sowohl lit. aa – Krise – als auch lit. bb – unvorhersehbares Ereignis). Das Rundschreiben vom 9.1.2015 definierte den Begriff der „**Unvorhersehbarkeit**" noch wie folgt: „Unvorhersehbar sind Ereignisse, die nichts mit dem üblichen wirtschaftlichen oder sozialen Leben zu tun haben. Maßstab für die Existenz eines unvorhersehbaren Ereignisses ist der objektive Maßstab der Sorgfaltspflicht. Nur Umstände, mit denen bei der Planung **unter Berücksichtigung der** 21

---

[14] Vgl. BT-Drs. 19/15603, 60.
[15] Vgl. BT-Drs. 19/15603, 60.
[16] Vgl. BT-Drs. 19/15603, 60.
[17] Vgl. BT-Drs. 19/15603, 60.
[18] Vgl. BT-Drs. 19/15603, 60.
[19] Rundschreiben zur Anwendung des Vergaberechts im Zusammenhang mit der Beschaffung von Leistungen zur Eindämmung der Ausbreitung des neuartigen Coronavirus SARS-CoV-2 v. 19.3.2020; Rundschreiben zur Anwendung des Vergaberechts im Zusammenhang mit der Unterbringung und Versorgung von Flüchtlingen v. 24.8.2015; Rundschreiben zur Anwendung von § 3 EG Abs. 4 lit. d VOL/A, § 3 Abs. 4 lit. c VOF und § 6 Abs. 2 Nr. 4 SektVO – Vergabe ohne vorherigen Aufruf zum Wettbewerb/Dringlichkeit v. 9.1.2015.

allgemeinen Sorgfaltspflicht nicht gerechnet werden konnte, sind erfasst. Dies ist nicht der Fall, wenn zum Beispiel unter Rückgriff auf bestehende **Statistiken** ein zukünftiger Beschaffungsbedarf aus objektiver Sichtweise frühzeitig erkennbar ist. Ebenfalls nicht unter den Tatbestand fallen regelmäßig Konstellationen, in denen der Beschaffungsbedarf die Folge einer **Nicht- oder Schlechtleistung eines Vertragspartners** ist, und dem durch **rechtzeitige Aufnahme von Vertragsstrafen oder Streitschlichtungsmechanismen** hätte begegnet werden können".

22 Vor diesem Hintergrund liegt die Frage nicht fern, bis zu welchem Zeitpunkt bzw. nach welchem Zeitraum noch von einem unvorhersehbaren Ereignis gesprochen werden kann. Das jüngere Rundschreiben im Zusammenhang mit der Corona-Pandemie nennt jedenfalls keine zeitliche Beschränkung und auch nach der bisherigen Rechtsprechung wird man wohl eher von einem zeitlich weitreichenden Anwendungsbereich ausgehen dürfen.[20]

23 **c) Durchführbarkeit nur durch ein bestimmtes Unternehmen (Abs. 1 Nr. 1 lit. c).** Als weiteren Tatbestand sieht lit. c die Konstellation vor, in welcher die Leistung tatsächlich nur durch ein einziges Unternehmen erbracht werden kann, sei es aufgrund **technischer Besonderheiten** oder wegen des Schutzes von **Ausschließlichkeitsrechten** (zB Patent- und Urheberrechte). Durch die **faktische Monopolstellung** wäre ein Wettbewerb auch nicht zielführend. Die Regelung entspricht inhaltlich **§ 14 Abs. 4 Nr. 2 lit. b und c VgV,** auf dessen Kommentierung hier verwiesen werden kann (→ VgV § 14 Rn. 73 ff.). Es ist jedoch zu beachten, dass dieser Ausnahmetatbestand – anders als seine Entsprechung in der VgV – nicht für den Fall künstlerischer Besonderheiten gelten kann.[21]

24 **d) Forschungs- und Entwicklungsleistungen (Abs. 1 Nr. 1 lit. d).** Gemäß lit. d können Forschungs- und Entwicklungsleistungen im Verhandlungsverfahren ohne Teilnahmewettbewerb vergeben werden. Dies gilt jedoch nur für solche Forschungs- und Entwicklungsleistungen, die nicht per se von der Anwendung des Vergaberechts aufgrund der **im GWB normierten Ausnahmetatbestände** befreit sind. Wie die Gesetzesbegründung ausführt, wurden die betreffenden Ausnahmetatbestände in § 100c Abs. 2 Nr. 3 GWB (welcher dem heutigen **§ 145 Nr. 2 GWB** entspricht) und § 100 Abs. 4 Nr. 2 GWB (welcher dem heutigen **116 Abs. 1 Nr. 2 GWB** entspricht) umgesetzt.[22] Was unter Forschungs- und Entwicklungsleistungen zu verstehen ist, definiert **§ 4 Abs. 3,** auf dessen Kommentierung hier verwiesen wird (→ § 4 Rn. 4).

25 **e) Güter zum Zwecke der Forschung und Entwicklung (Abs. 1 Nr. 1 lit. e).** Lit. e erweitert den Tatbestand des lit. d um die Güter, die zwecks Forschungs- und Entwicklungsleistungen hergestellt werden. Er entspricht inhaltlich dem **§ 14 Abs. 4 Nr. 4 VgV,** auf dessen Kommentierung hier daher verwiesen werden kann (→ VgV § 14 Rn. 110 ff.).

26 **2. Lieferaufträge (Abs. 1 Nr. 2).** In Bezug auf Lieferaufträgen sieht § 12 drei Tatbestände vor. Lit. a enthält eine dem in § 14 Abs. 4 Nr. 5 VgV ähnlichen Tatbestand, nach welchem **zusätzliche Lieferleistungen** des ursprünglichen Auftragnehmers zwecks Erneuerung oder Erweiterung der Waren oder Einrichtungen im Wege eines Verhandlungsverfahrens ohne Teilnahmewettbewerb vergeben werden können. Hinsichtlich der Voraussetzungen im Einzelnen kann auf die Kommentierung der Parallelregelung verwiesen werden (→ VgV § 14 Rn. 115 ff.). Es gilt jedoch eine Besonderheit zu beachten: Anstatt der in der VgV geregelten Höchstlaufzeit von drei Jahren beträgt die Höchstlaufzeit im Bereich der VSVgV **fünf Jahre.** Zudem sind **weitere Ausnahmen** geregelt, die eine längere Laufzeit rechtfertigen können.

27 Weitere Ausnahmetatbestände bei Lieferaufträgen betreffen den **Einkauf börsennotierter Leistungen** (lit. b) – welcher dem **§ 14 Abs. 4 Nr. 6 VgV** entspricht – und den Einkauf zu besonders günstigen Konditionen aufgrund **Insolvenz** des Lieferanten – welcher dem **§ 14 Abs. 4 Nr. 7 VgV** entspricht. Auf die Kommentierungen der jeweiligen Parallelregelung wird dementsprechend verwiesen (→ VgV § 14 Rn. 127 ff., Rn. 130 ff.).

28 **3. Dienstleistungsaufträge (Abs. 1 Nr. 3).** Für Dienstleistungsaufträge sieht § 12 Abs. 1 Nr. 3 zwei Ausnahmetatbestände vor. Lit. a normiert einen Ausnahmetatbestand für **zusätzliche Dienstleistungen,** lit. b einen solchen für **wiederholende Dienstleistungen.** Der Ausnahmetatbestand betreffend die zusätzlichen Dienstleistungen, die nunmehr unvorhersehbar erforderlich werden und aus den normierten Gründen nicht anderweitig vergeben werden können, befand sich vor der jüngsten Vergaberechtsreform 2016 in § 3EG Abs. 4 lit. g VOL/A. Dieser Tatbestand wurde in

---

[20] Siehe insbesondere VK Bund Beschl. v. 28.8.2020 – VK-2-57/20, IBRRS 2020, 2603 (soweit bekannt, Beschluss noch nicht rechtskräftig).
[21] Vgl. HK-VergabeR/*Pünder/Klafki* Rn. 15.
[22] Vgl. BR-Drs. 321/12.

die neue VgV jedoch nicht übernommen. Inhaltlich entspricht der Ausnahmetatbestand jedoch dem der zulässigen Auftragsänderungen während der Vertragslaufzeit gem. **§ 132 Abs. 2 Nr. 2 S. 1 GWB.** Im Hinblick auf die dafür erforderlichen Voraussetzungen kann daher auf die Kommentierung des § 132 GWB verwiesen werden (→ GWB § 132 Rn. 32 ff.). Wie auch in § 132 Abs. 2 S. 2 GWB ist auch in § 12 Abs. 1 Nr. 3 lit. a eine **wertmäßige Begrenzung iHv 50%** vorgesehen. Im spezifischen Verteidigungs- und Sicherheitsbereich wird diese 50%-Grenze jedoch offensichtlich dadurch aufgeweicht, dass **§ 43 Abs. 2 Nr. 6** eine Begründungspflicht für Vergaben nach dieser Norm, die diesen Auftragswert überschreiten, festlegt.[23]

Die Voraussetzungen der Zulässigkeit von Verhandlungsverfahren ohne Teilnahmewettbewerb bzgl. Dienstleistungsaufträge, welche Dienstleistungen **wiederholen,** die durch denselben Auftraggeber an denselben Auftragnehmer vergeben werden, enthält lit. b. Er entspricht inhaltlich **§ 14 Abs. 4 Nr. 9 VgV,** auf dessen Kommentierung verwiesen wird (→ VgV § 14 Rn. 140 ff.). Ebenso wie bei § 12 Abs. 1 Nr. 2 lit. a sind auch hier – abweichend zur Parallelregelung in der VgV – **weitere Ausnahmen** vorgesehen. So ist es zulässig, dass dieses Verfahren binnen **fünf** Jahren nach Abschluss des ursprünglichen Auftrags angewandt wird sowie auch darüber hinaus, wenn die weiter genannten Ausnahmefälle einschlägig sind. 29

4. Kurzfristige Luft- und Seeverkehrsdienstleistungsaufträge (Abs. 1 Nr. 4). In Abs. 1 Nr. 4 ist sodann ein spezieller, nur im Bereich Verteidigung und Sicherheit relevanter Dringlichkeits-Ausnahmetatbestand normiert. Hiernach ist ein Verhandlungsverfahren ohne Teilnahmewettbewerb zulässig, wenn es sich um Aufträge im Zusammenhang mit der Bereitstellung von Luft- und Seeverkehrsdienstleistungen für die **Streit- oder Sicherheitskräfte,** die im Ausland eingesetzt werden oder eingesetzt werden sollen. Dies jedoch nur, wenn der Auftraggeber diese Dienste bei Unternehmen beschaffen muss, die die **Gültigkeit ihrer Angebote** nur für so **kurze Zeit** garantieren, dass auch die verkürzten Mindestfristen der anderen Verfahrensarten nicht eingehalten werden können. Es besteht daher eine besondere **Dringlichkeit,** die vom Beschaffungsgegenstand selbst und den diesbezüglichen Marktbedingungen ausgeht.[24] 30

5. Begründungspflicht in Bekanntmachung (Abs. 2). Abschließend normiert Abs. 2 die **Begründungspflicht** des Auftraggebers, wenn dieser ein Verhandlungsverfahrens ohne Teilnahmewettbewerb angewendet hat. Die Begründung ist in der **Bekanntmachung über vergebene Aufträge** gem. § 35 aufzunehmen, um zumindest eine Ex-post-Transparenz herzustellen.[25] 31

6. Befreiung von den Verpflichtungen des § 30 (Abs. 3). Im Zuge des Gesetzes zur Änderung des Gesetzes zur Regelung von Ingenieur- und Architektenleistungen und anderer Gesetze vom 12.11.2020 (BGBl. 2020 I 52, 2392) wurden in der VgV sowie auch in der VSVgV gewisse **Klarstellungen** im Falle von Verhandlungsverfahren ohne Teilnahmewettbewerb vorgenommen. So wird der öffentliche Auftraggeber nach dem neu geschaffenen Abs. 3 in den Fällen des Abs. 1 Nr. 1 lit. b (sog. Dringlichkeitsvergabe) von den Verpflichtungen des § 30 Abs. 1 und 2 befreit, mithin von formalen Vorgaben im Zusammenhang mit der **Angebotsöffnung.** 32

§ 13 Wettbewerblicher Dialog

(1) Auftraggeber können einen wettbewerblichen Dialog gemäß § 119 Absatz 6 Satz 1 des Gesetzes gegen Wettbewerbsbeschränkungen zur Vergabe besonders komplexer Aufträge durchführen, sofern sie objektiv nicht in der Lage sind,
1. die technischen Mittel anzugeben, mit denen ihre Bedürfnisse und Ziele erfüllt werden können, oder
2. die rechtlichen oder finanziellen Bedingungen des Vorhabens anzugeben.

(2) ¹Im wettbewerblichen Dialog eröffnen Auftraggeber gemäß § 119 Absatz 6 Satz 2 des Gesetzes gegen Wettbewerbsbeschränkungen nach einem Teilnahmewettbewerb mit den ausgewählten Unternehmen einen Dialog zur Erörterung aller Aspekte der Angebotsabgabe. ²Im Einzelnen gehen die Auftraggeber wie folgt vor:
1. ¹Die Auftraggeber müssen ihre Bedürfnisse und Anforderungen bekannt machen und erläutern. ²Die Erläuterung erfolgt in der Bekanntmachung oder der Leistungsbeschreibung.
2. ¹Mit den nach §§ 6, 7, 8 und 21 bis 28 ausgewählten geeigneten Unternehmen eröffnen die Auftraggeber einen Dialog, in dem sie ermitteln und festlegen, wie ihre Bedürfnisse

---
[23] Vgl. HK-VergabeR/*Pünder/Klafki* Rn. 24; *Weyand* ibrOK VergabeR Rn. 35.
[24] S. hierzu erläuternd Leinemann/Kirch/*Kirch* Rn. 30; HK-VergabeR/*Pünder/Klafki* Rn. 26 mwN.
[25] Vgl. HK-VergabeR/*Pünder/Klafki* Rn. 27 mwN.

am besten erfüllt werden können. ²Dabei können sie mit den ausgewählten Unternehmen alle Einzelheiten des Auftrags erörtern. ³Die Auftraggeber müssen alle Unternehmen bei dem Dialog gleich behandeln. ⁴Insbesondere enthalten sie sich jeder diskriminierenden Weitergabe von Informationen, durch die bestimmte Bieter gegenüber anderen begünstigt werden können. ⁵Der Auftraggeber darf Lösungsvorschläge oder vertrauliche Informationen eines Unternehmens nicht ohne dessen Zustimmung an die anderen Unternehmen weitergeben.

3. ¹Die Auftraggeber können vorsehen, dass der Dialog in verschiedenen aufeinanderfolgenden Phasen abgewickelt wird, um die Zahl der in der Dialogphase zu erörternden Lösungsvorschläge anhand der in der Bekanntmachung oder in den Vergabeunterlagen angegebenen Zuschlagskriterien zu verringern. ²In der Bekanntmachung oder in der Leistungsbeschreibung ist anzugeben, ob diese Möglichkeit in Anspruch genommen wird. In der Schlussphase müssen noch so viele Angebote vorliegen, dass ein echter Wettbewerb gewährleistet ist, sofern eine ausreichende Zahl von Lösungen vorhanden ist. ³Die Unternehmen, deren Lösungen nicht für die nächstfolgende Dialogphase vorgesehen sind, werden darüber informiert.

4. ¹Die Auftraggeber erklären den Dialog für abgeschlossen, wenn eine oder mehrere Lösungen gefunden worden sind, die ihre Bedürfnisse erfüllen oder erkennbar ist, dass keine Lösung gefunden werden kann. ²Im Falle der ersten Alternative fordern sie die Unternehmen auf, auf der Grundlage der eingereichten und in der Dialogphase näher ausgeführten Lösungen ihr endgültiges Angebot vorzulegen, das alle zur Ausführung des Projekts erforderlichen Einzelheiten enthalten muss. ³Die Auftraggeber können verlangen, dass Präzisierungen, Klarstellungen und Ergänzungen zu diesen Angeboten gemacht werden. ⁴Diese Präzisierungen, Klarstellungen oder Ergänzungen dürfen jedoch keine Änderung der grundlegenden Elemente des Angebots oder der Ausschreibung zur Folge haben, die den Wettbewerb verfälschen oder diskriminierend wirken könnte.

5. ¹Die Auftraggeber müssen die Angebote aufgrund der in der Bekanntmachung oder in den Vergabeunterlagen festgelegten Zuschlagskriterien bewerten. ²Der Zuschlag darf ausschließlich auf das wirtschaftlichste Angebot erfolgen. ³Auftraggeber dürfen das Unternehmen, dessen Angebot als das wirtschaftlichste ermittelt wurde, auffordern, bestimmte Einzelheiten des Angebots näher zu erläutern oder im Angebot enthaltene Zusagen zu bestätigen. ⁴Dies darf nicht dazu führen, dass wesentliche Aspekte des Angebots oder der Ausschreibung geändert werden, und dass der Wettbewerb verzerrt wird oder andere am Verfahren beteiligte Unternehmen diskriminiert werden.

6. Verlangen die Auftraggeber, dass die am wettbewerblichen Dialog teilnehmenden Unternehmen Entwürfe, Pläne, Zeichnungen, Berechnungen oder andere Unterlagen ausarbeiten, müssen sie einheitlich für alle Unternehmen, die die geforderte Unterlage rechtzeitig vorgelegt haben, eine angemessene Kostenerstattung hierfür gewähren.

I. Normzweck

1 § 13 normiert den wettbewerblichen Dialog in Umsetzung der Art. 27 RL 2009/81/EG (Vergabe-RL Verteidigung und Sicherheit) und Art. 1 Nr. 21 Vergabe-RL Verteidigung und Sicherheit[1] und knüpft damit an **§ 146 GWB iVm § 119 Abs. 6 GWB iVm § 147 GWB** an, welche die Verfahrensart generell regeln (→ GWB § 146 Rn. 1 ff., → GWB § 119 Rn. 78 ff.). Im Bereich der VgV findet sich die Parallelregelung in **§ 18 VgV**. § 13 enthält – anders als die Parallelregelung in der VgV – sowohl die Tatbestandsvoraussetzungen als auch Vorgaben zum Verfahrensablauf. Die Tatbestandsvoraussetzungen des wettbewerblichen Dialogs im Anwendungsbereich der VgV sind – zusammen und einheitlich mit denen des Verhandlungsverfahrens mit Teilnahmewettbewerb – in § 14 Abs. 3 VgV geregelt. In § 13 sind für Vergaben im Bereich Verteidigung und Sicherheit allein die Voraussetzungen des wettbewerblichen Dialogs enthalten. Diese ähneln jedoch sehr den nunmehr in § 14 Abs. 3 VgV normierten Tatbestandsvoraussetzungen.

2 Der wettbewerbliche Dialog beginnt mit einem **Teilnahmewettbewerb.** Anders als im Verhandlungsverfahren schließt sich daran die **Dialogphase** an, in welcher **Lösungsvorschläge** unterbreitet und erörtert werden, bevor in der **Angebotsphase** vollständige Angebote abgegeben werden, über die dann jedoch nur noch bedingt verhandelt werden kann (vgl. Abs. 2 Nr. 5). Der wettbewerbliche Dialog kann daher auch als ein umgekehrtes Verhandlungsverfahren bezeichnet werden.[2] Ziel

---
[1] Vgl. BR-Drs. 321/12.
[2] S. hierzu Leinemann/Kirch/*Kirch* Rn. 12.

ist es, den Auftragsgegenstand durch die Dialogphase zunächst mithilfe des Know-How des Marktes zu konkretisieren, wenn es dem Auftraggeber – auch nicht unter Zuhilfenahme von Sachverständigen – möglich ist, die technischen, rechtlichen und/oder finanziellen Rahmenbedingungen des Auftragsgegenstandes vorher eindeutig festzulegen.[3]

II. Einzelerläuterungen

1. Anwendungsbereich und Tatbestandsvoraussetzungen (Abs. 1). Abs. 1 bestimmt die Zulässigkeit der Wahl eines wettbewerblichen Dialogs als Verfahrensart für besonders **komplexe** Aufträge, wenn die Auftraggeber entweder **nicht in der Lage** sind, die **technischen Mittel** anzugeben, mit denen ihre Bedürfnisse uns Ziele erfüllt werden können (Nr. 1) oder die **rechtlichen oder finanziellen Bedingungen** des Vorhabens anzugeben (Nr. 2). Inhaltlich und zum Teil wörtlich ähneln die Voraussetzungen mithin denen der Parallelregelung in **§ 14 Abs. 3 Nr. 3 VgV,** sodass ergänzend zu nachfolgenden Ausführungen auch auf die Kommentierung zu § 14 VgV verwiesen werden kann (→ VgV § 14 Rn. 35a ff.).

Hinsichtlich des **Adressatenkreises** hat mit der Vergaberechtsmodernisierung 2016 eine Angleichung stattgefunden. Der einschränkende Verweis in der vorherigen Fassung des § 13 Abs. 1 auf die öffentlichen Auftraggeber nach dem bisherigen § 98 Nr. 1–3 GWB wurde ausweislich der Gesetzesbegründung gestrichen, da nach Art. 30 RL 2014/24/EU Sektorenauftraggeber ebenfalls einen wettbewerblichen Dialog durchführen können.[4] Daher wurde diese Möglichkeit nunmehr ausdrücklich auch für die **Sektorenauftraggeber** gem. § 146 S. 1 und 2 GWB im Bereich Verteidigung und Sicherheit eingeräumt.[5] Folglich umfasst der Begriff des Auftraggebers in § 13 Abs. 1 entsprechend dem Anwendungsbereich in § 1 sowohl öffentliche Auftraggeber nach § 99 GWB als auch Sektorenauftraggeber nach § 100 GWB.[6]

Das Vorliegen eines komplexen Auftrages wird regelmäßig dann gegeben sein, wenn eine der in Nr. 1 und 2 genannten Voraussetzungen erfüllt ist. Danach darf der Auftraggeber nicht in der Lage sein, dh es muss ihm **objektiv** betrachtet **unmöglich** sein, die erforderlichen technischen Spezifikationen des Auftragsgegenstandes oder dessen rechtliche oder finanziellen Rahmenbedingungen hinreichend genau anzugeben, um daraufhin **vergleichbare Angebote** erwarten zu können.[7] Die unzureichende Beschreibbarkeit muss folglich selbst bei Einsatz von **Sachverständigen** gegeben sein.[8] Der Auftraggeber darf diese Unmöglichkeit auch nicht verursacht haben.[9] Bezüglich der „technischen Mittel" (Nr. 1) ist an Fälle zu denken, bei denen komplexe technologische oder innovative Beschaffungsgegenstände benötigt und gesucht werden.[10] **Die rechtlichen und finanziellen Bedingungen** (Nr. 2) können beispielsweise dann nicht vorab festgelegt werden, wenn es sich um ein umfangreiches ÖPP-Vorhaben über Bau- und Betriebs- sowie Finanzierungsleistungen handelt, bei dem eine wirtschaftlich sinnvolle Risikoverteilung nicht einseitig vorausgesehen werden kann.[11]

2. Verfahrensablauf und Anforderungen im Verfahren (Abs. 2). In Abs. 2 wird der Verfahrensablauf und die zu berücksichtigenden Anforderungen in den jeweiligen Verfahrensstadien erläutert. Die Vorgabe des Abs. 1 S. 1, dass ein **Teilnahmewettbewerb** vorauszugehen hat, entspricht inhaltlich **§ 18 Abs. 2 VgV** jedoch mit dem Unterschied, dass in § 13 die **Teilnahmefrist** nicht ausdrücklich genannt ist. Diese ergibt sich jedoch aus **§ 20 Abs. 2,** sodass auf die entsprechende Kommentierung verwiesen wird (→ § 20 Rn. 4 ff.). Zum Teilnahmewettbewerb im Übrigen kann auf die Parallelvorschrift § 18 Abs. 2 VgV verwiesen werden (→ VgV § 18 Rn. 9 ff.).

Abs. 2 Nr. 1 bestimmt, dass der Auftraggeber seine **Bedürfnisse und Anforderungen bekannt zu machen** und zu erläutern hat, wobei die **Erläuterung** wahlweise in der Bekanntmachung **oder** der Leistungsbeschreibung erfolgen kann.[12] Eine entsprechende Vorgabe enthält **§ 18 Abs. 1 S. 1 VgV,** jedoch ist zu beachten, dass – anders als in der Parallelregelung der VgV – hier die Bedürfnisse und Anforderungen zwingend in der Bekanntmachung darzulegen sind und lediglich die Erläuterungen dazu entweder in der Bekanntmachung oder der Leistungsbeschreibung wiederzu-

---

[3] Vgl. Leinemann/Kirch/*Kirch* Rn. 1, 3–5.
[4] Vgl. BT-Drs. 18/7318.
[5] Vgl. BT-Drs. 18/7318.
[6] Vgl. BT-Drs. 18/7318.
[7] S. hierzu ausf. Leinemann/Kirch/*Kirch* Rn. 3 mwN.
[8] S. hierzu ausf. Leinemann/Kirch/*Kirch* Rn. 4 mwN.
[9] S. hierzu ausf. Leinemann/Kirch/*Kirch* Rn. 3 mwN.
[10] S. hierzu ausf. Leinemann/Kirch/*Kirch* Rn. 5 mwN.
[11] S. hierzu ausf. Leinemann/Kirch/*Kirch* Rn. 6 mwN.
[12] Vgl. BR-Drs. 321/12.

geben sind. Im Übrigen kann auf die Kommentierung zu § 18 Abs. 1 VgV verwiesen werden (→ VgV § 18 Rn. 5 ff.).

8 Abs. 2 Nr. 2 enthält zunächst die Vorgabe, dass nur mit den gem. §§ 6–8 und §§ 21–28 für **geeignet** befundenen Unternehmen verhandelt wird. Die Norm ist damit einerseits im Hinblick auf die Eignung konkreter als die Parallelregelung § 18 Abs. 4 VgV. Des Weiteren normiert Abs. 2 Nr. 2 den auch in der Dialogphase einzuhaltenden **Grundsatz der Gleichbehandlung,** inhaltlich ähnlich zu **§ 18 Abs. 5 VgV,** weshalb auf dessen Kommentierung verwiesen werden kann (→ VgV § 18 Rn. 13 ff.).

9 Abs. 2 Nr. 3 sieht die Möglichkeit der **phasenweisen Abwicklung des Dialogs** vor. Da dies inhaltlich dem § 18 Abs. 6 VgV im Wesentlichen entspricht, kann auf dessen Kommentierung verwiesen werden (→ VgV § 18 Rn. 13 ff.). Abs. 2 Nr. 4 S. 1 stimmt inhaltlich mit **§ 18 Abs. 7 VgV** überein, jedoch mit dem Unterschied, dass der Dialog auch dann für beendet erklärt werden kann, wenn **keine Lösung** gefunden wurde. Im Übrigen findet Abs. 2 Nr. 4 – welcher die **Angebotsphase** nach abgeschlossener Dialogphase betrifft – seine überwiegend inhaltliche Entsprechung in **§ 18 Abs. 8 VgV,** auf dessen Kommentierung hier daher verwiesen wird (→ VgV § 18 Rn. 21 ff.). Abs. 2 Nr. 5 entspricht inhaltlich im Wesentlichen **§ 18 Abs. 9 VgV** und beinhaltet die Vorgaben zur Ermittlung des **wirtschaftlichsten Angebotes** anhand der bekannt gegebenen **Zuschlagskriterien** sowie die Rahmenbedingungen für erforderlichenfalls einzuholender **weiterer Erläuterungen zu den Angeboten.** Es kann dementsprechend auf die Kommentierung des § 18 Abs. 9 VgV verwiesen werden (→ VgV § 18 Rn. 21 ff.).

10 Abs. 2 Nr. 6 enthält eine **Kostenerstattungsregelung** zugunsten der Bieter für den Fall, dass der Auftraggeber Entwürfe, Pläne, Zeichnungen, Berechnungen oder andere Unterlagen von den Unternehmen verlangt hat. Es muss sich dabei um die Ergebnisse **planerischen Aufwandes** handeln, nicht lediglich Vervielfältigungskosten oder Dergleichen.[13] Der Anspruch steht jedoch nur den Bietern zu, die die geforderten Unterlagen auch rechtzeitig eingereicht haben. Eine ähnliche Regelung ist nunmehr in **§ 18 Abs. 10 VgV** enthalten, jedoch liegt es danach im Ermessen des Auftraggebers „Prämien oder Zahlungen" vorzusehen. Zugleich ist die Parallelnorm aber auch weitreichender, da sie nicht – wie hier – auf bestimmte Unterlagen beschränkt ist.

§ 14 Rahmenvereinbarungen

(1) ¹Für den Abschluss einer Rahmenvereinbarung im Sinne des § 103 Absatz 5 Satz 1 des Gesetzes gegen Wettbewerbsbeschränkungen befolgen die Auftraggeber die Verfahrensvorschriften dieser Verordnung. ²Für die Auswahl des Auftragnehmers gelten die Zuschlagskriterien gemäß § 34. ³Auftraggeber dürfen das Instrument einer Rahmenvereinbarung nicht missbräuchlich oder in einer Weise anwenden, durch die der Wettbewerb behindert, eingeschränkt oder verfälscht wird.

(2) ¹Auftraggeber vergeben Einzelaufträge nach dem in den Absätzen 3 bis 5 vorgesehenen Verfahren. ²Die Vergabe darf nur erfolgen durch Auftraggeber, die ihren voraussichtlichen Bedarf für das Vergabeverfahren gemeldet haben, an Unternehmen, mit denen die Rahmenvereinbarungen abgeschlossen wurden. ³Bei der Vergabe der Einzelaufträge dürfen die Parteien keine wesentlichen Änderungen an den Bedingungen dieser Rahmenvereinbarung vornehmen. ⁴Dies gilt insbesondere für den Fall, dass die Rahmenvereinbarung mit einem einzigen Unternehmen geschlossen wurde.

(3) ¹Wird eine Rahmenvereinbarung mit einem einzigen Unternehmen geschlossen, so werden die auf dieser Rahmenvereinbarung beruhenden Einzelaufträge entsprechend den Bedingungen der Rahmenvereinbarung vergeben. ²Vor der Vergabe der Einzelaufträge können die Auftraggeber das an der Rahmenvereinbarung beteiligte Unternehmen in Textform nach § 126b des Bürgerlichen Gesetzbuchs befragen und dabei auffordern, sein Angebot erforderlichenfalls zu vervollständigen.

(4) Wird eine Rahmenvereinbarung mit mehreren Unternehmen geschlossen, so müssen mindestens drei Unternehmen beteiligt sein, sofern eine ausreichend große Zahl von Unternehmen die Eignungskriterien oder eine ausreichend große Zahl von zulässigen Angeboten die Zuschlagskriterien erfüllt.

(5) Die Vergabe von Einzelaufträgen, die auf einer mit mehreren Unternehmen geschlossenen Rahmenvereinbarung beruhen, erfolgt, sofern

---

[13] Vgl. Leinemann/Kirch/*Kirch* Rn. 14.

1. alle Bedingungen festgelegt sind, nach den Bedingungen der Rahmenvereinbarung ohne erneuten Aufruf zum Wettbewerb oder
2. nicht alle Bedingungen in der Rahmenvereinbarung festgelegt sind, nach erneutem Aufruf der Parteien zum Wettbewerb zu denselben Bedingungen, die erforderlichenfalls zu präzisieren sind, oder nach anderen in den Vergabeunterlagen zur Rahmenvereinbarung genannten Bedingungen. Dabei ist folgendes Verfahren einzuhalten:
   a) Vor Vergabe jedes Einzelauftrags konsultieren die Auftraggeber die Unternehmen, die in der Lage sind, den Einzelauftrag auszuführen.
   b) Auftraggeber setzen eine angemessene Frist für die Abgabe der Angebote für jeden Einzelauftrag; dabei berücksichtigen sie insbesondere die Komplexität des Auftragsgegenstands und die für die Übermittlung der Angebote erforderliche Zeit.
   c) Auftraggeber geben an, in welcher Form die Angebote einzureichen sind, der Inhalt der Angebote ist bis zum Ablauf der Angebotsfrist geheim zu halten.
   d) Die Auftraggeber vergeben die einzelnen Aufträge an das Unternehmen, das auf der Grundlage der in der Rahmenvereinbarung aufgestellten Zuschlagskriterien das wirtschaftlichste Angebot abgegeben hat.

(6) ¹Die Laufzeit einer Rahmenvereinbarung darf sieben Jahre nicht überschreiten. ²Dies gilt nicht in Sonderfällen, in denen aufgrund der zu erwartenden Nutzungsdauer gelieferter Güter, Anlagen oder Systeme und der durch einen Wechsel des Unternehmens entstehenden technischen Schwierigkeiten eine längere Laufzeit gerechtfertigt ist. ³Die Auftraggeber begründen die längere Laufzeit in der Bekanntmachung gemäß § 35.

I. Normzweck

§ 14 beinhaltet die Vorgaben zum Abschluss von Rahmenvereinbarungen und konkretisiert damit die generelle Erläuterung der Rahmenvereinbarungen in **§ 103 Abs. 5 S. 1 GWB**. Eine inhaltlich im Wesentlichen entsprechende Norm findet sich in **§ 21 VgV**, auf deren Kommentierung daher verwiesen werden kann (→ VgV § 21 Rn. 1 ff.), ebenso wie auf die Kommentierung zu § 103 Abs. 5 GWB (→ GWB § 103 Rn. 179 ff.). 1

Beim Umgang mit Rahmenvereinbarungen (sei es in der Ausschreibungsphase oder der späteren Vertragsabwicklungsphase) ist jedoch die jüngste Rechtsprechungsentwicklung im Blick zu behalten. Seit der Entscheidung des EuGH im Dezember 2018 steht die Frage im Raum, inwiefern bei Rahmenvereinbarungen nunmehr eine **Höchstabrufmenge** festzulegen und in der **Bekanntmachung** anzugeben ist.[1] Da sich die Entscheidung noch auf die vorherige RL 2004/18/EG (Vergabe-RL 2004) bezieht, wurde vielfach diskutiert, ob sie überhaupt auf die aktuellen Richtlinien und deren aktuellen Umsetzungen im nationalen Vergaberecht anwendbar ist. In der Praxis wurde daraufhin vermehrt sicherheitshalber jeweils eine maximale Abrufmenge definiert. Erste nationale VK-Entscheidungen tendierten hingegen zum alt bewährtem Verständnis der Rahmenvereinbarung als **flexibles Instrument** mit der Folge, dass – wie bisher – eine Höchstmenge **nicht** festgelegt werden müsse.[2] Die – soweit ersichtlich – erste oberlandesgerichtliche Entscheidung zum Themenkomplex scheint dem – auf den ersten Blick – zuzustimmen.[3] Der Entscheidung des Vergabesenats des Kammergerichts Berlin kann jedoch entnommen werden, dass es die Schätzmenge **faktisch** als eine Höchstmenge betrachtet (auch wenn er es so nicht ausdrücklich bezeichnet), bei deren Erreichen der Auftraggeber eine **Bekanntmachung** zu veröffentlichen habe. Dies sei (im Sektorenbereich) unmittelbar aus Art. 70 Abs. 2 UAbs. 2 RL 2014/25/EU (Sektoren-RL) abzuleiten. Zu kritisieren ist, dass der Richtliniengeber es den Mitgliedstaaten freigestellt hat, diese Regelung in nationales Recht umzusetzen, weshalb sie in Deutschland auch nicht umgesetzt wurde. Wie lange die Entscheidung Bestand haben wird, kann dementsprechend in Frage gestellt werden. Inzwischen hat der EuGH aber im Rahmen eines Vorabentscheidungsersuchens eines dänischen Vergabesenats jedenfalls zur Frage der Angabepflicht der Höchstabrufmenge nach aktuellem Richtlinienrecht für Klarstellung gesorgt: Öffentliche Auftraggeber haben sowohl die Schätzmenge und/oder den Schätzwert als auch die Höchstmenge und/oder den Höchstwert der Rahmenvereinbarung in der Bekanntmachung oder den Vergabeunterlagen anzugeben.[4] Da der EuGH dies hauptsächlich aus den zentralen vergabe- 2

---

[1] Vgl. EuGH Urt. v. 19.12.2018 – C-216/17, IBRRS 2018, 4074 – Antitrust und Coopservice.
[2] Vgl. VK Bund Beschl. v. 19.7.2019 – VK 1-39/19, IBRRS 2019, 2813; VK Bund Beschl. v. 29.7.2019 – VK2-48/19, BeckRS 2019, 25575 (jedoch eher in Richtung Schätzmenge als Höchstmenge), VK Berlin Beschl. v. 30.7.2019 – VK-B1-09/19, BeckRS 2019, 21818 (nachfolgend KG Berlin Beschl. v. 20.3.2020 – Verg 7/19).
[3] Vgl. KG Berlin Beschl. v. 20.3.2020 – Verg 7/19.
[4] Vgl. EuGH Urt. v. 17.6.2021 – C-23/20, BeckRS 2021, 14512 – Simonsen & Weel.

rechtlichen Grundsätzen der Gleichbehandlung und der Transparenz ableitet, wird die Entscheidung sich auch auf die der VSVgV zugrunde liegenden Richtlinien übertragen lassen, sodass dies künftig beim Umgang mit Rahmenvereinbarungen auch im Bereich der VSVgV berücksichtigt werden sollte.

II. Einzelerläuterungen

3   **1. Streichung des Doppelausschreibungsverbotes (Abs. 1).** Im Rahmen der Vergaberechtsmodernisierung 2016 wurde der bisherige Abs. 1 S. 4 gestrichen, welcher untersagte, mehrere Rahmenvereinbarungen für dieselbe Leistung abzuschließen (sog. **Doppelausschreibungsverbot**). In der Begründung zur VSVgV 2012 wurde bereits erwähnt, dass dieses Verbot weder ausdrücklich in Art. 32 Vergabe-RL 2004 noch Art. 29 RL 2009/81/EG (Vergabe-RL Verteidigung und Sicherheit) vorgesehen war, es allerdings als Unterfall des in § 14 Abs. 1 Nr. 3 normierten **Missbrauchsverbot** übernommen worden sei.[5] S. 4 wurde jedoch nunmehr im Hinblick auf die Fassung des neuen § 21 Abs. 1 VgV aufgehoben.[6]

4   **2. Unterschied zur Parallelnorm: Laufzeit (Abs. 6).** Ein wesentlicher Unterschied zu der ansonsten inhaltlich entsprechenden Norm § 21 VgV besteht in der **Laufzeit der Rahmenvereinbarung.** Während die Laufzeit von Rahmenvereinbarungen im Anwendungsbereich der VgV höchstens vier Jahre (mit Ausnahme begründeter Sonderfälle) betragen dürfen, beträgt die Höchstlaufzeit bei Vergaben im Bereich Verteidigung und Sicherheit gem. Abs. 6 **sieben Jahre.** Eine längere Laufzeit ist in **Sonderfällen** möglich, in denen aufgrund der zu erwartenden Nutzungsdauer gelieferter Güter, Anlagen oder Systeme und der durch einen Wechsel des Unternehmens entstehenden technischen Schwierigkeiten eine längere Laufzeit gerechtfertigt ist. Ist ein solcher Fall gegeben, hat der Auftraggeber die längere Laufzeit in der **Bekanntmachung** gem. § 35 **zu begründen.**

§ 15 Leistungsbeschreibung und technische Anforderungen

(1) Die Auftraggeber stellen sicher, dass die Leistungsbeschreibung allen Bewerbern und Bietern gleichermaßen zugänglich ist und die Öffnung des nationalen Beschaffungsmarktes für den Wettbewerb durch Anbieter aus anderen EU-Mitgliedstaaten nicht in ungerechtfertigter Weise behindert wird.

(2) [1]Die Leistung ist eindeutig und vollständig zu beschreiben, sodass die Vergleichbarkeit der Angebote gewährleistet ist. [2]Technische Anforderungen im Sinne des Anhangs III Nummer 1 Buchstabe b der Richtlinie 2009/81/EG sind zum Gegenstand der Bekanntmachung oder der Vergabeunterlagen zu machen.

(3) Unbeschadet zwingender technischer Vorschriften einschließlich solcher zur Produktsicherheit und technischer Anforderungen, die laut internationaler Standardisierungsvereinbarungen zur Gewährleistung der in diesen Vereinbarungen geforderten Interoperabilität zu erfüllen sind, sind technische Anforderungen in der Leistungsbeschreibung wie folgt festzulegen:
1. unter Bezugnahme auf die in Anhang III der Richtlinie 2009/81/EG definierten technischen Anforderungen in folgender Rangfolge, wobei jede dieser Bezugnahmen mit dem Zusatz „oder gleichwertig" zu versehen ist:
   a) zivile Normen, mit denen europäische Normen umgesetzt werden,
   b) europäische technische Zulassungen,
   c) gemeinsame zivile technische Spezifikationen,
   d) zivile Normen, mit denen internationale Normen umgesetzt werden,
   e) andere internationale zivile Normen,
   f) andere technische Bezugssysteme, die von den europäischen Normungsgremien erarbeitet wurden, oder, falls solche Normen und Spezifikationen fehlen, andere nationale zivile Normen, nationale technische Zulassungen oder nationale technische Spezifikationen für die Planung und Berechnung und Ausführungen von Erzeugnissen sowie den Einsatz von Produkten,
   g) zivile technische Spezifikationen, die von der Industrie entwickelt wurden und von ihr allgemein anerkannt werden, oder

---
[5] Vgl. BR-Drs. 321/12.
[6] Vgl. BT-Drs. 18/7318.

h) wehrtechnische Normen im Sinne des Anhangs III Nummer 3 der Richtlinie 2009/81/EG und Spezifikationen für Verteidigungsgüter, die diesen Normen entsprechen,
2. oder in Form von Leistungs- oder Funktionsanforderungen, die auch Umwelteigenschaften umfassen können. Diese Anforderungen müssen so klar formuliert werden, dass sie den Bewerbern und Bietern den Auftragsgegenstand eindeutig und abschließend erläutern und den Auftraggebern die Erteilung des Zuschlags ermöglichen,
3. oder als Kombination der Nummern 1 und 2,
   a) entweder in Form von Leistungs- oder Funktionsanforderungen gemäß Nummer 2 unter Bezugnahme auf die in Anhang III der Richtlinie 2009/81/EG definierten technischen Anforderungen gemäß Nummer 1 als Mittel zur Vermutung der Konformität mit diesen Leistungs- und Funktionsanforderungen oder
   b) hinsichtlich bestimmter Merkmale unter Bezugnahme auf die in Anhang III der Richtlinie 2009/81/EG definierten technischen Anforderungen gemäß Nummer 1 und hinsichtlich anderer Merkmale unter Bezugnahme auf die Leistungs- und Funktionsanforderungen gemäß Nummer 2.

(4) ^{1}Verweisen die Auftraggeber auf die in Absatz 3 Nummer 1 genannten technischen Anforderungen, dürfen sie ein Angebot nicht mit der Begründung ablehnen, die angebotenen Güter und Dienstleistungen entsprächen nicht den von ihnen herangezogenen Anforderungen, sofern die Unternehmen in ihrem Angebot den Auftraggebern mit geeigneten Mitteln nachweisen, dass die von ihnen vorgeschlagenen Lösungen den technischen Anforderungen, auf die Bezug genommen wurde, gleichermaßen entsprechen. ^{2}Als geeignetes Mittel gelten insbesondere eine technische Beschreibung des Herstellers oder ein Prüfbericht einer anerkannten Stelle.

(5) ^{1}Legt der Auftraggeber die technischen Anforderungen nach Absatz 3 Nummer 2 in Form von Leistungs- oder Funktionsanforderungen fest, so darf er ein Angebot, das einer Norm, mit der eine europäische Norm umgesetzt wird, oder einer europäischen technischen Zulassung, einer gemeinsamen technischen Spezifikation, einer internationalen Norm oder einem technischen Bezugssystem, das von den europäischen Normungsgremien erarbeitet wurde, entspricht, nicht zurückweisen, wenn diese Spezifikationen die von ihm geforderten Leistungs- oder Funktionsanforderungen betreffen. ^{2}Die Bieter müssen in ihren Angeboten dem Auftraggeber mit allen geeigneten Mitteln nachweisen, dass die der Norm entsprechende jeweilige Ware oder Dienstleistung den Leistungs- oder Funktionsanforderungen des Auftraggebers entspricht. ^{3}Als geeignetes Mittel kann eine technische Beschreibung des Herstellers oder ein Prüfbericht einer anerkannten Stelle gelten.

(6) ^{1}Schreiben die Auftraggeber Umwelteigenschaften in Form von Leistungs- oder Funktionsanforderungen gemäß Absatz 3 Nummer 2 vor, so können sie ganz oder teilweise die Spezifikationen verwenden, die in europäischen, multinationalen, nationalen oder anderen Umweltzeichen definiert sind, wenn
1. diese sich zur Definition der Merkmale der Güter oder Dienstleistungen eignen, die Gegenstand des Auftrags sind,
2. die Anforderungen an das Umweltzeichen auf der Grundlage von wissenschaftlich abgesicherten Informationen ausgearbeitet werden,
3. die Umweltzeichen im Rahmen eines Verfahrens erlassen werden, an dem interessierte Kreise teilnehmen können und
4. das Umweltzeichen für alle Betroffenen zugänglich und verfügbar ist.
^{2}Die Auftraggeber können in der Leistungsbeschreibung angeben, dass bei Gütern oder Dienstleistungen, die mit einem Umweltzeichen ausgestattet sind, vermutet wird, dass diese den in der Leistungsbeschreibung festgelegten technischen Anforderungen genügen. ^{3}Die Auftraggeber müssen jedes andere geeignete Beweismittel wie technische Unterlagen des Herstellers oder Prüfberichte anerkannter Stellen zulassen.

(7) ^{1}Anerkannte Stellen sind die Prüf- und Kalibrierlaboratorien sowie die Inspektions- und Zertifizierungsstellen, die den Anforderungen der jeweils anwendbaren europäischen Normen entsprechen. ^{2}Die Auftraggeber erkennen Bescheinigungen von in anderen Mitgliedstaaten ansässigen anerkannten Stellen an.

(8) ^{1}Soweit es nicht durch den Auftragsgegenstand gerechtfertigt ist, darf in der Leistungsbeschreibung nicht auf eine bestimmte Produktion oder Herkunft oder ein besonderes

Verfahren oder auf Marken, Patente, Typen, einen bestimmten Ursprung oder eine bestimmte Produktion verwiesen werden, wenn dadurch bestimmte Unternehmen oder bestimmte Güter begünstigt oder ausgeschlossen werden. ²Solche Verweise sind jedoch ausnahmsweise zulässig, wenn der Auftragsgegenstand nach den Absätzen 2 und 3 nicht eindeutig und vollständig beschrieben werden kann; solche Verweise sind mit dem Zusatz „oder gleichwertig" zu versehen.

Übersicht

	Rn.		Rn.
I. Normzweck und Zusammenhang ...	1	4. Ersetzung von technischen Anforderungen (Abs. 4)	9
II. Einzelerläuterungen	4	5. Ersetzung von Leistungs- und Funktionsanforderungen (Abs. 5)	10
1. Leistungsbeschreibung (Abs. 1)	4	6. Spezifikationen für Umwelteigenschaften (Abs. 6)	11
2. Eindeutige und vollständige Leistungsbeschreibung sowie technische Anforderungen (Abs. 2)	5	7. Anerkannte Stellen (Abs. 7)	13
3. Festlegung der technischen Anforderungen in der Leistungsbeschreibung (Abs. 3)	8	8. Produktneutrale Ausschreibung (Abs. 8) ..	14

I. Normzweck und Zusammenhang

1 Ziel der RL 2009/81/EG (Vergabe-RL Verteidigung und Sicherheit) ist eine bessere Koordinierung der Vergabeverfahren unter Beachtung der besonderen Anforderungen an die Versorgungs- und Informationssicherheit der Mitgliedstaaten. Dadurch soll schrittweise ein europäischer Markt für Verteidigungs- und Sicherheitsausrüstungen mit gleichen Wettbewerbsbedingungen für Anbieter aus den EU-Mitgliedstaaten aufgebaut und nationale Beschaffungsmärkte zugunsten von Anbietern aus anderen EU-Mitgliedstaaten geöffnet werden. Für die Erreichung dieses Ziels stellt § 15, der der Umsetzung von Art. 18 Vergabe-RL Verteidigung und Sicherheit dient, eine grundlegende Vorschrift dar, da sie die Anforderungen an die Beschreibung der zu beschaffenden Leistung enthält.[1]

2 Wortlaut und Inhalt des § 15 entspricht im Wesentlichen § 8 EG VOL/A, der den weitestgehend mit Art. 18 Vergabe-RL Verteidigung und Sicherheit übereinstimmenden Art. 23 RL 2004/18/EG[2] umsetzt.[3] Mit dem **VergRModG**, das § 15 **faktisch unverändert** belassen[4] hat, finden sich nunmehr ähnlich lautende Parallelregelungen in § 121 GWB und § 31 VgV, auf deren Kommentierung größtenteils verwiesen werden kann (→ GWB § 121 Rn. 1 ff., → VgV § 31 Rn. 1 ff.). Relevante Abweichungen werden nachfolgend aufgezeigt.

3 Gemäß § 2 gilt § 15 nur für die Vergabe von sicherheits- und verteidigungsrelevanten Liefer- und Dienstleistungsaufträgen, nicht aber für die Vergabe von sicherheits- und verteidigungsrelevanten Bauaufträgen; hierfür gelten § 7 VS ff. VOB/A.

II. Einzelerläuterungen

4 **1. Leistungsbeschreibung (Abs. 1).** Der öffentliche Auftraggeber hat gem. § 15 Abs. 1 die Pflicht, die Leistungsbeschreibung allen Bietern und Bewerbern gleichermaßen zugänglich zu machen und sicher zu stellen, dass die **Öffnung des Beschaffungsmarktes für den Wettbewerb** durch Anbieter aus anderen EU-Mitgliedstaaten nicht in ungerechtfertigter Weise behindert wird. Die Vorschrift implementiert die in Art. 18 Abs. 2 Vergabe-RL Verteidigung und Sicherheit festgelegten grundsätzlichen Anforderungen an die Leistungsbeschreibung. Art. 42 Abs. 2 RL 2014/24/EU enthält eine inhaltsgleiche Regelung, sodass auf die Kommentierung zu § 31 Abs. 1 VgV verwiesen werden kann, der Art. 42 Abs. 2 RL 2014/24/EU in die deutsche Rechtsordnung implementiert.[5]

---

[1] Leinemann/Kirch/*Leinemann* Rn. 1.
[2] RL 2004/18/EG des Europäischen Parlaments und des Rates v. 31.3.2004 über die Koordinierung der Verfahren zur Vergabe öffentlicher Bauaufträge, Lieferaufträge und Dienstleistungsaufträge – Vergaberichtlinie, ABl. 2004 L 134, 114.
[3] BR-Drs. 321/12, 50.
[4] BT-Drs. 18/7318, 276; der Verordnungsgeber hat in Abs. 6 S. 1 lediglich den Ergänzungsstrich nach dem Wort „ganz" entfernt, da es sich bei „ganz- oder teilweise" offensichtlich nicht um zwei zusammengesetzte Wörter handelt.
[5] *Seebo* in Band 3 → VgV § 31 Rn. 1 ff.

2. Eindeutige und vollständige Leistungsbeschreibung sowie technische Anforderungen (Abs. 2).

Der öffentliche Auftraggeber hat gem. § 15 Abs. 2 S. 1 die zu erbringende Leistung eindeutig und vollständig zu beschreiben, um eine Vergleichbarkeit der eingehenden Angebote zu gewährleisten. Hierdurch soll einerseits **Transparenz und Diskriminierungsfreiheit** zwischen den Bewerbern hergestellt werden. Unter der ausgeschriebenen Leistung kann nämlich nur dann das Gleiche verstanden und eine gleiche Kalkulation angestellt werden, wenn die Leistung eindeutig und vollständig beschrieben wird. Andererseits soll das Bestimmtheitsgebot eine Vergleichbarkeit der Angebote für den Auftraggeber sicherstellen.[6]

Das Gebot der eindeutigen und vollständigen Leistungsbeschreibung war bis zur Reform des Vergaberechts durch das VergRModG für allgemeine Liefer- und Dienstleistungen in § 8 EG Abs. 1 S. 1 VOL/A geregelt. Nunmehr befindet es sich in § 121 Abs. 1 S. 1 GWB. Auf die diesbezügliche Kommentierung wird daher verwiesen.[7]

Gemäß § 15 Abs. 2 S. 2 sind technische Anforderungen iSd Anhangs III Nr. 1 lit. b Vergabe-RL Verteidigung und Sicherheit zum Gegenstand der Bekanntmachung oder der Vergabeunterlagen zu machen. Soweit der Wortlaut der Vergabe-RL Verteidigung und Sicherheit den Begriff „technischen Spezifikationen" verwendet, ergibt sich hieraus kein inhaltlicher Unterschied. Anhang III Nr. 1 lit. b Vergabe-RL Verteidigung und Sicherheit definiert technische Spezifikationen bei Liefer- und Dienstleistungsaufträgen als „Spezifikationen, die in einem Schriftstück enthalten sind, das Merkmale für ein Erzeugnis oder eine Dienstleistung vorschreibt, wie Qualitätsstufen, Umweltleistungsstufen, die Konzeption für alle Verwendungsarten („Design for all") (einschließlich des Zugangs von Menschen mit Behinderungen) sowie Konformitätsbewertung, Vorgaben für Gebrauchstauglichkeit, Verwendung, Sicherheit oder Abmessungen des Erzeugnisses, einschließlich der Vorschriften über Verkaufsbezeichnung, Terminologie, Symbole, Prüfungen und Prüfverfahren, Verpackung, Kennzeichnung und Beschriftung, Gebrauchsanleitung, Produktionsprozesse und -methoden sowie über Konformitätsbewertungsverfahren".

3. Festlegung der technischen Anforderungen in der Leistungsbeschreibung (Abs. 3).

Der öffentliche Auftraggeber hat gem. § 15 Abs. 3 **drei Möglichkeiten**, die technischen **Anforderungen** der Beschreibung **festzulegen.** Bei § 15 Abs. 3 Nr. 1 handelt es sich um eine Leistungsbeschreibung mit Leistungsverzeichnis, welche anhand der technischen Anforderungen iSd Anhangs III Nr. 1 lit. b Vergabe-RL Verteidigung und Sicherheit erstellt werden soll.[8] In § 15 Abs. 3 Nr. 2 wird eine sogenannte funktionale Leistungsbeschreibung beschrieben. Eine Kombination der beiden Möglichkeiten zur Beschreibung des Leistungsgegenstandes ergibt sich aus § 15 Abs. 3 Nr. 3. Zu den einzelnen Optionen der technischen Anforderungen der Leistungsbeschreibung wird auf die Kommentierung des weitgehend inhaltsgleichen § 31 Abs. 2 S. 1 VgV verwiesen.[9] Da die technischen Anforderungen in § 15 aus der Perspektive einer Beschaffung im Verteidigungs- und Sicherheitsbereich definiert werden, wird dort, anders als in § 31 VgV, zwischen zivilen technischen Anforderungen und wehrtechnischen Anforderungen unterschieden.[10] Soweit § 15 in Abs. 2 Nr. 1 lit. h den Begriff „wehrtechnische Normen" verwendet, handelt es sich hierbei um „Verteidigungsnormen" iSd der Vergabe-RL Verteidigung und Sicherheit. Diese werden in deren Anhang III Nr. 3 Vergabe-RL Verteidigung und Sicherheit definiert als „technische Spezifikation, die von einem Normungsgremium, das auf die Ausarbeitung technischer Spezifikationen für die wiederholte oder kontinuierliche Anwendung im Verteidigungsbereich spezialisiert ist, gebilligt wurde und deren Einhaltung nicht zwingend vorgeschrieben ist".

4. Ersetzung von technischen Anforderungen (Abs. 4).

Dem öffentlichen Auftraggeber ist es gem. § 15 Abs. 4 untersagt, ein Angebot mit der Begründung abzulehnen, dass die angebotenen Güter und Dienstleistungen nicht den festgelegten technischen Anforderungen iSd § 15 Abs. 3 Nr. 1 entsprechen, wenn die Bieter oder Bewerber in ihrem Angebot mit geeigneten Mitteln die Gleichwertigkeit ihrer vorgeschlagenen Lösung in Bezug auf die technischen Anforderungen nachweisen. Als zum Nachweis geeignet gelten insbesondere eine technische Beschreibung des Herstellers, als auch ein Prüfbericht einer anerkannten Stelle. Sinn und Zweck der Regelung ist das hohe Interesse daran, die individuellen Möglichkeiten und Unterscheidungen der Bieter grundsätzlich aufrecht zu erhalten. Den Bietern muss die **Möglichkeit** gegeben werden, die **Gleichwertigkeit ihrer Lösungsvorschläge** mit allen zur Verfügung stehenden Mitteln **nach-**

---

[6] Dieckmann/Scharf/Wagner-Cardenal/*Wagner-Cardenal* VOL/A § 8 EG Rn. 8.
[7] *Pauka/Krüger* in Band 3 → GWB § 121 Rn. 13 ff.
[8] → Rn. 7.
[9] *Seebo* in Band 3 → VgV § 31 Rn. 12 ff.
[10] jurisPK-VergabeR/*Zimmermann* Rn. 8.

weisen zu können. Entscheidet sich der Auftraggeber gegen eine Gleichwertigkeit, so muss er dies begründen können.[11] Auf die Kommentierung des inhaltsgleichen § 32 Abs. 1 VgV wird im Übrigen verwiesen.[12]

10 **5. Ersetzung von Leistungs- und Funktionsanforderungen (Abs. 5).** Der öffentliche Auftraggeber darf gem. § 15 Abs. 5 ein Angebot nicht zurückweisen, wenn er die technischen Anforderungen in Form von Leistungs- und Funktionsanforderungen iSd § 15 Abs. 3 Nr. 2 festgelegt hat, sofern das betreffende Angebot einer Norm, mit der eine europäische Norm umgesetzt wird, oder einer europäischen technischen Zulassung, einer gemeinsamen technischen Spezifikation, einer internationalen Norm oder einem technischen Bezugssystem, das von den europäischen Normungsgremien erarbeitet wurde, entspricht. Dies gilt nur, wenn diese Spezifikationen die von ihm geforderten Leistungs- und Funktionsanforderungen betreffen. Der Bieter ist wiederum dazu angehalten, mit allen geeigneten Mitteln nachzuweisen, dass die jeweilige Ware, die der Norm entspricht, ebenso den Leistungs- und Funktionsanforderungen des Auftraggebers entspricht. Ein geeigneter Nachweis kann mittels einer technischen Beschreibung des Herstellers oder mit Hilfe eines Prüfberichts einer anerkannten Stelle geführt werden. Bieter haben so die Möglichkeit, die Leistungs- und Funktionsanforderungen auch auf andere Weise als durch konkrete Normeinhaltung nachzuweisen. Diese Vorschrift gibt die Zielsetzung des Verordnungsgebers wieder, aus- und inländische Bieter nicht allein an einer bloßen Einhaltung formeller Spezifikationen zu messen. Sind Leistungen fachlich und sachlich gleichwertig, werden sie zugelassen.[13] Im Übrigen wird auf die Kommentierung des inhaltsgleichen § 32 Abs. 2 VgV verwiesen.[14]

11 **6. Spezifikationen für Umwelteigenschaften (Abs. 6).** § 15 Abs. 6 übernimmt den Inhalt des Art. 18 Abs. 6 Vergabe-RL Verteidigung und Sicherheit und war inhaltsgleich mit § 8 EG Abs. 5 S. 1 VOL/A. Nach Inkrafttreten des VergRModG findet sich nunmehr eine sehr ähnliche Regelung in § 34 VgV. Auf die diesbezügliche Kommentierung wird verwiesen.[15] Während aber § 34 VgV allgemein von Gütezeichen spricht, die als Beleg für die Erfüllung bestimmter Merkmale dienen sollen, regelt § 15 Abs. 6 lediglich die Verwendung von Umweltzeichen.

12 Abs. 6 bezieht sich auf umweltbezogene Spezifikationen, die nicht in anerkannten Regelwerken wie bei einer Leistungsbeschreibung mit Leistungsverzeichnis festgelegt werden, sondern in Umweltzeichen,[16] wie beispielsweise den Green Public Procurement-Kriterien.[17] Der Auftraggeber kann in der Leistungsbeschreibung angeben, dass bei Gütern oder Dienstleistungen, die mit einem solchen Umweltzeichen ausgestattet sind, anzunehmen ist, dass sie den gestellten technischen Anforderungen genügen. Für die am Vergabeverfahren teilnehmenden Unternehmen stellt dies eine große Beweislasterleichterung hinsichtlich der Erfüllung der Leistungsanforderungen der Leistungsbeschreibung dar.[18] Der Auftraggeber ist jedoch nach S. 3 verpflichtet, jedes andere geeignete Beweismittel wie technische Unterlagen des Herstellers oder Prüfberichte anerkannter Stellen zur Erfüllung der Umwelteigenschaften zuzulassen. Folglich kann der öffentliche Auftraggeber in der Leistungsbeschreibung lediglich die detaillierten Spezifikationen eines Umweltzeichens, nicht aber das Umweltzeichen selbst verwenden.[19]

13 **7. Anerkannte Stellen (Abs. 7).** Der Begriff der anerkannten Stellen wird in § 15 Abs. 7 definiert, der Art. 18 Abs. 7 Vergabe-RL Verteidigung und Sicherheit umsetzt. Demnach sind das die **Prüf- und Kalibrierlaboratorien** sowie die **Inspektions- und Zertifizierungsstellen,** die den Anforderungen der jeweils anwendbaren europäischen Norm entsprechen. Zudem sind vom Auftraggeber auch Bescheinigungen von in anderen EU-Mitgliedstaaten ansässigen anerkannten Stellen zuzulassen. Für die Vergabestelle kann die Regelung zu erheblichen Schwierigkeiten führen, da die Beweiskraft der vorgelegten Prüfberichte nicht sicher festgestellt werden kann.[20] Dies insbesondere auch vor dem Hintergrund, dass keine offizielle Liste der in anderen EU-Mitgliedstaaten ansässigen anerkannten Stellen existiert.[21]

---

[11] Leinemann/Kirch/*Leinemann* Rn. 86.
[12] *Seebo* in Band 3 → VgV § 32 Rn. 1 ff.
[13] Leinemann/Kirch/*Leinemann* Rn. 86.
[14] *Seebo* in Band 3 → VgV § 32 Rn. 10 ff.
[15] *Seebo* in Band 3 → VgV § 34 Rn. 1 ff.
[16] Dieckmann/Scharf/Wagner-Cardenal/*Wagner-Cardenal* VOL/A § 8 EG Rn. 84.
[17] KOM 2008 (400) endg.
[18] Dieckmann/Scharf/Wagner-Cardenal/*Wagner-Cardenal* VOL/A § 8 EG Rn. 85.
[19] EuGH Urt. v. 10. 5. 2012 – C-368/10.
[20] *Traupel* in Müller-Wrede VOL/A § 8 EG Rn. 67.
[21] So bereits im Jahr 2013 Leinemann/Kirch/*Leinemann* Rn. 95.

8. Produktneutrale Ausschreibung (Abs. 8). Dem öffentlichen Auftraggeber ist es gem. 14
§ 15 Abs. 8 untersagt, soweit nicht durch den Auftragsgegenstand selbst gerechtfertigt, in der Leistungsbeschreibung auf eine bestimmte Produktion, Herkunft oder ein besonderes Verfahren, auf Marken, Patente, Typen, einen bestimmten Ursprung oder eine bestimmte Produktion zu verweisen, wenn dadurch bestimmte Unternehmen oder Güter begünstigt oder ausgeschlossen werden. Ausnahmsweise sind solche Verweise erlaubt, wenn der Auftragsgegenstand nach § 15 Abs. 2 und 3 nicht eindeutig und vollständig beschrieben werden kann. Solche Verweise sind jedoch mit dem Zusatz „oder gleichwertig" zu versehen. Auch für Verfahren der VSVgV gilt somit der Grundsatz der produkt-, hersteller-, und verfahrensneutralen Ausschreibung. Ausnahmen sind nur in zwei Fällen möglich. Entweder liegt die Rechtfertigung im Wesen des Auftragsgegenstandes selbst oder eine präzise Beschreibung des Auftragsgegenstandes kann nicht anders gewährleistet werden. Die Regelung übernimmt Art. 18 Abs. 8 Vergabe-RL Verteidigung und Sicherheit. Ihr Ziel ist es, Wettbewerbsbeschränkungen durch die Vorgabe bestimmter Produkte weitestgehend zu vermeiden.[22] § 15 Abs. 8 greift die Formulierung „eindeutig und vollständig" aus § 15 Abs. 2 aus Gründen der Präzisierung der Anforderungen an die Leistungsbeschreibung auf.[23] Für weitere Ausführungen wird auf die Kommentierung des inhaltsgleichen § 31 Abs. 6 VgV verwiesen.[24]

§ 16 Vergabeunterlagen

(1) Die Vergabeunterlagen umfassen alle Angaben, die erforderlich sind, um eine Entscheidung zur Teilnahme am Vergabeverfahren oder zur Angebotsabgabe zu ermöglichen. Sie bestehen in der Regel aus
1. dem Anschreiben (Aufforderung zur Teilnahme oder Angebotsabgabe oder Begleitschreiben für die Abgabe der angeforderten Unterlagen),
2. der Beschreibung der Einzelheiten der Durchführung des Verfahrens (Bewerbungsbedingungen), einschließlich der Angabe der Zuschlagskriterien und deren Gewichtung oder der absteigenden Reihenfolge der diesen Kriterien zuerkannten Bedeutung, sofern nicht in der Bekanntmachung bereits genannt,
3. den Vertragsunterlagen, die aus Leistungsbeschreibung und Vertragsbedingungen bestehen, und
4. Name und Anschrift der Vergabekammer, die für die Nachprüfung zuständig ist.

(2) Sofern die Auftraggeber Nachweise verlangen, haben sie diese in einer abschließenden Liste zusammenzustellen.

Übersicht

	Rn.		Rn.
I. Einführung	1	c) Die Vertragsunterlagen, bestehend aus der Leistungsbeschreibung und den Vertragsbedingungen	21
II. Europarechtlicher Hintergrund	5		
III. Kommentierung	9	d) Name und Anschrift der Vergabekammer, die für die Nachprüfung zuständig ist	25
1. Grundsätzliches	9		
2. Inhalt der Vorschrift	12	e) Liste der geforderten Nachweise	28
a) Anschreiben	13		
b) Einzelheiten der Durchführung	14	3. Bereitstellung der Vergabeunterlagen	32

I. Einführung

Wie im allgemeinen Rechtsverkehr kommen auch beim öffentlichen Einkauf Verträge durch 1
zwei übereinstimmende Willenserklärungen zustande.[1] Allerdings bestimmen die öffentlichen Vergaberegeln, dass nicht – wie meist üblich – der Verkäufer einer Leistung den Vertrag durch seine Annahmeerklärung zustande kommen lässt, sondern der Käufer der Leistung, also der öffentliche Auftraggeber. Dieser lässt durch seine Annahmeerklärung (Zuschlag[2] auf das wirtschaftlichste Angebot) den Vertrag zustande kommen.

---
[22] Leinemann/Kirch/*Leinemann* Rn. 96.
[23] VSVgV-Begründung, BR-Drs. 321/12, 51.
[24] *Seebo* in Band 3 → VgV § 31 Rn. 48 ff.
[1] Das Zustandekommen von Verträgen regeln die Vorschriften der §§ 145 ff. BGB.
[2] Der Zuschlag bewirkt vergaberechtlich die Beendigung des Vergabeverfahrens. Zivilrechtlich stellt er die Annahmeerklärung des Angebots dar, durch den der Vertrag zwischen den Parteien entsteht.

2   Die öffentlichen Vergaberegeln schreiben vor, dass öffentliche Auftraggeber Verträge in einem wettbewerblichen, transparenten und nichtdiskriminierenden Verfahren schließen müssen.[3] Hierzu stellen das GWB und die dazugehörigen Rechtsverordnungen für die klassische Auftragsvergabe (VgV), die Sektorenauftragsvergabe (SektVO), die Konzessionsvergabe (KonzVgV) und die Vergabe in den Bereichen Verteidigung und Sicherheit (VSVgV) umfassende Verfahrensregeln bereit, die der öffentliche Auftraggeber einzuhalten hat.

3   Die vergaberechtlich vorgeschriebene Bekanntmachung und die damit verbundene Bereitstellung der Vergabeunterlagen[4] stellt mangels Bindungswillen des öffentlichen Auftraggebers nicht einen zivilrechtlichen Antrag an einen potenziellen Bieter dar, einen Vertrag abschließen zu wollen, sondern die Aufforderung zur Abgabe eines Angebots (invitatio ad offerendum). Dies drückt sich durch den objektiven Erklärungswert der Bekanntmachung und der Bereitstellung der Vergabeunterlagen aus: Es soll nämlich zunächst eine Auswahl seitens des öffentlichen Auftraggebers mit dem Ziel erfolgen, das wirtschaftlichste Angebot zu ermitteln. Dieser wird sodann mittels Zuschlag angenommen.[5]

4   Die inhaltlichen Verfahrensvorgaben insbesondere zu den Vergabeunterlagen stellen die vergaberechtliche Verpflichtung des öffentlichen Auftraggebers sicher, das Verfahren von Beginn an wettbewerblich, transparent und gleichbehandelnd auszugestalten.

II. Europarechtlicher Hintergrund

5   Zur Entstehung eines wirksamen Wettbewerbs ist es erforderlich, die Bekanntmachungen der Auftraggeber der Mitgliedstaaten europaweit zu veröffentlichen. Die Angaben in den Bekanntmachungen müssen es den Wirtschaftsteilnehmern erlauben zu beurteilen, ob die vorgeschlagenen Aufträge für sie von Interesse sind. Zu diesem Zweck müssen die Bekanntmachungen hinreichend über Auftragsgegenstand und Auftragsbedingungen informieren.[6]

6   Diese Vorgaben spiegeln sich im Abschnitt zu den „Besondere Vorschriften über die Auftragsunterlagen" in Kapitel IV der Richtlinie 2009/81/EG (Vergabe-RL Verteidigung und Sicherheit; Art. 18–24 Vergabe-RL Verteidigung und Sicherheit). So legt Art. 18 Vergabe-RL Verteidigung und Sicherheit fest, dass die Auftragsunterlagen die Bekanntmachung, die Verdingungsunterlagen sowie die Beschreibung oder unterstützende Unterlagen enthalten müssen. Damit umfassen die Auftragsunterlagen gemäß der Vergabe-RL Verteidigung und Sicherheit mehr als die Vergabeunterlagen nach § 16: nämlich auch die Bekanntmachung.

7   Kapitel IV der Vergabe-RL Verteidigung und Sicherheit schreibt vor, welche Informationen den Interessenten am Vergabeverfahren über die Auftragsunterlagen zur Verfügung zu stellen sind:
– Technischen Spezifikationen (Leistungsbeschreibung),
– Varianten (Nebenangebote),
– Auftragsausführungsbedingungen,
– Vorgaben zu Unteraufträgen,
– Vorgaben zur Informations- und Versorgungssicherheit sowie
– Vorgaben zu Verpflichtungen im Zusammenhang mit Steuern, Umweltschutz, Arbeitsschutzvorschriften und Arbeitsbedingungen.

8   Diese Vorgaben finden sich in der VSVgV an unterschiedlichen Stellen geregelt.

III. Kommentierung

9   **1. Grundsätzliches.** Der deutsche Gesetz-/Verordnungsgeber hat den Begriff der Auftragsunterlagen aus dem europäischen Vergaberecht nicht übernommen. Im deutschen Vergaberecht finden sich unabhängig voneinander die Bekanntmachungsvorschriften einschließlich deren Inhalte sowie Vorschriften über die Vergabeunterlagen (früherer Begriff: Verdingungsunterlagen).

10   Die Vergabeunterlagen müssen alle Informationen beinhalten, die für eine Teilnahmeentscheidung des Wirtschaftsteilnehmers am Vergabeverfahren erforderlich sind. Hierzu beschreibt § 16 Abs. 1 nicht abschließend bestimmte regelmäßige Inhalte.

11   Die meisten Inhalte der Vergabeunterlagen sind von ihrem Erklärungsgehalt als rechtsgeschäftliche Erklärungen des öffentlichen Auftraggebers zu verstehen.[7]

---

[3] Hierzu §§ 97 ff. GWB.
[4] S. §§ 18, 19.
[5] S. zur „invitatio ad offerendum": Palandt/*Ellenberger* BGB § 145 Rn. 2.
[6] S. Erwägungsgrund 58 Vergabe-RL Verteidigung und Sicherheit.
[7] Vgl. HK-VergabeR/*Ritzek-Seidl* Rn. 12.

2. Inhalt der Vorschrift. Die Vorschrift nennt vier Elemente, die regelmäßig Inhalt der Verga- 12
beunterlagen sind. Der Wortlaut lässt darauf schließen, dass je nach Einzelfall weitere Elemente zu
den Vergabeunterlagen hinzutreten können.

a) Anschreiben. Das Anschreiben hat je nach Verfahrensart unterschiedliche Bedeutung. Es 13
kann entweder die Aufforderung zur Teilnahme am Wettbewerb oder bereits die Aufforderung zur
Angebotsabgabe darstellen. Daneben nennt die Vorschrift noch das „Begleitschreiben". Welche
Bedeutung dieses konkret haben soll, ist nicht erkennbar. Da im Bereich der Verteidigung und
Sicherheit das Offene Verfahren keine zulässige Verfahrensart ist, kann es sich nicht um ein Begleitschreiben für die Abgabe der von den Wirtschaftsteilnehmern angeforderten Unterlagen handeln.
Ein solches macht nur in einem Offenen Verfahren Sinn. Insofern kann das Begleitschreiben nichts
anderes darstellen als die Aufforderung zur Teilnahme am Wettbewerb.[8]

b) Einzelheiten der Durchführung. Eine Beschreibung der Einzelheiten der Durchführung 14
des Vergabeverfahrens (Bewerbungsbedingungen), einschließlich der Angabe der Zuschlagskriterien
und deren Gewichtung oder absteigenden Reihenfolge der diesen Kriterien zuerkannten Bedeutung,
sofern nicht in der Bekanntmachung bereits genannt, stellt das zweite Element dar.

aa) Bewerbungsbedingungen. Die Bewerbungsbedingungen umfassen die Beschreibung aller 15
Merkmale, die die Durchführung des Vergabeverfahrens betreffen. Sie beinhalten klassischerweise
ua Angaben zur Form der Angebote und Teilnahmeanträge sowie deren Einreichung, Hinweise
zur Vorgehensweise bei Nachfragen, technische Angaben zur Nutzung elektronischer Mittel sowie
Voraussetzungen, unter denen Angebote ausgeschlossen werden.[9]

Die Bewerbungsbedingungen verstehen sich als eine standardisierte Zusammenfassung der Ver- 16
fahrensbestimmungen. Da sie keine Rechte und Pflichten für die künftigen Vertragsparteien begründen, stellen sie grundsätzlich keine Allgemeinen Geschäftsbedingungen im Sine von AGBs dar. Dies
kann ausnahmsweise der Fall sein, wenn sie auch Vertragsbestimmungen enthalten.[10]

bb) Zuschlagskriterien. Unter den Zuschlagskriterien werden die Anforderungen an die 17
anzubietende Leistung verstanden, anhand derer der öffentliche Auftraggeber das wirtschaftlichste
Angebot ermittelt.[11]

Es sind zwei Zuschlagskriterien zulässig: 18
– das Zuschlagskriterium des „wirtschaftlich günstigsten Angebots" sowie
– das Zuschlagskriterium des niedrigsten Preises.[12]

Es bleibt dem Auftraggeber überlassen, ob er die Zuschlagskriterien bereits in der Bekanntmachung 19
oder erst in den Vergabeunterlagen veröffentlicht. Veröffentlicht er sie nicht bereits in der Bekanntmachung, so muss er sie zwingend in den Vergabeunterlagen bekanntmachen.

Unabhängig vom Ort der Veröffentlichung muss der öffentliche Auftraggeber auch die Gewich- 20
tung, die er den einzelnen Kriterien beimisst, angeben. Nimmt er keine Gewichtung vor, so muss
er alternativ die Kriterien zumindest in absteigender Reihenfolge ihrer zuerkannten Bedeutung
angeben.[13]

c) Die Vertragsunterlagen, bestehend aus der Leistungsbeschreibung und den Ver- 21
tragsbedingungen. aa) Leistungsbeschreibung. Die Leistungsbeschreibung ist ein Kernstück des
Vergabeverfahrens. Sie ist Ausdruck dessen, was sich der öffentliche Auftraggeber als Auftragsgegenstand beschaffen will. Auf ihrer Grundlage müssen die Bieter in der Lage sein, ein ordnungsgemäßes
Leistungsangebot sowie die Preiskalkulation zu erstellen.[14] Deshalb ist sie Pflichtbestandteil der
Vergabeunterlagen.

---

[8] Vgl. Leinemann/Kirch/*Leinemann* Rn. 3.
[9] S. OLG Celle Beschl. v. 4.3.2010 – 13 Verg 1/10, NZBau 2010, 333; vgl. *Rechten* in KKMPP VgV § 29 Rn. 17.
[10] *Müller* in Band 3 → VgV § 29 Rn. 14 f. mwN.
[11] Vgl. *Pauka* in Band 3 → VgV § 58 Rn. 8.
[12] Die im Bereich Verteidigung und Sicherheit zulässigen Zuschlagskriterien ergeben sich aus Erwägungsgrund 69 Vergabe-RL Verteidigung und Sicherheit sowie Art. 47 Abs. 1 Vergabe-RL Verteidigung und Sicherheit. Dem steht die Regelung des § 127 Abs. 1 GWB nicht entgegen, der als Zuschlagskriterium lediglich das „wirtschaftlichste Angebot" vorsieht. Dieses bestimmt sich nämlich nach dem besten Preis-Leistungs-Verhältnis welches zu dessen Ermittlung einerseits den Preis oder die Kosten (s. Art. 47 Abs. 1 lit. b Vergabe-RL Verteidigung und Sicherheit) und andererseits weitere qualitative, umweltbezogene oder soziale Aspekte als Kriterien (vgl. Art. 47 Abs. 1 lit. a Vergabe-RL Verteidigung und Sicherheit) berücksichtigen kann.
[13] Zu den Zuschlagskriterien iE s. Kommentierung zu § 34 Abs. 2 (→ § 34 Rn. 2 f.).
[14] S. iE zur Leistungsbeschreibung Kommentierung zu § 15 (→ § 15 Rn. 4 ff.); auch *Seebo* in Band 3 → VgV § 31 Rn. 1 ff.

22 **bb) Vertragsbedingungen.** Der öffentliche Auftraggeber gibt in den Vergabeunterlagen die Vertragsbedingungen, die er dem zu schließenden Vertragsverhältnis zugrunde legen will, vor. Dabei handelt es sich um AGBs iSd §§ 305 ff. BGB. Bei der klassischen Auftragsvergabe sind grundsätzlich die VOL Teil B[15] vorzugeben. Hiervon wird im Bereich Verteidigung und Sicherheit nicht abgewichen.

23 § 10 Abs. 3 regelt die grundsätzliche Vereinbarung der VOL/B. Eine Verpflichtung des öffentlichen Auftraggebers, ausschließlich die VOL/B vorzugeben, lässt sich dem Wortlaut der Vorschrift zwar nicht entnehmen, da ihre Vereinbarung jedoch die Regel sein soll, dürfen andere Vertragsbedingungen denen der VOL/B jedenfalls nicht widersprechen.[16]

24 Zulässig ist insbesondere die Vereinbarung besonderer, ergänzender oder zusätzlicher Vertragsbedingungen. Auch allgemeine Technische Vertragsbedingungen können als AGBs vereinbart werden.[17]

25 **d) Name und Anschrift der Vergabekammer, die für die Nachprüfung zuständig ist.** Die Verpflichtung zur Angabe der für ein Nachprüfungsverfahren zuständigen Vergabekammer macht deutlich, dass Vergabeverfahren nach der VSVgV dem formalisierten Vergaberechtsschutz des GWB Teil 4, §§ 155 ff. GWB unterliegen.[18]

26 Die Angabe einer falschen bzw. unzuständigen Vergabekammer ändert nichts an der gesetzlichen Zuständigkeitsregelung.[19] Ebenso wenig führt die Angabe einer Vergabekammer zur Zuständigkeit der Nachprüfungsinstanzen, wenn es sich materiell-rechtlich um einen Auftrag handelt, der den maßgeblichen EU-Schwellenwert nicht erreicht.[20]

27 Die Auftragsunterlagen nach EU-Recht enthalten auch die Veröffentlichung.[21] Deshalb scheint hier ein Umsetzungsversehen vorzuliegen. Da die Angabe der Vergabekammer bereits in den Veröffentlichungsformularen enthalten ist, ist sie in den Vergabeunterlagen entbehrlich.[22]

28 **e) Liste der geforderten Nachweise.** Der öffentliche Auftraggeber wird verpflichtet, sofern er Nachweise verlangt, diese den Vergabeunterlagen in Form einer abschließenden Liste zusammenzustellen. Diese Liste ist den Vergabeunterlagen beizufügen. Sie dient den Bietern als „Checkliste", die zentral alle geforderten Nachweise zusammenfasst. Diese bieterfreundliche Regelung soll verhindern, dass im Rahmen der Erstellung und Übermittlung der Teilnahmeanträge bzw. Angebote Nachweise übersehen werden.

29 Die abschließende Nachweisliste dient auch dem Auftraggeber zur zügigen Prüfung der abverlangten Nachweise. Auch hier ist die checklistenartige Zusammenstellung der Liste hilfreich zur effizienten Überprüfung, ob alle geforderten Nachweise den übermittelten Teilnahmeanträgen bzw. Angeboten beiliegen.

30 Was die Vorschrift unter „Nachweisen" versteht, definiert sie nicht. Es wird jedoch im Regelfall um Nachweise der Eignung (s. §§ 22 ff.) gehen. Es kann sich darüber hinaus auch um Nachweise bezüglich der vorgegebenen Qualität/Beschaffenheit der zu beschaffenden Leistung (s. § 15) oder einzuhaltender Umweltstandards (s. § 28) handeln.[23]

31 Die zusammengestellte Liste ist abschließend. Das heißt, alle Nachweise, die der Auftraggeber fordern will, muss er ausnahmslos in dieser Liste aufführen. Tut er dies nicht, sondern führt auch an anderer Stelle Nachweise auf, die er vorgelegt haben will, geht dies zu seinen Lasten, denn nur die Nachweise gelten als gefordert, die auch in dieser Liste aufgeführt sind.[24] Ein Ausschluss wegen fehlendem Nachweis ist dann nicht möglich.[25]

32 **3. Bereitstellung der Vergabeunterlagen.** Bezüglich der Art und Weise der Bereitstellung der Vergabeunterlagen findet sich in der VSVgV keine den Vorschriften der VgV und SektVO

---

[15] Vergabe- und Vertragsordnung für Leistungen (VOL), Teil B. Allgemeine Vertragsbedingungen für die Ausführung von Leistungen (VOL/B) in der Fassung der Bekanntmachung v. 5.8.2003, BAnz. Nr. 178a.
[16] Vgl. Leinemann/Kirch/*Kirch* § 10 Rn. 45.
[17] *Müller* in Band 3 → VgV § 29 Rn. 21 ff.
[18] Der Bundesgesetzgeber hat den in der Vergabe-RL Verteidigung und Sicherheit eigenständig geregelten Rechtsschutz für Vergabeverfahren im Bereich Verteidigung und Sicherheit wegen dessen grundsätzlicher Identität mit dem Rechtsschutz der klassischen und der Sektorenauftragsvergabe im Rahmen der Richtlinienumsetzung in die §§ 155 ff. GWB integriert.
[19] S. VK Bund Beschl. v. 21.10.1999 – VK 2-26/99, IBRRS 2013, 3255.
[20] Leinemann/Kirch/*Leinemann* Rn. 37 mwN.
[21] S. Art. 47 Abs. 2 Vergabe-RL Verteidigung und Sicherheit.
[22] HK-VergabeR/*Schellenberg* Rn. 2.
[23] Vgl. OLG Düsseldorf Beschl. v. 26.3.2012 – VII-Verg 4/12, BeckRS 2012, 11206.
[24] S. OLG Düsseldorf Beschl. v. 3.8.2011 – VII Verg 30/11, BeckRS 2011, 21699.
[25] S. OLG Düsseldorf Beschl. v. 17.7.2013 – VII Verg 10/13, BeckRS 2013, 19903.

entsprechende Regelung.²⁶ Eine unmittelbare Verpflichtung zur elektronischen Bereitstellung der Vergabeunterlagen ergibt sich auch nicht aus § 19 (Informationsübermittlung). Diese Vorschrift regelt das Recht des Auftraggebers festzulegen, auf welchem Weg Informationen zu übermitteln sind. Er könnte sich also grundsätzlich auch für einen anderen als einen elektronischen Weg entscheiden.

33 Dem steht scheinbar die höherrangige Vorschrift des § 97 Abs. 5 GWB entgegen. Danach ist den Auftraggebern für die Kommunikation und den Informationsaustausch im Vergabeverfahren grundsätzlich die Verwendung elektronischer Mittel vorgegeben. Auch im Bereich der Verteidigung und Sicherheit müssten die öffentlichen Auftraggeber also die Vergabeunterlagen grundsätzlich elektronisch bereitstellen. Die Gesetzesbegründung²⁷ löst den Widerspruch auf: Dort wird klargestellt, dass die „Ausnahme" zur Wahlfreiheit nach Art. 36 Vergabe-RL Verteidigung und Sicherheit dadurch berücksichtigt ist, indem die elektronische Kommunikation **„grundsätzlich"** vorgegeben wird.²⁸

34 Was den Umfang und die Vollständigkeit der Vergabeunterlagen zum Zeitpunkt ihrer Bereitstellung anbelangt, wird man dieselben Maßstäbe anzulegen haben, wie im Bereich der klassischen und der Sektorenauftragsvergabe. Aus der Sichtweise des am Vergabeverfahren interessierten Unternehmens sind mit den Vergabeunterlagen vom öffentlichen Auftraggeber alle diejenigen Informationen bereitzustellen, die für eine Teilnahmeentscheidung **erforderlich** sind.

35 Im Fall einer Sektorenauftragsvergabe hat das OLG München entschieden, dass in einem zweistufigen Vergabeverfahren (also Vergabeverfahren mit Teilnahmewettbewerb) die Vergabeunterlagen bereits mit der Auftragsbekanntmachung allen interessierten Unternehmen zur Verfügung zu stellen sind, **jedenfalls soweit diese Unterlagen bei Auftragsbekanntmachung in einer finalisierten Form vorliegen können.**²⁹

36 Dies bedeutet letztlich, dass es von der jeweiligen konkreten Verfahrensart und dem Auftragsgegenstand abhängt, wie umfangreich die bereitzustellenden Informationen überhaupt sein können. In jedem Fall aber müssen sie dem Interessenten eine Teilnahmeentscheidung ermöglichen. Ist schon dies nicht möglich, dürfte bereits die Vergabereife in Frage stehen.³⁰

§ 17 Vorinformation

(1) Auftraggeber können durch Vorinformation, die von der Europäischen Kommission oder von ihnen selbst in ihrem Beschafferprofil veröffentlicht wird, den geschätzten Gesamtwert der Aufträge oder der Rahmenvereinbarungen mitteilen, die sie in den kommenden zwölf Monaten zu vergeben oder anzuschließen beabsichtigen.
1. Lieferaufträge sind nach Warengruppen unter Bezugnahme auf das Gemeinsame Vokabular für öffentliche Aufträge gemäß der Verordnung (EG) Nr. 213/2008 der Europäischen Kommission vom 28. November 2007 zur Änderung der Verordnung (EG) Nr. 2195/2002 des Europäischen Parlaments und des Rates über das Gemeinsame Vokabular für öffentliche Aufträge (CPV) und der Vergaberichtlinien der Europäischen Parlaments und des Rates 2004/17/EG und 2004/18/EG im Hinblick auf die Überarbeitung des Vokabulars (ABl. L 74 vom 15.3.2008, S. 1) in der jeweils geltenden Fassung,
2. Dienstleistungsaufträge sind nach dem Anhang I der Richtlinie 2009/81/EG genannten Kategorien aufzuschlüsseln.

(2) ¹Die Mitteilungen nach Absatz 1 werden unverzüglich nach der Entscheidung über die Genehmigung des Projekts, für das die Auftraggeber beabsichtigen, Aufträge zu erteilen oder Rahmenvereinbarungen abzuschließen, an die Europäische Kommission übermittelt oder im Beschafferprofil veröffentlicht. ²Die Bekanntmachung der Vorinformation wird nach dem Muster gemäß Anhang XIII der Durchführungsverordnung (EU) 2015/1986 der Kommission vom 11. November 2015 zur Einführung von Standardformularen für die Veröffentlichung von Vergabebekanntmachungen für öffentliche Aufträge und zur Aufhebung der Durchführungsverordnung (EU) Nr. 842/2011 (ABl. L 296 vom 12.11.2015, S. 1) in der jeweils geltenden Fassung erstellt. ³Veröffentlicht ein Auftraggeber eine Vorinformation in seinem Beschafferprofil, so meldet er dies dem Amt für Veröffentlichungen der Europäischen Union unter Verwendung des Musters gemäß Anhang VIII der Durchführungsverordnung (EU) 2015/1986. ⁴Die Vorinformationen dürfen nicht in einem Beschaf-

---

[26] § 41 VgV sowie § 41 SektVO geben die unentgeltliche, uneingeschränkte vollständige und direkte elektronische Abrufbarkeit der Vergabeunterlagen vor.
[27] BR-Drs. 367/15 v. 14.8.2015.
[28] S. iE hierzu *Müller* in KKMPP GWB § 97 Rn. 246 f.
[29] OLG München Beschl. v. 13.3.2017 – Verg 15/16, BeckRS 2017, 105111; Greb/Müller/*Honekamp* SektVO § 41 Rn. 27 f.
[30] Zu einer differenzierten Betrachtung auch *Müller* in Band 3 → VgV § 29 Rn. 26 ff. mwN.

ferprofil veröffentlicht werden, bevor die Vorankündigung dieser Veröffentlichung an die Europäische Kommission abgesendet wurde. [5]Das Datum der Absendung muss im Beschafferprofil angegeben werden.

(3) Auftraggeber sind zur Veröffentlichung verpflichtet, wenn sie beabsichtigen, von der Möglichkeit einer Verkürzung der Fristen für den Eingang der Angebote gemäß § 20 Absatz 3 Satz 3 und 4 Gebrauch zu machen.

(4) Die Absätze 1, 2 und 3 gelten nicht für das Verhandlungsverfahren ohne Teilnahmewettbewerb.

Übersicht

	Rn.		Rn.
I. Normzweck	1	2. Möglichkeit der Verkürzung der Fristen für den Eingang der Angebote mittels Veröffentlichung einer Vorinformation (Abs. 3)	12
II. Europarechtlicher Hintergrund	3		
III. Einzelerläuterungen	4	3. Keine Vorinformation im Verhandlungsverfahren ohne Teilnahmewettbewerb (Abs. 4)	15
1. Veröffentlichung der Vorinformation (Abs. 1 und 2)	6		

I. Normzweck

1   Die Vorinformation ist eine der eigentlichen Auftragsbekanntmachung nach § 18 vorgeschaltete, formalisierte Mitteilung des Auftraggebers, mittels derer er über Auftragsvergaben bzw. über Rahmenvereinbarungen, die er in den kommenden zwölf Monaten zu vergeben oder anzuschließen beabsichtigt, und deren wesentliche Merkmale informieren kann. Mit ihr kann die Chancengleichheit und das Entstehen eines echten Wettbewerbs im EU-Markt gefördert werden, da die frühzeitige Vorinformation es gerade ausländischen Bietern ermöglicht, sich auf die bevorstehende Ausschreibung einzustellen und Kapazitäten für ihre Teilnahme einplanen.[1] Zudem ermöglicht die Vorinformation gem. § 17 Abs. 3 die Verkürzung der Angebotsfrist. Gemeinsam mit § 18 ist die Regelung zur Vorinformation ein besonderer **Ausfluss des Transparenzgebotes** in § 97 Abs. 1 GWB, das den Auftraggeber insbesondere dazu verpflichtet, die beabsichtigte Vergabe in geeigneter Weise bekannt zu machen.[2]

2   Vor dem Hintergrund des Tragsparenzgebotes kennen auch die VgV (**§ 38 VgV**), die KonzVgV (**§ 23 KonzVgV**) sowie die SektVO vorgeschaltete Informationsmöglichkeiten des Auftraggebers. Die Besonderheit im Bereich Verteidigung und Sicherheit gegenüber den zuvor benannten Verordnungen besteht nach **§ 17 Abs. 2 S. 1** darin, dass die Veröffentlichung der Vorinformation nicht an eine Zeitspanne anknüpft, sondern unverzüglich nach der Entscheidung über die Genehmigung des Projektes zu erfolgen hat. Für den Bereich der Bauvergaben finden sich die ähnlichen Regeln über die Vorinformation in **§ 12 EU VOB/A** bzw. **§ 12 VS VOB/A**. Dort besteht die Besonderheit darin, dass die Veröffentlichung der Vorinformation so bald wie möglich nach der Genehmigung der Planung erfolgen soll (§ 12 VS Abs. 1 Nr. 4 VOB/A).[3] Im Übrigen sind die Regelungsgehalte jedoch weitgehend vergleichbar und es wird ergänzend auf die Kommentierung zu § 38 VgV (→ VgV § 38 Rn. 4 ff.) und § 12 EU VOB/A bzw. § 12 VS VOB/A verwiesen.

II. Europarechtlicher Hintergrund

3   § 17 Abs. 1 setzt Art. 30 Abs. 1 UAbs. 1 Vergabe-RL Verteidigung und Sicherheit im Hinblick auf den Inhalt der Vorinformation und die Optionen ihrer Bekanntmachung in das deutsche Recht um. Die Vorinformation kann auf Veranlassung des Auftraggebers von der Europäischen Kommission über das Amt für Veröffentlichungen der Europäischen Union im Amtsblatt der Europäischen Union oder vom Auftraggeber selbst in seinem eigenen Beschafferprofil veröffentlicht werden.[4] § 17 Abs. 4 setzt schließlich die Klarstellung in Art. 30 Abs. 1 UAbs. 4 Vergabe-RL Verteidigung und Sicherheit um, wonach bei einem Verhandlungsverfahren ohne Teilnahmewettbewerb keine förmliche Vorinformation zu veröffentlichen ist.

---

[1]   Vgl. EuGH Urt. v. 26.9.2000 – C-225/98, NZBau 2000,584; HK-VergabeR/*Franzius* Rn. 1.
[2]   S. BeckOK VergabeR/*Marx* GWB § 97 Rn. 55.
[3]   Allein die Fertigstellung der Genehmigungsplanung reicht nicht; vgl. Ziekow/Völlink/*Völlink* VOB/A EU § 12 EU Rn. 5.
[4]   Vgl. BR-Drs. 321/12 zu Abs. 1.

III. Einzelerläuterungen

Der Auftraggeber kann seine Vergabeabsicht mittels Veröffentlichung einer Vorinformation 4 bekanntgeben. Aus dem Wortlaut des § 17 Abs. 1 wird deutlich, dass die Veröffentlichung einer Vorinformation **nicht obligatorisch** ist.[5] Eine Vorinformation ist gem. § 17 Abs. 3 erst dann **verpflichtend** vorzunehmen, wenn der Auftraggeber von der Möglichkeit der Verkürzung der Fristen für den Eingang der Angebote nach § 20 Abs. 3 S. 3 und 4 Gebrauch machen will.[6]

Die Vorinformation ist eine der eigentlichen Auftragsbekanntmachung vorgelagerte Vorabinfor- 5 mation des Marktes. Sie verpflichtet den Auftraggeber nicht, die in der Vorinformation genannten Leistungen später auch tatsächlich auszuschreiben; insoweit kommt ihr auch **kein verbindlicher Charakter** zu. Fehler im Rahmen der freiwilligen Vorinformation können nicht zum Gegenstand eines Nachprüfungsverfahrens gemacht werden. Etwas anderes wird jedoch bei einer obligatorischen Vorinformation nach § 17 Abs. 3 gelten; insoweit wirkt die Vorinformation dann **drittschützend** (§ 38 VgV, → VgV § 38 Rn. 5).[7]

1. Veröffentlichung der Vorinformation (Abs. 1 und 2). Die Vorinformation kann auf 6 Veranlassung des Auftraggebers von der Europäischen Kommission oder vom Auftraggeber selbst in seinem Beschafferprofil veröffentlicht werden.

Die Veröffentlichung der Bekanntmachung der Vorinformation durch die Europäischen Kom- 7 mission über das Amt für Veröffentlichungen der Europäischen Union im Amtsblatt der Europäischen Union wird nach dem Muster gemäß Anhang XIII VO (EU) 2015/1986 der Kommission vom 11.11.2015 zur Einführung von Standardformularen für die Veröffentlichung von Vergabebekanntmachungen für öffentliche Aufträge und zur Aufhebung der VO (EU) 842/2011 (ABl. 2015 L 296, 1) in der jeweils geltenden Fassung erstellt. Das Formular kann über die Internetseite der SIMAP[8] abgerufen werden. Die Verwendung des Formulars ist zwingend.

Entscheidet sich der Auftraggeber dafür, selbst die Vorinformation auf seinem Beschafferprofil zu 8 veröffentlichen, muss er dies zuvor nach § 17 Abs. 2 dem Amt für Veröffentlichungen der Europäischen Union unter Verwendung des Musters gemäß Anhang VIII VO (EU) 2015/1986 anzeigen. Auch dieses Formular kann über die Internetseite der SIMAP abgerufen werden. Die Verwendung des Formulars ist ebenfalls zwingend. Der Auftraggeber darf die Vorinformation nicht auf seinem Beschafferprofil veröffentlichen, bevor die Vorankündigung dieser Veröffentlichung an die Europäische Kommission abgesendet wurde. Das Datum der Absendung muss im Beschafferprofil angegeben werden.

Die zu beschaffende Leistung ist in der Vorinformation nach § 17 Abs. 1 unterschiedlich aufzu- 9 schlüsseln, je nachdem ob es sich um eine Liefer- oder eine Dienstleistung handelt.

Um eine einheitliche Klassifikation des Auftragsgegenstandes zu ermöglichen, ist bei Lieferleis- 10 tungen der einschlägige CPV-Code (Common Procurement Vocabulary) anzugeben (§ 17 Abs. 1 Nr. 1). Diese Angabe ist zwingend. Bei den CPV-Codes handelt es sich um ein gemeinsames Referenzsystem, welches eine einheitliche Beschreibung des betreffenden Leistungsgegenstands in allen Amtssprachen der Gemeinschaft enthält. Die CPV-Nomenklatur schafft eine einheitliche Klassifikation für öffentliche Aufträge in der EU.

Dienstleistungsaufträge sind demgegenüber lediglich nach den im Anhang I Vergabe-RL Vertei- 11 digung und Sicherheit genannten Kategorien aufzuschlüsseln.

2. Möglichkeit der Verkürzung der Fristen für den Eingang der Angebote mittels 12 **Veröffentlichung einer Vorinformation (Abs. 3).** § 17 Abs. 3 stellt ausdrücklich klar, dass eine europaweite Bekanntmachung der Vorinformation dann zwingend vorgeschrieben ist, wenn der Auftraggeber die Möglichkeit wahrnehmen will, die in § 20 Abs. 3 S. 1 vorgegebene Angebotsfrist von mindestens 40 Tagen entsprechend § 20 Abs. 3 S. 3 und 4 zu verkürzen (→ § 20 Rn. 7). Hat der Auftraggeber eine Vorinformation nach Maßgabe des § 17 veröffentlicht, kann die Frist für den Eingang der Angebote in der Regel auf 36 Tage ab dem Tag der Absendung der Aufforderung zur Angebotsabgabe, jedoch keinesfalls auf weniger als 22 Tage festgesetzt werden.

In diesem Fall ist zudem zwingend das Muster gemäß Anhang XIII VO (EU) 2015/1986 der 13 Kommission vom 11.11.2015 zur Einführung von Standardformularen für die Veröffentlichung von Vergabebekanntmachungen für öffentliche Aufträge und zur Aufhebung der VO (EU) Nr. 842/ 2011 (ABl. 2015 L 296, 1) in der jeweils geltenden Fassung zu verwenden.

Eine Verkürzung der grundsätzlich vorgesehenen Mindestfristen setzt voraus, dass der durch die 14 Vorinformation informierte Mark ein berechtigtes Vertrauen in die Vollständigkeit und Richtigkeit

---

[5] Ebenso Ziekow/Völlink/*Rosenkötter* Rn. 1.
[6] Vgl. BR-Drs. 321/12 zu Abs. 3.
[7] S. für die VgV: *Rechten* in KKMPP VgV § 38 Rn. 6; für die VOB/A EU: Ingenstau/Korbion/*von Wietersheim* VOB/A § 12 EU Rn. 1. Für eine andere Bewertung im Rahmen des VSVgV sind keine Gründe ersichtlich.
[8] Zu finden unter http://simap.ted.europa.eu.

der Beschreibung des Auftrags in der Vorinformation setzen durfte. Eine wesentliche inhaltliche Veränderung des beschriebenen Auftrags in der Auftragsbekanntmachung gegenüber der Vorinformation erfordert bei den Bietern neue Kalkulationen, neue personelle Dispositionen uÄ. Der öffentliche Auftraggeber ist daher gehalten zu prüfen, dass zwischen dem in der Vorinformation und dem in der späteren Auftragsbekanntmachung veröffentlichten Beschaffungsbedarf keine wesentlichen inhaltlichen Veränderungen liegen. Wird diese Selbstbindung missachtet, ist eine Überprüfung im Rahmen eines Nachprüfungsverfahrens möglich, ob die Verkürzung der Mindestfristen gerechtfertigt ist.[9]

15 **3. Keine Vorinformation im Verhandlungsverfahren ohne Teilnahmewettbewerb (Abs. 4).** § 17 Abs. 4 stellt klar, dass bei einem Verhandlungsverfahren ohne Teilnahmewettbewerb die formalen und materiellen Anforderungen an die Vorinformation nicht gelten.[10]

§ 18 Bekanntmachung von Vergabeverfahren

(1) Auftraggeber, die einen Auftrag oder eine Rahmenvereinbarung im Wege eines nicht offenen Verfahrens, eines Verhandlungsverfahrens mit Teilnahmewettbewerb oder eines wettbewerblichen Dialogs zu vergeben beabsichtigen, müssen dies durch eine Bekanntmachung mitteilen.

(2) ¹Die Bekanntmachung muss zumindest die in Anhang IV der Richtlinie 2009/81/EG aufgeführten Informationen enthalten. ²Sie wird nach dem Muster gemäß Anhang XIV der Durchführungsverordnung (EU) 2015/1986 erstellt.

(3) Auftraggeber müssen in der Bekanntmachung insbesondere angeben:
1. bei der Vergabe im nicht offenen Verfahren oder Verhandlungsverfahren mit Teilnahmewettbewerb, welche Eignungsanforderungen gelten und welche Eignungsnachweise vorzulegen sind,
2. gemäß § 9 Absatz 4, ob gemäß § 9 Absatz 1 oder 3 Anforderungen an die Vergabe von Unteraufträgen gestellt werden und welchen Inhalt diese haben,
3. ob beabsichtigt ist, ein Verhandlungsverfahren mit Teilnahmewettbewerb oder einen wettbewerblichen Dialog in verschiedenen Phasen abzuwickeln, um die Zahl der Angebote zu verringern, und
4. Namen und Anschrift der Vergabekammer, die für die Nachprüfung zuständig ist.

(4) ¹Die Bekanntmachung ist unter Beachtung der Muster und Modalitäten für die elektronische Übermittlung von Bekanntmachungen nach Anhang VI Nummer 3 der Richtlinie 2009/81/EG oder auf anderem Wege unverzüglich dem Amt für amtliche Veröffentlichungen der Europäischen Union zu übermitteln. ²Im beschleunigten Verfahren nach § 20 Absatz 2 Satz 2 und Absatz 3 Satz 2 muss die Bekanntmachung unter Beachtung der Muster und Modalitäten für die elektronische Übermittlung von Bekanntmachungen nach Anhang VI Nummer 3 der Richtlinie 2009/81/EG mittels Telefax oder auf elektronischem Weg übermittelt werden. ³Die Auftraggeber müssen den Tag der Absendung nachweisen können.

(5) ¹Die Bekanntmachung und ihr Inhalt dürfen auf nationaler Ebene oder in einem Beschafferprofil nicht vor dem Tag der Absendung an das Amt für amtliche Veröffentlichungen der Europäischen Union veröffentlicht werden. ²Die Veröffentlichung auf nationaler Ebene darf keine anderen Angaben enthalten als die Bekanntmachung an das Amt für amtliche Veröffentlichungen der Europäischen Union oder die Veröffentlichung im Beschafferprofil. ³Auf das Datum der Absendung der europaweiten Bekanntmachung an das Amt für amtliche Veröffentlichungen der Europäischen Union oder der Veröffentlichung im Beschafferprofil ist in der nationalen Bekanntmachung hinzuweisen.

Übersicht

	Rn.		Rn.
I. Normzweck	1	2. Inhalte der Bekanntmachung (Abs. 2 und 3)	5
II. Europarechtlicher Hintergrund	2	3. Übermittlung der Bekanntmachung und Zeitpunkt der Veröffentlichung (Abs. 4 und 5)	8
III. Einzelerläuterungen	3		
1. Auftragsbekanntmachung (Abs. 1)	3		

---

[9] S. auch *Rechten* in KKMPP VgV § 38 Rn. 22; HK-VergabeR/*Franzius* VgV § 38 Rn. 11.
[10] Vgl. BR-Drs. 321/12 zu Abs. 4.

I. Normzweck

§ 18 regelt den Bekanntmachungsprozess für sicherheits- und verteidigungsrelevante Dienstleis- 1
tungen und Lieferaufträge, der durch einen Auftraggeber bei Vergaben oberhalb der EU-Schwellenwerte zu beachten ist und soll Transparenz, Gleichbehandlung und Wettbewerb gewährleisten. Die
Regelung ist damit ein wesentlicher Ausfluss des in § 97 Abs. 1 GWB verankerten **Transparenzgrundsatzes** (→ VgV § 37 Rn. 1 f.).

II. Europarechtlicher Hintergrund

Die Bekanntmachungsvorschriften setzen die europarechtlichen Publizitätsanforderungen des 2
Art. 30 Abs. 2 Vergabe-RL Verteidigung und Sicherheit sowie des Art. 32 Vergabe-RL Verteidigung
und Sicherheit in das deutsche Recht um.[1]

III. Einzelerläuterungen

1. Auftragsbekanntmachung (Abs. 1). Auftraggeber, die die Vergabe eines Auftrags oder 3
einer Rahmenvereinbarung nach Maßgabe der VSVgV im Wege eines nicht offenen Verfahrens,
eines Verhandlungsverfahrens mit Teilnahmewettbewerb oder eines wettbewerblichen Dialogs beabsichtigen, sind verpflichtet, dies durch eine Bekanntmachung entsprechend § 18 mitzuteilen. Diese
Verpflichtung besteht, wie sich aus der Aufzählung in § 18 Abs. 1 ergibt, einzig dann nicht, wenn
die Voraussetzungen des § 12 vorliegen und der Auftraggeber als Verfahrensart ein Verhandlungsverfahren ohne Teilnahmewettbewerb zur Realisierung seiner Beschaffung wählen darf.

Die Bekanntmachungsverpflichtung ist **bieterschützend,** da sie dazu dient, ein transparentes 4
und am Wettbewerbsprinzip orientiertes Vergabeverfahren sicherzustellen. Die Vorschrift ist zB
verletzt, wenn die Bekanntmachung vollständig unterbleibt, die Bekanntmachung nur national und
nicht – obwohl geboten – EU-weit veröffentlicht wurde oder die nationale Veröffentlichung weitergehende Informationen enthält als die im EU-Amtsblatt.[2] Zu den Einzelheiten wird auf die Kommentierung zu § 37 VgV verwiesen (→ VgV § 37 Rn. 5).

2. Inhalte der Bekanntmachung (Abs. 2 und 3). Die Bekanntmachung muss zumindest 5
die in Anhang IV Vergabe-RL Verteidigung und Sicherheit aufgeführten Informationen enthalten.
Sie wird nach dem Muster gemäß Anhang XIV VO (EU) 2015/1986 erstellt, das die Inhalte des
Anhangs IV Vergabe-RL Verteidigung und Sicherheit aufgreift. Diese sind:

1. Name, Anschrift, Telefon- und Faxnummer, E-Mail-Adresse des Auftraggebers.
2. Gegebenenfalls Angabe, dass es sich um eine Ausschreibung handelt, die geschützten Werkstätten vorbehalten ist oder bei der die Auftragsausführung nur im Rahmen von Programmen für geschützte Beschäftigungsverhältnisse erfolgen darf.
3. a) Gewähltes Vergabeverfahren.
   b) Gegebenenfalls Rechtfertigungsgründe für ein beschleunigtes Verfahren (für nichtoffene und Ver-
      handlungsverfahren).
   c) Gegebenenfalls Angabe, ob es sich um eine Rahmenvereinbarung handelt.
   d) Gegebenenfalls Angabe, dass eine elektronische Auktion durchgeführt wird.
4. Art des Auftrags.
5. Ort der Ausführung bzw. Durchführung der Bauleistungen, der Lieferung von Waren oder der Erbringung von Dienstleistungen.
6. a) Bauaufträge:
      – Art und Umfang der Bauleistungen, allgemeine Merkmale des Bauwerks. Insbesondere Hinweis
        auf Optionen bezüglich zusätzlicher Bauleistungen und, sofern bekannt, auf den vorläufigen Zeit-
        plan für die Inanspruchnahme dieser Optionen sowie gegebenenfalls auf die Anzahl der Verlän-
        gerungen. Falls das Bauwerk oder der Auftrag in mehrere Lose aufgeteilt ist, Größenordnung der
        einzelnen Lose; CPV-Referenznummer(n) der Nomenklatur.
      – Angaben über den Zweck des Bauwerks oder des Auftrags, falls dieser auch die Erstellung von
        Entwürfen umfasst.
      – Bei Rahmenvereinbarungen ferner Angabe der vorgesehenen Laufzeit der Rahmenvereinbarung,
        des für die gesamte Laufzeit der Rahmenvereinbarung veranschlagten Gesamtwerts der Bauleistun-
        gen sowie – wann immer möglich – des Wertes und der Häufigkeit der zu vergebenden Aufträge.
   b) Lieferaufträge:
      – Art der zu liefernden Waren, insbesondere Hinweis darauf, ob die Angebote erbeten werden im
        Hinblick auf Kauf, Leasing, Miete, Mietkauf oder eine Kombination aus diesen, CPV- Referenz-
        nummer(n) der Nomenklatur. Menge der zu liefernden Waren, insbesondere Hinweis auf Optio-

---

[1] S. zu den Einzelheiten der Umsetzung BR-Drs. 321/12 zu § 18.
[2] Ziekow/Völlink/*Völlink* VOB/A-EU § 12EU Rn. 14.

nen bezüglich zusätzlicher Aufträge und, sofern bekannt, auf den vorläufigen Zeitplan für die Inanspruchnahme dieser Optionen sowie gegebenenfalls auf die Anzahl der Verlängerungen; CPV-Referenznummer(n) der Nomenklatur.
- Bei regelmäßig wiederkehrenden oder Daueraufträgen voraussichtlicher Zeitplan, sofern bekannt, für nachfolgende Ausschreibungen für die geplanten Lieferungen.
- Bei Rahmenvereinbarungen ferner Angabe der vorgesehenen Laufzeit der Vereinbarung, des für die gesamte Laufzeit der Rahmenvereinbarung veranschlagten Gesamtwerts der Lieferungen sowie – wann immer möglich – des Wertes und der Häufigkeit der zu vergebenden Aufträge.

c) Dienstleistungsaufträge:
- Kategorie der Dienstleistung und Beschreibung; CPV-Referenznummer(n) der Nomenklatur. Umfang der Dienstleistungen. Insbesondere Hinweis auf Optionen bezüglich zusätzlicher Aufträge und, sofern bekannt, auf den vorläufigen Zeitplan für die Inanspruchnahme dieser Optionen sowie gegebenenfalls auf die Anzahl der Verlängerungen. Bei regelmäßig wiederkehrenden oder Daueraufträgen voraussichtlicher Zeitplan, sofern bekannt, für nachfolgende Ausschreibungen für die geplanten Lieferungen.
Bei Rahmenvereinbarungen ferner Angabe der vorgesehenen Laufzeit der Vereinbarung, des für die gesamte Laufzeit der Rahmenvereinbarung veranschlagten Gesamtwerts der Dienstleistungen sowie – wann immer möglich – des Wertes und der Häufigkeit der zu vergebenden Aufträge.
- Angabe darüber, ob die Ausführung der Leistung durch Rechts- oder Verwaltungsvorschriften einem bestimmten Berufsstand vorbehalten ist.
Hinweis auf die entsprechende Rechts- oder Verwaltungsvorschrift.
- Angabe darüber, ob juristische Personen die Namen und die berufliche Qualifikation der Personen angeben müssen, die für die Ausführung der betreffenden Dienstleistung verantwortlich sein sollen.

7. Falls der Auftrag in mehrere Lose aufgeteilt ist, Angabe darüber, ob die Möglichkeit besteht, Angebote für eines, mehrere oder alle Lose einzureichen.
8. Zulässigkeit oder Verbot von Varianten.
9. Gegebenenfalls Angabe des Prozentsatzes des Gesamtwerts des Auftrags, der im Wege einer Ausschreibung an Unterauftragnehmer vergeben werden muss (Art. 21 Abs. 4).
10. Gegebenenfalls Eignungskriterien hinsichtlich der persönlichen Situation eines Unterauftragnehmers, die zu seinem Ausschluss führen können, und erforderliche Angaben als Beleg dafür, dass er nicht unter die Fälle fällt, die einen Ausschluss rechtfertigen. Angaben und erforderliche Formalitäten zur Beurteilung der Frage, ob dieser die wirtschaftlichen und technischen Mindestanforderungen erfüllt. Etwaige Mindestanforderung(en).
11. Zeitpunkt, bis zu dem die Bauleistungen/Lieferungen/Dienstleistungen beendet werden sollen oder Dauer des Bau-/Liefer-/Dienstleistungsauftrags. Sofern möglich, Zeitpunkt, zu dem die Bauleistungen beginnen oder zu dem die Lieferungen beginnen oder eintreffen oder die Dienstleistungen ausgeführt werden sollen.
12. Gegebenenfalls besondere Bedingungen, die die Ausführung des Auftrags betreffen.
13. a) Frist für die Eingang der Anträge auf Teilnahme,
    b) Anschrift, an die die Angebote zu richten sind,
    c) Sprache(n), in der (denen) die Angebote abgefasst sein müssen.
14. Gegebenenfalls geforderte Kautionen und Sicherheiten.
15. Wesentliche Finanzierungs- und Zahlungsbedingungen und/oder Hinweise auf die maßgeblichen Vorschriften.
16. Gegebenenfalls Rechtsform, die die Bietergemeinschaft, an die der Auftrag vergeben wird, haben muss.
17. Eignungskriterien hinsichtlich der persönlichen Situation des Wirtschaftsteilnehmers, die zu seinem Ausschluss führen können, und erforderliche Angaben als Beleg dafür, dass er nicht unter die Fälle fällt, die einen Ausschluss rechtfertigen. Eignungskriterien, Angaben und Formalitäten, die zur Beurteilung der Frage erforderlich sind, ob der Wirtschaftsteilnehmer die wirtschaftlichen und technischen Mindestanforderungen erfüllt. Etwaige Mindestanforderung(en).
18. Bei Rahmenvereinbarungen: vorgesehene Anzahl und gegebenenfalls die Höchstzahl der Wirtschaftsteilnehmer, die Partei der Rahmenvereinbarung werden sollen, Dauer der Vereinbarung.
19. Für den wettbewerblichen Dialog und die Verhandlungsverfahren mit Veröffentlichung einer Bekanntmachung gegebenenfalls Angabe, dass das Verfahren in aufeinander folgenden Etappen abgewickelt wird, um die Zahl der zu erörternden Lösungen bzw. zu verhandelnden Angebote schrittweise zu verringern.
20. Für nichtoffene Verfahren, Verhandlungsverfahren und den wettbewerblichen Dialog, falls von der Möglichkeit Gebrauch gemacht wird, die Anzahl Bewerber, der Abgabe eines Angebots, zum Dialog oder zu Verhandlungen aufgefordert werden sollen, zu verringern: Mindestanzahl und gegebenenfalls auch Höchstanzahl der Bewerber und objektive Kriterien für die Auswahl dieser Anzahl von Bewerbern.
21. Zuschlagskriterien nach Artikel 47: „niedrigster Preis" bzw. „wirtschaftlich günstigstes Angebot". Die Kriterien für das wirtschaftliche günstigste Angebot sowie deren Gewichtung bzw. die Kriterien in absteigender Reihenfolge nach ihrer Bedeutung müssen genannt werden, falls sie nicht in den Verdingungsunterlagen bzw. im Fall des wettbewerblichen Dialogs in der Beschreibung enthalten sind.
22. Gegebenenfalls Datum/Daten der Veröffentlichung der Vorinformation gemäß den technischen Spezifikationen des Anhangs VI bzw. Hinweis auf ihre Nichtveröffentlichung.
23. Datum der Absendung der Bekanntmachung.

Die vorgenannten Vorgaben sind der Mindestinhalt einer Bekanntmachung. Der Gemeinschafts- 6
gesetzgeber hat in Art. 32 Abs. 1 Vergabe-RL Verteidigung und Sicherheit weiterhin klargestellt, dass
gegebenenfalls jede andere vom Auftraggeber für sinnvoll erachtete Angabe in das Standardformular
aufgenommen werden darf.[3]

§ 18 Abs. 3 fasst schließlich in einer nicht abschließenden Aufzählung die Bekanntmachungs- 7
pflichten der Vergabe-RL Verteidigung und Sicherheit nochmals zusammen. Eine Besonderheit für
die Bekanntmachung von sicherheits- und verteidigungsrelevanten Dienstleistungen und Lieferaufträgen
ergibt sich aus den in § 9 definierte Anforderungen für **Unteraufträge** (→ § 9 Rn. 26 f.).
Anders als im nicht sicherheits- und verteidigungsrelevanten Bereich unterliegen im Anwendungsbereich
der VSVgV auch Unteraufträge, mithin Aufträge die der Auftragnehmer seinerseits an Dritte,
also an Nachunternehmer vergibt, einer gesonderten Bekanntmachungspflicht.[4] Die Verpflichtung,
diese Anforderungen bekannt zu machen, ergibt sich aus § 18 Abs. 3 Nr. 2 iVm § 9 Abs. 4, § 39.

3. Übermittlung der Bekanntmachung und Zeitpunkt der Veröffentlichung (Abs. 4 8
und 5). Für die Bekanntmachung ist das Muster gemäß Anhang XIV VO (EU) 2015/1986 zu
verwenden. Das Formular kann über die Internetseite der SIMAP[5] abgerufen werden. Die Verwendung
des Formulars ist zwingend.

Nach § 18 Abs. 4 ist die Bekanntmachung unter Beachtung der Muster und Modalitäten für 9
die elektronische Übermittlung von Bekanntmachungen nach Anhang VI Nummer 3 Vergabe-RL
Verteidigung und Sicherheit oder auf anderem Wege unverzüglich dem Amt für amtliche Veröffentlichungen
der Europäischen Union zu übermitteln. Grundsätzlich sieht § 18 Abs. 4 damit auch noch
die Möglichkeit vor, das entsprechende Formular auszufüllen und auf dem postalischen Weg an
das Amt für Veröffentlichungen der Europäischen Union zu übermitteln. Lediglich im Falle eines
beschleunigten Verfahrens ist die Übermittlung mittels Telefax oder auf elektronischem Weg verpflichtend
(§ 18 Abs. 4 S. 2). Da sich mittlerweile jedoch die elektronische Übermittlung an das Amt
für Veröffentlichungen der Europäischen Union durchgesetzt hat, sollte dieser Übermittlungsweg –
unabhängig vom Wortlaut der Regelung in § 18 Abs. 4 – für alle Bekanntmachungen gewählt
werden.

Der Tag der Absendung der Bekanntmachung muss nachgewiesen werden können und muss 10
im Vergabevermerk dokumentiert sein.

Die Bekanntmachung und ihr Inhalt dürfen entsprechend § 18 Abs. 5 auf nationaler Ebene 11
oder in einem Beschafferprofil des Auftraggebers nicht vor dem Tag der Absendung der EU-
Bekanntmachung an das Amt für amtliche Veröffentlichungen der Europäischen Union veröffentlicht
werden. Auf den Tag der Veröffentlichung durch das Amt für amtliche Veröffentlichungen der
Europäischen Union kommt es nicht an. Vielmehr kann der Auftraggeber bereits am Tag der
Absendung der europaweiten Bekanntmachung – sobald er diese nachweislich an das Amt übermittelt
hat – die nationale Bekanntmachung oder die Veröffentlichung auf seinem Beschafferprofil vornehmen.
Auf das Datum der Absendung der europaweiten Bekanntmachung an das Amt für amtliche
Veröffentlichungen der Europäischen Union oder der Veröffentlichung im Beschafferprofil ist in der
nationalen Bekanntmachung hinzuweisen.

Die Veröffentlichung auf nationaler Ebene darf keine anderen Angaben enthalten als die 12
Bekanntmachung an das Amt für amtliche Veröffentlichungen der Europäischen Union oder die
Veröffentlichung im Beschafferprofil. Insoweit wird auf die Kommentierung zu § 37 VgV verwiesen
(→ VgV § 37 Rn. 5).

§ 19 Informationsübermittlung

(1) Die Auftraggeber geben in der Bekanntmachung oder den Vergabeunterlagen an, ob
Informationen auf dem Postweg, mittels Telefax, elektronisch, telefonisch oder durch
eine Kombination dieser Kommunikationsmittel zu übermitteln sind.

(2) Das gewählte Kommunikationsmittel muss allgemein verfügbar sein und darf den
Zugang der Unternehmen zu dem Vergabeverfahren nicht beschränken.

(3) ¹Die Auftraggeber haben bei der Mitteilung oder Übermittlung und Speicherung
von Informationen die Unversehrtheit der Daten und die Vertraulichkeit der Angebote
und Teilnahmeanträge zu gewährleisten. ²Auftraggeber dürfen vom Inhalt der Angebote
und Teilnahmeanträge erst nach Ablauf der Frist für ihre Einreichung Kenntnis nehmen.

---

[3] Vgl. BR-Drs. 321/12 § 18 Abs. 2.
[4] S. auch HK-VergabeR/*Franzius* Rn. 2.
[5] Zu finden unter http://simap.ted.europa.eu.

³Auf dem Postweg oder direkt zu übermittelnde Angebote sind in einem verschlossenen Umschlag einzureichen, als solche zu kennzeichnen und bis zum Ablauf der Angebotsfrist unter Verschluss zu halten. ⁴Bei elektronisch zu übermittelnden Angeboten ist die Unversehrtheit durch entsprechende organisatorische und technische Lösungen nach den Anforderungen des Auftraggebers und die Vertraulichkeit durch Verschlüsselung sicherzustellen. ⁵Die Verschlüsselung muss bis zum Ablauf der Angebotsfrist aufrechterhalten bleiben.

(4) ¹Bei elektronischen Kommunikationsmitteln müssen die technischen Merkmale allgemein zugänglich, kompatibel mit den allgemein verbreiteten Geräten der Informations- und Kommunikationstechnologie und nicht diskriminierend sein. ²Die Auftraggeber haben dafür Sorge zu tragen, dass den interessierten Unternehmen die Informationen über die Spezifikationen, die für die elektronische Übermittlung der Anträge auf Teilnahme und der Angebote erforderlich sind, einschließlich der Verschlüsselung, zugänglich sind. ³Außerdem muss gewährleistet sein, dass die Vorrichtungen für den elektronischen Eingang der Angebote und Teilnahmeanträge den Anforderungen des Anhangs VIII der Richtlinie 2009/81/EG genügen.

(5) ¹Neben den Hinweisen nach Absatz 1 geben die Auftraggeber in der Bekanntmachung an, in welcher Form Anträge auf Teilnahme am Vergabeverfahren oder Angebote einzureichen sind. ²Insbesondere können sie festlegen, dass die Teilnahmeanträge im Falle der elektronischen Übermittlung zu versehen sind mit
1. einer fortgeschrittenen elektronischen Signatur,
2. einer qualifizierten elektronischen Signatur,
3. einem fortgeschrittenen elektronischen Siegel oder
4. einem qualifizierten elektronischen Siegel.
³Anträge auf Teilnahme am Vergabeverfahren können schriftlich oder telefonisch gestellt werden. ⁴Wird ein solcher Antrag telefonisch gestellt, ist dieser vor Ablauf der Frist für den Eingang der Anträge in Schriftform zu bestätigen. ⁵Die Auftraggeber können verlangen, dass per Telefax gestellte Anträge in Schriftform oder elektronischer Form bestätigt werden, sofern dies für das Vorliegen eines gesetzlich gültigen Nachweises erforderlich ist. ⁶In diesem Fall geben die Auftraggeber in der Bekanntmachung diese Anforderung zusammen mit der Frist für die Übermittlung der Bestätigung an.

Übersicht

	Rn.		Rn.
I. Normzweck und Zusammenhang ...	1	3. Gewährleistung der Unversehrtheit der Daten und Vertraulichkeit der Angebote und Teilnahmeanträge (Abs. 3)	13
II. Einzelerläuterungen	3		
1. Auswahl der Kommunikationsmittel (Abs. 1)	3	4. Unterschiedliche Zugangsarten für Angebote und Teilnahmeanträge (Abs. 5)	20
2. Allgemeine Verfügbarkeit (Abs. 2 und 4)	8		

I. Normzweck und Zusammenhang

1   § 19 dient der Umsetzung von Art. 36 RL 2009/81/EG (Vergabe-RL Verteidigung und Sicherheit) und ist **im Zuge des VergRModG nicht verändert** worden. Gemäß § 2 gilt § 19 nur für die Vergabe von sicherheits- und verteidigungsrelevanten Liefer- und Dienstleistungsaufträgen, nicht aber für die Vergabe von sicherheits- und verteidigungsrelevanten Bauaufträgen; hierfür gilt § 11 VS VOB/A.

2   Vergleichbare Vorschriften finden sich in den §§ 9–13, 41 und 53 VgV sowie § 11 EU VOB/A. Der Verordnungsgeber hat die schrittweise Einführung der E-Vergabe in der VgV und der UVgO nicht in die VSVgV übernommen. Begründet werden kann das wohl insbesondere damit, dass bei verteidigungs- und sicherheitsrelevanten Beschaffungen dem Auftraggeber eine größere Freiheit hinsichtlich der Gestaltung der Informationsübermittlung gegeben werden soll.

II. Einzelerläuterungen

3   **1. Auswahl der Kommunikationsmittel (Abs. 1).** § 19 Abs. 1 setzt Art. 36 Abs. 1 Vergabe-RL Verteidigung und Sicherheit um. Danach muss der öffentliche Auftraggeber in der Bekanntmachung oder in den Vergabeunterlagen angeben, ob er die Übermittlung von Informationen auf dem

II. Einzelerläuterungen 4–10 § 19 VSVgV

Postweg, mittels Telefax, elektronisch, telefonisch oder durch eine Kombination dieser Kommunikationsmittel zulässt.

Dem **Auftraggeber steht es frei,** eines der aufgeführten **Kommunikationsmittel zu wählen.** Die Auswahl der Kommunikationsmittel ist in der Bekanntmachung oder den Vergabeunterlagen anzugeben.[1] Der Bieter wiederum hat zu gewährleisten, dass er über alle angegebenen Kommunikationswege zu erreichen ist.[2] Ein Anspruch auf eine bestimmte Art der Informationsübermittlung besteht nicht.[3] Beabsichtigt der Auftraggeber eine Kombination mehrerer Kommunikationsmittel, muss er auch angeben, wie in diesem Fall die Kommunikation zu erfolgen hat, wobei diesbezügliche Unklarheiten zulasten des Auftraggebers gehen.[4]   4

Die Informationsübermittlung auf dem Postweg und per Telefax ist aus sich selbst heraus verständlich. Die elektronische Übermittlung umfasst die computergestützte Mitteilung von Informationen durch E-Mails oder unter Verwendung eigener Websites.[5]   5

Abs. 1 lässt im Hinblick auf die Informationsübermittlung per Telefon vermuten, dass diese Form der Kommunikation für jede Art der Informationsübermittlung möglich ist. Etwas anderes ergibt sich jedoch aus dem Wortlaut des Art. 36 Abs. 1 und 6 Vergabe-RL Verteidigung und Sicherheit. Danach kann die Übermittlung von Informationen auf telefonischem Wege nur für das Stellen von Anträgen auf Teilnahme am Vergabeverfahren erfolgen, wenn diese vor Ablauf der Frist für den Eingang der Anträge schriftlich bestätigt werden. Diese notwendige Vorgehensweise bei der telefonischen Stellung von Anträgen auf Teilnahme im Vergabeverfahren hat der deutsche Verordnungsgeber in § 19 Abs. 5 normiert. Dass die Kommunikation per Telefon im Vergabeverfahren in § 19 Abs. 1 jedoch nicht auf diesen Bereich eingeschränkt wurde, dürfte auf ein Redaktionsversehen zurückzuführen sein. Daher ist die telefonische Kommunikation auf das Stellen von Anträgen auf Teilnahme im Vergabeverfahren richtlinienkonform zu beschränken.[6] Da jedoch die telefonische Kommunikation starken Bedenken bezüglich der Vertraulichkeit, Gleichbehandlung und Transparenz begegnet[7] sowie zu einem erhöhten Dokumentationsaufwand führt,[8] sollte diese Kommunikationsform ohnehin nur im Ausnahmefall verwendet werden.   6

Nicht vorgesehen ist in Art. 19 Abs. 1 die direkte Informationsübermittlung. Darunter wird die Aushändigung von Informationen an einen anwesenden Adressaten also auch die Übermittlung von Informationen durch einen Boten verstanden.[9] Dass diese Übermittlungsform nicht in Abs. 1 genannt ist, obwohl auf sie in § 19 Abs. 3 S. 3 ausdrücklich Bezug genommen wird, kann ebenfalls nur auf einem Redaktionsversehen beruhen.[10]   7

2. Allgemeine Verfügbarkeit (Abs. 2 und 4). § 19 Abs. 2 setzt Art. 36 Abs. 2 Vergabe-RL Verteidigung und Sicherheit um. § 19 Abs. 4 implementiert Art. 36 Abs. 4 und 5 Vergabe-RL Verteidigung und Sicherheit und konkretisiert technische Bedingungen und Vorrichtungen, die im Rahmen der elektronischen Übermittlung durch den Auftraggeber zu gewährleisten sind.[11]   8

Gemäß § 19 Abs. 2 ist zu **gewährleisten,** dass das gewählte Kommunikationsmittel allgemein verfügbar ist und der **Zugang zum Vergabeverfahren** für Unternehmen **nicht beschränkt** wird. Anders als die VgV, in der die Gewährleistung der allgemeinen Verfügbarkeit auf elektronische Mittel beschränkt ist, sind von § 19 Abs. 2 alle Wege der Kommunikation umfasst. Faktisch wird sich ein solches Problem der allgemeinen Zugänglichkeit aber lediglich auf den elektronischen Kommunikationsweg iSd § 19 Abs. 4 beziehen, da die übrigen Kommunikationsmittel wie Fax, Post und Telefon allgemein verfügbar sind.[12] Daher kann hier auf die Kommentierung zu § 11 Abs. 1 S. 1 und 2 VgV verwiesen werden, die, bezogen auf die Verfügbarkeit elektronischer Mittel, inhaltsgleich zu § 19 Abs. 2 und 4 S. 1 sind.[13]   9

Aus § 19 Abs. 4 ergibt sich, dass bei der Wahl elektronischer Kommunikationsmittel nur solche verwendet werden sollen, die allgemein zugänglich, kompatibel mit den allgemein verbreiteten Geräten der Informations- und Kommunikationstechnologie und nichtdiskriminierend sind. Ferner   10

---

1 VSVgV-Begründung, BR-Drs. 321/12, 53.
2 VK Bund Beschl. v. 5.2.2008 – VK 3-17/08, VPRRS 2008, 0404.
3 Leinemann/Kirch/*Homann* Rn. 6.
4 BeckOK VergabeR/*Soudry* Rn. 2.
5 Leinemann/Kirch/*Homann* Rn. 9.
6 HK-VergabeR/*Franzius* Rn. 2.
7 jurisPK-VergabeR/*Zeiss* Rn. 11.
8 BeckOK VergabeR/*Soudry* Rn. 3.
9 So iErg auch Beck VergabeR/*Friton/Wolters* Rn. 5.
10 *Weyand* ibrOK VergabeR Rn. 4 (217.3.2.).
11 VSVgV-Begründung, BR-Drs. 321/12, 53.
12 Leinemann/Kirch/*Homann* Rn. 13.
13 *Schäfer* in Band 3 → VgV § 11 Rn. 8 ff.

wird dargelegt, welche Informationen der Auftraggeber den Unternehmen zur Verfügung stellen muss, wenn die Informationsübermittlung im Vergabeverfahren auch elektronisch erfolgen soll. So müssen Informationen über die Spezifikationen, die für die elektronische Übermittlung der Anträge auf Teilnahme und der Angebote erforderlich sind, einschließlich der Verschlüsselung, zugänglich sein.

11 Schließlich ergibt sich aus § 19 Abs. 4 S. 3, dass die Vorrichtungen für den elektronischen Eingang der Angebote und Teilnahmeanträge den Anforderungen des Anhang VIII Vergabe-RL Verteidigung und Sicherheit genügen müssen. Anhang VIII Vergabe-RL Verteidigung und Sicherheit stellt folgende Voraussetzungen auf:

Anhang VIII
Anforderungen an die Vorrichtungen für die elektronische Entgegennahme der Anträge auf Teilnahme oder der Angebote
Die Geräte für die elektronische Entgegennahme der Anträge auf Teilnahme sowie der Angebote müssen mittels geeigneter technischer Mittel und entsprechender Verfahren gewährleisten, dass
a) die die Anträge auf Teilnahme und den Versand von Angeboten betreffenden elektronischen Signaturen den einzelstaatlichen Vorschriften gemäß der Richtlinie 1999/93/EG entsprechen;
b) die Uhrzeit und der Tag des Eingangs der Anträge auf Teilnahme und der Angebote genau bestimmt werden können;
c) es als sicher gelten kann, dass niemand vor den festgesetzten Terminen Zugang zu den gemäß den vorliegenden Anforderungen übermittelten Daten haben kann;
d) es bei einem Verstoß gegen dieses Zugangsverbot als sicher gelten kann, dass der Verstoß sich eindeutig aufdecken lässt;
e) die Zeitpunkte der Öffnung der eingegangenen Daten ausschließlich von den ermächtigten Personen festgelegt oder geändert werden können;
f) in den verschiedenen Phasen des Verfahrens der Auftragserteilung der Zugang zu allen vorgelegten Daten – bzw. zu einem Teil dieser Daten – nur möglich ist, wenn die ermächtigten Personen gleichzeitig tätig werden;
g) der Zugang zu den übermittelten Daten bei gleichzeitigem Tätigwerden der ermächtigten Personen erst nach dem festgesetzten Zeitpunkt möglich ist;
h) die eingegangenen und gemäß den vorliegenden Anforderungen geöffneten Angaben ausschließlich den zur Kenntnisnahme ermächtigten Personen zugänglich bleiben.

12 Die RL 1999/93/EG ist mittlerweile durch die VO (EU) 910/2014 (eIDAS-VO) abgelöst worden. Die RL 2014/24/EU enthält für allgemeine Liefer- und Dienstleistungen in Anhang IV eine sehr ähnliche Liste an Anforderungen, die in § 10 Abs. 1 S. 2 VgV übernommen wurde.

13 **3. Gewährleistung der Unversehrtheit der Daten und Vertraulichkeit der Angebote und Teilnahmeanträge (Abs. 3).** § 19 Abs. 3 setzt Art. 36 Abs. 3 Vergabe-RL Verteidigung und Sicherheit um. Der Verordnungsgeber hat zusätzlich aus Klarstellungsgründen den konkretisierenden Regelungsgehalt der mittlerweile außer Kraft getretenen § 16 EG Abs. 2 S. 2–4 VOL/A in den Abs. 3 S. 3–5 übernommen.[14]

14 Der öffentliche Auftraggeber hat gem. § 19 Abs. 3 S. 1 sicherzustellen, dass bei der Mitteilung oder Übermittlung und Speicherung von Informationen die Unversehrtheit der Daten und die Vertraulichkeit der Angebote und Teilnahmeanträge gewährleistet ist.

15 Unter Unversehrtheit wird verstanden, dass die Teilnahmeanträge und Angebote insbesondere vor nachträglicher Veränderung, Löschung oder sonstiger unbefugter Nutzung geschützt werden müssen.[15] Aus der Verpflichtung, die Vertraulichkeit der Angebote und Teilnahmeanträge zu gewährleisten, ergibt sich einerseits, dass die Daten vor Dritten, wie zB anderen Bietern, geheim gehalten werden müssen, andererseits darf auch die Vergabestelle erst nach Fristablauf vom Inhalt Kenntnis erhalten.[16] Bekräftigt wird dies durch § 19 Abs. 3 S. 2, wonach Auftraggeber erst nach Ablauf der Einreichungsfrist vom Inhalt der Angebote und Teilnahmeanträge Kenntnis nehmen dürfen. Werden Angebote eingereicht, die diesen Anforderungen nicht genügen, sind diese gem. § 31 Abs. 2 Nr. 5 zwingend vom Vergabeverfahren auszuschließen. Gleiches dürfte im Sinne einer teleologischen Auslegung auch für Teilnahmeanträge gelten, obwohl § 31, anders als § 57 Abs. 3 VgV, auf diese nicht Bezug nimmt.

16 Auf dem Postweg oder direkt übermittelte Angebote sind in einem verschlossenen Umschlag einzureichen, als entsprechende Angebote zu kennzeichnen und bis Ablauf der Frist unter Verschluss zu halten. Dadurch soll sichergestellt werden, dass eine Einsichtnahme in das Angebot vor Angebots-

---

[14] VSVgV-Begründung, BR-Drs. 321/12, 53.
[15] *Dittmann* in KMPP VOL/A § 16 EG Rn. 36.
[16] *Dittmann* in KMPP VOL/A § 16 EG Rn. 38.

öffnung verhindert wird.[17] Sollte das Angebot nicht in einen Umschlag passen, kann auch eine andere Form der Verpackung gewählt werden. Hierbei reicht es jedoch nicht aus, das Angebot in ein Behältnis zu verpacken, vielmehr müssen Vorkehrungen getroffen werden, die für die Kenntnisnahme ein eindeutiges Hindernis darstellen.[18] Die Kennzeichnung als Angebot durch den Auftraggeber stellt sicher, dass das Angebot nicht versehentlich wie üblicher Posteingang geöffnet wird, sondern bis zur Angebotsöffnung verschlossen aufbewahrt wird.[19]

Wie sich aus § 30 Abs. 1 S. 3 ergibt, sind auch Angebote per Telefax zugelassen. Diese sind ebenfalls entsprechend zu kennzeichnen und auf geeignete Weise unter Verschluss zu halten.[20] Ob die Wahrung der Vertraulichkeit bei einer Übermittlung per Telefax sichergestellt werden kann, wird in der Literatur zurecht angezweifelt.[21] Als Möglichkeiten, die Vertraulichkeit bei der Übermittlung per Telefax zu gewährleisten, können die Aufstellung eines Telefaxgerätes in einem abgeschlossenen Raum oder die Einrichtung eines elektronischen Briefkastens für Computerfaxe angeführt werden.[22] Wegen der offensichtlichen praktischen Probleme, die diese Übermittlungsform mit sich bringt, sollte eine Übermittlung per Telefax nur in dringenden Ausnahmefällen zugelassen werden.[23]   17

Auch bei elektronisch zu übermittelnden Angeboten hat der Auftraggeber gem. § 19 Abs. 3 S. 4 die Unversehrtheit und Vertraulichkeit sicher zu stellen. Der Bewerber bzw. Bieter stellt die Unversehrtheit durch die Verwendung einer den Anforderungen des Auftraggebers entsprechenden Signatur sicher.[24] Der Auftraggeber muss nach Eingang der Angebote entsprechende organisatorische und technische Lösungen vorhalten, die die Unversehrtheit der Angebote gewährleisten. Dabei müssen die Einrichtungen des Auftraggebers gem. § 19 Abs. 4 S. 3 den Anforderungen des Anhang VIII Vergabe-RL Verteidigung und Sicherheit genügen. Die Vertraulichkeit der übermittelten Daten ist durch eine Verschlüsselung sicherzustellen, deren Form nicht näher definiert wird. Der Auftraggeber ist dahingehend frei, welche Art der Verschlüsselung er wählt.[25] Maßgeblich ist, dass die Verschlüsselung bis zum Ablauf der Angebotsfrist aufrecht erhalten bleibt.   18

§ 19 Abs. 3 S. 3–5 nehmen ausdrücklich nur auf Angebote Bezug, nicht jedoch auf Teilnahmeanträge. Es ist jedoch kein sachlicher Grund erkennbar, weshalb diese Vorgaben nicht auch für Teilnahmeanträge gelten sollten, da der Grundsatz der Vertraulichkeit und des Geheimwettbewerbs für den Teilnahmewettbewerb in gleicher Weise gewährleistet sein muss.[26]   19

4. Unterschiedliche Zugangsarten für Angebote und Teilnahmeanträge (Abs. 5). § 19 Abs. 5 gibt die in Art. 36 Abs. 5 und 6 Vergabe-RL Verteidigung und Sicherheit aufgeführten formalen Anforderungen an Teilnahmeanträge und Angebote wieder. Kein Gebrauch wurde von der in Art. 36 Abs. 5 lit c Vergabe-RL Verteidigung und Sicherheit aufgeführten Möglichkeit gemacht, Systeme freiwilliger Akkreditierung einzuführen.[27]   20

Der öffentliche Auftraggeber hat gem. § 19 Abs. 5 neben den Hinweisen aus Abs. 1 in der Bekanntmachung anzugeben, in welcher Form Anträge auf Teilnahme oder Angebote einzureichen sind. Gemäß § 19 Abs. 5 S. 2 weist der Verordnungsgeber den Auftraggeber auf die Möglichkeit hin, in der Bekanntmachung anzugeben, welche elektronische Signatur bzw. welches elektronische Siegel im Falle **elektronischer Übermittlung** der Teilnahmeanträge zu verwenden ist. Es besteht die Wahl zwischen einer fortgeschrittenen und einer qualifizierten elektronischen Signatur bzw. einer fortgeschrittenen und qualifizierten elektronischen Siegel. Ursprünglich verwies § 19 Abs. 5 S. 2 für die verschiedenen Arten der wählbaren Signaturen auf § 2 SigG. Das Signaturgesetz ist jedoch zum 29.7.2017 durch das Vertrauensdienstegesetz[28] abgelöst worden. Dieses enthält keine Aufzählung von Signaturen mehr, sondern regelt gem. § 1 VDG nur die Durchführung der Vorschriften über Vertrauensdienste in der eIDAS-VO. Nunmehr ergibt sich aus der eIDAS-VO, welche Arten von Signaturen dem Auftraggeber zur Auswahl stehen. Der Verordnungsgeber hat daher mit dem eIDAS-   21

---

[17] *Lausen* in Müller-Wrede VOL/A § 16 EG Rn. 52.
[18] VK Lüneburg Beschl. v. 20.8.2002 – VgK-12/2002, IBRRS 2004, 3491; VK Lüneburg Beschl. v. 23.3.2012 – VgK-06/2012, IBRRS 2012, 2393.
[19] *Dittmann* in KMPP VOL/A § 16 EG Rn. 43.
[20] Leinemann/Kirch/*Kues* § 30 Rn. 14.
[21] jurisPK-VergabeR/*Zeiss* Rn. 11; *Schwabe* in Müller-Wrede VOL/A § 14 EG Rn. 29.
[22] *Weyand* ibrOK VergabeR VOL/A § 14 EG Rn. 16 (166.6.2.).
[23] *Dittmann* in KMPP VOL/A § 16 EG Rn. 55.
[24] *Weyand* ibrOK VergabeR Rn. 103 (118.8.7.1.).
[25] Leinemann/Kirch/*Homann* Rn. 29.
[26] Beck VergabeR/*Friton*/*Wolters* Rn. 15.
[27] VSVgV-Begründung, BR-Drs. 321/12, 53.
[28] Vertrauensdienstegesetz v. 18.7.2017, BGBl. 2017 I 2745.

Durchführungsgesetz vom 18.7.2017 (BGBl. 2017 I 2745) § 19 Abs. 5 S. 2 angepasst und die Signaturen und Siegel, die gewählt werden können, direkt in die Regelung aufgenommen.

22 Gemäß § 19 Abs. 5 S. 3 können Anträge auf Teilnahme sowohl **schriftlich als auch telefonisch** eingehen. Wird der Antrag telefonisch gestellt, ist er bis zum Ablauf der Antragsfrist in Schriftform zu bestätigen. Ein praktischer Nutzen der Vorschrift ist nicht erkennbar. Zum einen können Vertraulichkeit und Unversehrtheit bei einem telefonischen Antrag nicht gewahrt werden. Zum anderen ist es für einen Teilnehmer nicht sinnvoll, einen Antrag telefonisch anzukündigen, wenn dieser zudem in Schriftform fristgerecht zu bestätigen ist.[29] Aus diesen Gründen ist vom Gebrauch dieser Möglichkeit abzuraten.

23 Werden Anträge per Telefax gestellt, so sind sie auf Verlangen des Auftraggebers in Schriftform oder elektronischer Form zu bestätigen, sofern das für das Vorliegen eines gesetzlich gültigen Nachweises erforderlich ist. Begründet wird dieses Erfordernis damit, dass ein Telefax nur das Textformerfordernis erfüllt, nicht aber die Beweisfunktion der Schriftform innehat.[30] In der Praxis ist das zum Beispiel erforderlich, wenn mit der Abgabe des Antrages eine Sicherheitserklärung nach dem SÜG abzugeben ist.[31] Ist ein solcher Fall gegeben, hat der Auftraggeber dies in der Bekanntmachung zu vermerken, zusätzlich zu einer Frist innerhalb der die Bestätigung einzureichen ist. Es ist grundsätzlich möglich, die Bestätigung auch noch nach Eröffnung der Teilnahmeanträge und mit dem Beginn der Wertung nachzufordern.[32]

§ 20 Fristen für den Eingang von Anträgen auf Teilnahme und Eingang der Angebote

(1) Bei der Festsetzung der Fristen für den Eingang der Angebote und der Anträge auf Teilnahme berücksichtigen die Auftraggeber unbeschadet der nachstehend festgelegten Mindestfristen insbesondere die Komplexität des Auftrags und die Zeit, die für die Ausarbeitung der Angebote erforderlich ist.

(2) ¹Beim nichtoffenen Verfahren, im Verhandlungsverfahren mit Teilnahmewettbewerb und im wettbewerblichen Dialog beträgt die von den Auftraggebern festzusetzende Frist für den Eingang der Anträge auf Teilnahme mindestens 37 Tage ab dem Tag der Absendung der Bekanntmachung. ²In Fällen besonderer Dringlichkeit (beschleunigtes Verfahren) beim nichtoffenen Verfahren und Verhandlungsverfahren mit Teilnahmewettbewerb beträgt diese Frist mindestens 15 Tage oder mindestens zehn Tage bei elektronischer Übermittlung,[1] jeweils gerechnet vom Tag der Absendung der Bekanntmachung an.

(3) ¹Die von den Auftraggebern festzusetzende Angebotsfrist beim nichtoffenen Verfahren beträgt mindestens 40 Tage, gerechnet vom Tag der Absendung der Aufforderung zur Angebotsabgabe an. ²Im beschleunigten Verfahren beträgt die Frist mindestens zehn Tage, gerechnet vom Tag der Absendung der Aufforderung zur Angebotsabgabe an. ³Haben die Auftraggeber eine Vorinformation gemäß § 17 veröffentlicht, können sie die Frist für den Eingang der Angebote in der Regel auf 36 Tage ab dem Tag der Absendung der Aufforderung zur Angebotsabgabe, jedoch keinesfalls weniger als 22 Tage festsetzen. ⁴Diese verkürzte Frist ist zulässig, sofern die Vorinformation alle die für die Bekanntmachung nach Anhang IV der Richtlinie 2009/81/EG geforderten Informationen – soweit diese zum Zeitpunkt der Veröffentlichung der Bekanntmachung vorlagen – enthielt und die Vorinformation spätestens 52 Tage und frühestens zwölf Monate vor dem Tag der Absendung der Bekanntmachung zur Veröffentlichung übermittelt wurde.

(4) ¹Bei elektronisch erstellten und übermittelten Bekanntmachungen können die Auftraggeber die Frist nach Absatz 2 Satz 1 um sieben Tage verkürzen. ²Die Auftraggeber können die Frist für den Eingang der Angebote nach Absatz 3 Satz 1 um weitere fünf Tage verkürzen, wenn sie ab der Veröffentlichung der Bekanntmachung die Vergabeunterlagen und unterstützende Unterlagen entsprechend der Angaben in Anhang VI der Richtlinie 2009/81/EG elektronisch frei, direkt und vollständig verfügbar machen; in der

---

[29] HK-VergabeR/*Franzius* VOL/A § 14 EG Rn. 8.
[30] Palandt/*Ellenberger* BGB § 126b Rn. 1 ff.
[31] Leinemann/Kirch/*Homann* Rn. 34.
[32] Leinemann/Kirch/*Homann* Rn. 35.
[1] [Amtl. Anm.:] Das Muster und die Modalitäten für die elektronische Übermittlung der Bekanntmachung sind unter der Internetadresse http://simap.europa.eu abrufbar, vergleiche Anhang VI Nummer 3 der Richtlinie 2009/81/EG.

Bekanntmachung ist die Internetadresse anzugeben, unter der diese Unterlagen abrufbar sind. ³Diese Verkürzung nach Satz 2 kann mit der in Satz 1 genannten Verkürzung verbunden werden.

(5) Die Auftraggeber müssen rechtzeitig angeforderte zusätzliche Informationen über die Vergabeunterlagen, die Beschreibung oder die unterstützenden Unterlagen im Falle des nichtoffenen Verfahrens spätestens sechs Tage oder im Falle des beschleunigten Verhandlungsverfahrens spätestens vier Tage vor Ablauf der für die Einreichung von Angeboten festgelegten Frist übermitteln.

(6) Können die Angebote nur nach einer Ortsbesichtigung oder Einsichtnahme in nicht übersandte Vergabeunterlagen erstellt werden oder konnten die Fristen nach Absatz 5 nicht eingehalten werden, so sind die Angebotsfristen entsprechend zu verlängern, und zwar so, dass alle betroffenen Unternehmen von allen Informationen, die für die Erstellung des Angebots notwendig sind, Kenntnis nehmen können.

(7) Bis zum Ablauf der Angebotsfrist können Bieter ihre Angebote zurückziehen. Dabei sind die für die Einreichung der Angebote maßgeblichen Formerfordernisse zu beachten.

Übersicht

		Rn.			Rn.
I.	Normzweck und Zusammenhang ...	1	3.	Angebotsfrist (Abs. 3 und 4)	7
II.	Einzelerläuterungen	2	4.	Zusätzliche Informationen und Verlängerung der Angebotsfrist (Abs. 5 und 6	
1.	Angemessenheit der Angebots- und Teilnahmeantragsfrist (Abs. 1)	2		Var. 2)	9a
			5.	Verlängerung der Angebotsfrist (Abs. 6	
2.	Bewerbungsfrist im Teilnahmewettbewerb (Abs. 2 und 4)	4		Var. 1)	13
			6.	Zurückziehung von Angeboten (Abs. 7)	14

I. Normzweck und Zusammenhang

§ 20 dient der Umsetzung von Art. 33 RL 2009/81/EG (Vergabe-RL Verteidigung und Sicherheit). Eine ähnliche Regelung findet sich in der VgV nicht, die Mindestfrist und die Fristen in Fällen besonderer Dringlichkeit sind dort im Zusammenhang mit den jeweiligen Verfahren geregelt.² Im Vergleich zur VgV sind die Fristen in § 20 größtenteils länger, was darauf zurückzuführen ist, dass in der VSVgV weiterhin die E-Vergabe nicht der Regelfall ist und der Auftraggeber zulässigerweise zeitintensivere Formen der Kommunikation wählen kann (→ § 19 Rn. 2).³ § 20 hat bieterschützenden Charakter, da die Bieter einen Anspruch auf die Festlegung angemessener Fristen im Vergabeverfahren haben.⁴ Gemäß § 2 gilt § 20 nur für die Vergabe von sicherheits- und verteidigungsrelevanten Liefer- und Dienstleistungsaufträgen, nicht aber für die Vergabe von sicherheits- und verteidigungsrelevanten Bauaufträgen; hierfür gelten die §§ 10 VS–10d VS VOB/A. 1

II. Einzelerläuterungen

1. Angemessenheit der Angebots- und Teilnahmeantragsfrist (Abs. 1). § 20 Abs. 1 setzt Art. 33 Abs. 1 Vergabe-RL Verteidigung und Sicherheit um. Der öffentliche Auftraggeber hat gem. § 20 Abs. 1 bei der Festsetzung der Fristen für Angebote oder Teilnahmeanträge insbesondere die **Komplexität des Auftrags** und die Zeit, die für die Ausarbeitung der Angebote erforderlich ist, zu **berücksichtigen**. 2

Die ordnungsgemäße Festlegung und Einhaltung der Fristen ist eine **Ausprägung des Wettbewerbs- und Gleichbehandlungsgrundsatzes**.⁵ Es soll ein ordnungsgemäßer europaweiter Wettbewerb gewährleistet und gerade auch die Bevorzugung nationaler Bieter verhindert werden.⁶ Der Auftraggeber ist daher verpflichtet, eine Frist zu bestimmen, die einem Unternehmen bei objektiver Betrachtung genügend Zeit gibt, einen aussagekräftigen und wettbewerbsfähigen Teilnahmeantrag 3

---

² Ziekow/Völlink/*Rosenkötter* Rn. 1.
³ Beck VergabeR/*Friton/Wolters* Rn. 18.
⁴ HK-VergabeR/*Franzius* Rn. 14.
⁵ HK-VergabeR/*Franzius* VOL/A § 10. Rn. 4.
⁶ *Horn* in Müller-Wrede VOL/A § 12 EG Rn. 9.

bzw. ein solches Angebot abzugeben.[7] Die Vorschrift ist insoweit **bieterschützend**.[8] Nicht nur Bieter profitieren jedoch von angemessenen Fristen. Auch der Auftraggeber hat ein Interesse daran, Angebote zu erhalten, die durch genügend Ausarbeitungszeit an Qualität und Preissicherung gewinnen.[9] Bei der Angebotsfrist handelt es sich um eine Ausschlussfrist.[10]

4 2. Bewerbungsfrist im Teilnahmewettbewerb (Abs. 2 und 4). Abs. 2 regelt iVm Abs. 4 S. 1 die Fristen zur Einreichung von Teilnahmeanträgen. Die Fristen werden in Tagen bemessen, wobei gem. Art. 3 Abs. 3 VO (EWG, Euratom) Nr. 1182/711 Kalendertage gemeint sind, also Sonnabende, Sonn- und Feiertage mitgezählt werden. Eine Vorschrift zur Anwendbarkeit der VO (EWG, Euratom) Nr. 1182/711 wie bei § 82 VgV fehlt in der VSVgV. Es handelt sich hierbei aber um eine Verordnung gem. § 288 AEUV, die allgemeine Geltung entfaltet und damit in allen ihren Teilen verbindlich und unmittelbar in jedem Mitgliedstaat zur Anwendung kommt.[11]

5 Der öffentliche Auftraggeber muss gem. § 20 Abs. 2 beim nicht offenen Verfahren, im Verhandlungsverfahren mit Teilnahmewettbewerb sowie im wettbewerblichen Dialog eine **Frist von mindestens 37 Tagen** für den Eingang der Anträge auf Teilnahme ab dem Tag der Absendung der Bekanntmachung festsetzen. Bei **elektronischer Absendung der Bekanntmachung** kann die **Regelfrist** von 37 Tagen gem. § 20 Abs. 4 S. 1 um **sieben Tage verkürzt** werden.

6 Liegt ein Fall von **besonderer Dringlichkeit** vor und ist somit ein beschleunigtes Verfahren notwendig, gilt für das nicht offene Verfahren und das Verhandlungsverfahren mit Teilnahmewettbewerb nach Abs. 2 S. 2 eine **Mindestfrist von 15 Tagen**. Wird eine **elektronische Übermittlung** gewählt, **verkürzt** sich die **Mindestfrist** bei Dringlichkeit auf jeweils **zehn Tage**, gerechnet vom Tag der Absendung der Bekanntmachung. Eine solche Dringlichkeit ist dann gegeben, wenn objektive Gründe existieren, die zwar eine gänzliche Abkehr von dem gesetzlich vorgeschriebenen Verfahren nicht zulassen, es dem Auftraggeber aber nicht möglich ist, die grundsätzliche Mindestfrist von 37 Tagen einzuhalten.[12] Von einer Dringlichkeit, die die Verkürzung der Frist rechtfertigt, wird jedenfalls dann nicht auszugehen sein, wenn der Auftraggeber die Dringlichkeit des Beschaffungsvorgangs selbst verschuldet hat.[13]

7 3. Angebotsfrist (Abs. 3 und 4). Abs. 3 regelt iVm Abs. 4 S. 2 die Fristen zur Einreichung von Angeboten. Der Auftraggeber muss den Bietern beim nicht offenen Verfahren eine **Mindestfrist von 40 Tagen** für die Angebotslegung gewähren, gerechnet vom Tag der Absendung der Aufforderung zur Angebotsabgabe. Liegen die Voraussetzungen für ein beschleunigtes Verfahren vor, so beträgt die Frist mindestens zehn Tage ab Absendung der Aufforderung zur Angebotsabgabe. Die Voraussetzungen für die Durchführung eines beschleunigten Verfahrens entsprechen denjenigen in § 20 Abs. 2 S. 2.[14]

8 Hat der Auftraggeber eine **Vorinformation** gem. § 17 **veröffentlicht**, so kann die Frist in der Regel, also ohne besondere Begründung, auf **36 Tage**, jedoch **keinesfalls** auf **weniger als 22 Tage, verkürzt** werden. Diese besonders verkürzte Frist ist jedoch nur angemessen, wenn die Vorinformation alle nach Anhang IV Vergabe-RL Verteidigung und Sicherheit geforderten Informationen enthalten hat, soweit diese zum Zeitpunkt vorhanden waren. Diese Informationen beinhalten:

1. Name, Anschrift, Faxnummer, E-Mail-Adresse des Auftraggebers und, wenn davon abweichend, der Stelle, bei der zusätzliche Auskünfte eingeholt werden können, sowie – bei Dienstleistungs- und Bauaufträgen – der Stellen, zB die entsprechende Internetseite der Regierung, bei denen Informationen über den am Ort der Leistungserbringung geltenden allgemeinen Regelungsrahmen für Steuern, Umweltschutz, Arbeitsschutz und Arbeitsbedingungen erhältlich sind.
2. Gegebenenfalls Angabe, dass es sich um eine Ausschreibung handelt, die geschützten Werkstätten vorbehalten ist oder bei der die Auftragsausführung nur im Rahmen von Programmen für geschützte Beschäftigungsverhältnisse erfolgen darf.
3. Bauaufträge: Art und Umfang der Arbeiten sowie Ausführungsort; für den Fall, dass das Bauwerk in mehrere Lose unterteilt ist, sind die wichtigsten Eigenschaften jedes Loses anzugeben; sofern verfügbar ist eine Schätzung der Kostenspanne für die vorgesehenen Arbeiten anzugeben; Referenznummer(n) der Nomenklatur.
Lieferaufträge: Art und Menge oder Wert der zu liefernden Waren; Referenznummer(n) der Nomenklatur.

---

[7] *Rechten* in KMPP VOL/A § 12 EG Rn. 14.
[8] VK Sachsen-Anhalt Beschl. v. 11.4.2011 – 1 VK LVwA 18/09, IBRRS 2012, 0451.
[9] Leinemann/Kirch/*Kirch* Rn. 2.
[10] VK Münster Beschl. v. 15.1.2003 – VK 22/02, IBRRS 2003, 0431.
[11] jurisPK-VergabeR/*Willweber* Rn. 4.
[12] *Rechten* in KMPP VOL/A § 12 EG Rn. 43.
[13] VK Sachsen Beschl. v. 7.4.2004 – 1-SVK/023/04, IBRRS 2004, 3471.
[14] Beck VergabeR/*Friton/Wolters* Rn. 18.

Dienstleistungsaufträge: Gesamtwert einer jeden Beschaffung nach den einzelnen Kategorien; Referenznummer(n) der Nomenklatur.
4. Voraussichtlicher Zeitpunkt für den Beginn des Verfahrens zur Vergabe des Auftrags bzw. der Aufträge, für Dienstleistungsaufträge nach Kategorien unterteilt.
5. Gegebenenfalls Angabe, ob es sich um eine Rahmenvereinbarung handelt.
6. Gegebenenfalls sonstige Auskünfte.
7. Datum der Absendung der Bekanntmachung oder der Absendung der Bekanntmachung, in der die Veröffentlichung dieser Bekanntmachung einer Vorinformation über das Beschafferprofil angekündigt wird.

Diese Vorinformation muss mindestens 52 Tage und frühestens zwölf Monate vor dem Tag der Absendung der Bekanntmachung übermittelt worden sein. Diese Verkürzung ist gerechtfertigt, da durch die Vorinformation die Bieter bereits im Vorfeld der Ausschreibung die Möglichkeit erhalten, die Angebotslegung vorzubereiten.[15]

Bei elektronisch erstellten und übermittelten Bekanntmachungen kann die **Regelfrist von 40 Tagen** gem. § 20 Abs. 4 S. 2 **um weitere fünf Tage verkürzt** werden, wenn ab dem Tag der Bekanntmachung die **Vergabeunterlagen** und unterstützende Unterlagen iSd Anhang VI Vergabe-RL Verteidigung und Sicherheit **elektronisch frei, direkt und vollständig verfügbar sind.** In dieser Bekanntmachung ist dann die entsprechende Internetadresse zum Abrufen der Unterlagen anzugeben. Gemäß § 20 Abs. 4 S. 3 kann die Verkürzung der Teilnahmefrist bei elektronisch erstellter und übermittelter Bekanntmachung mit der Verkürzung der Angebotsfrist bei elektronischer, freier, direkter und vollständiger Bekanntmachung der Vergabeunterlagen kombiniert werden.

4. Zusätzliche Informationen und Verlängerung der Angebotsfrist (Abs. 5 und 6 Var. 2). Der öffentliche Auftraggeber ist im Falle des nicht offenen Verfahrens verpflichtet, zusätzliche Informationen über die Vergabeunterlagen, die Beschreibung oder unterstützende Unterlagen, die rechtzeitig angefordert wurden, spätestens **sechs Tage vor Ablauf der Angebotsfrist zu übermitteln.** Handelt es sich um ein **beschleunigtes Verhandlungsverfahren,** sind die angeforderten Information spätestens **vier Tage vor Fristablauf zu übermitteln.** Nach Art. 3 Abs. 4 der VO (EWG, Euratom) Nr. 1182/711 ist es für diese rückwirkend berechneten Fristen ohne Belang, wenn das Fristende auf einen Feiertag, Sonntag oder Sonnabend fällt.

Durch die Vorschrift soll sichergestellt werden, dass die Bieter ausreichend Zeit haben, Antworten auf Bieterfragen bei der Angebotserstellung zu berücksichtigen.[16] Der Auftraggeber ist jedoch grundsätzlich nur dann zur Informationserteilung verpflichtet, wenn die Informationen rechtzeitig angefordert wurden. Wie der Begriff „rechtzeitig" zu verstehen ist, ergibt sich aus der Regelung nicht. Eine starre Fristenregelung für die Definition des Begriffs der „Rechtzeitigkeit" ist nicht möglich. Vielmehr bestimmt sich diese individuell nach Umfang und Komplexität der Auskunft.[17] Es kann zweckdienlich sein, eine **einheitliche Ausschlussfrist** für die Beantwortung von Bieterfragen zu setzen.[18] Zwar sind, wie dargelegt, die Bieterfragen stets unterschiedlich komplex und ihre Beantwortung nimmt unterschiedlich viel Zeit in Anspruch. Im Sinne eines transparenten Verfahrens und der Gleichbehandlung aller Bieter ist ein solches Vorgehen jedoch empfehlenswert.

§ 20 Abs. 6 Var. 2 gibt dem Auftraggeber auch die Möglichkeit, die Angebotsfrist zu verlängern, wenn die Fristen nach Abs. 5 nicht eingehalten werden können. Die Fristverlängerung dient dann dazu, dass alle Unternehmen von den für die Angebotserstellung notwendigen Informationen Kenntnis nehmen können. Die Regelung knüpft an eine rechtzeitige Anforderung einer Zusatzinformation durch den Bieter an. Ergeben sich aus einer verspäteten Bieterfrage jedoch maßgebliche Defizite bzw. Unklarheiten hinsichtlich der Vergabeunterlagen, so hat der Auftraggeber im Sinne der Rechtmäßigkeit der Durchführung des Vergabeverfahrens bei Bedarf die Frist zur Angebotslegung zu verlängern, obwohl die Bieterfrage nicht rechtzeitig eingegangen war.[19]

Um ein diskriminierungsfreies Vergabeverfahren ohne Informationsvorsprünge einzelner Bieter zu gewährleisten, sind Antworten auf Bieterfragen allen Bietern zur gleichen Zeit mitzuteilen.[20] Eine Ausnahme hiervon kann nur dann gelten, wenn die Frage ein individuelles Missverständnis eines einzelnen Bieters betrifft, die Beantwortung an alle Bieter Betriebs- oder Geschäftsgeheimnisse verletzen oder die Identität des Bieters preisgeben würde.[21]

---

[15] Beck VergabeR/*Friton*/*Wolters* Rn. 19.
[16] Leinemann/Kirch/*Kirch* Rn. 9.
[17] *Rechten* in KMPP VOL/A, § 12 EG Rn. 35; *Horn* in Müller-Wrede VOL/A § 12 EG Rn. 45.
[18] *Rechten* in KMPP VOL/A § 12 EG Rn. 35.
[19] VK Bund Beschl. v. 27.1.2017 – VK 2-131/16, BeckRS 2017, 113308.
[20] *Ohlerich* in Gabriel/Krohn/Neun VergabeR-HdB § 18 Rn. 49.
[21] VK Sachsen Beschl. v. 24.8.2016 – 1/SVK/017-16, BeckRS 2016, 19035.

13 **5. Verlängerung der Angebotsfrist (Abs. 6 Var. 1).** In § 20 Abs. 6 ist eine weitere Möglichkeit der Fristverlängerung vorgesehen, nämlich für den Fall, dass Angebote nur nach einer Ortsbesichtigung oder einer Einsichtnahme in nicht übersandte Vergabeunterlagen erstellt werden können. Die Fristverlängerung ist auch in diesen Fällen so auszugestalten, dass die betroffenen Unternehmen von allen Informationen, die für die Erstellung des Angebots notwendig sind, Kenntnis nehmen können. Hierfür sind stets die Umstände des Einzelfalls maßgeblich, etwa die Entfernung der Bieter zum Ort der Besichtigung oder der Umfang der nicht übersandten Unterlagen.[22]

14 **6. Zurückziehung von Angeboten (Abs. 7).** § 20 Abs. 7 gibt aus Gründen der Klarstellung den Inhalt des nicht mehr geltenden § 12 EG Abs. 10 VOL/A wieder.[23] Die Bieter können ihre Angebote gem. § 20 Abs. 7 vor Ablauf der Angebotsfrist, unter Beachtung aller Formerfordernisse, die für die Einreichung der Angebote vorgesehen waren, zurückziehen. Zivilrechtlich handelt es sich bei § 20 Abs. 7 um eine besondere Form des **Widerrufs von Willenserklärungen** gem. § 130 Abs. 1 S. 2 BGB.[24] Im Gegensatz zu § 10b VS VOB/A, der das Zurückziehen der Angebote in Textform ermöglicht, verlangt Abs. 7 die Einhaltung der in § 19 Abs. 1 vorgesehenen Formen.[25] Ist die Angebotsfrist abgelaufen, ist eine Rücknahme des Angebotes innerhalb der Zuschlagsfrist nicht mehr möglich; es besteht eine einseitige Bindung des jeweiligen Bieters.[26] Eine Anfechtung ist nur in Ausnahmefällen unter Anwendung der zivilrechtlichen Grundsätze möglich. Ein bloßer Kalkulationsfehler rechtfertigt eine Anfechtung nicht.[27]

§ 21 Eignung und Auswahl der Bewerber

(1) Aufträge werden unter Wahrung der Eignungsanforderungen des § 122 Absatz 1 des Gesetzes gegen Wettbewerbsbeschränkungen vergeben.

(2) [1]Auftraggeber können Mindestanforderungen an die Eignung stellen, denen die Bewerber genügen müssen. [2]Diese Mindestanforderungen müssen mit dem Auftragsgegenstand im sachlichen Zusammenhang stehen und durch ihn gerechtfertigt sein. [3]Die Mindestanforderungen werden in der Bekanntmachung oder den Vergabeunterlagen angegeben.

(3) [1]Im nicht offenen Verfahren, Verhandlungsverfahren mit Teilnahmewettbewerb und im wettbewerblichen Dialog dürfen Auftraggeber die Zahl der geeigneten Bewerber begrenzen, die zur Abgabe eines Angebots aufgefordert werden. [2]Dazu geben die Auftraggeber in der Bekanntmachung die von ihnen vorgesehenen objektiven und nicht diskriminierenden Anforderungen sowie die vorgesehene Mindestzahl und gegebenenfalls auch die Höchstzahl an Bewerbern an. [3]Die Mindestzahl der Bewerber darf nicht niedriger als drei sein.
1. Sofern geeignete Bewerber in ausreichender Zahl zur Verfügung stehen, wird das Verfahren mit der Anzahl von Bewerbern fortgeführt, die der festgelegten Mindestzahl an Bewerbern entspricht.
2. [1]Sofern die Zahl geeigneter Bewerber unter der Mindestanzahl liegt, kann der Auftraggeber das Verfahren fortführen. [2]Ist der Auftraggeber der Auffassung, dass die Zahl der geeigneten Bewerber zu gering ist, um einen echten Wettbewerb zu gewährleisten, so kann er das Verfahren aussetzen und die erste Bekanntmachung gemäß § 18 zur Festsetzung einer neuen Frist für die Einreichung von Anträgen auf Teilnahme erneut veröffentlichen. [3]In diesem Fall wird das Verfahren mit den nach der ersten sowie mit den nach der zweiten Bekanntmachung ausgewählten Bewerbern gemäß § 29 fortgeführt. [4]Die Möglichkeit, das laufende Vergabeverfahren einzustellen und ein neues Verfahren einzuleiten, bleibt unberührt.

(4) [1]Bewerber oder Bieter, die gemäß den Rechtsvorschriften des EU-Mitgliedstaats, in dem sie ihre Niederlassung haben, zur Erbringung der betreffenden Leistung berechtigt sind, dürfen nicht allein deshalb zurückgewiesen werden, weil sie gemäß den einschlägigen deutschen Rechtsvorschriften eine natürliche oder juristische Person sein müssten. [2]Im Falle zusätzlicher Dienstleistungen bei Lieferaufträgen und im Falle von Dienstleistungsaufträgen können juristische Personen verpflichtet werden, in ihrem Antrag auf Teilnahme

---

[22] Ziekow/Völlink/*Völlink*, 2. Aufl. 2013, VOB/A § 10 EG Rn. 9.
[23] VSVgV-Begründung, BR-Drs. 321/12, 54.
[24] *Rechten* in KMPP VOL/A § 10 Rn. 69.
[25] jurisPK-VergabeR/*Willweber* Rn. 23.
[26] Leinemann/Kirch/*Kirch* Rn. 10.
[27] Leinemann/Kirch/*Kirch* Rn. 10.

oder Angebot die Namen und die berufliche Qualifikationen der Personen anzugeben, die für die Durchführung des Auftrags als verantwortlich vorgesehen sind.

(5) ¹Bewerber- und Bietergemeinschaften sind wie Einzelbewerber und -bieter zu behandeln. ²Auftraggeber dürfen nicht verlangen, dass nur Gruppen von Unternehmen, die eine bestimmte Rechtsform haben, einen Teilnahmeantrag stellen oder ein Angebot abgeben dürfen. ³Für den Fall der Auftragserteilung können die Auftraggeber verlangen, dass eine Bietergemeinschaft eine bestimmte Rechtsform annimmt, sofern dies für die ordnungsgemäße Durchführung des Auftrags notwendig ist.

Schrifttum: *Roth/Lamm,* Die Umsetzung der Verteidigungsgüter-Beschaffungsrichtlinie in Deutschland, NZBau 2012, 609.

Übersicht

	Rn.		Rn.
I. Die Eignung und Auswahl von Bewerbern bzw. Bietern gem. §§ 21–28	1	a) Allgemeines	14
II. Normzweck des § 21	5	b) Auswahlkriterien	15
III. Die Regelungen des § 21 im Einzelnen	6	c) Vorgehen bei geringerer Anzahl an Bewerbern als vorgesehener Mindestzahl	20
1. Eignung (Abs. 1)	6	4. Keine Zurückweisung von Bewerbern oder Bietern wegen der Rechtsform (Abs. 4)	29
2. Mindestanforderungen (Abs. 2)	8		
3. Beschränkung des Bewerberkreises (Abs. 3)	14	5. Bewerber- und Bietergemeinschaften (Abs. 5)	30

I. Die Eignung und Auswahl von Bewerbern bzw. Bietern gem. §§ 21–28

Die §§ 21–28 enthalten wesentliche Vorschriften über die Prüfung der Eignung und Auswahl **1** von Bewerbern bzw. Bietern bei der Teilnahme an Vergabeverfahren. Die Eignungsprüfung dient öffentlichen Auftraggebern dazu, die Unternehmen zu ermitteln, die zur Erbringung der konkret nachgefragten Leistung generell in Betracht kommen. Sie bietet zudem die Möglichkeit, unzureichend qualifizierte Bieter aus dem Verfahren auszuschließen.¹ Dahinter steht der Grundsatz, dass Auftraggeber Aufträge lediglich an solche Unternehmen erteilen sollen, bei denen sie aufgrund einer positiven Eignungsprognose zu dem Ergebnis gelangt sind, dass das Unternehmen den Auftrag termin- und vertragsgerecht erbringt.²

Die §§ 21–28 ergänzen die mit der Vergaberechtsreform erstmals in § 122 GWB getroffene **2** Regelung zur Eignung und die in den §§ 123–126 GWB getroffenen Regelungen zum Ausschluss von Bewerbern und Bietern. Die Regelungen der VSVgV wurden im Zuge der Vergaberechtsreform an die neuen Vorgaben der §§ 122–126 GWB angepasst, um den Gleichklang der Vorschriften sicherzustellen.³ Dieser Gleichklang ist auch wegen der neuen Regelung in § 147 S. 1 GWB ausdrücklich gesetzlich geboten. Danach finden die §§ 119, 120, 121 Abs. 1 und 3 GWB sowie die §§ 122–135 GWB für die Vergabe von verteidigungs- oder sicherheitsspezifischen öffentlichen Aufträgen grundsätzlich entsprechende Anwendung.⁴

Die §§ 21–28 enthalten sowohl materiell-rechtliche als auch verfahrensrechtliche Vorgaben für **3** die Prüfung der Eignung und die Auswahl von Bewerbern bzw. Bietern. Gemäß § 21 Abs. 2 können öffentliche Auftraggeber die zu erfüllenden Eignungskriterien in Form von Mindestanforderungen an die Leistungsfähigkeit ausdrücken. Mit diesen materiellen Regelungen zu den Eignungskriterien verbunden werden die Regelungen der zulässigen Nachweise über das Nichtvorliegen von Ausschlussgründen (§§ 22–24), die Erfüllung der Eignungskriterien in Bezug auf die Erlaubnis zur Berufsausübung, die wirtschaftliche und finanzielle Leistungsfähigkeit und die technische und berufliche Leistungsfähigkeit (§§ 25–27) einschließlich der Regelungen über die Rechtsform von Bewerbern oder Bietern, über die Eignungsleihe und die Begrenzung der Anzahl geeigneter Bewerber,

---

[1] BGH Urt. v. 15.4.2008 – X ZR 129/06, NZBau 2008, 505.
[2] Vgl. VK Bund Beschl. v. 19.6.2016, VK1-82/16, BeckRS 2016, 124771.
[3] Vgl. BT-Drs. 18/7318, 277 f.
[4] Zu den Grundsätzen und Sinn und Zweck der Eignungsprüfung im Detail in Band 3 *Hölzl* → GWB § 123 Rn. 1 ff.

die zur Abgabe eines Angebots aufgefordert werden. Hinzu kommen in § 28 Vorgaben zum Nachweis für die Einhaltung von Normen des Qualitäts- und Umweltmanagements.

4   Vergleichbare Regelungen gibt es in allen anderen Vergabeordnungen, insbesondere in den §§ 42–51 VgV. Die §§ 21–27 unterscheiden sich allerdings in mehreren Punkten von den Regelungen der VgV. Damit will der Gesetzgeber den Besonderheiten des Verteidigungs- und Sicherheitssektors Rechnungen tragen. Eine der Besonderheiten ist bereits in § 147 Abs. 1 S. 1 GWB gesetzlich verankert und in den §§ 23 und 24 konkretisiert. Danach kann ein Unternehmen gemäß § 124 Abs. 1 GWB auch dann von der Teilnahme an einem Vergabeverfahren ausgeschlossen werden, wenn das Unternehmen nicht die erforderliche Vertrauenswürdigkeit aufweist, um Risiken für die nationale Sicherheit auszuschließen.

II. Normzweck des § 21

5   § 21 regelt die Grundzüge der Eignung von Unternehmen und enthält Vorgaben für die Aufstellung von Eignungsanforderungen (auch als Eignungskriterien bekannt) und ihre Prüfung im Vergabeverfahren. § 21 Abs. 1 verweist auf die allgemeinen Eignungsanforderungen in § 122 Abs. 1 GWB und stellt damit den Gleichklang zwischen der Regelungen des GWB und der VSVgV sicher.[5] Darüber hinaus gibt er Vorgaben für die Festlegung von Mindestanforderungen (Abs. 2) und stellt Grundsätze für die Beschränkung des Bewerberkreises in mehrstufigen Verfahren auf (Abs. 3). Zudem regelt die Vorschrift den Umgang mit Rechtsformen ausländischer Bieter (Abs. 4) und die Grundzüge zum Umgang mit Bewerber- bzw. Bietergemeinschaften (Abs. 5). Die Abs. 2–5 des § 21 ergänzen also die Regelungen des § 122 Abs. 2–4 GWB.[6]

III. Die Regelungen des § 21 im Einzelnen

6   **1. Eignung (Abs. 1).** Mit § 21 Abs. 1 setzt der Gesetzgeber die Vorgaben des Art. 38 Abs. 1 RL 2009/81/EG (Vergabe-RL Verteidigung und Sicherheit) in der VSVgV um. Die Umsetzung in § 21 Abs. 1 erfolgt durch einen Verweis auf die allgemeinen Eignungsanforderungen in § 122 Abs. 1 GWB. Der Vorschrift kommt vor allem klarstellende Bedeutung zu, dass verteidigungs- und sicherheitsrelevante öffentliche Aufträge ausschließlich an geeignete Unternehmen vergeben werden dürfen.[7] Ein Unternehmen ist entsprechend der vergaberechtlichen Grundsätze geeignet, wenn es nicht gem. §§ 123, 124 GWB iVm § 147 GWB und §§ 23, 24 wegen gesetzlicher oder anderer Verstöße auszuschließen ist, und wenn es über die für die Auftragsdurchführung erforderliche Erlaubnis zur Berufsausübung, die wirtschaftliche und finanzielle sowie die technische und berufliche Leistungsfähigkeit verfügt.[8] Die Anforderung, dass bei den Bietern keine Ausschlussgründe vorliegen, soll vor allem sicherstellen, dass öffentliche Aufträge lediglich an zuverlässige und gesetzestreue Unternehmen vergeben werden. Mit den Eignungsanforderungen soll der Auftraggeber vor allem sicherstellen, dass Aufträge lediglich an solche Unternehmen vergeben werden, die eine einwandfreie bzw. ordnungsgemäße Leistung gewährleisten können. Das dient letztendlich dem Schutz des öffentlichen Auftraggebers und „soll der Vergeudung öffentlicher Mittel vorbeugen".[9]

7   Die Anforderungen an die Eignung eines Unternehmens (Eignungskriterien) sind nicht nur von Zuschlagskriterien abzugrenzen, sondern auch von Anforderungen an die zu erbringende Leistung.[10] Eignungsanforderungen hängen im Wesentlichen mit der Beurteilung der fachlichen Eignung der Bieter für die Ausführung des betreffenden Auftrags zusammen. Demgegenüber geht es bei den Zuschlagskriterien um die Ermittlung des wirtschaftlich günstigsten Angebots.[11] Für die Abgrenzung zwischen beiden Arten von Wertungskriterien ist es maßgeblich, ob sich ein Wertungsaspekt in seinem wesentlichen Kern bzw. hinsichtlich seines Bewertungsschwerpunkts auf Angaben stützen soll, die nur für den konkreten Auftrag Bedeutung erlangen, oder auf Angaben zu den generellen Fähigkeiten und Fertigkeiten des Bieters.[12] Schließlich hängen die Anforderungen an die zu erbringende Leistung im Wesentlichen mit der Qualität der nachgefragten Leistung zusammen. Sie beziehen sich also auf die Frage, welche Anforderungen der öffentliche Auftraggeber an die Ausführung der Leistung stellt.

---

[5]   Vgl. in Band 3 *Hölzl* → GWB § 123 Rn. 44 ff.
[6]   BT-Drs. 18/7318, 277.
[7]   BR-Drs. 321/12, 54; vgl. auch in Band 3 *Hölzl* → GWB § 123 Rn. 44.
[8]   Vgl. VK Bund Beschl. v. 25.3.2014 – VK 1-16/14, IBRRS 2014, 2463.
[9]   BGH Beschl. v. 7.1.2014 – X ZB 15/13.
[10] OLG Düsseldorf Beschl. v. 3.8.2018 – Verg 30/18.
[11] OLG Düsseldorf Beschl. v. 19.6.2013 – VII-Verg 4/13.
[12] OLG Naumburg Beschl. v. 12.4.2012 – 2 Verg 1/12.

2. Mindestanforderungen (Abs. 2). § 21 Abs. 2 stellt klar, dass Auftraggeber Mindestanforderungen an die Eignung aufstellen können und regelt zusätzlich unter welchen Voraussetzungen Mindestanforderungen zulässig sind.[13] Die Vorschrift setzt Art. 38 Abs. 2 Vergabe-RL Verteidigung und Sicherheit um. Obwohl sich § 21 Abs. 2 lediglich auf Mindestanforderungen bezieht, gelten die Voraussetzungen in der Sache für sämtliche Eignungsanforderungen.[14]

Mindestanforderungen an die Eignung zeichnen sich dadurch aus, dass sie von Unternehmen zwingend erfüllt werden müssen. Kann ein Unternehmen sie nicht erfüllen, ist es von dem Vergabeverfahren auszuschließen. Wegen der harten Konsequenzen sind die Anforderungen an die Auswahl der Mindestanforderungen, die in § 21 Abs. 2 festlegt werden, sehr genau zu beachten. Werden diese nicht erfüllt, ist ein Ausschluss unzulässig.[15]

Erstens regelt § 21 Abs. 2 S. 2 in materieller Hinsicht, dass **Mindestanforderungen** mit dem Auftragsgegenstand im **sachlichen Zusammenhang** stehen und **durch ihn gerechtfertigt** sein müssen.[16] Damit wird sichergestellt, dass der Wettbewerb nicht ohne sachlichen Grund eingeschränkt wird. Denn Mindestanforderungen verengen den potenziellen Teilnehmerkreis für eine Bewerbung um den Auftrag. Die Anforderungen sind also Ausfluss des vergaberechtlichen Wettbewerbsgrundsatzes, aber auch des Verhältnismäßigkeitsgebots gem. § 97 Abs. 1 GWB sowie des Diskriminierungsverbots gem. § 97 Abs. 2 GWB.[17] Daraus ergibt sich im Einzelnen, dass Mindestanforderungen **nicht willkürlich** aufgestellt werden dürfen. Der stattdessen erforderliche sachliche Zusammenhang mit dem Auftrag besteht dann, wenn die abgefragte Eignung bei der Auftragsdurchführung tatsächlich benötigt wird.[18] Zu denken ist etwa an bestimmte Kapazitätsanforderungen, die Unternehmen mindestens erfüllen müssen, um einen Auftrag auch sicher zeitgerecht abwickeln zu können.[19] Weiter dürfen Mindestanforderungen **nicht** so gestaltet werden, dass sie bestimmte Unternehmen **bevor- oder benachteiligen**.[20] Schließlich ist bei der Festlegung der Mindestanforderungen auch das **Verhältnismäßigkeitsgebot** zu berücksichtigen.[21] Die Mindestanforderungen müssen den Anforderungen an die Leistungsausführung angemessen Rechnung tragen.[22] Im Ergebnis sind also lediglich solche Eignungsanforderungen zulässig, die zur Sicherstellung einer einwandfreien Ausführung des zu vergebenden Auftrags geeignet und erforderlich sind.[23]

Gleichwohl ist zu beachten, dass Mindestanforderungen auch nicht so festgelegt werden müssen, dass sie jedes Unternehmen erfüllen kann. Das gilt insbesondere im Hinblick auf sog. **Newcomer**, die noch nicht am Markt etabliert sind. Die Bestimmungen des Vergaberechts nehmen ersichtlich in Kauf, dass sie den Marktzutritt für Newcomer erschweren, wenn der Auftraggeber von den Bestimmungen in zulässiger Weise Gebrauch macht (dh die Mindestanforderungen durch den Gegenstand der Leistungen gerechtfertigt sind).[24] Eine Grenze ist erst dann überschritten, wenn es Newcomern unmöglich gemacht wird, die Nachweise einzureichen, mit der Folge, dass sie von vornherein vom Wettbewerb ausgeschlossen werden und keine Chance auf den Zuschlag haben.[25] Eine Lösung, um als Newcomer Mindestanforderungen zu erfüllen, kann regelmäßig darin liegen, sich gem. § 26 Abs. 3 (→ § 26 Rn. 12) bzw. § 27 Abs. 4 (→ § 27 Rn. 22) auf die Eignung eines anderen Unternehmens zu berufen (Eignungsleihe).

Zweitens regelt § 21 Abs. 2 S. 3 in verfahrensrechtlicher Hinsicht, dass Mindestanforderungen in der **Bekanntmachung oder den Vergabeunterlagen** angegeben werden müssen. Diese verfahrensrechtliche Vorgabe ist Ausfluss des Transparenzgrundsatzes.[26] Danach muss eine Auftragsbekanntmachung alle Informationen enthalten, um dem Bewerber oder Bieter eine Entscheidung zur Teilnahme am Vergabeverfahren zu ermöglichen (zur Frage, ob eine Verlinkung innerhalb der Bekanntmachung zu Vergabeunterlagen ausreicht → § 22 Rn. 5). Vor allem sollen sie nicht durch

---

[13] Vgl. BR-Drs. 321/12, 54.
[14] BR-Drs. 321/12, 54.
[15] BGH Urt. v. 6.10.2020 – XIII ZR 21/19.
[16] OLG Frankfurt a. M. Beschl. v. 1.9.2016 – 11 Verg 6/16, NZBau 2016, 787.
[17] Vgl. Erwägungsgrund 61 Vergabe-RL Verteidigung und Sicherheit.
[18] Vgl. hierzu zB OLG Frankfurt a. M. Beschl. v. 1.9.2016 – 11 Verg 6/16, NZBau 2016, 787.
[19] Vgl. EuGH Urt. v. 7.4.2016 – C-324/14 Rn. 40, NZBau 2016, 373.
[20] OLG Frankfurt a. M. Beschl. v. 1.9.2016 – 11 Verg 6/16, NZBau 2016, 787.
[21] VK Hamburg Beschl. v. 24.5.2019 – Vgk FB 1/19.
[22] EuGH Urt. v. 4.5.2017 – C-387/14, NZBau 2017, 741.
[23] OLG München Beschl. v. 13.3.2017 – Verg 15/16, NZBau 2017, 371.
[24] OLG Düsseldorf Beschl. v. 2.1.2006 – Verg 93/05, BeckRS 2006, 02917; OLG Düsseldorf Beschl. v. 16.11.2011 – Verg 60/11, ZfBR 2012, 179; vgl. auch VK Nordbayern Beschl. v. 11.5.2015 – 21.VK-3194-10/15, IBRRS 2015, 1886.
[25] BayObLG Beschl. v. 9.3.2004 – Verg 20/03, BeckRS 2004, 03813.
[26] Vgl. Erwägungsgrund 61 Vergabe-RL Verteidigung und Sicherheit; VK Bund Beschl. v. 30.7.2018 – VK 1-61/18.

Mindestanforderungen überrascht werden, die ihnen noch bei der Abgabe ihres Teilnahmeantrags bzw. Angebots unbekannt sind. Solche nachträglich eingeführten Mindestanforderungen sind unzulässig.[27] Die Verpflichtung, Mindestanforderungen bekannt zu machen, ergibt sich auch aus § 18 Abs. 2 S. 1. Danach müssen alle Informationen in der Bekanntmachung enthalten sein, die in Anhang IV Vergabe-RL Verteidigung und Sicherheit aufgelistet sind. Dazu gehören auch „etwaige Mindestanforderungen" an die Bewerber bzw. an Unterauftragnehmer der Bewerber.[28]

13   Darüber hinaus gilt für die Mindestanforderungen in der Bekanntmachung oder den Vergabeunterlagen, dass sie **hinreichend klar und widerspruchsfrei** sein müssen.[29] Diese Vorgabe stellt zusätzlich sicher, Bewerbern bzw. Bietern eine Entscheidung zur Teilnahme am Vergabeverfahren zu ermöglichen. Schließlich ist darauf hinzuweisen, dass Auftraggeber in den Vergabeunterlagen entsprechend dokumentieren sollten, dass und aus welchen Gründen die Anforderungen an die Mindestanforderungen aufgestellt werden dürfen.[30]

14   **3. Beschränkung des Bewerberkreises (Abs. 3). a) Allgemeines.** Gemäß § 21 Abs. 3 kann in allen für die VSVgV zugelassenen Verfahrensarten, die einen Teilnahmewettbewerb vorsehen, der Kreis an Unternehmen beschränkt werden, die zur Abgabe eines Angebots aufgefordert werden sollen. Die Vorschrift stellt zusätzliche Vorgaben für die inhaltliche Rechtfertigung der Auswahlkriterien und für das Verfahren auf. Mit der Vorschrift wird Art. 38 Abs. 3 Vergabe-RL Verteidigung und Sicherheit umgesetzt. Art. 38 Abs. 3 Vergabe-RL Verteidigung und Sicherheit bezieht sich in seinem Wortlaut zwar allein auf das Verhandlungsverfahren mit Veröffentlichung einer Bekanntmachung. Dennoch ist die Umsetzung in § 21 Abs. 3 richtig, wonach eine Beschränkung nicht lediglich bei einem Verhandlungsverfahren mit Teilnahmewettbewerb zulässig ist, sondern auch bei einem nicht offenen Verfahren und einem wettbewerblichen Dialog. Das geht auch aus Erwägungsgrund 62 Vergabe-RL Verteidigung und Sicherheit hervor, wonach die Möglichkeit, den Bewerberkreis zu beschränken, in allen Verfahrensarten mit Teilnahmewettbewerb möglich sein soll.[31]

15   **b) Auswahlkriterien.** § 21 Abs. 3 S. 1 bestimmt, dass Auftraggeber lediglich eine beschränkte Zahl an geeigneten Bewerbern zur Abgabe eines Angebots gem. § 29 auffordern dürfen. In verfahrensrechtlicher Hinsicht bedeutet das, dass zunächst alle am Auftrag interessierten Unternehmen einen Teilnahmeantrag einreichen können, in dem sie ihre Eignung darlegen. Der Auftraggeber darf nach Prüfung der Teilnahmeanträge anhand von vorab festgelegten Eignungs- bzw. Auswahlkriterien zwischen den am besten geeigneten Teilnehmern auswählen. Der Auftraggeber kann also solche Unternehmen ausschließen, die zwar grundsätzlich geeignet sind, allerdings im Vergleich mit anderen Unternehmen eine geringere Eignung aufweisen. Das **„Mehr an Eignung"** eines Bieters kann beispielsweise durch die Qualität der vorzulegenden Referenzen, aber auch durch die Höhe der Umsätze des Unternehmens oder die Qualität des Personals ermittelt werden.[32] Die Vorschrift erlaubt also im Sinne einer **Bestenauslese** die Einschränkung eines möglichst breiten Wettbewerbs.

16   Wegen der wettbewerbsbeschränkenden Wirkung dieser Verfahrensgestaltung muss der Auftraggeber verschiedene Anforderungen bei der Begrenzung des Bewerberkreises beachten. Erstens muss er gem. § 21 Abs. 1 inhaltliche Anforderungen an die **Eignungskriterien** beachten. Sie entsprechen in der Sache den Anforderungen, die auch für die Festlegung von Mindestanforderungen gelten (→ Rn. 9). Danach müssen die Kriterien zur Auswahl der Bewerber **objektiv** und **nicht diskriminierend** sein.[33] Das setzt unter anderem einen sachlichen Zusammenhang mit dem Auftragsgegenstand voraus. Zusätzlich dürfen die Anforderungen nicht so gewählt werden, dass sie bestimmte Unternehmen bevorzugen oder benachteiligen. Sie müssen außerdem angemessen sein. Zweitens müssen die Anforderungen in der **Bekanntmachung** mitgeteilt werden, womit dem Transparenzgrundsatz gem. § 97 Abs. 1 GWB genüge getan wird.[34]

17   Daneben ist in der Bekanntmachung anzugeben, wie viele Unternehmen mindestens zur Abgabe eines Angebots aufgefordert werden. Bei der **Mindestanzahl** handelt es sich um eine obligatorische Angabe, deren Festlegung und Bekanntmachung nicht im Ermessen des Auftraggebers steht. Die Mindestanzahl darf in allen Verfahrensarten gem. § 21 Abs. 3 S. 3 nicht niedriger als drei

---

[27] BGH Urt. v. 6.10.2020 – XIII ZR 21/19.
[28] Vgl. Anhang IV Vergabe-RL Verteidigung und Sicherheit, Bekanntmachungen, Nr. 10 und 17.
[29] OLG Frankfurt a. M. Beschl. v. 1.9.2016 – 11 Verg 6/16, NZBau 2016, 787.
[30] OLG München Beschl. v. 13.3.2017 – Verg 15/16, NZBau 2017, 371.
[31] BR-Drs. 321/12, 55.
[32] Vgl. zur vergleichbaren Regelung des § 51 VgV BT-Drs. 18/7318, 207; vgl. beispielhaft OLG München Beschl. v. 13.3.2017 – Verg 15/16, NZBau 2017, 371; OLG München Beschl. v. 21.9.2018 – Verg 4/18.
[33] Erwägungsgrund 61 Vergabe-RL Verteidigung und Sicherheit.
[34] EuGH Urt. v. 12.12.2002. C-470/99 Rn. 90 ff.; Erwägungsgrund 61 Vergabe-RL Verteidigung und Sicherheit.

sein. Mit dieser Vorgabe gleicht der Verordnungsgeber die entgegenlaufenden Interessen eines hohen Maßes an Wettbewerb einerseits und an Gestaltungsspielraum des Auftraggebers bei der Strukturierung von Vergabeverfahren andererseits aus.

Die Vorgabe der Festlegung und Bekanntmachung einer Mindestanzahl von Bewerbern gilt auch in anderen Verfahrensordnungen, zB in § 51 Abs. 2 S. 1 VgV oder § 12 Abs. 2 S. 1 UVgO. Die Vorgaben der VSVgV lassen allerdings im Vergleich zu den Vorgaben der VgV etwas mehr Spielraum. Im nicht offenen Verfahren nach der VgV darf nämlich die Mindestanzahl der Bewerber nicht niedriger als fünf (anstatt drei) sein. **18**

Entscheidet sich der Auftraggeber zusätzlich zu der Mindestanzahl eine hiervon abweichende **Höchstzahl** an Unternehmen zur Abgabe eines Angebots aufzufordern, ist diese Anzahl gem. § 21 Abs. 3 S. 2 ebenfalls anzugeben. Insofern ist klarzustellen, dass der Auftraggeber nicht verpflichtet ist, eine Höchstzahl festzulegen. Entscheidet er sich aber dafür, ist er verpflichtet, diese Anzahl in der Bekanntmachung anzugeben. **19**

c) Vorgehen bei geringerer Anzahl an Bewerbern als vorgesehener Mindestanzahl. **20**
§ 21 Abs. 3 Nr. 1 und Nr. 2 enthalten verfahrensrechtliche Vorgaben, wie das Vergabeverfahren nach Prüfung und Wertung der Teilnahmeanträge fortzuführen ist. Dabei unterscheidet § 21 Abs. 3 zwischen zwei Konstellationen.

§ 21 Abs. 3 Nr. 1 regelt, wie Auftraggeber das Verfahren gestalten müssen, wenn eine ausreichende Anzahl geeigneter Bewerber einen Teilnahmeantrag einreichen. In diesem Fall ist das Verfahren mit der Anzahl von Bewerbern fortzuführen, die der festgelegten Mindestanzahl an Bewerbern entspricht. **21**

§ 21 Abs. 3 Nr. 2 regelt, wie Auftraggeber das Verfahren gestalten können, wenn eine nicht ausreichende Anzahl geeigneter Bewerber einen Teilnahmeantrag einreichen. Die Vorschrift gilt für den Fall, dass nicht mindestens drei Bewerber einen Teilnahmeantrag eingereicht haben. Sie gilt auch für den Fall, dass zwar mehr als drei Bewerber einen Teilnahmeantrag eingereicht haben, sie aber nicht alle über die erforderliche Eignung verfügen. Die Vorschrift eröffnet dem Auftraggeber zwei Gestaltungsvarianten und weist im Übrigen auf eine dritte Gestaltungsvariante hin, die aber auch bei ausreichender Anzahl an qualifizierten Bewerbern offensteht, nämlich die Aufhebung und Einstellung des Verfahrens. **22**

Erstens kann sich der Auftraggeber gem. § 21 Abs. 3 Nr. 2 S. 1 dazu entscheiden, das Verfahren mit den Bewerbern **fortzuführen**, die sich für das Verfahren qualifiziert haben. Dieses Vorgehen entspricht demjenigen, das in § 51 Abs. 3 S. 2 VgV als Regel vorgegeben ist. **23**

Zweitens kann er sich dazu entscheiden, das Verfahren auszusetzen und die (unveränderte) Bekanntmachung mit einer neuen Teilnahmefrist **erneut zu veröffentlichen.** Werden auf der Grundlage der zweiten Bekanntmachung neue Bewerber zugelassen, so sind diese zeitgleich mit den Bewerbern aus dem ersten Verfahren gem. § 29 zur Abgabe eines Angebots aufzufordern (§ 21 Abs. 3 Nr. 2 S. 3). **24**

Drittens stellt § 21 Abs. 3 Nr. 2 S. 4 klar, dass sich der Auftraggeber auch dafür entscheiden kann, das laufende **Vergabeverfahren einzustellen** und ein neues Verfahren einzuleiten. Diese Möglichkeit bleibt ausdrücklich unberührt. Einschränkend ist jedoch darauf hinzuweisen, dass das Verfahren lediglich unter den Voraussetzungen des § 37 Abs. 1 rechtmäßig eingestellt werden darf. Eine Aufhebung und Einstellung des Verfahrens ist zB gem. § 37 Abs. 1 Nr. 1 rechtmäßig, wenn kein Teilnahmeantrag eingegangen ist, der den Bewerbungsbedingungen entspricht (die Vorschrift spricht lediglich von Angeboten, dürfte aber auch entsprechend für Teilnahmeanträge gelten) oder aber gem. § 37 Abs. 1 Nr. 2, wenn sich die Grundlagen des Vergabeverfahrens wesentlich geändert haben. Liegt keiner der Gründe vor, so ist die Aufhebung zwar in der Regel wirksam, aber rechtswidrig.[35] **25**

Auftraggebern ist ein **Ermessen** eingeräumt bei der Entscheidung, für welche der Varianten sie sich entscheiden. Das ergibt sich aus dem Wort „kann" jeweils in § 21 Abs. 3 Nr. 2 S. 1 und S. 2. Dieses Ermessen muss der Auftraggeber pflichtgemäß ausüben. Voraussetzung für eine Ermessensentscheidung ist aber zunächst, dass der Auftraggeber der *„Auffassung"* sein muss, dass die Zahl der geeigneten Bewerber zu gering sei, *„um einen echten Wettbewerb zu gewährleisten"*. Die Formulierung von einer *„Auffassung"* des Auftraggebers, die auf Art. 38 Abs. 3 Vergabe-RL Verteidigung und Sicherheit zurückgeht, ist insofern irreführend, weil sie den Eindruck vermittelt, als ob Auftraggeber ganz beliebig zu einer Auffassung kommen könnten. Tatsächlich muss die Auffassung des Auftraggebers aber vor allem auf der Grundlage wettbewerblicher Gesichtspunkte beruhen. Hat sich lediglich ein Bieter qualifiziert, liegt es nahe, dass ein Auftraggeber zu dem Ergebnis kommt, dass kein echter **26**

---

[35] Vgl. hierzu im Detail BeckOK VergabeR/*Queisner*, 4. Ed. 15.4.2017, VgV § 63 Rn. 49 ff.

Wettbewerb gewährleistet ist. Das Interesse an einer höheren Wettbewerbsintensität ist gleichwohl abzuwägen mit einer Verzögerung des Vergabeverfahrens.[36]

27   Die Entscheidung des Auftraggebers, das Verfahren fortzusetzen oder aber erneut bekanntzumachen, ist gleichwohl im Hinblick auf die **Einhaltung des Gleichbehandlungsgrundsatzes gem. § 97 Abs. 2 GWB nicht unproblematisch.** Zwar wird der Gleichbehandlungsgrundsatz in der Variante der Neubekanntmachung zumindest dadurch geschützt, dass der Auftraggeber keine anderen Anforderungen an die Bewerber als in der ersten stellen darf. Insofern ist die Vorschrift eindeutig („*die erste Bekanntmachung*") und lässt keine Besserstellung neuer Interessenten durch geringere Anforderungen an die Eignung in der zweiten Bekanntmachung zu. Allerdings birgt die Eröffnung des Ermessensspielraums, zwischen den zwei Varianten zu entscheiden, das Risiko, dass sich Auftraggeber vor allem wegen des Fortkommens oder Nichtfortkommens bestimmter Bieter entscheiden. Ist ein für den Auftraggeber potenziell interessanter Bieter zB wegen Formfehler ausgeschieden, wird sich ein Auftraggeber eher für die zweite Variante entscheiden und den Auftrag neu bekanntmachen. Ist hingegen ein missliebiger Bieter ausgeschlossen worden, wird sich der Auftraggeber eher für die erste Variante entscheiden. Diese Gefahr einer diskriminierenden Entscheidung dürfte auch Anlass dafür sein, dass die zweite Gestaltungsvariante in der Parallelvorschrift in § 51 Abs. 3 S. 3 VgV ausdrücklich verboten ist. Es erscheint vor diesem Hintergrund fraglich, ob die Vorgabe, dass der Auftraggeber seine Auswahlentscheidung aus wettbewerblichen Gründen treffen muss, ausreicht, um in jedem Fall diskriminierende Entscheidungen wirksam zu verhindern. Der Europäische Gesetzgeber hat sich allerdings für diesen Sonderweg bei der Vergabe von Verteidigungs- und Sicherheitsaufträgen entschieden. Dahinter steht vor allem die Sensibilität dieses Sektors, respektive der Souveränität der Mitgliedstaaten, die in diesem Bereich über größere Spielräume bei der Auftragsvergabe verfügen sollen.[37] Allerdings ist die Regelung kein Freifahrtschein für eine willkürliche Entscheidungsfindung. Auftraggeber müssen immer die Grundsätze der Transparenz, Gleichbehandlung und Nichtdiskriminierung beachten.

28   Die Entscheidung, für welche Variante sich der Auftraggeber entscheidet, gehört zu den Entscheidungen, die einschließlich ihrer tragenden Gründe gem. § 43 Abs. 1 im **Vergabevermerk** zu dokumentieren ist. Als Ermessensentscheidung ist sie allerdings **lediglich eingeschränkt von den Nachprüfungsinstanzen überprüfbar.** Sie kann nur daraufhin überprüft werden, ob die Vergabestelle überhaupt ihr Ermessen ausgeübt hat (Ermessensnichtgebrauch) oder ob sie das vorgeschriebene Verfahren nicht eingehalten, von einem nicht zutreffenden oder unvollständig ermittelten Sachverhalt ausgegangen ist, sachwidrige Erwägungen in die Wertung mit eingeflossen sind oder der Beurteilungsmaßstab nicht zutreffend angewandt worden ist (Ermessensfehlgebrauch).[38]

29   **4. Keine Zurückweisung von Bewerbern oder Bietern wegen der Rechtsform (Abs. 4).** § 21 Abs. 4 ist Ausfluss des Diskriminierungsverbots gem. § 97 Abs. 2 GWB und regelt den Umgang von Bewerbern, die in Rechtsformen anderer EU-Mitgliedsstaaten gegründet sind. Die Vorschrift setzt Art. 5 Abs. 1 Vergabe-RL Verteidigung und Sicherheit um und entspricht im Wesentlichen den Vorgaben des § 43 Abs. 1 VgV. Auf die entsprechende Kommentierung wird verwiesen.[39]

30   **5. Bewerber- und Bietergemeinschaften (Abs. 5).** Auch § 21 Abs. 5 ist Ausfluss des Diskriminierungsverbots gem. § 97 Abs. 2 GWB. Er bestimmt, dass Bewerber- und Bietergemeinschaften wie Einzelbewerber zu behandeln sind und Auftraggeber keine bestimmte Rechtsform für Gruppen von Unternehmen fordern dürfen. Die Vorschrift setzt Art. 5 Abs. 2 Vergabe-RL Verteidigung und Sicherheit um und entspricht im Wesentlichen den Vorgaben des § 43 Abs. 2 S. 1 und 2, Abs. 3 VgV. Auf die entsprechende Kommentierung wird verwiesen.[40]

§ 22 Allgemeine Vorgaben zum Nachweis der Eignung und des Nichtvorliegens von Ausschlussgründen

(1) ¹Auftraggeber müssen in der Bekanntmachung oder im Verhandlungsverfahren ohne Teilnahmewettbewerb in den Vergabeunterlagen angeben, mit welchen Nachweisen gemäß den §§ 6, 7, 8 und 23 bis 28 Unternehmen ihre Eignung und das Nichtvorliegen

---
[36] Beck VOB/B/*von Wietersheim* Rn. 24.
[37] Vgl. Erwägungsgrund 8 Vergabe-RL Verteidigung und Sicherheit.
[38] Vgl. zur Überprüfbarkeit der Ermessensentscheidung, ein Vergabeverfahren aufzuheben: OLG München Beschl. v. 31.10.2012 – Verg 19/12, BeckRS 2012, 22638 mwN.
[39] Band 3 *Hölzl* → VgV § 43 Rn. 5 ff.
[40] Band 3 *Hölzl* → VgV § 43 Rn. 7 ff., 23 ff.

von Ausschlussgründen nachzuweisen haben. ²Auftraggeber dürfen von den Bewerbern oder Bietern zum Nachweis ihrer Eignung und für das Nichtvorliegen von Ausschlussgründen nur Unterlagen und Angaben fordern, die durch den Gegenstand des Auftrags gerechtfertigt sind.

(2) Soweit mit den vom Auftragsgegenstand betroffenen Verteidigungs- und Sicherheitsinteressen vereinbar, können Auftraggeber zulassen, dass Bewerber oder Bieter ihre Eignung durch die Vorlage einer Erklärung belegen, dass sie die vom Auftraggeber verlangten Eignungskriterien erfüllen und die festgelegten Nachweise auf Aufforderung unverzüglich beibringen können (Eigenerklärung).

(3) Erbringen Bewerber oder Bieter den Nachweis für die an die Eignung gestellten Mindestanforderungen nicht, werden sie im Rahmen eines nicht offenen Verfahrens, Verhandlungsverfahrens mit Teilnahmewettbewerb oder wettbewerblichen Dialogs nicht zur Abgabe eines Angebots aufgefordert. Wenn Bewerber oder Bieter im Verhandlungsverfahren ohne Teilnahmewettbewerb ein Angebot abgegeben haben, wird dieses nicht gewertet.

(4) Unternehmen sind verpflichtet, die geforderten Nachweise
1. beim nicht offenen Verfahren und Verhandlungsverfahren mit Teilnahmewettbewerb vor Ablauf der Teilnahmefrist,
2. beim Verhandlungsverfahren ohne Teilnahmewettbewerb vor Ablauf der Angebotsfrist,
3. bei einer Rahmenvereinbarung entsprechend der gewählten Verfahrensart gemäß den Nummern 1 und 2,
4. beim wettbewerblichen Dialog vor Ablauf der Teilnahmefrist
vorzulegen, es sei denn, der jeweilige Nachweis ist elektronisch verfügbar.

(5) Im nicht offenen Verfahren und Verhandlungsverfahren mit Teilnahmewettbewerb dürfen die Vergabeunterlagen nur an geeignete Unternehmen übersandt werden. Im Verhandlungsverfahren ohne Teilnahmewettbewerb dürfen die Vergabeunterlagen an die Unternehmen übermittelt werden, die vom Auftraggeber unter Beachtung der §§ 6 und 7 ausgewählt wurden.

(6) Erklärungen und sonstige Unterlagen, die als Nachweis im Teilnahmewettbewerb oder mit dem Angebot einzureichen sind und auf Anforderung der Auftraggeber nicht bis zum Ablauf der maßgeblichen Frist vorgelegt wurden, können bis zum Ablauf einer zu bestimmenden Nachfrist nachgefordert werden. Werden die Nachweise und sonstigen Unterlagen nicht innerhalb der Nachfrist vorgelegt, ist der Bewerber oder Bieter auszuschließen.

Übersicht

	Rn.		Rn.
I. Normzweck und Zusammenhang ...	1	4. Zeitpunkt (Abs. 4)	14
II. Einzelerläuterungen	2	5. Übermittlung der Vergabeunterlagen (Abs. 5)	16
1. Eignungsnachweise (Abs. 1)	2	6. Nachforderung (Abs. 6)	19
2. Eigenerklärungen (Abs. 2)	8	a) Sachlicher Anwendungsbereich	20
3. Rechtsfolge nicht erfüllter Anforderungen (Abs. 3)	13	b) Verfahrensrechtliche Anforderungen an die Nachforderung	24

I. Normzweck und Zusammenhang

§ 22 enthält **allgemeine Vorgaben zum Nachweis der Eignung und des Nichtvorliegens** 1
von Ausschlussgründen. Gemeinsam mit § 21 stellt er grundlegende Prinzipien und Verfahrensvorgaben für die Eignungsprüfung auf und ergänzt die gesetzlichen Regelungen des § 122 GWB. Der Regelungsgehalt von § 22 umfasst Bekanntmachungspflichten und materielle Anforderungen an Eignungskriterien (Abs. 1), Vorgaben für die Nutzung sog. Eigenerklärungen (Abs. 2), Rechtsfolgen für die Nichteinhaltung von Mindestanforderungen (Abs. 3), Vorgaben für den Zeitpunkt der Einreichung von Eignungsnachweisen (Abs. 4), Vorgaben für die Übermittlung der Vergabeunterlagen (Abs. 5) und schließlich Regelungen zur Nachforderung von Erklärungen und sonstigen Unterlagen (Abs. 6).

II. Einzelerläuterungen

2 **1. Eignungsnachweise (Abs. 1).** Gemäß § 22 Abs. 1 S. 1 müssen Auftraggeber transparent machen, mit welchen Nachweisen Bewerber ihre Eignung und das Nichtvorliegen von Ausschlussgründen belegen können. Die Vergabe-RL Verteidigung und Sicherheit enthält zwar selbst keine solche allgemeine Vorgabe. Sie setzt dies allerdings gem. Art. 41 Abs. 4 Vergabe-RL Verteidigung und Sicherheit insbesondere für die Nachweise zur wirtschaftlichen und technischen Leistungsfähigkeit voraus.[1]

3 Eine Legaldefinition, was „**Nachweise**" im vergaberechtlichen Sinne sind, enthält die VSVgV nicht. Nach der Rechtsprechung stellt er ein Synonym für die Begriffe „**Beweis**" und „**Beleg**" dar. Der Nachweis als Ergebnis einer Beweisführung kann mit unterschiedlichen Mitteln oder Belegen geführt werden. Der Begriff Nachweis stellt deshalb einen Oberbegriff für Angaben und Unterlagen dar (vgl. § 22 Abs. 1 S. 2). Er umfasst Eigenerklärungen (vgl. § 22 Abs. 2), Fremderklärungen Dritter (zB von Banken gem. § 26 Abs. 1 Nr. 1), Auszüge aus öffentlich zugänglichen Registern (vgl. § 25 Abs. 1 Nr. 1), oder sonstige Bescheinigungen (vgl. § 8 Abs. 2 Nr. 1). Im Übrigen gehören dazu sämtliche Unterlagen, die in der Bekanntmachung und/oder den Vergabeunterlagen benannt und konkretisiert werden.[2]

4 Die Vorgabe, die Anforderungen an den Nachweis bekanntzumachen, ist Ausdruck des **Transparenzprinzips** und soll gewährleisten, dass alle Informationen für die Ausschreibung zugänglich sind. Damit sollen interessierte Unternehmen in die Lage versetzt werden, sich auf der Grundlage einer Unterrichtung über die gestellten Anforderungen an die Eignung und das Nichtvorliegen von Ausschlussgründen zu entschließen, ob sie sich an der Ausschreibung beteiligen wollen oder nicht.[3] Sie schützt gleichzeitig Bieter davor, dass nachträglich höhere Anforderungen gestellt werden und davor, dass ein Wettbewerber durch nachträgliche Zulassung eines auf diesen, zugeschnittenen Nachweises besser gestellt wird. Die Vorschrift unterliegt aufgrund ihrer auf alle Bieter gerichteten Schutzwirkung nicht der Disposition einzelner Bieter und/oder der Vergabestelle.[4]

5 Die Informationen sollen gem. § 22 Abs. 1 S. 1 grundsätzlich in die **Bekanntmachung** gem. § 18 Abs. 1 aufgenommen werden. Etwas anderes gilt ausdrücklich für die Verfahrensart, in der keine Bekanntmachung erfolgt, also dem Verhandlungsverfahren ohne Teilnahmewettbewerb gem. § 12. Hier sind die Anforderungen an die Nachweise in den Vergabeunterlagen bekanntzumachen.

6 Große Bedeutung hat zuletzt in der Rechtsprechung die Frage aufgeworfen, ob es ausreicht, wenn öffentliche Auftraggeber in einer Bekanntmachung nicht die Eignungskriterien und -nachweise selbst benennen, sondern stattdessen auf ein weiteres Dokument (zB ein Formblatt) über einen elektronischen Link verweisen. Im Ergebnis dürfte ein Link zulässig sein.[5] Voraussetzung ist aber, dass in der Bekanntmachung an der richtigen Stelle **unmittelbar per Direktlink auf die Vergabeunterlagen verwiesen wird** und die Unterlagen frei zugänglich durch „bloßes Anklicken" abrufbar sind. Die Verlinkung muss also unmittelbar zu dem Dokument führen, in dem die Eignungskriterien und deren Nachweise aufgeführt werden.[6] Eignungsanforderungen und -nachweise sind dann nicht wirksam gefordert, wenn in der Bekanntmachung lediglich auf die Vergabeunterlagen insgesamt oder gar lediglich auf eine Vergabeplattform verwiesen wird, auf der sich der Bieter die entsprechenden Unterlagen zunächst herausssuchen soll. Insofern ist bei der Nutzung von Links weiterhin Vorsicht walten zu lassen.[7]

Obwohl dies nicht im Gesetz gefordert ist, empfiehlt es sich sämtliche Nachweise, die in einem Verfahren gefordert werden, in einer **abschließenden Liste** zusammenzufassen. Das erleichtert es Bietern, die Unterlagen vollständig zu erstellen, und Auftraggebern, die Unterlagen zu prüfen.[8]

---

[1] BR-Drs. 321/12, 55.
[2] OLG Düsseldorf Beschl. v. 31.10.2012 – VII-Verg 17/12, NZBau 2013, 333.
[3] OLG Düsseldorf Beschl. v. 16.11.2011 – VII-Verg 60/11, ZfBR 2012, 179.
[4] OLG Düsseldorf Beschl. v. 18.7.2001 – Verg 16/01, BeckRS 2001, 17504; VK Düsseldorf Beschl. v. 24.1.2001 – VK-31/2000-B.
[5] OLG Düsseldorf Beschl. v. 16.11.2011 – VII-Verg 60/11, ZfBR 2012, 179; OLG Düsseldorf Beschl. v. 5.11.2014 – VII-Verg 21/14, BeckRS 2015, 11625; OLG Düsseldorf Beschl. v. 13.7.2016 – VII-Verg 10/16, BeckRS 2016, 119589; OLG Frankfurt a. M. Beschl. v. 16.2.2015 – 11 Verg 11/14, NZBau 2015, 319; OLG Dresden Beschl. v. 15.2.2019 – Verg 5/18; ausdrücklich offen gelassen: OLG München Beschl. v. 25.2.2019 – Verg 11/18.
[6] OLG Düsseldorf Beschl. v. 11.17.2018 – VII Verg 24/18; OLG München Beschl. v. 25.2.2019 – Verg 11/18; OLG Dresden Beschl. v. 15.2.2019 – Verg 5/18; VK Hamburg Beschl. v. 24.5.2019 – Vgk FB 1/19.
[7] Portz KommJur 2020, 45 (46).
[8] Vgl. zur früheren Rechtslage in der VOL/A § 9 EG Abs. 4 VOL/A sowie die dazu ergangene Rspr.: OLG Düsseldorf Beschl. v. 28.11.2012 – VII-Verg 8/12, NZBau 2013, 258.

§ 22 Abs. 1 S. 2 bestimmt, dass Auftraggeber nur solche Nachweise fordern dürfen, **die durch** 7 **den Auftragsgegenstand gerechtfertigt sind.** Die Vorschrift hebt also hervor, dass – wie die Mindestanforderungen an die Eignung selbst – auch die geforderten Nachweise dem Verhältnismäßigkeitsgebot gem. § 97 Abs. 1 S. 2 GWB unterliegen.[9] Die Vorschrift soll Bieter vor unverhältnismäßig hohen und in der Sache nicht erforderlichen Nachweisanforderungen schützen, die sie von der Abgabe eines Angebots abhalten könnten. Auch wenn § 22 Abs. 1 S. 2 im Übrigen keine Anforderungen an die Eignungsnachweise benennt, sind die Anforderungen gem. § 21 Abs. 2 an die Aufstellung von Mindestanforderungen entsprechend heranzuziehen. Danach müssen die Eignungsnachweise mit dem Auftragsgegenstand in **sachlichem Zusammenhang** stehen und dürfen auch **nicht diskriminierend** sein (→ § 21 Rn. 9). Die vom Auftraggeber gestellten Anforderungen sind mit der Eigenart des Auftrags, insbesondere im Hinblick auf Art, Verwendungszweck und Menge der zu liefernden Güter bzw. der zu erbringenden Dienstleistungen abzuwägen.[10] Unter Wahrung dieser Grundsätze steht es einem öffentlichen Auftraggeber aber grundsätzlich frei, die von ihm für erforderlich gehaltenen Eignungsvorgaben selbst zu definieren und die von den Bietern zu erfüllenden Anforderungen festzulegen.[11]

2. Eigenerklärungen (Abs. 2). Der Auftraggeber kann gem. § 22 Abs. 2 zum Nachweis der 8 Eignung Eigenerklärungen der Bieter akzeptieren. Die Vorschrift erleichtert insofern die Nachweisführung für Bieter. Eine Entsprechung dieser Vorschrift in der Vergabe-RL Verteidigung und Sicherheit existiert nicht. Nach Auffassung des deutschen Gesetzgebers stehen aber die Ziele der Richtlinie, die vor allem im Aufbau eines europäischen Marktes für Verteidigungsgüter und die Öffnung des nationalen Beschaffungsmarktes liegen, dieser Verfahrenserleichterung nicht entgegen.[12]

Die Eigenerklärung setzt sich nach dem Wortlaut des § 22 Abs. 2 aus **zwei Erklärungsinhalten** 9 zusammen. Erstens muss der Bieter erklären, dass er ein bestimmtes Eignungskriterium erfüllt, zweitens muss er erklären, dass er den festgelegten Nachweis auf Aufforderung unverzüglich beibringen kann. Unverzüglich meint iSd § 121 BGB, dass der Bieter ohne schuldhaftes Zögern den Nachweis nachreicht. **Unverzüglich** ist nicht gleichbedeutend mit „sofort", sondern verlangt lediglich ein nach den Umständen des Falls zu bemessendes beschleunigtes Handeln.[13] Dabei sind die berechtigten Belange der Beteiligten angemessen zu berücksichtigen.[14]

Die Eigenerklärungen sind allerdings lediglich dann zulässig, **wenn es die vom Auftragsge-** 10 **genstand betroffenen Verteidigungs- und Sicherheitsinteressen konkret rechtfertigen,** dass Auftraggeber sich auf den Nachweis durch Eigenerklärung beschränken.[15] Danach sind also die Verteidigungs- und Sicherheitsinteressen mit der Unsicherheit einer potenziellen Falscherklärung, die einer Eigenerklärung immanent ist, abzuwägen. Bei der Entscheidung steht dem öffentlichen Auftraggeber ein weiter Beurteilungsspielraum zu, der von den Nachprüfungsinstanzen lediglich beschränkt überprüft werden kann.[16]

Wegen der mit einer Eigenerklärung verbundenen Unsicherheiten können Auftraggeber die 11 Zulassung von Eigenerklärungen auf bestimmte Eignungskriterien beschränken. Im Rahmen des Gleichbehandlungsgebots und Diskriminierungsverbots können sie einzelne oder sämtliche Bewerber oder Bieter auffordern, bestimmte Eignungskriterien konkret nachzuweisen. Gemäß § 43 Abs. 2 Nr. 9 sind die Gründe, warum der Gegenstand des Auftrags die Vorlage von Eigenerklärungen oder von Eignungsnachweisen erfordert, im Vergabevermerk zu dokumentieren.

Gibt ein Bewerber oder Bieter eine **unzutreffende Eigenerklärung** ab oder ist er nicht in 12 der Lage, die erforderlichen Nachweise zu übermitteln, kann er gem. § 147 GWB iVm 123 Abs. 1 Nr. 8 GWB unter Berücksichtigung des Grundsatzes der Verhältnismäßigkeit zu jedem Zeitpunkt des Vergabeverfahrens von der Teilnahme an einem Vergabeverfahren ausgeschlossen werden.[17]

3. Rechtsfolge nicht erfüllter Anforderungen (Abs. 3). § 22 Abs. 3 regelt die Rechtsfolge, 13 wenn Bewerber oder Bieter die gestellten Anforderungen an den Nachweis einer Mindestanforderung gem. § 21 Abs. 2 nicht erfüllen. Sie werden in diesem Fall – je nach Verfahrensart – nicht zur Abgabe eines Angebots aufgefordert oder bei der Bewertung der Angebote nicht berücksichtigt. Die Vorschrift übernimmt insofern die Rechtsfolge des Art. 38 Abs. 4 Vergabe-RL Verteidigung

---

[9] BR-Drs. 321/12, 55.
[10] Vgl. auch § 26 Abs. 1.
[11] Vgl. OLG München Beschl. v. 31.8.2010 – Verg 12/10, BeckRS 2010, 21117.
[12] BR-Drs. 321/12, 55.
[13] BVerwG NJW 1989, 52 (53).
[14] OLG Hamm NJW 2012, 1156 (1157), *Stieper* NJW 2013, 2849 (2853).
[15] BR-Drs. 321/12, 55.
[16] Leinemann/Kirch/*Büdenbender* Rn. 7.
[17] Vgl. auch Art. 39 Abs. 2 lit. h Vergabe-RL Verteidigung und Sicherheit.

und Sicherheit. Voraussetzung für diese Rechtsfolge ist allerdings, dass die **Nachweise wirksam gefordert wurden**.[18] Das setzt insbesondere voraus, dass sie gem. § 22 Abs. 1 ordentlich bekanntgemacht wurden. Ferner setzt der Ausschluss eines Angebots bzw. Teilnahmeantrags voraus, dass ein öffentlicher Auftraggeber erst sein Ermessen ausübt, ob er die geforderten Unterlagen nachfordert.[19] Erfüllt ein Bewerber oder Bieter eine Mindestanforderung trotz einer Nachforderung nicht, ist die Rechtsfolge, nicht zur Abgabe eines Angebots aufzufordern, zwingend. In diesem Fall besteht kein Ermessen des Auftraggebers.[20] Der Auftraggeber ist also an die von ihm selbst aufgestellten und bekannt gegebenen Anforderungen gebunden.[21]

14 **4. Zeitpunkt (Abs. 4).** § 22 Abs. 4 verpflichtet Unternehmen, die vom Auftraggeber (wirksam) geforderten Nachweise einzureichen. § 22 Abs. 4 stellt insofern klar, dass die Einreichung der Unterlagen nicht zur Disposition der Teilnehmer am Vergabeverfahren aber auch nicht der Vergabestelle steht. Die Verpflichtung zur Einreichung geforderter Unterlagen darf also nicht zugunsten eines Bewerbers oder Bieters aufgegeben werden. Hiervon abweichend regelt § 22 Abs. 4 Hs. 2, dass die Verpflichtung zur Einreichung der Nachweise ausnahmsweise nicht gilt, wenn der jeweilige Nachweis elektronisch verfügbar ist. Elektronisch verfügbar sind zB Handelsregisterauszüge oder andere Nachweise aus öffentlich zugänglichen elektronischen Registern.

15 § 22 Abs. 4 gibt außerdem in seinen Nr. 1–4 vor, zu welchem Zeitpunkt Bewerber oder Bieter die geforderten Nachweise spätestens vorlegen müssen. Der Zeitpunkt hängt von der Verfahrensart und insbesondere davon ab, ob das Verfahren einen vorgeschalteten Teilnahmewettbewerb vorsieht. Bei Durchführung eines Teilnahmewettbewerbs sind die Nachweise vor Ablauf der Teilnahmefrist einzureichen, andernfalls vor Ablauf der Angebotsfrist.

16 **5. Übermittlung der Vergabeunterlagen (Abs. 5).** § 22 Abs. 5 stellt den Grundsatz auf, dass Vergabeunterlagen ausschließlich an geeignete Unternehmen übermittelt werden dürfen. Geeignet sind gem. § 122 GWB Unternehmen, die über die für den Auftrag erforderlich Fachkunde und Leistungsfähigkeit verfügen und nicht nach § 123 GWB oder § 124 GWB ausgeschlossen worden sind. Hinzu kommt im Bereich der VSVgV vor allem, dass die Unternehmen die Anforderungen an den Schutz von Verschlusssachen einhalten. Der Begriff der **Vergabeunterlagen** ist zwar nicht in der VSVgV definiert. Hierzu kann aber die Definition in § 29 VgV herangezogen werden. Danach bestehen Vergabeunterlagen in der Regel erstens aus einem Anschreiben, zweitens aus den Bewerbungsbedingungen und drittens den Vertragsunterlagen, die sich aus der Leistungsbeschreibung und den Vertragsbedingungen zusammensetzen.

17 Die Vorgaben des § 22 Abs. 5, Vergabeunterlagen ausschließlich an geeignete Bewerber oder Bieter zu senden, tragen dem Umstand Rechnung, dass bereits in den Vergabeunterlagen **sensible Informationen** enthalten sein können.[22] Hierin weicht die Regelung wesentlich von den Vorgaben des § 41 Abs. 1 VgV für die Vergabe nicht verteidigungs- und sicherheitsrelevanter Aufträge ab. Nach den Regelungen der VgV sind die Vergabeunterlagen bereits mit der Bekanntmachung allen Bietern vollständig und unabhängig von ihrer Eignung zugänglich zu machen.[23] Diese Regel gilt im Bereich der Sicherheit und Verteidigung also nicht. § 22 Abs. 5 schränkt damit das Transparenzprinzip zum Schutz sensibler Informationen und Sicherheitsinteressen der Mitgliedstaaten ein.[24]

18 § 22 Abs. 5 S. 1 bezieht sich zunächst auf das nicht offene Verfahren und das Verhandlungsverfahren mit Teilnahmewettbewerb. In beiden Verfahrensarten wird die Eignung der Bewerber im Teilnahmewettbewerb geprüft. Lediglich die geeigneten Bewerber werden anschließend gem. § 29 Abs. 5 zur Abgabe eines Angebots aufgefordert. Für diese entsteht mit der Aufforderung zur Angebotsabgabe ein Vertrauenstatbestand dahingehend, dass der Auftraggeber sie für die Erbringung des streitgegenständlichen Auftrags als geeignet ansieht.[25] Obwohl nicht ausdrücklich erwähnt, dürfte dasselbe für den Wettbewerblichen Dialog gelten, der gem. § 13 Abs. 2 S. 1 ebenfalls einen Teilnahmewettbewerb vorsieht. § 22 Abs. 5 S. 2 bezieht sich auf das Verhandlungsverfahren ohne Teilnahmewettbe-

---

[18] OLG Düsseldorf Beschl. v. 28.11.2012 – VII-Verg 8/12, NZBau 2013, 258; OLG Düsseldorf Beschl. v. 22.1.2014 – VII-Verg 26/13, ZfBR 2014, 498; OLG Frankfurt a. M. Beschl. v. 18.9.2015 – 11 Verg 9/15, ZfBR 2016, 296; VK Bund Beschl. v. 3.2.2016 – VK 1-126/15, BeckRS 2016, 9215.
[19] VK Bund Beschl. v. 16.9.2016 – VK1-82/16, BeckRS 2016, 124771.
[20] HK-VergabeR/*Tömerius* Rn. 4.
[21] OLG Frankfurt a. M. Beschl. v. 8.4.2014 – 11 Verg 1/14; VK Niedersachsen Beschl. v. 2.8.2018 – VgK-29/2018.
[22] BR-Drs. 321/12, 56.
[23] Vgl. hierzu OLG München Beschl. v. 13.3.2017 – Verg 15/16, NZBau 2017, 371.
[24] Vgl. Erwägungsgrund 8 Vergabe-RL Verteidigung und Sicherheit.
[25] BKartA Beschl. v. 1.3.2018 – VK 2-8/18, BeckRS 2018, 10281.

werb gem. § 12 Abs. 1. Bei dieser Verfahrensart führt der Auftraggeber keinen Teilnahmewettbewerb durch, sondern wählt ihm geeignet erscheinende Unternehmen zur Abgabe eines Angebots aus. Um in diesem Fall einem Verlust sensibler Informationen vorzubeugen, stellt § 22 Abs. 5 S. 2 die Regel auf, dass die Unternehmen unter Beachtung der §§ 6 und 7 ausgewählt werden müssen. § 6 regelt die Wahrung der Vertraulichkeit, während § 7 Anforderungen an den Schutz von Verschlusssachen durch Unternehmen aufstellt.

6. Nachforderung (Abs. 6). § 22 Abs. 6 S. 1 bestimmt, dass von Bietern **nicht rechtzeitig vorgelegte Erklärungen und sonstige Unterlagen** bis zum Ablauf einer vom Auftraggeber zu bestimmenden Nachfrist nachgefordert werden können. § 22 Abs. 6 S. 2 bestimmt weiter, dass Bewerber oder Bieter auszuschließen sind, wenn sie die Nachweise und sonstigen Unterlagen nicht innerhalb der Nachfrist vorlegen. Die Vorschrift eröffnet also einerseits eine Heilungsmöglichkeit für zunächst unvollständig eingereichte Teilnahmeanträge bzw. Angebote und legt andererseits die Rechtsfolgen fest, wenn ein Bieter das Angebot zur Heilung nicht in Anspruch nimmt.[26] Die Vorschrift soll verhindern, dass wegen eines zu strengen Formalismus (zB Fehlen einer geforderten, aber nicht wesentlichen Angabe) ein Bewerber oder Bieter ausgeschlossen werden muss.[27]

a) Sachlicher Anwendungsbereich. In den Anwendungsbereich der Nachforderung fallen grundsätzlich sämtliche Nachweise, also Belege, die der Auftraggeber wirksam gefordert hat. Zum Begriff des Nachweises → Rn. 3.

§ 22 Abs. 6 lässt nach seinem Wortlaut die Nachforderung nicht vorgelegter Erklärungen und Unterlagen zu und entspricht damit im Wesentlichen der früheren Vorschrift gem. § 19 EG Abs. 2 VOL/A. Im Übrigen regelt § 22 Abs. 6 die Nachforderungspflicht aber weitaus weniger detailliert als die Parallelvorschrift in § 56 Abs. 2–5 VgV.

Ein Nachweis fehlt, wenn er **entweder nicht vorgelegt worden ist oder formale Mängel aufweist.** Der Auftraggeber ist nicht gefordert, im Rahmen der Prüfung, ob die Angebote formal vollständig sind, eine materiell-rechtliche Prüfung der mit dem Angebot vorgelegten Unterlagen vorzunehmen. Daraus folgt, dass ein Nachforderungsrecht des Auftraggebers im Hinblick auf körperlich vorhandene Erklärungen oder Nachweise nur besteht, wenn sie in formaler Hinsicht von den Anforderungen abweichen.[28] Eine Nachforderung, die dazu führt, dass der Bieter tatsächlich sein Angebot materiell ändert bzw. verbessert, ist unzulässig.[29] Das ist zB dann der Fall, wenn eine Erklärung hinter dem Geforderten zurückbleibt[30] oder wenn ein Bieter im Ergebnis die Chance hätte, andere Referenzen nachzureichen, weil die eingereichten Referenzen Mindestanforderungen nicht erfüllen.[31]

Die Rechtsprechung hat entschieden, dass zwar die fehlende Unterschrift unter einer dem Angebot beigefügten Erklärung, nicht aber die fehlende Unterschrift unter dem Angebot bzw. dem Angebotsschreiben selbst vom öffentlichen Auftraggeber nachgefordert werden kann.[32] Auch eine fehlende elektronische Signatur darf nicht nachgefordert werden.[33] Weiter hat die Rechtsprechung die Nachforderungen eines Nachweises der Berufserfahrung von Wachpersonal für unzulässig gehalten, wenn die Erfahrung in die Bewertung der Angebote einfließt.[34] Demgegenüber soll die Nachforderung eines aktuellen Führungszeugnisses zulässig sein, wenn das Eingereichte entgegen den Bewerbungsbedingungen älter als drei Monate ist.[35] Für zulässig gehalten wurde auch die Nachforderung von Umsatzangaben zur Eignungsprüfung.[36]

---

[26] Vgl. Leinemann/Kirch/*Büdenbender* Rn. 21.
[27] Vgl. VK Bund Beschl. v. 16.9.2016 – VK1-82/16, BeckRS 2016, 124771.
[28] OLG Düsseldorf Beschl. v. 17.3.2011 – Verg 56/10, BeckRS 2013, 12285; OLG Düsseldorf Beschl. v. 17.12.2012 – Verg 47/12, BeckRS 2013, 03317; OLG Düsseldorf Beschl. v. 12.9.2012 – Verg 108/11, NZBau 2013, 61; OLG Düsseldorf Beschl. v. 7.11.2018 – Verg 39/18; OLG München Beschl. v. 15.3.2012 – Verg 2/12, NZBau 2012, 460; OLG Koblenz Beschl. v. 30.3.2012 – 1 Verg 1/12, BeckRS 2012, 08234; OLG Saarbrücken Beschl. v. 16.12.2015 – 1 U 87/15, ZfBR 2016, 384; OLG Oldenburg Urt. v. 25.4.2017 – 6 U 170/16, BeckRS 2017, 114422; vgl. zur bisherigen Rechtslage: *Dittmann* VergabeR 2017, 285 ff.
[29] VK Bund Beschl. v. 25.3.2014 – VK 1-16/14, IBRRS 2014, 2463; OLG Düsseldorf Beschl. v. 12.9.2012 – VII-Verg 108/11, NZBau 2013, 61; *Dittmann* in KKMPP VgV § 56 Rn. 32; *Dittmann* VergabeR 2017, 285 (291).
[30] OLG Düsseldorf Beschl. v. 7.11.2018 – Verg 39/18.
[31] VK Niedersachsen Beschl. v. 14.5.2018 – VgK-11/18, BeckRS 2018, 15245.
[32] OLG Düsseldorf Beschl. v. 13.4.2016 – VII-Verg 52/15, BeckRS 2016, 13185.
[33] OLG Düsseldorf Beschl. v. 5.9.2018 – VII-Verg 32/18.
[34] VK Bund Beschl. v. 2.5.18 – VK1-35/18.
[35] OLG München Beschl. v. 27.7.2018 – Verg 02/18.
[36] BKartA Beschl. v. 16.11.2016 – VK 1-94/16.

24 b) **Verfahrensrechtliche Anforderungen an die Nachforderung.** Bei der Entscheidung, fehlende Unterlagen nachzufordern, handelt es sich um eine **Ermessensentscheidung.**[37] Die Entscheidung muss auf der Grundlage **objektiver und nicht diskriminierender Gründe** getroffen werden. Entscheidet sich ein Auftraggeber bei einem Bewerber oder Bieter Nachweise nachzufordern, muss er diese Möglichkeit auch dessen Wettbewerbern einräumen.[38] Unzulässig ist es auch, lediglich in Bezug auf bestimmte Nachweise Unterlagen nachzufordern, bei anderen Nachweisen aber darauf zu verzichten. Andernfalls hätte es der Auftraggeber in der Hand, durch eine Auswahl von bestimmten Unterlagen, die nachgefordert werden sollen, den Bewerber- bzw. Bieterkreis nach seinen Wünschen zu begrenzen.

25 Entscheidet sich der Auftraggeber für eine Nachforderung von Unterlagen, ist in verfahrensrechtlicher Hinsicht sicherzustellen, dass die Nachforderung **klar und verständlich** erfolgt und grundsätzlich in gleicher Art und Weise an alle Unternehmen gerichtet wird.

26 § 22 Abs. 6 nennt keine bestimmte Frist, bis zu der Bieter der Nachforderung nachkommen müssen. **Die Frist muss allerdings angemessen sein.** Dabei sind der beim Auftragnehmer zu erwartende Aufwand einerseits und der effektive Ablauf des Vergabeverfahrens andererseits gegeneinander abzuwägen. Dabei kann sich der Auftraggeber an der Frist des § 16a VS VOB/A orientieren. Danach müssen Bewerber oder Bieter fehlende Erklärungen oder Nachweise spätestens innerhalb von sechs Kalendertagen nach Aufforderung durch den Auftraggeber vorlegen. Die Frist kann aber auch je nach Ergebnis der Abwägung länger oder kürzer ausfallen als sechs Tage. Reicht ein Bewerber oder Bieter nicht innerhalb der gesetzten Frist die fehlende Unterlage nach, ist er gem. § 22 Abs. 6 vom weiteren Verfahren auszuschließen.

27 Sämtliche Entscheidungen iSd § 22 Abs. 6 müssen gem. § 43 Abs. 1 nachvollziehbar begründet und **dokumentiert** werden.[39]

§ 23 Zwingender Ausschluss

(1) ¹Der Auftraggeber schließt ein Unternehmen zu jedem Zeitpunkt des Vergabeverfahrens von der Teilnahme aus, wenn ein zwingender Ausschlussgrund nach § 147 in Verbindung mit § 123 des Gesetzes gegen Wettbewerbsbeschränkungen vorliegt. ²§ 147 in Verbindung mit § 125 des Gesetzes gegen Wettbewerbsbeschränkungen bleibt unberührt.

(2) ¹Zur Anwendung des Absatzes 1 kann der öffentliche Auftraggeber die erforderlichen Informationen über die persönliche Lage der Bewerber oder Bieter bei den zuständigen Behörden einholen, wenn er Bedenken in Bezug auf das Nichtvorliegen von Ausschlussgründen hat. ²Betreffen die Informationen einen Bewerber oder Bieter, der in einem anderen Mitgliedstaat als der Auftraggeber ansässig ist, so kann dieser die zuständigen Behörden um Mitarbeit ersuchen. ³Nach Maßgabe des nationalen Rechts des Mitgliedstaats, in dem der Bewerber oder Bieter ansässig ist, betreffen diese Ersuchen juristische und natürliche Personen, gegebenenfalls auch die jeweiligen Unternehmensleiter oder jede andere Person, die befugt ist, den Bewerber oder Bieter zu vertreten, in seinem Namen Entscheidungen zu treffen oder ihn zu kontrollieren.

(3) Als ausreichenden Nachweis dafür, dass die in § 147 in Verbindung mit § 123 Absatz 1 bis 3 des Gesetzes gegen Wettbewerbsbeschränkungen genannten Ausschlussgründe auf den Bewerber oder Bieter nicht zutreffen, erkennt der Auftraggeber einen Auszug aus einem einschlägigen Register, insbesondere ein Führungszeugnis aus dem Bundeszentralregister oder, in Ermangelung eines solchen, eine gleichwertige Bescheinigung einer zuständigen Gerichts- oder Verwaltungsbehörde des Herkunftslandes oder des Niederlassungsstaates des Bewerbers oder Bieters an.

(4) Als ausreichenden Nachweis dafür, dass die in § 147 in Verbindung mit § 123 Absatz 4 des Gesetzes gegen Wettbewerbsbeschränkungen genannten Ausschlussgründe auf den Bewerber oder Bieter nicht zutreffen, erkennt der öffentliche Auftraggeber eine von der zuständigen Behörde des Herkunftslandes oder des Niederlassungsstaates des Bewerbers oder Bieters ausgestellte Bescheinigung an.

(5) ¹Wird eine Urkunde oder Bescheinigung von dem Herkunftsland des Bewerbers oder Bieters nicht ausgestellt oder werden darin nicht alle vorgesehenen Fälle erwähnt, so kann

---

[37] OLG Düsseldorf Beschl. v. 12.9.2012 – VII-Verg 108/11, NZBau 2013, 61; VK Bund Beschl. v. 16.9.2016 – VK1-82/16, BeckRS 2016, 124771.
[38] OLG Düsseldorf Beschl. v. 12.9.2012 – VII-Verg 108/11, NZBau 2013, 61.
[39] VK Bund Beschl. v. 16.9.2016 – VK1-82/16, BeckRS 2016, 124771.

sie durch eine Versicherung an Eides statt ersetzt werden. ²In den Staaten, in denen es keine Versicherung an Eides statt gibt, darf die Versicherung an Eides statt durch eine förmliche Erklärung ersetzt werden, die ein Vertreter des betreffenden Unternehmens vor einer zuständigen Gerichts- oder Verwaltungsbehörde, einem Notar oder einer dafür qualifizierten Berufsorganisation des Herkunftslands abgibt.

Übersicht

	Rn.		Rn.
I. Normzweck	1	3. Der Nachweis des Nichtvorliegens von Ausschlussgründen	16
II. Einzelerläuterungen	4	a) Allgemeine Vorgaben	16
1. Ausschluss (Abs. 1)	4	b) Nachweis durch Registerauszug (Abs. 3)	19
a) Ausschlussgründe	5	c) Nachweis durch Bescheinigung (Abs. 4)	20
b) Ausnahmen vom Ausschluss	7	d) Nachweis durch Versicherung an Eides statt (Abs. 5)	21
c) Zeitpunkt des Ausschlusses und Selbstreinigung	11		
2. Einholung von Informationen (Abs. 2)	13		

I. Normzweck

Aufträge dürfen gem. § 123 Abs. 1 GWB grundsätzlich nur an solche Bewerber oder Bieter 1 vergeben werden, bei denen keine Ausschlussgründe gem. § 123 GWB und §§ 124 ff. GWB vorliegen. Das GWB differenziert zwischen den in § 123 GWB geregelten obligatorischen Ausschlussgründen und den in § 124 GWB geregelten fakultativen Ausschlussgründen. Während der Auftraggeber bei Vorliegen eines obligatorischen Ausschlussgrundes bei einem Bewerber oder Bieter in der Regel den Ausschluss aussprechen muss, steht ihm bei fakultativen Gründen ein Ermessen offen.

Vor diesem Hintergrund wiederholt § 23 den im GWB geregelten Grundsatz, dass Bewerber 2 oder Bieter von der Teilnahme an einem Vergabeverfahren grundsätzlich auszuschließen sind, wenn ein Ausschlussgrund iSd § 123 Abs. 1 GWB vorliegt. In einem solchen Fall ist der Ausschluss in der Regel gerechtfertigt, weil sich der Bewerber oder Bieter als unzuverlässig erwiesen hat. Im Übrigen regelt § 23 Abs. 2–5, wie der Nachweis des Nichtvorliegens von Ausschlussgründen erbracht werden kann. § 23 dient der Umsetzung von Art. 39 Abs. 1 und 3 Vergabe-RL Verteidigung und Sicherheit. Die in Art. 39 Abs. 2 und 3 Vergabe-RL Verteidigung und Sicherheit enthaltenen Regelungen über den fakultativen Ausschluss hat der Gesetzgeber aus Gründen der Übersichtlichkeit und Anwenderfreundlichkeit gesondert in § 24 (fakultativer Ausschluss mangels Eignung) umgesetzt.[1]

§ 23 wurde mit der jüngsten Vergaberechtsreform deutlich verändert. Die bisherigen § 23 3 Abs. 2–5 wurden zur Vermeidung von Wiederholungen auf Verordnungsebene aufgehoben.[2] Die entsprechenden Regelungen sind nunmehr unmittelbar in § 147 GWB iVm § 123 Abs. 2, 3 und 5 GWB geregelt.

II. Einzelerläuterungen

1. Ausschluss (Abs. 1). Gemäß § 23 Abs. 1 muss der Auftraggeber das Nichtvorliegen von 4 Ausschlussgründen prüfen. Weiter regelt die Vorschrift den Grundsatz, dass Unternehmen, bei denen ein Ausschlussgrund gem. § 123 GWB vorliegt, von dem Vergabeverfahren auszuschließen sind. Die Vorschrift setzt Art. 39 Abs. 1 Vergabe-RL Verteidigung und Sicherheit um.

a) Ausschlussgründe. Ein Ausschlussgrund nach § 23 Abs. 1 ergibt sich aus dem Verweis auf 5 § 147 GWB iVm § 123 GWB. In § 123 Abs. 1 GWB befindet sich eine Liste von Straftatbeständen des deutschen Strafgesetzbuchs. Diese Liste umfasst Straftaten wegen der Teilnahme an einer kriminellen Vereinigung, der Bestechung oder des Betrugs zulasten der finanziellen Interessen der Europäischen Gemeinschaften, der Geldwäsche, der Terrorismusfinanzierung und terroristischer Straftaten oder Straftaten im Zusammenhang mit dem Terrorismus.[3] Ist eine Person, die dem Unternehmen zuzurechnen ist, wegen einer der in § 123 Abs. 1 GWB genannten Straftatbestände rechtskräftig verurteilt oder ist gegen das Unternehmen eine Geldbuße nach § 30 OWiG rechtskräftig festgesetzt, ist der Bieter auszuschließen. Einer Verurteilung oder der Festsetzung einer Geldbuße iSd § 123 Abs. 1 GWB stehen gem. § 123 Abs. 2 GWB eine Verurteilung oder die Festsetzung einer Geldbuße nach den vergleichbaren Vorschriften anderer Staaten gleich.

---
[1] BR-Drs. 321/12.
[2] BT-Drs. 18/7318, 277.
[3] Vgl. hierzu Erwägungsgrund 65 Vergabe-RL Verteidigung und Sicherheit.

6 Ein Ausschluss ist auch dann durchzuführen, wenn das Unternehmen seinen Verpflichtungen zur Zahlung von Steuern, Abgaben oder Beiträgen zur Sozialversicherung nicht nachgekommen ist und dies nach den Vorschriften des § 123 Abs. 4 GWB nachgewiesen ist.

7 **b) Ausnahmen vom Ausschluss.** Anders als in den Fällen des § 24 Abs. 1 ist der Ausschluss gem. § 23 Abs. 1 obligatorisch, also zwingend. Etwas anderes gilt gem. § 123 Abs. 5 GWB lediglich dann, wenn trotz des Vorliegens eines Ausschlussgrunds gem. § 123 Abs. 1 GWB ein **Ausschluss aus zwingenden Gründen des öffentlichen Interesses nicht geboten** ist. § 123 Abs. 5 GWB ist allerdings als Ausnahmevorschrift eng auszulegen.[4] Liegen keine relevanten Gründe vor, muss der Auftraggeber den Ausschluss aussprechen.

8 Dem Auftraggeber steht also ein **Ermessen** bei der Entscheidung zu, **ob zwingende Gründe gegen einen Ausschluss sprechen.** Zwingende Gründe des öffentlichen Interesses können darin liegen, dass nur durch die Vergabe des Auftrags an das betreffende unzuverlässige Unternehmen eine öffentliche Aufgabe sachgerecht erbracht werden kann.[5] Solche Gründe sind abzuwägen mit dem Grundsatz, dass unzuverlässige Unternehmen keine öffentlichen Aufträge erhalten sollen. Das gilt gerade im Verteidigungs- und Sicherheitsbereich wegen dessen Sensibilität die Vertrauenswürdigkeit der Bewerber oder Bieter eine besondere elementare Bedeutung hat.[6] Für eine Beauftragung trotz nachgewiesener Unzuverlässigkeit können Aspekte der **Verteidigungsfähigkeit** oder der **Versorgungssicherheit** sprechen oder auch die Tatsache, dass ein umfassenderes Verteidigungs- und/oder Sicherheitsprogramm, zu dem das Projekt gehört, in seiner Existenz ernsthaft gefährdet würde.[7] Keine zwingenden Gründe liegen vor, wenn die Auftragsvergabe aus Gründen des öffentlichen Interesses lediglich sinnvoll erscheint oder das Unternehmen einen günstigen Preis angeboten hat.[8]

9 Weniger streng ist die Ausnahmemöglichkeit gem. § 123 Abs. 5 S. 2 GWB für den Fall, dass ein Bewerber oder Bieter seine Steuern oder Sozialversicherungsbeiträge nicht entrichtet hat. In diesem Fall kann ausnahmsweise von einem Ausschluss abgesehen werden, wenn ein Ausschluss **offensichtlich unverhältnismäßig** wäre.

10 Offensichtlich unverhältnismäßig ist der Ausschluss gem. § 123 Abs. 5 S. 1 GWB, wenn nur geringfügige Beträge an Steuern oder Sozialversicherungsbeiträgen nicht gezahlt wurden. Offensichtlich unverhältnismäßig ist der Ausschluss auch dann, wenn das Unternehmen im Zusammenhang mit der Zahlung von Steuern oder Sozialversicherungsbeiträgen so spät über den genauen geschuldeten Betrag unterrichtet wurde, dass es keine Möglichkeit hatte, die nachträgliche Zahlung vor dem Ablauf der Frist für die Beantragung der Teilnahme bzw. im offenen Verfahren vor der Frist für die Einreichung der Angebote durchzuführen.[9]

11 **c) Zeitpunkt des Ausschlusses und Selbstreinigung.** § 23 Abs. 1 gilt während des gesamten Ablaufs des Vergabeverfahrens bis zu seiner Beendigung durch Erteilung des Zuschlags (bzw. ausnahmsweise durch Aufhebung). Der Ausschluss kann **jederzeit** ausgesprochen werden. Erhält der Auftraggeber erst nach Durchführung der Eignungsprüfung im Teilnahmewettbewerb Anzeichen für einen Ausschlussgrund gem. § 123 GWB, kann er erneut in die Eignungsprüfung einsteigen.

12 Von einem Ausschluss ist gem. § 23 Abs. 1 S. 2 dann abzusehen, wenn sich das Unternehmen selbst reinigt. Unter **Selbstreinigung** sind Maßnahmen zu verstehen, die ein Unternehmen ergreift, um seine Integrität wiederherzustellen und eine Begehung von Straftaten oder schweres Fehlverhalten in der Zukunft zu verhindern.[10] Regelungen zur Selbstreinigung sind mit der letzten Vergaberechtsreform erstmals in § 125 GWB aufgenommen worden.

13 **2. Einholung von Informationen (Abs. 2).** § 23 Abs. 2 ermächtigt den öffentlichen Auftraggeber, Informationen über die persönliche Lage des Bewerbers oder Bieters bei anderen Behörden einzuholen. Die Vorschrift setzt Art. 39 Abs. 1 UAbs. 4 Vergabe-RL Verteidigung und Sicherheit um.

14 Voraussetzung für die Einholung von Informationen ist, dass der öffentliche Auftraggeber **Bedenken in Bezug auf das Nichtvorliegen von Ausschlussgründen** hat. Die Hürden für die Bedenken sind wegen der Sensibilität von öffentlichen Aufträgen im Verteidigungs- oder Sicherheitsbereich nicht zu hoch anzusetzen.[11] Ein Anfangsverdacht, der sich etwa auf Informationen aus der

---

[4] Vgl. Begründung zu § 123 GWB: BT-Drs. 18/6281, 104; Leinemann/Kirch/*Büdenbender* Rn. 20.
[5] Vgl. Leinemann/Kirch/*Büdenbender* Rn. 20.
[6] Vgl. Erwägungsgrund 67 Vergabe-RL Verteidigung und Sicherheit.
[7] Vgl. Erwägungsgrund 73 Vergabe-RL Verteidigung und Sicherheit; Leinemann/Kirch/*Büdenbender* Rn. 20.
[8] Vgl. Begründung zu § 123 GWB: BT-Drs. 18/6281, 104.
[9] Vgl. 57 Abs. 3 UAbs. 2 RL 2014/24/EU; Begründung zu § 123 GWB: BT-Drs. 18/6281, 104.
[10] BT-Drs. 18/6281, 107.
[11] Vgl. Erwägungsgrund 67 Vergabe-RL Verteidigung und Sicherheit.

II. Einzelerläuterungen   15–20 § 23 VSVgV

Presse oder anderer (ggf. auch geschützter) Informationsquellen oder etwa aus Unstimmigkeiten von Angaben des Bewerbers oder Bieters stützt, ist ausreichend.

Zulässig ist die Einholung von Informationen nicht lediglich bei inländischen Behörden, sondern gem. § 23 Abs. 2 S. 2 auch bei ausländischen Behörden, wenn die Informationen einen Bewerber oder Bieter betreffen, der in einem anderen Mitgliedstaat als der Auftraggeber ansässig ist. Das Auskunftsersuchen kann sich gem. § 23 Abs. 2 S. 3 auf juristische und natürliche Personen beziehen. Darunter fallen ggf. auch die jeweiligen Unternehmensleiter oder jede andere Person, die befugt ist, den Bewerber oder Bieter zu vertreten, in seinem Namen Entscheidungen zu treffen oder ihn zu kontrollieren.

3. Der Nachweis des Nichtvorliegens von Ausschlussgründen. a) Allgemeine Vorgaben. § 23 enthält neben der Verpflichtung zum Ausschluss von Unternehmen, bei denen ein Ausschlussgrund gem. § 123 Abs. 1 GWB vorliegt, Vorgaben für die Nachweisführung. Öffentliche Auftraggeber müssen die in § 23 Abs. 3–5 geregelten Nachweise als ausreichende Belege akzeptieren (**Akzeptanzpflicht**).[12]

Der öffentliche Auftraggeber ist allerdings nicht verpflichtet, als Beleg für das Nichtvorliegen von Ausschlussgründen in jedem Fall einen der in den Abs. 3–5 vorgesehenen Nachweise zu fordern. Er kann auch die Vorlage von diesbezüglichen **Eigenerklärungen** als Beleg genügen lassen. Gemäß § 22 müssen die vom Auftragsgegenstand betroffenen Verteidigungs- und Sicherheitsinteressen es aber konkret rechtfertigen, dass Auftraggeber sich auf den Nachweis durch Eigenerklärung beschränken (→ § 22 Rn. 9). Die Vorlage von Registerauszügen oder anderen in Abs. 3–5 geregelten Belegen ist daher nur dann verpflichtend, wenn diese vom öffentlichen Auftraggeber als Beleg gefordert werden.[13] Allerdings trifft den öffentlichen Auftraggeber dann, wenn er Anhaltspunkte dafür hat, dass eine Eigenerklärung unzutreffend ist, eine Pflicht zur Aufklärung und gegebenenfalls zur Anforderung von Nachweisen gem. § 23 Abs. 3–5. Er kann gem. § 23 Abs. 2 auch direkt Auskünfte bei den zuständigen Behörden einholen.

Bei der Prüfung des Nichtvorliegens von Ausschlussgründen ist zu berücksichtigen, dass wegen der Sensibilität des Verteidigungs- und Sicherheitsbereichs die persönliche Eignung des Bewerbers oder Bieters elementare Bedeutung hat.[14] Die Prüfung muss sorgfältig erfolgen. Bei der Entscheidung des Auftraggebers, welche Nachweise er fordert, hat er diesen Gesichtspunkt zu berücksichtigen.

b) Nachweis durch Registerauszug (Abs. 3). Gemäß § 23 Abs. 3 können Bewerber oder Bieter das Nichtvorliegen der in § 147 GWB iVm § 123 Abs. 1–3 GWB genannten Ausschlussgründe (Katalogstraftaten) durch einen Auszug aus einem einschlägigen Register, insbesondere ein **Führungszeugnis aus dem Bundeszentralregister** nachweisen.[15] In Ermangelung eines solchen kann eine gleichwertige Bescheinigung einer zuständigen Gerichts- oder Verwaltungsbehörde des Herkunftslands oder des Niederlassungsstaats des Bewerbers oder Bieters ausreichen. Mit der Vorschrift wird Art. 39 Abs. 3 lit. a Vergabe-RL Verteidigung und Sicherheit umgesetzt. Die Vorschrift stellt zum einen sicher, dass der Auftraggeber mit geeigneten Mitteln die Prüfung der persönlichen Eignung des Bewerbers oder Bieter überprüfen kann. Zum anderen stellt sie auch den Wettbewerbsgrundsatz gem. § 97 Abs. 2 GWB und die Öffnung der Verteidigungs- und Sicherheitsmärkte sicher, indem den Besonderheiten ausländischer Staaten bei der Nachweisführung Rechnung getragen wird.[16] § 23 Abs. 3 übernimmt den Wortlaut des § 48 Abs. 4 VgV.[17] Auf die entsprechende Kommentierung wird ergänzend verwiesen.[18]

c) Nachweis durch Bescheinigung (Abs. 4). Gemäß § 23 Abs. 4 können Bewerber oder Bieter das Nichtvorliegen der in § 147 GWB iVm § 123 Abs. 4 GWB genannten Ausschlussgründe (Verstoß gegen Verpflichtung zur Zahlung von Steuern, Abgaben oder Beiträgen zur Sozialversicherung) durch Bescheinigungen einer zuständigen Behörde des Herkunftslandes oder des Niederlassungsstaates nachweisen. Derartige Unbedenklichkeitsbescheinigungen können insbesondere bei den zuständigen **Finanzämtern, Krankenkassen bzw. Berufsgenossenschaften** eingeholt werden. § 23 Abs. 4 macht deutlich, dass es auf Bescheinigungen der Behörden aus dem jeweiligen Herkunftsland ankommt. Mit der Vorschrift wird Art. 39 Abs. 3 lit. b Vergabe-RL Verteidigung und Sicherheit

---

[12] Vgl. zur entsprechenden Regelung in § 48 Abs. 4–6 VgV: BT-Drs. 18/7318, 186 ff.
[13] Vgl. Begründung zur Parallelvorschrift des § 48 Abs. 4, 5 und 6 VgV: BT-Drs. 18/7318, 186.
[14] Vgl. Erwägungsgrund 67 Vergabe-RL Verteidigung und Sicherheit.
[15] Zur Zulässigkeit der Forderung solcher Registerauszüge vgl. VK Bund Beschl. v. 18.1.2007 – VK 3-153/06, BeckRS 2007, 141748; VK Bund Beschl. v. 30.10.2007 – VK1 – 113/07, BeckRS 2007, 142180.
[16] Erwägungsgrund 9 Vergabe-RL Verteidigung und Sicherheit.
[17] BT-Drs. 18/7318, 277.
[18] Vgl. in Band 3 *Pauka* → VgV § 48 Rn. 9.

umgesetzt. § 23 Abs. 4 übernimmt den Wortlaut des § 48 Abs. 5 VgV.[19] Auf die entsprechende Kommentierung wird ergänzend verwiesen.[20]

21 **d) Nachweis durch Versicherung an Eides statt (Abs. 5).** Gemäß § 23 Abs. 5 können Bewerber oder Bieter, in den Fällen, in denen ihr Herkunftsland Urkunden oder Bescheinigungen iSd Abs. 1–4 nicht ausstellt eine Erklärung an Eides statt oder eine förmliche Erklärung abgeben. Das gleiche gilt in den Fällen, in denen nicht alle in Abs. 1–4 genannten Fälle erwähnt werden. Mit der Vorschrift wird Art. 39 Abs. 3 UAbs. 2 Vergabe-RL Verteidigung und Sicherheit umgesetzt.

22 § 23 Abs. 5 ist Ausfluss des **Nichtdiskriminierungsgrundsatzes.** Es würde Sinn und Zweck europarechtlicher Vergaberegelungen widersprechen, wenn aufgrund nationalen Rechts Nachweise von ausländischen Bietern verlangt würden, die in der Form aufgrund des Fehlens derartiger Zentralregister nicht gefordert werden können.

23 Die Nachweisführung nach Abs. 5 ist allerdings **subsidiär**. Sehen die Herkunftsländer der Bewerber oder Bieter die Ausstellung entsprechender Urkunden oder Bescheinigungen vor, müssen sie diese Unterlagen beibringen. Erwähnen die Urkunden oder Bescheinigungen nicht alle Fälle, die zu einem Ausschluss führen können, ist die Versicherung an Eides statt bzw. die förmliche Erklärung lediglich ergänzend beizubringen. Die Urkunde oder Bescheinigung kann in diesem Fall aber nicht durch die Versicherung an Eides statt bzw. die förmliche Erklärung ersetzt werden.

24 Innerhalb des Abs. 5 ist die förmliche Erklärung wiederum **subsidiär** zur Versicherung an Eides statt. Die förmliche Erklärung, die gegenüber einer in § 23 Abs. 5 S. 2 genannten Stelle abgegeben werden muss, darf nach dem eindeutigen Wortlaut lediglich dann abgegeben werden, wenn in dem Herkunftsland eine Versicherung an Eides statt nicht existiert. Sie betrifft also einen Ausnahmefall.[21] § 23 Abs. 4 entspricht im Wesentlichen dem Wortlaut des § 48 Abs. 6 VgV. Auf die entsprechende Kommentierung wird ergänzend verwiesen (→ VgV § 48 Rn. 1 ff.).

§ 24 Fakultativer Ausschluss

(1) ¹Der Auftraggeber kann unter Berücksichtigung des Grundsatzes der Verhältnismäßigkeit ein Unternehmen zu jedem Zeitpunkt des Vergabeverfahrens von der Teilnahme an einem Vergabeverfahren ausschließen, wenn ein fakultativer Ausschlussgrund nach § 147 in Verbindung mit § 124 des Gesetzes gegen Wettbewerbsbeschränkungen vorliegt. ²§ 147 in Verbindung mit § 125 des Gesetzes gegen Wettbewerbsbeschränkungen bleibt unberührt.

(2) Als ausreichenden Nachweis dafür, dass die in § 147 in Verbindung mit § 124 Absatz 1 Nummer 2 des Gesetzes gegen Wettbewerbsbeschränkungen genannten Fälle auf das Unternehmen nicht zutreffen, erkennt der öffentliche Auftraggeber eine von der zuständigen Behörde des Herkunftslandes oder des Niederlassungsstaates des Bewerbers oder Bieters ausgestellte Bescheinigung an.

(3) ¹Wird eine in Absatz 2 genannte Bescheinigung im Herkunftsland des Unternehmens nicht ausgestellt oder werden darin nicht alle in § 147 in Verbindung mit § 124 Absatz 1 Nummer 2 des Gesetzes gegen Wettbewerbsbeschränkungen vorgesehenen Fälle erwähnt, so kann sie durch eine Versicherung an Eides statt ersetzt werden. ²In den Mitgliedstaaten, in denen es keine Versicherung an Eides statt gibt, gilt § 23 Absatz 5 Satz 2 entsprechend.

Übersicht

	Rn.		Rn.
I. Normzweck und Zusammenhang ...	1	c) Ausschlussgrund gem. § 147 GWB iVm 124 Abs. 1 GWB	19
II. Einzelerläuterungen	3		
1. Fakultativer Ausschluss (Abs. 1)	3	2. Nachweis durch Bescheinigung (Abs. 2)	21
a) Beurteilungs- und Ermessensspielraum	4		
b) Ausschlussgründe gem. § 124 Abs. 1 GWB	7	3. Nachweis durch Versicherung an Eides statt (Abs. 3)	22

---

[19] BT-Drs. 18/7318, 277.
[20] Vgl. in Band 3 *Pauka* → VgV § 48 Rn. 9.
[21] VK Bund Beschl. v. 18.1.2007 – VK 3-153/06, BeckRS 2007, 141748.

I. Normzweck und Zusammenhang

Aufträge dürfen gem. § 123 Abs. 1 GWB grundsätzlich nur an solche Bewerber oder Bieter vergeben werden, bei denen keine Ausschlussgründe gem. § 123 GWB und §§ 124 ff. GWB vorliegen. Das GWB differenziert zwischen den in § 123 GWB obligatorischen Ausschlussgründen und den in § 124 GWB geregelten fakultativen Ausschlussgründen. Während der Auftraggeber bei Vorliegen eines obligatorischen Ausschlussgrundes bei einem Bewerber oder Bieter in der Regel den Ausschluss aussprechen muss, steht ihm bei fakultativen Gründen ein Beurteilungs- und Ermessensspielraum offen. Vor diesem Hintergrund wiederholt § 24 Abs. 1 den im GWB geregelten Grundsatz, dass öffentliche Auftraggeber Bewerber oder Bieter von der Teilnahme an einem Vergabeverfahren ausschließen **können**, wenn ein Ausschlussgrund iSd § 124 Abs. 1 GWB vorliegt. 1

§ 24 ist im Zuge der Vergaberechtsreform neu gefasst worden. Die Vorschrift setzt Art. 39 Abs. 2 und 3 Vergabe-RL Verteidigung und Sicherheit um. Die Neufassung des § 24 dient der Anpassung an die Aufnahme der fakultativen Ausschlussgründe in § 124 GWB, die aufgrund des Verweises in § 147 GWB auch für die Vergabe von verteidigungs- oder sicherheitsspezifischen Aufträgen anzuwenden sind. Die fakultativen Ausschlussgründe sind damit nun übergreifend im Gesetz geregelt und werden auf Verordnungsebene nicht im Wortlaut wiederholt. Aus Gründen der Klarstellung verweist § 24 Abs. 1 S. 2 auf die in § 125 GWB vorgesehene Möglichkeit der Selbstreinigung. Die Neufassung der Abs. 2 und 3 dient der Anpassung an den neu gefassten Abs. 1 und an § 48 Abs. 5 und 6 VgV. Dabei wird der in der VSVgV verwendete Begriff „Nachweis" anstatt der in der VgV üblichen Begriff „Beleg" beibehalten. Eine inhaltliche Differenz ergibt sich daraus aber nicht. 2

II. Einzelerläuterungen

1. Fakultativer Ausschluss (Abs. 1). Der Auftraggeber kann unter Berücksichtigung des Grundsatzes der Verhältnismäßigkeit einen Bewerber oder Bieter von der Teilnahme an einem Vergabeverfahren ausschließen, wenn ein fakultativer Ausschlussgrund nach § 147 GWB iVm mit § 124 GWB vorliegt. 3

a) Beurteilungs- und Ermessensspielraum. § 24 eröffnet dem Auftraggeber einen **Beurteilungs- und Ermessensspielraum** bei der Bewertung der Eignung eines Bewerbers oder Bieters bzw. seiner Zuverlässigkeit. Das bedeutet, dass das Vorliegen eines fakultativen Ausschlussgrundes nicht automatisch zu einem Ausschluss führt.[1] Der Auftraggeber muss vielmehr auf der Grundlage seiner Feststellungen eine Prognose darüber treffen, ob der Bewerber oder Bieter die erforderliche Eignung für den Auftrag gewährleisten kann.[2] Grundlage für die Beurteilung können nicht nur aktuelle Erkenntnisse aus dem laufenden Vergabeverfahren sein, sondern auch das Verhalten des Bewerbers bzw. Bieters bei früheren Aufträgen. Da nicht das vergangene Verhalten eines Bewerbers oder Bieters, sondern dessen Eignung für den aktuell ausgeschriebenen Auftrag zu beurteilen ist, kommt es bei der Einbeziehung bisheriger Erfahrungen mit einem Bewerber oder Bieter entscheidend darauf an, ob sein Verhalten in der Vergangenheit hinreichend gesicherte Erkenntnisse darauf zulässt, dass er auch zukünftig nicht über die erforderliche Zuverlässigkeit verfügt.[3] Insofern hat der Auftraggeber eine Prognose zu erstellen. 4

Bei der Beurteilung der Zuverlässigkeit und der erforderlichen Prognose für die Zukunft sind die vergaberechtlichen Grenzen einzuhalten. Ausdrücklich nennt § 124 Abs. 1 GWB den **Verhältnismäßigkeitsgrundsatz**.[4] Damit weist der Verordnungsgeber darauf hin, dass nicht jeder Verstoß iSd § 124 GWB zu einem Ausschluss führen muss. Vielmehr müssen Gründe vorliegen, die die Zuverlässigkeit des Unternehmens ernsthaft in Frage stellen. Kleinere Unregelmäßigkeiten sollen nur in Ausnahmefällen zum Ausschluss eines Unternehmens führen; allerdings können wiederholte Fälle kleinerer Unregelmäßigkeiten einen Ausschluss rechtfertigen.[5] Im Einzelfall kann das Ermessen des öffentlichen Auftraggebers auf Null reduziert sein, sodass nur ein Ausschluss ermessensfehlerfrei ist.[6] Nach dem Grundsatz der Verhältnismäßigkeit kann es auch erforderlich sein, das betroffene Unternehmen vor einer Entscheidung anzuhören.[7] 5

---

[1] Vgl. EuGH Urt. v. 3.10.2019 – C-267/18 Rn. 27; EuGH Urt. v. 19.6.2019 – C-41/18 Rn. 19.
[2] BT-Drs. 18/6281, 104; vgl. auch OLG München Beschl. v. 21.4.2017 – Verg 2/17; VK Nordbayern Beschl. v. 23.1.2018 – RMF-SG 21-3194-2-19.
[3] OLG Düsseldorf Beschl. v. 28.4.2008 – VII-Verg 1/08, BeckRS 2008, 15517 mwN; VK Bund Beschl. v. 25.3.2014 – VK 1-16/14, BeckRS 2014, 21195.
[4] Vgl. auch Erwägungsgrund 101 RL 2014/24/EU, BT-Drs. 18/6281, 104.
[5] EuGH Urt. v. 19.6.2019 – C-41/18 Rn. 32; Erwägungsgrund 101 RL 2014/24/EU.
[6] BT-Drs. 18/6281, 104.
[7] Ziekow/Völlink/*Stolz*, 3. Aufl. 2018, Rn. 2; für eine zwingende Anhörungspflicht: BeckOK VergabeR/ *Friton*, 14. Ed. 31.10.2019, GWB § 124 Rn. 94–96; *Conrad* in Müller-Wrede GWB § 124 Rn. 13.

6 Die Beurteilung der Eignung ist von den Nachprüfungsinstanzen nur eingeschränkt insbesondere daraufhin zu überprüfen, ob der Auftraggeber den entscheidungserheblichen Sachverhalt hinreichend ermittelt und aufgrund sachgerechter Erwägungen vertretbar zu dem Ergebnis gekommen ist, die Eignung des betreffenden Bieters zu bejahen.[8] Der Beurteilungs- und Ermessensspielraum des Auftraggebers ist zB dann überschritten, wenn er ihm nachträglich bekannt gewordene objektive Anhaltspunkte für Verfehlungen unberücksichtigt lässt.[9]

7 **b) Ausschlussgründe gem. § 124 Abs. 1 GWB.** Fakultative Ausschlussgründe ergeben sich aus § 124 Abs. 1 GWB oder aus § 147 GWB. Ein Ausschluss von dem Vergabeverfahren aufgrund spezialgesetzlicher Vorschriften gem. § 21 AEntG, § 98c AufenthG, § 19 MiLoG und § 21 SchwarzArbG bleibt unberührt.

8 **aa) Verstoß gegen umwelt-, sozial- oder arbeitsrechtliche Verpflichtungen.** Ein fakultativer Ausschlussgrund liegt vor, wenn das Unternehmen gem. § 124 Abs. 1 Nr. 1 GWB bei der Ausführung öffentlicher Aufträge nachweislich gegen geltende **umwelt-, sozial- oder arbeitsrechtliche Verpflichtungen** verstoßen hat.[10] Auch die Nichteinhaltung nationaler Bestimmungen zur Umsetzung der RL 2000/78/EG des Rates vom 27.11.2000 zur Festlegung eines allgemeinen Rahmens für die Verwirklichung der Gleichbehandlung in Beschäftigung und Beruf und der Richtlinie 76/207/EWG des Rates vom 9.2.1976 zur Verwirklichung des Grundsatzes der Gleichbehandlung von Männern und Frauen hinsichtlich des Zugangs zur Beschäftigung, zur Berufsbildung und zum beruflichen Aufstieg sowie in Bezug auf die Arbeitsbedingungen von Arbeitnehmern, die mit einem rechtskräftigen Urteil oder einem Beschluss gleicher Wirkung sanktioniert wurde, kann als Verstoß, der die berufliche Zuverlässigkeit des Wirtschaftsteilnehmers in Frage stellt, oder als schwere Verfehlung betrachtet werden.[11]

9 **bb) Zahlungsunfähigkeit oder Insolvenz.** Ein fakultativer Ausschlussgrund liegt vor, wenn das Unternehmen gem. § 124 Abs. 1 Nr. 2 GWB **zahlungsunfähig** ist, über das Vermögen des Unternehmens ein **Insolvenzverfahren** oder ein vergleichbares Verfahren beantragt oder eröffnet wurde, die Eröffnung eines solchen Verfahrens mangels Masse abgelehnt wurde, das Unternehmen sich im Verfahren der **Liquidation** befindet oder seine Tätigkeit eingestellt hat.[12] Hervorzuheben ist, dass nach der Rechtsprechung die Eröffnung des Insolvenzverfahrens nicht automatisch zu einem Ausschluss führen darf. Besteht trotz der Eröffnung des Insolvenzverfahrens eine positive Prognose für die Unternehmensfortführung, kann das Unternehmen über die erforderliche finanzielle Leistungsfähigkeit verfügen.[13] Der Begriff der Liquidation ist in § 262 AktG bzw. § 60 GmbHG geregelt. Eine Liquidation bzw. Einstellung der Tätigkeit steht in der Regel der für die Vergabe eines öffentlichen Auftrags erforderlichen Zuverlässigkeit entgegen.[14]

10 **cc) Schwere Verfehlung.** Ein fakultativer Ausschlussgrund liegt vor, wenn das Unternehmen oder ein ihm zuzurechnendes Unternehmen gem. § 124 Abs. 1 Nr. 3 GWB im Rahmen der beruflichen Tätigkeit nachweislich eine **schwere Verfehlung** begangen hat, durch die die Integrität des Unternehmens infrage gestellt wird.[15]

11 Die Nachweislichkeit der Verfehlung setzt voraus, dass bei der Prüfung der Zuverlässigkeit lediglich solche Umstände berücksichtigt werden, die sich im Rahmen gesicherter Erkenntnisse bewegen.[16] Eine Verfehlung ist schwer, wenn sie sich auf einen erheblichen Rechtsverstoß bezieht, der geeignet ist, die Zuverlässigkeit eines Unternehmens grundlegend in Frage zu stellen. Hierzu können zB Gesetzesverstöße gehören, die nicht unter § 123 GWB fallen. Im Bereich der unter die VSVgV fallenden Aufträge zur Bewachung von Liegenschaften oder Gebäuden kann sich eine schwere Verfehlung zB aus einem Verstoß gegen § 34a GewO bzw. das Waffengesetz ergeben.[17] Bei Herstellern von Kriegswaffen kommt insbesondere ein Verstoß gegen das Ausführungsgesetz zu Art. 26 Abs. 2 GG (Gesetz über die Kontrolle von Kriegswaffen) in Betracht. Relevante Verfehlungen können sich schließ-

---

[8] OLG Düsseldorf Beschl. v. 5.10.2005 – VII-Verg 55/05, BeckRS 2005, 14414; VK Bund Beschl. v. 25.3.2014 – VK 1-16/14, BeckRS 2014, 21195.
[9] OLG Düsseldorf Beschl. v. 14.11.2018 – Verg 31/18; vgl. insgesamt zur Ermessensentscheidung bei kartellrechtlichen Verstößen: *Horn/Götz* EuZW 2018, 13 (15 ff.).
[10] Vgl. hierzu im Detail in Band 3 *Pauka* → GWB § 123 Rn. 8 ff.
[11] Erwägungsgrund 66 Vergabe-RL Verteidigung und Sicherheit.
[12] Vgl. hierzu im Detail in Band 3 *Pauka* → GWB § 124 Rn. 11 f.
[13] OLG Celle Beschl. v. 18.2.2013 – 13 Verg 1/13, IBRRS 2013, 0992.
[14] Leinemann/Kirch/*Büdenbender* § 22 Rn. 5.
[15] Vgl. hierzu im Detail in Band 3 *Pauka* → GWB § 124 Rn. 13 f.
[16] BGH Urt. v. 26.10.1999 – X ZR 30/98.
[17] VK Bund Beschl. v. 25.3.2014 – VK 1-16/14, BeckRS 2014, 21195.

lich aus §§ 17 ff. AWG wegen Verstoßes gegen Ausführungsvorschriften ergeben.[18] In Betracht kommen im Verteidigungs- und Sicherheitsbereich auch Verfehlungen gem. §§ 93–99 StGB, § 203 Abs. 2 StGB und § 353b StGB, wenn ein Unternehmen gegen Geheimhaltungspflichten verstößt, die es etwa wegen der Überlassung von nach dem SÜG klassifizierten Unterlagen bei der Auftragsdurchführung erlangt hat. „Schwer" ist eine Verfehlung, wenn sie schuldhaft begangen wurde und erhebliche Auswirkungen hat, wenn also besonders schützenswerte Rechtsgüter verletzt wurden und ein erheblicher Schaden entstanden ist oder droht.[19] Eine schwere Verfehlung kann zB dann vorliegen, wenn ein Unternehmen im Zuge einer Bewerbung um einen öffentlichen Auftrag als VS-NfD eingeordnete Unterlagen an andere Unternehmen weiterleitet, ohne vorab eine Verpflichtungserklärung von diesem Unternehmen zum Umgang mit den eingestuften Unterlagen einzufordern.[20] Das gilt allerdings nicht, wenn die Unterlagen an prozessbevollmächtige Anwälte weitergeleitet werden und einzelne Anwälte dieser Kanzlei die Erklärung in einem anderen Vergabeverfahren abgegeben haben.[21]

dd) Verhinderung, Einschränkung oder Verfälschung des Wettbewerbs. Ein fakultativer Ausschlussgrund liegt vor, wenn der öffentliche Auftraggeber gem. § 124 Abs. 1 Nr. 4 GWB über hinreichende Anhaltspunkte dafür verfügt, dass das Unternehmen mit anderen Unternehmen Vereinbarungen getroffen oder Verhaltensweisen aufeinander abgestimmt hat, die eine **Verhinderung, Einschränkung oder Verfälschung des Wettbewerbs** bezwecken oder bewirken.[22] Unter diese Vorschrift fallen sämtliche Vereinbarungen nach § 1 GWB, also zB Preisabsprachen, Absprachen über die Abgabe oder die konkreten Inhalte von Angeboten oder die Aufteilung bestimmter Märkte. Dazu kann auch die Vereinbarung von Bietergemeinschaften gehören, wenn diese nicht wettbewerblich begründet ist.[23]

Hinreichende Anhaltspunkte liegen nach der Rechtsprechung dann vor, wenn aufgrund objektiver Tatsachen die Überzeugung gewonnen werden kann, dass ein Verstoß gegen § 1 GWB mit hoher Wahrscheinlichkeit vorliegt.[24] Die Tatsachen bzw. Anhaltspunkte müssen so konkret und aussagekräftig sein, dass die Verwirklichung eines Kartellverstoßes zwar noch nicht feststeht, jedoch hierüber nahezu Gewissheit besteht. Die bloße Durchführung von kartellbehördlichen Ermittlungsmaßnahmen, beispielsweise Durchsuchungen, reichen nach der Gesetzesbegründung zu § 124 GWB regelmäßig noch nicht aus, um einen Ausschlussgrund nach § 124 Abs. 1 Nr. 4 GWB zu begründen.[25] Umgekehrt ist jedenfalls der Erlass einer kartellrechtlichen Verfügung ein hinreichender Anhaltspunkt.[26] Das gilt selbst dann, wenn die Verfügung noch nicht bestandskräftig ist und vor den Gerichten angegriffen wird.[27]

ee) Interessenkonflikt. Ein fakultativer Ausschlussgrund liegt vor, wenn gem. § 124 Abs. 1 Nr. 5 GWB ein **Interessenkonflikt** bei der Durchführung des Vergabeverfahrens besteht, der die Unparteilichkeit und Unabhängigkeit einer für den öffentlichen Auftraggeber tätigen Person bei der Durchführung des Vergabeverfahrens beeinträchtigen könnte und der durch andere, weniger einschneidende Maßnahmen nicht wirksam beseitigt werden kann.[28] Bezüglich der Grundsätze für diese Vorschrift kann § 6 VgV entsprechend herangezogen werden, der die Behandlung sog. vorbefasster Unternehmen regelt.

ff) Projektantenstellung. Ein fakultativer Ausschlussgrund liegt vor, wenn eine Wettbewerbsverzerrung gem. § 124 Abs. 1 Nr. 6 GWB daraus resultiert, dass das Unternehmen bereits in die Vorbereitung des Vergabeverfahrens einbezogen war, und diese Wettbewerbsverzerrung nicht durch andere, weniger einschneidende Maßnahmen beseitigt werden kann. Bezüglich der Grundsätze für diese Vorschrift kann § 7 VgV entsprechend herangezogen werden, der die Behandlung sog. vorbefasster Unternehmen **(Projektantenstellung)** regelt.[29]

gg) Mangelhafte Auftragsausführung. Ein fakultativer Ausschlussgrund liegt vor, wenn das Unternehmen gem. § 124 Abs. 1 Nr. 7 GWB eine wesentliche Anforderung bei der Ausführung eines früheren öffentlichen Auftrags oder Konzessionsvertrags erheblich oder fortdauernd mangel-

---

[18] Vgl. BR-Drs. 321/12, 57 bzw. bisherigen Wortlaut des § 23 Abs. 1 Nr. 3.
[19] VK Baden-Württemberg Beschl. v. 25.7.2018, 1 VK 19/18; *Hausmann/von Hoff* in KKPP GWB § 124 Rn. 26.
[20] Vgl. hierzu auch § 6 Abs. 3 (→ § 6 Rn. 1 ff.).
[21] VK Bund Beschl. v. 29.5.2020 – VK 2-19/20, BeckRS 2020, 19521.
[22] Vgl. hierzu im Detail in Band 3 *Pauka* → GWB § 124 Rn. 17 ff.
[23] Zur Anwendung dieser Vorschriften auf Bietergemeinschaften vgl. *Hausmann/Queisner* NZBau 2015, 402 ff.
[24] OLG Düsseldorf Beschl. v. 17.1.2018 – VII-Verg 39/17.
[25] BT-Drs. 18/6281, 106.
[26] BT-Drs. 18/6281, 106; VK Bund Beschl. v. 31.7.2017 – VK 2-68/17.
[27] Vgl. *Stein/Friton/Huttenlauch* WuW 2012, 38 (43); BeckOK Vergaberecht/*Prieß/Friton* GWB § 124 Rn. 47–49.
[28] Vgl. hierzu im Detail in Band 3 *Pauka* → GWB § 124 Rn. 20 ff.
[29] Vgl. hierzu im Detail in Band 3 *Pauka* → GWB § 124 Rn. 24 ff.

haft erfüllt und dies zu einer vorzeitigen Beendigung, zu Schadensersatz oder zu einer vergleichbaren Rechtsfolge geführt hat.[30] Eine wesentliche Anforderung kann sich im Bereich der Sicherheit- und Verteidigung insbesondere auf die Informations- und Versorgungssicherheit nach §§ 6 ff. beziehen.[31] Wegen der Sensibilität verteidigungs- und sicherheitsspezifischer Aufträge sind diese Anforderungen in der Regel wesentlich. Gleichwohl rechtfertigt nicht jede vertragliche Rechtsfolge einen Ausschluss. Nach der Rechtsprechung gelten hohe Anforderungen für den Tatbestand des § 124 Abs. 1 Nr. 7 GWB.[32] Nicht vergleichbar iSd § 124 Abs. 1 Nr. 7 GWB ist die Geltendmachung einer Vertragsstrafe des Auftraggebers gegenüber dem Bewerber oder Bieter in einem früheren Auftrag, weil dieser dogmatisch nicht mit einem Schadensersatz zu vergleichen ist.[33] Eine Vertragsstrafenregelung kommt zur Geltung, wenn ein zwischen den Parteien als sanktionswürdig vereinbarter Sachverhalt eintritt. Zu einem Schaden muss es nicht gekommen sein. Im Gegensatz zur Vertragsstrafe ist für einen Schadensersatzanspruch außerdem immer ein Verschuldenselement erforderlich.

17   **hh) Schwerwiegende Täuschung.** Ein fakultativer Ausschlussgrund liegt vor, wenn das Unternehmen gem. § 124 Abs. 1 Nr. 8 GWB in Bezug auf Ausschlussgründe oder Eignungskriterien eine **schwerwiegende Täuschung** begangen oder Auskünfte zurückgehalten hat oder nicht in der Lage ist, die erforderlichen Nachweise zu übermitteln.[34]

18   **ii) Unlautere Beeinflussung.** Ein fakultativer Ausschlussgrund liegt vor, wenn das Unternehmen gem. § 124 Abs. 1 Nr. 9 GWB versucht hat, das Vergabeverfahren **unlauter zu beeinflussen**.[35]

19   **c) Ausschlussgrund gem. § 147 GWB iVm 124 Abs. 1 GWB.** Das Unternehmen kann gem. § 147 GWB iVm 124 Abs. 1 GWB auch dann von der Teilnahme an einem Vergabeverfahren ausgeschlossen werden, wenn das Unternehmen nicht die **erforderliche Vertrauenswürdigkeit** aufweist, um **Risiken für die nationale Sicherheit** auszuschließen.[36] Der Ausschlusstatbestand in § 147 GWB ergänzt insoweit die Liste des § 124 GWB. Er trägt dem Umstand Rechnung, dass Aufträge im Bereich der Verteidigung und Sicherheit regelmäßig durch eine besondere Sensibilität gekennzeichnet sind.[37] Die Vertrauenswürdigkeit gem. § 147 GWB kann dann fehlen, wenn das Risiko besteht, dass geheimhaltungsbedürftige Verschlusssachen unbefugt zur Kenntnis Dritter gebracht werden.[38] Die Risiken können sich aus bestimmten Merkmalen der vom Bewerber gelieferten Produkte oder aus der Gesellschaftsstruktur des Bewerbers ergeben.[39] Ist zB ein Staat, den ein Mitgliedstaat für nicht vertrauenswürdig hält, Anteilseigner an einem Unternehmen oder hat es auf sonstige Weise Zugriff auf das Unternehmen, kann ein Risiko iSd § 147 GWB wegen der Gesellschaftsstruktur des Unternehmens bestehen.[40] Das Gesetz lässt es dabei genügen, wenn das Risiko für die nationale Sicherheit nicht ausgeschlossen werden kann, dh nicht gänzlich unmöglich ist. Nicht erforderlich ist, dass das Risiko überwiegend wahrscheinlich ist.[41]

20   Dennoch müssen tatsächliche Anhaltspunkte für die fehlende Vertrauenswürdigkeit vorliegen, bevor ein Bewerber oder Bieter ausgeschlossen werden kann. Der Nachweis, dass Risiken für die nationale Sicherheit nicht auszuschließen sind, kann gem. § 147 S. 2 GWB auch mithilfe geschützter Datenquellen erfolgen. Zu solchen Datenquellen werden insbesondere Informationen der nationalen Geheim- und Sicherheitsbehörden gehören.[42] Wie diese geschützten Informationen in das Nachprüfungsverfahren einzubringen sind, ergibt sich aus § 99 VwGO. Dort sind die Einsichtsmöglichkeiten durch die Entscheidungsinstanz und die Verwendung in der Entscheidung näher geregelt.[43]

21   **2. Nachweis durch Bescheinigung (Abs. 2).** Gemäß § 24 Abs. 2 können Bewerber oder Bieter das Nichtvorliegen der in § 147 GWB iVm § 124 GWB genannten Ausschlussgründe durch Bescheinigungen einer zuständigen Behörde des Herkunftslandes oder des Niederlassungsstaats nachweisen. Mit der Vorschrift wird Art. 39 Abs. 3 lit. b Vergabe-RL Verteidigung und Sicherheit umge-

---

[30] Vgl. hierzu im Detail in Band 3 *Pauka* → GWB § 124 Rn. 26 ff.
[31] Vgl. BR-Drs. 321/12, 57 bzw. bisherigen Wortlaut des § 23 Abs. 1 Nr. 4.
[32] VK Nordbayern Beschl. v. 27.9.2016 – 21.VK-3194-34/16, IBRRS 2016, 2787.
[33] VK Nordbayern Beschl. v. 27.9.2016 – 21.VK-3194-34/16, IBRRS 2016, 2787.
[34] Vgl. hierzu im Detail in Band 3 *Pauka* → GWB § 124 Rn. 29 f.
[35] Vgl. hierzu im Detail in Band 3 *Pauka* → GWB § 124 Rn. 31.
[36] Dieser Ausschlussgrund war bisher in § 23 Abs. 1 Nr. 5 geregelt.
[37] Vgl. Erwägungsgrund 67 Vergabe-RL Verteidigung und Sicherheit.
[38] Vgl. iE Beck VergabeR/*v. Wietersheim* GWB § 147 Rn. 13.
[39] Erwägungsgrund 66 Vergabe-RL Verteidigung und Sicherheit.
[40] Beck VergabeR/*v. Wietersheim* GWB § 147 Rn. 13.
[41] Band 3 *Thiele* § 147 Rn. 6; Beck VergabeR/*v. Wietersheim* GWB § 147 Rn. 14.
[42] Vgl. Leinemann/Kirch/*Büdenbender* Rn. 8.
[43] Beck VergabeR/*v. Wietersheim* GWB § 147 Rn. 18.

setzt. § 24 Abs. 2 entspricht im Wesentlichen dem Wortlaut des § 23 Abs. 4. Auf die entsprechende Kommentierung wird verwiesen.[44]

3. Nachweis durch Versicherung an Eides statt (Abs. 3). Gemäß § 24 Abs. 3 können Bewerber oder Bieter in den Fällen, in denen ihr Herkunftsland Bescheinigungen iSd Abs. 2 nicht ausstellt, eine Erklärung an Eides statt oder eine förmliche Erklärung gem. § 23 Abs. 5 S. 2 abgeben. § 24 Abs. 3 S. 1 entspricht den Vorgaben des § 23 Abs. 5 S. 1, während § 24 Abs. 3 S. 2 auf § 23 Abs. 5 S. 2 verweist. Auf die entsprechende Kommentierung wird verwiesen.[45]

§ 25 Nachweis der Erlaubnis zur Berufsausübung

(1) Die Auftraggeber können die Bewerber oder Bieter auffordern, als Nachweis für die Erlaubnis zur Berufsausübung
1. **den Auszug eines Berufs- oder Handelsregisters gemäß der unverbindlichen Liste des Anhangs VII Teil B und C der Richtlinie 2009/81/EG vorzulegen, wenn die Eintragung gemäß den Vorschriften des Mitgliedstaats ihrer Herkunft oder Niederlassung Voraussetzung für die Berufsausübung ist,**
2. **darüber eine Erklärung unter Eid abzugeben oder**
3. **eine sonstige Bescheinigung vorzulegen.**

(2) Müssen Bewerber oder Bieter eine bestimmte Berechtigung besitzen oder Mitglied einer bestimmten Organisation sein, um eine Dienstleistung in ihrem Herkunftsmitgliedstaat erbringen zu können, können Auftraggeber Bewerber oder Bieter auffordern, darüber den Nachweis zu erbringen.

I. Normzweck und Zusammenhang

Voraussetzung für die Vergabe eines öffentlichen Auftrags an ein Unternehmen ist gem. § 122 Abs. 1 GWB, dass das Unternehmen fachkundig und leistungsfähig ist. Die Eignung setzt gem. § 122 Abs. 2 S. 2 Nr. 1 GWB unter anderem die Befähigung und Erlaubnis zur Berufsausübung voraus. In diesem Kontext legt § 25 fest, welche Nachweise der Erlaubnis zur Berufsausübung öffentliche Auftraggeber von den Bewerbern oder Bietern fordern können. Mit der Vorschrift werden die Vorgaben des Art. 40 UAbs. 1 und 2 Vergabe-RL Verteidigung und Sicherheit umgesetzt. § 25 Abs. 1 enthält eine abschließende Liste von drei möglichen Nachweisen. § 25 Abs. 2 eröffnet Auftraggebern die Möglichkeit, zusätzlich den Nachweis bestimmter Berechtigungen zu fordern, wenn diese Berechtigungen Voraussetzung für die Berufsausübung sind.

II. Einzelerläuterungen

1. Nachweis für die Erlaubnis zur Berufsausübung (Abs. 1). § 25 Abs. 1 gibt öffentlichen Auftraggebern zunächst die Kompetenz, Bewerber oder Bieter aufzufordern, ihre Erlaubnis zur Berufsausübung nachzuweisen. Für den Nachweis der Erlaubnis der Berufsausübung sieht Abs. 1 einen Katalog von drei Nachweismöglichkeiten vor.

Gemäß Abs. 1 Nr. 1 können öffentliche Auftraggeber einen Auszug aus einem Berufs- oder Handelsregister verlangen. Die Eintragung muss aber Voraussetzung für die Berufsausübung sein. Die Tätigkeit darf nicht zulässigerweise ohne entsprechende Eintragung ausgeführt werden. Durch den Handelsregisterauszug informiert sich der Auftraggeber verlässlich über die rechtliche Existenz eines Unternehmens, aber auch über sonstige wichtige Rechtsverhältnisse des Unternehmens bzw. deren Änderung (wie zB die Eigentümerverhältnisse, den Eintritt der Insolvenz ua).[1]

Welche Nachweise der öffentliche Auftraggeber verlangen kann, hängt von den Rechtsvorschriften desjenigen Staates ab, in dem der Bewerber oder Bieter niedergelassen ist. Für die Mitgliedstaaten der Europäischen Union enthält Anhang VII Teil B und C Vergabe-RL Verteidigung und Sicherheit eine Auflistung der einschlägigen Berufs- und Handelsregister bzw. von Bescheinigungen oder Erklärungen über die Berufsausübung. Gemäß Anhang VII Teil B Vergabe-RL Verteidigung und Sicherheit sind für Lieferaufträge die einschlägigen Berufs- oder Handelsregister in der Bundesrepublik Deutschland das „Handelsregister" und die „Handwerksrolle". Gemäß Anhang II Teil C Vergabe-RL Verteidigung und Sicherheit sind für Dienstleistungsaufträge die einschlägigen Berufs- oder Handelsregister das „Handelsregister", die „Handwerksrolle", das „Vereinsregister", das „Partnerschaftsregister" und

---

[44] → § 23 Rn. 20.
[45] → § 23 Rn. 21.
[1] OLG Düsseldorf Beschl. v. 16.1.2006 – VII-Verg 92/05, BeckRS 2006, 2916; VK Bund Beschl. v. 4.4.2007 – VK1-23/07, BeckRS 2007, 142850.

Queisner 1159

die „Mitgliederverzeichnisse der Berufskammern der Länder". Der Registerauszug kann sowohl als Abschrift der Registereintragung (vgl. zB für Handelsregister § 9 Abs. 2 HGB) als Bestätigung der Eintragung durch das registerführende Amtsgericht (vgl. zB für Handelsregister § 9 Abs. 3 HGB) oder (sofern der Auftraggeber nichts anderes gefordert hat) in Form eines gleichwertigen schriftlichen Nachweises, insbesondere eines Ausdrucks einer elektronischen Datei.[2] Diesen herkömmlichen (schriftlichen) Beweismitteln ist gemeinsam, dass es sich jeweils um Fremdbelege handelt. Der Nachweis muss im Zeitpunkt seiner Einreichung grundsätzlich die aktuellen Gegebenheiten des Bewerbers oder Unternehmens wiederspiegeln. Auftraggeber können aber auch festlegen, dass der Auszug selbst eine bestimmte Aktualität aufweisen muss (zB nicht älter als drei Monate). Schließlich können Auftraggeber die Beglaubigung des Auszugs fordern, um die Glaubwürdigkeit zu erhöhen.[3]

5   Gemäß § 25 Abs. 1 Nr. 2 können Auftraggeber die Bewerber oder Bieter auffordern, als Nachweis über die Erlaubnis zur Berufsausübung eine Erklärung an Eides statt abzugeben. Gemäß § 25 Abs. 1 Nr. 3 können sie auch eine sonstige Bescheinigung verlangen.

6   Der Katalog von Nachweismöglichkeiten in Abs. 1 ist abschließend; andere als die in Abs. 1 genannten Nachweise dürfen öffentliche Auftraggeber nicht fordern.[4] Die Nachweismöglichkeiten stehen nach ihrem Wortlaut nicht in einem Rangverhältnis, sondern stehen sich alternativ gegenüber („*oder*"). Der Auftraggeber kann sich im Rahmen seines Ermessens für einen der drei Nachweise entscheiden. Gleichwohl weisen öffentliche Aufträge im Verteidigungs- oder Sicherheitsbereich eine besondere Sensibilität auf.[5] Auftraggeber müssen bei der Entscheidung, welchen Nachweis sie fordern, die besonderen Anforderungen an die daraus zu folgernde hohe Vertrauenswürdigkeit des Auftragnehmers beachten. Deshalb sollte vornehmlich ein Registerauszug gefordert werden. Er kann üblicherweise ohne größeren Aufwand oder Kosten von den Bewerbern oder Bietern beigebracht werden.[6] Lediglich dann, wenn ein solches Register nicht besteht, sollte der Auftraggeber eine Erklärung unter Eid oder eine sonstige Bescheinigung ausreichen lassen.

7   Reicht der Auftragnehmer eine Bescheinigung nach § 25 Abs. 1 ein, darf der öffentliche Auftraggeber nicht inhaltlich nachprüfen, ob der Bieter oder Bewerber die in seinem Niederlassungsstaat geltenden Rechtsvorschriften für die erlaubte Ausübung eines Berufs oder für die Erbringung einer bestimmten Dienstleistung tatsächlich erfüllt.[7] Sofern ein Bieter oder Bewerber den Nachweis beibringt, den der öffentliche Auftraggeber gem. § 25 Abs. 1 verlangen kann – insbesondere die Handelsregistereintragung gem. Abs. 1 Nr. 1 – gilt seine Befähigung und Erlaubnis zur Berufsausübung als gegeben.[8]

8   **2. Nachweis besonderer Berechtigungen (Abs. 2).** § 25 Abs. 2 regelt die Anforderungen an den Nachweis, wenn Bewerber oder Bieter eine bestimmte Berechtigung besitzen oder Mitglied einer bestimmten Organisation sein müssen, um eine Dienstleistung in ihrem Herkunftsmitgliedstaat erbringen zu können. Relevant wird diese Vorgabe bei gewerberechtlichen Erlaubnissen.[9] Zum Beispiel bedürfen Unternehmen des Bewachungsgewerbes gem. § 34a GewO der Erlaubnis der zuständigen Behörde. Außerdem bedarf zB die gewerbsmäßige Herstellung, Bearbeitung oder Instandsetzung von Schusswaffen oder Munition einer Waffenherstellungserlaubnis nach § 21 Abs. 1 S. 1 Hs. 1 WaffG. Der entsprechend betriebene Handel mit Schusswaffen oder Munition bedarf einer Waffenhandelserlaubnis nach § 21 Abs. 1 S. 1 Hs. 2 WaffG. Ist eine solche Berechtigung für die Ausübung der Dienstleistung erforderlich, können Auftraggeber Bewerber oder Bieter auffordern, darüber den Nachweis zu erbringen.

§ 26 Nachweis der wirtschaftlichen und finanziellen Leistungsfähigkeit

(1) Auftraggeber können je nach Art, Verwendungszweck und Menge der zu liefernden Güter oder dem Umfang der zu erbringenden Dienstleistungen angemessene Nachweise der finanziellen und wirtschaftlichen Leistungsfähigkeit der Bewerber oder Bieter verlangen, insbesondere die Vorlage
1. entsprechender Bankerklärungen oder des Nachweises einer entsprechenden Berufshaftpflichtversicherung,

---

[2] OLG Düsseldorf Beschl. v. 16.1.2006 – VII-Verg 92/05, BeckRS 2006, 2916.
[3] VK Bund Beschl. v. 4.4.2007 – VK1-23/07, BeckRS 2007, 142850.
[4] *Hausmann/v. Hoff* in KKMPP VgV § 44 Rn. 5.
[5] Vgl. Erwägungsgründe 8 und 9 Vergabe-RL Verteidigung und Sicherheit.
[6] Vgl. VK Bund Beschl. v. 4.4.2007 – VK1-23/07, BeckRS 2007, 142850.
[7] Vgl. Gesetzesbegründung zu § 44 VgV: BT-Drs. 18/7318, 183.
[8] Vgl. Gesetzesbegründung zu § 44 VgV: BT-Drs. 18/7318, 183; Leinemann/Kirch/*Büdenbender* Rn. 2.
[9] Leinemann/Kirch/*Büdenbender* Rn. 6.

2. von Bilanzen oder Bilanzauszügen, falls deren Veröffentlichung in dem Land, in dem der Bewerber oder Bieter ansässig ist, gesetzlich vorgeschrieben ist,
3. einer Erklärung über den Gesamtumsatz und den Umsatz für den durch den Auftragsgegenstand vorausgesetzten Tätigkeitsbereich, jedoch höchstens für die letzten drei Geschäftsjahre, entsprechend dem Gründungsdatum oder dem Datum der Tätigkeitsaufnahme des Unternehmens, sofern entsprechende Angaben verfügbar sind.

(2) Können Bewerber oder Bieter aus einem berechtigten Grund die geforderten Nachweise nicht beibringen, so kann der Auftraggeber die Vorlage jedes anderen geeigneten Nachweises zulassen.

(3) ¹Bewerber oder Bieter können sich für einen bestimmten Auftrag auf die Leistungsfähigkeit anderer Unternehmen berufen, wenn sie nachweisen, dass ihnen dadurch die erforderlichen Mittel zur Verfügung stehen. ²Dies gilt auch für Bewerber- oder Bietergemeinschaften.

Übersicht

		Rn.			Rn.
I.	Normzweck und Zusammenhang ...	1		b) Nachweise einer entsprechenden Berufshaftpflichtversicherung	5
II.	Einzelerläuterungen	2		c) Bilanzen oder Bilanzauszüge	6
				d) Umsatznachweise	8
1.	Eignungsnachweise (Abs. 1)	2	2.	Andere geeignete Nachweise (Abs. 2)	10
	a) Bankerklärungen	4	3.	Eignungsleihe (Abs. 3)	12

I. Normzweck und Zusammenhang

Voraussetzung für die Vergabe eines öffentlichen Auftrags an ein Unternehmen ist gem. § 122 Abs. 1 GWB, dass das Unternehmen fachkundig und leistungsfähig ist. Die Eignung setzt gem. § 122 Abs. 2 S. 2 Nr. 2 GWB die wirtschaftliche und finanzielle Leistungsfähigkeit voraus. § 26 Abs. 1 regelt, welche Nachweise für die wirtschaftliche und finanzielle Leistungsfähigkeit Auftraggeber von Bewerbern oder Bietern verlangen können. Abs. 2 legt fest, dass Bewerber aus berechtigten Gründen auch andere geeignete Nachweise als der geforderten einreichen dürfen. Zudem regelt § 26 Abs. 3, dass sich Bewerber oder Bieter auch auf die Leistungsfähigkeit anderer Bewerber berufen können (Eignungsleihe). Mit der Vorschrift werden die Vorgaben des Art. 41 Vergabe-RL Verteidigung und Sicherheit umgesetzt.

II. Einzelerläuterungen

1. Eignungsnachweise (Abs. 1). § 26 Abs. 1 ermächtigt öffentliche Auftraggeber, Nachweise der finanziellen und wirtschaftlichen Leistungsfähigkeit der Bewerber oder Bieter zu verlangen. Zugleich setzt § 26 Abs. 1 Grenzen für die Forderung von Unterlagen. So wiederholt die Vorschrift den bereits in § 22 Abs. 1 genannten Grundsatz, dass der Auftraggeber bei der Forderung von Unterlagen das Verhältnismäßigkeitsgebot gem. § 97 Abs. 2 GWB einhalten muss (→ § 22 Rn. 6). Die Forderung von Unterlagen muss angemessen sein. Die vom Auftraggeber gestellten Anforderungen sind also mit der Eigenart des Auftrags abzuwägen. § 26 Abs. 1 konkretisiert insofern, dass die Eigenart des Auftrags insbesondere durch dessen Art, Verwendungszweck und Menge der zu liefernden Güter bzw. der zu erbringenden Dienstleistungen bestimmt wird. Eignungsnachweise müssen also mit dem Auftragsgegenstand in sachlichem Zusammenhang stehen. Im Übrigen dürfen sie auch nicht diskriminierend sein (→ § 21 Rn. 9). Unter Wahrung dieser Grundsätze steht es einem öffentlichen Auftraggeber grundsätzlich frei, die ihm für erforderlich gehaltenen Eignungsvorgaben selbst zu definieren und die von den Bewerbern bzw. Bietern zu erfüllenden Anforderungen festzulegen.[1] Die Nachweise müssen den Auftraggeber in die Lage versetzen, festzustellen, ob erwartet werden kann, dass der Bewerber bzw. Bieter seine finanziellen Verpflichtungen gegenüber dem Auftraggeber und Dritten erfüllen kann (Prognose).[2]

Darüber hinaus enthält § 26 Abs. 1 eine Auflistung von drei möglichen Nachweisen, auf deren Grundlage der Auftraggeber die wirtschaftliche und finanzielle Leistungsfähigkeit der Bewerber oder Bieter prüfen kann. Mit diesen Nachweisen kann nach der Formulierung von Art. 41 Abs. 1 Vergabe-RL Verteidigung und Sicherheit „*in der Regel*" die wirtschaftliche und finanzielle Leistungsfä-

---
[1] Vgl. OLG München Beschl. v. 31.8.2010 – Verg 12/10, BeckRS 2010, 21117.
[2] Vgl. OLG München Beschl. v. 17.9.2015 – Verg 3/15, NZBau 2015, 711.

higkeit belegt werden. Allerdings macht die der Liste vorangestellte Formulierung „insbesondere" in § 26 Abs. 1 deutlich, dass die Liste nicht abschließend ist.[3] Das bedeutet, dass Auftraggeber je nach den Besonderheiten des Auftragsgegenstandes weitere gerechtfertigte Nachweise verlangen dürfen. In Betracht kommen etwa die Vorlage von Finanzierungskonzepten.

4   a) Bankerklärungen. Öffentliche Auftraggeber können nach § 26 Abs. 1 Nr. 1 die Vorlage von Bankerklärungen fordern. Mit der Bankerklärung können sie prüfen, ob das Unternehmen über hinreichende finanzielle Eigenmittel oder die notwendige Kreditwürdigkeit verfügt. Konkretisiert der Auftraggeber seine Nachweisforderung nicht, bleibt es den Bewerbern bzw. Bietern überlassen, mit welchem Inhalt solche Bankerklärungen abgegeben werden.[4]

5   b) Nachweise einer entsprechenden Berufshaftpflichtversicherung. Öffentliche Auftraggeber können nach § 26 Abs. 1 Nr. 1 die Vorlage von einer entsprechenden Berufshaftpflichtversicherung fordern. Die Vorschrift macht deutlich, dass der Auftraggeber berechtigt ist, umfassenden Berufshaftpflichtversicherungsschutz für die zu vergebende Leistung zu verlangen.[5] Durch die Forderung eines entsprechenden Versicherungsnachweises kann der Auftraggeber einer haftpflichtschadensbedingten Gefährdung der ordnungsgemäßen Leistungserbringung durch eine vermeidbare Verschlechterung der wirtschaftlichen Lage des Leistungserbringers entgegenwirken. Zudem kann er die Realisierung der eigenen Ansprüche auf Schadensersatz durch die Existenz eines solventen Schuldners absichern.[6] Auch wenn § 26 Abs. 1 Nr. 1 von einer Berufshaftpflichtversicherung spricht, ist dieser Begriff nicht im Sinne einer bestimmten Versicherungsform zu verstehen. Auch eine Betriebshaftpflichtversicherung kann zulässigerweise nach § 26 Abs. 1 Nr. 1 gefordert werden.[7] Der Auftraggeber kann verlangen, dass die Bewerber oder Bieter die Deckungssummen der Versicherungen ausweisen.[8] Er kann unter Beachtung des Verhältnismäßigkeitsgrundsatzes auch Mindestanforderungen an die Versicherungsleistung (Mindestabdeckungssumme) und die versicherten Schäden (Personen-, Sach- und/oder Vermögensschäden) stellen.[9]

6   c) Bilanzen oder Bilanzauszüge. Öffentliche Auftraggeber können nach § 26 Abs. 1 Nr. 2 die Vorlage von Bilanzen oder Bilanzauszügen fordern. Voraussetzung ist, dass die Veröffentlichung in dem Land, in dem der Bewerber oder Bieter ansässig ist, gesetzlich vorgeschrieben ist. In der Bundesrepublik Deutschland finden sich die Vorschriften über die Veröffentlichung von Bilanzen in den §§ 325 ff. HGB für Kapitalgesellschaften und in § 264a HGB für die Personenhandelsgesellschaften.

7   Will der Auftraggeber Mindestanforderungen an die Bilanz stellen, so dürfen sich diese nicht pauschal auf die Bilanz im Allgemeinen beziehen, sondern auf ein oder mehrere bestimmte Elemente der Bilanz.[10] Bei der Wahl dieser Elemente verfügt der Auftraggeber allerdings über verhältnismäßig viel Freiheit.[11] Jedoch müssen die in § 21 Abs. 1 aufgestellten Grenzen für Mindestanforderungen eingehalten werden. Daraus folgt, dass die von einem öffentlichen Auftraggeber zur Festlegung von Mindestanforderungen an die wirtschaftliche und finanzielle Leistungsfähigkeit gewählten Elemente der Bilanz objektiv geeignet sein müssen, über die Leistungsfähigkeit eines Wirtschaftsteilnehmers Auskunft zu geben. Die in dieser Weise festgelegte Anforderung muss der Bedeutung des betreffenden Auftrags in dem Sinne angepasst sein, dass sie objektiv einen konkreten Hinweis auf das Bestehen einer zur erfolgreichen Ausführung dieses Auftrags ausreichenden wirtschaftlichen und finanziellen Basis ermöglicht, ohne über das hierzu vernünftigerweise erforderliche Maß hinauszugehen.

8   d) Umsatznachweise. Öffentliche Auftraggeber können nach § 26 Abs. 1 Nr. 3 eine Erklärung über den Gesamtumsatz und den Umsatz für den durch den Auftragsgegenstand vorausgesetzten Tätigkeitsbereich verlangen.[12] Diese Nachweise können den Auftraggeber in die Lage versetzen, sich u.a. ein Bild darüber zu machen, in welchem finanziellem Rahmen sich die bisherige Geschäftstätigkeit eines Bewerbers bzw. Bieters bewegte und ob er voraussichtlich über die wirtschaftliche

---

[3]   BR-Drs. 321/12, 58.
[4]   OLG Düsseldorf Beschl. v. 6.7.2005 – VII-Verg 22/05, BeckRS 2005, 33238; VK Düsseldorf Beschl. v. 28.10.2005 – VK-34/2005-L.
[5]   OLG Thüringen Beschl. v. 6.6.2007 – 9 Verg 3/07, NZBau 2007, 730.
[6]   1. VK Sachsen-Anhalt Beschl. v. 31.7.2008 – 1 VK LVwA 04/08, IBRRS 2008, 2874.
[7]   VK Niedersachsen Beschl. v. 11.3.2013 – VgK-03/2013, IBRRS 2013, 3225.
[8]   VK Baden-Württemberg Beschl. v. 4.11.2013 – 1 VK 35/13, BeckRS 2016, 40647; VK Baden-Württemberg Beschl. v. 13.11.2008 – VK 41/08.
[9]   VK Niedersachsen Beschl. v. 11.3.2013 – VgK-03/2013, IBRRS 2013, 3225.
[10] EuGH Urt. v. 18.10.2012 – C-218/11, NZBau 2013, 58.
[11] EuGH Urt. v. 18.10.2012 – C-218/11, NZBau 2013, 58.
[12] Vgl. auch OLG Brandenburg Beschl. v. 9.2.2010 – Verg W 10/09, BeckRS 2010, 03986.

Leistungsfähigkeit verfügt, die für die Ausführung des konkreten Auftrags notwendig ist.[13] Einschränkend ist jedoch zu berücksichtigen, dass der Nachweis höchstens für die letzten drei Geschäftsjahre, entsprechend dem Gründungsdatum oder dem Datum der Tätigkeitsaufnahme des Unternehmens gefordert werden darf.

Verlangt ein Auftraggeber eine Eigenerklärung über den Umsatz in den letzten drei abgeschlossenen Geschäftsjahren, folgt daraus noch nicht, dass das Unternehmen in den letzten drei Jahren Umsätze erzielt haben muss. Eine Umsatzangabe von „Null" ist in diesem Fall zulässig.[14] Allerdings kann der Auftraggeber auch Mindestanforderungen an die Umsatzzahlen stellen. Um hier den Verhältnismäßigkeitsgrundsatz einzuhalten, sollte der geforderte Umsatz grundsätzlich nicht das Zweifache des geschätzten Auftragswerts überschreiten.[15] Sofern Newcomer durch die Mindestanforderungen von einer Teilnahme an dem Vergabeverfahren abgehalten werden, ist dies hinzunehmen. Die Bestimmungen des Vergaberechts nehmen „ersichtlich in Kauf, dass sie den Marktzutritt für Newcomer erschweren, wenn der Auftraggeber von den Bestimmungen in zulässiger Weise Gebrauch macht, soweit es durch den Gegenstand der Leistungen gerechtfertigt ist".[16]

2. Andere geeignete Nachweise (Abs. 2). Können Bewerber oder Bieter aus einem berechtigten Grund die geforderten Nachweise nicht beibringen, so kann der Auftraggeber gem. § 26 Abs. 2 die Vorlage jedes anderen geeigneten Nachweises zulassen. Diese Bestimmung zielt insbesondere darauf ab, mögliche Schwierigkeiten bei der Nachweiserbringung zu begegnen, die ihren Grund in unterschiedlichen nationalen Bestimmungen haben. Die Vorschrift gibt dem öffentlichen Auftraggeber ein Instrument in die Hand, um vor dem Hintergrund des Gleichbehandlungsgrundsatzes Diskriminierungen der betroffenen Unternehmen zu vermeiden.[17]

Gleichwohl handelt es sich bei der Vorschrift um eine Ausnahmevorschrift.[18] Andere geeignete Nachweise sind lediglich aus berechtigten Gründen zulässig. Berechtige Gründe sind solche, die zwar nicht unbedingt zwingend, aber einleuchtend sind.[19] Das kann zB der Fall sein, wenn es sich um ein gerade erst neu gegründetes Unternehmen handelt.[20] Der berechtigte Grund ist durch den Bewerber oder Bieter glaubhaft zu machen.[21] Es gilt das Gleichbehandlungsgebot und Diskriminierungsverbot. Die Versagung nicht geeigneter bzw. die Zulassung geeigneter Alternativnachweise kann im Nachprüfungsverfahren durch die betroffenen Bewerber oder Bieter bzw. deren Wettbewerber gerügt werden und unterliegt der Kontrolle durch die Vergabekammern und durch die Oberlandesgerichte.[22]

3. Eignungsleihe (Abs. 3). § 26 Abs. 3 S. 1 regelt, dass der Bewerber oder Bieter zulässigerweise für den Nachweis seiner wirtschaftlichen und finanziellen Eignung gegenüber dem öffentlichen Auftraggeber die Kapazitäten anderer Unternehmen in Anspruch nehmen darf.

Die Eignungsleihe ist von der Unterauftragsvergabe nach § 9 zu unterscheiden. Bei der Vergabe von Unteraufträgen wird ein Teil des Auftrags durch den Bewerber oder Bieter auf eine dritte Person übertragen, die dann diesen Teil im Falle einer Zuschlagserteilung ausführt. Bei der Eignungsleihe hingegen, beruft sich der Bewerber oder Bieter für die Eignungsprüfung auf die Kapazitäten eines Dritten, ohne dass er zwingend zugleich diesen mit der Ausführung eines Teils des Auftrags beauftragen muss.[23] Dieser Grundsatz gilt nach dem Wortlaut der Vorschrift unbeschränkt. Hingegen wird dieser Grundsatz in der entsprechenden Regelung des § 47 Abs. 1 S. 3 VgV mittlerweile eingeschränkt. Nach dieser Vorschrift können Bewerber oder Bieter im Hinblick auf Nachweise für die erforderliche berufliche Leistungsfähigkeit wie Ausbildungs- und Befähigungsnachweise oder die einschlägige berufliche Erfahrung die Kapazitäten anderer Unternehmen nur dann in Anspruch nehmen, wenn diese die Leistung erbringen, für die diese Kapazitäten benötigt werden. Diese Regelung gibt also vor, dass Eignungsleihgeber und Unterauftragnehmer identisch sein müssen.[24]

---

[13] OLG Koblenz Beschl. v. 25.9.2012 – 1 Verg 5/12, NZBau 2013, 63; 2. VK Bund Beschl. v. 17.7.2012 – VK 2 – 47/12, BeckRS 2012, 212506. OLG München Beschl. v. 21.9.2018 – Verg 4/18.
[14] 1. VK Bund Beschl. v. 13.6.2014 – VK 1 – 34/14, BeckRS 2014, 21200.
[15] Vgl. auch § 45 Abs. 2 VgV.
[16] OLG Düsseldorf Beschl. v. 2.1.2006 – Verg 93/05, BeckRS 2006, 02917; OLG Düsseldorf Beschl. v. 16.11.2011 – Verg 60/11, ZfBR 2012, 179; vgl. auch VK Nordbayern Beschl. v. 11.5.2015 – 21.VK-3194-10/15, IBRRS 2015, 1886.
[17] Leinemann/Kirch/*Büdenbender* Rn. 10.
[18] Vgl. *Hausmann/v. Hoff* in KKMPP VgV § 45 Rn. 24.
[19] Vgl. VK Bund Beschl. v. 13.6.2007 – VK 2-51/07.
[20] Vgl. zur Parallelvorschrift in § 45 VgV; BT-Drs. 18/7318, 183.
[21] BR-Drs. 321/12, 58.
[22] BR-Drs. 321/12, 58.
[23] Vgl. BT-Drs. 18/7318, 184.
[24] Ziekow/Völlink/*Goldbrunner* VgV § 47 Rn. 5.

Insofern muss es auch vergaberechtlich zulässig sein, dass ein öffentlicher Auftraggeber eine § 47 Abs. 1 S. 3 VgV entsprechende Vorgabe macht, wenn er eine Leistung nach der VSVgV vergibt.

14 Das Instrument der Eignungsleihe geht auf die Rechtsprechung des EuGH zurück, nach der ein Unternehmen nicht notwendigerweise die mit der Vergabe des öffentlichen Auftrags beauftragten Leistungen selbst erbringen muss. Es kann sich dazu auch anderer Unternehmen bedienen.[25] Allerdings müssen Bewerber bzw. Bieter nachweisen, dass ihnen – unabhängig von der Beziehung zu dem anderen Unternehmen – die wirtschaftliche und finanzielle Leistungsfähigkeit tatsächlich zur Verfügung steht, dass das Drittunternehmen, auf das sie sich berufen, selbst die entsprechenden Eignungskriterien erfüllt, und dass bei dem Drittunternehmen keine Ausschlussgründe vorliegen.[26] Für den Nachweis der Verfügbarkeit der Leistungsfähigkeit wird in der Praxis eine **Verpflichtungserklärung** des Drittunternehmens gefordert.[27] Diese Verpflichtungserklärung muss lediglich für den Fall der Zuschlagserteilung ausgestellt werden.[28] Der „Eignungsverleiher" muss sich nicht generell dazu verpflichten, dem Bewerber oder Bieter seine Leistungsfähigkeit zur Verfügung zu stellen. Davon abgesehen muss die Verpflichtungserklärung für den Fall einer Zuschlagserteilung aber verbindlich sein, um den berechtigten Interessen des Auftraggebers gerecht zu werden.[29] Da der „Eignungsverleiher" Fähigkeitslücken des Bewerbers ausgleichen soll, können dessen Fähigkeiten oder Kapazitäten nur dann zugunsten des Bewerbers berücksichtigt werden, wenn ihm diese wie seine eigenen auch tatsächlich zur Verfügung stehen. Die bloße Konzernverbundenheit reicht nicht für den Nachweis, dass der Bewerber oder Bieter tatsächlich auf die Kapazitäten oder Fähigkeiten eines verbundenen Unternehmens zurückgreifen kann.[30]

15 Bewerber oder Bieter nutzen die Eignungsleihe in der Praxis insbesondere dann, wenn Auftraggeber Mindestanforderung an die wirtschaftliche und finanzielle Leistungsfähigkeit festgelegt haben (zB Höhe des Bilanzgewinnes in den letzten drei abgeschlossenen Geschäftsjahren), und sie alleine diese nicht erfüllen können.[31] Diese Situation kann sich insbesondere für Newcomer ergeben (→ § 21 Rn. 10).

16 Ein genauer Zeitpunkt, wann die Verfügbarkeitsnachweise vorliegen müssen, wird in § 26 Abs. 3 nicht festgelegt. Grundsätzlich gilt jedoch, dass ein Bewerber bzw. Bieter seine Eignung nur bei Vorlage der entsprechenden Erklärungen nachweisen kann. Somit ist regelmäßig davon auszugehen, dass der Verfügbarkeitsnachweis bis zu dem Zeitpunkt vorzulegen ist, in dem die Eignung bewertet wird (Eignungsprüfung). Das wird bei Verfahren, denen ein Teilnahmewettbewerb vorgeschaltet ist, grundsätzlich der Ablauf der Teilnahmefrist und im Fall des offenen Verfahrens die Angebotsfrist sein.[32] Der Auftraggeber kann die Vorlage der Verpflichtungserklärung jedenfalls zu diesem Zeitpunkt zulässigerweise fordern.[33]

17 § 26 Abs. 3 S. 2 stellt klar, dass sich auch Bewerber- oder Bietergemeinschaften der Eignungsleihe bedienen können. Bei der Beurteilung der Eignung einer Bewerber- oder Bietergemeinschaft kommt es auf die Leistungsfähigkeit der Gesamtheit der Bewerber bzw. Bieter und der ihnen zur Verfügung stehenden Nachunternehmer an.[34]

§ 27 Nachweis der technischen und beruflichen Leistungsfähigkeit

(1) ¹Auftraggeber können je nach Art, Verwendungszweck und Menge der zu liefernden Güter oder dem Umfang der zu erbringenden Dienstleistungen angemessene Nachweise der technischen und beruflichen Leistungsfähigkeit verlangen. ²Insbesondere können die Auftraggeber verlangen:
1. bei Lieferaufträgen
    a) eine Liste der wesentlichen in den letzten fünf Jahren erbrachten Lieferungen;
    b) Muster, Beschreibungen oder Fotografien der zu liefernden Güter, deren Echtheit nach Aufforderung durch den Auftraggeber nachzuweisen ist;

---

[25] EuGH Urt. v. 14.4.1994 – C-389/92 Rn. 15, BeckRS 2004, 76951; EuGH Urt. v. 18.12.1997 – C-5/97 Rn. 10, BeckRS 2004, 77499; vgl. BT-Drs. 18/7318, 184.
[26] EuGH Urt. v. 14.4.1994 – C-389/92 Rn. 17, BeckRS 2004, 76951; EuGH Urt. v. 18.12.1997 – C-5/97 Rn. 12, BeckRS 2004, 77499; vgl. BT-Drs. 18/7318, 184.
[27] Vgl. auch § 47 Abs. 1 S. 1 aE.
[28] VK Bund Beschl. v. 9.8.2017 – VK 1-77/17, BeckRS 2017, 130195 (nicht bestandskräftig).
[29] VK Bund Beschl. v. 9.8.2017 – VK 1-77/17, BeckRS 2017, 130195 (nicht bestandskräftig).
[30] VK Bund Beschl. v. 29.12.2006 – VK 2-128/06, BeckRS 2006, 135391.
[31] Vgl. hierzu EuGH Urt. v. 18.10.2012 – C-218/11, NZBau 2013, 58; EuGH Urt. v. 2.12.1999 – C-176/98 Rn. 28, NZBau 2000, 149.
[32] Leinemann/Kirch/*Büdenbender*, 1. Aufl. 2013, § 27 Rn. 24.
[33] VK Bund Beschl. v. 9.8.2017 – VK 1-77/17, BeckRS 2017, 130195 (nicht bestandskräftig).
[34] Vgl. OLG Düsseldorf Beschl. v. 15.12.2004 – Verg 48/04, IBRRS 2005, 0142.

c) Bescheinigungen, die von zuständigen Instituten oder amtlichen Stellen für Qualitätskontrolle ausgestellt wurden, mit denen bestätigt wird, dass die durch entsprechende Bezugnahmen genau bezeichneten Güter bestimmten Spezifikationen oder Normen entsprechen;
d) die Angabe der technischen Fachkräfte oder der technischen Stellen, unabhängig davon, ob diese dem Unternehmen angeschlossen sind oder nicht, und zwar insbesondere derjenigen, die mit der Qualitätskontrolle beauftragt sind;
e) eine Beschreibung der technischen Ausrüstung, der Maßnahmen des Unternehmens zur Qualitätssicherung und der Untersuchungs- und Forschungsmöglichkeiten des Unternehmens sowie der internen Vorschriften in Bezug auf gewerbliche Schutzrechte;
f) bei komplexer Art der zu liefernden Güter oder solchen, die ausnahmsweise einem besonderen Zweck dienen, eine Kontrolle, die vom Auftraggeber oder in dessen Namen von einer zuständigen amtlichen Stelle im Herkunftsland des Unternehmens durchgeführt wird. Diese Kontrolle betrifft Produktionskapazitäten und erforderlichenfalls die Untersuchungs- und Forschungsmöglichkeiten des Unternehmens sowie die von diesem für die Qualitätskontrolle getroffenen Vorkehrungen;
g) im Falle zusätzlicher Dienst- oder Bauleistungen die Studien- und Ausbildungsnachweise sowie Bescheinigungen darüber, dass das Unternehmen die Erlaubnis zur Berufsausübung sowie die Führungskräfte des Unternehmens und insbesondere die für die Erbringung der Dienst- oder Bauleistung verantwortlichen Personen die erforderliche berufliche Befähigung besitzen;
h) eine Erklärung, aus der die durchschnittliche jährliche Beschäftigtenzahl des Unternehmens und die
Zahl seiner Führungskräfte in den letzten drei Jahren ersichtlich ist;
i) eine Beschreibung der Ausstattung, der Geräte, der technischen Ausrüstung sowie die Angabe der Anzahl der Mitarbeiter und ihrer Kenntnisse sowie die Angabe der Zulieferer, auf die das Unternehmen zurückgreifen kann, um den Auftrag auszuführen und einen etwaigen steigenden Bedarf des Auftraggebers infolge einer Krise zu decken oder die Wartung, Modernisierung oder Anpassung der im Rahmen des Auftrags gelieferten Güter sicherzustellen. Zur Angabe der Zulieferer gehört die Angabe des geografischen Standortes, falls diese Zulieferer außerhalb der Europäischen Union ansässig sind;
2. bei Dienstleistungsaufträgen
a) eine Liste der wesentlichen in den letzten fünf Jahren erbrachten Dienstleistungen;
b) Muster, Beschreibungen oder Fotografien der zu erbringenden Dienstleistungen, deren Echtheit nach Aufforderung durch den Auftraggeber nachzuweisen ist;
c) Studien- und Ausbildungsnachweise sowie Bescheinigungen darüber, dass das Unternehmen die Erlaubnis zur Berufsausübung sowie die Führungskräfte des Unternehmens und insbesondere die für die Erbringung der Dienstleistung verantwortlichen Personen die erforderliche berufliche Befähigung besitzen;
d) die Angabe der technischen Fachkräfte oder der technischen Stellen, unabhängig davon, ob diese dem Unternehmen angeschlossen sind oder nicht, und zwar insbesondere derjenigen, die mit der Qualitätskontrolle beauftragt sind;
e) bei Dienstleistungen komplexer Art oder solchen, die ausnahmsweise einem besonderen Zweck dienen, eine Kontrolle, die vom Auftraggeber oder in dessen Namen von einer zuständigen amtlichen Stelle im Herkunftsland des Unternehmens durchgeführt wird. Diese Kontrolle betrifft die technische Leistungsfähigkeit und erforderlichenfalls die Untersuchungs- und Forschungsmöglichkeiten des Unternehmens sowie die von diesem für die Qualitätskontrolle getroffenen Vorkehrungen;
f) im Falle zusätzlicher Bauleistungen die Studien- und Ausbildungsnachweise sowie Bescheinigungen darüber, dass das Unternehmen die Erlaubnis zur Berufsausübung sowie die Führungskräfte des Unternehmens und insbesondere die für die Ausführung der Bauleistung verantwortlichen Personen die erforderliche berufliche Befähigung besitzen;
g) die Angabe der durch den Auftragsgegenstand erforderlichen Umweltmanagementmaßnahmen;
h) eine Erklärung, aus der die durchschnittliche jährliche Beschäftigtenzahl des Unternehmens und die Zahl seiner Führungskräfte in den letzten drei Jahren ersichtlich ist;

i) eine Beschreibung der Ausstattung, der Geräte, der technischen Ausrüstung sowie die Angabe der Anzahl der Mitarbeiter und ihrer Kenntnisse sowie die Angabe der Zulieferer, auf die das Unternehmen zurückgreifen kann, um den Auftrag auszuführen und einen etwaigen steigenden Bedarf des Auftraggebers infolge einer Krise zu decken. Zur Angabe der Zulieferer gehört die Angabe ihres geografischen Standortes, falls diese Zulieferer außerhalb der Europäischen Union ansässig sind.

(2) Verlangt der Auftraggeber Angaben zu erbrachten Liefer- und Dienstleistungen im Sinne des Absatzes 1 Nummer 1 Buchstabe a und Nummer 2 Buchstabe a über erbrachte Leistungen, so sind diese zu erbringen
1. bei Leistungen an öffentliche Auftraggeber durch eine von der zuständigen Behörde ausgestellte Bescheinigung, die beglaubigt werden kann, oder
2. bei Leistungen an private Auftraggeber durch eine von diesen ausgestellte Bescheinigung oder, falls eine solche Bescheinigung nicht erhältlich ist, durch einfache Erklärung.

(3) Auskünfte im Sinne des Absatzes 2 enthalten mindestens die folgenden Angaben:
1. Name der Auskunftsperson;
2. Wert der Leistung;
3. Zeit der Leistungserbringung;
4. Angabe, ob die Lieferleistung sachmangelfrei und ordnungsgemäß oder die Dienstleistung fachgerecht und ordnungsgemäß ausgeführt wurde.

(4) ¹Bewerber oder Bieter können sich für einen bestimmten Auftrag auf die Leistungsfähigkeit anderer Unternehmen berufen, wenn sie nachweisen, dass diese ihnen die für die Auftragsausführung erforderlichen Mittel zur Verfügung stellen. ²Dies gilt auch für Bewerber- oder Bietergemeinschaften. ³Der Nachweis kann auch durch Zusage der Unternehmen erfolgen, die dem Bewerber oder Bieter die für die Auftragsausführung erforderlichen Mittel zur Verfügung stellen. ⁴Die Zusage muss in Schriftform oder elektronisch mindestens mittels einer fortgeschrittenen elektronischen Signatur oder mindestens mittels eines fortgeschrittenen elektronischen Siegels erfolgen.

(5) Können Bewerber oder Bieter aus einem berechtigten Grund die geforderten Nachweise ihrer technischen und beruflichen Leistungsfähigkeit nicht beibringen, so kann der Auftraggeber die Vorlage jedes anderen geeigneten Nachweises zulassen.

Übersicht

	Rn.		Rn.
I. Normzweck und Zusammenhang	1	f) Kontrollen und Vorkehrungen für die Qualitätskontrolle (lit. f)	18
II. Einzelerläuterungen	2	g) Studien- und Ausbildungsnachweise sowie Bescheinigungen über die Erlaubnis zur Berufsausübung (lit. g)	19
1. Allgemeines zur Forderung von Eignungsnachweisen gem. § 27 Abs. 1	2	h) Zahl der Beschäftigten und der Führungskräfte (lit. h)	20
2. Eignungsnachweise bei Lieferaufträgen (Abs. 1 Nr. 1)	4	i) Angaben zu Unterauftragnehmern (lit. i)	22
a) Referenzen (lit. a)	4		
b) Muster, Beschreibungen und/oder Fotografien (lit. b)	11	3. Eignungsnachweise bei Dienstleistungsaufträgen	23
c) Bescheinigungen (lit. c)	13	4. Besondere Vorgaben für Referenzen gem. Abs. 2 und 3	24
d) Technische Fachkräfte oder technische Stellen (lit. d)	14	5. Eignungsleihe (Abs. 4)	25
e) Technische Ausrüstung, Qualitätssicherung und Untersuchungs- und Forschungsmöglichkeiten (lit. e)	16	6. Subsidiäre Nachweismöglichkeit (Abs. 5)	27

I. Normzweck und Zusammenhang

1 Voraussetzung für die Vergabe eines öffentlichen Auftrags an ein Unternehmen ist gem. § 122 Abs. 1 GWB, dass das Unternehmen fachkundig und leistungsfähig ist. Die Eignung setzt gem. § 122 Abs. 2 S. 2 Nr. 3 GWB die technische und berufliche Leistungsfähigkeit voraus. § 27 Abs. 1 regelt, welche Nachweise Auftraggeber von Bewerbern oder Bietern insbesondere verlangen können. Zudem werden in den Abs. 2 und 3 genauere Regelungen bei dem Nachweis von Referenzen

getroffen. § 27 Abs. 4 bestimmt, dass sich Bewerber oder Bieter auch auf die Leistungsfähigkeit anderer Bewerber berufen können (Eignungsleihe). Abs. 5 legt schließlich fest, dass Bewerber aus berechtigten Gründen auch andere geeignete Nachweise als der geforderten einreichen dürfen. § 27 dient der Umsetzung von Art. 42 Vergabe-RL Verteidigung und Sicherheit. Die Inhalte von Art. 42 Abs. 1 lit. j Vergabe-RL Verteidigung und Sicherheit zum Nachweis der Eignung zur Ausführung von Verschlusssachenaufträgen wurden in § 7 Abs. 6, 7 und 8 umgesetzt.

II. Einzelerläuterungen

1. Allgemeines zur Forderung von Eignungsnachweisen gem. § 27 Abs. 1. § 27 Abs. 1 2 ermächtigt öffentliche Auftraggeber, Nachweise der technischen und beruflichen Leistungsfähigkeit der Bewerber oder Bieter zu verlangen. Darüber hinaus enthält § 27 Abs. 1 eine Auflistung möglicher Nachweise, auf deren Grundlage der Auftraggeber die technische und berufliche Leistungsfähigkeit der Bewerber oder Bieter prüfen kann. Mit diesen Nachweisen kann nach der Formulierung von Art. 2 Abs. 1 Vergabe-RL Verteidigung und Sicherheit „*in der Regel*" die technische und berufliche Leistungsfähigkeit belegt werden. Allerdings macht die der Liste vorangestellte Formulierung „insbesondere" in § 27 Abs. 1 deutlich, dass die Liste nicht abschließend ist.[1] Das bedeutet, dass Auftraggeber je nach den Besonderheiten des Auftragsgegenstandes weitere gerechtfertigte Nachweise verlangen dürfen. Hierin liegt ein wesentlicher Unterschied zu der Parallelvorschrift des § 46 VgV, der abschließend festlegt, welche Nachweise Auftraggeber zum Beleg der technischen und beruflichen Leistungsfähigkeit fordern dürfen.[2]

§ 27 Abs. 1 S. 2 differenziert zwischen Nachweisen für Lieferaufträge (Nr. 1) und Nachweisen 3 für Dienstleistungsaufträge (Nr. 2).

2. Eignungsnachweise bei Lieferaufträgen (Abs. 1 Nr. 1). a) Referenzen (lit. a). 4 Öffentliche Auftraggeber können gem. § 27 Abs. 1 S. 2 Nr. 1 lit. a die Vorlage einer Liste der wesentlichen in den letzten fünf Jahren erbrachten Lieferungen (Referenzen) fordern. Mit der Vorlage von Referenzen können öffentliche Auftraggeber prüfen, ob der Bewerber oder Bieter in der Vergangenheit schon vergleichbare Leistungen erfolgreich erbracht hat und zu prognostizieren, ob er auch einen zukünftigen Auftrag erfolgreich durchführen kann. Deshalb haben Referenzen in der Praxis eine große Bedeutung für den Nachweis der beruflichen und technischen Leistungsfähigkeit.

Obwohl die Vorschrift lediglich auf Referenzen aus den letzten fünf Jahren abstellt, können 5 Auftraggeber ausnahmsweise auch ältere Referenzen zulassen. Das wird insbesondere dann gerechtfertigt sein, wenn dadurch Wettbewerb zwischen mehreren Bewerbern bzw. Bietern sichergestellt werden kann. Das bietet sich insbesondere dann an, wenn es sich um einen sehr engen Markt handelt, in dem lediglich wenige Aufträge erteilt werden und die Auftragsdauer sehr lang ist.[3]

Regelmäßig stellt sich bei eingereichten Referenzen die Frage, ob sie sich auch auf noch 6 nicht abgeschlossene Aufträge berufen dürfen. § 27 Abs. 2 S. 2 Nr. 1 bezieht sich auf „erbrachte" Dienstleistungen; der Wortlaut spricht also dafür, dass lediglich abgeschlossene Aufträge gewertet werden können.[4] Allerdings ist im Interesse eines breiten Wettbewerbs und der Öffnung der Beschaffungsmärkte auf die spezifischen Leistungen und nicht den Abschluss des gesamten Projekts abzustellen. Das gilt insbesondere bei Projekten, deren Gesamtprojektdauer über einen längeren Zeitraum läuft, bei denen aber einzelne relevante Teilprojekte schon abgeschlossen sind.[5]

§ 27 Abs. 1 S. 2 Nr. 1 lit. a ist grundsätzlich im Zusammenhang mit den Abs. 2 und 3 zu 7 lesen. Abs. 2 stellt den Grundsatz auf, dass Referenzen von dem jeweiligen Referenzgeber auszustellen sind. Dies bietet eine zusätzliche Gewähr dafür, dass die Referenzen korrekt dargestellt und tatsächlich erbracht wurden. Dabei differenziert Abs. 2 zwischen öffentlichen und privaten Auftraggebern. Bei öffentlichen Referenzgebern muss die zuständige Behörde die Bescheinigung ausstellen. Um eine zusätzliche Gewähr für die Korrektheit der Angaben sicherzustellen, können Auftraggeber auch eine Beglaubigung fordern. Bei privaten Auftraggebern muss die Bescheinigung von dem privaten Auftraggeber selbst erteilt werden. Falls bei privaten Auftraggebern keine Bescheinigung erhältlich ist, kann der Nachweis durch eine einfache Erklärung des Auftraggebers erbracht werden.

---

[1] BR-Drs. 321/12, 58.
[2] Vgl. hierzu BT-Drs. 18/7318, 183.
[3] Vgl. hierzu BT-Drs. 18/7318, 184.
[4] VK Sachsen Beschl. v. 17.6.2004 – 1/SVK/038 – 04, IBRRS 2005, 1192.
[5] *Hausmann/v. Hoff* in KKMPP VgV § 46 Rn. 14.

8   § 27 Abs. 3 stellt zusätzliche Mindestanforderungen an den Inhalt der Referenzen auf.[6] Sie müssen mindestens die folgenden Angaben enthalten:
– Name der Auskunftsperson;
– Wert der Leistung;
– Zeit der Leistungserbringung;
– Angabe, ob die Lieferleistung sachmangelfrei und ordnungsgemäß oder die Dienstleistung fachgerecht und ordnungsgemäß ausgeführt wurde.

9   Eigenerklärungen zu (Projekt-)Referenzen müssen richtig und vollständig sein. Um ein tauglicher Nachweis zu sein, müssen solche Eigenerklärungen den Namen der Auskunftsperson enthalten. Mangelt es in der Projektreferenz an der Nennung der Auskunftsperson, obwohl dies in der Auftragsbekanntmachung ausdrücklich gefordert wurde, so fehlt ihr der Beweiswert.[7] Infolge der Nichtangabe von Ansprechpartnern besteht für den Auftraggeber keine Möglichkeit einer – wenn auch nur stichprobenartigen – Überprüfung der Richtigkeit der Angaben.

10 Die Anzahl der vorzulegenden Referenzen liegt grundsätzlich im Ermessen des Auftragsgebers, insbesondere kann er eine Mindestanzahl fordern. Eine Höchstzahl von Referenzen, die vorgelegt werden dürfen, verstößt hingegen nach der Rechtsprechung gegen den Wettbewerbsgrundsatz gem. § 97 Abs. 1 GWB.[8] Eine solche Begrenzung habe eine abschreckende Wirkung auf die Bieter und verkürze die Tatsachengrundlage der Eignungsprüfung durch den Auftraggeber unsachgemäß.

11 **b) Muster, Beschreibungen und/oder Fotografien (lit. b).** Öffentliche Auftraggeber können zur Beurteilung der technischen und beruflichen Leistungsfähigkeit gem. § 27 Abs. 2 Nr. 1 lit. b die Vorlage von Mustern, Beschreibungen und/oder Fotografien von der zu erbringenden Leistung fordern. Solche Gegenstände bzw. Unterlagen der angebotenen Leistung ersetzen Erklärungen der Bieter.[9] Sie sind deshalb wie vom öffentlichen Auftraggeber geforderte Erklärungen zu behandeln.[10] Zusätzlich können öffentliche Auftraggeber Bewerber oder Bieter auffordern, die Echtheit der eingereichten Unterlagen nachzuweisen. Im Hinblick auf die Anforderungen an den Nachweis ist der Verhältnismäßigkeitsgrundsatz zu beachten.

12 Muster oder auch Bemusterungen können auf unterschiedliche Weise in einem Vergabeverfahren genutzt werden.[11] In der Beschaffungspraxis werden Muster soweit ersichtlich seltener im Rahmen der Eignungsprüfung, sondern vor allem im Rahmen der Angebotsprüfung verwendet. Dabei unterscheidet die Rechtsprechung zwischen Mustern zur Verifizierung und Mustern zur Wertung.[12] Wird ein Muster zur Verifizierung genutzt, geht es dem Auftraggeber darum, zu prüfen, ob das Unternehmen technisch in der Lage ist, einen vergaberechtskonformen Gegenstand zu liefern. Mit dem Muster beschreibt der Auftragnehmer also beispielhaft Inhalt, Substanz oder Leistungsumfang des zu liefernden Produkts.[13] Die verifizierende Teststellung ist damit kein Eignungs- oder Zuschlagskriterium. Wird ein Muster zur Wertung eingesetzt, bewertet der Auftraggeber das eingereichte Muster anhand zu bestimmender Qualitätskriterien und bezieht es in die Angebotswertung mit ein. ZB kann bei der Beschaffung von IT oder von Textilien die Vorlage eines entsprechenden Musters zur Testung sinnvoll sein.[14]

13 **c) Bescheinigungen (lit. c).** Öffentliche Auftraggeber können gem. § 27 Abs. 2 Nr. 1 lit. c Bescheinigungen fordern, mit denen bestätigt wird, dass vom Bieter angebotene Güter bestimmten Spezifikationen oder Normen entsprechen. Die Bescheinigungen müssen von den zuständigen Stellen ausgestellt werden. In Betracht kommen zB Konformitätserklärungen iSv § 33 VgV und Gütezeichen iSd § 34 VgV.[15] Dabei ist der Vorrang der europäischen Zertifizierungsnormen gem. § 28 zu beachten. Allerdings sind öffentliche Auftraggeber gem. § 28 Abs. 1 S. 2 zum Schutz ausländischer Unternehmen verpflichtet, gleichwertige Bescheinigungen von Stellen aus anderen Mitgliedstaaten, sowie andere gleichwertige Nachweise für Qualitätssicherungsmaßnahmen anzuerkennen.[16]

---

[6] BR-Drs. 321/12, 59.
[7] OLG Düsseldorf Beschl. v. 7.11.2018 – Verg 39/18.
[8] OLG Düsseldorf Beschl. v. 12.9.2012 – VII-Verg 108/11, NZBau 2013, 60 f.; kritisch hierzu: *Mager* NZBau 2013, 92 (95).
[9] Ziekow/Völlink/*Goldbrunner* VgV § 46 Rn. 41.
[10] BGH Beschl. v. 26.9.2006 – X ZB 14/06, NZBau 2006, 800; BGH Urt. v. 18.9.2007 – X ZR 89/04.
[11] Vgl. hierzu im Detail: *Jennert/Werner* VergabeR 2016, 174; *Dreher/Aschoff* NZBau 2006, 144.
[12] VK Sachsen Beschl. v. 4.10.2011 – 1/SVK/037-11.
[13] VK Sachsen Beschl. v. 7.1.2008 – 1/SVK/077-07.
[14] OLG Düsseldorf Beschl. v. 16.10.2019 – Verg 13/19; OLG Karlsruhe Beschl. v. 31.1.2014 – 15 Verg 10/13; VK Sachsen Beschl. v. 7.3.2008 – 1/SVK/003-08; VK Sachsen Beschl. v. 19.5.2009 – 1/SVK/008-09; Musteranzug für Polizeibeamte: BGH Beschl. v. 26.9.2006 – X ZB 14/06, NZBau 2006, 800; Mustersortiment für Wäsche für ein Krankenhaus: VK Lüneburg Beschl. v. 3.2.2014 – VgK-48/2013.
[15] Ziekow/Völlink/*Goldbrunner* VgV § 46 Rn. 41.
[16] *Hausmann/v. Hoff* in KKMPP VgV § 46 Rn. 35.

d) Technische Fachkräfte oder technische Stellen (lit. d). Öffentliche Auftraggeber können gem. § 27 Abs. 1 S. 2 Nr. 1 lit. d Angaben zu den technischen Fachkräften oder den technischen Stellen des Bewerbers oder Bieters fordern. Die Vorschrift bezieht sich insbesondere auf die Personen und Stellen, die mit der Qualitätskontrolle beauftragt sind. Auftraggeber können aber auch Angaben zu anderen Fachkräften oder Stellen fordern. Einschränkend ist lediglich zu berücksichtigen, dass es sich um Kräfte und Stellen handelt, die für die Auftragsausführung wesentliche Entscheidungen treffen. Dazu kann zB das technische Leitungspersonal gehören. Angaben zu den konkreten Namen der technischen Fachkräfte dürfen öffentliche Auftraggeber nur ausnahmsweise unter besonderen Umständen des Einzelfalls fordern.[17] Dabei ist zu berücksichtigen, ob die Mitteilung der Anzahl der Fachkräfte und ihrer Berufsqualifikation nicht ausreichend ist, um das spezifische Informationsinteresse zu decken. 14

§ 27 Abs. 1 S. 2 Nr. 1 lit. d stellt klar, dass die Nachweise von dem Auftraggeber verlangt werden, unabhängig davon, ob die betreffenden Fachkräfte oder Stellen dem Unternehmen angeschlossen sind. Damit soll sichergestellt werden, dass der Auftraggeber sich einen Überblick über das für die Auftragsdurchführung tatsächlich vorhandene Know-how und die Kapazitäten verschaffen kann.[18] 15

e) Technische Ausrüstung, Qualitätssicherung und Untersuchungs- und Forschungsmöglichkeiten (lit. e). Öffentliche Auftraggeber können nach § 27 Abs. 1 S. 2 Nr. 1 lit. e eine Beschreibung der technischen Leistungsfähigkeit durch die Beschreibung der technischen Ausrüstung, der Maßnahmen zur Qualitätssicherung und die Untersuchungs- und Forschungsmöglichkeiten des Unternehmens fordern. Für die technische Ausrüstung ist es ausreichend, wenn das Unternehmen belegt, dass es zum Zeitpunkt der Leistungsdurchführung über die Ausrüstung verfügt.[19] Es besteht sonst die Gefahr, dass Unternehmen zu Investitionen gezwungen werden, die sich erst im Fall einer Auftragserteilung amortisieren.[20] 16

Die Beschreibung von Forschungsmöglichkeiten kann insbesondere bei der Lieferung von innovativen Produkten erforderlich sein. Dabei kann es ggf. auch genügen, eine Kooperation mit einer Hochschule für die relevanten Forschungsbereiche nachzuweisen oder eigens durchgeführte Forschungsprojekte darzulegen. Zudem kann die Beschreibung der internen Vorschriften in Bezug auf gewerbliche Schutzrechte gefordert werden. Dies wird dann relevant, wenn der öffentliche Auftraggeber ein Interesse daran hat sicherzustellen, dass diese besonders vor dem Zugriff Dritter geschützt sind.[21] 17

f) Kontrollen und Vorkehrungen für die Qualitätskontrolle (lit. f). Öffentliche Auftraggeber können gem. § 27 Abs. 1 S. 2 Nr. 1 lit. f bei besonderen Aufträgen eine Kontrolle fordern. Die Kontrolle betrifft Produktionskapazitäten und erforderlichenfalls die Untersuchungs- und Forschungsmöglichkeiten des Unternehmens sowie die von diesem für die Qualitätskontrolle getroffenen Vorkehrungen. Durchgeführt werden kann die Kontrolle entweder von dem öffentlichen Auftraggeber selbst oder in dessen Namen von einer zuständigen amtlichen Stelle des Herkunftslandes des Unternehmens. Fordert der Auftraggeber eine solche Kontrolle, müssen die Unternehmen in ihrer Bewerbung ihre Bereitschaft dazu erklären. Der damit verbundene hohe finanzielle und organisatorische Aufwand wird dafür sorgen, dass eine solche Kontrolle nur in Ausnahmefällen zulässig ist.[22] 18

g) Studien- und Ausbildungsnachweise sowie Bescheinigungen über die Erlaubnis zur Berufsausübung (lit. g). Öffentliche Auftraggeber können gem. § 27 Abs. 1 S. 2 Nr. 1 lit. g im Falle zusätzlicher Dienst- oder Bauleistungen neben der Lieferungsleistung auch Studien- und Ausbildungsnachweise sowie Bescheinigungen verlangen, dass das Unternehmen über die Erlaubnis zur Berufsausübung verfügt. Zudem können auch Nachweise darüber gefordert werden, dass Führungskräfte und Personen (insbesondere die für die Erbringung der Leistung Verantwortlichen) die erforderliche berufliche Befähigung besitzen. Ein Nachweis kann in Form eines Abschlusszeugnisses oder auch beruflicher Erfahrung aus einschlägigen Projekten vorgelegt werden, wie Lebensläufe oder Arbeitszeugnisse. Die Forderung der besonderen Qualifizierung muss der jeweiligen Leistung jedoch angemessen sein.[23] Zudem sind nach Maßstab des Diskriminierungsverbotes gleichwertige Nachweise aus anderen Mitgliedstaaten anzuerkennen. Die Richtlinie 2013/55/EU macht konkrete Angaben zur Anerkennung der Gleichwertigkeit von Berufsqualifikationen.[24] 19

---

[17] BR-Drs. 321/12, 59.
[18] *Hausmann/v. Hoff* in KKMPP VgV § 46 Rn. 18.
[19] Vgl. auch OLG München Beschl. v. 17.1.2013 – Verg 30/12, BeckRS 2013, 01364.
[20] VK Nordbayern Beschl. v. 18.9.2008 – 21 VK-3194-43/08, BeckRS 2008, 46594.
[21] Leinemann/Kirch/*Büdenbender*, 1. Aufl. 2013, Rn. 9.
[22] So auch *Müller-Wrede* in Müller-Wrede VOL/A, 3. Aufl. 2010, VOL/A § 7 EG Rn. 53.
[23] OLG Düsseldorf Beschl. v. 21.12.2011 – Verg 74/11, NZBau 2012, 321.
[24] Vgl. auch Erwägungsgrund 64 Vergabe-RL Verteidigung und Sicherheit.

20 **h) Zahl der Beschäftigten und der Führungskräfte (lit. h).** Öffentliche Auftraggeber können gem. § 27 Abs. 1 S. 2 Nr. 1 lit. h eine Erklärung über die durchschnittliche jährliche Beschäftigungszahl des Unternehmens und die Zahl seiner Führungskräfte in den letzten drei Jahren fordern. In Betracht kommt es auch, lediglich die Anzahl der Beschäftigten in einem bestimmten Unternehmensbereich abzufragen, der für die Auftragsdurchführung relevant ist. Darüber hinaus bietet es sich für Auftraggeber auch an, gem. § 21 Abs. 2 Mindestanforderungen an die Zahl von Beschäftigten zu stellen.

21 Die Angabe der Mitarbeiterzahl kann dem öffentlichen Auftraggeber dazu dienen, Rückschlüsse zu ziehen, ob das Unternehmen über ausreichende Personalkapazitäten verfügt, den Auftrag ausführen zu können.[25] Mindestanforderungen stellen sicher, dass das Unternehmen über Mindestkapazitäten verfügt. Sie bieten damit höhere Gewähr für die Leistungsfähigkeit des Unternehmens, müssen aber verhältnismäßig bleiben.[26] Vor diesem Hintergrund müssen sich die Angaben konkret auf die Beschäftigtenzahl des Bewerber- oder Bieterunternehmens beziehen und nicht etwa auf die Unternehmensgruppe, der es angehört. Zudem fordert die Regelung, dass es sich tatsächlich um jahresdurchschnittliche Angaben der letzten drei Jahren handelt.[27] Die Erklärung bedarf keiner besonderen Form.

22 **i) Angaben zu Unterauftragnehmern (lit. i).** Öffentliche Auftraggeber können gem. § 27 Abs. 1 S. 2 Nr. 1 lit. i zusätzliche Angaben fordern, wenn sie mit einem erhöhten Bedarf (etwa in Folge einer Krise iSd § 4 Abs. 1) rechnen müssen. In diesem Fall können sie Angaben von den Bewerbern oder Bietern fordern, wie ein erhöhter Beschaffungsbedarf von ihnen gedeckt werden kann. Die Angaben beziehen sich nach dem Wortlaut auf zusätzliche Ausstattung, Geräte, technische Ausrüstung sowie die Anzahl der Mitarbeiter und ihrer Kenntnisse. Hierbei können sich Überschneidungen mit den Angaben gem. § 27 Abs. 1 S. 2 Nr. 1 lit. d und e ergeben. Umfasst sein können auch zusätzliche Angaben zu etwaigen Zulieferern sowie gem. § 27 Abs. 1 S. 2 Nr. 1 lit. i S. 2 zu deren Standort, falls sie außerhalb der Europäischen Union ansässig sind.

23 **3. Eignungsnachweise bei Dienstleistungsaufträgen.** Die Auflistung möglicher Dienstleistungsaufträge in § 27 Abs. 1 S. 2 Nr. 2 entspricht im Wesentlichen der für Lieferaufträge. Hiervon ausgenommen ist lediglich § 27 Abs. 1 S. 2 Nr. 2 lit. g. Danach dürfen öffentliche Auftraggeber Angaben der durch den Auftragsgegenstand erforderlichen Umweltmanagementmaßnahmen fordern. Nach dem Wortlaut der Regelung reicht es aus, dass der Auftragnehmer die erforderlichen Umweltmanagementmaßnahmen angibt. Die Vorlage einer Zertifizierung von unabhängigen Stellen ist in der Regelung nicht ausdrücklich vorgegeben. Dennoch können Auftraggeber gem. § 28 Abs. 2 solche Zertifizierungen fordern.

24 **4. Besondere Vorgaben für Referenzen gem. Abs. 2 und 3.** Für die Kommentierung der Abs. 2 und 3 wird auf die Kommentierung zu § 27 Abs. 1 S. 2 Nr. 1 lit. a verwiesen (→ Rn. 7 f.).

25 **5. Eignungsleihe (Abs. 4).** Gemäß § 27 Abs. 4 S. 1 können sich Bewerber oder Bieter auf die Leistungsfähigkeit anderer Unternehmen berufen (Eignungsleihe). Das Gleiche gilt gem. § 27 Abs. 4 S. 2 für Bewerber- oder Bietergemeinschaften. Allerdings müssen Bewerber bzw. Bieter nachweisen, dass ihnen die berufliche und technische Leistungsfähigkeit tatsächlich zur Verfügung steht, dass das Drittunternehmen, auf das sie sich berufen, selbst die entsprechenden Eignungskriterien erfüllt, und dass bei dem Drittunternehmen keine Ausschlussgründe vorliegen.[28] Im Hinblick auf die technische und berufliche Leistungsfähigkeit ist hervorzuheben, dass sich ein Unternehmen auch dann auf die Eignung eines Dritten berufen kann, wenn dieser ihn lediglich bei der Auftragsdurchführung berät, ohne dass das Drittunternehmen selbst operativ tätig wird. Ausreichend ist also ein sog. Know-how-Transfer.[29]

26 Für den Nachweis der Verfügbarkeit der Leistungsfähigkeit wird in der Praxis eine Verpflichtungserklärung des Drittunternehmens gefordert (→ § 26 Rn. 14). § 27 Abs. 4 bestätigt diese in der Praxis übliche Vorgehensweise in seinem S. 3. Eine Verpflichtungserklärung ist die verbindliche Zusage eines anderen Unternehmens, dem Bieter die für die Ausführung des Auftrags erforderlichen Mittel uneingeschränkt zur Verfügung zu stellen.[30] Entscheidend ist, dass sich das andere Unterneh-

---

[25] Vgl. auch 1. VK Bund Beschl. v. 19.11.2019 – VK 1 – 81/19.
[26] Vgl. zu einer unzulässigen Mindestanforderung von 200 Mitarbeitern bei einem für den Auftrag erforderlichen Projektteam von 30 Mitarbeitern: VK Hamburg Beschl. v. 24.5.2019 – Vgk FB 1/19.
[27] 3. VK Bund Beschl. v. 26.6.2008 – VK 3-71/08.
[28] EuGH Urt. v. 14.4.1994 – C-389/92 Rn. 17, BeckRS 2004, 76951; EuGH Urt. v. 18.12.1997 – C-5/97 Rn. 12, BeckRS 2004, 77499, vgl. BT-Drs. 18/7318, 184.
[29] OLG Düsseldorf Beschl. v. 30.6.2010 – Verg 13/10, NZBau 2011, 54.
[30] OLG Düsseldorf Beschl. v. 28.3.2018 – VII-Verg 42/17.

men nicht ohne Weiteres von dieser Verpflichtung lösen kann. Absichtserklärungen oder „gentlemen agreements" reichen nicht aus. Aus der Erklärung muss vielmehr eindeutig hervorgehen, dass ein ungehindertes Zugriffsrecht auf fremde Ressourcen tatsächlich besteht, also die notwendige Unterstützung sichergestellt ist, wenn sie benötigt wird.[31] Darüber hinaus legt § 27 Abs. 4 S. 4 zusätzliche formale Anforderungen an die Verpflichtungserklärung fest. Danach ist die Zusage schriftlich einzureichen oder im Falle einer elektronischen Übermittlung mittels einer fortgeschrittenen Signatur. Bzgl. der Einzelheiten dieser Vorschrift wird auf die Kommentierung zu § 26 Abs. 3 verwiesen (→ § 26 Rn. 12 ff.).

6. Subsidiäre Nachweismöglichkeit (Abs. 5). Der öffentliche Auftraggeber kann gem. § 27 Abs. 5 jede andere Form eines geeigneten Nachweises akzeptieren, wenn der Bieter aus berechtigtem Grund die geforderten Nachweise seiner technischen und fachlichen Leistungsfähigkeit nicht beibringen kann. Bzgl. der Einzelheiten dieser Vorschrift wird auf die Kommentierung zu § 26 Abs. 2 verwiesen (→ § 26 Rn. 10).

§ 28 Nachweis für die Einhaltung von Normen des Qualitäts- und Umweltmanagements

(1) ¹Verlangen Auftraggeber zum Nachweis dafür, dass Bewerber oder Bieter bestimmte Normen des Qualitätsmanagements erfüllen, die Vorlage von Bescheinigungen unabhängiger und akkreditierter Stellen, so beziehen sich Auftraggeber auf Qualitätsmanagementsysteme, die
1. den einschlägigen europäischen Normen genügen und
2. von unabhängigen, akkreditierten Stellen zertifiziert sind, die den europäischen Normen für die Akkreditierung und Zertifizierung entsprechen.

²Auftraggeber erkennen gleichwertige Bescheinigungen von unabhängigen akkreditierten Stellen aus anderen Mitgliedstaaten und andere Nachweise für gleichwertige Qualitätsmanagementsysteme an.

(2) ¹Verlangen Auftraggeber bei der Vergabe von Dienstleistungsaufträgen als Nachweis der technischen Leistungsfähigkeit, dass Bewerber oder Bieter bestimmte Normen für das Umweltmanagement erfüllen, die Vorlage von Bescheinigungen unabhängiger Stellen, so beziehen sich Auftraggeber
1. entweder auf das Gemeinschaftssystem für das Umweltmanagement und die Umweltbetriebsprüfung (EMAS) oder
2. auf Normen für das Umweltmanagement, die auf den einschlägigen europäischen oder internationalen Normen beruhen und von entsprechenden Stellen zertifiziert sind, die dem Gemeinschaftsrecht oder europäischen oder internationalen Zertifizierungsnormen entsprechen.

²Gleichwertige Bescheinigungen von Stellen in anderen Mitgliedstaaten sind anzuerkennen. ³Auftraggeber erkennen auch andere Nachweise für gleichwertige Umweltmanagementmaßnahmen an, die von Bewerbern oder Bietern vorgelegt werden.

Übersicht

	Rn.		Rn.
I. Nachweis zum Qualitätsmanagement (Abs. 1)	4	II. Nachweis zum Umweltmanagement (Abs. 2)	7

§ 28 Abs. 1 dient der **Umsetzung** von **Art. 43 Vergabe-RL Verteidigung und Sicherheit** 1 und § 28 Abs. 2 derjenigen von **Art. 44 Vergabe-RL Verteidigung und Sicherheit.** § 28 verschärft die methodischen **Anforderungen** an die Erstellung der **Leistungsbeschreibung,** um zur angestrebten **Harmonisierung** der **Leistungsanforderungen** durch **standardisierte Normensysteme** wie zB das Gemeinschaftssystem **EMAS** (sog. ECO Management and Audit Scheme), beizutragen. Schon § 27 Abs. 1 ermächtigt den Auftraggeber zum Nachweis **der technischen Leistungsfähigkeit** bestimmte Anforderungen im Hinblick auf ein **Qualitätsmanagement** (§ 27 Abs. 1 Nr. 1 lit. d und e bei Lieferaufträgen und § 27 Abs. 1 Nr. 2 lit. d und e bei Dienstleistungsaufträgen) und auf ein **Umweltmanagement** (§ 27 Abs. 1 Nr. 2 lit. g nur für Dienstleistungsaufträge) verlangen zu können. **§ 28 konkretisiert** die Anforderungen an den **Nachweis der Einhaltung** der

---

[31] OLG Brandenburg Beschl. v. 9.2.2010 – Verg W 10/09; Voppel/Osenbrück/Bubert/*Voppel* VgV § 47 Rn. 8.

Normen des Qualitäts- und Umweltmanagements. Das Regelungsziel des § 28 ist die Gewährleistung gemeinschaftlicher Standards in diesem Bereich. Die Regelung dient damit der **Verhinderung von Benachteiligungen ausländischer Unternehmen** gegenüber inländischen Bewerbern und Bietern.[1] Gegenüber der Parallelvorschrift in § 49 VgV im klassischen Vergabebereich verlangt § 28 Abs. 1 **verschärfend** und **ergänzend** insoweit, dass die Bescheinigungen nicht nur von unabhängigen, sondern auch **von akkreditierten Stellen ausgestellt** sein müssen, die den europäischen Normen für Akkreditierung und Zertifizierung entsprechen müssen. Die **Zertifizierung** muss im Rahmen des § 28 zudem **durch** eine **akkreditierte nichtstaatliche Stelle** erfolgen, die ihre Akkreditierung grundsätzlich durch die **Deutsche Akkreditierungsstelle** (DAkkS) auf der Grundlage des **Akkreditierungsstellengesetzes** erlangt hat.[2]

2   Weist das Unternehmen in seinem Angebot nach, dass die von ihm vorgeschlagene Lösung mit Qualitätsmanagement- bzw. Umweltmanagementmaßnahmen verbunden sind, die jeweils dem Unionsrecht oder europäischen der internationalen Zertifizierungsnormen entsprechen und von unabhängigen akkreditierten Stellen zertifiziert sind, so darf er den öffentlichen Auftraggeber das Angebot nicht mit der Begründung ablehnen, dass es nicht dem von ihm herangezogenen Qualitäts- oder Umweltmanagement entspreche. Hintergrund ist die **doppelte Fiktion** des **Verordnungsgebers in § 28 Abs. 1 S. 2 einerseits bzw. § 28 Abs. 2 S. 2 andererseits**, dass **Auftraggeber gleichwertige Bescheinigungen anzuerkennen haben.**

3   Die Akkreditierung wird als hoheitliche Aufgabe des Bundes durch die Akkreditierungsstelle auf der Grundlage von § 1 S. 1 AkkStelleG (Gesetzes über die Akkreditierungsstelle vom 31.7.2009)[3] durchgeführt. Die Akkreditierungsstelle führt auf schriftlichen Antrag einer Konformitätsbewertungsstelle Akkreditierungsverfahren gem. Art. 5 VO (EG) Nr. 765/2008 durch (§ 2 Abs. 1 AkkStelleG).

I. Nachweis zum Qualitätsmanagement (Abs. 1)

4   § 28 Abs. 1 stellt den **rechtlichen Rahmen** sicher, innerhalb dessen ein Auftraggeber von Bietern oder Bewerbern den Nachweis der Einhaltung von Qualitätsmanagementnormen verlangen darf und innerhalb seines Ermessensspielraums auch rechtlich kann. Die **Forderung** nach einem ggf. wettbewerbseinschränkenden **Zertifikat** für ein Qualitätsmanagement muss jedoch immer **durch den jeweiligen Auftragsgegenstand gerechtfertigt** sein.[4] *Wagner*[5] weist aber zu Recht darauf hin, dass **Qualitätsmanagementzertifikate keine unmittelbare Aussage über die Qualität** des Unternehmens geschweige denn seiner (künftigen) Produkte/Dienstleistungen treffen, da lediglich bescheinigt wird, dass das Unternehmen über ein entsprechendes Qualitätssicherungssystem verfügt. Die bescheinigende Zertifizierungsstelle prüft eben gerade nicht die Unternehmensqualität, sondern **nur** die **Vollständigkeit des Qualitätssicherungssystems** entsprechend der einschlägigen Normen (vielfach die **DIN EN ISO 9001**) und die Einhaltung der – durch das zertifizierte Unternehmen selbst vorgegebenen – Standards und Verfahren.[6]

5   Besteht der Auftraggeber auf der Vorlage eines Qualitätsmanagementzertifikats ist er des Weiteren hinsichtlich Form und Inhalt dieses Nachweises nach § 28 Abs. 1 S. 1 einer doppelten Beschränkung unterworfen. Zum einen darf er sich nur auf solche Qualitätsmanagementsysteme beziehen, die den einschlägigen europäischen Normen genügen (§ 28 Abs. 1 S. 1 Nr. 1)[7] und zum zweiten von unabhängigen akkreditierten Stellen zertifiziert sind, die ihrerseits wiederum den europäischen Normen für die Akkreditierung und Zertifizierung entsprechen (§ 28 Abs. 1 S. 1 Nr. 2). Dies **schließt** es **aus**, dass ein **nationaler Auftraggeber allein rein nationale Qualitätsmanagementsysteme in Bezug nehmen kann** und darf.[8]

6   Nach **§ 28 Abs. 1 S. 2 müssen** („erkennen an") öffentliche Auftraggeber **gleichwertige Bescheinigungen** von unabhängigen akkreditierten Stellen aus anderen Mitgliedstaaten und andere Nachweise für gleichwertige Qualitätsmanagementsysteme **anerkennen. Anders als** in der Parallelbestimmung für klassische Auftragsvergaben im Liefer- und Dienstleistungsbereich **in § 49 Abs. 1 S. 3 VgV** sind bezüglich der Anerkennung gleichwertiger Qualitätsmanagementsysteme **aber keine weiteren Voraussetzungen** zu beachten und zu erfüllen. § 49 Abs. 1 S. 3 VgV verlangt dort

---

[1] Dippel/Sterner/Zeiss/*Wagner* Rn. 1.
[2] Vgl. *Halstenberg/Klein* NZBau 2017, 469 (470).
[3] AkkStelleG (BGBl. 2009 I 2625).
[4] Dippel/Sterner/Zeiss/*Wagner* Rn. 3.
[5] Dippel/Sterner/Zeiss/*Wagner* Rn. 4.
[6] OLG Jena Beschl. v. 5.12.2001 – Verg 3/01, VergabeR 2002, 160 zum vormaligen Recht.
[7] Wie die Normen der DIN-EN ISO 9000 ff., vgl. dazu VK Sachsen Beschl. v. 22.7.2010 – 1/SVK/022-10, VPRRS 2010, 0322.
[8] OLG Düsseldorf Beschl. v. 27.7.2011 – Verg 38/11, NZBau 2012, 188.

verschärfend, dass die Unmöglichkeit der rechtzeitigen Einholung der Bescheinigung dem Bieter oder Bewerber nicht zuzurechnen sein darf.

II. Nachweis zum Umweltmanagement (Abs. 2)

Auftraggeber können zum Zweiten auf der Grundlage von **§ 28 Abs. 2 Unternehmen zum Eignungsnachweis** unter Beachtung von § 122 GWB iVm § 147 GWB aufgeben, dass diese bestimmten Normen oder Systeme bezüglich eines **Umweltmanagements** erfüllen. Unter einem Umweltmanagementsystem versteht man den **Teil des gesamten Managementsystems,** der die **Organisationstrukturen, Planungstätigkeiten, Verantwortlichkeiten, Verhaltensweisen, Vorgehensweisen, Verfahren** und **Mittel für die Festlegung, Durchführung, Verwirklichung, Überprüfung und Fortführung der Umweltpolitik und das Management der Umweltaspekte umfasst.**[9] Die Berücksichtigung von derartigen Umweltmanagementsystemen ist aber **nur zulässig,** wenn dies im Hinblick auf den konkret zu vergebenden **Auftrag gerechtfertigt** und darüber hinaus auch **nicht unverhältnismäßig** ist.[10] Auch wenn diese Forderung im grundsätzlichen **Ermessen** eines Auftraggebers steht, wird man dies nur bejahen können, wenn die Durchführung des konkreten Auftrags mit **erhöhten Umweltgefahren oder Auswirkungen** verbunden ist oder sein wird und es sich um eine **spezifisch umweltrelevante Tätigkeit** handelt. 7

Hierzu kann der Auftraggeber auch noch entsprechende Bescheinigungen unabhängiger Stellen einfordern, sofern deren Einforderung einschränkend mit Blick auf den zu vergebenden Auftrag gerechtfertigt und auch noch verhältnismäßig ist.[11] 8

Gemäß § 28 Abs. 2 S. 2 sind aber auch **gleichwertige Bescheinigungen** von Stellen in anderen Mitgliedstaaten der EU vom Auftraggeber anzuerkennen. 9

§ 28 Abs. 2 S. 3 verpflichtet Auftraggeber darüber hinaus zur **Anerkennung** anderer Nachweise für **gleichwertige Umweltmanagementmaßnahmen,** die von Bewerbern oder Bietern vorgelegt werden. Wie auch die Regelung in § 28 Abs. 2 S. 2 zu gleichwertigen Bescheinigungen von Stellen aus anderen Mitgliedstaaten soll auch die Bestimmung in § 28 Abs. 2 S. 3 zur Anerkennung anderer Nachweise eine **Diskriminierung von Unternehmen aus anderen Mitgliedstaaten der EU verhindern,** auch wenn dem Auftraggeber bei der Beurteilung der Gleichwertigkeit der Umweltmanagementmaßnahme zB mit dem EU-Standard ein **Beurteilungsspielraum** zuzubilligen ist.[12] 10

Als **gleichwertige Nachweise** für ein EMAS-Zertifikat kann ein Unternehmen zB einen seitens eines neutralen Dritten **geprüften Umweltbericht, eine externe Compliance-Bestätigung** oder eine **Bestätigung der zuständigen Umweltbehörde** vorlegen,[13] wonach diese keine Kenntnis über einen gegenwärtigen Umweltrechtsverstoß habe. **Eine reine Eigenerklärung** des Unternehmens hingegen kann insbesondere im Vergleich zu § 49 VgV und Erwägungsgrund 88 RL 2014/24/EU beim Umweltmanagement im Bereich der sicherheits- und verteidigungsrelevanten Beschaffungen **nicht ausreichend** sein.[14] 11

Denn § 28 hat die **Änderungen,** die § 49 VgV auf der Grundlage von Erwägungsgrund 88 RL 2014/24/EU zu diesem Gesichtspunkt im klassischen Vergabebereich erhalten hat, **nicht in paralleler Weise in der Vergaberechtsnovelle 2016 zugebilligt bekommen.** Erwägungsgrund 88 RL 2014/24/EU bestimmt nämlich, dass wenn ein Wirtschaftsteilnehmer keinen Zugang zu relevanten Umweltmanagement-Registrierungssystemen hat oder keine Möglichkeit, sich fristgerecht registrieren zu lassen, die Vorlage einer Beschreibung der durchgeführten Umweltmanagementmaßnahmen zulässig sein sollte, sofern der betreffende Wirtschaftsteilnehmer nachweist, dass diese Maßnahme dasselbe Umweltschutzniveau gewährleistet wie die im Rahmen des Umweltmanagements erforderlichen Maßnahmen.[15] 12

---

[9] Vgl. Art. 2 Nr. 13 VO (EG) Nr. 1221/2009 des Europäischen Parlaments und des Rates v. 29.11.2009 über die freiwillige Teilnahme von Organisationen an einem Gemeinschaftssystem für Umweltmanagement und Umweltbetriebsprüfung und zur Aufhebung der Verordnung (EG) Nr. 761/2001 sowie der Beschlüsse der Kommission 2001/681 EG und 2006/193 EG, ABl. EG 2006 L 342, 1; zuletzt geändert durch VO (EU) 2018/2026 der Kommission v. 19.12.2018, ABl. 2018 EU L 325; beachte auch das Umweltauditgesetz.
[10] OLG Schleswig Beschl. v. 29.4.2010 – 1 Verg 2/08.
[11] VK Sachsen Beschl. v. 22.7.2010 – 1/SVK/022-10, VPRRS 2010, 0322.
[12] OLG Jena Beschl. v. 5.12.2001 – 6 Verg 3/01, VergabeR 2002, 160 zum vormaligen Recht.
[13] Dippel/Sterner/Zeiss/*Wagner* Rn. 12.
[14] So zumindest iErgs auch Dippel/Sterner/Zeiss/*Wagner* Rn. 12.
[15] Vgl. dazu auch VK Bund Beschl. v. 28.5.2020 – VK 2-29/20, VPR 2020, 167; ua auch zur mangelnden rechtsgeschäftlichen Übertragbarkeit einer Umweltmanagementzertifizierung als rein unternehmensbezogene Bescheinigung.

§ 29 Aufforderung zur Abgabe eines Angebots

(1) Beim nicht offenen Verfahren, Verhandlungsverfahren mit Teilnahmewettbewerb und wettbewerblichen Dialog fordern Auftraggeber die Bewerber mit der Benachrichtigung über die Auswahl auf, ihre Angebote einzureichen oder zu verhandeln oder – im Falle des wettbewerblichen Dialogs – am Dialog teilzunehmen.

(2) Die Aufforderung enthält[1] die Vergabeunterlagen und alle unterstützenden Unterlagen oder die Angabe, wie darauf gemäß § 20 Absatz 4 Satz 2 elektronisch zugegriffen werden kann.

(3) [1]Hält eine andere Stelle als der für das Vergabeverfahren zuständige Auftraggeber die Unterlagen bereit, gibt der Auftraggeber in der Aufforderung die Anschrift dieser Stelle an und den Zeitpunkt, bis zu dem die Unterlagen angefordert werden können. [2]Darüber hinaus sind der Betrag, der für den Erhalt der Unterlagen zu entrichten ist, und die Zahlungsbedingungen anzugeben. [2]Die Unternehmen erhalten die Unterlagen unverzüglich nach Zugang der Aufforderung.

(4) Veröffentlicht der Auftraggeber zusätzliche Informationen über die Vergabeunterlagen und sonstige ergänzende Unterlagen, so gilt § 20 Absatz 5.

(5) Die Aufforderung enthält über die in den Absätzen 2, 3 und 4 genannten Angaben mindestens:
1. den Hinweis auf die veröffentlichte Bekanntmachung.
2. den Tag, bis zu dem die Angebote eingehen müssen, die Anschrift der Stelle, bei der sie einzureichen sind, sowie die Sprache, in der se abzufassen sind, im Falle eines wettbewerblichen Dialogs ist diese Information nicht in der Aufforderung zur Teilnahme am Dialog, sondern in der Aufforderung zur Angebotsangabe aufzuführen;
3. beim wettbewerblichen Dialog den Termin und den Ort des Beginns der Konsultationsphase sowie der verwendeten Sprachen;
4. die Liste der beizufügenden Eignungsnachweise im Falle des Verhandlungsverfahrens ohne Teilnahmewettbewerb;
5. die Gewichtung der Zuschlagskriterien oder die absteigende Reihenfolge der diesen Kriterien zuerkannten Bedeutung, anhand derer das wirtschaftlichste Angebot bestimmt wird, wenn diese nicht bereits in der Bekanntmachung enthalten sind.

(6) [1]Auftraggeber können verlangen, dass Bieter im Angebot angeben, ob für den Gegenstand des Angebots gewerbliche Schutzrechte bestehen oder von den Bietern oder Dritten beantragt sind. [2]Bieter haben stets anzugeben, ob sie erwägen, Angaben aus ihrem Angebot für die Anmeldung eines gewerblichen Schutzrechtes zu verwerten.

(7) [1]Bietergemeinschaften haben im Angebot jeweils die Mitglieder sowie eines ihrer Mitglieder als bevollmächtigten Vertreter für den Abschluss und die Durchführens des Vertrags zu benennen. [2]Fehlt eine dieser Angaben im Angebot, so ist sie vor der Zuschlagserteilung beizubringen. [2]§ 22 Absatz 6 gilt entsprechend.

Übersicht

	Rn.		Rn.
I. Entstehungsgeschichte	1	3. Unverzügliche Bereitstellung der Vergabeunterlagen nach Anforderungszugang (Abs. 3 S. 3)	12
II. Normzweck	2		
III. Pflicht des Auftraggebers zur Angebotsaufforderung (Abs. 1)	6	VI. Pflicht zur rechtzeitigen Bereitstellung zusätzlicher Informationen (Abs. 4)	13
IV. Inhalt der Angebotsaufforderung (Abs. 2)	8	VII. Weitere Mindestinhalte der Angebotsaufforderung (Abs. 5)	14
V. Modalitäten zu Vergabeunterlagen (Abs. 3)	9	VIII. Angabe von Schutzrechten (Abs. 6)	15
		IX. Bietergemeinschaften (Abs. 7)	16
1. Angabe von alternativer Stelle und Zeitpunkt für Unterlagen (Abs. 3 S. 1)	10	1. Angabe der Mitglieder einer Bietergemeinschaft	16
2. Betrag und Zahlungsbedingungen zwecks Erhalt der Vergabeunterlagen (Abs. 3 S. 2)	11	2. Pflicht zur Beibringung fehlender Angaben vor der Zuschlagserteilung	17

I. Entstehungsgeschichte

§ 29 dient im Wesentlichen der Umsetzung von **Artikel 34 Vergabe-RL Verteidigung und** 1
Sicherheit[1] und ist seit 2012 bis auf die **Streichung des Begriffs „schriftlich"**[2] für die Form
der Angebotsaufforderung in § 29 Abs. 1 unverändert. Mit den **Abs. 6 und 7** sind ausweislich der
Verordnungsbegründung die Regelungen in **§ 16 EG Abs. 5 und 6 VOL/A aF** übernommen
worden. Eine vergleichbare Regelung im klassischen Vergabebereich enthält **§ 52 VgV**. Für den
Baubereich im verteidigungs- und sicherheitsrelevanten Bereich enthält § 8 VS VOB/A eine Sonderregelung.

II. Normzweck

§ 29 Abs. 1 bestimmt, dass Auftraggeber die Bewerber nach Abschluss der Bewerberauswahl 2
in den wichtigen Verfahrensarten nicht offen (s. § 11 Abs. 1 S. 1 Alt. 1 iVm Abs. 2), Verhandlungsverfahren mit EU-Teilnahmewettbewerb (s. § 11 Abs. 1 S. 1 Alt. 2 iVm Abs. 3) und wettbewerblicher
Dialog (s. § 13) mit der Benachrichtigung über die Auswahl **aufzufordern haben, ihre Angebote
einzureichen** oder zu verhandeln oder im Falle des wettbewerblichen Dialogs am Dialog teilzunehmen.

§ 29 Abs. 2–5 regeln en detail, welchen genauen **Inhalt** (Angaben/Unterlagen) die **Angebots-** 3
aufforderung haben muss oder wo diese zumindest verfügbar sind.

§ 29 Abs. 6 S. 1 bestimmt wortgleich zur übernommenen und mittlerweile überkommenen 4
Regelung in § 16 EG Abs. 5 VOL/A aF, dass Bieter vom Auftraggeber verpflichtet werden können, in
ihren Angeboten angeben zu müssen, **ob** für den Angebotsgegenstand **gewerbliche Schutzrechte**
bestehen oder von den Bietern oder Dritten beantragt sind. Gleiches gilt nach S. 2 für die denkbare
Erwägung, Angebotsangaben für die Anmeldung eines gewerblichen Schutzrechtes zu verwerten.

§ 29 Abs. 7 bestimmt, welche **formalen Anforderungen Bietergemeinschaften** in ihrem 5
Angebot zu machen haben und die Pflicht, diese bei Fehlen bis zur Zuschlagserteilung beibringen
zu müssen. Zu einer entsprechenden Fristsetzung samt Ausschlussmöglichkeit bei Fristversäumung
wird direkt auf § 22 Abs. 6 für die Parallelsituation fehlender Eignungsunterlagen im vorgeschalteten
Teilnahmewettbewerb verwiesen.

III. Pflicht des Auftraggebers zur Angebotsaufforderung (Abs. 1)

Entsprechend dem übergeordneten gesetzlichen Grundsatz aus § 97 Abs. 2 GWB, alle Teilneh- 6
mer an einem Vergabeverfahren grundsätzlich gleich behandeln zu müssen, sichert § 29, dass **alle**
Bewerber zeitgleich und mit identischen Informationsdaten zur Angebotseinreichung oder
zur Teilnahme an Verhandlungen oder im wettbewerblichen Dialog am Dialog **aufgefordert** werden. Zwar findet sich die Pflicht zur **„zeitgleichen"** Angebotsaufforderung ausdrücklich **so nicht**
im Wortlaut des § 29 Abs. 1 wieder. Aber sowohl der insoweit nicht korrekt in deutsches Recht
umgesetzte **Art. 34 Vergabe-RL Verteidigung und Sicherheit** als auch der allgemeine **Gleichbe-**
handlungsgrundsatz aus § 97 Abs. 2 GWB gebieten aber Selbiges. Anderenfalls würde der
Auftraggeber Bewerbern **ggf. unterschiedlich lange Angebotsfristen** offerieren, was zu Wettbewerbsverzerrungen führen kann und **§ 20 Abs. 3 zuwiderlaufen** könnte. Um die dort verankerte
Angebotsfrist von grundsätzlich **37 Tagen** nicht zu gefährden, muss die Angebotsaufforderung an
alle Bewerber somit zumindest aber **am selben Tag** erfolgen.

Für die Form der Angebotsaufforderung sieht § 29 **mittlerweile keine bestimmte Form** 7
mehr vor. In der Vorgängerversion musste die Angebotsaufforderung noch „schriftlich" nach § 126
BGB erfolgen, was aber damals auch schon die Ersetzung durch eine elektronische Form nach
§ 126a BGB ermöglichte, sofern der Ersteller der Erklärung seinen Namen hinzufügt und das
elektronische Dokument mit einer qualifizierten Signatur nach dem Signaturgesetz versehen hatte.

IV. Inhalt der Angebotsaufforderung (Abs. 2)

Nach **§ 29 Abs. 2** enthält die **Aufforderung** zur Angebotsabgabe, Verhandlung oder zur Teil- 8
nahme am Dialog die jeweiligen **Vergabeunterlagen und alle unterstützenden Unterlagen**.
Wie sich insbesondere aus einem Umkehrschluss aus § 20 Abs. 4 S. 2 ergibt, besteht aber zeitlich
keine Verpflichtung zur vollständigen Veröffentlichung der Vergabeunterlagen schon mit der
EU-Bekanntmachung. Zu den Vergabeunterlagen gehören nach § 16 neben der Aufforderung zur
Angebotsabgabe die Vertragsunterlagen und die Bewerbungsbedingungen. Für eine ordentliche
Bekanntgabe dieser relevanten Vergabeunterlagen reicht aber zB die reine Auslage der „Besonderen

---

[1] Vgl. BR-Drs. 321/12, 59.
[2] Wie auch in § 33 Abs. 1 zur ehedem ebenfalls „schriftlichen" Form der Preisaufklärung.

Wachanweisung" im Rahmen der Ortsbesichtigung zur Einsichtnahme nicht aus, um den Bieterunternehmen die Möglichkeit zu geben, sich ausreichend über den Inhalt der Ausschreibung zu unterrichten. Als wesentlicher Teil der Leistungsbeschreibung und Bestandteil der Vertragsunterlagen (vgl. § 16 Abs. 1 Nr. 3) erfordert eine ordnungsgemäße Bekanntmachung vielmehr deren gemeinsame Übermittlung mit dem Vertragsentwurf in schriftlicher oder elektronischer Form.[3] **Nicht** ausdrücklich **definiert** in der VSVgV sind die ebenfalls in § 29 Abs. 2 erwähnten **unterstützenden Unterlagen,** die nach dem Verordnungswortlaut alle(samt) beizufügen sind. Darunter sind etwa ein **beigefügtes Angebotsschreiben** erfasst, das aufgeforderte Unternehmen an den Auftraggeber mit zurückzusenden haben.[4] Sofern die ausgewählten Unternehmen die unterstützenden Unterlagen und die Vergabeunterlagen nach Wahl des Auftraggebers **elektronisch abrufen** können sollen, muss die Angebotsaufforderung die **Angabe** enthalten, **wie** auf die Vergabeunterlagen gem. § 20 Abs. 4 S. 2[5] **zugegriffen** werden kann.

V. Modalitäten zu Vergabeunterlagen (Abs. 3)

9   § 29 Abs. 3 enthält Modalitäten zur Bereitstellung von Unterlagen durch Dritte und von Auftraggeber oder Dritten **forderbaren Geldbeträge,** um die Vergabeunterlagen erhalten zu können sowie die **Pflicht zur unverzüglichen Bereitstellung der Unterlagen** nach Zugang der Anforderung

10   **1. Angabe von alternativer Stelle und Zeitpunkt für Unterlagen (Abs. 3 S. 1).** § 29 Abs. 3 ermächtigt den Auftraggeber relevante **Unterlagen auch von einer anderen Stelle** bereit stellen zu lassen[6] und **verpflichtet** ihn gleichzeitig für diesen Fall, in der Aufforderung, die **Anschrift dieser – anderen – Stelle anzugeben** und den Zeitpunkt, bis zu dem diese Unterlagen dort angefordert werden können. Bei einer elektronischen Zurverfügungstellung der Unterlagen durch diese andere Stelle muss die Anforderung die elektronische Anschrift etwa einer eingebundenen e-Vergabeplattform benennen.

11   **2. Betrag und Zahlungsbedingungen zwecks Erhalt der Vergabeunterlagen (Abs. 3 S. 2).** Darüber hinaus muss die Anforderung auch den **Betrag enthalten,** der **für** den **Erhalt** der Unterlagen nach § 29 Abs. 2 von den aufgeforderten Unternehmen **zu entrichten** ist sowie auch die insoweit relevanten **Zahlungsbedingungen.** § 29 Abs. 3 stellt dabei ein die Unternehmen finanziell unnötig belastendes Relikt aus alter Vergaberechtszeit dar, da alle anderen – neueren – **Vergabeordnungen mittlerweile die unentgeltliche Zurverfügungstellung** von Vergabeunterlagen implementiert haben.[7] Zudem ist aber auch anerkannt und vom Wortlaut her ersichtlich, dass der hier in der VSVgV benannte **Betrag auch nur die entstandenen Kosten für den Versand der Unterlagen** von der anderen Stelle umfasst.[8] Weitere Kosten, zB für die Erstellung der Vergabeunterlagen, sind nicht einforderbar und vom **Auftraggeber selbst** zu tragen.

12   **3. Unverzügliche Bereitstellung der Vergabeunterlagen nach Anforderungszugang (Abs. 3 S. 3).** Gemäß § 29 Abs. 3 S. 3 sind die Unterlagen unverzüglich, dh **ohne schuldhaftes Zögern** nach § 121 BGB, nach Zugang der jeweiligen Anforderungen den Unternehmen zur Verfügung zu stellen. Da eindeutig auf den **Zeitpunkt des Eingangs der Anforderung** durch die Unternehmen abgestellt wird, kann es nicht auf den Eingang der Zahlung des ausbedungenen Betrages beim Auftraggeber oder der anderen Stelle für diese unverzügliche Handlungspflicht ankommen. Demgemäß muss der Auftraggeber oder die andere Stelle die angeforderten **Unterlagen selbst dann herausgeben, wenn der ausbedungene Geldbetrag noch nicht entrichtet** wurde.[9] Die entsprechende Geldforderung des Auftraggebers oder der anderen Stelle bleibt aber selbstverständlich auch späterhin erhalten.

VI. Pflicht zur rechtzeitigen Bereitstellung zusätzlicher Informationen (Abs. 4)

13   § 29 Abs. 4 verweist auf § 20 Abs. 5, soweit der Umgang mit der Veröffentlichung **zusätzlicher Informationen** oder sonstiger ergänzender Unterlagen durch den Auftraggeber betroffen ist.

---

[3] OLG Düsseldorf Beschl. v. 13.11.2013 – VII-Verg 19/13, VPR 2014, 100.
[4] So auch zu Recht Dippel/Sterner/Zeiss/*Albrecht* Rn. 8.
[5] Elektronisch freier, direkter und vollständiger Zugriff.
[6] Dies entspricht auch gängiger Rechtsprechung, vgl. OLG Düsseldorf Beschl. v. 14.11.2018 – Verg 31/18, BeckRS 2018, 34753.
[7] Vgl. etwa § 41 Abs. 1 VgV.
[8] Dies setzt zudem die vorherige Abtretung dieses Anspruchs durch den Auftraggeber gem. § 398 BGB voraus, wenn die andere Stelle diesen Betrag einzieht; vgl. VK Sachsen Beschl. v. 12.3.2001 – 1/SVK/9-01, IBR 2001, 391.
[9] So auch Dippel/Sterner/Zeiss/*Albrecht* Rn. 18.

Demnach sind **rechtzeitig angeforderte zusätzliche** Informationen[10] über die Vergabeunterlagen nach § 16, die Beschreibung[11] oder die unterstützenden Unterlagen im Falle des nicht offenen Verfahrens **spätestens sechs Tage** und im Fall des beschleunigten Verhandlungsverfahrens **vier Tage vor Ablauf** der für die Einreichung von Angeboten festgelegten **Frist** an die Unternehmen zu übermitteln. Dabei spielt es keine Rolle, ob es sich um vom Auftraggeber eigeninitiativ veranlasste Zusatzinformationen oder solche auf Nachfrage von Unternehmen handelt. Zudem bleibt zu beachten, dass die angegebenen Fristen **keine absoluten Schutzfristen zulasten, sondern eher zugunsten der Unternehmen** darstellen, sodass **auch nach deren Ablauf** derartige **Bieterfragen weiterhin zulässig und situativ auch beantwortungspflichtig** sein können. Dies betrifft insbesondere die Fallkonstellation, dass eine Bieterfrage, wenn auch extrem spät **bisher unentdeckte, aber gravierende Defizite der Vergabeunterlagen,** insbesondere der Leistungsbeschreibung, zutage fördert, die zwingend zu beseitigen sind. Dies kann der Auftraggeber in aller Regel nur durch eine **parallele Verschiebung der fast schon abgelaufenen Angebotsfrist sicherstellen. Zu informieren** ist dabei nicht nur das abfragende Unternehmen, **sondern alle noch im Wettbewerb befindlichen Unternehmen** gleicher Maßen.[12]

VII. Weitere Mindestinhalte der Angebotsaufforderung (Abs. 5)

Aus § 29 Abs. 5 ergibt sich aus fünf Nummern der **Mindestinhalt,** den die Aufforderung **über die schon in den Abs. 2, 3, und 4 des § 29 genannten Angaben hinaus** aufweisen muss. Die Inhalte aus § 29 Abs. 5 Nr. 1–5 sind somit für die Aufforderung **grundsätzlich verpflichtend.** Dabei handelt es sich um
– Hinweis auf die veröffentlichte **Bekanntmachung (Nr. 1),**
– **Angebotsfrist, Einreichungsstelle und Sprache (Nr. 2),**
– beim **wettbewerblichen Dialog:** Termin und Ort der Konsultationsphase und Sprache (Nr. 3),
– beim **Verhandlungsverfahren ohne** Teilnahmewettbewerb: Liste der **Eignungskriterien (Nr. 4)** und
– **Gewichtung der Zuschlagskriterien (Nr. 5).**

VIII. Angabe von Schutzrechten (Abs. 6)

§ 29 Abs. 6 ermächtigt den Auftraggeber in S. 1 auch[13] in verteidigungs- und sicherheitsrelevanten Vergabeverfahren, **Bieterangaben zu verlangen,** ob für den Angebotsgegenstand **gewerbliche Schutzrechte** bestehen oder von Dritten beantragt sind und verpflichtet Bieter in S. 2 stets anzugeben, falls derartige **Anmeldungspläne für Angebotsteile künftig erwogen** werden. Die Regelung ist ausdrücklich als **Ermessensvorschrift** („können verlangen") ausgestaltet.[14] Sie hat aber fundamentale Bedeutung, sofern ein Bieter derartige gewerbliche Schutzrechte angibt (zB für § 12). Denn **§ 12 Abs. 1 Nr. 1 lit c** erlaubt, ggf. sogar erzwungt ein **Verhandlungsverfahren ohne Teilnahmewettbewerb** sowohl für Liefer- wie auch für Dienstleistungsaufträge, wenn der Auftrag wegen seiner technischen Besonderheiten oder **aufgrund des Schutzes von Ausschließlichkeitsrechten wie zum Beispiel des Patent- oder Urheberrechts nur von einem bestimmten Unternehmen durchgeführt** werden kann. Insoweit könnte § 29 Abs. 6 S. 1 einen Bieter, der ein Interesse daran hat, dass seine gewerblichen Schutzrechte nicht verletzt werden, durchaus schützen. Die neuere **Rechtsprechung** verneint aber eine **separate Antragsbefugnis eines Patentrechtsinhabers in einem Vergabenachprüfungsverfahren,** sodass wohl einzig der separate **Zivilrechtsweg** bestritten werden kann und auch muss. Zur Parallelbestimmung in § 53 Abs. 8 VgV wird zu Recht vertreten, dass diese eine **Konkretisierung der Pflicht zur gegenseitigen Rücksichtnahme (§ 241 Abs. 2 BGB)** darstellt. Es ist in der Rechtsprechung anerkannt, dass mit Abgabe eines Angebots als Bieter zwischen ihm und dem öffentlichen Auftraggeber als Verhandlungspartner ein **vertragsähnliches Vertrauensverhältnis** zustande kommt, das zu gegenseitiger Rücksichtnahme verpflichtet und **auf beiden Seiten Sorgfaltspflichten** begründet, deren schuldhafte Verlet-

---

[10] Oftmals in Form von sog. Bieterfragen gestellt.
[11] Im Sinne von Leistungsbeschreibung gem. § 15, die aber auch selbst schon Bestandteil der Vergabeunterlagen nach § 16 Abs. 1 Nr. 3 ist.
[12] VK Lüneburg Beschl. v. 19.9.2019 – VgK-33/2019, VPR 2020, 64 sowie VK Bund Beschl. v. 28.1.2017 – VK 2-129/16, BeckRS 2017, 111301.
[13] Vgl. die sogar zwingend ausgestaltete, aber auch kompakter formulierte Regelung in § 53 Abs. 8 VgV im klassischen Vergabebereich: Die Unternehmen haben anzugeben, ob für den Auftragsgegenstand gewerbliche Schutzrechte bestehen, beantragt sind oder erwogen werden.
[14] Anders als zB die Parallelvorschrift in § 53 Abs. 8 VgV, die im Hinblick auf die mitteilungspflichtigen Unternehmen als Muss-Vorschrift ausgestaltet ist („Unternehmen haben anzugeben"), was den Auftraggeber nötigt, diese Angaben idR dort auch aktiv abzufordern.

zung **zumindest Schadensersatzansprüche** begründen kann.[15] Gemäß § 29 Abs. 6 S. 2 erscheint die Verpflichtung der Bieter, von sich aus dem Auftraggeber mitteilen zu müssen, wenn sie erwägen, Angaben aus dem Angebot für die Anmeldung eines gewerblichen Schutzrechtes zu verwerten, mehr als sinnvoll. Deshalb ist auch dem **Auftraggeber zu empfehlen, auch dies aktiv im Vergabeverfahren,** etwa vermittels eines Formblattes, **abzufragen.**

IX. Bietergemeinschaften (Abs. 7)

16   **1. Angabe der Mitglieder einer Bietergemeinschaft.** Wollen Unternehmen sich zwecks Angebotsabgabe zu einer **Bietergemeinschaft**[16] als **Gesellschaft bürgerlichen Rechts** nach § 705 BGB zusammenschließen, hat diese nach **§ 29 Abs. 7 S. 1 jeweils die Mitglieder/Mitgesellschafter** sowie zusätzlich eines ihrer Mitglieder als **bevollmächtigten Vertreter** für den Abschluss und die Durchführung des Vertrages zu **benennen.** Dazu bedarf es einer ausdrücklichen Erklärung, dass es sich beim Anbietenden um eine Bietergemeinschaft[17] handelt und der klaren Angabe, **aus welchen Unternehmen diese gebildet** wurde.[18] Dies **erleichtert** die **Kommunikation,** etwa bei Änderungen der Vergabeunterlagen, der Beantwortung von Bieterfragen, der Entgegennahme und Wertung von Angeboten oder der Zusendung eines Absage- oder Zuschlagsschreibens im Vergabeverfahren und auch in der nachfolgenden Vertragsabwicklung.

17   **2. Pflicht zur Beibringung fehlender Angaben vor der Zuschlagserteilung. Fehlt** eine dieser **Angaben** im Angebot, so ist diese **allerspätestens vor der Zuschlagserteilung beizubringen.** Dazu muss der Auftraggeber die Bietergemeinschaft auffordern, die noch fehlende **Angabe unter Fristsetzung** zumindest vor der Zuschlagserteilung beizubringen. § 29 Abs. 7 S. 2 **verweist** insoweit **auf § 22 Abs. 6** für den **Teilnahmewettbewerb entsprechend.** Dies Querverweisung ermöglicht es dem Auftraggeber **fehlende Angaben, Erklärungen oder Unterlagen** zur Bietergemeinschaft und deren Bevollmächtigungen unter Bestimmung einer Nachfrist anzufordern bzw. **nachzufordern.**[19] Erfolgt dies nicht, ist das Angebot auszuschließen, da dann eine **geforderte Erklärung** (zur Bietergemeinschaft oder zu deren Bevollmächtigungsverhältnissen) mit der spezialgesetzlich zwingenden Rechtsfolge aus § 22 Abs. 6 S. 2 iVm § 29 Abs. 7 S. 2 **fehlt.** Eines **Rückgriffs auf** die allgemeine Ausschlussnorm des **§ 31 Abs. 2 Abs. 1 bedarf** es somit **nicht.** Voraussetzung ist dafür natürlich, dass der Auftraggeber in der Angebotsaufforderung entsprechende VSVgV-konforme Erklärungen in Fällen einer Bietergemeinschaft **klar und deutlich gefordert** hat.

§ 30 Öffnung der Angebote

(1) ¹**Auf dem Postweg und direkt übermittelte Angebote sind ungeöffnet zu lassen, mit Eingangsvermerk zu versehen und bis zum Zeitpunkt der Öffnung unter Verschluss zu halten.** ²**Elektronische Angebote sind auf geeignete Weise zu kennzeichnen und verschlüsselt aufzubewahren.** ³**Mittels Telefax eingereichte Angebote sind ebenfalls entsprechend zu kennzeichnen und auf geeignete Weise unter Verschluss zu halten.**

(2) ¹**Die Öffnung der Angebote wird von mindestens zwei Vertretern des Auftraggebers gemeinsam durchgeführt und dokumentiert.** ²**Bieter sind nicht zugelassen.** ³**Dabei wird mindestens festgehalten:**
1. **Name und Anschrift der Bieter,**
2. **die Endbeträge ihrer Angebote und andere den Preis betreffende Angaben,**
3. **ob und von wem Nebenangebote eingereicht worden sind.**

(3) **Die Angebote und ihre Anlagen sowie die Dokumentation über die Angebotsöffnung sind auch nach Abschluss des Vergabeverfahrens sorgfältig zu verwahren und vertraulich zu behandeln.**

---

[15] Vgl. OLG München Beschl. v. 8.7.2019 – Verg 2/19, NZBau 2020, 331 unter Hinweis auf BGH Urt. v. 11.11.2014 – X ZR 32/14, VergabeR 2015, 176 sowie OLG Celle Urt. v. 30.5.2002 – 13 U 266/01, BauR 2003, 709.

[16] Bietergemeinschaften sind Zusammenschlüsse mehrerer Unternehmen zur gemeinschaftlichen Abgabe eines Angebots mit dem Ziel, den beschriebenen Auftrag (nach Erhalt) gemeinschaftlich auszuführen; so in der Diktion Dippel/Sterner/Zeiss/*Albrecht* Rn. 56.

[17] Und nicht etwa um ein alternativ denkbares Verhältnis von lediglich (Haupt-)Auftragnehmer und Unterauftragnehmer ohne eigene Vertragsbeziehung zum Auftraggeber bei Letzterem, für das ggf. die Sonderbestimmungen für eine Unterauftragsvergabe in §§ 38 ff. iVm § 9 gelten könnten.

[18] OLG Karlsruhe Beschl. v. 24.7.2007 – 17 Verg 6/07, NZBau 2008, 544 (Ls.).

[19] BR-Drs. 321/12, 60.

II. Einzelerläuterungen   1–3 § 30 VSVgV

Übersicht

		Rn.			Rn.
I.	**Normzweck**	1	a) Wer/wie/wann? (Abs. 2 S. 1)		13
II.	**Einzelerläuterungen**	2	b) Keine Zulassung von Bietern (Abs. 2 S. 2)		19
1.	Umgang mit Angeboten bis zur Öffnung (Abs. 1)	2	c) Mindestinhalt der Öffnung		20
	a) Kenntnisnahme	3	3.	Verwahrungs- und Vertraulichkeitspflichten auch nach Abschluss des Vergabeverfahrens (Abs. 3)	21
	b) Nach Ablauf der Fristen	4			
2.	Öffnung der Angebote und Dokumentationspflichten (Abs. 2)	12	4.	Rechtsschutz	24

I. Normzweck

§ 30 statuiert **Regeln** für die **Aufbewahrung und Öffnung** der dem öffentlichen Auftraggeber übermittelten **Angebote**.[1] § 30 hat **keine direkten europarechtlichen Wurzeln**[2] und hat 2012 die mittlerweile außer Kraft getretene Regelung in § 17 EG VOL/A in die VSVgV **übernommen**.[3] Die Regelung über die Aufbewahrung in Abs. 1 **entspricht § 54 VgV**; die Regelung über die Öffnung in § 30 Abs. 2 **entspricht § 55 VgV**. **Abs. 3** verpflichtet auch nach Abschluss des Vergabeverfahrens zur **sorgfältigen Verwahrung** und **vertraulichen Behandlung** der Angebote sowie der Dokumentation über die Angebotsöffnung. Die Verpflichtungen aus § 30 Abs. 1 S. 1, Angebote bis zum Zeitpunkt der Öffnung ungeöffnet unter Verschluss halten zu müssen und aus Abs. 2, Angebote danach **ohne Bieteranwesenheit** unter Beachtung des **Vier-Augen-Prinzips öffnen** zu müssen, stellen ergänzend mit der Pflicht aus § 30 Abs. 1 S. 2 und 3, elektronische und Faxangebote **zu kennzeichnen und verschlüsselt aufzubewahren**, **fundamentale Grundpfeiler** eines förmlichen Vergabeverfahrens im verteidigungs- und sicherheitsrelevanten Bereich dar. Die in § 30 manifestierten Förmlichkeitserfordernisse und die ihm innewohnende Formstrenge **dienen der Einhaltung eines fairen, chancengleichen und willkürfreien Vergabewettbewerbs** (= Grundsatz des fairen Verfahrens) und somit der Umsetzung der in § 97 Abs. 1 und 2 GWB verankerten Grundsätze der **Transparenz**, der **Gleichbehandlung** und des **Wettbewerbs**.[4]

II. Einzelerläuterungen

1. Umgang mit Angeboten bis zur Öffnung (Abs. 1). Im Bereich der Liefer- und Dienstleistungen ergibt sich das **Ende der automatischen und für den Bewerber oder Bieter grundsätzlich unveränderbaren Angebotsfrist** allein aus dem **Ablauf** der kalendarisch in der EU-Bekanntmachung oder der Angebotsaufforderung vom Auftraggeber angegebenen **Frist**. Wann die Angebotsöffnung tatsächlich durchgeführt wird, ist demgegenüber für den Fristablauf **irrelevant**. Konsequenterweise bestimmt deshalb auch **§ 31 Abs. 2 Nr. 5**, dass **Angebote ausgeschlossen** werden, die **nicht form- oder fristgerecht eingegangen** sind, es sei denn der Bieter hat dies nicht zu vertreten.

a) Kenntnisnahme. § 30 Abs. 1 S. 1 **verbietet** ausdrücklich eine **Kenntnisnahme** des Auftraggebers vom **Inhalt der Angebote vor Ablauf der Angebotsfristen**. Dies korrespondiert insbesondere mit § 30 Abs. 1 S. 2 in Zeiten der **E-Vergabe**, der eine **verschlüsselte Speicherung** elektronisch übermittelter Angebote fordert.

---

[1] Lediglich nach § 12 Abs. 3 kann im Fall von besonders dringlichen Verfahren nach § 12 Abs. 1 lit. b von den in § 30 Abs. 1 und 2 vorgesehenen Formvorgaben abgewichen werden. Diese Neuregelung aus dem Jahr 2020 beruht auf dem am 19.11.2020 in Kraft getretenen Gesetz zur Änderung des Gesetzes zur Regelung von Ingenieur- und Architektenleistungen und soll sicherstellen, dass bei unter besonders großem zeitlichen Druck durchzuführenden Verhandlungsverfahren – wie etwa zur Coronabekämpfung – keine Verzögerungen infolge bestehender Formvorschriften in Kauf genommen werden müssen, vgl. BT-Drs. 19/21982, 17. In derartigen besonders dringlichen Verfahren ist zudem auch die eigentlich automatische und fristgebundene Vorabinformationspflicht unterlegener Bieter vor der Zuschlagserteilung nach § 134 Abs. 3 S. 1 GWB iVm § 147 GWB suspendiert.
[2] § 30 sichert aber das auch in der RL 2009/81/EG verankerte Verbot der vorfristigen Kenntnisnahme von Angeboten (Art. 36 Abs. 3 RL 2009/81/EG) sowie die allgemeinen Grundsätze von geheimem und chancengleichem Wettbewerb und Transparenz nach § 97 GWB iVm Art. 4 RL 2009/81/EG.
[3] Vgl. BR-Drs. 321/12, 60.
[4] vgl. VK Bund Beschl. v. 18.8.2017 – VK 2-82/17, ZfBR 2018, 95.

4   **b) Nach Ablauf der Fristen.** Die spezifischen, vor einer Kenntnisnahme einzuhaltenden Angebotsfristen in den verschiedenen Vergabeverfahren der VSVgV ergeben sich auch nach der Vergaberechtsnovelle 2016 immer noch aus der **zentralen Fristenbestimmung in § 20 Abs. 3** für das nicht offene Verfahren. Für das Verhandlungsverfahren und den wettbewerblichen Dialog sieht die VSVgV im Gegensatz zur VgV[5] nach wie vor **keine festgelegten Angebotsmindestfristen** vor. Nichtsdestotrotz hat der Auftraggeber auch in diesen Fällen **Angebotsschlussfristen zu benennen,** vor deren Ablauf eine Kenntnisnahme der Angebote auszuschließen ist.

5   Für den **wettbewerblichen Dialog** sieht § 18 Abs. 3 eine fixe **30-tägige Teilnahmefrist** sowie § 18 Abs. 8 S. 1 zwar keine Mindestfrist, aber mittelbar zumindest eine zu beachtende **variable Frist nach Abschluss des Dialogs** vor.[6]

6   **Mit Ablauf der Angebotsfrist können Unternehmen ihre abgegebenen Angebote nicht mehr zurücknehmen** und sind bis zum **Ablauf der Zuschlagsfrist an ihre Angebote gebunden.** Diese entspricht der früheren, zeitgleich ablaufenden Bindefrist.

7   **aa) Modalitäten bei postalischer oder direkter Übersendung (Angebote ungeöffnet lassen, mit Eingangsvermerk versehen und unter Verschluss halten).** Nach § 30 Abs. 1 S. 1 sind öffentliche Auftraggeber verpflichtet, auf dem Postweg oder direkt, elektronisch oder per Telefax eingegangene Angebote bis zu ihrer Öffnung **unter Verschluss bzw. verschlüsselt** zu halten und jeweils mit einem **Eingangsvermerk** zu versehen. In **Verbindung mit § 19 Abs. 3 S. 2** ergibt sich damit auch im Umkehrschluss das **Verbot der Kenntnisnahme von Angebotsinhalten vor Ablauf der Angebotsfrist.** Zur Verpflichtung aus § 30 Abs. 1 S. 1, Angebote ungeöffnet lassen zu müssen, mit einem Eingangsvermerk versehen zu müssen und unter Verschluss bis zum Öffnungszeitpunkt halten zu müssen, korrespondiert die in § 19 Abs. 1 verankerte Pflicht des Auftraggebers, den **Unternehmen in der Bekanntmachung oder den Vergabeunterlagen angeben** zu müssen, **ob Informationen** auf dem **Postweg, mittels Telefax, elektronisch oder durch eine Kombination dieser Kommunikationsmittel zu übermitteln** sind.

8   Der **obligatorische Eingangsvermerk** soll zudem die **Rechtzeitigkeit** oder auch Verspätung eingegangener Angebote **beweiskräftig sicherstellen.** Dazu muss er unzweifelhaft zumindest das relevante **Datum des Eingangs und die jeweilige Uhrzeit** aufweisen.[7] Ob auch der jeweilige Urheber des Eingangsvermerks durch **Unterschrift** oder zumindest durch **Namenszug identifizierbar** sein muss, ist mangels eineindeutiger Festlegungen auch in § 30 **umstritten.**[8] Für die Forderung nach einer **Identitätsfeststellungsmöglichkeit** streiten aber nicht zuletzt auch aus **Antikorruptionsgesichtspunkten** die besseren Argumente. Dies ist die grundsätzliche **Förmlichkeit des Verfahrens,** wonach der Auftraggeber nachweislich **alle wesentlichen Entscheidungen** in einem Vergabeverfahren **selbst,** zB auch durch eine Unterschrift, zu verantworten und **im Zweifel auch nachweisbar zu beweisen** hat. Ist aber der **Urheber** eines angeblich die Rechtzeitigkeit eines Angebotseingangs legitimierenden **Eingangsvermerks nicht ermittelbar,** kommt diese **Person auch nicht mehr als Zeuge** in Betracht und der **anonyme Eingangsvermerk verliert massiv an Glaubhaftigkeit.**

9   Der Pflicht den ungeöffneten und mit einem Eingangsvermerk versehenen Angebotsumschlag bis zur Öffnung der Angebote unter Verschluss zu halten, kann dadurch entsprochen werden, dass das **Angebot in einem Tresor oder Panzerschrank sicher** verwahrt wird, der **nur von wenigen Berechtigten geöffnet** werden kann. Bei **elektronischer** Angebotsabgabe kann die Ablage in einem **gesondert abgesicherten Datenraum** infrage kommen.

10   **bb) Kennzeichnungs- und Aufbewahrungspflichten bei elektronischen Angeboten.** Nach § 30 Abs. 1 S. 2 sind **auch elektronische Angebote auf geeignete Weise zu kennzeichnen und verschlüsselt zu speichern.** Entsprechend den analogen Verpflichtungen aus § 30 Abs. 1 S. 1 bedarf es bei elektronischen Angeboten ebenfalls eines **manipulationssicheren elektronischen Eingangsvermerks** wie etwa einem automatischen **Zeitstempel,** aus dem sich wiederum zumindest das **Datum und die Uhrzeit** des Eingangs ergeben. Bei Zwischenschaltung einer **e-Vergabe-**

---

[5] Dort hat aber der Gesetzgeber nunmehr im Jahr 2020 klargestellt, dass die grundsätzlich 30-tägige Angebotsfrist nur Erstangebote in Verhandlungsverfahren mit Teilnahmewettbewerb meint; vgl. den neu gefassten § 17 Abs. 6 VgV.

[6] So → VgV § 18 Rn. 21 sowie *Hirsch/Kaelble* in Müller-Wrede VgV § 18 Rn. 92 mit Ausschlussfolge bei Versäumnis jener Frist aus dem Gesichtspunkt der Gleichbehandlung unter Hinweis auf OLG Düsseldorf Beschl. v. 13.6.2007 – VII-Verg 2/07, NZBau 2007, 530.

[7] OLG Frankfurt a. M. Beschl. v. 9.5.2017 – 11 Verg 5/17, BeckRS 2017, 112554; OLG Naumburg Beschl. v. 31.3.2008 – 1 Verg 1/08, BeckRS 2008, 8304.

[8] Grundsätzlich dafür OLG Naumburg Beschl. v. 31.3.2008 – 1 Verg 1/08, BeckRS 2008, 8304; dagegen OLG Frankfurt a. M. Beschl. v. 9.5.2017 – 11 Verg 5/17, BeckRS 2017, 112554.

II. Einzelerläuterungen

plattform wird der Eingangsvermerk automatisch erstellt und die notwendige Verschlüsselung auf Auftraggeberseite nach § 19 Abs. 3 S. 4 ebenfalls abgesichert.

§ 30 Abs. 1 S. 3 iVm § 19 Abs. 1 erlaubt auch die **Zulassung einer Angebotseinreichung** **11** **per Telefax.** Für diesen Fall müssen die per Telefax eingereichten Angebote **entsprechend gekennzeichnet und auf geeignete Wisse unter Verschluss** gehalten werden. Dabei bleibt einzustellen, dass allein die **offene Kommunikation** über ein Faxgerät ein **Unterverschlusshalten** des Angebots von vorneherein **massiv erschwert.** Dem kann nur dadurch begegnet werden, dass überhaupt nur ein begrenzter Personenkreis Zugang zu dem betroffenen Faxgerät haben darf und **dieses separiert in einem abgeschlossenen Raum stehen muss,** um zufällige und vorfristige Kenntnisnahmen Dritter von Angebotsinhalten zu verhindern.

2. Öffnung der Angebote und Dokumentationspflichten (Abs. 2). § 30 Abs. 2 trifft ent- **12** sprechend der deckungsgleichen Überschrift nur Festlegungen zur Öffnung von Angeboten, **nicht aber für die Öffnung von Teilnahmeanträgen im Teilnahmewettbewerb** eines nicht offenen Verfahrens oder eines Verhandlungsverfahrens nach § 11 Abs. 1 S. 1 bzw. eines wettbewerblichen Dialogs nach § 13 Abs. 2.

a) Wer/wie/wann? (Abs. 2 S. 1). Wer wie und wann eingehende **Angebote öffnen darf** **13** und muss, regelt **§ 30 Abs. 2 S. 1 nur sporadisch.**

Das für die Angebotsöffnung zwingend vorgeschriebene **Vier-Augen-Prinzip** dient ausweis- **14** lich der Verordnungsbegründung zur Parallelregelung im klassischen Vergabebereich in besonderer Weise der **Sicherung eines fairen und transparenten Vergabeverfahrens.**[9] Nach dem Wortlaut des **§ 30 Abs. 2** („mindestens zwei Vertreter") ist es zulässig, dass ggf. **sogar mehrere Vertreter teilnehmen.** Dabei muss aber immer der Grundsatz der **Vertraulichkeit gewahrt** bleiben, was insbesondere § 19 Abs. 3 verdeutlicht.

§ 30 Abs. 2 spricht nur von **Vertretern,** legt aber nicht konkret fest, ob es sich um bedienstete **15** Vertreter, also Mitarbeiter des Auftraggebers oder **auch nur um beauftragte Vertreter,** also Mitarbeiter eines Ingenieurbüros, einer Beraterfirma oder eine Anwaltskanzlei handeln kann oder muss. An externe Büros können zumindest nach Ansicht der VK Südbayern[10] grundsätzlich nur solche Tätigkeiten im Vergabeverfahren übertragen werden, bei denen der Auftraggeber das Handeln des beauftragten Büros im Nachhinein nachvollziehen und es sich zu Eigen machen kann. Es erscheine aber schwer vorstellbar, wie sich der Auftraggeber das **Vorgehen bei der Öffnung zu Eigen** machen könne, insbesondere von einer **Manipulationsfreiheit ausgehen** könne, **wenn er dabei nicht mit zumindest einem eigenen Mitarbeiter beteiligt** gewesen sei. Das **OLG Düsseldorf**[11] hingegen argumentiert, Vertreter des Auftraggebers **könne jede von diesem hierzu ermächtigte Person,** somit auch ein **externer Berater,** ebenso ein externer Rechtsanwalt, sein. Für die Sichtweise des OLG Düsseldorf streitet sicherlich der Umstand, dass die allgemeinen Vertretungsregelungen des BGB in den **§§ 164 ff.** BGB auch die **rechtsgeschäftliche Vertretungsmacht,** gleich **Vollmacht,** kennt. **Andererseits** sind aber mit Sinn und Zweck des Gesetzes durch ein formalisiertes Verfahren mit Vier-Augen-Prinzip **Manipulationen** bei der Angebotsöffnung **zu erschweren und eine vollständige Übertragung der Öffnung von Angeboten an Dritte auszuschließen,** da dies der **Auftraggeber** im Lichte des § 97 Abs. 6 GWB **selbst gewährleisten** muss.

Zudem zeigt ein Blick in **Parallelregelungen im klassischen Vergabebereich,** dass auch **16** dort der **Begriff „Vertreter des Auftraggebers" an verschiedenen Stellen und nicht nur in der direkten Parallelregelung zur Öffnung von Angeboten in § 55 VgV Verwendung** findet. So bestimmt dort auch **§ 58 Abs. 5 VgV,** dass an der Entscheidung über den **Zuschlag in der Regel mindestens zwei Vertreter des öffentlichen Auftraggebers mitwirken** sollen. Für die **Zuschlagsentscheidung** und vorherige Wertung ist aber einhellig anerkannt, dass diese **nicht an Berater und Consultingbüros outgesourct werden** darf, sondern von **Auftraggeber direkt zu treffen ist.**[12] Auch wenn sich daraus nicht auch zwingend ableiten lässt, dass die an der Zuschlagsentscheidung (nur) Mitwirkenden auf Auftraggeberseite nur echte Vertreter, also eigene Bedienstete, sein müssen, ist dies denn doch ein starkes Indiz für eine **einheitliche Sichtweise innerhalb der Rechtsordnung.** Drei Paragrafen vorher bei der Angebotsöffnung im klassischen Vergabebereich und entsprechend auch in der VSVgV sollte dies nicht anders ausgelegt werden. Übertragen auf Vergaben in Verteidigungs- und sicherheitsrelevanten Bereich bedeutet dies, dass die **besseren**

---

[9] Vgl. BR-Drs. 87/16, 208 zu § 55 Abs. 2 VgV.
[10] BeckRS 2018, 382.
[11] BeckRS 2018, 34753.
[12] OLG München Beschl. v. 15.7.2005 – Verg 14/05, VergabeR 2005, 799; OLG Bremen Beschl. v. 2.9.2004 – Verg 3/2003, IBR 2005, 1042.

Argumente gegen die Sichtweise des **OLG Düsseldorf**, Vertreter des Auftraggebers könnten auch bevollmächtigte Dritte sein, sprechen. Zudem spricht äußerst hilfsweise gegen diese Entscheidung auch, dass das OLG Düsseldorf den Hinweis auf eine erst nach der Angebotseröffnung ausgestellte Vollmachtsurkunde mit dem fragwürdigen Hinweis abgelehnt hat, diese schriftliche Bevollmächtigung habe die Vertretung im Nachprüfungsverfahren betroffen und die jetzigen Verfahrensbevollmächtigten seien, wenn auch ohne Vorlage einer Vollmacht, mit Wissen und Wollen des Auftraggebers schon im Vergabeverfahren für diesen tätig gewesen. Die Bejahung einer rein gewohnheitsrechtlichen Duldungsvollmacht bei einem ggf. einmaligen Auftreten als Vertreter bei einem derart wichtigen Vorgang wie der nicht öffentlichen Angebotsöffnung dürfte aber dem Rechtsgedanken des § 179 BGB widersprechen.

17 Das **Gemeinsamkeitserfordernis** dürfte auch für eine **beiderseitige, auch elektronische „Unterschrift" unter einem Öffnungsprotokoll sprechen.** Zur weiter gefassten Vorgängerregelung in § 17 EG Abs. 2 VOL/A im klassischen Vergabebereich („Öffnung ... gemeinsam durchgeführt und dokumentiert") hatte die Rechtsprechung vertreten, dass die **Dokumentation der Angebotsöffnung von mindestens zwei Personen zu unterschreiben** sei.[13] Um dem Vier-Augenprinzip und dem Gedanken des **gemeinsamen Zusammenwirkens und gegenseitigen Kontrollierens zu entsprechen,** dürfen derartige „Unterschriften" nicht etwa lauten A und A für den abwesenden B, sondern A und B. Die VK Sachsen hat in ihrem Beschluss vom 17.12.2010[14] die Problematik eines **„Aneinandervorbeiagierens"** treffend herausgearbeitet. Kontrolliert nur ein Vertreter des Auftraggebers die Angebote samt ihrer Preisangaben und diktiert diese lediglich dem zweiten Vertreter des Auftraggebers, **ohne dass dieser diese Angaben gegenkontrolliert** oder werden Ergebnisse vor einer Unterbrechung der Öffnung **nicht durch zwei „Unterschriften" zeitnah abgesichert,** ist eine **kaum mehr nachhaltbare Manipulationsgefahr geschaffen,** auch wenn die Verhältnisse nach nunmehr über zehn Jahren und einer zum Teil **verbindlich elektronischen Erfassung für Manipulationen ungleich schwerer geworden sein dürften.**

18 Anders als mit der Vergabenovelle 2016 in § 55 VgV[15] wurde in **§ 30 kein neuer Passus „an einem Termin unverzüglich" hinzugefügt.** Eine von vornherein vom Auftraggeber mangels Kapazitäten, außergewöhnlich vieler nach einem Teilnahmewettbewerb angeforderter Angebote oder temporärer Überlastung beabsichtigte, **mehrteilige Öffnung der Angebote kommt somit durchaus in der VSVgV in Betracht.** Der Auftraggeber ist in der VSVgV somit nicht gehalten, die Öffnung der Angebote grundsätzlich in einem Öffnungsakt komplett oder extrem zeitnah zum Angebotseingang durchzuführen. In einer solchen Konstellation einer **gestaffelten oder sehr späten Angebotsöffnung** obliegt ihm aber der Nachweis eines tatsächlich fristgerechten und **identitätswahrenden Eingangs** derartig spät erfasster Angebote und nicht wie sonst zur Fristwahrung dem Bieter.[16]

19 b) **Keine Zulassung von Bietern (Abs. 2 S. 2).** Die seit Jahrzehnten tradierte **Nichtzulassung von Bietern bei der Öffnung** der Angebote in Vergabeverfahren von Liefer- und Dienstleistungen ist dabei aber nicht Gott-, geschweige denn EU-gegeben. So schreibt *Gandenberger* (in Welter, Die Ausschreibung, Veröffentlichungen des Forschungsinstituts für Wirtschaftspolitik an der Universität Mainz, Bd. 14, 1961, 163) unter Hinweis (Fn. 2) auf den Circular-Erlaß des Preußischen Arbeitsministeriums aus dem Jahr 1885, II/6: „Vor am ersten Weltkrieg fanden dagegen auch bei Nicht-Bauleistungen Eröffnungssitzungen statt, während derer die Angebote bekannt gegeben wurden". Auch die unterschiedlichsten **Richtlinien auf EU-Ebene schreiben keine Modalitäten für die Angebotsöffnung** vor. Die Frage der Bieteröffentlichkeit bei der Angebotsöffnung steht vielmehr bei der Umsetzungsfreiheit im nationalen Recht im **Spannungsverhältnis** zwischen dem in § 97 Abs. 1 GWB angelegten **Transparenzgrundsatz** und dem auch in § 30 Abs. 3, § 19 Abs. 3 und § 6 verankerten **Geheimhaltungsinteresse** der Bieter, dem auch an anderer Stelle durch das neue Geschäftsgeheimnisgesetz[17] – nunmehr gebündelt – gesonderter Ausdruck verliehen wurde. Insoweit streiten die wettbewerbspolitisch unerwünschte Unterrichtung der Konkurrenzbieter, insbesondere über die Preise der konkreten Angebote sowie die größere Ähnlichkeit der angebotenen Liefer- und Dienstleistungen mit der größeren Transparenz und der mittelbaren Kontrollmöglichkeit der Bieter über die Ordnungsgemäßheit der abgegebenen Angebote. Der Normgeber hat in § 30 dem Geheimhaltungsinteresse der Bieter ein überwiegendes Gewicht zugemessen und dafür eine

---

[13] Vgl. VK Arnsberg Beschl. v. 2.1.2018 – Z3-3-3194-1-47-08/17, VPR 2018, 100.
[14] VK Sachsen Beschl. v. 17.12.2010 – 1/SVK/045-10, 1-SVK/045/10, BeckRS 2011, 01300.
[15] Ohne EU-rechtliche Vorgabe und Verpflichtung.
[16] OLG Celle Beschl. v. 21.1.2016 – 13 Verg 8/15, BeckRS 2016, 7773; → VgV § 57 Rn. 16.
[17] BGBl. 2019 I 466; früher §§ 17–19 UWG.

im Liefer- und Dienstleistungsbereich aber traditionelle Einbuße an Verfahrenstransparenz weiterhin in Kauf genommen.[18]

c) Mindestinhalt der Öffnung. Anders als die Parallelbestimmung für klassische Auftragsvergaben in § 55 VgV enthält § 30 **wortgleich zur Vorgängerregelung in § 17 EG Abs. 2 S. 3 a–c VOL/A** weiterhin detaillierte Vorgaben zum Mindestinhalt des Angebotsöffnungsvorgangs. Dies sind nach § 30 Abs. 2 S. 3: 1. **Name und Anschrift der Bieter,** 2. die **Endbeträge der Angebote** und andere den **Preis betreffende Angaben** (wie etwa Skonti) und 3. ob und von wem **Nebenangebote** eingereicht worden sind. Immer gesondert zu erfassen sind zudem **verspätete Angebote, die verschlossen aufzubewahren sind oder auf einer Vergabeplattform gesondert gespeichert werden.** Dies folgt auch aus § 31 Abs. 2 Nr. 5, da ein nicht frist- oder formgerechtes Angebot zwingend auszuschließen ist. Die Beweislast für eine ausschlussrelevante Verfristung eines Angebots liegt beim Auftraggeber.[19]

3. Verwahrungs- und Vertraulichkeitspflichten auch nach Abschluss des Vergabeverfahrens (Abs. 3). Gemäß § 30 Abs. 3 sind die **Angebote und ihre Anlagen sowie die Dokumentation** über die Angebotsöffnung **auch nach Ablauf des Vergabeverfahrens sorgfältig zu verwahren** und vertraulich zu behandeln. Durch den Zusatz „auch" wird im **Umkehrschluss** nochmals verdeutlicht, **dass beide Verpflichtungen (Verwahrungspflicht und Vertraulichkeitsgrundsatz) erst recht in einem noch laufenden Vergabeverfahren zu beachten** sind. Aber auch im Hinblick auf künftige Vergabeverfahren sieht es der Normgeber für erforderlich an, Verwahrungs- und Vertraulichkeitspflichten zu tradieren, um einen echten und fairen Wettbewerb auch für die Zukunft sicher zu stellen. Ergänzend bleibt auch das neue **Geschäftsgeheimnisgesetz aus dem Jahr 2020 zu beachten.**

Vor diesem Hintergrund erscheint es zumindest empfehlenswert, sämtliche Dateien und andere Beweismittel zu eingegangenen Angeboten zu verwahren. Dies betrifft in erster Linie **Beweismittel zu verspäteten Angeboten,** da diese nach § 31 Abs. 2 Nr. 5 zwingend auszuschließen sind sowie **Unterlagen zum Zuschlagsangebot, um ggf. nachweisen zu können, dass zumindest dieses form- und fristgerecht eingegangen war.**

Auch die **Vergabedokumentation** zur Öffnung der Angebote nach § 30 iVm § 43 ist dauerhaft vertraulich zu behandeln. **Lediglich** im Rahmen eines **Akteneinsichtsbegehrens** vor einer **Vergabekammer** ermöglicht § 165 GWB eine Kenntnisnahme derartiger Dokumente und Beweismittel als Teil der zu übersendenden Vergabeakte, **wenn auch unter Wahrung der Geschäfts- und Betriebsgeheimnisse** konkurrierender Bieter. Ergänzend ist zudem **§ 164 GWB** insbesondere in Vergaben im verteidigungs- und sicherheitsrelevanten Bereich zu beachten. Nach dieser Vorschrift stellt die Vergabekammer die **Vertraulichkeit von Verschlusssachen und anderen vertraulichen Informationen sicher,** die in den von den Parteien übermittelten Unterlagen enthalten sind. Das **Vorhandensein** eines **Verschlusssachenauftrags iSv § 104 GWB** ist einer der wesentlichen Voraussetzungen zur Anwendung der VSVgV in Abgrenzung zum klassischen Vergabebereich.

4. Rechtsschutz. § 30 dient durch seine zu beachtenden Pflichten für den Auftraggeber vor und nach Ablauf der Fristen für den Eingang von Angeboten den Grundsätzen der Transparenz und der Gleichbehandlung nach § 97 Abs. 1 und 2 GWB und ist **in allen Absätzen grundsätzlich bieterschützend.**[20] Die Anwesenheitspflicht von mindestens zwei Vertretern des Auftraggebers und die Pflicht zur gemeinsamen Öffnung im Anschluss an den Ablauf der Angebotsfrist sollen **Schutz vor denkbaren Manipulationen des Auftraggebers oder unbefugter Dritter bieten.** Die Durchführung einer Vergabe auf der Grundlage der Wertung von Angeboten, für die nach Ablauf der Angebotsfrist Manipulationen nicht auszuschließen sind, wäre ansonsten mit **den Grundsätzen einer ordnungsgemäßen Auftragsvergabe nicht zu vereinbaren.**[21] Werden sogar Ergebnisse des Angebotsöffnungsprozesses unzulässig an Bieter weitergegeben, wird eklatant gegen den **Vertraulichkeitsgrundsatz** verstoßen,[22] auch wenn sich dieser wohl eher aus **§ 5** ergeben dürfte.

---

[18] So zu Recht für den parallelen klassischen Vergabebereich Schnelle in Müller-Wrede VgV § 55 Rn. 9.
[19] VK Bund Beschl. v. 12.1.2012 – VK 1-165/11, BeckRS 2012 211161.
[20] Vgl. VK Lüneburg Beschl. v. 8.5.2018 – VgK-10/2018, IBRRS 2018, 3318 zur Parallelregelung in § 55 Abs. 2 VgV; Schnelle in Müller-Wrede VgV § 55 Rn. 36; → VgV § 55 Rn. 2; aA Beck VergabeR/Koch Rn. 14 unter Hinweis auf den Charakter als angeblich reine Formvorschrift; iErg wegen mangelnder Kausalität und individueller Rechtsverletzung dahin gestellt lassend VK Westfalen Beschl. v. 7.2.2017 – VK 1-50/16, IBRRS 2017, 0697.
[21] OLG Naumburg Urt. v. 1.8.2013 – 2 U 151/12 Hs, BeckRS 2013, 13770 in einem Schadensersatzprozess unter Hinweis auf OLG Naumburg Beschl. v. 31.3.2008 – 1 Verg 1/08, BeckRS 2008, 8304 zum damaligen § 22 Nr. 1 und Nr. 3 lit. b VOL/A im klassischen Vergabebereich.
[22] Vgl. OLG München Beschl. v. 26.3.2020 – Verg 22/19, BeckRS 2020, 7129 zur Weitergabe des Submissionsergebnisses als Verstoß gegen den Vertraulichkeitsgrundsatz aus der Parallelregelung in § 55 VgV.

25 Insbesondere **§ 30 Abs. 2** soll im Interesse aller Bieter sicherstellen, dass der Auftraggeber quasi einen **verbindlichen „Screenshot"** eingegangener Angebote unter vier Augen nach Ablauf der Angebotsfrist sicherstellt. Damit soll eine maximale Gewährleistung dafür erfolgen, dass das **abgegebene Angebot mit dem später in der Wertungsphase nach § 127 GWB bewerteten Angebot identisch** ist. Einschränkend zu beachten bleibt aber sicherlich, dass im Lichte des § 97 Abs. 6 GWB zum Verstoß gegen eine bieterschützende Vergabebestimmung auch **immer eine kausale individuelle Rechtsverletzung des antragstellenden Unternehmens hinzutreten** muss. Schon die Antragsbefugnis ist von der Geltendmachung einer Verletzung in eigenen Rechten nach § 97 Abs. 6 GWB durch Nichtbeachtung von Vergabevorschriften abhängig, wobei die dortigen Zulässigkeitshürden bewusst niedrig angesetzt sind. Mit § 168 Abs. 1 S. 1 GWB ist aber klargestellt, dass eine tatsächliche und nicht nur eine behauptete oder anbewiesene Verletzung in eigenen Rechten zur Begründetheit eines Vergabenachprüfungsantrags zwingend erforderlich ist. **Wirkt sich somit ein Verstoß gegen § 30 nicht auf die Rechtsstellung eines Unternehmens aus, ist ein Nachprüfungsantrag trotz entsprechender Verletzung dieser Norm als letztlich unbegründet abzuweisen.**[23]

§ 31 Prüfung der Angebote

(1) Die Angebote sind auf Vollständigkeit sowie auf fachliche und rechnerische Richtigkeit zu prüfen.

(2) Ausgeschlossen werden:
1. Angebote, die nicht die geforderten oder nachgeforderten Erklärungen und Nachweise enthalten;
2. Angebote, die nicht unterschrieben sind oder nicht mindestens versehen sind mit einer fortgeschrittenen elektronischen Signatur oder mit einem fortgeschrittenen elektronischen Siegel;
3. Angebote, in denen Änderungen des Bieters an seinen Eintragungen nicht zweifelsfrei sind;
4. Angebote, bei denen Änderungen oder Ergänzungen an den Vergabeunterlagen vorgenommen worden sind;
5. Angebote, die nicht form- oder fristgerecht eingegangen sind, es sei denn, der Bieter hat dies nicht zu vertreten;
6. Angebote von Bietern, die in Bezug auf Vergabe eine unzulässige, wettbewerbsbeschränkende Abrede getroffen haben;
7. Angebote von Bietern, die auch als Bewerber gemäß § 24 von der Teilnahme am Wettbewerb hätten ausgeschlossen werden können;
8. Angebote, die nicht die erforderlichen Preisangaben enthalten, es sei denn, es handelt sich um unwesentliche Einzelpositionen, deren Einzelpreise den Gesamtpreis nicht verändern oder die Wertungsreihenfolge und den Wettbewerb nicht beeinträchtigen.

I. Normzweck

1 § 31 hat **keinen europarechtlichen Hintergrund** in der Vergabe-RL Verteidigung und Sicherheit, sondern geht zurück auf die mittlerweile aufgehobene Regelung in **§ 19 EG VOL/A**, heute in den Nachfolgebestimmungen der §§ 56 und 57 VgV für klassische Auftraggeber manifestiert. **Zumindest Art. 4 Vergabe-RL Verteidigung und Sicherheit** bestimmt aber, wenn auch sehr allgemein gehalten, dass **Vergabeverfahren in transparenter, die Wirtschaftsteilnehmer gleichbehandelnd und in nichtdiskriminierender Weise durchgeführt** werden müssen. § 31 Abs. 1 verpflichtet auch in diesem Sinne den öffentlichen Auftraggeber zur Prüfung der Vollständigkeit sowie der fachlichen und rechnerischen Richtigkeit der Angebote einschließlich nachgeforderter Erklärungen und Nachweise.

2 Nach **Abs. 2** werden von der Wertung ausgeschlossen die Angebote, die den Anforderungen der **Nr. 1–8** nicht entsprechen. Die Regelung in Abs. 2 entspricht im Wesentlichen den Ausschlusskriterien des § 57 VgV.

---

[23] Vgl. VK Westfalen Beschl. v. 7.2.2017 – VK 1-50/16, IBRRS 2017, 0697 für einen viel zu langen 11 bis 12-tägigen Zeitraum zwischen der Öffnung schriftlicher und elektronischer Angebote, ohne dass kausale Manipulationen an den spät geöffneten Angeboten erkennbar wären und die sicherlich erhöhte Manipulationsgefahr deshalb letztlich irrelevant sei.

II. Einzelerläuterungen

Die besondere Bedeutung des § 31 liegt in der **verpflichtenden Formalprüfung** von Angeboten, die sich aus der Vollständigkeitsprüfung und fachlichen und rechnerischen Richtigkeitsprüfung von Angeboten nach Abs. 1 sowie der **Prüfung zwingender Ausschlussgründe nach Abs. 2** zusammensetzt. Somit regelt § 31 nach dem in der Regel in der VSVgV obligaten Teilnahmewettbewerb die erste der relevanten Wertungsstufen zur Ermittlung des insgesamt wirtschaftlichsten Angebotes. 3

1. Prüfung auf Vollständigkeit und fachliche und rechnerische Richtigkeit der Angebote (Abs. 1). Die **rein formale Prüfung** der Angebote nach **Abs. 1** betrifft zum einen deren **Vollständigkeit**, zum anderen deren **fachliche und rechnerische Richtigkeit**. Im klassischen Vergabebereich enthält § 56 Abs. 1 VgV eine vergleichbare Bestimmung. 4

Die **Vollständigkeitsprüfung** von Angeboten soll die **Vergleichbarkeit wertbarer Angebote** sicherstellen. Diese ist nur dann gegeben, wenn das Bieterunternehmen **sämtliche vom Auftraggeber geforderten Erklärungen und Nachweise** mit dem wertungsrelevanten Angebot vorgelegt hat. Dazu gibt der Auftraggeber in der EU-Bekanntmachung entsprechend § 122 Abs. 4 GWB, den Vergabeunterlagen nach § 16 und der Angebotsaufforderung nach § 29 vor, welche Erklärungen und Nachweise mit dem Angebot vorzulegen sind. 5

2. Ausschlussgründe (Abs. 2). Bei der Formalprüfung nach § 31 hat der Auftraggeber nach dessen Abs. 2 zu prüfen, ob in den vorliegenden Angeboten zwingende Ausschlussgründe vorliegen, bei deren **Vorliegen er keinerlei Ermessen** hat, ggf. sogar sehr wirtschaftliche Angebote weiterhin im Wettbewerb zu belassen. 6

§ 31 Abs. 2 weist in den Nr. 1–8 insoweit acht derartige **zwingende Ausschlussgründe** auf, die **abschließenden Charakter** haben, da der **Auftraggeber nicht befugt ist, andere oder sonstige Ausschlussgründe zu schaffen**[1] und daraufhin Ausschlüsse zu verfügen. Bei den rechtlich verbrieften Ausschlussgründen in § 31 handelt es sich um 7
- **fehlende Erklärungen und Nachweise** (Nr. 1),
- **keine Unterschrift, Signatur oder Siegel** (Nr. 2),
- **Änderungen** des Bieters an seinen **Eintragungen nicht zweifelsfrei** (Nr. 3),
- **Änderungen/Ergänzungen** an den **Vergabeunterlagen** (Nr. 4),
- **Form und Frist nicht eingehalten** (Nr. 5),[2]
- unzulässige **wettbewerbswidrige Abrede** (Nr. 6),
- **fehlende Eignung** nach § 24 (Nr. 7),
- **fehlende Preisangaben** (Nr. 8).

Die **Ausschlussgründe** des **§ 31 Abs. 2 entsprechen** weitestgehend der Parallelbestimmung in **§ 57 Abs. 1 VgV,** sodass hinsichtlich der Ausschlussgründe in § 31 Abs. 2 **Nr. 1, 3, 4, 5 und 8** auf die Parallelbestimmungen samt Kommentierung in § 57 Abs. 1 Nr. 2, 3, 4, 1 und 5 verwiesen werden kann (→ § 57 Rn. 18 ff.). Der Ausschlussgrund in § 31 Abs. 2 Nr. 6 entspricht im Wesentlichen § 124 Abs. 1 Nr. 4 GWB, sodass ebenfalls auf die dortige Kommentierung verwiesen werden kann (→ GWB § 124 Rn. 26 ff.). 8

Ein Besonderheit bildet jedoch die eher misslungene Bestimmung in § 31 Abs. 2 Nr. 7. § 31 Abs. 2 Nr. 7 verweist in Rahmen einer Bestimmung über zwingende Ausschlussgründe auf § 24, der eine fakultative („kann ausschließen") Ausschlussmöglichkeit zum Ausschluss von Bewerbern vorsieht. § 24 Abs. 1 seinerseits verweist dabei auf § 147 GWB wiederum auf eine Bestimmung mit § 124 GWB, die wiederum nur fakultative Ausschlussgründe[3] kennt, die im jeweiligen Ermessen („können unter Berücksichtigung des Grundsatzes der Verhältnismäßigkeit ausschließen") des Auftraggebers liegen. Dies dürfte sehr leicht zu Wertungswidersprüchen oder sogar widersprüchlichen Ergebnissen und Einschätzungen bei identischen Sachverhalten führen. Hat der Auftraggeber die Eignung eines Bewerbers im Teilnahmewettbewerb trotz fakultativer Ausschlussgründe letztlich bejaht und den Bewerber zur Angebotsabgabe aufgefordert, so kann er den jetzigen Bieter bei völlig unverändertem Sachverhalt und ohne neue Erkenntnisse, die die Eignung negativ betreffen, kaum zwingend wegen selbiger Sache nunmehr kraft Verordnung zwingend ausschließen (müssen). Insoweit hat der Normgeber eher unreflektiert die ehemalige ermessensgebundene Bestimmung in § 19 Abs. 3 und 4 EG VOL/A als nunmehr aber zwingenden Ausschlussgrund übernommen. Vor diesem Hintergrund sollte bis zu einer notwendigen Korrektur des Verordnungsgebers die Bestimmung in § 31 Abs. 2 Nr. 7 entgegen ihrem eigentlich klaren Wortlaut als reine Ermessensbestimmung angewandt werden.[4] 9

---

[1] KG Beschl. v. 6.1.2020 – VK B 1-39/19, IBRRS 2020, 3055.
[2] Vgl. Beschl. v. 29.5.2020 – VK 2-19/20, VPR 2020, 170.
[3] ZB Zahlungsunfähigkeit, schwere Verfehlung, Insolvenz oder Liquidation.
[4] So in der Diktion auch *Kirch* in Leinemann/Kirch VSVgV § 36 Rn. 90–94 mwN und ausführlicher Begründung.

§ 32 Nebenangebote

(1) ¹Auftraggeber können Nebenangebote in der Bekanntmachung zulassen. ²In diesem Fall geben Auftraggeber in den Vergabeunterlagen an, welche Mindestanforderungen für Nebenangebote gelten und in welcher Art und Weise Nebenangebote einzureichen sind. ³Auftraggeber berücksichtigen nur Nebenangebote, die den in den Vergabeunterlagen festgelegten Mindestanforderungen entsprechen. ⁴Nebenangebote sind auszuschließen, wenn sie in der Bekanntmachung nicht ausdrücklich zugelassen sind.

(2) Auftraggeber dürfen ein Nebenangebot nicht deshalb zurückweisen, weil es im Falle des Zuschlags zu einem Dienstleistungsauftrag anstelle eines Lieferauftrags oder zu einem Lieferauftrag anstelle eines Dienstleistungsauftrags führen würde.

I. Normzweck

1 § 32 setzt **Art. 19 Vergabe-RL Verteidigung und Sicherheit** in deutsches Recht um, wobei anzumerken bleibt, dass im **EU-Vergaberecht** von **Varianten und nicht von Nebenangeboten** gesprochen wird. Zudem wird § 32 mittlerweile **vom 2016 neu** gefassten, über § 147 S. 1 GWB auch hier anwendbaren, **§ 127 Abs. 4 S. 2 GWB überhöht**, wonach **Zuschlagskriterien** beim auftraggeberseitigen Zulassen von **Nebenangeboten so zu bestimmen sind, dass sie sowohl auf das Hauptangebot als auch auf das Nebenangebot anwendbar** sind. § 32 erlaubt dem Auftraggeber die Zulassung von sog. Nebenangeboten, wobei in den Vertragsunterlagen die **Mindestanforderungen für Nebenangebote anzugeben** sind wie diese einzurechnen sind. Die Vorschrift entspricht § 35 VgV und wurde mit der Vergaberechtsreform 2016 nicht geändert.

II. Einzelerläuterungen

2 **1. Modalitäten für die Zulassung und Wertung von Nebenangeboten (Abs. 1).** § 32 Abs. 1 enthält Modalitäten für die **Zulassung und Wertung** von sog. **Nebenangeboten**.

3 **a) Zulassung von Nebenangeboten. Unverständlich** ist es nach wie vor, warum der **Normgeber** einen so wichtigen Begriff wie denjenigen des **Nebenangebots in § 32 Abs. 1 an keiner Stelle legal definiert** hat. Gleiches gilt für sein Pendant, das Hauptangebot. Klar dürfte aber sein, dass ein **Nebenangebot gegenüber einem Hauptangebot inhaltliche Abweichungen von den zwingenden Vorgaben des Auftraggebers, etwa zu Leistungsanforderungen, oder technische Alternativen oder veränderte Vertragsbedingungen, enthält** bzw. in den Grenzen des § 32 enthalten darf. Typische kaufmännische Nebenangebote sind Angebote von Skonti oder Pauschalpreise anstatt von Einheitspreisen.¹

4 **b) Pflicht zur Angabe und Beachtung von Mindestanforderungen bei der Wertung.** Der Auftraggeber hat nach **§ 32 Abs. 1 S. 2** die generelle **Pflicht**, die **Mindestanforderungen für sog. Nebenangebote vorab** zu definieren. Die für Nebenangebote vorzugebenden Mindestanforderungen brauchen dabei im Allgemeinen nicht alle Details der Ausarbeitung zu erfassen, sondern dürfen Spielraum für eine hinreichend große **Variationsbreite** in der Ausarbeitung von Alternativvorschlägen der Bieter lassen und sich darauf beschränken, den Bietern, abgesehen von technischen Spezifikationen, in allgemeiner Form den Standard und die wesentlichen Merkmale zu vermitteln. die eine Alternativausführung aufweisen muss.² So kann ein Auftraggeber bei Farbdruckern eine Mindestanzahl von sieben Seiten pro Minute fordern und Nebenangebote zulassen. Er hat dann aber zB festzulegen, dass auch in Nebenangeboten angebotene Farbdrucker mindestens fünf Farbseiten pro Minute drucken können müssen. Bietet dann ein Bieter in einem Nebenangebot einen Farbdrucker mit einer Druckleistung von lediglich vier Seiten pro Minute an, ist das Nebenangebot wegen Nichterfüllung der Mindestbedingungen auszuschließen, auch wenn es in Ansehung der Zuschlagskriterien das wirtschaftlichste wäre.

5 **2. Keine Zurückweisungsbefugnis bei Wandel des Auftragscharakters (Abs. 2).** § 32 Abs. 2 stellt auf der Grundlage von **Art. 19 Abs. 3 Vergabe-RL Verteidigung und Sicherheit** klar, dass ein Nebenangebot **nicht** etwa deshalb **zurückweisbar** ist, weil es im Zuschlagsfalle zu einem **Dienstleistungsauftrag anstelle eines Lieferauftrags** oder umgekehrt führen würde. Lieferaufträge und Dienstleistungsaufträge sind in § 103 Abs. 2 und 4 GWB legal definiert und mit § 110 GWB (und hilfsweise § 107 Abs. 4 GWB) gibt es Zuordnungsvorschriften bei sog. gemischten Verträgen, auch im Grenzbereich zu Konzessionen. Danach erfolgt die Abgrenzung nach dem

---

¹ Dippel/Sterner/Zeiss/*v. Wietersheim* Rn. 2.
² Vgl. dazu BR-Drs. 87/16, 188 zur Parallelregelung in § 35 Abs. 2 VgV.

I. Normzweck

Hauptgegenstand des Auftrags, bei teilweisen Leistungen nach dem höchsten geschätzten (Teil-)Auftragswert.

Die **praktische Bedeutung dieser Regelung dürfte zumindest vergaberechtlich**, insbesondere bei der Wertung, **eher gering** sein, **auch wenn die Unterscheidung** zwischen **vorrangigen und nachrangigen Dienstleistungen** (ohne europaweite Ausschreibungspflicht) in der VSVgV, anders als in den anderen Vergabeordnungen, **nicht entfallen** ist.[3] Anders sieht es allenfalls mit den vertragsrechtlichen Konsequenzen eines solchen Auftragswechsels, etwa im BGB, aus.

§ 33 Ungewöhnlich niedrige Angebote

(1) Erscheint ein Angebot im Verhältnis zu der zu erbringenden Leistung ungewöhnlich niedrig, verlangen die Auftraggeber vor Ablehnung dieses Angebots vom Bieter Aufklärung über dessen Einzelpositionen. Auf Angebote, deren Preise in offenbarem Missverhältnis zur Leistung stehen, darf der Zuschlag nicht erteilt werden.

(2) Auftraggeber prüfen die Zusammensetzung des Angebots und berücksichtigen die gelieferten Nachweise. Sie können Bieter zur Aufklärung betreffend der Einzelpositionen des Angebots auffordern.

(3) Angebote, die aufgrund einer staatlichen Beihilfe im Sinne des Artikels 107 des Vertrags über die Arbeitsweise der Europäischen Union ungewöhnlich niedrig sind, dürfen aus diesem Grund nur abgelehnt werden, wenn das Unternehmen nach Aufforderung innerhalb einer von den Auftraggebern festzulegenden ausreichenden Frist nicht nachweisen kann, dass die betreffende Beihilfe rechtmäßig gewährt wurde. Auftraggeber, die unter diesen Umständen ein Angebot ablehnen, müssen dies der Europäischen Kommission mitteilen.

Schrifttum: *Städler*, Der Umgang mit anfechtbaren Angeboten und Praxisfragen der dritten Wertungsstufe, NZBau 2014, 472

Übersicht

	Rn.		Rn.
I. Normzweck	1	2. Prüfpflichten und Aufklärungsrechte des Auftraggebers (Abs. 2)	11
II. Einzelerläuterungen	8	a) Prüfpflichten des Auftraggebers (Abs. 2 S. 1)	12
1. Aufklärungspflichten und Zuschlagsverbot bei ungewöhnlich niedrigen Angeboten (Abs. 1)	8	b) Recht des Auftraggebers zur Aufklärung von Einzelpositionen (Abs. 2 S. 2)	14
a) Formfreie Aufklärungspflicht vor Ablehnung eines ungewöhnlich niedrigen Angebots (Abs. 1 S. 1)	8	3. Umgang mit staatlichen Beihilfen (Abs. 3)	15
		a) Mögliche Angebotsablehnung erst nach misslungenem Rechtmäßigkeitsnachweis (Abs. 3 S. 1)	21
b) Verbot der Zuschlags auf ein Angebot, dessen Preise in offenbarem Missverhältnis zur Leistung stehen (Abs. 1 S. 2)	10	b) Mitteilungspflichten gegenüber der EU-Kommission (Abs. 3 S. 2)	22
		4. Rechtsschutz	23

I. Normzweck

Die Vorschrift erlaubt den **Ausschluss ungewöhnlich niedriger Angebote**. Die Vorschrift stimmt im Wesentlichen mit § 60 VgV überein.

§ 33 dient schon seit 2012 der **Umsetzung von Art. 49 Vergabe-RL Verteidigung und Sicherheit**. Er enthält zum einen ein ausdrückliches **Verbot der Zuschlagserteilung** auf ein Angebot, dessen Preise in einem offenbaren Missverhältnis zur geforderten Leistung stehen. Hat ein Auftraggeber einen derartigen Verdacht, bestimmt § 33, dass **vor einer Ablehnung** ein – nach der Novelle 2016 nicht mehr zwingend schriftliches, sondern ein **nunmehr formfreies** – **Aufklärungsverlangen**[1] hinsichtlich der Einzelpositionen an den Bieter zu erfolgen hat und die **Zusammensetzung des Angebots** unter Berücksichtigung der gelieferten Bieternachweise **zu prüfen ist**.

---
[3] Vgl. § 5 Abs. 1 einerseits und § 5 Abs. 2 andererseits.
[1] Lediglich § 16d EU Abs. 1 VOB/A und § 16d VS Abs. 1 VOB/A sehen zwingend eine Formvorgabe („in Textform") für das Aufklärungsverlangen vor.

3 § 33 wurde im Rahmen der Vergabenovelle 2016, **anders als etwa § 60 VgV** oder § 54 SektVO, **nicht novelliert**.

4 Der aktuelle Entfall des Wortes „schriftlich" vor Aufklärung in § 33 Abs. 1 S. 1 beruht auf Art. 96 des **Gesetzes zum Abbau verzichtbarer Anordnungen der Schriftform** im Verwaltungsrecht des Bundes (SchriftVG), G. v. 29.3.2017,[2] mit **Geltung ab** dem **5.4.2017**.

5 Demgemäß kann im Übrigen insbesondere die **bisherige Rechtsprechung** zu § 33 aF, wenn auch **unter Beachtung der modifizierenden Leitentscheidung des BGH**[3] zu ungewöhnlich niedrigen Angeboten, **zugrunde gelegt** werden.

6 Danach ist die **Preisprüfung** nach § 33 die dritte,[4] der Wirtschaftlichkeitsprüfung nach § 34 vorgelagerte, Stufe der Angebotsprüfung und -wertung. Sie soll den Auftraggeber **vor bewusst oder unbewusst unverhältnismäßig niedrigen Angeboten schützen,** bei denen nicht von vornherein ausgeschlossen werden kann, dass der Bieter den Auftrag aufgrund wirtschaftlich bedingter Leistungsunfähigkeit zu den angebotenen (Niedrig-)Preispositionen nicht dauerhaft ausführen kann.[5] Denn die ordnungsgemäße Auftragserfüllung des Vertrages ist entscheidend für die in der VSVgV **besonders bedeutsame Versorgungssicherheit nach § 8.** Um dies sicher zu gewährleisten, **sieht § 33 ein bis zu vierstufiges Prüfszenario** vor. Dies besteht erstens aus der Herausfilterung auf den ersten Blick oder bei Überschreiten von sog. Aufgreifschwellen, ggf. **ungewöhnlich niedrig erscheinender Angebote** aus allen abgegebenen Angeboten, zweitens der **nachfolgenden Aufklärung für deren Ursache**, drittens der **objektiven Feststellung, ob es sich auch tatsächlich um ein unangemessen niedriges Angebot** handelt und der schlussendlichen Entscheidung, ob die benannten **Rechtfertigungsgründe für einen Verbleib im Wettbewerb oder den Ausschluss des Angebotes sprechen**.

7 Hingegen sind **ungewöhnlich hohe Angebote** ausweislich der Überschrift und des klaren Wortlauts **nicht Gegenstand des Prüfszenarios** des § 33. Sind ausnahmsweise alle eingegangenen Angebote ungewöhnlich hoch, kann lediglich eine **Aufhebung** nach § 37 Abs. 1 Nr. 3 (kein wirtschaftliches Ergebnis der Ausschreibung) in Betracht kommen. Die Rechtsprechung[6] verlangt teilweise für eine alternativ auch denkbare – rechtmäßige – Aufhebung wegen anderer schwerwiegender Gründe nach § 37 Abs. 1 Nr. 4 eine Abweichung von rund 20 % gegenüber der Kostenschätzung des Auftraggebers.

II. Einzelerläuterungen

8 **1. Aufklärungspflichten und Zuschlagsverbot bei ungewöhnlich niedrigen Angeboten (Abs. 1). a) Formfreie Aufklärungspflicht vor Ablehnung eines ungewöhnlich niedrigen Angebots (Abs. 1 S. 1). Weder** in der Vergabe-RL Verteidigung und Sicherheit **noch** im GWB oder der VSVgV findet sich eine **Definition** des **Begriffs „ungewöhnlich niedriges Angebot"** als Ausgangspunkt für die in Abs. 1 verankerte Aufklärungspflicht des Auftraggebers. Deshalb ist auf die dazu etablierte **Rechtsprechung,** auch zu Parallelverordnungen und Vergabeordnungen **zurückzugreifen.** Zur sachgerechten Beurteilung eines derart aufklärungsbedürftigen Angebotes bedarf es immer einer **wertenden Einzelfallbeurteilung.**[7] Selbst – vielfach auch in Landesvergabegesetzen – verankerte sog. **Aufgreifschwellen**[8] stellen **keinen Automatismus für ein Tätigwerden** oder Untätigbleiben dar. Man kann davon ausgehen, dass von einem ungewöhnlich niedrigen Angebot auszugehen ist, wenn der angebotene **Gesamtpreis**[9] derart **eklatant** von dem an sich angemessenen (Gesamt-)Preis **abweicht,** dass eine genauere Überprüfung nicht im Einzelnen erforderlich ist und die **Unangemessenheit sofort ins Auge springt.**[10] Der Auftraggeber kann sich bei der Feststellung, ob ein Angebot ungewöhnlich niedrig ist, zum einen an den

---

[2] BGBl. 2017 I 626.
[3] BGH Beschl. v. 31.1.2017 – X ZB 10/16, BeckRS 2017, 102839.
[4] Vgl. OLG Celle Beschl. v. 30.9.2010 – 13 Verg 10/10, VergabeR 2011, 103.
[5] So auch BGH Beschl. v. 31.1.2017 – X ZB 10/16, BeckRS 2017, 102839.
[6] OLG Celle Beschl. v. 10.3.2016 – 13 Verg 5/15, NZBau 2016, 385 = VergabeR 2016, 514; ebenso auch schon OLG München Beschl. v. 12.12.2013 – 1 U 498/13, VergabeR 2015, 111.
[7] *Kirch* in Leinemann/Kirch VSVgV Rn. 7.
[8] ZB 10% (zB § 5 Abs. 2 SächsVergabeG; § 7 S 2 NTVergG) oder 20% Abstand vom nächsthöheren Angebot (§ 6 Abs. 2 S. 2 VgG M-V).
[9] Maßgeblich ist der Gesamtpreis eines Angebotes, OLG Frankfurt a. M. Beschl. v. 14.2.2017 – 11 Verg 14/16, ZfBR 2017, 515. Wie sich aber aus einer Gesamtschau zu den Aufklärungsbefugnissen aus § 33 Abs. 2 S. 2 ergibt, ist der Auftraggeber auch zur Prüfung der Einzelpreise berechtigt, aus denen sich ja der Gesamtpreis in summa ergibt, vgl. VK Hessen Beschl. v. 28.7.2009, 69d-VK-24/2009.
[10] OLG Brandenburg Beschl. v. 16.2.2012 – Verg W 1/12, IBR 2012, 290; OLG Celle Beschl. v. 30.9.2010 – 13 Verg 10/10, VergabeR 2011, 103.

anderen ebenfalls zeitgleich abgegebenen Preisangeboten desselben Vergabeverfahrens orientieren oder auf Erfahrungswerte aus einem Abgleich mit früheren, vergleichbaren Vergabeverfahren zurückgreifen.[11] Aber selbst dann, wenn ein Angebotspreis 40 % unter der Kostenschätzung des Auftraggebers liegt, so ist dies kein Indiz für ein ungewöhnlich niedriges Angebot, wenn sich die Marktpreise im Zeitraum zwischen der Schätzung und dem Angebotseingang kurzfristig entsprechend stark verringert hatten.[12] **Einzelne ungewöhnlich niedrige Einzelpreise** sind dabei für sich genommen aber **irrelevant,** wenn sie **durch andere Einzelpreispositionen** so ausgeglichen werden, sodass in einer Gesamtschau der Gesamtpreis nicht ungewöhnlich niedrig erscheint oder ist. **Einzig** und allein das nach der Rechtsprechung des **BGH** auf der ersten Wertungsstufe verankerte **Verbot der Mischkalkulation**[13] wäre dann **ggf. im Rahmen des § 31 Abs. 2 Nr. 8 zusätzlich prüfungsrelevant.**

Sobald der **Auftraggeber** vor diesem Hintergrund über **objektive Hinweise** verfügt, dass das (Gesamt-)Angebot eines Bieters ungewöhnlich niedrig ist, **muss** er dem betroffenen **Bieter** ein **Aufklärungsverlangen** stellen und das vorbenannte Aufklärungsverfahren einleiten.[14] Insoweit steht einem Auftraggeber gerade **kein Ermessen** zu, was der **Wortlaut** von Abs. 1 S. 1 „verlangen die Auftraggeber" verdeutlicht.

b) Verbot der Zuschlags auf ein Angebot, dessen Preise in offenbarem Missverhältnis zur Leistung stehen (Abs. 1 S. 2). Kommt der **Auftraggeber nach Aufklärung** und Prüfung der vorgelegten Belege und Erläuterungen zu dem **objektiven Ergebnis,** dass sich der ungewöhnlich niedrige Angebotspreis **nicht als unangemessen niedrig** erweist, so **muss** das **Angebot in der Wertung** nach § 34 **verbleiben.** Ergibt die Prüfung und Aufklärung hingegen das **Gegenteil,** dass die Angebotspreise objektiv und nicht erklärbar in einem offenbaren Missverhältnis zur Leistung stehen, so ist das **Angebot zwingend auszuschließen.** Dies folgt aus dem insoweit klaren **Wortlaut** („Zuschlag darf nicht erteilt werden") von § 33 Abs. 1 S. 2, **der über** die Formulierung in **Art. 49 Abs. 1 Vergabe-RL Verteidigung und Sicherheit** (nur Möglichkeit des Ausschlusses) oder auch § 60 Abs. 3 S. 1 und 2 VgV[15] für den klassischen Vergabebereich **bewusst hinausgeht.**

2. Prüfpflichten und Aufklärungsrechte des Auftraggebers (Abs. 2). Zur Feststellung eines objektiv ungewöhnlich niedrigen Angebotes manifestiert § 33 Abs. 2 einerseits in S. 2 Aufklärungsbefugnisse des Auftraggebers im Hinblick auf Einzelpositionen des betroffenen Angebots, andererseits in S. 1 aber auch die korrespondierende Prüfverpflichtung des Auftraggebers im Hinblick auf die Zusammensetzung des Angebots und die weiter gehende Pflicht, vom Bieter gelieferte Nachweise – positiv zu seinen Gunsten wie auch negativ zu seinen Lasten – auch berücksichtigen zu müssen.

a) Prüfpflichten des Auftraggebers (Abs. 2 S. 1). Zur Erfüllung seiner Prüfpflichten **darf** und kann der **Auftraggeber** die **Stichhaltigkeit** der vom Bieterunternehmen vorgebrachten Erklärungen für das Zustandekommen des ungewöhnlich niedrigen Angebotspreises durch **Prüfung der Zusammensetzung des Angebots nach § 33 Abs. 2 S. 1 nachhalten und die dafür gelieferten Nachweise überprüfen.**

Im Rahmen der Prüfung der Auskömmlichkeit eines Angebotes kann sich der Auftraggeber dabei **auch auf das Testat eines Wirtschaftsprüfers stützen.**[16]

b) Recht des Auftraggebers zur Aufklärung von Einzelpositionen (Abs. 2 S. 2). Obwohl § 33 im Gegensatz zu § 60 VgV oder § 54 SektVO im Rahmen der Vergabenovelle 2016 im Hinblick auf mögliche Prüfparameter nicht näher spezifiziert wurde, ist **in richtlinienkonformer Auslegung aufgrund Art. 49 Abs. 1 Vergabe-RL Verteidigung und Sicherheit** von

---

[11] BGH Beschl. v. 31.1.2017 – X ZB 10/16 VergabeR 2017, 364.
[12] EuG Urt. v. 26.1.2017 – T-700/14, ZfBR 2018, 414.
[13] BGH Urt. v. 19.6.2018 – X ZR 100/16, NZBau 2018, 776.
[14] So nunmehr der BGH Beschl. v. 31.1.2017 – X ZB 10/16, BeckRS 2017, 102839, aber mit Zweifeln an der Rechtmäßigkeit starrer Aufgreifschwellen. Gegen pauschale Ausschlüsse und für eine Pflicht, bei der Angebotswertung zweifelhafte Angebote zu ermitteln und aufzuklären auch EuGH Urt. v. 27.11.2001 – verb. Rs. C- 285/99 und 286/99, VergabeR 2002, 131. Insoweit wäre diese Pflicht sinnlos, wenn der Auftraggeber die so ermittelten Angebote in letzter Konsequenz nicht auszuschließen hätte, wenn sich der anfängliche Verdacht in der kontradiktorischen Aufklärung sogar noch bestätigt hat; so zu Recht Willenbruch/Wieddekind/*Stolz* VgV§ 60 Rn. 18 Fn. 22, zur Parallelregelung im klassischen Vergabebereich.
[15] Dort ist ein zwingender Ausschluss nach § 60 Abs. 3 S. 2 VgV nur für den Fall vorgesehen, dass der Auftraggeber die Nichteinhaltung von Verpflichtungen nach § 60 Abs. 2 Nr. 4 VgV iVm § 128 Abs. 1 GWB (umwelt- sozial-oder arbeitsrechtliche Verstöße mit Kausalität für einen niedrigen Angebotspreis) positiv festgestellt hat.
[16] VK Bund Beschl. v. 31.1.2018 – VK 1-151/17.

einer **Aufklärungsberechtigung durch Auskunftseinholung beim betroffenen Bieter** hinsichtlich
– der Einhaltung der **Vorschriften zum Arbeitsschutz** und zu den geltenden Arbeitsbedingungen, die am Ort der **Leistungserbringung gelten,**
– **der Originalität** der Dienstleistungen oder Lieferleistungen
– der gewählten **technischen Lösungen** und/oder aller außergewöhnlich günstiger Bedingungen, über die der betroffene Bieter bei der Erbringung der Dienstleistung oder der Lieferung der Waren verfügt
auszugehen.

15   **3. Umgang mit staatlichen Beihilfen (Abs. 3).** Ein Angebot kann objektiv gesehen ungewöhnlich niedrig erscheinen oder sogar sein, weil das Bieterunternehmen eine **staatliche Beihilfe** erhält und deshalb begründeter Weise besonders **kostengünstig anbieten** kann. § 33 Abs. 3 erfasst diesen Spezialfall eines ungewöhnlich niedrigen Angebots und stellt **gesonderte Anforderungen an eine Prüfung und Ablehnung** eines solchen Angebots, ggf. sogar unter Einbindung der EU-Kommission.

16   § 33 Abs. 3 nennt expressis verbis **Beihilfen iSd Art. 107 AEUV.**

17   Zu beachten bleibt aber, dass **Art. 346 Abs. 1 lit. b AEUV Unterstützungen der Rüstungsindustrie regelmäßig** dem Anwendungsbereich des europäischen **Beihilferechts entzieht** bzw. bei Vorliegen der Voraussetzungen entziehen kann.[17]

18   Ansonsten sind staatliche Beihilfen **geldwerte Vergünstigungen und Leistungen,** die ein Unternehmen unmittelbar oder auch nur mittelbar aus staatlichen Mitteln gewährt werden und die zumindest teilweise **ohne** eine entsprechende, ansonsten marktübliche, **Gegenleistung** bereit gestellt werden, sodass bei entsprechender Binnenmarktrelevanz durch diese Begünstigung bestimmter Unternehmen oder Produktionszweige den Wettbewerb verfälschen oder zu verfälschen drohen, soweit sie den Handel zwischen den Mitgliedstatten beeinträchtigen.[18]

19   Gemäß **Art. 107 AEUV** sind derartige Beihilfen mit dem Gemeinschaftsrecht zB **vereinbar,** wenn sie
– zur Förderung der wirtschaftlichen Entwicklung von Gebieten dienen, in denen die Lebenshaltung außergewöhnlich niedrig ist oder
– zur Förderung wichtiger Vorhaben von gemeinsamen europäischen Interesse oder zur **Behebung einer beträchtlichen Störung im Wirtschaftsleben** eines Mitgliedstaates dienen oder
– zur Förderung der **Entwicklung gewisser Wirtschaftszweige oder Wirtschaftsgebiete** dienen, soweit sie die Handelsbeziehungen nicht in einer Weise verändern, die dem gemeinsamen Interesse zuwiderläuft
– zur Förderung der Kultur oder der Erhaltung des kulturellen Erbes dienen, soweit sie die Handels- und Wettbewerbsbedingungen in der Union nicht in einem Maße beeinträchtigen, das dem gemeinsamen Interesse zuwiderläuft oder
– sonstige Arten von Beihilfen darstellen, die der Rat durch einen Beschluss auf Vorschlag der Kommission bestimmt.

20   Daraus folgt, dass die kalkulatorische Implementierung derartiger Beihilfen in Angebote bzw. vice versa die Berücksichtigung dieser abgezinsten Angebote durch einen Auftraggeber deshalb **keinen Verstoß** gegen das grundsätzliche **Gleichbehandlungsgebot** des § 97 Abs. 2 GWB gegenüber Mitbewerbern bedeutet, die derartige Subventionen nicht erhalten und in ihren Angebote deshalb auch nicht ummünzen konnten.[19] Dem entspricht es auch, dass die zugrunde liegende Vergabe-RL Verteidigung und Sicherheit in der positiven Ummünzung derartiger Beihilfen EU-konform gerade keinen zwingenden Ausschlussgrund im Vergabeverfahren sieht.[20]

21   **a) Mögliche Angebotsablehnung erst nach misslungenem Rechtmäßigkeitsnachweis (Abs. 3 S. 1).** § 33 Abs. 3 normiert **lediglich eine Anhörungs- und Informationspflicht** des Auftraggebers, wenn ein Angebotspreis ungewöhnlich niedrig ist, und zwar in der Sondersituation einer Beihilfengewährung. Insbesondere ist ein **Auftraggeber** im sicherheits- und verteidigungsrelevanten Bereich **nicht** etwa **verpflichtet,** selbst eine europarechtswidrig **nicht notifizierte Beihilfe**

---

[17] Vgl. auch § 107 Abs. 2 GWB, der Selbiges im vergaberechtlichen Umfeld tut; § 107 Abs. 2 Nr. 1 und 2 GWB unter Hinweis auf Art. 346 Abs. 1 lit. a und b AEUV.
[18] Vgl. OLG Nürnberg Urt. v. 21.11.2017 – 3 U 134/17, NZBau 2018, 178.
[19] In dieser Diktion zu Recht auch schon *Kirch* in Leinemann/Kirch VSVgV Rn. 23, ua unter Hinweis auf EuGH Urt. v. 7.12.2000 – C-94/99, VergabeR 2001, 28.
[20] Vgl. Art. 49 Abs. 1 und Abs. 3 S. 1 RL 2009/81/EG; so auch schon grundlegend der EuGH Urt. v. 7.12.2000 – C-94/99, VergabeR 2001, 28.

in einem konkreten Vergabeverfahren zu **neutralisieren**.[21] Selbst eine feststehende Rechtswidrigkeit einer Beihilfe muss daher nicht zwangsläufig zum Ausschluss eines Angebots führen, etwa wenn das Angebot selbst unter Hinwegdenken der Beihilfe nicht ungewöhnlich niedrig erscheint. Es können sich dann aber Zweifel ggf. an der finanziellen und wirtschaftlichen Leistungsfähigkeit nach § 26 ergeben.[22]

b) Mitteilungspflichten gegenüber der EU-Kommission (Abs. 3 S. 2). Wenn ein Auftraggeber unter den Voraussetzungen des § 33 Abs. 3 S. 1 ein **Angebot ablehnt**, muss er dies nach **§ 33 Abs. 3 S. 2 der EU-Kommission** mitteilen. 22

4. Rechtsschutz. Nach **lange vorherrschender Sichtweise** sollten Regelungen über ungewöhnlich niedrige Angebote lediglich den öffentlichen Auftraggeber vor solchen Angeboten mit prognostisch schlechter Leistung oder finanziellen Nachforderungen schützen.[23] Hilfsweise war es einem vom Ausschluss wegen eines angeblich ungewöhnlichen Angebots bedrohten Bieters zugestanden, diese objektiv rechtswidrige Entscheidung revidieren zu lassen. Eine **drittschützende Wirkung zugunsten eines Konkurrenten nach § 97 Abs. 6 GWB, der den unrechtmäßigen Verbleib eines ungewöhnlich niedrigen Konkurrenzangebots zu seinen Lasten bei der Zuschlagserteilung korrigieren lassen wollte**, wurde jahrelang grundsätzlich abgelehnt.[24] Eine vermittelnde Ansicht wollte eine drittschützende Wirkung der Bestimmungen über ungewöhnlich niedrige Angebote zumindest dann anerkennen, wenn solche Angebote in gezielter und genereller, nicht nur auftragsbezogener, Marktverdrängungsabsicht[25] abgegeben wurden oder bei Unterkostenangeboten, bei deren Ausführung der Anbietende voraussichtlich in extreme wirtschaftliche Schwierigkeiten geraten würde, sodass er die Auftragsausführung voraussichtlich abbrechen müsste.[26] 23

Der **BGH hat dieser restriktiven Rechtsprechung in seiner Grundsatzentscheidung vom 31.1.2017**[27] **zu Recht eine deutliche Absage** erteilt. Denn bei der geplanten Zuschlagserteilung auf ein wegen seines objektiv niedrigen Preises auszuschließenden Angebot gehe es laut BGH um eine Auftragserteilung unter Verstoß gegen den allgemeinen Wettbewerbsgrundsatz des § 97 Abs. 1 GWB[28] und seiner Konkretisierungen in Vergabeverordnungen und Vergabeordnungen. Dies **betreffe die wettbewerbliche Position** der übrigen **Wettbewerber in gleicher Weise wie etwa bei der fehlerhaften Bejahung einer zunächst zweifelhaft erscheinenden Eignung eines Konkurrenten**.[29] 24

Geschützt wird zwar auch das Interesse des betreffenden Anbieters am Auftrag insofern, als er, dem Grundsatz des rechtlichen Gehörs vergleichbar, verlangen kann, dass sein Angebot nicht ohne den Versuch der vorherigen Aufklärung der aufgekommenen Fragen und Ausräumung entstandener Bedenken aus der Wertung genommen wird.[30] 25

§ 34 Zuschlag

(1) ¹Die Annahme eines Angebots (Zuschlag) erfolgt in Schriftform oder elektronisch mindestens mittels einer fortgeschrittenen elektronischen Signatur oder mindestens mittels eines fortgeschrittenen elektronischen Siegels. ²Bei Übermittlung durch Telefax genügt die Unterschrift auf der Telefaxvorlage.

(2) ¹Zur Ermittlung des wirtschaftlichsten Angebots wendet der Auftraggeber die in der Bekanntmachung oder den Vergabeunterlagen angegebenen Zuschlagskriterien in der festgelegten Gewichtung oder in der absteigenden Reihenfolge der ihnen zuerkannten

---

[21] Vgl. OLG Düsseldorf Beschl. v. 26.7.2002 – Verg 22/02, VergabeR 2002, 607.
[22] OLG Koblenz Beschl. v. 10.8.2009 – 1 Verg 8/09, NZBau 2009, 671.
[23] OLG Karlsruhe Beschl. v. 6.8.2014 – 15 Verg 7/14, VergabeR 2014, 822; OLG Brandenburg Beschl. v. 14.1.2013 – Verg 12/12, VergabeR 2013, 937.
[24] Vgl. OLG Koblenz Beschl. v. 18.9.2013 – 1 Verg 6/13, VergabeR 2014, 77; OLG Naumburg Beschl. v. 2.4.2009 – 1 Verg 10/08, ZfBR 2009, 509; VK Münster Beschl. v. 27.10.2015 – VK 1-28/15, VPR 2016, 120.
[25] OLG Brandenburg Beschl. v. 14.1.2013 – Verg 12/12, VergabeR 2013, 937; OLG Koblenz Beschl. v. 15.10.2009 – 1 Verg 9/09, VergabeR 2010, 696.
[26] OLG Brandenburg Beschl. v. 14.1.2013 – Verg 12/12, VergabeR 2013, 937; OLG Naumburg Beschl. v. 15.10.2009 – 1 Verg 9/09, VergabeR 2010, 696.
[27] BGH Beschl. v. 31.1.2017 – X ZB 10/16, NZBau 2017, 230.
[28] BGH Beschl. v. 31.1.2017 – X ZB 10/16, NZBau 2017, 230.
[29] BGH Beschl. v. 31.1.2017 – X ZB 10/16, NZBau 2017, 230.
[30] BGH Beschl. v. 31.1.2017 – X ZB 10/16, NZBau 2017, 230, 231, unter Hinweis auf EuGH Urt. v. 29.3.2012 – C-599/10, VergabeR 2012, 584.

Bedeutung an. ²Diese Zuschlagskriterien müssen sachlich durch den Auftragsgegenstand gerechtfertigt sein. ³Insbesondere können folgenden Kriterien erfasst sein:
1. Qualität,
2. Preis,
3. Zweckmäßigkeit,
4. technischer Wert, Kundendienst und technische Hilfe,
5. Betriebskosten, Rentabilität, Lebenszykluskosten,
6. Interoperabilität und Eigenschaften beim Einsatz,
7. Umwelteigenschaften,
8. Lieferfrist oder Ausführungsdauer,
9. Versorgungssicherheit.

Übersicht

	Rn.		Rn.
I. Normzweck und Entstehungsgeschichte	1	a) Zweckmäßigkeit	11
II. Einzelerläuterungen	4	b) Technischer Wert, Kundendienst und technische Hilfe	12
1. Formen der Zuschlagserteilung (Abs. 1)	4	c) Betriebskosten, Rentabilität, Lebenszykluskosten	15
2. Ermittlung des wirtschaftlichsten Angebots (Abs. 2)	8	d) Interoperabilität und Eigenschaften beim Einsatz	16
3. Zuschlagskriterien (Abs. 2 S. 1–3)	9	e) Umwelteigenschaften	17
		f) Lieferfrist oder Ausführungsdauer	19
		g) Versorgungssicherheit	23

I. Normzweck und Entstehungsgeschichte

1 § 34 nF setzt zum einen **Art. 47 Vergabe-RL Verteidigung und Sicherheit** hinsichtlich der Pflicht zur Bekanntmachung der Zuschlagskriterien und deren Gewichtung um. § 34 Abs. 2 kommt von seinem Wortlaut her der neuen, übergeordneten gesetzlichen Bestimmung in § 127 GWB, insbesondere § § 127 Abs. 5 GWB, ebenfalls zum Zuschlag, nahe, der im Übrigen mit allen seinen Absätzen über § 147 S. 1 GWB auch für die Vergabe von verteidigungs- und sicherheitsspezifischen öffentlichen Aufträge gilt.

2 Für **Bauvergaben** in diesem Spezialbereich hält § 16d VS Abs. 1 VOB/A bzw. nur bezüglich der Überschrift „Zuschlag" **§ 18 VS VOB/A** sprachlich zT **abweichende Sonderbestimmungen** bereit.

3 Die Bestimmungen des Abs. 1 zu dem möglichen Formen eines Zuschlags haben demgegenüber keine Entsprechung in § 127 GWB oder der VS VOB/A.

II. Einzelerläuterungen

4 **1. Formen der Zuschlagserteilung (Abs. 1).** § 34 Abs. 1 bestimmt, in welcher Form der Zuschlag, dh die zivilrechtliche Annahme eines Angebotes nach § 145 BGB, erteilt werden kann. § 34 Abs. 1 S. 1 und 2 nennt dazu die Zuschlagserteilung **in Schriftform**, in **elektronischer Form** sowie mittels **Telekopie**. Sämtliche drei benannten Zuschlagsformen stehen dabei **gleichberechtigt** und alternativ („oder") nebeneinander, wobei neuerdings bei der elektronischen Form neben der elektronischen Signatur auch das elektronische Siegel Erwähnung findet.

5 Dem alternativen **Schriftformerfordernis** wird bei einer Zuschlagserteilung dadurch genügt, dass der dieser **in einer Urkunde verkörpert und vom Aussteller eigenhändig unterzeichnet ist** (§ 126 BGB).

6 Bei einer Zuschlagserteilung per **Telefax** genügt und ist andererseits auch obligatorisch die **Unterschrift auf der Telefaxvorlage**.

7 Aufgrund des klaren Wortlauts von § 34 ist ein **rein mündlich erteilter Zuschlag nicht möglich**.

8 **2. Ermittlung des wirtschaftlichsten Angebots (Abs. 2).** Die VSVgV enthält zwar kein ausdrückliches Nachforderungsverbot, wie etwa § 56 Abs. 3 VgV für den klassischen Vergabebereich, sofern Unterlagen nachgefordert werden sollen, die die Wirtschaftlichkeit der Angebote betreffen. Es verbleibt jedoch auch in der VSVgV insoweit bei der Geltung des **allgemeinen Wettbewerbs- und Gleichbehandlungsgrundsatzes** aus § 97 Abs. 2 GWB, wonach eine **Nachbesserung von**

II. Einzelerläuterungen

Angeboten auf der Stufe der Wirtschaftlichkeitsbewertung im Rahmen des § 34 Abs. 2 nicht in Betracht kommt.[1]

3. Zuschlagskriterien (Abs. 2 S. 1–3). Die Wertung der Angebote muss im Lichte des § 127 GWB unter verpflichtender Beachtung der vorgegebenen Zuschlagskriterien bei der Wirtschaftlichkeitsprüfung (§ 34 Abs. 2 S. 1) und der zu beachtenden Rechtfertigung durch den Auftragsgegenstand (§ 34 Abs. 2 S. 2) bei ihrer Aufstellung erfolgen.

Neben den klassischen Zuschlagskriterien **Preis und Qualität** der Leistung sieht § 34 Abs. 2 S. 3 nachfolgend weitere differenzierende Zuschlagskriterien vor. Dies sind
– **Zweckmäßigkeit,**
– **technischer Wert, Kundendienst und technische Hilfe,**
– **Betriebskosten, Rentabilität, Lebenszykluskosten,**
– **Interoperabilität und Eigenschaften beim Einsatz,**
– **Umwelteigenschaften,**
– **Lieferfrist oder Ausführungsdauer und**
– **Versorgungssicherheit.**

a) **Zweckmäßigkeit.** Der Begriff der **Zweckmäßigkeit** nach § 34 Abs. 2 S. 3 Nr. 3 ist sehr allgemein gehalten. Dennoch muss es dabei um eine Zielerreichung gehen, dh inwieweit **nützt** die angebotene **Leistung** den angestrebten **Beschaffungszielen**, erreicht sie oder übertrifft sie sogar. Auch wenn **zweckmäßig ggf. weniger ist als etwa rentabel**, kann es bei der Beurteilung und Wertung der Leistung in diesen Punkten zu **Überlappungen** kommen. Eine **möglichst genaue Vordefinition der Zweckmäßigkeit** durch den Auftraggeber ist bei Verwendung dieses Zuschlagskriteriums nach § 34 Abs. 2 S. 3 Nr. 3 deshalb in aller Regel **erforderlich**.

b) **Technischer Wert, Kundendienst und technische Hilfe.** Mit den Begriffen technischer Wert,[2] Kundendienst und technische Hilfe in **§ 34 Abs. 2 S. 3 Nr. 4** sind zumindest bei den beiden letztgenannten Kriterien angesprochen, die **nicht die Qualität des Beschaffungsgegenstandes selbst** betreffen, sondern **Nebenleistungen**, wie die **schnelle Verfügbarkeit bei Reparaturen** und sonstige Annehmlichkeiten, die dem Auftraggeber beim Betrieb oder in Schadensfällen nützlich sind und deshalb auch einen wirtschaftlichen Wert darstellen.

Trotz ihrer allgemeinen Fassung sind auch diese **Kriterien nicht per se intransparent** und somit auch nicht für eine wirtschaftliche Bewertung untauglich.[3]

Nicht eingestellt werden darf aber etwa beim Gesichtspunkt **Kundendienst**, dass mit einem **Lieferantenwechsel auch zusätzliche Kosten für eine Umstellung/Umrüstung entstehen werden. Dies ist vergaberechtlich unzulässig.**[4]

c) **Betriebskosten, Rentabilität, Lebenszykluskosten.** Das Zuschlagskriterium der **Betriebskosten** bezieht sich auf **Folgekosten**, die bei der Nutzung der anzuschaffenden Geräte oder Gegenstände anfallen wie zB die **Stromkosten**, der **Kraftstoffverbrauch** oder die **Versicherungskosten**. Um dieses neben dem Anschaffungspreis stehende Zuschlagskriterium **objektiv beurteilen** zu können, bedarf es der Möglichkeit für den Auftraggeber eine zuverlässige Aussage über die **in der Zukunft liegenden konkreten Betriebskosten** machen zu können. Dafür müssen **die richtigen Gerätedaten zu Grunde gelegt** und von einer **realistischen Nutzung der Geräte**[5] samt ihres darauf fußenden Verbrauchs ausgegangen werden. Dazu wird man ggf. auch aussagekräftige Umstände zur näheren Bestimmung der Betriebskosten **von den jeweiligen Bietern, etwa per individuellen und konkreten Datenblättern der zu liefernden Produkte, fordern müssen** und zu beachten haben, dass etwa Hochglanzbroschüren der Autohersteller zu den angeblichen Kraftstoffverbräuchen ihrer Kraftfahrzeuge mit Vorsicht zu genießen sein dürften.

d) **Interoperabilität und Eigenschaften beim Einsatz. Interoperabilität** bedeutet die **Kooperations- und Integrationsfähigkeit** technischer Systeme und Geräte. Die in **§ 34 Abs. 2**

---
[1] VK Bund Beschl. v. 2.5.2018 – VK 1-35/18, VPR 2018, 249.
[2] Die Zulässigkeit des Kriteriums „technischer Wert" eines Lösungskonzepts, das mit den Folgekosten einen Wertanteil von 50% hatte, hat die VK Sachsen Beschl. v. 16.3.2010 – 1/SVK/003-10, IBRRS 2010, 2352 in einem Vergabeverfahren im Sektorenbereich bei der Aufstellung von Gleichrichterunterwerken anerkannt, bei denen auch eine gute Bedienbarkeit und ein geringer Aufstellungsaufwand bewertet wurde.
[3] OLG Naumburg Beschl. v. 2.4.2001 – 1 Verg 4/01, IBRRS 2003, 1412 für das Kriterium „technische Lösung" bei der Einrichtung, Lieferung, Wartung und Weiterentwicklung einer Voice over IP-Realisierung, bei der im Rahmen einer funktionalen Leistungsbeschreibung eine abgestufte Wertung der Funktionalität nach den beiden Zuschlagskriterien Preis und technische Lösung erfolgen sollte.
[4] VK Baden-Württemberg Beschl. v. 20.6.2006 – 1 VK 25-30/06.
[5] VK Brandenburg Beschl. v. 28.6.2006 – 2 VK 22/06, IBRRS 2007, 3118.

S. 3 Nr. 6 mitbenannten **Eigenschaften beim Einsatz** betreffen hingegen den **konkreten Bezug zu der Einsatz- und Leistungsfähigkeit** der Streitkräfte oder Sicherheitskräfte. *Gabriel/Wagner*[6] weisen in diesem Zusammenhang zu Recht darauf hin, dass bei einem **Maschinengewehr einerseits eine möglichste hohe Feuerrate** oder eine **besondere Treffsicherheit** als **Einsatzeigenschaft** relevant sein könnte, andererseits aber auch ein **geringes Gewicht oder die Kompaktheit einer Waffe für ihren Einsatz ebenso wichtig** sein kann.

17 e) **Umwelteigenschaften.** Die in § 34 Abs. 2 S. 3 Nr. 7 als relevantes Zuschlagskriterium benannten **Umwelteigenschaften** finden sich auch schon im übergeordneten **Gesetzeswortlaut des § 127 Abs. 1 S. 4 als umweltbezogene Aspekte** vorgezeichnet.

18 Demgemäß kann auch **der Transportaufwand zu einer Abfallbeseitigungsanlage** im Hinblick auf die erheblichen **Immissionen** der Transportfahrzeuge ein zulässiges umweltschutzbezogenes Kriterium darstellen.[7] Gleiches dürfte gerade im **Verteidigungsbereich** auch für die **Entsorgung verbrauchter Schussmunition von Panzern und Gewehren** gelten.

19 f) **Lieferfrist oder Ausführungsdauer.** Zur Wertung von Angeboten anhand verlautbarter Zuschlagskriterien ist es grundsätzlich nicht ausreichend, diese lediglich zu benennen. Vielmehr muss eine Auftraggeber im verteidigungs- und sicherheitsrelevanten Vergabebereich von den beteiligten Unternehmen direkt oder indirekt auch Angaben abfordern, die überhaupt erst eine Beurteilung anhand dieser verlautbarten Zuschlagskriterien ermöglichen.

20 Insoweit werden die beiden denkbaren Zuschlagskriterien **Lieferfrist und Ausführungsfrist** nach **§ 34 Abs. 2 S. 3 Nr. 8** in der Praxis vielfach **keine entscheidende Rolle** spielen, da sie **Grundparameter** fast jedweden Vergabeverfahrens sind und somit **in der Regel vom Auftraggeber in irgendeiner Weise ohnehin vorgegeben** sind. Nichtsdestotrotz kann es bei eiligen Beschaffungen für den Auftraggeber **insgesamt wirtschaftlicher** sein, wenn ein Bieter, etwa in einem **zugelassenen Nebenangebot nach § 32,** sogar eine **vorfristige Lieferung** oder **Ausführung** anbietet.

21 Zudem kann der konkreten Liefer- oder Ausführungsfrist auch dann eine Relevanz zufallen, wenn man den Termin der Lieferung oder die Zeitspanne der Auslieferung in das Belieben der Unternehmen stellt. Dies hat aber den gravierenden Nachteil, dass der Auftraggeber nicht sicher sein kann, wann er seine geforderte Leistung sicher erhalten wird. Bei Vorhaben, die mit nicht übertragbaren Haushaltsmitteln finanziert werden, kann dies zu großen Finanzierungsproblemen bis hin zur Aufhebung des Vergabeverfahrens nach § 37 Abs. 1 Nr. 2 oder Nr. 4 führen.

22 Bei stark divergierenden Angaben der Bieter zur Lieferfrist oder Ausführungsdauer wird zudem die wertende Vergleichbarkeit der Angebote anhand dieser Zuschlagskriterien erschwert. Dies widerspricht auch dem grundsätzlichen Gebot aus § 15 Abs. 2 zur eindeutigen und vollständigen Leistungsbeschreibung, sodass die Vergleichbarkeit der Angebote gewährleistet ist.

23 g) **Versorgungssicherheit.** Mit dem Zuschlagskriterium **Versorgungssicherheit** nach **§ 34 Abs. 2 S. 3 Nr. 9** ist ein sehr spezifisches Kriterium angesprochen, das es so etwa auch im veralteten vormaligen § 29 Abs. 2 SektVO im Sektorenbereich gab. Auf den ersten Blick würde man dieses Kriterium eher dem eignungsrelevanten Kriterium der Leistungsfähigkeit (vgl. §§ 26 und 27) zuordnen. Im Rahmen der Wirtschaftlichkeitsbewertung des § 34 wird damit aber **auch abgedeckt, wie wahrscheinlich oder sicher, auch perspektivisch, eine kontinuierliche Aufrechterhaltung der Versorgung mit den benötigten Gütern oder Dienstleistungen prognostiziert** werden kann.

24 Unter **Einbeziehung von § 8 zur Versorgungssicherheit** wird deutlicher, worum es dabei auch im Rahmen der schlussendlichen Wirtschaftlichkeitsbewertung gehen kann. So können Auftraggeber nach **§ 8 Abs. 2** verlangen, dass das Angebot ua **Angaben enthält bezüglich der**
– Zusage des Bieters, die zur Deckung möglicher **Bedarfssteigerungen** des Auftraggebers infolge einer Krise erforderlichen Kapazitäten unter den zu vereinbarenden Bedingungen zu schaffen oder beizubehalten
– die Zusage des Bieters, für Wartung, Modernisierung oder Anpassung der im Rahmen des Auftrags gelieferten Güter zu sorgen,
– die Zusage des Bieters, den **Auftraggeber rechtzeitig über jede Änderung seiner Organisation, Lieferkette oder Unternehmensstrategie zu unterrichten,** die seine Verpflichtungen dem Auftraggeber gegenüber berühren könnte sowie
– die Zusage des Bieters, dem Auftraggeber unter zu vereinbarenden Bedingungen alle **speziellen Mittel zur Verfügung** zu stellen, die ua für die **Herstellung von Ersatzteilen und speziellen**

---

[6] Dippel/Sterner/Zeiss/*Gabriel/Wagner* Rn. 23.
[7] OLG Rostock Beschl. v. 30.5.2005 – 17 Verg 4/05, IBRRS 2005, 3055.

Testgeräten erforderlich** sind, einschließlich technischer Zeichnungen, Lizenzen und Bedienungsanleitungen, sofern der Bieter nicht mehr in der Lage sein sollte, diese Güter zu liefern. Wird etwa **Strom** beschafft, nützt dem Auftraggeber ein derzeit zu sehr günstigen Konditionen lieferbarer und so auch niederpreisig angebotener Strom nicht viel, wenn bei einem siebenjährigen Rahmenvertrag nach § 14 Abs. 6 S. 1 eine Belieferung über die nächsten zwei Jahre hinaus nicht im Sinne einer Sicherheit der Versorgung nach § 8 zugesichert werden kann.

§ 35 Bekanntmachung über die Auftragserteilung

(1) ¹Die Auftraggeber sind verpflichtet, die Vergabe eines Auftrags oder den Abschluss einer Rahmenvereinbarung innerhalb von 48 Tagen bekanntzumachen. ²Die Bekanntmachung über die Auftragserteilung wird nach dem Muster gemäß Anhang XV der Durchführungsverordnung (EU) 2015/1986 erstellt. ³Diese Pflicht besteht nicht für die Vergabe von Einzelaufträgen, die aufgrund einer Rahmenvereinbarung erfolgen.

(2) Die Auftraggeber müssen eine Auftragsvergabe oder den Abschluss einer Rahmenvereinbarung nicht bekannt geben, soweit deren Offenlegung den Gesetzesvollzug behindern, dies dem öffentlichen Interesse, insbesondere Verteidigungs- oder Sicherheitsinteressen, zuwiderlaufen, die berechtigten geschäftlichen Interessen öffentlicher oder privater Unternehmen schädigen oder den lauteren Wettbewerb zwischen ihnen beeinträchtigen könnte.

Übersicht

		Rn.		Rn.
I.	Normzweck	1	b) Offenlegung läuft dem öffentlichen Interesse zuwider	20
II.	Einzelerläuterungen	5	c) Offenlegung schädigt berechtigte geschäftlicher Interessen öffentlicher oder privater Unternehmen	21
1.	Inhalt der Bekanntmachung über die Auftragserteilung (Abs. 1)	5		
2.	Ausnahmen von der Bekanntmachungspflicht bei sensiblen Daten (Abs. 2)	9		
	a) Offenlegung behindert den Gesetzesvollzug	14	d) Offenlegung beeinträchtigt den lauteren Wettbewerb zwischen Unternehmen	27

I. Normzweck

Mit § 35 wurde schon 2012 Art. 30 Abs. 3 Vergabe-RL Verteidigung und Sicherheit mit seinen drei Unterabsätzen in deutsches Recht umgesetzt. Dabei soll nach der amtlichen Begründung zur VSVgV ua **§ 35 Abs. 2** der Umsetzung von **Art. 30 Abs. 3 UAbs. 3 Vergabe-RL Verteidigung und Sicherheit** dienen, was aber bisher **weder 2012 noch 2016 richtlinienkonform gelungen** ist. Im Rahmen der Vergaberechtsnovelle 2016 wurde im Übrigen ohnehin **nur in Abs. 1 der Verweis auf die aktuelle Durchführungsverordnung der EU** mit dem aktuellen Bekanntmachungsmuster für die Auftragserteilung **angepasst, Abs. 2 trotz** einschlägiger Kritik[1] an der Parallelregelung in § 36 Abs. 2, die auf § 35 Abs. 2 verwies, jedoch **unverändert** gelassen. 1

Die Vorschrift verpflichtet die Auftraggeber, die Vergabe eines Auftrags oder den Abschluss einer Rahmenvereinbarung innerhalb von 48 Tagen bekannt zu machen, und zwar gemäß dem Muster im Anhang XV DurchführungsVO (EU) 2015/1986, es sei denn, es handele sich um die Vergabe von Einzelaufträgen aufgrund der abgeschlossenen Rahmenvereinbarung. 2

Im Gegensatz zu allen anderen Bestimmungen zur Bekanntmachung über die erfolgte Vergabe, neuerdings in allen anderen Vergabeverordnungen durchgängig Vergabebekanntmachung genannt, verwendet § 35 nach wie vor die **frühere Bezeichnung Auftragsbekanntmachung**, die neuerdings in den anderen Vergabeverordnungen begrifflich für die vorherige Bekanntmachung einer Auftragsvergabe (Auftragsbekanntmachung zB gem. § 37 VgV) verwendet wird. Ebenso findet sich in § 35 Abs. 1 noch die **alte Frist von 48 Tagen,** während diese etwa **im klassischen Vergabebereich** zwischenzeitlich auf 30 **Tage verkürzt** wurde (vgl. § 39 Abs. 1 VgV). § 35 verankert eine 3

---

[1] Vgl. Willenbruch/Wieddekind/*Fett*, 3. Aufl. 2014, § 36 Rn. 13, mit dem Hinweis auf Art. 35 Abs. 3 RL 2009/81/EG, der gerade keinen vollständigen Entfall einer Vorinformation unterlegender Bieter erlaubt, sondern nur die Zurückhaltung bestimmter Informationen. Selbiges gilt aber in gleicher Weise auch für Art. 30 Abs. 3 UAbs. 3 RL 2009/81/EG im Hinblick auf die vollständige Nichtbekanntgabe einer Auftragsvergabe nach § 35 Abs. 2, da Art. 30 Abs. 3 UAbs. 3 RL 2009/81/EG auch insoweit wortgleich zu Art. 35 Abs. 3 RL 2009/81/EG formuliert: „Bestimmte Angaben der Auftragsvergabe ... nicht veröffentlicht werden".

sog. Ex-post-Transparenz nach der erfolgten Vergabe eines öffentlichen Auftrags oder einer Rahmenvereinbarung auf EU-Ebene. **Ausgenommen** von der Transparenzpflicht sind jedoch nach § 35 **Abs. 1 S. 2** die auf der Grundlage einer Rahmenvereinbarung späterhin erfolgenden **Einzelaufträge**.[2]

4 Der Auftraggeber muss gem. Abs. 2 auf eine Bekanntmachung verzichten, **soweit** deren Offenlegung
1. den **Gesetzesvollzug behindert,**
2. dem **öffentlichen Interesse,** insbesondere Verteidigungs- und Sicherheitsinteressen **zuwiderläuft** (vgl. dazu Art. 346 Abs. 1 AEUV zur EU-rechts-konformen Interpretation der Verteidigungs- und Sicherheitsinteressen),
3. die berechtigten **geschäftlichen Interessen** öffentlicher oder privater Unternehmen **schädigt** oder
4. den **lauteren Wettbewerb** zwischen den Unternehmen **beeinträchtigen könnte.**

II. Einzelerläuterungen

5 **1. Inhalt der Bekanntmachung über die Auftragserteilung (Abs. 1).** Für die im Rahmen des § 35 zu gewährleistende, fristgebundene **Ex-Post-Transparenz** ergeben sich in den Abschnitten I, II, IV[3] und VI keine nennenswerten Unterschiede zu der Ex-Ante-Transparenzbekanntmachung nach § 18 („Bekanntmachung von Vergabeverfahren").

6 **Abweichungen** zu den Pflichtangaben einer Ex-Ante-Transparenzbekanntmachung nach § 18 (→ § 18 Rn. 5) ergeben sich lediglich in den **Bereichen II.2) und IV.1).** Unter II.2) werden ex post **Angaben zum Gesamtwert des tatsächlich vergebenen Auftrags** gefordert. Dort kann der endgültige Gesamtauftragswert inklusive Verlängerungen oder Optionen angegeben werden oder alternativ das niedrigste und das höchste, berücksichtigte, also nicht ausgeschlossene, Angebot. Bei der durchgeführten **Vergabeart** ermöglicht und fordert der **Abschnitt IV.1)** die Angabe „**Verhandlungsverfahren ohne Auftragsbekanntmachung",** wenn der Auftraggeber auf eine vorherige Bekanntmachung nach § 18 ausnahmsweise unter den Voraussetzungen des § 12 verzichtet hatte. Der **ergänzende Anhang D3** erfordert für alle **Fallvarianten des § 12,** aber auch für alle anderen Ausnahmekonstellationen, die den **Verzicht auf eine EU-weite Bekanntmachung rechtfertigen,** eine individuelle Begründung. Dies betrifft zB sog. Besondere **Ausnahmen nach § 145 GWB** oder Konzessionen betreffend nach § 150 GWB.

7 Zu beachten bleibt auch die **Sonderfestlegung in § 12 Abs. 2,** wonach Auftraggeber die Anwendung des **Verhandlungsverfahrens ohne Teilnahmewettbewerb in** der **Bekanntmachung nach § 35 zu begründen** haben.

8 **Ferner** ist die gesonderte Neuregelung in **§ 132 Abs. 5 GWB** im Blick zu behalten, wonach – vergaberechtlich zulässige – **Vertragsänderungen** nach § 132 Abs. 2 S. 1 Nr. 2 GWB (erforderliche zusätzliche Liefer-, Dienst- und Bauleistungen ohne oder ohne wirtschaftliche Wechselmöglichkeit) und § 132 Abs. 2 S. 1 Nr. 3 GWB (unvorhersehbare Umstände ohne Änderung des **Gesamtcharakters des Auftrags**) im Amtsblatt der Europäischen Union – ebenfalls **nachträglich** – bekannt zu machen sind.

9 **2. Ausnahmen von der Bekanntmachungspflicht bei sensiblen Daten (Abs. 2).** Die grundsätzliche **Bekanntmachungspflicht vergebener Aufträge** und Rahmenvereinbarungen binnen 48 Tagen nach deren Vergabe oder Abschluss **entfällt** nach § 35 Abs. 2 in **vier enumerativen Fallkonstellationen.**

10 **Die vier Fälle des Entfallens der Bekanntgabe der Auftragserteilung oder des Abschlusses einer Rahmenvereinbarung** sind gegeben, wenn ihre Offenlegung:
(1) den **Gesetzesvollzug behindern** oder
(2) dem **öffentlichen Interesse,** insbesondere Verteidigungs- oder Sicherheitsinteressen **zuwiderliefen** oder wenn
(3) **berechtigte geschäftliche Interessen** öffentlicher oder privater **Unternehmen** schädigt oder
(4) den **lauteren Wettbewerb** zwischen ihnen **beeinträchtigen könnte.**

11 Die europarechtliche Ermächtigung dazu stammt aus **Art. 57 Abs. 2 UAbs. 4 Vergabe-RL Verteidigung und Sicherheit.**

---

[2] Vgl. dazu für den klassischen Vergabebereich nunmehr auch § 8 Abs. 3 S. 1 VgV, der dort die auf der Grundlage einer Rahmenvereinbarung erteilten Einzelaufträge von der generellen Dokumentationspflicht ausnimmt, während § 43 dies auf der Grundlage der älteren RL 2009/81/EG aus dem Jahr 2009 für den Verteidigungs- und Sicherheitsbereich noch nicht vorsieht.

[3] Der Abschnitt III fällt wegen Fehlens des offenen Verfahrens in der VSVgV ohnehin aus bzw. weg.

Insbesondere aufgrund der doch sehr allgemein gehaltenen Formulierungen der vier Ausnahmetatbestände können sich **diese oftmals gegenseitig überlagern.** 12

Durch die Formulierung „müssen nicht" wird deutlich, dass dies eine ermessengebundene Möglichkeit darstellt, der Auftraggeber die Bekanntmachung nichtsdestotrotz auch vornehmen kann, aber eben nicht muss. 13

a) Offenlegung behindert den Gesetzesvollzug. Der erste Ausnahmetatbestand ist die Behinderung des Gesetzesvollzugs durch die Offenlegung der Auftragsvergabe oder den Rahmenvereinbarungsabschluss. 14

Wegen der **generalklauselartigen Fassung** dieses Ausnahmetatbestandes bedarf dieser einer **Einschränkung nach Sinn und Zweck der Regelung.** 15

Eine abstrakte Behinderung irgendeines Gesetzesvollzuges kann diesem legitimen Informationsinteresse nicht wirksam entgegengebracht werden. Vielmehr können damit nur die **Behinderung des GWB selbst** oder aber von Gesetzen gemeint sein, deren Vollzug ggf. durch eine Informationsverschaffung massiv behindert würde. Dazu können das **Urhebergesetz,** das Gesetz gegen unlauteren Wettbewerb **(UWG**[4]**)** oder die **Datenschutzgesetze** von Bund und Ländern bzw. die seit Mai 2018 direkt geltende Datenschutzgrundverordnung der EU zählen. 16

Erfasst werden auch Informationsweitergaben, die gleichzeitig zu einer **Behinderung innerhalb von Beschaffungsvorgängen der VSVgV** führen, sodass Beschaffungsaufgaben in sensiblen, besonders geschützten Bereichen nicht sicher (Wahrung der Vertraulichkeit, § 6; Schutz von Verschlusssachen, § 8) oder krisensicher (Sicherstellung der Versorgungssicherheit nach § 7) vollzogen werden können. Dies können **Behinderungen im Beschaffungsbereich des Militärs,** der **Polizei** und **sonstigen der Geheimhaltung** unterliegenden Bereichen sein. 17

Andererseits ist einzustellen, dass der Normgeber schon 2012 gerade mit der spezialgesetzlichen VSVgV in Umsetzung der Vergabe-RL Verteidigung und Sicherheit auch versucht hat, **mehr Wettbewerb und Transparenz in diese Bereiche der Beschaffungen** zu bringen, auch wenn es dort das Offene Verfahren von vornherein nicht gibt (vgl. § 11 Abs. 1). 18

Zudem ist andererseits auch immer nachzuhalten, ob der Auftraggeber den Schutz derart sensibler Informationen auch im betroffenen Verfahren **entsprechend durch Formalakte** (zB **Sicherheitsüberprüfungen** nach dem SÜG, **Geheimhaltungsklassifizierungen** von Akten nach der Verschlusssachenanordnung etc) **parallel abgesichert** hat. 19

b) Offenlegung läuft dem öffentlichen Interesse zuwider. Das für sich gesehen eher konturenlose, aber auch uferlose „Öffentliche Interesse" ist **noch weiter gefasst als die Behinderung des Gesetzesvollzugs** in Var. 1, sodass Var. 2 für sich gesehen kaum geeignet sein dürfte, die eigentlich erforderliche EU-Bekanntmachung zu unterlassen. Der Verordnungsgeber hat diese aber durch den Zusatz „insbesondere Verteidigungs- oder Sicherheitsinteressen" näher **konkretisiert.** Hierzu gehören zB Informationen, die aufgrund gesetzlicher Vorschriften geheim zu halten sind oder bei denen aus anderen triftigen Gründen ein vergleichbarer Geheimschutz geboten ist. *Leinemann*[5] zählt dazu zu Recht zB den Bau von Führungsbunkern oder ähnliche wichtige Bauten für die Landesverteidigung an geheimen Orten. 20

c) Offenlegung schädigt berechtigte geschäftlicher Interessen öffentlicher oder privater Unternehmen. Eine Schädigung berechtigter geschäftlicher Unteressen von Unternehmen, zu denen sowohl private wie **auch öffentliche Unternehmen** zählen, käme namentlich bei einer **Verletzung von Betriebs- und Geschäftsgeheimnissen** in Betracht. 21

Als Betriebs- und Geschäftsgeheimnisse werden alle auf ein Unternehmen bezogene **Tatsachen, Umstände und Vorgänge** verstanden, die **nicht offenkundig,** sondern nur einem **begrenzten Personenkreis zugänglich** sind und an deren **Nichtverbreitung der Rechtsträger** ein **berechtigtes Interesse** hat. **Betriebsgeheimnisse** umfassen im Wesentlichen **technisches Wissen** im weitesten Sinne sowie Fabrikationsgeheimnisse. **Geschäftsgeheimnisse** betreffen vornehmlich **kaufmännisches Wissen.** Zu derartigen Geheimnissen werden etwa **Umsätze,** Ertragslagen, Geschäftsbücher, Kundenlisten, **Bezugsquellen, Konditionen, Marktstrategien,** Unterlagen zur **Kreditwürdigkeit, Kalkulationsunterlagen, Patentanmeldungen** und sonstige Entwicklungs- und Forschungsprojekte gezählt, durch welche die wirtschaftlichen Verhältnisse eines Betriebs maßgeblich bestimmt werden können. 22

§ 6 Abs. 2 S. 2 verdeutlicht dabei die Pflicht zur Wahrung der Vertraulichkeit in Bezug auf technische Geheimnisse und Betriebsgeheimnisse in einem Vergabeverfahren im verteidigungs- und 23

---

[4] § 23 Geschäftsgeheimnisgesetz stellt die unberechtigte Weitergabe von Geschäfts- und Betriebsgeheimnissen sogar unter Strafandrohung.
[5] *Leinemann* in Leinemann/Kirch VSVgV Rn. 4.

sicherheitsrelevanten Bereich. Diese **Gefahr** besteht vor allem dann, wenn der Zuschlagsbieter nur aufgrund eines gleichwertigen Hauptangebotes oder eines **zugelassenen, insbesondere technischen, Nebenangebotes** der insgesamt wirtschaftlichste Bieter geworden ist und die Merkmale und Vorteile jenes Haupt- oder Nebenangebotes mitzuteilen wären. Die Weitergabe derartiger technischer Geschäfts- oder Betriebsgeheimnisse kann dabei nicht nur die Unternehmensinteressen des Zuschlagsbieters, sondern auch diejenigen von Bietergemeinschaftsmitgliedern oder Unterauftragnehmern schädigen.

24 Gemäß **§ 29 Abs. 6 S. 1** kann ein Auftraggeber verlangen, dass Bieter im Angebot angeben, ob für den **Gegenstand des Angebots gewerbliche Schutzrechte bestehen oder** von den Bietern oder Dritten **beantragt** sind. Bieter haben zudem stets anzugeben, ob sie erwägen, Angaben zu ihrem Angebot für die Anmeldung eines gewerblichen Schutzrechtes zu verwerten (§ 29 Abs. 6 S. 2).

25 **§ 29 Abs. 6 S. 2** nimmt mittelbar eine **Obliegenheit aus § 3 Abs. 1 PatG** in Bezug. Danach gilt eine **Erfindung** nur dann noch als **neu**, wenn sie nicht schon zum Stand der Technik gehört. Der **Stand der Technik** aber umfasst alle Kenntnisse, die vor der Patentanmeldung **der Öffentlichkeit schon einmal** (schriftlich, mündlich, durch Benutzung oder in sonstiger Weise) **zugänglich** gemacht worden sind. Würde nun der Auftraggeber beispielsweise technische Angaben aus einem Angebot zur Verdeutlichung der Merkmale und Vorteile desselben streuen, wäre das Merkmal einer neuen Erfindung nicht mehr erfüllt. Kommt somit ein betroffener Bieter seiner Verpflichtung aus § 29 Abs. 6 S. 2 durch Kenntlichmachung im Angebot nach, macht sich ein **Auftraggeber schadenersatzpflichtig,** wenn er entgegen dieser Warnfunktion die für die Anmeldung eines gewerblichen Schutzrechtes benötigten technischen Angaben in Vorabinformationsschreiben weiterverbreitet.

26 Könnten **Wettbewerber,** aktuelle im derzeitigen Vergabeverfahren, aber auch potenzielle in künftigen Vergabeverfahren, vor diesem Hintergrund **in einer Zusammenschau aus den Informationen aus dem Muster gemäß Anhang XV DurchführungsVO (EU) 2015/1986** (zB dem endgültigen Gesamtauftragswert nach Ziffer II.1 mit und ohne Mehrwertsteuer, der Anzahl der eingegangenen Angebote nach Ziffer V.2), dem Namen und der Anschrift des Zuschlagsbieters nach Ziffer V.3), Angaben zum Auftragswert nach Ziffer V.4) sowie den Angaben zur Vergabe von Unteraufträgen nach Ziffer V.5) als Netto- oder prozentualer Wert) **Rückschlüsse** auf die **Kalkulation, Bezugsquellen, Marktstrategien** oder auf **Lieferanten** oder **Subunternehmen** ziehen, so bestünde die Gefahr, dass **Subunternehmer abgeworben oder geschätzte Patentinhalte** zulasten geschäftlicher Interessen von Unternehmen abgeschöpft werden.

27 **d) Offenlegung beeinträchtigt den lauteren Wettbewerb zwischen Unternehmen.** Der **lautere Wettbewerb** zwischen Unternehmen kann durch eine nachträgliche EU-Bekanntmachung der Auftragsvergabe insbesondere **durch die Weitergabe von wettbewerbsrelevanten Informationen beeinträchtigt** werden. Durch das Wort „lauterer" Wettbewerb ist damit auch eine **Brücke zum Lauterkeitsrecht angesprochen.** § 23 GeschgehG verbietet – unter **Strafandrohung** – die **unberechtigte Weitergabe von Betriebs- oder Geschäftsgeheimnissen.** Derartige Straftatbestände beeinträchtigen somit sicherlich den lauteren Wettbewerb zwischen Unternehmen, dürften aber gleichzeitig auch die Alternativen 3 und 1 erfüllen, da dadurch auch immer berechtigte geschäftliche Interessen der davon betroffenen Unternehmen geschädigt werden und der Gesetzesvollzug behindert wird. Eine Beeinträchtigung des lauteren Wettbewerbs kommt aber **auch schon unterhalb dieser Strafbarkeitsgrenze in Betracht,** wenn **nur die Wettbewerbssituation der Unternehmen beeinflusst** wird, zB weil ein Unternehmen aufgrund Knowhows und vertraulicher Geschäftsinformationen der ihm übermittelten Informationen in der Lage ist, **sich einen Wettbewerbsvorteil für die in der Zukunft liegenden Vergabeverfahren zu verschaffen.**

28 Derartige technische Lösungsansätze könnten insbesondere in **kund getanen Inhalten von Nebenangeboten** oder gleichwertigen Lösungsansätzen bei Hauptangeboten liegen. In finanzieller Sicht sind insbesondere **Preise, Preisbestandteile oder den Preis betreffende Angaben** (zB Preisnachlässe ohne Bedingungen) **eines Konkurrenten wettbewerbsrelevant.**

29 Im **Gegensatz** zu allem anderen vergleichbaren Bestimmungen in den anderen **Vergabeordnungen** nach § 113 GWB (VgV, SektVO, KonzVgV) können bei verteidigungs- und sicherheitsrelevanten Vergaben **nicht nur Teilinformationen,**[6] sondern die **gesamte Bekanntmachung insgesamt unterbleiben.**

30 Dies stellt eine **nach wie vor nicht europarechtskonforme Umsetzung** der zugrunde liegenden Vergabe-RL Verteidigung und Sicherheit dar. **Art. 30 Abs. 3 UAbs. 3 Vergabe-RL**

---

[6] Wie iÜ auch im Vorabinformationsschreiben an unterlegene Bieter nach § 134 Abs. 3 S. 2 GWB im Fall verteidigungs- oder sicherheitsspezifischer Aufträge.

Verteidigung und Sicherheit formuliert insoweit eindeutig divergierend, dass **nur „bestimmte Angaben der Auftragsvergabe ... nicht veröffentlicht werden"** können bzw. dürfen.

§ 36 Unterrichtung der Bewerber oder Bieter

(1) ¹Unbeschadet des § 147 in Verbindung mit § 134 des Gesetzes gegen Wettbewerbsbeschränkungen unterrichten die Auftraggeber alle Bewerber oder Bieter unverzüglich über die Gründe für die Entscheidung, einen Auftrag oder eine Rahmenvereinbarung, für die eine Bekanntmachung veröffentlicht wurde, nicht zu vergeben oder das Verfahren neu einzuleiten. ²Diese Information wird auf Verlangen der Bewerber oder Bieter schriftlich erteilt.

(2) Unbeschadet des § 147 in Verbindung mit § 134 des Gesetzes gegen Wettbewerbsbeschränkungen unterrichten die Auftraggeber auf Verlangen des Betroffenen unverzüglich, spätestens 15 Tage nach Eingang eines entsprechenden Antrags in Textform nach § 126b des Bürgerlichen Gesetzbuchs,
1. jeden nicht erfolgreichen Bewerber über die Gründe für die Ablehnung der Bewerbung;
2. jeden nicht berücksichtigten Bieter über die Gründe für die Ablehnung des Angebots, insbesondere die Gründe dafür, dass keine Gleichwertigkeit im Sinne des § 15 Absatz 4 und 5 dieser Verordnung vorliegt oder dass die Lieferungen oder Dienstleistungen nicht den Leistungs- und Funktionsanforderungen entsprechen, und in den Fällen der §§ 7 und 8 die Gründe dafür, dass keine Gleichwertigkeit bezüglich der Anforderungen an den Schutz von Verschlusssachen oder an die Versorgungssicherheit durch Unternehmen vorliegt;
3. jedem Bieter, der ein ordnungsgemäßes Angebot eingereicht hat, das jedoch abgelehnt worden ist, über die Merkmale und Vorteile des ausgewählten Angebots sowie über den Namen des Zuschlagsempfängers oder der Vertragspartner der Rahmenvereinbarung.

Übersicht

	Rn.		Rn.
I. Normzweck und Entstehungsgeschichte	1	2. Auf Verlangen schriftlich (Abs. 1 S. 2)	6
II. Einzelerläuterungen	5	3. Unterrichtungspflichten auf Verlangen (Abs. 2)	7
1. Unterrichtungspflicht bezüglich Nichtvergabe (Abs. 1)	5	a) Nicht erfolgreiche Bewerber (Nr. 1)	8
		b) Nicht berücksichtigte Bieter (Nr. 2)	9
		c) Bieter mit ordnungsgemäßem Angebot (Nr. 3)	10

I. Normzweck und Entstehungsgeschichte

§ 36 dient der Umsetzung von **Art. 35 Vergabe-RL Verteidigung und Sicherheit.** § 36 Abs. 1 (zwingende Information der Bieter und Bewerber über eine Nichtvergabe eines öffentlich bekannt gemachten Auftrags oder einer Rahmenvereinbarung) entspricht Art. 35 Abs. 1 Vergabe-RL Verteidigung und Sicherheit und § 36 Abs. 2 (nur auf Antrag zu erteilende Informationen) entspricht Art. 35 Abs. 2 Vergabe-RL Verteidigung und Sicherheit. Der in Art. 35 Abs. 3 Vergabe-RL Verteidigung und Sicherheit enthaltene Katalog ausnahmsweise nicht mitzuteilender Informationen fehlt in § 36 im Gegensatz zur Vorgängerregelung des § 36 Abs. 2 aF, der seinerseits auf § 35 Abs. 2 aF verwies. 1

Die dazu **in der Verordnungsbegründung gegebene Begründung, diese Ausnahmen seien nunmehr in § 134 Abs. 3 S. 2 GWB verlagert** worden, **überzeugt** insbesondere vor dem europarechtlichen Hintergrund der Vergabe-RL Verteidigung und Sicherheit **nicht.** Denn sowohl **Art. 30 Abs. 3 UAbs. 4 Vergabe-RL Verteidigung und Sicherheit als auch gesondert der für § 36 relevante Art. 35 Abs. 3 Vergabe-RL Verteidigung und Sicherheit enthalten getrennt zu sehende Zurückbehaltungsrechte** hinsichtlich bestimmter Informationen. Somit erscheint es eher so, dass der Gesetzgeber im vormaligen § 101a GWB aF als Vorläufer des § 134 GWB diese auch in der Richtlinie vorgesehenen Zurückbehaltungsrechte dort bewusst oder unbewusst ausgespart hatte, gleichzeitig aber in § 36 aF mit dem Verweis auf § 35 Abs. 2 aF parallele Zurückbehaltungsrechte verankert hatte, die aber in jener Form nicht richtlinienkonform waren.[1] Denn die damalige Bestimmung in § 36 Abs. 2 sah – gestützt auf § 35 Abs. 2 aF 2

---

[1] Vgl. Willenbruch/Wieddekind/*Fett*, 3. Aufl. 2014, Rn. 13.

3 Auch im **neuen § 37 Abs. 2** sind im Übrigen Informationspflichten über die Gründe für eine Aufhebungsentscheidung gegenüber Bewerbern oder Bietern verankert, wenn auch dort anders als in § 36 Abs. 1 – zumindest auf Verlangen – nicht in schriftlicher Form, sondern lediglich in Textform iSd § 126b BGB. Diese **Aufspaltung von Informationspflichten in zwei Paragrafen erscheint wenig nachvollziehbar.**

4 **§ 36 steht autonom neben § 134 GWB,** was die beiden parallelen **Formulierungen** in § 36 Abs. 1 S. 1 und Abs. 2: „**Unbeschadet** des § 147 in Verbindung mit § 134 GWB unterrichten die Auftraggeber …" nochmals verdeutlicht. Die Vorschrift regelt in Ergänzung von § 134 GWB die Unterrichtung der Bewerber und Bieter durch den öffentlichen Auftraggeber über Erfolg bzw. Misserfolg der Bewerbung. **Die Vorschrift hat ihre Parallele in § 62 VgV.** Dies wird insbesondere aus der ergänzenden **Formulierung** in **Abs. 2 „auf Verlangen des Betroffenen" deutlich.** In § 36 ist somit etwas Anderes angesprochen als die automatische Vorinformation spätestens zehn Tage vor der Zuschlagserteilung in § 134 GWB. Dort sind die Rechtsschutzgesichtspunkte auf der Grundlage der Rechtsmittelrichtlinie prägend, wonach die Vorabinformation nach § 134 GWB einen Bewerber oder Bieter noch eine effektive Überprüfung samt anderweitiger Zuschlagsverhinderung ermöglichen soll, weil der Zuschlag (= Vertragsschluss) – vorbehaltlich § 135 GWB – dann irreversibel ist, vgl. § 168 Abs. 2 GWB. Die entsprechende **Richtlinienverankerung für § 134 GWB findet sich in Art. 57 Vergabe-RL Verteidigung und Sicherheit und nicht in Art. 35 Abs. 3 Vergabe-RL Verteidigung und Sicherheit.** Richtig ist aber auch, dass der einen effektiven Rechtsschutz vor einer Zuschlagserteilung sicherstellende Art. 57 Abs. 2 UAbs. 4 Vergabe-RL Verteidigung und Sicherheit seinerseits auf eben jene Art. 35 Abs. 2 und 3 Vergabe-RL Verteidigung und Sicherheit verweist.

II. Einzelerläuterungen

5 **1. Unterrichtungspflicht bezüglich Nichtvergabe (Abs. 1).** § 36 Abs. 1 sieht die Verpflichtung des Auftraggebers vor, alle Bewerber oder Bieter **unverzüglich** über die **Gründe** für die Entscheidung zur **Nichtvergabe** eines **Auftrags** oder einer **Rahmenvereinbarung,** für die eine **EU-Bekanntmachung** veröffentlicht wurde, zu **unterrichten.** Auch diese Informationspflicht muss ohne entsprechenden Antrag sichergestellt werden. § 36 Abs. 1 ist zudem separat neben der auf Gesetzesebene verankerten automatischen Vorabinformationspflicht nach § 134 GWB zu sehen, was der Wortlaut „unbeschadet des § 147 in Verbindung mit § 134 GWB" verdeutlicht.

6 **2. Auf Verlangen schriftlich (Abs. 1 S. 2).** Diese Information wird **auf Verlangen** der Bewerber oder Bieter **schriftlich** erteilt (§ 31 Abs. 1 S. 2). Diese Regelung muss aber bei einer klassischen Aufhebungsentscheidung im **Spannungsfeld mit der Bestimmung in § 37 Abs. 2 S. 1** gesehen werden, wonach für die Information über die Aufhebung eines Vergabeverfahrens **mindestens die Textform** nach § 126b BGB vorgesehen ist und es **dort keines Verlangens** wie bei der schriftlichen Informationserteilung in § 36 Abs. 1 S. 2 bedarf. Dies zeigt auch, dass die Bestimmung des § 36 Abs. 1 besser mit in § 37 verankert hätte werden könne, zumal die dortige Information in Textform über die in Art. 35 Vergabe-RL Verteidigung und Sicherheit vorgesehene Anforderung einer schriftlichen Informationserteilung nur auf Verlangen[3] hinausgeht.

7 **3. Unterrichtungspflichten auf Verlangen (Abs. 2).** § 36 Abs. 2 sieht im Gegensatz zu § 36 Abs. 1 eine **antragsbezogene Unterrichtungspflicht** des **Auftraggebers** vor, was der **Wortwahl „auf Verlangen"** belegt. Zudem geht es bei der Unterrichtung nach Abs. 2 nicht um die Nichtvergabe eines Auftrags, sondern um die Information über die Gründe für das individuelle Scheitern bei einem ansonsten erfolgreich abgeschlossenen Vergabeverfahren. In **Nr. 1–3** wird dabei nach nicht erfolgreichen Bewerbern, nicht berücksichtigten Bietern und Bietern mit einem ordnungsgemäßen Angebot differenziert. Diese Wettbewerbsteilnehmer müssen jeweils unverzüglich, spätestens aber 15 Tage nach Eingang eines entsprechenden Antrags beim Auftraggeber, individuell entsprechend ihres Scheiterns unterrichtet werden.

---

[2] Vor diesem Hintergrund erscheint die damalige Regelung in nicht richtlinienkonformer Art und Weise überschießend gewesen zu sein, während die jetzige Bestimmung in § 36 hinter den Möglichkeiten der Richtlinie zur Zurückhaltung bestimmter Informationen (Art. 35 Abs. 3 RL 2009/81/EG) zurückbleibt. Eine direkte oder analoge Anwendung des § 134 Abs. 3 S. 2 GWB auf Informationen nach § 36 scheidet demgemäß aus; aA deshalb zu Unrecht Dippel/Sterner/Zeiss/*v. Wietersheim* Rn. 2.

[3] Wie in § 36 Abs. 1 S. 2 vorgesehen.

a) Nicht erfolgreiche Bewerber (Nr. 1). Nicht erfolgreichen Bewerbern eines Teilnah- 8
mewettbewerbs sind lediglich die **Gründe für die Ablehnung der Bewerbung** mitzuteilen.

b) Nicht berücksichtigte Bieter (Nr. 2). Nicht berücksichtigte Bieter[4] sind über die 9
Gründe für die Ablehnung ihres Angebots zu unterrichten. Der Normgeber streicht dabei
insbesondere die **mangelnde Gleichwertigkeit** iSd § 15 Abs. 4 und 5,[5] das **Nichtentsprechen**
hinsichtlich **der Leistungs- und Funktionsanforderungen**[6] sowie die mangelnde Gleichwertigkeit bezüglich der Anforderungen an den Schutz von **Verschlusssachen**[7] oder an die **Versorgungssicherheit**[8] heraus. Da auch § 43 Abs. 2 Nr. 12 den Auftraggeber verpflichtet, die Gründe für
die Ablehnung von Angeboten im Vergabevermerk festzuhalten, dürfte einem Auftraggeber die
Unterrichtung über diese Ablehnungsgründe nicht schwerfallen.

c) Bieter mit ordnungsgemäßem Angebot (Nr. 3). Bietern mit einem **ordnungsgemä-** 10
ßen, aber abgelehntem, **Angebot** sind **nach § 36 Abs. 2 Nr. 3 auch die Merkmale und Vorteile
des erfolgreichen Angebots** und der Name des Zuschlagsbieters bzw. des Vertragspartners einer
Rahmenvereinbarung **mitzuteilen**.

Eine **Definition** eines ordnungsgemäßen Angebots enthält § 36 **nicht**. Auch an keiner anderen 11
Stelle der VSVgV wird dieses Begriffspaar näher erläutert. *Von Wietersheim* setzt ordnungsgemäß
mit zuschlagsfähig gleich.[9] Dies erscheint auch im Kontext von Abs. 2 Nr. 1 und 2 und vor dem
Hintergrund der Regelung in § 12 zum Verhandlungsverfahren **plausibel. Ein ordnungsgemäßes
Angebot muss daher die Wertungsstufe des § 34 erreicht** haben. Ein „ordnungsgemäßes
Angebot" findet sich erwähnt in **§ 12 Abs. 1 Nr. 1 lit. a bb Alt. 1** zur Frage der Zulässigkeit
eines nachfolgenden Verhandlungsverfahrens. Dieses lässt sich dort **abgrenzen zu nicht geeigneten
Angeboten** in § 12 Abs. 1 Nr. 1 lit. a aa **und vergaberechtlich unannehmbaren Angeboten**
nach § 12 Abs. 1 Nr. 1 lit. a bb Alt. 2. Im Gegensatz zu den beiden Alternativen müssen **ordnungsgemäße Angebote zumindest die formalen Voraussetzungen** für das Vergabeverfahren erfüllt
und deren **Bieter die Eignungsanforderungen ebenfalls erfüllt** haben, wie sich dies aus den
weiteren Bedingungen für die Zulässigkeit eines derartigen Verhandlungsverfahrens samt zugelassener
Beteiligter in § 12 Abs. 1 Nr. 1 lit. a bb aE ergibt. **Angebote bzw. Bieter, die gegen § 22 ff.
verstoßen und oder nach § 31 Abs. 2 mit ihren Angeboten zwingend auszuschließen waren,
fallen somit nicht darunter,** da ihre Angebote ja gerade nicht ordnungsgemäß waren. **Gleiches
gilt für Nebenangebote, die nach § 32 aus formalen Gründen ausgeschlossen werden mussten** sowie Angebote, auf die nach **§ 33** der Zuschlag nicht erteilt werden durfte.[10]

§ 37 Aufhebung und Einstellung des Vergabeverfahrens

**(1) Die Vergabeverfahren können ganz oder bei Vergabe in Losen auch teilweise aufgeho-
ben werden, wenn
1. kein Angebot eingegangen ist, das den Bewerbungsbedingungen entspricht,
2. sich die Grundlagen der Vergabeverfahren wesentlich geändert haben,
3. sie kein wirtschaftliches Ergebnis gehabt haben oder
4. andere schwerwiegende Gründe bestehen.**

**(2) Die Auftraggeber teilen den Bewerbern oder Bietern nach Aufhebung des Vergabever-
fahrens mindestens in Textform im Sinne des § 126b des Bürgerlichen Gesetzbuchs unverzüglich die Gründe für ihre Entscheidung mit, auf die Vergabe eines bekannt gemachten
Auftrags zu verzichten oder das Vergabeverfahren erneut einzuleiten.**

Schrifttum: *Jürschik,* „Aufhebung der Aufhebung" und Kontrahierungszwang bei der öffentlichen Auftragsvergabe, VergabeR 2013, 663.

---

[4] Im Gegensatz zu § 36 Abs. 2 Nr. 3 ist es für die Unterrichtungsberechtigung aus § 36 Abs. 2 Nr. 2 nicht erforderlich ein ordnungsgemäßes Angebot eingereicht zu haben. Vielmehr ist jedes Unternehmen berechtigt, sofern es nur ein Angebot eingereicht hat. Unterrichtungsberechtigt sind somit auch Bieter mit Änderungen an den Vergabeunterlagen oder mit einem unvollständigen Angebot, die der Auftraggeber nach § 31 Abs. 2 Nr. 1 oder Nr. 4 ausgeschlossen hatte; so auch Dippel/Sterner/Zeiss/*v. Wietersheim* Rn. 25.
[5] Gleichwertigkeit zu technischen Anforderungen und den Leistungs- und Funktionsanforderungen.
[6] Vgl. zB § 15 Abs. 3 und 6.
[7] Vgl. § 7.
[8] Vgl. § 8.
[9] Dippel/Sterner/Zeiss/*v. Wietersheim* Rn. 30.
[10] So iErg auch auf ein formell wie inhaltlich fehlerfreies, nicht zwingend auszuschließendes, Angebot abstellend *Leinemann* in Leinemann/Kirch VSVgV Rn. 9 sowie Leinemann/Kirch/*Kaminsky* VOB/A § 19 VS Rn. 21 für die Parallelregelung im Baubereich.

Übersicht

	Rn.		Rn.
I. Normzweck	1	a) Mitteilung über die Gründe für den Vergabeverzicht (Abs. 2 Alt. 1)	10
II. Einzelerläuterungen	7	b) Mitteilung über die Gründe für eine erneute Einleitung eines Vergabeverfahrens (Abs. 2 Alt. 2)	20
1. Aufhebungsgründe (Abs. 1)	7		
2. Mitteilungspflichten bei Aufhebungen (Abs. 2)	10	c) Mitteilung jeweils in Textform nach § 126b BGB	24

I. Normzweck

1 Die Schaffung von § 37 im Jahr **2012** diente nur zum Teil der Umsetzung der Vergabe-RL Verteidigung und Sicherheit, war aber bezogen auf die **ermessensgebundenen Aufhebungsgrunde** ein **nationales Eigengewächs**, das erkennbar und bewusst dem damaligen § 20 EG VOL/A für den klassischen Liefer- und Dienstleistungsbereich nachgebildet war.[1] In **Art. 35 Abs. 1 Vergabe-RL Verteidigung und Sicherheit** sind **lediglich Benachrichtigungspflichten nach einer Aufhebung** verankert, **nicht** aber relevante **Aufhebungsgründe**. § 37 betrifft dabei den Ausnahmefall, dass Vergabeverfahren nicht durch eine Zuschlagsentscheidung nach § 34 Abs. 1 enden, sondern durch eine Aufhebungsentscheidung des Auftraggebers. Die VSVgV **unterscheidet** im **Gegensatz** zu **§ 17 VS VOB/A** für **Bauvergaben** im Verteidigungs- und Sicherheitsbereich zwischen der **Vollaufhebung** und – bei der Vergabe in **Losen** – der **Teilaufhebung**.

2 § 37 Abs. 2 betrifft die **Mitteilungspflichten** nach einem Verzicht auf einen – grundsätzlich beim Amt für amtliche Veröffentlichungen der Europäischen Union – bekannt gemachten Auftrag. Für diese speziellen EU-Ausschreibungen[2] im Bereich verteidigungs- und sicherheitsrelevanter Beschaffungen ist ergänzend **auch** die **Entscheidung mitzuteilen**, ein **Vergabeverfahren erneut einzuleiten**.

3 Die Regelung in § 37 Abs. 2 stellt dabei eine annähernd wortgetreue Übernahme von Art. 35 Abs. 1 Vergabe-RL Verteidigung und Sicherheit dar. Art. 35 Abs. 1 Vergabe-RL Verteidigung und Sicherheit fordert eine **schnellstmögliche,** nicht aber ein unverzügliche, **Mitteilung** über die **Gründe** für einen **Verzicht einer Auftragsvergabe**.

4 Dazu bestimmt Art. 35 Abs. 2 letzter Hs. Vergabe-RL Verteidigung und Sicherheit, dass diese Information **schriftlich erteilt** werden muss, **falls** dies beim Auftraggeber **beantragt** wurde. **§ 37 Abs. 2** hingegen sieht **mindestens die Textform nach § 126b BGB** vor, und zwar ohne gesonderten Antrag beim Auftraggeber automatisch.

5 § 17 VS VOB/A enthält **nur drei Aufhebungsgründe** und im § 17 VS Abs. 3 VOB/A eine **Zurückhaltebefugnis** bezüglich **bestimmter Informationen** in vier Fällen, die die **VSVgV** in § 37 schon 2012 und auch nach der Novelle 2016 nicht aufweist.

6 § 37 wurde im Rahmen der Vergaberechtsnovelle 2016, im Gegensatz etwa zu § 63 VgV[3] im Verhältnis zum vormaligen § 20 EG VOL/A, **nicht geändert**.

II. Einzelerläuterungen

7 **1. Aufhebungsgründe (Abs. 1).** Hinsichtlich der vier in § 37 verankerten Aufhebungsgründe kann zunächst vollinhaltlich auf die weitgehend wortgleiche Parallelbestimmung in § 63 VgV und deren Kommentierung (→ VgV § 63 Rn. 1 ff.) verwiesen werden. Im Folgenden soll ergänzend auf einige Besonderheiten bei Aufhebungen im Verteidigungs- und Sicherheits relevanten Bereich eingegangen werden.

8 In EU-Ausschreibungsverfahren ergeben sich aus den besonderen Anforderungen der VSVgV weitere Unzulänglichkeiten im Vergabeverfahren, die eine **Aufhebung aus schwerwiegendem Grund** gem. § 37 Abs. 1 Nr. 4 erlauben können:
– Nichtangabe von Mindestkriterien, die zugelassene Nebenangebote nach § 32 Abs. 1 erfüllen müssen,
– unzulässige Mitwirkung von voreingenommenen Personen nach § 42,

---

[1] Vgl. die damalige amtliche Begründung zu § 37: „§ 37 übernimmt § 20 EG VOL/A", „§ 37 Abs. 1 entspricht § 20 EG Abs. 1 VOL/A", und „§ 37 Abs. 2 entspricht im Grundsatz § 20 EG Abs. 3 VOL/A".
[2] Ohne das Offene Verfahren, das die VSVgV nicht kennt und bewusst dem Auftraggeber gar nicht zur Verfügung stellt, vgl. § 11.
[3] Dieser enthält nunmehr erstmals den Zusatz in Abs. 1 S. 2: „Im Übrigen ist der öffentliche Auftraggeber grundsätzlich nicht verpflichtet, den Zuschlag zu erteilen".

II. Einzelerläuterungen

- die Versorgungssicherheit nach § 8 ist objektiv durch keines der eingegangenen Angebote gewährleistet, obwohl diese den Bewerbungsbedingungen entsprechen,
- der Auftraggeber hatte Eignungsnachweise nicht nach § 16 Abs. 2 in einer abschließenden Liste zusammen gestellt[4] und diese sind zwingend zur Sicherstellung der Versorgungssicherheit erforderlich.

Zudem enthält § 21 Abs. 3 S. 3 Nr. 2 die **gesonderte** singuläre **Möglichkeit, ein laufendes** 9
Vergabeverfahren einzustellen und ein neues Vergabeverfahren einzuleiten, wenn die **Zahl geeigneter Bewerber unter** der vom Auftraggeber konkret **festgelegten Mindestanzahl**[5] liegt.

2. Mitteilungspflichten bei Aufhebungen (Abs. 2). a) Mitteilung über die Gründe für 10
den Vergabeverzicht (Abs. 2 Alt. 1). Bewerbern oder Bietern sind nach § 37 Abs. 2 Alt. 1 zum einen automatisch die **Entscheidungsgründe für einen Verzicht** des Auftraggebers **auf die Vergabe** eines **bekannt zu machenden Auftrags** (Aufhebung oder Einstellung des Vergabeverfahrens im Verhandlungsverfahren) mitzuteilen. Wegen der gleich gelagerten Verpflichtungen und Klarstellungen aus § 18 samt Verweis auf die aktuelle DurchführungsVO (EU) 2015/1986 erklärt sich auch das Fehlen des im mittlerweile aufgehobenen § 20 EG Abs. 3 VOL/A für den parallelen klassischen Vergabebereich ehedem noch vorhandenen Zusatz „im Amtsblatt der Europäischen Gemeinschaften". § 18 Abs. 4 S. 1 konkretisiert die Verpflichtungen zur vorherigen Auftragsbekanntmachung mittlerweile in der Weise, dass die Bekanntmachung „dem **Amt für amtliche Veröffentlichungen der Europäischen Union**" zu übermitteln ist. Derart vorher bekannt gemachte Vergaben lösen somit nach § 37 Abs. 2 eine automatische Informationspflicht gegenüber Bewerbern oder Bietern jenes konkreten Vergabeverfahrens aus, sofern das Verfahren nicht durch eine Zuschlagsentscheidung endet, sondern auf dessen finale Durchführung verzichtet wird.

Diese Mitteilungspflicht **beginnt** mit dem **Zeitpunkt** der **Einleitung** des Vergabeverfahrens. 11
Dieses **beginnt nicht schon** mit einer – unverbindlichen – **Vorinformation nach § 17**.[6] Denn diese Vorinformation ist nach § 17 Abs. 3 grundsätzlich unverbindlich und nur verpflichtend zu veröffentlichen, sofern der Auftraggeber damit eine spätere Fristverkürzung im eigentlichen Vergabeverfahren nach § 20 Abs. 3 S. 3 und 4 bewirken möchte. Diese ist wegen der ggf. bis zu zwölf Monate dauernden Auftragsvergabe (vgl. § 17 Abs. 1) noch mit großen Unsicherheiten versehen. Wenn der Auftraggeber sich innerhalb dieser Jahresfrist entschließt, von der – ehedem vorgesehenen – Bekanntmachung nach § 18 Abstand zu nehmen und die Leistung oder Dienstleistung nicht mehr zu beschaffen, stellt dies **keinen** der Mitteilungspflicht nach § 37 Abs. 2 unterliegenden **Verzicht auf eine Auftragsvergabe** dar.[7] Die eigentliche Funktion der Vorinformation nach § 17 besteht nur in der Berechtigung nach § 20 Abs. 3, die normale Angebotsfrist von 40 Tagen im nicht offenen Verfahren nach einer Vorinformation auf 22 bis 36 Tage verkürzen zu können, sofern die Sperrfrist von 52 Tagen nach § 20 Abs. 3 S. 4 eingehalten wird.

Anders ist es aber, wenn der Auftraggeber nach Publikation eines **Teilnahmewettbewerbs** 12
(nicht offenes und Verhandlungsverfahren nach § 11 Abs. 1 S. 1) beschließt, keinen der Bewerber zur Angebotsabgabe oder zu Verhandlungen über den Auftragsinhalt aufzufordern, sondern auf die Auftragsvergabe zu verzichten. Denn der **Teilnahmewettbewerb** ist schon **integraler Bestandteil** eines **formellen Vergabeverfahrens**, bei dem lediglich die Eignungsprüfung vor die Klammer gezogen ist. Selbiges gilt für die Bekanntmachung eines **Wettbewerblichen Dialogs** nach § 13. In all diesen Fällen gilt die Informationsverpflichtung des Auftraggebers aus § 37 Abs. 2 gegenüber den Bewerbern uneingeschränkt.

Für Verzichtsentscheidungen in Vergabeverfahren, die nicht verpflichtend EU-weit bekannt 13
gemacht werden müssen, sind zwar die in § 37 Abs. 1 unterschiedslos verankerten Aufhebungsgründe relevant. Die speziellen Informationspflichten des § 37 Abs. 2 gelten aber aufgrund des klaren Wortlauts in S. 1 nicht für einen nicht gem. § 18 bekannt gemachten Auftrag. Somit sind **Verhandlungsverfahren ohne vorherige Bekanntmachung nach § 12 nicht von der Mitteilungsverpflichtung des § 37 Abs. 2 erfasst**. Dies korrespondiert zu den Festlegungen in § 18 Abs. 1, wonach

---

[4] Vgl. dazu VK Bund Beschl. v. 3.6.2013, VK 2-31/13, VPR 2013, 105.
[5] Diese Mindestanzahl darf aber nach § 21 Abs. 3 S. 3 nicht niedriger als drei sein.
[6] VK Sachsen Beschl. v. 11.12.2009 – 1/SVK/054-09, VPRRS 2010, 0034 für die vergleichbare Sachlage in der vormaligen EG VOL/A. Im jetzigen Geltungsbereich der VgV wäre aber nunmehr zu differenzieren, ob die EU-Vorinformation nicht doch schon als Aufruf zum Wettbewerb genutzt würde, was dann den Beginn des eigentlichen Vergabeverfahrens implizieren würde, vgl. dort § 38 Abs. 3 VgV (nur fristverkürzend wie in § 17 Abs. 3) einerseits und § 38 Abs. 4 VgV (Aufruf zum Wettbewerb, ohne Parallele in der VSVgV) andererseits. § 63 VgV differenziert dort bei den Informationspflichten nicht nach Publikation oder Nichtpublikation der Vergabeverfahren.
[7] So auch *Kirch* in Leinemann/Kirch VSVgV Rn. 15.

dort nur das Verhandlungsverfahren mit Teilnahmewettbewerb als bekanntmachungspflichtig aufgeführt ist.

14 **Analog miterfasst von § 37 Abs. 2** muss aber auch die außerhalb der VSVgV geregelte **Beendigung eines EU-Vergabeverfahrens nach § 177 GWB** sein. Wenn danach ein **Vergabesenat** in zweiter Instanz einen **Antrag** des **Auftraggebers**[8] auf **Gestattung** des **Zuschlags** nach § 176 GWB **ablehnt,** ist der Auftraggeber verpflichtet, binnen zehn Tagen die Maßnahmen zu ergreifen, die sich aus der Entscheidung des Vergabesenats ergeben. **Tut** der **Auftraggeber dies nicht, gilt** das betroffene **Vergabeverfahren** nach Ablauf dieser Zehn-Tage-Frist als **kraft Gesetzes beendet,** unabhängig vom Willen und Wollen aller Beteiligten des Vergabeverfahrens. Das Verfahren darf gem. § 177 GWB ausdrücklich nicht fortgeführt werden. Die weder in § 177 GWB, noch an anderer Stelle eine eigenständige Informationsverpflichtung über die dann kraft Gesetz nach § 177 GWB erfolgte Beendigung des Vergabeverfahrens verankert ist, erscheint eine **entsprechend § 37 Abs. 2** zu erfolgende **Mitteilung** auch deswegen notwendig, weil in der Regel lediglich der Antragsteller des Vergabenachprüfungsverfahrens und allenfalls das für die Zuschlagsentscheidung vorgesehene Unternehmen neben dem Auftraggeber Verfahrensbeteiligte nach § 162 S. 1 GWB im Vergabenachprüfungsverfahren sind. Somit wird nur diesen, **nicht aber unbeteiligten anderen Wettbewerbsteilnehmern** des Vergabeverfahrens, die **Ablehnung des Gestattungsantrags** des Auftraggebers nach § 176 GWB formell vom Vergabesenat **zugestellt,** der die Zehn-Tage-Frist des § 177 GWB in Gang setzt.

15 Diese Sondervariante der **Verfahrensbeendigung nach § 177 GWB** lässt sich aber auch **direkt unter den Verzichtsbegriff** des § 37 Abs. 2 fassen, da der Auftraggeber bei einer kraft Gesetzes verfügten Beendigung des Vergabeverfahrens formal zu einem Verzicht auf die Auftragsvergabe genötigt ist.[9] Wegen der Unkenntnis vieler Verfahrensbeteiligter von der Fiktionswirkung des § 177 GWB als Nichtbeteiligte des zweitinstanzlichen OLG-Gestattungsverfahrens muss der Auftraggeber nach Sinn und Zweck der Regelung die Beendigung des gesamten Verfahrens **noch allen Verfahrensbeteiligten mitteilen,** um seiner **Transparenzverpflichtung aus § 37 Abs. 2** in diesem Sonderfall eines gesetzlich erzwungenen Vergabeverzichts nachzukommen. Alles andere verstieße wegen der Kenntnisvorsprünge der Vergabenachprüfungsbeteiligten auch gegen den Verhältnismäßigkeitsgrundsatz des § 97 Abs. 1 S. 2 GWB.

16 Bei der **Angabe der Gründe** für seine Entscheidung zu jedwedem Auftragsvergabeverzicht kann sich der Auftraggeber aber in einer bloßen Mitteilung durchaus **kurzfassen.** Eine **stichwortartige Beschreibung** der **Gründe** reicht aus.[10]

17 Andererseits soll § 37 Abs. 2 auch die **Transparenz und Willkürfreiheit** des Vergabeverfahrens gewährleisten, wenn auch im Rahmen einer reinen Ex-Post-Transparenz ohne Vorabinformation. Diesem Sinn und Zweck wird der Auftraggeber nur gerecht, wenn er den Verfahrensbeteiligten seine **Verzichtsgründe nachvollziehbar** darlegt. Dazu gehört auch, dass aus der Mitteilung entnommen werden kann, **was die tragenden Gründe** für den Verzicht waren.[11] **Nicht ausreichend** ist deshalb im Fall einer Aufhebung wegen eines EU-Ausschlusses die **Wiederholung des** reinen **Wortlauts** einer der **vier Aufhebungsvarianten** des § 37 Abs. 1.[12]

18 Der Auftraggeber ist aber auch **nicht verpflichtet,** eine **erschöpfende** und vollständige **Mitteilung aller Aufhebungsgründe** sowie eine bis in die Einzelheiten gehende Begründung zu liefern.[13] Der Auftraggeber wird aber gut daran tun, nicht sämtliche abstrakt denkbaren Aufhebungsgründe undifferenziert und kumulativ aufzulisten, insbesondere, wenn diese sich gegenseitig widersprechen sollten.

19 Denn wenn sich angeblich die Grundlagen des Vergabeverfahrens wesentlich geändert haben sollen (§ 37 Abs. 1 Nr. 2), der Auftraggeber aber ein nachfolgendes Verhandlungsverfahren ohne Vergabebekanntmachung nach § 12 Abs. 1 lit. a aa ankündigt, weiß ein kundiger Bieter, dass dieses enumerative Vergabeverfahren nur vergaberechtskonform angewandt werden darf, wenn sich die ursprünglichen Bedingungen des Auftrags gerade nicht grundlegend geändert haben dürfen. Eine gut gemeinte Doppel- oder Reservebegründung für eine Aufhebung erweist sich dann ggf. als Bumerang.

---

[8] Nicht aber etwa des beigeladenen Zuschlagsbieters.
[9] Ähnlich Dippel/Sterner/Zeiss/*Sterner* Rn. 31, der die Aufhebungsverfügung durch eine Vergabekammer als einen schwerwiegenden Grund nach § 37 Abs. 1 Nr. 4 sieht. Für eine wegen der aufhebungsgleichen Wirkung zwingende Information zumindest der Bieter im Rahmen des § 177 GWB → GWB § 177 Rn. 16 f.
[10] OLG Koblenz Beschl. v. 10.4.2003 – 1 Verg 1/03, VergabeR 2003, 448.
[11] OLG Koblenz Beschl. v. 10.4.2003 – 1 Verg 1/03, VergabeR 2003, 448 (451).
[12] So zu Recht Dippel/Sterner/Zeiss/*Sterner* Rn. 25.
[13] OLG Koblenz Beschl. v. 10.4.2003 – 1 Verg 1/03, VergabeR 2003, 448.

b) Mitteilung über die Gründe für eine erneute Einleitung eines Vergabeverfahrens 20 (Abs. 2 Alt. 2). Zudem hat der Auftraggeber nach § 37 Abs. 2 Alt. 2 die **Bewerber oder Bieter** in selbiger Weise auch über die Gründe für seine Entscheidung zu informieren, **ein neues Vergabeverfahren einzuleiten**, und zwar wiederum unverzüglich. Auch dies soll dazu dienen, dass die bisherigen Wettbewerbsteilnehmer frühzeitigst erkennen, ob und wie es weiter geht. Denn es ist denkbar, dass sich der Beschaffungszweck mittlerweile vollständig erledigt hat[14] oder dass die Leistung unter stark geänderten Parametern doch noch beschafft werden soll.[15] All dies müssen die Wettbewerber wissen, um sich darauf mit ihren Kapazitäten und ihrer Man-Power einstellen zu können.

Praktischer Weise wird der Auftraggeber oftmals **beide Begründungen** (für Verzicht und 21 neues Vergabeverfahren) in einer **einzigen Mitteilung** miteinander verbinden können. Vorbildlich erscheint deshalb das **Formblatt 352** im aktuellen Vergabehandbuch des Bundes.[16] Dieses erwähnt zum einen die Aufhebungsgründe des § 37 als auch die **Beendigungsvariante nach § 177 GWB**. Zum Zweiten teilt es **zugleich („Und-Variante")** das beabsichtigte **weitere Vorgehen** mit; entweder kein neues Vergabeverfahren durch zu führen **oder eine** der sechs, in der VSVgV nur **vier denkbaren Varianten**[17] in EU-Verfahren durchzuführen.

Hat der Auftraggeber den Wettbewerbern schon den vermeintlich endgültigen Verzicht auf die 22 Auftragsvergabe mitgeteilt, muss er eine **zusätzliche Mitteilung** nach § 37 Abs. 2 Alt. 2 verfassen, wenn er späterhin doch wieder gedenkt, ein erneutes Vergabeverfahren in selbiger Beschaffung einzuleiten, und zwar wiederum unverzüglich, also ohne schuldhaftes Zögern iSd § 121 BGB. Dabei gelten für die Unverzüglichkeit dieselben Maßstäbe wie bei der unverzüglichen Mitteilung über den vorherigen Vergabeverzicht. **Ansonsten** könnte sich der Auftraggeber durch eine **zeitliche Streckung der Mitteilungen** nach § 37 Abs. 2 Alt. 1 und Alt. 2 letztgenannter **Mitteilungspflicht entziehen**.

Um Umgehungstendenzen zu begegnen, besteht die Mitteilungspflicht nach § 37 Abs. 2 Alt 2 23 unabhängig von etwaig beabsichtigten Veränderungen des Auftragsgegenstandes.

c) Mitteilung jeweils in Textform nach § 126b BGB. Der Auftraggeber hat die Verzichts- 24 gründe den Bewerbern oder Bietern **mindestens in Textform** mitzuteilen. Dies trägt den sich immer weiter verbreitenden Möglichkeiten der Informationstechnologie und den Zielen einer umfassenden E-Vergabe Rechnung. Lediglich, falls dies beim Auftraggeber beantragt wurde, verlangt Art. 35 Abs. 1 Vergabe-RL Verteidigung und Sicherheit eine schriftliche Informationserteilung, was so aber nur in § 36 Abs. 1 S. 2 in der VSVgV umgesetzt wurde.

Mit dem Begriff **Textform** und dem Zusatz „im Sinne des § 126b BGB" verweist § 37 Abs. 2 25 auf entsprechende zivilrechtliche Festlegungen. Gemäß **§ 126b S. 1 BGB** muss dazu eine **lesbare Erklärung**, in der die **Person** des Erklärenden **genannt** ist, auf einem **dauerhaften Datenträger** abgegeben werden. Ein dauerhafter Datenträger ist nach § 126b S. 2 BGB jedes **Medium**, das es 1. dem Empfänger ermöglicht, eine auf dem Datenträger befindliche, an ihn persönlich gerichtete so **aufzubewahren oder zu speichern,** dass sie ihm während eines für ihren Zweck angemessenen Zeitraum **zugänglich** ist und 2. geeignet ist, die **Erklärung verändert wiederzugeben**. Damit kann sich ein Auftraggeber eines Telefaxes, aber auch einer E-Mail bedienen (§ 126 Abs. 3 BGB iVm § 126a BGB).

---

[14] ZB durch eine Eigenerbringung der Dienstleistung durch den Auftraggeber selbst.
[15] ZB durch die Beschaffung eines aktuellen Nachfolgemodells, weil das ehedem ausgeschriebene Modell nicht mehr lieferbar ist.
[16] Ausgabe 2017 (Stand 2019), www.bmi.bund.de oder www.fachinfoboerse.de.
[17] Nicht offenes Verfahren, Verhandlungsverfahren mit oder ohne Teilnahmewettbewerb, Wettbewerblicher Dialog. Die Informationspartnerschaft nach § 119 Abs. 7 GWB ist in der VSVgV mangels Richtlinienvorbild – ebenso wie das offene Verfahren – nicht verankert.

Teil 3 Unterauftragsvergabe

§ 38 Allgemeine Vorgaben zur Unterauftragsvergabe

(1) ¹In den Fällen des § 9 Absatz 3 Nummer 1 und 2 vergeben Auftragnehmer, die keine öffentlichen Auftraggeber im Sinne des § 99 oder Sektorenauftraggeber im Sinne des § 100 des Gesetzes gegen Wettbewerbsbeschränkungen oder vergleichbarer Normen anderer Mitgliedstaaten der Europäischen Union sind, Unteraufträge an Dritte nach den Vorschriften dieses Teils. ²Die Auftragnehmer vergeben Unteraufträge im Wege transparenter Verfahren und behandeln sämtliche potenzielle Unterauftragnehmer gleich und in nicht diskriminierender Weise.

(2) ¹Für die Zwecke von Absatz 1 gelten Bietergemeinschaften oder mit dem Auftragnehmer verbundene Unternehmen nicht als Unterauftragnehmer im Sinne dieses Teils. ²Der Bieter fügt dem Angebot eine vollständige Liste dieser Unternehmen bei. ³Ergeben sich Änderungen in den Beziehungen zwischen den Unternehmen, ist dem Auftraggeber darüber eine aktualisierte Liste zur Verfügung zu stellen.

(3) Auftragnehmer, die öffentliche Auftraggeber sind, halten bei der Unterauftragsvergabe die Vorschriften dieser Verordnung über die Vergabe von Hauptaufträgen ein.

(4) Für die Schätzung des Wertes von Unteraufträgen gilt § 3 entsprechend.

Übersicht

	Rn.		Rn.
I. Normzweck	1	a) Ausnahmen für Bietergemeinschaften und verbundene Unternehmen (Abs. 2 S. 1)	9
II. Einzelerläuterungen	5		
1. Vergabe durch Nicht-Auftraggeber wegen einer Anordnung nach § 9 (Abs. 1)	5	b) Informationspflicht durch Beifügung einer Unternehmensliste (Abs. 2 S. 2)	10
a) Beachtung des Teiles 3 der VSVgV zur Unterauftragsvergabe in den Fällen des § 9 Abs. 3 (Abs. 1 S. 1)	6	c) Aktualisierungspflicht bezüglich der Unternehmensliste bei Änderungen in den Beziehungen zwischen den Unternehmen (Abs. 2 S. 3)	11
b) Unterauftragsvergabe durch Auftragnehmer in transparenten Verfahren und in nichtdiskriminierender Weise unter Beachtung des Gleichbehandlungsgrundsatzes (Abs. 1 S. 2)	7	3. Unterauftragsvergaben durch Auftragnehmer, die selbst öffentliche Auftraggeber sind (Abs. 3)	13
2. Ausnahmen für Bietergemeinschaften und verbundene Unternehmen und entsprechende Informationspflichten (Abs. 2)	8	4. Auftragswertschätzung bei Unteraufträgen (Abs. 4)	14

I. Normzweck

Mit § 38 hatte der Verordnungsgeber schon 2012, wenn auch leicht verspätet, die Vorgaben 1 der **Art. 50, 51 und 54 RL 2009/81/EG (Vergabe-RL Verteidigung und Sicherheit)** in deutsches Recht **umgesetzt**.

§ 38 legt als erste der vier sukzessiven Bestimmungen zu **Unterauftragsvergaben** im Verteidi- 2 gungs- und Sicherheitsbereich (§§ 38–41) den grundsätzlichen **Anwendungsbereich** fest, für den die Bestimmungen der nachfolgenden §§ 39 ff. für diesem nachgeschalteten Verfahrensbereich zwischen Auftragnehmer und seinen Unterauftragnehmern beachtlich sind.

Zu **unterscheiden** sind dabei **zwei** unterschiedliche **Konstellationen: Zum einen** betrifft 3 § 38 Abs. 3 den Fall, dass der vom Auftraggeber gebundene **Auftragnehmer** als Unternehmen **selbst öffentlicher Auftraggeber** ist. **Zum zweiten** erfasst § 38 Abs. 1 und 2 die Konstellation der **Auftragsvergabe an Private,** die nicht öffentlicher oder Sektorenauftraggeber nach den §§ 99 und 100 GWB sind, aber von einem öffentlichen Auftraggeber im Verteidigungs- oder Sicherheitsbereich **nach § 9 zur Anwendung des Vergaberechts** bei der Vergabe seinerseitiger **Unteraufträge verpflichtet** wurde.

Gemäß § 2 Abs. 2 gelten diese Vorgaben für Unterauftragsvergaben unterschiedslos sowohl im 4 Liefer- und Dienstleistungsbereich als **auch** im **Baubereich.** Sonderbestimmungen der VOB/A-VS für den Baubereich sind deshalb nicht zu berücksichtigen. Eine gesetzliche **Definition** der angesprochenen **Unteraufträge** enthält § 4 Abs. 3. Danach ist ein Unterauftrag ein zwischen einem

Fett

erfolgreichen Bieter und einem oder mehreren Unternehmen geschlossener **entgeltlicher Vertrag** über die Ausführung des betreffenden **Auftrags oder von Teilen** des Auftrags.

II. Einzelerläuterungen

5   1. **Vergabe durch Nicht-Auftraggeber wegen einer Anordnung nach § 9 (Abs. 1). § 9 Abs. 3,** auf den § 38 Abs. 1 S. 1 verweist, erlaubt es Auftraggebern, bestimmte Anforderungen an die Erteilung derartiger Unteraufträge im wettbewerblichen Verfahren zu stellen.

6   a) **Beachtung des Teiles 3 der VSVgV zur Unterauftragsvergabe in den Fällen des § 9 Abs. 3 (Abs. 1 S. 1).** Dazu zählt nach § 9 Abs. 3 Nr. 2 auch das Verlangen, dass **Auftragnehmer, die selbst keine Auftraggeber**[1] sind, die **Bestimmungen der §§ 38–41** auf alle oder nur auf bestimmte Unteraufträge **anwenden,** die diese an Dritte zu vergeben beabsichtigen. Nur wenn ein Auftraggeber seinem späteren Auftragnehmer (= gebundener Vertragspartner) eine derartige Verpflichtung schon auferlegt hatte, ist der Anwendungsbereich der §§ 38 ff. eröffnet. Hat der Auftraggeber dies bewusst oder auch unbewusst unterlassen, ist der Anwendungsbereich gerade nicht eröffnet und der Auftragnehmer ist seinerseits völlig frei, in einer – eventuellen – Vergabe von Unteraufträgen.

7   b) **Unterauftragsvergabe durch Auftragnehmer in transparenten Verfahren und in nichtdiskriminierender Weise unter Beachtung des Gleichbehandlungsgrundsatzes (Abs. 1 S. 2).** In Falle der aktiven Vorgabe der §§ 38 ff. an einem Auftragnehmer ist dieser **seinerseits** nach § 39 Abs. 1 S. 2 auf der Grundlage von Art. 51 Vergabe-RL Verteidigung und Sicherheit dann ua auch **verpflichtet,**[2] seine Vergabe von Unteraufträgen im Wege **transparenter und diskriminierungsfreier, wettbewerblicher Verfahren** vorzunehmen. Die dazu relevanten Vorgaben enthalten im Einzelnen § 39 (**Bekanntmachungspflichten** samt Ausnahmen) und § 40 (vorgegebene **Auswahlkriterien** samt Ausnahmen). Insbesondere die Transparenzpflichten im Verhältnis zu potenziellen Unterauftragnehmern erfordern grundsätzlich eine **eigene Vergabebekanntmachung,** eine eindeutige und erschöpfende **Leistungsbeschreibung,** die vorherige Angabe der relevanten **Zuschlagskriterien**[3] und die Fertigung eines eigenständigen **Vergabevermerks über diese Unterauftragsvergabe** des vom Auftraggeber schon vertraglich gebundenen Auftragnehmers.

8   2. **Ausnahmen für Bietergemeinschaften und verbundene Unternehmen und entsprechende Informationspflichten (Abs. 2).** § 38 Abs. 2 manifestiert die **Beibringungspflicht** einer – auch **zu aktualisierenden – Liste** mit dem Angebot, in der sog. **verbundene Unternehmen aufgeführt** sind, die ebenso wie Bietergemeinschaften nicht als Unterauftragnehmer nach § 38 Abs. 1 gelten.

9   a) **Ausnahmen für Bietergemeinschaften und verbundene Unternehmen (Abs. 2 S. 1).** § 38 Abs. 2 S. 1 privilegiert **Bietergemeinschaften** und mit dem **Auftragnehmer verbundene Unternehmen,** indem diese **ausdrücklich nicht als Unterauftragnehmer iSd §§ 38 ff.** gelten. **§ 4 definiert** ein **verbundenes Unternehmen** als ein Unternehmen, auf das der Auftragnehmer unmittelbar oder mittelbar einen beherrschenden Einfluss ausüben kann und das seinerseits einen beherrschenden Einfluss auf den erfolgreichen Bieter ausüben kann oder das ebenso wie der erfolgreiche Bieter dem beherrschenden Einfluss eines dritten Unternehmens unterliegt, sei es durch Eigentum, finanzielle Beteiligung oder sonstige Bestimmungen, die die Tätigkeit des Unternehmens regeln. Dabei wird ein **beherrschender Einfluss vermutet,** wenn ein Unternehmen unmittelbar oder mittelbar die Mehrheit des gezeichneten **Kapitals** eines anderen Unternehmens besitzt, über die Mehrheit der mit den Anteilen eines anderen Unternehmens verbundenen **Stimmrechte** verfügt oder mehr als die Hälfte der **Mitglieder** des Verwaltungs-, Leitungs- oder Aufsichtsorgans eines anderen Unternehmens bestellen kann. **Eine Unterbeauftragung dieser verbundenen Unternehmen bzw. Unternehmenszusammenschlüsse in einer Bietergemeinschaft durch den vertraglich gebundenen Auftragnehmer ist diesem somit ohne Beachtung der §§ 38 ff., insbesondere ohne bekannt zu machende Ausschreibung und Beachtung der von Auftraggeber vorgegebenen Auswahlkriterien möglich.** Zudem können somit Aufträge an Bietergemeinschaften oder mit dem Auftragnehmer konzernverbundene Unternehmen nicht zur Erfüllung

---

[1] Beachte für den Fall, dass der Auftragnehmer selbst Auftraggeber ist § 38 Abs. 3.
[2] Der Rechtsgrund dieser Verpflichtung ist dann nicht die VSVgV als Verordnung, sondern die durch die § 9 legitimierte individuelle Anweisung des Auftraggebers an seinen vertraglich gebundenen Auftragnehmer; so zu Recht Leinemann/Kirch/*Leinemann* Rn. 2.
[3] Demgemäß stellt es einen Vergaberechtsverstoß dar, wenn der Auftragnehmer im Rahmen der Unterauftragsvergabe Zuschlagskriterien erst nach der Angebotsaufforderung nach § 29 bildet oder eine bisher nicht bekannte Bewertungsmatrix verwendet, OLG Düsseldorf Beschl. v. 8.3.2017 – VII-Verg 39/16, NZBau 2017, 296.

II. Einzelerläuterungen

einer etwaigen gem. § 9 Abs. 3 Nr. 1 vorgegebenen Unterauftragsquote herangezogen werden.[4] Im klassischen Vergabebereich hingegen gelten auch beherrschte oder abhängige Konzerngesellschaften, solange sie rechtlich selbstständig sind, als andere Unternehmen.[5]

b) Informationspflicht durch Beifügung einer Unternehmensliste (Abs. 2 S. 2). Nach § 38 Abs. 2 S 2 ist der Bieter des ersten Vergabeverfahrens und spätere Auftragnehmer verpflichtet, schon mit seinem Angebot in jenem nunmehr abgeschlossenen Vergabeverfahren, eine vollständige Liste der Unternehmen, die unter § 38 Abs. 2 S. 1 fallen, beizufügen. Hintergrund dieser vom ehemaligen Auftraggeber vorzugebenden Verpflichtung ist dessen **Prüfmöglichkeit und -berechtigung,** festzustellen, welche Unternehmen Bietergemeinschaftspartner oder verbundene Unternehmen des Bieters und jetzigen Auftragnehmers sind.

c) Aktualisierungspflicht bezüglich der Unternehmensliste bei Änderungen in den Beziehungen zwischen den Unternehmen (Abs. 2 S. 3). Damit der Auftraggeber seiner Prüfberechtigung auch jederzeit in ordnungsgemäßer Art und Weise nachkommen kann, bestimmt **§ 38 Abs. 2 S. 3,** dass diesem eine **aktualisierte Liste** zur Verfügung zu stellen ist, **wenn sich Änderungen** zwischen den Unternehmen ergeben.

Fraglich ist aber die **zeitliche Dauer** dieser Aktualisierungsverpflichtung. Stellt man auf die ursprüngliche Vorlagepflicht dieser Liste nach § 38 Abs. 2 S. 2 ab, dann galt sie nur für Bieter, also diejenigen Unternehmen, die im vorherigen Vergabeverfahren des Auftraggebers ein Angebot abgegeben haben. Von **Sinn und Zweck der Vorschrift,**[6] letztlich nicht wirklich legitimierte, uU ohne die wettbewerblichen Sicherstellungen einer Auftragsbekanntmachung und vorgegebener und transparenter Auswahlkriterien durchgeführte Unterauftragsvergaben nur ausnahmsweise unkontrolliert als Auftragnehmer durchführen zu dürfen, muss diese **Aktualisierungspflicht auch für den Auftragnehmer nach Abschluss des ersten Vergabeverfahrens gelten,** in dem dieser Bieter gewesen war. Dies steht auch mit dem Wortlaut von § 38 Abs. 2 in Einklang, der den Bezug zu einem Bieter expressis verbis nur in § 38 Abs. 2 S. 2 enthält, bei dem es um die Vorlage der Liste im laufenden Vergabeverfahren des Auftraggebers geht. **S. 3 des § 38 Abs. 2 ist hingegen passivisch formuliert** und benennt den Aktualisierungspflichtigen gerade nicht. **Verstärkt** wird diese Sichtweise auch noch durch **§ 9 Abs. 1 S. 2,** wonach Auftraggeber **schon in ihren Vergabeverfahren verlangen** können, dass der Auftragnehmer ihnen jede im **Zuge der Ausführung** des Auftrags eintretende **Änderung** auf Ebene der Unterauftragnehmer **mitteilt.**

3. Unterauftragsvergaben durch Auftragnehmer, die selbst öffentliche Auftraggeber sind (Abs. 3). Nach § 38 Abs. 3 haben Auftragnehmer, die selbst **öffentliche Auftraggeber** sind, bei der Unterauftragsvergabe die **Vorschriften der VSVgV** über die Vergabe der Hauptaufträge einzuhalten. Für sie gelten somit nicht wie für private Auftraggeber die §§ 38 ff., sondern das **normale Vergaberegime** des VSVgV. Wie sich jedoch aus der Verweisung auf § 3 für die Auftragswertschätzung von Unteraufträgen ergibt, dürfte diese Verpflichtung nur eingreifen, falls der relevante Wert der Unterauftragsvergabe die Schwellenwerte für Hauptaufträge von immerhin derzeit 428.000 EUR (netto) für Liefer- und Dienstleistungen und 5,350 Mio. EUR (netto) für Bauleistungen erreicht.[7]

---

[4] Dippel/Sterner/Zeiss/Gabriel/*Weiner* Rn. 31.
[5] OLG Düsseldorf Beschl. v. 17.4.2019 – Verg 36/18, NZBau 2019, 737, zu § 6d EU Abs. 1 S. 1 VOB/A 2016.
[6] Für eine zeitliche und persönliche Erstreckung auf den Auftragnehmer auch Leinemann/Kirch/*Leinemann* Rn. 4 mit dem zutreffenden Argument, wegen der nachwirkenden Verpflichtung zur Unterauftragsvergabe, die erst nach dem Zuschlag an den Bieter erfolgt, müsse die Aktualisierungspflicht bzgl. der Liste auch für die Dauer der Vertragslaufzeit entsprechend anzunehmen sein, da sich auch erst dann an die Frage stellen könne, ob eine Unterauftragsvergabe nach § 38 ff. ausschreibungspflichtig sei oder an eine Konzerntochter vergeben werden kann, die der Bieter ggf. erst nach Zuschlagserteilung erworben hat.
[7] Leinemann/Kirch/*Leinemann* Rn. 6, sieht demgegenüber die Pflicht zur Unterauftragsvergabe nach der VSVgV insgesamt schon bei Erreichen der Größenordnung ausschreibungspflichtiger Teillose der Gesamtaufträge von 80.000 EUR (netto) bei Liefer- und Dienstleistungsaufträgen verwirklicht. Dies überzeugt nicht, da für die angeführten Lose im verwiesenen § 3 Abs. 7 S. 4 gerade bestimmt ist, dass der Gesamtwert den maßgeblichen Schwellenwert erreicht haben muss. Auch auf EU-Ebene verweist Art. 52 Abs. 1 Vergabe-RL Verteidigung und Sicherheit zur Anwendungsverpflichtung nur auf Art. 8 mit den Schwellenwerthöhenbestimmungen in toto, ohne 20%-Klausel, die sich erst in Art. 9 Vergabe-RL Verteidigung und Sicherheit wiederfindet, auf den lediglich Art. 52 Abs. 8 Vergabe-RL Verteidigung und Sicherheit hinsichtlich der Berechnung, nicht aber der relevanten Höhe des geschätzten Wertes des Unterauftrags verweist. Art. 9 Abs. 5 lit. a und b Vergabe-RL Verteidigung und Sicherheit fordern in Einklang mit Art. 8 Vergabe-RL Verteidigung und Sicherheit zum Erreichen des dortigen, hohen Schwellenwertes durch den kumulierten Wert der Lose zur Geltung der Richtlinie für die Vergabe jedes Loses. Ist dieser einzig relevante Gesamtauftragswert erreicht, dann sind maximal 80.000 EUR (netto) im Rahmen des 20%-Kontingents als Lose im

Dafür spricht auch die Bestimmung in **Art. 52 Abs. 7 Vergabe-RL Verteidigung und Sicherheit**, die nicht in deutsches Recht umgesetzt wurde. Nach dieser Bestimmung ist der Auftragnehmer bei der Vergabe von Unteraufträgen zur Anwendung der primärrechtlichen Grundsätze der Transparenz und des Wettbewerbs des AEUV[8] auch unterhalb der Schwellenwerte (§ 3) verpflichtet. Im Rahmen einer **richtlinienkonformen Auslegung** wird man im Lichte des Art. 52 Abs. 1 und 7 Vergabe-RL Verteidigung und Sicherheit davon ausgehen müssen, dass die **Schwellenwerte im Umkehrschluss gem. § 3 überschritten** sein müssen, um zu einer Anwendung der VSVgV oder auch nur der §§ 38 ff. im Falle des § 38 Abs. 1 zu kommen.[9] Die praktische Relevanz des Abs. 3 dürfte aber durchaus begrenzt sein, da öffentliche Auftraggeber eher selten als Auftragnehmer in verteidigungs- und sicherheitsrelevanten Vergabeverfahren auftreten dürften.

13a Im Übrigen bleibt zu beachten, dass weder den Rechtsschutzvorschriften des GWB noch der Vergabe-RL Verteidigung und Sicherheit oder den Rechtsmittelrichtlinien oder dem materiellen Recht (auch nicht §§ 9, 38 ff.) zu entnehmen ist, dass **potentiellen Unterauftragnehmern oder Lieferanten eigene Rechte zustehen, die im Rahmen eines Nachprüfungsverfahrens geltend gemacht werden können.**[10] Ihnen fehlt somit regelmäßig schon auf der Zulässigkeitsebene eines Vergabenachprüfungsverfahrens gegen einen öffentlichen Auftraggeber die erforderliche Antragsbefugnis nach § 160 Abs. 2 GWB.[11]

14 **4. Auftragswertschätzung bei Unteraufträgen (Abs. 4).** § 38 Abs. 4 verweist für die **Schätzung des Wertes von Unteraufträgen auf eine entsprechende Geltung des § 3.** Dies entspricht den Vorgaben in Art. 52 Abs. 8 Vergabe-RL Verteidigung und Sicherheit, der seinerseits auf den dortigen Art. 9 Vergabe-RL Verteidigung und Sicherheit verweist. Hinsichtlich der Auftragswertberechnung wird deshalb auf die Kommentierung zu § 3 verwiesen (→ § 3 Rn. 7).

§ 39 Bekanntmachung

(1) ¹Der Auftragnehmer veröffentlicht seine Absicht, einen Unterauftrag zu vergeben, in Form einer Bekanntmachung. ²Die Bekanntmachung enthält die in Anhang V der Richtlinie 2009/81/EG aufgeführten Informationen sowie die Auswahlkriterien des § 40 Absatz 1. ³Für die Bekanntmachung ist die Einwilligung des Auftraggebers einzuholen. ⁴Die Bekanntmachung wird nach dem Muster gemäß Anhang XVI der Durchführungsverordnung (EU) 2015/1986 erstellt und wird gemäß § 18 Absatz 4 und 5 veröffentlicht.

(2) Eine Bekanntmachung über Unteraufträge ist nicht erforderlich, wenn in entsprechender Anwendung des § 12 eine Bekanntmachung verzichtbar ist, weil ein Verhandlungsverfahren ohne Teilnahmewettbewerb zulässig wäre.

I. Normzweck

1 Ausweislich der Verordnungsbegründung[1] dienen **§ 39 Abs. 1 und 2** der **Umsetzung von Art. 52 Abs. 1–3 Vergabe-RL Verteidigung und Sicherheit** einerseits und **Art. 52 Abs. 4 Vergabe-RL Verteidigung und Sicherheit** andererseits. Zusätzlich verweist aber § 39 Abs. 1 S. 1 auch auf die gem. Art. 53 Abs. 1 2009/81/EG bekannt zu machenden Auswahlkriterien. Ebenfalls über den Wortlaut des Art. 52 Abs. 2 Vergabe-RL Verteidigung und Sicherheit hinaus[2] unterliegt die Bekanntmachung verteidigungs- und sicherheitsrelevanter Unteraufträge der Einwilligung des Auftraggebers, unter Beachtung des allgemeinen Verhältnismäßigkeitsgrundsatzes.[3]

2 § 39 Abs. 2 übernimmt Art. 52 Abs. 4 Vergabe-RL Verteidigung und Sicherheit. **Art. 52 Abs. 5 Vergabe-RL Verteidigung und Sicherheit** stellt **ohne bundesdeutsche Umsetzung** klar, dass erfolgreiche Bieter Bekanntmachungen über Unteraufträge, für die eigentlich keine Veröffentlichung nach § 39 erforderlich wäre, dennoch **freiwillig nach Art. 32 Vergabe-RL Verteidigung und**

Wege der Gegenausnahme von der Geltung der VSVgV befreit (§ 3 Abs. 7 S. 5); so auch Dippel/Sterner/Zeiss/*Rechten* § 3 Rn. 54, 55.

[8] Der Vertrag über die Arbeitsweise der EU (AEUV) und seine tragenden Grundsätze gelten aber ohnehin direkt, BR-Drs. 321/12, 62.
[9] So Ziekow/Völlink/*Busz* Rn. 1.
[10] So zumindest VK Bund Beschl. v. 9.5.2014 – VK 1-26/14, ZfBR 2014, 718.
[11] Vgl. OLG Düsseldorf Beschl. v. 5.11.2014 – Verg 20/14, NZBau 2015, 178 sowie *Gabriel/Weiner* in von Wietersheim, Vergaben im Bereich Verteidigung und Sicherheit, 2013, 129, mit ua Verweis auf § 38 Abs. 3.
[1] BR-Drs. 321/12, 63.
[2] So auch Dippel/Sterner/Zeiss/*Gabriel/Weiner* Rn. 9.
[3] BR-Drs. 321/12, 63. Mittlerweile ist der Verhältnismäßigkeitsgrundsatz mit der Novelle 2016 auch in § 97 Abs. 1 S. 2 GWB gesondert verankert worden.

Sicherheit veröffentlichen können. Auf dieser Grundlage können Auftragnehmer über den Wortlaut von § 39 Abs. 2 hinaus entsprechend § 18 eine Veröffentlichung veranlassen,[4] sofern sie dies überobligat wollen.

II. Einzelerläuterungen

1. Bekanntmachung über die Vergabeabsicht eines Unterauftrags (Abs. 1). Um den Vorgaben zur Durchführung eines wettbewerblichen, insbesondere transparenten Vergabeverfahrens zur Unterauftragsvergabe nach § 38 Abs. 1 S. 2 konkret nachzukommen, sieht **§ 39 eine Pflicht zur Muster gestützten Bekanntmachung der Unterauftragsvergabe** mit vorgegebenen Informationen und Auswahlkriterien vor.

a) Bekanntmachungspflicht bei einer beabsichtigten Unterauftragsvergabe (Abs. 1 S. 1). Dazu sieht § 39 eine Pflicht zur **europaweiten** (vgl. § 18 Abs. 4 iVm § 39 Abs. 1 S. 4) **Bekanntmachung** der Unterauftragsvergabe vor.

b) Mindestinhalt einer Bekanntmachung über eine beabsichtigte Unterauftragsvergabe (Abs. 1 S. 2). Zum **Mindestinhalt** der Bekanntmachung gehören ua die **Auswahlkriterien nach § 40 Abs. 1.** Diese untergliedern sich in die **Eignungskriterien,** die vom Auftraggeber vorfestgelegt sind und **andere Kriterien, die der Auftragnehmer** bei der Auswahl des Unterauftragnehmers anwendet. Diese Auswahlkriterien müssen zudem gem. § 40 Abs. 1 S. 2 mit den Kriterien, die für den Hauptauftrag gelten bzw. nunmehr rückblickend galten, **in Einklang** stehen, sodass insbesondere die Ablehnung eines vom Auftragnehmer ausgewählten Unterauftragnehmers durch den Auftraggeber nur auf dieser Grundlage erfolgen darf (§ 9 Abs. 5 S. 1). Zum zweiten sind die im **Anhang V Vergabe-RL Verteidigung und Sicherheit** aufgeführten Informationen ebenfalls in der Bekanntmachung auszuführen. Dies betrifft ua
– Name, Anschrift, Faxnummer und E-Mail des erfolgreichen Bieters,
– Art und Ort der Leistung samt CPV-Kategorisierung,
– die Teilnahme-, Angebots- und Ausführungsfristen,
– Anschrift und Stelle, die die Vergabeunterlagen zwecks Anforderung vorhält und an die das Angebot in welcher Sprache gesendet werden muss,
– ggf. Kautionen und Sicherheiten sowie die
– objektiven Auswahlkriterien.

c) Notwendige Einwilligung des Auftraggebers (Abs. 1 S. 3). Nach § 39 Abs. 1 S. 3 ist **für die Bekanntmachung die Einwilligung des Auftraggebers** einzuholen. Diese Beschränkung der Ausschreibungsrechte des Auftragnehmers hat **keine direkte europarechtliche Wurzel** und ist ein nationales Eigengewächs. Art. 52 Abs. 2 Vergabe-RL Verteidigung und Sicherheit bestimmt lediglich, dass Angaben in der Bekanntmachung der Unterauftragsvergabe ggf. von der Zustimmung des Auftraggebers abhängen können.

Nach der **amtlichen Begründung** zu § 39 Abs. 1[5] erscheint es jedoch gerechtfertigt, den Inhalt der Bekanntmachung von der vorherigen[6] Einwilligung des Auftraggebers abhängig zu machen, um ihm die **Möglichkeit** zu geben, den **Inhalt der Bekanntmachung** dahingehend zu **kontrollieren,** ob diese seine schutzwürdigen Interessen, insbesondere die **Wahrung der Vertraulichkeit**[7] oder den **Schutz von Verschlusssachen**[8] betreffen können.

Damit wird den verbrieften Rechten und Pflichten des Auftraggebers in hinreichendem Maße Rechnung getragen, da eine Intervention nach Veröffentlichung der Bekanntmachung zeitlich zu spät käme. Ausweislich der amtlichen Begründung[9] **darf diese Einwilligung selbstverständlich nur unter Beachtung des Verhältnismäßigkeitsgrundsatzes**[10] versagt werden. Dieser Gesichtspunkt dürfte durch die **Verankerung des Verhältnismäßigkeitsgrundsatzes in § 97 Abs. 1 S. 2 GWB noch stärkeres Gewicht** erhalten haben. Demnach dürfte der Auftraggeber die Einwilligung der Bekanntmachung zB nicht versagen, wenn der Auftragsgegenstand keine Wahrung der Vertraulichkeit nach § 6 erfordert oder sich die Unterauftragsvergabe durch die Versagung erheblich verzögern würde.[11]

---

[4] BR-Drs. 321/12, 74.
[5] BR-Drs. 321/12, 63.
[6] Gem. § 183 Abs. 1 S. 1 BGB wird unter Einwilligung die vorherige Zustimmung verstanden.
[7] Vgl. § 6.
[8] Vgl. § 7.
[9] BR-Drs. 321/12, 63.
[10] So auch Dippel/Sterner/Zeiss/Gabriel/Weiner Rn. 9.
[11] So ua auch Dippel/Sterner/Zeiss/Gabriel/Weiner Rn. 9.

9   **d) Bekanntmachungsmuster und Veröffentlichungsmodalitäten (Abs. 1 S. 4).** Gemäß § 39 Abs. 1 S. 4 ist die Bekanntmachung der Unterauftragsvergabe gemäß den **Mustern der Europäischen Kommission für Standardformulare** abzufassen und zu veröffentlichen. Dafür steht das **Standardformular 19**[12] als Anhang XVI VO (EU) 2015/1986 zur Verfügung. Dieses **sechsseitige Muster** samt dem Anhang C3 zu den vorrangigen 20 und nachrangigen sechs Kategorien von Dienstleistungsaufträgen[13] enthält analoge Angaben wie bei der eigentlichen EU-Bekanntmachung zum Hauptauftrag wie etwa die einschlägige CPV-Nr. (Ziffer II.1.4.), die Laufzeit einer Rahmenvereinbarung (Ziffer II.1.5.), die Teilnahmebedingungen samt der rechtlichen, wirtschaftlichen, finanziellen und technischen Angaben (Ziffer III.2.), die Zuschlagskriterien (Ziffer IV.1) sowie den Schlusstermin für den Eingang der Teilnahmeanträge (Ziffer IV.2.3.). Für die Modalitäten der Veröffentlichung der Bekanntmachung verweist § 38 Abs. 1 S. 4 auf § 18 Abs. 4 und 5. Somit ist die **Bekanntmachung an das Amt für amtliche Veröffentlichungen** der Europäischen Union zu **übermitteln.** Sie und ihr Inhalt dürfen **auf nationaler Ebene** oder in einem Beschafferprofil **nicht vor dem Tag der Absendung an dieses Amt veröffentlicht** werden. Die nationale Veröffentlichung **darf keine anderen Angaben enthalten** als die beiden Vorbenannten und diese muss zudem auf das Datum der Absendung der europaweiten Bekanntmachung oder der Veröffentlichung im Beschafferprofil hinweisen.

10 **2. Entfallen einer Bekanntmachung über Unteraufträge (Abs. 2).** Eine **vorherige Bekanntmachung** über Unteraufträge ist nach § 39 Abs. 2 in Umsetzung von Art. 52 Abs. 4 Vergabe-RL Verteidigung und Sicherheit **entbehrlich,** wenn aufgrund einer entsprechenden Anwendung von § 12[14] eine Bekanntmachung entfallen kann, weil ein **Verhandlungsverfahren ohne EU-Teilnahmewettbewerb vergaberechtlich zulässig** wäre.[15] Denn diese auch in der VSVgV nur ausnahmsweise zulässige Verfahrensvariante sieht gerade keine Bekanntmachung im EU-Amtsblatt vor. Dann würde es aber einen **nicht nachvollziehbaren Wertungswiderspruch** darstellen, wenn die Vergabe des Auftrags selbst durch einen öffentlichen Auftraggeber nicht bekannt zu machen wäre, der **bezuschlagte Auftragnehmer jenes Vergabeverfahrens aber seinerseits seine Unterauftragsvergaben wiederum dann doch EU-weit bekannt machen** sollte und müsste.[16] Richtig ist aber auch, dass Art. 52 Abs. 5 Vergabe-RL Verteidigung und Sicherheit die Möglichkeit vorsieht, auch Bekanntmachungen über Unteraufträge **freiwillig zu veröffentlichen,** obwohl eigentlich keine zwingende Veröffentlichung vorgesehen ist.[17] Für diese freiwilligen Veröffentlichungen gilt § 18, sodass dafür ebenfalls das Standardformular 19 als Anhang XVI Durchführungsverordnung (EU) 2015/1986 der EU-Kommission zu verwenden ist bzw. wäre.

§ 40 Kriterien zur Auswahl der Unterauftragsnehmer

(1) ¹In der Bekanntmachung für den Unterauftrag gibt der Auftragnehmer die vom Auftraggeber festgelegten Eignungskriterien sowie alle anderen Kriterien an, die er für die Auswahl der Unterauftragnehmer anwenden wird. ²Diese Kriterien müssen objektiv und nicht diskriminierend sein und im Einklang mit den Kriterien stehen, die der Auftraggeber für die Auswahl der Bieter für den Hauptauftrag angewandt hat. ³Die geforderte Leistungsfähigkeit muss in unmittelbarem Zusammenhang mit dem Gegenstand des Unterauftrags stehen und das Niveau der geforderten Fähigkeiten muss dem Gegenstand des Unterauftrags angemessen sein.

(2) Der Auftraggeber darf vom Auftragnehmer nicht verlangen, einen Unterauftrag zu vergeben, wenn dieser nachweist, dass keiner der Unterauftragnehmer, die an dem Wettbewerb teilnehmen, oder keines der eingereichten Angebote die in der Bekanntmachung

---

[12] Aber ausweislich des Einschubs zu Beginn des Standardformulars 19 nur für einen erfolgreichen Bieter, der kein öffentlicher Auftraggeber/Auftraggeber ist, also die Fallkonstellation des § 38 Abs. 1 im Gegensatz zu § 38 Abs. 3, bei dem das vereinfachte Verfahren nach den §§ 38–41 nicht anwendbar ist und die allgemeinen Bestimmungen der VSVgV wie für die Vergabe von Hauptaufträgen für die Unterauftragsvergabe eines öffentlichen Auftraggebers als erfolgreicher Bieter gelten.

[13] Vgl dazu auch für die primäre Auftragsvergabeebene § 5 Abs. 1 und 2 iVm Anhängen I und II Vergabe-RL Verteidigung und Sicherheit.

[14] Vgl. dazu die Kommentierung zu § 12 Abs. 1 Nr. 1–4 → § 12 Rn. 3 ff.

[15] Vgl. dazu die Änderung von § 12 Abs. 1 Nr. 1 lit. c aus dem Jahr 2020, wonach das Alleinstellungsmerkmal „zum Zeitpunkt der Aufforderung zur Abgabe von Angeboten" gegeben sein muss, was spätere Wettbewerbsänderungen für den Auftraggeber unbeachtlich macht.

[16] So zu Recht Leinemann/Kirch/*Büdenbender* Rn. 3.

[17] Vgl. Verordnungsbegründung zu § 39, BR-Drs. 321/12, 74.

über den Unterauftrag genannten Kriterien erfüllt und es daher dem erfolgreichen Bieter unmöglich wäre, die Anforderungen des Hauptauftrags zu erfüllen.

I. Normzweck

Mit § 40 Abs. 1 und 2 hat der Verordnungsgeber schon 2012 die Vorgaben aus **Art. 53 Abs. 1 und 2 Vergabe-RL Verteidigung und Sicherheit** in deutsches Recht umgesetzt. 1

Mit § 40 werden die in § 39 Abs. 1 schon für die Bekanntmachung angesprochenen **Eignungs- und sonstigen Auswahlkriterien** von privaten Unternehmen für die Unterauftragnehmer näher **konkretisiert** und vorbestimmt, vorausgesetzt diese wurden nach § 9 Abs. 3 Nr. 1, 2 zur Anwendung der §§ 38 ff verpflichtet. § 40 Abs. 2 enthält ein vom Auftraggeber einzuhaltendes **Verbot der Unterauftragsvergabe**, sofern **keiner** der Unterauftragnehmer oder keines der eingereichten Angebote die bekannt gemachten **Kriterien erfüllt** und es daher auch dem erfolgreichen Bieter unmöglich wäre, die Anforderungen des Hauptauftrages zu erfüllen. 2

II. Einzelerläuterungen

1. Kriterien zur Auswahl der Unterauftragnehmer (Abs. 1). a) Bekanntmachungspflicht bezüglich der Eignungs- und Auswahlkriterien (Abs. 1 S. 1). Der Auftragnehmer hat in der Bekanntmachung für den Unterauftrag nach § 39 iVm § 18 die vom **Auftraggeber festgelegten Eignungskriterien** sowie **alle anderen Kriterien** anzugeben, die er **für die Auswahl der Unterauftragnehmer** anwenden will. Damit kommt es insoweit zu einem Mix aus eignungsrelevanten Vorgaben des Auftraggebers und eigenständigen Auswahlkriterien im Übrigen, die der Auftragnehmer hinzusetzen kann. Bei letztgenannten kann es sich wiederum um **zusätzliche Eignungskriterien** handeln, die dem Auftragnehmer ergänzend wichtig erscheinen, aber auch um sog. **Zuschlagskriterien**,[1] die die Wirtschaftlichkeit der Unterangebote entsprechend § 34 Abs. 2 betreffen. 3

b) Objektivität der Eignungs- und Auswahlkriterien und Konformität mit den Auswahlkriterien für den Hauptauftrag (Abs. 1 S. 2). Diese vorbenannten Eignungs- und Auswahlkriterien von Auftraggeber- und Auftragnehmerseite müssen allesamt nach § 40 Abs. 1 S. 2 **objektiv**[2] **und nicht diskriminierend** sein. Dies bedeutet im Umkehrschluss auch, dass sie jeweils **durch den Gegenstand des Unterauftrages gerechtfertigt** sein müssen. Eine Bevorzugung eines Unterauftragnehmers darf deshalb damit nicht verbunden sein. Damit sind insbesondere sog. **Offsets**[3] **ausgeschlossen**, bei denen eine Auftragserteilung in diskriminierender Art und Weise und intransparent und subjektiv etwa an die Gewährung von Gegenleistungen geknüpft wird. Zudem müssen sie **in Einklang** mit den Kriterien stehen, die der **Auftraggeber für die Auswahl der Bieter für den Hauptauftrag angewandt** hat. Da diese sowohl den Auftraggeber, aber insbesondere gerade auch dem Auftragnehmer als ehemaligem Bieter um den Hauptauftrag ohnehin bekannt sind, dürfte deren Beachtung insbesondere für ihn bei der Aufstellung seiner ergänzenden Auswahlkriterien kein Problem darstellen. 4

c) Zusammenhang mit und angemessenes Niveau der geforderten Leistungsfähigkeit zu dem Unterauftragsgegenstand (Abs. 1 S. 3). Ergänzend bestimmt § 40 Abs. 1 S. 3 zum einen, dass die geforderte **Leistungsfähigkeit** im Rahmen der Eignungskriterien **in unmittelbarem Zusammenhang mit dem konkreten Gegenstand des Unterauftrags** stehen muss. Dies entspricht in etwa, wenn auch sprachlich abweichend und weitergehend, der Vorgabe in § 21 Abs. 2 S. 2 für Mindestanforderungen an die Eignung für die Vergabe des Hauptauftrages. Zum zweiten fordert § 40 Abs. 1 S. 3 darüber hinaus, dass das **Niveau der geforderten Fähigkeiten** dem Gegenstand des Unterauftrags **angemessen** sein muss. Letztgenannte Forderung erschließt sich vor dem Hintergrund, dass das Volumen des Unterauftrags kaum den Wert des Hauptauftrages erreichen dürfte, zumal der **Höchstprozentsatz** einer verpflichtenden Auftragsvergabe an Dritte nach § 9 Abs. 3 Nr. 1 S. 3 bei **lediglich 30 %** liegt. Somit muss sich das Niveau der geforderten Leistungsfähigkeit des Unterauftragnehmers nur **auf den Kernbereich des Unterauftrags beziehen** und darf auch im Übrigen nicht unverhältnismäßig – hoch – nach §§ 26 und 27 sein. 5

2. Einschränkungen für Unterauftragsvergabe (Abs. 2). Der Auftragnehmer hat nach **§ 40 Abs. 2** das Recht, eine **Unterauftragsvergabe abzulehnen,** wenn **keiner** der am Wettbewerb tatsächlich teilnehmenden Unterauftragnehmer (Eignungsmängel) **oder keines** der von diesen ein- 6

---
[1] So zu Recht Ziekow/Völlink/*Busz* Rn. 2 unter Hinweis auf Beck VergabeR/*Otting* Rn. 3.
[2] Und damit nachprüfbar.
[3] Dippel/Sterner/Zeiss/*Gabriel/Weiner* Rn. 3 und 11, halten Offsets damit für unzulässig und ausgeschlossen.

gereichten **Angebote** (mangelnde Erfüllung der sonstigen Auswahlkriterien) die in der Bekanntmachung nach § 39 **genannten Kriterien für die Unterauftragsvergabe erfüllen** und es daher dem Auftragnehmer unmöglich ist, den Auftrag mit diesen Unternehmen zu erfüllen. Einschränkend wird man aber zu fordern haben, dass **kleinere Mängel**, insbesondere in den Angeboten, **kein derartiges Ablehnungsrecht** des Auftragnehmers unter Beachtung des Grundsatzes der Verhältnismäßigkeit nach § 97 Abs. 1 S. 2 GWB begründen dürften.[4]

7   Die **Nachweispflicht** für die mangelnde Eignung der Unterauftragsbewerber oder der Nichtkonformität der Angebote mit den relevanten Auswahlkriterien trifft den **Auftragnehmer**.[5] Der Auftragnehmer kommt dieser Nachweispflicht nach, wenn er darlegt, dass er zum einen **keine überhöhten Anforderungen** gestellt hat und zum zweiten die **allgemeinen Grundsätze** bei der Unterauftragnehmervergabe **beachtet** hat.[6]

§ 41 Unteraufträge aufgrund einer Rahmenvereinbarung

(1) ¹Der Auftragnehmer kann die Anforderungen an die Vergabe von Unteraufträgen im Sinne des § 9 Absatz 3 Nummer 1 und 2 erfüllen, indem er Unteraufträge auf der Grundlage einer Rahmenvereinbarung vergibt, die unter Einhaltung des § 38 Absatz 1 Satz 2, der §§ 39 und 40 geschlossen wurde. ²Unteraufträge auf der Grundlage einer solchen Rahmenvereinbarung werden gemäß den Bedingungen der Rahmenvereinbarung vergeben. ³Sie dürfen nur an Unternehmen vergeben werden, die von Anfang an Parteien der Rahmenvereinbarung waren.

(2) Für die durch den Auftragnehmer geschlossene Rahmenvereinbarung gilt § 14 Absatz 1 Satz 2 und Absatz 6 Satz 1 und 2 entsprechend.

I. Normzweck und Entstehungsgeschichte

1   Mit § 41 hat der Verordnungsgeber 2012 **Art. 52 Abs. 6 UAbs 1 und 2 S. 1 und 2 Vergabe-RL Verteidigung und Sicherheit** umgesetzt. Ein Auftragnehmer kann entsprechend § 41 Abs. 1 die sich aus § 9 Abs. 3 Nr. 1 und 2 ergebenden Anforderungen zur eigenen Unterauftragsvergabe auch dadurch erfüllen, dass er **diese auf der Grundlage einer Rahmenvereinbarung** vergibt. **Nicht umgesetzt** hat der Verordnungsgeber 2012 und auch nicht in der nur rudimentären Novellierung der VSVgV 2016 den **Art. 52 Abs. 6 UAbs. 4 Vergabe-RL Verteidigung und Sicherheit**, wonach **Rahmenvereinbarungen nicht missbräuchlich** oder in einer Weise angewandt werden dürfen, durch die der Wettbewerb behindert, eingeschränkt oder verfälscht wird.[1] Dieses **Missbrauchsverbot gilt aber aufgrund der Direktwirkung der Richtlinie** auch im Rahmen des § 41.[2]

II. Einzelerläuterungen

2   Wenn ein Auftragnehmer im Rahmen der §§ 38 ff. einen Unterauftrag vergeben will, kann er dies nach § 41 Abs. 1 S. 1 auch **auf der Grundlage einer Rahmenvereinbarung** nach § 14 tun.

3   **1. Voraussetzungen von Unteraufträgen aufgrund einer Rahmenvereinbarung (Abs. 1). a) Unterauftragsvergabe des Auftragnehmers auf Grundlage einer rechtskonformen Rahmenvereinbarung (Abs. 1 S. 1).** Will der Auftragnehmer eine Unterauftragsvergabe **auf der Grundlage einer Rahmenvereinbarung** vergeben, so ist ihm dies nach § 41 Abs. 1 S. 1 **in Abgrenzung zum Verfahren nach den §§ 38–40** ausdrücklich **gestattet**. In § 41 mischen sich Festlegungen zu Unteraufträgen und Rahmenvereinbarungen miteinander. Nach **§ 4 Abs. 2** ist ein **Unterauftrag** ein zwischen einem erfolgreichen Bieter und einem oder mehreren Unternehmen geschlossener entgeltlicher Vertrag über die Ausführung des betreffenden Auftrags oder von Teilen

---

[4] So Dippel/Sterner/Zeiss/Gabriel/Weiner Rn. 17, die zu Recht darauf abstellen, ob der Unterauftragnehmer nichtsdestotrotz den Kernbereich des Unterauftrags eigenständig erfüllen kann und die nicht gravierenden Mängel vom Auftragnehmer ohne bedeutenden und unverhältnismäßigen organisatorischen oder finanziellen Aufwand selber kompensiert werden können.

[5] Dippel/Sterner/Zeiss/Gabriel/Weiner Rn. 17.

[6] Ziekow/Völlink/Busz Rn. 2 sowie HK-VergabeR/Schellenberger Rn. 5; fraglich insoweit VK Bund Beschl. v. 4.8.2020 – VK 1-46/20, VPR 2020, 231, wonach der Auftraggeber für bestimmte Leistungen konkrete Unterauftragnehmer namentlich vorgeben dürfe.

[1] Vgl. demgegenüber etwa § 21 Abs. 1 S. 3 VgV, mit dem eine analoge Bestimmung der RL 2014/24/EU in nationales Recht 1:1 umgesetzt wurde und § 14 Abs. 1 S. 3, auf den vor diesem Hintergrund zumindest in § 41 Abs. 2 ebenfalls hätte verwiesen werden müssen.

[2] So auch Dippel/Sterner/Zeiss/Gabriel/Weiner Rn. 3.

II. Einzelerläuterungen

des Auftrags. **Rahmenvereinbarungen** wiederum sind nach der Legaldefinition in **§ 103 Abs. 5 S. 1 GWB** iVm § 14 Abs. 1 S. 1 Vereinbarungen zwischen einem oder mehreren öffentlichen Auftraggebern und einem oder mehreren Unternehmen, die dazu dienen, die Bedingungen für die öffentlichen Aufträge, die während eines bestimmten Zeitraums vergeben werden sollen, festzulegen, insbesondere in Bezug auf den Preis. Der letzte Halbsatz von § 41 Abs. 1 S. 2 stellt insoweit bei dieser **Mischlage** sicher, dass diese Rahmenvereinbarung ihrerseits (nur) unter Einhaltung der Vorgaben aus § 38 Abs. 1 S. 2 (Transparenz und Nichtdiskriminierung) und § 39 (Bekanntmachung) und § 40 (transparente Eignungs- und Auswahlkriterien) geschlossen werden muss. Die geschlossene Rahmenvereinbarung muss sich somit grundsätzlich nicht an die Vorgaben für Rahmenvereinbarungen im Übrigen in § 14 halten, bis auf die in § 41 Abs. 2 ausdrücklich für entsprechend anwendbar erklärten Abs. 1 S. 2 (Geltung von Zuschlagskriterien nach § 34) und Abs. 6 S. 1 und 2 (Laufzeit maximal sieben Jahre mit Ausnahmen).

b) **Unterauftragsvergabe nur gemäß den Bedingungen der Rahmenvereinbarung (Abs. 1 S. 2) und an originäre Parteien der Rahmenvereinbarung (Abs. 1 S. 3).** Unteraufträge auf der Grundlage einer Rahmenvereinbarung müssen nach § 41 Abs. 1 S. 2 **gemäß den – konkreten – Bedingungen der Rahmenvereinbarung** vergeben werden. Das bedeutet auch, dass Unteraufträge nur an **Wirtschaftsteilnehmer vergeben werden dürfen, die ursprünglich Partei** der Rahmenvereinbarung waren, was § 41 Abs. 1 S. 3 nochmals gesondert verdeutlicht.

2. Abschluss und Laufzeit der Rahmenvereinbarung entsprechend § 14 (Abs. 2). Nach der in § 41 Abs. 2 ausdrücklich in Bezug genommenen Spezialbestimmung für Rahmenvereinbarungen in § 14 Abs. 1 S. 2 gelten für die **Auswahl des** Rahmenvertragsauftragnehmers, also durch die Verweisung hier des **Unterauftragnehmers, die Zuschlagskriterien gem. § 34 analog.** Durch diesen eindeutigen Verweis soll vermieden werden, dass bei dem Abschluss von Verträgen auf der Basis einer Rahmenvereinbarung andere Zuschlagskriterien angewandt werden.[3]

§ 41 Abs. 2 erklärt im Übrigen nur § 14 Abs. 1 S. 2 (Geltung von Zuschlagskriterien nach § 34) und § 14 Abs. 6 S. 1 und 2 (Laufzeit maximal sieben Jahre mit Ausnahmen) für die geschlossene Rahmenvereinbarung für entsprechend anwendbar. Da § 41 Abs. 2 ausdrücklich § 14 Abs. 6 S. 3 nicht in Bezug nimmt, muss eine über sieben Jahre hinaus reichende Laufzeit einer Rahmenvereinbarung zur Unterauftragsvergabe nicht in einer Bekanntmachung nach § 35 begründet werden.

Diese Verweise auf Teile des § 14 sind notwendig, weil **§ 14 nur den Auftraggeber verpflichtet, nicht** aber den **Auftragnehmer.**[4]

---

[3] So Leinemann/Kirch/*Leinemann* Rn. 3.
[4] BR-Drs. 321/12, 64.

Teil 4 Besondere Bestimmungen

§ 42 Ausgeschlossene Personen

(1) Als Organmitglied oder Mitarbeiter eines Auftraggebers oder als Beauftragter oder als Mitarbeiter eines Beauftragten eines Auftraggebers dürfen bei Entscheidungen in einem Vergabeverfahren für einen Auftraggeber als voreingenommen geltende natürliche Personen nicht mitwirken, soweit sie in diesem Verfahren
1. Bieter oder Bewerber sind,
2. einen Bieter oder Bewerber beraten oder sonst unterstützen oder als gesetzlicher Vertreter oder nur in dem Vergabeverfahren vertreten,
3. beschäftigt oder tätig sind
   a) bei einem Bieter oder Bewerber gegen Entgelt oder bei ihm als Mitglied des Vorstandes, Aufsichtsrates oder gleichartigen Organs,
   b) für ein in das Vergabeverfahren eingeschaltetes Unternehmen, wenn dieses Unternehmen zugleich geschäftliche Beziehungen zum Auftraggeber und zum Bieter oder Bewerber hat,
es sei denn, dass daraus kein Interessenkonflikt für die Person entsteht oder sich die Tätigkeiten nicht auf die Entscheidungen in dem Vergabeverfahren auswirken.

(2) [1]Als voreingenommen gelten auch die Personen, deren Angehörige die Voraussetzungen nach Absatz 2 Nummer 1 bis 3 erfüllen. [2]Angehörige sind der Verlobte, der Ehegatte, Lebenspartner, Verwandte und Verschwägerte gerader Linie, Geschwister, Kinder der Geschwister, Ehegatten und Lebenspartner der Geschwister und Geschwister der Ehegatten und Lebenspartner, Geschwister der Eltern sowie Pflegeeltern und Pflegekinder.

Schrifttum: *Kirch*, Mitwirkungsverbote bei Vergabeverfahren, 2004.

Übersicht

	Rn.		Rn.
I. Normzweck	1	d) Für ein doppelt mandatiertes Unternehmen tätig Werdender (Abs. 1 Nr. 3 lit. b)	22
II. Einzelerläuterungen	7		
1. Mitwirkungsverbot (Abs. 1)	7	3. Widerleglichkeit der Vermutung	24
a) Organmitglieder	8	a) Kein – tatsächlicher – Interessenkonflikt	27
b) Mitarbeiter des Auftraggebers	10		
c) Beauftragte samt Mitarbeitern	11	b) Keine Auswirkungen auf Entscheidungen	33
2. Vermutung der Voreingenommenheit (Abs. 1 Nr. 1–3)	13	4. Katalog der Angehörigen voreingenommener Personen (Abs. 2)	35
a) Bewerber oder Bieter (Abs. 1 Nr. 1)	14	a) Angehörigenvermutung (Abs. 2 S. 1)	36
b) Berater und Vertreter (Abs. 1 Nr. 2)	15	b) Definition der Angehörigen im weiteren Sinne (Abs. 2 S. 2)	38
c) Organmitglied oder gegen Entgelt Beschäftigter/Tätiger eines Bieters oder Bewerbers (Abs. 1 Nr. 3 lit. a)	19	5. Bieterschützender Charakter	40

I. Normzweck

§ 42 diente schon 2012 der Implementierung eines **Mitwirkungsverbots für Personen**, nicht 1
etwa für Bewerber- oder Bieterunternehmen,[1] die in einem Vergabeverfahren auf der **Seite des Auftraggebers mitwirken** und **gleichzeitig mit Bewerber- oder Bieterunternehmen verbunden** sind. Mit der Überschrift „Ausgeschlossene Personen" und dem Normtext verdeutlicht der Verordnungsgeber, dass derartige Verbindungen nach mehreren Seiten **grundsätzlich zum**

---

[1] S. aber seit 2016 § 46 Abs. 2 VgV im klassischen Vergabebereich für Liefer- und Dienstleistungen, wonach der öffentliche Auftraggeber die berufliche Leistungsfähigkeit eines Bewerbers oder Bieters verneinen kann, wenn er festgestellt hat, dass dieser Interessen hat, die mit der Ausführung des öffentlichen Auftrags im Widerspruch stehen und sie nachteilig beeinflussen könnten; vgl. ebenso § 124 Abs. 1 Nr. 9 lit. a–c GWB zu nunmehr fakultativen Ausschlussgründen bei unzulässiger Beeinflussung von Auftraggeberentscheidungen, bei dem Versuch, vertrauliche Informationen zwecks unzulässiger Vorteile zu erlangen oder bei irreführenden schuldhaft übermittelten Informationen.

Ausschluss der davon betroffenen Personen führen müssen. Lediglich unter den Voraussetzungen des **§ 42 Abs. 1 S. 1 Nr. 3 aE** (kein Interessenkonflikt oder keine Auswirkung auf die Entscheidungen im Vergabeverfahren) ist eine **Gegenausnahme** verankert.

2   Die Regelung zum denkbaren Personenausschluss trifft dabei keine Entscheidung oder Vorentscheidung für ein Teilnahmeverbot oder einen Ausschluss vom Vergabeverfahren für ein Bewerber- oder Bieterunternehmen, sondern schließt nur die betroffene Person insoweit aus, an Entscheidungen im Vergabeverfahren mitzuwirken. § 42 stellt darüber hinaus auch **keine Generalklausel** dar, wonach Personen immer und auch dann von der Mitwirkung auf Auftraggeberseite auszuschließen wären, wenn nur ihr Verhalten den Schluss auf eine Unvoreingenommenheit rechtfertigt. Der reine „böse Schein" reicht in der Regel nicht für einen Personenausschluss aus. Auch der Ausschluss einer Person nach § 42 ist vielmehr an das **Vorliegen konkreter Tatbestandsvoraussetzungen** geknüpft[2] und zu knüpfen.

3   § 42 entsprach weitestgehend dem vormaligen § 16 VgV aF, der im Anschluss an eine Entscheidung des **OLG Brandenburg** im Vergabeverfahren Flughafen Schönefeld[3] schon 2001 auf Verordnungsebene etabliert wurde, um als voreingenommen geltenden Personen die Mitwirkung an Entscheidungen auf Auftraggeberseite zu verbieten.

4   Die ehedem vom OLG Brandenburg in entsprechender Weise bemühte Befangenheitsregelung in § 20 Abs. 1 Nr. 5 VwVfG[4] ist wegen der Zuordnung des Vergabeverfahrens zum (vorvertraglichen) Zivilrecht[5] insoweit nicht anwendbar, sodass es einer eigenständigen Sonderregelung bedurfte.

5   Mit der **Novelle 2016** hat der **neue § 6 VgV** für den klassischen Vergabebereich eine Änderung erhalten, wonach die auch im ehemaligen § 16 VgV aF enthaltene Gegenausnahme nunmehr entfallen ist. Hintergrund ist der Umstand, dass § 6 VgV das Mitwirkungsverbot dort nicht mehr an eine – unwiderlegbare oder widerlegbare – Voreingenommenheit knüpft, sondern an das Vorliegen eines Interessenkonflikts und diese Bestimmung durch § 7 VgV zur Projektantenproblematik bei der Mitwirkung an der Vorbereitung des Vergabeverfahrens flankiert wird.

6   Da aber die dem § 42 zugrunde liegende **Vergabe-RL Verteidigung und Sicherheit insoweit nicht novelliert** wurde, unterscheiden sich die Regelungen zu Interessenskonflikten nunmehr in diesen Punkt erheblich voneinander. Dies gilt umso mehr als seit 2016 erstmals auch die Sektorenverordnung in § 6 überhaupt eine Regelung zur Vermeidung von Interessenkonflikten erhalten hat, die aber auch ohne die in § 42 noch vorhandene Gegenausnahme konzipiert ist.

II. Einzelerläuterungen

7   **1. Mitwirkungsverbot (Abs. 1).** Das in § 42 Abs. 1 verankerte **persönliche Mitwirkungsverbot** für bestimmte **natürliche Personen** mit einer zurechenbaren Tätigkeit im Auftraggeberumfeld gliedert sich in **drei Gruppen:**
– Organmitglieder (→ Rn. 8 f.),
– Mitarbeiter (→ Rn. 10) und
– Beauftragte (→ Rn. 11 f.) (samt deren zugehörige Mitarbeiter) des Auftraggebers.

8   **a) Organmitglieder.** Organmitglieder nach § 16 Abs. 1 sind sämtliche Mitglieder aller Organe, über die der Auftraggeber verfügt. Der Begriff ist **weit zu fassen**[6] und von der jeweiligen Rechtsform abhängig. Erfasst ist jedenfalls die Mitgliedschaft in sämtlichen gesetzlichen und satzungsmäßigen Organen einer juristischen Person, ohne dass es auf eine bestimmte Funktion im Rahmen der Mitgliedschaft ankommt.[7] Bei privatrechtlich verfassten Auftraggebern (GmbH, AG) sind dies die **Mitglieder des Vorstands und des Aufsichtsrates** sowie die jeweiligen **Geschäftsführer.** Reine Beratungsorgane, wie **Beiräte oder Unterausschüsse,** unterfallen der Regelung jedoch **nicht.**[8]

---

[2] OLG Celle Beschl. v. 9.4.2009 – 13 Verg 7/08, VergabeR 2009, 609.
[3] OLG Brandenburg Beschl. v. 3.8.1999 – 6 Verg 1/99, NVwZ 1999, 1142; damals noch gestützt auf § 20 VwVfG, wonach personelle Verflechtungen zwischen Auftraggeber und Bieterseite gegen das vergaberechtliche Neutralitätsverbot verstoßen können.
[4] Die aber für Mitglieder und Entscheidungen der Vergabekammern Anwendung finden, da eine Vergabekammer nach § 168 Abs. 3 GWB Verwaltungsakte erlässt und ein Verfahren durchführt, in dem zumindest ergänzend auch Bestimmungen des VwVfG herangezogen werden können.
[5] Vgl. BVerwG Beschl. v. 2.5.2007 – 6 B 10.07, VergabeR 2007, 357.
[6] Vgl. OLG München Beschl. v. 11.4.2013 – Verg 2/13, VergabeR 2013, 902, zur Parallelregelung in § 16 VgV aF, der § 42 trotz der Novellierung des § 6 VgV 2016 immer noch nachgebildet ist.
[7] Band 3 H.-P. Müller → VgV § 6 Rn. 14 zur neuen Parallelregelung für klassische Auftraggebervergaben.
[8] Leinemann/Kirch/Kirch Rn. 23; für eine analoge Anwendung jedoch bei der Mitgliedschaft in einem Aufsichtsrat eines Hauptgesellschafters des Unternehmens ohne Mitgliedschaft im Aufsichtsrat des Unternehmens selber OLG Celle Beschl. v. 9.4.2009 – 13 Verg 7/08, VergabeR 2009, 609, sofern die Tochtergesellschaft einen erheblichen Anteil von 49 % an der betroffenen Muttergesellschaft hält und das Unternehmen

II. Einzelerläuterungen   9–15 § 42 VSVgV

Gleiches gilt regelmäßig auch für Kleinaktionäre als Mitglied des Organs Hauptversammlung, zumal diese Personen in aller Regel auch nicht an Entscheidungen in einem Vergabeverfahren mitwirken dürften, es sei denn sie sind zusätzlich noch Mitarbeiter oder ordentliches Organmitglied des Auftraggebers in anderer Funktion.

Bei im Rahmen des § 104 GWB tätigen Auftraggebern mit öffentlich-rechtlichen Organisationsformen, wie Gebietskörperschaften und deren Sondervermögen, Verbänden und sonstigen juristischen Personen des öffentlichen Rechts, sind die Mitglieder **der Bundesregierung** und der jeweiligen **Landesregierungen,** Bundestags-, Landtags- und Kreistagsabgeordnete, **Landräte und Gemeinderäte,**[9] **Bürgermeister** bzw. Magistrate insoweit angesprochene Organmitglieder iSd § 42 Abs. 1. 9

b) Mitarbeiter des Auftraggebers. Eine **Legaldefinition** des Begriffs **Mitarbeiter** ist **nicht vorhanden.** Aus Sinn und Zweck der Regelung muss er aber **ebenfalls weit ausgelegt** werden. Unerheblich ist bei einem bestehenden Angestellten- oder Beamtenverhältnis auch der Umfang der Tätigkeit, sodass auch Teilzeitkräfte Mitarbeiter iSd § 42 sind. 10

c) Beauftragte samt Mitarbeitern. Der Begriff eines **Beauftragten** auf Auftraggeberseite ist ebenfalls **nicht eng im rechtstechnischen Sinne des § 662 BGB zu verstehen,** sondern im faktischen Sinne. Somit unterfallen diesem Begriff insbesondere **auch selbständige Freiberufler als Berater wie Architekten, Ingenieure, Rechtsanwälte oder Consultants.** Selbst die Mitglieder eines vom Auftraggeber in Wettbewerben ausgewählten Preisgerichts unterfallen der Bestimmung eines insoweit Beauftragten.[10] 11

Erweiternd sind auch noch die Mitarbeiter der Beauftragten von § 42 umfasst. Sollte es sich bei dem vom Auftraggeber Beauftragten um eine juristische Person handeln, muss sich diese Erweiterung auch auf die Organmitglieder dieser beauftragten juristischen Person erstrecken, um Regelungslücken zu vermeiden.[11] 12

2. Vermutung der Voreingenommenheit (Abs. 1 Nr. 1–3). Gemäß § 42 Abs. 1 besteht eine **Vermutung der Voreingenommenheit** für Personen, wenn diese als Organmitglieder oder Mitarbeiter des Auftraggebers oder Beauftragte oder Mitarbeiter eines Beauftragten, **allesamt in der Sphäre des Auftraggebers an Entscheidungen teilnehmend, zugleich auch noch quasi auf der Gegenseite** agieren. 13

a) Bewerber oder Bieter (Abs. 1 Nr. 1). Gemäß § 42 Abs. 1 **Nr. 1** gelten als insoweit **voreingenommen** auf der Seite des Auftraggebers mitwirkende Personen, die zugleich in persona **selbst Bewerber oder Bieter** in dem betroffenen, konkreten Vergabeverfahren sind. **Bieter** sind nach der Legaldefinition in Art. 1 Nr. 16 Vergabe-RL Verteidigung und Sicherheit Wirtschaftsteilnehmer, die in einem nichtoffenen, einem Verhandlungsverfahren oder einem wettbewerblichen Dialog ein Angebot vorgelegt haben; **Bewerber** sind Wirtschaftsteilnehmer, die sich um eine Aufforderung zur Teilnahme an selbigen Verfahren beworben haben (Art. 1 Nr. 15 Vergabe-RL Verteidigung und Sicherheit). In diesen Fällen der Beteiligung als Bieter oder Bewerber ist der dahinterstehende **Interessenkonflikt** elementar und evident, sodass die rechtliche **Vermutung der Voreingenommenheit** auf Verordnungsebene 2012 **unwiderleglich**[12] ausgestaltet wurde. Derartigen Personen hat der Auftraggeber in verteidigungs- und sicherheitsrelevanten Vergabeverfahren ausnahmslos eine Mitwirkung an Entscheidungen zu untersagen bzw. Sorge dafür zu tragen, dass diese ausgeschlossen ist. 14

b) Berater und Vertreter (Abs. 1 Nr. 2). aa) Berater. Als **zweite Fallkonstellation** einer unwiderlegbaren Vermutung der Voreingenommenheit von Personen im Wirkungskreis eines Auftraggebers sieht § 42 Abs. 1 **Nr. 2 Dritte,** die Bieter oder Bewerber **beraten oder sonst unterstützen.** Durch den Zusatz „sonst unterstützen" ist ersichtlich, dass das vorher aufgeführte „beraten" einen **Unterfall des Unterstützens** darstellt. „**Unterstützen**" setzt in diesem Zusammenhang eine **unmit-** 15

---

sich zum eigenen Eignungsnachweis auch auf die Tochtergesellschaft stützt, über die zudem in erheblichem Umfang die geplante Auftragsabwicklung erfolgen soll.
[9] VK Brandenburg Beschl. v. 19.9.2001 – 1 VK 85/01, ZfBR 2002, 196, da sie als Volksvertreter Organe der Gemeinde sind.
[10] OLG München Beschl. v. 11.4.2013 – Verg 2/13, VergabeR 2013, 902.
[11] So zu Recht Willenbruch/Wieddekind/*Rechten,* 3. Aufl. 2014, VgV § 16 Rn. 16 zur ehedem wortgleichen Bestimmung für den klassischen Vergabebereich.
[12] S. aber demgegenüber mittlerweile den reformierten § 6 VgV für klassische Auftragsvergaben, in dem nunmehr auf der Grundlage von Art. 24 RL 2014/24/EU nicht mehr an die Voreingenommenheit angeknüpft wird, sondern an einen Interessenkonflikt.

Fett

telbar fördernde Tätigkeit** voraus,[13] weil es nur so qualitativ dem „Beraten" gleichgesetzt ist. Die nur punktuelle Zusammenarbeit mit dem Vorsitzenden eines Preisgerichts reicht dafür nicht aus.[14] Zudem grenzen sich diese Konstellationen gegen Fälle ab, in denen zum Bieter oder Bewerber Anstellungs- oder organschaftliche Verhältnisse bestehen. Typische Fallkonstellationen des § 42 Abs. 1 Nr. 2 sind somit **selbstständig arbeitende Personen** als **Freiberufler** (Consultants, Rechtsanwälte, Ingenieure oder Architekten), zumal § 42 über **§ 2 Abs. 2 S. 1 auch für Bauaufträge** gilt und insoweit nicht von Spezialregelungen der VOB/A-VS verdrängt wird. Gefordert ist dabei aber in Abgrenzung zur – widerlegbaren – Situation in § 42 Abs. 1 Nr. 3 lit. b eine **Personenidentität** zwischen dem Mitwirkenden auf der Auftraggeberseite und dem Beratenden auf der Bieter-/Bewerberseite.

16   Zeitlich gesehen muss die Beratung oder sonstige Unterstützung **in dem (Vergabe-)Verfahren** erfolgen. **Frühere, zu Beginn des streitigen Vergabeverfahrens schon abgeschlossene Beratungen oder Unterstützungshandlungen,** spielen insoweit **keine Rolle.**[15]

17   **bb) Vertreter.** Mit den in § 42 Abs. 1 Nr. 2 ebenfalls angesprochenen **Vertretern** von Bieter- oder Bewerberunternehmen sind zumindest bei juristischen Personen in der Regel deren **Vorstände oder Geschäftsführer** angesprochen.

18   Mit den ebenfalls erwähnten **Vertretern (nur) im jeweiligen Vergabeverfahren** sind demgegenüber keine gesetzlichen Vertreter gemeint, sondern **solche auf rechtsgeschäftlicher Grundlage,** zB als Bevollmächtigte oder Stellvertreter nach §§ 164 ff. BGB.

19   **c) Organmitglied oder gegen Entgelt Beschäftigter/Tätiger eines Bieters oder Bewerbers (Abs. 1 Nr. 3 lit. a).** Als nunmehr – aber **widerleglich** – **Voreingenommener** gilt auch derjenige, der bei einem Bieter oder Bewerber als qualifiziertes Organmitglied, nämlich nur als Mitglied des Vorstandes, Aufsichtsrates oder eines gleichartigen Organs **tätig** ist. Wesensmerkmal dieser spezifizierten Organe ist deren **Vertretungs- und Kontrolltätigkeit.** Der Begriff ist somit hier enger gefasst als in § 42 Abs. 1 S. 1, da dort der allgemeinere Begriff des Organmitglieds ohne nähere Qualifizierung für die Auftraggeberseite verwendet wird.

20   Der ebenfalls von § 42 Abs. 1 Nr. 3 lit. a erfasste **gegen Entgelt bei einem Bieter oder Bewerber Beschäftigte** oder Tätige umfasst ähnlich wie der Begriff Mitarbeiter[16] auf Auftraggeberseite **Anstellungsverhältnisse** im weitesten Sinne, was insbesondere die Fallkonstellation „gegen Entgelt tätig" gegenüber derjenigen „gegen Entgelt beschäftigt" verdeutlicht.

21   Die Verschärfung auf der Unternehmerseite (Bieter/Bewerber) eines Vergabeverfahrens mit dem Zusatz „gegen Entgelt" in Abs. 1 Nr. 3 lit. a erscheint gerechtfertigt, weil es mit Blick auf die Verbindung zum Bieter oder Bewerber eines höheren Grads an Abhängigkeit bedarf, da regelmäßig nur dann die latente Gefahr besteht, dass dadurch Entscheidungen zu deren Gunsten beeinflusst werden.[17]

22   **d) Für ein doppelt mandatiertes Unternehmen tätig Werdender (Abs. 1 Nr. 3 lit. b).** Als – **widerlegbar** – voreingenommen gilt gem. § 42 Abs. 1 Nr. **3 lit. b** auch, wer für ein in das konkrete Vergabeverfahren involviertes Unternehmen tätig wird, wenn dieses Unternehmen **parallel und zugleich geschäftliche Beziehungen zum Auftraggeber als auch zu Bietern oder Bewerbern** hat. Damit sind zB für den Auftraggeber agierende Beratungsfirmen ebenso erfasst wie Rechtsanwälte oder Fachplaner.

23   Eine zugestandene Möglichkeit zur **Vermeidung von Interessenkonflikten** bei einem **Doppelmandat** ist die **Herstellung unabhängiger Vertraulichkeitsbereiche,** sodass die Beratung von Bieterunternehmen und Auftraggeber durch unterschiedliche Personen derselben Unternehmung unabhängig voneinander möglich sein soll.[18] Die dazu notwendige Umsetzung durch **sog. chinese walls** kann durch eine **räumliche und konsequente Datentrennung,** der **Begrenzung von Telefonkontakten samt deren Aufzeichnung** realisiert werden.[19]

24   **3. Widerleglichkeit der Vermutung.** Gemäß § 42 Abs. 1 Nr. 3 aE enthält die VSVgV als einzige **Vergabeverordnung** nach wie vor die Möglichkeit, die Vermutung der **Voreingenommenheit** einer **Person** in concreto zu **widerlegen.** Dies kann zum einen gelingen, wenn für

---

[13] OLG Celle Beschl. v. 9.4.2009 – 13 Verg 7/08, VergabeR 2009, 609 zu § 16 VgV aF, dem § 42 nach wie vor fast wortgleich nachgebildet ist. Dasselbe OLG hat in einem Beschl. v. 8.9.2011 – 13 Verg 4/11, IBR 2012, 286, ein für einen Bieter positives Interview mit einer Zeitung nicht als sonstige Unterstützung zulasten einer Person gewertet.
[14] VK Sachsen Beschl. v. 5.5.2014 – 1/SVK/010-14, VPR 2015, 1007.
[15] OLG Celle Beschl. v. 8.9.2011 – 13 Verg 4/11, IBR 2012, 286.
[16] Wobei ein Mitarbeiter auf der Auftraggeberseite auch unentgeltlich tätig werden könnte.
[17] So zu Recht Willenbruch/Wieddekind/*Rechten,* 3. Aufl. 2014, VgV § 16 Rn. 29, zur wortgleichen Bestimmung in § 16 VgV aF.
[18] Vgl. dazu BR-Drs. 455/00, 20 zur Parallelvorschrift in § 16 Abs. 1 Nr. 3b VgV aF.
[19] Vgl. *Kirch,* Mitwirkungsverbote bei Vergabeverfahren, 2004, 148.

die betroffene Person objektiv **kein Interessenkonflikt** besteht oder sich zum zweiten deren Tätigkeit **nicht auf Entscheidungen** in dem Vergabeverfahren **auswirkt**. *Kirch*[20] weist zu Recht darauf hin, dass diese Widerlegungsmöglichkeit § 46 VwVfG nahe kommt, wonach ein Verstoß gegen bloße Verfahrensvorschriften dann unbeachtlich ist, wenn sich der Mangel nicht auf Entscheidungen in der Sache ausgewirkt hat.

Für diese **Gegenausnahme** ist aber der öffentliche **Auftraggeber darlegungs- und beweispflichtig,**[21] was die Formulierung „es sei denn" in § 42 Abs. 1 Nr. 3 lit. b verdeutlicht. Dies gilt erst recht in einem denkbaren Vergabenachprüfungsverfahren auch aus der seit 2009 nur noch eingeschränkt geltenden Amtsermittlungspflicht einer Vergabekammer, wonach sich diese gem. § 163 Abs. 1 S. 2 GWB auf das beschränken kann, was von den Beteiligten vorgebracht wird oder ihr sonst bekannt sein muss. Hat somit der Antragsteller hinreichende Anhaltspunkte für die Voreingenommenheit einer an Entscheidungen auf Auftraggeberseite beteiligten Personen vorgetragen, muss eine Vergabekammer **nicht von Amts** wegen nach denkbaren Gegenausnahmen suchen und diese zugunsten eines Auftraggebers im Verteidigungs- oder Sicherheitsbereich ausrecherchieren. Somit trifft den betroffenen **Auftraggeber** im Wege einer **materiellen Beweislastverteilung** in jedem Fall auch das **Risiko der Unaufklärbarkeit.**[22]

Die **Widerlegungsmöglichkeit besteht nur für die Fallgruppe des § 42 Abs. 1 Nr. 3,**[23] was die **Stellung am Ende** dieser Detailbestimmung verdeutlicht. Gegen eine parallele Erstreckung auch auf die Fallkonstellationen des § 42 Abs. 1 Nr. 1 und 2 spricht im Übrigen auch, dass eine Interessenkollision in diesen beiden Fällen ohnehin kaum ausgeschlossen werden kann. Für eine Person, die zugleich Bieter oder Bewerber ist oder einen Bieter oder Bewerber in einem Vergabeverfahren berät oder sonst unterstützt oder als gesetzlicher Vertreter oder in dem Vergabeverfahren für den Bieter oder Bewerber tätig ist, **besteht naturgemäß in diesem Vergabeverfahren ein unmittelbarer Interessenkonflikt,** der ein paralleles Tätigwerden auf Auftraggeberseite mit Entscheidungsrelevanz ausschließt.

a) Kein – tatsächlicher – Interessenkonflikt. Wenn tatsächlich **kein Interessenkonflikt** für die Person besteht, ist ein **Ausschluss** dieser Person vom Vergabeverfahren ausnahmsweise **nicht notwendig.**

Als **Kontrollfrage** bietet sich an, nachzuhalten, ob das konkrete Vergabeverfahren insbesondere die rechtlichen und wirtschaftlichen Interessen des betroffenen Ausschlusskandidaten berührt. Dies kann unterstellt werden, wenn das auf der Seite des Auftraggebers tätige Person ein **persönliches Interesse** am Ausgang des konkreten Vergabeverfahrens hat. Dies wird man insbesondere annehmen können, wenn diese Person einen **unmittelbaren Vorteil,**[24] ggf. seltener auch einen unmittelbaren Nachteil, aus der konkreten Vergabeentscheidung hat. Insoweit bietet sich eine Parallele zu den Befangenheitsregelungen zur Teilnahme und Abstimmungen an Gemeinderatssitzungen im kommunalen Bereich an, in dem im Zweifel eine mit der Besorgnis der Befangenheit belastete Person nicht nur nicht mitberaten und abstimmen darf, sondern den Abstimmungsbereich zu verlassen hat.[25]

In solchen Konstellationen würde ein Betroffener nämlich nicht mehr unparteiisch, sondern **überwiegend als Sachwalter in eigener Sache** tätig werden.[26]

Nichtsdestotrotz bedarf es selbst dann immer einer Berücksichtigung und Abwägung der konkreten Umstände im Rahmen einer konkreten **Einzelfallprüfung.** Parameter dieser Betrachtung sind dabei etwa die **Intensität** des wirtschaftlichen Interesses am kalkulatorischen Erfolg eines Bieters.

Die **Widerlegung der Voreingenommenheitsvermutung** wird dabei selbst in einer notwendigen **Einzelfallbetrachtung kaum gelingen** können, da dem **regelmäßig die gesellschaftsrechtlichen Treuepflichten entgegenstehen** werden.

Ist die betroffene Person Mitglied des Vorstands, des Aufsichtsrates oder eines gleichartigen Gesellschaftsorgans auf der Anbieterseite, sind diese Personen grundsätzlich nach dem AktG oder dem GmbHG zur vorrangigen **Wahrung der Gesellschaftsinteressen** verpflichtet. Diese Verpflichtungen sind mit der **Neutralitätspflicht** innerhalb eines Vergabeverfahrens auf Auftraggeberseite **schwerlich vereinbar.**

---

[20] *Kirch,* Mitwirkungsverbote bei Vergabeverfahren, 2004, 126.
[21] Willenbruch/Wieddekind/*Rechten,* 3. Aufl. 2014, VgV § 16 Rn. 36.
[22] *Kirch,* Mitwirkungsverbote bei Vergabeverfahren, 2004, 158.
[23] Vgl. VK Lüneburg Beschl. v. 12.7.2011 – VgK-19/2011, IBR 2011, 1252, die auch die ehemalige, vergleichbare Fallkonstellation des § 16 Abs. 1 Nr. 3 lit. a VgV aF mit einbezogen sah.
[24] Einen Interessenkonflikt annehmend VK Berlin Beschl. v. 8.7.2020 – VK B 2-16/20, VPR 2020, 219 wenn die betreffende Person ein Interesse daran hat, dass nur Bieter den Zuschlag erhalten, die ein bestimmtes Produkt anbieten.
[25] VwGH Baden-Württemberg Urt. v. 28.12.2016 – 8 S 2442/14, VBlBW 2017, 298.
[26] So zu Recht Leinemann/Kirch/*Kirch* Rn. 33.

33 **b) Keine Auswirkungen auf Entscheidungen.** Gegen eine Voreingenommenheitsvermutung lässt sich ferner einwenden, dass sich die Aktivitäten der ausschlussbelasteten Person **nicht auf konkrete Entscheidungen** im Vergabeverfahren **ausgewirkt** hätten.[27]

34 Entscheidend ist somit beim zweiten gesetzlichen Widerlegungstatbestand des § 42 Abs. 1 S. 1 aE die fehlende **Kausalität**.[28] Von vorneherein **nicht von § 42 erfasst** sind aber weder die unmittelbare noch die mittelbare **Mitwirkung** des Geschäftsführers des Auftraggebers an der **reinen Vorbereitung der Ausschreibungsunterlagen**.[29]

35 **4. Katalog der Angehörigen voreingenommener Personen (Abs. 2).** Abs. 2 enthält im S. 1 eine Voreingenommenheitsvermutung in Bezug auf Angehörige sowie im S. 2 eine **Definition** des Begriffs **Angehörige**.

36 **a) Angehörigenvermutung (Abs. 2 S. 1).** Gemäß § 42 Abs. 2 S. 1 gelten **auch Personen, deren Angehörige** die **Voraussetzungen** des **Abs. 1 Nr. 1–3 erfüllen, als voreingenommen**.

37 In diesen Fällen erfolgt eine **Voreingenommenheitszurechnung über** ein **Angehörigenverhältnis**, über das die im Vergabeverfahren involvierte Person infiziert wird als wenn bei ihr selbst die Voraussetzungen in persona vorlägen.

38 **b) Definition der Angehörigen im weiteren Sinne (Abs. 2 S. 2).** Als **Angehörige** iSd **§ 42 Abs. 2 S. 2** gelten der Verlobte, der Ehegatte, der Lebenspartner, Verwandte und Verschwägerte in gerader Linie, Geschwister, Kinder der Geschwister, Ehegatten und Lebenspartner der Geschwister und Geschwister der Ehegatten und Lebenspartner, Geschwister der Eltern sowie Pflegeeltern und Pflegekinder.

39 Einen noch **weiter gehenden Umgriff** der Voreingenommenheitsvermutung auch auf ein im Zeitpunkt der Entscheidungen in einem Vergabeverfahren **nicht mehr bestehendes Angehörigenverhältnis**,[30] würde den Wortlaut der Norm sprengen und zu einer **unzulässigen Analogie** der ohnehin fast schon konturlosen Zurechnung führen. Zu beachten bleibt deshalb aber die **Sonderregelung für Verschwägerte** in § 1590 Abs. 2 BGB bzw. § 11 Abs. 2 LPartG, wonach die einmal begründete Schwägerschaft **nicht** dadurch **endet**, dass die begründete **Ehe oder Lebenspartnerschaft aufgelöst oder geschieden** wird.

40 **5. Bieterschützender Charakter.** § 42 hat **grundsätzlich bieterschützenden Charakter** nach § 97 Abs. 6 GWB.[31] Der Auftraggeber kann aber bei einem einzelnen Verstoß gegen § 42 die Entscheidungen, an denen eine danach ausgeschlossene Person auf Auftraggeberseite mitgewirkt hat, **ohne Mitwirkung der ausgeschlossenen Person wiederholen**. Dies ist auch noch bei einem laufenden Vergabenachprüfungsverfahren möglich, da ein Nachprüfungsantrag nach § 169 Abs. 1 GWB lediglich eine Zuschlagserteilung untersagt, nicht aber die Neubewertung von Angeboten oder die vollkommene Wiederholung ganzer Vergabeverfahrensschritte.[32] **Ausgleichungspflichtig** sind aber nur Wettbewerbsvorteile, die sich aufgrund von Vorbefassungen mit der konkreten Ausschreibung in Informationsvorsprüngen dieses Unternehmens **auswirken**. Wirtschaftliche Vorteile aufgrund eines reinen Vorauftragsverhältnisses hingegen sind damit nicht vergleichbar und nicht umfasst.[33] Alternativ ist seit 2016 über § 147 GWB auch der fakultative Ausschluss des betroffenen Unternehmens nach § 124 Abs. 1 Nr. 5 GWB möglich, wenn unter Berücksichtigung des Grundsat-

---

[27] Vgl. BGH Urt. v. 28.1.2020 – EnZR 99/18, NZBau 2020, 467; dort für die Ausschreibung einer Gasnetzkonzession in Anlehnung an § 16 VgV aF.

[28] Vgl. VK Baden-Württemberg Beschl. v. 3.6.2002 – 1 VK 20/02, ZfBR 2003, 97, für den am Ende einzig relevanten Umstand, dass unstreitig ein unvollständiges Angebot abgegeben worden war und dessen Unvollständigkeit auf Aktivitäten des Voreingenommenen zurückgeführt werden konnte. Vgl. auch VK Bund Beschl. v. 26.6.2015 – VK 1-47/15, VPR 2016, 143, bei der die ggf. voreingenommene Beschussprüfer zum einen bei der Feststellung von angeblichen Mängeln einer Schusswaffe schon aus der Bundeswehr ausgeschieden war und seine zeitlich sehr viel eher durchgeführten Beschussprüfungen ein für die spätere Beschwerdeseite gutes Ergebnis erbracht hatten.

[29] OLG Frankfurt a. M. Beschl. v. 29.3.2018 – 11 Verg 16/17, NZBau 2018, 498, zu § 6 VgV.

[30] So aber Leinemann/Kirch/*Kirch* Rn. 38, mit dem Hinweis, auch dann sei ja eine sachgerechte Widerlegung dieser – erweiterten – Vermutungsregelung möglich.

[31] OLG München Beschl. v. 11.4.2013 – Verg 2/13, VergabeR 2013, 902.

[32] OLG Koblenz Beschl. v. 5.9.2002 – 1 Verg 2/02, VergabeR 2002, 617 zur insoweit wortgleichen Bestimmung des § 16 VgV aF. Im dortigen Fall verlor die Vermutung der Voreingenommenheit aufgrund einer Nähebeziehung (Vater eines Mitarbeiters der Vergabestelle war Vorsitzender des Aufsichtsrates eines Bieters) ihre Berechtigung, weil durch neutrale Mitarbeiter der Vergabestelle über die belasteten Verfahrensteile (Rügeschreiben; mit nunmehr teilweiser Stattgabe der Rügen) neu entschieden wurde und eine entsprechende Heilung des Mangels durch sachgerechte Wiederholung eintrat.

[33] VK Bund Beschl. v. 10.3.2017 – VK 2-19/17, VPR 2017, 154.

zes der Verhältnismäßigkeit ein Interessenkonflikt bei der Durchführung des Vergabeverfahrens besteht, der die Unparteilichkeit und Unabhängigkeit einer für den öffentlichen Auftraggeber tätigen Person beeinträchtigen könnte und dieser Interessenkonflikt durch andere, weniger einschneidende Maßnahmen nicht wirksam beseitigt werden kann.

Lediglich bei wiederholten und gravierenden Verstößen kann als **ultima ratio** die **Aufhebung** 41 einer Ausschreibung in Betracht kommen, wenn eine ordnungsgemäße Beendigung des Vergabeverfahrens deshalb schlichtweg undenkbar erscheint.[34]

§ 43 Dokumentations- und Aufbewahrungspflichten

(1) Das Vergabeverfahren ist von Anbeginn an in einem Vergabevermerk fortlaufend zu dokumentieren, um die einzelnen Stufen des Verfahrens, die einzelnen Maßnahmen sowie die Begründung der einzelnen Entscheidungen festzuhalten.

(2) Der Vergabevermerk umfasst zumindest:
1. den Namen und die Anschrift des öffentlichen Auftraggebers, Gegenstand und Wert des Auftrags oder der Rahmenvereinbarung,
2. die Namen der berücksichtigten Bewerber oder Bieter und die Gründe für ihre Auswahl,
3. die Namen der nicht berücksichtigten Bewerber oder Bieter und die Gründe für ihre Ablehnung,
4. die Gründe für die Ablehnung von ungewöhnlich niedrigen Angeboten,
5. den Namen des erfolgreichen Bieters und die Gründe für die Auswahl seines Angebots sowie, falls bekannt, den Anteil am Auftrag oder an der Rahmenvereinbarung, den der Zuschlagsempfänger an Dritte weiterzugeben beabsichtigt oder verpflichtet ist weiterzugeben,
6. beim Verhandlungsverfahren ohne Teilnahmewettbewerb und wettbewerblichen Dialog die in dieser Verordnung jeweils genannten Umstände oder Gründe, die die Anwendung dieser Verfahren rechtfertigen; gegebenenfalls die Gründe für die Überschreitung der Fristen gemäß § 12 Absatz 1 Nummer 2 Buchstabe a Satz 2 und Nummer 3 Buchstabe b Satz 3 sowie für die Überschreitung der Schwelle von 50 Prozent gemäß § 12 Absatz 1 Nummer 3 Buchstabe a,
7. gegebenenfalls die Gründe, aus denen der Auftraggeber auf die Vergabe eines Auftrags oder den Abschluss einer Rahmenvereinbarung verzichtet haben,
8. die Gründe, aufgrund derer mehrere Teil- oder Fachlose zusammen vergeben werden sollen,
9. die Gründe, warum der Gegenstand des Auftrags die Vorlage von Eigenerklärungen oder von Eignungsnachweisen erfordert,
10. die Gründe der Nichtangabe der Gewichtung der Zuschlagskriterien,
11. gegebenenfalls die Gründe, die eine über sieben Jahre hinausgehende Laufzeit einer Rahmenvereinbarung rechtfertigen, und
12. die Gründe für die Ablehnung von Angeboten.

(3) Die Auftraggeber müssen geeignete Maßnahmen treffen, um den Ablauf der mit elektronischen Mitteln durchgeführten Vergabeverfahren zu dokumentieren.

(4) Auf Ersuchen der Europäischen Kommission müssen die Auftraggeber den Vermerk in Kopie übermitteln oder dessen wesentlichen Inhalt mitteilen.

Übersicht

	Rn.		Rn.
I. Normzweck	1	c) Begründung der einzelnen Entscheidungen	27
II. Einzelerläuterungen	13	3. Festgeschriebener Mindestinhalt einer Dokumentation (Abs. 2)	30
1. Zeitpunkt und Kontinuität der Dokumentation (Abs. 1)	13	a) Auftraggeber, Gegenstand und Wert des Auftrags oder der Rahmenvereinbarung (Abs. 2 Nr. 1)	31
2. Fertigung eines Vergabevermerks	15		
a) Stufen des Verfahrens	16	b) Namen der berücksichtigten Bewerber oder Bieter und Auswahlgründe (Abs. 2 Nr. 2)	33
b) Maßnahmen der einzelnen Entscheidungen	24		

[34] OLG Hamburg Beschl. v. 4.11.2002 – 1 Verg 3/02, IBRRS 2002, 2207.

		Rn.			Rn.
c)	Namen der nicht berücksichtigten Bewerber oder Bieter und Ablehnungsgründe (Abs. 2 Nr. 3)	35	i)	Gründe für die Vorlage von Eigenerklärungen oder Eignungsnachweisen (Abs. 2 Nr. 9)	63
d)	Gründe für die Ablehnung ungewöhnlich niedriger Angebote (Abs. 2 Nr. 4)	41	j)	Gründe für die Nichtangabe der Gewichtung der Zuschlagskriterien (Abs. 2 Nr. 10)	64
e)	Name des erfolgreichen Bieters samt Auswahlgründen sowie beabsichtigter oder verpflichtender Nachunternehmeranteil (Abs. 2 Nr. 5)	43	k)	Gründe für eine über siebenjährige Laufzeit einer Rahmenvereinbarung (Abs. 2 Nr. 11)	67
f)	Rechtfertigungsgründe für abweichende Verfahrensarten, die Überschreitung von Fristen und der 50%-Klausel zusätzlicher Dienstleistungen (Abs. 2 Nr. 6)	46	l)	Gründe für die Ablehnung von Angeboten (Abs. 2 Nr. 12)	68
g)	Gründe für einen Vergabeverzicht hinsichtlich eines Auftrags oder einer Rahmenvereinbarung (Abs. 2 Nr. 7)	51	4.	Dokumentation bei elektronischen Vergabeverfahren (Abs. 3)	72
h)	Gründe für die gemeinsame Vergabe mehrerer Teil- oder Fachlose (Abs. 2 Nr. 8)	58	5.	Übermittlungs- oder Mitteilungspflichten gegenüber der EU-Kommission (Abs. 4)	77
			6.	Bieterschützender Charakter	78

I. Normzweck

1 § 43 diente 2012 der **Umsetzung von Art. 37 Vergabe-RL Verteidigung und Sicherheit** und orientierte sich des Weiteren auch am Wortlaut vom ehemaligen § 24 EG VOL/A für klassische Auftraggeber, der 2016 im Rahmen der jüngsten Vergaberechtsnovelle durch § 8 VgV ersetzt wurde.

2 Vergabeverfahren sind nach zwischenzeitlich nahezu einheitlichen Vorgaben in allen Vergabebereichen **von Beginn an fortlaufend zu dokumentieren,** auch wenn parallel auch zur entsprechenden Verfahrensdokumentation der alte Vergabevermerk am Ende selbiger gefertigt werden kann und selbstverständlich die vorherige Verfahrensdokumentation implementieren kann.

3 Für **Bauleistungen** stellt **§ 20 VS VOB/A** eine **speziellere Dokumentationsregelung** bereit. **§ 43 Abs. 2 ergänzt und konkretisiert in zwölf Nummern** die in **Abs. 1** noch sehr **allgemein** gehaltenen **Dokumentationspflichten** um einen **Mindestkatalog** von Entscheidungen und Maßnahmen, die ein Vergabevermerk in jedem Fall, soweit zutreffend, enthalten muss.[1] Dabei leitet sich diese separat geregelte Dokumentationsverpflichtung **aus** dem EU-rechtlich verankerten, in § 97 Abs. 1 GWB umgesetzten, **Transparenzgebot** ab. Dieses ist seinerseits eine spezielle Ausprägung des allgemeinen Gleichbehandlungsgrundsatzes aus § 97 Abs. 2 GWB.

4 Durch die Verpflichtungen des § 43 Abs. 1 und 2 wird gewährleistet, dass **Entscheidungen** eines Auftraggebers im Verteidigungs- und sicherheitsrelevanten Bereich **transparent werden** und im Hinblick auf spätere Kontrollen, zB in einem aktuellen Vergabenachprüfungsverfahren oder auch noch geraume Zeit nach der Auftragsvergabe durch einen Rechnungshof **nachvollziehbar bleiben.**

5 § 43 leitet sich **nur teilweise** aus übergeordneten **EU-Normen** ab. Art. 37 Abs. 1 Vergabe-RL Verteidigung und Sicherheit bestimmt lediglich, dass Auftraggeber einen Vergabevermerk mit annähernd dem Mindestinhalt des § 43 Abs. 2 zur Bestätigung, dass das Verfahren zur Auswahl in transparenter und nicht diskriminierender Weise erfolgt ist, über jeden vergebenen Auftrag und jede Rahmenvereinbarung zu fertigen haben. Die weiteren allgemeinen Festlegungen des § 43 Abs. 1, insbesondere mit den **Schärfungen, eine „von Anbeginn in einem Vergabevermerk fortlaufende" Dokumentation** zu fertigen, findet so keine Entsprechung im ehedem 2012 umzusetzenden Art. 37 Vergabe-RL Verteidigung und Sicherheit und sind damals **eher der damaligen nationalen Parallelregelung in § 24 EG VOL/A aF entnommen.**

6 Bei Zugrundelegung der umzusetzenden Richtlinienbestimmungen wird deutlich, dass Art. 37 Abs. 1 **lit a–j** der nach wie vor aktuellen und auch 2014 insoweit unverändert gebliebenen **Vergabe-RL Verteidigung und Sicherheit nur zehn Mindestdaten** im **Vergabevermerk** einfordert, denen, wenn auch in anderer Reihenfolge § 43 Abs. 2 **Nr. 1–3, 5–7, 11 und 12** entsprechen.

7 § 43 Abs. 3 zu elektronischen Vergabeverfahren hingegen beruht wörtlich auf Art. 37 Abs. 2 Vergabe-RL Verteidigung und Sicherheit. Art. 37 Abs. 3 Vergabe-RL Verteidigung und Sicherheit bestimmt, dass der Vermerk bzw. sein wesentlicher Inhalt der **Kommission auf deren Ersuchen mitgeteilt** wird, was in **§ 43 Abs. 4** leicht modifiziert („in Kopie") 2012 übernommen wurde.

---

[1] § 43 weist als zwischenzeitlich unveränderte Regelung aus dem Jahre 2012 die neuerliche Aufteilung und Differenzierung zwischen Vergabedokumentation und separatem Vergabevermerk, wie sie jetzt etwa § 8 Abs. 1, 2 und 4 VgV vorsieht, nicht auf. § 18 VS VOB/A kennt nur noch den Begriff Dokumentation.

II. Einzelerläuterungen

§ 43 ist somit seit 2012 eine **Mischung** aus EU-rechtlichen Vorgaben in den Abs. 2–4 und allgemeinen Dokumentationsregelungen im Abs. 1, die traditionell schon im klassischen Vergabebereich galten und mit § 8 VgV immer noch so gelten.

Teilweise geht aber auch der **Mindestkatalog des Abs. 2** über die EU-rechtlich vorgesehenen Mindestangaben in Art. 37 Abs. 1 lit. a–j Vergabe-RL Verteidigung und Sicherheit **hinaus.** So haben insbesondere § 43 Abs. 2 **Nr. 8, 9 und 10 keine EU-rechtlichen Entsprechungen.** Die genannte Verpflichtung zur Dokumentation der Gründe für eine – ausnahmsweise erforderliche – Zusammenfassung von Losen in der **Nr. 8** leitet sich aus der verschärften Regelung zur **Losbildung** in § 97 Abs. 4 GWB iVm § 10 Abs. 1 ab. Will der Auftraggeber nach § 22 Abs. 2 **Eigenerklärungen** zulassen, ist dies als Ausnahme von der Regel des § 22 Abs. 1 zusätzlich zu dokumentieren, **Nr. 9. Nr. 10** verpflichtet überobligat zur Dokumentation der Gründe für die **Nichtangabe der Gewichtung der Zuschlagskriterien,** obwohl zB § 16 Abs. 1 Nr. 2 gar keinen Vorrang einer Gewichtung der Zuschlagskriterien gegenüber einer Angabe der absteigenden Reihenfolge vorsieht, wie dies aus dem klassischen Vergaberecht, etwa nach § 58 Abs. 3 S. 3 VgV aktuell bekannt ist.

Die vergleichbare VOB/A-VS enthält in der dortigen Parallelregelung für den **Baubereich (§ 20 VS VOB/A)** eine ähnlich strukturierte Regelung. § 20 VS S. 1 VOB/A entspricht im Wesentlichen § 43 Abs. 1. Im Gegensatz zur VSVgV-Regelung muss die Dokumentation in der VOB/A-VS nach § 20 VS Abs. 1 S. 1 VOB/A ausdrücklich **in Textform** (nach § 126b BGB) erfolgen und ist „zeitnah" vorzunehmen. Anderseits **fehlt in § 20 VS VOB/A** das Erfordernis einer **von Anbeginn fortlaufend** zu realisierenden Dokumentation.

§ 20 VS Abs. 1 S. 2 VOB/A enthält einen § 43 Abs. 2 **ähnlichen Mindestkatalog** zu dokumentierender Entscheidungen und Maßnahmen. Auch § 20 VS Abs. 1 S. 3 VOB/A verpflichtet Bauauftraggeber im verteidigungs- und sicherheitsrelevanten Bereich zur Vornahme geeigneter Maßnahmen, um den Ablauf der mit elektronischen Mittel durchgeführten Vergabeverfahren zu dokumentieren, wie dies auch § 43 Abs. 3 fordert.

§ 20 VS Abs. 2 VOB/A enthält nach wie vor die in § 20 EU VOB/A iVm § 8 VgV für klassische Auftragsvergaben **entfallene Zusatzregelung über den Verzicht** auf **zusätzlich** zum Angebot **verlangte Unterlagen und Nachweise,** der in der Dokumentation zu begründen ist (ex § 20 EU Abs. 2 VOB/A 2012).

II. Einzelerläuterungen

1. Zeitpunkt und Kontinuität der Dokumentation (Abs. 1). Eine bestimmte **Form** ist für den Vergabevermerk in der VSVgV[2] ausdrücklich **nicht vorgeschrieben.** Er muss auch kein körperlich einheitliches, als Vergabevermerk betiteltes Schriftstück sein, das sämtliche Vorgänge und Entscheidungen ausführlich dokumentiert. Es ist vielmehr ausreichend, wenn eine durchgängige Dokumentation in **Form separater Schriftstücke** die einzelnen Maßnahmen sowie die Begründungen für die getroffenen Entscheidungen einschließlich des Mindestkatalogs aus § 43 **nachvollziehbar** wiedergibt.[3]

Wegen seiner **Beweisfunktion** und längeren Nachprüfbarkeit muss der Vergabevermerk jedoch **in dauerhafter Form** gefertigt sein. Er muss den Anforderungen entsprechen, die im Rechtsverkehr an einen **Aktenvermerk** gestellt werden. Dazu gehört neben dem **Datum auch die Unterschrift** des Ausstellers. Ohne diese Angaben entbehrt ein Aktenvermerk ebenso wie der Vergabevermerk seiner Verbindlichkeit als Urkunde, die Beweisfunktion hat. Eine **kontinuierliche und chronologische Führung** und Fertigung eines Vergabevermerks ist auch deswegen unerlässlich, weil an Auftraggeber im Falle eines konkreten Vergabenachprüfungsantrags die **Vergabeakten nach § 163 Abs. 2 S. 4 GWB der Vergabekammer** „sofort" vorzulegen hat und auch denkbare **Schutzschriften** nach 163 Abs. 2 S. 2 GWB nur mit einer stichfesten Dokumentation Erfolg versprechen. Große Zeitintervalle für die erstmalige Fertigung eines Vergabevermerks bestehen dann nicht mehr, auch wenn § 43 – anders als § 20 VS Abs. 1 VOB/A – keine ausdrückliche Regelung enthält, wonach die dortige Dokumentation „zeitnah" zu erfolgen hat.

2. Fertigung eines Vergabevermerks. Nach § 43 Abs. 1 ist das Vergabeverfahren **von Anbeginn fortlaufend** zu dokumentieren, sodass die **einzelnen Stufen** des Verfahrens, die einzelnen **Maßnahmen** sowie die **Begründung** der einzelnen Entscheidungen festgehalten werden.

a) Stufen des Verfahrens. Die Vergabedokumentation muss nach § 43 Abs. 1 ua die **einzelnen Stufen** des Vergabeverfahrens enthalten. Damit muss sie auch den zeitlichen und strukturellen

---

[2] Anders als in § 20 VS VOB/A („Textform"), obwohl beide Normen auf ein und derselben Richtlinie der EU beruhen, die in Art. 37 Vergabe-RL Verteidigung und Sicherheit keinerlei Form vorgibt.
[3] OLG München Beschl. v. 25.7.2013 – Verg 7/13, VergabeR 2014, 52.

Fett

Ablauf eines Vergabeverfahrens samt den dabei zu durchlaufenden bzw. durchlaufenen Stufen dokumentieren, die auch als **solche wiederum mit nachvollziehbarem Datum und Unterschrift**[4] **erkennbar sein** müssen.

17   Als solche **Trennstufen** in einem Vergabeverfahren kann man die EU-weite **Vergabebekanntmachung,** diejenige bis zur **Eröffnung der Angebote,** nachgefolgt von der Stufe der **Angebotswertung** und anschließend die **Beendigung** des Vergabeverfahrens durch **Auftragserteilung oder Vergabeverzicht** sehen. Da die VSVgV das Offene Verfahren nicht kennt, ist grundsätzlich auch der **vorgeschaltete EU-Teilnahmewettbewerb** eine bedeutsame **Trennstufe für Bewerber** und Bieter, die lediglich beim Verhandlungsverfahren ohne EU-Bekanntmachung nach § 12 entfällt.

18   Um die verschiedenen Stufen eines Vergabeverfahrens im Verteidigungs- und sicherheitsrelevanten Bereich wieder zu erkennen, müssen auch die Übergänge (Bekanntmachung, Teilnahmewettbewerb, Angebotsöffnung samt Angebotswertung, Zuschlag/Aufhebung) von Stufe zu Stufe gut und eindeutig dokumentiert sein.

19   Da die VSVgV einem Auftraggeber auch noch das nicht offene und das Verhandlungsverfahren mit EU-Bekanntmachung mit § 11 Abs. 1 S. 1 gleichberechtigt zur Verfügung stellt,[5] ist die **erste nach außen tretende Verfahrensstufe** diejenige der **Bekanntmachung** nach § 18,[6] ergänzt durch eine **eventuelle vorherige** fristverkürzende **Vorinformation nach § 17**.

20   Dieser außenwirksamen Stufe sind die zugrunde liegenden **Festlegungen** des Auftraggebers (ua **Auftragswertermittlung, Losbildung** oder Verzicht auf selbige, Zulassung von **Nebenangeboten** samt Mindestkriterien nach **§ 32 Abs. 1 S. 2, Wahl der Verfahrensart, Festlegung der Angebots- und Bindefrist) vorgelagert** und bei entsprechender Verfahrensrelevanz[7] auch zu dokumentieren. Die abschließende Stufe des Vergabeverfahrens bildet entweder die Zuschlagserteilung nach § 34 Abs. 1 oder die Aufhebung/Einstellung des Vergabeverfahrens nach § 37 Abs. 1. Diese Abschlussstufe, aber auch alle anderen signifikanten Zwischenstufen zwischen der Einleitung[8] und dem Abschluss des Vergabeverfahrens sind hinreichend zu dokumentieren.

21   Der **klassische Fall eines gestuften Vergabeverfahren** ist das **nicht offene** Verfahren mit vorgeschaltetem **EU-Teilnahmewettbewerb,** in dem die Eignung der Bewerber anhand vorhandener Erkenntnisquellen (§§ 21, 22, 25–27) geprüft wird und erst dann Unternehmen in einer zweiten Stufe nach § 29 zur Angebotsabgabe aufgefordert werden. Ähnliches gilt auch für das **Verhandlungsverfahren mit EU-Teilnahmewettbewerb** gem. § 12 und nachfolgenden Auftragsverhandlungen mit den ausgewählten Bewerbern, auch wenn einzustellen ist, dass die VSVgV keine derart dezidierten Vorgaben für die Durchführung eines Verhandlungsverfahrens bereit hält wie dies der nunmehrige § 17 VgV für klassische Auftraggeber tut.

22   Zudem können Auftraggeber auch individuell in der Angebotsaufforderung nach **§ 11 Abs. 3** vorgeben, dass ein **Verhandlungsverfahren mit Teilnahmewettbewerb** in verschiedenen, **aufeinander folgenden Phasen abgewickelt** werden soll, um hierbei die Anzahl der Angebote zu verringern. Damit erzeugt der Auftraggeber innerhalb der Verhandlungsphase wiederum fest umrissene **Unterstufen,** die sich auch so im Vergabevermerk abgebildet wiederfinden müssen.

23   Ein darzulegendes **Stufenverhältnis** findet sich **auch im Wettbewerblichen Dialog** nach § 13. Auch in diesem Spezialverfahren erfolgt zunächst eine Aufforderung zur Teilnahme und danach finden in einer zweiten, abgegrenzten Phase Verhandlungen mit ausgewählten Unternehmen über alle Einzelheiten des Auftrags statt **(sog. Dialogphase).** Auch diese **Dialogphase wiederum** kann nach **§ 13 Abs. 2 Nr. 3** in verschiedenen, **aufeinander folgenden Phasen abgewickelt** werden.

24   **b) Maßnahmen der einzelnen Entscheidungen.** Die in einem Vergabevermerk aufzunehmenden, einzelnen, **Maßnahmen** betreffen die **Darlegung** des konkreten **Sachverhalts,** aufgrund dessen bestimmte, vergaberelevante Entscheidungen beruhen.

25   Da § 43 Abs. 2 Nr. 10 ausdrücklich die Gründe der Nichtangabe der Gewichtung der Zuschlagskriterien sogar zum zwingenden Mindestinhalt eines Vergabevermerks erklärt, sind logischer Weise vorher erst einmal auch die tatsächlichen **Gründe für die Festlegung der Zuschlagskriterien** anzugeben.[9]

---

[4]   So zu Recht schon OLG Bremen Beschl. v. 14.4.2005 – Verg 1/05, VergabeR 2005, 537.
[5]   Lediglich das Verhandlungsverfahren ohne EU-Bekanntmachung und der Wettbewerbliche Dialog sind nach § 11 Abs. 1 S. 2 nur unter besonderen Voraussetzungen (§ 12 bzw. § 13) anwendbar.
[6]   Dies gilt auch für den Wettbewerblichen Dialog.
[7]   Nach OLG München Beschl. v. 2.8.2007 – Verg 7/07, VergabeR 2007, 799, ist die Nichtzulassung von Nebenangeboten im Vergabevermerk/Vergabedokumentation aber nicht zu begründen.
[8]   Das Vergabeverfahren beginnt mit der Absendung der EU-Bekanntmachung bei den Ausschreibungsverfahren oder der sonstigen Einleitung (= erstmaliges ernsthaftes Herantreten des Auftraggebers an ein Unternehmen im Falle des Verhandlungsverfahrens ohne EU-Bekanntmachung), vgl. § 3 Abs. 8.
[9]   Gem. § 16 Abs. 1 Nr. 2 auch noch deren Gewichtung oder die absteigende Reihenfolge der diesen Kriterien zuerkannten Bedeutung.

Diese Auflistung verdeutlicht, dass eine exakte und trennscharfe Unterscheidung der sprachlich 26 unglücklichen Begriffe **Maßnahmen** (Plural) und **Begründung** (Singular) der **Entscheidungen** (Plural) nicht möglich ist und auch praktisch wenig Relevanz hat. Klar ist aber, dass zunächst einmal die tatsächlichen Grundlagen ermittelt und dokumentiert werden müssen, bevor auf dieser Grundlage konkrete Maßnahmen oder Entscheidungen getroffen werden können. Vielfach wird dies **zeitlich aber auch zusammenfallen.**

c) **Begründung der einzelnen Entscheidungen.** Eine **besondere Begründung** im Verga- 27 bevermerk ist immer dann zwingend geboten, **wenn** der Auftraggeber über einen **Entscheidungsspielraum** verfügt, sich aber in die eine oder auch eine andere Richtung bewegen kann und darf. Dies betrifft insbesondere den Prüfungs- und Wertungsvorgang nach §§ 31, 32 (Nebenangebote), §§ 33, 34 Abs. 2 und 3, speziell die Auswahl des wirtschaftlichsten Angebotes. Auch bei der Prüfung der Eignung der Bewerber (§§ 21 und 22), entsprechenden zwingenden (§ 23) oder fakultativen Ausschlussgründen (§ 24) oder der technischen Wertbarkeit von Nebenangeboten (§ 32) muss der Auftraggeber **oftmals Ermessen ausüben** und **prognostische Erwägungen** anstellen. Dies uU auch noch geraume Zeit später als Nachprüfungsbehörde, Aufsichtsbehörde oder Fördermittel ausreichende Stelle, als Rechnungsprüfungsamt/Rechnungshof oder Zivilgericht in einen Schadenersatzprozess nachvollziehen zu können, ist nur möglich, wenn diese Erwägungen (Für und Wider) nicht nur tatsächlich vom Auftraggeber angestellt wurden, sondern auch entsprechend dokumentiert wurden.

Dabei gilt der Grundsatz, dass der **Dokumentationsgrad mit der Wichtigkeit der jeweili-** 28 **gen Entscheidung und dem Abweichen von Normtatbeständen wächst.** Insbesondere das **Abweichen von** den beiden **Regelverfahren** (vgl. § 11 Abs. 1 S. 1) nach § 12 bzw. § 13 oder die **Zusammenlegung von Fachlosen** (§ 97 Abs. 4 GWB iVm § 10 Abs. 1) ist erschöpfend zu dokumentieren.[10] Dies gilt erst recht, wenn der Auftraggeber eine **EU-weite Ausschreibung unterlassen** will, weil er die zu beschaffende Dienstleistung für eine **nachrangige Dienstleistung** nach § 5 Abs. 2 iVm Anhang 2 Vergabe-RL Verteidigung und Sicherheit (Kategorien 21–26) hält. Dies gilt insbesondere, wenn angeblich nur der Auffangtatbestand der Kategorie 26[11] (sonstige Dienstleistung) eingreifen soll. Denn die Kategorie 26 „sonstige Dienstleistungen" stellt gerade im Verteidigungs- und sicherheitsrelevanten Bereich einen Auffangtatbestand dar, der erst eingreift, wenn die anderen 25 Kategorien nicht einschlägig sind. Gerade die Erörterung ggf. ebenfalls einschlägiger Kategorien der Nr. 1–20 in Abgrenzung insbesondere zur Kategorie 26 ist dokumentationspflichtig. Zudem wird der Auftraggeber auch immer die Einzelfall bezogene **Binnenmarktrelevanz** der Dienstleistung zu erörtern haben, da diese ggf. zu einem Publikationsakt, etwa im Internet, zwingen kann, auch wenn keine Ausschreibungsverpflichtung im klassischen Sinne nach § 18 besteht.

Ähnliches gilt bei **Nutzung des sog. 20 %-Kontingents** nach § 3 Abs. 7 S. 5 Nr. 1 mit der 29 Losobergrenze von 80.000 EUR (netto).

3. Festgeschriebener Mindestinhalt einer Dokumentation (Abs. 2). § 43 Abs. 2 Nr. 1– 30 12 enthält über die nach § 43 Abs. 1 eingeforderten, sehr allgemein gehaltenen Inhalte ganz spezielle Angaben zu zwölf enumerativ aufgelisteten Sachverhalten. Dadurch werden diese zu einem Mindestinhalt jedweden Vergabevermerks, was durch das Wort „mindestens" noch einmal verdeutlicht wird. Klar ist aber auch, dass, wenn bestimmte Daten in einem konkreten Vergabeverfahrens nicht angefallen[12] sind, können sie auch nicht dokumentiert werden. Allenfalls ist dann darzulegen, warum sie etwa in Abweichung vom Regelfall nicht angefallen sind.[13] Zudem schließen sich einige der Angaben trotz des Mindestkanons naturgemäß von selbst aus. Wird der Zuschlag erteilt und gibt es somit einen Namen des erfolgreichen Bieters (Nr. 5), wird es – von einer Teilaufhebung bei Losen nach § 37 abgesehen – keinerlei Angaben zu einem alternativen Vergabeverzicht geben können.

a) **Auftraggeber, Gegenstand und Wert des Auftrags oder der Rahmenvereinbarung** 31 **(Abs. 2 Nr. 1).** Zum zwingenden Mindestinhalt einer Vergabeverfahrensdokumentation nach § 43 Abs. 2 **Nr. 1** gehören zum einen die **Auftraggeberdaten** (Name und Anschrift), die den Ersteller des Vergabevermerks und grundsätzlich auch Haushaltsverantwortlichen näher kennzeichnen und umschreiben. Nr. 1 fordert nicht nur Angaben darüber „Wer" vergibt, sondern **auch** darüberhinaus,

---

[10] Vgl. dazu spezialiter auch § 43 Abs. 2 Nr. 6 und 8.
[11] Das OLG Dresden Beschl. v. 12.10.2010 – WVerg 9/10, VergabeR 2011, 504, hat aber DNA-Analysen im klassischen Vergabebereich 2010 als nur unter die dort wegen § 130 GWB zwischenzeitlich entfallene Parallelkategorie 27 (sonstige Dienstleistung) fallend eingestuft.
[12] ZB kein Aufhebungsgrund oder kein einziges ungewöhnlich niedriges Angebot nach § 33 oder kein Nachunternehmer beim Zuschlagsbieter, sodass dessen Anteil am Auftrag nicht angegeben werden kann.
[13] ZB wenn die Überprüfung der Angebotspreise keine signifikante Abweichung von der eigenen Kostenschätzung ergeben hat und sich die Angebote entgegen § 33 Abs. 1 sehr homogen dargestellt haben.

„Was" vergeben wird. Speziell betrifft dies den **Gegenstand der Vergabe** und den **Beschaffungswert**. Somit sind zu einem konkreten Auftrag (Dienstleistungsauftrag bzgl. X oder Lieferauftrag bzgl. Y) auch Angaben zur **Laufzeit,** zum **Volumen** und zur **Kategorisierung**[14] der Leistung vonnöten. Für Dienstleistungen ist dabei auch die **Unterscheidung zwischen vorrangigen und nachrangigen Dienstleistungen** nach Anhang I oder II Vergabe-RL Verteidigung und Sicherheit anzugeben. Dies gilt insbesondere, falls es sich in concreto um Dienstleistungen nach Anhang II Vergabe-RL Verteidigung und Sicherheit, insbesondere der Auffangkategorie 26 (sonstige Dienstleistungen) handelt, die nach § 5 Abs. 2 eine Abweichen von nahezu alle Sonderbestimmungen der VSVgV zulassen würden.[15] Insbesondere entfällt dann die Pflicht zur europaweiten Ausschreibung nach § 18.

32 Zusätzlich fordert § 43 Abs. 2 Nr. 1 entsprechende Angaben zum **Gegenstand und Wert einer Rahmenvereinbarung** iSd § 14.

33 **b) Namen der berücksichtigten Bewerber oder Bieter und Auswahlgründe (Abs. 2 Nr. 2).** Nach Abs. 2 Nr. 2 ist zudem zwingend zu dokumentieren, welche **Bewerber oder Bieter** aufgrund welcher **Auswahlgründe berücksichtigt** werden bzw. wurden.

34 **Berücksichtigte Bewerber** sind alle diejenigen Unternehmen, die **nach § 29** zur **Angebotsabgabe aufgefordert** wurden. Der Begriff berücksichtigte Bieter verwirrt auf den ersten Blick, da es pro Auftrag im Regelfall immer nur einen – berücksichtigten – Zuschlagsbieter gibt. Wenn man aber an eine **losweise Vergabe oder** auch an die auch bei Nr. 1 erwähnten **Rahmenvereinbarungen** nach § 14 denkt, kann es in diesen Fällen **auch zu mehreren berücksichtigten Bietern** in einem Vergabeverfahren kommen. Insbesondere sieht § 14 Abs. 4 ausdrücklich eine Rahmenvereinbarung mit mehreren Unternehmen vor. Andererseits muss die ergänzende Bestimmung des **§ 43 Abs. 2 Nr. 5 hinzu** gelesen werden. Danach sind neben dem Namen des erfolgreichen Bieters auch die Gründe für die Auswahl seines Angebots zu dokumentieren. Im Hinblick auf den Zuschlagsbieter ist diese **Regelung spezieller** als diejenige über den berücksichtigten Bieter.

35 **c) Namen der nicht berücksichtigten Bewerber oder Bieter und Ablehnungsgründe (Abs. 2 Nr. 3).** § 43 Abs. 2 **Nr. 3** fordert quasi die **negative Seite** des Dokumentationsvorgangs bei **Nr. 2.** Nicht nur die positiv berücksichtigten Bewerber oder Bieter sind namentlich zu erfassen, sondern auch die **nicht berücksichtigten.**

36 Dabei handelt es sich um Bewerber, die **nicht zur Angebotsabgabe** aufgefordert wurden sowie Bieter, die nicht den Zuschlag erhalten haben. Wichtig ist, dass auch deren Scheitern samt der individuellen Gründe zu dokumentieren sind. Zuzugeben ist, dass damit ein hoher bürokratischer Aufwand eingefordert wird. Zu beachten ist aber auch, dass nicht berücksichtigte Bewerber oder Bieter jederzeit eine Überprüfung der für sie negativ erfolgten Entscheidungen nach §§ 156 ff. GWB bei einer Vergabekammer nach entsprechender Rüge (§ 160 GWB) beantragen können. In diesem Fall hat der **Auftraggeber die Vergabeakten** samt Vergabevermerk/Dokumentation der Vergabekammer **sofort zur Verfügung** zu stellen **(§ 163 Abs. 2 S. 4 GWB).** Dann bleibt aber **keinerlei Zeit** mehr für den Auftraggeber, erstmalig und tiefgründig zu **dokumentieren,** aus welchen Gründen zahlreiche Bewerber – oder Bieter – nicht berücksichtigt wurden. Der denkbare Einwand eines Auftraggebers, er sei gerade dabei gewesen, die entsprechenden Vermerke, etwa zur Nichtberücksichtigung der Bewerber oder Bieter, zu fertigen, verfängt nach dem klaren Wortlaut des § 43 Abs. 1 und 2 nicht, da die **Verfahrensdokumentation ausdrücklich von Beginn an** durch einen Vergabevermerk **fortlaufend vorzunehmen** ist und auch dessen Mindestinhalt klar vorgegeben ist. Dazu gehört nach einem durchgeführten Teilnahmewettbewerb, dass die Nichtberücksichtigung der Bewerber einzeln dokumentiert wurde (§ 43 Abs. 1 [Entscheidung] iVm § 43 Abs. 2 Nr. 3).

37 Da seit 2012 grundsätzlich auch ehedem **vergessene Bewerber** in den Anwendungsbereich der **automatischen Vorabinformation nach § 134 GWB** iVm § 147 GWB im Verteidigungs- und Sicherheitsrelevanten Bereich **einbezogen** sind,[16] können diese zumindest nach zweimaligem

---

[14] Anhang IV Vergabe-RL Verteidigung und Sicherheit fordert unter VERGABEVERMERK, Ziffer 3, für Liefer- und Dienstleistungsaufträge auch die Referenznummer der Nomenklatur common procurement vocabulary (CPV).

[15] Vgl. § 5 Abs. 2, wonach dann lediglich §§ 15 und 35 gelten. Das bedeutet konkret, dass sich nur Verpflichtungen zur eindeutig und erschöpfenden Beschreibung der technischen Anforderungen, zur Nachprüfungsstelle Vergabekammer sowie der Ex-Post-Transparenz nach Auftragserteilung beim Amt für amtliche Veröffentlichungen der EU ergeben.

[16] Nämlich dann, wenn der Auftraggeber sie auch noch einmal kurz vor der Zuschlagserteilung anlässlich der Vorabinformation der Bieter ein zweites Mal vergisst oder bewusst entgegen § 134 Abs. 1 S. 2 GWB iVm § 147 S. 1 GWB nicht informiert.

Schweigen des Auftraggebers[17] über die Gründe der Nichtberücksichtigung sogar die Vergabekammer anrufen und die Unwirksamkeit eines geschlossenen Vertrages binnen entsprechender Ausschlussfristen nach § 135 Abs. 2 GWB geltend machen.

Hat dann der Auftraggeber nicht dokumentiert, aus welchen Gründen die Nichtberücksichtigung erfolgt ist, kann sogar ein darüber hinaus gehender Nachprüfungsantrag Erfolg haben. **38**

Somit ist aufgrund § 43 Abs. 2 Nr. 3 der gesamte Prüf- und Wertungsvorgang hinsichtlich der Teilnahmeanträge im nicht offenen Verfahren, im Verhandlungsverfahren und im wettbewerblichen Dialog ebenso zu dokumentieren wie die gesamte Angebotswertung samt aller zwingenden und fakultativen Ausschlussgründe, zB nach §§ 23, 24 und 31 Abs. 2. **39**

Für die **Nichtberücksichtigung** eines **ungewöhnlich niedrigen Angebots** nach § 33 hingegen enthält die nachfolgende **Nr. 4** des § 43 Abs. 2 eine **Sonderregelung**. **40**

d) Gründe für die Ablehnung ungewöhnlich niedriger Angebote (Abs. 2 Nr. 4). Die Angabe der Gründe für die Ablehnung ungewöhnlich niedriger Angebote bezieht sich auf die Verpflichtungen des Auftraggebers nach **§ 33 Abs. 1 S. 1**. Erscheint danach ein Angebot im Verhältnis zu der zu erbringenden Leistung ungewöhnlich niedrig, **muss** der **Auftraggeber vor Ablehnung des Angebots vom betroffenen Bieter Aufklärung** über die **Einzelpositionen** des Angebots verlangen. Allein dieser Prüfvorgang wäre schon nach allgemeinen Grundsätzen des § 43 Abs. 1 als relevante Maßnahme dokumentationspflichtig. **41**

§ 43 Abs. 2 Nr. 4 verstärkt dies noch, wenn das Ergebnis der zwingend vorzunehmenden Aufklärung/Prüfung zulasten eines Bieters ausgeht. Nach § 33 Abs. 1 S. 2 darf der Zuschlag im Ergebnis nicht auf Angebote erteilt werden, deren Preise nachweislich in offenbarem Missverhältnis zur Leistung stehen. Eine derartige, **negative Schlussentscheidung** wäre sicherlich auch schon aufgrund der Generalklausel des § 43 Abs. 1 dokumentationspflichtig, da sie einen Bieter in jedem Fall um einen möglichen Zuschlag bringt. Auch wenn es sich bei § 33 um keinen zwingenden oder fakultativen Ausschlussgrund nach den § 23 oder § 24 handelt, bestimmt **§ 33 Abs. 2 S. 2** in ähnlicher Weise, dass der **Zuschlag auf** ein **Angebot**, dessen Preise in **offenbarem Missverhältnis zur Leistung** stehen, **nicht erteilt** werden kann.[18] **42**

e) Name des erfolgreichen Bieters samt Auswahlgründen sowie beabsichtigter oder verpflichtender Nachunternehmeranteil (Abs. 2 Nr. 5). Der Name des **erfolgreichen Bieters** und die entsprechenden **Auswahlgründe** sind auch wegen der Konnexität zu den notwendigen Angaben für Vorabinformationsschreiben nach **§ 134 GWB** selbstverständlich im Vergabevermerk zu dokumentieren (§ 43 Abs. 2 **Nr. 5**). Daran **ändert** auch die 2016 eingeführte **Sonderregelung in § 134 Abs. 3 S. 2 GWB** für Vorabinformationsschreiben hinsichtlich verteidigungs- und sicherheitsspezifische Aufträge **nichts**, da diese Neuregelung **lediglich die Nichtmitteilung bestimmter Informationen** über die Zuschlagserteilung oder den Abschluss einer Rahmenvereinbarung ermessengebunden im Verhältnis zu informationsberechtigten Bewerbern oder Bietern erlaubt, **nicht aber** die **vollständige – interne – Nichtdokumentation** derartiger Informationen. **43**

Ergänzend soll die Verfahrensdokumentation auch erfassen, **wie hoch** ggf. der **Anteil** ist, den der **Zuschlagsbieter seinerseits an Dritte weiterzugeben beabsichtigt** oder den er sogar verpflichtet ist, weiterzugeben. **44**

Hintergrund dieser gesonderten Dokumentationsverpflichtung sind die **Sonderregelungen für Unteraufträge in den §§ 38–41** und insbesondere **§ 9 Abs. 1–6**. Nach § 9 Abs. 3 Nr. 1 kann der Auftraggeber den **Auftragnehmer verpflichten**, einen **Teil des Auftrags** (max. 30%) **an Dritte** weiterzugeben. Insoweit ist auch zu **dokumentieren, wie hoch** der beabsichtigte Nachunternehmeranteil ist und wie hoch der verpflichtende Anteil seitens des Auftraggebers war und ist, damit auch die Einhaltung der 30%-Klausel nachvollzogen werden kann. **45**

f) Rechtfertigungsgründe für abweichende Verfahrensarten, die Überschreitung von Fristen und der 50%-Klausel zusätzlicher Dienstleistungen (Abs. 2 Nr. 6). § 11 Abs. 1 S. 1 sieht für Auftraggeber im Bereich der VSVgV gleichberechtigt sowohl das nicht offene als auch das Verhandlungsverfahren mit Teilnahmewettbewerb vor. Nur in **begründeten Ausnahmefällen** ist ein **Verhandlungsverfahren ohne Teilnahmewettbewerb oder ein wettbewerblicher Dialog**[19] **zulässig** (§ 11 Abs. 1 S. 2). Die für diese beiden Sonderverfahren relevanten **Rechtferti- 46**

---

[17] ZB bei Missachtung der in § 134 Abs. 2 S. 2 GWB mittelbar angesprochenen, separaten Informationsverpflichtung des Auftraggebers nach § 36 Abs. 1 Nr. 1, die auf Verlangen eines Bewerbers hinsichtlich der Gründe für die individuelle Ablehnung der Bewerbung zu erfüllen ist.
[18] Vgl. dazu auch BGH Beschl. v. 31.1.2017 – X ZB 10/16, NZBau 2017, 23 für den klassischen Vergabebereich.
[19] Da die Vergabe-RL Verteidigung und Sicherheit an der grundlegenden Novellierung der Vergaberichtlinien 2014/2016 (noch) nicht teilgenommen hat, fehlt in ihr und somit auch in der bundesdeutschen Umsetzung die Innovationspartnerschaft innerhalb der VSVgV.

gungsgründe nach § 12[20] bzw. § 13 hat der Auftraggeber als Ausnahme von der Regel gem. § 43 Abs. 2 **Nr. 6** Alt. 1 niederzulegen.

47 Zugleich verpflichtet § 43 Abs. 2 Nr. 6 auch, bei Verhandlungsverfahren ohne Teilnahmewettbewerb die **Überschreitung der Fünf-Jahresfristen** in § 12 Abs. 1 Nr. 2 lit. a S. 2 und § 12 Abs. 1 Nr. 3 lit. b S. 3 im Vergabevermerk zu **begründen**.

48 Hintergrund ist die grundsätzliche Befugnis in § 12, Lieferungen mit einer Laufzeit von maximal fünf Jahren im Verhandlungsverfahren (**ohne** Teilnahmewettbewerb) **beim bisherigen Auftragnehmer** zu beschaffen. Will der Auftraggeber diese **Frist ausnahmsweise überschreiten,** ist dies gesondert zu begründen, da damit der Wettbewerb auf sehr lange Zeit ausgehebelt wird.

49 Gleiches gilt hinsichtlich der in § 12 ebenfalls verankerten Möglichkeit, neue **wiederholende Dienstleistungen,** die im ersten Beschaffungsvorgang schon angelegt waren, allerspätestens **fünf Jahre nach Abschluss** (= Zuschlag) des ursprünglichen Vertrages im Verhandlungsverfahren (ohne Teilnahmewettbewerb) zu binden. Eine zeitlich spätere Durchführung ist nach § 12 Abs. 1 Nr. 3 lit. b S. 3 an Ausnahmefälle gekoppelt, die durch die Berücksichtigung der zu erwartenden Nutzungsdauer gelieferter Güter, Anlagen oder Systeme und die durch einen Wechsel des Unternehmens entstehenden, technischen Schwierigkeiten bestimmt werden. Auch **derartige Fristüberschreitungen** sind somit **anhand der benannten Ausnahmefälle zu dokumentieren.**

50 Schlussendlich verpflichtet § 43 Abs. 2 Nr. 6 auch noch zur Dokumentation einer **wertmäßigen Überschreitung der 50 %-Schwelle** zusätzlicher Dienstleistungen in § 12 Abs. 3 Nr. 3 lit. a bei zusätzlichen Dienstleistungen, die **wegen eines unvorhergesehenen Ereignisses** unter weiteren Restriktionen erforderlich sind.

51 **g) Gründe für einen Vergabeverzicht hinsichtlich eines Auftrags oder einer Rahmenvereinbarung (Abs. 2 Nr. 7).** Genauso wie die Gründe für die Auswahl des Zuschlagsbieters bei einem positiven Ausgang eines Vergabeverfahrens entsprechend Nummer 5 zu dokumentieren sind, sind vice versa auch die Gründe festzuhalten, die einen Auftraggeber ausnahmsweise bewogen haben, auf eine Auftragserteilung, aber auch den Abschluss einer Rahmenvereinbarung nach § 14, gem. § 37 zu verzichten.

52 Dabei wird der wettbewerbliche Dialog auch ohne spezielle Erwähnung in § 43 Abs. 2 Nr. 7 vom Begriff Auftrag im Sinne der VSVgV erfasst, da er gem. § 13 zum Kanon zugelassener Vergabearten gehört und § 13 Abs. 2 Nr. 4 auch die Möglichkeit vorsieht, den Dialog für abgeschlossen zu erklären, wenn erkennbar ist, dass keine Lösung gefunden werden kann.

53 Anzumerken ist, dass sich der Begriff „Verzicht" aus der EU-rechtlichen Überlagerung in Art. 37 Vergabe-RL Verteidigung und Sicherheit ableitet, andererseits aber der einschlägige § 37 seinerseits von der im deutschen Sprachgebrauch üblichen Aufhebung von Vergabeverfahren spricht. Deshalb hat ein Auftraggeber insbesondere auch die Aufhebungsgründe nach § 37 Abs. 1 Nr. 1–4 darzulegen, die er für einen solchen „Vergabeverzicht" meint, anwenden zu können.

54 Ebenso ist zu dokumentieren, dass sich der Auftraggeber seines Ermessens im Hinblick auf die Aufhebung („**kann** aufheben") bewusst ist und dass er dieses Aufhebungsermessen auch ausgeübt hat.

55 Bei verteidigungs- und sicherheitsrelevanten Dienstleistungs- und Lieferaufträgen ist zudem die **privilegierende Besonderheit in § 21 Abs. 3 Nr. 2** hinsichtlich der Anzahl geeigneter Bewerber beachtlich. Nach dieser Bestimmung kann ein Auftraggeber, wenn die Anzahl geeigneter Bewerber unter der Mindestanzahl liegt, zum einen selbstverständlich das Verfahren fortführen. Zum anderen kann er aber auch, wenn er der Meinung ist, dass die Zahl der geeigneten Bewerber für einen echten Wettbewerb zu gering ist, das Verfahren aussetzen und die erste Bekanntmachung nach § 18 zur Festsetzung einer neuen Teilnahmefrist nochmals veröffentlichen. Danach kann und muss das Vergabeverfahren mit den nach der ersten als auch mit den nach der zweiten Bekanntmachung ausgewählten Bewerbern gem. § 29 fortgeführt werden. **Nach § 21 Abs. 3 Nr. 2 bleibt dabei die Möglichkeit, das laufende Vergabeverfahren einzustellen und ein neues Vergabeverfahren einzuleiten, unberührt.**

56 Die für die jeweiligen Überlegungen relevanten Umstände und Erwägungen im Rahmen des § 21 Abs. 3 Nr. 2, wie kein echter Wettbewerb, Weiterführung des modifizierten Verfahrens inklusive zweiter Bekanntmachung oder Beendigung und Neueinleitung eines völlig neuen Vergabeverfahrens ohne Bindung an Altbewerber sind dabei in objektiver wie subjektiver Weise zu dokumentieren.

57 Zusammenfassend besteht somit immer eine **Dokumentationspflicht,** wenn ein Vergabeverfahren nicht durch Zuschlag oder Abschluss einer Rahmenvereinbarung endet, sondern ein gezieltes und gewolltes **negatives Ende im Wege der Aufhebung** bzw. des Vergabeverzichts findet.

---

[20] Beachte die 2020 erfolgte Erweiterung in § 12 Abs. 1 Nr. 1 lit. c um den Passus „wenn zum Zeitpunkt der Aufforderung zur Abgaben von Angeboten", was eine gesonderte zeitliche Dokumentationsverpflichtung im Vergabevermerk zu bestehenden Alleinstellungsmerkmalen genau zu diesem Zeitpunkt bedingt.

h) Gründe für die gemeinsame Vergabe mehrerer Teil- oder Fachlose (Abs. 2 Nr. 8). 58
§ 43 Abs. 2 Nr. 8 fordert eine Dokumentation, wenn der Auftraggeber von der für den Mittelstand oder europäisch für sog. KMU wichtigen und nunmehr auch verstärkt eingeforderten (§ 97 Abs. 4 S. 1 und 2 GWB) **Teil- oder Fachlosvergabe** im Ausnahmefall **absieht** und diese **Lose** nach § 10 Abs. 1 iVm § 97 Abs. 4 S. 3 GWB **zusammen vergeben will.**

§ 97 Abs. 4 S. 2 GWB, auf den § 10 Abs. 1 S. 1 ua verweist, fordert, dass im Regelfall Leistungen 59
in der Menge aufgeteilt **(Teillose) oder** getrennt nach Art oder Fachgebiet **(Fachlose)** zu vergeben sind. Mehrere Teil- oder Fachlose dürfen nach § 97 Abs. 4 S. 3 GWB – im Verordnungswege ohnehin nachrangig auch nach § 10 Abs. 1 S. 2 – zusammen (nur) vergeben werden, wenn **wirtschaftliche oder technische Gründe** dies **erfordern.**

Damit hat der Normgeber – mit der unveränderten Übernahme im Rahmen der Vergabenovelle 60
2016 dies nochmals bekräftigend – die Anforderungen an eine gemeinsame Vergabe weiterhin hochgehalten und auch im Verteidigungs- und sicherheitsrelevanten Bereich etabliert, auch wenn einräumen bleibt, dass die Vergabe-RL Verteidigung und Sicherheit auch in diesem Punkt unverändert geblieben ist.

Zu **beachten** bleibt aber, dass **§ 10 Abs. 1 S. 2 aE** expressis verbis die in der Leistungsbeschrei- 61
bung geforderte **Systemfähigkeit der Leistung als wirtschaftliche und technische Begründung akzeptiert,** sofern dies auch durch den Auftragsgegenstand gerechtfertigt ist.[21] Damit kann ein Auftraggeber durchaus einfacher als in der klassischen Beschaffung Ausnahmen für eine gemeinsame Vergabe von Teil- und Fachlosen begründen.

Demgemäß muss insbesondere die **Alternativlosigkeit** zu einer gemeinsamen Vergabe 62
(„**erfordern**") in der Verfahrensdokumentation neben den relevanten technischen oder wirtschaftlichen Gründen dokumentiert werden. Pauschalierte Allgemeinfloskeln reichen dafür nicht aus. Bei einem Wirtschaftlichkeitsvergleich der gemeinsamen Vergabe gegenüber einer losweisen Einzelvergabe etwa sind zB zumindest auch **konkrete Schätzkosten für beide Alternativen zu ermitteln und gegenüberzustellen.**

i) Gründe für die Vorlage von Eigenerklärungen oder Eignungsnachweisen (Abs. 2 63
Nr. 9). Eine **Dokumentationspflicht** der Gründe für die Vorlage bestimmter Eignungsnachweise gibt es **in** der mit der VSVgV zumindest teilweise umzusetzenden **Vergabe-RL Verteidigung und Sicherheit** nicht. Diese Bestimmung stellt daher eine **nationale Spezialität** dar. Grundsätzlich muss und kann der Auftraggeber nach § 22 Abs. 1 in der Bekanntmachung oder den Vergabeunterlagen (nur im Verhandlungsverfahren ohne Teilnahmewettbewerb) angeben, mit **welchen Nachweisen Unternehmen ihre Eignung nachzuweisen** haben. § 22 Abs. 2 schränkt dies zwar in der Weise ein, dass Auftraggeber es zulassen können, dass Bewerber oder Bieter **Eigenerklärungen** zum Beleg ihrer Eignung beibringen können (dürfen). Dies ist aber – anders als im klassischen Bereich nach VgV und VOB/A – **nicht generell zugelassen,** sondern verschärfend davon abhängig, dass dies nur so weit gilt, **als dies mit den vom Auftragsgegenstand betroffenen Verteidigungs- und Sicherheitsinteressen vereinbar** ist (§ 22 Abs. 2 S. 1). Die dazu relevanten Erwägungen für und gegen Eigenerklärungen sind deshalb zu dokumentieren, auch wenn dies auf keiner EU-rechtlichen Vorgabe fußt.

j) Gründe für die Nichtangabe der Gewichtung der Zuschlagskriterien (Abs. 2 64
Nr. 10). Die Verpflichtung zur Dokumentation der Gründe für die Nichtangabe der Gewichtung der Zuschlagskriterien nach § 43 Abs. 2 Nr. 10 ist ebenfalls **ohne EU-Vorgabe** vom Verordnungsgeber 2012 autonom in den Mindestkanon aufgenommen und 2016 unverändert beibehalten worden.

Im klassischen Vergabebereich ist der Hintergrund dieser Ausnahmedarlegungspflicht in der 65
nunmehr vergleichbaren Dokumentationsbestimmung des § 8 Abs. 2 Nr. 12 VgV zu sehen, die eine grundsätzliche, dort schon seit 2006 bestehende Verpflichtung des Auftraggebers enthält, in EU-Verfahren die verlautbarten Zuschlagskriterien auch mit einer entsprechenden Gewichtung zu versehen (vgl. § 127 Abs. 5 GWB iVm § 58 Abs. 3 VgV). Wenn der Auftraggeber dort davon im gebotenen und begrenzt zugelassenen Umfang nach § 58 Abs. 3 S. 2 und 3 VgV abweicht, ist dies dort als Ausnahme von der Regel nachvollziehbar gesondert zu dokumentieren.

§ 58 Abs. 3 S. 3 VgV knüpft diese Ausnahme ausdrücklich an objektive Gründe an, die der 66
Auftraggeber deshalb auch nachvollziehbar in der Vergabedokumentation darzulegen hat. Da **aber** gerade **§ 16 Abs. 1 Nr. 2** dem hiesigen Auftraggeber die **Wahlfreiheit zwischen Gewichtung und absteigender Reihenfolge zubilligt,** ohne dass derartige **objektive und nachvollziehbare Gründe** für die absteigende Reihenfolge der Zuschlagskriterien vonnöten wären, **erscheint diese spezielle Dokumentationsverpflichtung** in der **VSVgV** nach wie vor **sinnentleert** und somit

---

[21] Vgl. dazu VK Bund Beschl. v. 7.12.2015 – VK 2-105/15, ZfBR 2016, 292.

überflüssig, **zumal** sie auch im **Mindestkatalog** in Art. 37 Vergabe-RL Verteidigung und Sicherheit fehlt.

67 **k) Gründe für eine über siebenjährige Laufzeit einer Rahmenvereinbarung (Abs. 2 Nr. 11).** Hintergrund der in § 43 Abs. 2 **Nr. 11** verankerten besonderen Dokumentationsverpflichtung zu **Rahmenvereinbarungen** nach § 14 ist die dortige grundsätzliche Festlegung in § 14 Abs. 6 S. 1, dass die **Laufzeit einer Rahmenvereinbarung sieben Jahre** nicht überschreiten darf. Diese Grundregel ist nur durch **§ 14 Abs. 6 S. 2** durchbrochen, wonach diese **Obergrenze in Sonderfällen nicht gilt,** in denen aufgrund der zu erwartenden **Nutzungsdauer** gelieferter Güter, Anlagen oder Systeme und der durch einen **Wechsel** des bisherigen Unternehmens entstehenden technischen **Schwierigkeiten** eine **ausnahmsweise längere Laufzeit** gerechtfertigt ist. Aufgrund des Ausnahmecharakters dieses Sonderfalles muss diese längere Laufzeit in der 48 Tage nach Abschluss der Rahmenvereinbarung vorzunehmenden **Bekanntmachung nach § 35 Abs. 1 auch dort gesondert begründet** werden. Um dieser erhöhten Begründungstiefe zu entsprechen, muss vorher auch eine **entsprechende Dokumentation der Laufzeitausdehnung im Vergabevermerk** erfolgt sein. Auch im Hinblick auf die Möglichkeit eines **jederzeitigen Verlangens der EU-Kommission** zur Übermittlung des Vergabevermerks oder der Mitteilung des wesentlichen Inhalts nach § 43 Abs. 4 muss die Begründung für eine überlange Laufzeit einer Rahmenvereinbarung frühzeitig im Vergabevermerk dargelegt werden.

68 **l) Gründe für die Ablehnung von Angeboten (Abs. 2 Nr. 12).** Da die Ablehnung von Angeboten zu den gravierendsten Entscheidungen in einem Vergabeverfahren gehört, sind auch deren jeweilige Gründe im Vergabevermerk zu dokumentieren. Dies gilt umso mehr, als der Auftraggeber nach **§ 147 iVm § 134 Abs. 1 S. 1 GWB** – vorbehaltlich allenfalls inhaltlicher Beschränkungen nach **§ 134 Abs. 3 S. 2 GWB** – ohnehin **automatisch verpflichtet** ist, den **nicht berücksichtigten Bietern die Gründe** für ihre **Nichtberücksichtigung** in der Regel spätestens zehn Tage vor dem geplanten Vertragsschluss mit dem Zuschlagsbieter mitzuteilen.

69 **Ergänzend** sind die Gründe für die Ablehnung eines Angebots auch **nach entsprechenden Verlangen unverzüglich,** spätestens innerhalb von 15 Tagen **nach Antragstellung** in Textform nach § 126b BGB, jedem nicht berücksichtigten Bieter in qualifizierterer Form mitzuteilen **(§ 36 Abs. 2 Nr. 2).**

70 Somit sind die jeweiligen **Ablehnungsgründe** auch im Vergabevermerk festzuhalten, damit sie in der **automatischen** Vorabinformation nach **§ 134 GWB** oder **auf individuelles Verlangen** eines nicht berücksichtigten Bieters nach **§ 36** Einzelfall bezogen und **wahrhaftig mitgeteilt** werden können.

71 Die zusätzliche Aufnahme der Generalklausel zu Ablehnungsgründen in § 43 Abs. 2 Nr. 12 überrascht dabei im Kontext der anderen Ziffern des Mindestkanons, da schon § 43 Abs. 2 Nr. 3 und 4 vorsehen, dass die Gründe für die Ablehnung von Bietern und ungewöhnlich niedrigen Angeboten zu dokumentieren sind. Bei Zugrundelegung der umzusetzenden Richtlinienbestimmungen wird deutlich, dass Art. 37 Abs. 1 lit a–j nach wie vor aktuellen und auch 2014 insoweit unverändert gebliebenen Vergabe-RL Verteidigung und Sicherheit nur zehn Mindestdaten im Vergabevermerk einfordert, denen, wenn auch in anderer Reihenfolge § 43 Abs. 2 Nr. 1–3, 5–7, 11 und 12 entsprechen.

72 **4. Dokumentation bei elektronischen Vergabeverfahren (Abs. 3).** Auftraggeber müssen nach § 43 Abs. 3 **geeignete Maßnahmen** treffen, um auch den **Ablauf der mit elektronischen Mitteln durchgeführten Vergabeverfahren** zu dokumentieren.

73 Zum Nachweis, dass die zu beachtenden Vorgaben, insbesondere in Zeiten der **E-Vergabe** – wie nach dem 18.10.2018 – in concreto eingehalten wurden, bedarf es **zusätzlicher Angaben** in einem Vergabevermerk.

74 Dies verdeutlicht die **Anlage VIII** zur Vergabe-RL Verteidigung und Sicherheit, die die Anforderungen bestimmt, denen die **Vorrichtungen** für den elektronischen Eingang der Angebote und Teilnahmeanträge **genügen müssen.** Zudem ist § 19 für die **Informationsübermittlung** zu beachten, der in § 19 Abs. 4 ausdrücklich auch auf diese Anlage VIII verweist. Nach dieser Anlage VIII hat der Auftraggeber für elektronische Vergabeverfahren, aber auch bei der elektronischen Übermittlung von Teilnahmeanträgen sicherzustellen und somit im Vergabevermerk entsprechend zu dokumentieren, dass die **Geräte gewährleisten,** dass
– die betreffenden elektronischen Signaturen oder elektronischen Siegel nach § 19 Abs. 5 den einzelstaatlichen Vorschriften gemäß der RL 1999/93/EG bzw. ihrer Nachfolgeregelungen entsprechen,
– die **Uhrzeit und der Tag des Eingangs** des Teilnahmeantrags oder der Angebote **genau bestimmt** werden können,

– es als sicher gelten kann, dass **niemand vor** den festgesetzten **Terminen** Zugang zu den gemäß den vorliegenden Anforderungen übermittelten Daten haben konnte,
– es bei einem Verstoß gegen dieses Zugangsverbot als sicher gelten kann, dass der **Verstoß sich eindeutig aufdecken** lässt,
– **ausschließlich** die hierfür **ermächtigten Personen** den **Zeitpunkt** der Öffnung der eingegangenen Daten festlegen oder **ändern** konnten,
– der **Zugang** zu den übermittelten Daten nur möglich war, wenn die hierfür bestimmten **Personen gleichzeitig und erst nach dem festgesetzten Zeitpunkt tätig** wurden und
– die eingegangenen **Angebote ausschließlich** den zur Kenntnisnahme ermächtigten **Personen zugänglich** blieben.

Zudem können Auftraggeber nach § 19 Abs. 5 S. 2 neben den Hinweisen nach § 19 Abs. 1 ua in der Bekanntmachung auch angeben, dass die Teilnahmeanträge bei elektronischer Übermittlung mit **fortgeschrittenen oder qualifizierten elektronischen Signaturen oder entsprechenden elektronischen Siegeln zu versehen** sind. Im Übrigen verpflichtet § 30 Abs. 1 S. 2 (Öffnung der Angebote), dass elektronische Angebote auf geeignete Weise zu **kennzeichnen und verschlüsselt aufzubewahren** sind. Zudem sind die Angebote und ihre Anlagen sowie die Dokumentation über die Angebotsöffnung auch nach Abschluss des Vergabeverfahrens sorgfältig zu verwahren und vertraulich zu behandeln (§ 30 Abs. 3). 75

Auch insoweit muss der Auftraggeber geeignete Maßnahmen treffen, um diesen mannigfaltigen Anforderungen bei elektronischen Vergabeverfahren bzw. Angeboten gerecht zu werden und dies nachhaltig zu **dokumentieren, selbst wenn er sich der Unterstützung von externen elektronischen Plattformen bedienen** sollte. 76

5. Übermittlungs- oder Mitteilungspflichten gegenüber der EU-Kommission (Abs. 4). Ausweislich der amtlichen Begründung hat § 43 Abs. 4 im Jahre 2012 den Inhalt von Art. 37 Abs. 3 Vergabe-RL Verteidigung und Sicherheit übernommen. Entsprechend dieser Regelung müssen Auftraggeber im verteidigungs- und sicherheitsrelevanten Vergabebereich der **EU-Kommission auf deren Ersuchen** hin, den **Vergabevermerk in Kopie** übermitteln oder dessen wesentlichen Inhalt mitteilen. § 43 Abs. 4 enthält zudem keine Vorgaben, zu welchen Zeitpunkten dieses Begehren möglich ist. Somit kann ein solches Begehren nicht nur nach Beendigung eines Vergabeverfahrens, sondern **auch in einem noch laufenden Vergabeverfahren** gestellt werden, was die Notwendigkeit einer von Anbeginn fortlaufenden Dokumentation noch unterstreicht. Gegenüber den 2016 grundlegend geänderten Parallelbestimmungen, etwa in § 8 Abs. 5 VgV oder in § 8 Abs. 4 SektVO, **bleibt § 43 aber nunmehr erheblich zurück.** Nach § 8 Abs. 5 VgV kann die EU-Kommission im klassischen Vergabebereich nunmehr **auch abgeschlossene Verträge** ab einem gewissen Wertvolumen anfordern. Das gleiche Recht haben jetzt dort **auch die zuständigen Aufsichts- und Prüfbehörden,** auch in Bezug auf den Vergabevermerk oder dessen Hauptelemente verbrieft bekommen. 77

6. Bieterschützender Charakter. § 43 hat ob seiner **Transparenzgewährleistung** grundsätzlich bieterschützenden Charakter gem. § 97 Abs. 6 GWB.[22] Einschränkend muss aber beachtet werden, dass eine fehlende oder **fehlerhafte Dokumentation** nach § 43 gerade auch **in Bezug auf die von einem Bieter darüber hinaus gerügten Vergaberechtsverstöße unzureichend** sein muss. Zudem ist zu berücksichtigen, dass Überlegungen eines Auftraggebers, die die sachliche Richtigkeit einer angefochtenen Vergabeentscheidung nachträglich verteidigen, zumindest nach Ansicht **des BGH**[23] in einer älteren Leitentscheidung **auch noch im Rahmen eines späteren Nachprüfungsverfahrens,** ggf. heilender Weise, **nachgeschoben** werden können. **Gegen** diese liberalisierende **Rechtsprechung** ließe sich sicherlich **einwenden,** dass der Normgeber ja die entsprechenden Dokumentationspflichten **durch den Zusatz „von Anfang an fortlaufend" oder „zeitnah" gerade materiell in allen Vergabeordnungen – und auch in der Fassung des § 43 VSVgV 2012 – generell und tendenziell eher verschärft** hatte, sodass eine weiterhin **strenge Sichtweise** zur erforderlichen chronologischen und vertiefenden Dokumentation **wie vor 2011**[24] **angezeigt sein müsste.** In seiner jüngeren Schulnotenentscheidung hat der **BGH**[25] insoweit aber ohnehin auch ausgeurteilt, dass der Gefahr einer Überbewertung qualitativer Wertungskriterien 78

---
[22] OLG Celle Beschl. v. 12.5.2016 – 13 Verg 10/15, NZBau 2016, 711. Vgl. dazu auch die Akteneinsichtsrechte in einem Vergabenachprüfungsverfahren nach § 165 GWB.
[23] BGH Beschl. v. 8.2.2011 – X ZB 4/10, VergabeR 2011, 452.
[24] Vgl. OLG Celle Beschl v. 11.2.2010 – 13 Verg 16/09, VergabeR 2010, 669; OLG Jena Beschl. v. 26.6.2006 – 9 Verg 2/06, NZBau 2006, 735; OLG Düsseldorf Beschl. v. 17.3.2004 – VII-Verg 1/04, VergabeR 2004, 513.
[25] BGH Beschl. v. 4.4.2017 – X ZB 3/17, BeckRS 2017, 109172.

zum Nachteil einzelner Bieter durch eingehende Dokumentation des Wertungsprozesses zu begegnen sei. Die Nachprüfungsinstanzen untersuchten auf Rüge die Benotung des Angebots des Antrag stellenden Unternehmens als solche und in Relation zu den übrigen Angeboten, insbesondere zu demjenigen des Zuschlagsprätendenten, und darauf hin, ob die jeweiligen Noten im Vergleich ohne Benachteiligung des einen oder anderen Bieters plausibel vergeben wurden. Auch nach dieser jüngeren obergerichtlichen Sichtweise sind somit **Dokumentationsmängel durchaus nachträglich heilbar,** etwa wenn der Auftraggeber die Dokumentation nachholt und dabei Gründe darlegt, mit denen er die sachliche Richtigkeit einer angefochtenen Vergabeentscheidung nachträglich verteidigt und die nach Aufhebung in einem wiederholten Verfahren ohne Weiteres der Entscheidung zugrunde gelegt werden können. **Anders ist dies aber nach einer vordringlichen Sichtweise** einiger Oberlandesgerichte, wenn der Auftraggeber gerade **in Bereichen, in denen ihm ein Ermessens- oder Beurteilungsspielraum zusteht, im Vergabenachprüfungsverfahren erstmals in eine vertiefte sachliche Prüfung der zur Rechtfertigung angeführten Problematik eingestiegen** ist und damit erst die eigentlich notwendige Dokumentation vorgenommen hat, dh wenn **die im Nachprüfungsverfahren diskutierten Probleme im Vergabevermerk/Dokumentation noch nicht grundsätzlich angelegt gewesen sind.** Eine solche verspätet durchgeführte und erst dann dokumentierte Prüfung liegt dann nahe, **wenn der Auftraggeber wesentliche, seine Beschaffungsentscheidung beeinflussende Aspekte der ursprünglichen Dokumentation nach unzutreffend beurteilt** hat. In diesem Falle ist nicht zu erkennen und auch nicht anzuerkennen, dass die im Vergabenachprüfungsverfahren detaillierter dargelegten Gründe in einem wiederholten Verfahren ohne Weiteres der Entscheidung zugrunde gelegt werden könnten.[26] **Enge Grenzen** sind daher **einer nachträglichen Dokumentation** insbesondere dann zu setzen, **wenn es sich um situationsbedingt zu treffende Entscheidungen** handelt.[27] Jedenfalls in Fällen, in denen nicht auszuschließen ist, dass durch die nachgeschobene Begründung **im Nachhinein eine nicht mit den Grundsätzen des Vergaberechts in Einklang stehende Begründung** abgesichert werden soll, ist deshalb ein **Nachschieben von Gründen und Begründungen nicht zuzulassen.** Denn nachgeschobene Erwägungen können die im Vergabeverfahren situationsbezogen zu treffenden Entscheidungen nicht begründen, da sie **die aus der Situation gewonnene Einschätzung für die weitere Vorgehensweise im Hinblick auf ein ausgeschriebenes Vergabe- und Verhandlungsverfahren nicht mehr dokumentieren können.**[28] Eine lediglich stichpunktmäßige Bewertung in Bewertungsvordrucken ist hingegen ausreichend, wenn die Gründe für die Bewertungen nachträglich noch schriftlich begründet werden können und keine Anhaltspunkte für eine Manipulation bestehen.[29] Ebenso sind **im Nachprüfungsverfahren lediglich ergänzende und präzisierende Erwägungen möglich und zulässig.**[30]

---

[26] So zu Recht OLG Celle Beschl. v. 31.3.2020 – 13 Verg 13/19, BeckRS 2020, 13714.
[27] So zu Recht auch schon OLG Karlsruhe Beschl. v. 31.1.2014 – 15 Verg 10/13, BeckRS 2014, 14223.
[28] VK Baden-Württemberg Beschl. v. 31.1.2020 – 1 VK 74/19, IBRRS 2020, 1850, unter Berufung auf OLG Karlsruhe Beschl. v. 31.1.2014 – 15 Verg 10/13, BeckRS 2014, 14223, bezogen auf die Gründe und Umstände zur Wahl der Vergabeart Verhandlungsverfahren ohne EU-Teilnahmewettbewerb, mit der zutreffenden Erwägung, es lägen keine berücksichtigungsfähigen Gründe für die Wahl dieser Vergabeart vor, die die Vergabekammer prüfen könnte.
[29] VK Westfalen Beschl. v. 14.2.2019 – VK 1-44/18, IBRRS 2019, 1073 und VK Baden-Württemberg Beschl. v. 31.1.2020 – 1 VK 74/19, IBRRS 2020, 1850.
[30] OLG Düsseldorf Beschl. v. 10.2.2021 – Verg 22/20, VPR 2021, 2910 zur Ergänzung von Begründungen zur Aufhebung eines Vergabeverfahrens aufgrund Corona-Epidemie bedingten Wegfalls des Beschaffungsbedarfs.

Teil 5 Übergangs- und Schlussbestimmungen

§ 44 Übergangsbestimmung

Vergabeverfahren, die vor dem Inkrafttreten der Verordnung begonnen haben, werden einschließlich der sich an diese anschließenden Nachprüfungsverfahren nach dem Recht zu Ende geführt, das zum Zeitpunkt der Einleitung des Verfahrens galt.

I. Normzweck und Entstehungsgeschichte

Der jetzige § 44 entspricht **wortgleich** dem **vormaligen § 45** und stellt eine fast **wortgleiche Parallelregelung** zu § 186 Abs. 2 GWB als dortige **Übergangbestimmung** für das alte und neue GWB-Recht dar. 1

Danach werden **Vergabeverfahren,** die vor dem Inkrafttreten der Verordnung (VSVgV) begonnen haben, **einschließlich der sich an diese anschließenden Nachprüfungsverfahren** nach dem Recht zu Ende geführt, das zum Zeitpunkt der Einleitung des Verfahrens galt. 2

Die **VSVgV** wurde erstmalig komplett am 18.7.2012 im Bundesgesetzblatt[1] verkündet und trat nach § 46 aF damit **am 19.7.2012 erstmalig in Kraft.** Durch Verordnung vom 12.4.2016[2] wurde der vormalige **§ 45 aF** mit insoweit unverändertem Wortlaut mit Wirkung zum 19.4.2016 zum neuen **§ 44.** 3

Als **Trennlinie** für die Anwendung der VSVgV 2012 zu alten Vorgängerregelungen in einem Vergabeverfahren gilt somit der **19.7.2012.** Entscheidend ist deshalb, wann ein Vergabeverfahren als iSd § 45 begonnen gilt, vor dem 19.7.2012 oder später. 4

Von dem **Beginn eines Vergabeverfahrens** kann in Abgrenzung zu internen Vorplanungen und Überlegungen eines Auftraggebers gesprochen werden, wenn sich dieser **zur Deckung** eines bestehenden oder künftigen **Bedarfs entschlossen** hat und konkret mit planerischen und organisatorischen **Schritten begonnen** hat zu regeln, auf welche Art und Weise er diesen Bedarf decken will, wenn **am Ende** dieser organisatorischen Schritte ein **Vertragsschluss stehen soll.**[3] Der Auftraggeber muss in **Abgrenzung zu einer reinen Markterkundung**[4] seinen internen **Beschaffungsentschluss objektiv erkennbar** auch **nach außen durch entsprechende Maßnahmen umsetzen,** die **zielgerichtet** zu einem konkreten **Vertragsschluss** mit einem ausgewählten Unternehmen führen sollen.[5] Insoweit ist **zwischen Verfahren mit Bekanntmachung und ohne zu differenzieren.** Bei den in der VSVgV zur Verfügung stehenden Verfahren mit einer EU-weiten Bekanntmachung[6] ist der Beginn des Vergabeverfahrens die **Absendung der Bekanntmachung an das Amt für amtliche Veröffentlichungen** der EU. 5

Hat somit ein Vergabeverfahren in diesem Sinne sogar noch **vor dem 19.7.2012** begonnen, ist die VSVgV nicht anzuwenden. Für diesen schon sehr weit zurückliegenden Zeitraum ist **auf den 21.8.2011 abzustellen,** denn am 21.8.2011 war die **Umsetzungsfrist der Vergabe-RL Verteidigung und Sicherheit abgelaufen** und diese **Richtlinie** galt danach mangels Umsetzung im deutschen Vergaberecht bis zum Umsetzungszeitpunkt 19.7.2012 knapp elf Monate **direkt.**[7] Die Übergangsbestimmung des § 44 erfasst zudem auch das den relevanten Vergabeverfahren eventuell nachfolgende Nachprüfungsverfahren, was insbesondere bei geltend gemachten **Verstößen gegen § 135 GWB Relevanz** haben kann. 6

§ 45 Inkrafttreten

Diese Verordnung tritt am Tag nach der Verkündung in Kraft.

Die erstmalig implementierte VSVgV wurde am 18.7.2012 im Bundesgesetzblatt[1] verkündet und trat nach § 46 aF damit **am 19.7.2012 erstmalig in Kraft.** Durch Verordnung vom 12.4.2016[2] 1

---

[1] BGBl. 2012 I 1509.
[2] BGBl. 2016 I 624.
[3] Vgl. EuGH Urt. v. 11.1.2005 – C-26/03, NZBau 2005, 111.
[4] Vgl. zum Umgriff einer Markterkundung auch den jetzt sehr weit gefassten § 28 VgV im klassischen Vergabebereich, wonach ein öffentlicher Auftraggeber vor der Einleitung des eigentlichen Vergabeverfahrens Markterkundungen zur Vorbereitung der Auftragsvergabe und zur Unterrichtung der Unternehmen über seine Auftragsvergabepläne und -anforderungen durchführen darf.
[5] OLG Düsseldorf Beschl. v. 31.5.2017 – Verg 36/16, NZBau 2017, 623.
[6] Nicht offenes Verfahren, Verhandlungsverfahren mit Teilnahmewettbewerb und wettbewerblicher Dialog.
[7] So auch Dippel/Sterner/Zeiss/*Contag* Rn. 4.
[1] BGBl. 2012 I 1509.
[2] BGBl. 2016 I 624.

wurde der vormalige **§ 46 aF** mit insoweit unverändertem Wortlaut mit Wirkung zum 19.4.2016 zum **neuen § 45.** Der Grund dafür liegt in der **Streichung von § 44,** der 2016 im neuen § 114 GWB zu Statistik- und Monitorpflichten auf Gesetzesebene aufgegangen ist.

9. Teil Landesvergabegesetze

Übersicht

		Seite			Seite
1.	Baden-Württemberg	1245	9.	Niedersachsen	1329
2.	Bayern	1249	10.	Nordrhein-Westfalen	1343
3.	Berlin	1251	11.	Rheinland-Pfalz	1347
4.	Brandenburg	1263	12.	Saarland	1359
5.	Bremen	1285	13.	Sachsen	1367
6.	Hamburg	1301	14.	Sachsen-Anhalt	1373
7.	Hessen	1307	15.	Schleswig-Holstein	1383
8.	Mecklenburg-Vorpommern	1319	16.	Thüringen	1391

Vorbemerkung

Schrifttum: *Barczak/Pieroth*, Tariftreueregelungen am Maßstab der Koalitionsfreiheit, RdA 2016, 209; *Burgi*, Entwicklungstendenzen und Handlungsnotwendigkeiten im Vergaberecht, NZBau 2018, 579; *Conrad*, Vergaberechtlicher Rechtsschutz auf landesrechtlicher Grundlage, ZfBR 2016, 124; *Dageförde*, Die Vorabinformationspflicht im Vergaberechtsschutz: Eine unendliche Geschichte, NZBau 2020, 72; *Dierkes/Scharf/Wendt*, Equal-Pay in der vergaberechtlichen Praxis, NZA 2016, 1060; *Dreher*, Landesvergabegesetze ohne Landeskompetenz, NZBau 2014, 1; *Faber*, Die Reichweite der Tariftreuepflichten im öffentlichen Personennahverkehr – Eine Untersuchung vor dem Hintergrund der Tariftreue- und Vergabegesetze in den Bundesländern, DVBl 2015, 149; *Faber*, Die verfassungs- und europarechtliche Bewertung von Tariftreue- und Mindestentgeltregelungen in Landesvergabegesetzen, NVwZ 2015, 257; *Fandrey*, Tariftreue- und Vergabegesetz Nordrhein-Westfalen, 2014; *Hömke/Metz*, Vergaberechtlicher Rechtsschutz im Unterschwellenbereich – Neue Entwicklungen zur Informations- und Wartepflicht, IR 2020, 131; *Meißner*, Landesvergabegesetze und (k)ein Ende?, ZfBR 2014, 453; *Pfannkuch*, Landesrechtlicher vergabespezifischer und bundesweiter Mindestlohn im Vergabeverfahren, VergabeR 2015, 631; *Pünder/Klafki*, Rechtsprobleme des Arbeitnehmerschutzes in den neuen Landesvergabegesetzen, NJW 2014, 429; *Redmann*, Landesvergaberecht 2.0, LKV 2012, 295; *Siegel*, Die Konzessionsvergabe im Unterschwellenbereich, NZBau 2019, 353; *Terwiesche/Becker/Prechtel*, TVgG, 2018; *Tugendreich*, Mindestlohnvorgaben im Kontext des Vergaberechts, NZBau 2015, 395; *v. Loewenich*, Überlegungen zur Vereinbarkeit der Landesvergabegesetze von Niedersachsen und Bremen mit dem Grundgesetz, ZfBR 2004, 23; *Wagner/Pfohl*, Vergabefremde Aspekte in den Landesvergabegesetzen – ein Überblick, VergabeR 2015, 389.

Übersicht

		Rn.			Rn.
A.	Grundlagen	1	1.	Soziale Aspekte	9
B.	Überblick über die Regelungsinhalte	4	2.	Ökologische Aspekte	18
I.	Anwendungsbereich	5	3.	Auflösung von Pattsituationen	20
II.	Anordnung der Geltung von VOB/A und UVgO	7	IV.	Weitere Regelungsgegenstände	22
			V.	Rechtschutz	28
III.	Strategische Beschaffung	8	C.	Bewertung	31

A. Grundlagen

Das Vergaberecht weist ungeachtet seiner Prägung durch europa- und bundesrechtliche Vorgaben auch eine landesrechtliche Dimension auf. In allen Ländern mit Ausnahme Bayerns bestehen – wenn auch unter unterschiedlichen Bezeichnungen – Landesvergabegesetze. Die **Kompetenz** der Länder zu ihrem Erlass folgt ungeachtet punktueller Verweisungen des Bundesrechts auf landesrechtliche Regelungen (vgl. §§ 129, 158 Abs. 2 GWB) aus Art. 72 Abs. 1 GG.[1] Für den Oberschwellenbereich geht damit in Anbetracht des fortgeschrittenen Entwicklungsstandes und der hohen Komplexität des

---

[1] BVerfG Beschl. v. 11.7.2006 – 1 BvL 4/00, BVerfGE 116, 202 (215 ff.).

GWB-Vergaberechts eine deutliche Begrenzung der Gestaltungsmöglichkeiten der Länder einher.[2] Dabei ist insbesondere die Frage, ob der Bundesgesetzgeber seine Regelungskompetenz abschließend in Anspruch genommen hat, in Ansehung der europarechtlichen Vorgaben zu beantworten. Im Detail verbleiben gleichwohl Unsicherheiten. Für Unterschwellenvergaben besteht dagegen eine umfassende Gesetzgebungsbefugnis der Länder. Da der Bund ungeachtet seiner auch insoweit aus Art. 74 Abs. 1 Nr. 11 GG folgenden, wenngleich den Anforderungen Erforderlichkeitsklausel des § 72 Abs. 2 GG unterfallenden Befugnis zur Gesetzgebung[3] diesbezüglich auf die Vorgabe rechtsverbindlicher Vorgaben verzichtet hat, sind die Länder bei ihrer Gesetzgebung im Rahmen der allgemeinen verfassungs- und europarechtlichen Anforderungen frei.

2 Der **Regelungsanspruch** der Landesvergabegesetze ist grundsätzlich umfassend angelegt. Die öffentlichen Auftraggeber des jeweiligen Landes werden unabhängig von einer Überschreitung der Schwellenwerte adressiert. Im Verhältnis zum Bundesvergaberecht kommt den landesvergaberechtlichen Vorschriften gleichwohl nur eine ergänzende Funktion zu.

3 Einer landesrechtlichen Bestimmung bedarf es die Einrichtung der **Nachprüfungsbehörden** der Länder (vgl. § 158 Abs. 2 GWB). Diese erfolgt jedoch nicht in den Landesvergabegesetzen, sondern meist in unabhängig von diesen erlassenen Zuständigkeitsverordnungen.[4] Abweichenden Ausgestaltungen des Verfahrens vor der Vergabekammer steht § 170 GWB entgegen.

B. Überblick über die Regelungsinhalte

4 Die Landesvergabegesetze unterscheiden sich im Hinblick auf Regelungsumfang und -dichte erheblich. Es existiert daher **kein materiell einheitliches Landesvergaberecht**.[5] Gleichwohl lassen die Landesvergabegesetze einige Gemeinsamkeiten erkennen. Die folgende Darstellung zentraler Regelungsinhalte – jenseits das Bundesrecht wiederholender Aussagen – zeigt diese systematisch auf. Für die Beschaffung im Einzelfall ist freilich nur das jeweils anwendbare Landesvergabegesetz maßgeblich, das zumeist durch Verordnungen und Verwaltungsvorschriften zur Vergabe öffentlicher Aufträge ergänzt wird.

I. Anwendungsbereich

5 Der **persönliche Anwendungsbereich** der Landevergabegesetze erfasst alle Stellen der Landes- und Kommunalverwaltung einschließlich juristischer Personen des Privatrechts, die als öffentliche Auftraggeber iSv § 99 GWB zu qualifizieren sind.[6] Zudem werden **Zuwendungsempfänger**

---

[2] *Burgi* VergabeR § 7 Rn. 19; krit. zur Ausgestaltung der Landesvergabegesetze in Bezug auf die Regelungskompetenz bereits auf Grundlage des GWB aF *Dreher* NZBau 2014, 1 f.; *v. Loewenich* ZfBR 2004, 23 ff.
[3] Vgl. *Burgi* NVwZ 2011, 1217 (1220 f.).
[4] Baden-Württemberg: Verordnung der Landesregierung über die Nachprüfung der Vergabe öffentlicher Aufträge (Vergabenachprüfungsverordnung – VNPVO), GBl. 1999, 153; Bayern: Verordnung zur Regelung von Organisation und Zuständigkeiten im Nachprüfungsverfahren für öffentliche Aufträge (BayNpV, GVBl. 1999, 2); Berlin: Verordnung zur Regelung von Organisation und Zuständigkeiten im Nachprüfungsverfahren für öffentliche Aufträge (Berliner Nachprüfungsverordnung – BerlNpVO), GVBl. 1999, 63; Brandenburg: Verordnung über die Nachprüfungsbehörden (Landesnachprüfungsverordnung – LNpV), GVBl. II 1999, 332; Bremen: Bekanntmachung über die Zuständigkeiten im Nachprüfungsverfahren bei der Vergabe öffentlicher Aufträge, BremABl. 1999, 489; Hessen: Verordnung über die Vergabekammern, GVBl. I 1999, 43; Mecklenburg-Vorpommern: Gesetz über die Nachprüfung öffentlicher Auftragsvergaben in Mecklenburg-Vorpommern (Vergabenachprüfungsgesetz – VgNG M-V), GVBl. 1999, 396; Nordrhein-Westfalen: Verordnung über Einrichtung und Zuständigkeit der Vergabekammern im Nachprüfungsverfahren für die Vergabe öffentlicher Aufträge (Zuständigkeitsverordnung Nachprüfungsverfahren – ZuStVO NpV NRW), GVBl. 1999, 46; Rheinland-Pfalz: Landesverordnung über die Nachprüfungsbehörden für die Vergabe öffentlicher Aufträge und von Konzessionen, GVBl. 1999, 18; Saarland: Verordnung über die Regelung der Nachprüfungsverfahren der Vergabe öffentlicher Aufträge und Konzessionen im Sinne von § 106 des Gesetzes gegen Wettbewerbsbeschränkungen, ABl. I 2018, 644; Sachsen: Verordnung der Sächsischen Staatsregierung über Einrichtung, Organisation und Besetzung der Vergabekammern des Freistaates Sachsen, GVBl. 1999, 214; Sachsen-Anhalt: Richtlinie über die Einrichtung der Vergabekammern in Sachsen-Anhalt, MBl. LSA 1999, 441; Thüringen: Thüringer Verordnung zur Regelung der Einrichtung, Organisation und Besetzung der Vergabekammern (Thüringer Vergabekammerverordnung – ThürVkVO), GVBl. 1999, 417.
[5] Von einer „beachtlichen Zersplitterungswirkung" spricht *Burgi* VergabeR § 7 Rn. 19; krit. auch *Mertens* in Gabriel/Krohn/Neun VergabeR-HdB § 88 Rn. 2.
[6] § 2 Abs. 4 BWLTMG; § 2 BerlAVG; § 2 HmbVgG; § 2 SächsVergabeG; § 2 LVG LSA; § 1 Abs. 1 VGSH; § 2 ThürVgG.

teils explizit angesprochen.[7] An Sektorenauftraggeber richten sich die Landesvergabegesetze nur teilweise.[8]

Der **sachliche Anwendungsbereich** der meisten Landesvergabegesetze beschränkt sich auf 6 die Vergabe öffentlicher Aufträge iSv § 103 Abs. 1 GWB, soweit keine Ausnahmeregeln eingreifen. Solche bestehen zum einen in Anlehnung an diejenigen des GWB-Vergaberechts,[9] zum anderen werden Auftragswertgrenzen vorgesehen, deren Überschreitung ähnlich den Schwellenwerten in § 106 GWB als Anwendungsvoraussetzung des Rechtsrahmens ausgestaltet ist.[10] Ausnahmen und besondere Gestaltungen bestehen darüber hinaus im Unterschwellenbereich teilweise für die Beschaffung freiberuflicher Leistungen[11] und von Schulbüchern.[12] Sofern keine explizite Erstreckung auf die Konzessionsvergabe erfolgt,[13] unterfällt diese dem Landesvergaberecht nicht.[14] Dieses ist darauf auch schon deshalb nicht analog anwendbar, weil es sich in Anbetracht der europa- und bundesrechtlichen Entwicklungen um bewusste Entscheidungen der Landesgesetzgeber handelt.

II. Anordnung der Geltung von VOB/A und UVgO

Seine praktisch wohl bedeutsamste Wirkung entfaltet das Landesvergaberecht durch die Anordnung 7 der Beachtung von VOB/A (1. Abschnitt) und UVgO für die Vergabe von Bau-, Liefer- und Dienstleistungsaufträgen im **Unterschwellenbereich.** Häufig erfolgt dies durch die Landesvergabegesetze,[15] teils aber auch in anderen Regelwerken.

III. Strategische Beschaffung

Die Ermöglichung der Berücksichtigung vergabefremder Zwecke bzw. der strategischen 8 Beschaffung war eines der wesentlichen **Motive für die Schaffung der Landesvergabegesetze.**[16] Dies schlägt sich in deren geltenden Fassungen weiterhin deutlich nieder,[17] mag sich auch in Anbetracht der Entwicklung des GWB-Vergaberechts die Notwendigkeit entsprechender landesrechtlicher Regelungen erledigt haben.[18]

1. Soziale Aspekte. In Bezug auf soziale Aspekte haben das EU- und daran anknüpfend 9 das Bundesvergaberecht im Zuge der letzten Reformen eine erhebliche Öffnung erfahren.[19] Im Unterschwellenbereich folgt dies insbesondere aus § 2 Abs. 3 UVgO iVm § 23 Abs. 2 S. 1 UVgO, § 43 Abs. 2 UVgO, § 45 Abs. 2 S. 3 UVgO. Die Landesvergabegesetze legen gleichwohl einen **Schwerpunkt** auf die Sozialverträglichkeit von Beschaffungen.

Exemplarisch werden im Vergabeverfahren **berücksichtigungsfähige soziale Aspekte** benannt. 10 Dies erfassen etwa den Anteil sozialversicherungspflichtig beschäftigter Arbeitnehmer, die Einbeziehung von Auszubildenden, Langzeitarbeitslosen oder schwerbehinderten Menschen in geeignetem Umfang, die Berücksichtigung der Belange von Menschen mit Behinderungen, Maßnahmen zur Förderung der Chancengleichheit von Frauen und Männern im Beruf und zur Vereinbarkeit von Familie und Beruf.[20] Es handelt sich dabei um klarstellende Regelungen, die die Notwendigkeit eines Auftragsbezugs der Kriterien nicht entfallen lassen.

---

[7] § 2 Abs. 4 BbgVergG; § 2 Abs. 1 S. 3 ThürVgG.
[8] § 2 Abs. 2 und 3 BerlAVG; § 2 Abs. 3 BbgVergG; § 2 Abs. 1 BremTtVG.
[9] § 3 Abs. 1 Nr. 1 BerlAVG; § 2 Abs. 3 BremTtVG; § 1 Abs. 6 S. 1 TVgG NRW; § 1 Abs. 2 VGSH; § 1 Abs. 3 Nr. 1 ThürVgG.
[10] § 2 Abs. 3 BWLTMG; § 3 Abs. 1 BerlAVG; § 2 Abs. 1 BbgVergG; §§ 6 f. BremTtVG; § 2a Abs. 3 HmbVgG; § 1 Abs. 1 HVTG; § 1 Abs. 3 VgG M-V; § 2 Abs. 1 NTVergG; § 1 Abs. 5 TVgG NRW; § 2 RhPflTTG; § 1 Abs. 5 STTG; § 1 Abs. 1 S. 2 LVG LSA; § 1 Abs. 1 ThürVgG.
[11] § 1 Abs. 3 SächsVergabeG; § 1 Abs. 3 Nr. 3 ThürVgG.
[12] § 4 Abs. 2 SächsVergabeG; § 1 Abs. 2 S. 3 ThürVgG.
[13] § 2 Abs. 2 BbgVergG; § 1 Abs. 1 VGSH; stark eingeschränkt § 2a Abs. 2 HmbVgG.
[14] Explizit § 2 Abs. 3 S. 2 TVgG NRW; s. zum dann relevanten Rechtsrahmen im Überblick *Siegel* NZBau 2019, 353 ff.
[15] § 2a Abs. 1 HmbVgG; § 2 Abs. 1 S. 1 VgG M-V; § 3 Abs. 1 und 2 NTVergG; § 3 Abs. 1 und 2 VGSH; § 1 Abs. 2 S. 1 ThürVgG; vgl. auch § 12 HVTG; noch verweisend auf die VOL/A § 1 Abs. 2 SächsVergabeG; § 1 Abs. 2 S. 1 LVG LSA.
[16] Zweifelnd zur Eignung des Vergaberechts zu deren Verfolgung *Meißner* ZfBR 2014, 453 (459); krit. auch *Redmann* LKV 2012, 295 (298 f.).
[17] Systematisch dazu *Wagner/Pfohl* VergabeR 2015, 389 (390 ff.).
[18] *Burgi* NZBau 2018, 579 (583).
[19] Zusammenfassend *Hattenhauer/Butzert* ZfBR 2017, 129 ff.; *Latzel* NZBau 2014, 673 ff.
[20] §§ 13 f. BerlAVG; § 11 Abs. 2 NTVergG; § 1 Abs. 3 RhPflTTG; § 4 Abs. 2 LVG LSA; § 4 Abs. 3 und 4, § 13 ThürVgG.

11 Ungeachtet des MiLoG[21] führen einige Landesvergabegesetze einen **vergabespezifischen Mindestlohn**[22] in der Regel oberhalb des bundesrechtlich vorgegebenen Niveaus ein.[23] Der allgemeine oder spezifische Mindestlohn bildet dabei die absolute Untergrenze des den bei der Erfüllung des Auftrags eingesetzten Arbeitnehmern zu zahlenden Entgelts.

12 Darüber hinausgehend statuieren die Landesvergabegesetze die Verpflichtung zur **Tariftreue**.[24] Danach müssen das beauftragte Unternehmen den bei der Ausführung des Auftrags eingesetzten Arbeitnehmern wenigstens diejenigen Mindestarbeitsbedingungen einschließlich des Mindestentgelts gewähren, die in einem repräsentativen[25] oder für allgemeinverbindlich erklärten Tarifvertrag vorgesehen sind.[26] Für staatliche (iSv nichtkommunale) Auftraggeber[27] sowie im ÖPNV[28] gelten teils weitergehende Anforderungen.

13 Der europarechtlich bedingte Umstand, dass Mindestlohn- und Tariftreuevorgaben nur bei der Leistungserbringung im **Inland** Anwendung finden können,[29] hat nur in einige Landesvergabegesetze Eingang gefunden.[30] Diese Beschränkung gilt aber auch unabhängig von einer entsprechenden Verankerung.

14 Verbreitet sehen die Landesvergabegesetze vor, dass bei der Vergabe von Bau-, Liefer- oder Dienstleistungen keine Waren Gegenstand der Leistung sein sollen, die unter Missachtung der in den **Kernarbeitsnormen der Internationalen Arbeitsorganisation (ILO)** festgelegten Mindeststandards gewonnen oder hergestellt worden sind.[31] Dies ist durch eine schriftliche Erklärung der Bieter abzusichern und wird dadurch zur vertraglichen Nebenpflicht.[32]

15 Die Verpflichtungen gelten nicht nur für den Auftragnehmer, sondern auch für **Nachunternehmer**.[33] Landesvergaberechtlich vorgesehene Beschränkungen ihrer Einbeziehung[34] sind jedoch ohne das Vorliegen spezieller, auftragsbezogener Gründe mit den europarechtlichen Vorgaben unvereinbar.[35] Zusätzlich beziehen einige Landesvergabegesetze Leiharbeitnehmer explizit ein.[36]

---

[21] Darauf verweisend § 4 BWLTMG; § 9 Abs. 1 S. 1 Nr. 1 BerlAVG; § 2 Abs. 6 Nr. 1, § 6 Abs. 1 BbgVergG; § 11 BremTtVG; § 3 Abs. 2 HmbVgG; § 4 Abs. 2 HVTG; § 4 Abs. 1 Nr. 1 NTVergG; § 2 Abs. 3 S. 1 TVgG NRW; § 4 Abs. 2 RhPflTTG.

[22] § 9 Abs. 1 S. 1 Nr. 3 BerlAVG; § 6 Abs. 2 ff. BbgVergG; § 3 RhPflTTG; § 3 Abs. 4 f. STTG; § 4 Abs. 1 S. 1 VGSH; § 9 Abs. 4 VgG M-V; § 10 Abs. 4 S. 5 ThürVgG; zur Zulässigkeit im Überblick → GWB § 97 Rn. 188 ff.; HK-VergabeR/*Fehling* GWB § 129 Rn. 25 ff.; insbes. zum Verhältnis zum MiLoG s. auch die ausführlichen Erwägungen in der Gesetzesbegründung des ThürVgG, ThürLT-Drs. 6/6682, 61 ff.

[23] Zu Bedeutung und Verhältnis der Vorgaben *Diercks-Oppler* in Goede/Stoye/Stolz VergabeR-HdB Kap. 17 Rn. 21 ff.; *Tugendreich* NZBau 2015, 395 ff.; *Pfannkuch* VergabeR 2015, 631 ff.; krit. zur divergierenden Höhe *Meißner* ZfBR 2014, 453 (457); zur Europarechtskonformität EuGH Urt. v. 17.11.2015 – C-115/14, NVwZ 2016, 212 Rn. 58 ff. – RegioPost.

[24] Systematisierend dazu und zu den europarechtlichen Grenzen *Pünder/Klafki* NJW 2014, 429 (432 f.); zu Letzteren auch EuGH Urt. v. 3.4.2008 – C-346/06, NZBau 2008, 332 – Rüffert; zur Übereinstimmung mit Art. 9 Abs. 3 S. 1 GG *Barczak/Pieroth* RdA 2016, 209 ff.; s. auch umfassend *Faber/Meißner/Osing* in Terwiesche/Becker/Prechtel, TVgG, 2018, TVgG § 4 Rn. 1 ff.

[25] Zur Problematik der Feststellung OLG Düsseldorf Beschl. v. 19.10.2015 – VII-Verg 30/13, NZBau 2016, 50.

[26] § 3 Abs. 1 und 2 BWLTMG; § 9 Abs. 1 S. 1 Nr. 3 BerlAVG; § 10 BremTtVG; § 3 Abs. 1 HmbVgG; § 4 Abs. 1 Nr. 1 und 2 HVTG; § 4 Abs. 1 Nr. 2 NTVergG; § 2 Abs. 1 TVgG NRW; § 4 Abs. 1 RhPflTTG; § 3 Abs. 1 STTG; § 10 Abs. 1 LVG LSA; § 10 Abs. 1 ThürVgG.

[27] § 10 Abs. 4 ThürVgG.

[28] § 3 Abs. 3 f. BWLTMG; § 10 BerlAVG; § 4 BbgVergG; § 8 ff. HVTG; § 9 Abs. 1–3 VgG M-V; §§ 5 f. NTVergG; § 2 Abs. 2 TVgG NRW; § 4 Abs. 3 f. RhPflTTG; § 3 Abs. 2 STTG; § 10 Abs. 2 LVG LSA; § 4 Abs. 2 VGSH; § 10 Abs. 2 und 3 ThürVgG; ausf. zur Ausgestaltung anhand des TVgG NRW aF *Faber* DVBl 2015, 149 ff.; ablehnend zur Verfassungskonformität *Faber* NVwZ 2015, 257 (259 f.).

[29] EuGH Urt. v. 18.9.2014 – C-549/13, NZBau 2014, 647 Rn. 33 ff. – Bundesdruckerei.

[30] § 9 Abs. 1 S. 3 BerlAVG; § 9 Abs. 9 VgG M-V; § 10 Abs. 8 ThürVgG.

[31] § 8 BerlAVG; § 18 Abs. 2 BremTtVG; § 3a HmbVgG; § 11 VgG M-V; § 12 NTVergG; § 2a RhPflTTG; § 11 STTG; § 12 LVG LSA; § 11 ThürVgG. Dazu im Überblick *Fandrey*, Tariftreue- und Vergabegesetz Nordrhein-Westfalen, 2014, Rn. 417 ff.; *Summa* in Terwiesche/Becker/Prechtel, TVgG, 2018, TVgG § 7 Rn. 26 ff.; *Diercks-Oppler* in Goede/Stoye/Stolz VergabeR-HdB Kap. 17 Rn. 32 ff.; das Nachweisproblem betonen *Pünder/Klafki* NJW 2014, 429 (433).

[32] *Redmann* LKV 2012, 295 (297).

[33] § 6 BWLTMG; § 8 BbgVergG; § 13 BremTtVG; § 5 HmbVgG; § 6 HVTG; § 9 Abs. 5 VgG M-V; § 13 NTVergG; § 5 RhPflTTG; § 4 STTG; § 13 LVG LSA; § 12 ThürVgG.

[34] § 6 Abs. 1 S. 1 und 2 SächsVergabeG.

[35] Grundlegend EuGH Urt. v. 2.12.1999 – C-176/98, Slg. I-1999, 8607 – Holst Italia.

[36] § 6 BWLTMG; § 8 BbgVergG; § 3 Abs. 3 HmbVgG; § 6 HVTG; § 9 Abs. 6 VgG M-V; § 13 Abs. 1 S. 5 NTVergG; § 3 Abs. 6 STTG; zu den damit verbundenen Anwendungsproblemen *Dierkes/Scharf/Wendt* NZA 2016, 1060.

Zur **Durchsetzung** sozialer Anforderungen bei der Auftragsdurchführung sind Bescheinigungen sowie Kontrollen des öffentlichen Auftraggebers bei dem beauftragten Unternehmen vorgesehen. Hinzu kommt die Vereinbarung von **Vertragsstrafen** und fristlosen **Kündigungsrechten**.[37] 16

Soweit die Missachtung landesvergaberechtlich begründeter sozialer Verpflichtungen einen **Ausschlussgrund** in einem zeitlich nachfolgenden Vergabeverfahren zur Folge haben soll (Auftragssperre),[38] beschränkt sich die Wirkung derartiger Vorgaben auf eine ermessenslenkende Wirkung im Rahmen der Entscheidung nach § 124 GWB, § 31 Abs. 2 UVgO. Ein Ausschluss wegen Verstoßes gegen das Gebot der Vorhaltung vollständiger und prüffähiger Unterlagen über die eingesetzten Beschäftigten[39] kann jedenfalls oberhalb der Schwellenwerte neben den bundesrechtlichen Vorgaben keinen Bestand haben. 17

2. Ökologische Aspekte. Das europäisierte GWB-Vergaberecht ermöglicht bei Beschaffungen im Oberschwellenbereich in erheblichem Maße und auf allen Stufen des Vergabeverfahrens die Berücksichtigung ökologischer Aspekte.[40] Entsprechendes gilt bei Unterschwellenvergaben nach § 2 Abs. 3 UVgO iVm § 23 Abs. 2 S. 1 UVgO, § 43 Abs. 2 UVgO, § 45 Abs. 2 S. 3 UVgO. Gleichwohl haben ökologische Zielsetzungen in erheblichem Maße Eingang in die Landesvergabegesetze gefunden. Eine umfassende Instrumentalisierung des Vergaberechts für den Umwelt- und Klimaschutz erfolgt jedoch weder in den Landesvergabe- noch in den -klimaschutzgesetzen.[41] 18

Die **Berücksichtigungsfähigkeit ökologischer Zwecke** bei der öffentlichen Auftragsvergabe wird von den Landesvergabegesetzen regelmäßig herausgestellt.[42] Exemplarisch werden etwa die Umweltverträglichkeit der verwendeten Produkte und die Energieeffizienz benannt.[43] Soweit Bestimmungen bundesrechtlich geregelte Aspekte wie Umweltgütezeichen[44] oder die Berücksichtigung von Umweltaspekten bei der Bestimmung des wirtschaftlichsten Angebots[45] thematisieren, kommt ihnen jedoch keine eigenständige Bedeutung zu. Vor dem Hintergrund von § 127 GWB fehlt es den Landesgesetzgebern auch an der Kompetenz zur Vorgabe einer verpflichtenden Berücksichtigung von Umweltkriterien bei der Entscheidung über den Zuschlag.[46] Über einen Eigenstand verfügen dagegen landesrechtliche Vorgaben für Umweltmanagementmaßnahmen[47] und (sonstige) umweltbezogene Ausführungsbedingungen. Diesbezüglich werden teilweise verpflichtende Anforderungen gestellt.[48] 19

3. Auflösung von Pattsituationen. Für den praktisch nahezu ausgeschlossen Fall des Vorliegens gleichwertiger Angebote, mithin solcher, bei denen die Anwendung der Bewertungsmatrix zu einem identischen Wertungsergebnis geführt hat, ist im Landesvergaberecht vereinzelt die Pflicht[49] der Vergabestelle zur **Auswahl anhand bestimmter zusätzlicher sozialer oder ökologischer Kriterien mit Unternehmensbezug** wie der Anteil sozialversicherungspflichtig beschäftigter Arbeitnehmer, die Beteiligung an der beruflichen Erstausbildung oder Maßnahmen zur Förderung der Energieeffizienz oder anderer ökologischer Ziele vorgesehen. 20

Unabhängig von der ohnehin unabdingbaren Transparenz des Vorgehens steht die **Regelungskompetenz** des Landesgesetzgebers jedenfalls für Oberschwellenvergaben in Zweifel,[50] da die Zuschlagsentscheidung bundesrechtlich determiniert ist. Zwar handelt es sich bei den Kriterien zur Auflösung einer Pattsituation nicht um Zuschlagskriterien,[51] gleichwohl steht eine Entscheidung über den Zuschlag in Frage. § 127 GWB weist in Übereinstimmung mit Art. 67 RL 2014/24/EU die zu treffende Auswahlentscheidung jedoch der Vergabestelle zu. Eine Reglungslücke in Bezug auf die Zuständigkeit besteht mithin nicht. Landesvergaberechtliche Vorgaben zur Auflösung der 21

---

[37] §§ 8f. BWLTMG; §§ 16f. BerlAVG; §§ 9f. BbgVergG; § 16f. BremTtVG; §§ 10f. HmbVgG; §§ 5, 7 HVTG; § 10 Abs. 1–3 VgG M-V; §§ 14f. NTVergG; § 2 Abs. 5f. TVgG NRW; §§ 6f. RhPfLTTG; §§ 9f. STTG; §§ 17f. LVG LSA; § 4 Abs. 3 und 4 VGSH; § 17 ThürVgG; § 18 Abs. 1 und 2 ThürVgG.
[38] § 10 Abs. 3 BbgVergG; § 10 Abs. 4 VgG M-V; § 18 Abs. 3 ThürVgG.
[39] § 10 Abs. 3 BbgVergG iVm § 9 Abs. 1 BbgVergG; § 18 Abs. 3 ThürVgG iVm § 17 Abs. 2 ThürVgG.
[40] Dazu im Überblick *Hattenhauer/Butzert* ZfBR 2017, 129 ff.
[41] Dazu *Knauff* Die Verwaltung 49 (2016), 233 (253 f.).
[42] § 7 BerlAVG; § 19 Abs. 1 BremTtVG; § 3b HmbVgG; § 10 NTVergG; § 12 STTG.
[43] § 3 Abs. 4 S. 3 VgG M-V; § 4 Abs. 4 LVG LSA; § 4 Abs. 3, Abs. 4 Nr. 5 und 6 ThürVgG.
[44] § 19 Abs. 2 BremTtVG; § 3b Abs. 5 HmbVgG; § 4 Abs. 5 S. 2 LVG LSA; § 6 ThürVgG.
[45] § 3b Abs. 7 HmbVgG; § 8 S. 3 und 4 ThürVgG.
[46] *Burgi* VergabeR § 7 Rn. 23.
[47] § 7 Abs. 3 S. 3 f. LVG LSA; § 7 Abs. 4 ThürVgG.
[48] § 9 Abs. 2 und 3 ThürVgG; allgemein im Hinblick auf ergänzende umweltbezogene Pflichten § 12 BerlAVG.
[49] § 13 ThürVgG.
[50] S. bezogen auf die Neufassung der Thüringer Regelung die Stellungnahme von *Gniechwitz* (Thüringischer Landkreistag eV) gemäß Ergebnisprotokoll (zugleich Beschlussprotokoll) der 57. Sitzung des Ausschusses für Wirtschaft und Wissenschaft am 2.5.2019, 7.
[51] *Müller-Wrede* in Müller-Wrede SektVO § 52 Rn. 99.

Pattsituation unter Rückgriff auf unternehmensbezogene soziale oder ökologische Kriterien können daher nur insoweit als wirksam angesehen werden, als sie nicht unmittelbar eine Auswahlentscheidung herbeiführen. Beschränkt sich der Regelungsgehalt demgegenüber darauf, öffentliche Auftraggeber zur Festlegung und Anwendung von exemplarisch benannten sozialen oder ökologischen Kriterien zur Auflösung möglicher Pattsituationen zu zwingen, weist sie diesen die finale Auswahlentscheidung zu,[52] sodass der Regelungsgehalt von § 127 GWB letztlich nicht angetastet wird. In einem solchen Verständnis ist eine entsprechende Vorgabe im Landesvergaberecht nach hier vertretener Auffassung kompetenzrechtlich nicht zu beanstanden. Unabhängig davon ist eine solche aber kaum für eine rechtssichere Anwendung geeignet und schafft vermeidbare Probleme.

IV. Weitere Regelungsgegenstände

22   Die große **Divergenz** der Landesvergabegesetze zeigt sich in der (Nicht-)Existenz weiterer materiell-vergaberechtlicher Vorgaben. Dass „die mit der Vergabe öffentlicher Aufträge befassten Beschäftigten über angemessene Kenntnisse im Vergaberecht verfügen" sollten,[53] dürfte dabei unabhängig von einer expliziten Normierung gelten.

23   Das vergaberechtlich grundsätzlich vorausgesetzte **Leistungsbestimmungsrecht** öffentlicher Auftraggeber[54] wird für IT-Beschaffungen teilweise eingeschränkt. So ist vereinzelt ein grundsätzlicher Vorrang von Open-Source-Software vorgesehen.[55]

24   Anknüpfend an die bundesrechtlichen Bestimmungen gehen die Landesvergabegesetze von einer grundsätzlich elektronischen Auftragsvergabe aus. Konkretisierende Vorgaben beziehen sich diesbezüglich auf die Bekanntmachung des zu vergebenden Auftrags auf einer zentralen **Landesvergabeplattform**.[56]

25   Der Grundsatz der **mittelstandsfreundlichen Vergabe** wird in einigen Landesvergabegesetzen besonders hervorgehoben,[57] ohne dass damit ein über die bundesrechtlichen Regelungen deutlich hinausgehender Standard etabliert würde. Ergänzend treten die Mittelstands(förderungs)gesetze der Länder hinzu,[58] deren spezifisch vergaberechtliche Relevanz trotz einzelner auftragsvergabebezogener Vorgaben freilich gering ist.

26   Teilweise bestehen ergänzende Regelungen über **Nachweise**.[59] Soweit Bestimmungen des Landesvergaberechts aber vorsehen, dass fremdsprachige Bescheinigungen oder Erklärungen nur zu berücksichtigen sind, wenn sie mit einer Übersetzung in die deutsche Sprache vorgelegt worden sind,[60] verstoßen sie gegen das europarechtliche Diskriminierungsverbot und sind daher unanwendbar.[61]

27   In Bezug auf **ungewöhnlich niedrige Angebote** enthalten die Landesvergabegesetze teils konkretisierende Vorgaben. So wird die bundesrechtlich begründete Aufklärungspflicht an die Über-

---

52 Vgl. auch ThürLT-Drs. 6/6682, 74.
53 § 2 Abs. 1 S. 2 ThürVgG.
54 IE dazu *Spinzig* VergabR 2019, 267 ff.
55 § 4 Abs. 2 ThürVgG.
56 § 13 HVTG; § 3 Abs. 3 LVG LSA; § 3 Abs. 3 ThürVgG.
57 § 5 BerlAVG; § 4 Abs. 1 BremTtVG; § 4 HmbVgG; § 12 Abs. 1, § 14 HVTG; § 4 VgG M-V; § 9 NTVergG; § 3 Abs. 1 und 2 LVG LSA; § 2 Abs. 3 VGSH; § 3 Abs. 1 und 2 ThürVgG.
58 Baden-Württemberg: Gesetz zur Mittelstandsförderung, GBl. 2000, 745; Bayern: Gesetz über die Förderung der mittelständischen Unternehmen sowie der Freien Berufe (Mittelstandsförderungsgesetz – MfG), GVBl. 2007, 926; Brandenburg: Gesetz zur Förderung des Mittelstandes im Land Brandenburg (Brandenburgisches Mittelstandsförderungsgesetz – BbgMFG), GVBl. I 1992, 166; Bremen: Bremisches Gesetz zur Förderung von kleinsten, kleinen und mittleren Unternehmen (Mittelstandsförderungsgesetz), Brem.GBl. 2006, 151; Hamburg: Gesetz zur Förderung der kleinen und mittleren Unternehmen und der in der Wirtschaft tätigen freien Berufe (Mittelstandsförderungsgesetz Hamburg – MFG Hamburg), HmbGVBl. 1977, 55; Hessen: Hessisches Mittelstandsförderungsgesetz, GVBl. 2013, 119; Mecklenburg-Vorpommern: Gesetz zur Mittelstandsförderung in Mecklenburg-Vorpommern (Mittelstandsförderungsgesetz – MFG M-V), GVOBl. M-V 2013, 606; Niedersachsen: Gesetz zur Förderung kleiner und mittlerer Unternehmen, Nds. GVBl. 1978, 377; Nordrhein-Westfalen: Gesetz zur Förderung und Stärkung des Mittelstandes (Mittelstandsgesetz), GVBl. 2003, 421; Rheinland-Pfalz: Mittelstandsförderungsgesetz, GVBl. 2011, 66; Saarland: Gesetz Nr. 1899 zur Förderung der Unternehmen der mittelständischen Wirtschaft (Mittelstandsförderungsgesetz – MFG), Abl. I 2016, 834; Sachsen-Anhalt: Mittelstandsförderungsgesetz (MFG), GVBl. LSA 2001, 230; Schleswig-Holstein: Gesetz zur Förderung des Mittelstandes (Mittelstandsförderungsgesetz – MFG), GVOBl. 2011, 244; Thüringer Gesetz zur Förderung und Stärkung kleiner und mittlerer Unternehmen und der Freien Berufe (Thüringer Mittelstandsförderungsgesetz), GVBl. 2011, 74.
59 § 5 BbgVergG; § 12a ThürVgG.
60 § 7 Abs. 1 S. 2 HmbVgG; § 15 ThürVgG.
61 Vgl. für eine Berücksichtigung entgegen den Vergabeunterlagen OLG Düsseldorf Beschl. v. 20.11.2008 – Verg 37/08, IBRRS 2009, 3409; OLG Düsseldorf Beschl. v. 30.11.2009 – Verg 41/09.

schreitung von Aufgreifschwellen geknüpft. Weicht der Preis eines Angebots um mindestens 10[62] bzw. 20 %[63] vom nächsthöheren Angebot ab, wird es vom Landesgesetzgeber als in jedem Falle ungewöhnlich niedrig qualifiziert und hat infolgedessen der Auftraggeber die Kalkulation zu überprüfen. Kommt der Bieter seiner Verpflichtung zum Nachweis einer ordnungsgemäßen Kalkulation nicht nach, so ist er vom weiteren Vergabeverfahren auszuschließen.[64]

V. Rechtschutz

In Bezug auf den Vergaberechtsschutz beschränken sich die Regelungsmöglichkeiten der Landesgesetzgeber auf **Unterschwellenvergaben.** Deren Nutzung variiert erheblich.[65] Insgesamt sind die einschlägigen Bestimmungen nicht in der Lage, einen effektiven Primärrechtsschutz zu gewährleisten.[66]

Einige Landesvergabegesetze sehen parallel zur **Vorabinformation** nach § 134 GWB[67] vor, dass bei Auftragsvergaben unterhalb der Schwellenwerte, deren Wert aber bestimmte Grenzen überschreitet, die unterlegenen Bieter einige Tage vor der Zuschlagerteilung über den Namen des Bieters, dessen Angebot angenommen werden soll, und über die Gründe der vorgesehenen Nichtberücksichtigung ihres Angebotes schriftlich zu informieren sind.[68] Verstöße hiergegen führen jedoch nicht zur Nichtigkeit eines erteilten Auftrags,[69] da eine solche Rechtsfolge nicht vorgesehen ist. Den Landesgesetzgebern fehlt es diesbezüglich auch an der Regelungskompetenz.[70]

Überdies besteht zudem teilweise die Möglichkeit, eine Überprüfung des Vergabeverfahrens durch die **Vergabekammer** oder eine sonstige **Nachprüfungsstelle** zu erlangen.[71] Ein Anspruch des Bieters auf deren Tätigwerden besteht jedoch nicht. Überdies wird nicht die Durchführung eines vollständigen Nachprüfungsverfahrens gem. §§ 160 ff. GWB vorgesehen, sondern allein ein **rudimentärer Rechtsschutz** eröffnet.

C. Bewertung

Rechtspolitisch sind die Landesvergabegesetze unabhängig von ihrem jeweiligen Inhalt zumindest im Hinblick auf soziale Vorgaben stets und wohl unvermeidbar **Gegenstand anhaltender Auseinandersetzungen.** Regelmäßige Änderungen in Abhängigkeit von den jeweiligen Mehrheitsverhältnissen im Landtag zählen daher auch unabhängig von der Entwicklung des EU- und Bundesvergaberechts zu den prägenden Kennzeichen des Landesvergaberechts. Auf die Qualität der Gesetze wirkt sich dies zwar nur selten positiv aus, jedoch gehen von der Landesebene durchaus Impulse für die Vergaberechtsentwicklung insgesamt aus.

Im Zusammenwirken mit den bundesrechtlichen Vorgaben zielen die Landesvergabegesetze auf eine umfassende **Steuerung des Beschaffungsverhaltens** der ihnen jeweils unterfallenden öffentlichen Auftraggeber ab. Die Potenziale des Vergaberechts bei der Verfolgung in anderen Landesgesetzen, etwa den Landesklimaschutzgesetzen, vorgesehenen Zielen werden allerdings nicht ausgeschöpft. Überdies lässt die Beschaffungspraxis die Steuerungskraft insbesondere der Vorgaben über sozial und ökologisch orientierte Vergaben zweifelhaft und als vornehmlich symbolische Gesetzgebung erscheinen.

---

[62] § 6 HmbVgG; § 7 NTVergG; § 5 Abs. 2 SächsVergabeG; § 14 Abs. 2 S. 1 LVG LSA.
[63] §§ 14 f. BremTtVG; § 6 Abs. 2 S. 2 VgG M-V; § 14 ThürVgG.
[64] Ohne prozentuale Angaben § 6 BerlAVG; § 16 f. HVTG; § 5 STTG.
[65] Näher zu den landesgesetzlichen Ausgestaltungen *Conrad* ZfBR 2016, 124 ff.
[66] S. nur *Burgi* NZBau 2018, 579 (584); für Verfassungskonformität gleichwohl BVerfG Beschl. v. 13.6.2006 – 1 BvR 1160/03, BVerfGE 116, 135 (149 ff.).
[67] Für eine analoge Anwendung OLG Düsseldorf Urt. v. 13.12.2017 – I-27 U 25/17, NZBau 2018, 168 Rn. 17; zu Recht ablehnend OLG Celle Urt. v. 9.1.2020 – 13 W 56/19, NZBau 2020, 679 Rn. 24 ff.; KG Urt. v. 7.1.2020 – 9 U 79/19, NZBau 2020, 680 Rn. 10 f.; ausf. *Hömke/Metz* IR 2020, 131 (133 ff.); mit gewichtigen Argumenten für das Gebot einer Vorabinformation aufgrund des EU-Primärvergaberechts *Dageförde* NZBau 2020, 72 (75 ff.).
[68] § 12 VgG M-V; § 16 NTVergG; § 8 Abs. 1 SächsVergabeG; § 19 Abs. 1 LVG LSA; § 19 Abs. 1 ThürVgG iVm § 19 Abs. 4 ThürVgG.
[69] KG Urt. v. 7.1.2020 – 9 U 79/19, NZBau 2020, 680 Rn. 12 ff.; dafür aber OLG Düsseldorf Urt. v. 13.12.2017 – I-27 U 25/17, NZBau 2018, 168 Rn. 18.
[70] Zutreffend *Gniechwitz* (Thüringischer Landkreistag eV) gemäß Ergebnisprotokoll (zugleich Beschlussprotokoll) der 57. Sitzung des Ausschusses für Wirtschaft und Wissenschaft am 2.5.2019, 8; aA *Conrad* ZfBR 2016, 124 (125 f.).
[71] § 18 HVTG; § 8 Abs. 2 SächsVergabeG; § 19 Abs. 2 LVG LSA; § 19 Abs. 2 und 3 ThürVgG.

1. Baden-Württemberg

LTMG – Landestariftreue- und Mindestlohngesetz[1]

Tariftreue- und Mindestlohngesetz für öffentliche Aufträge in Baden-Württemberg

Vom 16. April 2013
(GBl. S. 50)
geänd. durch Art. 15 G zur Änd. des NaturschutzG und weiterer Vorschriften v. 21.11.2017
(GBl. S. 597)

Der Landtag hat am 10. April 2013 das folgende Gesetz beschlossen:

§ 1 Zweck des Gesetzes

[1]Dieses Gesetz wirkt Verzerrungen im Wettbewerb um öffentliche Aufträge entgegen, die durch den Einsatz von Niedriglohnkräften entstehen, und mildert Belastungen für die sozialen Sicherungssysteme. [2]Es bestimmt zu diesem Zweck, dass öffentliche Auftraggeber öffentliche Aufträge nach Maßgabe dieses Gesetzes nur an Unternehmen vergeben dürfen, die ihren Beschäftigten das in diesem Gesetz festgesetzte Mindestentgelt bezahlen und sich tariftreu verhalten.

§ 2 Anwendungsbereich

(1) Dieses Gesetz gilt für die Vergabe von öffentlichen Aufträgen über Bau- und Dienstleistungen in Baden-Württemberg im Sinne von § 99 des Gesetzes gegen Wettbewerbsbeschränkungen (GWB) in der jeweils geltenden Fassung.

(2) [1]Im öffentlichen Personenverkehr gilt dieses Gesetz für alle in Baden-Württemberg zu vergebenden Dienstleistungsaufträge im Sinne der Verordnung (EG) Nr. 1370/2007 des Europäischen Parlaments und des Rates vom 23. Oktober 2007 über öffentliche Personenverkehrsdienste auf Schiene und Straße und zur Aufhebung der Verordnungen (EWG) Nr. 1191/69 und (EWG) Nr. 1107/70 des Rates (ABl. L 315 vom 3. Dezember 2007, S. 1) in der jeweils geltenden Fassung. [2]Dieses Gesetz gilt auch für öffentliche Dienstleistungsaufträge für Verkehre im Sinne von § 1 der Freistellungs-Verordnung vom 30. August 1962 (BGBl. I S. 601), zuletzt geändert durch Artikel 1 der Verordnung vom 4. Mai 2012 (BGBl. I S. 1037), in der jeweils geltenden Fassung.

(3) [1]Dieses Gesetz ist für alle Aufträge nach den Absätzen 1 und 2 ab einem geschätzten Auftragswert von 20 000 Euro (ohne Umsatzsteuer) anzuwenden. [2]Für die Schätzung des Auftragswertes gilt § 3 der Vergabeverordnung in der jeweils geltenden Fassung.

(4) [1]Öffentliche Auftraggeber im Sinne dieses Gesetzes sind die öffentlichen Auftraggeber in Baden-Württemberg gemäß § 98 Nummern 1 bis 5 GWB. [2]Satz 1 gilt nicht, wenn öffentliche Auftraggeber Vergabeverfahren im Namen oder im Auftrag des Bundes oder eines anderen Bundeslandes durchführen.

(5) Soweit nach diesem Gesetz Verpflichtungen im Rahmen der Angebotsabgabe begründet werden, gelten diese Verpflichtungen für Direktvergaben im Sinne von Artikel 5 Absätze 2, 4 und 6 der Verordnung (EG) Nr. 1370/2007 entsprechend und sind vor der Erteilung des Auftrags zu erfüllen.

(6) [1]Sollen öffentliche Aufträge gemeinsam mit Auftraggebern anderer Bundesländer oder aus Nachbarländern der Bundesrepublik Deutschland vergeben werden, ist mit diesen eine Einigung über die Einhaltung der Bestimmungen dieses Gesetzes anzustreben. [2]Kommt diese nicht zustande, kann von den Bestimmungen dieses Gesetzes abgewichen werden.

§ 3 Tariftreuepflicht

(1) Öffentliche Aufträge über Bau- und Dienstleistungen, die vom Arbeitnehmer-Entsendegesetz (AEntG) in der jeweils geltenden Fassung erfasst werden, dürfen nur an Unternehmen vergeben werden, die sich bei Angebotsabgabe schriftlich verpflichten, ihren Beschäftigten bei der Ausführung

---

[1] Die Vorschrift tritt am 1.7.2013 in Kraft, vgl. § 12.

der Leistung diejenigen Arbeitsbedingungen einschließlich des Entgelts zu gewähren, die nach Art und Höhe mindestens den Vorgaben desjenigen Tarifvertrages entsprechen, an den das Unternehmen aufgrund des Arbeitnehmer-Entsendegesetzes gebunden ist.

(2) Öffentliche Aufträge über Bau- und Dienstleistungen, die vom Mindestarbeitsbedingungengesetz (MiArbG) in der jeweils geltenden Fassung erfasst werden, dürfen nur an Unternehmen vergeben werden, die sich bei Angebotsabgabe schriftlich verpflichten, ihren Beschäftigten bei der Ausführung der Leistung ein Entgelt zu zahlen, das nach Art und Höhe mindestens den Vorgaben einer aufgrund von § 4 Absatz 3 MiArbG erlassenen Rechtsverordnung entspricht, an die das Unternehmen aufgrund des Mindestarbeitsbedingungengesetzes gebunden ist.

(3) ¹Öffentliche Aufträge über Verkehrsdienstleistungen gemäß § 2 Absatz 2 dürfen nur an Unternehmen vergeben werden, die sich bei Angebotsabgabe schriftlich verpflichten,
1. ihren Beschäftigten bei der Ausführung der Leistung ein Entgelt zu zahlen, das insgesamt mindestens dem in Baden-Württemberg für diese Leistung in einem der einschlägigen und repräsentativen mit einer tariffähigen Gewerkschaft vereinbarten Tarifverträge vorgesehenen Entgelt nach den tarifvertraglich festgelegten Modalitäten, einschließlich der Aufwendungen für die Altersversorgung, entspricht und
2. während der Ausführung der Leistung eintretende tarifvertragliche Änderungen des Entgelts nachzuvollziehen.
²Die öffentlichen Auftraggeber benennen die einschlägigen und repräsentativen Tarifverträge in der Bekanntmachung und den Vergabeunterlagen des öffentlichen Auftrags.

(4) ¹Das Wirtschaftsministerium bestimmt im Einvernehmen mit dem Verkehrsministerium durch Rechtsverordnung,² auf welche Weise festgestellt wird, welche Tarifverträge als repräsentativ anzusehen sind und wie deren Veröffentlichung erfolgt. ²Die Feststellung erfolgt unter Berücksichtigung der Empfehlungen eines beim Wirtschaftsministerium einzurichtenden Beirats. ³Der Beirat wird paritätisch mit Vertretern der im Bereich des Verkehrs gemäß § 2 Absatz 2 tätigen Sozialpartner besetzt. ⁴Das Verzeichnis der als repräsentativ festgestellten Tarifverträge wird beginnend mit dem Jahr 2013 jährlich und aus besonderem Anlass überprüft und erforderlichenfalls in der Regel zum 1. März des Folgejahres angepasst. ⁵Bei der Feststellung der Repräsentativität ist vorrangig abzustellen auf
1. die Zahl der von den jeweils tarifgebundenen Arbeitgebern Beschäftigten in Baden-Württemberg, die unter den Geltungsbereich des Tarifvertrags fallen und
2. die Zahl der jeweils unter den Geltungsbereich des Tarifvertrags fallenden Mitglieder der Gewerkschaft, die den Tarifvertrag geschlossen hat.

(5) ¹Beim Regierungspräsidium Stuttgart wird eine Servicestelle eingerichtet. ²Sie informiert über das Tariftreue- und Mindestlohngesetz und stellt die Entgeltregelungen aus den einschlägigen und repräsentativen Tarifverträgen zur Verfügung. ³Die Servicestelle nimmt im Rahmen der Rechtsverordnung nach Absatz 4 zugleich die Aufgaben einer Geschäftsstelle des Beirats wahr.

§ 4 Mindestentgelt

¹Öffentliche Aufträge dürfen nur an Unternehmen vergeben werden, die sich bei Angebotsabgabe schriftlich verpflichten, ihren unter das Mindestlohngesetz (MiLoG) in der jeweils geltenden Fassung fallenden Beschäftigten bei der Ausführung der Leistung ein Entgelt zu zahlen, das mindestens den Vorgaben des Mindestlohngesetzes und der gemäß § 1 Absatz 2 Satz 2 MiLoG erlassenen Rechtsverordnung in ihrer jeweils geltenden Fassung entspricht. ²Satz 1 gilt nicht, soweit nach § 3 Tariftreue gefordert werden kann und die danach maßgebliche tarifliche Regelung für die Beschäftigten günstiger ist. ³Satz 1 gilt ferner nicht für die Leistungserbringung durch Auszubildende und für die Vergabe von Aufträgen an anerkannte Werkstätten für behinderte Menschen und anerkannte Blindenwerkstätten.

§ 5 Verpflichtungserklärung

(1) Die öffentlichen Auftraggeber weisen in der Bekanntmachung des öffentlichen Auftrags und in den Vergabeunterlagen darauf hin, dass die Bieter sowie deren Nachunternehmen und Verleihunternehmen (§ 6 Absatz 1 Satz 1), soweit diese bereits bei Angebotsabgabe bekannt sind, die erforderlichen Verpflichtungserklärungen gemäß § 3 Absatz 1 bis 3 (Tariftreueerklärung) oder § 4 Absatz 1 (Mindestentgelterklärung) abzugeben haben.

---

² Siehe die VO zur Feststellung der repräsentativen Tarifverträge im öffentlichen Personenverkehr.

(2) In die Verpflichtungserklärungen können auch die im Fall der Auftragserteilung mit den Unternehmen zu treffenden Vereinbarungen nach § 6 Absatz 2, § 7 Absatz 1 Satz 4 und Absatz 2 Satz 3 sowie § 8 Absätze 1 und 2 aufgenommen werden.

(3) ¹Die Servicestelle nach § 3 Absatz 5 gibt im Internet Muster für die Abgabe der Verpflichtungserklärungen bekannt. ²Diese können verwendet werden.

(4) Fehlt eine gemäß Absatz 1 geforderte Verpflichtungserklärung bei Angebotsabgabe und wird sie auch nach Aufforderung nicht vorgelegt, so ist das Angebot von der Wertung auszuschließen.

§ 6 Nachunternehmen

(1) Die Unternehmen haben ihre Nachunternehmen sowie Unternehmen, die ihnen Arbeitskräfte verleihen (Verleihunternehmen), sorgfältig auszuwählen.

(2) ¹Für den Fall der Ausführung vertraglich übernommener Leistungen durch Nachunternehmen hat sich das Unternehmen zu verpflichten, die Erfüllung der Verpflichtungen nach den §§ 3 und 4 durch die Nachunternehmen sicherzustellen und dem öffentlichen Auftraggeber Tariftreue- und Mindestentgelterklärungen der Nachunternehmen vorzulegen. ²Gleiches gilt, wenn das Unternehmen oder ein beauftragtes Nachunternehmen zur Ausführung des Auftrags Arbeitskräfte eines Verleihunternehmens einsetzt. ³Die Sätze 1 und 2 gelten entsprechend für alle weiteren Nachunternehmen und Verleihunternehmen der vom beauftragten Unternehmen eingeschalteten Nachunternehmen. ⁴Auf die Verpflichtung zur Vorlage von Tariftreue- und Mindestentgelterklärungen kann verzichtet werden, wenn das Auftragsvolumen eines Nachunternehmens oder Verleihunternehmens weniger als 10 000 Euro (ohne Umsatzsteuer) beträgt.

§ 7 Nachweise und Kontrollen

(1) ¹Die beauftragten Unternehmen sowie ihre Nachunternehmen und Verleihunternehmen sind verpflichtet, dem öffentlichen Auftraggeber die Einhaltung der Verpflichtung nach den §§ 3 und 4 auf dessen Verlangen jederzeit nachzuweisen. ²Die öffentlichen Auftraggeber dürfen zu diesem Zweck in erforderlichem Umfang Einsicht in die Entgeltabrechnungen der beauftragten Unternehmen sowie ihrer Nachunternehmen und Verleihunternehmen, in die zwischen dem beauftragten Unternehmen sowie ihren Nachunternehmen und Verleihunternehmen jeweils abgeschlossenen Verträge sowie in andere Geschäftsunterlagen nehmen, aus denen Umfang, Art, Dauer und tatsächliche Entlohnung von Beschäftigungsverhältnissen hervorgehen oder abgeleitet werden können, und hierzu Auskunft verlangen. ³Die beauftragten Unternehmen sowie ihre Nachunternehmen und Verleihunternehmen haben ihre Beschäftigten auf die Möglichkeit solcher Kontrollen hinzuweisen. ⁴Die öffentlichen Auftraggeber verpflichten den Auftragnehmer vertraglich, ihnen ein entsprechendes Auskunfts- und Prüfungsrecht auch bei der Beauftragung von Nachunternehmen und Verleihunternehmen einräumen zu lassen.

(2) ¹Die beauftragten Unternehmen sowie ihre Nachunternehmen und Verleihunternehmen haben vollständige und prüffähige Unterlagen nach Absatz 1 über die eingesetzten Beschäftigten bereitzuhalten. ²Auf Verlangen des öffentlichen Auftraggebers sind ihm diese Unterlagen vorzulegen. ³Die öffentlichen Auftraggeber verpflichten den Auftragnehmer vertraglich, die Einhaltung dieser Pflicht durch die beauftragten Nachunternehmen und Verleihunternehmen vertraglich sicherzustellen.

§ 8 Sanktionen

(1) ¹Um die Einhaltung der Verpflichtungen nach den §§ 3 bis 7 zu sichern, vereinbaren die öffentlichen Auftraggeber mit den beauftragten Unternehmen für jeden schuldhaften Verstoß eine Vertragsstrafe in Höhe von einem Prozent des Auftragswertes, bei Verkehrsdienstleistungen gemäß § 2 Absatz 2 eine Vertragsstrafe in Höhe von bis zu einem Prozent. ²Bei mehreren Verstößen darf die Summe der Vertragsstrafen fünf Prozent des Auftragswertes nicht überschreiten. ³Die beauftragten Unternehmen sind zur Zahlung einer Vertragsstrafe nach Satz 1 auch für den Fall zu verpflichten, dass der Verstoß durch Nachunternehmen oder Verleihunternehmen begangen wird, es sei denn, dass das beauftragte Unternehmen den Verstoß nicht kannte und unter Beachtung der Sorgfaltspflicht eines ordentlichen Kaufmanns auch nicht kennen musste. ⁴Ist die verwirkte Vertragsstrafe unverhältnismäßig hoch, so kann sie von dem öffentlichen Auftraggeber auf Antrag des beauftragten Unternehmens auf den angemessenen Betrag herabgesetzt werden. ⁵Soweit infolge des Verstoßes zu niedrige Entgelte gezahlt wurden, soll der angemessene Betrag mindestens dem Dreifachen des Betrages

entsprechen, der von dem Unternehmen oder seinen Nachunternehmen und Verleihunternehmen durch den Verstoß eingespart wurde. ⁶Die Geltendmachung einer Vertragsstrafe nach diesem Gesetz bleibt von der Geltendmachung einer Vertragsstrafe aus anderem Grunde sowie von der Geltendmachung sonstiger Ansprüche unberührt.

(2) Die öffentlichen Auftraggeber vereinbaren mit den beauftragten Unternehmen, dass die schuldhafte Nichterfüllung einer Verpflichtung nach den §§ 3 bis 7 durch das beauftragte Unternehmen den öffentlichen Auftraggeber zur fristlosen Kündigung aus wichtigem Grund berechtigt und dass das beauftragte Unternehmen dem öffentlichen Auftraggeber den durch die Kündigung entstandenen Schaden zu ersetzen hat.

(3) Haben beauftragte Unternehmen oder deren Nachunternehmen oder Verleihunternehmen schuldhaft gegen Verpflichtungen dieses Gesetzes verstoßen, können die öffentlichen Auftraggeber diese für die Dauer von bis zu drei Jahren von ihren Auftragsvergaben ausschließen.

(4) Die öffentlichen Auftraggeber informieren die für die Verfolgung und Ahndung von Ordnungswidrigkeiten nach § 23 AEntG und § 18 MiArbG zuständigen Stellen über Verstöße der Unternehmen gegen Verpflichtungen nach § 3 Absätze 1 und 2.

§ 9 Informationspflichten beim Betreiberwechsel im öffentlichen Personenverkehr

Soweit öffentliche Auftraggeber im Rahmen der Vergabe eines öffentlichen Dienstleistungsauftrags im Sinne der Verordnung (EG) Nr. 1370/2007 auf Grundlage von Artikel 4 Absatz 5 dieser Verordnung Unternehmen dazu verpflichten wollen, die Beschäftigten, die zuvor zur Erbringung der Dienste eingestellt wurden, zu den bisherigen Arbeitsbedingungen zu übernehmen, sind die bisherigen Betreiber verpflichtet, den öffentlichen Auftraggebern auf Anforderung binnen sechs Wochen alle hierzu erforderlichen Informationen zur Verfügung zu stellen.

§ 10 Übergangsbestimmung

Dieses Gesetz findet keine Anwendung auf öffentliche Aufträge, deren Vergabe vor dem Inkrafttreten dieses Gesetzes eingeleitet worden ist.

§ 11 Überprüfung der Auswirkungen des Gesetzes

¹Die Auswirkungen dieses Gesetzes werden nach einem Erfahrungszeitraum von vier Jahren nach Inkrafttreten dieses Gesetzes durch die Landesregierung überprüft. ²Die Landesregierung unterrichtet den Landtag zeitnah über das Ergebnis der Überprüfung. ³Dabei ist darzustellen, inwieweit die Tariftreue Wirkung entfaltet und, soweit notwendig, welche Maßnahmen ergriffen werden können, um die Tariftreue weiter zu stärken.

§ 12 Inkrafttreten

Dieses Gesetz tritt am ersten Tag des auf die Verkündung³ folgenden dritten Monats in Kraft.

Untergesetzliches Recht

- VergabeVwV
- VwV Investitionsfördermaßnahmen öA
- VwV Beschaffung

---

³ Verkündet am 19.4.2013.

2. Bayern

Untergesetzliches Recht

- Vergabe von Aufträgen im kommunalen Bereich
- VV zum öffentlichen Auftragswesen (VVöA)
- Umweltrichtlinien öffentliches Auftragswesen (öAUmwR)
- Leitlinien zur Anwendung der Verordnung (EG) Nr. 1370/2007 über öffentliche Personenverkehrsdienste auf Schiene und Straße
- Vermeidung des Erwerbs von Produkten aus ausbeuterischer Kinderarbeit

3. Berlin

BerlAVG – Berliner Ausschreibungs- und Vergabegesetz[1]

Vom 22. April 2020
(GVBl. S. 276)
BRV 7102-9

Abschnitt 1 Allgemeines

§ 1 Zweck des Gesetzes

(1) ¹Zweck des Gesetzes ist es, soziale, beschäftigungspolitische und umweltbezogene Aspekte bei der Vergabe öffentlicher Aufträge im Sinne der §§ 103 und 104 des Gesetzes gegen Wettbewerbsbeschränkungen zu fördern und zu unterstützen. ²Gleichzeitig sollen die Rahmenbedingungen für kleine und mittelständische Unternehmen im Bereich der öffentlichen Auftragsvergabe verbessert werden.

(2) Die Umsetzung sozialer, beschäftigungspolitischer und umweltbezogener Aspekte erfolgt auf der Grundlage von Vergabebestimmungen gemäß Abschnitt 2 sowie Ausführungsbedingungen gemäß Abschnitt 3 dieses Gesetzes.

§ 2 Persönlicher Anwendungsbereich

(1) Das Land Berlin als öffentlicher Auftraggeber gemäß § 99 Nummer 1 des Gesetzes gegen Wettbewerbsbeschränkungen vergibt öffentliche Aufträge an geeignete Unternehmen nach Maßgabe der Abschnitte 2 bis 4 dieses Gesetzes.

(2) Juristische Personen des öffentlichen Rechts gemäß § 99 Nummer 2 und 3 des Gesetzes gegen Wettbewerbsbeschränkungen, die dem Land Berlin zuzurechnen sind und die den Bestimmungen des § 55 der Landeshaushaltsordnung unterliegen, vergeben öffentliche Aufträge an geeignete Unternehmen nach Maßgabe der Abschnitte 3 und 4 dieses Gesetzes.

(3) Juristische Personen des öffentlichen Rechts gemäß § 99 Nummer 2 und 3, § 100 Absatz 1 Nummer 1 des Gesetzes gegen Wettbewerbsbeschränkungen, die dem Land Berlin zuzurechnen sind und die nicht den Bestimmungen des § 55 der Landeshaushaltsordnung unterliegen, vergeben öffentliche Aufträge an geeignete Unternehmen nach Maßgabe der Abschnitte 3 und 4 dieses Gesetzes, sofern der geschätzte Auftragswert die Schwellenwerte gemäß § 106 des Gesetzes gegen Wettbewerbsbeschränkungen erreicht oder überschreitet.

(4) Juristische Personen des privaten Rechts gemäß § 99 Nummer 2 sowie § 100 Absatz 1 Nummer 2 des Gesetzes gegen Wettbewerbsbeschränkungen, die dem Land Berlin zuzurechnen sind, vergeben öffentliche Aufträge an geeignete Unternehmen nach Maßgabe der Abschnitte 3 und 4 dieses Gesetzes, sofern der geschätzte Auftragswert die Schwellenwerte gemäß § 106 des Gesetzes gegen Wettbewerbsbeschränkungen erreicht oder überschreitet.

(5) Das Land Berlin wirkt im Rahmen seiner Befugnisse darauf hin, dass die Regelungen des Abschnitts 2 auch von den öffentlichen Auftraggebern gemäß § 2 Absatz 2 bis 4 angewendet werden.

§ 3 Sachlicher Anwendungsbereich

(1) Dieses Gesetz ist von den öffentlichen Auftraggebern gemäß § 2 innerhalb der auch insoweit geltenden Grenzen des persönlichen Anwendungsbereichs auf alle öffentlichen Aufträge über Bauleistungen ab einem geschätzten Auftragswert von 50 000 Euro (ohne Umsatzsteuer) und auf alle öffentlichen Aufträge über Liefer- und Dienstleistungen ab einem geschätzten Auftragswert in Höhe von 10 000 Euro (ohne Umsatzsteuer) anzuwenden, es sei denn,

---

[1] Verkündet als Art. 1 G v. 22.4.2020 (GVBl. S. 276); Inkrafttreten gem. Art. 6 Satz 1 dieses G am 1.5.2020. Bis zu diesem Zeitpunkt siehe das Berliner Ausschreibungs- und Vergabegesetz 2010 v. 8.7.2010 (GVBl. S. 399).

1. es handelt sich um vergaberechtsfreie Aufträge gemäß §§ 107, 109, 116, 117, 137, 140 sowie 145 des Gesetzes gegen Wettbewerbsbeschränkungen,
2. der öffentliche Auftrag wird zur Ausübung zentraler Beschaffungstätigkeiten an eine zentrale Beschaffungsstelle im Sinne des § 120 Absatz 4 des Gesetzes gegen Wettbewerbsbeschränkungen oder im Rahmen einer öffentlich-rechtlichen Vereinbarung vergeben,
3. der Auftraggeber muss die Vertragsbedingungen des Auftragnehmers anerkennen, um seinen Bedarf decken zu können,
4. der Bedarf des Auftraggebers kann nicht gedeckt werden, wenn im Rahmen einer Markterkundung oder mangels zuschlagsfähiger Angebote festgestellt wird, dass im Hinblick auf die verpflichtende Vereinbarung der Vertragsbedingungen gemäß § 15 voraussichtlich keine wertbaren Angebote abgegeben werden. Dieses ist in jedem Einzelfall zu begründen und zu dokumentieren.

(2) Die Erfüllung der Zwecke beziehungsweise Maßgaben dieses Gesetzes steht den Anforderungen aus § 7 Absatz 1 Satz 1 der Landeshaushaltsordnung nicht entgegen.

§ 4 Bündelung von Beschaffungsbedarfen mehrerer öffentlicher Auftraggeber

[1]Bei der Bündelung von Beschaffungsbedarfen mehrerer öffentlicher Auftraggeber ist mit öffentlichen Auftraggebern, die nicht in den Anwendungsbereich des § 2 fallen, vor Beginn des Vergabeverfahrens eine Einigung darüber anzustreben, dass die Vergabebestimmungen des Abschnitts 2 und die Ausführungsbedingungen des Abschnitts 3 bei der Beschaffung Anwendung finden sollen. [2]Kommt eine Einigung nicht zustande, kann von der Anwendung der Abschnitte 2 und 3 abgesehen werden; die Gründe für die fehlende Einigung sind zu dokumentieren.

Abschnitt 2 Vergabebestimmungen

§ 5 Berücksichtigung mittelständischer Interessen

(1) [1]Mittelständische Interessen sind bei der Vergabe öffentlicher Aufträge vornehmlich zu berücksichtigen. [2]Leistungen sind in der Menge aufgeteilt (Teillose) und getrennt nach Art oder Fachgebiet (Fachlose) zu vergeben. [3]Mehrere Teil- oder Fachlose dürfen zusammen vergeben werden, wenn wirtschaftliche oder technische Gründe dies erfordern.

(2) Die öffentlichen Auftraggeber sollen geeignete kleine und mittlere Unternehmen bei Beschränkten Ausschreibungen und Verhandlungsvergaben gemäß Unterschwellenvergabeordnung beziehungsweise bei Beschränkten Ausschreibungen und Freihändigen Vergaben gemäß Vergabe- und Vertragsordnung für Bauleistungen – Teil A Abschnitt 1 in angemessenem Umfang zur Angebotsabgabe auffordern.

§ 6 Wertung unangemessen niedriger Angebote bei der Vergabe

Erscheint bei der Vergabe von Leistungen ein Angebotspreis ungewöhnlich niedrig, verlangt der öffentliche Auftraggeber vor Ablehnung dieses Angebotes vom Bieter Aufklärung, insbesondere durch Anforderung der Kalkulationsunterlagen.

§ 7 Bedarfsermittlung, Leistungsanforderungen und Zuschlagskriterien im Rahmen der umweltverträglichen Beschaffung

(1) [1]Der öffentliche Auftraggeber ist verpflichtet, bei der Vergabe von Aufträgen ökologische Kriterien zu berücksichtigen. [2]Bei der Festlegung der Leistungsanforderungen soll umweltfreundlichen und energieeffizienten Produkten, Materialien und Verfahren der Vorzug gegeben werden. [3]Öffentliche Auftraggeber haben im Rahmen von Liefer-, Bau- und Dienstleistungsaufträgen dafür Sorge zu tragen, dass bei der Herstellung, Verwendung und Entsorgung von Gütern sowie durch die Ausführung der Leistung bewirkte negative Umweltauswirkungen möglichst vermieden werden. [4]Bei der Wertung der Wirtschaftlichkeit der Angebote im Sinne von § 127 Absatz 1 des Gesetzes gegen Wettbewerbsbeschränkungen sind die vollständigen Lebenszykluskosten grundsätzlich zu berücksichtigen.

(2) [1]Der Senat wird nach Vorlage durch die für Umwelt zuständige Senatsverwaltung im Einvernehmen mit den für die öffentliche Auftragsvergabe zuständigen Senatsverwaltungen ermächtigt, die Anforderungen nach Absatz 1 durch Verwaltungsvorschriften für Liefer-, Bau- und Dienstleistungs-

aufträge zu konkretisieren und verbindliche Regeln dazu aufzustellen, auf welche Weise die Anforderungen im Rahmen der Planung, der Leistungsbeschreibung und der Zuschlagserteilung zu berücksichtigen sind. ²Durch Verwaltungsvorschrift soll auch bestimmt werden, in welcher Weise die vollständigen Lebenszykluskosten einer Baumaßnahme, eines Produkts oder einer Dienstleistung im Sinne von Absatz 1 Satz 2 zu ermitteln sind. ³Bei der Wertung der Wirtschaftlichkeit der Angebote im Sinne von § 127 Absatz 1 des Gesetzes gegen Wettbewerbsbeschränkungen sind die vollständigen Lebenszykluskosten des Produkts oder der Dienstleistung zu berücksichtigen. ⁴Die Verwaltungsvorschriften sollen spätestens nach fünf Jahren fortgeschrieben werden.

§ 8 Beachtung der ILO-Kernarbeitsnormen

(1) ¹Bei der Vergabe von Bau-, Liefer- oder Dienstleistungen ist darauf hinzuwirken, dass keine Waren für die Erbringung von Leistungen verwendet werden, die unter Missachtung der in den ILO-Kernarbeitsnormen festgelegten Mindeststandards gewonnen, hergestellt oder weiterverarbeitet worden sind. ²Die Mindeststandards der ILO-Kernarbeitsnormen ergeben sich aus

1. dem Übereinkommen Nr. 29 über Zwangs- oder Pflichtarbeit vom 28. Juni 1930 (BGBl. 1956 II S. 641),
2. dem Übereinkommen Nr. 87 über die Vereinigungsfreiheit und den Schutz des Vereinigungsrechtes vom 9. Juli 1948 (BGBl. 1956 II S. 2073),
3. dem Übereinkommen Nr. 98 über die Anwendung der Grundsätze des Vereinigungsrechtes und des Rechtes zu Kollektivverhandlungen vom 1. Juli 1949 (BGBl. 1955 II S. 1123),
4. dem Übereinkommen Nr. 100 über die Gleichheit des Entgelts männlicher und weiblicher Arbeitskräfte für gleichwertige Arbeit vom 29. Juni 1951 (BGBl. 1956 II S. 24),
5. dem Übereinkommen Nr. 105 über die Abschaffung der Zwangsarbeit vom 25. Juni 1957 (BGBl. 1959 II S. 442),
6. dem Übereinkommen Nr. 111 über die Diskriminierung in Beschäftigung und Beruf vom 25. Juni 1958 (BGBl. 1961 II S. 98),
7. dem Übereinkommen Nr. 138 über das Mindestalter für die Zulassung zur Beschäftigung vom 26. Juni 1973 (BGBl. 1976 II S. 202) und
8. dem Übereinkommen Nr. 182 über das Verbot und unverzügliche Maßnahmen zur Beseitigung der schlimmsten Formen der Kinderarbeit vom 17. Juni 1999 (BGBl. 2001 II S. 1291).

(2) ¹Aufträge über Leistungen, die Waren oder Warengruppen enthalten, bei denen eine Gewinnung, Herstellung oder Weiterverarbeitung unter Missachtung der ILO-Kernarbeitsnormen in Betracht kommt, sollen nur an Auftragnehmer vergeben werden, die sich bei der Angebotsabgabe verpflichtet haben, die Leistung nachweislich unter Beachtung der ILO-Kernarbeitsnormen zu erbringen. ²Satz 1 gilt entsprechend für Waren, die im Rahmen der Erbringung von Bau- oder Dienstleistungen verwendet werden.

(3) Die für Wirtschaft zuständige Senatsverwaltung wird ermächtigt, im Einvernehmen mit der für Bauwesen zuständigen Senatsverwaltung Verwaltungsvorschriften zur Ausführung der Vorgaben gemäß Absatz 2, insbesondere über die Bestimmung der Waren und Warengruppen, der Länder oder Gebiete, die im Hinblick auf eine Missachtung der ILO-Kernarbeitsnormen in Betracht kommen, sowie zur Nachweisführung zu erlassen.

Abschnitt 3 Ausführungsbedingungen

§ 9 Mindeststundenentgelt, Tariftreue

(1) ¹Öffentliche Aufträge werden an Auftragnehmer nur vergeben, wenn diese sich bei der Angebotsabgabe verpflichten,
1. ihren Arbeitnehmerinnen und Arbeitnehmern wenigstens diejenigen Entlohnungsregelungen einschließlich des Mindestentgelts zu gewähren, die nach dem Mindestlohngesetz, einem nach dem Tarifvertragsgesetz mit den Wirkungen des Arbeitnehmer-Entsendegesetzes für allgemeinverbindlich erklärten Tarifvertrag oder einer nach § 7, § 7a oder § 11 des Arbeitnehmer-Entsendegesetzes oder einer nach § 3a des Arbeitnehmerüberlassungsgesetzes erlassenen Rechtsverordnung für die betreffende Leistung verbindlich vorgegeben werden,
2. sofern sich der Sitz des Unternehmens im Inland befindet, ihren Arbeitnehmerinnen und Arbeitnehmern bei der Ausführung des Auftrags unabhängig vom Sitz des Betriebes und vom Ort der Erbringung der Arbeitsleistung mindestens die Entlohnung (einschließlich der Überstundensätze) nach den Regelungen des Tarifvertrags zu gewähren, der im Land Berlin auf das entsprechende

Gewerbe anwendbar ist. Bestehen Tarifverträge unterschiedlichen Inhalts mit zumindest teilweise demselben fachlichen Geltungsbereich, sind die Regelungen des in entsprechender Anwendung von § 7 Absatz 2 des Arbeitnehmer-Entsendegesetzes repräsentativeren Tarifvertrags maßgeblich. Diese Verpflichtungen gelten auch für Auftragnehmer mit Sitz im Ausland,
3. ihren Arbeitnehmerinnen und Arbeitnehmern (ohne Auszubildende) bei der Ausführung des Auftrags mindestens das Mindestentgelt je Zeitstunde in Höhe von 12,50 Euro brutto zu entrichten.
²Treffen den Auftragnehmer mehr als nur eine dieser Verpflichtungen, so ist die für die Arbeitnehmerinnen und Arbeitnehmer jeweils günstigste Regelung maßgeblich. ³Diese Verpflichtungen gelten nicht, soweit die Leistungen von Auftragnehmern, Unterauftragnehmern und Verleihern von Arbeitskräften im Ausland erbracht werden.

(2) ¹Der Senat wird ermächtigt, durch Rechtsverordnung nach Vorlage durch die für Wirtschaft zuständige Senatsverwaltung im Einvernehmen mit der für Bauwesen sowie der für Arbeit zuständigen Senatsverwaltung, die Höhe des nach Absatz 1 Nummer 3 Satz 1 zu zahlenden Entgelts festzusetzen, sofern dies wegen veränderter wirtschaftlicher und sozialer Verhältnisse erforderlich ist. ²Ein entsprechender Anpassungsbedarf wird durch Zugrundelegung der prozentualen Veränderungsrate im Index der tariflichen Monatsverdienste des Statistischen Bundesamtes für die Gesamtwirtschaft in Deutschland (ohne Sonderzahlungen) ermittelt, bei der der Durchschnitt der veröffentlichten Daten für die letzten vier Quartale zugrunde zu legen ist.

(3) Die für Arbeit zuständige Senatsverwaltung wird ermächtigt, im Einvernehmen mit den für die öffentliche Auftragsvergabe zuständigen Senatsverwaltungen Ausführungsbestimmungen nach Absatz 1 Nummer 2 Satz 1 zu erlassen, insbesondere über das Verfahren zur Feststellung sowie über die Bekanntgabe der jeweils anwendbaren Tarifverträge.

§ 10 Öffentliche Personennahverkehrsdienste

¹Unbeschadet etwaiger weitergehender Anforderungen nach § 128 des Gesetzes gegen Wettbewerbsbeschränkungen vergeben öffentliche Auftraggeber gemäß § 2 Aufträge über öffentliche Personennahverkehrsdienste, wenn sich die Auftragnehmer bei der Angebotsabgabe verpflichten, ihre Arbeitnehmerinnen und Arbeitnehmer (ohne Auszubildende) bei der Ausführung dieser Dienste mindestens nach den hierfür jeweils geltenden Entgelttarifen zu entlohnen. ²Die öffentlichen Auftraggeber bestimmen in der Bekanntmachung der Ausschreibung sowie in den Vergabeunterlagen den oder die einschlägigen Tarifverträge nach Satz 1 nach billigem Ermessen und vereinbaren eine dementsprechende Lohngleitklausel für den Fall einer Änderung der Tarifverträge während der Vertragslaufzeit. ³Außerdem sind insbesondere die Regelungen der Verordnung (EG) Nr. 1370/2007 des Europäischen Parlaments und des Rates vom 23. Oktober 2007 über öffentliche Personenverkehrsdienste auf Schiene und Straße und zur Aufhebung der Verordnungen (EWG) Nr. 1191/69 und (EWG) Nr. 1107/70 des Rates (Abl. L 315 vom 3. Dezember 2007, S. 1) zu beachten.

§ 11 Besondere Ausführungsbedingungen

(1) Im Rahmen von Ausführungsbedingungen im Sinne von § 128 Absatz 2 des Gesetzes gegen Wettbewerbsbeschränkungen können weitergehende Gesichtspunkte bei der Erbringung von Leistungen festgelegt werden, insbesondere im Hinblick auf Kriterien des fairen Handels, der Barrierefreiheit sowie zur Berücksichtigung sozialer oder beschäftigungspolitischer Belange.

(2) Der Senat wird ermächtigt, Verwaltungsvorschriften zur Ausführung der Bestimmungen gemäß Absatz 1, insbesondere in Form von Vertragsbedingungen, zu erlassen.

§ 12 Umweltverträglichkeit

(1) Die öffentlichen Auftraggeber können Ausführungsbedingungen im Hinblick auf die Umweltverträglichkeit im Sinne von § 128 Absatz 2 des Gesetzes gegen Wettbewerbsbeschränkungen festlegen, um bei der Auftragsausführung ergänzende umweltbezogene Pflichten vorzugeben.

(2) ¹Der Senat wird nach Vorlage durch die für Umwelt zuständige Senatsverwaltung im Einvernehmen mit den für die öffentliche Auftragsvergabe zuständigen Senatsverwaltungen ermächtigt, die Anforderungen nach § 12 durch Verwaltungsvorschriften für Liefer-, Bau- und Dienstleistungsaufträge zu konkretisieren und verbindliche Regeln aufzustellen, auf welche Weise die Anforderungen im Rahmen der ergänzenden Verpflichtungen zur Ausführung zu berücksichtigen sind. ²Die Verwaltungsvorschriften sollen spätestens nach fünf Jahren fortgeschrieben werden.

§ 13 Frauenförderung

Bei allen Vergabeverfahren, auf die § 13 des Landesgleichstellungsgesetzes in der jeweils geltenden Fassung Anwendung findet, ist von den Bietenden eine Erklärung zur Förderung von Frauen entsprechend den dazu erlassenen Regelungen in der jeweils geltenden Frauenförderverordnung abzugeben.

§ 14 Verhinderung von Benachteiligungen

Unbeschadet etwaiger weitergehender Anforderungen nach § 128 des Gesetzes gegen Wettbewerbsbeschränkungen werden öffentliche Aufträge an Auftragnehmer nur vergeben, wenn diese sich vertraglich verpflichten, bei der Auftragsdurchführung
1. die bundes- und landesrechtlichen Bestimmungen über allgemeine Benachteiligungsverbote, insbesondere das Allgemeine Gleichbehandlungsgesetz, zu beachten,
2. ihren Arbeitnehmerinnen und Arbeitnehmern bei gleicher oder gleichwertiger Arbeit gleiches Entgelt zu zahlen. Tarifvertragliche Regelungen bleiben davon unberührt.

Abschnitt 4 Verfahrensregelungen

§ 15 Vertragsbedingungen

(1) ¹Die öffentlichen Auftraggeber vereinbaren mit den Auftragnehmern Vertragsbedingungen
1. über die Einhaltung der Vergabebestimmungen gemäß §§ 7 und 8 sowie der Ausführungsbedingungen gemäß §§ 9 bis 14, sofern die jeweiligen Voraussetzungen vorliegen,
2. über die Kontrolle der Maßnahmen gemäß §§ 7 bis 13 sowie die Mitwirkung des Auftragnehmers daran,
3. über die Gestattung des Zugangs zu oder über die Übermittlung von vollständigen und prüffähigen Unterlagen gemäß § 16 Absatz 3,
4. über die folgenden Sanktionsmöglichkeiten für den Fall, dass ein Auftragnehmer schuldhaft gegen seine nach § 15 vereinbarten Verpflichtungen verstößt:
   a) die Zahlung einer angemessenen Vertragsstrafe,
   b) die Berechtigung, vom Vertrag zurückzutreten,
   c) die Berechtigung, den Vertrag zu kündigen und,
   soweit dies nach Art der Leistung und Leistungserbringung möglich ist,
   d) die Berechtigung, den vereinbarten Leistungspreis zu mindern, und
   e) die Zahlung von Schadenersatz,
5. über die Einhaltung datenschutzrechtlicher Bedingungen im Rahmen der Vertragserfüllung,
6. auf Grund derer Unterauftragnehmer oder Verleiher von Arbeitskräften vertraglich zur Einhaltung der Vertragsbedingungen gemäß den Nummern 1 bis 6 zu verpflichten sind, ausgenommen
   a) der betreffende Unterauftrag ist vergaberechtsfrei im Sinne der §§ 107, 109, 116, 117, 137, 140 sowie 145 des Gesetzes gegen Wettbewerbsbeschränkungen,
   b) der Auftragnehmer muss die Vertragsbedingungen des Unterauftragnehmers anerkennen, um die Leistung erfüllen zu können,
   c) der betreffende Unterauftrag unterschreitet im Fall einer Liefer- oder Dienstleistung den Wert von 10 000 Euro (ohne Umsatzsteuer) oder im Fall einer Bauleistung den Wert von 50 000 Euro (ohne Umsatzsteuer).

²Dabei hat der jeweils einen Auftrag weiter Vergebende die jeweils dokumentierte Übertragung der Verpflichtung und ihre Einhaltung durch die jeweils beteiligten Unterauftragnehmer oder Verleiher von Arbeitskräften sicherzustellen.

(2) Die öffentlichen Auftraggeber vereinbaren vertraglich für den Fall, dass ein Unterauftragnehmer oder Verleiher von Arbeitskräften des Auftragnehmers gegen seine nach Absatz 1 vereinbarten Verpflichtungen verstößt, dass diese dem Auftragnehmer zugerechnet werden.

(3) Absatz 1 Nummer 4 Buchstabe a), d) und e) sowie Absatz 2 sind bei Ausführungsbedingungen gemäß § 9 Absatz 1 Satz 1 Nummer 1 und § 14 nicht anzuwenden.

(4) Die für Wirtschaft zuständige Senatsverwaltung wird ermächtigt, im Einvernehmen mit der für Bauwesen zuständigen Senatsverwaltung Verwaltungsvorschriften zur Verwendung bestimmter Formblätter gemäß Absatz 1 zu erlassen.

§ 16 Kontrolle

(1) ¹Die öffentlichen Auftraggeber kontrollieren stichprobenartig die Einhaltung der nach § 15 vereinbarten Vertragsbedingungen in dem Umfang des § 15 Absatz 1 Nummer 2. ²Die Kontrollen sollen ab dem Jahr 2022 fünf vom Hundert der unter den Voraussetzungen des Satzes 1 in einem Kalenderjahr vergebenen Aufträge erfassen. ³Satz 2 gilt jeweils für die Senats- und Bezirksverwaltungen, für die ihnen nachgeordneten Behörden (Sonderbehörden) und nichtrechtsfähigen Anstalten und für die unter ihrer Aufsicht stehenden Eigenbetriebe.

(2) ¹Die zentrale Kontrollgruppe unterstützt öffentliche Auftraggeber gemäß § 2 Absatz 1 bei der Kontrolle gemäß Absatz 1. ²Die zentrale Kontrollgruppe kann von den öffentlichen Auftraggebern gemäß § 2 Absatz 1 eine Aufstellung über von diesen vergebene öffentliche Aufträge verlangen. ³Die öffentlichen Auftraggeber gemäß § 2 Absatz 1 sind verpflichtet, der zentralen Kontrollgruppe diejenigen Vergabeunterlagen über vergebene öffentliche Aufträge zu übermitteln, die für eine Kontrolle gemäß Absatz 1 erforderlich sind. ⁴Die zentrale Kontrollgruppe teilt dem öffentlichen Auftraggeber das Ergebnis ihrer Kontrollen mit und spricht eine Handlungsempfehlung aus.

(3) ¹Im Rahmen der Kontrolltätigkeit durch die öffentlichen Auftraggeber oder die zentrale Kontrollgruppe gemäß Absatz 1 überlässt beziehungsweise übermittelt der zu kontrollierende Auftragnehmer beziehungsweise Unterauftragnehmer die zur schlüssigen Kontrolle auf Einhaltung der jeweiligen Vertragsbedingung notwendigen Unterlagen zur Einsichtnahme. ²Die für die Kontrolle erforderlichen Unterlagen werden bereits gemäß § 15 Absatz 1 Nummer 3 zwischen Auftragnehmer und öffentlichem Auftraggeber vertraglich festgelegt.

(4) ¹Die öffentlichen Auftraggeber oder die zentrale Kontrollgruppe entscheiden jeweils unter Berücksichtigung des Verhältnismäßigkeitsgrundsatzes darüber, ob der Einblick nach Absatz 3 durch Anforderung der erforderlichen Unterlagen oder einen Einblick in die Unterlagen vor Ort erfolgt. ²Werden die Unterlagen von den den Auftrag ausführenden Unternehmen angefordert, sind diese Unterlagen zu bezeichnen und es ist die Form der Übermittlung anzugeben.

(5) Stellt ein öffentlicher Auftraggeber oder die zentrale Kontrollgruppe einen Verstoß eines Auftragnehmers, Unterauftragnehmers oder Verleihers von Arbeitskräften gegen Vertragsbedingungen im Sinne von § 15 fest, ist das bei der für Bauwesen zuständigen Senatsverwaltung geführte Amtliche Unternehmer- und Lieferantenverzeichnis des Landes Berlin sowie das Verzeichnis über ungeeignete Bewerber und Bieter bei öffentlichen Aufträgen über den Namen, die Anschrift, den Vertragsinhalt und die Art des Verstoßes unverzüglich zu unterrichten.

(6) Liegen einem öffentlichen Auftraggeber oder der zentralen Kontrollgruppe Anhaltspunkte für einen Verstoß eines Auftragnehmers, Unterauftragnehmers oder Verleihers von Arbeitskräften gegen Mindestarbeitsbedingungen gemäß § 128 Absatz 1 des Gesetzes gegen Wettbewerbsbeschränkungen vor, ist unverzüglich die Finanzkontrolle Schwarzarbeit der Bundeszollverwaltung zu benachrichtigen.

(7) Liegen einem öffentlichen Auftraggeber oder der zentralen Kontrollgruppe hinreichende Anhaltspunkte, insbesondere auf Grund von Hinweisen Dritter, für einen Verstoß eines Auftragnehmers, Unterauftragnehmers oder Verleihers von Arbeitskräften gegen die Einhaltung der vereinbarten Ausführungsbedingungen vor, ist grundsätzlich eine Kontrolle gemäß Absatz 1 durchzuführen.

(8) ¹Die für das jeweilige Vergabeverfahren zuständige Stelle des öffentlichen Auftraggebers sowie die Kontrollgruppe dürfen personenbezogene Daten verarbeiten, soweit dieses zum Zweck der Kontrolle nach Absatz 1 erforderlich ist. ²Dies umfasst auch die Übermittlung der für die Kontrolle erforderlichen personenbezogenen Daten zwischen der für das jeweilige Vergabeverfahren zuständigen Stelle des öffentlichen Auftraggebers und der zentralen Kontrollgruppe. ³An Dritte, insbesondere Rechtsanwältinnen und Rechtsanwälte, Wirtschaftsprüferinnen und Wirtschaftsprüfer, dürfen personenbezogene Daten übermittelt werden, soweit diese mit der Kontrolle nach Absatz 1 beauftragt werden. ⁴Dritte sind dazu zu verpflichten, die übermittelten Daten ausschließlich zum Zweck der Kontrolle nach Absatz 1 zu verarbeiten und Verschwiegenheit über die im Rahmen der Beauftragung erlangten Sachverhalte zu wahren. ⁵Die öffentlichen Auftraggeber weisen die Bieter im Rahmen des Vergabeverfahrens darauf hin, dass ihre Beschäftigten vor Angebotsabgabe über die Möglichkeit solcher Kontrollen zu benachrichtigen und im Hinblick auf die Verarbeitung ihrer personenbezogenen Daten aufzuklären sind.

(9) Die für Wirtschaft zuständige Senatsverwaltung wird ermächtigt, eine Verwaltungsvorschrift zur Durchführung der Kontrollen sowie zu den Aufgaben, der Organisation und den Zuständigkeiten der zentralen Kontrollgruppe zu erlassen.

§ 17 Rechtsfolgen einer Pflichtverletzung des Auftragnehmers

(1) Um bei Lieferleistungen die Einhaltung der Verpflichtungen zu sichern, die nach den §§ 7, 8, 11 und 12 in Verbindung mit § 15 vereinbart sind, soll der öffentliche Auftraggeber bei Nichterfüllung vorrangig die Annahme der Leistung verweigern und Nacherfüllung fordern.

(2) Der öffentliche Auftraggeber soll eine durch den Auftragnehmer oder einen eingesetzten Unterauftragnehmer begangene Verletzung von nach § 15 vereinbarten Vertragsbedingungen insbesondere auf der Grundlage der in § 15 Absatz 1 Nummer 4 vereinbarten Vertragsbedingungen verfolgen.

(3) ¹Von der Teilnahme an einem Wettbewerb um einen öffentlichen Auftrag sowie als Unterauftragnehmer sollen alle Unternehmen ausgeschlossen werden, die gegen die in § 15 vereinbarten Vertragsbedingungen verstoßen haben. ²Die Dauer des Ausschlusses wird auf der Grundlage des § 124 Absatz 1 Nummer 7 und Nummer 9 Buchstabe c) sowie des § 126 Nummer 2 des Gesetzes gegen Wettbewerbsbeschränkungen bestimmt.

Abschnitt 5 Sonstiges

§ 18 Evaluierung

(1) ¹Die Wertgrenze für die Anwendung des § 9 Absatz 1 Satz 1 Nummer 3 bei der Vergabe öffentlicher Aufträge über Liefer- und Dienstleistungen wird bis zum 1. März 2022 und danach alle fünf Jahre evaluiert. ²Die Wertgrenze nach § 3 Absatz 1 für die Vergabe von Liefer- und Dienstleistungen soll sicherstellen, dass auf mindestens für 95 vom Hundert des erfassten Vergabevolumens von Liefer- und Dienstleistungen die Pflicht zur Zahlung des vergaberechtlichen Mindestentgelts gemäß § 9 Absatz 1 Satz 1 Nummer 3 Anwendung findet. ³Wird dieses Ziel nicht erreicht, wird die Wertgrenze für die Anwendung des § 9 Absatz 1 Satz 1 Nummer 3 bei der Vergabe öffentlicher Aufträge über Liefer- und Dienstleistungen auf einen geschätzten Auftragswert von 5 000 Euro (ohne Umsatzsteuer) abgesenkt.

(2) ¹Der Senat wird nach Vorlage durch die für Wirtschaft zuständige Senatsverwaltung ermächtigt, durch Rechtsverordnung die Einzelheiten der Datenübermittlung einschließlich des Umfangs der zu übermittelnden Daten sowie die Festsetzung der Wertgrenze gemäß Absatz 1 festzulegen. ²Die für Wirtschaft zuständige Senatsverwaltung gibt die geänderte Wertgrenze im Gesetz- und Verordnungsblatt für Berlin bekannt.

(3) Der Senat legt alle vier Jahre einen Vergabebericht vor, der die Umsetzung und die Wirkung dieses Gesetzes untersucht und Basis der fortschreitenden Evaluation des Gesetzes ist.

§ 19 Anwendungsbestimmungen, Übergangsbestimmungen

(1) § 9 Absatz 1 Satz 1 Nummer 2 ist erst ab dem Tag anzuwenden, an dem erstmals Ausführungsbestimmungen nach § 9 Absatz 3 in Kraft treten, frühestens jedoch ab dem 30. Juli 2020.

(2) Bis zum Erlass von Verwaltungsvorschriften gemäß § 7 Absatz 2 und § 12 Absatz 2 ist die Verwaltungsvorschrift Beschaffung und Umwelt vom 23. Oktober 2012 (ABl. vom 2. November 2012, S. 1983), die zuletzt durch Verwaltungsvorschrift vom 6. März 2019 (ABl. vom 15. März 2019, S. 1612) geändert worden ist, weiterhin anzuwenden.

(3) Bis zum Erlass von Verwaltungsvorschriften gemäß § 8 Absatz 3 und § 11 Absatz 2 ist § 8 Absatz 2 und 3 des Berliner Ausschreibungs- und Vergabegesetzes vom 8. Juli 2010 (GVBl. S. 399), das zuletzt durch Gesetz vom 5. Juni 2012 (GVBl. S. 159) geändert worden ist, weiterhin anzuwenden.

LGG – Landesgleichstellungsgesetz

in der Fassung vom 6. September 2002[1]
(GVBl. S. 280)
BRV 2038-1
geänd. durch Art. 1 Erstes ÄndG v. 11.6.2020 (GVBl. S. 531)
– Auszug –

§ 13 Frauenförderung durch öffentliche Auftragsvergabe

(1) [1]Beim Abschluss von Verträgen über Leistungen mit einem Auftragswert von voraussichtlich mindestens 25 000 Euro (ohne Umsatzsteuer) oder über Bauleistungen mit einem Auftragswert von voraussichtlich mindestens 200 000 Euro (ohne Umsatzsteuer) sind in den jeweiligen Verträgen die Verpflichtungen der Auftragnehmenden festzuschreiben, Maßnahmen zur Frauenförderung und zur Förderung der Vereinbarkeit von Beruf und Familie im eigenen Unternehmen durchzuführen sowie das geltende Gleichbehandlungsrecht zu beachten. [2]Diese Regelung gilt nicht für Auftragnehmende, die in der Regel zehn oder weniger Arbeitnehmer und Arbeitnehmerinnen, ausschließlich der zu ihrer Berufsbildung Beschäftigten, beschäftigen.

(2) Die Vergabestellen der in § 1 Absatz 1 genannten Einrichtungen oder Dienststellen im Sinne des Personalvertretungsgesetzes erfassen regelmäßig die im Zusammenhang mit der Durchführung der Maßnahmen zur Frauenförderung und zur Förderung der Vereinbarkeit von Beruf und Familie anfallenden Daten.

(3) Der Senat wird ermächtigt, durch Rechtsverordnung insbesondere den Inhalt der Maßnahmen zur Frauenförderung und zur Förderung der Vereinbarkeit von Beruf und Familie, die Kontrolle der Durchführung, die Folgen der Nichterfüllung von Verpflichtungen sowie den Kreis der betroffenen Unternehmen zu regeln.

---

[1] Neubekanntmachung des LGG v. 31.12.1990 (GVBl. 1991 S. 8) in der ab 1.1.2002 geltenden Fassung, komplett neu gef. durch Art I Neuntes G zur Änd. des LandesgleichstellungsG.

FFV – Frauenförderverordnung

Verordnung über die Förderung von Frauen und die Vereinbarkeit von Beruf und Familie bei der Vergabe öffentlicher Aufträge

Vom 23. August 1999
(GVBl. S. 498)
BRV 2038-1-2
geänd. durch Art I Erste ÄndVO v. 19.7.2011 (GVBl. S. 362, ber. S. 467)

Auf Grund des § 13 Abs. 2 des Landesgleichstellungsgesetzes vom 31. Dezember 1990 (GVBl. 1991 S. 8), zuletzt geändert durch Gesetz vom 16. Juni 1999 (GVBl. S. 341), wird verordnet:

§ 1 Ausschreibungen

(1) Bei allen Aufträgen im Sinne des § 13 Absatz 1 des Landesgleichstellungsgesetzes von Berliner Vergabestellen im Sinne des § 98 des Gesetzes gegen Wettbewerbsbeschränkungen mit einem Auftragswert von voraussichtlich mindestens 25 000 Euro oder über Bauleistungen mit einem Auftragswert von voraussichtlich mindestens 200 000 Euro ist bereits in der Bekanntmachung auf § 13 Absatz 1 des Landesgleichstellungsgesetzes und den Inhalt dieser Rechtsverordnung hinzuweisen.

(2) ¹Die Bieterinnen und Bieter sowie Bewerberinnen und Bewerber sind in der Bekanntmachung aufzufordern, mit dem Angebot eine Erklärung über die Anzahl der in der Regel im Unternehmen Beschäftigten vorzulegen. ²Bei einer Beschäftigtenzahl von mehr als zehn Arbeitnehmern und Arbeitnehmerinnen ausschließlich der zu ihrer Berufsbildung Beschäftigten sind zugleich folgende Erklärungen abzugeben:
– Erklärung, welche der in § 2 genannten Maßnahmen während des Auftrags durchgeführt oder eingeleitet werden,
– Anerkennung der weiteren vertraglichen Verpflichtungen nach § 4,
– erforderlichenfalls Erklärung zu rechtlichen Hindernissen gemäß § 5 Abs. 2.
³Die Erklärungen werden auf dem Formblatt abgegeben, dessen Muster dieser Rechtsverordnung als Anlage beigefügt ist. ⁴In der Ausschreibung ist darauf hinzuweisen, dass das Formblatt bei den Vergabestellen bezogen werden kann.

(3) Die Absätze 1 und 2 gelten entsprechend für die Aufforderung zur Angebotsabgabe bei Beschränkter Ausschreibung und Freihändiger Vergabe.

§ 2 Maßnahmen zur Frauenförderung und zur Förderung der Vereinbarkeit von Beruf und Familie

Maßnahmen zur Frauenförderung und zur Förderung der Vereinbarkeit von Beruf und Familie im Sinne des § 13 des Landesgleichstellungsgesetzes sind:
1. Umsetzung eines qualifizierten Frauenförderplans,
2. verbindliche Zielvorgaben zur Erhöhung des Frauenanteils an den Beschäftigten in allen Funktionsebenen,
3. Erhöhung des Anteils der weiblichen Beschäftigten in gehobenen und Leitungspositionen,
4. Erhöhung des Anteils der Vergabe von Ausbildungsplätzen an Bewerberinnen,
5. Berücksichtigung von weiblichen Auszubildenden bei der Übernahme in ein Arbeitsverhältnis zumindest entsprechend ihrem Ausbildungsanteil,
6. Einsetzung einer Frauenbeauftragten,
7. Überprüfung der Entgeltgleichheit im Unternehmen mit Hilfe anerkannter und geeigneter Instrumente,
8. Angebot von Praktikumsplätzen für Mädchen und junge Frauen, insbesondere in Berufen, in denen Frauen unterrepräsentiert sind,
9. Teilnahme an anerkannten und geeigneten Maßnahmen und Initiativen, die Mädchen und junge Frauen für männlich dominierte Berufe interessieren sollen,
10. spezielle Bildungsmaßnahmen nur für Frauen, die zur Erreichung qualifizierter Positionen befähigen sollen,
11. Bereitstellung der Plätze bei sonstigen betrieblichen Bildungsmaßnahmen für Frauen zumindest entsprechend ihrem Anteil an den Beschäftigten,

12. Bereitstellung der Plätze außerbetrieblicher, vom Betrieb finanzierter Bildungsmaßnahmen für Frauen zumindest entsprechend ihrem Anteil an den Beschäftigten,
13. bevorzugte Berücksichtigung von Frauen beim beruflichen Aufstieg nach erfolgreichem Abschluss einer inner- oder außerbetrieblichen Bildungsmaßnahme,
14. Angebot flexibler, den individuellen Bedürfnissen entsprechender Gestaltung der Arbeitszeit,
15. Angebot alternierender Telearbeit,
16. Möglichkeit befristeter Teilzeitarbeit, vorzugsweise vollzeitnah, mit Rückkehroption in eine Vollzeitarbeit, auch in Führungspositionen,
17. Kontakthalteangebote, Möglichkeit zur Teilnahme an betrieblicher Fortbildung, zu Vertretungseinsätzen und Rückkehrvereinbarungen für Beschäftigte in Elternzeit,
18. Bereitstellung betrieblicher oder externer Kinderbetreuung, auch für Arbeitszeiten außerhalb der üblichen Öffnungszeit der regulären Kinderbetreuung,
19. Bereitstellung geeigneter Unterstützung und Flexibilität am Arbeitsplatz für Beschäftigte, die Erziehungs- und Pflegeaufgaben wahrnehmen,
20. Umwandlung geringfügiger Beschäftigungsverhältnisse in mindestens Teilzeitarbeitsplätze sowie
21. Vermeidung einer überproportionalen Verringerung des Frauenanteils an der Gesamtzahl der Beschäftigten bei Personalabbaumaßnahmen.

§ 3 Staffelung der Maßnahmen nach Unternehmensgröße

(1) Unternehmen mit regelmäßig mehr als 500 Beschäftigten haben drei der in § 2 genannten Maßnahmen auszuwählen, davon mindestens eine Maßnahme der Nummern 1 bis 6.

(2) Unternehmen mit regelmäßig mehr als 250, aber nicht mehr als 500 Beschäftigten, haben drei der in § 2 genannten Maßnahmen auszuwählen.

(3) Unternehmen mit regelmäßig mehr als 20, aber nicht mehr als 250 Beschäftigten, haben zwei der in § 2 genannten Maßnahmen auszuwählen.

(4) Unternehmen mit regelmäßig nicht mehr als 20 Beschäftigten haben eine der in § 2 Nummer 1 bis 20 genannten Maßnahmen auszuwählen.

(5) Die Feststellung der Zahl der Beschäftigten richtet sich nach § 23 Absatz 1 Satz 4 des Kündigungsschutzgesetzes.

§ 4 Weitere vertragliche Verpflichtungen

Aufträge mit einem Auftragswert von voraussichtlich mindestens 25 000 Euro oder über Bauleistungen mit einem Auftragswert von voraussichtlich mindestens 200 000 Euro sind an Unternehmen mit mehr als zehn Beschäftigten im Sinne des § 1 Absatz 2 nur unter folgenden weiteren Vertragsbedingungen zu vergeben:
1. Die Auftragnehmenden haben das geltende Gleichbehandlungsrecht zu beachten.
2. [1]Sofern sich die Auftragnehmenden zur Vertragserfüllung anderer bedienen, haben sie sicherzustellen, dass die Nachunternehmenden sich nach Maßgabe des § 3 zur Durchführung von Maßnahmen gemäß § 2 und zur Einhaltung der Verpflichtungen nach § 4 bereit erklären. [2]Eine schuldhafte Verletzung dieser Verpflichtung durch die Nachunternehmenden wird den Auftragnehmenden zugerechnet.
3. Auf Verlangen der Vergabestelle haben die Auftragnehmenden die Einhaltung der übernommenen vertraglichen Verpflichtungen nach dieser Rechtsverordnung in geeigneter Form nachzuweisen.

§ 5 Prüfung der Angebote

(1) Angebote, die auch nach Nachfristsetzung keine oder keine vollständige Erklärung nach § 1 Absatz 2 enthalten, werden nicht geprüft.

(2) Soweit ein Bieter oder eine Bieterin an der Durchführung der nach § 3 erforderlichen Anzahl der in § 2 genannten Maßnahmen oder an der Übernahme einer Verpflichtung nach § 4 aus rechtlichen Gründen gehindert ist, ist dies in der Erklärung nach § 1 Absatz 2 anzugeben und erforderlichenfalls nachzuweisen.

§ 6 Nachweise

(1) Jede Vergabestelle im Geltungsbereich von § 1 des Landesgleichstellungsgesetzes verlangt im Rahmen einer Stichprobe in Höhe von mindestens fünf Prozent ihrer jährlichen Auftragsvergaben

die unter die Frauenförderverordnung fallen, von den Unternehmen einen Nachweis im Sinne des § 4 Nummer 3 über die Einhaltung der nach dieser Rechtsverordnung übernommenen Verpflichtungen.

(2) [1]Maßnahmen nach § 2 können durch eine anerkannte und geeignete Auszeichnung oder Zertifizierung zur Frauenförderung oder zu familienbewusster Personalpolitik nachgewiesen werden. [2]Die in Absatz 1 genannten Vergabestellen legen im Zweifelsfall im Einvernehmen mit der für Frauenpolitik zuständigen Senatsverwaltung fest, welche Auszeichnungen und Zertifizierungen als Nachweis im Sinne dieser Rechtsverordnung anerkannt und geeignet sind. [3]Entsprechendes gilt für Instrumente nach § 2 Nummer 7 sowie Maßnahmen und Initiativen nach § 2 Nummer 9.

(3) [1]Maßnahmen nach § 2 Nummer 12 können durch entsprechende Angebote überbetrieblicher Ausbildungsstätten, die von den auftragnehmenden Unternehmen finanziert werden, nachgewiesen werden, sofern Frauen der auftragnehmenden Unternehmen berücksichtigt werden. [2]Dies gilt auch für Maßnahmen nach § 2 Nummer 13.

§ 7 Sanktionen

[1]Kommen die Unternehmen ihrer Verpflichtung zur Durchführung von Maßnahmen zur Förderung von Frauen und der Vereinbarkeit von Beruf und Familie nicht nach oder verletzen sie die vertraglichen Verpflichtungen nach § 4, sollen sie bis zur Dauer von drei Jahren von der Auftragsvergabe auch als Nachunternehmende ausgeschlossen werden. [2]Gleiches gilt bei Falschangaben im Rahmen der Erklärung nach § 1 Absatz 2. [3]Im Übrigen gelten die Sanktionen nach § 6 des Berliner Ausschreibungs- und Vergabegesetzes in der jeweils geltenden Fassung.

§ 8 Datenerhebung

(1) Jede Vergabestelle im Geltungsbereich von § 1 des Landesgleichstellungsgesetzes erhebt regelmäßig folgende Angaben:
1. Anzahl aller ausgeschriebenen Aufträge,
2. Anzahl der ausgeschriebenen Aufträge, bei denen die Frauenförderverordnung Anwendung findet,
3. Ergebnis der Prüfung der vorgelegten Nachweise nach § 6,
4. Ergebnis der Kontrolle nach § 5 des Berliner Ausschreibungs- und Vergabegesetzes in der jeweils geltenden Fassung in Bezug auf die Verpflichtungen nach dieser Rechtsverordnung,
5. Angaben über ausgesprochene Sanktionen nach § 7.

(2) [1]Alle Daten nach Absatz 1 werden im Abstand von zwei Jahren an die für Frauenpolitik zuständige Senatsverwaltung übermittelt. [2]Die Übermittlung der Daten erfolgt zusammen mit den Daten gemäß § 19 Absatz 3 des Landesgleichstellungsgesetzes beginnend mit dem Jahr 2012 nach dem Stichtag 30. Juni. [3]Die Daten werden auf den von der für Frauenpolitik zuständigen Senatsverwaltung vorgegebenen Erhebungsunterlagen mit Hilfe der elektronischen Datenverarbeitung erfasst und übermittelt. [4]Die für Frauenpolitik zuständige Senatsverwaltung erstellt aus den Daten eine Analyse und berichtet darüber in dem Bericht über die Durchführung des Landesgleichstellungsgesetzes nach § 19 Absatz 1 des Landesgleichstellungsgesetzes. [5]Einzelheiten zur Datenerhebung und Berichterstattung werden in der Verordnung über statistische Angaben und Analysen für den Bericht über die Umsetzung des Landesgleichstellungsgesetzes (Gleichstellungsberichtsverordnung) geregelt.

§ 9 Inkrafttreten

Diese Verordnung tritt am Tage nach der Verkündung[1] im Gesetz- und Verordnungsblatt für Berlin in Kraft.

Untergesetzliches Recht

- Verwaltungsvorschrift Beschaffung und Umwelt (VwvBU)

Verkündet am 4.9.1999.

4. Brandenburg

BbgVergG – Brandenburgisches Vergabegesetz

Brandenburgisches Gesetz über Mindestanforderungen für die Vergabe von öffentlichen Aufträgen

Vom 29. September 2016
(GVBl. I Nr. 21)
Sa BbgLR 635-1
zuletzt geändert durch Art. 1 Zweites G zur Änd. des Brandenburgischen VergabeG vom 13.4.2021 (GVBl. I Nr. 9)

Der Landtag hat das folgende Gesetz beschlossen:

Teil 1 Allgemeine Vorschriften

§ 1 Zweck des Gesetzes

Zweck des Gesetzes ist es, einen fairen Wettbewerb um das wirtschaftlichste Angebot bei der Vergabe öffentlicher Aufträge unter gleichzeitiger Berücksichtigung sozialer Aspekte zu fördern.

§ 2 Anwendungsbereich und Begriffsbestimmungen

(1) [1]Dieses Gesetz gilt für die Vergabe von öffentlichen Aufträgen im Sinne des Absatzes 2 durch öffentliche Auftraggeber im Sinne des Absatzes 3. [2]Teil 3 dieses Gesetzes gilt nur dann, wenn der geschätzte Auftragswert für Liefer- und Dienstleistungen 5 000 Euro (ohne Umsatzsteuer) und Bauleistungen 10 000 Euro (ohne Umsatzsteuer) erreicht oder überschreitet. [3]Für die Schätzung des Auftragswerts gilt § 3 der Vergabeverordnung in der Fassung der Bekanntmachung vom 11. Februar 2003 (BGBl. I S. 169), die zuletzt durch Artikel 1 der Verordnung vom 12. April 2016 (BGBl. I S. 624) geändert worden ist, in der jeweils geltenden Fassung, entsprechend.

(2) [1]Öffentliche Aufträge im Sinne dieses Gesetzes sind Öffentliche Aufträge und Konzessionen im Sinne der §§ 103 bis 105 des Gesetzes gegen Wettbewerbsbeschränkungen in der Fassung der Bekanntmachung vom 26. Juni 2013 (BGBl. I S. 1750, 3245), das zuletzt durch Artikel 1 des Gesetzes vom 17. Februar 2016 (BGBl. I S. 203) geändert worden ist, in der jeweils geltenden Fassung. [2]Für die Anwendbarkeit dieses Gesetzes gelten ferner die §§ 107 bis 109, 116, 120 Absatz 4 und § 132 des Gesetzes gegen Wettbewerbsbeschränkungen entsprechend.

(3) [1]Öffentliche Auftraggeber im Sinne dieses Gesetzes sind öffentliche Auftraggeber im Land Brandenburg im Sinne der §§ 99, 100 Absatz 1 Nummer 1 und 2 Buchstabe b, § 101 Absatz 1 Nummer 1, 2 sowie § 101 Absatz 1 Nummer 3 in Verbindung mit § 100 Absatz 1 Nummer 2 Buchstabe b des Gesetzes gegen Wettbewerbsbeschränkungen. [2]Satz 1 gilt nicht, wenn die Auftraggeber Vergabeverfahren im Namen oder im Auftrag des Bundes oder eines anderen Landes der Bundesrepublik Deutschland durchführen.

(4) Dieses Gesetz ist entsprechend bei der Auftragsvergabe durch Empfänger von Zuwendungen anzuwenden, wenn
1. die Zuwendungen ausschließlich aus Mitteln des Landes stammen und
2. dies in den Zuwendungsbescheiden ausdrücklich angeordnet ist.

(5) Dieses Gesetz gilt entsprechend für Direktvergaben im Sinne von Artikel 5 Absatz 2, 4 und 6 der Verordnung (EG) Nr. 1370/2007 des Europäischen Parlaments und des Rates vom 23. Oktober 2007 über öffentliche Personenverkehrsdienste auf Schienen und Straße und zur Aufhebung der Verordnung (EWG) Nr. 1191/69 und (EWG) Nr. 1107/70 des Rates (ABl. L 315 vom 3.12.2007, S. 1).

(6) [1]Andere gesetzliche Bestimmungen über Mindestentgelte bleiben unberührt. [2]Diese sind insbesondere, in der jeweils geltenden Fassung:
. das Mindestlohngesetz vom 11. August 2014 (BGBl. I S. 1348), das durch Artikel 2 Absatz 10 des Gesetzes vom 17. Februar 2016 (BGBl. I S. 203, 230) geändert worden ist,

2. das Arbeitnehmer-Entsendegesetz vom 20. April 2009 (BGBl. I S. 799), das zuletzt durch Artikel 2 Absatz 11 des Gesetzes vom 17. Februar 2016 (BGBl. I S. 203, 230) geändert worden ist,
3. das Tarifvertragsgesetz in der Fassung der Bekanntmachung vom 25. August 1969 (BGBl. I S. 1323), das zuletzt durch Artikel 1 des Gesetzes vom 3. Juli 2015 (BGBl. I S. 1130) geändert worden ist, und
4. das Arbeitnehmerüberlassungsgesetz in der Fassung der Bekanntmachung vom 3. Februar 1995 (BGBl. I S. 158), das zuletzt durch Artikel 7 des Gesetzes vom 11. August 2014 (BGBl. I S. 1348) geändert worden ist.

[3]Andere gesetzliche Bestimmungen über Mindestentgelte sind auch die auf Grundlage der in Satz 2 genannten Gesetze erlassenen Rechtsverordnungen oder für allgemeinverbindlich erklärten Tarifverträge.

Teil 2 Regelungen über das Vergabeverfahren

§ 3 Grundsätze der Vergabe

(1) [1]Öffentliche Aufträge und Konzessionen werden nach Maßgabe der nachfolgenden Grundsätze sowie der weiteren Vorschriften dieses Gesetzes und der haushaltsrechtlichen Bestimmungen vergeben. [2]Die Bestimmungen des Gesetzes gegen Wettbewerbsbeschränkungen bleiben unberührt.

(2) Öffentliche Aufträge und Konzessionen werden im Wettbewerb und im Wege transparenter Verfahren an fachkundige und leistungsfähige Unternehmen sowie an Unternehmen vergeben, die nicht vom Vergabeverfahren ausgeschlossen worden sind.

(3) Die Teilnehmer an einem Verfahren zur Vergabe öffentlicher Aufträge und Konzessionen sind gleich zu behandeln, es sei denn, eine Benachteiligung ist aufgrund des Gesetzes gegen Wettbewerbsbeschränkungen, außerhalb dessen Anwendungsbereichs durch oder aufgrund eines Gesetzes geboten oder gestattet.

(4) [1]Bei der Vergabe öffentlicher Aufträge und Konzessionen können Aspekte der Qualität und der Innovation sowie soziale und umweltbezogene Aspekte berücksichtigt werden, wenn sie im sachlichen Zusammenhang mit dem Auftragsgegenstand stehen und sich aus der Bekanntmachung, dem Aufruf zum Teilnahmewettbewerb, zur Interessenbekundung oder den Vergabeunterlagen ergeben. [2]Eine Verbindung zum Auftragsgegenstand kann auch in den in § 127 Absatz 3 Satz 2 des Gesetzes gegen Wettbewerbsbeschränkungen genannten Fällen angenommen werden. [3]Auftraggeber, die an § 55 der Landeshaushaltsordnung in der Fassung der Bekanntmachung vom 21. April 1999 (GVBl. I S. 106) in der jeweils geltenden Fassung gebunden sind, sollen nach den Sätzen 1 und 2 verfahren.

(5) Öffentliche Aufträge und Konzessionen werden unter Wahrung der Grundsätze der Wirtschaftlichkeit und der Verhältnismäßigkeit vergeben.

(6) Unberührt bleiben, in der jeweils geltenden Fassung:
1. § 5 des Brandenburgischen Mittelstandsförderungsgesetzes vom 8. Mai 1992 (GVBl. I S. 166), das zuletzt durch Artikel 6 des Gesetzes vom 24. Mai 2004 (GVBl. I S. 186, 194) geändert worden ist, und
2. § 14 des Landesgleichstellungsgesetzes vom 4. Juli 1994 (GVBl. I S. 254), das zuletzt durch Artikel 1 des Gesetzes vom 5. Dezember 2013 (GVBl. I Nr. 35) geändert worden ist.

§ 4 Regelungen zum öffentlichen Personennahverkehr

(1) [1]Ein Auftrag über eine Leistung des öffentlichen Personennahverkehrs wird nur an einen Bieter vergeben, der sich gegenüber dem Auftraggeber verpflichtet, seine bei der Ausführung der Leistung eingesetzten Beschäftigten mindestens nach dem hierfür jeweils geltenden einschlägigen und repräsentativen Entgelttarifvertrag zu entlohnen und auch seinen auf das Entgelt bezogenen eigenen gegebenenfalls weitergehenden tariflichen Pflichten in der gesamten Laufzeit des zu vergebender Verkehrsvertrages ordnungsgemäß nachzukommen. [2]Dies muss Bestandteil des Angebots sein. [3]Der Auftraggeber bestimmt in der Bekanntmachung der Ausschreibung und in den Vergabeunterlager den oder die Tarifverträge nach Satz 1 nach billigem Ermessen. [4]Die Regelungen der Verordnung (EG) Nr. 1370/2007 sind zu beachten. [5]Die Sätze 1 bis 4 finden keine Anwendung auf ein Unternehmen, das in einem anderen Mitgliedstaat der Europäischen Union ansässig ist, soweit es al Unternehmen im Sinne des Artikels 1 Absatz 3 Buchstabe b der Richtlinie 96/71/EG des Europä ischen Parlaments und des Rates vom 16. Dezember 1996 über die Entsendung von Arbeitnehmer

im Rahmen der Erbringung von Dienstleistungen (ABl. L 18 vom 21.1.1997, S. 1) eine Arbeitnehmerin oder einen Arbeitnehmer in eine Niederlassung oder ein der Unternehmensgruppe angehörendes Unternehmen in der Bundesrepublik Deutschland entsendet, sofern für die Dauer der Entsendung ein Arbeitsverhältnis zwischen dem entsendenden Unternehmen und der Arbeitnehmerin oder dem Arbeitnehmer besteht. [6]Die Landesregierung wird ermächtigt, durch Rechtsverordnung festzulegen, in welchem Verfahren festgestellt wird, welche Tarifverträge als repräsentativ im Sinne des Satzes 1 anzusehen sind. [7]Die Rechtsverordnung kann auch die Vorbereitung der Entscheidung durch einen Beirat vorsehen; sie regelt in diesem Fall auch die Zusammensetzung des Beirats. [8]Die Landesregierung kann diese Ermächtigung ganz oder teilweise durch Rechtsverordnung auf ein Mitglied der Landesregierung übertragen.

(2) [1]Aufgabenträger des Schienenpersonennahverkehrs sollen im Rahmen der Vergabe eines öffentlichen Dienstleistungsauftrags im Sinne der Verordnung (EG) Nr. 1370/2007, eines Auftrags im Sinne des § 2 Absatz 2 oder im Rahmen einer Direktvergabe im Sinne des § 2 Absatz 5 Auftragnehmer auf der Grundlage von Artikel 4 Absatz 5 der Verordnung (EG) Nr. 1370/2007 dazu verpflichten, den Arbeitnehmerinnen und Arbeitnehmern, die zuvor zur Erbringung der Verkehrsleistungen eingestellt wurden, ein Angebot zur Übernahme zu den bisherigen Arbeitsbedingungen zu unterbreiten. [2]Der bisherige Betreiber ist nach Aufforderung des Aufgabenträgers binnen sechs Wochen dazu verpflichtet, dem Aufgabenträger alle hierzu erforderlichen Informationen zur Verfügung zu stellen.

(3) [1]Bei der Vergabe von länderübergreifenden Leistungen ist von der Vergabestelle vor Beginn des Verfahrens eine Einigung mit den beteiligten weiteren Vergabestellen anderer Länder über die Anforderungen nach Absatz 1 oder 2 anzustreben. [2]Kommt eine Einigung nicht zustande, so kann von Absatz 1 oder 2 zugunsten einer weniger weitgehenden Regelung, die für einen der beteiligten Auftraggeber gilt, abgewichen werden.

§ 5 Nachweise

(1) [1]Der Auftraggeber hat eine gültige Bescheinigung über die Eintragung in ein Verzeichnis gemäß § 48 Absatz 8 der Vergabeverordnung über geeignete Unternehmen oder Sammlungen von Eignungsnachweisen auch ohne besonderen Hinweis in der Bekanntmachung oder den Vergabeunterlagen an Stelle individueller Einzelnachweise anzuerkennen. [2]Die Pflicht zur Anerkennung kann nicht dadurch umgangen werden, dass an Inhalt oder Aktualität der Nachweise strengere Anforderungen gestellt werden, als sie für die Eintragung des Unternehmens in das Verzeichnis nach Satz 1 vorgesehen sind. [3]Unterhalb der gemäß § 106 des Gesetzes gegen Wettbewerbsbeschränkungen einschlägigen Schwellenwerte kann der Auftraggeber nach seiner Wahl § 50 der Vergabeverordnung zur Einheitlichen Europäischen Eigenerklärung entsprechend anwenden.

(2) [1]Bei der Vergabe von Bauleistungen fordert der Auftraggeber von dem für den Zuschlag vorgesehenen Bieter, für den Fall, dass kein Nachweis nach Absatz 1 vorliegt, die Bescheinigung der Sozialkasse, der der Bieter kraft allgemeiner Tarifbindung angehört, über die Bruttolohnsumme und die geleisteten Arbeitsstunden sowie die Zahl der gewerblichen Beschäftigten. [2]Die Nachweise dürfen nicht älter als sechs Monate sein, sofern sie nicht Bestandteil eines Nachweises nach Absatz 1 sind. [3]War der Bieter in den vergangenen sechs Monaten nicht im Inland ansässig, so genügt eine Eigenerklärung, in diesem Zeitraum nicht gegen Verpflichtungen über die Entrichtung der Beiträge zur sozialen Sicherheit nach den Rechtsvorschriften des betreffenden Sitzstaates verstoßen zu haben.

(3) [1]Hat ein Bieter in den letzten sechs Monaten vor Ablauf der Angebotsfrist einem Auftraggeber bereits Nachweise nach den Absätzen 1 und 2 oder andere Eignungsnachweise nach den Vergabe- und Vertragsordnungen vorgelegt, so fordert derselbe Auftraggeber von dem Bieter diese Eignungsnachweise nur noch an, wenn begründete Zweifel an der Eignung des Bieters bestehen. [2]Der Bieter weist den Auftraggeber darauf hin, dass er bereits in den letzten sechs Monaten Eignungsnachweise nach den Vergabe- und Vertragsordnungen zur Prüfung vorgelegt hat und benennt das dazugehörige Vergabeverfahren.

(4) Auf Nachunternehmer lautende Nachweise und Erklärungen sind vom Auftragnehmer vor Beginn der Nachunternehmerleistung vorzulegen.

Teil 3 Mindestentgelt

§ 6 Mindestentgelt

(1) Die Regelungen dieses Teils finden keine Anwendung, wenn für die zu beschaffenden Leistungen bereits durch das Mindestlohngesetz, aufgrund des Arbeitnehmer-Entsendegesetzes oder durch

andere gesetzliche Bestimmungen über Mindestentgelte im Sinne des § 2 Absatz 6 ein Mindestentgelt definiert ist, welches das Mindestarbeitsentgelt gemäß Absatz 2 erreicht oder übersteigt.

(2) ¹Ein Auftrag wird nur an Bieter vergeben, die sich gegenüber dem Auftraggeber verpflichten, den bei der Erbringung von Leistungen eingesetzten Beschäftigten das zum Zeitpunkt der Angebotsabgabe geltende Mindestentgelt je Zeitstunde zu zahlen. ²Das Mindestentgelt beträgt ab dem 1. Mai 2021 13 Euro je Zeitstunde.

(3) ¹Das Mindestentgelt muss dem regelmäßig gezahlten Grundentgelt für eine Zeitstunde ohne Sonderzahlungen, Zulagen oder Zuschläge entsprechen. ²Die Verpflichtung nach Satz 1 und Absatz 2 Satz 1 muss Bestandteil des Angebots sein. ³Bei einer Lieferung gilt dies nur für die mit der Anlieferung zusammenhängenden Leistungen, insbesondere Transport, Aufstellung, Montage und Einweisung zur Benutzung.

(4) ¹Wenn die Entlohnung der Arbeitnehmer nicht nach Zeitstunden, sondern anhand einer anderen Größe erfolgt, muss der Bieter ergänzend zu der Verpflichtung gemäß Absatz 3 Satz 2 spätestens im Rahmen der Kontrolle gemäß § 9 anhand einer transparenten und nachvollziehbaren Kalkulation glaubhaft machen, dass jeder Arbeitnehmer im Durchschnitt mindestens den in Absatz 2 Satz 1 definierten Mindestlohn erhält. ²Wenn die Entlohnung der Arbeitnehmer sich aus einem Grundlohn und Leistungszuschlägen zusammensetzt, muss der Bieter glaubhaft machen, dass der Grundlohn jedes Arbeitnehmers mindestens dem in Absatz 2 Satz 1 definierten Mindestlohn entspricht.

(5) ¹Wenn Arbeitnehmer in ihrer Arbeitszeit gleichzeitig für verschiedene Auftraggeber tätig sind, von denen nicht alle diesem Gesetz unterliegen, wie es beispielsweise bei Post- oder Wäschereidienstleistungen der Fall sein kann, ist der Mindestlohn gemäß Absatz 2 Satz 1 anteilig für die Arbeitszeit zu zahlen, die auf die Erfüllung der diesem Gesetz unterliegenden Aufträge entfällt. ²Der Bieter muss ergänzend zu der Verpflichtung gemäß Absatz 3 Satz 2 spätestens im Rahmen der Kontrolle gemäß § 9 anhand einer transparenten und nachvollziehbaren Kalkulation glaubhaft machen, dass jeder Arbeitnehmer anteilig mindestens den in Absatz 2 Satz 1 definierten Mindestlohn erhält.

(6) Die Absätze 2 und 3 gelten nicht für:
1. das Arbeitsentgelt nach § 43 des Strafvollzugsgesetzes,
2. das Arbeitsentgelt behinderter Menschen in anerkannten Werkstätten nach § 138 des Neunten Buches Sozialgesetzbuch,
3. die Auszubildendenvergütung nach § 17 des Berufsbildungsgesetzes vom 23. März 2005 (BGBl. I S. 931), das zuletzt durch Artikel 436 der Verordnung vom 31. August 2015 (BGBl. I S. 1474, 1538) geändert worden ist, in der jeweils geltenden Fassung,
4. das Taschengeld nach § 2 Nummer 4 des Bundesfreiwilligendienstgesetzes vom 28. April 2011 (BGBl. I S. 687), das zuletzt durch Artikel 15 Absatz 5 des Gesetzes vom 20. Oktober 2015 (BGBl. I S. 1722, 1735) geändert worden ist, in der jeweils geltenden Fassung und
5. das Taschengeld nach § 2 Nummer 3 des Jugendfreiwilligendienstegesetzes vom 16. Mai 2008 (BGBl. I S. 842), das durch Artikel 30 des Gesetzes vom 20. Dezember 2011 (BGBl. I S. 2854, 2923) geändert worden ist, in der jeweils geltenden Fassung.

(7) ¹Bei der Vergabe von länderübergreifenden Leistungen ist von der Vergabestelle vor Beginn des Vergabeverfahrens eine Einigung mit den beteiligten weiteren Vergabestellen anderer Länder über die Anforderungen nach den Absätzen 2 und 3 anzustreben. ²Kommt eine Einigung nicht zustande, so kann von den Absätzen 2 und 3 zugunsten einer weniger weitgehenden Regelung, die für einen der beteiligten Auftraggeber gilt, abgewichen werden.

§ 7 Anpassung des Entgeltsatzes

(1) ¹Die Landesregierung überprüft den in § 6 Absatz 2 genannten Entgeltsatz regelmäßig, mindestens aber alle zwei Jahre, und legt dem Landtag einen Entwurf zur Anpassung an eine Änderung der sozialen und wirtschaftlichen Verhältnisse vor, soweit diese erforderlich ist. ²Bei der Überprüfung und Anpassung des Entgeltsatzes berücksichtigt die Landesregierung den Vorschlag der Kommission nach Absatz 2. ³Die Landesregierung ist an den Vorschlag der Kommission nicht gebunden.

(2) ¹Die Landesregierung wird ermächtigt, durch Rechtsverordnung eine Kommission unabhängige Mitglieder zur Anpassung des Entgeltsatzes nach § 6 Absatz 2 einzurichten. ²Die Kommission besteht aus insgesamt neun Mitgliedern, davon je zwei Mitglieder aus den Gruppen der abhängig Beschäftigten, der Arbeitgeber und der Wissenschaft sowie je einer Vertreterin oder einem Vertreter der für Wirtschaft und für Arbeit zuständigen Ministerien sowie einer vorsitzenden Person. ³Die Landesre

gierung wirkt darauf hin, dass die gleichberechtigte Teilhabe von Frauen und von Männern gewährleistet ist.

(3) ¹Das für Arbeit zuständige Mitglied der Landesregierung beruft die Mitglieder der Kommission, die Hälfte der einfachen Mitglieder und deren Vertreterinnen und Vertreter auf Vorschlag des für Wirtschaft zuständigen Mitglieds der Landesregierung. ²Weitere Einzelheiten zur Zusammensetzung und Berufung der Kommission sowie zum Verfahren kann die Landesregierung durch Rechtsverordnung regeln.

(4) Die Landesregierung kann die Ermächtigungen nach den Absätzen 2 und 3 ganz oder teilweise durch Rechtsverordnung auf ein Mitglied der Landesregierung übertragen.

§ 8 Nachunternehmer und Verleiher

¹Der Auftraggeber vereinbart mit dem Auftragnehmer, dass der Auftragnehmer die Nachunternehmer und Verleiher von Arbeitskräften vertraglich verpflichtet, dass diese ihren Beschäftigten im Rahmen ihrer vertraglichen Leistung mindestens die Arbeitsentgeltbedingungen gewähren, die für die vom Nachunternehmer oder dem Vertragspartner des Verleihers zu erbringenden Leistungen nach § 6 Absatz 2 und Absatz 3 Satz 1 maßgeblich sind. ²Diese Verpflichtung erstreckt sich auf alle an der Auftragserfüllung beteiligten Unternehmen. ³Der Auftraggeber hat darauf zu achten, dass der jeweils einen Auftrag weiter Vergebende die rechtsverbindliche Übertragung der Verpflichtung und ihre Einhaltung durch die von ihm beauftragten Nachunternehmer oder Verleiher sicherstellt und seinem unmittelbaren Auftraggeber auf Verlangen nachweist. ⁴Die Kontrollrechte sind dabei auch zugunsten des Auftraggebers zu vereinbaren.

§ 9 Kontrollen

(1) ¹Der Auftraggeber ist verpflichtet, die Einhaltung der gemäß § 6 Absatz 2 und Absatz 3 Satz 1 und § 8 vereinbarten Vertragsbestimmungen zu überprüfen. ²Die Überprüfung erfolgt als Bestandteil der Prüfung der Richtigkeit einer vom Auftragnehmer gestellten Rechnung und durch eine ausreichende Zahl von Stichproben. ³Zu diesem Zweck sind Nachweispflichten des Auftragnehmers und für den Auftraggeber Betretungsrechte für betriebliche Grundstücke und Räume des Auftragnehmers sowie das Recht zur Befragung von Beschäftigten des Auftragnehmers zu vereinbaren, soweit sie für die Durchführung von Kontrollen erforderlich sind. ⁴Bei der Überprüfung der Einhaltung der Vertragsbestimmungen im Sinne des Satzes 1 sind im Regelfall Bescheinigungen eines Steuerberaters oder Wirtschaftsprüfers über die Lohnhöhe oder darüber, dass alle Beschäftigten mindestens den jeweils einschlägigen Mindestlohn erhalten, ausreichend. ⁵Von der Überprüfung gemäß Satz 1 kann abgesehen werden, wenn der Auftraggeber annehmen kann, dass die Vertragsbestimmungen im Sinne des Satzes 1 eingehalten werden, insbesondere weil
1. Leistungen in Branchen beschafft werden, die regelmäßig deutlich übertariflich zahlen, oder
2. Leistungen durch einen Auftragnehmer erbracht werden, der dem Auftraggeber bereits aus einer dauerhaften Geschäftsbeziehung bekannt ist.

(2) Erhält der Auftraggeber Kenntnis davon, dass der Auftragnehmer oder ein Nachunternehmer einer bei der Erfüllung der Leistungspflichten eingesetzten Arbeitnehmerin oder einem bei der Erfüllung der Leistungspflichten eingesetzten Arbeitnehmer nicht mindestens die nach dem Arbeitnehmer-Entsendegesetz oder dem Mindestlohngesetz geltenden Mindestarbeitsbedingungen gewährt, so hat er dies der für die Kontrolle der Einhaltung der genannten Gesetze zuständigen Stelle mitzuteilen.

§ 10 Vertragsstrafe, Kündigung, Auftragssperre

(1) ¹Um die Einhaltung der Verpflichtungen, die nach § 6 Absatz 2 und Absatz 3 Satz 1 und den §§ 8 und 9 Absatz 1 vereinbart sind, zu sichern, hat der Auftraggeber mit dem Auftragnehmer für jede vom Auftragnehmer zu vertretende Verletzung dieser Pflichten durch den Auftragnehmer, seine Nachunternehmer oder Verleiher eine Vertragsstrafe wegen nicht gehöriger Erfüllung zu vereinbaren. ²Die Vertragsstrafe beträgt 1 Prozent des Auftragswertes. ³Ist die Vertragsstrafe im Einzelfall unverhältnismäßig hoch, so ist sie vom Auftraggeber auf Antrag auf einen angemessenen Betrag herabzusetzen. ⁴Die Summe der Vertragsstrafen nach diesem Gesetz darf insgesamt 5 Prozent des Auftragswertes nicht überschreiten. ⁵Es ist vorzusehen, dass die Vertragsstrafe in den Fällen der §§ 6 und 8 je beschäftigter Person je Monat, in allen anderen Fällen nur insgesamt einmal berechnet werden kann.

(2) Der Auftraggeber vereinbart mit dem Auftragnehmer, dass die von diesem zu vertretende Verletzung der nach § 6 Absatz 2 und Absatz 3 Satz 1 und den §§ 8 sowie 9 Absatz 1 vereinbarten Pflichten durch den Auftragnehmer oder seine Nachauftragnehmer oder Verleiher den Auftraggeber nach Abmahnung zur Kündigung des Vertrages mit dem Auftragnehmer berechtigen.

(3) [1]Hat ein Auftragnehmer schuldhaft seine nach § 6 Absatz 2 und Absatz 3 Satz 1 und die §§ 8 sowie 9 Absatz 1 vereinbarten Pflichten verletzt, so soll er für die Dauer von bis zu drei Jahren von der Teilnahme am Wettbewerb um Aufträge der in § 2 genannten Auftraggeber wegen mangelnder Eignung ausgeschlossen werden. [2]Die Auftragssperre ist von Auftraggebern, die nicht selbst privatrechtliche Unternehmen sind, der zentralen Informationsstelle zur Aufnahme in die Sperrliste gemäß § 11 zu melden.

§ 11 Listung von Auftragssperren

(1) Das für Wirtschaft zuständige Ministerium der Landesregierung richtet eine zentrale Stelle ein, die Informationen über Auftragssperren nach § 10 Absatz 3 bereitstellt (zentrale Informationsstelle).

(2) [1]Auftraggeber geben die von ihnen ausgeschlossenen Unternehmen der zentralen Informationsstelle unverzüglich bekannt. [2]Diese Mitteilung hat folgende Daten zu enthalten:
1. den meldenden Auftraggeber,
2. Datum und Aktenzeichen oder Vergabenummer,
3. das betroffene Unternehmen und die betroffene Niederlassung mit Firma, Rechtsform, Sitz und Anschrift des Unternehmens, Registergericht und Handelsregisternummer,
4. Gewerbezweig oder Branche mit CPV-Code der betroffenen Tätigkeiten,
5. Beginn und Dauer des Vergabeausschlusses, Rechtsgrundlage des Ausschlusses.

[3]Betrifft die Auftragssperre oder Sperre als Bezugsquelle ausschließlich eine selbstständige Niederlassung eines Unternehmens, so sind nur die Daten dieser Niederlassung zu melden.

(3) [1]Die zentrale Informationsstelle nimmt die Meldung in eine Sperrliste ohne eigene Prüfung auf. [2]Unrichtige Daten werden unverzüglich berichtigt. [3]Die Sperrliste kann in Form einer automatisierten Datei geführt werden. [4]Die Datenübermittlung kann im Wege eines automatisierten Abrufverfahrens erfolgen.

(4) Der Auftraggeber unterrichtet das von ihm ausgeschlossene Unternehmen über den Ausschluss und über die zur Sperrliste gemeldeten Daten.

(5) [1]Der Auftraggeber, der über den Ausschluss eines Unternehmens entschieden hat, verkürzt die Dauer des Ausschlusses oder hebt den Ausschluss auf, wenn der Nachweis der wiederhergestellten Zuverlässigkeit erbracht wird. [2]Die Zuverlässigkeit ist in der Regel wiederhergestellt, wenn die natürliche oder juristische Person durch geeignete organisatorische und personelle Maßnahmen Vorsorge gegen eine Wiederholung des vorgeworfenen Verhaltens getroffen, eine für die Eintragung maßgebliche unterlassene Handlung nachgeholt und einen darauf beruhenden Schaden ersetzt hat. [3]Eine Entscheidung nach Satz 1 ist der Informationsstelle unverzüglich zu melden und die Änderung oder Löschung der Eintragung zu veranlassen.

(6) Ist der Ausschluss eines Unternehmens aufgehoben oder ist die Ausschlussfrist abgelaufen, werden die Daten unverzüglich gelöscht.

§ 12 Abfrage

(1) [1]Die Auftraggeber sind verpflichtet, vor Entscheidungen über die Vergabe von öffentlichen Aufträgen bei der zentralen Informationsstelle abzufragen, inwieweit Eintragungen in der Sperrliste zu Bietern mit einem für den Zuschlag in Betracht kommenden Angebot vorliegen und eine Eintragung bei der Beurteilung der Zuverlässigkeit des Bewerbers oder Bieters zu berücksichtigen. [2]Die Auftraggeber sollen die Abfragen auch auf bereits benannte Nachauftragnehmer erstrecken. [3]Satz 1 gilt entsprechend vor Entscheidungen über die Beschränkung des Bieterkreises hinsichtlich der aussichtsreichen Bewerber, wenn der Bieterkreis beim Wegfall eines Bieters beschränkt würde.

(2) Bei Vergabeverfahren, auf die das Gesetz wegen des geschätzten Auftragswertes nach § 2 Absatz 1 nicht anwendbar ist, kann der Auftraggeber bei der Informationsstelle nachfragen, ob Eintragungen zu Bewerbern oder Bietern vorliegen.

(3) Erhält der Auftraggeber binnen drei Arbeitstagen von der Informationsstelle keine Auskunft, so kann er davon ausgehen, dass keine die Abfrage betreffenden Eintragungen vorliegen.

(4) Einer Abfrage bedarf es nicht, wenn die zentrale Informationsstelle in einem elektronischen Medium, das eine tägliche Erneuerung der Information zulässt, für die Leistung, die mit der Auftragsvergabe nachgefragt werden soll, allgemein bekannt macht, dass zurzeit keine Eintragungen vorliegen.

(5) Die Informationsstelle hat jederzeit auf Antrag einem Unternehmen und einer natürlichen Person Auskunft über die sie betreffenden Eintragungen in der Sperrliste zu erteilen.

§ 13 Kostenerstattung

(1) ¹Das Land gewährt den Verbandsgemeinden, mitverwalteten Gemeinden, mitverwaltenden Gemeinden, Ämtern, amtsfreien Gemeinden, kreisfreien Städten und Landkreisen (Kommunen) für den mit der Anwendung dieses Teils verbundenen Verwaltungsaufwand einen finanziellen Ausgleich. ²Für die Verteilung an die Kommunen ist ein Betrag in Höhe von insgesamt 1 000 000 Euro für jedes Kalenderjahr vorgesehen. ³Die Verteilung der Mittel erfolgt pauschal jeweils zu drei Vierteln nach der Einwohnerzahl und zu einem Viertel nach der Fläche der Kommunen; hierbei wird der Umfang der Aufgaben der kreisfreien Städte gemäß § 1 Absatz 2 der Kommunalverfassung des Landes Brandenburg berücksichtigt. ⁴Die Auszahlung der Mittel erfolgt jährlich für das zurückliegende Kalenderjahr.

(2) Absatz 1 ist nicht anwendbar, wenn das im Mindestlohngesetz bestimmte Mindestentgelt die Höhe des Mindestentgelts gemäß § 6 Absatz 2 erreicht oder übersteigt.

(3) ¹Sollte die Anwendbarkeit von Absatz 1 während eines laufenden Kalenderjahres enden, so endet der Ausgleichsanspruch am gleichen Kalendertag. ²Die Höhe des Ausgleichs ist in diesem Fall nach dem Verhältnis der Kalendertage, an denen Absatz 1 anwendbar war, im Vergleich zu den Tagen, an denen dieser nicht anwendbar war, zu bemessen.

Teil 4 Übergangs- und Schlussbestimmungen

§ 14 Verordnungsermächtigung

(1) Die Landesregierung wird ermächtigt, durch Rechtsverordnung Bestimmungen zu treffen über:
1. die Bearbeitungsschritte der Kontrollen nach § 9 und die zur Wahrung des Datenschutzes zu treffenden Vorkehrungen,
2. die Voraussetzungen und das Verfahren für die Zulassung von Verzeichnissen über geeignete Unternehmen oder Sammlungen von Eignungsnachweisen von nicht der Landesverwaltung angehörenden Stellen und
3. die Voraussetzungen und das Verfahren für die Verhängung einer Auftragssperre nach § 10 Absatz 3 sowie Aufhebung oder Verkürzung einer Auftragssperre nach § 11 Absatz 5.

(2) Die Landesregierung kann die Ermächtigung nach Absatz 1 ganz oder teilweise durch Rechtsverordnung auf ein Mitglied der Landesregierung übertragen.

§ 15 Einschränkung von Grundrechten

Durch die §§ 9, 10 Absatz 3 sowie die §§ 11 und 12 wird das Grundrecht auf Datenschutz (Artikel 11 der Verfassung des Landes Brandenburg) eingeschränkt.

§ 16 Übergangsvorschriften

(1) ¹Zum Zeitpunkt des Inkrafttretens dieses Gesetzes bereits begonnene Vergabeverfahren werden nach dem bisherigen Recht fortgesetzt und abgeschlossen. ²Enthalten Verträge oder in laufenden Vergabeverfahren eingereichte Angebote Lohngleitklauseln für den Fall von Tarifänderungen, können diese mit Zustimmung des Auftragnehmers oder aller Bieter auf den laufenden Vertrag oder das laufende Vergabeverfahren angewendet werden.

(2) ¹Für die Kostenerstattung des den Kommunen bis 31. Dezember 2016 entstehenden Verwaltungsaufwands ist § 14 des Brandenburgischen Vergabegesetzes vom 21. September 2011 (GVBl. I Nr. 19), das durch das Gesetz vom 11. Februar 2014 (GVBl. I Nr. 6) geändert worden ist, weiter anzuwenden. ²Kostenerstattungsanträge nach § 14 des Brandenburgischen Vergabegesetzes vom 21. September 2011 (GVBl. I Nr. 19), das durch das Gesetz vom 11. Februar 2014 (GVBl. I Nr. 6) geändert worden ist, können noch bis zum 31. Dezember 2017 gestellt werden.

§ 17 Inkrafttreten, Außerkrafttreten

(1) ¹Dieses Gesetz tritt, vorbehaltlich des Absatzes 2, am 1. Oktober 2016 in Kraft. ²Gleichzeitig tritt das Brandenburgische Vergabegesetz vom 21. September 2011 (GVBl. I Nr. 19), das durch das Gesetz vom 11. Februar 2014 (GVBl. I Nr. 6) geändert worden ist, außer Kraft.

(2) § 13 tritt am 1. Januar 2017 in Kraft.

(3) Das für Wirtschaft zuständige Mitglied der Landesregierung wird ermächtigt, die Vergabegesetz-Erstattungsverordnung vom 14. Januar 2013 (GVBl. II Nr. 6) aufzuheben.

BbgVergGDV – Brandenburgische Vergabegesetz-Durchführungsverordnung

Verordnung über Angebotsprüfungen, Kontrollen, Auftragssperren und erleichterte Nachweise nach dem Brandenburgischen Vergabegesetz

Vom 16. Oktober 2012
(GVBl. II Nr. 85)
Sa BbgLR 635-4
geänd. durch Art. 1 Erste ÄndVO v. 6.12.2017 (GVBl. II Nr. 68)

Auf Grund des § 10 Absatz 1 des Brandenburgischen Vergabegesetzes vom 21. September 2011 (GVBl. I Nr. 19) in Verbindung mit § 2 der Brandenburgischen Vergabegesetz-Zuständigkeitsübertragungsverordnung vom 29. März 2012 (GVBl. II Nr. 22) verordnet der Minister für Wirtschaft und Europaangelegenheiten:

§ 1 Kontrolle durch Arbeitsentgeltnachweise

(1) ¹Zur Kontrolle der Einhaltung der Vereinbarung über die Höhe von Arbeitsentgelten nach § 6 Absatz 2 sowie nach § 4 Absatz 1 des Brandenburgischen Vergabegesetzes fordert der Auftraggeber zu der mit dem Auftragnehmer vereinbarten Vorlage von Belegen über die Abrechnung und Zahlung von Arbeitsentgelten an seine bei der Leistungserbringung eingesetzten Beschäftigten und etwaige Beschäftigte von Nachunternehmern oder Personalverleihern als Unterlage auf. ²Die Aufforderung erfolgt zur Vorbereitung einer Abrechnung über vertragliche Leistungen je Vertrag oder, bei längerer Vertragslaufzeit, einer Abrechnung je Kalenderjahr. ³Der Auftraggeber kann die Anforderung auf Belege zu Teilleistungen oder Leistungsabschnitten und auf Belege zu einzelnen Beschäftigten oder Gruppen von Beschäftigten beschränken. ⁴Die Belege können anonymisierte oder pseudonymisierte Kopien sein, die die Zugehörigkeit zu jeweils einer Person, aber nicht die Identität dieser Person und deren sonstige persönliche Merkmale erkennen lassen sollen.

(2) ¹Auftraggeber und Auftragnehmer können bei jeder Leistungsart statt der Einreichung von Belegen zu einer Abrechnung über die Leistung auch die Vorlage von Belegen mit Erläuterungen oder im Beisein eines erläuterungsfähigen Vertreters des Auftragnehmers, die Vorlage von Sammelbelegen vereinbaren, wenn der Auftraggeber davon ausgehen kann, dass die von Absatz 1 abweichende Vorgehensweise eine gleichwertige Kontrolle ermöglicht. ²Eine Einigung auf eine Vorgehensweise anstelle der vertraglich vorgesehenen erfolgt nach Abschluss des Vertrages im Zuge der Umsetzung des Vertrages, ohne dass es einer besonderen Form bedarf, wenn die Ausführung und deren Dokumentation erfolgt.

(3) ¹Bei Bauleistungen, für die es Sozialkassenbescheinigungen für das Baugewerbe gibt, genügt zur Erfüllung der Anforderungen nach Absatz 1 eine Bescheinigung, die bei Eingang der ersten Rechnung nicht älter als sechs Monate ist. ²Liegt eine solche Bescheinigung aus dem Vergabeverfahren vor, wird nur bei längerer Vertragslaufzeit eine weitere Bescheinigung angefordert. ³Sonstige vergleichbare Bescheinigungen von freiwilligen Sozialkassen auch anderer Branchen können ebenso verwendet werden, wenn der Auftragnehmer glaubhaft darlegt, dass die zugrunde liegenden Arbeitsentgelte ausnahmslos das nach § 6 Absatz 2 einzuhaltende Entgelt erreichen oder übersteigen.

§ 2 Kontrollziel, Berechnungsvorgaben

(1) ¹Die Prüfung, ob die vereinbarten Arbeitsentgelte bezahlt werden, erfolgt durch Division des ermittelten Arbeitnehmerbruttoentgelts durch die Zahl der Stunden, für die es bezahlt wird. ²Arbeitsvertragliche oder tarifliche Zeitausgleichsmaßnahmen werden berücksichtigt.

(2) ¹Ein Monatsgehalt zuzüglich der auf den Monat umgerechneten unbedingt vereinbarten, nicht monatlich ausgezahlten Bruttoentgeltteile gleich welcher Bezeichnung wird mit drei vervielfältigt und durch dreizehn geteilt. ²Das dadurch ermittelte durchschnittliche Gehalt je Woche wird durch die Anzahl der Stunden der vereinbarten regelmäßigen wöchentlichen Arbeitszeit geteilt.

(3) Nicht berücksichtigt werden:
. das Arbeitsentgelt nach § 43 des Strafvollzugsgesetzes vom 16. März 1976 (BGBl. I S. 581, 2088; 1977 I S. 436), das zuletzt durch Artikel 10 Absatz 7 des Gesetzes vom 30. Oktober 2017 (BGBl. I S. 3618) geändert worden ist;

2. das Arbeitsentgelt behinderter Menschen in anerkannten Werkstätten nach § 138 des Neunten Buches Sozialgesetzbuch – Rehabilitation und Teilhabe behinderter Menschen – (Artikel 1 des Gesetzes vom 19. Juni 2001, BGBl. I S. 1046), das zuletzt durch Artikel 165 des Gesetzes vom 29. März 2017 (BGBl. I S. 626) geändert worden ist;
3. die Ausbildungsvergütung nach § 17 des Berufsbildungsgesetzes vom 23. März 2005 (BGBl. I S. 931), das zuletzt durch Artikel 14 des Gesetzes vom 17. Juli 2017 (BGBl. I S. 2581) geändert worden ist;
4. das Taschengeld nach § 2 Nummer 4 des Bundesfreiwilligendienstgesetzes vom 28. April 2011 (BGBl. I S. 687), das zuletzt durch Artikel 15 Absatz 5 des Gesetzes vom 20. Oktober 2015 (BGBl. I S. 1722) geändert worden ist;
5. das Taschengeld nach § 2 Nummer 3 des Jugendfreiwilligendienstegesetzes vom 16. Mai 2008 (BGBl. I S. 842), das durch Artikel 30 des Gesetzes vom 20. Dezember 2011 (BGBl. I S. 2854, 2923) geändert worden ist,

und die diesen Entgelten, Vergütungen und Anerkennungen zugrunde liegenden Arbeitszeiten.

§ 3 Durchführung der Stichprobe

(1) ¹Eine Stichprobe nimmt der Auftraggeber auf Grund konkreter Anhaltspunkte vor, dass der Auftragnehmer seinen Verpflichtungen aus einer Vereinbarung auf der Grundlage des Brandenburgischen Vergabegesetzes nicht nachkommt. ²Ohne besonderen Anlass kann der Auftraggeber eine Stichprobe bei einzelnen Vertragsverhältnissen als Zufallsstichprobe vornehmen. ³Die Auswahl der Stichprobe ohne besonderen Anlass kann anhand von Kriterien erfolgen, die jeweils vor dem Beginn eines längeren Zeitraums für Aufträge festgelegt werden, die in diesem Zeitraum vereinbart werden.

(2) ¹Die Stichprobe kann sich auf Vertragsteile beschränken, insbesondere einzelne Gewerke und Bauabschnitte einer Baumaßnahme oder einzelne Dienstleistungen im Niedriglohnsektor. ²Der Aufwand einer Stichprobe soll in einem angemessenen Verhältnis zum Auftragswert stehen.

(3) ¹Ziel der Stichprobe ist die Einsichtnahme in Unterlagen über Beginn, Ende und Dauer des Personaleinsatzes für die Erfüllung des Auftrags und die Berechnung und Zahlung des dazugehörigen Arbeitsentgelts. ²Die Stichprobe kann in der Anforderung von Unterlagen oder in der Einsichtnahme in Unterlagen des Auftragnehmers oder eines Nachunternehmers oder Verleihers erfolgen. ³Die Stichprobe durch Einsichtnahme kann am Ort der Leistung, in den Geschäftsräumen oder in der Niederlassung des Auftragnehmers, eines Nachauftragnehmers oder Personalverleihers vorgenommen werden.

(4) ¹Die Kontrolle besteht nur dann in einer Befragung der Beschäftigten, wenn
1. andere Kontrollen nicht geduldet, ermöglicht oder in einer zum Verständnis der Belege erforderlichen Maße durch den Auftragnehmer unterstützt wurden oder
2. bei einem Angebot dieser Art der Kontrolle durch den Auftragnehmer keine Bedenken hinsichtlich der Möglichkeit zur freien Äußerung der Beschäftigten bestehen
3. und die beschäftigte Person einverstanden ist.

²Die Befragung nach Satz 1 bezieht sich auf die Person, den Umfang des Arbeitseinsatzes und das dabei erzielte Bruttoarbeitsentgelt, insbesondere auf das Entgelt je Arbeitsstunde und das Entgelt je Überstunde.

(5) ¹Die Kontrolle wird abgebrochen, wenn
1. der Kontrollperson entgegen der vertraglichen Vereinbarung der Zugang verweigert wird,
2. Kontrollen nicht geduldet, ermöglicht oder im erforderlichen Maße unterstützt werden oder
3. Zugang, Duldung und scheinbare Unterstützung unter unzumutbaren Umständen gewährt werden; die Zumutbarkeit bestimmt sich nach dem subjektiven Eindruck der Kontrollperson.

²Erfüllt der Auftragnehmer seine gemäß § 9 Absatz 1 Satz 3 des Brandenburgischen Vergabegesetzes mit dem Auftraggeber vereinbarten Kooperationspflichten nicht, sind dem Auftragnehmer die gemäß § 10 des Brandenburgischen Vergabegesetzes vereinbarten Folgen seines Verhaltens schriftlich unter Festsetzung einer angemessenen Frist zur Pflichterfüllung anzudrohen.

(6) ¹Wurde die Kontrolle nach Absatz 5 abgebrochen, wird der Auftragnehmer in Textform zur Vorlage und Erläuterung von Unterlagen binnen einer Frist von höchstens sieben Arbeitstagen aufgefordert. ²Dabei wird der Ausschluss von weiteren Vergaben des Auftraggebers und die Entscheidung über die weiteren gemäß § 10 des Brandenburgischen Vergabegesetzes vereinbarten Folgen angedroht für den Fall, dass die Frist ungenutzt abläuft oder die Unterlagen und Erläuterungen die durch den Abbruch der Kontrolle erklärten Zweifel an der Vertragstreue des Auftragnehmers nicht ausräumen. ³Eine Fristsetzung ist entbehrlich, wenn es sich um zielgerichtete Verhaltensweisen de

Auftragnehmers handelt, die auch nach einem objektiven Maßstab die Vorortkontrolle unzumutbar erscheinen lassen.

(7) ¹Über die Kontrolle fertigt der Auftraggeber ein Protokoll. ²Besteht nach der freien Überzeugung auf Grund des Ergebnisses der Kontrolle kein Verdacht einer Verletzung der Vertragsbestimmungen über Arbeitsentgelte, wird die Kontrolle abgeschlossen. ³Besteht ein Verdacht der Vertragsverletzung und sind nicht alle Erkenntnismittel ausgeschöpft, wird die Kontrolle mit der Gelegenheit zur Stellungnahme und zur Ausräumung von Zweifeln für den Auftragnehmer fortgesetzt. ⁴Sind weitere Aufklärungen nicht erreichbar, wird ein verbliebener Verdachtsrest niedergeschlagen.

§ 4 Sonstige Verfahrensweisen bei Stichproben

¹Auftraggeber können die Stichprobe mit einem anderen Ablauf planen und ausführen, wenn deren Eignung nach ihrer pflichtgemäßen Einschätzung der in § 3 geregelten Vorgehensweise entspricht und weder der Auftraggeber noch die Auftragnehmer zusätzlich belastet werden. ²Die Stichprobe muss den mit dem Auftraggeber und dessen Nachauftragnehmern und Personalverleihern getroffenen Vereinbarungen entsprechen oder in der geänderten Form vereinbart werden.

§ 5 Datenschutz

(1) Personenbezogene Daten werden unkenntlich gemacht, sobald feststeht, dass sie nicht zum sachgerechten Vortrag in einem gerichtlichen Verfahren oder als Beweismittel benötigt werden.

(2) ¹Der Auftraggeber hat die im Rahmen der Kontrolle entgegengenommenen nicht anonymisierten oder pseudonymisierten Belege oder Kopien von Belegen separat und vor allgemeinem Zugriff geschützt aufzubewahren. ²Besteht keine Beanstandung wegen einer Vertragsverletzung oder wird von § 3 Absatz 7 Satz 4 Gebrauch gemacht, sind die Dokumente zurückzugeben oder, wenn diese zum endgültigen Verbleib beim Auftraggeber übergeben wurden, zu vernichten. ³Sollen sie die Durchführung von Kontrollen nachweisen, sind sie zu anonymisieren. ⁴Aufbewahrungspflichten auf Grund anderer Rechtsvorschriften oder Verpflichtungen bleiben hiervon unberührt.

(3) Soweit Auftraggeber im Sinne von § 2 Absatz 4 des Brandenburgischen Vergabegesetzes Aufträge vergeben, gilt über die Absätze 1 und 2 hinaus das Brandenburgische Datenschutzgesetz in der Fassung der Bekanntmachung vom 15. Mai 2008 (GVBl. I S. 114), das zuletzt durch Gesetz vom 27. Juli 2015 (GVBl. I Nr. 22) geändert worden ist, für diese sinngemäß.

§ 6 Verzeichnisse über geeignete Unternehmen und Sammlungen von Eignungsnachweisen

(1) Als Verzeichnis über geeignete Unternehmen ist die allgemein zugängliche Liste des Vereins für die Präqualifikation von Bauunternehmen e.V. (Präqualifikationsverzeichnis nach § 6b der Vergabe- und Vertragsordnung für Bauleistungen Teil A vom 1. Juli 2016, BAnz. AT 1.7.2016 B4) von allen Auftraggebern bei der Anwendung der Vergabe- und Vertragsordnung für Bauleistungen Teil A anzuerkennen.

(2) Die Zulassung von Sammlungen von Eignungsnachweisen im Sinne von § 5 Absatz 1 Satz 1 des Brandenburgischen Vergabegesetzes setzt voraus, dass

1. das Verzeichnis über eine Verbreitung bei mindestens zehn Vergabestellen als Nutzer und mindestens 50 gelisteten Unternehmen verfügt;
2. die das Verzeichnis führende Stelle von den einzelnen registrierten Unternehmen wirtschaftlich unabhängig ist;
3. die das Verzeichnis führende Stelle mindestens drei Jahre auf dem Gebiet des öffentlichen Auftragswesens tätig ist oder auf andere Weise Gewähr für einen längerfristigen Bestand bietet;
4. die das Verzeichnis führende Stelle über eine Haftpflichtdeckung von mindestens 300 000 Euro zugunsten der Auftraggeber verfügt, die das Verzeichnis nutzen;
5. die Sammlungen den inhaltlichen Anforderungen des § 48 Absatz 8 der Vergabeverordnung entsprechen;
6. für die eingetragenen Unternehmen die Möglichkeit besteht, nach eigener Wahl weitere eignungsrelevante Daten einzupflegen;
7. die Einzelnachweise der Unternehmen im Internet für die Vergabestellen einsehbar vorgehalten werden;
8. die das Verzeichnis führende Stelle regelmäßig Insolvenzrecherchen durchführt;

9. das Verzeichnis den Entwicklungen im Vergaberecht und in der Vergabepraxis umgehend angepasst wird;
10. die Eintragung in das Verzeichnis in deutscher Sprache bestätigt wird;
11. die Bestätigung keinen weitergehenden Inhalt als die Tatsache der Eintragung im Verzeichnis hat und nicht den Eindruck einer Präqualifikation erweckt;
12. die Eintragung jedem Unternehmen unabhängig vom Sitz zu gleichen Bedingungen möglich ist, zu denen nicht das Erfordernis einer Mitgliedschaft in einem Verein oder einer Körperschaft gehört;
13. die Nutzung des Verzeichnisses für die Vergabestellen entgeltfrei ist.

(3) ^{1}Das Vorliegen der Voraussetzungen für eine Zulassung stellt das für Wirtschaft zuständige Mitglied der Landesregierung auf Antrag der das Verzeichnis führenden Stelle anhand der dem Antrag beigefügten oder auf Anforderung nachgereichten Unterlagen kostenfrei für die Dauer von fünf Jahren fest. ^{2}Die Zulassung ist im Amtsblatt für Brandenburg bekannt zu machen. ^{3}Der nachfolgende Antrag kann im Jahr vor Ablauf der Befristung gestellt werden.

(4) Die Zulassung bedeutet, dass die Belege, die elektronisch einzusehen sind, nicht als Einzelbelege zusätzlich angefordert werden dürfen.

(5) ^{1}In anderen Ländern der Bundesrepublik Deutschland, EU-Mitgliedstaaten und Vertragsstaaten des einheitlichen Europäischen Wirtschaftsraumes oder des Übereinkommens über das öffentliche Beschaffungswesen in Anhang 4 des Übereinkommens zur Errichtung der Welthandelsorganisation vom 15. April 1994 (BGBl. II S. 1625) bestehende Präqualifikations-Register sind als dem nach Absatz 1 zugelassenen Verzeichnis gleichwertig zugelassen, wenn die Register die Beteiligung an Vergabeverfahren um öffentliche Aufträge im jeweiligen Land ermöglichen oder die Zuverlässigkeit oder Eignung bestätigen. ^{2}Den Nachweis dieser Zulassung und des Inhalts der Bestätigung hat der Bewerber oder Bieter zu führen, der sich darauf beruft.

§ 7 Verhängung und Bemessung einer Auftragssperre

(1) ^{1}Liegen die Voraussetzungen des § 10 des Brandenburgischen Vergabegesetzes vor, ist der Bewerber oder Bieter von öffentlichen Auftraggebern im Sinne des § 2 Absatz 3 des Brandenburgischen Vergabegesetzes, unter Berücksichtigung der Umstände des Einzelfalles in der Regel von der Vergabe auszuschließen. ^{2}Die regelmäßige Dauer der Auftragssperre beträgt bei einer Verfehlung mindestens sechs Monate. ^{3}Sie nimmt mit der Zahl der Verfehlungen zu bis auf drei Jahre. ^{4}Die Zahl der Verfehlungen ist die Summe aus der Anzahl der beeinträchtigten Kontrollen und der Anzahl der betroffenen Entgeltempfänger, für die keine ordnungsgemäße Entgeltzahlung festgestellt werden kann. ^{5}Vor der Entscheidung des Auftraggebers erhält der Auftragnehmer Gelegenheit zur Stellungnahme zum ermittelten Sachverhalt und den Gesichtspunkten zur Bemessung der Dauer einer Auftragssperre.

(2) Die Vergabestelle hat im Einzelfall insbesondere anhand der folgenden Kriterien zu prüfen, ob der Auftragnehmer ausnahmsweise nicht oder abweichend von der in Absatz 1 vorgesehenen Regelzeit auszuschließen ist:
1. die Dauer und Höhe der nicht ordnungsgemäßen Bezahlung;
2. das Maß der mangelnden Mitwirkung bei Kontrollen;
3. das Verhalten gegenüber dem Kontrollpersonal;
4. die Auswirkungen eines Vertragsverstoßes auf den öffentlichen Auftraggeber;
5. bereits ergriffene organisatorische und personelle Maßnahmen durch den Unternehmer, um weitere Gesetzesverstöße zu vermeiden;
6. ob der Ausschluss von öffentlichen Aufträgen den Bestand des Unternehmens gefährdet oder
7. ob der Ausschluss den Bewerber- oder Bieterkreis so sehr verkleinert, dass ein Wettbewerb nicht mehr stattfindet.

(3) ^{1}In den Fällen des Absatzes 2 Nummer 6 und 7 kann von einer Auftragssperre abgesehen werden, wenn das Unternehmen glaubhaft macht, die Wiederherstellung der Zuverlässigkeit zügig zu betreiben. ^{2}Im Fall der Nummer 7 kommt auch bei verhängter Sperre eine Aufforderung in einer beschränkten Ausschreibung auf Grund des beschränkten Bieterkreises im Einzelfall in Betracht.

§ 8 Wiederherstellung der Zuverlässigkeit und Aufhebung einer Auftragssperre vor ihrem Ablauf

(1) ^{1}Die Wiederherstellung der Zuverlässigkeit wird auf Antrag eines Unternehmens durch die Vergabestelle geprüft, die die Auftragssperre verhängt hat. ^{2}Sie ist in der Regel nachgewiesen, wenn zur freien Überzeugung der Vergabestelle hinreichend belegt wird, dass

1. die Nachzahlung der Bruttoarbeitsentgelte erfolgt ist oder alle Nachweise erbracht sind, wegen deren Vorenthaltung ein Vertragsverstoß festgestellt wurde;
2. im letzten Abrechnungsmonat vor der Antragstellung im fachlich betroffenen Unternehmensteil nur Arbeitsentgelte, die mindestens dem Mindestarbeitsentgelt nach § 6 Absatz 2 des Brandenburgischen Vergabegesetzes entsprechen, bezahlt wurden und dies nachgewiesen wurde, und
3. personelle und organisatorische Maßnahmen zur Verhinderung weiterer Verstöße ergriffen wurden.

(2) Der Nachweis geeigneter personeller und organisatorischer Maßnahmen im Sinne von Absatz 1 Satz 2 Nummer 3 kann insbesondere geführt werden durch:
1. Personalwechsel bei persönlich Verantwortlichen;
2. Kopien von Belehrungen der nicht unmittelbar betroffenen Beschäftigten mit Führungsaufgaben durch den Arbeitgeber über die vertragliche Verpflichtung,
   a) die Bestimmungen der Vereinbarungen auf der Grundlage des Brandenburgischen Vergabegesetzes gegenüber den davon geschützten Beschäftigteninteressen einzuhalten;
   b) ihre Einhaltung durch andere Beschäftigte zu überwachen;
   c) keine Preisangebote von Nachunternehmern und Personalverleihern ohne Aufklärung zu akzeptieren, deren geringe Höhe einen Verstoß gegen die Verpflichtung zur Zahlung des Mindestarbeitsentgelts möglich erscheinen lassen;
   d) der Vergütungsberechnung alle tatsächlich geleisteten Arbeitsstunden zugrunde zu legen, nach Maßgabe für das Unternehmen geltender tariflicher Bestimmungen, die ein Ansparen von Arbeitszeiten zulassen;
   e) keine von den Buchstaben a bis d abweichenden Anordnungen zu befolgen oder zu erteilen; und
3. Kopien der Zusage des Arbeitgebers an die Beschäftigten, keine rechtlichen Nachteile bei Einhaltung der Verpflichtungen nach Nummer 1 Buchstabe a bis e, aber arbeits- oder dienstvertragliche Nachteile bei ihrer Nichteinhaltung und Regressansprüche gewärtigen zu müssen; oder
4. andere Belege, die die Unterrichtung der Mitarbeiter über den Inhalt ihrer Verpflichtungen aus den nach den Vorgaben des Brandenburgischen Vergabegesetzes geschlossenen Verträgen und die Möglichkeit zur arbeits- oder dienstvertraglichen Ahndung von Verstößen gegen diese Verpflichtungen vergleichbar umfassend und deutlich, gegebenenfalls angepasst an die konkrete Arbeitsaufgabe des Beschäftigten zum Ausdruck bringen; bei kleineren Unternehmen und Handwerksbetrieben mit nur einer Führungsebene genügt die Eigenerklärung des Inhabers oder Geschäftsführers.

(3) [1]Art und Inhalt des Nachweises nach Absatz 1 Satz 2 sind aktenkundig zu machen. [2]Eine Verkürzung oder Aufhebung der Auftragssperre ist der Stelle zu melden, die die Sperrliste führt. [3]Die Aufhebung der Auftragssperre des Auftraggebers nach dem Brandenburgischen Vergabegesetz ist unabhängig davon, ob eine Auftragssperre auf der Grundlage einer Bußgeldentscheidung nach dem Arbeitnehmer-Entsendegesetz besteht.

§ 9 Inkrafttreten

Diese Verordnung tritt am Tag nach der Verkündung[1] in Kraft.

Verkündet am 19.10.2012.

GemHV – Gemeindehaushaltsverordnung

Verordnung über die Aufstellung und Ausführung des Haushaltsplans der Gemeinden

Vom 26. Juni 2002
(GVBl. II S. 414)
Sa BbgLR 630-6
geänd. durch Art. 1 Vierte ÄndVO v. 28.6.2010 (GVBl. II Nr. 37 S. 1)
– Auszug –

Abschnitt 7 Besondere Vorschriften für die Haushaltswirtschaft

§ 25a Vergabe öffentlicher Aufträge

(1) ^{1}Öffentliche Aufträge sind in einem transparenten und diskriminierungsfreien Verfahren zu vergeben. ^{2}Dem Abschluss von Verträgen über Lieferungen und Leistungen muss eine öffentliche Ausschreibung vorausgehen, sofern nicht die Natur des Geschäfts oder besondere Umstände eine Ausnahme rechtfertigen.

(2) ^{1}Verträge über Bauleistungen, für die der Vierte Teil des Gesetzes gegen Wettbewerbsbeschränkungen nicht gilt, sind nach den Vorschriften der §§ 1 bis 20 des ersten Abschnitts des Teils A der Vergabe- und Vertragsordnung für Bauleistungen in der Fassung der Bekanntmachung vom 31. Juli 2009 (BAnz. Nr. 155 vom 15. Oktober 2009), geändert durch Bekanntmachung vom 19. Februar 2010 (BAnz. Nr. 36 vom 5. März 2010), mit Ausnahme des § 3 Absatz 3 Nummer 1 und Absatz 5 Satz 2, § 9 Absatz 7 Satz 2, § 19 Absatz 5 und § 20 Absatz 3 zu schließen. ^{2}Dies gilt unbeschadet des Absatzes 1 Satz 1 mit der Maßgabe, dass eine beschränkte Ausschreibung auch zulässig ist, wenn der geschätzte Auftragswert ohne Umsatzsteuer 1 000 000 Euro nicht überschreitet, und dass eine freihändige Vergabe auch zulässig ist, wenn der geschätzte Auftragswert ohne Umsatzsteuer 100 000 Euro nicht überschreitet.

(3) ^{1}Verträge über Lieferungen und gewerbliche Dienstleistungen, für die der Vierte Teil des Gesetzes gegen Wettbewerbsbeschränkungen nicht gilt, sind nach den Vorschriften des ersten Abschnitts des Teils A der Vergabe- und Vertragsordnung für Leistungen in der Fassung der Bekanntmachung vom 20. November 2009 (BAnz. Nr. 196a vom 29. Dezember 2009), geändert durch Bekanntmachung vom 19. Februar 2010 (BAnz. Nr. 32 vom 26. Februar 2010), mit Ausnahme des § 19 Absatz 2 zu schließen. ^{2}Dies gilt unbeschadet des Absatzes 1 Satz 1 mit der Maßgabe, dass eine beschränkte Ausschreibung oder eine freihändige Vergabe auch zulässig ist, wenn der geschätzte Auftragswert ohne Umsatzsteuer 100 000 Euro nicht überschreitet.

(4) Bei Aufträgen bis 500 Euro ohne Umsatzsteuer kann auf einen Vergabevermerk verzichtet werden.

(5) Öffentliche Aufträge dürfen nicht allein zu dem Zweck aufgeteilt werden, eine öffentliche oder beschränkte Ausschreibung zu umgehen.

KomHKV – Kommunale Haushalts- und Kassenverordnung

Verordnung über die Aufstellung und Ausführung des Haushaltsplans der Gemeinden

Vom 14. Februar 2008
(GVBl. II S. 14)
Sa BbgLR 202-38
geänd. durch Art. 1 Fünfte ÄndVO v. 22.8.2019 (GVBl. II Nr. 66)
– Auszug –

Abschnitt 4 Weitere Vorschriften für die Haushaltswirtschaft

§ 30 Vergabe öffentlicher Aufträge

(1) ¹Öffentliche Aufträge sind in einem transparenten und diskriminierungsfreien Verfahren zu vergeben. ²Dem Abschluss von Verträgen über Lieferungen und Leistungen muss eine öffentliche Ausschreibung oder eine beschränkte Ausschreibung mit Teilnahmewettbewerb vorausgehen, sofern nicht die Natur des Geschäfts oder besondere Umstände eine Ausnahme rechtfertigen.

(2) ¹Verträge über Bauleistungen, für die der Vierte Teil des Gesetzes gegen Wettbewerbsbeschränkungen in der Fassung der Bekanntmachung vom 26. Juni 2013 (BGBl. I S. 1750, 3245), das zuletzt durch Artikel 10 des Gesetzes vom 12. Juli 2018 (BGBl. I S. 1151) geändert worden ist, nicht gilt, sind nach den Vorschriften der §§ 1 bis 20, 22 und 24 des ersten Abschnitts der Vergabe- und Vertragsordnung für Bauleistungen Teil A vom 31. Januar 2019 (BAnz AT 19.2.2019 B2) unter Beachtung der folgenden Maßgaben zu schließen:
1. § 3a Absatz 2 Nummer 1 und Absatz 3 Satz 2 der Vergabe- und Vertragsordnung für Bauleistungen Teil A findet keine Anwendung;
2. § 9c Absatz 1 Satz 2 der Vergabe- und Vertragsordnung für Bauleistungen Teil A gilt mit der Maßgabe, dass auf Sicherheitsleistungen für die Vertragserfüllung nicht verzichtet werden muss, wenn die Auftragssumme 250 000 Euro ohne Umsatzsteuer unterschreitet.

²Dies gilt unbeschadet des Absatzes 1 Satz 1 mit der Maßgabe, dass eine beschränkte Ausschreibung auch zulässig ist, wenn der geschätzte Auftragswert ohne Umsatzsteuer 1 Million Euro nicht überschreitet, und dass eine freihändige Vergabe auch zulässig ist, wenn der geschätzte Auftragswert ohne Umsatzsteuer 100 000 Euro nicht überschreitet.

(3) ¹Verträge über Lieferungen und Dienstleistungen, für die der Vierte Teil des Gesetzes gegen Wettbewerbsbeschränkungen nicht gilt, sind nach den Vorschriften der Unterschwellenvergabeordnung vom 2. Februar 2017 (BAnz AT 7.2.2017 B1) unter Beachtung der folgenden Maßgaben zu schließen:
1. Abweichend von den Vorgaben gemäß § 7 Absatz 1 Satz 1, § 28 Absatz 1 Satz 1, § 29 Absatz 1 und 2, § 38 Absatz 2 bis 7 der Unterschwellenvergabeordnung, die die elektronische Information und Kommunikation betreffen, bestimmt der öffentliche Auftraggeber darüber, ob er das Vergabeverfahren mithilfe von elektronischen Informations- und Kommunikationsmitteln durchführt. Soweit sich der öffentliche Auftraggeber für eine elektronische Information oder Kommunikation entscheidet, gelten die in Satz 1 benannten Vorgaben der Unterschwellenvergabeordnung, die jeweilige elektronische Information und Kommunikation betreffend;
2. § 22 Absatz 2 Satz 2 der Unterschwellenvergabeordnung gilt mit der Maßgabe, dass dem öffentlichen Auftraggeber eine Anwendung freigestellt ist;
3. § 30 der Unterschwellenvergabeordnung gilt mit der Maßgabe, dass dem öffentlichen Auftraggeber eine Anwendung freigestellt ist;
4. § 42 Absatz 1 Nummer 3 der Unterschwellenvergabeordnung gilt mit der Maßgabe, dass in Fällen eines Zweifels an Änderungen von Eintragungen des Bieters in seinem Angebot zunächst die Aufklärung angestrebt werden kann;
5. § 46 Absatz 1 Satz 1 der Unterschwellenvergabeordnung gilt mit der Maßgabe, dass dem öffentlichen Auftraggeber eine Anwendung freigestellt ist;
6. § 50 Satz 2 der Unterschwellenvergabeordnung gilt mit der Maßgabe, dass bis zu einem geschätzten Auftragswert von 100 000 Euro dem Wettbewerbsgrundsatz nach Satz 1 bereits Genüge getan ist, wenn der öffentliche Auftraggeber grundsätzlich mehrere, in der Regel drei Unternehmen zur Abgabe eines Angebotes aufgefordert hat.

²Dies gilt unbeschadet des Absatzes 1 Satz 1 mit der Maßgabe, dass eine beschränkte Ausschreibung oder eine Verhandlungsvergabe auch zulässig ist, wenn der geschätzte Auftragswert ohne Umsatzsteuer 100 000 Euro nicht überschreitet.

(4) Öffentliche Aufträge dürfen nicht allein zu dem Zweck aufgeteilt werden, eine öffentliche oder beschränkte Ausschreibung zu umgehen.

(5) Bei der Inanspruchnahme von Fördermitteln treten an die Stelle der Absätze 1 bis 4 die förderrechtlichen Bestimmungen, sofern in diesen Abweichendes geregelt ist.

(6) Verträge über Konzessionen, für die der Vierte Teil des Gesetzes gegen Wettbewerbsbeschränkungen nicht gilt, sind nach den Vorschriften des Brandenburgischen Vergabegesetzes in der jeweils geltenden Fassung zu vergeben.

FrauFöV – Frauenförderverordnung

Verordnung über die bevorzugte Berücksichtigung von Unternehmen bei der Vergabe öffentlicher Aufträge zur Förderung von Frauen im Erwerbsleben

Vom 25. April 1996
(GVBl. II S. 354)
Sa BbgLR 218-2
geänd. durch Art. 1 Erste ÄndVO zur FrauFöV v. 18.2.2002 (GVBl. II S. 139)

Auf Grund des § 14 Abs. 2 des Landesgleichstellungsgesetzes vom 4. Juli 1994 (GVBl. I S. 254) verordnet die Landesregierung:

§ 1 Anwendungsbereich

(1) Die Behörden des Landes, die Gemeinden und Gemeindeverbände sowie die sonstigen der Aufsicht des Landes unterstehenden Körperschaften, Stiftungen und Anstalten des öffentlichen Rechts sind bei allen Aufträgen, deren Wert den in § 14 Abs. 1 des Landesgleichstellungsgesetzes genannten Betrag übersteigt, verpflichtet, diese Rechtsverordnung anzuwenden.

(2) Ein Gesamtauftrag darf nicht in der Absicht geteilt werden, die Anwendung dieser Rechtsverordnung zu umgehen.

§ 2 Ausnahmen

(1) Die bevorzugte Berücksichtigung findet nicht statt für Aufträge, die auf Grund des jeweiligen Auftragsvolumens die in § 2 Nr. 3, 4, 7 und 8 der Vergabeverordnung vom 9. Januar 2001 (BGBl. I S. 110) genannten Schwellenwerte erreichen oder überschreiten.

(2) Die Verordnung findet keine Anwendung auf die Vergabe öffentlicher Aufträge durch Dienststellen des Landes, deren Sitz sich außerhalb der Landesgrenzen befindet.

§ 3 Begriffsbestimmungen

(1) Öffentliche Aufträge sind privatrechtliche Verträge über Lieferungen und Leistungen gegen Entgelt, wenn zumindest ein Vertragspartner ein öffentlicher Auftraggeber ist.

(2) Gleichwertigkeit eines Angebots im Sinne von § 6 liegt vor, wenn es unter Würdigung aller für die Auftragsvergabe entscheidenden Kriterien gleich wirtschaftlich oder gleich annehmbar im Vergleich zu einem anderen Angebot ist.

(3) Der Bieter ist das bietende Unternehmen.

§ 4 Bevorzugte Bieter

(1) [1]Bevorzugte Bieter sind diejenigen, die sich der Gleichstellung von Frauen im Erwerbsleben angenommen haben und im Verhältnis zu den übrigen Bietern im Zeitpunkt der Angebotsabgabe
1. einen höheren Frauenanteil an den Beschäftigten, einschließlich der zu ihrer Ausbildung Beschäftigten, aufweisen und
2. Frauen in höherem Maße in qualifizierten Positionen beschäftigen.

[2]Die qualifizierte Position wird ermittelt auf Grundlage des Bruttolohns oder Bruttogehalts des weiblichen Beschäftigten in Relation zum Bruttolohn oder Bruttogehalt der Beschäftigten insgesamt (§ 10 Abs. 1 Ziffer 2, Abs. 2).

(2) Geringfügige Beschäftigungsverhältnisse nach § 8 des Vierten Buches des Sozialgesetzbuches werden nicht berücksichtigt.

(3) Die Bewertung der Merkmale erfolgt nach dem Verfahren gemäß § 10.

§ 5 Unterauftrag

(1) [1]Sofern ein Bieter, der sich zur Vertragserfüllung eines Unterauftragnehmers bedienen darf, nach § 6 oder § 7 bevorzugt werden will, muß er im Rahmen des Ausschreibungsverfahrens die Angaben

zu § 4 in Form der Anlage dieser Rechtsverordnung auch für das Unternehmen des Unterauftragnehmers vorlegen. ²§ 9 Abs. 2 und 3 gilt entsprechend.

(2) Bei Verträgen nach Absatz 1 sind die auf den Unterauftragnehmer bezogenen Angaben bei der Entscheidung über die Bevorzugung von der Vergabestelle den Angaben des Bieters zuzurechnen.

§ 6 Inhalt der Bevorzugung

Ist bei Öffentlichen oder Beschränkten Ausschreibungen oder bei Freihändiger Vergabe das Angebot eines nach § 4 bevorzugten Bieters gleichwertig mit dem wirtschaftlichsten oder annehmbarsten Angebot eines anderen Bieters, soll dem bevorzugten Bieter der Zuschlag erteilt werden.

§ 7 Eintrittsrecht

(1) Sofern im Rahmen eines Ausschreibungsverfahrens, bei dem der Angebotspreis das ausschlaggebende Wertungskriterium ist, das Angebot eines nach § 4 bevorzugten Bieters um nicht mehr als 20 vom Hundert über dem Preis des wirtschaftlichsten oder annehmbarsten Angebots liegt, ist ihm anzubieten, in den bei der Vergabe für den Zuschlag in Betracht kommenden Preis dieses Angebots einzutreten.

(2) ¹Die Eintrittsmöglichkeit nach Absatz 1 ist nicht gegeben, wenn es sich bei dem Angebot um ein Nebenangebot oder ein Angebot mit technischen Änderungsvorschlägen handelt. ²Eine Eintrittsmöglichkeit ist auch nicht gegeben bei Ausschreibungen mit funktionaler Leistungsbeschreibung (§ 8 Nr. 2 Abs. 1 Buchstabe a in Verbindung mit § 27 Nr. 3 Buchstabe c Verdingungsordnung für Leistungen – ausgenommen Bauleistungen – Teil A, § 9 Nr. 10 Verdingungsordnung für Bauleistungen – Teil A).

(3) ¹Die Vergabestelle kann in begründeten Ausnahmefällen davon absehen, bei einem Bieter, der die Voraussetzungen des § 4 erfüllt, nach Absatz 1 zu verfahren. ²Ein begründeter Ausnahmefall liegt vor, wenn die Bevorzugung unbillig wäre, weil die betroffenen Bieter erhebliche Unterschiede in der Unternehmensstruktur aufweisen oder weil in den maßgeblichen Berufszweigen kein ausreichendes Angebot an weiblichen Arbeitskräften besteht. ³Das für Frauen und Gleichstellung zuständige Ressort legt im Einvernehmen mit dem für Wirtschaft zuständigen Ressort auf der Grundlage der Statistik der Bundesanstalt für Arbeit in regelmäßigen Abständen fest, welche Berufszweige dies betrifft.

(4) ¹Die Vergabestelle unterrichtet denjenigen Bieter, dem ein Eintrittsrecht nach dieser Vorschrift zusteht, rechtzeitig vor Ablauf der Zuschlagsfrist über den wirtschaftlichsten Preis, der im Wettbewerb abgegeben worden ist, ohne namentliche Nennung dieses Bieters. ²Der eintrittsberechtigte Bieter erhält die Möglichkeit, sein Angebot zu diesem Preis abzugeben. ³Macht der Bieter von diesem Angebot Gebrauch, dann erhält er den Zuschlag mit der Maßgabe des § 11.

§ 8 Hinweis auf die Bevorzugung

Auf die Bevorzugung von Bietern, die sich der Gleichstellung von Frauen im Erwerbsleben angenommen haben, und deren Bedingungen ist bereits in der Bekanntmachung oder in der Aufforderung zur Angebotsabgabe hinzuweisen.

§ 9 Erforderliche Angaben im Angebot

(1) ¹Bieter, die nach § 4 bevorzugt werden wollen, müssen im Rahmen des Ausschreibungsverfahrens zusätzliche, nach Geschlecht getrennte Angaben machen, über die Gesamtzahl der Beschäftigten, einschließlich der Auszubildenden, sowie über die Bruttolohnsummen oder Bruttogehaltssummen. ²Die erforderlichen Angaben für Unternehmen ergeben sich aus der Anlage zu dieser Rechtsverordnung.

(2) ¹Bieter, in deren Unternehmen unter den Beschäftigten entweder nur eine Frau oder nur ein Mann tätig ist, geben nur die Anzahl der im Unternehmen sozialversicherungspflichtig beschäftigter Frauen und Männer an. ²Die Angaben des Bieters zu Bruttolohnausgaben entfallen; stattdessen errechnet der Bieter die Kennziffer selbst.

(3) Die Angebote und ihre Anlagen sind sorgfältig zu verwahren und vertraulich zu behandeln.

§ 10 Verfahren zur Feststellung der Bevorzugung

(1) Die Vergabestelle vergibt Kennziffern
1. für den Anteil der Frauen an der Gesamtzahl der sozialversicherungspflichtig Beschäftigten, einschließlich der zu ihrer Ausbildung Beschäftigten,
2. für den Anteil des Bruttoarbeitsentgelts der weiblichen Beschäftigten im Verhältnis zum Bruttoarbeitsentgelt der gesamten Beschäftigten des Unternehmens, mit Ausnahme der Fälle nach § 9 Abs. 2 bei Bietern, in deren Unternehmen unter den Beschäftigten nur eine Frau oder nur ein Mann tätig ist.

(2) ^{1}Das Bruttoarbeitsentgelt richtet sich nach der im Arbeitsvertrag vereinbarten Grundvergütung vor Abzug von Steuern und Sozialabgaben. ^{2}Dies gilt auch, wenn Beschäftigte Lohnersatzleistungen wegen Krankheit, Mutterschutz, Kurzarbeit oder Schlechtwetter oder Leistungen für Kindererziehung erhalten. ^{3}Zum Bruttoarbeitsentgelt gehören übertarifliche Zulagen, nicht aber sonstige Zuschläge.

(3) ^{1}Die Kennziffern nach Absatz 1 Ziffer 1 und 2 werden als Vom Hundertsatz berechnet. ^{2}Die jeweiligen Beträge werden auf die nächste ganze Zahl gerundet.

(4) Bevorzugt nach § 4 wird der Bieter mit der höchsten Summe der Kennziffern.

§ 11 Nebenpflichten und Nachprüfung

(1) Ein nach § 4 bevorzugter Bieter erhält den Zuschlag, wenn er sich bereit erklärt,
1. den Anteil der Frauen, wie im Angebot angegeben, bis zur Erfüllung des Vertrages, mindestens jedoch bis zum Ende des Jahres, das der Zuschlagserteilung folgt, nicht zu verringern,
2. die Richtigkeit der Angaben durch die Vergabestelle überprüfen zu lassen. Zur Überprüfung der Richtigkeit der Angaben kann die Vergabestelle Auskunft und Urkundenherausgabe verlangen. Eine Übermittlung personenbezogener Daten kann nicht verlangt werden.

(2) ^{1}In den Verdingungsunterlagen ist klarzustellen, daß die dargelegten Verhältnisse maßgeblich für die Zuschlagentscheidung sind und bei fehlerhaften Angaben die Vertragserklärung wegen arglistiger Täuschung angefochten werden kann. ^{2}Schadensersatzansprüche sind vorzubehalten.

§ 12 Nachvollziehbarkeit der Entscheidung

^{1}Der Vergabevermerk hat sich auf die Prüfung der Bevorzugung nach dieser Rechtsverordnung und ihr Ergebnis zu erstrecken. ^{2}Wird ein Bieter nicht bevorzugt, obgleich Angaben nach § 9 mit dem Angebot vorgelegt wurden, so sind die Gründe, weshalb der Zuschlag nicht erteilt worden ist, ebenfalls aktenkundig zu machen. ^{3}Die Vergabestelle ist in diesem Fall verpflichtet, dem Bieter auf sein Verlangen die Gründe mitzuteilen, weshalb er nicht bevorzugt worden ist. ^{4}Der Vergabevermerk hat sich auch auf die Anwendung von § 7 Abs. 3 zu erstrecken.

§ 13 Anderweitige Bevorzugung

Soweit aufgrund von sonstigen Regelungen eine anderweitige Bevorzugung nachgewiesen wird, ist Grundlage der Entscheidung zwischen den verschiedenen als bevorzugt geltenden Bietern der Grundsatz des wirtschaftlichsten oder annehmbarsten Angebots.

§ 14 Berichterstattung

Das für Frauen und Gleichstellung zuständige Ressort ist berechtigt, jährlich von den Vergabestellen statistische Angaben über Art und Ausmaß der nach dieser Verordnung an bevorzugte Unternehmen vergebenen Aufträge zu verlangen.

§ 15 Inkrafttreten

Diese Rechtsverordnung tritt am Tage nach der Verkündung^1 in Kraft.

Anlage

zur Verordnung über die bevorzugte Berücksichtigung von Unternehmen bei der Vergabe öffentlicher Aufträge zur Förderung von Frauen im Erwerbsleben (Frauenförderverordnung)

---

^{1} Verkündet am 17.5.1996.

LVG Bbg

Frauenförderverordnung

Firmenanschrift:

Ansprechpartner/in:

Laut beigefügtem Nachweis macht der Bieter geltend, daß er sich der Gleichstellung von Frauen im Erwerbsleben angenommen hat und er nach der Frauenförderverordnung behandelt werden möchte.

Um den Status eines Bieters im Sinne der Frauenförderverordnung zu erlangen, ist es notwendig, daß er im Verhältnis zu den übrigen Bietern im Zeitpunkt der Angebotsabgabe
1. einen höheren Frauenanteil an den Beschäftigten, einschließlich der zu ihrer Ausbildung Beschäftigten, aufweist (geringfügig Beschäftigte werden nicht berücksichtigt) und
2. Frauen in höherem Maße in qualifizierten Positionen beschäftigt (wird anhand der Bruttolohnausgaben ermittelt).

Ein Bieter, der sich der Frauenförderung annimmt, wird insofern vorrangig berücksichtigt, als er
1. den Zuschlag dann erhält, wenn sein Angebot gleichwertig mit dem wirtschaftlichsten Angebot eines anderen Bietern ist oder
2. die Möglichkeit erhält, in das wirtschaftlichste oder annehmbarste Angebot einzutreten. Voraussetzung ist, daß sein Angebot um nicht mehr als 20 vom Hundert über dem Preis des wirtschaftlichsten oder annehmbarste Angebots liegt.

Merkmale	Angaben des Unternehmens[1]	Von der Vergabestelle auszufüllen (nur in den gepunkteten Feldern) Kennziffer
1. Anzahl der im Unternehmen sozialversicherungspflichtig beschäftigten Personen, einschließlich der Auszubildenden		
a) insgesamt	……	
b) davon Frauen	……	Frauenanteil (1 b : 1 a x 100) ……
2. Anzahl der zur Ausbildung Beschäftigten		
a) insgesamt	……	
b) davon Frauen	……	
3. Summe der Bruttolohn- und -gehaltsausgaben (arbeitsvertraglich vereinbarte Grundvergütung, auch außertarifliche Vergütung, vor Abzug von Steuern und Sozialabgaben – auch dann, wenn Lohnersatzleistungen gezahlt werden –, übertarifliche Zulagen, nicht aber sonstige Zuschläge) für den Kalendermonat, der dem Angebot vorausging, in DM,[2] ohne Ausbildungsvergütung, gemäß § 10 Abs. 2.		

[1] **Amtl. Anm.:** Unternehmen, die nur eine Frau oder einen Mann (ohne Auszubildende) beschäftigen, tragen die Angaben zu 3 nicht ein, berechnen aber auf deren Grundlage den Frauenlohn und -gehaltsanteil selbst und tragen diesen als Kennziffer in der rechten Spalte ein.

[2] Die Bezeichnung wurde amtlich noch nicht auf Euro umgestellt.

	Merkmale	Angaben des Unternehmens[1]	Von der Vergabestelle auszufüllen (nur in den gepunkteten Feldern) Kennziffer
a)	für die Beschäftigten insgesamt	…… DM[3]	
b)	davon Frauen	…… DM[4]	Frauenlohn- und -gehaltsanteil (3 b : 3 a x 100) ……
4.			**Summe der Kennziffern** ……

Ich versichere die Richtigkeit der von mir gemachten Angaben. Mir ist bewußt, daß eine wissentlich falsche Angabe den Ausschluß von dieser und von weiteren Ausschreibungen zur Folge haben kann.

……………………………
Datum/Firmenstempel/rechtsverbindliche Unterschrift

Die Bezeichnung wurde amtlich noch nicht auf Euro umgestellt.
Die Bezeichnung wurde amtlich noch nicht auf Euro umgestellt.

5. Bremen

Tariftreue- und Vergabegesetz

Bremisches Gesetz zur Sicherung von Tariftreue, Sozialstandards und Wettbewerb bei öffentlicher Auftragsvergabe

Vom 24. November 2009
(Brem.GBl. S. 476)
SaBremR 63–h–2
geänd. durch Art. 2 G zur Einführung vorübergehender vergaberechtlicher Erleichterungen v. 22.9.2020 (Brem.GBl. S. 960)

Der Senat verkündet das nachstehende, von der Bürgerschaft (Landtag) beschlossene Gesetz:

Abschnitt 1 Allgemeines

§ 1 Zweck

Dieses Gesetz regelt die Vergabe von öffentlichen Aufträgen und wirkt Verzerrungen im Wettbewerb um öffentliche Aufträge entgegen, die durch den Einsatz von Niedriglohnkräften entstehen.

§ 2 Anwendungsbereich

(1) ¹Dieses Gesetz gilt für die Vergabe öffentlicher Aufträge über Bau-, Liefer- und Dienstleistungen durch öffentliche Auftraggeber im Sinne des § 99 und durch Sektorenauftraggeber im Sinne des § 100 des Gesetzes gegen Wettbewerbsbeschränkungen (Auftraggeber). ²Auf Rahmenvereinbarungen im Sinne des § 103 Absatz 5 des Gesetzes gegen Wettbewerbsbeschränkungen ist dieses Gesetz entsprechend anwendbar. ³Aufträge im Sinne dieses Gesetzes umfassen auch Rahmenvereinbarungen.

(2) ¹Im Bereich des öffentlichen Personennahverkehrs auf Straße und Schiene gilt dieses Gesetz für öffentliche Dienstleistungsaufträge, auch in Form von Dienstleistungskonzessionen, und für Linienverkehrsgenehmigungen, soweit diese nach Maßgabe der Richtlinie 2014/25/EU des Europäischen Parlaments und des Rates vom 26. Februar 2014 über die Vergabe von Aufträgen durch Auftraggeber im Bereich der Wasser-, Energie- und Verkehrsversorgung sowie der Postdienste und zur Aufhebung der Richtlinie 2004/17/EG (ABl. L 094 vom 28. März 2014, S. 243), die durch die delegierte Verordnung (EU) 2015/2171 (ABl. L 307 vom 25. November 2015, S. 7) geändert worden ist, der Richtlinie 2014/24/EU des Europäischen Parlaments und des Rates vom 26. Februar 2014 über die öffentliche Auftragsvergabe und zur Aufhebung der Richtlinie 2004/18/EG (ABl. L 94 vom 28. März 2014, S. 65), die durch die delegierte Verordnung (EU) Nr. 2015/2170 (ABl. L 307 vom 25. November 2015, S. 5) geändert worden ist, und der Richtlinie 2014/23/EU des Europäischen Parlaments und des Rates vom 26. Februar 2014 über die Konzessionsvergabe (ABl. L 94 vom 28. März 2014, S. 1, L 114 vom 5. Mai 2015, S. 24), die durch die delegierte Verordnung (EU) 2015/2172 (ABl. L 307 vom 25. November 2015, S. 9) geändert worden ist, oder gemäß Artikel 5 der Verordnung (EG) Nr. 1370/2007 des Europäischen Parlaments und des Rates vom 23. Oktober 2007 über öffentliche Personenverkehrsdienste auf Schiene und Straße und zur Aufhebung der Verordnungen (EWG) Nr. 1191/69 und (EWG) Nr. 1107/70 des Rates (ABl. L 315 vom 3. Dezember 2007, S. 1) vergeben oder erteilt werden. ²Es gilt insbesondere auch für die Direktvergabe gemäß Artikel 5 Absatz 4 bis 6 sowie für die Betrauung eines internen Betreibers gemäß Artikel 5 Absatz 2 der Verordnung (EG) Nr. 1370/2007. ³Dieses Gesetz gilt auch für Verkehre im Sinne von § 1 der Freistellungs-Verordnung in der im Bundesgesetzblatt Teil III, Gliederungsnummer 9240-1-1, veröffentlichten bereinigten Fassung, geändert durch Artikel 1 der Verordnung vom 4. Mai 2012 (BGBl. I S. 1037).

(3) Dieses Gesetz gilt nicht in den Fällen der §§ 107 bis 109, 116 und 117, 137 bis 140 und 145 des Gesetzes gegen Wettbewerbsbeschränkungen.

(4) Abschnitt 2 gilt nicht für die Vergabe öffentlicher Aufträge, deren Auftragswerte die Schwellenwerte des § 106 Absatz 2 des Gesetzes gegen Wettbewerbsbeschränkungen erreichen und nicht für

öffentliche Aufträge, die zum Zweck der Ausübung einer Sektorentätigkeit gemäß § 102 des Gesetzes gegen Wettbewerbsbeschränkungen vergeben werden.

(5) Abschnitt 3 gilt nicht für die Vergabe öffentlicher Aufträge über Lieferleistungen.

§ 3 Auftragswerte

(1) Für die Schätzung der Auftragswerte nach diesem Gesetz ist die Regelung des § 3 Absatz 1 der Vergabeverordnung entsprechend anzuwenden.

(2) ¹Der Wert des beabsichtigten Auftrags darf nicht in der Absicht geschätzt oder aufgeteilt werden, ihn der Anwendung dieses Gesetzes zu entziehen. ²Die Verpflichtung gemäß § 4 bleibt davon unberührt.

§ 4 Mittelstandsförderung, Generalunternehmeraufträge

(1) ¹Bei der Vergabe öffentlicher Aufträge sind Leistungen, soweit es die wirtschaftlichen und technischen Voraussetzungen zulassen, nach Art und Menge so in Lose zu zerlegen, dass sich Unternehmen der mittelständischen Wirtschaft mit Angeboten beteiligen können. ²Generalunternehmervergaben stellen die Ausnahme dar und bedürfen einer gesonderten Begründung.

(2) ¹Die Organisation von Vergaben erfolgt ab dem 1. Mai 2015 nach einheitlichen Vertragsbedingungen, Verfahrens- und Formvorschriften über eine zentrale Service- und Koordinierungsstelle, soweit es sich nicht um Lieferleistung[1] handelt. ²Das Nähere regelt eine Rechtsverordnung.

Abschnitt 2 Anwendung von Vergaberegelungen

§ 5 Vergabe von Aufträgen nach Einholung von Vergleichsangeboten

(1) ¹Öffentliche Aufträge werden, soweit nicht die §§ 6 und 7 etwas anderes bestimmen, ohne vorherige Bekanntmachung nach Einholung von Vergleichsangeboten vergeben. ²Dies ist zu dokumentieren.

(2) ¹Von der Einholung von Vergleichsangeboten kann in Fällen abgesehen werden, in denen
a) eine freihändige Vergabe nach Abschnitt 1 § 3a Absatz 3 Nummer 1, 2 und 6 des Teils A der Vergabe- und Vertragsordnung für Bauleistungen zugelassen ist;
b) eine Verhandlungsvergabe mit nur einem Unternehmen nach § 12 Absatz 3 in Verbindung mit § 8 Absatz 4 Nummer 9 bis 14 der Unterschwellenvergabeordnung zugelassen ist;
c) ein Direktauftrag nach § 14 der Unterschwellenvergabeordnung zugelassen ist;
d) die Leistung des beabsichtigten Auftrages im Rahmen einer freiberuflichen Tätigkeit oder im Wettbewerb mit freiberuflich Tätigen erbracht wird (freiberufliche Leistung) und die Vergütung für diese freiberufliche Leistung in ihren wesentlichen Bestandteilen nach Festbeträgen oder unter Einhaltung der Mindestsätze nach einer verbindlichen Gebühren- oder Honorarordnung abgerechnet wird;
e) die zu vergebende freiberufliche Leistung nach Art und Umfang, insbesondere ihre technischen Anforderungen, vor der Vergabe nicht eindeutig und erschöpfend beschrieben werden kann, die Einholung von Vergleichsangeboten einen Aufwand für den Auftraggeber oder die Bewerber oder Bieter verursachen würde, der zu dem erreichten Vorteil oder dem Wert der Leistung im Missverhältnis stehen würde und ein Auftragswert von 50 000 Euro nicht überschritten wird;
f) ein Bauauftrag oder ein Auftrag über eine freiberufliche Leistung vergeben wird und dieser einen Auftragswert von 5 000 Euro nicht überschreitet.
²Der Verzicht auf die Einholung von Vergleichsangeboten ist zu begründen.

§ 6 Vergabe von Bauaufträgen

(1) Bei der Vergabe von Bauaufträgen sind ab einem Auftragswert von 50 000 Euro die Bestimmungen des Abschnitts 1 des Teils A der Vergabe- und Vertragsordnung für Bauleistungen anzuwenden.

(2) ¹Die Vergabe von Bauaufträgen nach Absatz 1 in einem anderen Verfahren als einer öffentlicher Ausschreibung ist zu begründen. ²Die Begründung ist zu dokumentieren.

---

[1] Richtig wohl: „Lieferleistungen".

(3) ¹Aufträge nach Absatz 1, die einen Auftragswert von 500 000 Euro nicht erreichen, können ohne weitere Einzelfallbegründung im Wege der beschränkten Ausschreibung ohne Teilnahmewettbewerb vergeben werden. ²Das Verfahren ist in transparenter und nicht diskriminierender Weise durchzuführen.

§ 7 Vergabe von Liefer- und Dienstleistungsaufträgen

(1) ¹Bei der Vergabe von Liefer- und Dienstleistungsaufträgen sind ab einem Auftragswert von 50 000 Euro die Bestimmungen der Unterschwellenvergabeordnung anzuwenden. ²Hiervon ausgenommen ist die Vergabe von freiberuflichen Leistungen.

(2) ¹Die Vergabe von Aufträgen nach Absatz 1 in einem anderen Verfahren als einer öffentlichen Ausschreibung oder einer beschränkten Ausschreibung mit Teilnahmewettbewerb ist zu begründen. ²Die Begründung ist zu dokumentieren.

(3) ¹Aufträge nach Absatz 1, die einen Auftragswert von 100 000 Euro nicht erreichen, können ohne weitere Einzelfallbegründung im Wege der beschränkten Ausschreibung ohne Teilnahmewettbewerb vergeben werden. ²Das Verfahren ist in transparenter und nicht diskriminierender Weise durchzuführen.

§ 8 Präqualifikation

Der Senat kann neben den in Abschnitt 1 des Teils A der Vergabe- und Vertragsordnung für Bauleistungen und in der Unterschwellenvergabeordnung genannten Präqualifikationsmöglichkeiten weitere Präqualifikationsverfahren durch Richtlinien regeln.

Abschnitt 3 Tariftreue/Mindestarbeitsbedingungen

§ 9 Mindestlohn

(1) Öffentliche Aufträge werden nur an solche Unternehmen vergeben, die sich bei der Angebotsabgabe schriftlich verpflichten, ihren Beschäftigten, abgesehen von Auszubildenden, bei der Ausführung der Leistung ein Entgelt in Höhe des Mindestlohns nach § 9 des Landesmindestlohngesetzes zu bezahlen.

(2) ¹Der Auftraggeber fordert die Erklärung nach Absatz 1 nicht, wenn der Auftrag für den Binnenmarkt¹ Europäischen Union von Bedeutung ist. ²Satz 1 gilt nicht für die Vergabe von Dienstleistungen im Bereich des öffentlichen Personennahverkehrs auf Straße und Schiene.

§ 10 Tariftreueerklärung

(1) ¹Öffentliche Aufträge für Dienstleistungen oder Genehmigungen im Bereich des öffentlichen Personennahverkehrs auf Straße und Schiene gemäß § 2 Absatz 2 sowie Bauaufträge im Sinne des § 103 Absatz 3 des Gesetzes gegen Wettbewerbsbeschränkungen werden nur an Unternehmen vergeben oder erteilt, die sich bei der Angebotsabgabe oder im Antrag auf Erteilung der Genehmigung schriftlich verpflichten, ihren Beschäftigten bei der Ausführung der Leistungen mindestens das am Ort der Ausführung für die jeweilige Leistung tarifvertraglich vorgesehene Entgelt (Tariflohn), einschließlich der Überstundenzuschläge, zum tarifvertraglich vorgesehenen Zeitpunkt zu bezahlen. ²In den Ausschreibungsunterlagen ist anzugeben, welcher Tariflohn für die Leistung jeweils als maßgeblich im Sinne des Satzes 1 anzusehen ist; im Bereich des öffentlichen Personennahverkehrs erfolgt dies in der Vorabbekanntmachung im Amtsblatt der Europäischen Union.

(2) Der Auftraggeber fordert die Erklärung nach Absatz 1 nur bei Bauaufträgen, die für den Binnenmarkt der Europäischen Union nicht von Bedeutung sind.

(3) ¹Gelten am Ort der Leistung mehrere Tarifverträge für dieselbe Leistung, so hat der Auftraggeber den Tariflohn eines repräsentativen Tarifvertrags zugrunde zu legen, der mit einer tariffähigen Gewerkschaft vereinbart wurde. ²Haustarifverträge sind hiervon ausgenommen. ³Der Senat bestimmt durch Rechtsverordnung, in welchem Verfahren festgestellt wird, welche Tarifverträge als repräsentativ im Sinne der Sätze 1 und 2 anzusehen sind. ⁴Die Rechtsverordnung kann auch die Vorbereitung

---

¹ Richtig wohl: „den Binnenmarkt der".

der Entscheidung durch einen Beirat vorsehen; sie regelt in diesem Fall auch die Zusammensetzung des Beirats.

(4) Gelten für eine Leistung mehrere Tarifverträge (gemischte Leistungen), ist der Tariflohn desjenigen Tarifvertrags maßgeblich, in dem der überwiegende Teil der Leistung liegt.

§ 11 Mindestlohn nach Bundesgesetzen

[1]Öffentliche Aufträge werden nur an solche Unternehmen vergeben, die sich bei der Angebotsabgabe schriftlich verpflichten, ihren Arbeitnehmerinnen und Arbeitnehmern bei der Ausführung der Leistung den gesetzlichen Mindestlohn nach § 1 Absatz 2 des Mindestlohngesetzes zu zahlen. [2]Satz 1 gilt entsprechend für die in § 1 Absatz 3 des Mindestlohngesetzes aufgeführten sonstigen Mindestentgelte, soweit das Unternehmen an diese gesetzlich gebunden ist.

§ 12 Günstigkeitsklausel

Erfüllt die Vergabe eines öffentlichen Auftrages oder Erteilung einer Genehmigung im öffentlichen Personennahverkehr gemäß § 2 Absatz 2 die Voraussetzungen von mehr als nur einer der in §§ 9 bis 11 getroffenen Regelungen, so ist die für die Beschäftigten jeweils günstigste Regelung maßgeblich.

§ 13 Auftragnehmer- und Nachunternehmerklausel

(1) Der Auftraggeber hat mit dem Auftragnehmer vertraglich zu vereinbaren, dass er befugt ist, Kontrollen im Sinne des § 16 Absatz 1 und 4 durchzuführen.

(2) [1]Zwischen dem Auftraggeber und dem Auftragnehmer ist zu vereinbaren, dass dem Auftraggeber Einsichtnahme in die zum Nachweis einer ordnungsgemäßen Entgeltleistung geeigneten Unterlagen, insbesondere Entgeltabrechnungen, Stundennachweise und Arbeitsverträge, sämtlicher zur Erfüllung des Auftrages eingesetzten Beschäftigten, auch der eingesetzten Nachunternehmer, gewährt wird. [2]Zudem ist zu vereinbaren, dass dem Auftraggeber Einsicht in sämtliche Unterlagen, insbesondere Meldeunterlagen, Bücher, Nachunternehmerverträge sowie andere Geschäftsunterlagen und Aufzeichnungen, aus denen sich Umfang, Art, Dauer und tatsächliche Entlohnung der Beschäftigten ergeben oder abgeleitet werden, gewährt wird.

(3) [1]Zwischen dem Auftraggeber und dem Auftragnehmer ist weiter zu vereinbaren, dass der Auftragnehmer für den Fall einer Kontrolle nach § 16 Absatz 1 und 4 aktuelle und prüffähige Unterlagen im Sinne des Absatzes 2 bereitzuhalten und diese auf Verlangen des Auftraggebers unverzüglich, spätestens mit Ablauf einer vom Auftraggeber gesetzten Frist am Sitz des Auftraggebers zum Zwecke der Einsichtnahme vorzulegen hat. [2]Zudem ist zu vereinbaren, dass der Auftragnehmer den Auftraggeber im Falle nicht, nicht rechtzeitig oder nicht vollständig vorhandener Unterlagen im Sinne des Absatzes 2 unverzüglich in Kenntnis setzt.

(4) [1]Zwischen dem Auftraggeber und dem Auftragnehmer ist zu vereinbaren, dass der Auftraggeber befugt ist, die Beschäftigten zu ihrer Entlohnung und den weiteren Arbeitsbedingungen zu befragen. [2]Der Auftragnehmer ist durch den Auftraggeber zu verpflichten, seine Beschäftigten auf die Möglichkeit einer solchen Kontrolle hinzuweisen.

(5) [1]Der Auftraggeber verpflichtet die Bieter, bei Abgabe der Angebote anzugeben, welche Leistungen an Nachunternehmer vergeben werden sollen. [2]Der Auftraggeber verpflichtet den Auftragnehmer, mit dem Nachunternehmer zu vereinbaren, dass dieser die dem Auftragnehmer nach § 9 Absatz 1, § 10 Absatz 1, §§ 11 und 12 sowie nach den Absätzen 2 bis 7 aufzuerlegenden Pflichten im Rahmen der Nachunternehmerleistung entsprechend erfüllt. [3]Der Auftraggeber verpflichtet den Auftragnehmer, ihm gegenüber den Einsatz eines Nachunternehmers und dessen Nachunternehmer vor dessen Beginn mit der Ausführung der Leistung schriftlich anzuzeigen.

(6) [1]Der Auftraggeber verpflichtet den Auftragnehmer, die in Absatz 5 Satz 2 genannten Pflichten des Nachunternehmers zu überwachen. [2]Der Auftraggeber lässt sich durch den Auftragnehmer mit der Möglichkeit bevollmächtigen, gegenüber den Nachunternehmern Kontrollen nach § 16 Absatz 1 und 4 durchzuführen, diese unter Unterlagen zum Nachweis der Erfüllung der in Absatz 5 Satz 2 genannten Pflichten des Nachunternehmers nach Maßgabe der Absätze 2 und 3 anzufordern und die eingesetzten Beschäftigten nach Maßgabe des Absatzes 4 Satz 1 zu befragen; der Auftragnehmer wird dadurch nicht von seiner Überwachungspflicht nach Satz 1 entbunden. [3]Der Auftraggeber verpflichtet den Auftragnehmer, dem Nachunternehmer die Pflicht aufzuerlegen, die Beschäftigten auf die Möglichkeit einer solchen Kontrolle hinzuweisen.

(7) ¹Um die Einhaltung der in den Absätzen 5 und 6 genannten Pflichten zu gewährleisten, verpflichtet der Auftraggeber den Auftragnehmer, gegenüber jedem von ihm bei der Ausführung der Leistung eingesetzten Nachunternehmer eine vom Auftraggeber zur Verfügung gestellte vorformulierte Erklärung zu verwenden. ²Diese Erklärung ist im Rahmen der Anzeige nach Absatz 5 Satz 3 vorzulegen.

§ 14 Wertung unangemessen niedriger Angebote

(1) ¹Erscheint ein Angebot, auf das der Zuschlag erteilt werden könnte, im Hinblick auf die Lohnkalkulation unangemessen niedrig, so hat der öffentliche Auftraggeber das Angebot vertieft zu prüfen. ²Dies gilt unabhängig von der nach Teil A der Vergabe- und Vertragsordnung für Bauleistungen und nach der Unterschwellenvergabeordnung vorgegebenen Prüfung unangemessen niedrig erscheinender Angebote.

(2) Soweit ein Auftrag nicht nach § 5 vergeben werden kann, ist eine vertiefte Prüfung durchzuführen, wenn die Lohnkalkulation der rechnerisch geprüften Angebotssumme um mindestens 20 Prozent unter der Kostenschätzung des Auftraggebers liegt oder um mehr als 10 Prozent von der des nächst höheren² Angebotes abweicht.

(3) Im Rahmen der Überprüfung nach Absatz 1 Satz 1 und Absatz 2 ist der Bieter verpflichtet, nach Aufforderung durch den Auftraggeber eine transparente und nachvollziehbare Kalkulation, insbesondere im Hinblick auf die Entgelte, einschließlich der Überstundenzuschläge, nachzuweisen.

§ 15 Nachweise, Angebotsausschluss

(1) Kommt der Bieter der Verpflichtung nach § 14 Absatz 3 nicht nach oder kann er die begründeten Zweifel des Auftraggebers an seiner Absicht, die Verpflichtungen nach § 9 Absatz 1, § 10 Absatz 1, §§ 11, 12 und 13 Absatz 5 und 6 zu erfüllen, nicht beseitigen, so ist sein Angebot auszuschließen.

(2) ¹Ein Angebot soll von der Wertung ausgeschlossen werden, wenn der Bieter trotz Aufforderung eine Mindestlohnerklärung nach § 9 Absatz 1, eine Tariftreueerklärung nach § 10 Absatz 1 oder eine Mindestlohnerklärung nach § 11 nicht abgibt. ²Ein Angebot soll auch dann von der Wertung ausgeschlossen werden, wenn der Bieter trotz Aufforderung eine Erklärung über die Verpflichtungen seiner Nachunternehmer nach § 13 Absatz 5 und 6 nicht abgibt.

(3) ¹Ein Angebot für eine Bauleistung soll von der Wertung ausgeschlossen werden, wenn der Bieter trotz Aufforderung eine aktuelle Unbedenklichkeitsbescheinigung der Sozialkasse, der er kraft Tarifbindung angehört, nicht abgibt. ²Die Bescheinigung enthält mindestens die Zahl der zurzeit gemeldeten Arbeitnehmerinnen und Arbeitnehmer und gibt Auskunft darüber, ob den Zahlungsverpflichtungen nachgekommen wurde. ³Ausländische Unternehmen haben einen vergleichbaren Nachweis zu erbringen. ⁴Bei fremdsprachigen Bescheinigungen ist eine Übersetzung in deutscher Sprache beizufügen. ⁵Bei Aufträgen über Bauleistungen, deren Auftragswert 10 000 Euro nicht erreicht, tritt an Stelle des Nachweises nach Satz 1 die Erklärung des Bieters, seinen Zahlungsverpflichtungen nachgekommen zu sein.

(4) Soll die Ausführung eines Teils der Leistung einem Nachunternehmer übertragen werden, so soll das Angebot von der Wertung ausgeschlossen werden, wenn der Bieter nach Aufforderung und vor der Auftragserteilung keine auf den Nachunternehmer lautenden Nachweise und Erklärungen nach den Absätzen 2 und 3 vorlegt.

(5) Die in Abschnitt 1 des Teils A der Vergabe- und Vertragsordnung für Bauleistungen und in der Unterschwellenvergabeordnung genannten Nachweispflichten bestehen unbeschadet der Nachweispflichten in den Absätzen 2 bis 4.

(6) ¹Hat ein Bieter im Kalenderjahr einem Auftraggeber bereits den Nachweis nach Absatz 3 oder andere Eignungsnachweise nach Teil A der Vergabe- und Vertragsordnung für Bauleistungen oder nach der Unterschwellenvergabeordnung vorgelegt, so fordert derselbe Auftraggeber von dem Bieter dieselben Eignungsnachweise nur noch einmal an, wenn begründete Zweifel an der Eignung des Bieters bestehen. ²Satz 1 gilt für Nachunternehmer entsprechend.

§ 16 Kontrollen und Sonderkommission

(1) Der Auftraggeber ist verpflichtet, die Einhaltung der gemäß § 9 Absatz 1, § 10 Absatz 1, § 11, 12 und § 13 Absatz 2 bis 7 vereinbarten Vertragsbedingungen zu überprüfen.

---

² Richtig wohl: „nächsthöheren".

(2) Der Senat richtet eine Sonderkommission für die Kontrolle der Arbeitsbedingungen ein, zu deren Gewährung sich der Auftragnehmer gemäß § 9 Absatz 1, § 10 Absatz 1, § 11 und § 12 oder der Nachunternehmer nach Maßgabe des § 13 Absatz 5 und 6 verpflichtet hat.

(3) ¹Der Auftraggeber hat die Sonderkommission unverzüglich über alle von ihm vergebenen Aufträge zu unterrichten. ²Der Auftraggeber ist verpflichtet, der Sonderkommission auf Anforderung weitere Informationen über den Auftrag und seine Ausführung zur Verfügung zu stellen.

(4) ¹Die Sonderkommission ordnet auf der Grundlage der Informationen des Auftraggebers Kontrollen an, die der Auftraggeber auf Anforderung der Sonderkommission unverzüglich durchzuführen hat. ²Der Auftraggeber unterrichtet die Sonderkommission jeweils über die Ergebnisse der von ihm gemäß Absatz 1 durchgeführten Kontrollen sowie über verhängte Sanktionen gemäß § 17. ³Die Sonderkommission kann sich im Rahmen ihrer Aufgaben bei anderen öffentlichen Stellen, insbesondere den Gewerbeämtern, den Zollbehörden und den Sozialkassen des Baugewerbes informieren und diesen Informationen erteilen.

(5) Der Senat kann das weitere Verfahren zur Vornahme der Kontrollen durch Richtlinien regeln.

(6) Der Senat wird ermächtigt, der Sonderkommission weitere Kontrollaufgaben durch Rechtsverordnung zu übertragen, wenn dies zur ordnungsgemäßen Abwicklung öffentlicher Aufträge notwendig erscheint.

(7) ¹Erhält der Auftraggeber durch eine Kontrolle nach den Absätzen 1 und 4 oder auf sonstige Weise Kenntnis davon, dass der Auftragnehmer oder ein Nachunternehmer einer am Ort der Leistung eingesetzten Arbeitnehmerin oder einem am Ort der Leistung eingesetzten Arbeitnehmer nicht mindestens die nach dem Arbeitnehmer-Entsendegesetz oder § 1 des Mindestlohngesetzes geltenden Mindestarbeitsbedingungen gewährt, so ist er zur Anzeige des Auftragnehmers oder des Nachunternehmers bei dem zuständigen Hauptzollamt verpflichtet. ²Der Auftragnehmer ist hierauf hinzuweisen und zu verpflichten, seine Nachunternehmer entsprechend zu unterrichten.

(8) ¹Die Sonderkommission legt dem Senat jeweils zum 30. April jedes zweiten Jahres einen Bericht über ihre Tätigkeit vor. ²Dieser Bericht wird vom Senat veröffentlicht.

(9) Für die Kontrollen im Rahmen der Erteilung einer Genehmigung im öffentlichen Personennahverkehr nach § 2 Absatz 2 gelten die Prüfungsbefugnisse der Genehmigungsbehörde nach § 54a des Personenbeförderungsgesetzes entsprechend.

§ 17 Sanktionen

(1) Im Rahmen der Prüfung der von ihr angeordneten Kontrollen im Sinne des § 16 Absatz 1 und 4 kann die Sonderkommission Empfehlungen für vertragliche Sanktionen im Sinne der Absätze 2 und 3 gegenüber dem Auftraggeber aussprechen.

(2) ¹Um die Einhaltung der dem Auftragnehmer nach § 9 Absatz 1, § 10 Absatz 1, §§ 11, 12, 13 Absatz 2, 3 und 4 Satz 2, Absatz 5 Satz 2 und 3, Absatz 6 und 7 und § 16 Absatz 7 Satz 2 aufzuerlegenden Pflichten zu sichern, hat der Auftraggeber mit dem Auftragnehmer für jede Verletzung dieser Pflichten die Verwirkung einer Vertragsstrafe in Höhe von 1 Prozent des bezuschlagten Auftragswertes zu vereinbaren. ²Der Auftragnehmer ist zur Zahlung einer Vertragsstrafe nach Satz 1 auch für den Fall zu verpflichten, dass der Verstoß durch einen von ihm eingesetzten Nachunternehmer oder durch dessen Nachunternehmer begangen wird. ³Ist die verwirkte Vertragsstrafe unverhältnismäßig hoch, so ist sie vom Auftraggeber auf einen angemessenen Betrag herabzusetzen. ⁴Die Summe der Vertragsstrafen nach diesem Gesetz darf insgesamt 10 Prozent des bezuschlagten Auftragswertes nicht überschreiten.

(3) ¹Der Auftraggeber vereinbart mit dem Auftragnehmer, dass die Nichterfüllung der dem Auftragnehmer nach § 9 Absatz 1, § 10 Absatz 1, §§ 11, 12, 13 Absatz 2 und 4 Satz 2, Absatz 5 Satz 2 Absatz 6 und 7 Satz 1 und § 16 Absatz 7 Satz 2 aufzuerlegenden Pflichten durch ihn, durch einen von ihm eingesetzten Nachunternehmer oder durch dessen Nachunternehmer zur fristlosen Kündigung berechtigen. ²Satz 1 gilt entsprechend bei mehrfachen Verstößen gegen die dem Auftragnehmer nach § 13 Absatz 3, 5 Satz 3 und Absatz 7 Satz 2 aufzuerlegenden Pflichten durch ihn, durch einen von ihm eingesetzten Nachunternehmer oder durch dessen Nachunternehmer. ³Der Auftraggeber vereinbart mit dem Auftragnehmer, dass der Auftragnehmer den dem Auftraggeber aus einer fristlosen Kündigung nach den Sätzen 1 und 2 entstandenen Schaden zu ersetzen hat.

(4) ¹Hat ein Auftragnehmer die ihm nach § 9 Absatz 1, § 10 Absatz 1, §§ 11, 12, 13 Absatz 2 und 4 Satz 2, Absatz 5 Satz 2, Absatz 6 und 7 Satz 1 und § 16 Absatz 7 Satz 2 aufzuerlegenden Pflichten

oder hat ein von ihm eingesetzter Nachunternehmer oder dessen Nachunternehmer diese im Rahmen einer Erklärung nach § 13 Absatz 7 Satz 1 zu übernehmenden Pflichten verletzt, so können ihn der Auftraggeber oder die Sonderkommission Mindestlohn von der öffentlichen Auftragsvergabe für die Dauer von bis zu zwei Jahren ausschließen. ²Satz 1 gilt entsprechend bei einer mehrfachen Verletzung von nach § 13 Absatz 3 und 5 Satz 3 und Absatz 7 Satz 2, auch in Verbindung mit § 13 Absatz 5 Satz 2, auferlegten Pflichten. ³Für den Fall, dass durch einen vom Auftragnehmer eingesetzten Nachunternehmer oder dessen Nachunternehmer gegen die im Rahmen einer Erklärung nach § 13 Absatz 7 Satz 1 übernommenen Pflichten verstoßen wird, kann auch dieses Unternehmen nach Maßgabe der Sätze 1 und 2 von der öffentlichen Auftragsvergabe ausgeschlossen werden.

(5) ¹Der Senat richtet ein Register über Unternehmen ein, die nach Absatz 4 von der Vergabe öffentlicher Aufträge ausgeschlossen worden sind. ²Der Senat wird ermächtigt, durch Rechtsverordnung zu regeln
1. die im Register zu speichernden Daten, den Zeitpunkt ihrer Löschung und die Einsichtnahme in das Register,
2. die Verpflichtung der Auftraggeber, Entscheidungen nach Absatz 4 an das Register zu melden und
3. die Verpflichtung der Auftraggeber, zur Prüfung der Zuverlässigkeit von Unternehmen Auskünfte aus dem Register einzuholen.

Abschnitt 4 Berücksichtigung sozialer und weiterer Kriterien bei der Auftragsvergabe

§ 18 Berücksichtigung sozialer und weiterer Kriterien

(1) ¹Für die Auftragsausführung können zusätzliche Anforderungen an Auftragnehmer gestellt werden, die insbesondere soziale, umweltbezogene und innovative Aspekte betreffen, wenn sie im sachlichen Zusammenhang mit dem Auftragsgegenstand stehen und sich aus der Leistungsbeschreibung ergeben. ²Bei der Vergabe öffentlicher Aufträge über Lieferleistungen können diese Anforderungen an den Herstellungsprozess gestellt werden.

(2) ¹Bei der Vergabe von Bau-, Liefer- oder Dienstleistungen ist darauf hinzuwirken, dass keine Waren Gegenstand der Leistung sind, die unter Missachtung der in den Kernarbeitsnormen der Internationalen Arbeitsorganisation (ILO) festgelegten Mindeststandards gewonnen oder hergestellt worden sind. ²Diese Mindeststandards ergeben sich aus:
1. dem Übereinkommen Nr. 29 über Zwangs- oder Pflichtarbeit vom 28. Juni 1930 (BGBl. 1956 II S. 641),
2. dem Übereinkommen Nr. 87 über die Vereinigungsfreiheit und den Schutz des Vereinigungsrechtes vom 9. Juli 1948 (BGBl. 1956 II S. 2073),
3. dem Übereinkommen Nr. 98 über die Anwendung der Grundsätze des Vereinigungsrechtes und des Rechtes zu Kollektivverhandlungen vom 1. Juli 1949 (BGBl. 1955 II S. 1123),
4. dem Übereinkommen Nr. 100 über die Gleichheit des Entgelts männlicher und weiblicher Arbeitskräfte für gleichwertige Arbeit vom 29. Juni 1951 (BGBl. 1956 II S. 24),
5. dem Übereinkommen Nr. 105 über die Abschaffung der Zwangsarbeit vom 25. Juni 1957 (BGBl. 1959 II S. 442),
6. dem Übereinkommen Nr. 111 über die Diskriminierung in Beschäftigung und Beruf vom 25. Juni 1958 (BGBl. 1961 II S. 98),
7. dem Übereinkommen Nr. 138 über das Mindestalter für die Zulassung zur Beschäftigung vom 26. Juni 1973 (BGBl. 1976 II S. 202),
8. dem Übereinkommen Nr. 182 über das Verbot und unverzügliche Maßnahmen zur Beseitigung der schlimmsten Formen der Kinderarbeit vom 17. Juni 1999 (BGBl. 2001 II S. 1291).

³Der Senat bestimmt durch Rechtsverordnung den Mindestinhalt der vertraglichen Regelungen nach Satz 1, insbesondere die Einbeziehung von Produktgruppen oder Herstellungsverfahren. ⁴Die Rechtsverordnung trifft Vorgaben zu Zertifizierungen und Nachweisen sowie zur Ausgestaltung von Kontrollen und von Sanktionen bei der Nichteinhaltung der vertraglichen Regelungen.

(3) ¹Bei der Vergabe öffentlicher Aufträge über Bau- und Dienstleistungen erhält bei wirtschaftlich gleichwertigen Angeboten derjenige Bieter den Zuschlag, der die Pflicht zur Beschäftigung schwerbehinderter Menschen nach § 71 des Neunten Buches Sozialgesetzbuch erfüllt sowie Ausbildungsplätze bereitstellt, sich an tariflichen Umlageverfahren zur Sicherung der beruflichen Erstausbildung oder an Ausbildungsverbünden beteiligt. ²Gleiches gilt für Bieter, die die Chancengleichheit von Frauen und Männern im Beruf fördern. ³Ausbildungsplätze nach Satz 1 sind Beschäftigungsverhält-

nisse, die mit dem Ziel geschlossen werden, den Auszubildenden den Abschluss einer Berufsausbildung zu ermöglichen.

(4) Werden von ausländischen Bietern Angebote abgegeben, findet ihnen gegenüber eine Bevorzugung nach Absatz 3 nicht statt.

(5) Als Nachweis der Voraussetzungen nach Absatz 3 sind von den Bietern Bescheinigungen der jeweils zuständigen Stellen vorzulegen oder darzulegen, wie sie die Chancengleichheit von Frauen und Männern im Beruf fördern.

(6) [1]Die Regelung nach Absatz 3 ist den Bietern in den Vergabeunterlagen bekannt zu machen. [2]Dabei ist auf die Nachweispflicht nach Absatz 5 hinzuweisen.

§ 19 Umweltverträgliche Beschaffung

(1) Bei der Vergabe von Bau-, Liefer- oder Dienstleistungen müssen Umwelteigenschaften einer Ware, die Gegenstand der Leistung ist, berücksichtigt werden.

(2) [1]Schreibt der Auftraggeber Umwelteigenschaften in Form von Leistungs- und Funktionsanforderungen vor, so kann er diejenigen Spezifikationen oder Teile davon verwenden, die in europäischen, multinationalen oder anderen Umweltzeichen definiert sind, wenn
1. diese Spezifikationen geeignet sind, die Merkmale derjenigen Waren oder Dienstleistungen zu definieren, die Gegenstand des Auftrags sind,
2. die Anforderungen des Umweltzeichens auf der Grundlage von wissenschaftlich abgesicherten Information[1] ausgearbeitet werden,
3. die Umweltzeichen im Rahmen eines Verfahrens erlassen werden, an dem alle interessierten Kreise, wie staatliche Stellen, Verbraucher, Hersteller, Händler und Umweltorganisationen, teilnehmen können, und
4. die Umweltzeichen für alle Betroffenen zugänglich und verfügbar sind.

[2]Der Auftraggeber kann in den Vergabeunterlagen festlegen, dass bei Waren oder Dienstleistungen, die mit einem Umweltzeichen nach Satz 1 ausgestattet sind, davon ausgegangen wird, dass sie den in der Leistungs- und Aufgabenbeschreibung festgelegten Spezifikationen genügen. [3]Er muss jedes andere Beweismittel, wie geeignete technische Unterlagen des Herstellers oder Prüfberichte anerkannter Stellen, akzeptieren.

(3) [1]Anerkannte Stelle nach Absatz 2 Satz 2 sind Prüf- und Eichlaboratorien im Sinne des Eichgesetzes sowie die Inspektions- und Zertifizierungsstellen, die die jeweils anwendbaren europäischen Normen erfüllen. [2]Der Auftraggeber muss Bescheinigungen nach Absatz 2 von staatlich anerkannten Stellen, die in anderen Mitgliedstaaten der EU ansässig sind, anerkennen.

Abschnitt 5 Schlussvorschriften

§ 19a Evaluation

Der Senat legt der Bürgerschaft (Landtag) bis zum 31. Dezember 2022 einen Bericht über die Anwendung und Auswirkungen der Vergaberegelungen nach den §§ 5, 6 und 7 sowie nach § 2 des Bremischen Gesetzes zur Erleichterung von Investitionen vor.

§ 20 Übergangsregelungen

Dieses Gesetz findet keine Anwendung auf öffentliche Aufträge, deren Vergabe vor seinem Inkrafttreten eingeleitet worden ist.

§ 21 Inkrafttreten, Außerkrafttreten

(1) Dieses Gesetz tritt am Tage nach seiner Verkündung[1] in Kraft.

(2) Gleichzeitig tritt das Vergabegesetz für das Land Bremen vom 17. Dezember 2002 (Brem.GBl S. 594 – 63-h-2) außer Kraft.

---

[1] Richtig wohl: „Informationen".
[1] Verkündet am 1.12.2009.

BremVergV – Bremische Vergabeverordnung

Verordnung zur Durchführung des Bremischen Tariftreue- und Vergabegesetzes

Vom 21. September 2010
(Brem.GBl. S. 523)
Sa BremR 63–h–3

zuletzt geändert durch Nr. 2 iVm Anl. 4 Bek. über die Änd. von Zuständigkeiten vom 20.10.2020 (Brem. GBl. S. 1172)

Aufgrund des § 10 Absatz 2 Satz 3 und 4 und des § 17 Absatz 4 Satz 2 des Tariftreue- und Vergabegesetzes vom 24. November 2009 (Brem.GBl. S. 476 – 63-h-2) verordnet der Senat:

§ 1 Repräsentative Tarifverträge

(1) ¹Die Feststellung, welche Tarifverträge als repräsentativ im Sinne des § 10 Absatz 3 Satz 1 des Tariftreue- und Vergabegesetzes anzusehen sind, trifft vorbehaltlich des Absatzes 9 die Senatorin für Wirtschaft, Arbeit und Europa. ²Die Entscheidung wird durch den jeweils zuständigen Beirat vorbereitet.

(2) ¹Als am Ort der Leistung repräsentativ gilt derjenige Tarifvertrag, der für mehr als 25 Prozent der am Ort der Leistung tätigen Arbeitnehmerinnen und Arbeitnehmer aufgrund seines räumlichen, sachlichen und persönlichen Geltungsbereichs Anwendung findet. ²Repräsentativ ist in der Regel derjenige Tarifvertrag, der die meisten Arbeitnehmerinnen und Arbeitnehmer erfasst. ³Sofern mehrere Tarifverträge nach der Zahl der erfassten Arbeitnehmerinnen und Arbeitnehmer unwesentlich voneinander abweichen, sind alle diese Tarifverträge repräsentativ.

(3) ¹Die Senatorin für Wirtschaft, Arbeit und Europa führt im Bereich des öffentlichen Personennahverkehrs auf Straße und Schiene sowie im Bereich des Bauwesens jeweils eine Liste der repräsentativen Tarifverträge. ²Diese Listen sind die ausschließliche Grundlage für die Auswahl eines repräsentativen Tarifvertrages durch den Auftraggeber nach § 10 Absatz 3 Satz 1 des Bremischen Tariftreue- und Vergabegesetzes. ³Diese Listen gelten solange fort, bis für den jeweiligen Bereich eine aktualisierte Liste im Internet veröffentlicht worden ist.

(4) ¹Es werden ein Beirat für den Bereich des öffentlichen Personennahverkehrs auf Straße und Schiene sowie ein Beirat im Bereich des Bauwesens gebildet. ²Die Beiräte geben der Senatorin für Wirtschaft, Arbeit und Europa Empfehlungen. ³Die Empfehlungen bedürfen der Mehrheit der abgegebenen Stimmen (Mehrheitsbeschluss). ⁴Ein Beirat ist beschlussfähig, wenn nach ordnungsgemäßer Ladung wenigstens die Hälfte der Mitglieder anwesend ist. ⁵Gelangt ein Beirat zu keiner Empfehlung, so kann er die Beratung auf einen erneuten Sitzungstermin vertagen. ⁶Der Senator lädt nach einer angemessenen Frist und unter Beachtung der Ladungsfrist zu einem erneuten Termin ein.

(5) Gibt ein Beirat auch in seiner zweiten Sitzung keine Empfehlung ab, trifft vorbehaltlich der Regelung des Absatzes 9 die Senatorin für Wirtschaft, Arbeit und Europa die Feststellung nach Absatz 1 ohne Vorbereitung durch den Beirat.

(6) ¹Jeder Beirat besteht aus sechs Mitgliedern. ²Die Senatorin für Wirtschaft, Arbeit und Europa beruft in jeden Beirat je drei Mitglieder und je drei stellvertretende Mitglieder auf Vorschlag des Deutschen Gewerkschaftsbundes Region Bremen – Elbe-Weser und der Unternehmerverbände im Lande Bremen e.V. für die Dauer von fünf Jahren. ³Die Mitglieder und die stellvertretenden Mitglieder des Beirats sind ehrenamtlich tätig.

(7) ¹Die Senatorin für Wirtschaft, Arbeit und Europa führt die Geschäfte der Beiräte. ²Der jeweilige Beirat ist bei Bedarf oder auf Verlangen von drei Mitgliedern einzuberufen. ³Mit der Einberufung ist die Tagesordnung schriftlich mitzuteilen. ⁴Die Ladungsfrist beträgt zwei Wochen. ⁵Eine Bedienstete oder ein Bediensteter der Senatorin für Wirtschaft, Arbeit und Europa leitet die Sitzungen der Beiräte.

(8) ¹Jeder Beirat gibt sich mit Mehrheitsbeschluss eine Geschäftsordnung. ²Darin kann er sich für eine Methode entscheiden, wie er die Empfehlung über die Repräsentativität der Tarifverträge vorbereiten will. ³Darüber hinaus kann er sich ein Einigungsverfahren geben, für den Fall, dass er in der ersten Sitzung keine Empfehlung abgibt.

(9) ¹Sofern die Geschäftsordnung nach Absatz 8 ein Einigungsverfahren festschreibt, so hat diese den Einsatz eines Schlichters vorzusehen. ²Gibt der Beirat nach durchgeführtem Einigungsverfahren auch in der zweiten Sitzung keine Empfehlung ab, entscheidet der Senat über die Feststellung nach Absatz 1.

§ 2 Register

(1) Die Senatorin für Wirtschaft, Arbeit und Europa führt ein Register über Unternehmen, die von der Vergabe öffentlicher Aufträge nach § 17 Absatz 4 des Tariftreue- und Vergabegesetzes ausgeschlossen sind.

(2) ¹Auftraggeber oder die Sonderkommission Mindestlohn geben die von ihnen ausgeschlossenen Unternehmen der das Register führenden Stelle unverzüglich unter Mitteilung der folgenden Daten bekannt:
1. meldende Stelle,
2. Datum und Aktenzeichen oder Vergabenummer,
3. Name und Rufnummer des Bearbeiters,
4. betroffenes Unternehmen oder die betroffene selbständige Niederlassung mit Anschrift,
5. Gewerbezweig oder Branche,
6. Handelsregisternummer,
7. Ausschlussbeginn,
8. Ausschlussende und
9. Rechtsgrundlage für den Ausschluss.

²Die das Register führende Stelle nimmt den Ausschluss in das Register auf.

(3) ¹Der Auftraggeber oder die Sonderkommission Mindestlohn, der nach Absatz 2 oder die über den Ausschluss eines Unternehmens entschieden hat, ist nach der Eintragung befugt, die Dauer des Ausschlusses zu verkürzen oder den Ausschluss aufzuheben. ²§ 125 des Gesetzes gegen Wettbewerbsbeschränkungen und Abschnitt 2 § 6fEU der Vergabe- und Vertragsordnung für Bauleistungen Teil A gelten entsprechend. ³Entscheidungen nach Satz 1 sind der das Register führenden Stelle unverzüglich mitzuteilen.

§ 3 Mitteilung an das Unternehmen

Der Auftraggeber oder die Sonderkommission Mindestlohn unterrichtet das von ihm ausgeschlossene Unternehmen über den Ausschluss und über die dem Register gemeldeten Daten.

§ 4 Datenspeicherung

(1) ¹Im Register werden die von den Auftraggebern nach § 2 Absatz 2 übermittelten Daten gespeichert. ²Unrichtige Daten elektronisch werden berichtigt.

(2) Ist der Ausschluss eines Unternehmens nach § 2 Absatz 3 aufgehoben oder ist die Ausschlussfrist abgelaufen, werden die Daten unverzüglich gelöscht.

§ 5 Registerabfrage

(1) ¹Bevor ein Zuschlag erteilt wird, hat der Auftraggeber festzustellen, ob der bestplatzierte Bieter, einer seiner bereits benannten Nachunternehmer oder die Mitglieder einer Bietergemeinschaft im Register eingetragen sind. ²Die Abfrage nach Satz 1 steht bei Aufträgen mit einem Auftragswert von weniger als 10 000 Euro im Ermessen des Auftraggebers.

(2) ¹Auf Anfrage der Auftraggeber teilt die das Register führende Stelle die über den Bieter, die benannten Nachunternehmer oder die Mitglieder einer Bietergemeinschaft gespeicherten Daten unverzüglich mit. ²Erhält der Auftraggeber innerhalb von drei Werktagen von der das Register führenden Stelle keine Mitteilung, so kann er davon ausgehen, dass über den Bieter, die benannten Nachunternehmer oder die Mitglieder einer Bietergemeinschaft keine Eintragung im Register vorliegt.

(3) Die Register führende Stelle erteilt jedem Unternehmen auf Verlangen jederzeit Auskunft über die Daten, die über das Unternehmen im Register gespeichert sind und über die Herkunft der Daten.

§ 6 Datenübermittlung

Die Datenübermittlung kann auf elektronischem Wege geschehen.

§ 7 Übergangsregelung

Diese Verordnung findet keine Anwendung auf öffentliche Aufträge, deren Vergabe bereits vor dem 21. Oktober 2010 eingeleitet worden ist.

§ 8 Inkrafttreten, Außerkrafttreten

(1) Diese Verordnung tritt am Tage nach ihrer Verkündung[1] in Kraft.

(2) Gleichzeitig tritt die Vergabeverordnung für das Land Bremen vom 21. September 2004 (Brem.GBl. S. 475 – 63-h-3) außer Kraft.

Verkündet am 20.10.2010.

BremVergabeOrgV – Bremische Vergabeorganisationsverordnung

Bremische Verordnung über die Organisation der Vergabe von Bau- und Dienstleistungen durch die zentrale Service- und Koordinierungsstelle

Vom 21. April 2015
(Brem.GBl. S. 201)
zuletzt geändert durch Nr. 2 iVm Anl. 4 Bek. über die Änd. von Zuständigkeiten vom
20.10.2020 (Brem. GBl. S. 1172)

Aufgrund des § 4 Absatz 2 des Tariftreue- und Vergabegesetzes vom 24. November 2009 (Brem.GBl. S. 476 – 63-h-2), das zuletzt durch Gesetz vom 27. Januar 2015 (Brem.GBl. S. 26, 27) geändert worden ist, in Verbindung mit Artikel 124 der Landesverfassung der Freien Hansestadt Bremen vom 21. Oktober 1947 (SaBremR 100-a-1), die zuletzt durch Gesetz vom 27. Januar 2015 (Brem.GBl. S. 23) geändert worden ist, verordnet der Senat:

§ 1 Anwendungsbereich

Diese Rechtsverordnung gilt für die Vergabe öffentlicher Aufträge über Bau- und Dienstleistungen durch öffentliche Auftraggeber im Sinne des § 2 Absatz 1 des Tariftreue- und Vergabegesetzes.

§ 2 Definitionen

Im Sinne dieser Rechtsverordnung sind
1. Verfahrensvorschriften Bestimmungen, die dem Zweck dienen, einen rechtskonformen Ablauf des Vergabeverfahrens zu gewährleisten. Verfahrensvorschriften können dabei jeden Verfahrensschritt eines Vergabeverfahrens betreffen. Sie umfassen insbesondere die Umsetzung rechtlicher Vorgaben und die Bewerbungskriterien.
2. Formvorschriften Bestimmungen, die dem Zweck dienen, den mit dem Vergabeverfahren in Zusammenhang stehenden Dokumenten und Texten eine recht- und zweckmäßige äußere Gestalt zu geben. Insbesondere umfasst dies die Gestaltung der Vergabeunterlagen, die Dokumentation und das Formularwesen.
3. Vertragsbedingungen Vereinbarungen zwischen dem Auftraggeber und dem Auftragnehmer, welche nicht die individuell zu beschaffende Leistung als solche, sondern verallgemeinerungsfähige Vereinbarungen über die Auftragsausführung und die Abwicklungsmodalitäten betreffen. Hiervon sind beispielsweise Vertragsklauseln umfasst, die ökologische und soziale Aspekte betreffen. Vertragsbedingungen können auch die in den Allgemeinen Vertragsbedingungen für die Ausführung von Bauleistungen (VOB/B) oder die in den Allgemeinen Vertragsbedingungen für die Ausführung von Leistungen (VOL/B) geregelten Bedingungen auslegen und konkretisieren.

§ 3 Einrichtung und Aufgabe der zentralen Service- und Koordinierungsstelle

(1) Die Senatorin für Wirtschaft, Arbeit und Europa richtet eine zentrale Service- und Koordinierungsstelle ein.

(2) Aufgabe der zentralen Service- und Koordinierungsstelle ist es, das Vergabewesen überschaubar zu gestalten, das Vergabeverfahren so zu gestalten, dass mittlere Unternehmen am Wettbewerb teilnehmen können und das Vorgehen der öffentlichen Auftraggeber so weit wie möglich zu vereinheitlichen.

(3) [1]Zu dem in Absatz 2 genannten Zweck erlässt die zentrale Service- und Koordinierungsstelle einheitliche Vertragsbedingungen, Verfahrens- und Formvorschriften, die für alle öffentlichen Auftraggeber verbindlich sind. [2]Abweichend von Satz 1 spricht sie gegenüber juristischen Personen des privaten Rechts, die in den Anwendungsbereich des Aktiengesetzes fallen, ausschließlich Empfehlungen aus.

(4) Die zentrale Service- und Koordinierungsstelle kann die Verpflichtung zur Anwendung der Vorgaben nach Absatz 3 auf bestimmte öffentliche Auftraggeber, Gruppen von öffentlichen Auftraggebern oder Auftragsgegenstände beschränken oder von der Über- oder Unterschreitung von Wertgrenzen abhängig machen.

(5) Informationen über Vertragsbedingungen, Verfahrens- und Formvorschriften, die von der zentralen Service- und Koordinierungsstelle als verbindlich vorgegeben wurden, werden im Internet zugänglich gemacht.

§ 4 Weitere Befugnisse der zentralen Service- und Koordinierungsstelle

(1) ¹Zur Erfüllung ihrer Aufgaben informiert sich die zentrale Service- und Koordinierungsstelle über die Vergabepraxis der öffentlichen Auftraggeber. ²Die öffentlichen Auftraggeber sind verpflichtet, der zentralen Service- und Koordinierungsstelle über die von ihnen praktizierte Vorgehensweise bei der Vergabe von Aufträgen umfassend Auskunft zu erteilen und ihr die verwendeten Vergabestandards, wie beispielsweise Muster, Formulare, Entscheidungshilfen, Leitfäden oder sonstige vorformulierte Dokumente zur Verfügung zu stellen.

(2) Die zentrale Service- und Koordinierungsstelle kann gegenüber Wirtschaftsteilnehmern, ihren Interessenvertretungen, den Kammern und Verbänden eine beratende Tätigkeit wahrnehmen und zu konkreten Verfahren auch Empfehlungen aussprechen.

§ 5 Berichtspflicht

¹Die zentrale Service- und Koordinierungsstelle legt dem Senat jeweils zum 30. April jedes zweiten Jahres, erstmals am 30. April 2016, einen Bericht über ihre Tätigkeit vor. ²Dieser Bericht wird vom Senat veröffentlicht.

§ 6 Inkrafttreten

Diese Verordnung tritt am Tage nach ihrer Verkündung[1] in Kraft.

Verkündet am 24.4.2015.

BremKernV – Bremische Kernarbeitsnormenverordnung

Bremische Verordnung über die Berücksichtigung der Kernarbeitsnormen der Internationalen Arbeitsorganisation bei der öffentlichen Auftragsvergabe

Vom 2. April 2019
(Brem.GBl. S. 237)
Sa BremR 8050–f–4

Aufgrund des § 18 Absatz 2 Satz 3 und 4 des Tariftreue- und Vergabegesetzes vom 24. November 2009 (Brem.GBl. S. 476 – 63-h-2), das zuletzt durch Gesetz vom 12. Dezember 2017 (Brem.GBl. S. 773) geändert worden ist, verordnet der Senat:

§ 1 Anwendungsbereich

[1]Diese Verordnung bestimmt das Verfahren zur vertraglichen Vereinbarung der Arbeitsbedingungen bei der Vergabe öffentlicher Aufträge über Bau-, Liefer- oder Dienstleistungen entsprechend den in § 18 Absatz 2 Satz 2 des Tariftreue- und Vergabegesetzes genannten Übereinkommen, welche die in den Kernarbeitsnormen der Internationalen Arbeitsorganisation (ILO) festgelegten Mindeststandards zum Gegenstand haben (Mindeststandards) sowie das Verfahren zur Sicherung der Einhaltung dieser Mindeststandards. [2]Sie findet Anwendung, sofern eine oder mehrere der folgenden Warengruppen und Artikel (Ware) Gegenstand der Leistung ist oder sind:
1. Textilwaren, insbesondere Bekleidung, Sportbekleidung, Stoffe, Wäsche, Bettwaren einschließlich Matratzen, Handtücher und Gardinen,
2. Naturstein, soweit nicht die Verwendung gebrauchter Materialien beabsichtigt ist,
3. Agrarerzeugnisse, soweit diese überwiegend aus Ländern des Globalen Südens stammen, insbesondere Tee, Kaffee, Kakaoprodukte einschließlich Schokolade, Rohrzucker, Früchte sowie daraus hergestellte Säfte und andere Erzeugnisse, Gewürze, Öle, Nüsse und Reis,
4. Schnittblumen, soweit diese überwiegend aus Ländern des Globalen Südens stammen,
5. Spielwaren und Sportbälle,
6. Holzwaren,
7. Produkte der Informations- und Kommunikationstechnik,
8. Lederwaren und Gerbprodukte.

[3]Diese Verordnung findet auch auf die Beschaffung von zusammengesetzten Artikeln und Warengruppen sowie Mischartikeln Anwendung, soweit sie überwiegend aus Artikeln und Warengruppen nach Satz 2 bestehen.

§ 2 Vertragliche Vereinbarung von Mindeststandards und Nachweispflichten

(1) Der Auftraggeber vereinbart mit dem Auftragnehmer, dass ihm nur solche Ware geliefert und nur solche Ware bei der Auftragsausführung verwendet werden darf, die unter Beachtung der Mindeststandards hergestellt oder gewonnen worden ist, indem er unter Bezugnahme auf den Anwendungsbereich in § 1 folgende Vertragsklausel verwendet: „Auftragnehmer, Unterauftragnehmer und Zulieferer sind verpflichtet, bei der Herstellung oder Gewinnung jedes einzelnen Artikels der Ware, die dem Auftraggeber zur Erfüllung des Auftrages geliefert oder zur Erfüllung des Auftrags verwendet wird, alle Vorschriften einzuhalten, mit denen die Kernarbeitsnormen der Internationalen Arbeitsorganisation (ILO) in nationales Recht umgesetzt worden sind; bei den Kernarbeitsnormen handelt es sich um die Übereinkommen mit den Nummern 29, 87, 98, 100, 105, 111, 138 und 182. Maßgeblich sind dabei die Vorschriften des Landes oder der Länder, in dem oder in denen der Auftragnehmer, seine Unterauftragnehmer oder seine Zulieferer zum Zweck der Herstellung oder Gewinnung der betreffenden Artikel der zu liefernden oder zu verwendenden Ware jeweils tätig werden. Handelt es sich dabei um ein Land oder um mehrere Länder, das oder die eine oder mehrere Kernarbeitsnormen nicht ratifiziert oder nicht in nationales Recht umgesetzt hat oder haben, so sind Auftragnehmer, Unterauftragnehmer und Zulieferer verpflichtet, wenigstens die Mindeststandards einzuhalten, welche sich unmittelbar aus den Kernarbeitsnormen selbst ergeben."

(2) Der Auftraggeber vereinbart mit dem Auftragnehmer eine Nachweispflicht nach Maßgabe des § 3 für jeden einzelnen Artikel der zu liefernden oder zu verwendenden Ware darüber, dass jeder einzelne Artikel der zu liefernden oder zu verwendenden Ware gemäß der vertraglichen Vereinbarung nach Absatz 1 hergestellt oder gewonnen wurde.

(3) ¹Der Auftraggeber vereinbart mit dem Auftragnehmer, dass dieser für jeden einzelnen Artikel der zu liefernden oder zu verwendenden Ware spätestens bis zu deren vollständiger Lieferung oder Verwendung oder, soweit eine Lieferung oder Verwendung in Teilen erfolgt, bis zu der jeweiligen Teillieferung oder Teilverwendung eines oder mehrerer Artikel den Nachweis nach Absatz 2 erbringt. ²§ 4 gilt entsprechend.

§ 3 Nachweisführung durch Gütezeichen und andere geeignete Belege

(1) ¹Der Auftraggeber gibt in den Ausschreibungsunterlagen an, welche Gütezeichen als Nachweis nach § 2 Absatz 2 akzeptiert werden. ²Die Angabe wird durch den Zusatz „oder gleichwertig" und den Hinweis ergänzt, dass der Bieter die Gleichwertigkeit eines anderen Gütezeichens durch Vorlage geeigneter Unterlagen und Erklärungen Dritter glaubhaft belegen muss.

(2) Der Auftraggeber akzeptiert über die Nachweise nach Absatz 1 hinaus auch andere geeignete Belege des Bieters, wenn dieser aus Gründen, die ihm nicht zugerechnet werden können, vor der Zuschlagserteilung keine Möglichkeit hat, das vom Auftraggeber angegebene oder ein gleichwertiges Gütezeichen zu erlangen und der Bieter durch Vorlage geeigneter Unterlagen und Erklärungen Dritter

1. Angaben zur Herkunft für jeden einzelnen Artikel der von ihm angebotenen Ware macht und erklärt, auf Verlangen des Auftraggebers Informationen über die Lieferkette jedes einzelnen Artikels der betroffenen Ware, einschließlich der Angaben über sämtliche an der Herstellung oder Gewinnung beteiligten Unterauftragnehmer und Zulieferer und den Standort oder die Standorte, an dem oder an denen die einzelnen Produktionsschritte des jeweiligen Artikels stattfinden, vorzulegen,
2. glaubhaft belegen kann, dass für ihn die Erlangung des angegebenen oder eines gleichwertigen Gütezeichens unmöglich war und
3. glaubhaft belegen kann, dass jeder einzelne Artikel der von ihm zu liefernden oder zu verwendenden Ware unter Einhaltung der nach § 2 Absatz 1 vertraglich vereinbarten Mindeststandards hergestellt oder gewonnen wurde.

(3) ¹Der Auftraggeber wertet nur Angebote von Bietern, die vor der Zuschlagserteilung für jeden einzelnen Artikel der zu liefernden oder zu verwendenden Ware angeben, welchen der in Absatz 1 und 2 genannten Nachweise sie jeweils erbringen werden. ²Gibt der Bieter an, für die Ware insgesamt oder einen oder mehrere Artikel einen Nachweis nach Absatz 1 Satz 2 oder nach Absatz 2 erbringen zu wollen, so wertet der Auftraggeber das Angebot des Bieters nur dann, wenn dieser vor Zuschlagserteilung die darüber hinaus erforderlichen Unterlagen und Erklärungen Dritter nach Maßgabe des Absatzes 1 Satz 2 oder des Absatzes 2 vorlegt. ³Die Angaben nach Satz 1 und 2 werden Vertragsbestandteil.

§ 4 Form der Nachweisführung

¹Sämtliche Angaben des Bieters zu Nachweisen nach § 3 Absatz 3 Satz 1 sowie sämtliche vom Bieter nach § 3 Absatz 3 Satz 2 vorzulegenden Unterlagen und Erklärungen Dritter bedürfen der Textform. ²Im Falle einer Auftragsvergabe nach § 5 Absatz 2 Satz 1 Buchstabe c oder f des Tariftreue- und Vergabegesetzes reicht eine mündliche Erklärung aus.

§ 5 Kontrollen

(1) Der Auftraggeber kontrolliert bei der Lieferung oder Verwendung der Ware insgesamt und bei der Lieferung oder Verwendung einzelner Artikel jeweils das Vorliegen sowie die Aktualität und Gültigkeit der als Nachweis gemäß den Vorgaben des § 3 akzeptierten vertragsgemäßen Gütezeichen und der anderen geeigneten Belege.

(2) ¹Besteht für den Auftraggeber Anlass zu der Annahme, dass der Auftragnehmer eine Ware oder einzelne Artikel liefert, die den Mindeststandards nicht entsprechen, so hat er angemessene Maßnahmen zu ergreifen, um den Sachverhalt aufzuklären. ²Der Auftraggeber ersucht zu diesem Zweck andere Behörden und Organisationen um Unterstützung.

(3) Der Auftraggeber vereinbart mit dem Auftragnehmer, dass dieser für sich, für seine Unterauftragnehmer und für seine Zulieferer zum Zwecke der Erfüllung der Nachweispflicht nach § 2 Absatz 2 vollständige, aktuelle und prüffähige Unterlagen und Erklärungen Dritter für Kontrollen nach Absatz 2 bereithält und diese auf Verlangen des Auftraggebers unverzüglich, spätestens mit Ablauf

einer vom Auftraggeber gesetzten Frist, am Sitz des Auftraggebers zur Einsichtnahme und Prüfung vorlegt.

§ 6 Sanktionen

(1) [1]Der Auftraggeber vereinbart mit dem Auftragnehmer die Verwirkung einer Vertragsstrafe in Höhe von 1 Prozent des bezuschlagten Auftragswertes für den Fall, dass
1. der Auftragnehmer entgegen der Vereinbarung nach § 2 Absatz 1 eine Ware oder einzelne Artikel liefert, die den Mindeststandards nicht entsprechen,
2. der Auftragnehmer ein als Nachweis gemäß den Vorgaben des § 3 akzeptiertes Gütezeichen oder einen anderen geeigneten Beleg entgegen der Vereinbarung nach § 2 Absatz 2 und 3 nicht oder nicht zum vereinbarten Zeitpunkt der Lieferung oder Verwendung vorlegt oder
3. der Auftragnehmer entgegen der Vereinbarung nach § 5 Absatz 3 Unterlagen und Erklärungen Dritter nicht oder nicht unverzüglich vorlegt.

[2]In einer solchen Vereinbarung ist der Auftragnehmer zur Zahlung einer Vertragsstrafe auch dann zu verpflichten, wenn der Verstoß durch einen von ihm eingesetzten Unterauftragnehmer oder Zulieferer oder einen von diesem eingesetzten Unterauftragnehmer oder Zulieferer begangen wird. [3]Ist die verwirkte Vertragsstrafe nach einer mehrfachen Vertragsverletzung im Sinne der Sätze 1 und 2 unverhältnismäßig hoch, so ist sie vom Auftraggeber auf einen angemessenen Betrag herabzusetzen. [4]Die Summe der Vertragsstrafen darf insgesamt 10 Prozent des bezuschlagten Auftragswertes nicht überschreiten. [5]Die Vereinbarung einer Vertragsstrafe entfällt in den Fällen des § 4 Satz 2.

(2) [1]Der Auftraggeber vereinbart mit dem Auftragnehmer auch, dass der Auftraggeber in den Fällen des Absatzes 1 nach Maßgabe des § 323 des Bürgerlichen Gesetzbuchs zum Rücktritt vom Vertrag berechtigt ist, der Auftragnehmer dem Auftraggeber in diesem Fall den daraus entstandenen Schaden zu ersetzen hat und dass weitere gesetzliche Ansprüche unberührt bleiben. [2]Die Vereinbarung eines Rücktrittsrechts entfällt in den Fällen des § 4 Satz 2.

§ 7 Berücksichtigung der Marktsituation und Anpassung der Verordnung

(1) Der Auftraggeber berücksichtigt bei der Ausführung der Verordnung die jeweilige Marktsituation in Bezug auf die einzelnen Warengruppen und Artikel nach § 1 Satz 2.

(2) In Fällen, in denen aufgrund der Marktsituation keine den Maßgaben der §§ 2 bis 4 entsprechenden Angebote zu erwarten sind, kann der Auftraggeber abweichend von den §§ 2 bis 6 auch den jeweiligen Umständen des Einzelfalls angepasste Vertragsbedingungen vereinbaren und Nachweismöglichkeiten vorsehen, die die Einhaltung der Mindeststandards zum Ziel haben, die externe Überprüfungsverfahren und Überprüfungseinrichtungen miteinbeziehen und die insgesamt einer Verbesserung der Arbeitsbedingungen bei der Gewinnung oder Herstellung der auftragsgegenständlichen Ware dienen.

(3) Die Verordnung ist regelmäßig den Markt- und Produktentwicklungen anzupassen.

§ 8 Übergangsregelung

Auf Beschaffungsvorgänge, die vor dem 3. Mai 2019 eingeleitet worden sind, ist die Bremische Kernarbeitsnormenverordnung in der am 2. Mai 2019 geltenden Fassung weiter anzuwenden.

§ 9 Inkrafttreten, Außerkrafttreten

[1]Diese Verordnung tritt am Tage nach ihrer Verkündung[1] in Kraft. [2]Gleichzeitig tritt die Bremische Kernarbeitsnormenverordnung vom 17. Mai 2011 (Brem.GBl. S. 375 – 8050-f-4) außer Kraft.

Untergesetzliches Recht

– VVBesch
– Richtlinie betr. Berücksichtigung von Werkstätten für behinderte Menschen und Blindenwerkstätten

---

[1] Verkündet am 2.5.2019.

6. Hamburg

HmbVgG – Hamburgisches Vergabegesetz[1]

Vom 13. Februar 2006
(HmbGVBl. S. 57)
BS Hbg 707-1
geänd. durch Art. 1 Drittes ÄndG v. 18.7.2017 (HmbGVBl. S. 222)

§ 1 Sachlicher Anwendungsbereich

(1) Dieses Gesetz gilt für die Vergabe öffentlicher Aufträge der Freien und Hansestadt Hamburg im Sinne von § 103 des Gesetzes gegen Wettbewerbsbeschränkungen (GWB) in der Fassung vom 15. Juli 2005 (BGBl. I S. 2115), zuletzt geändert am 18. Dezember 2007 (BGBl. I S. 2966, 2968), in der jeweils geltenden Fassung, ungeachtet des Erreichens der Schwellenwerte gemäß § 106.

(2) [1]Sollen öffentliche Aufträge gemeinsam mit Auftraggebern anderer Länder vergeben werden, ist mit diesen zwecks Einhaltung der Bestimmungen dieses Gesetzes eine Einigung anzustreben. [2]Kommt diese nicht zustande, kann von den Bestimmungen abgewichen werden.

§ 2 Persönlicher Anwendungsbereich

(1) Die Freie und Hansestadt Hamburg und die der Aufsicht der Freien und Hansestadt Hamburg unterstehenden juristischen Personen des öffentlichen Rechts haben bei der Vergabe öffentlicher Aufträge die Bestimmungen dieses Gesetzes zu beachten.

(2) Bei juristischen Personen des privaten Rechts, an denen die Freie und Hansestadt Hamburg unmittelbar oder mittelbar mit Mehrheit beteiligt ist oder auf die sie in sonstiger Weise direkt oder indirekt bestimmenden Einfluss nehmen kann, haben die zuständigen Behörden darauf hinzuwirken, dass unterhalb der Schwellenwerte nach § 106 GWB die vergaberechtlichen Bestimmungen nach Maßgabe von § 2a sowie die übrigen Bestimmungen dieses Gesetzes angewendet werden.

(3) Absätze 1 und 2 gelten nicht für juristische Personen des öffentlichen oder privaten Rechts im Sinne des § 99 Nummer 2 GWB, die mit mindestens 80 vom Hundert ihres Umsatzes im entwickelten Wettbewerb zu anderen Unternehmen stehen, soweit sie Aufträge in diesem Bereich vergeben.

§ 2a Anwendung vergaberechtlicher Bestimmungen auf Vergaben unterhalb der EU-Schwellenwerte

(1) [1]Bei der Vergabe öffentlicher Aufträge unterhalb der Schwellenwerte gemäß § 106 GWB ist
1. für Liefer- und Dienstleistungen die Verfahrensordnung für die Vergabe öffentlicher Liefer- und Dienstleistungsaufträge unterhalb der EU-Schwellenwerte (Unterschwellenvergabeordnung – UVgO) in der Fassung vom 2. Februar 2017 (BAnz. AT 7.2.2017 B1, 8.2.2017 B1) in der jeweils geltenden Fassung und
2. für Bauleistungen Abschnitt 1 der Vergabe- und Vertragsordnung für Bauleistungen (VOB) vom 7. Januar 2016 (BAnz. AT 19.1.2016 B3, 1.4.2016 B1) der jeweils geltenden Fassung
anzuwenden. [2]Nur oberhalb der von der für Grundsatzangelegenheiten des Vergaberechts zuständigen Behörde jeweils festgelegten Wertgrenze sind § 38 Absätze 2 bis 5 und § 39 Satz 1 UVgO auf Beschränkte Ausschreibungen und Verhandlungsvergaben sowie § 39 Sätze 2 und 3 und § 40 UVgO auf Verhandlungsvergaben anzuwenden. [3]Abweichend von Satz 1 wenden Auftraggeber im Sinne von § 99 Nummern 1 bis 4 GWB bei der Vergabe von Aufträgen (ohne Bau- und Dienstleistungskonzessionen), die im Zusammenhang mit Tätigkeiten auf dem Gebiet der Trinkwasser- oder Energieversorgung oder des Verkehrs (Sektorentätigkeiten) vergeben werden, auch unterhalb der Schwellenwerte gemäß § 106 GWB die Regelungen der Sektorenverordnung vom 12. April 2016 (BGBl. I S. 624, 657) in der jeweils geltenden Fassung entsprechend an.

(2) Bei der Vergabe von Konzessionen ist nur § 3 Absätze 1 bis 4 anzuwenden.

---

[1] Verkündet als Art. 1 G v. 13.2.2006 (HmbGVBl. S. 57, geänd. durch Art. 2 G v. 16.12.2008, HmbGVBl. S. 437); Inkrafttreten gem. Art. 3 Abs. 1 Satz 1 dieses G am 1.3.2006.

(3) ¹Die für Grundsatzangelegenheiten des Vergaberechts zuständige Behörde kann in einer Verwaltungsvorschrift gemäß § 12 Grenzen für Auftragswerte festlegen, unterhalb derer in Einschränkung zu Absatz 1 Auftraggeber nach § 2 Beschränkte Ausschreibungen, Verhandlungsvergaben und Freihändige Vergaben durchführen können. ²Das Vergabeverfahren richtet sich in diesen Fällen im Übrigen nach den vergaberechtlichen Regelungen nach Absatz 1.

§ 3 Tariftreueerklärung und Mindestlohn

(1) ¹Öffentliche Aufträge über Bauleistungen und andere Dienstleistungen, die das Arbeitnehmer-Entsendegesetz vom 20. April 2009 (BGBl. I S. 799), zuletzt geändert am 24. Februar 2012 (BGBl. I S. 212, 249), in der jeweils geltenden Fassung, erfasst, dürfen nur an solche Unternehmen vergeben werden, die sich bei der Angebotsabgabe schriftlich, per Telefax oder in Textform mithilfe elektronischer Mittel verpflichtet haben, ihren Arbeitnehmerinnen und Arbeitnehmern bei der Ausführung dieser Leistungen ein Entgelt zu zahlen, das in Höhe und Modalitäten mindestens den Vorgaben desjenigen Tarifvertrages entspricht, an den das Unternehmen auf Grund des Arbeitnehmer-Entsendegesetzes gebunden ist. ²Satz 1 gilt entsprechend für die Beachtung des Tarifvertragsgesetzes in der Fassung vom 25. August 1969 (BGBl. I S. 1323), zuletzt geändert am 8. Dezember 2010 (BGBl. I S. 1864, 1978), des Arbeitnehmerüberlassungsgesetzes in der Fassung vom 3. Februar 1995 (BGBl. I S. 159), zuletzt geändert am 20. Dezember 2011 (BGBl. I S. 2854, 2923), in der jeweils geltenden Fassung, und anderer gesetzlicher Bestimmungen über Mindestentgelte soweit in diesem Gesetz nichts anderes bestimmt ist.

(2) Öffentliche Aufträge über Bauleistungen und andere Dienstleistungen dürfen unbeschadet weitergehender Anforderungen nur an Unternehmen vergeben werden, die sich bei der Angebotsabgabe durch Erklärung gegenüber dem öffentlichen Auftraggeber nach Festlegung durch diesen schriftlich, per Telefax oder in Textform mithilfe elektronischer Mittel verpflichtet haben, ihren Beschäftigten (ohne Auszubildende) bei der Ausführung der Leistung einen Mindestlohn nach § 1 Absatz 2 des Mindestlohngesetzes vom 11. August 2014 (BGBl. I S. 1348) in der jeweils geltenden Fassung, zu zahlen, soweit die Leistung im Hoheitsgebiet der Bundesrepublik Deutschland erbracht wird.

(3) Öffentliche Aufträge über Bauleistungen und andere Dienstleistungen dürfen nur an solche Unternehmen vergeben werden, die sich bei der Angebotsabgabe nach Festlegung durch diesen schriftlich, per Telefax oder in Textform mithilfe elektronischer Mittel verpflichten, im Fall der Arbeitnehmerüberlassung im Sinne des Arbeitnehmerüberlassungsgesetzes dafür zu sorgen, dass die Verleiher den Leiharbeitnehmerinnen und Leiharbeitnehmern bei der Ausführung der Leistung das gleiche Arbeitsentgelt gewähren wie vergleichbaren Arbeitnehmerinnen und Arbeitnehmern des Entleihers.

(4) Auf bevorzugte Bieter gemäß § 141 Satz 1 und § 143 des Neunten Buches Sozialgesetzbuch vom 19. Juni 2001 (BGBl. I S. 1046, 1047), zuletzt geändert am 12. April 2012 (BGBl. I S. 579, 599), finden die Absätze 2 und 3 keine Anwendung.

(5) Auf die Absätze 1 bis 4 findet § 2 Absatz 3 keine Anwendung.

§ 3a Sozialverträgliche Beschaffung

(1) ¹Bei der Vergabe von Bau-, Liefer- oder Dienstleistungen ist darauf hinzuwirken, dass keine Waren Gegenstand der Leistung sind, die unter Missachtung der in den ILO-Kernarbeitsnormen festgelegten Mindeststandards gewonnen oder hergestellt worden sind. ²Die Mindeststandards der ILO-Kernarbeitsnormen ergeben sich aus
1. dem Übereinkommen Nr. 29 über Zwangs- oder Pflichtarbeit vom 28. Juni 1930 (BGBl. 1956 II S. 641),
2. dem Übereinkommen Nr. 87 über die Vereinigungsfreiheit und den Schutz des Vereinigungsrechtes vom 9. Juli 1948 (BGBl. 1956 II S. 2073),
3. dem Übereinkommen Nr. 98 über die Anwendung der Grundsätze des Vereinigungsrechtes und des Rechtes zu Kollektivverhandlungen vom 1. Juli 1949 (BGBl. 1955 II S. 1123),
4. dem Übereinkommen Nr. 100 über die Gleichheit des Entgelts männlicher und weiblicher Arbeitskräfte für gleichwertige Arbeit vom 29. Juni 1951 (BGBl. 1956 II S. 24),
5. dem Übereinkommen Nr. 105 über die Abschaffung der Zwangsarbeit vom 25. Juni 1957 (BGBl. 1959 II S. 442),
6. dem Übereinkommen Nr. 111 über die Diskriminierung in Beschäftigung und Beruf vom 25. Juni 1958 (BGBl. 1961 II S. 98),

7. dem Übereinkommen Nr. 138 über das Mindestalter für die Zulassung zur Beschäftigung vom 26. Juni 1973 (BGBl. 1976 II S. 202) und
8. dem Übereinkommen Nr. 182 über das Verbot und unverzügliche Maßnahmen zur Beseitigung der schlimmsten Formen der Kinderarbeit vom 17. Juni 1999 (BGBl. 2001 II S. 1291).

(2) ¹Aufträge über Lieferleistungen dürfen nur mit einer Ergänzenden Vertragsbedingung vergeben werden, die den Auftragnehmer verpflichtet, den Auftrag gemäß der Leistungsbeschreibung ausschließlich mit Waren auszuführen, die nachweislich oder gemäß einer entsprechenden Zusicherung unter bestmöglicher Beachtung der ILO-Kernarbeitsnormen gemäß Absatz 1 gewonnen oder hergestellt worden sind. ²Dazu sind entsprechende Nachweise, Zertifizierungen oder Erklärungen von den Bietern zu verlangen. ³Sätze 1 und 2 gelten entsprechend für Waren, die im Rahmen der Erbringung von Bau- oder Dienstleistungen verwendet werden.

(3) Absatz 2 gilt nur für Waren oder Warengruppen, bei denen eine Gewinnung oder Herstellung unter Missachtung der ILO-Kernarbeitsnormen gemäß Absatz 1 im Einzelfall in Betracht kommt.

(4) ¹Bei Aufträgen über Lieferleistungen sollen vorrangig Produkte beschafft werden, die fair gehandelt wurden, sofern hierfür ein entsprechender Markt vorhanden und dies wirtschaftlich vertretbar ist. ²Nachweise zum fairen Handel können insbesondere durch ein entsprechendes Gütezeichen erbracht werden.

§ 3b Umweltverträgliche Beschaffung von Liefer- und Dienstleistungen

(1) Die Auftraggeber nach § 2 haben im Rahmen der Beschaffung dafür Sorge zu tragen, dass bei Erstellung, Lieferung, Nutzung und Entsorgung der zu beschaffenden Gegenstände oder Leistungen negative Umweltauswirkungen vermieden werden, soweit dies wirtschaftlich vertretbar ist.

(2) Bei der Vergabe einer Lieferung von Investitionsgütern sollen in geeigneten Fällen neben den voraussichtlichen Anschaffungskosten unter Berücksichtigung des Lebenszyklusprinzips die voraussichtlichen Betriebskosten über die Nutzungsdauer, die Kosten für den Energieverbrauch, die zugesagte Reparaturfähigkeit sowie die Entsorgungskosten berücksichtigt werden.

(3) Im Rahmen der einer Vergabe einer Lieferung oder Dienstleistung vorangestellten Bedarfsanalyse soll eine umweltfreundliche und energieeffiziente Gesamtlösung angestrebt werden, gegebenenfalls durch die Zusammenfassung gleichartiger Bedarfe in Rahmenvereinbarungen.

(4) ¹In der Leistungsbeschreibung oder in der Bekanntmachung sollen die Leistungsanforderungen hinsichtlich des Umweltschutzes und der Energieeffizienz ausdrücklich genannt werden. ²Der Nachweis kann durch das Umweltgütezeichen „Blauer Engel" oder durch andere geeignete und gleichwertige Mittel erbracht werden. ³Beim Kauf technischer Geräte und Ausrüstungen oder bei der Ersetzung oder Nachrüstung vorhandener technischer Geräte und Ausrüstung sind mit der Leistungsbeschreibung im Rahmen der technischen Anforderungen von den Bietern Angaben zum Energieverbrauch zu fordern; dabei ist in geeigneten Fällen vom Bieter eine Analyse minimierter Lebenszykluskosten oder eine vergleichbare Methode zur Gewährleistung der Wirtschaftlichkeit zu fordern.

(5) ¹Bei der technischen Spezifikation eines Auftrags sollen Umwelteigenschaften oder Auswirkungen bestimmter Warengruppen oder Dienstleistungen auf die Umwelt diskriminierungsfrei festgelegt werden. ²Hierzu können geeignete Spezifikationen verwendet werden, die in Umweltgütezeichen definiert sind, wenn
1. sie sich zur Definition der Merkmale der Waren oder Dienstleistungen eignen, die Gegenstand des Auftrags sind,
2. die Anforderungen an das Umweltgütezeichen auf der Grundlage von wissenschaftlich abgesicherten Informationen von unabhängigen Dritten ausgearbeitet werden,
3. die Umweltgütezeichen im Rahmen eines Verfahrens erlassen werden, an dem interessierte Stellen und Personen teilnehmen können und
4. das Gütezeichen für alle Betroffenen zugänglich und verfügbar ist.
³Andere geeignete Nachweise, insbesondere technische Unterlagen der Hersteller oder Prüfberichte anerkannter Stellen, sind ebenfalls zulässig.

(6) ¹Im Rahmen der Eignungsprüfung soll der Auftraggeber von den Bietern und Bewerbern zum Nachweis ihrer Leistungsfähigkeit in nach Art und Umfang geeigneten Fällen verlangen, dass das zu beauftragende Unternehmen bei der Auftragsausführung bestimmte Normen für das Umweltmanagement erfüllt. ²§ 49 Absatz 2 der Vergabeverordnung (VgV) vom 12. April 2016 (BGBl. I S. 624) in der jeweils geltenden Fassung ist entsprechend anzuwenden.

(7) Bei der Ermittlung des wirtschaftlichsten Angebots sollen auch Kriterien des Umweltschutzes und der Energieeffizienz berücksichtigt werden.

(8) Der Auftraggeber nach § 2 kann zusätzliche umweltbezogene Bedingungen für die Ausführung des Auftrags vorschreiben, wenn diese
1. mit Recht der Europäischen Union vereinbar sind, insbesondere keinen diskriminierenden Charakter haben,
2. in der Bekanntmachung oder in den Vergabeunterlagen angegeben werden und
3. keine versteckten technischen Spezifikationen, Auswahl- oder Zuschlagskriterien darstellen.

(9) Bei der Vergabe von Aufträgen, insbesondere von Transportdienstleistungen, soll darauf hingewirkt werden, dass bei der Auftragsdurchführung emissionsfreie Fahrzeuge zum Einsatz kommen.

§ 4 Mittelstandsförderung und Eignungsnachweis durch Präqualifizierungssysteme

(1) Die Auftraggeber nach § 2 sind verpflichtet, kleine und mittlere Unternehmen bei Beschränkten Ausschreibungen und Verhandlungsvergaben und Freihändigen Vergaben in angemessenem Umfang zur Angebotsabgabe aufzufordern.

(2) Das Vergabeverfahren ist, soweit nach Art und Umfang der anzubietenden Leistungen möglich, so zu wählen und die Vergabeunterlagen sind so zu gestalten, dass kleine und mittlere Unternehmen am Wettbewerb teilnehmen und beim Zuschlag berücksichtigt werden können.

(3) Die für Grundsatzangelegenheiten des Vergaberechts zuständige Behörde kann Präqualifizierungssysteme einrichten oder zulassen, mit denen die Eignung von Unternehmen nachgewiesen werden kann.

§ 5 Nachunternehmereinsatz

(1) [1]Der Auftragnehmer darf Bauleistungen nur auf Nachunternehmer übertragen, wenn der Auftraggeber im Einzelfall schriftlich zugestimmt hat. [2]Die Bieter sind verpflichtet, schon bei Abgabe ihres Angebots anzugeben, welche Leistungen an Nachunternehmer weiter vergeben werden sollen.

(2) [1]Eine nachträgliche Einschaltung oder ein Wechsel eines Nachunternehmers bedarf bei Bauleistungen ebenfalls der Zustimmung des Auftraggebers. [2]Die Zustimmung zum Wechsel eines Nachunternehmers darf nur wegen mangelnder Fachkunde, Leistungsfähigkeit oder eines Ausschlusses gemäß §§ 123, 124 GWB des Nachunternehmers sowie wegen Nichterfüllung der Nachweispflicht gemäß § 7 Absatz 2 versagt werden.

(3) Bei Liefer- und Dienstleistungen sind § 36 VgV und § 26 UVgO anzuwenden.

(4) Auftragnehmer sind für den Fall der Weitergabe von Leistungen an Nachunternehmer vertraglich zu verpflichten,
1. bevorzugt kleine und mittlere Unternehmen als Nachunternehmer zu beteiligen, soweit dies mit der vertragsmäßigen Ausführung des Auftrages vereinbar ist,
2. Nachunternehmer davon in Kenntnis zu setzen, dass es sich um einen öffentlichen Auftrag handelt,
3. bei der Weitervergabe von Bauleistungen an Nachunternehmer die Allgemeinen Vertragsbedingungen für die Ausführung von Bauleistungen der Vergabe- und Vertragsordnung für Bauleistungen, Teil B (VOB/B), bei der Weitergabe von Dienstleistungen die Allgemeinen Vertragsbedingungen der Vergabe- und Vertragsordnung für Leistungen, Teil B (VOL/B), zum Vertragsbestandteil zu machen,
4. den Nachunternehmern die für den Auftragnehmer geltenden Pflichten der Absätze 1 und 2 sowie der §§ 3, 3a und 10 aufzuerlegen und die Beachtung dieser Pflichten durch die Nachunternehmer zu kontrollieren und
5. den Nachunternehmern keine, insbesondere hinsichtlich der Zahlungsweise, ungünstigeren Bedingungen aufzuerlegen, als zwischen dem Auftragnehmer und dem Auftraggeber nach § 2 vereinbart sind.

§ 6 Wertung unangemessen niedriger Angebote

[1]Weicht ein Angebot für die Erbringung von Bauleistungen, auf das der Zuschlag erteilt werden könnte, um mindestens 10 v. H. vom nächst höheren Angebot ab, so hat der Auftraggeber nach § 2 die Kalkulation des Angebots zu überprüfen. [2]Im Rahmen dieser Überprüfung sind die Bieter

verpflichtet, die ordnungsgemäße Kalkulation nachzuweisen. [3]Kommen die Bieter dieser Verpflichtung nicht nach, so kann der Auftraggeber nach § 2 sie vom weiteren Vergabeverfahren ausschließen.

§ 7 Wertungsausschluss

(1) [1]Hat der Bieter
1. aktuelle Nachweise über die vollständige Entrichtung von Steuern und Beiträgen,
2. eine geforderte Erklärung nach §§ 3, 3a, 3b, 5 und 10 oder
3. sonstige auf Grundlage dieses Gesetzes geforderte Nachweise oder Erklärungen

nicht zum geforderten Zeitpunkt vorgelegt, entscheidet die Vergabestelle auf Grundlage der Bestimmungen der Vergabe- und Vertragsordnungen im Sinne von § 2a Absatz 1, ob das Angebot von der Wertung ausgeschlossen wird. [2]Fremdsprachige Bescheinigungen oder Erklärungen sind nur zu berücksichtigen, wenn sie mit Übersetzung in die deutsche Sprache vorgelegt worden sind.

(2) [1]Soll die Ausführung eines Teils des Auftrags über die Erbringung von Bauleistungen oder Dienstleistungen einem Nachunternehmer übertragen werden, so sind vor der Auftragserteilung auch die auf den Nachunternehmer lautenden Nachweise gemäß Absatz 1 vorzulegen. [2]Soweit eine Benennung von Nachunternehmern nach Auftragserteilung zulässig ist, sind die erforderlichen Nachweise nach Absatz 1 bei der Benennung vorzulegen.

§§ 8 und 9 *(aufgehoben)*

§ 10 Kontrollen

[1]Der Auftraggeber nach § 2 ist berechtigt, Kontrollen durchzuführen, um die Einhaltung der dem Auftragnehmer auf Grund dieses Gesetzes auferlegten Verpflichtungen zu überprüfen. [2]Zu diesem Zweck müssen der Auftragnehmer und der Nachunternehmer folgende Unterlagen über die eingesetzten Beschäftigten bereithalten:
1. Entgeltabrechnungen der Auftragnehmer und der Nachunternehmer,
2. Unterlagen über die Abführung von Steuern und Beiträgen gemäß § 7 Absatz 1,
3. die zwischen Auftragnehmer und Nachunternehmer abgeschlossenen Verträge.

[3]Der Auftragnehmer hat seine Beschäftigten auf die Möglichkeit solcher Kontrollen hinzuweisen.

§ 11 Sanktionen bei Bau-, Liefer- und Dienstleistungen

(1) [1]Um die Einhaltung der aus §§ 3, 3a, 5 und § 10 resultierenden Verpflichtungen des Auftragnehmers zu sichern, ist zwischen dem Auftraggeber nach § 2 und dem Auftragnehmer für jeden schuldhaften Verstoß regelmäßig eine Vertragsstrafe in Höhe von bis zu 1 v.H., bei mehreren Verstößen zusammen bis zur Höhe von 5 v.H. der Abrechnungssumme zu vereinbaren. [2]Der Auftragnehmer ist zur Zahlung einer Vertragsstrafe nach Satz 1 auch für den Fall zu verpflichten, dass der Verstoß durch einen von ihm eingesetzten Nachunternehmer oder einen von diesem eingesetzten Nachunternehmer zu vertreten ist.

(2) Die Auftraggeber nach § 2 haben mit dem Auftragnehmer zu vereinbaren, dass die schuldhafte Nichterfüllung der aus §§ 3 und 3a resultierenden Anforderungen durch den Auftragnehmer oder seine Nachunternehmer sowie schuldhafte Verstöße gegen die aus § 5 und § 10 resultierenden Verpflichtungen den Auftraggeber nach § 2 zur fristlosen Kündigung oder zum Rücktritt vom Vertrag berechtigen.

§ 12 Erlass von Verwaltungsvorschriften

Die für Grundsatzangelegenheiten des Vergaberechts zuständige Behörde kann Verwaltungsvorschriften erlassen
1. zur Anwendung des Vergaberechts insbesondere zu den Einzelheiten der Verfahren und der Grenzen für Auftragswerte gemäß § 2a Absatz 3,
2. zur Ausgestaltung der Vertragsbedingungen bei der Vergabe von Lieferungen und Leistungen,
3. zur Festlegung der Warengruppen, in denen eine Gewinnung oder Herstellung unter Missachtung der ILO-Kernarbeitsnormen gemäß § 3a Absatz 3 im Einzelfall in Betracht kommt; unbeschadet der Erbringung anderer, gleichwertiger Nachweise, kann die zuständige Behörde zusätzlich anerkannte unabhängige Nachweise oder Zertifizierungen für eine Herstellung unter bestmöglicher

Beachtung der ILO-Kernarbeitsnormen benennen, bei deren Vorlage die Erfüllung der Anforderungen nach § 3a Absatz 1 vermutet wird,
4. hinsichtlich zusätzlicher Anforderungen für den Nachunternehmereinsatz gemäß § 5.

Untergesetzliches Recht

– Beschaffungsordnung
– Zusätzliche Vertragsbedingungen VOL/B (HmbZVB-VOL/B)
– Richtlinie Skonto

7. Hessen

HVTG – Hessisches Vergabe- und Tariftreuegesetz

Vom 19. Dezember 2014
(GVBl. S. 354)
FFN 360-22

geänd. durch Art. 10a Elftes G zur Verlängerung der Geltungsdauer und Änd. von Rechtsvorschriften v. 5.10.2017 (GVBl. S. 294)

Erster Teil Allgemeine Vorschriften

§ 1 Anwendungsbereich

(1) Dieses Gesetz gilt für die Vergabe und Ausführung öffentlicher Aufträge des Landes Hessen sowie der Gemeinden und Gemeindeverbände und ihrer Eigenbetriebe, ihrer Anstalten des öffentlichen Rechts nach § 2c des Hessischen OFFENSIV-Gesetzes vom 20. Dezember 2004 (GVBl. I S. 488, 491), zuletzt geändert durch Gesetz vom 23. Juli 2015 (GVBl. S. 318), sowie kommunale Arbeitsgemeinschaften und Zweckverbände (öffentliche Auftraggeber) und von Auftraggebern im öffentlichen Personennahverkehr nach Abs. 2 (Besteller).

(2) Auftraggeber im öffentlichen Personennahverkehr sind
die Aufgabenträger nach § 5 Abs. 1 Satz 1 des Gesetzes über den öffentlichen Personennahverkehr in Hessen vom 1. Dezember 2005 (GVBl. I S. 786), zuletzt geändert durch Gesetz vom 29. November 2012 (GVBl. S. 466),
die kreisangehörigen Gemeinden nach § 5 Abs. 3 Satz 1 des Gesetzes über den öffentlichen Personennahverkehr in Hessen, die keine Aufgabenträger sind, aber nach § 14 des Gesetzes über den öffentlichen Personennahverkehr in Hessen freiwillig Aufgaben des öffentlichen Personennahverkehrs in eigener Verantwortung wahrnehmen,
die Aufgabenträgerorganisationen nach § 2 Abs. 6 des Gesetzes über den öffentlichen Personennahverkehr in Hessen.

(3) Soweit nach diesem Gesetz Verpflichtungen bei der Angebotsabgabe und Durchführung von Leistungen nach Maßgabe des Gesetzes über den öffentlichen Personennahverkehr in Hessen begründet werden, gelten diese auch für selbst erbrachte Leistungen im öffentlichen Personennahverkehr und bei Direktvergaben nach Art. 5 Abs. 2, 4 und 6 sowie für wettbewerbliche Vergabeverfahren nach Art. 5 Abs. 3 der Verordnung (EG) Nr. 1370/2007 des Europäischen Parlaments und des Rates vom 3. Oktober 2007 über öffentliche Personenverkehrsdienste auf Schiene und Straße und zur Aufhebung der Verordnungen (EWG) Nr. 1191/69 und (EWG) Nr. 1107/70 des Rates (ABl. EU Nr. L 315, 1).

(4) Für Vergaben von Bestellern nach Abs. 2 gelten nur Abs. 3 und die §§ 4 bis 9, 18 sowie 22.

(5) ¹Der Schwellenwert für Aufträge, ab welchem die Vergabeverfahren von diesem Gesetz erfasst werden, beträgt 10 000 Euro ohne Umsatzsteuer. ²Werden die Schwellenwerte für die Vergabe von Aufträgen nach § 106 Abs. 1 Satz 1 des Gesetzes gegen Wettbewerbsbeschränkungen in der Fassung der Bekanntmachung vom 26. Juni 2013 (BGBl. I S. 1750, 3245), zuletzt geändert durch Gesetz vom 27. August 2017 (BGBl. I S. 3295), erreicht oder überschritten, finden § 10 Abs. 1 bis 6, § 11 Abs. 2 und 3 sowie die §§ 15 und 20 keine Anwendung.

(6) ¹Liegt der Schwellenwert eines Auftrags unterhalb von 10 000 Euro, sind die in den §§ 4 und 6 genannten Verpflichtungen bezüglich Tariftreue und Mindestlohn einzuhalten. ²Auf die entsprechenden Nachweise kann verzichtet werden. ³Die Vergabe und Ausführung öffentlicher Aufträge unterhalb von 10 000 Euro können unbeschadet des Haushaltsrechtes durch Verwaltungsvorschrift besondert geregelt werden.

(7) Diesem Gesetz entgegenstehende Vorgaben für Vergabeverfahren nach dem Recht der Europäischen Union, nach Bundesrecht sowie für im Auftrag des Bundes, der Stationierungsstreitkräfte sowie internationaler und supranationaler Stellen durchzuführende Vergabeverfahren bleiben unberührt.

(8) Die durch Verwaltungsvorschriften zum Haushaltsrecht des Landes und Bekanntmachungen nach dem Gemeindehaushaltsrecht eingeführten Ausführungsvorschriften und Vergabe- und Vertragsord-

nungen, Teil A, Abschnitt 1, bleiben unberührt, soweit deren Vorschriften diesem Gesetz nicht widersprechen.

§ 2 Allgemeine Grundsätze, Verfahren

(1) ¹Öffentliche Aufträge sind in transparenten und wettbewerblich fairen Verfahren durchzuführen. ²Sie sind nur an fachkundige, leistungsfähige, gesetzestreue und zuverlässige (geeignete) Unternehmen zu angemessenen Preisen in nicht diskriminierenden, gleichbehandelnden Verfahren zu vergeben.

(2) ¹Bei den Beschaffungen des Landes sind grundsätzlich die Aspekte einer nachhaltigen Entwicklung in Bezug auf den Beschaffungsgegenstand und dessen Auswirkungen auf das ökologische, soziale und wirtschaftliche Gefüge zu berücksichtigen. ²Die Gemeinden und Gemeindeverbände und ihre Eigenbetriebe können eine nachhaltige Entwicklung bei ihren Beschaffungsmaßnahmen und die dazu erlassenen Richtlinien berücksichtigen.

(3) ¹Den Unternehmen steht es frei, sich an Teilnahmewettbewerben, Interessenbekundungsverfahren oder Vergabeverfahren zu beteiligen. ²Eine Nichtbeteiligung trotz Aufforderung zur Abgabe einer Bewerbung oder eines Angebots rechtfertigt keine Nichtberücksichtigung bei weiteren Vergabeverfahren.

(4) Die Bevorzugung ortsansässiger oder in der Region ansässiger Unternehmen ist unzulässig.

(5) Die Berechnung der Auftragswerte bestimmt sich in allen Vergabeverfahren nach § 3 der Vergabeverordnung vom 12. April 2016 (BGBl. I S. 624), geändert durch Gesetz vom 18. Juli 2017 (BGBl. I S. 2745), in der jeweils geltenden Fassung und erfolgt ohne Berücksichtigung der Umsatzsteuer.

(6) ¹Die Vergabeverfahren sind fortlaufend und vollständig zu dokumentieren. ²Entscheidungen sind zu begründen. ³Die Berücksichtigung mittelständischer Interessen ist besonders aktenkundig zu machen.

§ 3 Soziale, ökologische und innovative Anforderungen, Nachhaltigkeit

(1) ¹Den öffentlichen Auftraggebern steht es bei der Auftragsvergabe frei, soziale, ökologische, umweltbezogene und innovative Anforderungen zu berücksichtigen, wenn diese mit dem Auftragsgegenstand in Verbindung stehen oder Aspekte des Produktionsprozesses betreffen und sich aus der Leistungsbeschreibung ergeben. ²Diese Anforderungen sowie alle anderen Zuschlagskriterien und deren Gewichtung müssen in der Bekanntmachung und in den Vergabeunterlagen genannt werden.

(2) Als soziale, ökologische, umweltbezogene und innovative Anforderungen im Sinne des Abs. 1 können von den Unternehmen gefordert werden:
1. die Berücksichtigung der Erstausbildung,
2. die Berücksichtigung der Chancengleichheit bei Aus- und Fortbildung sowie im beruflichen Aufstieg,
3. die Beschäftigung von Langzeitarbeitslosen,
4. die besondere Förderung von Frauen,
5. die besondere Förderung der Vereinbarkeit von Familie und Beruf,
6. die besondere Förderung von Menschen mit Behinderung,
7. die Verwendung von fair gehandelten Produkten,
8. ökologisch nachhaltige Produkte und
9. innovativ orientierte Produkte und Dienstleistungen.

(3) Als ökologische Anforderungen im Sinne des Abs. 2 Nr. 7 und 8 kann die Einhaltung von Bedingungen bezüglich des Umweltmanagements und bezüglich der Umwelteigenschaften der zu beschaffenden Bauleistungen, Lieferungen oder Dienstleistungen gefordert werden, wenn
1. das Umweltmanagement nach dem europäischen Umweltmanagement (EMAS) oder vergleichbaren, von den Mitgliedstaaten der Europäischen Union anzuerkennenden Normen oder Umweltmanagementsystemen zertifiziert ist,
2. die zu beschaffenden Bauleistungen, Lieferungen oder Dienstleistungen mit geeigneten Umweltgütezeichen ausgezeichnet sind (Umwelteigenschaft).

(4) Geeignet sind Gütezeichen im Sinne des Abs. 3 Nr. 2,
1. die lediglich Kriterien betreffen, die mit dem Auftragsgegenstand in Verbindung stehen,
2. die auf objektiv nachprüfbaren und nicht diskriminierenden Kriterien basieren,
3. die im Rahmen eines offenen und transparenten Verfahrens eingeführt wurden, an dem alle relevanten interessierten Kreise teilnehmen durften,

4. die für alle Betroffenen zugänglich sind und
5. deren Anforderungen von einem Dritten festgelegt wurden, auf den das Unternehmen, welches das Gütezeichen beantragt, keinen maßgeblichen Einfluss ausüben konnte.

(5) Andere Gütezeichen oder Nachweise, die bestätigen, dass die Bauleistungen, Lieferungen oder Dienstleistungen die Anforderungen des geforderten Gütezeichens erfüllen, sind dem Gütezeichen gleichgestellt.

(6) Hatte ein Unternehmen aus Gründen, die ihm nicht angelastet werden können, nachweislich keine Möglichkeit, das vom öffentlichen Auftraggeber oder Besteller angegebene oder ein gleichwertiges Gütezeichen innerhalb der einschlägigen Fristen zu erlangen, so muss der öffentliche Auftraggeber oder Besteller andere geeignete Nachweise akzeptieren, zu denen auch ein technisches Dossier des Herstellers gehören kann, sofern das betreffende Unternehmen nachweist, dass die von ihm zu erbringenden Bauleistungen, Lieferungen oder Dienstleistungen die Anforderungen des spezifischen Gütezeichens oder die vom öffentlichen Auftraggeber oder Besteller angegebenen spezifischen Anforderungen erfüllen.

Zweiter Teil Tariftreue, Mindestengelte

§ 4 Tariftreuepflicht

(1) ^{1}Unternehmen sind verpflichtet, die für sie geltenden gesetzlichen, aufgrund eines Gesetzes festgesetzten und unmittelbar geltenden tarifvertraglichen Leistungen zu gewähren. ^{2}Liegen Anhaltspunkte dafür vor, dass gegen diese Regelung verstoßen wird, ist auf Anforderung dem öffentlichen Auftraggeber oder dem Besteller die Einhaltung dieser Verpflichtung nachzuweisen.

(2) Leistungen, die vom Arbeitnehmer-Entsendegesetz vom 20. April 2009 (BGBl. I S. 799), zuletzt geändert durch Gesetz vom 18. Juli 2017 (BGBl. I S. 2739), erfasst werden, dürfen insbesondere nur an Unternehmen vergeben werden, die sich bei Angebotsabgabe in Textform verpflichten, ihren Beschäftigten bei der Ausführung der Leistung diejenigen Arbeitsbedingungen einschließlich des Entgelts zu gewähren, die nach Art und Höhe mindestens den Vorgaben desjenigen Tarifvertrages entsprechen, an den das Unternehmen aufgrund des Arbeitnehmer-Entsendegesetzes gebunden ist.

(3) Leistungen, die von dem Mindestlohngesetz vom 11. August 2014 (BGBl. I S. 1348), zuletzt geändert durch Gesetz vom 18. Juli 2017 (BGBl. I S. 2739), erfasst werden, dürfen nur an Unternehmen vergeben werden, die sich bei Angebotsabgabe in Textform verpflichten, ihren Beschäftigten bei der Ausführung der Leistung ein Entgelt zu zahlen, das den Vorgaben des Mindestlohngesetzes entspricht.

(4) Öffentliche Aufträge über Verkehrsdienstleistungen und freigestellte Schülerverkehre von Bestellern nach § 1 Abs. 2 dürfen nur an Unternehmen vergeben werden, die sich bei der Angebotsabgabe in Textform verpflichten,
1. ihren Beschäftigten (ohne Auszubildende) das bei Angebotsabgabe maßgebliche Entgelt zu zahlen, das insgesamt mindestens dem in Hessen für diese Leistungen in einem der einschlägigen und repräsentativen mit einer tariffähigen Gewerkschaft vereinbarten Tarifverträge vorgesehenen Entgelt nach den tarifvertraglich festgelegten Vorschriften, einschließlich der Aufwendungen für die Altersversorgung und der für entgeltrelevant erklärten Bestandteile dieser Tarifverträge, entspricht, und
2. während der Ausführung der Leistung Erhöhungen der Entgelte und der entgeltrelevanten Bestandteile entsprechend dem Tarifvertrag nach Nr. 1 vorzunehmen.

(5) Bei Ausschreibungen von Verkehrsdienstleistungen, die die Grenze des Landes Hessen überschreiten, können die Tarifverträge nach Abs. 4 Nr. 1 oder vergleichbare Tarifverträge des betroffenen Landes zugrunde gelegt werden.

(6) ^{1}Das für das Tarifwesen zuständige Ministerium gibt im Einvernehmen mit dem für den öffentlichen Personennahverkehr zuständigen Ministerium die nach Abs. 4 und 5 anzuwendenden Tarifverträge sowie die für entgeltrelevant erklärten Bestandteile dieser Tarifverträge bekannt. ^{2}Die anzuwendenden Tarifverträge und Lohnzuschläge sind im Staatsanzeiger für das Land Hessen und der Hessischen Ausschreibungsdatenbank (HAD) bekannt zu machen. ^{3}Soweit der vollständige maßgebliche Text anderweitig in elektronischer Form allgemein zugänglich ist, ist ein Hinweis mit der Angabe der Internetseite zugelassen.

(7) ¹Die Feststellung der nach Abs. 4 bis 6 maßgeblichen Tarifverträge und deren entgeltrelevanter Bestandteile erfolgt durch den bei dem für das Tarifwesen zuständigen Ministerium einzurichtenden Beirat. ²Das für das Tarifwesen zuständige Ministerium kann im Einvernehmen mit dem für die öffentlichen Personenverkehr zuständigen Ministerium durch Rechtsverordnung das Nähere über die Mitglieder, die Bestellung, die Amtsdauer, Amtsführung, das Verfahren und die Geschäftsführung des Beirats bestimmen. ³Die nach Satz 1 festgestellten Tarifverträge und deren entgeltrelevanten Bestandteile sind von den Bestellern bei der Bekanntmachung vorzugeben. ⁴Bei mehreren festgestellten Tarifverträgen darf die Wahlmöglichkeit des sich bewerbenden Unternehmens durch den Besteller nicht beschränkt werden.

§ 5 Betreiberwechsel

Wird in einem Vergabeverfahren im Bereich des öffentlichen Personennahverkehrs ein anderes Unternehmen (Betreiber) als das bisherige beauftragt und will der Besteller auf der Grundlage von Art. 4 Abs. 5 der Verordnung (EG) Nr. 1370/2007 – unbeschadet des § 613a des Bürgerlichen Gesetzbuches – den neuen Betreiber verpflichten, die Beschäftigten, die zuvor zur Erbringung der Dienste eingestellt worden waren, zu den bisherigen Arbeitsbedingungen zu übernehmen, ist der frühere Betreiber verpflichtet, dem Besteller auf Anforderung innerhalb von sechs Wochen in Textform Informationen zur Verfügung zu stellen, aus denen sich die Bedingungen der Beschäftigungsverhältnisse ergeben.

§ 6 Mindestentgelt

¹Bewerber und Bieter haben die Einhaltung der nach Bundesrecht oder aufgrund von Bundesrecht für sie geltenden Regelungen von besonders festgesetzten Mindestentgelten (Mindestlohn) als Mindeststandard bei der Bewerbung und im Angebot in Textform besonders zu erklären. ²Die Erklärung nach Satz 1 kann entfallen, soweit sie in einem Präqualifikationsregister hinterlegt ist. ³Diese Erklärung ist auch von Nachunternehmen und Verleihunternehmen in Textform abzugeben. ⁴Satz 1 gilt nicht, soweit nach § 4 Tariftreue gefordert werden kann und die danach maßgebliche tarifliche Regelung für die Beschäftigten günstiger ist als die für sie nach Bundesrecht geltenden Bestimmungen.

§ 7 Tariftreue- und sonstige Verpflichtungserklärungen

(1) ¹Die öffentlichen Auftraggeber oder Besteller weisen in der Bekanntmachung und in den Vergabeunterlagen darauf hin, dass die Bieter sowie deren Nachunternehmen und Verleihunternehmen (§ 8 Abs. 1), soweit diese bereits bei Angebotsabgabe bekannt sind, die erforderlichen Verpflichtungserklärungen nach § 4 Abs. 1 bis 5 (Tariftreueerklärung), § 6 (Mindestentgelterklärung) und § 8 Abs. 2 abzugeben haben. ²§ 13 ist zu beachten.

(2) ¹In der HAD werden Muster für die Abgabe der Tariftreue- und sonstigen Verpflichtungserklärungen bekannt gegeben. ²Diese sind zu verwenden. ³Die Gemeinden und Gemeindeverbände und ihre Eigenbetriebe und die Besteller können die Muster verwenden.

(3) Fehlt eine nach Abs. 1 geforderte Tariftreue- oder sonstige Verpflichtungserklärung bei Angebotsabgabe und wird sie auch nach Aufforderung des öffentlichen Auftraggebers oder Bestellers nicht innerhalb einer von diesem zu bestimmenden angemessenen Frist vorgelegt, so ist das Angebot von der weiteren Wertung auszuschließen.

§ 8 Nachunternehmen, Verleihunternehmen

(1) Die Unternehmen haben ihre Nachunternehmen sowie Unternehmen, die ihnen Arbeitskräfte überlassen (Verleihunternehmen), sorgfältig auszuwählen.

(2) ¹Für den Fall der Ausführung vertraglich übernommener Leistungen durch Nachunternehmen hat sich das Unternehmen zu verpflichten, die Erfüllung der Verpflichtungen nach den §§ 4 und 6 durch die Nachunternehmen sicherzustellen und dem öffentlichen Auftraggeber Tariftreue- und sonstige Verpflichtungs- sowie Mindestentgelterklärungen der Nachunternehmen nach Auftragserteilung, spätestens vor Beginn der Ausführung der Leistung durch das Nachunternehmen, vorzulegen. ²Gleiches gilt, wenn das Unternehmen oder ein beauftragtes Nachunternehmen zur Ausführung des Auftrags Arbeitskräfte eines Verleihunternehmens einsetzt. ³Satz 1 und 2 gelten entsprechend für alle weiteren Nachunternehmen und Verleihunternehmen. ⁴Auf die Verpflichtung zur Vorlage von Tariftreue- und sonstigen Verpflichtungs- sowie Mindestentgelterklärungen kann verzichtet werden

wenn das Auftragsvolumen eines Nachunternehmens oder Verleihunternehmens weniger als 10 000 Euro ohne Umsatzsteuer beträgt.

(3) ¹Nachunternehmen und Verleihunternehmen haben die für sie geltenden Pflichten nach Abs. 2 in eigener Verantwortung zu erfüllen. ²Bei Verstößen ist der öffentliche Auftraggeber oder Besteller berechtigt, unbeschadet anderer Rechte nach Maßgabe des § 18 zu verfahren.

§ 9 Nachweise und Kontrollen

(1) ¹Die beauftragten Unternehmen sowie ihre Nachunternehmen und Verleihunternehmen sind verpflichtet, dem öffentlichen Auftraggeber oder dem Besteller die Einhaltung der Verpflichtungen nach den §§ 4 und 6 auf dessen Verlangen jederzeit nachzuweisen. ²Die öffentlichen Auftraggeber oder Besteller dürfen zu diesem Zweck angekündigt oder unangekündigt in erforderlichem Umfang anlassbezogen Einsicht in die Entgeltabrechnungen und anderen Geschäftsunterlagen der beauftragten Unternehmen sowie aller weiteren Nachunternehmen und Verleihunternehmen nehmen, aus denen Umfang, Art und Dauer von Beschäftigungsverhältnissen sowie die tatsächliche Entlohnung von Beschäftigten hervorgehen oder abgeleitet werden können. ³Die öffentlichen Auftraggeber oder Besteller können hierzu auch Auskunft verlangen. ⁴Die beauftragten Unternehmen sowie alle Nachunternehmen und Verleihunternehmen haben ihre Beschäftigten auf die Möglichkeit solcher Kontrollen hinzuweisen. ⁵Die öffentlichen Auftraggeber oder Besteller verpflichten den Auftragnehmer vertraglich, ihnen ein entsprechendes Auskunfts- und Prüfungsrecht auch bei der Beauftragung von Nachunternehmen und Verleihunternehmen einräumen zu lassen.

(2) ¹Die beauftragten Unternehmen sowie alle Nachunternehmen und Verleihunternehmen haben vollständige und prüffähige Unterlagen nach Abs. 1 über die eingesetzten Beschäftigten bereitzuhalten. ²Auf Verlangen des öffentlichen Auftraggebers oder des Bestellers sind ihm diese Unterlagen vorzulegen und als Kopie oder elektronisch zur Verfügung zu stellen. ³Die öffentlichen Auftraggeber oder Besteller verpflichten den Auftragnehmer vertraglich, die Einhaltung dieser Pflicht durch alle beauftragten Nachunternehmen und Verleihunternehmen vertraglich sicherzustellen. ⁴Der öffentliche Auftraggeber oder Besteller darf die ihm als Kopie oder elektronisch zur Verfügung gestellten Unterlagen nur zu dem Zweck nach Abs. 1 nutzen; er darf sie höchstens bis zu einem Jahr nach Erfüllung des Vertrags mit dem beauftragten Unternehmen aufbewahren.

(3) Die Bestimmungen der Abs. 1 und 2 sind in die Vertragsbedingungen aufzunehmen.

Dritter Teil Verfahren

§ 10 Vergabearten

(1) Beschaffungen unterhalb der nach § 106 Abs. 1 Satz 1 des Gesetzes gegen Wettbewerbsbeschränkungen festgelegten Schwellenwerte werden in Öffentlicher Ausschreibung oder in Beschränkter Ausschreibung oder Freihändiger Vergabe mit und ohne Interessenbekundungsverfahren durchgeführt.

(2) ¹Die Vergabe von Aufträgen erfolgt in Öffentlicher Ausschreibung. ²Soweit die Auftragswerte nicht die in § 15 genannten Vergabefreigrenzen erreichen oder überschreiten, oder in begründeten Ausnahmefällen ist eine Beschränkte Ausschreibung oder eine Freihändige Vergabe zulässig. ³Satz 1 gilt nicht für Aufträge nach § 1 der Sektorenverordnung vom 12. April 2016 (BGBl. I S. 624, 657), geändert durch Gesetz vom 18. Juli 2017 (BGBl. I S. 2745).

(3) ¹Bei Öffentlicher Ausschreibung wird eine unbeschränkte Anzahl von Unternehmen öffentlich und bei Beschränkter Ausschreibung werden zuvor ausgewählte geeignete Unternehmen zur Abgabe von bindenden Angeboten nach Maßgabe einer Leistungsbeschreibung aufgefordert. ²Bei Freihändiger Vergabe werden mit mehreren oder wird in besonderen Ausnahmefällen nur mit einem geeigneten Unternehmen über den Gegenstand und die Bedingungen des Auftrags verhandelt.

(4) ¹Interessenbekundungsverfahren sind vereinfachte Teilnahmewettbewerbe zur Auswahl von Bewerbern bei Beschränkter Ausschreibung und Freihändiger Vergabe. ²Hierzu sind Unternehmen aufzufordern, sich nach Maßgabe der in der Bekanntmachung veröffentlichten Bedingungen um die Berücksichtigung bei der Auswahl der aufzufordernden Unternehmen im Vergabeverfahren formlos zu bewerben. ³Förmliche Teilnahmewettbewerbe bleiben davon unberührt.

(5) ¹Vor Beschränkter Ausschreibung und Freihändiger Vergabe ist ein Interessenbekundungsverfahren ab einem geschätzten Auftragswert bei

1. Bauleistungen ab 100 000 Euro je Gewerk (Fachlos),
2. Lieferungen ab 50 000 Euro je Auftrag,
3. und Dienstleistungen ab 50 000 Euro je Auftrag

durchzuführen. ²Werden mehrere Gewerke (Fachlose) ausnahmsweise nach § 12 Abs. 1 Satz 3 zusammengefasst, erhöht sich der in Satz 1 Nr. 1 genannte Wert nicht. ³Satz 1 Nr. 3 gilt nicht bei Rechtsdienstleistungen. ⁴Von einem Interessenbekundungsverfahren kann abgesehen werden, wenn

1. die Lieferung oder Leistung aus technischen oder künstlerischen Gründen oder aufgrund des Schutzes von Ausschließlichkeitsrechten nur von einem bestimmten Unternehmen ausgeführt werden kann oder
2. wegen der Dringlichkeit der Lieferung oder Leistung aus zwingenden Gründen infolge von Ereignissen, die der öffentliche Auftraggeber nicht verursacht hat und nicht voraussehen konnte, die Durchführung des Interessenbekundungsverfahrens unzweckmäßig ist oder
3. es aus Gründen der Geheimhaltung erforderlich ist.

(6) ¹Beschaffungsmaßnahmen für innovative Produkte und Leistungen, für die vertragliche Spezifikationen nicht hinreichend genau festgelegt werden können, sollen im Rahmen einer Freihändigen Vergabe EU-weit bekannt gemacht werden. ²Die Verpflichtung nach § 11 Abs. 1 bleibt unberührt.

(7) Die Durchführung der Vergabearten bestimmt sich im Übrigen unbeschadet des Rechts der Europäischen Union und der §§ 97 ff. des Gesetzes gegen Wettbewerbsbeschränkungen eigenständig nach den für die öffentlichen Auftraggeber nach Haushaltsrecht eingeführten Vergabevorschriften.

(8) ¹Das für das öffentliche Auftragswesen zuständige Ministerium erarbeitet im Einvernehmen mit dem für das Haushaltswesen zuständigen Ministerium und dem für kommunale Angelegenheiten zuständigen Ministerium einheitliche Muster für Vergabeverfahren. ²Die Muster sind vor der verbindlichen Einführung für die Beschaffungsstellen des Landes mit den übrigen Ressorts zu erörtern. ³Den Gemeinden und Gemeindeverbänden wird die Einführung der Muster empfohlen.

§ 11 Bekanntmachung, Wettbewerb

(1) ¹Alle nationalen und EU-weiten Bekanntmachungen im Rahmen von Vergaben öffentlicher Aufträge nach dem Recht der Europäischen Union und Ausschreibungen nach § 9 des Gesetzes über den öffentlichen Personennahverkehr sind in der HAD zu veröffentlichen (Pflichtbekanntmachung). ²Die Veröffentlichung und Einsichtnahme in die Bekanntmachungen sind kostenfrei. ³Eine weitere Bekanntmachung in anderen Medien bleibt unberührt.

(2) ¹Wenn kein Teilnahmewettbewerb durchgeführt wird, ist zur Beschränkten Ausschreibung und Freihändigen Vergabe nur zuzulassen, wessen Eignung vorab festgestellt wurde. ²Geeignet ist, wer die allgemeinen Anforderungen nach § 2 Abs. 1 und besonders aufgestellte auftragsbezogene Anforderungen erfüllt.

(3) ¹Wenn kein Teilnahmewettbewerb durchgeführt wird, soll bei Beschränkter Ausschreibung und Freihändiger Vergabe die Aufforderung zur Angebotsabgabe nicht auf ein oder immer dieselben Unternehmen beschränkt werden, sondern es ist unter mehreren geeigneten Unternehmen zu streuen. ²Es sind mindestens fünf geeignete Unternehmen zur Angebotsabgabe aufzufordern; dabei sollen mindestens zwei Unternehmen, bei weniger als vier geeigneten Unternehmen soll möglichst ein Unternehmen nicht am Ort der Ausführung der Beschaffung ansässig sein. ³Soweit Unternehmen vom öffentlichen Auftraggeber oder vom Besteller bereits ausgewählt sind, sich am Vergabeverfahren zu beteiligen, ist die Anzahl der ausgewählten Unternehmen, nicht aber deren Name und deren Betriebssitz in der Bekanntmachung anzugeben.

§ 12 Fördergrundsätze

(1) ¹Die Interessen der Unternehmen, die nach § 2 Abs. 1 des Hessischen Mittelstandsförderungsgesetzes vom 25. März 2013 (GVBl. S. 119) zur mittelständischen Wirtschaft zählen, sind bei der Angebotsaufforderung vornehmlich zu berücksichtigen. ²Leistungen sollen primär in Losen, in der Menge aufgeteilt (Teillose) und/oder getrennt nach Art oder Fachgebiet (Fachlose), eigenständig ausgeschrieben und vergeben werden. ³Lose dürfen in einem Vergabeverfahren nur zusammengefasst werden, soweit wirtschaftliche oder technische Gründe das erfordern. ⁴Ausreichende Bewerbungs- und Angebotsfristen sind zu gewähren.

(2) ¹Bieter- und Bewerbergemeinschaften sind zuzulassen, es sei denn, wettbewerbsbeschränkende Gründe stehen dem entgegen. ²Die Bildung von Bieter- und Bewerbergemeinschaften darf nicht durch Verfahrens- und Vertragsbedingungen behindert werden.

(3) ¹Bietergemeinschaften haben in den Angeboten die Mitglieder sowie eines ihrer Mitglieder als bevollmächtigte Vertreterin oder bevollmächtigten Vertreter für den Abschluss und die Durchführung des Vertrages zu benennen. ²Fehlen diese Angaben im Angebot, sind sie vor dem Zuschlag beizubringen.

(4) Hauptauftragnehmer sind verpflichtet, auf Verlangen des öffentlichen Auftraggebers oder des Bestellers im Angebot oder spätestens vor Beginn der Auftragsausführung die geeigneten Nachunternehmen und Verleihunternehmen zu benennen und die Zustimmung des öffentlichen Auftraggebers oder Bestellers einzuholen.

§ 13 Nachweis der Eignung, Präqualifikation

(1) ¹Eignungsnachweise der Unternehmen dürfen nur gefordert werden, soweit dies durch den Gegenstand des Auftrags gerechtfertigt ist und sie in der Bekanntmachung und den Vergabeunterlagen bezeichnet sind. ²Eigenerklärungen sind grundsätzlich ausreichend. ³Eignungsnachweise sind auf begründete Einzelfälle zu beschränken; die Gründe sind aktenkundig zu machen. ⁴Die Nachweise können in Textform erbracht werden. ⁵Die Möglichkeit, vor Auftragserteilung in Textform ausgestellte Nachweise von den ausgewählten Bietern zu verlangen, kann in den Vergabeunterlagen vorbehalten werden, soweit sie im Einzelnen benannt sind.

(2) ¹Sind zu der Eigenschaft als mittleres oder kleines Unternehmen oder als Kleinstunternehmen nach § 2 Abs. 1 des Hessischen Mittelstandsförderungsgesetzes oder zu der Eignung als auftragnehmendes Unternehmen Nachweise zu führen und sind diese
1. in einem anerkannten Register eines Mitgliedstaates der Europäischen Union oder eines nach dem Recht der Europäischen Union gleichgestellten Vertragsstaates oder
2. in einem Präqualifikationsregister der Auftragsberatungsstelle Hessen e.V., der DIHK Service GmbH, des Vereins für Präqualifikation von Bauunternehmen e.V. oder vergleichbarer Stellen oder
3. in einem anderen Bundesland oder bei einem öffentlichen Auftraggeber nach § 100 des Gesetzes gegen Wettbewerbsbeschränkungen zugänglichen Register

hinterlegt und nicht älter als ein Jahr, genügt ein Nachweis aus solchen Registern. ²Soweit Nachweise nach diesem Absatz in dem zugelassenen Register nicht enthalten sind, kann der Nachweis gesondert einzeln oder nach einem anderen Register geführt werden.

§ 14 Öffentlich-private Partnerschaften

(1) ¹Vergaben in öffentlich-privater Partnerschaft sind nur bei einem nachgewiesenen Wirtschaftlichkeitsvorteil für das Land zulässig. ²Das gilt auch für die Gemeinden und Gemeindeverbände und ihre Eigenbetriebe nach Maßgabe deren Haushaltsrechts. ³Vergaben in öffentlich-privater Partnerschaft sind so zu planen, dass mittelständische Unternehmen sich an dem Projekt beteiligen können. ⁴Die Zusammenfassung selbstständiger Objekte ist unzulässig, es sei denn, Gründe der Wirtschaftlichkeit erfordern eine Zusammenfassung.

(2) Die Möglichkeiten einer eigenständigen Vergabe städtebaulicher Leistungen und von Architekturleistungen sowie die Beteiligung mittelständischer Unternehmen sind vor Einleitung des Vergabeverfahrens zu prüfen.

(3) ¹Zuzulassen ist, dass mittelständische Unternehmen aus der Projekt- oder Betriebsgesellschaft ausscheiden können. ²Die Gründe, warum ein vorzeitiges Ausscheiden nicht möglich ist, sind in den Vergabeunterlagen anzugeben.

(4) ¹Zulässig ist die Veräußerung von Vergütungsforderungen des Auftragnehmers gegen den öffentlichen Auftraggeber oder Besteller. ²Der öffentliche Auftraggeber oder Besteller kann auf Verlangen entweder einen Verzicht auf die Geltendmachung von Einreden wegen Nichterfüllung erklären oder ein schuldbestätigendes oder selbstständiges Anerkenntnis gegenüber dem Erwerber der Forderung abgeben und hat dann das vereinbarte Entgelt bedingungslos an den Erwerber der Forderung zu zahlen.

(5) Für die nach Haushaltsrecht durchzuführende Wirtschaftlichkeitsuntersuchung (Wirtschaftlichkeitsberechnung) sind insbesondere
1. Beschaffungs-, Investitions- und Finanzierungskosten,
2. Jahresmiete, Betriebskosten, Unterhaltungskosten,
3. sonstige Kosten der Nutzungszeit und deren Beendigung und

4. Kosten technischer und städtebaulicher Leistungen sowie der Architektur
auszuweisen.

(6) Bei der Wertung der Angebote ist als weiteres Bewertungskriterium die regionale Wertschöpfung durch die Beteiligung mittelständischer Unternehmen in den Vergabeunterlagen abzufragen und bei der Wertung angemessen zu gewichten.

(7) [1]Das für das Haushaltswesen zuständige Ministerium hat für die Wirtschaftlichkeitsberechnung nach Abs. 5 einheitliche Standards und Rechenmodelle bekannt zu geben, die für Landesbehörden verbindlich sind. [2]Für kommunale Projekte können diese Standards und Rechenmodelle entsprechend angewendet werden.

§ 15 Vergabefreigrenzen

(1) [1]Eine Beschränkte Ausschreibung oder Freihändige Vergabe ist ohne Vorliegen der nach den Vergabe- und Vertragsordnungen dafür erforderlichen Voraussetzungen zulässig, wenn folgende Auftragswerte (Vergabefreigrenzen) nicht erreicht werden:
1. Bauleistungen je Gewerk (Fachlos):
    a) bei Beschränkter Ausschreibung 1 Million Euro,
    b) bei Freihändiger Vergabe 100 000 Euro,
2. Lieferungen und Leistungen je Auftrag:
    a) bei Beschränkter Ausschreibung 207 000 Euro,
    b) bei Freihändiger Vergabe 100 000 Euro,

soweit das Recht der Europäischen Union dem nicht entgegensteht. [2]Werden mehrere Gewerke (Fachlose) ausnahmsweise nach § 12 Abs. 1 Satz 3 zusammengefasst, erhöhen sich die in Satz 1 Nr. 1 genannten Werte nicht.

(2) Zur Vermeidung und Verfolgung gesetzwidriger Praktiken bei Vergabeverfahren nach Abs. 1 sind eine sorgfältige Überwachung durchzuführen und eine ausführliche und nachvollziehbare Dokumentation vorzunehmen, die mindestens die folgenden Angaben enthält:
1. Bedarfs- und Beschaffungsstelle,
2. Auftrag,
3. Vergabeart,
4. aufgeforderte Bewerber und Bieter (Name, Firma, Ort),
5. Auftragnehmer (Name, Firma, Ort) mit Begründung der Zuschlagsentscheidung,
6. alle Angebote,
7. Übersicht aller nachgerechneten Angebotspreise (Preisspiegel),
8. abgeschlossener Vertragspreis,
9. abgerechnetes Entgelt einschließlich Nachträge,
10. die für das Vergabeverfahren, die Vergabeentscheidung und Abnahme zuständige Person oder zuständigen Personen.

(3) [1]Bei der Vergabe eines Auftrags ab einem Auftragswert von 15 000 Euro ohne Umsatzsteuer gibt der öffentliche Auftraggeber oder Besteller bei Beschränkten Ausschreibungen ohne Interessenbekundungsverfahren und bei Freihändigen Vergaben ohne Interessenbekundungsverfahren für drei Monate seinen Namen und Anschrift, den Namen des Auftragnehmers, den Auftragsgegenstand und bei Bauleistungen den Ort der Ausführung in der HAD bekannt. [2]Dies gilt nicht bei Vergabeverfahren, die der Geheimhaltung unterliegen. [3]Soweit es sich bei dem beauftragten Unternehmen um eine natürliche Person handelt, ist deren Einwilligung einzuholen oder die Angabe des Namens zu anonymisieren.

(4) [1]Die Beschaffung und anschließende Auftragsausführung sollen durch eine von der Vergabestelle unabhängige Stelle wenigstens stichprobenweise kontrolliert und ausführlich dokumentiert werden. [2]Andere geeignete Kontrollverfahren bleiben freigestellt. [3]Alle Nachweise nach Abs. 2 und der Kontrollmaßnahmen sind mindestens zehn Jahre nach Abschluss der Beschaffung aufzubewahren, um eine nachträgliche Prüfung zu ermöglichen. [4]Personenbezogene Daten sind danach zu löschen.

§ 16 Urkalkulation, Zwei-Umschlagsverfahren

(1) [1]Bei einem geschätzten Auftragswert für
1. Bauleistungen ab 50 000 Euro,
2. Lieferungen und Leistungen ab 20 000 Euro

sind Bieter mit einem auffällig niedrigen Angebot, welches den Zuschlag erhalten soll, aufzufordern, in einem gesonderten verschlossenen Umschlag die Urkalkulation des Angebots einzureichen. ²Dieser Umschlag darf nur zur Ermittlung der Angemessenheit eines auffällig niedrigen Angebots in Anwesenheit des Bieters oder Auftragnehmers geöffnet werden. ³Die Daten sind vertraulich zu behandeln und danach wieder verschlossen zu den Vergabeakten zu nehmen.

(2) ¹Öffentliche Auftraggeber oder Besteller können unabhängig von Abs. 1 Satz 1 von Bietern verlangen, die Urkalkulation in einem gesonderten verschlossenen Umschlag vor Auftragsvergabe (Zuschlag) einzureichen. ²Der Umschlag mit der Urkalkulation kann bei einem Nachtrag oder einer Mehrforderung im Rahmen eines abgeschlossenen Vertrags zur Prüfung der Grundlagen der Preise geöffnet werden. ³Das gilt auch im Falle der nach Abs. 1 Satz 1 eingereichten Urkalkulation. ⁴Abs. 1 Satz 2 und 3 gilt entsprechend. ⁵Der Bieter oder der Auftragnehmer kann in allen Fällen einen Beauftragten bestimmen, der an der Öffnung und Prüfung der Grundlagen der Preise vertretungsberechtigt teilnimmt.

(3) ¹Angebote für Planungsleistungen, die in Freihändiger Vergabe oder im EU-weiten Verhandlungsverfahren vergeben werden, können getrennt nach Dienstleistung und Entgelt in zwei verschlossenen Umschlägen gefordert werden (Zwei-Umschlagsverfahren). ²Die Dienstleistung muss eine eigenständige Planungsleistung sein. ³Allein die Bezugnahme auf die in der Vergabebekanntmachung vorgegebenen oder in einer Honorarordnung enthaltenen Leistungsbilder ist nicht ausreichend für das Zwei-Umschlagsverfahren. ⁴Die Umschläge mit den Entgelten sind erst nach vorläufig abschließender Wertung sowie Reihung und Ausschluss der Leistungsangebote für die Planungsleistung zu öffnen und zu werten.

§ 17 Zuschlag, Preise

(1) ¹Der Zuschlag darf nur auf das unter Berücksichtigung aller Umstände wirtschaftlichste Angebot erteilt werden. ²Der niedrigste Preis allein ist nicht entscheidend.

(2) ¹Auf Angebote mit einem unangemessenen hohen oder niedrigen Preis darf der Zuschlag nicht erteilt werden. ²Erscheint ein Angebotspreis unangemessen niedrig und ist anhand der vorliegenden Unterlagen über die Preisermittlung die Angemessenheit nicht zu beurteilen, ist in Textform vom Bieter Aufklärung über die Kalkulation der Preise für die Gesamtleistung oder Teilleistung unter Festsetzung einer angemessenen Antwortfrist zu verlangen.

(3) Bei der Beurteilung der Angemessenheit sind die Wirtschaftlichkeit des Angebots, die Nachhaltigkeit, die gewählte technische Lösung und Eigenschaft, der technische Wert, die Ästhetik, die Zweckmäßigkeit, Umwelteigenschaft, Betriebskosten, Lebenszykluskosten, Rentabilität, der Kundendienst und die technische Hilfe sowie die Qualität und andere günstige Ausführungsbedingungen je nach Auftragsgegenstand zu berücksichtigen.

§ 18 Vertragsstrafe, Sperre

(1) ¹Der öffentliche Auftraggeber oder der Besteller sollen mit dem Auftragnehmer für den Fall der nicht vertragsgerechten Erfüllung übernommener Verpflichtungen ein Strafversprechen (Vertragsstrafe) vereinbaren. ²Dies ist in der Vergabebekanntmachung anzugeben und in den Vertragsbedingungen aufzunehmen.

(2) ¹Unternehmer oder Unternehmen sollen wegen schwerer Verfehlungen, die ihre Zuverlässigkeit infrage stellen, von Aufträgen öffentlicher Auftraggeber ausgeschlossen werden. ²Näheres regelt hierzu eine Rechtsverordnung der für das Haushaltswesen zuständigen Ministerin oder des hierfür zuständigen Ministers im Einvernehmen mit der für Wirtschaft zuständigen Ministerin oder dem hierfür zuständigen Minister, in welcher die Einrichtung einer Melde- und Informationsstelle für öffentliche Auftraggeber (einschließlich des Informationsaustausches mit beschaffenden Stellen) sowie das Anhörungs- und Sperrverfahren, insbesondere
1. Verfehlungen von Unternehmern oder Unternehmen, die zum Erlass einer Vergabesperre berechtigen,
2. Anforderungen an die Nachweisbarkeit solcher Verfehlungen,
3. Kriterien für die Dauer einer zu verhängenden Sperre,
4. Möglichkeiten für die Unternehmer oder Unternehmen, zu den Vorwürfen Stellung zu nehmen, und
5. Anforderungen für die Wiederzulassung zum Wettbewerb

festgelegt werden.

(3) ¹Bewerber, Bieter, Auftragnehmer, Nachunternehmen und Verleihunternehmen, die zu den vom öffentlichen Auftraggeber oder Besteller auferlegten Verpflichtungen eine falsche Erklärung abgeben oder einen unzutreffenden Nachweis vorlegen oder haben vorlegen lassen, soll der öffentliche Auftraggeber oder Besteller wegen mangelnder Zuverlässigkeit wenigstens für sechs Monate bis zu drei Jahren von weiteren Vergabeverfahren ausschließen. ²Liegt ein entsprechender Verstoß erstmals vor, kann anstelle der Sperre eine schriftliche Verwarnung ausgesprochen werden; bei wiederholtem Verstoß beträgt die Sperre mindestens ein Jahr. ³Vor einer Verwarnung und dem Ausschluss ist Gelegenheit zur Stellungnahme zu geben. ⁴Ein ausgeschlossener Unternehmer oder ein ausgeschlossenes Unternehmen ist auf dessen Antrag hin allgemein oder teilweise wieder zuzulassen, wenn der Grund des Ausschlusses ganz oder teilweise beseitigt ist und mindestens sechs Monate der Sperre abgelaufen sind. ⁵Näheres hierzu regelt die Rechtsverordnung nach Abs. 2.

(4) Sind die in einem Präqualifikationsregister nach § 13 Abs. 2 Satz 1 hinterlegten Erklärungen und Nachweise unzutreffend, ist dies dem Register mitzuteilen.

(5) Die Geltendmachung einer Auftragssperre oder Vertragsstrafe aus anderem Grunde sowie sonstige Ansprüche bleiben unberührt.

§ 19 Zahlungen

(1) Fällige Zahlungen sind unverzüglich, spätestens 30 Kalendertage nach Zugang der prüffähigen Rechnung auszuführen.

(2) ¹Abschlagszahlungen sind in der Höhe des Wertes nachgewiesener vertragsgemäßer Leistungen einschließlich ausgewiesener Umsatzsteuer zu gewähren. ²Bei in sich abgeschlossenen Teilen einer vertragsgemäßen Leistung sind Teilabnahmen ohne Rücksicht auf die Vollendung der übrigen Leistungen durchzuführen, endgültig festzustellen und zu bezahlen (Teilzahlung).

(3) Auftragnehmer sind zu verpflichten, auch gegenüber ihren Nachunternehmen und Verleihunternehmen nach Abs. 1 und 2 zu verfahren.

(4) Vertraglich ist zu sichern, dass der öffentliche Auftraggeber oder Besteller berechtigt ist, zur Erfüllung der sich aus dem Vertrag ergebenden Verpflichtungen Zahlungen unmittelbar an den Gläubiger des Auftragnehmers (Lieferant, Nachunternehmen, Verleihunternehmen) zu leisten, soweit
1. diese an der Ausführung der vertraglichen Leistung des Auftragnehmers aufgrund eines mit diesem abgeschlossenen Vertrags beteiligt sind,
2. diese wegen Zahlungsverzugs des Auftragnehmers die Fortsetzung ihrer Leistung zu Recht verweigern und
3. die Direktzahlung die Fortsetzung der Leistungen sicherstellen soll.

(5) ¹Erklärt sich der Auftragnehmer auf Verlangen des öffentlichen Auftraggebers oder Bestellers innerhalb einer von diesem gesetzten angemessenen Frist nicht darüber, ob und inwieweit er die Forderung seines Gläubigers anerkennt, und legt er bei Nichtanerkennung keinen entsprechenden Nachweis vor, so gelten die Voraussetzungen für die Direktzahlung als anerkannt. ²Entsprechendes gilt bei Teilleistungen.

(6) ¹Der Anspruch auf Verzugszinsen des Auftragnehmers (§§ 286 und 288 des Bürgerlichen Gesetzbuches) ist durch den öffentlichen Auftraggeber oder Besteller nicht einschränkbar oder abdingbar. ²Auftragnehmer sind zu verpflichten, auch gegenüber ihren Auftragnehmern (Nachunternehmen und Verleihunternehmen) und gegenüber mit Leistungen beauftragten Lieferanten nach Satz 1 zu verfahren.

§ 20 Nachprüfungsstellen

(1) ¹Die für das öffentliche Auftragswesen zuständige Ministerin oder der hierfür zuständige Minister kann im Einvernehmen mit der für das Haushaltswesen zuständigen Ministerin oder dem hierfür zuständigen Minister sowie mit der für kommunale Angelegenheiten zuständigen Ministerin oder dem hierfür zuständigen Minister durch Rechtsverordnung eine oder mehrere Nachprüfungsstellen für Bauleistungen (VOB-Stelle) und für Lieferungen und Leistungen (VOL-Stelle) einrichten und deren Verfahren bei Auftragsvergaben unterhalb der nach § 106 Abs. 1 Satz 1 des Gesetzes gegen Wettbewerbsbeschränkungen festgelegten Schwellenwerte regeln. ²Als VOB-Stelle und VOL-Stelle sollen Behörden oder Einrichtungen, die nicht unmittelbar für die Vergabeverfahren der Beschaffungsstellen zuständig sind, bestimmt werden.

(2) ¹Aufgabe der VOB-Stelle und der VOL-Stelle sind die Prüfung und Feststellung der von Bewerbern sowie Bietern (Rügeberechtigte) vorgetragenen Verstöße gegen nach diesem Gesetz und nach Haushaltsrecht bestehende bewerber- und bieterschützende Vorschriften durch öffentliche Auftraggeber oder Besteller oder durch diese in Beschaffungsverfahren gleichgestellte zuwendungsnehmende Dritte (Zuwendungsnehmer). ²Rügeberechtigt sind auch berufsständische Kammern und Verbände.

(3) ¹An einem Verfahren nach Abs. 2 beteiligte öffentliche Auftraggeber, Besteller oder Zuwendungsnehmer haben an der Aufklärung des Sachverhalts mitzuwirken und der Nachprüfungsstelle angeforderte Vergabeakten vorzulegen. ²Die Nachprüfungsstelle soll vor einer Entscheidung über einen Verstoß eine gütliche Streitbeilegung anstreben.

(4) ¹In der Rechtsverordnung sollen für die Verfahren nach Abs. 2 bei Bau-, Liefer- und Dienstleistungen einheitliche Verfahrens- und Kostenvorschriften vorgegeben werden. ²Der Regelungsinhalt des § 160 Abs. 1, 2 und 3 Satz 1, der §§ 161 bis 165 Abs. 1 bis 3 sowie der §§ 167 und 168 Abs. 1 und 2 des Gesetzes gegen Wettbewerbsbeschränkungen gilt entsprechend. ³Es kann bestimmt werden, dass im Falle eines zugelassenen Verfahrens nach Abs. 2 die Aussetzung des Zuschlags bis zu zehn Kalendertagen, bei besonders tatsächlichen oder rechtlichen Schwierigkeiten bis zu 15 Kalendertagen angeordnet und unter Berücksichtigung des Interesses der Allgemeinheit an einer unverzüglichen oder wirtschaftlichen Erfüllung der Aufgaben des öffentlichen Auftraggebers, Bestellers oder Zuwendungsnehmers auf Antrag das Zuschlagsverbot aufgehoben werden kann.

(5) ¹Von der Nachprüfungsstelle festgestellte Verstöße und geeignete Maßnahmen zur Beseitigung der Rechtsverletzung sind den Beteiligten und der Aufsichtsbehörde des öffentlichen Auftraggebers, des Bestellers oder der zuwendungsgewährenden Stelle in Textform mit Begründung mitzuteilen. ²Soweit die Aufsichtsbehörde von den Feststellungen der Nachprüfungsstelle abweicht, hat sie dies den Beteiligten und der Nachprüfungsstelle mitzuteilen und zu begründen.

Vierter Teil Schlussbestimmungen

§ 21 Überprüfung der Auswirkungen der Tariftreueregelung

(1) ¹Die Auswirkungen der Tariftreueregelung nach § 4 werden nach einem Erfahrungszeitraum von drei Jahren nach Inkrafttreten dieses Gesetzes durch die Landesregierung überprüft. ²Die Landesregierung unterrichtet den Landtag zeitnah über das Ergebnis der Überprüfung. ³Dabei ist darzustellen, inwieweit die Tariftreue Wirkung entfaltet und, soweit notwendig, welche Maßnahmen ergriffen werden können, um die Tariftreue weiter zu stärken.

(2) Das für das Tarifwesen zuständige Ministerium kann im Einvernehmen mit dem für das öffentliche Auftragswesen zuständigen Ministerium und dem für den öffentlichen Personennahverkehr zuständigen Ministerium durch Rechtsverordnung das Nähere über das Verfahren und den Inhalt der Überprüfung regeln.

§ 22 Übergangsbestimmung

Dieses Gesetz findet keine Anwendung auf öffentliche Aufträge von
1. öffentlichen Auftraggebern, deren Vergabe vor dem 1. März 2015, und
2. Bestellern, deren Vergabe vor dem 1. September 2015
eingeleitet worden ist.

§ 23 Aufhebung bisherigen Rechts

Das Hessische Vergabegesetz vom 25. März 2013 (GVBl. S. 119, 121) wird aufgehoben.

§ 24 Inkrafttreten

Dieses Gesetz tritt am 1. März 2015 in Kraft.

Untergesetzliches Recht

- Vergabeerlass
- Beschaffungsmanagement für Lieferungen und Leistungen

8. Mecklenburg-Vorpommern

VgG M-V – Vergabegesetz Mecklenburg-Vorpommern

Gesetz über die Vergabe öffentlicher Aufträge in Mecklenburg-Vorpommern

Vom 7. Juli 2011
(GVOBl. M-V S. 411)
GS Meckl.-Vorp. 703-2
geänd. durch Art. 1 G zur Änd. vergaberechtlicher Vorschriften v. 12.7.2018 (GVOBl. M-V S. 242)

§ 1 Gesetzeszweck, Anwendungsbereich

(1) ¹Dieses Gesetz soll die Praxis der öffentlichen Auftragsvergabe in Mecklenburg-Vorpommern und die Rahmenbedingungen für mittelständische Unternehmen im Bereich der öffentlichen Auftragsvergabe verbessern. ²Es dient einem gerechten Interessenausgleich zwischen Auftraggebern und Auftragnehmern sowie zwischen Arbeitgebern und Arbeitnehmern.

(2) ¹Die Bestimmungen dieses Gesetzes gelten für das Land, die Landkreise, Ämter und Gemeinden (Kommunen) sowie für sonstige Körperschaften, Anstalten und Stiftungen des öffentlichen Rechts, die der Aufsicht des Landes oder des Landrates als untere staatliche Verwaltungsbehörde unterstehen. ²Sie gelten nicht für Sparkassen nach § 1 Absatz 1 des Sparkassengesetzes des Landes Mecklenburg-Vorpommern.

(3) ¹Dieses Gesetz gilt für die Vergabe von Bauleistungen ab einem Auftragswert von mehr als 50 000 Euro, für die Vergabe von Liefer- oder Dienstleistungen ab einem Auftragswert von mehr als 10 000 Euro. ²Auf die Vergabe von Leistungen bis zu den in Satz 1 genannten Auftragswerten finden § 2 mit Ausnahme von Absatz 1 Satz 1 Nummer 1 und von Absatz 2 Satz 1, § 3 Absätze 1 bis 3, § 9 und § 13 Anwendung.

§ 2 Anzuwendende Vorschriften

(1) ¹Auf das Verfahren zur Vergabe öffentlicher Aufträge sind anzuwenden:
1. die Bestimmungen dieses Gesetzes und die aufgrund dieses Gesetzes erlassenen Rechtsverordnungen,
2. Abschnitt 1 der Vergabe- und Vertragsordnung für Bauleistungen Teil A (VOB/A),
3. Abschnitt 1 der Vergabe- und Vertragsordnung für Leistungen Teil A (VOL/A), ab dem 1. Januar 2019 die Unterschwellenvergabeordnung (UVgO).

²Darüber hinaus sind die zum öffentlichen Auftragswesen ergangenen Verwaltungsvorschriften anzuwenden.

(2) ¹Die Bestimmungen dieses Gesetzes und die aufgrund dieses Gesetzes erlassenen Rechtsverordnungen gehen den übrigen Bestimmungen nach Absatz 1 vor. ²Die Verwaltungsvorschriften haben Vorrang vor den Bestimmungen nach Absatz 1 Satz 1 Nummer 2 und 3.

(3) Höherrangiges Recht, insbesondere das Recht der Europäischen Union sowie der Vierte Teil des Gesetzes gegen Wettbewerbsbeschränkungen und die darauf beruhenden weiteren vergaberechtlichen Bestimmungen, bleibt unberührt.

(4) ¹Die maßgeblichen Fassungen von Abschnitt 1 der VOB/A, Abschnitt 1 der VOL/A und der UVgO werden vom Ministerium für Wirtschaft, Arbeit und Gesundheit im Einvernehmen mit dem Finanzministerium, dem Ministerium für Inneres und Europa und dem Ministerium für Energie, Infrastruktur und Digitalisierung durch Verwaltungsvorschrift eingeführt. ²Das Ministerium für Wirtschaft, Arbeit und Gesundheit kann im Einvernehmen mit dem Finanzministerium, dem Ministerium für Inneres und Europa und dem Ministerium für Energie, Infrastruktur und Digitalisierung weitere das öffentliche Auftragswesen betreffende Verwaltungsvorschriften erlassen. ³Erlässt das Ministerium für Wirtschaft, Arbeit und Gesundheit keine Regelungen nach Satz 2, können alle Ministerien jeweils für ihre Geschäftsbereiche im Einvernehmen mit dem Ministerium für Wirtschaft, Arbeit und Gesundheit Regelungen nach Satz 2 treffen.

§ 3 Allgemeine Grundsätze

(1) ¹Öffentliche Aufträge und Konzessionen werden im Wettbewerb und im Wege transparenter Verfahren vergeben. ²Dabei werden die Grundsätze der Wirtschaftlichkeit und der Verhältnismäßigkeit gewahrt.

(2) ¹Dem Abschluss von Verträgen über Lieferungen und Leistungen muss eine Öffentliche Ausschreibung oder eine Beschränkte Ausschreibung mit Teilnahmewettbewerb vorausgehen, sofern nicht die Natur des Geschäfts oder besondere Umstände eine Ausnahme rechtfertigen. ²Teilnahmewettbewerb ist ein Verfahren, bei dem der öffentliche Auftraggeber nach vorheriger öffentlicher Aufforderung zur Teilnahme eine beschränkte Anzahl von geeigneten Unternehmen nach objektiven, transparenten und nichtdiskriminierenden Kriterien auswählt und zur Abgabe von Angeboten auffordert.

(3) Die Teilnehmer an einem Vergabeverfahren sind gleich zu behandeln, es sei denn, eine Benachteiligung ist aufgrund dieses Gesetzes ausdrücklich geboten oder gestattet.

(4) ¹In den Vergabeverfahren können die Auftraggeber nach Maßgabe dieses Gesetzes und der nach § 2 Absatz 4 Satz 1 eingeführten Vergabeordnungen insbesondere soziale, umweltbezogene und innovative Aspekte berücksichtigen. ²Technische Spezifikationen sowie Leistungs- oder Funktionsanforderungen sollen sie unter Beachtung umweltbezogener Aspekte und unter Bezugnahme auf Umweltzeichen formulieren. ³Sie sollen auf den Gesichtspunkt einer möglichst hohen Energieeffizienz achten.

§ 4 Berücksichtigung mittelständischer Interessen

¹Mittelständische Interessen sind bei der Vergabe öffentlicher Aufträge vornehmlich zu berücksichtigen. ²Leistungen sind in der Menge aufgeteilt (Teillose) und getrennt nach Art oder Fachgebiet (Fachlose) zu vergeben. ³Mehrere Teil- oder Fachlose dürfen zusammen vergeben werden, wenn wirtschaftliche oder technische Gründe dies erfordern. ⁴Wird ein Unternehmen, das nicht öffentlicher Auftraggeber ist, mit der Wahrnehmung oder Durchführung einer öffentlichen Aufgabe betraut, verpflichtet der Auftraggeber das Unternehmen, sofern es Unteraufträge an Dritte vergibt, nach den Sätzen 1 bis 3 zu verfahren.

§ 5 Eignung, Ausführungsbedingungen

(1) Aufträge werden nur an fachkundige, leistungsfähige sowie gesetzestreue und zuverlässige Unternehmen vergeben (geeignete Unternehmen).

(2) ¹Für die Auftragsausführung können zusätzliche Anforderungen an Auftragnehmer gestellt werden, die insbesondere soziale, umweltbezogene oder innovative Aspekte betreffen, wenn sie mit dem Auftragsgegenstand in Verbindung stehen. ²Diese Verbindung ist auch unter den Voraussetzungen des § 43 Absatz 3 Satz 2 UVgO gegeben. ³Soziale Anforderungen im Sinne von Satz 1 können insbesondere die Berücksichtigung der Erstausbildung, die Beachtung der Chancengleichheit von Männern und Frauen bei Aus- und Fortbildung oder im beruflichen Aufstieg sowie die Beschäftigung von Langzeitarbeitslosen sein. ⁴Die Ausführungsbedingungen müssen sich aus der Auftragsbekanntmachung oder den Vergabeunterlagen ergeben.

§ 6 Angemessenheit des Preises

(1) Auf ein Angebot mit einem unangemessen hohen oder niedrigen Preis darf der Zuschlag nicht erteilt werden.

(2) ¹Zweifel an der Angemessenheit niedriger Preise ergeben sich insbesondere, wenn die Angebotssummen
– eines oder einiger weniger Bieter erheblich geringer sind als die der übrigen oder
– erheblich von der aktuell zutreffenden Preisermittlung des Auftraggebers abweichen.
²Solche Zweifel sind grundsätzlich bei einer Abweichung von 20 vom Hundert oder mehr anzunehmen.

(3) Insbesondere darf der Zuschlag nicht erteilt werden auf Unterkostenangebote,
– die in der zielgerichteten Absicht abgegeben werden oder zumindest die Gefahr begründen, dass ein oder mehrere bestimmte Mitbewerber vom Markt vollständig verdrängt werden oder

– die im konkreten Einzelfall den Bieter selbst in wirtschaftliche Schwierigkeiten bringen, sodass er den Auftrag nicht vertragsgerecht durchführen kann.

§ 7 Zuschlag auf das wirtschaftlichste Angebot

(1) Der Zuschlag ist auf das wirtschaftlichste Angebot zu erteilen.

(2) Das wirtschaftlichste Angebot ist dasjenige mit dem günstigsten Verhältnis von angebotener Leistung und den zu erwartenden Kosten für den Auftraggeber.

(3) Die angebotene Leistung wird nach gewichteten Zuschlagskriterien bewertet.

(4) Die Kosten setzen sich aus dem Angebotspreis und weiteren Kosten zusammen, die dem Auftraggeber nach den Verhältnissen des Einzelfalles im Zusammenhang mit der zu erbringenden Leistung entstehen (Lebenszykluskosten wie etwa Unterhalts-, Wartungs-, Betriebskosten).

(5) Unterscheiden sich die Angebote nur hinsichtlich der Kosten, so darf der Zuschlag auf das kostengünstigste Angebot erteilt werden.

(6) [1]Der Auftraggeber hat in der Bekanntmachung oder in den Vergabeunterlagen das Wertungssystem, mit dem er das wirtschaftlichste Angebot ermittelt, offen zu legen. [2]Von dem bekannt gemachten System darf der Auftraggeber bei der Wertung nicht abweichen.

§ 8 Sicherheitsleistungen

(1) [1]Sicherheiten sind nur zu fordern, wenn sie für die sach- und fristgemäße Durchführung der verlangten Leistung notwendig erscheinen. [2]Die Sicherheiten sollen nicht höher bemessen und ihre Rückgabe nicht für einen späteren Zeitpunkt vorgesehen werden als nötig ist, um den Auftraggeber vor Schaden zu bewahren.

(2) [1]Bei Öffentlicher Ausschreibung sind Sicherheitsleistungen für die Vertragserfüllung in der Regel erst ab einer bestimmten Auftragssumme zu verlangen. [2]Im Übrigen sollen solche Sicherheitsleistungen nicht verlangt werden.

(3) [1]Für die Erfüllung der Verpflichtungen aus Gewährleistung ist in jedem Einzelfall besonders eingehend zu prüfen, ob bis zu einer bestimmten Abrechnungssumme auf Sicherheiten verzichtet werden kann. [2]Das Ergebnis der Prüfung ist aktenkundig zu machen.

(4) Die Landesregierung wird ermächtigt, durch Rechtsverordnung die Höhe der Auftragssumme nach Absatz 2 und der Abrechnungssumme nach Absatz 3 zu bestimmen; sie kann dabei nach unterschiedlichen Leistungsarten differenzieren.

§ 9 Mindestarbeitsbedingungen

(1) Aufträge im Bereich des Schienenpersonennahverkehrs (SPNV) sowie des sonstigen Öffentlichen Personennahverkehrs (ÖPNV) im Sinne der Verordnung (EG) Nr. 1370/2007 des Europäischen Parlaments und des Rates vom 23.10.2007 über öffentliche Personenverkehrsdienste auf Schiene und Straße und zur Aufhebung der Verordnungen (EWG) Nr. 1191/69 und (EWG) Nr. 1107/70 des Rates (ABl. EG Nr. L 315 S. 1) dürfen nur an Unternehmen vergeben werden, die sich durch Erklärung gegenüber dem Auftraggeber verpflichten, ihre bei der vertragsgegenständlichen Ausführung dieser Leistung Beschäftigten mindestens nach den Vorgaben eines im Bundesgebiet oder einem Teil davon für ihre Branche einschlägigen und repräsentativen Tarifvertrages in der jeweils geltenden Fassung zu entlohnen, sofern sie nicht bereits aufgrund anderweitiger Regelungen zu einer höheren Entgeltzahlung verpflichtet sind.

(2) [1]Ein Tarifvertrag ist dann repräsentativ im Sinne von Absatz 1, wenn er im Zeitpunkt der Angebotsabgabe angewendet wird und wettbewerblich relevant ist, indem er eine erhebliche Zahl von Beschäftigten in der betreffenden Branche umfasst. [2]Repräsentativ sind auch Tarifverträge, die im Zeitpunkt der Angebotsabgabe nur in Mecklenburg-Vorpommern angewendet werden und eine erhebliche Zahl von Beschäftigten in der betreffenden Branche in Mecklenburg-Vorpommern erfassen. [3]Die Landesregierung bestimmt die im Rahmen öffentlicher Vergaben über Personenverkehrsdienste nach Absatz 1 jeweils anzuwendenden repräsentativen Tarifverträge unter Berücksichtigung aller Umstände nach billigem Ermessen. [4]Die Entscheidung ergeht unter Einbeziehung der für Mecklenburg-Vorpommern zuständigen Verbände der Tarifvertragsparteien der jeweiligen Branche.

(3) Das für den öffentlichen Personennahverkehr zuständige Ministerium gibt die nach Absatz 2 bestimmten Tarifverträge im Amtsblatt für Mecklenburg-Vorpommern bekannt.

(4) ¹Land und Kommunen vergeben Aufträge an Unternehmen nur dann, wenn diese sich durch Erklärung gegenüber dem Auftraggeber verpflichten, ihren Arbeitnehmerinnen und Arbeitnehmern bei der Ausführung der Leistung ein Mindest-Stundenentgelt von 9,54 Euro (brutto) zu zahlen. ²Das für Arbeit zuständige Ministerium hat die Höhe des Mindest-Stundenentgeltes jährlich anzupassen, erstmals zum 1. Oktober 2018; es wird ermächtigt, die Anpassung durch Rechtsverordnung vorzunehmen. ³Die Anpassung richtet sich nach der prozentualen Veränderung im Index der tariflichen Monatsverdienste des Statistischen Bundesamtes für die Gesamtwirtschaft in Deutschland (ohne Sonderzahlungen); bei der Ermittlung der Veränderungsrate ist jeweils der Durchschnitt der veröffentlichten Daten für die letzten vier Quartale zugrunde zu legen. ⁴Verpflichtungen zur Zahlung höherer Löhne aus anderen Rechtsgründen, insbesondere nach Absatz 1 und nach Bundesrecht, bleiben unberührt.

(5) Soweit Leistungen auf Nachunternehmer übertragen werden sollen, hat sich das Unternehmen durch Erklärung gegenüber dem Auftraggeber zu verpflichten, dem Nachunternehmer die für das Unternehmen geltenden Pflichten aufzuerlegen und die Beachtung dieser Pflichten durch den Nachunternehmer zu überwachen.

(6) ¹Von den Bestimmungen der Absätze 4 und 5 erfasst sind auch Leiharbeitnehmerinnen und Leiharbeitnehmer im Sinne des Arbeitnehmerüberlassungsgesetzes in der Fassung der Bekanntmachung vom 3. Februar 1995 (BGBl. I S. 158), das zuletzt durch Artikel 1 des Gesetzes vom 21. Februar 2017 (BGBl. I S. 258) geändert worden ist, sowie Werkvertragsarbeitnehmerinnen und Werkvertragsarbeitnehmer; Verleiher nach dem Arbeitnehmerüberlassungsgesetz und Werkvertragsunternehmer gelten als Nachunternehmer im Sinne des Absatzes 5. ²Nicht erfasst sind Auszubildende, Praktikantinnen und Praktikanten, Hilfskräfte und Teilnehmende an Bundesfreiwilligendiensten.

(7) Erklärungen der Unternehmen nach den Absätzen 1, 4 und 5 sind zur Angebotsabgabe in der Form zu fordern, die der Auftraggeber für die Angebote bestimmt hat. Angebote, in denen solche Erklärungen fehlen und zu denen sie nicht innerhalb einer vom Auftraggeber bestimmten Frist nachgereicht werden, werden von der Wertung ausgeschlossen.

(8) ¹Das Land erstattet den Kommunen in den Jahren 2018 und 2019 auf Antrag Mehrkosten, die diesen im Zusammenhang mit der Anwendung der Vorschriften über das Mindest-Stundenentgelt nach Absatz 4 und nach § 10 entstehen. ²Die Landesregierung wird ermächtigt, das Nähere zur Ausgestaltung des Verfahrens zur Antragstellung, Prüfung und Zahlung der Kostenerstattung durch Rechtsverordnung zu regeln.

(9) Absätze 1 und 4 bis 7 gelten auch bei Leistungserbringung durch Unternehmen oder vorgesehene Nachunternehmer mit Sitz im Ausland; Absätze 4 bis 7 gelten nicht, soweit Unternehmen oder vorgesehene Nachunternehmer mit Sitz im EU-Ausland beabsichtigen, die verfahrensgegenständliche Dienstleistung ganz oder teilweise im EU-Ausland zu erbringen.

(10) ¹Bei bundesländerübergreifenden Vergaben ist von der Vergabestelle vor Beginn des Vergabeverfahrens eine Einigung mit den beteiligten weiteren Vergabestellen anderer Länder über die Anforderungen nach den Absätzen 1, 4 bis 7 und 9 anzustreben. ²Kommt eine solche Einigung nicht zustande, so kann von den Absätzen 1, 4 bis 7 und 9 abgewichen werden.

(11) Auf bevorzugte Bieter nach § 224 Absatz 1 Satz 1, Absatz 2 und § 226 des Neunten Buches Sozialgesetzbuch vom 23. Dezember 2016 (BGBl. I S. 3234), das zuletzt durch Artikel 23 des Gesetzes vom 17. Juli 2017 (BGBl. I S. 2541) geändert worden ist, finden die Bestimmungen der Absätze 1 und 4 bis 7 keine Anwendung.

§ 10 Kontrollen und Sanktionen

(1) ¹Soweit Unternehmen nach Maßgabe von § 9 Absatz 1 und 4 zur Beachtung von Mindestarbeitsbedingungen verpflichtet sind, kontrollieren die Auftraggeber die Einhaltung dieser Obliegenheiten; das Gleiche gilt, soweit Unternehmen nach Maßgabe von § 9 Absatz 5 verpflichtet sind, Nachunternehmer zu verpflichten und die Beachtung von deren Pflichten zu überwachen. ²Die Auftraggeber sind von der Pflicht nach Satz 1 befreit, soweit das Land die Kontrolle auf eine andere Stelle übertragen hat.

(2) Im Umfang der nach Absatz 1 bestehenden Kontrollpflicht gelten folgende weitere Maßgaben:
1. ¹Der Auftraggeber hat mit dem Auftragnehmer vertraglich zu vereinbaren, dass er oder die andere Stelle nach Absatz 1 Satz 2 befugt ist, Kontrollen nach Absatz 1 Satz 1 durchzuführen und dabei

Einsicht in die Entgeltabrechnungen, die die zur Erfüllung des jeweiligen Auftrages eingesetzten Beschäftigten betreffen, sowie in die zwischen dem Auftragnehmer und seinen Nachunternehmern geschlossenen Verträge zu nehmen. ²Der Auftraggeber verpflichtet den Auftragnehmer vertraglich, seine Beschäftigten auf die Möglichkeit solcher Kontrollen hinzuweisen. ³Der Auftraggeber verpflichtet den Auftragnehmer außerdem vertraglich, vollständige und prüffähige Unterlagen zur Vornahme der Kontrollen nach Absatz 1 Satz 1 bereitzuhalten und auf Verlangen dem Auftraggeber oder der anderen Stelle nach Absatz 1 Satz 2 unverzüglich vorzulegen.

2. ¹Zur Sicherung der Einhaltung der Obliegenheiten nach § 9 Absatz 1, 4, 6 und 9 ist der Auftragnehmer zu verpflichten, für jeden schuldhaften Verstoß eine Vertragsstrafe in Höhe von 1 vom Hundert, bei mehreren Verstößen bis zu höchstens 5 vom Hundert des Auftragswertes zu zahlen. ²Der Auftragnehmer ist zur Zahlung der Vertragsstrafe auch für den Fall zu verpflichten, dass der von ihm beauftragte Nachunternehmer oder ein von diesem eingesetzter Nachunternehmer gegen seine nach § 9 Absatz 5 begründete Obliegenheit verstößt, sofern der Auftragnehmer diesen Verstoß kannte oder kennen musste.

3. ¹Ist die vereinbarte Vertragsstrafe wegen Nichterfüllung der aufgrund dieses Gesetzes übernommenen Obliegenheiten verwirkt, soll diese verlangt werden. ²Ist die verwirkte Vertragsstrafe unverhältnismäßig hoch, so kann sie vom Auftraggeber auf Antrag des Auftragnehmers auf einen angemessenen Betrag herabgesetzt werden. ³Die Vertragsstrafe entfällt, wenn wegen des zu Grunde liegenden Verstoßes gegen den Auftragnehmer rechtskräftig straf- oder ordnungswidrigkeitenrechtliche Maßnahmen ergriffen worden sind. ⁴Die Geltendmachung einer Vertragsstrafe nach diesem Gesetz bleibt von der Geltendmachung einer Vertragsstrafe aus anderem Grunde sowie von der Geltendmachung sonstiger Ansprüche unberührt.

4. ¹Der Auftraggeber hat mit dem Auftragnehmer zu vereinbaren, dass der vorsätzliche, grob fahrlässige oder mehrfache Verstoß gegen die Obliegenheiten nach § 9 Absatz 1, 4 bis 6 und 9 durch den Auftragnehmer oder seine Nachunternehmer den Auftraggeber zur fristlosen Kündigung des Vertrages berechtigt. ²Der Auftraggeber vereinbart mit dem Auftragnehmer, dass dieser dem Auftraggeber den durch die Kündigung entstandenen Schaden zu ersetzen hat.

(3) Die Vereinbarungen nach Absatz 2 Nummer 1, 2 und 4 werden mit Erteilung des Zuschlages geschlossen.

(4) ¹Hat der Auftragnehmer schuldhaft seine Obliegenheiten nach § 9 Absatz 1, 4 bis 6 und 9 verletzt, so soll der öffentliche Auftraggeber ihn wegen mangelnder Eignung für die Dauer von bis zu drei Jahren von der Teilnahme am Wettbewerb um Aufträge ausschließen (Auftragssperre). ²Beim Ministerium für Wirtschaft, Arbeit und Gesundheit wird eine zentrale Informationsstelle eingerichtet, die Informationen, über Auftragssperren bereitstellt, die von Vergabestellen des Landes verhängt worden sind. ³Die zentrale Informationsstelle trifft keine Entscheidung über einen Vergabeausschluss. ⁴Die Vergabestellen des Landes sind verpflichtet, verhängte Auftragssperren in die Datenbank der zentralen Informationsstelle einzustellen; sie haben sich vor Entscheidungen über die Vergabe von öffentlichen Aufträgen aus der Datenbank der zentralen Informationsstelle zu unterrichten, inwieweit Eintragungen zu Bietern mit einem für den Zuschlag in Betracht kommenden Angebot vorliegen und eine Eintragung bei der Beurteilung der Zuverlässigkeit des Bewerbers oder Bieters zu berücksichtigen. ⁵Die Landesregierung wird ermächtigt, durch Rechtsverordnung die Einzelheiten zur Einrichtung der zentralen Informationsstelle und ihrer Datenbank, zur Listung von Auftragssperren und zu Abfragen öffentlicher Auftraggeber in der Datenbank der zentralen Informationsstelle zu regeln. ⁶Die anderen öffentlichen Auftraggeber sind befugt, für ihre Vergaben ebenfalls zentrale Informationsstellen für Informationen über Auftragssperren einzurichten. ⁷Die Sätze 3 und 4 gelten entsprechend; die Bestimmungen der nach Satz 5 zu erlassenden Rechtsverordnung sind zu beachten.

§ 11 Beachtung der ILO-Kernarbeitsnormen

Bei der Vergabe von Leistungen ist darauf hinzuwirken, dass keine Waren Gegenstand der Leistung sind, die unter Missachtung der in den Kernarbeitsnormen der Internationalen Arbeitsorganisation International Labour Organization – ILO) festgelegten Mindeststandards gewonnen oder hergestellt worden sind. ²Die Mindeststandards der ILO-Kernarbeitsnormen ergeben sich aus:

1. dem Übereinkommen Nr. 29 über Zwangs- oder Pflichtarbeit vom 28. Juni 1930 (BGBl. 1956 II S. 641),
2. dem Übereinkommen Nr. 87 über die Vereinigungsfreiheit und den Schutz des Vereinigungsrechtes vom 9. Juli 1948 (BGBl. 1956 II S. 2073),
3. dem Übereinkommen Nr. 98 über die Anwendung der Grundsätze des Vereinigungsrechtes und des Rechtes zu Kollektivverhandlungen vom 1. Juli 1949 (BGBl. 1955 II S. 1123),

4. dem Übereinkommen Nr. 100 über die Gleichheit des Entgelts männlicher und weiblicher Arbeitskräfte für gleichwertige Arbeit vom 29. Juni 1951 (BGBl. 1956 II S. 24),
5. dem Übereinkommen Nr. 105 über die Abschaffung der Zwangsarbeit vom 25. Juni 1957 (BGBl. 1959 II S. 442),
6. dem Übereinkommen Nr. 111 über die Diskriminierung in Beschäftigung und Beruf vom 25. Juni 1958 (BGBl. 1961 II S. 98),
7. dem Übereinkommen Nr. 138 über das Mindestalter für die Zulassung zur Beschäftigung vom 26. Juni 1973 (BGBl. 1976 II S. 202) und
8. dem Übereinkommen Nr. 182 über das Verbot und unverzügliche Maßnahmen zur Beseitigung der schlimmsten Formen der Kinderarbeit vom 17. Juni 1999 (BGBl. 2001 II S. 1291).

§ 12 Informationspflicht

(1) [1]Der Auftraggeber informiert die Bieter, deren Angebote nicht berücksichtigt werden sollen, über den Namen des Bieters, dessen Angebot angenommen werden soll, und über den Grund der vorgesehenen Nichtberücksichtigung ihres Angebotes. [2]Er gibt die Information in Textform spätestens sieben Kalendertage vor dem Vertragsabschluss.

(2) [1]Absatz 1 findet keine Anwendung, wenn der Auftragswert einen Mindestbetrag nicht übersteigt. [2]Die Landesregierung wird ermächtigt, durch Rechtsverordnung die Höhe des Mindestbetrages festzulegen; sie kann dabei nach unterschiedlichen Leistungsarten differenzieren.

§ 13 Ermittlung des Auftragswertes

Soweit nach diesem Gesetz oder nach einer Vorschrift aufgrund dieses Gesetzes der Auftragswert maßgeblich ist, wird er nach § 3 Absatz 1 bis 4, 6 bis 8, 10 bis 12 der Vergabeverordnung vom 12. April 2016 (BGBl. I S. 624), die durch Artikel 8 des Gesetzes vom 18. Juli 2017 (BGBl. I S. 2745) geändert worden ist, ermittelt.

§ 14 Änderung von Gesetzen

(hier nicht wiedergegeben)

§ 15 Inkrafttreten, Außerkrafttreten

Dieses Gesetz tritt am Tag nach der Verkündung[1] in Kraft.

---

[1] Verkündet am 15.7.2011.

VgGDLVO M-V – Vergabegesetzdurchführungslandesverordnung

Landesverordnung zur Durchführung des Vergabegesetzes Mecklenburg-Vorpommern

Vom 22. Mai 2012
(GVOBl. M-V S. 149)
GS Meckl.-Vorp. 703-2-1
geänd. durch Dritte ÄndVO v. 12.9.2019 (GVOBl. M-V S. 613)

Aufgrund des § 8 Absatz 4 und des § 12 Absatz 2 Satz 3 des Vergabegesetzes Mecklenburg-Vorpommern vom 7. Juli 2011 (GVOBl. M-V S. 411) verordnet die Landesregierung:

§ 1 Auftragssumme, Abrechnungssumme

(1) Die Auftragssumme nach § 8 Absatz 2 Satz 1 des Vergabegesetzes Mecklenburg-Vorpommern beträgt bei Bauleistungen 250 000 Euro ohne Umsatzsteuer, bei allen sonstigen Leistungen 50 000 Euro ohne Umsatzsteuer.

(2) Die Abrechnungssumme nach § 8 Absatz 3 Satz 1 des Vergabegesetzes Mecklenburg-Vorpommern beträgt bei Bauleistungen 250 000 Euro ohne Umsatzsteuer, bei allen sonstigen Leistungen 50 000 Euro ohne Umsatzsteuer.

§ 2 Zentrale Informationsstelle

(1) [1]Bei der zentralen Informationsstelle nach § 10 Absatz 4 Satz 2 des Vergabegesetzes Mecklenburg-Vorpommern wird eine Datenbank (automatisierte Datei) eingerichtet. [2]In die Datenbank werden unverzüglich, nachdem die Vergabestelle von den die Auftragssperre rechtfertigenden Tatsachen Kenntnis erhalten hat, folgende Daten eingestellt:
- die meldende Vergabestelle mit Anschrift, Telefonnummer, Faxnummer, E-Mail-Adresse und Ansprechpartner,
- Aktenzeichen oder Vergabenummer,
- Datum der Zuschlagserteilung,
- das nach § 10 Absatz 4 Satz 1 des Vergabegesetzes Mecklenburg-Vorpommern ausgeschlossene Unternehmen mit Firma oder Geschäftsbezeichnung, Rechtsform, Sitz und Anschrift, gegebenenfalls die betroffene Niederlassung mit Anschrift,
- Registergericht und Handelsregisternummer, bei Unternehmen mit Sitz im Ausland die entsprechenden Daten nach dortigem Recht,
- Gewerbezweig oder Branche mit CPV-Code der betroffenen Tätigkeiten,
- Beginn und Ende des Ausschlusses.

(2) [1]Wird die Dauer eines Ausschlusses verkürzt, so wird dies unverzüglich in die Datenbank eingetragen. [2]Wird ein Ausschluss aufgehoben, so wird der das Unternehmen betreffende Datensatz unverzüglich gelöscht.

(3) Eintragungen und Löschungen nach den Absätzen 1 und 2 werden ausschließlich von der Vergabestelle des Landes vorgenommen, die über den Ausschluss des betreffenden Unternehmens entschieden hat.

(4) [1]Die Vergabestelle des Landes unterrichtet das von ihr ausgeschlossene Unternehmen unverzüglich über jede Eintragung und Löschung, die das Unternehmen betrifft. [2]Die zentrale Informationsstelle erteilt auf Antrag Auskunft über die Eintragungen in die Datenbank, die das Antrag stellende Unternehmen betreffen.

(5) [1]Zugriff auf die Datenbank erhalten ausschließlich öffentliche Auftraggeber nach § 1 Absatz 2 des Vergabegesetzes Mecklenburg-Vorpommern sowie Unternehmen und Einrichtungen nach den §§ 68 bis 70 der Kommunalverfassung vom 13. Juli 2011 (GVOBl. M-V S. 777). [2]Die Datenübermittlung erfolgt im Wege eines automatisierten Abrufverfahrens.

§ 3 Mindestbetrag

Der Mindestbetrag nach § 12 Absatz 2 Satz 1 des Vergabegesetzes Mecklenburg-Vorpommern beträgt bei Bauleistungen 1 000 000 Euro ohne Umsatzsteuer, bei allen sonstigen Leistungen 100 000 Euro ohne Umsatzsteuer.

§ 4 Erstattung von Mehrkosten

(1) [1]Die den Kommunen nach § 9 Absatz 8 Satz 1 des Vergabegesetzes Mecklenburg-Vorpommern zu erstattenden Mehrkosten umfassen den Aufwand bei der vei;waltungsmäßigen Umsetzung der Vorschriften über das Mindest-Stundenentgelt nach § 9 Absatz 4 und § 10 des Vergabegesetzes MecklenburgVorpommern. [2]Eine etwaige zusätzliche Belastung aus erhöhten Preisen anbietender Unternehmen ist nicht umfasst.

(2) [1]Für die Erstattung des Aufwandes nach Absatz 1 kann ein einheitlicher Stundensatz von 59,72 Euro für aufgewandte Arbeitszeit zugrunde gelegt werden. [2]Damit sind auch die Sachkosten abgedeckt. [3]Sollen darüber hinaus gehende Mehrkosten geltend gemacht werden, sind diese im Einzelfall zu begründen.

(3) [1]Die Erstattung ist zu beantragen. [2]Im Antrag ist der Einsatz von Personal für jedes Vergabeverfahren und jede Vertragsdurchführung zeitlich aufzuschlüsseln. [3]Die aufgewandten Zeiten sind zu summieren und die Gesamtsumme auf ganze Stunden zu runden.

(4) Anträge sind bis zum 31. März 2020 zu stellen.

§ 5 Inkrafttreten, Außerkrafttreten

Diese Verordnung tritt am Tag nach ihrer Verkündung[1] in Kraft.

---

[1] Verkündet am 8.6.2012.

MStEVO M-V – Mindest-Stundenentgelt-Verordnung

Verordnung zur Festsetzung des vergaberechtlichen Mindest-Stundenentgelts

Vom 7. September 2018
(GVOBl. M-V S. 358)
GS Meckl.-Vorp. Gl. Nr. 703-2-2

geänd. durch Art. 1 Zweite VO zur Änd. der Mindest-Stundenentgelt-VO v. 25.9.2020 (GVOBl. M-V S. 879)

Aufgrund des § 9 Absatz 4 Satz 2 des Vergabegesetzes Mecklenburg-Vorpommern vom 7. Juli 2011 (GVOBl. M-V S. 411), das zuletzt durch Artikel 1 des Gesetzes vom 12. Juli 2018 (GVOBl. M-V S. 242) geändert worden ist, verordnet das Ministerium für Wirtschaft, Arbeit und Gesundheit:

§ 1 Höhe des Mindest-Stundenentgelts

Das vergaberechtliche Mindest-Stundenentgelt beträgt 10,35 Euro (brutto).

§ 2 Inkrafttreten

Diese Verordnung tritt am 1. Oktober 2018 in Kraft.
Schwerin, den 7. September 2018

Untergesetzliches Recht

– Vergabeerlass (VgE M-V)
– Beschaffungsrichtlinie (BeschaffRL M-V)
– ÖPNV-Bus-Neubeschaffungsrichtlinie (ÖPNV-BusRL)

9. Niedersachsen

NTVergG – Niedersächsisches Tariftreue- und Vergabegesetz[1]

Niedersächsisches Gesetz zur Sicherung von Tariftreue und Wettbewerb bei der Vergabe öffentlicher Aufträge

Vom 31. Oktober 2013
(Nds. GVBl. S. 259)
VORIS 72080

geänd. durch Art. 1 G zur Änd. des Niedersächsischen Tariftreue- und VergabeG und der Niedersächsischen LHO v. 20.11.2019 (Nds. GVBl. S. 354)

Der Niedersächsische Landtag hat das folgende Gesetz beschlossen:

§ 1 Zweck des Gesetzes

Dieses Gesetz soll einen fairen Wettbewerb bei der Vergabe öffentlicher Aufträge gewährleisten sowie die umwelt- und sozialverträgliche Beschaffung durch die öffentliche Hand fördern.

§ 2 Anwendungsbereich

(1) [1]Dieses Gesetz gilt für die Vergabe von öffentlichen Aufträgen über Liefer-, Bau- oder Dienstleistungen und von Rahmenvereinbarungen (§ 103 Abs. 1 bis 5 und § 104 des Gesetzes gegen Wettbewerbsbeschränkungen – GWB –) ab einem geschätzten Auftragswert von 20 000 Euro (ohne Umsatzsteuer) [2]Für die Vergabe von Rahmenvereinbarungen gelten, soweit nichts anderes bestimmt ist, dieselben Vorschriften dieses Gesetzes wie für die Vergabe entsprechender öffentlicher Aufträge. [3]Für die Schätzung gilt § 3 der Vergabeverordnung vom 12. April 2016 (BGBl. I S. 624) in der jeweils geltenden Fassung.

(2) [1]Dieses Gesetz gilt nicht für
1. Wettbewerbe (§ 103 Abs. 6 GWB) und Konzessionen (§ 105 GWB),
2. öffentliche Aufträge, die im Namen oder im Auftrag des Bundes ausgeführt oder die nach haushaltsrechtlichen Bestimmungen des Bundes vergeben werden.,
3. der geschätzte Auftragswert bei öffentlichen Aufträgen, die durch öffentliche Auftraggeber nach § 99 Nr. 4 GWB vergeben werden, den jeweiligen Schwellenwert gemäß § 106 Abs. 2 Nr. 1 oder 3 GWB nicht erreicht.

[2]Ferner ist dieses Gesetz nicht anzuwenden, wenn
1. der geschätzte Auftragswert bei öffentlichen Aufträgen über Leistungen, die im Rahmen einer freiberuflichen Tätigkeit erbracht oder im Wettbewerb mit freiberuflich Tätigen angeboten werden, den jeweiligen Schwellenwert gemäß § 106 Abs. 2 Nrn. 1 bis 3 GWB nicht erreicht,
2. der geschätzte Auftragswert bei öffentlichen Aufträgen über Architekten- und Ingenieurleistungen, bei denen der Gegenstand der Leistung eine Aufgabe ist, deren Lösung vorab nicht eindeutig und erschöpfend beschrieben werden kann, den jeweiligen Schwellenwert gemäß § 106 Abs. 2 Nrn. 1 bis 3 GWB erreicht oder überschreitet.

(3) Für Auftragsvergaben, bei denen der geschätzte Auftragswert den jeweiligen Schwellenwert gemäß § 106 Abs. 2 Nrn. 1 bis 3 GWB erreicht oder überschreitet, sind von den folgenden Vorschriften nur die Absätze 4 und 6 sowie die §§ 4 bis 6, 8 Abs. 1, §§ 10 bis 15, 17 und 18 ergänzend anzuwenden.

(4) Im Bereich des öffentlichen Personenverkehrs gelten die Regelungen dieses Gesetzes für alle Dienstleistungsaufträge im Sinne der Verordnung (EG) Nr. 1370/2007 des Europäischen Parlaments und des Rates vom 23. Oktober 2007 über öffentliche Personenverkehrsdienste auf Schiene und Straße und zur Aufhebung der Verordnungen (EWG) Nr. 1191/69 und (EWG) Nr. 1107/70 des Rates (ABl. EU Nr. L 315 S. 1), geändert durch die Verordnung (EU) 2016/2338 des Europäischen

---

[1] Das G tritt am 1.1.2014 in Kraft, bis auf § 3 Abs. 3 und 4, § 4 Abs. 4 und 5, § 5 Abs. 2 sowie § 12 Abs. 2, die bereits am 8.11.2013 in Kraft getreten sind; vgl. § 18.

Parlaments und des Rates vom 14. Dezember 2016 (ABl. EU Nr. L 354 S. 22), ab einem geschätzten Auftragswert von 20 000 Euro (ohne Umsatzsteuer).

(5) Öffentliche Auftraggeber im Sinne dieses Gesetzes sind die niedersächsischen öffentlichen Auftraggeber nach § 99 Nrn. 1 bis 4 und § 100 GWB.

(6) ^{1}Sollen öffentliche Aufträge gemeinsam mit Auftraggebern anderer Bundesländer, des Bundes oder von Nachbarstaaten der Bundesrepublik Deutschland vergeben werden, so ist mit diesen zwecks Einhaltung der Bestimmungen dieses Gesetzes eine Einigung anzustreben. ^{2}Kommt diese nicht zustande, so kann von den Bestimmungen abgewichen werden.

§ 3 Anzuwendende Vorschriften; Verordnungsermächtigung

(1) Bei der Vergabe von öffentlichen Liefer- und Dienstleistungsaufträgen, deren geschätzter Auftragswert die in § 106 Abs. 2 Nrn. 1 bis 3 GWB genannten Schwellenwerte nicht erreicht, sind die Regelungen der Unterschwellenvergabeordnung (UVgO) vom 2. Februar 2017 (BAnz AT 7.2.2017 B1, 8.2.2017 B1) anzuwenden.

(2) ^{1}Bei der Vergabe von öffentlichen Bauaufträgen, deren geschätzter Auftragswert die Schwellenwerte nach § 106 Abs. 2 Nrn. 1 bis 3 GWB nicht erreicht, sind die Regelungen zu den Ausnahmen in den §§ 108, 109, 116 Abs. 2, §§ 117 und 145 GWB sowie die §§ 118 und 128 GWB entsprechend anzuwenden. ^{2}Ferner sind die Regelungen des Abschnitts 1 der Vergabe- und Vertragsordnung für Bauleistungen Teil A (VOB/A 2019) vom 31. Januar 2019 (BAnz AT 19.2.2019 B2) anzuwenden.

(3) Das für Öffentliches Auftragswesen zuständige Ministerium wird ermächtigt, zur Beschleunigung und Vereinfachung von Vergabeverfahren durch Verordnung abweichend von den Vergabe- und Vertragsordnungen zu regeln
1. Grenzen für Auftragswerte, bis zu deren Erreichen eine Auftragsvergabe im Wege einer beschränkten Ausschreibung ohne Teilnahmewettbewerb, einer Verhandlungsvergabe mit oder ohne Teilnahmewettbewerb oder einer freihändigen Vergabe nach den Vergabe- und Vertragsordnungen zulässig ist, sowie weitere Anforderungen an die Durchführung dieser Verfahren,
2. weitere Verfahrenserleichterungen, soweit sie sich auf die in den §§ 8 bis 12, 14, 15, 25, 27 bis 31, 33, 35, 37 bis 40, 46 und 47 UVgO oder in den §§ 3 bis 3b, 4a, 6a, 6b, 8 Abs. 2, §§ 10, 12 bis 14 a, 16b, 19, 20 Abs. 3 und 4 und § 22 VOB/A 2019 geregelten Gegenstände beziehen.

(4)^2 Das für Öffentliches Auftragswesen zuständige Ministerium wird ermächtigt, durch Verordnung im Einvernehmen mit dem fachlich zuständigen Ministerium Ausnahmen im Sinne des Absatzes 3 von anderen landesrechtlich geregelten Vergabevorschriften auch für Vergaben unterhalb des in § 2 Abs. 1 Satz 1 bestimmten Auftragswerts zuzulassen.

§ 4 Mindestentgelte

(1) Öffentliche Aufträge über Bau- und Dienstleistungen dürfen nur an Unternehmen vergeben werden, die bei Angebotsabgabe erklären, bei der Ausführung des Auftrags im Inland
1. ihren Arbeitnehmerinnen und Arbeitnehmern im Sinne des § 22 des Mindestlohngesetzes (MiLoG) vom 11. August 2014 (BGBl. I S. 1348), geändert durch Artikel 2 Abs. 10 des Gesetzes vom 17. Februar 2016 (BGBl. I S. 203), in der jeweils geltenden Fassung, mindestens ein Mindestentgelt nach den Vorgaben des Mindestlohngesetzes und
2. ihren Arbeitnehmerinnen und Arbeitnehmern, die von Regelungen nach § 1 Abs. 3 MiLoG, insbesondere von Branchentarifverträgen, die nach den Vorgaben des Arbeitnehmer-Entsendegesetzes vom 20. April 2009 (BGBl. I S. 799) – AEntG –, zuletzt geändert durch Artikel 2 Abs. 11 des Gesetzes vom 17. Februar 2016 (BGBl. I S. 203), in der jeweils geltenden Fassung, bundesweit zwingend Anwendung finden, erfasst werden, mindestens ein Mindestentgelt nach den Vorgaben dieser Regelungen

zu zahlen.

(2) Fehlt bei Angebotsabgabe die Erklärung nach Absatz 1 und wird sie auch nach Aufforderung nicht vorgelegt, so ist das Angebot von der Wertung auszuschließen.

§ 5 Tariftreue im öffentlichen Personenverkehr auf Straße und Schiene

(1) ^{1}Öffentliche Aufträge über Dienstleistungen im Bereich des öffentlichen Personenverkehrs auf Straße und Schiene im Sinne von § 2 Abs. 4 dürfen nur an Unternehmen vergeben werden, die be

---

^{2} Beachte zum Inkrafttreten § 18 Satz 2.

Angebotsabgabe erklären, ihren Arbeitnehmerinnen und Arbeitnehmern bei der Ausführung des Auftrags mindestens das in Niedersachsen für diese Leistung in einem der einschlägigen und repräsentativen mit einer tariffähigen Gewerkschaft vereinbarten Tarifverträge vorgesehene Entgelt unter den dort jeweils vorgesehenen Bedingungen zu zahlen und während der Ausführungslaufzeit Änderungen nachzuvollziehen. ²Bei Ausschreibungen für grenzüberschreitenden Verkehr kann auch ein einschlägiger und repräsentativer Tarifvertrag aus dem jeweiligen Nachbarstaat der Bundesrepublik Deutschland zugrunde gelegt werden. ³Kann dabei mit dem öffentlichen Auftraggeber oder den öffentlichen Auftraggebern aus den Nachbarstaaten der Bundesrepublik Deutschland keine Einigung über die Vorgabe der einschlägigen und repräsentativen Tarifverträge erzielt werden, so soll die Beachtung eines einschlägigen Tarifvertrags vorgegeben werden. ⁴Ist auch dies nicht möglich, so findet Satz 1 keine Anwendung. ⁵Sind die tarifvertraglich zustehenden Entgeltleistungen in mehreren Tarifverträgen geregelt, so gelten diese als ein Tarifvertrag.

(2) ¹Die öffentlichen Auftraggeber geben in der Bekanntmachung oder den Vergabeunterlagen des öffentlichen Auftrags an, welche repräsentativen Tarifverträge für die Ausführung des Auftrags einschlägig sind. ²Hat das für Arbeitsrecht zuständige Ministerium eine Liste der repräsentativen Tarifverträge veröffentlicht, so reicht es aus, die Tarifverträge durch Bezugnahme auf die Liste zu bezeichnen und anzugeben, wo die Liste veröffentlicht ist.

(3) Fehlt bei Angebotsabgabe die Tariftreueerklärung im Sinne des Absatzes 1 und wird sie auch nach Aufforderung nicht vorgelegt, so ist das Angebot von der Wertung auszuschließen.

(4) ¹Das für Angelegenheiten des Arbeitsrechts zuständige Ministerium stellt fest, welche Tarifverträge repräsentativ sind. ²Merkmale der Repräsentativität sind
1. die Zahl der von den jeweils tarifgebundenen Arbeitgebern beschäftigten unter den Geltungsbereich des Tarifvertrags fallenden Arbeitnehmerinnen und Arbeitnehmer,
2. die Zahl der jeweils unter den Geltungsbereich des Tarifvertrags fallenden Mitglieder der Gewerkschaft, die den Tarifvertrag geschlossen hat.

³Das für Angelegenheiten des Arbeitsrechts zuständige Ministerium regelt im Einvernehmen mit dem für Öffentliches Auftragswesen und dem für Verkehr zuständigen Ministerium durch Verordnung das Verfahren, in dem festgestellt wird, welche Tarifverträge repräsentativ sind, sowie die Art der Veröffentlichung dieser Tarifverträge; in der Verordnung können weitere Merkmale der Repräsentativität festgelegt werden. ⁴Die Verordnung regelt, dass im Verfahren zur Feststellung der Repräsentativität ein paritätisch aus Vertreterinnen und Vertretern der Tarifpartner zusammengesetzter Beirat beratend mitwirkt.

(5) ¹Bei dem für Öffentliches Auftragswesen zuständigen Ministerium wird eine Servicestelle eingerichtet, die über dieses Gesetz sowie über Tarifregelungen nach Absatz 1 informiert und die Entgeltregelungen aus den einschlägigen Tarifverträgen unentgeltlich zur Verfügung stellt. ²Die Servicestelle macht Muster zur Abgabe von Erklärungen nach § 4 Abs. 1 und § 5 Abs. 1 öffentlich bekannt.

§ 6 Betreiberwechsel bei der Erbringung von Personenverkehrsdiensten

¹Beabsichtigt der öffentliche Auftraggeber, vom ausgewählten Betreiber gemäß Artikel 4 Abs. 5 Satz 1 der Verordnung (EG) Nr. 1370/2007 zu verlangen, dass dieser die Arbeitnehmerinnen und Arbeitnehmer des bisherigen Betreibers zu deren bisherigen Arbeitsbedingungen übernimmt, so verpflichtet er den bisherigen Betreiber, ihm die hierzu erforderlichen Unterlagen zur Verfügung zu stellen oder Einsicht in Lohn- und Meldeunterlagen, Bücher und andere Geschäftsunterlagen und Aufzeichnungen zu gewähren, aus denen Umfang, Art, Dauer und tatsächliche Entlohnung der Arbeitnehmerinnen und Arbeitnehmer hervorgehen oder abgeleitet werden können. ²Hierdurch entstehende Aufwendungen des bisherigen Betreibers werden durch den öffentlichen Auftraggeber erstattet.

§ 7 Unangemessen niedrig erscheinende Angebotspreise bei Bauleistungen

¹Erscheint bei Bauleistungen ein Angebotspreis unangemessen niedrig und hat der öffentliche Auftraggeber deswegen die Angemessenheit des Angebotspreises zu prüfen (§ 16d Abs. 1 Nr. 2 VOB/A 2019), so sind die Unternehmen verpflichtet, die ordnungsgemäße Kalkulation nachzuweisen. ²Ein Angebotspreis erscheint jedenfalls dann unangemessen niedrig im Sinne von § 16d Abs. 1 Nr. 2 VOB/A 2019, wenn das Angebot, auf das der Zuschlag erteilt werden soll, um mindestens 10 vom Hundert vom nächsthöheren Angebot abweicht. ³Kommt ein Unternehmen der Verpflichtung nach Satz 1 nicht innerhalb einer vom öffentlichen Auftraggeber gesetzten Frist nach, so ist es vom weiteren Verfahren auszuschließen.

§ 8 Nachweise

(1) Die nach diesem Gesetz vorzulegenden Nachweise und Erklärungen können gemäß den Vergabe- und Vertragsordnungen sowie gemäß der Vergabeverordnung im Wege der Präqualifikation auch erbracht werden, soweit diese Nachweise und Erklärungen für die Aufnahme in ein Präqualifikationsverzeichnis, ein amtliches Verzeichnis oder ein Zertifizierungssystem nicht erforderlich sind.

(2) ^{1}Bei der Vergabe von Bauaufträgen hat das Unternehmen, das den Zuschlag erhalten soll, für den Fall, dass es nicht in das Präqualifikationsverzeichnis des Vereins für die Qualifizierung von Bauunternehmen eingetragen ist, durch Unterlagen, die nicht älter als ein Jahr sein dürfen, den Nachweis der vollständigen Entrichtung von Beiträgen zur gesetzlichen Sozialversicherung zu erbringen. ^{2}Die Unterlagen müssen von dem zuständigen in- oder ausländischen Sozialversicherungsträger ausgestellt sein. ^{3}Der Nachweis nach Satz 1 kann durch eine Bescheinigung des ausländischen Staates erbracht werden. ^{4}Bei fremdsprachigen Bescheinigungen ist eine Übersetzung in die deutsche Sprache beizufügen.

§ 9 Förderung kleiner und mittlerer Unternehmen

(1) ^{1}Mittelständische Interessen sind bei der Vergabe öffentlicher Aufträge vornehmlich zu berücksichtigen. ^{2}Daher sind bei der Vergabe öffentlicher Aufträge Leistungen in den Vergabeunterlagen nach Art und Umfang so in der Menge aufgeteilt (Teillose) und getrennt nach Fachgebieten (Fachlose) festzulegen, dass kleine und mittlere Unternehmen am Wettbewerb teilnehmen und beim Zuschlag berücksichtigt werden können. ^{3}Mehrere Teil- oder Fachlose dürfen zusammen vergeben werden, wenn wirtschaftliche oder technische Gründe dies erfordern. ^{4}Generalunternehmervergaben stellen den Ausnahmefall dar und bedürfen einer gesonderten Begründung.

(2) Öffentliche Auftraggeber sollen kleine und mittlere Unternehmen bei beschränkten Ausschreibungen ohne Teilnahmewettbewerb, Verhandlungsvergaben ohne Teilnahmewettbewerb und freihändigen Vergaben in angemessenem Umfang zur Angebotsabgabe auffordern.

§ 10 Umweltverträgliche Beschaffung

^{1}Öffentliche Auftraggeber können bei der Festlegung der Anforderungen an die zu beschaffenden Gegenstände oder Leistungen berücksichtigen, inwieweit deren Erstellung, Lieferung, Nutzung und Entsorgung umweltverträglich erfolgt. ^{2}Entsprechende Anforderungen müssen im sachlichen Zusammenhang mit dem Auftragsgegenstand stehen und sich aus der Leistungsbeschreibung ergeben.

§ 11 Berücksichtigung sozialer Kriterien

(1) ^{1}Öffentliche Auftraggeber können soziale Kriterien als Anforderungen an die Unternehmen berücksichtigen. ^{2}Soziale Anforderungen dürfen nur für die Auftragsausführung und nur an Unternehmen mit mindestens 20 Arbeitnehmerinnen und Arbeitnehmern gestellt werden.

(2) Zu berücksichtigende soziale Kriterien können insbesondere sein:
1. die Beschäftigung von schwerbehinderten Menschen,
2. die Förderung der Chancengleichheit und Gleichstellung von Frauen und Männern im Beruf,
3. die Beschäftigung von Auszubildenden,
4. die Beteiligung an tariflichen Umlageverfahren zur Sicherung der beruflichen Erstausbildung oder an Ausbildungsverbünden oder
5. die Beschäftigung von Langzeitarbeitslosen.

§ 12 Beachtung von ILO-Mindestanforderungen an die Arbeitsbedingungen

(1) ^{1}Bei der Vergabe von Bau-, Liefer- oder Dienstleistungen ist darauf hinzuwirken, dass im Anwendungsbereich des Absatzes 2 keine Waren Gegenstand der Leistung sind, die unter Missachtung der in den Kernarbeitsnormen der Internationalen Arbeitsorganisation (ILO) festgelegten Mindestanforderungen gewonnen oder hergestellt worden sind. ^{2}Diese Mindestanforderungen ergeben sich aus
1. dem Übereinkommen Nr. 29 über Zwangs- oder Pflichtarbeit vom 28. Juni 1930 (BGBl. 1956 I. S. 641),
2. dem Übereinkommen Nr. 87 über die Vereinigungsfreiheit und den Schutz des Vereinigungsrechtes vom 9. Juli 1948 (BGBl. 1956 II S. 2073),
3. dem Übereinkommen Nr. 98 über die Anwendung der Grundsätze des Vereinigungsrechtes und des Rechtes zu Kollektivverhandlungen vom 1. Juli 1949 (BGBl. 1955 II S. 1123),

4. dem Übereinkommen Nr. 100 über die Gleichheit des Entgelts männlicher und weiblicher Arbeitskräfte für gleichwertige Arbeit vom 29. Juni 1951 (BGBl. 1956 II S. 24),
5. dem Übereinkommen Nr. 105 über die Abschaffung der Zwangsarbeit vom 25. Juni 1957 (BGBl. 1959 II S. 442),
6. dem Übereinkommen Nr. 111 über die Diskriminierung in Beschäftigung und Beruf vom 25. Juni 1958 (BGBl. 1961 II S. 98),
7. dem Übereinkommen Nr. 138 über das Mindestalter für die Zulassung zur Beschäftigung vom 26. Juni 1973 (BGBl. 1976 II S. 202) und
8. dem Übereinkommen Nr. 182 über das Verbot und unverzügliche Maßnahmen zur Beseitigung der schlimmsten Formen der Kinderarbeit vom 17. Juni 1999 (BGBl. 2001 II S. 1291).

(2)[3] [1]Die Landesregierung bestimmt durch Verordnung, auf welche Produktgruppen oder Herstellungsverfahren Absatz 1 anzuwenden ist und welchen Mindestinhalt die vertraglichen Regelungen nach Absatz 1 Satz 1 haben sollen. [2]Die Verordnung trifft Bestimmungen zu Zertifizierungen und Nachweisen sowie zur vertraglichen Ausgestaltung von Kontrollen und vertraglichen Sanktionen.

§ 13 Nachunternehmen, Verleihunternehmen

(1) [1]Soweit Nachunternehmen bei der Ausführung des Auftrags eingesetzt werden, muss sich das Unternehmen verpflichten, den eingesetzten Nachunternehmen die Erklärung nach § 4 Abs. 1 und bei Bauleistungen außerdem den Nachweis nach § 8 Abs. 2 abzuverlangen und diese Erklärungen und Nachweise dem öffentlichen Auftraggeber vorzulegen. [2]Soweit bei Aufträgen nach § 2 Abs. 4 Unteraufträge im Sinne von Artikel 4 Abs. 7 der Verordnung (EG) Nr. 1370/2007 erteilt werden, muss sich das Unternehmen verpflichten, den eingesetzten Nachunternehmen stattdessen die Erklärung nach § 5 Abs. 1 abzuverlangen und dem öffentlichen Auftraggeber vorzulegen. [3]Das Unternehmen, das einen Auftrag an ein Nachunternehmen vergibt, hat vertraglich sicherzustellen, dass das Nachunternehmen die ihm nach Satz 1 aufzuerlegenden Verpflichtungen übernimmt und die Verpflichtungen, auf die sich die in Satz 1 genannten Erklärungen und Nachweise beziehen, einhält. [4]Für Nachunternehmen gilt § 8 Abs. 1 entsprechend. [5]Werden bei der Ausführung des Auftrags Arbeitnehmerinnen oder Arbeitnehmer überlassen im Sinne des § 1 Abs. 1 des Arbeitnehmerüberlassungsgesetzes (AÜG) in der Fassung vom 3. Februar 1995 (BGBl. I S. 158), zuletzt geändert durch Artikel 7 des Gesetzes vom 11. August 2014 (BGBl. I S. 1348), in der jeweils geltenden Fassung, so gelten die Sätze 1 bis 4 entsprechend.

(2) [1]Bei der Vergabe von Bauaufträgen haben die Unternehmen bei Abgabe ihres Angebots ein Verzeichnis der Leistungen, die durch Nachunternehmen erbracht werden sollen, vorzulegen. [2]Der öffentliche Auftraggeber legt in den Vergabeunterlagen fest, ob die Nachunternehmen, die die Unternehmen für diese Leistungen einsetzen wollen, vor Zuschlagserteilung benannt werden müssen. [3]Nach Zuschlagserteilung bedarf die Einschaltung oder der Wechsel eines Nachunternehmens der Zustimmung des öffentlichen Auftraggebers. [4]Für die Einschaltung und den Wechsel eines Verleihunternehmens gelten die Sätze 2 und 3 entsprechend.

(3) Auf die Vorlage von Erklärungen und Nachweisen kann der öffentliche Auftraggeber verzichten, soweit der Anteil des Auftrags, der auf das jeweilige Nachunternehmen entfällt, weniger als 3 000 Euro (ohne Umsatzsteuer) beträgt.

§ 14 Kontrollen

(1) [1]Die öffentlichen Auftraggeber sind gehalten, Kontrollen durchzuführen, um zu überprüfen, ob die beauftragten Unternehmen sowie die jeweiligen Nachunternehmen und Verleihunternehmen die von ihnen im Hinblick auf dieses Gesetz übernommenen vergaberechtlichen Verpflichtungen einhalten. [2]Das beauftragte Unternehmen sowie die jeweiligen Nachunternehmen und Verleihunternehmen sind verpflichtet, dem öffentlichen Auftraggeber die Einhaltung der Verpflichtungen nach Satz 1 auf dessen Verlangen jederzeit nachzuweisen.

(2) Der öffentliche Auftraggeber darf Einsicht in Unterlagen, insbesondere in Lohn- und Meldeunterlagen, Bücher und andere Geschäftsunterlagen und Aufzeichnungen, nehmen, aus denen Umfang, Art, Dauer und tatsächliche Entlohnung der Beschäftigten hervorgehen oder abgeleitet werden, um die Einhaltung der vergaberechtlichen Verpflichtungen nach Absatz 1 Satz 1 zu überprüfen, die sich auf die Beschäftigten beziehen.

---

[*] Beachte zum Inkrafttreten § 18 Satz 2.

(3) Liegen den öffentlichen Auftraggebern Anhaltspunkte dafür vor, dass die sich aus den Erklärungen nach § 4 Abs. 1 oder § 5 Abs. 1 ergebenden Verpflichtungen nicht eingehalten werden, so sind sie zur Durchführung von Kontrollen verpflichtet.

(4) [1]Das beauftragte Unternehmen sowie die Nachunternehmen und Verleihunternehmen haben vollständige und prüffähige Unterlagen nach Absatz 2 über die eingesetzten Beschäftigten bereitzuhalten. [2]Auf Verlangen des öffentlichen Auftraggebers sind ihm diese Unterlagen vorzulegen. [3]Das beauftragte Unternehmen sowie die Nachunternehmen und Verleihunternehmen haben ihre Beschäftigten auf die Möglichkeit solcher Kontrollen hinzuweisen.

(5) Die Rechte des öffentlichen Auftraggebers nach Absatz 1 Satz 2 und den Absätzen 2 und 4 zur Einsichtnahme in Unterlagen sowie die Auskunfts- und Mitwirkungspflichten des beauftragten Unternehmens, der jeweiligen Nachunternehmen und Verleihunternehmen sind vertraglich sicherzustellen.

(6) Die Servicestelle nach § 5 Abs. 5 nimmt Hinweise zu öffentlichen Aufträgen entgegen, die Anlass für Kontrollen nach Absatz 1 oder 3 sein können, und leitet diese an den jeweiligen öffentlichen Auftraggeber weiter.

§ 15 Sanktionen

(1) [1]Um die Einhaltung der sich aus den Erklärungen nach § 4 Abs. 1 oder § 5 Abs. 1 ergebenden Verpflichtungen zu sichern, hat der öffentliche Auftraggeber für jeden schuldhaften Verstoß eine Vertragsstrafe in Höhe von 1 vom Hundert des Auftragswerts mit dem beauftragten Unternehmen zu vereinbaren; bei mehreren Verstößen darf die Summe der Vertragsstrafen 10 vom Hundert des Auftragswerts nicht überschreiten. [2]Das beauftragte Unternehmen ist zur Zahlung einer Vertragsstrafe nach Satz 1 auch für den Fall zu verpflichten, dass der Verstoß durch ein Nachunternehmen oder ein Verleihunternehmen begangen wird und das beauftragte Unternehmen den Verstoß kannte oder kennen musste. [3]Ist die verwirkte Vertragsstrafe unverhältnismäßig hoch, so kann sie vom öffentlichen Auftraggeber auf Antrag des beauftragten Unternehmens auf einen angemessenen Betrag herabgesetzt werden.

(2) Der öffentliche Auftraggeber vereinbart mit dem zu beauftragenden Unternehmen, dass die schuldhafte und nicht nur unerhebliche Nichterfüllung einer sich aus den Erklärungen nach § 4 Abs. 1 oder § 5 Abs. 1 ergebenden Verpflichtung durch das beauftragte Unternehmen, ein Nachunternehmen oder ein Verleihunternehmen den öffentlichen Auftraggeber zur fristlosen Kündigung aus wichtigem Grund berechtigt.

(3) Hat das beauftragte Unternehmen, ein Nachunternehmen oder ein Verleihunternehmen mindestens grob fahrlässig oder mehrfach gegen die sich aus der Erklärung nach § 5 Abs. 1 ergebenden Verpflichtungen verstoßen, so hat der öffentliche Auftraggeber das betreffende Unternehmen, Nachunternehmen oder Verleihunternehmen für die Dauer von bis zu drei Jahren von seiner Vergabe öffentlicher Aufträge als zu beauftragendes Unternehmen, Nachunternehmen und Verleihunternehmen auszuschließen.

(4) Die öffentlichen Auftraggeber haben die für die Verfolgung und Ahndung von Ordnungswidrigkeiten nach § 21 MiLoG, nach § 23 AEntG und nach § 16 AÜG zuständigen Stellen über Verstöße der Unternehmen gegen die in § 4 Abs. 1 genannten Mindestentgeltregelungen zu informieren.

§ 16 Informations- und Wartepflicht

(1) [1]Bei der Vergabe öffentlicher Aufträge, deren geschätzter Auftragswert den jeweiligen Schwellenwert gemäß § 106 Abs. 2 Nrn. 1 bis 3 GWB nicht erreicht, haben öffentliche Auftraggeber die Unternehmen, deren Angebote nicht berücksichtigt werden sollen, über den Namen des Unternehmens, auf dessen Angebot der Zuschlag erteilt werden soll, über die Gründe der vorgesehenen Nichtberücksichtigung ihres Angebots und über die Wartefrist bis zur Zuschlagserteilung gemäß Absatz 2 in Textform zu informieren. [2]Dies gilt entsprechend auch für Unternehmen, denen keine Information über die Ablehnung ihrer Bewerbung im Teilnahmewettbewerb zur Verfügung gestellt wurde, bevor die Mitteilung über die Zuschlagsentscheidung an die Unternehmen nach Satz 1 ergangen ist.

(2) [1]Der Zuschlag darf frühestens 15 Kalendertage nach Absendung der Information nach Absatz 1 erteilt werden. [2]Wird die Information auf elektronischem Weg oder durch Telefax versendet, verkürzt sich die Frist auf zehn Kalendertage. [3]Die Frist beginnt am Tag nach der Absendung der Information

durch den öffentlichen Auftraggeber; auf den Tag des Zugangs beim betroffenen Unternehmen kommt es nicht an.

(3) ¹Die Informationspflicht entfällt in Fällen besonderer Dringlichkeit. ²Im Fall verteidigungs- oder sicherheitsspezifischer Aufträge (§ 104 GWB) und aus Gründen der Geheimhaltung können öffentliche Auftraggeber darauf verzichten, bestimmte Informationen über die vorgesehene Zuschlagserteilung mitzuteilen, wenn die Offenlegung den Gesetzesvollzug behindern, dem öffentlichen Interesse, insbesondere Verteidigungs-, Sicherheits- oder Geheimhaltungsinteressen, zuwiderlaufen, berechtigte geschäftliche Interessen von Unternehmen schädigen oder den lauteren Wettbewerb zwischen ihnen beeinträchtigen würde.

§ 17 Übergangsbestimmungen

(1) Auf Vergaben, die vor dem Inkrafttreten dieses Gesetzes begonnen haben, ist das Niedersächsische Landesvergabegesetz vom 15. Dezember 2008 (Nds. GVBl. S. 411), geändert durch Gesetz vom 19. Januar 2012 (Nds. GVBl. S. 6), anzuwenden.

(2) Auf Vergaben, die vor dem 1. Juli 2016 begonnen haben, ist dieses Gesetz in der am 30. Juni 2016 geltenden Fassung anzuwenden.

(3) Auf Vergaben, die vor dem 1. Januar 2020 begonnen haben, ist dieses Gesetz in der am 31. Dezember 2019 geltenden Fassung anzuwenden.

(4) Auf Vergaben, die zwischen dem 1. Januar und dem 30. Juni 2020 begonnen haben, findet § 38 Abs. 2 und 3 UVgO keine Anwendung.

§ 18 Inkrafttreten

¹Dieses Gesetz tritt am 1. Januar 2014 in Kraft. ²Abweichend von Satz 1 treten § 3 Abs. 3 und 4, § 4 Abs. 4 und 5, § 5 Abs. 2 sowie § 12 Abs. 2 am Tag nach der Verkündung⁴ dieses Gesetzes in Kraft.

Verkündet am 7.11.2013.

NWertVO – Niedersächsische Wertgrenzenverordnung

Verordnung über Auftragswertgrenzen und Verfahrenserleichterungen zum Niedersächsischen Tariftreue- und Vergabegesetz

Vom 3. April 2020
(Nds. GVBl. S. 60)
VORIS 72080

geänd. durch Art. 1 VO zur Änd. der Niedersächsischen WertgrenzenVO v. 26.3.2021 (Nds. GVBl. S. 165)

Aufgrund

des § 3 Abs. 3 des Niedersächsischen Tariftreue- und Vergabegesetzes (NTVergG) vom 31. Oktober 2013 (Nds. GVBl. S. 259), zuletzt geändert durch Artikel 1 des Gesetzes vom 20. November 2019 (Nds. GVBl. S. 354), und

des § 3 Abs. 4 NTVergG im Einvernehmen mit dem Finanzministerium und dem Ministerium für Inneres und Sport

wird verordnet:

Erster Teil Allgemeine Bestimmungen

§ 1 Regelungsbereich

(1) ¹Diese Verordnung gilt für die Vergabe
1. von öffentlichen Aufträgen und Rahmenvereinbarungen im Anwendungsbereich des Niedersächsischen Tariftreue- und Vergabegesetzes (NTVergG) nach § 2 Abs. 1 und 2 NTVergG und Dienstleistungsaufträgen im Sinne des § 2 Abs. 4 NTVergG mit einem Auftragswert unterhalb des Schwellenwertes nach § 106 Abs. 2 Nrn. 1 bis 3 des Gesetzes gegen Wettbewerbsbeschränkungen (GWB) sowie
2. von öffentlichen Aufträgen und Rahmenvereinbarungen unterhalb eines Auftragswertes von 20 000 Euro (ohne Umsatzsteuer), für die aufgrund anderer landesrechtlicher Vergabevorschriften die Regelungen der Vergabe- und Vertragsordnungen nach § 3 Abs. 1 und 2 Satz 2 NTVergG entsprechend anzuwenden sind.

²Für die Vergabe von Rahmenvereinbarungen gelten, soweit nichts anderes bestimmt ist, dieselben Vorschriften dieser Verordnung wie für die Vergabe entsprechender öffentlicher Aufträge.

(2) Diese Verordnung regelt für Aufträge nach Absatz 1
1. Grenzen für Auftragswerte, bis zu deren Erreichen eine Auftragsvergabe im Wege einer Beschränkten Ausschreibung ohne Teilnahmewettbewerb, einer Verhandlungsvergabe mit oder ohne Teilnahmewettbewerb oder einer Freihändigen Vergabe nach den Vergabe- und Vertragsordnungen nach § 3 Abs. 1 und 2 Satz 2 NTVergG zulässig ist, sowie weitere Anforderungen an die Durchführung dieser Verfahren und
2. weitere Verfahrenserleichterungen im Sinne des § 3 Abs. 3 Nr. 2 NTVergG.

§ 2 Schätzung der Auftragswerte, Teil- und Fachlose

(1) Die Auftragswerte werden geschätzt in entsprechender Anwendung des § 3 Abs. 1 bis 4, 6, 10 und 11 der Vergabeverordnung vom 12. April 2016 (BGBl. I S. 624), zuletzt geändert durch Artikel 3 des Gesetzes vom 25. März 2020 (BGBl. I S. 674), in der jeweils geltenden Fassung.

(2) ¹Sind Leistungen nach § 9 Abs. 1 Satz 2 NTVergG in Teil- oder Fachlose aufgeteilt, so beziehen sich die Auftragswertgrenzen auf die Auftragswerte der einzelnen Teil- oder Fachlose. ²Soweit mehrere Teil- oder Fachlose nach § 9 Abs. 1 Satz 3 NTVergG zusammen vergeben werden, so beziehen sich die Auftragswertgrenzen auf die Summe der Auftragswerte dieser Lose.

Zweiter Teil Vergabe von Aufträgen über Bauleistungen

§ 3 Aufträge über Bauleistungen

(1) ¹Abweichend von § 3a Abs. 3 Satz 2 des Abschnitts 1 der Vergabe- und Vertragsordnung für Bauleistungen Teil A in der in § 3 Abs. 2 Satz 2 NTVergG genannten Fassung (VOB/A) dürfen

Aufträge über Bauleistungen bis zu einem Auftragswert von 25 000 Euro (ohne Umsatzsteuer) im Wege der Freihändigen Vergabe vergeben werden. ²Bei einem Auftragswert über 10 000 Euro (ohne Umsatzsteuer) ist § 3b Abs. 3 VOB/A entsprechend anzuwenden. ³Fußnote 2 zu § 3a Abs. 3 Satz 2 VOB/A bleibt unberührt.

(2) ¹Aufträge über Bauleistungen im Ausland nach § 24 VOB/A dürfen bis zu einem Auftragswert von 50 000 Euro (ohne Umsatzsteuer) im Wege der Freihändigen Vergabe vergeben werden. ²Absatz 1 Satz 2 gilt entsprechend.

(3) Abweichend von § 20 Abs. 3 Satz 1 Nr. 2 VOB/A ist bei Freihändigen Vergaben nach Zuschlagserteilung nur dann zu informieren, wenn der Auftragswert 25 000 Euro (ohne Umsatzsteuer) übersteigt.

(4) ¹Abweichend von § 14a VOB/A dürfen öffentliche Auftraggeber Angebote in Abwesenheit der Bieter und ihrer Bevollmächtigten und ohne Verlesung nach Ablauf der Angebotsfrist öffnen, wenn durch einen Eröffnungstermin eine Gefahr für die Gesundheit der Vertreterinnen oder Vertreter des Auftraggebers, der Bieter oder ihrer Bevollmächtigten einzutreten droht. ²In diesen Fällen stellt der öffentliche Auftraggeber die in § 14a Abs. 3 Nr. 2 Sätze 2 und 3 VOB/A genannten Informationen den Bietern unverzüglich zur Verfügung. ³Die Angebote werden von mindestens zwei Vertreterinnen oder Vertretern des Auftraggebers gemeinsam geöffnet. ⁴§ 14 Abs. 3 VOB/A gilt entsprechend.

§ 4 Besondere Vorschriften aufgrund der COVID-19-Pandemie für Aufträge über Bauleistungen

(1) ¹Abweichend von § 3a Abs. 2 Nr. 1 VOB/A dürfen Aufträge über Bauleistungen, deren Vergabeverfahren vor dem 1. Oktober 2021¹ begonnen haben, bis zu einem Auftragswert von 3 000 000 Euro (ohne Umsatzsteuer) im Wege der Beschränkten Ausschreibung ohne Teilnahmewettbewerb vergeben werden. ²Aufträge über Bauleistungen, deren Vergabeverfahren nach dem 30. September 2021 und vor dem 1. April 2022 begonnen haben, dürfen abweichend von § 3a Abs. 2 Nr. 1 VOB/A bis zu einem Auftragswert von 1 000 000 Euro (ohne Umsatzsteuer) im Wege der Beschränkten Ausschreibung ohne Teilnahmewettbewerb vergeben werden."

(2) ¹Abweichend von § 3a Abs. 3 Satz 2 VOB/A und § 3 Abs. 1 und 2 dürfen Aufträge über Bauleistungen, deren Vergabeverfahren vor dem 1. Oktober 2021 begonnen haben, bis zu einem Auftragswert von 1 000 000 Euro (ohne Umsatzsteuer) im Wege der Freihändigen Vergabe vergeben werden. ²Aufträge über Bauleistungen, deren Vergabeverfahren nach dem 30. September 2021 und vor dem 1. April 2022 begonnen haben, dürfen abweichend von § 3a Abs. 3 Satz 2 VOB/A und § 3 Abs. 1 und 2 bis zu einem Auftragswert von 200 000 Euro (ohne Umsatzsteuer) im Wege der Freihändigen Vergabe vergeben werden. ³§ 3 Abs. 3 bleibt unberührt.

(3) Zur Beurteilung der finanziellen Leistungsfähigkeit der Unternehmen dürfen öffentliche Auftraggeber bei der Festlegung der Eignungskriterien und Eignungsnachweise für ein Vergabeverfahren, das vor dem 1. April 2022² begonnen hat, abweichend von den §§ 6a und 16b Abs. 1 Satz 2 Halbsatz 2 VOB/A auf Vorgaben über die Angemessenheit der Kapitalausstattung sowie den Bestand an sofort verfügbaren Mitteln im Verhältnis zur Größe der zu erbringenden Bauleistung verzichten.

(4) ¹Öffentliche Auftraggeber dürfen für ein Vergabeverfahren, das vor dem 1. April 2022 begonnen hat, bis zu einem Auftragswert von 1 000 000 Euro (ohne Umsatzsteuer) vorsehen, dass abweichend von § 6b Abs. 2 Satz 2 VOB/A Eigenerklärungen für alle Angaben ausreichend sind. ²Bestehen konkrete Zweifel an der Richtigkeit einer vorgelegten Eigenerklärung, so ist diese auf Verlangen des öffentlichen Auftraggebers durch entsprechende Bescheinigungen der zuständigen Stellen zu bestätigen.

§ 5 Besondere Vorschriften für Aufträge über Bauleistungen zum Zweck des Ausbaus passiver Festnetz- oder Mobilfunkinfrastrukturen

1) Abweichend von § 3a Abs. 2 Nr. 1 VOB/A dürfen Aufträge über Bauleistungen zum Zweck des Ausbaus passiver Festnetz- oder Mobilfunkinfrastrukturen, deren Vergabeverfahren vor dem 1. Januar

---

Siehe hierzu die Bek. d. MW v. 24.8.2020, in der der genannte Zeitpunkt (30.9.2020) jeweils um sechs Monate auf den 31.3.2021 hinausgeschoben wird.
Siehe hierzu die Bek. d. MW v. 24.8.2020, in der der genannte Zeitpunkt (30.9.2020) jeweils um sechs Monate auf den 31.3.2021 hinausgeschoben wird.

2024 begonnen haben, bis zu einem Auftragswert von 1 000 000 Euro (ohne Umsatzsteuer) im Wege der Beschränkten Ausschreibung ohne Teilnahmewettbewerb vergeben werden.

(2) ¹Abweichend von § 3a Abs. 3 Satz 2 VOB/A dürfen Aufträge über Bauleistungen zum Zweck des Ausbaus passiver Festnetz- oder Mobilfunkinfrastrukturen, deren Vergabeverfahren vor dem 1. Januar 2024 begonnen haben, bis zu einem Auftragswert von 100 000 Euro (ohne Umsatzsteuer) im Wege der Freihändigen Vergabe vergeben werden. ²§ 3 Abs. 1 Satz 2 gilt entsprechend. ³§ 3 Abs. 3 bleibt unberührt.

(3) Bauleistungen zum Zweck des Ausbaus passiver Festnetz- oder Mobilfunkinfrastrukturen umfassen insbesondere
1. die Verlegung, Verbesserung und Erweiterung von Kabelkanälen, Leerrohren und unbeschalteten Transportmedien für die Datenübertragung,
2. die Bereitstellung, Verbesserung und Erweiterung von zu Nummer 1 gehörigen Infrastrukturkomponenten einschließlich Schächten, Verzweigern und Abschlusseinrichtungen,
3. den Aufbau, die Verbesserung, die Erweiterung und den Anschluss von Funk- und Antennenmasten sowie
4. die Ausführung von mit den Nummern 1 bis 3 verbundenen Tiefbauleistungen und Bauleistungen zur Wiederherstellung der betroffenen Flächen.

§ 6 Besondere Vorschriften für Aufträge über Bauleistungen zum Zweck der Ausübung einer Sektorentätigkeit

(1) Für die Anwendung der VOB/A auf die Vergabe von Aufträgen über Bauleistungen durch Sektorenauftraggeber nach § 100 GWB zum Zweck der Ausübung einer Sektorentätigkeit (§ 102 GWB) gelten die Maßgaben der Absätze 2 bis 7.

(2) ¹Über § 3a VOB/A hinaus steht den Sektorenauftraggebern auch die Freihändige Vergabe, der ein Teilnahmewettbewerb vorzuschalten ist, nach ihrer Wahl zur Verfügung; hierfür ist § 3b Abs. 2 VOB/A entsprechend anzuwenden. ²Die §§ 3 und 4 bleiben unberührt.

(3) Abweichend von den §§ 3 und 3a VOB/A dürfen Bauleistungen ohne die Durchführung eines Vergabeverfahrens beschafft werden, wenn der Auftrag ungeachtet des Erreichens des Schwellenwertes nach § 106 Abs. 2 Nr. 2 GWB durch die §§ 137 bis 139 GWB oder eine Feststellung nach § 3 Abs. 6 der Sektorenverordnung (SektVO) vom 12. April 2016 (BGBl. I S. 624, 657), zuletzt geändert durch Artikel 4 des Gesetzes vom 25. März 2020 (BGBl. I S. 674), in der jeweils geltenden Fassung in Verbindung mit § 140 Abs. 1 GWB von der Anwendung des Teils 4 des Gesetzes gegen Wettbewerbsbeschränkungen ausgenommen ist.

(4) Abweichend von § 4a Abs. 1 Satz 4 VOB/A darf die Laufzeit einer Rahmenvereinbarung bis zu acht Jahre betragen, wenn jedoch ein im Gegenstand der Rahmenvereinbarung begründeter Ausnahmefall vorliegt, auch darüber hinaus.

(5) In der Auftragsbekanntmachung (§ 12 VOB/A) oder in den Vergabeunterlagen (§ 8 VOB/A) können Nebenangebote vorgeschrieben werden.

(6) ¹Die Unternehmen werden anhand objektiver und nicht diskriminierender Kriterien und Nachweise ausgewählt, die von den §§ 6a und 16b Abs. 1 Satz 2 Halbsatz 2 VOB/A abweichen dürfen und allen interessierten Unternehmen zugänglich sind. ²Die §§ 45 und 46 SektVO finden entsprechende Anwendung; bei Verfahren mit Teilnahmewettbewerb darf die Mindestzahl nach § 3b Abs. 2 Satz 5 VOB/A unterschritten werden.

(7) Abweichend von § 6b Abs. 1 VOB/A ist der Nachweis der Eignung auch über ein in entsprechender Anwendung des § 48 SektVO für Unternehmen eingerichtetes und betriebenes Qualifizierungssystem möglich.

Dritter Teil Vergabe von Aufträgen über Liefer- und Dienstleistungen

§ 7 Aufträge über Liefer- und Dienstleistungen

(1) Aufträge über Liefer- und Dienstleistungen bis zu einem Auftragswert von 50 000 Euro (ohne Umsatzsteuer) dürfen im Wege der Beschränkten Ausschreibung ohne Teilnahmewettbewerb vergeben werden.

(2) Aufträge über Liefer- und Dienstleistungen bis zu einem Auftragswert von 25 000 Euro (ohne Umsatzsteuer) dürfen im Wege der Verhandlungsvergabe mit oder ohne Teilnahmewettbewerb vergeben werden.

(3) Auf Verfahren der Kommunen und der sonstigen der Aufsicht des Landes unterliegenden juristischen Personen des öffentlichen Rechts sowie der juristischen Personen des privaten Rechts nach § 99 Nr. 2 GWB und der natürlichen oder juristischen Personen des privaten Rechts nach § 100 Abs. 1 Nr. 2 GWB zur Vergabe von Liefer- und Dienstleistungsaufträgen, die vor dem 1. Januar 2021 begonnen haben, findet § 38 Abs. 2 und 3 der Unterschwellenvergabeordnung in der in § 3 Abs. 1 NTVergG genannten Fassung (UVgO) keine Anwendung.

(4) [1]Bei der Vergabe von Aufträgen über Liefer- und Dienstleistungen dürfen Verhandlungsvergaben ohne Teilnahmewettbewerb bis zu einem Auftragswert von 25 000 Euro (ohne Umsatzsteuer) und Verhandlungsvergaben, bei denen nach § 12 Abs. 3 UVgO nur ein Unternehmen zur Abgabe eines Angebots oder zur Teilnahme an Verhandlungen aufgefordert wird, durch E-Mail durchgeführt werden. [2]Bei einer Durchführung durch E-Mail finden die §§ 39 und 40 UVgO keine Anwendung.

§ 8 Besondere Vorschriften aufgrund der COVID-19-Pandemie für Aufträge über Liefer- und Dienstleistungen

(1) [1]Abweichend von § 8 Abs. 2 Sätze 1 und 2 UVgO und § 7 Abs. 1 und 2 stehen dem öffentlichen Auftraggeber für Vergabeverfahren, die vor dem 1. Oktober 2021[1] begonnen haben, die Öffentliche Ausschreibung, die Beschränkte Ausschreibung mit oder ohne Teilnahmewettbewerb sowie die Verhandlungsvergabe mit oder ohne Teilnahmewettbewerb nach seiner Wahl zur Verfügung, wenn der Auftragswert unterhalb des jeweiligen Schwellenwertes nach § 106 Abs. 2 Nrn. 1 bis 3 GWB liegt. [2]Abweichend von § 8 Abs. 2 Sätze 1 und 2 UVgO und § 7 Abs. 1 und 2 stehen dem öffentlichen Auftraggeber für Vergabeverfahren, die nach dem 30. September 2021 und vor dem 1. April 2022 begonnen haben, bis zu einem Auftragswert von 100 000 Euro (ohne Umsatzsteuer) die Öffentliche Ausschreibung, die Beschränkte Ausschreibung mit oder ohne Teilnahmewettbewerb sowie die Verhandlungsvergabe mit oder ohne Teilnahmewettbewerb nach seiner Wahl zur Verfügung.

(2) Abweichend von § 14 Satz 1 UVgO dürfen Liefer- und Dienstleistungen, die aufgrund von Umständen im Zusammenhang mit der COVID-19-Pandemie besonders dringlich sind, vor dem 1. April 2022[2] unter Berücksichtigung der Haushaltsgrundsätze der Wirtschaftlichkeit und Sparsamkeit ohne die Durchführung eines Vergabeverfahrens beschafft werden (Direktauftrag), wenn der Auftragswert unterhalb von 214 000 Euro (ohne Umsatzsteuer) liegt.

§ 9 Besondere Vorschriften für Aufträge über Liefer- und Dienstleistungen zum Zweck der Ausübung einer Sektorentätigkeit

(1) Für die Anwendung der Unterschwellenvergabeordnung auf die Vergabe von Aufträgen über Liefer- und Dienstleistungen durch Sektorenauftraggeber nach § 100 GWB zum Zweck der Ausübung einer Sektorentätigkeit (§ 102 GWB) gelten die Maßgaben der Absätze 2 bis 9.

(2) [1]Über § 8 Abs. 2 UVgO hinaus steht den Sektorenauftraggebern auch die Verhandlungsvergabe mit Teilnahmewettbewerb nach ihrer Wahl zur Verfügung. [2]Die §§ 7 und 8 bleiben unberührt.

(3) Abweichend von § 8 UVgO dürfen Liefer- und Dienstleistungen ohne die Durchführung eines Vergabeverfahrens beschafft werden, wenn der Auftrag ungeachtet des Erreichens des Schwellenwertes nach § 106 Abs. 2 Nr. 2 GWB durch die §§ 137 bis 139 GWB oder eine Feststellung nach § 3 Abs. 6 SektVO in Verbindung mit § 140 Abs. 1 GWB von der Anwendung des Teils 4 des Gesetzes gegen Wettbewerbsbeschränkungen ausgenommen ist.

(4) Abweichend von § 15 Abs. 4 UVgO darf die Laufzeit einer Rahmenvereinbarung bis zu acht Jahre betragen, wenn jedoch ein im Gegenstand der Rahmenvereinbarung begründeter Sonderfall vorliegt, auch darüber hinaus.

(5) Sektorenauftraggeber können Nebenangebote nach den Vorgaben des § 25 UVgO nicht nur zulassen, sondern auch vorschreiben.

---

[1] Siehe hierzu die Bek. d. MW v. 24.8.2020, in der der genannte Zeitpunkt (30.9.2020) jeweils um sechs Monate auf den 31.3.2021 hinausgeschoben wird.

[2] Siehe hierzu die Bek. d. MW v. 24.8.2020, in der der genannte Zeitpunkt (30.9.2020) jeweils um sechs Monate auf den 31.3.2021 hinausgeschoben wird.

(6) ¹Die Bewerber oder Bieter werden anhand objektiver und nicht diskriminierender Kriterien ausgewählt, die von § 33 Abs. 1 Sätze 1 und 2 UVgO abweichen dürfen und allen interessierten Bewerbern oder Bietern zugänglich sind. ²Die §§ 45 und 46 SektVO finden entsprechende Anwendung; bei Verfahren mit Teilnahmewettbewerb darf die Mindestzahl nach § 36 Abs. 2 Satz 1 UVgO unterschritten werden.

(7) Abweichend von § 31 Abs. 1 UVgO müssen Sektorenauftraggeber nach § 100 Abs. 1 Nr. 2 GWB Unternehmen nicht in entsprechender Anwendung des § 123 GWB ausschließen; die Möglichkeit eines Ausschlusses bleibt unberührt.

(8) Abweichend von § 35 Abs. 6 UVgO ist der Beleg der Eignung auch über ein in entsprechender Anwendung des § 48 SektVO für Unternehmen eingerichtetes und betriebenes Qualifizierungssystem möglich.

(9) Abweichend von § 47 Abs. 1 UVgO findet § 132 Abs. 2 Sätze 2 und 3 GWB keine Anwendung.

Vierter Teil Schlussbestimmungen

§ 10 Übergangsregelung

Auf Vergaben, für die die Regelungen des Abschnitts 1 der Vergabe- und Vertragsordnung für Leistungen, Teil A, in der Fassung vom 20. November 2009 (BAnz. Nr. 196a vom 29. Dezember 2009, BAnz. 2010 S. 755) oder des Abschnitts 1 der Vergabe- und Vertragsordnung für Bauleistungen, Teil A, in der Fassung vom 22. Juni 2016 (BAnz AT 1.7.2016 B4) anzuwenden sind, ist die Niedersächsische Wertgrenzenverordnung vom 19. Februar 2014 (Nds. GVBl. S. 64), zuletzt geändert durch Verordnung vom 7. Dezember 2016 (Nds. GVBl. S. 278), weiterhin anzuwenden.

§ 11 Inkrafttreten

¹Diese Verordnung tritt am Tag nach ihrer Verkündung[1] in Kraft. ²Gleichzeitig tritt die Niedersächsische Wertgrenzenverordnung vom 19. Februar 2014 (Nds. GVBl. S. 64), zuletzt geändert durch Verordnung vom 7. Dezember 2016 (Nds. GVBl. S. 278), außer Kraft.
Hannover, den 3. April 2020

---

[1] Verkündet am 7.4.2020.

NKernVO – Niedersächsische Kernarbeitsnormenverordnung

Niedersächsische Verordnung über die Beachtung der Kernarbeitsnormen der Internationalen Arbeitsorganisation bei der Vergabe öffentlicher Aufträge

Vom 30. April 2015
(Nds. GVBl. S. 74)
VORIS 72080

Aufgrund des § 12 Abs. 2 des Niedersächsischen Tariftreue- und Vergabegesetzes (NTVergG) vom 31. Oktober 2013 (Nds. GVBl. S. 259) wird verordnet:

§ 1 Produktgruppen

¹§ 12 Abs. 1 NTVergG findet Anwendung auf die folgenden, in der Leistungsbeschreibung als Gegenstand der Leistung aufgeführten Waren:
1. Stoffe und sonstige Textilwaren,
2. ungebrauchter Naturstein,
3. Tee, Kaffee und Kakao,
4. Blumen sowie
5. Spielwaren und Sportbälle,

die in einem Staat oder Gebiet gewonnen oder hergestellt wurden, der oder das in der für den Zeitpunkt der Angebotsabgabe maßgeblichen DAC-List of ODA Recipients der Organisation for Economic Cooperation and Development (OECD) aufgeführt ist. ²Die Liste wird im Internet unter www.oecd.org bereitgestellt. ³Satz 1 gilt auch für Waren, die überwiegend aus Waren nach Satz 1 bestehen.

§ 2 Nachweise

(1) ¹Werden Waren nach § 1 geliefert oder verwendet, so hat das Unternehmen dem öffentlichen Auftraggeber nachzuweisen, dass die Waren unter Beachtung der Mindestanforderungen aus den Übereinkommen nach § 12 Abs. 1 Satz 2 NTVergG gewonnen oder hergestellt wurden. ²Der Nachweis ist zu führen durch
1. ein Zertifikat einer unabhängigen Organisation, die sich für die Beachtung der Mindestanforderungen einsetzt,
2. die Mitgliedschaft in einer Initiative, die sich für die Beachtung der Mindestanforderungen einsetzt, oder
3. eine gleichwertige Erklärung eines Dritten.

³Eine Erklärung nach Satz 2 Nr. 3 ist gleichwertig, wenn darin bestätigt wird, dass nur solche Waren als Gegenstand der Leistung geliefert oder verwendet worden sind, die unter Beachtung der Mindestanforderungen aus den Übereinkommen nach § 12 Abs. 1 Satz 2 NTVergG gewonnen oder hergestellt wurden, und wenn die oder der Erklärende von dem Unternehmen, dessen Zulieferern und dem Hersteller der Waren unabhängig ist. ⁴Der öffentliche Auftraggeber gibt in den Vergabeunterlagen bekannt, welche Zertifikate und Mitgliedschaften er akzeptiert, und er weist darauf hin, dass er auch andere Zertifikate und Mitgliedschaften nach Satz 2 akzeptiert.

(2) ¹Führt die Beschränkung auf die Nachweise nach Absatz 1 Satz 2 bezüglich einer bestimmten Ware oder der Ware aus einem bestimmten Herkunftsland nach Einschätzung des öffentlichen Auftraggebers zu einem unzureichenden Wettbewerb, so lässt er in den Vergabeunterlagen als Nachweis auch eine Eigenerklärung des Unternehmens zu. ²In der Eigenerklärung muss bestätigt werden, dass sich das Unternehmen umfassend informiert hat und ihm eine Missachtung der Mindestanforderungen aus den Übereinkommen nach § 12 Abs. 1 Satz 2 NTVergG nicht bekannt geworden ist. ³Die Eigenerklärung muss in angemessenem Umfang Informationen über die Lieferkette und über die Arbeitsbedingungen in den jeweiligen Produktionsstätten enthalten.

(3) ¹In dem Angebot ist anzugeben, ob die Ware in einem Staat oder Gebiet nach § 1 Satz 1 gewonnen oder hergestellt wird. ²Wird die Ware in einem solchen Staat oder Gebiet gewonnen oder hergestellt, so ist in dem Angebot anzugeben, durch welchen Nachweis im Fall der Zuschlagserteilung die Einhaltung der Mindestanforderungen aus den Übereinkommen nach § 12 Abs. 1 Satz 2 NTVergG nachgewiesen werden wird. ³Die Verwendung eines anderen als des angegebenen Nach-

weises bedarf der Zustimmung des öffentlichen Auftraggebers. [4]Ist die Ware abweichend von dem Angebot in einem Staat oder Gebiet nach § 1 Satz 1 gewonnen oder hergestellt worden, so bedarf die Auswahlentscheidung des beauftragten Unternehmens für den Nachweis über die Einhaltung der Mindestanforderungen der Zustimmung des öffentlichen Auftraggebers. [5]Bei Verträgen über Lieferleistungen ist der Nachweis dem öffentlichen Auftraggeber spätestens bei der Lieferung vorzulegen. [6]Bei Verträgen über Bau- oder Dienstleistungen hat das Unternehmen den Nachweis dem öffentlichen Auftraggeber unverzüglich vorzulegen, sobald es die Ware erhalten hat. [7]Eine Eigenerklärung nach Absatz 2 ist dem öffentlichen Auftraggeber bereits mit dem Angebot vorzulegen.

§ 3 Aufzunehmende Vertragsklausel

[1]Zum Mindestinhalt der vertraglichen Regelungen, die Waren nach § 1 betreffen, gehört eine Klausel nach folgendem Muster: „Soweit Stoffe oder sonstige Textilwaren, ungebrauchter Naturstein, Tee, Kaffee, Kakao, Blumen, Spielwaren oder Sportbälle in der Leistungsbeschreibung als Gegenstand der Leistung aufgeführt sind, ist der Auftragnehmer verpflichtet, nur solche Waren zu liefern oder zu verwenden, für die er die Einhaltung der in den Kernarbeitsnormen der Internationalen Arbeitsorganisation (ILO) festgelegten Mindestanforderungen gemäß § 2 der Niedersächsischen Kernarbeitsnormenverordnung nachweisen kann. Die Mindestanforderungen ergeben sich aus den in § 12 Abs. 1 Satz 2 NTVergG genannten Übereinkommen. Die Verpflichtung bezieht sich auf die Lieferkette bis zur Produktfertigstellung. Die Verpflichtung gilt nur für Waren, die in einem Staat oder Gebiet gewonnen oder hergestellt wurden, der oder das in der für den Zeitpunkt der Angebotsabgabe maßgeblichen DAC-List of ODA Recipients der Organisation for Economic Cooperation and Development (OECD) aufgeführt ist." [2]Die Vertragsklausel ist in den Vergabeunterlagen bekannt zu geben.

§ 4 Kontrollen

In die Vergabeunterlagen ist eine Regelung aufzunehmen, die das beauftragte Unternehmen verpflichtet, dem öffentlichen Auftraggeber auf dessen Verlangen unverzüglich alle Unterlagen vorzulegen, die ihm die Prüfung ermöglichen, ob die vorgelegten Nachweise ausreichen, um die Einhaltung der Mindestanforderungen aus den Übereinkommen nach § 12 Abs. 1 Satz 2 NTVergG nach § 1 zu belegen.

§ 5 Sanktionen

[1]Der öffentliche Auftraggeber kann mit dem beauftragten Unternehmen eine Vertragsstrafe in Höhe von einem Prozent des Auftragswertes für den Fall vereinbaren, dass das beauftragte Unternehmen schuldhaft seine Verpflichtungen aus der Vertragsklausel nach § 3 nicht einhält oder einen Nachweis nach § 2 nicht erbringt. [2]Bei mehreren Verstößen ist die Summe der Vertragsstrafen auf fünf Prozent des Auftragswertes zu begrenzen. [3]Der öffentliche Auftraggeber hat sich zu verpflichten, die Vertragsstrafe auf Antrag des beauftragten Unternehmens auf einen angemessenen Betrag herabzusetzen, wenn sie sonst unverhältnismäßig hoch ausfiele.

§ 6 Übergangsregelung

Auf Vergaben, die vor dem Inkrafttreten dieser Verordnung begonnen haben, findet diese Verordnung keine Anwendung.

§ 7 Inkrafttreten

Diese Verordnung tritt am Tag nach ihrer Verkündung[1] in Kraft.

---

[1] Verkündet am 5.5.2015.

10. Nordrhein-Westfalen

TVgG NRW – Tariftreue- und Vergabegesetz Nordrhein-Westfalen[1]

Gesetz über die Sicherung von Tariftreue und Mindestlohn bei der Vergabe öffentlicher Aufträge

Vom 22. März 2018
(GV. NRW. S. 172)

§ 1 Zweck des Gesetzes, Anwendungsbereich

(1) Zweck dieses Gesetzes ist es, einen fairen Wettbewerb um das wirtschaftlichste Angebot bei der Vergabe öffentlicher Aufträge sicherzustellen, bei gleichzeitiger Sicherung von Tariftreue und Einhaltung des Mindestlohns.

(2) Dieses Gesetz gilt für die Vergabe öffentlicher Aufträge über die Beschaffung von Leistungen, die die Ausführung von Bauleistungen oder die Erbringung von Dienstleistungen im Sinne des § 103 Absatz 1 des Gesetzes gegen Wettbewerbsbeschränkungen in der Fassung der Bekanntmachung vom 26. Juni 2013 (BGBl. I S. 1750, 3245), das zuletzt durch Artikel 2 Absatz 2 des Gesetzes vom 18. Juli 2017 (BGBl. I S. 2739) geändert worden ist, zum Gegenstand haben.

(3) [1]Im Bereich des öffentlichen Personenverkehrs gelten die Regelungen dieses Gesetzes für alle öffentlichen Aufträge nach Absatz 2, die Dienstleistungsaufträge im Sinne der Verordnung (EG) Nr. 1370/2007 des Europäischen Parlaments und des Rates vom 23. Oktober 2007 über öffentliche Personenverkehrsdienste auf Schiene und Straße und zur Aufhebung der Verordnungen (EWG) Nr. 1191/69 und (EWG) Nr. 1107/70 des Rates (ABl. L 315 vom 3.12.2007, S. 1), die durch Verordnung (EU) 2016/2338 (ABl. L 354 vom 23.12.2016, S. 22) geändert worden ist, sind. [2]Dieses Gesetz gilt auch für öffentliche Aufträge über Beförderungsleistungen im Sinne von § 1 der Freistellungs-Verordnung in der im Bundesgesetzblatt Teil III, Gliederungsnummer 9240-1-1, veröffentlichten bereinigten Fassung, die zuletzt durch Artikel 1 der Verordnung vom 4. Mai 2012 (BGBl. I S. 1037) geändert worden ist.

(4) Öffentliche Auftraggeber im Sinne dieses Gesetzes sind die nordrhein-westfälischen Auftraggeber im Sinne von § 99 des Gesetzes gegen Wettbewerbsbeschränkungen.

(5) [1]Dieses Gesetz gilt ab einem geschätzten Auftragswert von 25 000 Euro (ohne Umsatzsteuer). [2]Für die Schätzung des Auftragswerts gilt § 3 der Vergabeverordnung vom 12. April 2016 (BGBl. I S. 624), die durch Artikel 8 des Gesetzes vom 18. Juli 2017 (BGBl. I S. 2745) geändert worden ist.

(6) [1]Dieses Gesetz gilt nicht für öffentliche Aufträge von Sektoren- und Konzessionsauftraggebern im Sinne der §§ 100 und 101 des Gesetzes gegen Wettbewerbsbeschränkungen, für verteidigungs- und sicherheitsspezifische öffentliche Aufträge im Sinne des § 104 des Gesetzes gegen Wettbewerbsbeschränkungen, für Konzessionen im Sinne des § 105 des Gesetzes gegen Wettbewerbsbeschränkungen, für öffentliche Aufträge im Sinne der §§ 107, 108, 109, 116 und 117 des Gesetzes gegen Wettbewerbsbeschränkungen. [2]Satz 1 gilt nicht für öffentliche Aufträge im Sinne von § 102 Absatz 4 des Gesetzes gegen Wettbewerbsbeschränkungen, soweit diese von § 1 Absatz 3 erfasst sind.

(7) Das Gesetz gilt nicht für öffentliche Aufträge, die im Namen oder im Auftrag des Bundes ausgeführt werden.

(8) [1]Sollen öffentliche Aufträge gemeinsam mit Auftraggebern aus anderen Ländern oder aus Nachbarstaaten der Bundesrepublik Deutschland vergeben werden, soll mit diesen eine Einigung über die Einhaltung der Bestimmungen dieses Gesetzes angestrebt werden. [2]Kommt keine Einigung zustande, kann von den Bestimmungen dieses Gesetzes abgewichen werden.

---

[1] Verkündet als Art. 2 G v. 22.3.2018 (GV. NRW. S. 172).

§ 2 Tariftreuepflicht, Mindestlohn

(1) Bei öffentlichen Aufträgen für Leistungen, deren Erbringung dem Geltungsbereich
1. eines nach dem Tarifvertragsgesetz in der Fassung der Bekanntmachung vom 25. August 1969 (BGBl. I S. 1323) in der jeweils geltenden Fassung für allgemein verbindlich erklärten Tarifvertrages,
2. eines nach dem Tarifvertragsgesetz mit den Wirkungen des Arbeitnehmer-Entsendegesetzes vom 20. April 2009 (BGBl. I S. 799) in der jeweils geltenden Fassung für allgemein verbindlich erklärten Tarifvertrages oder
3. einer nach den §§ 7, 7a oder 11 des Arbeitnehmer-Entsendegesetzes oder nach § 3a des Arbeitnehmerüberlassungsgesetzes in der Fassung der Bekanntmachung vom 3. Februar 1995 (BGBl. I S. 158) in der jeweils geltenden Fassung erlassenen Rechtsverordnung unterfällt,

muss das beauftragte Unternehmen bei der Ausführung des Auftrags wenigstens diejenigen Mindestarbeitsbedingungen einschließlich des Mindestentgelts gewähren, die in dem Tarifvertrag oder der Rechtsverordnung verbindlich vorgegeben werden.

(2) Bei öffentlichen Aufträgen im Sinne des § 1 Absatz 3 Satz 1 im Bereich des öffentlichen Personenverkehrs auf Straße und Schiene muss das beauftragte Unternehmen seinen Beschäftigten (ohne Auszubildende) bei der Ausführung des Auftrags wenigstens das in Nordrhein-Westfalen für diese Leistung in einem einschlägigen und repräsentativen mit einer tariffähigen Gewerkschaft vereinbarten Tarifvertrag vorgesehene Entgelt nach den tarifvertraglich festgelegten Modalitäten zahlen und während der Ausführungslaufzeit Änderungen nachvollziehen.

(3) ¹Darüber hinaus muss bei allen anderen öffentlichen Aufträgen im Sinne des § 1 Absatz 2 das beauftragte Unternehmen bei der Ausführung der Leistung wenigstens ein Entgelt zahlen, das den Vorgaben des Mindestlohngesetzes vom 11. August 2014 (BGBl. I S. 1348) in der jeweils geltenden Fassung entspricht. ²Satz 1 gilt nur, sofern die ausgeschriebene Leistung im Hoheitsgebiet der Bundesrepublik Deutschland erbracht wird.

(4) ¹Die in Absatz 1 bis 3 auferlegten Pflichten gelten entsprechend für sämtliche Nachunternehmen des beauftragten Unternehmens. ²Das beauftragte Unternehmen stellt sicher, dass die Nachunternehmen die in Absatz 1 bis 3 auferlegten Pflichten ebenfalls einhalten.

(5) Öffentliche Auftraggeber sind berechtigt, Kontrollen durchzuführen, um die Einhaltung der in Absatz 1 bis 4 auferlegten Pflichten zu überprüfen.

(6) Öffentliche Auftraggeber müssen Vertragsbedingungen verwenden,
1. durch die die beauftragten Unternehmen verpflichtet sind, die in den Absatz 1 bis 4 genannten Vorgaben einzuhalten,
2. die dem öffentlichen Auftraggeber ein Recht zur Kontrolle und Prüfung der Einhaltung der Vorgaben einräumen und dessen Umfang regeln und
3. die dem öffentlichen Auftraggeber ein vertragliches außerordentliches Kündigungsrecht sowie eine Vertragsstrafe für den Fall der Verletzung der in Absatz 1 bis 4 genannten Pflichten einräumen.

(7) Bei öffentlichen Aufträgen im Sinne von § 1 Absatz 3 sind die gemäß § 3 von dem für Arbeit zuständigen Ministerium für repräsentativ erklärten Tarifverträge sowie die Vertragsbedingungen vom öffentlichen Auftraggeber in der Auftragsbekanntmachung oder den Vergabeunterlagen des öffentlichen Auftrags aufzuführen.

(8) Erfüllt die Vergabe eines öffentlichen Auftrages die Voraussetzungen von mehr als einer der in Absatz 1 bis 3 getroffenen Regelungen, so gilt die für die Beschäftigten jeweils günstigste Regelung.

§ 3 Rechtsverordnungen

(1) Das für Arbeit zuständige Ministerium wird ermächtigt, durch Rechtsverordnung festzustellen, welcher Tarifvertrag oder welche Tarifverträge im Bereich des öffentlichen Personenverkehrs gemäß § 1 Absatz 3 repräsentativ im Sinne von § 2 Absatz 2 sind.

(2) ¹Bei der Feststellung der Repräsentativität eines oder mehrerer Tarifverträge nach § 3 Absatz 1 ist auf die Bedeutung des oder der Tarifverträge für die Arbeitsbedingungen der Arbeitnehmer abzustellen. ²Hierbei kann insbesondere auf
1. die Zahl der von den jeweils tarifgebundenen Arbeitgebern unter den Geltungsbereich des Tarifvertrags fallenden Beschäftigten oder

2. die Zahl der jeweils unter den Geltungsbereich des Tarifvertrags fallenden Mitglieder der Gewerkschaft, die den Tarifvertrag geschlossen hat,

Bezug genommen werden. ³Das für Arbeit zuständige Ministerium errichtet einen beratenden Ausschuss für die Feststellung der Repräsentativität der Tarifverträge. ⁴Es bestellt für die Dauer von vier Jahren je drei Vertreter der Gewerkschaften und der Arbeitgeber oder Arbeitgeberverbänden[2] im Bereich des öffentlichen Personenverkehrs auf deren Vorschlag als Mitglieder. ⁵Die Beratungen koordiniert und leitet eine von dem für Arbeit zuständigen Ministerium beauftragte Person, die kein Stimmrecht hat. ⁶Der Ausschuss gibt eine schriftlich begründete Empfehlung ab. ⁷Kommt ein mehrheitlicher Beschluss über eine Empfehlung nicht zustande, ist dies unter ausführlicher Darstellung der unterschiedlichen Positionen schriftlich mitzuteilen. ⁸Das für Arbeit zuständige Ministerium wird ermächtigt, das Nähere zur Bestellung des Ausschusses, zu Beratungsverfahren und Beschlussfassung, zur Geschäftsordnung und zur Vertretung und Entschädigung der Mitglieder durch Rechtsverordnung zu regeln.

§ 4 Inkrafttreten

Dieses Gesetz tritt am Tag nach der Verkündung[3] in Kraft.

Richtig wohl: „Arbeitgeberverbände".
Verkündet am 29.3.2018.

11. Rheinland-Pfalz

LTTG – Landestariftreuegesetz[1, 2]

Landesgesetz zur Gewährleistung von Tariftreue und Mindestentgelt bei öffentlichen Auftragsvergaben

Vom 1. Dezember 2010
(GVBl. S. 426)
BS Rh-Pf 70-31
geänd. durch Art. 3 G zur Änd. haushalts- und vergaberechtlicher Vorschriften v. 26.11.2019
(GVBl. S. 333)

§ 1 Ziel, Regelungsbereich und allgemeine Grundsätze

(1) ¹Dieses Gesetz wirkt Verzerrungen im Wettbewerb um öffentliche Aufträge entgegen, die durch den Einsatz von Niedriglohnkräften entstehen, und mildert Belastungen für die sozialen Sicherungssysteme. ²Es bestimmt zu diesem Zweck, dass öffentliche Auftraggeber öffentliche Aufträge im Sinne des § 103 Abs. 1 des Gesetzes gegen Wettbewerbsbeschränkungen (GWB) in der Fassung vom 26. Juni 2013 (BGBl. I S. 1750, 3245) in der jeweils geltenden Fassung nach Maßgabe dieses Gesetzes nur an Unternehmen vergeben dürfen, die ihren Beschäftigten das in diesem Gesetz festgesetzte Mindestentgelt bezahlen und sich tariftreu verhalten.

(2) Öffentliche Aufträge dürfen nur an fachkundige, leistungsfähige sowie gesetzestreue und zuverlässige Unternehmen vergeben werden.

(3) ¹Für die Auftragsausführung können zusätzliche Anforderungen an Auftragnehmer gestellt werden, die insbesondere soziale, umweltbezogene oder innovative Aspekte betreffen, wenn sie im sachlichen Zusammenhang mit dem Auftragsgegenstand stehen und sich aus der Leistungsbeschreibung ergeben. ²Als soziale Aspekte in diesem Sinne können insbesondere gefordert werden
1. die Beschäftigung von Auszubildenden,
2. die Beschäftigung von Langzeitarbeitslosen und
3. die Sicherstellung der Entgeltgleichheit von Frauen und Männern.

(4) ¹Aufgabenträger haben im Rahmen der Vergabe eines öffentlichen Dienstleistungsauftrags im Sinne der Verordnung (EG) Nr. 1370/2007 des Europäischen Parlaments und des Rates vom 23. Oktober 2007 über öffentliche Personenverkehrsdienste auf Schiene und Straße und zur Aufhebung der Verordnungen (EWG) Nr. 1191/69 und (EWG) Nr. 1107/70 des Rates (ABl. EU Nr. L 315 S. 1) in der jeweils geltenden Fassung Auftragnehmer auf der Grundlage von Artikel 4 Abs. 5 der Verordnung (EG) Nr. 1370/2007 dazu zu verpflichten, den Arbeitnehmerinnen und Arbeitnehmern, die zuvor zur Erbringung der Dienste eingestellt wurden, ein Angebot zur Übernahme der bisherigen Arbeitsbedingungen zu unterbreiten. ²Der bisherige Betreiber ist nach Aufforderung des Aufgabenträgers binnen sechs Wochen dazu verpflichtet, dem Aufgabenträger alle hierzu erforderlichen Informationen zur Verfügung zu stellen. ³In einem repräsentativen Tarifvertrag im Sinne von § 4 Abs. 3 können Regelungen zu den Arbeitsbedingungen getroffen werden, auf die im Falle einer Übernahme der Arbeitnehmerinnen und Arbeitnehmer auf der Grundlage von Artikel 4 Abs. 5 der Verordnung (EG) Nr. 1370/2007 als vorrangig verwiesen werden kann.

§ 2 Anwendungsbereich

Dieses Gesetz gilt für
1. das Land,

Verkündet als Art. 1 G v. 1.12.2010 (GVBl. S. 426); Inkrafttreten gem. Art. 4 Satz 1 dieses G am 1.3.2011. Bestimmungen, die zum Erlass von Rechtsverordnungen oder Verwaltungsvorschriften ermächtigen, treten gem. Art. 4 Satz 2 am 14.12.2010 in Kraft.

Für öffentliche Aufträge, deren Ausschreibung vor dem 1.1.2014 erfolgt ist, richtet sich die Höhe des Mindestentgelts nach den bisher geltenden Bestimmungen, vgl. hierzu Art. 2 Satz 2 G zur Änd. des LandestariftreueG v. 22.11.2013 (GVBl. S. 469) und Art. 2 Abs. 3 Zweites G zur Änd. des LandestariftreueG v. 8.3.2016 (GVBl. S. 178).

2. die Gemeinden und die Gemeindeverbände und
3. die öffentlichen Auftraggeber im Sinne des § 99 Nr. 2, 3 und 4 GWB und Sektorenauftraggeber im Sinne des § 100 GWB sowie
(öffentliche Auftraggeber), soweit sie in Rheinland-Pfalz öffentliche Aufträge vergeben, sowie
4. die dadurch betroffenen Unternehmen und Nachunternehmen

ab einem geschätzten Auftragswert von 20 000 Euro. ²Für die Schätzung gilt § 3 der Vergabeverordnung vom 12. April 2016 (BGBl. I S. 624) in der jeweils geltenden Fassung.

§ 2a Beachtung der ILO-Kernarbeitsnormen

Bei der Vergabe öffentlicher Aufträge ist darauf hinzuwirken, dass keine Waren Gegenstand der Leistung sind, die unter Missachtung der in den Kernarbeitsnormen der Internationalen Arbeitsorganisation (ILO) festgelegten Mindestanforderungen gewonnen oder hergestellt worden sind.

§ 3 Mindestentgelt

¹Soweit nicht nach § 4 Mindestentgelt- oder Tariftreueerklärungen gefordert werden können, dürfen öffentliche Aufträge nur an Unternehmen vergeben werden, die sich bei Angebotsabgabe in Textform verpflichten, ihren Beschäftigten bei der Ausführung der Leistung ein Entgelt von mindestens 8,90 Euro (brutto) pro Stunde zu zahlen (Mindestentgelt). ²Satz 1 gilt nicht für die Leistungserbringung durch Auszubildende. ³Fehlt die Mindestentgelterklärung bei Angebotsabgabe und wird sie auch nach Aufforderung nicht vorgelegt, so ist das Angebot von der Wertung auszuschließen. ⁴Hat die Servicestelle nach § 4 Abs. 5 Muster zur Abgabe von Mindestentgelterklärungen öffentlich bekannt gemacht, können diese verwendet werden.

§ 4 Tariftreuepflicht

(1) Öffentliche Aufträge, die vom Arbeitnehmer-Entsendegesetz (AEntG) vom 20. April 2009 (BGBl. I S. 799) in der jeweils geltenden Fassung erfasst werden, dürfen nur an Unternehmen vergeben werden, die sich bei Angebotsabgabe in Textform verpflichten, ihren Beschäftigten bei der Ausführung der Leistung ein Entgelt zu zahlen, das in Höhe und Modalitäten mindestens den Vorgaben desjenigen Tarifvertrages entspricht, an den das Unternehmen aufgrund des Arbeitnehmer-Entsendegesetzes gebunden ist.

(2) ¹Leistungen, die vom Mindestlohngesetz (MiLoG) vom 11. August 2014 (BGBl. I S. 1348) in der jeweils geltenden Fassung erfasst werden, dürfen nur an Unternehmen vergeben werden, die sich bei Angebotsabgabe in Textform verpflichten, ihren unter das Mindestlohngesetz fallenden Beschäftigten bei der Ausführung der Leistung ein Entgelt zu zahlen, das mindestens den jeweils geltenden Vorgaben des Mindestlohngesetzes und der gemäß § 1 Abs. 2 Satz 2 MiLoG erlassenen Rechtsverordnung entspricht, und Änderungen während der Ausführungslaufzeit gegenüber den Beschäftigten nachzuvollziehen; § 3 Satz 3 und 4 gilt entsprechend. ²Satz 1 findet so lange keine Anwendung, bis die Höhe des nach dem Mindestlohngesetz und der gemäß § 1 Abs. 2 Satz 2 MiLoG erlassenen Rechtsverordnung zu zahlenden Mindestlohns erstmals die Höhe des nach § 3 Satz 1 zu zahlenden Mindestentgelts bei Angebotsabgabe erreicht oder diese übersteigt.

(3) ¹Öffentliche Aufträge über Dienstleistungen im Bereich des öffentlichen Personenverkehrs auf Straße und Schiene dürfen nur an Unternehmen vergeben werden, die sich bei Angebotsabgabe in Textform verpflichten, ihren Beschäftigten bei der Ausführung der Leistung mindestens das in Rheinland-Pfalz für diese Leistung in einem einschlägigen und repräsentativen mit einer tariffähigen Gewerkschaft vereinbarten Tarifvertrag vorgesehene Entgelt nach den tarifvertraglich festgelegten Modalitäten zu zahlen und während der Ausführungslaufzeit Änderungen nachzuvollziehen. ²Dies gilt auch für öffentliche Aufträge im freigestellten Schülerverkehr. ³Bei Angebotsabgabe haben die Unternehmen nachvollziehbar darzustellen, wie sie die Tariftreueverpflichtung nach Satz 1 erfüllen wollen. ⁴Im Falle grenzüberschreitender Ausschreibungen kann auch ein einschlägiger und repräsentativer Tarifvertrag aus dem jeweiligen Nachbarland der Bundesrepublik Deutschland zu Grunde gelegt werden. ⁵Der öffentliche Auftraggeber benennt die einschlägigen und repräsentativen Tarifverträge in der Bekanntmachung und den Vergabeunterlagen des öffentlichen Auftrags. ⁶Kann bei grenzüberschreitenden Auftragsvergaben mit dem oder den öffentlichen Auftraggebern aus den Nachbarländern der Bundesrepublik Deutschland keine Einigung über die Vorgabe der einschlägigen und repräsentativen Tarifverträge erzielt werden, soll die Beachtung eines einschlägigen Tarifvertrages vorgegeben werden. ⁷Ist auch dies nicht möglich, kann ausnahmsweise auf die Vorgabe von Tariftreue verzichtet werden.

(4) ¹Das für die Angelegenheiten des Arbeitsrechts zuständige Ministerium bestimmt mit Zustimmung des für die Angelegenheiten des Verkehrs zuständigen Ministeriums durch Rechtsverordnung, in welchem Verfahren festgestellt wird, welche Tarifverträge als repräsentativ im Sinne von Absatz 3 anzusehen sind und wie deren Veröffentlichung erfolgt. ²Bei der Feststellung der Repräsentativität ist vorrangig abzustellen auf
1. die Zahl der von den jeweils tarifgebundenen Arbeitgebern beschäftigten unter den Geltungsbereich des Tarifvertrags fallenden Arbeitnehmerinnen und Arbeitnehmern,
2. die Zahl der jeweils unter den Geltungsbereich des Tarifvertrags fallenden Mitglieder der Gewerkschaft, die den Tarifvertrag geschlossen hat.
³Die Rechtsverordnung kann auch die Vorbereitung der Entscheidung durch einen Beirat vorsehen; sie regelt in diesem Fall auch die Zusammensetzung und die Geschäftsordnung des Beirats.

(5) ¹Beim Landesamt für Soziales, Jugend und Versorgung wird eine Servicestelle eingerichtet, die über das Landestariftreuegesetz informiert und die Entgeltregelungen aus den einschlägigen und repräsentativen Tarifverträgen unentgeltlich zur Verfügung stellt. ²Die Servicestelle ist auch für Prüfungen zuständig, ob die Entgeltregelungen aus den einschlägigen und repräsentativen Tarifverträgen im Sinne von Absatz 3 sowie bei einem Beschäftigtenübergang nach § 1 Abs. 4 aus den übergeleiteten Arbeitsbedingungen zum Vertragsgegenstand gemacht wurden und eingehalten werden. ³Prüfungen können sowohl anlassbezogen als auch stichprobenweise erfolgen. ⁴Der öffentliche Auftraggeber hat der Servicestelle die für die Prüfungen erforderlichen Auskünfte zu erteilen und prüfungsrelevante Unterlagen zur Verfügung zu stellen. ⁵Bei der Durchführung der Prüfungen stehen der Servicestelle die in den §§ 5 und 6 aufgeführten Rechte des öffentlichen Auftraggebers entsprechend zur Verfügung. ⁶Hat die von der Servicestelle durchgeführte Prüfung einen Verstoß des beauftragten Unternehmens, eines Nachunternehmens oder eines Verleihers gegen dieses Gesetz ergeben, spricht die Servicestelle gegenüber dem öffentlichen Auftraggeber, dessen Vergabe von diesem Verstoß betroffen ist, eine Sanktionsempfehlung aus. ⁷Der öffentliche Auftraggeber informiert die Servicestelle zeitnah über die Umsetzung der Sanktionsempfehlung; weicht er von dieser ab, hat er die Gründe für die Abweichung darzulegen.

(6) ¹Fehlt die Tariftreueerklärung bei Angebotsabgabe und wird sie auch nach Aufforderung nicht vorgelegt, so ist das Angebot von der Wertung auszuschließen. ²Hat die Servicestelle nach Absatz 5 Muster zur Abgabe von Tariftreueerklärungen öffentlich bekannt gemacht, können diese verwendet werden.

§ 5 Nachunternehmen

(1) ¹Die Unternehmen haben ihre Nachunternehmen sorgfältig auszuwählen. ²Dies schließt die Pflicht ein, die Angebote der Nachunternehmen daraufhin zu überprüfen, ob sie auf der Basis der nach diesem Gesetz anzuwendenden Lohn- und Gehaltstarife kalkuliert sein können.

(2) ¹Im Fall der Ausführung vertraglich übernommener Leistungen durch Nachunternehmer hat das Unternehmen die Erfüllung der Verpflichtungen nach den §§ 3 und 4 durch die Nachunternehmer sicherzustellen und dem öffentlichen Auftraggeber Mindestentgelt- und Tariftreueerklärungen der Nachunternehmen vorzulegen. ²Gleiches gilt, wenn das Unternehmen oder ein beauftragtes Nachunternehmen zur Ausführung des Auftrags Arbeitnehmerinnen oder Arbeitnehmer eines Verleihers einsetzt sowie für alle weiteren Nachunternehmen des Nachunternehmens. ³Auf die Verpflichtung zur Vorlage von Mindestentgelt- und Tariftreueerklärungen kann verzichtet werden, wenn das Auftragsvolumen eines Nachunternehmers oder Verleihers weniger als 10 000 Euro beträgt.

§ 6 Nachweise und Kontrollen

(1) ¹Das beauftragte Unternehmen und die Nachunternehmen sind verpflichtet, dem öffentlichen Auftraggeber die Einhaltung der Verpflichtung nach den §§ 3 und 4 auf dessen Verlangen jederzeit nachzuweisen. ²Der öffentliche Auftraggeber darf zu diesem Zweck in erforderlichem Umfang Einsicht in die Entgeltabrechnungen des beauftragten Unternehmens und der Nachunternehmen, in die zwischen dem beauftragten Unternehmen und den Nachunternehmen jeweils abgeschlossenen Werkverträge sowie in andere Geschäftsunterlagen nehmen, aus denen Umfang, Art, Dauer und tatsächliche Entlohnung von Beschäftigungsverhältnissen hervorgehen oder abgeleitet werden können. ³Das beauftragte Unternehmen und die Nachunternehmen haben ihre Beschäftigten auf die Möglichkeit solcher Kontrollen hinzuweisen.

(2) ¹Das beauftragte Unternehmen und die Nachunternehmen haben vollständige und prüffähige Unterlagen nach Absatz 1 über die eingesetzten Beschäftigten bereitzuhalten. ²Auf Verlangen des öffentlichen Auftraggebers sind ihm diese Unterlagen vorzulegen.

(3) Die Absätze 1 und 2 gelten entsprechend für Verleiher, wenn das Unternehmen oder ein beauftragtes Nachunternehmen zur Ausführung des Auftrags Arbeitnehmerinnen und Arbeitnehmer eines Verleihers einsetzt.

§ 7 Sanktionen

(1) ¹Um die Einhaltung der Verpflichtungen nach den §§ 3 bis 6 zu sichern, hat der öffentliche Auftraggeber für jeden schuldhaften Verstoß eine Vertragsstrafe in Höhe von 1 v. H. des Auftragswertes mit dem beauftragten Unternehmen zu vereinbaren; bei mehreren Verstößen darf die Summe der Vertragsstrafen 10 v. H. des Auftragswertes nicht überschreiten. ²Das beauftragte Unternehmen ist zur Zahlung einer Vertragsstrafe nach Satz 1 auch für den Fall zu verpflichten, dass der Verstoß durch ein Nachunternehmen begangen wird und das beauftragte Unternehmen den Verstoß kannte oder kennen musste. ³Ist die verwirkte Vertragsstrafe unverhältnismäßig hoch, so kann sie von dem öffentlichen Auftraggeber auf Antrag des beauftragten Unternehmens auf den angemessenen Betrag herabgesetzt werden. ⁴Dieser kann beim Dreifachen des Betrages liegen, den der Auftragnehmer durch den Verstoß gegen die Tariftreuepflicht eingespart hat.

(2) Der öffentliche Auftraggeber vereinbart mit dem beauftragten Unternehmen, dass die mindestens grob fahrlässige und erhebliche Nichterfüllung einer Verpflichtung nach den §§ 3 bis 6 durch das beauftragte Unternehmen den öffentlichen Auftraggeber zur fristlosen Kündigung aus wichtigem Grund berechtigt.

(3) Hat das beauftragte Unternehmen oder ein Nachunternehmen mindestens grob fahrlässig oder mehrfach gegen Verpflichtungen dieses Gesetzes verstoßen, so kann der öffentliche Auftraggeber das betreffende Unternehmen oder Nachunternehmen für die Dauer von bis zu drei Jahren von seiner öffentlichen Auftragsvergabe ausschließen.

(4) Die öffentlichen Auftraggeber und die Servicestelle nach § 4 Abs. 5 haben die für die Verfolgung und Ahndung von Ordnungswidrigkeiten nach § 23 AEntG und § 21 MiLoG zuständigen Stellen über Verstöße der Unternehmen gegen Verpflichtungen nach § 4 Abs. 1 und 2 zu informieren.

§ 8 Übergangsbestimmung

Dieses Gesetz findet keine Anwendung auf öffentliche Aufträge, deren Vergabe vor dem Inkrafttreten dieses Gesetzes eingeleitet worden ist.

Landesverordnung zur Durchführung des § 4 Abs. 4 des Landestariftreuegesetzes

Vom 4. Februar 2011
(GVBl. S. 36)
BS Rh-Pf 70-31-1

Aufgrund des § 4 Abs. 4 Satz 1 und 3 des Landestariftreuegesetzes vom 1. Dezember 2010 (GVBl. S. 426, BS 70-31) wird mit Zustimmung des Ministeriums für Wirtschaft, Verkehr, Landwirtschaft und Weinbau verordnet:

§ 1 [Tarifverträge zu ÖPNV-Dienstleistungen]

[1]Das für die Angelegenheiten des Arbeitsrechts zuständige Ministerium führt eine Liste der Tarifverträge, die im Hinblick auf Dienstleistungen im Bereich des öffentlichen Personenverkehrs auf Straße und Schiene als repräsentativ im Sinne des § 4 Abs. 3 des Landestariftreuegesetzes (LTTG) vom 1. Dezember 2010 (GVBl. S. 426, BS 70-31) in der jeweils geltenden Fassung anzusehen sind. [2]Die Liste[1] wird als Verwaltungsvorschrift im Ministerialblatt der Landesregierung von Rheinland-Pfalz veröffentlicht; sie ist die ausschließliche Grundlage für die Benennung von repräsentativen Tarifverträgen durch den öffentlichen Auftraggeber nach § 4 Abs. 3 LTTG. [3]Die Liste wird fortlaufend aktualisiert.

§ 2 [Tarifvertragsauswahl]

(1) Welche Tarifverträge als repräsentativ im Sinne des § 4 Abs. 3 LTTG anzusehen sind und in die Liste nach § 1 aufgenommen werden, stellt das für die Angelegenheiten des Arbeitsrechts zuständige Ministerium nach Beratung in einem Beirat fest.

(2) [1]Dem Beirat gehören acht Mitglieder an, die von dem für die Angelegenheiten des Arbeitsrechts zuständigen Ministerium im Benehmen mit dem für die Angelegenheiten des Verkehrs zuständigen Ministerium jeweils für die Dauer von fünf Jahren (Amtsperiode) bestellt werden; für jedes Mitglied ist ein stellvertretendes Mitglied zu bestellen. [2]Der Beirat wird in jeweils gleicher Zahl mit Vertreterinnen oder Vertretern von Gewerkschaften und von Arbeitgebervereinigungen oder einzelnen Arbeitgeberinnen oder Arbeitgebern im Bereich des öffentlichen Personenverkehrs auf Straße und Schiene besetzt. [3]Die Mitglieder und die stellvertretenden Mitglieder sind ehrenamtlich tätig.

(3) [1]Bei der Bestellung der Mitglieder und der stellvertretenden Mitglieder des Beirats sollen Frauen zur Hälfte berücksichtigt werden. [2]Die in Absatz 2 Satz 2 genannten Organisationen benennen dem für die Angelegenheiten des Arbeitsrechts zuständigen Ministerium für jedes auf sie entfallende Mitglied jeweils eine Frau und einen Mann; das für die Angelegenheiten des Arbeitsrechts zuständige Ministerium trifft eine Auswahl, um eine paritätische Besetzung des Beirats mit Frauen und Männern zu gewährleisten. [3]Scheidet während der Amtsperiode eine Person aus, deren Geschlecht in der Minderheit ist, muss eine Person des gleichen Geschlechts nachfolgen; scheidet eine Person aus, deren Geschlecht in der Mehrheit ist, muss eine Person des anderen Geschlechts nachfolgen. [4]Die Sätze 2 und 3 finden keine Anwendung, soweit einer benennenden Organisation aus rechtlichen oder tatsächlichen Gründen die Einhaltung der Vorgaben nicht möglich ist; sie hat dem für die Angelegenheiten des Arbeitsrechts zuständigen Ministerium die Gründe hierfür nachvollziehbar darzulegen.

(4) Das für die Angelegenheiten des Arbeitsrechts zuständige Ministerium führt die Geschäfte des Beirats.

(5) [1]Der Beirat ist bei Bedarf oder auf Verlangen von drei Mitgliedern von dem für die Angelegenheiten des Arbeitsrechts zuständigen Ministerium einzuberufen. [2]Mit der Einladung ist die Tagesordnung schriftlich oder in elektronischer Form zu übermitteln. [3]Zwischen Einladung und Sitzung sollen mindestens zwei Wochen liegen.

(6) [1]Die Sitzungen des Beirats werden von einer oder einem nicht stimmberechtigten Beauftragten des für die Angelegenheiten des Arbeitsrechts zuständigen Ministeriums geleitet; sie sind nicht öffentlich. [2]Der Beirat ist beschlussfähig, wenn nach ordnungsgemäßer Einladung mindestens die Hälfte der stimmberechtigten Mitglieder oder diese vertretenden Mitglieder anwesend ist.

Siehe die VwV v. 16.3.2011 (MinBl. S. 58).

(7) Der Beirat kann dem für die Angelegenheiten des Arbeitsrechts zuständigen Ministerium Empfehlungen für die Aufnahme oder Nichtaufnahme von Tarifverträgen in die Liste geben; die Empfehlungen bedürfen einer Mehrheit der Stimmen der anwesenden stimmberechtigten Mitglieder oder diese vertretenden Mitglieder des Beirats.

§ 3 [Inkrafttreten]

Diese Verordnung tritt am 1. März 2011 in Kraft.

Landesverordnung über die Nachprüfung von Vergabeverfahren durch Vergabeprüfstellen[1]

Vom 26. Februar 2021
(GVBl. S. 123)
BS Rh-Pf 70-3-1

Aufgrund
    des § 7a Abs. 3 des Mittelstandsförderungsgesetzes vom 9. März 2011 (GVBl. S. 66), zuletzt geändert durch Artikel 2 des Gesetzes vom 26. November 2019 (GVBl. S. 333), BS 70-3, und
    des § 7 Abs. 1 Satz 1 und Abs. 2 Satz 1 des Verkündungsgesetzes vom 3. Dezember 1973 (GVBl. S. 375), geändert durch Artikel 23 des Gesetzes vom 7. Februar 1983 (GVBl. S. 17), BS 114-1, verordnet die Landesregierung:

Teil 1 Zuständigkeiten

§ 1[1] Einrichtung einer Vergabeprüfstelle

[1]Bei dem für die Angelegenheiten des öffentlichen Auftragswesens zuständigen Ministerium wird eine Vergabeprüfstelle eingerichtet. [2]Aufgabe der Vergabeprüfstelle ist die Prüfung der Einhaltung der von den Auftraggebern anzuwendenden Vergabevorschriften. [3]Dazu findet eine Nachprüfung nach Maßgabe der Bestimmungen des § 2 und der §§ 4 bis 11 dieser Verordnung statt.

§ 2[2] Zuständigkeit der Vergabeprüfstelle

(1) [1]Die Bestimmungen der §§ 4 bis 11 finden Anwendung auf Vergabeverfahren von Behörden der unmittelbaren Landesverwaltung mit Ausnahme der Vergabeverfahren der obersten Landesbehörden und auf Vergabeverfahren der landesunmittelbaren juristischen Personen des öffentlichen Rechts, soweit sie § 55 der Landeshaushaltsordnung (LHO) unmittelbar oder nach § 105 LHO zu beachten haben, der kommunalen Gebietskörperschaften und der juristischen Personen des öffentlichen Rechts, soweit sie § 22 der Gemeindehaushaltsverordnung vom 18. Mai 2006 (GVBl. S. 203, BS 2020-1-2) in der jeweils geltenden Fassung zu beachten haben,
1. bis zum 30. Juni 2022 ab einem Auftragswert in Höhe von 100.000 Euro ohne Umsatzsteuer für zu vergebende Bauleistungen und ab einem Auftragswert in Höhe von 75.000 Euro ohne Umsatzsteuer für zu vergebende Liefer- und Dienstleistungen,
2. ab dem 1. Juli 2022 ab einem Auftragswert in Höhe von 75.000 Euro ohne Umsatzsteuer sowohl für zu vergebende Bauleistungen als auch für zu vergebende Liefer- und Dienstleistungen.
[2]Für die Schätzung des Auftragswerts findet § 3 der Vergabeverordnung (VgV) vom 12. April 2016 (BGBl. I S. 624) in der jeweils geltenden Fassung entsprechende Anwendung. [3]Soll das beabsichtigte Bauvorhaben oder die vorgesehene Erbringung einer Dienstleistung in mehreren Losen vergeben werden, ist abweichend von § 3 Abs. 7 VgV nicht der geschätzte Gesamtwert aller Lose zugrunde zu legen, sondern der Wert des jeweiligen Loses. [4]Gleiches gilt in Abweichung zu § 3 Abs. 8 VgV, wenn ein Vorhaben zum Zweck des Erwerbs gleichartiger Lieferungen in mehreren Losen vergeben werden soll. [5]Die Schätzung des Auftragswerts oder die Aufteilung des Auftrags in Lose darf nicht in der Absicht erfolgen, die Prüfungswertgrenzen zu unterschreiten.

(2) Die Bestimmungen der §§ 4 bis 11 sind nicht anzuwenden, wenn es sich um Vergaben von öffentlichen Aufträgen handelt, welche die jeweils maßgeblichen Schwellenwerte nach § 106 Abs. 2 des Gesetzes gegen Wettbewerbsbeschränkungen in der Fassung vom 26. Juni 2013 (BGBl. I S. 1750; 3245) in der jeweils geltenden Fassung erreichen oder übersteigen.

(3) Wird ein Vergabeverfahren für eine Gemeinschaftsmaßnahme durchgeführt, sind die Bestimmungen der §§ 4 bis 11 nur anzuwenden, wenn der Finanzierungsanteil des Landes einschließlich eines eventuellen kommunalen Anteils an der Gesamtmaßnahme mehr als 50 v.H. beträgt.

    Die §§ 1, 2, 4–12 treten mit Ablauf des 30.6.2024 außer Kraft, vgl. § 13 Abs. 2; für bis zum 30.6.2024 begonnene Nachprüfungen siehe § 13 Abs. 3.
    § 1 tritt mit Ablauf des 30.6.2024 außer Kraft, vgl. § 13 Abs. 2. Für bis zum 30.6.2024 begonnene Nachprüfungen siehe § 13 Abs. 3.
    § 2 tritt mit Ablauf des 30.6.2024 außer Kraft, vgl. § 13 Abs. 2. Für bis zum 30.6.2024 begonnene Nachprüfungen siehe § 13 Abs. 3.

§ 3 Rechts- und Fachaufsicht über Vergabeverfahren

¹Unbeschadet der Bestimmungen der §§ 1 und 2 unterliegen die Vergabeverfahren von Behörden der unmittelbaren Landesverwaltung, mit Ausnahme der obersten Landesbehörden, der Rechts- und Fachaufsicht. ²Diese wird bei Vergabeverfahren des Landesbetriebs Liegenschafts- und Baubetreuung durch das für den staatlichen Hochbau zuständige Ministerium, bei Vergabeverfahren des Landesbetriebs Mobilität durch das für die Angelegenheiten des Verkehrs zuständige Ministerium und für alle übrigen Vergabeverfahren durch die Aufsichts- und Dienstleistungsdirektion wahrgenommen. ³Die weitere Rechts- und Fachaufsicht durch die obersten Landesbehörden bleibt unberührt. ⁴Ebenso unberührt bleibt die Aufsicht für Vergabeverfahren kommunaler Gebietskörperschaften durch die jeweils zuständige Aufsichtsbehörde.

Teil 2 Nachprüfung

§ 4[1] Informations- und Wartepflicht

(1) ¹Auftraggeber haben die Bieter, deren Angebote nicht berücksichtigt werden sollen, über den Namen des Unternehmens, dessen Angebot angenommen werden soll, über die wesentlichen Gründe der vorgesehenen Nichtberücksichtigung ihres Angebots und über den frühesten Zeitpunkt des Vertragsschlusses unverzüglich auf elektronischem Weg oder per Telefax zu informieren. ²Dies gilt auch für Bewerber, denen keine Information über die Ablehnung ihrer Bewerbung zur Verfügung gestellt wurde, bevor die Mitteilung über die Zuschlagsentscheidung an die betroffenen Bieter ergangen ist.

(2) ¹Ein Vertrag darf erst sieben Kalendertage nach Absendung der Information nach Absatz 1 geschlossen werden. ²Die Frist beginnt am Tag nach der Absendung der Information durch den Auftraggeber. ³Auf den Tag des Zugangs beim betroffenen Bieter und Bewerber kommt es nicht an.

(3) ¹Auftraggeber haben im Rahmen der Information nach Absatz 1 auch über das weitere Verfahren im Falle der Beanstandung der Nichtbeachtung von Vergabevorschriften durch einen Bieter oder Bewerber zu unterrichten. ²Die Information über das weitere Verfahren im Falle einer Beanstandung nach Satz 1 umfasst Hinweise auf die Gebühren eines möglichen Nachprüfungsverfahrens vor der Vergabeprüfstelle und die Möglichkeit, bereits bei der Beanstandung einer Nichtbeachtung von Vergabevorschriften auf die Einleitung eines solchen Verfahrens zu verzichten.

(4) Die Informationspflicht nach Absatz 1 entfällt in Fällen besonderer Dringlichkeit.

(5) Auftraggeber sind nicht verpflichtet, bestimmte Informationen über die Zuschlagserteilung mitzuteilen, wenn die Offenlegung den Gesetzesvollzug behindern, dem öffentlichen Interesse zuwiderlaufen, berechtigte geschäftliche Interessen von Unternehmen schädigen oder den lauteren Wettbewerb zwischen ihnen beeinträchtigen würde.

§ 5[2] Einleitung einer Nachprüfung

(1) ¹Beanstandet
1. ein Bieter oder Bewerber nach der Information nach § 4 Abs. 1 und vor Ablauf der nach § 4 Abs. 2 Satz 1 bestimmten Frist oder
2. ein Bewerber innerhalb einer Frist von sieben Kalendertagen nach der Absendung der Information über die Nichtberücksichtigung seiner Bewerbung

unter Angabe der Gründe schriftlich nach § 126 des Bürgerlichen Gesetzbuchs (BGB) beim Auftraggeber die Nichteinhaltung der Vergabevorschriften und hilft der Auftraggeber der Beanstandung nicht ab, hat dieser den Bieter oder Bewerber hierüber in Textform nach § 126b BGB zu unterrichten. ²Der Auftraggeber legt der Vergabeprüfstelle die Beanstandung und die vollständigen Vergabeakten zur Entscheidung vor, sofern der Bieter oder Bewerber nicht auf die Durchführung des Nachprüfungsverfahrens vor der Vergabeprüfstelle verzichtet hat. ³Nach Eingang der Beanstandung informiert die Vergabeprüfstelle unverzüglich die für den Auftraggeber zuständige Aufsichtsbehörde über di

---

[1] § 4 tritt mit Ablauf des 30.6.2024 außer Kraft, vgl. § 13 Abs. 2. Für bis zum 30.6.2024 begonnene Nachprüfungen siehe § 13 Abs. 3.

[2] § 5 tritt mit Ablauf des 30.6.2024 außer Kraft, vgl. § 13 Abs. 2. Für bis zum 30.6.2024 begonnene Nachprüfungen siehe § 13 Abs. 3.

Einleitung des Nachprüfungsverfahrens. ⁴Der Auftraggeber darf vor einer Entscheidung der Vergabeprüfstelle den Zuschlag nicht erteilen. ⁵§ 9 Abs. 2 bleibt unberührt.

(2) ¹Ein Bieter oder Bewerber kann beim Auftraggeber trotz erteiltem Zuschlag die Nichteinhaltung der Vergabevorschriften auch dann schriftlich nach § 126 BGB beanstanden, wenn der Auftraggeber seinen Pflichten nach § 4 Abs. 1 nicht nachgekommen ist oder den Zuschlag vor Ablauf der in § 4 Abs. 2 Satz 1 genannten Frist erteilt hat. ²In diesem Fall muss die Beanstandung spätestens einen Monat seit Kenntnis des Vertragsabschlusses, jedoch nicht später als drei Monate nach Abschluss des Vertrags gegenüber dem Auftraggeber geltend gemacht werden. ³Im Übrigen gilt Absatz 1 entsprechend.

§ 6[3] Grundsätze der Nachprüfung

(1) ¹Bei der Nachprüfung nach den §§ 4 bis 11 handelt es sich um ein verwaltungsinternes Verfahren, wenn das Land Auftraggeber ist, im Übrigen um ein besonderes Verfahren der staatlichen Aufsicht. ²Ein Anspruch eines beanstandenden Bieters oder Bewerbers auf Tätigwerden der Vergabeprüfstelle besteht nicht.

(2) ¹Die Vergabeprüfstelle beschränkt sich bei ihrer Nachprüfung in der Regel auf das, was von dem Auftraggeber und dem beanstandenden Bieter oder Bewerber vorgebracht wurde oder ihr sonst bekannt sein muss. ²Zu einer umfassenden Rechtmäßigkeitskontrolle ist sie nicht verpflichtet. ³Sie achtet bei ihrer gesamten Tätigkeit darauf, dass der Ablauf des Vergabeverfahrens nicht unangemessen beeinträchtigt wird.

§ 7[4] Mitwirkungspflichten

¹An einem Nachprüfungsverfahren beteiligte Auftraggeber haben an der Aufklärung des Sachverhalts mitzuwirken. ²Dabei haben sie auf die Förderung und den raschen Abschluss des Verfahrens hinzuwirken.

§ 8[5] Vertraulichkeit

¹Die Vergabeprüfstelle stellt die Vertraulichkeit der eingereichten Unterlagen sicher. ²Die Mitarbeiterinnen und Mitarbeiter der Vergabeprüfstelle sind zur Geheimhaltung verpflichtet.

§ 9[6] Beschleunigung der Nachprüfung

(1) ¹Die Vergabeprüfstelle trifft ihre Entscheidung innerhalb einer Frist von zwei Wochen nach Eingang der vollständigen Vergabeakten. ²Bei besonderen tatsächlichen und rechtlichen Schwierigkeiten kann die Vergabeprüfstelle die Frist durch begründete Mitteilung an den Auftraggeber und den beanstandenden Bieter oder Bewerber um höchstens eine Woche verlängern.

(2) Soweit die Vergabeprüfstelle nicht innerhalb der nach Absatz 1 genannten Frist entschieden hat, kann der Auftraggeber den Zuschlag erteilen.

§ 10[7] Entscheidung der Vergabeprüfstelle

(1) ¹Die Vergabeprüfstelle entscheidet, ob der Auftraggeber im Vergabeverfahren Vergabevorschriften verletzt hat und trifft geeignete Maßnahmen zur Beseitigung der Vergaberechtsverstöße. ²Sie kann insbesondere dem Auftraggeber den beabsichtigten Zuschlag untersagen. ³Die Vergabeprüfstelle kann ausnahmsweise entscheiden, dass der Auftraggeber berechtigt ist, den Zuschlag sofort zu erteilen, ohne dass eine Prüfung der Verletzung von Vergabevorschriften stattfindet, wenn unter Berücksichti-

---

§ 6 tritt mit Ablauf des 30.6.2024 außer Kraft, vgl. § 13 Abs. 2. Für bis zum 30.6.2024 begonnene Nachprüfungen siehe § 13 Abs. 3.
§ 7 tritt mit Ablauf des 30.6.2024 außer Kraft, vgl. § 13 Abs. 2. Für bis zum 30.6.2024 begonnene Nachprüfungen siehe § 13 Abs. 3.
§ 8 tritt mit Ablauf des 30.6.2024 außer Kraft, vgl. § 13 Abs. 2. Für bis zum 30.6.2024 begonnene Nachprüfungen siehe § 13 Abs. 3.
§ 9 tritt mit Ablauf des 30.6.2024 außer Kraft, vgl. § 13 Abs. 2. Für bis zum 30.6.2024 begonnene Nachprüfungen siehe § 13 Abs. 3.
§ 10 tritt mit Ablauf des 30.6.2024 außer Kraft, vgl. § 13 Abs. 2. Für bis zum 30.6.2024 begonnene Nachprüfungen siehe § 13 Abs. 3.

gung aller möglicherweise geschädigten Interessen sowie des Interesses der Allgemeinheit an einem raschen Abschluss des Vergabeverfahrens die nachteiligen Folgen einer Verzögerung der Vergabe bis zum Abschluss der Nachprüfung die damit verbundenen Vorteile überwiegen.

(2) ¹Hat der Auftraggeber entgegen § 5 Abs. 1 Satz 4 oder in einem Fall des § 5 Abs. 2 den Zuschlag bereits erteilt, ist der Auftrag von Anfang an unwirksam, wenn die Vergabeprüfstelle diesen Vergaberechtsverstoß und einen weiteren Vergaberechtsverstoß in dem Nachprüfungsverfahren festgestellt hat. ²Bei dem weiteren Vergaberechtsverstoß nach Satz 1 muss es sich um einen Vergaberechtsverstoß handeln, der Auswirkungen auf die Zuschlagsentscheidung hatte.

(3) Die Vergabeprüfstelle weist in ihrer Entscheidung das Nachprüfungsbegehren des beanstandenden Bieters oder Bewerbers zurück,
1. soweit der beanstandende Bieter oder Bewerber den geltend gemachten Verstoß gegen Vergabevorschriften vor der Information nach § 4 Abs. 1 erkannt und gegenüber dem Auftraggeber nicht innerhalb einer Frist von sieben Kalendertagen gerügt hat,
2. soweit Verstöße gegen Vergabevorschriften, die aufgrund der Bekanntmachung erkennbar sind, nicht spätestens bis zum Ablauf der in der Bekanntmachung benannten Frist zur Bewerbung oder zur Angebotsabgabe gegenüber dem Auftraggeber gerügt werden,
3. soweit Verstöße gegen Vergabevorschriften, die erst in den Vergabeunterlagen erkennbar sind, nicht spätestens bis zum Ablauf der Frist zur Bewerbung oder zur Angebotsabgabe gegenüber dem Auftraggeber gerügt werden.

(4) Die Vergabeprüfstelle teilt die von ihr getroffene Entscheidung mit den gegebenenfalls festgestellten Vergaberechtsverstößen und den geeigneten Maßnahmen zu deren Beseitigung mit einer kurzen Begründung dem Auftraggeber in Schriftform mit und übersendet diese der Aufsichtsbehörde des Auftraggebers und dem beanstandenden Bieter oder Bewerber zur Information.

(5) An den Vergabeverfahren beteiligte Mitarbeiterinnen und Mitarbeiter sind von der Mitwirkung an der Entscheidung der Vergabeprüfstelle ausgeschlossen.

§ 11[8] Gebühren des Verfahrens vor der Vergabeprüfstelle

(1) Für Amtshandlungen der Vergabeprüfstelle werden Gebühren zur Deckung des Verwaltungsaufwands erhoben.

(2) ¹Die Höhe der Gebühren bestimmt sich nach dem personellen und sachlichen Aufwand der Vergabeprüfstelle unter Berücksichtigung der wirtschaftlichen Bedeutung des Gegenstands der Nachprüfung. ²Die Gebühr beträgt mindestens 100 Euro und soll den Betrag von 2.500 Euro nicht überschreiten.

(3) ¹Gebühren werden nicht erhoben, wenn die Nachprüfung ergibt, dass ein Bieter oder Bewerber zu Recht das Vergabeverfahren beanstandet hat. ²Aufwendungen zur zweckentsprechenden Rechtsverfolgung werden nicht erstattet.

Teil 3 Schlussbestimmungen

§ 12[1] Evaluation

Die Anwendung und die Auswirkungen der Bestimmungen über das Nachprüfungsverfahren nach den §§ 1 und 2 und den §§ 4 bis 11 werden von dem für die Angelegenheiten des öffentlichen Auftragswesens zuständigen Ministerium bis zum 30. Juni 2023 überprüft.

§ 13 Inkrafttreten, Außerkrafttreten

(1) Diese Verordnung tritt am 1. Juni 2021 in Kraft.

(2) Die §§ 1 und 2 und die §§ 4 bis 12 treten mit Ablauf des 30. Juni 2024 außer Kraft.

(3) Für bis zum 30. Juni 2024 begonnene Nachprüfungen gelten die Bestimmungen der §§ 1 und 2 und der §§ 4 bis 11 bis zum Abschluss des Verfahrens weiter.

---

[8] § 11 tritt mit Ablauf des 30.6.2024 außer Kraft, vgl. § 13 Abs. 2. Für bis zum 30.6.2024 begonnene Nachprüfungen siehe § 13 Abs. 3.
[1] § 12 tritt mit Ablauf des 30.6.2024 außer Kraft, vgl. § 13 Abs. 2.

GemHVO – Gemeindehaushaltsverordnung[1]

Vom 18. Mai 2006
GVBl. S. 203
BS Rh-Pf 2020-1-2

Zuletzt geändert durch Art. 3 G zur Änd. des G über den Kommunalen Versorgungsverband BW, des G zur Reform des Gemeindehaushaltsrechts und der GemeindehaushaltsVO vom 4.2.2021 (GBl. S. 192)

– Auszug –

Teil 4 Weitere Bestimmungen für die Haushaltswirtschaft

§ 22 Vergabe von Aufträgen

(1) Dem Abschluss von Verträgen über Lieferungen und Leistungen muss eine öffentliche Ausschreibung oder eine beschränkte Ausschreibung mit Teilnahmewettbewerb vorausgehen, sofern nicht die Natur des Geschäfts oder besondere Umstände eine Ausnahme rechtfertigen.

(2) Bei der Vergabe von Aufträgen und dem Abschluss sonstiger Verträge sind die Grundsätze und Richtlinien zu beachten, die das fachlich zuständige Ministerium durch Verwaltungsvorschrift bestimmt.

Untergesetzliches Recht

– VV Öffentliches Auftrags- und Beschaffungswesen

Amtl. Anm.: Anmerkung: Bei Anwendung d. GemHVO i. d. F. d. Artikels 1 d. am 27.12.2016 verkündeten LVO v. 7.12.2016 (GVBl. S. 597) ist deren Artikel 2 zu beachten, der wie folgt lautet:
„**Artikel 2**
Inkrafttreten
Es treten in Kraft:
1. Artikel 1 Nr. 1 bis 3 und 4 Buchst. b bis f, Nr. 17 Buchst. a, Nr. 18 Buchst. a und Nr. 29 am 1. Januar 2019,
2. die Verordnung im Übrigen am Tage nach der Verkündung. Abweichend von Satz 1 Nr. 1 können Bestimmungen des Artikels 1 in ihrer Gesamtheit ebenfalls ab dem Tage nach der Verkündung angewendet werden; hierüber entscheidet die Verwaltung."

12. Saarland

STTG – Saarländisches Tariftreuegesetz

Gesetz über die Sicherung von Sozialstandards, Tariftreue und Mindestlöhnen bei der Vergabe öffentlicher Aufträge im Saarland

Vom 6. Februar 2013
(Amtsbl. I S. 84)
Gesetz Nr. 1798

Der Landtag hat folgendes Gesetz beschlossen, das hiermit verkündet wird:

§ 1 Anwendungsbereich

(1) Dieses Gesetz gilt für die Vergabe von Aufträgen über Bau-, Liefer- und Dienstleistungen durch öffentliche Auftraggeber im Sinne des § 98 des Gesetzes gegen Wettbewerbsbeschränkungen mit Ausnahme von Arbeitsverträgen und Aufträgen nach § 100 Absatz 2 des Gesetzes gegen Wettbewerbsbeschränkungen und des in Absatz 2 geregelten öffentlichen Personennahverkehrs.

(2) ¹Im Bereich des öffentlichen Personennahverkehrs auf Straße und Schiene gilt dieses Gesetz für öffentliche Dienstleistungsaufträge, auch in Form von Dienstleistungskonzessionen, und für Linienverkehrsgenehmigungen, soweit diese nach Maßgabe der Definition in den Richtlinien 2004/17/EG, 2004/18/EG oder gemäß Artikel 5 der Verordnung (EG) Nr. 1370/2007 des Europäischen Parlaments und des Rates vom 23. Oktober 2007 über öffentliche Personenverkehrsdienste auf Schiene und Straße und zur Aufhebung der Verordnungen (EWG) Nr. 1191/69 und (EWG) Nr. 1107/70 des Rates vergeben oder erteilt werden. ²Es gilt insbesondere auch für die Direktvergabe gemäß Artikel 5 Absätze 4 bis 6 sowie für die Betrauung eines internen Betreibers gemäß Artikel 5 Absatz 2 der EG-Verordnung 1370/2007. ³Dieses Gesetz gilt auch für Verkehre im Sinne von § 1 Freistellungs-Verordnung in der im Bundesgesetzblatt Teil III, Gliederungsnummer 9240-1-1, veröffentlichten bereinigten Fassung, geändert durch Artikel 1 der Verordnung vom 4. Mai 2012 (BGBl. I S. 1037).

(3) Dieses Gesetz gilt nicht für Vergabeverfahren im Bereich des Absatzes 2, soweit diese von einer Gruppe zuständiger Behörden gemäß Artikel 2 lit. b) der EG-VO 1370/2007 durchgeführt werden und sich die zu vergebenden Verkehre nicht ausschließlich auf das Gebiet des Saarlandes beschränken.

(4) Bei der Vergabe länderübergreifender Leistungen ist von der Vergabestelle vor Beginn des Vergabeverfahrens eine Einigung mit den beteiligten weiteren Vergabestellen dieser Länder über die Anforderungen nach den §§ 3 bis 12 anzustreben.

(5) ¹Dieses Gesetz gilt für Vergabeverfahren gemäß Absatz 1 ab einem geschätzten Auftragswert (Schwellenwert) von 25.000,00 Euro. ²Die Berechnung des Auftragswerts bestimmt sich nach § 3 der Verordnung über die Vergabe öffentlicher Aufträge in der Fassung der Bekanntgabe vom 11. Februar 2003 (BGBl. I S. 169), zuletzt geändert durch Verordnung vom 12. Juli 2012 (BGBl. I S. 1508), in der jeweils geltenden Fassung. ³Der Wert eines beabsichtigten Auftrags darf nicht in der Absicht geschätzt oder aufgeteilt werden, den Auftrag der Anwendung dieses Gesetzes zu entziehen.

§ 2 Vergabegrundsätze

(1) Öffentliche Aufträge dürfen nur an fachkundige, leistungsfähige sowie gesetzestreue und zuverlässige Unternehmen vergeben werden.

(2) Für die Auftragsausführung können gemäß § 97 Absatz 4 des Gesetzes gegen Wettbewerbsbeschränkungen und im Bereich des ÖPNV gemäß Artikel 4 der EG-VO 1370/2007, hier insbesondere gemäß Absatz 5 Satz 2, zusätzliche Anforderungen an Auftragnehmer gestellt werden.

(3) Die öffentlichen Auftraggeber behandeln alle Wirtschaftsteilnehmer gleich und nichtdiskriminierend und gehen in transparenter Weise vor.

(4) ¹Fehlt bei Angebotsabgabe eine Tariftreueerklärung gemäß § 3 Absatz 2, 4 und 6 oder § 4, ist das Angebot, soweit auch nach erneuter Fristsetzung die Erklärung nicht nachgereicht wird, von der Wertung auszuschließen. ²Soweit ein Verstoß gegen § 3 Absatz 1 oder 3 vorliegt, gelten die Regelungen über den Ausschluss gemäß § 21 Absatz 1 Arbeitnehmerentsendegesetz vom 20. April 2009 (BGBl. I S. 799), zuletzt geändert durch Artikel 5 Absatz 11 des Gesetzes vom 24. Februar 2012 (BGBl. I S. 212), in der jeweils geltenden Fassung oder § 16 Absatz 1 Mindestarbeitsbedingungengesetz in der im Bundesgesetzblatt Teil III, Gliederungsnummer 802-2, veröffentlichten bereinigten Fassung, zuletzt geändert durch Artikel 1 des Gesetzes vom 22. April 2009 (BGBl. I S. 818), in der jeweils geltenden Fassung.

(5) Die Landesregierung kann neben den in den einschlägigen Vergabeverordnungen oder Verdingungsordnungen genannten Präqualifizierungsmöglichkeiten weitere Präqualifizierungsverfahren durch Richtlinien regeln.

(6) ¹Für Verträge mit einer Laufzeit von mindestens 18 Monaten gilt Folgendes: ²Sind wesentliche Änderungen der Preisermittlungsgrundlagen für Löhne und Gehälter durch die Änderung des gesetzlich festgeschriebenen Mindestlohns gemäß § 3 Absatz 2 beziehungsweise durch Änderungen in den anzuwendenden Tarifverträgen während der Ausführungslaufzeit zu erwarten und ist deren Eintritt oder Ausmaß ungewiss, so kann eine angemessene Änderung der Vergütung in den Vertragsunterlagen vorgesehen werden. ³Die Einzelheiten der Preisänderungen sind hierbei festzulegen. ⁴Entsprechendes gilt für Auftragnehmer sowie die von ihnen beauftragten Nachunternehmer und Verleiher, im Falle der Übertragung der von ihnen zu erbringenden Leistungen.

§ 3 Tariftreuepflicht, Mindestlohn

(1) Aufträge für Leistungen, deren Erbringung dem Geltungsbereich des Arbeitnehmerentsendegesetz unterfällt, werden nur an Auftragnehmer vergeben, die sich bei der Angebotsabgabe schriftlich verpflichten, ihre Arbeitnehmerinnen und Arbeitnehmer bei der Ausführung mindestens zu denjenigen Arbeitsbedingungen einschließlich des Entgelts und der Arbeitszeitbedingungen zu beschäftigen, die der nach dem Arbeitnehmerentsendegesetz einzuhaltende Tarifvertrag vorgibt.

(2) ¹Aufträge über Leistungen oder Genehmigungen im öffentlichen Personennahverkehr gemäß § 1 Absatz 2 dürfen nur an Auftragnehmer vergeben beziehungsweise erteilt werden, die sich bei der Angebotsabgabe oder im Antrag auf Erteilung einer Genehmigung schriftlich verpflichten, ihren Arbeitnehmerinnen und Arbeitnehmern bei der Ausführung dieser Leistungen mindestens das Entgelt nach den tarifvertraglich festgelegten Modalitäten zu zahlen, das in einem im Saarland für diesen Bereich geltenden Tarifvertrag vorgesehen ist. ²Des Weiteren ist die Einhaltung der sonstigen tarifvertraglichen Regelungen, insbesondere zum Urlaubsgeld, zu vermögenswirksamen Leistungen, Zuschlagsregelungen und Arbeitgeberleistungen zur Altersvorsorge zu gewährleisten und während der Ausführungslaufzeit sind Änderungen nachzuvollziehen. ³Sollte das tariflich festgelegte Entgelt unter einem Stundenlohn von 8,50 Euro brutto liegen, gilt Absatz 4.

(3) Aufträge im Sinne des § 1 Absatz 1, die vom Mindestarbeitsbedingungengesetz erfasst werden, dürfen nur an Auftragnehmer vergeben werden, die sich bei Angebotsabgabe schriftlich verpflichten, ihre Arbeitnehmerinnen und Arbeitnehmer bei der Ausführung der Leistung zu denjenigen Arbeitsbedingungen einschließlich des Entgelts und der Arbeitszeitbedingungen zu beschäftigen, die mindestens den Vorgaben der auf der Grundlage von § 4 Absatz 3 Mindestarbeitsbedingungengesetz zu erlassenden Rechtsverordnung entsprechen.

(4) ¹Öffentliche Aufträge über Leistungen dürfen nur an Unternehmen vergeben werden, die sich bei der Angebotsabgabe durch Erklärung gegenüber dem öffentlichen Auftraggeber schriftlich verpflichtet haben, ihren Beschäftigten, ohne Auszubildenden, bei der Ausführung der Leistung mindestens 8,50 Euro brutto pro Stunde zu zahlen. ²Die Unternehmen müssen im Rahmen der Verpflichtungserklärung die Art der tariflichen Bindung ihres Unternehmens sowie die gezahlte Höhe der Mindeststundenentgelte für die im Rahmen der Leistungserbringung eingesetzten Beschäftigten angeben.

(5) ¹Das für Arbeit zuständige Ministerium wird ermächtigt, mittels Rechtsverordnung eine Kommission zur Anpassung der Höhe des in Absatz 4 verbindlich festgelegten Mindestlohns einzurichten und deren Zusammensetzung und Geschäftsordnung zu regeln. ²Die Kommission überprüft jährlich, beginnend im Jahr 2014, die Höhe des Mindestlohns unter Berücksichtigung der wirtschaftlichen und sozialen Entwicklung bis zum 31. August eines jeden Jahres. ³Das für Arbe

zuständige Ministerium wird den von der Kommission ermittelten Betrag zur Anpassung des Mindestlohns übernehmen und per Rechtsverordnung festsetzen.[1]

(6) Öffentliche Aufträge im Sinne der Absätze 1 bis 4 werden nur an solche Unternehmen vergeben, die sich bei der Angebotsabgabe durch Erklärung gegenüber dem öffentlichen Auftraggeber schriftlich verpflichten, dafür zu sorgen, dass Leiharbeitnehmerinnen und Leiharbeitnehmer im Sinne des Arbeitnehmerüberlassungsgesetzes in der Fassung der Bekanntmachung vom 3. Februar 1995 (BGBl. I S. 158), zuletzt geändert durch Artikel 26 des Gesetzes vom 20. Dezember 2011 (BGBl. I S. 2854) in der jeweils geltenden Fassung, bei der Ausführung der Leistung für die gleiche Tätigkeit ebenso entlohnt werden wie ihre regulär Beschäftigten.

(7) Auf bevorzugte Bieter gemäß §§ 141 Satz 1 und 143 Neuntes Buch Sozialgesetzbuch (SGB IX) – Rehabilitation und Teilhabe behinderter Menschen – Artikel 1 des Gesetzes vom 19. Juni 2001 (BGBl. I S. 1046), zuletzt geändert durch Artikel 12 Absatz 6 des Gesetzes vom 24. März 2011 (BGBl. I S. 453), findet Absatz 4 keine Anwendung.

§ 4 Tariftreue des beauftragten Nachunternehmens

(1) [1]Wird bei einer öffentlichen Auftragsvergabe eine Erklärung nach § 3 gefordert, muss der Auftragnehmer sich jeweils auch schriftlich dazu verpflichten, dass er von einem von ihm beauftragten Nachunternehmer oder von einem von ihm oder einem Nachunternehmer beauftragten Verleiher ebenfalls die Abgabe einer § 3 entsprechenden Erklärung verlangt und diese dem öffentlichen Auftraggeber vorlegt. [2]Diese Verpflichtung erstreckt sich auf alle an der Auftragserfüllung beteiligten Unternehmen. [3]Gleiches gilt, wenn das Unternehmen oder ein beauftragtes Nachunternehmen zur Ausführung des Auftrags Arbeitnehmerinnen oder Arbeitnehmer eines Verleihers einsetzt. [4]Der jeweils einen Auftrag weiter Vergebende hat die jeweilige schriftliche Übertragung der Verpflichtung und ihre Einhaltung durch die jeweils beteiligten Nachunternehmer oder Verleiher sicherzustellen und dem Auftraggeber auf Verlangen nachzuweisen. [5]Öffentliche Auftraggeber können die Vorlage einer Erklärung nach § 3 auch direkt von den jeweils beteiligten Nachunternehmern oder Verleihern verlangen. [6]Die öffentlichen Auftraggeber können in diesem Fall den Auftragnehmer im Wege einer vertraglichen Vereinbarung verpflichten, ihm ein entsprechendes Nachweisrecht bei der Beauftragung von Nachunternehmern und Verleihern einräumen zu lassen.

(2) Bei Beschaffungen bis zu einem Auftragswert von 5.000,00 Euro kann auf die Erklärung nach Absatz 1 verzichtet werden.

§ 5 Wertung unangemessen niedriger Angebote

[1]Bei begründeten Zweifeln an der Angemessenheit des Angebots kann die Vergabestelle sich dazu von dem Bieter der engeren Wahl die Kalkulationsunterlagen vorlegen lassen. [2]Kommt der Bieter der engeren Wahl innerhalb der von der Vergabestelle festgelegten Frist dieser Vorlagepflicht nicht nach, ist er von dem weiteren Verfahren auszuschließen.

§ 6 Angabe der einschlägigen Tarifverträge

(1) Das für das Tarifvertragsrecht zuständige Ministerium gibt die nach diesem Gesetz anzuwendenden Tarifentgelte öffentlich bekannt.

(2) [1]Bei allen Vergabeverfahren sind die für die Ausführung des Beschaffungsauftrags maßgeblichen Entgelttarife den Bewerbern und Bietern im Einzelnen bekannt zu geben. [2]Sind diese Entgelttarife in allgemein unmittelbar zugänglichen und kostenlos nutzbaren Datenbanken hinterlegt, genügt ein Hinweis darauf in der Vergabebekanntmachung und in den Verdingungsunterlagen oder in der Aufforderung zur Bewerbung um die Teilnahme am Vergabeverfahren.

§ 7 Betreiberwechsel bei der Erbringung von Personalverkehrsdiensten

Öffentliche Auftraggeber können gemäß der Verordnung (EG) Nummer 1370/2007 des Europäischen Parlaments und des Rates vom 23. Oktober 2007 über öffentliche Personenverkehrsdienste

---

[1] Siehe hierzu ua:
Mindestlohnanpassungsverordnung 2017,
Mindestlohnanpassungsverordnung 2018,
Mindestlohnanpassungsverordnung 2019.

auf Schiene und Straße und zur Aufhebung der Verordnungen (EWG) Nr. 1191/69 und (EWG) Nr. 1107/70 des Rates (ABl. L 315/1 vom 3. Dezember 2007) verlangen, dass der ausgewählte Betreiber die Arbeitnehmerinnen und Arbeitnehmer des bisherigen Betreibers zu den Arbeitsbedingungen übernimmt, die diesen von dem vorherigen Betreiber gewährt wurden. ²Die bisherigen Betreiber sind verpflichtet, den Auftraggebern auf Anforderung die hierzu erforderlichen Unterlagen zur Verfügung zu stellen oder Einsicht in Lohn- und Meldeunterlagen, Bücher und andere Geschäftsunterlagen und Aufzeichnungen zu gewähren, aus denen Umfang, Art, Dauer und tatsächliche Entlohnung der Arbeitnehmerinnen und Arbeitnehmer hervorgehen oder abgeleitet werden können. ³Hierdurch entstehende Aufwendungen des bisherigen Betreibers werden durch den öffentlichen Auftraggeber erstattet.

§ 8[2] Nachweise

(1) Hat die Landesregierung Muster zur Abgabe von Verpflichtungserklärungen im Sinne der §§ 3 und 4 öffentlich bekannt gemacht, kann der öffentliche Auftraggeber beziehungsweise die Genehmigungsbehörde nach dem Personenbeförderungsgesetz verlangen, dass der Auftragnehmer die Übernahme der Verpflichtung nach dem einschlägigen Muster erklärt.

(2) ¹Der Auftragnehmer und die von ihm im Sinne des § 4 beauftragten Nachunternehmer sind verpflichtet, dem öffentlichen Auftraggeber beziehungsweise der Genehmigungsbehörde nach dem Personenbeförderungsgesetz die Einhaltung der Verpflichtungen nach §§ 3 und 4 auf dessen Verlangen nachzuweisen. ²Ferner sind der Auftragnehmer und die von ihm im Sinne des § 4 beauftragten Nachunternehmer verpflichtet, dem öffentlichen Auftraggeber beziehungsweise der Genehmigungsbehörde nach dem Personenbeförderungsgesetz zur Prüfung, ob die Verpflichtungen nach §§ 3 und 4 eingehalten werden, während der Betriebszeit im erforderlichen Umfang Einsicht in ihre Unterlagen zu gewähren. ³Die Beschäftigten sind von diesen über die Möglichkeit der in den Sätzen 1 und 2 beschriebenen Kontrollen zu informieren.

§ 9 Kontrollen

(1) ¹Die öffentlichen Auftraggeber haben das Recht, stichprobenartige Kontrollen durchzuführen, um die Einhaltung der in diesem Gesetz vorgesehenen Auflagen und Pflichten zu überprüfen. ²Die kontrollierenden Personen dürfen zu Kontrollzwecken Einblick in die Entgeltabrechnungen der ausführenden Unternehmen, in die Unterlagen über die Abführung von Steuern und Beiträgen an in- und ausländische Sozialversicherungsträger, in die Unterlagen über die Abführung von Beiträgen an in- und ausländische Sozialkassen des Baugewerbes und in die zwischen den ausführenden Unternehmen abgeschlossenen Verträge nehmen und hierzu Auskünfte verlangen. ³Der jeweilige Auftragnehmer sowie die von ihm beauftragten Nachunternehmer haben ihre Arbeitnehmerinnen und Arbeitnehmer auf die Möglichkeit solcher Kontrollen hinzuweisen. ⁴Die öffentlichen Auftraggeber haben den Auftragnehmer im Wege einer vertraglichen Vereinbarung zu verpflichten, ihm ein entsprechendes Auskunfts- und Prüfrecht bei der Beauftragung von Nachunternehmern einräumen zu lassen.

(2) Die Auftragnehmer haben vollständige und prüffähige Unterlagen zur Prüfung nach Absatz 1 bereitzuhalten und auf Verlangen dem öffentlichen Auftraggeber vorzulegen.

(3) Für die Kontrollen im Rahmen der Erteilung einer Genehmigung im öffentlichen Personennahverkehr nach § 1 Absatz 2 gelten die Prüfungsbefugnisse der Genehmigungsbehörde nach § 54a Personenbeförderungsgesetz entsprechend.

(4) Das für Arbeit zuständige Ministerium wird ermächtigt, durch Rechtsverordnung ein Kontrollsystem zur wirksamen Überprüfung der Einhaltung der sich aus diesem Gesetz für die Auftragnehmer ergebenden Pflichten einzurichten.

§ 10 Sanktionen

(1) ¹Um die Einhaltung der sich aus diesem Gesetz für den Auftragnehmer ergebenden Verpflichtungen zu sichern, hat der öffentliche Auftraggeber für jeden schuldhaften Verstoß eine Vertragsstrafe in Höhe von bis zu fünf Prozent des Auftragswertes mit dem beauftragten Unternehmen zu vereinbaren, bei mehreren Verstößen darf die Summe der Vertragsstrafen zehn Prozent des Auftragswertes

---

[2] Siehe hierzu ua:
Bek. von Mustern zur Abgabe von Verpflichtungserklärungen nach dem Tariftreuegesetz.

nicht überschreiten. ²Das beauftragte Unternehmen ist zur Zahlung einer Vertragsstrafe nach Satz 1 auch für den Fall zu verpflichten, dass der Verstoß durch ein Nachunternehmen begangen wird und das beauftragte Unternehmen den Verstoß kannte oder kennen musste. ³Ist die verwirkte Strafe unverhältnismäßig hoch, so kann sie von dem öffentlichen Auftraggeber auf Antrag des beauftragten Unternehmens auf den angemessenen Eurobetrag herabgesetzt werden. ⁴Dieser kann beim Dreifachen des Betrages liegen, den der Auftragnehmer durch den Verstoß gegen die Tariftreuepflichten gemäß § 3 des Gesetzes eingespart hat.

(2) Die öffentlichen Auftraggeber haben mit dem Auftragnehmer zu vereinbaren, dass die schuldhafte Nichterfüllung der aus diesem Gesetz resultierenden Anforderungen durch den Auftragnehmer oder seine Nachunternehmer den öffentlichen Auftraggeber zur fristlosen Kündigung berechtigt.

(3) ¹Von der Teilnahme an einem Wettbewerb um einen öffentlichen Auftrag sollen alle Unternehmer beziehungsweise deren Nachunternehmer für eine Dauer von bis zu fünf Jahren ausgeschlossen werden, soweit diese gegen die in § 3 Absatz 2, 4 und 6 sowie in den §§ 4 bis 9 geregelten Pflichten und Auflagen verstoßen haben. ²Im Falle eines Verstoßes gegen § 3 Absatz 1 und 3 findet § 2 Absatz 4 Satz 2 Anwendung.

(4) ¹Das für Arbeit zuständige Ministerium richtet ein Register über Unternehmen ein, die nach Absatz 3 von der Vergabe öffentlicher Aufträge ausgeschlossen worden sind. ²Das für Arbeit zuständige Ministerium wird ermächtigt, durch Rechtsverordnung zu regeln:
1. die im Register zu speichernden Daten, den Zeitpunkt ihrer Löschung und die Einsichtnahme in das Register,
2. die Verpflichtung der öffentlichen Auftraggeber, Entscheidungen nach Absatz 3 an das Register zu melden und
3. die Verpflichtung der öffentlichen Auftraggeber, zur Prüfung der Zuverlässigkeit von Unternehmen Auskünfte aus dem Register einzuholen.

§ 11 Beachtung der ILO-Kernarbeitsnormen

¹Bei der Vergabe von Leistungen nach § 1 Absatz 1 ist darauf hinzuwirken, dass keine Waren Gegenstand der Leistung sind, die unter Missachtung der in den ILO-Kernarbeitsnormen festgelegten Mindeststandards gewonnen oder hergestellt worden sind. ²Die Mindeststandards der ILO-Kernarbeitsnormen ergeben sich aus:
1. dem Übereinkommen Nr. 29 über Zwangs- oder Pflichtarbeit vom 28. Juni 1930 (BGBl. 1956 II S. 641),
2. dem Übereinkommen Nr. 87 über die Vereinigungsfreiheit und den Schutz des Vereinigungsrechtes vom 9. Juli 1948 (BGBl. 1956 II S. 2073),
3. dem Übereinkommen Nr. 98 über die Anwendung der Grundsätze des Vereinigungsrechtes und des Rechtes zu Kollektivverhandlungen vom 1. Juli 1949 (BGBl. 1955 II S. 1123),
4. dem Übereinkommen Nr. 100 über die Gleichheit des Entgelts männlicher und weiblicher Arbeitskräfte für gleichwertige Arbeit vom 29. Juni 1951 (BGBl. 1956 II S. 24),
5. dem Übereinkommen Nr. 105 über die Abschaffung der Zwangsarbeit vom 25. Juni 1957 (BGBl. 1959 II S. 442),
6. dem Übereinkommen Nr. 111 über die Diskriminierung in Beschäftigung und Beruf vom 25. Juni 1958 (BGBl. 1961 II S. 98),
7. dem Übereinkommen Nr. 138 über das Mindestalter für die Zulassung zur Beschäftigung vom 26. Juni 1973 (BGBl. 1976 II S. 202) und
8. dem Übereinkommen Nr. 182 über das Verbot und unverzügliche Maßnahmen zur Beseitigung der schlimmsten Formen der Kinderarbeit vom 17. Juni 1999 (BGBl. 2001 II S. 1291).

§ 12 Umweltverträgliche Beschaffung

¹Öffentliche Auftraggeber sollen im Rahmen von Liefer-, Bau- und Dienstleistungsaufträgen dafür Sorge tragen, dass bei der Herstellung, Verwendung und Entsorgung von Gütern sowie durch die Ausführung der Leistung bewirkte negative Umweltauswirkungen gering gehalten werden. ²Dies umfasst das Recht, bei der Bedarfsermittlung, der Leistungsbeschreibung und der Zuschlagserteilung Anforderungen im Sinne von Satz 1 aufzustellen und angemessen zu berücksichtigen sowie für die Auftragsausführung ergänzende Verpflichtungen auszusprechen.

§ 13 Allgemeine Verwaltungsvorschriften

Zur Konkretisierung der Vorschriften in diesem Gesetz kann das für Arbeit zuständige Ministerium allgemeine Verwaltungsvorschriften erlassen.

§ 14 Inkrafttreten, Außerkrafttreten

(1) Dieses Gesetz tritt am Tag nach der Verkündung[3] in Kraft.

(2) Gleichzeitig mit dem Inkrafttreten dieses Gesetzes tritt das Gesetz über die Vergabe öffentlicher Aufträge und zur Sicherung von Sozialstandards und Tariftreue im Saarland (Saarländisches Vergabe- und Tariftreuegesetz) vom 15. September 2010 (Amtsbl. I S. 1378) außer Kraft.

(3) Dieses Gesetz findet keine Anwendung auf öffentliche Aufträge, deren Vergabe vor seinem Inkrafttreten durch Bekanntmachung eingeleitet worden sind.

---

[3] Verkündet am 21.3.2013.

Verordnung zur Anpassung des Mindestlohns gemäß § 3 Absatz 5 Satz 3 des Saarländischen Tariftreuegesetzes

Vom 7. Oktober 2019
(Amtsbl. I S. 808)

Aufgrund des § 3 Absatz 5 Satz 3 des Saarländischen Tariftreuegesetzes vom 6. Februar 2013 (Amtsbl. I S. 84) verordnet das Ministerium für Wirtschaft, Arbeit, Energie und Verkehr:

§ 1

Der bei der Ausführung öffentlicher Aufträge gemäß § 3 Absatz 4 des Saarländischen Tariftreuegesetzes zu zahlende Mindestlohn wird ab dem 1. Januar 2020 auf 9,35 Euro brutto pro Stunde festgesetzt.

§ 2

Für öffentliche Aufträge, deren Vergabe vor dem 1. Januar 2020 durch Bekanntmachung eingeleitet worden ist, findet die Verordnung zur Anpassung des Mindestlohns gemäß § 3 Absatz 5 Satz 3 des Saarländischen Tariftreuegesetzes vom 22. November 2018 (Amtsbl. I S. 795) weiterhin Anwendung.

§ 3

[1]Diese Verordnung tritt am 1. Januar 2020 in Kraft. [2]Gleichzeitig tritt unbeschadet des § 2 die Verordnung zur Anpassung des Mindestlohns gemäß § 3 Absatz 5 Satz 3 des Saarländischen Tariftreuegesetzes vom 22. November 2018 (Amtsbl. I S. 795) außer Kraft.

Saarbrücken, den 7. Oktober 2019
Die Ministerin für Wirtschaft, Arbeit, Energie und Verkehr
Rehlinger

Untergesetzliches Recht

- Vergabeerlass 2020
- Beschaffungsrichtlinien

13. Sachsen

SächsVergabeG – Sächsisches Vergabegesetz

Gesetz über die Vergabe öffentlicher Aufträge im Freistaat Sachsen

Vom 14. Februar 2013
(SächsGVBl. S. 109)
BS Sachsen 56-4/2
geänd. durch Art. 2 Abs. 18 Sächsisches Verwaltungskostenrechtsneuordnungsgesetz v. 5.4.2019
(SächsGVBl. S. 245)
Der Sächsische Landtag hat am 30. Januar 2013 das folgende Gesetz beschlossen:

§ 1 Sachlicher Anwendungsbereich

(1) Die Bestimmungen dieses Gesetz gelten für die Vergabe öffentlicher Aufträge im Sinne des § 99 des Gesetzes gegen Wettbewerbsbeschränkungen (GWB) in der Fassung der Bekanntmachung vom 15. Juli 2005 (BGBl. I S. 2114, 2009 I S. 3850), das zuletzt durch Artikel 2 Abs. 62 des Gesetzes vom 22. Dezember 2011 (BGBl. I S. 3044, 3046) geändert worden ist, in der jeweils geltenden Fassung, soweit die Auftragswerte nach § 100 Abs. 1 GWB nicht erreicht werden.

(2) Die Vergabe- und Vertragsordnung für Leistungen Teil A Abschnitt 1 (VOL/A) in der Fassung vom 20. November 2009 (BAnz. Nr. 196a vom 29. Dezember 2009, Nr. 32 vom 26. Februar 2010) und Teil B (VOL/B) in der Fassung vom 5. August 2003 (BAnz. Nr. 178a vom 29. September 2003) sowie die Vergabe- und Vertragsordnung für Bauleistungen Teil A Abschnitt 1 (VOB/A) und Teil B (VOB/B) in der Fassung vom 31. Juli 2009 (BAnz. Nr. 155a vom 15. Oktober 2009, Nr. 36 vom 5. März 2010) sind in der jeweils geltenden Fassung anzuwenden, soweit dieses Gesetz nichts anderes bestimmt.

(3) Dieses Gesetz findet keine Anwendung auf die in § 100 Abs. 2 GWB genannten Fälle sowie auf die Vergabe von Leistungen, die im Rahmen einer freiberuflichen Tätigkeit erbracht oder im Wettbewerb mit freiberuflich Tätigen angeboten werden und deren Gegenstand eine Aufgabe ist, deren Lösung nicht vorab eindeutig erschöpfend beschrieben werden kann.

§ 2 Persönlicher Anwendungsbereich

(1) Die Bestimmungen dieses Gesetzes gelten für alle staatlichen und kommunalen Auftraggeber, für sonstige Körperschaften, Anstalten und Stiftungen des öffentlichen Rechts, die § 55 der Haushaltsordnung des Freistaates Sachsen (Sächsische Haushaltsordnung – SäHO) in der Fassung der Bekanntmachung vom 10. April 2001 (SächsGVBl. S. 153), die zuletzt durch Artikel 1 des Gesetzes vom 13. Dezember 2012 (SächsGVBl. S. 725) geändert worden ist, in der jeweils geltenden Fassung, zu beachten haben, sowie für Zuwendungsempfänger, die nach den allgemeinen Nebenbestimmungen für Zuwendungen die Vergabevorschriften anzuwenden haben.

(2) Kommunale Auftraggeber im Sinne dieses Gesetzes sind die Gemeinden, die Landkreise, die Verwaltungsverbände, die Zweckverbände und sonstige juristische Personen des öffentlichen Rechts sowie deren Sondervermögen, auf die das Gemeindewirtschaftsrecht Anwendung findet.

(3) Die staatlichen und kommunalen Auftraggeber wirken in Ausübung ihrer Gesellschafterrechte in Unternehmen, an denen sie beteiligt sind, darauf hin, dass die Bestimmungen dieses Gesetzes in gleicher Weise beachtet werden.

(4) Die Verpflichtung nach Absatz 3 entfällt im Hinblick auf Unternehmen im Sinne des § 98 Nr. 4 und 5 GWB sowie Unternehmen, die mit Gewinnerzielungsabsicht tätig sind, im Wettbewerb mit anderen Unternehmen stehen und ihre Aufwendungen ohne Zuwendungen aus öffentlichen Haushalten decken.

§ 3 Nachweis der Eignung

(1) ¹Zum Nachweis der Eignung des Bewerbers oder Bieters sollen nur Unterlagen und Angaben gefordert werden, die durch den Gegenstand des Auftrags gerechtfertigt sind. ²Grundsätzlich sind Eigenerklärungen zu verlangen.

(2) ¹Bei Bietern oder Bewerbern, die in der Liste des Vereins für die Präqualifikation von Bauunternehmen e.V. (PQ-Bau) oder in die Präqualifikationsdatenbank für den Liefer- und Dienstleistungsbereich (PQ-VOL) eingetragen sind, gelten die Eignungskriterien als erfüllt, auf die sich die Prüfung der Präqualifizierungsstelle bezieht. ²Bescheinigungen anderer Präqualifizierungsstellen sollen anerkannt werden, wenn in der Bescheinigung angegeben wird, welche Eignungskriterien anhand welcher Dokumente bei der Präqualifizierung geprüft wurden. ³Die Dokumente müssen bei der Präqualifizierungsstelle einsehbar sein.

§ 4 Freihändige Vergabe

(1) ¹Der Höchstwert für eine freihändige Vergabe nach § 3 Abs. 5 Buchst. i VOL/A wird auf 25 000 EUR (ohne Umsatzsteuer) festgesetzt. ²Freihändige Vergaben nach § 3 Abs. 5 VOB/A sind bis zu einem geschätzten Auftragswert in Höhe von 25 000 EUR (ohne Umsatzsteuer) zulässig.

(2) Die Beschaffung preisgebundener Schulbücher kann, wenn der Auftragswert nach § 100 Abs. 1 GWB nicht erreicht wird, durch eine freihändige Vergabe erfolgen.

§ 5 Prüfung und Wertung der Angebote

(1) ¹Die Prüfung und Wertung der Angebote sind sorgfältig und zügig anhand des Prüfschemas zur Wertung von Angeboten (Anlage 1) durchzuführen. ²Der Zuschlag ist auf das unter Berücksichtigung aller Umstände wirtschaftlichste Angebot zu erteilen. ³Der niedrigste Angebotspreis allein ist nicht entscheidend.

(2) ¹Auf ein Angebot mit einem unangemessen hohen oder niedrigen Preis darf der Zuschlag nicht erteilt werden. ²Die Angemessenheit des Preises ist insbesondere dann zweifelhaft, wenn ein Angebot um mehr als 10 Prozent von dem nächsthöheren oder nächstniedrigeren Angebot abweicht. ³Die Gründe für die Abweichung sind vom Auftraggeber aufzuklären. ⁴Im Rahmen dieser Aufklärung ist der Bieter verpflichtet, seine Preisermittlung gegenüber dem Auftraggeber darzulegen.

§ 6 Weitergabe von Leistungen

(1) ¹Im Fall der Auftragserteilung sind die vom Auftragnehmer angebotenen Leistungen grundsätzlich im eigenen Betrieb auszuführen. ²Die Weitergabe von Leistungen an Nachunternehmer ist grundsätzlich nur bis zu einer Höhe von 50 Prozent des Auftragswertes und nur mit Zustimmung des Auftraggebers zulässig. ³Die Bieter haben bei der Angebotsabgabe ein Verzeichnis der Leistungen vorzulegen, die durch Nachunternehmer erbracht werden sollen. ⁴Die Vergabestellen können von den Bietern, die in der engeren Wahl sind, fordern, die Nachunternehmer zu benennen, Unterlagen und Angaben zu deren Eignung sowie deren Verpflichtungserklärung vorzulegen. ⁵Angebote, zu denen die nachgeforderten Erklärungen und Nachweise nicht fristgemäß eingereicht werden, werden vom weiteren Verfahren ausgeschlossen.

(2) Auftragnehmer sind für den Fall der Weitergabe von Leistungen an Nachunternehmer vertraglich zu verpflichten,
1. bevorzugt Unternehmen der mittelständischen Wirtschaft zu beteiligen, soweit es mit der vertragsgemäßen Ausführung des Auftrags zu vereinbaren ist,
2. Nachunternehmen davon in Kenntnis zu setzen, dass es sich um einen öffentlichen Auftrag handelt,
3. bei der Weitergabe von Bauleistungen an Nachunternehmen die Allgemeinen Vertragsbedingungen für die Ausführung von Bauleistungen der Vergabe- und Vertragsordnung für Bauleistungen (VOB/B), bei der Weitergabe von Lieferungen und Dienstleistungen die Allgemeinen Vertragsbedingungen für die Ausführung von Leistungen der Vergabe- und Vertragsordnung für Leistungen (VOL/B) zum Vertragsbestandteil zu machen,
4. den Nachunternehmern keine, insbesondere hinsichtlich der Zahlungsweise, ungünstigeren Bedingungen aufzuerlegen, als zwischen dem Auftragnehmer und dem öffentlichen Auftraggeber vereinbart sind.

§ 7 Sicherheitsleistung

Im Anwendungsbereich der VOB ist bei einer Auftragssumme unter 250 000 EUR (ohne Umsatzsteuer) auf Sicherheitsleistungen für Vertragserfüllung und für Mängelansprüche zu verzichten.

§ 8 Informationspflicht und Nachprüfungsverfahren

(1) ¹Der Auftraggeber informiert die Bieter, deren Angebote nicht berücksichtigt werden sollen, über den Namen des Bieters, dessen Angebot angenommen werden soll, und über den Grund der vorgesehenen Nichtberücksichtigung ihres Angebotes. ²Er gibt die Information in Textform spätestens zehn Kalendertage vor dem Vertragsabschluss ab.

(2) ¹Beanstandet ein Bieter vor Ablauf der Frist schriftlich beim Auftraggeber die Nichteinhaltung der Vergabevorschriften, hat der Auftraggeber die Nachprüfungsbehörde zu unterrichten, es sei denn, der Beanstandung wurde durch die Vergabestelle abgeholfen. ²Der Zuschlag darf in dem Fall nur erteilt werden, wenn die Nachprüfungsbehörde nicht innerhalb von zehn Kalendertagen nach Unterrichtung das Vergabeverfahren unter Angabe von Gründen beanstandet; andernfalls hat der Auftraggeber die Auffassung der Nachprüfungsbehörde zu beachten. ³Ein Anspruch des Bieters auf Tätigwerden der Nachprüfungsbehörde besteht nicht. ⁴Nachprüfungsbehörde ist die Aufsichtsbehörde, bei kreisangehörigen Gemeinden und Zweckverbänden die Landesdirektion Sachsen. ⁵Bei Zuwendungsempfängern, die nicht öffentliche Auftraggeber sind, tritt an die Stelle der Aufsichtsbehörde die Bewilligungsbehörde.

(3) Die Absätze 1 und 2 finden keine Anwendung, wenn der Auftragswert bei Bauleistungen 75 000 EUR (ohne Umsatzsteuer) und bei Lieferungen und Leistungen 50 000 EUR (ohne Umsatzsteuer) nicht übersteigt.

(4) ¹Für Amtshandlungen der Nachprüfungsbehörde werden Kosten (Gebühren und Auslagen) zur Deckung des Verwaltungsaufwandes erhoben. ²Das Sächsische Verwaltungskostengesetz vom 5. April 2019 (SächsGVBl. S. 245), in der jeweils geltenden Fassung, findet Anwendung. ³Die Höhe der Gebühren bestimmt sich nach dem personellen und sachlichen Aufwand der Nachprüfungsbehörde unter Berücksichtigung der wirtschaftlichen Bedeutung des Gegenstands der Nachprüfung. ⁴Die Gebühr beträgt mindestens 100 EUR, soll aber den Betrag von 1 000 EUR nicht überschreiten. ⁵Ergibt die Nachprüfung, dass ein Bieter zu Recht das Vergabeverfahren beanstandet hat, sind keine Kosten zu seinen Lasten zu erheben.

§ 9 Vergabebericht

(1) Die Staatsregierung berichtet dem Landtag alle zwei Jahre bis zum 30. Juni über die Vergabe der öffentlichen Aufträge durch die staatlichen Auftraggeber und staatlichen Unternehmen in den vorangegangenen zwei Haushaltsjahren (Vergabebericht der Staatsregierung).

(2) Der Gemeinderat oder Kreistag kann sich im Rahmen seiner jeweiligen Zuständigkeit einen Bericht über die Entwicklung des Vergabewesens einschließlich der Entwicklung des Vergabewesens bei den kommunalen Unternehmen des Vorjahres erstatten lassen.

(3) ¹Das Staatsministerium für Wirtschaft, Arbeit und Verkehr bereitet den Vergabebericht der Staatsregierung vor. ²Die Staatskanzlei und die Staatsministerien übermitteln dazu die erforderlichen Informationen aus ihrem Geschäftsbereich. ³Der Vergabebericht ist öffentlich zugänglich zu machen.

(4) Der Vergabebericht muss im Wesentlichen Folgendes beinhalten:
1. eine Statistik über die Vergabe der öffentlichen Aufträge der vergangenen zwei Haushaltsjahre, aufgeschlüsselt nach Geschäftsbereichen, Auftragsart, Anzahl der Aufträge, Auftragswert, Vergabeart und Sitz des Auftragnehmers innerhalb oder außerhalb Sachsens,
2. Erläuterung der Statistik.

(5) Die Anforderungen des Absatzes 4 Nr. 1 gelten auch für Vergabeberichte nach Absatz 2.

§ 10 Übergangsvorschrift

Bereits vor Inkrafttreten dieses Gesetzes begonnene Vergabeverfahren werden auf der Grundlage des bisherigen Rechts abgeschlossen. ²Der Vergabebericht der Staatsregierung für das Jahr 2012 wird auf der Grundlage des bisherigen Rechts erstellt und dem Landtag bis zum 30. Juni 2013 zugeleitet.

§ 11 Inkrafttreten, Außerkrafttreten

Dieses Gesetz tritt am Tage nach seiner Verkündung¹ in Kraft. ²Gleichzeitig treten außer Kraft:
1. das Gesetz über die Vergabe öffentlicher Aufträge im Freistaat Sachsen (Sächsisches Vergabegesetz – SächsVergabeG) vom 8. Juli 2002 (SächsGVBl. S. 218) und

---

¹ Verkündet am 13.3.2013.

2. die Verordnung der Sächsischen Staatsregierung zur Durchführung des Sächsischen Vergabegesetzes (Sächsische Vergabedurchführungsverordnung – SächsVergabeDVO) vom 17. Dezember 2002 (SächsGVBl. S. 378, 2003 S. 120), geändert durch Artikel 8 der Verordnung vom 8. Dezember 2009 (SächsGVBl. S. 594, 600, 2010 S. 81).

Anlage

(zu § 5 Abs. 1)

Prüfschema zur Wertung von Angeboten. Die Wertung von Angeboten hat in vier Prüfungsschritten (Wertungsstufen) zu erfolgen.

1. **Formale Angebotswertung**
   a) Zwingende Ausschlussgründe
   b) Fakultative Ausschlussgründe
2. **Eignungsprüfung**
   a) Fachkunde
   b) Zuverlässigkeit
   c) Leistungsfähigkeit
3. **Prüfung der Angemessenheit des Preises**
   Verbot des Zuschlages auf Angebote mit unangemessen hohen oder niedrigen Preisen
4. **Auswahl des wirtschaftlichsten Angebots**
   Herausfiltern des Angebotes mit dem besten Preis-Leistungsverhältnis aus den verbleibenden Angeboten der engeren Wahl
   Eine in sich abgeschlossene, stufenweise Wertung bei klarer Trennung der Prüfungsabschnitte ist zwingend und in der Vergabedokumentation für eine objektiv prüfbare Vergabeentscheidung zu dokumentieren.

1. Wertungsstufe: formale Angebotswertung.

a) Zwingende Ausschlussgründe
   aa) Angebot enthält nicht die geforderten oder nachgeforderten Erklärungen, Nachweise oder Preise
   bb) Angebot ist nicht unterschrieben beziehungsweise elektronisch signiert
   cc) Bietereintragungen sind nicht zweifelsfrei
   dd) Änderung oder Ergänzung der Vertragsunterlagen
   ee) Angebot ist nicht form- oder fristgerecht eingegangen
   ff) Wettbewerbswidrige Absprachen
   gg) Nicht zugelassene oder nicht auf besondere Anlage gemachte oder als solche nicht deutlich gekennzeichnete Nebenangebote
   hh) Vorsätzlich unzutreffende Erklärungen des Bieters in Bezug auf seine Fachkunde, Leistungsfähigkeit und Zuverlässigkeit
b) Fakultative Ausschlussgründe
   aa) Bieter ist insolvent beziehungsweise befindet sich in Liquidation
   bb) Bieter hat schwere Verfehlung begangen, die seine Zuverlässigkeit als Bewerber in Frage stellt
   cc) Bieter hat Verpflichtung zur Zahlung von Steuern und Abgaben sowie Beiträge zur gesetzlichen Sozialversicherung nicht ordnungsgemäß erfüllt
   dd) Bieter hat sich nicht bei der Berufsgenossenschaft angemeldet (soweit einschlägig)

2. Wertungsstufe: Eignungsprüfung. Der Auftraggeber hat sich hinreichend und sachgerecht zu informieren, ob die von ihm geforderte Fachkunde, Leistungsfähigkeit und Zuverlässigkeit der Bewerber/Bieter gegeben ist. Dies hat er nach sorgfältiger Prüfung und im Rahmen eines Beurteilungsspielraumes zu entscheiden. Weist ein Bewerber/Bieter seine Qualifikation trotz wiederholter Aufforderung nicht nach, ist sein Angebot auszuschließen.

Bei Bejahung der generellen Eignung der Bieter in dieser Wertungsstufe darf ein „Mehr an Eignung" nicht als Zuschlagskriterium in Wertungsstufe 4 berücksichtigt werden.

Fachkunde, Leistungsfähigkeit und Zuverlässigkeit der Bieter sind bei
a) öffentlicher Ausschreibung im Rahmen der Wertung der Angebote,
b) beschränkter Ausschreibung und freihändiger Vergabe bereits vor Aufforderung zur Angebotsabgabe
zu prüfen.

3. Wertungsstufe: Prüfung der Angemessenheit der Preise. Der Zuschlag darf nicht auf unangemessen hohe oder niedrige Preise erteilt werden. Angebote, deren Preise in offenbarem

Missverhältnis zur Leistung stehen, sind auszuschließen. Für die Beurteilung der Angemessenheit des Preises für Bauleistungen ist besonders zu überprüfen, ob die kalkulierte Gesamtstundenzahl des Angebots den geschätzten bautechnisch erforderlichen Ansätzen der Vergabestelle entspricht. Wird der geschätzte bautechnisch erforderliche Gesamtstundenansatz um mehr als 10 Prozent unterschritten, ergeben sich Zweifel an der Angemessenheit des Angebots.

Ist die Angemessenheit des Preises anhand vorliegender Unterlagen über die Preisermittlung nicht zu beurteilen, muss vom Bieter Aufklärung über die Ermittlung der Preise verlangt werden. Der Auftraggeber ist berechtigt, die Kalkulation anzufordern und einzusehen (Bauleistungen) und die erforderlichen Belege (Liefer- und Dienstleistungen) abzuverlangen.

Hilfsmittel für die Preisprüfung:
a) Erfahrungswerte anderer vergleichbarer Vergaben
b) Angaben zur Preisermittlung (EFB-Preis 1/VOB)
c) Aufgliederung wichtiger Einheitspreise (EFB-Preis 2/VOB)
d) Analyse des Preisspiegels

Im Bausektor sind bei Zweifeln an der Angemessenheit des Angebotsendpreises die Einzelansätze für Lohnkosten, Stoffkosten, Baustellengemeinkosten, Gerätevorhaltekosten und für die allgemeinen Geschäftskosten zu überprüfen.

4. Wertungsstufe: Auswahl des wirtschaftlichsten Angebotes. In die engere Wahl kommen nach den Prüfungsabschnitten 1 bis 3 nur solche Angebote, die eine einwandfreie Ausführung, Qualität und Gewährleistung erwarten lassen. Bei der Ermittlung der Angebote, die in die engere Wahl kommen, hat der Auftraggeber einen Beurteilungsspielraum.
a) Prüfung, ob die Angebote den gestellten technischen/inhaltlichen Anforderungen entsprechen
b) Prüfung der Wirtschaftlichkeit

Zur Ermittlung des wirtschaftlichsten Angebotes sind bereits in der Bekanntmachung oder in den Vergabeunterlagen alle wichtigen auftragsbezogenen Kriterien, wie zum Beispiel Preis, Ausführungsfrist, Betriebs- und Folgekosten, Gestaltung, Rentabilität, technischer Wert, Wartungskosten, Service, möglichst in der Reihenfolge der ihnen zuerkannten Bedeutung zu benennen. Nur so kommt das wirtschaftlichste Angebot zum Zuge. Der niedrigste Angebotspreis ist allein nicht entscheidend.

Der Zuschlag ist auf das wirtschaftlichste Angebot (bestes Preis-Leistungsverhältnis) zu erteilen. Sind die angebotenen Leistungen nach Art und Umfang gleich, ist der Zuschlag auf das Angebot mit dem niedrigsten Preis zu erteilen.

14. Sachsen-Anhalt

LVG LSA – Landesvergabegesetz

Gesetz über die Vergabe öffentlicher Aufträge in Sachsen-Anhalt

Vom 19. November 2012
(GVBl. LSA S. 536)
BS LSA 703.4
geänd. durch § 1 Zweites ÄndG v. 27.10.2015 (GVBl. LSA S. 562)

§ 1 Sachlicher Anwendungsbereich

(1) [1]Dieses Gesetz gilt für die Vergabe öffentlicher Aufträge in Sachsen-Anhalt im Sinne des § 99 des Gesetzes gegen Wettbewerbsbeschränkungen in der Fassung der Bekanntmachung vom 15. Juli 2005 (BGBl. I S. 2114, 2009 I S. 3850), zuletzt geändert durch Artikel 2 Abs. 62 des Gesetzes vom 22. Dezember 2011 (BGBl. I S. 3044, 3050), in der jeweils geltenden Fassung unabhängig von den Schwellenwerten nach § 100 des Gesetzes gegen Wettbewerbsbeschränkungen. [2]Die Schwellenwerte, ab denen Vergabeverfahren von diesem Gesetz erfasst werden, liegen
1. bei Bauaufträgen bei einem geschätzten Auftragswert von 50 000 Euro ohne Umsatzsteuer und
2. bei Liefer- und Dienstleistungsaufträgen bei einem geschätzten Auftragswert von 25 000 Euro ohne Umsatzsteuer.
[3]Für die Schätzung gilt § 3 der Vergabeverordnung in der Fassung der Bekanntmachung vom 11. Februar 2003 (BGBl. I S. 169), zuletzt geändert durch Artikel 1 der Verordnung vom 12. Juli 2012 (BGBl. I S. 1508), in der jeweils geltenden Fassung.

(2) [1]Bei der Vergabe öffentlicher Aufträge sind unterhalb der Schwellenwerte nach § 100 Abs. 1 des Gesetzes gegen Wettbewerbsbeschränkungen diejenigen Regelungen der Vergabe- und Vertragsordnung für Leistungen und der Vergabe- und Vertragsordnung für Bauleistungen anzuwenden, die für die Vergabe von Bau-, Liefer- und Dienstleistungsaufträgen gelten, die nicht im Anwendungsbereich des Vierten Teils des Gesetzes gegen Wettbewerbsbeschränkungen liegen. [2]Das für öffentliches Auftragswesen zuständige Ministerium wird ermächtigt, durch Verordnung Grenzen für Auftragswerte festzulegen, bis zu deren Erreichen eine Auftragsvergabe im Wege einer beschränkten Ausschreibung oder einer freihändigen Vergabe nach den Vergabe- und Vertragsordnungen zulässig ist.

(3) Dieses Gesetz findet keine Anwendung für die Vergabe öffentlicher Aufträge, deren Gegenstand
1. in unmittelbarem Zusammenhang mit der Abwehr oder Eindämmung eines Katastrophenfalls steht oder
2. im räumlichen und sachlichen Zusammenhang mit der Erstaufnahme oder Unterbringung und Versorgung von Flüchtlingen und Asylbewerbern steht und der Vergabe unter Anwendung dieses Gesetzes dringliche und zwingende Gründe entgegenstehen.

§ 2 Persönlicher Anwendungsbereich

(1) Dieses Gesetz gilt für das Land, die Kommunen, die Verbandsgemeinden und die der Aufsicht des Landes unterstehenden anderen Körperschaften, Anstalten und Stiftungen des öffentlichen Rechts.

(2) Für juristische Personen des Privatrechts, die die Voraussetzungen des § 98 Nr. 2 des Gesetzes gegen Wettbewerbsbeschränkungen erfüllen, gilt Absatz 1 entsprechend.

§ 3 Mittelstandsförderung

(1) Die öffentlichen Auftraggeber sind verpflichtet, kleine und mittlere Unternehmen bei beschränkten Ausschreibungen und freihändigen Vergaben in angemessenem Umfang zur Angebotsabgabe aufzufordern.

(2) Unbeschadet der Verpflichtung zur Teilung der Leistungen in Fach- und Teillose nach dem Gesetz gegen Wettbewerbsbeschränkungen, der Vergabe- und Vertragsordnung für Leistungen und der Vergabe- und Vertragsordnung für Bauleistungen ist das Vergabeverfahren, soweit nach Art und

Umfang der anzubietenden Leistungen möglich, so zu wählen und sind die Vergabeunterlagen so zu gestalten, dass kleine und mittlere Unternehmen am Wettbewerb teilnehmen und beim Zuschlag berücksichtigt werden können.

(3) [1]Staatliche Auftraggeber haben die Ausschreibung eines öffentlichen Auftrages in elektronischer Form auf der zentralen Veröffentlichungs- und Vergabeplattform des Landes Sachsen-Anhalt bekannt zu machen. [2]Das für öffentliches Auftragswesen zuständige Ministerium wird ermächtigt, durch Verordnung Vorgaben für das elektronische Verfahren zur Bekanntmachung öffentlicher Aufträge sowie die elektronische Abwicklung der Vergabeverfahren festzulegen.

§ 4 Berücksichtigung sozialer, umweltbezogener und innovativer Kriterien im Vergabeverfahren, technische Spezifikation

(1) [1]Aufträge werden an fachkundige, leistungsfähige sowie gesetzestreue und zuverlässige Unternehmen vergeben. [2]Zusätzliche Anforderungen im Sinne von § 97 Abs. 4 Satz 2 des Gesetzes gegen Wettbewerbsbeschränkungen dürfen nur an Auftragnehmer mit mindestens 25 Arbeitnehmern gestellt werden.

(2) Zu berücksichtigende, im sachlichen Zusammenhang stehende soziale Belange sind:
1. die Beschäftigung von Auszubildenden,
2. qualitative Maßnahmen zur Familienförderung und
3. die Sicherstellung der Entgeltgleichheit von Frauen und Männern.

(3) Bei der Vergabe öffentlicher Aufträge ist § 141 Satz 1 des Neunten Buches Sozialgesetzbuch zu beachten.

(4) Zulässig ist auch die Berücksichtigung von Umweltbelangen und zwar insbesondere, wenn diese zu zusätzlichen Energieeinsparungen führen.

(5) [1]Bei der technischen Spezifikation eines Auftrags können Umwelteigenschaften und Auswirkungen bestimmter Warengruppen oder Dienstleistungen auf die Umwelt festgelegt werden. [2]Hierzu können geeignete Spezifikationen verwendet werden, die in Umweltgütezeichen definiert sind, wenn
1. sie sich zur Definition der Merkmale der Waren oder Dienstleistungen eignen, die Gegenstand des Auftrags sind,
2. die Anforderungen an das Umweltgütezeichen auf der Grundlage von wissenschaftlich abgesicherten Informationen ausgearbeitet werden,
3. die Umweltgütezeichen im Rahmen eines Verfahrens erlassen werden, an dem interessierte Stellen und Personen teilnehmen können, und
4. das Umweltgütezeichen für alle Betroffenen zugänglich und verfügbar ist.

§ 5 Formularwesen

[1]Das für öffentliches Auftragswesen zuständige Ministerium hat die Einführung und Weiterentwicklung eines weitgehend einheitlichen Formularwesens bezüglich der Vergabe öffentlicher Bauaufträge in Anlehnung an die Vergabe- und Vertragshandbücher für die Baumaßnahmen des Bundes durch Verordnung zu regeln. [2]Das Formularwesen wird mindestens im Abstand von zwei Jahren auf seine Praktikabilität und seinen Bürokratieaufwand überprüft.

§ 6 Präqualifizierung und Zertifizierung

[1]Den Nachweis seiner Eignung kann der Bieter auch durch eine gültige Bescheinigung nach einem Präqualifizierungsverfahren nach den Vergabe- und Vertragsordnungen führen. [2]Das für öffentliches Auftragswesen zuständige Ministerium wird ermächtigt, weitere Präqualifizierungsverfahren und besondere Zertifizierungen in den unter § 4 definierten zusätzlichen Belangen durch Verordnung zu regeln.

§ 7 Auswahl der Bieter

(1) Vor Erteilung des Zuschlags hat der öffentliche Auftraggeber zu prüfen, ob die Bieter die für die Erfüllung der vertraglichen Verpflichtungen erforderliche Fachkunde, Leistungsfähigkeit und Zuverlässigkeit besitzen.

(2) Ausgeschlossen werden kann ein Bieter, der gegen eine arbeitnehmerschützende Rechtsvorschrift, eine Vorschrift des Umweltrechts oder gegen eine Rechtsvorschrift über unrechtmäßige Absprachen bei öffentlichen Aufträgen verstoßen hat, wenn der Verstoß mit einem rechtskräftigen Urteil oder einem Beschluss mit gleicher Wirkung geahndet wurde und eine schwere Verfehlung darstellt, die die Zuverlässigkeit des Bieters in Frage stellt.

(3) [1]Im Rahmen der zu überprüfenden technischen Fachkunde können Umweltbelange Berücksichtigung finden. [2]Der öffentliche Auftraggeber kann mit dem Auftragsgegenstand zusammenhängende und ihm angemessene Anforderungen an die technische Leistungsfähigkeit des Bieters aufstellen, die in der Bekanntmachung oder den Vergabeunterlagen anzugeben sind. [3]Diese können bei umweltrelevanten öffentlichen Bau- und Dienstleistungsaufträgen in der Angabe der Umweltmanagementmaßnahmen bestehen, die bei der Ausführung des Auftrags zur Anwendung kommen sollen. [4]Zum Nachweis dafür, dass der Bieter bestimmte Normen für das Umweltmanagement erfüllt, kann der öffentliche Auftraggeber die Vorlage von Bescheinigungen unabhängiger Stellen verlangen. [5]Die Sätze 1 bis 4 finden bei Lieferaufträgen keine Anwendung.

(4) [1]Die Eintragung eines Unternehmens in das Register des Eco-Management and Audit Scheme kann für die Beurteilung der technischen Fachkunde eines Bieters herangezogen werden. [2]Dabei dürfen die öffentlichen Auftraggeber nicht auf die Registrierung als solche abstellen, sondern es muss ein Bezug zur Ausführung des Auftrags vorhanden sein.

§ 8 Erteilung des Zuschlags

[1]Der Zuschlag ist auf das unter Berücksichtigung aller Umstände wirtschaftlichste Angebot zu erteilen. [2]Der niedrigste Angebotspreis allein ist nicht entscheidend. [3]Bei gleichwertigen Angeboten werden, sofern in der Bekanntmachung oder den Vergabeunterlagen angegeben, die zusätzlichen Belange nach § 4 für die Vergabe herangezogen.

§ 9 Bedingungen für die Ausführung des Auftrags

(1) Der öffentliche Auftraggeber kann zusätzliche Bedingungen für die Ausführung des Auftrags vorschreiben, wenn diese
1. in der Bekanntmachung oder in den Vergabeunterlagen angegeben werden und
2. keine versteckten technischen Spezifikationen, Auswahl- oder Zuschlagskriterien darstellen.

(2) Unter den Voraussetzungen des Absatzes 1 kann bei geeigneten umweltbedeutsamen Aufträgen, bei denen ein Zusammenhang mit dem Auftragsgegenstand besteht, der öffentliche Auftraggeber einen Nachweis dafür verlangen, dass bestimmte Umweltmanagementmaßnahmen bei der Ausführung des Auftrags ergriffen werden.

§ 10 Tariftreue und Entgeltgleichheit

(1) [1]Für Bauleistungen und andere Dienstleistungen, die das Arbeitnehmer-Entsendegesetz vom 20. April 2009 (BGBl. I S. 799), zuletzt geändert durch Artikel 5 Abs. 11 des Gesetzes vom 24. Februar 2012 (BGBl. I S. 212, 249), in der jeweils geltenden Fassung erfasst, dürfen öffentliche Aufträge nur an Bieter vergeben werden, die sich bei der Angebotsabgabe schriftlich verpflichtet haben, ihren Arbeitnehmern bei der Ausführung dieser Leistungen Arbeitsbedingungen zu gewähren, die mindestens den Vorgaben desjenigen Tarifvertrages entsprechen, an den das Unternehmen aufgrund des Arbeitnehmer-Entsendegesetzes gebunden ist. [2]Satz 1 gilt entsprechend für Beiträge an eine gemeinsame Einrichtung der Tarifvertragsparteien im Sinne von § 5 Nr. 3 des Arbeitnehmer-Entsendegesetzes sowie für andere gesetzliche Bestimmungen über Mindestentgelte.

(2) [1]Bei der Vergabe von Leistungen über öffentliche Personennahverkehrsdienste dürfen Bieter, die nicht tarifgebunden sind, nur berücksichtigt werden, wenn sie sich bei der Angebotsabgabe schriftlich verpflichten, dass sie ihre Arbeitnehmer bei der Ausführung dieser Leistungen mindestens das im Land Sachsen-Anhalt für diese Leistung in einem einschlägigen und repräsentativen mit einer tariffähigen Gewerkschaft vereinbarten Tarifvertrag vorgesehene Entgelt nach tarifvertraglich festgelegten Bedingungen zahlen. [2]Im Falle länderübergreifender Ausschreibungen kann auch ein einschlägiger und repräsentativer Tarifvertrag aus dem jeweiligen Land zugrunde gelegt werden. [3]Das für Tarifrecht zuständige Ministerium hat durch Verordnung zu bestimmen, in welchem Verfahren festgestellt wird, welche Tarifverträge als repräsentativ im Sinne von Satz 1 anzusehen sind und auf welche Weise deren Veröffentlichung erfolgt. [4]Bei der Feststellung, welche Tarifverträge als repräsentativ anzusehen sind, ist vorrangig abzustellen auf

1. die Zahl der Arbeitnehmer, für die der jeweilige Tarifvertrag eines tarifgebundenen Arbeitgebers gilt, und
2. die Zahl der Mitglieder der Gewerkschaft, die den Tarifvertrag geschlossen hat, für die der jeweilige Tarifvertrag gilt.

(3) Öffentliche Aufträge dürfen nur an Bieter vergeben werden, die sich bei der Angebotsabgabe schriftlich verpflichten, dass sie bei der Auftragsdurchführung ihren Arbeitnehmern bei gleicher oder gleichwertiger Arbeit gleiches Entgelt zahlen.

(4) Bei der Vergabe öffentlicher Aufträge ist im Bereich der Architekten- und Ingenieursleistungen die Honorarordnung für Architekten und Ingenieure zu beachten.

§ 11 Betreiberwechsel bei der Erbringung von Personenverkehrsdiensten

[1]Öffentliche Auftraggeber können gemäß der Verordnung (EG) Nr. 1370/2007 des Europäischen Parlaments und des Rates vom 23. Oktober 2007 über öffentliche Personenverkehrsdienste auf Schiene und Straße und zur Aufhebung der Verordnungen (EWG) Nr. 1191/69 und (EWG) Nr. 1107/70 des Rates verlangen, dass der ausgewählte Betreiber eines öffentlichen Diensts die Arbeitnehmer des bisherigen Betreibers zu den Arbeitsbedingungen übernimmt, die diesen von dem vorherigen Betreiber gewährt wurden. [2]Die bisherigen Betreiber sind verpflichtet, den öffentlichen Auftraggebern auf Anforderung die hierzu erforderlichen Unterlagen zur Verfügung zu stellen oder Einsicht in Lohn- und Meldeunterlagen, Bücher und andere Geschäftsunterlagen und Aufzeichnungen zu gewähren, aus denen Umfang, Art, Dauer und tatsächliche Entlohnung der Arbeitnehmer hervorgehen oder abgeleitet werden können. [3]Die im Rahmen des Verfahrens nach Satz 2 entstehenden Aufwendungen des bisherigen Betreibers werden durch den öffentlichen Auftraggeber erstattet.

§ 12 ILO-Kernarbeitsnormen

(1) [1]Bei der Vergabe von Bau-, Liefer- oder Dienstleistungen sollen keine Waren Gegenstand der Leistung sein, die unter Missachtung der in den Kernarbeitsnormen der Internationalen Arbeitsorganisation (ILO) festgelegten Mindeststandards gewonnen oder hergestellt worden sind. [2]Diese Mindeststandards ergeben sich aus:
1. dem Übereinkommen Nr. 29 über Zwangs- oder Pflichtarbeit vom 28. Juni 1930 (BGBl. 1956 II S. 640, 641),
2. dem Übereinkommen Nr. 87 über die Vereinigungsfreiheit und den Schutz des Vereinigungsrechtes vom 9. Juli 1948 (BGBl. 1956 II S. 2072, 2073),
3. dem Übereinkommen Nr. 98 über die Anwendung der Grundsätze des Vereinigungsrechtes und des Rechtes zu Kollektivverhandlungen vom 1. Juli 1949 (BGBl. 1955 II S. 1122, 1123),
4. dem Übereinkommen Nr. 100 über die Gleichheit des Entgelts männlicher und weiblicher Arbeitskräfte für gleichwertige Arbeit vom 29. Juni 1951 (BGBl. 1956 II S. 23, 24),
5. dem Übereinkommen Nr. 105 über die Abschaffung der Zwangsarbeit vom 25. Juni 1957 (BGBl. 1959 II S. 441, 442),
6. dem Übereinkommen Nr. 111 über die Diskriminierung in Beschäftigung und Beruf vom 25. Juni 1958 (BGBl. 1961 II S. 97, 98),
7. dem Übereinkommen Nr. 138 über das Mindestalter für die Zulassung zur Beschäftigung vom 26. Juni 1973 (BGBl. 1976 II S. 201, 202),
8. dem Übereinkommen Nr. 182 über das Verbot und unverzügliche Maßnahmen zur Beseitigung der schlimmsten Formen der Kinderarbeit vom 17. Juni 1999 (BGBl. 2001 II S. 1290, 1291)

in der jeweils geltenden Fassung.

(2) [1]Aufträge über Lieferleistungen dürfen nur an solche Bieter vergeben werden, die sich bei Angebotsabgabe schriftlich verpflichtet haben, den Auftrag gemäß der Leistungsbeschreibung ausschließlich mit Waren auszuführen, die nachweislich unter Beachtung der ILO-Kernarbeitsnormen nach Absatz 1 gewonnen oder hergestellt worden sind. [2]Hierzu sind von den Bietern entsprechende Nachweise oder Erklärungen zu verlangen. [3]Die Sätze 1 und 2 gelten entsprechend für Waren, die im Rahmen der Erbringung von Bau- oder Dienstleistungen verwendet werden.

§ 13 Nachunternehmereinsatz

(1) [1]Beabsichtigt der Auftragnehmer, Bau-, Liefer- und Dienstleistungen auf Nachunternehmer zu übertragen, hat er dem öffentlichen Auftraggeber die Nachunternehmen schriftlich zu benennen. [2]Der öffentliche Auftraggeber kann der Übertragung wegen mangelnder Fachkunde, mangelnde

Zuverlässigkeit oder Leistungsfähigkeit des Nachunternehmers sowie wegen Nichterfüllung der Nachweispflicht nach § 15 Abs. 2 oder wegen eines Ausschlusses des Nachunternehmens nach § 18 Abs. 2 widersprechen.

(2) ¹Öffentliche Aufträge werden nur an Bieter vergeben, die bei Abgabe des Angebots schriftlich erklären, dass eine Beauftragung von Nachunternehmern oder Verleihern nur erfolgt, wenn diese ihren Arbeitnehmern mindestens die Arbeitsbedingungen gewähren, die der Bieter selbst einzuhalten verspricht. ²Der Bieter hat die schriftliche Übertragung der Verpflichtung und ihre Einhaltung durch die beteiligten Nachunternehmer oder Verleiher sicherzustellen und dem öffentlichen Auftraggeber auf Verlangen nachzuweisen.

(3) Absatz 1 gilt entsprechend für die nachträgliche Beauftragung oder den Wechsel eines Nachunternehmers.

(4) Öffentliche Aufträge dürfen nur an Bieter vergeben werden, die sich bei der Angebotsabgabe schriftlich verpflichten, für den Fall der Weitergabe von Leistungen an Nachunternehmer
1. bevorzugt kleine und mittlere Unternehmen zu beteiligen, soweit es mit der vertragsgemäßen Ausführung des Auftrags zu vereinbaren ist,
2. Nachunternehmer davon in Kenntnis zu setzen, dass es sich um einen öffentlichen Auftrag handelt,
3. bei der Weitergabe von Bauleistungen an Nachunternehmer Teil B der Vergabe- und Vertragsordnung für Bauleistungen (VOB/B), bei der Weitergabe von Dienstleistungen Teil B der Vergabe- und Vertragsordnung für Leistungen (VOL/B) zum Vertragsbestandteil zu machen und
4. den Nachunternehmern keine, insbesondere hinsichtlich der Zahlungsweise, ungünstigeren Bedingungen aufzuerlegen, als zwischen dem Auftragnehmer und dem öffentlichen Auftraggeber vereinbart sind.

§ 14 Wertung ungewöhnlich niedriger Angebote

(1) ¹Der öffentliche Auftraggeber hat ungewöhnlich niedrige Angebote, auf die der Zuschlag erfolgen soll, zu überprüfen. ²Dies gilt unabhängig von der nach Teil A der Vergabe- und Vertragsordnung für Bauleistungen (VOB/A) und Teil A der Vergabe- und Vertragsordnung für Leistungen (VOL/A) vorgegebenen Prüfung ungewöhnlich niedrig erscheinender Angebote.

(2) ¹Weicht ein Angebot für die Erbringung von Bau-, Liefer- oder Dienstleistungen, auf das der Zuschlag erteilt werden soll, um mindestens 10 v.H. vom nächst höheren Angebot ab, so hat der öffentliche Auftraggeber die Kalkulation des Angebots zu überprüfen. ²Im Rahmen dieser Überprüfung ist der Bieter verpflichtet, die ordnungsgemäße Kalkulation nachzuweisen. ³Kommt der Bieter dieser Verpflichtung auch nach Aufforderung des öffentlichen Auftraggebers nicht nach, so ist er vom weiteren Vergabeverfahren auszuschließen.

§ 15 Wertungsausschluss

(1) ¹Hat der Bieter
1. aktuelle Nachweise oder Eigenerklärungen über die vollständige Entrichtung von Steuern und Sozialversicherungsbeiträgen,
2. eine Erklärung nach den §§ 10 und 12 Abs. 2 oder
3. sonstige Nachweise oder Erklärungen

nicht zum geforderten Zeitpunkt vorgelegt, entscheidet der öffentliche Auftraggeber auf der Grundlage der Bestimmungen der Vergabe- und Vertragsordnung für Leistungen und der Vergabe- und Vertragsordnung für Bauleistungen, ob das Angebot von der Wertung ausgeschlossen wird. ²Fremdsprachige Nachweise oder Erklärungen sind nur zu berücksichtigen, wenn sie mit einer Übersetzung in die deutsche Sprache vorgelegt worden sind.

(2) ¹Soll die Ausführung eines Teils des Auftrags über die Erbringung von Bauleistungen oder Dienstleistungen einem Nachunternehmer übertragen werden, so sind vor der Auftragserteilung auch die auf den Nachunternehmer lautenden Nachweise und Erklärungen nach Absatz 1 vorzulegen. ²Soweit eine Benennung von Nachunternehmern nach Auftragserteilung zulässig ist, sind die erforderlichen Nachweise und Erklärungen nach Absatz 1 bei der Benennung vorzulegen.

§ 16 Sicherheitsleistung bei Bauleistungen

(1) ¹Für die vertragsgemäße Erfüllung von Bauleistungen sollen bei öffentlicher Ausschreibung und offenem Verfahren ab einem Auftragswert von 250 000 Euro ohne Umsatzsteuer Sicherheitsleistun-

gen verlangt werden. ²Bei beschränkter Ausschreibung, beschränkter Ausschreibung nach öffentlichem Teilnahmewettbewerb, freihändiger Vergabe, nichtoffenem Verfahren und Verhandlungsverfahren sollen Sicherheitsleistungen in der Regel nicht verlangt werden.

(2) Für die Erfüllung der Mängelansprüche sollen Sicherheitsleistungen in der Regel ab einem Auftragswert oder einer Abrechnungssumme von 250 000 Euro ohne Umsatzsteuer verlangt werden.

§ 17 Kontrollen

(1) ¹Der öffentliche Auftraggeber kann Kontrollen durchführen, um die Einhaltung der Vertragspflichten des Auftragnehmers zu überprüfen. ²Der öffentliche Auftraggeber hat zu diesem Zweck mit dem Auftragnehmer vertraglich zu vereinbaren, dass ihm auf Verlangen die Entgeltabrechnungen des Auftragnehmers und der Nachunternehmer sowie die Unterlagen über die Abführung von Steuern und Sozialversicherungsbeiträgen nach § 15 Abs. 1 Satz 1 Nr. 1 und die zwischen Auftragnehmer und Nachunternehmer abgeschlossenen Werkverträge vorgelegt werden. ³Der Auftragnehmer hat seine Arbeitnehmer auf die Möglichkeit solcher Kontrollen hinzuweisen.

(2) Der Auftragnehmer und seine Nachunternehmer haben vollständige und prüffähige Unterlagen nach Absatz 1 über die eingesetzten Arbeitnehmer bereitzuhalten.

§ 18 Sanktionen

(1) ¹Um die Einhaltung der in den §§ 10, 11, 12 Abs. 2 und § 17 Abs. 2 genannten Vertragspflichten des Auftragnehmers zu sichern, ist zwischen dem öffentlichen Auftraggeber und dem Auftragnehmer für jeden schuldhaften Verstoß regelmäßig eine Vertragsstrafe von bis zu 5 v.H. des Auftragswerts zu vereinbaren. ²Der Auftragnehmer ist zur Zahlung einer Vertragsstrafe nach Satz 1 auch für den Fall zu verpflichten, dass der Verstoß durch einen von ihm eingesetzten Nachunternehmer oder einen von diesem eingesetzten Nachunternehmer begangen wird, es sei denn, dass der Auftragnehmer den Verstoß weder kannte noch kennen musste.

(2) Der öffentliche Auftraggeber hat mit dem Auftragnehmer zu vereinbaren, dass die schuldhafte Verletzung einer der in den §§ 10, 11, 12 Abs. 2 und § 17 Abs. 2 genannten Vertragspflichten durch den Auftragnehmer oder seine Nachunternehmer den öffentlichen Auftraggeber zur fristlosen Kündigung des Vertrags berechtigen.

(3) ¹Hat der Auftragnehmer eine der in den §§ 10, 11, 12 Abs. 2 und in § 17 Abs. 2 genannten Vertragspflichten verletzt, soll jeweils der öffentliche Auftraggeber dieses Unternehmen von der öffentlichen Auftragsvergabe für die Dauer von bis zu drei Jahren ausschließen. ²Satz 1 gilt auch für Nachunternehmer. ³Vor dem Ausschluss ist dem Unternehmen Gelegenheit zur Stellungnahme zu geben. ⁴Ein ausgeschlossenes Unternehmen ist auf dessen Antrag allgemein oder teilweise wieder zuzulassen, wenn der Grund des Ausschlusses weggefallen ist und mindestens sechs Monate der Sperre abgelaufen sind.

(4) Der öffentliche Auftraggeber darf Maßnahmen nach den Absätzen 1 bis 3 unabhängig von der Geltendmachung einer Vertragsstrafe aus anderem Grunde sowie von der Geltendmachung sonstiger Ansprüche ergreifen.

§ 19 Information der Bieter, Nachprüfung des Vergabeverfahrens unterhalb der Schwellenwerte

(1) ¹Unterhalb der Schwellenwerte nach § 100 des Gesetzes gegen Wettbewerbsbeschränkungen informiert der öffentliche Auftraggeber die Bieter, deren Angebote nicht berücksichtigt werden sollen, über den Namen des Bieters, dessen Angebot angenommen werden soll, und über die Gründe der vorgesehenen Nichtberücksichtigung ihres Angebotes. ²Er gibt die Information schriftlich, spätestens sieben Kalendertage vor dem Vertragsabschluss, ab.

(2) ¹Beanstandet ein Bieter vor Ablauf der Frist schriftlich beim öffentlichen Auftraggeber die Nichteinhaltung der Vergabevorschriften und hilft der öffentliche Auftraggeber der Beanstandung nicht ab, ist die Nachprüfungsbehörde durch Übersendung der vollständigen Vergabeakten zu unterrichten. ²Der Zuschlag darf in dem Fall nur erteilt werden, wenn die Nachprüfungsbehörde nicht innerhalb von vier Wochen nach Unterrichtung das Vergabeverfahren mit Gründen beanstandet. ³Der Vorsitzende der Vergabekammer kann diese Frist im Einzelfall um zwei Wochen verlängern. ⁴Wird das Vergabeverfahren beanstandet, hat der öffentliche Auftraggeber die Entscheidung der Nachprüfungsbehörde umzusetzen. ⁵Die Frist beginnt am Tag nach dem Eingang der Unterrichtung

(3) Nachprüfungsbehörde ist die beim Landesverwaltungsamt nach § 2 Abs. 1 der Richtlinie über die Einrichtung von Vergabekammern in Sachsen-Anhalt vom 4. März 1999 (MBl. LSA S. 441), zuletzt geändert durch die Verwaltungsvorschrift vom 8. Dezember 2003 (MBl. LSA S. 942), in der jeweils geltenden Fassung eingerichtete Vergabekammer.

(4) Die Absätze 1 und 2 finden keine Anwendung, wenn der voraussichtliche Gesamtauftragswert bei Bauleistungen ohne Umsatzsteuer einen Betrag von 150 000 Euro, bei Leistungen und Lieferungen ohne Umsatzsteuer einen Betrag von 50 000 Euro nicht übersteigt.

(5) [1]Für Amtshandlungen der Nachprüfungsbehörde werden Kosten zur Deckung des Verwaltungsaufwandes erhoben. [2]Die Höhe der Gebühren bestimmt sich nach dem personellen und sachlichen Aufwand der Nachprüfungsbehörde unter Berücksichtigung der wirtschaftlichen Bedeutung des Gegenstands der Nachprüfung. [3]Die Gebühr beträgt mindestens 100 Euro, soll aber den Betrag von 1 000 Euro nicht überschreiten. [4]Ergibt die Nachprüfung, dass ein Bieter zu Recht das Vergabeverfahren beanstandet hat, sind keine Kosten zu seinen Lasten zu erheben.

§ 20 Ausgleich für Kosten bei den Kommunen

[1]Für die Erfüllung der Aufgaben nach diesem Gesetz erhalten die Kommunen einen Betrag von insgesamt einer Million Euro für jedes Kalenderjahr. [2]Von diesem Betrag erhalten die kreisfreien Städte 25 v.H., die kreisangehörigen Gemeinden 55 v.H. und die Landkreise 20 v.H. [3]Die Verteilung der Mittel erfolgt jeweils zu 75 v.H. nach der Einwohnerzahl und zu 25 v.H. nach der Fläche. [4]Die Auszahlung erfolgt in Raten zum 10. der Monate Februar, Mai, August und November eines jeden Kalenderjahres.

§ 21 Evaluierung

[1]Dieses Gesetz ist vier Jahre nach Inkrafttreten durch das für öffentliches Auftragswesen zuständige Ministerium zu evaluieren. [2]Abweichend von Satz 1 wird die Regelung des § 20 durch die Landesregierung im vierten Quartal 2014 überprüft; dem Landtag wird über das Ergebnis spätestens im zweiten Quartal 2015 berichtet.

§ 22 Sprachliche Gleichstellung

Personen- und Funktionsbezeichnungen in diesem Gesetz gelten jeweils in männlicher und weiblicher Form.

§ 23 Übergangsvorschrift

Zum Zeitpunkt des Inkrafttretens dieses Gesetzes bereits begonnene Vergabeverfahren werden nach dem bisherigen Recht fortgesetzt und abgeschlossen.

§ 24 Änderung des Mittelstandsförderungsgesetzes

§ 8 des Mittelstandsförderungsgesetzes vom 27. Juni 2001 (GVBl. LSA S. 230) wird aufgehoben.

§ 25 Anpassung der Schwellenwerte

Für die Vergabe öffentlicher Aufträge, deren Gegenstand im räumlichen und sachlichen Zusammenhang mit den Hochwasserereignissen im Mai und Juni 2013 steht, sofern dringliche und zwingende Gründe bestehen, werden die Schwellenwerte nach § 1 Abs. 1 bis zum 30. Juni 2014 durch folgende Schwellenwerte ersetzt:
1. bei Bauaufträgen ein geschätzter Auftragswert von fünf Millionen Euro ohne Umsatzsteuer und
2. bei Liefer- und Dienstleistungsaufträgen ein geschätzter Auftragswert von 200 000 Euro ohne Umsatzsteuer.

§ 26 Inkrafttreten

Dieses Gesetz tritt am 1. Januar 2013 in Kraft.

AwVO – Auftragswerteverordnung[1]

Verordnung über die Auftragswerte nach der Vergabe- und Vertragsordnung für Leistungen, Teil A und der Vergabe- und Vertragsordnung für Bauleistungen, Teil A – Ausgabe 2019 – zur Ankurbelung der Wirtschaft wegen der SARS-CoV-2-Pandemie

Vom 10. Dezember 2020
(GVBl. LSA S. 724)
BS LSA 703.9

Aufgrund des § 1 Abs. 2 Satz 2 des Landesvergabegesetzes vom 19. November 2012 (GVBl. LSA S. 536), zuletzt geändert durch Gesetz vom 27. Oktober 2015 (GVBl. LSA S. 562), in Verbindung mit Abschnitt II Nr. 7 des Beschlusses der Landesregierung über den Aufbau der Landesregierung Sachsen-Anhalt und die Abgrenzung der Geschäftsbereiche vom 24. Mai/7. Juni 2016 (MBl. LSA S. 369), zuletzt geändert durch Beschluss vom 28. Juli 2020 (MBl. LSA S. 289), wird verordnet:

§ 1 Beschränkte Ausschreibung nach der Vergabe- und Vertragsordnung für Leistungen, Teil A

Abweichend von § 1 der Verordnung über Auftragswerte für die Durchführung von Beschränkten Ausschreibungen und Freihändigen Vergaben nach der Vergabe- und Vertragsordnung für Leistungen – Teil A vom 16. Dezember 2013 (GVBl. LSA S. 561) ist eine beschränkte Ausschreibung mit und ohne Teilnahmewettbewerb nach Teil A der Vergabe- und Vertragsordnung für Leistungen für Vergabeverfahren, die vor dem 31. Dezember 2021 begonnen haben, bis zu einem Auftragswert unterhalb von 214 000 Euro ohne Umsatzsteuer zulässig.

§ 2 Freihändige Vergabe nach der Vergabe- und Vertragsordnung für Leistungen, Teil A

(1) Abweichend von § 2 der Verordnung über Auftragswerte für die Durchführung von Beschränkten Ausschreibungen und Freihändigen Vergaben nach der Vergabe- und Vertragsordnung für Leistungen – Teil A ist eine freihändige Vergabe nach Teil A der Vergabe- und Vertragsordnung für Leistungen für Vergabeverfahren, die vor dem 31. Dezember 2021 begonnen haben, bis zu einem Auftragswert unterhalb von 214 000 Euro ohne Umsatzsteuer zulässig.

(2) Abweichend von § 3 Abs. 6 der Vergabe- und Vertragsordnung für Leistungen Teil A können Leistungen bis zu einem Auftragswert von 5 000 Euro ohne Umsatzsteuer unter Berücksichtigung der Haushaltsgrundsätze der Wirtschaftlichkeit und Sparsamkeit ohne ein Vergabeverfahren beschafft werden (Direktkauf).

§ 3 Beschränkte Ausschreibung nach der Vergabe- und Vertragsordnung für Bauleistungen Teil A

Abweichend von § 3a Abs. 2 Nr. 1 der Vergabe- und Vertragsordnung für Bauleistungen Teil A ist eine beschränkte Ausschreibung mit und ohne Teilnahmewettbewerb nach Teil A der Vergabe- und Vertragsordnung für Bauleistungen für Vergabeverfahren, die vor dem 31. Dezember 2021 begonnen haben, bis zu einem Auftragswert unterhalb von 5,35 Millionen Euro ohne Umsatzsteuer zulässig.

§ 4 Freihändige Vergabe nach der Vergabe- und Vertragsordnung für Bauleistungen Teil A

(1) [1]Abweichend von § 3a Abs. 3 Satz 2 der Vergabe- und Vertragsordnung für Bauleistungen Teil A ist eine freihändige Vergabe nach Teil A der Vergabe- und Vertragsordnung für Bauleistungen für Vergabeverfahren, die vor dem 31. Dezember 2021 begonnen haben, bis zu einem Auftragswert unterhalb von 2,5 Millionen Euro ohne Umsatzsteuer zulässig. [2]Ab einem Auftragswert von 10 000 Euro ohne Umsatzsteuer sind mindestens drei Bieter zur Angebotsabgabe aufzufordern.

(2) Abweichend von § 3a Abs. 4 der Vergabe- und Vertragsordnung für Bauleistungen Teil A können Bauleistungen bis zu einem Auftragswert von 5 000 Euro ohne Umsatzsteuer unter Berücksichtigung

---

[1] Die VO tritt mWv 1.1.2022 außer Kraft, vgl. § 5.

der Haushaltsgrundsätze der Wirtschaftlichkeit und Sparsamkeit ohne ein Vergabeverfahren beschafft werden (Direktkauf).

§ 5 Inkrafttreten, Außerkrafttreten

Diese Verordnung tritt am 1. Januar 2021 in Kraft und am 1. Januar 2022 außer Kraft.

Magdeburg, den 10. Dezember 2020.

15. Schleswig-Holstein

VGSH – Vergabegesetz Schleswig-Holstein[1]

Vom 8. Februar 2019
(GVOBl. Schl.-H. S. 40)
GS Schl.-H. II 7220-4

§ 1 Anwendungsbereich

(1) ¹Dieses Gesetz gilt für das Land, die Kreise, die Gemeinden und die Gemeindeverbände in Schleswig-Holstein sowie die übrigen Auftraggeber im Sinne des § 98 des Gesetzes gegen Wettbewerbsbeschränkungen (GWB) vom 26. Juni 2013 (BGBl. I S. 1750), zuletzt geändert durch Artikel 10 Absatz 9 des Gesetzes vom 30. Oktober 2017 (BGBl. I S. 3618), die in Schleswig-Holstein öffentliche Aufträge oder Konzessionen im Sinne des GWB vergeben, deren Auftragswert die Schwellenwerte nach § 106 GWB nicht erreichen, soweit in diesem Gesetz nichts anderes bestimmt ist. ²Für die Schätzung des Auftragswerts gilt § 3 der Vergabeverordnung des Bundes vom 12. April 2016 (BGBl. I S. 624). ³Dieses Gesetz gilt nicht, soweit das Vergabeverfahren im Namen oder im Auftrag des Bundes oder eines anderen Bundeslandes oder gemeinsam mit Auftraggebern anderer Bundesländer durchgeführt wird.

(2) Für dieses Gesetz gelten die Ausnahmen der §§ 107, 108, 109, 116, 117 oder 145 GWB entsprechend.

(3) ¹Für öffentliche Aufträge im Bereich des öffentlichen Personenverkehrs gelten die Regelungen dieses Gesetzes für alle Dienstleistungsaufträge im Sinne der Verordnung Nummer 1370/2007.[2] ²Dieses Gesetz gilt auch für Beförderungsleistungen im Sinne von § 1 Freistellungs-Verordnung vom 30. August 1962 (BGBl. I S. 601), zuletzt geändert durch Verordnung vom 4. Mai 2012 (BGBl. I S. 1037).

§ 2 Verfahrensgrundsätze

(1) ¹Öffentliche Aufträge und Konzessionen werden im Wege transparenter Verfahren und grundsätzlich im Wettbewerb vergeben unter Beachtung der Grundsätze der Wirtschaftlichkeit und der Verhältnismäßigkeit. ²Bei der Vergabe können gemäß § 97 Absatz 3 GWB Aspekte der Qualität und der Innovation sowie soziale, gleichstellungs- und umweltbezogene Aspekte Berücksichtigung finden. ³Strategische Ziele und Nachhaltigkeitsaspekte können in jeder Phase eines Vergabeverfahrens, von der Definition der Leistung über die Festlegung von Eignungs- und Zuschlagskriterien bis hin zur Vorgabe von Ausführungsbedingungen einbezogen werden.

(2) Die Teilnehmerinnen oder Teilnehmer an einem Vergabeverfahren sind gleich zu behandeln, es sei denn, eine Ungleichbehandlung ist aufgrund von Rechtsvorschriften ausdrücklich geboten oder gestattet.

(3) ¹Mittelständische Interessen sind bei der Vergabe öffentlicher Aufträge und Konzessionen vornehmlich zu berücksichtigen, insbesondere durch die Beachtung des Gebotes der Losaufteilung. ²Grundsätzlich werden als eignungsbezogene Unterlagen nur Eigenerklärungen und Angaben gefordert; Ausnahmen bedürfen einer zu dokumentierenden Begründung. ³Nachweise, insbesondere Bescheinigungen Dritter, sollen nur von dem für den Zuschlag vorgesehenen Bieter verlangt werden. ⁴Bei Beschränkten Ausschreibungen, Freihändigen Vergaben und Verhandlungsvergaben sollen auch kleine und mittlere Unternehmen zur Angebotsabgabe aufgefordert werden.

---

[1] Verkündet als Art. 1 G v. 8.2.2019 (GVOBl. Schl.-H. S. 40); Inkrafttreten gem. Art. 3 dieses G am 1.4.2019.
Amtl. Anm.: Verordnung (EG) Nummer 1370/2007[1] des Europäischen Parlaments und des Rates vom 23. Oktober 2007 über öffentliche Personenverkehrsdienste auf Schiene und Straße und zur Aufhebung der Verordnungen (EWG) Nummer 1191/69 und (EWG) Nummer 1107/70 des Rates (ABl. L 315 vom 3. Dezember 2007, S. 1) in der Fassung der Verordnung (EU) 2016/2338 des europäischen Parlaments und des Rates vom 14. Dezember 2016 (ABl. L 354/22 vom 23. Dezember 2016).

§ 3 Verfahrensordnungen

(1) Bei öffentlichen Aufträgen sind anzuwenden:
1. die Verfahrensordnung für die Vergabe öffentlicher Liefer- und Dienstleistungsaufträge unterhalb der EU-Schwellenwerte (Unterschwellenvergabeordnung – UVgO) in der Fassung vom 2. Februar 2017 (BAnz. AT 7. Februar 2017, B1, 8. Februar 2017 B1),
2. die Vergabe- und Vertragsordnung für Bauleistungen (VOB), Abschnitt 1 der VOB/A 2016 vom 23. Juni 2016 in der Fassung der Bekanntmachung vom 1. Juli 2016 B4 sowie die VOB/B in der Ausgabe 2016 (BAnz. AT 13. Juli 2012 B3 mit den Änderungen, veröffentlicht in BAnz AT 19. Januar 2016 B3 sowie der Berichtigung in BAnz AT 1. April 2016 B1 2016).

(2) Die in Absatz 1 genannten UVgO und VOB sind bei deren Änderung oder Neufassung in der Fassung anzuwenden, die das für Wirtschaft zuständige Ministerium im Gesetz- und Verordnungsblatt für Schleswig-Holstein für verbindlich erklärt hat.

(3) ^{1}Aufträge von Sektorenauftraggebern im Sinne der §§ 100, 102 GWB werden in einem frei gestalteten Verfahren vergeben, welches sich nach den Grundsätzen des § 2 richtet. ^{2}Satz 1 gilt entsprechend für die Vergabe von Dienstleistungskonzessionen durch Konzessionsgeber im Sinne der §§ 101, 105 GWB.

§ 4 Vergabemindestlohn, repräsentative Tarifverträge

(1) ^{1}Unabhängig vom Erreichen der Schwellenwerte nach § 106 GWB dürfen alle öffentlichen Aufträge ab einem Einzelauftragswert von 20.000 Euro (ohne Umsatzsteuer) nur an Unternehmen vergeben werden, die sich verpflichten, ihren unmittelbar für die Leistungserbringung in Deutschland eingesetzten Beschäftigten, ohne Auszubildende, Praktikantinnen und Praktikanten, Hilfskräfte und Teilnehmende an Bundesfreiwilligendiensten, wenigstens ein Mindeststundenentgelt von 9,99 Euro (brutto) zu zahlen. ^{2}Ein beauftragtes Unternehmen hat sicherzustellen, dass diese Pflicht auch von sämtlichen Nachunternehmen und Verleihern von Arbeitnehmern eingehalten wird. ^{3}Dieser Absatz gilt nicht für bevorzugte Bieter gemäß § 224 Absatz 1 Satz 1 und Absatz 2 sowie § 226 des Neunten Buches Sozialgesetzbuch – Rehabilitation und Teilhabe behinderter Menschen – vom 23. Dezember 2016 (BGBl. I S. 3234), zuletzt geändert durch Artikel 23 des Gesetzes vom 17. Juli 2017 (BGBl. I S. 2541).

(2) ^{1}Öffentliche Aufträge im Bereich des öffentlichen Personenverkehrs auf Straße und Schiene im Sinne des § 1 Absatz 3 Satz 1 dürfen nur an Unternehmen vergeben werden, die sich verpflichten, ihren bei der Ausführung der Leistung eingesetzten Beschäftigten, ohne Auszubildende, mindestens das in Schleswig-Holstein für diese Leistung in einem der einschlägigen und repräsentativen mit einer tariffähigen Gewerkschaft vereinbarten Tarifverträge vorgesehene Entgelt nach den tarifvertraglich festgelegten Modalitäten zu zahlen und die tariflich vereinbarten weiteren Leistungen zu gewähren. ^{2}Während der Ausführungszeit sind tarifliche Änderungen nachzuvollziehen. ^{3}Ein beauftragtes Unternehmen hat sicherzustellen, dass diese Pflichten auch von sämtlichen Nachunternehmen und Verleihern von Arbeitnehmern eingehalten werden. ^{4}Ein bisheriger Betreiber ist verpflichtet, dem Auftraggeber auf Anforderung die für die nach der Verordnung Nummer 1370/2007 mögliche Anordnung eines Personalübergangs erforderlichen Unterlagen und Informationen zur Verfügung zu stellen oder entsprechende Einsicht zu gewähren. ^{5}Hierdurch entstehende Aufwendungen des bisherigen Betreibers werden durch den öffentlichen Auftraggeber erstattet.

(3) Öffentliche Auftraggeber sind berechtigt, Kontrollen durchzuführen und Unterlagen anzufordern, um die Einhaltung der in Absatz 1 und 2 auferlegten Pflichten zu überprüfen.

(4) Öffentliche Auftraggeber müssen Vertragsbedingungen verwenden,
1. durch die die beauftragten Unternehmen verpflichtet sind, die in den Absatz 1 und 2 genannten Vorgaben einzuhalten,
2. die dem öffentlichen Auftraggeber ein Recht zur Kontrolle und Prüfung der Einhaltung der Vorgaben einräumen und dessen Umfang regeln,
3. die dem öffentlichen Auftraggeber ein vertragliches außerordentliches Kündigungsrecht sowie eine Vertragsstrafe für den Fall der Verletzung der in Absatz 1 und 2 genannten Pflichten oder einer Vereitelung der Kontrollen nach Absatz 3 einräumen.

§ 5 Rechtsverordnungen, Ausschuss

(1) Das für Wirtschaft zuständige Ministerium wird ermächtigt, durch Rechtsverordnung
1. einzelne Auftraggeber nach § 1 Absatz 1 von der Anwendung einzelner Normen der UVgO und der VOB/A auszunehmen,

2. abweichende Regelungen von den nach § 3 anzuwendenden UVgO und VOB/A zu treffen,
3. Wertgrenzen für öffentliche Aufträge zu bestimmen, unterhalb derer die UVgO oder die VOB/A nicht anzuwenden sind oder eine Beschränkte Ausschreibung, eine Verhandlungsvergabe oder eine Freihändige Vergabe zulässig ist,
4. nähere Regelungen für Vergaben nach § 3 Absatz 3 zu bestimmen.

(2) ¹Das für Arbeit zuständige Ministerium wird ermächtigt, durch Rechtsverordnung festzustellen, welche Tarifverträge im Bereich des öffentlichen Personenverkehrs gemäß § 1 Absatz 3 Satz 1 repräsentativ im Sinne von § 4 Absatz 2 sind. ²Bei der Feststellung der Repräsentativität eines Tarifvertrages ist auf die Bedeutung des Tarifvertrages für die Arbeitsbedingungen der Arbeitnehmer abzustellen. ³Hierbei muss insbesondere auf
1. die Zahl der von den jeweils tarifgebundenen Arbeitgebern unter den Geltungsbereich des Tarifvertrages fallenden Beschäftigten oder
2. die Zahl der jeweils unter den Geltungsbereich des Tarifvertrages fallenden Mitglieder der Gewerkschaft, die den Tarifvertrag geschlossen hat, Bezug genommen werden.

(3) Das für Arbeit zuständige Ministerium wird ermächtigt, das Nähere zur Bestellung des Ausschusses nach Absatz 4, zu dessen Beratungsverfahren und Beschlussfassung, zu seiner Geschäftsordnung und Vertretung und Entschädigung seiner Mitglieder durch Rechtsverordnung zu regeln.

(4) ¹Das für Arbeit zuständige Ministerium errichtet einen beratenden Ausschuss für die Feststellung der Repräsentativität der Tarifverträge. ²Es bestellt für die Dauer von vier Jahren je drei Vertreter von Gewerkschaften und von Arbeitgebern oder Arbeitgeberverbänden im Bereich des öffentlichen Personenverkehrs auf deren Vorschlag als Mitglieder. ³Die Beratungen koordiniert und leitet eine von dem für Arbeit zuständigen Ministerium beauftragte Person, die kein Stimmrecht hat. ⁴Der Ausschuss gibt eine schriftlich begründete Empfehlung ab. ⁵Kommt ein mehrheitlicher Beschluss über eine Empfehlung nicht zustande, so ist dies unter ausführlicher Darstellung der unterschiedlichen Positionen schriftlich mitzuteilen.

§ 6 Übergangsregelung

Für Vergabeverfahren, die vor dem Inkrafttreten dieses Gesetzes begonnen wurden, ist das Tariftreue- und Vergabegesetz Schleswig-Holstein vom 31. Mai 2013 (GVOBl. Schl.-H. S. 239) weiter anzuwenden.

SHVgVO – Schleswig-Holsteinische Vergabeverordnung

Landesverordnung über die Vergabe öffentlicher Aufträge

Vom 1. April 2019
(GVOBl. Schl.-H. S. 72)
GS Schl.-H. II 7220-4-2

Aufgrund des § 5 Absatz 1 Nummer 2, 3 und 4 des Vergabegesetzes Schleswig-Holstein (VGSH) vom 8. Februar 2019 (GVOBl. Schl.-H. S. 40) verordnet das Ministerium für Wirtschaft, Verkehr, Arbeit, Technologie und Tourismus:

§ 1 Zweck der Verordnung

[1]Diese Verordnung regelt die bei der Vergabe öffentlicher Aufträge und Baukonzessionen einzuhaltenden Verfahren nebst Ausnahmen und Wertgrenzen. [2]Bei Vergaben nach § 3 Absatz 3 VGSH gelten die Ausnahmen nach §§ 137 bis 140 sowie nach §§ 149, 150 des Gesetzes gegen Wettbewerbsbeschränkungen (GWB) in der Fassung der Bekanntmachung vom 26. Juni 2013 (BGBl. I S. 1750, 3245), zuletzt geändert durch Artikel 10 des Gesetzes vom 12. Juli 2018 (BGBl. I S. 1151), entsprechend.

§ 2 Schätzung der Auftragswerte

[1]Die Schätzung der voraussichtlichen Auftragswerte erfolgt entsprechend § 3 der Vergabeverordnung in der Fassung vom 12. April 2016 (BGBl. I S. 624), zuletzt geändert durch Artikel 4 des Gesetzes vom 10. Juli 2018 (BGBl. I S. 1117), ohne Absatz 9. [2]Auftragswert im Sinne dieser Verordnung ist der nach Satz 1 geschätzte Wert ohne Umsatzsteuer.

§ 3 Vergabe von Liefer- und Dienstleistungsaufträgen

(1) Öffentliche Auftraggeber nach § 1 Absatz 1 VGSH haben bei der Vergabe von Liefer- und Dienstleistungsaufträgen unterhalb der Schwellenwerte nach § 106 GWB die Bestimmungen der Unterschwellenvergabeordnung (UVgO) vom 2. Februar 2017 (BAnz AT vom 7. Februar, ber. 8 Februar 2017) nach § 3 Absatz 1 Nummer 1 VGSH anzuwenden, bis eine andere Fassung nach § 3 Absatz 2 VGSH für verbindlich erklärt wird.

(2) Es gelten folgende Ausnahmen von der UVgO:
1. §§ 7 und 38 UVgO sind anzuwenden mit der Maßgabe, dass die Durchführung von elektronischen Vergaben fakultativ ist und andere Verfahrensformen zulässig bleiben;
2. § 7 Absatz 3 Satz 2 UVgO ist nicht anzuwenden;
3. § 29 Absatz 1 UVgO ist fakultativ anwendbar;
4. §§ 39 und 40 UVgO sind bei Verhandlungsvergaben fakultativ anwendbar;
5. § 46 Absatz 1 Satz 1 und 2 UVgO ist für Vergaben bis zu einem Auftragswert von 50.000 Euro fakultativ;
6. freiberufliche Leistungen nach § 50 UVgO, die einem gesetzlichen Preisrecht unterfallen oder deren Gegenstand eine Aufgabe ist, deren Lösung nicht vorab eindeutig und erschöpfend beschrieben werden kann, können bis zu einem Auftragswert von 25.000 Euro im Wege eines Direktauftrages entsprechend § 14 Satz 1 UVgO vergeben werden; § 14 Satz 2 UVgO ist entsprechend anzuwenden.

(3) Für Verfahren nach der UVgO gelten folgende Wertgrenzen, die sich auf den Gesamtauftragswert beziehen:
1. eine Beschränkte Ausschreibung ohne Teilnahmewettbewerb ist zulässig bis zu einem Auftragswert von 100.000 Euro;
2. eine Verhandlungsvergabe ist zulässig bis zu einem Auftragswert von 100.000 Euro.

§ 4 Vergabe von Bauleistungen

(1) [1]Öffentliche Auftraggeber und Konzessionsgeber haben bei der Vergabe von Bauaufträgen und Baukonzessionen unterhalb der Schwellenwerte nach § 106 GWB die Vergabe- und Vertragsordnun

für Bauleistungen Teil A (VOB/A) Abschnitt 1 anzuwenden. ²Aufgrund § 3 Absatz 2 VGSH wird Abschnitt 1 der VOB/A vom 31. Januar 2019 in der Fassung der Bekanntmachung vom 19. Februar 2019 (BAnz AT 19. Februar 2019, B2) für verbindlich erklärt. ³§ 12 Absatz 1 Nummer 1 VOB/A ist anzuwenden mit der Maßgabe, dass Auftragsbekanntmachungen auch auf dem Internetportals www.service.bund.de veröffentlicht werden müssen. ⁴Nicht verbindlich anzuwenden ist § 11 Absatz 6 Satz 2 VOB/A.

(2) ¹Anstatt § 3a Absatz 2 Nummer 1 und Absatz 3 Satz 2 VOB/A gelten ergänzend zu den sonstigen Regelungen der VOB/A folgende Wertgrenzen, die sich auf den Gesamtauftragswert beziehen
1. eine Beschränkte Ausschreibung ohne öffentlichen Teilnahmewettbewerb ist zulässig bis zu einem Auftragswert von 1.000.000 Euro;
2. ab Erreichen des Auftragswertes nach Nummer 1 ist eine Beschränkte Ausschreibung ohne öffentlichen Teilnahmewettbewerb zulässig für jedes Fachlos bis zu einem Einzelauftragswert von 100.000 Euro;
3. eine Freihändige Vergabe ist zulässig sowohl bis zu einem Auftragswert von 100.000 Euro als auch für jedes Fachlos bis zu einem Einzelauftragswert in Höhe von 50.000 Euro.

²Bei Vergaben nach Satz 1 ist § 20 Absatz 4 VOB/A entsprechend anzuwenden. ³Bis zum 31. Dezember 2021 kann für Bauleistungen zu Wohnzwecken für jedes Gewerk eine Beschränkte Ausschreibung ohne Teilnahmewettbewerb bis zu einem Einzelauftragswert von 1.000.000 Euro und eine Freihändige Vergabe bis zu einem Einzelauftragswert von 100.000 Euro erfolgen.

(3) Die §§ 6 und 7 der Vergabeverordnung in der Fassung vom 12. April 2016 (BGBl. I S. 624), zuletzt geändert durch Artikel 4 des Gesetzes vom 10. Juli 2018 (BGBl. I S. 1117), sind entsprechend anzuwenden.

§ 5 Vorabinformation

¹Auftraggeber informieren die Bewerber und Bieter, deren Teilnahmeanträge oder Angebote nicht berücksichtigt werden sollen, per E-Mail, elektronisch oder per Telefax über den Namen des Unternehmens, dessen Angebot den Zuschlag erhalten soll und die Gründe der Nichtberücksichtigung (Vorabinformation) spätestens sieben Kalendertage vor Erteilung des Zuschlags. ²Dies gilt nicht für Bewerber oder Bieter, denen ihre Nichtberücksichtigung bereits vorher in Textform (§ 126b BGB) mitgeteilt worden ist. ³Für Vergaben mit einem Einzelauftragswert bis 50.000 Euro ist die Vorabinformation fakultativ anwendbar. ⁴Die zusätzliche Anwendung von § 19 Absatz 2 VOB/A sowie § 46 Absatz 1 Satz 1 und 3 UVgO ist nicht verpflichtend.

§ 6 Übergangsbestimmung

Bis zum Ablauf des 31. März 2019 begonnene Vergabeverfahren richten sich nach den Bestimmungen des Teils A der Vergabe- und Vertragsordnung für Leistungen (VOL/A) in der Fassung der Bekanntmachung vom 20. November 2009 (BAnz Nummer 196a vom 29. Dezember 2009, ber. BAnz Nummer 32 vom 26. Februar 2010, S. 755) sowie nach der VOB/A in der im VGSH vorgeschriebenen Fassung.

§ 7 Inkrafttreten, Außerkrafttreten

(1) ¹Diese Verordnung tritt mit Wirkung vom 1. April 2019 in Kraft. ²Gleichzeitig tritt die Schleswig-Holsteinische Vergabeverordnung vom 13. November 2013 (GVOBl. Schl.-H. S. 439),[1] zuletzt geändert durch Verordnung vom 12. September 2018 (GVOBl. Schl.-H. S. 472), außer Kraft.

(2) Diese Verordnung tritt mit Ablauf von fünf Jahren nach ihrem Inkrafttreten außer Kraft.

Amtl. Anm.: GS. Schl.-H. II, Gl.Nr. 707-5-11.

TTG-MinAVO – TTG-Mindestentgelt-Anpassungsverordnung

Landesverordnung über die Anpassung des Mindeststundenentgelts nach dem Tariftreue- und Vergabegesetz Schleswig-Holstein

Vom 17. Januar 2017
(GVOBl. Schl.-H. S. 25)
GS Schl.-H. II, Gl.Nr. 7220-2-3

Aufgrund des § 4 Absatz 3 Satz 3 in Verbindung mit § 20 Absatz 2 Nummer 2 des Tariftreue- und Vergabegesetzes Schleswig-Holstein vom 31. Mai 2013 (GVOBl. Schl.-H. S. 239) verordnet das Ministerium für Wirtschaft, Arbeit, Verkehr und Technologie:

§ 1 Höhe des Mindeststundenentgelts

Das bei der Ausführung öffentlicher Aufträge gemäß § 4 Absatz 3 Satz 1 des Tariftreue- und Vergabegesetzes Schleswig-Holstein zu zahlende Mindeststundenentgelt wird auf 9,99 Euro (brutto) angepasst.

§ 2 Übergangsregelung

§ 1 findet keine Anwendung auf Verfahren zur Vergabe öffentlicher Aufträge, die vor dem 1. Februar 2017 begonnen wurden.

§ 3 Inkrafttreten, Außerkrafttreten

Diese Verordnung tritt am 1. Februar 2017 in Kraft; sie tritt mit Ablauf von fünf Jahren nach ihrem Inkrafttreten außer Kraft.

VGSHBerAVO – Landesverordnung über den beratenden Ausschuss nach dem Vergabegesetz Schleswig-Holstein

Vom 1. April 2019
(GVOBl. Schl.-H. S. 73)
GS Schl.-H. II, Gl.Nr. 7220-4-1

Aufgrund des § 5 Absatz 3 des Vergabegesetzes Schleswig-Holstein vom 8. Februar 2019 (GVOBl. Schl.-H. S. 40) verordnet das Ministerium für Wirtschaft, Verkehr, Arbeit, Technologie und Tourismus:

§ 1 Aufgaben, Bestellung, Zusammensetzung

(1) Bei dem für Arbeit zuständigen Ministerium wird ein beratender Ausschuss zur Feststellung der Repräsentativität von Tarifverträgen im Bereich des öffentlichen Personenverkehrs auf Straße und Schiene errichtet.

(2) ¹Die von den Gewerkschaften und den Arbeitgebern oder Arbeitgeberverbänden im Bereich des öffentlichen Personenverkehrs vorzuschlagenden Mitglieder werden von dem für Arbeit zuständigen Ministerium bestellt. ²Satz 1 gilt entsprechend für die Bestellung von deren stellvertretenden Mitgliedern. ³Vorschlagsberechtigt sind
1. der Arbeitgeber- und Wirtschaftsverband der Mobilitäts- und Verkehrsdienstleister e.V. (ein Mitglied und ein stellvertretendes Mitglied),
2. der Omnibus Verband Nord e.V. (ein Mitglied und ein stellvertretendes Mitglied),
3. der Kommunale Arbeitgeberverband Schleswig-Holstein (ein Mitglied) und
4. der Arbeitgeberverband Nahverkehr e.V. (ein stellvertretendes Mitglied), einerseits, sowie
5. die Vereinte Dienstleistungsgewerkschaft – ver.di, Landesbezirk Nord (ein Mitglied und ein stellvertretendes Mitglied),
6. die Eisenbahn- und Verkehrsgewerkschaft (ein Mitglied und ein stellvertretendes Mitglied) und
7. die Gewerkschaft Deutscher Lokomotivführer (ein Mitglied und ein stellvertretendes Mitglied), andererseits.

(3) ¹Zur Gewährleistung einer gleichberechtigten Teilhabe von Frauen und Männern sollen von den in Absatz 2 Satz 3 genannten Organisationen zur Hälfte Frauen vorgeschlagen werden. ²Besteht das Vorschlagsrecht nur für ein Mitglied, sollen Frauen mindestens in jeder zweiten Amtsperiode berücksichtigt werden. ³Soweit einer vorschlagsberechtigten Organisation die paritätische Berücksichtigung von Frauen und Männern aus rechtlichen oder tatsächlichen Gründen nicht möglich ist, hat sie dem für Arbeit zuständigen Ministerium die Gründe hierfür nachvollziehbar darzulegen.

(4) Das für Arbeit zuständige Ministerium führt die Geschäfte des beratenden Ausschusses.

§ 2 Einberufung und Geschäftsordnung

¹Der Ausschuss ist bei Bedarf oder auf Verlangen von drei Mitgliedern von dem für Arbeit zuständigen Ministerium einzuberufen. ²Mit der Einladung ist die Tagesordnung schriftlich oder in elektronischer Form zu übermitteln. ³Zwischen Einladung und Sitzung sollen mindestens drei Wochen liegen. ⁴Die Sitzungen sind nicht öffentlich. ⁵Der beratende Ausschuss kann sich eine Geschäftsordnung geben.

§ 3 Beschlussfassung

Der Ausschuss ist beschlussfähig, wenn nach ordnungsgemäßer Einladung mindestens die Hälfte der Mitglieder anwesend ist. ²Im Einzelfall kann die Entscheidung im schriftlichen Umlaufverfahren herbeigeführt werden. ³Empfehlungen an das für Arbeit zuständige Ministerium bedürfen einer Mehrheit der Stimmen der anwesenden Mitglieder.

§ 4 Entschädigung

¹Die Mitglieder des Ausschusses sind ehrenamtlich tätig. ²Sie werden für Reisekosten nach Maßgabe der §§ 4 bis 7 des Bundesreisekostengesetzes vom 26. Mai 2005 (BGBl. I S. 1418), zuletzt geändert durch Artikel 3 des Gesetzes vom 20. Februar 2013 (BGBl. I S. 285), entschädigt.

§ 5 Inkrafttreten, Außerkrafttreten

¹Diese Verordnung tritt am Tag nach ihrer Verkündung[1] in Kraft. ²Sie tritt mit Ablauf von fünf Jahren nach ihrem Inkrafttreten außer Kraft.

---

[1] Verkündet am 11.4.2019.

16. Thüringen

ThürVgG – Thüringer Vergabegesetz

Thüringer Gesetz über die Vergabe öffentlicher Aufträge

In der Fassung der Bekanntmachung vom 23. Januar 2020[1]
(GVBl. S. 29)

Der Landtag hat das folgende Gesetz beschlossen:

§ 1 Sachlicher Anwendungsbereich

(1) [1]Dieses Gesetz gilt für die Vergabe öffentlicher Aufträge im Sinne der §§ 103 und 104 des Gesetzes gegen Wettbewerbsbeschränkungen (GWB) in der Fassung vom 26. Juni 2013 (BGBl. I S. 1750, 3245) in der jeweils geltenden Fassung ungeachtet des Erreichens der Schwellenwerte nach § 106 GWB, soweit bei Bauaufträgen ein geschätzter Auftragswert von 50.000 Euro (ohne Umsatzsteuer) und bei Liefer- und Dienstleistungsaufträgen ein geschätzter Auftragswert von 20.000 Euro (ohne Umsatzsteuer) überschritten wird. [2]Für die Schätzung gilt § 3 der Vergabeverordnung vom 12. April 2016 (BGBl. I S. 624) in der jeweils geltenden Fassung.

(2) [1]Bei der Vergabe öffentlicher Aufträge sind ungeachtet der Auftragswertgrenzen des Absatzes 1 unterhalb der Schwellenwerte nach § 106 GWB die Regelungen
1. der Verfahrensordnung für die Vergabe öffentlicher Liefer- und Dienstleistungsaufträge unterhalb der EU-Schwellenwerte (Unterschwellenvergabeordnung – UVgO -) vom 2. Februar 2017 (BAnz. AT 7.2.2017 B1, AT 8.2.2017 B1) und
2. des Teils A Abschnitt 1 der Vergabe- und Vertragsordnung für Bauleistungen (VOB/A) vom 22. Juni 2016 (BAnz. AT 1.7.2016 B4)

jeweils in der jeweils geltenden Fassung anzuwenden. [2]Das für Angelegenheiten im öffentlichen Auftragswesen zuständige Ministerium kann Einzelheiten zu den Verfahren und Grenzen für Auftragswerte festlegen, bis zu deren Erreichen eine Auftragsvergabe im Wege einer Beschränkten Ausschreibung, einer Verhandlungsvergabe oder einer Freihändigen Vergabe nach den Bestimmungen der Vergabe- und Vertragsordnung für Bauleistungen und der Unterschwellenvergabeordnung zulässig ist. [3]Die Beschaffung preisgebundener Schulbücher kann unterhalb der Schwellenwerte nach § 106 GWB durch eine Verhandlungsvergabe mit oder ohne Teilnahmewettbewerb erfolgen. [4]Die Bestimmungen dieses Gesetzes und aufgrund dieses Gesetzes gehen den Bestimmungen nach Satz 1 vor.

(3) Dieses Gesetz ist nicht anzuwenden auf
1. die in den §§ 107, 108, 109, 116, 117 und 145 GWB genannten Sachverhalte,
2. die Vergabe von öffentlichen Aufträgen durch Sektorenauftraggeber zum Zweck der Ausübung einer Sektorentätigkeit sowie
3. die Vergabe von Leistungen, die im Rahmen einer freiberuflichen Tätigkeit erbracht oder im Wettbewerb mit freiberuflich Tätigen angeboten werden, soweit der geschätzte Auftragswert den jeweiligen Schwellenwert nach § 106 GWB nicht erreicht; es gilt § 50 UVgO.

(4) [1]Sollen öffentliche Aufträge gemeinsam mit Auftraggebern anderer Bundesländer, des Bundes oder aus Nachbarstaaten der Bundesrepublik Deutschland vergeben werden, soll mit diesen eine Einigung über die Einhaltung der Bestimmungen dieses Gesetzes angestrebt werden. [2]Kommt eine Einigung nicht zustande, kann von den Bestimmungen dieses Gesetzes abgewichen werden.

§ 2 Persönlicher Anwendungsbereich

(1) [1]Dieses Gesetz gilt für alle staatlichen und kommunalen Auftraggeber, sonstige Körperschaften, Anstalten und Stiftungen des öffentlichen Rechts, für die § 55 der Thüringer Landeshaushaltsordnung in der Fassung vom 19. September 2000 (GVBl. S. 282) oder § 31 der Thüringer Gemeindehaushaltsverordnung vom 26. Januar 1993 (GVBl. S. 181) beziehungsweise § 24 der Thüringer Gemeindehaushaltsverordnung Doppik vom 11. Dezember 2008 (GVBl. S. 504) jeweils in der jeweils

---

[1] Neubekanntmachung des ThürVgG v. 18.4.2011 (GVBl. S. 69) in der ab 1.12.2019 geltenden Fassung.

geltenden Fassung gilt. ²Die Auftraggeber stellen sicher, dass die mit der Vergabe öffentlicher Aufträge befassten Beschäftigten über angemessene Kenntnisse im Vergaberecht verfügen. ³Zuwendungsempfänger haben dieses Gesetz zu beachten, soweit sie nach den allgemeinen Nebenbestimmungen für Zuwendungen hierzu verpflichtet werden.

(2) Kommunale Auftraggeber im Sinne dieses Gesetzes sind die Gemeinden, die Landkreise, die kommunalen Anstalten, die Zweckverbände, die gemeinsamen kommunalen Anstalten sowie die Verwaltungsgemeinschaften.

(3) Für juristische Personen des Privatrechts, die die Voraussetzungen des § 99 Nr. 2 GWB erfüllen, gilt Absatz 1 entsprechend.

§ 3 Mittelstandsförderung

(1) Die Auftraggeber sind verpflichtet, kleine und mittlere Unternehmen bei Beschränkten Ausschreibungen, Verhandlungsvergaben und Freihändigen Vergaben in angemessenem Umfang zur Angebotsabgabe aufzufordern.

(2) Unbeschadet der Verpflichtung zur Teilung der Leistungen in Fach- und Teillose nach dem Gesetz gegen Wettbewerbsbeschränkungen, der Vergabeverordnung, der Unterschwellenvergabeordnung und der Vergabe- und Vertragsordnung für Bauleistungen ist das Vergabeverfahren, soweit nach Art und Umfang der anzubietenden Leistungen möglich, so zu wählen und die Verdingungsunterlagen so zu gestalten, dass kleine und mittlere Unternehmen am Wettbewerb teilnehmen und beim Zuschlag berücksichtigt werden können.

(3) ¹Staatliche Auftraggeber im Sinne des § 2 Abs. 1 haben die Bekanntmachung eines öffentlichen Auftrages in elektronischer Form auf der zentralen Landesvergabeplattform zu veröffentlichen. ²Sonstige Körperschaften, Anstalten und Stiftungen des öffentlichen Rechts im Sinne des § 2 Abs. 1, kommunale Auftraggeber im Sinne des § 2 Abs. 2, und juristische Personen im Sinne des § 2 Abs. 3 können die zentrale Landesvergabeplattform für ihre Bekanntmachungen von öffentlichen Aufträgen nutzen.

§ 4 Umweltverträgliche Beschaffung, Open-Source-Software, Berücksichtigung umweltbezogener und sozialer Aspekte im Vergabeverfahren

(1) ¹Staatliche Auftraggeber sollen bei der Beschaffung eines Investitionsgutes mit einem Stückwert von mehr als 1.000 Euro (ohne Umsatzsteuer) neben den voraussichtlichen Anschaffungskosten unter Berücksichtigung des Lebenszyklusprinzips die voraussichtlichen Betriebskosten über die Nutzungsdauer, die Kosten für den Energieverbrauch sowie die Entsorgungskosten berücksichtigen. ²Die kommunalen Auftraggeber und die sonstigen Auftraggeber im Sinne des § 2 können nach Satz 1 verfahren.

(2) ¹Bei der Beschaffung von IT- und IT-gestützten Produkten gilt § 4 des Thüringer Gesetzes zur Förderung der elektronischen Verwaltung (Thür- EGovG) in der jeweils geltenden Fassung. ²Dort, wo es technisch möglich und wirtschaftlich ist, soll der Einsatz von Open-Source-Software vorrangig erfolgen. ³Darüber hinaus sollen auch die Aspekte Bedienbarkeit, Zukunftssicherheit, Interoperabilität und IT-Sicherheit berücksichtigt werden. ⁴Unter Open-Source-Produkten sind solche Produkte zu verstehen, deren Quellcode öffentlich zugänglich ist und deren Lizenz die Verwendung, Weitergabe und Veränderung nicht einschränkt.

(3) Umweltbezogene und soziale Aspekte können auf allen Stufen des Vergabeverfahrens, namentlich bei der Definition des Auftragsgegenstands, dessen technischer Spezifikation, der Auswahl der Bieter der Erteilung des Zuschlags und den Bedingungen für die Ausführung des Auftrags berücksichtigt werden, wenn sie im sachlichen Zusammenhang mit der Auftragsleistung stehen und in der Bekanntmachung oder den Vergabeunterlagen angegeben sind.

(4) Als umweltbezogene und soziale Aspekte nach Absatz 3 können insbesondere in Betracht kommen:
1. der Anteil sozialversicherungspflichtig beschäftigter Arbeitnehmer,
2. die Einbeziehung von Auszubildenden, Langzeitarbeitslosen oder schwerbehinderten Menschen in geeignetem Umfang,
3. die Berücksichtigung der Belange von Menschen mit Behinderungen,
4. Maßnahmen zur Förderung der Chancengleichheit von Frauen und Männern im Beruf und zur Vereinbarkeit von Familie und Beruf,

5. die umweltbezogene und soziale Verträglichkeit der verwendeten Produkte einschließlich deren Herkunft und Produktion,
6. die Energieeffizienz.

§ 5 Definition des Auftragsgegenstands

Bereits bei der Definition des Auftragsgegenstands kann der Auftraggeber ökologische und soziale Belange berücksichtigen, soweit nicht haushaltsrechtliche Grundsätze der Wirtschaftlichkeit und Sparsamkeit, Vorgaben des Umweltrechts oder Unionsrecht, insbesondere keine Beeinträchtigung des Marktzugangs für ausländische Bieter entgegenstehen.

§ 6 Technische Spezifikation

(1) ¹Bei der technischen Spezifikation eines Auftrages können Umwelteigenschaften oder Auswirkungen bestimmter Warengruppen oder Dienstleistungen auf die Umwelt, oder auch beide, festgelegt werden. ²Hierzu können geeignete Spezifikationen verwendet werden, die in Umweltgütezeichen definiert sind. ³Für die Anforderungen an Umweltgütezeichen gelten die jeweils einschlägigen Bestimmungen der Vergabeverordnung, der Vergabe- und Vertragsordnung für Bauleistungen und der Unterschwellenvergabeordnung.

(2) ¹Andere geeignete Beweismittel, insbesondere technische Unterlagen der Hersteller oder Prüfberichte anerkannter Stellen, sind ebenfalls zulässig. ²Die technischen Spezifikationen dürfen die Öffnung der öffentlichen Beschaffungsmärkte für den Wettbewerb nicht in ungerechtfertigter Weise behindern.

§ 7 Auswahl der Bieter

(1) Vor Erteilung des Zuschlags hat der öffentliche Auftraggeber zu prüfen, ob die Bieter die für die Erfüllung der vertraglichen Verpflichtungen erforderliche Fachkunde, Leistungsfähigkeit und Zuverlässigkeit besitzen.

(2) ¹Den Nachweis seiner Eignung kann der Bieter auch durch eine gültige Bescheinigung eines in der Vergabeverordnung, der Vergabe- und Vertragsordnung für Bauleistungen und der Unterschwellenvergabeordnung genannten Präqualifizierungsverfahrens führen. ²Das für Angelegenheiten im öffentlichen Auftragswesen zuständige Ministerium kann weitere Präqualifizierungsverfahren und besondere Zertifizierungen in den Bereichen Ökologie, Chancengleichheit und Nachwuchsförderung durch Richtlinien regeln.

(2a) ¹Hat ein Bieter in den letzten zwölf Monaten vor Ablauf der Angebotsfrist einem Auftraggeber bereits den Nachweis nach Absatz 2 oder andere Eignungsnachweise nach der Vergabeverordnung, der Vergabe- und Vertragsordnung für Bauleistungen oder der Unterschwellenvergabeordnung vorgelegt, so hat er den Auftraggeber unter Benennung des Vergabeverfahrens darauf hinzuweisen. ²In den Fällen des Satzes 1 fordert derselbe Auftraggeber von dem Bieter diese Eignungsnachweise nur dann an, wenn begründete Zweifel an der Eignung des Bieters bestehen.

(3) Ausgeschlossen werden kann ein Bieter insbesondere, wenn dieser bei der Ausführung öffentlicher Aufträge nachweislich gegen geltende umwelt-, sozial- oder arbeitsrechtliche Verpflichtungen verstoßen hat oder der Auftraggeber über hinreichende Anhaltspunkte dafür verfügt, dass der Bieter Vereinbarungen mit anderen Bietern getroffen hat, die eine Verhinderung, Einschränkung oder Verfälschung des Wettbewerbs bezwecken oder bewirken.

(4) ¹Im Rahmen der zu überprüfenden technischen Fachkunde können mit Ausnahme bei Lieferaufträgen Umweltbelange Berücksichtigung finden. ²Der öffentliche Auftraggeber kann mit dem Auftragsgegenstand zusammenhängende und ihm angemessene Anforderungen an die technische Leistungsfähigkeit des Bieters aufstellen, die in der Bekanntmachung oder den Vergabeunterlagen anzugeben sind. ³Diese können bei umweltrelevanten öffentlichen Bau- und Dienstleistungsaufträgen in der Angabe der Umweltmanagementmaßnahmen bestehen, die bei der Ausführung des Auftrags zur Anwendung kommen sollen. ⁴Zum Nachweis dafür, dass der Bieter bestimmte Normen für das Umweltmanagement erfüllt, kann der Auftraggeber die Vorlage von Bescheinigungen unabhängiger Stellen verlangen.

(5) ¹Eco-Management and Audit Scheme (EMAS) ist als europäische Auszeichnung für betriebliches Umweltmanagement zum Nachweis der Erfüllung von bestimmten Normen für das Umweltmanage-

ment geeignet. ²Die Eintragung eines Unternehmens in das EMAS-Register kann für die Beurteilung der technischen Fachkunde eines Bieters unter folgenden Bedingungen herangezogen werden:
1. die Vergabestellen dürfen nicht auf die Registrierung als solche abstellen, sondern es muss ein Bezug zur Ausführung des Auftrags vorhanden sein und
2. dem EMAS gleichwertige Nachweise für Umweltmanagementmaßnahmen sind anzuerkennen.

§ 8 Erteilung des Zuschlags

¹Der Zuschlag ist auf das unter Berücksichtigung aller Umstände wirtschaftlichste Angebot zu erteilen. ²Das wirtschaftlichste Angebot bestimmt sich nach dem besten Preis-Leistungs-Verhältnis. ³Zu dessen Ermittlung können neben dem Preis oder den Kosten auch qualitative, umweltbezogene oder soziale Aspekte berücksichtigt werden. ⁴Die Berücksichtigung von Umweltkriterien bei der Zuschlagserteilung ist zulässig, wenn
1. die Umweltkriterien mit dem Auftragsgegenstand zusammenhängen,
2. die Umweltkriterien im Leistungsverzeichnis oder in der Bekanntmachung des Auftrags ausdrücklich genannt sind,
3. dem Auftraggeber durch die Festlegung des Kriteriums keine uneingeschränkte Entscheidungsfreiheit eingeräumt wird und
4. alle Grundsätze des Unionsrechts, vor allem das Diskriminierungsverbot, gewahrt werden.

§ 9 Bedingungen für die Ausführung des Auftrags, umweltverträgliche Auftragsausführung

(1) Der Auftraggeber kann zusätzliche Bedingungen für die Ausführung des Auftrags vorschreiben, wenn diese
1. mit Unionsrecht vereinbar sind, insbesondere keinen diskriminierenden Charakter haben,
2. in der Bekanntmachung oder in den Vergabeunterlagen angegeben werden,
3. keine versteckten technischen Spezifikationen, Auswahl- oder Zuschlagskriterien darstellen und
4. alle Bewerber in der Lage sind, diesen Bedingungen nachzukommen, falls sie den Zuschlag erhalten.

(2) Unter den Voraussetzungen des Absatzes 1 kann bei geeigneten umweltbedeutsamen Aufträgen, bei denen ein Zusammenhang mit dem Auftragsgegenstand besteht, der Auftraggeber einen Nachweis dafür verlangen, dass bestimmte Umweltmanagementmaßnahmen bei der Ausführung des Auftrags ergriffen werden.

(3) ¹Staatliche Auftraggeber sollen für die Ausführung des Auftrags in geeigneten Fällen mindestens einen umweltbezogenen Aspekt vorschreiben, sofern nicht bereits im Rahmen der Leistungsbeschreibung oder der Zuschlagskriterien mindestens ein umweltbezogener Aspekt vorgegeben wurde. ²Als umweltbezogene Aspekte in diesem Sinne gelten umweltfreundliche und energieeffiziente Produkte, Materialien und Verfahren, wie zum Beispiel:
1. Geräte, Fahrzeuge, Gebäude oder Gebäudebestandteile mit hoher Energieeffizienzklasse,
2. Produkte, die aus recycelten Materialien hergestellt wurden,
3. ressourcenschonend hergestellte Produkte, Materialien oder der Einsatz ressourcenschonender Verfahren bei der Auftragsausführung,
4. Verfahren, die einen möglichst geringen Schadstoffausstoß (zum Beispiel niedriger CO_2-Fußabdruck), möglichst geringe Geräusch-, Geruchs- oder sonstige Emissionen verursachen oder weitestgehend auf den Einsatz von Pflanzenschutzmitteln und Pestiziden verzichten sowie
5. Produkte, Materialien oder Verfahren, die Umweltgütezeichen im Sinne von § 6 Absatz 1 Satz 3 tragen.

§ 10 Tariftreue, Mindestentgelt und Entgeltgleichheit

(1) ¹Für Bauleistungen und andere Dienstleistungen, die das Arbeitnehmer-Entsendegesetz (AEntG) vom 20. April 2009 (BGBl. I S. 799) oder die das Tarifvertragsgesetz in der Fassung vom 25. August 1969 (BGBl. I S. 1323) jeweils in der jeweils geltenden Fassung erfasst, dürfen öffentliche Aufträge nur an Unternehmen vergeben werden, die sich verpflichtet haben, ihren Arbeitnehmern bei der Ausführung dieser Leistungen Arbeitsbedingungen zu gewähren, die mindestens den Vorgaben desjenigen Tarifvertrages entsprechen, an den das Unternehmen aufgrund des Arbeitnehmer-Entsendegesetzes gebunden ist oder der nach dem Tarifvertragsgesetz für allgemein verbindlich erklärt wurde. ²Satz 1 gilt entsprechend für Beiträge an eine gemeinsame Einrichtung der Tarifvertragsparteien im Sinne des § 5 Satz 1 Nr. 3 AEntG sowie für andere gesetzliche Bestimmungen über Mindestentgelte

(2) ¹Öffentliche Aufträge für Dienstleistungen der allgemein zugänglichen Beförderung von Personen im öffentlichen Personennahverkehr dürfen nur an Unternehmen vergeben werden, die sich verpflichtet haben, ihren Arbeitnehmern bei der Ausführung der Leistung mindestens das in Thüringen für diese Leistung in einem einschlägigen und repräsentativen mit einer tariffähigen Gewerkschaft vereinbarten Tarifvertrag vorgesehene Entgelt nach den tarifvertraglich festgelegten Modalitäten zu zahlen und während der Ausführungslaufzeit Änderungen des Tarifentgelts nachzuvollziehen. ²Das für Arbeit zuständige Ministerium gibt im Einvernehmen mit dem für das Verkehrswesen zuständigen Ministerium im Thüringer Staatsanzeiger bekannt, welcher Tarifvertrag beziehungsweise welche Tarifverträge als repräsentativ im Sinne des Satzes 1 anzusehen sind. ³Der Auftraggeber führt diesen oder diese in der Bekanntmachung oder den Vergabeunterlagen auf. ⁴Bei mehreren festgestellten Tarifverträgen darf die Wahlmöglichkeit des sich bewerbenden Unternehmens nicht beschränkt werden.

(3) ¹Bei der Feststellung der Repräsentativität eines oder mehrerer Tarifverträge nach Absatz 2 ist auf die Bedeutung des oder der Tarifverträge im Bereich des öffentlichen Personennahverkehrs für die Arbeitsbedingungen der Arbeitnehmer abzustellen. ²Hierbei kann insbesondere auf
1. die Zahl der von den jeweils tarifgebundenen Arbeitgebern unter den Geltungsbereich des Tarifvertrages fallenden Arbeitnehmer oder
2. die Zahl der jeweils unter den Geltungsbereich des Tarifvertrages fallenden Mitglieder der Gewerkschaft, die den Tarifvertrag geschlossen hat

Bezug genommen werden. ³Es wird ein beratender Ausschuss für die Feststellung der Repräsentativität eines Tarifvertrages oder mehrerer Tarifverträge nach den Sätzen 1 und 2 bei dem für das Verkehrswesen zuständigen Ministerium errichtet. ⁴Dieser ist paritätisch aus jeweils drei Vertretern der Gewerkschaften, die auf deren Vorschlag durch das für Arbeit zuständige Ministerium zu benennen sind, und der Arbeitgeber oder Arbeitgeberverbände im Bereich des öffentlichen Personennahverkehrs, die auf deren Vorschlag durch das für Verkehrswesen zuständige Ministerium zu benennen sind, zusammenzusetzen. ⁵Die Beratungen koordiniert und leitet eine von dem für Verkehrswesen zuständigen Ministerium beauftragte Person, die kein Stimmrecht hat. ⁶Das für Arbeit zuständige Ministerium entsendet einen nicht stimmberechtigten Vertreter in den Ausschuss, um die Mitglieder in Angelegenheiten des Arbeits- und Tarifrechts zu unterstützen. ⁷Das für Verkehrswesen zuständige Ministerium wird ermächtigt, im Einvernehmen mit dem für Arbeit zuständigen Ministerium das Nähere zur Errichtung und Bestellung des Ausschusses, zur Amtsdauer und Amtsführung der Mitglieder, zur Vertretung der Mitglieder, zum Beratungsverfahren und zur Beschlussfassung sowie zur Geschäftsordnung durch Rechtsverordnung zu regeln.

(4) ¹Staatliche Auftraggeber vergeben Aufträge an Unternehmen nur dann, wenn diese sich verpflichten, ihren Arbeitnehmern bei der Ausführung der Leistung mindestens das in Thüringen für die jeweilige Branche in einem einschlägigen und repräsentativen mit einer tariffähigen Gewerkschaft vereinbarten Tarifvertrag vorgesehene Entgelt nach den tarifvertraglich festgelegten Modalitäten zu zahlen und während der Ausführungslaufzeit Änderungen des Tarifentgelts nachzuvollziehen. ²Bei mehreren als repräsentativ festgestellten Tarifverträgen darf die Wahlmöglichkeit des sich bewerbenden Unternehmens nicht beschränkt werden. ³Absatz 2 Satz 3 gilt entsprechend. ⁴Das für Arbeit zuständige Ministerium gibt im Thüringer Staatsanzeiger bekannt, welcher Tarifvertrag beziehungsweise welche Tarifverträge für die jeweilige Branche als repräsentativ im Sinne des Satzes 1 anzusehen sind; Absatz 3 gilt entsprechend mit der Maßgabe, dass das für Arbeit zuständige Ministerium die in Absatz 3 geregelten Rechte und Pflichten in alleiniger Zuständigkeit wahrnimmt. ⁵Unterfällt die ausgeschriebene Leistung keinem als repräsentativ festgestellten Tarifvertrag im Sinne des Satzes 1 oder liegt keine Bekanntgabe im Sinne des Satzes 4 vor, vergeben staatliche Auftraggeber Aufträge an Unternehmen nur dann, wenn diese sich verpflichten, ihren Arbeitnehmern bei der Ausführung der Leistung ein Mindeststundenentgelt von 11,42 Euro (brutto) zu zahlen. ⁶Gleiches gilt, wenn das in dem als repräsentativ festgestellten Tarifvertrag vorgesehene Stundenentgelt geringer ist als das in Satz 5 genannte Mindeststundenentgelt. ⁷Als Entgelt im Sinne der Sätze 1 und 5 gelten alle Zahlungen, die im arbeitsvertraglichen Austauschverhältnis als Gegenleistung für die vom Arbeitnehmer erbrachte Arbeit gezahlt werden. ⁸Die Verpflichtung zur Zahlung der in Satz 1 oder Satz 5 genannten Mindeststundenentgelte gilt nicht, wenn die ausgeschriebene Leistung im sachlichen und räumlichen Anwendungsbereich
1. eines nach dem Tarifvertragsgesetz für allgemeinverbindlich erklärten Tarifvertrages oder
2. eines Tarifvertrages, dessen Geltung durch eine Rechtsverordnung nach dem Arbeitnehmer-Entsendegesetz auf alle Arbeitgeber und Arbeitnehmer erstreckt wurde,

liegt und sich hieraus ein Mindeststundenentgelt ergibt.

(5) ¹Auszubildende, Praktikanten und Teilnehmende an Bundes- und Jugendfreiwilligendiensten gelten nicht als Arbeitnehmer im Sinne des Absatzes 4. ²Setzt das Unternehmen Leiharbeitnehmer im Sinne des Arbeitnehmerüberlassungsgesetzes in der Fassung vom 3. Februar 1995 (BGBl. I S. 158) in der jeweils geltenden Fassung ein, muss es sicherstellen, dass diese bei der Ausführung des öffentlichen Auftrages nach Maßgabe der Bestimmungen des Arbeitnehmerüberlassungsgesetzes für die gleiche Tätigkeit ebenso entlohnt werden, wie die in seinem Unternehmen vergleichbaren Arbeitnehmer; ihr Entgelt muss mindestens der durch Rechtsverordnung verbindlich festgelegten Lohnuntergrenze nach dem Arbeitnehmerüberlassungsgesetz entsprechen. ³Liegt eine Rechtsverordnung nach dem Arbeitnehmerüberlassungsgesetz nicht vor, muss das Unternehmen sicherstellen, dass die eingesetzten Leiharbeitnehmer bei der Ausführung des öffentlichen Auftrages unbeschadet der Verpflichtung nach Satz 2 mindestens das in Absatz 4 Satz 1, Satz 5 oder Satz 6 genannte Stundenentgelt erhalten. ⁴Schließt das Unternehmen Verträge mit Nachunternehmen, muss es sicherstellen, dass die vom Nachunternehmen beschäftigten Arbeitnehmer bei der Ausführung des öffentlichen Auftrages mindestens das in Absatz 4 Satz 1, Satz 5 oder Satz 6 genannte Mindeststundenentgelt erhalten, sofern für diese nicht ein Tarifvertrag im Sinne des Absatzes 4 Satz 8 oder eine Rechtsverordnung nach dem Arbeitnehmerüberlassungsgesetz ein Mindeststundenentgelt vorsehen.

(6) ¹Das für Arbeit zuständige Ministerium passt die Höhe des Mindeststundenentgeltes jährlich, erstmals zum 1. Januar 2021, an und veröffentlicht diese im Thüringer Staatsanzeiger. ²Die Anpassung richtet sich nach der prozentualen Veränderungsrate im Index der tariflichen Monatsverdienste des Statistischen Bundesamtes für die Gesamtwirtschaft in Deutschland (ohne Sonderzahlungen); bei der Ermittlung der Veränderungsrate ist jeweils der Durchschnitt der veröffentlichten Daten für die letzten vier Quartale zugrunde zu legen.

(7) Die kommunalen Auftraggeber und die sonstigen Auftraggeber im Sinne des § 2 können nach den Absätzen 4 und 5 verfahren.

(8) Die Absätze 4 und 5 gelten auch bei der Leistungserbringung durch Unternehmen oder vorgesehene Nachunternehmen mit Sitz im Ausland, soweit die Leistung im Inland erbracht wird.

(9) Auf bevorzugte Bieter nach § 224 Abs. 1 Satz 1 und Abs. 2 sowie § 226 des Neunten Buches Sozialgesetzbuch findet Absatz 4 keine Anwendung.

(10) Die Bieter haben zu erklären, dass sie bei der Auftragsdurchführung ihren Arbeitnehmern bei gleicher oder gleichwertiger Arbeit gleiches Entgelt zahlen.

§ 10a Betreiberwechsel bei der Erbringung von Personenverkehrsdiensten

¹Öffentliche Auftraggeber können nach der Verordnung (EG) Nr. 1370/2007 des Europäischen Parlaments und des Rates vom 23. Oktober 2007 über öffentliche Personenverkehrsdienste auf Schiene und Straße und zur Aufhebung der Verordnungen (EWG) Nr. 1191/69 und (EWG) Nr. 1107/70 des Rates (ABl. L 315 vom 3.12.2007, S. 1) in der jeweils geltenden Fassung verlangen, dass der ausgewählte Betreiber eines öffentlichen Dienstes die Arbeitnehmer des bisherigen Betreibers zu den Arbeitsbedingungen übernimmt, die diesen von dem vorherigen Betreiber gewährt wurden. ²Die bisherigen Betreiber sind verpflichtet, den öffentlichen Auftraggebern auf Anforderung die hierzu erforderlichen Unterlagen zur Verfügung zu stellen oder Einsicht in Lohn- und Meldeunterlagen, Geschäftsbücher und andere Geschäftsunterlagen und Aufzeichnungen zu gewähren, aus denen Umfang, Art, Dauer und tatsächliche Entlohnung der Arbeitnehmer hervorgehen oder abgeleitet werden können. ³Die im Rahmen des Verfahrens nach Satz 2 entstehenden Aufwendungen des bisherigen Betreibers werden durch den öffentlichen Auftraggeber erstattet. ⁴Das Verlangen der Übernahme der Arbeitnehmer des bisherigen Betreibers nach Satz 1 ist in der Bekanntmachung oder in den Vergabeunterlagen anzugeben.

§ 11 ILO – Kernarbeitsnormen

(1) ¹Bei der Vergabe von Bau-, Liefer- oder Dienstleistungen sollen keine Waren Gegenstand der Leistung sein, die unter Missachtung der in den Kernarbeitsnormen der Internationalen Arbeitsorganisation (ILO) festgelegten Mindeststandards gewonnen oder hergestellt worden sind. ²Diese Mindeststandards ergeben sich aus:
1. dem Übereinkommen Nr. 29 über Zwangs- oder Pflichtarbeit vom 28. Juni 1930 (BGBl. 1956 II S. 640 –641–),
2. dem Übereinkommen Nr. 87 über die Vereinigungsfreiheit und den Schutz des Vereinigungsrechtes vom 9. Juli 1948 (BGBl. 1956 II S. 2072 –2073–),

3. dem Übereinkommen Nr. 98 über die Anwendung der Grundsätze des Vereinigungsrechtes und des Rechtes zu Kollektivverhandlungen vom 1. Juli 1949 (BGBl. 1955 II S. 1122 –1123–),
4. dem Übereinkommen Nr. 100 über die Gleichheit des Entgelts männlicher und weiblicher Arbeitskräfte für gleichwertige Arbeit vom 29. Juni 1951 (BGBl. 1956 II S. 23 –24–),
5. dem Übereinkommen Nr. 105 über die Abschaffung der Zwangsarbeit vom 25. Juni 1957 (BGBl. 1959 II S. 441 –442–),
6. dem Übereinkommen Nr. 111 über die Diskriminierung in Beschäftigung und Beruf vom 25. Juni 1958 (BGBl. 1961 II S. 97 –98–),
7. dem Übereinkommen Nr. 138 über das Mindestalter für die Zulassung zur Beschäftigung vom 26. Juni 1973 (BGBl. 1976 II S. 201 –202–),
8. dem Übereinkommen Nr. 182 über das Verbot und unverzügliche Maßnahmen zur Beseitigung der schlimmsten Formen der Kinderarbeit vom 17. Juni 1999 (BGBl. 2001 II S. 1290 –1291–)
jeweils in der jeweils geltenden Fassung.

(2) [1]Aufträge über Lieferleistungen dürfen nur an solche Auftragnehmer vergeben werden, die sich verpflichtet haben, den Auftrag gemäß der Leistungsbeschreibung ausschließlich mit Waren auszuführen, die nachweislich oder gemäß einer entsprechenden Zusicherung unter Beachtung der ILO-Kernarbeitsnormen nach Absatz 1 gewonnen oder hergestellt worden sind. [2]Hierzu sind von den Bietern entsprechende Nachweise oder Erklärungen zu verlangen. [3]Die Sätze 1 und 2 gelten entsprechend für Waren, die im Rahmen der Erbringung von Bau- oder Dienstleistungen verwendet werden.

§ 12 Nachunternehmereinsatz

(1) [1]Der Auftragnehmer darf Bau- und Dienstleistungen nur auf Nachunternehmer übertragen, wenn der Auftraggeber im Einzelfall in der für Erklärungen des Auftragnehmers nach § 12a Abs. 1 Satz 2 bestimmten Form zugestimmt hat. [2]Die Zustimmung ist nicht notwendig bei Leistungen, auf die der Betrieb des Auftragnehmers nicht eingestellt ist. [3]Die Bieter haben bereits bei Abgabe ihres Angebots ein Verzeichnis der Nachunternehmerleistungen vorzulegen.

(2) Soweit Leistungen nach Absatz 1 auf Nachunternehmer übertragen werden, hat sich der Auftragnehmer auch zu verpflichten, den Nachunternehmern die für Auftragnehmer geltenden Pflichten der Absätze 3 und 4 sowie der §§ 10, 11 und 17 Abs. 2 aufzuerlegen und die Beachtung dieser Pflichten durch die Nachunternehmer zu kontrollieren.

(3) [1]Die nachträgliche Einschaltung oder der Wechsel eines Nachunternehmers bedarf der Zustimmung des öffentlichen Auftraggebers; Absatz 1 Satz 2 und § 15 Abs. 2 gelten entsprechend. [2]Die Zustimmung darf nur wegen mangelnder Fachkunde, Zuverlässigkeit oder Leistungsfähigkeit des Nachunternehmers, des Vorliegens von zwingenden oder fakultativen Ausschlussgründen nach den Bestimmungen der jeweils einschlägigen Vergabeverordnung, der Vergabe- und Vertragsordnung für Bauleistungen und der Unterschwellenvergabeordnung sowie wegen Nichterfüllung der Nachweispflicht nach § 15 Abs. 2 versagt werden.

(4) Die Auftragnehmer sind für den Fall der Weitergabe von Leistungen an Nachunternehmer vertraglich zu verpflichten,
1. bevorzugt kleine und mittlere Unternehmen zu beteiligen, soweit es mit der vertragsgemäßen Ausführung des Auftrags zu vereinbaren ist,
2. Nachunternehmer davon in Kenntnis zu setzen, dass es sich um einen öffentlichen Auftrag handelt,
3. bei der Weitergabe von Bauleistungen an Nachunternehmer die Allgemeinen Vertragsbedingungen für die Ausführung von Bauleistungen der Vergabe- und Vertragsordnung für Bauleistungen (VOB/B), bei der Weitergabe von Dienstleistungen die Allgemeinen Vertragsbedingungen für die Ausführung von Leistungen der Vergabe- und Vertragsordnung für Leistungen (VOL/B) zum Vertragsbestandteil zu machen und
4. den Nachunternehmern keine, insbesondere hinsichtlich der Zahlungsweise, ungünstigeren Bedingungen aufzuerlegen, als zwischen dem Auftragnehmer und dem öffentlichen Auftraggeber vereinbart sind.

§ 12a Verfahrensanforderungen zu den Erklärungen, Bestbieterprinzip

(1) [1]Die nach diesem Gesetz verpflichtend vorzulegenden Erklärungen und Nachweise sind nur von demjenigen Bieter, dem nach Abschluss der Wertung der Angebote der Zuschlag erteilt werden soll

(Bestbieter), vorzulegen. ²Der Auftraggeber bestimmt unter Beachtung der jeweils einschlägigen vergaberechtlichen Formvorschriften in der Bekanntmachung oder in den Vergabeunterlagen, in welcher Form die Erklärungen und Nachweise übermittelt werden müssen.

(2) ¹Der Auftraggeber ist verpflichtet, in der Bekanntmachung oder in den Vergabeunterlagen darauf hinzuweisen, dass der Bestbieter im Fall der beabsichtigten Zuschlagserteilung die nach diesem Gesetz verpflichtend vorzulegenden Erklärungen und Nachweise nach Aufforderung innerhalb einer nach Tagen bestimmten Frist vorlegen muss und dass, bei nicht fristgerechter Vorlage der verpflichtend vorzulegenden Erklärungen und Nachweise, das Angebot von der Wertung auszuschließen ist. ²Die Frist muss mindestens drei Werktage betragen und darf fünf Werktage nicht überschreiten.

(3) ¹Der Auftraggeber fordert den Bestbieter auf, die nach diesem Gesetz verpflichtend vorzulegenden Erklärungen und Nachweise innerhalb der Frist nach Absatz 2 vorzulegen. ²Die Frist beginnt an dem Tag, der auf die Absendung dieser Aufforderung folgt. ³Der Auftraggeber kann im Ausnahmefall die Frist verlängern, wenn die nach diesem Gesetz verpflichtenden Erklärungen und Nachweise nicht innerhalb der nach Satz 1 bestimmten Zeitraumes vorgelegt werden können oder dies im Hinblick auf Art und Umfang des Auftrages angemessen erscheint.

(4) ¹Werden die nach diesem Gesetz verpflichtend vorzulegenden Erklärungen und Nachweise nicht innerhalb der in Absatz 3 bestimmten Frist rechtzeitig beim Auftraggeber vorgelegt, ist das Angebot abweichend von § 15 Abs. 1 Satz 1 Nr. 2 von der Wertung auszuschließen. ²In diesem Fall ist das in der Wertungsrangfolge nächste Angebot heranzuziehen; auf dieses Angebot finden diese Vorschriften Anwendung.

(5) ¹Bei nicht von dem Auftraggeber zu vertretender, objektiver Dringlichkeit kann dieser vom Bestbieterprinzip absehen. ²In diesem Fall sind von den Bietern mit der Abgabe des Angebotes die nach diesem Gesetz verpflichtend vorzulegenden Erklärungen und Nachweise dem Auftraggeber vorzulegen. ³In der Bekanntmachung oder in den Vergabeunterlagen ist darauf hinzuweisen, dass die verpflichtend vorzulegenden Erklärungen und Nachweise mit der Abgabe des Angebotes vorgelegt werden müssen. ⁴Es gilt § 15.

§ 13 Berücksichtigung von sozialen oder umweltbezogenen Maßnahmen bei gleichwertigen Angeboten

¹Bei der Entscheidung über den Zuschlag auf ein Angebot ist bei sonst gleichwertigen Angeboten über die bereits auf den vorhergehenden Stufen des Vergabeverfahrens im sachlichen Zusammenhang mit der Auftragsleistung berücksichtigten umweltbezogenen und sozialen Aspekte hinaus das Angebot des Bieters zu bevorzugen, der in seinem Unternehmen gemessen an seiner Betriebsstruktur mehr als ein anderer Bieter mit gleichwertigem Angebot soziale oder umweltbezogene Maßnahmen durchführt. ²Derartige Maßnahmen können insbesondere sein:
1. die bestehende Tarifbindung,
2. der Anteil sozialversicherungspflichtig beschäftigter Arbeitnehmer,
3. Maßnahmen zur Förderung der Chancengleichheit von Frauen und Männern im Beruf und zur Vereinbarkeit von Familie und Beruf,
4. die Beteiligung an der beruflichen Erstausbildung,
5. die Beschäftigung von Langzeitarbeitslosen oder schwerbehinderten Menschen,
6. Maßnahmen zur Förderung der Energieeffizienz oder anderer ökologischer Ziele.

³In der Bekanntmachung oder in den Vergabeunterlagen ist anzugeben, welche Maßnahme oder Maßnahmen bei sonst gleichwertigen Angeboten nach Satz 1 zugrunde gelegt werden.

§ 14 Wertung unangemessen niedriger Angebote

(1) ¹Der Auftraggeber hat ungewöhnlich niedrige Angebote, auf die der Zuschlag erfolgen soll zu überprüfen. ²Dies gilt unabhängig von der nach der Vergabeverordnung, der Vergabe- und Vertragsordnung für Bauleistungen und der Unterschwellenvergabeordnung vorgegebenen Prüfung unangemessen niedrig erscheinender Angebote.

(2) ¹Weicht ein Angebot für die Erbringung von Bau- oder Dienstleistungen, auf das der Zuschlag erteilt werden könnte, um mindestens 20 vom Hundert vom nächsthöheren Angebot ab, so hat der Auftraggeber die Kalkulation des Angebots zu überprüfen. ²Im Rahmen dieser Überprüfung ist der Bieter verpflichtet, die ordnungsgemäße Kalkulation nachzuweisen. ³Kommt der Bieter dieser Verpflichtung auch nach Aufforderung des Auftraggebers nicht nach, so ist er vom weiteren Vergabeverfahren auszuschließen.

§ 15 Wertungsausschluss

(1) ¹Hat der Bieter
1. aktuelle Nachweise über die vollständige Entrichtung von Steuern und Sozialversicherungsbeiträgen,
2. eine Erklärung nach den §§ 10, 11, 12 und 17 oder
3. sonstige Nachweise oder Erklärungen

nicht zum geforderten Zeitpunkt vorgelegt, entscheidet die Vergabestelle auf der Grundlage der Bestimmungen der Vergabeverordnung, der Unterschwellenvergabeordnung und der Vergabe- und Vertragsordnung für Bauleistungen, ob das Angebot von der Wertung ausgeschlossen wird. ²Fremdsprachige Bescheinigungen oder Erklärungen sind nur zu berücksichtigen, wenn sie mit einer Übersetzung in die deutsche Sprache vorgelegt worden sind.

(2) ¹Soll die Ausführung eines Teils des Auftrags über die Erbringung von Bauleistungen oder Dienstleistungen einem Nachunternehmer übertragen werden, so sind vor der Auftragserteilung auch die auf den Nachunternehmer lautenden Nachweise und Erklärungen nach Absatz 1 vorzulegen. ²Soweit eine Benennung von Nachunternehmern nach Auftragserteilung zulässig ist, sind die erforderlichen Nachweise und Erklärungen nach Absatz 1 bei der Benennung vorzulegen.

§ 16 Sicherheitsleistung bei Bauleistungen

(1) ¹Für die vertragsgemäße Erfüllung von Bauleistungen sollen bei Öffentlicher Ausschreibung und Offenem Verfahren ab einer Auftragssumme von 250 000 Euro (ohne Umsatzsteuer) Sicherheitsleistungen verlangt werden. ²Bei Beschränkter Ausschreibung, Beschränkter Ausschreibung nach Öffentlichem Teilnahmewettbewerb, Freihändiger Vergabe, Nichtoffenem Verfahren und Verhandlungsverfahren sollen Sicherheitsleistungen in der Regel nicht verlangt werden.

(2) Für die Erfüllung der Mängelansprüche sollen Sicherheitsleistungen in der Regel ab einer Auftragssumme oder Abrechnungssumme von 250 000 Euro (ohne Umsatzsteuer) verlangt werden.

§ 17 Kontrollen

(1) ¹Der Auftraggeber kann Kontrollen durchführen, um die Einhaltung der dem Auftragnehmer aufgrund dieses Gesetzes auferlegten Verpflichtungen zu überprüfen. ²Der Auftraggeber hat zu diesem Zweck mit dem Auftragnehmer vertraglich zu vereinbaren, dass ihm auf Verlangen die Entgeltabrechnungen des Auftragnehmers und der Nachunternehmer sowie die Unterlagen über die Abführung von Steuern und Sozialversicherungsbeiträgen nach § 15 Abs. 1 Satz 1 Nr. 1 und die zwischen Auftragnehmer und Nachunternehmer abgeschlossenen Werkverträge vorgelegt werden. ³Die Bestimmungen der Verordnung (EU) 2016/679 des Europäischen Parlaments und des Rates vom 27. April 2016 zum Schutz natürlicher Personen bei der Verarbeitung personenbezogener Daten, zum freien Datenverkehr und zur Aufhebung der Richtlinie 95/46/EG (Datenschutz-Grundverordnung) (ABl. L 119 vom 4.5.2016, S. 1; L 314 vom 22.11.2016, S. 72; L 127 vom 23.5.2018, S. 2) in Verbindung mit dem Thüringer Datenschutzgesetz vom 6. Juni 2018 (GVBl. S. 229) jeweils in der jeweils geltenden Fassung sind im Umgang mit personenbezogenen Daten zu beachten. ⁴Der Auftragnehmer hat seine Beschäftigten auf die Möglichkeit solcher Kontrollen hinzuweisen.

(2) Der Auftragnehmer und seine Nachunternehmer haben vollständige und prüffähige Unterlagen nach Absatz 1 über die eingesetzten Beschäftigten bereitzuhalten.

§ 18 Sanktionen

(1) ¹Um die Einhaltung der Verpflichtungen nach den §§ 10, 11, 12 und 17 Abs. 2 zu sichern, ist zwischen dem Auftraggeber und dem Auftragnehmer für jeden schuldhaften Verstoß regelmäßig eine Vertragsstrafe von bis zu fünf von Hundert des Auftragswerts zu vereinbaren; bei mehreren Verstößen darf die Summe der Vertragsstrafen fünf von Hundert des Auftragswertes (netto) nicht überschreiten. ²Der Auftragnehmer ist zur Zahlung einer Vertragsstrafe nach Satz 1 auch für den Fall zu verpflichten, dass der Verstoß durch einen von ihm eingesetzten Nachunternehmer oder einen von diesem eingesetzten Nachunternehmer begangen wird, es sei denn, dass der Auftragnehmer den Verstoß weder kannte noch kennen musste.

(2) Der Auftraggeber hat mit dem Auftragnehmer zu vereinbaren, dass die schuldhafte Nichterfüllung der aus den §§ 10 und 11 resultierenden Anforderungen durch den Auftragnehmer oder seine

Nachunternehmer sowie schuldhafte Verstöße gegen die Verpflichtungen der §§ 12 und 17 Abs. 2 den Auftraggeber zur fristlosen Kündigung des Vertrags berechtigen.

(3) ¹Hat der Auftragnehmer, ein Bewerber oder Bieter gegen die sich aus den §§ 10, 11, 12 und 17 Abs. 2 ergebenden Verpflichtungen verstoßen, soll jeweils der Auftraggeber dieses Unternehmen von der öffentlichen Auftragsvergabe für die Dauer von bis zu drei Jahren ausschließen. ²Satz 1 gilt auch für Nachunternehmer. Vor dem Ausschluss ist dem Unternehmen Gelegenheit zur Stellungnahme zu geben. ³Ein ausgeschlossenes Unternehmen ist auf dessen Antrag allgemein oder teilweise wieder zuzulassen, wenn der Grund des Ausschlusses weggefallen ist.

(4) Maßnahmen nach den Absätzen 1 bis 3 bleiben von der Geltendmachung einer Vertragsstrafe aus anderem Grunde sowie von der Geltendmachung sonstiger Ansprüche unberührt.

§ 19 Information der Bieter, Nachprüfung des Vergabeverfahrens unterhalb der Schwellenwerte

(1) ¹Unterhalb der Schwellenwerte nach § 106 GWB informiert der Auftraggeber die Bieter, deren Angebote nicht berücksichtigt werden sollen, über den Namen des Bieters, dessen Angebot angenommen werden soll, über die Gründe der vorgesehenen Nichtberücksichtigung ihres Angebotes und den frühestmöglichen Zeitpunkt der Zuschlagserteilung. ²Er gibt die Information in der nach § 12a Abs. 1 Satz 2 bestimmten Form spätestens sieben Kalendertage vor dem Vertragsabschluss ab.

(2) ¹Beanstandet ein Bieter vor Ablauf der Frist in der nach § 12a Abs. 1 Satz 2 bestimmten Form beim Auftraggeber eine Verletzung seiner Rechte durch die Nichteinhaltung der Vergabevorschriften und hilft der Auftraggeber der Beanstandung nicht ab, ist die Nachprüfungsbehörde durch Übersendung der vollständigen Vergabeakten zu unterrichten. ²Der Zuschlag darf in dem Fall nur erteilt werden, wenn die Nachprüfungsbehörde nicht innerhalb von 14 Kalendertagen nach Unterrichtung das Vergabeverfahren mit Gründen beanstandet; andernfalls hat der Auftraggeber die Auffassung der Nachprüfungsbehörde zu beachten. ³Die Frist beginnt am Tag nach dem Eingang der Unterrichtung. ⁴In Ausnahmefällen ist eine einmalige Verlängerung der Frist durch die Nachprüfungsbehörde um weitere sieben Kalendertage möglich; diese Verlängerung ist zu begründen. ⁵Ein Anspruch des Bieters auf Tätigwerden der Nachprüfungsbehörde besteht nicht. ⁶Im Falle ihres Tätigwerdens entscheidet die Nachprüfungsbehörde abschließend, ob der Bieter durch die Nichteinhaltung von Vergabevorschriften in seinen Rechten verletzt wurde.

(3) ¹Nachprüfungsbehörde ist die beim Landesverwaltungsamt nach § 2 Abs. 1 der Thüringer Vergabekammerverordnung (ThürVkVO) vom 10. Juni 1999 (GVBl. S. 417), in der jeweils geltenden Fassung, eingerichtete Vergabekammer. ²§ 2 Abs. 2 und Abs. 3 ThürVkVO gelten nicht.

(4) Die Absätze 1 und 2 finden keine Anwendung, wenn der voraussichtliche Gesamtauftragswert bei Bauleistungen 150 000 Euro (ohne Umsatzsteuer), bei Leistungen und Lieferungen 50 000 Euro (ohne Umsatzsteuer) nicht übersteigt.

(5) ¹Für Amtshandlungen der Nachprüfungsbehörde werden Kosten (Gebühren und Auslagen) zur Deckung des Verwaltungsaufwandes erhoben. ²Das Thüringer Verwaltungskostengesetz (ThürVwKostG) vom 23. September 2005 (GVBl. S. 325) in der jeweils geltenden Fassung, findet Anwendung. ³Die Höhe der Gebühren bestimmt sich nach dem personellen und sachlichen Aufwand der Nachprüfungsbehörde unter Berücksichtigung der wirtschaftlichen Bedeutung des Gegenstands der Nachprüfung. ⁴Die Gebühr beträgt mindestens 100 Euro, soll aber den Betrag von 1000 Euro nicht überschreiten. ⁵Ergibt die Nachprüfung, dass ein Bieter zu Recht das Vergabeverfahren beanstandet hat, sind keine Kosten zu seinen Lasten zu erheben.

§ 20 Evaluierung

(1) Dieses Gesetz wird acht Jahre nach Inkrafttreten des Gesetzes zur Änderung des Thüringer Vergabegesetzes und anderer haushaltsrechtlicher Vorschriften[2] einer Evaluierung unterzogen.

(2) Hinsichtlich der Auswirkungen des § 10 Abs. 4 bis 8 auf die Lohnentwicklung im Niedriglohnsektor und die Preissteigerungen öffentlicher Aufträge erfolgt eine Evaluation bereits vier Jahre nach Inkrafttreten des Gesetzes zur Änderung des Thüringer Vergabegesetzes und anderer haushaltsrechtlicher Vorschriften.

---

[2] In Kraft ab 1.12.2019.

§ 21 Gleichstellungsbestimmung

Status- und Funktionsbezeichnungen in diesem Gesetz gelten für alle Geschlechter.

§ 22 Übergangsregelung

(1) Zum Zeitpunkt des Inkrafttretens dieses Gesetzes bereits begonnene Vergabeverfahren werden nach dem bisherigen Recht fortgesetzt und abgeschlossen.

(2) Zum Zeitpunkt des Inkrafttretens des Gesetzes zur Änderung des Thüringer Vergabegesetzes und anderer haushaltsrechtlicher Vorschriften bereits begonnene Vergabeverfahren werden nach dem Thüringer Vergabegesetz in der am Tag vor Inkrafttreten des Gesetzes zur Änderung des Thüringer Vergabegesetzes und anderer haushaltsrechtlicher Vorschriften geltenden Fassung fortgesetzt und abgeschlossen.

§ 22a Übergangsregelung zu § 10

§ 10 Abs. 4 und 5 ist mit der Maßgabe anzuwenden, dass die Regelungen zu den Entgelten auf Grundlage repräsentativer Tarifverträge bis einschließlich 29. Juli 2020 nicht anzuwenden sind.

§ 23 Inkrafttreten

Dieses Gesetz tritt am ersten Tage des auf die Verkündung[3] folgenden ersten Kalendermonats in Kraft.

Untergesetzliches Recht

– ThürVVöA

Verkündet am 28.4.2011.

Sachverzeichnis

Bearbeitet von Sophia Steffensen, LL.M. (Amsterdam)

Die Gesetze und Paragraphen sind fett gedruckt, die entsprechenden Randnummern mager. Die fett gedruckten Fundstellenhinweise entsprechen grundsätzlich den jeweiligen Kolumnentiteln in der Kommentierung; SGB V steht für Vergaben durch Träger der Sozialversicherung; LSP für Leitsätze für die Preisermittlung auf Grund von Selbstkosten (Anlage zu VO PR Nr. 30/53).

A

Abellio Rail-Beschluss VOB/A 20 29; **VOB/A 23** 17
Abfindungen VO PR Nr. 30/53 13
Abfragerecht für Auftraggeber
– Abfragegegenstand **WReG 6** 5 ff.
– Abfrageverpflichtete **WReG 6** 8 ff.
– Abfragezeitpunkt **WReG 6** 12 f.
– Anforderung weiterer Informationen **WReG 6** 36 ff.
– Auskunftserteilung **WReG 6** 24 f.
– Auskunftsverwertung **WReG 6** 26 ff.
– Ausnahmen **WReG 6** 14 ff.
– freiwillige Abfrage **WReG 6** 20 ff.
– Nachunternehmer **WReG 6** 7
– Sperrwirkung **WReG 6** 17 ff.
– Vertraulichkeitsschutz **WReG 6** 34 f.
– Vorgängergesellschaften **WReG 6** 6
– Wettbewerbsregistergesetz **WReG 6** 1 ff.
Abgaben VOB/A 6a 117 ff.
Abgebotsverfahren VOB/A 4 46 ff.; **VOB/A 4 EU** 14, 15
– Verteidigung und Sicherheit **VOB/A 4 VS** 11 f.
Abgeltungsbeihilfen VO (EG) 1370/2007 10 5
Abgrenzung VO (EG) 1370/2007 1 24 ff.
Abnahme Grundzüge der VOB/B 21 ff.
– Fiktion **Grundzüge der VOB/B** 25
– Verweigerungsrecht **Grundzüge der VOB/B** 24
Abschläge
– Preise bei vergleichbaren Leistungen **VO PR Nr. 30/53** 21
Abschreibungsbetrag VO PR Nr. 30/53 1 ff.
Abschreibungswagnis VO PR Nr. 30/53 5
Absperrgitter VOB/A 2 53
Absprache
– kollusive **VOB/A 3a EU** 18
Abzugskapital VO PR Nr. 30/53 8 ff.
Additionsfehler VOB/A 16c EU 4
Adresse
– elektronische **VOB/A 4b EU** 19
Afa-Tabelle VO (EG) 1370/2007 4 21
AGB-Kontrolle VOB/A 8a 11
Akteneinsichtsrecht VOB/A 15 EU 41
– Wettbewerbsregistergesetz **WReG 5** 9
Allgemeine Geschäftskosten VOB/A 4 13
Allgemeine Preisvorschriften VO PR Nr. 30/53 2
Allgemeine Vergaberechtsgrundsätze VOB/A 2 VS 1 ff.
– Gleichbehandlungsgebot **VOB/A 2 VS** 9 ff.
– Transparenzgebot **VOB/A 2 VS** 5 ff., 7 f.
– Verbot der Markterkundung **VOB/A 2 VS** 18 f.
– Vertraulichkeitsgebot **VOB/A 2 VS** 16 f.
– Vorbefasstheit **VOB/A 2 VS** 14 f.
– Wettbewerbsgebot **VOB/A 2 VS** 5 ff.

Allgemeine Vertragsbedingungen VOB/A 8a 1 ff.; **VOB/A 8a EU** 1
– Verteidigung und Sicherheit **VOB/A 8a VS** 1
Allgemeinheit
– PersonenverkehrsVO **VO (EG) 1370/2007 2** 5
Altbetrauungen
– Schienenpersonenverkehrsdienst **VO (EG) 1370/2007 8** 3
Altmark Trans-Rechtsprechung VO (EG) 1370/2007 Vor 42, 45, 52, 53 f.; **VO (EG) 1370/2007 1** 24 ff.; **VO (EG) 1370/2007 4** 14; **VO (EG) 1370/2007 9** 6
Altunternehmer VO (EG) 1370/2007 2 29
Altverträge
– Schienenpersonenverkehrsdienst **VO (EG) 1370/2007 8** 3
Amt für Veröffentlichungen der Europäischen Union VOB/A 12 EU 17
Amtsermittlungsgrundsatz
– eingeschränkter **WReG 8** 12 ff.
– Eintragungslöschung **WReG 8** 12 ff.
– Ermittlungsbefugnisse **WReG 8** 16 ff.
– Ermittlungsbefugnisse, kartellverwaltungsrechtliche **WReG 8** 22 ff.
Anfechtungsbeschwerde
– Wettbewerbsregistergesetz **WReG 11** 7 ff.
Anforderungen
– energieverbrauchsrelevante Waren **VOB/A 8c EU** 1 ff.
– technische Ausrüstungen **VOB/A 8c EU** 1 ff.
– technische Geräte **VOB/A 8c EU** 1 ff.
Angebote
– Aufbewahrung **UVgO 39** 1
– Ausschluss **UVgO 42** 1
– Bindung des Bieters **VOB/A 10a EU** 15 ff.
– elektronische Versendung **VOB/A 11 EU** 18
– Form und Inhalt **VOB/A 13** 1 ff. *s. auch Bieterangebote*
– Öffnung **UVgO 40** 1 f.
– Prüfung **UVgO 41** 1
– Übermittlung **UVgO 38** 1 f.
Angebotsabgabe
– Aufforderung **VSVgV 29** 1
– Aufforderungspflicht **VSVgV 29** 6 f.
– Bereitstellung zusätzlicher Informationen **VSVgV 29** 13
– besonders schutzwürdige Daten **VOB/A 11b EU** 11 f.
– Bietergemeinschaften **VSVgV 29** 16 f.
– Inhalt **VSVgV 29** 8
– Mindestinhalte der Angebotsaufforderung **VSVgV 29** 14
– mithilfe anderer als elektronischer Mittel **VOB/A 11b EU** 10
– Modalitäten zu Vergabeunterlagen **VSVgV 29** 9 ff.
– Schutzrechte **VSVgV 29** 15

1403

Sachverzeichnis

fette Zahl = Gesetz und Paragraf

Angebotsänderung VOB/A 15 49 f.
Angebotsanforderungen VOB/A 7c EU 17 ff.
– Erklärungen und Nachweise **VOB/A 13 EU** 60 ff.
Angebotsaufklärung VOB/A 15 1 ff.
– angemessene Preise **VOB/A 15** 30 ff.
– Anspruch auf **VOB/A 15** 4 ff.
– Bedarf **VOB/A 15** 7 ff.
– Bezugsquellen **VOB/A 15** 27 ff.
– Durchführungsart **VOB/A 15** 22
– Eignung **VOB/A 15** 10
– Geheimhaltung **VOB/A 15** 38 ff.
– Gründe **VOB/A 15** 7 ff.
– Nebenangebote **VOB/A 15** 19 ff.
– Textform **VOB/A 15** 38 ff.
– Ursprungsorte **VOB/A 15** 27 ff.
– Verweigerung **VOB/A 15** 43 ff.
Angebotsausschluss VOB/A 16 1 ff.; **VOB/A 16 EU** 1 ff.
– § 13 EU Abs. 1 Nr. 1, 2 und 5 **VOB/A 16 EU** 11 ff.
– Bietergemeinschaften **VOB/A 16** 7
– fakultative Gründe **VOB/A 16** 13; **VOB/A 6e EU** 1
– konzernverbundene Unternehmen **VOB/A 16** 5
– Mängelansprüche **Grundzüge der VOB/B** 18 ff.
– nach Fristablauf **VOB/A 16 EU** 4 ff.
– Preisabsprachen **VOB/A 16** 6
– Submissionsabsprachen **VOB/A 16** 6
– Unternehmen **VOB/A 6e EU** 1 ff.
– unzutreffende Erklärungen **VOB/A 16** 11
– Verhältnismäßigkeit **VOB/A 16** 12
– verspätete Vorlage beim Verhandlungsleiter **VOB/A 16 EU** 6
– Verteidigung und Sicherheit **VOB/A 16 VS** 1
– zwingende Gründe **VOB/A 16** 2 ff.
Angebotsbewertung VOB/A 16d 1
– Eigenschaft beim Einsatz **VOB/A 16d VS** 4
– Festlegung der Kriterien **VOB/A 16d** 6
– Gleichwertigkeitsprüfung **VOB/A 16d** 11
– Interoperabilität **VOB/A 16d VS** 4
– Nebenangebote **VOB/A 16d** 10 ff.
– Preisprüfung **VOB/A 16d** 3 f.; **VOB/A 16d VS** 3
– Prognoseentscheidung **VOB/A 16b** 2
– Versorgungssicherheit **VOB/A 16d VS** 4
– Verteidigung und Sicherheit **VOB/A 16d VS** 1 ff.
– Wertung **VOB/A 16d VS** 4
– Zuschlagskriterien **VOB/A 16d VS** 4
Angebotsform
– Verteidigung und Sicherheit **VOB/A 13 VS** 1 ff., 3 ff.
Angebotsfrist VOB/A 10 1 ff., 3 ff.; **VOB/A 12** 23 f.; **VOB/A 10b EU** 3; **VOB/A 6 EU** 79; **VSVgV 20** 7 f.
– Angebotsrücknahme **VOB/A 10** 14 ff.
– Angemessenheit **VOB/A 10** 3
– Auftragsbekanntmachung **VOB/A 12** 22
– Bemessung **VOB/A 10a EU** 3 ff.
– Bindefrist **VOB/A 10** 18 ff.; **VOB/A 10a EU** 15 ff.
– Bindung des Bieters an das Angebot **VOB/A 10a EU** 15 ff.
– Dringlichkeit **VOB/A 10** 12
– freihändige Vergabe **VOB/A 10** 25 ff.
– Fristbemessung **VOB/A 10** 6 ff.
– Fristverkürzung **VOB/A 10a EU** 5 ff.

– Fristverlängerung **VOB/A 10** 13; **VOB/A 10a EU** 9 ff.
– Gleichbehandlungsgrundsatz **VOB/A 10** 1
– Mindestfrist **VOB/A 10a EU** 3 ff.
– nicht offenes Verfahren **VOB/A 10b VS** 4
– Transparenz **VOB/A 10** 1
– Verteidigung und Sicherheit **VOB/A 10b VS** 4
– Zurückziehen von Angeboten **VOB/A 10a EU** 14
Angebotsinhalt
– Aufklärung **VOB/A 15 EU** 1 ff.
– Aufklärungsbedarf **VOB/A 15 VS** 5
– Aufklärungsgründe **VOB/A 15 VS** 5
– Verteidigung und Sicherheit **VOB/A 13 VS** 1 ff.; **VOB/A 15 VS** 1 ff.
Angebotskennzeichnung VOB/A 14 EU 12 ff.
– schriftliche Angebote **VOB/A 14 EU** 15
Angebotslimitierung VOB/A 5 EU 57 f.
Angebotsnachbesserung
– Nachforderung von Unterlagen **VOB/A 16a EU** 5
Angebotsöffnung VOB/A 14 EU 1 ff.
– Angebotsverwahrung **VOB/A 14 EU** 36 ff.
– Dokumentationspflicht **VSVgV 30** 12
– Geheimhaltung **VOB/A 14 EU** 36 ff.
– keine Zulassung von Bietern **VSVgV 30** 19
– Kenntnisnahme **VSVgV 30** 3
– Mindestinhalt der Öffnung **VSVgV 30** 20
– nach Ablauf der Fristen **VSVgV 30** 4 ff.
– Rechtsschutz **VSVgV 30** 24 f.
– schriftliche Angebote **VOB/A 14a** 1 ff.
– Umgang mit Angeboten bis zur Öffnung **VSVgV 30** 2
– Verteidigung und Sicherheit **VOB/A 14 VS** 1 ff.
– Verteidigungs- und sicherheitsspezifische öffentliche Aufträge **VSVgV 30** 1
– Vertraulichkeitspflichten **VSVgV 30** 21 ff.
– Verwahrungspflichten **VSVgV 30** 21 ff.
– vor dem Öffnungstermin **VOB/A 14 EU** 4 ff.
Angebotspreis VOB/A 15 EU 26
Angebotsprüfung VOB/A 16c EU 1 ff.
– Ausschlussgründe **VSVgV 31** 6 ff.
– Einheitspreisvertrag **VOB/A 16c EU** 3 ff.
– fachliche und rechnerische Richtigkeit **VSVgV 31** 4 f.
– formale **VOB/A 3b** 14
– Kalkulationsirrtum **VOB/A 16c EU** 9
– materielle **VOB/A 3b** 14
– Niederschrift **VOB/A 16c EU** 13
– Pauschalpreisvertrag **VOB/A 16c EU** 8
– rechnerische **VOB/A 16c EU** 7
– sachliche **VOB/A 16c EU** 2 ff.
– sonstige Merkmale **VOB/A 16c EU** 12
– soziale Merkmale **VOB/A 16c EU** 12
– technische Prüfung **VOB/A 16c EU** 10
– umweltbezogene Merkmale **VOB/A 16c EU** 12
– Verteidigungs- und sicherheitsspezifische öffentliche Aufträge **VSVgV 31** 1 f.
– Vollständigkeitsprüfung **VSVgV 31** 4 f.
– wirtschaftliche Prüfung **VOB/A 16c EU** 11
Angebotsrücknahme VOB/A 10 14 ff.
– nicht offenes Verfahren **VOB/A 10b VS** 9
– Verteidigung und Sicherheit **VOB/A 10b VS** 9
Angebotssprache VOB/A 12 26
Angebotsunterlagen
– Nachforderung **VOB/A 16a** 1

1404

magere Zahl = Randnummer

Sachverzeichnis

- Verwendung durch den Auftraggeber **VOB/A 8b** 10
- **Angebotsverfahren VOB/A 4** 42 ff.; **VOB/A 4 EU** 13
- Verteidigung und Sicherheit **VOB/A 4 VS** 10

Angebotsverwahrung
- Angebotsöffnung **VOB/A 14 EU** 36 ff.
- Öffnungstermin **VOB/A 14 EU** 36 ff.

Angebotswertung VOB/A 16d EU 1 ff.
- abweichende technische Spezifikationen **VOB/A 16d EU** 55 ff.
- Aufgreifschwelle **VOB/A 16d EU** 9 ff.
- engere Wahl **VOB/A 16d EU** 19
- Erstgebot **VOB/A 16d EU** 66
- Kostenschätzung **VOB/A 16d EU** 5
- Leistungsverhältnis **VOB/A 16d EU** 4 ff.
- Nebenangebote **VOB/A 16d EU** 58 ff.
- Preisnachlass **VOB/A 16d EU** 64 f.
- Preisprüfung **VOB/A 16d EU** 2 ff.
- Preisverhältnis **VOB/A 16d EU** 4 ff.
- unangemessen hoher Angebotspreis **VOB/A 16d EU** 7 f.
- unangemessen niedriger Angebotspreis **VOB/A 16d EU** 9 ff.
- Wirtschaftlichkeit des Angebots **VOB/A 16d EU** 20 ff.
- Zuschlagkriterien **VOB/A 16d EU** 23 ff.

Angebotszuschlag
- Ausführungsdauer **VSVgV 34** 19 ff.
- Betriebskosten **VSVgV 34** 15 ff.
- Eigenschaften beim Einsatz **VSVgV 34** 16
- Formen **VSVgV 34** 4 ff.
- Interoperabilität **VSVgV 34** 16
- Kundendienst **VSVgV 34** 12 ff.
- Lebenszykluskosten **VSVgV 34** 15 ff.
- Lieferfristen **VSVgV 34** 19 ff.
- Rentabilität **VSVgV 34** 15 ff.
- technische Hilfe **VSVgV 34** 12 ff.
- technischer Wert **VSVgV 34** 12 ff.
- Umwelteigenschaften **VSVgV 34** 17 f.
- Versorgungssicherheit **VSVgV 34** 23 ff.
- Verteidigungs- und sicherheitsspezifische öffentliche Aufträge **VSVgV 34** 1 ff.
- wirtschaftlichstes Angebot **VSVgV 34** 8
- Zuschlagkriterien **VSVgV 34** 9 ff.

Angehörigenvermutung VSVgV 42 36 ff.

Angehöriger
- Begriff **VSVgV 42** 38 f.

Angemessene Preise VOB/A 2 75 ff.

Angemessenheit
- Angebotsaufklärung **VOB/A 15** 45
- Fristen **VSVgV 20** 2 f.

Angemessenheit von Selbstkostenpreisen VO PR Nr. 30/53 1 ff.
- Anrufung der Preisbehörde **VO PR Nr. 30/53** 17 ff.
- Ermächtigung zur Feststellung **VO PR Nr. 30/53** 5 ff.
- Grenzen **VO PR Nr. 30/53** 12 ff.
- Verfahrensfragen **VO PR Nr. 30/53** 10 f.

Anhörung betroffener Unternehmen
- Wettbewerbsregistergesetz **WReG 5** 1 ff.

Anlageabschreibungen VO PR Nr. 30/53 1 ff.
- Anlagennachweis **VO PR Nr. 30/53** 1
- Begriff **VO PR Nr. 30/53** 1 ff.
- degressive **VO PR Nr. 30/53** 6

- progressive **VO PR Nr. 30/53** 6
- Sonderabschreibungen **VO PR Nr. 30/53** 1 ff.

Anlagennutzung VO PR Nr. 30/53 1

Anlagenwagnis VO PR Nr. 30/53 5

Anschlussaufträge
- Selbstkostenpreise **VO PR Nr. 30/53** 21

Anschreiben VOB/A 8 13, 23 ff.; **VOB/A 8 EU** 2 f.
- Begleitschreiben **VOB/A 8** 37
- Form **VOB/A 8** 47
- Inhalt **VOB/A 8** 38 ff.
- notwendige Angaben **VOB/A 8** 39 f.
- Rechtsnatur **VOB/A 8** 27 ff.
- Sinn und Zweck **VOB/A 8** 26
- sonstige Angaben **VOB/A 8** 41
- Teilnahmebedingungen **VOB/A 8** 90
- Verhältnis zur Bekanntmachung **VOB/A 8** 31 ff.
- Zuschlagkriterien **VOB/A 8** 44

Anspruch auf Angebotsaufklärung VOB/A 15 4 ff.
- Aufklärungsbedarf **VOB/A 15 VS** 5
- Aufklärungsgründe **VOB/A 15 VS** 5
- Verteidigung und Sicherheit **VOB/A 15 VS** 4

Antrag auf Vergabenachprüfung VOB/A 19 EU 19

Anwendungsbereich
- sicherheitsspezifische Leistung **VOB/A 1 VS** 16 ff.
- verteidigungs- und sicherheitsspezifische öffentliche Aufträge **VSVgV 1** 1 ff.
- verteidigungsspezifische Leistung **VOB/A 1 VS** 16 ff.
- Verweise **VOB/A 1 VS** 9 ff.

Anwendungsbestimmungen WReG 12 1

Anwendungsvorrang
- PersonenverkehrsVO **VO (EG) 1370/2007 1** 9

Äquivalenzfinanzierung VO (EG) 1370/2007 Vor 45

Arbeitnehmer-Entsendegesetz VOB/A 6e EU 3

Arbeitsentgelt
- Vorenthalten und Veruntreuen **WReG 2** 16

Arbeitsverhältnisse
- Marktpreisvorrang **VO PR Nr. 30/53** 9

Architekt VOB/A 18 EU 16

Arzneimittel mit Zusatznutzen SGB V 74

Arzneimittelrabattverträge SGB V 36 ff.
- Arzneimittelausgaben **SGB V** 36
- Ausschreibungen **SGB V** 53
- Bietergemeinschaften **SGB V** 68
- Biosimilar **SGB V** 45
- Doppelrabatte **SGB V** 100
- Entgeltlichkeit **SGB V** 41
- Fertigarzneimittel **SGB V** 94 ff.
- Geheimwettbewerb **SGB V** 67
- Kaskadenprinzip **SGB V** 56
- konzernverbundene Unternehmen **SGB V** 65
- Losvergabe **SGB V** 60
- Mehr-Partner-Modelle **SGB V** 37, 56
- Mitteilungspflichten über die vereinbarten Rabattsätze nach dem IFG **SGB V** 83
- Preisvergleichsgruppen **SGB V** 54
- Staffelrabatte **SGB V** 63
- Substitutionsentscheidung des Apothekers **SGB V** 42
- Vertragsklauseln **SGB V** 59
- Vertragsstrafen **SGB V** 59
- Zytostatika-Versorgungsverträge **SGB V** 94

1405

Sachverzeichnis

fette Zahl = Gesetz und Paragraf

Ästhetik VOB/A 16d EU 34
Aubildungsverkehr VO (EG) 1370/2007 Vor 8
Aufbewahrungspflichten
- Verteidigungs- und sicherheitsspezifische öffentliche Aufträge **VSVgV 43** 1 ff.

Aufenthaltsgesetz VOB/A 6e EU 3
Auffälligkeitsprüfung SGB V 51
Aufforderung zur Angebotsabgabe VOB/A 8 23 ff.
Aufgebotsverfahren VOB/A 4 46 ff.; **VOB/A 4 EU** 15
- Verteidigung und Sicherheit **VOB/A 4 VS** 11 f.

Aufgreifschwelle VOB/A 16d EU 9 ff.
Aufhebung *siehe Ausschreibungsaufhebung*
Aufhebung von Vergabeverfahren UVgO 48 1 f.
Aufhebungsgründe VSVgV 37 7 ff.
- Mitteilungspflichten **VSVgV 37** 10 ff.

Aufklärung des Angebotsinhalts VOB/A 15 EU 1 ff.
- Anspruch auf **VOB/A 15 EU** 5 ff.
- Aufklärungsbedarf **VOB/A 15 EU** 8 ff.
- Aufklärungsgründe **VOB/A 15 EU** 8 ff.
- Bezugsquellen **VOB/A 15 EU** 28 ff.
- Durchführungsart **VOB/A 15 EU** 23 ff.
- Eignung **VOB/A 15 EU** 11 ff.
- Einzelgespräche **VOB/A 15 EU** 40
- Energieverbrauch **VOB/A 15 EU** 55 ff.
- Geheimhaltung **VOB/A 15 EU** 39 ff.
- Lebenszykluskostenanalyse **VOB/A 15 EU** 55 ff.
- Nachverhandlungsverbot **VOB/A 15 EU** 48 ff.
- Nebenangebote **VOB/A 15 EU** 20 ff.
- technische Leistungsfähigkeit **VOB/A 15 EU** 11 ff.
- Textform **VOB/A 15 EU** 39 ff.
- Ursprungsorte **VOB/A 15 EU** 28 ff.
- Verhandlungsverbot **VOB/A 15 EU** 2
- Verweigerung **VOB/A 15 EU** 44 ff.
- wirtschaftliche Leistungsfähigkeit **VOB/A 15 EU** 11 ff.

Aufklärungspflichten
- ungewöhnlich niedrige Angebote **VSVgV 33** 8 ff.

Aufklärungsverweigerung VOB/A 15 EU 44 ff.
- Verteidigung und Sicherheit **VOB/A 15 VS** 7 f.

Aufsichtsratsbezüge VO PR Nr. 30/53 11
Aufträge
- binnenmarktsrelevante **SGB V** 34
- Verteidigungs- und sicherheitsspezifische öffentliche Aufträge **VSVgV 3** 13

Auftraggeber
- Begriff **HaushaltsvergabeR** 33 ff.
- gesetzliche Krankenkassen **SGB V** 13 ff.
- gesetzlicher Renten- und Unfallversicherungsträger **SGB V** 14
- Mitwirkung **Grundzüge der VOB/B** 12 ff.
- öffentlicher **VOB/A 1 VS** 9 ff.
- Sektoren- **VOB/A 1 VS** 9 ff.

Auftragsänderungen UVgO 47 1 f.
- Verteidigung und Sicherheit **VOB/A 22 VS** 1
- während der Vertragslaufzeit **VOB/A 22 EU** 1 f.

Auftragsausführung UVgO 45 1 ff.
Auftragsbekanntmachung UVgO 27 1 f.; **VOB/A 12** 1 ff.; **VOB/A 12 EU** 1 ff., 22 ff.
- Angebotsfrist **VOB/A 12** 22, 23 f.
- Angebotssprache **VOB/A 12** 26
- Anschrift **VOB/A 12** 22, 25
- Art **VOB/A 12 EU** 24

- Art des Auftrags **VOB/A 12** 12
- Art und Umfang der Leistung **VOB/A 12** 14
- Ausführungsdauer **VOB/A 12** 17
- Baubeginn **VOB/A 12** 17
- Bauende **VOB/A 12** 17
- beschränkte Ausschreibung **VOB/A 12** 34
- Bindefrist **VOB/A 12** 23 f.
- Daten zum Eröffnungstermin und den bei Eröffnung zugelassenen Personen **VOB/A 12** 28
- Eignungsnachweise **VOB/A 12** 32
- elektronische **VOB/A 12** 11
- Erforderlichkeit **VOB/A 12 EU** 23
- Finanzierungs- und Zahlungsbedingungen **VOB/A 12** 30
- Form **VOB/A 12 EU** 24
- Inhalt **VOB/A 12** 8 ff.
- Kostenerstattung **VOB/A 12** 21
- mehrere Hauptangebote **VOB/A 12** 19
- Nachprüfstelle **VOB/A 12** 33
- Nachweispflichten **VOB/A 12 EU** 26
- Nebenangebote **VOB/A 12** 18
- Ort der Ausführung **VOB/A 12** 13
- Publikationsorgane **VOB/A 12** 6 f.
- Rechtsform von Bietergemeinschaften **VOB/A 12** 31
- Sicherheitsleistungen **VOB/A 12** 29
- Stelle zur Anforderung und Einsicht von Vergabeunterlagen **VOB/A 12** 20
- Teilnahmeanträge **VOB/A 12** 35
- Verfahren der Ver- und Entschlüsselung **VOB/A 12** 11
- Veröffentlichung **UVgO 28** 1 f.
- Veröffentlichungszeitpunkt **VOB/A 12 EU** 25
- Verteidigung und Sicherheit **VOB/A 12 VS** 1 ff., 6 ff.
- zusätzliche Veröffentlichung **VOB/A 12 EU** 27 ff.
- Zuschlagskriterien **VOB/A 12** 27
- Zweck der baulichen Anlage **VOB/A 12** 15

Auftragsvergabe, elektronische *siehe eVergabe*
Auftragswert
- Schätzung **VSVgV 3** 1 ff.

Auftragswerteverordnung
- Sachsen-Anhalt **LVG LSA**

Auftragswertschätzung
- Unteraufträge **VSVgV 38** 14

Aufwendungsnachweis
- Leitsätze für die Preisermittlung auf Grund von Selbstkosten **VO PR Nr. 30/53** 1 ff.

Aufzüge VO (EG) 1370/2007 1 17
Auktionen
- elektronische **UVgO 18** 1; **VOB/A 4b EU** 26 f.

Ausführungsdauer VSVgV 34 19 ff.
Ausführungsfristen VOB/A 9 1 ff., 6 ff.; **VOB/A 9 EU** 1 f.
- Auskunft über den voraussichtlichen Beginn **VOB/A 9** 25 f.
- Bauzeitplan **VOB/A 9** 29 f.
- Begriff **VOB/A 9** 7 ff.
- Bemessung **VOB/A 9** 17 ff.
- besondere Dringlichkeit **VOB/A 9** 23 f.
- Einzelfristen **VOB/A 9** 27 f.
- Festlegung der Eignungsmerkmale **VOB/A 9** 14 ff.
- Nicht-Vertragsfristen **VOB/A 9** 12 f.
- Planlieferfristen **VOB/A 9** 31
- Rechtsfolgen **VOB/A 9** 34 f.

1406

magere Zahl = Randnummer

Sachverzeichnis

- Schadensersatz **VOB/A 9** 32 f.
- Verteidigung und Sicherheit **VOB/A 9 VS** 1
- Vertragsfristen **VOB/A 9** 10 f.

Ausgleichsleistungen
- Direktvergabe **VO (EG) 1370/2007 6** 3
- gemeinwirtschaftliche Verpflichtung **VO (EG) 1370/2007 6** 1 ff.
- Infrastrukturkostenbeihilfen **VO (EG) 1370/2007 9** 3 ff.
- Nachweisführung **VO (EG) 1370/2007 Anh.** 30
- Qualitätsanreiz **VO (EG) 1370/2007 Anh.** 27 ff.
- Überkompensation **VO (EG) 1370/2007 6** 3 ff.
- Unterkompensation **VO (EG) 1370/2007 6** 5
- Vereinbarkeit mit dem Vertrag **VO (EG) 1370/2007 9** 1 ff.
- Wirtschaftlichkeitsanreiz **VO (EG) 1370/2007 Anh.** 27 ff.

Auskunftsanspruch
- Eintragungsentscheidungen **WReG 5** 14 ff.
- Wettbewerbsregistergesetz **WReG 5** 1 ff.

Auskunftspflicht
- öffentlicher Auftraggeber **VOB/A 12a EU** 11 ff.
- Preisprüfung **VO PR Nr. 30/53** 9

Auslagen
- Eintragungslöschung **WReG 8** 1 ff.

Ausländische Truppen VO PR Nr. 30/53 9 f.

Auslegung VOB/A 16c EU 5
- Bieterangebot **VOB/A 13** 8 ff.
- Leistungsbeschreibung **Grundzüge der VOB/B** 11
- Treu und Glauben **VOB/A 13 EU** 10
- Vergabeunterlagen **VOB/A 8** 97
- zivilrechtliches Bieterangebot **VOB/A 13 EU** 8 ff.

Ausnahmen VO (EG) 1370/2007 1 19
Ausschließlichkeitsrecht VOB/A 3a EU 30 ff.
Ausschluss *siehe Angebotsausschluss*
Ausschlussentscheidung
- Wettbewerbsregistergesetz **WReG 6** 1 ff.

Ausschlusstatbestand VOB/A 15 EU 45
Ausschreibung
- Aufhebung **VOB/A 17** 1
- beschränkte **VOB/A 2** 60; **VOB/A 3** 11 ff.
- beschränkte Ausschreibung ohne Teilnahmewettbewerb **VOB/A 3b** 29 ff.
- Doppel- **VOB/A 2** 96
- Parallel- **VOB/A 2** 97

Ausschreibung von GKV-Selektivverträge SGB V 26 ff.
- Ausschreibung von Generikarabattverträgen **SGB V** 50
- Hilfsmittelverträge **SGB V** 26 ff. *s. auch Hilfsmittelverträge*
- Rabattverträge über Generika **SGB V** 36 ff. *s. auch Generikarabattverträge*
- Rahmenverträge mit Beitrittsrecht **SGB V** 29 ff. *s. auch Rahmenverträge mit Beitrittsrecht*

Ausschreibungsaufhebung VOB/A 17 EU 1 ff.
- andere schwerwiegende Gründe **VOB/A 17 EU** 18 ff.
- Änderung der Vergabeunterlagen **VOB/A 17 EU** 14 ff.
- Ermessen **VOB/A 17 EU** 23 ff.
- Gründe **VOB/A 17 EU** 10 ff.
- Kontrahierungszwang **VOB/A 17 EU** 5 ff.
- Mitteilungspflicht **VOB/A 17 EU** 27 ff.
- ordnungsgemäßes Angebot **VOB/A 17 EU** 11 ff.

- rechtmäßiges Alternativverhalten **VOB/A 17 EU** 40
- Rechtsschutz **VOB/A 17 EU** 33 ff.
- Teilaufhebung **VOB/A 17 EU** 26
- Verteidigung und Sicherheit **VOB/A 17 VS** 1

Ausschreibungspflicht
- Sozialleistungsträger **SGB V** 10

Ausschreibungsreife VOB/A 2 EU 12
- Ausführungsbeginn **VOB/A 2** 91 ff.
- fehlende **VOB/A 2** 83 ff., 89 ff.
- Fertigstellung Vergabeunterlagen **VOB/A 2** 89 ff.
- Flughafen **VOB/A 2** 93

Austauschverträge
- Marktpreisvorrang **VO PR Nr. 30/53** 8

Auswärtige Bearbeitung VO PR Nr. 30/53 1
Avalprovisionen VO PR Nr. 30/53 11

B

Baden-Württemberg LVG BW
Bagger VOB/A 2 53
Bahnen besonderer Bauart VO (EG) 1370/2007 Vor 12
Bankerklärung VOB/A 2 55; **VOB/A 6a EU** 16 ff.; **VSVgV 26** 4
Barrierefreiheit VOB/A 7a EU 15 ff.
Bauartänderungen VO PR Nr. 30/53 1
Bauaufgabenbeschreibung VOB/A 7c EU 15
Bauauftrag VOB/A 23 6 ff.; **Grundzüge der VOB/B** 2 ff.
- Begriff **VOB/A 23** 6; **VOB/A 1 EU** 2 ff.; **VOB/A 1 VS** 5
- Bestimmung **VOB/A 1 VS** 6 ff.
- Dienstleistungsaufträge **VSVgV 2** 1 ff.
- einheitliche Vergabe **VOB/A 5 EU** 1 ff.
- EU Anwendungsbereich **VOB/A 1 EU** 1 ff.
- Losvergabe **VOB/A 5 EU** 2 ff., 12 ff.
- Vertragsarten **VOB/A 4 EU** 1 ff.

Baubeschreibung
- Leistungsverzeichnis **VOB/A 7b EU** 6 ff.

Baugerüst VOB/A 2 53
Baukonzessionen VO (EG) 1370/2007 1 23; **VOB/A 23** 1 ff.; **VOB/A 1 EU** 5a
- Bauauftrag **VOB/A 23** 6 ff.
- Bauverpflichtung **VOB/A 23** 9
- Begriff **VOB/A 23** 5; **HaushaltsvergabeR** 41 ff.
- Beschaffungsbezug **VOB/A 23** 7
- Definition für das Unterschwellenvergaberecht **VOB/A 23** 4 ff.
- Einbeziehung der VOB/B **VOB/A 23** 25
- freihändige Vergabe **VOB/A 23** 23
- Gegenleistung **VOB/A 23** 12 ff.
- Haushaltsvergaberecht **HaushaltsvergabeR** 41 ff.
- Konzessionsvertrag **VOB/A 23** 10 f.
- Losvergabe **VOB/A 23** 24
- Nutzungsrecht **VOB/A 23** 14
- Parkflächen **VOB/A 23** 8
- sinngemäße Anwendung der §§ 1–22 **VOB/A 23** 19 ff.
- Unteraufträge **VOB/A 23** 28 f.
- Unterkonzessionen **VOB/A 23** 28 f.
- Verbot des ungewöhnlichen Wagnisses **VOB/A 23** 22
- Vertragsarten **VOB/A** 40
- VOB/A 2019 **HaushaltsvergabeR** 32

1407

Sachverzeichnis

fette Zahl = Gesetz und Paragraf

Bauleistungen VOB/A 1 1 ff.
- angemessene Preise **VOB/A 2** 75 ff.
- Begriff **VOB/A 1** 1 ff., 5; **VOB/A 5** 13
- gleichartige **VOB/A 3a EU** 35 ff.
- öffentliche Ausschreibungen **VOB/A 3** 6; **VOB/A 3b** 20
- öffentliches Preisrecht **VO PR Nr. 30/53** 23 ff.
- technische Spezifikationen **VOB/A Anh. TS**
- Vergabe im Ausland **VOB/A 24** 1 ff.
- Verteidigungs- und sicherheitsspezifische öffentliche Aufträge **VSVgV 3** 14; **VSVgV 20** 9 ff.
- Vertragsarten **VOB/A 4** 1 ff. *s. auch Vertragsarten*
- VOB/A **VOB/A 1** 4 ff.
- VOB/A 2019 **HaushaltsvergabeR** 32

Bauliche Anlagen VOB/A 1 6
- Änderung **VOB/A 1** 9
- Beseitigung **VOB/A 1** 10
- Herstellung **VOB/A 1** 7
- Instandhaltung **VOB/A 1** 8

Baunebengewerbe VOB/A 6b 18
Baustelle VOB/A 7 EU 25
Baustellengemeinkosten VOB/A 4 13
Bauverpflichtung VOB/A 23 9
Bauvertragsrecht VOB/A Vor 3
Bauwerksdatenmodellierung VOB/A 11a EU 15 f.
Bauzeitplan VOB/A 9 29 f.
Bayern LVG BY
Bedarfspositionen
- unzulässige **VOB/A 7 EU** 17 ff.

Bedingungen
- vorformulierte **Grundzüge der VOB/B** 5

Bedürfnisprüfung VO (EG) 1370/2007 Vor 68
Befähigungsnachweis VOB/A 6a EU 1 ff.
Beförderungspflicht VO (EG) 1370/2007 Vor; VO (EG) 1370/2007 2a 8 70
Begleitschreiben VOB/A 8 37
Begrenzung der Bewerberanzahl UVgO 36 1
Begriff VO (EG) 1370/2007 2 1 ff.
- Angehöriger **VSVgV 42** 38 f.
- Anlageabschreibungen **VO PR Nr. 30/53** 1 ff.
- Auftraggeber **HaushaltsvergabeR** 33 ff.
- Ausführungsfristen **VOB/A 9** 7 ff.
- Bauauftrag **VOB/A 23** 6; **VOB/A 1 VS** 5, 2 ff.
- Baukonzessionen **HaushaltsvergabeR** 41 ff.; **VOB/A 23** 5
- Bauleistungen **VOB/A 1** 1 ff., 5; **VOB/A 5** 13
- Beleg **VSVgV 22** 3
- Beweis **VSVgV 22** 3
- dynamisches Beschaffungssystem **VOB/A 4b EU** 7 ff.
- Einheitspreis **VOB/A 4** 13
- elektronische Auktionen **VOB/A 4b EU** 26 ff.
- elektronische Mittel **VOB/A 11 EU** 3 ff.
- elektronischer Katalog **VOB/A 4b EU** 44 ff.
- Forschung und Entwicklung **VSVgV 4** 4
- Innovation **VOB/A 3a EU** 13
- kalkulatorische Gewinn **VO PR Nr. 30/53** 1 ff.
- Krise **VSVgV 4** 2
- Lebenszykluskosten **VOB/A 16d EU** 50
- Nachunternehmer **VOB/A 8** 54 f.
- Nachweise **VSVgV 22** 3
- Nebenangebote **VOB/A 8** 59 ff.
- Sicherheit **VOB/A 9c** 2
- Unterauftrag **VSVgV 4** 3
- Unternehmen **WReG 2** 41 ff.

- Vergabeunterlagen **VOB/A 11 EU** 12
- Verteidigungs- und sicherheitsspezifische öffentliche Aufträge **VSVgV 4** 1 ff.

Begründung
- Bieterinformation **VOB/A 19** 7 f.

Begründungsgebot
- Direktvergabe **VO (EG) 1370/2007 7** 13 ff.

Beherrschungsverträge VO (EG) 1370/2007 5 33 ff.

Behörde
- PersonenverkehrsVO **VO (EG) 1370/2007 2** 13 ff.

Beihilfen VOB/A 16d EU 15
- De-Minimis-Beihilfen **VO (EG) 1370/2007 3** 3
- Entwicklungsbeihilfen **VO (EG) 1370/2007 3** 3
- Forschungsbeihilfen **VO (EG) 1370/2007 3** 3
- FuE **VO (EG) 1370/2007 9** 5
- Infrastrukturkostenbeihilfen **VO (EG) 1370/2007 9** 3 ff.
- nach Art. 93 A EUV **VO (EG) 1370/2007 9** 6 ff.
- Sanierungsbeihilfen **VO (EG) 1370/2007 3** 3
- ungewöhnlich niedrige Angebote **VSVgV 33** 15 ff.

Beihilfenkontrolle
- ex-post- **VO (EG) 1370/2007 6** 6

Beistellung von Stoffen VO PR Nr. 30/53 1 f.
Beiträge VOB/A 6a 117 ff.; **VO PR Nr. 30/53** 1 f.
Bekanntmachung
- Auftrags- **VSVgV 18** 3 f.
- Bekanntmachungsmuster **VSVgV 39** 9
- Dienstleistungskonzession **VO (EG) 1370/2007 5** 22
- Eignungskriterien **VSVgV 40** 1 ff.
- Inhalt **VSVgV 18** 5
- Mindestinhalt **VSVgV 39** 5
- Nachprüfstelle **VOB/A 21** 1 ff.
- notwendige Einwilligung **VSVgV 39** 6 ff.
- SIMAP **VOB/A 11 EU** 8 ff.
- Übermittlung **VSVgV 18** 8 ff.
- Unteraufträge **VSVgV 39** 1 ff.
- Vergabeabsicht **VSVgV 39** 3 ff.
- Veröffentlichungsmodalitäten **VSVgV 39** 9
- Veröffentlichungszeitpunkt **VSVgV 18** 8 ff.
- Verteidigungs- und sicherheitsspezifische öffentliche Aufträge **VSVgV 18** 1 ff.
- Zuschlagskriterien **VOB/A 16d EU** 23 ff.

Bekanntmachung im Internet HaushaltsvergabeR 76
Bekanntmachung über die Auftragserteilung
- Ausnahmen **VSVgV 35** 9 ff.
- Inhalt **VSVgV 35** 5 ff.
- Verteidigungs- und sicherheitsspezifische öffentliche Aufträge **VSVgV 35** 1 ff.

Beleg
- Begriff **VSVgV 22** 3

Beratender Ausschuss
- Schleswig-Holstein **LVG SH**

Berater
- Mitwirkungsverbot **VSVgV 42** 15 *s. auch Verordnung PR Nr. 30/53*

Beratung
- Wettbewerbsteilnehmer **VOB/A 6 VS** 4 ff.

Bereichsausnahmen HaushaltsvergabeR 51
- Sozialleistungsträger **SGB V** 10

Bergbahnen VO (EG) 1370/2007 Vor 12

magere Zahl = Randnummer

Sachverzeichnis

Berichte
- PersonenverkehrsVO **VO (EG) 1370/2007** 11 1 f.

Berlin LVG BE
Berufliche Leistungsfähigkeit VSVgV 27 1 ff.
Berufsfreiheit VO (EG) 1370/2007 5 33, 55
Berufsgenossenschaft VOB/A 6a 121; **VSVgV 23** 20
Berufshaftpflichtversicherung VOB/A 6a EU 16 ff.; **VSVgV 26** 5
Berufskraftfahrer VO (EG) 1370/2007 Vor 27
Berufsregister-Eintragung VOB/A 6a 65 f.
Berufszugang
- subjektiver **VO (EG) 1370/2007 Vor** 27 ff.

Beschafferprofil UVgO 27 1 f.; **VOB/A 11 VS** 7
Beschaffungsbezug
- Baukonzessionen **VOB/A 23** 7

Beschaffungssystem
- dynamisches **VOB/A 4b EU** 1 ff.

Beschaffungsvorrang VO PR Nr. 30/53 4 ff.
Beschleunigungsgebot VOB/A 18 EU 9
Beschleunigungsvergütung VOB/A 9a 1 ff., 13 ff.; **VOB/A 9a EU** 1 ff.
- erhebliche Vorteile **VOB/A 9a** 14 f.
- Rechtsfolgen **VOB/A 9a** 17 ff.
- Vergütungsinhalt **VOB/A 9a** 16
- Verteidigung und Sicherheit **VOB/A 9a VS** 1

Beschränkte Ausschreibung VOB/A 2 60; **VOB/A 3** 11 ff.
- Auftragsbekanntmachung **VOB/A 12** 34
- Auftragswert bis 10.000 EUR (netto) **VOB/A 3a** 26 f.
- Eignungskriterien **VOB/A 3b** 18
- Eignungsnachweise **VOB/A 6b** 48 f.
- freihändige Vergabe **VOB/A 3** 15 ff.
- im vorgeschriebenen Verfahren **VOB/A 3** 12
- mit Teilnahmewettbewerb **VOB/A 3** 13
- ohne Teilnahmewettbewerb **VOB/A 3** 14; **VOB/A 3a** 5 ff.
- Versand der Vergabeunterlagen **VOB/A 12a** 4 f.

Beschränkte Ausschreibung mit Teilnahmewettbewerb HaushaltsvergabeR 63; **UVgO 10** 1 ff.
Beschränkte Ausschreibung ohne Teilnahmewettbewerb UVgO 11 1 ff.
Beschränkte Ausschreibungen
- mit Teilnahmewettbewerb **VOB/A 3b** 15 ff.
- ohne Teilnahmewettbewerb **VOB/A 3b** 29 ff.

Beschränkungsverbot
- Personenverkehrsdienste **VO (EG) 1370/2007 Vor** 79 ff.

Besitzstandsschutz VO (EG) 1370/2007 2 29
Besondere Instrumente und Methoden *siehe Dynamisches Beschaffungssystem*
Besondere Preisvorschriften VO PR Nr. 30/53 3
Besondere Vertragsbedingungen VOB/A 8a 1 ff., 15 ff.; **VOB/A 8a EU** 1
- Verteidigung und Sicherheit **VOB/A 8a VS** 1

Beständewagnis VO PR Nr. 30/53 5
Bestandsschutz VO (EG) 1370/2007 8 4
Bestimmtheitsgebot
- Bietereignung **VOB/A 6a** 15 ff.

Betonmischer VOB/A 2 53
Betrauung VO (EG) 1370/2007 8 3
- mehrpoliger Betrauungsakt **VO (EG) 1370/2007 4** 5

Betreiber
  interne **VO (EG) 1370/2007 2** 44

- PersonenverkehrsVO **VO (EG) 1370/2007 2** 17 ff.

Betriebsbuchhaltung VO PR Nr. 30/53 2
Betriebsgeheimnisse VOB/A 18 EU 34
Betriebskosten VSVgV 34 15 ff.
Betriebsnotwendiges Vermögen VO PR Nr. 30/53 1 ff.
- Mengenansatz **VO PR Nr. 30/53** 1 ff.
- Wertansatz **VO PR Nr. 30/53** 1 ff.

Betriebsstoffe VO PR Nr. 30/53 1, 1 f.
Betriebsübergang VO (EG) 1370/2007 4 27
- gesetzlicher **VO (EG) 1370/2007 4** 30

Betrug WReG 2 13 ff.
Beurteilungsspielraum VOB/A 16b EU 6 ff.
Beweis
- Begriff **VSVgV 22** 3

Beweisfunktion VO (EG) 1370/2007 Anh. 1 ff.
Beweiskraft
- negative **VOB/A 20** 27

Beweislast VOB/A 16d EU 16; **SGB V** 72
Bewerber
- Eignung **VOB/A 2 VS** 12 f.
- Mitwirkungspflichten **VOB/A 12a** 6
- Mitwirkungsverbot **VSVgV 42** 14

Bewerberausschluss UVgO 31 1 ff.
Bewerberauswahl
- Beschränkung des Bewerberkreises **VSVgV 21** 14 f.
- Öffentliche Ausschreibungen, Verfahrensablauf **VOB/A 3b** 27
- Verteidigungs- und sicherheitsspezifische öffentliche Aufträge **VSVgV 21** 1 ff.

Bewerberinformation VOB/A 19 11
Bewerbungen
- nicht berücksichtigte **VOB/A 19** 1 ff.; **VOB/A 19 EU** 1 ff.

Bewerbungsfrist VOB/A 10 1 ff.
- nicht offenes Verfahren **VOB/A 10b VS** 2 f.
- Teilnahmewettbewerb **VSVgV 20** 4 f.
- Verteidigung und Sicherheit **VOB/A 10b VS** 2 f.

Bewertung VO PR Nr. 30/53 1 f.
- Kostenrechnung **VO PR Nr. 30/53** 1 f.

Bewertungsgrundsatz
- Anlagenabschreibungen **VO PR Nr. 30/53** 1 ff.

Bewertungsmatrix VOB/A 17 EU 22
Bezeichnung
- verkehrsübliche **VOB/A 7 EU** 32 f.

Bezugsquellen VOB/A 15 27 ff.
Bieter
- Eignung **VOB/A 2 VS** 12 f.
- Mitwirkungsverbot **VSVgV 42** 14
- unterlegene **VOB/A 19** 2 ff.

Bieterangebot
- Abweichung von technischen Spezifikationen **VOB/A 13** 82 ff.
- als rechtzeitig zu behandelndes **VOB/A 14a** 41
- Änderungen an den Vergabeunterlagen **VOB/A 13** 64 ff.
- Anforderungen **VOB/A 13** 13 ff.
- Angebotsaufklärung **VOB/A 15** 1 ff.
- Auslegung **VOB/A 13** 8 ff.
- Bietergemeinschaften **VOB/A 13** 21 f., 110 ff.
- Datenintegrität **VOB/A 13** 32 ff.; **VOB/A 13 EU** 37 f.
- elektronisches **VOB/A 13** 25 ff.; **VOB/A 13 EU** 13 ff., 30 ff.
- Erklärungen und Nachweise **VOB/A 13** 55 ff.

1409

Sachverzeichnis

fette Zahl = Gesetz und Paragraf

- Form **VOB/A 13** 1 ff.; **VOB/A 13 EU** 1 ff.; **VOB/A 19** 15
- Frist **VOB/A 19** 15
- Inhalt **VOB/A 13** 1 ff.; **VOB/A 13 EU** 1 ff.
- mehrere Hauptangebote **VOB/A 13** 97 ff., 104
- Muster **VOB/A 13** 79 ff.
- nachträglich geforderte Erklärungen **VOB/A 16 EU** 24 f.
- Nebenangebote **VOB/A 13** 97 ff.
- nicht berücksichtigtes **VOB/A 19** 1 ff.; **VOB/A 19 EU** 1 ff.
- Öffnung **VOB/A 14 EU** 1 ff.
- Preisanforderungen **VOB/A 13** 43 ff.; **VOB/A 13 EU** 48 ff.
- Preisnachlässe ohne Bedingung **VOB/A 13** 105 ff.
- Proben **VOB/A 13** 79 ff.
- schriftliches **VOB/A 13** 15 ff.; **VOB/A 13 EU** 18 ff.
- verspätetes **VOB/A 14** 15 ff.; **VOB/A 14a** 35 ff.
- Vertraulichkeit **VOB/A 13** 32 ff.; **VOB/A 13 EU** 37 f.
- Vertretungsmacht **VOB/A 13** 20
- Vorgaben des § 13 Abs. 1–5 **VOB/A 13** 118
- zivilrechtliches **VOB/A 13** 6 f.; **VOB/A 13 EU** 6 ff.
- Zugangsarten **VSVgV 19** 20 ff.

Bieterausschluss UVgO 31 1 ff.
- Ausnahmen **VSVgV 23** 7 ff.
- Beurteilungsspielraum **VSVgV 24** 4 ff.
- Ermessensspielraum **VSVgV 24** 4 ff.
- fakultativer **VSVgV 24** 1 ff.
- Gründe **VSVgV 23** 5 ff.
- Informationen **VSVgV 23** 13 ff.
- Selbstreinigung **VSVgV 23** 11 f.
- Verteidigungs- und sicherheitsspezifische öffentliche Aufträge **VSVgV 23** 1 ff.
- Zeitpunkt **VSVgV 23** 11 f.

Bietereignung VOB/A 6a 9 ff.; **VOB/A 16b** 1 ff.
- Bestimmtheitsgebot **VOB/A 6a** 15 ff.
- Eignungskategorien **VOB/A 6a** 21 ff.
- Eignungsleihe **VOB/A 6a** 26 ff.
- Eignungsprüfung **VOB/A 6a** 9 ff.
- Prognoseentscheidung **VOB/A 6a** 19 ff.

Bietergemeinschaften UVgO 32 1; **VOB/A 2** 71 ff.; **VOB/A 6** 10 ff.
- Angebotsabgabe **VSVgV 29** 16 f.
- Angebotsausschluss **VOB/A 16** 7
- Arbeiten im eigenen Betrieb **VOB/A 6** 45
- Arzneimittelrabattverträge **SGB V** 68
- Beteiligungsfähigkeit **VOB/A 6** 46 ff.
- Bieterangebot **VOB/A 13** 21 f., 110 ff.; **VOB/A 13 EU** 116 ff.
- Darlegungslast **VOB/A 6** 21 ff.
- Doppel- oder Mehrfachbeteiligung **VOB/A 6** 31 ff.
- Geheimwettbewerb **VOB/A 6** 30 ff.
- Generikarabattverträge **SGB V** 68
- horizontale **VOB/A 6** 18
- Kartellrecht **VOB/A 6** 14 ff.
- Konzernunternehmen **VOB/A 6** 24 ff.
- nachträgliche **VOB/A 6** 40 f.
- Nachweiskatalog **VOB/A 6a** 44
- Rechtsformen **UVgO 32** 1; **VOB/A 12** 31
- Scheinkonkurrenz **VOB/A 6** 35
- schriftliches Bieterangebot **VOB/A 13 EU** 26 ff.
- Unteraufträge **VSVgV 38** 8 ff.

- Verteidigungs- und sicherheitsspezifische öffentliche Aufträge **VSVgV 21** 30
- vertikale **VOB/A 6** 17
- Vertreter **VOB/A 13** 115 ff.
- Vertretungsmacht **VOB/A 13 EU** 121 ff.
- Wechsel im Mitgliederbestand **VOB/A 6** 36 ff.
- Wettbewerber **VOB/A 6 EU** 55 ff.
- Wettbewerbsteilnehmer **VOB/A 6 VS** 4 ff.
- Zulässigkeit **VOB/A 6** 16 ff.

Bieterinformation VOB/A 19 2 f., 12 ff.
- Adressat **VOB/A 19** 4 ff.
- Begründung **VOB/A 19** 7 f.
- Form **VOB/A 19** 7 f.
- Nichtberücksichtigung **VOB/A 19** 10 ff.
- Transparenz **VOB/A 2** 59 ff.
- Zeitpunkt **VOB/A 19** 6

Bieterschutz VOB/A 4 51; **VOB/A 4 EU** 16
- Losvergabe **VOB/A 5** 30; **VOB/A 5 EU** 70 ff.
- Mitwirkungsverbot **VSVgV 42** 40 f.

Bilanzen VSVgV 26 6
Bilanzrechtsmodernisierungsgesetz VO PR Nr. 30/53 6
Bindefrist VOB/A 10 18 ff.; **VOB/A 12** 23 f.; **VOB/A 13 EU** 7
- 30 Kalendertage **VOB/A 10** 22
- Angemessenheit **VOB/A 10** 21
- Beginn **VOB/A 10** 24
- nachträgliche Verlängerung **VOB/A 10** 23
- nicht offenes Verfahren **VOB/A 10b VS** 9
- Verteidigung und Sicherheit **VOB/A 10b VS** 9
- Zuschlagserteilung **VOB/A 18** 2

Bindefristen
- Fristen **VOB/A 10** 1 ff.

Binnenmarktsrelevante Aufträge SGB V 34, 35
Binnenschiffe VO (EG) 1370/2007 Vor 12; **VO (EG) 1370/2007** 10 5
Bioidentical SGB V 90
Biologisch hergestellte Arzneimittel SGB V 89 ff.
Biopharmazeutika SGB V 38
Biosimilar SGB V 45, 91
Biotechnologisch hergestellte Arzneimittel SGB V 89 ff.
Bonner Formel VO PR Nr. 30/53 8
Brandenburg LVG Bbg
- Frauenförderverordnung **LVG Bbg**
- Gemeindehaushaltsverordnung **LVG Bbg**
- Kommunale Haushalts- und Kassenverordnung **LVG Bbg**

Brandenburgische Vergabegesetz-Durchführungsverordnung LVG Bbg
Bremen LVG BR
Bremische Kernarbeitsnormenverordnung LVG BR
Bremische Vergabeorganisationsverordnung LVG BR
Bremische Vergabeverordnung LVG BR
Brennstoffe
- Kostenrechnung **VO PR Nr. 30/53** 1 f.
- Leitsätze für die Preisermittlung auf Grund von Selbstkosten **VO PR Nr. 30/53** 1 f.

Buchhaltung VOB/A 2 54
Building information modeling-System VOB/A 11a EU 15
Bundesamt für Ausrüstung, Informationstechnik und Nutzung der Bundeswehr VSVgV 10 10

magere Zahl = Randnummer

Sachverzeichnis

Bundeskanzleramt **VOB/A 12 EU** 12
Bundeskartellamt
– Wettbewerbsregistergesetz **WReG 1** 1 ff.
Bundespräsidialamt **VOB/A 12 EU** 12
Bundesrat **VOB/A 12 EU** 12
Bundesrechnungshof **VOB/A 12 EU** 12
Bundestag **VOB/A 12 EU** 12
Bundestagsverwaltung **VOB/A 12 EU** 12
Bundeswirtschaftsministerium für Energie **WReG 12** 1
Bundeszentralregister **VSVgV 23** 19; **WReG Vor** 5
Bürgerauto **VO (EG) 1370/2007 Vor** 21
Bürgerbus **VO (EG) 1370/2007 Vor** 21
Bürgschaft **VOB/A 9c** 18 f.
Bürokosten **VO PR Nr. 30/53** 1 ff., 5
Busgastrechte-VO **VO (EG) 1370/2007 2** 3
Busse besonderer Bauart **VO (EG) 1370/2007 4** 21
Busse mit Anhängern **VO (EG) 1370/2007 4** 21
Bußgeldentscheidungen
– Wettbewerbsregistergesetz **WReG 2** 22 ff.
Busverkehr **VO (EG) 1370/2007 4** 21
– Direktvergabe **VO (EG) 1370/2007 5** 52 ff.
– Elektrobusse **VO (EG) 1370/2007 4** 21
– Hybridbusse **VO (EG) 1370/2007 4** 21
– Trolleybusse **VO (EG) 1370/2007 4** 21
– Wasserstoffbusse **VO (EG) 1370/2007 4** 21

C

CE-Kennzeichnung **VOB/A 7a EU** 27
CENELEC **VOB/A 6c EU** 9
Chancengleichheitsgrundsatz **VOB/A 12a** 4
Common Procurement Vocabulary **UVgO 49** 2
Compliance-Maßnahmen **VOB/A 6f EU** 12
CoNISMa-Rechtssache **VOB/A 6** 51
Container **VOB/A 2** 53
Corona-Pandemie *s. COVID-19-Pandemie*
COVID-19-Pandemie **LVG N**; **VO PR Nr. 30/53** 9, 13, 26
– Verteidigungs- und sicherheitsspezifische öffentliche Aufträge **VSVgV 12** 21 f.
Critical-Dose-Wirkstoff **SGB V** 77
culpa in contrahendo **VOB/A 2** 83

D

Darlegungslast **VOB/A 16d EU** 16; **SGB V** 72
Darlehensverträge
– Marktpreisvorrang **VO PR Nr. 30/53** 10
Daseinsvorsorge **VO (EG) 1370/2007 Vor** 19
Daten
– besonders schutzwürdige **VOB/A 11b EU** 11 f.
– Echtheit der Daten **VOB/A 11a EU** 7 f.
– Speicherung **VOB/A 11 EU** 4
– Unversehrtheit **VOB/A 11a EU** 7 f.
– Verarbeitung **VOB/A 11 EU** 4
– Vertraulichkeit **VOB/A 11a EU** 7 f.
Daten zum Eröffnungstermin und den bei Eröffnung zugelassenen Personen **VOB/A 12** 28
Datenintegrität **VOB/A 13** 32 ff.; **VOB/A 11 VS** 8 f.
– Bieterangebot **VOB/A 13 EU** 37 f.
Datenschnittstelle
– einheitliche **VOB/A 11a EU** 12

Datenschutz **VSVgV 35** 16
– Eignungsnachweise **VOB/A 6a EU** 66
– Nachweiskatalog **VOB/A 6a** 130, 137 ff.
– Wettbewerbsregistergesetz **WReG 3** 1
Daueraufträge
– Verteidigungs- und sicherheitsspezifische öffentliche Aufträge **VSVgV 3** 12
DAWI-De-Minimis-VO **VO (EG) 1370/2007 1** 29
De facto-Vergabe **VO (EG) 1370/2007 5** 71
De-Minimis-Beihilfen **VO (EG) 1370/2007 3** 3
Denkmalschutz **VOB/A 16d EU** 39
Design für alle **VOB/A 7a EU** 15 ff.; **VOB/A 16d EU** 36 f.
Detail-Pauschalvertrag **VOB/A 4** 24
Deutsche Akkreditierungsstelle **VSVgV 28** 1
Deutscher Vergabe- und Vertragsausschuss für Bauleistungen **VOB/A 10 VS** 2; **VOB/A 5 EU** 23
Dialog
– wettbewerblicher **VOB/A 3 EU** 12 f.
Dialogphase **VSVgV 43** 23
Dienstleistungen
– Luftdienstleistungen **VSVgV 12** 1
– Seeverkehrsdienstleistungen **VSVgV 12** 1
Dienstleistungen im öffentlichen Verkehr **VO (EG) 1370/2007 Vor** 3
Dienstleistungen von allgemeinem wirtschaftlichen Interesse **VO (EG) 1370/2007 Vor** 1; **VO (EG) 1370/2007 1** 29
Dienstleistungsaufträge **VOB/A 1** 1; **VSVgV 10** 1
– Lieferaufträge **VSVgV 2** 1 ff.
– öffentlicher **VO (EG) 1370/2007 2** 23
– Verteidigungs- und sicherheitsspezifische öffentliche Aufträge **VSVgV 5** 1 ff.; **VSVgV 11** 1 ff.; **VSVgV 12** 28 f.; **VSVgV 27** 23
Dienstleistungsfreiheit **VO (EG) 1370/2007 Vor** 20
– begrenzte **VO (EG) 1370/2007 Vor** 29 ff.
Dienstleistungskonzession **VO (EG) 1370/2007 Vor**; **VO (EG) 1370/2007 5** 1, 4 ff., 22 7
– Bekanntmachung **VO (EG) 1370/2007 5** 22
– Dokumentation **VO (EG) 1370/2007 5** 22
– elektronischer Zugang **VO (EG) 1370/2007 5** 22
– exterritoriale Tätigkeit **VO (EG) 1370/2007 5** 43
– HaushaltsvergabeR **HaushaltsvergabeR** 44 ff.
– Informationspflicht **VO (EG) 1370/2007 5** 22
– Inhouse-Vergabe **VO (EG) 1370/2007 5** 1
– interner Betreiber **VO (EG) 1370/2007 5** 27 ff., 33 ff.
– kommunale Unternehmen **VO (EG) 1370/2007 5** 33
– Mindestfristen **VO (EG) 1370/2007 5** 22
– Notvergaben **VO (EG) 1370/2007 5** 64 ff.
– Schienenpersonenverkehrsdienst **VO (EG) 1370/2007 5** 59
– Selbsterbringung **VO (EG) 1370/2007 5** 44 ff.
– Tätigkeitskriterium **VO (EG) 1370/2007 5** 39 ff.
– Überbrückungsvergaben **VO (EG) 1370/2007 5** 64 ff.
– Wettbewerbsverbot **VO (EG) 1370/2007 5** 39
– Zurechnung anderer Einheiten **VO (EG) 1370/2007 5** 42
Dienstleistungsrichtlinie **VO (EG) 1370/2007 Vor** 26

1411

Sachverzeichnis

fette Zahl = Gesetz und Paragraf

Dienstverhältnisse
- Marktpreisvorrang **VO PR Nr. 30/53** 9

Differenzhypothese VOB/A 17 EU 38
DIN 18299 VOB/A 13 EU 92
DIN EN ISO 14001 VOB/A 6c EU 30
DIN EN ISO 27001 VOB/A 6c EU 9
DIN EN ISO 9001 VOB/A 6c EU 9; **VSVgV 28** 4
Direktaufträge UVgO 14 1; **VOB/A 3a** 28 ff.
Direktvergabe VO (EG) 1370/2007 5 1; **VO (EG) 1370/2007 Anh.** 21
- Änderungen während der Laufzeit **VO (EG) 1370/2007 5** 69
- Ausgleichsleistungen **VO (EG) 1370/2007 6** 3
- Begründungsgebot **VO (EG) 1370/2007 7** 13 ff.
- Busverkehr **VO (EG) 1370/2007 5** 52 ff.
- Dokumentation **VO (EG) 1370/2007 7** 15
- Eisenbahnverkehr **VO (EG) 1370/2007 7** 12
- Haushaltsvergaberecht **HaushaltsvergabeR** 62
- integrierter Betreiber **VO (EG) 1370/2007 5** 62
- integrierter Verkehrsdienst **VO (EG) 1370/2007 2** 45
- interne Betreiber **VO (EG) 1370/2007 2** 44
- Kleinaufträge **VO (EG) 1370/2007 Vor** 7; **VO (EG) 1370/2007 5** 52 ff.
- kommunale **VO (EG) 1370/2007 Vor** 6
- Losverfahren **VO (EG) 1370/2007 5** 63
- maßgeblicher Zeitpunkt **VO (EG) 1370/2007 5** 48
- Rechtsschutz **VO (EG) 1370/2007 5** 70 ff.
- Schienenpersonenverkehrsdienst **VO (EG) 1370/2007 5** 60 ff.
- Vertragsstrafen **VO (EG) 1370/2007 5** 61
- Vorabinformation **VO (EG) 1370/2007 7** 6 ff.

Diskriminierung
- regionale **VOB/A 6 VS** 4 ff.

Diskriminierungsfreiheit VO (EG) 1370/2007 Vor 16; **VO (EG) 1370/2007 2** 6
- Tarife **VO (EG) 1370/2007 3** 12

Diskriminierungsverbot VOB/A 2 24 ff., 82 ff.; **VOB/A 3b** 49; **VOB/A 7a EU** 1 ff.; **VOB/A 16d EU** 22
- Verbot regionaler Beschränkungen **VOB/A 6** 6 ff.

Dokumentation UVgO 6 1 f.; **VOB/A 20** 1 ff.; **VOB/A 7 EU** 34; **VOB/A 7a EU** 40; **VOB/A 7c EU** 20; **VOB/A 20 EU** 1 f.
- Dienstleistungskonzession **VO (EG) 1370/2007 5** 22
- Direktvergabe **VO (EG) 1370/2007 7** 15
- Eigenerklärung **VSVgV 43** 63 s. auch Marktpreisvorrang
- Eignungsnachweise **VSVgV 43** 63
- eVergabe **VOB/A 20** 15; **VSVgV 43** 72 ff.
- Form **VOB/A 20** 6 ff., 12 ff.
- Inhalt **VOB/A 20** 6 ff., 11 ff.
- Kontinuität **VSVgV 43** 13 f.
- Leistungsbeschreibung **VOB/A 7b EU** 28
- Mängel **VOB/A 20** 26 ff.
- Mängelfolgen **VOB/A 20** 26 ff.
- Mängelheilung **VOB/A 20** 29 ff.
- Mindestinhalt **VSVgV 43** 30 ff.
- PersonenverkehrsVO **VO (EG) 1370/2007 3** 7
- Pflicht **VOB/A 15 EU** 4
- Transparenz **VOB/A 20** 3 ff.
- Vergabevermerk **VSVgV 43** 15 ff.

- Verteidigung und Sicherheit **VOB/A 15 VS** 7 f.; **VOB/A 20 VS** 1
- Verteidigungs- und sicherheitsspezifische öffentliche Aufträge **VSVgV 43** 1 ff.
- Vertragshandbuch des Bundes **VOB/A 20 EU** 2
- Verzicht auf Unterlagen und Nachweise **VOB/A 20** 16 ff.
- Zeitpunkt **VOB/A 20** 6 ff.; **VSVgV 43** 13 f.

Dokumentationsgebot VOB/A 15 41; **VOB/A 15 EU** 42
Doppelausschreibung VOB/A 2 96
- Verbot **VSVgV 14** 3

Doppelbedienungsverbot VO (EG) 1370/2007 Vor 68
Doppelrabatte SGB V 100
Dr. Falk Pharma-Rechtssache SGB V 18
Dringlichkeit VOB/A 10 12
- Fristverkürzung **VOB/A 10a EU** 7; **VOB/A 10b EU** 7
- nicht offenes Verfahren **VOB/A 10b VS** 8
- offenes Verfahren **VOB/A 3b EU** 11
- Verteidigung und Sicherheit **VOB/A 10b VS** 8

Drittschutz
- Eignungsleihe **VOB/A 6d EU** 45
- Qualitätssicherung **VOB/A 6c EU** 46
- Umweltmanagement **VOB/A 6c EU** 46
- Verfahrensablauf **VOB/A 3b EU** 61 ff.
- Vergabeverfahren **VOB/A 6b EU** 61
- VOB/A **VOB/A 2** 9 ff.
- Wettbewerber **VOB/A 6 EU** 88 ff.

Durchführungsart
- Aufklärung des Angebotsinhalts **VOB/A 15 EU** 23 ff.

Durchstreichen VOB/A 13 EU 81
Dynamisches Beschaffungssystem UVgO 17 1; **VOB/A 4b EU** 1 ff.
- Anwendbarkeit **VOB/A 4b EU** 11 ff.
- Begriff **VOB/A 4b EU** 7 ff.
- elektronische Auktionen **VOB/A 4b EU** 26 ff.
- elektronischer Katalog **VOB/A 4b EU** 44 ff.
- Fristen **VOB/A 4b EU** 25
- marktübliche Leistungen **VOB/A 4b EU** 11 ff.
- Verfahrensablauf **VOB/A 4b EU** 18 ff.
- Vergabeverfahren **VOB/A 4b EU** 14 ff.

E

e-CERTIS VOB/A 6a EU 11; **VOB/A 6b EU** 2, 46 ff.
Echtheit von Daten VOB/A 11a EU 7 f.
ECO Management and Audit Scheme VSVgV 28 1
EDES database WReG Vor 10
Effizienz
- PersonenverkehrsVO **VO (EG) 1370/2007 2a** 4 ff.

EG-Transparenz-Richtlinie VO (EG) 1370/2007 Vor 67; **VO (EG) 1370/2007 1** 30; **VO (EG) 1370/2007 Anh.** 2
eIDAS-Durchführungsgesetz VSVgV 19 21
Eigenerbringung
- Gruppe von Behörden **VO (EG) 1370/2007 5** 49 ff.

Eigenerklärung VOB/A 2 62; **VOB/A 6b EU** 30 ff.; **VOB/A 6b EU** 15 ff.
- Dokumentation **VSVgV 43** 63

magere Zahl = Randnummer

Sachverzeichnis

- Einheitliche Europäische Eigenerklärung **VOB/A 6b EU** 23 ff.
- vollelektronische **VOB/A 6b EU** 28

Eigenerstellung VO (EG) 1370/2007 5 32

Eigengesellschaften
- kommunale **VO (EG) 1370/2007 Vor** 6

Eigenschaften beim Einsatz VSVgV 34 16
- Angebotsbewertung **VOB/A 16d VS** 4

Eigentum
- geistiges **VOB/A 7a EU** 13 f.

Eignung VOB/A 16b EU 1 ff.
- Angebotsaufklärung **VOB/A 15** 10
- Aufklärung des Angebotsinhalts **VOB/A 15 EU** 11 ff.
- Bewerber **VOB/A 2 VS** 12 f.
- Bieter **VOB/A 2 VS** 12 f.
- Mindestanforderungen **VSVgV** 21 8 ff.
- Verteidigung und Sicherheit **VOB/A 16b VS** 1
- Verteidigungs- und sicherheitsspezifische öffentliche Aufträge **VSVgV** 21 1 ff., 6 ff.
- Wettbewerber **VOB/A 6 EU** 3 ff., 18 ff.

Eignungsbeleg UVgO 35 1 ff.

Eignungskategorien
- Bietereignung **VOB/A 6a** 21 ff.
- Eignungsprüfung **VOB/A 6a** 21 ff.
- Fachkunde **VOB/A 6a** 22 f.
- Leistungsfähigkeit **VOB/A 6a** 25 f.
- Zuverlässigkeit **VOB/A 6a** 27 f.

Eignungskriterien UVgO 33 1 f.; **VOB/A 3b** 18
- Bekanntmachung bei Unteraufträgen **VSVgV** 40 1 ff.
- Mindestanforderungen **VOB/A 3b** 22

Eignungsleihe UVgO 34 1; **VOB/A 2** 67 ff.; **VOB/A 6d EU** 4 ff.; **VSVgV** 26 12 ff.
- Anforderungen **VOB/A 6d EU** 10 ff.
- Bietereignung **VOB/A 6a** 26 ff.
- Drittschutz **VOB/A 6d EU** 45
- Eignungsprüfung **VOB/A 6a** 26 ff.; **VOB/A 6d EU** 31 ff.
- EuGH-Rechtsprechung **VOB/A 6d EU** 44
- Grenzen **VOB/A 6d EU** 42 ff.
- Installationsarbeiten **VOB/A 6d EU** 43
- Nachweise **VOB/A 6d EU** 22
- Verfügbarkeitsnachweis **VOB/A 6d EU** 23 ff.
- Verteidigungs- und sicherheitsspezifische öffentliche Aufträge **VSVgV** 27 25 f.

Eignungsmerkmale VOB/A 2 47 ff.
- Fachkunde **VOB/A 2** 48
- Leistungsfähigkeit **VOB/A 2** 52 ff.
- Zuverlässigkeit **VOB/A 2** 57 f.

Eignungsnachweise VOB/A 6a 1 ff.; **VOB/A 6a EU** 1 ff.; **VOB/A 6a VS** 1 ff.
- Auftragsbekanntmachung **VOB/A 12** 32
- Befähigungsnachweis **VOB/A 6a EU** 1 ff.
- Bescheinigungen **VSVgV** 27 11
- Beschreibungen **VSVgV** 27 11
- Datenschutz **VOB/A 6a EU** 66
- Dokumentation **VSVgV** 43 63
- Erlaubnis zur Berufsausübung **VOB/A 6a EU** 9 ff.; **VSVgV** 25 1 ff.; **VSVgV** 27 19
- Fotografien **VSVgV** 27 11
- Lieferaufträge **VSVgV** 27 4 ff.
- Muster **VSVgV** 27 11
- Nachforderung von Unterlagen **VSVgV** 22 19 ff.
- Nachweis der beruflichen Leistungsfähigkeit **VOB/A 6a EU** 27 ff.
- Nachweis der finanziellen Leistungsfähigkeit **VOB/A 6a EU** 13 ff.
- Nachweis der technischen Leistungsfähigkeit **VOB/A 6a EU** 27 ff.
- Nachweis der wirtschaftlichen Leistungsfähigkeit **VOB/A 6a EU** 13 ff.
- Rechtsfolge bei Nichterfüllung **VSVgV** 22 13
- technische und berufliche Leistungsfähigkeit **VSVgV** 27 1 ff.
- Umsatz **VOB/A 6a EU** 22 ff.; **VSVgV** 26 8 f.
- Unterauftragnehmer **VOB/A 6a EU** 63 ff.
- Vergabeunterlagen **VSVgV** 22 16 ff.
- Verteidigungs- und sicherheitsspezifische öffentliche Aufträge **VSVgV** 22 1 ff.
- Verzicht **VOB/A 6a** 146 ff.
- wirtschaftliche und finanzielle Leistungsfähigkeit **VSVgV** 26 1 ff.
- Zeitpunkt **VSVgV** 22 14 f.

Eignungsnachweise, Mittel und Verfahren VOB/A 6b 1 ff.
- beschränkte Ausschreibung **VOB/A 6b** 48 f.
- Eigenerklärung **VOB/A 6b** 30 ff.
- Einzelnachweise **VOB/A 6b** 30 ff.
- freihändige Vergabe **VOB/A 6b** 51 ff.
- Präqualifikationsverzeichnis **VOB/A 6b** 7 ff.
- Vorlage der Nachweise **VOB/A 6b** 38 ff., 43 ff.

Eignungsprüfung VOB/A 16c 1; **VOB/A 16b EU** 2 ff.
- angemessene Preise **VOB/A 2** 75 ff.
- Bestimmtheitsgebot **VOB/A 15** f.
- Bietereignung **VOB/A 6a** 9 f.
- Eignungskategorien **VOB/A 6a** 21 ff.
- Eignungsleihe **VOB/A 6a** 26 ff.; **VOB/A 6d EU** 31 ff.
- formelle **VOB/A 2** 65
- Grundsätze **VOB/A 6a** 18 f.
- materielle **VOB/A 2** 65
- Nachweiskatalog **VOB/A 6a** 36 ff.
- Prognoseentscheidung **VOB/A 2** 66; **VOB/A 6a** 19 ff.
- Prüfungsreihenfolge **VOB/A 16b EU** 8 ff.
- Selbstreinigung **VOB/A 6a** 29 ff.
- Verteidigung und Sicherheit **VOB/A 16c VS** 1
- Zeitpunkt **VOB/A 16b EU** 8 ff.

Eignungswettbewerb VOB/A 3b EU 23

Einbeziehung von mittelbaren Aufträgen im Öffentlichen Preisrecht VO PR Nr. 30/53 11 ff.
- Fehlerfolgen **VO PR Nr. 30/53** 19
- Kenntnis oder Zustimmung des mittelbaren Auftragnehmers **VO PR Nr. 30/53** 17 f.
- Ober- und Unterauftrag **VO PR Nr. 30/53** 12 ff.
- Rechtsfolgen **VO PR Nr. 30/53** 19
- Verlangen des öffentlichen Auftraggebers **VO PR Nr. 30/53** 15 f.
- Voraussetzungen **VO PR Nr. 30/53** 11 ff.

Einheitliche Europäische Eigenerklärung VOB/A 6b EU 23 ff.

Einheitliche Vergabe VOB/A 5 1 ff., 4 ff.; **VOB/A 5 EU** 1 ff., 6 ff.
- Verteidigung und Sicherheit **VOB/A 5 VS** 1
- Wettbewerbsteilnehmer **VOB/A 6 VS** 1

Einheitspreis
- Begriff **VOB/A 4** 12

1413

Sachverzeichnis

fette Zahl = Gesetz und Paragraf

Einheitspreisvertrag **VOB/A 4** 6, 7 ff.; **VOB/A 4 EU** 5 ff.; **VOB/A 13 EU** 51; **VOB/A 16c EU** 3 ff.; **Grundzüge der VOB/B** 33
- Allgemeine Geschäftskosten **VOB/A 4** 13
- Alternativpositionen **VOB/A 4** 17
- Auswahlpositionen **VOB/A 4** 20
- Baustellengemeinkosten **VOB/A 4** 13
- Bedarfspositionen **VOB/A 4** 18
- Einheitspreis **VOB/A 4** 8
- Eventualpositionen **VOB/A 4** 18
- Grundpositionen **VOB/A 4** 15
- Positionsbeschreibung **VOB/A 4** 7
- Sammelposition **VOB/A 4** 21
- Typen von Leistungspositionen **VOB/A 4** 15 ff.
- Verteidigung und Sicherheit **VOB/A 4 VS** 6
- Wahlpositionen **VOB/A 4** 17
- Zulagepositionen **VOB/A 4** 19

Einkaufsgemeinschaften
- faktische **VOB/A 4a** 13; **VOB/A 4a EU** 19

Einsicht in die Vergabeunterlagen
- Verteidigung und Sicherheit **VOB/A 12a VS** 3 ff.

Einsichtnahme
- Vergabeunterlagen **VOB/A 12a** 7 f.

Einsichtsrecht VOB/A 14a 34
Einstandspreis VO PR Nr. 30/53 1 f.

Eintragungsentscheidungen
- Auskunftsanspruch **WReG 5** 14 ff.
- Rechtsschutz **WReG 5** 10 ff.
- Wettbewerbsregistergesetz **WReG 5** 1 ff.

Eintragungslöschung
- Amtsermittlungsgrundsatz **WReG 8** 12 ff.
- Antrag **WReG 8** 5 ff.
- Auslagen **WReG 8** 1 ff.
- Fristbeginn **WReG 7** 2 ff.
- Fristen des § 126 GWB **WReG 7** 6 ff.
- Gebühren **WReG 8** 1 ff.
- Prüfungsmaßstab **WReG 8** 5 ff.
- Selbstreinigung **WReG 8** 1 ff.
- Verfahrensfragen **WReG 8** 12 ff.
- vorzeitige **WReG 8** 1 ff.
- Wettbewerbsregistergesetz **WReG 7** 1 ff.
- Wirkung **WReG 7** 10 ff.

Einzelauftragsvergabe VOB/A 4a EU 21 ff.
Einzelbieter VOB/A 6 10 ff.

Einzelfallverträge
- Hilfsmittelverträge **SGB V** 31

Einzelfristen VOB/A 9 1 ff., 27 f.; **VOB/A 9 EU** 1 f.
- Verteidigung und Sicherheit **VOB/A 9 VS** 1

Einzelgespräche VOB/A 15 EU 40
Einzelnachweise VOB/A 6b 30 ff.
Einzelvereinbarungen VOB/A 4a 15 ff.

Einzelwagnisse
- Abgrenzung **VO PR Nr. 30/53** 1 ff.
- Abschreibungswagnis **VO PR Nr. 30/53** 5
- Anlagenwagnis **VO PR Nr. 30/53** 5
- Beständewagnis **VO PR Nr. 30/53** 5
- Entwicklungswagnis **VO PR Nr. 30/53** 5
- Fertigungswagnis **VO PR Nr. 30/53** 5
- Gewährleistungswagnis **VO PR Nr. 30/53** 5
- Vertriebswagnis **VO PR Nr. 30/53** 5

Eisenbahn VO (EG) 1370/2007 Vor 12
- Verkehr **VO (EG) 1370/2007 Vor** 37

Eisenbahnpaket
- viertes **VO (EG) 1370/2007 8** 2

Eisenbahn-Rollmaterial **VO (EG) 1370/2007 5a** 1 f.

Eisenbahnunternehmen **VO (EG) 1370/2007 Vor** 28

Eisenbahnverkehr **VO (EG) 1370/2007 Vor** 37, 71; **VO (EG) 1370/2007 1** 14 ff.; **VO (EG) 1370/2007 4** 13, 22; **VO (EG) 1370/2007 5** 1
- Direktvergabe **VO (EG) 1370/2007 7** 12
- Rollmaterial **VO (EG) 1370/2007 5a** 1 f.

Eisenbahnverkehrsleistungen
- Folgevergabe **VO (EG) 1370/2007 4** 34

Elektrobusse VO (EG) 1370/2007 4 21
Elektronische Adresse VOB/A 4b EU 19
Elektronische Angebote VSVgV 19 11 f.
- Geheimhaltung **VOB/A 14** 23 ff.
- Öffnungstermin **VOB/A 14** 1 ff. *s. auch Öffnungstermin*
- Öffnungstermin, vor dem **VOB/A 14** 4 ff.
- verspätete Angebote **VOB/A 14** 15 ff.
- Verwahrung **VOB/A 14** 23 ff.

Elektronische Auftragsvergabe *siehe eVergabe*
Elektronische Auktionen UVgO 18 1
- Anwendbarkeit **VOB/A 4b EU** 29 ff.
- Begriff **VOB/A 4b EU** 26 ff.
- Verfahrens **VOB/A 4b EU** 34 ff.
- Vergabeverfahren **VOB/A 4b EU** 32 ff.

Elektronische Datenbank
- Wettbewerbsregistergesetz **WReG 1** 5

Elektronische Datenübermittlung
- Registerbehörde **WReG 9** 1 ff.
- Strafverfolgungsbehörde **WReG 9** 1 ff.
- Wettbewerbsregistergesetz **WReG 9** 1 ff.

Elektronische Kataloge UVgO 19 1

Elektronische Kommunikation
- Datenschnittstelle **VOB/A 11a EU** 12
- Informationen über **VOB/A 11a EU** 9
- Sicherheitsanforderungen **VOB/A 11a EU** 10 f.

Elektronische Mittel VOB/A 11a 1 f.
- allgemeine Verfügbarkeit **VOB/A 11a EU** 3 ff.
- alternative **VOB/A 11a EU** 13 f.
- Anforderungen **VOB/A 11a EU** 1 ff.
- Ausnahmen von der Verwendung **VOB/A 11b EU** 1 ff.
- Bauwerksdatenmodellierung **VOB/A 11a EU** 15 f.
- Begriff **VOB/A 11 EU** 3 ff.
- Verteidigung und Sicherheit **VOB/A 11a VS** 1 ff.

Elektronische Signatur VOB/A 13 29 ff.; **VOB/A 11 EU** 22 f.
- fortgeschrittene **VOB/A 13 EU** 34
- qualifizierte **VOB/A 13 EU** 34

Elektronische Versendung VOB/A 11 EU 18
Elektronische Willenserklärungen VOB/A 14 EU 27

Elektronischer Katalog VOB/A 4b EU 44 ff.
- Anwendbarkeit **VOB/A 4b EU** 47 ff.
- Begriff **VOB/A 4b EU** 44 ff.
- Verfahren **VOB/A 4b EU** 50 ff.

Elektronisches Bieterangebot VOB/A 13 25 ff.; **VOB/A 13 EU** 13 ff., 30 ff.
- Öffnungstermin **VOB/A 14 EU** 7
- Verschlüsselung **VOB/A 13** 39 ff.; **VOB/A 13 EU** 44 ff.
- verspätetes **VOB/A 14 EU** 28

EMAS-Zertifizierung VOB/A 6c EU 27; **VSVgV 28** 11

magere Zahl = Randnummer
Sachverzeichnis

Empfängerhorizont **VOB/A 13 EU** 6
Empfangsbote **VOB/A 14 EU** 30
Emsländische Eisenbahn-Entscheidung **VO (EG) 1370/2007 3** 23
Energie **VO PR Nr. 30/53** 1 f.
Energieaudits **VOB/A 6c EU** 40
Energieverbrauch
– Aufklärung des Angebotsinhalts **VOB/A 15 EU** 55 ff.
Energieverbrauchsrelevante Waren **VOB/A 8c EU** 1 ff.
eNOTICES **VOB/A 18 EU** 35
Entschädigungsanspruch
– Ausarbeitung von Angebotsunterlagen **VOB/A 8b** 6 ff.
Entscheidungen der Preisbehörden
– Selbstkostenpreise **VO PR Nr. 30/53** 15 f.
Entwicklungsarbeiten
– Kosten **VO PR Nr. 30/53** 1 ff., 2
Entwicklungsbeihilfen **VO (EG) 1370/2007 3** 3
Entwicklungswagnis **VO PR Nr. 30/53** 5
Entwurfsarbeiten
– Kosten **VO PR Nr. 30/53** 1 ff., 2
Erklärungsirrtum **VOB/A 16c EU** 7
Erlaubnis zur Berufsausübung **VOB/A 6a EU** 9 ff.; **VSVgV 25** 1 ff.; **VSVgV 27** 19
– Nachweis besonderer Berechtigung **VSVgV 25** 8
Erlöse **VO (EG) 1370/2007 Anh. 6** ff.
– Risiken **VO (EG) 1370/2007 4** 15 ff.
Ermessen **VSVgV 21** 26
– Ausschreibungsaufhebung **VOB/A 17 EU** 23 ff.
– intendiertes **VOB/A 19** 4; **VOB/A 19 EU** 9
– Reduktion auf Null **VOB/A 17 EU** 25
Eröffnungstermin **VOB/A 14a** 11 ff.
– Muster **VOB/A 14a** 28
– Niederschrift **VOB/A 14a** 29
– Proben **VOB/A 14a** 28
– Verlesung der Angebote **VOB/A 14a** 29
Ersatzverlangen **VOB/A 6d EU** 35 ff.
Erstattungspreisvereinbarungen iSv § 130c SGB V **SGB V** 78
Erstattungsvereinbarungen nach § 130c SGB V
– fakultative **SGB V** 49
– obligatorische **SGB V** 49
Erstgebot **VOB/A 16d EU** 66
Estrichpumpe **VOB/A 2** 53
EU-Anwendungsbereich
– Bauauftrag **VOB/A 1 EU** 2 ff.
EU-Grundsätze **VOB/A 2 EU** 1 ff.
– Ausschreibungsreife **VOB/A 2 EU** 12
– Fachkunde **VOB/A 2 EU** 6 f.
– Gleichbehandlungsgebot **VOB/A 2 EU** 5
– Leistungsfähigkeit **VOB/A 2 EU** 6 f.
– Marktkonsultationen **VOB/A 2 EU** 10 f.
– Mitwirkungsverbot **VOB/A 2 EU** 8
– Vertraulichkeit **VOB/A 2 EU** 9
EU-KonzessionsvergabeRL **VO (EG) 1370/2007 5** 4
EU-Öffentliche-AuftragsvergabeRL **VO (EG) 1370/2007 5** 2 ff.
EU-Rechtsmittelrichtlinie **VOB/A 19 EU** 6
Europäische technische Bewertung **VOB/A 3a EU** 16
Europarecht
VOB/A **VOB/A 2** 13
EU-Standardformular **VOB/A 12 EU** 18

EU-Vergaberichtlinien **HaushaltsvergabeR** 6 ff.
eVergabe **VOB/A 11** 3 ff.; **VOB/A 12** 11
– Dokumentation **VOB/A 20** 15; **VSVgV 43** 72 ff.
– Haushaltsvergaberecht **HaushaltsvergabeR** 56 ff.
Ex-ante-Transparenz **VOB/A 20** 21 ff.
Ex-post-Transparenz **VOB/A 20** 20
Exterritoriale Tätigkeit **VO (EG) 1370/2007 5** 43

F

Fachkräfte
– technische **VSVgV 27** 14 f.
Fachkunde **VOB/A 2** 48; **VOB/A 6a** 22 ff.; **VOB/A 2 EU** 6 f.
– Nachweis und Beurteilung **VOB/A 2** 49 ff.
– Referenzprojekt **VOB/A 2** 49 ff.
– weitere Nachweise **VOB/A 6a** 124 ff.
– Wettbewerbsteilnehmer **VOB/A 6 VS** 3
Fachkundiges Personal **VOB/A 2** 53
Fachlose **VOB/A 5** 15
Fachlosgruppen **VOB/A 5** 18
Fahrdienst
– karitativer **VO (EG) 1370/2007 Vor** 21
Fähren **VO (EG) 1370/2007 Vor** 12
Faktische Einkaufsgemeinschaften **VOB/A 4a** 13; **VOB/A 4a EU** 19
Faktischer Unterordnungskonzern **VOB/A 6** 26
Fakultative Erstattungsvereinbarungen
– § 130c SGB V **SGB V** 49
Fakultative Vertragsunterlagen **VOB/A 8** 93
Fax
– Teilnahmeantrag **VOB/A 11 VS** 10
Fehlende Ausschreibungsreife **VOB/A 2** 83 ff.
Fehlende Vergabeabsicht **VOB/A 2** 87 f.
Fehlerfolgen
– Marktpreisvorrang **VO PR Nr. 30/53** 15 ff.
– Selbstkostenpreise **VO PR Nr. 30/53** 7
– Selbstkostenrichtpreise **VO PR Nr. 30/53** 11 f.
Fehlerhaftigkeit von Daten
– Wettbewerbsregistergesetz **WReG 5** 4 ff.
Fernverkehr **VO (EG) 1370/2007 1** 21
Fertigarzneimittel **SGB V** 94 ff.
Fertigungsanlauf **VO PR Nr. 30/53** 1
Fertigungsstoffe **VO PR Nr. 30/53** 1 ff.
– Betriebsstoffe **VO PR Nr. 30/53** 1
– Bewertung **VO PR Nr. 30/53** 1 f.
– Hilfsstoffe **VO PR Nr. 30/53** 1
– Mengenermittlung **VO PR Nr. 30/53** 1 ff.
– Rohstoffe **VO PR Nr. 30/53** 1
Fertigungswagnis **VO PR Nr. 30/53** 5
Festkosten **VOB/A 16d EU** 31, 47 f.
Festpreis **VOB/A 16d EU** 31, 47 f.
Festpreisvorrang **VO PR Nr. 30/53** 19 ff.
– Fehlerfolge **VO PR Nr. 30/53** 25
– maßgebliche Umstände und Zeitpunkte **VO PR Nr. 30/53** 21 ff.
– Preistypen und Preisvorbehalte **VO PR Nr. 30/53** 19 f.
Fiktion
– Abnahme **Grundzüge der VOB/B** 25
Finanzamt **VSVgV 23** 20
Finanzbuchhaltung **VO PR Nr. 30/53** 2
Finanzielle Leistungsfähigkeit **VSVgV 26** 1 ff.
Finanzierung
– Äquivalenz- **VO (EG) 1370/2007 Vor** 45

Sachverzeichnis

fette Zahl = Gesetz und Paragraf

- geschlossene **VO (EG) 1370/2007 Vor** 39
Flüchtlingskrise VSVgV 12 21
Flughafen VOB/A 2 93
Flughafen Schönefeld VSVgV 42 3
Folgevergabe VO (EG) 1370/2007 4 34
- Eisenbahnverkehrsleistungen **VO (EG) 1370/2007 4** 34
Fördermittel
- Rückforderung **VOB/A 3b** 35
Förderung
- ganzjährige Bautätigkeit **VOB/A 2** 98 ff.
Form
- Auftragsbekanntmachung **VOB/A 12 EU** 24
- Bieterangebot **VOB/A 13 EU** 1 ff.
- Bieterinformation **VOB/A 19** 7 f.
- Dokumentation **VOB/A 20** 6 ff., 12 f.
- Informationsverpflichtung **VOB/A 19 EU** 20 ff.
Formale Angebotsprüfung VOB/A 3b 14
Formblatt
- des VHB **VOB/A 20** 11
Formblatt 221 VOB/A 16d EU 6
Formblatt 222 VOB/A 16d EU 6
Formblatt 223 VOB/A 16d EU 6
Formblatt 313 VOB/A 14a 37
Formblatt 321 VOB/A 15 11; **VOB/A 15 EU** 12
Formular
- Vorabinformation **VO (EG) 1370/2007 7** 8
Forschung und Entwicklung
- Begriff **VSVgV 4** 4
- Verteidigungs- und sicherheitsspezifische öffentliche Aufträge **VSVgV 4** 4
Forschungen
- Kosten **VO PR Nr. 30/53** 1 ff.
Forschungsbeihilfen VO (EG) 1370/2007 3 3
Fortgeschrittene elektronische Signatur VOB/A 13 EU 34
Fortschrittsbericht VO (EG) 1370/2007 8 8
Fortsetzungsfeststellungsbeschwerde
- Wettbewerbsregistergesetz **WReG 11** 15 ff.
Franchising VO (EG) 1370/2007 Vor 25
Frauenförderung LVG BE
Frauenförderverordnung LVG BE
- Brandenburg **LVG Bbg**
Freiberufliche Leistungen HaushaltsvergabeR 69; **UVgO 50** 1 f.
Freihändige Vergabe VOB/A 2 60; **VOB/A 3** 15 ff.; **VOB/A 3b** 43 ff.; **HaushaltsvergabeR** 86 ff.
- Angebotsfrist **VOB/A 10** 25 ff.
- Baukonzessionen **VOB/A 23** 23
- Direktauftrag **VOB/A 3** 15; **VOB/A 3a** 28 ff.
- Eignungsnachweise **VOB/A 6b** 51 ff.
- keine öffentliche Aufforderung **VOB/A 3** 17
- Verhandlungsgrenzen **VOB/A 3** 18
- Verhandlungsverbot **VOB/A 3** 18
- Veröffentlichung **VOB/A 3** 17
- Versand der Vergabeunterlagen **VOB/A 12a** 4 f.
- Zulässigkeitsvoraussetzungen **VOB/A 3a** 16 ff.
Freiheitsstrafe VOB/A 16 4
Freiwillige Abfrage
- Wettbewerbsregistergesetz **WReG 6** 20 ff.
Fristen VOB/A 10 1 ff.
- Angebotsfrist **VOB/A 10** 1 ff.; **VOB/A 10b EU** 3; **VSVgV 20** 7 f.
- Angemessenheit **VOB/A 10** 3 ff.
- Bewerbungsfrist **VOB/A 10** 17

- Bewerbungsfrist im Teilnahmewettbewerb **VSVgV 20** 4 f.
- Bewerbungsfristen **VOB/A 10** 1 ff.
- dynamisches Beschaffungssystem **VOB/A 4b EU** 25
- Eingang der Angebote **VSVgV 20** 1 ff.
- Eingang von Anträgen auf Teilnahme **VSVgV 20** 1 ff.
- Fristverkürzung **VOB/A 10b EU** 4 ff.
- Fristverlängerung **VOB/A 10b EU** 8; **VSVgV 20** 9a ff.
- Informationsverpflichtung **VOB/A 19 EU** 20 ff.
- nicht offenes Verfahren **VOB/A 3b EU** 21 ff.; **VOB/A 10b EU** 1 ff.
- offenes Verfahren **VOB/A 10a EU** 1 ff.
- Öffentliche Ausschreibungen, Verfahrensablauf **VOB/A 3b** 14
- Teilnahmefristen **VOB/A 10b EU** 2
- Vergabebekanntmachung **VOB/A 18 EU** 35
- Verhandlungsverfahren **VOB/A 10c** 1 ff.
- Verlängerung **VOB/A 10** 5 ff.
- Verteidigung und Sicherheit **VOB/A 10 VS** 1 ff.; **VOB/A 10c VS** 1 f.; **VOB/A 10d VS** 1
- Verteidigungs- und sicherheitsspezifische öffentliche Aufträge **VSVgV 20** 1 ff.
- wettbewerblicher Dialog **VOB/A 10d EU** 1 f.
- Zurückziehen von Angeboten **VOB/A 10b EU** 9; **VSVgV 20** 14
Fristen im nicht offenen Verfahren
- Verteidigung und Sicherheit **VOB/A 10b VS** 1 ff.
Fristenbestimmung UVgO 54 1 f.
Fristsetzung UVgO 13 1 ff.
Fristverkürzung VOB/A 10a EU 5 ff.; **VOB/A 10b EU** 4 ff.
- Dringlichkeit **VOB/A 10a EU** 7; **VOB/A 10b EU** 7
- elektronische Angebotsübermittlung **VOB/A 10a EU** 7
- Vorinformation **VOB/A 10a EU** 6; **VSVgV 17** 12 ff.
Fristverlängerung UVgO 13 1 ff.; **VOB/A 10a EU** 9 ff.; **VOB/A 10b EU** 8
- bei fehlender elektronischer Bereitstellung der Vergabeunterlagen **VOB/A 10a EU** 9 f.
- Verpflichtung zur **VOB/A 10a EU** 11 ff.
FuE-Beihilfen VO (EG) 1370/2007 9 5
Führungskräfte
- Verteidigungs- und sicherheitsspezifische öffentliche Aufträge **VSVgV 27** 20 f.
Führungszeugnis VSVgV 23 19
Funktionsanforderungen VOB/A 7a EU 22 f.
- Angebote die von § 7a EU Abs. 2 Nr. 2 abweichen **VOB/A 7a EU** 30
- Gütezeichen **VOB/A 7a EU** 33 ff.

G

GAEB-Datei VOB/A 4 45
Ganzjährige Bautätigkeit
- Förderung **VOB/A 2** 98 ff.
Garantierte-Maximal-Preis-Modelle VOB/A 4 39
Gebot der Fachlosvergabe VOB/A 5 EU 22
Gebot der Objektivität VO (EG) 1370/2007 3 13
Gebot der Produktneutralität VOB/A 7 EU 27 ff.

1416

magere Zahl = Randnummer

Sachverzeichnis

Gebot der Vergabe in Losen **VOB/A 5** 11 ff.
Gebot der verkehrsüblichen Bezeichnung **VOB/A 7 EU** 32 f.
Gebot der Zumutbarkeit **VOB/A 13 EU** 67
Gebot des effektiven Rechtsschutzes **HaushaltsvergabeR** 15
Gebrauchstauglichkeit **VOB/A 13 EU** 96
Gebühren **VO PR Nr. 30/53** 1 f.
– Eintragungslöschung **WReG 8** 1 ff.
– Selbstreinigung **WReG 8** 39
Gebührenkalkulation **VO PR Nr. 30/53** 14
Gefahrtragung Grundzüge der **VOB/B** 28
Gegenleistung
– Baukonzessionen **VOB/A 23** 12 ff.
Gegenleistungsverkehr **VO (EG) 1370/2007 Vor** 33
Gehälter **VO PR Nr. 30/53** 1
Geheimhaltung **VOB/A 14a** 43 ff.
– Angebotsaufklärung **VOB/A 15** 38 ff.
– Angebotsöffnung **VOB/A 14 EU** 36 ff.
– Aufklärung des Angebotsinhalts **VOB/A 15 EU** 39 ff.
– elektronische Angebote **VOB/A 14** 23 ff.
– öffentlicher Auftraggeber **VOB/A 12a EU** 10
– Öffnungstermin **VOB/A 14 EU** 36 ff.; **VOB/A 14 VS** 6 f.
– Pflicht **VOB/A 15 EU** 4
– Verfahrensablauf **VOB/A 3b EU** 54
– Verteidigung und Sicherheit **VOB/A 15 VS** 7 f.
Geheimwettbewerb **VO (EG) 1370/2007 5** 20; **VOB/A 2** 82; **VOB/A 10** 5; **VOB/A 19** 14; **VOB/A 13 EU** 37 f.
– Arzneimittelrabattverträge **SGB V** 67
– Bietergemeinschaften **VOB/A 6** 30 ff.
– Generikarabattverträge **SGB V** 67
– Versand der Vergabeunterlagen **VOB/A 12a** 9 f.
Geistiges Eigentum **VOB/A 7a EU** 13 f.
Geldstrafe **VOB/A 16** 4
Gelegenheit zur Stellungnahme
– Wettbewerbsregistergesetz **WReG 5** 1 ff.
Gelegentliche gemeinsame Auftragsvergabe **UVgO 16** 1
Geltung der Preisvorschriften **VO PR Nr. 30/53** 1 ff.
– allgemeine Preisvorschriften **VO PR Nr. 30/53** 2
– besondere Preisvorschriften **VO PR Nr. 30/53** 3
– Rechtsfolgen **VO PR Nr. 30/53** 4 f.
Gemeindehaushaltsverordnung **LVG Bbg**
– Brandenburg **LVG Bbg**
– Rheinland-Pfalz **LVG RP**
Gemeinschaftliche Verpflichtung **VO (EG) 1370/2007 2** 20 ff.
Gemeinwirtschaftliche Verpflichtung **VO (EG) 1370/2007 4** 2 ff., 4; **VO (EG) 1370/2007 6** 1 ff.; **VO (EG) 1370/2007 Anh.** 5
– Gesamtjahresbericht **VO (EG) 1370/2007 7** 1 ff.
Gemischte Aufträge
– Verteidigungs- und sicherheitsspezifische öffentliche Aufträge **VSVgV 1** 36 ff.
Gemischttypische Vergaben **VOB/A 1** 1
Generikarabattverträge **SGB V** 36 ff.
– Ausschreibungen **SGB V** 50, 53
– Bietergemeinschaften **SGB V** 68
– Biosimilar **SGB V** 45
– Doppelrabatte **SGB V** 100
– Entgeltlichkeit **SGB V** 41

– Erstattungsvereinbarungen nach § 130c **SGB V** 49
– Fertigarzneimittel **SGB V** 94 ff.
– Geheimwettbewerb **SGB V** 67
– Kaskadenprinzip **SGB V** 56
– konzernverbundene Unternehmen **SGB V** 65
– Losvergabe **SGB V** 60
– Mehr-Partner-Modelle **SGB V** 56
– Mitteilungspflichten über die vereinbarten Rabattsätze nach dem IFG **SGB V** 83
– Preisvergleichsgruppen **SGB V** 54
– Rabattverträge als Rahmenvereinbarungen gem. § 21 VgV **SGB V** 39
– Sachleistungsprinzip **SGB V** 39
– Staffelrabatte **SGB V** 63
– Substitutionsentscheidung des Apothekers **SGB V** 42
– Vertragsklauseln **SGB V** 59
– Vertragsstrafen **SGB V** 59
– Zytostatika-Versorgungsverträge **SGB V** 94
Gerichtsbesetzung
– Wettbewerbsregistergesetz **WReG 11** 27 f.
Gesamtjahresbericht
– gemeinwirtschaftliche Verpflichtung **VO (EG) 1370/2007 7** 1 ff.
Geschäftsgeheimnisse **VOB/A 18 EU** 34; **VOB/A 2 VS** 16
Geschlossene Finanzierung **VO (EG) 1370/2007 Vor** 39
Geschmacksmusterrecht **VOB/A 3a EU** 30
Gesetzliche Krankenkassen **SGB V** 10
– Auftraggebereigenschaft **SGB V** 13 ff.
Gesetzliche Renten- und Unfallversicherungsträger
– Auftraggebereigenschaft **SGB V** 14
Gewährleistungswagnis **VO PR Nr. 30/53** 5
Gewerbeertragssteuer **VO PR Nr. 30/53** 3
Gewerbezentralregister **WReG Vor** 5
Gewerblicher Rechtsschutz **VO PR Nr. 30/53** 1 ff.
– Verrechnung **VO PR Nr. 30/53** 1 ff.
Gewerbsmäßigkeit **VO (EG) 1370/2007 Vor** 20
Gewinn **VO (EG) 1370/2007 Anh.** 6 ff.
– angemessener **VO (EG) 1370/2007 Anh.** 21 ff.
GKV-Markt **SGB V** 4 ff.
GKV-Selektivverträge
– Hilfsmittelverträge **SGB V** 26 ff. s. auch Hilfsmittelverträge
– Rahmenverträge mit Beitrittsrecht **SGB V** 29 ff. s. auch Rahmenverträge mit Beitrittsrecht
– vergaberechtliche Vorgaben **SGB V** 26 ff. s. auch Ausschreibung von GKV-Selektivverträge
GKV-Spitzenverband **SGB V** 50
Gleichbehandlungsgebot **VOB/A 2** 60; **VOB/A 10** 1; **VOB/A 12a** 4; **VOB/A 16a EU** 11; **VOB/A 16d EU** 22; **VOB/A 2 EU** 5; **VOB/A 2 VS** 9 ff.; **VSVgV 21** 27
– beschränkte Ausschreibung **VOB/A 2** 60
– freihändige Vergabe **VOB/A 2** 60
– Rechtfertigung einer Ungleichbehandlung **VO (EG) 1370/2007 5** 57
Gleichbehandlungsgrundsatz **VOB/A 3b** 49
Gleichwertigkeitsprüfung **VOB/A 16d** 11
Global-Pauschalvertrag **VOB/A 4** 25
Grenzüberschreitendes Interesse **HaushaltsvergabeR** 9

1417

Sachverzeichnis

fette Zahl = Gesetz und Paragraf

Grünanlagen **VOB/A 4** 28
Grundfreiheiten **VO (EG) 1370/2007 Vor** 34
– HaushaltsvergabeR **HaushaltsvergabeR** 8, 36, 99
Grundprinzipien des öffentlichen Preisrechts **VO PR Nr. 30/53** 1 ff.
– Festpreisvorrang **VO PR Nr. 30/53** 19 ff.
– Höchstpreisgrenze **VO PR Nr. 30/53** 26 ff.
– Marktpreisvorrang **VO PR Nr. 30/53** 4 ff.
Grundrechte **HaushaltsvergabeR** 14 ff.
– Verfahrensanforderungen **HaushaltsvergabeR** 14 ff.
Grundsätze der Informationsübermittlung **VOB/A 11 EU** 1 ff.
Grundsätze der Wirtschaftlichkeit und Sparsamkeit **VOB/A 20** 4
Gruppe von Behörden **VO (EG) 1370/2007 5** 49 ff.
Gütezeichen **UVgO 24** 1 f.; **VOB/A 7a EU** 1 ff., 33 ff.
– Nachweiskatalog **VOB/A 6a** 131 ff.
– Vorteile **VOB/A 6a** 133 f.
GWB-Novelle **VOB/A 8** 78
GWB-Vorschriften **VOB/A 1 VS** 8

H

Hamburg **LVG Hmb**
Hamburger Verkehrsverbund **VO (EG) 1370/2007 Vor** 25
Handelskammer **VOB/A 6a** 68
Handelsregister **VSVgV 25** 4
Handwerksrolle **VOB/A 6a** 68; **VSVgV 25** 4
Hängebahnen **VO (EG) 1370/2007 Vor** 12
Harmonisierung 65/271 **VO (EG) 1370/2007 Vor** 46
– PersonenverkehrsVO **VO (EG) 1370/2007 Vor** 71 ff.
– Vergaberecht **VO (EG) 1370/2007 Vor** 44
Hauptangebote
– § 13 EU Abs. 3 S. 3 **VOB/A 16 EU** 30
– mehrere **VOB/A 8** 81 ff.; **VOB/A 13 EU** 110
Haushaltsgrundsätzegesetz **HaushaltsvergabeR** 16
Haushaltsordnungen **HaushaltsvergabeR** 17 ff.
– der Länder **HaushaltsvergabeR** 18
– kommunale Ebene **HaushaltsvergabeR** 20
Haushaltsrecht **VO (EG) 1370/2007 Vor** 7
– kommunales **VO (EG) 1370/2007 5** 55
Haushaltsrelevanz **HaushaltsvergabeR** 44
Haushaltsvergabe R **HaushaltsvergabeR** 1 ff.
– ausdrückliche Bezugnahme **HaushaltsvergabeR** 50 ff.
– Ausnahmen vom Anwendungsbereich **HaushaltsvergabeR** 46, 52
– Baukonzessionen **HaushaltsvergabeR** 41 ff.
– Bedeutung **HaushaltsvergabeR** 4
– Bedeutung für das Vergaberecht **HaushaltsvergabeR** 1 ff.
– Bekanntmachung im Internet **HaushaltsvergabeR** 76
– Bereichsausnahmen **HaushaltsvergabeR** 51
– beschränkte Ausschreibung mit Teilnahmewettbewerb **HaushaltsvergabeR** 63, 84
– beschränkte Ausschreibung ohne Teilnahmewettbewerb **HaushaltsvergabeR** 85
– Dienstleistungskonzessionen **HaushaltsvergabeR** 44 ff.
– Direktvergabe **HaushaltsvergabeR** 62
– europäisches Vergaberecht **HaushaltsvergabeR** 2
– e-Vergabe **HaushaltsvergabeR** 56 ff.
– freiberufliche Leistungen **HaushaltsvergabeR** 69
– freihändige Vergabe **HaushaltsvergabeR** 86 ff.
– Gebot des effektiven Rechtsschutzes **HaushaltsvergabeR** 15
– grenzüberschreitendes Interesse **HaushaltsvergabeR** 9
– Grundfreiheiten **HaushaltsvergabeR** 8, 36, 99
– Grundrechte **HaushaltsvergabeR** 14 ff.
– Haushaltsordnungen **HaushaltsvergabeR** 17 ff.
– haushaltsrechtliche Lösung **HaushaltsvergabeR** 1
– Haushaltsrelevanz **HaushaltsvergabeR** 44
– im engeren Sinne **HaushaltsvergabeR** 16
– Inhouse-Geschäft **HaushaltsvergabeR** 46
– Innovationspartnerschaft **HaushaltsvergabeR** 59
– Instate-Geschäfte **HaushaltsvergabeR** 47, 53
– Kartellvergaberecht **HaushaltsvergabeR** 5, 61
– Konzessionen **HaushaltsvergabeR** 40
– Landesvergabegesetze **HaushaltsvergabeR** 35
– materielle Wertungskriterien **HaushaltsvergabeR** 89 ff.
– Nachverhandlungen **HaushaltsvergabeR** 78
– öffentliche Ausschreibung **HaushaltsvergabeR** 63
– öffentlicher Auftrag **HaushaltsvergabeR** 39
– personeller Anwendungsbereich **HaushaltsvergabeR** 33 ff.
– Rechtsschutz **HaushaltsvergabeR** 104 ff.
– Rechtsweg **HaushaltsvergabeR** 105 ff.
– Reformüberlegungen **HaushaltsvergabeR** 112
– sachlicher Anwendungsbereich **HaushaltsvergabeR** 39
– Sittenwidrigkeit **HaushaltsvergabeR** 102
– unmittelbare Fehlerfolgen **HaushaltsvergabeR** 96 ff.
– Unternehmer **HaushaltsvergabeR** 38
– Unterschwellenvergabe **HaushaltsvergabeR** 12
– Verfahrensarten **HaushaltsvergabeR** 60
– Verfahrensarten, Dringlichkeit **HaushaltsvergabeR** 67
– Verfahrensarten, Wertgrenzen **HaushaltsvergabeR** 68
– Verfassungsrecht **HaushaltsvergabeR** 13
– Vergabearten **HaushaltsvergabeR** 59 ff.
– Vergabegrundsätze **HaushaltsvergabeR** 55 ff.
– Vergaberichtlinien **HaushaltsvergabeR** 6 ff.
– Vergabeverfahren **HaushaltsvergabeR** 70 ff.
– Verwaltungsvorschriften **HaushaltsvergabeR** 21 ff.
– Vorinformationspflicht **HaushaltsvergabeR** 83
– Vorrang öffentlicher Ausschreibungen **HaushaltsvergabeR** 64
– wettbewerblicher Dialog **HaushaltsvergabeR** 59
– Zuwendungsempfänger **HaushaltsvergabeR** 37
Helmut Müller-Rechtssache **VOB/A 23** 7
Herstellung von Probestücken
– Kosten **VO PR Nr. 30/53** 1 ff.
Hessen **LVG H**
Hilfsmittelverträge **SGB V** 26 ff.
– Arzneimittelrabattverträge **SGB V** 36 ff.
– Ausschreibungsverträge **SGB V** 26 ff.
– Einzelfallvertrag **SGB V** 31
– Präqualifizierungsverfahren **SGB V** 27 ff.
– Rahmenverträge mit Beitrittsrecht **SGB V** 29 ff. *s. auch Rahmenverträge mit Beitrittsrecht*

1418

magere Zahl = Randnummer

Sachverzeichnis

– Reform **SGB V** 6 f.
Hilfsstoffe VO PR Nr. 30/53 1, 1 f.
Hinweise für das Aufstellen Leistungsbeschreibungen VOB/A 7 EU 26
Hochbau VOB/A 6b 18
Höchstpreisgrenze VO PR Nr. 30/53 26 ff.
– Beurteilungszeitraum **VO PR Nr. 30/53** 29
– Fehlerfolgen **VO PR Nr. 30/53** 30 ff.
– Inhalt **VO PR Nr. 30/53** 26 f.
– maßgebliche Umstände und Zeitpunkte **VO PR Nr. 30/53** 28 f.
– Maßstäbe **VO PR Nr. 30/53** 27
– Mindestpreise **VO PR Nr. 30/53** 26
– Tatbestandsvarianten **VO PR Nr. 30/53** 28
Hoflieferantentum VOB/A 3b 38
Hoheitliche Beschaffung VO (EG) 1370/2007 5 16
Hospital Ingenieur-Entscheidung VOB/A 17 EU 33
Hybridbusse VO (EG) 1370/2007 4 21
Hypothetische Marktpreisbildung VO PR Nr. 30/53 18

I

Industriekammer VOB/A 6a 68
Informationen VO (EG) 1370/2007 4 32 f.
– Bieterausschluss **VSVgV 23** 13 ff.
– über die elektronische Kommunikation **VOB/A 11a EU** 9
– vertrauliche **WReG 3** 6
Informationsbereitstellungspflicht VO (EG) 1370/2007 4 40
Informationsübermittlung VOB/A 11 1 ff.
– Beschafferprofil **VOB/A 11 VS** 7
– Datenintegrität **VOB/A 11 VS** 8 f.
– Kommunikationsmittel **VOB/A 11 VS** 3; **VSVgV 19** 3 ff.
– Kommunikationswahl **VOB/A 11** 3 f.
– Teilnahmeantrag per Telefon **VOB/A 11 VS** 10
– Verteidigung und Sicherheit **VOB/A 11 VS** 1 ff.
– Verteidigungs- und sicherheitsspezifische öffentliche Aufträge **VSVgV 19** 1 ff.
– Vertraulichkeit **VOB/A 11 VS** 8 f.; **VSVgV 19** 13 ff.
Informationsverpflichtung VO (EG) 1370/2007 5 22; **VOB/A 19 EU** 1, 6 ff.
– Bewerberinformation **VOB/A 19 EU** 15
– ergänzende Bieterinformation **VOB/A 19 EU** 16 ff.
– Form und Frist **VOB/A 19 EU** 20 ff.
– Richtlinienumsetzung **VOB/A 19 EU** 22
– Unteraufträge **VSVgV 38** 8 ff.
– Verfahrensverlauf **VOB/A 19 EU** 19
– Vertraulichkeitsgrundsatz **VOB/A 19 EU** 18
– Zurückhaltung von Informationen **VOB/A 19 EU** 21
– zusätzliche Information **VOB/A 19 EU** 11 ff.
Infrastrukturkostenbeihilfen VO (EG) 1370/2007 9 3 ff.
Inhalt
– Bieterangebot **VOB/A 13 EU** 1 ff.
– Dokumentation **VOB/A 20** 6 ff., 8
Inhaltskontrolle VOB/A Vor 4; **VOB/A 23** 26;
– Grundzüge der **VOB/B** 6 f.
Inhouse-Geschäft
– Haushaltsvergaberecht **HaushaltsvergabeR** 46, 52

– Marktpreisvorrang **VO PR Nr. 30/53** 13
Inhouse-Vergabe VO (EG) 1370/2007 5 1
Inkrafttreten VSVgV 45 1
– PersonenverkehrsVO **VO (EG) 1370/2007 12** 1
Inlandsveröffentlichung VOB/A 12 EU 27 ff.
Innovation
– Begriff **VOB/A 3a EU** 13
Innovationspartnerschaft VOB/A 3 EU 14 f.
– Eröffnung des Verfahrens **VOB/A 3b EU** 50 ff.
– Forschungs- und Entwicklungsphase **VOB/A 3b EU** 57 ff.
– Fristen **VOB/A 10d EU** 1 f.
– Haushaltsvergaberecht **HaushaltsvergabeR** 59
– Informationsverpflichtung **VOB/A 19 EU** 19
– Teilnahmewettbewerb **VOB/A 3b EU** 50 ff.
– Verfahrensablauf **VOB/A 3b EU** 44 ff.
– Verhandlungsphase **VOB/A 3b EU** 50 ff.
– Zulässigkeit **VOB/A 3a EU** 40
Insolvenzverfahren VOB/A 6a 72 f.; **VSVgV 24** 9
Installationsarbeiten VOB/A 6d EU 43; **VO PR Nr. 30/53** 25
Instandhaltung VO PR Nr. 30/53 1 ff.
Instandsetzung VO PR Nr. 30/53 1 ff.
Instanzenzug
– Wettbewerbsregistergesetz **WReG 11** 27 f.
In-State-Geschäfte
– Haushaltsvergaberecht **HaushaltsvergabeR** 47, 53
– Marktpreisvorrang **VO PR Nr. 30/53** 13
Integrierter Betreiber
– Direktvergabe **VO (EG) 1370/2007 5** 62
Integrierter Verkehrsdienst VO (EG) 1370/2007 2 45
Intendiertes Ermessen VOB/A 19 4; **VOB/A 19 EU** 9
Interessenabwägung VOB/A 17 EU 24
Interessenbekundungen VOB/A 11 EU 18
Interessenbestätigungen VOB/A 11 EU 18
Interessenkonflikt VOB/A 2 VS 14; **VSVgV 24** 14; **VSVgV 42** 27 ff.
– Unterschwellenvergabeordnung **UVgO 4** 1
Interne Betreiber VO (EG) 1370/2007 2 44; **VO (EG) 1370/2007 5** 13
– Dienstleistungskonzession **VO (EG) 1370/2007 5** 27 ff., 33 ff.
Internet
– Veröffentlichung der Vergabeunterlagen **VOB/A 11 EU** 11 ff.
Internetportale UVgO 28 1; **VOB/A 12 EU** 20
Interoperabilität VSVgV 34 16
– Angebotsbewertung **VOB/A 16dVS** 4
Invitatio ad offerendum VOB/A 8 27
Irrtümer
– Kalkulations- **VOB/A 15 EU** 37

J

Jahresabschlüsse VOB/A 6a EU 19 ff.
Jugendhilfe
– Einrichtungen **VOB/A 6** 50
Justizvollzugsanstalten VOB/A 6 50

K

Kabotage VO (EG) 1370/2007 Vor 36
Kalkulationsfehler VOB/A 15 EU 37

1419

Sachverzeichnis

fette Zahl = Gesetz und Paragraf

Kalkulationsgrundlage
– Änderung der **VOB/A 12a EU** 14
Kalkulationsirrtum VOB/A 16c EU 9
Kalkulatorische Gewinn
– Begriff **VO PR Nr. 30/53** 1 ff.
Kalkulatorischer Unternehmerlohn VO PR Nr. 30/53 1
Kapitalrendite VO (EG) 1370/2007 Anh. 22
Kapitalverzinsungsanspruch VO (EG) 1370/2007 Vor 81
Karitativer Fahrdienst VO (EG) 1370/2007 Vor 21
Kartellrecht
– Verhältnis zum Vergaberecht **VOB/A 6** 14 ff.
Kartellverbot
– Wettbewerbsregistergesetz **WReG 2** 25
Kartellvergaberecht
– Haushaltsvergaberecht **HaushaltsvergabeR** 5, 61
– Vorrang **VO (EG) 1370/2007 5** 2
Kaskadenprinzip VOB/A 1 VS 1; **SGB V** 56
Katalog
– elektronischer **VOB/A 4b EU** 44 ff.
Kaufmännische Nebenangebote VOB/A 8 65
Kaufmännisch-juristische Vertragsbedingungen VOB/A 8a 7 ff., 8 ff.
– AGB-Kontrolle **VOB/A 8a** 11
Kennzeichnung
– schriftliches Bieterangebot **VOB/A 13 EU** 39 ff.
Kernarbeitsnormen der Internationalen Arbeitsorganisation LVG Vor 14
Kleinaufträge VO (EG) 1370/2007 Vor 7; **VO (EG) 1370/2007 5** 1
– Direktvergabe **VO (EG) 1370/2007 5** 52 ff.
Kleinreparaturen VOB/A 4 28
Kleinstwettbewerb VOB/A 4a EU 33 ff.
Kollektivtransport VO (EG) 1370/2007 2 38
Kollusive Absprache VOB/A 3a EU 18
Kommission
– Prüfungsrecht **VO (EG) 1370/2007 6** 6
Kommunalaufsichtsbehörde VOB/A 21 3
Kommunale Direktvergabe VO (EG) 1370/2007 Vor 6
Kommunale Eigengesellschaften VO (EG) 1370/2007 Vor 6
Kommunale Haushalts- und Kassenverordnung LVG Bbg
Kommunale Unternehmen VO (EG) 1370/2007 5 33
Kommunalwirtschaft
– Wagniskosten **VO PR Nr. 30/53** 4
Kommunikationsgrundsätze UVgO 7 1 ff.
Kommunikationsmittel VOB/A 11 VS 3
Konkurrenzen VO (EG) 1370/2007 1 24 ff.
Konkurrenzschutz VO (EG) 1370/2007 2 24
Konsortialverträge VO (EG) 1370/2007 5 37
Kontigentierung
– Taxenverkehr **VO (EG) 1370/2007 2** 33
Kontrahierungszwang VOB/A 17 EU 5 ff.
Konzernprivileg VOB/A 6 25
Konzernunternehmen VOB/A 2 67 ff.
– Bietergemeinschaften **VOB/A 6** 24 ff.
Konzernverbundene Unternehmen VOB/A 16 5
– Arzneimittelrabattverträge **SGB V** 65
– Generikarabattverträge **SGB V** 65
Konzernvertrag VOB/A 6d EU 27

Konzessionen
– Bau- **VOB/A 23** 1 ff.
– Haushaltsvergaberecht **HaushaltsvergabeR** 40
Konzessionsabgaben VO PR Nr. 30/53 11
Konzessionsvergabe-Richtlinie HaushaltsvergabebeR 40
Konzessionsvergabeverordnung VOB/A 23 1
Konzessionsvertrag
– Baukonzessionen **VOB/A 23** 10 f.
Koordinierungsbeihilfen VO (EG) 1370/2007 1 28; **VO (EG) 1370/2007 9** 8
Koordinierungsfunktion VO (EG) 1370/2007 Vor 73
Kopplungsnachlass VOB/A 5 EU 69
Korrekturband VOB/A 13 EU 79
Korrekturlack-Eintragungen VOB/A 13 EU 79
Kosten VO (EG) 1370/2007 Anh. 6 ff.; **VOB/A 16d EU** 32
– Aufsichtsratsbezüge **VO PR Nr. 30/53** 11
– Avalprovisionen **VO PR Nr. 30/53** 11
– Berichtigung **VO PR Nr. 30/53** 1
– Entwicklungsarbeiten **VO PR Nr. 30/53** 2
– Entwurfsarbeiten **VO PR Nr. 30/53** 2
– Kostenrechnung **VO PR Nr. 30/53** 1 ff.
– Konzessionsabgaben **VO PR Nr. 30/53** 11
– Leitsätze für die Preisermittlung auf Grund von Selbstkosten **VO PR Nr. 30/53** 1 ff.
– Kosten der Preisprüfung **VO PR Nr. 30/53** 11
– Reisekosten **VO PR Nr. 30/53** 11
– Versandbedingungen **VO PR Nr. 30/53** 1 ff.
– Versandkosten **VO PR Nr. 30/53** 1 ff.
– Verteidigung und Sicherheit **VOB/A 8b VS** 1
– Vertreterprovisionen **VO PR Nr. 30/53** 1 ff.
– Zahlungsverkehr **VO PR Nr. 30/53** 10
Kosten der Preisprüfung VO PR Nr. 30/53 11
Kosten des Auftragnehmers VO PR Nr. 30/53 25 ff.
Kostenerstattungsanspruch VOB/A 8b 2 ff.; **VOB/A 12** 21
Kostenrechnung VO PR Nr. 30/53 1 f., 1 ff.
– Abfindungen **VO PR Nr. 30/53** 13
– Abschreibungsbetrag **VO PR Nr. 30/53** 1 ff.
– Abzugskapital **VO PR Nr. 30/53** 8 ff.
– Anlageabschreibungen **VO PR Nr. 30/53** 1 ff.
– Anlagennachweis **VO PR Nr. 30/53** 1
– Anlagennutzung **VO PR Nr. 30/53** 1
– Arten der Preisermittlung auf Grund von Selbstkosten **VO PR Nr. 30/53** 1 ff.
– Aufsichtsratsbezüge **VO PR Nr. 30/53** 11
– Aufwendungsnachweis **VO PR Nr. 30/53** 1 ff.
– auswärtige Bearbeitung **VO PR Nr. 30/53** 1 ff.
– Avalprovisionen **VO PR Nr. 30/53** 11
– Bauartänderungen **VO PR Nr. 30/53** 1
– Beiträge **VO PR Nr. 30/53** 1 f.
– Betriebsstoffe **VO PR Nr. 30/53** 1 f.
– Bewertung **VO PR Nr. 30/53** 1 f.
– Bewertung von Personalkosten **VO PR Nr. 30/53** 1 ff.
– Brennstoffe **VO PR Nr. 30/53** 1 f.
– Bürokosten **VO PR Nr. 30/53** 1 ff., 5
– Einstandspreis **VO PR Nr. 30/53** 1 ff.
– Energie **VO PR Nr. 30/53** 1 f.
– Entgelthöhe der Wagniskosten **VO PR Nr. 30/53** 1 ff.
– Erklärung des Auftragnehmers **VO PR Nr. 30/53** 1 f.

magere Zahl = Randnummer

Sachverzeichnis

- Ermittlung des betriebsnotwendigen Kapitals **VO PR Nr. 30/53** 1 ff.
- Fertigungsanlauf **VO PR Nr. 30/53** 1
- Fertigungsstoffe **VO PR Nr. 30/53** 1 ff.
- freie Entwicklung **VO PR Nr. 30/53** 1 ff.
- Gebühren **VO PR Nr. 30/53** 1 f.
- gebundene Entwicklung **VO PR Nr. 30/53** 1 ff.
- Gehälter **VO PR Nr. 30/53** 1
- Geltungsbereich **VO PR Nr. 30/53** 1 f.
- Gewerbeertragssteuer **VO PR Nr. 30/53** 3
- gewerblicher Rechtsschutz **VO PR Nr. 30/53** 1 ff.
- Hilfsstoffe **VO PR Nr. 30/53** 1 f.
- Instandhaltung **VO PR Nr. 30/53** 1 ff.
- Instandsetzung **VO PR Nr. 30/53** 1 ff.
- kalkulatorische Gewinn **VO PR Nr. 30/53** 1 ff.
- kalkulatorischer Unternehmerlohn **VO PR Nr. 30/53** 1
- Konzessionsabgaben **VO PR Nr. 30/53** 11
- Kosten **VO PR Nr. 30/53** 1 ff.
- Kosten der Preisprüfung **VO PR Nr. 30/53** 11
- Kosten des Zahlungsverkehrs **VO PR Nr. 30/53** 10
- Kostenbegriff und -begrenzungen **VO PR Nr. 30/53** 5 ff.
- Kostenberichtigung **VO PR Nr. 30/53** 1
- Lastenausgleich **VO PR Nr. 30/53** 1
- Lizenzen **VO PR Nr. 30/53** 1 ff.
- Löhne **VO PR Nr. 30/53** 1
- Mengenansatz **VO PR Nr. 30/53** 1
- Mengenansatz des betriebsnotwendigen Vermögens **VO PR Nr. 30/53** 1 ff.
- Mengenermittlung **VO PR Nr. 30/53** 1 ff.
- Mietkosten **VO PR Nr. 30/53** 1 ff., 3 ff.
- Minimumprinzip **VO PR Nr. 30/53** 8
- Mitarbeiterstundensätze **VO PR Nr. 30/53** 2
- Nachkalkulation **VO PR Nr. 30/53** 3
- Patente **VO PR Nr. 30/53** 1 ff.
- Pensionsrückstellungen **VO PR Nr. 30/53** 6
- Personalkosten **VO PR Nr. 30/53** 1
- Preiskalkulation **VO PR Nr. 30/53** 1 ff., 1
- Rechnungswesen **VO PR Nr. 30/53** 1 ff.
- Reisekosten **VO PR Nr. 30/53** 11
- Reststoffe **VO PR Nr. 30/53** 1 ff.
- Selbstkostenpreise **VO PR Nr. 30/53** 1 f., 1 ff., 1 f.
- Sonderabschreibungen **VO PR Nr. 30/53** 1 ff.
- Sonderbetriebsmittel **VO PR Nr. 30/53** 1 ff.
- Sozialkosten **VO PR Nr. 30/53** 1 ff.
- Steuern **VO PR Nr. 30/53** 1 ff., 7
- Transportkosten **VO PR Nr. 30/53** 1 ff., 8 f.
- Unternehmenswagnis **VO PR Nr. 30/53** 1
- Verrechnungsansatz **VO PR Nr. 30/53** 1 ff.
- Versandbedingungen **VO PR Nr. 30/53** 1 ff.
- Versandkosten **VO PR Nr. 30/53** 1 ff.
- Vertreterprovisionen **VO PR Nr. 30/53** 1 ff.
- Vorkalkulation **VO PR Nr. 30/53** 2
- Wagniskosten, Verlust **VO PR Nr. 30/53** 1 ff.
- Werbekosten **VO PR Nr. 30/53** 1 ff., 6 f.
- Wertansatz des betriebsnotwendigen Vermögens **VO PR Nr. 30/53** 1 ff.
- wirtschaftliche Betriebsführung **VO PR Nr. 30/53** 5
- Zinsen **VO PR Nr. 30/53** 11
- Zinsenbemessung **VO PR Nr. 30/53** 1 ff.
- Zulieferung aus eigenen Vorbetrieben **VO PR Nr. 30/53** 1 ff.
- Zuschlagskalkulation **VO PR Nr. 30/53** 5
- Zuschlagsverfahren **VO PR Nr. 30/53** 5

Kostenregelung VOB/A 8b 1 ff.; **VOB/A 8b EU** 1
Kostenrisiken VO (EG) 1370/2007 4 15 ff.
Kostenschätzung VOB/A 16d EU 5
Kostenstellenrechnung VO (EG) 1370/2007 Anh. 16 f.
Kostensteuern VO PR Nr. 30/53 1
Kostenträgerrechnung VO (EG) 1370/2007 Anh. 16 f.
Kraftfahrzeugverkehr VO (EG) 1370/2007 5 12
Kraftomnibus VO (EG) 1370/2007 Vor 12, 28
Kraftwagen VO (EG) 1370/2007 Vor 12
Kran VOB/A 2 53
Krankenhaus VSVgV 23 20
Krankenkassen
- gesetzliche **SGB V** 10

Krise
- Begriff **VSVgV** 4 2
- Verteidigungs- und sicherheitsspezifische öffentliche Aufträge **VSVgV** 4 2

Kronzeugenregelung
- Wettbewerbsregistergesetz **WReG** 2 25

Kundendienst VOB/A 16d EU 41 f.; **VSVgV** 34 12 ff.
Kündigung Grundzüge der VOB/B 29 ff.
- außerordentliche **Grundzüge der VOB/B** 30 f.
- freie **Grundzüge der VOB/B** 29

Kunstwerk VOB/A 3a EU 28

L

Landesgleichstellungsgesetz LVG BE
Landestariftreuegesetz
- Rheinland-Pfalz **LVG RP**

Landestariftreuegesetz Rheinland-Pfalz VO (EG) 1370/2007 4 29
Landesvergabegesetze LVG Vor 1 ff.; **HaushaltsvergabeR** 24 ff., 103
- Auseinandersetzung **LVG Vor** 31 f.
- Baden-Württemberg **LVG BW**
- Bayern **LVG BY**
- Berlin **LVG BE**
- Brandenburg **LVG Bbg**
- Bremen **LVG BR**
- Hamburg **LVG Hmb**
- Haushaltsvergaberecht **HaushaltsvergabeR** 35
- Hessen **LVG H**
- Mecklenburg-Vorpommern **LVG M-V**
- Mittelstand **LVG Vor** 25
- Niedersachsen **LVG N**
- Nordrhein-Westfalen **LVG NRW**
- ökologische Aspekte **LVG Vor** 18 f.
- persönlicher Anwendungsbereich **LVG Vor** 5 *s. auch Marktpreise*
- Rechtsschutz **LVG Vor** 28 *s. auch Preise bei vergleichbaren Leistungen*
- Rheinland-Pfalz **LVG RP**
- Saarland **LVG Saar**
- sachlicher Anwendungsbereich **LVG Vor** 6
- Sachsen **LVG Sachs**
- Sachsen-Anhalt **LVG LSA**
- Schleswig-Holstein **LVG SH**

1421

Sachverzeichnis

fette Zahl = Gesetz und Paragraf

- soziale Aspekte **LVG Vor** 9 ff.
- Thüringen **LVG Thür**
- ungewöhnlich niedrige Angebote **LVG Vor** 27
- Unterschwellenvergabe **LVG Vor** 7
- Verbreitung **HaushaltsvergabeR** 24 ff.
- Vergabeverordnungen **HaushaltsvergabeR** 27 ff.
- VOB/A **LVG Vor** 7
- weitere Regelungsgegenstände **LVG Vor** 22
- zentrale Inhalte **HaushaltsvergabeR** 24 ff.

Landverkehr VO (EG) 1370/2007 Vor 11 ff.
- Bahnen besonderer Bauart **VO (EG) 1370/2007 Vor** 12
- Bergbahnen **VO (EG) 1370/2007 Vor** 12
- Binnenschiffe **VO (EG) 1370/2007 Vor** 12
- Eisenbahnen **VO (EG) 1370/2007 Vor** 12
- Fähren **VO (EG) 1370/2007 Vor** 12
- Hängebahnen **VO (EG) 1370/2007 Vor** 12
- Kraftomnibus **VO (EG) 1370/2007 Vor** 12
- Kraftwagen **VO (EG) 1370/2007 Vor** 12
- Magnetschwebebahnen **VO (EG) 1370/2007 Vor** 12
- Stadtbahnen **VO (EG) 1370/2007 Vor** 12
- Straßenbahnen **VO (EG) 1370/2007 Vor** 12

Langfristigkeit
- PersonenverkehrsVO **VO (EG) 1370/2007 2a** 4 ff.

Lastenausgleich VO PR Nr. 30/53 1

Laufzeit
- öffentliche Dienstleistungsaufträge **VO (EG) 1370/2007 4** 19 ff.
- Rahmenvereinbarungen **VOB/A 4a** 21 f.

Lebenszyklus VOB/A 7a EU 7 ff.

Lebenszyklus-Konzept VOB/A 1 VS 7

Lebenszykluskosten VOB/A 16d EU 21, 49 ff.; **VSVgV 34** 15 ff.
- Begriff **VOB/A 16d EU** 50

Lebenszykluskostenanalyse
- Aufklärung des Angebotsinhalts **VOB/A 15 EU** 55 ff.

Leistung
- sicherheitsspezifische **VOB/A 1 VS** 16 ff.
- verteidigungsspezifische **VOB/A 1 VS** 16 ff.

Leistungsanforderungen VOB/A 7a EU 22 f.
- Angebote die von § 7a EU Abs. 2 Nr. 2 abweichen **VOB/A 7a EU** 30
- Gütezeichen **VOB/A 7a EU** 33 ff.

Leistungsbeschreibung UVgO 23 1 ff.; **VOB/A 7** 1 ff.; **VOB/A 7 EU** 1 ff.; **Grundzüge der VOB/B** 10
- Angabe von Zweck und vorgesehener Beanspruchung **VOB/A 7 EU** 24; **VOB/A 7b EU** 27
- Beschreibung der wesentlichen Verhältnisse der Baustelle **VOB/A 7 EU** 25
- Darstellung mit Zeichnungen und anderen Mitteln **VOB/A 7b EU** 13 ff.
- Dokumentation **VOB/A 7 EU** 34; **VOB/A 7b EU** 28
- eindeutige und erschöpfende **VOB/A 7 EU** 7 ff.
- Hinweise für das Aufstellen Leistungsbeschreibungen **VOB/A 7 EU** 26
- Leistungsprogramm **VOB/A 7c** 1 ff.
- Leistungsverzeichnis **VOB/A 7b** 1 ff.; **VOB/A 7b EU** 1 ff., 5 ff.
- mit Leistungsprogramm **VOB/A 7c EU** 1 ff., 6 ff.
- Musterleistungsbeschreibung **VOB/A 7c EU** 13
- Pressemitteilung **VOB/A 7 EU** 12 ff.

- Verhältnis zu den übrigen Vergabeunterlagen **VOB/A 7b EU** 17 ff.
- Verteidigung und Sicherheit **VOB/A 7 VS** 1 ff.
- Verteidigungs- und sicherheitsspezifische öffentliche Aufträge **VSVgV 15** 1 ff., 4 ff.

Leistungsbeschreibung mit Leistungsprogramm VOB/A 7c EU 1 ff.
- Angebotsanforderungen **VOB/A 7c EU** 17 ff.
- Anwendungsbereich **VOB/A 7c EU** 7 ff.
- Dokumentation **VOB/A 7c EU** 20
- Inhalt **VOB/A 7c EU** 13 ff.
- Verteidigung und Sicherheit **VOB/A 7c VS** 1 ff.

Leistungsbeschreibung mit Leistungsverzeichnis
- Verteidigung und Sicherheit **VOB/A 7b VS** 1 ff.

Leistungsbeschwerde
- Wettbewerbsregistergesetz **WReG 11** 15 ff.

Leistungsbestimmungsfreiheit VOB/A 5 11 ff.

Leistungserbringung VOB/A 7a EU 7 ff.

Leistungsfähigkeit VOB/A 2 52 ff.; **VOB/A 6a** 25 f.; **VOB/A 2 EU** 6 f.
- berufliche **VSVgV 27** 1 ff.
- Buchhaltung **VOB/A 2** 54
- fachkundiges Personal **VOB/A 2** 53
- finanzielle **VSVgV 26** 1 ff.
- Qualitätsmanagement **VOB/A 2** 54
- Ressourcenmanagement **VOB/A 2** 54
- technische **VOB/A 15** 10; **VSVgV 27** 1 ff.
- Wettbewerbsteilnehmer **VOB/A 6 VS** 3
- wirtschaftliche **VOB/A 15** 10; **VSVgV 26** 1 ff.

Leistungsprogramm VOB/A 7c 1 ff.
- Angebotsanforderungen **VOB/A 7c EU** 17 ff.
- Dokumentation **VOB/A 7c EU** 20
- Inhalt **VOB/A 7c EU** 13 ff.
- Leistungsbeschreibung **VOB/A 7c EU** 1 ff., 6 ff.

Leistungsverpflichtung Grundzüge der VOB/B 9

Leistungsvertrag VOB/A 4 6 ff.; **VOB/A 4 EU** 5 ff.
- Einheitspreisvertrag **VOB/A 4** 6, 7 ff.
- Pauschalvertrag **VOB/A 4** 6, 22 ff.
- Verteidigung und Sicherheit **VOB/A 4 VS** 5 ff.

Leistungsverzeichnis VOB/A 7b 1 ff.
- Aufgliederung des **VOB/A 7b EU** 19 ff.
- Baubeschreibung **VOB/A 7b EU** 6 ff.
- bieterseitige Kurzfassung **VOB/A 13** 76 ff.; **VOB/A 13 EU** 82 ff.
- Leistungsbeschreibung **VOB/A 7b EU** 1 ff., 5 ff.

Leitsätze für die Preisermittlung auf Grund von Selbstkosten VO PR Nr. 30/53 1 ff.
- Abfindungen **VO PR Nr. 30/53** 13
- Abschreibungsbetrag **VO PR Nr. 30/53** 1 ff.
- Abzugskapital **VO PR Nr. 30/53** 8 ff.
- Anlageabschreibungen **VO PR Nr. 30/53** 1 ff.
- Anlagennachweis **VO PR Nr. 30/53** 1
- Anlagennutzung **VO PR Nr. 30/53** 1
- Aufsichtsratsbezüge **VO PR Nr. 30/53** 11
- Aufwendungsnachweis **VO PR Nr. 30/53** 1 ff.
- auswärtige Bearbeitung **VO PR Nr. 30/53** 1
- Avalprovisionen **VO PR Nr. 30/53** 11
- Bauartänderungen **VO PR Nr. 30/53** 1
- Beiträge **VO PR Nr. 30/53** 1 f.
- Betriebsbuchhaltung **VO PR Nr. 30/53** 2
- Betriebsstoffe **VO PR Nr. 30/53** 1 f.
- Bewertung **VO PR Nr. 30/53** 1 f.
- Bewertung von Personalkosten **VO PR Nr. 30/53** 1 ff.
- Brennstoffe **VO PR Nr. 30/53** 1 f.

1422

magere Zahl = Randnummer

Sachverzeichnis

- Bürokosten **VO PR Nr. 30/53** 1 ff., 5
- Einstandspreis **VO PR Nr. 30/53** 1 ff.
- Energie **VO PR Nr. 30/53** 1 f.
- Entgelthöhe der Wagniskosten **VO PR Nr. 30/53** 1 ff.
- Entwurfsarbeiten **VO PR Nr. 30/53** 1 ff.
- Erklärung des Auftragnehmers **VO PR Nr. 30/53** 1 f.
- Ermittlung des betriebsnotwendigen Kapitals **VO PR Nr. 30/53** 1 ff.
- Fertigungsanlauf **VO PR Nr. 30/53** 1
- Fertigungsstoffe **VO PR Nr. 30/53** 1 ff.
- Finanzbuchhaltung **VO PR Nr. 30/53** 2
- Forschungen **VO PR Nr. 30/53** 1 ff.
- freie Entwicklung **VO PR Nr. 30/53** 1 ff.
- Gebühren **VO PR Nr. 30/53** 1 f.
- gebundene Entwicklung **VO PR Nr. 30/53** 1 ff.
- Gehälter **VO PR Nr. 30/53** 1
- Geltungsbereich **VO PR Nr. 30/53** 1 f.
- Gewerbeertragsteuer **VO PR Nr. 30/53** 3
- gewerblicher Rechtsschutz **VO PR Nr. 30/53** 1 ff.
- Herstellung von Probestücken **VO PR Nr. 30/53** 1 ff.
- Hilfsstoffe **VO PR Nr. 30/53** 1 f.
- Instandhaltung **VO PR Nr. 30/53** 1 ff.
- Instandsetzung **VO PR Nr. 30/53** 1 ff.
- kalkulatorischer Gewinn **VO PR Nr. 30/53** 1 ff.
- kalkulatorischer Unternehmerlohn **VO PR Nr. 30/53** 1
- Konzessionsabgaben **VO PR Nr. 30/53** 11
- Kosten **VO PR Nr. 30/53** 1 ff.
- Kosten der Preisprüfung **VO PR Nr. 30/53** 11
- Kosten des Zahlungsverkehrs **VO PR Nr. 30/53** 10
- Kostenbegriff und -begrenzungen **VO PR Nr. 30/53** 5 ff.
- Kostenberichtigung **VO PR Nr. 30/53** 1
- Lastenausgleich **VO PR Nr. 30/53** 1
- Lizenzen **VO PR Nr. 30/53** 1 ff.
- Löhne **VO PR Nr. 30/53** 1
- Mengenansatz **VO PR Nr. 30/53** 1
- Mengenansatz des betriebsnotwendigen Vermögens **VO PR Nr. 30/53** 1 ff.
- Mengenermittlung **VO PR Nr. 30/53** 1 ff.
- Mietkosten **VO PR Nr. 30/53** 1 ff., 3 ff.
- Minimumprinzip **VO PR Nr. 30/53** 8
- Normzweck **VO PR Nr. 30/53** 1 ff.
- Patente **VO PR Nr. 30/53** 1 ff.
- Pensionsrückstellungen **VO PR Nr. 30/53** 6
- Personalkosten **VO PR Nr. 30/53** 1
- Preiskalkulation **VO PR Nr. 30/53** 1 ff.
- Rechnungswesen **VO PR Nr. 30/53** 1 ff.
- Reisekosten **VO PR Nr. 30/53** 11
- Reststoffe **VO PR Nr. 30/53** 1 ff.
- Selbstkostenpreise **VO PR Nr. 30/53** 1 ff.
- Sonderabschreibungen **VO PR Nr. 30/53** 1 ff.
- Sonderbetriebsmittel **VO PR Nr. 30/53** 1 ff.
- Sozialkosten **VO PR Nr. 30/53** 1 ff.
- Steuern **VO PR Nr. 30/53** 1 ff.
- Steuerrecht **VO PR Nr. 30/53** 7
- Transportkosten **VO PR Nr. 30/53** 1 ff., 8 f.
- Unternehmenswagnis **VO PR Nr. 30/53** 1
- Verrechnung **VO PR Nr. 30/53** 1
- Verrechnungsansatz **VO PR Nr. 30/53** 1 ff.
- Versandbedingungen **VO PR Nr. 30/53** 1 ff.
- Versandkosten **VO PR Nr. 30/53** 1 ff.
- Vertreterprovisionen **VO PR Nr. 30/53** 1 ff.
- Wagniskosten, Verlust **VO PR Nr. 30/53** 1 f.
- Werbekosten **VO PR Nr. 30/53** 1 ff., 6 f.
- Wertansatz des betriebsnotwendigen Vermögens **VO PR Nr. 30/53** 1 ff.
- wirtschaftliche Betriebsführung **VO PR Nr. 30/53** 5
- Zinsen **VO PR Nr. 30/53** 11
- Zinsenbemessung **VO PR Nr. 30/53** 1 ff.
- Zulieferung aus eigenen Vorbetrieben **VO PR Nr. 30/53** 1 ff.
- Zuschlagskalkulation **VO PR Nr. 30/53** 5
- Zuschlagsverfahren **VO PR Nr. 30/53** 5

Lieferaufträge VOB/A 1 1; **VSVgV** 10 1
- Eignungsnachweise **VSVgV** 27 4 ff.
- Verteidigungs- und sicherheitsspezifische öffentliche Aufträge **VSVgV** 2 1 ff.; **VSVgV** 11 1 ff.; **VSVgV** 12 26 f.

Lieferfristen VSVgV 34 19 ff.
Lieferkettenmanagementsystem VOB/A 6a EU 42 ff.
Lieferkettenüberwachungssystem VOB/A 6a EU 42 ff.
Liniengenehmigungen VO (EG) 1370/2007 Vor 4; **VO (EG) 1370/2007** 5 56
Linienverkehr VO (EG) 1370/2007 Vor 30
- Beförderungspflicht **VO (EG) 1370/2007** 2a 8
- Marktzutrittsschutz **VO (EG) 1370/2007** 2 30 ff.
- Sonderformen **VO (EG) 1370/2007** 2 10
- Taxenverkehr **VO (EG) 1370/2007** 2 32

Liquidation VOB/A 6a 79; **VSVgV** 24 9
Lizenzen VO PR Nr. 30/53 1 ff.
- Verrechnung **VO PR Nr. 30/53** 1 ff.

Löhne VO PR Nr. 30/53 1
Losvergabe UVgO 22 1 ff.; **VOB/A** 5 1 ff., 11 ff.; **VOB/A** 12 16; **VOB/A** 5 EU 2 ff., 12 ff.
- Absehen von Losaufteilung **VOB/A** 5 EU 26
- Angebotslimitierung **VOB/A** 5 EU 57 f.
- Arzneimittelrabattverträge **SGB V** 60
- Baukonzessionen **VOB/A** 23 24
- Begründungserfordernis **VOB/A** 5 EU 53
- Bekanntmachungspflicht **VOB/A** 5 29
- Beweislast **VOB/A** 5 EU 27
- Bieterschutz **VOB/A** 5 30; **VOB/A** 5 EU 70 ff.
- Fachlose **VOB/A** 5 15
- Fehlerfolgen **VOB/A** 5 30 ff.; **VOB/A** 5 EU 70 ff.
- Generikarabattverträge **SGB V** 60
- Gesamtvergabe **VOB/A** 5 23 ff.
- Kopplungsnachlass **VOB/A** 5 EU 69
- Leistungsbestimmungsfreiheit **VOB/A** 5 11 ff.
- Loskombination **VOB/A** 5 EU 66 ff.
- Loslimitierung **VO (EG) 1370/2007** 5 63; **VOB/A** 5 28; **VOB/A** 5 EU 54
- Loszuschnitt **VOB/A** 5 EU 24
- Regelfall **VOB/A** 5 20 ff.
- Schadensersatzanspruch **VOB/A** 5 31
- Splitterlose **VOB/A** 5 33
- technische Gründe **VOB/A** 5 EU 38 ff.
- Teillose **VOB/A** 5 14; **VOB/A** 5 EU 4
- Verpflichtung privater Unternehmen **VOB/A** 5 EU 48 ff.
- Verteidigung und Sicherheit **VOB/A** 5 VS 1; **VSVgV** 3 16 ff.
- wirtschaftliche Gründe **VOB/A** 5 EU 28
- Zuschlagslimitierung **VOB/A** 5 EU 59 ff.

Luftdienstleistungen VSVgV 12 1

Sachverzeichnis

fette Zahl = Gesetz und Paragraf

Luftverkehrsdienstleistungsaufträge
– Verteidigungs- und sicherheitsspezifische öffentliche Aufträge **VSVgV 12** 30

M

Magnetschwebebahnen VO (EG) 1370/2007 Vor 12
Maklervertrag VO (EG) 1370/2007 Vor 25
Mängelansprüche Grundzüge der VOB/B 15 ff.
– Ausschluss **Grundzüge der VOB/B** 18 ff.
– Mängelbeseitigung **Grundzüge der VOB/B** 16
– Minderung **Grundzüge der VOB/B** 16
– Schadensersatz **Grundzüge der VOB/B** 17
– Selbstvornahme **Grundzüge der VOB/B** 16
– Sicherheitsleistungen **VOB/A 9c** 1 ff.
– Verjährung **VOB/A 9b** 1 ff., 1
– Verteidigung und Sicherheit **VOB/A 9b VS** 1
Mängelbeseitigung Grundzüge der VOB/B 16
Maria Tirkkonen-Entscheidung SGB V 19
Markterkundung UVgO 20 1
– verbotene **VOB/A 2** 83 ff.
– Verteidigungs- und sicherheitsspezifische öffentliche Aufträge **VSVgV 10** 11 f.
Markterkundungsverfahren HaushaltsvergabeR 72
Marktgängige Leistung VO PR Nr. 30/53 1 ff.
Marktkonsultationen VOB/A 2 EU 10 f.
Marktmissbrauch VO (EG) 1370/2007 Vor 83 f.
Marktpreisbildung
– hypothetische **VO PR Nr. 30/53** 18
Marktpreise VO PR Nr. 30/53 6 ff.
– marktgängige Leistung **VO PR Nr. 30/53** 6 ff.
– Nachfragemonopol **VO PR Nr. 30/53** 8a
– Newcomer **VO PR Nr. 30/53** 11a
– Rechtsfolgen **VO PR Nr. 30/53** 15 f.
– Relevanz von Vergabeverfahren **VO PR Nr. 30/53** 12 ff.
– verkehrsüblicher Preis **VO PR Nr. 30/53** 9 ff.
– Wettbewerbspreis **VO PR Nr. 30/53** 14
Marktpreisvorrang VO PR Nr. 30/53 4 ff.
– Arbeitsverhältnisse **VO PR Nr. 30/53** 9
– Austauschverträge **VO PR Nr. 30/53** 8
– Beschaffungsvorrang **VO PR Nr. 30/53** 4 ff.
– Darlehensverträge **VO PR Nr. 30/53** 10
– Dienstverhältnisse **VO PR Nr. 30/53** 9
– Fehlerfolge **VO PR Nr. 30/53** 25
– Inhouse-Geschäfte **VO PR Nr. 30/53** 13
– In-State-Geschäfte **VO PR Nr. 30/53** 13
– Leistung und Preis **VO PR Nr. 30/53** 4 ff.
– öffentlicher Auftrag **VO PR Nr. 30/53** 12 ff.
– Preisgleitklauseln **VO PR Nr. 30/53** 20
– Rechts- und Fehlerfolgen **VO PR Nr. 30/53** 15 ff.
– Vereinbarungen **VO PR Nr. 30/53** 7 ff.
Marktzugang
– harmonisierter **VO (EG) 1370/2007 Vor** 42
Materielle Angebotsprüfung VOB/A 3b 14
Materielle Wertungskriterien HaushaltsvergabeR 89 ff.
– Bietereignung **HaushaltsvergabeR** 89 ff.
– Zuschlagskriterien **HaushaltsvergabeR** 93
Mecklenburg-Vorpommern LVG M-V
Mehrere Hauptangebote VOB/A 12 19
– Bieterangebot **VOB/A 13** 97 ff., 104
Mehr-Partner-Modelle SGB V 37, 56
Mehr-Partner-Rabattverträge SGB V 57

Meisterbrief VOB/A 6 EU 49
Mengenansatz VO PR Nr. 30/53 1
Mengenansatz des betriebsnotwendigen Vermögens VO PR Nr. 30/53 1 ff.
Mengenermittlung VO PR Nr. 30/53 1 ff.
Mietkosten VO PR Nr. 30/53 1 ff., 3 ff.
Mietwagenverkehr VO (EG) 1370/2007 2 9, 36
– zuständige Behörde **VO (EG) 1370/2007 2** 37
Minderheitenrechte VO (EG) 1370/2007 5 37
Minderung Grundzüge der VOB/B 16
Mindestinhalt
– Rahmenvereinbarungen **VOB/A 4a EU** 10 ff.
Mindestlohn LVG Vor 11
Mindestlohngesetz VOB/A 6e EU 3
Mindestpreise
– Höchstpreisgrenze **VO PR Nr. 30/53** 26
Mindest-Stundenentgelt-Verordnung LVG M-V
Minimumprinzip
– Kostenrechnung **VO PR Nr. 30/53** 8
– Leitsätze für die Preisermittlung auf Grund von Selbstkosten **VO PR Nr. 30/53** 8
Miniwettbewerb VOB/A 4a EU 33 ff.
Mischkalkulationen VOB/A 16a EU 15
Mischverträge VOB/A 4a EU 16f
Missbrauchsverbot
– Rahmenvereinbarungen **VOB/A 4a** 20
Mitarbeiterstundensätze VO PR Nr. 30/53 2
Mitfahrzentrale VO (EG) 1370/2007 Vor 25
Mitteilungspflicht
– Ausschreibungsaufhebung **VOB/A 17 EU** 27 ff.
Mitteilungspflicht der Strafverfolgungsbehörden
– Wettbewerbsregistergesetz **WReG 4** 1 ff.
Mitteilungspflichten über die vereinbarten Rabattsätze nach dem IFG SGB V 83
Mittel
– elektronische **VOB/A 11 EU** 3 ff.
– Nachweisführung **VOB/A 6b EU** 1 ff.
Mittelstandsfördernde Wirkung VOB/A 16 7
Mitwirkung des Auftraggebers Grundzüge der VOB/B 12 ff.
Mitwirkungspflichten UVgO 5 1 f.
Mitwirkungspflichten des Bewerbers
– Versand der Vergabeunterlagen **VOB/A 12a** 6
Mitwirkungsverbot VOB/A 2 EU 8
– Beauftragte samt Mitarbeitern **VSVgV 42** 11 f.
– Berater **VSVgV 42** 15
– Bewerber **VSVgV 42** 14
– Bieter **VSVgV 42** 14
– Bieterschutz **VSVgV 42** 40 f.
– Interessenkonflikt **VSVgV 42** 27 ff.
– Mitarbeiter des Auftraggebers **VSVgV 42** 10
– Organmitglieder **VSVgV 42** 7 ff.
– persönliches **VSVgV 42** 7 ff.
– Vermutung der Voreingenommenheit **VSVgV 42** 13 ff.
– Verteidigungs- und sicherheitsspezifische öffentliche Aufträge **VSVgV 42** 1 ff.
– Vertreter **VSVgV 42** 15
Monopole VO (EG) 1370/2007 Vor 83 f.; **VO (EG) 1370/2007 4** 35; **VO PR Nr. 30/53** 9
– Personenverkehrsdienste **VO (EG) 1370/2007 Vor** 79 ff.
– private **VO (EG) 1370/2007 Vor** 81
Montagearbeiten VO PR Nr. 30/53 25
Multiplikationsfehler VOB/A 16c EU 4
Mündliche Kommunikation VOB/A 11 EU 25

magere Zahl = Randnummer   **Sachverzeichnis**

Mündliche Verhandlung
- Wettbewerbsregistergesetz **WReG 11** 27 f.

Muster VOB/A 13 79 ff.; **VOB/A 14** 10; **VOB/A 14a** 28; **VOB/A 13 EU** 85 ff.
- Öffnungstermin **VOB/A 14 EU** 19

Musterleistungsbeschreibung VOB/A 7c EU 13

N

Nachforderung von Unterlagen UVgO 41 1; **VOB/A 16a** 1; **VOB/A 16a EU** 1 ff.; **VSVgV 22** 19 ff.
- Angebotsnachbesserung **VOB/A 16a EU** 8
- fehlende Preisangaben **VOB/A 16a EU** 16 ff.
- Grenzen **VOB/A 16a EU** 12
- Mischkalkulationen **VOB/A 16a EU** 15
- Nachverhandlungsverbot **VOB/A 16a EU** 8
- negative Preis **VOB/A 16a EU** 15
- Null-Preise **VOB/A 16a EU** 15
- Rechtsfolgen **VOB/A 16a EU** 21 f.
- Sepkulationsangebote **VOB/A 16a EU** 15
- unvollständige Anträge **VOB/A 16a EU** 7
- Verteidigung und Sicherheit **VOB/A 16a VS** 1

Nachfragemonopol
- Marktpreise **VO PR Nr. 30/53** 8a

Nachkalkulation
- Kostenrechnung **VO PR Nr. 30/53** 3

Nachmeldepflicht
- Wettbewerbsregistergesetz **WReG 4** 8 f.

Nachprüfbehörden
- Adressen **VOB/A 21 EU** 6
- Vergabeunterlagen **VOB/A 21 EU** 1 ff.
- Verteidigung und Sicherheit **VOB/A 21 VS** 1

Nachprüfstellen VOB/A 21 1 ff.
- Angabe der **VOB/A 21** 3 ff.
- Auftragsbekanntmachung **VOB/A 12** 33
- Befugnisse **VOB/A 21** 6

Nachteile
- erhebliche **VOB/A 9a** 4 ff.
- Prognoseentscheidung **VOB/A 9a** 8 f.

Nachträglich geforderte Erklärungen VOB/A 16 EU 24 f.

Nachträgliche Bietergemeinschaft VOB/A 6 40 f.

Nachunternehmer VOB/A 2 67 ff.
- Abfragerecht für Auftraggeber **WReG 6** 7
- Angabe **VOB/A 8** 56 ff.
- Begriff **VOB/A 8** 54 f.
- Selbstausführungsverbot **VOB/A 2** 69 ff.

Nachunternehmerleistungen VOB/A 8 50 ff.

Nachverhandlungen HaushaltsvergabeR 78

Nachverhandlungsverbot VOB/A 15 47 ff.; **VOB/A 16c EU** 5
- Angebotsänderung **VOB/A 15** 49 f.
- Aufklärung des Angebotsinhalts **VOB/A 15 EU** 48 f.
- Nachforderung von Unterlagen **VOB/A 16a EU** 8
- Nebenangebote **VOB/A 15** 51 ff.; **VOB/A 15 EU** 52 ff.
- Preisänderung **VOB/A 15** 49 f.
- Verteidigung und Sicherheit **VOB/A 15 VS** 7 f.
- Zuschlag **VOB/A 18 EU** 22

Nachweis der beruflichen Leistungsfähigkeit VOB/A 6a EU 27 ff.

Nachweis der finanziellen Leistungsfähigkeit VOB/A 6a EU 13 ff.

Nachweis der technischen Leistungsfähigkeit VOB/A 6a EU 27 ff.

Nachweis der wirtschaftlichen Leistungsfähigkeit VOB/A 6a EU 13 ff.

Nachweise
- Begriff **VSVgV 22** 3

Nachweisführung
- Verteidigung und Sicherheit **VOB/A 6b VS** 1 ff.

Nachweiskatalog VOB/A 6a 36 ff., 130
- Berufsgenossenschaft **VOB/A 6a** 121
- Berufsregister-Eintragung **VOB/A 6a** 65 f.
- Bietergemeinschaften **VOB/A 6a** 44
- Datenschutz **VOB/A 6a** 137 ff.
- Fachkunde, weitere Nachweise **VOB/A 6a** 124 ff.
- Gütezeichen **VOB/A 6a** 131 ff.
- Insolvenzverfahren **VOB/A 6a** 72 f.
- Liquidation **VOB/A 6a** 79
- Newcomer **VOB/A 6a** 41
- Personal **VOB/A 6a** 59 f.
- Referenzen **VOB/A 6a** 47 ff.
- Steuern, Abgaben, Beiträge **VOB/A 6a** 117 ff.
- Umsatz **VOB/A 6a** 37 ff.
- Verfehlung **VOB/A 6a** 82 ff.
- Zertifikate **VOB/A 6a** 131 ff.

Näheklausel VO (EG) 1370/2007 Vor 34

Nahverkehr VO (EG) 1370/2007 1 21

Namensunterschrift VOB/A 13 19

NATO-Truppenstatut VO PR Nr. 30/53 9

Nebenangebote UVgO 25 1; **VOB/A 12** 18; **VOB/A 8 EU** 4 ff.; **VOB/A 13 EU** 100 ff.
- § 13 EU Abs. 3 S. 2 **VOB/A 16 EU** 29
- Angabe in den Vergabeunterlagen **VOB/A 8** 71 ff.
- Angebotsaufklärung **VOB/A 15** 19 ff.
- Angebotsbewertung **VOB/A 16d** 10 ff.
- Angebotswertung **VOB/A 16d EU** 58 ff.
- Arten **VOB/A 8** 64 ff.
- Aufklärung des Angebotsinhalts **VOB/A 15 EU** 20 ff.
- Begriff **VOB/A 8** 59 ff.
- Bieterangebot **VOB/A 13** 97 ff.
- Gleichwertigkeitsprüfung **VOB/A 16d EU** 63
- kaufmännische **VOB/A 8** 65
- Kennzeichnung **VOB/A 13 EU** 106 ff.
- Mindestanforderungen **VOB/A 8** 80; **VOB/A 8 EU** 8; **VOB/A 16 EU** 26 f.; **VOB/A 16d EU** 60 ff.
- Nachverhandlungsverbot **VOB/A 15** 51 ff.; **VOB/A 15 EU** 52 ff.
- Nebenangebote **VSVgV 32** 2 ff.
- nicht zugelassene **VOB/A 16 EU** 28
- technische **VOB/A 8** 64
- Verteidigungs- und sicherheitsspezifische öffentliche Aufträge **VSVgV 32** 1
- Zulassung und Ausschluss **VOB/A 8** 67 ff.
- Zulassungsmodalitäten **VSVgV 32** 2 ff.

Nebenpflichten Grundzüge der VOB/B 9

Negative Beweiskraft VOB/A 20 27

Negative Preis VOB/A 16a EU 15

Nemo-tenetur-Grundsatz VO PR Nr. 30/53 18

Nettoeffekt VO (EG) 1370/2007 Anh. 3 f.
- Erlöse **VO (EG) 1370/2007 Anh.** 6 f.
- Gewinn **VO (EG) 1370/2007 Anh.** 6 f.
- Kosten **VO (EG) 1370/2007 Anh.** 6 ff.

Neueintragung VOB/A 13 EU 81

1425

Sachverzeichnis

fette Zahl = Gesetz und Paragraf

Newcomer VSVgV 21 11
- Marktpreise **VO PR Nr. 30/53** 11a
- Nachweiskatalog **VOB/A 6a** 41

Nicht berücksichtigte Bewerbung VOB/A 19 1 ff.; **VOB/A 19 EU** 1 ff.
- Informationsverpflichtung **VOB/A 19 EU** 1, 6 ff.
- Rückgabe der Angebotsunterlagen **VOB/A 19 EU** 28 ff.
- Verteidigung und Sicherheit **VOB/A 19 VS** 1

Nicht berücksichtigtes Bieterangebot VOB/A 19 1 ff.; **VOB/A 19 EU** 1 ff.
- Informationsverpflichtung **VOB/A 19 EU** 1, 6 ff.
- Rückgabe der Angebotsunterlagen **VOB/A 19 EU** 28 ff.
- Umgang **VOB/A 19 EU** 23 ff.
- Verteidigung und Sicherheit **VOB/A 19 VS** 1

Nicht offenes Verfahren VOB/A 3 EU 6 ff.
- Angebotsfrist **VOB/A 10b EU** 3; **VOB/A 10b VS** 4
- Angebotsrücknahme **VOB/A 10b VS** 9
- Bewerbungsfrist **VOB/A 10b VS** 2 f.
- Bindefrist **VOB/A 10b VS** 9
- Dringlichkeit **VOB/A 10b VS** 8
- Fristen **VOB/A 3b EU** 21 ff.; **VOB/A 10b EU** 1 ff.
- Fristverkürzung **VOB/A 10b EU** 4 ff.
- keine ordnungsgemäßen oder annehmbaren Angebote **VOB/A 3a EU** 17 ff.
- Teilnahmefristen **VOB/A 10b EU** 2
- Verfahrensablauf **VOB/A 3b EU** 19 ff.
- Vergabeunterlagen **VOB/A 10b VS** 6 f.
- Verteidigung und Sicherheit **VOB/A 3a VS** 3 f.; **VOB/A 3b VS** 4 ff.; **VOB/A 10b VS** 1 ff.
- Vorinformation **VOB/A 10b VS** 5
- Zulässigkeitsvoraussetzungen **VOB/A 3a EU** 4 ff.

Nichtberücksichtigung von Angeboten VOB/A 19 10 ff.
- Bewerberinformation **VOB/A 19** 11
- Bieterinformation **VOB/A 19** 12 ff.
- Rückgabe **VOB/A 19** 17
- Umgang **VOB/A 19** 16

Nicht-Kostensteuern VO PR Nr. 30/53 1
Nicht-Vertragsfristen VOB/A 9 12 f.
Niederlassungsfreiheit VO (EG) 1370/2007 Vor 2, 20, 72, 79
- Niederlassungserfordernis **VO (EG) 1370/2007 Vor** 41
- Personenverkehrsdienste **VO (EG) 1370/2007 Vor** 38 ff.

Niedersachsen LVG N
Niedersächsische Kernarbeitsnormenverordnung LVG N
Niedersächsische Wertgrenzenverordnung LVG N
Niederschrift VOB/A 14a 29
- Angebotsprüfung **VOB/A 16c EU** 13
- Öffnungstermin **VOB/A 14** 11 ff.; **VOB/A 14 EU** 20 ff.
- Verlesung **VOB/A 14 EU** 22

Nordrhein-Westfalen LVG NRW
Notifizierungsfreiheit VO (EG) 1370/2007 9 1 ff.
Notvergabe VO (EG) 1370/2007 5 1
- Dienstleistungskonzession **VO (EG) 1370/2007 5** 64 ff.

Null-Preise VOB/A 16a EU 15
Nutzungsrecht
- Baukonzessionen **VOB/A 23** 14

O

Oberauftrag
- Einbeziehung von mittelbaren Aufträgen im Öffentlichen Preisrecht **VO PR Nr. 30/53** 12

Oberschwellenbereich
- Verfahrensablauf **VOB/A 3b EU** 2

Oberschwellennorm
- Abweichung **VOB/A 7a** 4 ff.

Objektivitätsgebot VO (EG) 1370/2007 4 35
Obligatorische Vertragsunterlagen VOB/A 8 92
Offenes Verfahren VOB/A 3 EU 3 ff.
- Dringlichkeit **VOB/A 3b EU** 11
- Eignung **VOB/A 16b EU** 1 ff.
- Fristen **VOB/A 10a EU** 1 ff.
- keine ordnungsgemäßen oder annehmbaren Angebote **VOB/A 3a EU** 17 ff.
- Leistungsbeschreibung **VOB/A 3b EU** 15
- Verfahrensablauf **VOB/A 3b EU** 9 ff., 14 ff.
- Vergabeunterlagen **VOB/A 3b EU** 13
- Zulässigkeitsvoraussetzungen **VOB/A 3a EU** 4 ff.

Offenlegung VOB/A 2 32
- Bieterinformationen **VOB/A 2** 34 ff.
- Vergabevermerk **VOB/A 2** 38

Öffentliche Aufträge UVgO 51 1 f.
- EU Grundsätze **VOB/A 2 EU** 1 ff.
- Wettbewerber **VOB/A 6 EU** 1 ff.

Öffentliche Auftraggeber
- Angemessenheit von Selbstkostenpreisen **VO PR Nr. 30/53** 1 ff.
- Selbstkostenpreise **VO PR Nr. 30/53** 1 ff.
- subzentrale **VOB/A 12 EU** 1 ff.

Öffentliche Ausschreibungen UVgO 9 1
- Auftragsbekanntmachung **VOB/A 12** 1 ff., 5 ff.
- Bauleistungen **VOB/A 3** 6
- beschränkte Ausschreibung **VOB/A 3** 11 ff.
- Bietereignung **VOB/A 16b** 1 ff.
- Entschädigungsanspruch **VOB/A 8b** 6 ff.
- Haushaltsvergaberecht **HaushaltsvergabeR** 63
- Kostenerstattungsanspruch **VOB/A 8b** 2 ff.
- Kostenregelung **VOB/A 8b** 1 ff.
- öffentliche Aufforderung **VOB/A 3** 9
- ohne annehmbares Ergebnis **VOB/A 3a** 9 f.
- Regelverfahren **VOB/A 3** 5 ff.
- Schiedsverfahren **VOB/A 8b** 1 ff.
- Übermittlung der Vergabeunterlagen **VOB/A 12a** 2 ff.
- unbeschränkte Zahl an Unternehmen **VOB/A 3** 10
- Unzweckmäßigkeit der Ausschreibung **VOB/A 3a** 11 ff.
- Verfahren **VOB/A 3** 7 f.
- Verfahrensablauf **VOB/A 3b** 1 ff.
- Vergabearten **VOB/A 3** 1 ff.
- Vergabegrundsätze **VOB/A 2** 60
- Vergabeverfahren **HaushaltsvergabeR** 70 ff.
- Vertrauensregelung **VOB/A 8b** 1 ff.
- Vorrang **HaushaltsvergabeR** 64
- Zulässigkeitsvoraussetzungen **VOB/A 3a** 1 ff.

Öffentliche Ausschreibungen, Verfahrensablauf VOB/A 3b 1 ff., 4
- Ablauf **VOB/A 3b** 13 ff.
- Angebotsprüfung, formale **VOB/A 3b** 14
- Angebotsprüfung, materielle **VOB/A 3b** 14
- Bauleistungen **VOB/A 3b** 20
- Bekanntgabe des Verwertungssystems **VOB/A 3b** 24

magere Zahl = Randnummer

Sachverzeichnis

- beschränkte Ausschreibung mit Teilnahmewettbewerb **VOB/A 3b** 15 ff.
- beschränkte Ausschreibung ohne Teilnahmewettbewerb **VOB/A 3b** 29 ff.
- Bewerberauswahl **VOB/A 3b** 27
- Diskriminierungsverbot **VOB/A 3b** 49
- Eignungskriterien **VOB/A 3b** 18
- Erstellung der Unterlagen **VOB/A 3b** 14
- freihändige Vergabe **VOB/A 3b** 4, 43 ff.
- Frist **VOB/A 3b** 14
- Gleichbehandlungsgrundsatz **VOB/A 3b** 49
- Mindestanzahl der zur Angebotsabgabe aufzufordernde Unternehmen **VOB/A 3b** 32
- nicht offenes Verfahren **VOB/A 3b** 5
- Papierform **VOB/A 3b** 12
- Rückforderung von Fördermitteln **VOB/A 3b** 26
- sonstige Verfahrensgestaltung **VOB/A 3b** 47 ff.
- Transparenz **VOB/A 3b** 41
- Transparenzgebot **VOB/A 3b** 49
- Vergabe nach öffentlicher Aufforderung einer unbeschränkten Anzahl an Unternehmen zur Abgabe von Angeboten **VOB/A 3b** 6
- Versand der Unterlagen **VOB/A 3b** 14
- Verschwiegenheitserklärung **VOB/A 3b** 11
- Wechselgebot **VOB/A 3b** 38

Öffentliche Ausschreibungen, Zulässigkeitsvoraussetzungen VOB/A 3a 1 ff.
- Auftragswert bis 10.000 EUR (netto) **VOB/A 3a** 26 f.
- beschränkte Ausschreibung ohne Teilnahmewettbewerb **VOB/A 3a** 5 ff.
- Direktaufträge **VOB/A 3a** 28 ff.
- freihändige Vergabe **VOB/A 3a** 16 ff.
- Regelverfahren **VOB/A 3a** 3 ff.

Öffentliche Dienstleistungsaufträge VO (EG) 1370/2007 3 1 ff., 4 ff.
- allgemeine Vorschriften **VO (EG) 1370/2007 4** 1 ff.
- Erlösrisiken **VO (EG) 1370/2007 4** 15 ff.
- Folgevergabe **VO (EG) 1370/2007 4** 34
- gemeinwirtschaftliche Verpflichtung **VO (EG) 1370/2007 4** 2 ff.
- Genehmigungsbehörde **VO (EG) 1370/2007 4** 5
- Informationen **VO (EG) 1370/2007 4** 32 f.
- Inhalt **VO (EG) 1370/2007 4** 1 ff.
- Kostenrisiken **VO (EG) 1370/2007 4** 15 ff.
- Laufzeit **VO (EG) 1370/2007 4** 19 ff.
- Personenbeförderung auf der Straße **VO (EG) 1370/2007 4** 11
- Sozialstandards **VO (EG) 1370/2007 4** 26 ff.
- Übergangsregelung **VO (EG) 1370/2007 8** 1 ff.
- Überkompensation **VO (EG) 1370/2007 4** 14
- Unteraufträge **VO (EG) 1370/2007 4** 37 ff.

Öffentliche Dienstleistungsaufträge, Vergabe VO (EG) 1370/2007 5 1

Öffentliche Unternehmen
- Betreiberwahl **VO (EG) 1370/2007 Vor** 75 ff.
- Personenverkehrsdienste **VO (EG) 1370/2007 Vor** 75 ff.

Öffentlicher Auftrag
- Haushaltsvergaberecht **HaushaltsvergabeR** 39
- Marktpreisvorrang **VO PR Nr. 30/53** 12 ff.

Öffentlicher Auftraggeber VOB/A 1 EU 5; **VOB/A 1 VS** 9 ff.
- Auskunftspflicht **VOB/A 12a EU** 11 ff.
- Geheimhaltung **VOB/A 12a EU** 10

- Verteidigungs- und sicherheitsspezifische öffentliche Aufträge **VSVgV 1** 14 ff.

Öffentlicher Dienstleistungsauftrag VO (EG) 1370/2007 2 23

Öffentlicher Personenverkehr VO (EG) 1370/2007 2 1 ff.

Öffentliches Interesse VO (EG) 1370/2007 Vor 19

Öffentliches Preisrecht VO PR Nr. 30/53 1 ff.
- allgemeine Preisvorschriften **VO PR Nr. 30/53** 11
- Anwendung auf Grund zivilvertraglicher Vereinbarung **VO PR Nr. 30/53** 28 ff.
- Ausdehnung auf Leistungsauflagen und Leistungsanweisungen **VO PR Nr. 30/53** 22
- Aussagekraft der Eingangsformel **VO PR Nr. 30/53** 20 f.
- Befreiungsmöglichkeit **VO PR Nr. 30/53** 5 ff.
- Einbeziehung von mittelbaren Aufträgen **VO PR Nr. 30/53** 11 ff.
- Erstreckung auf ausländische Truppen **VO PR Nr. 30/53** 9 f.
- Gebührenkalkulation **VO PR Nr. 30/53** 14
- Geltung der Preisvorschriften **VO PR Nr. 30/53** 1 ff.
- Geltung für juristische Personen des öffentlichen Rechts **VO PR Nr. 30/53** 2 ff.
- Geltungsbereich **VO PR Nr. 30/53** 1 ff.
- gerechte Preise **VO PR Nr. 30/53** 10a
- Grundprinzipien **VO PR Nr. 30/53** 1 ff.
- Inkrafttreten **VO PR Nr. 30/53** 1
- Leitsätze für die Preisermittlung auf Grund von Selbstkosten **VO PR Nr. 30/53** 1 ff.
- Monopole **VO PR Nr. 30/53** 9
- Oberaufträge **VO PR Nr. 30/53** 12
- Preise für marktgängige Leistungen **VO PR Nr. 30/53** 1 ff.
- Preisprüfung **VO PR Nr. 30/53** 1 ff.
- Preistreppe **VO PR Nr. 30/53** 2
- Rechtsfolgen **VO PR Nr. 30/53** 7 ff.
- Rechtstatsächlicher und -systematischer Hintergrund **VO PR Nr. 30/53** 12 ff.
- Reformvorhaben **VO PR Nr. 30/53** 16 ff.
- Selbstkostenpreise **VO PR Nr. 30/53** 1 ff.
- Unanwendbarkeit auf Bauleistungen **VO PR Nr. 30/53** 23 ff.
- Unteraufträge **VO PR Nr. 30/53** 12
- Unteraufträge über Bauleistungen **VO PR Nr. 30/53** 27
- Verordnung PR Nr. 30/53 **VO PR Nr. 30/53** 1 ff.
- Zuwiderhandlungen **VO PR Nr. 30/53** 1 ff.

Offerta ad incertas personas SGB V 15

Öffnung der Angebote siehe Angebotsöffnung

Öffnungsklauseln VOB/A 8a 17

Öffnungstermin VOB/A 14 7 ff.; **VOB/A 14 EU** 1 ff.
- Angebotskennzeichnung **VOB/A 14 EU** 12 ff.
- Angebotsöffnung **VOB/A 14 EU** 12 ff.
- Angebotsverwahrung **VOB/A 14 EU** 36 ff.
- elektronische Angebote **VOB/A 14** 1 ff.; **VOB/A 14 EU** 7
- Geheimhaltung **VOB/A 14 EU** 36 ff.; **VOB/A 14 VS** 6 f.
- Muster **VOB/A 14** 10; **VOB/A 14 EU** 19

1427

Sachverzeichnis

fette Zahl = Gesetz und Paragraf

- Niederschrift **VOB/A 14** 11 ff.; **VOB/A 14 EU** 20 ff.
- Proben **VOB/A 14** 10; **VOB/A 14 EU** 19
- schriftliche Angebote **VOB/A 14a** 1 ff.; **VOB/A 14 EU** 8
- verspätete Angebote **VOB/A 14 EU** 24 ff.; **VOB/A 14 VS** 6 f.
- Verteidigung und Sicherheit **VOB/A 14 VS** 1 ff.
- Verwahrung **VOB/A 14 VS** 6 f.
- vor dem **VOB/A 14** 4 ff.; **VOB/A 14a** 5 ff.; **VOB/A 14 VS** 4 f.

Offsets VSVgV 9 11; **VSVgV 40** 4
- indirekte **VSVgV 9** 11 s. auch Höchstpreisgrenze

Omnibusverkehr VO (EG) 1370/2007 Vor 71
Onkologie SGB V 94 ff.
Online-Dokumentenarchiv s. e-CERTIS
Open-House-Verfahren SGB V 15
- Rabattverträge über Originalpräparate **SGB V** 82
- Rechtsschutz **SGB V** 23

ÖPNV VO (EG) 1370/2007 5 30 ff.
ÖPP-Modelle VOB/A 23 3
Opportunitätsprinzip VOB/A 21 2
Organmitglieder VSVgV 42 8 f.
Originalpräparate SGB V 47
Ortbesichtigung VOB/A 6 EU 78
Ortbetonschacht-Entscheidung VOB/A 16d 13

P

Papierform VOB/A 3b 12
Parallelausschreibung VOB/A 2 97
Parallelimportquote SGB V 51
Parkflächen VOB/A 23 8
Partnerschaftsregister VSVgV 25 4
Patente VO PR Nr. 30/53 1 ff.
- Verrechnung **VO PR Nr. 30/53** 1 ff.

Patentrecht VOB/A 3a EU 30
Patentschutz SGB V 79
- indikationsbezogener **SGB V** 80
- Rabattverträge über Originalpräparate **SGB V** 82

Pauschalierter Schadensersatz VOB/A 9 32 f.
Pauschalpreisvertrag VOB/A 13 EU 51; **VOB/A 16c EU** 8; **Grundzüge der VOB/B** 39
Pauschalvertrag VOB/A 4 6, 22 ff.; **VOB/A 4 EU** 9 ff.
- Detail- **VOB/A 4** 24
- Global- **VOB/A 4** 25
- Leistungsbeschreibung **VOB/A 4** 23
- Teil- **VOB/A 4** 24
- Verteidigung und Sicherheit **VOB/A 4 VS** 7

PDF-Leseversion VOB/A 11 EU 15
Pensionsrückstellungen VO PR Nr. 30/53 6
- Zinsen **VO PR Nr. 30/53** 11

Personal VOB/A 6a 59 f.
- Zuschlagskriterien **VOB/A 16d EU** 39 ff.

Personalkosten VO PR Nr. 30/53 1
- Abfindungen **VO PR Nr. 30/53** 13
- Bewertung **VO PR Nr. 30/53** 1 ff.
- Sozialkosten **VO PR Nr. 30/53** 1 ff.

Personalschulungen VOB/A 6f EU 14
Personenbeförderung auf der Straße VO (EG) 1370/2007 4 11
Personenbeförderungsgesetz VO (EG) 1370/2007 2 19
- Altunternehmer **VO (EG) 1370/2007 2** 29
- Linienverkehr **VO (EG) 1370/2007 2a** 6 ff.

- Typenzwang **VO (EG) 1370/2007 2** 28

Personenverkehrsdienste VO (EG) 1370/2007 Vor 1 ff.; **VO (EG) 1370/2007 1** 11 ff.
- Bahnen besonderer Bauart **VO (EG) 1370/2007 Vor** 12
- Beförderungspflicht **VO (EG) 1370/2007 Vor** 70
- Beförderungszweck **VO (EG) 1370/2007 Vor** 23 ff.
- Bergbahnen **VO (EG) 1370/2007 Vor** 12
- Beschränkungsverbot **VO (EG) 1370/2007 Vor** 79 ff.
- Binnenschiffe **VO (EG) 1370/2007 Vor** 12
- Diskriminierungsfreiheit **VO (EG) 1370/2007 Vor** 16 ff.
- Eisenbahnen **VO (EG) 1370/2007 Vor** 12
- Fähren **VO (EG) 1370/2007 Vor** 12
- geschlossene Finanzierung **VO (EG) 1370/2007 Vor** 39
- Gewerbsmäßigkeit **VO (EG) 1370/2007 Vor** 20
- Hängebahnen **VO (EG) 1370/2007 Vor** 12
- Koordinierungsfunktion **VO (EG) 1370/2007 Vor** 73
- Kraftomnibus **VO (EG) 1370/2007 Vor** 12
- Kraftwagen **VO (EG) 1370/2007 Vor** 12
- Landverkehr **VO (EG) 1370/2007 Vor** 11 ff.
- Liniengenehmigungen **VO (EG) 1370/2007 Vor** 4
- Magnetschwebebahnen **VO (EG) 1370/2007 Vor** 12
- Markteingriffsmittel **VO (EG) 1370/2007 Vor** 4
- Monopole **VO (EG) 1370/2007 Vor** 79 ff.
- Niederlassungsfreiheit **VO (EG) 1370/2007 Vor** 38 ff.
- öffentliche Unternehmen **VO (EG) 1370/2007 Vor** 75 ff.
- öffentliches Interesse **VO (EG) 1370/2007 Vor** 19
- Quersubventionsverbot **VO (EG) 1370/2007 Vor** 74
- Schienenverkehr **VO (EG) 1370/2007 Vor** 10
- Straßenbahnen **VO (EG) 1370/2007 Vor** 12
- Taxenverkehr **VO (EG) 1370/2007 Vor** 5
- U-Bahnen **VO (EG) 1370/2007 Vor** 12
- Verlässlichkeit des Angebots **VO (EG) 1370/2007 Vor** 70
- Wettbewerbsabsicherung **VO (EG) 1370/2007 Vor** 74

PersonenverkehrsVO VO (EG) 1370/2007 Vor 1 ff., 42
- Abgrenzung **VO (EG) 1370/2007 1** 24 ff.
- allgemeine Vorschriften **VO (EG) 1370/2007 3** 1 ff.
- Allgemeinheit **VO (EG) 1370/2007 2** 5
- andere Arten Schienenverkehrs **VO (EG) 1370/2007 1** 16 f.
- Änderungs-VO (EU) 2016/2338 **VO (EG) 1370/2007 Vor** 57
- Anwendungsbereich **VO (EG) 1370/2007 1** 1 ff.
- Anwendungsvorrang **VO (EG) 1370/2007 1** 9
- Ausgleichsleistungen **VO (EG) 1370/2007 6** 1 ff.
- Ausnahmen **VO (EG) 1370/2007 1** 19; **VO (EG) 1370/2007 3** 8 ff.
- ausschließliches Recht **VO (EG) 1370/2007 2** 24 ff.
- Baukonzessionen **VO (EG) 1370/2007 1** 23
- Bedürfnisprüfung **VO (EG) 1370/2007 Vor** 68

1428

magere Zahl = Randnummer **Sachverzeichnis**

- Begriffsbestimmungen **VO (EG) 1370/2007** 2 1 ff.
- Berichte **VO (EG) 1370/2007** 11 1 f.
- Betreiber **VO (EG) 1370/2007** 2 17 ff.
- Dienstleistungen von allgemeinem wirtschaftlichen Interesse **VO (EG) 1370/2007** 1 29
- Direktvergaben **VO (EG) 1370/2007** 2 44 ff.
- Dokumentation **VO (EG) 1370/2007** 3 7
- dritter Entwurf KOM (2005) 319 endg. **VO (EG) 1370/2007 Vor** 52
- Effizienz **VO (EG) 1370/2007** 2a 4 ff.
- Eisenbahn-Rollmaterial **VO (EG) 1370/2007** 5a 1 f.
- Eisenbahnverkehr **VO (EG) 1370/2007** 1 14 ff.
- Entwicklung **VO (EG) 1370/2007 Vor** 46 ff.
- erfasste Verkehrsdienste **VO (EG) 1370/2007** 1 11 ff.
- erster Entwurf KOM (2000) 7 endg. **VO (EG) 1370/2007 Vor** 50
- Fernverkehr **VO (EG) 1370/2007** 1 21
- Funktion **VO (EG) 1370/2007 Vor** 59 ff.
- gemeinschaftliche Verpflichtung **VO (EG) 1370/2007** 2 20 ff.
- Harmonisierung **VO (EG) 1370/2007 Vor** 71 ff.
- Hilfeleistungen im Verkehr **VO (EG) 1370/2007** 1 22
- hoheitliche Beschaffung **VO (EG) 1370/2007** 5 16
- Inhouse-Vergabe **VO (EG) 1370/2007** 5 1
- Inkrafttreten **VO (EG) 1370/2007** 12 1
- interne Betreiber **VO (EG) 1370/2007** 5 13
- Interventionsmittel **VO (EG) 1370/2007** 1 6 ff.
- Konkurrenzen **VO (EG) 1370/2007** 1 24 ff.
- Koordinierungsbeihilfen **VO (EG) 1370/2007** 1 28
- Kraftfahrzeugverkehr **VO (EG) 1370/2007** 5 12
- Langfristigkeit **VO (EG) 1370/2007** 2a 4 ff.
- Linienverkehr **VO (EG) 1370/2007** 2a 6 ff.
- Markteingriffe **VO (EG) 1370/2007 Vor** 62; **VO (EG) 1370/2007** 1 2 ff.
- Mietwagenverkehr **VO (EG) 1370/2007** 2 9, 36
- Nahverkehr **VO (EG) 1370/2007** 1 21
- öffentlicher Dienstleistungsauftrag **VO (EG) 1370/2007** 2 23; **VO (EG) 1370/2007** 3 1 ff., 4 ff.
- Personenverkehr **VO (EG) 1370/2007** 1 11 ff.
- politische Strategie **VO (EG) 1370/2007** 2a 3
- Schienenpersonenverkehrsdienst **VO (EG) 1370/2007** 2 12
- Schiffsverkehr **VO (EG) 1370/2007** 1 20
- Schülerverkehr **VO (EG) 1370/2007** 2 11
- Sonderformen des Linienverkehrs **VO (EG) 1370/2007** 2 10
- Spezifikation der gemeinwirtschaftliche Verpflichtungen **VO (EG) 1370/2007** 2a 1 ff.
- Straßenverkehr **VO (EG) 1370/2007** 1 18
- Taxiverkehr **VO (EG) 1370/2007** 2 9
- Transparenzgebot **VO (EG) 1370/2007** 3 7
- Unterkompensationsverbot **VO (EG) 1370/2007** 2a 5
- Unterschwellenvergabe **VO (EG) 1370/2007** 5 17
- Veröffentlichungspflichten **VO (EG) 1370/2007** 7 1 ff.
- wettbewerbliches Verfahren **VO (EG) 1370/2007** 5 18 ff.
- zuständige Behörde **VO (EG) 1370/2007** 2 13 ff.
- Zweck **VO (EG) 1370/2007** 1 1 ff.
- zweiter Entwurf KOM (2002) 107 endg. **VO (EG) 1370/2007 Vor** 51

Pflicht
- Vergabebekanntmachung **VOB/A 18 EU** 36 ff.

Planlieferfristen VOB/A 9 31

Planungswettbewerbe UVgO 52 1 f.
- Durchführung **UVgO 52** 1 f.

Positionspapier zu Fach- und Teillosen VOB/A 5 EU 23

PQ-Datenbank VOB/A 6b 19

Präqualifikationsverzeichnis VOB/A 2 62; **VOB/A 6b** 7 ff.; **VOB/A 16b EU** 4
- Baunebengewerbe **VOB/A 6b** 18
- begründete Zweifel **VOB/A 6b** 23 f.
- Beschränkung **VOB/A 6b** 18 ff.
- Eintragung **VOB/A 6b** 11 ff.
- Eintragungswirkung **VOB/A 6b** 14 ff.
- Form **VOB/A 6b** 16
- Gültigkeit der Präqualifikationsdauer **VOB/A 6b** 26 ff.
- Hochbau **VOB/A 6b** 18
- Nachunternehmer **VOB/A 6b** 25
- projektspezifische Nachweise **VOB/A 6b** 19
- Tiefbau **VOB/A 6b** 18

Präqualifizierungsverfahren SGB V 27 ff.

Praxissoftware SGB V 51

Preis VOB/A 16d EU 30 ff.
- Anforderungen **VOB/A 13** 43 ff.
- angemessener **VOB/A 15** 30 ff.; **VOB/A 15 EU** 31 ff.
- Anpassungen **Grundzüge der VOB/B** 40
- Fantasiebetrag **VOB/A 13** 51
- Festkosten **VOB/A 16d EU** 31
- Festpreis **VOB/A 16d EU** 31
- mischkalkulierter **VOB/A 13** 48
- negative Preisangaben **VOB/A 13** 53
- Verteidigungs- und sicherheitsspezifische öffentliche Aufträge **VSVgV 10** 13 f.
- Zuschlagskriterien **VOB/A 16d** 9

Preisabsprachen VOB/A 16 6

Preisänderung VOB/A 15 49 f.

Preisanforderungen VOB/A 13 EU 48 ff.

Preisangaben
- fehlende **VOB/A 16a EU** 16 ff.
- geforderte **VOB/A 13 EU** 52 ff.
- mischkalkulierte **VOB/A 13 EU** 53
- negative **VOB/A 13 EU** 58
- Null- **VOB/A 13 EU** 57
- Preisnachlass **VOB/A 13 EU** 57

Preisanpassungen Grundzüge der VOB/B 40

Preisaufsicht
- Betriebsbesichtigungsrecht der Preisaufsicht **VO PR Nr. 30/53** 11
- Preisprüfung **VO PR Nr. 30/53** 1 ff.
- Prüfungsrecht **VO PR Nr. 30/53** 12 ff.
- unterlagenbezogene Rechte der Preisaufsicht **VO PR Nr. 30/53** 10

Preisbehörde
- Angemessenheit von Selbstkostenpreisen **VO PR Nr. 30/53** 17 ff.

Preisbildung VOB/A 7 EU 12

Preisbildungsvorschriften VO PR Nr. 30/53 1 ff.
- Kosten des Auftragnehmers **VO PR Nr. 30/53** 25 ff.
- Marktpreise **VO PR Nr. 30/53** 6 ff.

1429

Sachverzeichnis

fette Zahl = Gesetz und Paragraf

- Preise bei vergleichbaren Leistungen **VO PR Nr. 30/53** 17 ff.
- Selbstkostenpreise **VO PR Nr. 30/53** 1 ff.
- sonstige Vorteile **VO PR Nr. 30/53** 23 ff.

Preise bei vergleichbaren Leistungen VO PR Nr. 30/53 17 ff.
- Abschläge **VO PR Nr. 30/53** 21
- Rechtsfolgen **VO PR Nr. 30/53** 22
- vergleichbare Leistungen **VO PR Nr. 30/53** 17 ff.
- Zuschläge **VO PR Nr. 30/53** 21

Preisgleitklauseln
- Marktpreisvorrang **VO PR Nr. 30/53** 20

Preiskalkulation
- allgemeine Angaben **VO PR Nr. 30/53** 1
- Gliederung **VO PR Nr. 30/53** 1 ff.

Preisnachlass VOB/A 13 EU 57
- Angebotswertung **VOB/A 16d EU** 64 f.
- ohne Bedingung **VOB/A 13** 105 ff.; **VOB/A 13 EU** 111 ff.

Preisprüfung VOB/A 16d 3 f.; **VOB/A 16d EU** 2 ff.; **VO PR Nr. 30/53** 1 ff.
- Aufbewahrungspflicht des Auftragnehmers **VO PR Nr. 30/53** 8
- Auskunftspflicht des Auftragnehmers **VO PR Nr. 30/53** 9
- Betriebsbesichtigungsrecht der Preisaufsicht **VO PR Nr. 30/53** 11
- Leitsätze für die Preisermittlung auf Grund von Selbstkosten **VO PR Nr. 30/53** 1 ff.
- Nachweispflicht des Auftragnehmers **VO PR Nr. 30/53** 7 f.
- nemo-tenetur-Grundsatz **VO PR Nr. 30/53** 18
- persönlicher Mitwirkungsumfang **VO PR Nr. 30/53** 17 ff.
- Prüfungsbericht **VO PR Nr. 30/53** 26 ff.
- Prüfungsrecht der Preisaufsicht **VO PR Nr. 30/53** 12 ff.
- Rechtsfolgen **VO PR Nr. 30/53** 14 ff.
- Rechtsschutz **VO PR Nr. 30/53** 30 ff.
- sachlicher Mitwirkungsumfang **VO PR Nr. 30/53** 14 ff.
- unterlagenbezogene Rechte der Preisaufsicht **VO PR Nr. 30/53** 10
- Verfahren **VO PR Nr. 30/53** 21 ff.
- Verhältnismäßigkeit **VO PR Nr. 30/53** 15
- Wettbewerbspreis **VO PR Nr. 30/53** 3a

Preisprüfungsverfahren VO PR Nr. 30/53 21 ff.
- Durchführung des Verwaltungsverfahrens **VO PR Nr. 30/53** 21 ff.
- Prüfungsbericht **VO PR Nr. 30/53** 26 ff.
- Rechtsschutz **VO PR Nr. 30/53** 30 ff.

Preistreppe VO PR Nr. 30/53 1 f., 2
- Selbstkostenpreise **VO PR Nr. 30/53** 1 ff.

Preisvorbehalte VO PR Nr. 30/53 19 f.
Preisvorschriften
- allgemein **VO PR Nr. 30/53** 2
- besondere **VO PR Nr. 30/53** 3

Pressemitteilung VOB/A 12a 7 f.; **VOB/A 7 EU** 12 ff.
Primärverpackung SGB V 88
Private Monopole VO (EG) 1370/2007 Vor 81
Proben VOB/A 13 79 ff.; **VOB/A 14** 10; **VOB/A 14a** 28; **VOB/A 13 EU** 85 ff.
- Öffnungstermin **VOB/A 14 EU** 19

Produktneutrale Ausschreibung VSVgV 15 14

Produktneutralität
- Gebot der **VOB/A 7 EU** 27 ff.

Prognose
- ex-ante- **VOB/A 1 VS** 15

Prognoseentscheidung VOB/A 2 66; **VOB/A 9a** 8 f.; **VOB/A 16b** 2; **VOB/A 16b EU** 5
- Bietereignung **VOB/A 6a** 19 ff.
- Eignungsprüfung **VOB/A 6a** 19 ff.

Projektantenproblematik VOB/A 6 EU 63 ff.; **VSVgV 10** 6 f.
- Ausschlussgründe **VOB/A 6 EU** 82

Projektantenstellung VSVgV 24 15
Prüfungsbericht VO PR Nr. 30/53 26 ff.
Publikationsorgane VOB/A 12 6 f.

Q

Qualifizierte elektronische Signatur VOB/A 13 EU 34
Qualität VOB/A 16d EU 33
Qualitätsanreiz VO (EG) 1370/2007 Anh. 27 ff.
Qualitätsmanagement VOB/A 2 54
- Verteidigungs- und sicherheitsspezifische öffentliche Aufträge **VSVgV 28** 1 f.

Qualitätssicherung VOB/A 6a EU 38 ff.; **VOB/A 6c EU** 1 ff.; **VSVgV 27** 16 ff.
- Drittschutz **VOB/A 6c EU** 46
- Verteidigung und Sicherheit **VOB/A 6c VS** 1 f.

Quersubventionsverbot VO (EG) 1370/2007 Vor 74

R

Rabattvereinbarungen SGB V 7
Rabattverträge gem. § 130 Abs. 1 GWB SGB V 47
Rabattverträge gem. § 130a Abs. 8 SGB V SGB V 51 ff.
- Auffälligkeitsprüfung **SGB V** 51
- Parallelimportquote **SGB V** 51
- Praxissoftware **SGB V** 51
- Rabattverträge über Generika **SGB V** 36 ff. *s. auch Generikarabattverträge*
- Rabattverträge über Originalpräparate **SGB V** 72 ff. *s. auch Rabattverträge über Originalpräparate*
- Richtgrößenprüfung **SGB V** 51
- Zuzahlungsermäßigung **SGB V** 51

Rabattverträge über Originalpräparate SGB V 47, 72 ff.
- als öffentliche Aufträge gem. § 103 Abs. 1 GWB **SGB V** 72 ff.
- Arzneimittel mit Zusatznutzen **SGB V** 74
- arzneimittelrechtliche Freigabe **SGB V** 88
- Beweislast **SGB V** 72
- biologisch hergestellte Arzneimittel **SGB V** 89 ff.
- biotechnologisch hergestellte Arzneimittel **SGB V** 89 ff.
- Critical-Dose-Wirkstoff **SGB V** 77
- Darlegungslast **SGB V** 72
- Dritter mit Hilfsfunktion **SGB V** 86
- Entgeltlichkeit **SGB V** 93
- Erstattungspreisvereinbarungen iSv § 130c **SGB V** 78
- gem. § 130a Abs. 8 SGB V **SGB V** 72 ff., 97
- Herstellungsprozess **SGB V** 88

magere Zahl = Randnummer

Sachverzeichnis

- Lieferung der Grundstoffe **SGB V** 88
- Mitteilungspflichten über die vereinbarten Rabattsätze nach dem IFG **SGB V** 83
- Nachunternehmer **SGB V** 86
- Open-House-Verfahren **SGB V** 82
- Patentschutz **SGB V** 79, 82
- Patentschutz, indikationsbezogener **SGB V** 80
- Primärverpackung **SGB V** 88
- Schnittfeld von Vergabe-, Sozial- und Patentrecht **SGB V** 80
- Sekundärverpackung **SGB V** 88
- sozialrechtliche Ausschreibungspflicht **SGB V** 80
- Verblisterung **SGB V** 88
- Vergleichbarkeit der Angebote **SGB V** 76
- Wahl des Verhandlungsverfahrens **SGB V** 74
- wirtschaftlicher Vorteil **SGB V** 93

Rahmenvereinbarungen UVgO 15 1 ff.; **VOB/A 4a** 1 ff.; **VOB/A 4a EU** 1 ff.
- Abschluss einer **VOB/A 4a EU** 6 f.; **VSVgV 41** 5 ff.
- Arten **VOB/A 4a EU** 16b ff.
- Auftragsvolumen **VOB/A 4a** 10a f.; **VOB/A 4a EU** 11 ff.
- beidseitig verbindliche **VOB/A 4a EU** 16d
- einseitig verbindliche **VOB/A 4a EU** 16c
- Einzelauftragsvergabe **VOB/A 4a EU** 21 ff.
- Einzelvereinbarungen **VOB/A 4a** 15 ff.
- Generikarabattverträge **SGB V** 39
- Laufzeit **VOB/A 4a** 21 f.; **VOB/A 4a EU** 12; **VSVgV 41** 5 ff.
- Leistungsgegenstand **VOB/A 4a EU** 10a f.
- Mindestbedingungen **VOB/A 4a** 19
- Mindestinhalt **VOB/A 4a EU** 10 ff.
- Missbrauchsverbot **VOB/A 4a** 20
- mit einem Unternehmer **VOB/A 4a EU** 25 ff.
- mit mehreren Unternehmen **VOB/A 4a EU** 28 ff.
- Parteien der Einzelaufträge **VOB/A 4a** 23
- Preis **VOB/A 4a EU** 13 ff.
- Rechtsschutz **VOB/A 4a EU** 39 f.
- Schwellenwert **VOB/A 4a** 10
- Unteraufträge **VSVgV 41** 1 ff.
- unverbindliche **VOB/A 4a EU** 16e
- Verbot konkurrierender Rahmenvereinbarungen **VOB/A 4a** 20a
- Vergabe **VOB/A 4a EU** 8 f.
- Vergabeverzicht **VSVgV 43** 51 ff.
- Verteidigungs- und sicherheitsspezifische öffentliche Aufträge **VSVgV 3** 15; **VSVgV 14** 1 ff.
- Vertragspartner **VOB/A 4** 41; **VOB/A 4a** 11 ff.; **VOB/A 4a EU** 17 ff.
- Wettbewerbsrecht **VOB/A 4a** 20

Rahmenvertragspartner VOB/A 4a EU 17
Rangfolgenregelung VOB/A 8a 24 ff.
Rechenfehler VOB/A 16c EU 2
Rechnungslegung VO (EG) 1370/2007 Anh. 15 ff.
- Kostenstellenrechnung **VO (EG) 1370/2007 Anh.** 16 f.
- Kostenträgerrechnung **VO (EG) 1370/2007 Anh.** 16 f.
- Trennungsrechnung **VO (EG) 1370/2007 Anh.** 18 ff.

Rechnungswesen
- Kostenrechnung **VO PR Nr. 30/53** 1 ff.
- Leitsätze für die Preisermittlung auf Grund von Selbstkosten **VO PR Nr. 30/53** 1 ff.

Rechtfertigung VO (EG) 1370/2007 Vor 78
Rechtmäßiges Alternativverhalten VOB/A 17 EU 40
Rechtsfolgen
- Ausführungsfristen **VOB/A 9** 34 f.
- Beschleunigungsvergütung **VOB/A 9a** 17 ff.
- Geltung der Preisvorschriften **VO PR Nr. 30/53** 4 f.
- Marktpreise **VO PR Nr. 30/53** 15 f.
- Marktpreisvorrang **VO PR Nr. 30/53** 15 ff.
- Nachforderung von Unterlagen **VOB/A 16a EU** 21 f.
- öffentliches Preisrecht **VO PR Nr. 30/53** 7 ff.
- Preise bei vergleichbaren Leistungen **VO PR Nr. 30/53** 22
- Preisprüfung **VO PR Nr. 30/53** 14 ff.
- Selbstkostenpreise **VO PR Nr. 30/53** 7, 13 f.
- Selbstkostenrichtpreise **VO PR Nr. 30/53** 11 ff.
- Selbstreinigung **WReG 8** 31 ff.
- Sicherheitsleistungen **VOB/A 9c** 29
- Vergütungsänderung **VOB/A 9d** 5
- Verjährung **VOB/A 9b** 12
- Verordnung PR Nr. 30/53 **VO PR Nr. 30/53** 4 f.
- Vertragsstrafen **VOB/A 9a** 17 ff.
- Zuwiderhandlungen gegen öffentliches Preisrecht **VO PR Nr. 30/53** 7 ff.

Rechtsformen
- Bietergemeinschaften **UVgO 32** 1
- Unternehmen **UVgO 32** 1

Rechtsschutz VOB/A 4a EU 39 f.
- Angebotsöffnung **VSVgV 30** 24 f.
- Ausschreibungsaufhebung **VOB/A 17 EU** 33 ff.
- Direktvergabe **VO (EG) 1370/2007 5** 70 ff.
- Eintragungsentscheidungen **WReG 5** 10 ff.
- Haushaltsvergaberecht **HaushaltsvergabeR** 104 ff.
- Landesvergabegesetze **LVG Vor** 28
- Open-House-Verfahren **SGB V** 23
- Preisprüfung **VO PR Nr. 30/53** 30 ff.
- Schadensersatz **VOB/A 17 EU** 34 ff.
- Selbstreinigung **WReG 8** 36 ff.
- Sozialleistungsträger **SGB V** 20 ff.
- ungewöhnlich niedrige Angebote **VSVgV 33** 23 ff.
- Veröffentlichungspflichten **VO (EG) 1370/2007 7** 11

Rechtsträgerprinzip
- Wettbewerbsregistergesetz **WReG 2** 33

Rechtsweg
- Registerbehörde **WReG 11** 1 ff.
- Wettbewerbsregistergesetz **WReG 11** 1 ff.

Referenzen VOB/A 6a 47 ff.
Referenzprojekt VOB/A 2 49 ff.
Regelbeispiel VOB/A 6e VS 3
Regelverfahren VOB/A 3 5 ff.
Regionale Diskriminierung
- Wettbewerbsteilnehmer **VOB/A 6 VS** 4 ff.

Regionalverkehr VO (EG) 1370/2007 Vor 49
Registerauszug VSVgV 23 19
Registerbehörde
- elektronische Datenübermittlung **WReG 9** 1 ff.
- Rechtsweg **WReG 11** 1 ff.

Registrierung VOB/A 11 EU 23 ff.
Reisebüro VO (EG) 1370/2007 Vor 25
Reisekosten VO PR Nr. 30/53 11
Rentabilität VOB/A 16d EU 43; **VSVgV 34** 15 ff.
Ressourcenmanagement VOB/A 2 54

1431

Sachverzeichnis

fette Zahl = Gesetz und Paragraf

Reststoffe **VO PR Nr. 30/53** 1 ff.
Rheinland-Pfalz LVG RP
- Gemeindehaushaltsverordnung **LVG RP**
- Landestariftreuegesetz **LVG RP**
- Vergabeprüfstellen **LVG RP**

Richtgrößenprüfung **SGB V** 51
Richtlinienumsetzung **VOB/A 19 EU** 22
Risikoportfolio **VO (EG) 1370/2007 Anh.** 23
RL 2006/111/EG *siehe EG-Transparenz-Richtlinie*
RL 2009/81/EG VSVgV 42 6
Rohstoffe **VO PR Nr. 30/53** 1
Rollmaterial
- Eisenbahn **VO (EG) 1370/2007 5a** 1 f.

Rollstuhlfahrer **VO (EG) 1370/2007 2** 5
Rückforderung von Fördermitteln **VOB/A 3b** 35
Rückgabe
- Nichtberücksichtigung von Angeboten **VOB/A 19** 17

S

Saarland LVG Saar
Saarländisches Tariftreuegesetz LVG Saar
Sachleistungsprinzip **SGB V** 39
Sachsen LVG Sachs
Sachsen-Anhalt LVG LSA
- Auftragswerteverordnung **LVG LSA**

Sammeltaxis **VO (EG) 1370/2007 2** 38
Sanierungsbeihilfen **VO (EG) 1370/2007 3** 3
Schadensausgleich
- Selbstreinigung **VOB/A 6f EU** 7 f.

Schadensersatz **VOB/A 17 EU** 34 ff.; **Grundzüge der VOB/B** 17
- pauschalierter **VOB/A 9** 32 f.

Schadensersatzanspruch **VOB/A 15 EU** 3; **VOB/A 17 EU** 2; **VOB/A 18 EU** 36; **VOB/A 19 EU** 27; **Grundzüge der VOB/B** 27
Schätzung
- Auftragswert **VOB/A 1 VS** 13 ff.

Scheinausschreibung **VOB/A 2** 84
Scheinkonkurrenz
- Bietergemeinschaften **VOB/A 6** 35

Schiedsverfahren **VOB/A 8b** 1 ff., 11; **VOB/A 8b EU** 1
- Verteidigung und Sicherheit **VOB/A 8b VS** 1

Schienenpersonenverkehrsdienst **VO (EG) 1370/2007 2** 12; **VO (EG) 1370/2007 5** 24
- Altbetrauungen **VO (EG) 1370/2007 8** 3
- Altverträge **VO (EG) 1370/2007 8** 3
- Dienstleistungskonzession **VO (EG) 1370/2007 5** 59
- Direktvergabe **VO (EG) 1370/2007 5** 60 ff.

Schienenverkehr **VO (EG) 1370/2007 Vor** 10
- Direktvergabe bis 25.12.2023 **VO (EG) 1370/2007 8** 6 ff.
- Fortschrittsbericht **VO (EG) 1370/2007 8** 8
- reziproker Wettbewerb **VO (EG) 1370/2007 8** 7

Schiffsverkehr **VO (EG) 1370/2007 1** 20
Schleswig-Holstein LVG SH
- beratender Ausschuss **LVG SH**
- TTG-Mindestentgelt-Anpassungsverordnung **LVG SH**

Schlusszahlung **Grundzüge der VOB/B** 49 ff.
- Annahme **Grundzüge der VOB/B** 58 ff.
- Verjährung **Grundzüge der VOB/B** 57

Schramberg-Entscheidung **VOB/A 16** 8

Schriftform **VOB/A 13** 15 ff.; **VOB/A 13 EU** 21
Schriftliche Angebote **VOB/A 13 EU** 18 ff.
- Angebotskennzeichnung **VOB/A 14 EU** 15
- Eröffnungstermin **VOB/A 14a** 11 ff.
- Geheimhaltung **VOB/A 14a** 43 ff.
- Öffnung der Angebote **VOB/A 14a** 1 ff.
- Öffnungstermin **VOB/A 14 EU** 8
- Verlesung der Angebote **VOB/A 14a** 23 ff.
- verspätete Angebote **VOB/A 14a** 35 ff.
- Verwahrung **VOB/A 14a** 43 ff.

Schriftliches Bieterangebot
- Bietergemeinschaften **VOB/A 13 EU** 26 ff.
- Kennzeichnung **VOB/A 13 EU** 39 ff.
- Verschluss **VOB/A 13 EU** 39 ff.
- Vertretungsmacht **VOB/A 13 EU** 25

Schuldanerkenntnis **Grundzüge der VOB/B** 54
Schuldverhältnis
- vorvertragliches **VOB/A 2** 11

Schülerverkehr **VO (EG) 1370/2007 2** 11
Schulnoten-Entscheidung **VOB/A 16d EU** 24
Schutzrechte
- Angebotsabgabe **VSVgV 29** 15

Schwarzarbeitsbekämpfungsgesetz **VOB/A 6e EU** 3
Schwellenwert **VOB/A 1 EU** 6
Schwere Verfehlung **VOB/A 6e VS** 7 f.
Seeverkehrsdienstleistungen **VSVgV 12** 1
Seeverkehrsdienstleistungsaufträge
- Verteidigungs- und sicherheitsspezifische öffentliche Aufträge **VSVgV 12** 30

Seilbahn **VO (EG) 1370/2007 1** 17
Sektorenauftraggeber **VOB/A 1 VS** 9 ff.
Sektoren-RL **VO (EG) 1370/2007 5** 2 ff.
Sekundärverpackung **SGB V** 88
Selbstausführungsgebot **UVgO 26** 5; **VOB/A 6** 53 ff.
Selbstausführungsverbot **VOB/A 2** 69 ff.
Selbstbetrauung **VO (EG) 1370/2007 4** 4
Selbsterbringung **VO (EG) 1370/2007 5** 44 ff.
Selbstkosten
- Arten der Preisermittlung **VO PR Nr. 30/53** 1 ff.
- Preise **VO PR Nr. 30/53** 1 f.

Selbstkostenerstattungspreise **VO PR Nr. 30/53** 1 ff.
- erstattungsfähige Kosten **VO PR Nr. 30/53** 3 ff.
- feste Sätze **VO PR Nr. 30/53** 6 f.

Selbstkostenerstattungsvertrag **VOB/A 4** 3, 38
Selbstkostenpreise **VO PR Nr. 30/53** 1 ff., 1 f., 4 ff., 9 ff.
- Anschlussaufträge **VO PR Nr. 30/53** 21
- COVID-19-Pandemie **VO PR Nr. 30/53** 26
- einheitliche Preise bei gleichen Leistungen **VO PR Nr. 30/53** 18 ff.
- Entscheidung der Preisbehörde **VO PR Nr. 30/53** 15 f.
- Ermittlung **VO PR Nr. 30/53** 1 ff.
- Fehlerfolgen **VO PR Nr. 30/53** 7, 11 f.
- Feststellung der Angemessenheit **VO PR Nr. 30/53** 1 ff.
- fiktiver Selbstkostenpreis **VO PR Nr. 30/53** 20
- Kosten als Kalkulationsgrundlage **VO PR Nr. 30/53** 4 ff.
- Kostenrechnung **VO PR Nr. 30/53** 1 ff.
- Leitsätze für die Preisermittlung auf Grund von Selbstkosten **VO PR Nr. 30/53** 1 ff.
- Rechtsfolgen **VO PR Nr. 30/53** 7, 11 f., 13 f.

magere Zahl = Randnummer

Sachverzeichnis

- Selbstkostenerstattungspreise **VO PR Nr. 30/53** 1 ff.
- Selbstkostenpreistypen **VO PR Nr. 30/53** 20
- Selbstkostenrichtpreise **VO PR Nr. 30/53** 9 ff.
- Typen **VO PR Nr. 30/53** 22 ff.
- Unmöglichkeit der Preisfeststellung **VO PR Nr. 30/53** 7 ff.
- Vorkalkulation **VO PR Nr. 30/53** 4 ff.
- Vorlage einer Preiskalkulation **VO PR Nr. 30/53** 17
- Wettbewerbsbeschränkung **VO PR Nr. 30/53** 11

Selbstreinigung VOB/A 6a 29 ff.; **VOB/A 6f EU** 1 ff.
- Amtsermittlungsgrundsatz **WReG 8** 12 ff.
- Bieterausschluss **VSVgV 23** 11 f.
- Eintragungslöschung **WReG 8** 1 ff.
- Ermittlungsbefugnisse **WReG 8** 16 ff.
- Ermittlungsbefugnisse, kartellverwaltungsrechtliche **WReG 8** 22 ff.
- Gebühren **WReG 8** 39
- Kooperation **VOB/A 6f EU** 9 ff.
- künftige Verstöße **VOB/A 6f EU** 12 ff.
- Maßnahmen **VOB/A 6f EU** 6 ff.
- parallele Zuständigkeit **WReG 8** 34 f.
- Personalschulungen **VOB/A 6f EU** 14
- Prüfung durch den öffentlichen Auftraggeber **VOB/A 6f EU** 15
- Prüfungsmaßstab **WReG 8** 9 ff.
- Rechtsfolge der erfolgreichen Selbstreinigung **VOB/A 6f EU** 16
- Rechtsfolgen **WReG 8** 31 ff.
- Rechtsschutz **WReG 8** 36 ff.
- Schadensausgleich **VOB/A 6f EU** 7 f.
- Verfahrensfragen **WReG 8** 12 ff.
- Verteidigung und Sicherheit **VOB/A 6f VS** 1 ff.
- Wettbewerbsregistergesetz **WReG 3** 4 f.

Selbstvornahme Grundzüge der VOB/B 16
Sepkulationsangebote VOB/A 16a EU 15
Service Public VO (EG) 1370/2007 Vor 27 ff.; **VO (EG) 1370/2007 2** 2
Sicherheit
- Begriff **VOB/A 9c** 2

Sicherheitsanforderungen VOB/A 11 EU 20 ff.
Sicherheitsbehörde VSVgV 7 21
- Beauftragung der Sicherheitsbehörde eines anderen Mitgliedstaats **VSVgV 7** 23

Sicherheitsbescheid VSVgV 7 9, 19 f. *s. auch Festpreisvorrang*
Sicherheitsinteresse der Bundesrepublik Deutschland VOB/A 1 VS 17
Sicherheitsleistungen VOB/A 9c 1 ff., 1
- Arten **VOB/A 9c** 13 ff.
- Auftragsbekanntmachung **VOB/A 12** 29
- Begriff der Sicherheit **VOB/A 9c** 2
- Bürgschaft **VOB/A 9c** 18 f.
- Gegenstand **VOB/A 9c** 3 ff.
- Höhe **VOB/A 9c** 22 ff.
- Rechtsfolgen **VOB/A 9c** 29
- Rückgabe der Sicherheit **VOB/A 9c** 26 ff.
- Vereinbarung der **VOB/A 9c** 7 ff.
- Verteidigung und Sicherheit **VOB/A 9c VS** 1

Sicherheitsspezifische Leistung VOB/A 1 VS 16 ff.
Signatur
- Angebot **VOB/A 16 EU** 12 ff.
- elektronische **VOB/A 11 EU** 22 f.

SIMAP VSVgV 18 8
- Bekanntmachungen **VOB/A 11 EU** 8 ff.

Sittenwidrigkeit HaushaltsvergabeR 102
Skonto VOB/A 13 107
Software als Service-Lösungen VOB/A 11 EU 6
Sonderabschreibungen VO PR Nr. 30/53 1 ff.
Sonderbetriebsmittel VO PR Nr. 30/53 1 ff.
Sonderfragen VOB/A 2 67 ff.
Sonderregelungen
- Unterschwellenvergabeordnung **UVgO 50** 1 f.

Soziale und andere besondere Dienstleistungen
- Unterschwellenvergabeordnung **UVgO 49** 1 ff.

Sozialkosten
- gesetzliche **VO PR Nr. 30/53** 3
- Kostenrechnung **VO PR Nr. 30/53** 1 ff.
- Leitsätze für die Preisermittlung auf Grund von Selbstkosten **VO PR Nr. 30/53** 1 ff.
- Personalkosten **VO PR Nr. 30/53** 1 ff.
- tarifliche **VO PR Nr. 30/53** 4
- zusätzliche **VO PR Nr. 30/53** 5

Sozialleistungsträger SGB V 1 ff.
- Anwendbarkeit des Vergaberechts **SGB V** 9 ff.
- Open-House-Verfahren **SGB V** 15
- Rechtsschutz **SGB V** 20 ff.
- Sozialversicherungsträger **SGB V** 1 ff.

Sozialstandards VO (EG) 1370/2007 4 26 ff.
Sozialversicherungsträger SGB V 1 ff.
Sperrfristen VOB/A 6f EU 17 f.
Sperrwirkung
- Abfragerecht für Auftraggeber **WReG 6** 17 ff.

Splitterlose VOB/A 5 EU 33
Stadtbahnen VO (EG) 1370/2007 Vor 12
Stadtbahn-Gera-Rechtsprechung VOB/A 16d 13
Stadtverkehr VO (EG) 1370/2007 Vor 49
Stadtwerke VO (EG) 1370/2007 Anh. 25
Staffelrabatte SGB V 63
Stelle zur Anforderung und Einsicht von Vergabeunterlagen VOB/A 12 20
Steuerhinterziehung WReG 2 16
Steuern VOB/A 6a 117 ff.; **VO PR Nr. 30/53** 1 ff.
- Gewerbeertragssteuer **VO PR Nr. 30/53** 3
- Kostensteuern **VO PR Nr. 30/53** 1
- Nicht-Kostensteuern **VO PR Nr. 30/53** 1

Steuerrecht VO PR Nr. 30/53 7
Stoffe
- Beistellung **VO PR Nr. 30/53** 1 f.
- Reststoffe **VO PR Nr. 30/53** 1 ff.

Strafverfolgungsbehörde
- elektronische Datenübermittlung **WReG 9** 1 ff.

Straßenbahnen VO (EG) 1370/2007 Vor 12; **VO (EG) 1370/2007 5** 10
Straßenpersonenverkehr VO (EG) 1370/2007 10 2
- internationaler **VO (EG) 1370/2007 Vor** 30 ff.
- Kabotage **VO (EG) 1370/2007 Vor** 36
- Überkompensationsverbot **VO (EG) 1370/2007 10** 2
- Unabhängigkeitsgebot **VO (EG) 1370/2007 10** 2

Straßenverkehr VO (EG) 1370/2007 1 18
Strategie Europa 2020 VOB/A 3a EU 13
Studiennachweise VOB/A 6a EU 46 ff.
Stundenlohnarbeiten
- Abrechnung **VOB/A 4** 36
- angehängte **VOB/A 4** 33; **VOB/A 7 EU** 17 ff.
- selbstständige **VOB/A 4** 31

1433

Sachverzeichnis

fette Zahl = Gesetz und Paragraf

Stundenlohnvertrag VOB/A 4 27 ff.; **VOB/A 4 EU** 12; **VOB/A 13 EU** 51; **Grundzüge der VOB/B** 42 ff.
- Bauleistungen geringeren Umfangs **VOB/A 4** 28
- Lohnkosten **VOB/A 4** 29
- Stundenlohnarbeiten **VOB/A 4** 31
- Verteidigung und Sicherheit **VOB/A 4 VS** 8 f.

Stuttgarter Formel VO PR Nr. 30/53 7 ff.
Subjektiver Berufszugang VO (EG) 1370/2007 Vor 27 ff.
Submissionsabsprachen VOB/A 16 6
Subventionsbetrug WReG 2 13 ff.
SWAP-Zinssatz VO (EG) 1370/2007 Anh. 22

T

Tageszeitungen VOB/A 3b 10; **VOB/A 12 EU** 20
Tarif der Deutschen Bahn VO (EG) 1370/2007 Vor 25

Tarife
- Diskriminierungsfreiheit **VO (EG) 1370/2007 3** 12
- Höchsttarife **VO (EG) 1370/2007 3** 9 ff.
- Unterschreitung **VO (EG) 1370/2007 3** 15
- Verbund- **VO (EG) 1370/2007 Vor** 8

Tarifregulierung VO (EG) 1370/2007 2a 7
Tariftreue LVG Vor 12
Tarifvertrag Nahverkehr VO (EG) 1370/2007 4 31
Tätigkeitskriterium VO (EG) 1370/2007 5 39 ff.
Täuschung VSVgV 24 17
Taxen-Tarifordnung VO (EG) 1370/2007 2 32
Taxiverkehr VO (EG) 1370/2007 Vor 5, 68; **VO (EG) 1370/2007 2** 9
- Kontigentierung **VO (EG) 1370/2007 2** 33
- Linienverkehr **VO (EG) 1370/2007 2** 32

Technische Anforderungen
- Verteidigungs- und sicherheitsspezifische öffentliche Aufträge **VSVgV 15** 1 ff., 8 ff.

Technische Ausrüstung VOB/A 6a EU 38 ff.; **VOB/A 8c EU** 1 ff.; **VSVgV 27** 16 ff.
Technische Fachkräfte VSVgV 27 14 f.
Technische Geräte VOB/A 8c EU 1 ff.
Technische Hilfe VOB/A 16d EU 41 f.; **VSVgV 34** 12 ff.
Technische Leistungsfähigkeit VSVgV 27 1 ff.
- Aufklärung des Angebotsinhalts **VOB/A 15 EU** 11 ff.

Technische Nebenangebote VOB/A 8 64
Technische Prüfung VOB/A 16c EU 10
Technische Spezifikationen VOB/A 7a 1 ff.; **VOB/A 13** 82 ff., 87 f.; **VOB/A Anh. TS**; **VOB/A 7a EU** 1 ff.; **VOB/A 13 EU** 93 f.; **VOB/A Anh. TS EU** 1 f.
- Abweichungen **VOB/A 13** 89 ff.; **VOB/A 13 EU** 88 ff.
- Funktionsanforderungen **VOB/A 7a EU** 22 f.
- Gleichwertigkeit **VOB/A 13 EU** 97
- Gleichwertigkeitsnachweis **VOB/A 13 EU** 98 f.
- Leistungsanforderungen **VOB/A 7a EU** 22 f.
- Nachweismöglichkeiten **VOB/A 7a EU** 25 f.
- Oberschwellennorm **VOB/A 7a** 4 ff.
- Verhandlungsverfahren **VOB/A 3a EU** 16
- Verteidigung und Sicherheit **VOB/A 7a VS** 1 ff.; **VOB/A Anh. TS VS**

- Zugänglichkeit **VOB/A 7a EU** 5 f.

Technische Stellen VSVgV 27 14 f.
Technische Vertragsbedingungen VOB/A 8a 7 ff., 20 ff.
- allgemeine **VOB/A 8a** 20
- besondere **VOB/A 8a** 22 f.
- zusätzliche **VOB/A 8a** 21

Technischer Wert VSVgV 34 12 ff.
TED-eSENDER VOB/A 18 EU 35
Teilaufhebung
- Ausschreibungsaufhebung **VOB/A 17 EU** 26

Teillose VOB/A 5 14
Teilnahmeanträge VOB/A 11 EU 18
- Aufbewahrung **UVgO 39** 1
- Auftragsbekanntmachung **VOB/A 12** 35
- Ausschluss **UVgO 42** 1
- Form **UVgO 38** 1 f.
- Öffnung **UVgO 40** 1 f.
- Prüfung **UVgO 41** 1

Teilnahmebedingungen VOB/A 8 87 ff.
- Anschreiben **VOB/A 8** 90
- Rechtsnatur **VOB/A 8** 89

Teilnahmefristen VOB/A 10b EU 2 f.
Teilnahmewettbewerb VOB/A 10 17
- Innovationspartnerschaft **VOB/A 3b EU** 50 ff.
- Verhandlungsverfahren **VOB/A 3b EU** 29

Teil-Pauschalvertrag VOB/A 4 24
Telefax VSVgV 19 17 f.
Telefon
- Teilnahmeantrag **VOB/A 11 VS** 10

Terrorismusfinanzierung VSVgV 23 5
Tertiärrecht HaushaltsvergabeR 12
Testberichte VOB/A 7a EU 1 ff.
Textform VOB/A 13 27 ff.; **VOB/A 20** 12; **VOB/A 4a EU** 37; **VOB/A 13 EU** 32, 47; **VOB/A 19 EU** 13; **VSVgV 37** 24 f.; **VSVgV 43** 10
- Angebotsaufklärung **VOB/A 15** 38 ff.
- Aufklärung des Angebotsinhalts **VOB/A 15 EU** 39 ff.

Thüringen LVG Thür
Tiefbau VOB/A 6b 18
TNS Dimarso-Entscheidung VOB/A 16d EU 24
Transaktionskostenaufwand VO (EG) 1370/2007 Vor 81
Transparenzgebot Grundzüge der VOB/B 4; **VOB/A 2** 29 ff.; **VOB/A 3b** 49; **VOB/A 10** 1; **VOB/A 19** 1; **VOB/A 7 EU** 10; **VOB/A 13 EU** 114; **VOB/A 16 EU** 4; **VOB/A 16a EU** 11; **VOB/A 16d EU** 22, 46; **VOB/A 2 VS** 5 ff., 7 f.; **VO (EG) 1370/2007 3** 7; **VO (EG) 1370/2007 4** 35; **VO (EG) 1370/2007 7** 1 ff., 12; **VSVgV 18** 1; **VSVgV 43** 3
- Bieterinformationen **VOB/A 2** 59 ff.
- Dokumentation **VOB/A 20** 3 ff.
- Eignungsmerkmale **VOB/A 2** 59 ff.
- ex-ante **VOB/A 20** 21 ff.
- ex-post **VOB/A 20** 20; **VOB/A 18 EU** 1
- öffentliche Ausschreibungen, Verfahrensablauf **VOB/A 3b** 41
- Unterschwellenbereich **VOB/A 2** 85 ff.

Transportkosten VO PR Nr. 30/53 1 ff., 8 f.
Trennungsrechnung VO (EG) 1370/2007 Anh. 18 ff.
Treu und Glauben VOB/A 13 EU 10
Trolleybusse VO (EG) 1370/2007 4 21

magere Zahl = Randnummer | **Sachverzeichnis**

TTG-Mindestentgelt-Anpassungsverordnung LVG SH
Typenzwang VO (EG) 1370/2007 Vor 69; **VO (EG) 1370/2007 2** 28

U

U-Bahnen VO (EG) 1370/2007 Vor 12; **VO (EG) 1370/2007 5** 11
Überbrückungsvergaben VO (EG) 1370/2007 5 1
– Dienstleistungskonzession **VO (EG) 1370/2007 5** 64 ff.
Übergangsregelung VSVgV 44 1 ff.
– öffentliche Dienstleistungsaufträge **VO (EG) 1370/2007 8** 1 ff.
Überkompensation VO (EG) 1370/2007 4 14; **VO (EG) 1370/2007 6** 3 ff.
Überkompensationsverbot VO (EG) 1370/2007 10 2
Übermittlung der Vergabeunterlagen VOB/A 11b EU 3
– Vertraulichkeitsschutz **VOB/A 11b EU** 8 f.
Ultima ratio VOB/A 17 EU 24
Umgehungsverbot VSVgV 3 10 f.
Umsatz VOB/A 6a 37 ff.
Umsatzerklärung VOB/A 6a EU 22 ff.
Umsatznachweise VSVgV 26 8 f.
Umsatzrendite VO (EG) 1370/2007 Anh. 22
Umwelteigenschaften VSVgV 34 17 f.
– Verteidigungs- und sicherheitsspezifische öffentliche Aufträge **VSVgV 15** 11 f.
Umweltkosten VOB/A 16d EU 53
Umweltmanagement VOB/A 6c EU 1 ff., 24 ff.
– Drittschutz **VOB/A 6c EU** 46
– Verteidigung und Sicherheit **VOB/A 6c VS** 1 f.
– Verteidigungs- und sicherheitsspezifische öffentliche Aufträge **VSVgV 28** 1 f.
Umweltmanagementmaßnahmen VOB/A 6a EU 50 ff.
Umweltzeichen VOB/A 7a EU 34
Unabhängigkeitsgebot VO (EG) 1370/2007 10 2
Unangemessen hoher Angebotspreis
– Angebotswertung **VOB/A 16d EU** 7 f.
Ungewöhnlich niedrige Angebote UVgO 44 1 f.; **VSVgV 33** 1 ff.
– Aufklärungspflichten **VSVgV 33** 8 ff.
– Beihilfen **VSVgV 33** 15 ff.
– Landesvergabegesetze **LVG Vor** 27
– Prüfpflichten **VSVgV 33** 11 ff.
– Rechtsschutz **VSVgV 33** 23 ff.
– Zuschlagsverbot **VSVgV 33** 8 ff.
Unionsrecht
– öffentlicher Verkehr **VO (EG) 1370/2007 Vor** 27 ff.
Unlautere Verhaltensweisen VOB/A 2 21 ff.
Untätigkeitsbeschwerde WReG 11 2
– Wettbewerbsregistergesetz **WReG 11** 13 ff.
Unteraufträge UVgO 26 1 ff.; **VO (EG) 1370/2007 4** 37 ff.; **VOB/A 23** 28 f.
– Auftragswertschätzung **VSVgV 38** 14
– Begriff **VSVgV 4** 3
– Bekanntmachung **VSVgV 39** 1 ff.
– Bietergemeinschaften **VSVgV 38** 8 ff.
– Dienstleistungskonzession **VO (EG) 1370/2007 5** 22
– Eignungskriterien **VSVgV 40** 1 ff.

– Einbeziehung von mittelbaren Aufträgen im Öffentlichen Preisrecht **VO PR Nr. 30/53** 12
– Informationsbereitstellungspflicht **VO (EG) 1370/2007 4** 40
– Informationspflicht **VSVgV 38** 8 ff.
– Rahmenvereinbarung **VSVgV 41** 1 ff.
– Verteidigungs- und sicherheitsspezifische öffentliche Aufträge **VSVgV 4** 3; **VSVgV 9** 1 ff.; **VSVgV 38** 1 ff.
Unterauftragnehmer VOB/A 6a EU 63 ff.
– Unternehmenskapazität **VOB/A 6d EU** 18
– Verteidigungs- und sicherheitsspezifische öffentliche Aufträge **VSVgV 27** 22
Unterkompensation VO (EG) 1370/2007 6 5
– Verbot **VO (EG) 1370/2007 2a** 5
Unterkonzessionen VOB/A 23 28 f.
Unterkriterien VOB/A 16d EU 25
– zulässige **VOB/A 16d EU** 27 ff.
Unternehmen UVgO 32 1
– Begriff **WReG 2** 41 ff.
– Haushaltsvergaberecht **HaushaltsvergabeR** 38
– Rechtsformen **UVgO 32** 1
Unternehmensausschluss VOB/A 6e EU 1 ff.
– schwere Verfehlung **VOB/A 6e VS** 4 ff.
– Verteidigung und Sicherheit **VOB/A 6e VS** 1 ff.
– Vertrauenswürdigkeit **VOB/A 6e VS** 7 f.
Unternehmenskapazität VOB/A 6d EU 1 ff.
– Ersatzverlangen **VOB/A 6d EU** 35 ff.
– Konzernvertrag **VOB/A 6d EU** 27
– Unterauftragnehmer **VOB/A 6d EU** 18
– Verteidigung und Sicherheit **VOB/A 6d VS** 1
Unternehmenswagnis
– Verrechnung **VO PR Nr. 30/53** 1
Unterordnungskonzern SGB V 71
– faktischer **VOB/A 6** 26
Unterrichtung unterlegener Bieter VOB/A 19 2 ff.
Unterschrift VOB/A 13 EU 23
Unterschwellenvergabe VO (EG) 1370/2007 5 17
– Bietergemeinschaften **VOB/A 2** 71 ff.
– Tertiärrecht **HaushaltsvergabeR** 12
– Transparenz **VOB/A 2** 85 ff.
Unterschwellenvergabeordnung UVgO Vor; **VOB/A 3b** 4; **HaushaltsvergabeR** 28
– Angebotsabgabe **UVgO 37** 1 f.
– Anwendungsbereich **HaushaltsvergabeR** 29 ff.
– Aufbewahrung ungeöffneter Angebote **UVgO 39** 1
– Aufbewahrung ungeöffneter Teilnahmeanträge **UVgO 39** 1
– Aufhebung von Vergabeverfahren **UVgO 48** 1 f.
– Auftragsänderung **UVgO 47** 1 f.
– Auftragsausführung **UVgO 45** 1 ff.
– Auftragsbekanntmachung **UVgO 27** 1 f.
– Ausschluss von Angeboten **UVgO 42** 1
– Ausschluss von Teilnahmeanträgen **UVgO 42** 1
– Ausschlussgründe **UVgO 35** 1 ff.
– Begrenzung der Bewerberanzahl **UVgO 36** 1
– Beschafferprofil **UVgO 27** 1 f.
– beschränkte Ausschreibung mit Teilnahmewettbewerb **UVgO 10** 1 ff.
– beschränkte Ausschreibung ohne Teilnahmewettbewerb **UVgO 11** 1 ff.
– Bewerberausschluss **UVgO 31** 1 ff.
– Bieterausschluss **UVgO 31** 1 ff.
– Direktauftrag **UVgO 14** 1

1435

Sachverzeichnis

fette Zahl = Gesetz und Paragraf

- Dokumentation **UVgO 6** 1 f.
- dynamische Beschaffungssysteme **UVgO 17** 1
- Eignungsbeleg **UVgO 35** 1 ff.
- Eignungskriterien **UVgO 33** 1 f.
- Eignungsleihe **UVgO 34** 1
- elektronische Auktionen **UVgO 18** 1
- elektronische Kataloge **UVgO 19** 1
- Form **UVgO 38** 1 f.
- freiberufliche Leistungen **UVgO 50** 1 f.
- Fristbestimmung **UVgO 54** 1 f.
- Fristsetzung **UVgO 13** 1 ff.
- Fristverlängerung **UVgO 13** 1 ff.
- Gegenstand **UVgO 1** 1 ff.
- gelegentliche gemeinsame Auftragsvergabe **UVgO 16** 1
- Grundsätze der Kommunikation **UVgO 7** 1 ff.
- Gütezeichen **UVgO 24** 1 f.
- Interessenkonflikte **UVgO 4** 1
- Leistungsbeschreibung **UVgO 23** 1 ff.
- Losvergabe **UVgO 22** 1 ff.
- Markterkundung **UVgO 20** 1
- Mitwirkung an der Vorbereitung des Verfahrens **UVgO 5** 1 f.
- Nachforderung von Unterlagen **UVgO 41** 1
- Nebenangebote **UVgO 25** 1
- öffentliche Ausschreibungen **UVgO 9** 1
- Öffnung der Angebote **UVgO 40** 1 f.
- Öffnung der Teilnahmeanträge **UVgO 40** 1 f.
- Planungswettbewerbe **UVgO 52** 1 f.
- Prüfung der Angebote **UVgO 41** 1
- Prüfung der Teilnahmeanträge **UVgO 41** 1
- Rahmenvereinbarungen **UVgO 15** 1 ff.
- Rechtsformen von Bietergemeinschaften **UVgO 32** 1
- Rechtsformen von Unternehmen **UVgO 32** 1
- Selbstausführungsgebot **UVgO 26** 5
- Sonderregelungen **UVgO 50** 1 f.
- soziale und andere besondere Dienstleistungen **UVgO 49** 1 ff.
- Struktur **HaushaltsvergabeR** 29 ff.
- Übermittlung **UVgO 38** 1 f.
- ungewöhnlich niedrige Angebote **UVgO 44** 1 f.
- Unteraufträge **UVgO 26** 1 ff.
- Unternehmensauswahl **UVgO 31** 1 ff.
- Unterrichtung der Bewerber und Bieter **UVgO 46** 1 f.
- Verfahrensart **UVgO 8** 1 ff.
- Vergabe im Ausland **UVgO 53** 1
- Vergabebekanntmachung **UVgO 30** 1 f.
- Vergabegrundsätze **UVgO 2** 1 f.
- Vergabeunterlagen **UVgO 21** 1; **UVgO 29** 1 f.
- Verhandlung nach Teilnahmewettbewerb **UVgO 37** 1 f.
- Verhandlungsvergabe mit und ohne Teilnahmewettbewerb **UVgO 12** 1 ff.
- Veröffentlichung von Auftragsbekanntmachung **UVgO 28** 1 f.
- verteidigungs- oder sicherheitsspezifische öffentliche Aufträge **UVgO 51** 1 f.
- Vertraulichkeit **UVgO 3** 1
- zentrale Beschaffung **UVgO 16** 1
- Zuschlag **UVgO 43** 1 ff.
- Zuschlagskriterien **UVgO 43** 1 ff.

Unterstützung
- Wettbewerbsteilnehmer **VOB/A 6 VS** 4 ff.

Urheberrecht **VOB/A 3a EU** 30; **VOB/A 19 EU** 24
Ursprungsorte **VOB/A 15** 27 ff.

V

Verbände VSVgV 1 19
Verblisterung SGB V 88
Verbot der Markterkundung VOB/A 2 VS 18 f.; **VOB/A 7 EU** 21
Verbot der Überkompensation VO (EG) 1370/2007 Anh. 11
Verbot des ungewöhnlichen Wagnisses VOB/A 23 22; **VOB/A 7 EU** 14 ff.
Verbot konkurrierender Rahmenvereinbarungen VOB/A 4a 20a
Verbot regionaler Beschränkungen VOB/A 6 6 ff.; **VOB/A 6 EU** 54
Verbotene Markterkundung VOB/A 2 83 ff.
Verbotsgesetz VOB/A 18 5
Verbundtarife VO (EG) 1370/2007 Vor 8
Verdachtstatbestand VOB/A 15 EU 35
Vereinsregister VSVgV 25 4
Verfahren
- Abgebotsverfahren **VOB/A 4** 46 ff.
- Aufgebotsverfahren **VOB/A 4** 46 ff.
- Bieterschutz **VOB/A 4** 51
- öffentliche Ausschreibungen **VOB/A 3b** 1 ff.
- Vergabeunterlagen **VOB/A 8** 1 ff., 6 f.
- Verteidigung und Sicherheit **VOB/A 6b VS** 1 ff.

Verfahrensablauf
- Drittschutz **VOB/A 3b EU** 61 ff.
- dynamisches Beschaffungssystem **VOB/A 4b EU** 18 ff.
- Eignungswettbewerb **VOB/A 3b EU** 23
- elektronische Auktionen **VOB/A 4b EU** 34 ff.
- EU-Recht **VOB/A 3b EU** 8
- Geheimhaltung **VOB/A 3b EU** 54
- Innovationspartnerschaft **VOB/A 3b EU** 44 ff.
- Konzernvergabe **VOB/A 3b EU** 6
- nicht offenes Verfahren **VOB/A 3b EU** 19 ff.
- Oberschwellenbereich **VOB/A 3b EU** 2
- offenes Verfahren **VOB/A 3b EU** 3 ff., 14 ff., 9 ff.
- Sektorenverordnung **VOB/A 3b EU** 4
- Vergabeverfahren **VOB/A 3b EU** 1 ff.
- Verhandlungsverfahren **VOB/A 3b EU** 28
- Verteidigung und Sicherheit **VOB/A 3b EU** 5; **VOB/A 3b VS** 1 ff.

Verfahrensarten UVgO 8 1 ff.; **VOB/A 3 VS** 6 f.
- Verteidigung und Sicherheit **VOB/A 4 VS** 1 ff.

Verfahrensökonomie VOB/A 19 EU 8
Verfassungsmäßigkeit
- Verordnung PR Nr. 30/56 **VO PR Nr. 30/53** 19

Verfassungsrecht HaushaltsvergabeR 13
Verfehlung VOB/A 6a 82 ff.
Vergabe
- einheitliche **VOB/A 5** 1 ff., 4 ff.; **VOB/A 5 EU** 1 ff., 6 ff.
- freihändige **VOB/A 2** 60; **VOB/A 3b** 43 ff.
- gemischttypische **VOB/A 1** 1
- Losvergabe **VOB/A 5** 1 ff., 11 ff.
- öffentliche Dienstleistungsaufträge **VO (EG) 1370/2007 5** 1
- Rahmenvereinbarungen **VOB/A 4a EU** 8 f.
- Verhältnis zum Kartellrecht **VOB/A 6** 14 ff.

magere Zahl = Randnummer
Sachverzeichnis

Vergabe im Ausland **UVgO 53** 1; **VOB/A 24** 1 ff.
- betroffene Vergabevorgänge **VOB/A 24** 2 ff.
- Privilegierung **VOB/A 24** 6 ff.

Vergabe nach öffentlicher Aufforderung einer unbeschränkten Anzahl an Unternehmen zur Abgabe von Angeboten **VOB/A 3b** 6

Vergabe unterhalb der Schwellenwerte **VOB/A 2** 1 ff.

Vergabe von Bauleistungen **VOB/A Vor** 1 ff.
- Eignungsnachweise s. *Eignungsnachweise*

Vergabeabsicht
- fehlende **VOB/A 2** 87 f.

Vergabearten **VOB/A 3** 1 ff., 5 ff.; **VOB/A 3 VS** 1 ff.
- einheitliche Vergabe **VOB/A 5** 1 ff., 4 ff.
- EU **VOB/A 3 EU** 1 ff.
- Innovationspartnerschaft **VOB/A 3 EU** 14 f.
- Losvergabe **VOB/A 5** 1 ff., 11 ff.
- nicht offenes Verfahren **VOB/A 3 EU** 6 ff.
- offenes Verfahren **VOB/A 3 EU** 3 ff.
- Verhandlungsverfahren **VOB/A 3 EU** 9 ff.
- wettbewerblicher Dialog **VOB/A 3 EU** 12 f.

Vergabebekanntmachung **UVgO 30** 1 f.
- Betriebs- und Geschäftsgeheimnisse **VOB/A 18 EU** 34
- Frist **VOB/A 18 EU** 35
- Pflicht **VOB/A 18 EU** 36 ff.
- Verhandlungsverfahren ohne Teilnahmewettbewerb **VOB/A 18 EU** 30
- Vorinformation **VOB/A 18 EU** 33
- Zuschlag **VOB/A 18 EU** 29 ff.

Vergabegesetzdurchführungslandesverordnung **LVG M-V**

Vergabegrundsätze **VOB/A 2** 1 ff., 14 ff.
- Diskriminierungsverbot **VOB/A 2** 24 ff.
- Eigenerklärung **VOB/A 2** 62
- Festlegung der Eignungsmerkmale **VOB/A 2** 59 ff.
- Grundlagen **VOB/A 2** 15 ff.
- Leistungskriterien **VOB/A 2** 44 ff.
- Offenlegung **VOB/A 2** 32
- öffentliche Ausschreibung **VOB/A 2** 60
- Präqualifikationsverzeichnis **VOB/A 2** 62
- Transparenz **VOB/A 2** 85 ff.
- Transparenz der Eignungsmerkmale **VOB/A 2** 59 ff.
- Transparenzgebot **VOB/A 2** 29 ff.
- unlautere Verhaltensweisen **VOB/A 2** 21 ff.
- Vergabeverfahren **VOB/A 2** 59 ff.
- Verhältnismäßigkeit **VOB/A 2** 39 ff., 42 f.
- Wettbewerb **VOB/A 2** 15 ff.
- Wirtschaftlichkeit **VOB/A 2** 39 ff.

Vergabegrundsätze, Eignung
- Eignungsmerkmale **VOB/A 2** 47 ff.
- Leistungskriterien **VOB/A 2** 44 ff.
- Vergaberechtsnovelle **VOB/A 2** 45

Vergabegrundsätze, Wettbewerb
- Mindestanforderungen **VOB/A 2** 17

Vergabekammern
- Adressen **VOB/A 21 EU** 6

Vergabemanagementsysteme **VOB/A 11 EU** 6

Vergabemodernisierungsgesetz **VSVgV 19** 1

Vergabeplattformen **VOB/A 11 EU** 6

Vergabeprüfstellen
- Rheinland-Pfalz **LVG RP**

Vergaberecht
- Anwendbarkeit auf Sozialleistungsträger **SGB V** 9 ff.
- Haushaltsvergaberecht **HaushaltsvergabeR** 1 ff.

Vergaberechtsgrundsätze
- allgemeine **VOB/A 2 VS** 1 ff.

Vergaberechtsnovelle **VOB/A 2** 45

Vergaberechtsreform 2016 **VOB/A 3 VS** 2

Vergaberichtlinie
- Vorrang **VO (EG) 1370/2007 5** 2 ff.

Vergabeunterlagen **UVgO 21** 1; **UVgO 29** 1 f.; **VOB/A 8** 1 ff., 6 f.; **VOB/A 8 EU** 1 ff.
- Änderungen **VOB/A 8** 96; **VOB/A 13** 64 ff.; **VOB/A 16 EU** 15 ff.; **VOB/A 17 EU** 14 ff.
- Änderungen an eigenen Eintragungen **VOB/A 13 EU** 77 ff.
- Angabe der Unterlagen gem. § 16d **VOB/A 8** 85 f.
- Anschreiben **VOB/A 8** 13, 23 ff.; **VOB/A 8 EU** 2 f.
- Aufforderung zur Angebotsabgabe **VOB/A 8** 23 ff.
- Auftragsänderungen während der Vertragslaufzeit **VOB/A 22 EU** 1 f.
- Auslegung **VOB/A 8** 97
- Begriff **VOB/A 11 EU** 12
- Bereitstellung **VSVgV 16** 32 ff.
- Bestandteile **VOB/A 8** 8 ff.
- Bewerbungsbedingungen **VOB/A 8** 14
- Bietergemeinschaften **VOB/A 13 EU** 116 ff.
- bieterseitige Änderungen **VOB/A 13 EU** 69 ff.
- Eignungsnachweise **VSVgV 22** 16 ff.
- erforderliche Angaben **VOB/A 21 EU** 3 ff.
- im Internet **VOB/A 11 EU** 11 ff.
- inhaltliche Anforderungen **VOB/A 7a EU** 19 ff.
- mehrere Hauptangebote **VOB/A 8** 81 ff.
- Muster und Proben **VOB/A 13 EU** 85 ff.
- Nachforderungen **VOB/A 16a EU** 1 ff.
- Nachprüfbehörden **VOB/A 21 EU** 1 ff.
- Nebenangebote **VOB/A 8 EU** 4 ff.; **VOB/A 13 EU** 100 ff.
- nicht offenes Verfahren **VOB/A 10b VS** 6 f.
- offenes Verfahren **VOB/A 3b EU** 13
- Preisnachlässe ohne Bedingung **VOB/A 13 EU** 111 ff.
- Rechtsfolgen bei Falschangaben **VOB/A 21 EU** 7 ff.
- technische Spezifikationen **VOB/A 13 EU** 93 f.; **VOB/A Anh. TS EU**
- technische Spezifikationen, Abweichungen **VOB/A 13 EU** 88 ff.
- Teilnahmebedingungen **VOB/A 8** 14, 87 ff.
- Transparenz **VOB/A 2** 59 f.
- Übermittlung der Vergabeunterlagen **VOB/A 11b EU** 3
- Verfahrensbeteiligte **VOB/A 8** 12
- Vergabekomponente **VOB/A 8** 9
- Versand **VOB/A 12a** 1 ff.; **VOB/A 12a EU** 1 ff.
- Verteidigung und Sicherheit **VOB/A 8 VS** 1 ff.; **VOB/A 10b VS** 6 f.
- Verteidigungs- und sicherheitsspezifische öffentliche Aufträge **VSVgV 16** 1 ff.
- Vertragskomponente **VOB/A 8** 9
- Vertragsunterlagen **VOB/A 8** 15 ff., 91 ff.
- zeitlicher Ablauf **VOB/A 8** 22

1437

Sachverzeichnis

fette Zahl = Gesetz und Paragraf

Vergabeverfahren VOB/A 2 83 ff.; **VOB/A 6b EU** 1 ff., 46 ff.
- Angebotsausschluss **VOB/A 6e EU** 1 ff.
- angemessene Preise **VOB/A 2** 75 ff.
- Aufhebung/Einstellung des Vergabeverfahrens **VSVgV 37** 1 ff.
- Auftragsbekanntmachung **VOB/A 12 EU** 22 ff.
- Ausführungsfristen **VOB/A 9 EU** 1 f.
- Ausschreibungsreife **VOB/A 2** 89 ff.
- Beschleunigungsvergütung **VOB/A 9a EU** 1 ff.
- Bietergemeinschaften **VOB/A 2** 71 ff.
- Dokumentation **VOB/A 20 EU** 1 f.
- Drittschutz **VOB/A 6b EU** 61
- dynamisches Beschaffungssystem **VOB/A 4b EU** 14 ff.
- Eigenerklärung **VOB/A 6b EU** 15 ff.
- Eignungsleihe **VOB/A 2** 67 ff.
- Eignungsprüfung, formelle **VOB/A 2** 65
- Eignungsprüfung, materielle **VOB/A 2** 65
- Eignungsprüfung, Vornahme der **VOB/A 2** 64 ff.
- Einheitliche Europäische Eigenerklärung **VOB/A 6b EU** 23 ff.
- Einzelfristen **VOB/A 9 EU** 1 f.
- elektronische Auktionen **VOB/A 4b EU** 32 f.
- fehlende Vergabeabsicht **VOB/A 2** 87 f.
- Festlegung der Eignungsmerkmale **VOB/A 2** 59 ff.
- Fristen **VOB/A 10** 1 ff.
- Innovationspartnerschaft **VOB/A 3 EU** 14 f.
- Konzernunternehmen **VOB/A 2** 67 ff.
- Marktpreise **VO PR Nr. 30/53** 12 ff.
- mündliche Kommunikation **VOB/A 11 EU** 25
- Nachunternehmer **VOB/A 2** 67 ff.
- Nachweisarten **VOB/A 6b EU** 9 ff.
- Nachweisverzicht **VOB/A 6b EU** 53 ff.
- nicht offenes **VOB/A 3 EU** 6 ff.
- offenes **VOB/A 3 EU** 3 ff.
- öffentliche Ausschreibung **HaushaltsvergabeR** 70 ff.; **VOB/A 3** 7 f.
- Prognoseentscheidung **VOB/A 2** 66
- Prüfungsreihenfolge **VOB/A 2** 64
- Qualitätssicherung **VOB/A 6c EU** 1 ff.
- Registrierung **VOB/A 11 EU** 23 ff.
- Sicherheitsleistungen **VOB/A 9c** 1
- Sonderfragen **VOB/A 2** 67 ff.
- Sperrfristen **VOB/A 6f EU** 17 f.
- Transparenz **VOB/A 2** 85 ff.
- Umweltmanagement **VOB/A 6c EU** 1 ff., 24 ff.
- verbotene Markterkundung **VOB/A 2** 83 ff.
- Verfahrensablauf **VOB/A 3b EU** 1 ff.
- Vergabegrundsätze **VOB/A 2** 59 ff.
- Vergabeunterlagen **VOB/A 8** 1 ff., 6 f.
- Vergütungsänderung **VOB/A 9d EU** 1
- Verhandlungsverfahren **VOB/A 3 EU** 9 ff.
- Verteidigung und Sicherheit **VOB/A 1 VS** 1 ff.
- Verteidigungs- und sicherheitsspezifische öffentliche Aufträge **VSVgV 10** 1 ff.
- Vertragsänderungen **VOB/A 22** 3 ff.
- Vertragsstrafen **VOB/A 9a EU** 1 ff.
- Vertraulichkeit von Informationen und Unterlagen **VOB/A 2** 80 f.
- Verzug **VOB/A 9 EU** 1 f.
- wettbewerblicher Dialog **VOB/A 3 EU** 12 ff.
- Zulässigkeitsvoraussetzungen **VOB/A 3a EU** 1 ff.

Vergabevermerk VOB/A 2 38; **VOB/A 7a EU** 40; **VSVgV 43** 15 ff.

Vergabeverordnungen HaushaltsvergabeR 27 ff.

Vergabeverzicht
- Rahmenvereinbarung **VSVgV 43** 51 ff.

Vergütung Grundzüge der VOB/B 32 ff.
- Ermittlung **Grundzüge der VOB/B** 33

Vergütungsänderung VOB/A 9d 1 ff.; **VOB/A 9d EU** 1
- Rechtsfolgen **VOB/A 9d** 5
- Verteidigung und Sicherheit **VOB/A 9d VS** 1
- Voraussetzungen **VOB/A 9d** 3 f.

Vergütungsmodelle
- Garantierte-Maximal-Preis-Modelle **VOB/A 4** 39
- sonstige **VOB/A 4** 37 ff.

Verhältnismäßigkeit VOB/A 2 39 ff., 42 f.; **VOB/A 16** 12; **VOB/A 17 EU** 12; **VO (EG) 1370/2007 2a** 2; **VO (EG) 1370/2007 6** 2
- Preisprüfung **VO PR Nr. 30/53** 15

Verhandlungsverbot VOB/A 15 EU 2

Verhandlungsverfahren VOB/A 10c 1 ff.; **VOB/A 3 EU** 9 ff.
- äußerste Dringlichkeit **VOB/A 3a EU** 32 ff.
- gleichartige Bauleistungen **VOB/A 3a EU** 35 ff.
- mit Teilnahmewettbewerb **VOB/A 10c** 2
- ohne Teilnahmewettbewerb **VOB/A 10c** 3 f.
- technische Spezifikationen **VOB/A 3a EU** 16
- Teilnahmewettbewerb **VOB/A 3b EU** 29
- Verfahrensablauf **VOB/A 3b EU** 28
- Verhandlungen **VOB/A 3b EU** 30 ff.
- Verteidigung und Sicherheit **VOB/A 10c VS** 1 f.
- wettbewerblicher Dialog **VOB/A 3b EU** 37 ff.
- Zulässigkeitsvoraussetzungen **VOB/A 3a EU** 7 ff., 22 ff.

Verhandlungsverfahren mit Teilnahmewettbewerb VOB/A 3b VS 8 ff.
- Verteidigung und Sicherheit **VOB/A 3a VS** 3 f.

Verhandlungsverfahren ohne Teilnahmewettbewerb
- Verteidigung und Sicherheit **VOB/A 3a VS** 5

Verhandlungsverfahren ohne Teilnahmewettbewerb
- eVergabe **VSVgV 43** 72 ff.
- verteidigungs- und sicherheitsspezifische öffentliche Aufträge **VSVgV 12** 1 ff.; **VSVgV 43** 46 ff.

Verhandlungsvergabe mit und ohne Teilnahmewettbewerb UVgO 12 1 ff.

Verjährung Grundzüge der VOB/B 26 ff., 57
- Abweichungen von § 13 VOB/B **VOB/A 9b** 10
- Fristbeginn **VOB/A 9b** 8
- Mängelansprüche **VOB/A 9b** 1 ff.
- Rechtsfolgen **VOB/A 9b** 12
- Regel– **Grundzüge der VOB/B** 26 ff.
- Regelfristen des § 13 VOB/B **VOB/A 9b** 6 ff.
- Verhältnis zu § 13 VOB/B **VOB/A 9b** 4 ff.
- Verteidigung und Sicherheit **VOB/A 9b VS** 1

Verkehrsdienst
- integrierter **VO (EG) 1370/2007 2** 45

Verkehrsformneutral VO (EG) 1370/2007 Vor 5

Verkehrsüblicher Preis VO PR Nr. 30/53 9 ff.

Verlässlichkeit des Angebots VO (EG) 1370/2007 Vor 70

Verlesung der Angebote VOB/A 14a 23 ff., 29

Vermutung der Voreingenommenheit VSVgV 42 13 ff.
- Katalog der Angehörigen voreingenommener Personen **VSVgV 42** 35 ff.

1438

magere Zahl = Randnummer

Sachverzeichnis

Veröffentlichung der Vergabeunterlagen VOB/A 11 EU 11 ff.
Veröffentlichung von Auftragsbekanntmachung UVgO 28 1 f.
Veröffentlichungsblätter VOB/A 12 EU 20
Veröffentlichungspflichten
- Gesamtjahresbericht **VO (EG) 1370/2007 7** 1 ff.
- Rechtsschutz **VO (EG) 1370/2007 7** 11
- Vorabinformation **VO (EG) 1370/2007 7** 6 ff.

Verordnung PR Nr. 30/53 VO PR Nr. 30/53 1 ff.
- allgemeine Preisvorschriften **VO PR Nr. 30/53** 11
- Befreiungsmöglichkeit **VO PR Nr. 30/53** 5 ff.
- Gebührenkalkulation **VO PR Nr. 30/53** 14
- Geltung der Preisvorschriften **VO PR Nr. 30/53** 1 ff.
- Geltung für juristische Personen des öffentlichen Rechts **VO PR Nr. 30/53** 2 ff.
- Geltungsbereich **VO PR Nr. 30/53** 1 ff.
- gerechte Preise **VO PR Nr. 30/53** 10a
- Grundprinzipien **VO PR Nr. 30/53** 1 ff.
- Inkrafttreten **VO PR Nr. 30/53** 1
- Leitsätze für die Preisermittlung auf Grund von Selbstkosten **VO PR Nr. 30/53** 1 ff.
- Monopole **VO PR Nr. 30/53** 9
- Oberauftrag **VO PR Nr. 30/53** 12
- Preistreppe **VO PR Nr. 30/53** 2
- Rechtstatsächlicher und -systematischer Hintergrund **VO PR Nr. 30/53** 12 ff.
- Selbstkostenpreise **VO PR Nr. 30/53** 1 ff.
- Unterauftrag **VO PR Nr. 30/53** 12

Verordnung PR Nr. 30/54
- Bedeutung **VO PR Nr. 30/54** 1 ff.

Verordnung PR Nr. 30/55
- Aussagekraft der Eingangsformel **VO PR Nr. 30/53** 20 f.
- Grundprinzipien **VO PR Nr. 30/53** 4 f.

Verordnung PR Nr. 30/56
- Reformvorhaben **VO PR Nr. 30/53** 16 ff.
- Verfassungsmäßigkeit **VO PR Nr. 30/53** 19

Verordnungsermächtigung
- Wettbewerbsregistergesetz **WReG 10** 1 f.

Verpackungskosten VO PR Nr. 30/53 2
Verpflichtung
- gemeinschaftliche **VO (EG) 1370/2007 2** 20 ff.

Verpflichtungsbeschwerde
- Wettbewerbsregistergesetz **WReG 11** 10 ff. *s. auch Selbstkostenpreise*

Verpflichtungserklärung VSVgV 7 10
Verrechnung
- Ansatz **VO PR Nr. 30/53** 1 ff.
- Gehälter **VO PR Nr. 30/53** 1
- gewerblicher Rechtsschutz **VO PR Nr. 30/53** 1 ff.
- kalkulatorischer Unternehmerlohn **VO PR Nr. 30/53** 1
- Lizenzen **VO PR Nr. 30/53** 1 ff.
- Löhne **VO PR Nr. 30/53** 1
- Patente **VO PR Nr. 30/53** 1 ff.

Versand
- Vergabeunterlagen **VOB/A 12a EU** 1 ff.

Versand der Vergabeunterlagen VOB/A 12a 1 ff.
- beschränkte Ausschreibung **VOB/A 12a** 4 f.
- Einsichtnahme **VOB/A 12a** 7 f.
- freihändige Vergabe **VOB/A 12a** 4 f.
- Geheimwettbewerb **VOB/A 12a** 9 f.

- Mitwirkungspflichten des Bewerbers **VOB/A 12a** 6
- Verteidigung und Sicherheit **VOB/A 12a VS** 1 ff.
- zusätzliche Auskünfte **VOB/A 12a** 11 ff.

Versandbedingungen VO PR Nr. 30/53 1 ff.
Versandkosten VO PR Nr. 30/53 1 ff.
Verschluss
- schriftliches Bieterangebot **VOB/A 13 EU** 39 ff.

Verschlüsselung
- elektronisches Bieterangebot **VOB/A 13** 39 ff.; **VOB/A 13 EU** 44 ff.

Verschlusssachen VOB/A 2 VS 20 f.
- Auftrag **VSVgV 7** 3
- Nichtvorlage **VSVgV 7** 18
- verteidigungs- und sicherheitsspezifische öffentliche Aufträge **VSVgV 7** 1 ff.
- VS-NUR FÜR DEN DIENSTGEBRAUCH **VSVgV 7** 15 f.
- Zugang während des Vergabeverfahrens **VSVgV 7** 13 f.
- Zugang zu **VSVgV 7** 7 ff.

Verschwiegenheitserklärung VOB/A 3b 11
Versendungsrisiko VOB/A 13 EU 41
Versicherung von Eides statt VSVgV 23 21 ff.; **VSVgV 24** 22

Versorgungssicherheit VOB/A 8 VS 3; **VSVgV 34** 23 ff.
- Angebotsbewertung **VOB/A 16d VS** 4
- Verteidigungs- und sicherheitsspezifische öffentliche Aufträge **VSVgV 8** 1 ff.

Verspätete Angebote VOB/A 14a 35 ff.
- als rechtzeitig zu behandelnde **VOB/A 14 EU** 25 ff.
- Öffnungstermin **VOB/A 14 EU** 24 ff.; **VOB/A 14 VS** 6 f.

Verspätete Zuschlagserteilung VOB/A 18 EU 25 ff.

Verteidigung und Sicherheit
- Abgebotsverfahren **VOB/A 4 VS** 11 f.
- allgemeine Vergaberechtsgrundsätze **VOB/A 2 VS** 1 ff.
- allgemeine Vertragsbedingungen **VOB/A 8a VS** 1
- Angebotsausschluss **VOB/A 16 VS** 1
- Angebotsbewertung **VOB/A 16d VS** 1 ff.
- Angebotsfrist **VOB/A 10b VS** 4
- Angebotsinhalt **VOB/A 15 VS** 1 ff.
- Angebotsöffnung **VOB/A 14 VS** 1 ff.
- Angebotsrücknahme **VOB/A 10b VS** 9
- Angebotsverfahren **VOB/A 4 VS** 10
- Anspruch auf Angebotsaufklärung **VOB/A 15 VS** 4
- Anwendungsbereich **VOB/A 1 VS** 1 ff.
- Aufgebotsverfahren **VOB/A 4 VS** 11 f.
- Aufklärungsverweigerung **VOB/A 15 VS** 7 f.
- Auftragsänderungen während der Vertragslaufzeit **VOB/A 22 VS** 1
- Auftragsbekanntmachung **VOB/A 12 VS** 1 ff., 6 ff.
- Auftragswertschätzung **VOB/A 1 VS** 13 ff.
- Ausführungsfristen **VOB/A 9 VS** 1
- Auskunft über die Vergabeunterlagen **VOB/A 12a VS** 8
- Ausschreibungsaufhebung **VOB/A 17 VS** 1
- Beschafferprofil **VOB/A 11 VS** 7
- Beschleunigungsvergütung **VOB/A 9a VS** 1
- besondere Vertragsbedingungen **VOB/A 8a VS** 1

1439

Sachverzeichnis

fette Zahl = Gesetz und Paragraf

- Bewerbungsfrist **VOB/A 10b VS** 2 f.
- Bindefrist **VOB/A 10b VS** 9
- Datenintegrität **VOB/A 11 VS** 8 f.
- Dokumentation **VOB/A 15 VS** 7 f.; **VOB/A 20 VS** 1
- Dringlichkeit **VOB/A 10b VS** 8
- Eignung **VOB/A 2 VS** 12 f.; **VOB/A 16b VS** 1
- Eignungsnachweise **VOB/A 6a VS** 1 ff.
- Eignungsprüfung **VOB/A 16c VS** 1
- einheitliche Vergabe **VOB/A 5 VS** 1
- Einheitspreisvertrag **VOB/A 4 VS** 6
- Einsicht in die Vergabeunterlagen **VOB/A 12a VS** 3 ff.
- Einzelfristen **VOB/A 9 VS** 1
- elektronische Mittel **VOB/A 11a VS** 1 ff.
- Form und Inhalt der Angebote **VOB/A 13 VS** 1 ff., 3 ff.
- Fristen **VOB/A 10 VS** 1 ff.; **VOB/A 10c VS** 1 f.; **VOB/A 10d VS** 1
- Fristen im nicht offenen Verfahren **VOB/A 10b VS** 1 ff.
- Geheimhaltung **VOB/A 15 VS** 7 f.
- GWB-Vorschriften **VOB/A 1 VS** 8
- Informationsübermittlung **VOB/A 11 VS** 1 ff.
- Kommunikationsmittel **VOB/A 11 VS** 3
- Kosten **VOB/A 8b VS** 1
- Leistungsbeschreibung **VOB/A 7 VS** 1 ff.
- Leistungsbeschreibung mit Leistungsprogramm **VOB/A 7c VS** 1 ff.
- Leistungsbeschreibung mit Leistungsverzeichnis **VOB/A 7b VS** 1 ff.
- Leistungsvertrag **VOB/A 4 VS** 5 ff.
- Losvergabe **VOB/A 5 VS** 1
- Mängelansprüche **VOB/A 9b VS** 1
- Nachforderung von Unterlagen **VOB/A 16a VS** 1
- Nachprüfbehörden **VOB/A 21 VS** 1
- Nachverhandlungsverbot **VOB/A 15 VS** 7 f.
- Nachweisführung **VOB/A 6b VS** 1 ff.
- nicht berücksichtigte Angebote **VOB/A 19 VS** 1
- nicht berücksichtigte Bewerbung **VOB/A 19 VS** 1
- nicht offenes Verfahren **VOB/A 3a VS** 3 f.; **VOB/A 3b VS** 4 ff.; **VOB/A 10b VS** 1 ff.
- öffentlicher Auftraggeber **VOB/A 1 VS** 9 ff.
- Öffnungstermin **VOB/A 14 VS** 1 ff.
- Pauschalvertrag **VOB/A 4 VS** 7
- Qualitätssicherung **VOB/A 6c VS** 1 f.
- Schiedsverfahren **VOB/A 8b VS** 1
- Sektorenauftraggeber **VOB/A 1 VS** 9 ff.
- Selbstreinigung **VOB/A 6f VS** 1 ff.
- Sicherheitsleistung **VOB/A 9c VS** 1
- sicherheitsspezifische Leistung **VOB/A 1 VS** 16 ff.
- Stundenlohnvertrag **VOB/A 4 VS** 8 f.
- technische Spezifikationen **VOB/A 7a VS** 1 ff.; **VOB/A Anh. TS VS**
- Teilnahmeantrag per Fax **VOB/A 11 VS** 10
- Umweltmanagement **VOB/A 6c VS** 1 f.
- Unternehmensausschluss **VOB/A 6e VS** 1 ff.
- Unternehmenskapazität **VOB/A 6d VS** 1
- Verfahren **VOB/A 6b VS** 1 ff.
- Verfahrensablauf **VOB/A 3b VS** 1 ff.
- Verfahrensarten **VOB/A 3 VS** 6 f.; **VOB/A 4 VS** 1 ff.
- Vergabearten **VOB/A 3 VS** 1 ff.
- Vergabeunterlagen **VOB/A 8 VS** 1 ff.; **VOB/A 10b VS** 6 f.
- Vergütungsänderung **VOB/A 9d VS** 1
- Verhandlungsverfahren **VOB/A 10c VS** 1 f.
- Verhandlungsverfahren mit Teilnahmewettbewerb **VOB/A 3a VS** 3 f.; **VOB/A 3b VS** 8 ff.
- Verhandlungsverfahren ohne Teilnahmewettbewerb **VOB/A 3a VS** 5
- Verjährung von Mängelansprüchen **VOB/A 9b VS** 1
- Versand der Vergabeunterlagen **VOB/A 12a VS** 1 ff.
- verteidigungsspezifische Leistung **VOB/A 1 VS** 16 ff.
- Vertragsbedingungen **VOB/A 9 VS** 1
- Vertragsstrafen **VOB/A 9a VS** 1
- Vertrauenregelung **VOB/A 8b VS** 1
- Vertraulichkeit **VOB/A 11 VS** 8 f.
- Verzug **VOB/A 9 VS** 1
- Vorinformation **VOB/A 10b VS** 5; **VOB/A 12 VS** 1 ff.
- wettbewerblicher Dialog **VOB/A 3a VS** 6 ff.; **VOB/A 3b VS** 13; **VOB/A 10d VS** 1
- Zulässigkeitsvoraussetzungen **VOB/A 3a VS** 1 ff.
- zusätzliche Vertragsbedingungen **VOB/A 8a VS** 1
- Zuschlagserteilung **VOB/A 18 VS** 1 ff.

Verteidigungs- oder sicherheitsspezifische öffentliche Aufträge UVgO 51 1 f.

Verteidigungs- und sicherheitsspezifische öffentliche Aufträge
- anerkannte Stellen **VSVgV 15** 13
- Angebotsöffnung **VSVgV 30** 1
- Angebotsprüfung **VSVgV 31** 1 f.
- Angebotszuschlag **VSVgV 34** 1 ff.
- Anwendungsbereich **VSVgV 1** 1 ff.
- Arten von Liefer- und Dienstleistungsaufträgen **VSVgV 11** 1 ff.
- Aufbewahrungspflichten **VSVgV 43** 1 ff.
- Aufforderung zur Angebotsabgabe **VSVgV 29** 1
- Aufhebung/Einstellung des Vergabeverfahrens **VSVgV 37** 1 ff.
- Auftrag **VSVgV 3** 13
- Bauaufträge **VSVgV 2** 1 ff.
- Bauleistungen **VSVgV 3** 14; **VSVgV 20** 9 ff.
- Begriffsbestimmungen **VSVgV 4** 1 ff.
- Bekanntmachung **VSVgV 18** 1 ff.
- Bekanntmachung über die Auftragserteilung **VSVgV 35** 1 ff.
- Beschränkung des Bewerberkreises **VSVgV 21** 14 ff.
- Bewerberauswahl **VSVgV 21** 1 ff.
- Bieterausschluss **VSVgV 23** 1 ff.; **VSVgV 24** 1 ff.
- Bietergemeinschaften **VSVgV 21** 30
- COVID-19-Pandemie **VSVgV 12** 21
- Dauerauftrag **VSVgV 3** 12
- Dienstleistungsaufträge **VSVgV 2** 1 ff.; **VSVgV 5** 1 ff.; **VSVgV 12** 28 f.; **VSVgV 27** 23
- Dokumentation **VSVgV 43** 1 ff.
- Eignung **VSVgV 21** 1 ff., 6 ff.
- Eignungsleihe **VSVgV 27** 25 f.
- Eignungsnachweise **VSVgV 22** 1 ff.
- Erlaubnis zur Berufsausübung **VSVgV 25** 1 ff.; **VSVgV 27** 19
- Forschung und Entwicklung **VSVgV 4** 4
- Fristen **VSVgV 20** 1 ff.
- Führungskräfte **VSVgV 27** 20 f.

magere Zahl = Randnummer

Sachverzeichnis

- gemischte Aufträge **VSVgV 1** 36 ff.
- Informationsübermittlung **VSVgV 19** 1 ff.
- Inkrafttreten **VSVgV 45** 1
- Krise **VSVgV 4** 2
- Leistungsbeschreibung **VSVgV 15** 1 ff., 4 ff.
- Lieferaufträge **VSVgV 2** 1 ff.; **VSVgV 12** 26 f.
- Losverfahren **VSVgV 3** 16 ff.
- Markterkundung **VSVgV 10** 11 f.
- Mitwirkungsverbot **VSVgV 42** 1 ff.
- Nachforderung von Unterlagen **VSVgV 23** 19 ff.
- Nebenangebote **VSVgV 32** 1
- Nichtvorliegen von Ausschlussgründen **VSVgV 22** 1 ff.
- öffentlicher Auftraggeber **VSVgV 1** 14 ff.
- persönlicher Anwendungsbereich **VSVgV 1** 13 ff.
- Preise **VSVgV 10** 13 f.
- produktneutrale Ausschreibung **VSVgV 15** 14
- Projektantenproblematik **VSVgV 10** 6 f.
- Qualitätsmanagement **VSVgV 28** 1 f.
- Rahmenvereinbarung **VSVgV 3** 15; **VSVgV 14** 1 ff.
- sachlicher Anwendungsbereich **VSVgV 1** 26 ff.
- Schätzung des Auftragswertes **VSVgV 3** 1 ff.
- Schwellenwerte **VSVgV 1** 11 f.
- Seeverkehrsdienstleistungsaufträge **VSVgV 12** 30
- Sektorenauftraggeber **VSVgV 1** 22 ff.
- technische Anforderungen **VSVgV 15** 1 ff., 8 ff.
- technische und berufliche Leistungsfähigkeit **VSVgV 27** 1 ff.
- Übergangsregelung **VSVgV 44** 1 ff.
- Umgehungsverbot **VSVgV 3** 10 f.
- Umwelteigenschaften **VSVgV 15** 11 f.
- Umweltmanagement **VSVgV 28** 1 f.
- ungewöhnlich niedrige Angebote **VSVgV 33** 1 ff.
- Unteraufträge **VSVgV 4** 3; **VSVgV 9** 1 ff.; **VSVgV 38** 1 ff.
- Unterauftragnehmer **VSVgV 27** 22
- Unterrichtung der Bewerber/Bieter **VSVgV 36** 1 ff.
- Verbände **VSVgV 1** 19
- Vergabeunterlagen **VSVgV 16** 1 ff.
- Vergabeverfahren **VSVgV 10** 1 ff.
- Vergabevermerk **VSVgV 43** 15 ff.
- Verhandlungsverfahren ohne Teilnahmewettbewerb **VSVgV 12** 1 ff.; **VSVgV 43** 46 ff. *s. auch Grundprinzipien des Öffentlichen Preisrechts*
- Verschlusssachen **VSVgV 7** 1 ff.
- Versorgungssicherheit **VSVgV 8** 1 ff.
- Vertraulichkeit **VSVgV 6** 1 ff.
- VOL/B **VSVgV 10** 8 f.
- vorherige Rechtslage **VSVgV 1** 6 ff.
- Vorinformation **VSVgV 17** 1 ff.
- wettbewerblicher Dialog **VSVgV 13** 1 ff.; **VSVgV 43** 46 ff. *s. auch Grundprinzipien des Öffentlichen Preisrechts*
- wiederkehrende Aufträge **VSVgV 3** 12
- wirtschaftliche und finanzielle Leistungsfähigkeit **VSVgV 26** 1 ff.
- Zugangsarten **VSVgV 19** 20 ff.
- Zuschlagskriterien **VSVgV 16** 17 ff.

Verteidigungsaufträge VOB/A 1 VS 17
Verteidigungssektor
- Wagniskosten **VO PR Nr. 30/53** 7

Verteidigungsspezifische Leistung VOB/A 1 VS 16 ff.

Vertragsänderungen
- bei neuem Vergabeverfahren **VOB/A 22** 6 f.
- ohne neues Vergabeverfahren **VOB/A 22** 3 ff.
- während der Vertragslaufzeit **VOB/A 22** 1 ff.

Vertragsarten VOB/A 4 1 ff.
- Angebotsverfahren **VOB/A 4** 42 ff.; **VOB/A 4 EU** 13
- Auf- und Abgebotsverfahren **VOB/A 4 EU** 15
- Bauauftrag **VOB/A 4 EU** 1 ff.
- Baukonzession **VOB/A 4** 40
- Bieterschutz **VOB/A 4 EU** 16
- Einheitspreisvertrag **VOB/A 4** 6, 7 ff.; **VOB/A 4 EU** 5 ff.
- Leistungsvertrag **VOB/A 4** 6 ff.; **VOB/A 4 EU** 4 ff.
- Pauschalvertrag **VOB/A 4** 6, 22 ff.; **VOB/A 4 EU** 9 ff.
- Rahmenvereinbarung **VOB/A 4** 41
- Selbstkostenerstattungsvertrag **VOB/A 4** 3, 38
- sonstige **VOB/A 4** 37 ff.
- Stundenlohnvertrag **VOB/A 4** 27 ff.; **VOB/A 4 EU** 12

Vertragsbedingungen
- allgemeine **VOB/A 8a** 1 ff.; **VOB/A 8a EU** 1
- besondere **VOB/A 8a** 1 ff., 15 ff.; **VOB/A 8a EU** 1
- kaufmännisch-juristische **VOB/A 8a** 7 ff., 8 ff.
- Öffnungsklauseln **VOB/A 8a** 17
- Rangfolgenregelung **VOB/A 8a** 24 ff.
- Schiedsverfahren **VOB/A 8b** 11
- technische **VOB/A 8a** 7 ff., 20 ff.
- Verteidigung und Sicherheit **VOB/A 9 VS** 1
- VOB/A-konforme Auslegung **VOB/A 8a** 28
- VOB/C **VOB/A 8a** 5
- zusätzliche **VOB/A 8a** 1 ff., 19; **VOB/A 8a EU** 1

Vertragsfristen VOB/A 9 10 f.; **VOB/A 9a** 3
- Beschleunigungsvergütung **VOB/A 9a** 1 ff.
- Vertragsstrafen **VOB/A 9a** 1 ff.

Vertragsinhalt Grundzüge der VOB/B 10 ff.
Vertragsschluss
- Zuschlagserteilung **VOB/A 18 EU** 6

Vertragsstrafen VOB/A 9a 1 ff.; **VOB/A 9a EU** 1 ff.; **SGB V** 59
- Direktvergabe **VO (EG) 1370/2007 5** 61
- erhebliche Nachteile **VOB/A 9a** 4 ff.
- Höhe **VOB/A 9a** 10 ff.
- Rechtsfolgen **VOB/A 9a** 17 ff.
- Verteidigung und Sicherheit **VOB/A 9a VS** 1
- Vertragsfristen **VOB/A 9a** 3

Vertragsunterlagen VOB/A 8 91 ff.
- fakultative **VOB/A 8** 93
- obligatorische **VOB/A 8** 92
- sonstige **VOB/A 8** 94 ff.

Vertrauensregelung VOB/A 8b 1 ff.; **VOB/A 8b EU** 1
- Verteidigung und Sicherheit **VOB/A 8b VS** 1

Vertrauensschutz VO (EG) 1370/2007 8 4
Vertrauenswürdigkeit VOB/A 6e VS 7 f.
Vertrauliche Informationen WReG 3 6
Vertraulichkeit UVgO 3 1; **VOB/A 13** 32 ff.; **VOB/A 19** 14; **VOB/A 11 VS** 8 f.; **VOB/A 2 EU** 9
- Informationsübermittlung **VSVgV 19** 13 ff.
- verteidigungs- und sicherheitsspezifische öffentliche Aufträge **VSVgV 6** 1 ff.

1441

Sachverzeichnis

fette Zahl = Gesetz und Paragraf

Vertraulichkeit von Informationen und Unterlagen VOB/A 2 80 f.
Vertraulichkeitsgebot VOB/A 11b EU 8 f.; **VOB/A 19 EU** 18; **VOB/A 2 VS** 16 f.
- Abfragerecht für Auftraggeber **WReG 6** 34 f.
- Verschlusssachen **VOB/A 2 VS** 20 f.
Vertreterprovisionen VO PR Nr. 30/53 1 ff.
Vertretung
- gesetzliche **VOB/A 18 EU** 15 ff.
- Mitwirkungsverbot **VSVgV 42** 15
- rechtsgeschäftliche **VOB/A 18 EU** 15 ff.
Vertretungsmacht VOB/A 13 20
- Bieterangebot **VOB/A 13** 20
- schriftliches Bieterangebot **VOB/A 13 EU** 25
Vertriebswagnis VO PR Nr. 30/53 5
Verwahrung VOB/A 14a 43 ff.
- elektronische Angebote **VOB/A 14** 23 ff.
- Öffnungstermin **VOB/A 14 VS** 6 f.
Verwaltungsmonopol VO (EG) 1370/2007 Vor 64; **VO (EG) 1370/2007 1** 8
Verwaltungsverfahren
- Preisprüfung **VO PR Nr. 30/53** 21 ff.
Verweigerung
- Angebotsaufklärung **VOB/A 15** 43 ff.
Verzug VOB/A 9 1 ff.; **VOB/A 9 EU** 1 f.
- Verteidigung und Sicherheit **VOB/A 9 VS** 1
Viertes Eisenbahnpaket VO (EG) 1370/2007 8 2
VO (EG) 1370/2007 siehe PersonenverkehrsVO
VO (EWG) 1107/70 VO (EG) 1370/2007 Vor 48
VO (EWG) 1191/69 VO (EG) 1370/2007 Vor 47
- Aufhebung **VO (EG) 1370/2007 10** 1 ff.
VO (EWG) 1893/91 VO (EG) 1370/2007 Vor 49
VOB/A
- Anwendungsbereich **VOB/A 1** 2 f.
- Bauleistungen **VOB/A 1** 1 ff., 4 ff.
- bauliche Anlagen **VOB/A 1** 6
- Bauvertragsrecht **VOB/A Vor** 3
- Drittschutz **VOB/A 2** 9 ff.
- Europarecht **VOB/A 2** 13
- Geltung **VOB/A 1** 11
- gemischttypische Vergaben **VOB/A 1** 1
- Grundsätze **VOB/A 2** 1 ff., 14 ff.
- historische Entwicklung **VOB/A Vor** 2 ff.
- Inhaltskontrolle **VOB/A Vor** 4
- Liefer- und Dienstleistungsaufträge **VOB/A 1** 1
- sachlicher Anwendungsbereich **VOB/A 1** 1 ff.
- Vergabe unterhalb der Schwellenwerte **VOB/A 2** 1 ff.
VOB/A 2019
- Anwendungsbereich **HaushaltsvergabeR** 32
- Baukonzessionen **HaushaltsvergabeR** 32
- Bauleistungen **HaushaltsvergabeR** 32
- Struktur **HaushaltsvergabeR** 32
VOB/A-konforme Auslegung VOB/A 8a 28
VOL/B VSVgV 10 8 f.
Vorabinformation
- Direktvergabe **VO (EG) 1370/2007 7** 6 ff.
- Formular **VO (EG) 1370/2007 7** 8
- Veröffentlichungspflichten **VO (EG) 1370/2007 7** 6 ff.
Vorauszahlungen Grundzüge der VOB/B 48
Vorbefasstheit VOB/A 2 VS 14 f.
Vorbehaltserklärung Grundzüge der VOB/B 60
Vorformulierte Bedingungen Grundzüge der VOB/B 5

Vorgängergesellschaften
- Abfragerecht für Auftraggeber **WReG 6** 6
Vorinformation VOB/A 12 EU 1 ff.; **VOB/A 18 EU** 33
- Bekanntmachungen **VOB/A 12 EU** 5
- Bekanntmachungsbedingungen **VOB/A 12 EU** 13 ff.
- Erforderlichkeit **VOB/A 12 EU** 2 ff.
- Fristverkürzung **VSVgV 17** 12 ff.
- nicht offenes Verfahren **VOB/A 10b VS** 5
- Veröffentlichung **VOB/A 12 EU** 6; **VSVgV 17** 6 ff.
- Verteidigung und Sicherheit **VOB/A 10b VS** 5; **VOB/A 12 VS** 1 ff.
- Verteidigungs- und sicherheitsspezifische öffentliche Aufträge **VSVgV 17** 1 ff.
- Wettbewerbsaufruf **VOB/A 12 EU** 9 ff.
Vorkalkulation
- Kostenrechnung **VO PR Nr. 30/53** 2
Vorläufiger Rechtsschutz
- Wettbewerbsregistergesetz **WReG 11** 22 ff.
Vorortverkehr VO (EG) 1370/2007 Vor 49
Vorrang
- Kartellvergaberecht **VO (EG) 1370/2007 5** 2
- Vergaberichtlinie **VO (EG) 1370/2007 5** 2
Vorvertragliches Schuldverhältnis VOB/A 2 11
VS-NUR FÜR DEN DIENSTGEBRAUCH VSVgV 7 15 f.

W

Wagnis
- ungewöhnliches **VOB/A 7 EU** 14 ff.
Wagniskosten
- Abgrenzung **VO PR Nr. 30/53** 1 ff.
- Entgelthöhe **VO PR Nr. 30/53** 1 ff.
- kalkulatorische **VO PR Nr. 30/53** 1
- Kommunalwirtschaft **VO PR Nr. 30/53** 4
- Verlust **VO PR Nr. 30/53** 1 f.
- Verteidigungssektor **VO PR Nr. 30/53** 7
Waren
- energieverbrauchsrelevante **VOB/A 8c EU** 1 ff.
Wärmelieferungsvertrag VOB/A 16c EU 6
Wasserstoffbusse VO (EG) 1370/2007 4 21
Wechselgebot VOB/A 3b 38
Wegfall der Geschäftsgrundlage Grundzüge der VOB/B 35
Werbekosten VO PR Nr. 30/53 1 ff., 6 f.
Werklohnklage Grundzüge der VOB/B 55
Wertansatz des betriebsnotwendigen Vermögens VO PR Nr. 30/53 1 ff.
Wertung VOB/A 16d EU 1 ff. s. Angebotswertung, s. Angebotsbewertung
Wettbewerb
- Grundlagen **VOB/A 2** 15 ff.
- Vergabegrundsätze **VOB/A 2** 15 ff.
Wettbewerber VOB/A 6 EU 1 ff.
- Angemessenheit **VOB/A 6 EU** 45 ff.
- Ausschlussgründe **VOB/A 6 EU** 18 ff.
- Befähigung zur Berufsausübung **VOB/A 6 EU** 30
- Bietergemeinschaften **VOB/A 6** 10 ff.; **VOB/A 6 EU** 55 ff.
- Drittschutz **VOB/A 6 EU** 88 ff.
- Eignung **VOB/A 6 EU** 3 ff., 18 ff.
- Eignungskategorien **VOB/A 6 EU** 24 ff.
- Einzelbieter **VOB/A 6** 10 ff.
- Erlaubnis zur Berufsausübung **VOB/A 6 EU** 30

magere Zahl = Randnummer

Sachverzeichnis

- Leistungsfähigkeit, berufliche **VOB/A 6 EU** 36 ff.
- Leistungsfähigkeit, finanzielle **VOB/A 6 EU** 31 ff.
- Leistungsfähigkeit, personelle **VOB/A 6 EU** 41
- Leistungsfähigkeit, technische **VOB/A 6 EU** 36 ff.
- Leistungsfähigkeit, wirtschaftliche **VOB/A 6 EU** 31 ff.
- Selbstausführungsgebot **VOB/A 6** 53 ff.
- Teilnahme **VOB/A 6** 1 ff.
- Verbindung zum Auftragsgegenstand **VOB/A 6 EU** 45 ff.
- Verbot regionaler Beschränkungen **VOB/A 6** 6 ff.
- Vergabeunterlagen **VOB/A 8** 12

Wettbewerblicher Dialog VOB/A 3 EU 12 f.; **VOB/A 3a EU** 38 f.
- Angebotsphase **VOB/A 3b EU** 41 ff.
- Dialogphase **VOB/A 3b EU** 40
- Eröffnung des Verfahrens **VOB/A 3b EU** 39
- Fristen **VOB/A 10d EU** 1 f.
- Haushaltsvergaberecht **HaushaltsvergabeR** 59
- Informationsverpflichtung **VOB/A 19 EU** 19
- Verhandlungsverfahren **VOB/A 3b EU** 37 ff.
- Verteidigung und Sicherheit **VOB/A 3a VS** 6 ff.; **VOB/A 3b VS** 13; **VOB/A 10d VS** 1
- Verteidigungs- und sicherheitsspezifische öffentliche Aufträge **VSVgV 13** 1 ff.; **VSVgV 43** 46 ff.

Wettbewerbliches Verfahren VO (EG) 1370/2007 5 18 ff.

Wettbewerbsabsicherung VO (EG) 1370/2007 Vor 74

Wettbewerbsbeschränkungen VOB/A 6 EU 53 ff.; **VO PR Nr. 30/53** 11
- Projektantenproblematik **VOB/A 6 EU** 63 ff.

Wettbewerbsfördernde Wirkung VOB/A 16 7

Wettbewerbsgrundsatz VOB/A 2 VS 5 ff.
- Geheimwettbewerb **VOB/A 2** 82
- Gleichbehandlungsgrundsatz **VOB/A 2** 60
- Willkür **VOB/A 2** 60

Wettbewerbspreis VO PR Nr. 30/53 3a, 14

Wettbewerbsrecht
- Rahmenvereinbarungen **VOB/A 4a** 20

Wettbewerbsregistergesetz WReG Vor 1 ff.
- Abfragerecht für Auftraggeber **WReG 6** 1 ff.
- Akteneinsichtsrecht **WReG 5** 9
- Anfechtungsbeschwerde **WReG 11** 7 ff. *s. auch Selbstkostenpreise*
- Anhörung betroffener Unternehmen **WReG 5** 1 ff.
- Anwendungsbestimmungen **WReG 12** 1
- Arbeitsentgelt **WReG 2** 16
- Auskunftsanspruch **WReG 5** 1 ff.
- Ausschlussentscheidung **WReG 6** 1 ff.
- Betrug **WReG 2** 13 ff.
- Bußgeldentscheidungen **WReG 2** 22 ff.
- Datenschutz **WReG 3** 1
- Einrichtung **WReG 1** 1 ff.
- Eintragungsentscheidungen **WReG 5** 1 ff.
- Eintragungsinhalt **WReG 3** 1 ff.
- Eintragungslöschung **WReG 7** 1 ff.
- Eintragungslöschung, vorzeitige **WReG 8** 1 ff.
- Eintragungsvoraussetzungen **WReG 2** 1 ff., 7 ff.
- elektronische Datenbank **WReG 1** 5
- elektronische Datenübermittlung **WReG 9** 1 ff.
- Fehlerhaftigkeit von Daten **WReG 5** 4 ff.
- Fortsetzungsfeststellungsbeschwerde **WReG 11** 15 ff.
- Gelegenheit zur Stellungnahme **WReG 5** 1 ff.
- Gerichtsbesetzung **WReG 11** 27 ff.
- Gesetzesverstöße **WReG 2** 11
- Gesetzesverstöße, Bagatellgrenze **WReG 2** 18 ff.
- Instanzenzug **WReG 11** 27 f.
- Kartellverbot **WReG 2** 25
- Kronzeugenregelung **WReG 2** 25
- Leistungsbeschwerde **WReG 11** 15 ff.
- Mitteilungspflicht der Strafverfolgungsbehörden **WReG 4** 1 ff.
- mündliche Verhandlung **WReG 11** 27 f.
- Nachmeldepflicht **WReG 4** 8 f.
- numerus-clausus-Prinzip **WReG 2** 1 ff.
- Rechtsträgerprinzip **WReG 2** 33
- Rechtsweg **WReG 11** 1 ff.
- Selbstreinigung **WReG 3** 4 f.
- Steuerhinterziehung **WReG 2** 16
- Subventionsbetrug **WReG 2** 13 ff.
- Untätigkeitsbeschwerde **WReG 11** 13 ff.
- Unternehmensbegriff **WReG 2** 41 ff.
- Verkündung von Rechtsverordnungen **WReG 12** 1
- Verordnungsermächtigung **WReG 10** 1 f.
- Verpflichtungsbeschwerde **WReG 11** 10 ff.
- vertrauliche Informationen **WReG 3** 6
- vorläufiger Rechtsschutz **WReG 11** 22 ff.
- wettbewerbsbeschränkende Absprachen bei Ausschreibungen **WReG 2** 17
- Zurechnungsadressat **WReG 2** 31 ff.
- Zurechnungsregelungen **WReG 2** 28 ff.
- Zweck **WReG 1** 2 ff.

Wettbewerbsteilnehmer VOB/A 6 VS 1 *s. auch Wettbewerber*
- Beratung **VOB/A 6 VS** 4 ff.
- Bietergemeinschaften **VOB/A 6 VS** 4 ff.
- Eignungsprüfung **VOB/A 6 VS** 2
- Fachkunde **VOB/A 6 VS** 3
- Leistungsfähigkeit **VOB/A 6 VS** 3
- regionale Diskriminierung **VOB/A 6 VS** 4 ff.
- Unterstützung **VOB/A 6 VS** 4 ff.

Wettbewerbsverbot
- Dienstleistungskonzession **VO (EG) 1370/2007 5** 39

Wettbewerbsverzerrungen VOB/A 6 EU 53 ff.

Wiederkehrende Aufträge
- Verteidigungs- und sicherheitsspezifische öffentliche Aufträge **VSVgV 3** 12

Willenserklärungen
- elektronische **VOB/A 14 EU** 27

Willkür VOB/A 2 60

Wirkung
- mittelstandsfördernde **VOB/A 16** 7
- wettbewerbsfördernde **VOB/A 16** 7

Wirtschaftliche Betriebsführung
- Kostenrechnung **VO PR Nr. 30/53** 5
- Leitsätze für die Preisermittlung auf Grund von Selbstkosten **VO PR Nr. 30/53** 5

Wirtschaftliche Leistungsfähigkeit VSVgV 26 1 ff.
- Aufklärung des Angebotsinhalts **VOB/A 15 EU** 11 ff.

Wirtschaftliche Prüfung VOB/A 16c EU 11

Wirtschaftlichkeit VOB/A 2 39 ff.

Wirtschaftlichkeitsanreiz VO (EG) 1370/2007 Anh. 27 ff.

Wirtschaftlichstes Angebot VSVgV 34 8

Z

Zahlungsmodalitäten Grundzüge der VOB/B 45 ff.

1443

Sachverzeichnis

fette Zahl = Gesetz und Paragraf

Zeichnungen
- Darstellung mit **VOB/A 7b EU** 13 ff.

Zeitpunkt
- Dokumentation **VOB/A 20** 6 ff.

Zentrale Beschaffung UVgO 16 1

Zertifikate
- Nachweiskatalog **VOB/A 6a** 131 ff.

Zertifizierung VOB/A 6c EU 10 ff.; **VOB/A 7a EU** 1 ff.

Zinsen VO PR Nr. 30/53 11
- Bemessung **VO PR Nr. 30/53** 1 ff.

Zivilrechtliches Bieterangebot VOB/A 13 6 f.; **VOB/A 13 EU** 6 ff.
- Auslegung **VOB/A 13 EU** 8 ff.
- Bindefrist **VOB/A 13 EU** 7

Zivilvertragliche Vereinbarungen VO PR Nr. 30/53 28 ff.

Zugang des Angebots VOB/A 16 EU 8

Zugänglichkeit VOB/A 16d EU 36 f.

Zulagen VOB/A 7 EU 20 ff.

Zulagenpositionen VOB/A 7 EU 20 ff.

Zulässigkeitsvoraussetzungen
- nicht offenes Verfahren **VOB/A 3a EU** 4 ff.
- offenes Verfahren **VOB/A 3a EU** 4 ff.
- Vergabeverfahren **VOB/A 3a EU** 1 ff.
- Verhandlungsverfahren **VOB/A 3a EU** 7 ff.
- Verteidigung und Sicherheit **VOB/A 3a VS** 1 ff.

Zulieferung aus eigenen Vorbetrieben VO PR Nr. 30/53 1 ff.

Zurückziehen von Angeboten VOB/A 10a EU 14; **VOB/A 10b EU** 9

Zusatzleistungen Grundzüge der VOB/B 38

Zusätzliche Vertragsbedingungen VOB/A 8a 1 ff., 19; **VOB/A 8a EU** 1
- Verteidigung und Sicherheit **VOB/A 8a VS** 1

Zuschlag UVgO 43 1 ff.; **VOB/A 18 EU** 1 ff.
- Erteilung ohne Abänderung **VOB/A 18 EU** 5 ff.
- Erteilung unter Abänderung **VOB/A 18 EU** 20 ff.
- ex-post-Transparenz **VOB/A 18 EU** 1
- Nachverhandlungsverbot **VOB/A 18 EU** 22
- Vergabebekanntmachung **VOB/A 18 EU** 29 ff.
- verspätete Erteilung **VOB/A 18 EU** 25 ff.
- Vertragsschluss **VOB/A 18 EU** 6
- wirksame Erteilung **VOB/A 18 EU** 11 ff.
- Wirksamkeitshindernisse **VOB/A 18 EU** 17 ff.

Zuschläge
- Preise bei vergleichbaren Leistungen **VO PR Nr. 30/53** 21

Zuschlagserteilung VOB/A 16b 1; **VOB/A 18** 1 ff.
- Bindefrist **VOB/A 18** 2

- Verteidigung und Sicherheit **VOB/A 18 VS** 1 ff.

Zuschlagskalkulation VO PR Nr. 30/53 5

Zuschlagskriterien UVgO 43 1 ff.; **VOB/A 8** 44; **VOB/A 12** 27; **VOB/A 16d EU** 23 ff.; **VSVgV 16** 17 ff.; **VSVgV 34** 9 ff.
- Ästhetik **VOB/A 16d EU** 34
- Design für alle **VOB/A 16d EU** 36 f.
- Festkosten **VOB/A 16d EU** 47 f.
- Festlegung **VOB/A 16d** 6
- Festpreis **VOB/A 16d EU** 47 f.
- Gleichwertigkeitsprüfung **VOB/A 16d** 11
- Kosten **VOB/A 16d EU** 32
- Kundendienst **VOB/A 16d EU** 41 f.
- Lebenszykluskosten **VOB/A 16d EU** 49 f.
- Nichtangabe der Gewichtung **VSVgV 43** 64 ff.
- Personal **VOB/A 16d EU** 39 ff.
- Preis **VOB/A 16d** 9; **VOB/A 16d EU** 30 ff.
- Qualität **VOB/A 16d EU** 33
- Rentabilität **VOB/A 16d EU** 43
- soziale, umweltbezogene und innovative Eigenschaften **VOB/A 16d EU** 38
- technische Hilfe **VOB/A 16d EU** 41 f.
- Unterkriterien **VOB/A 16d EU** 25
- Verbindung zum Auftragsgegenstand **VOB/A 16d EU** 44 f.
- weitere Transparenzanforderungen **VOB/A 16d EU** 46
- Zugänglichkeit **VOB/A 16d EU** 36 f.
- zulässige **VOB/A 16d** 8 ff.; **VOB/A 16d EU** 27 ff.
- Zweckmäßigkeit **VOB/A 16d EU** 35

Zuschlagslimitierung VOB/A 5 EU 59 ff.

Zuschlagsverbot
- ungewöhnlich niedrige Angebote **VSVgV 33** 8 ff.

Zuschlagsverfahren
- Kostenrechnung **VO PR Nr. 30/53** 5
- Leitsätze für die Preisermittlung auf Grund von Selbstkosten **VO PR Nr. 30/53** 5

Zuständige Behörde
- Mietwagenverkehr **VO (EG) 1370/2007 2** 37

Zuverlässigkeit VOB/A 2 57 f.; **VOB/A 6a** 27 f.
- Unterschwellenbereich **VOB/A 2** 57 f.

Zuwendungsempfänger
- Haushaltsvergaberecht **HaushaltsvergabeR** 37

Zuwiderhandlungen gegen öffentliches Preisrecht VO PR Nr. 30/53 1 ff.
- Rechtsfolgen **VO PR Nr. 30/53** 7 ff.

Zuzahlungsermäßigung SGB V 51

Zweckmäßigkeit VOB/A 16d EU 35

Zytostatika-Versorgungsverträge SGB V 94